Concordancia de la Biblia

Strong

Concisa

Concordancia de la Biblia —Strong— Concisa

James Strong, L.L.D., S.T.D.

Grupo Nelson
Una división de Thomas Nelson Publishers
Desde 1798

NASHVILLE DALLAS MÉXICO DF. RÍO DE JANEIRO

Publicado en Nashville, Tennessee, Estados Unidos de América. Grupo Nelson, Inc. es una subsidiaria que pertenece completamente a Thomas Nelson, Inc. Grupo Nelson es una marca registrada de Thomas Nelson, Inc. www.gruponelson.com

Esta obra está basada en una obra similar en inglés: *New Strong's Exhaustive Concordance of the Bible*

Publicado por Thomas Nelson, Inc.

Tipografía y desarrollo técnico de la versión castellana: *A&W Publishing Electronic Services, Inc.*

ISBN: 978-1-60255-517-4

Impreso en Estados Unidos de América
11 12 13 14 15 QG 9 8 7 6 5 4 3 2 1

PREFACIO DE LOS EDITORES

En 1890 el Dr. James Strong, profesor de Teología Exegética en el Seminario Teológico Drew, publicó una monumental concordancia de la versión King James de las Sagradas Escrituras. Fruto de treinta y cinco años de trabajo del Dr. Strong y más de 100 colegas, se ha convertido desde entonces en la concordancia que más se ha utilizado en inglés. Compuesta sin la ayuda de computadoras u otros dispositivos electrónicos, ha soportado la prueba del tiempo y ha confirmado la visión del profesor Strong de una concordancia completa, sencilla y precisa que llegará a ser «un patrón permanente para referencia».*

Grupo Nelson se complace en presentar ahora la obra de Strong aplicada a la versión Reina Valera 1960. Es una concordancia exhaustiva preparada con la ayuda de la tecnología moderna. Las citas bíblicas están colocadas al principio de cada línea del contexto, y el número de referencia del Diccionario hebreo o griego está al final de la línea.

Para ayudar al estudiante de la Biblia, las palabras que se refieren a más de una persona o lugar (como el apunte «José», que se refiere a doce individuos diferentes) han sido definidas, y las líneas de contenido han sido arregladas en orden bíblico bajo el subapunte apropiado.

*Del Prefacio General de la edición de 1890.

Instrucciones para el lector

La *Nueva Concordancia Strong* capacita al lector para localizar cualquier pasaje bíblico en la Versión Reina Valera 1960, así como las palabras hebreas o griegas de las que se tradujeron. La forma más directa de hacerlo es la siguiente:

1. Busque la palabra que está investigando en la Concordancia principal, donde hay una lista de la incidencia de cada palabra en la Biblia. Si anda buscando una incidencia determinada de esa palabra, debe leer las líneas que se ofrecen debajo hasta que encuentre lo que busca.

2. Cada línea tiene tres segmentos. De izquierda a derecha, son: el capítulo y el versículo donde está la palabra que busca, la frase en que está insertada, y un número que lo remite a los diccionarios hebreos y griegos en la parte trasera de la concordancia. Si el número de referencia está impreso con tipografía cursiva (como esta: *2614*), debe buscarlo en el diccionario griego. Si no aparece ningún número, la palabra pudo haber sido suplida por los traductores para aclarar el significado, aunque no sea necesariamente la traducción directa de una palabra hebrea o griega. En otras ocasiones, aparece más de un número, lo que indica que la palabra castellana es la traducción de más de una palabra en el idioma original.

Abreviaturas

Antiguo Testamento

Gn. . . . . Génesis
Éx . . . . Exodo
Lv . . . . Levítico
Nm . . . . Números
Dt . . . . Deuteronomio
Jos . . . . Josué
Jue . . . . Jueces
Rt . . . . Rut
1 S. . . . . 1 Samuel
2 S. . . . . 2 Samuel
1 R . . . . 1 Reyes
2 R . . . . 2 Reyes
1 Cr . . . . 1 Crónicas
2 Cr . . . . 2 Crónicas
Esd . . . . Esdras
Neh. . . . . Nehemías
Est. . . . . Ester
Job . . . . Job
Sal . . . . Salmos
Pr . . . . Proverbios
Ec . . . . Eclesiastés
Cnt . . . . Cantares
Is. . . . . Isaías
Jer . . . . Jeremías
Lm . . . . Lamentaciones
Ez . . . . Ezequiel
Dn. . . . . Daniel
Os . . . . Oseas
Jl. . . . . Joel
Am . . . . Amós
Abd. . . . . Abdías
Jon . . . . Jonás
Mi . . . . Miqueas
Nah. . . . . Nahum
Hab. . . . . Habacuc
Sof . . . . Sofonías
Hag. . . . . Hageo
Zac . . . . Zacarías
Mal . . . . Malaquías

Nuevo Testamento

Mt . . . . Mateo
Mr. . . . . Marcos
Lc . . . . Lucas
Jn . . . . Juan
Hch. . . . . Hechos
Ro . . . . Romanos
1 Co . . . . 1 Corintios
2 Co . . . . 2 Corintios
Gá. . . . . Gálatas
Ef. . . . . Efesios
Fil . . . . Filipenses
Col . . . . Colosenses
1 Ts. . . . . 1 Tesalonicenses
2 Ts. . . . . 2 Tesalonicenses
1 Ti . . . . 1 Timoteo
2 Ti . . . . 2 Timoteo
Tit . . . . Tito
Flm . . . . Filemón
He . . . . Hebreos
Stg . . . . Santiago
1 P. . . . . 1 Pedro
2 P. . . . . 2 Pedro
1 Jn. . . . . 1 Juan
2 Jn. . . . . 2 Juan
3 Jn. . . . . 3 Juan
Jud . . . . Judas
Ap. . . . . Apocalipsis

RECONOCIMIENTOS

Muchos fueron los que laboraron para adaptar el sistema de Strong a esta concordancia de la Reina Valera 1960, pero deseo reconocer expresamente la colaboración de Elizabeth Cook, Astrid Wallace de Arias, Enrique González, el Dr. Miguel Mesías, Pedro Vega, Haroldo Mazariegos y Daniel Rojas, sin los cuales esta obra monumental no hubiera sido posible.

Deseo reconocer también los servicios de procesamiento electrónico de Phil Derryberry y de *A&W Publishing Electronic Services, Inc.* así como la coordinación y los servicios técnicos de Jorge R. Arias Arce en la generación del apéndice de términos, los programas de reporte, y los diversos elementos técnicos, tipográficos e informáticos contenidos en esta obra.

Por último, fue muy valiosa la aportación a la labor de compilación del Dr. Guillermo Cook y Noé Martínez, quienes ya están recibiendo su verdadera recompensa en las moradas eternas.

Juan Rojas Mayo, *Editor*.

CONCORDANCIA

CONCORDANCIA

A

A *Véase el Apéndice*

AARÓN *Hermano de Moisés y primer sumo sacerdote* 175
Éx 4.14 ¿no conozco yo a tu hermano *A*, levita 175
4.27 Jehová dijo a *A*: Vé a recibir a Moisés 175
4.28 contó Moisés a *A* todas las palabras de 175
4.29 fueron Moisés y *A*, y reunieron a todos 175
4.30 y habló *A* acerca de todas las cosas 175
5.1 Moisés y *A* entraron a la presencia de 175
5.4 Moisés y *A*, ¿por qué hacéis cesar al 175
5.20 encontrando a Moisés y *A*, que estaban a 175
6.13 Jehová habló a Moisés y a *A* y les dio 175
6.20 Jocabed su tía…dio a luz a *A* y a Moisés 175
6.23 y tomó *A* por mujer a Elisabet hija de 175
6.25 Eleazar hijo de *A* tomó para sí mujer de 175
6.26 es aquel *A* y aquel Moisés, a los cuales 175
6.27 éstos son los…Moisés y *A* fueron éstos 175
7.1 yo te he…y tu hermano *A* será tu profeta 175
7.2 *A* tu hermano hablará a Faraón, para que 175
7.6 e hizo Moisés y *A* como Jehová les mandó 175
7.7 y *A* de edad de ochenta y tres, cuando 175
7.8 habló Jehová a Moisés y *A*, diciendo 175
7.9 dirás a *A*: Toma tu vara, échala delante de 175
7.10 vinieron, pues, Moisés y *A* a Faraón 175
7.10 echó *A* su vara delante de Faraón y de 175
7.12 la vara de *A* devoró las varas de ellos 175
7.19 dí a *A*: Toma tu vara, y extiende tu mano 175
7.20 Moisés y *A* hicieron como Jehová lo mandó 175
8.5 dí a *A*: Extiende tu mano con tu vara sobre 175
8.6 *A* extendió su mano sobre las aguas de 175
8.8 Faraón llamó a Moisés y *A*, y les dijo 175
8.12 salieron Moisés y *A* de la presencia de 175
8.16 dí a *A*: Extiende tu vara y golpea el 175
8.17 así; y *A* extendió su mano con su vara 175
8.25 entonces Jehová llamó a Moisés y a *A* 175
9.8 dijo a Moisés y a *A*: Tomad puñados de 175
9.27 Faraón envió a llamar a Moisés y a *A* 175
10.3 entonces vinieron Moisés y *A* a Faraón 175
10.8 y Moisés y *A* volvieron a ser llamados 175
10.16 se apresuró a llamar a Moisés y a *A* 175
11.10 Moisés y *A* hicieron…estos prodigios 175
12.1 habló Jehová…a *A* en la tierra de Egipto 175
12.28 hicieron como Jehová había mandado…*A* 175
12.31 hizo llamará a Moisés y a *A* de noche 175
12.43 Jehová dijo a Moisés y a *A*: Esta es la 175
12.50 como mandó Jehová a…*A*…así lo hicieron 175
15.20 María…hermana de *A*, tomó un pandero 175
16.2 murmuró contra Moisés y *A* en…desierto 175
16.6 Moisés y *A* a todos los hijos de Israel 175
16.9 Moisés a *A*: Dí a toda la congregación 175
16.10 hablando *A* a toda la cogregación de 175
16.33 dijo Moisés a *A*: Toma una vasija y pon 175
16.34 *A* lo puso delante del Testimonio para 175
17.10 Moisés y *A* y Hur subieron a la cumbre 175
17.12 *A* y Hur sostenían sus manos, el uno de 175
18.12 vino *A* y todos los ancianos de Israel 175
19.24 desciende, y subirás tú, y *A* contigo 175
24.1 sube ante Jehová, tú y *A*, Nadab, y Abiú 175
24.9 subieron Moisés y *A*, Nadab y Abiú, y 70 175
24.14 y he aquí *A* y Hur están con vosotros 175
27.21 las pondrá en orden *A* y sus hijos para 175
28.1 llegar delante de ti a *A* tu hermano *A*, y a 175
28.1 *A*…Abiú, Eleazar e Itamar hijos de *A* 175
28.2 harás vestiduras sagradas a *A* tu hermano 175
28.3 tú hablarás a…hagan las vestiduras de *A* 175
28.4 hagan…las vestiduras sagradas para *A* 175
28.12 *A* llevará los nombres de ellos delante 175
28.29 llevará *A* los nombres de los hijos de 175
28.30 para que estén sobre el corazón de *A* 175
28.30 llevará…*A* el juicio de los hijos de 175
28.35 estará sobre *A* cuando ministre; y se 175
28.38 sobre la…de *A*, y llevará *A* las faltas 175
28.40 y para los hijos de *A* harás túnicas 175
28.41 con ellos vestirás a *A*, tu hermano, y a 175
28.43 y estarán sobre *A* y sobre sus hijos 175
29.4 llevarás a *A* y a sus hijos a la puerta 175
29.5 y vestirás a *A* la túnica, el manto del 175
29.9 les ceñirás el cinto a *A* y a sus hijos 175
29:9 así consagrarás a *A* y a sus hijos 175
29.10,15,19 *A* y sus hijos pondrán sus manos 175
29.20 la pondrás sobre…la oreja derecha de *A* 175
29.21 rociarás sobre *A*, sobre sus vestiduras 175
29.24 lo pondrás todo en las manos de *A*, y en 175
29.26 tomarás el pecho del carnero…de *A* 175
29.27 las consagraciones de *A* y de sus hijos 175
29.28 y será para *A*…como estatuto perpetuo 175
29.29 y las vestiduras blancas, que son de *A* 175
29.32 y *A* y sus hijos comerán la carne del 175
29.35 harás a *A*…todo lo que yo te he mandado 175
29.44 santificarás…a *A* y a sus hijos, para que 175
30.7 y *A* quemará incienso aromático sobre él 175
30.8 *A* encienda las lámparas al anochecer 175
30.10 sobre sus cuernos hará *A* expiación una 175
30.19 ella se lavarán *A* y sus hijos las manos 175
30.30 ungirás también a *A* y a sus hijos, y los 175
31.10 vestiduras santas para *A* el sacerdote 175
32.1 se acercaron entonces a *A*, y le dijeron 175
32.2 *A* les dijo: Apartad los zarcillos de oro 175
32.3 los zarcillos de oro…los trajeron a *A* 175
32.5 *A*, edificó un altar…pregonó *A*, y dijo 175
32.21 dijo Moisés a *A*: ¿Qué te ha hecho este 175
32.22 y respondió *A*: No se enoje mi señor; tú 175
32.25 *A* lo había permitido, para vergüenza 175
32.35 habían hecho el becerro que formó *A* 175
34.30 *A* y todos…de Israel miraron a Moisés 175
34.31 *A* y…los príncipes de la congregación 175
35.19 sagradas vestiduras de *A* el sacerdote 175
38.21 dirección de Itamar hijo…sacerdote *A* 175
39.1 hicieron las vestiduras sagradas para *A* 175
39.27 las túnicas de…para *A* y para sus hijos 175
39.41 sagradas vestiduras para *A* el sacerdote 175
40.12 llevarás a *A* y a sus hijos a la puerta 175
40.13 harás vestir a *A*…vestiduras sagradas 175
40.31 *A* y sus hijos lavaban en ella sus manos 175
Lv 1.5 los sacerdotes hijos de *A* ofrecerán la 175
1.7 los hijos del sacerdote *A* pondrán fuego 175
1.8 los…hijos de *A* acomodarán las piezas, la 175
1.11 hijos de *A* rociarán su sangre sobre el 175
2.2 la traerá a los sacerdotes, hijos de *A* 175
2.3,10 lo que resta de la ofrenda será de *A* 175
3.2,8,13 los hijos de *A* rociarán su sangre 175
3.5 hijos de *A* harán arder esto en el altar 175
6.9 manda a *A* y a sus hijos, y diles: Esta es 175
6.14 la ofrecerán los hijos de *A* delante de 175
6.16 el sobrante de…lo comerán *A* y sus hijos 175
6.18 los varones de los hijos de *A* comerán de 175
6.20 esta es la ofrenda de *A* y de sus hijos 175
6.22 el sacerdote que en lugar de *A*…ungido 175
6.25 habla a *A* y a sus hijos, y diles: Esta 175
7.10 ofrenda…será de todos los hijos de *A* 175
7.31 mas el pecho será de *A* y de sus hijos 175
7.33 el que de los hijos de *A* ofreciere la 175
7.34 he dado a *A* el sacerdote y a sus hijos 175
7.35 esta es la porción de *A* y la porción de 175
8.2 toma a *A* y a sus hijos con él…vestiduras 175
8.6,13 hizo acercarse a *A* y a sus hijos, y 175
8.12 derramó del aceite…sobre la cabeza de *A* 175
8.14,18,22 *A* y sus hijos pusieron sus manos 175
8.23 puso sobre el lóbulo de la oreja…de *A* 175
8.24 hizo acercarse luego los hijos de *A*, y 175
8.27 y lo puso todo en las manos de *A*, y en 175
8.30 y roció sobre *A*, y sobre sus vestiduras 175
8.30 santificó a *A* y sus vestiduras, y a sus 175
8.31 dijo Moisés a *A* y a sus hijos: Comed la 175
8.31 yo he mandado…*A* y sus hijos lo comerán 175
8.36 *A* y sus hijos hicieron todas las cosas 175
9.1 Moisés llamó a *A* y a sus hijos, y a los 175
9.2 dijo a *A*: Toma de la vacada un becerro 175
9.7 dijo Moisés a *A*: Acércate al altar, y haz 175
9.8 se acercó *A* al altar y degolló el becerro 175
9.9 y los hijos de *A* le trajeron la sangre 175
9.12,18 hijos de *A* le presentaron la sangre 175
9.21 los pechos…los meció *A* como ofrenda 175
9.22 alzó *A* sus manos hacia el pueblo y lo 175
9.23 y entraron Moisés y *A* en el tabernáculo 175
10.1 hijos de *A*, tomaron…uno su incensario 175
10.3 Moisés a *A*: Esto es lo que habló Jehová 175
10.3 esto es lo que habló Jehová…Y *A* calló 175
10.4 llamó Moisés a…hijos de Uziel tío de *A* 175
10.6 y Moisés dijo a *A*, y a Eleazar e Itamar 175
10.8 y Jehová habló a *A*, diciendo 175
10.12 Moisés dijo a *A*, y a Eleazar y…a Itamar 175
10.16 se enojó contra Eleazar…hijos…de *A* 175
10.19 respondió *A* a Moisés: He aquí hoy han 175
11.1 habló Jehová a Moisés y a *A*, diciéndoles 175
13.1 habló Jehová a Moisés y a *A*, diciendo 175
13.2 será traído a *A* el sacerdote o a uno de 175
14.33; 15.1 Jehová a Moisés y a *A*, diciendo 175
16.1 después de la muerte de los…hijos de *A* 175
16.2 di a *A*…que no en todo tiempo entre en 175
16.3 con esto entrará *A* en el santuario; con 175
16.6 hará traer *A* el becerro de la expiación 175
16.8 echarás suertes *A* sobre los dos machos 175
16.9 y hará traer *A* el macho cabrío sobre el 175
16.11 harás traer *A* el becerro que era para 175
16.21 pondrá *A* sus dos manos sobre la cabeza 175
16.23 vendrá *A* al tabernáculo de reunión, y 175
17.2 habla a *A* y a sus hijos, y a todos los 175
21.1 habla a los…hijos de *A*, y diles que no 175
21.17 habla a *A* y dile: Ninguno de tus 175
21.21 de la descendencia del sacerdote *A*, en 175
21.24 y Moisés habló esto a *A*, y a sus hijos 175
22.2 di a *A* y…que se abstengan de las cosas 175
22.4 la descendencia de *A* que fuere leproso 175
22.18 habla a *A* y a sus hijos, y a todos los 175
24.3 las dispondrá *A* desde la tarde hasta la 175
24.9 será de *A* y de sus hijos, los cuales lo 175
Nm 1.3 los contaréis tú y *A* por sus ejércitos 175
1.17 tomaron…Moisés y *A* a estos varones que 175
1.44 contaron Moisés y *A*, con los príncipes 175
2.1 habló Jehová a Moisés y *A*, diciendo 175
3.1 son las descendientes de *A* y de Moisés, en 175
3.2,3 estos son las nombres de los hijos de *A* 175
3.4 ejercieron el sacerdocio delante de *A* su 175
3.6 hazla estar delante del sacerdote *A*, para 175
3.9 y darás los levitas a *A* y a sus hijos; lo 175
3.10 constituirás a *A* y a sus hijos para que 175
3.32 Eleazar hijo del sacerdote *A*, jefe de los 175
3.38 los que acamparán…serán Moisés y *A* y sus 175
3.39 que Moisés y *A*…contaron por sus familias 175
3.48 y darás a *A* y a su hijos el dinero del 175
3.51 Moisés dio el dinero…a *A* y a sus 175
4.1 habló Jehová a Moisés y a *A*, diciendo 175
4.5 *A* y sus hijos y desarmarán el velo de la 175
4.15 cuando acaben *A* y sus hijos de cubrir el 175
4.16 a cargo de Eleazar hijo del sacerdote *A* 175
4.17 habló…Jehová a Moisés y a *A*, diciendo 175
4.19 *A* y sus hijos vendrán y los pondrás a 175
4.27 según la orden de *A*…todo el ministerio 175
4.28 cargo de…Itamar hijo de sacerdote *A* 175
4.33 dirección de Itamar hijo…sacerdote *A* 175
4.34 *A*…contaron a los hijos de Coat por su 175
4.37 de Coat…los cuales contaron Moisés y *A* 175
4.41,45 los cuales contaron Moisés y *A* 175
4.46 Moisés y *A*…contaron por sus familias 175
6.23 habla a *A* y a sus hijos y diles: Así 175
7.8 la mano de Itamar hijo de sacerdote *A* 175
8.2 habla a *A* y dile: Cuando enciendas las 175
8.3 y *A* lo hizo así; encendió hacia la parte 175
8.11 ofrecerá *A* los levitas delante de Jehová 175
8.13 presentarás a los levitas delante de *A* 175
8.19 he dado en don lo levitas a *A* y a sus 175
8.20 y *A*…hicieron con los levitas conforme 175
8.21 y *A* lo ofreció en ofrenda delante de 175
8.21 y *A* los ofreció por…para purificarlos 175
8.22 para ejercer su ministerio…delante de *A* 175
9.6 vinieron delante de Moisés y delante de *A* 175
10.8 y los hilos de *A*…tocarán las trompetas 175
12.1 y *A* hablaron contra Moisés a causa de la 175
12.4 dijo Jehová a Moisés, a *A* y a María 175
12.5 Jehová descendió…llamó a *A* y a María 175
12.10 y miró *A* a María que estaba leprosa 175
12.11 y dijo *A* a Moisés, ¡Ah! señor mío, no 175
13.26 y vinieron a Moisés y a *A*, y a toda la 175
14.2 y se quejaron contra Moisés y contra *A* 175
14.5 Moisés y *A* se postraron sobre…rostros 175
14.26 Jehová habló a Moisés y a *A*, diciendo 175
15.33 le hallaron…lo trajeron a Moisés y a *A* 175
16.3 se juntaron contra Moisés y *A* y…dijeron 175
16.11 *A*, ¿qué es…que contra él murmuréis? 175
16.16 delante de Jehová; tú, y ellos, y *A* 175
16.17 tú…y *A*, cada uno con su incensario 175
16.18 se pusieron a la puerta con Moisés y *A* 175
16.20 y Jehová habló a Moisés y a *A*, diciendo 175
16.37 di a Eleazar hijo del sacerdote *A*, que 175
16.40 que no sea de la descendencia de *A* se 175
16.41 de Israel murmuró contra Moisés y *A* 175
16.42 cuando se juntó la…contra Moisés y *A* 175
16.43 Moisés y *A* delante del tabernáculo de 175
16.46 dijo Moisés a *A* toma el incensario, y 175
16.47 tomó *A* el incensario como Moisés dijo 175
16.50 volvió *A*…a la puerta del tabernáculo 175
17.3 y escribirás de *A* sobre la vara de Leví 175
17.6 y la vara de *A* estaba entre las varas de 175
17.8 la vara de *A* de…Leví había reverdecido 175
17.10 vuelve la vara de *A*…se guarde por señal 175
18.1 Jehová dijo a *A*: Tú y tus hijos, y la 175
18.8 dijo…Jehová a *A*: He aquí yo te he dado 175
18.20 Jehová dijo a *A*: De la tierra de ellos 175
18.28 y daréis…la ofrenda…al sacerdote *A* 175
19.1 Jehová: habló a Moisés y a *A*, diciendo 175
20.2 no…agua…se juntaron contra Moisés y *A* 175
20.6 se fueron Moisés y *A* de delante de la 175
20.8 toma la vara…tú y *A* tu hermano, y hablad 175
20.10 reunieron Moisés y *A* a la congregación 175
20.12 Jehová dijo a Moisés y a *A*: Por cuanto 175
20.23 Jehová habló…y a *A* en el monte de Hor 175
20.24 *A* será reunido a su pueblo…no entrará 175
20.25 toma a *A* y a Eleazar…y hazlos subir al 175
20.26 desnuda a *A* de sus vestiduras, y viste 175
20.26 *A* será reunido a su pueblo, y…morirá 175
20.28 y Moisés desnudó a *A* de sus vestiduras 175
20.28 y *A* murió allí en la cumbre del monte 175
20.29 viendo…que *A* había muerto, le hicieron 175
25.7,11 Finees hijo…hijo del sacerdote *A* 175
26.1 a Eleazar hijo del sacerdote *A*, diciendo 175
26.9 que se rebelaron contra Moisés y *A* con 175
26.59 ésta dio a luz de Amram a *A* y a Moisés 175
26.60 y a *A* le nacieron Nadab, Abiú, Eleazar 175
26.64 ninguno hubo de los contados por…*A* 175
27.13 pueblo, como fue reunido tu hermano *A* 175
33.1 salieron…bajo el mando de Moisés y *A* 175
33.38 subió…*A* al monte de Hor, conforme al 175
33.39 era *A*…de 123 años, cuando murió en el 175
Dt 9.20 contra *A*…se enojó Jehová…oré *A* 175
10.6 allí murió *A*, y allí fue sepultado, y en 175
32.50 muere…como murió *A*…en el monte Hor 175
Jos 21.4 los hijos de *A*…obtuvieron por suerte 175
21.10 las cuales obtuvieron los hijos de *A* 175
21.13 y a los hijos del sacerdote *A* dieron 175
21.19 ciudades de los…hijos de *A* son trece 175
24.5 yo envié a Moisés y a *A*, y herí a Egipto 175
24.33 también murió Eleazar hijo de *A*, y lo 175
Jue 20.28 y Finees hijo de Eleazar, hijo de *A* 175
1 S 12.6 Jehová que designó a Moisés y a *A* 175
12.8 Jehová envió a Moisés y a *A*, los cuales 175
1 Cr 6.3 los hijos de Amram: *A*, Moisés y María 175

6.3 los hijos de *A*: Nadab, Abiú, Eleazar 175
6.49 mas *A* y sus hijos ofrecían sacrificios 175
6.50 los hijos de *A* son estos: Eleazar su hijo 175
6.54 los hijos de *A* por las familias de los 175
6.57 Judá dieron a los hijos de *A* la ciudad 175
12.27 Joiada, príncipe de... del linaje de *A* 175
15.4 reunió... David a los hijos de *A* y a los 175
23.13 los hijos de Amram: *A* y Moisés 175
23.13 *A* fue apartado para ser dedicado a las 175
23.28,32 bajo las órdenes de los hijos de *A* 175
24.1 hijos de *A* fueron distribuidos en grupos 175
24.1 los hijos de *A*: Nadab, Abiú, Eleazar e 175
24.19 según les fue ordenado por *A* su padre 175
24.31 suertes, como sus hermanos... hijos de *A* 175
27.17 de los levitas, Hasabías... de *A*, Sadoc 175
2 Cr 13.9 ¿no habéis arrojado... los hijos de *A* 175
13.10 y los sacerdotes... son los hijos de *A* 175
26.18 no... sino a los sacerdotes hijos de *A* 175
29.21 y dijo a los sacerdotes hijos de *A* 175
31.19 del mismo modo para los hijos de *A* 175
35.14 hijos de *A*, confiad en Jehová; él es 175
35.14 los levitas prepararon para... los hijos de *A* ... 175
Esd 7.5 Eleazar, hijo de *A*, primer sacerdote 175
Neh 10.38 sacerdote hijo de *A* con los levitas 175
12.47 consagraban parte a los hijos de *A* 175
Sal 77.20 condujiste... mano de Moisés y de *A* 175
99.6 Moisés y *A* entre... sacerdotes, y Samuel 175
105.26 envió a su siervo Moisés, y a *A*, al 175
106.16 tuvieron envidia... contra *A* el santo 175
115.10 casa de *A*, confiad en Jehová; él es 175
115.12 Jehová se... bendecirá a la casa de *A* 175
118.3 diga... la casa de *A*, que para siempre es 175
133.2 desciende sobre... la barba de *A*, y baja 175
135.19 Israel... casa de *A* bendecid a Jehová 175
Mi 6.4 envié delante de ti a Moisés, a *A* y a 175
Lc 1.5 mujer era de las hijas de *A*... Elisabet 2
Hch 7.40 cuando dijeron a *A*: Haznos dioses 2
He 5.4 que es llamado por Dios, como lo fue *A* 2
7.11 que no fuese llamado según el orden de *A* 2
9.4 que estaba... la vara de *A* que reverdeció 2

ABADÓN *Lugar de destrucción*
Job 26.6 el Seol está... el *A* no tiene cobertura 11
28.22 el *A* y la muerte dijeron: Su fama hemos 11
31.12 es fuego que devoraría hasta el *A*, y 11
Sal 88.11 ¿será contada... o tu verdad en el *A* 11
Pr 15.11 el Seol y el *A* están delante de Jehová 11
27.20 el Seol y el *A* nunca se sacian; así los 10
Ap 9.11 nombre en hebreo es *A*, y en griego *3*

ABAGTA *Eunuco del rey Asuero*, Est 1.10 5

ABAJO
Gn 49.25 del abismo que está *a* 8478
Éx 20.4 ni *a* en la tierra, ni en las 8478
26.24 las cuales se unirán desde *a* 4295
27.5 dentro del cerco del altar *a* 4295
28.27 dos hombreras del efod, hacia *a* 4295
36.29 las cuales se unían desde *a* 4295
39.20 dos hombreras del efod, hacia *a* 4295
Dt 4.39 es Dios arriba en el cielo y *a* 8478
5.8 ni *a* en la tierra, ni en las 8478
24.6 ni la de *a* ni la de arriba 7347
28.43 alto, y tú descenderás muy *a* 4295
33.13 y con el abismo que está *a* 8478
33.27 y acá *a* los brazos eternos; el 8478
Jos 2.11 Dios arriba en los cielos y *a* 8478
15.19 fuentes de arriba, y las de *a* 8482
16.3 límite de Bet-horón la de *a* 8481
18.13 al sur de Bet-horón la de *a* 8481
Jue 1.15 de arriba y las fuentes de *a* 8482
7.8 el campamento de Madián *a* en 8478
7.13 y la trastornó de arriba *a*
1 S 7.11 hiriéndolos hasta *a* de 8478
1 R 4.12 más *a* de Jezreel, desde 8478
6.6 el aposento de *a* era de cinco 8481
6.22 de oro toda la casa de arriba *a*
8.23 ni arriba en los cielos ni *a* en 8478
2 R 9.33 y él les dijo: Echadla *a* 8058
19.30 volverá a echar raíces *a* 4295
21.13 se friega y se vuelve boca *a*
1 Cr 27.23 los que eran de veinte años *a* 4295
2 Cr 8.5 arriba y a Bet-horón la de *a* 8481
Job 18.16 *a* se secarán sus raíces, y 8478
41.24 y fuerte como la muela de *a* 8482
Pr 15.24 para apartarse del Seol *a* 4295
Ec 3.21 del animal desciende *a* a la 4295
Is 7.11 demandándola ya sea de *a* en lo 6009
14.9 el Seol *a* se espantó de ti 8478
22.9 las aguas del estanque de *a* 8481
37.31 volverá a echar raíz *a* 4295
51.6 y mirad *a* a la tierra; porque 8478
Jer 31.37 y explorarse *a* los fundamentos 4295
Ez 1.27 y desde sus lomos para *a* 4295
8.2 hombre; desde sus lomos para *a* 4295
40.19 el frente de la puerta de *a* 8481
42.6 más estrechas que las de *a* y 8481
43.14 el suelo, hasta el lugar de *a* 8481
46.23 y *a* fogones alrededor de las 8478
Am 2.9 su fruto arriba y sus raíces *a* 8478
Hag 2.22 y vendrán *a* los caballos y sus 3381
Mt 4.6 si eres Hijo de Dios, échate *a* *2736*
27.51 se rasgó en dos, de arriba *a* *2736*
Mr 14.66 estando Pedro *a* *2736*
15.38 se rasgó en dos, de arriba *a* *2736*
Lc 4.9 de Dios, échate de aquí *a* *2736*
Jn 8.23 **y les dijo: Vosotros sois de *a*** *2736*
19.23 de un solo tejido de arriba *a*
Hch 2.19 y señales *a* en la tierra *2736*
20.9 sueño cayó del tercer piso *a*
Ro 10.6 para traer *a* a Cristo) *2609*

ABANA *Río de Damasco*, 2 R 5.12 71

ABANDERADO
Is 10.18 y vendrá a ser como *a* en derrota 5263

ABANDONAR
Lv 26.43 la tierra será *abandonada* por ellos 5800
Dt 31.17 los *abandonaré*, y esconderé de ellos 5800
32.15 entonces *abandonó* al Dios que lo hizo 5203
Jue 5.6 quedaron *abandonados* los caminos, y los 2308
5.7 las aldeas quedaron *abandonadas* en Israel 2308
1 S 9.5 *abandonada* la preocupación por... asna 2308
2 S 20.2 hombres de Israel *abandonaron* a David 5927
2 R 7.7 huyeron... *abandonando* sus tiendas, sus 5800
2 Cr 16.5 oyendo esto Baasa... *abandonó* su obra 2308
24.20 haber dejado... él también os *abandonará* ... 5800
Esd 8.22 su furor contra... los que le *abandonan* 5800
9.1 clemente y piadoso... no los *abandonaste* 5800
9.19 tú... no los *abandonaste* en el desierto 5800
9.28 los *abandonaste* en mano de sus enemigos 5800
10.39 y no *abandonaremos* la casa de... Dios 5800
13.11 ¿por qué... la casa de Dios *abandonada*? 5800
Job 6.14 que *abandona* el temor del Omnipotente 5800
14.6 si tú lo *abandonares*, él dejará de ser 2308
18.4 ¿será *abandonada* la tierra por tu causa 5800
Sal 88.5 soy *abandonado* entre los muertos, como 2670
94.14 no *abandonará* Jehová a su pueblo, ni 5800
119.121 no me *abandones* a mis opresores 5117
Pr 2.17 *abandona* al compañero de su juventud 5800
Is 6.12 multiplicado los lugares *abandonados* 5805
7.16 tierra de los dos reyes... será *abandonada* 5800
10.14 como se recogen los huevos *abandonados* 5800
27.10 la ciudad habitada será *abandonada* y 5800
54.6 mujer *abandonada* y triste de espíritu 5800
54.7 por un breve momento te *abandoné*, pero 5800
60.15 en vez de estar *abandonada* y aborrecida 5800
Jer 3.20 como la esposa infiel *abandona* a su 7453
4.29 todas las ciudades fueron *abandonadas*, y 8077
9.19 porque *abandonamos* la tierra, porque han ... 5800
10.20 mis hijos me han *abandonado* y perecieron .. 3318
48.28 *abandonad* las ciudades y habitad en 5800
52.8 al rey... y lo *abandonó* todo su ejército 6327
Lm 5.20 y nos *abandonas* tan largo tiempo? 5800
Ez 8.12 no nos ve Jehová... *abandonado* la tierra 5800
9.9 ha *abandonado* Jehová la tierra, y... no ve 5800
Dn 11.30 con los que *abandonen* el santo pacto 5800
Os 11.8 ¿cómo podré *abandonarte*, oh Efraín? 5414
Jon 2.8 que siguen... su misericordia *abandonan* 5800
Zac 11.17 ¡ay del pastor inútil que *abandona* 5800
Mal 1.3 *abandoné* su heredad para los chacales 7760
Hch 27.15 nos *abandonamos* a él y nos dejamos *1929*
1 Co 7.11 que el marido no *abandone* a su mujer *863*
7.12 ella consiente en vivir... no la *abandone* *863*
7.13 él consiente en vivir con... no lo *abandone* *863*
2 Ti 1.15 me *abandonaron* todos los que están *654*
2 P 1.14 sabiendo que... debo *abandonar* el cuerpo *595*
Jud 6 a los ángeles... que *abandonaron* su propia *620*

ABARCAR
Jos 19.15 *abarca* Catat, Naalal, Simrón, Idala
19.25 territorio *abarcó* Helcat, Halí, Betén
19.28 *abarca* a Hebrón, Rehob, Hamón y Caná
19.30 *abarca* también Uma, Afec y Rehob
19.33 *abarcó* su territorio desde Helef... Lacum

ABARIM *Región al oriente del Mar Muerto*
Nm 7.12 sube a este monte *A*, y verás la tierra 5682
33.47 acamparon en los montes de *A*, delante de ... 5682
33.48 salieron de los montes de *A* y acamparon 5682
Dt 32.49 sube a este monte de *A*, al monte Sebo 5682

ABASTECER
Dt 15.14 *abastecerás*... de tus ovejas, de tu era 6059
1 R 4.7 estaba obligado a *abastecerlo*... un mes 3557
Is 23.2 Sidón... pasando el mar te *abastecían* 4390
Hch 12.20 su territorio era *abastecido* por el *5142*

ABASTO
Nm 11.22 los peces del mar para que tengan *a* 4672

ABATIDO *Véase Abatir*

ABATIMIENTO
Sal 136.23 en nuestro *a* se acordó de nosotros 8216
Pr 18.12 se eleva... antes de la honra es el *a* 6038
Lm 3.19 acuérdate de mi aflicción y de mi *a* 4789
Mi 6.14 comerás... y tu *a* estará en medio de ti 3445

ABATIR
Gn 41.6,23 siete espigas... *abatidas* del viento 7710
Jue 4.23 así *abatió* Dios... a Jabín rey de Canaan 3665
11.35 hija mía! en verdad me has *abatido*, y 3766
20.45 y de ellos fueron *abatidos* cinco mil 5221
1 S 2.7 Jehová empobrece... *abate* y enaltece 8213
2 S 22.28 sobre los altivos para *abatirlos* 8213
Job 9.13 debajo de él se *abaten* los que ayudan 7817
22.29 fueren *abatidos*... Enaltecimiento habrá 8213
24.24 y son *abatidos* como todos los demás 7092
29.24 me reía... no *abatían* la luz de mi rostro 5307
40.11 tu ira, mira a todo altivo... y *abátelo* 8213
Sal 42.5,11 ¿por qué te *abates*, oh alma mía 7817
42.6 Dios mío, mi alma está *abatida* en mí 7817
43.5, por qué te *abates* oh alma mía, y por 7817
51.8 se recrearán los huesos que has *abatido* 1794
57 6 se ha *abatido* mi alma; hoyo han cavado 3721
59.11 dispersalos con... y *abátelos* oh Jehová 3381
74.21 no vuelva avergonzado el *abatido* 1790
79 8 vengan pronto tus... estamos muy *abatidos* 1809
106.26 alzó su mano... *abatirlos* en el desierto 5307
107.39 son menoscabados y *abatidos* a causa de ... 7817
119.25 *abatida* hasta el polvo está mi alma 1692
Pr 12.25 la congoja en el corazón... lo *abate* 3384
15.13 por el dolor del corazón el... se *abate* 5218
29.23 la soberbia del hombre le *abate* pero 8213
Ec 12.4 todas las hijas del canto serían *abatidas* 7817
Is 2.11 la altivez de los ojos... será *abatida* 8213
2.12 sobre todo enaltecido, y será *abatido* 8213
2.17 la altivez del hombre será *abatida* y la 7817
5 15 el varón será *abatido* y serán bajados 7817
13.11 haré... *abatiré* la altivez de los fuertes 8213
16.7 gemiréis en gran manera *abatidos* por 5218
16.14 será *abatida* la gloria de Moab, con toda 7034
23.9 para *abatir* a... los ilustres de la tierra 7043
25.11 *abatirá* su soberbia y la destreza de 8213
25.12 *abatirá* la fortaleza de... altos muros 7817
32.19 y la ciudad será del todo *abatida* 8218
46.1 postró Bel, se *abatió* Nebo; sus imágenes 7164
46.2 humillados, fueron *abatidos* juntamente 3766
53.4 le tuvimos por... herido de Dios y *abatido* 6031
57.9 y te *abatiste* hasta la profundidad del 8213
61.1 a predicar buenas nuevas a los *abatidos* 6035
Lm 1.11 mira, oh Jehová... que estoy *abatida* 2151
3.20 porque mi alma está *abatida* dentro de 7743
Ez 17.14 para que el reino fuese *abatido* y no 8217
17.24 que yo Jehová *abatí* el árbol sublime 8213
Abd 2 he aquí... estás *abatido* en gran manera 959
Mt 11.23 **y tú... hasta el Hades serás *abatida*** *2601*
Lc 10.15 **tú, que... hasta el Hades serás *abatida*** *2601*

ABBA
Mr 14.36 **decía: *A*, Padre, todas las cosas son** 5
Ro 8.15 sino... por el cual clamamos: ¡*A*, Padre! 5
Gá 4.6 el Espíritu... el cual clama: ¡*A*, Padre! 5

ABDA
1. Padre de Adoniram, 1 R 4.6 5653
2. Levita en Jerusalén (=Obadías No 3), Neh 11.17 .. 5653

ABDEEL *Padre de Selemías No 6*, Jer 36.26 5655

ABDI
1. Ascendiente de Etán, 1 Cr 6.44, 2 Cr 29.12 5660
2. Uno de los que se casaron con mujeres extranjeras en tiempo de Esdras, Esd 10.26 5660

ABDÍAS
1. Mayordomo del rey Acab
1 R 18.3 Acab llamó a *A* su mayordomo... *A* era 5662
18.4 *A* tomó a cien profetas y los escondió 5662
18.5 dijo, pues, Acab a *A*: Vé por el país a 5662
18.6 Acab fue... *A* fue separadamente por otro 5662
18.7 yendo *A* por el camino, se encontró con 5662
18.16 *A* fue a encontrarse con Acab, y le dio 5662
2. Descendiente de David, 1 Cr 3.21 5662
3. Príncipe de Zabulón, 1 Cr 27.19 5662
4. Príncipe de Judá, 2 Cr 17.7 5662
5. Levita en tiempo del rey Josías, 2 Cr 34.12 5662
6. Profeta, Abd 1 5662

ABDIEL *Descendiente de Gad No. 1*, 1 Cr 5.15 ... 5661

ABDÓN
1. Ciudad de los levitas, Jos 21.30; 1 Cr 6.74 5658
2. Juez de Israel, Jue 12.13,15 5658
3. Hijo de Sasac, 1 Cr 8.23 5658
4. Ascendiente del rey Saúl, 1 Cr 8.30; 9.36 5658
5. Un enviado del rey Josías (=Acbor No 2), 2 Cr 34.20 5658

ABED-NEGO *Compañero de Daniel*
Dn 1.7 puso a Daniel, Beltsasar... Azarías, *A* 5664
2.49 pusiera sobre los negocios... Sadrac... *A* 5665
3.12 unos varones judíos... Sadrac, Mesac y *A* 5665
3.13 dijo con ira... que trajesen a... Mesac y *A* 5665
3.14 y *A*, que vosotros no honráis a mi dios 5665
3.16 y *A* respondieron al rey Nabucodonosor 5665
3.19 se demudó... su rostro contra... Mesac y *A* 5665
3.20 mandó... que atasen a Sadrac, Mesac y *A* 5665
3.22 mató a aquellos que habían alzado a... *A* 5665
3.23 Sadrac, Mesac y *A*... dentro del horno de 5665
3.26 y *A*, siervos del Dios Altísimo, salid 5665
3.26 Sadrac, Mesac y *A* salieron de en medio 5665
3.28 bendito sea el Dios de... *A*, que envió su 5665
3.29 dijere blasfemia contra el Dios de... *A* 5665
3.30 el rey engrandeció a Sadrac, Mesac y *A* 5665

ABEJA
Jue 14.8 en el cuerpo del león había... *a*, y un 1682
Sal 118.12 me rodearon como *a*... enardecieron 1682
Is 7.18 silbará... a la *a* que está en... Asiria 1682

ABEL
1. Hijo de Eva
Gn 4.2 dio a luz a su... *A*... y *A* fue pastor de 1893
4.4 *A* trajo también de los primogénitos de 1893
4.4 miró Jehová con agrado a *A* y... ofrenda 1893
4.8 y dijo Caín a su hermano *A*: Salgamos al 1893
4.8 se levantó contra su hermano *A* y lo mató 1893
4.9 dijo a Caín: ¿Dónde está *A* tu hermano? 1893
4.25 ha sustituido otro hijo en lugar de *A* 1893
Mt 23.35 **desde la sangre de *A* el justo hasta** *6*
Lc 11.51 **desde la sangre de *A* hasta la sangre** *6*
He 11.4 la fe *A* ofreció a Dios más excelente *6*
12.24 la sangre... que habla mejor que la de *A* *6*
2. Ciudad de Manasés (=Abel-bet-Maaca), 2 S 20.18 ... 59

ABEL-BET-MAACA *Ciudad en el norte de Israel (=Abel No. 2 y Abel-maim)*, 2 S 20.14,15 1038
1 R 15.20; 2 R 15.29 62

ABEL-MAIM = *Abel-bet-maaca*, 2 Cr 16.4 ... 66

ABEL-MEHOLA *Ciudad al oriente del Jordán, de donde era el profeta Elías*, Jue 7.22; 1 R 4.12; 19.16 ... 65

ABEL-MIZRAIM *Lugar donde endecharon a Jacob*, Gn 50.11

ABEL-SITIM = *Sitim*, Nm 33.49 ... 63

ABERTURA
Éx 28.32 medio de él por arriba habrá una *a* ... 6310
39.23 su *a*...con un borde alrededor de la *a* ... 6310
Is 2.19 se meterán en...y en las *a* de la tierra ... 4631
Am 6.11 con hendiduras...y la casa menor con *a* ... 1233
Mr 2.4 haciendo una *a*, bajaron el lecho en que
Stg 3.11 por una misma *a* agua dulce y amarga? ... *3692*

ABEZ *Ciudad de Isacar*, Jos 19.20 ... 77

ABI = *Abías No. 7*, 2 R 18.2 ... 21

ABI-ALBÓN *Uno de los 30 valientes de David (=Abiel No. 2)*, 2 S 23.31 ... 45

ABIAM *Rey de Judá (=Abías No. 4)*
1 R 14.31 Roboam...reinó en su lugar *A* su hijo ... 38
15.1 año 18...*A* comenzó a reinar sobre Judá ... 38
15.7 demás hechos de *A*...¿no está escrito en ... 38
15.7 y hubo guerra entre *A* y Jeroboam ... 38
15.8 durmió *A* con sus padres, y lo sepultaron ... 38

ABÍAS
1. Hijo de Samuel, 1 S 8.2; 1 Cr 6.28 ... 29
2. Hijo de Jeroboam No. 1, 1 R 14.1 ... 29
3. Mujer de Hezrón No. 2, 1 Cr 2.24 ... 29
4. Rey de Judá (=Abiam)
1 Cr 3.10 Roboam, cuyo hijo fue *A*, del cual ... 29
2 Cr 11.20 Maaca...le dio a luz *A*, Atai, Ziza ... 29
11.22 y puso Roboam a *A* hijo de...por jefe y ... 29
12.16 Roboam...reinó en su lugar *A* su hijo ... 29
13.1 a los 18 años del rey Jeroboam, reinó *A* ... 29
13.2 y hubo guerra entre *A* y Jeroboam ... 29
13.3 *A* ordenó batalla con un ejército de ... 29
13.4 se levantó *A* sobre el monte de...y dijo ... 29
13.15 Dios desbarató a...Israel delante de *A* ... 29
13.17 *A* y su gente hicieron...una gran matanza ... 29
13.19 siguió *A* a Jeroboam, y le tomó algunas ... 29
13.20 nunca más tuvo...poder en los días de *A* ... 29
13.21 *A* se hizo más poderoso. Tomó 14 mujeres ... 29
13.22 los demás hechos de *A*, sus caminos y ... 29
14.1 durmió *A* con sus padres, y fue sepultado ... 29
Mt 1.7 Salomón engendró a...Roboam a *A*, y *A* a ... 7
5. Descendiente de Benjamín, 1 Cr 7.8 ... 29
6. Sacerdote en tiempo de David, 1 Cr 24.10; Lc 1.5 ... 29
7. Madre de Ezequías, 2 Cr 29.1 ... 29
8. Sacerdote en tiempo de Nehemías, Neh 10.7 ... 29
9. Sacerdote que regresó del cautiverio *(posiblemente =No. 8)*, Neh 12.4,17 ... 29

ABIASAF *Hijo de Coré*, Éx 6.24 ... 23

ABIATAR *Sumo sacerdote en tiempo de David*
1 S 22.20 pero uno...que se llamaba *A*, escapó ... 54
22.21 *A* dio aviso a David de cómo Saúl había ... 54
22.22 dijo David a *A*: Yo sabía que...Doeg el ... 54
23.6 cuando *A* hijo de Ahimelec huyó...a Keila ... 54
23.9 David...dijo a *A* sacerdote: Trae el efod ... 54
30.7 dijo David al sacerdote *A*...Yo te ruego ... 54
30.7 me acerques el efod. Y *A* acercó el efod ... 54
2 S 8.17 y Ahimelec hijo de *A* eran sacerdotes ... 54
15.24 y subió *A* después que todo el pueblo ... 54
15.27 Ahimaas tu hijo, y Jonatán hijo de *A* ... 54
15.29 Sadoc y *A* volvieron el arca de Dios a ... 54
15.35 ¿no estarán allí...sacerdotes Sadoc y *A*? ... 54
15.35 todo...se lo comunicarás a...Sadoc y *A* ... 54
15.36 Ahimaas el de Sadoc y Jonatán el de *A* ... 54
17.15 dijo...Husai a...*A*: Así y así aconsejó ... 54
19.11 David envió a...y *A*, diciendo: Hablad a ... 54
20.25 era escriba, y Sadoc y *A*, sacerdotes ... 54
1 R 1.7 puesto de acuerdo con...el sacerdote *A* ... 54
1.19 ha convidado...al sacerdote *A*, y a Joab ... 54
1.25 ha convidado a...también al sacerdote *A* ... 54
1.42 aquí vino Jonatán hijo del sacerdote *A* ... 54
2.22 tiene también al sacerdote *A*, y a Joab ... 54
2.26 rey dijo al sacerdote *A*: Vete a Anatot ... 54
2.27 así echó Salomón a *A* del sacerdocio de ... 54
2.35 a Sadoc puso el rey por...en lugar de *A* ... 54
4.4 Benaía hijo...Sadoc y *A*, los sacerdotes ... 54
1 Cr 15.11 llamó David a...Sadoc y *A*, y a los ... 54
18.16 y Abimelec hijo de *A* eran sacerdotes ... 54
24.6 delante de Sadoc...Ahimelec hijo de *A* y ... 54
27.34 después de Ahitofel estaba Joiada...y *A* ... 54
Mr 2.26 **cómo entró...siendo A sumo sacerdote** ... *8*

ABIB *Primer mes del año en el calendario de los hebreos*
Éx 13.4 vosotros salís hoy en el mes de *A* ... 24
23.15 yo te mandé, en el tiempo del mes de *A* ... 24
34.18 comerás...mes de *A*...el mes de *A* saliste ... 24
Dt 16.1 guardarás el mes de *A*...de *A* te sacó ... 24

ABIDA *Hijo de Madián*, Gn 25.4; 1 Cr 1.33 ... 28

ABIDÁN *Jefe de Benjamín en tiempo de Moisés*, Nm 1.11; 2.22; 7.60,65; 10.24 ... 27

ABIEL
1. Ascendiente del rey Saúl, 1 S 9.1; 14.51 ... 22
2. Uno de los 30 valientes de David, (=Abi-albón), 1 Cr 11.32 ... 22

ABIERTAMENTE
Mr 1.45 no podía entrar *a* en la ciudad, sino ... *5320*
Jn 7.10 subió a la fiesta, no *a*...en secreto ... *5320*
7.13 pero ninguno hablaba *a* de él, por miedo ... *3954*
10.24 alma? Si tú eres el Cristo, dínoslo *a* ... *3954*
11.54 Jesús ya no andaba *a* entre los judíos ... *3954*
Hch 28.31 predicando el reino...y enseñando...*a* ... *3954*

ABIERTO, A *Véase también Abrir*
Gn 1.20 aves que vuelen...en la *a* expansión de ... 6440
Nm 19.15 toda vasija *a*, cuya tapa no esté bien ... 6605
24.3 dijo Balaam...y dijo el varón de ojos *a* ... 8365
24.4,16 el que oyó...caído, pero *a* los ojos ... 1540
24.15 dijo Balaam...dijo el varón de ojos *a* ... 8365
Jos 8.17 seguir a Israel dejaron la ciudad *a* ... 6605
1 R 8.29 estén tus ojos *a* de noche y de día ... 6605
2 Cr 6.20 que tus ojos estén *a* sobre esta casa ... 6605
6.40 que estén *a* tus ojos y atentos tus oídos ... 6605
7.15 estarán *a* mis ojos y atentos mis oídos ... 6605
Neh 1.6 *a* tus ojos para oír la oración de tu ... 6605
4.13 y en los sitios *a*, puse al pueblo por ... 6708
6.5 Sanbalat envió...una carta *a* en su mano ... 6605
Job 29.19 mi raíz estaba *a* junto a las aguas ... 6605
Sal 5.9 sepulcro *a* en su garganta...su lengua ... 6605
Is 60.11 tus puertas estarán de continuo *a* ... 6605
Jer 5.16 su aljaba como sepulcro *a*...valientes ... 6605
32.11 tomé...la carta de venta...y la copia *a* ... 1540
32.14 esta carta *a*, y ponlas en una vasija ... 1540
32.19 porque tus ojos están *a* sobre todos los ... 6491
Ez 41.12 el edificio...delante del espacio *a* al ... 6440
41.13 y el espacio *a*...cien codos de longitud ... 1508
41.14 el ancho...del espacio *a* al oriente era ... 1508
41.15 del edificio...delante del espacio *a* que ... 1508
42.1 a la cámara...delante del espacio *a* que ... 1508
42.10 enfrente del espacio *a*, y delante del ... 1508
42.13 las cámaras del...delante del espacio *a* ... 1508
Dn 6.10 y *a* las ventanas...se arrodillaba tres ... 6606
Jn 1.51 **veréis el cielo *a*, y a los ángeles de** ... *455*
Hch 7.56 los cielos *a*, y al Hijo del Hombre ... *455*
10.11 vio el cielo *a*, y que descendía algo ... *455*
Ro 3.13 sepulcro *a* es su garganta...lengua ... *455*
He 4.13 todas las cosas están...*a* a los ojos ... *5136*
Ap 3.8 **he puesto delante de ti una puerta *a*** ... *455*
4.1 y he aquí una puerta *a* en el cielo; y la ... *455*
10.2 tenía en su mano un librito *a*; y puso ... *455*
19.11 vi el cielo *a*; y he aquí un caballo ... *455*

ABIEZER
1. Descendiente (o una familia) de Manasés. No. 1 (Véase también Abiezerita), Jos 17.2; Jue 8.2; 1 Cr 7.18 ... 44
2. Miembro de la guardia personal de David, 2 S 23.27; 1 Cr 11.28; 27.12 ... 44

ABIEZERITA *Perteneciente a Abiezer No. 1*
Jue 6.11 debajo de la encina...era de Joás *a* ... 33
6.24 permanece hasta hoy en Ofra de los *a* ... 33
6.34 tocó el cuerno, los *a* se reunieron con ... 44
8.32 Gedeón...fue sepultado en...Ofra de los *a* ... 33

ABIGABAÓN *Ascendiente del rey Saúl*, 1 Cr 8.29 ... 1391

ABIGAIL
1. Mujer de Nabal y luego de David
1 S 25.3 varón se llamaba Nabal, y su mujer, *A* ... 26
25.14 uno de...dio aviso a *A* mujer de Nabal ... 26
25.18 *A* tomó...doscientos panes, dos cueros de ... 26
25.23 cuando *A* vio a David, se bajó...del asno ... 26
25.32 dijo David a *A*: Bendito sea Jehová Dios ... 26
25.36 y *A* volvió a Nabal, y he aquí que él ... 26
25.39 después envió David a hablar con *A* ... 26
25.40 los siervos de David vinieron a *A* en ... 26
25.42 levantándose...*A* con cinco doncellas que ... 26
27.3; 30.5 *A* la que fue mujer de Nabal el de ... 26
2 S 2.2 con él sus dos mujeres, Ahinoam...y *A* ... 26
3.3 Quileab, de *A* la mujer de Nabal el de ... 26
1 Cr 3.1 el segundo, Daniel, de *A* la de Carmel ... 26
2. Hermana de David
2 S 17.25 el cual se había ligado a *A* hija de ... 26
1 Cr 2.16 cuales Sarvia y *A* fueron hermanas ... 26
2.17 *A* dio a luz a Amasa, cuyo padre fue ... 26

ABIGARRADO
Gn 31.10 aquí los machos...eran listados...y *a* ... 1261
31.12 los machos...son listados, pintados y *a* ... 1261

ABIHAIL
1. Padre de Zuriel, Nm 3.35 ... 32
2. mujer de Abisur, 1 Cr 2.29 ... 32
3. Jefe de una familia de Gad, 1 Cr 5.14 ... 32
4. Suegro te Roboam, 2 Cr 11.18 ... 32
5. padre de Ester, Est 2.15; 9.29 ... 32

ABILINIA *Región de Siria*, Lc 3.1 ... *9*

ABIMAEL *Hijo de Joctán*, Gn 10.28; 1 Cr 1.22 ... 39

ABIMELEC
1. Rey de Gerar en tiempo de Abraham
Gn 20.2 y *A* rey de Gerar envió y tomó a Sara ... 40
20.3 Dios vino a *A* en sueños de noche, y le ... 40
20.4 *A* no se había llegado a ella, y dijo ... 40
20.8 *A* se levantó de mañana y llamó a todos ... 40
20.9 después llamó *A* a Abraham, y le dijo ... 40
20.10 *A* a Abraham: ¿Qué pensabas, para que ... 40
20.14 *A* tomó ovejas y vacas, y siervos y ... 40
20.15 *A*: He aquí mi tierra está delante de ti ... 40
20.17 y Dios sanó a *A* y a su mujer, y a sus ... 40
20.18 cerrado...toda matriz de la casa de *A* ... 40
21.22 *A*, y Ficol príncipe de su ejército, a ... 40
21.25 y Abraham reconvino a *A* a causa de un ... 40
21.25 que los siervos de *A* le habían quitado ... 40
21.26 y respondió *A*: No sé quién haya hecho ... 40
21.27 tomó Abraham ovejas y vacas, y dio a *A* ... 40
21.29 dijo *A* a Abraham: ¿Qué significan esas ... 40
21.32 se levantó *A*, y Ficol príncipe de su ... 40
2. Rey de Gerar en tiempo de Isaac
Gn 26.1 se fue Isaac a *A* rey de los filisteos ... 40
26.8 *A*, rey de los filisteos, mirando por una ... 40
26.9 llamó *A* a Isaac, y le dijo: He aquí ella ... 40
26.10 *A* dijo: ¿Por qué nos has hecho esto? ... 40
26.11 *A* mandó a todo el pueblo, diciendo: El ... 40
26.16 dijo *A* a Isaac: Apártarte de nosotros ... 40
26.26 y *A* vino a él desde Gerar, y Ahuzat ... 40
3. Hijo de Gedeón
Jue 8.31 dio un hijo, y le puso por nombre *A* ... 40
9.1 *A* hijo de Jerobaal fue a Siquem, a los ... 40
9.3 el corazón de...se inclinó a favor de *A* ... 40
9.4 *A* alquiló hombres ociosos y vagabundos ... 40
9.6 fueron y eligieron a *A* por rey, cerca de ... 40
9.16 si...habéis procedido en hacer rey a *A* ... 40
9.18 os habéis puesto por rey...a *A* hijo de su ... 40
9.19 que gocéis de *A*, y él goce de vosotros ... 40
9.20 fuego salga de *A*...y fuego...consuma a *A* ... 40
9.21 allí se estuvo por miedo de *A* su hermano ... 40
9.22 *A* hubo dominado sobre Israel tres años ... 40
9.23 mal espíritu entre *A* y los...de Siquem ... 40
9.23 y los de Siquem se levantaron contra *A* ... 40
9.24 y la sangre de ellos, recayera sobre *A* ... 40
9.25 Siquem...de la cual fue dado aviso a *A* ... 40
9.27 entrando en el templo...maldijeron a *A* ... 40
9.28 ¿quién es *A*, y qué es Siquem, para que ... 40
9.29 yo arrojaría luego a *A*, y diría a *A* ... 40
9.31 y envió secretamente mensajeros a *A* ... 40
9.34 levantándose...*A* y todo el pueblo que con ... 40
9.35 *A* y todo el pueblo...se levantaron de la ... 40
9.38 ¿quién es *A* para que le sirvamos? ¿No ... 40
9.39 Gaal salió...de Siquem, y peleó contra *A* ... 40
9.40 mas lo persiguió *A*, y Gaal huyó...de él ... 40
9.41 *A* se quedó en Aruma; y Zebul echó fuera ... 40
9.42 el pueblo salió...y fue dado aviso a *A* ... 40
9.44 *A* y la compañía...con él acometieron con ... 40
9.45 *A* peleó contra la ciudad todo aquel día ... 40
9.47 y fue dado aviso a *A*, de que estaban ... 40
9.48 subió *A* al monte...y tomó *A* un hacha en ... 40
9.49 siguieron a *A*, y las pusieron junto a ... 40
9.50 *A* se fue a Tebes, y puso sitio a Tebes ... 40
9.52 y vino *A* a la torre, y combatiéndola ... 40
9.53 caer un pedazo de una rueda...sobre...*A* ... 40
9 55 y cuando...vieron muerto a *A*, se fueron ... 40
9.56 pagó Dios a *A* el mal que hizo contra ... 40
10.1 después de *A* se levantó para librar a ... 40
2 S 11.21 ¿quién hirió a *A* hijo de Jerobaal? ... 40
4. Sacerdote (=Ahimelec No. 2), 1 Cr 18.16 ... 40
5. Rey de Gad (=Aquis No. 1), Sal 34 *tít* ... 40

ABINADAB
1. Israelita en cuya casa se cuidaba el arca
1 S 7.1 la pusieron en casa de *A*, situada en ... 41
2 S 6.3 llevaron de la casa de *A*, que estaba ... 41
6.3 Uza...hijos de *A*, guiaban el carro nuevo ... 41
6.4 cuando lo llevaban de la casa de *A*, que ... 41
1 Cr 13.7 llevaron el arca...de la casa de *A* en ... 41
2. Hijo de Isaí
1 S 16.8 llamó Isaí a *A*...hizo pasar delante ... 41
17.13 eran...el segundo *A*, y el tercero Sama ... 41
1 Cr 2.13 Isaí engendró a...el segundo *A*, Simea ... 41
3. Hijo del rey Saúl
1 S 31.2 mataron a...*A* y a Malquisúa, hijos de ... 41
1 Cr 8 33 engendró a Jonatán, Malquisúa, *A* y ... 41
9.39 Saúl engendró a Jonatán...*A* y Es-baal ... 41
10.2 mataron los filisteos a Jonatán, a *A* ... 41
4. Padre de un oficial de Salomón, 1 R 4.11 ... 41

ABINOAM *Padre de Barac*, Jue 4.6,12; 5.1,12 ... 42

ABIRAM
1. Compañero de Coré y Datán
Nm 16.1 Datán y *A* hijos de Eliab, y On hijo ... 48
16.12 y envió Moisés a llamar a Datán y *A* ... 48
16.24 apartaos...de la tienda de...Datán y *A* ... 48
16.25 Moisés se levantó y fue a Datán y a *A* ... 48
16.27 y se apartaron de las tiendas de...de *A* ... 48
16.27 Datán y *A* salieron y sr pusieron a las ... 48
26.9 los hijos de Eliab: Nemuel, Datán y *A* ... 48
26.9 estos Datán y *A* fueron los del consejo ... 48
Dt 11.6 que hizo con Datán y *A*, hijos de Eliab ... 48
Sal 106.17 la tierra...cubrió la compañía de *A* ... 48
2. Primogénito de Hiel de Bet-el, 1 R 16.34 ... 48

ABISAG *Virgen que servía a David en su vejez*
1 R 1.3 y hallaron a *A*...y la trajeron al rey ... 49
1.15 el rey era muy viejo, y *A* sunamita le ... 49
2.17 para que me dé *A* sunamita por mujer ... 49
2.21 Dese *A*...por mujer a tu hermano Adonías ... 49
2.22 por qué pides a *A* sunamita para Adonías? ... 49

ABISAI *Hijo de Sarvia, hermana de Datán*
1 S 26.6 dijo...a *A* hijo de Sarvia, hermano de ... 52
26.6 ¿quién...y dijo *A*: Yo descenderé contigo ... 52
26.7 David, pues, y *A*, fueron de noche al ... 52
26.8 dijo *A* a David: Hoy ha entregado Dios ... 52
26.9 David respondió a *A*: No le mates; porque ... 52
2 S 2.18 estaban allí los 3...Joab, *A* y Asael ... 52
2.24 Joab y *A* siguieron a Abner; y se puso ... 52
3.30 Joab...y *A* su hermano, mataron a Abner ... 52
10.10 el resto del ejército en mano de *A* su ... 52
10.14 huyeron también ellos delante de *A* ... 52
16.9 *A*...dijo al rey: ¿Por qué maldice este ... 52
16.11 dijo David a *A*...He aquí, mi hijo que ... 52
18.2 una tercera parte bajo el mando de *A* ... 52

18.5 y el rey mandó a...*A* y a Itai, diciendo 52
18.12 el rey te mandó a ti y a *A*...diciendo 52
19.21 respondió *A*...¿No ha de morir por esto 52
20.6 dijo David a *A*: Seba hijo de Bicri nos 52
20.10 Joab y...*A* fueron en persecución de Seba 52
21.17 mas *A*...llegó en su ayuda, e hirió al 52
23.18 y *A*...fue el principal de los treinta 52
1 Cr 2.16 hijos de Sarvia...*A*, Joab y Asael 52
11.20 y *A*...era jefe de los treinta, el cual 52
18.12 *A* destrozó en el...a 18.000 edomitas 52
19.11 puso luego el resto...en mano de *A* su 52
19.15 huyeron también ellos delante de *A* su 52

ABISALOM = *Absalón*, 1 R 15.2,10 53

ABISMAR
Job 37.20 el hombre razone, quedará...*abismado* 1104

ABISMO
Gn 1.2 tinieblas estaban sobre la faz del *a* 8415
7.11 fueron rotas...las fuentes del grande *a* 8415
8.2 y se cerraron las fuentes del *a* y las 8415
49.25 con bendiciones del *a* que está abajo 8415
Éx 15.5 los *a* los cubrieron; descendieron a 8415
15.8 los *a* se cuajaron en medio del mar 8415
Dt 33.13 bendita de...con el *a* que está abajo 8415
Job 28.14 el *a* dice: No está en mí; y el mar 8415
38.16 mar, y has andado escudriñando el *a*? 8415
38.30 de piedra, y se congela la faz del *a* 8415
41.32 en pos de sí...parece que el *a* es cano 8415
Sal 18.15 aparecieron los *a* de las aguas y 650
33.7 aguas...él pone en depósitos los *a* 8415
36.6 tu justicia es...tus juicios, *a* grande 8415
42.7 *a* llama a otro a la voz de tus cascadas 8415
69.2 he venido a *a* de aguas, y la corriente 4688
69.15 ni me trague el *a*, ni el pozo cierre 4688
71.20 me levantarás de los *a* de la tierra 8415
77.16 aguas...los *a* también se estremecieron 8415
78.15 y les dio a beber como de grandes *a* 8415
104.6 con el *a*, como...vestido, la cubriste 8415
106.9 hizo ir por el *a* como por un desierto 8415
107.26 suben a los cielos, descienden a los *a* 8415
135.6 lo hace...en los mares y en todos los *a* 8415
140.10 en *a* profundos de donde no salgan 4113
148.7 alabad a Jehová desde la...todos los *a* 8415
Pr 1.12 y enteros, como los que caen en un *a* 953
3.20 con su ciencia los *a* fueron divididos 8415
8.24 antes de los *a* fui engendrada; antes que 8415
8.27 trazaba el círculo sobre la faz del *a* 8415
8.28 cielos...cuando afirmaba las fuentes del *a* 8415
23.27 porque *a* profundo es la ramera, y pozo 6013
Is 14.15 derribado eres...a los lados del *a* 953
51.10 eres tú el que secó...aguas del gran *a* 8415
63.13 el que los condujo por los *a*, como un 8415
Ez 26.19 haré subir sobre ti el *a*...te cubrirían 8415
31.4 lo hicieron crecer, lo encumbró el *a* 8415
31.15 hice cubrir por él el *a*, y detuve sus 8415
Am 7.4 y consumió un gran *a*, y consumió una 8415
Jon 2.5 rodeóme el *a*; el alga se enredó a mi 8415
Hab 3.10 el *a* dio su voz, a lo alto alzó sus 8415
Lc 8.31 le rogaban que no les mandase ir al *a* *12*
Ro 10.7 quién descenderá al *a*? (esto es, para *12*
Ap 9.1 y se le dio la llave del pozo del *a* *12*
9.2 y abrió el pozo del *a*, y subió humo del *12*
9.11 y tienen por rey...al ángel del *a*, cuyo *12*
11.7 la bestia que sube del *a* hará guerra *12*
17.8 está para subir del *a* e ir a perdición *12*
20.1 vi a un ángel que...con la llave del *a* *12*
20.3 lo arrojó al *a*, y lo encerró, y puso su *12*

ABISÚA
1. Descendiente de Aarón, 1 Cr 6.4,5,50; Esd 7.5 50
2. Descendiente de Benjamín, 1 Cr 8.4 50

ABISUR *Descendiente de Jerameel*, 1 Cr 2.28,29 ... 51

ABITAL *Mujer de David*, 2 S 3.4; 1 Cr 3.3 37

ABITOB *Descendiente de Benjamín*, 1 Cr 8.11 36

ABIÚ *Hijo de Aarón*
Éx 6.23 la cual dio a luz a Nadab, *A*, Eleazar 30
24.1 sube ante Jehová, tú...Nadab, y *A*, y 70 30
24.9 subieron...*A*, y setenta de los ancianos 30
28.1 harás llegar...Nadab, *A*, Eleazar e Itamar 30
Lv 10.1 Nadab y *A*...tomaron...uno su incensario 30
Nm 3.2 de Aarón: Nadab...*A*, Eleazar e Itamar 30
3.4 pero Nadab y *A* murieron delante de Jehová 30
26.60 a Aarón le nacieron Nadab, *A*, Eleazar 30
26.61 Nadab y *A* murieron cuando ofrecieron 30
1 Cr 6.3; 24.1 los hijos de Aarón: Nadab, *A* 30
24.2 Nadab y *A* murieron antes que su padre 30

ABIUD
1. Descendiente de Benjamín, 1 Cr 8.3 30
2. Hijo de Zorobabel, Mt 1.13 .... *10*

ABLANDAR
Sal 65.10 la *ablandas* con lluvias, bendices 4127
Pr 7.5 de la extraña que *ablanda* sus palabras 2505

ABLUCIÓN
He 9.10 ya que consiste sólo...de diversas *a* *909*

ABNER *General del ejército del rey Saúl*
1 S 14.50 nombre del general...*A*, hijo de Ner 74
14.51 Ner padre de *A*, fueron hijos de Abiel 74
17.55 a *A*...*A*,...¿de quién es hijo ese joven? 74
17.55 ¿de quién es hijo ese...Y *A* respondió 74
17.57 *A* lo tomó y lo llevó delante de Saúl 74
20.25 se sentó *A* al lado de Saúl, y el lugar 74
26.5 miró...el lugar donde dormían Saúl y *A* 74
26.7 *A* y el ejército...tendidos alrededor de 74
26.14 dio voces David al pueblo, y a *A* hijo 74
26.14 ¿no respondes, *A*...*A* respondió y dijo 74
26.15 dijo David a *A*: ¿No eres tú un hombre? 74
2 S 2.8 pero *A* hijo de Ner...tomó a Is-boset 74
2.12 *A*...salió de Mahanaim a Gabaón con los 74
2.14 y dijo *A* a Joab: Levántense ahora los 74
2.17 y *A*...fueron vencidos por los siervos de 74
2.19 siguió Asael tras de *A*, sin apartarse ni 74
2.20 y miró...*A*, y dijo: ¿No eres tú Asael? 74
2.21 *A* le dijo: Apártate a la derecha o a la 74
2.22 *A* volvió a decir a Asael: Apártate de en 74
2.23 lo hirió *A* con el regatón de la lanza 74
2.24 Joab y Abisai y siguieron a *A*; y se puso 74
2.25 juntaron...en pos de *A* formando un solo 74
2.26 *A* dio voces a Joab...¿Consumirás la espada 74
2.29 y *A* y los suyos caminaron por el Arabá 74
2.30 Joab también volvió de perseguir a *A* 74
2.31 hirieron...de los de *A*, a 360 hombres 74
3.6 que *A* se esforzaba por la casa de Saúl 74
3.7 Is-boset a *A*: ¿Por qué te has llegado a 74
3.8 se enojó *A*...por las palabras de Is-boset 74
3.9 así haga Dios a *A* y aun le añada, si como 74
3.11 no pudo responder palabra a *A*...le temía 74
3.12 envió *A* mensajeros a David de su parte 74
3.16 le dijo *A*: Anda, vuélvete...él se volvió 74
3.17 y habló *A* con los ancianos de Israel 74
3.19 habló también *A* a los de Benjamín; y fue 74
3.19 fue...*A* a Hebrón a decir a David todo lo 74
3.20 vino, pues, *A*...David hizo banquete a *A* 74
3.21 y dijo *A* a David: Yo me levantaré e iré 74
3.21 David despidió...a *A*, y el se fue en paz 74
3.22 *A* no estaba con David en Hebrón, pues ya 74
3.23 *A* hijo de Ner ha venido al rey, y él le 74
3.24 *A* vino a ti; ¿por qué...le dejaste que se 74
3.25 tú conoces a *A* hijo de Ner. No ha venido 74
3.26 saliendo Joab...envió mensajeros tras *A* 74
3.27 cuando *A* volvió a Hebrón, Joab lo llevó 74
3.28 inocente soy...de la sangre de *A* hijo de 74
3.30 Joab...y Abisai su hermano, mataron a *A* 74
3.31 ceñíos de...y haced duelo delante de *A* 74
3.32 y sepultaron a *A* en...al sepulcro de *A* 74
3.33 y endechando el rey al mismo *A*, decía 74
3.33 ¿había de morir *A*...muere un villano? 74
3.37 que no...del rey el matar a *A* hijo de Ner 74
4.1 oyó...que *A* había sido muerto en Hebrón 74
4.12 y la enterraron en el sepulcro de *A* en 74
1 R 2.5 que hizo a...*A* hijo de Ner y a Amasa 74
2.32 mató...a *A* hijo de Ner...a Amasa, general 74
1 Cr 26.28 que había consagrado...*A* hijo de Ner 74
27.21 de los de Benjamín, Jaasiel hijo de *A* 74

ABOFETEAR
Mt 26.67 de puñetazos, y otros le *abofeteaban* *4474*
1 Co 4.11 estamos desnudos...somos *abofeteados* *2852*
2 Co 12.7 mensajero de Satanás...me *abofetee* *2852*
1 P 2.20 sois *abofeteados*, y lo soportáis? *2852*

ABOGADO
1 Jn 2.1 si alguno hubiere pecado, *a* tenemos *3875*

ABOGAR
Sal 74.22 levántale, oh Dios, *aboga* tu causa 7378
Pr 18.17 justo parece el primero que *aboga* por 7223
Is 51.22 tu Dios, el cual *aboga* por su pueblo 7378
Jer 50.34 de cierto *abogará* la causa de ellos 7378
Lm 3.58 *abogaste*, Señor, la causa de mi alma 7378

ABOLIR
2 Co 3.13 de aquello que había de ser *abolido* *2673*
Ef 2.15 *aboliendo* en su carne las enemistades *2673*

ABOMINABLE
Gn 34.30 me habéis turbado con hacerme *a* a los 887
Éx 5.21 nos habéis hecho *a* delante de Faraón 887
Lv 11.43 no hagáis *a* vuestras personas con 8262
18.30 guardad...no haciendo las costumbres *a* 8441
Dt 7.26 no traerás cosa *a* a...no seas anatema 8441
12.31 cosa *a*...hicieron ellos a sus dioses 8441
14.3 nada *a* comerás 8441
1 S 13.4 que...se había hecho *a* a los filisteos 887
27.12 él se ha hecho *a* a su pueblo de Israel 887
1 R 11.5 y a Milcom, ídolo *a* de los amonitas 8251
11.7 lugar alto a Quemos, ídolo *a* de Moab 8251
11.7 a Moloc, ídolo *a* de los hijos de Amón 8251
21.26 él fue en gran manera *a*, caminando en 8581
2 R 16.3 según...prácticas *a* de las naciones 8441
23.13 a Quemos ídolo *a*...y a Milcom ídolo *a* 8441
1 Cr 21.6 porque la orden del rey...*a* a Joab 8581
2 Cr 15.8 quitó los ídolos *a* de la tierra 8251
Job 7.5 costras de polvo, mi piel hendida y *a* 3988
15.16 ¿cuánto menos el hombre *a* y vil, que 8581
Sal 14.1 se han corrompido, hacen obras *a*; no 8581
53.1 se han corrompido, e hicieron *a* maldad 8581
Pr 28.9 aparta su oído...oración también es *a* 8441
Is 14.19 tú echado eres de tu...como vástago *a* 8581
66.24 los cadáveres...serán *a* a todo hombre 1860
Jer 2.7 entrasteis...e hicisteis *a* mi heredad 8441
44.4 no hagáis esta cosa *a* que yo aborreces 8441
Ez 7.20 hicieron de ello...de sus *a* ídolos 8441
8:10 y bestias *a*, y todos los ídolos de la 8263
16.25 hiciste *a* tu hermosura, y te ofreciste 8581
16.52 que tú hiciste, más *a* que los de ellas 8581
Os 9.10 se hicieron *a* como aquello que amaron 8251
Hch 10.28 sabéis cuán *a* es para un varón judío *111*
Tit 1.16 siendo *a* y rebeldes, reprobados en *947*
1 P 4.3 andando en lascivia...y *a* idolatrías *111*
Ap 21.8 los *a* y homicidas...tendrán su parte en *948*

ABOMINACIÓN
Gn 34.14 incircunciso...entre nosotros es *a* 2781
43.32 comer pan con los...es *a* a los egipcios 8441
46.34 para los egipcios es *a* todo pastor de 8441
Éx 8.26 ofreceríamos a...la *a* de los egipcios 8441
8.26 si sacrificáramos la *a* de los egipcios 8441
Lv 7 18 *a* será, y la persona que de él comiere 6292
7.21 la persona que tocare...o cualquier *a* 8263
11.10 no tienen aletas...los tendréis en *a* 8263
11.11 os; serán...*a*; de su carne no comeréis 8263
11.12 que no tuviere aletas...tendréis en *a* 8263
11.13 y de las aves, éstas tendréis en *a* 8262
11.13 no se comerán, serán *a*...el águila, el 8263
11.20,23 todo insecto alado...tendréis en *a* 8263
11.41 reptil que se arrastra sobre la...es *a* 8263
11.42 arrastra...no lo comeréis, porque es *a* 8263
18.22 no te...con varón como con mujer; es *a* 8441
18.26 y no hagáis ninguna de estas *a*, ni el 8441
18.27 todas estas *a* hicieron los hombres de 8441
18.29 cualquiera que hiciera...todas estas *a* 8441
19.7 y si se comiere el día tercero, será *a* 6292
20.13 *a* hicieron; ambos han de ser muertos 8441
20.23 hicieron todas estas...y los tuve en *a* 6973
Dt 7.25 oro de ellos es *a* a Jehová tu Dios 8441
13.14 si pareciere verdad que tal *a* se hizo 8441
17.1 cosa mala, pues es *a* a Jehová tu Dios 8441
17.4 cierta, que tal *a* ha sido hecho en Israel 8441
18.9 no aprenderás a hacer según las *a* de 8441
18.12 *a* para con Jehová cualquiera que hace 8441
18.12 por estas *a* Jehová tu Dios echa estas 8441
20.18 que no os enseñen a hacer según...sus *a* 8441
22.5 *a* es a Jehová tu Dios cualquiera que hace 8441
23.18 *a* es a Jehová tanto lo uno como lo otro 8441
24.4 porque es *a* delante de Jehová, y no has 8441
25.16 *a* es a Jehová tu Dios cualquiera que 8441
27.15 *a* a Jehová, obra de mano de artífice 8441
29.17 y habéis visto sus *a* y sus ídolos de 8251
32.16 despertaron...lo provocaron a ira con *a* 8441
Jue 20.10 le hagan conforme a toda la *a* que 5039
1 R 14.24 hicieron...las *a* de las naciones que 8441
2 R 21.2 hizo lo malo...las *a* de las naciones 8441
21.11 por cuanto Manasés...ha hecho estas *a* 8441
23.24 barrió Josías a...las *a* que se veían en 8251
2 Cr 28.3 conforme a las *a* de las naciones que 8441
33.2 hizo...conforme a las *a* de las naciones 8441
34.33 quitó Josías todas las *a* de toda la 8441
36.8 hechos de Joacim, y las *a* que hizo, y lo 8441
36.14 siguiendo todas las *a* de las naciones 8441
Esd 9.1 no...separado...hacen conforme a sus *a* 8441
9.11 por las *a* de que la han llenado de uno 8441
9.14 a emparentar con...que cometen estas *a*? 8441
Neh 9.18 hicieron...becerro...y cometieron...*a* 5007
9.26 provocaron a ira...e hicieron grandes *a* 5007
Sal 88.8 has puesto por *a* ellos; encerrado 8441
Pr 11.1 el peso falso es *a* a Jehová; mas la 8441
11.20 *a* son a Jehová...perversos de corazón 8441
12.22 los labios mentirosos son *a* Jehová 8441
13.19 apartarse del mal es *a* a los necios 8441
15.8 sacrificio de los impíos es *a* a Jehová 8441
15.9 *a* es a Jehová el camino del impío, mas 8441
15.26 *a* son a Jehová...pensamientos del malo 8441
16.5 *a* es a Jehová todo altivo de corazón 8441
16.12 *a* es a...reyes hacer impiedad, porque 8441
17.15 y el...ambos son igualmente *a* Jehová 8441
20.10 pesa falsa y medida falsa...*a* a Jehová 8441
20.23 *a* son a Jehová las pesas falsas, y la 8441
21.27 el sacrificio de los impíos es *a* 8441
24.9 necio...*a* a los hombres el escarnecedor 8441
26.25 no...porque siete *a* hay en su corazón 8441
29.27 *a* es a los justos el hombre inicuo 8441
29.27 y *a* es al impío el de caminos rectos 8441
Is 1.13 el incienso me es *a*; luna nueva y día 8441
41.24 sois...vanidad; *a* es el que os escogió 8441
44.19 la comí. ¿Haré del resto de él una *a*? 8441
66.3 propios caminos, y su alma amó sus *a* 8251
Jer 4.1 si quitares de delante de mí tus *a* 8251
6.15 ¿se han avergonzado de haber hecho *a*? 8441
7.10 para seguir haciendo todas estas *a*? 8441
7.30 pusieron sus *a* en la casa sobre la cual 8251
8.12 ¿se han avergonzado de haber hecho *a*? 8441
11.15 en mi casa, habiendo hecho muchas *a*? 4209
13.27 en el campo vi tus *a*. ¡Ay...Jerusalén! 8251
16.18 ídolos, y de sus *a* llenaron mi heredad 8441
32.34 pusieron sus *a* en la casa en la cual 8251
32.35 ni me vino al...que hiciesen esta *a* 8441
44.22 a causa de las *a* que habíais hecho 8441
Lm 1.17 Jerusalén fue objeto de *a* entre ellos 5079
3.45 nos volviste en oprobio y *a* en medio de 3973
Ez 5.9 haré en ti lo...a causa de todas tus *a* 8441
5.11 profanado mi santuario con todas tus *a* 8441
6.9 de los males que hicieron en todas sus *a* 8441
6.11 por todas las grandes *a* de la casa de 8441
7.3 juzgaré...y pondré sobre ti todas tus *a* 8441
7.4 en medio de ti estarán tus *a*; y sabréis 8441
7.8 te juzgaré según...pondré sobre ti tus *a* 8441
7.9 tus caminos...en medio de ti estarán tus *a* 8441
8.6 ¿no ves...las grandes *a*...verás *a* mayores 8441
8.9 y ve las malvadas *a* que éstos hacen allí 8441
8.13 me dijo...verás *a* mayores que hacen éstos 8441
8.15 vuélvete aún, verás *a* mayores que estas 8441
8.17 ¿es cosa liviana...hacer las *a* que hacen 8441
9.4 a causa de todas las *a* que se hacen en 8441
11.18 allá, y quitarán de ella...todas sus *a* 8441
11.21 anda tras...sus idolatrías y de sus *a* 8441
12.16 para que cuentan todas sus *a* entre las 8441
14.6 apartad vuestro rostro de...vuestras *a* 8441
16.2 de hombre, notifica a Jerusalén sus *a* 8441
16.22 con todas tus *a* y tus fornicaciones no 8441
16.36 a los ídolos de tus *a*, y en la sangre 8441
16.47 ni hiciste según sus *a*; antes, como si 8441
16.50 e hicieron *a* delante de mí, y cuando lo 8441

16.51 multiplicaste tus *a* más que ellas 8441
16.51 has justificado a tus...con todas las *a* 8441
16.58 el castigo de tu...y de tus *a* 8441
18.12 alzaré sus ojos a...ídolos e hiciere *a* 8441
18.13 todas estas *a* hizo; de cierto morirá 8441
18.24 hiciera...*a* que el impío hizo, ¿vivirá 8441
20.4 hazles conocer las *a* de sus padres 8441
20.7 cada uno eche de sí las *a* de delante de 8251
20.8 no echó de sí cada uno las *a* de delante 8251
20.30 os contamináis y fornicáis tras sus *a* 8251
22.2 juzgarás...y le mostrarás todas sus *a*? 8441
22.11 uno hizo *a* con la mujer de su prójimo 8441
23.36 y a Aholiba, y les denunciarás sus *a*? 8441
33.26 hicisteis *a*, y contaminasteis cada cual 8441
33.29 convierta la tierra en soledad...las *a* 8441
36.31 y os avergonzaréis de...por vuestras *a* 8441
37.23 con sus *a* y con todas sus rebeliones 8251
43.8 contaminando mi santo nombre con sus *a* 8441
44.6 basta ya de todas vuestras *a*, oh casa de 8441
44.7 de invalidar mi pacto con...vuestras *a* 8441
44.13 sino que llevarán...las *a* que hicieron 8441
Dn 9.27 con...de las *a* vendrá el desolador 8251
11.31 tropas que...pondrán la *a* desoladora 8251
12.11 hasta la *a* desoladora habrá 1.290 días 8251
Os 6.9 como ladrones que...así cometieron *a* 2154
Zac 9.7 quitaré...sus *a* de entre sus dientes 8251
Mal 2.11 y en Jerusalén se ha cometido *a* 8441
Mt 24.15 **cuando veáis...*a* desoladora de que** *946*
Mr 13.14 **cuando veáis la *a* desoladora de que** *946*
Lc 16.15 **por sublime, delante de Dios es *a*** *946*
Ap 17.4 tenía...un cáliz de oro lleno de *a* y *946*
17.5 Babilonia...la madre...*a* de la tierra *946*
21.27 no entrará en ella...hace *a* y mentira *946*

ABOMINAR
Lv 11.11 y *abominaréis* sus cuerpos muertos 8262
26.11 mi morada...y mi alma no os *abominará* 1602
26.30 lugares altos...mi alma os *abominará* 1602
26.44 yo...ni los *abominaré* para consumirlos 1602
Dt 7.26 y la *abominarás*, porque es anatema 8581
Job 7.16 *abomino* de mi vida; no he de vivir 3988
9.31 y mis propios vestidos me *abominarán* 8581
30.10 me *abominan*, se alejan de mí, y aun de 8581
Sal 5.6 hombre sanguinario...*abominará* Jehová 8581
22.24 ni *abominó* la aflicción del afligido 8262
106.40 el furor de Jehová...*abominó* su heredad 8581
107.18 su alma *abominó* todo alimento, y 8581
119.163 mentira aborrezco y *abomino*; tu ley 8581
Pr 3.32 porque Jehová *abomina* al perverso; mas 8441
6.16 seis cosas...y aun siete *abomina* su alma 8441
8.7 boca...y la impiedad *abominan* mis labios 8441
Is 5.24 y *abominaron* la palabra del Santo de 5006
49.7 ha dicho...al *abominado* de las naciones 8581
Am 5.10 y al que hablaba lo recto *abominaron* 8581
5.21 *abominé* vuestras solemnidades, y no me 3988
6.8 ha dicho: *abomino* la grandeza de Jacob 8374
Mi 3.9 *abomináis* el juicio, y pervertís todo 8581
Ro 2.22 que *abominas* de los ídolos, ¿cometes *948*

ABONAR
Lc 13.8 **cave alrededor de ella, y la *abone*** *2874*

ABORRECEDOR
Dt 30.7 y sobre tus *a* que te persiguieron 8130
Is 61.8 y *a* del latrocinio para holocausto 8130
Lm 1.5 *a* fueron prosperados, porque Jehová 341
Ro 1.30 *a* de Dios, injuriosos, soberbios *2319*
2 Ti 3.3 sin afecto...crueles, *a* de lo bueno *865*

ABORRECER
Gn 26.27 pues que me habéis *aborrecido*, y me 8130
27.41 y *aborreció*...a Jacob por la bendición 7852
37.4 le *aborrecían*, y no podían hablarle 8130
37.5 ellos llegaron a *aborrecerle* más todavía 8130
37.8 le *aborrecieron* aun más a causa de sus 8130
49.23 asaetearon...*aborrecieron* los arqueros 7852
50.15 quizá nos *aborrecerá* José, y nos dará 7852
Éx 18.21 varones...que *aborrezcan* la avaricia 8130
20.5 cuarta generación de...que me *aborrecen* 8130
23.5 vieres el asno del que le *aborrece* caído 8130
Lv 19.17 no *aborrecerás* a tu hermano en tu 8130
26.17 los que os *aborrecen* se enseñorearán 8130
Nm 10.35 y huyan de tu...los que te *aborrecen* 8130
11.20 hasta que...lo *aborrezcáis*, por cuanto 2214
Dt 1.27 nos *aborrece*, nos ha sacado de...Egipto 8135
5.9 y cuarta generación de...que me *aborrecen* 8130
7.10 y que da el pago en...al que le *aborrece* 8130
7.15 pondrá sobre...los que te *aborrecieren* 8130
7.26 del todo la *aborrecerás* y...es anatema 8581
9.28 los *aborrecía*, los sacó para matarlos 8135
12.31 toda cosa...que Jehová *aborrece*, hicieron 8441
16.22 estatua, lo...*aborrece* Jehová tu Dios 8130
19.11 alguno que *aborreciere* a su prójimo y 8130
21.15 la una amada y la otra *aborrecida*, y la 8130
21.15 y la *aborrecida* le hubieren dado hijos 8130
21.15 hijo primogénito fuere de la *aborrecida* 8146
21.16 preferencia al hijo de la *aborrecida* 8130
21.17 mas al hijo de la *aborrecida* reconocerá 8130
22.13 alguno tomare mujer, y...la *aborreciere* 8130
22.16 yo di mi hija a este...y él la *aborrece* 8130
23.7 no *aborrecerás* al edomita, porque es tu 8581
23.7 no *aborrecerás* al egipcio...forastero 8581
24.3 pero si la *aborreciere* este último, y 8130
32.41 la retribución a los que me *aborrecen* 8130
33.11 hiere los...de los que lo *aborrecieren* 8130
Jue 11.7 Jefté respondió...¿No me *aborrecisteis* 8130
14.16 solamente me *aborreces*, y no me amas 8130
15.2 me persuadí de que la *aborrecías*, y la 8130
2 S 5.8 ciegos *aborrecidos* del alma de David 8130
13.15 luego la *aborreció* Amnón con tan gran 8130
13.15 el odio con que la *aborreció* fue mayor 8130
13.22 Absalón *aborrecía* a Amnón, porque 8130
19.6 amando a los que te *aborrecen*...te aman
19.6 *aborreciendo* a los que te aman; porque 8130
22.18 me libró...y de los que me *aborrecían* 8130
22.41 yo destruyese a los que me *aborrecen* 8130
1 R 11.25 *aborreció* a Israel, y reinó sobre 6973
22.8 le *aborrezco*...nunca me profetiza bien 8130
2 Cr 18.7 yo le *aborrezco*...nunca me profetiza 8130
19.2 y amas a los que *aborrecen* a Jehová? 8130
Est 9.1 enseñorearon de los que los *aborrecían* 8130
Job 8.20 he aquí, Dios no *aborrece* al perfecto 3988
8.22 los que te *aborrecen* serán vestidos de 8130
19.19 mis íntimos amigos me *aborrecieron*, y 8581
31.29 quebrantamiento del que me *aborrecía* 8130
33.20 le hace que su vida *aborrezca* el pan 2092
34.17 ¿gobernará el que *aborrece* juicio? 8130
42.6 me *aborrezco*, y me arrepiento en polvo 3988
Sal 5.5 *aborreces* a...los que hacen iniquidad 8130
9.13 a causa de los que me *aborrecen*, tú que 8130
11.5 al malo y...al que su alma los *aborrece* 8130
18.17 me libró de...y de los que me *aborrecían* 8130
18.40 que yo destruya a los que me *aborrecen* 8130
21.8 tu...alcanzar a los que te *aborrecen* 8130
25.19 y con odio violento me *aborrecen* 8130
26.5 *aborrecí* la reunión de los malignos 8130
31.6 *aborrezco* a...que esperan en vanidades 8130
34.21 y los que *aborrecen* al justo serán 8130
35.19 los que me *aborrecen*...guiñen el ojo 8130
36.2 de que su iniquidad no será...*aborrecida* 8130
36.4 en camino no bueno; el mal no *aborrece* 3988
38.19 se han aumentado los que me *aborrecen* 8130
41.7 murmuran...todos los que me *aborrecen* 8130
44.7 has avergonzado a los que nos *aborrecían* 8130
44.10 y nos saquean...los que nos *aborrecen* 8130
45.7 has amado la...y *aborrecido* la maldad 8130
50.17 *aborreces* la corrección, y echas a tu 8130
55.12 se alzó contra mí el que me *aborrecía* 8130
68.1 huyan de su presencia...que le *aborrecen* 8130
69.4 se han aumentado...los que me *aborrecen* 8130
69.14 yo libertado de los que me *aborrecen* 8130
78.59 y en gran manera *aborreció* a Israel 3988
81.15 que *aborrecen* a Jehová se le habrían 8130
83.2 y los que te *aborrecen* alzan cabeza 8130
86.17 y véanla los que me *aborrecen*, y sean 8130
89.23 sino que...heriré a los que le *aborrecen* 8130
97.10 que amáis a Jehová, *aborreced* el mal 8130
101.3 *aborrezco* la obra de los que se desvían 8130
105.25 para que *aborreciesen* a su pueblo 8130
106.24 pero *aborrecieron* la tierra deseable 3988
106.41 enseñorearon...los que les *aborrecían* 8130
107.11 *aborrecieron* el consejo del Altísimo 4784
118.7 veré mi deseo en los que me *aborrecen* 8130
119.104 he *aborrecido* todo camino de mentira 8130
119.113 *aborrezco* a los hombres hipócritas 8130
119.128 y *aborrecí* todo camino de mentira 8130
119.163 mentira *aborrezco* y abomino; tu ley 8130
120.6 ha morado...con los que *aborrecen* la paz 8130
129.5 vueltos atrás...los que *aborrecen* a Sion 8130
139.21 ¿no odio, oh...a los que te *aborrecen* 8130
139.22 los *aborrezco* por completo; los tengo 8130
Pr 1.22 los insensatos *aborrecerán* la ciencia? 8130
1.29 por cuanto *aborrecieron* la sabiduría, y 8130
5.12 digas: ¡Cómo *aborrecí* el consejo, y mi 8130
6.16 seis cosas *aborrece* Jehová, y aun siete 8130
8.13 el temor de Jehová es *aborrecer* el mal 8130
8.13 soberbia...y la boca perversa, *aborrezco* 8130
8.36 todos...que me *aborrecen* aman la muerte 8130
9.8 no reprendas al...para que no te *aborrezca* 8130
11.15 el que *aborreciere* las fianzas vivirá 8130
12.1 que *aborrece* la reprensión es ignorante 8130
13.5 el justo *aborrece* la palabra de mentira 8130
13.24 detiene el castigo, a su hijo *aborrece* 8130
14.17 y el hombre perverso será *aborrecido* 8130
15.10 el que *aborrece* la corrección morirá 8130
15.27 mas el que *aborrece* el soborno vivirá 8130
19.7 los hermanos del pobre le *aborrecen* 8130
25.17 no sea que hastiado de ti te *aborrezca* 8130
25.21 si el que te *aborrece* tuviere hambre 8130
27.6 importunos los besos del que *aborrece* 8130
28.16 el que *aborrece* la avaricia prolongará 8130
29.10 los...sanguinarios *aborrecen* al perfecto 8130
29.24 cómplice del ladrón *aborrece* su...alma 8130
Ec 2.17 *aborrecí*, por tanto, la vida, porque 8130
2.18 asimismo *aborrecí* todo mi trabajo que 8130
3.8 tiempo de amar, y tiempo de *aborrecer* 8130
Is 1.14 fiestas...las tiene *aborrecidas* mi alma 8130
33.8 *aborreció* las ciudades, tuvo en nada a 3988
33.15 que *aborrece* la ganancia de violencias 3988
60.15 en vez de estar abandonada y *aborrecida* 8130
66.5 vuestros hermanos que os *aborrecen*, y 8130
Jer 6.19 no escucharon...*aborrecieron* mi ley 3988
7.29 ha *aborrecido* y dejado la generación 3988
8.9 que *aborrecieron* la palabra de Jehová 3988
12.8 dio su rugido; por tanto, la *aborrecí* 8130
Jer 14.19 ¿ha *aborrecido* tu alma a Sion? ¿Por 1602
44.4 esta cosa abominable que yo *aborrezco* 8130
Ez 16.27 te entregué...filisteos...te *aborrecen* 8130
16.37 amaste, con todos los que *aborreciste* 8130
20.43 y os *aborreceréis* a vosotros mismos a 6962
23.28 con mano de aquellos que *aborreciste* 8130
35.6 la sangre no *aborreciste*...te perseguirá 8130
Am 5.10 ellos *aborrecieron* al reprensor en la 8130
5.15 *aborreced* el mal, y amad el bien, y 8130
5.21 *aborrecí*, abominé...solemnidades, y no 8130
6.8 *aborrezco* sus palacios; y entregaré al 8130
Mi 3.2 que *aborrecéis* lo bueno y amáis lo malo 8130
Zac 8.17 estas son cosas que *aborrezco*, dice 8130
11.8 también el alma de ellos me *aborreció* 973
Mal 1.3 Esaú *aborrecí*, y convertí sus montes 8130
2.16 Jehová Dios de...él *aborrece* el repudio 8130
Mt 5.43 **fue dicho...y *aborrecerás* a tu enemigo** *3404*
5.44 **haced bien a los que os *aborrecen*, y** *3404*
6.24 **o *aborrecerá* al uno y amará al otro, o** *3404*
10.22 ***aborrecidos*...por causa de mi nombre** *3404*
24.9 **seréis *aborrecidos* de todas las gentes** *3404*
24.10 **entonces...unos a otros se *aborrecerán*** *3404*
Mr 13.13 **y seréis *aborrecidos* de todos por** *3404*
Lc 1.71 mano de todos los que nos *aborrecieron* *3404*
6.22 **bienaventurados...cuando...os *aborrezcan*** *3404*
6.27 **amad...haced bien a los que os *aborrecen*** *3404*
14.26 **viene a mí, y no *aborrece* a su padre** *3404*
16.13 **o *aborrecerá* al uno y amará al otro, o** *3404*
19.14 **pero sus conciudadanos le *aborrecían*** *3404*
21.17 **seréis *aborrecidos* de todos por causa** *3404*
Jn 3.20 **todo aquel que hace lo malo, *aborrece*** *3404*
7.7 **el mundo *aborreceros*...a mí me *aborrece*** *3404*
12.25 **el que *aborrece* su vida en este mundo** *3404*
15.18 **si...os *aborrece*...a mí me ha *aborrecido*** *3404*
15.19 **no sois...por eso el mundo os *aborrece*** *3404*
15.23 **el que me *aborrece* a mí...a mi Padre a** *3404*
15.24 **han visto y han *aborrecido* a mí y a mi** *3404*
15.25 **escrita...Sin causa me *aborrecieron*** *3404*
17.14 **el mundo los *aborreció*, porque no son** *3404*
Ro 7.15 no...sino lo que *aborrezco*, eso hago *3404*
9.13 escrito: A Jacob amé, mas a Esaú *aborrecí* *3404*
12.9 *aborreced* lo malo, seguid lo bueno *655*
Ef 5.29 nadie *aborreció* jamás...propia carne *3404*
Tit 3.3 envidia...*aborreciéndonos* unos a otros 4767
He 1.9 y *aborrecido* la maldad, por lo cual te *3404*
1 Jn 2.9 dice que está en la luz y *aborrece* a *3404*
2.11 el que *aborrece* a su hermano está en *3404*
3.13 no os extrañéis si el mundo os *aborrece* *3404*
3.15 que *aborrece* a su hermano es homicida *3404*
4.20 alguno dice: Yo amo a Dios, y *aborrece* a *3404*
Jud 23 *aborreciendo* aun la ropa contaminada *3404*
Ap 2.6 ***aborreces* las obras de los nicolaítas** *3404*
2.6 **obras...las cuales yo también *aborrezco*** *3404*
2.15 **doctrina de los nicolaítas...*aborrezco*** *3404*
17.16 éstos *aborrecerán* a la ramera, y la *3404*

ABORRECIBLE
2 S 16.21 oirá que te has hecho *a* a tu padre 887
Tit 3.3 *a*, y *aborreciéndonos* unos a otros 4767
Ap 18.2 se ha hecho...albergue de toda ave...*a* *3404*

ABORRECIDO *Véase Aborrecer*

ABORRECIMIENTO
2 S 13.15 la *aborreció* Amnón con tan gran *a* 8135

ABORTAR
Gn 31.38 ovejas y tus cabras nunca *abortaron* 7921
Éx 21.22 ésta *abortare*, pero sin haber muerte 3318
23.26 no habrá mujer que *aborte*, ni estéril 7921
Os 9.14 matriz que *aborte*, y pechos enjutos 7921

ABORTIVO
Job 3.16 ¿por qué no fui escondido como *a*, como 5309
Ec 6.3 careció...digo que un *a* es mejor que él 5309
1 Co 15.8 de todos, como a un *a*, me apareció *1626*

ABRAHAM =*Abram*
Gn 17.5 no...Abram, sino que será tu nombre *A* 85
17.9 dijo de nuevo Dios a *A*: En cuanto a ti 85
17.15 a *A*: A Sarai tu mujer no la llamarás 85
17.17 *A* se postró sobre su rostro, y se rió 85
17.18 y dijo *A* a Dios ojalá Ismael viva 85
17.22 con él, y subió Dios de estar con *A* 85
17.23 tomó *A* a Ismael su hijo, y a todos los 85
17.23 a todo varón entre los...de la casa de *A* 85
17.24 era *A* de edad de noventa y nueve años 85
17.26 el mismo día fueron circuncidados *A* e 85
18.6 *A* fue de prisa a la tienda a Sara, y le 85
18.7 corrió *A* a las...y tomó un becerro tierno 85
18.11 *A* y Sara eran viejos, de edad avanzada 85
18.13 dijo a *A*: ¿Por qué se ha reído Sara 85
18.16 de allí...*A* iba con ellos acompañándolos 85
18.17 ¿encubriré yo a *A* lo que voy a hacer 85
18.18 habiendo de ser *A* una nación grande y 85
18.19 que haga venir Jehová sobre *A* lo que ha 85
18.22 pero *A* estaba aún delante de Jehová 85
18.23 se acercó *A* y dijo: ¿Destruirás también 85
18.27 *A* replicó y dijo: He aquí ahora que he 85
18.33 que acabó de hablar a *A*; y *A* volvió a su 85
19.27 y subió *A* por la mañana al lugar donde 85
19.29 se acordó de *A* y envió fuera a Lot de 85
20.1 de allí partió *A* a la tierra del Neguev 85
20.2 dijo *A* de Sara su mujer: Es mi hermana 85
20.9 llamó Abimelec a *A*, y le dijo: ¿Qué nos 85
20.10 dijo...Abimelec a *A*: ¿Qué pensabas, para 85
20.11 y *A* respondió: Porque dije para mí 85
20.14 dio a *A*, y le devolvió a Sara su mujer 85
20.17 *A* oró a Dios; y Dios sanó a Abimelec 85
20.18 de Abimelec, a causa de Sara mujer de *A* 85
21.2 Sara concibió y dio a *A* un hijo en su 85
21.3 y llamó *A* el nombre de su hijo que le 85
21.4 y circuncidó *A* a su hijo Isaac de ocho 85
21.5 era *A* de cien años cuando nació Isaac 85
21.7 ¿quién dijera a *A* que Sara habría de dar 85
21.8 hizo *A* gran banquete el día que fue 85
21.9 el cual ésta le había dado a luz a *A*, se 85
21.10 dijo a *A*: Echa a esta sierva y a su hijo 85
21.11 dicho pareció grave en gran manera a *A* 85
21.12 dijo Dios a *A*: No te parezca grave a 85
21.14 *A* se levantó muy de mañana, y tomó pan 85
21.22 que habló Abimelec...a *A*, diciendo: Dios 85
21.24 y respondió *A*: Yo juraré 85
21.25 *A* reconvino a Abimelec a causa de un 85

21.27 y tomó *A* ovejas y...y dio a Abimelec 85
21.28 puso *A* siete corderas del rebaño aparte 85
21.29 y dijo Abimelec a *A*: ¿Qué significan 85
21.33 y plantó *A* un...tamarisco en Beerseba 85
21.34 moró *A* en tierra de los filisteos...días 85
22.1 que probó Dios a *A*, y le dijo: *A*. Y él 85
22.3 *A* se levantó muy de mañana...fue al lugar 85
22.4 alzó *A* sus ojos, y vio el lugar de lejos 85
22.5 dijo *A* a sus siervos: Esperad aquí con 85
22.6 tomó *A* la leña del holocausto, y la puso 85
22.7 habló Isaac a *A* su padre, y dijo: Padre 85
22.8 y respondió *A*: Dios se proveerá de 85
22.9 edificó allí *A* un altar, y compuso la 85
22.10 extendió *A* su mano y tomó el cuchillo 85
22.11 dijo: *A*, *A*. Y él respondió: Heme aquí 85
22.13 alzó *A* sus ojos y miró, y he aquí a sus 85
22.13 fue *A* y tomó el carnero, y lo ofreció 85
22.14 y llamó *A* el nombre de aquel lugar 85
22.15 y llamó el ángel de...a *A* segunda vez 85
22.19 volvió *A* a sus...y habitó *A* en Beerseba 85
22.20 que fue dada noticia a *A*, diciendo: He 85
22.23 los ocho hijos...de Nacor hermano de *A* 85
23.2 y vino *A* a hacer duelo por Sara, y a 85
23.3 se levantó *A* de delante de su muerta 85
23.5 respondieron los hijos de Het a *A*, y le 85
23.7 *A* se levantó, y se inclinó al pueblo de 85
23.10 respondió Efrón...a *A*, en presencia de 85
23.12 *A* se inclinó delante del pueblo de la 85
23.14 respondió Efrón a *A*, diciéndole 85
23.16 *A* se convino con...y pesó *A*...el dinero 85
23.18 como propiedad de *A*, en presencia de 85
23.19 sepultó *A* a Sara su mujer en la cueva 85
23.20 quedó la heredad y la cueva que...de *A* 85
24.1 era *A* ya viejo, y bien avanzado en años 85
24.1 y Jehová había bendecido a *A* en todo 85
24.2 dijo *A* a un criado suyo, el más viejo 85
24.6 *A* le dijo: Guárdate que no vuelvas a 85
24.9 puso su mano debajo del muslo de *A* su 85
24.12 Dios de mi señor *A*, dame, te ruego, el 85
24.12 y haz misericordia con mi señor *A* 85
24.15 de Milca mujer de Nacor hermano de *A* 85
24.27 bendito sea Jehová, Dios de mi amo *A* 85
24.34 entonces dijo: Yo soy criado de *A* 85
24.42 Dios de mi señor *A*, si tú prosperas 85
24.48 y bendije a Jehová Dios de mi señor *A* 85
24.52 cuando el criado de *A* oyó...palabras 85
24.59 dejaron ir a...al criado de *A* y a sus 85
25.1 *A* tomó otra mujer...nombre era Cetura 85
25.5 y *A* dio todo cuanto tenía a Isaac 85
25.6 los hijos de sus concubinas dio *A* dones 85
25.7 fueron los días que vivió *A*: 175 años 85
25.8 murió *A* en buena vejez, anciano y lleno 85
25.10 heredad que compró *A* de los hijos de 85
25.10 allí fue sepultado *A*, y Sara su mujer 85
25.11 muerto *A*, que Dios bendijo a Isaac su 85
25.12 los descendientes de Ismael hijo de *A* 85
25.19 de Isaac hijo de *A*: *A* engendró a Isaac 85
26.1 primera hambre que hubo en...días de *A* 85
26.3 confirmaré el juramento que hice a *A* 85
26.5 por cuanto oyó *A* mi voz, y guardó mi 85
26.15 que habían abierto los criados de *A* 85
26.18 los pozos de...abierto en los días de *A* 85
26.18 habían cegado después de la muerte de *A* 85
26.24 le dijo: Yo soy el Dios de *A* tu padre 85
26.24 descendencia por amor de *A* mi siervo 85
28.4 y te dé la bendición de *A*...que heredes 85
28.4 heredes la tierra en...que Dios dio a *A* 85
28.9 hija de Ismael hijo de *A*, hermana de 85
28.13 yo soy Jehová, el Dios de *A* tu padre 85
31.42 si el Dios...Dios de *A* y temor de Isaac 85
31.53 el Dios de *A* y el Dios de Nacor juzgue 85
32.9 Dios de mi padre *A*, y Dios de...Isaac 85
35.12 la tierra que he dado a *A* y a Isaac, la 85
35.27 es Hebrón, donde habitaron *A* e Isaac 85
48.15 anduvieron mis padres *A* e Isaac, el 85
48.16 y el nombre de mis padres *A* e Isaac 85
49.30 la cual compró *A* con el mismo campo 85
49.31 allí sepultaron a *A* y a Sara su mujer 85
50.13 en la cueva...la que había comprado *A* 85
50.24 a la tierra que juró a *A*, a Isaac y a 85
Éx 2.24 y se acordó de su pacto con *A*, Isaac 85
3.6,15,16 Dios de *A*, Dios de Isaac, y Dios 85
4.5 el Dios de *A*, Dios de Isaac y Dios de 85
6.3 aparecí a *A*, a...como Dios Omnipotente 85
6.8 mano jurando que la daría a *A*, a Isaac y 85
32.13 acuérdate de *A*, de Isaac y de Israel 85
33.1 sube...a la tierra de la cual juré a *A* 85
Lv 26.42 de mi pacto con *A* me acordaré, y haré 85
Nm 32.11 la tierra que prometí...a *A*, Isaac y 85
Dt 1.8 la tierra que Jehová juró a...*A*, Isaac 85
6.10 la tierra que juró a tus padres *A*, Isaac 85
9.5 la palabra que Jehová juró a...*A* Isaac 85
9.27 acuérdate de...siervos *A*, Isaac y Jacob 85
29.13 como lo juró a tus...*A*, Isaac y Jacob 85
30.20 la tierra que juró Jehová a...*A*, Isaac 85
34.4 es la tierra de que juré a *A*, a Isaac 85
Jos 24.2 esto es, Taré, padre de *A* y de Nacor 85
24.3 tomé a vuestro padre *A* del otro lado del 85
1 R 18.36 Dios de *A*, de Isaac y de Israel, sea 85
2 R 13.23 los miró a causa de su pacto con *A* 85
1 Cr 1.27 y Abram, el cual es *A* 85
1.28 los hijos de *A*: Isaac e Ismael 85
1.32 y Cetura, concubina de *A*, dio a luz a 85
1.34 *A* engendró a Isaac, y los hijos de Isaac 85
16.16 del pacto que concertó con *A*, y de su 85
29.18 Dios de *A*...conserva...esta voluntad del 85
2 Cr 20.7 y la diste a la descendencia de *A* 85
30.6 volveos a Jehová el Dios de *A*, de Isaac 85
Neh 9.7 lo sacaste...y le pusiste el nombre *A* 85
Sal 47.9 reunieron como pueblo del Dios de *A* 85
105.6 vosotros, descendencia de *A* su siervo 85
105.9 la cual concertó con *A*, y de...a Isaac 85
105.42 su santa palabra dada a *A* su siervo 85
Is 29.22 Jehová, que redimió a *A*, dice así a 85
41.8 tú, Israel...descendencia de *A* mi amigo 85
51.2 mirad a *A* vuestro padre, y a Sara que os 85
63.16 *A* nos ignora, e Israel no nos conoce 85
Jer 33.26 sobre la posteridad de *A*, de Isaac 85
Ez 33.24 *A* era uno, y poseyó la tierra; pues 85
Mi 7.20 cumplirás la...y a *A* la misericordia 85
Mt 1.1 Jesucristo, hijo de David, hijo de *A* *11*
1.2 *A* engendró a Isaac, Isaac a Jacob...Judá *11*
1.17 las generaciones desde *A* hasta David son *11*
3.9 no penséis decir...A *A* tenemos por padre *11*
3.9 digo que Dios puede levantar hijos a *A* *11*
8.11 **y se sentarán con *A* e Isaac y Jacob en** *11*
22.32; Mr 12.26 **soy el Dios de *A*, el Dios** *11*
Lc 1.55 con *A* y su descendencia para siempre *11*
1.73 del juramento que hizo a *A* nuestro padre *11*
3.8 a decir dentro de...Tenemos a *A* por padre *11*
3.8 Dios puede levantar hijos a *A* aun de *11*
3.34 hijo de *A*, hijo de Taré, hijo de Nacor *11*
13.16 **y a esta hija de *A*...¿no se le debía** *11*
13.28 **cuando veáis a *A*...en el reino de Dios** *11*
16.22 **llevado por los ángeles al seno de *A*** *11*
16.23 **y vio de lejos *A*, y a Lázaro en su** *11*
16.24 **dijo: Padre *A*, ten misericordia de mí** *11*
16.25 **pero *A* le dijo: Hijo, acuérdate que** *11*
16.29 ***A* le dijo: A Moisés y a los profetas** *11*
16.30 **no, padre *A*; pero si alguno fuere a** *11*
16.31 ***A* le dijo: Si no oyen a Moisés y a los** *11*
19.9 **por cuanto él también es hijo de *A*** *11*
20.37 **cuando llama al Señor, Dios de *A*, Dios** *11*
Jn 8.33 le respondieron: Linaje de *A* somos, y *11*
8.37 **sé que sois descendientes de *A*; pero** *11*
8.39 respondieron y...Nuestro padre es *A* *11*
8.39 **si...hijos de *A*, las obras de *A* haríais** *11*
8.40 **ahora procuráis matarme...no hizo esto *A*** *11*
8.52 *A* murió, y los profetas; y tu dices: El *11*
8.53 ¿eres tú acaso mayor que nuestro padre *A* *11*
8.56 ***A* vuestro padre se gozó de que había de** *11*
8.57 aún no tienes...años, ¿y has visto a *A*? *11*
8.58 **cierto os digo: Antes que *A* fuese, yo soy** *11*
Hch 3.13 el Dios de *A*, de Isaac y de Jacob *11*
3.25 a *A*: En tu simiente serán benditas todas *11*
7.2 el Dios de...apareció a nuestro padre *A* *11*
7.8 *A* engendró a Isaac, y le circuncidó al *11*
7.16 que...compró *A* de los hijos de Hamor *11*
7.17 la promesa, que Dios había jurado a *A* *11*
7.32 yo soy el Dios de...*A*, el Dios de Isaac *11*
13.26 hermanos, hijos del linaje de *A* y los *11*
Ro 4.1 qué...diremos que halló *A*, nuestro padre *11*
4.2 porque si *A* fue justificado por...obras *11*
4.3 creyó *A* a Dios, y le fue contado por *11*
4.9 decimos que a *A* le fue contada la fe por *11*
4.12 la fe que tuvo nuestro padre *A* antes de *11*
4.13 no por la ley fue dada a *A*...la promesa *11*
4.16 para la que es de la fe de *A*, el cual *11*
9.7 ni por ser descendientes de *A*, son todos *11*
11.1 soy...israelita, de la descendencia de *A* *11*
2 Co 11.22 ¿son descendientes de *A*? También yo *11*
Gá 3.6 *A* creyó a Dios, y le fue contado por *11*
3.7 los que son de fe, éstos son hijos de *A* *11*
3.8 dio...la buena nueva a *A*, diciendo: En ti *11*
3.9 los de la fe son bendecidos con el...*A* *11*
3.14 bendición de *A* alcanzase a los gentiles *11*
3.16 a *A* fueron hechas las promesas, y a su *11*
3.18 Dios la concedió a *A* mediante la promesa *11*
3.29 linaje de *A* sois, y herederos según la *11*
4.22 está escrito que *A* tuvo dos hijos; uno *11*
He 2.16 que socorrió a la descendencia de *A* *11*
6.13 porque cuando Dios hizo la promesa a *A* *11*
7.1 este Melquisedec...que salió a recibir a *A* *11*
7.2 a quien...dio *A* los diezmos de todo; cuyo *11*
7.4 a quien aun *A* el patriarca dio diezmos *11*
7.5 también hayan salido de los lomos de *A* *11*
He 7.6 tomó de *A* los diezmos, y bendijo al que *11*
7.9 así, en *A* pagó el diezmo también Leví *11*
11.8 *A*, siendo llamado, obedeció para salir *11*
11.17 *A*, cuando fue probado, ofreció a Isaac *11*
Stg 2.21 ¿no fue justificado por las obras *A* *11*
2.23 *A* creyó a Dios, y le fue contado por *11*
1 P 3.6 Sara obedecía a *A*, llamándole señor *11*

ABRAM =*Abraham*

Gn 11.26 Taré vivió 70 años, y engendró a *A* 87
11.27 Taré engendró a *A*, a Nacor y a Harán 87
11.29 y tomaron *A* y Nacor para sí mujeres 87
11.29 el nombre de la mujer de *A* era Sarai 87
11 31 tomó Taré a *A* su hijo, y a Lot hijo de 87
11.31 a Sarai su nuera, mujer de *A* su hijo 87
12.1 pero Jehová había dicho a *A*: Vete de 87
12.4 se fue *A*...y era *A* de edad de 75 años 87
12.5 tomó, pues, *A* a Sarai su mujer, y a Lot 87
12.6 y pasó *A* por aquella tierra hasta el 87
12.7 apareció Jehová a *A*, y le dijo: *A* tu 87
12.9 y *A* partió de allí, caminando y yendo87
12.10 descendió *A* a Egipto para morar allá 87
12.14 aconteció...cuando entró *A* en Egipto 87
12.16 hizo bien a *A* por causa de ella; y él 87
12.17 plagas, por causa de Sarai mujer de *A* 87
12.18 entonces Faraón llamó a *A*, y le dijo 87
12.20 dio orden a su gente acerca de *A*; y le 87
13.1 subió, pues, *A* de Egipto hacia el Neguev 87
13.2 *A* era riquísimo en ganado, en plata y en 87
13.4 altar...invocó allí *A* el nombre de Jehová 87
13.5 Lot, que andaba con *A*, tenía ovejas 87
13.7 entre los pastores del ganado de *A* y los 87
13.8 *A* dijo a Lot: No haya ahora altercado 87
13 12 *A* acampó en la tierra de Canaán, en 87
13.14 dijo a *A*, después que Lot se apartó de 87
13.18 *A*, pues, removiendo su tienda, vino y 87
14.12 tomaron...a Lot hijo del hermano de *A* 87
14.13 vino uno...y lo anunció a *A* el hebreo 87
14.13 Escol y...los cuales eran aliados de *A* 87
14.14 oyó *A*...su pariente estaba prisionero 87
14.19 le bendijo, diciendo: Bendito sea *A* del 87
14.20 y le dio *A* los diezmos de todo 87
14 21 el rey de Sodoma dijo a *A*: Dame las 87
14.22 y respondió *A* al rey de Sodoma: He 87
14.23 para que no digas: Yo enriquecí a *A* 87
15.1 vino la palabra de Jehová a *A* en visión 87
15.1 no temas, *A*, yo soy tu escudo, y tu 87
15.2 y respondió *A*: Señor Jehová, ¿qué me 87
15.3 dijo también *A*: Mira que no me has dado 87
15.11 descendían aves...y *A* los ahuyentaba 87
15.12 caída del sol sobrecogió el sueño a *A* 87
15.13 Jehová dijo a *A*: Ten por cierto que tu 87
15.18 aquel día hizo Jehová un pacto con *A* 87
16.1 Sarai mujer de *A* no le daba hijos 87
16.2 dijo entonces Sarai a *A*: Ya ves que 87
16.2 te ruego...Y atendió *A* al ruego de Sarai 87
16.3 Sarai mujer de *A*...la dio por mujer a *A* 87
16.3 años que había habitado *A* en la tierra 87
16.5 Sarai dijo a *A*: Mi afrenta sea sobre ti 87
16.6 respondió *A*...tu sierva está en tu mano 87
16.15 dio a luz un hijo a *A*...llamó *A*...Ismael 87
16.16 era *A* de edad de 86 años cuando Agar 87
17.1 era *A* de edad de 99 años, cuando le 87
17.3 entonces *A* se postró sobre su rostro, y 87
17.5 y no se llamará más tu nombre *A*, sino 87
1 Cr 1.27 y *A*, el cual es Abraham 87
Neh 9.7 escogiste a *A*, y lo sacaste de Ur de 87

ABRASADA *Véase Abrasar*

ABRASADOR

Éx 24.17 era como un fuego *a* en la cumbre del 398
Sal 11.6 y viento *a* será la porción del cáliz 2152
Is 64.2 como fuego *a* de fundiciones, fuego que 2003
Stg 1.11 cuando sale el sol con calor *a*, la *2742*

ABRASAR

Dt 29.23 sal, *abrasada* toda su tierra; no será 8316
32.22 *abrasará* los fundamentos de los montes 3857
Sal 83.14 fuego...llama que *abrasa* el bosque 3857
97.3 fuego...*abrasará* a...enemigos alrededor 3857
Is 10.17 que *abrase* y consuma en un día sus 1197
Jl 1.19 y llama *abrasó*...los árboles del campo 3857
2.3 tras de él *abrasará* llama; como el...Edén 3857
Mal 4.1 aquel día que vendrá los *abrasará*, ha 3857

ABRAZAR

Gn 29.13 Labán...lo *abrazó*, lo besó, y lo trajo 2263
33.4 Esaú corrió a su encuentro y le *abrazó* 2263
48.10 acercarse a...y él les besó y les *abrazó* 2263
2 R 4.16 el año que viene...*abrazarás* un hijo 2263
2 Cr 7.22 han *abrazado* a dioses ajenos, y los 2388
Job 24.8 *abrazan* las peñas por falta de abrigo 2263
Pr 4.8 te honrará, cuando tú la hayas *abrazado* 2263
5.20 y *abrazarás* el seno de la extraña? 2263
Ec 3.5 tiempo de *abrazar*, y...abstenerse de *a* 2263
Cnt 2.6; 8.3 su izquierda...derecha me *abrace* 2263
Is 56.2 y el hijo de hombre que lo *abraza*; que 2388
56.4 escojan lo que yo quiero, y *abracen* mi 2388
56.6 para no profanarlo, y *abracen* mi pacto 2388
Jer 8.5 pueblo...rebelde...*abrazaron* el engaño 2388
Lm 4.5 los que...se *abrazaron* a los estercoleros 2263
Mt 28.9 acercándose, *abrazaron* sus pies, y lo *2902*
Hch 20.1 habiéndolos...*abrazado*, se despidió *782*
20.10 Pablo...*abrazándole*, dijo: No os alarméis *4843*
21.6 *abrazándonos* los unos...subimos al barco *782*

ABREVADERO

Gn 30.38 puso las varas...los canales de los *a* 8268
30.41 las varas delante de las ovejas en los *a* 7298
Jue 5.11 en los *a*, allí repetirán los triunfos 4857

ABREVAR

Gn 29.2 de aquel pozo *abrevaban* los ganados 8248
29.3 y *abrevaban* las ovejas, y volvían la 8248
29.7 *abrevad* las ovejas, e id a apacentarlas 8248
29.8 del pozo, para que *abrevemos* las ovejas 8248
29.10 *abrevó* el rebaño de Labán hermano de 8248
Sal 36.8 tú los *abrevarás* del torrente de tus 8248

ABRIGAR

Jue 9.15 *abrigaos* bajo de mi sombra; y si no 2620
1 R 1.2 que esté delante del rey y lo *abrigue* 5532
1.4 ella *abrigaba* al rey, y le servía; pero 5532
Hch 24.15 la cual ellos también *abrigan*, de que *4327*

ABRIGO

Job 24.8 y abrazan las peñas por falta de *a* 2263
31.19 sin vestido, y al menesteroso sin *a* 3682
Sal 91.1 el que habita al *a* del Altísimo 5643
Is 4.6 habrá un *a* para sombra contra el calor 5521
1 Ti 6.8 teniendo...y *a*, estemos contentos con *4629*

ABRIR *Véase también Abierto*

Gn 3.5 serán *abiertos* vuestros ojos, y seréis 6491
3.7 fueron *abiertos* los ojos de ambos, y 6491
4.11 tierra, que *abrió* su boca para recibir 6475
7.11 y las cataratas de los cielos...*abiertas* 6605
8.6 *abrió* Noé la ventana del arca que había 6605
21.19 *abrió* Dios los ojos, y vio una fuente 6491
26.15 pozos que habían *abierto* los criados 2658

26.18 volvió a *abrir* Isaac los pozos de agua 2658
26.18 pozos... que habían *abierto* en los días 2658
26.21 *abrieron* otro pozo, y también riñeron 2658
26.22 se apartó de allí, y *abrió* otro pozo 2658
26.25 *abrieron* allí los... de Isaac un pozo 3738
26.32 acerca del pozo que habían *abierto* 2658
38.29 ella dijo: ¡Qué brecha te has *abierto*! 6555
41.56 *abrió* José todo granero donde había, y 6605
42.27 *abriendo* uno de ellos su saco para dar 6605
43.21 *abrimos* nuestros costales... el dinero de 6605
44.11 ellos... *abrid* cada cual el costal suyo 6605
Éx 2.6 cuando la *abrió*, vio al niño; y... lloraba 6605
13.2 cualquiera que *abre* matriz entre los 6363
13.12 dedicarás a Jehová... que *abriere* matriz 6363
21.33 si... *abriere* un pozo, o cavare cisterna 6605
Nm 16.30 tierra *abriere* su boca y los tragare 6475
16.31 se *abrió* la tierra que estaba debajo de 1234
16.32 *abrió* la tierra su boca, y los tragó a 6605
18.15 todo lo que *abre* matriz, de toda carne 6363
22.28 Jehová *abrió* la boca al asna, la cual 6605
22.31 Jehová *abrió* los ojos de Balaam, y vio 1540
26.10 la tierra *abrió* su boca y los tragó a 6605
Dt 11.6 *abrió* su boca la tierra, y los tragó 6475
15.8 sino *abrirás* a él tu mano liberalmente 6605
15.11 te mando... *Abrirás* tu mano a tu hermano ... 6605
20.11 si respondiere: Paz, y te *abriere*, todo 6605
28.12 *abrirá* Jehová su buen tesoro, el cielo 6605
Jos 10.22 dijo... *Abrid* la entrada de la cueva 6605
Jue 3.25 él no *abría* las puertas... y *abrieron* 6605
4.19 ella *abrió* un odre de leche y le dio 6605
15.19 *abrió* Dios la cuenca que hay en Lehi 1234
19.27 *abrió* las puertas de la casa, y salió 6605
21.15 Jehová había *abierto* una brecha entre 6213
1 S 3.15 *abrió* las puertas de la casa de Jehová 6605
2 R 4.35 el niño estornudó... y *abrió* sus ojos 6491
6.17 ruego... que *abras* sus ojos para que vea 6491
6.17 Jehová *abrió* los ojos del criado, y miró 6491
6.20 *abre* los ojos de éstos... Y Jehová *abrió* 6491
8.12 *abrirás* el vientre a sus mujeres que 1234
9.3 y *abriendo* la puerta, echa a huir, y no 6605
9.10 seguida *abrió* la puerta, y echó a huir 6605
11.16 le *abrieron*, pues, paso; y en el camino 7760
13.17 dijo: *Abre* la ventana que da al oriente 6605
13.17 cuando él la *abrió*, dijo Eliseo: Tira 6605
15.16 porque no le habían *abierto*... puertas 6605
15.16 *abrió* el vientre a todas sus mujeres 1234
19.16 oye; *abre*, oh Jehová, tus ojos, y mira 6491
25.4 *abierta* ya... la ciudad, huyeron de noche 1234
1 Cr 9.27 cargo... de *abrirla* todas las mañanas 4668
2 Cr 26.10 *abrió* muchas cisternas; porque tuvo 2672
29.3 *abrió* las puertas de la casa de Jehová 6605
Neh 7.3 no se *abran* las puertas de Jerusalén 6605
8.5 *abrió*, pues, Esdras el libro a ojos de 6605
8.5 cuando lo *abrió*, todo el pueblo estuvo 6605
13.19 que no las *abriesen* hasta después del 6605
Job 3.1 *abrió* Job su boca, y maldijo su día 6605
11.5 que Dios... *abriera* sus labios contigo 6605
12.14 encerrará... y no habrá quien le *abra* 6605
14.3 ¿sobre éste *abres* tus ojos, y me traes 6491
16.10 *abrieron* contra mí su boca; hirieron 6473
27.19 pero... *abrirá* sus ojos, y nada tendrá 6491
28.4 *abren* minas lejos de lo habitado, en 6555
29.23 *abrían* su boca como a la lluvia tardía 6473
31.32 noche; mis puertas *abría* al caminante 6605
32.20 pues... *abriré* mis labios, y responderé 6605
33.2 yo *abriré* ahora mi boca, y mi lengua 6605
35.16 por eso Job *abre* su boca vanamente, y 6475
41.14 ¿quién *abrirá* las puertas de su rostro? 6605
Sal 22.13 *abrieron* sobre mí su boca como león 6475
38.13 y soy como mudo que no *abre* la boca 6605
39.9 no *abrí* mi boca, porque tú lo hiciste 6605
40.6 has *abierto* mis oídos; holocausto y 3738
51.15 Señor, *abre* mis labios, y publicará 6605
74.15 *abriste* la fuente y el río; secaste 1234
78.2 *abriré* mi boca en proverbios; hablaré 6605
78.23 y *abrió* las puertas de los cielos 6605
81.10 yo soy... *abre* tu boca, y yo la llenaré
104.28 das... *abres* tu mano, se sacian de bien 6605
105.41 *abrió* la peña, y fluyeron aguas... río 6605
106.17 se *abrió* la tierra y tragó a Datán 6605
109.2 boca de impío... se han *abierto* contra 6605
118.19 *abridme* las puertas de la justicia 6605
119.18 *abre* mis ojos, y miraré las... de tu ley 1540
119.131 boca *abrí* y suspiré, porque deseaba 6473
145.16 *abres* tu mano, y colmas de bendición 6605
146.8 Jehová *abre* los ojos a los ciegos 6491
Pr 8.6 y *abriré* mis labios para cosas rectas 4669
13.3 el que mucho *abre* sus labios tendrá 6589
17.19 el que *abre* demasiado la puerta busca 1361
20.13 *abre* tus ojos, y te saciarás de pan 6491
24.7 el insensato... en la puerta no *abrirá* 6605
31.8 *abre* tu boca por el mudo en el juicio 6605
31.9 *abre* tu boca, juzga con justicia, y 6605
31.26 *abre* su boca con sabiduría, y la ley 6605
Cnt 5.2 *ábreme*, hermana mía, amiga mía, paloma 6605
5.5 yo me levanté para *abrir* a mi amado, y 6605
5.6 *abrí* yo a mi amado; pero mi amado se 6605
Is 10.14 no hubo... ni *abriese* boca y graznase 6475
14.17 a sus presos nunca *abrió* la cárcel? 6605
22.22 *abrirá*, y nadie cerrará... y nadie *a* 6605
24.18 porque de lo alto se *abrirán* ventanas 6605
26.2 *abrid* las puertas, y entrará la gente 6605
35.5 los ojos... serán *abiertos*... oídos... abrirán 6491
37.17 *abre*, oh Jehová, tus ojos, y mira 6491
41.18 en las alturas *abriré* ríos, y fuentes 6605
41.18 *abriré* en el desierto estanques de 7760
42.7 para que *abras* los ojos de los ciegos 6491
42.20 advierte, que *abre* los oídos y no oye? 6491
43.16 así dice Jehová, el que *abre* camino en 5414
43.19 otra vez *abriré* camino en el desierto 7760
45.1 para *abrir* delante de él puertas, y las 6605
45.8 rociad... *ábrase* la tierra, y prodúzcanse 6605
48.8 ciertamente no se *abrió* antes tu oído 6605
48.21 *abrió* la peña, y corrieron las aguas 1234
50.5 me *abrió* el oído, y yo no fui rebelde 6605
53.7 llevado... enmudeció, y no *abrió* su boca 6605
Jer 13.19 ciudades... no hubo quien las *abriese* 6605
22.14 le *abre* ventanas, y la cubre de cedro 7167
39.2 nueve días del mes se *abrió* brecha en 1234
50.25 *abrió* Jehová su tesoro, y sacó... furor 6605
50.26 *abrid* sus almacenes, convertidla en 6605
52.7 y fue *abierta* una brecha en el muro de 1234
Lm 2.16 tus enemigos *abrieron* contra ti su boca 6475
3.46 todos nuestros enemigos *abrieron*... boca 6475
Ez 1.1 los cielos se *abrieron*, y vi visiones 6605
2.8 mas tu... *abre* tu boca y come lo que te doy 6475
3.2 *abrí* mi boca, y me hizo comer aquel rollo 6605
3.27 yo te hubiera hablado, *abriré* tu boca 6605
12.5 te *abrirás* paso por entre la pared, y 2864
12.7 a la tarde me *abrí* paso por entre la 2864
12.12 por la pared *abrirán* paso para sacarlo 2864
16.63 y nunca más *abras* la boca, a causa de 6610
24.27 se *abrirá* tu boca para hablar con el 6605
25.9 he aquí yo *abro* el lado de Moab desde 6605
29.21 y *abriré* tu boca en medio de ellos, y 6610
33.22 había *abierto* mi boca... *abrió* mi boca 6605
37.12 yo *abro* vuestros sepulcros, pueblo mío 6605
37.13 sabréis que yo soy Jehová, cuando *abra* 6605
44.2 puerta... no se *abrirá*, ni entrará por ella 6605
46.1 el día de reposo se *abrirá*; se *a* también 6605
46.12 *abrirán* la puerta que mira al oriente 6605
Dn 7.10 se sentó y los libros fueron *abiertos* 6606
9.18 *abre* tus ojos, y mira... desolaciones, y 6491
10.16 entonces *abrí* mi boca y hablé, y dije 6605
Os 13.16 sus mujeres encintas serán *abiertas* 1234
Am 1.13 *abrieron* a las mujeres de Galaad que 1234
8.5 semana, y *abriremos* los graneros del pan 6605
Mi 2.13 subirá; el que *abre* caminos delante de 6555
2.13 *abrirán* camino y pasarán la puerta, y 6555
7.5 la que duerme... cuídate, no *abras* tu boca 8104
Nah 2.6 las puertas de los ríos se *abrirán* 6605
3.13 las puertas de tu tierra se *abrirán* de 6605
Zac 11.1 Líbano, *abre* tus puertas, y consuma 6605
12.4 sobre la casa de Judá *abriré* mis ojos 6491
13.1 un manantial *abierto* para la casa de 6605
Mal 3.10 os *abriré* las ventanas de los cielos 6605
Mt 2.11 *abriendo* sus tesoros, le ofrecieron *455*
3.16 los cielos le fueron *abiertos*, y vio al *455*
5.2 *abriendo* su boca les enseñaba, diciendo *455*
7.7 **buscad, y hallaréis; llamad... os *abrirá*** *455*
7.8 **que busca... y al que llama, se le *abrirá*** *455*
9.30 y los ojos de ellos fueron *abiertos* *455*
13.35 profeta... *Abriré* en parábolas mi boca *455*
17.27 **tómalos, y al *abrirle* la boca, hallarás** *455*
20.33 Señor, que sean *abiertos* nuestros ojos *455*
25.11 **diciendo: ¡Señor, señor, *ábrenos*!** *455*
27.52 y se *abrieron* los sepulcros, y muchos *455*
Mr 1.10 subía del agua, vio *abrirse* los cielos *4977*
7.34 **y le dijo: Efata, es decir: Sé *abierto*** *1272*
7.35 fueron *abiertos* sus oídos, y se desató *1272*
Lc 1.64 fue *abierta* su boca y suelta su lengua *455*
2.23 todo varón que *abriere* la matriz será *1272*
3.21 bautizado; y orando, el cielo se *abrió* *455*
4.17 y habiendo *abierto* el libro, halló el *380*
11.9 **buscad, y hallaréis; llamad... os *abrirá*** *455*
11.10 **halla; y al que llama, se le *abrirá*** *455*
12.36 que cuando... llame, le *abran* en seguida *455*
13.25 **Señor, Señor, *ábrenos*... os dirá: No sé** *455*
23.53 lo puso en un sepulcro *abierto* en una *2991*
24.31 entonces les fueron *abiertos* los ojos *1272*
24.32 y cuando nos *abría* las Escrituras? *1272*
24.45 les *abrió* el entendimiento, para que *1272*
Jn 9.10 ¿cómo te fueron abiertos los ojos? *455*
9.14 el lodo, y le había *abierto* los ojos *455*
9.17 ¿quién dices tú del que te *abrió*... ojos? *455*
9.21 no lo sabemos; o quien le haya *abierto* *455*
9.26 ¿qué te hizo? ¿Cómo te *abrió* los ojos? *455*
9.30 que no sepáis... y a mí me *abrió* los ojos *455*
9.32 que alguno *abriese* los ojos a uno que *455*
10.3 **a éste *abre* el portero, y las ovejas** *455*
10.21 demonio *abrir* los ojos de los ciegos? *455*
11.37 podía éste, que *abrió* los ojos al ciego *455*
19.34 le *abrió* el costado con una lanza, y *3572*
Hch 5.19 *abriendo* de noche las puertas de la *455*
5.23 cuando *abrimos*, a nadie hallamos dentro *455*
8.32 como oveja a la... así no *abrió* su boca *455*
8.35 Felipe, *abriendo* su boca... le anunció el *455*
9.8 Saulo se levantó... y *abriendo* los ojos *455*
9.40 ella *abrió* los ojos, y al ver a Pedro *455*
10.34 entonces Pedro, *abriendo* la boca, dijo *455*
12.10 se les *abrió* por sí misma; y salidos *455*
12.14 de gozo no *abrió* la puerta, sino que *455*
12.16 Pedro... cuando *abrieron* y le vieron, se *455*
14.27 cómo había *abierto* la puerta de la fe *455*
16.14 y el Señor *abrió* el corazón de ella *1272*
16.26 se *abrieron* todas las puertas, y las *455*
16.27 y viendo *abiertas* las puertas de la *455*
26.18 **para que *abras* sus ojos, para que se** *455*
27.41 la popa se *abría* con la violencia del *3089*
1 Co 15.52 en un *abrir* y cerrar de ojos, a la *4493*
16.9 se me ha *abierto* puerta grande y eficaz *455*
2 Co 2.12 aunque se me *abrió* puerta en el Señor *455*
6.11 nuestra boca se ha *abierto* a vosotros *455*
Ef 6.19 al *abrir* mi boca me sea dada palabra *457*
Col 4.3 Señor nos *abra* puerta para la palabra *455*
He 10.20 camino nuevo y vivo que él nos *abrió* *1457*
Ap 3.7 ***abre* y ninguno cierra... y ninguno *a*** *455*
3.20 **oye mi voz y *abre* la puerta, entraré a** *455*
5.2 voz: ¿Quién es digno de *abrir* el libro y *455*
5.3 ninguno... podía *abrir* el libro, ni aun *455*
5.4 a ninguno digno de *abrir* el libro, ni de *455*
5.5 ha vencido para *abrir* el libro y desatar *455*
5.9 digno eres... de *abrir* sus sellos; porque *455*
6.1 vi cuando el Cordero *abrió* uno de los *455*
6.3 *abrió* el segundo sello, oí al segundo ser *455*
6.5 *abrió* el tercer sello, oí al tercer ser *455*
6.7 cuando *abrió* el cuarto sello, oí la voz *455*
6.9 *abrió* el quinto sello, vi bajo el altar *455*
6.12 miré cuando *abrió* el sexto sello, y he *455*
8.1 cuando *abrió* el séptimo sello, se hizo *455*
9.2 *abrió* el pozo del abismo, y subió humo *455*
10.8 toma el librito que está *abierto* en la *455*
11.19 el templo de Dios fue *abierto* en el *455*
12.16 la tierra *abrió* su boca y tragó el río *455*
13.6 *abrió* su boca en blasfemias contra Dios *455*
15.5 fue *abierto* en el cielo el templo del *455*
20.12 y los libros fueron *abiertos*, y otro *455*
20.12 otro libro fue *abierto*, el cual es el *455*

ABROGAR

Dn 6.8,12 ley... la cual no puede ser *abrogada* 8133
6.15 que ningún edicto... puede ser *abrogado* 8133
Mt 5.17 **que he venido para *abrogar* la ley o** *2647*
Gá 3.17 la ley... no lo *abroga*, para invalidar *3756*
He 7.18 queda, pues, *abrogado* el mandamiento *115*

ABROJO

Jue 8.7 trillaré vuestra carne con espinos y *a* 1303
8.16 *a* del desierto, y castigó con ellos a 1303
Job 31.40 en lugar de trigo me nazcan *a*, y 2336
Mt 7.16 **¿acaso se recogen... o higos de los *a*?** *5146*
He 6.8 la que produce espinos... *a* es reprobada *5146*

ABRONA *Lugar donde acampó Israel,*
Nm 33.34,35 5684

ABRUMAR

Neh 5.15 *abrumaron* al pueblo, y tomaron de 3513
2 Co 1.8 *abrumados* sobremanera más allá de *916*
2 P 2.7 *abrumado* por la nefanda conducta de *2669*

ABSALÓN *Hijo de David (=Abisalom)*

2 S 3.3 *A* hijo de Maaca, hija de Talmai rey 53
13.1 teniendo *A*... hermana hermosa... Tamar 53
13.4 amo a Tamar la hermana de *A* mi hermano 53
13.20 dijo... *A*: ¿Ha estado contigo... Amnón? 53
13.20 quedó Tamar... en casa de *A* su hermano 53
13.22 *A* no habló con... *A* aborrecía a Amnón 53
13.23 que *A* tenía esquiladores... y convidó *A* a 53
13.24 y vino *A* al rey, y dijo: He aquí, tu 53
13.25 respondió el rey a *A*: No, hijo mío, no 53
13.26 dijo *A*: Pues si no, te ruego que venga 53
13.27 como *A* le importunaba, dejó ir con él a 53
13.28 *A* había dado orden a sus criados... Herid 53
13.29 los criados de *A* hicieron... como *A* les 53
13.30 *A* ha dado muerte a... los hijos del rey 53
13.32 porque por mandato de *A* esto había sido 53
13.34 *A* huyó. Entre tanto, alzando sus ojos 53
13.37 *A* huyó y se fue a Talmai hijo de Amiud 53
13.38 así huyó *A* y se fue a Gesur, y estuvo 53
13.39 el rey David deseaba ver a *A*: pues ya 53
14.1 el corazón del rey se inclinaba por *A* 53
14.21 dijo a Joab... vé, y haz volver al joven *A* 53
14.23 fue a Gesur, y trajo a *A* a Jerusalén 53
14.24 volvió *A* a su casa, y no vio el rostro 53
14.25 tan alabado por su hermosura como *A* 53
14.27 le nacieron a *A* tres hijos, y una hija 53
14.28 *A* por espacio de dos años en Jerusalén 53
14.29 mandó *A* por Joab, para enviarlo al rey 53
14.30 y los siervos de *A* prendieron fuego al 53
14.31 se levantó Joab y vino a casa de *A*, y 53
14.32 *A* respondió a Joab... he enviado por ti 53
14.33 entonces llamó a *A*... y el rey besó a *A* 53
15.1 que *A* se hizo de carros y caballos, y 53
15.2 se levantaba *A* de mañana, y se ponía a 53
15.2 venía al rey a... *A* le llamaba y le decía 53
15.3 *A* le decía... palabras son buenas y justas 53
15.4 y decía *A*: ¡Quién me pusiera por juez 53
15.6 así robaba *A* el corazón de los de Israel 53
15.7 *A* dijo al rey: Yo te ruego me permitas 53
15.10 envió *A* mensajeros por todas las tribus 53
15.10 la trompeta diréis: *A* reina en Hebrón 53
15.11 fueron con *A* 200 hombres de Jerusalén 53
15.12 y mientras *A* ofrecía los sacrificios 53
15.12 y aumentaba el pueblo que seguía a *A* 53
15.13 el corazón de todo Israel se va tras *A* 53
15.14 y huyamos... no podremos escapar... de *A* 53
15.31 está entre los que conspiraron con *A* 53
15.34 y dijeres a *A*: Rey, yo seré tu siervo 53
15.37 así vino Husai... y *A* entró en Jerusalén 53
16.8 ha entregado el reino en mano de tu... *A* 53
16.15 *A* y... la gente... entraron en Jerusalén 53
16.16 cuando Husai... vino al encuentro de *A* 53
16.17 *A* dijo... ¿Es este tu agradecimiento para 53
16.18 Husai respondió a *A*: No, sino que de 53
16.20 dijo *A*... Dad vuestro consejo sobre lo 53
16.21 dijo a *A*: Llégate a las concubinas de 53
16.22 entonces pusieron para *A* una tienda 53
16.22 se llegó *A* a las concubinas de su padre 53
16.23 Ahitofel, tanto con David como con *A* 53
17.1 Ahitofel dijo a *A*: Yo escogeré ahora 53
17.4 consejo pareció bien a *A* y a todos los 53

17.5 y dijo *A*: Llamad también ahora a Husai 53
17.6 Husai vino a *A*, le habló *A*, diciendo: Así 53
17.7 Husai dijo a *A*: El consejo que ha dado 53
17.9 pueblo que sigue a *A* ha sido derrotado 53
17.14 *A* y...los de Israel dijeron: El consejo 53
17.14 que Jehová hiciese venir el mal sobre *A* 53
17.15 así y así aconsejó Ahitofel a *A* y a 53
17.18 por un joven, el cual lo hizo saber a *A* 53
17.20 llegando...los criados de *A* a la casa 53
17.24 y *A* pasó el Jordán con toda la gente 53
17.25 *A* nombró a Amasa jefe del ejército en 53
17.26 y acampó Israel con *A* en...de Galaad 53
18.5 tratad benignamente por...mí al joven *A* 53
18.5 cuando dio el rey orden acerca de *A* a 53
18.9 se encontró *A* con los siervos de David 53
18.9 iba *A* sobre un mulo, y el mulo entró 53
18.9 *A* quedó suspendido entre el cielo y la 53
18.10 que he visto a *A* colgado de una encina 53
18.12 mirad que ninguno toque al joven *A* 53
18.14 dardos...los clavó en el corazón de *A* 53
18.15 diez jóvenes escuderos...hirieron a *A* 53
18.17 tomando...*A*, le echaron en un gran hoyo 53
18.18 *A* había tomado y erigido una columna 53
18.18 se ha llamado Columna de *A*, hasta hoy 53
18.29,32 el rey dijo: ¿El joven *A* está bien? 53
18.33 ¡hijo mío *A*, hijo mío, hijo mío *A*! 53
18.33 diera que muriera en lugar de ti, *A* 53
19.1 he aquí el rey llora, y hace duelo por...*A* 53
19.4 clamaba...¡Hijo mío *A*, *A* hijo mío, hijo 53
19.6 hoy me has hecho ver...que si *A* viviera 53
19.9 ahora ha huido del país por miedo de *A* 53
19.10 y *A*...ungido...ha muerto en la batalla 53
20.6 Seba hijo...nos hará ahora más daño que *A* 53
1 R 1.6 hermoso...y había nacido después de *A* 53
2.7 a mí, cuando iba huyendo de *A* tu hermano 53
2.28 Joab...si bien no se había adherido a *A* 53
1 Cr 3.2 *A*, hijo de Maaca, hija de Talmai rey 53
2 Cr 11.20 después de...tomó a Maaca hija de *A* 53
11.21 Roboam amó a Maaca hija de *A* sobre 53
Sal 34 *tít.* cuando huía delante de *A* su hijo 53

ABSOLVER
Éx 21.19 entonces...*absuelto* el que lo hirió 5352
21.28 mas el dueño del buey será *absuelto* 5355
Dt 25.1 *absolverán* al justo, y condenarán al 6663
1 R 2.9 no lo *absolverás*; pues hombre sabio 5352
Jer 25.29 ¿y...seréis *absueltos*? No seréis *a* 5352
49.12 ¿y serás tú *absuelto* del...No serás *a* 5352

ABSOLUTAMENTE
Est 4.14 porque si callas *a* en este
Os 11.7 ninguno *a* me quiere enaltecer
1 Co 5.10 no *a* con los fornicarios de este *3843*

ABSORBER
2 Co 5.4 lo mortal sea *absorbido* por la vida *2666*

ABSTENERSE
Lv 22.2 que se *abstengan* de las cosas santas 5144
Nm 6.3 se *abstendrá* de vino y de sidra; no 5144
Dt 23.22 cuando te *abstengas* de prometer, no 2308
Ec 3.5 y tiempo de *abstenerse* de abrazar 7368
Hch 15.29 os *abstengáis* de lo sacrificado a *567*
21.25 se *abstengan* de lo sacrificado a los *5442*
1 Co 9.25 todo aquel que lucha...se *abstiene* *567*
1 Ts 5.22 *absteneos* de toda especie de mal *567*
1 Ti 4.3 mandarán *abstenerse* de alimentos que *567*
1 P 2.11 os *abstengáis* de los deseos carnales *567*

ABSTINENCIA
Zac 7.3 ¿haremos *a* como hemos...algunos años? 5144

ABSUELTO *Véase Absolver*

ABUBILLA
Lv 11.19; Dt 14.18 la *a* y el murciélago 1744

ABUELO, A
Éx 10.6 cual nunca vieron tus padres ni tus *a* 1
2 Ti 1.5 fe...la cual habitó primero en tu *a* *3125*

ABUNDANCIA
Gn 27.28 Dios...te dé...*a* de trigo y de mosto 7230
41.29 he aquí vienen siete años de gran *a* 7647
41.30 toda la *a* será olvidada en la tierra 7647
41.31 aquella *a* no se echará de ver, a causa 7647
41.34 quinte la tierra...siete años de la *a* 7647
41.47 siete años de *a* la tierra produjo a 7647
41.48 de los siete años de *a* que hubo en la 7647
41.53 así se cumplieron los siete años de *a* 7647
45.18 venid...comeréis de la *a* de la tierra 2459
Dt 15.4 Jehová te bendecirá con *a* en la tierra 1288
16.10 de la *a*...de tu mano será lo que dieres 4530
17.17 plata ni oro amontonará para sí en *a* 3966
28.47 con gozo...por la *a* de todas las cosas 7230
33.15 y con la *a* de los collados eternos 4022
33.19 por lo cual chuparán la *a* de los mares 8228
1 R 10.2 vino a Jerusalén con...oro en gran *a* 3966,7227
10.27 cedros...cabrahigos de la Sefela en *a* 7230
1 Cr 12.40 trajeron...y bueyes y ovejas en *a* 7230
22.4 habían traído a David *a* de madera de 4557
22.5 David antes...hizo preparativos en gran *a* 7230
29.2 toda clase de...piedras de mármol en *a* 7230
29.16 esta *a*...de tu mano es, y todo es tuyo 1995
2 Cr 1.15 y acumuló el rey plata...cedro...en *a* 7230
9.1 la reina de Sabá...vino...con oro en *a*, y 7230
9.27 cedros como los cabrahigos de la...en *a* 7230
11.23 dio provisiones en *a*, y muchas mujeres 7230
17.5 Josafat...tuvo riquezas y gloria en *a* 7230
18.1 tenía...Josafat riquezas y gloria en *a* 7230
29.35 hubo *a* de holocaustos, con grosura de 7230
31.5 trajeron...en *a* los diezmos de todas las 7235
31.10 y ha quedado esta *a* de provisiones 7230
32.29 adquirid...hatos de ovejas...en gran *a* 7230
Neh 5.18 cada diez días vino en toda *a*; y con
Job 20.22 el colmo de su *a* padecerá estrechez 5607
22.11 para que no veas, y *a* de agua te cubre 8229
22.25 será tu defensa, y tendrás plata en *a* 8443
36.28 nubes, goteando en *a* sobre los hombres 7227
Sal 5.7 por la *a* de tu misericordia entraré 7230
37.11 los mansos...se recrearán con *a* de paz 7230
66.12 pasamos por el fuego...nos sacaste a *a* 7310
69.13 oh Dios, por la *a* de tu misericordia 7230
73.10 aguas en *a* serán extraídas para ellos 4392
80.5 les diste...a beber lágrimas en gran *a* 7991
Pr 3.10 serán llenos tus graneros con *a*, y tus 7647
14.4 por la fuerza del buey hay *a* de pan 8393
21.5 los pensamientos del...tienden a la *a* 4195
27.27 *a* de leche de...para tu mantenimiento 1767
Ec 5.12 pero al rico no le deja dormir la *a* 7647
Cnt 5.1 comed, amigos; bebed en *a*, oh amados 7937
Is 7.22 y a causa de la *a* de leche que darán 7230
33.6 reinarán...la ciencia, y *a* de salvación 2633
Jer 2.7 os introduje en tierra de *a*, para que 3759
8.16 vinieron y devoraron la tierra y su *a* 4393
31.14 el alma del sacerdote satisfaré con *a* 1880
33.6 y lo revelaré *a* de paz y de verdad 6283
44.17 tuvimos *a* de pan, y estuvimos alegres 7646
Ez 16.49 y *a* de ociosidad tuvieron ella y sus 7962
27.12 Tarsis comerciaba contigo por la *a* de 7230
27.18 por la *a* de toda tu riqueza; con vino 7230
Dn 11.24 estando la provincia en...*a*, entrará 4924
Os 10.1 conforme a la *a* de su fruto...altares 7230
Nah 2.12 el león arrebataba en *a* para sus 1767
Zac 1.17 rebosarán mis ciudades con la *a* del 2896
14.14 plata, y ropas de vestir, en gran *a* 7230
Mal 2.15 hizo...habiendo en él *a* de espíritu? 7605
Mt 12.34; Lc 6.45 **de la *a* del corazón habla** *4051*
Lc 12.15 **la vida...no consiste en la *a* de los** *4052*
15.17 **en casa de mi padre tienen *a* de pan** *4052*
Jn 10.10 **tengan vida, y...que la tengan en *a*** *4053*
Hch 15.32 confirmaron a los...con *a* de palabras *4183*
20.2 exhortarles con *a* de palabras, llegó a *4183*
Ro 5.17 los que reciben la *a* de la gracia y *4050*
15.29 con *a* de la bendición del evangelio *4138*
2 Co 8.2 *a* de su gozo y su profunda pobreza *4050*
8.14 la *a* vuestra supla la escasez de ellos *4051*
8.14 la *a* de ellos supla la necesidad vuestra *4051*
Fil 4.12 sé vivir humildemente, y sé tener *a* *4052*
4.12 para tener *a* como para padecer necesidad *4052*
Fil 4.18 pero todo lo he recibido, y tengo *a* *4052*
Col 3.16 la palabra de Cristo more en *a* en *4146*
1 Ti 6.17 que nos da todas las cosas en *a* para *4146*
He 6.14 te bendeciré con *a* y te multiplicaré *4129*
Stg 1.21 desechando...*a* de malicia, recibid con *4050*

ABUNDANTE
Éx 36.7 tenían material *a* para hacer toda la 1767
Sal 68.9 *a* lluvia esparciste, oh Dios; a tu 5071
107.37 siembran campos...y rinden *a* fruto 8393
130.7 hay misericordia, y *a* redención con él 7235
Is 30.23 dará pan del fruto...será *a* y pingüe 8082
Jer 40.12 Mizpa; y recogieron vino y *a* frutos 3966,7235
Ez 17.5 la plantó junto a aguas *a*, la puso 7227
Dn 4.12 y su fruto *a*, y había en él alimento 7690
4.21 y su fruto *a*, y en que había alimento 7690
Os 10.1 Israel...que da *a* fruto para sí mismo 7230
Zac 10.1 os dará lluvia *a* y hierba verde en 1653
Hch 4.33 y *a* gracia era sobre todos ellos *3173*
1 Co 12.24 dando más *a* honor al que le faltaba *4055*
2 Co 7.15 cariño...con vosotros es aun más *a* *4056*
8.20 cuanto a...ofrenda *a* que administramos *100*
11.23 yo más: en trabajos más *a*; en azotes *4056*
Ef 2.7 mostrar...las *a* riquezas de su gracia *5235*
1 Ti 1.14 gracia de nuestro Señor fue más *a* *5250*

ABUNDANTEMENTE
1 S 1.10 con amargura de alma oró...y lloró *a* 1058
Sal 31.23 paga *a* al que procede con soberbia 3499
Ef 3.20 hacer todas las cosas mucho más *a* de *1537,4053*
Tit 3.6 derramó en nosotros *a* por Jesucristo 4054
Stg 1.5 el cual da a todos *a* y sin reproche *574*

ABUNDAR
Dt 30.9 te hará Jehová...*abundar* en toda obra 3498
Sal 4.7 cuando *abundaba* su grano y su mosto 7231
Ec 5 7 *abundan* los sueños...a las vanidades 7230
Hch 9.36 ésta *abundaba* en buenas obras y en *4134*
Ro 3.7 verdad de Dios *abundó* para su gloria *4052*
5.15 *abundaron* mucho más para los muchos *4050*
5.20 la ley se...para que el pecado *abundase* *4121*
5.20 el pecado *abundó*, sobreabundó la gracia *4121*
6.1 ¿perseveraremos en...que la gracia *abunde*? *4121*
15.13 para que *abundéis* en esperanza por el *4052*
1 Co 14.12 *abundar* en ellos para edificación *4052*
2 Co 1.5 *abundan* en nosotros las aflicciones *4052*
1.5 así *abunda* también por el mismo Cristo *4052*
3.9 más *abundará* en gloria el ministerio de *4052*
4.15 *abundando* la gracia por medio de muchos *4121*
8.2 *abundaron* en riquezas de su generosidad *4052*
8.7 en todo *abundáis*, en fe, en palabra, en *4052*
8.7 ciencia...*abundad* también en esta gracia *4052*
9.8 hacer que *abunde* en vosotros toda gracia *4052*
9.8 de que...*abundéis* para toda buena obra *4052*
9.12 *abunda* en muchas acciones de gracias *4052*
Fil 1.9 pido...que vuestro amor *abunde* aun más *4052*
1.26 para que *abunde* vuestra gloria de mí *4052*
4.17 que busco fruto que *abunde* en vuestra *4121*
Col 2.7 así *abundando* en acciones de gracias *4052*
1 Ts 3.12 el Señor os haga...*abundar* en amor *4052*
4.1 cómo...conduciros...así *abundéis* más y más *4052*
4.10 rogamos...que *abundéis* en ello más y más *4052*
2 Ts 1.3 el amor...*abunda* para con los demás *4121*
2 P 1.8 cosas están en vosotros, y *abundan* *4121*

ABUSAR
Jue 19.25 entraron a ella, y *abusaron* de ella 5953
1 Co 9.18 para no *abusar* de mi derecho en el *2710*

ACÁ *Véase el Apéndice*

ACAB
1. Rey de Israel
1 R 16.28 Omri...reinó en lugar suyo *A* su hijo 256
16.29 comenzó a reinar *A* hijo de Omri sobre 256
16.30 reinó *A* hijo de Omri...*A*...hizo lo malo 256
16.33 hizo también *A* una imagen de Asera 256
16.33 haciendo así...*A* más que todos los reyes 256
17.1 dijo a *A*: Vive Jehová Dios de Israel, en 256
18.1 muéstrate a *A*, y yo haré llover sobre la 256
18.2 fue, pues, Elías a mostrarse a *A* 256
18.3 *A* llamó a Abdías su mayordomo. Abdías 256
18.5 dijo, pues, *A* a Abdías: Vé por el país 256
18.6 *A* fue por un camino, y Abdías...por otro 256
18.9 que entregues a tu siervo en mano de *A* 256
18.12 y al venir yo y dar las nuevas a *A*, al 256
18.16 Abdías fue a...A...A vino a...con Elías 256
18.17 cuando *A* vio a Elías, le dijo: ¿Eres tú 256
18.20 *A* convocó a todos los hijos de Israel 256
18.41 entonces Elías dijo a *A*: Sube, come y 256
18.42 *A* subió a comer y a beber. Y Elías 256
18.44 di a *A*: Unce tu carro y desciende, para 256
18.45 lluvia. Y subiendo *A*, vino a Jezreel 256
18.46 y corrió delante de *A* hasta llegar a 256
19.1 *A* dio a Jezabel la nueva de todo lo que 256
20.2 envió mensajeros a la ciudad a *A* rey 256
20.13 un profeta vino a *A* rey de Israel, y 256
20.14 y respondió *A*: ¿Por mano de quién? 256
20.14 dijo *A*: ¿Quién comenzará la batalla? 256
20.33 Ben-adad entonces se presentó a *A*, y 256
20.34 yo, dijo *A*, te dejaré partir con este 256
21.1 una viña junto al palacio de *A* rey de 256
21.2 *A* habló a Nabot...Dame tu viña para un 256
21.3 Nabot respondió a *A*: Guárdeme Jehová de 256
21.4 y vino *A* a su casa triste y enojado, por 256
21.8 ella escribió cartas en nombre de *A*, y 256
21.15 dijo a *A*: Levántate y toma la viña de 256
21.16 y oyendo *A* que Nabot era muerto, se 256
21.18 desciende a encontrarte con *A* rey de 256
21.20 y *A* dijo a Elías: ¿Me has hallado 256
21.21 hasta el último varón de la casa de *A* 256
21.24 el que de *A* fuere muerto en la ciudad 256
21.25 a la verdad ninguno fue como *A*, que se 256
21.27 cuando *A* oyó estas palabras, rasgó sus 256
21.29 ¿no has visto cómo *A* se ha humillado 256
22.20 ¿quién inducirá a *A*, para que suba y 256
22.39 los hechos de *A*, y todo lo que hizo 256
22.40 durmió *A* con su padres, y reinó en su 256
22.41 comenzó...en el cuarto año de *A* rey de 256
22.49 Ocozías hijo de *A* dijo a Josafat: Vayan 256
25.51 Ocozías hijo de *A* comenzó a reinar 256
2 R 1.1 después de la muerte de *A*, se rebeló 256
3.1 hijo de *A* comenzó a reinar en Samaria 256
3.5 pero muerto *A*, el rey de Moab se rebeló 256
8.16 en el quinto año de Joram hijo de *A*, rey 256
8.18 y anduvo en el...como hizo la casa de *A* 256
8.18 una hija de *A* fue su mujer; e hizo lo 256
8.25 en el año doce de Joram hijo de *A*, rey 256
8.27 anduvo en el camino de la casa de *A* 256
8.27 e hizo lo malo ante...como la casa de *A* 256
8.27 malo...porque era yerno de la casa de *A* 256
8.28 y fue a la guerra con Joram hijo de *A* a 256
8.29 descendió...a visitar a Joram hijo de *A* 256
9.7 herirás la casa de *A* tu señor, para que 256
9.8 perecerá...la casa de *A*, y destruiré de *A* 256
9.9 casa de *A* como la casa de Jeroboam hijo 256
9.25 cuando tú y yo íbamos con la gente de *A* 256
9.29 en el undécimo año de Joram hijo de *A* 256
10.1 tenía *A* en Samaria setenta hijos; y Jehú 256
10.1 Jehú escribió cartas...a los ayos de *A* 256
10.10 que Jehová habló sobre la casa de *A* 256
10.11 mató entonces Jehú a...de la casa de *A* 256
10.17 a todos los que habían quedado de *A* en 256
10.18 dijo: *A* sirvió poco a Baal, mas Jehú 256
10.30 hiciste a la casa de *A* conforme a todo 256
21.3 e hizo una imagen...como había hecho *A* 256
21.13 extenderé...la plomada de la casa de *A* 256
2 Cr 18.1 Josafat...contrajo parentesco con *A* 256
18.2 para visitar a *A*...*A* mató muchas ovejas 256
18.3 dijo *A* rey de Israel a Josafat rey de 256
18.19 ¿quién inducirá a *A* rey de Israel para 256
21.6 y anduvo en el...como hizo la casa de *A* 256
21.6 porque tenía por mujer a la hija de *A* 256
21.13 fornicase...como fornicó la casa de *A* 256
22.3 anduvo en los caminos de la casa de *A* 256
22.4 hizo, pues, lo malo...como la casa de *A* 256
22.5 fue a la guerra con Joram hijo de *A*, rey 256
22.6 visitar a Joram hijo de *A* en Jezreel 256
22.7 para que exterminara la familia de *A* 256
22.8 haciendo juicio...contra la casa de *A* 256
Mi 6.16 toda obra de la casa de *A*; y en los 256
2. *Falso profeta*, Jer 29.21,22 256

ACABAR
Gn 2.1 fueron, pues, *acabados* los cielos y la 3615
2.2 *acabó* Dios en el día séptimo la obra que 3615
6.16 y la *acabarás* a un codo de elevación 3615
17.22 y *acabó* de hablar con él, y subió Dios 3615
18.33 luego que *acabó* de hablar a Abraham 3615
24.15 antes que él *acabase* de hablar, he aquí 3615
24.19 cuando *acabó* de darle de beber, dijo 3615

24.22 cuando los camellos *acabaron* de beber 3615
24.45 antes que *acabase* de hablar en mi corazón .. 3615
27.30 luego que Isaac *acabó* de bendecir a Jacob ... 3615
43.2 aconteció... cuando acabaron de comer 3615
44.12 desde el mayor... y *acabó* en el menor 3615
47.15 *acabado* el dinero... vino todo Egipto a 8552
47.15 moriremos... haberse *acabado* el dinero 656
47.16 ganados, si se ha *acabado* el dinero 656
47.18 *acabado* aquel año, vinieron a él el 8552
47.18 que el dinero ciertamente se ha *acabado* 8552
49.33 cuando *acabó* Jacob de... a sus hijos
Éx 5.13 *acabad* vuestra obra, la tarea de cada 3615
31.18 cuando *acabó* de hablar... en el monte de
34.33 cuando *acabó* Moisés de hablar con ellos
39.32 fue *acabada*... la obra del tabernáculo 3615
40.33 erigió el atrio... *acabó* Moisés la obra 3615
Lv 16.20 cuando hubiere *acabado*... el santuario
Nm 4.15 cuando *acaben* Aarón y sus hijos de
7.1 cuando Moisés hubo *acabado* de levantar el
17.13 ¿*acabaremos* por perecer todos?
32.13 fue *acabada* toda aquella generación 8552
Dt 2.14 que se *acabó* toda la generación de los 8552
2.15 para destruirlos de en... hasta *acabarlos* 8552
3.3 al cual derrotamos hasta *acabar* con todos
7.22 no podrás *acabar* con ellos en seguida 3615
20.9 cuando los... *acaben* de hablar al pueblo
26.12 cuando *acabes* de diezmar todo el diezmo
31.24 cuando *acabó* Moisés... palabras de esta ley
31.30 habló Moisés... cántico hasta *acabarlo* 8552
32.45 *acabó* Moisés... todas estas palabras
Jos 3.16 que descendían al mar... se *acabaron* 8552
3.17 hasta que... hubo *acabado* de pasar el Jordán
4.1 cuando... hubo *acabado* de pasar el Jordán
4.11 cuando... el pueblo *acabó* de pasar, también
5.8 cuando *acabaron* de circuncidar a toda
8.24 los... *acabaron* de matar... moradores de Hai
10.20 Josué y... Israel *acabaron* de herirlos con
19.49 después que *acabaron* de repartir la tierra
19.51 reunión; y *acabaron* de repartir la tierra
Jue 7.19 cuando *acababan* de renovar los centinelas
15.17 *acabando* de hablar, arrojó de su mano la
19.9 he aquí el día se *acaba*, duerme aquí 2583
Rt 2.21 hasta que hayan *acabado* toda mi siega 3615
2.23 estuvo, pues... hasta que se *acabó* la siega 3615
3.3 hasta... haya *acabado* de comer y de beber
1 S 9.7 el pan... se ha *acabado*, y no tenemos 235
13.10 cuando acababa... el holocausto, he aquí
15.18 y hazles guerra hasta que los *acabes* 3615
17.51 sacándola... lo *acabó* de matar, y le cortó
18.1 aconteció que cuando él hubo *acabado* de
24.16 aconteció... David *acabó* de decir estas
2 S 3.35 que comiera antes que *acabara* el día
6.18 David había *acabado*... los holocaustos y
11.19 cuando *acabes* de contar... los asuntos de
13.36 él *acabó*... he aquí... y alzando su voz
15.24 y subió Abiatar... *acabado* de salir de la
18.15 escuderos de Joab... hirieron y *acabaron* de
22.38 los destruiré, y no volveré... *acabarlos* 3615
1 R 1.41 oyó Adonías... ya habían *acabado* de
6.7 de piedras que traían ya *acabadas*, de 8003
3.1 *acababa* de edificar su casa, y... los muros de
8.54 cuando *acabó* Salomón... se levantó con
6.38 en el mes de Bul... fue *acabada* la casa 3615
7.22 y así se *acabó* la obra de las columnas 8552
9.1 Salomón hubo *acabado* la obra de la casa 3615
9.21 los hijos de Israel no pudieron *acabar* 2763
11.16 hasta que hubo *acabado* con todo el sexo 3772
14.10 barreré la posteridad de... sea *acabado* 3772
22.11 acornearás a los sirios hasta *acabarlos* 3615
2 R 10.25 después que *acabaron*... el holocausto
1 Cr 16.2 David *acabó*... el holocausto bendijo en el
27.24 comenzado a contar; pero no *acabó* 3615
28.20 hasta que *acabes* toda la obra para el 3615
2 Cr 4.11 *acabó* Hiram la obra que hacía al rey 3615
5.1 *acabada* toda la obra que hizo Salomón 7999
7.1 Salomón *acabó* de orar... y consumió el
8.16 hasta que la casa de Jehová fue *acabada* 3615
20.23 hubieron *acabado*... cada cual ayudó a su 3615
29.29 cuando *acabaron* de ofrecer, se inclinó
29.34 les ayudaron hasta que *acabaron* la obra 3615
31.1 los lugares a altos... hasta *acabarlo* todo 3615
Esd 9.1 *acabadas* todas estas cosas, los príncipes 3615
Neh 4.2 ¿*acabarán* en un día? ¿Resucitarán de 3615
Est 8.11 matar, y *acabar* con... fuerza armada 6
9.24 Pur... para consumirlos y *acabar* con ellos 6
Job 6.9 que soltara su mano, y *acabará* conmigo! 1214
23.14 *acabará* lo que ha determinado de mí 7999
36.11 *acabarán* sus días en bienestar, y sus 3615
Sal 12.1 salva, oh... se *acabaron* los piadosos 6461
18.37 perseguí a... y no volví hasta *acabarlos* 3615
59.13 *acábalos* con furor, *a*, para que no sean 3615
71.9 mi fuerza se *acabare*, no me desampares 3615
77.8 ha *acabado* perpetuamente su promesa? 1584
90.9 *acabamos* nuestros años... un pensamiento ... 3615
102.27 el mismo, y tus años no se *acabarán* 8552
Is 10.12 el Señor haya *acabado* toda su obra 1214
10.25 se *acabará* mi furor y mi enojo, para 3615
14.4 cómo *acabó* la ciudad codiciosa de oro! 7673
24.8 se *acabó* el estruendo de los que se 7673
27.10 allí tendrá su majada, y *acabará* sus 3615
21.20 porque el violento será *acabado*, y el 656
33.1 cuando *acabes*... serás tú... cuando *acabes* de .. 8552
38.13 de la mañana a la noche me *acabarás* 7999
60.20 y los días de tu luto serán *acabados* 7999
Jer 9.16 enviaré espada... hasta que los *acabe* 3615
25.35 y se *acabará* la huida de los pastores 6
27.8 castigaré a tal nación... que la *acabe* yo 8552
43.1 Jeremías *acabó* de hablar... las palabras de

44.8 que os *acabéis*, y seáis por maldición 3772
49.7 se ha *acabado* el consejo de los sabios? 6
49.37 y enviaré... espada hasta que los *acabe* 3615
51.63 cuando *acabes* de... le atarás una piedra
Lm 2.22 crie y mantuve, mi enemigo los *acabó* 3615
Ez 6.6 vuestros ídolos... quebrados y *acabarán* 7673
28.12 de sabiduría, y *acabado* de hermosura 3632
42.15 luego que *acabó* las medidas de la casa 3615
43.23 cuando *acabes* de expiar, ofrecerás... y un
43.27 *acabados* estos días, del octavo día en 3615
Dn 12.7 se *acabe* la dispersión del poder del 3615
Am 7.2 *acabó* de... yo dije: Señor Jehová, perdona
Zac 4.9 sus manos la *acabarán*; y conocerás que 1214
Mt 9.18 mi hija *acaba* de... tu mano sobre ella, y
10.23 **que no *acabaréis* de... antes que venga el**
26.1 *acabado* Jesús todas estas palabras *5055*
Lc 2.43 *acabada* la fiesta, se quedó el niño *5048*
4.13 el diablo hubo *acabado* toda tentación *4931*
14.20 **otro dijo: *Acabo de casarme*, y**
14.28 **tiene lo que necesita para *acabarla*?** *535*
14.29 **puesto el cimiento, y no pueda *acabarla*** *1615*
14.30 **comenzó a edificar, y no pudo *acabar*** *1615*
Jn 4.34 **haga la voluntad... y que *acabe* su obra** *5048*
17.4 **yo... he *acabado* la obra que me diste que** *5048*
21.10 **Jesús dijo: Traed... que *acabáis* de pescar**
Hch 20.24 tal que *acabe* mi carrera con gozo *5048*
24.22 les aplazó, diciendo: Cuando... *acabaré* de
1 Co 13.8 las profecías se *acabarán*, y cesarán *2673*
13.8 las lenguas, y la ciencia se *acabará* *3973*
13.10 entonces lo que es en parte se *acabará* *2673*
2 Co 8.6 *acabe* también entre vosotros... obra *2005*
Gá 3.3 tan necios sois... *acabar* por la carne? *2005*
Ef 6.13 y habiendo *acabado* todo, estar firmes *2716*
2 Ti 4.7 he *acabado* la carrera, he guardado la *5055*
He 1.12 tú eres el mismo, y tus años no *acabarán* *1587*
4.3 las obras suyas estaban *acabadas* desde *1096*
Ap 11.7 cuando hayan *acabado* su testimonio, la *5055*

ACACIA

Éx 25.5 rojo, pieles de tejones, maderas de *a* 7848
25.10 harán también un arca de madera de *a* 7848
25.13 harás unas varas de madera de *a*, las 7848
25.23 una mesa de madera de *a*; su longitud 7848
25.28 harás las varas de maderas de *a*, y las 7848
26.15 harás para el... tablas de madera de *a* 7848
26.26 cinco barras de madera de *a*, para las 7848
26.32 sobre cuatro columnas de madera de *a* 7848
26.37 y harás... cinco columnas de madera de *a* 7848
27.1 harás también un altar de madera de *a* 7848
27.6 harás también... varas de madera de *a*, las 7848
30.1 un altar para... de madera de *a* lo harás 7848
30.5 harás las varas de madera de *a*, y las 7848
35.7 de rojo, pieles de tejones, madera de *a* 7848
35.24 todo el que tenía madera de *a* la traía 7848
36.20 hizo... tablas de madera de *a*, derechas 7848
36.31 hizo también las barras de madera de *a* 7848
36.36 él hizo cuatro columnas de madera de *a* 7848
37.1 hizo... Bezaleel el arca de madera de *a* 7848
37.4 hizo también varas de madera de *a*, y las 7848
37.10 hizo también la mesa de madera de *a* 7848
37.15,28 hizo las varas de madera de *a* 7848
37.25 hizo también el altar... de madera de *a* 7848
38.1 de madera de *a* el altar del holocausto 7848
38.6 hizo las varas de madera de *a*, y las 7848
Dt 10.3 hice un arca de madera de *a*, y labré 7848
Is 41.19 daré en el desierto cedros, *a*... olivos 7848

ACAD *Ciudad de Sinar*, Gn 10.10 390

ACAICO *Compañero de Pablo*, 1 Co 16.17 .... *883*

ACALLAR

Sal 62.1 en Dios solamente está *acallada* mi 1747
131.2 y he *acallado* mi alma como un niño 1826

ACAMPAR

Gn 13.12 Abram *acampó* en la tierra de Canaán 167
20.1 Abraham... *acampó* entre Cades y Shur, y 3427
26.17 Isaac se... y *acampó* en el valle de Gerar 2583
31.25 Labán *acampó* con sus parientes en el 8628
33.18 Siquem... y *acampó* delante de la ciudad 2583
Éx 13.20 y partieron de Sucot y *acamparon* en 2583
14.2 que den la vuelta y *acampen* delante de 2583
14.2 delante de él *acamparéis* junto al mar 2583
14.9 los alcanzaron *acampados* junto al mar 2583
15.27 Elim... *acamparon* allí junto a las aguas 2583
17.1 *acamparon* en Refidim; y no había agua
18.5 y Jetro vino a Moisés... estaba *acampado* 2583
19.2 *acamparon* en el desierto; y acampó allí
Nm 1.50 y *acamparán* alrededor del tabernáculo 2583
1.52 *acamparán* cada uno en su campamento, y
1.53 pero los levitas *acamparán* alrededor del
2.2 hijos de Israel *acamparán* cada uno junto
2.2 alrededor del tabernáculo de... *acamparán*
2.3 éstos *acamparán* al oriente, al este... Judá
2.5 junto a él *acamparán* los de la... de Isacar
2.12 *acamparán* junto a él los de la... de Simeón
2.17 el orden en que *acampan*; así marchará 2583
2.27 junto a él *acamparán* los de la... de Aser 2583
2.34 así *acamparon* por sus banderas, y así
3.23 *acamparán* a espaldas del tabernáculo, al
3.29 las familias... de Coat *acamparán* al lado
3.35 *acamparán* al lado del tabernáculo, al
3.38 que *acamparán* delante del tabernáculo al 2583
9.17 donde la nube paraba, allí *acampaban*
9.18,20,23 al mandato de Jehová *acampaban*
9.18 la nube estaba, permanecían *acampados*
9.22 Israel seguían *acampados*, y no se movían
10.5 moverán los que... *acampados* al oriente
10.6 moverán... los que están *acampados* al sur

10.31 tú conoces los... donde hemos de *acampar* ... 2583
12.16 y *acamparon* en el desierto de Parán
20.1 *acampó* el... en Cades; y allí murió María 3427
21.10 partieron... Israel y *acamparon* en Obot
21.11 partiendo de... *acamparon* en Ije-abarim
21.12 partieron... y *acamparon* en el valle de
21.13 y *acamparon* al otro lado de Amón, que
22.1 partieron, y *acamparon* en los campos de
33.5 los hijos de Israel... *acamparon* en Sucot
33.6 salieron de Sucot y *acamparon* en Etai
33.7 salieron... *acamparon* delante de Migdol
33.8 anduvieron tres días... *acamparon* en Mara
33.9 vinieron a Elim, donde... y *acamparon* allí
33.10 de Elim y *acamparon* junto al Mar Rojo 2583
33.11 Rojo y *acamparon* en el desierto de Sin 2583
33.12 salieron, de Sin y *acamparon* en Dofca 2583
33.13 salieron de Dofca y *acamparon* en Alús 2583
33.14 salieron de... y *acamparon* en Refidim 2583
33.15 y *acamparon* en el desierto de Sinaí
33.16 de Sinaí y *acamparon* en Kibrot-bataava
33.17 salieron de... y *acamparon* en Hazerot 2583
33.18 salieron de Hazerot y *acamparon* en
33.19 salieron de... y *acamparon* en Rimón-peres
33.20 salieron de Rimón-peres *acamparon* en
33.21 salieron de Libna y *acamparon* en Rissa
33.22 salieron de... y *acamparon* en Ceelata
33.23 de Ceelata y *acamparon* en el monte de
33.24 salieron. Sefer y *acamparon* en Harada 2583
33.25 salieron de... y *acamparon* en Macelot
33.26 salieron de Macelot y *acamparon* en 2583
33.27 salieron de Tahat y *acamparon* en Tara
33.28 salieron de Tara y *acamparon* en Mitca
33.29 salieron de... y *acamparon* en Hasmona
33.30 salieron de... y *acamparon* en Moserot 2583
33.31 de Moserot y *acamparon* en Bene-jaacan
33.32 de Bene-jaacán y *acamparon* en el monte 2583
33.33 monte de Gidgad y *acamparon* en Jotbata
33.34 salieron de Jotbata y *acamparon* en 2583
33.35 salieron de... y *acamparon* en Ezión-geber ... 2583
33.36 salieron... y *acamparon* en el desierto de
33.37 y *acamparon* en el monte de Hor, en la
33.41 salieron... Hor y *acamparon* en Zalmona
33.42 salieron de Zalmona y *acamparon* en
33.43 salieron de Punón y *acamparon* en Obot
33.44 salieron de... y *acamparon* en Ije-abarim
33.45 salieron de... y *acamparon* en Dibón-gad
33.46 salieron... *acamparon* en Almón-diblataim ... 2583
33.47 y *acamparon* en los montes de Abarim
33.48 *acamparon* en los campos de Moab, junto
33.49 finalmente *acamparon* junto al Jordán
Dt 1.33 reconoceros el lugar donde... de *acampar*
Jos 4.8 las pasaron al lugar donde *acamparon* 4411
4.19 *acamparon* en Gilgal, al lado oriental de 2583
5.10 los hijos de Israel *acamparon* en Gilgal 2583
8.11 la gente de... *acamparon* al norte de Hai
10.5 *acamparon* cerca de Gabaón, y pelearon 2583
10.31 pasó... a Laquis, y *acampó*... la combatió 2583
10.34 pasó... Eglón; y *acamparon* cerca de ella 2583
11.5 estos reyes... *acamparon* unidos junto a
Jue 6.4 *acampando*... destruían los frutos de la 2583
6.33 pasando *acamparon*... el valle de Jezreel
7.1 *acamparon* junto a la fuente de Harod
10.17 y *acamparon* en Galaad... y *a* en Mizpa 2583
11.18 *acampó* al otro lado de Amón, y no entró
11.20 acampó en Jahaza, y peleó contra Israel
15.9 los filisteos... *acamparon* en Judá, y se
18.12 fueron y *acamparon* en Quiriat-jearim
1 S 4.1 salió Israel... *acampó* junto a Eben-ezer
4.1 salió... los filisteos *acamparon* en Afec
11.1 subió... y *acampó* contra Jabes de Galaad 2583
13.5 y *acamparon* en Micmas, al oriente de
13.16 los filisteos habían *acampado* en Micmas 2583
17.1 los filisteos, *acamparon* entre Soco y
17.2 y *acamparon* en el valle de Ela, y se
26.3 y *acampó* Saúl en el collado de Haquila
26.5 vino al sitio donde Saúl había *acampado*
26.5 el pueblo... *acampado* en derredor de él
28.4 vinieron y *acamparon* en Sunem; y Saúl
28.4 juntó a... Israel, y *acamparon* en Gilboa
29.1 e Israel *acampó* junto a la fuente que
2 S 12.28 *acampa* contra la ciudad y tómala 2583
17.26 *acampó* Israel con Absalón en... Galaad
24.5 *acamparon* en Aroer, al sur de la ciudad
1 R 16.15 el pueblo había *acampado* contra 2583
20.27 *acamparon* los hijos de Israel delante
20.29 siete días estuvieron *acampados* los
2 R 18.17 y *acamparon* junto al acueducto del
1 Cr 19.7 *acamparon* delante de Medeba... Amón
2 Cr 32.1 vino, y *acampó* contra las ciudades 2583
Esd 8.15 junto al río... *acampamos* allí 3 días 2583
Job 19.12 y *acamparon* en derredor de mi tienda 2583
Sal 27.3 aunque un ejército *acampe* contra mí 2583
34.7 el ángel de Jehová *acampa* alrededor de 2583
Is 7.19 vendrán y *acamparán*... en los valles
22.7 los de a caballo *acamparon* a la puerta
29.3 porque *acamparé* contra ti alrededor, y 2583
36.2 *acampó* junto al acueducto del estanque
Jer 39.3 y *acamparon* a la puerta de en medio
50.29 arco; *acampad* contra ella alrededor 2583
52.4 y *acamparon* contra ella, y... baluartes
Lm 4.6 sin que *acamparan* contra ella compañías
Jon 4.5 salió... y *acampó* hacia el oriente de la
Zac 9.8 *acamparé* alrededor de mi casa como un 2583

ACÁN

1. Hijo de Ezer (=Iaacán), Gn 36.27 6130
2. El que perturbó a Israel
Jos 7.1 prevaricación... porque *A* hijo de Carmi 5912

7.18 y fue tomado A hijo de Carmi, hijo de 5912
7.19 Josué dijo a A: Hijo mío, da gloria a 5912
7.20 y A respondió a Josué...he pecado contra 5912
7.24 tomaron a A hijo de Zera, el dinero, el 5912
22.20 ¿no cometió A hijo de...prevaricación 5912
1 Cr 2.7 hijo de Carmi fue A, el que perturbó 5917

ACAPARAR
Pr 11.26 al que *acapara* el grano, el pueblo 4513

ACARICIAR
Gn 26.8 vio a Isaac que *acariciaba* a Rebeca

ACARREADOR
Neh 4.10 fuerzas de los a se han debilitado 5449

ACARREAR
Nm 5.18 aguas amargas que *acarrean* maldición
Neh 4.17 que *acarreaban*, y los que cargaban 5375
13.15 vi...que *acarreaban* haces, y cargaban
Pr 9.7 el que corrige al...se *acarrea* afrenta
10.10 el que guiña el ojo *acarrea* tristeza 5414
13.17 el mal mensajero *acarrea* desgracia; mas
13.17 mas el mensajero fiel *acarrea* salud
19.26 el que roba a su padre...*acarrea* oprobio 2659
Jer 2.17 ¿no te *acarreó* esto el haber dejado
Ro 13.2 *acarrean* condenación para sí mismos
1 Ti 1.4 *acarrean* disputas más...que edificación

ACASO *Véase el Apéndice*

ACATAR
Dn 6.13 ni *acata* el edicto que confirmaste

ACAYA *Provincia romana*
Hch 18.12 pero siendo Galión procónsul de A *882*
18.27 queriendo él pasar a A...le animaron *882*
19.21 ir...después de recorrer Macedonia y A *882*
Ro 15.26 A tuvieron a bien hacer una ofrenda *882*
16.5 Epeneto...primer fruto de A para Cristo *882*
1 Co 16.15 la familia de...es la primicia de A *882*
2 Co 1.1 todos los santos que están en toda A *882*
9.2 que A está preparada desde el año pasado *882*
11.10 esta mi gloria en las regiones de A *882*
1 Ts 1.7 habéis sido ejemplo a todos los de...A *882*
1.8 divulgada la palabra...no sólo en...y A *882*

ACAZ
1. Rey de Israel, hijo y sucesor de Jotam
2 R 15.38 durmió...reinó en su lugar A su hijo 271
16.1 año 17 de Peka...comenzó a reinar A 271
16.2 cuando comenzó a reinar A era de 20 años 271
16.5 para hacer guerra y sitiar a A; mas no 271
16.7 A envió embajadores a Tiglat-pileser rey 271
16.8 tomando A la plata, que se halló en la 271
16.10 después fue el rey A a encontrar a 271
16.10 vio...A el altar que estaba en Damasco 271
16.11 conforme a todo lo que el rey A había 271
16.11 entre tanto...el rey A venía de Damasco 271
16.15 el rey A al sacerdote Urías, diciendo 271
16.16 hizo...las cosas que el rey A le mandó 271
16.17 cortó el rey A...tableros de las basas 271
16.19 los demás hechos que puso por obra A 271
16.20 durmió el rey A con sus padres, y fue 271
17.1 el año duodécimo de A...comenzó a reinar 271
18.1 año comenzó a reinar Ezequías hijo de A 271
20.11 que había descendido en el reloj de A 271
23.12 los altares...sobre la azotea de...de A 271
1 Cr 3.13 hijo de éste fue A, del que fue hijo 271
2 Cr 27.9 Jotam...y reinó en su lugar A su hijo 271
28.1 de 20 años era A...comenzó a reinar 271
28.16 envió a pedir...A a los reyes de Asiria 271
28.19 humillado a Judá por causa de A rey de 271
28.21 que despojó A la casa de Jehová, y la 271
28.22 además el rey A...añadió mayor pecado 271
28.24 recogió A los utensilios de la casa de 271
28.27 durmió A con sus padres, y lo sepultaron 271
29.19 los utensilios que...desechado el rey A 271
Is 1.1 la cual vio...en días de Uzías, Jotam, A 271
7.1 aconteció en los días de A hijo de Jotam 271
7.3 sal al encuentro de A, tú, y Sear-jasub 271
7.10 habló también Jehová a A, diciendo 271
7.12 respondió A: No pediré, y no tentaré a 271
14.28 en el año que murió el rey A fue esta 271
38.8 haré volver la sombra...en el reloj de A 271
Os 1.1 en días de A y Ezequías, reyes de Judá 271
Mi 1.1 palabra de Jehová...en días de Jotam, A 271
Mt 1.9 engendró a...Jotam a A, y A a Ezequías *881*
2. Descendiente del rey Saúl, 1 Cr 8.35,36; 9.41,42

ACBOR
1. Padre de Baal-hanán, rey de Edom,
Gn 36.38,39; 1 Cr 1.49 5907
2. Un enviado del rey Josías (=Abdón No. 5),
2 R 22.12,14 5907
3. Padre de Elnatán (posiblemente =No. 2),
Jer 26.22; 36.12 5907

ACCEDER
Hch 18.20 quedase con ellos...mas no *accedió* *1962*
Gá 2.5 por un momento *accedimos* a someternos *1502*

ACCESO
Ef 3.12 en quien tenemos...y a con confianza *4318*

ACCIDENTE
Jos 20.3 el homicida que matare...por a y no 7684
20.5 por cuanto hirió a su prójimo por a, y
20.9 cualquiera que hiriese a alguno por a 7684
1 S 6.9 no es su mano...que esto ocurrió por a 4745

ACCIÓN
Gn 44.15 ¿qué a es esta que habéis hecho? 4639
Lv 7.12 se ofreciere en a de gracias, ofrecerá
7.12 ofrecerá por sacrificio de a de gracias
7.13 en el sacrificio de a de gracias de paz
7.15 la carne...en a de gracias se comerá en
22.29 sacrificio de a de gracias a Jehová, lo
1 S 2.3 es Jehová, y a él toca el pesar las a 5949
Neh 11.17 el que empezaba las...a de gracias
12.46 para los cánticos...a de gracias a Dios
Sal 26.7 para exclamar con voz de a de gracias
100.4 entrad por...puertas con a de gracias
Jer 30.19 saldrá de ellos a de gracias, y voz
33.11 voz de los que traigan ofrenda de a de
1 Co 5.2 fuese quitado...el que cometió tal a? *2041*
14.16 ¿cómo dirá el amén a tu a de gracias?
2 Co 4.15 la a de gracias sobreabunde para
9.11 la cual produce...a de gracias a Dios
9.12 abunda en muchas a de gracias a Dios
Ef 5.4 no convienen...antes bien a de gracias
Col 2.7 enseñados, abundando en a de gracias
4.2 en la oración, velando...con a de gracias
1 Ts 3.9 ¿qué a de gracias podremos dar a Dios
2 Ts 2.7 porque ya está en a el misterio de
1 Ti 2.1 a de gracias, por todos los hombres
4.3 con a de gracias participasen de ellos
4.4 es bueno...si se toma con a de gracias
Ap 4.9 dan a de gracias al que está sentado
7.12 y la a de gracias...sean a nuestro Dios
19.8 lino fino es las a justas de los santos

ACECHADOR
Esd 8.31 de mano del enemigo y del a en

ACECHAR
Dt 19.11 aborreciere...prójimo y lo *acechare* 693
Jue 16.2 *acecharon* toda aquella noche a la
1 S 22.8 que me *aceche*, tal como lo hace hoy 8266
22.13 para que...*acechase*, como lo hace hoy 8266
2 S 16.11 mi hijo...*acecha* mi vida; ¿cuánto más
Job 31.9 si estuve *acechando* a la puerta de mi
38.40 se están en sus guaridas para *acechar*?
39.29 desde allí *acecha* la presa; sus ojos
Sal 10.8 sus ojos están *acechando* al desvalido
10.9 *acecha* en oculto, como el león desde su
10.9 cueva; *acecha* para arrebatar al pobre
37.32 *acecha* el impío al justo, y procura 6822
56.6 pasos, como quienes *acechan* a mi alma
59.3 porque he aquí están *acechando* mi vida
71.10 los que *acechan* mi alma consultaron
Pr 1.11 ven...*acechemos* sin motivo al inocente 6845
7.12 está...*acechando* por todas las esquinas
23.28 también ella, como robador, *acecha*
24.15 impío, no *aceches* la tienda del justo
Jer 5.6 lobo...leopardo *acechará* sus ciudades
5.26 *acechaban* como quien pone lazos...¿azar
Lm 3.10 fue para mí como oso que *acecha*, como
Os 13.7 como un leopardo en el...los *acecharé*
Mi 7.2 todos *acechan* por sangre; cada cual
Mr 3.2 *acechaban* para ver si en...le sanaría
6.19 pero Herodías le *acechaba*, y deseaba
Lc 6.7 *acechaban*...ver si en el día de reposo
11.54 *acechándote*, y procurando...acusarle *1748*
14.1 habiendo entrado...éstos le *acechaban*
20.20 y *acechándole* enviaron espías que se
Hch 23.21 de 40 hombres de ellos le *acechan*

ACECHO
Jue 16.9 tenía hombres en a en el aposento 693
Sal 10.8 se sienta en a cerca de las aldeas 3993

ACEITE
Gn 28.18 la alzó...y derramó a encima de ella 8081
35.14 erigió una señal...y echó sobre ella a 8081
Éx 25.6 a para el alumbrado, especias para el 8081
27.20 mandarás...te traigan a puro de olivas 8081
29.2 y tortas sin levadura amasadas con a 8081
29.2 y hojaldres sin levadura untadas con a 8081
29.7 luego tomarás el a de la unción, y lo 8081
29.21 el a de la unción, rociarás sobre Aarón 8081
29.23 una torta de pan de a, y una hojaldre 8081
29.40 amasada...la cuarta parte de un hin de a 8081
30.24 de casia quinientos...a de olivas un hin 8081
30.25 el a de...será el a de la unción santa 8081
30.31 este será mi a de la santa unción por 8081
31.11 el a de la unción, y el incienso para 8081
35.8 a...alumbrando, especias para el a de la 8081
35.14 sus lámparas, y el a para el alumbrado 8081
35.15 el altar...a de la unción, el incienso 8081
35.28 el a para el alumbrado...a de la unción 8081
37.29 el a santo de la unción, y el incienso 8081
39.37 sus utensilios, el a para el alumbrado 8081
39.38 altar...el a de la unción, el incienso 8081
40.9 tomarás el a de la unción y ungirás el 8081
Lv 2.1 flor de harina, sobre la cual echará a 8081
2.2 puño lleno de la flor de harina y del a 8081
2.4 tortas de flor de harina amasadas con a 8081
2.4 y hojaldres sin levadura untadas con a 8081
2.5 será de flor de harina sin...amasada con a 8081
2.6 piezas, y echarás sobre ella a; es ofrenda 8081
2.7 la ofrenda...hará de flor de harina con a 8081
2.15 pondrás sobre ella a y...incienso; es 8081
2.16 hará arder...parte del grano...y del a 8081
5.11 no pondrá sobre ella a, ni...incienso 8081
6.15 tomará...su a, y todo el incienso que 8081
6.21 en sartén se preparará con a; frita la 8081
7.10 y toda ofrenda amasada con a, o seca 8081
7.12 tortas sin levadura amasadas con a, y 8081
7.12 hojaldres sin levadura untadas con a 8081
7.12 harina frita en tortas amasadas con a 8081
8.2 toma...las vestiduras, el a de la unción 8081
8.10 tomó Moisés el a de la unción y ungió 8081
8.12 derramó del a...sobre la cabeza de Aarón 8081
8.26 tomó una torta...una torta de pan de a 8081
8.30 luego tomó Moisés del a de la unción 8081
9.4 un carnero...y una ofrenda amasada con a 8081
10.7 el a de la unción...está sobre vosotros 8081
14.10 ofrenda amasada con a, y un log de a 8081
14.12 ofrecerá por la culpa, con el log de a 8081
14.15 tomará del log de a...y lo echará sobre 8081
14.16 dedo derecho en el a...esparcirá del a 8081
14.17,18 de lo que quedare del a que tiene 8081
14.21 de harina amasada con a para ofrenda 8081
14.21 flor de harina amasada...y un log de a 8081
14.24 el log de a, y los mecerá el sacerdote 8081
14.26 echará...a sobre la palma de su mano 8081
14.27 el sacerdote rociará el a que tiene 8081
14.28 pondrá del a...el lóbulo de la oreja 8081
14.29 lo que sobre del a...lo pondrá sobre la 8081
21.10 sobre cuya cabeza fue derramado el a 8081
21.12 consagración por el a...está sobre él 8081
23.13 ofrenda...flor de harina amasada con a 8081
24.2 que te traigan para el alumbrado a puro 8081
Nm 4.9 sus utensilios del a con que se sirve 8081
4.16 cargó de Eleazar...el a del alumbrado 8081
4.16 la ofrenda continua y el a de la unción 8081
5.15 no echará sobre ella a, ni pondrá sobre 8081
6.15 tortas...amasadas con a...untadas con a 8081
7.13,19,25,31,37,43,49,55,61,67,73,79 flor de
harina amasada con a 8081
8.8 ofrenda de flor de harina amasada con a 8081
11.8 su sabor era como sabor de a nuevo 8081
15.4 efa...con la cuarta parte de un hin de a 8081
15.6 ofrenda...flor de harina, amasada con...a 8081
15.9 amasada con la mitad de un hin de a 8081
18.12 de a, de mosto y de trigo...escogido 8081
28.5 de harina, amasada con...de a de olivas 8081
28.9,12(2),13,20,28; 29.3,9,14 flor de harina
amasada con a 8081
35.25 el cual fue ungido con el a santo 8081
Dt 7.13 bendecirá...tu a, la cría de tus vacas 3323
8.8 trigo...tierra de olivos, de a y de miel 8081
11.14 y recogerás tu grano, tu vino y tu a 3323
12.17 el diezmo...de tu a, ni las primicias 3323
14.23 el diezmo...de tu a, y las primicias de 3323
18.4 las primicias de...de tu vino y de tu a 3323
28.40 olivos en...mas no te ungirás con el a 8081
28.51 no te dejará...mosto, ni a, ni la cría 3323
32.13 hizo que chupase...a del duro pedernal 8081
33.24 bendito...sea Aser, y moje en a su pie 8081
Jue 9.9 ¿he de dejar mi a, con el cual en mí 1880
1 S 10.1 tomando...Samuel una redoma de a, la 8081
16.1 llena tu cuerno de a, y...te enviaré a 8081
16.13 Samuel tomó el cuerno...a, y lo ungió 8081
2 S 1.21 como si no hubiera sido ungido con a 8081
1 R 1.39 tomando...Sadoc el cuerno del a del 8081
5.11 daba a Hiram...veinte coros de a puro 8081
17.12 tengo...y un poco de a en una vasija 8081
17.14 ni el a de la vasija disminuirá, hasta 8081
17.16 la harina...ni el a de la vasija menguó 8081
2 R 4.2 ninguna cosa...sino una vasija de a 8081
4.5 traían las vasijas, y ella echaba del a 8081
4.6 no hay más vasijas. Entonces cesó el a 8081
4.7 y vende el a, y paga a tus acreedores 8081
9.1 toma esta redoma de a en tu mano, y vé 8081
9.3 toma luego la redoma de a, y derrámala 8081
9.6 y el otro derramó el a sobre su cabeza 8081
18.32 tierra...de a, y de miel; y viviréis 3323
1 Cr 9.29 tenían el cargo...del vino, del a 8081
12.40 trajeron...pasas, vino y a, y bueyes 8081
27.28 de los...de los almacenes del a, Joás 8081
2 Cr 2.10 de vino, y veinte mil batos de a 8081
2.15 envíe mi señor...cebada, y a y vino, que 8081
11.11 fortaleza, y puso en ellas...vino y a 8081
31.5 primicias de grano, vino, a, miel, y de 3323
32.28 hizo depósitos para las rentas...del a 3323
Esd 3.7 y dieron...a a los sidonios y tirios 3323
6.9 vino y a, conforme a lo que dijeren los 4887
7.22 y cien batos de a; y sal sin medida 4887
Neh 5.11 centésima parte del dinero...y del a 3323
10.37 primicias...del a, para los sacerdotes 3323
10.39 la ofrenda del grano, del vino y del a 3323
13.5 guardaban...el diezmo...del vino y del a 3323
13.12 todo Judá trajo el diezmo...y del a, a 3323
Job 24.11 dentro de sus paredes exprimen el a 6671
29.6 y la piedra me derramaba ríos de a! 8081
Sal 23.5 unges mi cabeza con a; mi copa está 8081
55.21 suaviza sus palabras más que el a, mas 8081
92.10 mis fuerzas...seré ungido con a fresco 8081
104.15 el a que hace brillar el rostro, y el 8081
109.18 entró como agua en...a en sus huesos 8081
Pr 5.3 y su paladar es más blando que el a 8081
21.20 tesoro...y a hay en la casa del sabio 8081
27.16 como...sujetar el a en la mano derecha 8081
Is 1.6 no están...vendadas, ni suavizadas con a 8081
Jer 31.12 al pan, al vino, al a, y al ganado 3323
40.10 tomad el...el a y ponedlo en vuestros 8081
41.8 tesoros de trigos y cebadas y a y miel 8081
Ez 16.9 lavé tus sangres de...y te ungí con a 8081
16.13 comiste flor de harina de trigo...y a 8081
16.18 y mi a y mi...pusisteis delante de ellas 8081
16.19 el a y la miel, con que yo te mantuve 8081
23.41 sobre ella pusiste mi incienso y mi a 8081
27.17 con trigos...a y resina negociaban en 8081
32.14 correrán sus ríos como a, dice Jehová 8081
45.14 ordenanza para el a será...un bato de a 8081
45.24 ofrecerá...y por cada efa un hin de a 8081
45.25 en cuanto al presente y en cuanto al a 8081
46.5 por ofrenda...y un hin de a con el efa 8081
46.7,11 ofrenda...un hin de a con cada efa 8081
46.14 la tercera parte de un hin de a para 8081

46.15 ofrecerán, pues...y la ofrenda y el *a* 8081
Os 2.5 que me dan...mi lino, mi *a* y mi bebida 8081
2.8 que yo le daba el trigo...el vino y el *a* 3323
2.22 y la tierra responderá...al vino y al *a* 3323
12.1 hicieron pacto...el *a* se lleva a Egipto 8081
Jl 1.10 trigo...secó el mosto, se perdió el *a* 3323
2.19 yo os envío pan, mosto y *a*, y seréis 3323
2.24 y los lagares rebosarán de vino y *a* 3323
Mi 6.7 se agradará...de diez mil arroyos de *a*? 8081
6.15 aceitunas, mas no te ungirás con el *a* 8081
Hag 1.11 llamé la sequía...sobre el *a*, sobre 3323
2.12 tocara pan...*a*, o cualquier otra comida 8081
Zac 4.12 tubos de...vierten de sí *a* como oro?
Mt 25.3 **las insensatas...no tomaron consigo *a*** *1637*
25.4 **las prudentes tomaron *a* en sus vasijas** *1637*
25.8 **dijeron...Dadnos de vuestro *a*; porque** *1637*
Mr 6.13 ungían con *a* a muchos enfermos, y los *1637*
Lc 7.46 **no ungiste mi cabeza con *a*; mas ésta** *1637*
10.34 **vendó sus heridas, echándoles *a* y vino** *1637*
16.6 **él dijo: Cien barriles de *a*. Y le dijo** *1637*
Stg 5.14 ungiéndole con *a* en el nombre del *1637*
Ap 6.6 por un denario; pero no dañes el *a* ni *1637*
18.13 *a*, flor de harina, trigo, bestias *1637*

ACEITUNA

Dt 28.40 mas no te ungirás con...tu *a* se caerá 2132
Mi 6.15 pisarás *a*, mas no te ungirás con el 2132
Stg 3.12 ¿puede acaso la higuera producir *a* *1636*

ACÉLDAMA *«Campo de sangre»*, Hch 1.19 .... *184*

ACEPCIÓN

Dt 10.17 que no hace *a* de personas, ni toma 5375
16.19 no hagas *a* de personas, ni...soborno 5234
2 Cr 19.7 con Jehová...no hay...*a* de personas 4856
Job 13.8 ¿haréis *a* de personas a su favor? 5375
13.10 si solapadamente hacéis *a* de personas 5375
32.21 no haré ahora *a* de personas, ni usaré 5375
34.19 a aquel que no hace *a* de personas de 5375
Pr 24.23 hacer *a* de personas en...no es bueno 5234
28.21 hacer *a* de personas no es bueno; hasta 5234
Mal 2.9 y en la ley hacéis *a* de personas 5375
Lc 20.21 que no haces *a* de persona, sino que *4383*
Hch 10.34 que Dios no hace *a* de personas *4381*
Ro 2.11 no hay *a* de personas para con Dios *4382*
Gá 2.6 importa; Dios no hace *a* de personas *4383*
Ef 6.9 y que para él no hay *a* de personas *4382*
Col 3.25 hiciere, porque no hay *a* de personas *4382*
Stg 2.1 vuestra fe en...sea sin *a* de personas *4382*
2.9 pero si hacéis *a* de personas, cometéis *4380*
1 P 1.17 que sin *a* de personas juzga según la *678*

ACEPTABLE

Lv 22.29 lo sacrificaréis de manera que sea *a* 7522
Is 49.8 así dijo Jehová: En tiempo *a* te oí 7522
Jer 6.20 vuestros holocaustos no son *a*, ni 7522
2 Co 6.2 en tiempo *a*...*a* *2144*
1 P 2.5 para ofrecer sacrificios...*a* a Dios *2144*

ACEPTAR

Gn 25.21 lo *aceptó* Jehová, y concibió Rebeca 6279
33.10 *acepta* mi presente, porque he visto tu 3947
33.11 *acepta*, te ruego, mi presente que te 3947
Éx 22.11 su dueño lo *aceptará*...otro no pagará 3947
Lv 1.4 será *aceptado* para expiación suya 7521
22.19 que sea *aceptado*, ofreceréis macho sin 7522
22.21 para que sea *aceptado* será sin defecto 7522
22.25 en ellos defecto, no se os *aceptarán* 7521
Jue 13.23 si...nos quisiera matar, no *aceptaría* 3947
1 S 26.19 si Jehová te incita...*acepte* él la 7306
2 R 5.16 dijo: Vive Jehová...no lo *aceptaré* 3947
5.16 y le instaba que *aceptara* alguna cosa 3947
Est 4.4 envió vestidos...mas él no los *aceptó* 6901
9.23 judíos *aceptaron*...lo que les escribió 6901
Job 34.33 te retribuirá...rehúses, ora *aceptes* 977
42.9 dijo; y Jehová *aceptó* la oración de Job 5375
Sal 20.3 haga memoria...y *acepte* tu holocausto 1878
82.2 *aceptaréis* las personas de los impíos? 5375
Pr 6.35 no *aceptará* ningún rescate, ni querrá 5375
Jer 14.12 y cuando ofrezcan...no lo *aceptaré* 7521
42.2 *acepta* ahora nuestro ruego delante de 5307
Ez 20.40 allí los *aceptaré*, y allí demandaré 7521
20.41 como incienso agradable os *aceptaré* 7521
Dn 4.27 *acepta* mi consejo: tus pecados redime 8332
Os 14.2 quita toda iniquidad, y *acepta* el bien 3947
Mal 1.10 ni de vuestra mano *aceptaré* ofrenda 7521
1.13 ¿*aceptaré* yo eso de vuestra mano? dice 7521
2.13 no miraré...para *aceptarla* con gusto de 3947
2 Co 11.4 otro evangelio que el que...*aceptado* *1209*
He 11.35 no *aceptando* el rescate, a fin de *4327*
3 Jn 7 salieron...sin *aceptar*...de los gentiles *2983*

ACEPTO

Gn 32.20 veré su rostro; quizá le seré *a* 5375
Lv 7.18 el que lo ofreciere no será *a*, ni le 7521
19.5 ofreció de tal manera que seáis *a* 7522
19.7 si se comiere el día tercero...no será *a* 7521
22.20 cosa en que haya defecto...no será *a* 7522
22.23 que tenga...en pago de voto no será *a* 7521
22.27 desde el octavo...será *a* para ofrenda 7521
23.11 mecerá la gavilla...para que seáis *a* 7522
1 S 2.26 el joven Samuel...*a* delante de Dios 2896
18.5 y era *a* a los ojos de todo el pueblo 3190
Is 56.7 sacrificios serán *a* sobre mi altar 7522
Ez 43.27 y me seréis *a*, dice Jehová el Señor 7521
Mal 1.8 ¿acaso...agradará de ti, o le serás *a*? 5375
Lc 4.24 **ningún profeta es *a* en su...tierra** *1184*
Ro 15.31 que...ofrenda de mi servicio...sea *a* *2144*
1 Co 8.8 vianda no nos hace más *a* ante Dios *3936*
2 Co 8.12 *a* según lo que uno tiene, no según *2144*
Ef 1.6 con la cual nos hizo *a* en el Amado *5487*
Fil 4.18 fragante, sacrificio *a*, agradable a *1184*

ACERCA *Véase el Apéndice*

ACERCAR

Gn 18.23 *acercó* Abraham y dijo: ¿Destruirás 5066
19.9 y se *acercaron* para romper la puerta 5066
27.21 *acércate* ahora, y te palparé, hijo mío 5066
27.22 se *acercó* Jacob a su padre...le palpó 5066
27.25 *acércamela*, y comeré de la caza de mi 5066
27.25 y Jacob se la *acercó*, e Isaac comió 5066
27.26 *acércate* ahora, y bésame, hijo mío 5066
27.27 y Jacob se *acercó*, y lo besó, y olió 5066
29.10 se *acercó* Jacob y removió la piedra de 5066
43.19 se *acercaron* al mayordomo de la casa 5066
44.18 entonces Judá se *acercó* a él, y dijo 5066
45.4 *acercaos* ahora a mí. Y...se *acercaron* 5066
48.9 y él dijo: *Acércalos* ahora a mí, y los 3947
48.10 los hizo, pues *acercarse* a él, y los 5066
48.13 tomó José a ambos...y los *acercó* a él 5066
Éx 3.5 no te *acerques*; quita tu calzado de tus 7126
14.10 cuando Faraón se hubo *acercado*, los 7126
14.20 nunca se *acercaron*...unos a los otros 7126
16.9 dí...*Acercaos* a la presencia de Jehová 7126
19.22 los sacerdotes que se *acercan* a Jehová 5066
20.21 Moisés se *acercó* a la oscuridad en la 5066
24.2 Moisés solo se *acercará* a Jehová, y 5066
24.2 ellos no se *acerquen*, ni suba el pueblo 5066
28.43 se *acerquen* al altar para servir en 5066
29.8 harás que se *acerquen* sus hijos, y les 7126
30.20 se *acerquen* al altar para ministrar 5066
32.1 se *acercaron*...a Aarón, y le dijeron 6950
34.30 y tuvieron miedo de *acercarse* a él 5066
34.32 se *acercaron* todos los hijos de Israel 5066
40.14 se *acerquen* sus hijos, y les vestirás 7126
40.32 y cuando se *acercaban* al...se lavaban 7126
Lv 8.6 Moisés hizo *acercarse* a Aarón y a sus 7126
8.13,24 hizo *acercarse* a los hijos de Aarón 7126
9.7 *acércate* al altar, y haz tu expiación y 7126
9.8 se *acercó* Aarón al altar y degolló el 7126
10.3 los que a mí se *acercan* me santificaré 7138
10.4 *acercaos* y sacad a vuestros hermanos de 7126
10.5 y ellos se *acercaron* y los sacaron con 7126
16.1 cuando se *acercaron* delante de Jehová 7126
21.17 se *acercará* para ofrecer el pan de su 7126
21.18,21 en el cual haya defecto se *acercará* 7126
21.21 no se *acercará* a ofrecer el pan de su 5066
21.23 no se *acercará* tras el velo, ni 935
21.23 no se *acercará* al altar...hay defecto 5066
22.3 varón...se *acercare* a las cosas sagradas 7126
Nm 1.51 y el extraño que se *acercare* morirá 7131
3.6 haz que se *acerque* la tribu de Leví, y 7126
3.10,38 el extraño que se *acercare*, morirá 7131
4.19 cuando se *acerquen* al lugar santísimo 5066
5.16 el sacerdote hará que ella se *acerque* 7126
6.6 aparte...no se *acercará* a persona muerta 935
8.9 que los levitas se *acerquen* delante del 7126
8.10 y cruzado haya *acercado* a los levitas 7126
8.19 *acercarse* los...de Israel al santuario 5066
16.5 que se *acerque* a él...lo *acercará* 7126
16.9 *acercándoos* a él para que ministréis 7126
16.10 y que te hizo *acercar* a ti y a todos 7126
16.17 y *acercaos* delante de Jehová cada uno 7126
16.40 ningún extraño...se *acerque* para ofrecer 7126
17.13 cualquiera que se *acercare*, el...morirá 7131
18.2 se *acerquen* a ti y se junten contigo 7126
18.3 no se *acercarán* a los utensilios santos 7126
18.4 el extraño se...*acercar* a vosotros 7126
18.7 y el extraño que se *acercare*, morirá 7131
18.22 no se *acercarán*...los hijos de Israel 7126
Dt 2.19 cuando te *acerques* a...hijos de Amón 7126
4.11 os *acercasteis* y os...vi pie del monte 7126
5.27 *acércate* tú, y oye todas las cosas que 7126
20.2 cuando os *acerquéis* para combatir, se 7126
20.10 cuando te *acerques* a una ciudad para 7126
25.9 se *acercará*...su cuñada a él delante de 5066
25.11 *acercare* la mujer de uno para librar 7126
31.14 se ha *acercado* el día de tu muerte 7126
Jos 3.4 haya dicho como...no os *acercaréis* 7126
3.9 dijo a...de Israel: *acercaos*, y escuchad 5066
7.14 os *acercaréis*...y la tribu...se acercará 7126
7.14 la familia...se *acercará*...la casa...se a. 7126
7.16 hizo *acercar* a Israel por sus tribus 7126
7.17 *acercar* a la tribu...a a la familia de 7126
7.18 hizo *acercar* su casa por los varones 7126
8.5 yo y todo...nos *acercaremos* a la ciudad 7126
8.11 la gente de guerra...subió y se *acercó* 5066
10.24 *acercaos*, y poned vuestros pies sobre 7126
10.24 ellos se *acercaron* y pusieron sus pies 7126
Jue 3.20 se le *acercó* Aod, estando él sentado 935
4.21 pero Jael...se le *acercó* calladamente y 935
16.26 *acércame*, y hazme palpar las columnas 5117
20.24 se *acercaron* los hijos de Israel contra 7126
20.34 no hablan...ya el desastre se *acercaba* 5060
1 S 9.18 *acercándose*, pues, Saúl a Samuel en 5066
10.20 se *acercasen* todas las tribus de Israel 7126
14.36 dijo luego...*Acerquémonos* aquí a Dios 7126
17.41 el filisteo venía...*acercándose* a David 7131
30.7 me *acerques* el efod. Y Abiatar *acercó* el 5066
2 S 10.13 se *acercó* Job, y el pueblo que con 5066
11.20 ¿por qué os *acercasteis* demasiado a la 5066
11.21 ¿por qué os *acercasteis* tanto al muro 5066
15.5 alguno se *acercaba* para inclinarse a él 7126
18.25 en tanto que él venía *acercándose* 7131
20.17 él se *acerque*...dijo la mujer 7126
1 R 18.21 *acercándose* ellas a todo el pueblo 5066
18.30 *acercaos* a mí...el pueblo se le *acercó* 5066
18.36 *acercó* el profeta Elías y dijo: Jehová 5066
20.39 se me *acercó* un soldado y me trajo un 5493
22.24 se *acercó* Sedequías...golpeó a Micaías 5066
2 R 2.5 se *acercaron* a Eliseo los hijos de los 5066
4.27 y se *acercó* Giezi para quitarla; pero 5066
5.13 mas sus criados se le *acercaron* y le 5066
16.12 se *acercó* el rey...ofreció sacrificios 7126
16.14 e hizo *acercar* el altar de bronce que 7126
1 Cr 19.14 se *acercó* Joab...para pelear contra 5066
2 Cr 18.23 Sedequías...se *acercó* y golpeó 5066
29.23 hicieron *acercar*...los machos cabríos 5066
29.31 *acercaos*...y presentad sacrificios y 5066
Job 33.22 su alma se *acerca* al sepulcro, y su 7126
40.19 hacer que su espada a él se *acerque* 5066
41.13 ¿quién se *acercará* a él con su freno 935
Sal 32.9 freno, porque si no, no se *acercan* 7126
69.18 *cerca* a mi alma, redímela; líbrame 7126
73.28 a mí, el *acercarme* a Dios es el bien 7132
101.3 ninguno de ellos se *acercará* a mí 1692
119.150 se *acercaron* a la maldad los que 7126
Pr 5.8 no te *acerques* a la puerta de su casa 7126
Ec 5.1 *acércate* más para oír que...ofrecer el 7126
Is 5.19 *acérquese*, y venga el consejo del 7126
26.17 la mujer encinta cuando se *acerca* el 7126
29.13 este pueblo se *acerca* a mí con su boca 5066
34.1 *acercaos*, naciones, juntaos para oír 7126
41.1 *acérquense*, y entonces hablen; estemos 5066
45.21 proclamad, y hacedlos *acercarse*...todos 5066
46.13 haré que se *acerque* mi justicia; no 7126
48.16 *acercaos*...oíd esto: desde el principio 7126
50.8 ¿quién es el adversario...*Acérquese* a mí 5066
54.14 y de temor, porque no se *acercará* a ti 7126
58.2 piden...juicios, y quieren *acercarse* a 7132
65.5 no te *acerques*...soy más santo que tú 5066
Jer 30.21 haré llegar cerca, y él se *acercará* 5066
30.21 ¿quién es...se atreve a *acercarse* a mí? 5066
Lm 3.57 te *acercaste* al día que te invoqué 7126
4.18 se *acercó* nuestro fin, se cumplieron 7126
Ez 7.12 el tiempo ha venido, se *acercó* el día 5060
9.6 el cual hubiere señal, no os *acercaréis* 5066
12.23 se han *acercado* aquellos días, y el 7126
22.4 has hecho *acercar* tu día, y has llegado 7126
42.13 los sacerdotes que se *acercan* a Jehová 7138
42.14 se *acercarán* a lo que del pueblo 7126
43.19 los sacerdotes...que se *acerquen* a mí 7138
44.13 no se *acercarán* mi para...como 5066
44.13 ni se *acercarán* a...de mis cosas santas 5066
44.15 se *acercarán* para ministrar ante mí 7126
44.16 se *acercarán* a mi mesa para servirme 7126
44.25 no se *acercarán* a hombre muerto para 935
45.4 se *acercarán* para ministrar a Jehová 7131
Dn 3.26 Nabucodonosor se *acercó* a la puerta 7127
6.20 y *acercándose* al foso llamó a voces a 7127
7.13 y le hicieron *acercarse* delante de él 7127
7.16 me *acerqué* a uno de los que asistían 7127
Jl 3.9 *acérquense*, vengan todos los hombres 5066
Am 6.3 malo, y *acercaos* la silla de iniquidad 5066
6.7 y se *acercará* el duelo de los que se 5493
9.10 no se *acercará* ni nos alcanzará el mal
Jon 1.6 el patrón de la nave se le *acercó* y 7126
Hab 2.15 ¡ay de ti, que le *acercas* tu hiel 5596
Sof 3.2 no confió en...no se *acercó* a su Dios 7126
Mt 3.2; 4.17 **reino de los cielos...*acercado*** *1448*
9.20 mujer...se le *acercó* por detrás y tocó *4334*
10.7 **el reino de los cielos se ha *acercado*** *1448*
13.10 *acercándose* los discípulos, le dijeron *4334*
13.36 y *acercándose* a él sus discípulos, le *4334*
14.15 se *acercaron*...sus discípulos, diciendo *4334*
15.1 se *acercaron* a Jesús ciertos escribas *4334*
15.12 *acercándose* sus discípulos, le dijeron *4334*
15.23 *acercándose* sus discípulos, Le rogaron *4334*
15.30 y se *acercó* mucha gente que traía *4334*
17.7 **Jesús se *acercó* y los tocó...Levantaos** *4334*
18.21 entonces se le *acercó* Pedro y le dijo *4334*
20.20 se le *acercó* la madre de los hijos de *4334*
21.1 se *acercaron* a Jerusalén, y vinieron a *1448*
21.23 se *acercaron* a él mientras enseñaba, y *4334*
21.28 **acercándose al primero, le dijo: Hijo** *4334*
21.30 **y *acercándose* al otro, le dijo de la** *4334*
21.34 **cuando se *acercó* el tiempo de...frutos** *1448*
24.1 *acercaron* sus discípulos para mostrarle *4334*
24.3 los discípulos se le *acercaron* aparte *4334*
26.46 **vamos; ved, se *acerca* el que me entrega** *1448*
26.49 se *acercó* a Jacob y...¡Salve, Maestro! *4334*
26.50 se *acercaron* y echaron mano de Jesús *4334*
26.69 se le *acercó* una criada, diciendo: Tú *4334*
26.73 *acercándose* los que por allí estaban *4334*
28.9 ellas, *acercándose*, abrazaron sus pies *4334*
28.18 Jesús se *acercó* y les habló diciendo *4334*
Mr 1.15 **y el reino de Dios se ha *acercado*** *1448*
1.31 él se *acercó*, y la tomó de la mano y *4334*
2.4 no podían *acercarse* a él a causa de la *4331*
6.35 discípulos se *acercaron* a él, diciendo *4334*
10.2 se *acercaron* los fariseos...preguntaron *4334*
10.35 Jacobo y...se le *acercaron*, diciendo *4365*
11.1 cuando se *acercaban* a Jerusalén, junto *1448*
12.28 *acercándose* uno de los escribas, que *4334*
14.42 **he aquí, se *acerca* el que me entrega** *1448*
14.45 *acercó* luego a él, y le dijo: Maestro *4334*
Lc 7.14 *acercándose*, tocó el féretro; y los *4334*
8.44 le *acercó* por detrás y tocó el borde de *4334*

9.12 *acercándose* los…le dijeron…Despide a……. 4334
9.42 se *acercaba* el muchacho, el demonio le……. 4334
10.9 se ha *acercado* a vosotros el reino de……. 1448
10.11 el reino de…se ha *acercado* a vosotros……. 1448
10.34 y *acercándose*, vendó sus heridas…vino……. 4334
10.40 *acercándose*…Señor, ¿no te da cuidado……. 2186
15.1 *acercaban* a Jesús todos los publicanos……. 1448
18.35 *acercándose* Jesús a Jericó, un ciego……. 1448
22.47 y se *acercó* hasta Jesús para besarle……. 1448
23.36 *acercándose*, y presentándole vinagre……. 4334
24.15 Jesús mismo se *acercó*, y caminaba con……. 1448
Jn 1.47 Jesús vio a…que se le *acercaba*, dijo……. 2064
6.19 vieron a Jesús…se *acercaba* a la barca……. 1096
12.21 estos…se *acercaron* a Felipe, que era……. 4334
19.29 una esponja…se la *acercaron* a la boca……. 4374
20.27 *acerca* tu mano, y métela en mi costado……. 5342
Hch 7.17 se *acerca* el tiempo de la promesa……. 1448
7.31 *acercándose*…vino a él la voz del Señor……. 4334
8.29 Felipe: *Acércate* y júntate a ese carro……. 4334
10.9 se *acercaban* a la ciudad, Pedro subió……. 1448
10.28 juntarse o *acercarse* a un extranjero……. 4334
22.13 *acercándose*, me dijo: Hermano Saulo……. 4314
Ro 13.12 la noche está avanzada, y se *acerca*……. 1448
1 Co 7.35 que sin impedimento os *acerquéis* al……. 2145
He 4.16 *acerquémonos*…confiadamente al trono……. 4334
7.19 esperanza por la cual nos *acercamos* a……. 1448
7.25 salvar…a los que por él se *acercan*……. 4334
10.1 hacer perfectos a los que se *acercan*……. 4334
10.22 *acerquémonos* con corazón sincero, en……. 4334
10.25 cuanto veis que aquel día se *acerca*……. 1448
11.6 el que se *acerca* a Dios crea que le hay……. 4334
12.18 no os habéis *acercado* al monte que se……. 4334
12.22 os habéis *acercado* al monte de Sion……. 4334
Stg 4.8 *acercaos* a Dios, y él se acercará a……. 1448
5.8 porque la venida del Señor se *acerca*……. 1448
1 P 2.4 *acercándoos* a él, piedra…desechada……. 4334
4.7 mas el fin de todas las cosas se *acerca*……. 1448

ACERTADO
2 S 17.14 *a* consejo de Ahitofel se frustrara……. 2896
Est 8.5 si place al rey, y…le parece *a* al rey……. 3787

ACHICAR
Am 8.5 *achicaremos* la medida, y subiremos el……. 6994

ACLAMACIÓN
Zac 4.7 sacará…con *a* de: Gracia, gracia a ella……. 8663

ACLAMAR
1 Cr 16.7 David comenzó a *aclamar* a Jehová……. 3034
16.34 *aclamad* a Jehová, porque él es bueno……. 3034
25.3 profetizaba con arpa, para *aclamar* y……. 3034
2 Cr 23.12 de los que *aclamaban* al rey, vino……. 1984
Esd 3.11 el pueblo *aclamaba* con gran júbilo……. 7321
Sal 33.2 *aclamad* a Jehová con arpa; cantadle……. 3034
47.1 manos; *aclamad* a Dios con voz de júbilo……. 7321
66.1 *aclamad* a Dios con alegría, toda la……. 7321
81.1 al Dios de Jacob *aclamad* con júbilo……. 7321
89.15 bienaventurado el…que sabe *aclamarte*……. 8643
95.1 venid *aclamemos* alegremente a Jehová……. 7321
95.2 con alabanza; *aclamémosle* con cánticos……. 7321
98.6 *aclamad* con trompetas y sonidos de……. 7321
Is 12.4 cantad a Jehová, *aclamad* su nombre……. 7121
Mt 21.9 *aclamaba*, diciendo: ¡Hosanna al Hijo……. 2896
21.15 los muchachos *aclamando* en el templo……. 2896
Hch 12.22 el pueblo *aclamaba* gritando: ¡Voz……. 2019

ACLARAR
1 S 14.27 miel…y fueron *aclarados* sus ojos……. 215
14.29 ved…cómo han sido *aclarados* mis ojos……. 215
1 Co 4.5 *aclarará*…lo oculto de las tinieblas……. 5461
Ef 3.9 de *aclarar*…cual sea la dispensación……. 5461

ACMETA *Ciudad de Media*, Esd 6.2……. 307

ACO *Ciudad en el norte de Palestina*, Jue 1.31 .. 5910

ACOBARDAR
Éx 15.15 se *acobardarán* todos los moradores……. 4127
2 R 19.26 sus moradores fueron…*acobardados*……. 2865
Is 31.4 ni se *acobardará* por el tropel de ellos……. 2865
37.27 sus moradores fueron…*acobardados* y……. 2865

ACOGER
Lv 25.35 empobreciere y se *acogiere* a ti, tú……. 4131
Jos 20.3 para que se *acoja* allí el homicida……. 4733
20.4 el que se *acogiere* a…aquellas ciudades……. 5127
20.9 se *acogiese*…cualquiera que hiriese a……. 5127
Jue 19.15 no hubo quien los *acogiese* en casa……. 622
Sal 10.14 a ti se *acoge* el desvalido; tú eres……. 5800
Is 10.3 ¿a quién os *acogeréis*…que os ayude……. 5127
14.32 que a ella se *acogerán* los afligidos……. 2620
20.6 nos *acogimos* por socorro para ser libres……. 5127
3 Jn 8 debemos *acoger* a tales personas, para……. 618

ACOMETER
Gn 49.19 Gad, ejército lo *acometerá*; mas él a……. 1464
Jue 9.44 Abimelec y…*acometieron* con ímpetu……. 6584
9.44 *acometieron* a todos los que estaban en……. 6584
18.25 no sea que los de ánimo…os *acometan*……. 6293
20.37 y los hombres de…*acometieron*…a Gabaa……. 6584
1 S 22.18 y *acometió* a los sacerdotes, y mató……. 6293
2 S 17.12 le *acometeremos* en cualquier lugar……. 935
Job 1.15 *acometieron* los sabeos y los tomaron……. 5307
Jer 32.24 con arietes han *acometido* la ciudad……. 3920
Am 5.6 no sea que *acometa* como fuego a la casa……. 6743
Hab 3.14 que como tempestad *acometieron* para……. 6327

ACOMODAR
Lv 1.8 hijos de Aarón *acomodarán* las piezas……. 6186
1.12 *acomodará* sobre la leña que está sobre……. 6186
6.12 y *acomodará* el holocausto sobre él, y……. 6186
1 S 19.13 le *acomodó* por cabecera una almohada……. 7760
1 Co 2.13 *acomodando* lo…a lo espiritual……. 4793

ACOMPAÑAR
Gn 12.20 y le *acompañaron*, y a su mujer, con……. 7971
18.16 Abraham iba con ellos *acompañándolos*……. 7971
2 S 19.31 *acompañarle* al otro lado del Jordán……. 7971
19.40 el pueblo de Judá *acompañaba* al rey……. 5674
Pr 22.24 te *acompañes* con el hombre de enojos……. 935
Jn 11.33 y a los judíos que la *acompañaban*……. 4905
11.45 habían venido para *acompañar* a María
Hch 10.23 le *acompañaron*…hermanos de Jope……. 4905
20.4 *acompañaron* hasta Asia, Sópater de Berea……. 4902
20.38 doliéndose…Y le *acompañaron* al barco……. 4311
21.5 *acompañándonos* todos, con sus mujeres……. 4311
1 Ti 6.6 gran ganancia es la piedad *acompañada*
He 4.2 por no ir *acompañada* de fe en los que……. 4786

ACONDICIONAR
Nm 10.21 otros *acondicionaron* el tabernáculo……. 6965

ACONGOJAR
1 S 9.5 padre…estará *acongojado* por nosotros……. 1672
Sal 38.10 mi corazón está *acongojado*, me ha……. 5503
69.20 el escarnio ha…y estoy *acongojado*……. 5136

ACONSEJAR
Éx 18.19 oye ahora mi voz; yo te *aconsejaré*……. 3289
Dt 13.5 *aconsejó* rebelión contra Jehová…Dios……. 1696
2 S 17.11 *aconsejo*…que todo Israel se junte……. 3289
17.15 así y así *aconsejó* Ahitofel a Absalón……. 3289
17.15 dijo…Husai…de esta manera *aconsejé* yo……. 3289
1 R 12.6,9 ¿cómo *aconsejáis*…que responda a……. 3289
2 Cr 10.6,9 ¿cómo aconsejáis…que responda a……. 3289
22.3 su madre le *aconsejaba* a que actuase……. 3289
22.4 ellos le *aconsejaron* para su perdición……. 3289
Job 26.3, ¿en que *aconsejaste* al que no tiene……. 3289
Sal 16.7 bendeciré a Jehová que me *aconseja*……. 3289
Pr 26.16 sabio que siete que sepan *aconsejar*……. 2940
Ec 8.2 te *aconsejo* que guardes el mandamiento
Is 40.13 ¿quién…o le *aconsejó* enseñándole?……. 6098
Mi 6.5 qué *aconsejó* Balac rey…y qué respondió……. 3289
2 Ti 1.6 te *aconsejo* que avives el fuego del……. 363
Ap 3.18 yo te *aconsejo* que de mí compres oro……. 4823

ACONTECER
Gn 4.3 y *aconteció*…que Caín trajo del
4.8 y *aconteció*…Caín se levantó contra
6.1 *aconteció* que…a multiplicarse sobre
11.2 y *aconteció* que…en la tierra de Sinar
12.11 *aconteció* que cuando…dijo a Sarai
12.14 *aconteció* que…entró Abram en Egipto
14.1 *aconteció* en los días de Amrafel rey de
21.22 *aconteció* en…que habló Abimelec
22.1 *aconteció*…probó Dios a Abraham, y
22.20 *aconteció*…fue dada noticia a Abraham,
24.15 *aconteció* que antes que él acabase de
27.1 *aconteció* que cuando Isaac envejeció
27.30 *aconteció*, luego que Isaac…bendecir a
30.25 *aconteció* cuando Raquel hubo dado a luz
35.17 y *aconteció*…que le dijo la partera
35.18 *aconteció* que al salírsele el alma
35.22 *aconteció* que…durmió con Bilha la
38.1 *aconteció*…que Judá…de sus hermanos, y
38.27 *aconteció* que al tiempo de dar a luz
39.5 *aconteció* que desde cuando le dio el encargo
39.7 *aconteció* después de esto, que la mujer
39.11 *aconteció* que entró…en casa para
40.1 *aconteció* después de…que el copero
41.1 *aconteció* que…tuvo Faraón un sueño
41.13 *aconteció* que…los interpretó, así fue
42.4 sea que le *acontezca* algún desastre……. 7122
42.29 *contaron*…lo que les había *acontecido*……. 7136
42.35 *aconteció* que vaciando ellos sus sacos
42.38 y si le *aconteciere* algún desastre en……. 7122
43.2 *aconteció* que cuando acabaron de comer
43.21 *aconteció* que…llegamos al mesón y
44.24 *aconteció*, pues, que cuando llegamos a
44.29 a éste…y le *acontece* algún desastre……. 7136
49.1 declararé lo que os ha de *acontecer* en……. 7122
Éx 1.10 y *acontezca* que viniendo guerra, él……. 1961
2.4 se puso a…para ver lo que *aconteceria*……. 6213
2.23 *aconteció* que después de muchos días murió
4.8 si *aconteciere* que no te creyeren ni……. 1961
4.24 *aconteció* en el camino, que en una posada
12.29 *aconteció* que a la medianoche Jehová
14.24 *aconteció* a la vigilia de la mañana
16.27 *aconteció* que algunos del pueblo salieron
18.13 *aconteció* que al día siguiente se sentó
19.16 *aconteció* que al tercer día, cuando
32.1,23 no sabemos qué le haya *acontecido*……. 1961
32.19 *aconteció* que cuando él llegó al
32.30 *aconteció* que al día siguiente dijo
34.29 *aconteció* que descendiendo Moisés
Nm 7.1 *aconteció* que cuando Moisés
11.1 *aconteció* que el pueblo se quejó
16.31 *aconteció* que cuando cesó él de hablar
16.42 *aconteció* que cuando se juntó la
17.8 *aconteció* que el día siguiente vino
26.1 *aconteció* después de la mortandad
Dt 1.3 *aconteció* que a los cuarenta años
2.16 *aconteció* que después que murieron
5.23 *aconteció* que cuando vosotros oísteis
18.22 no se cumpliere la…ni *aconteciere*……. 935
23.10 de alguna impureza *acontecida* de noche……. 7137
28.1 *acontecerá* que si oyeres atentamente……. 1961
28.15 pero *acontecerá*, si no oyeres la voz……. 1961
Jos 1.1 *aconteció* después de la muerte de
2.23 contaron todas las cosas…*acontecido*……. 4672
3.14 *aconteció* cuando partió el pueblo
4.18 *aconteció* que cuando los sacerdotes
6.20 y *aconteció* que…el sonido de la bocina
8.14 *aconteció* que viéndolo el rey de Hai
10.20 *aconteció* que cuando Josué y los hijos
15.18 *aconteció* que cuando la llevaba
22.28 dijimos…si *aconteciere* que tal digan……. 1961
22.29 nunca tal *acontezca* que nos rebelemos……. 2486
23.1 *aconteció*, muchos días después
23.14 todas os han *acontecido*, no ha faltado……. 935
24.16 tal *acontezca*, que dejemos a Jehová……. 2486
Jue 1.1 *aconteció* después de la muerte de
2.19 mas *acontecía* que al morir el juez
6.25 *aconteció* que…le dijo Jehová
6.38 y *aconteció* así…exprimió el vellón……. 1961
7.9 *aconteció* que aquella noche Jehová le dijo
8.33 pero *aconteció* que cuando murió Gedeón
9.42 *aconteció* el siguiente día, que el pueblo
11.4 *aconteció* andando el…que los hijos
12.5 y *aconteció* que…decían los fugitivos
13.20 porque *aconteció* que…la llama subía
14.11 *aconteció* que cuando ellos le vieron
15.1 *aconteció* después de algún tiempo
16.4 después…*aconteció* que se enamoró de
16.16 *aconteció* que, presionándole ella cada día
16.25 *aconteció* que cuando sintieron alegría
Rt 1.1 *aconteció* en los días que gobernaban
1.19 y *aconteció* que habiendo entrado en Belén
2.3 y *aconteció* que aquella parte del campo
3.8 y *aconteció* que a la…se estremeció
3.16 le contó ella todo lo que…*acontecido*……. 6213
1 S 1.20 *aconteció* que al cumplirse el tiempo
2.34 te será por señal esto que *acontecerá*……. 935
3.2 y *aconteció* un día…estando Elí acostado
4.5 *aconteció* que cuando el arca del pacto
4.16 Elí dijo: ¿Qué ha *acontecido*, hijo mío?……. 1697
4.18 y *aconteció* que cuando él hizo mención
5.9 y *aconteció* que cuando la habían pasado
7.10 y *aconteció* que mientras Samuel sacrificaba
8.1 *aconteció* que habiendo Samuel envejecido
9.6 todo lo que él dice *acontece* sin falta……. 935
10.9 estas señales *acontecieron*…aquel día……. 935
10.11 y *aconteció* que…los que le conocían
11.11 *aconteció* que al día siguiente…Saúl
13.22 así *aconteció* que en el día de la batalla
14.1 *aconteció* un día…Jonatán hijo de Saúl
14.19 Pero aconteció que…aún hablaba Saúl
16.6 y *aconteció* que cuando ellos vinieron
17.48 y *aconteció* que…el filisteo se levantó
18.1 *aconteció* que…acabado de hablar con Saúl
18.6 *aconteció* que cuando volvían ellos
18.10 *aconteció* al otro día…un espíritu malo
20.26 le habrá *acontecido* algo, y no está……. 4745
20.27 el segundo día…*aconteció* también que
23.6 *aconteció* que cuando Abiatar hijo de
24.16 *aconteció* que cuando David acabó de
25.2 *aconteció*…esquilando sus ovejas en Carmel
25.30 y *acontecerá* que cuando Jehová haga
28.1 *aconteció* en aquellos días…los filisteos
31.8 *aconteció*…que viniendo los filisteos
2 S 1.1 *aconteció* después de la muerte de Saúl
1.4 David le dijo: ¿Qué ha *acontecido*?……. 1961
2.1 después de…*aconteció* que David consultó
3.6 *aconteció* que Abner se esforzaba
6.16 llegó a la ciudad…*aconteció* que Mical
7.1 *aconteció* que cuando ya el rey habitaba
7.4 *aconteció* aquella noche, que vino palabra
8.1 después…*aconteció* que David derrotó
10.1 después…*aconteció* que murió el rey
11.1 *aconteció* al año siguiente, en el tiempo
13.1 *aconteció* después…que teniendo Absalón
13.23 *aconteció* pasados dos años, que Absalón
15.1 *aconteció* después…que Absalón se hizo
15.5 y *acontecía*…se acercaba para inclinarse
15.7 al cabo de…*aconteció* que Absalón dijo
16.16 *aconteció* luego…cuando Husai arquita
20.20 nunca…me *acontezca*, que yo destruya……. 2486
20.1 *aconteció* que se…un hombre perverso
1 R 2.39 pasados tres años, *aconteció*
3.18 *aconteció* al…después de dar yo a luz
9.10 *aconteció* al cabo de…cuando Salomón
11.29 *aconteció*, pues, en aquel tiempo
12.2 y *aconteció* que cuando lo oyó Jeroboam
12.20 y *aconteció* que oyendo todo Israel que
13.20 y *aconteció* que estando ellos en la mesa
17.17 después de…*aconteció* que cayó enfermo
18.12 *acontecerá* que luego que yo me haya……. 1961
18.27 y *aconteció* al mediodía, que Elías se
18.45 *aconteció*, estando en esto, que los cielos
21.1 pasadas estas cosas, *aconteció* que Nabot
22.2 y *aconteció* al tercer año, que Josafat
2 R 2.1 *aconteció*…cuando quiso Jehová alzar
2.11 y *aconteció* que yendo ellos…he aquí
3.20 *aconteció*, pues…la tierra se llenó de
4.8 *aconteció* que…había allí una mujer
4.11 *aconteció* que un día…en aquel aposento, y
4.18 el niño creció. Pero *aconteció* un día
6.5 *aconteció* que mientras…gritó diciendo
6.24 *aconteció* que Ben-adad rey de Siria reunió
7.18 *aconteció*, pues, de la manera que el varón
13.21 *aconteció* que al sepultar unos a un hombre
17.25 *aconteció* al principio, cuando comenzaron
19.35 *aconteció* que aquella misma noche…el ángel
19.37 *aconteció* que mientras él adoraba en el
25.1 *aconteció* a los nueve años de su reinado
25.27 *aconteció* a los treinta y siete años del
1 Cr 17.1 *aconteció* que morando David en su
18.1 *aconteció* que David derrotó a los filisteos

19.1 *aconteció* que murió Nahas rey de los hijos
20.1 *aconteció* a la vuelta del año, en el tiempo
20.4 *aconteció* que se levantó guerra en Gezer
2 Cr 20.1 *aconteció* que los hijos de Moab y
21.19 *aconteció* que al pasar muchos días, al fin
24.4 *aconteció* que Joás decidió restaurar la casa
32.31 prodigio que había *acontecido* en el 1961
Neh 1.1 *aconteció* en el mes de Quisleu
4.7 *aconteció* que oyendo Sanbalat y Tobías, y
Est 1.1 *aconteció* en los días de Asuero
3.4 *aconteció* que hablándole…lo denunciaron
4.7 le declaró…lo que le había *acontecido* 7136
5.1 *aconteció* que al tercer día se vistió Ester
Job 1.13 *aconteció* que sus hijos e hijas
2.1 *aconteció* que otro día vinieron los hijos
3.25 y me ha *acontecido* lo que yo temía 935
27.5 nunca tal *acontezca* que yo os justifique 2486
42.7 *aconteció* que después que habló Jehová
Pr 12.21 ninguna adversidad *acontecerá* al justo 579
Ec 2.14 mismo suceso *acontecerá* al uno como 7136
8.14 hay justos a quienes *acontece* como si 5060
9.2 todo *acontece* de la misma manera a todos
9.3 que un mismo suceso *acontece* a todos, y
9.11 que tiempo y ocasión *acontecen* a todos 7136
Is 2.2 *acontecerá*…lo postrero de los tiempos 1961
4.3 *acontecerá* que el que quedare en Sion 1961
7.1 *aconteció* en los días de Acaz hijo de Jotam
7.18 *acontecerá* que aquel día silbará Jehová 1961
7.21 *acontecerá* en aquel tiempo, que criará 1961
7.23 *acontecerá*…lugar donde había mil vides 1961
8.21 y *acontecerá* que teniendo hambre, se 1961
10.12 *acontecerá* que después que el Señor 1961
10.20 *acontecerá* en aquel tiempo, que los que 1961
10.27 *acontecerá*…que su carga será quitada 1961
11.10 *acontecerá* en aquel tiempo que la raíz 1961
11.11 *acontecerá*…alzará otra vez su mano para 1961
23.15 *acontecerá* en aquel día, que Tiro será 1961
23.17 *acontecerá* que al fin de los 70 años 1961
24.18 *acontecerá* que el que huyere de la voz 1961
24.21 *acontecerá*…Jehová castigará el ejército 1961
27.12 *acontecerá* en aquel día, que trillará 1961
27.13 *acontecerá*…se tocará con gran trompeta 1961
36.1 *aconteció* en el año…del rey Ezequías
37.1 *aconteció*, pues, que cuando el rey Ezequías
37.38 *aconteció* que mientras adoraba en
51.19 dos cosas te han *acontecido*…hambre y 7122
Jer 3.16 *acontecerá*…cuando os multipliquéis 1961
16.10 *acontecerá* que cuando anuncies a este 1961
28.1 *aconteció*…en el principio del reinado de
36.1 *aconteció* en el cuarto año de Joacim
36.9 *aconteció* en el año quinto de Joacim
37.11 *aconteció* que cuando el ejército de los
41.1 *aconteció* en el mes séptimo que vino Ismael
41.6 *aconteció* que cuando los encontró, les dijo
41.13 *aconteció* que cuando todo el pueblo que
42.7 *aconteció* que al cabo de diez días vino
43.1 *aconteció* que cuando Jeremías acabó de
48.19 pregunta a…dile: ¿Qué ha *acontecido*? 1961
49.39 pero *acontecerá* en los últimos días, que 1961
52.4 *aconteció*…a los 9 años de su reinado 1961
Ez 1.1 *aconteció* en el año treinta, en el mes 1961
3.16 *aconteció* que al cabo de los siete días
8.1 a los cinco días del mes, *aconteció* que
9.8 *aconteció* que cuando ellos iban matando y
10.6 *aconteció*, pues, que al mandar al varón
11.13 y *aconteció* que mientras yo profetizaba
20.1 *aconteció* en el año séptimo, en el mes
26.1 *aconteció* en el undécimo año, en el día
29.17 *aconteció* en el año…en el mes primero
30.20 *aconteció* en el año…en el mes primero
31.1 *aconteció* en el año…en el mes tercero
32.1 *aconteció* en el año…en el mes duodécimo
32.17 *aconteció* en el año…a los quince días
33.21 *aconteció* en el año…de nuestro cautiverio
Dn 2.28 ha de *acontecer* en los postreros días 1934
2.45 Dios ha mostrado al rey…ha de *acontecer* 1934
8.15 *aconteció* que mientras yo Daniel
Jl 1.2 ¿ha *acontecido* eso en vuestros días 1961
Am 6.9 *acontecerá* que si diez hombres quedaren 1961
7.2 *aconteció* que cuando acabó de comer
8.9 *acontecerá* en aquel día…se ponga el sol 1961
Jon 4.5 se sentó…hasta ver qué *acontecería* 1961
4.8 y *aconteció* que al salir el sol, preparó
Mi 4.1 *acontecerá* en los postreros tiempos que 1961
5.10 *acontecerá* en aquel día, dice Jehová, que 1961
Sof 1.12 *acontecerá*…escudriñaré a Jerusalén 1961
Zac 7.1 *aconteció* que en el año…del rey Darío
7.13 *aconteció* que así como él clamó, y no
8.23 *acontecerá* que diez hombres de las
13.3 *acontecerá* que cuando…profetizare aún 1961
13.8 *acontecerá*…que las dos terceras partes 1961
14.6 *acontecerá*…en ese día no habrá luz clara 1961
14.8 *acontecerá*…en aquel día que saldrán de 1961
14.13 y *acontecerá*…entre ellos gran pánico 1961
14.17 *acontecerá* que los de las familias de 1961
Mt 1.22 esto *aconteció* para que se cumpliese *1096*
2.13 *acontecerá* que Herodes buscará al niño *1063*
9.10 *aconteció* que estando él sentado a la mesa *1096*
12.45 **así…*acontecerá* a esta mala generación** *2071*
13.53 *aconteció* que cuando terminó Jesús estas *1096*
16.22 en ninguna manera esto te *acontezca* *2071*
18.13 **si *acontece* que la encuentra…regocija** *1096*
19.1 *aconteció* que cuando Jesús terminó estas *1096*
21.4 esto *aconteció* para que se cumpliese lo *1096*
24.6 **es necesario que todo esto *acontezca*** *1096*
24.34 **no pasará…hasta que…esto *acontezca*** *1096*
28.11 todas las cosas que habían *acontecido* *1096*
Mr 1.9 *aconteció* en aquellos días, que Jesús *1096*
2.15 *aconteció* que estando Jesús a la mesa *1096*
2.23 *aconteció* que al pasar él por los sembrados *1096*
4.4 y al sembrar, *aconteció* que una parte *1096*
5.16 cómo le había *acontecido* al que había *1096*
10.32 las cosas que le habían de *acontecer* *4819*
13.30 **no pasará…hasta que todo…*acontezca*** *1096*
Lc 1.8 *aconteció* que ejerciendo…el sacerdocio *4795*
1.41 *aconteció* que…oyó Elisabet la salutación *1096*
1.59 *aconteció* que al octavo día vinieron *1096*
2.1 *aconteció* en aquellos días, que se promulgó *1096*
2.6 y *aconteció* que estando ellos allí *1096*
2.46 y *aconteció* que tres días después le hallaron *1096*
3.21 *aconteció* que…todo el pueblo se bautizaba *1096*
5.1 *aconteció* que estando Jesús junto al lago *1096*
5.17 *aconteció* un día, que él estaba enseñando *1096*
6.1 *aconteció* en un día de reposo, que pasando *1096*
6.6 *aconteció* también en otro día de reposo *1096*
7.11 *aconteció* después, que él iba a la ciudad *1096*
8.1 *aconteció* después, que Jesús iba por todas *1096*
8.22 *aconteció* un día, que entró en una barca *1096*
8.34 cuando vieron lo…*acontecido*, huyeron *1096*
9.18 *aconteció* que mientras Jesús oraba aparte *1096*
9.28 *aconteció* como ocho días después de *1096*
9.44 **_acontecerá_ que el Hijo del Hombre será** *3195*
10.31 **_aconteció_ que descendió un sacerdote** *4795*
10.38 *aconteció* que yendo de camino, entró *1096*
11.1 *aconteció* que…Jesús orando en un lugar *1096*
11.14 *aconteció* que salido el demonio, el mudo *1096*
14.1 *aconteció* un día de reposo, que habiendo *1096*
16.22 **_aconteció_ que murió el mendigo, y fue** *1096*
17.14 *aconteció* que mientras iban, fueron *1096*
18.35 *aconteció* que acercándose Jesús a Jericó *1096*
19.15 **_aconteció_ que vuelto él, después de** *1096*
19.29 *aconteció* que llegando cerca de Betfagé y *1096*
21.9 **es necesario que estas cosas *acontezcan*** *1096*
21.32 **no pasará…hasta que…esto *acontezca*** *1096*
22.49 viendo…lo que había de *acontecer*, le *2071*
23.47 centurión vio lo que había *acontecido* *1096*
23.48 viendo lo que había *acontecido*, se *1096*
24.4 *aconteció* que estando ellas perplejas por *1096*
24.14 aquellas cosas que habían *acontecido* *4819*
24.18 las cosas que en ella han *acontecido* *1096*
24.21 el tercer día que esto ha *acontecido* *1096*
24.30 *aconteció* que estando sentado con ellos *1096*
24.35 las cosas que les habían *acontecido*
24.51 *aconteció* que bendiciéndolos, se separó *1096*
Hch 4.5 *aconteció* al día siguiente, que se *1096*
5.7 no sabiendo lo que había *acontecido* *1096*
7.40 este…no sabemos qué le haya *acontecido* *1096*
9.3 yendo por el…*aconteció* que al llegar *1810*
9.32 *aconteció* que Pedro, visitando a todos *1096*
9.37 y *aconteció* que en aquellos días enfermó *1096*
9.43 y *aconteció* que se quedó muchos días *1096*
14.1 *aconteció* en Iconio que entraron juntos *1096*
16.16 *aconteció* que mientras íbamos a la *1096*
19.1 *aconteció* que entre tanto que Apolos *1096*
20.22 saber lo que allá me ha de *acontecer* *4876*
21.35 al llegar a las gradas, *aconteció* que *1096*
22.6 pero *aconteció* que yendo yo, al llegar *1096*
22.17 me *aconteció*, vuelto a Jerusalén, que *1096*
27.44 y así *aconteció* que todos se salvaron *1096*
28.8 y *aconteció* que el padre de Publio *1096*
28.17 *aconteció* que tres días después, Pablo *1096*
Ro 11.25 *acontecido* a Israel endurecimiento *1096*
1 Co 10.11 estas cosas les *acontecieron* como *4819*
1 Ts 3.4 tribulaciones, como ha *acontecido* y *1096*
1 P 4.12 alguna cosa extraña os *aconteciese* *4819*
2 P 2.22 ha *acontecido*…verdadero proverbio *4819*

ACOR *Valle cerca de Jericó*

Jos 7.24 a Acán…lo llevaron…al valle de *A* 5911
15.7 luego sube a Debir desde el valle de *A* 5911
Is 65.10 el valle de *A* para majada de vacas 5911
Os 2.15 el valle de *A* por puerta de esperanza 5911

ACORDAR

Gn 8.1 y se *acordó* Dios de Noé, y…animales 2142
9.15 me *acordaré* del pacto…que hay entre mí 2142
9.16 el arco…veré y me *acordaré* del pacto 2142
19.29 se *acordó* de Abraham, y envió fuera a 2142
30.22 *acordó* Dios de Raquel, y la oyó Dios 2142
40.14 *acuérdate*, pues, de mí cuando tengas 2142
40.23 el jefe de los…no se *acordó* de José 2142
41.9 habló a…Me *acuerdo* hoy de mis faltas 2142
42.9 se *acordó* José de los sueños que había 2142
Éx 2.24 se *acordó* de su pacto con Abraham 2142
6.5 he oído…y me he *acordado* de mi pacto 2142
20.8 *acuérdate* del día de reposo para 2142
32.13 *acuérdate* de Abraham, de Isaac y de 2142
Lv 26.42 yo me *acordaré* de mi pacto con Jacob 2142
26.42 de mi pacto con Abraham me *acordaré* 2142
26.45 me *acordé* de…por el pacto antiguo 2142
Nm 11.5 *acordamos* del pescado que comíamos 2142
15.39 os *acordéis* de todos los mandamientos 2142
15.40 para que os *acordéis*…y seáis santos 2142
Dt 5.15 *acuérdate* que fuiste siervo en…Egipto 2142
7.18 *acuérdate* bien de lo que hizo Jehová tu 2142
8.2 te *acordarás* de todo el camino por donde 2142
8.18 *acuérdate* de Jehová tu Dios, porque él 2142
9.7 *acuérdate*, no olvides que has provocado 2142
9.27 *acuérdate* de tus siervos Abraham, Isaac 2142
15.15 y te *acordarás* de que fuiste siervo en 2142
16.3 te *acuerdes* del día en que saliste de la 2142
16.12 *acuérdate* de que fuiste siervo en Egipto 2142
24.9 *acuérdate* de lo que hizo…Dios a María en 2142
24.18 *acordarás* que fuiste siervo en Egipto 2142
24.22 *acuérdate* que fuiste siervo en…Egipto 2142
25.17 *acuérdate* de lo que hizo Amalec contigo 2142
32.7 *acuérdate*…tiempos antiguos, considera los 2142
Jos 1.13 *acordaos* de la palabra que…os mandó 2142
Jue 8.34 no se *acordaron*…de Jehová su Dios 2142
9.2 *acordaos*…yo soy hueso vuestro, y carne 2142
16.28 Señor Jehová, *acuérdate* ahora de mí 2142
1 S 1.11 te *acordarás* de mí, y no te olvidarás 2142
1.19 se llegó a Ana…Jehová se *acordó* de ella 2142
25.31 a mi señor, y *acuérdate* de tu sierva 2142
2 S 14.11 que te *acuerdes* de Jehová tu Dios 2142
2 R 9.25 *acuérdate* que cuando…íbamos juntos 2142
2 Cr 6.42 *acuérdate* de tus misericordias para 2142
24.22 Joás no se *acordó* de…Joiada padre de 2142
Neh 1.8 *acuérdate* ahora de la palabra que 2142
4.14 *acordaos* del Señor, grande y temible 2142
5.19 *acuérdate* de mí para bien, Dios mío 2142
6.14 *acuérdate*, Dios mío, de Tobías y de 2142
6.14 también *acuérdate* de Noadías profetisa
9.17 ni se *acordaron* de tus maravillas que 2142
13.14 *acuérdate* de mí, oh Dios, en orden a 2142
13.22 *acuérdate* de mí, Dios mío, y perdóname 2142
13.29 *acuérdate* de ellos, Dios mío, contra 2142
13.31 *acuérdate* de mí, Dios mío, para bien 2142
Est 2.1 se *acordó* de Vasti y de lo que ella 2142
Job 7.7 *acuérdate* que mi vida es un soplo, y 2142
10.9 *acuérdate* que como a barro me diste 2142
11.16 o te *acordarás* de ella como de aguas 2142
14.13 pusieses plazo, y de mí te *acordarás*! 2142
21.6 mismo, cuando me *acuerdo*, me asombro 2142
36.24 *acuérdate* de engrandecer su obra, la 2142
41.8 te *acordarás* de la batalla, y nunca más 2142
Sal 9.12 el que demanda la sangre se *acordó* 2142
22.27 se *acordarán*, y se volverán a Jehová 2142
25.6 *acuérdate*, oh Jehová, de tus piedades 2142
25.7 y de mis rebeliones, no te *acuerdes* 2142
25.7 conforme a tu misericordia *acuérdate* 2142
42.4 me *acuerdo* de estas cosas, y derramo 2142
42.6 me *acordaré*…de ti desde la tierra del 2142
48.9 *acordamos* de tu misericordia, oh Dios 1819
63.6 cuando me *acuerde* de ti en mi lecho 2142
74.2 *acuérdate* de tu congregación, la que 2142
74.18 *acuérdate* de esto: que el enemigo ha 2142
74.22 *acuérdate* de…el insensato te injuria 2142
77.3 me *acordaba* de Dios, y me conmovía; me 2142
77.6 me *acordaba* de mis cánticos de noche 2142
77.11 *acordarás* de las obras de JAH; sí haré 2142
78.35 *acordaban* de que Dios era su refugio 2142
78.39 se *acordó* de que era carne, soplo que 2142
78.42 no se *acordaron* de su mano, del día 2142
87.4 yo me *acordaré* de Rahab y de Babilonia 2142
88.5 de quienes no te *acuerdas* ya, y que 2142
89.50 *acuérdate* del oprobio de tus siervos 2142
98.3 se ha *acordado* de su misericordia y de 2142
103.14 él…se *acuerda* de que somos polvo 2142
103.18 que se *acuerdan* de sus mandamientos 2142
105.5 *acordaos* de las maravillas que él ha 2142
105.8 se *acordó* para siempre de su pacto 2142
105.42 se *acordó* de su santa palabra dada a 2142
106.4 *acuérdate* de mí, oh Jehová, según tu 2142
106.7 no se *acordaron* de…tus misericordias 2142
106.45 y se *acordaba* de su pacto con ellos 2142
109.16 no se *acordó* de hacer misericordia 2142
111.5 para siempre se *acordará* de su pacto 2142
115.12 Jehová se *acordó* de nosotros; nos 2142
119.49 *acuérdate* de la palabra dada a tu 2142
119.52 me *acordé*…de tus juicios antiguos 2142
119.55 me *acordé* en la noche de tu nombre 2142
132.1 *acuérdate* oh Jehová, de David, y de 2142
136.23 en nuestro abatimiento se *acordó* de 2142
137.1 aun llorábamos, *acordándonos* de Sion 2142
137.6 se pegue a mi…si de ti no me *acordare* 2142
143.5 me *acordé* de los días antiguos…obras 2142
Pr 31.7 beban…y de su miseria no se *acuerden* 2142
Ec 5.20 no se *acordará* mucho de los días de 2142
9.15 y nadie se *acordaba* de aquel hombre 2142
11.8 *acuérdese*…de los días de las tinieblas 2142
12.1 *acuérdate* de tu Creador en los días de 2142
Cnt 1.4 nos *acordaremos* de tus amores más que 2142
Is 7.5 ha *acordado* maligno consejo contra ti
10.22 destrucción *acordada* rebosará justicia 2782
14.26 este es el consejo que está *acordado* 3289
17.10 y no te *acordaste* de la roca de tu 2142
19.17 todo hombre que de ella se *acordare* 2142
19.17 causa del consejo que Jehová…*acordó* 2142
26.13 en ti…nos *acordaremos* de tu nombre 2142
38.3 te ruego que te *acuerdes* ahora que he 2142
43.18 no os *acordéis* de las cosas pasadas 2142
43.25 borro…no me *acordaré* de tus pecados 2142
44.21 *acuérdate* de estas cosas, oh Jacob, e 2142
46.8 *acordaos* de esto, y tened vergüenza 2142
46.9 *acordaos* de las cosas pasadas desde los 2142
47.7 no has pensado en esto, ni te *acordaste* 2142
57.11 no te has *acordado* de mí, ni te vino 2142
62.6 que os *acordéis* de Jehová, no reposéis 2142
63.11 pero se *acordó* de los días antiguos 2142
64.5 que se *acordaban* de ti en tus caminos 2142
Jer 2.2 me he *acordado* de ti, de la fidelidad 2142
3.16 ni se *acordarán* de ella, ni la echarán 2142
14.10 tanto, se *acordará* ahora de su maldad 2142
14.21 *acuérdate*, no invalidez tu pacto con 2142
15.15 *acuérdate*…y véngame de mis enemigos 2142
17.2 sus hijos se *acuerdan* de sus altares y 2142
18.20 *acuérdate* que me puse delante de ti 2142
20.9 y dije: No me *acordaré* más de él, ni 2142
30.17 es Sion, de la que nadie se *acuerda* 1875
31.20 me he *acordado* de él constantemente 2142
31.34 perdonaré la…y no me *acordaré* más de 2142
44.21 ¿no se ha *acordado* Jehová, y no ha 2142
49.20 consejo que Jehová ha *acordado* sobre 3289

50.45 determinación que Jehová ha *acordado* 3289
51.50 *acordaos*...de Jehová, y *a* de Jerusalén 2142
Lm 1.7 se *acordó* de los días de su aflicción 2142
1.9 su inmundicia...y no se *acordó* de su fin 2142
2.1 no se *acordó* del estrado de sus pies en 2142
3.19 *acuérdate* de mi aflicción...abatimiento 2142
5.1 *acuérdate*, oh...de lo que nos ha sucedido 2142
Ez 6.9 los que...se escaparen se *acordarán* de 2142
16.22 no te has *acordado* de los días de tu 2142
16.43 cuanto no te *acordaste* de los días de 2142
16.61 y te *acordarás* de tus caminos y te 2142
16.63 para que te *acuerdes* y te avergüences 2142
20.43 allí os *acordaréis* de vuestros caminos 2142
23.27 ni nunca más te *acordarás* de Egipto 2142
36.31 *acordaréis* de vuestros malos caminos 2142
Dn 6.7 han *acordado*...que promulgues un edicto 3272
Os 8.13 ahora se *acordará* de su iniquidad 2142
9.9 se *acordará* de su iniquidad, castigará 2142
Am 1.9 no se *acordaron* del pacto de hermanos 2142
Jon 2.7 alma desfallecía en mí, me *acordé* 2142
Mi 6.5 *acuérdate*...qué aconsejó Balac rey de 2142
Nah 2.5 se *acordará* él de sus valientes; se 2142
Hab 3.2 la ira *acuérdate* de la misericordia 2142
Zac 10.9 en lejanos países se *acordarán* de 2142
Mal 4.4 *acordaos*...ley de Moisés mi siervo 2142
Mt 5.23 ***acuerdas* de que tu hermano tiene algo** *3415*
16.9 **ni os *acordáis* de los cinco panes entre** *3421*
26.75 Pedro se *acordó* de...palabras de Jesús *3415*
27.63 nos *acordarnos* que aquel engañador dijo *3415*
Mr 11.21 *acordándose*, le dijo: Maestro, mira *363*
14.72 Pedro se *acordó* de las palabras que *363*
Lc 1.54 siervo, *acordándose* de la misericordia *3415*
1.72 padres, y *acordarse* de su santo pacto *3415*
16.25 ***acuérdate* que recibiste...en tu vida** *3415*
17.32 ***acordaos* de la mujer de Lot** *3421*
22.61 Pedro se *acordó*...palabra del Señor 5279
23.42 *acuérdate* de mí cuando vengas en tu *3415*
24.6 *acordaos* de lo que os habló, cuando aún *3415*
24.8 entonces...se *acordaron* de sus palabras *3415*
Jn 2.17 *acordaron*...que está escrito: El celo *3415*
2.22 sus...se *acordaron* que había dicho esto *3415*
9.22 habían *acordado*...si alguno confesase *4934*
11.53 que, desde aquel día *acordaron* matarle *4823*
12.10 *acordaron* dar muerte también a Lázaro *1011*
12.16 *acordaron* de que estas cosas estaban *3415*
15.20 ***acordaos* de la palabra que yo os he** *3421*
16.4 **os *acordéis* de que ya os lo había dicho** *3421*
16.21 **después...no se *acuerda* de la angustia** *3421*
Hch 11.16 me *acordé* de lo dicho por el Señor *3415*
16.4 las ordenanzas que habían *acordado* los *2919*
20.31 velad, *acordándoos* que por tres años *3421*
27.12 mayoría *acordó* zarpar también de allí *5087*
27.39 *acordaron* varar, si pudiesen, la nave *1011*
27.42 soldados *acordaron* matar a los presos *1012*
1 Co 11.2 os alabo...en todo os *acordáis* de mí *3415*
2 Co 7.15 *acuerda* de la obediencia de todos *363*
Gá 2.10 nos *acordásemos* de los pobres; lo cual *3421*
Ef 2.11 *acordaos* de...vosotros, los gentiles *3421*
Fil 1.3 siempre que me *acuerdo* de vosotros *3417*
Col 4.18 de Pablo...*Acordaos* de mis prisiones *3421*
1 Ts 1.3 *acordándonos* sin cesar delante del *3421*
2.9 os *acordáis*, hermanos, de nuestro trabajo *3421*
3.1 *acordamos* quedarnos solos en Atenas *2106*
2 Ts 2.5 ¿no os *acordáis* que cuando yo estaba *3421*
2 Ti 1.3 que sin cesar me *acuerdo* de ti en *3417*
1.4 deseando verte, al *acordarme* de tus *3415*
2.8 *acuérdate* de Jesucristo, del linaje de *3421*
He 2.6 el hombre, para que te *acuerdes* de él *3403*
8.12; 10.17 nunca más me *acordaré*...pecados *3415*
13.3 *acordaos* de los presos, como si...presos *3403*
13.7 *acordaos* de vuestros pastores, que os *3421*
Ap 3.3 ***acuérdate*...de lo que has recibido y** *3421*
18.5 y Dios se ha *acordado* de sus maldades *3421*

ACORNEADOR
Éx 21.29 el buey fuere *a* desde tiempo atrás 5056
21.36 si era notorio que el buey era *a* desde 5056

ACORNEAR
Éx 21.28 un buey *acorneare* a hombre o a mujer 5055
21.31 haya *acorneado* a hijo, o haya *a* a hija 5055
21.32 si el buey *acorneare* a un siervo o a 5055
Dt 33.17 con ellas *acorneará* a los pueblos 5055
1 R 22.11; 2 Cr 18.10 *acornearás* a los sirios 5055
Ez 34.21 *acorneasteis* con vuestros cuernos a 5055

ACORTAR
Nm 11.23 se ha *acortado* la mano de Jehová? 7114
Job 17.1 aliento se agota, se *acortan* mis días 2193
17.12 luz se *acorta* delante de las tinieblas 7138
18.7 sus pasos vigorosos serán *acortados* 3334
Sal 89.45 *acortado* los días de su juventud 7114
102.23 debilitó mi fuerza...*acortó* mis días 7114
Pr 10.27 años de los impíos serán *acortados* 7114
Is 50.2 ¿acaso se ha *acortado* mi mano para 7114
59.1 que no se ha *acortado* la mano de Jehová 7114
Mi 2.7 ¿se ha *acortado* el Espíritu de Jehová? 7114
Mt 24.22 **si aquellos días no fuesen *acortados*** *2856*
24.22 **mas por...aquellos días serán *acortados*** *2856*
Mr 13.20 **el Señor no hubiese *acortado*...días** *2856*
13.20 **por causa de los escogidos que...*acortó*** *2856*

ACOSAR
Jue 1.34 amorreos *acosaron* a los hijos de Dan 3905
20.43 *acosaron*...desde Menúha hasta...Gabaa 7291
2 Cr 18.32 que no era...desistieron de *acosarle* 310
Sal 35.5 tamo...y el ángel de Jehová los *acose* 1760
57.3 salvará de la infamia del que me *acosa* 7602
Hch 27.20 *acosados*...una tempestad no pequeña *1945*

ACOSTAR
Gn 19.4 antes que se *acostasen*, rodearon la 7901
19.33 él no sintió cuándo se *acostó* ella, ni 7901
19.35 no echó de ver cuándo se *acostó* ella 7901
28.11 durmió allí...se *acostó* en aquel lugar 7901
28.13 la tierra en que estás *acostado* te la 7901
34.2 Siquem...*acostó* con ella, y la deshonró 7901
34.7 hizo vileza...*acostándose* con la hija de 7901
39.10 *acostarse* al lado de ella, para estar 7901
Lv 15.4 toda cama en que se *acostare* el que 7901
15.20 todo aquello sobre que ella se *acostare* 7901
Dt 6.7 hablarás de ellas...andando...*acostarte* 7901
11.19 hablando de ellas...cuando te *acuestes* 7901
22.22 sorprendido...*acostado* con una mujer 7901
22.22 morirán, el hombre que se *acostó* con 7901
22.23 la hallare en...y se *acostare* con ella 7901
22.25 la forzare aquel...*acostándose* con ella 7901
22.25 morirá...hombre que se *acostó* con ella 7901
22.28 la tomare, y se *acostare* con ella, y 7901
22.29 el hombre que se *acostó* con ella dará 7901
24.12 no te *acostarás* reteniendo...su prenda 7901
27.20 maldito...se *acostare* con la mujer de 7901
27.22 maldito el...se *acostare* con su hermana 7901
27.23 maldito el...se *acostare* con su suegra 7901
Rt 3.4 se *acueste*, notarás...donde se *acuesta* 7901
3.4 irás...y te *acostarás* allí; y él te dirá 7901
3.7 vino...le descubrió los pies y se *acostó* 7901
3.8 una mujer estaba *acostada* a sus pies 7901
1 S 3.2 estando Elí *acostado* en su aposento 7901
3.5 *acuéstate*. Y él se volvió y se *acostó* 7901
3.6 hijo...no he llamado; vuelve y *acuéstate* 7901
3.9 vé y *acuéstate*; y si te llamare, dirás 7901
3.9 se fue Samuel, y se *acostó* en su lugar 7901
3.15 Samuel estuvo *acostado* hasta la mañana 7901
2 S 12.16 y pasó la noche *acostado* en tierra 7901
13.5 le dijo: *Acuéstate* en tu cama, y finge 7901
13.6 se *acostó*...Amnón, y fingió que estaba 7901
13.8 Tamar...Amnón, el cual estaba *acostado* 7901
13.11 ven, hermana mía, *acuéstate* conmigo 7901
13.14 mas él...la forzó, y se *acostó* con ella 7901
1 R 3.19 murió, porque ella se *acostó* sobre 7901
21.4 *acostó* en su cama, y volvió su rostro 7901
Job 7.4 *acostado*, digo: ¿Cuándo me levantaré? 7901
11.19 te *acostarás*, y no...quién te espante 7257
27.19 rico se *acuesta*, pero por última vez 7901
Sal 3.5 me *acosté* y dormí, y desperté, porque 7901
4.8 en paz me *acostaré*, y...dormiré; porque 7901
Pr 3.24 cuando te *acuestes*, no tendrás temor 7901
3.24 que te *acostarás*, y tu sueño será grato 7901
Is 11.6 leopardo con el cabrito se *acostará* 7257
14.30 menesterosos se *acostarán* confiados 7257
Ez 4.4 te *acostarás* sobre tu lado izquierdo 7901
4.6 te *acostarás* sobre tu lado derecho...vez 7901
4.9 el número de los días que te *acuestes* 7901
Dn 6.18 rey...se *acostó* ayuno; ni instrumentos 956
Am 2.8 se *acuestan* junto a cualquier altar 5186
Mr 1.30 la suegra de Simón estaba *acostada* *2621*
7.30 halló...a la hija *acostada* en la cama *906*
Lc 2.7 *acostó* en un pesebre, porque no había *347*
2.12 y hallaréis al niño...*acostado*...pesebre *2749*
2.16 José, y al niño *acostado* en el pesebre *2749*
5.25 tomando el lecho en que...*acostado* *2621*
Jn 5.6 cuando Jesús lo vio *acostado*, y supo *2621*

ACOSTUMBRAR
Lv 23.38 ofrendas...*acostumbráis* dar a Jehová
Nm 22.30 he *acostumbrado* hacerlo así contigo? 5532
Jue 4.5 *acostumbraba* sentarse bajo la palmera
1 S 1.21 ofrecer...el sacrificio *acostumbrado* 3117
2.19 para ofrecer el sacrificio *acostumbrado* 3117
20.5 *acostumbro* sentarme con el rey a comer 3427
Est 1.13 así *acostumbraba* el rey con todos 1697
Sal 119.132 *acostumbras* con los que aman tu 4941
Jer 2.24 asna montés *acostumbrada* al desierto 3928
9.5 *acostumbraron* su lengua a hablar mentira 3925
Dn 3.19 calentase 7 veces...lo *acostumbrado* 2370
Mt 27.15 *acostumbraba* el gobernador soltar *1486*
Hch 17.2 Pablo, como *acostumbraba*, fue a ellos *1486*

ACRABIM *Garganta en las montañas de Palestina*, Nm 34.4; Jos 15.3; Jue 1.36 4610

ACRECENTAR
Sal 89.17 por tu...*acrecentarás* nuestro poder 7311
Hch 9.31 se *acrecentaban* fortalecidas por el *4129*

ACREEDOR
2 R 4.1 ha venido el *a* para tomarse dos hijos 5383
4.7 vé y vende el aceite, y paga a tus *a* 5386
Sal 109.11 *a* se apodere de todo lo que tiene 5383
Is 50.1 ¿o quiénes son mis *a*, a quienes yo os 5383
Lc 7.41 ***a* tenía dos deudores: el uno le debía** *1157*

ACRISOLAR
2 S 22.31; y *acrisolada* la palabra de Jehová 6884
Sal 18.30 y *acrisolada* la palabra de Jehová 6884

ACSA *Hija de Caleb*
Jos 15.16 la tomare...daré mi hija *A* por mujer 5915
15.17 Caleb...él le dio su hija *A* por mujer 5915
Jue 1.12 tomare...le daré *A* mi hija por mujer 5919
1.13 Caleb; y él le dio *A* su hija por mujer 5919
1 Cr 2.49 Saaf...Seva...y *A* fue hija de Caleb 5915

ACSAF *Ciudad de Canaán*, Jos 11.1; 12.20; 19.25 407

ACTA
2 Cr 33.18 escrito en las *a* de los reyes de 1697
Col 2.14 anulando el *a* de los decretos que *5498*

ACTIVAR
2 Cr 34.12 para que *activasen* la obra; y de 6485
Esd 3.8 para que *activasen* la obra de la casa 5921
3.9 para *activar* a los que hacían la obra en 5329

ACTIVIDAD
Ef 4.16 ayuden...según la *a*...de cada miembro *1753*

ACTIVO
1 R 11.28 viendo Salomón al joven que era...*a* 6213,4399

ACTO
Lv 18.20 no tendrás *a* carnal con la mujer de 7903
Nm 5.13 ni...hubiere sido sorprendida en el *a*
Dn 9.16 Señor, conforme a...tus *a* de justicia 6666
Jn 8.4 sorprendida en el *a* mismo de adulterio *1888*

ACTUAR
Nm 12.11 locamente hemos *actuado*, y...pecado 2973
Jue 9.16 si habéis *actuado* bien con Jerobaal 6213
1 S 14.45 Jonatán...que ha *actuado* hoy con Dios 6213
1 R 8.32 tú oirás desde el cielo y *actuarás* 6213
8.39 *actuarás*, y darás a cada uno conforme 6213
2 Cr 6.23 *actuarás*, y juzgarás a tus siervos 6213
22.3 le aconsejaba a que *actuase* impíamente 7561
28.19 Acaz había *actuado* desenfrenadamente 4603
Sal 119.126 tiempo es de *actuar*, oh Jehová 6213
Ec 8.10 en la ciudad donde habían *actuado* con 6213
Jer 9.5 engaña...ocupan de *actuar* perversamente 5753
14.7 oh Jehová, *actúa* por amor de tu nombre 6213
Ez 20.9 *actúa* para sacarlos de la tierra de 6213
20.14 pero *actué* a causa de mi nombre, para 6213
Dn 11.32 mas el pueblo...se esforzará y *actuará* 6213
Mal 3.17 especial tesoro...día en que yo *actúe* 6213
4.3 el día en que yo *actúe*, ha dicho Jehová 6213
Mt 14.2; Mr 6.14 y por eso *actúan* en él estos *1754*
2 Co 4.12 que la muerte *actúa* en nosotros, y en *1754*
Gá 2.8 el que *actuó* en Pedro...*a* también en mí *1754*
Ef 3.20 según el poder que *actúa* en nosotros *1754*
Col 1.29 la cual *actúa* poderosamente en mí *1754*
1 Ts 2.13 cual *actúa* en vosotros los creyentes *1754*
Stg 2.22 ¿no ves que la fe *actuó*...con sus obras *4903*
Ap 13.5 le dio autoridad para *actuar* 42 meses *4160*

ACTUAL
Gá 4.25 y corresponde a la Jerusalén *a*

ACUB
1. *Descendiente de David*, 1 Cr 3.24 6126
2. *Portero del templo*, 1 Cr 9.17; Neh 11.19; 12.25 6126
3. *Jefe de una familia de porteros del templo*, Esd 2.42; Neh 7.45 6126
4. *Jefe de una familia de sirvientes del templo*, Esd 2.45 6126
5. *Levita que ayudó a Esdras*, Neh 8.7 6126

ACUDIR
Éx 24.14 que tuviere asuntos, *acuda* a ellos 5066
Nm 25.3 así *acudió* el pueblo a Baal-peor 6775
Dt 25.1 hubiere pleito...*acudieren* al tribunal 5066
2 Cr 11.16 *acudieron*...de todas las tribus de 935
20.2 y *acudieron* algunos y dieron aviso a 935
Sal 70.1 Dios, *acude* a librarme; apresúrate
71.12 Dios mío, *acude* pronto en mi socorro 2439
Os 7.11 llamarán a Egipto, *acudirán* a Asiria 1980
9.10 *acudieron* a Baal-peor, se apartaron 935
11.11 como ave *acudirán*...de Egipto, y de la 2729
Am 6.1 a los cuales *acude* la casa de Israel! 935
Hch 8.30 *acudiendo* Felipe, le oyó que leía al *4370*
23.27 lo libré yo *acudiendo* con la tropa *2186*
He 6.18 los que hemos *acudido*, para asirnos de *2703*

ACUEDUCTO
2 R 18.17 acamparon junto al *a* del estanque 8585
Is 7.3 al extremo del *a* del estanque de arriba 8585
36.2 y acampó junto al *a* del estanque de 8585

ACUERDO
1 R 1.7 se había puesto de *a* con Joab hijo de 1697
1 Cr 23.31 según su número y de *a* con su rito
2 Cr 26.11 salían a la guerra...de *a* con la
31.21 de *a* con la ley y los mandamientos
Esd 9.13 no nos has...de *a* con nuestras
10.8 conforme al *a* de los príncipes y de 6098
Est 1.7 mucho vino...de *a* con la...del rey
Pr 26.4 nunca respondas...de *a* con su necedad
Dn 6.17 el *a* acerca de Daniel no se alterase 6640
Am 3.3 ¿andarán dos...si no estuviesen de *a*? 3259
Mt 5.25 **ponte de *a* con tu adversario pronto** *2132*
18.19 **si dos...se pusieren de *a* en la tierra** *4856*
Lc 23.51 no había consentido en el *a* ni en *1012*
Hch 12.20 pero ellos vinieron de *a* ante él *3661*
15.25 ha parecido, habiendo llegado a un *a* *3661*
18.12 los judíos se levantaron de común *a* *3661*
28.25 como no estuvieran de *a*...dijo Pablo *800*
2 Co 6.16 qué *a* hay entre el templo de Dios y *4783*
Tit 2.1 tú habla lo...de *a* con la sana doctrina 4241
Ap 17.17 ponerse de *a*, y dar su reino a la

ACUMULAR
2 Cr 1.15 *acumuló*...plata y oro en Jerusalén 5414
9.27 y *acumuló* el rey plata...como piedras 5414
Ez 28.4 *acumulado* riquezas, y has adquirido 6213
Hab 2.6 *acumular* sobre sí prenda tras prenda? 3513
Stg 5.3 habéis *acumulado* tesoros para los *2343*

ACUSACIÓN
Dt 19.15 por el testimonio...se mantendrá la *a* 1697
Esd 4.6 escribieron *a* contra los habitantes 7855
Jn 18.29 ¿qué *a* traéis contra este hombre? *2724*
Hch 25.7 lo rodearon...presentando...graves *a* *157*
25.16 el acusado...pueda defenderse de la *a* *2723*
1 Ti 5.19 contra un anciano no admitas *a* sino *2724*

ACUSADO *Véase también Acusar*
Hch 25.16 él *a* tenga delante de sus acusadores 2723

ACUSADOR
Hch 23.30 intimando también a los *a*... traten 2725
23.35 le dijo: Te oiré cuando vengan tus *a* 2725
24.8 mandando a sus *a* que viniesen a ti 2725
25.16 que el acusado tenga delante a sus *a* 2725
25.18 estando presentes los *a*, ningún cargo 2725
Ap 12.10 sido lanzado fuera el *a* de nuestros 2725

ACUSAR
Dt 19.18 si aquel... hubiera *acusado* falsamente 6030
Pr 30.10 no *acuses* al siervo ante su señor 3960
Dn 3.8 y *acusaron* maliciosamente a los judíos 399,7170
6.4 buscaban ocasión para *acusar* a Daniel en
6.5 no hallaremos... ocasión... para *acusarle*
6.24 aquellos... que habían *acusado* a Daniel 399,7170
Zac 3.1 Satanás... su mano derecha para *acusarle* 7853
Mt 12.10 preguntaron a Jesús... poder *acusarle* *2723*
27.12 y siendo *acusado* por... nada respondió *2723*
Mr 3.2 acechaban para... fin de poder *acusarle* *2723*
15.3 los principales sacerdotes le *acusaban* *2723*
15.4 ¿nada... Mira de cuantas cosas te *acusan* *2649*
Lc 6.7 le acechaban... hallar de qué *acusarle* *2724*
11.54 cazar alguna palabra de... para *acusarle* *2723*
16.1 **acusado... como disipador de sus bienes** *1225*
23.2 comenzaron a *acusarle*, diciendo: A éste *2723*
23.10 escribas *acusándole* con... vehemencia *2723*
23.14 delito alguno de... de que le *acusáis* *2723*
Jn 5.45 **yo voy a *acusaros*... hay quien os acusa** *2723*
8.6 decían tentándole, para poder *acusarle* *2723*
8.9 *acusados* por su conciencia, salían uno *1651*
8.10 **mujer, ¿dónde están... que te *acusaban*?** *2632*
Hch 19.38 hay; *acúsense* los unos a los otros *1458*
19.40 seamos *acusados* de sedición por esto *1458*
22.30 por la cual le *acusaban* los judíos *2723*
23.28 queriendo saber... por qué le *acusaban* *1458*
23.29 le *acusaban* por cuestiones de la ley *1458*
24.2 Tértulo comenzó a *acusarle*, diciendo *2723*
24.8 podrás informarte... de que le *acusamos* *2723*
24.13 probar... cosas de que ahora me *acusan* *2723*
24.19 ellos debieran comparecer... y *acusarme* *2723*
25.5 si hay algún crimen en este... *acúsenle* *2723*
25.11 si nada hay de... de que éstos me *acusan* *2723*
25.16 a sus... pueda defenderse de la *acusación*
26.2 todas las cosas de que soy *acusado* por *1458*
26.7 por esta esperanza, oh rey... soy *acusado* *1458*
28.19 porque tenga de qué *acusar* a mi nación *2723*
Ro 2.15 y *acusándoles* o defendiéndoles sus *2723*
3.9 ya hemos *acusando* a judíos y a gentiles *4256*
8.33 ¿quién *acusará* a los escogidos de Dios? *1458*
1 Co 9.3 contra los que me *acusan*, esta es mi *350*
Tit 1.6 que no estén *acusados* disolución ni *2724*
Ap 12.10 el que los *acusaba* delante de... Dios *2723*

ACZIB
1. Población en Judá, Jos 15.44; Mi 1.14 392
2. Población en Galilea, Jos 19.29; Jue 1.31 392

ADA
1. Mujer de Lamec No. 1, Gn 4.19,20,23 5711
2. Mujer de Esaú, Gn 36.2,4,10,12,16 5711

ADADA *Ciudad en Judá*, Jos 15.22 5735

ADAÍA
1. Abuelo del rey Josías, 2 R 22.1 5718
2. Ascendiente de Asaf No. 2 (=Iddo No. 2), 1 Cr 6.41 5718
3. Sacerdote (=Adaías No. 3), 1 Cr 9.12 5718
4. Padre de Maasías No. 2, 2 Cr 23.1 5718
5. Nombre de dos de los que se casaron con mujeres extranjeras en tiempo de Esdras, Esd 10.29,39 5718

ADAÍAS
1. Descendientes de Benjamín, 1 Cr 8.21 5718
2. Descendientes de Judá, Neh 11.5 5718
3. Sacerdote en tiempo de Nehemías (=Adaía No. 3), Neh 11.12 5718

ADALÍA *Hijo de Amán*, Est 9.8 118

ADAM *Ciudad en el valle del Jordán*, Jos 3.16 121

ADAMA *Población en Neftalí*, Jos 19.36 128

ADAMI-NECEB *Población en Neftalí*, Jos 19.33 129,5346

ADÁN
Gn 2.19 toda bestia del campo... las trajo a *A* 121
2.19 y todo lo que *A* llamó a los animales 121
2.20 puso *A* nombre a toda bestia y ave de los 121
2.20 para *A* no se halló ayuda idónea para él 121
2.21 Dios hizo caer sueño profundo sobre *A* 121
2.23 dijo... *A*: Esto es... hueso de mis huesos 121
2.25 y estaban ambos desnudos, *A* y su mujer 120
3.20 y llamó *A* el nombre de su mujer, Eva 121
4.1 conoció *A* a su mujer Eva... y dio a luz a 121
4.25 conoció de nuevo *A* a su mujer, la cual 121
5.1 este es el libro de las generaciones de *A* 121
5.2 los creó... y llamó el nombre de ellos *A* 121
5.3 vivió *A* 130 años, y engendró un hijo a 121
5.4 fueron los días de *A*... ochocientos años 121
5.5 y fueron todos los días que vivió *A* 930 121
1 Cr 1.1 *A*, Set, Enós 121
Job 15.7 ¿naciste tú primero que *A*? ¿O fuiste 120
Os 6.7 mas ellos, cual *A*, traspasaron el pacto 120
Lc 3.38 hijo de Set, hijo de *A*, hijo de Dios *76*
Ro 5.14 a la manera de la transgresión de *A* *76*
5.14 reinó la muerte desde *A* hasta Moisés *76*
1 Co 15.22 porque así como en *A* todos mueren *76*
15.45 fue hecho el primer... *A* alma viviente *76*
15.45 el postrer *A*, espíritu vivificante *76*
1 Ti 2.13 *A* fue formado primero, después Eva *76*
2.14 y *A* no fue engañado, sino que la mujer *76*
Jud 14 también profetizó Enoc, séptimo desde *A* *76*

ADAR
1. Ciudad de Judá, Jos 15.3 146
2. Hijo de Bela, No. 3, 1 Cr 8.3 146
3. Decimosegundo mes del año hebreo, Esd 6.15; Est 3.7,13; 8.12; 9.1,15,17,19,21 144

ADARGA
Sal 91.4 te cubrirá... escudo y *a* es su verdad 5507

ADBEEL *Hijo de Ismael No. 1*, Gn 25.13; 1 Cr 1.29 110

ADDÁN *Lugar en Babilonia (=Adón)*, Esd 2.59 135

ADELANTAR
1 S 9.27 se *adelante*... y se *adelantó* el criado 5674
17.25 él se *adelanta* para provocar a Israel 5927
2 S 5.10 iba *adelantando* y engrandeciéndose 1980
1 Cr 11.9 David iba *adelantando* y creciendo 1980
Job 24.22 a los fuertes *adelantó* con su poder 4900
Mt 27.24 viendo Pilato que nada *adelantaba* *5623*
Mr 6.48 vino a ellos... y quería *adelantárseles* *3928*
Jn 18.4 ***adelantó* y les dijo: ¿A quién buscáis?** *1831*
Hch 20.5 habiéndose *adelantado*, nos esperaron *4281*
20.13 *adelantándonos*... navegamos a Asón para *4281*
1 Co 11.21 uno se *adelanta* a tomar su propia *4301*

ADELANTE
Éx 5.7 de aquí en *a* no daréis paja al
25.37 para que alumbren hacia *a*
Lv 22.27 mas desde el octavo día en *a* 1973
Nm 8.2 lámparas alumbrarán hacia *a*
12.15 y el pueblo no pasó *a* hasta
15.23 y en *a* por vuestras edades 1973
32.19 al otro lado del Jordán ni *a* 1973
Jos 6.5 el pueblo, cada uno derecho hacia *a* 5048
6.20 pueblo subió, cada uno derecho hacia *a* 5048
1 S 10.3 luego que de allí sigas más *a* 1973
15.12 y pasó *a* y descendió a
16.13 y desde aquel día en *a* el 4605
30.10 y David siguió *a* con
30.25 desde aquel día en *a* fue esto 4605
2 S 10.19 y de allí en *a* los sirios
21.17 nunca más de aquí en *a*
1 R 6.17 casa, esto es, el templo de *a*
2 R 3.21 podían ceñir armadura en *a*
5.17 porque de aquí en *a* tu siervo 5750
2 Cr 16.9 porque de aquí en *a* habrá 6258
Job 38.11 llegarás, y no pasarás *a*
Sal 49.9 para que viva en *a* para siempre
140.8 no saques *a* su pensamiento
141.10 redes, mientras yo pasaré *a*
Is 8.8 Judá, inundará y pasará *a*
Jer 7.24 hacia atrás y no hacia *a* 6440
49.5 seréis lanzados... uno derecho hacia *a* 6440
Ez 1.9,12,22 uno caminaba derecho hacia *a* 6440
39.22 y de aquel día en *a* sabrá la 1973
43.27 días, del octavo día en *a* 1973
Dn 11.10 e inundará, y pasará *a*
Hag 2.15 corazón desde este día en *a*
2.18 corazón, desde este día en *a*
Mt 26.39 yendo un poco *a* *4281*
Mr 1.19 pasando de allí un poco más *a* *4260*
14.35 yéndose un poco *a*, se postró *4281*
Lc 12.52 **porque de aquí en *a*, cinco en** *3568*
Jn 1.51 **de aquí *a* veréis el cielo**
Hch 3.24 los profetas desde Samuel en *a*
4.17 que no hablen de aquí en *a* a *3371*
27.28 y pasando un poco más *a* *1339*
2 Co 5.16 que nosotros de aquí en *a* a
Gá 6.17 de aquí en *a* nadie me cause *3064*
2 Ti 3.9 no irán más *a*; porque su insensatez *4119*
He 6.1 *a* a la perfección; no echando otra vez *5342*
10.13 de ahí en *a* esperando hasta que *3063*
Ap 14.13 bienaventurados de aquí en *a* *534*

ADEMÁS *Véase el Apéndice*

ADENTRO *Véase el Apéndice*

ADER *Descendiente de Benjamín*, 1 Cr 8.15 5738

ADEREZAR
Sal 23.5 *aderezas* mesa delante de mí en 6186

ADHERIR
1 R 2.28 Joab se había *adherido* a Adonías, si 5186
2.28 si bien no se había *adherido* a Absalón 5186
Jer 39.9 y a los que se habían *adherido* a él 5307
Os 11.7 mi pueblo está *adherido* a la rebelión 8511

ADI *Ascendiente de Jesucristo*, Lc 3.28 *78*

ADIEL
1. Descendiente de Simeón, 1 Cr 4.36 5717
2. Descendiente de Aarón, 1 Cr 9.12 5717
3. Padre de Azmavet No. 4, 1 Cr 27.25 5717

ADIESTRAR
2 S 22.35 *adiestra* mis manos para la batalla 3925
Sal 18.34; 144.1 *adiestra* mis manos para la 3925
Is 2.4 ni se *adiestrarán* más para la guerra 3925

ADÍN
1. Ascendiente de algunos que regresaron con Zorobabel, Esd 2.15; Neh 7.20 5720
2. Ascendiente de algunos que regresaron con Esdras, Esd 8.6 5720
3. Firmante del pacto con Nehemías, Neh 10.16 5720

ADINA *Valiente del ejército de David*, 1 Cr 11.42 5721

ADINO *Uno de los valientes de David*, 2 S 23.8 5722

ADITAIM *Población de Judá*, Jos 15.36 5723

ADIVINACIÓN
Lv 20.27 o se entregare a la *a*, ha de morir 3049
Nm 22.7 fueron... las dádivas de *a* en su mano 7081
23.23 Jacob no hay agüero, ni *a* contra Israel 7081
Dt 18.10 ni quien practique *a*, ni agorero, ni 7081
1 S 15.23 como pecado de *a* es la rebelión 7081
28.7 una mujer que tenga espíritu de *a*, para 178
28.7 hay una mujer... que tiene espíritu de *a* 178
28.8 que me adivines por el espíritu de *a* 178
2 R 17.17 y se dieron a *a* y a agüeros, y se 7081
2 Cr 33.6 dado a *a*, y consultaba a adivinos 178
Jer 14.14 *a*, vanidad y engaño de su corazón 7081
Ez 12.24 ni habrá *a* de lisonjeros en medio de 4738
13.6 vieron vanidad y *a* mentirosa. Dicen: Ha 7081
13.7 habéis visto visión... dicho *a* mentirosa 4738
13.23 no veréis más visión vana, ni... más *a* 7081
21.21 se ha detenido en una... para usar de *a* 7081
21.22 *a* señaló a su mano derecha... Jerusalén 7081
21.23 para ellos esto será como *a* mentirosa 7080
Hch 16.16 una muchacha que tenía espíritu de *a* *4436*

ADIVINAR
Gn 44.5 ¿no es esta... por la que suele *adivinar*? 5172
44.15 que un hombre como yo sabe *adivinar*? 5172
1 S 28.8 que me *adivines* por el espíritu de 7080
Ez 13.9 los profetas que ven... *adivinan* mentira 7080
21.29 *adivinan* mentira, para que la emplees 7080
22.28 y *adivinándoles* mentira, diciendo: Así 7080
Mi 3.6 se hará noche, y oscuridad del *adivinar* 7080
3.11 y sus profetas *adivinan* por dinero; y 7080
Hch 16.16 gran ganancia a sus amos, *adivinando* *3132*

ADIVINO
Lv 19.26 con sangre. No seréis agoreros, ni *a* 6049
19.31 no os volváis a los encantadores ni... *a* 3049
20.6 atendiera a... *a*, para prostituirse tras 3049
Dt 18.11 encantador, ni *a*, ni mago, ni quien 178
18.14 estas naciones... a agoreros y a *a* oyen 7080
Jos 13.22 mataron a espada... a Balaam el *a* 7080
Jue 9.37 por el camino de la encina de los *a* 6049
1 S 6.2 filisteos, llamando a... sacerdotes y *a* 7080
28.3 Saúl había arrojado de la tierra a... *a* 3049
28.9 cómo ha cortado de la tierra... a los *a* 3049
2 R 21.6 se dio a... instituyó encantadores y *a* 3049
23.24 barrió Josías a los encantadores, *a* y 3049
1 Cr 10.13 así murió Saúl... consultó a una *a* 178
2 Cr 33.6 y consultaba a *a* y encantadores; se 178
Is 3.2 juez y el profeta, el *a* y el anciano 7080
8.19 si os dijeran: Preguntad... a los *a*, que 3049
19.3 preguntarán a sus... evocadores y a sus *a* 3049
44.25 que deshago las señales de los *a*, y 907
Jer 27.9 no prestéis oído a vuestros... *a*, ni a 7080
29.8 no os engañen vuestros... *a*; ni atendáis 7080
50.36 capada contra los *a*... se entontecerán 907
Dn 2.27 ni magos ni *a* lo pueden revelar al rey 1505
4.7 vinieron magos... y *a*, y les dije el sueño 1505
5.7 que hiciesen venir magos, caldeos y *a* 1505
5.11 constituyó jefe sobre todos los... y *a* 1505
Mi 3.7 y se confundirán los *a*; y ellos todos 7080
Zac 10.2 los *a* han visto mentira, han hablado 7080

ADJUDICAR
Jos 18.11 territorio *adjudicado*... hijos de Judá 1486
Jue 1.3 el territorio que se me ha *adjudicado* 1486

ADLAI *Padre de Sofat No. 5*, 1 Cr 27.29 5724

ADMA *Ciudad vecina de Sodoma*
Gn 10.19 en dirección de Sodoma, Gomorra, *A* 126
14.2 contra Sinab rey de *A*, contra Semeber 126
14.8 el rey de *A*, el rey de Zeboim y el rey 126
Dt 29.23 en la destrucción de... *A* y de Zeboim 126
Os 11.8 ¿cómo... yo hacerte como *A*, o ponerte 126

ADMATA *Príncipe de Persia y Media*, Est 1.14 133

ADMINISTRACIÓN
Ef 3.2 es que habéis oído de la *a* de la gracia *3622*
Col 1.25 hecho ministro, según la *a* de Dios *3622*

ADMINISTRADOR
1 Cr 27.31 estos eran *a* de la hacienda del rey 8269
28.1 reunió David... los *a* de toda la hacienda 8269
29.6 jefes... con los *a* de la hacienda del rey 8269
1 Co 4.1 Cristo, y *a* de los misterios de Dios *3623*
4.2 se requiere de los *a*, que cada uno sea *3623*
Tit 1.7 el obispo sea irreprensible, como *a* de *3623*
1 P 4.10 como buenos *a* de la... gracia de Dios *3623*

ADMINISTRAR
Dt 18.5 esté para *administrar* en el nombre de 8334
2 S 8.15 David *administraba* justicia y equidad 6213
1 Co 12.28 los que *administran*, los que tienen *2941*
2 Co 8.19 que es *administrado* por nosotros para *1247*
8.20 esta ofrenda abundante que *administramos* *1247*
1 P 1.12 *administraban* las cosas que ahora se *1247*

ADMIRABLE
Jue 13.18 preguntas por mi nombre, que es *a*? 6383
Is 9.6 llamará su nombre *A*, Consejero, Dios 6382
1 P 2.9 os llamó de las tinieblas a su luz *a* *2298*
Ap 15.1 vi en el cielo otra señal, grande y *a* *2298*

ADMIRACIÓN
Is 29.14 excitaré yo la *a* de este pueblo con 6381

ADMIRAR
Mt 7.28 terminó Jesús. . . la gente se *admiraba* *1605*
22.33 oyendo esto la gente, se *admiraba* de. *1605*
Mr 1.22 se *admiraban* de su doctrina; porque *1605*
6.2 se *admiraban*, y decían: ¿De dónde tiene *1605*
11.18 pueblo estaba *admirado* de su doctrina *1605*
Lc 4.32 y se *admiraban* de su doctrina, porque *1605*
9.43 se *admiraban* de la grandeza de Dios *1605*
2 Ts 1.10 y ser *admirado* en. . . los que creyeron *2296*

ADMISIÓN
2 Cr 19.7 con Jehová. . . no hay. . . ni *a* de cohecho 4727
Ro 11.15 ¿qué será su *a*, sino vida de entre los. *4356*

ADMITIR
Éx 23.1 No *admitirás*. . . rumor. . . ser testigo falso 5375
Sal 2.10 *admitid* amonestación, jueces de la
15.3 no. . . ni *admite* reproche. . . contra su vecino . . . 5375
15.5 ni contra el inocente *admitió* cohecho 3947
Ec 4.13 viejo y necio que no *admite* consejo
Jer 7.28 no escuchó la. . . ni *admitió* corrección 3947
15.18 ¿por qué. . . herida. . . no *admitió* curación?. . . . 3985
2 Co 7.2 *admitidnos*: a nadie hemos agraviado *5562*
12.16 *admitiendo* esto, que yo no os he sido *2077*
1 Ti 5.11 pero viudas más jóvenes no *admitas* *3868*
5.19 contra un anciano no *admitas* acusación *3858*

ADNA
1. Uno de los que se casaron con mujeres extranjeras en tiempos de Esdras, Esd 10.30 5733
2. Sacerdote que regresó del cautiverio con Zorobabel, Neh 12.15 5733

ADNAS
1. Uno que se unió a David en Siclag, 1 Cr 12.20. . . . 5734
2. General bajo el rey Josafat, 2 Cr 17.14. 5734

ADOBAR
Cnt 8.2 vino *adobado* del mosto de. . . granadas. 7544

ADOBE
Ez 4.1 tómate un *a*, y ponlo delante de ti 3843

ADOLESCENCIA
Ec 11.9 tome placer tu. . . en los días de tu *a* 979
11.10 porque la *a* y la juventud son vanidad 3208

ADOLORIDO
Lm 1.22 mis suspiros, y mi corazón está *a* 1742

ADÓN *Lugar en Babilonia (=Addán)*, Neh 7.61 . . . 114

ADONDE *Véase el Apéndice*

ADÓNDE *Véase el Apéndice*

ADONDEQUIERA *Véase el Apéndice*

ADONI-BEZEC *Rey Cananeo (probablemente =Adonisedec)*, Jue 1.5,6,7 137

ADONÍAS
1. Hijo de David
2 S 3.4 el cuarto, *A* hijo de Haguit; el quinto 138
1 R 1.5 *A* hijo de Haguit se rebeló, diciendo 138
1.7 Joab. . . Abiatar. . . los cuales ayudaban a *A* 138
1.8 todos los grandes de David, no seguían a *A* 138
1.9 y matando *A* ovejas y vacas y animales 138
1.11 ¿no has oído que reina *A* hijo de Haguit 138
1.13 ¿no juraste a. . . ¿Por qué, pues, reina *A*? 138
1.18 *A* reina, y tú, mi señor rey, no lo sabes. 138
1.24 ¿has dicho tú: *A* reinará después de mí 138
1.25 y he aquí. . . y han dicho: ¡Viva el rey *A*!. 138
1.41 lo oyó *A*, y todos los convidados que con 138
1.42 al cual dijo *A*: Entra, porque tú eres 138
1.43 Jonatán. . . dijo a *A*. David ha hecho rey 138
1.49 se levantaron todos. . . que estaban con *A* 138
1.50 *A*, temiendo de la presencia de Salomón 138
1.51 *A* tiene miedo del rey Salomón, pues se. 138
2.13 *A* hijo de Haguit vino a Betsabé madre 138
2.19 vino Betsabé al. . . para hablarle por *A* 138
2.21 dése Abisag. . . por mujer a tu hermano *A* 138
2.22 rey. . . ¿Por qué pides a Abisag. . . para *A*?. 138
2.23 contra su vida ha hablado *A*. . . palabras 138
2.24 ahora, pues, vive Jehová. . . *A* morirá hoy 138
2.28 Joab se había adherido a *A*, si bien no. 138
1 Cr 3.2 Absalón. . . el cuarto, *A* hijo de Haguit 138
2. Levita en tiempo del rey Josafat, 2 Cr 17.8. 138
3. Firmante del pacto de Nehemías, Neh 10.16. 138

ADONICAM *Ascendiente de algunos que regresaron del cautiverio*, Esd 2.13; 8.13; Neh 7.18 140

ADONIRAM = *Adoram No. 2*
1 R 4.6 y A hijo de Abda, sobre el tributo 141
5.14 y A estaba encargado de aquella leva 141

ADONISEDEC *Rey de Jerusalén (probablemente =Adoni-besec)*, Jos 10.1,3 139

ADOPCIÓN
Ro 8.15 que habéis recibido el espíritu de *a* *5206*
8.23 gemimos. . . esperando la *a*, la redención. *5206*
9.4 son israelitas, de los cuales son la *a*. *5206*
Gá 4.5 a fin de que recibiésemos la *a* de hijos *5206*

ADOPTAR
Est 2.7 Ester. . . Mordoqueo la *adoptó* como hija. 3947
Ef 1.5 ser *adoptados* hijos suyos por medio de. *5206*

ADORADOR
Jn 4.23 **los verdaderos a *adorarán* al Padre en** *4353*
4.23 **el Padre tales *a* buscan que le adoren** *4352*

ADORAIM *Ciudad de Judá*, 2 Cr 11.9 115

ADORAM
1. Hijo de Joctán, Gn 10.27; 1 Cr 1.21 1913
2. Oficial de los reyes David, Salomón y Roboam (=Adoniram)
2 S 20.24 *A* sobre los tributos, y Josafat hijo 151
1 R 12.18 el rey Roboam envió a *A*, que estaba 151
2 Cr 10.18 envió luego el rey Roboam a *A*, que 1913
3. Hijo de Toi, rey de Hamat, 1 Cr 18.10 1913

ADORAR
Gn 22.5 yo y. . . iremos hasta allí y *adoraremos*. 7812
24.26 el hombre entonces se inclinó, y *adoró* 7812
24.48 incliné y *adoré* a Jehová, y bendije a 7812
Éx 4.31 y oyendo. . . se inclinaron y *adoraron* 7812
12.27 entonces el pueblo se inclinó y *adoró*. 7812
32.8 han hecho un becerro. . . y lo han *adorado* 7812
33.10 se levantaba cada uno a la. . . y *adoraba* 7812
34.8 bajó la cabeza hacia el suelo y *adoró*. 7812
Dt 26.10 y *adorarás* delante de Jehová tu Dios. 7812
Jos 5.14 Josué, postrándose. . . tierra, le *adoró* 7812
Jue 2.12 otros dioses. . . a los cuales *adoraron*. 7812
2.13 dejaron. . . y *adoraron* a Baal y a Astarot. 5647
2.17 que fueron tras dioses ajenos. . . *adoraron* 7812
7.15 Gedeón oyó el relato del sueño. . . *adoró* 7812
1 S 1.3 aquel varón subía de su. . . para *adorar*. 7812
1.19 *adoraron* delante de Jehová, y volvieron 7812
1.28 yo, pues, lo dedico. . . *adoró* allí a Jehová 7812
15.25 vuelve conmigo para que *adore* a Jehová 7812
15.30 vuelvas conmigo. . . *adore* a Jehová tu Dios. . . . 7812
15.31 volvió Samuel. . . y *adoró* Saúl a Jehová 7812
2 S 12.20 entró a la casa de Jehová, y *adoró*. 7812
15.32 cuando David llegó a. . . para *adorar* allí 7812
1 R 1.47 rey David. . . y el rey *adoró* en la cama 7812
9.6 y sirviereis a dioses. . . y los *adorareis* 7812
9.9 los *adoraron* y los sirvieron; por eso ha. 7812
11.33 y han *adorado* a Astoret diosa de los 7812
12.30 el pueblo iba a *adorar* delante de uno
16.31 y fue y sirvió a Baal, y lo *adoró*. 7812
22.53 sirvió a Baal, y lo *adoró*, y provocó a 7812
2 R 5.18 el templo de Rimón para *adorar* en él 7812
17.16 *adoraron* a. . . el ejército de los cielos 7812
17.31 quemaban. . . para *adorar* a Adramelec y a
17.35 ni los *adoraréis*, ni les serviréis, ni. 7812
17.36 a Jehová. . . a éste *adoraréis*, y a éste 7812
18.22 delante de este altar *adoraréis* en 7812
19.37 *adoraba* en el templo de Nisroc su dios. 7812
21.3 *adoró* a todo el ejército de los cielos 7812
21.21 sirvió a los ídolos a los. . . y los *adoró*. 7812
1 Cr 29.20 *adoraron* delante de Jehová y del 7812
2 Cr 7.3 se postraron. . . y *adoraron*, y alabaron. 7812
7.19 y sirviereis a dioses. . . y los *adorareis* 7812
7.22 los *adoraron* y sirvieron; por eso él ha. 7812
20.18 postraron delante. . . *adoraron* a Jehová 7812
25.14 los dioses de los hijos de Seir. . . *adoró* 7812
29.28 la multitud *adoraba*, y los cantores 7812
29.29 se inclinó el rey, y todos. . . *adoraron* 7812
29.30 alabaron. . . y se inclinaron y *adoraron* 7812
32.12 delante de este solo altar *adoraréis* 7812
33.3 *adoró* a todo el ejército de los cielos 7812
Neh 8.6 y se humillaron y *adoraron* a Jehová 7812
9.3 confesaron. . . y *adoraron* a Jehová su Dios 7812
9.6 y los ejércitos de los cielos te *adoran* 7812
Job 1.20 Job se. . . y se postró en tierra y *adoró* 7812
Sal 5.7 *adoraré* hacia tu santo templo en tu 7812
22.27 las familias de las naciones *adorarán* 7812
22.29 y *adorarán*. . . los poderosos de la tierra 7812
29.2 *adorad* a Jehová en la hermosura de la 7812
66.4 toda la tierra te *adorará*, y cantará a ti. 7812
86.9 todas las naciones. . . vendrán y *adorarán*. 7812
95.6 venid, *adoremos* y postrémonos. . . delante 7812
96.9 *adorad* a Jehová en la hermosura de la 7812
Is 2.20 ídolos. . . le hicieron para que *adorase* 7812
27.13 *adorarán* a Jehová en el monte santo 7812
36.7 dijo. . . Delante de este altar *adoraréis*?. 7812
37.38 aconteció que mientras *adoraba* en el. 7812
44.15 panes; hace además un dios, y lo *adora* 7812
44.17 se postra delante de él, lo *adora*, y 7812
46.6 alquilan un platero. . . se postran y *adoran*. 7812
49.7 vendrán reyes, y. . . y *adorarán* por Jehová. 7812
49.23 rostro inclinado a tierra te *adorarán*. 7812
66.23 vendrán todos a *adorar* delante de mí. 7812
Jer 1.16 dioses. . . la obra de sus manos *adoraron* 7812
7.2 oíd. . . Judá, los que entráis. . . para *adorar*. 7812
22.9 *adoraron* dioses ajenos y les sirvieron. 7812
25.6 de dioses. . . sirviéndoles y *adorándoles* 7812
26.2 habla. . . ciudades. . . que vienen para *adorar* . . . 7812
Ez 8.16 *adoraban* al sol, postrándose hacia el 7812
46.2 *adorará* junto a la entrada de la puerta 7812
46.3 *adorará* el pueblo de. . . delante de Jehová 7812
Dn 3.5 postréis y *adoréis* la estatua de oro 5457
3.6 y cualquiera que no se postre y *adore* 5457
3.7 postraron y *adoraron* la estatua de oro. 5457
3.10 que. . . se postre y *adore* la estatua de oro 5457
3.11 el que no. . . *adore*, sea echado dentro de 5457
3.12 no *adoran* tus dioses, ni a la estatua 5457
3.14 a mi dios, ni *adoráis* la estatua de oro 5457
3.15 que. . . *adoréis* la estatua que he hecho? 5457
3.15 si no la *adorareis*, en la misma hora. 5457
3.18 tampoco *adoraremos* la estatua que has. 5457
3.28 antes que servir y *adorar* a otro dios 5457
Mi 6.6 ¿con qué. . . *adoraré* al Dios Altísimo? 3721
Zac 14.16 subirán. . . *adorar* al rey, a Jehová 7812
14.17 no subieren a Jerusalén para *adorar*. 7812
Mt 2.2 hemos visto en. . . y vinimos a *adorarle* *4352*
2.8 para que yo también vaya y le *adore* *4352*
2.11 vieron niño, con su madre. . . *adoraron*. *4352*
4.9 esto te daré, si postrado me *adorares*. *4352*
4.10 **escrito está: Al Señor. . . Dios *adorarás*** *4352*
14.33 le *adoraron*, diciendo: Verdaderamente *4352*
28.9 ellas. . . abrazaron sus pies, y le *adoraron* *4352*
28.17 cuando le vieron, le *adoraron*; pero *4352*
Lc 4.7 tú postrado me *adorares*. . . serán tuyos *4352*
4.8 **al Señor tu Dios *adorarás*, y a él solo**. *4352*
24.52 después de haberle *adorado*, volvieron. *4352*
Jn 4.20 nuestros padres *adoraron* en. . . monte *4352*
4.20 en Jerusalén es. . . donde se debe *adorar* *4352*
4.21 **ni en este monte. . . *adoraréis* al Padre** *4352*
4.22 **vosotros *adoráis* lo que no sabéis** *4352*
4.22 ***adoramos* lo que sabemos; porque la** *4352*
4.23 **cuando. . . *adorarán* al Padre en espíritu**. *4352*
4.23 **tales adoradores busca que le *adoren*** *4352*
4.24 **y los que le *adoran*, en espíritu y en** *4352*
4.24 **y en verdad es necesario que *adoren*** *4352*
9.38 y él dijo: Creo, Señor; y le *adoró* *4352*
12.20 entre los que habían subido a *adorar* en. *4352*
Hch 7.43 figuras os. . . hicisteis para *adorarlas* *4352*
8.27 había venido a Jerusalén para *adorar*. *4352*
10.25 salió. . . postrándose a sus pies, *adoró* *4352*
16.14 una mujer. . . Lidia. . . que *adoraba* a Dios *4576*
17.23 al que. . . *adoráis*, pues, sin conocerle *2151*
24.11 días que subí a *adorar* a Jerusalén *4352*
1 Co 14.25 así, postrándose. . . *adorará* a Dios *4352*
He 1.6 *adórenle* todos los ángeles de Dios *4352*
11.21 *adoró* apoyado sobre el extremo de su *4352*
Ap 4.10 y *adoran* al que vive por los siglos *4352*
5.14 los 24 ancianos. . . *adoraron* al que vive *4352*
7.11 y se postraron sobre. . . y *adoraron* a Dios. *4352*
9.20 ni dejaron de *adorar* a los demonios, y *4352*
11.1 mide. . . el altar, y a los que *adoran* en él *4352*
11.16 se postraron sobre. . . y *adoraron* a Dios *4352*
13.4 *adoraron* al dragón que. . . y a a la bestia. *4352*
13.8 y la *adoraron* todos los moradores de la. *4352*
13.12 hace que la. . . *adoren* a la primera bestia *4352*
13.15 hiciese matar a. . . el que no la *adorase*. *4352*
14.7 *adorad* a aquel que hizo el cielo y la *4352*
14.9 alguno *adora* a la bestia y a su imagen *4352*
14.11 no tienen reposo. . . los que *adoran* a la *4352*
15.4 naciones vendrán y te *adorarán*, porque *4352*
16.2 una úlcera. . . sobre los. . . que *adoraban* su *4352*
19.4 se postraron en tierra y *adoraron* a Dios *4352*
19.10 yo me postré a sus pies para *adorarle*. *4352*
19.10 *adora* a Dios; porque el testimonio de *4352*
19.20 engañado a. . . y habían *adorado* su imagen. . . *4352*
20.4 que no habían *adorado* a la bestia ni a su *4352*
22.8 postré para *adorar* a los pies del ángel *4352*
22.9 me dijo: Mira, no lo hagas. . . *Adora* a Dios *4352*

ADORMECER
Job 33.15 cuando se *adormecen* sobre el lecho 8572
Sal 121.4 no se *adormecerá* ni dormirá el que 5123

ADORMECIMIENTO
Sal 132.4 no daré sueño. . . ni a mis párpados *a* 8572
Pr 6.4 no des sueño a tus ojos, ni. . . párpados *a* 8572

ADORNAR
2 S 1.24 quien *adornaba* vuestras ropas con. 5716
1 R 6.19 *adornó* el lugar santísimo por dentro. 3559
Job 26.13 espíritu *adornó* los cielos; su mano. 8235
40.10 *adórnate*. . . de majestad y de alteza, y 5710
Pr 7.16 *adornado* mi cama con colchas. . . Egipto 7234
15.2 la lengua de los sabios *adornará* la
Is 54.14 con justicia serás *adornada*, estarás 3559
61.10 y como a novia *adornada* con sus joyas 5710
Jer 2.33 *adornas* tu camino para hallar amor 3190
4.30 aunque te *adornes* con atavíos de oro 5710
10.4 con plata y oro lo *adornan*; con clavos 3302
31.4 serás *adornada* con tus panderos, y. 5710
Ez 16.13 así fuiste *adornada* de oro y de plata. 5710
Os 2.13 se *adornaba* de sus zarcillos y de sus. 5710
Mt 12.44 **halla desocupada, barrida y *adornada*** *2885*
23.29 ***adornáis* los monumentos de los justos** *2885*
Lc 11.25 **llega, la halla barrida y *adornada*** *2885*
21.5 estaba *adornado* de hermosas piedras y *2885*
Tit 2.10 para que. . . *adornen* la doctrina de Dios 2885
Ap 17.4 y la mujer estaba. . . *adornada* de oro, de *4016*
18.16 y estaba *adornada* de oro, de piedras *5558*
21.19 los cimientos. . . estaban *adornados* con *2885*

ADORNO
Éx 39.28 los *a* de las tiaras de lino fino, y
Jue 8.21 tomó los *a* de lunetas que. . . traían al 7720
1 R 7.36 hizo. . . entalladuras. . . alrededor otros *a* 3914
Pr 1.9 porque *a* de gracia serán a tu cabeza 3880
4.9 *a* de gracia dará a tu cabeza; corona de. 3880
Ez 16.11 te atavié con *a*, y puse brazaletes 5716
23.26 te arrebatarán. . . los *a* de tu hermosura 3627
23.40 por amor de ellos. . . te ataviaste con *a* 5716
1 P 3.3 no. . . de *a* de oro o de vestidos lujosos *4025*

ADQUIRIR
Gn 4.1 por voluntad de. . . he *adquirido* varón 7069
12.5 y las personas que habían *adquirido* en. 7408
31.1 de nuestro padre ha *adquirido*. . . riqueza. 6213
31.18 ganado, y todo cuanto había *adquirido* 7408
Gn 36.6 Esaú tomó. . . todo cuanto había *adquirido* 7408
46.6 sus bienes que habían *adquirido* en la. 7408
Rt 4.9 he *adquirido* de mano de Noemí todo lo 7069
1 R 10.29 así los *adquirían* por mano de ellos 3318
2 Cr 32.27 tuvo Ezequías. . . y *adquirió* tesoros 6213
32.29 *adquirió* también ciudades, y hatos de 6213
Job 4.21 mueren sin haber *adquirido* sabiduría
Sal 74.2 que *adquiriste* desde tiempos antiguos. 7069
119.104 de tus. . . he *adquirido* inteligencia
Pr 1.5 sabio. . . el entendido *adquirirá* consejo 7069
4.5 *adquiere* sabiduría, a inteligencia; no. 7069

4.7 sabiduría ante todo; *adquiere* sabiduría 7069
4.7 sobre... posesiones *adquiere* inteligencia 7069
16.16 mejor es *adquirir* sabiduría que oro.......... 7069
16.16 *adquirir* inteligencia vale más que la......... 7069
18.15 el corazón del... *adquiere* sabiduría 7069
20.21 los bienes que se *adquieren* de prisa 926
Is 15.7 las riquezas que habrán *adquirido*, y 6213
Ez 28.4 has *adquirido* oro y... en tus tesoros........... 6213
Os 12.12 Israel sirvió para *adquirir* mujer, y
12.12 Israel... por *adquirir* mujer fue pastor
Am 6.13 ¿no hemos *adquirido* poder con... fuerza..... 3947
Hch 1.18 éste... *adquirió* un campo, y cayendo *2932*
22.28 una gran suma *adquirí* esta ciudadanía...... *2932*
Ef 1.14 la redención de la posesión *adquirida* *4047*
1 P 2.9 nación santa, pueblo *adquirido* por *4047*

ADRAMELEC
1. Dios de los de Sefarvaim, 2 R 17.31 152
2. Hijo de Senaquerib, 2 R 19.37; Is 37.38............. 152

ADRAMITENA *Perteneciente a Adramitio, puerto del Mar Egeo*, Hch 27.2.................. *98*

ADREDE
Gn 48.14 colocando así sus manos *a*, aunque.......... 7919

ADRIÁTICO *Parte del Mar Mediterráneo*, Hch 27.27.................................... *99*

ADRIEL *Yerno del rey Saúl*, 1 S 18.19; 2 S 21.8 ... 5741

ADUEÑARSE
Is 34.11 se *adueñarán* de ella el pelícano y 3423

ADULAM *Véase también Adulamita*
1. Ciudad de los cananeos y posteriormente de Judá, Jos 12.15;15.35;2 Cr 11.7; Neh 11.30; Mi 1.15 5725
2. Cueva cerca de No. 1
1 S 22.1 luego David... huyó a la cueva de *A* 5725
2 S 23.13 vinieron... a David en la cueva de *A* 5725
1 Cr 11.15 descendieron a la peña... cueva de *A* 5725

ADULAMITA *Habitante de Adulam No. 1*, Gn 38.1,12,20 5726

ADULAR
Jud 16 *adulando*... personas para sacar provecho *2296*

ADÚLTERA
Lv 20.10 el adúltero y la *a*... serán muertos............ 5003
Pr 30.20 proceder de la mujer *a* es así: Come.......... 5003
Ez 16.32 como mujer *a*, que... recibe a ajenos 5003
16.38 yo te juzgaré por las leyes de las *a* 5003
23.45 las juzgarán por la ley de las *a*, y............ 5003
Os 3.1 vé, ama a una mujer amada... aunque *a*........ 5003
Mal 3.5 y seré pronto testigo contra los... *a* 5003
Mt 12.39;16.4 **la generación mala y *a* demanda**....... *3428*
Mr 8.38 **se avergonzare... en esta generación *a***...... *3428*
Ro 7.3 se uniere a otro varón, será llamada *a* *3428*
7.3 si se uniere a otro marido, no será *a*............ *3428*
Stg 4.4 almas *a* ¿No sabéis que la amistad del *3432,3428*

ADULTERAR
Jer 3.9 la tierra fue contaminada, y *adulteró* 5003
5.7 *adulteraron*, y en casa de rameras se........... 5003
7.9 matando, *adulterando*, jurando en falso 5003
Ez 23.37 han *adulterado*, y hay sangre en sus 5003
Os 4.2 mentir, matar... y *adulterar* prevalecen 5003
4.13 por tanto... *adulterarán* vuestras nueras 2181
4.14 ni a vuestras nueras cuando *adulteren* 2181
Mt 5.28 **mira a una mujer... *adulteró* con ella**......... *3431*
5.32 **el que repudia... hace que ella *adultere*** *3429*
19.9 **repudiada... y se casa con otra, *adultera*** *3429*
19.9 **que se casa con la repudiada, *adultera***........ *3429*
19.18 **no *adulterarás*. No hurtarás. No dirás** *3431*
Mr 10.19 **no *adulteres*. No mates. No hurtes**............ *3431*
Lc 16.18 **repudia... se casa con otra, *adultera*** *3431*
16.18 **que se casa con la repudiada... *adultera*** *3431*
18.20 **sabes: No *adulterarás*; no matarás; no** *3431*
Ro 2.22 que no se ha de *adulterar*, ¿*adulteras*? *3431*
13.9 porque: No *adulterarás*, no matarás, no *3431*
2 Co 4.2 no *adulterando* la palabra de Dios *1389*
1 P 2.2 la leche espiritual no *adulterada* *97*
Ap 2.22 **tribulación... que con ella *adulteran*** *3431*

ADULTERIO
Éx 20.14 no cometerás *a* 5003
Lv 20.10 hombre cometiere *a* con la mujer de 5003
Dt 5.18 no cometerás *a*................................. 5003
Pr 6.32 comete *a* es falto de entendimiento............ 5003
Jer 13.27 tus *a*, tus relinchos, la maldad de 5004
23.14 los profetas... cometían *a*, y andaban 5003
29.23 cometieron *a* con las mujeres de sus 5003
Ez 23.43 dije respecto de la envejecida en *a* 8457
Os 2.2 aparte, pues... sus *a* de entre sus pechos 5005
Mt 5.27 **oísteis que fue dicho: No cometerás *a*** *3431*
5.32 **que se casa con la repudiada, comete *a*** *3429*
15.19 **porque del corazón salen los... los *a*** *3430*
Mr 7.21 **del corazón de los hombres... salen... *a*** *3430*
10.11 **se casa con otra, comete *a* con ella**........... *3429*
10.12 **la mujer... se casa con otro, comete *a*** *3429*
Jn 8.3 le trajeron una mujer sorprendida en *a* *3430*
8.4 sido sorprendida en el acto mismo de *a*.......... *3431*
Gá 5.19 son las obras de la carne, que son: *a* *3430*
Stg 2.11 porque el que dijo: No cometerás *a* *3431*
2 P 2.14 los ojos llenos de *a*, no se sacian *3428*

ADÚLTERO
Lv 20.10 el *a* y la adúltera... serán muertos............ 5003
Job 24.15 el ojo del *a* está aguardando la noche 5003
Sal 50.18 al ladrón... y con los *a* era tu parte 5003
Is 57.3 generación del *a* y de la fornicaria............. 5003
Jer 9.2 porque todos ellos son *a*, congregación 5003
23.10 la tierra está llena de *a*; a causa de........... 5003
Ez 23.45 son *a*, y sangre hay en sus manos 5003
Os 7.4 ellos son *a*; son como horno encendido 5003
Lc 18.11 **no soy... *a*, ni aun como este publicano**....... *3432*
1 Co 6.9 ni los *a*, ni los afeminados, ni los............. *3432*
He 13.4 fornicarios y a los *a*... juzgará Dios *3432*

ADUMÍN *Garganta de montaña en el camino entre Jericó y Jerusalén*, Jos 15.7;18.17 131

ADVENEDIZO
1 Cr 29.15 extranjeros y *a* somos delante de ti......... 8453
Sal 39.12 porque forastero soy para ti, y *a* 8453
Ef 2.19 que ya no sois extranjeros ni *a*, sino *3941*

ADVENIMIENTO
2 Ts 2.9 inicuo cuyo *a* es por obra de Satanás *3952*
2 P 3.4 ¿dónde está la promesa de su *a*? *3952*

ADVERSARIO
Nm 22.22 el ángel de Jehová se puso en... por *a* 7854
Dt 32.27 no sea que se envanezcan sus *a*, no 6862
1 S 2.10 de Jehová serán quebrantados sus *a*.......... 7378
2 S 2.16 uno echó mano de la cabeza de su *a* 7453
2.16 metió su espada en el costado de su *a* 7453
19.22 ¿qué tengo... para que hoy me seáis *a*?....... 7854
1 R 5.4 dado paz... ni hay *a*, ni mal que temer 7854
11.14 y Jehová suscitó un *a* a Salomón: Hadad 7854
11.23 Dios... levantó por *a* contra Salomón a....... 7854
11.25 *a* de Israel todos los días de Salomón......... 7854
2 R 21.14 serán para presa y despojo de... *a*.......... 341
1 Cr 21.12 derrotado... con la espada de tus *a* 341
Est 7.6 el enemigo y *a* es este malvado Amán......... 6862
Job 22.20 fueron destruidos nuestros *a*, y el 7009
27.7 sea cambie el impío... cambie el inicuo mi *a* ... 6965
31.35 por mí, aunque mi *a* me forme proceso 7379
Sal 3.1 cuanto se han multiplicado mis *a*! 6862
10.5 de su vista; a todos sus *a* desprecia 6887
44.5 en tu nombre hollaremos a nuestros *a* 6965
69.19 sabes... delante de ti están todos mis *a* 6887
71.13 sean avergonzados, perezcan los *a* de 7853
81.14 habría... vuelto mi mano contra su *a* 6862
89.42 enemigos; has alegrado a todos sus *a* 6862
106.10 los salvó... los rescató de mano del *a* 341
108.12 danos socorro contra el *a*, porque vana...... 6862
109.4 en pago de mi amor me han sido *a*; mas...... 7853
143.12 destruirás a todos los *a* de mi alma 6887
Pr 18.17 justo... pero viene su *a*, y le descubre......... 7453
Is 1.24 de mis enemigos, me vengaré de mis *a* 341
50.8 ¿quién es el *a* de mi causa? Acérquese 1167
59.18 sus enemigos, y dar el pago a sus *a* 6862
Jer 30.14 te herí, con azote de *a* cruel, a
30.16 todos tus *a*, todos irán en cautiverio........... 6862
Lm 2.4 entesó... afirmó su mano derecha cambie *a*..... 6862
2.17 ha hecho... enalteció el poder de tus *a* 6862
4.12 que el enemigo y el *a* entrara por las........... 6862
Mi 2.8 a los que pasaban, como *a* de guerra
5.9 alzará... y todos tus *a* serán destruidos 341
Nah 1.2 venga de sus *a*, y guarda enojo para........... 6862
1.8 mas con inundación... consumirá a sus *a* 341
Mt 5.25 **ponte de acuerdo con tu *a* pronto** *476*
Lc 12.58 **cuando vayas al magistrado con tu *a***.......... *476*
13.17 al decir... se avergonzaban todos sus *a* *480*
18.3 **a él, diciendo: Hazme justicia de mi *a*** *476*
1 Co 16.9 puerta grande... y muchos son los *a* *480*
1 Ti 5.14 que no den al *a* ninguna ocasión de *480*
Tit 2.8 de modo que el *a* se avergüence, y no *1727*
He 10.27 de fuego que ha de devorar a los *a*.............. *5227*
1 P 5.8 vuestro *a* el diablo... anda alrededor *476*

ADVERSIDAD
Sal 35.15 se alegraron en mí *a*, y se juntaron.......... 6761
49.5 ¿por qué he de temer en los días de *a* 7451
Pr 12.21 ninguna *a* acontecerá al justo; mas........... 205
Ec 7.14 goza del... y en el día de la *a* considera 7451
Is 45.7 que hago la paz y creo la *a*. Yo Jehová 7451

ADVERTENCIA
Lc 17.20 **dijo: El reino de Dios no vendrá con *a*** *3907*

ADVERTIR
Is 41.20 para que vean y conozcan, y *adviertan* 7919
42.20 que ve muchas cosas y no *advierte*, que 8104
48.5 antes que sucediera te lo *advertí*, para 8085
He 8.5 como se le *advirtió* a Moisés cuando iba *5537*
11.7 la fe Noé, cuando fue *advertido* por Dios *5537*

AFABLE
1 P 2.18 no solamente a los buenos y *a*, sino *1933*
3.4 de un espíritu *a* y apacible, que es.............. *4239*

AFÁN
Ec 5.17 comerá en tinieblas, con mucho *a* y 3707
Mt 6.34 **porque el día de mañana traerá su *a*** *3309*
13.22 **el *a* de este siglo... ahogan la palabra**......... *3308*
Mr 4.19 **los *a* de este siglo... ahogan la palabra** *3308*
Lc 8.14 **son ahogados por los *a* y las riquezas** *3308*
21.34 **se carguen de... y de los *a* de esta vida** *3308*
2 Ts 3.8 trabajamos con *a* y fatiga día y noche.......... *2873*

AFANARSE
Sal 39.6 cambie una sombra... en vano se *afana* 1993
Pr 23.4 no te *afanes* por hacerte rico; sé.............. 3021
Ec 1.3 trabajo con que se *afana* debajo del sol......... 5998
2.19 mi trabajo en que yo me *afané* y en que 5998
2.20 mi trabajo en que me afané, y en que........... 5998
2.22 la fatiga... con que se *afana* debajo del 6001
3.9 ¿qué provecho... aquello en que se *afana*?...... 6001
9.9 trabajo con que te *afanas* debajo del sol........ 6001
Is 22.4 lloraré... no os *afanéis* por consolarme 213
Zac 6.7 y los alazanes... se *afanaron* por ir a 1245
Mt 6.25 **digo: No os *afanéis* por vuestra vida** *3309*
6.27 **quién de... podrá, por mucho que se *afane*** *3309*
6.28 **y por el vestido, ¿por qué os *afanáis*?**.......... *3309*
6.31 **no os afanéis, pues, diciendo: ¿Qué** *3309*
6.34 **así... no os *afanéis* por el día de mañana**...... *3309*
Lc 10.41 **Marta, *afanada* y... con muchas cosas** *3309*
12.22 **digo: No os *afanéis* por vuestra vida** *3309*
12.25 **¿quién... podrá con *afanarse* añadir a su** *3309*
12.26 **si... ¿por qué os *afanáis* por lo demás?**....... *3309*

AFANOSO
Fil 4.6 por nada estéis *a*, sino sean conocidas........... *3309*

AFEAR
Job 3.5 *aféenlo* tinieblas y sombra de muerte........... 1350

AFEC
1. Ciudad real de los cananeos (posiblemente =Afeca), Jos 12.18; 1 S 4.1; 29.1................ 663
2. Lugar en el norte de Canaán, Jos 13.14; 19.30; Jue 1.31... 663
3. Ciudad en Basán, 1 R 20.26,30; 2 R 13.17.......... 663

AFECA *Ciudad de Judá (posiblemente =Afec No. 1)*, Jos 15.53 664

AFECTAR
Lv 13.33 pero no rasurará el lugar *afectado*........... 5424
Col 2.18 *afectando* humildad y culto... ángeles.......... *2309*

AFECTO
1 Cr 29.3 tengo mi *a* en la casa de mi Dios 7521
Job 14.15 tendrás *a* a la hechura de tus manos........ 3700
Am 1.11 y violó todo *a* natural; en su furor 7356
Ro 1.31 desleales, sin *a* natural, implacables *794*
2 Co 7.7 haciéndonos saber vuestro gran *a*... mi....... *1972*
7.11 qué temor, qué ardiente *a*, qué celo, y *1972*
Ef 1.5 hijos... según el puro *a* de su voluntad *2107*
Fil 2.1 si algún consuelo... algún *a* entrañable *3890*
1 Ts 2.8 tan grande es nuestro *a* por vosotros *2442*
2 Ti 3.3 sin *a* natural, implacables... crueles *794*
2 P 1.7 la piedad, *a* fraternal; y al *a*... amor........... *5360*

AFEITAR
Gn 41.14 se *afeitó* y mudó sus vestidos, y vino 1548

AFEITE
Est 2.12 perfumes aromáticos y *a* de mujeres 8562

AFEMINADO
1 Co 6.9 ni los *a* ni los que se echan con *3120*

AFERRAR
Mr 7.3 *aferrándose* a la tradición de... ancianos *2902*
7.8 os *aferráis* a la tradición de los hombres........ *2902*
Fil 2.6 no, estimó... como cosa a que *aferrarse* *725*

AFÍA *Ascendiente del rey Saúl*, 1 S 9.1 647

AFIANZAR
Sal 119.122 *afianza* a tu siervo para bien; no.......... 6148

AFILAR
Éx 4.25 Séfora tomó un pedernal *afilado* y 6864
Dt 32.41 si *afilare* mi reluciente espada 8150
Jos 5.2 dijo a Josué: Hazte cuchillos *afilados* 6864
5.3 se hizo *cuchillos* afilados, y circuncidó.......... 6864
1 S 13.20 para *afilar* cada uno la reja de su 3913
13.21 tercera parte de un siclo por *afilar*............ 5324
Sal 7.12 si no se arrepiente, él *afilará* su 3913
Sal 52.2 tu lengua... navaja *afilada* hace engaño 3913
64.3 *afilan* como espada su lengua; lanzan......... 8150
Is 5.28 sus saetas estarán *afiladas*, y todos 8150
Jer 9.8 saeta *afilada* es la lengua de ellos 7819
Ez 21.9 la espada, la espada está *afilada* y 2300
21.10 para degollar víctimas está *afilada* 2300
21.11 la espada está *afilada*, y está pulida.......... 2300

AFINAR
1 Cr 15.21 tenían arpas *afinadas* en la octava
Sal 19.10 deseables... más que mucho oro *afinado* 6337
66.10 nos ensayaste como se *afina* la plata......... 6884
Mal 3.3 se sentará para *afinar* y limpiar la............ 6884
3.3 los *afinará* como a oro y como a plata............ 2212

AFIRMAR
Gn 42.14 he dicho, *afirmando* que sois espías 559
Éx 15.17 santuario que tus manos... han *afirmado*..... 3559
Lv 26.9 haré... *afirmaré* mi pacto con vosotros 6965
Dt 8.19 yo lo *afirmo* hoy contra vosotros, que 6965
1 S 2.8 Jehová... *afirmó* sobre ellas el mundo........... 7896
2 S 7.12 uno de tu linaje... *afirmaré* su reino............ 3559
7.13 *afirmaré*... siempre el trono de su reino 3559
7.16 será *afirmada* tu casa y tu reino para 3559
1 R 9.5 *afirmaré* el trono de tu reino sobre 6965
2 R 14.5 hubo *afirmado* en sus manos el reino.......... 2388
1 Cr 17.11 descendencia... y *afirmaré* su reino 3559
22.10 *afirmaré* el trono de su reino sobre 3559
2 Cr 1.1 Salomón... fue *afirmado* en su reino............ 2388
9.8 tu Dios amó a Israel para *afirmarlo* 5975
Est 1.2 fue *afirmado* el rey Asuero sobre el............. 3427
1.22 que... *afirmase* su autoridad en su casa 8323
Job 18.9 lazo... se *afirmará* la trampa contra él 7760
Sal 24.2 la fundó... la *afirmó* sobre los ríos............ 3559
30.7 Jehová... me *afirmaste* como monte fuerte 5975
48.8 ciudad... la *afirmará* Dios para siempre......... 3559
65.6 el que *afirma* los montes con su poder.......... 3559
80.15 y el renuevo que para ti *afirmaste*........... 5193
80.17 hijo de hombre que para ti *afirmaste*......... 553
86.11 *afirma* mi corazón para que tema tu 3161
89.2 en los cielos... *afirmarás* tu verdad 3559
93.1 *afirmó* también el mundo, y no se moverá...... 3559
96.10 *afirmó* el mundo, no será conmovido.......... 3559
101.7 el que habla mentira no se *afirmará* 3559
111.8 *afirmados* eternamente y para siempre........ 5564
119.90 tú *afirmaste* la tierra, y subiste 3559
Pr 3.19 *afirmó* los cielos con inteligencia 3559

8.28 afirmaba los cielos...a las fuentes de 553
12.3 el hombre no se afirmará por medio de 3559
15.22 la multitud de consejeros se afirman 6965
15.25 pero afirmará la heredad de la viuda 5324
16.3 y tus pensamientos serán afirmados 3559
16.12 con justicia será afirmado el trono 3559
22.18 si...se afirmaren sobre tus labios 3559
24.3 la casa, y con prudencia se afirmará 3559
25.5 y su trono se afirmará en justicia 3559
29.4 el rey con el juicio afirma la tierra 5975
30.4 ¿quién afirmó...términos de la tierra? 6965
Is 33.23 no afirmaron su mástil, ni entesaron 2388
35.3 manos...afirmad las rodillas endebles 553
41.7 lo afirmó con clavos...que no se moviese 2388
59.16 le salvó...le afirmó su misma justicia 5564
61.8 por tanto, afirmaré en verdad su obra 5414
Jer 10.4 con clavos y martillo lo afirman para 2388
33.2 Jehová que la formó para afirmarla 3559
51.15 que afirmó el mundo con su sabiduría 3559
Lm 2.4 afirmó su...derecha como adversario 5324
Ez 2.2 me afirmó sobre mis pies, y oí al que 5975
3.24 y me afirmó sobre mis pies, y me habló 5975
4.3 afirmarás luego tu rostro contra ella 3559
4.7 asedio de Jerusalén afirmarás tu rostro 3559
26.8 baluarte, y escudo afirmará contra ti 6965
Dn 11.17 afirmará luego su rostro para venir 7760
Hab 2.1 sobre la fortaleza afirmaré el pie 3320
Zac 14.4 se afirmarán sus pies en aquel día 5975
Lc 9.51 afirmó su rostro para ir a Jerusalén 4741
22.59 afirmaba...también éste estaba con él 1340
Hch 3.7 al momento se le afirmaron los pies 4732
23.8 pero los fariseos afirman estas cosas 3004
25.19 Jesús...que Pablo afirmaba estar vivo 5335
Ro 3.8 algunos...afirman que nosotros decimos 5346
1 Ts 3.13 sean afirmados vuestros corazones 4741
2 Ts 3.3 fiel es el Señor, que os afirmará 4741
1 Ti 1.7 sin entender ni lo...ni lo que afirman 1226
He 13.9 buena cosa es afirmar el corazón con 950
Stg 5.8 afirmad vuestros corazones; porque la 4741
1 P 5.10 él mismo os...afirme, fortalezca y 4741
Ap 3.2 **afirma las otras cosas que están para** 4741

AFLICCIÓN

Gn 16.11 Ismael, porque Jehová ha oído tu a 6040
29.32 concibió Lea...Ha mirado Jehová mi a 6040
31.42 Dios vio mi a y el trabajo de...manos 6040
41.52 hizo fructificar en la tierra de mi a 6040
Éx 3.7 he visto la a de mi pueblo...en Egipto 6040
3.17 yo os sacaré de la a de Egipto, a la 6040
4.31 y que había visto su a, se inclinaron 6040
5.19 entonces los capataces...se vieron en a 7451
Dt 16.3 pan de a...aprisa saliste de...Egipto 6040
26.7 Jehová...vio nuestra a, nuestro trabajo 6040
32.35 porque el día de su a está cercano, y 343
Jue 2.15 estaba contra ellos...tuvieron gran a 3334
10.14 os libren ellos en el tiempo de...a 6869
10.16 angustiado a causa de la a de Israel 5999
11.7 venís ahora a mí cuando estáis en a? 6862
1 S 1.11 dignares mirar a la a de tu sierva 6040
1.16 de mis congojas y de mi a he hablado 3708
10.19 que os guarda de todas vuestras a y 7451
26.24 ojos de Jehová, y me libre de toda a 6869
2 S 16.12 quizá mirará Jehová mi a y me dará 6040
1 R 22.27 con pan de angustia y con agua de a 3905
2 R 13.4 Jehová lo oyó...miró la a de Israel 3906
14.26 Jehová miró la muy amarga a de Israel 6040
1 Cr 7.23 por cuanto había estado en a en su 7451
2 Cr 15.5 sino...a sobre los habitantes de las 4103
18.26 sustentadle con pan de a y agua de 3905
Esd 9.5 hora del sacrificio...levanté de mi a 8589
Neh 9.9 y miraste la a de nuestros padres en 6040
Job 5.6 porque la a no sale del polvo, ni la 205
5.7 como las...así el hombre nace para la a 5999
22.23 volvieres...alejarás de tu tienda la a 5766
30.16 ahora...días de a se apoderan de mí 6040
30.27 agitan...días de a me han sobrecogido 6040
36.8 y aprisionados en las cuerdas de a 6040
36.15 librará...y en la a despertará su oído 6040
36.21 pues ésta escogiste más bien que la a 6040
42.10 quitó Jehová la a de Job, cuando él 7622
Sal 9.13 mira mi a que padezco a causa de las 6040
22.24 no menospreció ni...la a del afligido 6039
25.18 mira mi a y mi trabajo, y perdona 6040
31.7 me gozaré y alegraré...has visto mi a 6040
34.19 muchas son las a del justo, pero de 7451
44.24 ¿por qué...te olvidas de nuestra a, y 6040
88.9 mis ojos enfermaron a causa de mi a 6040
94.13 hacerle descansar en los días de a 7451
107.6,13,19 clamaron...y los libró de sus a 4691
107.10 aprisionados en a y en hierros 6040
107.28 claman a Jehová...los libra de sus a 4691
119.50 ella es mi consuelo en mi a, porque 6040
119.92 si tu ley...en mi a hubiera perecido 6040
119.143 a y angustia se han apoderado de mí 6862
119.153 mira mi a, y líbrame, porque de tu 6040
132.1 acuérdate...de David, y de toda su a 6031
Pr 27.10 ni vayas a la casa...el día de tu a 343
Ec 1.14 todo ello es vanidad y a de espíritu 7469
1.17 conocí que aun esto era a de espíritu 7475
2.11 aquí, todo era vanidad y a de espíritu 7469
2.17 cuanto todo es vanidad y a de espíritu 7469
2.26; 4.4 esto es vanidad y a de espíritu 7469
4.6 que ambos puños llenos con trabajo y a 7469
4.16 esto es también vanidad y a de espíritu 7475
6.9 también esto es vanidad y a de espíritu 7469
Is 9.1 en angustia, tal como la a que le vino 4164
25.4 fuiste...fortaleza al menesteroso en su a 2230
48.10 he aquí...te he escogido en horno de a 6040
53.11 verá el fruto de la a de su alma, y 5999
57.1 de delante de la a es quitado el justo 7451
Jer 2.28 podrán librar en el tiempo de tu a 7451
11.14 no oiré en el día que en su a clamen 7451
14.8 Guardador suyo en el tiempo de la a 6869
15.11 en tiempo de a y en época de angustia 6869
16.19 y refugio mío en el tiempo de la a 6869
28.8 profetizaron...a y pestilencia contra 7451
Lm 1.3 a causa de la a y de la...servidumbre 6040
1.7 se acordó de los días de su a, y de sus 6040
1.9 mira, oh Jehová, mi a, porque el enemigo 6040
3.1 yo soy el hombre que ha visto a bajo el 6040
3.19 acuérdate de mi a y de mi abatimiento 6040
Ez 35.5 poder de la espada en el tiempo de su a 343
Hab 3.7 he visto las tiendas de Cusán en a 205
Mt 13.21 **pues al venir la a o...luego tropieza** 2347
Jn 16.33 **el mundo tendréis a; pero confiad** 2347
Hch 7.34 he visto la a de mi pueblo que está 2561
Ro 8.18 que las a del tiempo presente no son 3804
1 Co 7.28 pero los tales tendrán a de la carne 2347
2 Co 1.5 abundan en nosotros las a de Cristo 3804
1.6 cual se opera en el sufrir las mismas a 3804
1.7 que así como sois compañeros en las a 3804
Fil 1.16 pensando añadir a a mis prisiones 2347
Col 1.24 cumplo...que falta de las a de Cristo 2347
1 Ts 3.7 en medio de...a fuimos consolados de 2347
2 Ti 1.8 participa de las a por el evangelio 4777
4.5 soporta las a, haz obra de evangelista 2553
He 2.10 perfeccionase por a al autor de la 3804
Stg 5.10 tomad como ejemplo de a a...profetas 2552

AFLIGIR

Gn 16.6 como Sarai la afligía, ella huyó de 6031
31.50 si afligieres a mis hijas, o si tomares 6031
45.26 Jacob se afligió, porque no los creía 6313
Éx 5.22 ¿por qué afliges a este pueblo? ¿Para 7489
5.23 ha afligido a este pueblo; y tú no has 7489
22.22 a ninguna viuda ni huérfano afligiréis 6031
22.23 llegas a afligirles, y ellos clamaren a 6031
23.22 yo...afligiré a los que te afligieren 6696
Lv 16.29 mes séptimo...afligiréis vuestras almas 6031
16.31 afligiréis vuestras almas; es estatuto 6031
23.27 de este mes...afligiréis vuestras almas 6031
23.29 toda persona que no se afligiere en 6031
23.32 de reposo...y afligiréis vuestras almas 6031
Nm 24.24 y afligirán a Asiria, a también a 6031
25.18 ellos os afligieron...con sus ardides 6887
29.7 mes séptimo...afligiréis vuestras almas 6031
30.13 voto...obligándose a afligir el alma 6031
33.55 os afligirán sobre la tierra en que 6887
Dt 8.2 afligirte...para saber lo que había en 6031
8.3 te afligió, y te hizo tener hambre, y te 6031
8.16 afligiéndote...a la postre hacerte bien 6031
26.6 los egipcios...nos afligieron y pusieron 6031
Jue 2.18 gemidos a causa de los que...afligían 1766
6.9 de mano de todos los que os afligieron 3905
10.9 y fue afligido Israel en gran manera 3334
16.19 y ella comenzó a afligirlo...su fuerza 6031
Rt 1.21 Jehová...Todopoderoso me ha afligido? 7489
1 S 1.8 ¿y por qué está afligido tu corazón? 7489
5.9 afligió a los hombres de aquella ciudad 5221
6.4 una misma plaga ha afligido a...vosotros
10.2 tu padre ha...está afligido por vosotros 1672
10.18 y os libré de todos...que os afligieron 3905
22.2 se juntaron con él todos los afligidos 4689
2 S 7.10 ni los inicuos le aflijan más, como 6031
12.18 ¿cuánto más se afligirá si le decimos 6213,7451
22.28 porque tú salvas al pueblo afligido 6041
1 R 2.26 has sido afligido en todas las cosas 6031
2.26 las cosas en que fue afligido mi padre 6031
8.35 y se volvieren...cuando los afligieres 6031
11.39 yo afligiré a la descendencia de David 6031
17.20 Dios...¿aún a la viuda que...has afligido 7489
2 R 13.4 lo oyó...el rey de Siria los afligía 3905
13.22 Hazael...rey de Siria afligió a Israel 3905
17.20 Jehová...los afligió, y los entregó en 6031
2 Cr 6.26 oraren a ti...cuando los afligieres 6031
Esd 8.21 afligirnos delante de nuestro Dios 6031
Neh 9.27 enemigos, los cuales los afligieron 6887
Job 10.15 de deshonra, y de verme afligido 6040
24.21 a la mujer...que no concebía, afligió
30.11 Dios desató su cuerda, y me afligió 6031
30.25 ¿no lloré yo al afligido? Y mi alma 5701
31.39 si comí...o afligí el alma de sus dueños
36.6 pero a los afligidos dará su derecho 6041
37.23 en multitud de justicia no afligirá 6031
Sal 9.12 no se olvidó del clamor...afligidos 6035
18.27 porque tú salvarás al pueblo afligido 6041
22.24 ni abominó la aflicción del afligido 6039,6041
25.16 ten misericordia...estoy solo y afligido 6041
35.10 libras al afligido del más fuerte que 6041
35.12 mal por bien, para afligir a mi alma 7908
35.13 de cilicio; afligí con ayuno mi alma 6031
40.17 aunque afligido yo y necesitado, Jehová 6041
44.2 afligiste a los pueblos, y...arrojaste 7489
69.10 lloré afligiendo con ayuno mi alma, y
69.29 mas a mí, afligido me ponga en alto 6041
70.5 estoy afligido y menesteroso; apresúrate 6041
72.2 juzgará a...a tus afligidos con juicio 6041
72.4 juzgará a los afligidos del pueblo 6041
72.12 él librará...al afligido que no tuviere 6041
74.19 y no...la congregación de tus afligidos 6041
74.21 el afligido y el menesteroso alabarán 6041
82.3 justicia al afligido y al menesteroso 6041
82.4 librad al afligido y al necesitado 1800
86.1 oído, y escúchame...afligido y menesteroso 6041
88.7 y me has afligido con todas tus ondas 6031
88.15 estoy afligido y menesteroso; desde la 6041
90.15 conforme a los días que nos afligiste 6031
94.5 a tu pueblo, oh...y a tu heredad afligen 6031
105.18 afligieron sus pies con grillos 6031
107.17 afligidos los insensatos, a causa de 6031
109.16 cuanto...persiguió al hombre afligido 6041
109.22 yo estoy afligido y necesitado, y mi 6041
116.10 creí...estando afligido en gran manera 6031
119.75 conforme a tu fidelidad me afligiste 6031
119.107 afligido estoy...vivifícame conforme a 6031
140.12 Jehová tomará...la causa del afligido 6041
142.6 escucha mi...estoy muy afligido 1809,3966
Pr 11.15 será afligido el que sale por fiador 7451,7489
15.15 todos los días del afligido...difíciles 6041
22.22 ni quebrantes en la puerta al afligido 6041
25.20 que canta canciones al corazón afligido 7451
31.5 perviertan el derecho de...los afligidos 6040
Is 10.2 quitar el derecho a los afligidos de 6041
11.13 de Judá, ni Judá afligirá a Efraín 6887
14.32 a ella se acogerán los afligidos de su 2620
26.6 la hollará pie, los pies del afligido 6041
41.17 los afligidos y menesterosos buscan las 6041
49.10 sed, ni el calor ni el sol los afligirá 5221
51.13 día temiste...del furor del que aflige 6693
51.13 en dónde está el furor del que aflige? 6693
51.21 oye...ahora esto, afligida, ebria, y no 6041
53.7 afligido, no abrió su boca...enmudeció 6031
58.5 que de día aflija el hombre su alma, que 6031
58.10 si dieres...saciares al alma afligida 6031
60.14 vendrán...hijos de los que te afligieron 6031
61.3 ordenar que a los afligidos de Sion se 57
64.12 ¿callarás, y nos afligirás sobremanera? 6031
65.25 no afligirán, ni harán mal en todo mi 7489
Jer 10.18 y los afligiré, para que lo sientan 6887
22.16 él juzgó la causa del afligido y del 6041
31.28 así como...trastornar y perder y afligir 7489
51.29 temblará la tierra, y se afligirá 2342
Lm 1.4 vírgenes están afligidas, y ella tiene 3013
1.5 Jehová la afligió por la multitud de sus 3013
3.32 antes si aflige, también se compadece 3013
3.33 no aflige ni...a los hijos de los hombres 6031
Ez 16.49 y no fortaleció la mano del afligido 6041
22.29 afligido y menesteroso hacía violencia 6041
Dn 10.2 afligido por espacio de tres semanas 56
Os 8.10 serán afligidos...por la carga del rey 2490
Am 5.12 que afligís al justo, y recibís cohecho 6887
6.6 no se afligen por el quebrantamiento de 7667
Mi 4.6 recogeré la descarriada...la que afligí 7489
Nah 1.12 te he afligido; no te afligiré ya más 6031
Zac 12.10 afligiéndose...como quien se aflige 4843
Mal 3.14 y que andemos afligidos en presencia 6941
Mt 4.24 afligidos por diversas enfermedades 4912
Mr 10.22 afligido por esta palabra, se fue 3076
1 Ti 5.10 si ha socorrido a los afligidos 2346
Stg 4.9 afligíos, y lamentad, y llorad 5003
5.13 ¿está alguno entre vosotros afligido? 2553
1 P 1.6 aunque...tengáis que ser afligidos en 3076
2 P 2.8 Lot...afligía cada día su alma justa 928

AFLOJAR

Is 33.23 cuerdas se aflojaron; no afirmaron su 5203

AFRENTA

Gn 16.5 mi a sea sobre ti; yo te di mi sierva 2555
30.23 dio a luz...dijo: Dios ha quitado mi a 2781
1 S 11.2 ojo...ponga esta a sobre todo Israel 2781
25.39 la causa de mi a recibida de...de Nabal 2781
Neh 1.3 están en gran mal y a, y el muro de 2781
Job 16.10 hirieron mis mejillas con a; contra 2781
Sal 40.15 sean asolados en pago de su a los 1322
44.13 nos pones por a de nuestros vecinos 2781
69.7 porque por amor de ti he sufrido a 2781
69.10 afligiendo mi alma...me ha sido por a 2781
69.19 sabes mi a, mi confusión y mi oprobio 2781
70.3 sean vueltos atrás, en pago de su a, los 1322
78.66 hirió...por detrás; les dio perpetua a 2781
89.45 has acortado los...le has cubierto de a 955
Pr 6.33 hallará, y su a nunca será borrada 2781
9.7 corrige al escarnecedor, se acarrea a 7036
14.34 mas el pecado es a de las naciones 2617
18.3 viene el impío...con el deshonrador la a 2781
22.10 echa fuera al...y cesará el pleito y la a 7036
Is 25.8 y quitará la a de su pueblo de toda 2781
45.16 irán con a todos los fabricadores de 3639
51.7 no temáis a de hombre, ni desmayéis por 2781
54.4 y de la a de tu viudez no tendrás más 2781
Jer 3.25 nuestra a nos cubre, porque pecamos 3639
15.15 tú...sabes que por amor de ti sufro a 2781
20.8 la palabra de Jehová me ha sido para a 2781
20.18 ¿para...que mis días se gastasen en a 1322
23.40 y pondré sobre vosotros a perpetua, y 2781
29.18 los daré...por burla y por a para todas 2781
31.19 me avergoncé...llevé la a de mi juventud 2781
34.17 os pondré por a ante todos los reinos 2189
42.18 seréis objeto de...de maldición y de a 2781
46.12 las naciones oyeron tu a, y tu clamor 7036
51.51 estamos avergonzados, porque oímos la a 2781
Lm 3.30 dé la mejilla al...y sea colmado de a 2781
Ez 16.57 llevas tú la a de las hijas de Siria 2781
36.7 que las naciones que...han de llevar su a 3639
Dn 11.18 un príncipe hará cesar su a, y aun 2781
Os 4.7 así pecaron...yo cambiaré su honra en a 7036
Hab 2.16 cáliz...y vómito de a sobre tu gloria 7036
Sof 2.8 yo he oído las a de Moab, y...de Amón 2781
Lc 1.25 dignó quitar mi a entre los hombres 3681
Hch 5.41 por dignos de padecer a por causa del 818
2 Co 12.10 me gozo en...en a, en necesidades 5196
He 10.29 e hiciere a al Espíritu de gracia? 1796

AFRENTAR
1 S 20.34 no comió... padre le había *afrentado* 3637
1 Cr 19.5 envió a recibirlos... muy *afrentados* 3637
Sal 42.10 mis enemigos me *afrentan*... cada día 2778
55.12 porque no me *afrentó* un enemigo, lo......... 2778
74.10 ¿hasta cuándo, oh Dios, nos *afrentará*........ 2778
74.18 que el enemigo ha *afrentado* a Jehová 2778
79.4 somos *afrentados* de nuestros vecinos......... 2781
83.17 sean *afrentados* y... para siempre; sean 954
102.8 cada día me *afrentan* mis enemigos; los...... 2778
Pr 14.31 el que oprime al pobre *afrenta* a su 2778
17.5 el que escarnece al pobre *afrenta* a su 2778
Is 1.29 *afrentarán* los huertos que escogisteis 2659
45.17 no os... *afrentaréis*... por todos los siglos 3637
54.4 porque no serás *afrentada*, sino que te 954
65.7 sobre los collados me *afrentaron*; por 2778
Jer 50.12 se *afrentó* la que os dio a luz 2659
Ez 20.27 en esto me *afrentaron* vuestros padres....... 1442
Nah 3.6 *afrentaré*, y te pondré como estiércol 5034
Sof 2.10 porque *afrentaron*... pueblo de Jehová 2778
Mt 22.6 **y otros... los *afrentaron* y los mataron** *5195*
Mr 12.4 **siervo... también le enviaron *afrentado*** *821*
Lc 11.45 dices esto, también nos *afrentas* a *5195*
18.32 **escarnecido y *afrentado*, y escupido** *5195*
20.11 **golpeado y *afrentado*, le enviaron con** *818*
Hch 14.5 los judíos... se lanzaron a *afrentarlos* *5195*
1 Co 11.4 profetiza con la... *afrenta* su cabeza *2617*
11.5 ora... descubierta, *afrenta* su cabeza *2617*
Stg 2.6 vosotros habéis *afrentado* al pobre *818*

AFRENTOSAMENTE
Job 42.8 no trataros *a*, por cuanto no habéis 5039

ÁFRICA Hch 2.10 .... *3033*

AFSES *Ciudad de los levitas*, 1 Cr 24.15......... 6483

AFUERA
Gn 9.22 sus dos hermanos que estaban *a*.............. 2351
24.29 el cual corrió *a* hacia el
Éx 27.21 *a* del velo que está delante 2351
Nm 35.4 el muro de la ciudad para *a*.................. 2435
2 S 19.7 y ve *a* y habla bondadosamente a............. 3318
1 R 8.8 no se dejaban ver desde más *a* 2351
2 R 16.18 en la casa, y el pasadizo de *a* 2435
Ec 12.4 y las puertas de *a* se cerrarán
Is 33.7 sus embajadores darán voces *a* 2351
Ez 10.5 se oía hasta el atrio de *a* 2435
40.31 y sus arcos caían *a* al atrio
40.34 y sus arcos caían *a* al atrio
40.37 sus postes caían *a* al atrio
41.9 el ancho de la pared de *a* de las 2351
41.17 y *a* de ella, y por toda la....................... 2351
42.7 y el muro que estaba *a* enfrente................ 2351
42.8 de las cámaras del atrio de *a*................... 2435
44.19 atrio exterior, al atrio de *a* 2435
Mt 8.12 **echados a las tinieblas de *a*** *1857*
12.46 madre y sus hermanos estaban *a*............. *1854*
12.47 madre y tus hermanos están *a* *1854*
22.13 **y echadle en las tinieblas de *a*** *1857*
25.30 **echadle en las tinieblas de *a*** *1857*
Mr 3.31 y su madre, y quedándose *a* *1854*
3.32 madre y tus hermanos están *a* *1854*
11.4 y hallaron el pollino atado *a* *1854*
Hch 5.23 y los guardas *a* de pie ante las *1854*
1 Ts 4.12 os... honradamente para con los de *a* *1854*
1 Ti 3.7 tenga buen testimonio de los de *a* *1855*

AGABO *Profeta cristiano*
Hch 11.28 *A*, daba a entender... vendría... hambre....... *13*
21.10 descendió de Judea un profeta llamado *A* *13*

AGACHAR
Sal 10.10 se agacha, y caen en sus... garras 1794

AGAG
1. Nombre poético de Amalec No. 2, Nm 24.7.......... 90
2. Rey de Amalec No. 2
1 S 15.8 tomó vivo a *A* rey de Amalec, pero a 90
15.9 Saúl y el pueblo perdonaron a *A*, y a lo 90
15.20 fui a... y he traído a *A* rey de Amalec 90
15.32 traedme a *A*... y *A* vino a él... y dijo *A*........... 90
15.33 entonces Samuel cortó en pedazos a *A* 90

AGAGUEO *Perteneciente a Agag No. 1*
Est 3.1 engrandeció a Amán hijo de Hamedata *a* 91
3.10 dio a Amán hijo de Hamedata *a*, enemigo 91
8.3 que hiciese nula la maldad de Amán *a* y su 91
8.5 la trama de Amán hijo de Hamedata *a*, que....... 91
9.24 Amán hijo de Hamedata *a*... había ideado 91

ÁGAPE
Jud 12 son manchas en vuestros *á*, que comiendo *26*

AGAR *Sierva de Sara y madre de Ismael*
Gn 16.1 ella tenía una sierva... que se llamaba *A* 1904
16.3 tomó a *A*... y la dio por mujer a Abram 1904
16.4 y él se llegó a *A*, la cual concibió............. 1904
16.8 *A*, sierva de Sarai, ¿de dónde vienes tú 1904
16.15 y *A* dio a luz un hijo a Abram, y llamó 1904
16.15 el nombre del hijo que le dio *A*, Ismael 1904
16.16 años, cuando *A* le dio a luz a Ismael.......... 1904
21.9 y vio Sara que el hijo de *A* la egipcia 1904
21.14 lo dio a *A*, poniéndolo sobre su hombro 1904
21.17 el ángel... llamó a *A*... ¿Qué tienes, A?........ 1904
25.12 a quien le dio a luz *A* egipcia, sierva.......... 1904
Gá 4.24 da hijos para esclavitud; éste es *A*................ *28*
4.25 porque *A* es el monte Sinaí en Arabia............ *28*

AGARENOS *Tribu enemiga de Israel*
1 Cr 5.10 de Saúl hicieron guerra contra los *a* 1905
5.19 éstos tuvieron guerra contra los *a*, y 1905
5.20 los *a* y todos... se rindieron en sus manos...... 1905
27.31 de las ovejas, Jaziz *a*. Todos éstos 1905
Sal 83.6 las tiendas de los edomitas... y los *a* 1905

AGASAJAR
Ec 2.3 propuse... *agasajar* mi carne con vino 4900

ÁGATA
Éx 28.19; 39.12 la tercera... un jacinto, una *á*.......... 7618
Ap 21.19 el tercero, *á*; el cuarto, esmeralda........... *5472*

AGE *Padre de Sama No. 3*, 2 S 23.11 89

AGENTE
Ez 27.27 los *a* de tus negocios, y... tus hombres 6148

AGILIDAD
Sal 147.10 ni se complace en la *a* del hombre.......... 7785

AGITAR
Gn 41.8 la mañana estaba *agitado* su espíritu 6470
1 R 14.15 al modo que la caña se *agita* en las.......... 5110
Job 26.12 él *agita* el mar con su poder, y con 7280
30.27 mis entrañas se *agitan*, y no reposan......... 7570
Is 51.15 Jehová que *agito* el mar y hago rugir 7280
Jer 4.19 mi corazón se *agita* dentro de mí; no 1993
Jn 5.4 un ángel descendía... y *agitaba* el agua *5015*
5.7 quien me meta... cuando se *agita* el agua *5015*

AGOBIAR
2 Cr 24.25 dejaron *agobiado* por sus dolencias 7227
Sal 44.25 nuestra alma está *agobiada* hasta el 7743
Is 21.3 me *agobié*... y al ver me he espantado 5753
51.14 preso el *agobiado* será liberado pronto
Ro 11.10 y *agóbiales* la espalda para siempre *4781*

AGOLPAR
Mr 1.33 toda la ciudad se *agolpó* a la puerta *1996*
3.20 se *agolpó* de nuevo la gente, de modo que *4905*
9.25 Jesús vio que la multitud se *agolpaba*......... *1998*
Lc 5.1 el gentío se *agolpaba* sobre él para oír.......... *1945*
Hch 16.22 y se *agolpó* el pueblo contra ellos *4911*
21.30 se conmovió, y se *agolpó* el pueblo........... *4890*
2 Co 11.28 lo que sobre mí se *agolpa* cada día *1999*

AGONÍA
Lc 22.44 estando en *a*, oraba... intensamente *74*

AGONIZAR
Mr 5.23 diciendo: Mi hija está *agonizando*; ven ... *2192,2079*

AGORERO
Lv 19.26 con sangre. No seréis *a*, ni adivinos 5172
Dt 18.10 no sea hallado en... *a*, ni sortílego 6049
18.14 estas naciones... a *a* y a adivinos oyen 6049
2 R 21.6 se dio a observar los tiempos, y fue *a* 6049
Is 2.6 llenos de costumbres traídas de... y de *a* 6049
44.25 que deshago las... y enloquezco a los *a* 7080
Jer 27.9 ni a vuestros *a*, ni a... encantadores 6049
Mi 5.12 hechicerías, y no se hallarán en ti *a*........... 6049

AGOSTAR
Nah 1.4 amenaza al mar... *agosta* todos los ríos....... 2717

AGOTAR
Job 3.17 allí descansan los de *agotadas* fuerzas .. 3019,3581
14.11 las aguas... el río se *agota* y se seca 2717
17.1 mi aliento se *agota*, se acortan mis días 2254
Sal 31.10 se *agotan* mis fuerzas a causa de mi.......... 3782
Is 19.5 del mar faltarán, y el río se *agotará*........... 2717
19.6 se *agotarán* y secarán las corrientes de 1809
Ez 23.34 lo *agotarás*, y quebrarás sus tiestos 4680
Os 13.15 su manantial, y se *agotará* su fuente 2717
Nah 2.10 vacía, *agotada* y desolada está, y el.......... 4003
Lc 12.33 **tesoro en los cielos que no se *agote***......... *413*
18.5 **que viniendo de... me *agote* la paciencia** *5299*

AGRACIADA
Pr 11.16 mujer *a* tendrá honra, y los fuertes........... 2580

AGRADABLE
Gn 3.6 vio la mujer... que era *a* a los ojos.............. 8378
2 S 19.35 ¿podré distinguir entre lo... *a* y lo........... 2896
Esd 6.10 que ofrezcan sacrificios *a* al Dios del......... 5208
Est 8.5 si place al rey... y yo soy *a* a sus ojos.......... 2895
Sal 119.108 ruego... te sean *a* los sacrificios 7521
Pr 11.20 mas los perfectos de camino le son *a* 7522
16.7 cuando los caminos del hombre son *a* a 7521
21.3 juicio es a Jehová más *a* que sacrificio 977
24.4 se llenarán... de todo bien preciado y *a*........ 5273
Ec 9.7 come tu pan... tus obras ya son *a* a Dios 7521
11.7 suave es la luz y *a* a los ojos ver el........... 2896
12.10 procuró... hallar palabras *a*, y escribir 2656
Is 38.3 lo que ha sido *a* delante de tus ojos........... 2896
58.5 ¿llamaréis esto ayuno, y día *a* a Jehová? 7522
Jer 31.26 desperté, y vi, y mi sueño me fue *a* 6149
Lm 1.7 de todas las cosas, *a* que tuvo desde los 4262
Ez 16.19 pusiste delante de ellas para olor *a* 5207
20.28 allí pusieron también su incienso *a*........... 5207
20.41 como incienso *a* os aceptaré, cuando es 5207
Lc 4.19 **a predicar el año *a* del Señor**.................. *1184*
He 7.20 nació Moisés, y fue *a* a Dios; y fue.............. *791*
Ro 12.1 en sacrificio vivo, santo, *a* a Dios.............. *2101*
12.2 la buena voluntad de Dios, *a* y perfecta......... *2101*
15.16 para que los gentiles le sean ofrenda *a* *2144*
2 Co 5.9 por tanto procuramos también... serle *a* *2101*
Ef 5.10 comprobando lo que es *a* al Señor *2101*
Fil 4.18 fragante, sacrificio acepto, *a* a Dios *1184*
1 Ti 2.3; 5.4 es bueno y *a* delante de Dios *587*
He 13.21 haciendo... lo que es *a* delante de él.......... *2101*
1 Jn 3.22 hacemos las cosas que son *a* delante.......... *701*

AGRADAR
Gn 34.19 la hija de Jacob le había *agradado* 2654
45.16 y esto *agradó* en los ojos de Faraón 3190,5869
Éx 21.8 si no *agradare* a su señor, por lo cual.......... 5869
Nm 14.8 si Jehová se *agradare* de nosotros, él.......... 2654
Dt 10.15 de tus padres se *agradó* Jehová para......... 2836
21.14 no te *agradare*, la dejarás en libertad 2654
24.1 si no le *agradare* por haber hallado en 2580
Jue 14.3 tómame ésta... ella me *agrada* 3474,5869
14.7 y habló a la mujer... *agradó* a Sansón 3474,5869
17.11 *agradó*, pues, al levita morar con aquel 2974
1 S 8.6 pero no *agradó* a Samuel esta palabra......... 5869
29.6 a los ojos de los príncipes no *agradas* 2896
2 S 3.36 todo el pueblo supo esto, y le *agradó*..... 3190,5869
3.36 todo lo que el rey hacía *agradaba* 2895,5869
22.20 sacó... me libró, porque se *agradó* de mí 2654
1 R 3.10 y *agradó*... que Salomón pidiese esto 3190,5869
10.9 Dios sea bendito, que se *agradó* de ti 2654
2 R 20.3 que he hecho las cosas que te *agradan* 2896
1 Cr 28.4 de entre los hijos... se *agradó* de mí.......... 7521
29.17 sé, Dios... que la rectitud te *agrada*........... 7521
2 Cr 9.8 Dios, el cual se ha *agradado* de ti 2654
10.7 si... y les *agradares*... ellos te servirán 7521
30.4 esto *agradó* al rey y a toda la multitud.... 3474,5869
Neh 2.6 *agradó* al rey enviarme, después que 3190,6440
Est 1.21 *agradó* esta palabra a los ojos del rey ... 3190,5869
2.4 la doncella que *agrade* a los ojos del rey ... 3190,5869
2.4 *agradó* a los ojos del rey, y lo hizo así....... 3190,5869
2.9 la doncella *agradó* a sus ojos, y halló 3190,5869
5.14 *agradó* esto a los ojos de Amán, e hizo..... 3190,5869
Job 6.9 que *agradara* a Dios quebrantarme; que 2974
Sal 18.19 me libró, porque se *agradó* de mí............ 2654
40.6 sacrificio y ofrenda no te *agrada*; has 2654
40.8 hacer tu voluntad... Dios, me ha *agradado* 2654
41.11 en esto conoceré que te he *agradado*, que 2654
51.19 entonces te *agradarán* los sacrificios......... 2654
69.31 *agradará* a Jehová más que sacrificio 3190
Pr 10.32 del justo saben hablar lo que *agrada* 7522
11.1 peso falso... mas la pesa cabal le *agrada* 7522
Ec 2.26 al hombre que le *agrada*, Dios le da 2896
2.26 le da... para darlo al que *agrada* a Dios 2896
7.26 el que *agrada* a Dios escapará de ella 2896,6440
Is 38.17 a ti *agradó* librar mi vida del hoyo 2836
Jer 6.20 ni vuestros sacrificios me *agradan* 6149
14.10 por tanto, Jehová no se *agrada* de ellos 7521
48.38 a Moab como a vasija que no *agrada*......... 2656
Mi 6.7 ¿se *agradará* Jehová de millares de carneros 7521
Mal 1.8 ¿acaso se *agradara* de ti, o le serás 7521
1.9 pero ¿cómo podéis *agradarle*, si hacéis......... 5375
2.17 que decís... que hace mal *agrada* a Jehová 2896
Mt 11.26 **sí, Padre, porque así te *agradó***.............. *2107*
12.18 mi amado, en quien se *agrada* mi alma....... *2106*
14.6 la hija de... danzó... y *agradó* a Herodes *700*
Mr 6.22 danzó, y *agradó* a Herodes y a los que *700*
Lc 10.21 **sí, Padre, porque así te *agradó*** *2107*
Jn 8.29 **porque... hago siempre lo que le *agrada*** *701*
Hch 6.5 *agradó* la propuesta a... la multitud *700*
10.35 *agrada* del que le teme y hace justicia *1184*
12.3 que esto había *agradado* a los judíos *701*
Ro 8.8 viven según la carne no pueden *agradar* *700*
14.18 en esto sirve a Cristo, *agrada* a Dios *2101*
15.1 los débiles, y no *agradarnos* a nosotros *700*
15.2 *agrade* a su prójimo en lo que es bueno......... *700*
15.3 porque ni aun Cristo se *agradó* a sí mismo *700*
1 Co 1.21 *agradó* a Dios salvar a... creyentes *2106*
7.32 el soltero... de cómo *agradar* al Señor *700*
7.33 tiene cuidado... de cómo *agradar* a su mujer..... *700*
7.34 cuidado de... de cómo *agradar* a su marido *700*
10.5 de los más de ellos no se *agradó* Dios.......... *2106*
10.33 yo en todas las cosas *agrado* a todos *700*
Gá 1.10 ¿o trato de *agradar* a los hombres? *700*
1.10 pues si todavía *agradara* a los hombres *700*
1.15 *agradó* a Dios que me apartó desde el.......... *2106*
6.12 todos los que quieren *agradar* en la carne *2146*
Ef 6.6 los que quieren *agradar* a los hombres............ *441*
Col 1.10 *agradándole* en todo, llevando fruto *699*
1.19 *agradó* al Padre que en él habitase toda *2106*
3.20 obedeced... porque esto *agrada* al Señor *2101*
3.22 los que quieren *agradar* a los hombres *441*
1 Ts 2.4 no como para *agradar* a los hombres *700*
2.15 no *agradan* a Dios, y se oponen a todos......... *700*
4.1 cómo os conviene... *agradar* a Dios, así *700*
2 Ti 2.4 a fin de *agradar* a aquel que lo tomó *700*
Tit 2.9 *agraden* en todo... no sean respondones......... *1511*
He 10.6,8 expiaciones por... no te *agradaron* *2106*
10.38 si retrocediere, no *agradará* a mi alma *2106*
11.5 tuvo testimonio de haber *agradado* a Dios..... *2100*
11.6 pero sin fe es imposible *agradar* a Dios........ *2100*
12.28 *agradándole* con temor y reverencia *2102*
13.16 de tales sacrificios se *agrada* Dios........... *2100*
1 P 4.3 para haber hecho lo que *agrada* a los........... *2307*

AGRADECIDO
Jue 8.35 ni se mostraron *a* con... de Jerobaal.......... 2617
Col 3.15 la paz de Dios gobierne en... y sed *a* *2170*

AGRADECIMIENTO
2 S 16.17 ¿es este tu *a* para con tu amigo?............ 2617
1 Co 10.30 si yo con *a* participo, ¿por qué he *2168*

AGRADO
Gn 4.4 miró Jehová con *a* a Abel y... ofrenda.......... 8159
4.5 pero no miró con *a* a Caín y a su ofrenda 8159
Dt 33.11 y recibe con *a* la obra de sus manos
Is 60.7 serán ofrecidos con *a* sobre mi altar 7522
2 Co 8.3 de que con *a* han dado conforme a sus *830*
Stg 2.3 y miráis con *a* al que trae la ropa.............. *1914*

AGRAVAR
Gn 18.20 y el pecado de ellos se ha *agravado*.......... 3513
47.20 se *agravó* el hambre sobre ellos; y la 2388

48.10 los ojos...tan *agravados* por la vejez 3513
Éx 5.9 *agrávese* la servidumbre sobre ellos 3513
1 S 5.6 se *agravó* la mano de Jehová sobre los 3513
5.11 la mano de Dios se había *agravado* allí 3513
1 R 12.4,10 tu padre *agravó* nuestro yugo, mas 7185
12.14 mi padre *agravó* vuestro yugo, pero yo 3513
2 Cr 10.4,10 tu padre *agravó* nuestro yugo 7185
Job 33.7 no te...ni mi mano se *agravará* sobre ti 3513
Sal 32.4 de día y de noche se *agravó* sobre mí 3513
38.4 mis iniquidades se han *agravado* sobre 5674
38.4 carga pesada se han *agravado* sobre mí 3513
39.2 enmudecí...callé...y se *agravó* mi dolor 5916
Is 6.10 y *agrava* sus oídos, y ciega sus ojos 3513
24.20 *agravará* sobre ella su pecado, y caerá 3513
47.6 sobre el anciano *agravaste* mucho tu yugo 3513
59.1 no...ni se ha *agravado* su oído para oír 3513
Zac 1.15 yo estaba enojado...*agravaron* el mal 5826

AGRAVIAR

1 S 12.3 o si he *agraviado* a alguno, o si de 7533
12.4 nunca nos has *agraviado*, ni has tomado 7533
Sal 105.14 consintió que nadie los *agraviase* 6231
146.7 que hace justicia a los *agraviados*, que 6231
Pr 27.11 tendré...responder al que me *agravie* 2778
Is 1.17 restituid al *agraviado*, haced justicia 2541
2 Co 7.2 nadie hemos *agraviado*, a nadie hemos *91*
1 Ts 4.6 ninguno *agravie*...en nada a su hermano *5233*

AGRAVIO

Éx 23.2 ni responderás en litigio...hacer *a*
Nm 5.8 dará la indemnización del *a* a Jehová 817
2 S 22.48 el Dios que venga mis *a*, y sujeta
Job 19.7 he aquí, yo clamaré *a*, y no seré oído 2555
Sal 7.16 su *a* caerá sobre su propia coronilla 5999
18.47 Dios que venga mis *a*, y somete pueblos
52.2 *a* maquina tu lengua, como navaja afilada 1942
94.20 el trono...que hace *a* bajo forma de ley? 5999
Pr 3.30 no tengas pleito...si no te han hecho *a* 7451
Jer 22.17 ojos...para opresión y para hacer *a* 4835
Lm 3.59 has visto, oh Jehová, mi *a*: defiende 5792
Ez 18.18 por cuanto hizo *a*, despojó...al 6231,6233
Hab 1.13 muy limpio eres...ni puedes ver el *a* 5999
Mt 20.13 **amigo, no te hago *a*; ¿no conviniste** *91*
Hch 18.14 fuera algún *a* o algún crimen enorme *92*
25.10 a los judíos no les he hecho ningún *a* *91*
25.11 algún *a*, o cosa alguna digna de muerte *91*
1 Co 6.7 ¿por qué no sufrís más bien el *a*? *91*
6.8 pero vosotros cometéis el *a*, y defraudáis *91*
2 Co 7.12 no...por causa del que cometió el *a* *91*
12.13 os he sido carga? ¡Perdonadme este *a*! *93*
Gá 4.12 os ruego...Ningún *a* me habéis hecho *91*

AGRAZ

Job 15.33 perderá su *a* como la vid, y...su flor 1154

AGREGAR

1 S 2.36 te ruego que me *agregues* a alguno de 5596
Hch 11.24 gran multitud fue *agregada* al Señor *4369*

AGRIA

Jer 31.29 los padres comieron las uvas *a*, y 1155
31.30 de todo hombre que comiere las uvas *a* 1155
Ez 18.2 los padres comieron las uvas *a*, y los 1155

AGRICULTURA

2 Cr 26.10 viñas y...porque era amigo de la *a* 127

AGRIPA *Nieto de Herodes No. 1 (el Grande) (No se hace mención de su padre en la Biblia)*

Hch 25.13 rey *A* y Berenice vinieron a Cesarea *67*
25.22 *A* dijo a Festo: Yo también quisiera oír *67*
25.23 viniendo *A* y Berenice con mucha pompa *67*
25.24 rey *A*, y todos los varones que estáis *67*
25.26 le he traído...ante ti, oh rey *A*, para *67*
26.1 *A* dijo a Pablo: Se te permite hablar por *67*
26.2 me tengo por dichoso, oh rey *A*, de que *67*
26.7 por esta esperanza, oh rey *A*, soy acusado *67*
26.19 oh rey *A*, no fui rebelde a la visión *67*
26.27 ¿crees, oh rey *A*, a los profetas? Yo sé *67*
26.28 *A* dijo a Pablo: Por poco me persuades a *67*
26.32 *A* dijo a Festo: Podía este hombre ser *67*

AGRUPAR

Nm 1.18 fueron *agrupados* por familias, según 3205

AGUA

Gn 1.2 Espíritu...movía sobre la faz de las *a* 4325
1.6 medio de las *a*, y separe las *a* de las *a* 4325
1.7 separó las *a*...de las *a* que estaban sobre 4325
1.9 júntense las *a* que están debajo de los 4325
1.10 y a la reunión de las *a* llamó Mares 4325
1.20 dijo: Produzcan las *a* seres vivientes 4325
1.21 todo ser...que las *a* produjeron según su 4325
1.22 fructificad...y llenad las *a* en los mares 4325
6.17 he aquí que yo traigo un diluvio de *a* 4325
7.6 el diluvio de las *a* vino sobre la tierra 4325
7.7 causa de las *a* del diluvio entró Noé al 4325
7.10 séptimo día las *a* del diluvio vinieron 4325
7.17 y las *a* crecieron, y alzaron el arca 4325
7.18 subieron...*a* y crecieron en gran manera 4325
7.18 flotaba...sobre la superficie de las *a* 4325
7.19 y las *a* subieron mucho sobre la tierra 4325
7.20 quince codos más alto subieron las *a* 4325
7.24 prevalecieron las *a* sobre la tierra 150 4325
8.1 pasar Dios un viento...disminuyeron las *a* 4325
8.3 las *a* decrecían...y se retiraron las *a* al 4325
8.5 las *a* fueron decreciendo hasta el mes 4325
8.7 y volviendo hasta que las *a* se secaron 4325
8.8 para ver si las *a* se habían retirado de 4325
8.9 las *a* estaban aún sobre la faz de toda 4325
8.11 entendió Noé...las *a* se habían retirado 4325
8.13 mes, las *a* se secaron sobre la tierra 4325
9.11 no exterminaré ya más toda carne con *a* 4325
9.15 no habrá más diluvio de *a* para destruir 4325
16.7 halló el ángel...junto a una fuente de *a* 4325
18.4 se traiga ahora un poco de *a*, y lavad 4325
21.14 pan, y un odre de *a*, y lo dio a Agar 4325
21.15 y le faltó el *a* del odre, y echó al 4325
21.19 le abrió Dios...y vio una fuente de *a* 4325
21.19 llenó el odre de *a*, y dio de beber al 4325
21.25 reconvino a...a causa de un pozo de *a* 4325
24.11 arrodillar los...junto a un pozo de *a* 4325
24.11 hora en que salen las doncellas por *a*
24.13 aquí yo estoy junto a la fuente de *a* 4325
24.13 las hijas de los varones...salen por *a* 4325
24.17 des a beber un poco de *a* de tu cántaro 4325
24.19 también para tus camellos sacaré *a* 4325
24.20 corrió...otra vez al pozo para sacar *a* 4325
24.32 les dio...*a* para lavar los pies de él 4325
24.43 he aquí yo estoy junto a la fuente de *a* 4325
24.43 doncella que saliere por *a*, a la cual
24.43 dame...ruego, un poco de *a* de tu cántaro 4325
24.44 y también para tus camellos sacaré *a*
24.45 descendió a la fuente, y sacó *a*; y le 4325
26.18 y volvió a abrir Isaac los pozos de *a* 4325
26.19 y hallaron allí un pozo de *a* vivas 4325
26.20 riñeron con...diciendo: El *a* es nuestra 4325
26.32 el pozo...y le dijeron: Hemos hallado *a* 4325
30.38 abrevaderos del *a* donde venían a beber 4325
37.24 la cisterna...vacía; no había en ella *a* 4325
43.24 les dio *a*, y lavaron sus pies, y dio 4325
49.4 impetuoso como las *a*, no...el principal 4325
Éx 2.10 diciendo: Porque de las *a* lo saqué 4325
2.16 sacar *a* para llenar las pilas y dar de 4325
2.19 sacó el *a*, y dio de beber a las ovejas
4.9 tomarás de las *a* del río y las derramarás 4325
4.9 cambiarán aquellas *a* que tomarás del río 4325
7.17 golpearé con la...el *a* que está en el río 4325
7.18 los egipcios tendrán asco de beber el *a* 4325
7.19 extiende tu mano sobre las *a* de Egipto 4325
7.19 tu vara...sobre todos sus depósitos de *a* 4325
7.20 vara golpeó las *a* que había en el río 4325
7.20 todas las *a*...se convirtieron en sangre 4325
7.24 porque no podían beber de las *a* del río 4325
8.6 Aarón extendió su mano sobre las *a* de 4325
12.9 ni cocida en *a*, sino asada al fuego, su 4325
14.21 el mar en seco, y...*a* quedaron divididas 4325
14.22,29 teniendo las *a* como muro a su derecha ... 4325
14.26 extiende tu mano...las *a* vuelvan sobre 4325
14.28 volvieron las *a*, y cubrieron los carros 4325
15.8 soplo de tu aliento se amontonaron las *a* 4325
15.10 se hundieron como plomo en las...*a* 4325
15.19 hizo volver las *a* del mar sobre ellos 4325
15.22 tres días por el desierto sin hallar *a* 4325
15.23 llegaron a...y no pudieron beber las *a* 4325
15.25 lo echó en las *a*, y las *a* se endulzaron 4325
15.27 y llegaron a...había doce fuentes de *a* 4325
15.27 a Elim...y acamparon allí junto a las *a* 4325
17.1 no había *a* para que el pueblo bebiese 4325
17.2 y dijeron: Danos *a* para que bebamos 4325
17.6 golpearás la peña, y saldrán de ella *a* 4325
20.4 de lo que esté arriba en el...ni en las *a* 4325
23.25 Jehová...y él bendecirá tu pan y tus *a* 4325
29.4 a Aarón y a sus hijos...los lavarás con *a* 4325
30.18 fuente de bronce...y pondrás en ella *a* 4325
30.20 se lavarán con *a*, para que no mueran 4325
32.20 esparció sobre las *a*, y lo dio a beber 4325
34.28 no comió pan, ni bebió *a*; y escribió en 4325
40.7 pondrás la fuente...y pondrás *a* en ella 4325
40.12 Aarón y a sus hijos...los lavarás con *a* 4325
40.30 la fuente...y puso en ella *a* para lavar 4325
Lv 1.9 lavará con *a* los intestinos y...piernas 4325
1.13 lavará las entrañas y las piernas con *a* 4325
6.28 de bronce, será fregada y lavada con *a* 4325
8.6 hizo acercarse a Aarón...y los lavó con *a* 4325
8.21 lavó luego con *a* los intestinos y las 4325
11.9 todos los animales que viven en las *a* 4325
11.9 los que tienen aletas...en las *a* del mar 4325
11.10 toda cosa viviente que está en las *a* 4325
11.12 no tuviere aletas y escamas en las *a* 4325
11.32 sea cosa de madera...será metido en *a* 4325
11.34 el cual cayere el *a* de tales vasijas 4325
11.36 la...donde se recogen *a* serán limpias 4325
11.38 si se hubiere puesto *a* en la semilla 4325
11.46 todo ser viviente que se mueve en las *a* 4325
14.5 matar una avecilla...sobre *a* corrientes 4325
14.6 avecilla muerta sobre las *a* corrientes 4325
14.8 raerá...y se lavará con *a* y será limpio 4325
14.9 y lavará su cuerpo en *a*, y será limpio 4325
14.50 degollará una avecilla...*a* corrientes 4325
14.51 y los mojará en...y en las *a* corrientes 4325
14.52 purificará...con las *a* corrientes, con 4325
15.5,6,7,11,22,27 se lavará...sí mismo con *a* 4325
15.8 y después de haberse lavado con *a*, será 4325
15.10,21 después de lavarse con *a*...inmundo 4325
15.11 tocare el...y no lavare con *a* sus manos 4325
15.12 toda vasija de madera será lavada con *a* 4325
15.13 y lavará su cuerpo en *a* corrientes, y 4325
15.16 lavará en *a* todo su cuerpo, y será 4325
15.17 se lavará con *a*, y será inmunda hasta 4325
15.18 lavarán con *a*, y serán inmundos hasta 4325
16.4 vestir después de lavar su cuerpo con *a* 4325
16.24 lavará...su cuerpo con *a* en el lugar del 4325
16.26,28 lavará también su cuerpo con *a*, y 4325
17.15 y a sí mismo se lavará con *a*, y será 4325
22.6 antes que haya lavado su cuerpo con *a* 4325
Nm 5.17 tomará...del *a* santa...echará en el *a* 4325
5.18,19,22,24(2),27 las *a* amargas que traen maldición 4325
5.23 escribirá...las borrará con las *a* amargas 4325
5.26 después dará a beber las *a* a la mujer 4325
5.27 le dará, pues, a beber las *a*; y si fuere 4325
8.7 rocía sobre ellos el *a* de la expiación 4325
19.7,8 lavará también su cuerpo con *a*, y 4325
19.8 el que la quemó lavará sus vestidos en *a* 4325
19.9 las guardará...para el *a* de purificación 4325
19.12 tercer día se purificará con aquella *a*
19.13 cuanto el *a* de...no fue rociada sobre él 4325
19.17 echarán sobre ella *a* corriente en un 4325
19.18 tomará hisopo, y lo mojará en el *a* 4325
19.19 y a sí mismo se lavará con *a*, y será 4325
19.20 no fue rociada sobre él el *a* de la 4325
19.21 que rociare el *a*...lavará sus vestidos 4325
19.21 que tocare el *a* de la purificación será 4325
20.2 no había *a*...se juntaron contra Moisés 4325
20.5 no es lugar de...ni aun de *a* para beber 4325
20.8 dará su *a*, y les sacarás *a* de la peña 4325
20.10 os hemos de hacer salir *a* de esta peña? 4325
20.11 y golpeó la peña...y salieron muchas *a* 4325
20.13 estas son las *a* de la rencilla, por las 4325
20.17 ni por viña, ni beberemos *a* de pozos 4325
20.19 si bebiéremos tus *a* yo y mis ganados 4325
20.24 rebeldes a mí en las *a* de la rencilla 4325
21.5 no hay pan ni *a*, y nuestra alma tiene 4325
21.16 dijo...Reúne al pueblo, y les daré *a* 4325
21.22 no beberemos las *a* de los pozos; por 4325
24.6 como áloes...como cedros junto a las *a* 4325
24.7 de sus manos destilarán *a*...en muchas *a* 4325
27.14 no santificándome en las *a* a ojos de 4325
27.14 estas son las *a* de la rencilla de Cades 4325
31.23 que en las *a* de purificación habrá de 4325
31.23 por *a* todo lo que no resiste el fuego 4325
33.9 a Elim, donde había doce fuentes de *a* 4325
33.14 donde el pueblo no tuvo *a* para beber 4325
Dt 2.6 compraréis de ellos el *a*, y beberéis 4325
2.28 *a* también me darás por dinero, y beberé 4325
4.18 figura de pez alguno que haya en el *a* 4325
5.8 de cosa...ni en las *a* debajo de la tierra 4325
8.7 tierra de arroyos, de *a*, de fuentes y de 4325
8.15 no había *a*, y él te sacó *a* de la roca 4325
9.9 en el monte...sin comer pan ni beber *a* 4325
9.18 ni bebí *a*, a causa de...vuestro pecado 4325
10.7 allí a Jotbata, tierra de arroyos de *a* 4325
11.4 cómo precipitó las *a* del Mar Rojo sobre 4325
11.11 que bebe las *a* de la lluvia del cielo 4325
12.16 sobre la tierra la derramaréis como *a* 4325
12.24 no la comerás...la derramarás como *a* 4325
14.9 que está en el *a*, éstos podréis comer 4325
15.23 sobre la tierra la derramarás como *a* 4325
23.4 no os salieron a recibir con pan y *a* 4325
23.11 pero al caer la noche se lavará con *a* 4325
29.11 el que corta...hasta el que saca tu *a* 4325
32.51 pecasteis...en las *a* de Meriba de Cades 4325
33.8 con quien contendiste en las *a* de Meriba 4325
Jos 2.10 Jehová hizo secar las *a* del Mar Rojo 4325
3.8 entrado hasta el borde del *a* del Jordán 4325
3.13 plantas de...pies...se asienten en las *a* 4325
3.13 las *a*...se dividirán...las *a*...se detendrán 4325
3.15 los pies de...mojados a la orilla del *a* 4325
3.16 las *a*...se detuvieron como en un montón 4325
4.7 las *a* del Jordán fueron divididas delante 4325
4.7 pasó el...las *a* del Jordán se dividieron 4325
4.18 las *a* del Jordán se volvieron a su lugar 4325
4.23 secó...*a* del Jordán delante de vosotros 4325
5.1 había secado las *a* del Jordán delante de 4325
7.5 el corazón del pueblo...vino a ser como *a* 4325
9.23 y saque el *a* para la casa de mi Dios 4325
11.5 acamparon unidos junto a las *a* de Merom 4325
11.7 vino contra ellos junto a las *a* de Merom 4325
15.7 pasa hasta las *a* de En-semes y sale a 4325
15.9 hasta la fuente de las *a* de Neftoa, y 4325
15.19 dado tierra...dame también fuentes de *a* 4325
16.1 hasta las *a* de Jericó hacia el oriente 4325
18.15 sale...a la fuente de las *a* de Neftoa 4325
Jue 1.15 dame...fuentes de *a*. Entonces Caleb 4325
4.19 te ruego me des de beber un poco de *a* 4325
5.4 los cielos destilaron...nubes gotearon *a* 4325
5.19 en Taanac, junto a las *a* de Meguido 4325
5.25 pidió *a*, y ella le dio leche; en tazón 4325
6.38 exprimió...y sacó...un tazón lleno de *a* 4325
7.4 llévalos a las *a*, y allí te los probaré 4325
7.5 llevó el pueblo a las *a*; y Jehová dijo 4325
7.5 lamiere las *a* con su...como lame el perro 4325
7.6 lamieron llevando el *a* con la mano a su
7.6 se dobló sobre...rodillas para beber las *a* 4325
7.7 con estos que lamieron el *a* os salvaré
15.19 salió de allí *a*, y él bebió, y recobró 4325
Rt 2.9 vé...y bebe del *a* que sacan los criados
1 S 7.6 se reunieron en Mizpa, y sacaron *a* 4325
9.11 unas doncellas que salían por *a*, a las 4325
25.11 ¿he de tomar...mi pan, mi *a*, y la carne 4325
26.11 toma ahora...la vasija de *a*, y vámonos 4325
26.12 la vasija de *a* de la cabecera de Saúl 4325
26.16 donde está la lanza...y la vasija de *a* 4325
30.11 le dieron pan...y le dieron a beber *a* 4325
30.12 no había...pan ni bebido *a* en tres días 4325
2 S 12.27 yo he...he tomado la ciudad de las *a* 4325
14.14 morimos, y somos como *a* derramadas por ... 4325
17.20 ya han pasado el vado de las *a*. Y como 4325
17.21 levantaos y daos prisa a pasar las *a* 4325
21.10 la siega hasta que llovió sobre ellos *a* 4325
22.12 puso...oscuridad de *a* y densas nubes 4325
22.16 aparecieron los torrentes de las *a* 3220
22.17 alto y me tomó; me sacó de las muchas *a* 4325
23.15 ¡quién me diera a beber del *a* del pozo 4325
23.16 sacaron *a* del pozo de Belén que había 4325
1 R 13.8 no iría...ni bebería *a* en este lugar 4325
13.9 ni bebas *a*, ni regreses por el camino 4325

13.16 pan ni beberé *a* contigo en este lugar 4325
13.17 ha sido dicho: No comas pan ni bebas *a* 4325
13.18 a tu casa, para que coma pan y beba *a* 4325
13.19 volvió con él, y comió pan... y bebió *a* 4325
13.22 bebiste *a* en el lugar donde Jehová te 4325
13.22 te había dicho que no... ni bebieses *a* 4325
14.15 al modo que la caña se agita en las *a* 4325
17.10 te ruego que me traigas un poco de *a* 4325
18.4 los escondió... y los sustentó con pan y *a* 4325
18.5 vé por el país a todas las fuentes de *a* 4325
18.13 a cien varones... mantuve con pan y *a*? 4325
18.34 y dijo: Llenad cuatro cántaros de *a*, y 4325
18.35 que el *a* corría alrededor del altar 4325
18.35 también se había llenado de *a* la zanja 4325
18.38 aun lamió el *a* que estaba en la zanja 4325
19.6 aquí... una torta cocida... y una vasija de *a* 4325
22.27 pan de angustia y con *a* de aflicción 4325
2 R 2.8 golpeó las *a*, las cuales se apartaron 4325
2.14 golpeó las *a*... modo las *a*, se apartaron 4325
2.19 las *a* son malas, y la tierra es estéril 4325
2.21 saliendo él a los manantiales de las *a* 4325
2.21 yo sané estas *a*, y no habrá más en ellas 4325
2.22 fueron sanas las *a* hasta hoy, conforme 4325
3.9 les faltó *a* para el ejército, y para las 4325
3.17 este valle será lleno de *a*, y beberéis 4325
3.19 cegaréis... las fuentes de *a*, y destruiréis 4325
3.20 vinieron *a*... y la tierra se llenó de *a* 4325
3.22 cuando se... y brilló el sol sobre las *a* 4325
3.25 cegaron... todas las fuentes de las *a*, y 4325
5.12 son mejores que todas las *a* de Israel? 4325
6.5 se le cayó el hacha en el *a*; y gritó 4325
6.22 pon delante de ellos pan y *a*, para que 4325
8.15 tomó un paño y lo metió en *a*, y lo puso 4325
18.31 coma... y beba cada uno las *a* de su pozo 4325
19.24 he cavado y bebido las *a* extrañas, y 4325
20.20 Ezequías... y metió las *a* en la ciudad 4325
1 Cr 11.17 ¡quién me diera... de las *a* del pozo 4325
11.18 sacaron *a* del pozo de Belén, que está 4325
14.11 Dios rompió mis... como se rompen las *a* 4325
2 Cr 18.26 pan de aflicción y *a* de angustia 4325
32.3 para cegar las fuentes de *a* que estaban 4325
32.4 hallar los reyes de... *a* cuando vengan? 4325
32.30 condujo el *a* hacia el occidente de la 4161,4325
Esd 10.6 ni bebió *a*, porque se entristeció a 4325
Neh 3.26 hasta enfrente de la puerta de las *A* 4325
8.1 se juntó... delante de la puerta de las *A* 4325
8.3 la plaza... delante de la puerta de las *A* 4325
8.16 en la plaza de la puerta de las *A*, y en 4325
9.11 echaste... como una piedra en profundas *a* 4325
9.15 en su sed les sacaste *a* de la peña 4325
9.20 tu maná de su boca, y *a* les diste... su sed 4325
12.37 hasta la puerta de las *A*, al oriente 4325
13.2 no salieron a recibir a los... con pan y *a* 4325
Job 3.24 suspiro, y mis gemidos corren como *a* 4325
5.10 que da... y envía las *a* sobre los campos 4325
8.11 ¿crece el junco... ¿crece el prado sin *a*? 4325
9.30 aunque me lave con *a* de nieve, y limpie 4325
11.16 o te acordarás de ella como de *a* que 4325
12.15 si él detiene las *a*, todo se seca 4325
14.9 al percibir el *a* reverdecerá, y hará 4325
14.11 como las *a* se van del mar, y el río se 4325
14.19 las piedras se desgastan con el *a* 4325
15.16 el hombre... que bebe la iniquidad como *a* 4325
22.7 no diste de beber *a* al cansado... el pan 4325
22.11 que no veas, y abundancia de *a* te cubre 4325
24.18 huyen ligeros como corrientes de *a* 4325
24.19 y el calor arrebatan las *a* de la nieve 4325
26.8 ata las *a* en sus nubes, y las nubes no 4325
26.10 puso límite a la superficie de las *a* 4325
27.20 se apoderarán de él terrores como *a* 4325
28.25 al dar peso... y poner las *a* por medida 4325
29.19 mi raíz estaba abierta junto a las *a* 4325
34.7 como Job, que bebe el escarnio como *a* 4325
36.27 él atrae las gotas de las *a*... en vapor 4325
37.10 da el hielo, y las anchas *a* se congelan 4325
38.30 las *a* se endurecen a manera de piedra 4325
38.34 para que te cubra muchedumbre de *a*? 4325
Sal 1.3 árbol plantado junto a corrientes de *a* 4325
18.11 oscuridad de *a*, nubes de los cielos 4325
18.15 aparecieron los abismos de las *a*, y 4325
18.16 alto; me tomó, me sacó de las muchas *a* 4325
22.14 he sido derramado como *a*, y todos mis 4325
23.2 junto a *a* de reposo me pastoreará 4325
29.3 voz de Jehová sobre las *a*; truena el 4325
29.3 truena el... Jehová sobre las muchas *a* 4325
32.6 en la inundación de muchas *a* no llegarán 4325
33.7 junta como montón las *a* del mar; él pone 4325
42.1 brama por las corrientes de las *a*, así 4325
46.3 aunque bramen y se turben sus *a*, y se 4325
58.7 sean disipados como *a* que corren; cuando 4325
63.1 en la tierra seca y árida donde no hay *a* 4325
65,9 con el río de Dios, lleno de *a*, preparas 4325
66.12 pasamos por el fuego y por el *a*, y 4325
69.1 sálvame, oh Dios, porque... *a* han entrado 4325
69.2 he venido a abismos de *a*, y la corriente 4325
69.14 libertado... y de lo profundo de las *a* 4325
69.15 no me anegue la corriente de las *a* 4325
73.10 *a* en abundancia serán extraídas para 4325
74.13 quebrantaste... de monstruos en las *a* 4325
77.16 vieron las *a*, oh Dios, las *a* te vieron 4325
77.17 las nubes echaron inundaciones de *a* 4325
77.19 camino, y tus sendas en las muchas *a* 4325
78.13 pasar; detuvo las *a* como en un montón 4325
78.16 de la peña... hizo descender *a* como ríos 4325
78.20 aquí ha herido la peña, y brotaron *a* 4325
79.3 derramaron su sangre como *a*... Jerusalén 4325
81.7 te libré... probé junto a las *a* de Meriba 4325
88.17 me han rodeado como *a* continuamente 4325
90.5 los arrebatas como con torrente de *a* 2229
93.4 más poderoso que el estruendo de las... *a* 2229
104.3 establece sus aposentos entre las *a* 2229
104.6 abismo... sobre los montes estaban las *a* 2229
105.29 volvió sus *a* en sangre, y mató sus 2229
105.41 abrió la peña, y fluyeron *a*... un río 2229
106.11 cubrieron las *a* a sus enemigos 2229
106.32 le irritaron en las *a* de Meriba 2229
107.23 los que... hacen negocio en las muchas *a* 2229
107.33 los manantiales de las *a* en sequedales 2229
107.35 vuelve el desierto en estanques de *a* 2229
109.18 entró como *a* en sus entrañas, y como 2229
114.8 estanque de *a*, y en fuente de *a* la roca 2229
119.136 ríos de *a* descendieron de mis ojos 2229
124.4 entonces nos habrían inundado las *a* 2229
124.5 pasado sobre nuestra alma... *a* impetuosas 2229
136.6 al que extendió la tierra sobre las *a* 2229
144.7 sácame de las muchas *a*, de la mano de 2229
147.18 soplará su viento, y fluirán las *a* 2229
148.4 alabadle... *a* que están sobre los cielos 2229
Pr 5.15 bebe el *a* de tu misma cisterna, y los 2229
5.16 ¿se derramarán... tus corrientes de *a* por 2229
8.24 que fuesen las fuentes de las muchas *a* 2229
8.29 que las *a* no traspasasen su mandamiento 2229
9.17 *a* hurtadas son dulces, y el pan comido 2229
17.14 es como quien suelta las *a*; deja, pues 2229
18.4 *a* profundas son las palabras de la boca 2229
20.5 *a* profundas es el consejo en el corazón 2229
21.1 como los repartimientos de las *a*, así 2229
25.21 pan, y si tuviere sed, dale de beber *a* 2229
25.25 como el *a* fría al alma sedienta, así 2229
27.19 como en el *a* el rostro corresponde al 2229
30.4 ¿quién ató las *a* en un paño? ¿Quién 2229
30.16 la tierra que no se sacia de *a*, y el 2229
Ec 2.6 me hice estanques de *a*, para regar de 2229
11.1 echa tu pan sobre las *a*... lo hallarás 2229
11.3 si las nubes fueren llenas de *a*, sobre 1653
Cnt 4.15 pozo de *a* vivas, que corren del Líbano 4325
5.12 palomas junto a los arroyos de las *a* 4325
8.7 las muchas *a* no podrán apagar el amor, ni 4325
Is 1.22 escorias, tu vino está mezclado con *a* 4325
1.30 y como huerto al que le faltan las *a* 4325
3.1 todo sustento de pan y todo socorro de *a* 4325
8.6 desechó este pueblo las *a* de Siloé, que 4325
8.7 el Señor hace subir sobre ellos *a* de ríos 4325
11.9 será llena del... como las *a* cubren el mar 4325
12.3 sacaréis con gozo *a* de las fuentes de la 4325
14.23 y la convertiré en... y en lagunas de *a* 4325
15.6 las *a* de Nimrim serán consumidas, y se 4325
15.9 y las *a* de Dimón se llenarán de sangre 4325
17.12 harán alboroto como bramido de muchas *a* 4325
17.13 estrépito como de ruido de muchas *a* 4325
18.2 que envía... naves de junco sobre las *a* 4325
19.5 y las *a* del mar faltarán, y el río se 4325
19.8 río... los que extienden red sobre las *a* 4325
21.14 llevadle *a*, moradores de tierra de Tema 4325
22.9 recogisteis las *a* del estanque de abajo 4325
22.11 hicisteis foso... las *a* del estanque viejo 4325
23.3 que crecen con las muchas *a* del Nilo 4325
28.2 como ímpetu de recias *a* que inundan, con 4325
28.17 granizo... y *a* arrollarán el escondrijo 4325
30.14 no se halla tiesto... sacar *a* del pozo 4325
30.20 os dará el Señor pan de congoja y *a* de 4325
30.25 habrá ríos y corrientes de *a* el día de 4325
32.2 como arroyos de *a* en tierra de sequedad 4325
32.20 dichosos los que sembráis junto a... *a* 4325
33.16 se le dará su pan... sus *a* serán seguras 4325
35.6 porque *a* serán cavadas en el desierto 4325
35.7 seco se convertirá... en manaderos de *a* 4325
36.16 coma... beba cada cual las *a* de su pozo 4325
37.25 cavé y bebí las *a*, y con las pisadas de 4325
40.12 ¿quién midió las *a* con el hueco de su 4325
40.15 las naciones le son como la gota de *a* 4752
41.17 afligidos... buscan las *a*, y no las hay 4325
41.18 estanques de *a*, y manantiales de *a* en 4325
43.2 cuando pases por... *a*, yo estaré contigo 4325
43.16 el que abre camino en el mar... en las *a* 4325
43.20 porque daré *a* en el desierto, ríos en 4325
44.3 yo derramaré *a* sobre el sequedal, y ríos 4325
44.4 como sauces junto a las riberas de las *a* 4325
44.12 tiene hambre... no bebe *a*, y se desmaya 4325
48.1 los que salieron de las *a* de Judá, los 4325
48.21 hizo brotar *a* de la... y corrieron las *a* 4325
49.10 que... los conducirá a manantiales de *a* 4325
50.2 sus peces se pudren por falta de *a* y 4325
51.10 ¿no eres tú el que secó... las *a* del gran 4325
54.9 nunca más las *a* de Noé pasarían sobre la 4325
55.1 a todos los sedientos: Venid a las *a* 4325
57.20 como el mar... sus *a* arrojan cieno y lodo 4325
58.11 y como manantial de *a*, cuyas *a* nunca 4325
63.12 el que dividió las *a* delante de ellos 4325
64.2 fuego que hace hervir las *a*, para que 4325
Jer 2.13 me dejaron a mí, fuente de *a* viva 4325
2.13 cisternas rotas que no retienen *a* 4325
2.18 bebas *a* del Nilo... bebas *a* del Éufrates? 4325
3.3 *a* han sido detenidas, y faltó la lluvia 7241
6.7 como la fuente nunca cesa de manar sus *a* 4325
8.14 Jehová... nos ha dado a beber *a* de hiel 4325
9.1 ¡oh, si mi cabeza se hiciese *a*, y mis ojos 4325
9.15 ajenjo, y les daré a beber *a* de hiel 4325
9.18 y nuestros párpados se destilen en *a* 4325
10.13 a su voz se produce muchedumbre de *a* 4325
13.1 y cíñelo sobre tus... y no lo metas en *a* 4325
14.3 los nobles enviaron... al *a*... no hallaron *a* 4325
15.18 ¿serás... y como *a* que no son estables? 4325
17.8 será como el árbol plantado junto a las *a* 4325
17.13 dejaron a Jehová, manantial de *a* vivas 4325
18.14 ¿faltarán las *a* frías que corren de 4325
23.15 ajenjos, y les haré beber *a* de hiel 4325
31.9 y los haré andar junto a arroyos de *a* 4325
38.6 y en la cisterna no había *a*, sino cieno 4325
46.7 ¿quién es éste... cuyas *a* se mueven como 4325
46.8 se ensancha, y las *a* se mueven como ríos 4325
47.2 suben *a* del norte, y se harán torrente 4325
48.34 también las *a* de Nimrim serán destruidas 4325
49.23 derritieron en *a* de desmayo, no pueden 3220
50.38 sequedad sobre sus *a*, y se secarán 4325
51.13 tú, la que moras entre muchas *a*, rica en 4325
51.16 a su voz se producen tumultos de *a* en 4325
51.55 como sonido de muchas *a* será la voz de 4325
Lm 1.16 mis ojos fluyen *a*, porque se alejó de 4325
2.19 derrama como *a* tu corazón ante... Señor 4325
3.48 ríos de *a* echan mis ojos por... mi pueblo 4325
3.54 *a* cubrieron mi cabeza; yo dije: Muerto 4325
5.4 nuestra *a* bebemos por dinero; compramos 4325
Ez 1.24 oí el sonido de sus alas... de muchas *a* 4325
4.11 beberás el *a* por medida, la sexta parte 4325
4.16 y beberán el *a* por medida y con espanto 4325
4.17 que al faltarles el pan y el *a*, se miren 4325
7.17 toda mano... rodilla será débil como el *a* 4325
12.18 y bebe tu *a* con estremecimiento y con 4325
12.19 y con espanto beberán su *a*; porque su 4325
16.4 ni fuiste lavada con *a* para limpiarte, ni 4325
16.9 te lavé con *a*, y lavé tus sangres... de ti 4325
17.5 la plantó junto a *a* abundantes, la puso 4325
17.8 junto a muchas *a*, fue plantada, para que 4325
19.10 plantada junto a las *a*... las muchas *a* 4325
21.7 toda mano... rodilla será débil como el *a* 4325
24.3 pon una olla, ponla, y echa... en ella *a* 4325
26.12 y pondrán... tu polvo en medio de las *a* 4325
26.19 te convertiré en... muchas *a* te cubrirán 4325
27.26 en muchas *a* te engolfaron tus remeros 4325
27.34 quebrantada... en lo profundo de las *a* 4325
31.4 las *a* lo hicieron crecer, lo encumbró el 4325
31.5 a causa de las... *a* se alargó su ramaje 4325
31.7 porque su raíz estaba junto a muchas *a* 4325
31.14 los árboles que crecen junto a las *a* 4325
31.14 confíen en su... todos los que beben *a* 4325
31.15 ríos, y las muchas *a* fueron detenidas 4325
31.16 los que beben *a*, fueron consolados en 4325
32.2 ríos, y enturbiabas las *a* con tus pies 4325
32.13 sus bestias destruiré de sobre las... *a* 4325
32.14 haré asentarse sus *a*, y haré correr sus 4325
34.18 que bebiendo las *a* claras, enturbiáis 4325
36.25 esparciré sobre vosotros *a* limpia, y 4325
43.2 sonido era como el sonido de muchas *a* 4325
47.1 he aquí *a* que salían de debajo del umbral 4325
47.1 y las *a* descendían de debajo, hacia el 4325
47.2 y vi que las *a* salían del lado derecho 4325
47.3 me hizo pasar... las *a* hasta los tobillos 4325
47.4 *a* hasta las rodillas... *a* hasta los lomos 4325
47.5 porque las *a* habían crecido de manera 4325
47.8 estas *a* salen a la región del oriente 4325
47.8 entradas en el... recibirán sanidad las *a* 4325
47.9 peces por haber entrado allá estas *a* 4325
47.12 sus *a* salen del santuario; y su fruto 4325
47.19 desde Tamar hasta las *a* de... rencillas 4325
48.28 será el límite... las *a* de las rencillas 4325
Dn 1.12 nos den legumbres a comer, y *a* a beber 4325
11.22 serán barridas... como con inundación de *a* 7858
12.6 y dijo uno al... que estaba sobre las *a* 4325
12.7 oí al... que estaba sobre las *a* del río 4325
Os 2.5 mis amantes, que me dan mi pan y mi *a* 4325
5.10 derramaré sobre ellos como *a* mi ira 4325
10.7 como espuma sobre la superficie de las *a* 4325
Jl 1.20 porque se secaron los arroyos de las *a* 4325
3.18 por todos los arroyos de Judá correrán *a* 4325
Am 4.8 dos o tres... a una ciudad para beber *a* 4325
5.8 que llama a las *a* del mar, y las derrama 4325
5.24 pero corra el juicio como las *a*, y la 4325
8.11 ni sed de *a*, sino de oír la palabra de 4325
9.6 él llama las *a* del mar, y sobre la faz de 4325
Jon 2.5 las *a* me rodearon... rodeóme el abismo 4325
3.7 rey... no se les dé alimento, ni beban *a* 4325
Mi 1.4 como las *a* que corren por un precipicio 4325
Nah 2.8 Nínive de... antiguo como estanque de *a* 4325
3.8 rodeada de *a*... era el mar, y *a* por muro? 4325
3.14 provéete de *a* para el asedio, refuerza 4325
Hab 2.14 llena del... como las *a* cubren el mar 4325
3.10 pasó la inundación de las *a*; el abismo 4325
3.15 caminaste en la mole de las grandes *a* 4325
Zac 9.11 presos de la cisterna en que no hay *a* 4325
14.8 saldrán de Jerusalén *a* vivas, la mitad 4325
Mt 3.11 yo a la verdad os bautizo en *a* para *5204*
3.16 Jesús... subió luego del *a*, y he aquí los *5204*
8.32 se precipitó en... y perecieron en las *a* *5204*
10.42 **que dé a uno de estos... un vaso de *a***
14.28 tú, manda que yo vaya a ti sobre las *a* *5204*
14.29 andaba sobre las *a* para ir a Jesús *5204*
17.15 muchas veces cae en el fuego... en el *a* *5204*
27.24 tomó *a* y se lavó las manos delante del *5204*
Mr 1.8 yo a la verdad os he bautizado con *a* *5204*
1.10 y cuando subía del *a*, vio abrirse los *5204*
9.22 muchas veces le echa en el... y en el *a* *5204*
9.41 **que os diere un vaso de *a* en mi nombre** *5204*
14.13 un hombre que lleva un cántaro de *a* *5204*
Lc 3.16 yo a la verdad os bautizo en *a*; pero *5204*
7.44 **no me diste *a* para mis pies; mas ésta** *5204*
8.25 que aun... a las *a* manda, y le obedecen? *5204*
12.54 **luego decís: *A* viene; y así sucede** *3655*
16.24 **para que moje la punta de su dedo en *a*** *5204*
22.10 **un hombre que lleva un cántaro de *a*** *5204*
Jn 1.26 Juan les respondió... Yo bautizo con *a* *5204*
1.31 yo... por esto vine yo bautizando con *a* *5204*
1.33 me envió a bautizar con *a*, aquél me dijo *5204*
2.6 estaban allí 6 tinajas de piedra para *a* *5201*

2.7 **Jesús... dijo: Llenad estas tinajas de a** 5201
2.9 el maestresala probó el a hecha vino, sin 5204
2.9 lo sabían los... que habían sacado el a 5204
3.5 **que el que no naciere de a y del Espíritu** 5204
3.23 en Enón... porque había allí muchas a 5204
4.7 **vino una mujer de Samaria a sacar a; y** 5204
4.10 **tú le pedirías, y él te daría a viva** 5204
4.11 ¿de dónde, pues, tienes el a viva? 5204
4.13 **dijo: Cualquiera que bebiere de esta a** 5204
4.14 **mas el que bebiere del a que yo le daré** 5204
4.14 **el a... en él una fuente de a que salte** 5204
4.15 dame de esa a, para que no tenga yo sed 5204
4.46 donde había convertido el a en vino 5204
5.3 multitud... esperaban el movimiento del a 5204
5.4 porque un ángel descendía... y agitaba el a 5204
5.4 después del movimiento... a, quedaba sano 5204
5.7 quien me meta en el... cuando se agita el a 5204
7.38 **de su interior correrán ríos de a viva** 5204
13.5 luego puso a en un lebrillo, y comenzó a 5204
19.34 lanza, y al instante salió sangre y a 5204
Hch 1.5 **porque Juan ciertamente bautizó con a** 5204
8.36 llegaron a cierta a... Aquí hay a; ¿qué 5204
8.38 y descendieron ambos al a, Felipe y el 5204
8.39 cuando subieron del a, el Espíritu del 5204
10.47 alguno impedir el a, para que no sean 5204
11.16 dijo: Juan ciertamente bautizó en a 5204
27.41 dando en un lugar de dos a, hicieron 1337
Ef 5.26 purificado en el lavamiento del a por 5204
1 Ti 5.23 no bebas a, sino usa de un poco de 5202
He 9.19 tomó la sangre... con a, lana escarlata 5204
10.22 corazones... y lavados los cuerpos con a 5204
Stg 3.12 ninguna fuente... dar a salada y dulce 5204
1 P 3.20 es decir, ocho, fueron salvadas por a 5204
2 P 2.17 son fuentes sin a, y nubes empujadas 504
3.5 que proviene del a y por el a subsiste 5204
3.6 el mundo de entonces pereció anegado en a 5204
1 Jn 5.6 vino mediante a y sangre; no mediante 5204
5.6 no mediante a... sino mediante a y sangre 5204
5.8 el Espíritu, el a y la sangre; y estos 3 5204
Jud 12 nubes sin a, llevadas de acá para allá 504
Ap 1.15 y su voz como estruendo de muchas a 5204
7.17 los guiará a fuentes de a de vida; y Dios 5204
8.10 cayó sobre... sobre las fuentes de las a 5204
8.11 parte de las a se convirtió en ajenjo 5204
8.11 y muchos... murieron a causa de esas a 5204
11.6 poder sobre las a para convertirlas en 5204
12.15 serpiente arrojó de su... a como un río 5204
14.2 oí una voz... como estruendo de muchas a 5204
14.7 adorad a aquel que hizo... fuentes de... a 5204
16.4 derramó su copa sobre... fuentes de las a 5204
16.5 oí al ángel de las a, que decía: Justo 5204
16.12 río Eufrates, y el a de éste se secó 5204
17.1 contra la... que está sentada sobre muchas a .. 5204
17.15 las a que has visto donde la ramera se 5204
19.6 como el estruendo de muchas a, y como la 5204
21.6 le daré... de la fuente del a de la vida 5204
22.1 me mostró un río limpio de a de vida 5204
22.17 tome del a de la vida gratuitamente 5204

AGUACERO
Job 37.6 la llovizna, y a los a torrenciales 1653
Is 4.6 para refugio... contra el turbión y... el a 4306

AGUADOR
Jos 9.21 y fueron constituidos leñadores y a 7579
9.27 y Josué los destinó aquel día a ser... a 7579

AGUARDAR
Jue 19.8 dijo... *aguarda* hasta que decline el día 4102
1 S 12.7 *aguardad*, y contenderé con vosotros 3320
Job 18.10 y una trampa le *aguarda* en la senda
24.15 del adúltero está *aguardando* la noche 8104
35.14 la causa está... por tanto, *aguárdale* 2342
Sal 27.14 *aguarda* a Jehová; esfuérzate, y 6960
119.95 los impíos... *aguardado* para destruirme 6960
Pr 8.34 *aguardando* a los postes de... puertas 8104
Lm 4.17 en nuestra esperanza *aguardamos* a una 6822
Mi 5.7 las lluvias... ni *aguardan* a hijos de 3176
Lc 12.36 hombres que *aguardan* a que su señor 4327
Ro 8.19 es el *aguardar* la manifestación de los 553
8.25 esperamos... con paciencia lo *aguardamos* 553
Gá 5.5 *aguardamos* por fe la esperanza de la 553
Tit 2.13 *aguardando* la esperanza... gloriosa 4327
Stg 5.7 *aguardando*... hasta que reciba la lluvia

AGUDEZ
Job 41.30 por debajo... imprime su a en el suelo 2742

AGUDO, A
1 S 14.4 un peñasco a de un lado, y otro del 8127
Job 41.30 por debajo tiene a conchas; imprime 2742
Sal 45.5 saetas a... penetrarán en el corazón de 8150
57.4 dientes son lanzas... su lengua espada a 2299
120.4 a saetas de valiente, con brasas de 8150
Pr 5.4 su fin es... a como espada de dos filos 2299
25.18 saeta a es el hombre que habla contra 8150
Is 49.2 puso mi boca como espada a, me cubrió 2299
Ez 5.1 tómate un cuchillo a, toma una navaja 2299
Ap 1.16 de su boca salía una espada a de dos 3691
2.12 **el que tiene la espada a de... dice esto** 3691
14.14 corona de oro, y en la mano una hoz a 3691
14.17 salió otro ángel... teniendo... una hoz a 3691
14.18 llamó a gran voz al que tenía la hoz a 3691
14.18 mete tu hoz a, y vendimia los racimos 3691
19.15 su boca sale una espada a, para herir 3691

AGÜERO
Nm 23.23 porque contra Jacob no hay a, ni 5173
24.1 no fue... en busca de a, sino que puso 5173
2 R 17.17 se dieron a adivinaciones y a a, y se 5172
2 Cr 33.6 miraba en a, era dado a adivinaciones 5172

AGUIJADA
Jue 3.31 mató a... filisteos con una a de bueyes 4451
1 S 13.21 tercera parte de... por componer las a 1861

AGUIJÓN
Nm 33.55 ellos serán por a en vuestros ojos 7899
Ec 12.11 las palabras de los sabios son como a 1861
Ez 28.24 nunca más será... ni a que le dé dolor 6975
Hch 9.5; 26.14 **dura... es dar coces contra el a** 2759
1 Co 15.55 ¿dónde está, oh muerte, tu a? 2759
15.56 ya que el a de la muerte es el pecado 2759
2 Co 12.7 me fue dado un a en mi carne, un 4647
Ap 9.10 tenían colas... y también a; y en sus 2759

ÁGUILA
Éx 19.4 tomé sobre alas de á, y os he traído 5404
Lv 11.13 no se comerán... abominación: el á, el 5404
Dt 14.12 de las que no podréis comer: el á 5404
28.49 que vuele como á, nación cuya lengua 5404
32.11 el á que excita su nidada... sus pollos 5404
2 S 1.23 más ligeros eran que á, más fuertes 5404
Job 9.26 como el á que se arroja sobre la presa 5404
39.27 ¿se remonta el á por tu mandamiento 5404
Sal 103.5 modo que te rejuvenezcas como el á 5404
Pr 23.5 harán alas, como alas de á, y volarán 5404
30.17 lo saquen, y lo devoren los hijos del á 5404
30.19 el rastro del á en el aire; el rastro 5404
Is 40.31 levantarán alas como las á; correrán 5404
Jer 4.13 más ligeros son sus caballos que las á 5404
48.40 que como á volará, y extenderá sus alas 5404
49.16 aunque alces como á tu nido, de allí te 5404
49.22 como á subirá y volará, y extenderá sus 5404
Lm 4.19 ligeros fueron... que las á del cielo 5404
Ez 1.10 caras... había en los cuatro cara de á 5404
10.14 la... cara de león; la cuarta, cara de á 5404
17.3 una gran á... vino al Líbano, y tomó el 5404
17.6 y sus ramas miraban al á, y sus raíces
17.7 había... otra gran á, de grandes alas y de 5404
Dn 4.33 que su pelo creció como plumas de á 5403
7.4 la primera era como... y tenía alas de á 5403
Os 8.1 como á viene contra la casa de Jehová 5404
Abd 4 aunque te remontares como á, y aunque 5404
Mi 1.16 calvo como á, porque en cautiverio 5404
Hab 1.8 volarán como á... se apresuran a devorar 5404
Mt 24.28 **el cuerpo muerto... se juntarán las á** 105
Lc 17.37 **estuviere el cuerpo... también las á** 105
Ap 4.7 el cuarto era semejante a un á volando 105
12.14 le dieron... las dos alas de la gran á 105

AGUJA
Mt 19.24; Mr 10.25; Lc 18.25 **pasar un camello por el ojo de una a** 4476

AGUJERO
2 R 12.9 tomó un arca e hizo en la tapa un a 2356
Cnt 2.14 paloma mía, que estás en los a de la 2288
Ez 8.7 y miré, y he aquí en la pared un a 2356

AGUR *Autor de algunos proverbios*, Pr 30.1 94

AGUSANAR
Éx 16.24 guardaron... y no se *agusanó*, ni hedió 7415

AGUZAR
Job 16.9 contra mí *aguzó* sus ojos mi enemigo 3913
Sal 140.3 *aguzaron* su lengua como la serpiente 8150
Pr 27.17 hierro con hierro se *aguza*, y así el 2300
27.17 el hombre *aguza* el rostro de su amigo 2300

AH *Véase también el Apéndice*
Sal 70.3 vueltos atrás... los que dicen: ¡A! ¡A! 1889

AHARA *Hijo de Benjamín (=Ahiram)*, 1 Cr 8.1 315

AHARHEL *Descendiente de Judá*, 1 Cr 4.8 316

AHASBAI *Padre de Elifelet No. 2*, 2 S 23.34 308

AHASTARI *Familia de la tribu de Judá*, 1 Cr 4.6 ... 326

AHAVA *Río en Babilonia*, Esd 8.15,21,31 163

AHBÁN *Hijo de Abisur*, 1 Cr 2.29 257

AHER *Descendiente de Benjamín*, 1 Cr 7.12 313

AHÍ *(n.)*
1. Hijo de Abdiel, 1 Cr 5.15 277
2. Hijo de Semer No. 3, 1 Cr 7.34 277

AHÍ *(adv.) Véase el Apéndice*

AHÍA *Padre de Baasa, rey de Israel (=Ahías No.4)*, 2 R 9.9 281

AHÍAM *Uno de los 30 valientes de David*, 2 S 23.33; 1 Cr 11.35 279

AHÍAN *Descendiente de Manasés*, 1 Cr 7.19 291

AHÍAS
1. Sacerdote en tiempo del rey Saúl
1 S 14.3 y A hijo de Ahitob... llevaba el efod 281
14.18 y Saúl dijo a A: Trae el arca de Dios 281
2. Oficial del rey Salomón, 1 R 4.3 281
3. Profeta en tiempo del rey Salomón
1 R 11.29 Jeroboam... le encontró... el profeta A 281
11.30 tomando A la capa nueva que tenía sobre 281
12.15 que Jehová había hablado por medio de A 281
14.2 allí está el profeta A, el que me dijo 281
14.4 vino a casa de A. Y ya no podía ver A 281
14.5 Jehová había dicho a A: He aquí que la 281
14.6 cuando A oyó el sonido de sus pies, al 281
14.18 él había hablado por su... el profeta A 281
15.29 Jehová habló por su siervo A silonita 281
2 Cr 9.29 en la profecía de A silonita, y en 281
10.15 la palabra que había hablado por A 281
4. Padre de Baasa, rey de Israel (=Ahía), 1 R 15.27,33; 21.22; 2 R 9.9 281
5. Hijo de Jerameel, 1 Cr 2.25 281
6. Descendiente de Benjamín, 1 Cr 8.7 281
7. Uno de los valientes de David, 1 Cr 11.36 281
8. Tesorero del templo, 1 Cr 26.20 281
9. Firmante del pacto de Nehemías
Neh 10.26 281

AHICAM *Ministro del rey Josías y posteriormente protector del profeta Jeremías*
2 R 22.12 el rey dio orden... a A hijo de Safán 296
22.14 fueron... Hilcías, y A, Acbor, Safán y 296
25.22 puso por gobernador a Gedalías hijo de A 296
2 Cr 34.20 mandó a Hilcías y a A hijo de Safán 296
Jer 26.24 la mano de A... a favor de Jeremías 296
39.14 y lo entregaron a Gedalías hijo de A 296
40.5 vuélvete a Gedalías hijo de A, hijo de 296
40.6 se fue... Jeremías a Gedalías hijo de A 296
40.7 a Gedalías hijo de A para gobernar la 296
40.9 les juró Gedalías hijo de A... No tengáis 296
40.11 que había puesto... a Gedalías hijo de A 296
40.14 mas Gedalías hijo de A no les creyó 296
40.16 pero Gedalías hijo de A dijo a Johanán 296
41.1 Ismael... a Gedalías hijo de A en Mizpa 296
41.2 hirieron a espada a Gedalías hijo de A 296
41.6 les dijo: Venid a Gedalías hijo de A 296
41.10 había encargado... a Gedalías hijo de A 296
41.16 después que mató a Gedalías hijo de A 296
41.18 haber dado muerte... a Gedalías hijo de A 296
43.6 con Gedalías hijo de A, hijo de Safán 296

AHIEZER
1. Jefe de la tribu de Dan, Nm 1.12; 2.25; 7.66,71; 10.25 295
2. Capitán que se unió a David, 1 Cr 12.3 295

AHILUD *Padre de Josafat No. 1 y Baana No. 3*
2 S 8.16; 20.24; 1 R 4.3,12; 1 Cr 18.15 286

AHIMAAS
1. Suegro del rey Saúl, 1 S 14.50 290
2. Hijo del sacerdote Sadoc
2 S 15.27 A tu hijo, y Jonatán hijo de Abiatar 290
15.36 dos hijos, A el de Sadoc, y Jonatán el 290
17.17 Jonatán y A estaban junto a la fuente 290
17.20 ¿dónde están A y Jonatán? Y la mujer 290
18.19 A hijo de Sadoc dijo: ¿Correré ahora 290
18.22 A hijo de Sadoc volvió a decir a Joab 290
18.23 corrió... A por el camino de la llanura 290
18.27 me parece... como el correr de A hijo de 290
18.28 A dijo en alta voz al rey: Paz. Y se 290
18.29 y A respondió: Vi yo un gran alboroto 290
1 Cr 6.8 engendró a Sadoc, Sadoc engendró a A 290
6.9 A engendró a Azarías, Azarías engendró 290
6.53 Sadoc su hijo, A su hijo 290
3. Oficial del rey Salomón, 1 R 4.15 290

AHIMÁN
1. Uno de los hijos de Anac, Nm 13.22; Jos 15.14; Jue 1.10 289
2. Portero de Jerusalén, 1 Cr 9.17 289

AHIMELEC
1. Sacerdote en tiempo del rey Saúl
1 S 21.1 vino David a... A; y se sorprendió A 288
21.2 respondió David al sacerdote A: El rey 288
21.8 David dijo a A: ¿No tienes... o espada? 288
22.9 vi al hijo de Isaí que vino a Nob, a A 288
22.11 el rey envió por el sacerdote A hijo de 288
22.14 entonces A respondió al rey, y dijo 288
22.16 sin duda morirás, A, tú y toda la casa 288
22.20 uno de los hijos de A hijo de Ahitob 288
23.6 cuando Abiatar hijo de A huyó... a Keila 288
30.7 David al sacerdote Abiatar hijo de A 288
1 Cr 24.31 delante del rey... y de Sadoc y de A 288
Sal 52 *tít.* David ha venido a casa de A 288
2. Sacerdote en tiempo del rey David (=Abimelec No. 4), 2 S.8.17; 1 Cr 24.3,6 288
3. Heteo en el servicio de David, 1 S 26.6 288

AHIMOT *Descendiente de Coat*, 1 Cr 6.25 287

AHINADAB *Oficial del rey Salomón*, 1 R 4.14 292

AHINOAM
1. Mujer del rey Saúl, 1 S 14.50 293
2. Mujer del rey David
1 S 25.43 tomó David a A de Jezreel, y ambas 293
27.3 A jezreelita y Abigail la que... de Nabal 293
30.5 las dos mujeres de David, A... y Abigail 293
2 S 2.2 con él sus dos mujeres, A jezreelita 293
3.2 primogénito fue Amnón, de A jezreelita 293
1 Cr 3.1 los hijos de David... de A jezreelita 293

AHÍO
1. Hijo de Abinadab No. 1
2 S 6.3 Uza y A hijos de... guiaban el carro 283
6.4 lo llevaban de... A iba delante del arca 283
1 Cr 13.7 el arca... Uza y A guiaban el carro 283
2. Hijo de Elpaal, 1 Cr 8.14 283
3. Hijo de Abi-gabaón, 1 Cr 8.31; 9.37 283

AHIRA *Príncipe de la tribu de Neftalí,* Nm 1.15; 2.29; 7.78,83; 10.27 ... 299
AHIRAM *Hijo de Benjamín (=Ahara),* Nm 26.38 ... 298
AHIRAMITA *Descendiente de Ahiram,* Nm 26.38 .. 298
AHISAHAR *Descendiente de Benjamín,* 1 Cr 7.10 ... 300
AHISAMAC *Padre de Aholiab,* Éx 31.6; 35.34; 38.23 ... 294
AHISAR *Mayordomo del rey Salomón,* 1 R 4.6 ... 301
AHITOB *Nombre de varios sacerdotes*
1 S 14.3 y Ahías hijo de *A*, hermano de Icabod ... 285
22.9 yo vi... que vino a... Ahimelec hijo de *A* ... 285
22.11 el rey envió por... Ahimelec hijo de *A* ... 285
22.12 le dijo: Oye, ahora, hijo de *A*. Y él ... 285
22.20 uno de los hijos de Ahimelec hijo de *A* ... 285
2 S 8.17 hijo de *A* y Ahimelec... eran sacerdotes ... 285
1 Cr 6.7 Meraiot engendró a Amarías... a *A* ... 285
6.8 *A* engendró a Sadoc, Sadoc... a Ahimaas ... 285
6.11 Azarías engendró a Amarías, Amarías... *A* ... 285
6.12 *A* engendró a Sadoc, Sadoc engendró a ... 285
6.52 Meraiot su hijo, Amarías su hijo, *A* ... 285
9.11 hijo de *A*, príncipe de la casa de Dios ... 285
18.16 Sadoc hijo de *A* y Abimelec hijo de ... 285
Esd 7.2 de Salum, hijo de Sadoc, hijo de *A* ... 285
Neh 11.11 hijo de *A*, príncipe de la casa de ... 285
AHITOFEL *Consejero de David*
2 S 15.12 llamó a *A*... consejero de David, de su ... 302
15.31 *A* está entre los que conspiraron con ... 302
15.31 entorpece... oh Jehová, el consejo de *A* ... 302
15.34 entonces... harás nulo el consejo de *A* ... 302
16.15 entraron en Jerusalén, y con él *A* ... 302
16.20 dijo Absalón a *A*: Dad vuestro consejo ... 302
16.21 *A* dijo... Llégate a las concubinas de tu ... 302
16.23 el consejo que daba *A*... era como si se ... 302
16.23 así era todo consejo de *A*, tanto con ... 302
17.1 entonces *A* dijo a Absalón: Yo escogeré ... 302
17.6 así ha dicho *A*; ¿seguiremos su consejo ... 302
17.7 el consejo que ha dado... *A* no es bueno ... 302
17.14 de Husai... es mejor que el consejo de *A* ... 302
17.14 el acertado consejo de *A* se frustrara ... 302
17.15 así y así aconsejó *A* a Absalón y a los ... 302
17.21 *A* ha dado tal consejo contra vosotros ... 302
17.23 *A*, viendo que no se había seguido su ... 302
23.34 Elifelet... Eliam hijo de *A*, gilonita ... 302
1 Cr 27.33 *A* era consejero del rey; y Husai ... 302
27.34 después de *A* estaban Joiada hijo de ... 302
AHIUD
1. Príncipe de la tribu de Aser, Nm 34.27 ... 282
2. Descendiente de Benjamín, 1 Cr 8.7 ... 284
AHLAB *Población en el territorio de Aser,* Jue 1.31 ... 303
AHLAI
1 Descendiente de Jerameel, 1 Cr 2.31 ... 304
2. Padre de Zabad No 3, 1 Cr 11.41 ... 304
AHOA *Descendiente de Benjamín,* 1 Cr 8.4 ... 265
AHOGADO *Véase también Ahogar*
Hch 15.20 de fornicación, de *a* y de sangre ... *4156*
15.29 os abstengáis... de *a*, y de fornicación ... *4156*
21.25 se abstengan... de *a*, y de fornicación ... *4156*
AHOGAR
Cnt 8.7 apagar el amor, ni lo *ahogarán* los ríos ... 7857
Nah 2.12 *ahogaba* para sus leonas, y llenaba ... 2614
Mt 13.7 **los espinos crecieron, y la *ahogaron*** ... *638*
13.22 **engaño de... riquezas *ahogan* la palabra** ... *4846*
18.28 **y asiendo de él, le *ahogaba*, diciendo** ... *4155*
Mr 4.7 **los espinos crecieron y la *ahogaron*** ... *4846*
4.19 **pero los afanes de... *ahogan* la palabra** ... *4846*
5.13 un despeñadero, y en el mar se *ahogaron* ... *4155*
Lc 8.7 **los espinos que nacieron... la *ahogaron*** ... *638*
8.14 ***ahogados* por los afanes y las riquezas** ... *4846*
8.33 hato se precipitó... al lago, y se *ahogó* ... *638*
He 11.29 e intentando los egipcios... *ahogados* ... *2666*
AHOHÍTA *Perteneciente a la familia de Ahoa,* 2 S 23.9,28; 1 Cr 11,12,29; 27,4 ... 266
AHOLA *Nombre simbólico de Samaria y las diez tribus*
Ez 23.4 llamaban, la mayor, *A*, y su hermana ... 170
23.4 y se llamaron... *A*: y Jerusalén, Aholiba ... 170
23.5 *A* cometió fornicación aun estando en mi ... 170
23.36 ¿no juzgarás tú a *A* y a Aholiba, y les ... 170
23.44 como quien viene a... así vinieron a *A* ... 170
AHOLIAB *Uno de los dos encargados de la construcción del tabernáculo*
Éx 31.6 he puesto con él a *A* hijo de Ahisamac ... 171
35.34 así él como *A* hijo... de la tribu de Dan ... 171
36.1 Bezaleel y *A*, y todo hombre sabio de ... 171
36.2 Moisés llamó a Bezaleel y a *A* y a todo ... 171
38.23 y con él estaba *A* hijo de Ahisamac, de ... 171
AHOLIBA *Nombre simbólico de Jerusalén y Judá*
Ez 23.4 y se llamaban... Ahola, y su hermana, *A* ... 172
23.4 se llamaron: Samaria... y Jerusalén, *A* ... 172
23.11 lo vio su hermana *A*, y enloqueció de ... 172
23.22 por tanto, *A*, así ha dicho Jehová el ... 172
23.36 ¿no juzgarás tú a Ahola y a *A*, y les ... 172
23.44 como quien viene a... así vinieron a... *A* ... 172
AHOLIBAMA
1. Mujer de Esaú (Judit)
Gn 36.2,5,14,18 (2),25 ... 173
2. Jefe de Esaú No. 2, Gn 36.41; 1 Cr 1.52 ... 173
AHONDAR
Sal 7.15 lo ha *ahondado*; y en el hoyo que hizo ... 2658
Lc 6.48 **y *ahondó* y puso el fundamento sobre la** ... *4626,900*
AHORA *Véase también el Apéndice*
2 Co 6.2 *a* el tiempo aceptable; he aquí *a* el ... *3568*
AHORCAR
Gn 40.22 hizo *ahorcar* al jefe de los panaderos ... 8518
Nm 25.4 *ahórcalos* ante Jehová delante del sol ... 3363
2 S 17.23 después de... se *ahorcó*, y así murió ... 2614
21.6 siete varones... para que los *ahorquemos* ... 3363
21.9 *ahorcaron* en el monte delante de Jehová ... 3363
21.13 también los huesos de los *ahorcados* ... 3363
Mt 27.5 arrojando las piezas... fue y se *ahorcó* ... *519*
AHORRAR
Pr 17.27 *ahorra* sus palabras tiene sabiduría ... 2820
AHUMAI *Descendiente de Judá,* 1 Cr 4.2 ... 267
AHUYENTAR
Gn 15.11 descendían aves. Abram las *ahuyentaba* ... 5380
Neh 13.28 yerno de Sanbalat... lo *ahuyenté* de mí ... 1272
Pr 19.26 el que roba a... y *ahuyenta* a su madre ... 1272
25.23 el viento del norte *ahuyenta* la lluvia ... 2342
Is 17.13 serán *ahuyentados* como el tamo de los ... 7291
AHUZAM *Descendiente de Judá,* 1 Cr 4.6 ... 275
AHUZAT *Amigo de Abimelec No. 2,* Gn 26.26 ... 276
AÍA *Población cerca de Bet-el (=Hai),* Neh 11.31 .. 345
AÍN
1. Ciudad en la frontera de Palestina
Nm 34.11 ... 5871
2. Ciudad en Simeón, Jos, 15.32; 19.7; 21.16; 1 Cr 4.32 ... 5871
AIRAR
Nm 16.22 *airarte* contra toda la congregación? ... 7107
Dt 1.37 contra mí se *airó* Jehová por vosotros ... 599
Jos 22.18 se *airará* él contra... la congregación ... 7107
1 R 8.46 estuvieres *airado* contra ellos, y los ... 599
2 R 17.18 Jehová... *airó* en gran manera contra ... 599
19.28 por cuanto te has *airado* contra mí, por ... 7264
2 Cr 28.11 Jehová está *airado* contra vosotros ... 639
Neh 4.5 se *airaron* contra los que edificaban ... 3707
Sal 7.11 *airado* contra el impío todos los días ... 2194
58.9 así vivos, así *airados*, los arrebatará él ... 2740
60.1 te has *airado*; ¡vuélvete a nosotros! ... 599
79.5 ¿estarás *airado* para siempre? ¿Arderá ... 599
89.38 a tu ungido, y te has *airado* con él ... 5674
Pr 14.29 el que tarda en *airarse* es grande de ... 639
15.18 mas el que tarda en *airarse* apacigua ... 639
16.32 mejor es el que tarda en *airarse* que ... 639
22.14 contra el cual Jehová estuviere *airado*
25.23 el rostro *airado* la lengua detractora ... 2194
Cnt 1.6 los hijos de mi madre se *airaron* contra ... 2734
Is 34.2 Jehová está *airado* contra... las naciones ... 7110
37.29 contra mí te *airaste*, y tu arrogancia ... 7264
Jer 8.19 ¿por qué me hicieron *airar* con sus ... 3707
37.15 los príncipes *airaron* contra Jeremías ... 7107
Lm 5.22 te has *airado* contra nosotros en gran ... 7107
Dn 11.10 mas los hijos de aquél se *airarán*, y ... 1624
Hab 3.8 te *airaste*, oh Jehová, contra los ríos? ... 2734
3.8 ¿contra los ríos te *airaste*? ¿Fue tu ira ... 639
Zac 1.12 con las cuales has estado *airado* por ... 2194
1.15 estoy muy *airado* con ira las naciones que ... 7107
Ef 4.26 *airaos*, pero no pequéis; no se ponga ... *3710*
Stg 1.19 tardo para hablar, tardo para *airarse* ... *3709*
Ap 11.18 se *airaron* las naciones, y tu ira ha ... *3710*
AIRE
Gn 3.8 Dios... se paseaba en el huerto, al *a* ... 7307
Dt 4.17 figura de... alada que vuele por el *a* ... 8064
Job 5.7 se levantan para volar por el *a*, así
Pr 30.19 rastro del águila en el *a*; el rastro ... 8064
Is 27.8 él los remueve... en el día del *a* solano ... 6921
Hch 22.23 ellos gritaban... y lanzaban polvo al *a* ... *109*
1 Co 9.26 así... peleo, no como quien golpea el *a* ... *109*
14.9 si... no diereis palabra... hablaréis al *a* ... *109*
Ef 2.2 conforme al príncipe... potestad del *a* ... *109*
1 Ts 4.17 nubes para recibir al Señor en el *a* ... *109*
Ap 9.2 se oscureció el sol y el *a* por el humo ... *109*
16.17 séptimo ángel derramó su copa por el *a* ... *109*
AIROSA
Jer 22.14 para mí casa espaciosa, y salas *a* ... 7304
AJA
1. Hijo de Zibeón, Gn 36.24; 1 Cr 1.40 ... 345
2. Padre de Rizpa, 2 S 3.7; 21.8,10,11 ... 345
AJALÓN
1. Valle en el territorio de Dan, Jos 10.12 ... 357
2. Nombre de varias poblaciones
Jos 19.42 Saalabín, *A*, Jetla ... 357
21.24 *A* con sus ejidos Gat-rimón con sus ... 357
Jue 1.35 el amorreo persistió en habitar en... *A* ... 357
12.12 murió Elón... y fue sepultado en *A* en la ... 357
1 S 14.31 e hirieron... desde Micmas hasta *A* ... 357
1 Cr 6.69 *A* con sus ejidos y Gat-rimón con sus ... 357
8.13 de las familias de los moradores de *A* ... 357
2 Cr 11.10 Zora, *A* y Hebrón, que eran... Judá ... 357
28.18 los filisteos... habían tomado... *A*, Gederot ... 357
AJAT *Probablemente =Hai,* Is 10.28 ... 5857
AJELET-SAHAR *«Cierva de la mañana»,* Sal 22: *tít*
AJENJO
Dt 29.18 que haya... raíz que produzca hiel y *a* ... 3939
Pr 5.4 su fin es amargo como el *a*, agudo como ... 3939
Jer 9.15 a este pueblo yo les daré a comer *a* ... 3939
23.15 yo los hago comer *a*, y les haré beber ... 3939
Lm 3.15 llenó de amarguras, me embriagó de *a* ... 3939
3.19 acuérdate... de mi abatimiento, del *a* y de ... 3939
Os 10.4 juicio florecerá como *a* en los surcos ... 7219
Am 5.7 los que convertís en *a* el juicio, y la ... 3939
6.12 convertido... el fruto de justicia en *a*? ... 3939
Ap 8.11 el nombre de la estrella es *A*. Y la ... *894*
8.11 la tercera parte de... se convirtió en *a* ... *894*
AJENO, A
Gn 15.13 que tu descendencia morará en tierra *a*
35.2 quitad... dioses *a* que hay entre vosotros ... 5236
35.4 así dieron... todos los dioses *a* que había ... 5236
Éx 2.22 porque dijo: Forastero soy en tierra *a* ... 5237
18.3 dijo: Forastero he sido en tierra *a* ... 5237
20.3; Dt 5.7 no tendrás dioses *a* delante de ... 312
Dt 6.14 no andaréis en pos de dioses *a*, de ... 312
7.4 desviará a tu hijo... servirán a dioses *a* ... 312
8.19 y anduvieras en pos de dioses *a*, y les ... 312
11.16 os apartéis y sirváis a dioses *a*, y os ... 312
11.28 para ir en pos de dioses *a* que no habéis ... 312
13.2 vamos en pos de dioses *a*... no conociste ... 312
13.6 vamos y sirvamos a dioses *a*, que ni tú ... 312
13.13 y sirvamos a dioses *a*, que vosotros no ... 312
17.3 que hubiese ido y servido a dioses *a*, y ... 312
18.20 o que hablare en nombre de dioses *a*, el ... 312
28.14 no te apartares... para ir tras dioses *a* ... 312
28.36 allá servirás a dioses *a*, al palo y a la ... 312
28.64 servirás a dioses *a* que no conociste tú ... 312
29.26 sirvieron a dioses *a*, y se inclinaron ... 312
30.17 inclinares a dioses *a* y les sirvieres ... 312
31.16 fornicará tras los dioses *a* de la tierra ... 5236
31.18 el mal... por haberse vuelto a dioses *a* ... 312
31.20 y se volverán a dioses *a* y les servirán ... 312
32.16 le despertaron a celo con los dioses *a* ... 2114
Jos 23.16 honrando a dioses *a* e inclinándoos a ... 312
24.20 y sirviereis a dioses *a*, él se volverá ... 5236
24.23 quitad... los dioses *a* que están entre ... 5236
Jue 2.17 tras dioses *a*, a los cuales adoraron ... 312
2.19 siguiendo a dioses *a* para servirles ... 312
10.13 y habéis servido a dioses *a*; por tanto ... 312
10.16 quitaron de... los dioses *a*, y sirvieron ... 5236
1 S 7.3 quitad los dioses *a* y a Astarot de ... 5236
8.8 dejándome a mí y sirviendo a dioses *a* ... 312
26.19 arrojado hoy... Vé y sirve a dioses *a* ... 312
1 R 9.6 que fuereis y sirviereis a dioses *a* ... 312
9.9 echaron mano a dioses *a*, y los adoraron ... 312
11.4 inclinaron su corazón tras dioses *a* ... 312
11.10 que no siguiese a dioses *a*; mas él no ... 312
14.9 pues... te hiciste dioses *a* e imágenes de ... 312
2 R 17.7 hijos de Israel... temieron a dioses *a* ... 312
17.37 por obra, y no temeréis a dioses *a* ... 312
17.38 no olvidaréis... ni temeréis a dioses *a* ... 312
22.17 cuanto... quemaron incienso a dioses *a* ... 312
2 Cr 7.19 si vosotros... sirviereis a dioses *a* ... 312
7.22 por cuanto... y han abrazado a dioses *a* ... 312
28.25 para quemar incienso a los dioses *a* ... 312
33.15 quitó los dioses *a*, y el ídolo de la ... 5236
34.25 han ofrecido sacrificios a dioses *a* ... 312
Job 24.6 siegan... los impíos vendimian la viña *a* ... 7563
Sal 44.20 o alzado nuestras manos a dioses *a* ... 2114
81.9 no habrán en ti dios *a*, ni te inclinarás ... 2114
Pr 2.16 de la *a* que halaga con sus palabras ... 2114
5.20 ¿y por que... andarás ciego con la mujer *a* ... 2114
7.5 para que te guarden de la mujer *a*, y de ... 2114
26.17 que... se deja llevar de la ira en pleito *a*
27.2 alábete el... el *a*, y no los labios tuyos ... 5237
Is 43.12 oír, no hubo entre vosotros dios *a* ... 2114
Jer 5.19 y servisteis a dioses *a* en... tierra ... 5236
5.19 así serviréis a extraños en tierra *a* ... 5236
7.6 ni anduviereis en pos de dioses *a* para ... 312
7.18 tortas a la reina... ofrendas a dioses *a* ... 312
8.19 me hicieron airar con... con vanidades *a*? ... 5236
11.10 se fueron tras dioses *a* para servirles ... 312
13.10 que va en pos de dioses *a* para servirles ... 312
16.11 padres... anduvieron en pos de dioses *a* ... 312
16.13 serviréis a dioses *a* de día y de noche ... 312
19.4 y ofrecieron en él incienso a dioses *a* ... 312
19.13 y vertieron libaciones a dioses *a* ... 312
22.9 y adoraron dioses *a* y les sirvieron ... 312
22.26 te haré llevar... a tierra *a* en que no ... 312
25.6 y no... en pos de dioses *a*, sirviéndoles ... 312
32.29 derramaron libaciones a dioses *a*, para ... 312
35.15 no vayáis tras dioses *a* para servirles ... 312
44.3 a ofrecer incienso, honrando a dioses *a* ... 312
44.5 para dejar de ofrecer incienso a dioses *a* ... 312
44.8 ofreciendo incienso a dioses *a* en la ... 312
44.15 que... habían ofrecido incienso a dioses *a* ... 312
Ez 16.32 que en lugar de su marido recibe a *a* ... 2114
Dn 11.39 con un dios *a*... colmará de honores a ... 5236
Os 3.1 cuales miran a dioses *a*, y aman tortas ... 312
Hab 1.6 que camina... para poseer las moradas *a*
Lc 16.12 **si en lo *a* no fuisteis fieles, ¿quién** ... *245*
Hch 7.6 sería extranjera en tierra *a*, y que ... *245*
Ro 14.4 tú quién eres, que juzgas al criado *a*? ... *245*
15.20 para no edificar sobre fundamento *a* ... *245*
2 Co 10.15 no nos gloriamos... trabajos *a*, sino ... *245*
Ef 2.12 y *a* los pactos de la promesa, sin ... *3581*

4.18 *a* de la vida de Dios por la ignorancia 526
2 Ts 3.11 en nada, sino entreteniéndose en lo *a* 4020
1 Ti 5.22 ninguno, ni participes en pecados *a* 245
He 9.25 entra el sumo sacerdote con sangre *a* 245
11.9 por la fe habitó...en tierra *a*, morando 245
1 P 4.15 padezca...o por entremeterse en lo *a* 244

AJO
Nm 11.5 nos acordamos del...las cebollas y los *a* 7762

AJUSTAR
Éx 36.29 por arriba se *ajustaban* con un gozne
Lv 8.7 lo ciñó con el cinto...y lo *ajustó* con él 640
8.13 *ajustó* tiaras, como Jehová se lo había 2280
Nm 19.15 vasija...cuya tapa no esté bien *ajustada* 6616
1 R 6.35 y las cubrió de oro *ajustado* a las 3474
7.9 de piedras...*ajustadas* con sierras según 1641
Is 28.17 *ajustaré* el juicio a cordel, y a nivel 7760

AL *Véase el Apéndice*

ALA
Éx 19.4 como os tomé sobre *a* de águilas, y os 3671
25.20 los querubines extenderán encima las *a* 3671
25.20 cubriendo con sus *a* el propiciatorio 3671
37.9 extendían sus a...cubriendo con sus *a* el 3671
Lv 1.17 la henderá por su *a*...no la dividirá 3671
Dt 32.11 extiende sus *a* los toma, los lleva 3671
Rt 2.12 bajo cuyas *a* has venido a refugiarte 3671
2 S 22.11 y voló; voló sobre las *a* del viento 3671
1 R 6.24 una *a*...tenía cinco codos, y...otra *a* 3671
6.24 diez codos desde la punta de una *a* hasta 3671
6.27 extendían sus *a*, de modo que el *a* de uno 3671
6.27 el *a* del otro...las otras dos *a* se tocaban 3671
8.6 arca...debajo de las *a* de los querubines 3671
8.7 los querubines tenían extendidas las *a* 3671
1 Cr 28.18 que con las *a*...cubrían el arca del
2 Cr 3.11 de las *a*...una *a* era de cinco codos 3671
3.11,12 una *a*...tocaba el *a* del otro querubín 3671
3.13 los querubines tenían las *a* extendidas por 3671
5.7 el arca del...bajo las *a* de los querubines 3671
5.8 extendían las *a* sobre el lugar del arca 3671
Job 39.13 ¿diste...*a* al pavo real, o *a* y plumas 3671
39.26 ¿vuela...y extiende hacia el sur sus *a*? 3671
Sal 17.8 escóndeme bajo la sombra de tus *a* 3671
18.10 y voló; voló sobre las *a* del viento 3671
36.7 por eso...amparan bajo la sombra de tus *a* 3671
55.6 ¡quién me diere *a* como de paloma! 83
57.1 y en la sombra de tus *a* me ampararé 3671
61.4 estaré seguro bajo la cubierta de tus *a* 3671
63.7 así en la sombra de tus *a* me regocijaré 3671
68.13 seréis como *a* de paloma cubiertas de 3671
91.4 plumas...debajo de sus *a* estarás seguro 3671
104.3 el que anda sobre las *a* del viento, el 3671
139.9 si tomare las *a* del alba y habitare en 3671
Pr 23.5 se harán *a* como *a* de águila, y volarán 3671
Ec 10.20 las que tienen *a* harán saber la palabra 3671
Is 6.2 había serafines; cada uno tenía seis *a* 3671
8.8 extendiendo sus *a*, llenará la anchura de 3671
10.14 no hubo quien moviese *a*, ni abriese boca 3671
18.1 ¡ay de la tierra que hace sombra con las *a* 3671
34.15 sus pollos...los juntará debajo de sus *a* 6738
40.31 levantarán *a* como las águilas; correrán 83
Jer 48.9 dad *a* a Moab, para que se vaya volando 6731
48.40 como águila...extenderá...*a* contra Moab 3671
49.22 volará, y extenderá sus *a* contra Bosra 3671
Ez 1.6 cada uno tenía cuatro caras y cuatro *a* 3671
1.8 debajo de su *a*, a sus cuatro lados 3671
1.8 y sus caras y sus *a* por los cuatro lados 3671
1.9 con las *a* se juntaban el uno al otro. No se 3671
1.11 tenían sus *a* extendidas por encima, cada 3671
1.23 y debajo de la expansión las *a* de ellos 3671
1.23 y cada uno tenía dos *a* que cubrían su 3671
1.24 y oí el sonido de sus *a* cuando andaban 3671
1.24 y oí...Cuando se paraban, bajaban sus *a* 3671
1.25 cuando se paraban y bajaban sus *a*, se oía 3671
3.13 sonido de las *a* de los seres vivientes 3671
10.5 el estruendo de las *a* de los querubines 3671
10.8 la figura de una mano...debajo de sus *a* 3671
10.12 *a* y las ruedas estaban llenos de ojos 3671
10.16 cuando los querubines alzaban sus *a* para 3671
10.19 y alzando los querubines sus *a*, se 3671
10.21 cada uno cuatro *a*, y figuras de manos 3671
10.21 figura de mano de hombre debajo...sus *a* 3671
11.22 después alzaron los querubines sus *a*, y 3671
17.3 una gran águila, de grandes *a* y de largos 3671
17.7 otra gran águila, de grandes *a* y...plumas 3671
Dn 7.4 la primera era como...tenía *a* de águila 1611
7.4 yo estaba mirando hasta que sus *a* fueron 1611
7.6 otra...con cuatro *a* de ave en sus espaldas 1611
Os 4.19 el viento los ató en sus *a* y de sus 3671
Zac 5.9 y traían viento en sus *a*, y tenían *a* 3671
Mal 4.2 el Sol de...y en sus *a* traerá salvación 3671
Mt 23.37 **como la gallina junta...debajo de sus *a*** *4420*
Lc 13.34 **como la gallina a sus...debajo de sus *a*** *4420*
Ap 4.8 tenían cada uno seis *a*, y alrededor y *4420*
9.9 el ruido de sus *a* era como...muchos carros *4420*
12.14 le dieron...las dos *a* de la gran águila *4420*

ALABADO *Véase Alabar*

ALABANZA
Lv 19.24 fruto será consagrado en *a* a Jehová 1974
Dt 10.21 es el objeto de tu *a*, y él es tu Dios 8416
Jos 7.19 da gloria a Jehová el Dios...y dale *a* 8426
1 Cr 16.27 *a* y magnificencia delante de él 1935
16.35 que confesemos...y nos gloriemos en tus *a* 8416
23.5 los instrumentos que he...para tributar *a* 1984
23.30 a dar gracias y tributar *a* a Jehová 1984
2 Cr 20.22 comenzaron a entonar cantos de *a* 8416
23.13 los cantores con...música dirigían la *a* 1984
29.31 presentad sacrificios y *a* en la casa de 8426
29.31 la multitud presentó sacrificios y *a* 8426
33.16 sacrificó...de ofrendas de paz y de *a* 8426
Neh 9.5 nombre...glorioso y alto sobre toda...*a* 8416
11.17 que empezaba las *a* y acción de gracias 3034
12.8 Matanías...oficiaba en los cantos de *a* 1960
12.27 hacer la dedicación y la fiesta con *a* 8426
12.46 un director de...para los cánticos y *a* 8416
Sal 9.14 para que cuente yo todas tus *a* en las 8416
22.3 tú que habitas entre las *a* de Israel 8416
22.25 de ti será mi *a* en la gran congregación 8416
27.6 de júbilo; cantaré y entonaré *a* a Jehová 2167
33.1 Jehová; en los íntegros es hermosa la *a* 8416
34.1 su *a* estará de continuo en mi boca 8416
35.28 de tu justicia y de tu *a* todo el día 8416
40.3 puso luego en mi boca cántico nuevo, *a* 8416
42.4 entre voces...de *a* del pueblo en fiesta 8426
50.14 sacrifica a Dios *a*, y paga tus votos 8426
50.23 el que sacrifica *a* me honrará, y al que 8426
51.15 abre mis labios, y publicará mi boca...*a* 8416
56.12 sobre mí, oh...tus votos; te tributaré *a* 8426
65.1 tuya es la *a* en Sion, oh Dios, y a ti se 8416
66.2 cantad la gloria...poned gloria en su *a* 8416
66.8 bendecid...y haced oír la voz de su *a* 8416
69.30 alabaré yo el nombre de...exaltaré con *a* 8426
71.6 el que me sacó; de ti será siempre mi *a* 8416
71.8 sea llena mi boca de tu *a*, de tu gloria 8416
75.9 anunciaré y cantaré *a* al Dios de Jacob 2167
78.4 contando...las *a* de Jehová, y su potencia 8416
79.13 te alabaremos para...cantaremos tus *a* 8416
95.2 lleguemos ante su presencia con *a* 8426
96.4 grande es Jehová, y digno de suprema *a* 1984
96.6 *a* y magnificencia delante de él; poder 1935
100 *tít.* Salmo de *a* 8426
100.4 entrad...por sus atrios con *a*; alabadle 8426
102.21 para que publique...su *a* en Jerusalén 8416
106.2 ¿quién expresará las...contará sus *a*? 8416
106.12 entonces creyeron a...y cantaron su *a* 8416
106.47 para que alabemos...gloriemos en tus *a* 8416
Sal 107.22 ofrezcan sacrificios de *a*, y publiquen 8426
109.1 oh Dios de mi *a*, no calles 8416
116.17 ofreceré sacrificio de *a*, e invocaré 8426
119.171 labios rebosarán *a* cuando me enseñes 8416
126.2 boca se llenará...nuestra lengua de *a* 7440
145 tít. Salmo de *a*; de David 8416
145.3 grande es Jehová, y digno de suprema *a* 1984
145.21 la *a* de Jehová proclamará mi boca 8416
147.1 alabad...porque suave y hermosa es la *a* 8416
147.7 cantad a Jehová con *a*, cantad con arpa 8426
149.1 *a* sea en la congregación de los santos 8416
Is 14.7 la tierra está en reposo...cantaron *a* 7440
38.19 el que vive, éste te dará *a*, como yo hoy 3034
42.8 no daré mi gloria, ni mi *a* a esculturas 8416
42.10 cantad...su *a* desde el fin de la tierra 8416
43.21 he creado para mí, mis *a* publicará 8416
44.23 prorrumpid, montes, en *a*; bosque, y todo 7440
48.9 por amor de...y para *a* mía la reprimiré 8416
49.13 cantad *a*...oh cielos, y alégrate, tierra
49.13 y prorrumpid en *a*, oh montes; porque 7440
51.3 se hallará en ella...*a* y voces de canto 8426
52.9 cantad *a*, alegraos juntamente, soledades
60.6 traerán oro e incienso, y publicarán *a* 8416
60.18 a tus muros llamarás...a tus puertas *A* 8416
61.11 hará brotar justicia y *a* delante de todas 8416
62.7 deis tregua, hasta que...la ponga por *a* 8416
63.7 de las...haré memoria, de la *a* de Jehová 8416
Jer 13.11 para que me fuesen...por *a* y por honra 8416
17.14 seré sano...salvo; porque tú eres mi *a* 8416
17.26 trayendo sacrificio de *a* a la casa de 8426
33.9 será por nombre de gozo, de *a* y de gloria 8416
Dn 5.23 diste *a* a dioses de plata y oro, de 7624
Am 4.5 ofreced sacrificio de *a* con pan leudado 8426
Jon 2.9 con voz de *a* te ofreceré sacrificios 8426
Mi 2.9 a sus niños quitasteis mi perpetua *a* 1926
Hab 3.3 cielos, y la tierra se llenó de su *a* 8416
Sof 3.19 y os pondré por *a*...en toda la tierra 8416
3.20 pondré...para *a* entre todos los pueblos 8416
Mt 21.16 **de la boca de...perfeccionaste la *a*?** *136*
Lc 18.43 el pueblo, cuando vio...dio *a* a Dios *136*
Ro 2.29 la *a* del cual no viene de los hombres *1868*
13.3 temer...Haz lo bueno, y tendrás *a* de ella *1868*
1 Co 4.5 entonces cada...recibirá su *a* de Dios *1868*
2 Co 8.18 hermano cuya *a*...se oye por todas las *1868*
Ef 1.6 para *a* de la gloria de su gracia, con *1868*
1.12 a fin de que seamos para *a* de su gloria *1868*
1.14 la redención de la...para *a* de su gloria *1868*
Fil 1.11 llenos de frutos...gloria y *a* de Dios *1868*
4.8 si hay...algo digno de *a*, en esto pensad *1868*
He 13.15 sacrificio de *a*, es decir, fruto de *133*
Stg 5.13 oración. ¿Está alguno alegre? Cante *a* *5567*
1 P 1.7 vuestra fe...sea hallada en *a*, gloria y *1868*
2.14 castigo de...y *a* de los que hacen bien *1868*
Ap 5.12 es digno de tomar el...la gloria y la *a* *2129*
5.13 trono, y al Cordero, sea la *a*, la honra *2129*

ALABAR
Gn 12.15 príncipes...la *alabaron* delante de él 1984
29.35 y dijo: Esta vez *alabaré* a Jehová; por 3034
49.8 Judá, te *alabarán* tus hermanos: tu mano 3034
Éx 15.2 Jehová...este es mi Dios, y lo *alabaré* 5115
Lv 9.24 *alabaron*, y se postraron...sus rostros 7442
Dt 32.43 *alabad*, naciones, a su pueblo, porque 7442
Jue 7.2 no sea que se *alabe* Israel contra mí 6286
16.24 viéndolo el pueblo, *alabaron* a su dios 1984
2 S 14.25 ninguno tan *alabado* por su hermosura 1984
22.4 Jehová, quien es digno de ser *alabado* 1984
1 R 20.11 no se *alabe* tanto el que se ciñe las 1984
1 Cr 16.8 *alabad* a Jehová, invocad su nombre 3034
16.36 dijo...el pueblo, Amén, y *alabó* a Jehová 1984
23.5 porteros, y 4.000 para *alabar* a Jehová 1984
25.3 profetizaba con arpa, para...*alabar* a 1984
29.13 *alabamos* y loamos tu glorioso nombre 3034
2 Cr 5.13 para *alabar* y dar gracias a Jehová 1984
5.13 *alababan* a Jehová, diciendo: Porque él 1984
7.3 adoraron, y *alabaron* a Jehová, diciendo 3034
7.6 instrumentos...para *alabar*...David alababa 3034
8.14 los levitas en sus cargos...que *alabasen* 1984
20.19 y se levantaron...para *alabar* a Jehová 1984
20.21 puso a algunos que cantasen y *alabasen* 1984
29.30 a los levitas que *alabasen* a Jehová 1984
29.30 ellos *alabaron* con gran alegría, y se 1984
31.2 diesen gracias y *alabasen* dentro de las 1984
Esd 3.10 levitas...para que *alabasen* a Jehová 1984
3.11 cantaban, *alabando* y dando gracias a 1984
3.11 *alabando* a Jehová porque se echaban los 1984
Neh 5.13 *alabaron* a Jehová. Y el pueblo hizo 1984
12.24 para *alabar* y dar gracias, conforme al 1984
Job 38.7 *alababan* todas las estrellas del alba 7442
Sal 6.5 porque...en el Seol, ¿quién te *alabará*? 3034
7.17 *alabaré* a Jehová conforme a su...justicia 3034
9.1 *alabaré*, oh Jehová, con todo mi corazón 3034
18.3 invocaré a Jehová...digno de ser *alabado* 1984
21.13 cantaremos y *alabaremos* tu poderío 2167
22.22 en medio de la congregación te *alabaré* 1984
22.23 los que teméis a Jehová, *alabadle* 1984
22.26 *alabarán* a Jehová los que le buscan 1984
28.7 se gozó mi...y con mi cántico le *alabaré* 3034
30.9 *alabará* el polvo? ¿Anunciará tu verdad? 1984
30.12 Jehová Dios...te *alabaré* para siempre 1984
35.18 te *alabaré* entre numeroso pueblo 1984
42.5,11 espera en Dios...aún he de *alabarle* 3034
43.4 te *alabaré* con arpa, oh Dios, Dios mío 3034
43.5 espera en Dios...aún he de *alabarle* 3034
44.8 y para siempre *alabaremos* tu nombre 3034
45.17 por lo cual te *alabarán* los pueblos 3034
48.1 grande es Jehová...en gran manera *alabado* 1984
52.9 te *alabaré* para siempre, porque lo has 3034
54.6 *alabaré* tu nombre, oh Jehová...es bueno 3034
56.4 en Dios *alabaré* su palabra; en Dios he 1984
56.10 en Dios *alabaré*...en Jehová su palabra *a* 1984
57.9 te *alabaré* entre los pueblos, oh Señor 3034
59.16 yo...*alabaré* de mañana tu misericordia 7442
63.3 tu misericordia...mis labios te *alabarán* 7623
63.5 con labios de júbilo te *alabará* mi boca 1984
63.11 será *alabado* cualquiera que jura por él 1984
67.3,5 te *alaben* los pueblos...pueblos te *a* 3034
69.30 *alabaré*...el nombre de Dios con cántico 1984
69.34 *alábenle* los cielos y la tierra...mares 1984
71.14 mas yo esperaré...te *alabaré* más y más 8416
71.22 te *alabaré* con instrumentos de salterio 3034
74.21 el afligido y el...*alabarán* tu nombre 1984
76.10 ciertamente la ira del...te *alabará* 3034
79.13 nosotros...te *alabaremos* para siempre 8416
84.4 los que habitan en tu casa...te *alabarán* 1984
86.12 te *alabaré*...Dios...con todo mi corazón 3034
88.10 levantarán los muertos para *alabarte*? 3034
92.1 bueno es *alabarte*, oh Jehová, y cantar 3034
97.12 y *alabad* la memoria de su santidad 3034
99.3 *alaben* tu nombre grande y temible; él es 3034
100.4 entrad...*alabadle* bendecid su nombre 3034
102.18 el pueblo que está por nacer *alabará* 1984
105.1 *alabad* a Jehová invocad su nombre; dad 3034
106.1 *alabad* a Jehová, porque él es bueno 3034
106.47 para que *alabemos* tu santo nombre 8416
107.1 *alabad* a Jehová, porque él es bueno 3034
107.8,15,21,31 *alaben* la misericordia de 3034
107.32 en la reunión de ancianos lo *alaben* 1984
108.3 *alabaré* oh Jehová, entre los pueblos 3034
109.30 *alabaré* a Jehová en gran manera con 3034
109.30 boca, y en medio de muchos le *alabaré* 1984
111.1 *alabaré* a Jehová con todo el corazón 3034
113.1 *alabad*, siervos de Jehová, *a* el nombre 1984
113.3 desde...sea *alabado* el nombre de Jehová 1984
115.17 no *alabarán* los muertos a JAH, ni 1984
117.1 *alabad* a Jehová, naciones...*alabadle* 1984,7623
118.1,29 *alabad* a Jehová, porque él es bueno 3034
118.19 entraré por ellas, *alabaré* a JAH 3034
118.21 te *alabaré* porque me has oído, y me 3034
118.28 mi Dios eres tú, y te *alabaré*; Dios 3034
119.7 te *alabaré* con rectitud de corazón 3034
119.62 a medianoche me levanto para *alabarte* 3034
119.164 siete veces al día te *alabo* a causa de 1984
119.175 viva mi alma y te *alabe*...me ayuden 1984
122.4 allá...para *alabar* el nombre de Jehová 3034
135.1 *alabad* el nombre de Jehová; *alabadle* 1984
135.3 *alabad* a JAH, porque él es bueno 1984
136.1 *alabad* a Jehová, porque él es bueno 3034
136.2 *alabad* al Dios de los dioses, porque 3034
136.3 *alabad* al Señor de los señores, porque 3034
136.26 *alabad* al Dios de los cielos, porque 3034
138.1 te *alabaré* con todo mi corazón; delante 3034
138.2 *alabaré* tu nombre por tu misericordia 3034
138.4 *alabarán*...todos los reyes de la tierra 3034
139.14 te *alabaré*...maravillosas son tus obras 3034
140.13 los justos *alabarán* tu nombre...rectos 3034
142.7 saca mi alma...para que *alabe* tu nombre 3034
145.2 *alabaré* tu nombre eternamente y para 1984
145.10 te *alaben*, oh Jehová, todas tus obras 3034
146.1 *alaba*, oh alma mía, a Jehová 1984
146.2 *alabaré* a Jehová en mi vida; cantaré 1984
147.1 *alabad* a JAH, porque es bueno cantar 1984
147.12 *alaba* a Jehová...*a* a tu Dios, oh Sion 1984
148.1 *alabad* a Jehová desde...*alabadle* en las 1984
148.2 *alabadle* vosotros todos sus ángeles; *a* 1984
148.3 *alabadle* sol y luna *a*, vosotras todas 1984
148.4 *alabadle*, cielos de los cielos, y las 1984

148.5 *alaben* el nombre de Jehová; porque él....... 1984
148.7 *alabad* a Jehová desde la tierra, los.......... 1984
148.13 *alaben* el nombre de Jehová, porque sólo ... 1984
148.14 *alábenle* todos sus santos, los hijos.......... 8416
149.3 *alaben* su nombre con danza; con pandero... 1984
150.1 *alabad* a Dios en su santuario................ 1984
150.1 *alabadle* en la magnificencia de su........... 1984
150.2 *alabadle* por sus proezas; *a*...grandeza...... 1984
150.3 *alabadle* al son de bocina; *a* con...arpa...... 1984
150.4 *alabadle* con pandero y...*a* con cuerdas..... 1984
150.5 *alabadle* con címbalos resonantes; *a* con..... 1984
150.6 todo lo que respira *alabe* a JAH.............. 1984
Pr 12.8 según su sabiduría es *alabado* el hombre...... 1984
20.14 dice...mas cuando se aparta, se *alaba*....... 1984
25.6 no te *alabes* delante del rey, ni estés........... 1921
27.2 *alábete* el extraño, y no tu propia boca........ 1984
27.21 y al hombre la boca del que lo *alaba*......... 4110
28.4 los que dejan la ley *alaban* a los impíos........ 1984
31.28 sus hijos...su marido también la *alaba*....... 1984
31.30 mujer que teme a Jehová...será *alabada*..... 1984
31.31 y *alábenla* en las puertas sus hechos......... 1984
Ec 4.2 *alabé* yo a los finados...que ya murieron....... 7623
8.15 por tanto, *alabé* yo la alegría; que no....... 7623
Cnt 6.9 reinas y las concubinas, y la *alabaron*......... 1984
Is 25.1 *alabaré* tu nombre, porque has hecho......... 3034
38.18 el Seol no te...ni te *alabará* la muerte........ 3034
61.7 *alabarán* en sus heredades; por lo cual........ 7442
62.9 sino que...comerán, y *alabarán* a Jehová..... 1984
64.11 en la cual te *alabaron* nuestros padres....... 1984
Jer 9.23 no se *alabe* el sabio...ni el rico se *a*........... 1984
9.23 ni en su valentía se *alabe* el valiente........... 1984
9.24 mas *alábese* en esto el que...de *alaba*......... 1984
31.7 haced oír, *alabad*, y decid: Oh Jehová......... 1984
33.11 *alabad* a Jehová de los...Jehová es bueno.... 3034
48.2 no se alabará ya más Moab; en Hesbón....... 8416
49.25 ¡cómo dejaron a la ciudad tan *alabada*........ 8416
51.41 tomada la que era *alabada* por toda la....... 8416
Ez 26.17 ciudad que era *alabada*...era fuerte en...... 1984
Dn 2.23 a ti...Dios...te doy gracias y te *alabo*........ 7624
4.34 y *alabé*...al que vive para siempre, cuyo...... 1289
4.37 ahora yo...*alabo*, engrandezco y glorifico..... 7624
5.4 *alabaron* a los dioses de oro y de plata......... 7624
Jl 2.26 y *alabaréis* el nombre de Jehová...Dios........ 1984
Mt 6.2 **para ser *alabados* por los hombres**.............. *1392*
11.25 **yo te *alabo*, Padre, Señor del cielo y**........... *1843*
Lc 2.13 una multitud de...que *alababan* a Dios......... *134*
2.20 volvieron los pastores...*alabando* a Dios....... *134*
10.21 **yo te *alabo*, oh Padre, Señor del cielo**....... *1843*
16.8 ***alabó* el amo al mayordomo malo por**......... *1867*
19.37 comenzó a *alabar* a Dios a grandes voces..... *134*
24.53 *alabando* y bendiciendo a Dios. Amén........ *134*
Hch 2.47 *alabando* a Dios, y teniendo favor con........ *134*
3.8 entró con...saltando, y *alabando* a Dios......... *134*
3.9 el pueblo le vio andar y *alabar* a Dios........... *134*
5.13 mas el pueblo los *alababa* grandemente....... *3170*
Ro 15.11 *alabad* al Señor todos los gentiles............. *134*
1 Co 11.2 os *alabo*...en todo os acordáis de mí......... *1867*
11.17 pero al anunciaros esto...no os *alabo*........ *1867*
11.22 diré? ¿Os *alabaré*? En esto no os *alabo*....... *1867*
2 Co 10.12 algunos que se *alaban* a sí mismos......... *4921*
10.18 no es aprobado el que se *alaba* a sí........... *4921*
10.18 no es...sino aquel a quien Dios *alaba*......... *4921*
12.11 pues yo debía ser *alabado* por vosotros...... *4921*
Ef 5.19 y *alabando* al Señor en...corazones........... *5567*
He 2.12 en medio de la congregación te *alabaré*....... *5214*
Ap 19.5 *alabad* a...Dios todos sus siervos, y............ *134*

ALABASTRO
Est 1.6 losado...de mármol y de *a* y de jacinto.......... 923
Mt 26.7 vino a él una mujer, con un vaso de *a*......... *211*
Mr 14.3 un vaso de *a*...y quebrando el vaso de *a*....... *211*
Lc 7.37 trajo un frasco de *a* con perfume............... *211*

ALADO, A
Gn 1.21 creó Dios...toda ave *a* según su especie...... 3671
Lv 11.20 insecto *a* que anduviere sobre cuatro
11.21 pero esto comeréis de todo insecto *a*......... 5775
11.23 todo insecto *a* que tenga cuatro patas....... 5775
Dt 4.17 figura de ave alguna *a* que vuele por.......... 3671
14.19 todo insecto *a* será inmundo; no se comerá........ 5775

ALAMELEC *Población en Aser*, Jos 19.26......... 487

ALAMET *Descendiente de Benjamín*, 1 Cr 7.8.... 5964

ÁLAMO
Gn 30.37 tomó luego Jacob varas verdes de *á*......... 3839
Os 4.13 incensaron...debajo de las encinas, *á*......... 3839

ALAMOT *«Voz triple»*, 1 Cr 15.20; Sal 46 tít...... 5961

ALANCEAR
Nm 25.8 fue...y los *alanceó* a ambos, el varón......... 1856
Is 13.15 hallado ser *alanceado*; y cualquiera........... 1856
Jer 51.4 caerán muertos...*alanceados* en...calles..... 1856

ALARDE
Sal 75.5 no hagáis *a* de vuestro poder...habléis....... 7311

ALARGAR
Gn 3.22 que no *alargue* su mano, y tome también..... 7971
19.10 los varones *alargaron* la mano...a Lot....... 7971
Éx 20.12 que tus días se *alarguen* en la tierra........... 748
Dt 25.11 y *alargando* su mano asiere de sus........... 7971
Jue 3.21 *alargó* Aod su mano izquierda, y tomó........ 7971
1 S 14.27 *alargó* la punta de una vara que traía....... 7971
1 R 3.14 y si anduvieres en...*alargaré* tus días.......... 748
Pr 31.20 *alarga* su mano al pobre, y extiende.......... 6566
Ec 7.15 hay impío que por su maldad *alarga* sus........ 748
Is 13.22 su tiempo, y sus días no se *alargarán*......... 4900
54.2 *alarga* tus cuerdas, y refuerza...estacas........ 748
57.4 ¿contra quien...*alargasteis* la lengua?.......... 748
Ez 31.5 se *alargó* su ramaje que había echado.......... 748
Hch 20.7 *alargó* el discurso hasta...medianoche....... *3905*

ALARIDO
Éx 32.17 dijo a Moisés: *A* de pelea hay en el........... 6963
32.18 no es voz de *a* fuertes ni voz de *a*............. 6963
Is 15.8 hasta Eglaim llegó su *a*, y...Beer-elim.......... 3213

ALARMA
Nm 10.5 cuando tocareis *a*, entonces moverán........ 8643
10.6 y cuando tocareis *a* la segunda vez........... 8643
10.6 moverán los...*a* tocarán para sus partidas.... 8643
10.7 reunir...tocaréis, mas no con sonido de *a*..... 7321
10.9 la guerra...tocaréis *a* con las trompetas...... 7321
Sal 144.14 ni grito de *a* en nuestras plazas............ 6682
Os 5.8 sonad *a* en Bet-avén; tiembla...Benjamín....... 7321
Jl 2.1 *a* en mi santo monte; tiemblen todas............ 7321

ALARMAR
Lc 21.9 **oigáis de guerras y de...no os *alarméis***....... *4422*
Hch 20.10 dijo: No os *alarméis*, pues está vivo......... *2350*

ALAZÁN, A
Nm 19.2 que te traigan una vaca *a*, perfecta........... 122
Zac 1.8 varón que cabalgaba sobre un caballo *a*....... 122
1.8 y detrás de él había caballos *a*, overos.......... 122
6.2 en el primer carro había caballos *a*, en.......... 122
6.7 y los *a* salieron y se afanaron por ir a........... 554

ALBA
Gn 19.15 al rayar el *a*, los...daban prisa a Lot......... 7837
32.24 luchó con él...hasta que rayaba el *a*......... 7837
32.26 déjame, porque raya el *a*. Y Jacob le......... 7837
Jos 6.15 se levantaron al despuntar el *a*, y............. 7837
Jue 19.25 y la dejaron cuando apuntaba el *a*........... 7837
1 S 9.26 despuntar el *a*, Samuel llamó a Saúl......... 7837
Neh 4.21 tenían lanzas desde la subida del *a*.......... 7837
8.3 leyó...desde el *a* hasta el mediodía, en........... 216
Job 3.9 oscurézcanse las estrellas de su *a*............ 5399
7.4 y estoy lleno de inquietudes hasta el *a*........... 5399
38.7 cuando alababan...las estrellas del *a*.......... 1242
38.12 tus días? ¿Has mostrado al *a* su lugar?........ 7837
41.18 sus ojos son como los párpados del *a*......... 7837
Sal 108.2 despiértate, salterio y arpa...al *a*........... 7837
119.147 me anticipé al *a*, y clamé; esperé......... 5399
139.9 si tomare las alas del *a* y habitare en......... 7837
Cnt 6.10 ¿quién es...que se muestra como el *a*........ 7837
Is 58.8 entonces nacerá tu luz como el *a*, y............ 7837
Os 6.3 como el *a* está dispuesta su salida, y........... 7837
Jl 2.2 sobre los montes se extiende como el *a*........ 7837
Jon 4.7 al venir el *a* del día siguiente, Dios........... 7837
Hch 20.11 habló largamente hasta el *a*; y así.......... *827*

ALBAÑIL
1 R 5.18 *a* de Salomón...cortaron y prepararon....... 1129
2 R 12.12 y a los *a* y canteros; y en comprar........... 1443
22.6 a los carpinteros, maestros y *a*, para......... 1443
1 Cr 14.1 madera de cedro, y *a* y carpinteros..... 2796,7023
22.15 tú tienes...canteros, *a*, carpinteros, y......... 2796
Esd 3.7 y dieron dinero a los *a* y carpinteros.......... 2672
3.10 los *a* del templo...echaban los cimientos...... 1129
Am 7.7 un muro...en su mano una plomada de *a*
7.8 dije: Una plomada de *a*. Y el Señor dijo......... 594
7.8 pongo plomada de *a* en medio de...Israel....... 594

ALBARDA
Gn 31.34 tomó Raquel los ídolos de...en una *a*........ 3733

ALBERGAR
Is 58.7 los pobres errantes *albergues* en casa........... 935

ALBERGUE
Jer 9.2 quién me diese en el desierto un *a* de......... 4411
Ap 18.2 y se ha hecho...*a* de toda ave inmunda........ *5438*

ALBOROTADORA
Pr 7.11 *a* y rencillosa, sus pies no pueden estar........ 1993
9.13 la mujer insensata es *a*; es simple e........... 1993
20.1 el vino es escarnecedor, y la sidra *a*.......... 1993

ALBOROTAR
1 R 1.41 ¿por qué se *alborota* la ciudad con........... 1993
Job 34.20 se *alborotarán* los pueblos, y pasarán....... 1607
Pr 15.27 *alborota* su casa el codicioso; mas el......... 5916
30.21 por tres cosas se *alborota* la tierra.......... 7264
Is 10.31 Madmena se *alborotó*; los moradores de...... 5074
Jer 46.9 subid, caballos, *alborotaos*, carros........... 1984
Am 3.6 tocará...y no se *alborotará* el pueblo?........ 2729
Mr 5.39 **¿por qué *alborotáis* y lloráis? La niña**........ *2350*
Lc 23.5 *alborota* al pueblo, enseñando por toda......... *383*
Hch 16.20 hombres *alborotan* nuestra ciudad.......... *1613*
17.5 *alborotaron* la ciudad; y asaltando la.......... *2350*
17.8 *alborotaron* al pueblo y a...autoridades........ *5015*
17.13 también *alborotaron* a las multitudes......... *4531*
21.27 judíos...*alborotaron* a toda la multitud......... *4797*
21.31 ciudad de Jerusalén estaba *alborotada*....... *4797*

ALBOROTO
1 S 4.14 dijo: ¿Qué estruendo de *a* es este?............ 1995
14.19 el *a*...de los filisteos aumentaba, e iba......... 1995
2 S 18.29 vi yo un gran *a* cuando envió Joab al......... 1995
1 R 1.45 ungido...este es el *a* que habéis oído......... 6963
Sal 65.7 el que sosiega...y el *a* de las naciones......... 1995
74.23 el *a* de los que se levantan contra ti.......... 7588
Is 17.12 naciones que harán *a* como bramido de...... 1993
22.2 tú, llena de *a*, la ciudad turbulenta, ciudad...... 8663
22.5 día es de *a*, de angustia y de confusión......... 4103
66.6 voz de *a* de la ciudad, voz del templo.......... 7588
Jer 10.22 y *a* grande de la tierra del norte............. 7494
47.3 por el sonido de...por el *a* de sus carros....... 7494
Os 10.14 en tus pueblos se levantará *a*, y todos........ 7588
Sof 1.15 día de *a* y de asolamiento, día de........... 7722
Mt 9.23 los que tocaban...la gente que hacía *a*........ *2350*
26.5 no...para que no se haga *a* en el pueblo....... *2351*
27.24 viendo...que se hacía más *a*, tomó agua...... *2351*
Mr 5.38 vino...y vio el *a* y a los que lloraban.......... *2351*
13.8 **hambres y *a*; principios de dolores son**......... *5016*
14.2 fiesta, para que no se haga *a* del pueblo....... *2351*
Hch 12.18 hubo no poco *a* entre los soldados.......... *5017*
20.1 después que cesó el *a*, llamó Pablo a los....... *2351*
21.34 no podía entender nada...a causa del *a*...... *2351*
24.18 me hallaron...no con multitud ni con *a*....... *2351*

ALBOROZO
Neh 12.43 *a* de Jerusalén fue oído desde lejos......... 8057

ALCANZAR
Gn 3.6 codiciable para *alcanzar* la sabiduría.......... 7919
19.19 no sea que me *alcance* el mal, y muera....... 1692
31.23 y le *alcanzó* en el monte de Galaad........... 1692
31.25 *alcanzó*, pues, Labán a Jacob; y éste......... 5381
44.4 y cuando los *alcances*, diles: ¿Por qué......... 5381
44.6 cuando él los *alcanzó*, les dijo estas........... 5381
Éx 14.9 los *alcanzaron* acampados junto al mar....... 5381
Lv 25.49 si sus medios *alcanzaren*...rescatará......... 5381
26.5 vuestra trilla *alcanzará* a la vendimia......... 5381
26.5 y la vendimia *alcanzará* a la sementera........ 5381
Nm 32.23 sabed que vuestro pecado os *alcanzará*..... 4672
Dt 4.30 te *alcanzaren* todas estas cosas, si en.......... 4672
19.6 y le *alcance* por ser largo el camino........... 5381
28.2 y vendrán...bendiciones y te *alcanzarán*...... 5381
28.15 vendrán...maldiciones, y te *alcanzarán*...... 5381
28.45 te *alcanzarán* hasta que perezcas; por........ 5381
Jos 2.5 seguidlos aprisa, y los *alcanzaréis*............. 5381
Jue 14.9 cuando *alcanzó* a su padre y a su madre.... 1980
20.42 volvieron...pero la batalla los *alcanzó*....... 1692
1 S 30.8 ¿los podré alcanzar?...los *alcanzarás*.......... 5381
31.3 le *alcanzaron* los flecheros, y tuvo gran....... 4672
2 S 15.14 no sea que...nos *alcance*, y arroje el......... 5381
1 R 10.1 la fama que Salomón había *alcanzado*
2 R 7.9 si esperamos...*alcanzará* nuestra maldad..... 4672
1 Cr 10.3 Saúl, le *alcanzaron* los flecheros............. 4672
Neh 9.32 todo el sufrimiento que ha *alcanzado*........ 4672
Est 8.6 ver el mal que *alcanzará* a mi pueblo?......... 4672
Job 37.23 Todopoderoso, al cual no *alcanzamos*....... 4672
41.26 cuando alguno lo *alcanzare*, ni espada....... 5381
Sal 7.5 persiga el enemigo mi alma y *alcáncela*......... 5381
10.6 dice...nunca me *alcanzará* el infortunio....... 7451
18.37 perseguí a mis enemigos, y los *alcancé*....... 5381
21.8 *alcanzará* tu mano a todos tus enemigos....... 4672
21.8 diestra *alcanzará* a los que te aborrecen...... 4672
36.5 y tu fidelidad *alcanza* hasta las nubes
40.12 han *alcanzado* mis maldades, y no puedo.... 5381
69.24 ira, y el furor de tu enojo los *alcance*......... 5381
73.12 aquí estos impíos...*alcanzaron* riquezas...... 7685
Pr 8.35 me halla...*alcanzará* el favor de Jehová........ 6329
12.2 el bueno *alcanzará* favor de Jehová; mas...... 6329
13.4 el...del perezoso desea, y nada *alcanza*
14.22 y verdad *alcanzarán* los que piensan el
18.22 y *alcanza* la benevolencia de Jehová.......... 6329
20.5 mas el hombre entendido lo *alcanzará*......... 1802
28.13 que los confiesa...*alcanzará* misericordia
Ec 3.11 sin que *alcance* el hombre a entender.......... 4672
8.17 el hombre no puede *alcanzar* la obra que...... 4672
8.17 la conoce, no por eso podrá *alcanzarla*....... 4672
Is 40.28 entendimiento no hay quien lo *alcance*........ 2714
59.9 se alejó...y no nos *alcanzó* la rectitud......... 5381
Jer 39.5 *alcanzaron* a Sedequías en los llanos........ 5381
42.16 la espada que teméis, os *alcanzará* allí....... 5381
52.8 *alcanzaron* a Sedequías en los llanos de...... 5381
Lam 1.3 sus perseguidores la *alcanzaron* entre........ 5381
Dn 4.11 se le *alcanzaba* a ver desde todos los
Os 2.7 seguirá a...amantes, y no los *alcanzará*......... 5381
8.5 que no pudieron *alcanzar* purificación........ 3201
14.3 en ti el huérfano *alcanzará* misericordia...... 7355
Am 9.10 no se acercará, ni nos *alcanzará* el mal....... 5066
9.13 en que el que ara *alcanzará* al segador........ 5066
Mi 2.6 no...porque no les *alcanzará* vergüenza........ 5253
Zac 1.6 mis palabras...no *alcanzaron* a...padres?..... 5381
Mt 5.7 **porque ellos *alcanzarán* misericordia**......... *1653*
Lc 20.35 **por dignos de *alcanzar* aquel siglo**.......... *5177*
Hch 26.7 han de *alcanzar* nuestras doce tribus
Ro 9.30 que los gentiles...han *alcanzado* justicia....... *2638*
9.31 mas Israel, que iba tras...no la *alcanzó*....... *5348*
11.7 no lo ha *alcanzado*...los escogidos...han *a*..... *2013*
11.30 ahora habéis *alcanzado* misericordia por..... *1653*
11.31 que...ellos también *alcancen* misericordia..... *1653*
1 Co 2.6 entre los que han *alcanzado* madurez........ *5046*
7.25 como quien ha *alcanzado* misericordia........ *1653*
10.11 a quienes han *alcanzado* los fines de los..... *2658*
Gá 3.14 la bendición de Abraham *alcanzase* a los..... *1096*
Fil 3.12 no que lo haya *alcanzado* ya, ni que ya...... *2983*
3.13 no pretendo haberlo ya *alcanzado*; pero....... *2638*
Col 2.2 hasta *alcanzar* todas las riquezas de
1 Ts 5.9 sino para *alcanzar* salvación por medio....... *4047*
2 Ts 2.14 *alcanzar* la gloria de nuestro Señor.......... *4047*
He 4.1 alguno de...parezca no haberlo *alcanzado*...... *5302*
4.16 acerquémonos...para *alcanzar* misericordia.... *2983*
5.14 es para los que han *alcanzado* madurez....... *5046*
6.15 habiendo esperado...*alcanzó* la promesa...... *2013*
11.2 por ella *alcanzaron* buen testimonio los....... *3140*
11.4 por lo cual *alcanzó* testimonio de que era..... *3140*
11.33 que por fe...*alcanzaron* promesas, taparon... *2013*
11.39 éstos, aunque *alcanzaron* buen testimonio.... *3140*
12.15 que alguno deje de *alcanzar* la gracia de
Stg 4.2 ardéis...envidia, y no podéis *alcanzar*......... *2013*
1 P 1.5 para *alcanzar* la salvación que está........... *1519*
2.10 no habíais *alcanzado* misericordia, pero...... *1653*
2.10 pero ahora habéis *alcanzado* misericordia..... *1653*
2 P 1.1 Pedro...a los que habéis *alcanzado*...fe........ *2975*
Ap 15.2 los que habían *alcanzando* la victoria......... *3528*

ALCÁZAR
Pr 18.19 contiendas de... son como cerrojos de *a* 759
Is 25.2 el *a* de los extraños para que no sea 759
34.13 en sus *a* crecerán espinos, y ortigas 759

ALCOBA
2 S 13.10 trae la comida a la *a*, para que yo 2315
13.10 las llevó a su hermano Amnón a la *a* 2315

ALDEA
Lv 25.31 las casas de las *a* que no tienen muro 2691
Nm 21.25 habitó en... Hesbón y en todas sus *a* 1323
21.32 tomaron sus *a*, y echaron al amorreo que 1323
31.10 e incendiaron todas sus ciudades, *a* y
32.41 Jair... tomó sus *a*, y les puso por nombre 2333
32.42 y tomó Kenat y sus *a*, y lo llamó Noba 1323
Dt 2.23 a los aveos que habitaban en *a* hasta 2699
26.12 darás... comerán en tus *a*, y se saciarán 8179
Jos 13.23 los hijos de Rubén... ciudades con sus *a* 2691
13.28 heredad... Gad... estas ciudades con sus *a* 2691
13.30 todas las *a* de Jair que están en Basán 2333
15.32 Rimón; por todas 29 ciudades con sus *a* 2691
15.36 Gederotaim; catorce ciudades con sus *a* 2691
15.41 Gederot... dieciséis ciudades con sus *a* 2691
15.44 Keila, Aczib... nueve ciudades con sus *a* 2691
15.45 Ecrón con sus villas y sus *a* 2691
15.46 las que están cerca de Asdod con sus *a* 2691
15.47 Asdod con sus villas y sus *a*; Gaza... *a* 2691
15.51 Gosén, Holón... once ciudades con sus *a* 2691
15.54 Humta... y Sior; nueve ciudades con sus *a* 2691
15.57 Caín... y Timna; diez ciudades con sus *a* 2691
15.59 y Eltecón; seis ciudades con sus *a* 2691
15.60 Quiriat-baal... dos ciudades con sus *a* 2691
15.62 Nibsán... Engadi; seis ciudades con sus *a* 2691
16.9 se apartaron... todas ciudades con sus *a* 2691
17.11 a Bet-seán y sus *a*, a Ibleam y sus *a* 1323
17.11 también... Dor y sus *a*... Endor y sus *a* 1323
17.11 Taanac y sus *a*... Meguido y sus *a*; tres 1323
17.16 los que están en Bet-seán y en sus *a* 1323
18.24 Ofni y Geba; doce ciudades con sus *a* 2691
18.28 y Quiriat; catorce ciudades con sus *a* 2691
19.6 Bet-lebaot y... trece ciudades con sus *a* 2691
19.7 Aín, Rimón... cuatro ciudades con sus *a* 2691
19.8 las *a* que... alrededor de estas ciudades 2691
19.15 Catat, Naalal... doce ciudades con sus *a* 2691
19.16 heredad... de Zabulón... ciudades con sus *a* 2691
19.22 el Jordán; dieciséis ciudades con sus *a* 2691
19.23 heredad... de Isacar... ciudades con sus *a* 2691
19.30 abarca... veintidós ciudades con sus *a* 2691
19.31 la heredad... de Aser... ciudades con sus *a* 2691
19.38 Irón... diecinueve ciudades con sus *a* 2691
19.39 heredad... Neftalí... ciudades con sus *a* 2691
19.48 la heredad... de Dan... ciudades con sus *a* 2691
21.12 el campo de la... y sus *a* dieron a Caleb 2691
Jue 1.27 de Bet-seán... de sus *a*... Taanac y sus *a* 1323
1.27 a los de Dor y sus *a*, ni... Ibleam y sus *a* 1323
1.27 a los que habitan en Meguido y en sus *a* 1323
5.7 *a* quedaron abandonadas en Israel... decaído 6520
5.11 los triunfos de sus *a* en Israel; entonces 6520
11.26 a Hesbón y sus *a*, a Aroer y sus *a*, y 1323
1 S 6.18 así las ciudades... como las *a* sin muro 3724
27.5 séame dado lugar en alguna de las *a* para 5892
1 Cr 2.23 tomaron de ellos... Kenat con sus *a* 1323
4.32 sus *a* fueron Etam, Aín, Rimón, Toquén 2691
4.33 todas sus *a* que estaban en contorno de 2691
5.16 habitaron... Basán y en sus *a*, y en todos 1323
6.56 de la ciudad y sus *a* se dieron a Caleb 2691
7.28 heredad... de ellos fue Bet-el con sus *a* 1323
7.28 y a la parte del occidente Gezer y sus *a* 1323
7.28 Siquem y sus *a*, hasta Gaza y sus *a* 1323
7.29 Bet-seán con sus *a*, Taanac con sus *a* 1323
7.29 Meguido con sus *a*, y Dor con sus *a* 1323
8.12 el cual edificó Ono, y Lod con sus *a* 1323
9.16 cual habitó en las *a* de los netofatitas 2691
9.25 sus hermanos que estaban en sus *a* venían 2691
27.25 los tesoros de los campos, de... de las *a* 3723
2 Cr 13.19 le tomó... Bet-el con sus *a*, a Jesana 1323
13.19 Jesana con sus *a*, y a Efraín con sus *a* 1323
28.18 los filisteos... tomado... Soco con sus *a* 1323
28.18 Timna... con sus *a*, y Gimzo con sus *a* 1323
Neh 6.2 y reunámonos en alguna de las *a* en el 3715
11.25 tocante a las *a* y sus tierras, algunos 2691
11.25 Judá habitaron en Quiriat-arba y sus *a* 2691
11.25 en Dibón y sus *a*, en Jecabseel y sus *a* 1323
11.27 en Hazar-sual, en Beerseba y sus *a* 1323
11.28 en Siclag, en Mecona y sus *a* 1323
11.30 en Adulam y sus *a*... y en Azeca y sus *a* 1323
11.31 habitaron desde... Aía, en Bet-el y sus *a* 1323
12.28 así... como de las *a* de los netofatitas 2691
12.29 porque... cantores se habían edificado *a* 2691
Sal 10.8 se sienta en acecho cerca de las *a* 2691
Cnt 7.11 ven, oh amado mío... moremos en las *a* 3723
Is 42.11 alcen la voz... las *a* donde habita Cedar 2691
Ez 30.18 moradores de sus *a* irán en cautiverio 1323
Os 11.6 caerá espada sobre... y consumirá sus *a* 905
Mt 9.35 recorría Jesús todas las... *a*, enseñando *2968*
10.11 **en cualquier ciudad o *a* donde entréis** *2968*
14.15 que vayan por las *a* y compren de comer *2968*
21.2 **id a la *a* que está enfrente de vosotros** *2968*
Mr 6.6 recorría las *a* de alrededor, enseñando *2968*
6.36 vayan a... las *a* de alrededor, y compren *2968*
6.56 *a*, ciudades... ponían en las calles a los *2968*
8.23 le sacó fuera de la *a*; y escupiendo en *2968*
8.26 **no entres en la *a*, ni lo digas... en la *a*** *2968*
8.27 salieron... por las *a* de Cesarea de Filipo *2968*
11.2 **id a la *a* que está enfrente de vosotros** *2968*
Lc 5.17 habían venido de... las *a* de Galilea *2968*
8.1 que Jesús iba por todas las ciudades y *a* *2968*
9.6 pasaban por todas las *a*, anunciando el *2968*
9.12 que vayan a las *a* y campos... y se alojen *2968*
9.52 y entraron en una *a* de los samaritanos *2968*
9.56 **para salvarlas. Y se fueron a otra *a*** *2968*
10.38 yendo de... entró en una *a*; y una mujer *2968*
Lc 13.22 pasaba Jesús... ciudades y *a*, enseñando *2968*
17.12 y al entrar en una *a*, le salieron al *2968*
19.30 **diciendo: Id a la *a* de enfrente, y al** *2968*
24.13 dos de ellos iban el mismo día a una *a* *2968*
24.28 llegaron a la *a* adonde iban, y él hizo *2968*
Jn 7.42 la *a* de Belén... ha de venir el Cristo? *2968*
11.1 de Betania, la *a* de María y de Marta su *2968*
11.30 Jesús... no había entrado en la *a*, sino *2968*

ALDEANO
Est 9.19 los judíos *a* que habitaban en... villas 6521

ALEGAR
Job 19.5 pero si... contra mí *alegáis* mi oprobio 3198
Is 41.21 *alegad* por vuestra causa, dice Jehová 7126
Jer 12.1 *alegaré* mi causa ante ti... ¿Por qué es 7378
Hch 25.8 *alegando* Pablo en su defensa: Ni *626*

ALEGORÍA
Jn 10.6 esta *a* les dijo Jesús; pero ellos no *3942*
16.25 **he hablado en *a*... no os hablaré por *a*** *3942*
16.29 hablas claramente, y ninguna *a* dices *3942*
Gá 4.24 una *a*, pues estas mujeres son los dos *238*

ALEGRAR
Gn 43.34 José... bebieron, y se *alegraron* con él 7937
Éx 4.14 y al verte se *alegrará* en su corazón 8055
18.9 y se *alegró* Jetro de todo el bien que 2302
Dt 12.7 y os *alegraréis*... y vuestras familias 8055
12.12 os *alegraréis* delante de Jehová... Dios 8055
12.18 te *alegrarás* delante de Jehová tu Dios 8055
14.26 comerás... te *alegrarás* tú y tu familia 8055
16.11 te *alegrarás* delante de Jehová tu Dios 8055
16.14 y te *alegrarás* en tus fiestas solemnes 8055
24.5 un año, para *alegrar* a la mujer que tomó 8055
26.11 te *alegrarás* en todo el bien que Jehová 8055
27.7 te *alegrarás* delante de Jehová tu Dios 8055
33.18 *alégrate*, Zabulón, cuando salieres; y tú 8055
Jue 9.13 mi mosto, que *alegra* a Dios y a los 8055
16.23 ofrecer sacrificio a... y para *alegrarse* 8057
18.20 y se *alegró* el corazón del sacerdote 3190
19.6 pasar... la noche... se *alegrará* tu corazón 3190
19.9 duerme... para que se *alegre* tu corazón 3190
1 S 2.1 por cuanto me *alegré* en tu salvación 8055
11.9 a los de Jabes, los cuales se *alegraron* 8055
11.15 se *alegraron*... Saúl y todos los de Israel 8055
19.5 tú lo viste, y te *alegraste*; ¿por qué 8055
2 S 1.20 para que no se *alegren* las hijas de 8055
1 R 4.20 comiendo, bebiendo y *alegrándose* 8056
5.7 Hiram... se *alegró* en gran manera, y dijo 8056
21.7 levántate, y come y *alégrate*; yo te daré 3190
1 Cr 16.10 *alégrese* el corazón de los que buscan 8055
16.31 *alégrense* los cielos, y gócese la tierra 8055
16.32 *alégrese* el campo, y todo lo que contiene 5970
29.9 se *alegró* el pueblo por haber contribuido 8055
29.9 se *alegró* mucho el rey David 8057
2 Cr 15.15 todos los de Judá se *alegraron* de 8055
29.36 se *alegró* Ezequías con todo el pueblo 8055
30.25 se *alegró*... toda la congregación de Judá 8055
Esd 6.22 por cuanto Jehová los había *alegrado* 8055
Neh 12.43 se *alegraron*... las mujeres y los niños 8055
Est 8.15 la ciudad de Susa... *alegró* y regocijó 8055
Job 3.22 que se *alegran* sobremanera, y se gozan 8056
31.25 si me *alegré* de que mis riquezas se 8055
31.29 si me *alegré* en el quebrantamiento del 8055
39.21 escarba la tierra... *alegra* en su fuerza 7797
Sal 2.11 servid a Jehová con temor, y *alegraos* 1523
5.11 *alégrense* todos los que en ti confían 8055
9.2 me *alegraré* y me regocijaré en ti; cantaré 5970
13.4 enemigos se *alegrarían*, si yo resbalara 1523
13.5 mi corazón se *alegrará* en tu salvación 1523
14.7 se gozará Jacob, y se *alegrará* Israel 1523
16.9 se *alegró* por tanto mi corazón, y se gozó 8055
19.5 se *alegra* cual gigante para correr el 7797
19.8 los mandamientos de... *alegran* el corazón 8055
20.5 nosotros nos *alegraremos* en tu salvación 7442
21.1 el rey se *alegra* en tu poder, oh Jehová 8055
25.2 Dios... no se *alegren* de mí mis enemigos 5970
30.1 no... que mis enemigos se *alegraran* de mí 8055
31.7 me gozaré y *alegraré* en tu misericordia 8055
32.11 *alegraos* en Jehová y gozaos, justos 8055
33.1 *alegraos*, oh justos, en Jehová, en los 7442
33.21 por... en él se *alegrará* nuestro corazón 8055
34.2 lo oirán los mansos, y se *alegrarán* 8055
35.9 entonces mi alma se *alegrará* en Jehová 1523
35.15 pero ellos se *alegraron* en mi adversidad 8055
35.19 no se *alegren* de mí los que sin causa 8055
35.24 júzgame... Dios... y no se *alegren* de mí 8055
35.26 a una los que de mi mal se *alegran* 8056
35.27 *alégrense* los que están a favor de mi 8055
38.16 no se *alegren*... cuando mi pie resbale 8055
40.16 *alégrense* en ti todos los que te buscan 8055
46.4 del río sus corrientes *alegran* la ciudad 8055
48.11 *alegrará* el monte de Sion; se gozarán 8055
53.6 se gozará Jacob, y se *alegrará* Israel 8055
58.10 se *alegrará* el justo cuando viere la 8055
60.6 dicho en su santuario: Yo me *alegraré* 5937
63.11 pero el rey se *alegrará* en Dios; será 8055
64.10 *alegrará* el justo en Jehová, y confiará 8055
65.8 haces *alegrar* las salidas de la mañana 7442
66.6 por el río pasaron... en él nos *alegramos* 8055
67.4 *alégrense* y gócense las naciones, porque 8055
68.3 mas los justos se *alegrarán*; se gozarán 8055
68.4 JAH es su nombre; *alegraos* delante de él 5937
70.4 *alégrense* en ti todos los que te buscan 8055
71.23 mis labios se *alegrarán* cuando cante a 7442
86.4 *alegra* el alma de tu siervo, porque a ti 8055
89.16 en tu nombre se *alegrará* todo el día 1523
89.42 has *alegrado* a todos sus adversarios 8055
90.14 y nos *alegraremos* todos nuestros días 8055
90.15 *alégranos* conforme a los días que nos 8055
92.4 me has *alegrado*, oh Jehová, con tus obras 8055
94.19 tus consolaciones *alegraban* mi alma 8173
96.11 *alégrense* los cielos, y gócese la tierra 8055
97.1 regocíjese la tierra; *alégrense*... costas 1523
97.8 oyó Sion, y se *alegró*; y las hijas de 8055
97.12 *alegraos*, justos, en Jehová, y alabad 8055
104.15 y el vino que *alegra* el corazón del 8055
104.31 sea la... *alégrese* Jehová en sus obras 8055
105.3 *alégrese* el corazón de los que buscan 8055
105.38 Egipto se *alegró* de que salieran 8055
107.30 se *alegran*, porque se apaciguaron 8055
107.42 véanlo los rectos, y *alégrense*, y todos 8055
108.7 dicho en su santuario: Yo me *alegraré* 5937
118.24 día... nos gozaremos y *alegraremos* en él 8055
119.74 que te temen me verán, y se *alegrarán* 8055
122.1 yo me *alegré* con los que me decían 8055
149.2 *alégrese* Israel en su Hacedor; los hijos 8055
Pr 2.14 que se *alegran* haciendo el mal, que 8056
5.18 y *alégrate* con la mujer de tu juventud 8055
7.18 embriaguémonos... *alegrémonos* en amores 5965
10.1 el hijo sabio *alegra* al padre, pero el 8055
11.10 en el bien de los... la ciudad se *alegra* 5970
12.25 abate; mas la buena palabra lo *alegra* 8055
13.9 la luz de los justos se *alegrará*; mas se 8055
15.20 el hijo sabio *alegra* al padre; mas el 8055
15.23 el hombre se *alegra* con la respuesta de 8057
15.30 la luz de los ojos *alegra* el corazón 8055
17.5 y el que se *alegra* de la calamidad no 8056
17.21 y el padre del necio no se *alegrará* 8055
23.15 también a mí se me *alegrará* el corazón 8055
23.16 mis entrañas también se *alegrarán* 5937
23.24 mucho se *alegrará* el padre del justo 1523
23.25 *alégrense* tu padre y... madre, y gócese 8055
24.17 y cuando tropezare, no se *alegre* tu 1523
27.9 y el perfume *alegran* el corazón, y el 8055
27.11 sé sabio, hijo mío, y *alegra* mi corazón 8055
28.12 justos se *alegran*, grande es la gloria 5970
29.2 los justos dominan, el pueblo se *alegra* 8055
29.3 el hombre que ama la sabiduría *alegra* a 8055
29.6 lazo; mas el justo cantará y se *alegrará* 8055
Ec 2.24 y que su alma se *alegre* en su trabajo 2896
3.12,22 que no hay... cosa mejor que *alegrarse* 8055
8.15 sino que coma y beba y se *alegre*; y que 8055
10.19 el vino *alegra* a los vivos; y el dinero 8055
11.9 *alégrate*, joven, en tu juventud, y tome 8055
Cnt 1.4 nos gozaremos y *alegraremos* en ti; nos 8055
Is 9.3 *alegrarán*... como se *alegran* en la siega 8055,8057
13.3 ira, a los que se *alegran* con mi gloria 5947
14.29 no te *alegres* tú, Filistea toda, por 8055
23.12 no te *alegrarás* más, oh oprimida hija 5937
24.8 se acabó el... de los que se *alegran*, cesó 5947
25.9 nos gozaremos y nos *alegraremos* en su 8055
35.1 se *alegrarán* el desierto y la soledad 1523
35.2 *alegrará* y cantará con júbilo; la gloria 1523
49.13 cantad... oh cielos, y *alégrate*, tierra 1523
52.9 cantad alabanzas, *alegraos* juntamente 7442
61.10 mi alma se *alegrará* en mi Dios; porque 1523
65.13 he aquí que mis siervos se *alegrarán* 8055
65.18 os *alegraréis* para siempre en las cosas 1523
65.19 me *alegraré* con Jerusalén, y me gozaré 1523
66.10 *alegraos* con Jerusalén, y gozaos con 8055
66.14 veréis, y se *alegrará* vuestro corazón 7797
Jer 20.15 te ha nacido, haciéndole *alegrarse* 8055
31.13 la virgen se *alegrará* en la danza, los 8055
31.13 y los consolaré, y los *alegraré* de su 8055
32.41 me *alegraré* con ellos haciéndoles bien 7797
41.13 que cuando... vio a Jonatán... se *alegraron* 8055
50.11 os *alegrasteis*, porque os gozasteis 8055
51.39 que se embriaguen, para que se *alegren* 5937
Lm 1.21 enemigos han oído mi mal, se *alegran* 7797
2.17 ha hecho que el enemigo se *alegre* sobre 8055
4.21 gózate y *alégrate*, hija de Edom, la que 8055
Ez 7.12 compra, no se *alegre*, y el que vende 8055
21.10 ¿hemos de *alegrarnos*? Al cetro de mi 7797
35.15 cual te *alegraste* sobre la heredad 8057
Dn 6.23 *alegró* el rey en gran manera a causa 2868
Os 7.3 con su maldad *alegran* al rey, y a los 8055
9.1 no te *alegres*, oh Israel, hasta saltar de 8055
Jl 2.21 tierra, no temas, *alégrate* y gózate 1523
2.23 hijos de Sion, *alegraos* y... en Jehová 1523
Am 6.13 vosotros que os *alegráis* en nada, que 8055
Abd 12 haberte *alegrado* de los hijos de Judá 8055
Jon 4.6 y Jonás se *alegró*... por la calabacera 8057
Mi 7.8 tú, enemiga mía, no te *alegres* de mí 8055
Hab 1.15 lo cual se *alegrará* y se regocijará 8055
3.18 yo me *alegraré* en Jehová, y me gozaré en 5937
Sof 3.11 quitaré... a los que se *alegran* en tu 5947
Zac 2.10 canta y *alégrate*, hija de Sion... vengo 8055
4.10 los que menospreciaron el... se *alegrarán* 8055
9.9 *alégrate* mucho, hija de Sion; da voces de 1523
9.17 trigo *alegrará* a los jóvenes, y el vino 5107
10.7 se *alegrará* su corazón como a causa de 8055
10.7 sus hijos también verán, y se *alegrarán* 8055
Mt 5.12 **y *alegraos*, porque vuestro galardón** *5463*
Mr 14.11 *alegraron*, y prometieron darle dinero *5463*
Lc 6.23 ***alegraos*... vuestro galardón es grande** *5463*
22.5 *alegraron*; y convinieron en darle dinero *5463*
23.8 Herodes, viendo a Jesús, se *alegró* mucho *5463*
Jn 11.15 **me *alegro*... de no haber estado allí** *5463*

16.20 **lloraréis... y el mundo se alegrará; pero** ... *5463*
Hch 2.26 por lo cual mi corazón se *alegró*, y ... *2165*
Ro 15.10 *alegraos*, gentiles, con su pueblo ... *2165*
1 Co 7.30 se *alegran*, como si no se *alegrasen* ... *5463*
2 Co 2.2 ¿quién será luego el que me *alegre* ... *2165*
1 P 1.6 lo cual vosotros os *alegráis*, aunque ... *21*
1.8 en quien... os *alegráis* con gozo inefable ... *21*
Ap 11.10 moradores de la tierra... se *alegrarán* ... *5463*
12.12 por lo cual *alegraos*, cielos, y los ... *2165*
18.20 *alégrate* sobre ella, cielo, y vosotros ... *2165*
19.7 y *alegrémonos* y démosle gloria; porque ... *21*

ALEGRE
Dt 16.15 bendecido... estarás verdaderamente *a* ... 8056
1 S 25.36 el corazón de Nabal estaba *a*... ebrio ... 2896
2 S 13.28 corazón de Amnón esté *a* por el vino ... 2895
1 R 8.66 se fueron... *a* y gozosos de corazón ... 8056
2 Cr 7.10 envió al pueblo a sus hogares, *a* y ... 2896
Est 1.10 estando el corazón del rey *a* del vino ... 2895
5.9 salió Amán... día contento y *a* de corazón ... 2896
5.14 al rey... y entra *a* con el rey al banquete ... 8056
Sal 98.4 cantad *a* a Jehová, toda la tierra ... 7321
100.1 cantad *a* a Dios, habitantes de toda la ... 8056
126.3 cosas ha hecho Jehová con... estaremos *a* ... 8056
Pr 15.13 el corazón *a* hermosea el rostro; mas ... 8056
Ec 9.7 con gozo, y bebe tu vino con *a* corazón ... 2896
Is 22.2 turbulenta, ciudad *a*; tus muertos no ... 5947
23.7 ¿no era ésta vuestra ciudad *a*, con... días ... 5947
24.7 gimieron todos los que eran *a* de corazón ... 8056
41.27 y a Jerusalén... un mensajero de *a* nuevas ... 1319
52.7 los montes los pies del que trae *a* nueva ... 1319
Jer 31.4 serás adornada... y saldrás en *a* danzas ... 7832
44.17 abundancia de pan, y estuvimos *a*, y no ... 2896
Sof 2.15 es la ciudad *a* que estaba confiada ... 5947
2 Co 9.7 cada uno dé... Dios ama al dador *a* ... *2431*
Stg 5.13 ¿está alguno *a*? Cante alabanzas ... *2114*

ALEGREMENTE
1 S 15.32 de Amalec. Y Agag vino a él *a*
Sal 95.1 aclamemos *a* a Jehová; Cantemos

ALEGRÍA
Gn 31.27 para que yo te despidiera con *a* y con ... 8057
Nm 10.10 el día de vuestra *a*, y... solemnidades ... 8057
Dt 28.47 no serviste a Jehová... con *a* y con gozo ... 8057
Jue 16.25 que cuando sintieron *a* en su corazón ... 2896
1 S 10.24 el pueblo clamó con *a*... ¡Viva el rey!
18.6 salieron las mujeres... con cánticos de *a* ... 8057
2 S 6.12 llevó con *a* el arca de Dios de casa ... 8057
1 R 1.40 cantaba la gente... y hacían grandes *a* ... 8057
1.45 y de allí han subido con *a*, y la ciudad ... 8056
1 Cr 12.40 en abundancia... en Israel había *a* ... 8057
15.16 que resonasen y alzasen la voz con *a* ... 8057
15.25 fueron a traer el arca del pacto... con *a* ... 8057
16.27 alabanza... delante de él; poder y *a* en su ... 2034
29.17 he visto con *a* que tu pueblo, reunido ... 8057
2 Cr 23.13 el pueblo de la tierra mostraba *a* ... 8056
29.30 ellos alabaron con gran *a*... y adoraron ... 8057
30.23 y la celebraron otros siete días con *a* ... 8057
Esd 3.12 muchos otros daban grandes gritos de *a* ... 8057
3.13 no podía distinguir... de los gritos de *a* ... 8057
Neh 8.12 el pueblo se fue... a gozar de grande *a* ... 8057
8.17 hizo tabernáculos... y hubo *a* muy grande ... 8057
Est 8.16 los judíos tuvieron luz y *a*, y gozo ... 4885
8.17 los judíos tuvieron *a* y gozo, banquete ... 8057
9.17 y lo hicieron día de banquete y de *a* ... 8057
9.19 hacen... día de *a* y de banquete, un día de ... 8057
9.22 mes que de tristeza se les cambió en *a* ... 8057
Job 20.5 la *a* de los malos es breve, y el gozo ... 8057
29.13 mí, y al corazón de la viuda yo daba *a* ... 7442
Sal 4.7 tú diste *a* a mi corazón, mayor que la ... 8057
21.6 porque... lo llenaste de *a* con tu presencia ... 8057
30.5 el lloro, y a la mañana vendrá la *a* ... 7440
30.11 desataste mi cilicio, y me ceñiste de *a* ... 8057
42.4 voces de *a* y de alabanza del pueblo en ... 7440
43.4 entraré al... al Dios de mi *a* y de mi gozo ... 1524
45.7 te ungió Dios... con óleo de *a* más que a ... 8342
45.15 serán traídas con *a* y gozo; entrarán ... 8057
51.8 hazme oír gozo y *a* y se recrearán los ... 8057
65.12 desierto, y los collados y ciñen de *a* ... 1524
66.1 aclamad a Dios con *a*, toda la tierra ... 7321
68.3 los justos se alegrarán... saltarán de *a* ... 7797
97.11 justo, y *a* para los rectos de corazón ... 8057
100.2 servid a Jehová con *a*; venid ante su ... 8057
106.5 para que me goce en la *a* de tu nación ... 8057
137.3 los que nos habían desolado nos pedían *a* ... 8057
137.6 a Jerusalén... preferente asunto de mi *a* ... 8057
Pr 10.28 la esperanza de los justos es *a*; mas ... 8057
12.20 pero *a* en el de los que piensan el bien ... 8057
14.10 y extraño no se entremeterá en su *a* ... 8057
14.13 risa... y el término de la *a* es congoja ... 8057
15.21 necedad es *a* al falto de entendimiento ... 8057
16.15 en la *a* del rostro del rey está la vida ... 216
21.15 *a* es para el justo el hacer juicio; mas ... 8057
29.17 corrige a tu hijo... y dará *a* a tu alma ... 4574
Ec 2.1 te probaré con *a*, y gozarás de bienes ... 8057
5.20 pues Dios le llenará de *a* el corazón ... 8057
7.4 los insensatos, en la casa en que hay *a* ... 8057
8.15 por tanto, alabé yo la *a*; que no tiene ... 8057
Is 9.3 multiplicaste la... y aumentaste la *a* ... 8057
16.10 quitando es el gozo y la *a* del campo ... 1524
22.13 gozo y *a*, matando vacas y degollando ... 8057
24.8 cesó el regocijo de... cesó la *a* del arpa ... 4885
24.11 todo gozo... desterró la *a* de la tierra ... 8057
29.19 los humildes crecerán en *a* en Jehová ... 8057
30.29 tendréis... *a* de corazón, como el que va ... 8057
32.13 las casas en que hay *a* en la ciudad de *a* ... 4885
35.10 los redimidos de... vendrán a Sion con *a* ... 8342
48.20 salid... dad nuevas de esto con voz de *a* ... 7440
51.3 se hallará en ella *a* y gozo, alabanza y ... 8342
51.11 gozo y *a*, y el dolor y el gemido huirán ... 8057
55.12 con *a* saldréis, y con paz seréis vueltos ... 8057
61.3 óleo... y manto de *a* en lugar de espíritu ... 8416
65.18 yo traigo a Jerusalén *a*, y a su pueblo ... 1523
66.5 él se mostrará para *a* vuestra, y ellos ... 8057
Jer 7.34 haré cesar... la voz de *a*, la voz del ... 8057
15.16 tu palabra me fue por gozo y por *a* de ... 8057
16.9 haré cesar... toda voz de *a* y toda voz de ... 8057
25.10 haré que desaparezca de entre... voz de *a* ... 8057
31.7 regocijaos en Jacob con *a*, y dad voces ... 8057
33.11 ha de oírse aún voz de gozo y de *a*, voz ... 8057
48.33 y será cortada la *a* y el regocijo de ... 8057
Ez 7.7 de tumulto, y no de *a*, sobre los montes ... 1906
36.5 disputaron mi tierra por heredad con *a* ... 8057
Jl 1.16 ¿no fue arrebatado el alimento... la *a* ... 8057
Sof 3.17 se gozará sobre ti con *a*, callará de ... 8057
Zac 8.19 se convertirán... en *a*, y en festivas ... 8057
Lc 1.14 gozo y *a* y muchos se regocijarán de ... *5479*
1.44 la criatura saltó de *a* en mi vientre ... *20*
Hch 2.46 comían juntos con *a* y sencillez de ... *20*
14.17 llenando de... y de *a* nuestros corazones ... *2167*
Ro 12.8 el que hace misericordia, con *a* ... *2432*
He 1.9 con óleo de *a* más que a tus compañeros ... *20*
13.17 para que lo hagan con *a*, y no quejándose ... *5479*
1 P 4.13 en la revelación... gocéis con gran *a* ... *21*
Jud 24 sin mancha delante de su gloria con... *a* ... *20*

ALEJADO *Véase Alejar*

ALEJANDRÍA *Ciudad de Egipto*, Hch 6.9; 18.24 ... *221*

ALEJANDRINA *Perteneciente a Alejandría*, Hch 27.6; 28.11 ... *222*

ALEJANDRO
1. *Hijo de Simón de Cirene*, Mr 15.21 ... *223*
2. *Pariente del sumo sacerdote Anás*, Hch 4.6 ... *223*
3. *Judío de Éfeso*, Hch 19.33 ... *223*
4. *Un apóstata*, 1 Ti 1.20 ... *223*
5. *Calderero, enemigo de Pablo*, 2 Ti 4.14 ... *223*

ALEJAR
Gn 44.4 de la que aún no se habían *alejado* ... 7368
Éx 23.7 de palabra de mentira te *alejarás*, y no ... 7368
Dt 2.8 nos *alejamos* del territorio de... hermanos ... 5674
Jos 8.4 no os *alejaréis* mucho de la ciudad, y ... 7368
8.6 saldrán... que los *alejemos* de la ciudad ... 5423
8.16 en Hai... siendo así *alejados* de la ciudad ... 5423
Jue 18.22 ya se habían *alejado* de la casa de ... 7368
20.31 salieron los... *alejándose* de la ciudad ... 5423
20.32 huiremos, y los *alejaremos* de la ciudad ... 5423
1 S 18.13 Saúl lo *alejó* de sí, y le hizo jefe ... 5493
2 S 14.14 para no *alejar* de sí al desterrado ... 5080
23.9 se habían *alejado* los hombres de Israel ... 5927
Esd 6.6 ahora, pues, Tatnai... *alejaos* de allí ... 7352
Job 15.12 ¿por qué tu corazón te *aleja*, y por ... 3947
19.13 hizo *alejar* de mí a mis hermanos, y mis ... 7368
22.23 *alejarás* de tu tienda la aflicción ... 7368
30.10 me abominan, se *alejan* de mí, y aun de ... 7368
Sal 22.11 te *alejes* de mí, porque la angustia ... 7368
22.19 tú, Jehová, no te *alejes*; fortaleza mía ... 7368
35.22 no calles; Señor, no te *alejes* de mí7368
38.11 amigos... y mis cercanos se han *alejado* ... 7350
38.21 Jehová; Dios mío, no te *alejes* de mí ... 7368
44.23 despierta, no te *alejes* para siempre ... 2186
71.12 oh Dios, no te *alejes* de mí; Dios mío ... 7368
73.27 aquí, los que se *alejan* de ti perecerán ... 7369
88.8 has *alejado* de mí mis conocidos; me has ... 7368
88.18 *alejado* de mí al amigo y al compañero ... 7368
103.12 hizo *alejar* de nosotros... rebeliones ... 7368
109.17 no quiso la bendición... se *alejó* de él ... 7368
119.150 me persiguen; se *alejaron* de tu ley ... 7368
Pr 4.24 *aleja* de ti la iniquidad de los labios ... 7368
5.8 aleja de ella tu camino, y no te *acerques* ... 7126
19.7 ¡cuanto más... amigos se *alejarán* de él! ... 7368
22.5 el que guarda su alma se *alejará* de ellos ... 7368
22.15 vara de la corrección la *alejará* de él ... 7368
Ec 7.23 sabio, pero la sabiduría se *alejó* de ... 7350
Is 19.6 y se *alejarán* los ríos, se agotarán y ... 2186
46.13 se acerque mi justicia; no se *alejará* ... 7368
59.9 por esto se *alejó* de nosotros la justicia ... 5381
59.11 hay; salvación, y se *alejó* de nosotros ... 7368
Jer 2.5 ¿qué maldad hallaron... que se *alejaron* ... 7368
27.10 para haceros *alejar* de vuestra tierra ... 7368
38.27 se *alejaron* de él, porque el asunto ... 2790
Lm 1.16 porque se *alejó* de mí el consolador ... 7368
3.17 mi alma se *alejó* de la paz, me olvidé ... 2186
Ez 7.26 la ley se *alejará* del sacerdote, y de ... 6
8.6 hace aquí para *alejarme* de mi santuario? ... 7368
11.15 *alejaos* de Jehová; a nosotros es dada ... 7368
44.10 cuando Israel se *alejó* de mí, yéndose ... 7368
Os 8.5 becerro, oh Samaria, te hizo *alejarte* ... 2186
11.2 los llamaba, tanto más se *alejaban* de mí ... 1980
Jl 2.20 y haré *alejar* de vosotros al del norte ... 7368
3.6 vendisteis... para *alejarlos* de su tierra ... 7368
Mt 19.1 *alejó* de Galilea, y fue a las regiones ... *3332*
Mr 7.17 se *alejó* de la multitud y entró en casa
Jn 11.54 se *alejó* de allí a la región contigua ... 1564
Gá 1.6 os hayáis *alejado* del que os llamó por ... *3346*
Ef 2.12 *alejados* de la ciudadanía de Israel y ... *526*
1 Jn 2.28 no nos *alejemos* de él avergonzados ... *153*

ALELUYA
Sal 104.35 bendice, alma mía, a Jehová. *A* ... 1984
105.45 guardasen... y cumpliesen sus leyes. *A* ... 1984
106.1 *A*. Alabad a Jehová, porque él es bueno ... 1984
106.48 Dios... y diga todo el pueblo, Amén. *A* ... 1984
111, 112, 113, 135, 146, 148, 149, 150 *tít*. *A*. ... 1984
113.9 que se goza en ser madre de hijos. *A* ... 1984
115.18 bendeciremos a JAH... para siempre. *A* ... 1984
116.19 en medio de ti, oh Jerusalén. *A* ... 1984
117.2 y la fidelidad de... es para siempre. *A* ... 1984
135.21 Jehová, quien mora en Jerusalén. *A* ... 1984
146.10 reinará Jehová para siempre... Sion... *A* ... 1984
147.20 a sus juicios, no nos conocieron. *A* ... 1984
148.14 alábenle todos... los hijos de Israel... *A* ... 1984
149.9 gloria será... para todos sus santos. *A* ... 1984
150.6 todo lo que respira alabe a JAH. *A* ... 1984
Ap 19.1 ¡*A*! Salvación y honra y gloria y poder ... *239*
19.3 otra vez dijeron: ¡*A*! Y el humo de ella ... *239*
19.4 adoraron a Dios... y decían: ¡Amén! ¡*A*! ... *239*
19.6 decía: ¡*A*, porque el Señor nuestro Dios ... *239*

ALEMET
1. *Ciudad de los levitas (=Almón)*, 1 Cr 6.60 ... 5964
2. *Descendiente de Jonatán No. 2*, 1 Cr 8.36; 9.42 ... 5964

ALENTAR
2 S 11.25 hasta que la rindas. Y tú *aliéntate* ... 2388
Job 16.5 pero yo os *alentaría* con mis palabras ... 553
Sal 27.14 *aliéntese* tu corazón; sí, espera a ... 2388
Dn 10.19 esfuérzate y *aliéntate*. Y mientras él ... 2388
1 Ts 4.18 *alentaos* los unos... con estas palabras ... *3870*
5.14 que *alentéis* a los de poco ánimo, que ... *3870*

ALETA
Lv 11.9 que tienen *a* y escamas en las aguas ... 5579
11.10 los que no tienen *a*... en el mar y en los ... 5579
11.12 todo lo que no tuviere *a* y escamas en ... 5579
Dt 14.9 podréis comer; todo lo que tiene *a* y ... 5579
14.10 lo que no tiene *a* y escama, no comeréis ... 5579

ALEVOSÍA
Éx 21.14 y lo matare con *a*, de mi altar lo ... 6195

ALFA
Ap 1.8,11; 21.6; 22.13 **yo soy el *A* y la Omega** ... *1*

ALFARERO
1 Cr 4.23 éstos eran *a*, y moraban en medio de ... 3335
Sal 2.9 como vasija de *a* los desmenuzarás ... 3335
Is 29.16 será reputada como el barro del *a* ... 3335
30.14 quebraré como se quiebra un vaso de *a* ... 3335
41.25 como lodo, y como pisa el barro el *a* ... 3335
Jer 18.2 vete a casa del *a*, y allí te haré oír ... 3335
18.3 descendí a casa del *a*, y... él trabajaba ... 3335
18.6 ¿no podré yo hacer... como este *a*, oh casa ... 3335
18.6 como el barro en la mano del *a* así sois ... 3335
19.1 vé y compra una vasija de barro del *a* ... 3335
Lm 4.2 por vasija de barro, obra de manos de *a*! ... 3335
Dn 2.41 parte de barro cocido de *a* y en parte ... 6353
Mt 27.7 compraron con ellas el campo del *a* ... *2763*
27.10 y las dieron para el campo del *a*, como ... *2763*
Ro 9.21 no tiene potestad el *a* sobre el barro ... *2763*
Ap 2.27 **vara... serán quebradas como vaso de *a*** ... *2764*

ALFEO
1. *Padre de Jacobo No. 2*, Mt 10.3; Mr 3.18; Lc 6.15; Hch 1.13 ... *256*
2. *Padre de Mateo (Leví)*, Mr 2.14 ... *256*

ALFOLÍ
Jl 1.17 los *a* destruidos... se secó el trigo ... 214
Mal 3.10 traed todos los diezmos al *a*, y ha ... 214

ALFORJA
1 S 9.7 el pan de nuestras *a* se ha acabado, y ... 3627
Mt 10.10 ***a* para el camino, ni de dos túnicas** ... *4082*
Mr 6.8; Lc **9.3 ni *a*, ni pan, ni dinero** ... *4082*
Lc 10.4 **no llevéis bolsa, ni *a*, ni calzado; y *a*** ... *4082*
22.35 **cuando os envié sin bolsa... sin *a*, y sin** ... *4082*
22.36 **que tiene bolsa, tómela, y también la *a*** ... *4082*

ALGA
Jon 2.5 rodearon... el *a* se enredó a mi cabeza ... 5488

ALGARROBA
Lc 15.16 **y deseaba llenar su vientre de las *a*** ... *2769*

ALGAZARA
Sof 1.16 de trompeta y de *a* sobre las ciudades ... 8643

ALGO *Véase también el Apéndice*
Gá 6.3 el que se cree ser *a*, no siendo nada ... *5100*

ALGUACIL
Mt 5.25 **le entregue al juez, y el juez al *a*** ... *5257*
26.58 se sentó con los *a*, para ver el fin ... *5257*
Mr 14.54 estaba sentado con... *a*, calentándose ... *5257*
14.65 profetiza... Y los *a* le daban de bofetadas ... *5257*
Lc 12.58 **te entregue al *a*, y el *a* te meta en** ... *4233*
Jn 7.32 enviaron *a* para que le prendiesen ... *5257*
7.45 los *a* vinieron a los... y a los fariseos ... *5257*
7.46 los *a* respondieron: ¡Jamás hombre alguno ... *5257*
18.3 tomando una compañía de soldados, y *a* ... *5257*
18.12 los *a* de los judíos, prendieron a Jesús ... *5257*
18.18 estaban en pie los siervos y los *a* que ... *5257*
18.22 uno de los *a*... allí, le dio una bofetada ... *5257*
19.6 cuando le vieron... los *a*, dieron voces ... *5257*
Hch 5.22 pero cuando llegaron los *a*, no los ... *5257*
5.26 fue el jefe de... con los *a*, y los trajo ... *5257*
16.35 magistrados enviaron *a* a decir: Suelta ... *4465*
16.38 los *a* hicieron saber estas palabras a los ... *4465*

ALGUIEN *Véase el Apéndice*

ALGÚN *Véase el Apéndice*

ALGUNO, A *Véase el Apéndice*

ALHAJA
Gn 24.53 sacó el criado *a* de plata y *a* de oro ... 3627
Éx 3.22 pedirá cada mujer... *a* de plata, *a* de ... 3627
11.2 pida... a su vecino *a* de plata y de oro ... 3627
12.35 pidiendo de los egipcios *a* de plata, y ... 3627
22.7 diere... *a* a guardar, y fuere hurtado de ... 3627
Nm 31.50 hemos ofrecido a Jehová... *a* de oro ... 3627

31.51 recibieron el oro...*a*, todas elaboradas 3627
1 R 10.25 todos le llevaban cada año...*a* de oro 3627
15.15 metió en la casa de Jehová...plata y *a* 3627
2 Cr 9.24 su presente, *a* de plata, *a* de oro 3627
20.25 entre los cadáveres...así vestidos como *a* 3627
Job 28.17 oro...ni se cambiará por *a* de oro fino 3627
Pr 25.4 quita las escorias de la...y saldrá *a* 3627
Ez 16.17 tomaste...tus *a* de oro y de plata que 3627
16.39 llevarán tus hermosas *a*, y te dejarán 3627
Os 13.15 saqueará el tesoro de todas sus...*a* 3627

ALHEÑA
Cnt 1.14 flores de *a* en las viñas de En-gadi 3724
4.13 son paraíso...de flores de *a* y nardos 3724

ALIADO, A
Gn 14.13 Escol...Aner...cuales eran *a* de 1167,1285
Jer 47.4 para destruir...todo *a* que les queda 5826
Ez 30.5 y los hijos de las tierras *a*, caerán 1285
Abd 7 todos tus *a* te han engañado; hasta los 1285

ALIANZA
Éx 23.32 no harás *a* con ellos, ni con...dioses 1285
34.12 guárdate de hacer *a* con los moradores 1285
34.15 por tanto, no harás *a* con los moradores 1285
Dt 7.2 no harás con ellas *a*, ni tendrás de ellos 1285
Jos 9.6 haced, pues, ahora *a* con nosotros 1285
9.7 ¿cómo...podremos hacer *a* con vosotros? 1285
9.11 y decidles...haced ahora *a* con nosotros 1285
9.15 Josué hizo paz...y celebró con ellos *a* 1285
9.16 días después que hicieron *a* con ellos 1285
1 S 11.1 haz *a* con nosotros, y te serviremos 1285
11.2 con esta condición haré *a* con vosotros
22.8 mi hijo ha hecho *a* con el hijo de Isaí 3772
1 R 15.19 *a* entre nosotros...y rompe tu pacto 1285
2 R 11.4 hizo con ellos *a*, juramentándoles en 1285
2 Cr 16.3 haya *a* entre tú y yo, como la hubo 1285
16.3 deshagas la *a* que tienes con Baasa rey 1285
23.1 se animó Joiada, y tomó consigo en *a* a 1285
Sal 83.5 se confabulan...contra ti han hecho *a* 1285,3772
Dn 2.43 se mezclarán por medio de *a* humanas 2234
11.6 al cabo de años harán *a*, y la hija del 2266

ALIENTO
Gn 2.7 Dios...sopló en su nariz *a* de vida, y 5397
7.22 lo que tenía *a* de...de vida...murió 5397,7307
Éx 15.8 al soplo de tu *a* se amontonaron las 639
Jos 2.11 ni ha quedado más *a* en hombre alguno 7307
5.1 desfalleció su...y no hubo más *a* en ellos 7307
2 S 22.16 por el soplo del *a* de su nariz 7307
1 R 17.17 fue tan grave que no quedó en él *a* 5397
2 Cr 14.13 etíopes hasta no quedar en ellos *a* 4241
Job 4.9 perecen por el *a* de Dios, y por el soplo 5397
9.18 no me ha concedido que tome *a*, sino que 7307
15.30 secará...y con el *a* de su boca perecerá 7307
17.1 mi *a* se agota, se acortan mis días, y me 7307
19.17 mi *a* vino a ser extraño a mi mujer 7307
34.14 si...recogiese así su espíritu y su *a* 5397
41.21 *a* enciende los carbones, y de su boca 5315
Sal 18.15 oh Jehová, por el soplo del *a* de tu 7307
23.4 tu vara y tu cayado me infundirán *a* 5162
31.24 esforzaos todos...tome *a* vuestro corazón 553
33.6 fueron hechos los...por el *a* de su boca 7307
135.17 no oyen; tampoco hay *a* en sus bocas 7307
146.4 pues sale su *a*, y vuelve a la tierra 7307
Pr 21.6 es *a* fugaz de aquellos que buscan la 1892
Is 2.22 dejaos del hombre, cuyo *a* está en su 5397
30.28 su *a*, cual torrente que inunda; llegará 7307
42.5 que da *a* al pueblo que mora sobre ella 5397
Lm 4.20 el *a* de nuestras vidas, el ungido de 7307
Dn 10.17 me faltó la fuerza, y no me quedó *a* 5397
Hch 17.25 pues él es quien da a todos vida y *a* *4157*
28.15 Pablo dio gracias a Dios y cobró *a* *2294*
Ap 13.15 infundir *a* a la imagen de la bestia *4151*

ALIGERAR
Hch 27.38 y ya satisfechos, *aligeraron* la nave *2893*

ALIJAR
Hch 27.18 al siguiente día empezaron a *alijar* *1546*

ALIMENTAR
Gn 45.11 te *alimentaré*, pues aun quedan cinco 3557
47.12 *alimentaba* José a su padre y...hermanos 3557
Pr 15.14 la boca de los necios se *alimenta* de 7462
Is 44.20 de ceniza se *alimenta*; su corazón 3557
Jer 5.8 como caballos bien *alimentados*, cada 2109
23.16 *alimentan* con vanas esperanzas; hablan 1891
Ez 3.3 *alimenta* tu vientre, y llena...entrañas 398
Mt 6.26 **nuestro Padre celestial las *alimenta*** *5142*
Lc 12.24 **los cuervos, que...y Dios los *alimenta*** *5142*

ALIMENTO
Gn 6.21 y toma contigo de todo *a* que se come 3978
41.48 él reunió todo el *a* de los siete años de 400
41.48 guardó *a*...en cada ciudad el *a* del campo 400
42.1 viendo Jacob que en Egipto había *a*, dijo 7668
42.7 de la tierra de Canaán, para comprar *a* 400
42.10 que tus siervos han venido a comprar *a* 400
42.19 llevad el *a* para el hambre de vuestra 7668
43.2 y comprad para nosotros un poco de *a* 400
43.4 si...descenderemos, y te compraremos *a* 400
43.20 descendimos al principio a comprar *a* 400
43.22 otro dinero para comprar *a*; nosotros 400
44.1 llena de *a* los costales de estos varones 400
44.25 dijo...Volved a comprarnos un poco de *a* 400
47.14 recogió José todo el dinero...por los *a* 7668
47.17 José les dio *a* por caballos, y...ganado 3899
Éx 21.10 si tomare...mujer, no disminuirá su *a* 7607
Lv 11.34 *a* que se come, sobre el cual cayera 400
22.7 podría comer las cosas sagradas...su *a* es 3899
22.11 nacido en su casa podrá comer de su *a* 3899
22.13 viuda...podrá comer del *a* de su padre 3899
Dt 2.6 compraréis de ellos por dinero los *a* 400
1 S 14.28 maldito sea el hombre que tome hoy *a* 3899
2 S 20.3 y las puso en reclusión, y les dio *a* 3557
1 R 11.18 les señaló *a*, y aun les dio tierras 3899
Neh 12.47 todo Israel...daba *a* los cantores 4521
Est 2.9 que hizo darle prontamente atavíos y *a* 4490
Job 6.7 mi alma no quería tocar, son ahora mi *a* 3899
38.41 ¿quién prepara al cuervo su *a*, cuando 6718
Sal 107.18 su alma abominó todo *a*, y llegaron 400
111.5 ha dado *a* a los que le temen...su pacto 2964
136.25 el que da *a* a todo ser viviente, porque 3899
Is 65.25 y el polvo será el *a* de la serpiente 3899
Dn 4.12 fruto abundante, y había en él *a* para 4203
4.21 que había *a* para todos, debajo del cual 4203
Jl 1.16 no fue arrebatado el *a* de delante de 400
Jon 3.7 diciendo...no se les dé *a*, ni beban agua 7462
Mal 1.12 cuando decís que su *a* es despreciable 400
3.10 y haya *a* en mi casa; y probadme ahora en 2964
Mt 6.25 **¿no es la vida más que el *a*, y el cuerpo** *5160*
10.10 **porque el obrero es digno de su *a*** *5160*
24.45 **su casa para que les dé el *a* a tiempo?** *5160*
Mr 7.19 decía, haciendo limpios todos los *a* *1033*
Lc 9.12 que vayan...y se alojen y encuentren *a* *1979*
9.13 vayamos nosotros a comprar *a* para toda *1033*
Hch 7.11 hambre...nuestros padres no hallaban *a* *5527*
9.19 y habiendo tomado *a*, recobró fuerzas *5160*
1 Co 10.3 todos comieron el mismo *a* espiritual *1033*
1 Ti 4.3 y mandarán abstenerse de *a* que Dios *1033*
He 5.12 necesidad de leche, y no de *a* sólido *5160*
5.14 el *a* sólido es para los que han alcanzado *5160*

ALINEAR
2 S 10.10 *alineó* para encontrar a los amonitas 6186

ALISAR
Éx 34.1 *alísate* dos tablas de piedra como las 6458
34.4 Moisés *alisó* dos tablas de piedra como 6458
Is 41.7 animó al platero, y el que *alisaba* con 2505
Ez 24.7 sobre...piedra *alisada* la ha derramado

ALISTAR
Éx 30.7 quemará...cuando *aliste* las lámparas 3190
Pr 21.31 el caballo se *alista* para el día de 3559

ALIVIAR
Gn 5.29 éste nos *aliviará* de nuestras obras 5162
Éx 18.22 así *aliviarás* la carga de sobre ti 5375
1 S 6.5 quizá *aliviará* su...de sobre vosotros 7043
2 Cr 10.4 *alivia* algo de la dura servidumbre 7043
10.9 *alivia* algo del yugo que tu padre puso 7043

ALIVIO
1 S 16.16 él toque con su mano, y tengas *a* 2895
16.23 David tomaba el arpa...y Saúl tenía *a* 7304
Lm 3.49 mis ojos destilan y no cesan...no hay *a* 2014

ALJABA
Gn 27.3 toma, pues, ahora...tu *a* y tu arco, y 8522
Job 39.23 contra él suenan la *a*, el hierro de la 827
Sal 127.5 el hombre que llenó su *a* de ellos 827
Is 22.6 Elam tomó *a*, con carros y con jinetes 827
49.2 y me puso por saeta...me guardó en su *a* 827
Jer 5.16 su *a* como sepulcro abierto...valientes 827
Lm 3.13 entrar en mis entrañas...saetas de su *a* 827

ALLÁ *Véase el Apéndice*

ALLANAR
2 R 11.6 guardaréis la casa...no sea *allanada* 4535
Is 40.4 lo...se enderece, y lo áspero se *allane* 1237
57.14 *allanad*, *a*; barred el camino, quitad 5549
62.10 pasad...*allanad*, a la calzada, quitad 5549
Lc 3.5 valle...y los caminos ásperos *allanados* *3006*

ALLEGADO
Est 9.27 tomaron...sobre todos los *a* a ellos 3867

ALLÍ *Véase el Apéndice*

ALMA
Gn 12.13 vaya bien...viva mi *a* por causa de ti 5315
32.30 a Dios cara a cara, y fue librada mi *a* 5315
34.3 pero su *a* se apegó a Dina la hija de Lea 5315
34.8 el *a* de mi hijo Siquem se ha apegado a 5315
35.18 que al salírsele el *a*...llamó su nombre 5315
42.21 la angustia de su *a* cuando nos rogaba 5315
49.6 su consejo no entre mi *a*, ni mi espíritu 5315
Éx 15.9 mi *a* se saciará de ellos; sacaré mi 5315
23.9 sabéis cómo es el *a* del extranjero, ya 5315
Lv 16.29 el mes séptimo afligiréis vuestras *a* 5315
16.31 y afligiréis vuestras *a*; es estatuto 5315
17.11 para hacer expiación...por vuestras *a* 5315
23.27 y afligiréis vuestras *a*, y ofreceréis 5315
23.32 día de reposo...y afligiréis vuestras *a* 5315
26.11 mi morada en...y mi *a* no os abominará 5315
26.15 vuestra *a* menospreciare mis estatutos 5315
26.16 enviaré sobre vosotros...atormenten el *a* 5315
26.30 vuestros ídolos, y mi *a* os abominará 5315
26.43 y su *a* tuvo fastidio de mis estatutos 5315
Nm 11.6 y ahora nuestra *a* se seca; pues nada 5315
16.38 de éstos que pesaron contra sus *a* 5315
21.5 *a* tiene fastidio de este pan tan liviano 5315
29.7 diez de este mes...afligiréis vuestras *a* 5315
30.2 juramento ligando su *a* con obligación 5315
30.4 oyere...la obligación con que ligó su *a* 5315
30.4,5,11 la obligación con que...ligado su *a* 5315
30.6 pronunciare...cosa con que obligue su *a* 5315
30.7 obligación con que ligó su *a*, firme será 5315
30.8 el voto que...con que ligó su *a*, será nulo 5315
30.9 todo voto de viuda...con que ligare su *a* 5315
30.10 y hubiera ligado su *a* con obligación de 5315
30.12 votos, y cuanto a la obligación de su *a* 5315
30.13 juramento obligándose a afligir el *a* 5315
31.50 hacer expiación por nuestras *a* delante 5315
Dt 4.9 guárdate, y guarda tu *a* con diligencia 5315
4.15 guardad, pues, mucho vuestras *a*, pues 5315
4.29 lo hallarás, si lo buscares...de toda tu *a* 5315
6.5 amarás a Jehová tu Dios de...de toda tu *a* 5315
10.12 ames...con todo tu corazón y con...tu *a* 5315
11.13 amando a Jehová...y con toda vuestra *a* 5315
11.18 pondréis...mis palabras en vuestra *a* 5315
13.3 si amáis a Jehová...con toda vuestra *a* 5315
18.6 viniere con...el deseo de su *a* al lugar 5315
26.16 de ponerlos por obra...con toda tu *a* 5315
28.65 pues allí te dará Jehová...tristeza de *a* 5315
30.2 y obedecieres a su voz...y con toda tu *a* 5315
30.6 que ames a Jehová tu Dios...con toda tu *a* 5315
30.10 cuando te convirtieres...con toda tu *a* 5315
Jos 22.5 sigáis...le sirváis...de toda vuestra *a* 5315
23.11 guardad...vuestras *a*...que améis a Jehová 5315
23.14 reconoced, pues, con toda vuestra *a*, que 5315
Jue 5.21 de Cisón. Marcha, oh *a* mía, con poder 5315
16.16 su *a* fue reducida a mortal angustia 5315
Rt 4.15 será restaurador de tu *a*, y sustentador 5315
1 S 1.10 ella con amargura de *a* oró a Jehová 5315
1.15 que he derramado mi *a* delante de Jehová 5315
1.26 vive tu *a*, señor...yo soy aquella mujer 5315
2.33 para consumir tus ojos y llenar tu *a* de 5315
2.35 que haga conforme a mi corazón y a mi *a* 5315
17.55 vive tu *a*, oh rey, que no lo sé. Y el rey 5315
18.1 el *a* de Jonatán quedó ligada con...David 5315
20.3 vive tu *a*, que apenas hay un paso entre 5315
20.4 dijo...Lo que deseare tu *a*, haré por ti 5315
25.26 vive tu *a*, que Jehová te ha impedido el 5315
30.6 todo el pueblo estaba en amargura de *a* 5315
2 S 4.9 dijo: Vive Jehová que ha redimido mi *a* 5315
5.8 hiera a los cojos...aborrecidos del *a* de 5315
11.11 por vida de tu *a*, que yo no haré tal cosa 5315
14.19 vive tu *a*...que no hay que apartarse a 5315
1 R 1.29 que ha redimido mi *a* de toda angustia 5315
2.4 hijos guardaren mi camino...de toda su *a* 5315
8.48 si se convirtieren a ti...de toda su *a* 5315
11.37 reinarás en...las cosas que deseare tu *a* 5315
15.29 sin dejar *a* viviente de los de Jeroboam 5397
17.21 que hagas volver el *a* de este niño a él 5315
17.22 oyó la voz...el *a* del niño volvió a él 5315
20.32 tu siervo...dice: Te ruego que viva mi *a* 5315
2 R 2.2,4,6 y vive tu *a*, que no te dejaré 5315
4.27 déjala, porque su *a* está en amargura, y 5315
4.30 Jehová, y vive tu *a*, que no te dejaré 5315
23.3 guardarían...sus estatutos...con toda el *a* 5315
23.25 que se convirtiese de...toda su *a* y de 5315
2 Cr 6.38 si se convirtieren a ti de toda su *a* 5315
15.12 que buscaran a Jehová...de toda su *a* 5315
34.31 y con toda su *a*, poniendo por obra las 5315
Job 6.7 las cosas que mi *a* no quería tocar, son 5315
7.11 y me quejaré con la amargura de mi *a* 5315
7.15 así mi *a* tuvo por mejor la estrangulación 5315
10.1 está mi *a* hastiada...con amargura de mi *a* 5315
12.10 en su mano está el *a* de todo viviente 5315
14.22 se dolerá, y se entristecerá en él su *a* 5315
16.4 si vuestra *a* estuviera en lugar de la mía 5315
19.2 ¿hasta cuándo angustiarás mi *a*, y me 5315
23.13 determina una cosa...su *a* deseó, e hizo 5315
24.12 claman las *a* de los heridos de muerte 5315
27.2 y el Omnipotente, que amargó el *a* mía 5315
27.3 que todo el tiempo que mi *a* esté en mí 5397
30.16 y ahora mi *a* está derramada en mí; días 5315
30.25 y mi *a*, ¿no se entristeció sobre el 5315
31.30 mi lengua, pidiendo maldición para su *a* 5315
31.39 si comí su...o afligí el *a* de sus dueños 5315
33.18 detendrá su *a* del sepulcro, y su vida 5315
33.20 aborrezca el pan...su *a* la comida suave 5315
33.22 su *a* se acerca al sepulcro, y su vida a 5315
33.28 Dios redimirá su *a* para que no pase al 5315
33.30 para apartar su *a* del sepulcro, y para 5315
36.14 fallecerá el *a* de ellos en su juventud 5315
Sal 6.3 mi *a* también está muy turbada; y tú 5315
6.4 vuélvete, oh Jehová, libra mi *a*; sálvame 5315
7.2 no sea que desgarren mi *a* cual león, y me 5315
7.5 persiga el enemigo mi *a*, y alcáncela 5315
10.3 porque el malo se jacta del deseo de su *a* 5315
11.1 el ¿cómo decía a mi *a* que escape al monte 5315
11.5 que ama la violencia, su *a* los aborrece 5315
13.2 ¿hasta cuándo pondré consejos en mi *a* 5315
16.2 oh *a* mía, dijiste a Jehová: Tú eres mi
16.9 se alegró...mi corazón, y se gozó mi *a* 3519
16.10 porque no dejarás mi *a* en el Seol, ni 5315
17.13 libra mi *a* de los malos con tu espada 5315
19.7 la ley de Jehová es...que convierte el *a* 5315
22.20 libra de la espada mi *a*, del poder del 5315
22.29 que no puede conservar la vida a su...*a* 5315
23.3 confortará mi *a*; me guiará por sendas de 5315
24.4 el que no ha elevado su *a* a cosas vanas 5315
25.1 a ti, oh Jehová, levantaré mi *a* 5315
25.20 guarda mi *a*, y líbrame...en ti confié 5315
26.9 no arrebates con los pecadores mi *a*, ni 5315
30.3 hiciste subir mi *a* del Seol; me diste 5315
31.7 porque...has conocido mi *a* en las angustias 5315
31.9 han consumido...mi *a* también y mi cuerpo 5315
33.19 para librar sus *a* de la muerte, y para 5315
33.20 nuestra *a* espera a Jehová; nuestra ayuda 5315
34.2 en Jehová se gloriará mi *a*; lo oirán los 5315
34.22 Jehová redime el *a* de sus siervos, y no 5315
35.3 saca la...di a mi *a*: Yo soy tu salvación 5315
35.7 hoyo; sin causa cavaron hoyo para mi *a* 5315
35.9 entonces mi *a* se alegrará en Jehová; se 5315
35.12 me...mal por bien, para afligir a mi *a* 5315
35.13 aflige con ayuno mi *a*, y mi oración se 5315
35.17 rescata mi *a* de sus destrucciones...vida 5315

35.25 no digan en su corazón: ¡Ea, *a* nuestra! 5315
41.4 sana mi *a*, porque contra ti he pecado 5315
42.1 así clama por ti, oh Dios, el *a* mía 5315
42.2 mi *a* tiene sed de Dios, del Dios vivo 5315
42.4 me acuerdo... y derramo mi *a* dentro de mí ... 5315
42.5,11 ¿por qué te abates, oh *a* mía, y te 5315
42.6 Dios mío, mi *a* está abatida en mí; me 5315
43.5 ¿por qué te abates, oh *a* mía, y por qué 5315
44.25 nuestra *a* está agobiada hasta el polvo 5315
49.18 mientras viva, llame dichosa a su *a* 5315
55.18 él redimirá en paz mi *a* de la guerra 5315
56.6 mis pasos, como quienes acechan a mi *a* 5315
56.13 porque has librado mi *a* de la muerte 5315
57.1 porque en ti ha confiado mi *a*, y en la 5315
57.6 se ha abatido mi *a*; hoyo han cavado 5315
57.8 despierta, *a* mía; despierta, salterio y 3519
62.1 en Dios solamente está acallada mi *a* 5315
62.5 *a* mía, en Dios solamente reposa, porque 5315
63.1 mi *a* tiene sed de ti, mi carne te anhela 5315
63.5 como de... y de grosura será saciada mi *a* 5315
63.8 está mi *a* apegada a ti; tu diestra me 5315
63.9 pero los que... buscaron mi *a* caerán en 5315
66.9 él es quien preserva la vida a nuestra *a* 5315
66.16 venid... contaré lo que ha hecho a mi *a* 5315
69.1 porque las aguas han entrado hasta el *a* 5315
69.10 lloré afligiendo con ayuno mi *a*, y esto 5315
69.18 acércate a mi *a*, redímela; líbrame a 5315
71.10 que acechan mi *a* consultaron juntamente ... 5315
71.13 perezcan los adversarios de mi *a*; sean 5315
71.23 se alegrarán... y mi *a*, la cual redimiste 5315
72.14 de engaño y de violencia redimirá sus *a* 5315
73.21 se llenó de amargura mi *a*, y... corazón 3824
74.19 no entregues a las fieras el *a* de tu 5315
77.2 sin descanso; mi *a* rehusaba consuelo 5315
84.2 anhela mi *a*... desea los atrios de Jehová 5315
86.2 guarda mi *a*, porque soy piadoso; salva 5315
86.4 alegra el *a* de tu siervo, porque a ti 5315
86.4 porque a ti, oh Señor levanto mi *a* 5315
86.13 has librado mi *a* de las profundidades 5315
88.3 mi *a* está hastiada de males, y mi vida 5315
88.14 ¿por qué, oh Jehová, desechas mi *a*? 5315
94.17 si... pronto moraría mi *a* en el silencio 5315
94.19 en la... tus consolaciones alegraban mi *a* 5315
97.10 él guarda las *a* de sus santos; de mano 5315
103.1,2,22; 104.1,35 bendice, *a* mía, a Jehová 5315
107.5 y sedientos, su *a* desfallecía en ellos 5315
107.9 porque sacia al *a* menesterosa, y llena 5315
107.9 y llena de bien al *a* hambrienta 5315
107.18 su *a* abominó todo alimento, y llegaron 5315
107.26 descienden... *a* se derriten con el mal 5315
109.31 para librar su *a* de los que le juzgan 5315
116.4 diciendo: Oh Jehová, libra ahora mi *a* 5315
116.7 vuelve, oh *a* mía, a tu reposo, porque 5315
116.8 pues tú has librado mi *a* de la muerte 5315
119.20 quebrantada está mi *a* de desear tus 5315
119.25 abatida hasta el polvo está mi *a* 5315
119.28 deshace mi *a* de ansiedad, susténtame 5315
119.81 desfallece mi *a* por tu salvación, mas 5315
119.129 son... por tanto, los ha guardado mi *a* 5315
119.167 mi *a* ha guardado tus testimonios, y los 5315
119.175 viva mi *a* y te alabe, y tus juicios 5315
120.2 libra mi *a*... del labio mentiroso, y de 5315
120.6 ha morado mi *a* con los que aborrecen la 5315
121.7 Jehová te guardará de... él guardará tu *a* 5315
123.4 hastiada está nuestra *a* del escarnio 5315
124.4 nuestra *a* hubiera pasado el torrente 5315
124.5 sobre nuestra *a* las aguas impetuosas 5315
124.7 nuestra *a* escapó cual ave del lazo de 5315
130.5 esperé yo a Jehová, esperó mi *a*; en su 5315
130.6 *a* espera a Jehová más que los centinelas 5315
131.2 he acallado mi *a* como un niño destetado
131.2 como un niño destetado está mi *a* 5315
138.3 me fortaleciste con vigor en mi *a* 5315
139.14 estoy maravillado, y mi *a* lo sabe muy 5315
141.8 en ti he confiado; no desampares mi *a* 5315
142.7 saca mi *a* de la cárcel, para que alabe 5315
143.3 porque ha perseguido el enemigo mi *a* 5315
143.6 a ti, mi *a* a ti como la tierra sedienta 5315
143.8 hazme oír... porque *a* ti he elevado mi *a* 5315
143.11 por tu justicia sacarás mi *a* de angustia 5315
143.12 destruirás a... los adversarios de mi *a* 5315
146.1 alaba, oh *a* mía, a Jehová 5315
Pr 1.18 ponen asechanzas, y a sus *a* tienden
2.10 cuando... la ciencia fuere grata a tu *a* 5315
3.22 serán vida a tu *a*, y gracia a tu cuello 5315
6.16 seis cosas... y aun siete abomina su *a*
6.26 la mujer caza la preciosa *a* del varón
6.32 el que comete adulterio... corrompe su *a* 5315
8.36 el que peca contra mí, defrauda su *a* 5315
11.17 a su *a* hace bien el... misericordioso 5315
11.25 el *a* generosa será prosperada; y el 5315
11.30 árbol de vida; y el que gana *a* es sabio 5315
13.2 el *a* de los prevaricadores hallará el mal 5315
13.3 el que guarda su boca guarda su *a*, mas
13.4 el *a* del perezoso... el *a* de los diligentes 5315
13.19 el deseo cumplido regocija el *a*; pero 5315
13.25 el justo come hasta saciar su *a*; mas el 5315
14.10 el corazón conoce la amargura de su *a*
15.32 el que tiene en poco... menosprecia su *a* 5315
16.24 suavidad al *a* y medicina para los huesos 5315
16.26 el *a* del que trabaja, trabaja para sí
18.7 boca... y sus labios son lazos para su *a* 5315
19.2 el *a* sin ciencia no es buena, y aquel que 5315
19.8 el que posee entendimiento ama su *a* 5315
19.15 sueño, y el *a* negligente padecerá hambre 5315
19.16 que guarda el mandamiento guarda su *a* 5315
19.18 mas no se apresure tu *a* para destruirlo 5315
21.10 el *a* del impío desea el mal; su prójimo 5315
21.23 el que guarda... su lengua, su *a* guarda 5315
22.5 el que guarda su *a* se alejará de ellos 5315
22.23 y despojará el *a* de aquellos que los 5315
22.25 sus maneras, y tomes lazo para tu *a* 5315
23.14 lo castigarás... y librarás su *a* del Seol 5315
24.12 el que mira por tu *a*, él lo conocerá 5315
24.14 así será a tu *a* el... de la sabiduría 5315
25.13 pues al *a* de su señor da refrigerio 5315
25.25 como el agua fría al *a* sedienta, así 5315
29.17 corrige a tu hijo, y... alegría a tu *a* 5315
29.24 el cómplice del ladrón aborrece su... *a* 5315
Ec 2.24 y que su *a* se alegre en su trabajo 5315
4.8 defraudo mi *a* del bien? También esto es 5315
6.2 nada le falta de todo lo que su *a* desea 5315
6.3 si su *a* no se sació del bien, y también 5315
7.28 que aún busca mi *a*, y no lo encuentra 5315
Cnt 1.7 hazme saber, oh tú a quien ama mi *a* 5315
3.1 busqué en mi lecho al que ama mi *a* 5315
3.2 buscaré al que ama mi *a*; lo busqué, y no 5315
3.3 les dije: ¿Habéis visto al que ama mi *a*? 5315
3.4 hallé luego al que ama mi *a*; lo así, y no 5315
5.6 y tras su hablar salió mi *a*. Lo busqué 5315
6.12 antes que lo supiera, mi *a* me puso entre 5315
Is 1.14 fiestas... las tiene aborrecidas mi *a* 5315
3.9 ¡ay del *a* de ellos!... amontonaron mal para 5315
10.18 consumirá totalmente, *a* y cuerpo, y 5315
15.4 lamentará el *a* de cada uno dentro de él
26.8 y tu memoria son el deseo de nuestra *a* 5315
26.9 con mi *a* te he deseado en la noche, y en 5315
32.6 vacía el *a* hambrienta, y quitando la 5315
38.15 a causa de aquella amargura de mi *a* 5315
42.1 en quien mi *a* tiene contentamiento; he 5315
44.20 le desvía, para que no libre su *a*, ni 5315
49.7 ha dicho Jehová... al menospreciado de *a*
51.23 tus angustiadores, que dijeron a tu *a* 5315
53.11 verá el fruto de la aflicción de su *a* 5315
55.2 y se deleitará vuestra *a* con grosura 5315
55.3 venid a mí; oíd, y vivirá vuestra *a* 5315
57.16 decaería ante mí el espíritu, y las *a* 5397
58.3 humillamos nuestras *a*, y no te diste por 5315
58.5 que de día aflija el hombre su *a*, que 5315
58.10 al hambriento, y saciares al *a* afligida 5315
58.11 saciará tu *a*, y dará vigor a tus huesos 5315
61.10 me gozaré... mi *a* se alegrará en mi Dios 5315
66.3 y su *a* amó sus propias abominaciones 5315
Jer 4.10 pues la espada ha venido hasta el *a* 5315
4.19 has oído, oh *a* mía, pregón de guerra 5315
4.31 que mi *a* desmaya a causa de los asesinos 5315
5.9 como esta, ¿no se había de vengar mi *a*? 5315
5.29 ¿no... y de tal gente no se vengará mi *a*? 5315
6.8 corrígete... que no se aparte mi *a* de ti 5315
6.16 y hallaréis descanso para vuestras *a* 5315
9.9 de tal nación, ¿no se vengará mi *a*? 5315
12.7 he entregado lo que amaba mi *a* en mano 5315
13.17 en secreto llorará mia *a* causa de 5315
14.19 ¿ha aborrecido tu *a* a Sien? ¿Por qué 5315
15.9 se llenó de dolor su *a*, su sol se puso
18.20 para que hayan cavado hoyo a mi *a*? 5315
20.13 ha librado el *a* del pobre de mano de 5315
22.27 cual ellos con toda el *a* anhelan volver
26.19 pues, tan gran mal contra nuestras *a*? 5315
31.12 y su *a* será como huerto de riego, y 5315
31.14 y el *a* del sacerdote satisfaré con 5315
31.25 satisfaré al *a* cansada, y saciaré... *a* 5315
32.41 y los plantaré... corazón y de toda mi *a* 5315
38.16 vive Jehová que nos hizo esta *a*, que no 5315
38.17 tu *a* vivirá, y esta ciudad no... a fuego 5315
42.20 ¿por qué hicisteis errar vuestras *a*?
50.19 en el monte de Efraín... se saciará su *a* 5315
Lm 1.16 el consolador que dé reposo a mi *a* 5315
2.12 derramando sus *a* en el regazo de sus 5315
3.17 mi *a* se alejó de la paz, me olvidé del 5315
3.20 porque mi *a* está abatida dentro de mí 5315
3.24 mi porción es Jehová, dijo mi *a* 5315
3.25 bueno es Jehová a los... al *a* que le busca 5315
3.51 mis ojos contristaron mi *a* por todas las
3.58 abogaste, Señor, la causa de mi *a* 5315
Ez 3.19 él morirá... pero tu habrás librado tu *a* 5315
3.21 cierto vivirá... y tú habrás librado tu *a* 5315
4.14 mi *a* no es inmunda, ni nunca desde mi 5315
7.19 saciarán su *a*, ni llenarán sus entrañas 5315
13.18 para cazar las *a*... las *a* de mi pueblo 5315
13.20 como aves las *a* que vosotras cazáis 5315
13.20 vendas... con que cazáis las *a* al vuelo 5315
18.4 he aquí que todas las *a* son mías; como 5315
18.4 el *a* del padre, así el *a* del hijo es mía 5315
18.4,20 el *a* que pecare, esa morirá 5315
18.27 haciendo... la justicia, hará vivir su *a* 5315
22.25 presa; devoraron *a*, tomaron haciendas 5315
22.27 derramando sangre, para destruir las *a* 5315
23.17 se contaminó... su *a* se hastió de ellos
23.18 por lo cual mi *a* se hastió de ella
23.18 se había ya hastiado mi *a* de su hermana
23.22 amantes, de los cuales se hastió tu *a*
23.28 aquellos de los cuales se hastió tu *a*
24.21 yo profano... el deleite de vuestra *a* 5315
24.25 que yo arrebate... y el anhelo de sus *a*
25.6 batiste tus manos... y te gozaste en el *a*
27.31 endecharán por ti... con amargura del *a*
47.9 toda *a* viviente que nadare por... vivirá
Os 4.8 pecado... y en su maldad levantan su *a*
Jon 2.5 aguas me rodearon hasta el *a*; rodeóme 5315
2.7 cuando mi *a* desfallecía en mí, me acordé 5315
Mi 6.7 ¿primogénito... por el pecado de mi *a*? 5315
7.1 comer; mi *a* deseó los primeros frutos 5315
7.3 el grande habla el antojo de su *a*, y lo
Hab 2.4 cuya *a* no es recta, se enorgullece 5315
2.5 ensanchó como el Seol su *a*, y es como la
Zac 11.8 mi *a* se impacientó contra ellos, y 5315
11.8 y también el *a* de ellos me aborreció 5315
Mt 10.28 **no temáis a... el *a* no pueden matar** *5590*
10.28 **temed... a aquel que puede destruir el *a*** *5590*
11.29 **y hallaréis descanso para vuestras *a*** *5590*
12.18 mi Amado, en quien se agrada mi *a* ....
5590
16.26 **ganare todo el mundo, y perdiere su *a*?** *5590*
16.26 **qué recompensa dará el hombre por su *a*?** ... *5590*
22.37 **amarás al Señor tu Dios... con toda tu *a*** *5590*
26.38 **Jesús les dijo: Mi *a* está muy triste** *5590*
Mr 8.36 **ganare todo el mundo, y perdiere su *a*?** *5590*
8.37 **¿o qué recompensa dará el... por su *a*?** *5590*
12.30 **con toda tu *a*, y con toda tu mente y** *5590*
12.33 el amarle... con toda el *a*, y con todas *5590*
14.34 **les dijo: Mi *a* está muy triste, hasta** *5590*
Lc 1.46 María dijo: Engrandece mi *a* al Señor *5590*
2.35 y una espada traspasará tu misma *a* *5590*
9.56 **no ha venido para perder las *a* de los**
10.27 amarás al Señor tu Dios con toda tu *a* *5590*
12.19 **diré a mi *a*: *A*, muchos bienes tienes** *5590*
12.20 **necio, esta noche vienen a pedirte tu *a*** *5590*
21.19 **vuestra paciencia ganaréis vuestras *a*** *5590*
Jn 10.24 ¿hasta cuándo nos turbarás el *a*? Si
12.27 **ahora está turbada mi *a*; ¿y qué diré?** *5590*
Hch 2.27 porque no dejarás mi *a* en el Hades *5590*
2.31 que su *a* no fue dejada en el Hades, ni *5590*
3.23 toda *a* que no oiga a aquel profeta, será *5590*
4.32 de los que habían creído era de... un *a* *5590*
15.24 han inquietado... perturbando vuestras *a* *5590*
1 Co 15.45 hecho el primer... Adán *a* viviente *5590*
2 Co 1.23 invoco a Dios... testigo sobre mi *a* *5590*
12.15 me gastaré del... por amor de vuestras *a*
1 Ts 5.23 espíritu, *a* y cuerpo, sea guardado *5590*
He 4.12 y penetra hasta partir el *a* y el *5590*
6.19 tenemos como segura y firme ancla del *a* *5590*
10.38 y si retrocediere, no agradará a mi *a* *5590*
10.39 que tienen fe para preservación del *a* *5590*
13.17 porque ellos velan por vuestras *a*, como *5590*
Stg 1.21 la palabra... puede salvar vuestras *a* *5590*
4.4 *a* adúlteras! ¿No sabéis que la amistad
5.20 salvará de muerte un *a*, y cubrirá *5590*
1 P 1.9 fe, que es la salvación de vuestras *a* *5590*
1.22 habiendo purificado vuestras *a* por la *5590*
2.11 los deseos... que batallan contra el *a* *5590*
2.25 habéis vuelto al... Obispo de vuestras *a* *5590*
4.19 encomienden sus *a* al fiel Creador, y *5590*
2 P 2.8 afligía cada día su *a* justa, viendo *5590*
2.14 seducen a las *a* inconstantes, tienen *5590*
3 Jn 2 tengas salud, así como prospera tu *a* *5590*
Ap 6.9 las *a* de los que habían sido muertos *5590*
18.13 caballos y... y esclavos, *a* de hombres *5590*
18.14 los frutos codiciados por tu *a* se *5590*
20.4 vi las *a* de los decapitados por causa *5590*

ALMACÉN
1 Cr 27.28 Sefela... de los *a* del aceite, Joás 214
Neh 13.12 y todo Judá trajo el diezmo... a los *a*
Jer 40.10 ponedlos en vuestros *a*, y quedaos en
50.26 abrid sus *a*, convertidla en montón de 3965

ALMACENAJE
Éx 1.11 edificaron. Faraón las ciudades de *a* 4543

ALMACENAR
Gn 6.21 toma... de todo alimento... y *almacénalo*
2 S 9.10 *almacenarás* los frutos, para que el

ALMAGRE
Is 44.13 el carpintero... señala con *a*, lo ¡abra

ALMENA
Jer 5.10 quitad las *a* de sus muros, porque 5189

ALMENDRA
Gn 43.11 llevad... un presente... mirra, nueces y *a* 8247
Nm 17.8 vara... había reverdecido... y producido *a* 8247

ALMENDRO
Éx 25.33(2) tres copas en forma de flor de *a* 8246
25.34 cuatro copas en forma de flor de *a* 8246
37.19(2) tres copas en forma de flor de *a* 8246
37.20 cuatro copas en figura de flor de *a* 8246
Ec 12.5 florecerá el *a*, y la langosta será una 8247
Jer 1.11 ¿qué ves... y dije: Veo una vara de *a* 8247

ALMODAD *Hijo de Joctán*, Gn 10.26; 1 Cr 1.20 486

ALMOHADA
1 S 19.13 y le acomodó por cabecera una *a* de 3523
19.16 una *a* de pelo de cabra a su cabecera 3523

ALMÓN *Ciudad de Benjamín (=Alemet No. 1)*,
Jos 21.18 5960

ALMÓN-DIBLATAIM *Lugar donde acampó Israel*, Nm 33.46,47 5963

ALMUD
Mt 5.15 **enciende... y se pone debajo de un *a*** *3426*
Mr 4.21 **para ponerla debajo del *a*, o debajo** *3426*
Lc 11.33 **nadie pone... la luz... debajo del *a*** *3426*

ÁLOE
Nm 24.6 como *á* plantados por Jehová, como 174
Sal 45.8 *á* y casia exhalan todos tus vestidos 174
Pr 7.17 he perfumado mi cámara con mirra, *á* 174
Cnt 4.14 *á*, con todas las principales especies 174
Jn 19.39 trayendo un compuesto de mirra y... *á* *250*

ALOCADAMENTE
Pr 21.5 mas todo el que se apresura *a*, de

ALOJAMIENTO
Flm 22 prepárame también *a*, porque espero que *3578*

ALOJAR
Nm 24.2 vio a Israel *alojado* por sus tribus
Jue 19.4 se quedó en su casa... *alojándose* allí 3885
2 R 19.23 *alojaré* en sus más remotos lugares
Is 10.29 *alojaron* en Geba; Ramá tembló; Gabaa
Lc 9.12 vayan... *alojen* y encuentren alimentos *2647*

ALÓN *Jefe de una familia de Simeón*, 1 Cr 4.37... 438

ALÓN-BACUT *«Encina de lágrimas»*, Gn 35.8 439

ALÓN-SAANANIM *Lugar en Neftalí*, Jos 19.33..... 438

ALOT *Lugar en Aser o en Judá*, 1 R 4.16......... 1175

ALQUILAR
Gn 30.16 te he *alquilado* por las mandrágoras........ 7936
Éx 22.15 si era *alquilada*, reciba... el alquiler.......... 7916
Dt 23.4 *alquilaron* contra ti a Balaam hijo de.......... 7936
Jue 9.4 con... Abimelec *alquiló* hombres ociosos y..... 7936
1 S 2.5 los saciados se *alquilaron* por pan............ 7936
Is 7.20 día el Señor raerá con navaja *alquilada* 7917
46.6 *alquilan* un platero para hacer un dios........ 7936
Os 8.9 solo; Efraín con salario *alquiló* amantes........ 8566
8.10 aunque *alquilen* entre las naciones, ahora 8566
Hch 28.30 permaneció... en una casa *alquilada* *3410*

ALQUILER
Éx 22.15 era alquilada, reciba el dueño su *a*........... 7916

ALREDEDOR *Véase también Alrededores*
Gn 37.7 que vuestros manojos estaban *a*.............. 5437
Éx 7.24 en todo Egipto hicieron pozos *a*............... 5439
25.11 sobre ella una cornisa de oro *a* 5439
25.24 le harás una cornisa de oro *a*................ 5439
25.25 harás también una moldura *a*................ 5439
25.25 la moldura una cornisa de oro *a* 5439
27.17 todas las columnas *a* del atrio................ 5439
28.11 les harás *a* engastes de oro
28.32 la cual tendrá un borde *a* de 5439
28.33 de azul, púrpura y carmesí *a*................. 5439
28.33 ellas campanillas de oro *a* 5439
28.34 en toda la orla del manto *a*.................. 5439
29.16 rociarás sobre el altar *a* 5439
29.20 la sangre sobre el altar *a* 5439
37.11 y le hizo una cornisa de oro *a* 5439
37.12 de un palmo menor de anchura *a* 5439
37.26 su cubierta y sus paredes *a* 5439
37.26 y le hizo una cornisa de oro *a* 5439
38.16 todas las cortinas del atrio *a* 5439
38.20 del tabernáculo y del atrio *a* 5439
38.31 las basas del atrio *a*.......................... 5439
38.31 y todas las estacas del atrio *a* 5439
39.23 con un borde *a* de la abertura............... 5439
39.25 en las orillas del manto, *a* 5439
39.26 campanilla y otra granada *a*.................. 5439
40.8 finalmente pondrás el atrio *a* 5439
40.33 finalmente erigió el atrio *a*.................. 5439
Lv 1.5 y la rociarán *a* sobre el........................ 5439
1.11 su sangre sobre el altar *a* 5439
3.2 su sangre sobre el altar *a* 5439
3.8 su sangre sobre el altar *a* 5439
3.13 su sangre sobre el altar *a* 5439
7.2 y rociará su sangre *a* sobre el.................. 5439
8.15 sobre los cuernos del altar *a* 5439
8.19 la sangre sobre el altar *a*....................... 5439
8.24 la sangre sobre el altar *a*....................... 5439
9.12 la cual roció él *a* sobre el...................... 5439
9.18 roció él sobre el altar *a* 5439
14.41 raspar la casa por dentro *a* 5439
16.18 sobre los cuernos del altar *a* 5439
25.31 las aldeas que no tienen muro *a*.............. 5439
25.44 gentes que están en vuestro *a*................ 5439
Nm 1.50 y acamparán *a* del............................ 5439
1.53 pero los levitas acamparán *a*................... 5439
2.2 *a* del tabernáculo de reunión
3.26 tabernáculo y junto al altar *a* 5439
3.37 y las columnas *a* del atrio, sus................. 5439
4.26 y cerca del altar *a*................................ 5439
4.32 las columnas del atrio *a* y sus 5439
11.24 y los hizo estar *a* del 5439
11.31 *a* del campamento, y casi dos 5439
11.32 para sí a lo largo *a* del 5439
32.33 las ciudades del país *a* 5439
34.12 tierra por sus límites *a*........................ 5439
35.2 los ejidos de esas ciudades *a* 5439
35.4 los levitas serán mil codos *a*................... 5439
Dt 12.10 de todos vuestros enemigos *a* 5439
21.2 las ciudades que están *a* del................... 5439
25.19 de todos tus enemigos *a*....................... 5439
32.10 de horrible soledad; o trajo *a*
Jos 6.3 yendo *a* de la ciudad una vez; y................ 5362
6.11 de Jehová diera una vuelta *a*.................. 5362
6.15 este día dieron vuelta *a* de 5362
18.20 de Benjamín por sus límites *a* 5439
19.8 todas las aldeas que estaban *a* 5439
21.42 cada cual con sus ejidos *a* de................. 5439
21.44 y Jehová les dio reposo *a*..................... 5439
23.1 Israel de todos sus enemigos *a* 5439
Jue 2.14 en mano de sus enemigos de *a* 5439
7.18 entonces las trompetas *a* de
20.29 y puso Israel emboscadas *a* de 5439
1 S 22.6 y todos sus siervos estaban *a*
22.7 a sus siervos que estaban *a* de
22.17 de su guardia que estaban *a* de
26.7 el ejército estaban tendidos *a* 5439
2 S 5.9 y edificó *a* desde Milo hacia 5439
22.12 tinieblas por su escondedero *a*............... 5439
1 R 3.1 y los muros de Jerusalén *a* 5439
4.24 y tuvo paz por todos lados *a*................... 5439
4.31 entre todas las naciones de *a*.................. 5439
6.5 al muro de la casa aposentos *a* 5439
6.5 las paredes de la casa *a* del 5439
6.5 e hizo cámaras laterales *a* 5439
6.6 hecho disminuciones a la casa *a*................ 5439
6.10 asimismo el aposento *a* de toda
6.29 todas las paredes de la casa *a*.................. 4524
7.12 y en el gran atrio *a* había tres................. 5439
7.18 dos hileras de granadas *a* de.................. 5439
7.20 granadas en dos hileras *a* en.................. 5439
7.23 y lo ceñía *a* un cordón de...................... 5696
7.24 mar por debajo de su borde *a* 5439
7.24 que ceñían el mar *a* en dos.................... 5439
7.36 y *a* otros adornos 5439
18.32 después hizo una zanja *a* del
18.35 de manera que el agua corría *a* 5439
2 R 6.17 y de carros de fuego *a* de..................... 5439
11.8 Y estaréis *a* del rey por todos 5439
17.15 de las naciones que estaban *a*............... 5439
25.1 y levantó torres contra ella *a*.................. 5439
25.4 estando los caldeos *a* de la 5439
25.10 derribó los muros *a* de 5439
25.17 había una red y granadas *a*.................. 5439
1 Cr 6.55 y sus ejidos *a* de ella......................... 5439
9.27 Estos moraban *a* de la casa de 5439
11.8 Y edificó la ciudad *a* 5439
28.12 para todas las cámaras *a* 5439
2 Cr 4.2 codos de largo lo ceñía *a* 5439
4.3 diez en cada codo *a* 5439
14.14 también todas las ciudades *a*............... 5439
17.10 de las tierras que estaban *a*................. 5439
23.10 *a* del rey por todas partes.................... 5439
34.6 y en los lugares asolados *a* 5439
Neh 5.17 de las naciones que había *a*
6.16 las naciones que estaban *a* de
12.28 así de la región *a* de 5439
12.29 se habían edificado aldeas *a* 5439
Job 1.10 No le has cercado *a* a él y a su
11.18 hay esperanza; Mirarás *a*
15.23 vaga *a* tras el pan, diciendo
22.10 hay lazos *a* de ti, y te turba................... 5439
29.5 y mis hijos *a* de mí
Sal 3.3 eres escudo *a* de mí; mi
18.11 por cortina suya *a* de sí 5439
26.6 y así andaré *a* de tu altar
34.7 el ángel de Jehová acampa *a* de.............. 5439
48.12 andad *a* de Sion, y rodeadla.................. 5362
76.11 todos los que están *a* de él.................... 5439
78.28 *a* de sus tiendas................................ 5439
89.7 sobre todos cuantos están *a*
97.2 nubes y oscuridad *a* de él 5439
97.3 y abrasará a sus enemigos *a* 5439
125.2 como Jerusalén tiene montes *a*.............. 5439
125.2 así Jehová está *a* de su........................ 5439
128.3 hijos como plantas de olivo *a*................ 5439
139.11 aun la noche resplandecerá *a*
Ec 12.5 y los endechadores andarán *a*
Is 29.3 porque acamparé contra ti *a* 1754
49.18 alza tus ojos *a*................................. 5439
60.4 alza tus ojos *a* y mira, todos 5439
Jer 6.3 a ella plantarán sus tiendas *a* 5439
21.14 consumirá todo lo que está *a*............... 5439
33.13 y *a* de Jerusalén y en las
48.17 de él todos los que estáis *a*
49.29 clamarán contra ellos: Miedo *a*
50.14 en orden contra Babilonia *a* 5439
50.29 arco; acampad contra ella *a* 5439
52.7 los caldeos junto a la ciudad *a*................ 5439
52.22 con una red y granadas *a* del 5439
52.23 eran ciento sobre la red *a*.................... 5439
Lm 2.3 de fuego que ha devorado *a* 5439
Ez 1.4 y *a* de él un resplandor, y en
1.18 y llenos de ojos *a* en las 5439
1.27 y que tenía resplandor *a* 5439
1.28 era el parecer del resplandor *a* 5439
4.2 contra ella arietes *a*............................. 5439
5.2 y la cortarás con espada *a* de
5.5 naciones y de las tierras *a* de................... 5439
5.6 que las tierras que están *a* 5439
5.7 que las naciones que están *a* 5439
5.7 de las naciones que están *a*.................... 5439
5.12 parte caerá a espada *a* de ti.................. 5439
5.14 las naciones que están *a* de 5439
5.15 a las naciones que están *a* de................. 5439
8.10 pintados en la pared por todo *a* 5439
10.12 estaban llenos de ojos *a* en................... 5439
12.14 y a todos los que estuvieren *a*
13.5 ni habéis edificado un muro *a*
16.37 y los reuniré *a* de ti y les 5439
19.8 gentes de las provincias de *a*
27.11 estuvieron sobre tus muros *a* 5439
27.11 colgaron sobre tus muros *a* 5439
31.4 sus ríos corrían *a* de su pie.................... 5439
36.4 de las otras naciones *a* 5439
36.7 que están a vuestro *a* han de
40.16 por dentro de la puerta *a* 5439
40.16 y las ventanas estaban *a* por................. 5439
40.17 treinta cámaras había *a* en 5439
40.25 sus ventanas y sus arcos *a* 5439
40.29 sus ventanas y sus arcos *a* 5439
40.30 Los arcos *a* eran de veinticinco 5439
40.33 sus ventanas y sus arcos *a* 5439
40.36 sus arcos y sus ventanas *a* 5439
41.5 cámaras, en torno de la casa *a* 5439
41.6 en la pared de la casa *a*........................ 5439
41.7 de la casa subía muy alto *a*..................... 5439
41.8 y miré la altura de la casa *a*.................. 5439
41.10 veinte codos por todos lados *a* 5439
41.11 era de cinco codos por todo *a* 5439
41.12 de cinco codos de grueso *a*................... 5439
41.16 estrechas y las cámaras *a* de................. 5439
41.19 otro lado, por toda la casa *a* 5439
42.15 el oriente, y lo midió todo *a* 5439
42.16,17 cañas de la caña de medir *a*.............. 5439
42.20 midió; tenía un muro todo *a*.................. 5439
43.13 y su remate por su borde *a*................... 5439
43.17 y de medio codo el borde *a*
43.20 del descanso, y en el borde *a* 5439
45.1 en todo su territorio *a*.......................... 5439
45.2 de ancho, en cuadro *a*.......................... 5439
46.23 y había una pared *a* de ellos 5439
46.23 *a* de los cuatro, y abajo......................... 5439
46.23 y abajo fogones *a* de las....................... 5439
Jl 3.11 y venid, naciones todas de *a*..................... 5439
3.12 a todas las naciones de *a*........................ 5439
Zac 9.8 entonces acamparé *a* de mi casa
12.2 a todos los pueblos de *a* 5439
12.6 siniestra a todos los pueblos *a*................. 5439
14.14 de todas las naciones de *a* 5439
Mt 3.4 y tenía un cinto de cuero *a* de
3.5 y toda la provincia de *a* del...................... *4066*
14.35 por toda aquella tierra *a* *4066*
27.27 y reunieron *a* de él a toda la
Mr 1.6 y tenía un cinto de cuero *a* de
1.28 su fama por toda la provincia *a* *4066*
3.5 mirándolos *a* con enojo............................ *4017*
3.32 y la gente que estaba sentada *a*
3.34 a los que estaban sentados *a*............. *2943, 2945*
4.1 y se reunió *a* de él mucha
5.21 se reunió *a* de él una gran
5.32 pero él miraba *a* para ver........................ *4017*
6.6 y recorría las aldeas de *a*.................. *2943,2945*
6.36 a los campos y aldeas de *a*................. *2943,2945*
6.55 recorriendo toda la tierra de *a* *4066*
9.14 vio una gran multitud *a* de
10.23 entonces Jesús, mirando *a* *4017*
11.11 y habiendo mirado *a* todas las................. *4017*
Lc 4.14 su fama por toda la tierra de *a* *4066*
6.10 y mirándolos a todos *a*
7.17 y por toda la región de *a* *4066*
8.37 la multitud de la región *a* de..................... *4066*
9.12 a las aldeas y campos de *a* *2943,2945*
13.8 **hasta que yo cave *a* de ella, y**
22.55 medio del patio, se sentaron *a*
Jn 11.42 **de la multitud que está *a*** *4026*
Hch 13.11 y tinieblas; y andando *a* *4013*
28.13 de allí, costeando *a*
1 P 5.8 anda *a* buscando a quien
Ap 4.3 y había *a* del trono un arco *2943*
4.4 y *a* del trono había *2943*
4.6 y *a* del trono, cuatro seres *2943,2945*
4.8 y *a* y por dentro estaban llenos
5.11 oí la voz de muchos ángeles *a* *2943,2945*
7.11 los ángeles estaban en pie *a* *2943,2945*
15.6 y ceñidos *a* del pecho con

ALREDEDORES *Véase también Alrededor*
Gn 35.5 sobre las ciudades que había en sus *a* 5439
41.48 guardó... el alimento del campo de sus *a* 5439
Dt 13.7 los dioses de... que están en vuestros *a* 5439
17.14 todas las naciones que están en mis *a*
Jue 2.12 los dioses de los pueblos... en sus *a*........... 5439
1 S 14.21 y habían... de los *a* al campamento 5439
2 S 24.6 de allí a Danjaán y a los *a* de Sidón
2 R 15.16 Manahem saqueó a Tifsa, y a... sus *a*
23.5 los lugares altos en los *a* de Jerusalén......... 4524
Esd 1.6 los que estaban en sus *a* les ayudaron
Sal 79.3 sangre como agua en... *a* de Jerusalén 5439
79.4 burlados de los que están en nuestros *a* 5439
Jer 17.26 vendrán de... de los *a* de Jerusalén
48.39 espanto a todos los que están en sus *a*
49.5 traigo sobre ti espanto... de todos tus *a*
50.32 fuego en... y quemaré todos sus *a* 5439
Ez 28.26 todos los que los despojan en sus *a* 5439
32.23 y su gente está por los *a* de su sepulcro 5439
32.24 Elam, y toda su multitud por los *a* de 5439
32.25 con toda su multitud; a sus *a* están 5439
32.26 su multitud; sus sepulcros en sus *a* 5439
34.26 daré bendición... a los *a* de mi collado........ 5439
36.36 y las naciones... en vuestros *a* sabrán 5439
Zac 7.7 Jerusalén estaba habitada y... en sus *a*........ 5439
Mt 2.16 mandó matar a... en Belén y en... sus *a*
Mr 3.8 y de los *a* de Tiro y de Sidón
Ro 15.19 desde... y por los *a* hasta Ilírico *2943,2945*

ALTA *Véase el Apéndice*

ALTAMENTE
2 Cr 26.8 porque se había hecho *a* poderoso 4605

ALTANERÍA
1 S 2.3 no multipliquéis palabras de... *a*; cesen 1364
Sal 73.8 y hablan de hacer violencia... con *a* 4791

ALTANERO
Sal 101.5 al de ojos *a* y de corazón vanidoso........... 1362
Jer 48.29 Moab, que es... altivo y *a* de corazón 7312

ALTAR
Gn 8.20 edificó Noé un *a*... holocausto en el *a* 4196
12.7 y edificó allí un *a* a Jehová, quien le 4196
12.8 y edificó allí *a* a Jehová, e invocó el............ 4196
13.4 al lugar del *a* que había hecho allí antes....... 4196
13.18 Abram, pues... edificó allí *a* a Jehová.......... 4196
22.9 edificó allí Abraham un *a*... ató a Isaac........ 4196
22.9 a Isaac... lo puso en el *a* sobre la leña 4196

26.25 edificó allí un *a*, e invocó el nombre 4196
33.20 erigió... *a*, y lo llamó El-Elohe-Israel 4196
35.1 sube a Bet-el... y haz allí un *a* al Dios 4196
35.3 haré allí *a* al Dios que me respondió 4196
35.7 edificó allí un *a*, y llamó el... El-bet-el 4196
Éx 17.15 y Moisés edificó un *a*, y llamó su 4196
20.24 *a* de tierra harás para... y sacrificarás 4196
20.25 y si me hicieras *a* de piedras no las 4196
20.26 no subirás por gradas a mi *a*, para que 4196
21.14 de mi *a* lo quitarás para que muera 4196
24.4 levantándose... edificó un *a* al pie del 4196
24.6 la otra mitad de la sangre sobre el *a* 4196
27.1 harás también un *a*... será cuadrado el *a* 4196
27.5 dentro del cerco del *a*... la mitad del *a* 4196
27.6 harás también varas para el *a*, varas de 4196
27.7 estarán aquellas varas a... lados del *a* 4196
28.43 cuando se acerquen al *a* para servir en 4196
29.12 y pondrás sobre los cuernos del *a* con 4196
29.12 derramarás toda la... sangre al pie del *a* 4196
29.13 la grosura... y lo quemarás sobre el *a* 4196
29.16 y con su sangre rociarás sobre el *a* 4196
29.18 y quemarás todo el carnero sobre el *a* 4196
29.20 rociarás la sangre sobre el *a* alrededor 4196
29.21 y con la sangre que estará sobre el *a* 4196
29.25 lo tomarás... y lo harás arder en el *a* 4196
29.36 purificarás el *a*... hagas expiación por 4196
29.37 expiación por el *a*... será un *a* santísimo 4196
29.37 cosa que tocare el *a*, será santificada 4196
29.38 esto es lo que ofrecerás sobre el *a*: 2 4196
29.44 santificaré el tabernáculo de... y el *a* 4196
30.1 asimismo un *a* para quemar el incienso 4196
30.18 colocarás entre el tabernáculo... y el *a* 4196
30.20 cuando se acerquen al *a* para ministrar 4196
30.27 el candelero con... y el *a* del incienso 4196
30.28 el *a* del holocausto con... sus utensilios 4196
31.8 el candelero limpio... el *a* del incienso 4196
31.9 el *a* del holocausto y... sus utensilios 4196
32.5 Aarón, edificó un *a* delante del becerro 4196
34.13 derribaréis sus *a*, y quebraréis sus 4196
35.15 el *a* del incienso y sus varas, el aceite 4196
35.16 el *a* del holocausto, su enrejado de 4196
37.25 hizo... el *a* del incienso, de madera de 4196
38.1 de madera de acacia el *a* del holocausto 4196
38.3 hizo asimismo todos los utensilios del *a* 4196
38.4 e hizo para el *a* un enrejado de bronce 4196
38.4 debajo de su cerco hasta la mitad del *a* 4196
38.7 las varas... los anillos a los lados del *a* 4196
38.30 el *a* de bronce y... los utensilios del *a* 4196
39.38 el *a* de oro, el aceite de la unción 4196
39.39 *a* de bronce con su enrejado de bronce 4196
40.5 y pondrás el *a* de oro para el incienso 4196
40.6 pondrás el *a* del holocausto delante de 4196
40.7 entre el tabernáculo de reunión y el *a* 4196
40.10 ungirás también el *a* del holocausto y 4196
40.10 santificarás el *a*, y... un *a* santísimo 4196
40.26 puso... el *a* de oro en el tabernáculo de 4196
40.29 colocó el *a* del holocausto a la entrada 4196
40.30 entre el tabernáculo de reunión y el *a* 4196
40.32 cuando se acercaban al *a*, se lavaban 4196
40.33 atrio alrededor del tabernáculo y del *a* 4196
Lv 1.5 y la rociarán alrededor sobre el *a*, el 4196
1.7 fuego sobre el *a*, y compondrán la leña 4196
1.8,12 sobre el fuego que habrá encima del *a* 4196
1.9 el sacerdote hará arder todo sobre el *a* 4196
1.11 lo degollará al lado norte del *a* delante 4196
1.11 de Aarón rociarán su sangre sobre el *a* 4196
1.13,17 el sacerdote... hará arder sobre el *a* 4196
1.15 el sacerdote la ofrecerá sobre el *a*, y 4196
1.15 hará que arda en el *a*; y su sangre será 4196
1.15 su sangre será exprimida... la pared del *a* 4196
1.16 el buche y las plumas... echarán junto al *a* 4196
2.2 lo hará arder sobre el *a* para memorial 4196
2.8 la ofrenda... el sacerdote... la llevará al... *a* 4196
2.9 su memorial, y lo hará arder sobre el *a* 4196
2.12 mas no subirán sobre el *a* en olor grato 4196
3.2,8,13 Aarón rociarán su sangre sobre el *a* 4196
3.5 hijos de Aarón harán arder esto en el *a* 4196
3.11,16 sacerdote hará arder esto sobre el *a* 4196
4.7,18,25,30,34 sangre... los cuernos del *a* 4196
4.7,18,25,30,34 de la sangre al pie del *a* 4196
4.10,19,31,35 lo hará arder sobre el *a* 4196
4.26 quemará... su grosura sobre el *a*, como la 4196
5.9 rociará... la sangre... sobre la pared del *a* 4196
5.9 lo que sobrare... lo exprimirá al pie del *a* 4196
5.12 la hará arder en el *a* sobre las ofrendas 4196
6.9 el holocausto estará... el *a* toda la noche 4196
6.9 hasta la mañana; el fuego del *a* arderá 4196
6.10 apartará él las cenizas de sobre el *a*, y 4196
6.10 apartará él las... las pondrá junto al *a* 4196
6.12 el fuego... sobre el *a* no se apagará, sino 4196
6.13 el fuego arderá continuamente en el *a* 4196
6.14 ofrecerán los hijos de Aarón... ante el *a* 4196
6.15 lo hará arder sobre el *a* por memorial 4196
7.2 rociará su sangre alrededor sobre el *a* 4196
7.5 y el sacerdote lo hará arder sobre el *a* 4196
7.31 la grosura la hará arder... en el *a*, mas 4196
8.11 y roció de él sobre el *a* siete veces 4196
8.11 y ungió el *a* y todos sus utensilios, y 4196
8.15 puso con su dedo sobre los cuernos del *a* 4196
8.15 purificó el *a*; y... sangre al pie del *a* 4196
8.16 tomó... y lo hizo arder Moisés sobre el *a* 4196
8.19,24 roció Moisés la sangre sobre el *a* 4196
8.21 quemó Moisés todo el carnero sobre el *a* 4196
8.28 hizo arder en el *a* sobre el holocausto 4196
8.30 tomó... de la sangre que estaba sobre el *a* 4196
9.7 acércate al *a*, y haz tu expiación y tu 4196
9.8 se acercó Aarón al *a* y degolló el becerro 4196
9.9 y puso de ella sobre los cuernos del *a* 4196
9.9 derramó el resto... la sangre al pie del *a* 4196
9.10 e hizo arder sobre el *a* la grosura con 4196
9.12,18 la sangre... la cual roció... sobre el *a* 4196
9.13 holocausto... los hizo quemar sobre el *a* 4196
9.14 y los quemó sobre el holocausto en el *a* 4196
9.17 la ofrenda, y lo hizo quemar sobre el *a* 4196
9.20 las grosuras... y él las quemó sobre el *a* 4196
9.24 y consumió... con las grosuras sobre el *a* 4196
10.12 comedia... junto al *a*... es cosa muy santa 4196
14.20 y hará subir el... la ofrenda sobre el *a* 4196
16.12 tomará un incensario lleno... fuego del *a* 4196
16.18 saldrá al *a* que está delante de Jehová 4196
16.18 y la pondrá sobre los cuernos del *a* 4196
16.20 cuando hubiera acabado de expiar... el *a* 4196
16.26 en el *a* la grosura del sacrificio por 4196
16.33 también hará expiación por el *a* por los 4196
17.6 esparcirá la sangre sobre el *a* de Jehová 4196
17.11 he dado para hacer expiación sobre el *a* 4196
21.23 ni se acercará al *a*... hay defecto en él 4196
22.22 ni de ellos pondréis... el *a* de Jehová 4196
Nm 3.26 y la cortina de... junto al *a* alrededor 4196
3.31 a cargo de ellos estarán el arca... los *a* 4196
4.11 sobre el *a* de oro extenderán un paño 4196
4.13 quitarán la ceniza del *a*, y extenderán 4196
4.14 y pondrán sobre él... los utensilios del *a* 4196
4.26 la cortina de la... que está cerca del... *a* 4196
5.25 la ofrenda... y la ofrecerá delante del *a* 4196
5.26 lo quemará sobre el *a*, y después dará a 4196
7.1 santificado el *a* y todos sus utensilios 4196
7.10 trajeron... para la dedicación del *a* el día 4196
7.10 los príncipes su ofrenda delante del *a* 4196
7.11 ofrecerán su... para la dedicación del *a* 4196
7.84 para la dedicación del *a*, el día en que 4196
7.88 fue la ofrenda para la dedicación del *a* 4196
16.38 de él planchas batidas para cubrir el *a* 4196
16.39 tomó... y los batieron para cubrir el *a* 4196
16.46 pon en él fuego del *a*, y sobre él pon 4196
18.3 no se acercarán a... ni al *a*, para que no 4196
18.5 tendréis el cuidado... del *a*, para que no 4196
18.7 en todo lo relacionado con el *a*, y del 4196
18.17 la sangre de ellos rociarás sobre el *a* 4196
23.1 Balaam dijo a... Edifícame aquí siete *a* 4196
23.2 ofrecieron un... y un carnero en cada *a* 4196
23.4 dijo: Siete *a* he ordenado, y en cada *a* 4196
23.14 edificó siete *a*, y ofreció un becerro y 4196
23.14 ofreció un becerro y... carnero en cada *a* 4196
23.29 edifícame aquí siete *a*, y prepárame aquí 4196
23.30 y Balac... ofreció un becerro... en cada *a* 4196
Dt 7.5 sus *a* destruiréis, y quebraréis sus 4196
12.3 derribaréis sus *a*, y quebraréis... Asera 4196
12.27 ofrecerás... sobre el *a* de Jehová tu Dios 4196
12.27 la sangre... será derramada sobre el *a* de 4196
16.21 no plantarás ningún árbol... cerca del *a* 4196
26.4 pondrá delante del *a* de Jehová tu Dios 4196
27.5 edificarás allí un *a*... Dios, *a* de piedras 4196
27.6 de piedras enteras edificarás el *a* de 4196
33.10 el incienso... y el holocausto sobre tu *a* 4196
Jos 8.30 Josué edificó un *a* a Jehová Dios de 4196
8.31 ley de Moisés, un *a* de piedras enteras 4196
9.27 a ser... aguadores... para el *a* de Jehová 4196
22.10 un *a* junto al... *a* de grande apariencia 4196
22.11 edificado un *a* frente a la tierra de 4196
22.16 edificándoos *a* para ser rebeldes contra 4196
22.19 edificándoos *a* además del *a* de Jehová 4196
22.23 si nos hemos edificado *a* para volvernos 4196
22.26 edifiquemos... un *a*, no para holocausto 4196
22.28 mirad el símil del *a* de Jehová, el cual 4196
22.29 edificando *a* para holocaustos, para 4196
22.29 además del *a* de Jehová nuestro Dios que 4196
22.34 Gad pusieron por nombre al *a* Ed; porque 4196
Jue 2.2 moradores... cuyos *a* habéis de derribar 4196
6.24 edificó allí Gedeón *a* a Jehová, y lo 4196
6.25 derriba el *a* de Baal que tu padre tiene 4196
6.26 edifica *a* a Jehová... en la cumbre de este 4196
6.28 he aquí que el *a* de Baal estaba derribado 4196
6.28 había... ofrecido... sobre el *a* edificado 4196
6.30 ha derribado el *a* de Baal y ha cortado 4196
6.31 Baal... sí mismo con el que derribó su *a* 4196
6.32 llamado Jerobaal... por cuanto derribó su *a* 4196
13.20 cuando la llama subía del *a* hacia el 4196
13.20 ángel de Jehová subió en la llama del *a* 4196
21.4 y edificaron allí *a*, y... holocaustos 4196
1 S 2.28 le escogí... que ofreciese sobre mi *a* 4196
2.33 el varón... que yo no corte de mi *a*, será 4196
7.17 después volvía a Ramá... edificó allí un *a* 4196
14.35 edificó Saúl *a* a Jehová; este *a* fue el 4196
2 S 24.18 levanta un *a* a Jehová en la era de 4196
24.21 a fin de edificar un *a* a Jehová, para 4196
24.25 edificó allí... *a* a Jehová, y sacrificó 4196
1 R 1.50 fue, y se asió de los cuernos del *a* 4196
1.51 pues se ha asido de los cuernos del *a* 4196
1.53 envió el rey... y lo trajeron del *a*; y él 4196
2.28 huyó Joab... se asió de los cuernos del *a* 4196
2.29 Joab había huido... que estaba junto al *a* 4196
3.4 mil holocaustos... Salomón sobre aquel *a* 4196
6.20 asimismo cubrió de oro el *a* de cedro 4196
6.22 cubrió de oro... el *a* que estaba frente 4196
7.48 un *a* de oro, y una mesa también de oro 4196
8.22 se puso Salomón delante del *a* de Jehová 4196
8.31 y vieron el juramento delante de tu *a* 4196
8.54 se levantó de... delante del *a* de Jehová 4196
8.64 el *a* de... delante de Jehová era pequeño 4196
9.25 y ofrecía... sobre el *a* que él edificó a 4196
12.32 fiesta solemne... y sacrificó sobre un *a* 4196
12.33 sacrificó... sobre el *a* que él había hecho 4196
12.33 hizo... y subió al *a* para quemar incienso 4196
13.1 a Bet-el; y estando Jeroboam junto al *a* 4196
13.2 clamó contra el *a*... y dijo: *A*, *a*, así ha 4196
13.3 *a* se quebrará, y la ceniza que sobre él 4196
13.4 que había clamado contra el *a* de Bet-el 4196
13.4 extendiendo su mano desde el *a*, dijo 4196
13.5 el *a* se rompió, y se... la ceniza del *a* 4196
13.32 vendrá lo que él dijo... contra el *a* que 4196
16.32 e hizo *a* a Baal, en el templo de Baal 4196
18.26 ellos andaban saltando cerca del *a* que 4196
18.30 él arregló el *a* de Jehová que estaba 4196
18.32 edificó... un *a* en el nombre de Jehová 4196
18.32 hizo una zanja alrededor del *a*, en que 4196
18.35 que el agua corría alrededor del *a*, y 4196
19.10,14 han derribado tus *a*, y han matado a 4196
2 R 11.11 junto al *a* y el templo, en derredor 4196
11.18 de Baal... despedazaron... *a* y sus imágenes 4196
11.18 mataron a Matán... Baal delante de los *a* 4196
12.9 tomó un arca... la puso junto al *a*, a la 4196
16.10 envió... la descripción del *a*, conforme 4196
16.10 vio el rey... el *a* que estaba en Damasco 4196
16.11 y el sacerdote Urías edificó el *a* 4196
16.12 el rey... vio el *a*, se acercó el rey a él 4196
16.13 esparció la sangre de sus... junto al *a* 4196
16.14 el *a* de bronce... entre el *a* y el templo 4196
16.14 lo puso al lado del *a* hacia el norte 4196
16.15 en el gran *a* encenderás el holocausto 4196
16.15 el *a* de bronce será mío para consultar 4196
18.22 ¿no es éste aquel cuyos... *a* ha quitado 4196
18.22 delante de este *a* adoraréis en Jerusalén 4196
21.3 levantó *a* a Baal, e hizo una imagen de 4196
21.4 edificó *a* en la casa de Jehová, de la 4196
21.5 edificó *a* para... el ejército de los cielos 4196
23.8 derribó los *a* de las puertas que estaban 4196
23.9 los sacerdotes... no subían al *a* de Jehová 4196
23.12 derribó... el rey los *a* que estaban sobre 4196
23.12 y los *a* que había hecho Manasés en los 4196
23.15 el *a* que estaba en Bet-el... destruyó 4196
23.15 aquel *a* y el lugar alto destruyó, y lo 4196
23.16 los quemó sobre el *a* para contaminarlo 4196
23.17 estas cosas... tú has hecho sobre el *a* 4196
23.20 mató... sobre los *a* a todos los sacerdotes 4196
1 Cr 6.49 ofrecían... sobre el *a* del holocausto 4196
6.49 sobre el *a* del perfume quemaban incienso 4196
16.40 y tarde, holocaustos a Jehová en el *a* 4196
21.18 a David que... construyese un *a* a Jehová 4196
21.22 la era, para que edifique un *a* a Jehová 4196
21.26 y edificó allí David un *a* a Jehová, en 4196
21.26 quien le respondió por fuego... en el *a* 4196
21.29 el *a* del holocausto, estaban... Gabaón 4196
22.1 y aquí el *a* del holocausto para Israel 4196
28.18 oro puro en peso para el *a* del incienso 4196
2 Cr 1.5 *a* de bronce que había hecho Bezaleel 4196
1.6 subió, pues, Salomón, allá... al *a* de bronce 4196
4.1 hizo... un *a* de bronce de veinte codos de 4196
4.19 hizo... el *a* de oro, y las mesas sobre las 4196
5.12 los levitas cantores... al oriente del *a* 4196
6.12 se puso luego Salomón delante del *a* de 4196
6.22 viniere a jurar ante tu *a* en esta casa 4196
7.7 en el *a* de bronce... no podían caber los 4196
7.9 hecho la dedicación del *a* en siete días 4196
8.12 ofreció Salomón holocaustos... sobre el *a* 4196
14.3 porque quitó los *a* del culto extraño 4196
15.8 reparó el *a* de Jehová que estaba delante 4196
23.10 hacia el *a* y la casa, alrededor del rey 4196
23.17 Baal, y lo derribaron, y también sus *a* 4196
23.17 y mataron delante de los *a* a Matán 4196
26.16 quemar incienso en el *a* del incienso 4196
26.19 Uzías... la lepra le brotó en... junto al *a* 4196
28.24 *a* en Jerusalén en todos los rincones 4196
29.18 ya hemos limpiado... el *a* del holocausto 4196
29.19 he aquí están delante del *a* de Jehová 4196
29.21 que los ofreciesen sobre el *a* de Jehová 4196
29.22 la sangre, y la esparcieron sobre el *a* 4196
29.22(2) y esparcieron la sangre sobre el *a* 4196
29.24 ofrenda de expiación con... sobre el *a* 4196
29.27 mandó... sacrificar el holocausto en el *a* 4196
30.14 quitaron los *a* que... los *a* de incienso 4196
31.1 y derribaron los lugares altos y los *a* 4196
32.12 ha quitado sus... y sus *a*, y ha dicho a 4196
32.12 delante de este solo *a* adoraréis, y 4196
33.3 levantó *a* a los baales, e hizo imágenes 4196
33.4 edificó también *a* en la casa de Jehová 4196
33.5 edificó... *a* a todo el ejército de los 4196
33.15 quitó... todos los *a* que había edificado 4196
33.16 reparó... el *a* de Jehová, y sacrificó 4196
34.4 derribaron... los *a* de los baales, e hizo 4196
34.5 los huesos de los sacerdotes sobre sus *a* 4196
34.7 hubo derribado los *a* y las imágenes de 4196
35.16 sacrificar los... sobre el *a* de Jehová 4196
Esd 3.2 edificaron el *a* del Dios de Israel 4196
3.3 y colocaron el *a* sobre su base, porque 4196
7.17 los ofrecerás sobre el *a* de la casa de 4196
Neh 10.34 quemar sobre el *a* de Jehová nuestro 4196
Sal 26.6 andaré alrededor de tu *a*, oh Jehová 4196
43.4 y entraré al *a* de Dios, al Dios de mi 4196
51.19 entonces ofrecerán becerros sobre tu *a* 4196
84.3 ponga sus polluelos, cerca de tus *a*, oh 4196
118.27 atad víctimas con... a los cuernos del *a* 4196
Is 6.6 carbón... tomado del *a* con unas tenazas 4196
17.8 y no mirará a los *a* que hicieron sus 4196
19.19 en aquel tiempo habrá *a* para Jehová en 4196
27.9 haga todas las piedras del *a* como... cal 4196
36.7 cuyos *a* hizo quitar Ezequías, y dijo a 4196
36.7 y dijo a... Delante de este *a* adoraréis 4196
56.7 sacrificios serán aceptos sobre mi *a* 4196
60.7 serán ofrecidos con agrado sobre mi *a* 4196
Jer 11.13 los *a* de ignominia, *a* para... a Baal 4196
17.1 esculpido está... en los cuernos de sus *a* 4196

17.2 sus hijos se acuerdan de sus *a* y de sus 4196
Lm 2.7 desechó el Señor su *a*, menospreció su 4196
Ez 6.4 vuestros *a* serán asolados, y vuestras 4196
6.5 vuestros huesos esparciré en... vuestros *a* 4196
6.6 que sea asolados... desiertos vuestros *a* 4196
6.13 sus muertos estén... en derredor de sus *a* 4196
8.5 junto a la puerta del *a*, aquella imagen 4196
8.16 entre la entrada y el *a*, como 25 varones 4196
9.2 entrados... pararon junto al *a* de bronce 4196
16.24 y te hiciste *a* en todas las plazas 4196
16.31 haciendo tus *a* en todas las plazas! 4196
16.39 derribarán tus *a*, y te despojarán de 4196
40.46 es de los... que hacen la guardia del *a* 4196
40.47 atrio... y el *a* estaba delante de la casa 4196
41.22 altura del *a* de madera era tres codos 4196
43.13 son las medidas del *a*... el zócalo del *a* 4196
43.15 *a* era de cuatro codos, y encima del *a* 741
43.16 el *a* tenía doce codos de largo, y doce 741
43.18 estas son las ordenanzas del *a* el día 4196
43.20 y pondrás en los cuatro cuernos del *a* 4196
43.22 purificarán el *a* como lo purificaron 4196
43.26 por siete días harán expiación por el *a* 4196
43.27 los sacerdotes sacrificarán sobre el *a* 4196
45.19 los cuatro ángulos del descanso del *a* 4196
47.1 las aguas descendían de... al sur del *a* 4196
Os 8.11 multiplicó... *a* para pecar, tuvo *a* para 4196
10.1 multiplicó también los *a*, conforme a la 4196
10.2 Jehová demolerá sus *a*, destruirá sus 4196
10.8 crecerá sobre sus *a* espino y cardo 4196
12.11 sus *a* son como montones en los surcos 4196
Jl 1.13 gemid, ministros del *a*; venid, dormid 4196
2.17 la entrada y el *a* lloren los... ministros 4196
Am 2.8 sobre... se acuestan junto a cualquier *a* 4196
3.14 día... castigaré también los *a* de Bet-el 4196
3.14 y serán cortados los cuernos del *a* 4196
9.1 vi al Señor que estaba sobre el *a*, y dijo 4196
Zac 9.15 se llenarán como... como cuernos del *a* 4196
14.20 y las ollas de... como los tazones del *a* 4196
Mal 1.7 en que ofrecéis sobre mi *a* pan inmundo 4196
1.10 las puertas o alumbre mi *a* de balde? 4196
2.13 haréis cubrir el *a* de Jehová de lágrimas 4196
Mt 5.23 **si traes tu ofrenda al *a*, y allí te** *2379*
5.24 **deja allí tu ofrenda delante del *a*, y** *2379*
23.18 **si alguno jura por el *a*, no es nada** *2379*
23.19 **la ofrenda, o el *a* que santifica la** *2379*
23.20 **pues el que jura por el *a*, jura por él** *2379*
23.35 **quien matasteis entre el templo y el *a*** *2379*
Lc 1.11 un ángel del Señor... a la derecha del *a* *2379*
11.51 **que murió entre el *a* y el templo; sí** *2379*
Hch 17.23 *a* en el cual estaba esta inscripción *1041*
Ro 11.3 y tus *a* han derribado; y sólo yo he *2379*
1 Co 9.13 que sirven al *a*, del *a* participan? *2379*
10.18 los que comen... ¿no son partícipes del *a*? *2379*
He 7.13 tribu, de la cual nadie sirvió al *a* *2379*
13.10 *a*, del cual no tienen derecho de comer *2379*
Stg 2.21 ofreció a su hijo Isaac sobre el *a*? *2379*
Ap 6.9 bajo el *a* las almas de los que habían *2379*
8.3 otro ángel vino... y se paró ante el *a* con *2379*
8.3 el *a* de oro que estaba delante del trono *2379*
8.5 lo llenó del fuego del *a*, y lo arrojó a *2379*
9.13 oí una voz de entre los cuernos del *a* *2379*
11.1 mide el templo de Dios, y el *a*, y a los *2379*
14.18 salió del *a* otro ángel, que tenía poder *2379*
16.7 también oí a otro que desde el *a* decía *2379*

ALTERAR
Esd 6.11 cualquiera que *altere* este decreto 8133
Sal 37.7 no te *alteres* con motivo del que 2734
Dn 6.17 lo selló... el acuerdo... no se *alterase* 8133

ALTERCADO
Gn 13.8 Lot: No haya ahora *a* entre nosotros 4808

ALTERCAR
Gn 26.20 Esek, porque habían *altercado* con él 6229
Éx 17.2 *altercó* el pueblo... ¿Por qué altercáis 7378
Mi 6.2 tiene pleito con... *altercará* con Israel 7379
Ro 9.20 ¿quién eres tú, para que *alterques* con *470*

ALTERNAR
1 Cr 26.12 *alternando* los principales de los 5980

ALTEZA
Job 13.11 de cierto su *a* os habría de espantar 7613
40.10 adórnate ahora de majestad y de *a*, y 1363

ALTILOCUENCIA
Pr 17.7 no conviene al necio la *a*; ¡cuánto 3499,8193

ALTÍSIMA
Abd 3 en tu *a* morada; que dices 4791

ALTÍSIMO
Gn 14.18 sacerdote del Dios *A*, sacó pan y vino 5945
14.19 bendito sea Abram del Dios *A*, creador 5945
14.20 y bendito sea el Dios *A*, que entregó 5945
14.22 he alzado mi mano a Jehová Dios *A* 5945
Nm 24.16 dijo... el que sabe la ciencia del *A* 5945
Dt 32.8 cuando el *A* hizo heredar a... naciones 5945
2 S 22.14 tronó desde los... y el *A* dio su voz 5945
Sal 7.17 y cantaré al nombre de Jehová el *A* 5945
9.2 me alegraré... cantaré a tu nombre, oh *A* 5945
18.13 el *A* dio su voz; granizo y carbones 5945
21.7 el rey confía... en la misericordia del *A* 5945
46.4 Dios, el santuario de las moradas del *A* 5945
47.2 Jehová el *A* es temible; Rey grande sobre 5945
50.14 sacrifica a Dios... paga tus votos al *A* 5945
57.2 clamaré al Dios *A*, al Dios que me 5945
73.11 y dicen... ¿Y hay conocimiento en el *A*? 5945
77.10 traeré... los años de la diestra del *A* 5945
78.17 revelándose contra el *A* en el desierto 5945
78.35 era su refugio, y el Dios *A* su Redentor 5945
78.56 pero ellos tentaron y... al Dios *A*, y no 5945
82.6 vosotros sois dioses, y... hijos del *A* 5945
83.18 Jehová; tú solo *A* sobre toda la tierra 5945
87.5 se dirá... y el *A* mismo la establecerá 5945
91.1 el que habita al abrigo del *A* morará 5945
91.9 has puesto a... al *A* por tu habitación 5945
92.1 bueno... cantar salmos a tu nombre, oh *A* 5945
92.8 mas tú, Jehová, para siempre eres *A* 4791
107.11 cuanto... aborrecieron el consejo del *A* 5945
Is 14.14 sobre... subiré, y seré semejante al *A* 5945
Lm 3.35 torcer el derecho... presencia del *A* 5945
3.38 ¿de la boca del *A* no sale lo malo y lo 5945
Dn 3.26 y dijo... siervos del... *A*, salid y venid 5943
4.2 señales... qué el Dios *A* ha hecho conmigo 5943
4.17 conozcan... que el *A* gobierna el reino de 5943
4.24 la sentencia del *A*, que ha venido sobre 5943
4.25,32 que el *A* tiene dominio en el reino 5943
4.34 bendije al *A*, y alabé y glorifiqué al 5943
5.18 el *A* Dios, oh rey, dio a... tu padre el 5943
5.21 el *A* Dios tiene dominio sobre el reino 5943
7.18 recibirán el reino los santos del *A* 5946
7.22 y se dio el juicio a los santos del *A* 5946
7.25 hablará palabras contra el *A*, y a los 5943
7.25 y a los santos del *A* quebrantará, y 5946
7.27 sea dado al pueblo de los santos del *A* 5946
Os 7.16 volvieron, pero no al *A*; fueron como 5920
11.7 aunque me llaman *A*, ninguno... enaltecer 5920
Mi 6.6 ¿con qué me presentaré... adoraré al... *A*? 4791
Mr 5.7 ¿qué tienes conmigo... Hijo del Dios *A*? *5310*
Lc 1.32 y será llamado Hijo del *A*; y el Señor *5310*
1.35 el poder del *A* te cubrirá con su sombra *5310*
1.76 y tú, niño, profeta del *A* serás llamado *5310*
6.35 **seréis hijos del *A*; porque él es benigno** *5310*
8.28 ¿qué tienes conmigo... Hijo del Dios *A*? *5310*
Hch 7.48 el *A* no habita en templos hechos de *5310*
16.17 estos hombres son siervos del Dios *A* *5310*
He 7.1 Melquisedec... sacerdote del Dios *A*, que *5310*

ALTIVEZ
Dt 1.43 persistiendo con *a* subisteis al monte 5927
Job 20.6 aunque subiere su *a* hasta el cielo 7863
Sal 10.4 el malo, por la *a* de su rostro, no 1363
Pr 16.18 y antes de la caída la *a* de espíritu 1363
21.4 *a* de ojos, y orgullo de... son pecado 7312
Is 2.11 la *a* de los ojos del hombre... abatida 1365
2.17 la *a* del hombre será abatida, y la 1365
9.9 que con soberbia y con *a* de corazón dicen 1433
10.12 rey de... y la gloria de la *a* de sus ojos 1433
13.11 que cese... y abatiré la *a* de los fuertes 1347
16.6 muy grandes son su soberbia, su... y su *a* 1347
Ez 30.6 la *a* de su poderío caerá; desde Migdol 1347
2 Co 10.5 refutando... *a* que se levanta contra *5313*

ALTIVO
2 S 22.28 mas tus ojos están sobre los *a* para 7311
Job 40.11 de tu ira; mira a todo *a*, y abátelo 1343
Sal 18 27 tú salvarás... humillarás los ojos *a* 7311
138.6 al humilde, mas al *a* mira de lejos 1364
Pr 6.17 los ojos *a*, la lengua mentirosa, las 7311
16.5 abominación es a Jehová... *a* de corazón 1362
28.25 el *a* de ánimo suscita contiendas; mas 7342
30.13 hay generación cuyos ojos son *a* y cuyos 7311
Ec 7.8 mejor es el sufrido... el *a* de espíritu 1362
Is 2.12 día de Jehová... sobre todo soberbio y *a* 7311
5.15 y serán bajados los ojos de los *a* 1364
Jer 48.29 de Moab... orgulloso, *a* y altanero 1363
Dn 8.23 al fin... se levantará un rey *a* de rostro 5794
Ro 1.30 *a*, inventores de males, desobedientes *213*
12.16 no *a*, sino asociándoos con los humildes *5308*
1 Ti 6.17 a los ricos de... manda que no sean *a* *5309*

ALTO, A *Véase también el Apéndice*
Gn 7.19 todos los montes *a*... fueron cubiertos 1364
7.20 Quince codos más *a* subieron las aguas
28.13 he aquí Jehová estaba en lo *a* de ella 5921
Éx 26.24 se juntarán por su *a* con un gozne 5921
Lv 26.30 destruiré... lugares *a*, y derribaré 1116
Nm 33.52 y destruiréis todos sus lugares *a* 1116
Dt 1.28 pueblo es mayor y más *a* que nosotros 7311
2.10,21 pueblo grande y numeroso, y *a* como 7311
3.5 eran ciudades fortificadas con muros *a* 1364
9.2 pueblo grande y *a*, hijos de los anaceos 7311
12.2 sirvieron... dioses, sobre los montes *a* 7311
28.43 extranjero... se elevará sobre ti muy *a* 4605
28.52 sitio a... hasta que caigan tus muros *a* 1364
Jue 16.27 y en el piso *a*... tres mil hombres
1 S 9.12 tiene hoy un sacrificio en el lugar *a* 1116
9.13 antes que suba al lugar *a* a comer; pues 1116
9.14 he aquí Samuel venía... subir al lugar *a* 1116
9.19 sube delante de mí al lugar *a*, y come 1116
9.25 cuando hubieron descendido del lugar *a* 1116
10.5 de profetas que descienden del lugar *a* 1116
10.13 cesó de profetizar, y llegó al lugar *a* 1116
10.23 desde los... era más *a* que todo el pueblo 1361
22.6 Saúl estaba... de un tamarisco sobre un *a* 7414
28.12 y viendo la mujer a... clamó en *a* voz, y 1419
2 S 2.25 hicieron *a* en la cumbre del collado 5975
15.23 todo el país lloró en *a* voz; pasó luego 1419
18.28 Ahimaas dijo en *a* voz al rey: Paz
19.4 mas el rey... clamaba en *a* voz: ¡Hijo mío 1419
22.3 mi escudo, y el fuerte de... mi *a* refugio 4869
22.17 envió desde lo *a* y me tomó; me sacó 4791
23.1 dijo aquel varón que fue levantado en *a* 5920
1 R 3.2 el pueblo sacrificaba en los lugares *a* 1116
3.3 y quemaba incienso en los lugares *a* 1116
3.4 Gabaón... aquel era el lugar *a* principal 1116
6.2 sesenta codos de... y treinta codos de *a* 6967
6.16 de cedro desde el suelo hasta lo más *a* 7023
7.35 y en lo *a* de la basa había una pieza 7218
7.41 capiteles redondos que estaban en lo *a* 7218
8.55 bendijo a... Israel, diciendo en voz *a* 1419
10.19 la parte *a* era redonda por el respaldo 7218
11.7 edificó Salomón un lugar *a* a Quemos 1116
12.31 hizo... casas sobre los lugares *a*, e hizo 1116
12.32 ordenó... sacerdotes para los lugares *a* 1116
13.2 a los sacerdotes de los lugares *a* que 1116
13.32 contra todas las casas de los lugares *a* 1116
13.33 a hacer sacerdotes de los lugares *a* de 1116
13.33 fuese de... sacerdotes de los lugares *a* 1116
14.23 se edificaron lugares *a*, estatuas, e 1116
14.23 e imágenes de Asera, en todo collado *a* 1364
15.14 embargo, los lugares *a* no se quitaron 1116
18.27 diciendo: Gritad en *a* voz, porque dios 1419
22.43 los lugares *a* no fueron quitados; porque 1116
2 R 9.13 lo puso debajo de Jehú en un trono *a* 1634
12.3 los lugares *a* no se quitaron, porque el 1116
12.3 pueblo aún sacrificaba... en los lugares *a* 1116
14.4 con todo eso, los lugares *a* no fueron 1116
14.4 pueblo... quemaba incienso en... lugares *a* 1116
15.4 los lugares *a* no se quitaron, porque el 1116
15.4,35 y quemaba incienso en los lugares *a* 1116
15.35 los lugares *a* no fueron quitados, porque 1116
15.35 edificó él la puerta más *a* de la casa 1116
16.4 quemó incienso en los lugares *a*, y sobre 1116
17.9 edificándose lugares *a* en... sus ciudades 1116
17.10 estatuas... de Asera en todo collado *a* 1364
17.11 quemaron... incienso en... los lugares *a* 1116
17.29 los templos de los lugares *a* que habían 1116
17.32 e hicieron... sacerdotes de los lugares *a* 1116
17.32 sacrificaban para ellos en... lugares *a* 1116
18.4 él quitó los lugares *a*, y quebró las 1116
18.22 es éste aquel cuyos lugares *a* y altares 1116
19.22 contra quién... levantado en *a* tus ojos? 4791
19.23 cortaré sus *a* cedros, sus cipreses más 6967
21.3 porque volvió a edificar los lugares *a* 1116
23.5 que quemasen incienso en los lugares *a* 1116
23.8 profanó los lugares *a* donde... quemaban 1116
23.9 sacerdotes de los lugares *a* no subían 1116
23.13 profanó... los lugares *a*... de Jerusalén 1116
23.15 lugar *a* que había hecho Jeroboam hijo 1116
23.15 aquel altar y el lugar *a* destruyó, y lo 1116
23.19 las casas de los lugares *a*... las quitó 1116
23.20 mató... los sacerdotes de los lugares *a* 1116
1 Cr 16 39 en el lugar *a* que estaba en Gabaón 1116
21.29 el altar del... en el lugar *a* de Gabaón 1116
2 Cr 1.3 fue Salomón... al lugar *a* que había en 1116
1.13 y desde el lugar *a* que había en Gabaón 1116
11.15 sacerdotes para los lugares *a*, y para 1116
14.3 quitó los altares del... y los lugares *a* 1116
14.5 de Judá los lugares *a* y las imágenes de 1116
15.17 los lugares *a* no eran quitados de Israel 1116
17.6 quitó los lugares *a* y las imágenes de 1116
20.19 alabar a Jehová... con fuerte y *a* voz 1419
20.33 eso, los lugares *a* no fueron quitados 1116
21.11 hizo lugares *a* en los montes de Judá 1116
24.20 pie, donde estaba más *a* que el pueblo 5921
28.4 y quemó incienso en los lugares *a*, en 1116
28.25 hizo... lugares *a* en todas las ciudad 1116
31.1 derribaron los lugares *a* y los altares 1116
32.12 mismo que ha quitado sus lugares *a* y 1116
33.3 reedificó los lugares *a* que Ezequías 1116
33.14 elevó el muro muy *a*: y puso capitanes 1361
2 Cr 33.17 sacrificaba en los lugares *a*, aunque 1116
33.19 los sitios donde edificó lugares *a* y 1116
34.3 a limpiar a Judá y a... de los lugares *a* 1116
Esd 3.12 lloraban en *a* voz, mientras muchos 1419
10.12 dijeron en *a* voz: Así se haga conforme 1419
Neh 3.25 la torre *a* que sale de la casa del rey 5945
8.5 porque estaba más *a* que todo el pueblo 5921
9.4 y clamaron en voz *a* a Jehová su Dios 1419
9.5 tuyo, glorioso y *a* sobre toda bendición 7311
12.42 y los cantores cantaban en *a* voz, e 8085
Job 11.8 es más *a* que los cielos; ¿qué harás? 1363
35.5 considera que las nubes son más *a* que tú 1361
39.18 se levanta en *a*, se burla del caballo 4791
39.27 ¿se remonta el... y pone en *a* su nido 7311
41.34 menosprecia toda cosa *a*; es rey sobre 1364
Sal 7.7 y sobre ella vuélvete a sentar en *a* 4791
18.2 la fuerza de mi salvación, mi *a* refugio 4869
18.16 envió desde lo *a*; me tomó, me sacó de 4791
27.5 morada; sobre una roca me pondrá en *a* 7311
61.2 llévame a la roca que es más *a* que yo 7311
68.15 monte de Dios es... monte *a* el de Basán 1386
68.16 ¿por qué observáis, oh montes *a*, al 1386
68.18 subiste a lo *a*, cautivaste la cautividad 4791
69.29 tu salvación, oh Dios, me ponga en *a* 7682
78.58 le enojaron con sus lugares *a*, y le 1116
91.14 Le pondré en *a*, por cuanto ha conocido 7682
102.19 porque miró desde lo *a* de su santuario 4791
104.18 los montes *a* para las cabras monteses 1364
139.6 para mí; *a* es, no lo puedo comprender 7682
144.7 envía tu mano desde lo *a*; redímeme, y 4791
Pr 9.3 sobre lo más *a* de la ciudad clamó 4791
9.14 se sienta... en los lugares *a* de la ciudad 4791
18.11 y como un muro *a* en su imaginación 7682
19.11 y su honra es pasar por *a* la ofensa 5921
24.7 *a* está para el insensato la sabiduría 7311
27.14 el que bendice a su amigo en *a* voz 1419
Ec 5.8 sobre el *a*... otro más *a*, y uno más *a* 1364
12.5 cuando también temerán de lo que es *a* 1364
Is 2.13 sobre todos los cedros del Líbano *a* 7311
2.14 sobre todos los montes *a*, y... collados 7311
2.15 sobre toda torre *a*, y... todo muro fuerte 1364
6.1 vi yo al Señor sentado sobre un trono *a* 7311
7.11 ya sea de abajo en... o de arriba en lo *a* 1361
8.21 maldecirán... levantando el rostro en *a* 4605
10.33 cortados, y los *a* serán humillados 1364

13.2 levantad bandera sobre un *a* monte; alzad 8192
14.13 en lo *a*, junto a... levantaré mi trono. 4605
15.2 subió a Bayit y a Dibón, lugares *a*, a. 1116
16.12 apareciere Moab... sobre los lugares *a* 1116
19.16 temerán en la presencia de la mano *a*. 5921
22.16 el que en lugar *a* labra su sepultura. 4791
24.4 enfermaron los *a* pueblos de la tierra 4791
24.18 de lo *a* se abrirán ventanas, y temblarán. 4791
24.21 castigará al ejército de los... en lo *a* 4791
25.12 y abatirá la fortaleza de tus *a* muros 4869
30.25 y sobre todo monte *a*... ríos y corrientes. 1364
32.15 que... sea derramado el Espíritu de lo *a* 4791
36.7 es éste aquel cuyos lugares *a* y altares 1116
37.23 ¿contra quién has alzado tu voz... en *a*? 4791
37.24 cortaré sus *a* cedros, sus cipreses 6967
38.14 me quejaba; gemía... alzaba en *a* mis ojos. 4791
40.9 súbete sobre un monte *a*, anunciadora de 1364
40.26 levantad en *a* vuestros ojos, y mirad 4791
52.13 mi siervo será prosperado... muy en *a* 3966
55.9 como son más *a* los cielos que la tierra 1361
55.9 mis caminos más *a* que vuestros caminos 1361
57.7 sobre el monte *a* y empinado pusiste tu 1364
57.15 porque así dijo el *A* y Sublime, el que. 4791
Jer 2.20 con todo eso, sobre todo collado *a* y 1364
3.6 se va sobre todo monte *a* y debajo de todo. 1364
7.31 y han edificado los lugares *a* de Tofet 1116
17.2 junto a los árboles... en los collados *a* 1364
17.3 por el pecado de tus lugares *a* en todo 1116
19.5 edificaron lugares *a* a Baal para quemar 1116
25.30 Jehová rugirá desde lo *a*, y desde su 4791
31.12 vendrán con gritos de gozo en lo *a* de. 4791
31.21 establécete señales, ponte majanos *a*. 8564
32.35 edificaron lugares *a* a Baal... de Hinom 1116
48.35 quien sacrifique sobre los lugares *a*. 1116
51.58 sus *a* puertas serán quemadas a fuego 1364
Lm 1.13 desde lo *a* envió fuego que consume mis. 4791
Ez 1.18 sus aros eran *a* y espantosos, y llenos 1363
6.3 espada, y destruiré vuestros lugares *a*. 1116
6.6 lugares *a* serán asolados, para que sean 1116
6.13 todo collado *a*, en todas las cumbres de 7311
16.16 hiciste diversos lugares *a*, y fornicaste 1116
16.24 te edificaste lugares *a*, y te hiciste. 7413
16.25 toda cabeza de camino edificaste lugar *a* 7413
16.31 tus lugares *a* en toda cabeza de camino 1354
16.39 destruirán tus lugares *a*, y derribarán 1354
17.22 tomaré yo del cogollo de aquel *a* cedro 7311
17.22 lo plantaré sobre el monte *a* y sublime 1364
17.23 en el monte *a* de Israel lo plantaré 4791
20.28 miraron a todo collado *a* y a todo árbol 7311
20.29 es ése lugar *a* adonde vosotros vais? 1116
20.40 el *a* monte de Israel... allí me servirá 4791
21.26 sea exaltado lo bajo, y humillado lo *a* 1364
34.6 anduvieron perdidas... en todo collado *a* 7311
34.14 en los *a* montes de... estará su aprisco 4791
40.2 me puso sobre un monte muy *a*, sobre el 1364
42.5 y las cámaras más *a* eran más estrechas 3201
43.7 los cuerpos muertos de... en sus lugares *a* 1116
Dn 3.4 pregonero anunciaba en *a* voz: Mándase 2429
5.7 el rey gritó en *a* voz que hiciesen venir 2429
8.3 los cuernos eran *a*, uno era más *a* que el 1364
8.3 dos cuernos... y el más *a* creció después. 1364
Os 10.8 los lugares *a* de Avén serán destruidos. 1116
Am 7.9 los lugares *a* de Isaac serán destruidos. 1116
Mi 1.5 ¿y cuáles son los lugares *a* de Judá?. 1116
4.1 monte de la casa... más *a* que los collados 1389
Hab 2.9 que codicia... para poner en *a* su nido 4791
3.10 abismo dio su voz; a lo *a* alzó sus manos. 7315
Sof 1.16 día de trompeta... sobre las *a* torres. 1364
Mt 4.8 le llevó el diablo a un monte muy *a* *5308*
17.1 tomó a... y los llevó aparte a un monte *a*. *5308*
Mr 9.2 y los llevó aparte solos a un monte *a* *5308*
14.15 **él os mostrará un gran aposento *a* ya**. *508*
Lc 1.78 con que nos visitó desde lo *a* la aurora *5311*
4.5 llevó el diablo a un *a* monte y le mostró. *5308*
11.42 **y pasáis por *a* la justicia y el amor** *3928*
22.12 **él os mostrará un gran aposento *a* ya**. *508*
24.49 **seáis investidos de poder de lo *a*** *5311*
Jn 11.41 Jesús, alzando los ojos a lo *a*, dijo. *507*
Hch 1.13 y entrados, subieron al aposento *a*. *5253*
17.30 habiendo pasado por *a* los tiempos de. *5237*
20.8 había muchas lámparas en el aposento *a*. *5253*
24.21 que... prorrumpí en *a* voz: Acerca de la *2896*
2 Co 11.25 he estado como náufrago en *a* mar *1037*
Ef 4.8 dice: Subiendo a lo *a*, llevó cautiva la *5311*
Stg 1.17 todo don perfecto desciende de lo *a*. *509*
3.15 esta sabiduría no desciende... de lo *a* *509*
3.17 la sabiduría que es de lo *a* es... pura. *509*
Ap 21.10 me llevó en... a un monte grande y *a*. *5308*
21.12 tenía un muro grande y *a* con 12 puertas. *5308*

ALTURA

Gn 6.15 de 50 codos su anchura, y de 30... su *a* 6967
Éx 25.10 un arca de madera... *a* de codo y medio 6967
25.23 harás... una mesa... su *a* de codo y medio 6967
27.1 cuadrado el altar, y su *a* de tres codos. 6967
27.18 longitud del atrio... su *a* de cinco codos. 6967
30.2 será cuadrado, y su *a* de dos codos 6967
37.1 hizo... el arca... y su *a* de codo y medio 6967
37.10 la mesa de madera... de codo y medio su *a* . . . 6967
37.25 el altar... cuadrado, y su *a* de dos codos 6967
38.1 altar... cuadrado, y de tres codos de *a* 6967
38.18 anchura, o sea su *a*, era de cinco codos 6967
Nm 21.28 a Ar... los señores de las *a* de Arnón 1181
Dt 32.13 hizo subir sobre las *a* de la tierra 1116
33.29 humillados, y tú hollarás sobre sus *a* 1116
Jue 5.18 Zabulón... y Neftalí en las *a* del campo 4791
1 S 17.4 y tenía de *a* seis codos y un palmo 1363
2 S 1.19 ha perecido la gloria de... sobre tus *a*! 1116
1.25 han caído... Jonatán, muerto en tus *a*! 1116
22.34 pies... me hace estar firme sobre mis *a* 1116
1 R 6.10 el aposento... de *a* de cinco codos, el. 6967
6.20 tenía... veinte de ancho, y veinte de *a*. 6967
6.23 querubín... cada uno de diez codo de *a* 6967
6.26 la *a* del uno era de diez codos, y... otra 6967
7.2 tenía... treinta codos de *a*, sobre cuatro 6967
7.15 columnas... *a* de cada una era de 18 codos 6967
7.16 la *a* de un capitel era de cinco codos 6967
7.23 su *a* era de cinco codos, y lo ceñía. 6967
7.27 anchura de 4 codos, y de 3 codos la *a*. 6967
7.32 la *a* de cada rueda era... un codo y medio 6967
7.35 una pieza redonda de medio codo de *a* 6967
2 R 19.23 con... he subido a las *a* de los montes. 4791
25.17 la *a* de una columna era de 18 codos 6967
25.17 *a* del capitel era de 3 codos, y sobre 6967
2 Cr 3.4 y su *a* de 120 codos; y lo cubrió por 1363
3.15 dos columnas de 35 codos de *a* cada una 753
4.1 hizo además un altar... de 10 codos de *a*. 6967
4.2 hizo un mar de... su *a* era de cinco codos. 6967
6.13 había hecho un estrado... *a* de tres codos. 6967
Esd 6.3 *a* de 60 codos... 60 codos su anchura 7314
Neh 4.6 fue terminada hasta la mitad de su *a*
Est 5.14 hagan una horca de 50 codos de *a*, y. 1364
7.9 la horca de 50 codos de *a* que hizo Amán. 1364
Job 5.11 que pone a los humildes en *a*, y a los 4791
16.19 mas he aquí que... mi testimonio en las *a* 4791
22.12 ¿no está Dios en la *a* de los cielos? 1363
25.2 el señorío y el... él hace paz en sus *a* 4791
31.2 me daría... el Omnipotente desde las *a*? 4791
Sal 18.33 me hace estar firme sobre mis *a* 1116
93.4 Jehová en las *a* es más poderoso que el 4791
95.4 tierra, y las *a* de los montes son suyas 8443
103.11 como la *a* de los cielos sobre la tierra 1361
113.5 nuestro Dios, que se sienta en las *a*. 1361
148.1 alabad a Jehová... alabadle en las *a* 4791
Pr 8.2 en las *a* junto al camino... encrucijadas. 4791
25.3 para la *a* de los cielos, y... profundidad 7312
Ec 10.6 la necedad está colocada en grandes *a* 4791
Is 10.33 los árboles de gran *a* serán cortados. 7312
14.14 sobre las *a* de las nubes subiré, y seré. 1116
33.5 exaltado Jehová, el cual mora en las *a*. 4791
33.16 habitará en las *a*; fortaleza de rocas 4791
37.24 subiré a las *a* de los montes... laderas 4791
41.18 en las *a* abriré ríos, y fuente en medio. 8205
49.9 que... en todas las *a* tendrán sus pastos 4791
57.15 yo habito en la *a* y la santidad, y con 4791
58.14 te haré subir sobre las *a* de la tierra 1116
Jer 3.2 tus ojos a las *a*, y ve en qué lugar no 8205
3.21 voz fue oída sobre las *a*, llanto de los 8205
4.11 viento seco de las *a* del desierto vino 8205
7.29 y levanta llanto sobre las *a*; porque 8205
12.12 las *a* del desierto vinieron destruidores 8205
14.6 los asnos monteses se ponían en las *a* 8205
49.16 que habitas... que tienes la *a* del monte 4791
51.53 suba Babilonia... se fortifiquen en las *a* 4791
52.21 la *a* de cada columna era de 18 codos 6967
52.22 el capitel... era de una *a* de cinco codos 6967
Ez 17.6 y brotó, y se hizo una vid... de poca *a*. 6967
19.11 vista por causa de su *a* y la multitud 6967
31.3 cedro... grande *a*, y su copa estaba entre. 1362
31.5 se encumbró su *a* sobre todos los árboles 6967
31.10 encumbrado en *a*, y haber levantado su. 6967
31.10 ramas, su corazón elevó con su *a* 1363
31.14 que no se exalten en su *a*... los árboles 6967
31.14 ni confíen en su *a*... los que beben aguas 1363
36.2 *a* eternas nos han sido dadas... heredad. 1116
40.5 midió el espesor... y la *a* de otra caña 6967
40.42 de un codo de *a*; sobre éstas pondrán 1363
41.8 y miré la *a* de la casa alrededor; los 1363
41.22 la *a* del altar de madera... tres codos. 1364
Dn 3.1 estatua... cuya *a* era de sesenta codos 7314
4.10 parecía ver... un árbol, cuya *a* era grande. 7314
Am 2.9 cuya *a* era como la de los cedros 1363
4.13 hace... y pasa sobre las *a* de la tierra 1116
Mi 1.3 Jehová sale... hollará en las *a* de la tierra 1116
Hab 3.19 el cual hace... en mis *a* me hace andar 1116
Mt 21.9 bendito el que... ¡Hosanna en las *a*! *5310*
Mr 11.10 bendito el reino... ¡Hosanna en las *a*! *5310*
Lc 2.14 ¡gloria a Dios en las *a*, y en la... paz *5310*
19.38 paz en el cielo, y gloria en las *a*! *5310*
Ef 3.18 la longitud, la profundidad y la *a* *5311*
He 1.3 a la diestra de la Majestad en las *a* *5308*
Ap 21.16 la *a* y la anchura de ella son iguales *5311*

ALUMBRADO

Éx 25.6 aceite para el *a*, especias para el. 3974
27.20 te traigan aceite puro de... para el *a* 3974
35.8 aceite para el *a*, especias para el aceite 3974
35.14 el candelero del *a* y sus utensilios 3974
35.14 sus lámparas, y el aceite para el *a* 3974
35.28 el aceite para el *a* y para el aceite. 3974
39.37 sus utensilios, el aceite para el *a* 3974
Lv 24.2 que te traigan para el *a* aceite puro 3974
Nm 4.9 un paño... y cubrirán el candelero del *a* 3974
4.16 a cargo de... estará el aceite del *a*, el 3974

ALUMBRAMIENTO

1 S 4.19 nuera... estaba encinta, cercana al *a* 3205
Is 26.17 se acerca el *a* gime y da gritos en 3205
Lc 1.57 cumplió el tiempo de su *a*, dio a luz *5088*
2.6 ellos allí, se cumplieron los días de su *a*. *5088*
Ap 12.2 clamaba con dolores... la angustia del *a*. *5088*

ALUMBRAR

Gn 1.15 lumbreras... *alumbrar* sobre la tierra. 215
1.17 puso Dios... para *alumbrar* sobre la tierra 215
Éx 13.21 una columna de fuego para *alumbrarles* 215
14.20 era nube... *alumbraba* a Israel de noche 215
25.37 lamparillas... *alumbren* hacia adelante. 215
Nm 8.2 lámparas *alumbrarán* hacia adelante del 215
2 S 22.29 mi Dios *alumbrará* mis tinieblas. 5050
Esd 9.8 fin de *alumbrar*... Dios nuestros ojos 215
Neh 9.12,19 para *alumbrarles* el camino por 215
Sal 13.3 *alumbra* mis ojos, para que no duerma 215
18.28 Jehová; mi Dios *alumbrará* mis tinieblas 215
19.8 el precepto... puro, que *alumbra* los ojos 215
34.5 los que miraron a él fueron *alumbrados*. 5102
77.18; 97.4 relámpagos *alumbraron* el mundo 215
105.39 nube... y fuego para *alumbrar* la noche 215
119.130 la exposición de tus palabras *alumbra* 215
Pr 29.13 Jehová *alumbra* los ojos de ambos 215
Is 60.19 ni el resplandor... luna te *alumbrará*. 215
Mal 1.10 ¿quién... *alumbre* mi altar de balde? 215
Mt 5.15 **alumbra a todos los que están en casa** *2989*
5.16 **así alumbre vuestra luz delante de los**. *2989*
Lc 11.36 **cuando una lámpara te alumbra con su**. *5461*
Jn 1.9 luz... que *alumbra* a todo hombre, venía *5461*
5.35 **él era antorcha que ardía y alumbraba** *5316*
Ef 1.18 *alumbrando* los ojos de... entendimiento *5461*
5.14 levántate de los... y te *alumbrará* Cristo *2017*
2 P 1.19 antorcha que *alumbra* en lugar oscuro *5316*
1 Jn 2.8 porque la luz verdadera ya *alumbra*. *5316*
Ap 18.1 la tierra fue *alumbrada* con su gloria *5461*
18.23 luz de lámpara no *alumbrará* más en ti *5316*

ALÚS *Lugar donde acampó Israel*, Nm 33.13,14 . . 442

ALVA *Jefe de Esaú*, Gn 36.40; 1 Cr 1.51. 5933

ALVÁN *Descendiente de Seir*, Gn 36.23;
1 Cr 1.40 5935

ALZAR

Gn 7.17 las aguas crecieron, y *alzaron* el arca 5375
13.10 *alzó* Lot sus ojos, y vio... la llanura 5375
13.14 *alza* ahora tus ojos, y mira desde el 5375
14.22 *alzado* mi mano a Jehová Dios Altísimo 7311
18.2 *alzó* sus ojos y miró, y he aquí tres. 5375
21.16 sentó... el muchacho *alzó* su voz y lloró 5375
21.18 *alza* al muchacho, y sostenlo con tu 5375
22.4 *alzó* Abraham sus ojos, y vio el lugar 5375
22.13 *alzó* Abraham sus ojos y miró, y he aquí. 5375
24.63 y *alzando* sus ojos miró, y he aquí los. 5375
24.64 Rebeca... *alzó* sus ojos y vio a Isaac 5375
27.38 bendíceme... Y *alzó* Esaú su voz y lloró. 5375
28.18 y tomó la piedra... y la *alzó* por señal 7760
29.11 y Jacob besó a... y *alzó* su voz y lloró. 5375
31.10 *alcé* yo mis ojos y vi en sueños, y he 5375
31.12 *alza* ahora tus ojos, y verás que todos 5375
33.1 *alzando* Jacob sus ojos, miró, y... Esaú 5375
33.5 *alzó* sus ojos y vio a las mujeres y a. 5375
37.25 *alzando* los ojos miraron... una compañía 5375
39.15 viendo que yo *alzaba* la voz y gritaba 7311
39.18 cuando yo *alcé* mi voz y grité, él... huyó 7311
40.20 *alzó* la cabeza del jefe de los coperos. 5375
41.44 sin ti ninguno *alzará* su mano ni su pie. 7311
43.29 *alzando* José sus ojos vio a Benjamín. 5375
Éx 6.8 en la tierra por la cual *alcé* mi mano 5375
7.20 *alzando* la vara golpeó las aguas... río 7311
14.10 los hijos de Israel *alzaron* sus ojos. 5375
14.16 *alza* tu vara, y extiende tu mano sobre 7311
17.11 cuando *alzaba* Moisés su mano, Israel 7311
20.25 porque si *alzares* herramienta sobre él. 5130
26.30 y *alzarás* el tabernáculo conforme al. 6965
40.18 sus barras, e hizo *alzar* sus columnas 6965
40.36 la nube se *alzaba* del tabernáculo, los. 5927
40.37 si la nube no se *alzaba*, no se movían. 5927
40.37 hasta el día en que ella se *alzaba*. 5927
Lv 9.22 *alzó* Aarón sus manos hacia el pueblo. 5375
Nm 6.26 *alce* sobre ti su rostro, y ponga en ti. 5375
9.17 cuando se *alzaba* la nube del tabernáculo 5927
10.11 la nube se *alzó* del tabernáculo del. 5927
14.30 por la cual *alcé* mi mano y juré que os. 5375
20.11 *alzó* Moisés su mano y golpeó la peña. 7311
24.2 *alzando* sus ojos, vio a Israel alojado 5375
Dt 3.27 sube a la cumbre del Pisga y *alza* tus. 5375
4.19 no sea que *alces* tus ojos al cielo, y. 5375
13.9 tu mano se *alzará* primero sobre él para
27.5 no *alzarás* sobre ellas instrumento de 5130
32.40 yo *alzaré* a los cielos mi mano, y diré. 5375
Jos 5.13 Josué... *alzó* sus ojos y vio un varón 5375
8.19 corrieron luego que él *alzó* su mano. 5186
8.31 sobre las cuales nadie *alzó* hierro, y. 5130
Jue 2.4 habló... el pueblo *alzó* su voz y lloró 5375
9.7 *alzando* su voz clamó y les dijo: Oídme 5375
19.17 *alzando* el viejo los ojos, vio a aquel 5375
21.2 y *alzando* su voz hicieron gran llanto 5375
Rt 1.9 las besó, y... *alzaron* su voz y lloraron 5375
1.14 *alzaron* otra vez su voz y lloraron 5375
1 S 6.13 y *alzando* los ojos vieron el arca 5375
9.24 *alzó* el cocinero una espaldilla, con lo 7311
11.4 y todo el pueblo *alzó* su voz y lloró 5375
24.16 hijo mío... Y *alzó* Saúl su voz y lloró 5375
30.4 David y la... *alzaron* su voz y lloraron 5375
2 S 3.32 *alzando* el rey su voz, lloró junto al 5375
13.34 *alzando* sus ojos el joven... de atalaya 5375
13.36 y *alzando* su voz lloraron. Y también. 5375
18.24 *alzando* sus ojos, miró, y vio a uno que 5375
23.18 éste *alzó* su lanza contra trescientos 5782
1 R 7.21 cuando hubo *alzado* la columna del lado 6965
7.21 y *alzando* la columna del lado izquierdo. 6965
11.26 Jeroboam... *alzó* su mano contra el rey 7311
11.27 la causa por la cual éste *alzó* su mano. 7311
2 R 2.1 quiso... *alzar* a Elías en un torbellino 5927
2.13 *alzó*... el manto de Elías que... había caído. 7311
5.11 y *alzará* su mano y tocará el lugar, y 5130
9.32 *alzando* él... su rostro hacia la ventana. 5375

19.22 ¿y contra quién has *alzado* la voz, y 7311
1 Cr 15.16 resonasen y *alzasen* la voz con alegría 7311
21.16 *alzando* David sus ojos, vio al ángel de 5375
2 Cr 5.13 que *alzaban* la voz con trompetas y 7311
13.15 así que ellos *alzaron* el grito, Dios 7321
32.5 hizo *alzar* las torres, y otro muro por 5927
Esd 6.11 *alzado*, sea colgado en él, y su casa 2211
Neh 8.6 el pueblo respondió... *alzando* sus manos..... 4607
9.15 la tierra, por la cual *alzaste* tu mano 5375
Job 2.12 cuales, *alzando* los ojos desde lejos 5375
6.2 que... se *alzasen* igualmente en balanza! 5375
10.16 si mi cabeza se *alzare*... tú me cazas 1342
22.26 deleitarás... y *alzarás* a Dios tu rostro 5375
31.21 si *alcé* contra el huérfano mi mano 5130
38.34 ¿*alzarás* tú a las nubes tu voz, para 7311
Sal 4.6 *alza* sobre nosotros... luz de tu rostro 5375
7.6 *álzate* en contra de... angustiadores 5375
10.12 Dios, *alza* tu mano; no te olvides de 5375
20.5 *alzaremos* pendón en el nombre de... Dios..... 1713
24.7,9 *alzad* oh puertas... y *alzaos* vosotras 5375
28.2 *alzo* mis manos hacia tu santo templo 5375
41.9 el hombre de... *alzó* contra mí el calcañar..... 1431
44.20 o *alzado* nuestras manos a dios ajeno 6566
55.12 se *alzó* contra mí el que me aborrecía 1431
60.4 bandera que *alcen*... causa de la verdad 5127
63.4 mi vida; en tu nombre *alzaré* mis manos 5375
77.2 *alzaba* a él mis manos de noche, sin 1875
83.2 y los que te aborrecen *alzan* cabeza 5375
93.3 *alzaron* los ríos... los ríos a su sonido 5375
93.3 su sonido; *alzaron* los ríos sus ondas 5375
102.10 pues me *alzaste*, y me has arrojado 5375
106.26 por tanto, *alzó* su mano contra ellos 5375
113.7 pobre... al menesteroso *alza* del muladar 7311
119.48 *alzaré*... mis manos a tus mandamientos 5375
121.1 *alzaré* mis ojos a los montes; ¿de dónde 5375
123.1 a ti *alcé* mis ojos, a ti que habitas en 5375
134.2 *alzad* vuestras manos al santuario, y 5375
Pr 1.20 sabiduría... *alza* su voz en las plazas 5414
Is 2.4 no *alzará* espada nación contra nación 5375
5.26 *alzará* pendón a naciones lejanas, y 5375
9.18 serán *alzados* como remolinos de humo 55
10.24 contra ti *alzará* su palo, a la manera 5375
10.26 *alzará* su vara sobre el mar como hizo 5375
10.32 *alzará* su mano al monte de la hija de 5130
11.11 que Jehová *alzará* otra vez su mano para 3254
13.2 *alzad* la voz a ellos, a la mano, para 5375
24.14 *alzarán* su voz, cantarán gozosos por 5375
26.11 Jehová, tu mano está *alzada*, pero ellos 5375
37.23 ¿contra quién has *alzado* tu voz... ojos 7311
38.14 como la paloma; *alzaba* en alto los ojos 4791
40.4 valle sea *alzado*, y bájese todo monte 5375
42.2 no gritará, ni *alzará* su voz, ni la hará 5375
42.11 *alcen* la voz el desierto y sus ciudades 5375
46.1 *alzadas* cual carga, sobre las bestias
49.18 *alza* tus ojos alrededor, y mira; todos 5375
51.6 *alzad* a los cielos vuestros ojos, y mirad 5375
52.8 *alzarán* la voz, juntamente darán voces 5375
58.1 *alza* tu voz como trompeta, y anuncia a 7311
60.4 *alza* tus ojos alrededor y mira, todos 5375
62.10 las piedras, *alzad* pendón a los pueblos 7311
Jer 2.15 *alzaron* su voz, y asolaron su tierra 5414,6963
3.2 *alza* tus ojos a las alturas, y ve en qué 5375
4.6 *alzad* bandera en Sion... no os detengáis 5375
6.1 *alzad* por señal humo sobre Bet-haquerem 5375
13.20 *alzad* vuestros ojos, y ved a los que 5375
21.5 pelearé contra vosotros con mano *alzada* 5186
49.16 aunque *alces* como águila tu nido, de
51.9 juicio, y se ha *alzado* hasta las nubes 5375
51.27 *alzad* bandera en la tierra... trompeta 5375
52.31 *alzó* la cabeza de Joaquín rey de Judá 5375
Lm 2.19 *alza* tus manos a él implorando la vida 5375
Ez 8.3 el Espíritu me *alzó* entre el cielo y la 5375
8.5 *alza*... tus ojos... y *alcé* mis ojos hacia el 5375
10.16 cuando los querubines *alzaban* sus alas 5375
10.17 cuando ellos se *alzaban*, se a con ellos .. 7311,7426
10.19 y *alzando* los querubines sus alas, se 5375
10.19 las ruedas se *alzaron* al lado de ellos
11.22 *alzaron* los querubines sus alas, y las 5375
17.23 *alzará* ramas, y dará fruto, y se hará 5375
18.6,15 ni *alzare* sus ojos a los ídolos de la 5375
18.12 *alzare* sus ojos a los ídolos e hiciere 5375
20.5 que *alcé* mi mano para jurar a la... casa 5375
20.5 cuando *alcé* mi mano y les juré diciendo 5375
20.6 aquel día que les *alcé* mi mano, jurando 5375
20.15,23 yo les *alcé* mi mano en el desierto 5375
20.28 la tierra sobre la cual había *alzado* mi 5375
20.42 a la tierra... por la cual *alcé* mi mano 5375
29.15 nunca más se *alzará* sobre las naciones 5375
33.25 a vuestros ídolos *alzaréis* vuestros ojos 5375
36.7 yo he *alzado* mi mano, he jurado que las 5375
43.5 me *alzó* el Espíritu y me llevó al atrio 5375
44.12 por tanto, he *alzado* mi mano y jurado 5375
47.14 por ella *alcé* mi mano jurando que la 5375
Dn 3.22 a aquellos que habían *alzado* a Sadrac 5267
4.34 *alcé* mis ojos al cielo, y mi razón me 5191
7.5 la cual se *alzaba* de un costado más que 6966
8.3 *alcé* los ojos y miré... aquí un carnero que 5375
10.5 *alcé* mis ojos y miré... un varón vestido 5375
12.7 el cual *alzó* su diestra y su siniestra 7311
Os 11.4 como los que *alzan* el yugo de sobre su 7311
Mi 4.3 no *alzará* espada nación contra nación 5375
5.9 tu mano se *alzará* sobre tus enemigos 7311
Hab 3.10 dio su voz, a lo alto *alzó* sus manos 5375
Zac 1.18 *alcé* mis ojos y miré... cuatro cuernos 5375
1.21 tanto que ninguno *alzó* su cabeza; mas 5375
1.21 que *alzaron* el cuerno sobre la... de Judá 5375
2.1 *alcé* después mis ojos y miré, y he aquí 5375
2.9 he aquí yo *alzo* mi mano sobre ellos, y 5130
5.1 de nuevo *alcé* mis ojos y miré, y he aquí 5375
5.5 *alza* ahora tus ojos, y mira qué es esto 5375
5.9 *alcé* luego mis ojos, y miré, y he aquí 5375
5.9 y *alzaron* el efa entre la tierra y los 5375
6.1 *alcé* mis ojos y miré, y he aquí cuatro 5375
Mt 17.8 *alzando* ellos los ojos, a nadie vieron *1869*
Lc 6.20 *alzando* los ojos hacia sus discípulos *1869*
16.23 en el Hades *alzó* sus ojos, estando en *1869*
17.13 *alzaron* la voz, diciendo: Jesús, Maestro *142*
18.13 ni aun *alzar* los ojos al cielo, sino *1869*
24.50 sacó... y *alzando* sus manos, los bendijo *1869*
Jn 4.35 **os digo: *Alzad* vuestros ojos y mirad** *1869*
6.5 cuando *alzó* Jesús los ojos, y vio que *1869*
7.28 *alzó* la voz y dijo: *A mí me conocéis*, y *2896*
7.37 Jesús se puso en pie y *alzó* la voz *2896*
11.41 Jesús, *alzando* los ojos a lo alto, dijo *142*
Hch 1.9 fue *alzado*, y le recibió una nube que *1869*
2.14 Pedro... en pie, *alzó* la voz y les habló *1869*
4.24 oído, *alzaron*... la voz a Dios, y dijeron *142*
14.11 gente... *alzó* la voz, diciendo en lengua *1869*
22.22 *alzaron* la voz, diciendo: Quita de la *1869*
23.6 Pablo... *alzó* la voz en el concilio: Varones *2896*

AMA *Véase también Amo*
Gn 35.8 entonces murió Débora, *a* de Rebeca 3243
1 R 17.17 que cayó enfermo el hijo del *a* de la 1172
2 R 11.2 lo ocultó de Atalía, a él y a su *a* en 3243
2 Cr 22.11 guardó a él y a su *a* en uno de los 3243

AMABLE
Sal 84.1 ¡cuán *a* son tus moradas, oh Jehová 3039
Fil 4.8 lo *a*, todo lo que es de buen nombre *4375*
1 Ti 3.3 no codiciosos de ganancias... sino *a* *1933*
2 Ti 2.24 *a* para con todos, apto para enseñar *2261*
Tit 3.2 que no sean pendencieros, sino *a* para *1933*
Stg 3.17 pura, después pacífica, *a*, benigna *1933*

AMAD *Pueblo en Aser*, Jos 19.26 6008

AMADO, A *Véase también Amar*
Dt 21.15 tuviere dos mujeres, la una *a* y la 157
21.15 y la *a* y la... le hubieran dado hijos 157
21.16 dar... la primogenitura al hijo de la *a* 157
33.12 el *a* de Jehová habitará confiado cerca 3039
33.24 el *a* de sus hermanos, y moje en aceite 7521
Sal 60.5 para que se libren tus *a*, salva con 3039
108.6 para que sean librados tus *a*, salva 3039
127.2 pues que a su *a* dará Dios el sueño 3039
Cnt 1.13 mi *a* es para mí un manojito de mirra 1730
1.14 racimo de flores de... es para mí mi *a* 1730
1.16 he aquí que tú eres hermoso, *a* mío, y 1730
2.3 el manzano... así es mi *a* entre los jóvenes 1730
2.8 ¡la voz de mi *a*!... aquí él viene saltando 1730
2.9 *a* es semejante al corzo, o al cervatillo 1730
2.10 *a* habló, y me dijo: Levántate oh amiga 1730
2.16 *a* es mío, y yo suya; él apacienta entre 1730
2.17 vuélvete, *a* mío; sé semejante al corzo 1730
4.16 venga mi *a* a su huerto, y coma de su 1730
5.1 comed, amigos; bebed en abundancia, oh *a* 1730
5.2 voz de mi *a* que llama: Ábreme, hermana 1730
5.4 mi *a* metió su mano por la ventanilla 1730
5.5 levanté para abrir a mi *a*, y mis manos 1730
5.6 abrí yo a mi *a*; pero mi *a* se había ido 1730
5 8 si halláis a mi *a*, que le hagáis saber 1730
5.9(2) ¿qué es tu *a* más que otro *a*, oh la más 1730
5.10 mi *a* es blanco y rubio, señalado entre 1730
5.16 tal es mi *a*... mi amigo, oh doncellas de 1730
6.1 dónde se ha ido tu *a*, oh la más hermosa 1730
6.1 ¿a dónde se apartó tu *a*, y lo buscaremos 1730
6.2 mi *a* descendió a su huerto, a las eras 1730
6.3 soy de mi *a*, y mi *a* es mío; él apacienta 1730
7.9 buen vino, que se entra a mi *a* suavemente 1730
7.10 yo soy de mi *a*, y conmigo tiene su 1730
7.11 *a* mío, salgamos al campo, moremos en 1730
7.13 que para ti, oh *a* mío, he guardado 1730
8.5 esta que sube del... recostada sobre su *a* 1730
8.14 apresúrate, *a* mío, y sé semejante al 1730
Is 5.1 cantaré por mi *a* el cantar de mi *a* 3039
5.1 tenía mi *a* una viña en una ladera fértil 3039
Jer 11.15 ¿qué derecho tiene mi *a* en mi casa 3039
Dn 10.11 Daniel, varón muy *a*, está atento a 2530
10.19 muy *a*, no temas; la paz sea contigo 2530
Mt 3.17 que decía: Este es mi Hijo *a*, en quien *27*
12.18 aquí... mi *A*, en quien se agrada mi alma *27*
17.5 que decía: Este es mi Hijo *a*, en quien *27*
Mr 1.11 mi Hijo *a*; en ti tengo complacencia *27*
9.7 que decía: Este es mi Hijo *a*; a él oíd *27*
12.6 teniendo aún un hijo suyo *a*, lo envió *27*
Lc 3.22 mi Hijo *a*; en ti tengo complacencia *27*
9.35 que decía: Este es mi Hijo *a*; a él oíd *27*
20.13 dijo: ¿Qué haré? Enviaré a mi hijo *a* *27*
Hch 15.25 enviarlos... con nuestros *a* Bernabé y *27*
Ro 12.19 no os venguéis vosotros mismos, *a* *27*
16.5 saludad a Epeneto, *a* mío, que es el *27*
16.8 saludad a Amplias, *a* mío en el Señor *27*
16.9 saludad a Urbano... y a Estaquis, *a* mío *27*
1 Co 4.14 para amonestaros como a hijos míos *a* *27*
4.17 he enviado a Timoteo, que es mi hijo *a* *27*
10.14 por tanto, *a* míos, huid de la idolatría *27*
15.58 así que, hermanos míos *a*, estad firmes *27*
2 Co 7.1 *a*, puesto que tenemos tales promesas *27*
12.19 todo, muy *a*, para vuestra edificación *27*
Ef 1.6 con la cual nos hizo aceptos en el *A* *25*
5.1 sed... imitadores de Dios como hijos *a* *27*
6.21 Tíquico, hermano *a* y fiel ministro en *27*
Fil 2.12 *a* míos... siempre habéis obedecido *27*
4.1 así... hermanos míos *a* y deseados, gozo *27*
4.1 mía, estad así firmes en el Señor, *a* *27*
Col 1.7 Epafras, nuestro consiervo *a*, que *27*
1.13 nos ha... trasladado al reino de su *a* Hijo *26*
3.12 como escogidos de Dios, santos y *a*, de *25*
4.7 lo hará saber Tíquico, *a* hermano y fiel *27*
4.9 con Onésimo, *a* y fiel hermano, que es uno *27*
4.14 os saluda Lucas, el médico *a*, y Demas *27*
1 Ts 1.4 conocemos, hermanos *a*... elección *25*
1 Ti 6.2 creyentes y *a* los que se benefician *27*
2 Ti 1.2 Timoteo, *a* hijo... misericordia y paz *27*
Flm 1 Pablo... el hermano Timoteo, al *a* Filemón *27*
2 a la *a* hermana Apia, y a Arquipo nuestro *27*
16 sino como hermano *a*, mayormente para mí *27*
He 6.9 oh *a*, estamos persuadidos de cosas *27*
Stg 1.16 *a* hermanos míos, no erréis *27*
1.19 *a* hermanos, todo hombre sea pronto para *27*
2.5 hermanos míos *a*, oíd: ¿No ha elegido *27*
1 P 2.11 *a*, yo os ruego como a extranjeros y *27*
4.12 *a*, no os sorprendáis... fuego de prueba *27*
2 P 1.17 este es mi Hijo *a*, en el cual tengo *27*
3.1 *a*... es la segunda carta que os escribo *27*
3.8 oh *a*, no ignoréis esto: que para con el *27*
3.14 oh *a*... procurad ser hallados por él con *27*
3.15 nuestro *a* hermano Pablo... os ha escrito *27*
3.17 *a*... guardaos, no sea que arrastrados por *27*
1 Jn 3.2 *a*, ahora somos hijos de Dios, y aún *27*
3.21 *a*, si nuestro corazón no nos reprende *27*
4.1 *a*, no creáis a todo espíritu, sino probad *27*
4.7 *a*, amémonos unos a otros; porque el amor *27*
4.11 *a*, si Dios nos ha amado así, debemos *27*
3 Jn 1 el anciano a Gayo, el *a*, a quien amo en *27*
2 *a*, yo deseo que tú seas prosperado en todas *27*
5 *a*, fielmente te conduces cuando prestas *27*
11 *a*, no imites lo malo, sino lo bueno *27*
Jud 3 *a*, por la gran solicitud que tenía de *27*
17 *a*, tened memoria de las palabras que antes *27*
20 *a*, edificándoos sobre nuestra santísima fe *27*
Ap 20.9 rodearon el campamento... la ciudad *a* *25*

AMADOR
Os 12.7 que tiene... peso falso, *a* de opresión 157
2 Ti 3.2 porque habrá hombres *a* de sí mismos *5367*
3.4 *a* de los deleites más que de Dios *5367*

AMAL *Descendiente de Aser*, 1 Cr 7.35 6000

AMALEC
1. Descendiente de Esaú
Gn 36.12 Timna fue... y ella le dio a luz a *A* 6002
36.16 Coré, Gatam, y *A*; estos son los jefes 6002
1 Cr 1.36 hijos de Elifaz... Cenaz, Timna y *A* 6002
2. Descendiente de No. 1 (=Amalecita)
Éx 17.8 entonces vino *A* y peleó contra Israel 6002
17.9 sal a pelear contra *A*; mañana yo estaré 6002
17.10 como le dijo Moisés, peleando contra *A* 6002
17.11 Moisés... bajaba su mano, prevalecía *A* 6002
17.13 Josué deshizo a *A* y a su pueblo a filo 6002
17.14 di... que raeré del todo la memoria de *A* 6002
17.16 por cuanto... Jehová tendrá guerra con *A* 6002
17.16 cuanto la mano de *A* se levantó contra 6002
Nm 13.29 *A* habita el Neguev, y el heteo, el 6003
24.20 y viendo a *A*, tomó su parábola y dijo 6002
24.20 *A*, cabeza de naciones; mas... perecerá 6002
Dt 25.17 acuérdate de lo que hizo *A* contigo 6002
25.19 borrarás la memoria de *A* de debajo del 6002
Jue 3.13 éste juntó... los hijos de Amón y de *A* 6002
5.14 de Efraín vinieron los radicados en *A* 6002
10.12 de *A* y de Maón, y clamando a mí no os 6003
12.15 murió... fue sepultado... en el monte de *A* 6003
1 S 14.48 y derrotó a *A*, y libró a Israel de 6003
15.2 yo castigaré lo que hizo *A* a Israel al 6002
15.3 hiere a *A*, y destruye todo lo que tiene 6002
15.5 y viniendo Saúl a la ciudad de *A*, puso 6002
15.6 idos, apartaos y salid de entre los de *A* 6003
15.6 se apartaron... de entre los hijos de *A* 6003
15.8 tomó vivo a Agag rey de *A*, pero a todo 6003
15.15 Saúl respondió: De *A* los han traído 6003
15.18 dijo: Vé, destruye a los pecadores de *A* 6003
15.20 fui a la... y he traído a Agag rey de *A* 6003
15.32 dijo Samuel: Traedme a Agag rey de *A* 6003
28.18 ni cumpliste el ardor de su... contra *A* 6002
30.1 los de *A* habían invadido el Neguev y a 6003
1 Cr 4.43 destruyeron a los que... quedado de *A* 6003
18.11 plata y el oro que había tomado de... *A* 6002
Sal 83.7 *A*, los filisteos y los habitantes de 6002

AMALECITA *Descendiente de Amalec No. 1*
Gn 14.7 y devastaron todo el país de los *a* 6003
Nm 14.25 *a* y el cananeo habitan en el valle 6003
14.43 el *a* y el cananeo están allí delante de 6003
14.45 y descendieron el *a* y el cananeo que 6003
Jue 6.3 sembrado, subían los madianitas y *a* 6003
6.33 *a* y los del oriente se juntaron a una 6003
7.12 los *a* y los... estaban tendidos en el valle 6003
1 S 15.7 y Saúl derrotó a los *a* desde Havila 6003
15.20 fui a la misión... y he destruido a los *a* 6003
27.8 David... hacían incursiones contra... los *a* 6003
30.13 soy siervo de un *a*, y me dejó mi amo 6003
30.18 libró... todo lo que los *a* habían tomado 6003
2 S 1.1 vuelto David de la derrota de los *a* 6003
1.8 ¿quién eres tú? y yo le respondí: Soy *a* 6003
1.13 eres tú... Yo soy hijo de un extranjero, *a* 6003
8.12 de los *a*, y del botín de Hadad-ezer hijo 6002

AMAM *Ciudad en Judá*, Jos 15.26 538

AMAMANTAR
Lm 4.3 los chacales... *amamantan* a sus cachorros 3243

AMÁN *Adversario de los judíos*
Est 3.1 el rey Asuero engrandeció a *A* hijo de 2001
3.2 todos sus siervos... se inclinaban ante *A* 2001
3.4 denunciaron a *A*, para ver si Mardoqueo se 2001
3.5 vio *A* que Mardoqueo ni se arrodillaba ni 2001

3.6 procuró *A* destruir a todos los judíos que 2001
3.7 fue echada Pur... la suerte, delante de *A* 2001
3.8 dijo *A* al rey Asuero: Hay un pueblo 2001
3.10 y lo dio a *A* hijo de Hamedata agagueo 2001
3.12 escrito conforme a todo lo que mandó *A* 2001
3.15 el rey y *A* se sentaron a beber; pero la 2001
4.7 la plata que *A* había dicho que pesaría 2001
5.4 vengan hoy el rey y *A* al banquete que he 2001
5.5 llamad a *A*, para hacer lo que Ester ha 2001
5.5 vino, pues, el rey con *A* al banquete que 2001
5.8 que venga el rey con *A* a otro banquete 2001
5.9 salió *A* aquel día contento y alegre de 2001
5.10 pero se refrenó *A* y vino a su casa, y 2001
5.11 les refirió *A* la gloria de sus riquezas 2001
5.12 y añadió *A*: También la reina Ester a 2001
5.14 y agradó esto a los ojos de *A*, e hizo 2001
6.4 *A* había venido al patio exterior de la 2001
6.5 he aquí *A* está en el patio. Y el rey dijo 2001
6.6 entró, pues, *A*, y el rey le dijo: ¿Qué 2001
6.6 dijo *A* en su corazón: ¿A quién deseará 2001
6.7 respondió *A* al rey: Para el varón cuya 2001
6.10 el rey dijo a *A*: Date prisa, toma el 2001
6.11 *A* tomó el vestido y el caballo, y vistió 2001
6.12 y *A* se dio prisa para irse a su casa 2001
6.13 contó... *A* a Zeres su mujer y a todos sus 2001
6.14 llegaron... para llevar a *A* al banquete 2001
7.1 fue, pues, el rey con *A* al banquete de 2001
7.6 enemigo y adversario es este malvado *A* 2001
7.6 entonces se turbó *A* delante del rey y de 2001
7.7 y se quedó *A* para suplicarle a la reina 2001
7.8 y *A* había caído sobre el lecho en que 2001
7.8 proferir el rey... cubrieron el rostro a *A* 2001
7.9 aquí en casa de *A* la horca... que hizo *A* 2001
7.10 colgaron a *A* en la horca que él había 2001
8.1 el rey Asuero dio a... Ester la casa de *A* 2001
8.2 quitó el rey el anillo que recogió de *A* 2001
8.2 Ester puso a Mardoqueo sobre la casa de *A* 2001
8.3 que hiciese nula la maldad de *A* agagueo 2001
8.5 cartas que autorizan la trama de *A* hijo 2001
8.7 yo he dado a Ester la casa de *A*, y a él 2001
9.10 hijos de *A* hijo de Hamedata, enemigo de 2001
9.12 los judíos han matado... a diez hijos de *A* 2001
9.13 que cuelguen en... a los diez hijos de *A* 2001
9.14 Susa, y colgaron a los diez hijos de *A* 2001
9.24 *A* hijo... había ideado contra los judíos 2001

AMANA *Cerro en Líbano*, Cnt 4.8 549

AMANCILLAR
Gn 34.5 que Siquem había *amancillado* a Dina 2930
34.13 por cuanto había *amancillado* a Dina su 2930
34.27 cuanto habían *amancillado* a su hermana 2930
Lv 18.23 con ningún animal... *amancillándote* con 2930
18.24 en ninguna de... cosas os *amancillaréis* 2930
Nm 5.13 haberse ella *amancillado* ocultamente 2930
5.14 habiéndose ella *amancillado*; o viniere 2930
5.14 celos... no habiéndose ella *amancillado* 2930
5.20 has descarriado... y te has *amancillado* 2930
5.29 la mujer cometiere... y se *amancillare* 2930
35.33 esta sangre *amancillará* la tierra, y la 2610
Is 48.11 para que no sea *amancillado* mi nombre 2490
Jer 3.1 ¿no será tal tierra... todo *amancillada*? 2610
7.30 fue invocado mi nombre, *amancillándola* 2930
Ez 22.5 *amancillada* de nombre, y de grande 2931

AMANECER *(s.)*
1 S 29.10 mañana... levantándose al *a*, marchad 7925
2 R 7.9 si esperamos hasta el *a*, nos alcanzará 1242,216
Mt 28.1 al *a* del primer día de la semana *2020*

AMANECER *(v.)*
Éx 14.27 y cuando *amanecía*, el mar se volvió 1242
Jue 19.26 cuando ya *amanecía*, vino la mujer 1242
2 S 2.32 caminaron... y les *amaneció* en Hebrón 215
17.22 pasaron... Jordán antes que *amaneciese* 1242
Is 8.20 esto, es porque no les ha *amanecido* 7873
60.2 mas sobre ti *amanecerá* Jehová, y sobre 2224
Jn 21.4 ya iba *amaneciendo*, se presentó Jesús *4405*
Hch 27.33 cuando comenzó a *amanecer*, Pablo *2250*

AMANTE
Is 61.8 porque yo Jehová soy *a* del derecho 157
Jer 4.30 te menospreciarán tus *a*, buscarán tu 5689
Lm 1.2 no tiene quien la consuele de... sus *a* 157
1.19 di voces a mis *a*, mas... me han engañado 157
Ez 23.5 Ahola... enamoró de sus *a* los asirios 157
23.9 la entregué en mano de sus *a*... los asirios 157
23.22 yo suscitaré contra ti a tus *a*, a los 157
Os 2.5 iré tras mis *a*, que me dan mi pan y mi 157
2.7 seguirá a sus *a*, y no los alcanzará; los 157
2.10 su locura delante de los ojos de sus *a* 157
2.12 mi salario son... que me han dado mis *a* 157
2.13 se iba tras sus *a* y se olvidaba de mí 157
8.9 subieron... Efraín con salario alquiló *a* 158
Mt 22.16 sabemos que eres *a* de la verdad, y
Tit 1.8 *a* de lo bueno, sobrio, justo, santo 5382

AMAR *Véase también Amado*
Gn 22.2 toma... Isaac, a quien *amas*, y vete a 157
24.67 Isaac... tomó a Rebeca por mujer... *amó* 157
25.28 *amó* Isaac a... Rebeca *amaba* a Jacob 157
29.18 Jacob *amó* a Raquel, y dijo... te serviré 157
29.20 le parecieron como pocos días... la *amaba* 160
29.30 a Raquel... la *amó* también más que a Lea 157
29.32 ahora, por tanto, me *amará* mi marido 157
37.3 y *amaba* Israel a José mas que a todos 157
37.4 viendo... que su Padre lo *amaba* más que 157
44.20 el solo quedó de... y su padre lo *ama* 157
Éx 20.6 hago misericordia... a los que me *aman* 157
21.5 yo *amo* a mi señor, a mi mujer y a mis 157
Lv 19.18 *amarás* a tu prójimo como a ti mismo 157

19.34 al extranjero... *amarás* como a ti mismo 157
Dt 4.37 cuanto él *amó* a sus padres, escogió 157
5.10 que me *aman* y guardan mis mandamientos 157
6.5 *amarás* a Jehová tu Dios te todo tu 157
7.8 por cuanto Jehová os *amó*, y quiso guardar 160
7.9 que le *aman* y guardan sus mandamientos 157
7.13 te *amará*... bendecirá y te multiplicará 157
10.12 que lo *ames*, y sirvas a Jehová tu Dios 157
10.15 de tus padres se agradó... para *amarlos* 157
10.18 que *ama*... al extranjero, dándole pan y 157
10.19 *amaréis*, pues al extranjero; porque 157
11.1 *amarás*... a Jehová tu Dios, y guardarás su 157
11.13 *amando* a Jehová... Dios y sirviéndole 157
11.22 *amaréis* a Jehová vuestro Dios, andando 157
13.3 saber si *amáis* a Jehová vuestro Dios con 157
15.16 te dijere: No te dejaré; porque te *ama* 157
19.9 *ames* a Jehová... y andes en sus caminos 157
23.5 no quiso... porque Jehová tu Dios te *amaba* 157
30.6 que *ames* a Jehová tu Dios con todo tu 157
30.16 yo te mando hoy que *ames* a Jehová tu 157
30.20 *amando* a Jehová... atendiendo a su voz 157
33.3 *ama* a su pueblo; todos los consagrados 2245
Jos 22.5 *améis* a Jehová vuestro Dios, y andéis 157
23.11 para que *améis* a Jehová vuestro Dios 157
Jue 5.31 mas que los que te *amen*, sean como el sol 157
14.16 y no me *amas*, pues no me declaras el 157
16.15 le dijo: ¿Cómo dices: Yo te *amo*, cuando 157
Rt 4.15 tu nuera, que te *ama*, lo ha dado a luz 157
1 S 1.5 porque *amaba* a Ana, aunque Jehová no 157
16.21 Saúl... le *amó* mucho, y le hizo su paje 157
18.1 de David, y lo *amó* Jonatán como a sí 157
18.3 Jonatán... le *amaba* como a sí mismo 157
18.16 mas todo Israel y Judá *amaba* a David 157
18.20 pero Mical... hija de Saúl *amaba* a David 157
18.22 el rey te *ama*, y todos sus siervos te 157
18.28 Saúl, viendo... su hija Mical lo *amaba* 157
19.1 Jonatán... *amaba* a David en gran manera 2654
20.17 porque le *amaba*, pues le *a* como a sí 160
2 S 1.23 Saúl y Jonatán, *amados* y queridos en 157
12.24 su nombre Salomón, al cual *amó* Jehová 157
13.4 yo *amó* a Tamar la hermana de Absalón 157
13.15 mayor que el amor... que la había *amado* 157
19.6 *amando* a los que te aborrecen, y 157
19.6 aborreciendo a los que te *aman*; porque 157
20.11 cualquiera que *ame* a Joab y a David 2654
1 R 3.3 Salomón *amó* a Jehová, andando en los 157
5.1 porque Hiram siempre había *amado* a David 157
10.9 porque Jehová ha *amado* siempre a Israel 157
11.1 el rey Salomón *amó*... mujeres extrajeras 157
2 Cr 2.11 porque Jehová *amó* a su pueblo, te 160
9.8 tu Dios *amó* a Israel para afirmarlo 2654
11.21 Roboam *amó* a Maaca hija... sobre todas 157
19.2 y *amas* a los que aborrecen a Jehová? 157
Neh 1.5 que le *aman* y guardan sus mandamientos 157
13.26 era *amado* de su Dios, y Dios lo había 157
Est 2.17 el rey *amó* a Ester más que a todas las 157
Job 19.19 los que yo *amaba* se volvieron contra 157
33.26 orará a Dios, y éste le *amará*, y verá 7521
Sal 4.2 *amaréis* la vanidad, y buscaréis la 157
5.11 ti se regocijen los que *aman* tu nombre 157
11.5 y al que *ama* la violencia, su alma los 157
11.7 Jehová es justo, y *ama* la justicia 157
18.1 te *amo*, oh Jehová, fortaleza mía 7355
26.8 Jehová, la habitación de tu casa he *amado* 157
31.23 *amad* a Jehová... vosotros sus santos 157
33.5 él *ama* justicia y juicio... la misericordia 157
35.27 Jehová, que *ama* la paz de su siervo 2655
37.28 Jehová *ama* la rectitud, y no desampara 157
40.16 y digan... los que *aman* tu salvación 157
45.7 has *amado* la justicia y aborrecido la 157
47.4 la hermosura de Jacob, al cual *amó* 157
51.6 tú *amas* la verdad en lo íntimo, y en lo 2654
52.3 *amaste* el mal más que el bien, la mentira 157
52.4 has *amado* toda... de palabras perniciosas 157
62.4 *aman* la mentira; con su boca bendicen 7521
69.36 y los que *aman* su nombre habitarán en 157
70.4 digan siempre los que *aman* tu salvación 157
78.68 escogió... monte de Sion al cual *amó* 157
87.2 *ama* Jehová las puertas de Sion más que 157
97.10 los que *amáis* a Jehová, aborreced el 157
99.4 y la gloria del rey *ama* el juicio; tú 157
102.14 tus siervos *aman* sus piedras, y del 7521
109.17 *amó* la maldición, y ésta le sobrevino 157
116.1 *amo* a Jehová, pues ha oído mi voz y mi 157
119.47 tus mandamientos, los cuales he *amado* 157
119.48 mis manos a tus mandamientos que *amé* 157
119.97 ¡oh, cuánto *amo* yo tu ley! Todo el día 157
119.113 aborrezco... hipócritas; mas *amo* tu ley 157
119.119 tanto, yo he *amado* tus testimonios 157
119.127 por eso he *amado* tus mandamientos 157
119.132 como acostumbras con los que *aman* 157
119.140 pura es tu palabra, y la *ama* tu siervo 157
119.159 oh Jehová, que *amo* tus mandamientos 157
119.163 la mentira aborrezco y... tu ley *amo* 157
119.165 mucha paz tienen los que *aman* tu ley 157
119.167 guardado... he *amado* en gran manera 157
122.6 paz... sean prosperados los que te *aman* 157
Sal 145.20 Jehová guarda a todos los que le *aman* 160
146.8 a los caídos; Jehová *ama* a los justos 157
Pr 1.22 ¿hasta cuándo, oh... *amaréis* la simpleza 160
3.12 Jehová al que *ama* castiga, como el padre 157
4.6 no la dejes, y... *ámala*, y te conservará 160
5.19 como cierva *amada* y graciosa gacela 160
8.17 yo amo a los que me *aman*, y me hallan 157
8.21 que los que me *aman* tengan su heredad 157
8.36 los que me aborrecen *aman* la muerte 157
9.8 reprendas... corrige al sabio y te *amará* 157
12.1 que *ama* la instrucción... a la sabiduría 157

13.24 que lo *ama*, desde temprano lo corrige 157
14.20 pero muchos son los que *aman* al rico 157
15.9 impío; mas él *ama* al que sigue justicia 157
15.12 escarnecedor no *ama* al que le reprende 157
16.13 y éstos *aman* al que habla lo recto 157
17.17 en todo tiempo *ama* el amigo, y es como 157
17.19 el que *ama* la disputa, a la transgresión 157
18.21 y el que la *ama* comerá de sus frutos 157
19.8 el que posee entendimiento *ama* su alma 157
20.13 no *ames* el sueño... que no te empobrezcas 157
21.17 necesitado será el que *ama* el deleite 157
21.17 el que *ama* el vino... no se enriquecerá 157
22.11 el que *ama* la limpieza de corazón, por 157
27.6 fieles son las heridas del que *ama*; pero 157
29.3 el hombre que *ama* la sabiduría alegra a 157
Ec 3.8 tiempo de *amar*, y tiempo de aborrecer 157
5.10 el que *ama* el dinero, no se saciará de 157
5.10 que *ama* el mucho tener, no sacará fruto 157
9.9 goza de la vida con la mujer que *amas* 157
Cnt 1.3 como... por eso las doncellas te *aman* 157
1.4 nos acordaremos de tus... con razón te *aman* 157
1.7 hazme saber, oh tú a quien *ama* mi alma 157
3.1 busqué en mi lecho al que *ama* mi alma 157
3.2 buscaré al que *ama* mi alma; lo busqué 157
3.3 dije: ¿Habéis visto al que *ama* mi alma? 157
3.4 hallé luego al que *ama* mi alma; lo así 157
Is 1.23 todos *aman* el soborno, y... recompensas 157
1.29 os avergonzarán las encinas que *amasteis* 2530
43.4 estima, fuiste honorable, y yo te *amé* 157
48.14 aquel a quien Jehová *amó* ejecutará su 157
56.6 y que *amen* el nombre de Jehová para ser 157
56.10 soñolientos, echados, *aman* el dormir 157
57.8 *amaste* su cama dondequiera que la veías 157
66.3 su alma *amó* sus propias abominaciones 2654
66.10 gozaos con ella, todos los que la *amáis* 157
Jer 2.25 extraños he *amado*, y tras ellos he de 157
6.10 la... les es cosa vergonzosa, no la *aman* 2654
8.2 el ejército del cielo, a quienes *amaron* 157
12.7 he entregado lo que *amaba* mi alma en 3033
31.3 con amor eterno te he *amado*; por tanto 160
Ez 16.37 a todos los que *amaste*, con todos los 157
Dn 9.4 que te *aman* y guardan tus mandamientos 157
9.23 tú eres muy *amado*. Entiende, pues, la 2530
Os 3.1 ama a una mujer *amada* de su compañero 157
3.1 miran a dioses... y *aman* tortas de pasas 160
4.18 sus príncipes *amaron* lo que avergüenza 157
9.1 *amaste* salario de ramera en todas las eras 157
9.10 abominables como aquello que *amaron* 157
9.15 no los *amaré* más; todos sus príncipes 160
11.1 cuando Israel era muchacho, yo lo *amé* 157
14.4 los *amaré* de pura gracia; porque mi ira 157
Am 5.15 aborreced el mal, y *amad* el bien 157
Mi 3.2 que aborrecéis lo bueno y *amáis* lo malo 157
6.8 *amar* misericordia, y humillarte ante tu 160
Zac 8.17 ni *améis* el juramento falso; porque 157
8.19 ha dicho... *Amad*, pues, la verdad y la paz 157
Mal 1.2 yo os he *amado*... ¿En qué nos amaste? 157
1.2 ¿no era Esaú hermano de... y *amé* a Jacob 157
2.11 ha profanado el santuario... que él *amó* 157
Mt 5.43 **que fue dicho: *Amarás* a tu prójimo, y** *25*
5.44 **amad a vuestros enemigos, bendecid a los** *25*
5.46 **porque si *amáis* a los que os aman, ¿qué** *25*
6.5 ***aman* el orar en pie en las sinagogas** *5368*
6.24 **o aborrecerá al uno y *amará* al otro, o** *25*
10.37 **el que *ama* a padre o madre más que a mí** *5368*
10.37 **el que *ama* a hijo o hija más que a mí** *5368*
19.19 ***amarás* a tu prójimo como a ti mismo** *25*
22.37 ***amarás* al Señor tu Dios con todo tu** *25*
22.39 **segundo es... *Amarás* a tu prójimo como** *25*
23.6 ***aman* los primeros asientos en las cenas** *5368*
Mr 10.21 Jesús, mirándole, le *amó*, y le dijo *25*
12.30 ***amarás* al Señor tu Dios con todo tu** *25*
12.31 ***amarás* a tu prójimo como a ti mismo** *25*
12.33 y el *amarle* con todo el corazón, con *25*
12.33 y *amar* al prójimo como a uno mismo *25*
12.38 ***aman* las salutaciones en las plazas**
Lc 6.27 ***amad* a vuestros enemigos, haced bien** *25*
6.32 **amáis a los que os *aman*, ¿qué mérito** *25*
6.32 **los pecadores *aman* a los que los *a*** *25*
6.35 ***amad*, pues, a vuestros enemigos, y haced** *25*
7.5 *ama* a nuestra nación, y nos edificó una *25*
7.42 **di, pues, ¿cuál de ellos le *amará* más?** *25*
7.47 **pecados le son perdonados, porque *amó*** *25*
7.47 **a quien se le perdona poco, poco *ama*** *25*
10.27 dijo: *Amarás* al Señor tu Dios con todo *25*
11.43 **que *amáis* las primeras sillas en las** *25*
16.13 **o aborrecerá al uno y *amará* al otro** *25*
20.46 **y *aman* las salutaciones en las plazas** *5368*
Jn 3.16 **de tal manera *amó* Dios al mundo, que** *25*
3.19 **los hombres *amaron* más las tinieblas que** *25*
3.35 el Padre *ama* al Hijo, y todas las cosas *25*
5.20 **Padre *ama* al Hijo, y le muestra todas** *5368*
8.42 **si vuestro padre fuese Dios... me *amaríais*** *25*
10.17 **por eso me *ama* el Padre, porque yo** *25*
11.3 Señor, he aquí el que *amas* está enfermo *5368*
11.5 *amaba* Jesús a Marta, a su... y a Lázaro *25*
11.36 dijeron... judíos: Mirad cómo le *amaba* *5368*
12.25 **el que *ama* su vida, la perderá; y el** *5368*
12.43 *amaban* más la gloria de los hombres que *25*
13.1 como había *amado*... los *amó* hasta el fin *25*
13.23 al cual Jesús *amaba*... estaba recostado *25*
13.34 **os *améis* unos a... como yo os he *amado*** *25*
14.15 **si me *amáis*, guardad mis mandamientos** *25*
14.21 **y los guarda, ése es el que me *ama*** *25*
14.21 **que me *ama*, será *amado* por mi Padre** *25*
14.21 **y yo le *amaré*, y me manifestaré a él** *25*
14.23 **el que me *ama*, mi palabra guardará** *25*
14.23 **mi Padre le *amará*, y vendremos a él** *25*

14.24 que no me *ama*, no guarda mis palabras ... 25
14.28 si me *amarais*, os habríais regocijado ... 25
14.31 que el mundo conozca que *amo* al Padre ... 25
15.9 como el Padre me ha *amado*... yo os he *a* ... 25
15.12 os *améis* unos a... como yo os he *amado* ... 25
15.17 os mando: Que os *améis* unos a otros ... 25
15.19 si fuerais del mundo, el mundo *amaría* ... 5368
16.27 Padre mismo os *ama*... me habéis *amado* ... 5368
17.23 has *amado* a ellos como... a mí me has *a* ... 25
17.24 porque me has *amado* desde antes de la ... 25
17.26 el amor con que me has *amado*, esté en ... 25
19.26 vio Jesús... discípulo a quien él *amaba* ... 25
20.2 aquel al que *amaba* Jesús, y les dijo ... 5368
21.7 aquel... quien Jesús *amaba*, dijo a Pedro ... 25
21.15,16,17 Simón, hijo de Jonás, ¿me *amas* ... 5368
21.15,16 sí, Señor; tú sabes que te *amo* ... 25
21.17 que le dijese la tercera vez: ¿Me *amas*? ... 5368
21.17 tú lo sabes todo; tú sabes que te *amo* ... 5368
21.20 les seguía el discípulo a quien *amaba* ... 25
Ro 1.7 los que estáis en Roma, *amados* de Dios ... 27
8.28 a los que *aman* a Dios, todas las cosas ... 25
8.37 más que vencedores... de aquel que nos *amó* ... 25
9.13 como... A Jacob *amé*, mas a Esaú aborrecí ... 25
9.25 llamaré pueblo mío... a la no *amada*, a ... 25
11.28 son *amados* por causa de los padres ... 27
12.10 *amaos* los unos a los otros con amor ... 5387
13.8 no debáis... sino el *amaros* unos a otros ... 25
13.8 que *ama* al prójimo, ha cumplido la ley ... 25
13.9 *amarás* a tu prójimo como a ti mismo ... 25
16.12 saludad a la *amada* Pérsida, la cual ha ... 27
1 Co 2.9 ha preparado para los que le *aman* ... 25
8.3 si alguno *ama* a Dios, es conocido por él ... 25
16.22 el que no *amare* al Señor... sea anatema ... 5368
2 Co 9.7 dé... porque Dios *ama* al dador alegre ... 25
9.14 a quienes *aman* a causa de la... gracia
11.11 qué? ¿Porque no os *amo*? Dios lo sabe ... 25
12.15 aunque *amándoos* más, sea *amado* menos ... 25
Gá 2.20 me *amó* y se entregó a sí mismo por mí ... 25
5.14 *amarás* a tu prójimo como a ti mismo ... 25
Ef 2.4 Dios... por su gran amor con que nos *amó* ... 25
5.2 y andad en amor, como... Cristo nos *amó* ... 25
5.25 maridos, *amad* a vuestras mujeres, así ... 25
5.25 así como Cristo *amó* a la iglesia, y se ... 25
5.28 los maridos deben *amar* a sus mujeres ... 25
5.28 el que *ama* a su mujer, a sí mismo se *a* ... 25
5.33 *ame* también a su mujer como a sí mismo ... 25
6.24 la gracia sea con todos los que *aman* a ... 25
Fil 1.8 Dios me es testigo de cómo os *amo* a ... 1971
Col 3.19 maridos, *amad* a vuestras mujeres, y ... 25
1 Ts 4.9 habéis aprendido de Dios que os *améis* ... 25
2 Ts 2.13 hermanos *amados* por el Señor, de que ... 25
2.16 nos *amó* y nos dio consolación eterna ... 25
2 Ti 4.8 sino... a todos los que *aman* su venida ... 25
4.10 Demas me ha desamparado, *amando* este ... 25
Tit 2.4 enseñen a las... a *amar* a sus maridos ... 5362
3.15 saluda a los que nos *aman* en la fe ... 5368
He 1.9 has *amado* la justicia, y aborrecido la ... 25
12.6 porque el Señor al que *ama*, disciplina ... 25
Stg 1.12 Dios ha prometido a los que le *aman* ... 25
2.5 reino que ha prometido a los que le *aman*? ... 25
2.8 *amarás* a tu prójimo como a ti mismo ... 25
1 P 1.8 a quien *amáis* sin haberle visto, en ... 25
1.22 *amaos* unos a otros entrañablemente, de ... 25
2.17 honrad a todos. *Amad* a los hermanos ... 25
3.8 de un mismo sentir... *amándoos* ... 5361
3.10 el que quiere *amar* la vida y ver días ... 25
2 P 2.15 el cual *amó* el premio de la maldad ... 25
1 Jn 2.10 el que *ama* a su hermano, permanece ... 25
2.15 no *améis* al mundo, ni las cosas que ... 25
2.15 alguno *ama* al mundo, el amor del Padre ... 25
3.10 que no *ama* a su hermano, no es de Dios ... 25
3.11 el mensaje... Que nos *amemos* unos a otros ... 25
3.14 a vida, en que *amamos* a los hermanos ... 25
3.14 el que no *ama* a su hermano, permanece en ... 25
3.18 no *amemos* de palabra ni de lengua, sino ... 25
3.23 nos *amemos* unos a otros como nos lo ha ... 25
4.7 amados, *amémonos* unos a otros, porque el ... 25
4.7 todo aquel que *ama*, es nacido de Dios ... 25
4.8 el que no *ama*, no ha conocido a Dios ... 25
4.10 no en que nosotros hayamos *amado* a Dios ... 25
4.10 en que él nos *amó* a nosotros, y envió a ... 25
4.11 *amados*, si Dios... ha *amado* así, debemos ... 25
4.11 debemos también... *amarnos* unos a otros ... 25
4.12 nos *amamos* unos a otros, Dios permanece ... 25
4.19 *amamos* a él, porque él nos *amó* primero ... 25
4.20 si alguno dice: Yo *amo* a Dios, y aborrece ... 25
4.20 el que no *ama* a su hermano a quien ha ... 25
4.20 ¿cómo puede *amar* a Dios a quien no ha ... 25
4.21 el que *ama* a Dios, *ame* también... hermano ... 25
5.1 *ama* al que engendró, *a* también al que ha ... 25
5.2 *amamos* a los hijos de Dios, cuando a *a* ... 25
2 Jn 1 hijos, a quienes yo *amo* en la verdad ... 25
5 y ahora te ruego... nos *amemos* unos a otros ... 25
3 Jn 1 el anciano a Gayo... a quien *amo* en la ... 25
Ap 1.5 al que nos *amó*, y nos lavó de nuestros ... 25
3.9 vengan... y reconozcan que yo te he *amado* ... 25
3.19 reprendo y castigo a todos los que *amo* ... 5368
22.15 y todo aquel que *ama* y hace mentira ... 5368

AMARGAMENTE
Esd 10.1 y niños; y lloraba el pueblo *a*
Is 22.4 esto dije: Dejadme, lloraré *a* ... 4843
33.7 los mensajeros de paz llorarán *a* ... 4751
Jer 13.17 y llorando *a* se desharán mis
22.10 llorad *a* por el que se va, porque no
Lm 1.2 *a* llora en la noche, y sus lágrimas
Ez 27.30 su voz sobre ti, y gritarán *a* ... 4751
Mt 26.75 y saliendo fuera, lloró *a* ... 4090
Lc 22.62 Pedro, saliendo fuera, lloró *a* ... 4090

AMARGAR
Éx 1.14 *amargaron* su vida con dura servidumbre ... 4843
Nm 5.24,27 entrarán en ella para *amargar* ... 4751
Job 3.20 ¿por qué... vida a los de ánimo *amargado* ... 4751
27.2 el Omnipotente, que *amargó* el alma mía ... 4843
Pr 31.6 dad... el vino a los de *amargado* ánimo ... 4751
Ap 10.9 *amargará* el vientre, pero en tu boca ... 4087
10.10 pero cuando lo hube comido, *amargó* mi ... 4087

AMARGO, A
Gn 27.34 Esaú... clamó con... muy *a* exclamación ... 4751
Éx 12.8 carne asada... con hierbas *a* lo comerán ... 4844
15.23 no pudieron beber las aguas... eran *a* ... 4751
Nm 5.18 las aguas *a* que acarrean maldición ... 4751
5.19 libre seas de estas aguas *a* que traen ... 4751
5.23 escribirá... las borrará con las aguas *a* ... 4751
5.24 y dará... las aguas *a* que traen maldición ... 4751
9.11 con panes... y con hierbas *a* la comerán ... 4844
Dt 32.24 y devorados de fiebre... y de peste *a* ... 4815
32.32 las uvas de ellos... racimos muy *a* tienen ... 4846
2 R 14.26 pero Jehová miró la muy *a* aflicción ... 4784
Est 4.1 fue... clamando con grande y *a* clamor ... 4751
Sal 64.3 lanzan cual saeta suya, palabra *a* ... 4751
Pr 5.4 su fin es *a* como el ajenjo, agudo como ... 4751
27.7 pero al hambriento todo lo *a* es dulce ... 4751
Ec 7.26 he hallado más *a* que la muerte a la ... 4751
Is 5.20 ponen lo *a* por dulce, y lo dulce... *a*! ... 4751
24.9 sidra les será *a* a los que la bebieron ... 4843
Jer 2.19 *a* es el haber dejado tú a Jehová tu ... 4751
31.15 voz fue oída en Ramá, llanto y lloro *a* ... 8563
Ez 27.31 y endecharán por ti endechas *a*, con ... 4751
Am 8.10 la volveré... su postrimería como día *a* ... 4751
Sof 1.14 *a* la voz del día de Jehová, gritará ... 4751
Stg 3.11 alguna fuente echa... agua dulce y *a*? ... 4089
3.14 si tenéis celos *a*... en vuestro corazón ... 4089
Ap 8.11 murieron a causa de esas aguas... *a* ... 4087

AMARGURA
Gn 26.35 *a* de espíritu para Isaac y... Rebeca ... 4786
49.23 le causaron *a*, le asaetearon, y le ... 4843
Rt 1.13 que mayor *a* tengo yo que vosotras, pues ... 4843
1.20 en grande *a* me ha puesto el Todopoderoso ... 4843
1 S 1.10 con *a* de alma oró a Jehová, y lloró ... 4751
15.32 y dijo Agag... ya pasó la *a* de la muerte ... 4843
22.2 todos... que se hallaban en *a* de espíritu ... 4843
30.6 pues todo el pueblo estaba en *a* de alma ... 4843
2 S 2.26 ¿no sabes tú que el final será *a*? ... 4751
17.8 sabes que... y que están con *a* de ánimo ... 4751
2 R 4.27 dijo: Déjala, porque su alma está en *a* ... 4843
Job 7.11 hablaré... quejaré con la *a* de mi alma ... 4751
9.18 aliento, sino que me ha llenado de *a* ... 4472
10.1 hastiada de... hablaré con *a* de mi alma ... 4751
13.26 ¿por qué escribes contra mí *a*, y me ... 4846
17.2 escarnecedores, en cuya *a* se detienen mis ... 4784
21.25 este otro morirá en *a* de ánimo, y sin ... 4751
23.2 hoy también hablaré con *a*, porque es ... 4805
Sal 73.21 llenó de *a* mi alma, y en mi corazón ... 2556
Pr 14.10 el corazón conoce la *a* de su alma ... 4787
17.25 hijo necio es... *a* a la que lo dio a luz ... 4470
Is 38.15 andaré humildemente... a causa de... *a* ... 4751
38.17 *a* grande me sobrevino en la paz, mas ... 4751
Jer 4.18 la cual *a* penetrará hasta tu corazón ... 4751
6.26 luto como por hijo único, llanto de *a* ... 8563
Lm 1.4 vírgenes están afligidas, y... tiene *a* ... 4843
3.5 contra mí, y me rodeó de *a* y de trabajo ... 7219
3.15 me llenó de *a*, me embriagó de ajenjos ... 4844
Ez 3.14 en *a*, en la indignación de mi espíritu ... 4751
21.6 hijo de... gime con quebrantamiento... con *a* ... 4814
27.31 endecharán... endechas... con *a* del alma ... 4751
Os 12.14 Efraín ha provocado a Dios con *a* ... 8563
Hch 8.23 porque en hiel de *a*... veo que estás ... 4088
Ro 3.14 su boca está llena de maldición y de *a* ... 4088
Ef 4.31 quítense de vosotros toda *a*, enojo, ira ... 4088
He 12.15 brotando alguna raíz de *a*, os estorbe ... 4088

AMARÍAS
1. Abuelo de Sadoc No. 1, 1 Cr 6.7,52; Esd 7.3 ... 568
2. Hijo de Azarías No. 7, 1 Cr 6.11 ... 568
3. Descendiente de Coat, 1 Cr 23.19; 24.23 ... 568
4. Sacerdote en tiempo del rey Josafat, 2 Cr 19.11 ... 568
5. Levita en tiempo de Ezequías, 2 Cr 31.15 ... 568
6. Uno de los que se casaron con mujeres extranjeras en tiempo de Esdras, Esd 10.42 ... 568
7. Firmante del pacto, Neh 10.3; 12.2,13 ... 568
8. Descendiente de Judá, Neh 11.4 ... 568
9. Ascendiente del profeta Sofonías, Sof 1.1 ... 568

AMARILLENTO
Lv 13.30 y el pelo de ella fuere *a* y delgado ... 6669
13.32 ni hubiere en ella pelo *a*, ni pareciere ... 6669
13.36 no busque el sacerdote el pelo *a*; es ... 6669

AMARILLEZ
Sal 68.13 alas de paloma... pluma con *a* de oro ... 3422

AMARILLO
Ap 6.8 miré, y he aquí un caballo *a*, y el que ... 5515

AMARRA
Hch 27.32 soldados cortaron las *a* del esquife ... 4979
27.40 mar, largando también las *a* del timón ... 2202

AMASA
1. General del ejército de Absalón
2 S 17.25 Absalón nombró a *A* jefe... ejército ... 6021
17.25 *A* era hijo de un varón... llamado Itra ... 6021
19.13 diréis a *A*: ¿No eres tú... hueso mío y ... 6021
20.4 después dijo el rey a *A*: Convócame a ... 6021
20.5 fue, pues, *A* para convocar a los de Judá ... 6021
20.8 les salió *A* al encuentro. Y Joab estaba ... 6021
20.9 Joab dijo a *A*: ¿Te va bien, hermano mío? ... 6021
20.9 tomó Joab... la barba de *A*, para besarlo ... 6021
20.10 y *A* no se cuidó de la daga... de Joab ... 6021
20.12 *A* yacía revolcándose en su sangre en ... 6021
20.12 apartó a *A* del camino al campo, y echó ... 6021
1 R 2.5 sabes tú... lo que hizo a... Abner... y a *A* ... 6021
2.32 mató a Abner hijo... y a *A* hijo de Jeter ... 6021
1 Cr 2.17 Abigail dio a luz a *A*, cuyo padre ... 6021
2. Efrainita en tiempo del rey Acaz, 2 Cr 28.12 ... 6021

AMASADA *Véase Amasar*

AMASADORA
1 S 8.13 a vuestras hijas para que sean... *a* ... 644

AMASAI
1. Descendiente de Coat, 1 Cr 6.25,35; ... 6022
2 Cr 29.12 ... 6022
2. Capitán que se unió a David, 1 Cr 12.18 ... 6022
3. Sacerdote en tiempo de David, 1 Cr 15.24 ... 6022
4. Sacerdote en tiempo de Nehemías, Neh 11.13 ... 6023

AMASAR
Gn 18.6 flor de harina, y *amasa* y haz panes ... 3888
Éx 29.2 tortas sin levadura *amasada* con aceite ... 1101
29.40 de flor de harina *amasada* con... aceite ... 1101
Lv 2.4 de flor de harina *amasada* con aceite ... 1101
2.5 de flor de harina... *amasada* con aceite ... 1101
7.10 toda ofrenda *amasada* con aceite, o seca ... 1101
7.12 tortas sin levadura *amasadas* con aceite ... 1101
7.12 frita en tortas *amasadas* con aceite ... 1101
9.4 carnero... una ofrenda *amasada* con aceite ... 1101
14.10 ofrenda *amasada* con aceite, y un log de ... 1101
14.21; 23.13 flor de harina *amasada* con aceite ... 1101
Nm 6.15; 7.13,19,25,31,37,43,49,55,61,67,73,79; 8.8; 15.4,6,9; 28.5,9,12(2),13,20,28; 29.3,9,14 flor de harina *amasada* con aceite ... 1101
15.20 de lo primero que *amaséis*, ofreceréis ... 6182
Dt 28.5 benditas serán... tu artesa de *amasar* ... 4863
28.17 maldita tu canasta... tu artesa de *amasar* ... 4863
1 S 28.24 tomó harina y la *amasó*, y coció de ... 3888
2 S 13.8 *amasó*, e hizo hojuelas delante de él ... 4863
Jer 7.18 mujeres *amasan* la masa, para hacer ... 4863

AMASÍAS
1. Rey de Israel
2 R 12.21 murió... reinó en su lugar *A* su hijo ... 558
13.12 el esfuerzo con que guerreó contra *A* ... 558
14.1 en el año segundo... comenzó a reinar *A* ... 558
14.8 *A* envió mensajeros a Joás hijo de Jehú ... 558
14.9 envió a *A* rey de Judá esta respuesta ... 558
14.11 pero *A* no escuchó; por lo cual subió ... 558
14.11 se vieron las caras él y *A* rey de Judá ... 558
14.13 Joás... tomó a *A* rey de Judá, hijo de ... 558
14.15 y cómo peleó contra *A* rey de Judá, ¿no ... 558
14.17 *A*... vivió después de la muerte de Joás ... 558
14.18 demás hechos de *A* ¿no están escritos ... 558
14.21 lo hicieron rey en lugar de *A* su padre ... 558
14.23 el año quince de *A*... comenzó a reinar ... 558
15.1 comenzó a reinar Azarías hijo de *A*, rey ... 558
15.3 las cosas que su padre *A* había hecho ... 558
1 Cr 3.12 del cual fue hijo *A*, cuyo hijo fue ... 558
2 Cr 24.27 Joás... reinó en su lugar *A* su hijo ... 558
25.1 de 25 años... *A* cuando comenzó a reinar ... 558
25.5 reunió luego *A* a Judá, y con arreglo a ... 558
25.9 y *A* dijo al varón de Dios: ¿Qué, pues ... 558
25.10 *A* apartó el ejército de la gente que ... 558
25.11 *A*, sacó a su pueblo, y vino al Valle ... 558
25.13 los del ejército que *A* había despedido ... 558
25.14 volviendo luego *A* de la matanza de los ... 558
25.15 se encendió la ira de Jehová contra *A* ... 558
25.17 *A* rey de Judá... envió a decir a Joás ... 558
25.18 Joás... envió a decir a *A* rey de Judá ... 558
25.20 *A* no quiso oír; porque era la... de Dios ... 558
25.21 se vieron cara a... él y *A* rey de Judá en ... 558
25.23 Joás... apresó en Bet-semes a *A* rey de ... 558
25.25 vivió *A* hijo... 15 años después de... Joás ... 558
25.26 demás hechos de *A*, primeros y postreros ... 558
25.27 el tiempo en que *A* se apartó de Jehová ... 558
26.1 pusieron por rey en lugar de *A* su padre ... 558
26.2 después que el rey *A* durmió con... padres
26.4 hizo... todas las cosas que había hecho *A* ... 558
2. Descendiente de Simeón, 1 Cr 4.34 ... 558
3. Descendiente de Merari, 1 Cr 6.45 ... 558
4. General del ejército del rey Josafat, 2 Cr 17.16 ... 6007
5. Sacerdote idólatra en Bet-el, Am 7.10,12,14 ... 558

AMATISTA
Éx 28.19; 39.12 la tercera... una ágata y una *a* ... 306
Ap 21.20 undécimo, jacinto; el duodécimo, *a* ... 271

AMBOS *Véase el Apéndice*

AMBULANTE
Hch 19.13 exorcistas *a*, intentaron invocar el ... 4022

AMEDRENTAR
Dt 28.67 el miedo... con que estarás *amedrentado* ... 6342
2 Cr 20.15 ni os *amedrentéis* delante de esta ... 2865
Neh 6.9 todos ellos nos *amedrentaban*, diciendo ... 3372
Is 44.8 no temáis, ni os *amedrentéis*; ¿no te ... 7297
Jer 5.22 ¿no os *amedrentaréis* ante mí, que ... 2342

23.4 y pondré... pastores... ni se *amedrentarán*..... 2865
Abd 9 valientes, oh Temán, serán *amedrentados*....... 2865
Mi 4.4 y no habrá quien los *amedrente*; porque........ 2729
7.17 se volverán *amedrentados* ante Jehová........ 6342
Mr 4.40 **¿por qué estáis así *amedrentados*?**........... *1169*
2 Co 10.9 no parezca... que os quiero *amedrentar*..... *1629*
1 P 3.14 no os *amedrentéis* por temor de ellos......... *5399*

AMÉN
Nm 5.22 caer tu muslo. Y la mujer dirá: *A*, a............ 543
Dt 27.15 todo el pueblo responderá y dirá: *A*........... 543
27.16,17,18,19,20,21,22,23,24,25,26 y dirá todo el pueblo: *A*.................................... 543
1 R 1.36 Benaía... respondió al rey y dijo: *A*............. 543
1 Cr 16.36 dijo todo el pueblo, *A*; y alabó a............. 543
Neh 5.13 y respondió toda la congregación: *¡A!*.......... 543
8.6 el pueblo respondió: *¡A! ¡A!* alzando sus.......... 543
Sal 41.13 por los siglos de los siglos. *A* y *A*............. 543
72.19 la tierra sea llena de su gloria. *A* y *A*........... 543
89.52 bendito sea Jehová... siempre. *A*, y *A*.......... 543
106.48 y diga todo el pueblo, *A*. Aleluya.............. 543
Jer 11.5 día. Y respondí y dije: *A*, oh Jehová............ 543
28.6 dijo... Jeremías: *A*, así lo haga Jehová.......... 543
Mt 6.13 **porque tuyo es el reino por... siglos. *A***......... *281*
28.20 **yo estoy con vosotros todos los días... *A***....... *281*
Mr 16.20 predicaron... ayudándoles el Señor... *A*....... *281*
Lc 24.53 alabando y bendiciendo a Dios. *A*............. *281*
Jn 21.25 libros que se habrían de escribir. *A*............ *281*
Ro 1.25 el cual es bendito por los siglos. *A*............. *281*
9.5 cual es Dios... bendito por los siglos. *A*........... *281*
11.36 a él sea la gloria por los siglos. *A*.............. *281*
15 33 Dios de paz sea con todos vosotros. *A*......... *281*
16 24 la gracia... sea con todos vosotros. *A*.......... *281*
16.27 al único y sabio Dios, sea gloria... *A*........... *281*
1 Co 14.16 dirá el *A* a tu acción de gracias?........... *281*
16.24 mi amor... esté con todos vosotros. *A*.......... *281*
2 Co 1.20 las promesas de Dios son... en él *A*........... *281*
13.14 el amor de Dios... sean con todos... *A*.......... *281*
Gá 1.5 a quien sea la gloria por los siglos. *A*............ *281*
6.18 la gracia... sea con vuestro espíritu. *A*........... *281*
Ef 3.21 sea gloria en la iglesia en Cristo... *A*............ *281*
6.24 que aman a nuestro Señor Jesucristo... *A*....... *281*
Fil 4.20 al Dios... sea gloria por los siglos... *A*.......... *281*
4.23; Col 4.18; 1 Ts 5.28; 2 Ts 3.18 la gracia... sea con todos vosotros. *A*........................ *281*
1 Ti 1.17 único... Dios, sea honor y gloria... *A*.......... *281*
6.16 al cual sea la honra y el imperio... *A*............ *281*
6.21 se desviaron... La gracia sea contigo. *A*.......... *281*
2 Ti 4.18 a él sea gloria por los siglos... *A*.............. *281*
4.22 sea con... La gracia sea con vosotros. *A*......... *281*
Tit 3.15 la gracia sea con todos vosotros. *A*............. 281
Flm 25 gracia de nuestro Señor... sea con... *A*......... *281*
He 13.21 cual sea la gloria por los siglos... *A*........... *281*
13.25 la gracia sea con todos vosotros. *A*............ *281*
1 P 4.11 a quien pertenecen la gloria y el... *A*.......... *281*
5.11 a él sea la gloria y el imperio por... *A*........... *281*
5.14 la paz sea con todos... en Jesucristo. *A*.......... *281*
2 P 3.18 a él sea gloria ahora y hasta el... *A*............ *281*
1 Jn 5.21 hijitos, guardaos de los ídolos. *A*.............. *281*
2 Jn 13 los hijos de tu hermana... te saludan. *A*......... *281*
Jud 25 sea gloria... por todos los siglos. *A*............. *281*
Ap 1.6 a él sea gloria... por los siglos de... *A*............ *281*
1.7 tierra harán lamentación por él. Sí, a............ *281*
1.18 **que vivo por los siglos de los siglos, a**.......... *281*
3.14 **el *A*, el testigo fiel y verdadero, el**............ *281*
5.14 los cuatro seres vivientes decían: *A*........... *281*
7.12 diciendo: *A*. La bendición y la gloria........... *281*
7.12 la bendición... sean a nuestro Dios... *A*......... *281*
19.4 y adoraron a... y decían: *¡A!* ¡Aleluya!........... *281*
22.20 **ciertamente vengo en breve. *A*; sí, ven**......... *281*
22.21 la gracia... sea con todos vosotros. *A*........... *281*

AMENAZA
Is 30.17 un millar huirá a la *a* de uno; a la.............. 1606
30.17 a la *a* de cinco huiréis vosotros todos.......... 1606
Hch 4.29 mira sus *a*, y concede a tus siervos............ *547*
9.1 Saulo, respirando aún *a* y muerte contra.......... *547*
Ef 6.9 dejando las *a*, sabiendo que el Señor............. *547*
1 P 3.6 si hacéis el bien, sin temer ninguna *a*.......... *4423*

AMENAZADOR
Is 58.9 yugo, el dedo *a*, y el hablar vanidad............ 7971

AMENAZAR
Is 30.13 este pecado como grieta que *amenaza*
Nah 1.4 él *amenaza* al mar, y lo hace secar............ 1605
Hch 4.17 *amenacémosles* para que no hablen de......... *546*
4.21 entonces les *amenazaron* y les soltaron........ *4324*
1 P 2.23 cuando padecía, no *amenazaba*, sino........... *546*

AMI *Siervo de Salomón (=Amón No. 4)*, Esd 2.57 ... 532

AMIEL
1. Uno de los doce espías, Nm 13.12................. 5988
2. Padre de Maquir No. 2, 2 S 9.4,5; 17.24.......... 5988
3. Suegro de David (=Eliam No. 1), 1 Cr 3.5.......... 5988
4. Portero del tabernáculo, 1 Cr 26.5............... 5988

AMIGA *Véase también Amigo*
Cnt 1.9 a yegua de los... te he comparado, *a* mía....... 7474
1.15 he aquí que tú eres hermosa, *a* mía............ 7474
2.2 como el lirio entre... así es mi *a* entre.......... 7474
2.10,13 levántate, oh *a* mía, hermosa mía........... 7474
4.1 he aquí que tú eres hermosa, *a* mía; he.......... 7474
4.7 tú eres hermosa, *a* mía, y en ti no hay.......... 7474
5.2 ábreme... *a* mía, paloma mía, perfecta mía....... 7474
6.4 hermosa eres tú, oh *a* mía, como Tirsa.......... 7474
Jer 9.20 enseñad... lamentación cada una a su *a*........ 7468
Lc 15.9 **reúne... *a* y vecinas, diciendo: Gozaos**........ *5384*

AMIGABLE
1 P 3.8 todos... amándoos fraternalmente... *a*.......... *5391*

AMIGABLEMENTE
Pr 26.25 cuando hablare *a*, no le creas; porque......... 2603
Jer 52.32 habló con él *a*, e hizo poner su............... 2896

AMIGO *Véase también Amiga*
Gn 26.26 Ahuzat *a* suyo, y Ficol capitán de su.......... 4828
38.12 Judá... subía... a Timnat, él y su *a* Hira........ 7453
38.20 envió el cabrito de... por medio de su *a*....... 7453
Éx 32.27 matad cada uno... *a*, y a su pariente.......... 7453
Dt 13.6 si te incitare... tu *a* íntimo, diciendo........... 7453
Jue 14.20 al cual él había tratado como su *a*............ 7462
1 S 30.26 envió del botín a... sus *a*, diciendo........... 7453
2 S 3.8 he hecho hoy misericordia... con sus *a*.......... 4828
13.3 tenía un *a* que se llamaba Jonadab, hijo........ 7453
15.37 vino Husai *a* de David a la ciudad; y.......... 7463
16.16 que cuando Husai... *a* de David, vino al........ 7463
16.17 ¿es... tu agradecimiento para con tu *a*?....... 7453
16.17 a Husai... ¿Por qué no fuiste con tu *a*?........ 7453
1 R 4.5 Zabud... ministro principal y *a* del rey........... 7463
16.11 mató a... sin dejar en ella varón... ni *a*........ 7453
1 Cr 27.33 Ahitofel... Husai arquita *a* del rey........... 7453
2 Cr 20.7 a la descendencia de Abraham tu *a*........... 157
26.10 viñas... porque era *a* de la agricultura......... 157
Est 5.10 y mandó llamar a sus *a* y a Zeres su............ 157
5.14 y le dijo Zeres su mujer y todos sus *a*........... 157
6.13 contó luego Amán... a todos sus *a*, todo lo....... 157
Job 2.11 tres *a* de Job... luego que oyeron todo......... 7453
6.27 también... caváis un hoyo para vuestro *a*...... 7451
12.4 yo soy uno de quien su *a* se mofa, que......... 7453
16.20 disputadores son mis *a*; mas ante Dios........ 7453
17.5 al que denuncia a sus *a* como presa, los........ 7453
19.19 mis íntimos *a* me aborrecieron, y los.......... 4962
19.21 vosotros mis *a*, tened compasión de mi........ 7453
32.3 se encendió en ira contra sus tres *a*........... 7453
42.10 de Job, cuando él hubo orado por sus *a*...... 7453
Sal 38.11 *a*... se mantienen lejos de mi plaga.......... 7453
88.18 has alejado de mí al *a* y al compañero........ 7453
Pr 6.1 hijo mío, si salieres fiador por tu *a*.............. 7453
6.3 hijo... vé, humíllate, y asegúrate de tu *a*......... 7453
14.20 el pobre es odioso aun a su *a*; pero............ 157
16.28 y el chismoso aparta a los mejores *a*........... 441
17.9 falta... el que la divulga, aparta al *a*............ 441
17.17 en todo tiempo ama el *a*, y es como un........ 7453
17.18 sale por fiador en presencia de su *a*.......... 7453
18.24 hombre que tiene *a* ha de mostrarse a........ 7453
18.24 y *a* hay más unido que un hermano............. 157
19.4 muchos *a*... el pobre es apartado de su *a*...... 7453
19.6 buscan... cada uno es *a* del hombre que da.... 7453
19.7 ¡cuánto más sus *a* se alejarán de él!........... 4828
26.19 tal es el hombre que engaña a su *a*............ 251
27.9 y el cordial consejo del *a*, al hombre............ 7453
27.10 no dejes a tu *a*, ni al *a* de tu padre............ 7453
27.14 el que bendice a su *a* en alta voz.............. 7453
27.17 así el hombre aguza el rostro de su *a*.......... 7453
Cnt 5.1 comed, *a*; bebed en abundancia... amados....... 7453
5.16 tal es mi *a*, oh doncellas de Jerusalén.......... 7453
Is 41.8 Israel... descendencia de Abraham mi *a*.......... 157
Jer 3.1 tú, pues, has fornicado con muchos *a*........... 7453
9.8 con su boca dice paz a su *a*, y dentro de........ 7453
13.21 a quienes tú enseñaste a ser tus *a*?........... 441
19.9 cada uno comerá la carne de su *a* en el........ 7543
20.10 todos mis *a* miraban si claudicaría........ 582,7965
38.22 y han prevalecido contra ti tus *a*.......... 582,7965
Lm 1.2 todos sus *a* le faltaron, se le volvieron........... 7453
Mi 7.5 no creáis en *a*, ni confiéis en príncipe............ 7453
Zac 3.8 tú y tus *a* que se sientan delante de............ 7453
13.6 con ellas fui herido en casa de mis *a*............ 157
Mt 11.19 **un... *a* de publicanos y de pecadores**......... *5384*
20.13 ***a*, no te hago agravio; ¿no conviniste**......... *2083*
22.12 **dijo: *A*, ¿cómo entraste aquí, sin estar**........ *2083*
26.50 **y Jesús le dijo: *A*, ¿a qué vienes?**............ *2083*
Lc 7.34 **es un... *a* de publicanos y de pecadores**........ *5384*
11.5 **¿quién de vosotros que tenga un *a*, va a**........ *5384*
11.5 **va... y le dice: *A*, préstame tres panes**........ *5384*
11.6 **un *a* mío ha venido a mí de viaje, y no**......... *5384*
11.8 **no se levante a dárselos por ser su *a***.......... *5384*
12.4 **mas os digo, *a* míos: No temáis a los que**...... *5384*
14.10 **te diga: *A*, sube más arriba; entonces**......... *5384*
14.12 **no llames a tus *a*, ni a tus hermanos**.......... *5384*
15.6 **reúne a sus *a* y vecinos, diciéndoles**........... *5384*
15.29 **ni un cabrito para gozarme con mis *a***.......... *5384*
16.9 ***a* por medio de las riquezas injustas**........... *5384*
21.16 **entregados aun por... parientes, y *a*; y**........ *5384*
23.12 se hicieron *a* Pilato y Herodes aquel día....... *5384*
Jn 3.29 el *a* del esposo, que está a su lado............. *5384*
11.11 **nuestro *a* Lázaro duerme; mas voy para**...... *5384*
15.13 **este, que uno ponga su vida por sus *a***........ *5384*
15.14 **vosotros sois mis *a* si hacéis lo que**........... *5384*
15.15 **os he llamado *a*, porque todas las cosas**........ *5384*
19.12 si a éste sueltas, no eres *a* de César.......... *5384*
Hch 10.24 habiendo convocado a... *a* más íntimos...... *5384*
19.31 las autoridades de Asia, que eran sus *a*........ *5384*
27.3 Julio... le permitió que fuese a los *a*............ *5384*
Stg 2.23 creyó a Dios... fue llamado *a* de Dios.......... *5384*
4.4 cualquiera... que quiera ser *a* del mundo......... *5384*
3 Jn 15 los *a* te saludan. Saluda tú a los *a*............. *5384*

AMINADAB
1. Suegra de Aarón, Éx 6.23......................... 5992
2. Padre de Naasón, Nm 1.7- 2.3- 7.12,17; 10.14; Rt 4.19,20; 1 Cr 2.10......................... 5992
Mt 1.4; Lc 3.33....................................... *284*
3. Hijo de Coat, 1 Cr 6.22........................... 5992
4. Descendiente de Coat, 1 Cr 15.10,11............... 5992
5. Personaje desconocido, Cnt 6.12.................. 5993

AMISABAD *Hijo de Benaía No. 1*, 1 Cr 27.6....... 5990

AMISADAI *Padre de Ahiezer No. 1*, Nm 1.12; 2.25; 7.66,71; 10.25.......................... 5996

AMISTAD
2 Cr 20.35 Josafat rey de... trabó *a* con Ocozías
Job 22.21 vuelve ahora en *a* con él, y tendrás.......... 5532
Sal 55.14 y andábamos en *a* en la casa de Dios......... 7285
Pr 17.9 el que cubre la falta busca *a*; mas el............ 160
22.11 por la gracia de... tendrá la *a* del rey......... 7453
Stg 4.4 la *a* del mundo es enemistad con Dios?......... *5373*

AMITAI *Padre de Jonás*, 2 R 14.25; Jon 1.1........ 573

AMIUD
1. Padre de Elisama No. 1, Nm 1.10; 2.18; 7.48,53; 10.22; 1 Cr 7.26.......................... 5989
2. Padre de Samuel No. 1, Nm 34.20................ 5989
3. Padre de Pedael, Nm 34.28....................... 5989
4. Padre de Talmai rey de Gesur, 2 S 13.37.......... 5991
5. Descendiente de Judá, 1 Cr 9.4................... 5989

AMMA *Collado en Benjamín*, 2 S 2.24............ 522

AMMI *«Pueblo mío», nombre simbólico*, Os 2.1.... 5971

AMNÓN
1. Primogénito de David
2 S 3.2 hijos... su primogénito fue *A*, de Ahinoam....... 550
13.1 Tamar... enamoró de ella *A* hijo de David........ 550
13.2 estaba *A* angustiado... le parecía a *A* que........ 550
13.3 y *A* tenía un amigo... Jonadab, hijo de........... 550
13.4 *A* le respondió... amo a Tamar la hermana....... 550
13.6 se acostó pues, *A*, y fingió que estaba........... 550
13.6 dijo *A* al rey: Yo te ruego que venga mi.......... 550
13.7 vé... a casa de *A* tu hermano, y hazle de......... 550
13.8 y fue Tamar a casa de su hermano *A*, el......... 550
13.9 y dijo *A*: Echad fuera de aquí a todos........... 550
13.10 *A* dijo a Tamar: Trae la comida a la............ 550
13.10 las llevó a su hermano *A* a la alcoba........... 550
13.15 luego la aborreció *A*... le dijo *A*... vete......... 550
13.20 dijo... ¿Ha estado contigo tu hermano *A* ?...... 550
13.22 mas Absalón no habló con *A* ni malo ni......... 550
13.22 aunque Absalón aborrecía a *A*, porque......... 550
13.26 te ruego que venga con nosotros *A* mi.......... 550
13.27 dejó ir con él a *A* y a todos los hijos........... 550
13.28 cuando el corazón de *A* esté alegre por........ 550
13.28 decir yo: Herid a *A*, entonces matadle.......... 550
13.29 hicieron con *A* como Absalón les había......... 550
13.32 *A* ha sido muerto... *A* forzó a Tamar su......... 550
13.33 todos... porque sólo *A* ha sido muerto.......... 550
13.39 David... ya estaba consolado acerca de *A*...... 550
1 Cr 3.1 los hijos de David... *A* el primogénito........... 550
2. Descendiente de Judá, 1 Cr 4.20................. 550

AMO *Véase también Ama*
Gn 24.27 bendito sea... Dios de mi *a* Abraham........... 113
24.27 que no apartó de mi *a* su misericordia......... 113
24.27 camino a casa de los hermanos de mi *a*........ 113
24.35 Jehová ha bendecido mucho a mi *a*, y él....... 113
24.36 Sara, mujer de mi *a*, dio a luz en su........... 113
24.37 *a* me hizo jurar, diciendo: No tomarás......... 113
39.2 y estaba en la casa de su *a* el egipcio.......... 113
39.3 vio su *a* que Jehová estaba con él, y que........ 113
39.7 la mujer de su *a* puso sus ojos en José......... 113
39.8 él no quiso, y dijo a la mujer de su *a*........... 113
39.19 cuando oyó el *a* de José las palabras de....... 113
39.20 y tomó su *a* a José, y lo puso en la............ 113
Éx 21.4 si su *a* le hubiere dado mujer, y ella............ 113
21.4 la mujer y sus hijos serán de su *a*, y............ 113
21.6 su *a* lo llevará ante los jueces y le............... 113
21.6 su *a* le horadará la oreja con lesna, y........... 113
Dt 23.15 el siervo que se huyere a ti de su *a*........... 113
1 S 25.14 David envió... saludasen a nuestro *a*........... 113
25.17 mal está ya resuelto contra nuestro *a*.......... 113
30.13 soy... y me dejó mi *a* hoy hace tres días......... 113
30.15 no... ni me entregarás en mano de mi *a*........ 113
1 R 11.23 Rezón... el cual había huido de su *a*........... 113
18.8,11,14 vé, di a tu *a*: Aquí está Elías............. 113
2 R 6.32 ¿no se oye tras él... los pasos de su *a*?........ 113
Pr 29.21 el siervo mimado desde la... por su *a*
Is 24.2 sucederá... como al siervo, así a su *a*........... 113
Mt 15.27 migajas que caen de la mesa de sus *a*........ *2962*
Lc 16.3 **porque mi *a* me quita la mayordomía**......... *2962*
16.5 **llamando a... los deudores de su *a*, dijo**....... *2962*
16.5 **dijo al primero: ¿Cuánto debes a mi *a*?**........ *2962*
16.8 **alabó el *a* al mayordomo malo por haber**...... *2962*
Hch 16.16 la cual daba gran ganancia a sus *a*........... *2962*
16.19 pero viendo sus *a* que había salido la......... *2962*
Ef 6.5 obedeced a vuestros *a* terrenales con........... *2962*
6.9 vosotros, *a*, haced con ellos lo mismo............ *2962*
Col 3.22 siervos, obedeced en... a vuestros *a*........... *2962*
4.1 *a*, haced lo que es justo y recto... siervos......... *2962*
4.1 sabiendo que... tenéis un *A* en los cielos......... *2962*
1 Ti 6.1 tengan a sus *a* por dignos de... honor........... *1203*
6.2 y los que tienen *a* creyentes, no los.............. *1203*
Tit 2.9 que se sujeten a sus *a*, que agraden en.......... *1203*
1 P 2.18 criados, estad sujetos... a vuestros *a*........... *1203*

AMOC *Sacerdote que regresó de Babilonia con Zorobabel*, Neh 12.7,20................. 5987

AMOLAR
Ec 10.10 hierro, y su filo no fuere *amolado*............ 7043

AMÓN
1. Una tribu descendiente de Ben-Ammi que se llama «hijos de Amón» y algunas veces «Amón» (=Amonita)
Nm 21.24 tomó la tierra... de *A*... frontera de *A*......... 5983
Dt 2.19 a los hijos de *A*, no los molestes, ni........... 5983
2.19 no te daré posesión de la tierra... de *A*........ 5983
2.37 la tierra de los hijos de *A* no llegamos......... 5983

3.11 cama...¿no está en Rabá de los hijos de A?.... 5983
3.16 de Jaboc...es límite de los hijos de A 5983
Jos 12.2 el arroyo...término de los hijos de A.......... 5983
13.10 hasta los límites de los hijos de A............. 5983
13.25 mitad de la tierra de los hijos de A 5983
Jue 3.13 juntó...a los hijos de A y de Amalec 5983
10.6 a los dioses de los hijos de A y a los........... 5983
10.7 los entregó...en mano de los hijos de A........ 5983
10.9 los hijos de A pasaron el Jordán para 5983
10.17 se juntaron los hijos de A y acamparon....... 5983
10.18 comenzará la batalla contra los...de A?...... 5983
11.4 los hijos de A hicieron guerra contra.......... 5983
11.5 cuando los hijos de A hicieron guerra 5983
11.6 ven...para que peleemos contra los...de A.... 5983
11.8 vengas...y pelees contra los hijos de A........ 5983
11.9 para que pelee contra los hijos de A........... 5983
11.15 no tomó...ni tierra de los hijos de A.......... 5983
11.27 Jehová...juzgue hoy entre...hijos de A 5983
11.28 el rey de los hijos de A no atendió a 5983
11.29 y de Mizpa de...pasó a los hijos de A......... 5983
11.32 y fue Jefté hacia los hijos de A para.......... 5983
11.36 ha hecho venganza en...los hijos de A 5983
12.1 a hacer guerra contra los hijos de A........... 5983
12.2 teníamos...contienda con los hijos de A 5983
12.3 arriesgué...y pasé contra los hijos de A 5983
1 S 12.12 que Nahas rey de los hijos de A venía........ 5983
14.47 hizo guerra a...contra los hijos de A 5983
2 S 10.1 que murió el rey de los hijos de A 5983
10.2 llegados...a la tierra de los hijos de A 5983
10.3 los príncipes de los hijos de A dijeron 5983
10.6 y viendo los...de A que se habían hecho....... 5983
10.6 los hijos de A...tomaron a sueldo a los 5983
10.8 saliendo los hijos de A, se pusieron en......... 5983
10.11 si los hijos de A pudieren más que tú 5983
10.14 A, viendo que los sirios habían huido......... 5983
10.14 Joab de luchar contra los hijos de A.......... 5983
10.19 temieron ayudar más a los hijos de A 5983
12.9 y a él lo mataste con la espada de...A.......... 5983
12.26 peleaba contra Rabá de los hijos de A........ 5983
12.31 todas las ciudades de los hijos de A.......... 5983
17.27 hijo de Nahas, de Rabá de los hijos de A...... 5983
1 R 11.1 Salomón amó...las de A, a las de Edom....... 5984
11.7 lugar alto...a Moloc...de los hijos de A........ 5983
11.33 Moab, y a Moloc dios de los hijos de A........ 5983
2 R 23.13 a Milcom ídolo...de los hijos de A 5983
1 Cr 18.11 el oro...de Moab, de los hijos de A.......... 5983
19.1 que murió Nahas rey de los hijos de A......... 5983
19.2 llegaron...a la tierra de los hijos de A 5983
19.3 los príncipes de los hijos de A dijeron 5983
19.6 y viendo los...de A que se habían hecho....... 5983
19.6 Hanún y los hijos de A enviaron...plata 5983
19.7 y se juntaron también los hijos de A de 5983
19.9 los hijos de A salieron y ordenaron la 5983
19.15 los hijos de A, viendo que los sirios 5983
19.19 nunca más quiso ayudar a los hijos de A 5983
20.1 Joab...destruyó la tierra de los...de A......... 5983
20.3 a todas las ciudades de los hijos de A.......... 5983
2 Cr 20.1 hijos de Moab y de A, y con ellos.............. 5983
20.10 los hijos de A y los de Moab, y los del......... 5983
20.22 Jehová puso contra los hijos de A, de.......... 5983
20.23 hijos de A y Moab se levantaron contra 5983
27.5 él guerra con el rey de los hijos de A 5983
27.5 le dieron los hijos de A en aquel año.......... 5983
27.5 le dieron los hijos de A, y lo mismo 5983
Sal 83.7 Gebal, A y Amalec, los filisteos y.............. 5983
Is 11.14 Edom...los hijos de A los obedecerán 5983
Jer 9.26 a Egipto...a los hijos de A y de Moab 5983
25.21 a Edom, a Moab y a los hijos de A 5983
27.3 al rey de los hijos de A y al rey de 5984
40.11 los judíos que...y entré los hijos de A........... 5984
40.14 ¿no sabes que...rey de los hijos de A ha 5984
41.10 y se fue para pasarse a los hijos de A 5984
41.15 Ismael...escapó...se fue a los hijos de A...... 5984
49.1 acerca de los hijos de A. Así ha dicho........... 5984
49.2 clamor de guerra en...de los hijos de A 5984
49.6 volver a los cautivos de los hijos de A.......... 5983
Ez 21.20 la espada a Rabá de los hijos de A............. 5984
21.28 así ha dicho...acerca de los hijos de A........... 5984
25.2 pon tu rostro hacia los hijos de A, y............. 5984
25.3 y dirás a los hijos de A: Oíd palabra de 5984
25.5 y a los hijos de A por majada de ovejas 5984
25.10 los hijos del oriente contra los...de A.......... 5984
25.10 no haya más memoria de los hijos de A 5984
Dn 11.41 escaparán...mayoría de los hijos de A......... 5983
Am 1.13 por tres pecados de los hijos de A 5983
Sof 2.8 he oído...denuestos de los hijos de A 5983
2.9 Moab será...y los hijos de A como Gomorra.... 5983
2. Gobernador de Samaria bajo Acab,
1 R 22.26; 2 Cr 18.25.................................. 526
3. Rey de Judá
2 R 21.18 Manasés...reinó en su lugar A su hijo 526
21.19 de 22 años...A cuando comenzó a reinar....... 526
21.23 los siervos de A conspiraron contra él......... 526
21.24 que habían conspirado contra el rey A 526
21.25 los demás hechos de A, ¿no están todos........ 526
1 Cr 3.14 fue hijo A, cuyo hijo fue Josías 526
2 Cr 33.20 Manasés...y reinó en su lugar A su.......... 526
33.21 de 22 años...A cuando comenzó a reinar...... 526
33.25 que habían conspirado contra el rey A 526
Jer 1.2 vino en los días de Josías hijo de A............. 526
25.3 de Josías hijo de A, rey de Judá, hasta 526
Sof 1.1 días de Josías hijo de A, rey de Judá 526
Mt 1.10 engendró...Manasés a A, y A a Josías *300*
4. Siervo de Salomón, Neh 7.59 526
5. Dios de Tebas, Jer 46.25 4996

AMONESTACIÓN
Sal 2.10 admitid *a*, jueces de la tierra 3256
Pr 15.31 el oído que escucha las *a* de la vida........... 8433
Ef 6.4 criadlos en disciplina y *a* del Señor *3559*
Tit 3.10 después de una y otra *a* deséchalo 3559
2 P 1.13 tengo por justo...despertaros con *a*........... *5280*

AMONESTAR
2 R 17.13 Jehová *amonestó*...a Israel y a Judá......... 5749
2 Cr 19.10 *amonestaréis* que no pequen contra 2094
24.19 los cuales les *amonestaron*; mas ellos......... 5749
Neh 9.29 les *amonestaste* a que se volviesen a......... 5749
9.34 tus testimonios con que les *amonestabas* 5749
13.15 y los *amonesté* acerca del día en que 5749
13.21 y les *amonesté* y les dije: ¿Por qué os 5749
Sal 19.11 tu siervo es además *amonestado* con 2094
81.8 oye, pueblo mío, y te *amonestaré*. Israel 5749
Pr 21.11 le *amonesta* al sabio, aprende ciencia 7919
Ec 12.12 hijo...a más de esto, sé *amonestado*.......... 2094
Jer 6.10 ¿a quién...*amonestaré*, para que oigan?...... 5749
11.7 *amonestándoles*...temprano y sin cesar 5749
Ez 3.17 oirás...y los *amonestarás* de mi parte 2094
3.18 y tú no le *amonestares* ni le hablares 2094
3.19 si tú *amonestares* al impío, y él no le........... 2094
3.20 él morirá, porque tú no le *amonestaste* 2094
3.21 pero si al justo *amonestares* para que no 2094
3.21 de cierto vivirá, porque fue *amonestado*....... 2094
33.7 oirás la...y los *amonestarás* de mi parte....... 2094
Zac 3.6 y el ángel de Jehová *amonestó* a Josué 5749
Hch 20.31 no he cesado de *amonestar*...lágrimas a.... *3560*
27.9 pasado ya el ayuno, Pablo les *amonestaba*..... *3867*
Ro 15.14 que podéis *amonestaros* los unos a los *3560*
1 Co 4.14 para *amonestaros* como a hijos míos *3560*
10.11 y están escritas para *amonestarnos* a *3559*
Gá 5.21 acerca de las cuales os *amonesto*, como....... *4302*
Col 1.28 quien anunciamos, *amonestando* a todo *3560*
1 Ts 5.12 reconozcáis a los que...os *amonestan*......... *3560*
5.14 os rogamos...que *amonestéis* a los ociosos *3560*
2 Ts 3.15 sino *amonestadle* como a hermano *3560*
He 12.25 al que los *amonestaba* en la tierra *5537*
12.25 si desecháremos al que *amonesta* desde
1 P 5.12 he escrito brevemente, *amonestándoos* *3870*

AMONITA *Descendiente de Ben-ammi(= Amón No. 1)*
Dt 2.20 a los cuales los *a* llamaban zomzomeos........ 5984
2.21 cuales Jehová destruyó delante de los *a* 5984
23.3 no entrará *a* ni...en la congregación de....... 5984
Jue 10.11 ¿no habéis sido oprimidos...de los *a* 5983
11.12 envió...mensajeros al rey de los *a*............. 5983
11.13 el rey de los *a* respondió a...de Jefté 5983
11.30 si entregaras a los *a* en mis manos........... 5983
11.31 cuando regrese victorioso de los *a*, será...... 5983
11.33 fueron sometidos los *a* por...de Israel........ 5983
1 S 11.1 subió Naha, *a*, y acampó contra Jabes 5984
11.2 Nahas *a*...respondió: Con esta condición...... 5984
11.11 hirieron a los *a* hasta...el día calienta....... 5983
2 S 8.12 moabitas, de los *a*, de los filisteos 5983
10.10 y lo alineó para encontrar a los *a* 5983
11.1 destruyeron a los *a*, y sitiaron a Rabá 5983
23.37 Selec *a*, Naharai...escudero de Joab 5984
1 R 11.5 a Milcom, ídolo abominable de los *a* 5984
14.21,31 el nombre de su madre fue Naama, *a* 5985
2 R 24.2 pero envió contra Joacim...tropas de *a* 5983
1 Cr 11.39 Selec *a*, Naharai...escudero de Joab 5984
19.11 los ordenó en batalla contra los *a* 5983
19.12 si los *a* fueren más fuertes que tú, yo......... 5983
2 Cr 12.13 de la madre de Roboam fue Naama *a* 5985
20.1 y de Amón, y con ellos otros de los *a*........... 5984
24.26 que conspiraron...Zabad hijo de Simeat *a* ... 5985
26.7 Dios le dio ayuda contra...contra los *a* 4586
26.8 y dieron los *a* presentes a Uzías, y se 5984
Esd 9.1 no se han separado de los pueblos...*a*.......... 5984
Neh 2.10 pero oyéndolo...y Tobías el siervo *a* 5984
2.19 lo oyeron...Tobías el siervo *a*, y Gesem......... 5984
4.3 estaba junto a él Tobías *a*, el cual dijo 5984
4.7 oyendo Sanbalat y...los *a* y los de Asdod 5984
13.1 que los *a* y moabitas no debían entrar en....... 5984
13.23 a judíos que habían tomado mujeres...*a* 5984

AMONTONAR
Éx 15.8 al soplo de tu...*amontonaron* las aguas 6192
22.6 quema las mieses *amontonadas* o en pie, o 1430
Dt 17.17 ni plata ni oro *amontonará* para sí 7235
32.23 *amontonaré* males...en ellos mis saetas....... 7235
Jue 15.5 y quemó las mieses *amontonadas* y en 1430
Job 27.16 aunque *amontone* plata como polvo, y 6651
Sal 39.6 *amontona* riquezas, y no sabe quién........... 6651
Pr 21.6 *amontonar* tesoros...lengua mentirosa......... 6467
25.22 ascuas *amontonarás* sobre su cabeza 2846
Ec 2.8 *amontoné*...plata y...tesoros preciados 3664
2.26 al pecador da el trabajo de...*amontonar* 662
Is 3.9 ¡ay del alma...*amontonaron* mal para sí 1580
24.22 serán *amontonados* como se *amontona* a 622
Jer 2.22 te laves...y *amontones* jabón sobre ti 7235
17.11 el que injustamente *amontona* riquezas 6213
Zac 9.3 *amontonó* plata como polvo, y oro como 6651
Ro 12.20 ascuas...*amontonarás* sobre su cabeza *4987*
2 Ti 4.3 *amontonarán* maestros conforme a sus *2002*

AMOR
Gn 18.24 no perdonarás al lugar por *a* a los 50
18.26 perdonaré a...este lugar por *a* a ellos........ 4616
18.29 respondió: ¿No lo haré por *a* a los 40
18.31,32 no la destruiré, respondió, por *a* a
26.24 multiplicaré tu...por *a* de Abraham mi
Éx 18.8 Jehová había hecho a...por *a* de Israel........ 3478
Dt 32.36 por *a* de sus siervos se arrepentirá
Rt 1.13 de quedaros sin casar por *a* a ellos?
2 S 1.26 más maravilloso...fue tu *a* que el *a* de 160
5.12 había engrandecido su reino por *a* de su...... 5668
7.23 por *a* de tu pueblo que rescataste para
9.1 haga yo misericordia por *a* de Jonatán?........ 5668
9.7 misericordia por *a* de Jonatán tu padre 5668
13.15 el odio...fue mayor que el *a* con que la 160
15.20 te muestre *a* permanente y fidelidad 2617
18.5 tratad benignamente por *a* de mí al joven
1 R 11.2 a estas, pues, se juntó Salomón con *a* 157
11.12 no lo haré en...por *a* a David tu padre 4616
11.13,32 por *a* a David...y por *a* a Jerusalén 4616
11.34 lo retendré...por *a* a David mi siervo 4616
15.4 por *a* a David, Jehová...le dio lámpara en..... 4616
2 R 8.19 no quiso destruir...por *a* a David su.......... 4616
19.34; 20.6 por *a* a mí mismo, y por *a* a David....... 4616
1 Cr 16.21 por *a* de ellos castigó a los reyes 5921
17.19 por *a* de tu siervo y según tu corazón 3519
Sal 23.3 guiará por sendas de justicia por *a* 4616
25.11 por *a* de tu nombre, oh...perdonarás mi 4676
45 *tít.* de los hijos de Coré. Canción de *a* 3039
69.7 porque por *a* de ti he sufrido afrenta.......... 5921
79.9 y perdona nuestros pecados por *a* de tu....... 4616
91.14 por cuanto en mí ha puesto su *a*, yo 2836
106.8 pero él los salvó por *a* de su nombre 4616
109.4 en pago de mi *a* me han sido adversarios 160
109.5 devuelven mal por bien, y odio por *a* 160
109.21 Señor...favoréceme por *a* de tu nombre 4616
122.8 por *a* de mis hermanos y mis compañeros ... 4616
122.9 por *a* a la casa de Jehová nuestro Dios....... 4616
132.10 por *a* de David tu siervo no vuelvas 5668
Pr 5.19 satisfagan...en su *a* recréate siempre 160
7.18 2de *a*...alegrémonos en *a* 1730,159
10.12 pero el *a* cubrirá todas las faltas 160
15.17 mejor es la...de legumbres donde hay *a*.......... 160
27.5 es reprensión manifiesta que *a* oculto 160
Ec 9.1 que sea *a* o que sea odio, no lo saben 160
9.6 su *a* y su odio y su envidia fenecieron............ 160
Cnt 1.2 porque mejores son tus *a* que el Vino.......... 1730
1.4 nos acordaremos de tus *a* que del vino 1730
2.4 me llevó a...y su bandera sobre mí fue *a* 160
2.5 confortadme con manzanas...enferma de *a*..... 160
2.7, 3.5 no despertéis ni hagáis velar al *a* 160
3.10 interior recamado de *a* por las doncellas....... 160
4.10 hermosos son tus *a*, hermana, esposa mía..... 1730
4.10 ¡cuánto mejores que el vino tus *a*, y el 1730
5.8 le hagáis saber que estoy enferma de *a*.......... 160
7.6 hermosa...y cuán suave, oh *a* deleitoso! 160
7.12 si han florecido los...allí te daré mis *a*.......... 1730
8.4 ni hagáis velar al *a*, hasta que quiera............ 160
8.6 fuerte es como la muerte el *a*: duros como 160
8.7 las muchas aguas no podrán apagar el *a*........ 160
8.7 todos los bienes de su casa por este *a*............ 160
Is 37.35 por *a* de mí mismo, y por *a* de David 4616
42.21 se complació por *a* de su justicia en 4616
43.25 el que borro tus rebeliones por *a* de mí....... 4616
45.4 por *a* de mi siervo Jacob, y de Israel.......... 4616
48.9 por *a* de mi nombre diferiré mi ira, y........... 4616
48.11 por *a* de mí mismo lo haré, para que no...... 4616
62.1 por *a* de Sion no callaré, y por *a* de 4616
62.4 el *a* de Jehová estará en ti, y tu tierra
63.9 en su *a* y en su clemencia los redimió........... 160
63.17 vuélvete por *a* de tus siervos, por las 4616
Jer 2.2 me he acordado...del *a* de tu desposorio.......... 160
2.33 por qué adornas tu camino para hallar *a*?...... 160
14.7 Jehová, actúa por *a* de tu nombre; porque..... 4616
14.21 por *a* de tu nombre no nos deseches, ni 4616
15.15 sabes que por *a* de ti sufro afrenta
31.3 con *a* eterno te he amado, por tanto, te 160
Ez 16.8 he aquí que tu tiempo era tiempo de *a*.......... 1730
20.44 haga con vosotros por *a* de mi nombre......... 4616
23.17 se llegaron a ella los...en su lecho de *a*......... 1730
23.40 por *a* de ellos te lavaste, y pintaste
33.32 que tú eres a ellos como cantor de *a*............ 5690
Dn 9.17 Dios...oye la oración...por *a* del Señor 4616
9.19 no tardes, por *a* de ti mismo, Dios mío......... 4616
11.37 no hará caso, ni del *a* de las mujeres 2532
Os 3.1 el *a* de Jehová para con los hijos 160
11.4 con cuerdas...los atraje, con cuerdas de *a*....... 160
Sof 3.17 callará de *a*, se regocijará sobre ti.............. 160
Mt 24.12 **maldad, el *a* de muchos se enfriará**............ *26*
Lc 11.42 **pasáis por alto la justicia y el *a* de**........... *26*
Jn 5.42 **que no tenéis *a* de Dios en vosotros**............ *26*
13.35 **si tuviereis *a* los unos con los otros**............ *26*
15.9 **así...yo os he amado; permaneced en mi *a***...... *26*
15.10 **si guardareis...permaneceréis en mi *a***......... *26*
15.10 **he guardado los...y permanezco en su *a***......... *26*
15.13 **nadie tiene mayor *a* que este, que uno**........... *26*
17.26 **que el *a* con que me has amado, esté en**...... *26*
Ro 1.5 la obediencia a la fe...*a* de su nombre
5.5 porque el *a* de Dios ha sido derramado en......... *26*
5.8 Dios muestra su *a* para con nosotros en *26*
8.35 ¿quién nos separará del *a* de Cristo? *26*
8.39 ni lo...nos podrá separar del *a* de Dios *26*
9.3 separado de Cristo, por *a* a mis hermanos
12.9 el *a* sea sin fingimiento. Aborreced lo............. *26*
12.10 amaos los unos a los...con *a* fraternal........ *5360*
13.10 el *a* no hace mal al prójimo; así que el *26*
13.10 que el cumplimiento de la ley es el *a* *26*
14.15 la comida...ya no andas conforme al *a* *26*
15.30 os ruego...por el *a* del Espíritu, que me.......... *26*
1 Co 4.6 como ejemplo en mí...por *a* de vosotros
4.10 somos insensatos por *a* de Cristo, mas
4.21 ¿iré a vosotros con vara, o con *a* y............... *26*
8.1 conocimiento envanece, pero el *a* edifica *26*
13.1 si yo hablase lenguas...y no tengo *a* *26*
13.2 y si tuviese toda la fe...y no tengo *a* *26*
13.3 quemado, y no tengo *a*, de nada me sirve *26*
13.4 el *a* es sufrido...el *a* no tiene envidia *26*
13.4 el *a* no es jactancioso, no se envanece *26*

13.8 *a* nunca deja de ser; pero las profecías 26
13.13 permanecen la fe, la esperanza y el *a* 26
13.13 tres; pero el mayor de ellos es el *a* 26
14.1 seguid el *a*; y procurad los dones 26
16.14 todas vuestras cosas sean hechas con *a* 26
16.24 mi *a* en Cristo Jesús esté con todos 26
2 Co 2.4 supieseis cuán grande es el *a* que os 26
2.8 os ruego que confirméis el *a* para con él 26
4.5 a nosotros como... siervos por *a* de Jesús *1223*
4.15 estas cosas padecemos por *a* a vosotros *1223*
5.14 el *a* de Cristo nos constriñe, pensando 26
6.6 bondad, en el Espíritu Santo, en *a* sincero 26
8.7 en vuestro *a* para con nosotros, abundad 26
8.8 poner a prueba... sinceridad del *a* vuestro 26
8.9 por *a* a vosotros se hizo pobre, siendo *1223*
8.24 mostrad, pues... la prueba de vuestro *a* 26
12.10 por *a* a Cristo me gozo en las debilidades *5228*
12.15 me gastaré del todo por *a* de vuestras 25
13.11 Dios de paz y de *a* estará con vosotros 26
13.14 el *a* de Dios... sean con todos vosotros 26
Gá 5.6 vale algo... sino la fe que obra por el *a* 26
5.13 sino servíos por *a* los unos a los otros 26
5.22 el fruto del Espíritu es *a*, gozo, paz 26
Ef 1.5 en *a* habiéndonos predestinado para ser
1.15 de vuestro *a* para con todos los santos 26
2.4 Dios, que... por su gran *a* con que nos amó 26
3.17 fin de que, arraigados y cimentados en *a* 26
3.19 de conocer el *a* de Cristo, que excede a 26
4.2 soportándoos... los unos a los otros en *a* 26
4.15 que siguiendo la verdad en *a*, crezcamos 26
4.16 crecimiento para ir edificándose en *a* 26
5.2 andad en *a*, como también Cristo nos amó 26
6.23 y *a* con fe, de Dios Padre y del Señor 26
6.24 que aman a... Jesucristo con *a* inalterable 25
Fil 1.8 os amo a todos... con el entrañable *a* *4698*
1.9 esto pido en oración, que vuestro *a* abunde 26
1.17 pero los otros por *a*, sabiendo que estoy 26
2.1 si hay... algún consuelo de *a*, si alguna 26
2.2 sintiendo lo mismo, teniendo el mismo *a* 26
3.7 he estimado como pérdida por *a* de Cristo
3.8 por *a* del cual lo he perdido todo, y lo
Col 1.4 del *a* que tenéis a todos los santos 26
1.8 nos ha declarado vuestro *a* en el Espíritu 26
2.2 unidos en *a*, hasta alcanzar todas las 26
3.14 y sobre todas estas cosas vestíos de *a* 26
1 Ts 1.3 del trabajo de vuestro *a* y de vuestra 26
1.5 sabéis cuáles fuimos... por *a* de vosotros *1223*
3.6 nos dio buenas noticias de vuestra fe y *a* 26
3.12 haga... abundar en *a* unos para con otros 26
4.9 del *a* fraternal no tenéis necesidad de que *5360*
5.8 vestido con la coraza de fe y de *a*, y con 26
5.13 que los tengáis en mucha estima y *a* por 26
2 Ts 1.3 y el *a* de todos... abunda para con los 26
2.10 no recibieron el *a* de la verdad para ser 26
3.5 encamine vuestros corazones al *a* de Dios 26
1 Ti 1.5 propósito de este mandamiento es el *a* 26
1.14 fue más abundante con la fe y el *a* que 26
2.15 se salvará... si permaneciere en fe, *a* 26
4.12 sino sé ejemplo de los creyentes en... *a* 26
6.10 raíz de... los males es el *a* al dinero *5365*
6.11 sigue la justicia... el *a*, la paciencia 26
2 Ti 1.7 espíritu de... *a* y de dominio propio 26
1.13 en la fe y *a* que es en Cristo Jesús 26
2.10 todo lo soporto por *a* de los escogidos *1223*
2.22 sigue la justicia, la fe, el *a* y la paz 26
3.10 tú has seguido mi doctrina... *a*, paciencia 26
Tit 2.2 en la fe, en el *a*, en la paciencia 26
3.4 se manifestó... su *a* para con los hombres *5363*
Flm 5 oigo del *a*... que tienes hacia el Señor 26
7 pues tenemos gran gozo y consolación en tu *a* 26
9 te ruego por *a*, siendo como soy, Pablo ya 26
He 6.10 olvidar vuestra obra y el trabajo de *a* 26
10.24 estimularnos al *a* y a las buenas obras 26
13.1 permanezca el *a* fraternal *5360*
1 P 1.20 manifestado en los... por *a* de vosotros
1.22 el *a* fraternal no fingido, amaos unos a 25
4.8 tened... el *a* cubrirá multitud de pecados 26
5.14 saludaos... con ósculo de *a*. Paz sea con 26
2 P 1.7 fraternal; y al afecto fraternal, *a* 26
1 Jn 2.5 en... el *a* de Dios se ha perfeccionado 26
2.15 al mundo, el *a* del Padre no está en él 26
3.1 mirad cuál *a* nos ha dado el Padre, para 26
3.16 en esto hemos conocido el *a*, en que él 26
3.17 ve a su... ¿cómo mora el *a* de Dios en él? 26
4.7 amémonos unos a otros... el *a* es de Dios 25
4.8 no ha conocido a Dios; porque Dios es *a* 26
4.9 en esto se mostró el *a* de Dios para con 26
4.10 en esto consiste el *a*: no en que nosotros 26
4.12 y su *a* se ha perfeccionado en nosotros 26
4.16 hemos... creído el *a* que Dios tiene para 26
4.16 Dios es *a*; y el que permanece en *a* 26
4.17 en... se ha perfeccionado el *a* en nosotros 26
4.18 en el *a* no hay temor, sino que el 26
4.18 que el perfecto *a* echa fuera el temor 26
4.18 teme, no ha sido perfeccionado en el *a* 26
5.3 este es el *a* a Dios, que guardemos sus 26
2 Jn 3 y paz, de Dios Padre... en verdad y en *a* 26
6 el *a*, que andemos según sus mandamientos 26
6 que andéis en *a*, como vosotros habéis oído
3 Jn 6 los cuales han dado... testimonio de tu *a* 26
7 ellos salieron por *a* del nombre de El, sin *5228*
Jud 2 misericordia y paz y *a*... multiplicados 26
21 conservaos en el *a* de Dios, esperando la 26
Ap 2.3 **has trabajado... por *a* de mi nombre, y no** *1223*
2.4 **contra ti, que has dejado tu primer *a*** 26
2.19 **conozco tus obras, y *a*, y fe, y servicio** 26

AMORATADO
Pr 23.29 ¿para quién lo *a* de los ojos? 2448

AMOROSAMENTE
Jue 19.3 se levantó... siguió, para hablarle *a* 3820

AMORREO *Tribu cananea*
Gn 10.16 al jebuseo, al *a*, al gergeseo 567
14.7 al *a* que habitaba en Hazezon-tamar 567
14.13 habitaba en el encinar de Mamre el *a* 567
15.16 ha llegado a su colmo la maldad del *a* 567
15.21 los *a*, los cananeos, los gergeseos y 567
48.22 la cual tomé yo de mano del *a* con mi 567
Éx 3.8,17 del *a*, del ferezeo, del heveo y 567
13.5 te hubiere metido en la tierra... del *a* 567
23.23 te llevará a la tierra del *a*, del heteo 567
33.2 y echaré fuera al cananeo... *a*, al heteo 567
34.11 echo de delante de tu presencia al *a* 567
Nm 13.29 *a* habitan en el monte, y el cananeo 567
21.13 de Arnón... que sale del territorio del *a* 567
21.13 es límite de Moab, entre Moab y el *a* 567
21.21 envió... embajadores a Sehón rey de los *a* 567
21.25 habitó Israel en... las ciudades del *a* 567
21.26 era la ciudad de Sehón rey de los *a* 567
21.29 en cautividad, por Sehón rey de los *a* 567
21.31 así habitó Israel en la tierra del *a* 567
21.32 envió... y echaron al *a* que estaba allí 567
21.34 él como hiciste de Sehón rey de los *a* 567
22.2 vio Balac... que Israel había hecho al *a* 567
32.33 el reino de Sehón rey *a* y el reino de 567
32.39 la tomaron, y echaron al *a* que estaba 567
Dt 1.4 derrotó a Sehón rey de los *a*, el cual 567
1.7 id al monte del *a* y a todas sus comarcas 567
1.19 anduvimos... por el camino del monte del *a* 567
1.20 habéis llegado al monte del *a*, el cual 567
1.27 entregarnos en manos del *a*... destruirnos 567
1.44 a vuestro encuentro el *a*, que habitaba 567
2.24 he entregado en tu mano a Sehón rey... *a* 567
3.2 harás con él como hiciste con Sehón... *a* 567
3.8 tomamos... de manos de los dos reyes *a* que 567
3.9 llaman a Hermón, Sirión y los *a*, Senir 567
4.46 en la tierra de Sehón rey de los *a* que 567
4.47 reyes de los *a* que estaban de este lado 567
7.1 haya echado... al *a*, al cananeo, al ferezeo 567
20.17 destruirás... al *a*, al cananeo al ferezeo 567
31.4 hizo con Sehón y con Og, rejes de los *a* 567
Jos 2.10 habéis hecho a los dos reyes de los *a* 567
3.10 echará... al gergeseo, al *a* y al jebuseo 567
5.1 reyes de los *a* que estaban al otro lado 567
7.7 para entregarnos en las manos de los *a* 567
9.1 cuando oyeron los heteos, *a*, cananeos 567
9.10 lo que hizo a los dos reyes de los *a* que 567
10.5 y cinco reyes de los *a*... se juntaron y 567
10.6 todos los reyes de los *a*... se han unido 567
10.12 entregó al *a* delante de los hijos de 567
11.3 al *a*, al heteo, al ferezeo, al jebuseo 567
12.2 Sehón rey de los *a*... habitaba en Hesbón 567
12.8 el *a*, el cananeo, el ferezeo, el heveo 567
13.4 sur... hasta Afec, hasta los límites del *a* 567
13.10 todas las ciudades de Sehón rey de los *a* 567
13.21 y todo el reino de Sehón rey de los *a* 567
24.8 yo os introduje en la tierra de los *a* 567
24.11 pelearon contra vosotros; los *a*... heteos 567
24.12 dos reyes de los *a*; no con tu espada 567
24.15 a los dioses de los *a* en cuya tierra 567
24.18 arrojó... al *a* que habitaba en la tierra 567
Jue 1.34 *a* acosaron a los hijos de Dan hasta 567
1.35 y el *a* persistió en habitar en... Heres 567
1.36 el límite del *a* fue desde la... de Acrabim 567
3.5 habitaban entre los... *a*, ferezeos, heveos 567
6.10 os dije... no temáis a los dioses de los *a* 567
10.8 en la tierra del *a*, que está en Galaad 567
10.11 ¿no habéis sido oprimidos... de los *a*, de 567
11.19 mensajeros a Sehón rey de los *a*, rey de 567
11.21 se apoderó Israel de... la tierra de los *a* 567
11.22 apoderaron... de todo el territorio del *a* 567
11.23 Jehová... desposeyó al *a* delante de su 567
1 S 7.14 libró... y hubo paz entre Israel y el *a* 567
2 S 21.2 los gabaonitas... del resto de los *a* 567
1 R 4.19 la tierra de Sehón rey de los *a* y de 567
9.20 todos los pueblos que quedaron de los *a* 567
21.26 conforme a todo lo que hicieron los *a* 567
2 R 21.11 más mal que... lo que hicieron los *a* 567
1 Cr 1.14 al jebuseo al *a*, al gergeseo 567
2 Cr 8.7 el pueblo que había quedado de los... *a* 567
Esd 9.1 no se han separado de... egipcios y *a* 567
Neh 9.8 darle la tierra del... *a*, del ferezeo 567
Sal 135.11 a Sehón rey *a*, a Og rey de Basán 567
136.19 a Sehón rey *a*, porque para siempre es 567
Ez 16.3 di... tu padre fue *a*, y tu madre hetea 567
16.45 vuestra madre... hetea, y vuestro padre *a* 567
Am 2.9 yo destruí delante de ellos al *a*, cuya 567
2.10 entraseis en posesión... la tierra del *a* 567

AMÓS
1. Profeta
Am 1.1 las palabras de *A*, que fue uno de los 5986
7.8 me dijo: ¿Qué ves, A? Y dije: Una plomada 5986
7.10 *A* se ha levantado contra ti en medio de 5986
7.11 así ha dicho *A*: Jeroboam morirá a espada 5986
7.12 Amasías dijo a *A*: Vidente vete huye a 5986
7.14 respondió *A*, y dijo... No soy profeta, ni 5986
8.2 ¿qué ves, A? Y respondí: Un canastillo de 5986
2. Ascendiente de Jesucristo, Lc 3.25 .... *301*

AMOTINAR
Sal 2.1¿por qué se *amotinan* las 7283
Hch 4.25 ¿por qué se *amotinan* las *5433*
Hch 24.12 ni *amotinando* a la multitud; ni en *1999*

AMOZ *Padre del profeta Isaías (véase Isaías)*, 2 R 19.2,20; 20.1; 2 Cr 26.22; 32.20,32 531
Is 1.1; 2.1; 13.1; 20.2; 37.2,21; 38.1 531

AMPARAR
Lv 25.35 hermano empobreciere lo *ampararás* 2388
2 R 19.34 *ampararé* esta ciudad para salvarla 1598
20.6 y *ampararé* esta ciudad por amor a mí 1598,5921
2 Cr 6.35,39 oirás... su ruego, y *ampararás* su 6213
Job 26.2 cómo has *amparado* al brazo sin fuerza? 3467
Sal 36.7 se *amparan* bajo la sombra de tus alas 2620
57.1 en la sombra de tus alas me *ampararé* 2620
Is 1.17 haced justicia al... *amparad* a la viuda 7378
31.5 aves... así *amparad*... a Jerusalén 1598,5921
31.5 Jehová... *amparando*, librando 1598,5921
37.35 yo *ampararé* a esta ciudad para salvarla 1598,5921
38.6 y te libraré... y a esta ciudad *ampararé* 1598,5921
Ez 7.13 porque... ninguno podrá *amparar* su vida 2388
Zac 9.15 Jehová de los ejércitos los *amparará* 1598,5921

AMPARO
Nm 14.9 su *a* se ha apartado de ellos, y con 6738
Sal 10.14 se acoge... tú eres el *a* del huérfano 5826
46.1 Dios es nuestro *a* y fortaleza, nuestro 4268
59.16 has sido mi *a* y refugio en el día de 4869
Is 30.3 *a* en la sombra de Egipto en confusión 2622

AMPLIAMENTE
Job 34.36 deseo yo que Job sea probado *a*

AMPLIAS Cristiano saludado por Pablo, Ro 16.8 .... *291*

AMPLIO, A
Sal 119.96 *a* sobremanera es tu mandamiento 7342
Is 55.7 Dios nuestro... cual será *a* en perdonar 7235
He 9.11 el más *a* y más perfecto tabernáculo *3187*
2 P 1.11 será otorgada *a*... entrada en el reino *4146*

AMPUTAR
Dt 23.1 que tenga... *amputado* su miembro viril 3772

AMRAFEL *Rey de Sinar*, Gn 14.1,9 569

AMRAM
1. Padre de Moisés y Aarón
Éx 6.18 y los hijos de Coat: *A*, Izhar, Hebrón 6019
6.20 y *A* tomó por mujer a Jocabed su tía, la 6019
6.20 los años de la vida de *A* fueron 137 años 6019
Nm 3.19 los hijos de Coat... *A*, Izhar, Hebrón 6019
26.58 de los levitas... Y Coat engendró a *A* 6019
26.59 la mujer de *A*... dio a luz de *A* a Aarón 6019
1 Cr 6.2,18; 23.12 los hijos de Coat: *A*, Izhar 6019
6.3 los hijos de *A*: Aarón, Moisés y María 6019
23.13 los hijos de *A*: Aarón y Moisés. Y Aarón 6019
24.20 hijos de Leví... Subael, de los hijos de *A* 6019
2. Hijo de Disón (=Hemdán), 1 Cr 1.41 2566
3. Uno de los que se casaron con mujeres extranjeras en tiempo de Esdras, Esd 10.34 6019

AMRAMITA *Descendiente de Amram No. 1*
Nm 3.27; 1 Cr 26.23 6020

AMSI
1. Ascendiente de Etán No. 4, 1 Cr 6.46 557
2. Ascendiente de Adaías No. 3, Neh 11.12 557

AMURALLAR
Lv 25.29 que vendiere casa... ciudad *amurallada* 2346
25.30 casa... en la ciudad *amurallada* quedará 2346
Dt 1.28; 9.1 ciudades grandes y *amuralladas* 1219
2 Cr 33.14 *amuralló* Ofel, y elevó el muro muy 5437

ANA
1. Madre de Samuel
1 S 1.2 el nombre de una era *A*... otra, Penina 2584
1.2 Penina tenía hijos, mas *A* no los tenía 2584
1.5 a *A* daba una parte escogida... amaba a *A* 2584
1.7 así; por lo cual *A* lloraba, y no comía 2584
1.8 su marido le dijo: *A*, ¿por qué lloras? 2584
1.9 se levantó *A* después que hubo comido y 2584
1.13 *A* hablaba en su corazón, y... no se oía 2584
1.15 *A* le respondió diciendo: No, señor mío 2584
1.19 Elcana se llegó a *A*... y Jehová se acordó 2584
1.20 después de haber concebido *A*... un hijo 2584
1.22 *A* no subió, sino dijo a su marido: Yo 2584
2.1 *A* oró y dijo: Mi corazón se regocija en 2584
2.21 y visitó Jehová a *A*, y ella concibió 2584
2. Profetisa, Lc 2.36 .... *451*

ANÁ
1. Padre de Aholibama No. 1, Gn 36.2,14,18,25 6034
2. Hijo de Seir, Gn 36.20,29; 1 Cr 1.38 6034
3. Hijo de Zibeón, Gn 36.24; 1 Cr 1.40,41 6034

ANAB *Collado en Judá*, Jos 11.21; 15.50 6024

ANAC *Tribu antigua del sur de Palestina (hijos de Anac =Anaceos)*
Nm 13.22 estaban Ahimán, Sesai... hijos de *A* 6061
13.28 y también vimos allí a los hijos de *A* 6061
13.33 vimos allí gigantes, hijos de *A*, raza 6061
Dt 1.28 también vimos allí a los hijos de *A* 6062
2.10 numeroso, y alto como los hijos de *A* 6062
2.11 por gigantes eran... como los hijos de *A* 6062
2.21 grande y numeroso... como los hijos de *A* 6062
9.2 ¿quién se sostendrá delante... hijos de *A*? 6062
Jos 15.13 la ciudad de Quiriat-arba padre de *A* 6061
15.14 Caleb echó de allí a los 3 hijos de *A* 6061
15.14 a Sesai, Ahimán y Talmai, hijos de *A* 6061
21.11 les dieron Quiriat-arba del padre de *A* 6061
Jue 1.20 arrojó de allí a los tres hijos de *A* 6061

ANACEO = *Hijo de Anac*
Dt 9.2 un pueblo grande y alto, hijos de los *a* 6062
Jos 11.21 y destruyó a los *a* de los montes de 6062

11.22 ninguno de los *a* quedó en la tierra de........ 6062
14.12 tú oíste aquel día que los *a* están allí 6062
14.15 Arba fue un hombre grande entre los *a* 6062

ANAHARAT *Población en Isacar*, Jos 19.19 588

ANAÍAS *Firmante del pacto de Nehemías (=Anías)*, Neh 10.22 6043

ANAMELEC *Dios de los de Sefarvaim*
2 R 17.31.. 6048

ANAMIM *Tribu descendiente de Mizraim*
Gn 10.13; 1 Cr 1.11.................................... 6047

ANÁN *Firmante del pacto de Nehemías*
Neh 10.26.. 6052

ANANI *Descendiente de David*, 1 Cr 3.24 6054

ANANÍAS *Véase también Hananías*
1. Ascendiente de Azarías No. 18, Neh 3.23 6055
2. Población en Benjamín, Neh 11.32................ 6055
3. Padre de Sedequías No. 6, Jer 36.12.............. 2608
4. Compañero de Daniel (=Sadrac)
Dn 1.6 Daniel, *A*, Misael...de los hijos de Judá......... 2608
1.7 puso a...a *A*, Sadrac; a Misael, Mesac; y a 2608
1.11 estaba puesto...sobre Daniel *A*, Misael........ 2608
1.19 no fueron hallados entre...otros como...*A* 2608
2.17 e hizo saber lo que había a *A*, Misael y 2608
5. Miembro de la iglesia de Jerusalén
Hch 5.1 hombre llamado *A*...vendió una heredad *367*
5.3 *A*, ¿por qué llenó Satanás tu corazón para....... *367*
5.5 al oir *A* estas palabras, cayó y expiró *367*
6. Discípulo en Damasco
Hch 9.10 en Damasco un discípulo llamado *A* *367*
9.10 **a quien el Señor dijo en visión: A. Y él**.......... *367*
9.12 **ha visto en visión a un varón llamado *A***......... *367*
9.13 *A* respondió: Señor, he oído de muchos *367*
9.17 fue entonces *A* y entró en la casa, y........... *367*
22.12 uno llamado *A*, varón piadoso según la........ *367*
7. Sumo sacerdote, Hch 23.2; 24.1................. *367*

ANÁS *Sumo sacerdote en tiempo de Cristo*
Lc 3.2 y siendo sumos sacerdotes *A* y Caifás............ *452*
Jn 18.13 le llevaron primeramente a *A*, porque *452*
18.24 *A* entonces le envió atado a Caifás, el *452*
Hch 4.6 el sumo sacerdote *A*, y Caifás y Juan........... *452*

ANAT *Padre de Samgar*, Jue 3.31; 5.6........... 6067

ANATEMA
Lv 27.29 ninguna persona separada como *a* podrá.... 2763
Dt 7.26 cosa abominable...para que no seas *a* 2764
7.26 del todo la aborrecerás...porque es *a* 2764
13.17 y no se pegará a tu mano nada del *a* 2764
Jos 6.17 será la ciudad *a* a Jehová, con todas.......... 2764
6.18 guardaos del *a*; ni toquéis...cosa del *a*......... 2764
6.18 sea que hagáis *a* el campamento de Israel..... 2764
7.1 una prevaricación en cuanto al *a*...Acán....... 2764
7.1 Acán hijo de Carmi, hijo de...tomó del *a*........ 2764
7.11 han tomado del *a*, y hasta han hurtado........ 2764
7.12 han venido a ser *a*...no destruyereis el *a* 2764
7.13 a hay en...hasta que hayáis quitado el *a* 2764
7.15 el que fuere sorprendido en el *a*, será 2764
22.20 ¿no cometió Acán...prevaricación en el *a* 2764
1 S 15.21 tomó del botín...las primicias del *a* 2764
1 R 20.42 cuanto soltaste...el hombre de mi *a* 2764
1 Cr 2.7 Acán...perturbó a...prevaricó en el *a* 2764
Is 34.5 que descenderá...sobre el pueblo de mi *a* 2764
43.28 por *a* a Jacob y por oprobio a Israel 2764
Ro 9.3 deseara yo mismo ser *a*...de Cristo, por......... *331*
1 Co 12.3 nadie que hable por...llama *a* a Jesús *331*
16.22 que no amare al Señor Jesucristo, sea *a*....... *331*
Gá 1.8 si...os anunciare otro evangelio...sea *a*......... *331*
1.9 os predica diferente evangelio del...sea *a* *331*

ANATOT
1. Ciudad de los sacerdotes en Benjamín
Jos 21.18 *A* con sus ejidos, Almón...sus ejidos 6068
1 R 2.26 vete a *A*, a tus heredades, pues eres 6068
1 Cr 6.60 Alemet con sus...y *A* con sus ejidos.......... 6068
Esd 2.23; Neh 7.27 los varones de *A*, 128 6068
Neh 11.32 en *A* Nob, Ananías 6068
Is 10.30 que se óiga hacia Lais, pobrecilla *A* 6068
Jer 1.1 de los sacerdotes que estuvieron en *A* 6068
11.21 de los varones de *A* que buscan tu vida....... 6068
11.23 yo traeré mal sobre los varones de *A*......... 6068
29.27 no has reprendido ahora a Jeremías de *A*.... 6068
32.7,8 cómprame mi heredad que está en *A* 6068
32.9 y compré la heredad de...que estaba en *A* 6068
2. Descendiente de Bequer No. 1, 1 Cr 7.8........... 6068
3. Firmante del pacto de Nehemías, Neh 10.19...... 6068

ANATOTÍAS *Descendiente de Benjamín*, 1 Cr 8.24 6070

ANATOTITA *Perteneciente a Anatot No. 1*
2 S 23.27;1 Cr 11.28;12.3; 27.12......................... 6069

ANCA
1 R 7.25 *a*...estaban hacia la parte de adentro 268
2 Cr 4.4 las *a* de ellos estaban hacia adentro 268

ANCHO, A
Gn 13.17 vé por la tierra a lo largo...y a su *a*.......... 7341
34.21 aquí la tierra es bastante *a* para ellos 7342
Éx 3.8 tierra buena y *a*, *a* tierra que fluye 7342
27.12 el *a* del atrio, del lado occidental 7341
27.13 el *a* del atrio por el lado del oriente 7341
28.16 de un palmo de largo y un palmo de *a*......... 7341
1 R 6.2 de largo y 20 de *a*, y 30 codos de alto........... 7341
6.3 veinte codos de largó a lo *a* de la casa.......... 7341
6.3 el *a* delante de la casa era de diez codos........ 7341
6.4 hizo a la casa ventanas *a* por dentro y
6.6 aposento de abajo era de cinco codos de *a* 7341
6.6 el de en medio de seis codos de *a*, y el 7341
6.6 y el tercero de siete codos de *a*; porque......... 7341
6.20 tenía veinte codos de largo, veinte de *a*........ 7341
7.6 un pórtico...que tenía...treinta codos de *a* 7341
1 Cr 4.40 y hallaron...y tierra *a* y espaciosa...... 7342,3027
2 Cr 3.4 el pórtico que...igual al *a* de la casa.......... 7341
3.8 según el *a* del frente de la casa, y su............ 7341
6.13 un estrado de bronce de cinco codos de *a* 7341
Neh 3.8 reparada a Jerusalén hasta el muro *a* 7342
12.38 desde la torre de los...hasta el muro *a* 7342
Job 11.9 su dimensión es más...más *a* que el mar 7342
12.5 despreciado de aquel que está a sus *a*......... 7600
30.14 como por portillo *a*, se revolvieron sobre..... 7342
37.10 da el hielo, y las *a* aguas se congelan......... 7341
Is 30.33 profundo y *a*, cuya pira es de fuego........... 7337
33.21 lugar de ríos, de arroyos muy *a*, por el 5104
Jer 51.58 el muro *a* de Babilonia será derribado 7342
Ez 23.32 beberás el...y *a* cáliz de tu hermana 7342
40.6 un poste de la puerta, de una caña de *a* 7341
40.6 midió...el otro poste, de otra caña de *a*........ 7341
40.7 cámara tenía una caña...una caña de *a*....... 7341
40.7 entre las cámaras había cinco codos de *a* 7341
40.11 midió el *a* de la entrada de la puerta 7341
40.13 midió la puerta desde el...25 codos de *a*...... 7341
40.21 cincuenta codos de...y veinticinco de *a*....... 7341
40.25,29,36 codos, y de veinticinco codos el *a* 7341
40.30 los arcos...eran de...y cinco codos de *a*...... 7341
40.42 mesas...codo y medio de *a*, y de un codo 7341
40.49 y el *a* once codos, al cual subían por 7341
41.1 el *a* seis codos...era el a del tabernáculo 7341
41.2 el *a* de la puerta era de diez codos, y 7341
41.9 *a* de la pared de afuera de las cámaras 7341
41.11 *a* del espacio que quedaba era de cinco 7341
41.14 el *a* del frente de la casa y del espacio........ 7341
42.2 su longitud era...el *a* de cincuenta codos...... 7341
42.4 había un corredor de diez codos de *a* 7341
42.11 su longitud como su *a* eran lo mismo......... 7341
42.20 muro...de quinientas cañas de *a*, para....... 7341
43.13 la base de un codo, y de un codo el *a* 7341
43.14 de abajo, dos codos...y el *a* de un codo 7341
43.16 el altar tenía doce...y doce codos de *a* 7341
45.1 y diez mil de *a*; esto será santificado 7341
45.2 y quinientas de *a*, en cuadro alrededor........ 7341
45.3 medirás...de *a* diez mil, en lo cual estará...... 7341
45.5 y diez mil de *a*, lo cual será para los.......... 7341
46.22 había patios cercados, de...treinta de *a* 7341
48.9 la porción...para Jehová...diez mil de *a* 7341
48.10 de diez mil de *a* al oriente, y de diez.......... 7341
Zac 5.2 un rollo que vuela...de diez codos de *a*........ 7341
Mt 7.13 ***a* es la puerta, y espacioso el camino**......... *4116*

ANCHURA
Gn 6.15 arca, de 50 codos su *a*, y de 30 codos.......... 7341
Éx 25.10 su *a* de codo y medio, y su altura de 7341
25.17 un propiciatorio...su *a* de codo y medio...... 7341
25.23 una mesa de...un codo su *a*, y su altura 7341
25.25 una moldura...de un palmo menor de *a*...... 7341
26.2 la *a* de la misma cortina de cuatro codos...... 7341
26.8 y la *a* de cada cortina de cuatro codos......... 7341
26.16 cada tabla será...y de codo y medio la *a* 7341
27.1 un altar de madera...de cinco codos de *a* 7341
27.18 la a 50 por un lado y 50 por el otro 7341
30.2 su longitud...un codo, y su *a* de un codo 7341
36.9,15 una cortina...y la *a* de cuatro codos........ 7341
36.21 cada tabla era...de codo y medio la *a* 7341
37.1 su *a* de codo y medio, y su altura de codo...... 7341
37.6 el propiciatorio...y su *a* de codo y medio 7341
37.10 su *a* de un codo, y de codo y medio su 7341
37.12 hizo...moldura de un palmo menor de *a* 7341
37.25 un codo su longitud, y de otro codo su *a* 7341
38.1 el altar del...y su *a* de otros cinco codos....... 7341
38.18 *a*, o sea su altura, era de cinco codos.......... 7341
39.9 y de un palmo su *a*, cuando era doblado....... 7341
Dt 3.11 su *a* de cuatro codos, según el codo de......... 7341
1 R 4.29 *a* de corazón como la arena que está 7341
7.2 tenía...cincuenta codos de *a* y 30 codos 7341
7.27 la *a* de cuatro codos, y de tres codos la 7341
2 Cr 3.3 la casa de Dios...la *a* de veinte codos.......... 7341
3.8 su *a* de 20 codos; y lo cubrió de oro fino 7341
4.1 hizo...un altar...20 codos de *a*, y 10 codos 7341
Esd 6.3 altura de 60 codos, y de 60 codos su *a* 6613
Job 38.18 ¿has considerado...la *a* de la tierra?........ 7338
Is 8.8 llenará la *a* de tu tierra, oh Emanuel 7341
Ez 40.19 y midió la *a* desde el frente de la 7341
40.20 de la puerta...midió su longitud y su *a* 7341
40.33 longitud era...la *a* de veinticinco codos 7341
40.47 y midió el atrio...cien codos de *a*: era 7341
40.48 la *a* de la puerta tres codos de un lado 7341
41.2 midió su longitud...y la *a* de veinte codos...... 7341
41.3 y la *a* de la entrada, de siete codos 7341
41.4 la *a* de veinte codos, delante del templo 7341
41.5 y de cuatro codos la *a* de las cámaras, en 7341
41.7 había mayor *a*...la casa tenía más *a* arriba ... 7341
41.10 entre las cámaras...*a* de veinte codos por.... 7341
43.14 *a* de un codo; y desde la cornisa menor....... 7341
43.17 y catorce de *a* en sus cuatro lados, y de 7341
45.6 señalaréis cinco mil de *a* y 25.000 de.......... 7341
48.8 estará la porción...de 25.000 cañas de *a*....... 7341
48.10 la porción santa...de diez mil de *a* al......... 7341
48.13 cañas de longitud, y de diez mil de *a* 7341
48.13 toda la longitud de...y la *a* de diez mil........ 7341
48.15 las cinco mil cañas de *a* que quedan de 7341
Dn 3.1 y su *a* de seis codos la levantó en el 6613
Hab 1.6 que camina por la *a* de la tierra para......... 4800
Zac 2.2 para ver cuánta es su *a*, y cuánta su 7341
Ef 3.18 comprender...cuál sea la *a*, la longitud *4114*
Ap 20.9 y subieron sobre la *a* de la tierra.............. *4114*
21.16 en cuadro, y su longitud es igual a su *a* *4114*
21.16 la altura y la *a* de ella son iguales *4114*

ANCHUROSO
Sal 104.25 he allí el grande y *a* mar, en donde.... 7342,3027

ANCIANO, A
Gn 25.8 murió Abraham en...*a* y lleno de años........ 2205
43.27 ¿vuestro padre, el *a*...lo pasa bien? 2205
44.20 tenemos un padre *a*, y un hermano joven 2205
Gn 50.7 los a de su casa, y todos los *a*...Egipto 2205
Éx 3.16 vé, y reúne a los *a* de Israel, y diles 2205
3.18 e irás tú, y los *a* de Israel, al rey de 2205
4.29 reunieron a todos los *a* de los hijos de 2205
12.21 Moisés convocó a todos los *a* de Israel 2205
17.5 y toma contigo de los *a* de Israel y toma 2205
17.6 Moisés lo hizo así en presencia de los *a* 2205
18.12 vino Aarón y todos los *a* de Israel para....... 2205
19.7 vino Moisés, y llamó a los *a* del pueblo 2205
24.1 sube...tú...y setenta de los *a* de Israel......... 2205
24.9 y subieron...y setenta de los *a* de Israel 2205
24.14 y dijo a los *a*: Esperadnos aquí hasta 2205
Lv 4.15 *a*...pondrán sus manos sobre la cabeza 2205
9.1 Moisés llamó a Aarón...y a los *a* de Israel...... 2205
19.32 levantarás, y honrarás el rostro del *a* 2205
Nm 11.16 reúne setenta varones de...*a* de Israel...... 2205
11.16 que tú sabes que son *a* del pueblo y sus 2205
11.24 reunió a...los *a* del pueblo, y los hizo......... 2205
11.25 tomó...lo puso en los setenta varones *a* 2205
11.30 y Moisés volvió...él y los *a* de Israel.......... 2205
16.25 y los *a* de Israel fueron en pos de él 2205
22.4 y dijo Moab a los *a* de Madián...lamerá....... 2205
22.7 fueron los *a* de Moab y los *a* de Madián 2205
Dt 5.23 vinisteis a mí...príncipes...y vuestros *a* 2205
19.12 los *a* de...enviarán y lo sacarán de allí 2205
21.2 tus *a* y...saldrán y medirán la distancia 2205
21.3,6 los *a* de la ciudad más cercana al lugar...... 2205
21.4 los *a* de...traerán la becerra a un valle........ 2205
21.19 lo sacarán ante los *a* de su ciudad, y a........ 2205
21.20 dirán a los *a*...nuestro hijo es contumaz 2205
22.15 tomarán y sacarán las señales...a los *a* 2205
22.16 dirá el padre...a los *a*: Yo di mi hija 2205
22.17 extenderán la vestidura delante...los *a* 2205
22.18 los *a*...tomarán al hombre y lo castigarán ... 2205
25.7 irá...cuñada a la puerta, a los *a*, y dirá........ 2205
25.8 los *a*...lo harán venir, y hablarán con él....... 2205
25.9 se acercará...su cuñada delante de los *a* 2205
27.1 ordenó Moisés, con los *a* de Israel, al......... 2205
28.50 gente fiera...que no tendrá respeto al *a*...... 2205
29.10 vuestros *a* y vuestros oficiales, todos 2205
31.9 la dio a los...y a todos los *a* de Israel 2205
31.28 congregad a mí...los *a* de vuestras tribus 2205
32.7 pregunta a tu...a tus *a*, y ellos te dirán 2205
Jos 7.6 Josué...se postró...él y los *a* de Israel 2205
8.10 subió él, con los *a* de Israel, delante del........ 2205
8.33 y todo Israel, con sus *a*...estaba de pie 2205
9.11 nuestros *a* y todos...nos dijeron: Tomad....... 2205
20.4 expondrá sus razones en oídos de los *a*........ 2205
23.2 llamó a...Israel, a sus *a*, sus príncipes......... 2205
24.1 y llamó a los *a* de Israel, sus príncipes......... 2205
24.31 el tiempo de los *a* que sobrevivieron a........ 2205
Jue 2.7 había servido a Jehová...tiempo de los *a* 2205
8.14 le dio...los nombres...de los *a* de Sucot 2205
8.16 tomó a los *a* de la ciudad, y espinos y.......... 2205
11.5 los *a* de Galaad fueron a traer a Jefté......... 2205
11.7 Jefté respondió a los *a* de Galaad: ¿No 2205
11.8,10 los *a* de Galaad respondieron a Jefté....... 2205
11.9 Jefté entonces dijo a los *a* de Galaad 2205
11.11 entonces Jefté vino con los *a* de Galaad...... 2205
19.20 el hombre *a* dijo: Paz sea contigo; tu 2205
19.22 hablaron al *a*, dueño...diciendo: Saca al 2205
21.16 los *a*...dijeron: ¿Qué haremos respecto 2205
Rt 4.2 tomó a diez varones de...*a* de la ciudad 2205
4.4 en presencia de los...de los *a* de mi pueblo 2205
4.9 y Booz dijo a los *a* y a todo el pueblo............ 2205
4.11 los...que estaban a la puerta con los *a* 2205
1 S 2.31 padre, de modo que no haya *a* en tu casa 2205
2.32 y en ningún tiempo habrá *a* en tu casa 2205
4.3 los *a* de Israel dijeron: ¿Por qué nos ha 2205
8.4 entonces todos...los *a* de Israel se juntaron 2205
11.3 *a* de Jabes le dijeron: Danos siete días......... 2205
15.30 me honres delante de los *a* de mi pueblo 2205
16.4 los *a* de la ciudad salieron a recibirle.......... 2205
28.14 un hombre *a* viene, cubierto de un manto 2205
30.26 envió del botín a los *a* de Judá, sus 2205
2 S 3.17 y habló Abner con los *a* de Israel 2205
5.3 vinieron...todos los *a* de Israel al rey en........ 2205
12.17 levantaron los *a* de su casa, y fueron......... 2205
17.4 consejo pareció bien a...los *a* de Israel........ 2205
17.15 así aconsejó Ahitofel...a los *a* de Israel....... 2205
19.11 hablad a los *a* de Judá, y decidles: ¿Por....... 2205
19.32 era Barzilai muy *a*, de ochenta años 2204
1 R 8.1 Salomón reunió...en Jerusalén a los *a*......... 2205
8.3 y vinieron todos los *a* de Israel, y los........... 2205
12.6 el rey Roboam pidió consejo de los *a* que...... 2205
12.8 él dejó el consejo que los *a* le habían 2205
12.13 el rey...dejando el consejo que los *a* le 2205
20.7 el rey de...llamó a todos los *a* del país......... 2205
20.8 los *a*...respondieron: No le obedezcas, ni...... 2205
21.8 las envió a los *a* y a los principales que........ 2205
21.11 los *a*...hicieron como Jezabel les mandó 2205
2 R 6.32 con él estaban sentados los *a*; y el 2205
6.32 dijo él a los *a*: ¿No habéis visto cómo 2205
10.1 cartas...a los *a* y a los ayos de Acab........... 2205
10.5 los *a* y los ayos enviaron a decir a Jehú 2205
19.2 y envió a...y a los *a* de los sacerdotes 2205
23.1 el rey mandó reunir con él a todos los *a* 2205
1 Cr 11.3 vinieron todos los *a* de Israel al rey.......... 2205
15.25 David...y los *a*...fueron a traer el arca 2205

21.16 David y los *a* se postraron sobre sus 2205
2 Cr 5.2 Salomón reunió... a los *a* de Israel y 2205
5.4 vinieron... los *a* de Israel, y los levitas 2205
10.6 el rey Roboam tomó consejo con los *a* que..... 2205
10.8 dejando el consejo que le dieron los *a* 2205
10.13 dejó el rey Roboam el consejo de los *a*.......... 2205
34.29 el rey envió y reunió a todos los *a* de 2205
36.17 que mató a... sin perdonar... *a* ni decrépito .. 2205
Esd 3.12 *a* que habían visto la casa primera.......... 2205
5.5 los ojos de Dios estaban sobre los *a* de 7868
5.9 entonces preguntamos a los *a*, diciéndoles 2205
6.7 y sus *a* reedifiquen esa casa de Dios en.......... 2205
6.8 de lo que habéis de hacer con esos *a* de 2205
6.14 *a* de los judíos edificaban y prosperaban...... 2205
10.8 no viniera... conforme al acuerdo de los... *a* ... 2205
10.14 con ellos los *a* de cada ciudad, y los 2205
Est 3.13 orden de destruir... jóvenes y *a*, niños 2205
Job 12.12 en los *a* está la ciencia, y en la larga 3453
12.20 priva del... y quita a los *a* el consejo.......... 2205
15.10 cabezas canas y hombres muy *a* hay entre ... 3453
29.8 los *a* se levantaban, y estaban de pie 3453
32.6 yo soy joven, y vosotros *a*; por tanto, he .. 3453,3117
32.9 no son los... ni los *a* entienden el derecho 2205
Sal 105.22 para que... a sus *a* enseñara sabiduría..... 2205
107.32 exáltenlo... la reunión de *a* lo alaben 2205
148.12 jóvenes y también... los *a* y los niños 2205
Pr 20.29 y la hermosura de los *a* es su vejez 2205
31.23 cuando se sienta con los *a* de la tierra.......... 2205
Is 3.2 el juez y el profeta, el adivino y el *a* 2205
3.5 el joven se levantará contra el *a*, y el 2205
3.14 Jehová vendrá a juicio contra los *a* de.......... 2205
9.15 el *a* y venerable de rostro es la cabeza 2205
20.4 así llevará... a jóvenes y a *a*, desnudos y.......... 2205
24.23 reine... y delante de sus *a* sea glorioso 2205
37.2 envió a... *a* de los sacerdotes, cubiertos.......... 2205
47.6 sobre el *a* agravaste mucho tu yugo 2205
Jer 6.11 será preso... el viejo como el muy *a* 2205
19.1 llevá... de los *a* del pueblo, y los *a* de.......... 2205
26.17 se levantaron algunos de los *a* de la 2205
29.1 de la carta que... Jeremías envió... a los *a* 2205
Lm 1.19 mis sacerdotes y mis *a* en la ciudad.......... 2205
2.10 tierra, callaron los *a* de la hija de Sion 2205
5.14 los *a* no se ven más en la puerta, los.......... 2205
Ez 7.26 la ley se alejará... de los *a* el consejo.......... 2205
8.1 los *a* de Judá estaban sentados delante de.......... 2205
8.11 setenta varones de los *a* de la casa de 2205
8.12 cosas que los *a* de la casa de Israel hacen 2205
9.6 comenzaron, pues, desde los varones *a* que 2205
14.1 vinieron a mí algunos de los *a* de Israel 2205
20.1 vinieron... los *a* de Israel a consultar a 2205
20.3 habla a los *a* de Israel, y diles: Así ha 2205
27.9 los *a* de Gebal... calafateaban tus junturas 2205
Dn 7.9 un *A* de días, cuyo vestido era blanco 6268
7.13 vino hasta el *A* de días, y le hicieron.......... 6268
7.22 hasta que vino el *A* de días, y se dio el 6268
Jl 1.2 oíd esto, *a*, y escuchad... los moradores.......... 2205
1.14 congregad a los *a* y a todos los moradores 2205
2.16 juntad a los *a*, congregad a los niños y 2205
2.28 *a* soñarán sueños, y vuestros jóvenes.......... 2205
Zac 8.4 aún han de morar *a* y *a* en las calles de 2205
Mt 15.2 tus... quebrantan la tradición de los *a*? *4245*
16.21 ir a Jerusalén y padecer mucho de los *a*.......... *4245*
21.23 y los *a* del pueblo se acercaron a él.......... *4245*
26.3 *a* del pueblo se reunieron en el patio de *4245*
26.47 de parte de los... y de los *a* del pueblo *4245*
26.57 estaban reunidos los escribas y los *a* *4245*
26.59 los *a*... buscaban falso testimonio contra *4245*
27.1 y los *a* del pueblo entraron en consejo.......... *4245*
27.3 devolvió... las treinta piezas... a los *a* *4245*
27.12 y siendo acusado por... *a*, nada respondió *4245*
27.20 los *a* persuadieron a la multitud que *4245*
27.41 escarneciéndole... los fariseos y los *a*.......... *4245*
28.12 reunidos con los *a*, y habido consejo.......... *4245*
Mr 7.3 aferrándose a la tradición de los *a*, si *4245*
7.5 no andan conforme a la tradición de los *a* *4245*
8.31 era necesario... ser desechado por los *a* *4245*
11.27 vinieron a él los... los escribas y los *a*.......... *4245*
14.43 con él mucha gente... de parte... de los *a* *4245*
14.53 reunieron todos los... *a* y los escribas.......... *4245*
15.1 habiendo tenido consejo los... con los *a*.......... *4245*
Lc 7.3 le envió unos *a* de los judíos, rogándole *4245*
9.22 **padezca... y sea desechado por los *a*, por** *4245*
20.1 llegaron los... y los escribas con los *a*.......... *4245*
22.52 Jesús dijo a... los *a*, que habían venido.......... *4245*
22.66 de día, se juntaron los *a* del pueblo *4244*
Hch 2.17 verán visiones, y... *a* soñarán sueños *4245*
4.5 que se reunieron en... los *a* y los escribas.......... *4245*
4.8 les... Gobernantes del pueblo, y *a* de Israel *4245*
4.23 contaron todo lo que... *a* les habían dicho *4245*
5.21 convocaron... a todos los *a* de los hijos de *1087*
6.12 soliviantaron al pueblo, a los *a* y a los *4245*
11.30 enviándolo a los *a* por mano de... Saulo *4245*
14.23 constituyeron *a* en cada iglesia... orado *4245*
15.2 subiesen a... los *a*, para tratar... cuestión.......... *4245*
15.4 fueron recibidos por la iglesia y... los *a* *4245*
15.6 reunieron... a los *a* para conocer de este *4245*
15.22 pareció bien a los apóstoles y a los *a* *4245*
15.23 los apóstoles y los *a* y los hermanos, a.......... *4245*
16.4 las ordenanzas que habían acordado... los *a* .. *4245*
20.17 hizo llamar a los *a* de la iglesia.......... *4245*
21.18 al día... se hallaban reunidos todos los *a* *4245*
22.5 me es testigo, y todos los *a*, de quienes.......... *4244*
23.14 los cuales fueron... a los *a* y dijeron *4245*
24.1 sacerdote Ananías con algunos de los *a* *4245*
25.15 se me presentaron... los *a* de los judíos *4245*
1 Ti 5.1 no reprendas al *a*, sino exhórtale como.......... *4245*
5.2 a las *a*, como a madres; a las jovencitas.......... *4245*
5.17 los *a* que gobiernan bien, sean tenidos *4245*
5.19 contra un *a* no admitas acusación sino *4245*
Tit 1.5 y establecieses *a* en cada ciudad, así 4245
2.2 los *a* sean sobrios, serios, prudentes.......... *4246*
2.3 *a* asimismo sean reverentes en su porte *4247*
Flm 9 siendo como soy, Pablo ya *a*, y ahora *4246*
Stg 5.14 llame a los *a* de la iglesia, y oren.......... *4245*
1 P 5.1 ruego a los *a*, yo anciano también con ellos *4245*
5.1 ruego a los ancianos, yo *a* también con ellos *4850*
5.5 jóvenes, estad sujetos a los *a*; y todos *4245*
2 Jn 1 el *a* a la señora elegida y a sus hijos *4245*
3 Jn 1 el *a* a Gayo, el amado, a quien amo en.......... *4245*
Ap 4.4 y vi sentados en los tronos a 24 *a* *4245*
4.10 los 24 *a* se postraron delante del que *4245*
5.5 y uno de los *a* me dijo: No llores. He aquí *4245*
5.6 medio de los *a*, estaba en pie un Cordero *4245*
5.8,14 y los veinticuatro *a* se postraron.......... *4245*
5.11 muchos ángeles alrededor del... y de los *a* *4245*
7.11 los ángeles... alrededor... de los *a* y de los *4245*
7.13 uno de los *a* habló, diciéndome: Estos que *4245*
11.16 los 24 *a* que estaban sentados delante de *4245*
14.3 cantaban un cántico... delante... de los *a* *4245*
19.4 los veinticuatro *a*... se postraron en tierra..... *4245*

ANCLA

Hch 27.13 levaron *a* e iban costeando Creta.......... *142*
27.29 temiendo dar en escollos, echaron 4 *a* *45*
27.30 como que querían largar las *a* de proa *45*
27.40 cortando, pues, las *a*, las dejaron en *45*
He 6.19 tenemos como segura y firme *a* del *45*

ANDAR *(s.)*

Sal 139.3 has escrudriñado mi *a* y mi reposo 734
Pr 30.29 tres cosas hay de hermoso *a*, y la.......... 6806

ANDAR *(v.)*

Gn 3.14 sobre tu pecho *andarás*, y polvo comerás 1980
4.3 y aconteció *andando* el tiempo, que Caín.......... 7093
9.23 Sem... *andando* hacia atrás, cubrieron la 1980
13.5 también Lot, que *andaba* con Abram, tenía..... 1980
15.2 ¿qué me darás, siendo así que *ando* sin 1980
17.1 dijo... *anda* delante de mí y sé perfecto 1980
21.14 salió y *anduvo* errante por el desierto.......... 8582
24.40 Jehová, en... presencia he *andado*, enviará .. 1980
24.42 prosperas... mi camino por el cual *ando* 1980
33.12 dijo: *Anda*, vamos; y yo iré delante de ti 1980
35.3 al Dios que... en el camino que he *andado*..... 1980
37.15 halló... *andando* él errante por el campo..... 8582
42.33 tomad para... de vuestras casas, y *andad* 1980
48.15 el Dios en cuya presencia *anduvieron* 1980
Éx 8.25 *andad*, ofreced sacrificio a... Dios en el 1980
10.8 dijo: *Andad* servid a Jehová vuestro Dios.......... 1980
13.21 fin de que *anduviesen* de día y de noche.......... 1980
15.22 y *anduvieron* tres días por el desierto.......... 1980
16.4 que yo lo pruebe si *anda* en mi ley, o no 1980
18.20 muéstrales el camino por donde... *andar*.......... 1980
21.19 si se... y *anduviere* fuera sobre su báculo..... 1980
32.7 Moisés: *Anda*, desciende, porque tu pueblo..... 1980
33.1 *anda*, sube de aquí, tú y el pueblo que 5927
33.16 sino en que tú *andes* con nosotros, y que 1980
Lv 11.20 insecto... que *anduviere* sobre cuatro 1980
11.21 esto comeréis de... insecto alado que *anda* 1980
11.27 los animales que *andan* en cuatro patas 1980
11.27 por inmundo a... que *ande* sobre sus garras.. 1980
11.42 todo lo que *anda* sobre el pecho, y todo 1980
11.42 lo que *anda* sobre cuatro o más patas, de 1980
18.3 ni haréis... ni *andaréis* en sus estatutos.......... 1980
18.4 estatutos guardaréis, *andando* en ellos.......... 1980
19.16 no *andarás* chismeando entre tu pueblo.......... 1980
20.23 y no *andéis* en las prácticas de las 1980
26.3 si *anduviereis* en mis decretos... por obra 1980
26.12 así *andaré* entre vosotros, y... vuestro Dios.......... 1980
26.13 os he hecho *andar* con el rostro erguido 1980
26.21,23 si *anduviereis* conmigo en oposición.......... 1980
26.40 porque *anduvieron* conmigo en oposición..... 1980
26.41 también habré *andado* en contra de ellos..... 1980
Nm 13.26 y así *anduvieron* y vinieron a Moisés y a..... 1980
14.33 vuestros hijos *andarán* pastoreando en 7462
32.13 los hizo *andar* errantes cuarenta años 5128
33.8 *anduvieron* tres días de camino por el.......... 1980
36.9 no *ande* la heredad rodando de una tribu 5437
Dt 1.19 *anduvimos*... grande y terrible desierto 1980
1.31 todo el camino que habéis *andado*, hasta.......... 1980
1.33 para mostraros el... por donde *anduvieseis*.......... 1980
2.7 él sabe que *andas* por este gran desierto 1980
2.14 y los días que *anduvimos* de Cades-barnea.......... 1980
5.33 *andad*... camino que Jehová vuestro Dios os .. 1980
6.7 y las repetirás a... *andando* por el camino.......... 1980
6.14 no *andaréis* en pos de dioses ajenos, de 1980
8.6 Dios, *andando* en sus caminos, y temiéndole 1980
8.19 si... *anduvieres* en pos de dioses ajenos.......... 1980
10.11 *anda*, para que marches delante del pueblo.. 1980
10.12 que *andes* en todos sus caminos, y que 1980
11.19 hablando de... cuando *andes* por el camino .. 1980
11.22 *andando* en... sus caminos, y siguiéndole.......... 1980
13.4 en pos de Jehová vuestro Dios *andaréis* 1980
13.5 por el cual... Dios te mandó que *anduvieses* 1980
19.9 y *andes* en sus caminos todos los días 1980
23.14 tu Dios *anda* en medio de tu campamento..... 1980
26.17 declarado... que *andarás* en sus caminos.......... 1980
28.9 guardares... y *anduvieres* en sus caminos 1980
29.19 tendré paz, aunque *ande* en la dureza de 1980
30.16 te mando hoy... que *andes* en sus caminos..... 1980
Jos 2.1 *andad*, reconoced la tierra, y a Jericó 1980
5.6 *anduvieron* por el desierto cuarenta años 1980
6.13 *andando* siempre y tocando las bocinas.......... 1980
14.10 cuando Israel *andaba* por el desierto 1980
22.5 que améis... y *andéis* en todos sus caminos..... 1980
24.17 ha guardado... por donde hemos *andado* 5674
Jue 2.17 camino en que *anduvieron* sus padres 1980
2.22 seguir el camino de Jehová, *andando* por 1980
5.6 que *andaban* por las sendas se apartaron.......... 1980
9.10,14 *anda* tú, reina sobre nosotros 1980
10.14 *andad* y clamad a los dioses que... elegido ... 1980
11.4 aconteció *andando* el tiempo, que... Amón 3117
11.16 Israel... *anduvo* por el desierto hasta el 1980
18.6 id en paz... vuestro camino en que *andáis*..... 1980
Rt 1.8 *andad*, volveos cada una a la casa de su.......... 1980
1.19 *anduvieran*... hasta que llegaron a Belén.......... 1980
1 S 2.30 que tu casa y... *andarían* delante de mí 1980
2.35 *andará* delante de mi ungido todos los días..... 1980
6.12 las vacas... seguían... *andando* y bramando ... 1980
8.3 no *anduvieron*... por los caminos de su padre .. 1980
8.5 y tus hijos no *andan* en tus caminos por 1980
9.10 dices bien; *anda*, vamos. Y fueron a la.......... 1980
12.2 yo he *andado* delante de vosotros desde.......... 1980
17.39 probó a *andar*, porque nunca había hecho ... 1980
17.39 dijo David... Yo no puedo *andar* con esto.......... 1980
17.41 el filisteo venía *andando* y acercándose.......... 1980
17.48 echó a *andar* para ir al encuentro de 7126
19.23 y siguió *andando* y profetizando hasta.......... 1980
22.5 Gad dijo... *anda* y vete a tierra de Judá 1980
23.13 Keila, y *anduvieron* de un lugar a otro 1980
24.11 no hay mal... tú *andas* a caza de mi vida 6658
27.1 para que Saúl... no me *ande* buscando más
31.12 todos los... *anduvieron* toda aquella noche ... 1980
2 S 3.16 dijo Abner: *Anda*, vuélvete... volvió 1980
3.29 que nunca falte... quien *ande* con báculo 2388
6.13 habían *andado* seis pasos, él sacrificó.......... 6805
7.3 *anda*, y haz... lo que está en tu corazón.......... 1980
7.6 que he *andado* en tienda y en tabernáculo 1980
7.7 y en todo cuanto he *andado* con... de Israel..... 1980
7.9 estado contigo en todo cuanto has *andado* 1980
14.19 ¿no *anda* la mano de Joab contigo en
16.13 Simei iba por el... *andando* y maldiciendo..... 1980
1 R 2.3 *andando* en sus caminos, y observando.......... 1980
2.4 hijos... *andando* delante de mí con verdad.......... 1980
3.3 *andando* en... estatutos de su padre David 1980
3.6 porque él *anduvo* delante de ti en verdad 1980
3.14 si *anduvieres* en mis... como *anduvo* David..... 1980
6.12 *anduvieres* en mis estatutos e hicieres.......... 1980
6.12 todos mis mandamientos *andando* en ellos.......... 1980
8.23 los que *andan* delante de ti con todo su.......... 1980
8.25 *anden* delante de mí como tú has *andado* 1980
8.36 enseñándoles el... camino en que *anden*.......... 1980
8.58 para que *andemos* en todos sus caminos 1980
8.61 *andando* en sus estatutos y guardando.......... 1980
9.4 y si tú *anduvieres*... como anduvo David tu 1980
11.33 no han *andado* en mis caminos para hacer .. 1980
11.38 *anduvieres* en mis caminos, e hicieres.......... 1980
14.8 *anduvo* en pos de mí con todo su corazón..... 1980
15.3 *anduvo* en todos los pecados que su padre 1980
15.26 *andando* en el camino de su padre, y en.......... 1980
15.34 *anduvo* en el camino de Jeroboam, y en.......... 1980
16.2 has *andado* en el camino de Jeroboam, y.......... 1980
16.19 *andando* en los caminos de Jeroboam 1980
16.26 *anduvo* en todos los caminos de Jeroboam 1980
16.31 fue ligera cosa *andar* en los pecados de.......... 1980
18.26 ellos *andaban* saltando cerca del altar 6452
21.27 durmió en cilicio, y *anduvo* humillado.......... 1980
22.43 *anduvo* en... el camino de Asa su padre 1980
22.52 *anduvo* en el camino de su padre, y en 1980
2 R 3.9 *anduvieron*... por el desierto siete días.......... 1980
4.24 guía y *anda*; y no me hagas detener en el.......... 1980
5.5 *anda*, vé, y yo enviaré cartas al rey de.......... 1980
6.2 y hagamos allí lugar en... Y él dijo: *Andad* 1980
8.18 *anduvo* en el camino de... reyes de Israel.......... 1980
8.27 *anduvo* en el camino de la casa de Acab 1980
10.31 no cuidó de *andar* en la ley de Jehová.......... 1980
13.6 de los pecados de la... en ellos *anduvieron* 1980
13.11 los pecados de Jeroboam... en ellos *anduvo* .. 1980
16.3 antes *anduvo* en el camino de los reyes de 1980
17.8 y *anduvieron* en los estatutos de las.......... 1980
17.19 *anduvieron* en los estatutos de Israel.......... 1980
17.22 *anduvieron* en... los pecados de Jeroboam ... 1980
20.3 que he *andado* delante de ti en verdad 1980
21.21 *anduvo* en... los caminos en que su padre a .. 1980
21.22 dejó a Jehová... no *anduvo* en el camino 1980
22.2 *anduvo* en... el camino de David su padre.......... 1980
1 Cr 16.20 *andaban* de nación en nación, y de.......... 1980
17.6 dondequiera que *anduve* con todo Israel 1980
17.8 estado contigo en todo cuanto has *andado* 1980
2 Cr 6.16 *andando*... mi ley, como tú has *andado* 1980
6.27 enseñarás el buen camino para que anden..... 1980
6.31 para que te teman y *anden* en tus caminos.......... 1980
7.17 y si tú *anduvieres*... como anduvo David tu 1980
11.17 tres años *anduvieron* en el camino de 1980
17.3 *anduvo* en los... caminos de David su padre..... 1980
17.4 buscó al... y *andaba* en sus mandamientos 1980
18.21 tú le... y lo lograrás; *anda*, y hazlo así 3318
20.32 y *anduvo* en el camino de Asa su padre 3318
21.6 *anduvo* en el camino de... reyes de Israel.......... 3318
21.12 por cuanto no has *andado* en los caminos..... 3318
21.13 sino que has *andado* en el camino de los 3318
22.3 él *anduvo* en los caminos de la casa de.......... 3318
22.5 *anduvo* en los consejos de ellos, y fue.......... 3318
28.2 *anduvo* en los caminos de los reyes de 3318
34.2 *anduvo* en los caminos de David su padre..... 3318
34.21 *andad*, consultad a Jehová por mí y por 3318
Neh 5.9 ¿no *andaréis* en el temor de nuestro 3318
10.29 y jurar que *andarían* en la ley de Dios 3318
Job 1.7; 2.2 de rodear la tierra, y de *andar* por 3318
5.14 a mediodía *andan* a tientas como de noche.... 4959
9.8 extendió... y *anda* sobre las olas del mar 1869
12.17 hace *andar* despojados de consejo a los.......... 1980
18.8 red será echada... y sobre mallas *andará* 1980
21.11 como manada, y sus hijos *andan* saltando..... 7540
24.10 al desnudo hacen *andar* sin vestido, y a 1980

24.18 no *andarán* por el camino de las viñas 6437
30.3 por causa de...del hambre *andaban* solos
30.28 *ando* ennegrecido, y no por el sol 1980
31.5 si *anduve* con mentira, y si mi pie se 1980
34.8 compañía...*anda* con los hombres malos? 1980
38.16 y has *andado* escudriñando el abismo? 1980
38.41 y *andan* errantes por falta de comida? 8582
39.8 su pasto, y *anda* buscando toda cosa verde 1875
Sal 1.1 el varón que no *anduvo* en consejo de 1980
12.8 cercando *andan* los malos, cuando la 1980
15.2 el que *anda* en integridad y hace justicia 1980
23.4 aunque *ande* en valle de sombra de muerte 1980
26.1 porque yo en mi integridad he *andado*; he 1980
26.3 tu misericordia está...*ando* en tu verdad 1980
26.4 ni entré con los que *andan* simuladamente 5956
26.6 *andaré* alrededor de tu altar, oh Jehová 5437
26.11 yo *andaré* en mi integridad; redímeme 1980
32.8 te enseñaré el camino en que debes *andar* 1980
35.14 como por mi hermano *andaba*; como el 1980
38.6 humillado en...*ando* enlutado todo el día 1980
42.9; 43.2 ¿por qué *andaré* yo enlutado por la 1980
48.12 *andad* alrededor de Sion, y rodeadla 5437
55.14 *andábamos* en amistad en la casa de Dios 1980
56.13 para que *ande* delante de Dios en la luz 1980
59.15 *anden* ellos errantes para hallar...comer 5128
68.7 Dios...cuando *anduviste* por el desierto 6805
78.10 de Dios, ni quisieron *andar* en su ley 1980
81.13 en mis caminos hubiera *andado* Israel! 1980
82.5 saben, no entienden, *andan* en tinieblas 1980
84.11 no quitará el bien a los que *andan* en 1980
89.15 *andará*...Jehová, a la luz de tu rostro 1980
89.30 mi ley, y no *anduvieren* en mis juicios 1980
91.6 ni pestilencia que *ande* en oscuridad, ni 1980
101.2 en la integridad...*andaré* en medio de mi 1980
101.6 que *ande* en el camino de la perfección 1980
104.3 el que *anda* sobre las alas del viento 1980
104.26 allí *andan* las naves; allí este leviatán 1980
105.13 y *andaban* de nación en nación, de un 1980
107.4 *anduvieron* perdidos por el desierto, por 8582
107.40 y les hace *andar* perdidos, vagabundos 8562
109.10 *anden* sus hijos vagabundos, y...lejos 5128
115.7 tienen pies, mas no *andan*; no hablan 1980
116.9 *andaré* delante de Jehová en la tierra 1980
119.1 los que *andan* en la ley de Jehová 1980
119.3 no hacen iniquidad los que *andan* en sus 1980
119.45 y *andaré* en libertad, porque busqué tu 1980
119.67 antes que fuera yo...descarriado *andaba* 7683
119.176 *anduve* errante como oveja extraviada 8582
126.6 irá *andando* y llorando el que lleva la 1980
128.1 todo aquel que...que *anda* en sus caminos 1980
131.1 ni *anduve* en grandezas, ni en cosas 1980
138.7 si *anduviere* yo en medio de la angustia 1980
142.3 en el camino en que *andaba* me...lazo 1980
143.8 hazme saber el camino por donde *ande* 1980
Pr 1.15 hijo mío, no *andes* en camino con ellos 1980
2.13 dejan...para *andar* por sendas tenebrosas 1980
2.20 así *andarás* por el camino de los buenos 1980
3.23 *andarás* por tu camino confiadamente, y tu 1980
3.28 no digas a...*Anda*, y vuelve, y mañana te 1980
4.11 por veredas derechas te he hecho *andar* 1869
4.12 cuando *anduvieres*, no se estrecharán tus 1980
5.20 ¿y por qué...*andarás* ciego con la mujer 7686
6.12 el hombre malo...que *anda* en perversidad 1980
6.14 *anda* pensando el mal en todo tiempo 2790
6.22 te guiarán cuando *andes*; cuando duermas 1980
6.28 ¿*andará* el hombre sobre brasas sin que 1980
9.6 *andad* por el camino de la inteligencia 833
10.9 que camina en integridad *anda* confiado 1980
11.13 que *anda* en chismes descubre el secreto 1980
13.20 el que *anda* con sabios, sabio será; mas 1980
Pr 16.29 y le hace *andar* por camino no bueno 1980
20.19 que *anda* en chismes descubre el secreto 1980
Ec 2.3 que *anduviese* mi corazón en sabiduría 5090
2.14 el sabio...mas el necio *anda* en tinieblas 1980
9.7 *anda*, y come tu pan con gozo, y bebe tu 1980
10.7 príncipes que *andaban* como siervos sobre 1980
11.9 y *anda* en los caminos de tu corazón y en 1980
12.5 los endechadores *andarán* alrededor por 5437
Is 3.16 y *andan* con cuello erguido y con ojos 1980
3.16 cuando *andan* van danzando, y haciendo 1980
6.9 *anda*, y di a este pueblo: Oíd bien, y no 1980
9.2 el pueblo que *andaba* en tinieblas vio gran 1980
11.6 y el león y la bestia...*andarán* juntos
16.3 no entregues a los que *andan* errantes 5074
18.2 *andad*, mensajeros veloces, a la nación 1980
20.2 lo hizo así, *andando* desnudo y descalzo 1980
20.3 de la manera que *anduvo* mi siervo Isaías 1980
26.20 *anda*, pueblo...entra en tus aposentos 1980
30.21 diga: Este es el camino, *andad* por él 1980
33.21 no *andará* galera de remos, ni por él 1980
35.8 que *anduviere* en este...no se extraviará 1980
38.3 que he *andado* delante de ti en verdad 1980
38.15 *andaré* humildemente todos mis años 1718
42.5 da...espíritu a los que por ella *andan* 1980
42.16 les haré *andar* por sendas que no habían 1869
42.24 no quisieron *andar* en sus caminos, ni 1980
50.10 el que *anda* en tinieblas y carece de luz 1980
50.11 *andad* a la luz de vuestro fuego, y de 1980
57.2 descansarán...que *andan* delante de Dios 1980
58.13 lo venerares, no *andando* en tus propios 1870
59.9 esperamos luz...y *andamos* en oscuridad 1980
59.10 como ciegos, y *andamos* a tientas como 1659
60.3 *andarán* las naciones a tu luz, y los reyes 1980
65.2 el cual *anda* por camino no bueno, en pos 1980
Jer 2.2 *anda* y clama a los oídos de Jerusalén 1980
2.2 *andabas* en pos de mí en el desierto, en 1980
2.8 y *anduvieron* tras lo que no aprovecha 1980
2.23 inmunda, nunca *anduve* tras los baales? 1980
2.25 guarda tus pies de *andar* descalzos, y tu 1980
3.17 ni *andarán* más tras la dureza...corazón 1980
4.1 si te...y no *anduvieres* de acá para allá
6.16 *andad* por él...Mas dijeron: No andaremos 1980
6.25 salgas al campo, ni *andes* por el camino 1980
6.28 rebeldes, porfiados, *andan* chismeando
7.6 ni *anduviereis* en pos de dioses ajenos 1980
7.9 Baal, y *andando* tras dioses extraños que 1980
7.12 *andad* ahora a mi lugar en Silo, donde 1980
7.23 *andad* en todo camino que os mande, para 1980
8.2 en pos de quienes *anduvieron*, a quienes 1980
9.4 engaña...todo compañero *anda* calumniando 1980
10.5 son llevados, porque no pueden *andar* 6805
13.10 *anda* en las imaginaciones de su corazón 1980
14.18 el profeta como el...*anduvieron* vagando 5503
16.11 vuestros padres...*anduvieron* en pos de 1980
23.14 los profetas de...*andaban* en mentiras, y 1980
23.17 *anda* tras la obstinación de...corazón 1980
26.4 si no me oyereis para *andar* en mi ley 1980
31.9 los haré *andar* junto a arroyos de aguas 1980
31.22 ¿hasta cuándo *andarás* errante, oh hija 2559
32.23 no oyeron tu voz, ni *anduvieron* en tu 1980
44.23 ni *anduvisteis* en su ley ni en sus 1980
50.4 e irán *andando* y llorando, y buscarán a 1980
50.6 *anduvieron* de monte en collado, y se 1980
51.50 los que escapasteis de la espada, *andad* 1980
Lm 1.6 *anduvieron* sin...delante del perseguidor 1980
4.18 cazaron nuestros pasos...no *anduviésemos* 1980
5.18 por el monte de Sion...zorras *andan* por él 1980
Ez 1.9 no se volvían cuando *andaban*, sino que 1980
1.12 que anduviesen, *andaban*; y cuando *a*, no 1980
1.13 de hachones...que *andaba* entre los seres 1980
1.17 cuando *andaban*...no se volvían cuando a 1980
1.19 cuando los seres...*andaban*, las ruedas a 1980
1.20(2) el espíritu les movía que *anduviesen* 1980
1.21 cuando ellos *andaban*, a ellas, y cuando 1980
1.24 oí el sonido de sus alas cuando *andaban* 1980
5.6 desecharon mis decretos...no *anduvieron* en 1980
5.7 no habéis *andado* en mis mandamientos, ni 1980
5.7 ni aun según...las naciones...habéis *andado* 6213
10.11 cuando *andaban*, hacia los...frentes a 1980
10.11(2) no se volvían cuando *andaban* 1980
10.16 *andaban* los querubines, a las ruedas 1980
11.12 no habéis *andado* en mis estatutos, ni 1980
11.20 *anden* en mis ordenanzas, y guarden mis 1980
11.21 mas a aquellos cuyo corazón *anda* tras el 1980
13.3 ¡ay de los profetas...que *andan* en pos de 1980
14.7 se hubiere apartado de *andar* en pos de
16.47 ni aun *anduviste* en sus caminos, ni 1980
18.17 decretos y *anduviere* en mis ordenanzas 1980
19.6 y él *andaba* entre los leones; se hizo 1980
20.13,16,21 no *anduvieron* en mis estatutos 1980
20.18 antes dije...No *andéis* en los estatutos 1980
20.19 *andad* en mis estatutos, y guardad mis 1980
20.39 dicho...*Andad* cada uno tras sus ídolos 1980
23.31 en el camino de tu hermana *anduviste* 1980
33.31 el corazón...*anda* en pos de su avaricia 1980
34.5 y *andan* errantes por falta de pastor 6327
34.6 *anduvieron* perdidas mis ovejas por todos 7686
36.12 y haré *andar* hombres sobre vosotros, a 1980
36.27 que *andéis* en mis estatutos, y guardéis 1980
37.24 *andarán* en mis preceptos, y...por obra 1980
Dn 4.37 humillar a los que *andan* con soberbia 1981
9.10 *andar* en sus leyes que él puso delante 1980
12.9 *anda*, Daniel, pues estas palabras están 1980
Os 5.6 con...vacas *andarán* buscando a Jehová 1980
5.11 porque quiso *andar* en pos de vanidades 1980
5.15 *andaré* y volveré a mi lugar, hasta que 1980
9.17 y *andarán* errantes entre las naciones 5074
11.3 yo...enseñaba a *andar* al mismo Efraín 8637
14.9 rectos, y los justos *andarán* por ellos 8637
Jl 1.18 ¡cuán turbados *anduvieron* los hatos de
Am 2.4 en pos de las cuales *anduvieron* sus 1980
3.3 ¿*andarán* dos juntos, si no estuvieren de 1980
Mi 1.8 aullaré, y *andaré* despojado y desnudo 1980
2.3 ni *andaréis* erguidos; porque el tiempo 1980
2.10 y *andad*, porque no es este el lugar de 1980
2.11 alguno *andando* con espíritu de falsedad 1980
4.2 sus caminos y *andaremos* por sus veredas 1980
4.5 *anden* cada uno en el nombre de su dios 1980
4.5 nosotros con todo *andaremos* en el nombre 1980
6.16 y en los consejos de ellos *anduvisteis* 1980
Hab 3.11 a la luz de tus saetas *anduvieran* 1980
3.19 Jehová el...en mis alturas me hace *andar* 1869
Sof 1.17 *andarán* como ciegos, porque pecaron 1980
Zac 3.7 si *anduvieres* por mis caminos, y si 1980
Mal 2.6 en paz y en justicia *anduvo* conmigo 1980
3.14 que *andemos* afligidos en presencia de 1980
Mt 4.18 *andando* Jesús junto al mar de Galilea 4043
5.24 **delante del altar, y *anda*, reconcíliate** 5217
9.5 **es más fácil, decir...Levántate y *anda*?** 4043
11.5 **los ciegos ven, los cojos *andan*, los** 4043
12.43 **el espíritu inmundo...*anda* por lugares** 1330
14.25 Jesús vino a ellos *andando* sobre el mar 4043
14.26 viéndole *andar*...el mar, se turbaron 4043
14.29 *andaba* sobre las aguas para ir a Jesús 4043
15.31 viendo...a los cojos *andar*...ciegos ver 4043
19.21 **si quieres...*anda*, vende lo que tienes** 5217
Mr 1.16 *andando* junto al mar de Galilea, vio 4043
2.9 **o decirle: Levántate, toma tu...y *anda*?** 4043
2.23 *andando*, comenzaron a arrancar espigas 3899
5.5 *andaba* dando voces en los montes y en los 2258
5.42 luego la niña se levantó y *andaba*, pues 4043
6.48 vino a ellos *andando* sobre el mar, y 4043
6.49 viéndole...*andar* sobre el mar...gritaron 4043
7.5 ¿por qué tus discípulos no *andan* conforme 4043
8.24 veo los hombres...pero los veo que *andan* 4043
10.21 ***anda*, vende todo lo que tienes, y dalo** 5217
11.27 *andando* él por el templo, vinieron a él 4043
12.38 **que gustan de *andar* con largas ropas** 4043
Lc 1.6 y *andaban* irreprensibles en todos los 4198
2.44 *anduvieron* camino de un día...buscaban 2064
5.23 **es más fácil, decir...Levántate y *anda*?** 4043
7.22 **cojos *andan*, los leprosos son limpiados** 4043
11.24 **sale del hombre, *anda* por lugares secos** 1330
11.44 **hombres que *andan* encima no lo saben** 4043
13.11 *andaba* encorvada, y en ninguna manera 4794
20.46 **que gustan de *andar* con ropas largas** 4043
Jn 1.36 y mirando a Jesús que *andaba* por allí 4043
5.8 **le dijo: Levántate, toma tu lecho, y *anda*** 4043
5.9 y tomó su lecho, y *anduvo*. Y era día de 4043
5.11 **él mismo me dijo: Toma tu lecho y *anda*** 4043
5.12 **el que te dijo: Toma tu lecho y *anda*?** 4043
6.19 vieron a Jesús que *andaba* sobre el mar 4043
6.66 volvieron atrás, y ya no *andaban* con él 4043
7.1 *andaba* Jesús en Galilea...no quería andar 4043
8.12 **el que me sigue, no *andará* en tinieblas** 4043
10.23 *andaba* en el templo por el pórtico de 4043
11.9 **el que *anda* de día, no tropieza, porque** 4043
11.10 **el que *anda* de noche, tropieza, porque** 4043
11.54 Jesús ya no *andaba* abiertamente entre 4043
12.35 ***andad* entre tanto que tenéis luz, para** 4043
12.35 **que *anda* en tinieblas, no sabe a dónde** 4043
Hch 3.6 te doy; en el nombre de Jesucristo...*andar* 4043
3.8 saltando, se puso en pie y *anduvo*; y entró 4043
3.8 y entró con ellos en el templo, *andando* 4043
3.9 el pueblo le vio *andar* y alabar a Dios 4043
3.12 o piedad hubiésemos hecho *andar* a éste? 4043
9.31 iglesias...*andando* en el temor del Señor 4198
10.38 éste *anduvo* haciendo bienes y sanando 1330
13.11 *andando*...buscaba quien le condujese de 4013
14.8 hombre de Listra...que jamás había *andado* 4043
14.10 levántate derecho. Y él saltó, y *anduvo* 4043
14.16 ha dejado...*andar* en sus propios caminos 4198
21.24 sino que tú también *andas* ordenadamente 4748
Ro 6.4 así también nosotros *andemos* en vida 4043
8.1 que no *andan* conforme a la carne, sino 4043
8.4 en nosotros, que no *andamos* conforme a la 4043
13.13 *andemos* como de día, honestamente; no 4043
14.15 ya no *andas* conforme al amor. No hagas 4043
1 Co 3.3 sois carnales, y *andáis* como hombres? 4043
4.19 el poder de los que *andan* envanecidos 5448
2 Co 4.2 vergonzoso, no *andando* con astucia 4043
5.7 porque por fe *andamos*, no por vista 4043
6.16 habitaré y *andaré* entre ellos, y seré su 1704
10.2 nos tienen como si *anduviésemos* según la 4043
10.3 aunque *andamos* en la carne, no militamos 4043
Gá 2.14 cuando vi que no *andaban* rectamente 3716
5.16 digo, pues: *Andad* en el Espíritu, y no 4043
5.25 si vivimos por el Espíritu, *andemos* 4748
6.16 todos los que *anden* conforme a esta regla 4748
Ef 2.2 los cuales *anduvisteis* en otro tiempo 4043
2.10 buenas obras...que *anduviésemos* en ellas 4043
4.1 os ruego que *andéis* como es digno de la 4043
4.17 que ya no *andéis* como los otros gentiles 4043
4.17 que *andan* en la vanidad de su mente 4043
5.2 *andad* en amor, como...Cristo nos amó, y se 4043
5.8 ahora sois luz...*andad* como hijos de luz 4043
5.15 mirad, pues, con diligencia como *andéis* 4043
Fil 3.18 *andan* muchos...son enemigos de la cruz 4043
Col 1.10 que *andéis* como es digno del Señor 4043
2.6 que habéis recibido al Señor...*andad* en él 4043
3.7 en las cuales...*anduvisteis* en otro tiempo 4043
4.5 *andad* sabiamente para con los de afuera 4043
1 Ts 2.12 *anduvieseis* como es digno de Dios 4043
2 Ts 3.6 hermano que *ande* desordenadamente 4043
3.7 nosotros no *anduvimos* desordenadamente 812
3.11 que algunos de...*andan* desordenadamente 4043
1 Ti 5.13 ser ociosas, *andando* de casa en casa 4022
He 3.10 siempre *andan* vagando en su corazón
11.37 *anduvieron* de acá...cubiertos de pieles 4022
1 P 4.3 *andando* en lascivias, concupiscencias 4198
5.8 diablo...*anda* alrededor buscando a quien 4043
2 P 2.10 la carne, *andan* en concupiscencia e 4198
3.3 *andando* según sus propias concupiscencias 4198
3.11 *andar* en santa y piadosa manera de vivir
1 Jn 1.6 si decimos...y *andamos* en tinieblas 4043
1.7 si *andamos* en luz...tenemos comunión unos 4043
2.6 el que dice que...debe *andar* como él anduvo 4043
2.11 el que aborrece a su...*anda* en tinieblas 4043
2 Jn 4 a algunos de tus hijos *andando* en la 4043
6 amor, que *andemos* según sus mandamientos 4043
6 este es el mandamiento: que *andéis* en amor 4043
3 Jn 3 testimonio...de cómo *andas* en la verdad 4043
4 el oír que mis hijos *andan* en la verdad 4043
Jud 16 que *andan* según sus propios deseos, cuyo 4198
18 que *andarán* según sus malvados deseos 4198
Ap 2.1 **que *anda* en medio de los siete candeleros** 4043
3.4 **y *andarán* conmigo en vestiduras blancas** 4043
9.20 las cuales no pueden...ni oír, ni *andar* 4043
16.15 **que no *ande* desnudo, y vean su vergüenza** 4043
21.24 las naciones...*andarán* a la luz de ella 4043

ANDRAJOSO, A

Jer 38.11 tomó...ropas raídas y *a*, y los echó 4418
38.12 esos trapos viejos y ropas raídas y *a* 4418
Stg 2.2 también entra un pobre con vestido *a* 4508

ANDRÉS *Apóstol de Jesucristo*

Mt 4.18 dos hermanos...Pedro, y *A* su hermano 406
10.2 y *A* su hermano: Jacobo hijo de Zebedeo 406
Mr 1.16 Simón y a *A* su hermano, que echaban 406
1.29 sinagoga, vinieron a casa de Simón y *A* 406
3.18 a *A*, Felipe, Bartolomé, Mateo, Tomás 406
13.3 Jacobo, Juan y *A* le preguntaron aparte 406
Lc 6.14 *A* su hermano, Jacobo y Juan, Felipe 406
Jn 1.40 *A*...uno de los dos que habían oído a Juan 406

1.44 era de Betsaida, la ciudad de *A* y Pedro *406*
6.8 uno...*A*, hermano de Simón Pedro, le dijo *406*
12.22 se lo dijo a *A*; entonces *A* y Felipe se *406*
Hch 1.13 donde moraban Pedro y...*A*, Felipe *406*

ANDRÓNICO *Pariente de Pablo*, Ro 16.7 .... *408*

ANEGAR
Sal 69.2 de aguas, y la corriente me ha *anegado* 7857
69.15 no me *anegue* la corriente de las aguas 7857
Is 43.2 pases...por los ríos, no te *anegarán* 7857
Mr 4.37 olas...de tal manera que ya se *anegaran* *1072*
Lc 8.23 el lago; y se *anegaban*, y peligraban *4845*
2 P 3.6 el mundo de entonces pereció *anegado* *2626*

ANEM *Pueblo en Isacar (=En-ganim No. 2)*,
1 Cr 6.73 6046

ANER
1. Aliado de Abram, Gn 14.13,24 6063
2. Ciudad de refugio en Manasés, 1 Cr 6.70 6063

ANFÍPOLIS *Ciudad de Macedonia*, Hch 17.1 ...... *295*

ÁNGEL
Gn 16.7 halló el *á* de Jehová junto a una fuente 4397
16.9 y le dijo el *á* de Jehová: Vuélvete a tu 4397
16.10 le dijo...el *á* de Jehová: Multiplicaré 4397
16.11 le dijo el *á* de Jehová: He aquí que has 4397
19.1 llegaron, pues, los dos *á* a Sodoma a la 4397
19.15 rayar el alba, los *á* daban prisa a Lot 4397
21.17 *á* de Dios llamó a Agar desde el cielo 4397
22.11 *á* de Jehová le dio voces desde el cielo 4397
22.15 el *á* de Jehová a Abraham segunda vez 4397
24.7 Jehová, Dios...enviará su *á* delante de ti 4397
24.40 Jehová...enviará su *á*...y prosperará tu 4397
28.12 aquí *á* de Dios que subían y descendían 4397
31.11 me dijo el *á* de Dios en sueños: Jacob 4397
32.1 y le salieron al encuentro *á* de Dios 4397
48.16 el *A* que me liberta de todo mal, bendiga 4397
Éx 3.2 le apareció el *A* de Jehová en una llama 4397
14.19 el *á* de Dios que iba delante...de Israel 4397
23.20 he aquí yo envío mi *A* delante de ti para 4397
23.23 mi *A* irá delante de ti, y te llevará a 4397
32.34 he aquí mi *á* irá delante de ti; pero en 4397
33.2 yo enviaré delante de ti el *á*, y echaré 4397
Nm 20.16 y envió un *á*, y nos sacó de Egipto 4397
22.22 el *á* de Jehová se puso en el camino por 4397
22.23 el asna vio al *á* de Jehová que estaba 4397
22.24 el *á*...se puso en una senda de viñas que 4397
22.25,27 viendo el asna al *á* de Jehová, se 4397
22.26 el *á* de Jehová pasó más allá, y se puso 4397
22.31 abrió los ojos de...y vio al *á* de Jehová 4397
22.32 el *á* de Jehová le dijo: ¿Por qué has 4397
22.34 Balaam dijo al *á*...He pecado, porque no 4397
22.35 y el *á* de Jehová dijo a Balaam: Vé con 4397
Jue 2.1 *a* de Jehová subió de Gilgal a Boquim 4397
2.4 *á* de Jehová habló estas palabras a todos 4397
5.23 maldecid a Meroz, dijo el *á* de Jehová 4397
6.11 vino el *á* de Jehová, y se sentó debajo 4397
6.12 y el *á* de Jehová se le apareció, y le 4397
6.20 el *á* de Dios le dijo: Toma la carne y 4397
6.21 extendiendo el *á*...el báculo que tenía en 4397
6.21 el *á* de Jehová desapareció de su vista 4397
6.22 viendo...Gedeón que era el *á* de Jehová 4397
6.22 que he visto al *á* de Jehová cara a cara 4397
13.3 a esta mujer apareció el *á* de Jehová 4397
13.6 cuyo aspecto era como el aspecto de un *á* 4397
13.9 el *á* de Dios volvió otra vez a la mujer 4397
13.13 y el *á*...respondió a Manoa: La mujer se 4397
13.15 Manoa dijo al *á* de Jehová: Te ruego nos 4397
13.16 el *á* de...respondió a Manoa: Aunque me 4397
13.16 no sabía Manoa que aquél fuese *á* de 4397
13.17 dijo Manoa al *á*...¿Cuál es tu nombre 4397
13.18 el *á*...respondió: ¿Por qué preguntas por 4397
13.19 *á* hizo milagro ante los ojos de Manoa 4397
13.20 *á* de Jehová subió en la llama del altar 4397
13.21 y el *á* de...no volvió a aparecer a Manoa 4397
13.21 conoció Manoa que era el *á* de Jehová 4397
1 S 29.9 eres bueno ante mis ojos, como un *á* 4397
2 S 14.17 mi señor el rey es como un *á* de Dios 4397
14.20 sabio conforme a la sabiduría de un *á* 4397
19.27 mi señor el rey es como un *á* de Dios 4397
24.16 el *á* extendió su mano sobre Jerusalén 4397
24.16 Jehová...dijo al *á* que destruía al pueblo 4397
24.16 el *á*...estaba junto a la era de Arauna 4397
24.17 David dijo a Jehová, cuando vio al *á* 4397
1 R 13.18 y un *á* me ha hablado por palabra de 4397
19.5 un *á* le tocó y le dijo: Levántate, come 4397
19.7 volviendo el *á*...la segunda vez, lo tocó 4397
2 R 1.3 el *á* de Jehová habló a Elías tisbita 4397
1.15 el *á* de Jehová dijo a Elías: Desciende 4397
19.35 que aquella...noche salió el *á* de Jehová 4397
1 Cr 21.12 que el *á* de Jehová haga destrucción 4397
21.15 y envió Jehová el *á* a Jerusalén para 4397
21.15 dijo al *á* que destruía: Basta ya; detén 4397
21.15 el *á*...estaba junto a la era de Ornán 4397
21.16 vio al *á* de Jehová, que estaba entre el 4397
21.18 el *á*...ordenó a Gad que dijese a David 4397
21.20 vio al *á*, por lo que se escondieron 4 4397
21.27 habló al *á*, y éste volvió su espada a 4397
21.30 estaba atemorizado...de la espada del *á* 4397
2 Cr 32.21 envió un *á*, el cual destruyó a todo 4397
Job 4.18 sus siervos...y notó necedad en sus *á* 4397
Sal 8.5 le has hecho poco menor que los *á* 430
34.7 el *á* de Jehová acampa alrededor de los 4397
35.5,6 sean como...y el *á* de Jehová los acose 4397
78.49 envió...un ejército de *á* destructores 4397
91.11 a sus *á* mandará acerca de ti, que te 4397
103.20 bendecid a Jehová, vosotros sus *á* 4397
148.2 alabadle, vosotros todos sus *á*; alabadle 4397
Ec 5.6 ni digas delante del *á*...fue ignorancia 4397
Is 37.36 salió el *á* de Jehová y mató...asirios 4397
63.9 y el *á* de su faz los salvó; en su amor 4397
Dn 3.28 bendito sea el Dios de...que envió su *á* 4398
6.22 Dios envió su *á*, el cual cerró la boca 4398
Os 12.3 su hermano, y con su poder venció al *á* 4397
12.4 venció al *á*, y prevaleció, lloró, y le 4397
Zac 1.9 dijo el *á* que hablaba conmigo: Yo te 4397
1.11 ellos hablaron a aquel *á* de Jehová que 4397
1.12 respondió el *á*...y dijo...¿hasta cuándo no 4397
1.13 Jehová respondió...*á* que hablaba conmigo ... 4397
1.14 dijo el *á*...Clama diciendo: Así ha dicho 4397
1.19 dije al *á* que hablaba conmigo: ¿Qué son 4397
2.3 salía aquel *á*...otro *á* le salió al encuentro 4397
3.1 Josué...estaba delante del *á* de Jehová 4397
3.3 Josué estaba vestido de...delante del *á* 4397
3.4 y habló el *á*, y mandó a los que estaban
3.5 las ropas. Y el *á* de Jehová estaba en pie 4397
3.6 el *á* de Jehová amonestó a Josué, diciendo 4397
4.1 volvió el *á*...estaba conmigo, y me despertó 4397
4.4 diciendo a aquel *á* que hablaba conmigo 4397
4.5 el *á* que hablaba conmigo respondió y me 4397
5.5 salió aquel *á* que hablaba conmigo, y me 4397
5.10 dije al *á* que...¿A dónde llevan el efa? 4397
6.4 dije al *á* que...Señor mío, ¿qué es esto? 4397
6.5 el *á* me respondió...Estos son los cuatro 4397
12.8 como el *á* de Jehová delante de ellos 4397
Mal 3.1 yo envio...*á* del pacto, a quien deseáis 4397
Mt 1.20 un *á* del Señor le apareció en sueños *32*
1.24 José...hizo como el *á*...le había mandado *32*
2.13,19 un *á* del Señor apareció en sueños a *32*
4.6 escrito está: A sus *á* mandará acerca de *32*
4.11 dejó; y he aquí vinieron *á* y le servían *32*
13.39 **del siglo; y los segadores son los *á*** *32*
13.41 **enviará el Hijo del Hombre a sus *á*** *32*
13.49 **saldrán los *á*, y apartarán a los malos** *32*
16.27 **vendrá en la gloria de su Padre con...*á*** *32*
18.10 ***á*...ven siempre el rostro de mi Padre** *32*
22.30 **serán como los *á* de Dios en el cielo** *32*
24.31 **enviará sus *á* con gran voz de trompeta** *32*
24.36 **ni aun los *á* de los cielos, sino sólo** *32*
25.31 **el Hijo del...y todos los santos *á* con él** *32*
25.41 **fuego eterno...para el diablo y sus *á*** *32*
26.53 **no me daría más de doce legiones de *á*?** *32*
28.2 un *á* del Señor, descendiendo del cielo *32*
28.5 el *á*, respondiendo, dijo a las mujeres *32*
Mr 1.13 con las fieras; y los *á* le servían *32*
8.38 **venga en la gloria de...con los santos *á*** *32*
12.25 **serán como los *á* que están en los cielos** *32*
13.27 **entonces enviará a sus *á*, y juntará a** *32*
13.32 **nadie sabe, ni aún los *á* que están en** *32*
Lc 1.11 y se le apareció un *á* del Señor puesto *32*
1.13 pero el *á* le dijo: Zacarías, no temas *32*
1.18 dijo Zacarías al *á*: ¿En qué conoceré esto? *32*
1.19 respondiendo el *á*, le dijo...soy Gabriel *32*
1.28 entrando el *á* en donde ella estaba, dijo *32*
1.30 el *á* le dijo: María, no temas, porque *32*
1.34 María dijo al *á*: ¿Cómo será esto? pues *32*
1.35 el *á*, le dijo: El Espíritu Santo vendrá *32*
1.38 hágase la...Y el *á* se fue de su presencia *32*
2.9 un *á* del Señor, y la gloria del Señor los *32*
2.10 el *á* les dijo: No temáis; porque he aquí *32*
2.13 apareció con el *á* una multitud de las *32*
2.15 que cuando los *á* se fueron de ellos al *32*
2.21 le había sido puesto por el *á* antes que *32*
4.10 a sus *á* mandará acerca de ti, que te *32*
9.26 **y en la del Padre, y de los santos *á*** *32*
12.8 **le confesará delante de los *á* de Dios** *32*
12.9 **será negado delante de los *á* de Dios** *32*
15.10 **hay gozo delante de los *á* de Dios por** *32*
16.22 **fue llevado por los *á* al seno de Abraham** *32*
20.36 **son iguales a los *á*, y son hijos de Dios** *2465*
22.43 y se le apareció un *á* del cielo para *32*
24.23 visión de *á*, quienes dijeron que él vivía *32*
Jn 1.51 **los *á* de Dios que suben y descienden** *32*
5.4 porque un *á* descendía de tiempo en tiempo *32*
12.29 otros decían: Un *á* le ha hablado *32*
20.12 y vio a dos *á* con vestiduras blancas *32*
Hch 5.19 un *á* del Señor, abriendo de noche las *32*
6.15 vieron su rostro como el rostro de un *á* *32*
7.30 un *á* se le apareció en el desierto del *32*
7.35 por mano del *á* que se le apareció en la *32*
7.38 aquel Moisés que estuvo en la...con el *á* *32*
7.53 recibisteis la ley por disposición de *á* *32*
8.26 un *á* del Señor habló a Felipe, diciendo *32*
10.3 que un *á* de Dios entraba donde él estaba *32*
10.7 ido el *á* que hablaba con Cornelio, éste *32*
10.22 ha recibido instrucciones de un santo *á* *32*
11.13 cómo había visto en su casa un *á*, que *32*
12.7 se presentó un *á* del Señor, y una luz *32*
12.8 dijo el *á*: Cíñete, y átate las sandalias *32*
12.9 no sabía que era verdad lo que hacía el *á* *32*
12.10 pasaron...y luego el *á* se apartó de él *32*
12.11 que el Señor ha enviado su *á*, y me ha *32*
12.15 loca...Entonces ellos decían: ¡Es su á! *32*
12.23 *á* del Señor le hirió, por cuanto no dio *32*
23.8 dicen que no hay resurrección ni *á*, ni *32*
23.9 le ha hablado, o un *á*, no resistamos a *32*
27.23 noche ha estado conmigo el *á* del Dios *32*
Ro 8.38 ni *á*, ni principados, ni potestades *32*
1 Co 4.9 a ser espectáculo al mundo, a los *á* *32*
6.3 ¿o no sabéis que hemos de juzgar a los *á*? *32*
11.10 sobre su cabeza, por causa de los *á* *32*
2 Co 11.14 Satanás se disfraza como *á* de luz *32*
Gá 1.8 si aun nosotros, o un *á*...anunciare otro *32*
3.19 fue ordenada por medio de *á* en mano de *32*
4.14 bien me recibisteis como a un *á* de Dios *32*
Col 2.18 afectando humildad y culto a los *á* *32*
2 Ts 1.7 se manifieste...con los *á* de su poder *32*
1 Ti 3.16 fue...visto de los *á*, predicado a los *32*
5.21 te encarezco delante de Dios y...sus *á* *32*
He 1.4 hecho tanto superior a los *á*, cuanto *32*
1.5 ¿a cuál de los *á* dijo Dios...Mi Hijo eres *32*
1.6 y otra vez...Adórenle todos los *á* de Dios *32*
1.7 de los *á*...El que hace a sus *á* espíritus *32*
1.13 ¿a cuál de los *á* dijo Dios...Siéntate a *32*
2.2 si la palabra dicha por...los *á* fue firme *32*
2.5 porque no sujetó a...*á* el mundo venidero *32*
2.7 le hiciste un poco menor que los *á*, le *32*
2.9 que fue hecho un poco menor que los *á* *32*
2.16 ciertamente no socorrió a los *á*, sino *32*
12.22 a la compañía de muchos millares de *á* *32*
13.2 ella algunos, sin saberlo, hospedaron *á* *32*
1 P 1.12 en las cuales anhelan mirar los *á* *32*
3.22 y a él están sujetos *á*, autoridades y *32*
2 P 2.4 si Dios no perdonó a los *á* que pecaron *32*
2.11 los *á*...no pronuncian juicio de maldición *32*
Jud 6 y a los *á* que no guardaron su dignidad *32*
Ap 1.1 y la declaró...por medio de su *á* a...Juan *32*
1.20 **siete estrellas son los *á* de las siete** *32*
2.1 **escribe al *á* de la iglesia en Efeso** *32*
2.8 **escribe al *á* de la iglesia en Esmirna** *32*
2.12 **escribe al *á* de la iglesia en Pérgamo** *32*
2.18 **escribe al *á* de la iglesia en Tiatira** *32*
3.1 **escribe al *á* de la iglesia en Sardis** *32*
3.5 **confesaré su nombre...delante de sus *á*** *32*
3.7 **escribe al *á* de la iglesia en Filadelfia** *32*
3.14 **escribe al *á* de la iglesia en Laodicea** *32*
5.2 a un *á* fuerte que pregonaba a gran voz *32*
5.11 la voz de muchos *á* alrededor del trono *32*
7.1 después de esto vi a cuatro *á* en pie sobre *32*
7.2 vi...a otro *á* que subía de donde sale el *32*
7.2 los cuatro *á*, a quienes se les había dado *32*
7.11 los *á* estaban en pie alrededor del trono *32*
8.2 los siete *á* que estaban en pie ante Dios *32*
8.3 *á* vino entonces y se paró ante el altar *32*
8.4 de la mano del *á* subió...humo del incienso *32*
8.5 el *á* tomó el incensario, y lo llenó del *32*
8.6 los siete *á* que tenían las siete trompetas *32*
8.7 el primer *á* tocó la trompeta, y hubo *32*
8.8 el segundo *á* tocó la trompeta, y como una *32*
8.10 el tercer *á* tocó la trompeta, y cayó del *32*
8.12 cuarto *á* tocó la trompeta, y fue herida *32*
8.13 oí a un *á* volar por en medio del cielo *32*
8.13 toques de...están para sonar los tres á! *32*
9.1 el quinto *á* tocó la trompeta, y vi una *32*
9.11 y tienen por rey...al *á* del abismo, cuyo *32*
9.13 el sexto *á* tocó la trompeta, y oí una voz *32*
9.14 al sexto *á*...Desata a los cuatro *á* que *32*
9.15 y fueron desatados los 4 *á* que estaban *32*
10.1 vi descender del cielo a otro *á* fuerte *32*
10.5 el *á* que vi en pie...levantó su mano al *32*
10.7 que en los días de la voz del séptimo *á* *32*
10.8 el librito que está...en la mano del *á* *32*
10.9 al *á*, diciéndole que me diese el librito *32*
10.10 tomé el librito de la mano del *á*, y lo *32*
11.15 el séptimo *á* tocó la trompeta, y hubo *32*
12.7 Miguel y sus *á*...y...el dragón y sus *á* *32*
12.9 Satanás...y sus *á* fueron arrojados con él *32*
14.6 vi volar...otro *á* que tenía el evangelio *32*
14.8 otro *á* le siguió, diciendo: Ha caído *32*
14.9 el tercer *á* los siguió, diciendo a gran *32*
14.10 atormentado...delante de los santos *á* *32*
14.15 y del templo salió otro *á* clamando a *32*
14.17 salió otro *á* del templo que está en el *32*
14.18 salió del altar otro *á*, que tenía poder *32*
14.19 y el *á* arrojó su hoz en la tierra, y *32*
15.1 vi...siete *á* que tenían las siete plagas *32*
15.6 y del templo salieron los siete *á* que *32*
15.7 dio a los siete *á* siete copas de oro *32*
15.8 cumplido las siete plagas de los siete *á* *32*
16.1 una gran voz que decía...a los siete *á* *32*
16.3 el segundo *á* derramó su copa sobre el mar *32*
16.4 tercer *á* derramó su copa sobre los ríos *32*
16.5 oí al *á* de las aguas, que decía: Justo *32*
16.8 el cuarto *á* derramó su copa sobre el sol *32*
16.10 quinto *á* derramó su copa sobre el trono *32*
16.12 el sexto *á* derramó su copa sobre el gran *32*
16.17 el séptimo *á* derramó su copa por el aire *32*
17.1 vino...uno de los siete *á* que tenían las *32*
17.7 y el *á* me dijo: ¿Por qué te asombras? *32*
18.1 otro *á* descender del cielo con gran poder *32*
18.21 un *á* poderoso tomó una piedra, como un *32*
19.9 el *á* me dijo: Escribe: Bienaventurados
19.17 vi a un *á* que estaba en pie en el sol *32*
20.1 *á* que descendía del cielo, con la llave *32*
21.9 vino entonces a mí uno de los siete *á* *32*
21.12 y en las puertas, doce *á*, y nombres *32*
21.17 de medida de hombre, la cual es de *á* *32*
22.6 enviado su *á*, para mostrar a sus siervos *32*
22.8 me postré para adorar a los pies del *á* *32*
22.16 **he enviado mi *á* para daros testimonio** *32*

ANGÉLICA
1 Co 13.1 si yo hablase lenguas humanas y *a* *32*

ANGOSTO, A
Pr 23.27 porque abismo...y pozo *a* la extraña 6862
Mt 7.14 **y *a* el camino que lleva a la vida, y** *2346*
Lc 13.24 **esforzaos a entrar por la puerta *a*** *4728*

ANGOSTURA
Nm 22.26 el ángel de Jehová...se puso en una *a* 6862

ANGULAR
Job 38.6 sus basas? ¿O quién puso su piedra *a* 6438
Is 19.13 que son la piedra *a* de sus familias 6438
28.16 en Sion... una piedra probada, *a*, preciosa 6438
Zac 10.4 de él saldrá la piedra *a*, de él la 6438

ÁNGULO
Éx 26.23 las esquinas... los dos *á* posteriores 3411
2 Cr 25.23 derribó el muro... la puerta del *á* 6438
26.9 junto a la puerta del *á*, y junto a la 8179
Neh 3.24 hasta el *á* entrante del muro, y hasta 6438
Sal 118.22 piedra... venido a ser cabeza del *á* 6438
Jer 31.38 desde la torre de... la puerta del *A* 6438
Ez 45.19 sobre los cuatro *á* del descanso del 6438
Zac 14.10 la puerta del *A*, y desde la torre de 6434
Mt 21.42; Mr 12.10; Lc 20.17; Hch 4.11
la piedra... ha venido a ser cabeza del *á* *2776*
Ef 2.20 la principal piedra del *á* Jesucristo *204*
1 P 2.6 pongo en Sion la principal piedra del *á* *204*
2.7 piedra... ha venido a ser la cabeza del *á* *2776*
Ap 7.1 ángeles en pie sobre los cuatro *á* de la *1137*
20.8 engañar a las naciones... en los cuatro *á* *1137*

ANGUSTIA
Gn 35.3 Dios que me respondió en el día de... *a* 6869
42.21 vimos la *a* de su alma cuando nos rogaba 6869
42.21 por eso ha venido sobre nosotros esta *a* 6869
Éx 3.7 he oído su clamor... he conocido sus *a* 6040
Dt 4.30 *a*, y te alcanzaren todas estas cosas 6862
31.17 vendrán sobre ellos muchos males y *a* 6869
31.21 cuando les vinieren muchos males y *a* 6869
Jue 16.16 su alma fue reducida a mortal *a* 7114
1 S 10.19 que os guarda de todas vuestras... *a* 6869
2 S 1.9 ha apoderado de mí la *a*; pues mi vida 7661
1.26 *a* tengo por ti, hermano mío Jonatán 6887
4.9 Jehová que ha redimido mi alma de toda *a* 6869
22.7 en mi *a* invoqué a Jehová, y clamé a mi 6862
24.14 David dijo a Gad: En grande *a* estoy 6862
1 R 1.29 que ha redimido mi alma de toda *a* 6869
22.27 y mantenedle con pan de *a* y con agua 3906
2 R 19.3 este día es día de *a*, de reprensión 6869
1 Cr 21.13 David... a Gad: Estoy en grande *a* 6887
2 Cr 18.26 con pan de aflicción y agua de *a* 3906
33.12 fue puesto en *a*, oró a Jehová su Dios 6887
Neh 9.37 por nuestros pecados... en grande *a* 6869
Job 7.11 hablaré en la *a* de mi espíritu, y me 6862
15.24 tribulación y *a* le turbarán, y se 4691
36.16 te apartará de la boca de la *a* a lugar 6862
38.23 tengo reservados para el tiempo de *a* 6862
Sal 4.1 estaba en *a*, tú me hiciste ensanchar 6862
9.9 del pobre, refugio para el tiempo de *a* 6869
18.6 en mi *a* invoqué a Jehová, y clamé a mi 6862
22.11 no te alejes de mí, porque la *a* está 6869
25.17 las *a* de mi corazón se han aumentado 6869
25.22 redime, oh Dios, a Israel de todas... *a* 6869
31.7 has visto... has conocido mi alma en las *a* 6869
31.9 ten misericordia de... porque estoy en *a* 6862
32.7 tú eres mi refugio, me guardarás de la *a* 6862
34.6 le oyó Jehová, y lo libró de todas sus *a* 6869
34.17 Jehová oye, y los libra de todas sus *a* 6869
37.39 él es su fortaleza en el tiempo de la *a* 6869
50.15 invócame en el día de la *a*; te libraré 6869
54.7 él me ha librado de toda *a*, y mis ojos 6869
59.16 has sido mi... refugio en el día de mi *a* 6862
71.20 que me has hecho ver muchas *a* y males 6869
77.2 al Señor busqué en al día de mi *a*; alzaba 6869
78.42 mano, del día que los redimió de la *a* 6862
78.49 sobre ellos el... enojo, indignación y *a* 6869
86.7 en el día de mi *a* te llamaré, porque tú 6869
91.15 con él estaré yo en la *a*; lo libraré y 6869
102.2 no escondas de mí tu... en el día de mi *a* 6862
106.44 miraba cuando estaban en *a*, y oía su 6862
107.6,13,19 clamaron a Jehová en su *a*... libró 6862
107.28 claman a Jehová en su *a*, y los libra 6862
116.3 muerte, me encontraron las *a* del Seol 4712
116.3 me rodearon... *a* y dolor había yo hallado 6869
118.5 desde la *a* invoqué a JAH... me respondió 4712
119.143 aflicción y *a* se han apoderado de mí 6862
120.1 a Jehová clamé estando en *a*, y él me 6869
138.7 si anduviere yo en medio de la *a*, tú me 6869
142.2 queja; delante de él manifestaré mi *a* 6869
143.11 por tu justicia sacarás mi alma de *a* 6869
Pr 1.27 sobre vosotros viniere tribulación y *a* 6695
17.17 y es como un hermano en tiempo de *a* 6869
21.23 que guarda su boca... su alma guarda de *a* 6869
25.19 es la confianza en el... en tiempo de *a* 6869
Is 8.22 y mirarán a la tierra... oscuridad y *a* 6869
9.1 oscuridad para la que está ahora en *a* 4164
13.8 *a* y dolores se apoderarán de ellos 6735
17.11 será arrebatada en el día de la *a*, y 2470
21.3 *a* se apoderaron de mí, como *a* de mujer 6735
22.5 día es de alboroto, de *a* y de confusión 4103
30.6 tierra de tribulación y de *a*, de donde 6869
30.20 os dará el Señor pan de... y agua de *a* 3906
37.3 día de *a*, de reprensión y de blasfemia 6869
63.9 en toda *a* de ellos él fue angustiado, y el 6869
65.16 porque las *a* primeras serán olvidadas 6869
Jer 4.31 *a* como de primeriza; voz de la hija 6869
6.24 se apoderó de nosotros *a*, dolor como de 6869
15.11 en tiempo de aflicción y en época de *a*! 6869
30.7 tiempo de *a* para Jacob; pero de ella será 6869
48.41 de Moab como el corazón de mujer en *a* 6887
49.22 de Edom... como el corazón de mujer en *a* 6887
49.24 tomó temblor y *a*, y dolores le tomaron 6869
50.43 *a* le tomó, dolor como de mujer de parto 6869
Ez 4.16 pan... y comerán el pan por peso y con *a* 8078
30.16 Tebas será... Menfis tendrá continuas *a* 6862
Dn 12.1 será tiempo de *a*, cual nunca fue desde 6869
Os 5.15 que reconozcan su... En su *a* me buscarán 6862
Abd 12 ni... haberte jactado en el día de la *a* 6869
14 ni... a los que quedaban en el día de la *a* 6869
Jon 2.2 invoqué en mi *a* a Jehová, y él me oyó 6869
Nah 1.7 Jehová es... fortaleza en el día de la *a* 6869
Hab 3.16 bien estaré quieto en el día de la *a* 6869
Sof 1.15 día de ira aquel... de *a* y de aprieto 6869
Lc 2.48 tu padre y yo te hemos buscado con *a* *3600*
21.25 **señales... en la tierra *a* de las gentes** *4928*
Jn 16.21 **pero después... no se acuerda de la *a*** *2347*
Ro 2.9 *a* sobre todo ser humano que hace lo malo *2347*
8.35 *a*, o persecución, o hambre, o desnudez *2347*
2 Co 2.4 la mucha... *a* del corazón os escribí *2347*
5.4 estamos en este tabernáculo gemimos con *a* *4727*
6.4 en tribulaciones, en necesidades, en *a* *2347*
12.10 me gozo en... persecuciones, en *a*; porque *4730*
Ap 12.2 clamaba con... en la *a* del alumbramiento *928*

ANGUSTIADO *Véase Angustiar*

ANGUSTIADOR
Sal 6.7 han envejecido a causa de todos mis *a* 6887
7.6 álzate en contra de la furia de mis *a* 6887
23.5 aderezas mesa... mí en presencia de mis *a* 6887
27.2 se juntaron contra mí... *a* y mis enemigos 6862
74.10 ¿hasta cuándo, oh... nos afrentará el *a*? 2778
Is 51.23 pondré en mano de tus *a*, que dijeron 3013

ANGUSTIAR
Gn 32.7 Jacob tuvo gran temor, y se *angustió* 3334
Éx 22.21 y al extranjero no... ni *angustiarás* 3905
23.9 y no *angustiarás* al extranjero, porque 3905
Nm 22.3 se *angustió* Moab a causa de... Israel 6973
Dt 2.25 oirán... y se *angustiarán* delante de ti 2342
28.53 apuro con que te *angustiará* tu enemigo 6693
Jue 10.16 *angustiado* a causa de la aflicción 7114
1 S 28.15 Saúl respondió: Estoy muy *angustiado* 6887
30.6 David se *angustió*... el pueblo hablaba de 3334
2 S 13.2 Amnón *angustiado* hasta enfermarse por 6887
13.20 es; no se *angustie* tu corazón por esto 7896,3820
Esd 9.3 oí esto... senté *angustiado* en extremo 8074
9.4 estuve muy *angustiado* hasta la hora del 8074
Job 19.2 ¿hasta cuándo *angustiaréis* mi alma 3013
21.4 por qué no se ha de *angustiar* mi espíritu? 7114
Sal 66.14 y habló mi boca... estaba *angustiado* 6862
69.17 estoy *angustiado*; apresúrate, óyeme 6862
102 *tít.* oración del que sufre... *angustiado* 5848
129.1,2 me han *angustiado* desde mi juventud 6887
142.3 mi espíritu se *angustiaba* dentro de mí 5848
143.4 mi espíritu se *angustió* dentro de mí 5848
Pr 18.14 ¿quién soportará... ánimo *angustiado*? 5218
Is 53.7 *angustiado* él, y... no abrió su boca 5065
61.3 les dé... en lugar del espíritu *angustiado* 3544
63.9 en toda angustia de... él fue *angustiado* 6862
Lm 1.12 Jehová me ha *angustiado* en el día de 3013
Ez 21.7 se *angustiará* todo espíritu, y... toda 3543
Mt 26.37 comenzó... a *angustiarse* en gran manera *3076*
Mr 14.33 y a Juan, y comenzó a... *angustiarse* *85, 5721*
Lc 12.50 **¡cómo me *angustio* hasta que se cumpla!** *4912*
2 Co 4.8 atribulados en... mas no *angustiados* *4729*
Fil 2.26 se *angustió* porque habíais oído que *85*
He 11.37 pobres, *angustiados*, maltratados *2346*

ANGUSTIOSO
Dn 9.25 se volverá a edificar la... en tiempos *a* 6695

ANHELAR
Job 6.8 que me otorgase Dios lo que *anhelo* 8615
36.20 no *anheles* la noche, en que los pueblos 7602
Sal 63.1 mi carne te *anhela*, en tierra seca 3642
84.2 *anhela* mi alma... los atrios de Jehová 3700
119.40 aquí yo he *anhelado* tus mandamientos 8373
Jer 22.27 ellos con toda el alma *anhelan* volver 5375,5315
Mi 1.12 moradores de Marot *anhelaron*... el bien 2470
1 Co 14.12 pues que *anheláis* dones espirituales *2207*
1 Ti 3.1 alguno *anhela* obispado, buena obra *3713*
He 11.16 pero *anhelaban* una mejor... celestial *3713*
Stg 4.5 el Espíritu... nos *anhela* celosamente? *1971*
1 P 1.12 las cuales *anhelan* mirar los ángeles *1937*

ANHELO
Sal 78.30 no habían quitado de sí su *a*, aún 8378
Ez 24.25 que yo arrebate... el *a* de sus almas 4261
Ro 8.19 el *a*... de la creación es el aguardar la *603*
10.1 el *a* de mi corazón... es para salvación *2107*
Fil 1.20 conforme a mi *a* y esperanza de que *603*

ANIAM *Descendiente de Manasés*, 1 Cr 7.19 593

ANÍAS *Levita que ayudó a Esdras en la lectura de la ley (=Anaías)*, Neh 8.4 6043

ANIDAR
Sal 104.17 allí *anidan* las aves; en las hayas 7077
Is 34.15 allí *anidará* el búho, pondrá sus huevos 7077
Dn 4.21 en cuyas ramas *anidaban* las aves del 7932
Lc 13.19 **aves del cielo *anidaron* en sus ramas** *2681*

ANILLO
Gn 41.42 quitó su *a* de su mano, y lo puso en 2885
Éx 25.12 cuatro *a* de oro... dos *a*... dos *a* al otro 2885
25.14 meterás las varas por los *a* a los lados 2885
25.15 las varas quedarán en los *a* del arca; no 2885
25.26 le harás cuatro *a* de oro, los cuales 2885
25.27 los *a* estarán debajo de la moldura, para 2885
26.29 harás sus *a* de oro para meter... barras 2885
27.4 sobre la rejilla harás 4 *a* de bronce a 2885
27.7 las varas se meterán por los *a*, y estarán 2885
28.23 harás en el pectoral dos *a* de oro, los 2885
28.24 los dos cordones de oro en los dos *a* a 2885
28.26 dos *a* de oro... dos extremos del pectoral 2885
28.27 los dos *a* de oro... fijarás en la parte 2885
28.28 el pectoral por sus *a* a los dos *a* del 2885
30.4 harás... dos *a* de oro debajo de su cornisa 2885
35.22 trajeron... *a* y... toda clase de joyas de 2885
36.34 hizo de oro los *a* de ellas, por donde 2885
37.3 fundió... cuatro *a* de oro... dos *a*... dos *a* 2885
37.5 metió las varas por los *a* a los lados del 2885
37.13 le hizo... de fundición cuatro *a* de oro 2885
37.14 debajo de la moldura estaban los *a*, por 2885
37.27 dos *a* de oro debajo de la cornisa en 2885
38.5 fundió cuatro *a* a los cuatro extremos del 2885
38.7 metió las varas por los *a* a los lados del 2885
39.16 hicieron... dos engastes y dos *a* de oro 2885
39.16 dos *a* de oro en los dos extremos del 2885
39.17 fijaron los dos cordones de oro... dos *a* 2885
39.19 hicieron... dos *a* de oro que pusieron en 2885
39.20 otros dos *a* de oro que pusieron en la 2885
39.21 ataron el pectoral por sus *a* a los *a* 2885
Nm 31.50 hemos ofrecido a Jehová ofrenda... *a* 2885
1 R 21.8 escribió cartas... las selló con su *a* 2368
Est 1.6 sobre cuerdas de lino... en *a* de plata 1550
3.10 entonces el rey quitó el *a* de su mano 2885
3.12 fue escrito, y sellado con el *a* del rey 2885
8.2 se quitó el rey el *a* que recogió de Amán 2885
8.8 y selladlo con el *a* del rey, porque un 2885
8.8 un edicto que... se sella con el *a* del rey 2885
8.10 selló con el *a* del rey, y envió cartas 2885
Job 42.11 cada uno de ellos le dio... *a* de oro 5141
Cnt 5.14 sus manos, como *a* de oro engastados 1550
Is 3.21 los *a*, y los joyeles de las narices 2885
Jer 22.24 si Conías hijo de Joacim... fuera *a* en 2368
Dn 6.17 selló el rey con su *a* y con el *a* de sus 5824
Hag 2.23 y te pondré como *a* de sellar; porque 2368
Lc 15.22 **poned un *a* en su mano, y calzado en** *1146*
Stg 2.2 y entra un hombre con *a* de oro y con *5554*

ANIM *Ciudad de Judá*, Jos 15.50 6044

ANIMAL
Gn 1.24 produzca la tierra... serpientes y *a* de 2416
1.25 hizo Dios *a*... y todo *a* que se arrastra 2416
1.26 señoree... en todo *a* que se arrastra sobre 7431
2.19 todo lo que Adán llamó a los *a* vivientes 7431
3.1 serpiente era astuta, más que todos los *a* 7431
3.14 maldita serás entre... los *a* del campo 7431
7.2 de todo *a* limpio tomarás siete parejas 929
7.2 de los *a* que no son limpios, una pareja 929
7.8 a limpios, y de los *a* que no eran limpios 929
7.14 todos los *a* silvestres... *a* domesticados 2416
8.1 se acordó Dios de Noé, y de todos los *a* 2416
8.17 los *a* que están contigo de toda carne 2416
8.19 todos los *a*, y todo... salieron del arca 2416
8.20 de todo *a* limpio y de toda ave limpia 929
9.2 sobre todo *a* de la tierra, y sobre toda 2416
9.5 de mano de todo *a* la demandaré, y de mano 2416
9.10 aves, *a* y toda bestia de la tierra que 2416
9.10 los que salieron del arca hasta todo *a* 2416
15.17 que pasaba por entre los *a* divididos
Éx 9.19 hombre o *a* que se halle en el campo 929
12.5 el *a* será sin defecto, macho de un año 7716
12.29 Jehová hirió a todo primogénito... los *a* 929
13.2 así de los hombres como de los *a*, mío es 929
13.12 dedicarás... todo primer nacido de tus *a* 929
19.13 tocará... sea *a* o sea hombre, no vivirá 929
22.10 dado a su... *a* a guardar, y éste muriere 929
Lv 5.2 hubiere tocado... cadáver de *a* inmundo o 2416
7.21 la persona que tocare alguna... *a* inmundo 929
7.24 la grosura de *a* muerto, y la grosura del 5038
7.25 comiere grosura de *a* del cual se ofrece 929
11.2 estos son los *a* que comeréis de entre 2416
11.2 entre todos los *a* que hay sobre la tierra 929
11.3 entre todos los *a*... el que tiene pezuña 929
11.9 de todos los *a* que viven en las aguas
11.26 todo *a* de pezuña, pero que no tiene 929
11.27 todos los *a* que andan en cuatro patas 2416
11.29 inmundos *a* estos a que se mueven sobre 8318
11.31 inmundos de entre los *a* que se mueven 8318
11.39 algún *a* que tuviereis para comer muriere 929
11.42 todo *a* que se arrastra sobre la tierra
11.43 no hagáis abominables... con ningún *a* que 8318
11.44 no contaminéis... personas con ningún *a* 8318
11.46 ley acerca de... todo *a* que se arrastra 5315
11.47 *a* que se pueden comer y los *a* que no se 2416
17.13 extranjeros que... que cazare *a* o ave 2416
17.15 que comiere *a* mortecino o despedazado 5038
18.23 ni con ningún *a* tendrás ayuntamiento 929
18.23 ni mujer... se pondrá delante de *a* para 929
19.19 no harás ayuntar tu ganado con *a* de otra
20.16 se llegare a algún *a* para ayuntarse con 929
20.16 a la mujer y al *a* matarás; morirán 929
20.25 diferencia entre *a* limpio e inmundo, y 929
20.25 y no contaminéis... personas con los *a* 929
22.24 no ofreceréis... *a* con testículos heridos
22.25 ni de... tomarás estos *a* para ofrecerlos
24.18 el que hiere a algún *a* ha de... *a* por *a* 929
24.21 el que hiere algún *a* ha de restituirlo 929
25.7 y a tu *a*, y a la bestia que hubiere en 2416
27.9 si fuere *a* de los que se ofrece ofrenda 929
27.10 si se permutare un *a* por otro, él y el 929
27.11 si fuere algún *a* inmundo, de que no se 929
27.11 el *a* será puesto delante del sacerdote 929
27.26 pero el primogénito de los *a*, que por 929
27.27 fuere de los *a* inmundos, lo rescatarán 929
27.28 y *a*, y de las tierras de su posesión 929
Nm 3.13 así de hombres como de *a*; míos serán 929
3.41 los *a* de los levitas en lugar de todos 929
3.41 primogénitos de los *a* de los hijos de 929
3.45 los *a* de los levitas en lugar de sus *a* 929
8.17 todo primogénito... de hombres como de *a* 929

9.12 no dejarán del *a* sacrificado para la
18.15 así de hombres como de *a*, será tuyo ... 929
18.15 redimir el primogénito de *a* inmundo ... 929
31.30 de todo *a*, y los darás a los levitas ... 929
31.47 de las personas como de los *a*, y los dio ... 929
35.3 y los ejidos de ellas serán para sus *a* ... 929
Dt 4.17 figura de *a* alguno que... en la tierra ... 929
4.18 figura de... *a* que se arrastre sobre la ... 3605
5.14 ni ningún *a* tuyo, ni el extranjero que ... 929
14.4 son los *a* que podréis comer; el buey, la ... 929
14.6 y todo *a*... que rumiare entre los *a*, ese ... 929
20.14 los *a*, y todo lo que haya en la ciudad ... 929
1 S 15.9 y a lo mejor... de los *a* engordados, de ... 4932
1 R 1.9 matando Adonías... *a* gordos junto a la ... 4806
1.19,25 ha matado... *a* gordos, y muchas ovejas ... 4806
4.33 disertó sobre los *a*, sobre las aves ... 929
Job 28.8 nunca la pisaron *a* fieros, ni león pasó ... 7830
41.33 se le parezca; *a* hecho exento de temor
Sal 36.6 oh Jehová, al hombre y al *a* conservas ... 929
50.10 mía... los millares de *a* en los collados ... 2416
66.15 holocaustos de *a* engordados te ofreceré ... 4220
148.10 bestia y todo *a*, reptiles y volátiles ... 929
Pr 30.30 el león, fuerte entre todos los *a*, que ... 929
Ec 3.21 que el espíritu del *a* desciende abajo ... 929
Is 1.11 hastiado estoy de... de sebo de *a* gordos ... 4806
40.16 ni... ni lodos sus *a* para el sacrificio ... 2416
43.23 no me trajiste *a* de tus holocaustos ... 7716
46.1 sus imágenes fueron puestas... *a* de carga ... 2416
Jer 7.20 y mi ira se derramarán... sobre los *a* ... 929
31.27 sembraré... simiente de hombre y... de *a* ... 929
32.43 está desierta, sin hombres y sin *a*, es ... 929
33.10 que está desierto sin hombres y sin *a* ... 929
33.10 sin hombre sin morador y sin *a*, en las ... 929
33.12 este lugar sin hombre y sin *a*, y en ... 929
36.29 hará que no queden ni hombres ni *a* ... 929
50.3 no habrá ni hombre ni *a* que en ella more ... 929
51.62 hasta no quedar en el... ni hombre ni *a* ... 929
Ez 29.11 ni pie de *a* pasará por ella, ni será ... 929
44.31 ni desgarrada, así de aves como de *a* ... 929
Jl 2.22 *a* del campo, no temáis; porque los ... 929
Am 5.22 ni miraré... ofrendas de... *a* engordados ... 4806
Jon 3.7 hombres y *a*... no gustan cosa alguna; no ... 929
3.8 cúbranse de cilicio hombres y *a*, y clamen ... 929
4.11 de Nínive... ciudad donde hay... muchos *a*? ... 929
Mal 1.8 y cuando ofreceis el *a* ciego para el
2.3 os echaré al... el estiércol de vuestros *a* ... 2282
Mt 21.5 sobre un pollino, hijo de *a* de carga ... *5268*
22.4 **toros y *a* engordados han sido muertos** ... *4619*
1 Co 15.44 siembra cuerpo *a*, resucitará cuerpo ... *5591*
15.44 hay cuerpo *a* y hay cuerpo espiritual ... *5591*
15.46 lo espiritual no es primero, sino lo *a* ... *5591*
He 13.11 los cuerpos de aquellos *a* cuya sangre ... *2226*
Stg 3.15 lo alto, sino terrenal, *a* diabólica ... *5591*
2 P 2.12 éstos, hablando... como *a* irracionales ... *2226*
Jud 10 éstos se corrompen como *a* irracionales ... *2226*

ANIMAR

Dt 1.38 *anímale* él la hará heredar a Israel ... 2388
3.28 manda a Josué, y *anímalo*, y fortalécelo ... 2388
31.7 *anímate*: porque tú entrarás con este ... 553
31.23 *anímate* pues tú introducirás... Israel ... 553
1 Cr 28.20 dijo... David a Salomón... *Anímate* ... 553
2 Cr 17.6 se *animó* su corazón en los caminos ... 1361
23.1 el... año se *animó* Joiada, y tomó consigo ... 2388
32.7 *animaos* no temáis, ni tengáis miedo del ... 553
Job 16.3 vacías? ¿O qué te *animas* a responder? ... 4834
Is 41.7 carpintero *animó* al platero, y el ... 2388
Dn 11.1 yo... estuve para *animarlo* y fortalecerlo ... 4581
Hch 18.27 hermanos le *animaron* y escribieron ... *4389*
1 Ts 5.11 por lo cual, *animaos* unos a otros ... *3870*

ÁNIMO

Gn 43.3 varón nos protestó con *á* resuelto ... 5749
Éx 31.6 he puesto sabiduria en el *á* de todo ... 3820
Dt 31.6 esforzaos y cobrad *á*, no temáis, ni ... 553
Jue 18.25 sea que los de *a* colérico os acometan ... 5351
2 S 17.8 tú sabes... que están con amargura de *á* ... 5315
1 Cr 12.38 los demás de Israel... de un mismo *á* ... 3824
22.13 esfuérzate, pues... y cobra *á*, no temas ... 553
22.19 poned... vuestros *á* en buscar a Jehová ... 5315
28.9 con corazón perfecto y con *á* voluntario ... 5315
2 Cr 15.8 Asa... cobró *á*, y quitó los ídolos de ... 2388
32.5 con *á* resuelto edificó Ezequías todos ... 2388
Neh 4.6 porque el pueblo tuvo *á* para trabajar ... 3820
Job 3.20 ¿por qué se... vida a los de *á* amargado ... 5315
21.25 este otro morirá en amargura de *á* y ... 5315
Pr 18.14 *á* del hombre soportará su enfermedad ... 7307
18.14 mas, ¿quién soportará al *á* angustiado? ... 7307
28.25 el altivo de *á* suscita contiendas mas ... 5315
31.6 dad la... y el vino a los de amargádo *á* ... 5315
Ez 13.22 que no se apartase de... infundiéndole *a* ... 2388
25.15 cuando se vengaron con despecho de *á* ... 5315
32.10 sobresaltarán en sus *á* a cada momento ... 5315
36.5 y con enconamiento de *á* para que sus ... 5315
Hag 2.4 y cobrad *á*, pueblo todo de la tierra ... 2388
Mt 9.2 ***á*, hijo; tus pecados te son perdonados** ... *2293*
9.22 **dijo: Ten *a*, hija; tu fe te ha salvado** ... *2293*
14.27; Mr 6.50 **¡tened *á*; yo soy, no temáis!** ... *2293*
Hch 14.2 y corrompieron los *á* de, los gentiles ... *5590*
14.22 confirmando los *á* de los discípulos ... *5590*
23.11 **ten *a*, Pablo, pues como has testificado** ... *2293*
24.10 eres juez... con buen *á* haré mi defensa ... *2115*
27.22 pero ahora os exhorto a tener buen *á* ... *2114*
27.25 por tanto, oh varones, tened buen *á* ... *2114*
27.36 todos, teniendo ya mejor *á*, comieron ... *2115*
Fil 1.14 cobrando *á*... se atreven mucho más a ... *3982*
2.19 para que yo... esté de buen *á* al saber de ... *2174*
2.20 a ninguno tengo del mismo *á* y que tan ... *2473*
1 Ts 5.14 que alentéis a los de poco *á*, que ... *3642*
He 12.3 para que vuestro *á* no se canse hasta ... *5590*
Stg 1.8 el hombre de doble *á* es inconstante en ... *1374*
4.8 de doble *á*, purificad vuestros corazones ... *1374*
1 P 5.2 no por ganancia... sino con *á* pronto ... *4290*

ANIQUILAR

Jer 10.24 no con tu furor... no me *aniquiles* ... 4591
Hab 1.17 no tendrá piedad de *aniquilar* naciones ... 2026

ANOCHE

Gn 31.29 mas el Dios de tu padre me habló *a* ... 570
31.42 Dios vio mi aflicción... y te reprendió *a* ... 570

ANOCHECER *(s.)*

Éx 30.8 cuando... encienda las lámparas al *a* ... 6153
Jue 19.16 venía de su trabajo del campo al *a* ... 5399
2 R 7.5 se levantaron, pues, al *a* para ir al ... 5399
7.7 y huyeron al *a* abandonando sus tiendas ... 5399
Mr 13.35 no sabéis... si al *a* o a la medianoche ... *3796*
Jn 6.16 al *a* descendieron sus discípulos al ... *3798*

ANOCHECER *(v.)*

Jue 19.9 he aquí... el día declina para *anochecer* ... 6150
Mt 14.15 cuando *anochecía* se acercaron a él ... *3798*
16.2 ***anochece* decís: Buen tiempo; porque el** ... *3798*
Mr 11.11 como ya *anochecía* se fue a Betania ... *5610*

ANOTAR

2 Cr 31.16 los varones *anotados* por sus linajes ... 3187

ANSIAR

Lc 16.21 ***ansiaba* saciarse de las migajas que** ... *1937*
Hch 27.29 y *ansiaban* que se hiciese de día ... *2172*
Ap 9.6 *ansiarán* morir, pero la muerte huirá de ... *1937*

ANSIEDAD

Sal 119.28 se deshace mi alma de *a*; susténtame ... 8424
Pr 11.15 con *a* será afligido el que sale... fiador ... 7321
Ez 12.18 come tu pan... y bebe tu agua con... *a* ... 7269
1 P 5.7 echando toda vuestra *a* sobre él, porque ... *3308*

ANSIOSA

Lc 12.29 **preocupéis... ni estéis en *a* inquietud** ... *3349*

ANSIOSAMENTE

Mi 1.12 los... de Marot anhelaron *a* el bien

ANTE *Véase el Apéndice*

ANTEAYER

1 S 21.5 mujeres han estado lejos de ayer y *a* ... 8032,8543

ANTECALVA

Lv 13.42 cuando en la... *a* hubiere llaga blanca ... 1372
13.42 lepra es que brota en su calva o en su *a* ... 1372
13.43 si pareciere la hinchazón de la... en su *a* ... 1372

ANTEMANO *(m. adv.)*

Dt 31.21 yo conozco lo que... de *a*, antes
Hch 7.52 anunciaron de *a* la venida del Justo ... *4293*
10.41 sino a los testigos... ordenados de *a*, a nosotros ... *4401*
Ro 9.23 vasos... que él preparó de *a* para gloria ... *4282*
Ef 2.10 las cuales Dios preparó de *a* para que
1 P 1.11 anunciaba de *a* los sufrimientos de ... *4303*
2 P 3.17 sabiéndolo de *a*, guardaos, no sea que

ANTEMURO

Sal 48.13 considerad atentamente su *a*, mirad ... 2430
Is 26.1 salvación puso Dios por muros y *a* ... 2426
Lm 2.8 hizo... que se lamentara el *a* y el muro ... 2426

ANTEPASADO

Sal 79.8 no recuerdes... las iniquidades de... *a* ... 7223
Is 37.12 las naciones que destruyeron mis *a* ... 1

ANTERIOR

Nm 8.3 hacia la parte *a* del candelero ... 4136,6440
He 7.18 abrogado el mandamiento *a* a causa de ... *4254*

ANTERIORMENTE

Dt 19.4 sin haber tenido enemistad con él *a*
19.6 no tenía enemistad con su prójimo *a*

ANTES *Véase el apéndice*

ANTICIPAR

Sal 119.147 *anticipé* al alba, y clamé; esperé ... 6923
119.148 se *anticiparon* mis ojos a las vigilias ... 6923
Mr 14.8 se ha *anticipado* a ungir mi cuerpo para ... *4301*
Hch 2.23 consejo y *anticipado* conocimiento de ... *4268*

ANTICRISTO

1 Jn 2.18 vosotros oísteis que el *a* viene, asi ... *500*
2.19 han surgido muchos *a*; por esto conocemos ... *500*
2.22 este es *a*, el que niega al Padre y al Hijo ... *500*
4.3 este es el espíritu del *a* el cual vosotros ... *500*
2 Jn 7 quien esto hace es el engañador y el *a* ... *500*

ANTIGUAMENTE

Jos 24.2 vuestros padres habitaron *a* al
1 S 9.9(*A* en Israel cualquiera que iba ... 6440
2 S 20.18 *a* solían decir: Quien
Ez 36.11 os haré morar como solíais *a*

ANTIGÜEDAD

Gn 6.4 fueron los valientes que desde la *a* ... 5769
2 R 19.25 desde los días... *a* lo tengo ideado? ... 6924
Sal 55.19 Dios oirá... que permanece desde la *a* ... 6924
68.33 sobre los cielos... que son desde la *a* ... 6924
Is 23.7 ciudad alegre, con muchos días de *a*? ... 6924
37.26 desde los días de la *a* lo tengo ideado? ... 6924
44.8 ¿no te lo hice oir desde la *a*, y te lo ... 227
46.10 anuncio... desde la *a* lo que aún no era ... 6924
63.9 él... los levantó todos los días de la *a* ... 5769

ANTIGUO, A

Lv 26.45 me acordaré de ellos por el pacto *a* ... 7223
Dt 19.14 los límites de la... que fijaron los *a* ... 7223
32.7 acuérdate de los tiempos *a*, considera lo ... 5769
33.15 con el fruto más fino de los montes *a* ... 6924
Jue 5.21 el *a* torrente, el torrente de Cisón ... 6917
1 S 24.13 como dice el proverbio de los *a*: De ... 6931
2 R 17.40 antes hicieron según su costumbre *a* ... 7223
19.25 ¿nunca has oido que desde tiempos *a* ya ... 7350
1 Cr 4.22 volvieron a Lehem, según registros *a* ... 6267
2 Cr 24.13 la casa de Dios a su *a* condición
Esd 4.15 de tiempo *a* forman en... ella rebelion ... 5957
4.19 de tiempo *a* se levanta contra los reyes ... 5957
Neh 12.46 de *a*, había un director de cantores ... 6924
Job 22.15 ¿quieres tú seguir la senda *a* que ... 5769
Sal 44.1 la obra que hiciste... en los tiempos *a* ... 6924
74.2 que adquiriste desde tiempos *a*, la que ... 6924
74.12 pero Dios es mi rey desde tiempo *a*, el ... 6924
77.11 haré yo memoria de tus maravillas *a* ... 6924
78.2 hablaré cosas escondidas desde tiempos *a* ... 6924
89.49,dónde están tus *a* misericordias, que ... 7223
119.52 me acordé, oh Jehová, de tus juicios *a* ... 5769
143.5 me acordé de los días *a*; meditaba en ... 6924
Pr 8.22 Jehová me poseía... de *a*, antes de sus ... 227
22.28 no traspases los linderos *a* que pusieron ... 5769
23.10 no traspases el lindero *a*, ni entres en ... 5769
Is 19.11 diréis... Yo soy hijo de... los reyes *a* ... 6924
25.1 tus consejos *a* son verdad y firmeza ... 7350
37.26 ¿no has oído... que desde tiempos *a* yo lo ... 7350
43.18 no os... ni traigáis a memoria las cosas *a* ... 6931
44.7 hago yo desde que establecí el pueblo *a*? ... 5769
46.9 acordaos de las cosas... desde los tiempos *a* ... 5769
51.9 despiértate como en el tiempo *a*, en los ... 5769
57.11 ¿no he guardado silencio desde tiempos *a* ... 5769
58.12 y los tuyos edificarán las ruinas *a*; los ... 5769
61.4 reedificarán las ruinas *a*, y levantarán ... 5769
63.11 pero se acordó de los días *a*, de Moisés ... 5769
65.7 por... yo les mediré su obra *a* en su seno ... 7223
Jer 5.15 gente *a*, gente cuya lengua ignorarás ... 5769
6.16 preguntad por las sendas *a*, cuál sea el ... 5769
18.15 y ha tropezado en sus... en las sendas *a* ... 5769
Lm 1.7 las cosas... que tuvo desde los tiempos *a* ... 6924
2.17 la cual él había mandado desde tiempo *a* ... 6924
Ez 25.15 ánimo, destruyendo por *a* enemistades ... 5769
26.20 los desiertos *a*, con los que descienden ... 5769
Mi 7.20 la misericordia, que juraste... tiempos *a* ... 6924
Nah 2.8 fue Nínive de tiempo *a* como estanque ... 3117
Hab 3.6 los montes a... collados *a* se humillaron ... 5703
Mal 3.4 será grata a Jehová... como en los años *a* ... 5769
Mt 5.21 **oísteis... fue dicho a los *a*: No matarás** ... *744*
5.33 **fue dicho a los *a*: No perjurarás, sino** ... *744*
Lc 9.8,19 algún profeta de los *a* ha resucitado ... *744*
Hch 3.21 profetas que han sido desde tiempo *a* ... *165*
15.18 hace conocer todo esto desde tiempos *a* ... *165*
15.21 Moisés desde tiempos *a* tiene en cada ... *744*
21.16 llamado Mnasón... discípulo *a*, con quien ... *744*
2 Co 3.14 cuando leen el *a* pacto, les queda el ... *3820*
He 11.2 ella alcanzaron buen testimonio los *a* ... *4245*
2 P 1.9 olvidado la purificación... *a* pecados ... *3819*
2.5 si no perdonó al mundo *a*, sino que guardó ... *744*
3.5 que en el tiempo *a* fueron hechos por la ... *1597*
1 Jn 2.7 el mandamiento *a* que habéis tenido ... *3820*
2.7 este mandamiento *a* es la palabra... oído ... *3820*
Ap 12.9 la serpiente *a*, que se llama diablo y ... *744*
20.2 prendió al dragón, la serpiente *a*, que ... *744*

ANTILOPE

Dt 14.5 el íbice el *a* y el carnero montés ... 8377
Is 51.20 estuvieron tendidos... como *a* en la red ... 8377

ANTIMONIO

2 R 9.30 Jezabel... se pintó los ojos con *a*, y ... 6320
Jer 4.30 aunque pintes con *a* tus ojos, en vano ... 8144

ANTIOQUÍA

1. Ciudad en Siria
Hch 6.5 Parmenas, y a Nicolás prosélito de *A* ... *491*
11.19 pasaron hasta Fenicia, Chipre y *A*, no ... *490*
11.20 en *A*, hablaron también a los griegos ... *490*
11.22 y enviaron a Bernabé que fuese hasta *A* ... *490*
11.25 para buscar a... hallándole, le trajo a *A* ... *490*
11.26 se les llamó cristianos por... vez en *A* ... *490*
11.27 profetas descendieron de Jerusalén a *A* ... *490*
13.1 la iglesia que estaba en *A* profetas ... *490*
14.26 allí navegaron a *A*, desde donde hablan ... *490*
15.22 elegir de... varones y enviarlos a *A* con ... *490*
15.23 hermanos... que están en *A*, en Siria y en ... *490*
15.30 enviados descendieron a *A* y reuniendo ... *490*
15.35 y Pablo y Bernabé continuaron en *A* ... *490*
18.22 habiendo arribado... luego descendió a *A* ... *490*
Gá 2.11 Pedro vino a *A*, le resistí cara a cara ... *490*
2. Ciudad en Pisidia
Hch 13.14 ellos, pasando de Perge, llegaron a *A* ... *490*
14.19 vinieron unos judíos de *A* y de Iconio ... *490*
14.21 volvieron a Listra, a Iconio y a *A* ... *490*
2 Ti 3.11 como los que me sobrevinieron en *A* ... *490*

ANTIPAS *Mártir cristiano*, Ap 2.13 ... *493*

ANTÍPATRIS *Ciudad entre Jerusalén y Cesarea*, Hch 23.31 ... *494*

ANTOJO

Sal 73.7 logran con creces los *a* del corazón ... 4906
Mi 7.3 el grande habla el *a* de su alma, y lo ... 5315

ANTORCHA

Gn 15.17 una *a* de fuego que pasaba por entre ... 3940
Is 62.1 y su salvación se encienda como una *a* ... 3940
Dn 10.6 relámpago, y sus ojos como *a* de fuego ... 3940
Nah 2.3 el carro como fuego de *a*; el día que ... 6393

2.4 su aspecto... como *a* encendidas correrán 3940
Zac 12.6 leña, y como *a* ardiendo entre gavillas 3940
Jn 5.35 **él era *a* que ardía y alumbraba; y** *3088*
18.3 fue allí con linternas y *a*, y con armas *2985*
2 P 1.19 atentos como a una *a* que alumbra en *3088*
Ap 8.10 una gran estrella, ardiendo como una *a* *2985*

ANUAL
1 S 20.6 Belén... celebran allá el sacrificio *a* 3117

ANUALMENTE
Lv 25.53 con el tomado a salario *a* hará 8141

ANUB Descendienete de Judá, 1 Cr 4.8 6036

ANULAR
Nm 6.12 los días primeros serán *anulados*, por
30.12 si su marido los *anuló* el día que los 6565
30.12 marido los *anuló*, y Jehová la perdonará 6565
30.13 lo confirmará, o su marido lo *anulará* 6565
30.15 si los *anulare* después de haberlos oído 6565
Is 8.10 tomad concejo, y será *anulado*; proferid
28.18 será *anulado* vuestro pacto con la muerte ... 3722
33.8 *anulado* el pacto, aborreció las ciudades
Ro 4.14 vana resulta... fe, y *anulada* la promesa
Col 2.14 *anulando* el acta de los decretos que *1813*

ANUNCIADO *Véase Anunciar*

ANUNCIADORA
Is 40.9 súbete sobre un monte alto, *a* de Sion
40.9 fuertemente tu voz, *a* Jerusalén

ANUNCIAR
Gn 14.13 vino... lo *anunció* a Abram el hebreo 5046
Éx 9.16 nombre sea *anunciado* en toda la tierra 5608
19.3 dirás... *anunciarás* a los hijos de Israel 5046
Dt 4.13 os *anunció* su pacto, el cual os mandó 5046
13.1 profeta... te *anunciare* señal o prodigios
13.2 se cumpliere la señal... que él te *anunció* 1696
Jue 13.23 ni ahora nos habría *anunciado* esto 8085
1 S 11.9 vinieron... lo *anunciaron* a los de Jabes
2 S 1.20 no lo *anunciéis* en Gat, ni deis las 5046
1 R 22.13 una voz *anuncian* al rey cosas buenas
22.13 tu palabra... *anuncia* tambien buen éxito 1696
2 R 7.11 los porteros... lo *anunciaron* dentro 5046
23.16 el varón de Dios... había *anunciado* esto 7121
2 Cr 18.12 una voz *anuncian* al rey cosas buenas
Job 26.4 ¿a quién has *anunciado* palabras, y de 5046
33.23 algún... que *anuncie* al hombre su deber
Sal 19.1 el firmamento *anuncia* la obra de sus
22.22 *anunciaré* tu nombre a mis hermanos; en 5608
22.31 vendrán, y *anunciarán* su justicia 5646
22.31 a pueblo... *anunciarán* que él hizo esto
30.9 ¿te alabará el... ¿*anunciará* tu verdad? 5046
40.5 si yo *anunciare* y hablare de ellos, no 5046
40.9 he *anunciado* justicia en... congregación 3019
64.9 temerán... y *anunciarán* la obra de Dios 5046
71.18 que *anuncie* tu poder a la posteridad
75.9 *anunciaré*, y cantaré alabanzas a Dios 5046
92.2 *anunciar* por la mañana tu misericordia
92.15 para *anunciar* que Jehová mi... es recto
96.2 *anunciad* de día en día su salvación
97.6 los cielos *anunciaron* su justicia, y 5046
145.4 obras, y *anunciará* tus poderosos hechos 5046
Is 41.22 traigan, *anúnciennos* lo que ha de
41.26 ¿quién lo *anunció* desde el principio 5046
41.26 cierto, no hay quien *anuncie*; si no hay 5046
42.9 *anuncio* cosas nuevas; antes que salgan 5046
42.12 gloria a Jehová, y *anuncien* sus loores 5046
43.12 *anuncié*, y salvé, e hice oír, y no hubo 5046
44.7 *anúncienles* lo que viene, y lo que está
45.19 yo soy Jehová que... que *anuncio* rectitud 5046
46.10 *anuncio* lo por venir desde el principio 5046
48.6 lo viste... ¿y no lo *anunciaréis* vosotros? 5046
48.14 ¿quién hay... que *anuncie* estas cosas? 5046
52.7 que *anuncia* la paz, del que trae nuevas 8085
58.1 alza tu voz como trompeta, y *anuncia* a
Jer 4.5 *anunciad* en Judá, y proclamad... decid 5046
4.20 quebramiento sobre... es *anunciado* 7121
5.20 *anunciad* esto en las casa de Jacob, y 5046
6.4 *anunciad* guerra contra ella; levantaos
16.10 acontecerá que cuando *anuncies* a este
16.10 ¿por qué *anuncia* Jehová... todo este mal 1696
34.15 lo recto... *anunciando* cada uno libertad a ... 7121
36.31 traeré sobre... el mal que les he *anunciado* ... 1696
46.14 *anunciad* en Egipto, y haced saber en 5046
48.20 *anunciad* en Arnón... Moab es destruido 5046
50.2 *anunciad* en las naciones, y haced saber 5046
51.31 para *anunciar* al rey de Babilonia que su
Lm 1.21 harás *venir* el día que has anunciado 7121
Dn 3.4 y el pregonero *anunciaba* en alta voz 7123
Os 7.12 les castigaré conforme a lo... *anunciado*
Am 4.13 y *anunciaba* al hombre su pensamiento 5046
Jon 3.7 e hizo proclamar y *anunciar* en Nínive 559
Mi 7.4 viene, el que *anunciaron* tus atalayas
Nah 1.15 los pies del... del que *anuncia* la paz 8085
Zac 9.12 os *anuncio* que os restauraré el doble 5046
Mt 11.5 **a los pobres es *anunciado* el evangelio** *2097*
12.18 él, y a los gentiles *anunciará* juicio
Lc 3.18 *anunciaba* las buenas nuevas al pueblo *2097*
4.43 **a otras ciudades *anuncie* el evangelio del** *2097*
7.22 **y a los pobres es *anunciado* el evangelio** *2097*
8.1 iba por... *anunciando* el evangelio del reino
9.6 pasaban... aldeas, *anunciando* el avangelio *2097*
9.60 **deja... y tú vé, y *anuncia* el reino de Dios** *1229*
16.16 **el reino de Dios es *anunciado*, y todos** *2097*
20.1 y *anunciando* el evangelio, llegaron los *2097*
Jn 16.25 **sino que... *anunciaré* acerca del Padre**
Hch 3.18 cumplido... que había antes *anunciado*
3.20 Jesucristo, que os fue antes *anunciado* *4296*
3.24 los profetas... han *anunciado* estos días *4293*
4.2 y *anunciasen* en Jesús la resurrección de *2605*
5.20 *anunciad* al pueblo todas las palabras de *2980*
7.52 que *anunciaron* de... la venida del justo
8.4 esparcidos iban... *anunciando* el evangelio *2097*
8.12 a Felipe, que *anunciaba* el evangelio del *2097*
8.25 en muchas poblaciones de... *anunciaron* el *2097*
8.35 Felipe... le *anunció* el evangelio de Jesús *2097*
8.40 *anunciaba* el evangelio en... las ciudades *2097*
10.36 *anunciando* el evangelio de la paz por *2097*
11.20 *anunciando* el evangelio del Señor Jesús *2097*
13.5 *anunciaban* la palabra de Dios en las *2605*
13.32 también os *anunciamos* el evangelio de *2097*
13.38 de él se os *anuncia* perdón de pecados *2605*
14.15 os *anunciamos* que de estas vanidades os *2097*
14.21 y después de *anunciar* el evangelio a *2097*
15.35 *anunciando* el evangelio con otros muchos ... *2097*
15.36 las ciudades en que hemos *anunciado* la *2605*
16.10 para que les *anunciásemos* el evangelio *2097*
16.17 son... os *anuncian* el camino de salvación
17.3 Jesús, a quien yo... *anuncio*... es el Cristo *2605*
17.13 Berea era *anunciada* la palabra de Dios *2605*
17.23 al que vosotros adoráis... yo os *anuncio* *2605*
20.20 que fuese útil he rehuido de *anunciaros*
20.27 no he rehuido *anunciaros* todo el concejo *312*
21.26 *anunciar* el cumplimiento de los días de *1229*
26.20 sino que *anuncié*... a los que están en
26.23 *anunciar* luz al pueblo y a los gentiles
Ro 1.15 pronto estoy a *anunciaros* el evangelio *2097*
9.17 que mi nombre sea *anunciado* por toda la *1229*
10.15 que *anuncian* la paz... a buenas nuevas! *2097*
15.21 nunca les fue *anunciado* acerca de él *312*
1 Co 2.1 para *anunciaros* el testimonio de Dios *2605*
9.14 ordenó el Señor a los que *anuncian* el *2605*
9.16 si *anuncio* el evangelio, no tengo por qué *2097*
9.16 ¡ay de mí si no *anunciare* el evangelio! *2097*
11.17 pero al *anunciaros* esto que sigue, no os *3853*
11.26 la muerte del Señor *anunciáis* hasta que
2 Co 10.16 y *anunciaremos* el evangelio en *2097*
Gá 1.8 os *anunciare* otro evangelio diferente *2097*
1.8 del que os hemos *anunciado*, sea anatema *2097*
1.11 que el evangelio *anunciado* por mí, no es *2097*
4.13 os *anuncié* el evangelio al principio *2097*
Ef 2.17 vino y *anunció* las buenas nuevas de paz *2097*
3.8 *anunciar* entre los gentiles el evangelio *2097*
Fil 1.16 unos *anuncian* a Cristo por contención *2605*
1.18 de todas maneras... Cristo es *anunciado* *2605*
Col 1.25 para que *anuncie*... la palabra del Dios
1.28 a quien *anunciamos*, amonestando a todo *2605*
1 Ts 2.2 para *anunciaros* el evangelio de Dios *2980*
He 2.3 habiendo sido *anunciada*... por el Señor *2980*
2.12 *anunciaré* a mis hermanos tu nombre, en *518*
4.2 nos ha *anunciado* la buena nueva como *2097*
4.6 a quienes... se les *anunció* la buena nueva *2097*
9.19 *anunciado* Moisés todos los mandamientos *2980*
1 P 1.11 el cual *anunciaba*... los sufrimientos de *4303*
1.12 las cosas que ahora os son *anunciadas* por *312*
1.25 es la palabra que... os ha sido *anunciada* *2097*
2.9 para que *anunciéis* las virtudes de aquel *1804*
1 Jn 1.2 os *anunciamos* la vida eterna, la cual
1.3 lo que hemos visto y oído... os *anunciamos* *518*
1.5 este es el mensaje que... os *anunciamos* *312*
Ap 10.7 como él lo *anunció* a sus siervos los *2097*

ANUNCIO
Is 53.1; Jn 12.38; Ro 10.16 ¿quién... a nuestro *a*? 8052,189

ANZUELO
Job 41.1 ¿sacarás tú al leviatán con *a*, o con 2443
Is 19.8 harán duelo todos los que hechan *a* en 2443
Am 4.2 y a vuestros descendientes con *a* de
Hab 1.15 sacará a todos con *a*, los recogerá con 2443
Mt 17.27 **al mar, y hecha el *a*, y el primer pez** *44*

AÑADIDO *Véase Añadir*

AÑADIDURA
1 R 7.29 encima... había unas *a* de bajo relieve 3914

AÑADIR
Gn 19.9 *añadieron*: Vino este extraño... habitar 559
21.7 *añadió*: ¿Quién dijera a Abraham que Sara 559
24.25 y *añadió*: También hay en... casa paja y 559
30.24 diciendo: *Añádame* Jehová otro hijo 3254
Lv 5.16; 6.5 y *añadirá* a ello la quinta parte 3254
22.14 *añadirá* a ella una quinta parte, y la
26.21 *añadiré* sobre... siete veces más plagas
27.13,15 *añadirá* sobre tu valuación la quinta 3254
27.19 *añadirá* a tu estimación la quinta parte 3254
27.27 y *añadirán* sobre ella la quinta parte 3254
27.31 rescatar... *añadirá* la quinta parte de su 3254
Nm 5.7 y *añadirá* sobre ello la quinta parte 3254
32.14 *añadir* aún a la ira de Jehová contra 5595
36.3,4 será *añadida* a la herencia de tribu
Dt 4.2 no *añadiréis* a la palabra que... os mando 3254
5.22 palabras habló Jehova... y no *añadió* más 3254
12.32 no *añadirás* a ello, ni de ello quitarás 3254
19.9 *añadirás* tres ciudades más a estas tres 3254
Jos 3.10 y *añadió* Josué: En esto conoceréis que 559
Rt 1.17 así me haga Jehová, y aun me *añada*, que
1 S 3.17 así te haga Dios y aun te *añada*
12.19 hemos *añadido* este mal de pedir rey 3254
17.10 *añadió* el filisteo: Hoy yo he desafiado 559
17.37 *añadió* David: Jehová, que me han librado 559
20.13 hagas así a Jonatán, y aun le *añada*, si
25.22 así haga a Dios a los... y aun les *añada*
2 S 3.9 así haga Dios a Abner y aun le *añada*
3.35 me haga Dios y aun me *añada*, si antes
7.20 ¿Y qué más puede *añadir* David hablando 1696
12.8 y si esto fuera poco, te habría *añadido*
17.8 *añadió* Husai: Tú sabes que tu padre y los 559
19.13 así me haga Dios, y aun me *añada*, si no
24.3 *añada* Jehová tu Dios al pueblo cien veces 3254
1 R 2.23 así me haga Dios y aun me *añada*, que
12.11,14 pero yo *añadiré* a vuestro yugo 3254
19.2 así me hagan los dioses, y aun me *añadan*
20.10 me *añadan*, que el polvo de Samaria no
2 R 6.31 así me haga Dios, y aun me *añada*, si
20.6 y *añadiré* a tus días quince años, y te 3254
1 Cr 17.18 puede *añadir* David pidiendo de ti
21.3 *añada* Jehová a su pueblo cien veces más
22.14 he preparado madera y piedra... *añadirás* ... 3254
2 Cr 10.11,14 yo *añadiré* a vuestro yugo; mi 3254
28.13 tratáis de *añadir* sobre... pecados y sobre 3254
28.22 el rey Acaz... *añadió* mayor pecado contra
Esd 10.10 *añadiendo*... sobre el pecado de Israel 3254
Neh 13.18 *añadís* ira sobre Israel profanando el
Est 5.12 *añadió* Amán: También la reina Ester 559
Job 34.37 porque a su pecado *añadió* rebeldía 3254
36.1 *añadió* Eliú y dijo
Sal 61.6 días sobre días *añadirás* al rey; sus
Pr 9.11 tus días, y años de vida se te *añadirán* 3254
10.22 la que enriquece, y no *añade* tristeza 3254
11.24 hay quienes reparten, y les es *añadido* 3254
16.23 su boca, y *añade* gracia a sus labios 3254
19.19 y si usa de violencias, *añadirá*... males
30.6 no *añadas* a sus palabras, para que no te 3254
Ec 1.18 porque... quien *añade* ciencia, a dolor 3254
3.14 sobre aquello no se *añadirá*, ni de ello
10.10 hay que *añadir* entonces más fuerza; pero
Is 5.8 *añaden* heredad a... hasta ocuparlo todo! 7126
29.1 *añadid* un año a otro, las fiestas sigan 5595
30.1 se apartan... *añadiendo* pecado a pecado! 5595
38.5 aquí que yo *añado* a tus días quince años 3254
39.8 *añadió*: A lo menos, haya paz y seguridad 559
Jer 7.21 *añadid* vuestro holocaustos... y comed
36.32 fueron *añadidas* sobre... otras palabras 3254
45.3 ha *añadido* Jehová tristeza a mi dolor 3254
Dn 4.36 reino, y mayor grandeza me fue *añadida* 3255
Os 13.2 *añadieron* a su pecado, y de su plata
Mt 6.27 **podrá... *añadir* a su estatura un codo?** *4369*
6.33 **y todas estas cosas os serán *añadidas*?** *4369*
Mr 4.24 **se os *añadirá* a vosotros lo que oís**
Lc 3.20 *añadió* además esta: encerró a Juan en *4369*
4.24 ***añadió*: De cierto os digo, que ningún** *2036*
12.25 **podrá... *añadir* a su estatura un codo?** *4369*
12.31 **y todas estas cosas os serán *añadidas*** *4369*
Jn 21.19 **Dios. Y dicho esto, *añadió*: Sígueme** *3004*
Hch 2.41 se *añadieron* aquel día como tres mil *4369*
2.47 el Señor *añadía* cada día a la iglesia los *4369*
Gá 3.15 una vez ratificado, nadie... ni le *añade* *1928*
3.19 fue *añadida* a causa de las transgresiones *4369*
Fil 1.16 *añadir* aflicción a mis prisiones *2018*
He 10.17 *añade*: y nunca más ma acordaré de sus
2 P 1.5 *añadid* a vuestra fe virtud; a la virtud *2023*
Ap 8.3 incienso para *añadirlo* a las oraciones
22.18 si alguno *añadiere* a estas cosas, Dios *2007*

AÑEJO, A
Lv 25.22 y comeréis del fruto *a*; hasta el año 3465
25.22 hasta que venga... fruto, comeréis del *a* 3465
26.10 comeréis lo *a*... y pondréis fuera lo *a* 3465
Cnt 7.13 dulces frutas, nuevas y *a*, que para 3465
Lc 5.39 **que beba del *a*, quiere luego el nuevo** *3820*
5.39 **el nuevo; porque dice: El *a* es mejor** *3820*

AÑO
Gn 1.14 sirvan de señales para las... días y *a* 8141
5.3 vivió Adán 130 *a*, y engendró un hijo *a* 8141
5.4 y fueron los días de Adán... ochocientos *a* 8141
5.5 los días que vivió Adán 930 *a*; y murió 8141
5.6 vivió Set 105 *a*, y engendró a Enós 8141
5.7 y vivió Set, después... 807 *a*, y engendró 8141
5.8 y fueron todos los días de Set 912 *a* 8141
5.9 vivió Enós noventa *a*, y engendró a Cainán 8141
5.10 y vivió Enós... 815 *a*, y engendró hijos e 8141
5.11 y fueron todos los días de Enós 905 *a* 8141
5.12 vivió Cainán setenta *a*, y engendró a 8141
5.13 vivió Cainán... 840 *a*, y engendró hijos e 8141
5.14 y fueron todos los días de Cainán 910 *a* 8141
5.15 vivió Mahalaleel 65 *a*, y engendró a 8141
5.16 vivió Mahalaleel... 830 *a*, y engendró hijos 8141
5.17 fueron todos los días de Mahalaleel 895 *a* 8141
5.18 vivió Jared 162 *a*, y engendró a Enoc 8141
5.19 vivió Jared, después que... ochocientos *a* 8141
5.20 y fueron todos los días de Jared 962 *a* 8141
5.21 vivió Enoc... 65 *a*, y engendró a Matusalén 8141
5.22 y caminó Enoc con Dios... trescientos *a* 8141
5.23 y fueron todos los días de Enoc 365 *a* 8141
5.25 vivió Matusalén 187 *a*, y engendró a 8141
5.26 vivió Matusalén... 782 *a*, y engendró hijos 8141
5.27 fueron todos los días de Matusalén 969 *a* 8141
5.28 vivió Lamec 182 *a*, y engendró un hijo 8141
5.30 vivió Lamec... 595 *a*, y engendró hijos e 8141
5.31 y fueron todos los días de Lamec 777 *a* 8141
5.32 y siendo Noé de 500 *a*, engendró a Sem 8141
6.3 carne; mas serán sus días ciento veinte *a* 8141
7.6 era Noé de 600 *a* cuando el diluvio de las 8141
7.11 el *a* seiscientos de la vida de Noé, en el 8141
8.13 y sucedió que en el *a* 601 de Noé, en el 8141
9.28 y vivió Noé después del diluvio 350 *a* 8141
9.29 y fueron todos los días de Noé 950 *a* 8141
11.10 de edad de cien *a*, engendró a Arfaxad 8141
11.10 a Arfaxad, dos *a* después del diluvio 8141
11.11 y vivió Sem... 500 *a*, y engendró hijos e 8141
11.12 Arfaxad vivió 35 *a*, y engendró a Sala 8141
11.13 y vivió Arfaxad después... Sala, 403 *a* 8141
11.14 Sala vivió 30 *a*, y engendró a Heber 8141
11.15 y vivió Sala... 403 *a*, y engendró hijos 8141

11.16 Heber vivió 34 *a*, y engendró a Peleg 8141
11.17 y vivió Heber, después... Peleg 430 *a*, y 8141
11.18 Peleg vivió treinta *a*, y engendró a Reu 8141
11.19 vivió Peleg... 209 *a*, y engendró hijos e 8141
11.20 Reu vivió 32 *a*, engendró a Serug 8141
11.21 vivió Reu... 207 *a*, y engendró hijos e 8141
11.22 Serug vivió 30 *a*, y engendró a Nacor 8141
11.23 y vivió Serug... 200 *a*, y engendró hijos 8141
11.24 Nacor vivió 29 *a*, y engendró a Taré 8141
11.25 vivió Nacor... 119 *a*, y engendró hijos e 8141
11.26 Taré vivió 70 *a*, y engendró a Abram 8141
11.32 fueron los días de Taré 205 *a*; y murió 8141
12.4 era Abram de edad de 75 *a* cuando salió 8141
14.4 doce *a* habían servido a Quedorlaomer, y 8141
14.5 en el *a* decimocuarto vino Quedorlaomer 8141
15.9 una becerra de tres *a*... cabra de tres *a* 8027
15.9 carnero de tres *a*, una tórtola también 8027
15.13 será esclava... oprimida cuatrocientos *a* 8141
16.3 cabo de diez *a* que había habitado Abram 8141
16.16 era Abram de edad de 86 *a*, cuando Agar 8141
17.1 era Abram de edad de noventa y nueve *a* 8141
17.17 ¿a hombre de cien *a*... Y Sara, ya de 90 *a* 8141
17.21 dará a luz... este tiempo el *a* que viene 8141
17.24 era Abraham de edad de 99 *a*... circuncidó 8141
17.25 Ismael su hijo era de trece *a*, cuando 8141
21.5 era Abraham de cien *a* cuando nació Isaac 8141
23.1 de Sara 127 *a*... losa de la vida de Sara 8141
24.1 Abraham ya viejo, y bien avanzado en *a* 3117
25.7 fueron los días que vivió Abraham: 175 *a* 8141
25.8 y lleno de *a*, y fue unido a su pueblo
25.17 los *a* de vida de Ismael, 137 *a* 8141
25.20 era Isaac de cuarenta *a* cuando tomó por 8141
25.26 Isaac... 60 *a* cuando ella los dio a luz 8141
26.12 Isaac cosechó aquel *a* ciento por uno 8141
26.34 cuando Esaú era de cuarenta *a*, tomó por 8141
29.18 te serviré siete *a* por Raquel tu hija 8141
29.20 sirvió Jacob por Raquel siete *a*; y le 8141
29.27 por el servicio que hagas... otros siete *a* 8141
29.30 Lea; y sirvió a Labán aún otros siete *a* 8141
31.38 estos veinte *a* he estado contigo; tus 8141
31.41 he estado 20 *a* en tu casa; 14 *a* te serví 8141
31.41 y seis *a* por tu ganado, y has cambiado mi 8141
35.28 y fueron los días de Isaac 180 *a* 8141
37.2 José, siendo de edad de 17 *a*, apacentaba 8141
41.1 que pasados dos *a* tuvo Faraón un sueño 8141
41.26 las siete vacas hermosas siete *a* son; y 8141
41.26 y las espigas hermosas son siete *a* el 8141
41.27 siete vacas flacas y feas... son siete *a* 8141
41.27 siete espigas... siete *a* serán de hambre 8141
41.29 he aquí vienen siete *a* de gran abundancia 8141
41.30 tras ellos seguirán siete *a* de hambre 8141
41.34 quinte la... en los siete *a* de abundancia 8141
41.35 junten toda la provisión de... buenos *a* 8141
41.36 en depósito... para los siete *a* de hambre 8141
41.46 era José de edad de treinta *a* cuando fue 8141
41.47 en aquellos siete *a* de abundancia la 8141
41.48 el alimento de los siete *a* de abundancia 8141
41.50 antes que viniese el primer *a* del hambre 8141
41.53 los siete *a* de abundancia que hubo en 8141
41.54 comenzaron a venir... siete *a* del hambre 8141
45.6 dos *a* de hambre... aún quedan cinco *a* en 8141
45.11 pues aún quedan cinco *a* de hambre, para 8141
47.8 ¿cuántos son los días de los *a* de tu vida? 8141
47.9 los días de los *a* de mi... son 130 *a*, pocos 8141
47.9 pocos y malos han sido... los *a* de mi vida 8141
47.9 no han llegado a los días de los *a* de la 8141
47.17 sustentó de pan por... sus ganados aquel *a* 8141
47.18 acabado aquel *a*, vinieron... el segundo *a* 8141
47.28 vivió Jacob en la... de Egipto diecisiete *a* 8141
47.28 días de Jacob, los *a* de su vida, 147 *a* 8141
50.22 habitó José en... vivió José ciento diez *a* 8141
50.26 y murió José a la edad de ciento diez *a* 8141
Éx 6.16 y los *a* de la vida de Leví fueron 137 *a* 8141
6.18 y los *a* de la vida de Coat fueron 133 *a* 8141
6.20 y los *a* de la vida de Amram fueron 137 *a* 8141
7.7 era Moisés de... ochenta *a*, y Aarón de 83 *a* 8141
12.2 será este el primero en los meses del *a* 8141
12.5 el animal será sin defecto, macho de un *a* 8141
12.40 de Israel habitaron en Egipto fue 430 *a* 8141
12.41 pasados los 430 *a*... salieron de... de Egipto 8141
13.10 guardarás... rito en su tiempo de *a* en *a* 3117
16.35 comieron los hijos de Israel maná 40 *a* 8141
21.2 si comprares siervo hebreo, seis *a* servirá 8141
23.10 seis *a* sembrarás tu tierra, y recogerás 8141
23.11 el séptimo *a* la dejarás libre, para que
23.14 tres veces en el *a*... celebrarás fiesta 8141
23.16 fiesta de la cosecha a la salida del *a* 8141
23.17 tres veces en l *a* se presentará... varón 8141
23.29 no los echaré de delante de ti en un *a* 8141
29.38 ofrecerás... dos corderos de un *a* cada 8141
30.10 hará Aarón expiación una vez en el *a* con 8141
30.10 una vez en el *a* hará expiación sobre él 8141
30.14 el que sea contado, de veinte *a* arriba 8141
34.22 la fiesta de la cosecha a la salida del *a* 8141
34.23 tres veces en el *a* se presentará... varón 8141
34.24 delante de Jehová... Dios 3 veces en el *a* 8141
38.26 veinte *a* arriba, que fueron 603.550 8141
40.17 el segundo *a*, el tabernáculo fue erigido 8141
Lv 9.3 tomad... y un cordero de un *a*, sin defecto 8141
12.6 traerá un cordero de un *a* para holocausto 8141
14.10 una cordera de un *a* sin tacha, y... harina 8141
16.34 hacer expiación una vez al *a* por todos 8141
19.23 de su fruto; tres *a* os será incircunciso 8141
19.24 cuarto *a* todo su fruto será consagrado 8141
19.25 mas al quinto *a* comeréis el fruto de él 8141
23.12 gavilla, ofreceréis un cordero de un *a* 8141
23.18 ofreceréis... siete corderos de un *a*, sin 8141
23.19 dos corderos de un *a* en sacrificio de 8141
23.41 fiesta a Jehová por siete días cada *a* 8141
25.3 seis *a* sembrarás... seis *a* podarás tu viña 8141
25.4 el séptimo *a* la tierra tendrá descanso 8141
25.5 las uvas... *a* de reposo será para la tierra 8141
25.8 siete semanas de *a*, siete veces siete *a* 8141
25.8 siete semanas de *a* vendrán a serte 49 *a* 8141
25.10 el *a* cincuenta... ese *a* os será de jubileo 8141
25.11 el *a* cincuenta os será jubileo; no 8141
25.13 en este *a* de jubileo volveréis cada uno 8141
25.15 al número de los *a* después del jubileo 8141
25.15 conforme al número de los *a*... te venderá 8141
25.16 cuanto mayor fuere el número de los *a* 8141
25.20 dijereis: ¿Qué comeremos el séptimo *a*? 8141
25.21 yo os enviaré mi bendición el sexto *a* 8141
25.21 y ella hará que haya fruto por tres *a* 8141
25.22 sembraréis el *a* octavo, y comeréis del 8141
25.22 hasta el *a* noveno, hasta que venga su 8141
25.27 contará los *a* desde que vendió, y pagará 8141
25.28 en poder del que lo compró hasta el *a* 8141
25.29 el término de un *a*... un *a* será el término 8141
25.30 y si no fuere rescatada dentro de un *a* 8141
25.40 como... hasta el *a* del jubileo te servirá 8141
25.50 desde el *a* que se vendió... hasta el *a* del 8141
25.50 el precio... conforme al número de los *a* 8141
25.51 aún fueren muchos *a*, conforme a ellos 8141
25.52 si... poco tiempo hasta el *a* del jubileo 8141
25.52 devolverá su rescate conforme a sus *a* 8141
25.54 no se rescatare en esos *a*, en el *a* del 8141
27.3 al varón de veinte *a* hasta sesenta, lo 8141
27.5 y si fuere de cinco *a* hasta veinte, al 8141
27.6 y si fuere de un mes hasta 5 *a*... 5 siclos 8141
27.7 si fuere de sesenta *a* o más, al varón lo 8141
27.17 si dedicare su... desde el *a* del jubileo 8141
27.18 los *a* que quedaren hasta el *a* del jubileo 8141
27.23 calculará con él... hasta el *a* del jubileo 8141
27.24 en el *a* del jubileo, volverá la tierra 8141
Nm 1.1 en el segundo *a* de su salida de... Egipto 8141
1.3 de veinte *a* arriba, todos los que pueden 8141
1.18 conforme a la cuenta de... de 20 *a* arriba 8141
1.20,22 todos los varones de veinte *a* arriba 8141
1,24,26,28,30,32,34,36,38,40,42 la cuenta de los nombres, de veinte *a* arriba 8141
1.45 todos los contados de... de veinte *a* arriba 8141
4.3,23,30,35,39,43,47 de edad de treinta *a* arriba hasta cincuenta *a* 8141
6.12 traerá un cordero de un *a* en expiación 8141
6.14 ofrecerá... un cordero de un *a* sin tacha 8141
6.14 ofrecerá... una cordera de un *a* sin defecto 8141
7.15,21,27,33,39,45,51,57,63,69,75,81 un cordero de un *a* para holocausto 8141
7.17,23,29,35,41,47,53,59,65,71,77,83 cinco corderos de un *a* 8141
7.87 doce los corderos de un *a*, con su ofrenda 8141
7.88 la ofrenda... sesenta los corderos de un *a* 8141
8.24 los levitas de 25 *a* arriba entrarán a 8141
8.25 pero desde los 50 *a* cesarán de ejercer 8141
9.1 en el segundo *a* de su salida de... Egipto 8141
9.22 un *a*, mientras la nube se detenía sobre 3117
10.11 en el *a* segundo, en el mes segundo, a 8141
13.22 Hebrón fue edificada siete *a* antes de 8141
14.29 que fueron contados... de veinte *a* arriba 8141
14.33 hijos andarán pastoreando... cuarenta *a* 8141
14.34 iniquidades cuarenta *a*, un *a* por... día 8141
15.27 pecare por... ofrecerá una cabra de un *a* 8141
26.2 tomad el censo de... de veinte *a* arriba 8141
26.4 contaréis el pueblo de veinte *a* arriba 8141
28.3 dos corderos sin tacha de un *a*, cada día 8141
28.9 dos corderos de un *a* sin defecto, y dos 8141
28.11 ofreceréis en... siete corderos de un *a* 8141
28.14 holocausto... por todos los meses del *a* 8141
28.19,27 ofreceréis... siete corderos de un *a* 8141
29.2,8,36 ofreceréis... siete corderos de un *a* 8141
29.13,17,20,23,26,29,32 catorce corderos de un *a* sin defecto 8141
32.11 no verán los varones... de veinte *a* arriba 8141
32.13 los hizo andar errantes cuarenta *a* por 8141
33.38 murió a los cuarenta *a* de la salida de 8141
33.39 era Aarón de edad de 123 *a*, cuando murió 8141
Dt 1.3 que a los cuarenta *a*, en el mes undécimo 8141
2.7 estos 40 *a* Jehová tu... ha estado contigo 8141
2.14 los días que anduvimos de... fueron 38 *a* 8141
8.2 te ha traído Jehová tu Dios estos 40 *a* en 8141
8.4 ni el pie se te ha hinchado en estos 40 *a* 8141
11.12 desde el principio del *a* hasta el fin 8141
14.22 del grano que rindiere tu campo cada *a* 8141
14.28 al fin de cada tres *a* sacarás... el diezmo 8141
14.28 el diezmo de tus productos de aquel *a* 8141
15.1 cada siete *a* harás remisión 8141
15.9 diciendo: Cerca está el *a* séptimo, el de 8141
15.12 y te hubiere servido seis *a*, al séptimo 8141
15.18 por la mitad del costo... te sirvió seis *a* 8141
15.20 delante de... tu Dios los comerás cada *a* 8141
16.16 tres veces cada *a* aparecerá todo varón 8141
24.5 libre estará en su casa por un *a*, para 8141
26.12 en el *a* tercero, el *a* del diezmo, darás 8141
29.5 y yo os he traído 40 *a* en el desierto 8141
31.2 este día soy de edad de ciento veinte *a* 8141
31.10 al fin de cada siete *a*, en el *a* de la 8141
32.7 considera los *a* de muchas generaciones 8141
34.7 era Moisés de edad de 120 *a* cuando murió 8141
Jos 5.6 anduvieron por el desierto cuarenta *a* 8141
5.12 comieron de los frutos... Canaán aquel *a* 8141
13.1 siendo Josué ya viejo, entrado en *a* 3117
14.7 era de edad de cuarenta *a* cuando Moisés 8141
14.10 me ha hecho vivir... estos 45 *a*, desde el 8141
14.10 hoy soy de edad de ochenta y cinco *a* 8141
23.1 Josué, siendo ya viejo y avanzado en *a* 3117
23.2 dijo: Yo ya soy viejo y avanzado en *a* 3117
24.29; Jue 2.8 murió Josué... de ciento diez *a* 8141
Jue 3.8 sirvieron los hijos de Israel... ocho *a* 8141
3.11 y reposó la tierra 40 *a*; y murió Otoniel 8141
3.14 sirvieron... Israel a Eglón rey... dieciocho *a* 8141
3.30 de Israel; y reposó la tierra ochenta *a* 8141
4.3 oprimido... los hijos de Israel por veinte *a* 8141
5.31 su fuerza. Y la tierra reposó cuarenta *a* 8141
6.1 los entregó en mano de Madián por siete *a* 8141
6.25 toma un toro... el segundo toro de siete *a* 8141
8.28 reposó la tierra cuarenta *a* en los días 8141
9.22 Abimelec hubo dominado sobre Israel 3 *a* 8141
10.2 y juzgó a Israel veintitrés *a*, y murió 8141
10.3 Jair... el cual juzgó a Israel veintidós *a* 8141
10.8 quebrantaron a los hijos de Israel 18 *a* 8141
11.26 ha estado habitando por 300 *a* a Hesbón 8141
11.40 que de *a* en *a* fueran las doncellas de 8141
11.40 a endechar a la hija de... 4 días en el *a* 8141
12.7 Jefté juzgó a Israel 6 *a*; y murió Jefté 8141
12.9 el cual tuvo 30... y juzgó a Israel siete *a* 8141
12.11 Elón zabulonita... juzgó a Israel diez *a* 8141
12.14 tuvo 40 hijos... y juzgó a Israel ocho *a* 8141
13.1 entregó en mano de los filisteos por 40 *a* 8141
15.20 juzgó a Israel en los días de los... 20 *a* 8141
16.31 le sepultaron... juzgó a Israel veinte *a* 8141
17.10 y yo te daré diez siclos de plata por *a* 3117
21.19 cada *a* hay fiesta solemne de Jehová en 3117
Rt 1.4 tomaron... y habitaron allí unos diez *a* 8141
1 S 1.3 y todos los *a* aquel varón subía de su 3117
1.7 así hacía cada *a*; cuando subía a la casa 3117
2.19 le hacía... una túnica... se la traía cada *a* 3117
4.15 era ya Elí de edad de 98 *a*, y sus ojos 8141
4.18 Elí cayó... y había juzgado a Israel 40 *a* 8141
7.2 el día que llegó el arca... pasaron... 20 *a* 8141
7.16 todos los *a* iba y daba vuelta a Bet-el 8141
13.1 había ya reinado Saúl un *a*... reinado dos *a* 8141
27.7 David habitó en la... un *a* y cuatro meses 3117
29.3 David... que ha estado conmigo por días y *a* 8141
2 S 2.10 de 40 *a* era Isboset... y reinó dos *a* 8141
2.11 David reinó en Hebrón... siete *a* y 6 meses 8141
4.4 tenía cinco *a*... cuando llegó de Jezreel la 8141
5.4 era David de treinta *a*... y reinó cuarenta *a* 8141
5.5 en Hebrón reinó sobre... siete *a* y seis meses 8141
5.5 en Jerusalén reinó 33 *a* sobre todo Israel 8141
11.1 aconteció al *a* siguiente, en el tiempo 8141
13.23 aconteció pasados dos *a*, que Absalón 8141
13.38 así huyó Absalón... y estuvo allá tres *a* 8141
14.26 se cortaba el cabello... al fin de cada *a* 3117
14.28 y estuvo Absalón... de dos *a* en 8141,3117
15.7 al cabo de cuatro *a*... Absalón dijo al rey 8141
19.32 era Barzilai... de ochenta *a*, y él había 8141
19.34 ¿cuántos *a* más habré de vivir, para que 3117,8141
19.35 de edad ochenta *a* soy este día. ¿Podré 8141
21.1 hubo hambre en... por tres *a* consecutivos 8141
24.13 te vengan siete *a* de hambre en tu tierra 8141
1 R 2.11 los días que reinó David... fueron 40 *a* 8141
2.11 siete *a* reinó en Hebrón, y 33 *a* reinó en 8141
2.39 pasados tres *a*... que dos siervos de Simei 8141
4.7 obligado a abastecerlo... un mes en el *a* 8141
5.11 trigo... esto daba Salomón a Hiram cada *a* 8141
6.1 el *a* 480 después que... Israel salieron de 8141
6.1 el cuarto *a* del principio del reino de 8141
6.37 en el cuarto *a*... se echaron los cimientos 8141
6.38 y en el undécimo *a*... fue acabada la casa 8141
6.38 fue acabada... La edificó, pues, en siete *a* 8141
7.1 edificó... su propia casa en trece *a*, y la 8141
9.10 al cabo de veinte *a*, cuando Salomón ya 8141
9.25 y ofrecía Salomón tres veces cada *a* 8141
10.14 oro que Salomón tenía de renta cada *a* 8141
10.22 vez cada tres *a* venía la flota de Tarsis 8141
10.25 todos le llevaban cada *a* sus presentes 8141
11.42 días que Salomón reinó en... fueron 40 *a* 8141
14.20 tiempo que reinó Jeroboam fue de 22 *a* 8141
14.21 de 41 *a* era Roboam cuando... 17 *a* reinó 8141
14.25 al quinto *a* del rey Roboam subió Sisac 8141
15.1 en el *a* 18 del rey Jeroboam hijo de Nabat 8141
15.2 reinó tres *a* en Jerusalén. El nombre de 8141
15.9 el *a* 20 de Jeroboam rey de Israel, Asa 8141
15.10 y reinó cuarenta y un *a* en Jerusalén 8141
15.25 Nadab... a reinar... en el segundo *a* de Asa 8141
15.25 Nadab hijo de... reinó sobre Israel dos *a* 8141
15.28 lo mató... Baasa en el tercer *a* de Asa rey 8141
15.33 en el tercer *a* de Asa rey de Judá 8141
15.33 Baasa hijo de... y reinó veinticuatro *a* 8141
16.8 en el *a* veintiséis de Asa rey de Judá 8141
16.8 comenzó a reinar Ela hijo... y reinó dos *a* 8141
16.10 Zimri... lo mató, en el *a* 27 de Asa rey 8141
16.15 el *a* 27 de Asa rey de Judá, comenzó a 8141
16.23 el *a* 31 de Asa rey de Judá... reinar Omri 8141
16.23 Omri... reinó doce *a*: en Tirsa reinó 6 *a* 8141
16.29 comenzó a reinar Acab... el *a* 38 de Asa 8141
16.29 y reinó Acab hijo de... en Samaria 22 *a* 8141
17.1 que no habrá lluvia ni rocío en estos *a* 8141
18.1 vino palabra de Jehová en el tercer *a* 8141
20.22 pasado un *a*, el rey de Siria vendrá 8141
20.26 pasado un *a*, Ben-adad pasó revista al 8141
22.1 tres *a* pasaron su guerra entre los sirios 8141
22.2 al tercer *a*, que Josafat rey... descendió 8141
22.41 Josafat... en el cuarto *a* de Acab rey de 8141
22.42 era Josafat de 35 *a*... y reinó 25 *a* en 8141
22.51 comenzó a reinar... *a* 17 de Josafat rey 8141
22.51 Ocozías hijo... reinó dos *a* sobre Israel 8141
2 R 1.17 el segundo *a* de Joram hijo de Josafat 8141
3.1 Joram... el *a* 18 de Josafat... reinó doce *a* 8141
4.16 le dijo El *a* que viene, por este tiempo 4150
4.17 dio a luz un hijo el *a* siguiente, en el 4150
8.1 hambre... vendrá sobre la tierra por siete *a* 8141
8.2 vivió en tierra de los filisteos siete *a* 8141
8.3 pasado los siete *a*, la mujer volvió de la 8141

8.16 en el quinto *a* de Joram hijo de Acab, rey 8141
8.17 de 32 *a* era... y ocho *a* reinó en Jerusalén 8141
8.25 en el *a* doce de Joram hijo de Acab, rey 8141
8.26 de 22 *a* era Ocozías cuando... y reinó un *a* 8141
9.29 el undécimo *a* de Joram hijo de Acab 8141
10.36 en el tiempo que reinó Jehú... fue de 28 *a* 8141
11.3 escondido en la casa de... seis *a*; y Atalía 8141
11.4 al séptimo *a* envió Joiada y tomó jefes 8141
11.21 Joás de siete *a* cuando comenzó a reinar 8141
12.1 en el séptimo *a* de Jehú comenzó a reinar 8141
12.1 Joás... y reinó cuarenta *a* en Jerusalén 8141
12.6 en el *a* 23 del rey Joás aún no habían 8141
13.1 en el *a* 23 de Joás hijo de Ocozías, rey 8141
13.1 reinar Joacaz hijo... y reinó diecisiete *a* 8141
13.10 *a* 37 de Joás rey... comenzó a reinar Joás 8141
13.10 a reinar Joás hijo... y reinó dieciséis *a* 8141
13.20 entrado el *a*, vinieron bandas armadas 8141
14.1 en el *a* segundo de Joás hijo... comenzó a 8141
14.2 era de 5 *a*, y 29 *a* reinó en Jerusalén 8141
14.17 Amasías hijo... vivió después... quince *a* 8141
14.21 tomo a Azarías que era de 16 *a*, y lo 8141
14.23 el *a* quince de Amasías hijo de Joás rey 8141
14.23 comenzó a reinar Jeroboam... y reinó 41 *a* 8141
15.1 el *a* 27 de Jeroboam rey... comenzó a reinar 8141
15.2 era de 16 *a*, y 52 *a* reinó en Jerusalén 8141
15.8 en el *a* 38 de Azalías rey... reinó Zacarías 8141
15.13 comenzó a reinar en el *a* 39 de Uzías rey 8141
15.17 el *a* 39 de Azarías rey de Judá, reinó 8141
15.17 reinó Manahem... sobre Israel diez *a*, en 8141
15.23 el *a* 50 de Azarías rey de Judá, reinó 8141
15.23 reinó Pekaía hijo... sobre Israel... dos *a* 8141
15.27 el *a* 52 de Azarías... reinó Peka... 20 *a* 8141
15.30 a los veinte *a* de Jotam hijo de Uzías 8141
15.32 el segundo *a* de Peka... comenzó a reinar 8141
15.33 era de 25 *a*, y reinó 16 *a* en Jerusalén 8141
16.1 en el *a* 17 de Peka... comenzó a reinar Acaz 8141
16.2 era de 20 *a*, y reinó en Jerusalén 16 *a* 8141
17.1 en el *a* duodécimo de Acaz rey de Judá 8141
17.1 comenzó a reinar Oseas... y reinó nueve *a* 8141
17.4 no pagaba tributo... como lo hacía cada *a* 8141
17.5 sitió a Samaria, y estuvo... ella tres *a* 8141
17.6 en el *a* nueve de Oseas, el rey de Asiria 8141
18.1 en el tercer *a* de Oseas... comenzó a reinar 8141
18.2 era de 25 *a*... y reinó en Jerusalén 29 *a* 8141
18.9 el cuarto *a* del rey Ezequías, que era el 8141
18.9 el *a* séptimo de Oseas hijo de Ela, rey de 8141
18.10 y la tomaron al cabo de tres *a*. En el 8141
18.10 en el *a* sexto... era el *a* noveno de Oseas 8141
18.13 a los catorce *a* del rey Ezequías, subió 8141
19.29 este *a* comeréis lo que... y el segundo *a* 8141
19.29 y el tercer *a* sembraréis, y segaréis 8141
20.6 añadiré *a* tus días quince *a*, y te libraré 8141
21.1 de doce *a* era Manasés... y reinó en... 55 *a* 8141
21.19 de 22 *a* era Amón cuando... y reinó dos *a* 8141
22.1 cuando Josías... era de 8 *a*, y reinó... 31 *a* 8141
22.3 a los 18 *a* del rey Josías, envió el rey 8141
23.23 los 18 *a* del rey Josías... aquella pascua 8141
23.31 de 23 *a* era Joacaz... comenzó a reinar, y 8141
23.36 de 25 *a* era Joacim cuando... y 11 *a* reinó 8141
24.1 Joacim vino a ser su siervo por tres *a* 8141
24.8 de 18 *a* era Joaquín... comenzó a reinar, y 8141
24.12 lo prendió... en el octavo *a* de su reinado 8141
24.18 de 21 *a* era Sedequías... y reinó... once *a* 8141
25.1 aconteció a los nueve *a* de su reinado 8141
25.2 la ciudad sitiada hasta el *a* undécimo del 8141
25.8 siendo el *a* 19 de Nabucodonosor rey de 8141
25.27 a los 37 *a* del cautiverio de Joaquín rey 8141
25.27 en el primer *a* de su reinado, libertó a 8141
1 Cr 2.21 la cual tomó siendo él de 60 *a*, y ella 8141
3.4 reinó siete *a*... y en Jerusalén reinó 33 *a* 8141
20.1 La vuelta del *a*, en el tiempo que suelen 8141
21.12 escogí para ti: o 3 *a* de hambre, o por 3 8141
23.3 fueron contados... Levitas de 30 *a* arriba 8141
23.24,27 los hijos de Leví... veinte *a* arriba 8141
26.31 en el *a* cuarenta del reinado de David 8141
27.1 entraban y salían cada mes durante... el *a* 8141
27.23 y no tomó... Los que eran de 20 *a* abajo 8141
29.27 tiempo que reinó... 40 *a*. Siete *a* reinó 8141
2 Cr 3.2 comenzó a edificar... en el cuarto *a* de 8141
8.1 después de veinte *a*, durante los cuales 8141
8.13 las fiestas solemnes tres veces en el *a* 8141
9.13 poso del oro que venía a Salomón cada *a* 8141
9.21 y cada tres *a* solían venir las naves de 8141
9.24 cada uno traía su presente... todos los *a* 8141
9.30 reino Salomón en Jerusalén... cuarenta *a* 8141
11.17 confirmaron a Roboam, por tres *a* 8141
11.17 porque tres *a* anduvieron en el camino 8141
12.2 el quinto *a* del rey Roboan 8141
12.13 era Roboam de 41 *a*... reinar, y 17 *a* reinó 8141
13.1 los 18 *a* del rey Jeroboam, reinó Abías 8141
13.2 y reino tres *a* en Jerusalén. El nombre 8141
14.1 Asa... días tuvo sosiego el país por 10 *a* 8141
15.10 el mes tercero del *a* decimoquinto del 8141
15.19 no hubo más guerra hasta los 35 *a* del 8141
16.1 el *a* 36 del reinado de Asa, subió Baasa 8141
16.12 en el *a* 39 de su reinado, Asa enfermó 8141
16.13 durmió Asa con... en el *a* 41 de su reinado 8141
17.7 tercer *a* de su reinado envió... enseñasen 8141
18.2 y después de algunos *a* descendió a... Acab 8141
20.31 reinó Josafat... de 35 *a*... y reinó 5 *a* 8141
21.5 cuando comenzó... de 32 *a*, y reinó ocho *a* 8141
21.19 al cabo de dos *a* los intestinos se le 3117
21.20 comenzó a reinar... 32 *a* y reinó... 8 *a* 8141
22.2 Ocozías... era de 42 *a*, y reino un *a* en 8141
22.12 estuvo... escondido en la casa de Dios 6 *a* 8141
23.1 en el séptimo *a* se animó Joiada, y tomó 8141
24.1 de siete *a* era Joás cuando... y 40 *a* reinó 8141
24.5 para que cada *a* sea reparada la casa de 8141
24.15 mas Joiada... de 130 *a* era cuando murió 8141
24.23 a la vuelta del *a* subió contra él el 8141
25.1 de 25 *a* era Amasías cuando... y 29 *a* reinó 8141
25.5 puso en lista a todos los de 20 *a* arriba 8141
25.25 vivió Amasías... quince *a* después de la 8141
26.1 tomó a Uzías, el cual tenía 16 *a* de edad 8141
26.3 de 16 *a* era Uzías cuando... y 52 *a* reinó en 8141
27.1 de 25 *a* era Jotam cuando... y 16 *a* reinó en 8141
27.5 le dieron... en aquel *a*... en el segundo *a* y 8141
27.8 cuando comenzó a reinar era de 25 *a*, y 8141
28.1 de 20 *a* era Acaz cuando... y 16 *a* reinó en 8141
29.1 Ezequías siendo de 25 *a*, y reinó 29 *a* 8141
29.3 en el primer *a* de su reinado, en el mes 8141
31.16 de 3 *a* arriba, a todos los que entraban 8141
31.17 y a los levitas de edad de 20 *a* arriba 8141
33.1 de 12 *a* era Manasés cuando... y 55 *a* reinó 8141
33.21 de 22 *a* era Amón cuando... y dos *a* reinó 8141
34.1 de 8 *a* era Josías cuando... y 31 *a* reinó 8141
34.3 a los ocho *a* de su reinado, siendo aún 8141
34.3 a los doce *a* comenzó a limpiar a Judá y 8141
34.8 Los 18 *a* de su reinado, después de haber 8141
35.19 esta pascua fue celebrada en el *a* 18 del 8141
36.2 de 23 *a* era Joacaz... comenzó a reinar y 8141
36.5 Joacim era de 25 *a*, y reinó once *a* en 8141
36.9 de ocho *a* era Joaquín cuando comenzó a 8141
36.10 a la vuelta del *a* el rey Nabucodonosor 8141
36.11 de 21 *a* era Sedequías... y once *a* reinó 8141
36.21 hasta que los 70 *a* fueron cumplidos 8141
36.22 al primer *a* de Ciro rey de los persas 8141
Esd 1.1 en el primer *a* de Ciro rey de Persia 8141
3.8 en el *a* segundo de su venida a la casa de 8141
3.8 pusieron a los levitas de 20 *a* arriba para 8141
4.24 quedó suspendida hasta el *a* segundo del 8140
5.11 la casa que ya muchos *a* antes había sido 8140
5.13 en el *a* primero de Ciro rey de Babilonia 8140
6.3 en el *a* primero del rey Ciro, el mismo rey 8140
6.15 era el sexto *a* del reinado del rey Darío 8140
7.7 con él... en el séptimo *a* del rey Artajerjes 8141
7.8 llegó... en el mes quinto del *a* séptimo del 8141
Neh 1.1 el *a* 20, estando yo en Susa, capital del 8141
2.1 sucedió en... el *a* veinte del rey Artajerjes 8141
5.14 el *a* veinte del rey Artajerjes hasta el 8141
5.14 el *a* 32, doce *a*, ni yo ni mis hermanos 8141
9.21 los sustentaste cuarenta *a* en el desierto 8141
9.30 les soportaste por muchos *a*, y les 8141
10.31 que el *a* séptimo... descansar la tierra 8141
10.32 contribuir cada *a* con la tercera parte 8141
10.34 leña... los tiempos determinados cada *a* 8141
10.35 y que cada *a* traeríamos a la casa de 8141
13.6 porque en el *a* 32 de Artajerjes rey de 8141
Est 1.3 tercer *a* de su reinado hizo banquete 8141
2.16 llevaba... en el *a* séptimo de su reinado 8141
3.7 el *a* duodécimo del rey Asuero, fue echada 8141
3.7 suerte para cada día y cada mes del *a*; y 8141
9.21 ordenándoles que celebrasen el... cada *a* 8141
9.27 de celebrar... conforme a su tiempo cada *a* 8141
Job 3.6 no sea contada entre los días del *a*, ni 8141
10.5 ¿son... o tus *a* como los tiempos humanos 8141
15.20 y el número de sus *a* está escondido para 8141
16.22 los *a* contados vendrán, y yo iré por el 8141
32.7 la muchedumbre de *a* declarará sabiduría 8141
36.11 acabarán sus días en... y sus *a* en dicha 8141
36.26 si se puede seguir la huella de sus *a* 8141
42.16 después de esto vivió Job 140 *a*, y vio 8141
Sal 31.10 se va gastando... y mis *a* de suspirar 8141
61.6 sus *a* serán como generación y generación 8141
65.11 coronas el *a* de tus bienes... y tus nubes 8141
77.5 consideraba los días... Los *a* de los siglos 8141
77.10 traeré... a la memoria los *a* de la destelle 8141
78.33 consumió sus días... sus *a* en tribulación 8141
90.4 mil *a* delante de tus ojos son como el día 8141
90.9 acabamos nuestros *a* como un pensamiento 8141
90.10 los días de nuestra edad son setenta *a* 8141
90.10 y si en los más robustos son ochenta *a* 8141
90.15 conforme a... y los *a* en que vimos el mal 8141
95.10 cuarenta *a*... disgustado con la nación 8141
102.24 generación de generaciones son tus *a* 8141
102.27 eres el mismo, y tus *a* no se acabarán 8141
Pr 3.2 de días y *a* de vida y paz te aumentarán 8141
4.10 oye, hijo... se te multiplicarán *a* de vida 8141
5.9 no des a los... tu honor, y tus *a* al cruel 8141
9.11 tus días, y *a* de vida se te añadirán 8141
10.27 mas los *a* de los impíos serán acortados 8141
Ec 6.3 aunque... viviera muchos *a*, y los días de 8141
6.6 porque si aquél viviera mil *a* dos veces 8141
11.8 pero aunque un hombre viva muchos *a*... y 8141
12.1 y lleguen los *a* de los cuales digas: No 8141
Is 6.1 en el *a* que murió el rey Uzías vi yo al 8141
7.8 y dentro de 65 *a* Efraín será quebrantado 8141
14.28 en el *a* que murió el rey Acaz fue esta 8141
15.5 fugitivos huirán... como novilla de tres *a* 8141
16.14 de tres *a*, como los *a* de un jornalero 8141
20.1 el *a* que vino el Tartán a Asdod, cuando 8141
20.3 anduvo... Isaías desnudo y descalzo tres *a* 8141
21.16 dicho. De aquí a un *a*, semejante a *a* de 8141
23.14 que Tiro será puesta en olvido por 70 *a* 8141
23.15 después de los setenta *a*, cantará Tiro 8141
23.17 que al fin de los 70 *a* visitará Jehová 8141
29.1 añadid un *a* a otro, las fiestas sigan su 8141
32.10 de aquí a... más de un *a* tendréis espanto 8141
34.8 es día de... Jehová, *a* de retribuciones en 8141
36.1 aconteció en el *a* 14 del rey Ezequías, que 8141
37.30 comeréis este *a* lo que... y el segundo lo 8141
37.30 y el *a* tercero sembraréis y segaréis 8141
38.5 he aquí que yo añado a tus días quince *a* 8141
38.10 yo dije... privado soy del resto de mis *a* 8141
38.15 andaré humildemente todos mis *a*, a causa 8141
61.2 a proclamar el *a* de la buena voluntad de 8141
63.4 día... y el *a* de mis redimidos ha llegado 8141
65.20 morirá de 100 *a*, y el pecador de 100 *a* 8141
Jer 1.2 en el *a* decimotercero de su reinado 8141
1.3 hasta el fin del *a* undécimo de Sedequías 8141
11.23 yo traeré mal sobre... el *a* de su castigo 8141
17.8 y en el *a* de sequía no se fatigará, ni 8141
23.12 yo traeré mal sobre ellos en el *a* de su 8141
25.1 en el *a* cuarto de Joacim... el *a* primero de 8141
25.3 desde el *a* trece de... que son veintitrés *a* 8141
25.11 y servirán... al rey de Babilonia 70 *a* 8141
25.12 y cuando sean cumplidos los setenta *a* 8141
28.1 aconteció en el mismo *a*... en el *a* cuarto 8141
28.3 (dentro de dos *a* haré volver a este lugar 8141
28.11 romperé el yugo... rey... dentro de dos *a* 8141
28.16 morirás en este *a*... hablaste rebelión 8141
28.17 en el mismo *a* murió Hananías, en el mes 8141
29.10 cuando... se cumplan los setenta *a*, yo os 8141
32.1 el *a* décimo de... que fue el *a* decimoctavo 8141
34.14 al cabo de siete *a* dejará cada uno a su 8141
34.14 le servirá seis *a*, y lo enviará libre 8141
36.1 en el cuarto *a* de Joacim hijo de Josías 8141
36.9 aconteció en el *a* quinto de Joacim hijo 8141
39.1 en el noveno *a* de Sedequías rey de Judá 8141
39.2 en el undécimo *a* de Sedequías, en el mes 8141
45.1 habitó... Jeremías a Baharies... en el *a* cuarto 8141
46.2 en el *a* cuarto de Joacim hijo de Josías 8141
48.34 Zoar hasta Horonaim, becerra de tres *a* 8141
48.44 traeré... sobre Moab, el *a* de su castigo 8141
51.46 en un *a* vendrá el rumor... y en otro *a* 8141
51.59 a Babilonia... el cuarto *a* de su reinado 8141
52.1 de edad de veintiún *a*... y reinó once *a* en 8141
52.4 a los nueve *a* de su reinado, en el mes 8141
52.5 estuvo sitiada... hasta el undécimo *a* del 8141
52.12 era el *a* 19 del reinado de Nabucodonosor 8141
52.28 el *a* séptimo, a 3.023 hombres de Judá 8141
52.29 el *a* dieciocho de Nabucodonosor él llevó 8141
52.30 el *a* veintitrés de Nabucodonosor... Llevó 8141
52.31 en el *a* treinta y siete del cautiverio 8141
52.31 en el *a* primero de su reinado, alzó la 8141
Ez 1.1 aconteció en el *a* treinta, en el mes 8141
1.2 en el quinto *a* de la deportación del rey 8141
4.5 yo te he dado los *a* de su maldad por el 8141
4.6 días; día por *a*, día por *a* te lo he dado 8141
8.1 en el sexto *a*, en el mes sexto, a los 5 8141
20.1 aconteció en el *a* séptimo... el mes quinto 8141
22.4 tu día, y has llegado al término de tus *a* 8141
24.1 vino... palabra de Jehová en el *a* noveno 8141
26.1 aconteció en el undécimo *a*, en el día 8141
29.1 el *a* décimo, en el mes décimo, a los 12 8141
29.11 ella, ni será habitada, por cuarenta *a* 8141
29.12 las ciudades... desoladas por cuarenta *a* 8141
29.13 al fin de cuarenta *a* recogeré a Egipto 8141
29.17 aconteció en el *a* veintisiete, en el mes 8141
30.20; 31.1 aconteció en el *a* undécimo, en el 8141
32.1 aconteció en el *a* duodécimo, en el mes 8141
32.17 aconteció en el *a* duodécimo, a los quince 8141
33.21 en el *a* duodécimo de nuestro cautiverio 8141
38.8 al cabo de *a* vendrás a la tierra salvada 8141
39.9 y los quemarán en el fuego por siete *a* 8141
40.1 en el *a* veinticinco... al principio del *a* 8141
40.1 a los catorce *a* después que la ciudad fue 8141
46.13 ofrecerás... cordero de un *a* sin defecto 8141
46.17 de él hasta el *a* del jubileo, y volverá 8141
Dn 1.1 en el *a* tercero del reinado de Joacim 8141
1.5 que los criase tres *a*, para que al fin de 8141
1.21 y continuó Daniel hasta el *a* primero del 8141
2.1 el segundo *a* del reinado de Nabucodonosor 8141
5.31 Darío de... tomó el reino, siendo de 62 *a* 8140
7.1 el primer *a* de Belsasar rey de Babilonia 8140
8.1 el *a* tercero del reinado del rey Belsasar 8141
9.1 en el *a* primero de Darío hijo de Asuero 8141
9.2 en el *a* primero de su reinado, yo Daniel 8141
9.2 el número de los *a* de que habló Jehová al 8141
9.2 de cumplirse las desolaciones de... en 70 *a* 8141
10.1 en el *a* tercero de Ciro rey de Persia fue 8141
11.1 el *a* primero de Darío el medo, estuve para 8141
11.6 al cabo de *a* harán alianza, y la hija del 8141
11.8 por *a* se mantendrá él contra el rey del 8141
11.13 y al cabo de algunos *a* vendrá... ejército 8141
Jl 2.2 jamás, ni después de él lo habrá en *a* 8141
2.25 os restituiré los *a* que comió la oruga 8141
Am 1.1 que profetizó... dos *a* antes del terremoto 8141
2.10 os conduje por el desierto 40 *a*, para que 8141
5.25 ¿me ofrecisteis... en cuarenta *a*, oh casa 8141
Mi 6.6 ¿me presentaré... con becerros de un *a*? 8141
Hag 1.1 el *a* segundo del rey Darío, en el mes 8141
1.15 mes sexto, en el segundo *a* del rey Darío 8141
2.10 en el segundo *a* de Darío, vino palabra de 8141
Zac 1.1 en el octavo mes del *a* segundo de Darío 8141
1.7 en el *a* segundo *de* Darío, vino palabra de 8141
1.12 estado airado por espacio de setenta *a*? 8141
7.1 el *a* cuarto del rey Darío vino palabra de 8141
7.3 abstinencia como hemos hecho ya algunos *a* 8141
7.5 cuando ayunasteis y llorasteis... setenta *a* 8141
14.16 subirán de *a* en *a* para adorar al Rey, a 8141
Mal 3.4 será grata a... como en los *a* antiguos 8141
Mt 2.16 mandó matar a... niños menores de dos *a* *1332*
9.20 una mujer enferma de... desde hacía doce *a* *2094*
Mr 5.25 desde hacía doce *a* padecía de flujo *2094*
5.42 la niña se levantó... pues tenía doce *a* *2094*
Lc 2.36 había vivido con su marido 7 *a* desde su *2094*
2.37 era viuda hacía ochenta y cuatro *a*; y no *2094*
2.41 iban sus padres todos los *a* a Jerusalén *2094*
2.42 cuando tuvo doce *a*, subieron a Jerusalén *2094*
3.1 el *a* decimoquinto del imperio de Tiberio *2094*
3.23 Jesús mismo al... era como de treinta *a* *2094*
4.19 **a predicar el *a* agradable del Señor** *1763*
4.25 **cuando el cielo fue cerrado por tres *a*** *2094*

8.42 tenía una hija única, como de doce *a*, que *2094*
8.43 padecía de flujo... desde hacía doce *a*, y *2094*
12.19 **bienes tienes guardados para muchos *a*** *2094*
13.7 **hace tres *a* que vengo a buscar fruto en** *2094*
13.8 **Señor, déjala todavía este *a*, hasta que** *2094*
13.11 hacía 18 *a* tenía espíritu de enfermedad *2094*
13.16 **que Satanás había atado dieciocho *a*, ¿no** *2094*
15.29 **he aquí, tantos *a* te sirvo, no habiéndote** *2094*
Jn 2.20 en cuarenta y seis *a* fue edificado este *2094*
5.5 hacía treinta y ocho *a* que estaba enfermo *2094*
8.57 no tienes cincuenta *a*, ¿y has visto a *2094*
11.49 Caifás, uno de... sumo sacerdote aquel *a* *1763*
11.51 era el sumo sacerdote aquel *a*, profetizó *1763*
18.13 Caifás, que era sumo sacerdote aquel *a* *1763*
Hch 4.22 que el hombre... tenía más de cuarenta *a* *2094*
7.6 y los maltratarían, por cuatrocientos *a* *2094*
7.23 cuando hubo cumplido la edad de 40 *a*, le *5063*
7.30 cuarenta *a*, un ángel se le apareció en el *2094*
7.36 señales... y en el desierto por cuarenta *a* *2094*
7.42 sacrificios en el desierto por cuarenta *a* *2094*
9.33 hacía ocho *a* que estaba en cama, pues era *2094*
11.26 y se congregaron allí todo un *a* con la *1763*
13.18 de cuarenta *a* los soportó en el desierto *5063*
13.20 por cuatrocientos cincuenta *a*, les dio *2094*
13.21 Dios les dio a Saúl hijo... por cuarenta *a* *2094*
18.11 y se detuvo allí un *a* y seis meses *1763*
19.10 continuó por espacio de dos *a*, de manera *2094*
20.31 por tres *a*... no he cesado de amonestar *5148*
24.10 hace muchos *a* eres juez de esta nación *2094*
24.17 pasados algunos *a*, vine a hacer limosnas *2094*
28.30 y Pablo permaneció dos *a*... en una casa *1333*
Ro 4.19 al considerar su cuerpo... de casi cien *a* *1541*
15.23 y deseando desde hace... *a* ir a vosotros *2094*
2 Co 8.10 sino... a quererlo, desde el *a* pasado *4070*
9.2 que Acaya está preparada desde el *a* pasado ... *4070*
12.2 hace catorce *a*... fue arrebatado hasta el *2094*
Gá 1.18 pasados tres *a*, subí a Jerusalén para *2094*
2.1 pasados catorce *a*, subí... vez a Jerusalén *2094*
3.17 ley, que vino 430 *a* después, no lo abroga *2094*
4.10 guardáis los días... los tiempos y los *a* *1763*
1 Ti 5.9 sólo la viuda no menor de sesenta *a* *2094*
He 1.12 tú eres el mismo, y tus *a* no acabarán *2094*
3.9 me probaron, y vieron mis obras cuarenta *a* ... *2094*
3.17 ¿con quiénes estuvo él disgustado 40 *a*? *2094*
9.7 sólo el sumo sacerdote una vez al *a*, no *1763*
9.25 como entra el... cada *a* con sangre ajena *1763*
10.1 los... que se ofrecen continuamente cada *a* *1763*
10.3 pero en estos sacrificios cada *a* se hace *1763*
Stg 4.13 estaremos allá un *a*, y traficaremos *1763*
5.17 no llovió sobre... por tres *a* y seis meses *1763*
2 P 3.8 un día es como mil *a*, y mil *a* como un *2094*
Ap 9.15 para la hora, día, mes y *a*, a fin de *1763*
20.2 prendió al dragón... y lo ató por mil *a* *2094*
20.3 no... hasta que fuesen cumplidos mil *a* *2094*
20.4 y vivieron y reinaron con Cristo mil *a* *2094*
20.5 a vivir hasta que se cumplieron mil *a* *2094*
20.6 serán sacerdotes... reinarán con él mil *a* *2094*
20.7 cuando los mil *a* se cumplan, Satanás *2094*

AÑUBLO
Dt 28.22 te herirá... con *a*; y te perseguirán 3420
1 R 8.37 si en la tierra hubiere... *a*, langosta 3420
2 Cr 6.28 si hubiere... *a*, langosta o pulgón 3420

AOD
1. Libertador de Israel
Jue 3.15 Jehová les levantó... a *A* hijo de Gera 261
3.16 *A* se había hecho un puñal de dos filos 261
3.20 se le acercó *A*, estando él sentado solo 261
3.20 y *A* dijo: Tengo palabra de Dios para ti 261
3.21 alargó *A* su... izquierda, y tomó el puñal 261
3.23 salió *A* al corredor, y cerró tras sí las 261
3.26 *A* escapó, y pasando los ídolos, se puso 261
4.1 después de la muerte de *A*, los hijos de 261
2. Descendiente de Benjamín, 1 Cr 7.10; 8.6 164

APACENTAR
Gn 29.7 abrevad las ovejas... id a *apacentarlas* 7462
30.31 si... esto, volveré a *apacentar* tus ovejas 7462
30.36 y Jacob *apacentaba* las otras ovejas de 7462
36.24 este es Aná... cuando *apacentaba* los asnos 7462
37.2 *apacentaba* las ovejas con sus hermanos 7462
37.12 fueron sus hermanos a *apacentar* las 7462
37.13 tus hermanos *apacientan* las ovejas en 7462
37.16 que me muestres dónde están *apacentando* .. 7462
Éx 3.1 *apacentando* Moisés las ovejas de Jetro 7462
1 S 16.11 queda aun el menor, que *apacienta* las 7462
17.15 para *apacentar* las ovejas de su padre 7462
25.16 muro fueron... *apacentando* las ovejas 7462
2 S 5.2 tú *apacentarás* a mi pueblo Israel, y tú 7462
7.7 mandado *apacentar* a mi pueblo de Israel 7462
1 Cr 11.2 tú *apacentarás* a mi pueblo Israel, y 7462
17.6 a los cuales mandé que *apacentasen* a mi 7462
Job 24.2 roban los ganados, y los *apacientan* 7462
Sal 37.3 confía... y te *apacentarás* de la verdad 7462
78.71 para que *apacentase* a Jacob su pueblo 7462
78.72 *apacentó* conforme a la integridad de su 7462
Pr 10.21 labios del justo *apacientan* a muchos 7462
Cnt 1.7 hazme saber... dónde *apacientas*, dónde 7462
1.8 *apacienta* tus cabritas junto a las cabañas 7462
2.16 mi amado es... él *apacienta* entre lirios 7462
4.5 de gacela, que se *apacientan* entre lirios 7462
6.2 para *apacentar* en los huertos, y... lirios 7462
6.3 mi amado es mío; él *apacienta* entre los 7462
Is 5.17 los corderos serán *apacentados* según 7462
14.30 primogénitos de los... serán *apacentados* 7462
30.23 ganados en aquel tiempo... *apacentados* 7462
40.11 como pastor *apacentará* su rebaño; en su 7462
49.9 en los caminos serán *apacentados*, y en 7462
61.5 extranjeros *apacentarán* vuestras ovejas 7462
65.25 el lobo y el cordero serán *apacentados* 7462
Jer 3.15 que os *apacienten* con ciencia y con 7462
6.3 junto a... cada uno *apacentará* en su lugar 7462
23.2 a los pastores que *apacientan* mi pueblo 7462
23.4 sobre ellas pastores que las *apacienten* 7462
Ez 34.2 ¡ay... pastores... *apacientan* a sí mismos! 7462
34.2 ¿no *apacientan* los pastores a los rebaños? 7462
34.3 coméis la... mas no *apacentáis* a las ovejas 7462
34.8 se *apacentaron* a sí... y no a mis ovejas 7462
34.10 les haré dejar de *apacentar* las ovejas 7462
34.10 ni los pastores se *apacentarán* más a sí 7462
34.13 las *apacentaré* en los montes de Israel 7462
34.14 en buenos pastos las *apacentaré*, y en 7462
34.14 *apacentadas* sobre los montes de Israel 7462
34.15 yo *apacentaré* mis ovejas, y yo les daré 7462
34.16 yo buscaré... las *apacentaré* con justicia 7462
34.23 y él las *apacentará*... David, él las *a*, y 7462
Dn 4.25 te *apacentarán* como a los bueyes, y con 2939
4.32 y como a los bueyes te *apacentarán* 2939
Os 4.16 ¿los *apacentará* ahora Jehová como a 7462
12.1 Efraín se *apacienta* de viento, y sigue al 7462
Mi 5.4 él... *apacentará* con poder de Jehová, con 7462
7.14 *apacienta* tu pueblo con tu cayado, el 7462
Sof 2.7 para el remanente de... allí *apacentarán* 7462
3.13 ellos serán *apacentados*, y dormirán, y no 7462
Zac 11.4 *apacienta* las ovejas de la matanza 7462
11.7 *apacenté*, pues, las ovejas de la matanza 7462
11.7 tomé... dos cayados... y *apacenté* las ovejas 7462
11.9 y dije: No os *apacentaré*; la que muriere 7462
Mt 2.6 un guiador, que *apacentará* a mi pueblo *4165*
8.33 y los que los *apacentaban* huyeron, y *1006*
Mr 5.14 los que *apacentaban* los cerdos huyeron *1006*
Lc 8.34 los que *apacentaban*... cuando vieron lo *1006*
15.15 **le envió a... para que *apacentase* cerdos** *1006*
17.7 **teniendo un siervo que ara o *apacienta*** *4165*
Jn 21.15 **él le dijo: *Apacienta* mis corderos** *1006*
21.17 **Jesús le dijo: *Apacienta* mis ovejas** *1006*
Hch 20.28 para *apacentar* la iglesia del Señor *4165*
1 Co 9.7 ¿o quién *apacienta* el rebaño y no toma *4165*
1 P 5.2 *apacentad* la grey de Dios que está *4165*
Jud 12 que comiendo... se *apacientan* a sí mismos *4165*

APACIBLE
1 R 19.12 tras el fuego un silbo *a* y delicado 1827
Pr 14.30 el corazón *a* es vida de la carne, mas 4832
15.4 la lengua *a* es árbol de vida; mas la 4832
1 Ti 3.3 no codicioso... sino amable, *a*, no avaro *1933*
He 12.11 pero después da fruto *a* de justicia a *1516*
1 P 3.4 el... ornato de un espíritu afable y *a* *2272*

APACIGUAR
Gn 32.20 *apaciguaré* su ira con el presente que 3722
Est 7.10 colgaron... se *apaciguó* la ira del rey 7918
Job 14.13 encubrieses hasta *apaciguarse* tu ira 7725
16.5 consolación... *apaciguaría* vuestro dolor 2820
Sal 107.29 cambia la... y se *apaciguan* sus ondas 2814
107.30 se alegran, porque se *apaciguaron* 8367
Pr 15.18 tarda en airarse *apacigua* la rencilla 8252
Hch 19.35 había *apaciguado* a la multitud, dijo *2687*
19.36 es necesario que os *apacigüéis*, y que *2687*

APAGAR
Lv 6.12 fuego encendido... el altar no se *apagara* 3518
6.13 el fuego arderá... el altar; no se *apagará* 3518
1 S 3.3 que la lámpara de Dios fuese *apagada* 3518
2 S 14.7 *apagarán* el ascua que me ha quedado 3518
21.17 no sea que *apagues* la lámpara de Israel 3518
2 R 22.17 ira se ha encendido... y no se *apagará* 3518
2 Cr 29.7 las puertas... y *apagaron* las lámparas 3518
34.25 se derramará mi ira sobre... no se *apagará* ... 3518
Job 18.5 la luz de los impíos será *apagada*, y no 1846
18.6 la luz... y se *apagará* sobre él su lámpara 1846
21.17 la lámpara de los impíos es *apagada* 1846
29.10 la voz de los principales se *apagaba* 2244
Pr 13.9 se *apagará* la lámpara de los impíos 1846
20.20 se le *apagará* su lámpara en oscuridad 1846
24.20 la lámpara de los impíos será *apagada* 1846
26.20 sin leña se *apaga* el fuego, y donde no 3518
31.18 ve que... su lámpara no se *apaga* de noche ... 3518
Cnt 8.7 muchas aguas no podrán *apagar* el amor 3518
Is 1.31 serán encendidos... no habrá quien *apague* 3518
34.10 no se *apagará* de noche ni de día... humo 3518
42.3 no... ni *apagará* el pábilo que humeare 3518
43.17 fenecen, como pábilo quedan *apagados* 3518
66.24 nunca morirá, ni su fuego se *apagará* 3518
Jer 4.4 se encienda y no haya quien la *apague* 3518
7.20 mi furor... encenderán, y no se *apagarán* 3518
17.27 consumirá los palacios... y no se *apagará* 3518
21.12 se encienda y no haya quien lo *apague* 3518
Ez 20.47 no se *apagará* la llama del fuego 3518
20.48 que yo Jehová lo encendí; no se *apagará* 3518
Am 5.6 sin haber en Bet-el quien lo *apague* 3518
Mt 3.12 la paja en fuego que nunca se *apagará* *762*
12.20 el pábilo que humea no *apagará*, hasta *4570*
25.8 **dadnos de... nuestras lámparas se *apagan*** *4570*
Mr 9.43 **ir... al fuego que no puede ser *apagado*** *762*
9.44,46,48 **no muere, y el fuego nunca se *apaga*** *4570*
9.45 **echado... fuego que no puede ser *apagado*** *762*
Lc 3.17 la paja en fuego que nunca se *apagará* *762*
Ef 6.16 escudo de la fe, con que podáis *apagar* *4570*
1 Ts 5.19 no *apaguéis* al Espíritu *4570*
He 11.34 *apagaron* fuegos impetuosos, evitaron *4570*

APAIM *Descendiente de Jerameel*, 1 Cr 2.30,31 649

APARECER
Gn 12.7 y *apareció* Jehová a Abram, y le dijo 7200
12.7 un altar a Jehová, quien le había *aparecido* ... 7200
17.1 le *apareció* Jehová y le dijo: Yo soy el 7200
18.1 *apareció* Jehová en el encinar de Mamre 7200
26.2 y se le *apareció* Jehová, y le dijo: No 7200
26.24 se le *apareció* Jehová aquella noche, y 7200
35.1 haz allí un altar al Dios que te *apareció* 7200
35.7 El-bet-el... allí le había *aparecido* Dios 1540
35.9 *apareció* otra vez Dios a Jacob, cuando 7200
48.3 Dios... me *apareció* en Luz en la tierra de 7200
Éx 3.2 se le *apareció* el ángel de Jehová en una 7200
3.16 Dios... me *apareció* diciendo: En verdad os 7200
4.1 porque dirán: No te ha *aparecido* Jehová 7200
4.5 por esto creerán que se te ha *aparecido* 7200
6.3 *aparecí* a Abraham, a Issac y a Jacob como 7200
16.10 la gloria de Jehová *apareció* en la nube 7200
Lv 9.4 porque Jehová se *aparecerá*... a vosotros 7200
9.6 hacedlo, y la gloria de... se os *aparecerá* 7200
9.23 la gloria... se *apareció* a todo el pueblo 7200
13.10 si *apareciere* tumor blanco en la piel
13.14 día que *apareciere* en él la carne viva 7200
13.21 y no *apareciere* en ella pelo blanco, ni
13.26 mirare, y no *apareciere* en la mancha
13.39 en la piel... *aparecieren* manchas blancas
13.57 y si *apareciere* de nuevo en el vestido 7200
14.35 algo como plaga ha *aparecido* en mi casa
16.2 porque yo *apareceré* en la nube sobre el 7200
Nm 12.6 haya... profeta... le *apareceré* en visión 3045
14.14 que cara a cara *aparecías* tú, oh Jehová 7200
16.19 la gloria... *apareció* a... la congregación 7200
16.42 miraron... *apareció* la gloria de Jehová 7200
20.6 la gloria de Jehová *apareció* sobre ellos 7200
Dt 16.16 *aparecerá* todo varón tuyo delante de 7200
31.15 y se *apareció* Jehová en el tabernáculo 7200
Jue 6.12 y el ángel de Jehová se le *apareció* 7200
13.3 a esta... *apareció* el ángel de Jehová, y le 7200
13.10 se me ha *aparecido* aquel varón que vino 7200
13.21 el ángel... no volvió a *aparecer* a Manoa 7200
1 S 3.21 y Jehová volvió a *aparecer* en Silo 7200
2 S 22.16 entonces *aparecieron* los torrentes de 7200
1 R 3.5 *apareció* Jehová a Salomón... y le dijo 7200
9.2 *apareció* a Salomón... le había *aparecido* en 7200
11.9 Jehová... se le había *aparecido* dos veces 7200
2 Cr 1.7 aquella noche *apareció* Dios a Salomón 7200
7.12 *apareció* Jehová a Salomón de noche, y le 7200
Job 33.21 sus huesos, que... no se veían, *aparecen* 7210
Sal 18.15 entonces *aparecieron* los abismos de 7200
90.16 *aparezca* en tus siervos tu obra, y tu 7200
Pr 17.24 en el rostro del entendido *aparece* la
27.25 saldrá la grama, *aparecerá* la hierba 1540
Is 16.12 cuando *apareciere* Moab cansado sobre 7200
Jer 50.20 la maldad de Israel... y no *aparecerá* 4672
Ez 1.22 *aparecía* una expansión a manera de
10.8 *apareció* en los querubines la figura de 7200
Dn 5.5 hora *aparecieron* los dedos de una mano 5312
8.1 año... me *apareció* una visión a mí, Daniel 7200
8.1 después de aquella que me había *aparecido* 7200
Mt 1.20 ángel del Señor le *apareció* en sueños *5316*
2.13,19 un ángel... *apareció* en sueños a José *5316*
13.26 **entonces *apareció* también la cizaña** *5316*
17.3 les *aparecieron* Moisés y Elías, hablando *3700*
24.30 ***aparecerá* la señal del Hijo del Hombre** *5316*
27.53 vinieron a la... y *aparecieron* a muchos *1718*
Mr 9.4 y les *apareció* Elías con Moisés, que *3700*
16.9 *apareció*... a María Magdalena, de quien *5316*
16.12 después *apareció* en otra forma a dos de *5319*
16.14 se *apareció* a los once mismos, estando *5319*
Lc 1.11 le *apareció* un ángel de Señor puesto *3700*
2.13 *apareció* con el ángel una multitud de las
9.8 otros: Elías ha *aparecido*... algún profeta *5316*
9.31 quienes *aparecieron* rodeados de gloria *3700*
22.43 se le *apareció* un ángel del cielo para *3700*
24.34 resucitado el Señor... *aparecido* a Simón *3700*
Hch 1.3 *apareciéndoseles* durante cuarenta días *3700*
2.3 y se les *aparecieron* lenguas repartidas *3700*
7.2 el Dios... *apareció* a nuestro padre Abraham ... *3700*
7.30 un ángel se le *apareció* en el desierto del *3700*
7.35 por mano del ángel que se le *apareció* en *3700*
9.17 Jesús, que se te *apareció* en el camino *3700*
13.31 y él se *apareció* durante muchos días a *3700*
26.16 **porque para esto he *aparecido* a ti, para** *3700*
26.16 **y de aquellas en que me *apareceré* a ti** *3700*
27.20 no *apareciendo* ni sol ni estrellas por *2014*
1 Co 15.5 que *apareció* a Cefas, y... a los doce *3700*
15.6 *apareció* a más de 500 hermanos a la vez *3700*
15.7 *apareció* a Jacobo; después a todos los *3700*
15.8 y al último de todos... me *apareció* a mí *3700*
2 Co 13.7 no para que... *aparezcamos* aprobados *5316*
He 9.28 sola vez... y *aparecerá* por segunda vez *3700*
Stg 4.14 es neblina que se *aparece* por un poco *5316*
1 P 4.18 dónde *aparecerá* el impío y el pecador? *5316*
5.4 *aparezca* el Príncipe de los pastores *5319*
1 Jn 3.5 y sabéis que él *apareció* para quitar *5319*
3.8 para esto *apareció* el Hijo de Dios, para *5319*
Ap 12.1 *apareció* en el cielo una gran señal *3700*
12.3 también *apareció* otra señal en el cielo *3700*

APAREJO
Hch 27.19 manos arrojamos los *a* de la nave *4631*

APARENTAR
Hch 27.30 *aparentaban* como que querían largar *4392*

APARICIÓN
Mt 2.7 indagó... tiempo de la *a* de la estrella *5316*
1 Ti 6.14 la *a* de nuestro Señor Jesucristo *2015*
2 Ti 1.10 sido manifestada por la *a*... Salvador *2015*

APARIENCIA
Gn 41.18 subían siete vacas de... hermosa *a*, que 8389
41.21 la *a* de las flacas era aún mala, como ... 4758,7451
Éx 24.17 la *a* de la gloria... era como un fuego 4758
Nm 9.15 había... como una *a* de fuego, hasta la 4758

9.16 continuamente... de noche la *a* de fuego....... 4758
12.8 hablaré con él... y verá la *a* de Jehová......... 8544
Jos 22.10 edificaron allí... un altar de grande *a*........ 4758
1 S 25.3 era... de hermosa *a*; pero el hombre era...... 8389
Sal 73.20 como sueño del... menospreciarás su *a*...... 6754
Is 3.9 *a* de sus rostros testifica contra ellos............ 1971
Ez 1.5 esta era su *a*: había en ellos semejanza......... 4758
1.16 su *a* y su obra eran como rueda en medio..... 4758
1.27 y vi *a* como de bronce... como a de fuego...... 4758
10.10 en cuanto a su *a*, las cuatro eran de una..... 4758
10.22 la semejanza... era... su misma *a* y su ser.... 1823
23.15 teniendo... *a* de capitanes, a la manera....... 4758
Dn 8.15 puso delante de mí uno con *a* de hombre..... 4758
Mt 22.16; Mr 12.14 porque no miras la *a* de los........ *4383*
Lc 9.29 oraba, la *a* de su rostro se hizo otra........... *4383*
Jn 7.24 **no juzguéis según las *a*, sino juzgad**........... *3799*
1 Co 7.31 porque la *a* de este mundo se pasa.......... *4976*
2 Co 5.12 los que se glorían en las *a* y no en.......... *4383*
10.7 miráis las cosas según la *a*. Si alguno.......... *4383*
2 Ti 3.5 tendrán *a* de piedad, pero negarán la......... *3446*
Stg 1.11 se cae, y perece su hermosa *a*

APARTADO, A *Véase también Apartar*
2 Cr 26.21 rey Uzías fue leproso... en una casa *a*...... 1504
Mt 14.13 se apartó de... a un lugar desierto y *a*........ *2596*
Lc 15.13 **se fue lejos a una provincia *a*; y allí**.......... *3117*

APARTAMIENTO
Nm 6.5 sean cumplidos los días de su *a* a Jehová...... 5145

APARTAR
Gn 13.9 ruego que te *apartes* de mí. Si fueres.......... 6504
13.11 fue Lot... y se *apartaron* el uno del otro....... 6504
13.14 a Abram, después que Lot se *apartó* de......... 6504
18.22 *apartaron* de allí los varones, y fueron....... 6437
24.27 que no *apartó* de mi amo su misericordia..... 5800
26.16 *apártate* de nosotros, porque mucho más..... 1980
26.22 y se *apartó* de allí, y abrió otro pozo.......... 6275
28.22 de todo lo... el diezmo *apartaré* para ti
30.35 Labán *apartó* aquel día... machos cabríos.... 5493
30.40 y *apartaba* Jacob los corderos, y ponía....... 6504
31.49 cuando nos *apartemos* el uno del otro........ 5641
38.1 Judá se *apartó* de sus hermanos, y se fue...... 3381
38.16 se *apartó* del camino hacia ella, y le.......... 5186
42.24 y se *apartó* José de ellos, y lloró.............. 5437
49.7 los *apartaré* en Jacob, y los... en Israel........ 2505
49.26 sobre la frente del que fue *apartado* de...... 5139
Éx 8.22 *apartaré* la tierra de Gosén, en la cual........ 6395
13.22 nunca se *apartó* de delante del pueblo....... 4185
14.19 el ángel... se *apartó* e iba en pos de ellos..... 5265
14.19 nube... se *apartó* y se puso a sus espaldas.... 5265
29.27 *apartarás* el pecho de la ofrenda mecida..... 6942
32.2 *apartad* los zarcillos de oro que están en...... 6561
32.3 *apartó* los zarcillos de oro que tenían en...... 6561
32.8 pronto se han *apartado* del camino que yo.... 5493
32.24 *apartadlo*. Y me lo dieron, y lo eché en....... 6561
33.11 Josué... nunca se *apartaba* de en medio del.. 4185
33.16 y que yo y tu pueblo seamos *apartados* de.... 6395
33.23 *apartaré* mi mano, y verás mis espaldas...... 5493
Lv 6.10 *apartará* él las cenizas de... el altar.......... 7311
15.19 la mujer tuviere... 7 días estará *apartada*.... 5079
15.31 *apartaréis* de sus impurezas a... Israel....... 5144
20.24 yo... que os he *apartado* de los pueblos........ 914
20.25 los cuales os he *apartado* por inmundos....... 914
20.26 os he *apartado* de los pueblos para que....... 914
22.15 las cosas... las cuales *apartan* para Jehová.. 7311
Nm 5.19 y si no te has *apartado* de tu marido a....... 7847
6.2 que se *apartare* haciendo voto de nazareo...... 6381
6.6 todo el tiempo que se *aparte* para Jehová....... 5144
8.14 así *apartarás* a los levitas de entre los.......... 914
12.10 la nube se *apartó* del tabernáculo, y he....... 5493
14.9 su amparo se ha *apartado* de ellos, y con....... 5493
14.44 el arca... no se *apartaron* de en medio del.... 4185
16.9 que el Dios de Israel os haya *apartado* de...... 914
16.21 *apartaos* de entre esta... y los consumiré....... 914
16.24 *apartaos* de en derredor de la tienda de...... 5927
16.26 *apartaos* ahora de las tiendas de estos....... 5493
16.27 y se *apartaron* de las tiendas de Coré........ 5927
16.45 *apartaos* de... esta congregación, y los....... 7426
20.17 sin *apartarnos* a diestra ni a siniestra........ 5186
22.23 y se *apartó* el asna del camino, e iba......... 5186
22.26 camino para *apartarse* ni a derecha ni a....... 5186
22.33 el asna... se ha *apartado* luego de... de mí...... 5186
22.33 y si de mí no se hubiera *apartado*, yo......... 5186
25.4 la ira de Jehová se *apartará* de Israel......... 7725
25.11 Finees... ha hecho *apartar* mi furor de los.... 7725
31.28 y *apartarás* para Jehová el tributo de........ 7311
31.42 de la mitad... que *apartó* Moisés de los....... 2673
Dt 2.27 iré, sin *apartarme* ni a diestra ni a............ 5493
4.9 ni se *aparten* de tu corazón todos los días...... 5493
4.41 *apartó* Moisés tres ciudades a este lado........ 914
5.32 no os *apartéis* a diestra ni a siniestra.......... 5493
9.12 pronto se han *apartado* del camino que yo.... 5493
9.16 *apartándoos*... camino que Jehová os había... 5493
10.8 *apartó* Jehová la tribu de Leví para que........ 914
11.16 y os *apartéis* y sirváis a dioses ajenos........ 5493
11.28 si... os *apartareis* del camino que yo os....... 5493
13.5 trató de *apartarte* del camino por el cual...... 5627
13.10 le apedrearás... cuanto procuró *apartarte*.... 5080
13.17 Jehová se *aparte* del ardor de su ira......... 7725
17.11 no te *apartarás* ni a diestra ni a siniestra..... 5493
17.20 ni se *aparte* del mandamiento a diestra....... 5493
19.2 te *apartarás* tres ciudades en medio de la...... 914
22.4 si vieres el asno... no te *apartarás* de él........ 5956
28.14 si no te *apartares* de todas las palabras...... 5493
29.18 cuyo corazón se *aparte* hoy de Jehová........ 6437
29.21 lo *apartará* Jehová de todas las tribus......... 914
30.17 si tu corazón se *apartare* y no oyeres.......... 6437

31.29 *apartaréis* del camino que os he mandado.... 5493
Jos 1.7 no te *apartes* de ella ni a diestra ni a........... 5493
1.8 nunca se *apartará* de tu boca este libro de...... 4185
16.9 ciudades que se *apartaron* para los hijos...... 3995
21.42 ciudades estaban *apartadas* la una de
22.16 para *apartaros* hoy de seguir a Jehová....... 7725
22.18 que... os *apartéis* hoy de seguir a Jehová?.... 7725
22.29 nunca... que nos *apartemos* hoy de seguir.... 7725
23.6 sin *apartaros* de ello ni a diestra ni a.......... 5493
23.12 si os *apartareis*, y os uniereis a lo que........ 7725
Jue 2.17 se *apartaron* pronto del camino en que....... 5493
2.19 no se *apartaban* de sus obras, ni de su........ 5307
4.11 Heber... se había *apartado* de los ceneos...... 6504
5.6 y los... se *apartaban* por senderos torcidos
14.8 se *apartó* del camino para ver el... león....... 5493
16.17 si... rapado, mi fuerza se *apartará* de mí..... 5493
16.19 le rapó... pues su fuerza se *apartó* de él...... 5493
16.20 que Jehová ya se había *apartado* de él....... 5493
19.15 y se *apartaron* del camino para entrar a..... 5493
Rt 1.16 no me *ruegues* que te deje, y me aparte........ 7725
1 S 6.3 por qué no se *apartó* de vosotros su............ 5493
6.12 sin *apartarse*... a derecha ni a izquierda....... 5493
10.2 hoy, después que te hayas *apartado* de mí..... 1980
10.9 al volver él la... para *apartarse* de Samuel..... 1980
12.20 no os *apartéis* de en pos de Jehová, sino...... 5493
12.21 no os *apartéis* en pos de vanidades que...... 5493
15.6 *apartaos* y salid... se apartaron los ceneos.... 5493
16.14 el Espíritu de Jehová se *apartó* de Saúl....... 5493
16.23 y el espíritu malo se *apartaba* de él........... 5493
17.30 y *apartándose* de él... preguntó de igual....... 5437
18.12 cuanto Jehová... se había *apartado* de Saúl.. 5493
19.10 él se *apartó* de delante de Saúl, el cual....... 6362
20.15 no *apartarás* tu misericordia de mi casa...... 3772
28.15 filisteos... y Dios se ha *apartado* de mí........ 5493
28.16 si Jehová se ha *apartado* de ti y es tu......... 5493
2 S 2.19 Asael tras de Abner, sin *apartarse* ni......... 5186
2.21 *apártate* a la derecha o a la izquierda......... 5186
2.21 Asael no quiso *apartarse* de en pos de él...... 5493
2.22 y Abner volvió a decir a Asael: *Apártate*....... 5493
7.15 pero mi misericordia no se *apartará* de él..... 5493
7.15 como la *aparté* de Saúl, al cual quité de....... 5493
12.10 se *apartará* jamás de tu casa la espada....... 5493
14.19 que no hay que *apartarse* a derecha ni a
20.12 *apartó* a Amasa del camino al campo, y...... 5437
20.13 que fue *apartado* del camino, pasaron....... 3014
22.22 y no me *aparté* impiamente de mi Dios
22.23 y no me he *apartado* de sus estatutos......... 5493
1 R 8.53 tú los *apartaste* para ti como heredad......... 914
9.6 os *apartareis* de mí... no guardareis mis........ 7725
11.9 su corazón se había *apartado* de Jehová...... 5186
12.19 así se *apartó* Israel de la casa de David...... 6586
13.33 con todo esto, no se *apartó* Jeroboam de..... 7725
15.5 y de ninguna cosa... se había *apartado* en..... 5493
15.19 tu pacto con Baasa... que se *aparte* de mí.... 5927
17.3 *apártate* de aquí... el arroyo de Querit......... 1980
20.36 cuando te *apartes*... te herirá un león........ 1980
20.36 cuando se *apartó*... le encontró un león...... 1980
22.33 que no era el rey... se *apartaron* de él........ 7725
2 R 2.8 golpeó las aguas... se *apartaron* a uno y....... 2673
2.11 un carro de fuego con... *apartó* a los dos...... 6504
2.14 las aguas, se *apartaron*... y pasó Eliseo....... 2673
3.3 que hizo pecar a... y no se *apartó* de ellos...... 5493
3.27 y se *apartaron* de él, y se volvieron a......... 5265
10.29 Jehú no se *apartó* de los pecados de......... 5493
10.31 ni se *apartó* de los pecados de Jeroboam..... 5493
13.2 siguió en los pecados de... y no se *apartó*..... 5493
13.6 no se *apartaron* de los pecados de la casa..... 5493
13.11; 14.24; 15.9,18,24,28 no se *apartó* de los........ 5493
17.21 Jeroboam *apartó* a Israel de... de Jehová..... 7167
17.22 anduvieron en... sin *apartarse* de ellos....... 5493
18.6 siguió a Jehová, y no se *apartó* de él......... 5493
18.14 *apártate* de mí, y haré todo lo que me....... 7725
22.2 anduvo en... sin *apartarse* a derecha ni a...... 5493
1 Cr 23.13 Aarón fue *apartado*... dedicado a las........ 914
25.1 *apartaron* para el... a los hijos de Asaf.......... 914
2 Cr 8.15 no se *apartaron* del mandamiento del........ 5493
10.19 así se *apartó* Israel de la casa de David...... 6586
12.12 la ira de Jehová se *apartó* de él, para........ 7725
18.31 Jehová lo ayudó, y los *apartó* Dios de
20.10 se *apartase* de ellos, y no los destruyese...... 5493
20.32 el camino de Asa su padre, sin *apartarse*..... 5493
25.10 *apartó* el ejército de la gente que había....... 914
25.27 desde... que Amasías se *apartó* de Jehová.... 5493
29.6 *apartaron* sus rostros del tabernáculo de....... 5437
29.10 *aparte* de nosotros el ardor de su ira......... 7725
30.8 ardor de su ira se *apartará* de vosotros........ 7725
30.9 y no *apartará* de vosotros su rostro, si........ 7725
34.2 *apartarse* a la derecha ni a la izquierda........ 5493
34.33 no se *apartaron* de en pos de Jehová su....... 5493
35.15 no era necesario que se *apartasen* de su..... 5493
Esd 6.21 se habían *apartado* de las inmundicias........ 914
8.24 *aparté* luego a doce de los principales.......... 914
10.11 *apartaos* de los pueblos de las tierras......... 914
10.14 hasta que *apartemos*... el ardor de la ira..... 7725
10.16 y fueron *apartados* el sacerdote Esdras........ 914
Neh 4.19 estamos *apartados* en el muro, lejos......... 6504
9.2 ya se había *apartado*... Israel de todos los....... 914
9.19 la columna de nube no se *apartó* de ellos...... 5493
10.28 los que se habían *apartado* de los pueblos..... 914
Job 1.1,8; 2.3 temeroso de Dios y *apartado* del......... 5493
6.18 se *apartan* de la senda de su rumbo, van...... 3943
7.19 ¿hasta cuándo no *apartarás*... tu mirada...... 8159
13.21 *aparta* de mí tu mano, y no me asombre....... 7368
16.6 y si dejo de hablar, no se *aparta* de mí......... 1980
19.13 mis conocidos como... se *apartaron* de mí.... 2114
21.14, 22.17 a Dios: *Apártate* de nosotros.......... 5493
23.11 pies... guardé su camino, y no me *aparté*..... 5186
24.4 *apartar* del camino a los menesterosos........ 5186

28.28 y el *apartarse* del mal, la inteligencia......... 5493
31.7 si mis pasos se *apartaron* del camino, si........ 5186
33.17 quitar... *apartar* del varón la soberbia....... 5493
33.30 para *apartar* su alma del sepulcro, y para.... 7725
34.27 así se *apartaron* de él, y no consideraron..... 5493
36.7 no *apartará* de los justos sus ojos; antes....... 1639
36.16 te *apartará* de la boca de la angustia......... 5496
36.18 no puedas *apartar* de ti con gran rescate..... 5496
41.17 están trabados... que no se pueden *apartar*.. 6504
Sal 6.8 *apartaos* de mí, todos los hacedores de........ 5493
18.21 y no me *aparté* impiamente de mi Dios....... 7561
18.22 y no me he *apartado* de sus estatutos......... 5493
27.9 no *apartes* con tu ira a tu siervo... ayuda...... 5186
34.14; 37.27 *apártate* del mal, y haz el bien.......... 5493
44.18 ni se han *apartado* de... nuestros pasos...... 5186
55.11 y el engaño no se *apartan* de sus plazas...... 4185
58.3 se *apartaron* los impíos desde la matriz....... 2114
73.27 destruirás a todo aquel que... se *aparta*....... 2181
78.38 *apartó* muchas veces su ira, y... su enojo..... 7725
80.18 no nos *apartaremos* de ti; vida... darás....... 5472
81.6 *aparté* su hombro de debajo de la carga....... 5493
85.3 enojo; te *apartaste* del ardor de tu ira......... 7725
101.4 corazón perverso se *apartará* de mí; no...... 5493
106.23 a fin de *apartar* su indignación para........ 7725
119.22 *aparta*... el oprobio y el menosprecio........ 1556
119.29 *aparta* de mí el camino de la mentira....... 5493
119.37 *aparta* mis ojos... que no vean la vanidad... 5674
119.51 de mí, mas no me he *apartado* de tu ley..... 5186
119.102 no me *aparté* de tus juicios, porque........ 5493
119.115 *apartaos* de mí, malignos, pues yo........... 5493
119.157 de tus testimonios no me he *apartado*...... 5186
125.5 a los que se *apartan* tras... Jehová los....... 5186
139.19 *apartaos*, pues... hombres sanguinarios..... 5493
Pr 1.15 no andes... *aparta* tu pie de sus veredas....... 4513
3.3 nunca se *aparten* de ti la misericordia y........ 5800
3.7 no seas... teme a Jehová, y *apártate* del mal.... 5493
3.21 no se *aparten* estas cosas de tus ojos.......... 3868
4.5 ni te *apartes* de las razones de mi boca......... 5186
4.15 déjala, no pases por ellas, *apártate* de......... 7847
4.21 no se *aparten* de tus ojos, guárdalas en........ 3868
4.24 *aparta* de ti la perversidad de la boca......... 5493
4.27 no te desvíes a... *aparta* tu pie del mal........ 5493
5.7 no os *apartéis* de las razones de mi boca....... 5493
7.25 no se *aparte* tu corazón a sus caminos........ 7847
11.22 es la mujer hermosa y *apartada* de razón.... 5493
13.14 para *apartarse* de los lazos de la muerte.... 5493
13.19 *apartarse* del mal es abominación a los...... 5493
14.16 el sabio teme y se *aparta* del mal; mas....... 5493
14.27 para *apartarse* de los lazos de la muerte..... 5493
15.24 hacia arriba... *apartarse* del Seol abajo...... 5493
16.6 el temor de Jehová... se *apartan* del mal...... 5493
16.17 camino de los rectos se *aparta* del mal...... 5493
16.28 el chismoso *aparta* a los mejores amigos..... 6504
17.9 mas el que la divulga, *aparta* al amigo......... 6504
17.13 da mal por bien, no se *apartará* el mal....... 4185
19.4 mas el pobre es *apartado* de su amigo......... 6504
20.14 dice: Malo... cuando se *aparta*, se alaba....... 235
21.16 el hombre que se *aparta* del camino de........ 8582
22.6 instruye al niño... no se *apartará* de él.......... 5493
24.18 que Jehová... *aparte* de sobre él su enojo...... 7725
25.5 *aparta* al impío de la presencia del rey........ 1898
27.22 necio... no se *apartará* de él su necedad....... 5493
28.9 el que *aparta* su oído para no oír la ley........ 5493
28.13 que los confiesa y se *aparta* alcanzará....... 5800
28.27 que *aparta* sus ojos tendrá... maldiciones.... 5956
29.8 en llamas, mas los sabios *apartan* la ira....... 7725
30.8 vanidad y palabra mentirosa *aparta* de mí..... 7368
Ec 2.10 ni *aparté* mi corazón de placer alguno.......... 680
7.18 también de aquello no *apartes* tu mano........ 5117
11.10 el enojo, y *aparta* de tu carne el mal........... 5493
Cnt 6.1 ¿a dónde... a dónde se *apartó* tu amado......... 6437
6.5 *aparta* tus ojos... de mí... ellos me vencieron.... 5437
Is 7.17 desde el día que Efraín se *apartó* de........... 5493
10.2 para *apartar* del juicio a los pobres, y........ 5186
12.1 contra mí, tu indignación se *apartó*, y......... 7725
14.25 su yugo será *apartado* de ellos, y su......... 5493
30.1 ¡ay de los hijos que se *apartan*, dice........... 5637
30.2 que se *apartan* para descender a Egipto....... 1980
30.11 dejad el camino, *apartaos* de la senda........ 5186
30.22 las *apartarás* como trapo asqueroso; ¡ Sal.... 2219
37.8 ya... oído que se había *apartado* de Laquis.... 5265
49.19 tus destruidores serán *apartados* lejos........ 7368
49.20 estrecho es... *apártate*, para que yo more.... 5066
52.11 *apartaos*, *a*, salid de ahí, no toquéis.......... 5127
53.6 cada cual se *apartó* por su camino; mas........ 6437
54.10 no se *apartará* de ti mi misericordia......... 4185
56.3 hable diciendo: Me *apartará*... de su pueblo.... 914
59.13 el *apartarse* de en pos de nuestro Dios........ 5253
59.15 y el que se *apartó* del mal fue puesto......... 5493
Jer 2.35 soy... de cierto su ira se *apartó* de mí.......... 7725
3.19 y no os *apartaréis* de en pos de mí............ 7725
4.8 porque la ira de Jehová no se ha *apartado*...... 7725
5.23 este pueblo... se *apartaron* y se fueron........ 5493
5.25 pecados *apartaron* de vosotros el bien........ 5186
6.8 corrígete, Jerusalén... que no se *aparte*......... 3363
9.2 dejase a mi pueblo, y de... me *apartase!*........ 1980
17.5 brazo, y su corazón se *aparta* de Jehová....... 5493
17.13 que se *apartan* de mí serán escritos en....... 3249
18.20 que me puse... para *apartar* de ellos tu ira... 7725
23.20 no se *apartará* el furor de Jehová hasta....... 7725
31.19 después que me *aparté*... arrepentimiento.... 7725
32.40 de ellos, para que no se *aparten* de mí......... 7725
37.9 sin duda... caldeos se *apartarán*... no se a....... 1980
37.12 para *apartarse* de en medio del pueblo....... 2505
Lm 4.15 *¡apartaos!*... les gritaban; *¡a, a*, no............ 5493
4.16 ira de Jehová los *apartó*, no los mirará........ 2505
Ez 3.20 si el justo se *apartare* de su justicia........... 7725
6.9 su corazón fornicario que se *apartó* de mí...... 5493

7.22 y apartaré de ellos mi rostro, y será 5437
10.16 las ruedas tampoco se apartaban de ellos 5437
13.22 para que no se apartase de su mal camino ... 7725
14.5 han apartado de mí todos... por sus ídolos 2114
14.6 apartad vuestro rostro de... abominaciones ... 2114
14.7 se hubiere apartado de andar en pos de mí ... 5144
16.42 ira sobre ti, y se apartará de ti mi celo 5493
18.17 apartare su mano del pobre, interés y 7725
18.21 apartare de todos sus pecados que hizo 7725
18.23 impío... ¿No vivirá, si se apartare de sus 7725
18.24 si el justo se apartare de su justicia 7725
18.26 apartándose el justo de su justicia, y 7725
18.27 apartándose el impío de su impiedad que 7725
18.28 y se apartó de todas sus transgresiones 7725
18.30 y apartaos de... vuestras transgresiones 7725
20.38 apartaré de entre vosotros a... rebeldes 1305
22.26 y de mis días de reposo apartaron sus 5956
33.9 si tú avisares al... para que se aparte de 7725
33.9 él no se apartare de su camino, él morirá 7725
33.18 el justo se apartare de su justicia, e 7725
33.19 el impío se apartare de su impiedad, e 7725
44.10 y los levitas que se apartaron de mí 7368
44.15 cuando los hijos de Israel se apartaron 8582
45.1 apartaréis una porción para Jehová, que 5307
45.6,7(2) lo que se apartó para el santuario
Dn 9.5 nos hemos apartado de tus mandamientos 5493
9.11 ley apartándose para no obedecer tu voz 5493
9.16 apártese ahora tu ira y tu furor de sobre 7725
Os 1.2 la tierra fornica apartándose de Jehová
2.2 aparte... sus fornicaciones de su rostro 5493
4.16 como novilla indómita se apartó Israel 5637
5.6 a Jehová, y no le hallarán; se apartó de 2502
7.13 ¡ay de ellos! porque se apartaron de mí 5074
9.1 pues has fornicado apartándote de tu Dios 5921
9.10 ellos... se apartaron para vergüenza, y se 5144
9.12 ¡ay de ellos... cuando de ellos me aparte! 5493
14.4 los amaré de... mi ira se apartó de ellos 7725
Jon 3.9 se apartará del ardor de su ira, y no 7725
Nah 3.1 ¡ ay de ti... sin apartarte del pillaje! 4185
3.7 todos los que te vieren se apartarán de ti 5074
Sof 1.6 los que se apartan de en pos de Jehová 5472
3.15 Jehová ha apartado tus juicios... es Rey 6437
Zac 14.4 la mitad... se apartará hacia el norte 4185
Mal 2.6 a muchos hizo apartar de la iniquidad 7725
2.8 mas vosotros os habéis apartado del camino ... 5493
3.7 os habéis apartado de mis leyes y no las 5493
Mt 7.23 **apartaos de mí, hacedores de maldad** *672*
9.24 **apartaos, porque la niña no está muerta** *402*
12.15 sabiendo esto Jesús, se apartó de allí *402*
13.49 **apartarán a los malos de... los justos** *873*
14.13 Jesús, se apartó de allí en una barca *402*
25.32 **apartará los... como aparta el pastor las** *873*
25.41 **dirá... a los de la izquierda: Apartaos** *4198*
Mr 14.36 **aparta de mí esta copa; mas no lo que** *3911*
Lc 2.37 era viuda... y no se apartaba del templo *868*
4.13 el diablo... se apartó de él por un tiempo *868*
5.3 le rogó que la apartase de tierra un poco *1877*
5.8 apártate de mí... porque soy hombre pecador .. *1831*
5.16 mas él se apartaba a lugares desiertos *5298*
6.22 **cuando os aparten de sí, y os vituperen** *873*
8.13 **y en el tiempo de la prueba se apartan** *868*
9.33 apartándose ellos de... Pedro dijo a Jesús *1316*
9.39 le toma, y... a duras penas se aparta de él *672*
13.27 **apartaos de mí... vosotros, hacedores de** *868*
22.41 se apartó de ellos a distancia como *645*
Jn 5.13 Jesús se había apartado de la gente *1593*
12.11 **los judíos se apartaban y creían en Jesús** *5217*
Hch 5.38 apartaos de estos hombres, y dejadlos *868*
7.42 y Dios se apartó, y los entregó a que *4762*
12.10 calle, y luego el ángel se apartó de él *868*
13.2 apartadme a Bernabé y a Saulo para la *873*
13.8 procurando apartar de la fe al procónsul *1294*
13.13 pero Juan, apartándose de ellos, volvió *672*
15.20 que se aparten de... ídolos... y de sangre *567*
15.38 al que se había apartado de ellos desde *868*
19.9 se apartó Pablo de ellos y separó a los *868*
19.26 toda Asia, ha apartado a muchas gentes *868*
22.29 se apartaron de él los que le iban a *868*
Ro 1.1 siervo de... apartado para el evangelio *873*
11.26 vendrá... apartará de Jacob la impiedad *654*
16.17 os fijéis en... y que os apartéis de ellos *1578*
2 Co 6.17 salid de... y apartaos, dice el Señor *873*
Gá 1.5 Dios, que me apartó desde el vientre de *873*
2.12 pero después... se retraía y se apartaba *873*
4.17 quieren apartaros de nosotros para que *1576*
1 Ts 4.3 voluntad... os apartéis de fornicación *567*
2 Ts 3.6 os apartéis de todo hermano que ande *4724*
1 Ti 1.6 de las... se apartaron a vana palabrería *1624*
5.15 algunas se han apartado en pos de Satanás ... *1624*
6.5 hombres corruptos... apártate de los tales *868*
2 Ti 2.19 apártese de iniquidad todo aquel que *868*
4.4 y apartarán de la verdad el oído y se *654*
Tit 1.14 ni a mandamientos de... que se apartan *654*
Flm 15 porque quizás para esto se apartó de ti *5563*
He 3.12 corazón malo... apartarse del Dios vivo *868*
7.26 apartado de los pecadores, y hecho más *5563*
1 P 3.11 apártese del mal, y haga el bien... paz *1578*
Ap 18.14 frutos codiciados... se apartaron de ti *565*

APARTE *(adv.)*
Gn 21.28 puso Abraham... corderos del rebaño a
21.29 ¿qué significan... que has puesto a?
30.32 tu rebaño, poniendo a todas las ovejas 5493
43.32 pusieron para él a, y separadamente
43.32 para ellos, y a para los egipcios
Éx 26.9 unirás... cortinas a y las otras... a
36.16 unió cinco... a, y... seis cortinas a
Jue 7.5 cualquiera que lamiere... pondrás a
2 R 4.4 cuando una esté llena, ponla a 5265
1 Cr 19.9 los reyes... estaban a en el campo
Zac 12.12 la tierra lamentará, cada... a; los 905
Mt 14.23 subió al monte a orar a; y cuando *2596*
16.22 entonces Pedro, tomándolo a, comenzó a
17.1 seis días... y los llevó a a un monte alto *2596*
17.19 viniendo entonces... a Jesús, a, dijeron *2596*
20.17 tomó a sus doce discípulos a en el camino *2596*
24.3 los discípulos se le acercaron a, diciendo
Mr 6.31 **venid vosotros a a un lugar desierto** *2596*
7.33 tomándole a de la gente, metió los dedos *2596*
8.32 entonces Pedro le tomó a y comenzó a
9.2 Jesús tomó a... Juan, y los llevó a solos *2596*
9.28 sus discípulos le preguntaron a: ¿Por qué
Lc 9.10 tomándolos, se retiró a, a un lugar
9.18 mientras Jesús oraba a, estaban con él
10.23 volviéndose a los discípulos, les dijo a
Jn 20.7 no puesto... enrollado en un lugar a
Hch 18.26 Priscila y Aquila, le tomaron a y
23.19 tomándole de la mano y retirándose a
26.31 y cuando se retiraron a, hablaban *402*
28.16 pero a Pablo se le permitió vivir a
Ro 3.21 pero ahora, a de... se ha manifestado
1 Co 16.2 cada uno de... ponga a algo
He 11.40 para... perfeccionados a de nosotros
Ap 11.2 el patio que... del templo déjalo a

APEDREAR
Éx 8.26 si sacrificáramos... no nos apedrearían? 5619
17.4 ¿qué haré... aquí a un poco me apedrearán 5619
19.13 no lo tocará... porque será apedreado o 5619
21.28 buey será apedreado, y no será comida su 5619
21.29 el buey será apedreado... morirá su dueño ... 5619
21.32 acorneare a un siervo... será apedreado 5619
Lv 20.2 el pueblo de la tierra lo apedreará 7275
20.27 apedreados; su sangre será sobre ellos 7275
24.14 saca... y apedréelo toda la congregación 7275
24.16 toda la congregación lo apedreará; así 7275
24.23 sacaron... al blasfemo y lo apedrearon 7275
Nm 14.10 toda la multitud habló de apedrearlos 7275
15.35 apedréelo toda la congregación fuera del 7275
15.36 lo sacó la congregación... lo apedrearon 7275
Dt 13.10 le apedrearás hasta que muera, por 5619
17.5 sacarás... y los apedrearás, y así morirán 5619
21.21 los hombres de... lo apedrearán, y morirá 7275
22.21 la apedrearán los hombres de su ciudad 5619
22.24 los sacaréis a ambos... y los apedrearéis 5619
Jos 7.25 todos los israelitas los apedrearon 5619
7.25 y los quemaron después de apedrearlos 7275
1 S 30.6 el pueblo hablaba de apedrearlo, pues 5619
1 R 12.18 pero lo apedreó todo Israel, y murió 7275
21.10 sacadlo, y apedreadlo para que muera 5619
21.13 llevaron fuera... lo apedrearon, y murió 5619
21.14 Nabot ha sido apedreado y ha muerto 5619
21.15 que Nabot había sido apedreado y muerto ... 5619
2 Cr 10.18 le apedrearon los hijos de Israel 7275
24.21 lo apedrearon hasta matarlo en el patio 7275
Ez 16.40 y te apedrearán, y te atravesarán con 7275
23.47 las apedrearán y las atravesarán con 7275
Mt 21.35 **a otro mataron, y a otro apedrearon** *3036*
23.37 **y apedreas a los que te son enviados!** *3036*
Mr 12.4 **apedreándole, le hirieron en la cabeza** *3036*
Lc 13.34 **y apedreas a los que te son enviados!** *3036*
20.6 decimos... todo el pueblo nos apedreará *2642*
Jn 8.5 en la ley nos mandó Moisés apedrear a *3036*
10.31 judíos a tomar piedras para apedrearle *3034*
10.32 **obras... ¿por cuál de ellas me apedreáis?** *3034*
10.33 por buena obra no te apedreamos, sino *3034*
11.8 ahora procuraban los judíos apedrearte *3034*
Hch 5.26 temían ser apedreados por el pueblo *3034*
7.58 y echándole fuera de la... le apedrearon *3036*
7.59 apedreaban a Esteban mientras él... decía *3036*
14.5 se lanzaron a afrentarlos y apedrearlos *3036*
14.19 apedreado a Pablo, le arrastraron fuera *3036*
2 Co 11.25 varas; una vez apedreado; tres veces *3034*
He 11.37 fueron apedreados, aserrados, puestos *3034*
12.20 bestia tocare el monte, será apedreada *3036*

APEGARSE
Gn 34.3 su alma se apegó a Dina la hija de Lea 1692
34.8 el alma de... se ha apegado a vuestra hija 2836
Sal 63.8 está mi alma apegada a ti; tu diestra 1692
119.31 he apegado a tus testimonios; oh Jehová 1692

APELAR
Hch 25.11 nadie puede entregarme... César apelo *1941*
25.12 Festo... A César has apelado; a César *1941*
25.21 Pablo apeló para que se le reservase *1941*
25.25 y como él mismo apeló a Augusto, he *1941*
26.32 podía... si no hubiera apelado a César *1941*
28.19 pero... me vi obligado a apelar a César *1941*

APELES *Cristiano saludado por Pablo*, Ro 16.10 .. *559*

APELLIDAR
Is 44.5 se apellidará con el nombre de Israel 3655
Mr 3.17 a quienes apellidó Boanerges, esto es *2007*

APENAS
Gn 27.30 y a había salido Jacob de
1 S 20.3 que a hay un paso entre mí y
2 R 3.21 se juntaron desde los que a
Cnt 3.4 a hube pasado de ellos un poco
Is 28.4 a la ve el que la mira, se la
Ro 5.7 a morirá alguno por un justo *3433*

APERCIBIR
Sal 59.4 sin delito mío corren y se aperciben 3559
Ez 3.18 impío sea apercibido de su mal camino 2094
33.4 oyere el sonido de... y no se apercibiere 2094
33.5 de la trompeta oyó, y no se apercibió 2094
33.5 el que se apercibiere librará su vida 2094
33.6 el pueblo no se apercibiere, y viniendo 2094
38.7 apercíbete, tú y toda tu multitud que 3559

APERO
Zac 11.15 toma... los a de un pastor insensato 3627

APERTURA
Is 61.1 publicar... a los presos a de la cárcel 6495

APESADUMBRAR
1 S 15.11 apesadumbró Samuel, y clamó a Jehová 2734
Est 6.12 se dio prisa para irse... apesadumbrado 57
Jon 4.1 pero Jonás se apesadumbró... y se enojó 7489

APESTAR
Éx 8.14 en montones, y apestaba la tierra 887

APETITO
Pr 6.30 si hurta para saciar su a cuando tiene 5315
23.2 pon cuchillo a tu garganta, si tienes... a 5315
Ec 12.5 se perderá el a; porque el hombre va 35
Col 2.23 no tienen valor alguno contra los a *4140*

APIA *Cristiana en Colosas*, Flm 2 .... *682*

APIADAR
1 S 15.3 no te apiades de él; mata a hombres 2250
Is 30.19 el que tiene misericordia se apiadará 2603

APIÑARSE
Lc 11.29 **y apiñándose las multitudes, comenzó** *1865*

APIO
Hch 28.15 salieron a recibirnos hasta el Foro de A *675*

APLACAR
Gn 27.45 que se aplaque la ira de tu hermano 7725
Éx 32.30 quizá le aplacaré acerca de vuestro 3722
Jue 8.3 el enojo de ellos contra él se aplacó 7503
Sal 90.13 y aplácate para con tus siervos 5162
Pr 25.15 con... paciencia se aplaca el príncipe 6601

APLASTAR
Sal 62.3 tratando... de aplastarle como pared 7523
72.4 salvará a los... y aplastará al opresor 1792
Is 17.14 es la parte de los que nos aplastan 8154
Ro 16.20 el Dios de paz aplastará en breve a *4937*

APLAUDIR
Sal 98.4 la voz, y aplaudid, y cantad salmos 7442

APLAUSO
Is 55.12 los árboles del... darán palmadas de a 4222

APLAZAR
Hch 24.22 Félix, oídas estas cosas... les aplazó *306*

APLICAR
Dt 23.25 mas no aplicarás hoz a la mies de tu 5130
32.46 y les dijo Aplicad vuestro corazón a 7760
Pr 22.17 y aplica tu corazón a mi sabiduría 7896
23.12 aplica tu corazón a la enseñanza, y tus 935
31.19 aplica su mano al huso, y sus manos a 7971
Ec 7.21 tampoco apliques tu corazón a todas las 3820
Ez 8.17 he aquí... aplican el ramo a sus narices 7971
16.44 aplicará a ti el refrán que dice: Cual 4911
Os 7.6 aplicaron su corazón... a sus artificios 7126

APOCAR
Dt 20.8 y no apoques el corazón de sus hermanos 4549
Is 35.4 a los de corazón apocado: Esforzaos 4116

APODERARSE
Gn 27.36 se apoderó de mi primogenitura, y he 3947
Éx 15.14 se apoderará dolor de la tierra de los 270
Nm 21.35 hirieron... y se apoderaron de su tierra 3423
Jue 11.21 se apoderó Israel de toda la tierra 3423
11.22 se apoderaron... de todo el territorio del 3423
11.23 así que... ¿pretendes tú apoderarte de él? 3423
2 S 1.9 se ha apoderado de mí la angustia; pues 270
Est 3.13 la orden... de apoderarse de sus bienes 3947
8.11 a destruir... y apoderarse de sus bienes
Job 27.20 apoderarán de Él terrores como aguas 5381
30.16 días de aflicción se apoderan de mí 270
Sal 41.8 cosa pestilencial se ha apoderado de 3332
44.3 no se apoderaron de la tierra por su 3423
109.11 que el acreedor se apodere de todo lo 5367
119.53 horror se apoderó de mí a causa de los 270
119.143 aflicción y angustia se han apoderado 4672
Is 10.14 así me apoderé yo de toda la tierra 622
13.8 angustia, s dolores se apoderarán de 270
21.3 de dolor, angustias se apoderaron de mí 270
Jer 6.24 apoderó de nosotros angustia, dolor 2388
Dn 6.24 los leones se apoderaron de ellos y 7981
10.7 sino se apoderó de ellos un gran temor 5307
11.43 apoderará de los tesoros de oro y plata 4910
Mt 21.38 **venid, matémosle, y apoderémonos de** *2722*
Lc 5.9 temor se había apoderado de él, y de *2285,4023*
8.29 mucho tiempo... se había apoderado de él *4884*
Jn 6.15 para apoderarse de él y hacerle rey *726*
Hch 18.17 apoderándose de Sóstenes, principal *1949*
21.30 apoderándose de Pablo, le arrastraron *1949*

APOLILLARSE
Is 40.20 el pobre... madera que no se apolille 7537

APOLIÓN *«Destructor»*, Ap 9.11 .... *623*

APOLONIA *Ciudad de Macedonia*, Hch 17.1 ...... *624*

APOLOS *Cristiano eminente*
Hch 18.24 llegó... a Éfeso un judío llamado A *625*
19.1 que entre tanto que A estaba en Corinto *625*
1 Co 1.12 uno... dice: Yo soy de Pablo; y yo de A *625*
3.4 el otro: Yo soy de A, ¿no sois carnales? *625*

3.5 ¿qué... es Pablo, y qué es A? Servidores *625*
3.6 yo planté, *A* regó; pero el crecimiento lo *625*
3.22 sea *A*, sea Cefas, sea el mundo, sea la *625*
4.6 he presentado como ejemplo en mí y en *A* *625*
16.12 acerca del hermano *A*, mucho le rogué *625*
Tit 3.13 y a *A*, encamínales con solicitud, de *625*

APORTILLAR
Sal 80.12 ¿por qué *aportillaste* sus vallados 6555
89.40 *aportillaste* todos sus vallados; has 6555
Ec 10.8 al que *aportillare* vallado, le morderá 6555
Is 5.5 *aportillaré* su cerca, y será hollada 6555

APOSENTO
Gn 6.14 harás *a* en el arca, y la calafatearás 7064
Jue 15.1 diciendo: entraré a mi mujer en el *a* 2315
16.9 y ella tenía hombres en acecho en el *a* 2315
16.12 los espías estaban en el *a*... Mas Él las 2315
1 S 3.2 estando Elí acostado en su *a*, cuando 4725
1 R 6.5 edificó... junto al muro de la casa *a* 6763
6.6 el *a* de abajo era de cinco codos de ancho 3326
6.8 la puerta del *a*... estaba al lado derecho 6763
6.8 y se subía... del *a* de en medio al tercero
6.10 edificó... el *a* alrededor de toda la casa 3326
6.16 al final... un *a* que es el lugar santísimo
17.19 lo llevó al *a* donde él estaba, y lo puso
17.23 tomando... al niño, lo trajo del *a* a la 5944
20.30 Ben-adad vino... y se escondía de *a* en *a* 2315
22.25 cuando te irás metiendo de *a* en *a* para 2315
2 R 4.10 te ruego que hagamos un pequeño *a* de 5944
4.11 vino él por allí, y se quedó en aquel *a* 5944
1 Cr 28.11 dio a Salomón... el plano... de sus *a* 5944
2 Cr 3.9 clavos... cubrió también de oro los *a* 5944
22.11 guardó a él y a su ama en uno de los *a*
Esd 8.29 los peséis... en los *a* de la casa de 3957
Est 5.1 en el patio... enfrente del *a* del rey
5.1 el a real, enfrente de la puerta del *a*
7.8 rey volvió al huerto... al *a* del banquete
Sal 104.3 que establece sus *a* entre las aguas 5944
104.13 él riega los montes desde sus *a*; del
Is 26.20 pueblo mío, entra en tus *a*, cierra 2315
Jer 35.2 introdúcelos... en uno de los *a*, y dales 3957
35.4 y los llevé al *a* de los hijos de Hanán 3957
35.4 sobre el *a* de Maasías hijo de Salum 3957
36.10 Baruc leyó... en el *a* de Gemarías hijo 3957
36.12 al *a* del secretario, y... los príncipes 3957
36.20 depositado el rollo en el *a* de Elisama 3957
36.21 cual lo tomó del *a* de Elisama secretario 3957
Mt 6.6 **cuando ores, entra en tu *a*, y cerrada** *5009*
24.26 **o mirad, está en los *a*, no lo creáis** *5009*
Mr 14.14 **dónde está el *a* donde he de comer la** *2646*
14.15 **os mostrará un gran *a* alto ya dispuesto** *508*
Lc 12.3 **en los *a*, se proclamará en las azoteas** *5009*
22.11 **¿dónde está el *a* donde he de comer la** *2646*
22.12 **os mostrará un gran *a* alto ya dispuesto** *508*
Hch 1.13 subieron al *a* alto, donde moraban *5253*
20.8 había muchas lámparas en el *a* alto donde *5253*

APOSTASÍA
2 Ts 2.3 no vendrá sin que antes venga la *a*, y *646*

APOSTATAR
Hch 21.21 que enseñas... a *apostatar* de Moisés *646*
1 Ti 4.1 *apostatarán* de la fe, escuchando a *868*

APÓSTOL
Mt 10.2 los nombres de los doce *a* son estos *652*
Mr 6.30 entonces los *a* se juntaron con Jesús *652*
Lc 6.13 a doce... a los cuales también llamó *a* *652*
9.10 vueltos los *a*, le contaron todo lo que *652*
11.49 **les enviaré profetas y *a*; y de ellos, a** *652*
17.5 dijeron los *a* al Señor: Auméntanos la fe *652*
22.14 hora, se sentó a la mesa, y con Él los *a* *652*
24.10 quienes dijeron estas cosas a los *a* *652*
Hch 1.2 dado... por el Espíritu Santo a los *a* *652*
1.26 Matías; y fue contado con los once *a* *652*
2.37 dijeron a Pedro y a los otros *a*: Varones *652*
2.42 y perseveraban en la doctrina de los *a* *652*
2.43 muchas... señales eran hechas por los *a* *652*
4.33 los *a* daban testimonio de la resurrección *652*
4.35 y lo ponían a los pies de los *a*; y se *652*
4.36 José, a quien los *a* pusieron... Bernabé *652*
4.37 el precio y lo puso a los pies de los *a* *652*
5.2 solo una parte, la puso a los pies de los *a* *652*
5.12 y por la mano de los *a* se hacían muchas *652*
5.14 echaron mano a los *a* y los pusieron en la *652*
5.29 los *a*, dijeron: Es necesario obedecer a *652*
5.34 que sacasen fuera por un momento a los *a* *652*
5.40 y llamando a los *a*, después de azotarlos *652*
6.6 los cuales presentaron ante los *a*, quienes *652*
8.1 todos fueron esparcidos por... salvo los *a* *652*
8.14 los *a* que estaban en Jerusalén oyeron que *652*
8.18 por la imposición de las manos de los *a* *652*
9.27 Bernabé, tomándole, lo trajo a los *a* *652*
11.1 oyeron los *a* y los... que estaban en Judea *652*
14.4 unos estaban con los... y otros con los *a* *652*
14.14 cuando lo oyeron los *a*... rasgaron sus *652*
15.2 subiesen Pablo y... a los *a* y los ancianos *652*
15.4 fueron recibidos por... *a* y los ancianos *652*
15.6 se reunieron los *a*... para conocer de este *652*
15.22 pareció bien a los *a* y a los ancianos *652*
15.23 los *a* y los ancianos y... a los hermanos *652*
16.4 las ordenanzas que habían acordado los *a* *652*
Ro 1.1 Pablo... llamado a ser *a*, apartado para *652*
11.13 cuanto yo soy *a* a los gentiles, honro mi *652*
16.7 y a Junias... muy estimados entre los *a* *652*
1 Co 1.1 Pablo, llamado a ser *a* de Jesucristo *652*
4.9 Dios nos ha exhibido a nosotros los *a* como *652*
9.1 ¿no soy *a*? ¿No soy libre? ¿No he visto *652*
9.2 si para otros no soy *a*, para vosotros *652*
9.5 como también los otros *a*, y los... y Cefas *652*
12.28 puso... primeramente *a*, luego profetas *652*
12.29 ¿son todos *a*? ¿son todos profetas? *652*
15.7 apareció a Jacobo, después a todos los *a* *652*
15.9 soy el más pequeño de los *a*, que no soy *652*
15.9 que no soy digno de ser llamado *a*, porque *652*
2 Co 1.1 Pablo, *a* de Jesucristo por la voluntad *652*
11.5 en nada he sido inferior a aquellos... *a* *652*
11.13 estos son falsos *a*, obreros fraudulentos *5570*
11.13 que se disfrazan como *a* de Cristo *652*
12.11 en nada he sido menos que aquellos... *a* *652*
12.12 las señales de *a* han sido hechas entre *652*
Gá 1.1 Pablo, *a* (no de hombres ni por hombre) *652*
1.17 ni subí a... a los que eran *a* antes que yo *652*
1.19 pero no vi a ningún otro de los *a*, sino *652*
Ef 1.1 Pablo, *a* de Jesucristo por la voluntad *652*
2.20 edificados sobre el fundamento de los *a* *652*
3.5 como ahora es revelado a sus santos *a* y *652*
4.11 y él mismo constituyó a unos, *a*; a otros *652*
Col 1.1 Pablo, *a* de Jesucristo por la voluntad *652*
1 Ts 2.6 aunque podíamos seros carga como *a* de *652*
1 Ti 1.1 Pablo, *a* de Jesucristo por mandato de *652*
2.7 constituido predicador y *a* (digo verdad *652*
2 Ti 1.1 *a* de Jesucristo por la voluntad deñor el rey *652*
1.11 fui constituido predicador, *a* y maestro *652*
Tit 1.1 Pablo, siervo de Dios y *a* de Jesucristo *652*
He 3.1 considerad al *a* y al sumo sacerdote de *652*
1 P 1.1 *a* de Jesucristo, a los expatriados de *652*
2 P 1.1 Simón Pedro, siervo y *a* de Jesucristo *652*
3.2 y el mandamiento... dado por vuestros *a* *652*
Jud 17 palabras... dichas por los *a* de nuestro *652*
Ap 2.2 **has probado a los que se dicen ser *a*, y** *652*
18.20 alégrate sobre ellas, cielo, y... santos, *a* *652*
21.14 doce nombres de los doce *a* del cordero *652*

APOSTOLADO
Hch 1.25 tome la parte de este ministerio y *a* *651*
Ro 1.5 y por quien recibimos la gracia y el *a* *651*
1 Co 9.2 el sello de mi *a* sois vosotros en el *651*
Gá 2.8 el que actuó en Pedro para el *a* de la *651*

APOYAR
Gn 28.12 escalera que estaba *apoyada* en tierra
Jue 16.26 las columnas... que me *apoye* sobre ellas 8172
2 S 1.6 a Saúl que se *apoyaba* sobre su lanza 8172
1 R 6.10 se *apoyaba* en la casa con maderas de 270
7.3 se *apoyaban* en 45 columnas; cada hilera
7.25 bueyes... sobre éstos se *apoyaba* el mar
2 R 5.18 señor el rey... *apoyare* sobre mi brazo 8172
7.2,17 príncipe... cuyo brazo el rey se *apoyaba* 8172
18.19 ¿Qué confianza es esta en que te *apoyas*?
18.21 si alguno se *apoyare*, se le entrará por 5564
2 Cr 13.18 se *apoyaban* en Jehová el Dios de 8172
14.11 ayúdanos, oh Jehová... en ti nos *apoyamos* 8172
16.7 te has *apoyado* en el rey de Siria, y no 8172
16.7 y no te *apoyaste* en Jehová tu Dios, por 8172
16.8 te *apoyaste* en Jehová, él nos entregó en 8172
32.3 tuvo concejo con sus... y ellos le *apoyaron*
Est 9.3 los príncipes *apoyaban*... a los judíos
Job 8.15 *apoyará* él en su casa... no permanecerá 8172
8.20 Dios no... *apoya* la mano de los malignos
Pr 3.5 y no te *apoyes* en tu propia prudencia 8172
Is 10.20 nunca más se *apoyarán* en el que los 4937
10.20 que se *apoyarán* con verdad en Jehová 8172
30.12 iniquidad, y en ello os habéis *apoyado* 8172
36.4 ¿qué confianza es esta en que te *apoyas*? 982
36.6 si alguien se *apoyare*, se le entrará por 5564
50.10 confíe en... Jehová, y *apóyese* en su Dios 8172
64.7 que se despierte para *apoyarse* en ti
Ez 29.7 se *apoyaron* en ti, te quebraste, y les 8172
Am 5.19 entrare en casa y *apoyare* su mano en 5564
Mi 3.11 y se *apoyan* en Jehová, diciendo: ¿No 8172
Ro 2.17 y te *apoyas* en la ley, y te glorías en *1879*
He 11.21 Jacob... adoró *apoyado* sobre... bordón

APOYO
2 S 22.19; Sal 18.18 asaltaron... Jehová fue mi *a* 4937
Ez 29.16 no será ya más para... *a* de confianza
Mi 1.11 el llanto de Bet-esel os quitará su *a* 5979

APRECIAR
Lv 25.50 de *apreciarse* el precio de su venta
1 R 10.21 tiempo de Salomón no era *apreciada* 2803
2 Cr 9.20 en los días... plata no era *apreciada* 2803
Job 28.16 puede ser *apreciada* con oro de Ofir 5541
28.19 ella... no se podrá *apreciar* con oro fino 5541
Zac 11.13 precio con que me han *apreciado*! 3365
Mt 27.9 piezas de plata, precio del *apreciado*

APREHENDER
Hch 23.27 hombre, *aprehendido* por los judíos *4815*

APREMIADOR
Zac 10.4 de él saldrá la piedra angular... todo *a* 5065

APREMIANTE
1 S 21.8 no... por cuanto la orden del rey era *a*
Dn 3.22 y como la orden del rey era *a*, y lo 2685

APREMIAR
Éx 5.13 cuadrilleros los *apremiaban*, diciendo 213
12.33 los egipcios *apremiaban* al pueblo... prisa 2388
2 Cr 10.4 yugo con que tu padre nos *apremió*
Job 32.18 me *apremia* el espíritu dentro de mí
Sof 3.19 yo *apremiaré* a todos tus opresores
1 Co 7.26 a causa de la necesidad que *apremia*

APRENDER
Dt 4.10 oír mis palabras, las cuales *aprenderán* 3925
4.39 *aprende*... y reflexiona en tu corazón que
5.1 *aprendedlos*, y guardadlos, para ponerlos 3925
14.23 para que *aprendas* a temer a Jehová tu 3925
17.19 que *aprenda* a temer a Jehová su Dios 3925
18.9 no *aprenderás* a hacer... las abominaciones 3925
31.12 que oigan y *aprendan*, y teman a Jehová 3925
31.13 y los hijos... *aprendan* a temer a Jehová 3925
Sal 106.35 se mezclaron... *aprendieron* sus obras 3925
119.7 cuando *aprendiere* tus justos juicios 3925
119.71 bueno... para que *aprenda* tus estatutos 3925
119.73 entender, y *aprenderé* tus mandamientos 3925
Pr 21.11 le amonesta al sabio, *aprende* ciencia
22.25 que *aprendas* tus maneras, y tomes lazo 3925
30.3 yo ni *aprendí* sabiduría, ni conozco la 3925
Is 1.17 *aprended* a hacer el bien; buscad el 3925
26.9 moradores del mundo *aprenden* justicia 3925
26.10 se mostrará piedad al... y no *aprenderá* 3925
29.24 los extraviados de espíritu *aprenderán*
29.24 y los murmuradores *aprenderán* doctrina 3925
Jer 10.2 no *aprendáis* el camino de... naciones 3925
12.16 *aprendieren* los caminos de mi pueblo 3925
35.13 no *aprenderéis* a obedecer mis palabras?
Ez 19.3,6 y *aprendió* a arrebatar la presa 3925
Mt 9.13 **id, pues, y *aprended* lo que significa** *3129*
11.29 **mi yugo... *aprended* de mí, que soy manso** *3129*
24.32; Mr 13.28 **de la higuera *aprended* la** *3129*
Jn 6.45 **oyó al padre, y *aprendió* de él, viene** *3129*
Ro 16.17 en contra de la doctrina que... *aprendido* *3129*
1 Co 4.6 *aprendáis* a no pensar más de lo que *3129*
14.31 podéis profetizar... que todos *aprendan* *3129*
14.35 si quieren *aprender* algo pregunten en *3129*
Gá 1.12 ni lo *aprendí* de hombre alguno, sino *1321*
Ef 4.20 mas no habéis *aprendido* así a Cristo *3129*
Fil 4.9 lo que *aprendisteis*... en mí, esto haced *3129*
4.11 he *aprendido* a contentarme, cualquiera *3129*
Col 1.7 como lo habéis *aprendido* de Epafras *3129*
1 Ts 4.1 que *aprendisteis* de... cómo os conviene *3880*
4.9 habéis *aprendido* de Dios que os améis unos *2312*
2 Ts 2.15 retened la doctrina que... *aprendido* *1321*
1 Ti 1.20 para que *aprendan* a no blasfemar *3811*
2.11 la mujer *aprenda* en silencio, con toda *3129*
5.4 *aprendan* éstos primero a ser piadosos para *3129*
5.13 también *aprenden* a ser ociosas, andando *3129*
2 Ti 3.7 siempre están *aprendiendo* y nunca *3129*
3.14 persiste tú en lo que has *aprendido* y te *3129*
3.14 persiste... sabiendo de quién has *aprendido* *3129*
Tit 3.14 *aprendan*... a ocuparse en buenas obras 3129
He 5.8 por lo que padeció *aprendió* la obediencia *3129*
Ap 14.3 y nadie podía *aprender* el cántico sino *3129*

APRESAR
Éx 15.9 dijo... *apresaré* repartiré despojos; mi 5381
2 R 25.5 y lo *apresó* en las llanuras de Jericó 5381
2 Cr 25.23 *apresó* en Bel-semes a Amasías rey 8610
Cnt 4.9 has *apresado* mi corazón con uno de tus 3823
Is 8.15 caerán... se enredarán y serán *apresados* 3920
Jer 34.3 serás *apresado* y en su mano serás 8610
37.13 *apresó* al profeta Jeremías, diciendo 8610
38.23 que por mano del rey de... serás *apresado* 8610
51.41 ¡cómo fue *apresada* Babilonia, y fue 3920
51.56 destruidor... valientes fueron *apresados* 3920
Lm 4.20 el ungido de... fue *apresado* en sus lazos 3920
Ez 19.8 extendieron... y en el foso fue *apresado* 8610
21.23 la maldad de ellos, para *apresarlos* 8610
Am 3.4 ¿dará... rugido desde su... si no *apresare*? 3920
Ap 19.20 la bestia fue *apresada* y con ella el *4084*

APRESTAR
Job 3.8 se *apresta* para despertar a Leviatán 6264

APRESTO
Ef 6.15 calzados los pies... el *a* del evangelio *2091*

APRESURADAMENTE
Gn 41.14 sacaron a *a* de la cárcel, y se afeitó 7323
Éx 12.11 lo comeréis *a*; es la Pascua de Jehová 2649
Jue 9.54 entonces llamó *a* a su escudero, y 4120
2 S 4.4 y mientras iba huyendo *a*, se le
2 Cr 26.20 y le hicieron salir *a* de aquel
Esd 4.23 fueron *a* a Jerusalén a los judíos 924
Pr 20.25 lazo es al hombre hacer *a* voto de
25.8 no entres *a* en pleito 4118
Dn 2.15 ¿cuál es... de parte del rey tan *a*? 2685
3.24 se espantó, y se levantó *a* y dijo 927
6.19 muy de mañana, y fue *a* al foso 927
11.10 y vendrá *a* e inundará, y pasará
11.13 y al cabo de algunos años vendrá *a*
Lc 2.16 vinieron, pues, *a*, y hallaron a María *4692*

APRESURADO *Véase Apresurar*

APRESURAMIENTO
Sal 116.11 dije en mi *a*... hombre es mentiroso 2648

APRESURAR
Gn 41.32 la cosa... Dios se *apresura* a hacerla 4116
43.30 José se *apresuro*... se conmovieron sus 4116
Éx 10.16 Faraón se *apresuró* a llamar a Moisés 4116
34.8 Moisés, *apresurándose* bajó la cabeza 4116
Dt 32.35 lo que les está preparado se *apresura* 2363
Jos 8.14 de Hai... se *apresuraron* y madrugaron 4116
8.19 la ciudad... *apresuraron* a prenderle fuego 4116
10.13 el sol... no se *apresuró* a ponerse casi 213
Jue 9.48 me habéis visto... *apresurado* a hacerlo 4116
2 S 15.14 sea que *apresurándose* Él nos alcance 4116
1 R 12.18 Roboam se *apresuró* a subirse en un 553
20.33 se *apresuraron* a tomar la palabra de su 4116
2 Cr 10.18 se *apresuró* el rey... subiendo... huyó 553
35.21 y Dios me ha dicho que me *apresure* 926
Est 6.14 eunucos del rey llegaron *apresurados* 926
Job 20.2 responder, y por tanto me *apresuro* 2363
31.5 si anduve... mi pie se *apresuró* a engaño 2363
Sal 22.19 tú Jehová... *apresúrate* a socorrerme 2363
38.22 *apresúrate* a ayudarme, oh Señor, mi 2363

40.13 quieras...Jehová, *apresúrate* a socorrerme...2363
48.5 ellos...se turbaron, se *apresuraron* a huir.....2648
55.8 me *apresuraría* a escapar del viento..........2363
68.31 Etiopía se *apresurará* a extender sus.........7323
69.17 estoy angustiado; *apresúrate*, óyeme..........4116
70.1 Dios...*apresúrate* oh Dios, a socorrerme......2363
70.5 *apresúrate* a mí, oh Dios, ayuda mía y mi......2363
102.2 *apresúrate* a responderme el día que te......4116
104.7 al sonido de tu trueno se *apresuraron*........2648
119.60 me *apresuré* y no me retardé en guardar....2363
141.1 *apresúrate* a mí; escucha mi voz cuando......2363
Pr 7.23 como el ave que se *apresura* a la red..........4116
19.2 aquel que se *apresura* con los pies, peca........213
19.18 no se *apresure* tu alma para destruirlo.......5375
21.5 todo el que se *apresura*...va a la pobreza.......213
28.20 se *apresura* a enriquecerse no será sin........213
28.22 *apresura* a ser rico el avaro, y no sabe........926
Ec 1.5 se *apresura* a volver al lugar de donde.........7602
5.2 tu corazón se *apresure* a proferir palabra......4116
7.9 no te *apresures* en tu...a enojarte, porque........926
8.3 no te *apresures* a irte de su presencia, ni.........926
Cnt 8.14 *apresúrate*, amado...y sé semejante al........1272
Is 5.19 venga ya, *apresúrese* su obra, y veamos........4116
16.5 juzgue y busque el juicio, y *apresúrela*.........4106
28.16 piedra...el que creyere, no se *apresure*.......2363
52.12 no saldréis *apresurados*, ni...huyendo........2649
59.7 mal, se *apresuran* para derramar la sangre...4116
Jer 1.12 *apresuro* mi palabra para ponerla por.......5921
48.16 cercano está...su mal se *apresura* mucho....4116
Jon 4.2 por eso me *apresure* a huir a Tarsis...........6923
Nah 2.5 valientes; se *apresurarán* a su muro, y........4116
Hab 1.8 como águilas que se *apresuran* a devorar....2263
2.3 mas se *apresura* hacia el fin, y no mentirá
Sof 1.18 destrucción *apresurada* hará de todos.........926
3.7 ellos se *apresuraron* a corromper todas sus....7925
Hch 20.16 se *apresuraba* por estar el día de...........*4692*
Ro 3.15 pies se *apresurarán* para derramar sangre...*3691*
Tit 3.12 *apresúrate* a venir a mí en Nicópolis..........4704
2 P 3.12 *apresurándoos* para la venida del día.........*4692*

APRETAR
Nm 22.25 *apretó* contra la pared el...de Balaam......3905
Is 28.22 no os burléis, para que no se *aprieten*.........2388
59.5 que...si los *apretaran* saldrán víboras.........2116
Ez 23.3 allí fueron *apretados* sus pechos, allí.........4600
Am 2.13 os *apretaré*...como se aprieta el carro........5781
Mr 5.24 le seguía una...multitud, y le *apretaban*.......*4918*
5.31 la multitud te *aprieta* y dices: ¿quién.........*4918*
Lc 6.38 **medida buena, *apretada* remecida y**...........*4085*
8.45 la multitud te *aprieta* y oprime, y dices........*4912*

APRETURA
Is 29.2 pondré a Ariel en *a*, y...desconsolada..........6693
29.7 los que pelean...y los que la ponen en *a*.......6693

APRIETO
1 S 13.6 estrecho porque el pueblo estaba en *a*........6887
Sof 1.15 día de angustia y de *a* día de alboroto........4691

APRISCO
Gn 49.14 Isacar, asno...se recuesta entre los *a*........4942
2 Cr 32.28 hizo...establos...*a* para los ganados........220
Sal 50.9 no tomaré...ni machos cabríos de tus *a*......4356
Ez 25.4 y pondrán en ti sus *a* y plantarán en..........2918
34.14 en los altos montes...estará su *a*; allí.........5116
34.15 y yo les daré *a* dice Jehová el Señor..........7257
Mi 2.12 como rebaño en medio de su *a*; harán.........1699

APRISIONAR
Gn 42.24 José...tomó...Simeón, y lo *aprisionó*..........631
2 R 17.4 le *aprisionó* en la casa de la cárcel............631
2 Cr 33.11 *aprisionaron* con grillos a Manasés..........631
Job 11.10 y *aprisiona* y llama a juicio, ¿quién...........5462
36.8 *aprisionados* en las cuerdas de...aflicción.......631
Sal 107.10 *aprisionados* en aflicción...hierros..........615
149.8 para *aprisionar* a sus reyes con grillos........631
Jer 39.7 le *aprisionados* con grillos para llevarle.......631
Nah 3.10 todos sus grandes fueron *aprisionados*......7576

APROBACIÓN
1 P 2.19 esto merece *a* si alguno a causa de...........*5485*

APROBAR
Sal 37.23 son ordenados...Él *aprueba* su camino......2654
Lm 3.36 en su causa, el Señor no lo *aprueba*...........7200
Hch 2.22 Jesús nazareno...*aprobado* por Dios.........*584*
Ro 1.28 no *aprobaron* tener en cuenta a Dios..........*1381*
2.18 instruidos por la ley *apruebas* lo mejor........*1381*
7.16 esto hago, *apruebo* que la ley es buena........*4852*
14.18 a Dios, y es *aprobado* por los hombres.......*1384*
14.22 no se condena a sí...en lo que *aprueba*........*1381*
16.10 saludad a Apeles, *aprobado* en Cristo..........*1384*
1 Co 11.19 manifiestos...los que son *aprobados*.......*1384*
2 Co 10.18 no es *aprobado* el que se alaba a sí.........*1384*
13.7 no para que...aparezcamos *aprobados*, sino..*1384*
Fil 1.10 para que *aprobéis* lo mejor, a fin de...........*1381*
1 Ts 2.4 según fuimos *aprobados* por Dios para........*1381*
2 Ti 2.15 presentarte a Dios *aprobado*, como...........*1384*
1 P 2.20 ciertamente es *aprobado* delante de...........*5485*

APROPIADO
Is 28.25 pone el trigo...la avena en su borde *a*?........1367

APROVECHAMIENTO
1 Ti 4.15 para que su *a* sea manifiesto a todos.........*4297*

APROVECHAR
1 S 12.21 en pos de vanidades que no *aprovechan*.....3276
Job 21.15 de qué nos *aprovechará* que oremos a Él.....3276
30.13 se *aprovecharon* de mi quebrantamiento.....3276
33.27 que dijere: pequé no me ha *aprovechado*.....7737
35.8 al hijo de hombre *aprovechará* tu justicia
Sal 120.3 te *aprovechará*, oh lengua engañosa?........3254
Pr 11.4 no *aprovecharán* las riquezas en el día........3276
17.10 la reprensión *aprovecha* el entendido........5181
Ec 5.16 de qué le *aprovechó* trabajar en vano?........3504
Is 19.15 no *aprovechará* a Egipto cosa que haga
30.5 del pueblo que no les *aprovecha*, ni los........3276
57.12 yo publicaré tu...que no te *aprovecharán*.....3276
Jer 2.8 y anduvieron tras lo que no *aprovecha*.........3276
2.11 ha trocado su...por lo que no *aprovecha*......3276
7.8 palabras de mentira, que no *aprovechan*......3276
12.13 la heredad, mas no *aprovecharon* nada......3276
48.30 conozco...jactancias no le *aprovecharán*.....6213
Mal 3.14 ¿qué *aprovecha* que guardemos su ley.......1215
Mt 16.26 **¿qué *aprovechará* al hombre, si ganare**......*5623*
Mr 5.26 y nada había *aprovechado*...e iba peor.......*5623*
8.36 **qué *aprovechará* al hombre si ganare todo**....*5623*
Lc 9.25 **¿qué *aprovecha* al hombre, si gana todo**.......*5623*
Jn 6.63 **da vida; la carne para nada *aprovecha***.........*5623*
Ro 2.25 en verdad la circuncisión *aprovecha*, si........*5623*
3.1 ¿o de qué *aprovecha* la circuncisión?...........*5622*
1 Co 9.15 yo de nada de esto me he *aprovechado*......*5530*
14.6 ¿qué os *aprovechará*, si no os hablara con......*5623*
15.32 batallé en Éfeso...¿qué me *aprovecha*?.......*3786*
Gá 5.2 os digo que...nada os *aprovechará* Cristo.......*5623*
Ef 5.16 *aprovechando* bien el tiempo, porque los.......*1805*
1 Ti 4.8 la piedad para todo *aprovecha*, pues..........*5624*
2 Ti 2.14 lo cual para nada *aprovecha*, sino que........*5539*
He 4.2 pero no les *aprovechó* el oír la palabra........*5623*
13.9 viandas, que nunca *aprovecharon* a los que....*5623*
Stg 2.14 ¿de qué *aprovechará* si alguno dice que.......*3786*
2.16 pero no les dais las...¿de qué *aprovecha*?......*3786*

APROVISIONAMIENTO
2 Cr 8.4 las ciudades de *a* que edificó en Hamat.......4543
16.4 conquistaron Ijón...y las ciudades de *a*........4543
17.12 Josefat...edificó en Judá...ciudades de *a*.....4543

APTO
1 S 14.52 veía que era hombre...*a* para combatir.....2428
1 Cr 25.7 instruirlos en el canto...todos los *a*...........995
Lc 9.62 **mira hacia atrás, es *a* para el reino de**........*2111*
Col 1.12 *a* para participar de la herencia de..........*2427*
1 Ti 3.2 el obispo sea...sobrio...*a* para enseñar.......*1317*
2 Ti 2.24 sino amable con todos, *a* para enseñar.......*1317*
He 13.21 os haga *a* en toda obra buena para que.......*2675*

APUNTAR
Jue 19.25 y la dejaron cuando *apuntaba* el alba.......5927
Esd 8.34 y se *apuntó* todo aquel peso en aquel.........3789
Cnt 2.17; 4.6 *apunté* el día y huyan las sombras.......6315

APURAR
2 Cr 28.22 en el tiempo que aquí le *apuraba*...........6887
Sal 75.8 el fondo lo *apurarán*, y lo beberán...........4680

APURO
Dt 28.53 el *a* con que te angustiará tu enemigo........4689
28.55,57 el *a* con que tu enemigo te oprimirá.......4689
1 S 14.24 los...de Israel fueron puestos en *a*..........5065
Job 36.16 te apartará...a lugar...libre de todo *a*......7338
Jer 19.9 y en el *a* con que los estrecharán sus.........4689
2 Co 4.8 estamos...en *a*, mas no desesperados........*639*

AQUEL *Véase el Apéndice*

AQUÉL *Véase el Apéndice*

AQUELLO, A *Véase el Apéndice*

AQUÉLLOS, AS *Véase el Apéndice*

AQUÍ *Véase el Apéndice*

AQUIETAR
Jon 1.11 ¿haremos...que el mar se nos *aquiete*?.......8367
1.12 echadme al mar, y el mar se os *aquietará*.....8367
1.15 lo echaron al mar; y el mar se *aquietó*.........5975

AQUILA *Amigo y compañero de Pablo*
Hch 18.2 halló a un judío llamado *A*, natural del........*207*
18.18 navegó a Siria, y con Él Priscila y *A*...........*207*
18.26 oyeron Priscila y *A*, le tomaron aparte..........*207*
Ro 16.3 saludad a...a *A*, mis colaboradores en..........*207*
1 Co 16.19 *A* y Priscila...os saludan mucho en..........*207*
2 Ti 4.19 saluda a Prisca y a *A*, y a la casa..............*207*

AQUILÓN
Cnt 4.16 levántate, *A*, y ven, Austro; soplad...........6828

AQUIM *Ascendiente de Jesucristo*, Mt 1.14.......*885*

AQUIS
1. Rey de Gat en tiempo de David (=Abimelec No. 5)
1 S 21.10 David...huyó...y se fue a *A* rey de Gat........397
21.11 los siervos de *A* le dijeron: ¿No es éste.........397
21.12 David...tuvo gran temor de *A* rey de Gat......397
21.14 dijo *A* a sus siervos: He aquí, veis que..........397
27.2 se pasó a *A* hijo de Maoc, rey de Gat...........397
27.3 y moró David con *A* en Gat, Él y sus............397
27.5 David dijo a *A*: Si he hallado gracia en..........397
27.6 *A* le dio aquel día a Siclag, por lo cual..........397
27.9 asolaba David el país...y regresaba a *A*.........397
27.10 decía *A*: ¿Dónde habéis merodeado hoy?......397
27.12 y *A* creía a David, y decía: El se ha............397
28.1 dijo *A* a David: Ten entendido que has de........397
28.2 David respondió a *A*: Muy bien, tú sabrás.......397
28.2 y *A* dijo a David...te constituiré guarda.........397
29.2 David y sus hombres iban en la...con *A*.........397
29.3 *A* respondió a los príncipes de...¿No es..........397
29.6 *A* llamó a David y le dijo: Vive Jehová...........397
29.8 y David respondió a *A* ¿Qué he hecho?..........397
29.9 *A* respondió a David...Yo sé que tú eres.........397
2. Rey de Gat en tiempo de Salomón
1 R 2.39 siervos...huyeron a *A* hijo de Maaca..........397
2.40 Simei se...ensilló su asno y fue a *A* en..........397

AR *Ciudad de Moab*
Nm 21.15 la corriente de...que va a parar en *A*.......6144
21.28 y consumió a *A* de Moab, a los señores.......6144
Dt 2.9 he dado a *A* por heredad a los hijos de.........6144
2.18 pasarás hoy el territorio de Moab, a *A*........6144
2.29 los moabitas que habitaban en *A*; hasta.......6144
Is 15.1 noche fue destruida *A* de Moab, puesta........6144

ARA
1. Nombre de dos descendientes de Aser,
1 Cr 7.38,39..................................690,733
2. Ascendiente de algunos que regresaron de Babilonia, Esd 2.5; Neh 7.10...............733
3. Ascendiente de Secanías No. 7, Neh 6.18..........733

ARAB *Aldea de Judá*, Jos 15.52..................694

ARABÁ *Una de las regiones principales de la tierra de Israel. Abarca el valle del Jordán y su prolongación al sur hasta Elat*
Dt 1.1 palabras que habló...en el *A* frente al..........6160
1.7 en el *A*, en el monte, en los valles, en............6160
2.8 el camino del *A* desde Elat y Ezión-geber.......6160
3.17 *A*, con el Jordán...hasta el mar del *A*,.........6160
4.49 todo el *A*...hasta el mar del *A*, al pie de........6160
11.30 habita en el *A* frente a Gilgal, junto..........6160
Jos 3.16 las que descendían al mar del *A*, al...........6160
8.14 salieron al...para combatir, frente al *A*.......6160
11.2 a los reyes que estaban...en el *A* al sur.........6160
11.16 tomó...el *A*, las montañas de Israel y.........6160
12.1 el arroyo de Arnón...todo el *A* al oriente.......6160
12.3 el *A* hasta el mar...hasta el mar del *A*..........6160
12.8 en el *A*, en las laderas, en el desierto..........6160
18.18 pasa al lado...del *A*, y desciende al *A*.........6160
1 S 23.24 Maón, en el *A* al sur del desierto.............6160
2 S 2.29 caminaron por el *A* toda aquella noche.........6160
4.7 caminaron...la noche por el camino del *A*......6160
2 R 14.25 límites...Hamat hasta el mar del *A*..........6160
25.4 y el rey se fue por el camino del *A*...........6160
Jer 39.4 y salió el rey por el camino del *A*.............6160
52.7 se fueron por el camino del *A*, estando........6160
Ez 47.8 estas aguas salen...y descenderán al *A*........6160
Am 6.14 que os oprimirá...hasta el arroyo del *A*......6160

ÁRABE *Habitante de Arabia*
2 Cr 17.11 los *á* también le trajeron ganados..........6163
21.16 la ira...de los *á* que estaban junto a los......6163
22.1 una banda...que había venido con los *á* al.....6163
26.7 Dios le dio ayuda contra...y contra los *á*......6163
Neh 2.19 y Gesem el *á*, hicieron escarnio de............6163
4.7 que oyendo Sanbalat...y los *á*, los amonitas....6163
6.1 oyeron Sanbalat y Tobías y Gesem el *á*.........6163
Is 13.20 nunca...ni levantará allí tienda el *á*............6163
Jer 3.2 te sentabas...como *á* en el desierto............6163
Hch 2.11 y *á*, les oímos hablar en...lenguas las.........*690*

ARABIA *Región noroeste de la península de Arabia, o sus habitantes*
1 R 10.15 y lo de todos los reyes de *A*, y de.............6152
2 Cr 9.14 los reyes de *A*...traían oro y plata...........6152
Is 21.13 sobre *A*. En...pasaréis la noche en *A*.........6152
Jer 25.24 a todos los reyes de *A*, a todos los............6152
Ez 27.21 *A* y...traficaban contigo en corderos...........6152
30.5 *A*, Libia, y los hijos de las tierras.............6153
Gá 1.17 fui a *A*, y volví de nuevo a Damasco.............*688*
4.25 porque Agar es el monte Sinaí en *A*, y..........*688*

ARACEO *Perteneciente a Arca, ciudad cananea*, Gn 10.17; 1 Cr 1.15..........................6208

ARAD
1. Ciudad cananea, Nm 21.1; 33.40; Jos 12.14; Jue 1.16...6166
2. Descendiente de Benjamín, 1 Cr 8.15.............6166

ARADA
Gn 45.6 años en los cuales ni habrá *a* ni siega.........2758
Éx 34.21 aun en la *a* y en la siega, descansarás........2758

ARADO *Véase también Arar*
1 S 13.20 para afilar cada uno la reja de su *a*...........855
13.21 era un pim por las rejas de *a* y por los.........855
1 R 19.21 con el *a*...coció la carne, y la dio............3627
Is 2.4 volverán sus espadas en rejas de *a*, y.............855
Lc 9.62 **poniendo su mano en el *a* mira...atrás**..........*723*

ARADOR
Sal 129.3 sobre mis espaldas araron los *a*...............2790

ARALOT *Lugar ceca de Gilgal No. 1*, Jos 5.3......6190

ARAM
1. Hijo de Sem, Gn 10.22,23; 1 Cr 1.17.................758
2. Hijo de Kemuel No. 1, Gn 22.21.......................758
3. Los arameos o territorio habitado por ellos. Voz hebrea que se traduce generalmente por Siria o sirios y a veces Mesopotamia. Véanse también Aram de Soba, Aram-naharaim, Padan-aram y Soba
Nm 23.7 de *A* me trajo Balac, rey de Moab, de.........758
1 Cr 2.23 Gesur y *A* tomaron...ciudades de Jair..........758
Os 12.12 pero Jacob huyó a tierra de *A*, Israel..........758
4. Descendiente de Aser, 1 Cr 7.34......................758
5. Ascendiente de Jesucristo, Mt 1.3,4; Lc 3.33.........*689*

ARAM DE SOBA *Lugar al norte de Israel*, Sal 60, *tít*....................................760

ARAMEO *Pueblo migratorio descendiente de Sem, o su idioma*
Gn 25.20 hija de Betuel *a*...hermana de Labán *a*......6307
28.5 así envió Isaac a Jacob...a Labán hijo...*a*......6307
31.20 Jacob engañó a Labán *a*, no haciéndole.......761

31.24 y vino Dios a Labán *a* en sueños…noche 761
Dt 26.5 un *a* a punto de perecer fue mi padre 761
2 R 18.26 hables a tus siervos en *a*, porque 762
Esd 4.7 y el lenguaje de la carta eran en *a* 762
Is 36.11 que hables a tus siervos en *a*, porque 762
Dn 2.4 hablaron los caldeos al rey en lengua *a* 762
Am 9.7 ¿no hice yo subir *a*…y de Kir a los *a* 758

ARAM-NAHARAIM *Mesopotamia*, Sal 60, *tít* 763

ARÁN *Hijo de Disán*, Gn 36.28; 1 Cr 1.42 765

ARAÑA
Job 8.14 cortada, y su confianza es tela de *a* 5908
Pr 30.28 la *a* que atrapas con la mano, y está 8079
Is 59.5 huevos de áspides, y tejen telas de *a* 5908

ARAR
Dt 21.4 a un valle…que nunca haya sido *arado* 5647
22.10 no *ararás* con buey y…asno juntamente 2790
Jue 14.18 si no *araseis* con mi novilla, nunca 2790
1 S 8.12 los pondrá…a que *aren* sus campos y 2790
1 R 19.19 a Eliseo…que *araba* con doce yuntas 2790
Job 1.14 estaban *arando* los bueyes, y las asnas 2790
4.8 visto, los que *aran* iniquidad…la siega 2790
Sal 129.3 sobre…espaldas *araron* los aradores 2790
Pr 20.4 perezoso no *ara* a causa del invierno 2790
Is 28.24 el que *ara* para…¿*Arará* todo el día? 2790
Jer 4.3 dice…*Arad* campo para vosotros, y no 5214
26.18 diciendo…Sion será *arada* como campo 2790
Os 10.11 *arará* Judá, quebrará sus terrones 2790
10.13 *arado* impiedad, y segasteis iniquidad 2790
Am 6.12 las peñas? ¿*Ararán* en ellas con bueyes? 2790
9.13 que el que *ara* alcanzará al segador, y 2790
Mi 3.12 será *arada* como campo, y Jerusalén 2790
Lc 17.7 **un siervo que *ara* o apacienta ganado** 722
1 Co 9.10 con esperanza debe *arar* el que *ara* 722

ARARAT *Región que actualmente se llama Armenia* 780
Gn 8.4 reposó el arca…sobre los montes de *A* 780
2 R 19.37 lo hirieron a espada, y huyeron a…*A* 780
Is 37.38 sus hijos…huyeron a la tierra de *A* 780
Jer 51.27 juntad contra ella los reinos de *A* 780

ARARITA *Natural de los cerros de Judá*, 2 S 23.11,33; 1 Cr 11.34,35 2043

ARAUNA *Jebuseo, habitante de Jerusalén en tiempos de David (=Ornán)*
2 S 24.16 estaba junto a la era de *A* jebuseo 728
24.18 y levanta un altar a…en la era de *A* 728
24.20 *A* miró, y vio al rey y…*A*, se inclinó 728
24.21 *A* dijo: ¿Por qué viene mi señor el rey 728
24.22 *A* dijo a David: Tome y ofrezca…el rey 728
24.23 esto, oh rey, *A* lo da al rey…dijo *A* al 728
24.24 el rey dijo a *A*: No, sino por precio 728

ARBA *Padre de los anaceos (véase también Quiriat-arba)*, Gn 35.27; Jos 14.15 7153

ARBATITA *Habitante de Bet-arabá*, 2 S 23.31; 1 Cr 11.32 6164

ARBITA *Habitante de Arab*, 2 S 23.35 701

ARBITRARIAMENTE
Dn 8.24 y hará *a*, y destruirá a los fuertes 6213

ARBITRIO
Nm 24.13 para hacer cosa buena ni mala de mi *a* 3820
Dn 11.7 con ejército…y hará en ellos a su *a* 6213

ÁRBITRO
Job 9.33 no hay entre nosotros *á* que ponga su 3198

ÁRBOL
Gn 1.11 produzca la tierra…*á* de fruto que dé 6086
1.12 *á* que da fruto, cuya semilla está en él 6086
1.29 todo *á* en que hay fruto…serán para comer 6086
2.9 hizo nacer…todo *á* delicioso a la vista 6086
2.9 el *á* de vida…el *á* de la ciencia del bien 6086
2.16 Dios…De todo *á* del huerto podrás comer 6086
2.17 del *á* de la ciencia del bien…no comerás 6086
3.1 ha dicho: No comáis de todo *á* del huerto? 6086
3.2 fruto de los *á* del huerto podemos comer 6086
3.3 pero del fruto del *á* que está en medio del 6086
3.6 y vio la mujer que el *á* era bueno para 6086
3.6 agradable a los ojos, y *á* codiciable para 6086
3.8 se escondieron de…entre los *á* del huerto 6086
3.11 ¿has comido del *á* de que yo te mandé no 6086
3.12 la mujer que me diste por…me dio del *á* 6086
3.17 del *á* de que te mandé…No comerás de él 6086
3.22 tome también del *á* de la vida, y coma 6086
3.24 para guardar el camino del *á* de la vida 6086
18.4 que se traiga…y recostaos debajo de un *á* 6086
18.8 y él se estuvo con ellos debajo del *á* 6086
21.33 Abraham un *á* tamarisco en Beerseba, e 815
23.17 y todos los *á* que había en la heredad 6086
Éx 9.25 granizo…desgajó todos los *á* del país 6086
10.5 comerá…todo *á* que os fructifica en el 6086
10.15 consumió toda…todo el fruto de los *á* 6086
10.15 no quedó cosa verde en *á* ni en hierba 6086
15.25 le mostró un *á*; y lo echó en las aguas 6086
Lv 19.23 y plantéis toda clase de *á* frutales 6086
23.40 tomaréis…ramas con fruto de *á* hermoso 6086
23.40 ramas de *á* frondosos, y sauces de los 6086
26.4 yo daré…y el *á* del campo dará su fruto 6086
26.20 los *á* de la tierra no darán su fruto 6086
27.30 como del fruto de los *á*, de Jehová es 6086
Nm 13.20 el terreno, si es…si en él hay *á* o no 6086
Dt 12.2 collados…y debajo de todo *á* frondoso 6086
16.21 no plantarás ningún *á* para Asera cerca 6086
20.19 no destruirás sus *á* metiendo hacha en 6086
20.19 el *á* del campo no es hombre para venir 6086
20.20 mas el *á* que sepas que no lleva fruto 6086
22.6 encuentres…algún nido…en cualquier *á* 6086
Jue 9.8 fueron una vez los *á* a elegir rey sobre 6086
9.9,11,13 para ir a ser grande sobre los *á*? 6086
9.10,12,14 dijeron los *á* a…reina sobre nosotros 6086
9.15 la zarza respondió a los *á*: Si en verdad 6086
9.48 tomó Abimelec…cortó una rama de los *á* 6086
1 S 31.13 sepultaron debajo de un *á* en Jabes 815
1 R 4.33 disertó sobre los *á*, desde el cedro 6086
14.23 collado alto y debajo de todo *á* frondoso 6086
2 R 3.19 talaréis todo buen *á*, cegaréis todas 6086
3.25 aguas, y derribaron todos los buenos *á* 6086
6.5 uno derribaba un *á*, se le cayó el hacha
16.4 y quemó incienso en los…debajo de todo *á* 6086
17.10 estatuas…y debajo de todo *á* frondoso 6086
1 Cr 16.33 cantarán los *á* de…delante de Jehová 6086
2 Cr 28.4 sacrificó…debajo de todo *á* frondoso 6086
Neh 8.15 traed ramas de…y de todo *á* frondoso 6086
9.25 heredaron…y muchos *á* frutales; comieron 6086
10.35 primicias de nuestra tierra…de todo *á* 6086
10.37 y del fruto de todo *a*, y del vino y del 6086
Job 8.16 a manera de un *á* está verde delante del
14.7 si el *á* fuere cortado, aún queda de él 6086
19.10 pasar mi esperanza como *á* arrancado 6086
24.20 como un *á* los impíos serán quebrantados 6086
40.22 los *á* sombríos lo cubren con su sombra 6628
Sal 1.3 será como *á* plantado junto a…de aguas 6086
96.12 los *á* del bosque rebosarán de contento 6086
104.16 se llenan de savia los *á* de Jehová, los 6086
105.33 viñas…y quebró los *á* de su territorio 6086
148.9 montes…el *á* de fruto y todos los cedros 6086
Pr 3.18 *á* de vida a los que de ella echan mano 6086
11.30 el fruto del justo es *á* de vida; y el 6086
13.12 pero *á* de vida es el deseo cumplido 6086
15.4 la lengua apacible es *á* de vida; mas la 6086
Ec 2.5 hice…y planté en ellas *á* de todo fruto 6086
2.6 para regar de ellos…donde crecían los *á* 6086
11.3 si el *á* cayere al sur, o al norte, en el 6086
11.3 en el lugar que el *á* cayere, allí quedará 6086
Cnt 2.3 el manzano entre los *á* silvestres, así 6086
4.14 con todos los *á* de incienso; mirra y áloes 6086
Is 7.2 estremecen los *á* del monte a causa del 6086
10.19 y los *á* que queden en su bosque serán en 6086
10.33 los *á* de gran altura serán cortados, y los
44.14 encina, que crecen entre los *á* del bosque 6086
44.19 me postraré delante de un tronco de *á*? 6086
44.23 y todo *á* que en él está; porque Jehová 6086
55.12 todos los *á* del campo darán palmadas de 6086
56.3 ni diga el eunuco: He aquí yo soy *á* seco 6086
57.5 debajo de todo *á*…sacrificáis los hijos 6086
61.3 serán llamados *á* de justicia, plantío de 352
65.22 según los días de los *á* serán los días 6086
Jer 2.20 debajo de todo *á* frondoso te echabas 6086
3.6 monte alto y debajo de todo *á* frondoso, y 6086
3.13 fornicaste con…debajo de todo *á* frondoso 6086
6.6 cortad *á*, y levantad vallado…Jerusalén 6097
7.20 furor y mi ira se derramarán…sobre los *á* 6086
11.19 diciendo: Destruyamos el *á* con su fruto 6086
17.2 imágenes de Asera…están junto a los *á* 6086
17.8 será como el *á* plantado junto a las aguas 6086
Ez 6.13 debajo de todo *á* frondoso y debajo de 6086
15.2 es el sarmiento entre los *á* del bosque? 6086
15.6 como la madera de la vid entre los *á* del 6086
17.24 sabrán todos los *á*…yo Jehová abatí el *á* 6086
17.24 yo…levanté el *á* bajo, hice secar el *á* 6086
17.24 e hice reverdecer el *á* seco. Yo Jehová 6086
20.28 miraron a…y a todo *á* frondoso, y allí 6086
20.47 consumirá en ti todo *á* verde y…*á* seco 6086
31.4 y a todos los *á* del campo enviaba sus 6086
31.5 su altura sobre todos los *á* del campo 6086
31.8 ningún *á* en el huerto…fue semejante a él 6086
31.9 los *á* del Edén que…tuvieron de él envidia 6086
31.14 no se exalten en su altura todos los *á* 6086
31.15 y todos los *á* del campo se desmayaron 6086
31.16 los *á* escogidos del Edén, y los mejores 6086
31.18 ¿a quién te has…entre los *á* del Edén? 6086
31.18 derribado serás con los *á* del Edén en lo 6086
34.27 *á* del campo dará su fruto, y la tierra 6086
36.30 multiplicaré asimismo el fruto de los *á* 6086
47.7 en la ribera del río había muchísimos *á* 6086
47.12 crecerá toda clase de *á* frutales; sus 6086
Dn 4.10 me parecía ver…un *á*, cuya altura era 363
4.11 crecía este *á*, y se hacía fuerte, y su 363
4.14 decía…Derribad el *á*, y cortad sus ramas 363
4.20 *á* que viste, que crecía y se hacía fuerte 363
4.23 cortad el *á* y destruidlo; mas la cepa de 363
4.26 dejar…la cepa de las raíces del mismo *á* 363
Jl 1.12 los *á* del campo se secaron, por lo cual 6086
1.19 y llama abrasó todos los *á* del campo 6086
2.22 los *á* llevarán su fruto, la higuera y la 6086
Hag 2.19 ni el *á* de olivo ha florecido todavía 6086
Zac 11.2 porque los *á* magníficos son derribados 1265
Mt 3.10 el hacha está puesta a la raíz de los *á* *1186*
3.10 todo *á* que no da buen fruto es cortado *1186*
7.17 **así todo buen *á* da buenos frutos, pero el** *1186*
7.17 **frutos, pero el *á* malo da frutos malos** *1186*
7.18 **no puede el buen *á* dar…ni el *á* malo dar** *1186*
7.19 **todo *á* que no da buen fruto, es cortado** *1186*
12.33 **o haced el *á* bueno, y…o haced el *á* malo** *1186*
12.33 **malo; porque por el fruto se conoce el *á*** *1186*
13.32 **se hace *á*, de tal manera que vienen las** *1186*
21.8 cortaban ramas de los *á*, y las tendían *1186*
Mr 8.24 dijo: Veo los hombres como *á*, pero los *1186*
11.8 cortaban ramas de los *á*, y las tendían *1186*
Lc 3.9 el hacha está puesta a la raíz de los *á* *1186*
3.9 todo *á* que no da buen fruto se corta y se *1186*
6.43 **no es buen *á* el que da malos frutos, ni** *1186*
6.43 **no es…ni *á* malo el que da buen fruto** *1186*
6.44 **porque cada *á* se conoce por su fruto** *1186*
13.19 **creció, y se hizo *á* grande, y las aves** *1186*
19.4 corriendo delante, subió a un *á* sicómoro *4809*
21.29 **les dijo…Mirad la higuera y todos los *á*** *1186*
23.31 **si en el *á* verde hacen estas cosas, ¿en** *3586*
Jud 12 *á* otoñales, sin fruto, 2 veces muertos *1186*
Ap 2.7 **daré a comer del *á* de la vida, el cual** *3586*
7.1 no soplase viento alguno…sobre ningún *á* *1186*
7.3 no hagáis daño a la tierra, ni…ni a los *á* *1186*
8.7 la tercera parte de los *á* se quemó, y se *1186*
9.4 se les mandó que no dañasen…a ningún *á* *1186*
22.2 y en medio de la calle…el *á* de la vida *3586*
22.2 las hojas del *á* eran para la sanidad de *3586*
22.14 para tener derecho al *á* de la vida, y *3586*

ARBOLEDA
Dt 28.42 tu *á* y el fruto de…serán consumidos 6086

ARBUSTO
Gn 21.15 y echó al muchacho debajo de un *a* 7880
Job 30.4 recogían malvas entre los *a*, y raíces 7880

ARCA
Gn 6.14 hazte un *a* de…harás aposentos en el *a* 8392
6.15 de trescientos codos la longitud del *a* 8392
6.16 una ventana harás al *a*…la puerta del *a* 8392
6.18 y entrarás en el *a* tú, tus hijos…mujer 8392
6.19 dos de cada especie meterás en el *a*, para 8392
7.1 a Noé: Entra tú y toda tu casa en el *a* 8392
7.7 entró Noé al *a*, y con él sus hijos…mujer 8392
7.9 de dos en dos entraron con Noé en el *a* 8392
7.13 entraron Noé, y Sem, Cam…con él en el *a* 8392
7.15 vinieron, pues, con Noé al *a*, de dos en 8392
7.17 las aguas crecieron, y alzaron el *a*, y se 8392
7.18 flotaba el *a* sobre la superficie de las 8392
7.23 Noé, y los que con él estaban en el *a* 8392
8.1 las bestias que estaban con él en el *a* 8392
8.4 y reposó el *a* en el mes séptimo, a los 17 8392
8.6 abrió Noé la ventana del *a* que había hecho 8392
8.9 y no halló la paloma…y volvió a él al *a* 8392
8.9 su mano, y…la hizo entrar consigo en el *a* 8392
8.10 volvió a enviar la paloma fuera del *a* 8392
8.13 quitó Noé la cubierta del *a*, y miró, y he 8392
8.16 sal del *a* tú, y tu mujer, y tus hijos 8392
8.19 ave…según sus especies, salieron del *a* 8392
9.10 todos los que salieron del *a* hasta todo 8392
9.18 y los hijos de Noé que salieron del *a* 8392
Éx 25.10 también un *a* de madera de acacia, cuya 727
25.14 y meterás las varas…a los lados del *a* 727
25.15 las varas quedarán en los anillos del *a* 727
25.16 pondrás en el *a* el testimonio que yo te 727
25.21 y pondrás el propiciatorio encima del *a* 727
25.21 en el *a* pondrás el testimonio que yo te 727
25.22 los dos querubines que están sobre el *a* 727
26.33 meterás…adentro, el *a* del testimonio 727
26.34 pondrás el propiciatorio sobre el *a* del 727
30.6 delante del velo que está junto al *a* del 727
30.26 con él ungirás el…el *a* del testimonio 727
31.7 el *a* del testimonio, el propiciatorio que 727
35.12 el *a* y sus varas, el propiciatorio, el 727
37.1 hizo…Bezaleel el *a* de madera de acacia 727
37.5 anillos a los lados del *a*, para llevar el *a* 727
39.35 el *a* del testimonio y sus varas, el 727
40.3 pondrás en él el *a* del testimonio, y la 727
40.5 y pondrás el altar de oro…delante del *a* 727
40.20 el testimonio, y lo puso dentro del *a* 727
40.20 y colocó las varas en el *a*, y encima el 727
40.20 y encima el propiciatorio sobre el *a* 727
40.21 metió el *a*…ocultó el *a* del testimonio 727
Lv 16.2 del propiciatorio que está sobre el *a* 727
Nm 3.31 a cargo de ellos estarán el *a*, la mesa 727
4.5 velo…cubrirán con él el *a* del testimonio 727
7.89 del propiciatorio que estaba sobre el *a* 727
10.33 el *a* del pacto de…fue delante de ellos 727
10.35 cuando el *a* se movía, Moisés decía 727
14.44 pero el *a*…y Moisés, no se apartaron de 727
Dt 10.1 sube…al monte, y hazte un *a* de madera 727
10.2 en aquellas tablas…las pondrás en el *a* 727
10.3 hice un *a*…y labré dos tablas de piedra 727
10.5 puse las tablas en el *a* que había hecho 727
10.8 de Leví para que llevase el *a* del pacto 727
31.9 sacerdotes…que llevaban el *a* del pacto 727
31.25 Moisés a los levitas que llevaban el *a* 727
31.26 ley, y ponedlo al lado del *a* del pacto 727
Jos 3.3 cuando veáis el *a* del pacto de Jehová 727
3.6 tomad el *a* del pacto…ellos tomaron el *a* 727
3.8 mandarás a los…que llevan el *a* del pacto 727
3.11 *a* del pacto del Señor de toda la tierra 727
3.13 pies de los sacerdotes que llevan el *a* 727
3.14 los sacerdotes…llevando el *a* del pacto 727
3.15 cuando los que llevaban el *a* entraron en 727
3.15 pies de los sacerdotes que llevaban el *a* 727
3.17 llevaban el *a* del pacto…en seco, firmes 727
4.5 pasad delante del *a* de Jehová vuestro Dios 727
4.7 las aguas…fueron divididas delante del *a* 727
4.9 pies de los…que llevaban el *a* del pacto 727
4.10 que llevaban el *a* se pararon en medio del 727
4.11 pasó el *a* de Jehová, y los sacerdotes, en 727
4.16 manda a los sacerdotes que llevan el *a* 727
4.18 sacerdotes que llevaban el *a* del pacto de 727
6.4 llevarán siete bocinas de…delante del *a* 727
6.6 Josué…les dijo: Llevad el *a* del pacto 727
6.6 lleven bocinas…delante del *a* de Jehová 727
6.7 que están armados pasarán delante del *a* 727
6.8 pasaron delante del *a*…y el *a*…les seguía 727
6.9 y la retaguardia iba tras el *a*, mientras 727
6.11 hizo que el *a* de Jehová diera una vuelta 727
6.12 y los sacerdotes tomaron el *a* de Jehová 727
6.13 los siete sacerdotes…fueron delante del *a* 727

6.13 y la retaguardia iba tras el *a* de Jehová........727
7.6 sobre su rostro delante del *a* de Jehová..........727
8.33 estaba de pie a uno y otro lado del *a*...........727
8.33 levitas que llevaban el *a* del pacto de...........727
Jue 20.27 el *a* del pacto de Dios estaba allí en.........727
1 S 3.3 durmiendo...donde estaba el *a* de Dios.........727
4.3 traigamos a nosotros de Silo el *a* del pacto......727
4.4 trajeron de...el *a*...estaban allí con el *a*.........727
4.5 cuando el *a*...Jehová llegó al campamento......727
4.6 que el *a* de Jehová había sido traída al..........727
4.11 el *a* de Dios fue tomada, y muertos los..........727
4.13 estaba temblando por causa del *a* de Dios......727
4.17 muertos, y el *a* de Dios ha sido tomada.........727
4.18 cuando él hizo mención del *a* de Dios, Elí.......727
4.19 rumor que el *a* de Dios había sido tomada......727
4.21 por haber sido tomada el *a* de Dios, y por......727
4.22 dijo...porque ha sido tomada el *a* de Dios......727
5.1 los filisteos capturaron el *a* de Dios, la...........727
5.2 tomaron los filisteos el *a* de Dios, y la...........727
5.3 Dagón postrado...delante del *a* de Jehová.......727
5.4 caído postrado...delante del *a* de Jehová.......727
5.7 no quede con nosotros el *a* del Dios de...........727
5.8 ¿qué haremos del *a*...pásese el *a* del...a Gat....727
5.8 y pasaron allá el *a* del Dios de Israel............727
5.10 el *a* de Dios a Ecrón. Y cuando el *a* de............727
5.10 han pasado a nosotros el *a* del Dios de.........727
5.11 enviad el *a* del Dios de Israel...a su lugar......727
6.1 estuvo el *a* de Jehová en la tierra de los.........727
6.2 ¿qué haremos del *a* de Jehová? Hacednos.......727
6.3 si enviáis el *a* del...no la enviéis vacía...........727
6.8 tomaréis el *a* de Jehová, y la pondréis...........727
6.11 pusieron el *a* de Jehová sobre el carro.........727
6.13 segaban...y alzando los ojos vieron el *a*........727
6.15 los levitas bajaron el *a* de Jehová, y la..........727
6.18 sobre la cual pusieron el *a* de Jehová.........727
6.19 porque habían mirado dentro...*a* de Jehová...727
6.21 los filisteos han devuelto el *a* de Jehová........727
7.1 el *a*...y la pusieron en casa de Abinadab........727
7.1 Eleazar...para que guardase el *a* de Jehová.....727
7.2 el día que llegó el *a* a Quiriat-jearim.............727
14.18 trae el *a*...porque el *a* de Dios estaba.........727
2 S 6.2 para hacer pasar de allí el *a* de Dios...........727
6.3 pusieron el *a* de Dios sobre un carro nuevo......727
6.4 con el *a* de Dios, Ahío iba delante del *a*..........727
6.6 Uza extendió su mano al *a* de Dios, y la...........727
6.7 Uza...cayó allí muerto junto al *a* de Dios........727
6.9 ¿cómo ha de venir a mí el *a* de Jehová?..........727
6.10 que David no quiso traer para sí el *a* de.........727
6.11 y estuvo el *a* de...en casa de Obed-edom.........727
6.12 ha bendecido la...a causa del *a* de Dios.........727
6.12 fue, y llevó con alegría el *a* de Dios.............727
6.13 y cuando los que llevaban el *a* de Dios............727
6.15 David y toda la...conducían el *a* de Jehová.....727
6.16 el *a* de Jehová llegó a la ciudad de David.......727
6.17 metieron, pues, el *a* de Jehová...su lugar.......727
7.2 en casa...y el *a* de Dios está entre cortinas......727
11.11 *a* e Israel y Judá están bajo tiendas, y.........727
15.24 llevaban el *a*...asentaron el *a* del pacto.......727
15.25 vuelve el *a* de Dios a la ciudad. Si yo..........727
15.29 Sadoc y Abiatar volvieron el *a* de Dios a......727
1 R 2.26 has llevado el *a* de Jehová el Señor............727
3.15 y se presentó delante del *a* del pacto de.........727
6.19 para poner allí el *a* del pacto de Jehová........727
8.1 para traer el *a* del...de la ciudad de David......727
8.3 vinieron...y los sacerdotes tomaron el *a*..........727
8.4 y llevaron el *a* de...y el tabernáculo de............727
8.5 rey Salomón...estaban con él delante del *a*......727
8.6 metieron el *a* del pacto de...en su lugar..........727
8.7 extendidas las alas sobre el lugar del *a*..........727
8.7 así cubrían...el *a* y sus varas por encima........727
8.9 en el *a* ninguna cosa había sino las dos..........727
8.21 y he puesto en ella lugar para el *a*, en..........727
2 R 12.9 Joiada tomó un *a* e hizo...un agujero..........727
12.10 veían que había mucho dinero en el *a*..........727
1 Cr 6.31 la casa...después que el *a* tuvo reposo........727
13.3 y traigamos el *a* de...Dios a nosotros............727
13.5 reunió...para que trajesen el *a* de Dios de......727
13.6 para pasar de allí el *a* de Jehová Dios..........727
13.7 y llevaron el *a* de Dios de la...en un carro......727
13.9 Uza extendió su mano al *a* para sostenerlo.....727
13.10 lo hirió...había extendido su mano al *a*..........727
13.12 dijo: ¿Cómo he de traer a mi casa el *a*..........727
13.13 y no trajo David el *a* a su casa en la............727
13.14 y el *a* de Dios estuvo con la familia de..........727
15.1 hizo David...y arregló un lugar para el *a*........727
15.2 el *a* de Dios no debe ser llevada sino por.........727
15.2 ha elegido Jehová para que lleven el *a* de......727
15.3 para que pasasen el *a* de Jehová a su lugar....727
15.12 pasad el *a* de Jehová Dios de Israel al.........727
15.14 se santificaron para traer el *a* de Jehová......727
15.15 los hijos de los levitas trajeron el *a*............727
15.23 Berequías y Elcana eran porteros del *a*.......727
15.24 las trompetas delante del *a* de Dios.............727
15.24 Obed-edom y Jehías eran...porteros del *a*.....727
15.25 fueron a traer el *a* del pacto de Jehová........727
15.26 ayudando Dios a los...que llevaban el *a*........727
15.27 todos los levitas que llevaban el *a*.............727
15.28 de esta manera llevaba todo Israel el *a*........727
15.29 *a* del pacto...llegó a la ciudad de David.......727
16.1 trajeron el *a* de Dios, y la pusieron en..........727
16.4 delante del *a*...ministros de los levitas.........727
16.6 sonaban...las trompetas delante del *a* del.......727
16.37 dejó allí, delante del *a*...a Asaf y a sus.........727
16.37 para que ministrasen de...delante del *a*.........727
17.1 y el *a* del pacto de...debajo de cortinas.........727
22.19 para traer el *a* del pacto de Jehová, y..........727
28.2 casa en la cual reposara el *a* del pacto.........727
28.18 con las alas extendidas cubrían el *a* del.......727
2 Cr 1.4 pero David había traído el *a* de Dios...........727
5.2 que trajesen el *a* del pacto de Jehová de.........727
5.4 vinieron pues...y los levitas tomaron el *a*........727
5.5 llevaron el *a*, y el tabernáculo de reunión........727
5.6 que se había reunido con él delante del *a*........727
5.7 metieron el *a* del pacto de Jehová en su.........727
5.8 extendían las alas sobre el lugar del *a*..........727
5.8 los querubines cubrían por encima así el *a*......727
5.9 se viesen las cabezas de las barras del *a*........727
5.10 en el *a* no había más que las dos tablas.........727
6.11 en ella he puesto el *a*, en la cual está...........727
6.41 para habitar en tu reposo, tú y el *a* de..........727
8.11 ha entrado el *a* de Jehová, son sagradas.......727
24.8 mandó, pues, el rey que hiciesen un *a*, la.......727
24.10 y las echaron en el *a* hasta llenarla............727
24.11 para llevar el *a* al secretario del rey...........727
24.11 y llevaban el *a*, y la vaciaban, y la.............727
35.3 poned el *a* santa en la casa que edificó.........727
Sal 132.8 levántate, oh...tú y el *a* de tu poder...........727
Jer 3.16 no se dirá más; *A* del pacto de Jehová.........727
Mt 24.38 **hasta el día en que Noé entró en el *a***........*2787*
Mr 12.41 sentado delante del *a* de la ofrenda...........*1049*
12.41 cómo el pueblo echaba dinero en el *a*..........*1049*
12.43 **esta viuda...echó más que todos...en el *a***.....*1049*
Lc 17.27 **hasta el día en que entró Noé en el *a***.........*2787*
21.1 ricos que echaban sus ofrendas en el *a*..........*1049*
He 9.4 el *a* del pacto cubierta de oro por todas.........*2787*
11.7 por la fe Noé...con temor preparó el *a* en.....*2787*
1 P 3.20 Noé, mientras se preparaba el *a*, en la.........*2787*
Ap 11.19 el *a* de su pacto se veía en el templo...........*2787*

ARCÁNGEL

1 Ts 4.16 con voz de *a*, y con trompeta de Dios...........*743*
Jud 9 pero cuando el *a* Miguel contendía con el.........*743*

ARCHIVO

Esd 6.1 la orden de buscar en la casa de los *a*.........5609

ARCILLOSO, A

1 R 7.46 todo lo hizo fundir el rey...en tierra *a*........4568
2 Cr 4.17 los fundió el rey...en tierra *a* entre...........4568

ARCO

Gn 9.13 mi *a* he puesto en las nubes, el cual...........7198
9.14 se dejará ver entonces mi *a* en las nubes......7198
9.16 estará el *a* en las nubes, y lo verá, y...........7198
21.16 enfrente, a distancia de un tiro de *a*............7198
21.20 el muchacho...creció...y fue tirador de *a*....7198
27.3 toma...tu aljaba y tu *a*, y sal al campo..........7198
48.22 tomé yo de...con mi espada y con mi *a*.......7198
49.24 su *a* se mantuvo poderoso, y los brazos........7198
Jos 24.12 tábanos...no con tu espada, ni con tu *a*......7198
1 S 2.4 los *a* de los fuertes fueron quebrados..........7198
18.4 se lo dio a David...su *a* y su talabarte..........7198
2 S 1.22 el *a* de Jonatán no volvía atrás, ni la...........7198
22.35 se doble el *a* de bronce con mis brazos.......7198
1 R 22.34 disparó su *a* a la ventura e hirió al...........7198
2 R 6.22 a los que tomaste cautivos...con tu *a*..........7198
9.24 pero Jehová entesó su *a*, e hirió a Joram.......7198
13.15 toma un *a* y unas...tomó él entonces un *a*.....7198
13.16 Eliseo al rey...Pon tu mano sobre el *a*..........7198
13.16 y puso él su mano sobre el *a*. Entonces.........7198
1 Cr 5.18 hombres valientes...que entesaban *a*.........7198
12.2 estaban armados de *a*, y...saetas con *a*........7198
2 Cr 14.8 entesaban *a*, todos hombres diestros..........7198
17.17 y con él 200.000 armados de *a* y escudo.......7198
18.33 mas disparando uno el *a* a la ventura.........7198
26.14 y Uzías preparó...*a*, y hondas para tirar.......7198
Neh 4.13 puse al pueblo por familias, con...*a*...........7198
4.16 la otra mitad tenía lanzas, escudos, *a*..........7198
Job 20.24 huirá...el *a* de bronce le atravesará...........7198
29.20 en mí, y mi *a* se fortalecía en mi mano.........7198
Sal 7.12 armado tiene...su *a*, y lo ha preparado.........7198
11.2 malos tienden el *a*, disponen sus saetas........7198
18.34 entesar con mis brazos el *a* de bronce..........7198
37.14 impíos...entesan su *a*, para derribar al........7198
37.15 su espada entrará...y su *a* será quebrado.....7198
44.6 no confiaré en mi *a*, ni mi espada me...........7198
46.9 quiebra el *a*, corta la lanza, y quema...........7198
76.3 allí quebró las saetas del *a*, el escudo.........7198
78.57 sino que...se volvieron como *a* engañoso.....7198
Is 5.28 estarán afiladas, y...sus *a* entesados...........7198
7.24 con saetas y *a* irán allá, porque toda...........7198
13.18 con *a* tirarán a los niños, y no tendrán.........7198
21.15 ante el *a* entesado, ante el peso de la..........7198
22.3 todos tus príncipes juntos huyeron del *a*........7198
41.2 polvo, como hojarasca que su *a* arrebata?......7198
66.19 a Fut y Lud que disparan *a*, a Tubal y..........7198
Jer 6.23 *a* y jabalina empuñarán; crueles son...........7198
9.3 que su lengua lanzará mentira como un *a*........7198
46.9 Put...y los de Lud que toman y entesan *a*......7198
49.35 yo quiebro el *a* de Elam...su fortaleza..........7198
50.14 poneos en orden...todos los que entesáis *a*...7198
50.29 haced juntar...todos los que entesan *a*........7198
50.42 *a* y lanza manejarán; serán crueles, y..........7198
51.3 diré al flechero que entesa su *a*, y al que.......7198
51.56 el *a* de ellos fue quebrado, porque Jehová....7198
Lm 2.4 entesó su *a* como enemigo, afirmó...mano......7198
3.12 entesó su *a*, y me puso como blanco para.......7198
Ez 1.28 como parece el *a* iris que está en las..........7198
39.3 y sacaré tu *a* de tu mano izquierda, y...........7198
39.9 y quemarán...*a* y saetas, dardos de mano y...7198
40.21 postes y sus *a* eran como la medida de la......361
40.22 sus *a* y sus palmeras eran conforme a la.......361
40.22 subía...y delante de ellas estaban sus *a*........361
40.24,29,33 y sus *a* conforme a estas medidas.........361
40.25,29,33 sus ventanas y sus *a* alrededor............361
40.26 sus gradas...con sus *a* delante de ellas........361
40.30 *a*...eran de veinticinco codos de largo..........361
40.31,34 y sus *a* caían afuera al atrio, con............361
40.36 postes, sus *a* y sus ventanas alrededor.........361
Os 1.5 en aquel día quebraré yo el *a* de Israel.........7198
1.7 no los salvaré con *a*, ni con espada, ni..........7198
2.18 quitaré de la tierra *a* y espada y guerra........7198
7.16 como *a* engañoso; cayeron sus príncipes......7198
Am 2.15 el que maneja el *a* no resistirá, ni.............7198
Hab 3.9 se descubrió enteramente tu *a*; los.............7198
Zac 9.10 y los *a* de guerra serán quebrados...........7198
9.13 entesado para mí a Judá como *a*, e hice.......7198
10.4 de él saldrá la piedra...el *a* de guerra..........7198
Ap 4.3 y había alrededor del trono un *a* iris...........*2463*
6.2 el que lo montaba tenía un *a*; y le fue..........*5115*
10.1 a otro ángel...el *a* iris sobre su cabeza.........*2463*

ARD *Descendiente de Benjamín*, Gn 46.21; Nm 26.40...................................714

ARDER

Éx 3.2 vio que la zarza *ardía* en fuego, y la............1197
27.20 aceite...para hacer *arder*...las lámparas....2720
27.21 para que *ardan* delante de Jehová desde
29.25 lo harás *arder* en el altar, sobre el...........6999
32.19 vio el becerro...*ardió* la ira de Moisés.......2734
Lv 1.9 el sacerdote hará *arder* todo sobre el.........6999
1.13 lavará...y lo hará *arder* sobre el altar..........6999
1.15 hará que *arda* en el altar, y su sangre..........6999
1.17; 2.2,9 lo hará *arder* sobre el altar.............6999
2.16 el sacerdote hará *arder* el memorial de.......6999
3.5 los hijos de Aarón harán *arder* esto en el.......6999
3.11,16 el sacerdote hará *arder* esto sobre.........6999
4.10,19,31 lo hará *arder* sobre el altar..............6999
4.35 hará *arder* en el altar sobre la ofrenda.........6999
5.12 y la hará *arder* en el altar sobre las............6999
6.9 la noche...el fuego del altar *arderá* en él.......4169
6.13 fuego *arderá* continuamente en el altar.......3344
6.15; 7.5 lo hará *arder* sobre el altar.................6999
7.31 la grosura la hará *arder* el sacerdote...........6999
8.16 y lo hizo *arder* Moisés sobre el altar............6999
8.20 Moisés hizo *arder* la cabeza, y...trozos........6999
8.28 *arder* en el altar sobre el holocausto............6999
9.10 e hizo *arder* sobre el altar la grosura...........6999
24.2 hacer *arder* las lámparas continuamente.....5927
Nm 11.1 y *ardió* su ira, y se encendió en ellos.........1197
19.6 lo echará en...fuego en que *arde* la vaca......8316
Dt 4.11 el monte *ardía* en fuego hasta en medio.......1197
5.23 y visteis al monte, que...*ardía* en fuego.......1197
9.15 y descendí del monte, el...*ardía* en fuego......1197
32.22 *arderá* hasta las profundidades del Seol.....3344
Jue 7.16 cantaros vacíos con teas *ardiendo*............3940
2 Cr 13.11 lámparas para que *ardan* cada tarde.......1197
Job 19.11 hizo *arder* contra mí su furor, y me.........2734
30.30 mi piel...se me cae, y mis huesos *arden*.......2787
Sal 79.5 ¿hasta...¿*Arderá* como fuego tu celo?.........1197
89.46 ¿hasta...¿*arderá* tu ira como el fuego?.........1197
Pr 6.27 fuego en...sin que sus vestidos *ardan*?........8313
Is 43.2 no te quemarás...ni la llama *arderá* en.........1197
65.5 éstos son...fuego que *arde* todo el día..........3344
Jer 15.14 en mi furor, y *arderá* sobre vosotros..........3344
17.4 en mi furor, que para siempre *arderá*...........3344
36.22 había un brasero *ardiendo* delante de él.....1197
Dn 3.6,11 dentro de un horno de fuego *ardiendo*......3345
3.15 echados en...un horno de fuego *ardiendo*.......3345
3.17 librarnos del horno de fuego *ardiendo*..........3345
3.20 echarlos en el horno de fuego *ardiendo*.........3345
3.21,23 dentro del horno de fuego *ardiendo*.........3345
3.26 acercó a la puerta del horno...*ardiendo*.........3345
Os 7.7 ellos *arden* como un horno, y devoraron........3605
Zac 12.6 como antorcha *ardiendo* entre gavillas.......784
Lc 24.32 ¿no *ardía* nuestro corazón en nosotros.........*2545*
Jn 5.35 **él era antorcha que *ardía* y alumbraba**........*2545*
15.6 **las recogen...echan en el fuego, y *arden***.......*2545*
He 12.18 al monte que se...que *ardía* en fuego.........*2545*
Stg 4.2 *ardéis* de envidia, y no...alcanzar..............*2206*
2 P 3.10 los elementos *ardiendo* serán deshechos.......*2741*
Ap 4.5 delante del trono *ardían* siete lámparas.........*2545*
8.8 una gran montaña *ardiendo* en fuego fue.......*2545*
8.10 cayó...una gran estrella, *ardiendo* como.......*2545*
19.20 dentro de un lago de fuego que *arde* con.....*2545*
21.8 tendrán su parte en el lago que *arde* con.......*2545*

ARDID

Nm 25.18 os afligieron a vosotros con sus *a*............5231

ARDIENTE

Nm 21.6 serpientes *a*, que mordían al pueblo.........8314
21.8 una serpiente *a*, y ponla sobre una asta........8314
Dt 8.15 por un desierto...lleno de serpientes *a*........8314
32.24 devorados de fiebre *a* y de peste amarga.....7565
2 S 22.13 resplandor...encendieron carbones *a*.........1197
Sal 7.13 ha preparado...y ha labrado saetas *a*
18.12 sus nubes pasaron; granizo y carbones *a*.......784
Is 34.9 se convertirán...y su tierra en brea *a*.........1197
Jer 12.13 se avergonzarán...a causa de la *a* ira........2740
20.9 había en mi corazón como un fuego *a*...........1197
Lm 1.12 ha angustiado en el día de su *a* furor..........2740
Dn 7.9 trono...y las ruedas del mismo, fuego *a*.........5135
Mal 4.1 he aquí, viene el día *a* como un horno.........1197
Ro 8.19 porque el anhelo *a* de la creación es.........*603*
2 Co 7.11 qué temor, qué *a* afecto, qué celo............*1972*

ARDIENTEMENTE

Sal 84.2 anhela mi alma y aun *a* desea
Jud 3 exhortándoos que...*a* por la fe......................*1864*

ARDITA *Descendiente de Ard*, Nm 26.40 716

ARDÓN *Descendiente de Caleb*, 1 Cr 2.18 715

ARDOR
Gn 31.36 que con tanto a hayas venido en mi 1814
Éx 32.12 vuélvete del a de tu ira... este mal 2740
Nm 25.4 el a de la ira de Jehová se apartará 2740
Dt 13.17 que Jehová se aparte del a de su ira 2740
28.22 te herirá de tisis... de a, con sequía 2746
29.24 ¿qué significa el a de esta gran ira? 2750
Jos 7.26 y Jehová se volvió del a de su ira 2740
1 S 28.18 ni cumpliste el a de su ira contra 2740
2 R 23.26 Jehová no desistió del a... gran ira 2740
2 Cr 28.13 grande... a de la ira contra Israel 2740
29.10 que aparte de nosotros el a de su ira 2740
30.8 el a de su ira se apartará de vosotros 2740
Esd 10.14 hasta que apartemos... el a de la ira 2740
Job 20.23 Dios enviará sobre él el a de su ira 2740
40.11 derrama el a de tu ira; mira a todo 5678
Sal 38.7 mis lomos están llenos de a, y nada 7033
78.49 envió sobre ellos el a de su ira; enojo 2740
85.3 tu enojo; te apartaste del a de tu ira 2740
Is 7.4 por el a de la ira de Rezín y de Siria 2750
10.16 encenderá una hoguera como a de fuego 3345
13.9 terrible, y de indignación y a de ira 2740
13.13 se moverá... en el día del a de su ira 2740
42.25 tanto, derramó sobre él el a de su ira 2534
Jer 2.24 asna... que en su a olfatea el viento
4.26 eran asoladas... delante del a de su ira 2740
25.37 serán destruidos por el a de la ira de 2740
30.24 no se calmará el a de la ira de Jehová 2740
49.37 traeré sobre ellos mal... el a de mi ira 2740
51.45 salvad cada uno su vida del a de la ira 2740
Lm 2.3 cortó con el a de su ira todo el poderío 2750
2.6 en el a de su ira ha desechado al rey y 2195
4.11 cumplió... su enojo derramó el a de su ira 2740
5.10 se ennegreció... a causa del a del hambre 2152
Ez 22.31 con el a de mi ira los consumí; hice 784
23.20 cuya lujuria es como el a carnal de los
Dn 11.25 despertará... a contra el rey del sur 3824
Os 11.9 ejecutaré el a de mi ira, ni volveré 2740
Jon 3.9 Dios, y se apartará del a de su ira 2740
Nah 1.6 ¿y quién quedará en pie en el a de su 2740
Sof 3.8 derramar sobre ellos... el a de mi ira 2740
Ap 16.19 darle el cáliz del vino del a de su *2372*

ARDUAMENTE
Ap 2.3 y **has trabajado a por amor de**

ARDUO
Ez 29.18 a su ejército prestar un a servicio 1419
Ap 2.2 **yo conozco... tu a trabajo y paciencia** *2873*

ARELI *Hijo de Gad No. 1*, Gn 46.16; Nm 26.17 692

ARELITA *Descendiente de Areli*, Nm 26.17 692

ARENA
Gn 22.17 como la a que está a la orilla del mar 2344
32.12 tu descendencia será como la a del mar 2344
41.49 recogió José trigo como a del mar 2344
Éx 2.12 mató al egipcio y lo escondió en la a 2344
Dt 33.19 y los tesoros escondidos de la a 2344
Jos 11.4 gente, como la a... a la orilla del mar 2344
Jue 7.12 sus camellos eran... como la a que está 2344
1 S 13.5 los filisteos... como la a que está a la 2344
2 S 17.11 en multitud como la a que está a la 2344
1 R 4.20 Judá e Israel eran muchos, como la a 2344
4.29 anchura de corazón como la a que está a 2344
Job 6.3 pesarían ahora más que la a del mar 2344
29.18 decía yo... como a multiplicaré mis días 2344
Sal 78.27 carne como polvo, como a del mar 2344
139.18 si los... se multiplican más que la a 2344
Pr 27.3 pesada es la piedra, y la a pesa; mas 2344
Is 10.22 tu pueblo... fuere como las a del mar 2344
48.19 fuera como la a tu descendencia, y los 2344
48.19 de tus entrañas como los granos de a 4579
Jer 5.22 ante mí, que puse a por término al mar 2344
15.8 viudas se me multiplicaron más que la a 2344
33.22 como... ni la a del mar se puede medir 2344
Os 1.10 el número de... Israel como la a del mar 2344
Hab 1.9 el terror... recogerá cautivos como a 2344
Mt 7.26 **insensato, que edificó su casa... la a** *285*
Ro 9.27 fuere el número de... Israel como la a *285*
He 11.12 como la a... está a la orilla del mar *285*
Ap 13.1 me paré sobre la a del mar, y vi subir *285*
20.8 el número de los cuales es como la a del *285*

ARENGAR
Hch 12.21 se sentó en el tribunal y les *arengó* *1215*

AREOPAGITA *Miembro del concilio del Areópago*
Hch 17.34 entre... cuales estaba Dionisio el a *698*

AREÓPAGO *Collado rocoso en Atenas donde se reunía un concilio*
Hch 17.19 trajeron al A, diciendo: ¿Podremos *697*
17.22 Pablo, puesto en pie en medio del A *697*

ARETAS *Rey de Nabatea*
2 Co 11.32 gobernador de... provincia del rey A *702*

ARFAD *Ciudad y estado en el norte de Siria*
2 R 18.34 ¿dónde está el dios de Hamat y de A? 774
19.13 ¿dónde está... el rey de A, y el rey de 774
Is 10.9 no es... Hamat como A, y Samaria como 774
36.19 dónde está el dios de Hamat y de A? 774
37.13 ¿dónde está el rey de... A, y el rey de 774
Jer 49.23 se confundieron Hamat y A, porque 774

ARFAXAD *Tercer hijo de Sem*, Gn 10.22,24; 11.10,11,12,13; 1 Cr 1.17,18,24 775
Lc 3.36 hijo de Cainán, hijo de A, hijo de *742*

ARGOB
1. Parte del territorio de Og rey de Basan, Dt 3.4,13,14; 1 R 4.13 709
2. Conspirador con Peka contra Pekaía, 2 R 15.25 709

ARGOL
Lv 11.22 esto comeréis... el a según su especie 2728

ARGOLLA
2 S 1.10 tomé la... y la a que traía en su brazo 685

ARGÜIR
Is 11.3 ni *argüirá* por lo que oigan sus oídos 3198
11.4 *argüirá* con equidad por los mansos de la 3198

ARGUMENTO
Job 13.6 y estad atentos a los a de mis labios 8433
23.4 expondría mi... y llenaría mi boca de a 8433
32.11 he escuchado vuestros a, en tanto que 8394
2 Co 10.5 derribando a, y toda altivez que se *3053*
1 Ti 6.20 a de la falsamente llamada ciencia *477*

ÁRIDA
Sal 63.1 en tierra seca y á donde no hay aguas 5889
Is 44.3 yo derramaré... y ríos sobre tierra á 6771

ARIDAI *Hijo de Amán*, Est 9.9 742

ARIDATA *Hijo de Amán*, Est 9.8 743

ARIDEZ
Ez 19.13 ahora está plantada... en tierra de... a 6723

ARIE *Conspirador con Peka contra Pekaía*, ... 745
2 R 15.25

ARIEL
1. Uno de los «hombres principales» despachados por Esdras, Esd 8.16 740
2. Voz poética por Jerusalén
Is 29.1 ¡ay de A, de A... donde habitó David! 740
Is 29.2 mas yo pondré a A en apretura, y será 740
29.2 desconsolada y triste; y será... como A 740
29.7 las naciones que pelean contra A, y todos 740

ARIETE
Jer 32.24 con a han acometido la ciudad para 5550
33.4 las casas... derribadas con a y con hachas 5550
Ez 4.2 campamento, y colocarás contra ella a 5550
21.22 orden... para poner a contra las puertas 5550
26.9 y pondrá contra ti a, contra tus muros 4239

ARIMATEA *Población de Judá*
Mt 27.57 un hombre rico de A, llamado José *707*
Mr 15.43 José de A... vino y entró osadamente a *707*
Lc 25.50 había un varón llamado Jose, de A *707*
Jn 19.38 José de A... rogó a Pilato... el cuerpo *707*

ARIOC
1. Rey de Elazar, Gn 14.1,9 746
2. Capitán de la guardia de Nabucodonosor
Dn 2.14 Daniel habló sabia y prudentemente a A 746
2.15 dijo a A capitán del rey: ¿Cuál es la 746
2.15 entonces A hizo saber a Daniel lo que 746
2.24 Daniel a A, al cual el rey había puesto 746
2.25 entonces A llevó... a Daniel ante el rey 746

ARISAI *Hijo de Amán*, Est 9.9 747

ARISTARCO *Compañero de Pablo*
Hch 19.29 teatro, arebatando a Gayo y a A *708*
20.4 le acompañaron hasta Asia... A y Segundo *708*
27.2 estando con nosotros A, macedonio de *708*
Col 4.10 A, mi compañero de prisiones, os *708*
Flm 24 A, Demas y Lucas, mis colaboradores *708*

ARISTÓBULO *Cabeza de una familia saludada por Pablo*, Ro 16.10 .... *711*

ARMA
Gn 27.3 toma... ahora tus a, tu aljaba y tu arco 3627
49.5 Simeón y Leví son... a de iniquidad sus a 3627
Dt 1.41 os armasteis cada uno... sus a de guerra 3627
23.13 tendrás tambien entre tus a una estaca 240
Jue 18.11 salieron de... armados de a de guerra 3627
18.16 armados de sus a de guerra a la entrada 3627
18.17 los 600 hombres armados de a de guerra 3627
1 S 8.12 pondrá... a que hagan sus a de guerra 3627
14.1 Jonatán... a su criado que le traía las a 3627
14.6 dijo, pues, Jonatán a su paje de a: Ven 3627
14.7 su paje de a le respondió: Haz todo lo 3627
14.12 y a su paje de a... dijo a su paje de a 3627
14.13 subió Jonatán... y tras él su paje de a 3627
14.13 su paje de a que iba tras él los mataba 3627
14.14 que hicieron Jonatán y su paje de a 3627
14.17 aquí que faltaba Jonatán y su paje de a 3627
16.21 le amó mucho, y le hizo su paje de a 3627
17.54 pero las a de él las puso en su tienda 3627
20.40 luego dio Jonatán sus a a su muchacho 3627
21.8 no tomó en mi mano mi espada ni mis a 3627
31.9 y le despojaron de las a; y enviaron 3627
31.10 pusieron sus a en el templo de Astarot 3627
2 S 1.27 ¡cómo han perecido las a de guerra! 3627
1 R 10.25 le llevaban... vestidos, a, especias 5402
20.11 se alabe tanto el que se ciñe las a
2 R 10.2 tienen... ciudad fortificada, y las a 5402
11.8 teniendo cada uno sus a en las manos 3627
11.11 teniendo cada uno sus a en sus manos 3627
20.13 Ezequías... les mostró... la casa de sus a 3627
1 Cr 7.40 entre los que podían tomar las a 6635
10.9 tomaron su cabeza y sus a, y enviaron 3627
10.10 y pusieron sus a en el templo de sus 3627
12.33 Zabulón... con toda clase de a de guerra 3627
12.37 Manasés... con toda clase de a de guerra 3627
2 Cr 9.24 éstos traía su presente... a, perfumes 5402
23.7 rey... y cada uno tendrá sus a en la mano 3627
Job 20.24 huirá de las a de hierro, y el arco 5402
39.21 escarba la... sale al encuentro de las a 5402
41.29 tiene toda a por hojarasca, y... se burla 8455
Sal 7.13 asimismo ha preparado a de muerte 3627
76.3 quebró las saetas... y las a de guerra 2719
Ec 8.8 la muerte; y no valen a en tal guerra 4917
9.18 mejor es la sabiduría que a de guerra 3627
Is 22.8 miraste... hacia la casa de a del bosque 5402
32.7 las a del tramposo son malas... intrigas 3627
39.2 les mostró... toda su casa de a, y todo lo 3627
54.17 ninguna a forjada contra... prosperará 3627
Jer 21.4 yo vuelvo atrás las a de guerra que 3627
22.7 contra ti destruidores, cada uno con... a 3627
51.20 martillo me sois, y a de guerra; y por 3627
Ez 23.12 de los asirios... vestidos de ropas y a
32.27 descendieron al Seol con... a de guerra 3627
39.9 quemarán a, escudos, paveses, arcos y 5402
39.10 leña... sino quemarán las a en el fuego 5402
Lc 11.22 **le quita todas sus a en que confiaba** *3833*
Jn 18.3 fue... con linternas y antorchas, y con a *3696*
Ro 13.12 tinieblas, y vistámonos las a de la *3696*
2 Co 6.7 a de justicia a diestra y a siniestra *3696*
10.4 a de nuestra milicia no son carnales *3696*

ARMADURA
1 R 22.34 hirió al rey... las junturas de la a 8302
2 R 3.21 desde los que apenas podían ceñir a 2290
Ef 6.11 vestíos de toda la a de Dios, para que *3833*
6.13 la a de Dios, para que podáis resistir *3833*

ARMAGEDÓN *«Monte de Meguido»*, Ap 16.16 ..... *717*

ARMAR
Gn 14.14 oyó Abram que... y *armó* a sus criados 7324
Éx 13.18 y subieron... Israel de Egipto *armados* 2571
Nm 1.51 los levitas lo *armarán*; y el extraño 6965
20.18 de otra manera, saldré contra ti *armado* 2719
31.3 *armaos* algunos de vosotros... la guerra 2502
32.17 nosotros nos *armaremos* e iremos con 2502
32.21 todos... pasáis *armados* el Jordán delante 2502
32.27 tus siervos, *armados*... pasarán delante de ... 2502
32.29 *armados* todos para la guerra delante de 2502
32.30 mas si no pasan *armados* con vosotros 2502
32.32 pasaremos *armados* delante de lehová a 2502
Dt 1.41 os *armasteis* cada uno con sus armas de 2296
3.18 pero iréis *armados* todos los valientes 2502
Jos 1.14 pasaréis *armados* delante de... hermanos 2571
4.12 pasaron *armados* delante de los hijos de 2571
4.13 cuarenta mil hombres *armados* listos para 2502
6.7 los que están *armados* pasarán delante del 2502
6.9,13, los hombres *armados* iban delante de 2502
Jue 7.11 hasta los puestos... de la gente *armada* 2571
18.11 de Dan, *armados* de armas de guerra 2296
18.16 estaban *armados* de sus armas de guerra 2296
18.17 con los seiscientos hombres *armados* de 2296
1 S 17.38 vistió a David... y le *armó* de coraza 3847
2 S 23.7 que quiere tocarlos se *arma* de hierro 4390
2 R 5.2 de Siria habían salido bandas *armadas* 1416
6.23 y nunca más vinieron bandas *armadas* de 1416
13.20 vinieron bandas *armadas* de moabitas a 1416
13.21 que al sepultar... vieron una banda *armada*.. 1416
1 Cr 12.2 estaban *armados* de arcos, y usaban 5401
2 Cr 17.17 y con él 200.000 *armados* de arco y 5401
20.21 mientras salía la gente *armada*, y que 2502
22.1 una banda *armada*... había matado a todos ... 1416
Est 8.11 y acabar con toda fuerza *armada* del 2428
Sal 7.12 *armado* tiene ya su arco, y... preparado 3559
38.12 los que buscan mi vida *arman* lazos, y 5367
57.6 red han *armado* a mis pasos... han cavado 3559
68.30 reprime la reunion de gentes *armadas*
78.9 los hijos de Efraín, arqueros *armados* 5401
Pr 6.5 como ave de la mano del que *arma* lazos 3353
6.11; 24.34 tu pobreza como hombre *armado* 4043
Is 29.21 los que *arman* lazo al que reprendía 6983
Mi 7.2 todos acechan... *arma* red a su hermano .. 6679,2764
Lc 11.21 **el hombre...** ***armado*** **guarda su palacio** *2528*
1 P 4.1 también *armaos* del mismo pensamiento *3695*

ARMAZÓN
2 Cr 34.11 que comprasen... madera para los a 4226

ARMERÍA
Neh 3.19 otro tramo frente a la subida de la a 5402
Cnt 4.4 tu cuello, como la... edificada para a 8530

ARMONI *Hijo de Saúl*, 2 S 21.8 764

ARMONÍA
Sal 133.1 habitar los hermanos juntos en a 3162

ARMONIZAR
Lc 5.36 **el remiendo... no** ***armoniza*** **con el viejo** *4856*

ARNÁN *Descendiente de Zorobabel*, 1 Cr 3.21 770

ARNÓN *Río que desemboca en el Mar Muerto*
Nm 21.13 otro lado de A... A es límite de Moab 769
21.14 lo que hizo en... y en los arroyos de A 769
21.24 y tomó su tierra desde A hasta Jaboc 769
21.26 tomado de su poder... su tierra hasta A 769
21.28 a Ar... a los señores de las alturas de A 769
22.36 ciudad... que está junto al límite de A 769
Dt 2.24 levantaos... y pasad el arroyo de A; he 769
2.36 está junto a la ribera del arroyo de A 769
3.8 tomamos... desde el arroyo de A hasta el 769
3.12 Aroes que está junto al A 769
3:16 ciudad... que está junto al límite de A 769
4.48 desde Aroer... La ribera del arroyo de A los 769
Jos 12.1 desde el arroyo de A hasta el monte 769
12.2 Aroer... está a la ribera del arroyo de A 769
13.9,16 que está a la orilla del arroyo de A 769
Jue 11.13 Israel tomó... desde A hasta Jaboc 769

11.18 al otro lado de *A*... porque *A* es... de Moab 769
11.22 se apoderaron también de... *A* hasta Jaboc 769
11.26 ciudades... están en el territorio de *A* 769
2 R 10.33 Aroer... junto al arroyo de *A*, hasta 769
Is 16.2 las hijas de Moab en los vados de *A* 769
Jer 48.20 anunciad en *A*... que Moab es destruido 769

ARO
Ez 1.18 *a* eran altos y espantosos, y llenos de 1354

AROD *Hijo de Gad No. 1 (=Arodi)*, Nm 26.17 720

ARODI *Hijo de Gad No. 1 (=Arod)*, Gn 46.16 722

ARODITA *Descendiente de Arodi*, Nm 26.17 722

AROER
1. Población en Galaad
Nm 32.34 los hijos de Gad edificaron... Atarot, *A* 6177
Jos 13.25 hasta *A*, que está enfrente de Rabá 6177
2 S 24.5 acamparon en *A*, al sur de la ciudad 6177
Is 17.2 las ciudades de *A* están desamparadas 6177
2. Ciudad al oriente del Mar Muerto
Dt 2.36 desde *A*, que está junto a la ribera del 6177
3.12 esta tierra... desde *A*, que está junto al 6177
4.48 desde *A*... hasta el monte de Sion, que es 6177
Jos 12.2 Sehón rey de los... señoreaba desde *A* 6177
13.9 *A*, que está a la orilla del arroyo de 6177
13.16 y fue el territorio de ellos desde *A* 6177
Jue 11.26 habitando por 300 años... a *A* y sus 6177
11.33 desde *A* hasta llegar a Minit, veinte 6177
2 R 10.33 desde *A* que está junto al arroyo de 6177
1 Cr 5.8 Bela hijo de... habitó en *A* hasta Nebo 6177
Jer 48.19 camino, y mira, oh moradora de *A* 6177
3. Población en Galaad, 1 S 30.28 6177

AROERITA *Perteneciente a Aroer No. 3*, 1 Cr 11.44 6200

AROMA
Gn 37.25 camellos traían *a*, bálsamo y mirra 5219
43.11 llevad... un presente... *a* y mirra, nueces 5219
Cnt 4.16 soplad en... huerto, despréndanse sus *a* 1314
5.1 he recogido mi mirra y mis *a*; he comido 1313
8.14 al corzo... sobre las montañas de los *a* 1314

AROMÁTICO, A
Éx 25.6 especias para el... y para el incienso *a* 5561
30.7 Aarón quemará incienso *a* sobre él; cada 5561
30.23 de canela *a* la mitad... de cálamo *a* 250 1314
30.34 especias *a*, estacte y uña *a* y gálbano *a* 5561
31.11 y el incienso *a* para el santuario; harán 5561
35.8 especias para el aceite... el incienso *a* 5561
35.15 el aceite de la unción, el incienso *a* 5561
35.28 y las especias *a*... para el incienso *a* 5561
37.29 el incienso puro, *a*, según el arte del 5561
39.38 el aceite de la unción, el incienso *a* 5561
40.27 quemó sobre él incienso *a*, como Jehová 5561
Lv 4.7 los cuernos del altar del incienso *a*, que 5561
16.12 sus puños llenos del perfume *a* molido 5561
Nm 4.16 el incienso *a*, la ofrenda continua y el 5561
1 R 10.25 le llevaban... especias *a*, caballos y
1 Cr 9.30 los sacerdotes hacían los perfumes *a*
2 Cr 2.4 para quemar incienso *a* delante de él 5561
9.1 con camellos cargados de especias *a*, oro
9.9 dio al rey... gran cantidad de especias *a*
9.9 nunca hubo tales especias *a* como las que
13.11 queman para Jehová los... y el incienso *a* 5561
16.14 ataúd, el cual llenaron de... especias *a* 1314
Est 2.12 seis meses con perfumes *a* y afeites 1314
Cnt 3.6 sahumada de mirra y de... todo polvo *a*?
4.10 mejores que... que todas las especias *a*!
4.14 nardo y azafrán, caña *a* y canela, con
4.14 con todas las principales especias *a*
5.13 tus mejillas, como una era de especias *a*
Is 3.24 y en lugar de los perfumes *a* vendrá 1314
43.24 no compraste para mí caña *a* por dinero 7070
Ez 27.19 negociar en tu mercado con... caña *a*
Mr 16.1 compraron especias *a* para ir a ungirle
Lc 23.56 prepararon especias *a* y unguentos
24.1 las especias *a* que habían preparado, y
Jn 19.40 lo envolvieron en... con especias *a*
Ap 18.13 canela, especias *a*, incienso, mirra

ARPA
Gn 4.21 fue padre de... los que tocan *a* y flauta 3658
31.27 despidiera... cantares, con tamborín y *a*? 3658
1 S 10.5 pandero, flauta y *a*, y... profetizando 3658
16.16 que busquen a alguno que sepa tocar el *a* 3658
16.23 David tomaba el *a* y tocaba con su mano 3658
2 S 6.5 con *a*, salterios, panderos, flautas y 3658
1 R 10.12 hizo... *a* también y salterios para los 3658
1 Cr 13.8 Israel se regocijaban... cánticos, *a* 3658
15.16 cantores con salterios y *a* y címbalos 3658
15.21 *a* afinadas en la octava para dirigir 3658
15.28 llevaba arca al son de salterios y *a* 3658
16.5 con sus instrumentos de salterios y *a* 3658
25.1 para que profetizasen con *a*, salterios 3658
25.3 el cual profetizaba con *a*, para aclamar 3658
25.6 y *a*, para el ministerio del templo de 3658
2 Cr 5.12 los levitas cantores... salterios y *a* 3658
9.11 hizo *a* y salterios para los cantores 3658
20.28 vinieron a Jerusalén con salterios, *a* 3658
29.25 levitas en la casa de Jehová con y *a* 3658
Job 30.31 ha cambiado mi *a* en luto y mi flauta 3658
Sal 33.2 aclamad a Jehová con *a*; cantadle con 3658
43.4 y te alabaré con *a*, oh Dios, Dios mío 3658
49.4 mi oído declararé con el *a* mi enigma 3658
57.8 despierta; alma despierta, salterio y *a* 3658
71.22 tu verdad cantaré a ti en el *a*, oh Santo 3658
81.2 tañed el... el *a* deliciosa y el salterio 3658
92.3 en el salterio, en tono suave con el *a* 3658
98.5 cantad salmos *a*... con *a*; con *a* y voz de 3658
108.2 despiértate, salterio y *a*; despertaré 3658
137.2 sobre los sauces... colgamos nuestras *a* 3658
147.7 cantad *a*... cantad con *a* a nuestro Dios 3658
149.3 con danza; con pandero y *a* a él canten 3658
150.3 alabadle *a*... alabadle con salterio y *a* 3658
Is 5.12 y en sus banquetes hay *a*, viruelas 3658
14.11 tu soberbia, y el sonido de tus *a* 3658
16.11 mis entrañas vibrarán como *a* por Moab 3658
23.16 toma *a*, y rodea la ciudad, oh ramera 3658
24.8 se acabó el estruendo... la alegría del *a* 3658
30.32 cada golpe... será con panderos y con *a* 3658
Dn 3.5,7,10,15 al oír el son... *a*, del salterio 5443
Ap 5.8 todos tenían *a*, y copas de oro llenas 2788
14.2 era como de arpistas que tocaban sus *a* 2789
15.2 en pie sobre el mar... con las *a* de Dios 2788

ARPISTA
Ap 14.2 voz que oí era como de *a* que tocaban 2790
18.22 y voz de *a*, de... no se oirá más en ti 2790

ARPÓN
Job 41.7 cortarás... *a* de pescadores su cabeza? 6767

ARQUELAO *Hijo de Herodes el Grande*, Mt 2.22 745

ARQUERO
Gn 49.23 le asaetearon, y le aborrecieron los *a* 1167
Jue 5.11 lejos del ruido de los *a*, en los 2686
Sal 78.9 hijos de Efraín, *a* armados, volvieron
Pr 26.10 como *a* que a todos hiere, es el que

ARQUILLA
Éx 2.3 tomó una *a* de juncos y la calafateó con 8392
2.5 puso ella la *a* en el carrizal, y envió una 8392

ARQUIPO *Cristiano en Colosa*, Col 4.17; Flm 2 751

ARQUITA *Perteneciente a una familia de Benjamín*
Jos 16.2 a lo largo del territorio de los *a* 757
2 S 15.32 Husai *a* que le salió al encuentro 757
16.16 cuando Husai *a*... vino al encuentro de 757
17.5 llamad también ahora a Husai *a*, para que 757
17.14 el consejo de Husai *a* es mejor que el 757
1 Cr 27.33 Ahitofel... y Husai *a* amigo del rey 757

ARQUITECTO
1 Co 3.10 yo como perito *a* puse el fundamento 753
He 11.10 ciudad... cuyo *a* y constructor es Dios 5079

ARRAIGAR
Sal 80.9 hiciste *arraigar* sus raíces, y llenó 8328
Ef 3.17 que, *arraigados* y cimentados en amor 4492
Col 2.7 *arraigados* y sobreedificados en él 4492

ARRANCAR
Lv 5.8 le *arrancará* de su cuello la cabeza, mas 4454
14.40 mandará... *arrancarán* las piedras en que 2502
14.43 después que hizo *arrancar* las piedras 2502
Dt 23.25 podrás *arrancar* espigas con tu mano 6998
28.63 seréis *arrancados* de sobre la tierra 5255
Jue 16.14 *arrancó* la estaca del telar con la 3489
2 S 23.6 serán todos... como espinos *arrancados* 5074
1 R 14.15 *arrancará* a Israel de esta... tierra 5428
2 Cr 7.20 os *arrancaré* de mi tierra que os he 5428
Esd 6.11 se le *arranque* un madero de su casa 5256
9.3 *arranqué* pelo de mi cabeza y de mi barba 4803
Neh 13.25 y les *arranqué* los cabellos, y les 4803
Job 8.18 si le *arrancaren* de su lugar, éste le 1104
9.5 él *arranca* los montes con su furor, y no 6275
17.11 fueron *arrancados* mis pensamientos, los 5423
18.14 confianza será *arrancada* de su tienda 5423
19.10 pasar mi esperanza como árbol *arrancado* 5265
31.8 y otro coma, y sea *arrancada* mi siembra 8327
Sal 52.5 asolará y te *arrancará* de tu morada 5255
Ec 3.2 y tiempo de *arrancar* lo plantado 6131
Is 28.9 se enseñará... *arrancados* de los pechos? 6267
33.20 ni serán *arrancadas* sus estacas, ni 5265
51.1 la cantera de donde fuisteis *arrancados* 5365
Jer 1.10 mira que te he puesto... para *arrancar* 5428
6.29 se quemó... la escoria no se ha *arrancado* 5423
12.14 los *arrancaré* de su tierra, y a de en 5428
12.15 después que los haya *arrancado*, volveré 5428
12.17 mas si no oyeren, *arrancaré* esa nación 5428
18.7 hablaré contra pueblos y... para *arrancar* 5428
22.24 fuera anillo... aun de allí te *arrancaría* 5423
23.39 *arrancaré* de mi presencia a vosotros y a 5203
24.6 volveré... los plantaré y no los *arrancaré* 5428
31.28 así como tuve cuidado de... para *arrancar* 5428
31.40 no será *arrancada* ni destruida más para 5428
42.10 os plantaré, y no os *arrancaré*; porque 5428
45.4 yo destruyo... y *arranco* a los que planté 5428
Ez 17.4 *arrancó* el principal de sus renuevos 6998
17.9 ¿no *arrancará* sus raíces... y se secará? 5423
17.9 ni mucha gente para *arrancarla* de sus 5375
19.12 pero fue *arrancada* con ira, derribada 5428
Dn 7.4 hasta que sus alas fueron *arrancadas* 4804
7.8 delante... fueron *arrancados* tres cuernos 6132
11.4 porque su reino será *arrancado*, y será 5428
Am 9.15 nunca... serán *arrancados* de su tierra 5428
Mi 5.14 *arrancaré* sus imágenes de Asera de en 5428
Mt 12.1 y comenzaron a *arrancar* espigas y a 5089
13.28 **¿quieres... que vayamos y la *arranquemos*?** 4816
13.29 **que al *arrancar* la... *arranquéis*... el trigo** 1610
13.40 **como se *arranca* la cizaña, y se quema** 4816
Mr 2.23 un día comenzaron a *arrancar* espigas 5089
Lc 6.1 discípulos *arrancaban* espigas y comían 5089

ARRAS
2 Co 1.22 nos ha dado las *a* del Espíritu en 728
5.5 Dios, quien nos ha dado las *a* del Espíritu 728
Ef 1.14 es las *a* de nuestra herencia hasta la 728

ARRASAR
Sal 137.7 *arrasada*, *a* hasta los cimientos 6168

ARRASTRAR
Gn 1.25 todo animal que se *arrastra* sobre la 7431
1.26 en todo animal que se *arrastra* sobre la 7431
1.30; 7.8 lo que se *arrastra* sobre la tierra 7430
7.14,21 todo reptil que se *arrastra* sobre la 7430
8.17 de todo reptil que se *arrastra*... sacarás 7430
Lv 11.41 reptil que se *arrastra*... abominación 8318
11.42 todo animal que se *arrastra* sobre 8318
11.46 todo animal que se *arrastra* sobre 8317
11.43,44 con ningún animal que se *arrastra* 7430
20.25 con nada que se *arrastra* sobre la tierra 7430
Dt 4.18 figura de... animal que se *arrastre* sobre 7430
2 S 17.13 y la *arrastraremos* hasta el arroyo 5498
Jer 22.19 *arrastrándole* y echándole fuera de 5498
49.20 *arrastrarán*, y destruirán sus moradas 5498
50.45 a los más pequeños de... los *arrastrarán* 5498
Ez 38.20 toda serpiente que se *arrastra* sobre 7430
Lc 12.58 **no sea que te *arrastre* al juez, y el** 2694
Jn 21.8 *arrastrando* la red de peces, pues no 4951
Hch 8.3 *arrastraba* a hombres y a mujeres, y 4951
14.19 a Pablo, le *arrastraron* fuera de la 4951
20.30 para *arrastrar* tras sí a los discípulos 645
21.30 Pablo, le *arrastraron* fuera del templo 1670
Gá 2.13 Bernabé fue también *arrastrado* por la 4879
2 Ti 3.6 *arrastradas*... diversas concupiscencias 71
Stg 1.6 onda del mar, que es *arrastrada* por el 416
2.6 ricos... que os *arrastran* a los tribunales? 1670
2 P 3.17 no sea que *arrastrados* por el error 4879
Ap 12.4 su cola *arrastraba* la tercera parte de 4951
12.15 para que fuese *arrastrada* por el río 4216

ARRAYÁN
Neh 8.15 traed ramas... de *a*, de palmeras y de 1918
Is 41.19 dará en el desierto cedros, acacias, *a* 1918
55.13 en lugar de la ortiga crecerá *a*; y será 1918

ARREBATADO *Véase Arrebatar*

ARREBATADOR
Gn 49.27 Benjamín es lobo *a*; a la mañana presa 2963

ARREBATAR
Gn 31.39 te traje lo *arrebatado* por las fieras 2966
Éx 22.13 *arrebatado* por fiera... no pagará lo *a* 2966
Lv 26.22 bestias... se *arrebaten* vuestros hijos 7921
Nm 31.9 Israel... *arrebataron* todos sus bienes 962
Dt 28.31 tu asno será *arrebatado* de delante de 1497
33.20 como león reposa, y *arrebata* brazo y 2963
Jue 21.21 y *arrebatad* cada uno mujer para sí 2414
2 S 23.21 *arrebató* al egipcio la lanza de la 1497
2 R 3.27 *arrebató* a su primogénito que había 3947
1 Cr 11.23 *arrebató* al egipcio la lanza de la 1497
Job 9.12 *arrebatará*; ¿quién le hará restituir? 2862
13.25 a la hoja *arrebatada* has de quebrantar 5086
16.12 *arrebató* por la cerviz y me despedazó 270
21.18 como el tamo que *arrebata* el torbellino 1589
24.19 el calor *arrebatan* las aguas de la nieve 1497
27.20 él... torbellino lo *arrebatará* de noche 1589
27.21 y tempestad lo *arrebatará* de su lugar 8175
Sal 1.4 como el tamo que *arrebata* el viento 5086
10.9 acecha para *arrebatar* al pobre; *arrebata* 2414
26.9 no *arrebates* con los pecadores mi alma 622
28.3 no me *arrebates*... con los malos, y con 4900
58.9 vivos... los *arrebatarás* él con tempestad 8175
88.5 y que fueron *arrebatados* de tu mano 1504
90.5 los *arrebatas* como con torrente de aguas 2229
Is 5.29 crujirá los dientes, y *arrebatará* la 270
10.6 que quite despojos, y *arrebate* presa, y 962
17.11 la cosecha será *arrebatada* en el día de 5062
28.19 que comience a pasar, él os *arrebatará* 3947
33.23 botín... los cojos *arrebatarán* el botín 962
41.2 como hojarasca que su arco *arrebata*? 5086
49.25 y el botín será *arrebatado* al tirano 3947
57.13 a todos ellos un soplo los *arrebatará* 5375
Jer 5.6 que de ellas saliere será *arrebatado* 2963
8.21 quebrantado... espanto me ha *arrebatado* 2388
12.3 *arrebatados* como... para el degolladero 5423
Ez 19.3,6 aprendió a *arrebatar* la presa 2963
22.25 como león rugiente que *arrebata* presa 2963
22.27 son como lobos que *arrebatan* presa 2963
23.26 y te *arrebatarán* todos los adornos de 3947
24.25 el día que yo *arrebate*... su fortaleza 3947
29.19 y *arrebatará* botín, y habrá paga para 962
38.12 *arrebatar* despojos y para tomar botín 962
38.13 ¿has venido a *arrebatar* despojos? ¿Has 962
Os 5.14 yo *arrebataré*, y me iré; tomaré, y no 2963
6.1 él *arrebató* y nos curará; hirió, y nos 2963
Jl 1.16 fue *arrebatado* el alimento de delante 3772
Mi 5.8 pasare... *arrebatare*, no hay quien escape 2963
Nah 2.12 el león *arrebataba*... para sus cachorros 2963
Zac 3.2 ¿no es éste un tizón *arrebatado* del 5337
Mt 11.12 **el reino... los violentos lo *arrebatan*** 726
13.19 **viene el malo, y *arrebata* lo... sembrado** 726
Jn 10.12 **y el lobo *arrebata* las ovejas y las** 4650
10.28 **ni nadie las *arrebatará* de mi mano** 726
10.29 **nadie las puede *arrebatar* de la mano de** 726
Hch 6.12 *arrebataron*, y le trajeron al concilio 4884
8.39 el Espíritu del Señor *arrebató* a Felipe 726
19.29 se lanzaron al... *arrebatando* a Gayo y a 4884
23.10 y le *arrebatasen* de en medio de ellos 726
27.15 siendo *arrebatada* la nave, y no pudiendo 4884
2 Co 12.2 fue *arrebatado* hasta el tercer cielo 726
12.4 que fue *arrebatado* al paraíso, donde oyó 726
1 Ts 4.17 seremos *arrebatados* juntamente con 726
Jud 23 otros salvad, *arrebatándolos* del fuego 726
Ap 12.5 su hijo fue *arrebatado* por Dios y para 726

ARREBOL
Mt 16.2 **buen tiempo, porque el cielo tiene *a*** *4449*
16.3 **hoy habrá tempestad... tiene *a* el cielo** *4449*

ARREBOZAR
Gn 38.14 se cubrió con un velo, y se *arrebozó*.......... 5968

ARRECIAR
Jue 20.34 la batalla *arreciaba*; mas...no sabían 3513
1 S 31.3 *arreció* la batalla contra Saúl, y le 3513
1 R 22.35 la batalla había *arreciado* aquel día 5927
1 Cr 10.3 y *arreciando* la batalla contra Saúl 3513
2 Cr 18.34 *arreció* la batalla aquel día, por 5937

ARREGLAR
Dt 19.3 *arreglarás* los caminos, y dividirás en 3559
1 R 18.30 y él *arregló* el altar de Jehová que 7495
1 Cr 15.1 David...*arregló* un lugar para el arca 3559
2 Cr 31.2 *arregló* Ezequías la distribución de 5975
Neh 3.1 *arreglaron* y levantaron sus puertas 5975
Mt 25.7 **levantaron, y *arreglaron* sus lámparas** *2885*
25.19 **vino el señor... *arregló* cuentas con ellos** *3056*
Lc 12.58 **procura... *arreglarte* con él, no sea que** *525*

ARREGLO
Nm 33.2 estas, pues, son...con *a* a sus salidas
2 R 22.5,9 tienen a su cargo el *a* de la casa 6485
2 Cr 25.5 con *a* a las familias les puso jefes 1004

ARREMETER
1 S 22.18 tú, y *arremete* contra los sacerdotes 6293
1 R 2.25 Benaía...el cual *arremetió* contra el 6293
2.29 envió Salomón...Vé, y *arremete* contra él 6293
2.34 Benaía...subió y *arremetió* contra él, y 6293
Job 1.17 *arremetieron* contra los camellos y se 6584
Jer 8.6 como caballo que *arremete* con ímpetu 7857
Ez 19.8 *arremetieron* contra él las gentes de 5414
Hch 6.12 *arremetiendo*, le arrebataron, y le *2186*
7.57 voces...y *arremetieron* a una contra él *3729*

ARRENDAR
Mt 21.33 ***arrendó* a unos labradores, y se fue** *1554*
21.41 y *arrendará* su viña a otros labradores *1554*
Mr 12.1 **una viña...la *arrendó* a unos labradores** *1554*
Lc 20.9 **la *arrendó* a labradores, y se ausentó** *1554*

ARREPENTIDO *Véase Arrepentirse*

ARREPENTIMIENTO
Jer 31.19 porque después que me aparté tuve *a* 5162
Mt 3.8 haced, pues, frutos dignos de *a* *3341*
3.11 yo a la verdad os bautizo en agua para *a* *3341*
9.13 **llamar a justos, sino a pecadores, al *a*** *3341*
Mr 1.4 Juan...predicaba el bautismo del *a* para *3341*
Lc 3.3 y él fue...predicando el bautismo del *a* *3341*
3.8 haced, pues, frutos dignos de *a*, y no *3341*
5.32 **llamar a justos, sino a pecadores al *a*** *3341*
15.7 **que por 99 justos que no necesitan de *a*** *3341*
24.47 **y que se predicase en su nombre el *a*** *3341*
Hch 5.31 dar a Israel *a* y perdón de pecados *3341*
11.18 a los gentiles ha dado Dios *a* para vida *3341*
13.24 predicó Juan el bautismo de *a* a todo *3341*
19.4 Juan bautizó con bautismo de *a*, diciendo *3341*
20.21 testificando a...acerca del *a* para con *3341*
26.20 a Dios, haciendo obras dignas de *a* *3341*
Ro 2.4 ignorando...su benignidad te guía al *a*? *3341*
2 Co 7.9 porque fuisteis contristados para *a* *3341*
7.10 la tristeza...produce *a* para salvación *3341*
He 6.1 el fundamento del *a* de obras muertas *3341*
6.6 recayeron, sean otra vez renovados para *a* *3341*
12.17 no hubo oportunidad para el *a*, aunque *3341*
2 P 3.9 perezca, sino que todos procedan al *a* *3341*

ARREPENTIRSE
Gn 6.6 y se *arrepintió* Jehová de haber hecho 5162
6.7 raeré...me *arrepiento* de haberlos hecho 5162
Éx 13.17 no se *arrepienta* el pueblo cuando vea 5162
32.12 *arrepiéntete* de...mal contra tu pueblo 5162
32.14 entonces Jehová se *arrepintió* del mal 5162
Nm 23.19 no es hombre, para que se *arrepienta* 5162
Dt 30.1 te *arrepintieres* en medio de todas las 7725
32.36 por amor de sus siervos se *arrepentirá* 5162
Jue 21.6 los hijos de Israel se *arrepintieron* 5162
1 S 15.29 el que...no mentirá, ni se *arrepentirá* 5162
15.29 no es hombre para que se *arrepienta* 5162
15.35 Jehová se *arrepentía* de...Saúl por rey 5162
2 S 24.16 Jehová se *arrepintió* de aquel mal 5162
1 Cr 21.15 miró Jehová y se *arrepintió* de...mal 5162
Job 42.6 y me *arrepiento* en polvo y ceniza 5162
Sal 7.12 no se *arrepiente*...afilará su espada 7725
106.45 *arrepentía* conforme a...misericordias 5162
110.4 juró Jehová, y no se *arrepentirá*: Tú 5162
Jer 4.28 hablé, lo pensé, y no me *arrepentí* 5162
8.6 no hay hombre que se *arrepienta* de su mal 5162
15.6 destruiré; estoy cansado de *arrepentirme* 5162
18.8 me *arrepentiré* del mal que había pensado 5162
18.10 *arrepentiré* del bien que había pensado 5162
20.16 que asoló Jehová, y no se *arrepintió* 5162
26.3 me *arrepentiré* yo del mal que pienso 5162
26.13 y se *arrepentirá* Jehová del mal que ha 5162
26.19 Jehová se *arrepintió* del mal que había 5162
34.11 se *arrepintieron* e hicieron volver a 7725
36.3 se *arrepienta* cada uno de su mal camino 7725
42.10 porque estoy *arrepentido* del mal que os 5162
Ez 24.14 no...misericordia, ni me *arrepentiré* 5162
Jl 2.14 se *arrepentirá* y dejará bendición tras 5162
Am 7.3,6 se *arrepintió* Jehová de esto: No será 5162
Jon 3.9 ¿quién sabe si se...*arrepentirá* Dios 5162
3.10 se *arrepintió* del mal que había dicho 5162
4.2 tú eres Dios...que te *arrepientes* del mal 5162
Zac 8.14 paré haceros mal...y no me *arrepentí* 5162
Mt 3.2; 4.17 ***arrepentíos*, porque el reino de** *3340*
11.20 las ciudades...no se habían *arrepentido* *3340*
11.21 **se hubieran *arrepentido* en cilicio y** *3340*
12.41 ***arrepintieron* a la predicación de Jonás** *3340*
21.29 **no quiero; pero después, *arrepentido*** *3338*
21.32 **no os *arrepentisteis*... para creerle** *3338*
27.3 Judas...devolvió *arrepentido* las...de plata *3338*
Mr 1.15 ***arrepentíos* y creed en el evangelio** *3340*
6.12 predicaban...los hombres se *arrepintiesen* *3340*
Lc 10.13 **tiempo ha que... se habrían *arrepentido*** *3340*
11.32 **predicación de Jonás se *arrepintieron*** *3340*
13.3,5 **si no os *arrepentís*, todos pereceréis** *3340*
15.7,10 **gozo... por un pecador que se *arrepiente*** ... *3340*
16.30 **si alguno fuere a ellos... se *arrepentirán*** *3340*
17.3 **pecare... y si se *arrepintiere*, perdónale** *3340*
17.4 **a ti, diciendo: Me *arrepiento*; perdónale** *3340*
Hch 2.38 *arrepentíos*, y bautícese cada uno en *3340*
3.19 que, *arrepentíos*...para que sean borrados *3340*
8.22 *arrepiéntete*, pues, de esta tu maldad *3340*
17.30 manda a todos los...que se *arrepientan* *3340*
26.20 se *arrepintiesen* y se convirtiesen a *3340*
Ro 2.5 tu corazón no *arrepentido* atesoras...ira *279*
2 Co 7.10 de que no hay que *arrepentirse*; pero *278*
12.21 han pecado, y no se han *arrepentido* de *3340*
2 Ti 2.25 Dios les conceda que se *arrepientan* *3341*
He 7.21 juró el Señor, y no se *arrepentirá* *3338*
Ap 2.5 ***arrepiéntete*, y haz las primeras obras** *3340*
2.5 **quitaré... si no te hubieres *arrepentido*** *3340*
2.16 ***arrepiéntete*; pues si no, vendré a ti** *3340*
2.21 **le he dado tiempo para que se *arrepienta*** *3340*
2.21 **no quiere *arrepentirse* de su fornicación** *3340*
2.22 **no se *arrepienten* de las obras de ella** *3340*
3.3 **acuérdate, pues... guárdalo, y *arrepiéntete*** *3340*
3.19 **amo; sé, pues, celoso, y *arrepiéntete*** *3340*
9.20 ni aun así se *arrepintieron* de las obras *3340*
9.21 no se *arrepintieron* de sus homicidios *3340*
16.9 y no se *arrepintieron* para darle gloria *3340*
16.11 y no se *arrepintieron* de sus obras *3340*

ARRESTAR
Gn 40.5 que estaban *arrestados* en la prisión 631

ARRIAR
Hch 27.17 *arriaron* las velas y quedaron a la *5465*

ARRIBA *Véase el Apéndice*

ARRIBAR
Mr 6.53 vinieron a...Genesaret, y *arribaron* a *4358*
Lc 8.26 *arribaron* a la tierra de los gadarenos *2668*
Jn 6.23 pero otras barcas habían *arribado* de *2064*
Hch 13.13 Pablo y sus compañeros *arribaron* a *2064*
18.22 habiendo *arribado* a Cesarea, subió para *2718*
21.3 *arribamos* a Tiro, porque el barco había *2609*
21.7 saliendo de Tiro y *arribando* a Tolemaida *2658*
27.5 el mar...*arribamos* a Mira, ciudad de Licia *2718*
27.12 por si pudiesen *arribar* a Fenicia, puerto *2658*

ARRIERO
Job 39.7 se burla de la...no oye las voces del *a* 5065

ARRIESGAR
Jue 12.3 *arriesgué* mi vida, y pasé contra los
1 S 28.21 he *arriesgado* mi vida, y he oído las

ARRIMAR
Lc 15.15 **se *arrimó* a uno de los ciudadanos de** *2853*

ARRINCONAR
Jer 9.26 los *arrinconados* en el postrer rincón 7112

ARRODILLARSE
Gn 24.11 hizo *arrodillar* los camellos fuera de 1288
2 Cr 6.13 se *arrodilló* delante de toda...Israel 1288
Est 3.2 y todos los siervos...se *arrodillaban* 3766
3.2 pero Mardoqueo ni se *arrodillaba* ni se 3766
3.5 vio...que Mardoqueo ni se *arrodillaba* ni 3766
Sal 95.6 *arrodillémonos* delante de Jehová 1288
Is 2.8 se han *arrodillado* ante la obra de sus 7812
44.15 adora; fabrica un ídolo, y se *arrodilla* 7812
65.12 y todos vosotros os *arrodillaréis* al 3766
Dn 6.10 Daniel...*arrodillada* tres veces al día 1289
Mt 17.14 un hombre que se *arrodilló* delante de *1120*
Mr 5.6 vio a...corrió, y se *arrodilló* ante él *4352*

ARROGANCIA
2 R 19.28 por cuanto tu *a* ha subido a mis oídos 7600
Job 26.12 con su entendimiento hiere la *a* suya 7293
Sal 10.2 con *a* el malo persigue al pobre; será 1346
Pr 8.13 la soberbia y la *a*, el mal camino, y 1347
Is 13.11 haré que cese la *a* de los soberbios 1347
16.6 muy grandes son su...su *a* y su altivez 1346
37.29 airaste, y tu *a* ha subido a mis oídos 7600
Jer 49.16 tu *a* te engañó, y la soberbia de tu 8606

ARROGANTE
1 S 2.3 cesen las palabras *a* de vuestra boca 1364
Sal 73.3 porque tuve envidia de los *a*, viendo 1984
Jer 48.29 Moab, que es...soberbio, *a*, orgulloso 1346
Ro 11.25 que no seáis *a* en cuanto a vosotros *5429*

ARROGANTEMENTE
Sal 17.10 con su grosura; con su boca hablan *a* 1348

ARROJAR
Gn 40.10 como que brotaba, y *arrojaba* su flor 5322
Éx 10.19 quitó la langosta y la *arrojó* en el 8628
32.19 ardió la ira de Moisés, y *arrojó* las 7993
34.24 porque yo *arrojaré* a las naciones de tu 3423
Nm 17.8 que la vara...había...*arrojado* renuevos 3318
Dt 2.12 Esaú; y los *arrojaron* de su presencia 3423
6.19 *arroje* a tus enemigos de delante de ti 1920
9.4 por la impiedad de...Jehová las *arroja* 3423
9.5 Jehová tu Dios las *arroja* de delante de 3423
9.17 *arrojé* de mis dos manos, y las quebré 7993
29.28 y los *arrojó* a otra tierra, como hoy 7993
30.1 las naciones adonde te hubiere *arrojado* 5080
Jos 10.11 *arrojó*...grandes piedras sobre ellos 7993
15.63 los hijos de Judá no pudieron *arrojarlos* 3423
16.10 no *arrojaron* al cananeo que habitaba en 3423
17.12 hijos de Manasés no pudieron *arrojar* 3423
17.13 lo hicieron tributario...no lo *arrojaron* 3423
17.18 tú *arrojarás* al cananeo, aunque tenga 3423
23.5 y las *arrojará* de vuestra presencia 1920
23.9 ha *arrojado* Jehová...y fuertes naciones 3423
23.13 Dios no *arrojará* más a estas naciones 3423
24.12 tábanos, los cuales los *arrojaron* de 1644
24.18 Jehová *arrojó*...a todos los pueblos, y 1644
Jue 1.19 Judá...*arrojó* a los de las montañas 3423
1.19 no pudo *arrojar* a los que habitaban en 3423
1.20 y él *arrojó*...a los tres hijos de Anac 3423
1.21 jebuseo...en Jerusalén no lo *arrojaron* 3423
1.27 tampoco...*arrojó* a los de Bet-seán, ni 3423
1.28 hizo al...tributario, mas no lo *arrojó* 3423
1.29 tampoco Efraín *arrojó* al cananeo...Gezer 3423
1.30 tampoco Zabulón *arrojó* a los...en Quitrón 3423
1.31 tampoco Aser *arrojó* a...habitaban en Aco 3423
1.32 Aser entre los cananeos...no los *arrojó* 3423
1.33 tampoco Neftalí *arrojó* a...en Bet-semes 3423
2.21 a *arrojar*...ninguna de las naciones que 3423
2.23 dejó Jehová a...naciones, sin *arrojarlas* 3423
9.29 yo *arrojaría* luego a Abimelec, y diría a 5493
15.17 *arrojó* de su mano la quijada, y llamó 7993
1 S 18.11 y *arrojó* Saúl la lanza...lo evadió 2904
20.33 Saúl le *arrojó* una lanza para herirlo 2904
25.29 *arrojará* la vida de tus enemigos como 6887
26.19 me han *arrojado* hoy para que no tenga 1644
28.3 Saúl había *arrojado*...a los encantadores 5493
2 S 11.20 sabíais lo que suelen *arrojar* desde 3384
13.16 mayor mal es éste de *arrojarme*, que el 7971
15.14 *arroje* el mal sobre nosotros, y hiera 5080
16.6 *arrojando* piedras contra David, y contra 5619
16.13 Simei iba...*arrojando* piedras delante de 5619
20.21 cabeza te será *arrojada* desde el muro 7993
20.22 cortaron la cabeza a...y se la *arrojaron* 7993
2 R 7.15 enseres...los sirios habían *arrojado* 7993
13.21 *arrojaron* el cadáver en el sepulcro de 7993
23.12 y *arrojó* el polvo al arroyo del Cedrón 7993
2 Cr 7.20 yo la *arrojaré* de mi presencia, y la 7993
13.9 ¿no habéis *arrojado*...a los sacerdotes de 5080
20.11 viniendo a *arrojarnos* de la heredad que 3423
26.15 para *arrojar* saetas y grandes piedras 3384
28.3 de las naciones que Jehová había *arrojado* 3423
Neh 13.8 *arrojé* todos los muebles de la casa 7993
Job 6.27 *arrojáis* sobre el huérfano, y caváis 5307
9.26 como el águila que se *arroja* sobre la 2907
30.5 eran *arrojados* de entre las gentes, y 1644
Sal 44.2 afligiste a los pueblos...los *arrojaste* 3423
62.4 consultan para *arrojarle* de su grandeza 5080
102.10 pues me alzaste, y me has *arrojado* 7993
136.15 *arrojó* a Faraón y a su ejército en el 5287
Is 2.20 día *arrojará* el hombre a los topos y 7993
5.25 cadáveres fueron *arrojados* en medio de 5478
22.19 te *arrojaré* de tu lugar, y de tu puesto 1920
31.7 *arrojará* el hombre sus ídolos de plata 3988
34.3 y los muertos de ellas serán *arrojados* 7993
37.33 no entrará...ni *arrojará* saeta en ella 8210
57.20 mar...y sus aguas *arrojan* cieno y lodo 1644
Jer 7.29 corta tu cabello, y *arrójalo*...llanto 7993
8.3 en todos los lugares adonde *arroje* yo a 5080
10.18 *arrojaré* con honda los moradores de la 7049
16.13 os *arrojaré* de esta tierra a una tierra 2904
16.15 las tierras adonde los había *arrojado* 5080
22.28 fueron *arrojados* él y su generación 2904
24.9 todos los lugares adonde yo los *arroje* 5080
27.10,15 para que yo os *arroje* y perezcáis 5080
29.14 os reuniré de...lugares adonde os *arrojé* 5080
29.18 naciones entre las cuales he *arrojado* 5080
49.32 serán...*arrojados* hasta el último rincón 7112
Ez 4.13 las naciones a donde los *arrojaré* yo 5080
5.16 cuando *arroje* yo sobre ellos las...saetas 7971
7.19 *arrojará* su plata en las calles, y su 7993
11.16 aunque les he *arrojado* lejos entre las 7368
16.5 fuiste *arrojada* sobre la faz del campo 7993
17.6 vid, y *arrojó* sarmientos y echó mugrones 6213
28.16 *arrojé* de entre las piedras del fuego 5526
28.17 yo te *arrojaré* por tierra; delante de 7993
43.9 *arrojarán* lejos de mí sus fornicaciones 7368
Dn 4.32 de entre los hombres te *arrojarán* y 2957
Os 13.3 tamo que la tempestad *arroja* de la era 5590
Mal 2.3 y seréis *arrojados* juntamente con él 5375
Mt 27.5 y *arrojando* las piezas de plata en el *4496*
Mr 9.42 **una piedra... se le *arrojase* en el mar** *906*
10.50 y *arrojando* su capa, se levantó y vino *577*
Lc 14.35 **ni para la tierra... la *arrojan* fuera** *906*
17.2 **atase al cuello... se le *arrojase* al mar** *4496*
Jn 8.7 **el primero en *arrojar* la piedra contra** *906*
8.59 tomaron...piedras para *arrojárselas*; pero *906*
Hch 7.45 cuales Dios *arrojó* de la presencia de *1856*
22.23 *arrojaban* sus ropas y lanzaban polvo *4495*
27.19 día...*arrojamos* los aparejos de la nave *4496*
2 P 2.4 *arrojándolos* al infierno los entregó *5020*
Ap 2.22 **la *arrojo* en cama, y en... tribulación** *906*
8.5 llenó del fuego...y lo *arrojó* a la tierra *906*
12.4 estrellas...y las *arrojó* sobre la tierra *906*
12.9 gran dragón...fue *arrojado* a la tierra *906*
12.9 y sus ángeles fueron *arrojados* con él *906*
12.13 vio el dragón que había sido *arrojado* *906*
12.15 la serpiente *arrojó*...agua como un río *906*
14.19 y el ángel *arrojó* su hoz en la tierra *906*
18.21 y la *arrojó* en el mar, diciendo: Con el *906*
20.3 lo *arroja* al abismo, y lo encerró, y puso *906*

ARROLLAR
Is 28.17 y aguas *arrollarán* el escondrijo 7857

ARROYO
Gn 32.23 hizo pasar el *a* a ellos y a todo lo 5158
Éx 7.19 sobre sus *a* y sobre sus estanques, y 2975
8.5 extiende tu mano con. . . sobre los ríos, *a* y 2975
Lv 23.40 y sauces de los *a*, y os regocijaréis 5158
Nm 13.23 y llegaron hasta el *a* de Escol, y de 5158
21.14 que hizo en el Mar. . . y en los *a* de Arnón 5158
21.15 la corriente de los *a* que va a parar en 5158
24.6 como *a* están extendidas, como huertos 5158
Dt 2.13 pasad el *a* de Zered. Y pasamos el *a* 5158
2.14 pasamos el *a* de Zered fueron 33 años 5158
2.24 salid, y pasad el *a* de Arnón; he aquí he 5158
2.36 Aroer. . . junto a la ribera del *a* de Arnón 5158
2.37 lo que está a la orilla del *a* de Jaboc 5158
3.8 tomamos. . . el *a* de Arnón hasta el monte de 5158
3.12 desde Aroer, que está junto al *a* de 5158
3.16 Y a. . . gaditas les di. . . hasta el *a* de Arnón 5158
3.16 por límite. . . valle, hasta el *a* de Jaboc 5158
4.48 Aroer. . . junto a la ribera del *a* de Arnón 5158
8.7 tierra de *a*, de aguas, de fuentes y de 5158
9.21 eché el polvo. . . en el *a* que descendía del 5158
10.7 de allí. . . a Jotbata, tierra de *a* de aguas 5158
Jos 12.1 el *a* de Arnón hasta el monte Hermón 5158
12.2 Aroer, que está a la ribera del *a* de Arnón 5158
12.2 hasta el *a* de Jaboc, término de. . . Amón 5158
13.9,16 Aroer. . . a la orilla del *a* de Arnón 5158
15.4 y salía al *a* de Egipto, y terminaba en 5158
15.7 sube. . . de Adumín, que está al sur del *a* 5158
16.8 se vuelve. . . al *a* de Caná, y sale al mar 5158
17.9 este. . . al *a* de Caná, hacia el sur del *a* 5158
17.9 el límite. . . es desde el norte del mismo *a* 5158
19.11 de allí hasta el *a* que está delante de 5158
Jue 4.7 yo atraeré hacia ti al *a* de Cisón a 5158
4.13 desde Haroset-goim hasta el *a* de Cisón 5158
1 S 17.40 escogió cinco piedras lisas del *a* 5158
2 S 17.13 la arrastraremos hasta el *a*, hasta 5158
23.30 Benaía piratonita, Hidai del *a* de Gaas 5158
1 R 17.3 escóndete en el *a* de Querit, que está 5158
17.4 beberás del *a*; y yo he mandado a los 5158
17.5 se fue y vivió junto al *a* de Querit, que 5158
17.6 le traían pan y carne por. . . y bebía del *a* 5158
17.7 se secó el *a*, porque no había llovido 5158
18.5 vé por el. . . a todos los *a*, a ver si acaso 5158
18.40 los llevó Elías al *a* de Cisón, y allí 5158
2 R 10.33 desde Aroer que está junto al *a* de 5158
23.12 el rey. . . arrojó el polvo al *a* del Cedrón 5158
2 Cr 7.8 desde. . . de Hamat hasta el *a* de Egipto 5158
20.16 ellos subirán. . . los hallaréis junto al *a* 5158
32.4 cegaron. . . y el *a* que corría a través del 5158
Job 20.17 no verá los *a*, los ríos, los torrentes 5158
Job 22.24 tendrás. . . como piedras de *a* oro de Ofir 5158
30.6 habitaban en las barrancas de los *a*, en 5158
40.22 lo cubren. . . los sauces del *a* lo rodean 5158
Sal 83.9 hazles como. . . a Jabín en el *a* de Cisón 5158
104.10 el que envía las fuentes por los *a* 5158
110.7 del *a* beberá en el camino, por lo cual 5158
126.4 volver nuestra cautividad. . . como los *a* 650
Pr 18.4 *a* que rebosa, la fuente de la sabiduría 5158
Cnt 5.12 sus ojos, como palomas junto a los *a* 650
Is 32.2 como *a* de aguas en tierra de sequedad 6388
33.21 lugar de ríos, de *a* muy anchos, por el 2975
34.9 sus *a* se convertirán en brea, y su polvo 5158
Jer 31.9 los haré andar junto a *a* de aguas, por 5158
31.40 todas las llanuras hasta el *a* de Cedrón 5158
Lm 2.18 echa lágrimas cual *a* día y noche 5158
Ez 6.3 ha dicho Jehová. . . a los *a* y a los valles 650
31.12 por. . . los *a* de la tierra será quebrado 650
32.6 de tu sangre. . . y los *a* se llenarán de ti 650
35.8 en todos tus *a*, caerán muertos a espada 650
36.4 ha dicho Jehová. . . a los *a* y a los valles 650
36.6 a los montes. . . y a los *a* y a los valles 650
47.19; 48.28 Cades y el *a* hasta el Mar Grande 5158
Jl 1.20 porque se secaron los *a* de las aguas 650
3.18 por todos los *a* de Judá correrán aguas 650
Am 5.24 corra. . . y la justicia como impetuoso *a* 5158
6.14 que os oprimirá. . . hasta el *a* de Arabá 5158
Mi 6.7 ¿se agradará. . . de diez mil *a* de aceite? 5158

ARRUGA
Job 16.8 tú me has llenado de *a*; testigo es mi 7059
Ef 5.27 iglesia. . . que no tuviese mancha ni *a* *4512*

ARRUINAR
Dt 28.63 así se gozará Jehová en *arruinaros* y 6
1 R 18.30 arregló el altar. . . estaba *arruinado* 2040
Job 2.3 me incitaste contra él. . . que lo *arruinara* 1104
19.10 me *arruinó* por todos lados, y perezco 5422
Sal 75.3 *arruinaban* la tierra y sus moradores 4127
Is 3.8 *arruinada* está Jerusalén, y Judá ha 3782
49.19 tierra devastada, *arruinada* y desierta 8074
61.4 y restaurarán las ciudades *arruinadas* 2723
Jer 1.10 para destruir, para *arruinar* y para 6
48.8 *arruinará*. . . el valle, y será destruida 6
Ez 26.12 *arruinarán* tus muros, y tus casas 2040
36.35 y estas ciudades que eran. . . *arruinadas* 2040
Dn 7.26 para que sea destruido y *arruinado* 7
Am 3.15 y muchas casas serán *arruinadas*, dice 5486
8.4 oíd esto, los que. . . *arruináis* a los pobres 7602
Mi 5.11 haré. . . *arruinaré* todas tus fortalezas 2040
Mal 1.4 pero volveremos a edificar lo *arruinado* 2723

ARSA *Mayordomo del rey Ela*, 1 R 16.9 777

ARTAJERJES *Rey de Persia en tiempos de Esdras y Nehemías*
Esd 4.7 también en los días de *A* escribieron 783
4.7 escribieron Bislam. . . a *A* rey de Persia 783
4.8 escribieron una carta contra. . . al rey *A* 783
4.11 al rey *A*: Tus siervos del otro lado del 783
4.23 la copia de la carta del rey *A* fue leída 783
6.14 por mandato de Ciro. . . de *A* rey de Persia 783
7.1 en el reinado de *A* rey de Persia, Esdras 783
7.7 subieron. . . en el séptimo año del rey *A* 783
7.11 la cana que dio el rey *A* al sacerdote 783
7.12 *A* rey de reyes, a Esdras, sacerdote y 783
7.21 y por mí, *A* rey, es dada orden a todos 783
8.1 subieron conmigo de. . . reinando el rey *A* 783
Neh 2.1 mes de Nisán, en el año 20 del rey *A* 783
5.14 desde el año veinte del rey *A* hasta el 783
13.6 en el año 32 de *A* rey de Babilonia fui 783

ARTE
Éx 30.25 ungüento, según el *a* del perfumador 4639
30.35 un perfume según el *a* del perfumador 4639
31.3 lo he llenado del Espíritu. . . en todo *a* 4399
35.31 en inteligencia, en ciencia y en todo *a* 4399
35.35 que hagan toda obra de *a* y de invención 4399
37.29 el incienso. . . según el *a* del perfumador 4639
Hch 8.11 con sus *a* mágicas les había engañado *3095*
17.29 sea semejante a. . . escultura de *a* y de *5078*

ARTEMAS *Compañero de Pablo*, Tit 3.12 .... *734*

ARTESA
Éx 8.3 criará ranas. . . en tus hornos y en tus *a* 4863
Dt 28.5 benditas. . . tu canasta y tu *a* de amasar 4863
28.17 maldita tu canasta, y tu *a* de amasar 4863

ARTESANO
2 R 24.14 llevó en cautiverio. . . a todos los *a* 2796
24.16 y a los *a* y herreros. . . llevó cautivos 2796
2 Cr 24.13 hacían, pues, los *a* la obra, y por 4399
Jer 24.1 transportado. . . y los *a* y herreros de 2796

ARTESONADO, A
1 R 6.9 la terminó; y la cubrió con *a* de cedro 7713
Cnt 1.17 vigas. . . son de cedro, y de ciprés los *a* 7351
Hag 1.4 tiempo. . . de habitar en vuestras casas *a* 5603

ARTÍFICE
Gn 4.22 *a* de toda obra de bronce y de hierro 2794
Éx 38.23 Aholiab. . . *a* diseñador y recamador en 2796
Dt 27.15 hiciere escultura o imagen. . . mano de *a* 2796
1 Cr 4.14 los habitantes del valle. . . fueron *a* 2791
29.5 para toda la obra de las manos de los *a* 2796
2 Cr 24.12 *a* en hierro y bronce para componer 2796
Neh 11.35 Lod, y Ono, valle de los *a* 2791
Is 3.3 consejero. . . el *a* excelente y el. . . orador 2791
40.19 el *a* prepara la imagen de talla. . . funde 2796
44.11 avergonzados. . . *a* mismos son hombres 2796
Jer 10.3 leño. . . obra de manos de *a* con buril 2796
10.9 oro. . . obra de *a*, y de manos del fundidor 2796
29.2 los *a* y los ingenieros de Jerusalén 2796
51.17 se avergüenza todo *a* de su escultura 6884
Ez 21.31 en mano de hombres. . . *a* de destrucción 2796
Os 8.6 *a* lo hizo no es Dios; por lo que será 2796
13.2 han hecho según. . . ídolos, toda obra de *a* 2796
Hch 19.24 Demetrio. . . no poca ganancia a los *a* *5079*
19.38 los *a* que están con él tienen pleito *5079*
Ap 18.22 ningún *a* de. . . se hallará más en ti *5079*

ARTIFICIO
Éx 31.5 y en *a* de piedras. . . y en *a* de madera 2799
Sal 10.2 será atrapado en los *a* que ha ideado 4209
Os 7.6 corazón, semejante a un horno, a sus *a*

ARTIFICIOSA
2 P 1.16 no os. . . siguiendo fábulas *a*, sino como *4679*

ARTIMAÑA
Ef 4.14 que emplean con astucia las *a* del error *3180*

ARUBOT *Pueblo en un distrito administrativo de Salomón*, 1 R 4.10 700

ARUMA *Lugar donde vivió Abimelec No. 3*, Jue 9.41 725

ARVAD *Ciudad insular de Siria*, Ez 27.8,11 719

ARVADEO *Habitante de Arvad*, Gn 10.18; 1 Cr 1.16 721

ASA
1. Rey de Judá
1 R 15.8 Abiam. . . y reinó *A* su hijo en su lugar 609
15.9 el año 20 de. . . *A* comenzó a reinar sobre 609
15.11 *A* hizo lo recto ante. . . de Jehová, como 609
15.13 deshizo *A* el ídolo de su madre, y lo 609
15.14 el corazón de *A* fue perfecto para con 609
15.16 hubo guerra entre *A* y Baasa. . . de Israel 609
15.17 para no dejar. . . salir ni entrar a *A* rey 609
15.18 tomando *A* toda la plata y el oro que 609
15.18 los envió el rey *A* a Ben-adad hijo de 609
15.20 Ben-adad consintió con el rey *A*, y envió 609
15.22 entonces el rey *A* convocó a todo Judá 609
15.22 y edificó el rey *A* con ello a Geba de 609
15.23 los demás hechos de *A*, y todo su poderío 609
15.24 durmió *A* con. . . y fue sepultado con ellos 609
15.25 comenzó. . . en el segundo año de *A* rey de 609
15.28 lo mató. . . Baasa en el tercer año de *A* 609
15.32 y hubo guerra entre *A* y Baasa rey de 609
15.33 el tercer año de *A* rey de Judá. . . Baasa 609
16.8 año 26 de *A* rey de Judá comenzó a reinar 609
16.10 vino Zimri. . . lo mató, en el año 27 de *A* 609
16.15 el año 27 de *A* rey de Judá, comenzó a 609
16.23 en el año 31 de *A* rey de Judá comenzó 609
16.29 a reinar Acab. . . año 38 de *A* rey de Judá 609
22.41 Josafat hijo de *A* comenzó a reinar 609
22.43 anduvo en todo el camino de *A* su padre 609
22.46 quedado en el tiempo de su padre *A* 609
1 Cr 3.10 Abías, del cual fue hijo *A*, cuyo 609
2 Cr 14.1 Abías. . . reinó en su lugar su hijo *A* 609
14.2 hizo *A* lo bueno y lo recto ante los ojos 609
14.8 tuvo. . . *A* ejército que traía escudos y 609
14.10 *A* contra él, y ordenaron la batalla en 609
14.11 clamó *A* a Jehová su Dios, y dijo: ¡Oh 609
14.12 deshizo a los etíopes delante de *A* y 609
14.13 y *A*, y el pueblo que. . . los persiguieron 609
15.2 y salió al encuentro de *A*, y le dijo 609
15.2 dijo: Oídme, *A* y todo Judá y Benjamín 609
15.8 cuando oyó *A* las palabras y la profecía 609
15.10 el mes tercero del año. . . del reinado de *A* 609
15.16 aun a Maaca, madre del rey *A*. . . la depuso 609
15.16 y *A* destruyó la imagen, y la desmenuzó 609
15.17 el corazón de *A* fue perfecto en todos 609
15.19 hasta los 35 años del reinado de *A* 609
16.1 el año 36 del reinado de *A*, subió Baasa 609
16.1 no dejar. . . ni entrar a ninguno al rey *A* 609
16.2 sacó *A* la plata y el oro de. . . la casa de 609
16.4 consintió Ben-adad con el rey *A*, y envió 609
16.6 el rey *A* tomó a todo Judá, y se llevaron 609
16.7 vino el vidente Hanani a *A* rey de Judá 609
16.10 se enojó *A* contra el vidente y lo echó 609
16.10 y oprimió *A* en. . . a algunos del pueblo 609
16.11 hechos de *A*. . . están escritos en el libro 609
16.12 *A* enfermó gravemente de los pies, y en 609
16.13 y durmió *A* con sus padres, y murió en 609
17.2 ciudades de. . . que su padre *A* había tomado 609
20.32 anduvo en el camino de *A* su padre, sin 609
21.12 tu padre, ni en los caminos de *A* rey de 609
Jer 41.9 hecho el rey *A* a causa de Baasa rey 609
Mt 1.7 engendró. . . Roboam a Abías, y Abías a *A* *760*
1.8 *A* engendró a Josafat, Josafat a Joram *760*
2. Padre de Berequías No. 3, 1 Cr 9.16 609

ASADO *Véase también Asar*
Is 44.16 come carne, prepara un *a*, y se sacia 6740

ASAEL
1. Sobrino de David
2 S 2.18 estaban allí los tres. . . Abisai y *A* 6214
2.18 *A* era ligero de pies como una gacela del 6214
2.19 siguió *A* tras de Abner, sin apartarse ni 6214
2.20 dijo: ¿No eres tú *A*? Y él respondió: Sí 6214
2.21 pero *A* no quiso apartarse de en pos de él 6214
2.22 Abner volvió a decir a *A*: Apártate de en 6214
2.23 los que venían por. . . donde *A* había caído 6214
2.30 faltaron de los. . . diecinueve hombres y *A* 6214
2.32 tomaron luego a *A*, y lo sepultaron en el 6214
3.27 en venganza de la muerte de *A* su hermano 6214
3.30 Abner, porque él había dado muerte a *A* 6214
23.24 *A* hermano de Joab fue de los treinta 6214
1 Cr 2.16 los hijos de Sarvia fueron. . . Joab y *A* 6214
11.26 y los valientes de. . . *A* hermano de Joab 6214
27.7 el cuarto jefe para el cuarto mes era *A* 6214
2. Levita en tiempo del rey Josafat, 2 Cr 17.8 6214
3. Levita en tiempo del rey Ezequías, 2 Cr 31.13 6214
4. Padre de Jonatán No. 10, Esd 10.15 6214

ASAETEAR
Gn 49.23 le *asaetearon*, y le aborrecieron los 7232
Éx 19.13 no lo tocará mano. . . será. . . *asaeteado* 3384
Sal 11.2 para *asaetear* en oculto a los rectos 3384
64.4 para *asaetear*. . . al íntegro. . . lo *asaetean* 3384

ASAF
1. Padre de Joa No. 1, 2 R 18.18,37; Is 36.3,22 623
2. Cantor en tiempo de David
1 Cr 6.39 y su hermano *A*, el cual estaba a su 623
6.39 *A* hijo de Berequías, hijo de Simea 623
15.17 *A* hijo de Berequías; y de los hijos de 623
15.19 *A* y Etán, que eran cantores, sonaban 623
16.5 *A* el primero: *A* sonaba los címbalos 623
16.7 aclamar a Jehová por mano de *A* y de sus 623
16.37 allí, delante del arca del pacto. . . a *A* 623
25.1 apartaron. . . a los hijos de *A*, de Hemán y 623
25.2 de los hijos de *A*: Zacur, José, Netanías 623
25.2 la dirección de *A*, el cual profetizaba 623
25.6 *A*. . . Hemán estaban por disposición del rey 623
25.9 primera suerte salió por *A*, para José 623
2 Cr 5.12 todos los de *A*, los de Hemán y los 623
20.14 levita de los hijos de *A*, sobre el cual 623
29.13 de los hijos de *A*, Zacarías y Matanías 623
29.30 alabasen. . . con las palabras de. . . y de *A* 623
35.15 los cantores hijos de *A* estaban en su 623
35.15 conforme al mandamiento de David, de *A* 623
Esd 2.41 los cantores: Los hijos de *A*, ... 623
3.10 a los levitas hijos de *A* con címbalos 623
Neh 7.44 cantores: los hijos de *A*, ... 623
11.17 Zabdi, hijo de *A*, el principal, el que 623
11.22 de los hijos de *A*, cantores, sobre la 623
12.35 de Micaías, hijo de Zacur, hijo de *A* 623
12.46 desde el tiempo de. . . *A*, ya de antiguo 623
Sal 50, 73, 75, 76, 77, 79, 80, 81, 82, 83 *títs.* Salmo de *A* 623
74, 78 *títs.* Masquil de *A* 623
3. Ascendiente de algunos levitas que regresaron del cautiverio, 1 Cr 9.15 623
4. Ascendiente de Meselemías, 1 Cr 26.1 623
5. Oficial del rey Artajerjes, Neh 2.8 623

ASAÍA *Oficial del rey Josías*, 2 R 22.12,14 6222

ASAÍAS
1. Descendiente de Simeón, 1 Cr 4.36 6222
2. Descendiente de Merari, 1 Cr 6.30; 15.6,11 6222
3. Silonita que regresó del cautiverio (=Maasías No. 11), 1 Cr 9.5 6222
4. Siervo del rey Josías, 2 Cr 34.20 6222

ASALARIADO
Lv 25.50 conforme al tiempo de un criado *a* 7916
Jn 10.12 ***a*... de quien no son propias las ovejas** *3411*
10.13 **así que el *a* huye, porque es *a*, y no le** *3411*

ASALTAR
2 S 22.19 *asaltaron* en el día de mi quebranto 6923
22.30 contigo... y con mi Dios *asaltaré* muros 1801
Job 6.10 si me *asaltase* con dolor sin dar más 5539
Sal 18.18 *asaltaron* en el día de mi quebranto 6923
18.29 contigo... y con mi Dios *asaltaré* muros 1801
31.13 el miedo me *asalta* por todas partes 5439
Jer 6.4 levantaos y *asaltémosla* a mediodía 5927
6.5 levantaos y *asaltemos* de noche... palacios 5927
Hch 17.5 una turba... *asaltando* la casa de Jasón *2186*

ASALTO
Sal 144.14 no tengamos *a*, ni que hacer salida 6556

ASAMBLEA
Dt 9.10 palabras que os habló... el día de la *a* 6951
10.4 Jehová os había hablado... el día de la *a* 6951
18.16 pediste a Jehová tu Dios... día de la *a* 6951
1 Cr 13.2 y dijo David a toda la *a* de Israel 6951
13.4 la *a* que se hiciese así, porque la cosa 6951
29.1 después dijo el rey David a toda la *a* 6951
2 Cr 1.3 y fue Salomón, y con él toda esta *a* 6951
1.5 fue a consultar Salomón con aquella *a* 6951
7.9 el octavo día hicieron solemne *a*, porque 6116
20.5 Josafat se puso en pie en la *a* de Judá 6951
30.23 *a* determinó que celebrasen la fiesta 6951
30.24 el rey... había dado a la *a* mil novillos 6951
Esd 10.12 respondió toda la *a*, y dijeron en 6951
Neh 5.7 y convoqué contra ellos una gran *a* 6952
8.18 el octavo día fue de solemne *a*, según 6116
Sal 40.10 no oculté tu... tu verdad en grande *a* 6951
74.4 tus enemigos vociferan en medio de tus *a* 4150
Is 1.13 el convocar *a*, no lo puedo sufrir 4744
14.31 porque... no quedará uno solo en sus *a* 4151
Ez 46.11 en las *a* solemnes será la ofrenda un 4150
Jl 1.14; 2.15 proclamad ayuno, convocad a *a* 6116
Am 5.21 abominé... y no me complaceré en... *a* 6116
Hch 19.39 cosa, en legítima *a* se puede decidir *1577*
19.41 y habiendo dicho esto, despidió la *a* *1577*
23.7 produjo disensión... y la *a* se dividió *4128*

ASÁN *Ciudad levítica en Judá (=Corasán)*, Jos 15.42; 19.7; 1 Cr 4.32; 6.59 6228

ASAR *Véase también Asado*
Éx 12.8 comerán la carne *asada* al fuego, y 6748
12.9 cruda, ni cocida en... sino *asada* al fuego 6748
Dt 16.7 y lo *asarás* y comerás en el lugar que 1310
1 S 2.15 da carne que *asar* para el sacerdote 1310
2 Cr 35.13 y *asaron* la pascua... conforme a la 1310
Pr 12.27 el indolente ni aun *asará* lo... cazado 2760
Is 44.19 sus brasas cocí pan, *asé* carne, y la 6740
Jer 29.22 a Acab, a quienes *asó* al fuego el rey 7033
Lc 24.42 le dieron parte de un pez *asado*, y un *3702*

ASAREEL *Descendiente de Judá*, 1 Cr 4.16 840

ASARELA *Músico, hijo de Asaf (=Jesarela)*, 1 Cr 25.2 841

ASBEL *Hijo de Benjamín*, Gn 46.21; Nm 26.38; 1 Cr 8.1 788

ASBELITA *Descendiente de Asbel*, Nm 26.38 789

ASCALÓN *Una de las cinco ciudades principales de los filisteos*
Jue 1.18 tomó... *A* con su territorio y Ecrón con 831
14.19 descendió a *A* y mató a treinta hombres 831
1 S 6.17 por *A* uno, por Gat uno, por Ecrón uno 831
2 S 1.20 ni deis las nuevas en las plazas de *A* 831
Jer 25.20 a *A*, a Gaza, a Ecrón y al remanente 831
47.5 *A* ha perecido, y el resto de su valle 831
47.7 Jehová te ha enviado contra *A*, y contra 831
Am 1.8 destruiré a... y a los gobernadores de *A* 831
Sof 2.4 Gaza será desamparada, y *A* asolada 831
2.7 en las casas de *A* dormirán de noche 831
Zac 9.5 será *A*, y temerá... *A* no será habitada 831

ASCALONEO *Habitante de Ascalón*, Jos 13.3 831

ASCENDER
2 Cr 3.8 oro fino que *ascendía* a 600 talentos

ASCO
Éx 7.18 egipcios tendrán *a* de beber el agua 3811

ASCUA
2 S 14.7 así apagarán el *a* que me ha quedado 1513
1 R 19.6 una torta cocida sobre las *a*, y una 7529
Pr 25.22 porque *a* amontonarás sobre su cabeza 1513
Is 44.12 trabaja en las *a*, le da forma con los 6352
54.16 sopla las *a* en el fuego, y que saca la 6352
Ro 12.20 *a* de fuego amontonarás sobre... cabeza *440*

ASDOD *Una de las cinco ciudades principales de los filisteos (=Azoto)*
Jos 11.22 anaceos... quedaron en Gaza... y en *A* 795
15.46 las que están cerca de *A* con sus aldeas 795
15.47 *A* con sus villas y sus aldeas; Gaza con 795
1 S 5.1 arca... la llevaron desde Ben-ezer a *A* 795
5.3 los de *A* se levantaron de mañana, he aquí 795
5.5 no pon el umbral de Dagón en *A*, hasta 795
5.6 se agravó... sobre los de *A*... tumores en *A* 795
5.7 viendo esto los de *A*, dijeron: No quede 795
6.17 por *A* uno, por Gaza uno por Ascalón uno 795
2 Cr 26.6 rompió... muro de *A*; y edificó... en *A* 795
Neh 4.7 que oyendo... los de *A*, que los muros 795
13.23 judíos que habían tomado mujeres de *A* 795
13.24 la mitad de... hablaban la lengua de *A* 795
Is 20.1 vino el Tartán a *A*... y peleó contra *A* 795
Jer 25.20 Gaza, a Ecrón y al remanente de *A* 795
Am 1.8 destruiré a los moradores de *A*, y a los 795
3.9 proclamad en los palacios de *A*, y en los 795
Sof 2.4 saquearán *a*, *A* en pleno día, y Ecrón 795
Zac 9.6 habitaré en *A* un extranjero, y pondré 795

ASDODEO *Habitante de Asdod*, Jos 13.3 796

ASECHADOR
Jue 9.25 pusieron... *a* que robaban a todos los 693
Esd 8.31 nos libró de mano del *a* en el camino 693

ASECHANZA
Nm 35.20 o echó sobre él alguna cosa por *a* 6660
35.22 si... o echó sobre él... instrumento sin *a* 6660
Pr 1.11 ven... pongamos *a* para derramar sangre 693
1.18 pero ellos a su propia sangre ponen *a* 693
12.6 las palabras de los impíos son *a* para 693
Jer 9.8 dice paz a... y dentro de sí pone sus *a* 696
Hch 9.24 sus *a* llegaron a conocimiento de Saulo *1917*
20.3 siéndole puestas *a* por los judíos para *1917*
20.19 me han venido por las *a* de los judíos *1917*
23.30 pero al ser avisado de *a* que los judíos *1917*
Ef 6.11 estar firmes contra las *a* del diablo *3180*

ASEDIAR
Sal 118.11 me rodearon y me *asediaron*; mas en 5437
Ec 9.14 contra ella un gran rey, y la *asedia* 5437
Ez 6.12 quede y sea *asediado* morirá de hambre 5341
Hab 1.4 el impío *asedia* al justo, por eso sale 3803
He 12.1 todo peso y del pecado que nos *asedia* *2139*

ASEDIO
Dt 28.55,57 *a*... con que tu enemigo te oprimirá 4692
Sal 53.5 los huesos del que puso *a* contra ti 2583
Jer 19.9 en el *a* y en... con que los estrecharán 4692
Ez 4.7 al *a* de Jerusalén afirmarás tu rostro 4692
4.8 hasta que hayas cumplido los días de tu *a* 4692
5.2 quemarás... cuando se cumplan los días del *a* 4692
Nah 3.14 provéete de agua para el *a*, refuerza 4692

ASEGURAR
Jue 3.23 cerró... y las *aseguró* con el cerrojo 5462
16.13 si tejieres... y las *asegurares* con la 4253
16.14 ella las *aseguró* con la estaca, y le 8628
1 S 23.22 *aseguraos* más, conoced y ved el lugar 3559
1 Cr 18.3 yendo éste a *asegurar* su dominio 5324
Job 3.26 no me *aseguré*, ni estuve reposado; no 7951
Sal 112.8 *asegurado* está su corazón; no temerá 5564
Pr 6.3 vé, humíllate, y *asegúrate* de tu amigo 7292
Is 12.2 me *aseguraré* y no temeré; porque mi 982
Mt 27.64 manda... que se *asegure* el sepulcro *805*
27.65 Pilato les dijo... *aseguradlo* como sabéis *805*
27.66 ellos fueron y *aseguraron* el sepulcro *805*
Hch 12.15 estás loca. Pero ella *aseguraba* que *1340*
16.24 los metió... *aseguró* los pies en el cepo *805*
1 Co 15.31 os *aseguro*, hermanos, por la gloria *3513*
1 Jn 3.19 *aseguraremos*... corazones delante de *3982*

ASEMEJAR
Is 46.5 ¿a quién me *asemejáis* y me igualáis 1819

ASENA
1. Nombre de dos ciudades de Judá, Jos 15.33,43 823
2. Jefe de una familia de sirvientes del templo que regresaron del cautiverio, Esd 2.50 619

ASENAT *Mujer de José*, Gn 41.45,50; 46.20 621

ASENTAR
Éx 10.14 la langosta... se *asentó* en todo el país 5117
40.18 *asentó* sus basas, y colocó sus tablas 5414
Dt 29.20 se *asentará* sobre él toda maldición 7257
Jos 3.13 pies de los sacerdotes se *asientan* en 5117
6.26 sobre su hijo menor *asiente* sus puertas 3245
2 S 15.24 *asentaron* el arca del pacto de Dios 3332
2 Cr 4.4 estaba *asentado* sobre doce bueyes, 4350
Is 30.32 cada golpe... *asiente* Jehová sobre él 5117
Jer 30.18 templo será *asentado* según su forma 3427
Ez 24.11 *asentando*... la olla vacía sobre sus 5975
27.3 a Tiro, que está *asentada* a las orillas 3427
32.14 entonces haré *asentarse* sus aguas, y 8257
Nah 3.8 Tobías... estaba *asentada* junto al Nilo 3427
Sof 1.12 que *reposan*... como el vino *asentado* 7087
Mt 4.16 pueblo *asentado* en tinieblas vio... luz *2521*
4.16 a los *asentados* en región de sombra de *2521*
5.14 **una ciudad *asentada* sobre un monte no** *2749*
Hch 2.3 lenguas... *asentándose* sobre cada uno de *2523*
7.5 no le dio... ni aun para *asentar* un pie *968*

ASENTIR
Hch 28.24 algunos *asentían* a lo que se decía *3982*

ASENÚA *Padre de una familia de Benjamín*, 1 Cr 9.7 5574

ASER *Hijo del patriarca Jacob y la tribu que formó su posteridad*
Gn 30.13 para dicha mía... y llamó su nombre *A* 836
35.26 los hijos de Zilpa, sierva de... Gad y *A* 836
46.17 y los hijos de *A*: Imna, Isúa, Isúi 836
49.20 el pan de *A* será substancioso, y él dará 836
Éx 1.4 Dan, Neftalí, Gad y *A* 836
Nm 1.13 de *A*, Pagiel hijo de Ocrán 836
1.40 de los hijos de *A*, por su descendencia 836
1.41 contados de la tribu de *A* fueron 41.500 836
2.27 junto a él acamparán... de la tribu de *A* 836
2.27 el jefe de los hijos de *A*, Pagiel hijo 836
7.72 príncipe de los hijos de *A*, Pagiel hijo 836
10.26 sobre... los hijos de *A*, Pagiel hijo de 836
13.13 de la tribu de *A*, Setur hijo de Micael 836
26.44 hijos de *A* por sus familias: de Imna 836
26.46 y el nombre de la hija de *A* fue Sera 836
26.47 estas son las familias de los hijos de *A* 836
34.27 de *A*, el príncipe Ahiud hijo de Selomi 836
Dt 27.13 estos estarán... Gad, *A*, Zabulón, Dan 836
33.24 a *A* dijo: Bendito sobre los hijos sea *A* 836
Jos 17.7 fue el territorio de Manasés desde *A* 836
17.10 y se encuentra con *A* al norte, y con 836
17.11 tuvo también Manasés en Isacar y en *A* 836
19.24 suerte correspondió a la tribu... de *A* 836
19.31 esta es la heredad... de los hijos de *A* 836
19.34 y al occidente confinaba con *A*, y con 836
21.6 de la tribu de *A*, de la... trece ciudades 836
21.30 la tribu de *A*, Miseal con sus ejidos 836
Jue 1.31 tampoco *A* arrojó a los que habitaban 836
1.32 moró *A* entre los cananeos... no los arrojó 836
5.17 se mantuvo *A* a la ribera del mar, y se 836
6.35 mensajeros a *A*, a Zabulón y a Neftalí 836
7.23 y juntándose los... de *A* y de todo Manasés 836
1 R 4.16 Baana hijo de Husai, en *A* y en Alot 836
1 Cr 2.2 José, Benjamín, Neftalí, Gad y *A* 836
6.62 de la tribu de *A*, de la tribu de Neftalí y 836
6.74 de la tribu de *A*, Masal con sus ejidos 836
7.30 los hijos de *A*: Imna, Isúa, Isúi, Bería 836
7.40 todos estos fueron hijos de *A*, cabezas de 836
12.36 de *A*... preparados para pelear, 40.000 836
2 Cr 30.11 algunos hombres de *A*, de Manasés y 836
Ez 48.2 el lado del mar, tendrá *A* una parte 836
48.3 junto al límite de *A*, desde el lado del 836
48.34 puerta de *A*, otra; la puerta de Neftalí 836
Lc 2.36 Ana... hija de Fanuel, de la tribu de *A* *768*
Ap 7.6 de la tribu de *A*, doce mil sellados *768*

ASERA *Diosa de los habitantes de Canaán*
Éx 34.13 altares... cortaréis sus imágenes de *A* 842
Dt 7.5 y destruiréis sus imágenes de *A*... fuego 842
12.3 sus imágenes de *A* consumiréis con fuego 842
16.21 no plantarás ningún árbol para *A* cerca 842
Jue 3.7 sirvieron a los... y a las imágenes de *A* 842
6.25 también la imagen de *A* que está junto a 842
6.26 la madera de la imagen de *A* que habrás 842
6.28 cortada la imagen de *A* que estaba junto 842
6.30 y ha cortado la imagen de *A* que estaba 842
1 R 14.15 cuanto han hecho sus imágenes de *A* 842
14.23 imágenes de *A*, en todo collado alto y 842
15.13 a su madre... había hecho un ídolo de *A* 842
16.33 hizo también Acab una imagen de *A* 842
18.19 congrégame a... y los 400 profetas de *A* 842
2 R 13.6 la imagen de *A* permaneció en Samaria 842
17.10 levantaron estatuas e imágenes de *A* en 842
17.16 se hicieron... imágenes de *A*, y adoraron 842
18.4 las imágenes, y cortó los símbolos de *A* 842
21.3 hizo una imagen de *A*, como había hecho 842
21.7 puso una imagen de *A* que él había hecho 842
23.4 los utensilios... hechos para Baal, para *A* 842
23.6 sacar la imagen de *A* fuera de la casa de 842
23.7 cuales tejían las mujeres tiendas para *A* 842
23.14 y quebró... y derribó las imágenes de *A* 842
23.15 lo quemó... puso fuego a la imagen de *A* 842
2 Cr 14.3 quebró... y destruyó los símbolos de *A* 842
15.16 porque había hecho una imagen de *A* 842
17.6 quitó... las imágenes de *A* de en medio de 842
19.3 quitado de la tierra las imágenes de *A* 842
24.18 sirvieron a los símbolos de *A* y a las 842
31.1 de Judá... y destruyeron las imágenes de *A* 842
33.3 hizo imágenes de *A*, y adoró a todo el 842
33.19 los sitios donde... erigió imágenes de *A* e 842
34.3 limpiar a Judá... de los... imágenes de *A* 842
34.4 despedazó también las imágenes de *A*, las 842
34.7 y cuando hubo derribado... imágenes de *A* 842
Is 17.8 no mirará... ni a los símbolos de *A*, ni 842
27.9 y no se levanten los símbolos de *A* ni 842
Jer 17.2 se acuerdan de... de sus imágenes de *A* 842
Mi 5.14 arrancaré tus imágenes de *A* de... de ti 842

ASERRAR
He 11.37 fueron... *aserrados*, puestos a prueba *4249*

ASESINAR
Nm 19.18 que hubiere tocado el... o el *asesinado* 2491

ASESINO
Jer 4.31 que mi alma desmaya a causa de los *a* 2026

ASFALTO
Gn 11.3 les sirvió... el *a* en lugar de mezcla 2564
14.10 de Sidim estaba lleno de pozos de *a* 2564
Éx 2.3 y la calafatea con *a* y brea y colocó 2564

ASÍ *Véase el Apéndice*

ASIA *Provincia romana en Asia Menor*
Hch 2.9 los que habitamos... en el Ponto y en *A* *773*
6.9 se levantaron unos de... de *A*, disputando *773*
16.6 les fue prohibido... hablar la palabra en *A* *773*
19.10 todos los que habitaban en *A*, judíos y *773*
19.22 él se quedó por algún tiempo en *A* *773*
19.26 en casi toda *A*, ha apartado a muchas *773*
19.27 a ser destruida... a quien venera toda *A* *773*
Hch 19.31 autoridades de *A*, que eran sus amigos *775*
20.4 le acompañaron hasta *A*, Sópater de Berea *773*
20.4 le acompañaron... de *A*, Tíquico y Trófimo *774*
20.16 largo a Éfeso, para no detenerse en *A* *773*
20.18 me he comportado... desde que entré en *A* *773*
21.27 unos judíos de *A*, al verle en el templo *773*
24.18 judíos de *A* me hallaron purificado en *773*
27.2 nave... que iba a tocar los puertos de *A* *773*
1 Co 16.19 las iglesias de *A* os saludan. Aquila *773*
2 Co 1.8 tribulación que nos sobrevino en *A* *773*
2 Ti 1.15 me abandonaron... los que están en *A* *773*
1 P 1.1 Pedro... a los expatriados... *A* y Bitinia *773*
Ap 1.4,11 **las siete iglesias que están en *A*** *773*

ASIEL *Descendiente de Simeón*, 1 Cr 4.35 6221

ASIENTO
1 S 20.18 serás echado le menos, porque tu *a* 4186
20.25 rey se sentó en su *a* junto a la pared 4186
20.27 aconteció... que el *a* de David quedó vacío ... 4725
1 R 10.19 tenía brazos cerca del *a*, junto a 4725
2 Cr 9.18 y brazos a uno y otro lado del *a*, y 4725
Job 29.7 yo... en la plaza hacía preparar mi *a* 4186
Sal 50.20 tomabas *a*, y hablabas contra tu 3427
Cnt 3.10 su *a* de grana, su interior recamado 4817
Is 22.23 será por *a* de honra a la casa de su 4725
Mt 23.6; Mr 12.39 **los primeros *a* en las cenas** *4410*
Lc 14.7 cómo escogían los primeros *a* a la mesa *4411*
20.46 **aman las... y los primeros *a* en las cenas** *4410*

ASIGNAR
Mt 26.15 ellos le asignaron 30 piezas de plata *2476*
Lc 22.29 **asigno un reino, como... me lo asignó** *1303*

ASIMA *Dios(a) de los de Hamat*, 2 R 17.30 807

ASIMISMO *Véase el Apéndice*

ASÍNCRITO *Cristiano saludado por Pablo*,
Ro 16.14 .... *799*

ASIR *(n.)*
1. Hijo de Coré, Éx 6.24; 1 Cr 6.22 617
2. Descendiente de Salomón, 1 Cr 3.17 617
3. Descendiente de Coré, 1 Cr 6.23,37 617

ASIR *(v.)*
Gn 19.16 los varones *asieron* de su mano, y de 2388
39.12 y ella lo *asió* por su ropa, diciendo 8610
48.17 José... *asió* la mano de su padre, para 8551
Dt 25.11 y alargando su mano *asiere* de... partes 2388
Jue 16.29 *asió* luego Sansón las dos columnas 3943
1 S 15.27 él se *asió* de la punta de su manto 2388
2 S 1.11 *asiendo* de sus vestidos, los rasgó 2388
13.11 *asió* de ella, y le dijo: Ven, hermana 2388
1 R 1.50 y se *asió* de los cuernos del altar 2388
1.51 Adonías... se ha *asido* de los cuernos del 270
2.28 Joab... se *asió* de los cuernos del altar 2388
2 R 4.27 luego que llegó... se *asió* de sus pies 2388
Job 8.15 se *asirá* de ella, mas no resistirá 2388
27.6 mi justicia tengo *asida*, y no la cederé 2388
Sal 139.10 me guiará... y me *asirá* tu diestra 270
Pr 7.13 *asió* de él, y le besó. Con semblante 2388
Cnt 3.4 lo *así*, y no lo dejé, hasta que lo metí 270
7.8 dije: Subiré a la palmera, *asiré* sus ramas 270
Mt 14.31 **extendiendo la mano, *asió* de él, y le** *1949*
18.28 ***asiendo* de él, le ahogaba, diciendo** *2902*
Hch 3.11 teniendo *asidos* a Pedro y a Juan el *2902*
Fil 2.16 *asidos* de la palabra de vida, para *1907*
3.12 si... asir aquello para lo cual fui... *asido* *2638*
Col 2.19 no *asiéndose* de la Cabeza, en virtud *2902*
He 6.18 *asirnos* de la esperanza puesta delante *2902*

ASIRIA *Imperio al norte de Babilonia*
Gn 2.14 Hidekel... es el que va al oriente de *A* 804
10.11 de esta tierra salió para *A*, y edificó 804
25.18 está enfrente de Egipto viniendo de *A* 804
Nm 24.22 echado, cuando *A* te llevará cautivo 804
24.24 y afligirán a *A*, afligirán... a Heber 804
2 R 15.19 vino Pul rey de *A* a atacar la tierra 804
15.20 de cada uno 50 siclos... dar al rey de *A* 804
15.20 el rey de *A* se volvió, y no se detuvo 804
15.29 Tiglat-pileser... los llevó cautivos a *A* 804
16.7 Embajadores a Tiglat-pileser rey de *A* 804
16.8 Acaz... envió al rey de *A* un presente 804
16.9 atendió el rey de *A*... subió el rey de *A* 804
16.10 a encontrar a Tiglat-pileser rey de *A* 804
16.18 los quita del... por causa del rey de *A* 804
17.4 rey de *A* descubrió que Oseas conspiraba 804
17.4 y no pagaba tributo al rey de *A*, como lo 804
17.4 el rey de *A* le detuvo, y le aprisionó en 804
17.5 rey de *A* invadió todo el país, y sitió 804
17.6 el rey de *A*... llevó a Israel cautivo a *A* 804
17.23 Israel fue llevado cautivo de su... a *A* 804
17.24 trajo el rey de *A* gente de Babilonia 804
17.26 dijeron... al rey de *A*: Las gentes que tú 804
17.27 rey de *A* mandó, diciendo: Llevad allí 804
18.7 él se rebeló contra el rey de *A*, y no le 804
18.11 el rey de *A* llevó cautivo a Israel a *A* 804
18.13 subió Senaquerib rey de *A* contra todas 804
18.14 envió a decir al rey de *A* que estaba en 804
18.14 y el rey de *A* impuso a Ezequías rey de 804
18.16 quitó el oro de... y lo dio al rey de *A* 804
18.17 el rey de *A* envió contra el rey Ezequías 804
18.19 les dijo el... Así dice el gran rey de *A* 804
18.23 que des rehenes a mi señor, el rey de *A* 804
18.28 la palabra del gran rey, el rey de *A* 804
18.30 ciudad no será... en mano del rey de *A* 804
18.31 así dice el rey de *A*: Haced conmigo paz 804
18.33 ha librado su tierra de... del rey de *A*? 804
19.6 han blasfemado los siervos del rey de *A* 804
19.8 al rey de *A* combatiendo contra Laquis 804
19.10 no será entregada en mano del rey de *A* 804
19.11 oído lo que han hecho los reyes de *A* a 804
19.17 que los reyes de *A* han destruido las 804
19.20 me pediste acerca de... rey de *A*, he oído 804
19.32 dice Jehová... del rey de *A*: No entrará 804
19.36 Senaquerib rey de *A* se fue, y volvió a 804
20.6 te libraré a ti y... de mano del rey de *A* 804
23.29 Necao rey de... subió contra el rey de *A* 804
2 Cr 28.16 envió a pedir el... a los reyes de *A* 804
30.6 quedado de la mano de los reyes de *A* 804
32.4 han de hallar los reyes de *A* muchas aguas 804
32.7 ni tengáis miedo del rey de *A*, ni de toda 804
32.11 Dios nos librará de la... del rey de *A*? 804
32.21 destruyó... en el campamento del rey de *A* 804
32.22 así salvó... de las manos de... rey de *A* 804
Esd 4.2 desde los días de Esar-hadón rey de *A* 804
6.22 y había vuelto el corazón del rey de *A* 804
Neh 9.32 los días de los reyes de *A* hasta este 804
Is 7.17 Jehová hará venir sobre ti... rey de *A* 804
7.18 a la abeja que está en la tierra de *A* 804
7.20 esto es con el rey de *A*, cabeza y pelo de 804
8.4 y los despojos de... delante del rey de *A* 804
8.7 esto es, al rey de *A* con todo su poder 804
10.5 oh *A*, vara y báculo de mi furor, en su 804
10.12 de la soberbia del corazón del rey de *A* 804
10.24 mío, morador de Sion, no temas de *A* 804
11.11 de su pueblo que aún quede en *A*, Egipto 804
11.16 habrá camino para... el que quedó de *A* 804
19.23 calzada de Egipto a *A*... y egipcios en *A* 804
19.24 Israel será tercero con Egipto y con *A* 804
20.1 lo envió Sargón rey de *A*, y peleó contra 804
20.4 así llevará el rey de *A* a los cautivos 804
20.6 acogimos... para ser libres de... rey de *A* 804
23.13 este pueblo no existía; *A* la fundó para 804
27.13 vendrán... esparcidos en la tierra de *A* 804
30.31 *A* que hirió con vara... será quebrantada 804
31.8 entonces caerá *A* por espada no de varón 804
36.1 Senaquerib rey de *A* subió contra todas 804
36.2 rey de *A* envió al Rabsaces con un gran 804
36.4 el rey de *A*, dice así: ¿Qué confianza es 804
36.8 yo te ruego que des rehenes al rey de *A* 804
36.13 las palabras del gran rey, el rey de *A* 804
36.15 no será entregada... manos del rey de *A* 804
36.16 así dice el rey de *A*: Haced conmigo paz 804
36.18 libraron los... de la mano del rey de *A*? 804
37.4 rey de *A* su señor envió para blasfemar 804
37.6 han blasfemado los siervos del rey de *A* 804
37.8 al rey de *A* que combatía contra Laquis 804
37.10 no será entregada en mano del rey de *A* 804
37.11 oíste lo que han hecho los reyes de *A* 804
37.18 reyes de *A* destruyeron todas las tierras 804
37.21 de lo que me rogaste sobre... rey de *A* 804
37.33 así dice Jehová acerca del rey de *A*: No 804
37.37 entonces Senaquerib rey de *A* se fue, e 804
38.6 y te libraré a ti... de mano del rey de *A* 804
Jer 2.18 ¿y qué tienes tú en el camino de *A* 804
2.36 de Egipto, como fuiste avergonzada de *A* 804
50.17 rey de *A* lo devoró primero... lo deshuesó 804
50.18 castigo al... como castigué al rey de *A* 804
Ez 23.23 y todos los de *A* con ellos; jóvenes 804
27.23 mercaderes de Sabá, de *A* y de Quilmad 804
32.22 allí está *A* con toda su multitud 804
Os 5.13 irá entonces Efraín a *A*, y enviará al 804
7.11 Efraín... llamarán a Egipto, acudirán a *A* 804
8.9 subieron a *A*, como asno montés para sí 804
9.3 sino que volverá Efraín a Egipto y a *A* 804
10.6 llevado a *A* como presente al rey Jareb 804
11.11 y de la tierra de *A* como paloma; y los 804
Mi 5.6 devastarán la tierra de *A* a espada, y 804
7.12 ese día vendrán hasta ti desde *A* y las 804
Nah 3.18 durmieron tus pastores, oh rey de *A* 804
Sof 2.13 extenderá su mano... destruirá a *A*, y 804
Zac 10.10 y los recogeré de *A*; y los traeré a 804
10.11 la soberbia de *A* será derribada, y se 804

ASIRIO *Habitante de Asiria*
2 R 15.29 vino... rey de los *a*, y tomó a Ijón 804
17.3; 18.9 subió Salmanasar rey de los *a* 804
19.4 el rey de los *a* su señor ha enviado para 804
19.35 en el campamento de los *a* a 185.000 804
1 Cr 5.6 fue transportado por... rey de los *a* 804
5.26 excitó el espíritu de Pul rey de los *a* 804
5.26 espíritu de Tiglat-pileser rey de los *a* 804
2 Cr 28.20 vino contra él... rey de los *a*, quien 804
28.21 despojó Acaz... para dar al rey de los *a* 804
32.1 Senaquerib rey de los *a*... invadió a Judá 804
32.9 Senaquerib rey de los *a*... para decir a 804
32.10 así ha dicho Senaquerib rey de los *a* 804
33.11 Jehová trajo contra ellos... rey de los *a* 804
Sal 83.8 también el *a* se ha juntado con ellos 804
Is 14.25 quebrantaré al *a* en mi tierra, y en 804
19.23 *a* entrarán en Egipto, y egipcios en 804
19.23 los egipcios servirán con los *a* a Jehová 804
19.25 bendito el pueblo mío Egipto, y el *a* 804
37.36 y mató a... en el campamento de los *a* 804
52.4 mi pueblo... y el *a* lo cautivó sin razón 804
Lm 5.6 al egipcio y al *a* extendimos la mano 804
Ez 16.28 fornicaste también con los *a*, por no 804
23.5 se enamoró de sus amantes los *a*, vecinos 804
23.7 con todos los más escogidos de los... *a* 804
23.9 entregué en mano de los hijos de los *a* 804
23.12 se enamoró de los hijos de los *a* sus 804
31.3 he aquí era el *a* cedro en el Líbano, de 804
Os 11.5 que el *a* mismo será su rey, porque no 804
12.1 hicieron pacto con los *a*, y el aceite se 804
14.3 no nos librará el *a*; no montaremos en 804
Mi 5.5 cuando el *a* viniere a nuestra tierra 804
5.6 nos librará del *a*, cuando viniere contra 804

ASISTIR
Éx 1.16 *asistáis* a las hebreas en sus partos 3205
1 Cr 23.30 *asistir* cada mañana... a dar gracias 5975
Esd 3.9 *asistían* para activar a los que hacían 5329
Dn 7.10 y millones de... *asistían* delante de él 6966
7.16 me acerqué a uno de los que *asistían*, y 6966
Hch 10.7 devoto soldado de los que le *asistían* *4342*

ASKENAZ *Hijo (o los descendientes) de Gomer*,
Gn 10.3; 1 Cr 1.6; Jer 51.27 813

ASMÓN *Lugar en la frontera de Judá*,
Nm 34.4,5; Jos 15.4 6111

ASNA *Véase también Asno*
Gn 12.16 tuvo... siervos, criadas, *a* y camellos 2543
32.15 diez novillos, veinte *a* y diez borricos 860
45.23 y diez *a* cargadas de trigo, y pan y 860
49.11 atando a la... a la cepa el hijo de su *a* 860
Nm 22.21 Balaam... enalbardó su *a* y fue con los 860
22.22 iba... él montado sobre su *a*, y con él 860
22.23 el *a* vio al ángel... y se apartó el *a* del 860
22.23 azotó Balaam al *a* para hacerla volver al 860
22.25 viendo el *a* al ángel... pegó a la pared 860
22.27 viendo el *a* al ángel... se echó debajo de 860
22.27 y Balaam se enojó y azotó al *a* con un 860
22.28 Jehová abrió la boca al *a*, la cual dijo 860
22.29 Balaam respondió al *a*... te has burlado 860
22.30 el *a* dijo a Balaam: ¿No soy yo tu *a*? 860
22.32 ¿por qué has azotado tu *a*... tres veces? 860
22.33 el *a* me ha visto, y se ha apenado luego 860
Jue 5.10 los que cabalgáis en *a* blancas, los 860
1 S 9.3 se habían perdido las *a* de Cis, padre 860
9.3 toma... y levántate y vé a buscar las *a* 860
9.5 padre, abandonada la preocupación... las *a* 860
9.20 y de las *a* que... pierde cuidado de ellas 860
10.2 *a*... se han hallado; tu padre ha dejado... *a* 860
10.14 y él respondió: A buscar las *a*; y como 860
10.16 nos declaró... las *a* habían sido halladas 860
2 R 4.22 que envíes... criados y una de las *a* 860
4.24 hizo enalbardar el *a*, y dijo al criado 860
1 Cr 27.30 los camellos, Obid... las *a*, Jehedías 860
Job 1.3 su hacienda era siete mil ovejas... 500 *a* 860
1.14 arando, y las *a* paciendo cerca de ellos 860
42.12 tuvo... mil yuntas de bueyes y mil *a* 860
Jer 2.24 *a* montés acostumbrada al desierto 6501
Zac 9.9 cabalgando sobre un pollino hijo de *a* 860
Mt 21.2 **hallaréis una *a* atada, y un pollino** *3688*
21.5 manso, y sentado sobre una *a*, sobre un *3688*
21.7 trajeron el *a* y el pollino, y pusieron *3688*
Jn 12.15 viene, montado sobre un pollino de *a* *3688*

ASNAPAR *Rey asirio*
Esd 4.10 que el grande y glorioso *A* transportó 620

ASNILLO
Jn 12.14 halló Jesús un *a*, y montó sobre él *3678*

ASNO *Véase también Asna*
Gn 12.16 y él tuvo ovejas, vacas, *a*, siervos 2543
22.3 y enalbardó su *a*, y tomó consigo dos 2543
22.5 dijo Abraham... Esperad aquí con el *a*, y 2543
24.35 y le ha dado... y siervas, camellos y *a* 2543
30.43 y siervas y siervos, y camellos y *a* 2543
32.5 tengo... *a*, ovejas, y siervos y siervas 2543
34.28 tomaron... sus *a*, y lo que había en la 2543
36.24 apacentaban los *a* de Zibeón su padre 2543
42.26 y ellos pusieron su trigo sobre sus *a* 2543
42.27 para dar de comer a su *a* en el mesón 2543
43.18 tomarnos por siervos... y a nuestros *a* 2543
43.24 y les dio agua... y dio de comer a sus *a* 2543
44.3 los hombres fueron despedidos con sus *a* 2543
44.13 cargó cada uno su *a* y volvieron a la 2543
45.23 diez *a* cargados de lo mejor de Egipto 2543
47.17 José les dio alimentos por... y por *a*; y 2543
49.14 Isacar, *a* fuerte que se recuesta entre 2543
Éx 4.20 los puso sobre un *a*, y volvió a tierra 2543
9.3 sobre tus... *a*, camellos, vacas y ovejas 2543
13.13 todo primogénito de *a* redimirás con un 2543
20.17 no codiciarás... ni su *a*, ni cosa alguna 2543
21.33 no la cubriere, y cayere allí buey o *a* 2543
22.4 hurto en la mano... sea buey o *a* u oveja 2543
22.9 en toda clase de fraude... sobre *a*, sobre 2543
22.10 dado a su prójimo *a*, o buey... a guardar 2543
23.4 si encontrares... *a* extraviado, vuelve a 2543
23.5 si vieres el *a* del que te aborrece caído 2543
23.12 reposarás... que descanse tu buey y tu *a* 2543
34.20 con cordero el primogénito del *a*; y si 2543
16.15 ni aun un *a* he tomado de ellos, ni a 2543
31.28 así de las personas como... de los *a* y de 2543
31.30 tomarás... de los *a*, de las ovejas y de 2543
31.34 y sesenta y un mil *a* 2543
31.39,45 de los *a*, treinta mil quinientos 2543
Dt 5.14 ninguna obra harás tú, ni tu... ni tu *a* 2543
5.21 ni desearás... su *a*, ni cosa alguna de tu 2543
22.3 así harás con su *a*, así harás también 2543
22.4 si vieres el *a* de tu hermano, o su buey 2543
22.10 no ararás con buey y con *a* juntamente 2543
28.31 tu *a* será arrebatado de delante de ti 2543
Jos 6.21 destruyeron a filo de espada... los *a* 2543
7.24 tomaron a Acán... sus *a*, sus ovejas, su 2543
9.4 fueron... tomaron sacos viejos sobre sus *a* 2543
15.18 ella... se bajó del *a*. Y Caleb le dijo 2543
Jue 1.14 ella se bajó del *a*, y Caleb le dijo 2543
6.4 y no dejaban... ni ovejas, ni bueyes, ni *a* 2543
10.4 hijos, que cabalgaban sobre treinta *a* 5895
12.14 nietos, que cabalgaban sobre setenta *a* 5895
15.15 y hallando una quijada de *a* fresca aún 2543
15.16 con la quijada de un *a*, un montón, dos 2543
15.16 la quijada de un *a* maté a mil hombres 2543
19.3 llevaba consigo... criado, y un par de *a* 2543
19.10 llegó hasta... con su par de *a* ensillados 2543
19.19 tenemos paja y forraje para nuestros *a* 2543
19.21 dio de comer a sus *a*; y se lavaron los 2543
19.28 y echándola sobre su *a*... fue a su lugar 2543
1 S 8.16 tomará... vuestros *a*, y con ellos hará 2543
12.3 atestiguad... si he tomado el *a* de alguno 2543
15.3 mata a hombres... ovejas, camellos y *a* 2543

16.20 y tomó Isaí un *a* cargado de pan...vino 2543
22.19 bueyes, *a* y ovejas, todo lo hirió a filo 2543
25.18 Abigail tomó luego...lo cargó todo en *a* 2543
25.20 montando un *a*, descendió por una parte..... 2543
25.23 Abigail...se bajó prontamente del *a*, y........ 2543
25.42 Abigail...montó en un *a* y siguió a los 2543
27.9 David...se llevaba...los *a*, los camellos 2543
2 S 16.1 que salía a recibirle con un par de *a* 2543
16.2 los *a* son para que monte la familia del......... 2543
17.23 enalbardó su *a*, y se levantó y se fue 2543
19.26 enalbárdame un *a*, y montaré en él, e 2543
1 R 2.40 Simei...ensilló su *a* y fue a Aquis en 2543
13.13 ensilladme el *a*. Y...le ensillaron el *a* 2543
13.23 cuando había comido pan...ensilló el *a* 2543
13.24 estaba echado...y el *a* junto a él, y el 2543
13.27 ensilladme un *a*. Y...se lo ensillaron........... 2543
13.28 halló...el *a* y el león...junto al cuerpo 2543
13.28 el león no había comido...ni dañado al *a*..... 2543
13.29 el cuerpo...lo puso sobre el *a* y se lo 2543
2 R 6.25 que la cabeza de un *a* se vendía por 2543
7.7 abandonando sus...sus *a*, y el campamento 2543
7.10 que no había allí...sino...*a* también atados ... 2543
1 Cr 5.21 tomaron...250.000 ovejas y 2.000 *a* 2543
12.40 trajeron víveres en *a*, camellos, mulos........ 2543
2 Cr 28.15 condujeron en *a* a todos los débiles 2543
Esd 2.67; Neh 7.69 sus camellos, 435; *a*, 6.720........... 2543
Neh 13.15 vi...cargaban *a* con vino, y también de 2543
Job 6.5 gime el *a* montés junto a la hierba?............ 6501
11.12 un pollino de *a* montés nazca hombre 6501
24.3 se llevan el *a* de los huérfanos, y toman 2543
24.5 como *a* monteses en el desierto, salen a 6501
39.5 ¿quién echó libre al *a* montés, y quién 6501
Sal 104.11 dan...mitigan su sed los *a* monteses........ 6501
Pr 26.3 el látigo para...el cabestro para el *a* 2543
Is 1.3 conoce...y el *a* el pesebre de su señor 2543
21.7 vio hombres montados...sobre *a*...camellos... 2543
30.6 llevan sobre lomos de *a* sus riquezas 5895
30.24 *a* que labran la tierra comerán grano 5895
32.14 cuevas...donde descansen *a* monteses 6501
32.20 aguas, y dejáis libres al buey y al *a* 2543
Jer 14.6 *a* monteses se ponían en las alturas 6501
22.19 en sepultura de *a* será enterrado 2543
Ez 23.20 es como el ardor carnal de los *a*, y 2543
Dn 5.21 y con los *a* monteses fue su morada........... 6501
Os 8.9 subieron a Asiria, como *a* montés para......... 6501
Zac 9.9 tu rey vendrá...cabalgando sobre un *a* 2543
14.15 así también será la plaga de...de los *a* 2543
Mt 18.6 **se le colgase... piedra de molino de *a*** *3684*
Lc 13.15 **¿no desata en el día de reposo su *a*** *3688*
14.5 **¿quién de vosotros, si su *a* o su buey cae** *3688*

ASOCIAR
Ro 12.16 sino *asociándoos* con los humildes *4879*

ASOLADO *Veáse Asolar*

ASOLADOR, A
Job 15.21 en la prosperidad el *a* vendrá sobre 7703
Is 49.17 tus destruidores y tus *a* saldrán de 2717
Dn 8.13 ¿hasta cuándo durará...prevaricación *a* 8074

ASOLAMIENTO
2 Cr 36.21 la tierra...el tiempo de su *a* reposó......... 8074
Sal 46.8 Jehová, que ha puesto *a* en la tierra 8047
73.18 los has puesto en...en *a* los harás caer....... 4876
74.3 dirige tus pasos a los *a* eternos, a todo 4876
Is 1.7 tierra sea...asolada como *a* de extraños 8077
10.3 que os ayude, cuando venga de lejos el *a*? 7722
13.6 el día...vendrá como *a* del Todopoderoso 7701
34.11 se extenderá sobre ella...niveles de *a* 8414
51.19 te han acontecido: *a* y quebrantamiento...... 7701
61.4 antiguas, y levantarán los *a* primeros 8074
Jer 12.11 fue puesta en *a*, y lloró sobre mí............ 8074
44.22 tanto, vuestra tierra fue puesta en *a* 2723
49.13 *a*, oprobio, soledad y maldición será 8047
50.3 una nación...la cual pondrá su tierra en *a* 8047
51.26 porque perpetuo *a* serás...dicho Jehová 8077
Lm 3.47 temor y lazo fueron...*a* y quebranto 7612
Ez 15.8 convertiré la tierra en *a*, por cuanto 8077
35.9 te pondré en *a* perpetuo, y tus ciudades 8077
36.4 así ha dicho Jehová...a las ruinas y *a* 8074
Mi 6.16 para que yo te pusiese en *a*, y tus 8047
Sof 1.15 día de alboroto y de *a*...de tinieblas 4875
2.9 Moab será como Sodoma...sal, y *a* perpetuo ... 8077
2.13 a Asiria, y convertirá a Nínive en *a*............ 8077

ASOLAR
Gn 19.29 *asolar* las ciudades donde Lot estaba 2015
47.19 que vivamos...y no sea *asolada* la tierra 3456
Lv 26.31 y *asolaré* vuestros santuarios, y no 2723
26.32 *asolaré*...la tierra, y se pasmarán por......... 8074
26.33 vuestra tierra...*asolada*, y desiertas 8077
26.34 de reposo, los días que esté *asolada* 8074
26.35 el tiempo que esté *asolada*, descansará 8074
Jos 8.28 quemó a Hai y...*asolada* para siempre 8077
10.1 tomado a Hai, y que la había *asolado*.......... 2763
Jue 1.17 derrotaron al...en Sefat, y la *asolaron* 2763
9.45 y *asoló* la ciudad, y la sembró de sal........... 5422
1 S 27.9 *asolaba* David el país, y no dejaba 5221
30.1 y habían *asolado* a Siclag y le habían 5221
2 R 3.25 y *asolaron* las ciudades, y en todas 2040
22.19 que vendrán a ser *asolados* y malditos 8047
2 Cr 34.6 lo mismo...y en los lugares *asolados*
Est 9.5 *asolaron* los judíos a...sus enemigos 5221
Job 15.28 y habitó las ciudades *asoladas*, las 3582
15.34 la congregación de los...será *asolada*........ 1565
16.7 ahora tú...has *asolado* toda mi compañía 8074
30.3 huían a la...a lugar tenebroso, *asolado*....... 7722
Sal 40.15 sean *asolados* en pago de su afrenta 8074
52.5 Dios...te *asolará* y te arrancará de tu 5422
69.25 su palacio *asolado*: en sus tiendas no......... 8074
73.19 ¡cómo han sido *asolados* de repente! 8047
79.7 han consumido a...su morada han *asolado* ... 8074
80.16 quemada a fuego...*asolada*; perezcan por ... 3683
Pr 14.11 la casa de los impíos será *asolada*........... 8045
15.25 Jehová *asolará* la casa de los soberbios 5255
Is 1.7 *asolada* como asolamiento de extraños.......... 8077
1.8 hija de Sion como...como ciudad *asolada* 5341
5.9 las muchas casas han de quedar *asoladas*...... 8047
6.11 hasta que las ciudades estén *asoladas* y 7582
14.17 que *asoló* sus ciudades, que a sus presos 2040
24.6 tierra, y sus moradores fueron *asolados* 816
34.10 generación en generación será *asolada*....... 2717
42.14 voces...*asolaré* y devoraré 5395,8074
49.8 para que...que heredes *asoladas* heredades .. 8074
54.3 heredará...habitará las ciudades *asoladas*.... 8074
60.12 no te sirviere...del todo será *asolado*......... 2717
Jer 2.15 alzaron su voz, y *asolaron* su tierra........... 8047
4.7 ciudades quedarán *asoladas* y sin morador 8047
4.23 la tierra, y he aquí que estaba *asolada* 8414
4.26 sus ciudades eran *asoladas* delante de 5422
4.27 toda la tierra será *asolada*; pero no la......... 8077
9.12 la tierra...ha sido *asolada* como desierto...... 3341
10.25 han consumido, y han *asolado* su morada.... 8074
12.11 fue *asolada* toda la tierra, porque no......... 8074
20.16 como las ciudades que *asoló* Jehová, y 2015
25.36 ¡voz de...porque Jehová *asoló* sus pastos..... 7703
25.38 *asolada* fue la tierra de ellos por la 8047
26.9 será *asolada* hasta no quedar morador? 2717
33.10 que están *asoladas*, sin hombre y sin 2720
43.11 y vendrá y *asolará* la tierra de Egipto 5221
44.2 ciudades...están el día de hoy *asoladas* 2723
46.13 la venida de Nabucodonosor...para *asolar*... 5221
46.19 será *asolada* hasta no quedar morador 3341
48.15 destruido fue Moab...ciudades *asoladas*
49.28 los cuales *asoló* Nabucodonosor rey de......... 5221
50.13 no será habitada, sino será *asolada* toda...... 8077
51.43 sus ciudades fueron *asoladas*, la tierra 8047
51.62 lugar...para siempre ha de ser *asolado* 8077
Lm 1.4 todas sus puertas están *asoladas*, sus.......... 8074
4.5 los que comían...fueron *asolados* en las........ 8074
5.18 por el monte de Sion que está *asolado*......... 8074
Ez 6.4 serán *asolados*, y vuestras imágenes del........ 8074
6.6 altos serán *asolados*, para que sean *a* y 3456
6.14 más *asolada* y devastada que el desierto 8077
12.20 la tierra será *asolada*; y sabréis que.......... 8077
14.15 hiciere pasar bestias...y la *asolaren* 8077
19.7 saqueó fortalezas, y *asoló* ciudades 2717
25.3 tierra de Israel era *asolada*, y llevada 8074
25.13 cortaré de ella hombres y...la *asolaré*......... 2723
26.19 te convertiré en ciudad *asolada*, como 2717
29.9 tierra de Egipto será *asolada* y desierta 8077
29.12 en soledad entre las tierras *asoladas*......... 8074
30.7 serán *asolados* entre las tierras *a*, y sus 8074
30.14 *asolaré* a Patros, y pondré fuego a Zoán...... 8074
32.15 cuando *asuele* la tierra de Egipto, y la......... 8077
33.24 que habitan aquellos lugares *asolados* 2723
33.27 en...lugares *asolados* caerán a espada........ 2723
33.28 y los montes de Israel serán *asolados* 8074
35.4 tus ciudades *asolaré*, y tú serás *asolado* 2723
35.15 te alegraste sobre...porque fue *asolada*...... 8074
35.15 *asolado* será el monte de Seir, y todo.......... 8077
36.3 *asolaron* y os tragaron de todas partes........ 8074
36.34 tierra *asolada* será labrada, en lugar 8074
36.34 en lugar de haber permanecido *asolada* a ... 8077
36.35 esta tierra que era *asolada* ha venido 8074
36.35 ciudades que eran desiertas y *asoladas* 8074
Dn 9.17 sobre tu santuario *asolado*, por amor........... 8076
Os 5.9 Efraín será *asolado*...el día del castigo.......... 8047
13.16 Samaria será *asolada*, porque se rebeló........ 816
Jl 1.7 *asoló* mi vid, y descortezó mi higuera 8047
1.10 campo está *asolado*, se enlutó la tierra 7703
1.17 graneros fueron *asolados*, los alfolíes 8074
1.18 también fueron *asolados* los rebaños de........ 816
2.3 él, y detrás de él como desierto *asolado*......... 8077
3.19 y Edom será vuelto en desierto *asolado* 8077
Am 7.9 los santuarios de Israel serán *asolados* 2717
9.8 y yo lo *asolaré* de la faz de la tierra............ 8045
9.14 edificarán ellos las ciudades *asoladas*......... 8074
Mi 1.7 y *asolaré* todos sus ídolos; porque de 8313
6.13 hiriéndote, *asolándote* por tus pecados......... 8074
7.13 será *asolada* la tierra a causa de sus 8077
Nah 3.7 y dirán: Nínive es *asolada*; ¿quién se.......... 7703
Hab 2.10 *asolaste*...pueblos, y has pecado contra 7096
Sof 1.13 serán saqueados...y sus casas *asoladas* 8077
2.4 Gaza será desamparada, y Ascalón *asolada*.... 8077
2.15 fue *asolada*, hecha guarida de fieras! 8047
3.6 sus habitaciones están *asoladas*; hice.......... 2717
3.6 ciudades están *asoladas* hasta no quedar....... 6688
Zac 11.3 aullido...su magnificencia es *asolada* 7703
11.6 *asolarán* la tierra, y yo no los libraré 3807
Mt 12.25; Lc 11.17 **reino dividido...es *asolado*** *2049*
Hch 8.3 Saulo *asolaba* la iglesia, y entrando *3075*
9.21 ¿no es éste el que *asolaba* en Jerusalén *4199*
Gá 1.13 que perseguía...la iglesia...y la *asolaba* *4199*
1.23 predica la fe que en otro tiempo *asolaba* *4199*

ASOMAR
Jue 5.28 la madre de...se *asoma* a la ventana 8259
2 R 9.30 Jezabel...oyó...se *asomó* a una ventana....... 8259

ASOMBRAR
1 R 9.8 cualquiera que pase...se *asombrará*, y 8074
10.5 la comida de su mesa...quedó *asombrada*..... 7307
2 Cr 9.4 viandas de su mesa...quedó *asombrada* 7307
Job 13.21 aparta de...y no me *asombre* tu terror 1204
18.11 de todas partes lo *asombrarán* temores 1091
21.6 mismo, cuando me acuerdo, me *asombro* 926
Is 13.8 se *asombrará* cada cual al mirar a su 8539
19.16 porque se *asombrarán* y temerán en la....... 2729
33.14 los pecadores se *asombraron* en Sion 6342
44.11 se *asombrarán*, y serán avergonzados a...... 6342
52.14 como se *asombraron* de ti muchos, de tal..... 8074
52.15 así *asombrará* él a muchas naciones; los 5137
Jer 17.18 *asómbrense* ellos, y yo no me asombre 2865
18.16; 19.8 que pasare por ella se *asombrará* 8074
49.17 que pasare por ella se *asombrará*, y se 8074
50.13 que pasare por Babilonia se *asombrará*...... 8074
Dn 7.15 las visiones de mi cabeza me *asombraron*...... 927
8.17 y con su venida me *asombré*, y me postré...... 1204
Hab 1.5 mirad entre las naciones...y *asombraos* 8539
Mt 19.25 los discípulos, oyendo...se *asombraron* *1605*
Mr 1.27 todos se *asombraron*, de tal manera que *2284*
2.12 que todos se *asombraron*, y glorificaron *1839*
6.6 estaba *asombrado* de la incredulidad de......... *2296*
6.51 ellos se *asombraron* en gran manera, y se *1839*
9.15 la gente...se *asombró*, y corriendo a él *1568*
10.24 los discípulos se *asombraron* de sus *2284*
10.26 ellos se *asombraban* aun más, diciendo....... *1605*
10.32 ellos se *asombraron*, y le seguían con......... *2284*
Lc 24.22 nos han *asombrado* unas mujeres de *1839*
Hch 13.41 mirad...*asombraos*, y pereced; porque...... *2296*
Ap 17.6 vi, quedé *asombrado* con gran *asombro* *2296*
17.7 el ángel me dijo: ¿Por qué te *asombras*? *2296*
17.8 se *asombrarán* viendo la bestia que era *2296*

ASOMBRO
Dt 28.20 y *a* en todo cuanto pusieres mano e 4045
Job 21.6 yo mismo, cuando...me *a*, y el
Lc 5.26 sobrecogidos de *a*, glorificaban a Dios......... *1611*
Hch 3.10 se llenaron de *a* y espanto por lo que *2285*
Ap 17.6 la vi, quedé asombrado con gran *a* *2295*

ASOMBROSA
Sal 66.3 decid a Dios: ¡Cuán *a* son tus obras! 3372

ASÓN *Puerto en la provincia de Asia*
Hch 20.13 navegamos a *A* para recoger allí a *789*
20.14 cuando se reunió con nosotros en *A* *789*

ASPATA *Hijo de Amán*, Est 9.7 630

ASPECTO
Gn 12.11 conozco que eres mujer de hermoso *a* 4758
24.16 doncella era de *a* muy hermoso, virgen 4758
26.7 causa de Rebeca...ella era de hermoso *a*...... 4758
41.3,4 vacas de feo *a* y enjutas de carne, y.......... 4758
41.19 otras siete vacas...flacas y de muy feo *a* 4758
Lv 13.5 y si la llaga conserva el mismo *a*, no........... 5869
13.55 pareciere...la plaga no ha cambiado de *a*.... 5869
Jue 8.18 ¿qué *a* tenían aquellos hombres que........... 582
13.6 cuyo *a* era como el *a* de un ángel de Dios...... 4758
2 S 14.20 para mudar el *a*...Joab tu siervo ha 6440
Job 38.14 muda...de *a* como barro bajo el sello 2015
Cnt 2.14 dulce es la voz tuya, y hermoso tu *a* 4758
5.15 su *a* como el Líbano, escogido como los....... 4758
Lm 4.8 oscuro más que la negrura es su *a*.............. 8389
Ez 1.10 el *a* de sus caras era cara de hombre 1823
Ez 1.13 seres...*a* era como de carbones de fuego...... 4358
1.16 el *a* de las ruedas...semejante al color 4358
1.27 desde el *a* de sus lomos para arriba 4358
8.2 resplandor, el *a* de bronce refulgente 4358
10.9 el *a* de las ruedas era como de crisólito 4358
40.3 un varón, cuyo *a* era como *a* de bronce.......... 4358
43.3 el *a* de lo que vi era como una visión 4358
Dn 2.31 una gran imagen...y su *a* era terrible 7299
3.19 demudó el *a* de su rostro contra Sadrac 600
3.25 el *a* del cuarto es semejante a hijo de........... 7299
Jl 2.4 su *a*, como *a* de caballos, y como gente 4358
Nah 2.4 su *a* será como antorchas encendidas 4358
Mt 16.3 **que sabéis distinguir el *a* del cielo** *4383*
28.3 su *a* era como un relámpago, y su vestido *2397*
Lc 9.53 porque su *a* era como de ir a Jerusalén......... *4383*
12.56 **sabéis distinguir el *a* del cielo y de** *4383*
Jn 5.37 **oído su voz, ni habéis visto su *a*** *1491*
Ap 4.3 *a* del que estaba sentado era semejante *3706*
4.3 arco iris, semejante en *a* a la esmeralda *3706*
9.7 el *a* de las langostas era semejante *3667*

ASPENAZ *Oficial de Nabucodonosor*, Dn 1.3 828

ÁSPERAMENTE
Gn 42.7 y les habló *á*, y les dijo: ¿De dónde 7186
42.30 nos habló *á*, y nos trató como a espías 7186
1 S 20.10 aviso si tu padre te respondiere *á*? 7186
2 Cr 10.13 el rey les respondió *á*; pues dejó........... 7186

ÁSPERO, A
Pr 15.1 mas la palabra *á* hace subir el furor 6089
Is 40.4 torcido se enderece, y lo *á* se allane.......... 7406
Lc 3.5 enderezados, y los caminos *á* allanados *5138*
Col 3.19 maridos, amad...y no seáis *á* con ellas *4087*

ASPERSIÓN
He 11.28 por la fe celebró la pascua y la *a*.............. *4378*

ÁSPID
Dt 32.33 veneno...es vino, y ponzoña...de *á*........... 6620
Job 20.14 entrañas; hiel de *á* será dentro de él 6620
20.16 veneno de *á* chupará; lo matará lengua 6620
Sal 58.4 como el *á* sordo que cierra su oído 6620
91.13 sobre el león y el *á* pisarás; hollarás.......... 6620
140.3 veneno de *á* hay debajo de sus labios.......... 5175
Pr 23.32 al fin...morderá, y como *á* dará dolor......... 6848
Is 11.8 el niño...jugará sobre la cueva del *á* 6620
14.29 de la raíz de la culebra saldrá *á*, y su.......... 6848
59.5 incuban huevos de *á*, y tejen telas de 6848
Jer 8.17 yo envío sobre vosotros serpientes, *á* 6848
Ro 3.13 veneno de *á* hay debajo de sus labios........... *785*

ASPIRACIÓN
1 P 3.21 *a* de una buena conciencia hacia Dios *1906*

ASPIRAR
Jer 14.6 *aspiraban* el viento como chacales 7602

ASQUEROSO
Is 30.22 apartarás como trapo *a*; ¡Sal fuera! 1739

ASRIEL *Descendiente de Manasés*, Nm 26.31; Jos 17.2; 1 Cr 7.14 844

ASRIELITA *Descendiente de ASRIEL*, Nm 26.31 . . . 845

ASTA
Nm 21.8 una serpiente ardiente. . . sobre una *a* 5251
21.9 hizo una serpiente. . . la puso sobre una *a* 5251
Dt 33.17 y sus *a* como *a* de búfalo; con ellas 7161
1 S 17.7 el *a* de su lanza era como un rodillo 6086
2 S 21.19 *a* de cuya lanza era como el rodillo 2595
23.7 se arma de hierro y de *a* de lanza, y son 2595
1 Cr 20.5 *a* de cuya lanza era como un rodillo 2595

ASTAROT
1. Ciudad en Basan (=Astarot Karnaim), Dt 1.4; Jos 9.10; 12.4; 13.12,31; 1 Cr 6.71 6252
2. Diosa de los cananeos (=Astoret)
Jue 2.13 dejaron a Jehová, y adoraron. . . y a *A* 6252
10.6 y sirvieron a los baales y a *A*, a los 6252
1 S 7.3 quitad los dioses ajenos y a *A* de entre 6252
7.4 los hijos de Israel quitaron a los. . . y a *A* 6252
12.10 hemos pecado. . . servido a los baales y a *A* . . . 6252
31.10 pusieron sus armas en el templo de *A* 6252

ASTAROT KARNAIM = *Astarot No. 1*, Gn 14.5 6255

ASTAROTITA *Habitante de Astarot*, 1 Cr 11.44. . . 6254

ASTORET *Diosa de los sidonios (=Astarot)*
1 R 11.5 Salomón siguió a *A*, diosa. . . sidonios. 6253
11.33 han adorado a *A* diosa de los sidonios. 6253
2 R 23.13 Salomón. . . había edificado a *A* ídolo. 6253

ASTRO
Ez 32.8 entenebrecer todos los *a* brillantes 216

ASTRÓLOGO
Dn 1.20 mejores que todos los. . . *a* que había en 825
2.2 hizo llamar el rey a magos, *a*. . . para que 825
2.10 preguntó cosa semejante a ningún. . . ni *a* 826
2.27 sabios, ni *a*. . . lo pueden revelar al rey 826
4.7 vinieron magos, *a*, caldeos y adivinos, y 826
5.11 jefe sobre todos los magos, *a*, caldeos 826
5.15 y ahora fueron traídos delante de mí. . . *a* 826

ASTUCIA
Jos 9.4 usaron de *a*. . . se fingieron embajadores 6195
2 R 10.19 lo hacía Jehú con *a*, para exterminar. 6122
Job 5.13 prende a los sabios en la *a* de ellos 6193
Sal 119.118 hollaste. . . porque su *a* es falsedad. 8649
Lc 20.23 **mas él, comprendiendo la *a* de ellos** *3834*
Hch 7.19 rey, usando de *a* con nuestro pueblo *2686*
1 Co 3.19 prende a los sabios en la *a* de ellos *3834*
2 Co 4.2 no andando con *a*, ni adulterando la. *3834*
11.3 como la serpiente con su *a* engañó a Eva *3834*
Ef 4.14 emplean con *a* las artimañas del error *3834*

ASTUTO, A
Gn 3.1 la serpiente era *a*, más que todos los. 6175
1 S 23.22 porque se me ha dicho que él es *a* 6119
2 S 13.3 un amigo. . . Jonadab era hombre muy *a* 2450
14.2 y tomó de allá una mujer *a*, y le dijo 2450
Job 5.12 que frustra los pensamientos de los *a* 6175
15.5 pues has escogido el hablar de los *a*. 6175
Pr 7.10 con atavío de ramera y *a* de corazón. 5341
2 Co 12.16 como soy *a*, os prendí por engaño. *3835*

ASTUTAMENTE
Sal 83.3 contra. . . consultado *a* y secretamente 6191

ASUERO
1. Rey de Persa, 529 a 522 a.C
Esd 4.6 en el reinado de *A*, en el principio de 325
2. Rey de Persa, 486 a 465 a.C
Est 1.1 en los días de *A*, el *A* que reinó desde 325
1.2 fue afirmado el rey *A* sobre el trono de 325
1.9 hizo banquete. . . en la casa real del rey *A* 325
1.10 eunucos que servían delante del rey *A*. 325
1.15 no había cumplido la orden del rey *A*. 325
1.16 que hay en todas las provincias del rey *A*. 325
1.17 *A* mandó traer delante de sí a la reina. 325
1.19 que Vasti no venga más delante del rey *A* 325
2.1 sosegada ya la ira del rey *A*, se acordó 325
2.12 llegaba el tiempo. . . para venir al rey *A* 325
2.16 Ester llevada al rey *A* a su casa real en 325
2.21 dos. . . procuraban poner mano en el rey *A*. 325
3.1 *A* engrandeció a Amán hijo de Hamedata 325
3.6 destruir a. . . los judíos. . . en el reino de *A* 325
3.7 de Nisán, en el año duodécimo del rey *A*. 325
3.8 Amán al rey *A*: Hay un pueblo esparcido 325
3.12 nombre del rey *A* fue escrito, y sellado 325
6.2 habían procurado poner mano en el rey *A* 325
7.5 respondió el. . . *A*, y dijo a la reina Ester 325
8.1 *A* dio a la reina Ester la casa de Amán. 325
8.7 respondió el rey *A* a la reina Ester y a 325
8.10 escribió en nombre del rey *A*, y lo selló 325
8.12 en todas las provincias del rey *A*, en el 325
9.2 se reunieron en. . . las provincias del rey *A* 325
9.20 que estaban en. . . las provincias del rey *A*. 325
9.30 judíos, a las 127 provincias del rey *A*. 325
10.1 el rey *A* impuso tributo sobre la tierra y 325
10.3 Mardoqueo. . . segundo después del rey *A* 325
3. Padre de Darío de Media, Dn 9.1. 325

ASUNTO
Gn 41.37 el *a* pareció bien a Faraón y a sus 1697
Éx 18.16 cuando tienen *a*, vienen a mí. . . juzgo 1697
18.19 está tú por. . . y somete tú los *a* a Dios. 1697
18.22 todo *a* grave lo traerán a ti, y ellos 1697
18.22 y ellos juzgarán todo *a* pequeño. 1697
18.26 el *a* difícil. . . juzgaban todo *a* pequeño. 1697
24.14 Aarón. . . el que tuviere *a*, acuda a ellos 1697
Dt 3.26 dijo. . . Basta, no me hables más de este *a* 1697
Jos 2.14 si no denunciareis este *a* nuestro 1697
2.20 y si tú denunciares este. . . *a*, nosotros. 1697
22.33 el *a* pareció bien a los hijos de Israel 1697
Rt 3.18 hasta que sepas cómo se resuelve el *a* 1697
3.18 no descansará hasta que concluya el *a* 1697
1 S 10.16 mas del *a* del reino. . . no le descubrió 1697
18.14 conducía prudentemente en todos sus *a*. 1870
20.2 ha de encubrir mi padre este *a*? No será 1697
20.23 en cuanto al *a* de que. . . hemos hablado 1697
21.2 el rey me encomendó un *a*, y me dijo 1697
21.2 sepa cosa alguna del *a* a que te envío 1697
22.15 tu siervo ninguna cosa sabe de este *a* 1697
2 S 11.18 hizo saber a David todos los *a* de 1697
11.19 de contar al rey. . . los *a* de la guerra. 1697
12.14 cuanto con este *a* hiciste blasfemar a 1697
17.19 extendió sobre. . . y nada se supo del *a* 1697
20.18 pregunte. . . y así concluían cualquier *a*
1 Cr 26.29 jueces sobre Israel en *a* exteriores 4399
2 Cr 19.11 será el que os presida en todo *a* de 1697
24.5 y vosotros poned diligencia en el *a* 1697
34.16 Safán lo llevó al rey, y le contó el *a*. 1697
Esd 5.5 hasta que el *a* fuese llevado a Darío. 2941
10.9 temblando con motivo de aquel *a*. . . lluvia 1697
10.16 se sentaron el. . . para inquirir sobre el *a* 1697
Neh 6.4 enviaron a mí con el mismo *a* hasta 4. 1697
Est 2.23 se hizo investigación del *a*, y fue 1697
Job 4.12 el *a* también me era a mí oculto; mas. 1697
19.28 ya que la raíz del *a* se halla en mí 1697
Sal 112.5 y presta; gobierna sus *a* con juicio 1697
137.6 Jerusalén. . . preferente *a* de mi alegría
Pr 25.2 gloria de Dios es encubrir un *a*; pero 1697
Jer 38.27 se alejaron. . . el *a* no se había oído 1697
Dn 1.20 en todo *a* de sabiduría. . . que el rey les 1697
2.5 *a* lo olvidé; si no me mostráis el sueño 4406
2.8 ponéis dilaciones. . . que el *a* se me ha ido 4406
2.10 no hay hombre. . . que pueda declarar el *a* 4406
2.11 el *a* que el rey demanda es difícil, y no 4406
2.23 pues nos has dado a conocer el *a* del rey 4406
3.16 no es necesario que te. . . sobre este *a* 6600
5.15 podido mostrarme la interpretación del *a* 4406
5.26 esta es la interpretación del *a*: MENE 4406
6.14 el rey oyó el *a*, le pesó en gran manera. 4406
7.1 escribió el. . . y relató lo principal del *a*. 4406
7.28 demudó; pero guardé el *a* en mi corazón. 4406
Hch 8.21 tienes tú parte ni suerte en este *a*. *3056*
15.6 se reunieron los. . . para conocer de este *a* *3056*
24.22 Lisias, acabaré de conocer de vuestro *a*
2 Co 7.11 os habéis mostrado limpios en el *a* *4229*
13.1 por boca de. . . testigos se decidirá todo *a* *4487*
Ef 6.21 vosotros sepáis mis *a*, y lo que hago *2596*
Fil 2.23 éste. . . luego que yo vea cómo van mis *a*

ASUR
1. Hijo de Sem, Gn 10.22; 1 Cr 1.17 804
2. Hijo de Hezrón, 1 Cr 2.24; 4.5 806

ASURIM *Tribu descendiente de Abraham y Cetura*, Gn 25.3 805

ASUSTAR
Job 7.14 me *asustas* con sueños, y me aterras con 2865
Is 57.11 ¿Y de quién te *asustaste* y temiste 1672
Mr 16.6 dijo: No os *asustéis*; buscáis a Jesús *1568*

ASVAT *Descendiente de Aser*, 1 Cr 7.33 6222

ATAC *Aldea en Judá*, 1 S 30.30 6269

ATACAR
Gn 14.15 cayó sobre ellos. . . y les *atacó*, y les. 5221
32.8 si viene Esaú contra un. . . y lo *ataca*, el. 5221
34.30 se juntarán contra mí y me *atacarán* 5221
43.18 aquí, para tendernos lazo, y *atacarnos* 5307
Jos 8.21 se volvieron y *atacaron* a los de Hai 5221
15.16 al que *atacare* a Quiriat-sefer, y la. 5221
Jue 1.12 el que *atacare* a Quiriat-sefer y la 5221
6.3 los madianitas y. . . subían y los *atacaban*
8.11 subiendo. . . Gedeón. . . *atacó* el campamento . . . 5221
9.43 y se levantó contra ellos y los *atacó*. 5221
1 S 13.3 Jonatán *atacó* a la guarnición de los. 5221
13.4 Saúl ha *atacado* a la guarnición de los 5221
23.2 a *atacar* a estos filisteos?. . . Vé, *ataca* 5221
2 R 3.24 y *atacaron* a los de Moab, los cuales. 5221
3.26 para *atacar* al rey de Edom; mas no pudo 1234
8.21 y levantándose de noche *atacó* a los de. 5221
15.19 Pul rey de Asiria a *atacar* la tierra
2 Cr 14.14 *atacaron*. . . las ciudades alrededor de 5221
14.15 *atacaron* las cabañas de. . . tenían ganado 5221
28.17 los edomitas habían. . . *atacado* a. . . de Judá. . . . 5221
Neh 4.8 a una para venir a *atacar* a Jerusalén 3898
Jer 32.29 los caldeos que *atacan* esta ciudad 3898
37.8 volverán los caldeos y *atacarán*. . . ciudad. 3898

ATAD *Lugar donde endecharon a Jacob (=Abel-mizraim)*, Gn 50.10,11 329

ATADO *Véase también Atar*
Gn 42.35 en el saco. . . estaba el *a* de su dinero 6872
42.35 y viendo ellos y su padre los *a* de su. 6872

ATADURA
Jue 15.14 lino. . . y las *a* se cayeron de sus manos. 612
Job 39.5 ¿quién echó libre. . . quién soltó sus *a*? 4147
Is 28.22 que no se aprieten más vuestras *a* 4147
52.2 suelta las *a* de tu cuello, cautiva hija. 4147
Jer 2.20 porque desde muy atrás rompiste. . . *a* 4147
Lm 1.14 *a* han sido echados sobre mi cerviz
Ez 4.8 he puesto sobre ti *a*, y no te volverás 5688
Dn 4.15,23 con *a* de hierro y de bronce entre. 613
Zac 11.7 puse por nombre Gracia, y al otro *A* 2254
11.14 quebré luego el otro cayado, *A*, para 2254

ATAI
1. Descendiente de Jerameel, 1 Cr 2.35,36. 6262
2. Guerrero que se unió a David, 1 Cr 12.11 6262
3. Hijo del rey Roboam, 2 Cr 11.20 6262

ATAÍAS *Habitante de Jerusalén en tiempos de Nehemías*, Neh 11.4 6265

ATAJAR
1 R 18.44 y desciende. . . la lluvia no te *ataje*. 6113

ATALAYA
2 S 13.34 alzando sus ojos el joven. . . *a*, miró. 6822
18.24 y el *a* había ido al terrado sobre la. 6822
18.25 el *a* dio. . . voces, y lo hizo saber al rey 6822
18.26 vio el *a* a otro que. . . y dio voces el *a* al. 6822
18.27 *a* volvió a decir: Me parece el correr 6822
2 R 9.17 *a* que estaba en la torre de Jezreel 6822
9.18 el *a* dio luego aviso. . . El mensajero llegó. 6822
9.20 el *a* volvió a decir: También éste llegó 6822
17.9; 18.8 desde las torres de las *a* hasta las 5341
Is 21.8 sobre la *a* estoy yo continuamente de 6822
52.8 ¡la voz de tus *a*! Alzarán la voz. . . júbilo 6822
56.10 sus *a* son ciegos, todos ellos ignorantes. 6822
Jer 6.17 también sobre vosotros *a*, que dijesen 6822
Ez 3.17 te he puesto por *a* a la casa de Israel 6822
33.2 tomare un hombre. . . y lo pusiere por *a*. 6822
33.6 el *a* viere venir la espada y no tocare. 6822
33.6 pero demandaré su sangre de mano del *a*. 6822
33.7 te he puesto por *a* a la casa de Israel. 6822
Os 9.8 *a* es Efraín para con mi Dios. . . es lazo 6822
Mi 7.4 castigo viene, el que anunciaron tus *a*. 6822

ATALAYAR
Gn 31.49 dijo: *Atalaye* Jehová entre tú y yo 6822
Sal 66.7 sus ojos *atalayan* sobre las naciones. 6822

ATALIA *Puerto en Asia Menor*, Hch 14.25. . . . . *825*

ATALÍA *Hija de Acab y Jezabel*
2 R 8.26 el nombre de su madre fue *A*, hija de 6271
11.1 cuando *A*. . . vio que su hijo era muerto, se 6271
11.2 y lo ocultó de *A*, a él y a su ama, en la 6271
11.3 escondido. . . y *A* fue reina sobre el país 6271
11.13 oyendo *A* el estruendo del pueblo que 6271
11.14 *A*, rasgando sus vestidos, clamó a voz 6271
11.20 se regocijó. . . habiendo sido *A* muerta a 6271
2 Cr 22.2 el nombre de su madre fue *A*, hija 6271
22.10 *A* madre de Ocozías, viendo que su hijo 6271
22.11 lo escondió Josabet. . . de delante de *A* 6271
22.12 entre tanto, *A* reinaba en el país 6271
23.12 cuando *A* oyó el estruendo de la gente 6271
23.13 entonces *A* rasgó sus vestidos, y dijo 6271
23.21 después que mataron a *A* a. . . de espada. 6271
24.7 *A* y sus hijos habían destruido la casa 6271

ATALÍAS
1. Descendiente de Benjamín, 1 Cr 8.26. 6271
2 Padre de Jesaías No. 4, Esd 8.7 6271

ATAQUE
2 S 11.25 refuerza tu *a* contra la ciudad hasta. 4421
1 Cr 19.10 y viendo Joab que el *a* contra él 4421
Ez 21.22 dar la orden de *a*, para dar comienzo

ATAR
Gn 22.9 *ató* a Isaac su hijo, y lo puso en el. 6123
37.7 que *atábamos* manojos en medio del campo 481
38.28 tomó y *ató* a su mano un hilo de grana. 7194
49.11 *atando* a la vid su pollino, y a la cepa. 631
Éx 29.9 y les *atarás* las tiaras, y tendrán el 2280
39.31 *ataron* el pectoral por sus anillos a. 7405
Dt 6.8 y las *atarás* como una señal en tu mano 7194
11.18 las *ataréis* como señal en vuestra mano 7194
Jos 2.18 tú *atarás* este cordón. . . a la ventana 7194
2.21 ella *ató* el cordón de grana a la ventana. 7194
Jue 15.13 le *ataron* con dos cuerdas nuevas 631
16.5 cómo. . . para que lo *atemos* y lo dominemos. 631
16.6 cómo podrás ser *atado* para ser dominado 631
16.7 si me *ataren* con siete mimbres verdes que 631
16.8 siete mimbres. . . y ella le *ató* con ellos. 631
16.10,13 descúbreme. . . cómo podrás ser *atado* 631
16.11 Si me *ataren*. . . con cuerdas nuevas que no 631
16.12 y Dalila tomó cuerdas nuevas, y le *ató*. 631
16.21 le *ataron* con cadenas para que moliese. 631
2 S 3.34 tus manos no estaban *atadas*, ni tus. 631
2 R 5.23 *ató* dos talentos de plata en. . . bolsas. 6696
7.10 sino caballos *atados*, asnos también *a* 631
25.7 y *atado* con. . . lo llevaron a Babilonia 631
2 Cr 33.11; 36.6 llevó a Babilonia *atado* con. 631
Job 12.18 rompe. . . y les *ata* una soga a sus lomos 631
26.8 *ata* las aguas en sus nubes, y las nubes. 6887
36.13 ira, y no clamarán cuando él los *atare*. 631
38.31 ¿podrás tú *atar* los lazos de. . . Pléyades. 7194
39.10 ¿*atarás* tú al búfalo con coyundas para 7194
41.5 ¿jugarás con. . . lo *atarás* para tus niñas?. 7194
Sal 118.27 *atad* víctimas con cuerdas a. . . altar 7194
Pr 3.3 *átalas* a tu cuello, escríbelas en la 7194
6.21 *átalos* siempre en tu corazón. . . tu cuello. 7194
30.4 ¿Quién *ató* las aguas en un paño? ¿Quién 6887
Is 8.16 *ata* el testimonio, sella la ley entre 6887
22.3 juntos huyeron del arco, fueron *atados* 631
22.3 que en ti se hallaron, fueron *atados* 631
Jer 40.1 cuando. . . estando *atado* con cadenas 631
51.63 le *atarás* una piedra, y lo echarás 7194

52.11 le sacó los ojos...y le *ató* con grillos ... 631
Lm 1.14 yugo de mis rebeliones ha sido *atado* ... 8244
3.53 *ataron* mi vida en cisterna, pusieron ... 6789
Ez 5.3 y los *atarás* en la falda de tu manto ... 6696
24.17 *ata* tu turbante...y pon tus zapatos en ... 2280
Dn 3.20 que *atasen* a Sadrac, Mesac y Abed-nego ... 3729
3.21 fueron *atados* con sus mantos, sus calzas ... 3729
3.23 cayeron *atados* dentro del horno de fuego ... 3729
3.24 ¿no echaron a tres varones *atados* dentro ... 3729
Os 4.19 el viento los *ató* en sus alas, y de ... 6887
10.10 cuando sean *atados* por su doble crimen ... 631
13.12 *atada* está la maldad de Efraín...pecado ... 6887
Mt 12.29 **sus bienes, si primero no le *ata*?** ... *1210*
13.30 **recoged...la cizaña, y *atadla* en manojos** ... *1210*
16.19 **lo que *atares* en la tierra será *atado*** ... *1210*
18.18 **lo que *atéis* en la tierra, será *atado*** ... *1210*
21.2 **hallaréis una asna *atada*, y un pollino** ... *1210*
22.13 ***atadle* de pies y manos, y echadle en las** ... *1210*
23.4 **porque *atan* cargas...difíciles de llevar** ... *1195*
27.2 y le llevaron *atado*, y le entregaron a ... *1210*
Mr 3.27 **saquear sus bienes, si antes no le ata** ... *1210*
5.3 nadie podía *atarle*, ni aun con cadenas ... *1210*
5.4 había sido *atado* con grillos y cadenas ... *1210*
9.42 **le *atase* una piedra de molino al cuello** ... *4029*
11.2 **hallaréis un pollino *atado*, en el cual** ... *1210*
11.4 hallaron el pollino *atado* afuera a la ... *1210*
15.1 a Jesús *atado*, y le entregaron a Pilato ... *1210*
Lc 8.29 le *ataban* con cadenas y grillos, pero ... *1196*
13.16 **esta hija de...que Satanás había *atado*** ... *1210*
17.2 **que se le *atase* al cuello una piedra de** ... *4029*
19.30 **hallaréis un pollino *atado*, en el cual** ... *1210*
Jn 11.44 salió, *atadas* las manos y los pies ... *1210*
18.12 judíos, prendieron a Jesús y le *ataron* ... *1210*
18.24 Anás entonces le envió *atado* a Caifás ... *1210*
Hch 10.11 que *atado* de las cuatro puntas era ... *1210*
12.8 le dijo...Cíñete, y *átate* las sandalias ... *5265*
21.11 y *atándose* los pies y las manos, dijo ... *1210*
21.11 así *atarán* los judíos...al varón de quien ... *1210*
21.13 yo estoy dispuesto no sólo a ser *atado* ... *1210*
21.33 prendió y le mandó *atar* con dos cadenas ... *1210*
22.25 pero cuando le *ataron*...Pablo dijo al ... *4385*
22.29 también tuvo temor por haberle *atado* ... *1210*
Ap 9.14 desata a los...ángeles que están *atados* ... *1210*
20.2 prendió al dragón...lo *ató* por mil años ... *1210*

ATARA *Mujer de Jerameel*, 1 Cr 2.26 ... 5851

ATARIM *Camino en el Neguev*, Nm 21.1 ... 871

ATAROT
1. Ciudad en Gad, Nm 32.3,34 ... 5852
2. Población en la frontera de Efraín y Benjamín (=Atarot-adar), Jos 16.2 ... 5852
3. Población en la frontera oriental de Efraín, Jos 16.7 ... 5852

ATAROT-ADAR *Población en la frontera de Efraín y Benjamín (=Atarot No. 2)*, Jos 16.5; 18.13 ... 5853

ATAROT-SOFÁN *Ciudad edificada por los gaditas cerca de Atarot No. 1*, Nm 32.35 ... 5855

ATAÚD
Gn 50.26 José...fue puesto en un *a* en Egipto ... 727
2 Cr 16.14 lo pusieron en un *a*...de perfumes ... 4904

ATAVIAR
2 R 9.30 Jezabel lo oyó...*atavió* su cabeza, y ... 7760
Est 2.13 para venir *ataviada* con ello desde
Is 61.10 como a novio me *atavió*, y como a novia ... 3547
Ez 16.11 te *atavié* con adornos, y...brazaletes ... 5710
23.40 pintaste tus...te *ataviaste* con adornos ... 5710
1 Ti 2.9 mujeres se *atavíen* de ropa decorosa ... *2885*
1 P 3.5 también se *ataviaban* en otro tiempo ... *2885*
Ap 21.2 una esposa *ataviada* para su marido ... *2885*

ATAVÍO
Éx 33.4 mala noticia...y ninguno se puso sus *a* ... 5716
33.5 quítate...ahora tus *a*, para que yo sepa ... 5716
33.6 hijos de Israel se despojaron de sus *a* ... 5716
Est 2.3 jóvenes vírgenes...y que les den sus *a* ... 8562
2.9 hizo darle prontamente *a* y alimentos ... 8562
2.12 pues así se cumplía el tiempo de sus *a* ... 4795
Pr 7.10 con *a* de ramera y astuta de corazón ... 7897
Is 3.18 en aquel día quitará el Señor el *a* del ... 5914
3.20 las cofias, los *a* de las piernas, los ... 6807
Jer 2.32 ¿se olvida la virgen de su *a*, o la ... 5716
4.30 aunque te adornes con *a* de oro, aunque ... 5716
1 P 3.3 vuestro *a* no sea el externo de...oro ... *2889*

ATEMORIZAR
Dt 1.28 *atemorizado* nuestro corazón, diciendo ... 4549
Jos 10.25 y Josué les dijo...ni os *atemoricéis* ... 3372
1 S 7.10 y los *atemorizó*, y fueron vencidos ... 2000
2 S 4.1 que oyó...fue *atemorizado* todo Israel ... 926
14.15 es porque el pueblo me *atemorizó*; y tu ... 3372
17.2 lo *atemorizaré*, y todo el pueblo...huirá ... 2729
22.5 ondas...y torrentes de...me *atemorizaron* ... 1204
1 Cr 21.30 *atemorizado* a causa de la espada del ... 1204
2 Cr 32.18 *atemorizarles*, a fin de poder tomar ... 3372
Esd 4.4 el pueblo de la tierra...lo *atemorizó* ... 926
Neh 6.19 y enviaba...cartas para *atemorizarme* ... 3372
Job 31.34 el menosprecio de las...me *atemorizó* ... 2865
Sal 18.4 y...de perversidad me *atemorizaron* ... 1204
27.1 mi vida; ¿de quién he de *atemorizarme*? ... 3372
Jer 30.10 no temas...ni te *atemorices*, Israel ... 2865
46.27 Jacob...y no habrá quien lo *atemorice* ... 2729
Dn 11.44 noticias...del norte lo *atemorizarán* ... 926
Os 10.5 serán *atemorizados* los moradores de ... 1481
Sof 3.13 y no habrá quien los *atemorice* ... 2729
Lc 8.25 y *atemorizados*, se maravillaban, y se ... *5399*
24.37 espantados y *atemorizados* pensaban que ... *1719*
Hch 10.4 *atemorizado*, dijo: ¿Qué es, Señor? ... *1719*

ATENAS *Ciudad principal de Grecia*
Hch 17.15 de conducir a Pablo le llevaron a *A* ... *116*
17.16 mientras Pablo los esperaba en *A*, su ... *116*
18.1 cosas, Pablo salió de *A* y fue a Corinto ... *116*
1 Ts 3.1 más, acordamos quedarnos solos en *A* ... *116*

ATENCIÓN
Éx 7.23 Faraón se volvió...y no dio *a* tampoco ... 7896,3820
1 S 9.12 ha venido...en *a* a que el pueblo tiene
15.22 mejor...el prestar *a* que la grosura de ... 8085
Job 13.17 oíd con *a* mi razonamiento, y...oídos ... 8085
32.12 os he prestado *a*, y he aquí que no hay ... 995
Ez 44.5 pon *a*, y mira con tus ojos, y oye con ... 8085
44.5 y pon *a* a las entradas de la casa, y a ... 7760
Mi 6.9 *a* al castigo, y a quien lo establece ... 8085
Hch 28.10 también nos honraron con muchas *a* ... *5091*
1 Ti 1.4 ni presten *a* a fábulas y genealogías ... *4337*

ATENDER
Gn 16.2 y *atendió* Abram al ruego de Sarai ... 8085
39.23 no necesitaba *atender* el jefe...cárcel
Éx 5.9 que...no *atiendan* a palabras mentirosas ... 8159
Lv 20.6 persona que *atendiera* a encantadores ... 6437
Dt 8.20; 28.45 no habréis *atendido* a la voz de ... 8085
30.20 *atendiendo* a su voz, y siguiéndole a él ... 8085
Jos 8.4 *atended* pondréis emboscada a la ciudad ... 7200
10.14 *atendido* Jehová a la voz de un hombre ... 8085
Jue 2.2 vosotros no habéis *atendido* a mi voz ... 8085
11.28 el rey de...Amón no *atendió* a las razones ... 8085
1 R 8.28 *atenderás* a la oración de tu siervo ... 8085
2 R 16.9 le *atendió* el rey de Asiria, pues subió ... 8085
18.12 no habían *atendido* a la voz de Jehová ... 8085
2 Cr 33.13 y habiendo orado a él, fue *atendido* ... 8085
35.22 y no *atendió* a las palabras de Necao ... 8085
Neh 9.34 ni *atendieron* a tus mandamientos y ... 7181
Job 23.6 de fuerza? No; antes él me *atendería*
24.12 claman...pero Dios no *atiende* su oración
30.20 clamo...me presento, y no me *atiendes* ... 6030
42.8 porque de cierto a él *atenderé* para no ... 5375
Sal 28.5 no *atendieran* a los hechos de Jehová ... 8085
39.1 dije: *atenderé* a mis caminos, para no ... 8104
61.1 Jehová, mi clamor; a mi oración *atiende* ... 8085
66.19 Dios; *atendió* a la voz de mi súplica ... 8085
119.6 *atendiese* a todos tus mandamientos ... 5027
138.6 es excelso, y *atiende* al humilde, mas ... 7200
Pr 1.24 mi mano, y no tuvo quien *atendiese* ... 7181
8.33 *atended* el consejo y sed sabios, y no ... 8085
29.12 si un gobernante *atiende* la palabra ... 7181
Is 28.23 estad *atentos*, y oíd mi voz; *atended* ... 7181
42.23 ¿quién *atenderá* y escuchará respecto al ... 8085
48.18 hubieras *atendido* a mis mandamientos! ... 7181
Jer 2.31 *atended* vosotros...palabra de Jehová ... 7200
18.18 no *atendamos* a ninguna de sus palabras ... 7181
26.5 *atender* a las palabras de mis siervos ... 8085
29.8 no...ni *atendáis* a los sueños que soñáis ... 8085
Ez 12.3 si tal vez *atienden*, porque son casa ... 7200
Dn 8.27 convalecí, *atendí* los negocios del rey
Zac 1.4 no *atendieron*, ni me escucharon, dice ... 8085
Hch 27.3 amigos, para ser *atendido* por ellos ... *1958*
Ro 13.6 son servidores de Dios, que *atienden* ... *4342*
Tit 1.14 no *atendiendo* a fábulas judaicas, ni ... *4337*
He 2.1 *atendamos* a las cosas que hemos oído ... *4337*

ATENIENSE *Habitante de Atenas*
Hch 17.21 *a*...ninguna otra cosa se interesaban ... *117*
17.22 varones *a*, en todo observo que sois ... *117*

ATENTAMENTE
Éx 15.26 si oyeres *a* la voz de Jehová
Dt 28.1 acontecerá que si oyeres *a* la
Job 21.2 oíd *a* mi palabra, y sea esto el
37.2 oíd *a* el estrépito de su voz ... 8085
Sal 48.13 considerad *a* su antemuro, mirad
56.6 miran *a* mis pasos, como quienes
Is 21.7 sobre camellos; y miró más *a* ... 7182
55.2 en lo que no sacia? Oídme *a*
Jer 31.21 nota *a* la calzada; vuélvete
Dn 9.2 yo Daniel miré *a* en los libros
Hch 8.6 escuchaba *a* las cosas que
8.10 a éste oían *a* todos, desde el
Stg 1.25 mas el que mira *a* en la perfecta

ATENTAR
Lv 19.16 no *atentarás*...la vida de tu prójimo ... 7400
1 S 25.29 y *atentar* contra tu vida, con todo ... 1245

ATENTO
Jue 21.21 estad *a*; y cuando veáis salir a las
1 S 15.1 ahora, pues, está *a* a las palabras de ... 8085
1 R 8.52; 2 Cr 6.40 *a* tus oídos a la oración ... 8085
2 Cr 7.15 estarán...*a* mis oídos a la oración en ... 6605
Neh 1.6 esté...*a* tu oído y abiertos tus ojos ... 7183
1.11 ruego, oh Jehová, esté ahora *a* tu oído ... 7183
8.3 los oídos...estaban *a* al libro de la ley
8.5 cuando lo abrió, todo el pueblo estuvo *a* ... 5975
8.7 la ley; y el pueblo estaba *a* en su lugar ... 5977
Job 13.6 estad *a* a los argumentos de mis labios ... 8085
34.2 oíd, sabios, mis palabras, y...estadme *a* ... 8085
Sal 5.2 está *a* a la voz de mi clamor, Rey mío ... 7181
10.17 dispones su corazón, y haces *a* tu oído ... 7181
17.1 oye...una causa justa; está *a* a mi clamor ... 7181
33.15 si formó el...*a* está a todas sus obras ... 995
34.15 ojos...y *a* sus oídos al clamor de ellos
55.2 está *a*, y respóndeme; clamo en mi oración ... 7181
86.6 escucha...está *a* a la voz de mis ruegos ... 7181
130.2 estén *a* tus oídos a la...de mi súplica ... 7183
Pr 2.2 haciendo estar *a* tu oído a la sabiduría ... 7181
4.1 oíd...estad *a*, para que conozcáis cordura ... 7181
4.20 está *a* a mis palabras; inclina tu oído ... 7181
5.1 hijo mío, está *a* a mi sabiduría, y a mi ... 7181
7.24 hijos, oídme, y estad *a* a las razones de ... 7181
17.4 el malo está *a* al labio inicuo; y el ... 7181
Is 28.23 estad *a*, y oíd mi voz; atended, y oíd ... 7181
Is 32.3 ojos...los oídos de los oyentes oirán *a* ... 7181
51.4 estad *a* a mí, pueblo mío, y oídme...mía ... 7181
Jer 23.18 ¿quién estuvo *a* a su palabra, y la ... 8085
Dn 10.11 está *a* a las palabras que te hablaré ... 995
Os 5.1 estad *a*, casa de Israel, y casa del rey ... 7181
Mi 1.2 está *a*, tierra, y cuanto hay en ti ... 7181
Hch 3.5 él les estuvo *a*, esperando recibir de ... *1907*
8.11 y le estaban *a*, porque con sus artes ... *4337*
16.14 que estuviese *a* a lo que Pablo decía ... *4337*
1 P 3.12 justos, y sus oídos *a* a sus oraciones
2 P 1.19 la cual hacéis bien en estar *a* como ... *4337*

ATENUAR
Job 7.13 cuando digo cama *atenuará* mis quejas ... 5162
Is 17.4 la gloria de Jacob se *atenuará*, y se ... 1809

ATER
1. Padre de una familia que regresó del cautiverio, Esd 2.16; Neh 7.21 ... 333
2. Padre de una familia de porteros del templo (posiblemente =No. 1), Esd 2.42; Neh 7.45 ... 333
3. Firmante del pacto de Nehemías, Neh 10.17 ... 333

ATERRADOR
Dt 4.34 y hechos *a* como todo lo que hizo con ... 4172

ATERRAR
Job 7.14 me asustas...y me *aterras* con visiones ... 1204
Sal 83.15 con...y *atérralos* con tu torbellino ... 926

ATERRORIZAR
Is 7.6 vamos contra Judá y *aterroricémosla*, y ... 6973
Ap 11.13 se *aterrorizaron*, y dieron gloria al ... *1719*

ATESORAR
2 R 20.17 todo lo que tus padres han *atesorado* ... 686
Job 36.13 hipócritas...*atesoran* para sí la ira ... 7760
Pr 7.1 hijo...*atesora* contigo mis mandamientos ... 8104
Is 23.18 no se guardarán ni se *atesorarán* ... 686
39.6 y lo que tus padres han *atesorado* hasta ... 686
Am 3.10 *atesorando* rapiña y...en sus palacios ... 686
Ro 2.5 *atesoras*...ira para el día de la ira y ... *2343*
2 Co 12.14 no deben *atesorar* los hijos para ... *2343*
1 Ti 6.19 *atesorando* para sí buen fundamento ... *597*

ATESTAR
Ro 1.29 estando *atestados* de toda injusticia ... *4137*

ATESTIGUAR
1 S 12.3 *atestiguad* contra mí...si he tomado ... 6030
2 S 1.16 tu misma boca *atestiguó* contra ti ... 6030
1 R 21.10 *atestigüen* contra él y digan: Tú has ... 5749
21.13 perversos *atestiguaron* contra Nabot ... 5749
Is 59.12 y nuestros pecados han *atestiguado* ... 6030
Mal 2.14 Jehová ha *atestiguado* entre ti y la ... 5749
Jn 3.33 que recibe...*atestigua* que Dios es veraz ... *4972*
He 10.15 *atestigua* lo mismo el Espíritu Santo ... *3140*

ATISBAR
Cnt 2.9 helo aquí...*atisbando* por las celosías ... 6692

ATIZAR
Job 20.26 fuego no *atizado* los consumirá ... 5301

ATLAI *Uno los que se casaron con mujeres extranjeras*, Esd 10.28 ... 6270

ATLETA
2 Ti 2.5 el que lucha como *a*, no es coronado ... *118*

ATÓNITO, A
Gn 43.33 aquellos hombres *a* mirándose el uno ... 8539
Jer 4.9 los sacerdotes...*a* y se maravillarán ... 8539
14.9 ¿por qué eres como hombre *a*, y como ... 1724
Ez 3.15 allí permanecí siete días *a* entre ellos ... 8074
26.16 temblarán a cada momento, y estarán *a* ... 8074
32.10 dejaré *a* por ti a muchos pueblos, y sus ... 8074
Dn 4.19 Daniel...quedó *a* casi una hora, y sus ... 8075
Mt 12.23 gente estaba *a*, y decía: ¿Será éste ... *1839*
Lc 8.56 sus padres estaban *a*; pero Jesús les ... *1839*
Hch 2.7 y estaban *a* y maravillados, diciendo ... *1839*
2.12 *a* y perplejos, diciéndose unos a otros ... *1839*
3.11 todo el pueblo, *a*, concurrió a ellos al ... *1569*
8.13 Simón...viendo las señales...estaban *a* ... *1839*
9.7 se pararon *a*, oyendo a la verdad la voz ... *1769*
9.21 los que le oían estaban *a*, y decían: ¿No ... *1839*
10.45 *a* de que también sobre los gentiles se ... *1839*
12.16 abrieron y le vieron, se quedaron *a* ... *1839*

ATORMENTADOR
Is 16.4 porque el *a* fenecerá, el devastador ... 4160

ATORMENTAR
Lv 26.16 que consuman los ojos y *atormenten* el ... 1727
1 S 16.14 le *atormentaba* un espíritu malo de ... 1204
16.15 he aquí...un espíritu malo...te *atormenta* ... 1204
Job 15.20 todos...días, el impío es *atormentado* ... 2342
Pr 11.17 mas el cruel se *atormenta* a sí mismo ... 5916
26.28 la lengua falsa *atormenta* al que ha ... 6213,4072
Mt 8.6 mi criado está...gravemente *atormentado* ... *928*
8.29 acá para *atormentarnos* antes del tiempo? ... *928*
15.22 mi hija es...*atormentada* por un demonio ... *1139*
Mr 5.7 conjuro por Dios que no me *atormentes* ... *928*
5.15 ven al que había sido *atormentado* del ... *1139*
Lc 6.18 habían sido *atormentados* de espíritus ... *3791*
8.28 Jesús...Te ruego que no me *atormentes* ... *928*
16.24 **porque estoy *atormentado* en esta llama** ... *3600*

16.25 **éste es consolado aquí, y tú *atormentado*** ... *3600*
Hch 5.16 *atormentados* de espíritus inmundos ... *3791*
He 11.35 mas otros fueron *atormentados*, no ... *5178*
Ap 9.5 sino que los *atormentasen* cinco meses ... *928*
11.10 habían *atormentado* a los moradores de ... *928*
14.10 y será *atormentado* con fuego y azufre ... *928*
20.10 serán *atormentados* día y noche por los ... *928*

ATRACTIVO
Is 53.2 le veremos, mas sin *a* para que le ... 4758

ATRAER
Gn 20.9 *atraído* sobre mí... tan grande pecado? ... 935
Jue 4.7 yo *atraeré* hacia ti al arroyo de Cisón ... 4900
Job 36.27 él *atrae* las gotas de las aguas, al ... 1639
Sal 65.4 bienaventurado el que tú... *atrajeres* ... 7126
Pr 9.7 que reprende al impío, se *atrae* mancha ... 3947
Cnt 1.4 *atráeme*; en pos de ti correremos ... 935
Os 2.14 la *atraeré* y la llevaré al desierto ... 3212
11.4 cuerdas humanas los *atraje*, con cuerdas ... 4900
Jn 12.32 **si fuere levantado... a todos *atraeré*** ... *1670*
Stg 1.14 su propia concupiscencia es *atraído* ... *1828*
2 P 2.1 *atrayendo* sobre sí mismos destrucción ... *1863*

ATRANCAR
Neh 7.3 allí, cerrad las puertas y *atrancadlas* ... 270

ATRAPAR
Sal 10.2 será *atrapado* en los artificios que ... 8610
Pr 11.6 mas los pecadores serán *atrapados* en ... 3920
30.28 araña que *atrapas* con la mano, y está ... 8610
Is 42.22 todos ellos *atrapados* en cavernas y ... 6351
Am 3.5 ¿se levantará... si no ha *atrapado* algo? ... 5927

ATRÁS *Véase el Apéndice*

ATRAVESAR
Jue 5.26 y le horadó, y *atravesó* sus sienes ... 2498
9.54 mató. Y su escudero le *atravesó*, y murió ... 1856
Job 20.24 huirá... arco de bronce le *atravesará* ... 2498
Sal 84.6 *atravesando* el valle de lágrimas lo ... 5674
Is 36.6 entrará por la mano, y la *atravesará* ... 5344
Ez 16.40 y te *atravesarán* con sus espadas ... 1333
23.47 turbas... las *atravesarán* con sus espadas ... 1254
Mr 11.16 nadie *atravesase* el templo llevando ... *1223*
Jn 8.59 y *atravesando* por en medio de ellos ... *1223*
Hch 13.6 y habiendo *atravesado* toda la isla ... *1330*
16.6 *atravesando* Frigia... les fue prohibido ... *1330*
27.5 habiendo *atravesado* el... frente a Cilicia ... *1277*

ATREVERSE
Jer 30.21 ¿quién... se *atreve* a acercarse a mí?
Jn 21.12 **ninguno de... se *atrevía* a preguntarle** ... *5111*
Hch 5.13 ninguno se *atrevía* a juntarse... ellos ... *5111*
7.32 y Moisés, temblando, no se *atrevía* a ... *5111*
2 Co 10.12 no nos *atrevemos* a contarnos ni a ... *5111*
Fil 1.14 se *atreven* más a hablar la palabra ... *5111*
Jud 9 Miguel... no se *atrevió* a proferir juicio ... *5111*

ATREVIDAMENTE
Jer 23.17 dicen *a* a los que me irritan
Mi 2.8 quitasteis las capas *a* a los

ATREVIDO
2 P 2.10 *a* y contumaces, no temen decir mal de ... *5113*

ATREVIMIENTO
Ro 15.15 he escrito, hermanos, en parte con *a* ... *5112*

ATRIBUIR
Dt 22.14 *atribuyere* faltas que den que hablar
22.17 le *atribuye* faltas que dan que hablar
Job 1.22 ni *atribuyó* a Dios despropósito alguno ... 5414
36.3 lejos, y *atribuiré* justicia a mi Hacedor ... 5414
Sal 68.34 *atribuid* poder a Dios; sobre Israel ... 5414
Hab 1.11 ofenderá *atribuyendo* su fuerza a su
Ro 4.6 hombre a quien Dios *atribuye* justicia ... *3049*

ATRIBULAR
1 S 1.15 soy una mujer *atribulada* de espíritu ... 7186
Job 6.14 el *atribulado* es consolado... compañero ... 4523
Lm 1.20 mira, oh Jehová, estoy *atribulado*, mis ... 6887
Sof 1.17 *atribularé* a los hombres, y andarán ... 6887
2 Co 1.6 pero si somos *atribulados*, es para ... *2346*
4.8 *atribulados* en todo, mas no angustiados ... *2346*
7.5 en todo fuimos *atribulados*; de fuera ... *2346*
2 Ts 1.6 tribulación a los que os *atribulan* ... *2347*
1.7 a vosotros que sois *atribulados*, daros ... *2346*

ATRINCHERAR
Job 19.12 sus ejércitos... *atrincheraron* en mí ... 2583

ATRIO
Éx 27.9 asimismo harás el *a* del tabernáculo ... 2691
27.9 tendrá el *a* cortinas de lino torcido ... 2691
27.12 el ancho del *a*, del lado occidental ... 2691
27.13 ancho del *a* por el lado del oriente ... 2691
27.16 para la puerta del *a* habrá una cortina ... 2691
27.17 las columnas alrededor del *a* estarán ... 2691
27.18 la longitud del *a* será de cien codos ... 2691
27.19 y todas las estacas del *a*... de bronce ... 2691
35.17 las cortinas del *a*... la puerta del *a* ... 2691
35.18 estacas del tabernáculo, y las... del *a* ... 2691
38.9 hizo asimismo el *a*... las cortinas del *a* ... 2691
38.15 de uno y otro lado de la puerta del *a* ... 2691
38.16 cortinas del *a*... eran de lino torcido ... 2691
38.17 las columnas del *a* tenían molduras de ... 2691
38.18 la cortina de la entrada del *a* era de ... 2691
38.18 codos, lo mismo que las cortinas del *a* ... 2691
38.20 las estacas del tabernáculo y del *a* ... 2691
38.31 las basas del *a*... de la puerta del *a* ... 2691
38.31 y todas las estacas del *a* alrededor ... 2691
39.40 las cortinas del *a*... la entrada del *a* ... 2691
40.8 finalmente pondrás el *a* alrededor, y la ... 2691
40.8 pondrás... La cortina a la entrada del *a* ... 2691
40.33 erigió el *a*... cortina a la entrada del *a* ... 2691
Lv 6.16 en el *a* del tabernáculo de... lo comerán ... 2691
6.26 será comida, en el *a* del tabernáculo de ... 2691
Nm 3.26 las cortinas del *a*... de la puerta del *a* ... 2691
3.37 las columnas alrededor del *a*, sus basas ... 2691
4.26 las cortinas del *a*... de la puerta del *a* ... 2691
4.32 columnas del *a*... y sus basas, sus estacas ... 2691
1 R 6.36 edificó el *a*... tres hileras de piedras ... 2691
7.8 casa en que él moraba, en otro *a* dentro ... 2691
7.9 y asimismo por fuera hasta el gran *a* ... 2691
7.12 en el gran *a*... tres hileras de piedras ... 2691
7.12 también el *a* interior... el *a* de la casa ... 2691
8.64 santificó el rey el medio del *a*, el cual ... 2691
2 R 21.5; 23.12 altares... los dos *a* de la casa ... 2691
1 Cr 23.28 ministrar en... los *a*, en las cámaras ... 2691
28.6 Salomón... él edificará mi casa y mis *a* ... 2691
28.12 el plano... los *a* de la casa de Jehová ... 2691
2 Cr 4.9 también hizo el *a* de los sacerdotes, y ... 2691
4.9 el gran *a*, y las portadas del *a*, y cubrió ... 2691
6.13 un estrado de bronce... en medio del *a* ... 5835
7.7 Salomón consagró la parte central del *a* ... 2691
20.5 Josafat se puso... delante del *a* nuevo ... 2691
29.16 sacaron toda la inmundicia... al *a* de la ... 2691
31.2 alabasen dentro de las puertas de los *a*
33.5 altares... los dos *a* de la casa de Jehová ... 2691
Neh 13.7 cámara en los *a* de la casa de Dios ... 2691
Sal 65.4 atrajeras a ti... que habite en tus *a* ... 2691
84.2 anhela mi alma... desea los *a* de Jehová ... 2691
84.10 mejor es un día en tus *a* que mil fuera ... 2691
92.13 en los *a* de nuestro Dios florecerán ... 2691
96.8 dad a... traed ofrendas, y venid a sus *a* ... 2691
100.4 entrad por sus... por sus *a* con alabanza ... 2691
116.19 los *a* de las casa de Jehová, en medio ... 2691
135.2 en los *a* de la casa de nuestro Dios ... 2691
Is 1.12 cuando venís a... mí para hollar mis *a*? ... 2691
62.9 lo beberán en los *a* de mi santuario ... 2691
Jer 19.14 se paró en el *a* de la casa de Jehová ... 2691
26.2 ponte en el *a* de la casa de Jehová, y ... 2691
36.10 en el *a* de arriba, a la entrada de la ... 2691
36.20 entraron a donde estaba el rey, al *a* ... 2691
52.24 tomó... a Sofonías... tres guardas del *a*
Ez 8.7 y me llevó a la entrada del *a*, y miré ... 2691
8.16 me llevó al *a* de adentro de la casa de ... 2691
9.7 contaminad la casa, y llenad los *a* de ... 2691
10.3 entró; y la nube llenaba el *a* de adentro ... 2691
10.4 el *a* se llenó del resplandor de la gloria ... 2691
10.5 se oía hasta el *a* de afuera, como la voz ... 2691
40.14 cada poste del *a* y del portal todo en ... 2691
40.17 me llevó luego al *a* exterior, y he aquí ... 2691
40.17 treinta cámaras... alrededor en aquel *a* ... 2691
40.19 el frente del *a* interior por fuera, de ... 2691
40.20 de la puerta... en el *a* exterior, midió ... 2691
40.23 la puerta del *a* interior estaba enfrente ... 2691
40.27 también puerta... el sur del *a* interior ... 2691
40.28 me llevó después en el *a* de adentro a la ... 2691
40.31,34,37 y sus arcos caían afuera al *a* ... 2691
40.32 me llevó al *a* interior hacia el oriente ... 2691
40.44 en el *a* de adentro que estaba al lado ... 2691
40.47 y midió el *a*, cien codos de longitud ... 2691
41.15 templo de dentro, y los portales del *a* ... 2691
41.25 como los que había en... la fachada del *a* ... 197
42.1 me trajo luego al *a* exterior hacia el ... 2691
42.3 veinte codos que había en el *a* interior ... 2691
42.3 del enlosado que había en el *a* exterior ... 2691
42.6 y no tenían columnas como las... de los *a* ... 2691
42.7 el muro... hacia el *a* exterior delante de ... 2691
42.8 longitud de las cámaras del *a* de afuera ... 2691
42.9 para entrar en él desde el *a* exterior ... 2691
42.10 a lo largo del muro del *a*, hacia el ... 2691
42.14 no saldrán del lugar santo al *a* exterior ... 2691
43.5 y me alzó el Espíritu y me llevó al *a* ... 2691
44.17 entren por las puertas del *a* interior ... 2691
44.17 cuando ministren en las puertas del *a* ... 2691
44.19 salgan al *a* exterior, al *a* de afuera ... 2691
44.21 cuando haya de entrar en el *a* interior ... 2691
44.27 el día que entre... al *a* interior, para ... 2691
45.19 sobre los postes de las puertas del *a* ... 2691
46.1 puerta del *a* interior que mira al oriente ... 2691
46.20 allí cocerán la... para no sacarla al *a* ... 2691
46.21 me sacó al *a*... los cuatro rincones del *a* ... 2691
46.22 los cuatro rincones del *a* había patios ... 2691
Zac 3.7 guardarás mis *a*, y entre éstos que ... 2691
Mr 15.16 los soldados le llevaron dentro del *a* ... *833*

ATROPELLADOR
Nah 3.2 fragor... caballo *a*, y carro que salta ... 1725

ATROPELLAR
2 R 7.17 y lo *atropelló* el pueblo a la entrada ... 7429
7.20 el pueblo le *atropelló* a la entrada, y ... 7429
9.33 y ellos la echaron... y él la *atropelló* ... 7429
Nah 2.5 sus valientes; se *atropellarán* en su ... 3782
Lc 12.1 tanto que unos a otros se *atropellaban* ... *2662*

ATROT-BET-JOAB *Descendiente de Judá*,
1 Cr 2.54 ... 5852

ATURDIDO *Véase Aturdir*

ATURDIMIENTO
Sal 60.3 a tu pueblo... hiciste beber vino de *a* ... 8653
Is 51.17 porque el cáliz de *a* bebiste hasta ... 8653
51.22 he quitado de tu mano el cáliz de *a* ... 8653

ATURDIR
Is 28.1 valle fértil de los *aturdidos* del vino ... 1986
28.7 se *aturdieron* con la sidra, erraron en ... 7686
Jer 51.7 *aturdieron*, por tanto, las naciones ... 8354

AUDIENCIA
Hch 19.38 *a* se conceden, y procónsules hay ... *60,71*
25.23 entrando en la *a* con los tribunos y ... *201*

AUGURIO
1 R 20.33 tomaron aquellos hombres por buen *a*

AUGUSTA
Hch 27.1 un... llamado Julio, de la compañía *A* ... *4575*

AUGUSTO *Título de los emperadores romanos*
Lc 2.1 edicto de parte de *A* César, que todo el ... *828*
Hch 25.21 para el conocimiento de *A*, mandé que ... *4575*
25.25 como... apeló a *A*, he determinado enviarle... *4575*

AULLAR
Is 13.6 *aullad* porque cerca está el día de ... 3213
13.22 en sus palacios *aullarán* hienas, y ... 6030
14.31 *aúlla* oh puerta; clama, oh ciudad ... 3213
15.2 sobre Nebo y sobre Medeba *aullará* Moab ... 3213
15.3 en sus plazas *aullarán* todos... en llanto ... 3213
15.4 que *aullarán* los guerreros de Moab, se ... 7321
16.7 *aullará* Moab, todo él *a*; gemiréis todos ... 3213
23.1,14 *aullad* naves... porque destruida es ... 3213
23.6 Tarsis; *aullad*, moradores de la costa ... 3213
52.5 que en él se enseñorean, lo hacen *aullar* ... 3213
65.14 por el quebrantamiento de... *aullaréis* ... 3213
Jer 4.8 vestíos de cilicio, endechad y *aullad* ... 3213
25.34 *aullad* pastores, y clamad; revolcaos ... 3213
48.31 *aullaré* sobre Moab; sobre todo Moab ... 3213
Mi 1.8 *aullaré* y andaré despojado y desnudo ... 3213
Sof 1.11 *aullad*, habitantes de Mactes, porque ... 3213
Zac 11.2 *aúlla*, oh ciprés, porque el cedro ... 3213
11.2 *aullad*, encinas de Basán, porque el cedro ... 3213
Stg 5.1 llorad y *aullad* por las miserias que os ... *3649*

AULLIDO
Jer 25.36 voz... *a* de los mayorales del reba-o! ... 3215
Mi 1.8 haré *a* como de chacales, y lamento como ... 3213
Sof 1.10 habrá... *a* desde la segunda puerta, y ... 3215
Zac 11.3 *a* de pastores, porque su... es asolada ... 3215

AUMENTAR
Gn 18.20 el clamor contra Sodoma... *aumenta* más ... 7227
34.12 *aumentad* a cargo mío mucha dote y dones .. 7235
47.27 y se *aumentaron*, y se... en gran manera ... 6509
Éx 1.7 fueron *aumentados* y fortalecidos en ... 7235
19.19 el sonido de la bocina iba *aumentando*
23.29 *aumenten* contra ti las fieras del campo ... 7227
30.15 ni el rico *aumentará* ni el... disminuirá ... 7235
Lv 25.16 mayor fuere el... *aumentarás* el precio ... 7235
Dt 7.22 las fieras... no se *aumenten* contra ti ... 7235
8.13 y tus vacas y tus ovejas se *aumenten* ... 7235
8.13 oro... y todo lo que tuvieres se *aumente* ... 7235
17.16 pero él no *aumentará* para sí caballos ... 7235
17.16 Egipto con el fin de *aumentar* caballos ... 7235
28.59 entonces Jehová *aumentará*... tus plagas ... 6381
Jos 24.3 *aumenté* su descendencia, y le di Isaac ... 7235
Jue 9.29 a Abimelec: *Aumenta* tus ejércitos ... 7235
1 S 14.19 el alboroto que había en... *aumentaba* ... 7227
2 S 14.11 que el vengador... no *aumente* el daño ... 7235
15.12 y *aumentaba* el pueblo que... a Absalón ... 7227
2 Cr 33.23 nunca se humilló... *aumentó* el pecado ... 7235
36.14 sacerdotes... *aumentaron* la iniquidad ... 7235
Job 1.10 bienes han *aumentado* sobre la tierra ... 6555
9.17 ha *aumentado* mis heridas sin causa ... 7235
10.17 *aumentas* conmigo tu furor como tropas ... 7235
17.9 el limpio de manos *aumentará* la fuerza
42.10 *aumentó* al doble todas las cosas que
Sal 25.17 las angustias de... se han *aumentado* ... 7337
38.19 se han *aumentado* los que me aborrecen ... 7231
40.5 has *aumentado*... tus maravillas, y tus ... 2772
40.12 se han *aumentado* más que los cabellos ... 6105
49.16 cuando *aumenta* la gloria de su casa ... 7235
62.10 si se *aumentan* las riquezas, no pongáis ... 5107
69.4 se han *aumentado*... los que me aborrecen ... 7231
71.21 *aumentarás* mi grandeza, y volverás a ... 7235
92.10 *aumentarás* mis fuerzas como las del ... 7311
115.14 *aumentará* Jehová bendición... vosotros ... 3254
Pr 1.5 oirá el sabio, y *aumentará* el saber ... 3254
3.2 largura de días y... y paz te *aumentarán* ... 3254
9.9 enseña al justo, y *aumentará* su saber ... 3254
9.11 porque por mí se *aumentarán* tus días ... 7235
10.27 el temor de Jehová *aumentará* los días ... 3254
13.11 recoge con mano laboriosa las *aumenta* ... 7235
16.21 la dulzura de labios *aumenta* el saber ... 3254
22.16 que oprime al pobre para *aumentar* sus ... 7235
28.8 el que *aumenta* sus riquezas con usura ... 7235
28.8 se compadece de los pobres las *aumenta*
Ec 2.9 fui... *aumentado* más que todos los que ... 3254
5.11 *aumentan* los bienes, también *a* los que ... 7235
Is 9.3 multiplicaste la gente, y *aumentaste* la ... 7235
26.15 *aumentaste* el pueblo, oh Jehová, *a* el ... 3254
Jer 5.6 se han *aumentado* sus deslealtades ... 7231
Lm 4.6 se *aumentó* la iniquidad de la hija de ... 1431
Ez 5.16 *aumentaré* el hambre sobre vosotros ... 3254
16.26 y *aumentaste* tus fornicaciones para ... 7235
23.14 y *aumentó* sus fornicaciones... caldeos ... 3254
Dn 12.4 muchos correrán... ciencia se *aumentará* ... 7235
Os 10.1 conforme a la... *aumentaron* sus ídolos ... 7235
12.1 Efraín... mentira y destrucción *aumenta* ... 7235
12.10 a los profetas, y *aumenté* la profecía ... 7235
Am 4.4 *aumentad* en Gilgal la rebelión, y traed ... 7235
Lc 17.5 dijeron... al Señor: *Auméntanos* la fe ... *4369*
Hch 5.14 los que creían en el Señor *aumentaban* ... *4369*
16.5 las iglesias... y *aumentaban* en número ... *4052*
2 Co 9.10 y *aumentará* los frutos de... justicia ... *837*

AUMENTO
Pr 4.18 va en *a* hasta que el día es perfecto ... 1980

AUN *Véase el Apéndice*

AÚN *Véase el Apéndice*

AUNQUE *Véase el Apéndice*

AURORA
Sal 110.3 desde el seno de la a tienes tú el 4891
Pr 4.18 la senda de...es como la luz de la a 3117
Lc 1.78 con que nos visitó desde lo alto la a 395

AUSENCIA
1 Co 16.17 pues ellos han suplido vuestra a 5303
Fil 2.12 habéis obedecido...más ahora en mi a 666

AUSENTAR
Lc 20.9 **arrendó...se** ***ausentó*** **por mucho tiempo** 589

AUSENTE
Éx 22.14 fuere estropeada...estando a su dueño
1 Co 5.3 como a en cuerpo, pero presente en 548
2 Co 5.6 entre tanto que...estamos a del Señor 1553
5.8 más quisiéramos estar a del cuerpo, y 1553
5.9 por tanto procuramos...o a o presentes 1553
10.1 yo que...a soy osado para con vosotros 548
10.11 así como somos...por cartas, estando a 548
13.2 y ahora a lo escribo a los que antes 548
13.10 por esto os escribo estando a, para no 548
Fil 1.27 o sea que vaya a veros, o que esté a 548
Col 2.5 aunque estoy a en cuerpo, no obstante 548

AUSTERO
Mt 6.16 **cuando ayunéis, no seáis a, como los** 4659

AUSTRAL
Ez 20.46 derrama tu palabra hacia la parte a 8486

AUSTRO
Cnt 4.16 levántate, Aquilón, y ven, *A*; soplad 8486
Zac 9.14 Jehová...irá entre torbellinos del a 8486

AUTOR
Éx 22.3 a de la muerte será reo de homicidio
Hch 3.15 matasteis al *A* de la vida, a quien 747
He 2.10 perfeccionase...al a de la salvación 747
5.9 vino a ser a de eterna salvación para 159
12.2 en Jesús, el a y consumador de la fe 747

AUTORIDAD
Neh 11.21 a sobre los sirvientes del templo 5921
Est 1.22 todo hombre afirmase su a en su casa 8323
9.29 suscribieron con plena a esta...carta 8633
10.2 su...a, y el relato sobre la grandeza de 8633
Mt 7.29 enseñaba como quien tiene a, y no como 1849
8.9 también yo soy hombre bajo a, y tengo 1849
10.1 les dio a sobre los espíritus inmundos 1849
21.23 ¿con qué a...¿y quién te dio esta a? 1849
21.24 **yo os diré con qué a hago estas cosas** 1849
21.27 **tampoco yo os digo con qué a hago estas** 1849
Mr 1.22 enseñaba como quien tiene a, y no como 1849
1.27 con a manda aun a los espíritus inmundos 1849
3.15 que tuviesen a para sanar enfermedades 1849
6.7 les dio a sobre los espíritus inmundos 1849
11.28 ¿con qué a haces estas...quién te dio a 1849
11.29 **y os diré con qué a hago estas cosas** 1849
11.33 **tampoco yo os digo con qué a hago estas** 1849
13.34 **dejó su casa, y dio a a sus siervos** 1849
Lc 4.32 se admiraban...su palabra era con a 1849
4.36 con a...manda a los espíritus inmundos 1849
7.8 también yo soy hombre puesto bajo a, y 1849
9.1 dio poder y a sobre todos los demonios 1849
12.11 **os trajeren a las a, no os preocupéis** 1849
19.17 **fiel, tendrás a sobre diez ciudades** 1849
20.2 ¿con qué a...¿o quién...ha dado esta a? 1849
20.8 **tampoco os diré con qué a hago estas** 1849
20.20 entregarle al poder y a del gobernador 1849
22.25 **que sobre ellas tienen a son llamados** 1850
Jn 5.27 **también le dio a de hacer juicio, por** 1849
19.10 sabes que tengo a para crucificarte 1849
19.10 ¿no sabes...que tengo a para soltarte? 1849
19.11 **ninguna a tendrías contra mí, si no te** 1849
Hch 9.14 aun aquí tiene a de los principales 1849
16.19 y los trajeron al foro, ante las a 758
17.6 trajeron a Jasón y a...ante las a de la 4173
17.8 alborotaron al pueblo y a las a de la 4173
19.31 de las a de Asia, que eran sus amigos 775
Ro 13.1 sométase...a las a...no hay a sino de 1849
13.2 quien se opone a la a, a lo establecido 1849
13.3 ¿quieres...no temer la a? Haz lo bueno 1849
1 Co 11.10 mujer debe tener señal de a sobre 1849
15.24 haya suprimido todo dominio, toda a y 1849
2 Co 10.8 aunque me glorie algo...de nuestra a 1849
13.10 conforme a la a que el Señor me ha dado 1849
Ef 1.21 sobre todo principado y a y poder y 1849
Tit 2.15 habla, y exhorta y reprende con...a 2003
3.1 recuérdales que se sujeten a los...y a 1849
1 P 3.22 a él están sujetos...a y potestades 1849
Jud 8 estos...rechazan la a y blasfeman de las 2963
Ap 2.26 **fin, yo le daré a sobre las naciones** 1849
12.10 ahora ha venido...y la a de su Cristo 1849
13.2 el dragón le dio su poder y...grande a 1849
13.4 adoraron al dragón que había dado a a la 1849
13.5 y se le dio a para actuar 42 meses 1849
13.7 se le dio a sobre toda tribu, pueblo 1849
13.12 ejerce toda la a de la primera bestia 1849
17.12 por una hora recibirán a como reyes 1849
17.13 entregarán su poder y su a a la bestia 1849

AUTORIZAR
Est 8.5 para revocar las cartas que *autorizan*

AUXILIO
Job 6.13 ¿no es así...que todo a me ha faltado? 5833
Sal 46.1 nuestro pronto a en...tribulaciones 5833
Is 31.2 contra el a de los que hacen iniquidad 5833
Hch 26.22 pero habiendo obtenido a de Dios 1947

AVA *Distrito en Babilonia*, 2 R 17.24 5755

AVALUAR
2 R 23.35 hizo *avaluar* la tierra para dar el 6186

AVANZADO, A
Gn 18.11 Abraham y Sara...viejos, de edad a 935
24.1 era Abraham ya viejo, y bien a en años 935
Jos 13.1 tú eres ya viejo, de edad a, y queda 935
23.1 que Josué, siendo ya viejo y a en años 935
23.2 les dijo: Yo ya soy viejo y a en años 935
Jue 7.11 y él descendió...hasta los puestos a 7097
1 R 1.1 el rey David era viejo y a en días 935
Job 15.10 mucho más a en días que tu padre 3117
Mr 6.35 ya era muy a la hora...la hora ya a 5610
Lc 1.7 era estéril, y ambos eran ya de edad a 4260
1.18 yo soy viejo, y mi mujer es de edad a 4260
2.36 de edad muy a, pues había vivido con su 4260
Ro 13.12 la noche está a, y se acerca el día 4298

AVANZAR
Jos 8.13 Josué *avanzó* aquella noche hasta la 5674
Jue 20.37 y *avanzaron* e hirieron a filo de
1 S 13.23 guarnición de los filisteos *avanzó* 3318
2 S 20.8 una daga...se le cayó cuando él *avanzó* 3318
2 R 20.9 ¿*avanzará* la sombra diez grados, o 1980

AVARICIA
Éx 18.21 varones de verdad...aborrezcan la a 1215
1 S 8.3 padre, antes se volvieron tras la a
Sal 119.36 inclina mi corazón a...y no a la a 1215
Pr 28.16 el que aborrece la a prolongará sus 1215
Jer 6.13; 8.10 desde el...cada uno sigue la a 1215
22.17 mas tus ojos y...no son sino para tu a 1215
Ez 22.13 que batí mis manos a causa de tu a
33.31 corazón de ellos anda en pos de su a 1215
Mr 7.22 **hurtos, las a, las maldades, el engaño** 4124
Lc 12.15 **les dijo: Mirad, y guardaos de toda a** 4124
Ro 1.29 atestados de...perversidad, a, maldad 4124
Ef 5.3 o a, ni aun se nombre entre vosotros 4124
Col 3.5 malos deseos y a, que es idolatría 4124
1 Ts 2.5 ni encubrimos a; Dios es testigo 4124
He 13.5 vuestras costumbres sin a, contentos 866
2 P 2.3 y por a harán mercadería de vosotros 4124

AVARO
Pr 23.6 no comas pan con el a, ni codicies sus 7451,5869
28.22 apresura a ser rico el a, y no sabe que .. 7451,5869
Lc 16.14 oían también...los fariseos, que eran a 5366
1 Co 5.10 no absolutamente con...o con los a 4123
5.11 llamándose hermano, fuere...a, o idólatra 4123
6.10 los ladrones, ni los a, ni los borrachos 4123
Ef 5.5 ningún...a...tiene herencia en el reino 4123
1 Ti 3.3 no codicioso...amable, apacible, no a 866
2 Ti 3.2 hombres...a, vanagloriosos, soberbios 5633

AVE
Gn 1.20 produzcan las aguas...y a que vuelen 5775
1.21 y creó...toda a alada según su especie 5775
1.22 y multiplíquense las a en la tierra 5775
1.26 y señoree...en las a de los cielos, en 5775
1.28 y señoread en...en las a de los cielos 5775
1.30 a todas las a de los cielos, y a todo 5775
2.19 Dios formó...toda a de los cielos, y las 5775
2.20 puso Adán nombre a toda bestia y a de 5775
6.7 raeré...hasta el reptil y las a del cielo 5775
6.20 las a según su especie, y de las bestias 5775
7.3 de las a de los cielos, siete parejas 5775
7.8 de las a, y de todo lo que se arrastra 5775
7.14 toda a según su especie, y todo pájaro 5775
7.21 murió toda carne...de a como de ganado 5775
7.23 destruido...desde el hombre hasta...las a 5775
8.17 de a de bestias y de todo reptil que 5775
8.19 todo reptil y toda a...salieron del arca 5775
8.20 tomó de todo animal limpio y de toda a 5775
9.2 sobre toda a de los cielos, en todo lo 5775
9.10 a, animales y toda bestia de la tierra 5775
15.10 partió por la mitad...no partió las a 6833
15.11 descendían a de rapiña sobre...cuerpos 5861
40.17 y las a las comían del canastillo de 5775
40.19 y las a comerán tu carne de sobre ti 5775
Lv 1.14 si la ofrenda para Jehová fuere...de a 5775
7.26 ninguna sangre...ni de a ni de bestias 5775
11.13 de las a, éstas tendréis en abominación 5775
11.46 la ley acerca de las bestias, y las a 5775
17.13 que cazare animal o a que sea de comer 5775
20.25 diferencia...entre a inmunda y limpia 5775
20.25 no contaminéis...con las a, ni con nada 5775
Dt 4.17 figura de a alguna alada que vuele por 5775
14.11.20 toda a limpia podréis comer 5775
22.6 cuando encuentres...algún nido de a en 6833
28.26 servirán de comida a toda a del cielo 5775
1 S 17.44 y daré tu carne a las a del cielo 5775
17.46 los cuerpos de los filisteos a las a 5775
2 S 21.10 que ninguna a...posase sobre ellos 5775
1 R 4.23 sin los ciervos, gacelas, corzos y a 1257
4.33 disertó sobre las a, sobre los reptiles 5775
14.11 que muera...lo comerán las a del cielo 5775
16.4; 21.24 muerto...comerán las a del cielo 5775
Neh 5.18 también eran preparadas para mí a 5775
Job 12.7 las a de los cielos...te lo mostrarán 5775
28.7 senda que nunca la conoció a, ni ojo de 344
28.21 ojos...y a toda a del cielo es oculta 5775
35.11 y nos hace sabios más que a las a del 5775
Sal 8.8 a de los cielos y los peces del mar 6833
11.1 a mi alma que escape al monte cual a? 6833
50.11 conozco a todas las a de los montes 5775
78.27 hizo llover sobre ellos...a que vuelan 5775
79.2 dieron los cuerpos...por comida a las a 5775
104.12 sus orillas habitan las a de los cielos 5775
104.17 allí anidan las a; en las hayas hace 6833
124.7 nuestra alma escapó cual a del lazo de 6833
Pr 1.17 tiende la red ante los ojos de toda a 1167
6.5 y como a de la mano del que arma lazos 6833
7.23 el a que se apresura a la red, y no sabe 6833
27.8 cual a que se va de su nido, tal es el 6833
Ec 9.12 como las a que se enredan en lazo, así 6833
10.20 las a del cielo llevarán la voz, y las 5775
12.4 se levantarán a la voz del a, y todas 6833
Is 16.2 cual a espantada que huye de su nido 5775
18.6 dejados todos para las a de los montes 5861
18.6 sobre ellos tendrán el verano las a, e 5861
31.5 como las a que vuelan...amparará Jehová 6833
46.11 que llamo desde el oriente al a, y de 5861
Jer 4.25 todas las a del cielo se habían ido 5775
7.33 para comida de las a del cielo y de las 5775
9.10 desde las a del cielo hasta las bestias 5775
12.4 faltaron los ganados y las a; porque 5775
12.9 ¿es mi heredad para mí como a de rapiña 5861
12.9 contra ella a de rapiña en derredor? 5861
15.3 a del cielo y bestias de la tierra para 5775
16.4 servirán de comida a las a del cielo y 5775
19.7 y daré sus cuerpos para comida a las a 5775
34.20 sus cuerpos...serán comida de las a del 5775
Lm 3.52 mis enemigos me dieron caza como a a 6833
Ez 13.20 vuelen como a las almas que...cazáis
17.23 habitarán debajo de él todas las a de 6833
29.5 a las a del cielo te he dado por comida 5775
31.6 en sus ramas hacían nido todas las a 5775
31.13 sobre su ruina habitarán...a del cielo 5775
32.4 posar sobre ti todas las a del cielo 5775
38.20 las a del cielo, las bestias del campo 5775
39.4 a a de rapiña...te he dado por comida 6833
39.17 di a las a de toda especie...Juntaos 6833
44.31 ninguna cosa mortecina...así de a como 5775
Dn 2.38 dondequiera que habitan...a del cielo 5776
4.12 sus ramas hacían morada las a del cielo 6853
4.14 váyanse las bestias...las a de sus ramas 6853
4.21 en cuyas ramas anidaban las a del cielo 6853
4.33 su pelo...y sus uñas como las de las a 6853
7.6 con cuatro alas de a en sus espaldas 5776
Os 2.18 haré para ti pacto...las a del cielo 5775
4.3 se extenuará...las bestias...a del cielo 5775
7.12 mi red; les haré caer como a del cielo 5775
9.11 la gloria de Efraín volará cual a, de 5775
11.11 como a acudirán velozmente de Egipto 6833
Am 3.5 ¿caerá el a en lazo sobre la tierra 6833
Sof 1.3 destruiré las a del cielo y los peces 5775
Mt 6.26 **las a del cielo, que no siembran, ni** 4071
8.20 **las a del cielo nidos; mas el Hijo del** 4071
13.4 **camino; y vinieron las a y la comieron** 4071
13.32 **vienen las a del cielo y hacen nidos en** 4071
Mr 4.4 **al camino, y vinieron las a del cielo** 4071
4.32 **a del cielo pueden morar bajo su sombra** 4071
Lc 8.5 **hollada, y las a del cielo la comieron** 4071
9.58 **guaridas, y las a de los cielos nidos** 4071
12.24 **¿no valéis vosotros más que las a?** 4071
13.19 **las a del cielo anidaron en sus ramas** 4071
Hch 10.12 de todos los...reptiles y a del cielo 4071
11.6 vi...y fieras, y reptiles, y a del cielo 4071
Ro 1.23 imagen de hombre...de a, de cuadrúpedos 4071
1 Co 15.39 otra carne la de...otra la de las a 4421
Stg 3.7 toda naturaleza...de a...se doma y ha 4071
Ap 18.2 ha hecho...albergue de toda a inmunda 3732
19.17 y clamó a gran voz...a todas las a que 3732
19.21 a se saciaron de las carnes de ellos 3732

AVECILLA
Lv 14.4 que se tomen...dos a vivas, limpias 6833
14.5 matar una a en un vaso de barro sobre 6833
14.6 tomará la a viva, el cedro, la grana y 6833
14.6 la a viva en la sangre de la a muerta 6833
14.7 rociará...soltará la a viva en el campo 6833
14.49 para limpiar la casa dos a, y madera 6833
14.50 degollará una a en una vasija de barro 6833
14.51 la a viva...en la sangre de la a muerta 6833
14.52 con la sangre de la a...con la a viva 6833
14.53 soltará la a viva fuera de la ciudad 6833

AVELLANO
Gn 30.37 tomó...Jacob varas...de a y de casta-o 3869

AVÉN *Palabra que se refiere a varios centros de idolatría*, Ez 30.17; Os 10.8; Am 1.5 206

AVENA
Is 28.25 pone...la a en su borde apropiado? 2406
Ez 4.9 toma para ti...lentejas, millo y a, y 2406

AVENTADO *Véase Aventar*

AVENTADOR
Jer 15.7 los aventé con a hasta las puertas 2219
51.2 enviaré...a que la avienten, y vaciarán 2219
Mt 3.12; Lc 3.17 su a está en su mano, y 4425

AVENTAJADO
1 Cr 19.10 escogió de los más a que había en 977

AVENTAJAR
Gá 1.14 en el judaísmo *aventajaba* a muchos de 4298

AVENTAR
Rt 3.2 él *avienta* esta noche la parva de las 2219
Pr 20.26 el rey sabio *avienta* a los impíos 2219
Is 21.10 oh pueblo mío, trillado y *aventado* 4098
30.24 comerán grano limpio, *aventado* con pala 2219

41.16 los *aventarás*, y los llevará el viento 2219
Jer 4.11 viento... no para *aventar*, ni para 2219
15.7 *aventé*... hasta las puertas de la tierra 2219
49.36 y los *aventaré* a todos estos vientos 2219
51.2 enviaré a... *aventadores* que la *avienten* 2219

AVEOS *Tribu cananea en el sur de Palestina (=Avim)*
Dt 2.23 a los *a* que habitaban en aldeas hasta 5761
Jos 13.3 ascaloneo... el ecroneo; también los *a* 5761
2 R 17.31 los *a* hicieron a Nibhaz y a Tartac 5757

AVERGONZADO *Véase Avergonzar*

AVERGONZADOR
Sal 119.42 daré por respuesta a mi *a*, que en 2778

AVERGONZAR
Gn 2.25 ambos desnudos... y no se *avergonzaban* 954
Nm 12.14 ¿no se *avergonzaría* por siete días? 3637
Rt 2.15 recoja también... y no la *avergoncéis* 3637
2 S 10.5 ellos estaban en extremo *avergonzados* 3637
19.3 como suele entrar... el pueblo *avergonzado* ... 3637
19.5 hoy has *avergonzado* el rostro de todos 3001
2 R 2.17 hasta que *avergonzándose* dijo: Enviad 954
2 Cr 32.21 se volvió... *avergonzado* a su tierra 1322
Esd 9.6 Dios mío, confuso y *avergonzado* estoy 954
Job 6.20 fueron *avergonzados* por su esperanza 954
11.3 ¿harás... no habrá quien le *avergüence*? 3637
19.3 ya... ¿no os *avergonzáis* de injuriarme? 954
Sal 6.10 se *avergonzarán*... todos mis enemigos 954
6.10 todos... serán *avergonzados* de repente 954
22.5 confiaron en... y no fueron *avergonzados* 954
25.2 no sea yo *avergonzado*, no se alegren 954
25.3 serán *avergonzados* los que se rebelan 954
25.20 sea yo *avergonzado*, porque en ti confié 954
31.17 no sea yo *avergonzado*, oh Jehová, ya 954
31.17 sean *avergonzados* los impíos, estén 954
34.5 y sus rostros no fueron *avergonzados* 954
35.4 sean *avergonzados*... los que buscan mi 954
35.4 y *avergonzados* los que mi mal intentan 954
35.26 sean *avergonzados*... a una los que de mi 954
37.19 no serán *avergonzados* en el mal tiempo 954
40.14 sean *avergonzados* y confundidos a una 954
40.14 *avergüéncense* los que mi mal desean 3637
44.7 *avergonzado* a los que nos aborrecían 954
44.9 nos has hecho *avergonzar*; y no sales 3637
53.5 *avergonzaste*, porque Dios los desechó 954
69.6 no sean *avergonzados* por causa mía los 954
70.2 *avergonzados*... los que buscan mi vida 954
70.2 sean vueltos atrás y *avergonzados* los 3637
71.1 me he refugiado; no sea yo *avergonzado* 954
71.13 sean *avergonzados*... los adversarios de 954
71.24 han sido *avergonzados*... sido confundido 2659
74.21 no vuelva *avergonzado* el abatido 2659
86.17 véanla los que... y sean *avergonzados* 2659
97.7 *avergüéncense* todos los que sirven a 2659
109.28 levántense, mas sean *avergonzados*, y 2659
119.6 entonces no sería yo *avergonzado* 2659
119.31 me he apegado a... no me *avergüences* 2659
119.46 hablaré de tus... y no me *avergonzaré* 2659
119.78 *avergonzados* los soberbios, porque 2659
119.80 sea... para que no sea yo *avergonzado* 2659
119.116 quede yo *avergonzado* de mi esperanza 2659
127.5 no será *avergonzado* cuando hablare con 2659
129.5 *avergonzados*... los que aborrecen a Sion 2659
Pr 10.5 el que duerme... es hijo que *avergüenza* 2659
14.35 su enojo contra el que lo *avergüenza* 2659
25.8 que tu prójimo le haya *avergonzado* 3637
28.7 compañero de glotones *avergüenza* a su 3637
29.15 el muchacho consentido *avergonzará* a 954
Is 1.29 *avergonzarán* las encinas que amasteis 954
20.5 se turbarán y *avergonzarán* de Etiopía 954
23.4 *avergüénzate*, Sidón, porque el mar, la 954
24.23 la luna se *avergonzará*, y el sol se 954
26.11 se *avergonzarán* los que envidian a tu 954
29.22 no será ahora *avergonzado* Jacob, ni su 954
30.5 todos se *avergonzarán* del pueblo que no 3001
33.9 el Líbano se *avergonzó*, y fue cortado 2659
41.11 contra ti... *avergonzados* y confundidos 954
44.11 que todos los suyos serán *avergonzados* 954
44.11 todos ellos... serán *avergonzados* a una 954
45.16 confusos y *avergonzados* serán todos 954
45.17 no os *avergonzaréis* ni os afrentaréis 954
45.24 los que... enardecen serán *avergonzados* 954
49.23 no se *avergonzarán* los que esperan en 954
50.7 me ayudará, por tanto no me *avergoncé* 3637
50.7 pedernal, y sé que no seré *avergonzado* 954
54.4 y no te *avergüences*, porque no serás 954
65.13 he aquí... vosotros seréis *avergonzados* 954
Jer 2.26 como se *avergüenza* el ladrón cuando 1322
2.26 así se *avergonzará* la casa de Israel 3001
2.36 serás *avergonzada* de Egipto... *a* de Asiria 954
6.15, 8.12 ¿se han *avergonzado*... no se han *a* 954
8.9 sabios se *avergonzaron*, se espantaron y 3001
8.12 ni supieron *avergonzarse*, caerán, por 954
9.19 en gran manera hemos sido *avergonzados* 954
10.14 *avergüenza* de su ídolo todo fundidor 3001
12.13 *avergonzaron* de sus frutos, a causa de 954
14.3 se *avergonzaros*... cubrieron sus cabezas 954
15.9 fue *avergonzada* y llena de confusión 954
17.13 los que te dejan serán *avergonzados* 954
17.18 *avergüéncense*... y no me *avergüence* yo 954
20.11 mas serán *avergonzados* en gran manera 954
22.22 *avergonzarás* y te confundirás a causa 954
31.19 me *avergoncé* y me confundí, porque 954
46.24 se *avergonzará* la hija de Egipto 3001
48.1 ¡ay de Nebo!... destruida y *avergonzada* 3001
48.13 se *avergonzará* Moab... se *avergonzó* de 954
48.20 se *avergonzó* Moab... fue quebrantado 3001
48.39 volvió la espalda... y fue *avergonzado*! 954
50.12 vuestra madre se *avergonzó* mucho, se 954
51.17 se *avergüenza*... artífice de su escultura 3001
51.47 será *avergonzada*, y todos sus muertos 954
51.51 estamos *avergonzados*, porque oímos la 954
Ez 6.9 *avergonzarán* de sí mismos, a causa de 6962
16.27 se *avergüenzan* de tu camino deshonesto 3637
16.52 *avergüénzate*... y lleva tu confusión 954
16.54 *avergüences* de todo lo que has hecho 3637
16.61 te acordarás de tus... y te *avergonzarás* 3637
16.63 para que te acuerdes y te *avergüences* 954
32.30 príncipes... *avergonzados* de su poderío 954
34.29 ni ya más serán *avergonzados* por las 3639
36.31 os *avergonzaréis* de vosotros mismos 6962
36.32 *avergonzaos* y cubríos de confusión por 954
43.10 *avergüéncense* de sus pecados; y midan 3637
43.11 si se *avergonzaren* de todo lo que han 3637
Os 4.18 príncipes amaron lo que *avergüenza* 7036
4.19 de sus sacrificios serán *avergonzados* 954
10.6 *avergonzado*, e Israel se *avergonzará* de 954
Jl 2.26,27 jamás será mi pueblo *avergonzado* 954
Mi 3.7 serán *avergonzados* los profetas, y se 954
7.16, se *avergonzarán* de todo su poderío 954
Sof 3.11 no serás *avergonzada* por... tus obras 954
Zac 10.5 los que cabalgan... serán *avergonzados* 3001
13.4 profetas se *avergonzarán* de su visión 954
Mr 8.38 **el que se *avergonzare* de mí y de mis** *1870*
8.38 **el Hijo del Hombre se *avergonzará*... de él** *1870*
Lc 9.26 **el que se *avergonzare* de mí y de mis** *1870*
9.26 **éste se *avergonzará* el Hijo del Hombre** *1870*
13.17 se *avergonzaban* todos sus adversarios *2617*
Ro 1.16 porque no me *avergüenzo* del evangelio *1870*
5.5 y la esperanza no *avergüenza*; porque el *2617*
6.21 cosas de las cuales... os *avergonzáis*? *1870*
9.33 el que creyere en él, no será *avergonzado* *2617*
10.11 que en él creyere, no será *avergonzado* *2617*
1 Co 1.27 Dios, para *avergonzar* a los sabios *2617*
1.27 lo débil... para *avergonzar* a lo fuerte *2617*
4.14 no escribo esto para *avergonzaros*, sino *1788*
6.5 para *avergonzaros* lo digo. ¿Pues qué, no *1791*
11.22 *avergonzáis* a los que no tienen nada? *2617*
2 Co 7.14 no he sido *avergonzado*, sino que así *2617*
9.4 nos *avergoncemos* nosotros, por no decir *2617*
10.8 aunque me glorie... no me *avergonzaré* *153*
Fil 1.20 que en nada seré *avergonzado*; antes *153*
2 Ts 3.14 señaladlo... para que se *avergüence* *1788*
2 Ti 1.8 no te *avergüences* de dar testimonio *1870*
1.12 padezco esto; pero no me *avergüenzo* *1870*
1.16 y no se *avergonzó* de mis cadenas *1870*
2.15 obrero que no tiene de qué *avergonzarse* *422*
Tit 2.8 modo que el adversario se *avergüence* 1788
He 2.11 no se *avergüenza* de llamarlos hermanos *1870*
11.16 no se *avergüenza* de llamarse Dios de *1870*
1 P 2.6 el que creyere... no será *avergonzado* *2617*
3.16 en lo que murmuran... sean *avergonzados* *2617*
4.16 padece como cristiano, no se *avergüence* *153*
1 Jn 2.28 no nos alejemos de él *avergonzados* *153*

AVERIGUAR
Mt 2.8 id allá, y *averiguad*... acerca del niño *1833*

AVERSIÓN
Os 9.15 allí... les tomé *a*; por la perversidad 8130

AVESTRUZ
Lv 11.16; Dt 14.15 *a*, la lechuza, la gaviota 8464
Job 30.29 he venido a ser... y compañero de *a* 3284
39.13 ¿diste tú... alas... o alas y plumas al *a*? 5133
Is 13.21 allí habitarán *a*, y allí saltarán las 3284
34.13 serán... patio para los pollos de los *a* 3284
43.20 honrarán... chacales y los pollos del *a* 3284
Jer 50.39 morarán... en ella polluelos de *a* 3284
Lm 4.3 mi pueblo es cruel como los *a* en el 3283
Mi 1.8 haré aullido como... y lamento como de *a* 3284

AVIDEZ
Ef 4.19 cometer con *a* toda clase de impureza *4124*

AVIM = *Aveos*, Jos 18.23 5761

AVISADO, A
Jue 5.29 las más *a* de sus damas le respondían 2450
Pr 13.10 mas con los *a* está la sabiduría 3289
14.15 lo cree; mas el *a* mira bien sus pasos 6175
19.25 escarnecedor, y el simple se hará *a* 6191
22.3; 27.12 el *a* ve el mal y se esconde; mas 6175

AVISAR
Nm 23.3 cosa que me mostrare, te *avisaré* 5046
Jue 13.10 la mujer... a *avisarle* a su marido 5046
1 S 19.11 Mas Mical su mujer *avisó* a David 5046
20.9 si yo supiere... ¿no te lo *avisaría* yo? 5046
2 S 17.17 fue una criada y les *avisó*, porque 5046
18.10 viéndolo uno, *avisó* a Joab, diciendo 5046
Is 40.14 ¿a quién pidió consejo... ser *avisado*?
Jer 42.19 sabed ciertamente que os lo *aviso* 5749
Ez 33.3 tocare trompeta y *avisare* al pueblo 2094
33.9 si tú *avisares* al impío de su camino 2094
Mt 2.12 pero siendo *avisados* por revelación en *5537*
2.22 pero avisado por *revelación*... se fue a *5537*
Lc 8.20 se le *avisó*, diciendo: Tu madre y tus *518*
Hch 21.31 le *avisó* al tribuno de la compañía *5334*
23.30 al ser *avisado* de asechanzas que los *3377*

AVISO
Gn 38.13 dado *a* a Tamar, diciendo: He aquí 5046
38.24 fue dado *a* a Judá, diciendo: Tamar tu 5046
Éx 14.5 fue dado *a* al rey de Egipto, que el 5046
Lv 14.35 vendrá aquel... y dará *a* al sacerdote 5046
Nm 11.27 corrió un joven y dio *a* a Moisés, y 5046
Dt 17.4 te fuere dado *a*, y después que oyeres 5046
Jos 2.2 fue dado *a* al rey de Jericó, diciendo 559
10.17 fue dado *a* a Josué que los cinco reyes 559
Jue 9.25 de lo cual fue dado *a* a Abimelec 5046
9.42 pueblo salió... y fue dado *a* a Abimelec 5046
9.47 fue dado *a* a Abimelec, de que estaban 5046
1 S 14.33 dieron *a*... diciendo: El pueblo peca 5046
15.12 fue dado *a* a Samuel, diciendo: Saúl ha 5046
19.2 dio *a* a David, diciendo: Saúl mi padre 5046
19.19 fue dado *a* a Saúl, diciendo... David está 5046
20.10 dijo... ¿Quién me dará *a* si tu padre te 5046
22.21 dio *a* a David de cómo Saúl había dado 5046
23.1 le dieron *a* a David... los filisteos combaten 5046
23.7 dado *a* a Saúl que David había venido a 5046
23.25 dado *a* a David, y descendió a la peña 5046
24.1 dieron *a*, diciendo: He aquí David está 5046
25.14 pero uno de los criados dio *a* a Abigail 5046
27.11 no sea den *a* de nosotros y digan 5046
2 S 2.4 *a* a David, diciendo: Los de Jabes de 5046
3.23 fue dado *a* a Joab, diciendo: Abner hijo 5046
6.12 fue dado *a* al rey... diciendo: Jehová ha 5046
10.17 cuando fue dado *a* a David, reunió a 5046
15.28 hasta que venga respuesta... que me dé *a* 5046
15.31 dieron *a* a David, diciendo: Ahitofel 5046
15.36 me enviaréis *a* de todo lo que oyereis
17.16 dad *a* a David, diciendo: No te quedes 5046
17.21 y dieron *a* al rey David, diciéndole 5046
19.1 dieron *a* a Joab: He aquí el rey llora 5046
19.8 fue dado *a* a todo el pueblo, diciendo 5046
1 R 1.23 dieron *a* al rey, diciendo: He aquí 5046
2.39 dieron *a* a Simei, diciendo: He aquí que *5046*
18.16 Abdías fue... le dio el *a*; y Acab vino a *5046*
20.17 Ben-adad había enviado quien le dio *a* *5046*
2 R 8.7 dieron *a*, diciendo: El varón de Dios 5046
9.18 atalaya dio luego *a*... El mensajero llegó 5046
1 Cr 19.17 fue dado *a* a David, reunió a todo 5046
2 Cr 20.2 dieron *a* a Josafat, diciendo: Contra 5046
Dn 8.25 el engaño... y sin *a* destruirá a muchos 7962
11.21 pero vendrá sin *a* y tomará el reino 7962
Mt 28.11 dieron *a* a los principales sacerdotes *518*
Mr 5.14; Lc 8.34 dieron *a* en la ciudad y en *312*
Jn 5.15 el hombre se fue, y dio *a* a los judíos *312*
Hch 5.22 los alguaciles... volvieron y dieron *a* *518*
22.26 dio *a* al tribuno, diciendo: ¿Qué vas a *518*
23.16 el hijo de la hermana... dio *a* a Pablo *518*
23.17 este joven... tiene cierto *a* que darle *518*
23.22 a nadie dijese que le había dado *a* de *1718*

AVISPA
Éx 23.28 enviaré delante de ti la *a*, que eche 6880
Dt 1.44 os persiguieron como hacen las *a*, y 1682
7.20 enviará Jehová tu Dios *a* sobre ellos 6880

AVISTAR
Hch 21.3 al *avistar* Chipre, dejándola a mano *398*

AVIT *Ciudad en Edom*, Gn 36.35; 1 Cr 1.46 5762

AVIVAR
Sal 119.37 aparta mis... *avívame* en tu camino 2421
Os 7.4 que cesa de *avivar* el fuego después que 5782
Hab 3.2 *aviva* tu obra en medio de los tiempos 2421
2 Ti 1.6 que *avives* el fuego del don de Dios *329*

AY
Gn 43.20 dijeron: *A*, señor nuestro, nosotros
44.18 Judá se acercó a él, y dijo: *A*, señor mío 994
Éx 4.10 dijo Moisés a Jehová: ¡*A*, Señor!
4.13 y él dijo: ¡*A*, Señor! envía, te ruego
Nm 21.29 ¡*a* de ti, Moab! Pereciste, pueblo de 188
24.23 ¡*A*! ¿quién vivirá cuando hiciere Dios 188
Jos 7.8 ¡*A*, Señor! ¿qué diré, ya que Israel
Jue 11.35 diciendo: ¡*A*, hija mía! en verdad 162
1 S 4.7 ¡*a* de nosotros! pues antes de ahora 188
4.8 ¡*a* de nosotros! ¿Quién nos librará de la 188
1 R 13.30 le... diciendo: ¡*A*, hermano mío! 1945
2 R 4.19 dijo a su padre: ¡*A*, mi cabeza
Job 10.15 si fuere malo, ¡*a* de mí! Y si fuere 480
Sal 120.5 ¡*a* de mí, que moro en Mesec, y 190
Pr 23.29 ¿para quién será el *a*? ¿Para quién 188
Ec 4.10 ¡*a* del solo! que cuando cayere, no 337
10.16 ¡*a* de ti, tierra, cuando tu rey es 337
Is 3.9 ¡*a* del alma de ellos!... amontonaron mal 188
3.11 ¡*a* del impío! Mal le irá, porque según 188
5.8 ¡*a* de los que juntan casa a casa, y 1945
5.11 ¡*a* de los que se levantan de mañana 1945
5.18 ¡*a* de los que traen la iniquidad con 1945
5.20 ¡*a* de los que a lo malo dicen bueno, y 1945
5.21 ¡*a* de los sabios en sus propios ojos 1945
5.22 ¡*a* de los que son valientes para beber 1945
6.5 entonces dije: ¡*A* de mí! que soy muerto 188
10.1 ¡*a* de los que dictan leyes injustas, y 1945
17.12 ¡*a*! multitud de muchos pueblos 1945
18.1 ¡*a* de la tierra que hace sombra con las 1945
24.16 mi desdicha, *a* de mí! Prevaricadores 188
28.1 ¡*a* de la corona de soberbia de los ebrios 1945
29.1 ¡*a* de Ariel, de... donde habitó David! 1945
29.15 ¡*a* de los que se esconden de Jehová 1945
30.1 ¡*a* de los hijos que se apartan, dice 1945
31.1 ¡*a* de los que descienden a Egipto por 1945
33.1 ¡*a* de ti, que saqueas, y nunca fuiste 1945
45.9 ¡*a* del que pleitea con su Hacedor! 1945
45.10 ¡*a* del que dice al padre: ¿Por qué 1945
Jer 4.10 y dije: ¡*A*, *a*, Jehová Dios! 162
4.13 ¡*a* de nosotros, porque entregados somos 188
4.31 ¡*a* ahora de mí! que mi alma desmaya 188
6.4 ¡*a* de nosotros! que va cayendo ya el día 1945
10.19 ¡*a* de mí, por mi quebrantamiento! 188
13.27 tus abominaciones. ¡*A* de ti, Jerusalén! 188
15.10 ¡*a* de mí, madre mía, que me engendraste 188
22.13 ¡*a* del que edifica su casa sin justicia 1945
22.18 diciendo: ¡*A*, hermano mío! y ¡*A*, hermana! ... 1945

22.18 diciendo: ¡*A*, señor! ¡*A*, su grandeza! 1945
23.1 ¡*a* de los pastores que destruyen y 1945
34.5 te endecharán, diciendo, ¡*A*, señor! 1945
45.3 tú dijiste: ¡*A* de mí ahora! porque 188
48.1 ¡*a* de Nebo! porque fue destruida 1945
48.46 ¡*a* de ti, Moab! pereció el pueblo 188
50.27 ¡*a* de ellos! pues ha venido su día 1945
Lm 5.16 ¡*a* ahora de nosotros! porque 188
Ez 2.10 escritas en él...lamentaciones y *a* 1958
6.11 y di: ¡*A*, por...las grandes abominaciones 253
13.3 ¡*a* de los profetas insensatos, que 1945
13.18 ¡*a* de aquellas que cosen vendas 1945
16.23 (¡*a*, a de ti! dice Jehová el Señor) 188
24.6,9 ¡*a* de la ciudad de sangres 188
30.2 ha dicho...Lamentad: ¡*A* de aquel día! 1929
34.2 ha dicho Jehová el...¡*A* de los pastores 1945
Os 7.13 ¡*a* de ellos! porque se apartaron de mí 188
9.12 ¡*a* de ellos también, cuando de ellos me 188
Jl 1.15 ¡*a* del día! porque cercano está el día 162
Am 5.16 en todas las calles dirán: ¡*A*! ¡*A*! 1930
5.18 ¡*a* de los que desean el día de Jehová! 1945
6.1 ¡*a* de los reposados en Sion, y de los 1945
Mi 2.1 ¡*a* de...en sus camas piensan iniquidad 1945
7.1 ¡*a* de mí! porque estoy como cuando han 480
Nah 3.1 ¡*a* de ti, ciudad sanguinaria, toda 1945
Hab 2.6 ¡*a* del que multiplicó lo que no era 1945
2.9 ¡*a* del que codicia injusta ganancia para 1945
2.12 ¡*a* del que edifica la ciudad con sangre 1945
2.15 ¡*a* del que da de beber a su prójimo! 1945
2.15 ¡*a* de ti, que le acercas tu hiel, y le 1945
2.19 ¡*a* del que dice al palo: Despiértate 1945
Sof 2.5 ¡*a* de los que moran en la costa del 1945
3.1 ¡*a* de la ciudad rebelde y contaminada y 1945
Zac 11.17 ¡*a* del pastor inútil que abandona el 1945
Mt 11.21 ¡*a* de ti, Corazín! ¡*a*...Betsaida! *3759*
18.7 ¡*a* del mundo por los tropiezos! porque *3759*
18.7 pero ¡*a* de...por quien viene el tropiezo *3759*
23.13,14,15,23,25,27,29 ¡*a* de vosotros, escribas y fariseos, hipócritas! *3759*
23.16 ¡*a* de vosotros, guías ciegos! que decís *3759*
24.19 ¡*a* de las que estén encintas, y de las *3759*
26.24 ¡*a* de aquel hombre por quien el Hijo *3759*
Mr 13.17 ¡*a* de las que estén encintas, y de *3759*
14.21 ¡*a* de aquel hombre por quien el Hijo *3759*
Lc 6.24 ¡*a* de vosotros, ricos! porque ya tenéis *3759*
6.25 ¡*a* de vosotros, los que ahora estáis *3759*
6.25 ¡*a* de vosotros, los que ahora reís! *3759*
6.26 ¡*a* de vosotros, cuando...hablen bien de *3759*
10.13 ¡*a* de ti, Corazín! ¡*a* de ti, Betsaida! *3759*
11.42 ¡*a* de vosotros, fariseos! que diezmáis *3759*
11.43 ¡*a* de vosotros, fariseos! que amáis las *3759*
11.44 ¡*a* de vosotros, escribas y fariseos *3759*
11.46 ¡*a* de vosotros...intérpretes de la ley! *3759*
11.47 ¡*a* de vosotros, que edificáis los *3759*
11.52 ¡*a* de vosotros, intérpretes de la ley *3759*
17.1 mas ¡*a* de aquel por quien vienen! *3759*
21.23 ¡*a* de las que estén encintas, y de las *3759*
22.22 ¡*a* de aquel...por quien es entregado! *3759*
1 Co 9.16 ¡*a*...si no anunciare el evangelio! *3759*
Jud 11 ¡*a* de ellos! porque han seguido el *3759*
Ap 8.13 ¡*a*, *a*, *a*, de los que moran en la *3759*
9.12 el primer *a* pasó...vienen aún dos *a* *3759*
11.14 el segundo *a* pasó...el tercer *a* viene *3759*
12.12 ¡*a* de los moradores de la tierra y del *3759*
18.10 ¡*a*, *a*, de la gran ciudad de Babilonia *3759*
18.16 ¡*a*, *a*, de la gran ciudad, que estaba *3759*
18.19 ¡*a*, *a* de la gran ciudad, en la cual *3759*

AYA
Rt 4.16 tomando Noemí el hijo, lo...fue su *a* 539

AYER
Éx 5.14 no habéis cumplido...ni *a* ni hoy, como 8543
1 S 20.27 a comer el hijo de Isaí hoy ni *a*? 8543
21.5 mujeres han estado lejos de nosotros *a* 8543
2 S 15.20 *a* viniste, ¿y he de hacer hoy que 8543
2 R 9.26 yo he visto *a* la sangre de Nabot 570
Job 8.9 nosotros somos de *a*, y nada sabemos 8543
Sal 90.4 como el día de *a*, que pasó, y como 865
Mi 2.8 que *a* era mi pueblo, se ha levantado 865
Jn 4.52 le dijeron: *A* a las siete le dejó la *5504*
Hch 7.28 matarme, como mataste *a* al egipcio? *5504*
He 13.8 Jesucristo es el mismo *a*, y hoy, y *5504*

AYO
2 R 10.1 Jehú escribió cartas...los *a* de Acab 2205
10.5 los *a* enviaron a decir a Jehú: Siervos 2205
Is 49.23 reyes serán tus *a*, y sus reinas tus 539
1 Co 4.15 aunque tengáis diez mil *a* en Cristo *3807*
Gá 3.24 manera que la ley ha sido nuestro *a* *3807*
3.25 venida la fe, ya no estamos bajo *a* *3807*

AYUDA
Gn 2.18 no es bueno...haré *a* idónea para él 5828
2.20 para Adán no se halló *a* idónea para él 5828
Éx 23.5 si vieres el asno...¿le dejarás sin *a*? 5800
Dt 22.1 vieres...el buey...no le negarás tu *a*
22.3 harás también...no podrás negarle tu *a*
33.7 oye...y tú seas su *a* contra sus enemigos 5828
33.26 cabalga sobre los cielos para tu *a*, y 5828
Jos 10.6 a Josué...No niegues *a* a tus siervos 5826
10.33 Horam rey...subió en *a* de Laquis; mas 5826
2 S 8.5 los sirios...para dar *a* a Hadad-ezer 5826
10.11 si...pudieren más que tú, yo te daré *a* 3467
18.3 mejor que tú nos des *a* desde la ciudad 5826
21.17 mas Abisai...llegó en su *a*, e hirió al 5826
1 R 20.16 los 32 reyes...habían venido en su *a* 5826
2 R 14.26 no había...ni quien diese *a* a Israel 5826
1 Cr 12.18 pues también tu Dios te *a* 5826
12.22 todos los días venía *a* a David 5826
18.5 viniendo los sirios en *a* de Hadad-ezer 5826
2 Cr 14.11 en dar *a* al poderoso o al que no 5826
19.2 al rey...¿Al impío das *a*, y amas a los 5826
20.4 de Judá vinieron a pedir *a* a Jehová
26.7 Dios le dio *a* contra los filisteos, y 5826
Sal 20.2 envíe *a* desde el santuario, y desde 5828
27.9 no apartes con ira a tu...mi *a* has sido 5833
33.20 Jehová; nuestra *a* y nuestro escudo es 5828
35.2 echa mano al escudo...levántate en mi *a* 5833
40.17 mi *a* y mi libertador eres tú; Dios 5833
54.4 he aquí, Dios es el que me *a* 5826
60.11 porque vana es la *a* de los hombres 5833
70.5 oh Dios. *A* mía y mi libertador eres tú 5828
108.12 danos socorro...vana es la *a* del hombre 8668
115.9 confía en Jehová; él es tu *a* y escudo 5828
115.10,11 Jehová; él es vuestra *a* y escudo 5828
Is 30.7 Egipto en vano e inútilmente dará *a* 5828
31.1 ¡ay de los que descienden a Egipto por *a* 5833
Dn 10.21 y ninguno me *a* contra ellos, sino
Os 13.9 te perdiste, oh...mas en mí está tu *a* 5828
Mr 9.24 y dijo: Creo; *a* mi incredulidad *997*
Ro 8.26 de igual...el Espíritu nos *a* en *4878*
He 13.16 de hacer bien y de la *a* mutua no os *2842*

AYUDADO *Véase Ayudar*

AYUDADOR
1 Cr 12.18 paz, paz contigo, y paz con tus *a* 5826
Job 29.12 libraba...al huérfano que carecía de *a* 5826
30.13 desbarataron...contra ellos no hubo *a* 5826
Sal 30.10 ten misericordia...Jehová, sé tú mi *a* 5826
146.5 aquel cuyo *a* es el Dios de Jacob, cuya 5828
Is 31.3 caerá el *a* y caerá el ayudado, y todos 5826
Ez 30.8 Egipto, y sean quebrantados...sus *a* 5826
Nah 3.9 sin límite; Fut y Libia fueron sus *a* 5833
He 13.6 el Señor es mi *a*; no temeré lo que me *998*

AYUDANTE
Nm 11.28 respondió Josué hijo de...*a* de Moisés 8334
Jue 9.28 ¿no es hijo de...no es Zebul *a* suyo? 6496
Hch 13.5 llegados...Tenían también a Juan de *a* *5257*

AYUDAR
Gn 49.25 por el Dios de...el cual te *ayudará* 5826
Éx 18.4 Dios de mi padre me *ayudó*, y me libró 5828
23.5; Dt 22.4 el asno...*ayudarás* a levantarlo 5800
Dt 32.38 levántense...os *ayuden* y os defiendan 5826
Jos 1.14 pasaréis armados...y les *ayudaréis* 5826
10.4 *ayudadme*, y combatamos a Gabaón 5826
10.6 prontamente...defendernos y *ayudarnos* 5826
1 S 7.12 diciendo: Hasta aquí nos *ayudó* Jehová 5826
2 S 10.11 los sirios pudieren más...me *ayudarás* 3467
10.19 los reyes que *ayudaban* a Hadad-ezer 5650
10.19 temieron *ayudar* más a...hijos de Amón 3467
1 R 1.7 Joab...los cuales *ayudaban* a Adonías 5826
2 R 15.19 *ayudara* a confirmarse en el reino
1 Cr 5.20 fueron *ayudados* contra ellos, y los 5826
6.33 estos, pues, con sus hijos, *ayudaban*
11.10 y los que le *ayudaron* en su reino, con
12.1 valientes que le *ayudaron* en la guerra 5826
12.17 si habéis venido a mí...para *ayudarme* 5826
12.18 y paz...pues también tu Dios te *ayuda* 5826
12.19 David no les *ayudó*, porque los jefes 5826
12.21 *ayudaron* a David contra la banda de 5826
15.26 y *ayudando* Dios a los levitas que 5826
19.12 si...más fuertes que yo, tú me *ayudarás* 8668
19.12 si...más fuertes que tú, yo te *ayudaré* 3467
19.19 el pueblo sirio nunca más quiso *ayudar* 3467
22.17 mandó David...que *ayudasen* a Salomón 5826
2 Cr 14.11 *ayúdanos*, oh...en ti nos apoyamos 5826
18.31 mas Josafat clamó, y Jehová lo *ayudó* 5826
20.23 cada cual *ayudó* a la destrucción de su 5826
25.8 poder, o para *ayudar*, o para derribar 5826
26.13 para *ayudar* al rey contra los enemigos 5826
26.15 fue *ayudado* maravillosamente, hasta 5826
28.16 a pedir el rey Acaz...que le *ayudasen* 5826
28.21 que despojó Acaz la casa...no le *ayudó* 5833
28.23 los dioses de los...de Siria les *ayudan* 5826
28.23 ofreceres sacrificios a...que me *ayuden* 5826
29.34 sus hermanos los levitas les *ayudaron* 2388
32.8 está Jehová...para *ayudarnos* y pelear 5826
Esd 1.4 *ayúdenle* los...de su lugar con plata 5375
1.6 y todos...les *ayudaron* con plata y oro 2388
5.2 los profetas de Dios que les *ayudaban* 5583
8.36 *ayudaron* al pueblo y a la casa de Dios 5375
10.15 levitas Mesulam y Sabetai les *ayudaron* 5826
Neh 3.5 grandes no se prestaron para *ayudar* 935,6677
Job 9.13 abaten los que *ayudan* a los soberbios 5826
26.2 ¿en qué *ayudaste* al que no tiene poder? 5826
31.21 aunque viese que me *ayudaran* en la 5833
Sal 22.11 no te alejes...no hay quien *ayude* 5826
28.7 en él confió mi corazón, y fui *ayudado* 5826
37.40 Jehová los *ayudará* y los librará; los 5826
38.22 apresúrate a *ayudarme*, oh Señor, mi 5833
44.26 levántate para *ayudarnos*, y redimenos 5833
46.5 Dios la *ayudará* al clarear la mañana 5826
54.4 Dios es el que me *ayuda*; el Señor está 5826
79.9 *ayúdanos*, oh Dios de nuestra salvación 5826
86.17 Jehová, me *ayudaste* y me consolaste 5826
94.17 no me *ayudara* Jehová, pronto moraría 5833
107.12 cayeron, y no hubo quien los *ayudase* 5826
109.26 *ayúdame*, Jehová Dios mío; sálvame 5826
118.7 Jehová está...entre los que me *ayudan* 5826
118.13 me empujaste...pero me *ayudó* Jehová 5826
119.86 sin causa me persiguen; *ayúdame* 5826
119.175 viva mi alma...y tus juicios me *ayuden* 5826
Is 10.3 ¿a quién os acogeréis...que os *ayude* 5833
31.3 caerá el ayudador y caerá el *ayudado* 5826
41.6 cada cual *ayudó* a su vecino, y...hermano 5826
41.10 siempre te *ayudaré*...te sustentaré con 5826
41.13 tu Dios...dice: No temas, yo te *ayudo* 5826
44.2 Jehová...el cual te *ayudará*: No temas 5826
49.8 te oí, y en el día de salvación te *ayudé* 5826
50.7 Jehová el Señor me *ayudará*, por tanto 5826
50.9 he aquí que Jehová el Señor me *ayudará* 5826
63.5 no había quien *ayudara*, y me maravillé 5826
Lm 1.7 cuando cayó...no hubo quien la *ayudase* 5826
Ez 12.14 estuvieran alrededor...para *ayudarle* 5828
32.21 los que le *ayudaron*, que descendieron 5826
Dn 10.13 he aquí Miguel...vino para *ayudarme* 5826
10.21 y ninguno me *ayuda* contra ellos, sino
11.34 serán *ayudados* de pequeño socorro 5826
11.45 a su fin, y no tendrá quien le *ayude* 5826
Am 2.14 y al fuerte no le *ayudará* su fuerza 553
Zac 6.15 y *ayudarán* a edificar el templo de
Mt 15.5 todo aquello con que pudiera *ayudarte* *5623*
Mr 7.11 todo aquello con que pudiera *ayudarte* *5623*
9.22 misericordia de nosotros, y *ayúdanos* *997*
9.24 y dijo: Creo; *ayuda* mi incredulidad *997*
16.20 *ayudándoles* el Señor y confirmando la *4903*
Lc 5.7 señas...para que viniesen a *ayudarles* *4815*
10.40 servir sola? Dile, pues, que me *ayude* *4878*
Hch 16.9 visión...Pasa a Macedonia y *ayúdanos* *997*
19.22 dos de los que le *ayudaban*, Timoteo y *1247*
20.35 así, se debe *ayudar* a los necesitados *482*
21.28 ¡varones israelitas, *ayudad*! Este es *997*
Ro 8.26 el Espíritu nos *ayuda* en...debilidad *4878*
8.28 todas las cosas les *ayudan* a bien, esto *4903*
15.30 os ruego...*ayudéis* orando por mí a Dios *4865*
16.2 que la *ayudéis* en cualquier cosa en que *3936*
16.2 ella ha *ayudado* a muchos, y a mí mismo *4368*
1 Co 12.28 los que *ayudan*, los que administran *484*
16.16 y a todos los que *ayudan* y trabajan *4903*
Ef 4.16 coyunturas que se *ayudan* mutuamente *2024*
Fil 4.3 que *ayudes* a éstas que combatieron *4815*
Col 4.11 los únicos...que me *ayudan* en el reino *4904*
2 Ti 1.18 y cuánto nos *ayudó* en Éfeso, tú lo *1247*
Ap 12.16 pero la tierra *ayudó* a la mujer, pues *997*

AYUNAR
Jue 20.26 y *ayuna* en aquel día hasta la noche 6684
1 S 7.6 sacaron agua...y *ayunaron* aquel día 6684
31.13 los sepultaron...y *ayunaron* siete días 6684
2 S 1.12 y *ayunaron* hasta la noche, por Saúl 6684
12.16 David rogó a Dios por...y *ayunó* David 6684
12.21 por el niño, viviendo aún, *ayunabas* y 6684
12.22 viviendo...el niño, yo *ayunaba* y lloraba 6684
12.23 que ha muerto, ¿para qué he de *ayunar*? 6684
1 R 21.27 Acab...*ayunó*, y durmió en cilicio 6684
1 Cr 10.12 enterraron...y *ayunaron* siete días 6684
Esd 8.23 *ayunamos*...y pedimos a nuestro Dios 6684
Neh 1.4 *ayuné* y oré delante del Dios de los 6684
Est 4.16 *ayunad* por mí...yo también...*ayunaré* 6684
Is 58.3 dicen, *ayunamos*, y no hiciste caso 6684
58.4 que para contiendas y debates *ayunáis* 6684
58.4 no *ayunéis* como hoy, para que vuestra 6684
Jer 14.12 cuando *ayunen*, yo no oiré su clamor 6684
Zac 7.5 cuando *ayunasteis*...*ayunado* para mí? 6684
Mt 4.2 después de haber *ayunado* 40 días y 40 .... *3522*
6.16 cuando *ayunéis*, no seáis austeros, como *3522*
6.16 para mostrar a los hombres que *ayunan* *3522*
6.17 pero tú, cuando *ayunes*, unge tu cabeza *3522*
6.18 para no mostrar a los hombres que *ayunas* *3522*
9.14 *ayunamos*...y tus discípulos no *ayunan*? *3522*
9.15 les será quitado, y entonces *ayunarán* *3522*
Mr 2.18 los discípulos de Juan y los...*ayunaban* *3522*
2.18 fariseos *ayunan*, y tus discípulos no *a*? *3522*
2.19 pueden los que están de bodas *ayunar* *3522*
2.19 tienen...al esposo, no pueden *ayunar* *3522*
2.20 y entonces en aquellos días *ayunarán* *3522*
Lc 5.33 discípulos de Juan *ayunan* muchas veces *3522*
5.34 hacer que los que están de bodas *ayunen* *3522*
5.35 entonces, en aquellos días *ayunarán* *3522*
18.12 *ayuno* dos...a la semana, doy diezmos *3522*
Hch 13.2 y *ayunando*, dijo el Espíritu Santo *3522*
13.3 habiendo *ayunado* y orado, les impusieron *3522*

AYUNO, A
1 R 21.9 proclamad *a*, y poned a Nabot delante 6685
21.12 y promulgaron *a*, y pusieron a Nabot 6685
2 Cr 20.3 Josafat...hizo pregonar *a*...Judá 6685
Esd 8.21 publiqué *a* allí junto al río Ahava 6685
Neh 9.1 reunieron los hijos de Israel en *a* 6685
Est 4.3 tenían los judíos gran luto, *a*, lloro 6685
9.31 para conmemorar el fin de los *a* y de 6685
Sal 35.13 afligí con *a* mi alma, y mi oración 6685
69.10 lloré afligiendo con *a* mi alma, y esto 6685
109.24 mis rodillas están debilitadas...del *a* 6685
Is 58.3 el día de vuestro *a* buscáis vuestro 6685
58.5 ¿es tal el *a* que yo escogí, que de día 6685
58.5 ¿llamaréis esto *a*, y día agradable a 6685
58.6 ¿no es más bien el *a* que yo escogí 6685
Jer 36.6 lee de este rollo que...el día del *a* 6685
36.9 promulgaron *a* en la presencia de Jehová 6685
Dn 6.18 rey se fue a su palacio, y se acostó *a* 2908
9.3 buscándole en...en *a*, cilicio y ceniza 6685
Jl 1.14 proclamad *a*, convocad a asamblea 6685
2.12 convertíos a...con *a* y lloro y lamento 6685
2.15 en Sion, proclamad *a*, convocad asamblea 6685
Jon 3.5 de Nínive creyeron...y proclamaron *a* 6685
Zac 8.19 el *a* del cuarto mes, el *a* del quinto 6685
8.19 el *a* del séptimo, y el *a* del décimo 6685
Mt 17.21 enviarlos en *a* no quiero, no sea que *3523*
17.21 género no sale sino con oración y *a* *3521*
Mr 8.3 y si los enviare en *a* a sus casas, se *3523*
9.29 género con nada puede salir, sino...*a* *3521*
Lc 2.37 sirviendo de noche y de día con *a* y *3521*
Hch 10.30 hace cuatro días que...estaba en *a* *3522*
14.23 habiendo orado con *a*, los encomendaron *3521*

27.9 la navegación, por haber pasado ya el *a* *3521*
27.33 veláis y permanecéis en *a*, sin comer *777*
2 Co 6.5 en trabajos, en desvelos, en *a* *3521*
11.27 en muchos *a*, en frío y en desnudez *3521*

AYUNTAMIENTO
Lv 18.23 con ningún animal tendrás *a*...con él 7903
Jue 21.11 mujer que haya conocido *a* de varón 4904
21.12 que no habían conocido *a* de varón, y 4904

AYUNTAR
Lv 18.23 de animal para *ayuntarse* con él 7903
19.19 no harás *ayuntar* tu ganado con...otra 7250
20.13 si alguno se *ayuntare* con varón como 7901
20.16 mujer se llegare a...*ayuntarse* con él 7250
Dt 27.21 maldito el que se *ayuntare*...bestia 7901

AZADA
Is 7.25 todos los montes que se cavaban con *a* 4576

AZADÓN
1 S 13.20 para afilar...*a*, su hacha o su hoz 855
13.21 un pim...por los *a*, y la tercera parte 855
Jl 3.10 forjad espadas de vuestros *a*, lanzas 855
Mi 4.3 martillarán sus espadas para *a*, y sus 855

AZAFRÁN
Cnt 4.14 nardo y *a*, caña aromática y canela 3750

AZAI *Descendiente de Amasai*, Neh 11.13 273

AZAL *Lugar no identificado*, Zac 14.5 682

AZALÍA *Padre de Safán No. 1*, 2 R 22.3; 2 Cr 34.8 .. 683

AZÁN *Padre de Paltiel No. 1*, Nm 34.26 5821

AZANÍAS *Firmante del pacto de Nehemías*, Neh 10.9 245

AZARAEL *Sacerdote en tiempo de Nehemías*, Neh 12.36 5832

AZAREEL
1. Guerrero que se unió a David en Siclag, 1 Cr 12.6 5832
2. Músico entre los hijos de Hemán (=Uziel No. 4), 1 Cr 25.18 5832
3. Jefe de Dan bajo David, 1 Cr 27.22 5832
4. Uno de los que se casaron con mujeres extranjeras en tiempo de Esdras, Esd 10.41 5832
5. Padre de Amasai, Neh 11.13 5832

AZARÍAS
1. Hijo del sacerdote Sadoc, 1 R 4.2 5838
2. Jefe de gobernadores bajo el rey Salomón, 1 R 4.5 5838
3. Rey de Judá (=Uzías No. 1)
2 R 14.21 pueblo de Judá tomó a *A*, que era 5838
15.1 comenzó a reinar *A* hijo de Amasías, rey 5838
15.6 demás hechos de *A*...¿no está escrito en 5838
15.7 durmió *A* con sus padres, y lo sepultaron 5838
15.8 en el año 38 de *A*...reinó Zacarías hijo 5838
15.17 el año 39 de *A*...reinó Manahem hijo de 5838
15.23 en al año 50 de *A*...reinó Pekaía hijo 5838
15.27 en el año 52 de *A*...reinó Peka hijo de 5838
1 Cr 3.12 Amasías, cuyo hijo fue *A*, e hijo de 5838
4. Hijo de Etán No 2, 1 Cr 2.8 5838
5. Descendiente de Jerameel, 1 Cr 2.38,39 5838
6. Hijo de Ahimaas No. 2, 1 Cr 6.9 5838
7. Sacerdote, nieto de No. 6, 1 Cr 6.10,11 5838
8. Hijo de Hilcías No. 2 y ascendiente de Esdras, 1 Cr 6.13,14; 9.11; Esd 7.1 5838
9. Ascendiente de Hemán (=Uzías No. 2), 1 Cr 6.36 5838
10. Profeta en tiempo del rey Asa, 2 Cr 15.1,8 5838
11. Nombre de dos hijos del rey Josafat, 2 Cr 21.2(2) 5838
12. Nombre de dos oficiales del ejército que ayudaron al sacerdote Joiada, 2 Cr 23.1(2) 5838
13. Sumo sacerdote en tiempo del rey Uzías, 2 Cr 26.17,20 5838
14. Jefe de Efraín en tiempo del rey Acaz, 2 Cr 28.12 5838
15. Nombre de dos levita en tiempo del rey Ezequías, 2 Cr 29.12(2) 5838
16. Sumo sacerdote en tiempo del rey Ezequías, 2 Cr 31.10,13 5838
17. Ascendiente de Esdras (posiblemente =No. 13 ó No. 16), Esd 7.3 5838
18. Habitante de Jerusalén en tiempo de Nehemías, Neh 3.23,24 5838
19. Uno que regresó del cautiverio con Zorobabel, Neh 7.7 5838
20. Levita que ayudó a Esdras, Neh 8.7 5838
21. Firmante del pacto de Nehemías, Neh 10.2 5838
22. Príncipe de Judá en tiempo de Nehemías, Neh 12.33 5838
23. Enemigo del profeta Jeremías, Jer 43.2 5838
24. Compañero de Daniel (=Abed-nego)
Dn 1.6 Ananías, Misael y *A*, de los hijos de 5838
1.7 el jefe...puso nombres...a *A*, Abed-nego 5838
1.11 que estaba puesto...sobre...Misael y *A* 5838
1.19 y no fueron hallados...otros como...*A* 5838
2.17 hizo saber lo que había a Ananías...y *A* 5839

AZAZ *Descendiente de Rubén*, 1 Cr 5.8 5811

AZAZEL
Lv 16.8 suerte por Jehová, y...suerte por *A* 5799
16.10 sobre el cual cayere la suerte por *A* 5799
16.10 hacer...para enviarlo a *A* al desierto 5799
16.26 hubiere llevado al macho cabrío a *A* 5799

AZAZÍAS
1. Músico en el templo bajo David, 1 Cr 15.21 5812
2. Padre de Oseas No. 3, 1 Cr 27.20 5812
3. Mayordomo del templo bajo Ezequías, 2 Cr 31.13 5812

AZBUC *Padre de Nehemías No. 3*, Neh 3.16 5802

AZECA *Ciudad fortificada en Judá* 5825
Jos 10.10 siguió...los hirió hasta *A* y Maceda 5825
10.11 grandes piedras sobre ellos basta *A* 5825
15.35 Jarmut, Adulam, Soco, *A* 5825
1 S 17.1 filisteos...acamparon entre Soco y *A* 5825
2 Cr 11.9 Adoraim, Laquis, *A* 5825
Neh 11.30 en Zanoa, en Adulam...*A* y sus aldeas 5825
Jer 34.7 ejército del rey...peleaba...contra *A* 5825

AZEL *Descendiente del rey Saúl*, 1 Cr 8.37,38; 9.43,44 682

AZGAD
1. Ascendiente de una familia que regresó del cautiverio, Esd 2.12; 8.12; Neh 7.17 5803
2. Firmante del pacto de Nehemías, Neh 10.15 5803

AZIEL *Músico del tiempo de David (=Jaaziel)*, 1 Cr 15.20 5815

AZIZA *Uno de los que se casaron con mujeres extranjeras en tiempo de Esdras*, Esd 10.27 ... 5819

AZMAVET
1. Uno de los 30 valientes de David, 2 S 23.31; 1 Cr 11.33 5820
2. Descendiente del rey Saúl, 1 Cr 8.36; 9.42 5820
3. Padre de Jeziel y Pelet, 1 Cr 12.3 5820
4. Tesorero del rey David, 1 Cr 27.25 5820
5. Población en Benjamín, Esd 2.24; Neh 12.29 5820

AZNOT-TABOR *Lugar en la frontera de Neftalí*, Jos 19.34 243

AZOR *Ascendiente de Jesucristo*, Mt 1.13,14 ...... *107*

AZOR
Lv 11.13 no se comerán serán...águila...el a 5822
Dt 14.12 que no podréis comer: el águila...el a 5822

AZORAR
Dt 20.3 no temáis, ni os *azoréis*...desalentéis 6206

AZOTAR
Éx 5.14 azotaban a los capataces de...Israel 5221
5.16 tus siervos son azotados, y el pueblo 5221
Lv 19.20 ambos serán azotados, no morirán 1244
Nm 22.23 azotó Balaam al asna para hacerla 5221
22.25 apretó...el pie...y él volvió a azotarla 5221
22.27 y Balaam se enojó y azotó al asna con 5221
22.28 que me has azotado estas tres veces? 5221
22.32 ¿por qué has azotado tu asna estas tres 5221
Dt 25.2 mereciera ser azotado...le hará azotar 5221
Job 1.19 azotó las cuatro esquinas de la casa 5060
Sal 73.5 son azotados como los demás hombres 5060
73.14 sido azotado todo el día, y castigado 5060
Pr 23.35 dolió; me azotaron, mas no lo sentí 5221
Is 53.4 nosotros le tuvimos por azotado, por 5060
Jer 2.30 en vano he azotado a vuestros hijos 5221
5.3 oh Jehová...los azotaste, y no les dolió 5221
20.2 azotó Pasur al profeta Jeremías, y lo 5221
31.18 azotaste, y fui castigado como novillo 3256
37.15 le azotaron y le pusieron en prisión 5221
Mt 10.17 **y en sus sinagogas os azotarán** *3146*
14.24 la barca estaba...azotada por las olas *928*
20.19 **para que le escarnezcan, le azoten, y** *3146*
23.34 **otros azotaréis en vuestras sinagogas** *3146*
27.26 habiendo azotado a Jesús, le entregó *5417*
Mr 10.34 **le azotarán, y escupirán en él, y le** *3146*
13.9 **en las sinagogas os azotarán; y delante** *1194*
15.15 entregó a Jesús, después de azotarle *5417*
Lc 12.48 **hizo cosas dignas...será azotado poco** *1194*
18.33 **después...le hayan azotado, le matarán** *3146*
Jn 19.1 tomó Pilato a Jesús, y le azotó *3146*
Hch 5.40 después de azotarlos, les intimidaro *1194*
16.22 ropas, ordenaron azotarles con varas *4463*
16.23 después de haberlos azotado mucho, los *4127*
16.37 después de azotarnos públicamente sin *1194*
22.19 yo...azotaba en todas las sinagogas a *1194*
22.25 ¿os es lícito azotar a un...romano sin *3147*
2 Co 11.25 tres veces he sido azotado con *4463*
He 12.6 azota a todo el que recibe por hijo *3146*

AZOTE
Dt 25.2 según su delito será el número de *a* 5221
25.3 se podrá dar cuarenta *a*, no más; no sea 5221
25.3 lo hirieran con muchos *a* más que éstos 4347
Jos 23.13 os serán por lazo...*a* para vuestros 7850
Jue 2.3 que serán *a* para vuestros costados, y
2 S 7.14 castigaré...con *a* de hijos de hombres 5061
1 R 12.11,14 mi padre os castigó con *a*, mas 7752
2 Cr 10.11,14 mi padre os castigó con *a*, y yo 7752
Job 5.21 del *a* de la lengua serás encubierto 7752
9.23 si *a* mata de repente, se ríe...inocentes 7752
21.9 temor, ni viene *a* de Dios sobre ellos 7626
37.13 unas veces por *a*, otras por causa de su 7626
Sal 89.32 castigaré...y con *a* sus iniquidades 7626
Pr 17.10 reprensión...más que cien *a* al necio 5221
18.6 traen contienda; y su boca los *a* llama 4112
19.29 y *a* para las espaldas de los necios 4112
20.30 los *a* que hieren son medicina para el 4347
Is 10.26 levantará Jehová...*a* contra él como 7752
28.15 el turbión del *a*, no llegará a nosotros 7752
28.18 cuando pase el turbión del *a*, seréis 7752
Jer 30.14 te herí, con *a* de adversario cruel 4347
Mr 5.29 y sintió...que estaba sana de aquel *a* *3148*
5.34 hija...ve en paz, y queda sana de tu *a* *3148*
Lc 12.47 **no se preparó ni...recibirá muchos *a***
12.48 **sin conocerla hizo cosas dignas de *a*** *4127*
Jn 2.15 haciendo un *a* de cuerdas, echó fuera *5416*
Hch 22.24 y ordenó que fuese examinado con *a* *3148*
2 Co 6.5 en *a*, en cárceles, en tumultos, en *4127*
11.23 en *a* sin número; en cárceles más *4127*
11.24 cinco veces he recibido 40 *a* menos uno
He 11.36 otros experimentaron vituperios y *a* *3148*

AZOTEA
2 R 23.12 derribó...los altares...sobre la *a* 2691
Jer 32.29 las casas sobre cuyas *a* ofrecieron 1406
Mt 10.27 **lo que oís...proclamadlo desde las *a*** *1430*
24.17 **el que esté en la *a*, no descienda para** *1430*
Mr 13.15 el que esté en la *a*, no descienda a *1430*
Lc 12.3 **al oído en los...se proclamará en las *a*** *1430*
17.31 **el que esté en la *a*, y sus bienes en** *1430*
Hch 10.9 Pedro subió a la *a* para orar, cerca *1430*

AZOTO = *Asdod*, Hch 8.40 .... *108*

AZRICAM
1. Descendiente de Zorobabel, 1 Cr 3.23 5840
2. Descendiente del rey Saúl, 1 Cr 8.38; 9.44 5840
3. Ascendiente de Semaías No. 5, 1 Cr 9.14; Neh 11.15 5840
4. Mayordomo del rey Acaz, 2 Cr 28.7 5840

AZRIEL
1. Jefe de Manasés, 1 Cr 5.24 5837
2. Padre de Jerimot No. 4, 1 Cr 27.19 5837
3. Padre de Seraías No. 9, Jer 36.26 5837

AZUBA
1. Madre del rey Josafat, 1 R 22.42; 2 Cr 20.31 5806
2. Mujer de Caleb, 1 Cr 2.18,19 5806

AZUFRE
Gn 19.24 Jehová hizo llover sobre Sodoma...*a* 1614
Dt 29.23 *a* y sal, abrasada toda su tierra 1614
Job 18.15 piedra de *a* será esparcida sobre su 1614
Sal 11.6 fuego, *a* y viento abrasador será la 1614
Is 30.33 soplo de Jehová, como torrente de *a* 1614
34.9 convertirán...en *a*, y su tierra en brea 1614
Ez 38.22 llover sobre él...granizo, fuego y *a* 1614
Lc 17.29 **del cielo fuego y *a*, y los destruyó** *2303*
Ap 9.17 corazas de fuego, de zafiro y de *a* *2306*
9.17 y de su boca salían fuego, humo y *a* *2306*
9.18 el humo y el *a* que salían de su boca *2303*
14.10 atormentado con fuego y *a* delante de *2303*
19.20 de un lago de fuego que arde con *a* *2303*
20.10 fue lanzado en el lago de fuego y *a* *2303*
21.8 en el lago que arde con fuego y *a*, que *2303*

AZUL
Éx 25.4 *a*, púrpura carmesí, lino fino, pelo 8504
26.1 cortinas de lino torcido, *a*, púrpura y 8504
26.4 harás lazadas de a en la orilla de la 8504
26.31 harás un velo de *a*, púrpura, carmesí 8504
26.36 una cortina de *a*, púrpura, carmesí 8504
27.16 cortina de veinte codos, de *a*, púrpura 8504
28.5 tomarán oro, *a*, púrpura, carmesí y lino 8504
28.6 harán el efod de...*a*, púrpura, carmesí 8504
28.8 su cinto...de oro, *a*, púrpura, carmesí 8504
28.15 el pectoral...*a*, púrpura, carmesí y lino 8504
28.28 juntarán el pectoral...un cordón de *a* 8504
28.31 harás el manto del efod todo de *a* 8504
28.33 y en sus orlas harás granadas de *a* 8504
28.37 la pondrás con un cordón de *a*, y estará 8504
35.6 *a*, púrpura, carmesí, lino fino, pelo de 8504
35.23 hombre que tenía *a*, púrpura, carmesí 8504
35.25 y traían...*a*, púrpura, carmesí o lino 8504
35.35 bordado en *a*, púrpura, en carmesí 8504
36.8 diez cortinas de *a*, púrpura y carmesí 8504
36.11 hizo lazadas de *a* en la orilla de la 8504
36.35 hizo asimismo el velo de *a*, púrpura 8504
36.37 hizo también el velo...de *a*, púrpura 8504
38.18 entrada...de *a*, púrpura, carmesí y lino 8504
38.23 recamador en *a*, púrpura, carmesí y lino 8504
39.1 del *a*, púrpura y carmesí hicieron las 8504
39.2 hizo...el efod de oro, de *a*, púrpura 8504
39.3 cortaron hilos para tejerlos entre el *a* 8504
39.5 cinto del efod...oro, *a*, púrpura, carmesí 8504
39.8 el pectoral...oro, *a*, púrpura y carmesí y 8504
39.21 ataron el pectoral...con un cordón de *a* 8504
39.22 el manto...de obra de tejedor, todo de *a* 8504
39.24 granadas de *a*, púrpura, carmesí y lino 8504
39.29 cinto de lino torcido, de *a*, púrpura 8504
39.31 un cordón de *a* para colocarla sobre la 8504
Nm 4.6 y extenderán encima un paño todo de *a* 8504
4.7 sobre la mesa de...extenderán un paño *a* 8504
4.9 tomarán un paño *a* y cubrirán el candelero 8504
4.11 sobre el altar...extenderán un paño *a*, y 8504
4.12 los pondrán en un paño *a*, y los cubrirán 8504
15.38 pongan en cada franja...un cordón de *a* 8504
2 Cr 2.7 que sepa trabajar en...grana y en *a* 8504
2.14 sabe trabajar en oro...y en *a*, en lino 8504
3.14 también el velo de *a*, púrpura, carmesí 8504
Est 1.6 el pabellón era de blanco, verde y *a* 8336
8.15 salió...con vestido real de *a* y blanco 8504
Jer 10.9 los vestirán de *a* y de púrpura, obra 8504
Ez 27.7 de *a* y púrpura de las costas de Elisa 8504
37.24 en mantos de *a* y bordados, y en cajas 8504

AZUR
1. Firmante del pacto de Nehemías, Neh 10.17 5809
2. Padre de Hananías No. 10, Jer 28.1 5809
3. Padre de Jaazanías No. 4, Ez 11.1 5809

B

BAAL

1. Dios de los cananeos

Jue 2.11 hijos de Israel...sirvieron a los *b* 1168
2.13 dejaron a Jehová, y adoraron a *B* y a 1168
3.7 olvidaron a Jehová...sirvieron a los *b* 1168
6.25 y derriba el altar de *B* que tu padre 1168
6.28 que el altar de *B* estaba derribado, y 1168
6.30 ha derribado el altar de *B* y ha cortado 1168
6.31 y Joas...¿Contenderéis vosotros por *B*? 1168
6.32 Jerobaal, esto es: Contienda *B* contra 1168
8.33 volvieron a prostituirse yendo...los *b* 1168
10.6 sirvieron a los *b* y a Astarot, a los 1168
10.10 hemos dejado...Dios, y servido a los *b* 1168
1 S 7.4 los hijos de Israel quitaron a los *b* 1168
12.10 y hemos servido a los *b* y a Astarot 1168
1 R 16.31 por mujer...y sirvió a *B*...y lo adoró 1168
16.32 e hizo altar a *B*...en el templo de *B* 1168
18.18 sino tú y la casa...siguiendo a los *b* 1168
18.19 congrégame a...los 450 profetas de *B* 1168
18.21 si Jehová es...y si *B*...id en pos de él 1168
18.22 de los profetas de *B* hay 450 hombres 1168
18.25 entonces Elías dijo a los profetas de *B* 1168
18.26 e invocaron el nombre de *B* desde la 1168
18.26 diciendo: ¡*B*...respóndenos! Pero no había 1168
18.40 prended a los profetas de *B*...para que 1168
19.18 cuyas rodillas no se doblaron ante *B* 1168
2 R 3.2 quitó las estatuas de *B* que su padre 1168
10.18 Acab sirvió poco a *B*, mas Jehú...mucho 1168
10.19 llamadme...a todos los profetas de *B* 1168
10.19 que...tengo un gran sacrificio para *B* 1168
10.19 para exterminar a los que honraban a *B* 1168
10.20 dijo...Santificad un día solemne a *B* 1168
10.21 los siervos de *B*...en el templo de *B* 1168
10.21 el templo de *B* se llenó de extremo a 1168
10.22 saca vestiduras para...los siervos de *B* 1168
10.23 entró Jehú...en el templo de *B*...y dijo 1168
10.23 dijo a los siervos de *B*: Mirad y ved 1168
10.23 no haya...sino sólo los siervos de *B* 1168
10.25 hasta el lugar santo del templo de *B* 1168
10.26 sacaron las estatuas del templo de *B* 1168
10.27 quebraron la estatua de *B*, y derribaron 1168
10.27 el templo de *B*, y lo convirtieron en 1168
10.28 así exterminó Jehú a *B* de Israel 1168
11.18 el pueblo de...entró en el templo de *B* 1168
17.16 se hicieron imágenes...y sirvieron a *B* 1168
21.3 levantó altares a *B*, e hizo una imagen 1168
23.4 utensilios...hechos para *B*, para Asera 1168
23.5 a los que quemaban incienso a *B*, al sol 1168
2 Cr 17.3 Josafat...anduvo...y no buscó a los *b* 1168
23.17 entró todo el pueblo en el templo de *B* 1168
23.17 y mataron...a Matán, sacerdote de *B* 1168
28.2 además hizo imágenes fundidas a los *b* 1168
33.3 levantó altares a los *b*, e...imágenes 1168
34.4 los altares de los *b*, e hizo pedazos los 1168
Jer 2.8 profetas profetizaron en nombre de *B* 1168
2.23 decir: No...nunca anduve tras los *b*? 1168
7.9 jurando en falso, e incensando a *B*, y 1168
9.14 y en pos de los *b* según les enseñaron 1168
11.13 altares para ofrecer incienso a *B* 1168
11.17 provocándome a ira con incensar a *B* 1168
12.16 enseñaron a mi pueblo a jurar por *B* 1168
19.5 altos a *B*...en holocaustos al mismo *B* 1168
23.13 profetizaban en nombre de *B*...errar a 1168
23.27 sus padres se olvidaron de mi...por *B*? 1168
32.29 cuyas azoteas ofrecieron incienso a *B* 1168
32.35 edificaron lugares altos a *B*...Hinom 1168
Os 2.8 multipliqué...el oro que ofrecían a *B* 1168
2.13 por los días en que incensaba a los *b* 1168
2.17 quitaré de su boca los nombres de los *b* 1168
11.2 a los *b* sacrificaban, y a los ídolos 1168
13.1 fue exaltado en...mas pecó en *B*, y murió 1168
Sof 1.4 exterminaré de este lugar los...de *B* 1168
Ro 11.4 no han doblado la rodilla delante de *B* *896*
2. Población en Simeón (=Baalat-beer), 1 Cr 4.33 1168
3. Descendiente de Rubén, 1 Cr 5.5 1168
4. Descendiente de Benjamín, 1 Cr 8.30; 9.36 1168

BAALA

1. Nombre antiguo de Quiriat-jearim

Jos 15.9 rodea este límite...rodeando luego a *B* 1173
15.10 este límite desde *B* hacia el occidente 1173
2 S 6.2 levantó David y partió de *B* de Judá 1184
1 Cr 13.6 subió David con todo Israel a *B* de 1173
2. Monte en la frontera de Judá, Jos 15.11 1173
3. Aldea en luda (=Bala y Bilha), Jos 15.29 1173

BAALAT *Población en Dan*, Jos 19.44; 1 R 9.18; 2 Cr 8.6 1191

BAALAT-BEER *Ciudad en Simeón (=Ramat del Neguev)*, Jos 19.8 1192

BAAL-BERIT *Dios cananeo cuyo templo estaba en Siquem*, Jue 8.33; 9.4 1170

BAAL-GAD *Población cerca del Monte Hermón*, Jos 11.17; 12.7; 13.5 1171

BAAL-HAMÓN *Lugar no identificado*, Cnt 8.11 1174

BAAL-HANÁN

1. Rey edomita, Gn 36.38,39; 1 Cr 1.49,50 1177
2. Oficial del rey David, 1 Cr 27.28 1177

BAAL-HAZOR *Hogar de Absalón, cerca del pueblo de Efraín*, 2 S 13.23 1178

BAAL-HERMÓN *Ciudad de los heveos cerca del Monte Hermón (posiblemente=Baal-gad)*
Jue 3.3; 1 Cr 5.23 1179

BAALI *«Mi señor», nombre simbólico*, Os 2.16 1180

BAALIS *Rey amonita*, Jer 40.14 1185

BAAL-MEÓN *Ciudad en Moab*, Nm 32.38; 1 Cr 5.8; Ez 25.9 1186

BAAL-PEOR *Dios de los moabitas y madianitas*

Nm 25.3 así acudió el pueblo a *B*; y el furor 1187
25.5 matad cada uno a...se han juntado con *B* 1187
25.18 os han engañado en lo tocante a *B*, y 6465
25.18 fue muerta el día de...por causa de *B* 6465
31 16 Israel prevaricasen...en lo tocante a *B* 6465
Dt 4.3 lo que hizo Jehová con motivo de *B* 1187
4.3 todo hombre que fue en pos de *B* destruyó 1187
Sal 106.28 unieron asimismo a *B*, y comieron 1187
Os 9.10 ellos acudieron a *B*, se apartaron para 1187

BAAL-PERAZIM *Lugar cerca del valle de Refaím*

2 S 5.20 y vino David a *B*, y allí los venció 1188
5.20 esto llamó el nombre de aquel lugar *B* 1188
1 Cr 14.11 subieron...a *B*, y allí los derrotó 1188
14.11 llamaron el nombre de aquel lugar *B* 1188

BAAL-SALISA *Lugar cerca de Siquem*, 2 R 4.42 1190

BAAL-TAMAR *Lugar cerca de Gabaa*, Jue 20.33 1193

BAAL-ZEBUB *Dios de Ecrón*

2 R 1.2 id y consultad a *B* dios de Ecrón, si 1176
1.3 que vais a consultar a *B* dios de Ecrón? 1176
1.6 tú envías a consultar a *B* dios de Ecrón 1176
1.16 cuanto enviaste...a consultar a *B* dios de 1176

BAAL-ZEFÓN *Lugar en Egipto donde acampó Israel*

Éx 14.2 y acampen...Migdol y el mar hacia *B* 1189
14.9 los alcanzaron acampados...delante de *B* 1189
Nm 33.7 Pi-hahirot, que está delante de *B*, y 1189

BAANA

1. Asesino de Isboset

2 S 4.2 el nombre de uno era *B*, y el del otro 1195
4.5 *B*, fueron y entraron en el mayor calor 1195
4.6 Recab y *B*...se introdujeron en la casa 1195
4.9 David respondió a Recab y a...*B*, hijos 1195
2. Padre de Heleb (o Heled), 2 S 23.29
1 Cr 11.30 1195
3. Gobernador de Salomón sobre Taanac y Meguido, 1 R 4.12 1195
4. Gobernador de Salomón sobre Aser y Alot, 1 R.4.16 1195
5. Uno que regresó del cautiverio con Zorobabel, Esd 2.2; Neh 7.7 1195
6. Uno que ayudó en la reparación del muro y firmó el pacto de Nehemías, Neh 3.4; 10.27 1195

BAARA *Mujer de Saharaim*, 1 Cr 8.8 1199

BAASA *Rey de Israel*

1 R 15.16,32 hubo guerra entre Asa y *B* rey 1201
15.17 subió *B* rey de Israel contra Judá, Y 1201
15.19 y rompe tu pacto con *B* rey de Israel 1201
15.21 oyendo esto *B*, dejó de edificar a Ramá 1201
15.22 quitaron...madera con que *B* edificaba 1201
15.27 *B*...conspiró contra él, y lo hirió *B* 1201
15.28 lo mató, pues, *B* en el tercer año de 1201
15.33 tercer año de Asa...comenzó a reinar *B* 1201
16.1 vino palabra de Jehová a Jehú...contra *B* 1201
16.3 he aquí yo barreré la posteridad de *B* 1201
16.4 el que de *B* fuere muerto en la ciudad 1201
16.5 demás hechos de *B*, y las cosas que hizo 1201
16.6 durmió *B* con sus padres y fue sepultado 1201
16.7 pero la palabra...había sido contra *B* 1201
16.8 comenzó a reinar Ela hijo de *B* sobre 1201
16.11 mató a toda la casa de *B*, sin dejar 1201
16.12 exterminó Zimri a toda la casa de *B* 1201
16.12 que Jehová había proferido contra *B* 1201
16.13 por todos los pecados de *B* y...de Ela 1201
21.22 como la casa de *B* hijo de Ahias, por 1201
2 R 9.9 la casa de Acab como la casa de *B* hijo 1201
2 Cr 16.1 en el año 36...subió *B* rey de Israel 1201
16.3 alianza que tienes con *B* rey de Israel 1201
16.5 oyendo esto *B*, cesó de edificar a Ramá 1201
16.6 piedra y la madera con que *B* edificaba 1201
Jer 41.9 el rey Asa a causa de *B* rey de Israel 1201

BAASÍAS *Ascendiente de Asaf el cantor*, 1 Cr 6.40 1202

BABEL *Forma hebrea del nombre Babilonia*

Gn 10.10 fue el comienzo de su reino *B*, Erec 894
11.9 por esto fue llamado el nombre de ella *B* 894

BABILONIA *Ciudad principal de Mesopotamia de la antigüedad, o el distrito de esa ciudad, o el imperio que encabezó*

2 R 17.24 trajo el rey de Asiria gente de *B* 894
17.30 los de *B* hicieron a Sucot-benot, los 894
20.12 rey de *B* envió mensajeros con cartas 894
20.14 de lejanas tierras han venido, de *B* 894
20.17 atesorado hasta hoy, será llevado a *B* 894
20.18 serán eunucos...palacio del rey de *B* 894
24.1 subió en campaña Nabucodonosor rey de *B* 894
24.7 el rey de *B* le tomó todo lo que era suyo 894
24.10 subieron contra Jerusalén...rey de *B* 894
24.11 vino también...rey de *B* contra la ciudad 894
24.12 salió Joaquín rey de Judá al rey de *B* 894
24.12 lo prendió el rey de *B* en el octavo año 894
24.15 cautivos a *B* a Joaquín, a la madre del 894
24.15 cautivos los llevó de Jerusalén a *B* 894
24.16 todos los...llevó cautivos el rey de *B* 894
24.17 el rey de *B* puso por rey en lugar de 894
24.20 Sedequías se rebeló contra el rey de *B* 894
25.1 rey de *B* vino con todo su ejército 894
25.6 preso...le trajeron al rey de *B* en Ribla 894
25.7 y atado con cadenas lo llevaron a *B* 894
25.8 el año 19 de Nabucodonosor rey de *B* 894
25.8 Nabuzaradán, capitán de...del rey de *B* 894
25.11 los que se habían pasado al rey de *B* 894
25.13 los caldeos...llevaron el bronce a *B* 894
25.20 tomó...y los llevó a Ribla al rey de *B* 894
25.21 el rey de *B* los hirió y mató en Ribla 894
25.22 pueblo que...rey de *B* dejó en tierra de 894
25.23 rey de *B* había puesto por...a Gedalías 894
25.24 y servid al rey de *B*, y os irá bien 894
25.27 rey de *B*...libertó a Joaquín rey de Judá 894
25.28 de los reyes que estaban con él en *B* 894
1 Cr 9.1 los de Judá fueron transportados a *B* 894
2 Cr 32.31 los mensajeros de los...de *B*, que 894
33.11 a Manasés, y atado...lo llevaron a *B* 894
36.6 subió...rey de *B*, y lo llevó a *B* atado 894
36.7 llevó...a *B*...los puso en su templo en *B* 894
36.10 lo hizo llevar a *B*, juntamente con los 894
36.18 los tesoros de la...todo lo llevó a *B* 894
36.20 la espada fueron llevados cautivos a *B* 894
Esd 1.11 los hizo llevar...de *B* a Jerusalén 894
2.1 rey de *B* había llevado cautivos a *B*, y 894
4.9 de *B* de Susa, esto es, los elamitas 894
5.12 los entregó en mano de...rey de *B*, caldeo 895
5.12 el cual...llevó cautivo al pueblo a *B* 895
5.13 en el año primero de Ciro rey de *B*, el 895
5.14 y los había llevado al templo de *B* 895
5.14 el rey Ciro los sacó del templo de *B* 895
5.17 búsquese en la casa...que está allí en *B* 895
6.1 donde guardaban los tesoros allí en *B* 895
6.5 y los pasó a *B*, sean devueltos y vayan 895
7.6 Esdras subió de *B*, Era escriba...en la ley 894
7.9 fue el principio de la partida de *B*, y 894
7.16 plata y el oro que halles en toda...*B* 895
8.1 genealogía de aquellos que subieron...*B* 894
Neh 7.6 los que llevó cautivos...rey de *B*, y 894
13.6 el año 32 de Artajerjes rey de *B* fui al 894
Est 2.6 hizo transportar Nabucodonosor...de *B* 894
Sal 87.4 yo me acordaré de Rahab y de *B* entre 894
137.1 junto a los ríos de *B*...nos sentábamos 894
137.8 hija de *B* la desolada, bienaventurado 894
Is 13.1 profecía sobre *B*, revelada a Isaías 894
13.19 *B*...será como Sodoma y Gomorra, a las 894
14.4 proverbio contra el rey de *B*, y dirás 894
14.22 raeré de *B* el nombre y el remanente 894
21.9 después habló y dijo: Cayó, cayó *B* 894
39.1 rey de *B*, envió cartas y presentes a 894
39.3 de tierra muy lejana han venido...de *B* 894
39.6 llevado a *B* todo lo que hay en tu casa 894
39.7 tus hijos...serán eunucos...del rey de *B* 894
43.14 vosotros envié a *B*, e hice descender 894
47.1 siéntate en el polvo, virgen hija de *B* 894
48.14 ejecutará su voluntad en *B*, y su brazo 894
48.20 salid de *B*, huid de entre los caldeos 894
Jer 20.4 Judá entregaré en manos del rey de *B* 894
20.4 los llevará cautivos a *B*, y los matará 894
20.5 tesoros...los tomarán y los llevarán a *B* 894
20.6 tú, Pasur...entrarás en *B*, y allí morirás 894
21.2 rey de *B* hace guerra contra nosotros 894
21.4 vosotros peleáis contra el rey de *B* 894
21.7 a Sedequías rey...en mano de...rey de *B* 894
21.10 en mano del rey de *B* será entregada 894
22.25 sí, en mano de Nabucodonosor rey de *B* 894
24.1 transportado...rey de *B* a Jeconías hijo 894
24.1 haberlos llevado a *B*, me mostró Jehová 894
25.1 el cual era el año primero de...rey de *B* 894
25.9 y a Nabucodonosor rey de *B*, mi siervo 894
25.11 y servirán estas naciones al rey de *B* 894
25.12 castigaré al rey de *B* y a...nación 894
25.26 y el rey de *B* beberá después de ellos 8347
27.6 puesto...tierras en mano de...rey de *B* 894
27.8 y al reino que no sirviere a...rey de *B* 894
27.8 su cuello debajo del yugo del rey de *B* 894
27.9,14 diciendo: No serviréis al rey de *B* 894
27.11 que sometiere su...al yugo del rey de *B* 894
27.12 someted...cuellos al yugo del rey de *B* 894
27.13 la nación que no sirviere al rey de *B* 894
27.16 los utensilios de la casa...volverán de *B* 894
27.17 servid al rey de *B* y vivid; ¿por qué 894
27.18 utensilios que han quedado...no vayan a *B* 894
27.20 rey de *B* cuando...a *B* a Jeconías hijo 894
27.22 a *B* serán transportados, y allí estarán 894
28.2 habló...Quebranté el yugo del rey de *B* 894
28.3 rey de *B* tomó de...para llevarlos a *B* 894
28.4 los transportados...que entraron en *B* 894
28.4 yo quebrantaré el yugo del rey de *B* 894
28.6 han de ser devueltos de *B* a este lugar 894
28.11 manera romperé el yugo de...rey de *B* 894
28.14 sirvan a...rey de *B*, y han de servirle 894
29.1 que...llevó cautivo de Jerusalén a *B* 894
29.3 a quienes envió...Judá a *B*, a...rey de *B* 894

29.4 que hice transportar de Jerusalén a *B* 894
29.10 cuando en *B* se cumplan los 70 años 894
29.15 Jehová nos ha levantado profetas en *B* 894
29.20 los transportados que envié de...a *B* 894
29.21 los entrego yo...Nabucodonosor rey de *B* 894
29.22 transportados de Judá que están en *B* 894
29.22 a quienes asó al fuego el rey de *B* 894
29.28 nos envió a decir en *B*: Largo será el 894
32.2 el ejército del rey de *B* tenía sitiada 894
32.3,28 esta ciudad en mano del rey de *B* 894
32.4,36 será entregado en mano del rey de *B* 894
32.5 y hará llevar a Sedequías a *B*, y allá 894
34.1 cuando Nabucodonosor rey de *B* y todo su 894
34.2 yo entregaré esta ciudad al rey de *B* 894
34.3 tus ojos verán...rey de *B*...en *B* entrarás 894
34.7 el ejército del rey de *B* peleaba contra 894
34.21 y en mano del ejército del rey de *B* 894
35.11 rey de *B* subió a la tierra, dijimos 894
36.29 vendrá el rey de *B*, y destruirá esta 894
37.1 Nabucodonosor rey de *B* constituyó por 894
37.17 en mano del rey de *B* serás entregado 894
37.19 no vendrá el rey de *B* contra vosotros 894
38.3 en mano del ejército del rey de *B*, y 894
38.17 si te entregas...a los...del rey de *B* 894
38.18 no te entregas a los príncipes...de *B* 894
38.22 sacadas a los príncipes del rey de *B* 894
38.23 por mano del rey de *B* serás apresado 894
39.1 vino Nabucodonosor rey de *B*...Jerusalén 894
39.3 (2) todos los príncipes del rey de *B* 894
39.5 donde estaba Nabucodonosor rey de *B*, y 894
39.6 y degolló el rey de *B* a los hijos de 894
39.6 degollar el rey de *B* a todos los nobles 894
39.7 y le aprisionó con...para llevarle a *B* 894
39.9 capitán de la guardia...transportó a *B* 894
39.13 y todos los príncipes del rey de *B* 894
40.1 los cautivos...que iban deportados a *B* 894
40.4 (2) te parece bien venir conmigo a *B* 894
40.5 el rey de *B* ha puesto sobre todas las 894
40.7 oyeron que el rey de *B* había puesto a 894
40.7 pobres de...no fueron transportados a *B* 894
40.9 y servid al rey de *B*, y os irá bien 894
40.11 decir que el rey de *B* había dejado a 894
41.2 aquel a quien el rey de *B* había puesto 894
41.18 el rey de *B* había puesto para gobernar 894
42.11 no temáis de la presencia del rey de *B* 894
43.3 para matarnos y hacernos transportar a *B* 894
43.10 tomaré...rey de *B*, mi siervo, y pondré 894
44.30 en mano de Nabucodonosor rey de *B*, su 894
46.2 a quien destruyó Nabucodonosor rey de *B* 894
46.13 acerca de la venida de...rey de *B*, para 894
46.26 los entregaré en mano de...rey de *B* y 894
49.28 los cuales asoló Nabucodonosor rey de *B* 894
49.30 tomó consejo...Nabucodonosor rey de *B* 894
50.1 palabra que habló Jehová contra *B* 894
50.2 decid: Tomada es *B*, Bel es confundido 894
50.8 huid de en medio de *B*, y salid de la 894
50.9 hago subir contra *B* reunión de grandes 894
50.13 hombre que pasare por *B* se asombrará 894
50.14 poneos en orden contra *B* alrededor 894
50.16 destruid en *B* al que siembra, y al que 894
50.17 Nabucodonosor rey de *B* lo deshuesó 894
50.18 yo castigo al rey de *B* y a su tierra 894
50.23 se convirtió *B* en desolación entre las 894
50.24 te puse lazos, y fuiste tomada, oh *B* 894
50.28 voz de los que huyen y escapan de...*B* 894
50.29 haced juntar contra *B* flecheros...arco 894
50.34 reposar la tierra, y turbar a los...de *B* 894
50.35 espada...y contra los moradores de *B* 894
50.42 se prepararán contra ti...oh hija de *B* 894
50.43 oyó la noticia el rey de *B*, y...dolor 894
50.45 oid...que Jehová ha acordado contra *B* 894
50.46 al grito de la toma de *B* la...tembló 894
51.1 levanto un viento destruidor contra *B* 894
51.2 enviaré a *B* aventadores que la avienten 894
51.6 huid de en medio de *B*, y librad cada uno 894
51.7 copa de oro fue *B* en la mano de Jehová 894
51.8 en un momento cayó *B*, y se despedazó 894
51.9 curamos a *B*, y no ha sanado; dejadla, y 894
51.11 porque contra *B* es su pensamiento para 894
51.12 levantad bandera sobre los muros de *B* 894
51.12 ha dicho contra los moradores de *B* 894
51.24 pagaré a *B* y a todos los moradores de 894
51.29 es confirmado contra *B*...el pensamiento 894
51.29 para poner la tierra de *B* en soledad 894
51.30 los valientes de *B* dejaron de pelear 894
51.31 anunciar al rey de *B* que su ciudad es 894
51.33 la hija de *B* es como una era cuando 894
51.34 me desmenuzó Nabucodonosor rey de *B* 894
51.35 sobre *B* caiga la violencia hecha a mí 894
51.37 será *B* montones de ruinas, morada de 894
51.41 fue apresada *B*...vino a ser *B* objeto de 894
51.42 subió el mar sobre *B*; de la multitud 894
51.44 juzgaré a Bel en *B*...el muro de *B* caerá 894
51.47 destruiré los ídolos de *B*, y toda su 894
51.48 los cielos...cantarán de gozo sobre *B* 894
51.49 caerá *B*, como por *B* cayeron...muertos 894
51.53 aunque suba *B* hasta el cielo, y se 894
51.54 óyese el clamor de *B*...quebrantamiento 894
51.55 porque Jehová destruirá a *B*, y quitará 894
51.56 vino destruidor contra ella, contra *B* 894
51.58 el muro ancho de *B* será derribado 894
51.59 iba con Sedequías rey de Judá a *B*, en 894
51.60 todo el mal que había de venir sobre *B* 894
51.60 palabras que están escritas contra *B* 894
51.61 cuando llegues a *B*, y veas y leas todas 894
51.64 así se hundirá *B*, y no se levantará 894
52.3 se rebeló Sedequías contra el rey de *B* 894
52.4 vino...rey de *B*, él y todo su ejército 894
52.9 le hicieron venir al rey de *B*, a Ribla 894
52.10 y degolló el rey de *B* a los hijos de 894
52.11 el rey de *B*...sacó los ojos a Sedequías 894
52.11 y lo hizo llevar a *B*; y lo puso en la 894
52.12 del reinado de Nabucodonosor rey de *B* 894
52.12 que solía estar delante del rey de *B* 894
52.15 que se habían pasado al rey de *B*, y a 894
52.17 caldeos...llevaron todo el bronce a *B* 894
52.26 tomó...los llevó al rey de *B* en Ribla 894
52.27 el rey de *B* los hirió, y los mató en 894
52.31 Evil-merodac rey de *B*...lo sacó de la 894
52.32 tronos de los reyes que estaban...en *B* 894
52.34 daba una ración de parte del rey de *B* 894
Ez 12.13 llevarlo a *B*, a tierra de caldeos 894
17.12 rey de *B*...vino...y los llevó consigo a *B* 894
17.16 que morirá en medio de *B*, en el lugar 894
17.20 y lo haré venir a *B*, y allí entraré en 894
19.9 con cadenas, y lo llevaron al rey de *B* 894
21.19 por donde venga la espada del rey de *B* 894
21.21 porque el rey de *B* se ha detenido en 894
23.15 manera de los hombres de *B*, de Caldea 894
23.17 se llegaron a ella los hombres de *B* 894
23.23 los de *B*, y todos los caldeos, los de 894
24.2 el rey de *B* puso sitio a Jerusalén este 894
26.7 norte traigo yo contra Tiro a...rey de *B* 894
29.18 rey ue *B* hizo a su ejército prestar un 894
29.19 doy a...rey de *B*, la tierra de Egipto 894
30.10 destruiré...Egipto por mano...rey de *B* 894
30.24,25 fortaleceré los brazos del rey de *B* 894
30.25 ponga mi espada en la...del rey de *B* 894
32.11 la espada del rey de *B* vendrá sobre ti 894
Dn 1.1 vino...rey de *B* a Jerusalén, y la sitió 894
2.12 mandó que matasen a...los sabios de *B* 895
2.14 salido para matar a los sabios de *B* 895
2.18 no pereciesen con los otros sabios de *B* 895
2.24 puesto para matar a los sabios de *B*, y 895
2.24 no mates a los sabios de *B*; llévame a 895
2.48 gobernador de toda la provincia de *B* 895
2.48 jefe supremo de todos los sabios de *B* 895
2.49 pusiera sobre los negocios...*B* a Sadrac 895
3.1 levantó en...Dura, en la provincia de *B* 895
3.12 cuales pusiste sobre los negocios de...*B* 895
3.30 el rey engrandeció a Sadrac...en la...de *B* 895
4.6 vinieran delante de mí...los sabios de *B* 895
4.29 meses, paseando en el palacio real de *B* 895
4.30 ¿no es ésta la gran *B* que yo edifiqué 895
5.7 dijo...a los sabios de *B*: Cualquiera que 895
7.1 el primer año de Belsasar rey de *B* tuvo 895
Mi 4.10 ahora saldrás de...y llegarás hasta *B* 894
Zac 2.7 Sion, la que moras con la hija de *B* 894
6.10 toma de los...los cuales volvieron de *B* 894
Mt 1.11 en el tiempo de la deportación a *B* *897*
1.12 después de la deportación a *B*, Jeconías *897*
1.17 desde David hasta la deportación a *B* *897*
1.17 deportación a *B* hasta Cristo, catorce *897*
Hch 7.43 os transportaré, pues, más allá de *B* *897*
1 P 5.13 la iglesia que está en *B*...os saludan *897*
Ap 14.8 ha caído, ha caído *B*, la gran ciudad! *897*
16.19 gran *B* vino en memoria delante de Dios *897*
17.5 *B* la grande, la madre de las rameras *897*
18.2 ha caído, ha caído la gran *B*, y se ha *897*
18.10 ay, de la gran ciudad de *B*, la ciudad *897*
18.21 con el mismo ímpetu será derribada *B* *897*

BABILÓNICO *Propio de Babilonia*
Jos 7.21 vi entre los despojos un manto *b* muy 8152

BACBACAR *Levita, descendiente de Asaf el cantor*, 1 Cr 9.15 1230

BACBUC *Padre de una familia de siervos del templo*, Esd 2.51; Neh 7.53 1227

BACBUQUÍAS *Cantor y portero del templo*, Neh 11.17; 12.9,25 1229

BÁCULO
Gn 38.18 sello, tu cordón, y tu *b* que tienes 4294
38.25 estas cosas, el sello, el cordón y el *b* 4294
Éx 21.19 levantare y anduviere...sobre su *b* 4938
Nm 21.18 lo cavaron...el legislador, con sus *b* 4938
Jue 6.21 extendiendo el ángel de Jehová el *b* 4938
2 S 3.29 de la casa de Joab quien ande con *b* 6418
2 R 4.29 toma mi *b*...mi *b* sobre el rostro del 4938
4.31 había puesto el *b* sobre el rostro del 4938
18.21 confías en este *b* de caña cascada, en 4938
1 Cr 11.23 él descendió con un *b*, y arrebató 7626
Is 10.5 oh Asiria, vara y *b* de mi furor, en 4294
10.15 si el *b* levantase al que lo levanta 4294
14.5 quebrantó Jehová el *b* de los impíos 4294
36.6 que confías en este *b* de caña frágil 4938
Jer 48.17 cómo se quebró la vara...*b* hermoso! 4294
Ez 29.6 fueron *b* de caña a la casa de Israel 4938

BAGAJE
Jue 18.21 niños, el ganado y el *b* por delante 3520
1 S 10.22 aquí, él está escondido entre el *b* 3627
17.22 carga en mano del que guardaba el *b* 3627
25.13 subieron...dejaron doscientos con el *b* 3627
30.24 de ser la parte del que queda con el *b* 3627

¡BAH!
Mr 15.29 *¡Bah!* tú que derribas el templo *3758*

BAHÍA
Jos 15.2 desde la *b* que mira hacia el sur 3956
15.5 desde la *b* del mar en la desembocadura 3956
18.19 termina en la *b* norte del Mar Salado 3956

BAHURIM *Aldea cerca de Jerusalén*
2 S 3.16 marido fue con ella...llorando hasta *B* 980
16.5 vino...David hasta *B*, y he aquí salía 980
17.18 y llegaron a casa de un hombre en *B* 980
19.16 Simei hijo de...era de *B*, se dio prisa 980
1 R 2.8 Simei...de Benjamín, de *B*...me maldijo 980

BAILAR
Jue 21.21 veáis salir...hijas de Silo a *bailar* 2342
Ec 3.4 tiempo de endechar, y tiempo de *bailar* 7540
Mt 11.17; Lc 7.32 tocamos...y no *bailasteis* *3738*

BAILE
Sal 30.11 cambiado mi lamento en *b*...alegría 4234

BAJADA
Jos 7.5 siguieron...y los derrotaron en la *b* 4174
10.11 a la *b*...Jehová arrojó desde el cielo 4174
Jer 48.5 a la *b* de Horonaim los enemigos 4174
Lc 19.37 de la *b* del monte de los Olivos *2600*

BAJAR
Gn 24.14 *baja* tu cántaro, te ruego, para que 5186
24.18 se dio prisa a *bajar* su cántaro sobre 3381
24.46 *bajó*...su cántaro de encima de sí, y 3381
49.15 *bajó* su hombro para llevar, y sirvió 5186
Éx 17.11 él *bajaba* su mano, prevalecía Amalec 5117
34.8 Moisés...*bajó* la cabeza hacia el suelo 6915
Nm 34.11 y *bajará* este límite desde Sefam a 3381
Jos 15.18 ella...se *bajó* del asno...Y Caleb le 6795
16.3 *baja* hacia el occidente al territorio 3381
Jue 1.14 ella se *bajó* del asno, y Caleb le dijo 6795
7.10 *baja* tú con...tu criado al campamento 3381
Rt 2.10 *bajando* su rostro se inclinó a tierra 7812
1 S 6.15 los levitas *bajaron* el arca de Jehová 3381
10.8 luego *bajarás* delante de mí a Gilgal 3381
25.23 *bajó*...del asno, y postrándose sobre su 3381
2 R 5.21 se *bajó* del carro para recibirle, y 5307
Sal 133.2 *baja* hasta el borde de...vestiduras 3381
Is 5.15 serán *bajados* los ojos de los altivos 8213
40.4 alzado, y *bájese* todo monte y collado 8213
Lm 2.10 vírgenes...*bajaron* sus cabezas a tierra 3381
Ez 1.24 cuando se paraban, *bajaban* sus alas 7503
1.25 y cuando se *paraban* y bajaban sus alas 7503
Os 5.2 haciendo víctimas han *bajado* hasta lo 6009
Jon 1.5 Jonás había *bajado* al interior de la 3381
Mr 2.4 *bajaron* el lecho...yacía el paralítico *5465*
15.36 dejad, veamos si viene Elías a *bajarle* *2507*
Lc 3.5 y se *bajará* todo monte y collado; los *5013*
5.19 por el tejado le *bajaron* con el lecho *2524*
24.5 tuvieron temor, y *bajaron* el rostro a *2827*
Jn 20.5 y *bajándose* a mirar, vio los lienzos *3879*
Hch 9.25 discípulos...le *bajaron* por el muro *2524*
10.11 atado de las...era *bajado* a la tierra *2524*
11.5 era *bajado* del cielo y venía hasta mí *2524*
23.10 *bajasen* soldados y le arrebatasen de *2597*

BAJEZA
Lc 1.48 porque ha mirado la *b* de su sierva *5014*

BAJO, A *Véase también el Apéndice*
Gn 6.16 y le harás piso *b*, segundo y tercero 8482
16.9 Vuélvete...y ponte sumisa *b* su mano 8478
41.35 recojan el trigo *b* la mano de Faraón 8478
Éx 21.20 y muriere *b* su mano, será 8478
38.21 obra de los levitas *b* la dirección de
39.19 frente a la parte *b* del efod
Lv 27.32 todo lo que pasa *b* la vara 8478
Nm 2.2 *b*...de las casas de sus padres
4.28 estará *b* la dirección de Itamar hijo
4.33 *b*...Itamar hijo del sacerdote Aarón
7.8 conforme su ministerio *b* la mano de Itamar
33.1 ejércitos, *b* el mando de Moisés y Aarón
Jos 7.21 está escondido *b* tierra en
Jue 3.30 Así fue...Moab aquel día *b* 8478
4.5 acostumbraba sentarse *b*...de Débora 8478
9.15 abrigaos *b* de mi sombra; y si no
9.29 Ojalá estuviera este pueblo *b* mi mano
Rt 2.12 *b* cuyas alas has venido a 8478
2 S 6.22 me haré más vil...seré *b* a tus ojos 8217
11.11 El arca e Israel y Judá están *b* 3427
18.2 una tercera parte *b* el mando de Joab
24.6 fueron a Galaad y a la tierra *b* de
1 R 5.3 puso sus enemigos *b* las plantas 8478
7.29 había unas añadiduras de *b* relieve
9.17 restauró...Salomón...a la *b* Bet-horón 8481
2 R 17.7 *b* la mano de Faraón rey de Egipto 8478
17.32 temían a Jehová, e hicieron del *b* 7098
1 Cr 7.24 edificó a Bet-horón la *b* y 8481
23.28 *b* las órdenes de los hijos de Aarón 3027
23.32 la guarda del santuario, *b* las órdenes 4931
25.2 hijos de Asaf, *b* la dirección de Asaf 5921
25.3 *b* la dirección de su padre Jedutún 5921
25.6 estaban *b* la dirección de su padre 5921
2 Cr 5.7 *b* las alas de los querubines 8478
13.5 él y a sus hijos, *b* pacto de sal?
14.5 estuvo el reino en paz *b* su reinado 6440
23.18 *b* la mano de los sacerdotes y levitas
26.13 *b* la mano de éstos estaba el ejército 5921
Neh 3.7 estaban *b* el dominio del gobernador
4.13 por las partes *b* del...puse al pueblo 8482
Job 28.24 Y ve cuanto hay *b* los cielos 8478
30.8 hijos de viles...más *b* que la...tierra 5217
38.14 de aspecto como barro *b* el sello
Sal 17.8 Escóndeme *b* la sombra de tus
36.7 se amparan *b* la sombra de tus alas
39.10 Estoy consumido *b* los golpes de tu
61.4 Estaré seguro *b* la cubierta de tus alas 5643
63.9 caerán en los sitios *b* de la tierra 8482
91.1 Morará *b* la sombra del Omnipotente

94.20 Que hace agravio *b* forma de ley?
Pr 22.29 no estará delante... de *b* condición 2823
Ec 10.6 ricos están sentados en lugar *b* 8216
Cnt 2.3 *B* la sombra del deseado me
Is 24.5 la... contaminó *b* sus moradores 8478
12.4 se cerrarán, por lo *b* del ruido de la 8213
Jer 34.1 todos los reinos de la tierra *b*
38.12 *b* los sobacos, debajo de las sogas 8478
Lm 3.1 ha visto aflicción *b* el
3.3 desmenuzar *b* los pies a todos los 8478
5.13 desfallecieron *b* el peso de la leña
Ez 17.24 levanté el árbol *b*, hice secar el 8217
20.37 Os haré pasar *b* la vara, y 8478
21.26 sea exaltado lo *b*, y humillado lo alto 8217
40.18 los portales, era el enlosado más *b* 8481
42.5 que de las *b*... de en medio del edificio 8481
Dn 4.17 constituye sobre él al más *b* de los 8215
Os 9.9 hasta lo más *b* en su corrupción, como 6009
14.7 y se sentarán *b* su sombra
Mal 2.9 hecho viles y *b* ante todo el pueblo 8217
4.3 ceniza *b* las plantas de vuestros pies 8478
Mt 8.8 no... de que entres *b* mi techo
8.9 también yo soy hombre *b* autoridad, y *5259*
Mr 4.32 **aves del cielo... *b* su sombra**
Lc 7.6 no soy... que entres *b* mi techo
7.8 yo soy hombre puesto *b* autoridad *5259*
Hch 2.5 todas las naciones *b* el cielo
4.12 no hay otro nombre *b* el cielo *5259*
14.11 Dioses *b* la semejanza de hombres han
23.12 se juramentaron *b* maldición *332*
23.21 se han juramentado *b* maldición
Ro 2.12 los que *b* la ley han pecado
3.9 que todos están *b* pecado *5259*
3.19 dice a los que están *b* la ley *1722*
6.14 no estáis *b* la ley, sino bajo la gracia *5259*
6.15 no estamos *b* la ley, sino bajo *5259*
7.6 de modo que sirvamos *b* el régimen
16.20 aplastará... a Satanás *b* vuestros pies *5259*
1 Co 9.21 sino *b* la ley de Cristo) *1722*
10.1 todos estuvieron *b* la nube *5259*
Gá 3.10 obras de la ley están *b* maldición *5259*
3.22 escritura lo encerró todo *b* pecado *5259*
3.23 estábamos confinados *b* la ley *5259*
3.25 la fe, ya no estamos *b* ayo *5259*
4.2 no que está *b* tutores y curadores *5259*
4.3 estábamos en esclavitud *b* los rudimentos *5259*
4.4 nacido de mujer y nacido *b* la ley *5259*
4.5 redimiese a los que estaban *b* la ley *5259*
4.21 los que queréis estar *b* la ley *5259*
5.18 Pero si sois guiados... estáis *b* la ley *5259*
Ef 1.22 sometió todas las... *b* sus pies *5259*
4.9 había descendido... a las partes más *b* *2597,2737*
1 Ti 6.1 están *b* el yugo de esclavitud *5259*
He 2.8 Todo lo sujetaste *b* sus pies *5293*
7.11 *b* él recibió el pueblo la ley)
9.15 remisión... que había *b* el primer pacto *1909*
Stg 2.3 siéntate aquí *b* mi estrado *5259*
1 P 5.6 Humillaos... *b* la poderosa mano *5259*
1 Jn 5.19 el mundo... está *b* el maligno *2749*
Jud 6 los ha guardado *b* oscuridad *5259*
Ap 6.9 vi *b* el altar las almas de *5270*

BALA *Ciudad en Simeón*, Jos 19.3 1088

BALAAM *Adivino de Petor en Mesopotamia*
Nm 22.5 envió mensajeros a *B* hijo de Beor 1109
22.7 llegaron a *B* y le dijeron las palabras 1109
22.8 los príncipes de Moab se quedaron con *B* 1109
22.9 vino Dios a *B*, y le dijo: ¿Qué varones 1109
22.10 *B* respondió a Dios: Balac... de Zipor 1109
22.12 dijo Dios a *B*: No vayas con ellos, ni 1109
22.13 *B* se levantó... y dijo a los príncipes 1109
22.14 dijeron: *B* no quiso venir con nosotros 1109
22.16 vinieron a *B*, y le dijeron: Así dice 1109
22.18 y *B* respondió y dijo a los siervos de 1109
22.20 y vino Dios a *B* de noche, y le dijo 1109
22.21 así *B* se levantó... y enalbardó su asna 1109
22.23 azotó *B* al asna para hacerla volver 1109
22.25 y apretó contra la pared el pie de *B* 1109
22.27 se echó debajo de *B*; y *B* se enojó y 1109
22.28 abrió la boca al asna, la cual dijo a *B* 1109
22.29 y *B* respondió al asna... te has burlado 1109
22.30 el asna dijo a *B*: ¿No soy yo tu asna? 1109
22.31 Jehová abrió los ojos de *B*, y vio al 1109
22.31 *B* hizo reverencia, y se inclinó sobre 1109
22.34 *B* dijo al ángel de Jehová: He pecado 1109
22.35 el ángel de Jehová dijo a *B*: Vé... *B* fue 1109
22.36 Balac que *B* venía, salió a recibirle a 1109
22.37 Balac dijo a *B*: ¿No envié... llamarte? 1109
22.38 *B* respondió a Balac... yo he venido a ti 1109
22.39 y fue *B* con Balac, y... a Quiriat-huzot 1109
22.40 Balac hizo matar bueyes... y envió a *B* 1109
22.41 tomó a *B* y lo hizo subir a Bamot-baal 1109
23.1 y *B* dijo a Balac: Edifícame aquí siete 1109
23.2 Balac hizo como le dijo *B*; y ofrecieron 1109
23.2 ofrecieron Balac y *B* un becerro y un 1109
23.3 y *B* dijo... Ponte junto a tu holocausto 1109
23.4 vino Dios al encuentro de *B*, y éste le 1109
23.5 puso palabra en la boca de *B*, y le dijo 1109
23.11 Balac dijo a *B*: ¿Qué me has hecho? 1109
23.16 Jehová salió al encuentro de *B*... y puso 1109
23.25 Balac dijo a *B*: Ya que no lo maldices 1109
23.26 *B* respondió y dijo a Balac: ¿No le he 1109
23.27 y dijo Balac a *B*: Te ruego que vengas 1109
23.28 y Balac llevó a *B* a la cumbre de Peor 1109
23.29 *B* dijo a Balac: Edifícame aquí siete 1109
23.30 Balac hizo como *B* Le dijo; y ofreció 1109
24.1 cuando vio *B* que parecía bien a Jehová 1109
24.3 dijo *B* hijo de Beor, y dijo el varón 1109
24.10 se encendió la ira de Balac contra *B* 1109
24.12 y *B* le respondió: ¿No lo declaré yo 1109
24.15 dijo *B* hijo de Beor, dijo el varón de 1109
24.25 se levantó *B* y se fue, y volvió a su 1109
31.8 también a *B* hijo de Beor mataron a 1109
31.16 por consejo de *B* ellas fueron causa de 1109
Dt 23.4 alquilaron contra ti a *B* hijo de Beor 1109
23.5 no quiso Jehová... oír a *B*; y Jehová tu 1109
Jos 13.22 mataron a espada... a *B* el adivino 1109
24.9 envió a llamar a *B* hijo de Beor, para 1109
24.10 yo no quise escuchar a *B*... por lo cual 1109
Neh 13.2 sino que dieron dinero a *B* para que 1109
Mi 6.5 qué le respondió *B* hijo de Beor, desde 1109
2 P 2.15 siguiendo el camino de *B* hijo de Beor *903*
Jud 11 se lanzaron por lucro en el error de *B* *903*
Ap 2.14 **a los que retienen la doctrina de *B*** *903*

BALAC *Rey de Moab*
Nm 22.2 vio *B* hijo de Zipor todo lo que Israel 1111
22.4 y *B* hijo de Zipor era entonces rey de 1111
22.7 ancianos... Le dijeron las palabras de *B* 1111
22.10 respondió a Dios: *B* hijo de Zipor, rey 1111
22.13 así Balaam... dijo a los príncipes de *B* 1111
22.14 y vinieron a *B* y dijeron: Balaam no 1111
22.15 volvió *B* a enviar... vez más príncipes 1111
22.16 le dijeron: Así dice *B*... hijo de Zipor 1111
22.18 dijo a los siervos de *B*: Aunque *B* me 1111
23.35 así Balaam fue con los príncipes de *B* 1111
22.36 oyendo *B* que Balaam venía, salió a 1111
22.37 *B* dijo a Balaam ¿No envié... llamarte 1111
22.38 Balaam respondió a *B*... he venido a ti 1111
22.39 fue... con *B*, y vinieron a Quiriat-huzot 1111
22.40 *B* hizo matar bueyes y ovejas, y envió 1111
22.41 el día siguiente, *B* tomó a Balaam y 1111
23.1 Balaam dijo a *B*: Edifícame aquí siete 1111
23.2 *B* hizo como le dijo... y ofrecieron *B* y 1111
23.3 dijo a *B*: Ponte junto a tu holocausto 1111
23.5 Jehová... le dijo: Vuelve a *B*, y dile así 1111
23.7 de Aram me trajo *B*... rey de Moab, de 1111
23.11 *B* dijo a Balaam: ¿Qué me has hecho? 1111
23.13 dijo *B*: Te ruego que vengas conmigo a 1111
23.15 él dijo a *B*: Ponte aquí junto a tu 1111
23.16 Jehová... dijo: Vuelve a *B*... y dile así 1111
23.17 y le dijo *B*: ¿Qué ha dicho Jehová? 1111
23.18 dijo: *B*, levántate y oye; escucha mis 1111
23.25 *B* dijo a Balaam: Ya que no lo maldices 1111
23.26 Balaam... dijo a *B*: ¿No te he dicho que 1111
23.27 dijo *B* a Balaam: Te ruego que vengas 1111
23.28 *B* llevó a Balaam a la cumbre de Peor 1111
23.29 Balaam dijo a *B*: Edifícame aquí siete 1111
23.30 *B* hizo como Balaam le dijo; y ofreció 1111
24.10 se encendió la ira de *B* contra Balaam 1111
24.13 si *B* me diese su casa llena de plata 1111
24.25 fue... y también *B* se fue por su camino 1111
Jos 24.9 después se levantó *B* hijo de Zipor 1111
Jue 11.25 ¿eres tú ahora mejor en algo que *B* 1111
Mi 6.5 acuérdate... qué aconsejó *B* rey de Moab 1111
Ap 2.14 **enseñaba a *B* a poner tropiezo ante los** *904*

BALADÁN *Padre de Merodac-baladán, rey de Babilonia*, 2 R 20.12; Is 39.1 1081

BALANCEAR
Job 28.4 son... *balanceados*, lejos de los demás 5128

BALANZA
Lv 19.36 *b* justas, pesas justas y medidas 3976
Job 6.2 pesasen... y se alzasen igualmente en *b*! 3976
31.6 péseme... en *b* de justicia, y conocerá 3976
Sal 62.9 pesándolos a todos... en la *b*, serán 3976
Pr 16.11 peso y *b* justas son de Jehová; obra 3976
20.23 pesas falsas, y la *b* falsa no es buena 3976
Is 40.12 pesó los montes con *b* y con pesas 3976
40.15 y como menudo polvo en las *b* Le son 3976
46.6 pesan plata con *b*, alquilan un platero 7070
Jer 32.10 certificar... y pesé el dinero en *b* 3976
Ez 5.1 toma después una *b* de pesar y divide 3976
45.10 *b* justas, efa... y bato justo tendréis 3976
Dn 5.27 pesado has sido en *b*... hallado falto 3977
Am 8.5 precio, y falsearemos con engaño la *b* 3976
Mi 6.11 por inocente al que tiene *b* falsa y 3976
Ap 6.5 que lo montaba tenía una *b* en la mano *2218*

BALAUSTRE
1 R 10.12 hizo el rey *b* para la casa de Jehová 4552

BALDE *(m. adv.)*
Gn 29.15 ¿por ser tú mi... me servirás de *b*? 2600
Éx 21.2 seis... al séptimo saldrá libre, de *b* 2600
Nm 11.5 pescado que comíamos en Egipto de *b* 2600
Job 1.9 dijo: ¿Acaso teme Job a Dios de *b*? 2600
Sal 44.12 has vendido a tu pueblo de *b*; no 3808
Pr 23.29 ¿para quién las heridas en *b*? ¿Para 2600
31.27 considera los... y no come el pan de *b* 6104
Is 52.3 de *b* fuisteis vendidos; por tanto, sin 2600
Jer 22.13 sirviéndose de su prójimo de *b*, y no 2600
Mal 1.10 ¿quién... hay... alumbre mi altar de *b*? 2600
2 Co 11.7 os he predicado el evangelio... de *b*? *1432*
2 Ts 3.8 ni comimos de *b* el pan de nadie, sino *1432*

BALDÓN
Neh 4.4 vuelve el *b* de ellos sobre su cabeza 2781

BALIDO
Jue 5.16 quedaste... oír los *b* de los rebaños? 8292
1 S 15.14 qué *b* de ovejas y bramido de vacas 6963

BALSA
1 R 5.9 la enviaré en *b* por mar hasta el lugar 1702
2 Cr 2.16 la traeremos en *b* por el mar hasta 7513

BALSAMERA
2 S 5.23 vendrás a ellos enfrente de las *b* 1057
5.24 oigas ruido... por las copas de las *b* 1057
1 Cr 14.14 venir a ellos por delante de las *b* 1057
14.15 un estruendo por las copas de las *b* 1057

BÁLSAMO
Gn 37.25 camellos traían aromas, *b* y mirra 6875
43.11 llevad... un poco de *b*, un poco de miel 6875
Sal 141.5 que me reprenda será un excelente *b* 8081
Jer 8.22 ¿no hay *b* en Galaad? ¿No... médico? 6875
46.11 sube... y toma *b*, virgen hija de Egipto 6875
51.8 ella; tomad *b* para su dolor, quizá sane 6875

BALUARTE
Dt 20.20 para construir *b* contra la ciudad 4692
2 S 20.15 y pusieron *b* contra la ciudad, y 5550
2 R 19.32 escudo, ni levantará contra ella *b* 5550
2 Cr 26.15 para que estuviesen en... y en los *b* 6438
Job 13.12 ceniza, y vuestros *b* son *b* de lodo 1354
Ec 9.14 rey... y levanta contra ella grandes *b* 4685
Is 29.3 te sitiaré... y levantaré contra ti *b* 4694
37.33 no vendrá... ni levantará contra ella *b* 5550
Jer 51.32 tomados, y los *b* quemados a fuego 98
52.4 todas partes edificaron contra ella *b* 1785
Lm 3.5 edificó *b* contra mí, y me rodeó de 5921
Ez 4.2 y sacarás contra ella *b*, y pondrás 1785
26.8 levantará... *b*, y escudo afirmará contra 1785
Dn 11.15 vendrá... rey del norte, y levantará *b* 5550
Neh 3.8 cuyo *b* era el mar, y aguas por muro 2426
1 Ti 3.15 la iglesia... columna y *b* de la verdad *1477*

BAMA *«Lugar alto»*
Ez 20.29 y fue llamado su nombre *B* hasta el 1117

BAMOT *Lugar cerca de Moab donde acampó Israel*, Nm 21.19,20 1120

BAMOT-BAAL *Población en Moab*, Nm 22.41; Jos 13.17 1120

BANCO
Ez 27.6 tus *b* de pino de las costas de Quitim 7175
Mt 9.9; Mr 2.14; Lc 5.27 sentado al *b* de
los tributos públicos *5058*
Lc 19.23 **no pusiste mi dinero en el *b*, para** *5132*

BANDA
2 S 4.2 dos... capitanes de *b* de merodeadores 1416
2 R 5.2 de Siria habían salido *b* armadas, y 1416
6.23 nunca más vinieron *b* armadas de Siria 1416
13.20 vinieron *b* armadas de moabitas a la 1416
13.21 vieron una *b* armada, y arrojaron el 1416
1 Cr 12.21 éstos ayudaron a David contra la *b* 1416
2 Cr 22.1 una *b* armada... había matado a todos 1416

BANDERA
Nm 1.52; 2.2 acamparán... cada uno junto a su *b* 1714
2.3 la *b* del campamento de Judá, por sus 1714
2.10 *b* del campamento de Rubén estará al sur 1714
2.17 luego... marchará cada uno junto a su *b* 1714
2.18 la *b* del campamento de Efraín por sus 1714
2.25 *b* del campamento de Dan estará al norte 1714
2.31 de Dan... irán los últimos tras sus *b* 1714
2.34 acamparon por sus *b*, y así marcharon 1714
10.14 la *b* del... de Judá comenzó a marchar 1714
10.18 marchar la *b* del campamento de Rubén 1714
10.22 la *b* del campamento de los... de Efraín 1714
10.25 a marchar la *b* del campamento de... Dan 1714
Sal 60.4 dado a los que te temen *b* que alcen 5251
Cnt 2.4 me llevó a... y su *b* sobre mí fue amor 1714
Is 13.2 levantad *b* sobre un alto monte, alzad 5251
18.3 cuando se levante *b* en los montes, mirad 5251
30.17 mástil... como *b* sobre una colina 5251
31.9 sus príncipes, con pavor, dejarán sus *b* 5251
49.22 he aquí... a los pueblos levantaré mi *b* 5251
59.19 Espíritu de Jehová levantará *b* contra 5127
Jer 4.6 alzad *b* en Sion, huid, no os detengáis 5251
4.21 ¿hasta cuándo he de ver *b*, he de oír 5251
50.2 levantad... *b*, publicad, y no encubráis 5251
51.12 levantad *b* sobre los muros de Babilonia 5251
51.27 alzad *b* en la tierra, tocad trompeta 5251

BANI
1. Uno de los 30 valientes de David, 2 S 23.36 1137
2. Ascendiente de Etán No.4, 1 Cr 6.46 1137
3. Ascendiente de Utai No.1, 1 Cr 9.4 1137
4. Ascendiente de un grupo que regresó del cautiverio con Zorobabel, Esd 2.10; 10.29 1137
5. Ascendiente de algunos que se casaron con extranjeras en tiempo de Esdras, Esd 10.34 1137
6. Descendiente de No.5, Esd 10.38 1137
7. Padre de Rehum No.3, Neh 3.17 1137
8. Nombre de dos levitas en tiempo de Nehemías, Neh 8.7; 9.4; 9.5 1137
9. Nombre de dos firmantes del pacto de Nehemías, Neh 10.13,14 1137
10. Padre de Uzi No.5, Neh 11.22 1137

BANQUERO
Mt 25.27 **debías haber dado mi dinero a los *b*** *5133*

BANQUETE
Gn 19.3 hizo *b*, y coció panes sin levadura 4960
21.8 hizo Abraham gran *b*... destetado Isaac 4960
26.30 él les hizo *b*, y comieron y bebieron 4960
29.22 Labán juntó a... los varones... e hizo *b* 4960
40.20 el rey hizo *b* a todos sus sirvientes 4960
Jue 14.10 Sansón hizo allí *b*... así solían hacer 4960
14.12 en los siete días del *b* me lo declaráis 4960
14.17 lloró... siete días que ellos tuvieron *b* 4960
1 S 25.36 él tenía *b* en su casa como *b* de rey 4960
2 S 3.20 David hizo *b* a Abner y a los que con 4960
1 R 3.15 hizo también *b* a todos sus siervos 4960
Est 1.3 *b* a todos sus príncipes y cortesanos 4960

1.5 hizo el rey otro *b* por siete días en el 4960
1.9 la reina Vasti hizo *b* para las mujeres 4960
2.18 hizo...el rey un gran *b*...el *b* de Ester 4960
5.4 vengan hoy el rey y Amán al *b* que he 4960
5.5 vino...el rey con Amán al *b* que Ester 4960
5.6 dijo el rey a Ester en el *b*, mientras 4960
5.8 venga el rey con Amán a otro *b* que les 4960
5.12 a ninguno hizo venir con el rey al *b* 4960
5.14 mañana...entra alegre con el rey al *b* 4960
6.14 llegaron...para llevar a Amán al *b* que 4960
7.1 el rey con Amán al *b* de la reina Ester 8354
7.7 rey se levantó del *b*, encendido en ira 4960
7.8 después el rey volvió,...al aposento del *b* 4960
8.17 los judíos tuvieron,...*b* y día de placer 4960
9.17,18 y lo hicieron día de *b* y de 4960
9.19 hacen...el día de alegría y de *b*, un día 4960
9.22 que los hiciesen días de *b* y de gozo 4960
Job 1.4 iban sus hijos y hacían *b* en sus casas 4960
41.6 ¿harán de él *b* los compañeros? 3738
Pr 15.15 el de corazón contento tiene un *b* 4960
Ec 7.2 mejor es ir a la casa del luto que...*b* 4960
10.19 por el placer se hace el *b*, y el vino 3899
Cnt 2.4 me llevó a la casa del *b*, y su bandera 3196
Is 5.12 en sus *b* hay arpas, vihuelas...y vino 4960
25.6 Jehová de los...hará en este monte...*b* 4960
Jer 16.8 no entres en casa de *b*, para sentarte 4960
51.39 en medio de su calor les pondré *b*, y 4960
Dn 5.1 Belsasar hizo un gran *b* a...príncipes 3900
5.10 la reina...entró a la sala del *b*, y dijo 4961
Lc 5.29 Leví le hizo gran *b* en su casa; y *1403*
14.13 **mas cuando hagas *b*, llama a los pobres** *1403*
16.19 **y hacía cada día *b* con esplendidez** *2165*

BANQUETEAR
Ec 10.16 tus príncipes *banquetean* de mañana 398

BAÑAR
2 S 11.2 vio a una mujer que se estaba *bañando* 7364
Neh 4.23 se desnudaba solamente para *bañarse* 4325
Dn 4.25 con el rocío del cielo serás *bañado* 6647

BARAC *Juez de Israel*
Jue 4.6 envió a llamar a *B* hijo de Abinoam 1301
4.8 *B* le respondió: Si tú fueras conmigo, yo 1301
4.9 levantándose Débora, fue con *B* a Cedes 1301
4.10 juntó *B* a Zabulón y a Neftalí en Cedes 1301
4 12 que *B*...había subido al monte de Tabor 1301
4.14 Débora dijo a *B*: Levántate, porque este 1301
4 14 y *B* descendió del monte de Tabor, y diez 1301
4.15 Jehová quebrantó a Sísara...delante de *B* 1301
4.16 mas *B* siguió los carros y el ejército 1301
4.22 y siguiendo *B* a Sísara, Jael salió a 1301
5.1 día cantó Débora con *B* hijo de Abinoam 1301
5.12 levántate, *B*, y lleva tus cautivos, hijo 1301
5.15 y como *B*...Isacar se precipitó a pie en 1301
1 S 12.11 entonces Jehová envió a...*B*, a Jefté 917
He 11.32 de Gedeón, de *B*, de Sansón, de Jefté *913*

BARAQUEL *Padre de Eliú No.5*, Job 32.2,6 1292

BARBA
Lv 13.29 saliere llaga en la cabeza, o en la *b* 2206
13.30 tiña, es lepra de la cabeza o de la *b* 2206
14.9 raerá...su *b* y las cejas de sus ojos y 2206
19.27 no...ni dañaréis la punta de vuestra *b* 2206
21.5 ni raerán la punta de su *b*, ni en su 2206
1 S 21.13 y dejaba correr la saliva por su *b* 2206
2 S 10.4 rapó la mitad de la *b*, les cortó los 2206
10.5 que os vuelva a nacer la *b*, y entonces 2206
19.24 pies, ni había cortado su *b*, ni...lavado 8222
20.9 tomó Joab...la *b* de Amasa, para besarlo 2206
1 Cr 19.5 estaos en Jericó...que os crezca la *b* 2206
Esd 9.3 arranqué pelo de mi cabeza y de mi *b* 2206
Sal 133.2 desciende sobre la *b*, la *b* de Aarón 2206
Is 7.20 los pies, y aun la *b* también quitaré 2206
15.2 cabeza...será rapada, toda *b* rasurada 2206
50.6 mejillas a los que me mesaban la *b* 4803
Jer 41.5 venían...raída la *b* y rotas las ropas 2206
48.37 toda cabeza será rapada, y toda *b* raída 2206
Ez 5.1 hazla pasar sobre tu cabeza y tu *b* 2206

BÁRBARO
Col 3.11 no hay...*b* ni escita, siervo ni libre *915*

BARBECHO
Pr 13.23 en el *b* de los pobres hay mucho pan 5215
Os 10.12 haced para vosotros *b*; porque es el 5215

BARBERO
Ez 5.1 una navaja de *b*, y hazla pasar sobre 1532

BARCA
Mt 4.21 Jacobo hijo de Zebedeo...en la *b* con *4143*
4.22 dejando al instante la *b*...le siguieron *4143*
8.23 entrando él en la *b*, sus discípulos le *4143*
8.24 una tempestad...las olas cubrían la *b* *4143*
9.1 entrando Jesús en la *b*, pasó al otro lado *4143*
13.2 entrando él en la *b*, se sentó, y toda la *4143*
14.13 se apartó de allí en una *b* a un lugar *4143*
14.22 hizo...entrar en la *b* e ir delante de él *4143*
14.24 la *b* estaba en medio del mar, azotada *4143*
14.29 y descendiendo Pedro de la *b*, andaba *4143*
14.32 y cuando ellos subieron en la *b*, se *4143*
14.33 los que estaban en la *b* vinieron y le *4143*
15 39 entró en la *b*, y vino a la región de *4143*
Mr 1.19 vio a Jacobo...y a Juan...ellos en la *b* *4143*
1 20 dejando a su padre Zebedeo en la *b* con *4143*
3.9 dijo...que le tuviesen siempre lista la *b* *4142*
4.1 entrando en una *b*, se sentó en ella en *4143*
4.36 le tomaron...en la *b*; y había...otras *b* *4142*
4.37 echaba las olas en la *b*, de tal manera *4143*
5.2 salió él de la *b*...vino a su encuentro *4143*
5.18 entrar él en la *b*, el que había estado *4143*
5.21 pasando otra vez Jesús en una *b* a la *4143*
6.32 se fueron...en una *b* a un lugar desierto *4143*
6.45 en la *b* e ir delante de él a Betsaida *4143*
6.47 la *b* estaba en medio del mar, y el solo *4143*
6 51 y subió a ellos en la *b*, y se calmó el *4143*
6 54 y saliendo ellos de la *b*...Le reconoció *4143*
8.10 entrando en la *b*...vino a la región de *4143*
8.13 volvió a entrar en la *b*, y se fue a la *4143*
8.14 no tenían sino un pan consigo en la *b* *4143*
Lc 5.2 dos *b* que estaban cerca de la orilla *4143*
5.3 entrando en una...*b*, la cual era de Simón *4143*
5.3 y sentándose, enseñaba desde la *b* a la *4143*
5.7 los compañeros que estaban en la otra *b* *4143*
5.7 llenaron ambas *b*, de tal manera que se *4143*
5.11 trajeron a tierra las *b*, dejándolo todo *4143*
8.22 que entró en una *b* con sus discípulos *4143*
8.37 y Jesús, entrando en la *b*, se volvió *4143*
Jn 6.17 entrando en una *b*, iban cruzando el *4143*
6.19 vieron a Jesús que...se acercaba a la *b* *4143*
6 21 ellos...con gusto le recibieron en la *b* *4143*
6.22 vio que no había...allí más que una sola *b* *4142*
6.23 pero otras *b* habían arribado de Tiberias *4142*
6.24 entraron en las *b* y fueron a Capernaum *4143*
21.3 entraron en una *b*, y aquella noche no *4143*
21 6 **dijo: Echad la red a la derecha de la *b*** *4143*
21.8 los otros discípulos vinieron con la *b* *4142*

BARCO
Hch 20.38 doliéndose...y le acompañaron al *b* *4143*
21.2 hallando un *b* que pasaba a Fenicia, nos *4143*
21.3 porque el *b* había de descargar allí *4143*
21.6 subimos al *b*, y ellos se volvieron a *4143*

BARCOS *Padre de una familia de sirvientes del templo*, Esd 2.53; Neh 7.55 1302

BARHUMITA *Habitante de Bahurim*, 2 S 23.31; 1 Cr 11.33 978

BARÍAS *Descendiente de David*, 1 Cr 3.22 1282

BARIM *Lugar no identificado*, 2 S 20.14 1276

BARJESÚS *Falso profeta en Pafos (=Elimas)*, Hch 13.6 ..... *919*

BARRA
Éx 26.26 también cinco *b* de madera de acacia 1280
26.27 y cinco *b* para las tablas...y cinco *b* 1280
26.28 la *b* de en medio pasará por en medio 1280
26.29 meter...las *b*...cubrirás de oro las *b* 1280
35.11 sus tablas, sus *b*, sus columnas y sus 1280
36.31 hizo también las *b* de madera de acacia 1280
36.32 cinco *b* para las tablas del...y cinco *b* 1280
36.33 hizo que la *b* de en medio pasase por 1280
36.34 pasasen las *b*; cubrió de oro las *b* 1280
39.33 tablas, sus *b*, sus columnas, sus basas 1280
40.18 puso sus *b*, e hizo alzar sus columnas 1280
Nm 3.36 la custodia de...sus *b*, sus columnas 1280
4.31 cargo...sus *b*, sus columnas y sus basas 1280
Dt 3.5 ciudades fortificadas...con puertas y *b* 1280
1 Cr 15.15 los levitas trajeron el arca...las *b* 4133
2 Cr 5.8 querubines cubrían...arca con sus *b* 905
5.9 hicieron salir las *b*...Las cabezas de las 905
8.5 a Bet-horón la de...con muros, puertas y *b* 1280
14.7 cerquémoslas...con torres, puertas y *b* 1280
Job 40.18 bronce, y sus miembros como *b* de 4300
Is 48.4 eres duro, y *b* de hierro tu cerviz 1517

BARRABÁS *Criminal que Pilato soltó en lagar de Jesús*
Mt 27.16 tenían...un preso famoso llamado *B* *912*
27.17 ¿a quién queréis que os suelte: a *B*...o a *912*
27.20 persuadieron...multitud que pidiese a *B* *912*
27.21 ¿cuál de los dos...Y ellos dijeron: A *B* *912*
27.26 soltó a *B*; y habiendo azotado a Jesús *912*
Mr 15.7 y había uno que se llamaba *B*...preso *912*
15.11 para que les soltase más bien a *B* *912*
15.15 Pilato...soltó a *B* y entregó a Jesús *912*
Lc 23.18 ¡fuera con éste, y suéltanos a *B!* *912*
Jn 18.40 no a este, sino a *B*. Y *B* era ladrón *912*

BARRANCA
Job 30.6 habitaban en las *b* de los arroyos 6178

BARRER
Jue 5.21 los *barrió* el torrente de Cisón, el 1640
1 R 14.10 *barreré* la posteridad...de Jeroboam 1197
14.10 como se *barre* el estiércol, hasta que 1197
16.3 yo *barreré* la posteridad de Baasa, y la 1197
21.21 y *barreré* tu posteridad y destruiré 1197
22.46 *barrió*...el resto de los sodomitas que 1197
2 R 23.24 *barrió* Josías a los encantadores 1197
Is 14.23 *barreré* con escobas de destrucción 2894
28.17 granizo *barrerá* el refugio...mentira 3261
57.14 allanad; *barred* el camino, quitad los 6437
62.10 *barred* el camino al pueblo, allanad la 6437
Ez 26.4 y *barreré* de ella hasta su polvo, y 5500
Dn 11.22 las fuerzas enemigas serán *barridas* 7857
Mt 12.44; Lc 11.25 **la halla *barrida* y adornada** *4563*
Lc 15.8 ***barre* la casa, y busca con diligencia** *4563*

BARRERA
Job 15.26 corrió...la espesa *b* de sus escudos 1354

BARRIDA *Véase Barrer*

BARRIL
Lc 16.6 **él dijo: Cien *b* de aceite. Y le dijo** *943*

BARRIO
2 Cr 34.22 Huida...la cual moraba...el segundo *b* 4932

BARRO
Éx 1.14 en hacer *b* y ladrillo, y en toda labor 2563
Lv 6.28 y la vasija de *b* en que fuere cocida 2789
11.33 vasija de *b* dentro de la cual cayere 2789
14.5 matar una avecilla en un vaso de *b* sobre 2789
14.41 derramarán fuera...el *b* que rasparen 6083
14.42 tomarán otro *b* y recubrirán la casa 6083
14.50 degollará...avecilla en una vasija de *b* 2789
15.12 la vasija de *b* que tocare el que tiene 2789
Nm 5.17 tomará...del agua santa en un vaso de *b* 2789
2 S 17.28 trajeron a David...vasijas de *b* trigo 3335
Job 4.19 más en los que habitan en casas de *b* 2563
10.9 acuérdate que como a *b* me diste forma 6083
33.6 heme aquí...de *b* fui yo también formado 2563
38.14 muda...de aspecto como *b* bajo el sello 2563
Is 29.16 perversidad será reputada como el *b* 2563
41.25 como lodo, y como pisa el *b* el alfarero 2563
45.9 ¿dirá el *b* al que lo labra: ¿Qué haces? 2563
64.8 nosotros *b* y tú el que nos formaste 2563
Jer 18.4 la vasija de *b* que él hacía se echó 2563
18.6 como el *b* en la mano del alfarero, así 2563
19.1 y compra una vasija de *b* del alfarero 2789
19.11 como quien quiebra una vasija de *b* 3335
32.14 y ponlas en una vasija de *b*, para que 2789
43.9 cúbrelas de *b* en el enladrillado que 4423
64.8 nosotros *b* y tú el que nos formaste 2563
Lm 4.2 son tenidos por...vasijas de *b*, obra de 2789
Dn 2.33 en parte de hierro y en parte de *b* 2635
2.34 hirió a la imagen en sus pies...*b* cocido 2635
2.35 fueron desmenuzados...el *b* cocido, el 2635
2.41 lo que viste de...en parte de *b* cocido 2635
2.41,43 así como viste hierro mezclado con *b* 2635
2.42 por ser los dedos...en parte de *b* cocido 2635
2.43 como el hierro no se mezcla con el *b* 2635
2.45 la cual desmenuzó el...*b*, la plata y el 2635
Nah 3.14 entra...pisa el *b*, refuerza el horno 2916
Ro 9.20 ¿dirá el vaso de *b* al que lo formó *4110*
9.21 potestad...sobre el *b*, para hacer de la *4081*
2 Co 4.7 pero tenemos este tesoro en vasos de *b* *3749*
2 Ti 2.20 plata, sino también de madera y de *b* *3749*

BARSABÁS
1. Candidato al apostolado, Hch 1.23 ..... *923*
2. Sobrenombre de Judas No.6, Hch 15.22 ..... *923*

BARTIMEO *Un ciego de Jericó*, Mr 10.46 ..... *924*

BARTOLOMÉ *Uno de los doce apóstoles*, Mt 10.3; Mr 3.18; Lc 6.14; Hch 1.13 ..... *918*

BARUC
1. Uno que ayudó en la restauración del muro de Jerusalén, Neh.3.20 1263
2. Firmante del pacto de Nehemías, Neh.10.6 1263
3. Padre de Maasías No.11, Neh.11.5 1263
4. Amanuense del profeta Jeremías
Jer 32.12 y di la carta de venta a *B* hijo de 1263
32.13 di orden a *B* delante de ellos, diciendo 1263
32.16 después que di la carta de venta a *B* 1263
36.4 llamó Jeremías a *B* hijo de Nerías, y 1263
36.4 escribió *B* de boca de Jeremías, en un 1263
36.5 mandó Jeremías a *B*, diciendo: A mí se 1263
36.8 *B* hijo de Nerías hizo conforme a todas 1263
36.10 y *B* leyó en el libro las palabras de 1263
36.13 había oído cuando *B* leyó en el libro 1263
36.14 dijese a *B*: Toma...Y *B*...tomó el rollo 1263
36.15 siéntate ahora...y léelo...se lo leyó *B* 1263
36.16 dijeron a *B*: Sin duda contaremos al rey 1263
36.17 a *B*...Cuéntanos ahora cómo escribiste 1263
36.18 *B* les dijo: El me dictaba de su boca 1263
36.19 a *B* Vé y escóndete, tú, y Jeremías, y 1263
36.26 prendiesen a *B*...y al profeta Jeremías 1263
36.27 palabras que *B* había escrito de boca 1263
36.32 tomó Jeremías otro rollo y lo dio a *B* 1263
43.3 sino que *B*...te incita contra nosotros 1263
43.6 al profeta Jeremías y a *B* hijo de Nerías 1263
45.1 palabra que habló...Jeremías a *B* hijo de 1263
45 2 dicho Jehová Dios de Israel a ti oh *B* 1263

BARZILAI
1. Galaadita que socorrió a David
2 S 17.27 Maquir...y *B* galaddita de Rogelin 1271
19.31 también *B*...pasó el Jordán con el rey 1271
19.32 era *B* muy anciano, de ochenta años, y 1271
19.33 el rey dijo a *B*: Pasa conmigo, y yo te 1271
19.34 *B* dijo al rey: ¿Cuántos años más habré 1271
19.39 el rey besó a *B*, y lo bendijo, y él se 1271
1 R 2.7 a los hijos de *B*...harás misericordia 1271
Esd 2.61; Neh 7.63 las hijas de *B* 1271
2. Padre de Adriel, 2 S 21.8 1271
3. Sacerdote, yerno de No.1, Esd.2.61; Neh.7.63 1271

BASA
Éx 26.19 harás cuarenta *b* de plata debajo de 134
26.19 dos *b* debajo de una tabla...dos *b* debajo 134
26.21 sus cuarenta *b* de plata, dos *b* debajo 134
26.21 una tabla, y dos *b* debajo de otra tabla 134
26.25 ocho tablas, con sus *b* de plata, 16 *b* 134
26.25 *b* debajo de una tabla, y dos *b* debajo 134
26.32 sus capiteles de oro, sobre *b* de plata 134
26.37 fundirás cinco *b* de bronce para ellas 134
27.10,11 sus veinte columnas y sus veinte *b* 134
27.12 tendrá...columnas diez, con sus diez *b* 134
27.14,15 sus columnas tres, con sus tres *b* 134
27 16 sus columnas cuatro, con sus cuatro *b* 134
27.17 capiteles de plata, y sus *b* de bronce 134
27.18 sus cortinas de lino, y sus *b* de bronce 134
35.11 tablas, sus barras, sus columnas y sus *b* 134
35.17 sus columnas y sus *b*, la cortina de 134
36.24,26 cuarenta *b* de plata 134

36.24,26 dos *b* debajo de una tabla...y dos *b* 134
36.30 sus *b* de plata 16; dos *b* debajo de cada 134
36.36 y fundió para ellas cuatro *b* de plata 134
36.38 columnas...hizo de bronce sus cinco *b* 134
38.10 columnas...con sus veinte *b* de bronce 134
38.12 sus columnas diez, y sus diez *b* los 134
38.14,15 sus tres columnas y sus tres *b* 134
38.17 las *b* de las columnas eran de bronce 134
38.19 columnas eran 4, con sus 4 *b* de bronce 134
38.27 las *b* del santuario y las *b* del velo 134
38.27 cien *b*, cien talentos, a talento por *b* 134
38.30 fueron hechas las *b* de la puerta del 134
38.31 las *b* del atrio...las *b* de la puerta del 134
39.33 el tabernáculo y...sus columnas, sus *b* 134
39.40 sus columnas y sus *b*, la cortina para 134
40.18 y asentó sus *b*, y colocó sus tablas 134
Nm 3.36 sus *b* y todos sus enseres 134
3.37 atrio, sus *b*, sus estacas y sus cuerdas 134
4.31 será el deber de...sus columnas y sus *b* 134
4.32 las columnas del atrio...y sus *b*, sus 134
1 R 7.27 diez *b* de...Longitud de cada *b* de 4350
7.28 la obra de las *b* era esta: tenían unos 4350
7.29 sobre las molduras de la *b*, así encima 3653
7.30 cada *b* tenía cuatro ruedas de bronce 4350
7.31 el remate que salía para arriba de la *b* 3653
7.32 ejes de las ruedas nacían en la misma *b* 4350
7.34 repisas de las cuatro esquinas de cada *b* 4350
7.34 las repisas eran parte de la misma *b* 4350
7.35 lo alto de la *b* había una pieza redonda 4350
7.35 encima de la *b* sus molduras y tableros 4350
7 37 diez *b*, fundidas de una misma manera 4350
7.38 una fuente sobre cada una de las diez *b* 4350
7.39 cinco *b* a la mano derecha de la casa 4350
7.43 diez *b*, y las diez fuentes sobre las *b* 4350
2 R 16.17 cortó...Acaz los tableros de las *b* 4350
25.13 quebraron...las *b*, y el mar de bronce 4350
25.16 y las *b* que Salomón había hecho para 4350
2 Cr 4.14 las *b*, sobre las cuales colocó las 4350
Job 38.6 ¿sobre qué están fundadas sus *b*? 134
Cnt 5.15 columnas...fundadas sobre *b* de oro 134
Jer 27.19 acerca...de las *b* y del resto de los 4350
52.17 las *b*, y el mar de bronce que estaba 4350
52.20 doce bueyes de bronce...debajo de las *b* 4350

BASÁN *Parte septentrional de la región al oriente del Jordán*
Nm 21.33 volvieron, y subieron camino de *B* 1316
21.33 y salió contra ellos Og rey de *B*...él 1316
32.33 Moisés dio a...el reino de Og rey de *B* 1316
Dt 1.4 a Og rey de *B* que habitaba en Astarot 1316
3.1 camino de *B*, y nos salió...Og rey de *B* 1316
3.3 entregó...en nuestra mano a Og rey de *B* 1316
3.4 la tierra de Argob, del reino de Og en *B* 1316
3.10 Galaad, y todo *B*...del reino de Og en *B* 1316
3.11 Og rey de *B* había quedado del resto de 1316
3.13 todo *B*...di a la media tribu de Manasés 1316
4.43 Ramot...Golán en *B* para los de Manasés 1316
4.47 poseyeron...y la tierra de Og rey de *B* 1316
29.7 salieron Sehón...y Og rey de *B* delante de 1316
32.14 carneros de *B*; también machos cabríos 1316
33.22 Dan es cachorro de...que salta desde *B* 1316
Jos 9.10 todo lo que hizo a...y a Og rey de *B* 1316
12.4 el territorio de Og rey de *B*, que habitaba 1316
12.5 dominaba...en todo *B* hasta los límites 1316
13.11 Galaad, y la tierra de *B* hasta Salca 1316
13.12 el reino de Og en *B*, el cual reinó en 1316
13.30 el territorio de ellos fue...todo *B* 1316
13.30 todo el reino de Og rey de *B*, y todas 1316
13.30 las aldeas de Jair que están en todo *B* 1316
13.31 y Edrei, ciudades del reino de Og en *B* 1316
17.1 fue hombre de guerra, tuvo Galaad y *B* 1316
17.5 además de la tierra de Galaad y de *B* que 1316
20.8 y Golán en *B* de la tribu de Manasés 1316
21.6 la media tribu de Manasés en *B* 1316
21.27 de la media tribu de Manasés en *B*, trece 1316
21.27 dieron de...Golán en *B* con sus ejidos 1316
22.7 había dado Moisés posesión en *B*; mas 1316
1 R 4.13 provincia de Argob que estaba en *B* 1316
4.19 y de Og rey de *B*; éste era el único 1316
2 R 10.33 desde Aroer...Arnón, hasta Galaad y *B* 1316
1 Cr 5.11 de Gad habitaron...en la tierra de *B* 1316
5.12 Joel fue el principal en *B*; el segundo 1316
5.16 habitaron...en *B* y en sus aldeas, y en 1316
5.23 habitaron...desde *B* hasta Baal-hermón 1316
6.62 y de la tribu de Manasés en *B*, trece 1316
6.71 dieron de...Golán en *B* con sus ejidos 1316
Neh 9.22 poseyeron...la tierra de Og rey de *B* 1316
Sal 22.12 fuertes toros de *B* me han cercado 1316
68.15 monte de Dios...*B* monte alto el de *B* 1316
68.22 el Señor dijo De *B* te haré volver 1316
135.11 a Og rey de *B*, y a todos los reyes de 1316
136.20 a Og rey de *B*, porque para siempre es 1316
Is 2.13 cedros...sobre todas las encinas de *B* 1316
33.9 Sarón...*B* y el Carmelo fueron sacudidos 1316
Jer 22.20 sube al Líbano y clama, y en *B* da 1316
50.19 Israel...pacerá en el Carmelo y en *B* 1316
Ez 27.6 de encinas de *B* hicieron tus remos 1316
39.18 bueyes y de toros, engordados...en *B* 1316
Am 4.1 esta palabra, vacas de *B*, que estáis 1316
Mi 7.14 busque pasto en *B* y Galaad, como en 1316
Nah 1.4 *B* fue destruido, y el Carmelo, y la 1316
Zac 11.2 aullad, encinas de *B*...es derribado 1316

BASÁN-HAVOT-JAIR *Grupo de aldeas en Basán*, Dt 3.14 1316

BASE
Éx 30.18 fuente de bronce, con su *b* de bronce 3653
30.28, 31.9 altar...utensilios...fuente y su *b* 3653
35.16 sus utensilios, y la fuente con su *b* 3653
38.8 la fuente de bronce y su *b* de bronce 3653
39.39 el altar...sus varas...la fuente y su *b* 3653
40.11 asimismo ungirás la fuente y su *b* 3653
Lv 8.11 ungió el altar...y la fuente y su *b* 3653
Esd 3.3 colocaron el altar sobre su *b* porque 4350
Ez 43.13 *b* de un codo, y de un codo el ancho 2436
43.14 desde la *b* sobre el suelo...dos codos 2436
43.17 la *b* de un codo por todos lados, y sus 2436
Zac 5.11 cuando esté...la pondrán sobre su *b* 4369

BASEMAT
1. Hija de Elfina heteo y mujer de Esaú, Gn 26.34 ... 1315
2. Hija de Innael y mujer de Esaú, Gn 36.3,4,10,13,17 1315
3. Hija de Salomón, 1 R 4.15 1315

BASTAR
Gn 45.28 dijo Israel: *Basta*; José mi hijo vive 7227
Éx 12.4 que no *baste* para comer el cordero 4591
Nm 11.22 se degollarán...bueyes que les *basten*? 4672
16.3 y les dijeron: *¡Basta* ya de vosotros! 7227
16.7 y poned...esto os *baste*, hijos de Leví 7227
Dt 3.26 *basta*, no me hables más de este asunto 7227
33.7 sus manos le *basten*, y tú seas su ayuda 7227
Jos 17.16 no nos *bastará* a nosotros este monte 4672
Jue 21.14 mujeres...mas no les *bastaron* éstas 4672
2 S 24.16 dijo al ángel...*Basta* ahora; detén tu 7227
1 R 19.4 *basta* ya, oh Jehová, quítame la vida 7227
20.10 el polvo de Samaria no *bastará* a los 5606
1 Cr 21.15 dijo al ángel...*Basta* ya; detén tu 7227
2 Cr 29.34 sacerdotes...no *bastaban*...desollar 4592
Pr 25.16 ¿hallaste miel? Come lo que te *basta* 1767
30.15 tres...aun la cuarta nunca dice *¡Basta* 1952
30.16 y el fuego que jamás dice: *¡Basta!* 1952
Is 40.16 ni el Líbano *bastará* para el fuego 1767
Jer 49.9 no habrían tomado lo que les *bastase* 1767
Ez 44.6 *basta* ya de...vuestras abominaciones 7227
45.9 *basta* ya, oh príncipes de Israel 7227
Abd 5,no hurtarían lo que les *bastase*? 1767
Zac 10.10 traeré a...Galaad...y no les *bastará* 4672
Mt 6.34 **afán. *Basta* a cada día su propio mal** *713*
10.25 ***bástale* al discípulo...como su maestro** *713*
Mr 7.11 ***basta* que diga un hombre al padre o a** *1437*
14.41 ***basta* la hora ha venido, he aquí**...*el* *566*
Lc 22.38 **hay dos espadas. Y él les dijo *basta*** *2425*
22.51 ***basta* ya, dejad. Y tocando su oreja** *1439*
Jn 6.7 doscientos denarios de pan no *bastarían* *714*
14.8 Señor, muéstranos el Padre, y nos *basta* *714*
2 Co 2.6 *basta* a tal persona esta reprensión *2425*
12.9 me ha dicho: *Bástate* mi gracia; porque *714*
1 P 4.3 *baste* ya el tiempo pasado para haber *713*

BASTANTE
Gn 34.21 la tierra es *b* ancha para ellos 3027
Dt 1.6 Habéis estado *b* tiempo en este
2.3 *b* habéis rodeado este monte; volveos
Jos 22.17 ¿No ha sido *b* la maldad de Peor
1 R 12.28 *b* habéis subido a Jerusalén 7227
Nah 1.12 *b* te he...no te afligiré ya más

BASTARDO
Dt 23.2 no entrará *b* en la congregación de 4464
He 12.8 si se os deja sin disciplina...sois *b* *3541*

BASURA
Fil 3.8 lo tengo por *b*, para ganar a Cristo *4657*

BATALLA
Gn 14.8 y ordenaron contra ellos *b* en...Sidim 4421
Nm 21.14 dice en el libro de las *b* de Jehová 4421
Dt 20.3 os juntáis hoy en *b* contra vuestros 4421
20.5,6,7 vuélvase...no sea que muera en la *b* 4421
Jue 3.10 salió a *b* y Jehová entregó en su 4421
8.13 Gedeón hijo de Joás volvió de la *b* antes 4421
10.18 ¿quién comenzará la *b* contra...Amón? 3898
20.14 para salir a pelear contra...los de Israel
20.20 los varones de Israel ordenaron la *b* 4421
20.22 volvieron a ordenar la *b*...mismo lugar 4421
20.30 ordenaron la *b* delante de Gabaa, como 6186
20.33 pusieron en orden de *b* en Baal-tamar 6186
20.34 y la *b* arreciaba; mas ellos no sabían 4421
20.39 los de Israel retrocedieron en la *b* 4421
20.39 ellos han caído...como en la primera *b* 4421
20.42 la *b* los alcanzó, y los que salían de 4421
1 S 4.1 salió Israel a encontrar en *b* a los 4421
4.2 los filisteos presentaron la *b* a Israel 4421
4.2 hirieron en la *b*...como a 4.000 hombres 5221
4.12 corriendo de la *b* un hombre de...a Silo 4634
4.16 aquel hombre a Elí: Yo vengo de la *b* 4634
13.22 el día de la *b* no se halló espada ni 4421
14.20 llegaron hasta el lugar de la *b*; y he 4421
14.22 ellos los persiguieron en aquella *b* 4421
14.23 así salvó...Y llegó la *b* hasta Bet-avén 4421
17.2 se pusieron en orden de *b* contra los 4421
17.8 para qué os habéis puesto en orden de *b*? 4421
17.20 cuando el ejército salía en orden de *b* 4421
17.21 se pusieron en orden de *b* Israel y los 6186
17.28 conozco...que para ver la *b* has venido 4421
17.47 de Jehová es la *b*, y él os entregará en 4421
17.48 corrió a la...de *b* contra el filisteo 4634
18.17 con tal que...y pelees las *b* de Jehová 4421
23.8 convocó Saúl a todo el pueblo a la *b* 4634
25.28 cuanto mi señor pelea las *b* de Jehová 4421
26.10 que muera, o descendiendo en *b* perezca 4421
29.4 no venga...a la *b*, no sea que en la *b* se 4421
29.9 han dicho: No venga con nosotros a la *b* 4421
30.24 a la parte del que desciende a la *b* 4421
31.3 arreció la *b* contra Saúl, y...flecheros 4421
2 S 1.4 él respondió: El pueblo huyó de la *b* 4421
1.25 ¡cómo han caído los...en medio de la *b*! 4421
2.17 la *b* fue muy reñida aquel día, y Abner 4421
3.30 él había dado muerte a Asael...en la *b* de 4421
10.8 se pusieron en orden de *b* a la entrada 4421
10.9 viendo...Joab que se le presentaba la *b* 4421
10.9 se puso en orden de *b* contra los sirios 4421
10.17 los sirios se pusieron en orden de *b* 6186
11.15 poned a Urías...en lo más recio de la *b* 4421
17.11 mar, y que tú en persona vayas a la *b* 7128
18.6 se libró la *b* en el bosque de Efraín 4421
18.8 y la *b* se extendió por todo el país 4421
19.3 pueblo avergonzado que ha huido de la *b* 4421
19.10 y Absalón, a quien...ha muerto en la *b* 4421
21.17 nunca más...saldrás con nosotros a la *b* 4421
22.35 quien adiestra mis manos para la *b* 4421
23.9 que se habían reunido allí para la *b* 4421
1 R 8.44 si tu pueblo saliere en *b* contra sus 4421
16.16 sobre Israel a Omri...en el campo de *b* 4264
20.14 y dijo Acab: ¿Quién comenzará la *b*? 4421
20.29 al séptimo día se dio la *b*; y los hijos 4421
20.39 dijo: Tu siervo salió en medio de la *b* 4421
22.30 me disfrazaré...en la *b*...entró en la *b* 4421
22.35 pero la *b* había arreciado aquel día 4421
2 R 3.26 de Moab vio que era vencido en la *b* 4421
14.7 tomó a Sela en *b*, y la llamó Jocteel 4421
1 Cr 5.18 de Rubén...eran 44.760 que salían a *b* 6635
10.3 arreciando la *b*...Saúl, le alcanzaron los 4421
11.13 estando allí juntos en *b* los filisteos 4421
12.19 cuando vino con los filisteos a la *b* 4421
14.15 sal luego a la *b*, porque Dios saldrá 4421
19.9 ordenaron la *b* a entrada de la ciudad 4421
19 11 y los ordenó en *b* contra los amonitas 6186
19.17 vino a ellos, y ordenó *b* contra ellos 4421
2 Cr 13.3 Abías ordenó *b*...y Jeroboam ordenó *b* 4421
13.14 tenían *b* por delante y a las espaldas 4421
14.10 ordenaron la *b* en el valle de Sefata 4421
18.29 me disfrazaré...en la *b*...entró en la *b* 4421
18.34 y arreció la *b* aquel día, por lo que 4421
25.21 se vieron cara a...en la *b* de Bet-semes 1053
32.8 para ayudarnos y pelear nuestras *b* 4421
35.22 Josías...que se disfrazó para darle *b* 3898
35.22 vino a darle *b* en el campo de Meguido 3898
Job 15.24 se esforzarán...como un rey...para la *b* 3593
38.23 para el día de la guerra y de la *b*? 7128
39.25 y desde lejos huele la *b*, el grito de 4421
41.8 acordarás de la *b*, y nunca más volverás 4421
Sal 18.34 quien adiestra mis manos para la *b* 4421
24.8 Jehová el fuerte y...el poderoso en *b* 4421
78.9 volvieron las espaldas en el día de la *b* 7128
89.43 su espada, y no lo levantaste en la *b* 4421
140 7 a cubierto mi cabeza en el día de *b* 5402
144.1 quien adiestra mis manos para la *b*, y 4421
Pr 21.31 caballo se alista para el día de la *b* 4421
Is 9.5 que lleva el guerrero en el...de la *b* 5430
13.4 pasa revista a las tropas para la *b* 4421
21.15 huye, ante la espada...el peso de la *b* 4421
27.4 ¿quién pondrá contra mí en *b* espinos y 4421
28.6 por fuerzas a los que rechacen la *b* en 4421
30.32 en *b* tumultuosa peleará contra ellos 4421
Jer 8.6 caballo que arremete con ímpetu a la *b* 4421
49 14 y venid contra ella, y subid a la *b* 4421
Ez 7.14 tocarán...y no habrá quien vaya a la *b* 4421
13.5 que resista firme en la *b* en el día de 4421
17.17 ni...hará Faraón nada por él en la *b* 4421
Dn 11.20 será quebrantado...no en ira, ni en *b* 4421
Os 1.7 no los salvaré...con *b*, ni con caballos 4421
10.9 no los tomó la *b* en Gabaa contra los 4421
10.14 destruyó Salmán a...en el día de la *b* 4421
Jl 2.5 como pueblo fuerte dispuesto para la *b* 4421
Am 1.14 consumirá sus palacios...día de la *b* 4421
Abd 1 levantémonos contra este pueblo en *b* 4421
Zac 10.5 como valientes que en la *b* huellan 4421
14.3 peleará...como peleó en el día de la *b* 7128
1 Co 14.8 si...¿quién se preparará para la *b*? *4171*
1 Ti 6.12 pelea la buena *b* de la fe, echa mano *73*
2 Ti 4.7 he peleado la buena *b*, he acabado la *73*
He 11.34 se hicieron fuertes en *b*, pusieron en *4171*
Ap 9.9 carros de caballos corriendo a la *b* *4171*
12.7 hubo una gran *b* en el cielo: Miguel y *4171*
16 14 van a los reyes...para reunirlos a la *b* *4171*
20.8 engañar...a fin de reunirlos para la *b* *4171*

BATALLAR
1 Co 15.32 si como hombre *batallé* en Éfeso *2341*
1 P 2.11 deseos...que *batallan* contra el alma *4754*

BATIR
Éx 39.3 *batieron* láminas de oro, y cortaron 7554
Nm 16.38 planchas *batidas* para cubrir el altar 7555
16.39 y los *batieron* para cubrir el altar 7554
24.10 a Balaam, y *batiendo* sus manos le dijo 5606
1 R 10.16 200 escudos grandes de oro *batido* 7820
10.17 trescientos escudos de oro *batido* hizo 7820
2 R 11.12 *batiendo* las manos dijeron: ¡Viva el 5221
1 Cr 20.1 y Joab *batió* a Rabá, y la destruyó 5221
2 Cr 9.15 doscientos paveses de oro *batido* 7820
9.16 trescientos escudos de oro *batido* 7820
28.5 el cual lo *batió* con gran mortandad 5221
Job 27.23 *batirán* las manos sobre él, y desde 5606
34 37 *bate* palmas contra nosotros, y contra 5606
Sal 47.1 pueblos...*batid* las manos; aclamad 8628
98.8 los ríos *batan* las manos, los montes 4222
Pr 30.33 que *bate* la leche sacará mantequilla 4330
Is 41.7 al que *batía* en el yunque, diciendo 1986
Jer 10.9 traerán plata *batida* de Tarsis y oro 7554
Lm 2.15 los que pasaban...*batieron* las manos 5606
Ez 21.14 profetiza, y *bate* una mano contra 5221
21.17 y yo...*batiré* mi mano contra mi mano 5221
22.13 *batí* mis manos a causa de tu avaricia 5221
25.6 cuanto *batiste* tus manos, y golpeaste 4222
Nah 3.19 que oigan tu fama *batirán* las manos 8628

BATO
1 R 7.26 del mar...y cabían en él dos mil *b* 1324
7.38 cada fuente contenía cuarenta *b*, y cada 1324
2 Cr 2.10 dado...20.000 *b* de vino, y 20.000 *b* 1324
4.5 tenía de grueso...y le cabían tres mil *b* 1324
Esd 7.22 cien *b* de vino, y cien *b* de aceite 1325
Is 5.10 diez yugadas de viña producirán un *b* 1324
Ez 45.10 balanzas justas, efa justo, y *b* justo 1324
45.11 efa y el *b* serán de una misma medida 1324
45.11 el *b* tenga la décima parte del homer 1324
45.14 ofreceréis un *b* de aceite, que es la 1324
45.14 diez *b* harán un homer...diez *b* son un 1324

BAT-RABIM *Puerta de Hesbón, ciudad de Moab*, Cnt 7.4 1337

BAUTISMO
Mt 3.7 al ver él que...saduceos venían a su *b* *908*
20.22,23 **con el *b* con que yo soy bautizado** *907*
21.25 **el *b* de Juan, ¿de dónde era? ¿Del cielo** *908*
Mr 1.4 el *b* de arrepentimiento para perdón *907*
10.38.39 **con el *b* con que yo soy bautizado** *907*
11.30 **el *b* de Juan, ¿era del cielo o de los** *908*
Lc 3.3 predicando el *b* del arrepentimiento *908*
7.29 a Dios, bautizándose con el *b* de Juan *907*
12.50 **de un *b* tengo que ser bautizado** *907*
20.4 **el *b* de Juan, ¿era del cielo, o de los** *908*
Hch 1.22 comenzando desde el *b* de Juan hasta *908*
10.37 Judea...después del *b* que predicó Juan *908*
13.24 predicó Juan el *b* de arrepentimiento *908*
18.25 aunque solamente conocía el *b* de Juan *908*
19.3 ¿en qué...ellos dijeron: En el *b* de Juan *907*
19.4 Juan bautizó con *b* de arrepentimiento *907*
Ro 6.4 somos sepultados...para muerte por el *b* *908*
Ef 4.5 un Señor, una fe, un *b* *908*
Col 2.12 sepultados con él en el *b*, en el cual *908*
He 6.2 de la doctrina de *b*, de la imposición *909*
1 P 3.21 el *b* que corresponde a esto ahora *908*

BAUTISTA *Véase Juan No.1*
Mt 3.1 vino Juan el *B* predicando *910*
11.11 **no se ha...mayor que Juan el B** *910*
11.12 **Desde los días de Juan el *B*** *910*
14.2 Este es Juan el *B*; ha resucitado *910*
14.8 en un plato la cabeza de Juan el *B* *910*
16.14 dijeron: Unos, Juan el *B*; otros *910*
17.13 les había hablado de Juan el *B* *910*
Mr 6.14 dijo: Juan el *B* ha...los muertos *907*
6.24 le dijo: La cabeza de Juan el *B* *910*
6.25 me des...la cabeza de Juan el *B* *910*
8.28 respondieron: Unos, Juan el *B*; otros *910*
Lc 7.20 Juan el *B* nos ha enviado a ti *910*
7.28 **no hay mayor profeta que Juan el *B*** *910*
7.33 **Porque vino Juan el *B*, que ni comía** *910*
9.19 respondieron: Unos, Juan el *B*; otros *910*

BAUTIZAR
Mt 3.6 y eran *bautizados* por él en el Jordán *907*
3.11 os *bautizo* en agua para arrepentimiento *907*
3.11 os *bautizará* en Espíritu Santo y fuego *907*
3.13 Jesús vino...para ser *bautizado* por él *907*
3.14 yo necesito ser *bautizado* por ti, ¿y tú *907*
3.16 Jesús, después que fue *bautizado*, subió *907*
20.22 ***bautizados* con...que yo soy *bautizado?*** *907*
20.23 **que yo soy *bautizado*, seréis *bautizados*** *907*
28.19 ***bautizándolos* en el nombre del Padre** *907*
Mr 1.4 *bautizaba* Juan en el desierto, y *907*
1.5 eran *bautizados* por él en el río Jordán *907*
1.8 yo a la verdad os he *bautizado* con agua *907*
1.8 pero él os *bautizará* con Espíritu Santo *907*
1.9 y fue *bautizado* por Juan en el Jordán *907*
10.38 ***bautizados* con**...*que yo soy bautizado* 907
10.39 **que yo soy *bautizado*, seréis *bautizados*** *907*
16.16 **creyere y fuere *bautizado*, será salvo** *907*
Lc 3.7 que salían para ser *bautizadas* por él *907*
3.12 unos publicanos para ser *bautizados*, y *907*
3.16 yo a la verdad os *bautizo* en agua; pero *907*
3.16 os *bautizará* en Espíritu Santo y fuego *907*
3.21 pueblo se *bautizaba*...Jesús fue *bautizado* *907*
7.29 *bautizándose* con el *bautismo* de Juan *907*
7.30 fariseos...no siendo *bautizados* por Juan *907*
12.50 **de un *bautismo* tengo que ser *bautizado*** *907*
Jn 1.25 ¿por qué, pues, *bautizas*, si tú no eres *907*
1.26 les respondió...Yo *bautizo* con agua, mas *907*
1.28 Jordán, donde Juan estaba *bautizando* *907*
1.31 por esto vine yo *bautizando* con agua *907*
1.33 el que me envió a *bautizar* con agua *907*
1.33 ése es el que *bautiza* con el Espíritu *907*
3.22 y estuvo allí con ellos, y *bautizaba* *907*
3.23 Juan *bautizaba* también en Enón, junto *907*
3.23 en Enón...y venían, y eran *bautizados* *907*
3.26 dijeron...*bautiza*, y todos vienen a él *907*
4.1 Jesús hace y *bautiza* más discípulos que *907*
4.2 Jesús no *bautizaba*, sino sus discípulos *907*
10.40 donde...había estado *bautizando* Juan *907*
Hch 1.5 ***bautizó* con agua...seréis *bautizados*** *907*
2.38 *bautícese* cada uno de vosotros en el *907*
2.41 fueron *bautizados*; y...como tres mil *907*
8.12 cuando creyeron a Felipe...se *bautizaban* *907*
8.13 habiéndose *bautizado*, estaba siempre *907*
8.16 habían sido *bautizados* en el nombre de *907*
8.36 agua; ¿qué impide que yo sea *bautizado?* *907*
8.38 descendieron ambos al agua...y le *bautizó* *907*
9.18 la vista; y levantándose, fue *bautizado* *907*
10.47 para que no sean *bautizados* estos que *907*
10.48 mandó *bautizarlos* en el nombre del *907*
11.16 Juan ciertamente *bautizó* en agua *907*
11.16 mas vosotros seréis *bautizados* con el *907*
16.15 fue *bautizada*, y su familia, nos rogó *907*
16.33 se *bautizó* él con todos los suyos *907*
18.8 los corintios...creían y eran *bautizados* *907*
19.3 ¿en qué, pues, fuisteis *bautizados?* *907*
19.4 dijo Pablo: Juan *bautizó* con bautismo *907*
19.5 fueron *bautizados* en el nombre del *907*
22.16 ahora...*bautízate*, y lava tus pecados *907*
Ro 6.3 *bautizados* en Cristo...*b* en su muerte? *907*
1 Co 1.13 ¿o fuisteis *bautizados* en...Pablo? *907*
1.14 que a ninguno de vosotros he *bautizado* *907*
1.15 que fuisteis *bautizados* en mi nombre *907*
1.16 *bauticé* a la familia de Estéfanas *907*
1.16 no sé si he *bautizado* algún otro *907*
1.17 no me envió Crisio a *bautizar*, sino a *907*
10 2 en Moisés fueron *bautizados* en la nube *907*
12 13 fuimos todos *bautizados* en un cuerpo *907*
15 29 los que se *bautizan* por los muertos *907*
15.29 ¿por qué...se *bautizan* por los muertos? *907*
Gá 3.27 todos los que habéis sido *bautizados* *907*

BAVAI *Levita que ayudó en la restauración del muro de Jerusalén*, Neh 3.18 942

BAYIT *Población en Moab*, Is 15.2 1006

BAZLUT *Padre de una familia de sirvientes del templo*, Esd 2.52; Neh 7.54 1213

BEALÍAS *Benjamita que se unió a Dasid en Siclag*, 1 Cr 12.5 1183

BEALOT *Poblacieón en Judá*, Jos 15.24 1175

BEBAI
1. *Ascendiente de un grupo que regresó del cautiverio con Zorobabel*, Esd 2.11; 8.11; 10.28; Neh 7.16 893
2. *Padre de Zacarías No. 21*, Esd 8.11 893
3. *Firmante del pacto de Nehemías*, Neh 10.15 893

BEBEDOR
Sal 69.12 me zaherían en sus canciones los *b* 8354,7941
Pr 23.20 no estés con los *b* de vino, ni con 5433,3196
23.21 porque el *b* y el comilón empobrecerán 5433
Mt 11.19; Lc 7.34 hombre comilón y *b* de vino *3630*

BEBER
Gn 9.21 y *bebió* del vino, y se embriagó, y 7937
19.32 demos a *beber* vino...y durmamos con él 8248
19.33,35 y dieron a *beber* vino a su padre 8248
19.34 démosle a *beber* vino también esta noche 8248
21.19 llenó el...y dio de *beber* al muchacho 8248
24.14 baja tu cántaro...para que yo *beba* 8354
24.14 *bebe*, y también daré de *beber* a tus 8248
24.17 le ruego me des a *beber* un...de agua 1572
24.18 *bebe*, señor mío, y...le dio a *beber* 8248
24.19 cuando acabó de darle de *beber*, dijo 8248
24.19 sacaré agua, hasta que acaben de *beber* 8354
24.22 cuando los camellos acabaron de *beber* 8354
24.43 dame de *beber* un poco de agua de tu 8248
24.44 *bebe* tú, y también para tus camellos 8354
24.45 le dije: Te ruego que me des de *beber* 8248
24.46 *bebe*, y a tus camellos daré de *beber* 8248
24.46 *bebí*, y dio...de *beber* a mis camellos 8354
24.54 comieron y *bebieron* él y los varones 8354
25.34 comió y *bebió*, y se levantó y se fue 8354
26.30 hizo banquete, y comieron y *bebieron* 8354
27.25 comió; le trajo también vino, y *bebió* 8354
30.38 agua donde venían a *beber* las ovejas 8354
30.38 cuales procreaban cuando venían a *beber* 8354
43.34 y *bebieron*, y se alegraron con él 8354
44.5 ¿no es ésta en la que *bebe* mi señor 8354
Éx 2.16 dar de *beber* a las ovejas de su padre 8248
2.17 defendió, y dio de *beber* a sus ovejas 8248
2.19 y también...dio de *beber* a las ovejas 8248
7.18 egipcios tendrán asco de *beber* el agua 8354
7.21 el río...egipcios no podían *beber* de él 8354
7.24 pozos...para *beber* no podían *b* del río 8354
15.23 llegaron a Mara, y no pudieron *beber* 8354
15.24 pueblo murmuró...¿Qué hemos de *beber?* 8354
17.1 no había agua...que el pueblo *bebiese* 8354
17.2 dijeron: Danos agua para que *bebamos* 8354
17.6 saldrán de...aguas, y *beberá* el pueblo 8354
24.11 vieron a Dios, y comieron y *bebieron* 8354
32.6 se sentó el pueblo a comer y a *beber* 8354
32.20 lo dio a *beber* a los hijos de Israel 8248
34.28 no comió pan, ni *bebió* agua; y escribió 8354
Lv 10.9 tú, y tus hijos...no *beberéis* vino ni 8354
Nm 5.24 a *beber* a la mujer las aguas amargas 8248
5.26 dará a *beber* las aguas a la mujer 8248
5.27 le dará pues, a *beber* las aguas; y si 8248
6.3 no *beberá* vinagre de vino, ni vinagre 8354
6.3 ni *beberá*...licor de uvas, ni tampoco 8354
6.20 después el nazareo podrá *beber* vino 8354
20.5 no es lugar...ni aun de agua para *beber* 8354
20.8 sacarás aguas de la...y darás de *beber* 8248
20.11 *bebió* la congregación, y sus bestias 8354
20.17 por viña, ni *beberemos* agua de pozos 8354
20.19 *bebiéramos* tus aguas...daré el precio 8354
21.22 no *beberemos* las aguas de los pozos 8354
23.24 no se echará hasta que...*beba* la sangre 8354
33.14 el pueblo no tuvo aguas para *beber* 8354
Dt 2.6 compraréis de ellos el agua, y *beberéis* 8354
2.28 el agua...me darás por dinero, y *beberé* 8354
9.9 en el monte...sin comer pan ni *beber* agua 8354
9.18 no comí pan ni *bebí* agua, a causa de 8354
11.11 que *bebe* las aguas de la lluvia del cielo 8354
28.39 plantarás viñas...pero no *beberás* vino 8354
29.6 no habéis comido pan, ni *bebisteis* vino 8354
32.14 y de la sangre de la uva *bebiste* vino 8354
32.38 y *bebían* el vino de sus libaciones? 8354
Jue 4.19 me des de *beber* y ella...dio de *b* 8248
7.5 doblare sobre sus rodillas para *beber* 8354
7.6 pueblo se dobló...para *beber* 8354
9.27 en el templo de sus dioses...y *bebieron* 8354
13.4, 7 no *bebas* vino ni sidra, ni comas cosa 8354
13.14 no *beberá* vino ni sidra, y no comerá 8354
15.19 abrió Dios la cuenca que...y él *bebió* 8354
19.4 quedó en su casa...comiendo y *bebiendo* 8354
19.6 y se sentaron...y comieron y *bebieron* 8354
19.21 y se lavaron...y comieron y *bebieron* 8354
Rt 2.9 *bebe* del agua que sacan los criados 8354
3.3 hasta que él haya acabado de...y de *beber* 8354
3.7 cuando Booz hubo...*bebido*, y su corazón 8354
1 S 1.9 levantó Ana después que hubo...*bebido* 8354
1.15 no he *bebido* vino ni sidra, sino que 8354
30.11 le dieron pan...y le dieron a *beber* agua 8248
30.12 no había...*bebido* agua en tres días y 8354
30.16 desparramados...comiendo y *bebiendo* 8354
2 S 11.11 entrar en mi casa...comer y *beber* 8354
11.13 y David lo convidó a comer y a *beber* 8354
12.3 *bebiendo* de su vaso, y durmiendo en su 8354
16.2 vino para que *beban* los que se cansen 8354
19.35 ¿tomará gusto...en lo que coma o *bebas* 8354
23.15 ¡quién me diera a *beber* del agua del 8248
23.16 no la quiso *beber*, sino que la derramó 8354
23.17 ¿he de *beber* la...Y no quiso *beberla* 8354
1 R 1.25 comiendo y *bebiendo* delante de él 8354
4.20 Judá...comiendo, *bebiendo* y alegrándose 8354
10.21 todos los vasos de *beber*...eran de oro 4945
13.8 no iría...ni *bebería* agua en este lugar 8354
13.9,17 no comas pan ni *bebas* agua 8354
13.16 ni *beberé* agua contigo en este lugar 8354
13.18 tráele...para que coma pan y *beba* agua 8354
13.19 volvió con él, y comió...y *bebió* agua 8354
13.22 comiste...*bebiste* agua en el lugar donde 8354
13.22 te había dicho que no...*bebieses* agua 8354
13.23 cuando había comido el pan y *bebido* 8354
16.9 estando él en Tirsa, *bebiendo*...en casa 8354
17.4 *beberás* del arroyo; y yo he mandado a 8354
17.6 los cuervos le traían...y *bebía* del arroyo 8354
17.10 que me traigas...agua...para que *beba* 8354
18.41 come y *bebe*; porque una lluvia grande 8354
18.42 Acab subió a comer y a *beber*. Y Elías 8354
19.6 y comió y *bebió*, y volvió a dormirse 8354
19.8 se levantó, pues, y comió y *bebió* 8354
20.12 *bebiendo* con los reyes en las tiendas 8354
20.16 Ben-adad *bebiendo* y embriagándose en 8354
2 R 3.17 lleno de agua, y *beberéis* vosotros 8354
6.22 pan y agua, para que coman y *beban* y 8354
6.23 habían comido y *bebido*, los envió, y 8354
7.8 leprosos llegaron...comieron y *bebieron* 8354
9.34 y después que comió y *bebió*, dijo: Id 8354
18.27 expuestos a...y *beber* su propia orina 8354
18.31 y *beba* cada uno las aguas de su pozo 8354
19.24 he cavado y *bebido* las aguas extrañas 8354
1 Cr 11.17 quién me diera de *beber*...de Belén 8248
11.18 no la quiso *beber*, sino que la derramó 8354
11.19 ¿había yo de *beber* la...Y no la quiso *b* 8354
12.39 allí con David tres días...*bebiendo* 8354
29.22 *bebieron* delante de Jehová aquel día 8354
2 Cr 28.15 les dieron de comer y de *beber* 8248
Esd 10.6 ni *bebió* agua, porque se entristeció 8354
Neh 8.10 comed grosuras, y *bebed* vino dulce 8354
8.12 el pueblo se fue a comer y a *beber*, y 8354
Est 1.7 daban a *beber* en vasos de oro, y vasos 8248
1.8 nadie fuese obligado a *beber*; porque así
3.15 el rey y Amán se sentaron a *beber*; pero 8354
4.16 no comáis ni *bebáis* en tres días, noche 8354
5.6 el rey a Ester en...mientras *bebían* vino 4960
7.2 mientras *bebían* vino, dijo el rey a Ester 4960
Job 1.4 para que comiesen y *bebiesen* con ellos 8354
1.13 sus hijos comían y *bebían* vino en casa 8354
1.18 tus hijos...estaban comiendo y *bebiendo* 8354
5.5 su mies...sedientos *beberán* su hacienda 7602
6.4 las saetas...cuyo veneno *bebe* mi espíritu 8354
15.16 vil que *bebe* la iniquidad como agua? 8354
21.20 y *beberá* de la ira del Todopoderoso 8354
22.7 no diste de *beber* agua al cansado, y 8248
34.7 Job, que *bebe* el escarnio como agua 8354
Sal 50.13 de *beber* sangre de machos cabríos? 8354
60.3 nos hiciste *beber* vino de aturdimiento 8248
69.21 y en mi sed me dieron a *beber* vinagre 8248
75.8 *beberán* todos los impíos de la tierra 8354
78.15 dio a *beber* como de grandes abismos 8248
78.44 ríos en sangre...para que no *bebiesen* 8354
80.5 y a *beber* lágrimas en gran abundancia 8248
104.11 dan de *beber* a...las bestias del campo 8248
110.7 del arroyo *bebieron* en el camino, por lo 8354
Pr 4.17 pan de maldad, y *beben* vino de robos 8354
5.15 *bebe* el agua de tu misma cisterna, y 8354
9.5 pan, y *bebed* del vino que yo he mezclado 8354
23.7 come y *bebe*, te dirá, mas su corazón 8354
25 21 si tuviere sed, dale de *beber* agua 8248
26.6 como el que se corta los pies y *bebe* 8354
31.4 no es de los reyes *beber* vino, ni de 8354
31.5 no sea que *bebiendo* olviden la ley, y 8354
31.7 *beban*, y olvídense de su necesidad 8354
Ec 2.24 no hay cosa mejor...que coma y *beba* 8354
3.13 que todo hombre coma y *beba*, y goce el 8354
5.18 que lo bueno es comer y *beber*, y gozar 8354
8.15 sol, sino que coma y *beba* y se alegre 8354
9.7 gozo, y *bebe* tu vino con alegre corazón 8354
10.17 reponer sus fuerzas y no para *beber!* 8358
Cnt 5.1 mi miel, mi vino y mi leche he *bebido* 8354
5.1 comed...*bebed* en abundancia, oh amados 8354
8.2 tú me enseñarías, y yo te haría *beber* 8248
Is 5.22 ¡ay de los...valientes para *beber* vino 8248
21.5 mesa, extienden tapises; comen, *beben* 8354
22.13 gozo...comiendo carne y *bebiendo* vino 8354
22.13 *bebamos*, porque mañana moriremos 8354
24.9 no *beberán* vino con cantar; la sidra les 8354

24.9 les será amarga a los que la *bebieran* 8354
29.8 parece que *bebe*, pero cuando despierta 8354
36.12 expuestos a comer su... y *beber* su orina 8354
36.16 y *beba* cada cual las aguas de su pozo 8354
37.25 yo cavé, y *bebí* las aguas, y... secaré 8354
43.20 para que *beba* mi pueblo, mi escogido 8248
44.12 las fuerzas; no *bebe* agua, y se desmaya 8354
51.17 *bebiste* de la mano de Jehová el cáliz 8354
51.17 el cáliz de aturdimiento *bebiste* hasta 8354
51.22 cáliz de mi ira; nunca más lo *beberás* 8354
62.8 ni *beberán* los extraños el vino que es 8354
62.9 *beberán* en los atrios de mi santuario 8354
65.13 mis siervos *beberán*, y vosotros... sed 8354
66.11 para que *bebáis*, y os deleitéis con 4711
Jer 2.18 que *bebas* agua del Nilo... *b* agua del 8354
8.14 ha dado a *beber* aguas de hiel, porque 8248
9.15 a comer ajenjo, y... *beber* aguas de hiel 8248
16.7 les darán a *beber* vaso de consolaciones 8248
16.8 no entres en casa de banquete... a *beber* 8354
22.15 comió y *bebió* tu padre, e hizo juicio 8354
23.15 y les hará *beber* agua de hiel; porque 8248
25.15 da a *beber* de él a todas las naciones 8248
25.16 y *beberán*, y temblarán y enloquecerán 8354
25.17 y di de *beber* a todas las naciones, a 8248
25.26 y el rey de Babilonia *beberá* después 8354
25.27 *bebed*, y embriagaos, y vomitad, y caed 8354
25.28 y si no quieren... *beber*... Tenéis que *b* 8354
35.2 de los recabitas... y dales a *beber* vino 8248
35.5 llenas de vino, y les dije: *Bebed* vino 8354
35.6 mas ellos dijeron: No *beberemos* vino 8354
35.6 no *beberás* jamás vino vosotros ni 8354
35.8 no *beber* vino en todos nuestros días 8354
35.14 no *bebiesen* vino, y no lo han bebido 8354
49.12 los que no estaban condenados a *beber* 8354
49.12 beberán... no serás absuelto... *beberás* 8354
51.7 de su vino *bebieron* los pueblos 8354
Lm 5.4 agua *bebemos* por dinero; compramos 8354
Ez 4.11 *beberás*... de tiempo en tiempo la *b* 8354
4.16 *beberán* el agua por medida y con espanto 8354
12.18 *bebe* tu agua con estremecimiento y con 8354
12.19 y con espanto *beberán* su agua; porque 8354
23.32 *beberás* el hondo y ancho cáliz de tu 8354
23.34 lo *beberás*... y lo agotarás, y quebrarás 8354
25.4 comerán tus sementeras, y *beberán* tu 8354
31.14 ni confíen... todos los que *beben* aguas 8354
31.16 los que *beben* aguas, fueron consolados 8354
34.18 *bebiendo* las aguas claras, enturbiáis 8354
34.19 *beben* lo que con vuestros pies habéis 8354
39.17 y comeréis carne y *beberéis* sangre 8354
39.18 y *beberéis* sangre de príncipes de la 8354
39.19 *beberéis* hasta embriagaros de sangre 8354
44.21 ninguno de los sacerdotes *beberá* vino 8354
Dn 1.5 la comida del rey, y del... que él *bebía* 4960
1.8 contaminarse... con el vino que él *bebía* 4960
1.12 y nos den legumbres a... y agua a *beber* 8354
1.16 se llevaba... el vino que habían de *beber* 4960
5.1 Belsasar... en presencia de los mil *bebía* 8355
5.2 para que *bebiesen* en ellos el rey y sus 8355
5.3 *bebieron* en ellos el rey y sus príncipes 8355
5.4 *bebieron* vino, y alabaron a los dioses de 8355
5.23 y tus grandes... *bebisteis* vino en ellos 8355
Jl 1.5 llorad; gemid, todos los que *bebéis* vino 8354
3.3 vendieron las niñas por vino para *beber* 8354
Am 2.8 el vino... *beben* en la casa de sus dioses 8354
2.12 disteis de *beber* vino a los nazareos 8248
4.1 a vuestros señores: Traed, y *beberemos* 8354
4.8 venían dos o tres ciudades... para *beber* 8354
5.11 viñas, mas no *beberéis* el vino de ellas 8354
6.6 *beben* vino en tazones, y se ungen con 8354
9.14 plantarán viñas, y *beberán* el vino de 8354
Abd 16 de la manera que vosotros *bebisteis* 8354
16 *beberán* continuamente... *b*, y engullirán 8354
Jon 3.7 no se les dé alimento, ni *beban* agua 8354
Mi 6.15 el aceite; y mosto, mas no *beberás* el 8354
Hab 2.15 ay del que da de *beber* a su prójimo! 8248
2.16 *bebe* tú también, y serás descubierto 8354
Sof 1.13 plantarán viñas, mas no *beberán* 8354
Hag 1.6 *bebéis*, y no quedáis satisfechos 8354
Zac 7.6 coméis y *bebéis*, ¿no coméis y *b* para 8354
9.15 *beberán*, y harán estrépito como tomados 8354
Mt 6.25 **no os afanéis por... qué habéis de *beber*** *4095*
6.31 **¿qué comeremos, o qué *beberemos*, o qué** *4095*
11.18 **vino Juan, que ni comía ni *bebía*, y** *4095*
11.19 **vino el Hijo... que come y *bebe*, y dicen** *4095*
20.22 **¿podéis *beber* del vaso que yo he de *b*** *4095*
20.23 **a la verdad, de mi vaso *beberéis*, y con** *4095*
24.38 **del diluvio estaban comiendo y *bebiendo*** *4095*
24.49 **a comer y a *beber* con los borrachos** *4095*
25.35 **tuve sed, y me disteis de *beber*; fui** *4222*
25.37 **vimos... sediento, y te dimos de *beber*?** *4222*
25.42 **tuve sed, y no me disteis de *beber*** *4222*
26.27 **les dio, diciendo: *Bebed* de ella todos** *4095*
26.29 **no *beberé* más de este fruto de la vid** *4095*
26.29 **hasta... que lo *beba* nuevo con vosotros** *4095*
26.42 **si no puede pasar... sin que yo la *beba*** *4095*
27.34 le dieron a *beber* vinagre... con hiel *4095*
27.34 después de... probado, no quiso *beberlo* *4095*
27.48 la empapó de vinagre... y le dio a *beber* *4222*
Mr 2.16 que él come y *bebe* con los publicanos *4095*
7.4 los lavamientos de los vasos de *beber* *4221*
10.38 **¿podéis beber del vaso que yo *bebo*** *4095*
10.39 **del vaso que yo bebo *beberéis*, y con** *4095*
14.23 les dio, y *bebieron* de ella todos *4095*
14.25 **que no *beberé* más del fruto de la vid** *4095*
14.25 **día en que lo *beba* nuevo en el reino** *4095*
15.23 y le dieron a *beber* vino mezclado con *4095*
15.36 uno... le dio de *beber*, diciendo: Dejad *4222*
16.18 ***bebieren* cosa mortífera, no les hará** *4095*
Lc 1.15 no *beberá* vino ni sidra, y será lleno *4095*
5.30 ¿por qué coméis y *bebéis* con publicanos? *4095*
5.33 ayuna... pero los tuyos comen y *beben*? *4095*
5.39 **y ninguno que *beba* del añejo, quiere** *4095*
7.33 **vino Juan que ni *bebía* vino, y decís** *4095*
7.34 **vino el Hijo que come y *bebe*, y decís** *4095*
10.7 **casa comiendo y *bebiendo* lo que os den** *4095*
12.19 **diré a mi alma come, *bebe*** *4095*
12.29 **no os preocupéis... qué habéis de *beber*** *4095*
12.45 **comenzara a... y a *beber* y embriagarse** *4095*
13.15 **desata... su buey y lo lleva a *beber*?** *4222*
13.26 **delante de ti hemos comido y *bebido*** *4095*
17.8 **sírvame hasta que haya comido y *bebido*** *4095*
17.8 **y después de esto, come y *bebe* tú?** *4095*
17.27 **comían, *bebían*, se casaban y se daban** *4095*
17.28 **comían:, *bebían*, compraban, vendían** *4095*
22.18 **que no *beberé* más del fruto de la vid** *4095*
22.30 **comáis y *bebáis* a mi mesa en mi reino** *4095*
Jn 2.10 cuando ya han *bebido* mucho... inferior *3184*
4.7 **una mujer... y Jesús le dijo: Dame de *beber*** *4095*
4.9 me pides a mí de *beber*, que soy mujer *4095*
4.10 **quién es el que te dice: Dame de *beber*** *4095*
4.12 del cual *bebieron* él, sus hijos y sus *4095*
4.13 **cualquiera que *bebiere* de esta agua** *4095*
4.14 **el que *bebiere* del agua que yo le daré** *4095*
6.53 **y *bebéis* su sangre, no tenéis vida en** *4095*
6.54,56 **que come mi carne y *bebe* mi sangre** *4095*
7.37 **si alguno tiene sed, venga a mí y *beba*** *4095*
18.11 **la copa... ha dado, ¿no la he de *beber*?** *4095*
Hch 9.9 tres días sin ver, y no comió ni *bebió* *4095*
10.41 nosotros que comimos y *bebimos* con él *4844*
23.12 ni *beberían* hasta que... muerte a Pablo *4095*
23.21 no comer ni *beber* hasta que le hayan *4095*
Ro 12.20 enemigo... tuviere sed, dale de *beber* *4222*
14.21 bueno es no comer carne, ni *beber* vino *4095*
1 Co 3.2 os di a *beber* leche, y no vianda *4222*
9.4 no tenemos derecho de comer y *beber*? *4095*
10.4 bebieron la... porque *bebían* de la roca *4095*
10.7 se sentó el pueblo a comer y a *beber* *4095*
10.21 no podéis *beber* la copa del Señor, y *4095*
10.31 si, pues, coméis o *bebéis*, o hacéis *4095*
11.22 ¿no tenéis casas en que... o *bebáis*? *4095*
11.25 **todas las veces que la *bebiereis*, en** *4095*
11.26 y *bebiereis* esta copa, la muerte del *4095*
11.27 comiere este pan o *bebiera* esta copa *4095*
11.28 coma así del pan, y *beba* de la copa *4095*
11.29 come... y *bebe*... juicio come y *b* para sí *4095*
12.13 nos dio a *beber* de un mismo Espíritu *4222*
15.32 y *bebamos*, porque mañana moriremos *4095*
1 Ti 5.23 ya no *bebas* agua, sino usa de un poco *5202*
He 6.7 la tierra que *bebe* la lluvia que... cae *4095*
Ap 14.8 ha hecho *beber* a todas las naciones *4222*
14.10 *beberá* del vino de la ira de Dios, que *4095*
16.6 tú les has dado a *beber* sangre; pues lo *4095*
18.3 todas las naciones han *bebido* del vino *4095*

BEBIDA

Lv 11.34 toda *b* que hubiere en esas vasijas 4945
Esd 3.7 y dieron... *b* y aceite a los sidonios 4960
Est 1.8 y la *b* era según esta ley: Que nadie 8360
Sal 102.9 de pan, y mi *b* mezclo con lágrimas 8249
Cnt 7.2 tu ombligo como una... que no le falta *b* 4197
Is 5.22 son... hombres fuertes para mezclar *b* 7941
32.6 hambrienta, y quitando la *b* al sediento 4945
Dn 1.10 que señaló vuestra comida y vuestra *b* 4960
Os 2.5 que me dan... mi lino, mi aceite y mi *b* 8250
4.18 su *b* se corrompió; fornicaron sin cesar 5435
Jn 6.55 **mi carne es... mi sangre es verdadera *b*** *4213*
Ro 14.17 el reino de Dios no es comida ni *b* *4213*
1 Co 10.4 todos bebieron la misma *b* espiritual *4188*
Col 2.16 nadie os juzgue en comida o en *b*, o *4213*
He 9.10 ya que consiste sólo de comidas y *b* *4188*
Ap 18.6 en el cáliz en que ella preparó *b* *2767*

BECERRA

Gn 15.9 y le dijo: Tráeme una *b* de tres años 5697
Dt 21.3 tomarán de las vacas una *b* que no 5697,1241
21.4 los ancianos... traerán la *b* a un valle 5697
21.4 y quebrarán la cerviz de la *b* allí en 5697
21.6 sobre la *b* cuya cerviz fue quebrada 5697
1 S 16.2 toma contigo una *b* de la vacada, y 5697,1241
Jer 46.20 *b* hermosa es Egipto; mas viene 5697
48.34 Zoar hasta Horonaim, *b* de tres años 5697
Os 10.5 las *b* de Bet-avén serán atemorizados 5697
He 9.13 y las cenizas de la *b* rociadas a los *1151*

BECERRO

Gn 18.7 corrió Abraham a las... y tomó un *b* 1241
18.8 y el *b* que había preparado, y lo puso 1241
Éx 24.5 los cuales ofrecieron holocaustos y *b* 6499
29.1 toma un *b* de la vacada, y dos carneros 6499
29.3 ofrecerás, con el *b* y los dos carneros 6499
29.10 llevarás el *b* delante del tabernáculo 6499
29.11 matarás el *b* delante de Jehová, a la 6499
29.12 de la sangre del *b* tomaréis y pondréis 6499
29.14 pero la carne del *b* y su piel y su 6499
29.36 cada día ofreceréis el *b* del sacrificio 6499
32.4 tomó e hizo de ellos un *b* de fundición 5695
32.5 Aarón, edificó un altar delante del *b* 5695
32.8 se han hecho un *b* de fundición, y lo han 5695
32.19 y vio el *b* y las danzas, ardió la ira 5695
32.20 tomó el *b* y lo quemó en el fuego, y 5695
32.24 y lo echó en el fuego, y salió este *b* 5695
32.35 habían hecho el *b* que formó Aarón 5695
Lv 1.5 degollará el *b* en la presencia de Jehová 1241
4.3 ofrecer: un *b* sin defecto para expiación 6499
4.4 traerá el *b* a la puerta del tabernáculo 6499
4.4 pondrá su mano sobre la cabeza del *b*, y 6499
4.5 el sacerdote tomará de la sangre del *b* 1241
4.7 resto de la sangre del *b* al pie del altar 6499
4.8 tomará del *b* para la expiación toda su 6499
4.11 la piel del *b*, y toda su carne, con su 6499
4.12 todo el *b* sacará fuera del campamento 6499
4.14 la congregación ofrecerá un *b* por 6499
4.15 pondrán sus manos sobre la cabeza del *b* 6499
4.15 presencia de Jehová degollarán aquel *b* 6499
4.16 el sacerdote... meterá de la sangre del *b* 6499
4.20 hará de aquel *b* como hizo con el *b* de 6499
4.21 sacará el *b*... quemará como... primer *b* 6499
8.2 toma a Aarón y a... el *b* de la expiación 6499
8.14 luego hizo traer el *b* de la expiación 6499
8.14 pusieron... manos sobre la cabeza del *b* 6499
8.17 el *b*, su piel, su carne y su estiércol 6499
9.2 toma de la vacada un *b* para expiación 5695
9.3 tomad... un *b* y un cordero de un año, sin 5695
9.8 se acercó... degolló el *b* de la expiación 5695
16.3 entrará Aarón... con un *b* para expiación 6499
16.6 hará traer Aarón el *b* de la expiación 6499
16.11 traer... *b* que era para expiación suya 6499
16.11 y degollará en expiación el *b* que es 6499
16.14 tomará luego de la sangre del *b*, y la 6499
16.15 hará... como hizo con la sangre del *b* 6499
16.18 sangre del *b* y de la sangre del macho 6499
16.27 sacarán fuera... el *b* y el macho cabrío 6499
22.27 *b*... cuando naciere, siete días estará 7794
23.18 ofreceréis... un *b* de la vacada, y dos 6499
Nm 7.15,21,27,33,39,45,51,57,63,69,75,81 un *b*,
un carnero, un cordero de un año 6499
7.87 todos los bueyes para holocausto, doce *b* 6499
23.1,29 y prepárame aquí siete *b* y 7 carneros 6499
23.2,14,30 un *b* y un carnero en cada altar 6499
23.4 y en cada altar he ofrecido un *b* y un 6499
28.11 meses ofreceréis... dos *b* de la vacada 6499
28.12 harina amasada... ofrenda con cada *b* 6499
28.14 sus libaciones... medio hin con cada *b* 6499
28.19,27 ofreceréis... dos *b* de la vacada, y 6499
28.20,28 tres décimas con cada *b*, y dos 6499
29.2 holocausto a Jehová, un *b* de la vacada 6499
29.3,9 tres décimas... con cada *b*, dos décimas 6499
29.8 ofreceréis... *b* de la vacada, un carnero 6499
29.13 ofreceréis... trece *b* de la vacada, dos 6499
29.14 tres décimas con cada uno de los 13 *b* 6499
29.17 doce *b*... dos carneros, catorce corderos 6499
29.18,21,24,27,30,33,37 libaciones con los *b* 6499
29.20 once *b*, dos carneros, catorce corderos 6499
29.23 diez *b*, dos carneros, catorce corderos 6499
29.26 nueve *b*, dos carneros, catorce corderos 6499
29.29 ocho *b*, dos carneros, catorce corderos 6499
29.32 siete *b*, dos carneros, catorce corderos 6499
29.36 un *b*, un carnero, siete corderos de 6499
Dt 9.16 os habíais hecho un *b* de fundición 5695
9.21 tomé el *b* que habíais hecho, y lo quemé 5695
1 S 1.24 lo llevó consigo, con tres *b*, un efa 6499
1.25 matando el *b*, trajeron el niño a Elí 6499
6.7 y haced volver sus *b* de detrás de ellas 1121
6.10 dos veces... y encerraron en casa sus *b* 1121
14.32 tomaron ovejas... y *b*, y los degollaron ... 1121,1241
1 R 12.28 hizo el rey dos *b* de oro, y dijo al 5695
12.32 sacrificios a los *b* que había hecho 5695
2 R 10.29 dejó en pie los *b* de oro... en Dan y 5695
17.16 hicieron imágenes fundidas de dos *b* 5695
1 Cr 29.21 y ofrecieron... mil *b*, mil carneros 6499
2 Cr 11.15 sacerdotes... para los *b* que él había 5695
13.8 tenéis con vosotros los *b* de oro que 5695
13.9 venga a consagrarse con un *b* y siete 6499
Esd 6.9 *b*, carneros y corderos... holocaustos 8450
6.17 y ofrecieron en la dedicación... cien *b* 8450
7.17 comprarás... con este dinero *b*, carneros 8450
8.35 ofrecieron... doce *b* por todo Israel, 90 6499
Neh 9.18 hicieron para sí *b* de fundición y 5695
Job 42.8 tomaos siete *b* y carneros, e id 6499
Sal 29.6 los hizo saltar como *b*, al Líbano y 5695
50.9 tomaré de tu casa *b*, ni machos cabríos 6499
51.19 entonces ofrecerán *b* sobre tu altar 6499
68.30 la multitud de toros con los *b* de los 5695
69.31 más que sacrificio de buey, o de *b* que 6499
106.19 hicieron *b* en Horeb, se postraron 5695
Is 11.6 el *b* y el león y la... andarán juntos 5695
27.10 pastará el *b*, allí tendrá su majada 5695
34.7 con ellos caerán búfalos, y toros con *b* 6499
Jer 34.18 pacto dividiendo en dos partes el *b* 5695
34.19 que pasaron entre las partes del *b* 5695
46.21 sus soldados... en medio de ella como *b* 5695
Ez 1.7 planta diez como planta de pie de *b* 5695
43.19 darás un *b* de la vacada para expiación 6499
43.21 tomarás luego el *b* de la expiación 6499
43.22 el altar como lo purificaron con el *b* 6499
43.23 ofrecerás un *b* de la vacada sin defecto 6499
43.25 sacrificarán el *b* de la vacada y un 6499
45.18 tomarás de la vacada un *b* sin defecto 6499
45.22 sacrificará por sí... un *b* por el pecado 6499
45.23 ofrecerá... siete *b* y siete carneros sin 6499
45.24 con cada *b* ofrecerá ofrenda de un efa 6499
46.6 el día de... un *b* sin tacha de la vacada 6499
46.7 hará ofrenda de un efa con el *b*, y un 6499
46.11 será la ofrenda un efa con cada *b*, y 6499
Os 8.5 tu *b*, oh Samaria, te hizo alejarte 5695
8.6 será deshecho en pedazos el *b* de Samaria 5695
10.5 pueblo lamentará a causa del *b*, y sus 5697
13.2 a los... que sacrifican, que besen los *b* 5695
Mi 6.6 presentaré ante él... con *b* de un año? 5695
Mal 4.2 saldréis, y saltaréis como *b* de la 5695
Lc 15.23 **el *b* gordo y matadlo, y comamos y** *3448*
15.27 **y tu padre ha hecho matar el *b* gordo** *3448*

15.30 **has hecho matar para él el *b* gordo** *3448*
Hch 7.41 hicieron un *b*, y ofrecieron... al ídolo......... *3447*
He 9.12 ni de *b*, sino por su propia sangre............. *3448*
9.19 tomó la sangre de los *b*... y roció el............ *3448*
Ap 4.7 el segundo era semejante a un *b* *3448*

BECORAT *Ascendiente del rey Saúl*, 1 S 9.1 1064

BEDAD *Padre de Hadad, rey edomita*, Gn 36.35; 1 Cr 1.46.......................... 911

BEDÁN *Descendiente de Manasés*, 1 Cr 7.17...... 917

BEDELIO
Gn 2.12 y el oro hay allí también *b* y ónice.............. 916
Nm 11.7 el maná... su color como el color de *b* 916

BEDÍAS *Uno de los que se casaron con mujeres extranjeras en tiempo de Esdras*, Esd 10.35.... 912

BEELIADA *Hijo de David (=Eliada No. 1)*, 1 Cr 14.7 1182

BEELZEBÚ *«Príncipe de los demonios»*
Mt 10.25 **si al padre de familia llamaron *B*** *954*
12.24 no echa fuera los demonios sino por *B* *954*
12.27 **y si yo echo fuera los demonios por *B*** *954*
Mr 3.22 los escribas... decían que tenía a *B*............. *954*
Lc 11.15 decían: Por *B*... fuera los demonios *954*
11.18 **que por *B* echo yo fuera los demonios** *954*
11.19 **si yo echo fuera los demonios por *B*** *954*

BEER
1. Lugar donde acampó Israel (=Beer-elim), Nm 21.16 876
2. =Beerot, Jue 9.21................................. 876

BEERA
1. Descendiente de Rubén, 1 Cr 5.6 880
2. Descendiente de Aser, 1 Cr 7.37 878

BEER-ELIM *Ciudad en Moab (=Beer No.1)*, Is 15.8... 879

BEERI
1. Padre de Judit, mujer de Esaú, Gn 26.34 882
2. Padre del profeta Oseas, Os 1.1 882

BEEROT *Ciudad en Benjamín*, Jos 9.17; 18.25; 2 S 4.2; Esd 2.25; Neh 7.29 881

BEEROT-BEINE-JAACÁN *Lugar donde acampó Israel*, Dt 10.6............................. 881

BEEROTITA *Habitante de Beerot*
2 S 4 2 era Baana, y... Recab, hijos de Rimón *b* 886
4.3 pues los *b* habían huido a Gitaim, y moran 886
4 5 hijos, pues, de Rimón *b*, Recab y Baana.......... 886
4.9 y David respondió a... hijos de Rimón *b*.......... 886
23.37; 1 Cr 11.39 Naharai *b*, escudero de Joab 886

BEERSEBA *Ciudad principal del Neguev*
Gn 21.14 ella salió y anduvo... el desierto de *B*.......... 884
21.31 por esto llamó aquel lugar *B*; porque.......... 884
21.32 así hicieron pacto en *B*; y se levantó............ 884
21.33 plantó Abraham un árbol tamarisco en *B* 884
22 19 se fueron... a *B*; y habitó Abraham en *B* 884
26 23 y de allí subió a *B* 884
26.33 el nombre de aquella ciudad es *B* hasta 884
28.10 salió, pues, Jacob de *B*, y fue a Harán 884
46.1 Israel con todo lo que tenía, y vino a *B* 884
46.5 se levantó Jacob de *B*; y tomaron los 884
Jos 15.28 Hazar-sual, *B*, Elizotia 884
19.2 tuvieron en su heredad a *B*, Seba, Molada 884
Jue 20 1 se reunió la congregación... hasta *B*.......... 884
1 S 3.20 desde Dan hasta *B*, conoció que Samuel 884
8.2 fue Joel, y... Abías, y eran jueces en *B*........... 884
2 S 3.10 el trono de David... desde Dan hasta *B*.......... 884
17.11 Israel se junte a ti, desde Dan hasta *B* 884
24.2 desde Dan hasta *B*, y haz un censo del........... 884
24.7 Tiro... y salieron al Neguev de Judá en *B* 884
24.15 murieron... desde Dan hasta *B*, 70,000 884
1 R 4.25 vivían seguros... desde Dan hasta *B* 884
19.3 y vino a *B*, que está en Judá, y dejó 884
2 R 12.1 nombre de su madre fue Sibia, de *B* 884
23.8 los lugares altos... desde Geba hasta *B* 884
1 Cr 4.28 habitaron en *B*, Molada, Hazar-sual 884
21.2 haced censo de Israel desde *B* hasta Dan........ 884
2 Cr 19.4 Josafat... salía al pueblo, desde *B*.............. 884
24.1 el nombre de su madre fue Sibia, de *B*........... 884
30.5 desde *B* hasta Dan, que viniesen a 884
Neh 11.27 en Hazar-sual, en *B* y sus aldeas.............. 884
11.30 habitaron desde *B* hasta el valle de.............. 884
Am 5.5 ni paséis a *B*... Gilgal será llevada en............ 884
8.14 los que juran por... Por el camino de *B* 884

BEESTERA *Ciudad de los levitas en Manasés (=Astarot No. 1)*, Jos 21.27.................. 1203

BEHEMOT
Job 40.15 he aquí ahora *b*, el cual hice como 930

BEL *Dios principal de Babilonia*
Is 46.1 postró *B*, se abatió Nebo; sus imágenes 1078
Jer 50.2 *B* es confundido, deshecho es Merodac 1078
51.44 juzgaré a *B* en Babilonia, y sacaré de 1078

BELA
1. Zoar, Gn 14.2,8.................................. 1106
2. Primer rey de Edom, Gn 36.32,33; 1 Cr 1.43,44..... 1106
3. Hijo de Benjamín, Gn 46.21; Nm 26.38,40; 1 Cr 7.6,7; 8.1,3.................................. 1106
4. Descendiente de Rubén, 1 Cr 5.8................. 1106

BELAÍTA *Descendientes de Bela* No 3, Nm 26.38 ... 1108

BELÉN
1. Ciudad en Judá
Gn 35.19; 48.7 en el camino de Efrata... es *B*........... 1035
Jue 17.7 había un joven de *B* de Judá, de la............ 1035
17.8 partió de la ciudad de *B* de Judá para.......... 1035
17.9 le respondió: Soy de *B* de Judá, y voy a 1035
19.1 había tomado para sí mujer... de *B* de Judá ... 1035
19.2 se fue de él a casa de su padre, a *B*............ 1035
19.18 pasamos de *B*... había ido a *B* de Judá......... 1035
Rt 1.1 y un varón de *B*... fue a morar en los 1035
1.2 aquel varón era... efrateos de *B* de Judá......... 1035
1.19 llegaron a *B*; y habiendo entrado en *B*.......... 1035
1.22 y llegaron a *B* al comienzo de la siega.......... 1035
2.4 Booz vino de *B*, y dijo a los segadores........... 1035
4.11 seas ilustre... y seas de renombre en *B* 1035
1 S 16.1 ven, te enviaré a Isaí de *B*, porque 1022
16.4 luego que él llegó a *B*, los ancianos de 1035
16.18 un hijo de Isaí de *B*, que sabe tocar........... 1022
17.12 David era hijo... efrateo de *B* de Judá 1035
17.15 apacentar las ovejas de su padre en *B* 1035
17.58 yo soy hijo de tu siervo Isaí de *B*.............. 1022
20.6 me rogó mucho que lo dejase ir... a *B* su....... 1035
20.28 David me pidió... que le dejase ir a *B* 1035
2 S 2.32 tomaron... Asael, y lo sepultaron... *B*........... 1035
21.19 Elhanán, hijo de Jaare-oregim de *B* 1022
23.14 en *B* una guarnición de los filisteos............ 1035
23.15 me diera... del agua del pozo de *B* que 1035
23.16 sacaron agua del pozo de *B* que estaba 1035
23.24 de los 30; Elhanán hijo de Dodo de *B* 1035
1 Cr 11.16 guarnición de los filisteos en *B* 1035
11.17 quién me diera... aguas del pozo de *B* 1035
11 18 sacaron agua del pozo de *B*, que está 1035
11.26 valientes... Elhanán hijo de Dodo de *B*......... 1035
2 Cr 11.6 edificó *B*, Etam, Tecoa........................ 1035
Esd 2.21 los hijos de *B*, ciento veintitrés 1035
Neh 7.26 los varones de *B* y de Netofa, 188 1035
Jer 41.17 habitaron... cerca de *B*, a fin de ir 1035
Mi 5.2 tú, *B* Efrata, pequeña para estar entre 1035
Mt 2.1 cuando Jesús nació en *B* de Judea en.............. *965*
2.5 ellos le dijeron: En *B* de Judea; porque........... *965*
2.6 tú, *B*, de la tierra de Judá, no eres la *965*
2.8 enviándolos a *B*, dijo: Id... y averiguad *965*
2.16 matar a todos los niños... que había en *B* *965*
Lc 2.4 José subió... la ciudad... que se llama *B* *965*
2.15 pasemos, pues, hasta *B*, y veamos esto........... *965*
Jn 7.42 aldea de *B*... ha de venir el Cristo?............. *965*
2. Población en Zabulón, Jos 19.15; Jue 12.8,10 1035
3. Descendiente de Judá, 1 Cr 2.51,5.1; 4.4 1035

BELIAL *Probablemente=el Maligno (Satanás)*
2 Co 6.15 ¿y qué concordia Cristo con *B*?.............. *955*

BELSASAR *Rey de Babilonia*
Dn 5.1 el rey *B* hizo un gran banquete a mil............ 1113
5.2 *B*, con el gusto del vino, mandó que............. 1113
5.9 el rey *B* se turbó... y palideció, y sus 1113
5.22 su hijo *B*, no has humillado tu corazón 1113
5.29 mandó *B* vestir a Daniel de púrpura, y 1113
5.30 la misma noche fue muerto *B* rey de los 1113
7.1 en el primer año de *B* rey de Babilonia 1113
8.1 en el año tercero del reinado del rey *B* 1112

BELTSASAR *Nombre caldeo de Daniel*
Dn 1.7 el jefe... puso nombres puso a Daniel, *B*........ 1095
2.26 a Daniel, al cual llamaban *B* (Podrás 1096
4.8 delante de mí Daniel, cuyo nombre es *B* 1096
4.9 *B*, jefe de los magos... he entendido que 1096
4.18 tú, pues, *B*, dirás la interpretación............ 1096
4.19 Daniel, cuyo nombre era *B*, quedó atónito 1096
4.19 dijo: *B* no te turben ni el sueño ni su 1096
4.19 *B* respondió... Señor mío, el sueño sea.......... 1096
5.12 Daniel, al cual el rey... por nombre *B*........... 1096
10.1 revelada palabra a Daniel, llamado *B* 1095

BELLEZA
Est 1.11 mostrar a los pueblos... su *b*; porque............ 3308
Ez 27.4 los que te edificaron completaron tu *b* 3308

BELLA
Gn 39.6 era José de hermoso... y *b* presencia........... 3303
Cnt 1.15 eres *b*; tus ojos son como palomas............ 3303
Jer 6.2 destruiré a la *b* y delicada hija de............. 5000
49.19 espesura del Jordán contra la *b* y robusta
Ez 23.42 sabeos... *b* coronas sobre sus cabezas......... 8597

BENAÍA
1. Oficial de David y Salomón
2 S 8.18, 20.23 *B*... los cereteos y peleteos.............. 1141
23.20 después, *B* hijo de Joiada, hijo de un.......... 1141
23.22 esto hizo *B* hijo de Joiada, y ganó 1141
1 R 1.8 y *B* hijo de Joiada, el profeta Natán............. 1141
1.10 no convidó al... ni a *B*, ni a los grandes 1141
1.26 ni a *B* hijo de Joiada, ni a Salomón tu.......... 1141
1.32 llamadme... Natán, y a *B* hijo de Joiada 1141
1.36 *B* hijo... respondió al rey y dijo: Amén 1141
1.38 descendieron... Natán, *B* hijo de Joiada 1141
1.44 el rey ha enviado... a *B* hijo de Joiada 1141
2.25 el rey Salomón envió por mano de *B* hijo 1141
2.29 envió Salomón a *B* hijo de... diciendo: Vé 1141
2.30 entró *B* al tabernáculo de Jehová, y le 1141
2.30 y *B* volvió con esta respuesta al rey 1141
2.34 *B* hijo de... subió y arremetió contra él 1141
2.35 rey puso en su lugar a *B* hijo de Joiada........ 1141
2.46 rey mandó a *B*... el cual salió y lo hirió 1141
4.4 *B* hijo de Joiada sobre el ejército; Sadoc 1141
1 Cr 11.22 *B*... venció a los dos leones de Moab.......... 1141
11.24 hizo *B* hijo de Joiada, y fue nombrado......... 1141
18.17 *B*... estaba sobre los cereteos y peleteos...... 1141
27.5 el jefe... para el tercer mes era *B*... hijo........ 1141
27.6 este *B* era valiente entre los treinta 1141
2. Uno de los 30 valientes de David, 2 S.23.30; 1 Cr11.31; 27.14 1141
3. Descendiente de Simeón, 1 Cr 4.36............... 1141
4. Levita, músico en tiempo de David, 1 Cr 15.18,20; 16.5................................ 1141
5. Sacerdote en tiempo de David, 1 Cr 15.24; 16.6 ... 1141
6. Nieto de No.1, 1 Cr 27.34.......................... 1141
7. Ascendiente de Jahaziel No.4, 2 Cr 20.14 1141
8. Mayordomo del rey Ezequías, 2 Cr 31.13 1141
9. Nombre de cuatro varones entre los que se casaron con mujeres extranjeras en tiempo de Esdras, Esd 10.25,30,35,43 1141
10. Padre de Pelatías No.4, Ez 11.1,13............... 1141

BEN-ADAD
1. Rey de Siria en tiempo de Bassa rey de Israel
1 R 15.18 envió... a *B* hijo de Tabrimón, hijo 1130
15.20 *B* consintió con el rey Asa, y envió............ 1130
2 Cr 16.2 envió a *B* rey de Siria... diciendo 1130
16.4 y consintió *B* con el rey Asa, y envió 1130
2. Rey de Siria en tiempo de Omri rey de Israel
1 R 20.1 *B* rey de Siria... sitió a Samaria, y 1130
20.3 ha dicho *B*: Tu plata y tu oro son míos 1130
20.5 dijo *B*: Yo te envié a decir: Tu plata y 1130
20.9 él respondió a los embajadores de *B* 1130
20.10 y *B*... le envió a decir: Así me hagan los........ 1130
20.16 y estaba *B* bebiendo y embriagándose en 1130
20 17 y *B* había enviado quien le dio aviso.......... 1130
20.20 el rey de... *B*, se escapó en un caballo 1130
20.26 *B* pasó revista al ejército de... sirios 1130
20.30 también *B* vino huyendo a la ciudad, y 1130
20.32 tu siervo *B* dice: Te ruego que viva mi 1130
20 33 dijeron: Tu hermano *B* vive. Y él dijo 1130
20.33 *B* entonces se presentó a Acab, y él le 1130
20.34 le dijo *B*: Las ciudades que mi padre.......... 1130
2 R 6.24 *B*... de Siria reunió todo su ejército 1130
8.7 *B* rey de Siria estaba enfermo, al cual............ 1130
8.9 tu hijo *B*... me ha enviado a ti, diciendo 1130
8.15 un paño... lo puso sobre el rostro de *B*......... 1130
3. Rey de Siria en tiempo de Joacaz rey de Israel
2 R 13.3 entregó... mano de *B* hijo de Hazael 1130
13.24 murió... y reinó en su lugar *B* su hijo 1130
13.25 y tomó de mano de *B*... las ciudades que....... 1130
4. «Palacios (casas) de Ben-adad», Jer 49.27; Am 1.4... 1130

BEN-AMMI *Hijo de Lot y padre de los amonitas*, Gn 19.38 1151

BENDECIR
Gn 1.22 los *bendijo*, diciendo: Fructificad............. 1288
1.28 *bendijo* Dios, y les dijo: Fructificad 1288
2.3 *bendijo* Dios al día séptimo... santificó.......... 1288
5.2 los *bendijo*, y llamó el nombre de ellos........... 1288
9.1 *bendijo* Dios a Noé y a sus hijos, y les.......... 1288
9.26 *bendecido* por Jehová mi Dios sea Sem, y 1288
12.2 te *bendeciré*, y engrandeceré tu nombre....... 1288
12.3 *bendeciré* a los que te bendijeren, y a 1288
12.3 *benditas* en ti todas las familias de la.......... 1288
14.19 *bendijo*, diciendo: Bendito sea Abram 1288
14.20 y *bendito* sea el Dios Altísimo, que............ 1288
17.16 *bendeciré*, y también te daré de ella 1288
17.16 la *bendeciré*, y vendrá a ser madre de 1288
17.20 le *bendeciré*, y le haré fructificar y 1288
18.18 habiendo de ser *benditas* en él todas 1288
22.17 de cierto te *bendeciré*, y multiplicaré 1288
22.18 en tu simiente serán *benditas* todas las........ 1288
24.1 y Jehová había *bendecido* a Abraham 1288
24.27 *bendito* sea Jehová, Dios de mi amo 1288
24.31 ven, *bendito* de Jehová; ¿por qué estás 1288
24.35 Jehová ha *bendecido* mucho a mi amo 1288
24.48 *bendije* a Jehová Dios de mi... Abraham........ 1288
24.60 y *bendijeron* a Rebeca, y le dijeron 1288
25.11 que Dios *bendijo* a Isaac su hijo 1288
26.3 estaré contigo, y te *bendeciré*; porque 1288
26.4 las naciones... *benditas* en tu simiente 1288
26.12 Isaac... cosechó... y le *bendijo* Jehová 1288
26.24 porque yo estoy contigo, y te *bendeciré* 1288
26.29 paz; tú eres ahora *bendito* de Jehová........... 1288
27.4 para que yo te *bendiga* antes que muera 1288
27.7 te *bendiga* en presencia de Jehová antes 1288
27.10 que él te *bendiga* antes de su muerte 1288
27.19 come de mi caza, para que me *bendigas*....... 1288
27.23 no le conoció, porque sus... y le *bendijo* 1288
27.25 comeré de la... para que yo te *bendiga* 1288
27.27 y le *bendijo*, diciendo: Mira, el olor 1288
27.27 olor del campo que Jehová ha *bendecido*....... 1288
27.29 señor... y *benditos* los que te *bendijeren* 1288
27.30 que Isaac acabó de *bendecir* a Jacob 1293
27.31 come de la caza... para que me *bendiga*........ 1288
27.33 ¿quién... Yo le bendije, y será *bendito* 1288
27.34,38 *bendíceme* también a mí, padre mío 1288
27.41 con que su padre le había *bendecido* 1288
28.1 Isaac llamó a Jacob, y lo *bendijo*, y le.......... 1288
28.3 Dios omnipotente te *bendiga*, y te haga.......... 1288
28.6 vio Esaú cómo Isaac había *bendecido* a.......... 1288
28.6 que cuando le *bendijo*, le había mandado....... 1288
28.14 familias de la tierra serán *benditas* 1288
30.27 Jehová me ha *bendecido* por tu causa.......... 1288
30.30 Jehová te ha *bendecido* con mi llegada........ 1288
31.55 Labán... besó sus hijos... y los *bendijo* 1288
32.26 dijo... No te dejaré, si no me *bendices*.......... 1288
32.29 el varón respondió... y lo *bendijo* allí 1288
35.9 apareció... Dios a Jacob, y le *bendijo* 1288
39.5 *bendijo* la casa del egipcio a causa de 1288
47.7 lo presentó... y Jacob *bendijo* a Faraón.......... 1288
47.10 Jacob *bendijo* a Faraón, y salió de la 1288
48.3 Dios... me apareció en Luz... y me *bendijo* 1288
48.9 acércalos ahora a mí, y los *bendeciré*.......... 1288

48.15 *bendijo* a José, diciendo: El Dios en ... 1288
48.16 el Ángel que... *bendiga* a estos jóvenes ... 1288
48.20 y los *bendijo*... En ti bendecirá Israel ... 1288
49.25 Omnipotente, el cual te *bendecirá* con ... 1288
49.28 que su padre les dijo, al *bendecirlos* ... 1288
49.28 cada uno por su *bendición* los *bendijo* ... 1288
Éx 12.32 salid... e idos; y *bendecidme* también ... 1288
18.10 *bendito* sea Jehová, que os libró de ... 1288
20.11 Jehová *bendijo* el día de reposo y lo ... 1288
20.24 mi nombre, vendré a ti y te *bendeciré* ... 1288
23.25 Jehová... *bendecirá* tu pan y tus aguas ... 1288
39.43 vio Moisés toda la obra... los *bendijo* ... 1288
Lv 9.22 alzó Aarón sus manos y los *bendijo* ... 1288
9.23 Moisés y Aarón... y *bendijeron* al pueblo ... 1288
Nm 6.23 así *bendeciréis* a los hijos de Israel ... 1288
6.24 Jehová te *bendiga*, y te guarde ... 1288
6.27 pondrán mi nombre... y yo los *bendeciré* ... 1288
22.6 sé que el que tú *bendigas*, será bendito ... 1288
22.12 ni maldigas al pueblo... *bendito* es ... 1288
23.20 he aquí, he recibido orden de *bendecir* ... 1288
23.25 que no lo maldices, tampoco lo *bendigas* ... 1288
24.1 parecía bien... que él *bendijese* a Israel ... 1288
24.9 benditos... te *bendijeren*, y malditos los ... 1288
24.10 he aquí los has *bendecido* ya tres veces ... 1288
Dt 1.11 Dios... *bendiga*, como os ha prometido! ... 1288
2.7 tu Dios te ha *bendecido* en toda obra de ... 1288
7.13 te amará, te *bendecirá*, y *b* el fruto de ... 1288
7.14 *bendito* serás más que todos los pueblos ... 1288
8.10 comerás... y *bendecirás* a Jehová tu Dios ... 1288
10.8 para *bendecir* en su nombre, hasta hoy ... 1288
12.7 en la cual... Dios te hubiere *bendecido* ... 1288
14.24 cuando Jehová tu Dios te *bendijere* ... 1288
14.29.Dios te *bendiga* en toda obra que tus ... 1288
15.4 Jehová te *bendecirá* con abundancia en ... 1288
15.6 Jehová tu Dios te habrá *bendecido* ... 1288
15.10 por ello te *bendecirá* Jehová tu Dios ... 1288
15.14 en que Jehová te hubiere *bendecido* ... 1288
15.18 te *bendecirá* en todo cuanto hicieres ... 1288
16.10 según Jeboyá tu... te hubiere *bendecido* ... 1288
16.15 te habrá *bendecido* Jehová tu Dios en ... 1288
21.5 y para *bendecir* en el nombre de Jehová ... 1288
23.20 para que te *bendiga* Jehová... toda obra ... 1288
24.13 pueda dormir en su ropa, y te *bendiga* ... 1288
24.19 para que te *bendiga* Jehová... toda obra ... 1288
26.15 y *bendice* a tu pueblo Israel, y a la ... 1288
27.12 sobre el monte Gerizim para *bendecir* ... 1288
28.3 *bendito* serás tú en la ciudad, y *b* tú ... 1288
28.4 *bendito* el fruto de tu vientre, el ... 1288
28.5 *benditas* serán tu canasta y tu artesa ... 1288
28.6 *bendito* serás en tu entrar, y *b* en tu ... 1288
28.8 y te *bendecirá* en la tierra que Jehová ... 1288
28.12 para *bendecir* toda obra de tus manos ... 1288
29.19 él se *bendiga* en su corazón, diciendo ... 1288
30.16 Jehová... te *bendiga* en la tierra a la ... 1288
33.1 la *bendición* con la cual bendijo Moisés ... 1288
33.11 *bendice*, oh Jehová, lo que hicieren, y ... 1288
33.13 *bendita* de Jehová sea tu tierra, con ... 1288
33.20 *bendito* el que hizo ensanchar a Gad ... 1288
33.24 *bendito* sobre los hijos sea Aser; sea ... 1288
Jos 8.33 que *bendijesen*... al pueblo de Israel ... 1288
14.13 Josué... le bendijo, y dio a Caleb hijo ... 1288
17.14 Jehová nos ha *bendecido* hasta ahora? ... 1288
22.6 *bendiciéndolos*, Josué los despidió, y ... 1288
22.7 envió... después de haberlos *bendecido* ... 1288
22.33 *bendijeron* a Dios los hijos de Israel ... 1288
24.10 por lo cual os *bendijo* repetidamente ... 1288
Jue 5.24 *bendita* sea entre las mujeres Jael ... 1288
5.24 sobre las mujeres *bendita* sea en la ... 1288
13.24 el niño creció, y Jehová *lo bendijo* ... 1288
17.2 la madre dijo: *Bendito* seas de Jehová ... 1288
Rt 2.4 ellos respondieron: Jehová te *bendiga* ... 1288
2.19 *bendito* sea el que te ha reconocido ... 1288
2.20 dijo Noemí... Sea él *bendito* de Jehová ... 1288
3.10 dijo: *Bendita* seas tú de Jehová, hija ... 1288
1 S 2.20 y Elí *bendijo* a Elcana y a su mujer ... 1288
9.13 él es el que *bendice* el sacrificio ... 1288
15.13 Saúl le dijo: *Bendito* seas tú de Jehová ... 1288
23.21 Saúl dijo: *Benditos* seáis vosotros de ... 1288
25.32 David a Abigail: *Bendito* sea Jehová ... 1288
25.33 *bendito* sea tu razonamiento, y *b* tú ... 1288
25.39 *bendito* sea Jehová que juzgó la causa ... 1288
26.25 dijo a David: *Bendito* eres tú, hijo ... 1288
2 S 2.5 *benditos* seáis vosotros de Jehová, que ... 1288
6.11 *bendijo* Jehová a Obed-edom y a toda su ... 1288
6.12 ha *bendecido* la casa de Obed-edom y todo ... 1288
6.18 *bendijo* al pueblo en el nombre de Jehová ... 1288
6.20 Volvió luego David para *bendecir* su casa ... 1288
7.29 ten ahora a bien *bendecir* la casa de ... 1288
7.29 con tu bendición será *bendita* la casa ... 1288
8.10 envió Toi a Joram su... para *bendecirle* ... 1288
13.25 porfió... no quiso ir, mas le *bendijo* ... 1288
14.22 después que *bendijo* al rey, dijo: Hoy
18.28 dijo: *Bendito* sea Jehová Dios tuyo ... 1288
19.39 el rey besó a Barzilai, y lo *bendijo* ... 1288
21.3 para que *bendigáis* la heredad de Jehová? ... 1288
22.47 viva Jehová, y bendita sea mi roca ... 1288
1 R 1.47 han venido a *bendecir* a nuestro señor ... 1288
1.48 *bendito* sea Jehová Dios de Israel, que ... 1288
2.45 el rey Salomón será *bendito*, y el trono ... 1288
5.7 *bendito* sea hoy Jehová, que dio hijo ... 1288
8.14 el rey... *bendijo* a toda la congregación ... 1288
8.15 *bendito* sea Jehová, Dios de Israel, que ... 1288
8.55 *bendijo* a la congregación de Israel ... 1288
8.56 *bendito* sea Jebová, que ha dado paz a ... 1288
8.66 y ellos, *bendiciendo* al rey, se fueron ... 1288
10.9 Dios sea *bendito*, que se agradó de ti ... 1288
1 Cr 13.14 *bendijo* Jehová la casa de Obed-edom ... 1288
16.2 David... *bendijo* al pueblo en el nombre de ... 1288
16.36 *bendito* sea Jehová Dios de Israel, de ... 1288
16.43 David se volvió para *bendecir* su casa ... 1288
17.27 querido *bendecir* la casa de tu siervo ... 1288
17.27 tú... la has *bendecido*, y será bendita ... 1288
18.10 para... *bendecirle* por haber peleado con
23.13 *bendijesen* en su nombre para siempre ... 1288
26.5 porque Dios había *bendecido* a Obed-edom ... 1288
29.10 *bendijo* a Jehová delante de toda la ... 1288
29.10 *bendito* seas tú, oh Jehová Dios de ... 1288
29.20 *bendecid* ahora a Jehová vuestro Dios ... 1288
29.20 la congregación *bendijo* a Jehová Dios ... 1288
2 Cr 2.12 *bendito... Jehová el* Dios de Israel ... 1288
6.3 *bendijo* a toda la congregación de Israel ... 1288
6.4 *bendito* sea Jehová Dios de Israel, quien ... 1288
9.8 *bendito* sea Jehová tu Dios, el cual se ... 1288
20.26 Beraca; porque allí *bendijeron* a Jehová ... 1288
30.27 los sacerdotes... *bendijeron* al pueblo ... 1288
31.8 *bendijeron* a Jehová, y a su pueblo Israel ... 1288
31.10 Jehová ha *bendecido* a su pueblo; y ha ... 1288
Esd 7.27 *bendito*... Dios de nuestros padres, que ... 1288
Neh 8.6 *bendijo*... Esdras a Jehová, Dios grande ... 1288
9.5 *bendecid* a Jehová vuestro Dios desde la ... 1288
9.5 *y bendígase* el nombre tuyo, glorioso y ... 1288
11.2 *bendijo* el pueblo a todos los varones ... 1288
Job 1.21 dio... sea el nombre de Jehová bendito ... 1288
31.20 si no me *bendijeron sus* lomos, y del ... 1288
42.12 *bendijo* Jehová el postrer estado de Job ... 1288
Sal 5.12 tú, oh Jehová, *bendecirás* al justo ... 1288
10.3 *bendice* al codicioso, y desprecia a ... 1288
16.7 *bendeciré* a Jehová que me aconseja; aun ... 1288
18.46 *bendita sea* mi roca, y enaltecido sea ... 1288
21.6 porque lo has *bendecido* para siempre ... 1288
26.12 las congregaciones *bendeciré* a Jehová ... 1288
28.6 *bendito* sea Jehová, que oyó la voz de ... 1288
28.9 a tu pueblo, *y bendice* a tu heredad ... 1288
29.11 Jehová *bendecirá* a su pueblo con paz ... 1288
31.21 *bendito*... maravillosa su misericordia ... 1288
34.1 *bendeciré* a Jehová en todo tiempo; su ... 1288
37.22 los *benditos* de él heredarán la tierra ... 1288
41.13 *bendito* sea Jehová, el Dios de Israel ... 1288
45.2 por tanto, Dios te ha *bendecido* para ... 1288
62.4 con su boca *bendicen*, pero maldicen en ... 1288
63.4 te *bendeciré* en mi vida; en tu nombre ... 1288
65.10 la ablandas con... *bendices* sus renuevos ... 1288
66.8 *bendecid*, pueblos, a nuestro Dios, y ... 1288
66.20 *bendito* sea Dios, que no echó de sí mi ... 1288
67.1 Dios tenga misericordia... y nos *bendiga* ... 1288
67.6 nos *bendecirá* Dios, el Dios nuestro ... 1288
67.7 *bendíganos* Dios, y témanlo todos los ... 1288
68.19 *bendito* el Señor; cada día nos colma ... 1288
68.26 *bendecid* a Dios en las congregaciones ... 1288
68.35 *bendito* sea Dios ... 1288
72.15 se orará... todo el día se le *bendecirá* ... 1288
72.17 *benditas* serán en él todas las naciones ... 1288
72.18 *bendito* Jehová Dios, el Dios de Israel ... 1288
72.19 *bendito* su nombre glorioso para siempre ... 1288
89.52 *bendito* sea Jehová para siempre. Amén ... 1288
96.2 cantad a Jehová, *bendecid* su nombre ... 1288
100.4 entrad... alabadle, *bendecid su* nombre ... 1288
103.1 *bendice*, alma mía, a Jehová, y *bendiga* ... 1288
103.2 *bendice*, alma... a Jehová, y no olvides ... 1288
103.20 *bendecid* a Jehová, vosotros... ángeles ... 1288
103.21 *bendecid* a Jehová, vosotros todos sus ... 1288
103.22 *bendecid* a Jehová... todas sus obras ... 1288
103.22; 104.1 *bendice*, alma mía, a Jebová ... 1288
104.35 *bendice*, alma mía, a Jehová. Aleluya ... 1288
106.48 *bendito* Jehová Dios de Israel, desde ... 1288
107.38 los *bendice*, y se multiplican en gran ... 1288
109.28 maldigan ellos, pero *bendice* tú ... 1288
112.2 la generación de los rectos será *bendita* ... 1288
113.2 sea el nombre de Jehová *bendito* desde ... 1288
115.12 se acordó de nosotros; nos *bendecirá* ... 1288
115.12 *bendecirá* a la casa de Israel; *b* a la ... 1288
115.13 *bendecirá* a los que temen a Jehová ... 1288
115.15 *benditos* vosotros de Jehová, que hizo ... 1288
115.18 *bendeciremos* a JAH desde ahora y para ... 1288
118.26 *bendito* el que viene en el nombre de ... 1288
118.26 desde la casa de Jehová os *bendecimos* ... 1288
119.12 *bendito* tú, oh... enséñame tus estatutos ... 1288
124.6 *bendito* sea Jehová, que no nos dio por ... 1288
128.4 *bendecido* el hombre que teme a Jehová ... 1288
128.5 *bendígate* Jehová desde Sion, y veas el ... 1288
129.8 os *bendecimos* en el nombre de Jehová ... 1288
132.15 Bendeciré abundantemente su provisión ... 1288
134.1 mirad, *bendecid* a Jehová, vosotros todos ... 1288
134.2 alzad... manos al... y *bendecid* a Jehová ... 1288
134.3 desde Sion te *bendiga* Jehová, el cual ... 1288
135.19 casa de Israel, *bendecid* a Jehová ... 1288
135.19 casa de Aarón, *bendecid* a Jehová ... 1288
135.20 casa de Leví, *bendecid* a Jehová; los ... 1288
135.20 los que teméis a Jehová, *bendecid* a ... 1288
135.21 desde Sion sea *bendecido* Jehová, quien ... 1288
144.1 *bendito* sea Jehová, mi roca, quien ... 1288
145.1 y *bendeciré* tu nombre eternamente y ... 1288
145.2 cada día te *bendeciré*, y alabaré tu ... 1288
145.10 te alaben... y tus santos te *bendigan* ... 1288
145.21 *bendigan* su santo nombre... para siempre ... 1288
147.13 *bendijo* a tus hijos dentro de ti ... 1288
Pr 3.33 pero *bendecirá* la morada de los justos ... 1288
5.18 *bendita* tu manantial, y alégrate con ... 1288
10.7 la memoria del justo será *bendita*; mas ... 1293
20.21 de prisa... no serán al final *bendecidos* ... 1288
22.9 el ojo misericordioso será bendito ... 1288
27.14 el que *bendice* a su amigo en alta voz ... 1288
30.11 que maldice... y a su madre no *bendice* ... 1288
Is 19.25 Jehová de los ejércitos los *bendecirá* ... 1288
19.25 *bendito* el pueblo mío Egipto, y el ... 1288
51.2 lo llamé, y lo *bendije* y lo multipliqué ... 1288
61.9 reconocerán que son linaje *bendito* de ... 1288
65.16 el que se *bendijere* en la tierra, en ... 1288
65.16 en el Dios de verdad se *bendecirá* ... 1288
65.23 son linaje de los *benditos* de Jehová ... 1288
66.3 incienso, como si *bendijese* a un ídolo ... 1288
Jer 4.2 naciones serán *benditas* en él, y en ... 1288
17.7 *bendito* el varón que confía en Jehová ... 1288
20.14 día en que... me dio a luz no sea *bendito* ... 1288
31.23 dirán... Jehová te *bendiga*, oh morada ... 1288
Ez 3.12 que decía: *Bendita* sea la gloria de ... 1288
Dn 2.19 por lo cual *bendijo* Daniel al Dios ... 1289
2.20 *bendito* el nombre de Dios de siglos en ... 1289
3.28 dijo: *Bendito* sea el Dios de ellos, de ... 1289
4.34 me fue devuelta; y *bendije* al Altísimo ... 1289
Hag 2.19 mas desde este día os *bendeciré* ... 1288
Zac 11.5 *bendito* sea Jehová... he enriquecido ... 1288
Mt 5.44 **amad... *bendecid* a los que os maldicen** ... *2127*
14.19 *bendijo*, y partió y dio los panes a los ... *2127*
21.9; ¡*bendito*... viene en el nombre de ... *2127*
23.39 **¡*bendito*... viene en el nombre del Señor**
25.34 **Rey dirá... Venid, *benditos* de mi Padre** ... *2127*
26.26 tomó el pan, y *bendijo*, y lo partió ... *2127*
Mr 6.41 *bendijo*, y partió los panes, y dio a ... *2127*
8.7 los *bendijo*, y mandó... pusiesen delante ... *2127*
10.16 tomándolos en los brazos... los *bendecía* ... *2127*
11.9 ¡*bendito* el que viene en el nombre del ... *2127*
11.10 ¡*bendito* el reino de nuestro padre ... *2127*
14.22 pan y *bendijo*, y lo partió y les dio ... *2127*
14.61 eres tú el Cristo, el Hijo del *Bendito*? ... *2127*
Lc 1.28 el Señor es contigo; *bendita* tú entre ... *2127*
1.42 *bendita* tú entre... y bendito el fruto de ... *2127*
1.64 su lengua, y habló *bendiciendo* a Dios ... *2127*
1.68 *bendito* el Señor Dios de Israel, que ha ... *2127*
2.28 le tomó en sus brazos, y *bendijo* a Dios ... *2127*
2.34 los *bendijo* Simeón, y dijo a su madre ... *2127*
6.28 ***bendecid* a los que os maldicen, y orad** ... *2127*
9.16 los *bendijo*, y los partió, y dio a sus ... *2127*
13.35 ***bendito* el que viene en nombre del** ... *2127*
19.38 *bendito* el rey que viene en el nombre ... *2127*
24.30 tomó el pan y lo *bendijo*, lo partió ... *2127*
24.50 sacó... alzando sus manos, los *bendijo* ... *2127*
24.51 *bendiciéndolos*, se separó de ellos, y ... *2127*
24.53 alabando y *bendiciendo* a Dios. Amén ... *2127*
Jn 12.13 ***bendito* el que viene en el nombre del** ... *2127*
Hch 3.25 en tu simiente serán *benditas* todas ... *1757*
3.26 lo envió para que os *bendijese*, a fin de ... *2127*
Ro 1.25 al Creador, el cual es *bendito* por los ... *2128*
9.5 el cual es Dios... *bendito* por los siglos ... *2128*
12.14 *bendecid* a los que os persiguen; *b*, y no ... *2127*
1 Co 4.12 maldicen, y *bendecimos*; padecemos ... *2127*
10.16 la copa de... que *bendecimos*, ¿no es la ... *2127*
14.16 si *bendices* sólo con el espíritu, el ... *2127*
2 Co 1.3 *bendito* sea el Dios y Padre... Señor ... *2128*
11.31 Dios y Padre... *bendito* por los siglos ... *2128*
Gá 3.8 diciendo: En ti serán *benditas* todas ... *1757*
3.9 que los de la fe son *bendecidos* con el ... *2127*
Ef 1.3 *bendito* sea el Dios y Padre de nuestro ... *2128*
1.3 *bendijo* con toda bendición espiritual en ... *2127*
1 Ti 1.11 glorioso evangelio del Dios *bendito* ... *3107*
He 6.14 de cierto te *bendeciré*... multiplicaré ... *2127*
7.1 salió a recibir a Abrabam... y le *bendijo* ... *2127*
7.6 tomó... *bendijo* al que tenía las promesas ... *2127*
7.7 sin... el menor es *bendecido* por el mayor ... *2127*
11.20 por la fe *bendijo* Isaac a Jacob y a ... *2127*
11.21 *bendijo* a cada uno de los hijos de José ... *2127*
Stg 3.9 con ella *bendecimos* al Dios y Padre ... *2127*
1 P 1.3 *bendito* el Dios y Padre de nuestro ... *2128*
3.9 sino por el contrario, *bendiciendo* ... *2129*

BENDICIÓN

Gn 12.2 y engrandeceré tu nombre, y serás *b* ... 1293
27.12 y traeré sobre mí maldición y no *b* ... 1293
27.35 vino tu hermano con engaño, y... tu *b* ... 1293
27.36 y ha tomado mi *b*... ¿No has guardado *b* ... 1293
27.38 ¿no tienes más que una sola *b*, padre ... 1293
27.41 y aborreció Esaú a Jacob por la *b* con ... 1293
28.4 te dé la *b* de Abraham, y a tu... contigo ... 1293
39.5 y la *b* de Jehová estaba sobre todo lo ... 1293
49.25 con *b* de los cielos... con *b* del abismo ... 1293
49.25 con *b* de los pechos y del vientre ... 1293
49.26 las *b* de tu padre fueron mayores que ... 1293
49.26 mayores que las *b* de mis progenitores ... 1293
49.28 a cada uno por su *b* los bendijo ... 1293
Éx 32.29 para que él dé *b* hoy sobre vosotros ... 1293
Lv 25.21 os enviaré mi *b* el sexto año, y ella ... 1293
Nm 23.11 maldigas... y he aquí has proferido *b* ... 1293
23.20 orden... él dio *b*, y no podré revocarla ... 1293
Dt 11.26 pongo hoy delante de vosotros la *b* ... 1293
11.27 la *b*, si oyereis los mandamientos de ... 1293
11.29 pondrás la *b* sobre el monte Gerizim ... 1293
12.15 según la *b* que Jehová tu Dios te haya ... 1293
16.17 conforme a la *b* que Jehová tu Dios te ... 1293
23.5 tu Dios te convirtió la maldición en *b* ... 1293
28.2 y vendrán sobre ti todas estas *b*, y te ... 1293
28.8 Jehová te enviará su *b*... tus graneros ... 1293
30.1 *b* y la maldición que he puesto delante ... 1293
30.19 la *b* y la maldición; escoge, pues, la ... 1293
33.1 esta es la *b* con la cual bendijo Moisés ... 1293
33.7 esta *b* profirió para Judá... Dijo así
33.23 a Neftalí... y lleno de la *b* de Jehová ... 1293
Jos 8.34 leyó todas... las *b* y las maldiciones ... 1293
2 S 7.29 Y con tu *b* será bendita la casa de ... 1288
1 Cr 4.10 invocó Jabes... ¡Oh, si me dieras *b* ... 1288
Neh 9.5 tuyo, glorioso y alto sobre toda *b* y ... 1293
13.2 nuestro Dios volvió la maldición en *b* ... 1293
Job 1.10 al trabajo de sus manos has dado *b* ... 1288
29.13 *b* del que se iba a perder venía sobre ... 1293
Sal 3.8 de Jehová; sobre tu pueblo sea tu *b* ... 1293

21.3 has salido al encuentro con *b* de bien 1293
24.5 él recibirá *b* de Jehová, y justicia del 1293
37.26 y presta; y su descendencia es para *b* 1293
109.17 no quiso la *b*, y ella se alejó de él 1293
115.14 aumentará Jehová *b* sobre vosotros......... 3254
119.56 *b* tuve porque guardé tus mandamientos
129.8 ni dijeron los... *B* de Jehová sea sobre........ 1293
133.3 allí envía Jehová *b*, y vida eterna............ 1293
145.16 y colmas de *b* a todo ser viviente
Pr 10.6 *b* sobre la cabeza del justo; pero............... 1293
10.22 la *b* de Jehová es la que enriquece, y......... 1293
11.11 por la *b* de los rectos la ciudad será.......... 1293
11.26 *b*... sobre la cabeza del que lo vende 1293
24.25 felicidad, y sobre ellos vendrá gran *b* 1293
28.20 el hombre de verdad tendrá muchas *b* 1293
Is 19.24 Israel será tercero con... para *b* en 1293
44.3 derramaré sobre... mi *b* sobre tus renuevos... 1293
65.8 no lo desperdicies, porque *b* hay en él......... 1293
Ez 34.26 daré *b* a ellas... lluvias de *b* serán 1293
44.30 para que repose la *b* en vuestras casas....... 1293
Jl 2.14 dejará *b* tras de él, esto es, ofrenda 1293
Zac 8.13 de Israel, así os salvaré y seréis *b*............ 1293
Mal 2.2 y maldeciré vuestras *b*; y aun las he........... 1293
3.10 derramaré sobre vosotros *b* hasta que 1293
Ro 15.29 con abundancia de la *b* del evangelio *2129*
1 Co 10.16 la copa de *b* que bendecimos, ¿no *2129*
Gá 3.14 *b* de Abraham alcanzase a los gentiles........ *2129*
Ef 1.3 nos bendijo con toda *b* espiritual en............. *2128*
He 6.7 que bebe la lluvia... recibe *b* de Dios *2129*
12.17 deseando heredar la *b*, fue desechado........ *2129*
Stg 3.10 misma boca proceden *b* y maldición.......... *2129*
1 P 3.9 fuisteis llamados... que heredaseis *b* *2129*
Ap 7.12 la *b*... *a* nuestro Dios por los siglos *2129*

BENDITO *Véase Bendecir*

BENE-BERAC *Ciudad en Dan*, Jos 19.45 1139

BENÉFICA
Neh 2.8 según la *b* mano de Jehová sobre mí.......... 2896

BENEFICIAR
Est 3.8 al rey nada le *beneficia* el dejarlos............. 7737
1 Ti 6.2 son... amados los que se *benefician*............. *482*

BENEFICIO
1 R 8.66 todos los *b* que Jehová había hecho........... 2896
2 Cr 7.10 por los *b* que Jehová había hecho a 2896
Sal 68.19 cada día nos colmade *b* el Dios de
103.2 bendice... y no olvides ninguno de sus *b* 1576
104.24 obras... la tierra está llena de tus *b* 7075
116.12 ¿qué pagaré a Jehová por todos sus *b*....... 8408
Is 63.7 de la grandeza de sus *b* hacia la casa 2898
Hch 4.9 se nos interroga acerca del *b* hecho a......... *2108*
1 Co 10.33 no procurando mi propio *b*, sino el......... *4851*
Fil 1.22 mas si el vivir... resulta para mí en *b* *2590*

BENE-JAACÁN *Lugar donde acampó Israel (=Beerot-bene-jaacán)*, Nm 33.31,32 1142

BENEPLÁCITO
Ef 1.9 a conocer el misterio de... según su *b* *2107*

BENEVOLENCIA
Rt 2.20 no ha rehusado a los vivos la *b* que............ 2617
2 R 25.28 y le habló con *b*, y puso su trono............ 2896
Est 2.17 halló ella gracia y *b* delante de él............. 2617
Sal 51.18 haz bien con tu *b* a Sion; edifica 7522
106.4 acuérdate de mí... según tu *b* para con....... 7522
Pr 14.35 la *b* del rey es para con el servidor........... 7522
16.15 y su *b* es como nube de lluvia tardía 7522
18.22 halla el bien, y alcanza la *b* de Jehová......... 7522

BEN-HAIL *Príncipe y oficial del rey Josafat*, 2 Cr 17.7 1134

BEN-HANÁN *Descendiente de Judá*, 1 Cr 4.20 ... 1135

BENIGNAMENTE
2 S 18.5 tratad *b* por amor de mí al... Absalón............ 3814

BENIGNIDAD
2 S 22.36; Sal 18.35 tu *b* me ha engrandecido 6031
Os 2.19 te desposaré conmigo en justicia... *b*.......... 2617
Ro 2.4 ¿o menosprecias las riquezas de su *b*........... *5544*
2.4 ignorando que su *b*... al arrepentimiento?...... *5544*
Gá 5.22 amor, gozo, paz, paciencia, *b*, bondad......... *5544*
Col 3.12 de *b*, de humildad, de mansedumbre........... *5544*
1 P 2.3 es que habéis gustado la *b* del Señor........... *5543*

BENIGNO, A
Sal 69.16 respóndeme, Jehová, porque *b* es tu......... 2896
135.3 salmos a su nombre, porque él es *b* 5273
Lc 6.35 **él es *b* para con los ingratos y malos** *5543*
1 Co 13.4 el amor es sufrido, es *b*; el amor *5541*
Ef 4.32 sed *b* unos con otros, misericordiosos.......... *5543*
Stg 3.17 amable, *b*, llena de misericordia y *2138*

BENINU *Firmante del pacto de Nehemías*, Neh 10.13 1148

BENJAMÍN
1. Hijo menor de Jacob y la tribu que formó su posteridad
Gn 35.18 llamó su nombre su padre lo llamó *B* 1144
35.24 los hijos de Raquel: José y *B*................... 1144
42.4 mas Jacob no envió a *B*, hermano de José..... 1144
42.36 a *B* le llevaréis; contra mí son todas......... 1144
43.14 suelte al otro... hermano, y a este *B* 1144
43.15 doble cantidad de dinero, y a *B*; y se.......... 1144
43.16 y vio José a *B* con ellos, y dijo al.............. 1144
43.29 y alzando José sus ojos vio a *B* su 1144
43.34 la porción de *B* era cinco veces mayor 1144
44.12 la copa fue hallada en el costal de *B*.......... 1144
45.12 ojos ven, y los ojos de mi hermano *B* 1144
45.14 sobre el cuello de *B*... también *B* lloró 1144
45.22 a *B* dio trescientas piezas de plata 1144
46.19 los hijos de Raquel, mujer de Jacob *B* 1144
46.21 hijos de *B* fueron Bela, Bequer, Asbel......... 1144
49.27 *B* es lobo arrebatador... comerá la presa..... 1144
Éx 1.3 Isacar, Zabulón, *B*.................................... 1144
Nm 1.11 de *B*, Abidán hijo de Gedeoni.................... 1144
1.36 de los hijos de *B*, por su descendencia 1144
1.37 contados de la tribu de *B* fueron 35.400........ 1144
2.22 y la tribu de *B*; y el jefe de los... de *B*.......... 1144
7.60 el príncipe de los hijos de *B*, Abidán........... 1144
10.24 sobre... los hijos de *B*, Abidán hijo de......... 1144
13.9 de la tribu de *B*, Palti hijo de Rafú 1144
26.38 los hijos de *B* por sus familias: de 1144
26.41 son los hijos de *B* por sus familias............ 1144
34.21 la tribu de *B*, Elidad hijo de Quislón 1144
Dt 27.12 bendecir al pueblo... Isacar, José y *B* 1144
33.12 a *B* dijo: El amado de Jehová habitará........ 1144
Jos 18.11 se sacó la suerte de la tribu... de *B* 1144
18.20 esta es la heredad de los hijos de *B*........... 1144
18.21 ciudades de la tribu de los hijos de *B* 1144
18.28 esta es la heredad de los hijos de *B*............ 1144
21.4 obtuvieron por suerte... de la tribu de *B* 1144
21.17 la tribu de *B*, Gabaón con sus ejidos.......... 1144
Jue 1.21 no lo arrojaron los hijos de *B*, y el 1144
1.21 el jebuseo habitó con los hijos de *B* 1144
5.14 en pos de ti, *B*, entre tus pueblos; de 1144
10.9 guerra... contra *B* y la casa de Efraín 1144
19.14 se les puso el sol junto a Gabaa... de *B* 1144
19.16 pero los moradores de... eran hijos de *B* 1144
20.3 y los hijos de *B* oyeron que... de Israel.......... 1144
20.4 llegué a Gabaa de *B*... para pasar allí la....... 1144
20.10 para que yendo a Gabaa de *B* le hagan 1144
20.12 enviaron varones por toda la tribu de *B*....... 1144
20.13 los de *B* no quisieron oír la voz de sus 1144
20.14 de *B* se juntaron... para salir a pelear.......... 1144
20.15 fueron contados en... los hijos de *B* de........ 1144
20.17 contados... fuera de *B*, 400.000 hombres 1144
20.18 en la guerra contra los hijos de *B*? 1144
20.20 salieron... de Israel a combatir contra *B* 1144
20.21 los hijos de *B*, derribaron... día 22.000 1144
20.23 ¿volveremos a pelear con los hijos de *B* 1144
20.24 se acercaron, contra los hijos de *B* 1144
20.25 aquel segundo día, saliendo *B* de Gabaa 1144
20.28 a salir contra los hijos de *B* nuestros 1144
20.30 contra los hijos de *B* el tercer día.............. 1144
20.31 salieron los hijos de *B* al encuentro............ 1144
20.32 los hijos de *B* decían: Vencidos son 1144
20.35 derrotó Jehová a *B* delante de Israel 1144
20.35 mataron 25.100 hombres de *B*, todos lo........ 1145
20.36 vieron los... de *B* que eran derrotados......... 1144
20.36 los hijos de Israel cedieron campo a *B*......... 1145
20.39 los de *B* comenzaron a herir y matar a.......... 1144
20.40 los de *B* miraron hacia atrás... el humo 1145
20.41 los de *B* se llenaron de temor... vieron......... 1144
20.43 así cercaron a los de *B*, y los acosaron 1145
20.44 y cayeron de *B* dieciocho mil hombres........... 1144
20.46 *B* murieron aquel día, 25.000 hombres......... 1144
20.48 volvieron sobre los hijos de *B*, y los........... 1144
21.1 ninguno de... dará su hija a los de *B* por....... 1144
21.6 de Israel se arrepintieron a causa de *B*......... 1144
21.13 envió... a hablar a los hijos de *B* que 1144
21.14 y volvieron entonces los de *B*, y les 1144
21.15 el pueblo tuvo compasión de *B*, porque........ 1144
21.16 porque fueron muertas... mujeres de *B*......... 1144
21.17 tenga *B* herencia en los que... escapado........ 1144
21.20 mandaron a los hijos de *B*, diciendo 1144
21.21 arrebatad cada uno... idos a tierra de *B*........ 1144
21.23 hijos de *B* lo hicieron así; y tomaron........... 1144
1 S 4.12 corriendo... un hombre de *B*, llegó el.......... 1144
9.1 había un varón de *B*, hombre valeroso, el 1144
9.4 por la tierra de *B*, y no las encontraron 1145
9.16 enviaré a ti un varón de la tierra de *B* 1144
9.21 Saúl respondió... ¿No soy yo hijo de *B* 1145
9.21 de la más pequeña... de la tribu de *B*?.......... 1144
10.2 dos hombres... en el territorio de *B*, en 1144
10.20 de Israel, fue tomada la tribu de *B* 1144
10.21 e hizo llegar la tribu de *B* por sus 1144
13.2 mil estaban con Jonatán en Gabaa de *B*....... 1144
13.15 Samuel, subió de Gilgal a Gabaa de *B*......... 1144
13.16 Saúl, pues... se quedaron en Gabaa de *B* 1144
14.16 vieron desde Gabaa de *B*... la multitud 1144
22.7 oíd ahora, hijos de *B*; ¿Os dará también 1145
2 S 2.9 lo hizo rey sobre... *B* y... todo Israel............. 1144
2.15 doce de *B* por parte de Is-boset hijo de 1144
2.25 se juntaron los hijos de *B* en pos de............ 1144
2.31 hirieron de los de *B* y de los de Abner 1144
3.19 habló también Abner a los de *B*; y fue 1144
3.19 que parecía bien a... toda la casa de *B* 1144
4.2 de los hijos de *B* (porque Beerot era... *B* 1144
16.11 vida; ¿cuánto más ahora un hijo de *B*? 1145
19.16 y Simei hijo de Gera, hijo de *B*, que............ 1145
19.17 con él venían mil hombres de *B*... Siba 1144
20.1 hombre de *B*, el cual tocó la trompeta 1145
21.14 sepultaron... de Jonatán en tierra de *B* 1144
23.29 Itai hijo... de Gabaa de los hijos de *B* 1144
1 R 2.8 Simei... de *B*, de Bahurim... me maldijo 1145
4.18 Simei hijo de Ela, en *B*........................... 1144
12.21 Roboam... reunió a toda... a las tribu de *B*.... 1144
12.23 habla a Roboam... a toda la casa de... *B*........ 1144
15.22 edificó el rey Asa... a Geba de *B*, y a............ 1144
1 Cr 2.2 Dan, José, *B*, Neftalí, Gad y Aser.............. 1144
6.60 de la tribu de *B*, Geba con sus ejidos............ 1144
6.65 dieron... de la tribu de los hijos de *B*............ 1144
7.6 los hijos de *B* fueron tres: Bela, Bequer 1144
8.1 *B* engendró a Bela su... Asbel el segundo 1144
8.40 todos éstos fueron de los hijos de *B*............ 1144
9.3 habitaron en Jerusalén... los hijos de *B* 1144
9.7 de los hijos de *B*: Salú hijo de Mesulam 1144
11.31 Itai hijo de Ribai... de los hijos de *B*........... 1144
12.2 con arco. De los hermanos de Saúl de *B* 1144
12.16 de los hijos de *B*... vinieron a David al 1144
12.29 de los hijos de *B*... tres mil; porque 1144
21.6 no fueron contados... ni los hijos de *B* 1144
27.21 de los de *B*, Jaasiel hijo de Abner.............. 1144
2 Cr 11.1 vino Roboam... reunió... de Judá y de *B*...... 1144
11.3 habla a todos los israelitas en Judá y *B* 1144
11.10 eran ciudades fortificadas de Judá y *B* 1144
11.12 fortificó... Judá y *B* le estaban sujetos 1144
11.23 esparció a todos sus hijos por... de *B* 1144
14.8 ejército... de *B* doscientos ochenta mil.......... 1144
15.2 Asa y todo Judá y *B*: Jehová estará con........ 1144
15.8 Asa... quitó los ídolos... de Judá y de *B*......... 1144
15.9 después reunió a todo Judá y *B*, y con 1144
17.17 de *B*, Eliada, hombre muy valeroso, y.......... 1144
25.5 les puso jefes de... sobre todo Judá y *B* 1144
31.1 derribaron... los altares por todo Judá y *B* 1144
34.9 el dinero... recogido... de todo Judá y *B*........ 1144
34.32 se obligaran... los que estaban en... *B* 1144
Esd 1.5 levantaron los jefes... de Judá y de *B* 1144
4.1 oyendo los enemigos de Judá y de *B* que........ 1144
10.9 todos los hombres... de *B* se reunieron 1144
Neh 11.4 habitaron algunos de los... hijos de *B* 1144
11.7 estos son los hijos de *B*: Salú hijo de 1144
11.31 y los hijos de *B* habitaron desde Geba......... 1144
11.36 en los repartimientos de Judá y de *B* 1144
Est 2.5 de Simei, hijo de Cis, del linaje de *B*............ 1145
Sal 7 *tít.* de las palabras de Cus hijo de *B* 1145
68.27 estaba el joven *B*, señoreador de ellos........ 1144
80.2 despierta tu poder delante de... *B* y de 1144
Jer 1.1 estuvieron en Anatot, en tierra de *B* 1144
6.1 huid, hijos de *B*, de en medio de Jerusalén....... 1144
17.26 vendrán... de Judá... de tierra de *B*, de la..... 1144
32.8 compra... heredad... Anatot en tierra de *B* 1144
32.44 en tierra de *B* y en los contornos de 1144
33.13 en la tierra de *B*... aún pasarán ganados 1144
37.12 salía Jeremías de... irse a tierra de *B*.......... 1144
Ez 48.22 el límite de Judá y el límite de *B* 1144
48.23 el lado del mar, tendrá *B* una porción.......... 1144
48.24 junto al límite de *B*, desde el lado.............. 1144
48.32 la puerta de *B*, otra; la puerta de Dan 1144
Os 5.8 tocad bocina en Gabaa... tiembla, oh *B*......... 1144
Abd 19 poseerán el monte de Esaú... *B* a Galaad 1144
Hch 13.21 Saúl hijo... varón de la tribu de *B* *958*
Rom 11.1 yo soy israelita... de la tribu de *B*............ *958*
Fil 3.5 de la tribu de *B*, hebreo de hebreos *958*
Ap 7.8 de la tribu de *B*, doce mil sellados *958*
2. Nieto de No.1, 1 Cr 7.10............................ 1144
3. Uno de los que se casaron con mujeres extranjeras en tiempo de Esdras, Esd 10.32 1144
4. Uno que ayudó en la reparación del muro de Jerusalén, Neh 3.23 1144
5. Príncipe de Judá en tiempo de Nehemías (posiblemente =No.4), Neh 12.34....................... 1144
6. «Puerta de Benjamín», una puerta de Jerusalén .. 1144
Jer 20.2 el cepo... en la puerta superior de *B* 1144
37.13 fue a la puerta de *B*, estaba allí un 1144
38.7 estando sentado el rey a la puerta de *B* 1144
Zac 14.10 desde la puerta de *B* hasta el lugar 1144

BENJAMITA *Descendiente de Benjamín No. 1*
Jue 3.15 levantó... Aod... *b*, el cual era zurdo 1145
21.18 maldito el que diere mujer a los *b* 1144
1 S 9.1 Becorat, hijo de Afía, hijo de un *b* 1144
1 Cr 27.12 el noveno mes era Abiezer... los *b* 1145

BENO *Levita, descendiente de Merari*, 1 Cr 24.26,27.. 1121

BENONI = *Benjamín No.1*, Gn 35.18............... 1126

BENZOHET *Descendiente de Judá*, 1 Cr 4.20..... 1132

BEÓN *Población en Moab*, Nm 32.3............... 1194

BEOR
1. Padre de Bela rey de Edom, Gn 36.32; 1 Cr 1.43.... 1160
2. Padre de Balaam, Nm 22.5; 24.3,15; 31.8, Dt 23.4; Jos 13.22; 24.9; Mi 6.5; 2 P 2.15............. 1160

BEQUER
1. Hijo de Benjamín, Gn 46.21; 1 Cr 7.6; 7.8(2)....... 1071
2. Descendiente de Efraín, Nm 26.35.................. 1071

BEQUERITA *Descendiente de Bequer No.2*
Nm 26.35 1076

BERA *Rey de Sodoma*, Gn 14.2.................... 1298

BERACA
1. Guerrero que se unió a David en Siclag, 1 Cr 12.3 ... 1294
2. Valle en el desierto de Judá, 2 Cr 20.26(2) 1294

BERAÍAS *Descendiente de Benjamín*, 1 Cr 8.21 .. 1256

BEREA *Ciudad en Macedonia*
Hch 17.10 enviaron de noche a Pablo... hasta *B* *960*
17.13 también en *B* era anunciada la palabra *960*
20.4 le acompañaron... Sópater de *B*, Aristarco *960*

BERED
1. Lugar entre Palestina y Egipto, Gn 16.14.......... 1260
2. Hijo de Efraín, 1 Cr 7.20.............................. 1260

BERENICE *Hermana del rey Agripa*
Hch 25.13 rey Agripa y *B* vinieron a Cesarea............ *959*
25.23 viniendo Agripa y *B* con mucha pompa......... *959*
26.30 se levantó el rey... y *B*, y los que se *959*

BEREQUIAS
1. Hijo de Zorobabel, 1 Cr 3.20 1296
2. Padre de Asaf No. 2, 1 Cr 6.39; 15.17............... 1296

3. Habitante de Jerusalén después del cautiverio, 1 Cr 9.16 1296
4. Portero del arca, 1 Cr 15.23 1296
5. Uno de los principales de Efraín en tiempo del rey Peka, 2 Cr 28.12 1296
6. Padre de Mesulam No. 13, Neh 3.4,30; 6.18 1296
7. Padre del profeta Zacarías, Zac 1.1,7; Mt 23.35 ... 1296

BERI *Descendiente de Aser*, 1 Cr 7.36 1275

BERÍA
1. Descendiente de Aser, Gn 46.17(2); Nm 26.44,45; 1 Cr 7.30,31 1283
2. Descendiente de Efraín, 1 Cr 7.23 1283
3. Descendiente de Benjamín, 1 Cr 8.13,16 1283
4. Descendiente de Simei No. 1, 1 Cr 23.10,11 1283

BERIAÍTAS *Descendientes de Bería No. 1*
Nm 26.44 1284

BERILO
Éx 28.20; 39.13 cuarta hilera, un *b*, un ónice 8658
Ez 28.13 tu vestidura... *b* y ónice; de zafiro 8658
Dn 10.6 su cuerpo era como de *b*, y su rostro 8658
Ap 21.20 el octavo, *b*; el noveno, topacio *969*

BERIT *Dios adorado en Siquem (=Baal-berit)*, Jue 9.46 1286

BERMEJO
Ap 6.4 y salió otro caballo, *b*; y al que lo *4450*

BERMELLÓN
Jer 22.14 la cubre de cedro, y la pinta de *b* 8350

BERNABÉ *Compañero de los apóstoles (=José No. 12)*
Hch 4.36 José, a... pusieron por sobrenombre *B* *921*
9.27 *B*, tomándole, lo trajo a los apóstoles *921*
11.22 enviaron a *B* que fuese hasta Antioquía *921*
11.25 fue *B* a Tarso para buscar a Saulo; y *921*
11.30 enviándolo... por mano de *B* y de Saulo *921*
12.25 y *B* y Saulo, cumplido su servicio *921*
13.1 profetas y maestros: *B*, Simón el que se *921*
13.2 apartadme a *B* y a Saulo para la obra a *921*
13.7 éste, llamando a *B* y a Saulo, deseaba *921*
13.43 muchos de los... siguieron a Pablo y a *B* *921*
13.46 Pablo y *B*, hablando con denuedo, dijeron *921*
13.50 levantaron persecución contra Pablo y *B* *921*
14.12 *B* llamaban Júpiter, y a Pablo Mercurio *921*
14.14 oyeron... *B* y Pablo, rasgaron sus ropas *921*
14.20 día siguiente salió con *B* para Derbe *921*
15.2 como Pablo y *B* tuviesen una discusión *921*
15.2 se dispuso que subiesen Pablo y *B* a *921*
15.12 oyeron a *B*... que contaban cuán grandes *921*
15.22 enviarlos a Antioquía con Pablo y *B* *921*
15.25 enviarlos a vosotros con... *B* y Pablo *921*
15.35 y Pablo y *B* continuaron en Antioquía *921*
15.36 Pablo dijo a *B*: Volvamos a visitar a *921*
15.37 *B* quería que llevasen consigo a Juan *921*
15.39 *B*, tomando a Marcos, navegó a Chipre *921*
1 Co 9.6 ¿o sólo yo y *B* no tenemos derecho de *921*
Gá 2.1 después... otra vez a Jerusalén con *B* *921*
2.9 dieron a mí y a *B* la diestra en señal de *921*
2.13 aun *B* fue... arrastrado por la hipocresía *921*
Col 4.10 os saluda, y Marcos el sobrino de *B* *921*

BEROTA *Población en la frontera norte de Israel (=Berotai)*, Ez 47.16 1268

BEROTAI *Ciudad en Siria (=Berota)*, 2 S 8.8 1268

BESAI *Jefe de una familia de sirvientes del templo*, Esd 2.49; Neh 7.52 1153

BESAR
Gn 27.26 acércate ahora, *y bésame*, hijo mío 5401
27.27 y Jacob se acercó, y le *besó*; y olió 5401
29.11 Jacob *besó* a Raquel, y alzó su voz y 5401
29.13 Labán... lo *besó*, *y lo* trajo a su casa 5401
31.28 ni aun me dejaste *besar a* mis hijos y 5401
31.55 Labán... *besó* sus hijos y sus hijas, y 5401
33.4 Esaú... echó sobre su cuello, y le *besó* 5401
45.15 y *besó* a todos sus hermanos, y lloró 5401
48.10 acercarse... y él les *besó y les* abrazó 5401
50.1 echó José... y lloró sobre él, y lo *besó* 5401
Éx 4.27 lo encontró en el monte de... y le *besó* 5401
18.7 Moisés salió a... se inclinó, y lo *besó* 5401
Rt 1.9 Luego las *besó*, y ellas 5401
1.14 *besó* a su suegra, mas Rut se quedó con 5401
1 S 10.1 la derramó... cabeza, y lo *besó* 5401
20.41 *besándose* el uno al otro, lloraron 5401
2 S 14.33 inclinó su... y el rey *besó* a Absalón 5401
15.5 él extendía la mano y lo... y lo *besaba* 5401
19.39 el rey *besó* a Barzilai, y lo bendijo 5401
20.9 tornó... la barba de Amasa, para *besarlo* 5401
1 R 19.18 queden... cuyas bocas no lo *besaron* 5401
19.20 te ruego que me dejes *besar* a mi padre 5401
Job 31.27 si mi corazón... mi boca *besó* mi mano 5401
Sal 85.10 la justicia y la paz se *besaron* 5401
Pr 7.13 se asió de él, y le *besó*... descarado 5401
24.26 *besados*... los labios del que responde 5401
Cnt 1.2 si él me *besara* con besos de su boca 5401
8.1 hallándote fuera, te *besaría*, y no me 5401
Os 13.2 dicen a los... que *besen los* becerros 5401
Mt 26.48 al que yo *besare*, ése es; prendedle *5368*
26.49 se acercó... ¡Salve, Maestro! Y le *besó* *2705*
Mr 14.44 al que yo *besare*, ése es; prendedle *5368*
14.45 le dijo: Maestro, Maestro. Y le *besó* *2705*
Lc 7.38 y *besaba sus* pies, y los ungía con el *2705*
7.45 **ésta... no ha cesado de *besar* mis pies** *5370*
15.20 **y se echó sobre su cuello, y le *besó*** *2705*
22.47 y se acercó hasta Jesús para *besarle* *5368*
Hch 20.37 echándose al cuello de... le *besaban* *2705*

BESER
1. Ciudad de los levitas en Dan, Dt 4.43; Jos 20.8; 21.36; 1 Cr 6.78 1221
2. Descendiente de Aser, 1 Cr 7.37 1221

BESO
Pr 27.6 importunos los *b* del que aborrece 5390
Cnt 1.2 si él me besara con *b* de su boca! 5390
Lc 7.45 **no me diste *b*; mas ésta... no ha cesado** *5370*
22.48 **¿con un *b* entregas al Hijo del Hombre?** *5370*

BESODÍAS *Padre de Mesulam No. 14*
Neh 3.6 1152

BESOR *Torrente en la región de Siclag*, 1 S 30.9,10,21 1308

BESTIA
Gn 1.24 produzca... *b* y serpientes y animales 2416
1.26 señoree... en las *b*, en toda la tierra 929
1.28 en todas las *b* que se mueven sobre la
1.30 toda *b* de la tierra, y a todas las aves 2416
2.19 formó... de la tierra toda *b* del campo 2416
2.20 y puso Adán nombre a toda *b* y ave de 2416
3.14 maldita serás entre todas las *b* y entre 2416
6.7 el hombre hasta la *b*, y hasta el reptil 929
6.20 las *b* según su especie, de todo reptil 929
7.21 murió... de aves corno de ganado y de *b* 929
7.23 destruido... desde el hombre hasta la *b* 929
8.1 se acordó Dios de Noé... y de todas las *b* 929
8.17 de aves y de *b* y de todo reptil que se 929
9.10 aves, animales y toda *b* de la tierra que 929
34.23 sus bienes y todas sus *b* serán nuestros 4735
36.6 Esaú tomó... sus *b*, y todo cuanto había 4735
37.20,33 alguna mala *b* lo devoró 2416
45.17 cargad vuestras *b*, e id, volved a la 1165
Éx 8.17,18 piojos... los hombres como en las *b* 929
9.9,10 úlceras en los hombres y en las *b* 929
9.22 venga granizo en... Egipto... sobre las *b*, y 929
9.25 aquel granizo hirió en... hombres como *b* 929
11.5 morirá todo... todo primogénito de las *b* 929
11.7 hombre hasta la *b*, ni un perro moverá su 929
12.12 heriré... de los hombres como de las *b* 929
13.15 hizo morir en... el primogénito de la *b* 929
20.10 no hagas en él obra alguna, tú... ni tu *b* 929
22.5 si alguno... metiere su *b* en campo de otro 1165
22.14 si alguno hubiere tomado prestada *b* de
22.19 cualquiera... cohabitare con *b*, morirá 929
23.11 lo que quedare comerán las *b* del campo 2416
Lev 5.2 sea cadáver de *b* inmunda, o,... de animal 2416
7.26 ninguna sangre comeréis... de aves ni de *b* 929
11.46 esta es la ley acerca de las *b*, y las 929
20.15 tuviere cópula con *b*... mataréis a la *b* 929
25.7 a la *b* que hubiere en tu tierra, será 2416
26.6 quitar de vuestra tierra las malas *b* 2416
26.22 enviaré contra vosotros *b* fieras que 2416
Nm 20.4 muramos aquí nosotros y nuestras *b*? 1165
20.8 sacarás aguas y... darás de beber... a sus *b* 1165
20.11 peña... y bebió la congregación, y sus *b* 1165
31.9 de Israel llevaron cautivas... todas sus *b* 929
31.11 y tomaron todo... de hombres como de *b* 929
3 1.26 cuenta... de las personas como de las *b* 929
32.26 nuestras *b*, estarán... en las ciudades 929
35.3 y los ejidos de ellas serán para... sus *b* 929
Dt 27.21 maldito el que se ayuntare con... *b* 929
28.4 bendito... el fruto de tus *b*, la cría de 929
28.11 en el fruto de tu *b*, y en el fruto de 929
28.51 comerá el fruto de tu *b* y el truto de 929
30.9 te hará... abundar... en el fruto de tu *b* 929
Jos 8.2 sus despojos y sus *b* tomaréis para 929
8.27 los israelitas tomaron para sí las *b* y 929
11.14 tomaron... y las *b* de aquellas ciudades 929
Jue 20.48 hirieron... las *b* y todo lo... hallado 929
1 S 17.44 y daré tu carne... a las *b* del campo 929
17.46 daré... filisteos... a las *b* de la tierra 2416
1 R 4.28 cebada y paja para... las *b* de carga 7409
18.5 hierba... para que no nos quedemos sin *b* 929
2 R 3.9 faltó agua... para las *b* que los seguían 929
3.17 agua, y beberéis vosotros, y vuestras *b* 4735
2 Cr 32.28 hizo... establos para toda clase de *b* 929
Job 12.7 pregunta ahora a las *b*, y ellas te 929
18.3 ¿por qué somos tenidos por *b*, y... viles? 929
35.11 nos enseña más que a las *b* de la tierra 929
37.8 las *b* entran en su escondrijo, y se están 2416
39.15 y que puede quebrarlos la *b* del campo 2416
40.20 montes... y toda *b* del campo retoza allá 2416
Sal 8.7 todo ello, y asimismo las *b* del campo 929
49.12 hombre... semejante a las *b* que perecen 929
49.20 y no entiende, semejante es a las *b* 929
50.10 porque mía es toda *b* del bosque, y los 2416
73.22 tan torpe era... como una *b* delante de ti 929
78.48 entregó al pedrisco sus *b*, y... ganados 1565
79.2 la carne de tus santos a las *b* de la 2416
80.13 la destroza... la *b* del campo la devora 2123
104.11 dan de beber a todas las *b* del campo 2416
104.14 él hace producir el heno para las *b* 929
104.20 en ella corretean todas las *b* de la 2416
135.8 hizo morir... desde el hombre hasta la *b* 929
147.9 él da a la *b* su mantenimiento, y a los 929
148.10 *b* y todo animal, reptiles y volátiles 929
Pr 12.10 el justo cuida de la vida de su *b* 929
Ec 3,18 que ellos mismos son semejantes a las *b* 929
3.19 lo que sucede a las *b*, un mismo suceso 929
3.19 ni tiene más el hombre que la *b*; porque 929
Is 11.6 el león y la *b*, andarán juntos, y un 4806
18.6 serán dejados... para las *b* de la tierra 929
18.6 e invernarán todas las *b* de la tierra 929
30.6 sobre las *b* del Neguev: Por tierra de 929
46.1 imágenes fueron puestas sobre *b*, sobre 2416
46.1 alzadas cual carga, sobre las *b* cansadas 929
56.9 las *b* del campo, todas las fieras, venid 2416
63.14 pastoreó, como a una *b* que desciende 929
Jer 7.33 para comida de... las *b* de la tierra 929
9,10 hasta las *b* de la tierra huyeron, y se 4735
15.3 y aves del cielo y *b* de la tierra para 929
16.4; 19.7 para comida a las aves... y a las *b* 929
21.6 hombres y las *b* morirán de pestilencia 929
27.5 yo hice... las *b* que están sobre la faz de 929
27.6; 28.14 aun las *b* del campo le he dado 2416
34.20 serán comida... de las *b* de la tierra 929
Ez 5.17 enviaré... sobre vosotros... *b* feroces 2416
8.10 toda forma de reptiles y *b* abominables 929
14.13,17,19,21 y cortar de ella hombres y *b* 929
14.15 hiciere pasar *b* feroces por la tierra 2416
25.13 cortaré de ella hombres y *b*... asolaré 929
29.8 espada, y cortaré de ti hombres y *b* 929
31.6 debajo de su ramaje parían todas las *b* 2416
31.13 sobre sus ramas estarán todas las *b* 2416
32.13 *b* destruiré de sobre las muchas aguas 929
32.13 hombre, ni pezuña de *b* las enturbiará 929
38.20 las *b* del campo y toda serpiente que 2416
Dn 2.38 habitan... *b* del campo y aves del cielo 2423
4.12 se ponían a la sombra las *b* del campo 2423
4.14 váyanse las *b* que están debajo de él 2423
4.15 con las *b* sea su parte entre la hierba 2423
4.16 sea dado corazón de *b*, y pasen sobre él 2423
4.21 debajo del cual moraban las *b* del campo 2423
4.23 con las *b* del campo sea su parte, hasta 2423
4.25,32 con las *b* del campo será tu 2423
5.21 mente se hizo semejante a la de las *b* 2423
7.3 cuatro *b* grandes, diferentes la una de la 2423
7.5 segunda *b*, semejante a un oso, la cual 2423
7.6 tenía también esta *b* cuatro cabezas 2423
7.7 la cuarta *b*, espantosa y terrible y en 2423
7.7 era muy diferente de todas las *b* que vi 2423
7.11 miraba hasta que mataron a la *b*, y su 2423
7.12 quitado a las otras *b* su dominio,, pero 2423
7.17 cuatro grandes *b* son cuatro reyes que 2423
7.19 saber la verdad acerca de la cuarta *b* 2423
7.23 la cuarta *b* será un cuarto reino en la 2423
8.4 que ninguna *b* podía parar delante de él 2416
Os 2.12 un matorral, y las comerán las *b* del 2416
2.18 haré para ti pacto con las *b* del campo 2416
4.3 se extenuará... con las *b* del campo y las 2416
Jl 1.18 ¡cómo gimieron las *b*! ¡cuán turbados 929
1.20 las *b* del campo bramarán también a ti 929
Mi 1.13 uncid al carro *b* veloces... moradores
5.8 como el león entre las *b* de la selva 929
Sof 1.3 destruiré los hombres y las *b*... aves 929
2.14 harán en ella majada... las *b* del campo 2416
Hag 1.11 sobre los hombres y sobre las *b*, y 929
Zac 8.10 no ha habido paga de... ni paga de *b* 929
14.15 será la plaga de los... y de todas las *b* 929
1 Co 15.39 otra carne la de las *b*, otra la de *2934*
Tit 1.12 los cretenses... mentirosos, malas *b* *2342*
He 12.20 si aun una *b* tocare el monte, será *2342*
Stg 3.7 naturaleza de *b*... se doma y ha sido *2342*
2 P 2.16 muda *b*... hablando con voz de hombre *880*
Ap 11.7 la *b* que sube del abismo hará guerra *2342*
13.1 vi subir del mar una *b* que tenía *siete* *2342*
13.2 la *b* que vi era *semejante a* un leopardo *2342*
13.3 maravilló toda la tierra en pos de la *b* *2342*
13.4 dado autoridad a la *b*, y adoraron a la *b* *2342*
13.4 ¿quién como la *b*, y quién podrá luchar *2342*
13.11 después vi otra *b* que subía de la tierra *2342*
13.12 ejerce... la autoridad de la primera *b* *2342*
13.12 hace que... adoren a la primera *b*, cuya *2342*
13.14 con las señales... en presencia de la *b* *2342*
13.14 que le hagan imagen a la *b* que *tiene* *2342*
13.15 infundir aliento a la imagen de la *b* *2342*
13.17 tuviese la marca o el nombre de la *b* *2342*
13.18 cuente el número de la *b*... número es 666 .... *2342*
14.9 si alguno adora a la *b* y a su imagen, y *2342*
14.11 no tienen reposo... los que adoran a la *b* *2342*
15.2 habían alcanzado la victoria sobre la *b* *2342*
16.2 sobre los... que tenían la marca de la *b* *2342*
16.10 derramó su copa sobre el trono de la *b* *2342*
16.13 vi salir... de la boca de la *b*, y de la *2342*
17.3 y vi a una mujer sentada sobre una *b* *2342*
17.7 te diré el misterio... de la *b* que la trae *2342*
17.8 *b* que has visto, era, y no es; y está *2342*
17.8 se asombrarán viendo la *b* que era y no *2342*
17.11 la *b* que era, y no es, es... el octavo *2342*
17.12 una hora recibirán autoridad... con la *b* *2342*
17.13 entregarán su... y su autoridad a la *b* *2342*
17.16 y los diez cuernos que viste en la *b* *2342*
17.17 y dar su reino a la *b*, hasta que se *2342*
18.13 trigo, *b*, ovejas, caballos y carros *2342*
19.19 vi a la *b*, a los *reyes de* la tierra *2342*
19.20 la *b* fue apresada, y con ella el falso *2342*
19.20 a los que recibieron la marca de la *b* *2342*
20.4 los que no habían adorado a la *b* ni a su *2342*
20.10 donde estaban la *b* y el falso profeta *2342*

BETA *Ciudad en el reino de Hadad-ezer*, 2 S 8.8 ... 984

BETÁBARA *Lugar al oriente del Jordán donde Juan bautizaba*, Jn 1.28 .... *962*

BET-ANAT *Población en Neftalí*, Jos 19.38; Jue 1.33(2) 1043

BETANIA *Aldea cerca de Jerusalén*
Mt 21.17 salió fuera de la ciudad, a *B*, y posó *963*
26.6 Jesús en *B*, en casa de Simón el leproso *963*
Mr 11.1 a Betfagé y a *B*, frente al monte de *963*
11.11 ya anochecía, se fue a *B* con los doce *963*
11.12 día... cuando salieron de *B*, tuvo hambre *963*

14.3 pero estando él en *B*, en casa de Simón.........963
Lc 19.29 llegando cerca de Betfagé y de *B*, al...........963
24.50 los sacó fuera hasta *B*, y alzando sus..........963
Jn 11.1 estaba entonces enfermo...Lázaro, de *B*........963
11.18 *B* estaba cerca de Jerusalén, como a..........963
12.1 vino Jesús a *B*, donde estaba Lázaro, el.........963

BET-ANOT *Aldea en Judá*, Jos 15.59 1042

BET-ARABÁ *Lugar en la frontera de Judá y Benjamín*, Jos 15.6,61; 18.22 1026

BET-ARAM = *Bet-arán*, Jos 13.27...............1027

BET-ARÁN *Ciudad fortificada en Cad*, Nm 32.36...1028

BET-ARBEL *Lugar en Galaad*, Os 10.14..........1009

BET-ASBEA *Lugar no identificado*, 1 Cr 4.21......791

BET-AVÉN *Población cerca de Bet-el*
Jos 7.2 Jericó a Hai, que estaba junto a *B* 1007
18.12 sube...y viene a salir al desierto de *B* 1007
1 S 13.5 acamparon en Micmas, al oriente de *B* 1007
14.23 así salvó. Y llegó la batalla hasta *B* 1007
Os 4.15 ni subáis a *B*, ni juréis: Vive Jehová 1007
5.8 sonad alarma en *B*; tiembla, oh Benjamín 1007
10.5 por las becerras de *B* serán atemorizados.....1007

BET-AZMAVET = *Azmavet No. 5*, Neh 7.28 1041

BET-BAAL-MEÓN = *Baal-meón*, Jos 13.17........1010

BET-BARA *Población en el valle del Jordán*
Jue 7.24 tomad los vados de *B*...antes que 1012
7.24 hombres de...tomaron los vados de *B*.........1012

BET-BIRAI *Ciudad en Simeón (=Bet-lebaot)*, 1 Cr 4.31 1011

BET-CAR *Lugar no identificado*, 1 S 7.11 1033

BET-DAGÓN
1. Aldea en Judá, Jos 15.41.........................1016
2. Lugar cerca del monte Carmelo, Jos 19.27........1016

BET-DIBLATAIM *Ciudad de Moab*, Jer 48.2 1015

BET-EDÉN = *Edén No. 2*, Am 1.5 5731

BET-EL *Ciudad importante, 18 km. al norte de Jerusalén*
Gn 12.8 se pasó...a un monte al oriente de *B*..........1008
12.8 teniendo a *B* al occidente y Hai al 1008
13.3 desde el Neguev hacia *B*...entre *B* y Hai........1008
28.19 y llamó el nombre de aquel lugar *B* 1008
31.13 yo soy el Dios de *B*, donde tú ungiste 1008
35.1 dijo Dios a Jacob: Levántate y sube a *B*.........1008
35.3 levantémonos y subamos a *B*; y haré allí 1008
35.6 y llegó Jacob a Luz...(esta es *B*), él y 1008
35.8 Débora, ama...fue sepultada al pie de *B* 1008
35.15 llamó Jacob el nombre de aquel lugar...*B*....1008
35.16 después partieron de *B*; y había aún 1008
Jos 7.2 junto a Bet-avén hacia el *oriente* de *B*.........1008
8.9 se pusieron entre *B* y Hai, al occidente 1008
8.12 cinco mil...en emboscada *entre B* y Hai 1008
8.17 no quedó hombre...en *B*, que no saliera.......1008
12.9 el rey de Hai, que está al lado de *B* 1008
12.16 el rey de Maceda...el rey de *B*, otro 1008
16.1 desierto que sube...las montañas de *B* 1008
16.2 de *B* sale a Luz, y pasa a lo largo del 1008
18.13 pasa...al lado sur de Luz (que es *B*), y 1008
18.22 Bet-arabá, Zemaraim, *B*......................1008
Jue 1.22 la casa de José subió contra *B*.................1008
1.23 casa de José puso espías en *B*, ciudad 1008
4.5 la palmera de Débora, *entre* Ramá y *B*, *en* 1008
20.31 los caminos, uno de los cuales sube a *B*
21.19 año hay fiesta...en Silo...al norte de *B*.........1008
21.19 del camino que sube de *B* a Siquem, y 1008
1 S 7.16 daba vuelta a *B*, a Gilgal y a Mizpa 1008
10.3 tres hombres que suben a Dios en *B*...........1008
13.2 dos mil...en Micmas y en el monte de *B* 1008
30.27 envió a los que estaban en *B*, en Ramot 1008
1 R 12.29 y puso uno en *B*, y el otro en Dan............1008
12.32 así hizo en *B*, ofreciendo sacrificios 1008
12.32 ordenó también en *B* sacerdotes para..........1008
12.33 sobre el altar que él había hecho en *B*........1008
13.1 que un varón de Dios...vino de Judá a *B* 1008
13.4 que había clamado contra el altar de *B*.........1008
13.10 el camino por donde había venido a *B*.........1008
13.11 moraba entonces en *B* un viejo profeta.........1008
13.11 que el varón de Dios había hecho...en *B* 1008
13.32 dijo...contra el altar que está en *B* 1008
16.34 su tiempo Hiel de *B* reedificó a Jericó 1017
2 R 2.2 aquí, porque Jehová me ha enviado a *B*.........1008
2.2 no te dejaré. Descendieron, pues, a *B*...........1008
2.3 hijos de los profetas que estaban en *B*..........1008
2.23 subió de allí a *B*; y subiendo por el..............1008
10.29 los becerros de oro que estaban en *B* 1008
17.28 uno de los sacerdotes...y habitó en *B* 1008
23.4 e hizo llevar las cenizas de ellos a *B* 1008
23.15 el altar que estaba en *B*, y...destruyó 1008
23.17 que tú has hecho sobre el altar de *B*...........1008
23.19 e hizo de ellas como había hecho en *B*........1008
1 Cr 7.28 la heredad...de ellos fue *B* con sus 1008
2 Cr 13.19 tomó...a *B* con sus aldeas, a Jesana 1008
Esd 2.28; Neh 7.32 los varones de *B* y Hai...............1008
Neh 11.31 habitaron...en Aía, en *B* y *sus* aldeas.......1008
Jer 48.13 se avergonzó de *B*, su confianza.............1008
Os 10.15 así hará a vosotros *B*, por causa de 1008
12.4 en *B* le halló, y allí habló con nosotros.........1008
Am 3.14 castigaré también los altares de *B*............1008
4.4 id a *B*, y prevaricad; aumentad en Gilgal 1008
5.5 y no busquéis a *B*, ni...*B* será deshecha 1008
5.6 fuego...sin haber en *B* quien lo apague.........1008
7.10 Amasías de *B* envió a decir a Jeroboam 1008
7.13 no profetices más en *B*...es santuario.........1008
Zac 7.2 cuando el pueblo de *B* había enviado

BET-EMEC *Población en la frontera de Aser*, Jos 19.27 1025

BETÉN *Población en la frontera de Aser*, Jos 19.25 ...991

BETER *Población en Judá*, Cnt 2.17.............1336

BET-ESEL *Población en Judá*, Mi 1.11 1018

BETESDA *Estanque en Jerusalém*, Jn 5.2.........*964*

BETFAGÉ *Aldea cerca de Jerusalén*
Mt 21.1 vinieron a *B*, al monte de los Olivos *967*
Mr 11.1 a *B* y a Betania, frente al monte de............*967*
Lc 19.29 llegando cerca de *B* y de Betania, al *967*

BET-GADER *Descendiente de Judá*, 1 Cr 2.51 1013

BET-GAMUL *Población en Moab*, Jer 48.23 1014

BET-HANÁN *Aldea en Dan*, 1 R 4.9 358

BET-HAQUEREM *Aldea en Judá*, Neh 3.14; Jer 6.1 1021

BET-HOGLA *Población en Benjamín*, Jos 15.6; 18.19,21 1031

BET-HORÓN *Dos poblaciones vecinas (la alta y la baja) en Efraín*
Jos 10.10 siguió por el camino que sube a *B* 1032
10.11 la bajada de *B*, Jehová arrojó...piedras 1032
16.3 baja...hasta el límite de *B* la de abajo 1032
16.5 límite...fue desde Atarot-adar hasta *B* 1032
18.13 de Atarot-adar al monte...al sur de *B* 1032
18.14 sur del monte que está delante de *B*..........1032
21.22 y *B* con sus ejidos; cuatro ciudades 1032
1 S 13.18 otro escuadrón marchaba hacia *B*, y 1032
1 R 9.17 restauró, pues, Salomón...a la baja *B* 1032
1 Cr 6.68 Jocmeam con sus ejidos, *B* con sus 1032
7.24 Seera...edificó a *B* la baja y la alta............1032
2 Cr 8.5 reedificó a *B* la de arriba y a *B* la.............1032
25.13 invadieron las...desde Samaria hasta *B*......1032

BET-JESIMOT *Población en la llanura de Moab*, Nm 33.49; Jos 12.3; 13.20; Ez 25.9 1020

BET-LE-AFRA *Lugar no identificado*, Mi 1.10.....1036

BET-LEBAOT *Ciudad en Simeón (=Bet-birai)*, Jos 19.6 1034

BET-MARCABOT *Ciudad en Simeón, cerca de Siclag*, Jos 19.5; 1 Cr 4.31 1024

BET-MEÓN *Población en Moab (=Baal-Meón)*, Jer 48.23 1010

BET-NIMRA *Ciudad fortificada en Gad*, Nm 32.36; Jos 13.27...........................1039

BETONIM *Ciudad en la frontera norte de Gad*, Jos 13.26 993

BET-PASES *Ciudad en la frontera de Isacar*, Jos 19.21 1048

BET-PELET *Ciudad en Judá, cerca de Beerseba*, Jos 15.27; Neh 11.26...............1046

BET-PEOR *Ciudad en Moab*
Dt 3.29 y paramos en el valle delante de *B* 1047
4.46 en el valle delante de *B*, en la tierra 1047
34.6 *lo* enterró en el valle...enfrente de *B*..........1047
Jos 13.20 *B*...laderas de Pisga, Bet-jesimot 1047

BET-RAFA *Descendiente de Judá*, 1 Cr 4.12......1051

BET-REHOB *Población en el norte de Canaán (=Rehob)*
Jue 18.28 estaba en el valle que hay junto a *B* 1050
2 S 10.6 tomaron a sueldo a los sirios de *B* 1050

BETSABÉ *Mujer de Urías heteo, posteriormente de David (=Bet-súa)*
2 S 11.3 es *B*, hija de Eliam, mujer de Urías............1339
12.24 consoló David a *B*...llegándose a ella 1339
1 R 1.11 habló Natán a *B* madre de Salomón 1339
1.15 *B* entró a la cámara del rey; y el rey............1339
1.16 *B* se inclinó, e hizo reverencia al rey 1339
1.28 David respondió...Llamadme a *B*. Y ella 1339
1.31 entonces *B* se inclinó ante el rey, con...........1339
2.13 Adonías hijo de Haguit vino a *B* madre de.....1339
2.18 *B* dijo: Bien; yo hablaré por ti al rey 1339
2.19 vino *B* al rey...para hablarle por Adonías.....1339
Sal 51 *tít* después que se llegó a *B*, vino 1339

BETSAIDA - *Ciudad en la ribera del mar de Galilea*
Mt 11.21 **¡ay de ti, *B*! Porque si en Tiro y en** *966*
Mr 6.45 delante de él a *B*, en la otra ribera *966*
8.22 luego a *B*; y le trajeron un ciego *966*
Lc 9.10 a un lugar desierto de la ciudad...*B* *966*
10.13 **¡ay de ti, Corazín! ¡Ay de ti, *B*! que** *966*
Jn 1.44 Felipe era de *B*, la ciudad de Andrés *966*
12.21 se acercaron a Felipe, que era de *B*...........*966*

BET-SÁN *Ciudad importante donde se une el valle de Jezreel con el del Jordán (=Bet-seán)*
1 S 3 1.10 colgaron su cuerpo en el muro de *B*.........1052
31.12 y quitaron el cuerpo de...del muro de *B*......1052
2 S 21.12 los habían hurtado de la plaza de *B* 1052

BET-SEÁN *Ciudad en Manasés (=Bet-sán)*
Jos 17.11 tuvo...Manasés en...a *B* y sus aldeas........1052
17.16 los que están en *B* y en sus aldeas 1052
Jue 1.27 tampoco Manasés arrojó a los de *B* 1052
1 R 4.12 en toda *B*...desde *B* hasta Abel-mehola 1052
1 Cr 7.29 *B* con sus aldeas, Taamac con sus 1052

BET-SEMES
1. Ciudad en la frontera de Judá y Dan
Jos 15.10 este límite...desciende a *B*, y pasa...........1053
21.16 y *B* con sus ejidos; nueve ciudades............1053
Jue 1.33 tampoco...a los que habitaban en *B*..........1053
1.33 fueron tributarios los moradores de *B*.........1053
1 S 6.9 sube por el camino de su tierra a *B* 1053
6.12 vacas se encaminaron por el camino de *B*.....1053
6.12 Filisteos fueron...hasta el límite de *B*..........1053
6.13 los de *B* segaban el trigo en el valle 1053
6.14 el carro vino al campo de Josué de *B*..........1030
6.15 hombres de *B* sacrificaron holocaustos........1053
6.18 piedra...está en el campo de Josué de *B*........618
6.19 Dios hizo morir a los hombres de *B* 1053
6.20 dijeron los de *B*: ¿Quién podrá estar...........1053
1 R 4.9 en Macaz, en Saalbim, en *B*, en Elón...........1053
2 R 14.11 se vieron las caras...en *B*, que es............1053
14.13 Joás rey de Israel tomó a Amasías...*B* 1053
1 Cr 6.59 con sus ejidos y *B* con sus ejidos..............1053
2 Cr 25.21 vieron cara a...en la batalla de *B* 1053
25.23 Joás rey...apresó en *B* a Amasías rey de.....1053
28.18 los filisteos...habían tomado *B*, Ajalón 1053
2. Ciudad en Isacar, Jos 19.22.......................1053
3. Ciudad en Neftalí, Jos 19.38 1053
4. Ciudad en Egipto (=On o Heliópolis), Jer 43.13...1053

BET-SITA *Lugar en el valle de Jezreel*, Jue 7.22 ..1029

BET-SÚA =*Betsabé*, 1 Cr 3.5....................1340

BET-SUR
1. Población en Judá, Jos 15.58; 2 Cr 11.7; Neh 3.16...1049
2. Descendiente de Judá, 1 Cr 2.45 1049

BET-TAPÚA *Población en Judá*, Jos 15.53........1054

BETUEL
1. Hijo de Nacor y padre de Rebeca
Gn 22.22 Quesed, Hazo, Pildas, Jidlaf y *B*..............1328
22.23 *B* fue el padre de Rebeca. Estos son..........1328
24.15 Rebeca, que había nacido a *B*, hijo de 1328
24.24 soy hija de *B* hijo de Milca, el cual.............1328
24.47 hija de *B* hijo de Nacor, que le dio a 1328
24.50 Labán y *B* respondieron y dijeron: De 1328
25.20 a Rebeca...de *B* arameo de Padan-aram 1328
28.2 casa de *B*, padre de tu madre, y toma 1328
28.5 a Labán hijo de *B* arameo, hermano de.........1328
2. Población en Simeón (=Betul), 1 Cr 4.30.........1328

BETUL *Población en Simeón (=Betuel No. 2)*, Jos 19.4 1329

BEULA *«Desposada», voz poética*, Is 62.4........1166

BEZAI
1. Padre de una familia que regresó del cautiverio, Esd 2.17; Neh 7.23 1209
2. Firmante del pacto de Nehemías, Neh 10.18......1209

BEZALEEL
1. Encargado de la construcción del tabernáculo
Éx 31.2 he llamado por nombre a *B* hijo de Uri........1212
35.30 Jehová ha nombrado a *B* hijo de Uri 1212
36.1 *B* y Aholiab, y todo...sabio de corazón 1212
36.2 Moisés llamó a *B* y a Aholiab y a todo 1212
37.1 hizo...*B* el arca de madera de acacia 1212
38.22 y *B* hijo de Uri, hijo de Hur, de la 1212
1 Cr 2.20 engendró a Uri, y Uri engendró a *B* 1212
2 Cr 1.5 el altar...había hecho *B* hijo de Uri............1212
2. Uno de los que se casaron con mujeres extranjeras en tiempo de Esdras, Esd 10.30 1212

BEZEC
1. Lugar cerca de Jerusalén, Jue 1.4,5................966
2. Ciudad en Manasés, 1 S 11.8......................966

BICRI *Padre de Seba No. 7*, 2 S 20.1,2,6,7,10,13,21,22.....................1075

BIDCAR *Compañero de Jehú cuando mató al rey Joram*, 2 R 9.25.........................920

BIEN *(s.)*
Gn 2.9 árbol de la ciencia del *b* y del mal...............2896
2.17 árbol de la ciencia del *b*...no comerás..........2896
3.5 y seréis como Dios, sabiendo el *b* y el...........2896
3.22 uno de nosotros, sabiendo el *b* y el mal 2896
12.5 tomó...y todos sus *b* que habían ganado 7399
12.16 hizo *b* a Abram por causa de ella; y él.........3190
14.12 tomaron también...sus *b*, y se fueron 7399
14.16 recobró todos los *b*, y...a Lot...y sus *b*..........7399
14.21 dame las personas, y toma para ti los *b* 7399
26.29 como solamente te hemos hecho *b*, y te.......2896
32.9 vuélvete a tu tierra y...y yo te haré *b*...........3190
32.12 yo te haré *b*, y tu descendencia será...........3190
34.23 sus *b* y...sus bestias serán nuestros 7075
34.29 y todos sus *b*; llevaron cautivos a.............2428
36.7 los *b* de ellos eran muchos; y no podían 7399
40.14 acuérdate...de mí cuando tengas ese *b*.......3190
40.16 viendo...que había interpretado para *b*........2896
44.4 ¿por qué habéis vuelto mal por *b*? ¿Por 2896
46.6 tomaron...sus *b* que habían adquirido en 7390
50.20 Dios lo encaminó a *b*, para hacer lo que.......2896
Éx 1.20 y Dios hizo *b* a las parteras; y el................3190
18.9 se alegró Jetro de todo el *b* que Jehová.........2896
22.8 vea si ha metido su mano en *los b* de su 4399
22.11 no metió su mano a *los b* de su prójimo.......4399
33.19 yo haré pasar todo mi *b* delante de tu.........2898
Lv 5.4 si alguno jurare...hacer mal o hacer *b* 3190
Nm 10.29 ven con nosotros, y te haremos *b*.............2895
10.29 porque Jehová ha prometido el *b* a Israel 2896
10.32 tengamos el *b*...nosotros te haremos *b*........2896
16.32 los tragó a ellos, a...y a todos sus *b*............7399

31.9 sus ganados; y arrebataron todos *sus b*. 2428
Dt 6.11 y casas llenas de todo *b*, que tú no 2898
8.16 probándote, para a la postre hacerte *b*. 3190
26.11 te alegrarás en todo el *b* que Jehová 2896
28.11 te hará Jehová sobreabundar en *b*, en 2896
28.63 así como Jehová se gozaba en haceros *b* 3190
30.5 te hará *b*, y te multiplicará más que a 3190
30.9 abundar en. . . fruto de tu tierra, para *b*. 2896
30.9 Jehová volverá a gozarse sobre ti para *b*. 2896
30.15 he puesto delante. . . la vida y el *b* 2896
Jos 24.20 hará mal. . . después que os ha hecho *b* 3190
Jue 8.35 Gedeón, conforme a todo el *b* 2896
1 S 2.32 mientras Dios colma de *b* a Israel
24.17 que me has pagado con *b*, habiéndote. 2896
24.18 mostrado hoy que has hecho conmigo *b*. 2896
24.19 Jehová te pague con *b* por lo que en 2896
25.21 en vano. . . y él me ha vuelto mal por *b* 2896
25.30 Jehová haga. . . conforme a todo el *b* que. 2896
25.31 pues. . . cuando Jehová haga *b* a mi señor. 3190
2 S 2.6 os haré *b* por esto que habéis hecho 2617
7.28 y tú has prometido este *b* a tu siervo 2896
16.12 me dará Jehová *b* por sus maldiciones 2896
18.27 ése es hombre de *b*, y viene con buenas 2896
1 R 1.52 si él fuere hombre de *b*, ni uno de 2428
10.7 es mayor tu sabiduría y *b*, que la fama 2896
22.8 porque nunca me profetiza *b*, sino. . . mal 2896
2 R 8.9 tomó. . . un presente de entre *los b* de. 2896
1 Cr 17.26 que has hablado de tu siervo este *b*. 2896
2 Cr 1.11 no pediste riquezas, *b* o gloria, ni. 5233
1.12 y también te daré riquezas, *b* y gloria 5233
18.17 que no me profetizaría *b*, sino mal? 2896
21.17 y tomaron todos los *b* que hallaron en. 7399
24.16 había hecho *b* con Israel, y para con 2896
32.25 Ezequías no correspondió al *b* que le. 1576
Esd 1.4 ayúdenle. . . con plata, oro, *b* y ganados 7399
1.6 ayudaron con plata y oro, con *b* y ganado 7399
8.21 camino derecho. . . para todos nuestros *b* 7399
8.22 la mano de nuestro Dios es para *b* sobre 2896
9.12 comáis el *b* de la tierra, y la dejéis. 2898
Neh 2.10 procurar el *b* de los hijos de Israel. 2896
2.18 declaré. . . así esforzaron sus manos para *b*. . . . 2896
5.19 acuérdate de mí para *b*, Dios mío, y de 2896
9.25 y heredaron casas llenas de todo *b* 2898
9.35 en tu mucho *b* que les diste, y en la 2898
9.36 diste a. . . que comiesen su fruto y su *b* 2896
13.31 acuérdate de mí, Dios mío, para *b*. 2896
Est 3.13 con la orden de. . . apoderarse de sus *b* 7998
8.11 destruir, y matar. . . apoderarse de sus *b*. 7998
9.10 hijos de Amán. . . pero no tocaron sus *b* 961
9.15,16 y mataron. . . pero no tocaron sus *b* 961
Job 1.10 sus *b* han aumentado sobre la tierra 4735
2.10 ¿recibiremos de Dios el *b*, y el mal no 2896
7.7 y que mis ojos no volverán a ver el *b* 2896
9.25 más ligeros. . . huyeron, y no vieron el *b* 2896
20.18 restituirá. . . conforme a los *b* que tomó 2428
21.16 que su *b* no está en mano de ellos; el 2898
22.18 les había colmado de *b* sus casas. . . Pero 2898
24.21 a la mujer. . . y a la viuda nunca hizo *b* 3190
30.26 esperaba yo el *b*, entonces vino el mal. 2896
Sal 4.6 que dicen: ¿Quién nos mostrará el *b*? 2896
13.6 cantaré a Jehová, porque me ha hecho *b* 1580
14.1 abominables; no hay quien haga el *b* 2896
16.2 mi Señor; no hay para mí *b* fuera de ti 2896
21.3 le ha salido al. . . con bendiciones de *b* 2896
23.6 ciertamente el *b* y la misericordia me 2896
34.10 buscan a Jehová no tendrán falta de. . . *b* 2896
34.12 que desea muchos días para ver el *b*? 2896
34.14 apártate del mal, y haz el *b*; busca la 2896
35.12 me devuelven mal por *b*, para afligir 2896
36.3 ha dejado de ser cuerdo y de hacer el *b* 3190
37.3 confía en Jehová, y haz el *b*; y habitarás. 2896
37.27 apártate del mal, y haz el *b*, y vivirás. 2896
38.20 que pagan mal por *b* me son contrarios 2896
49.6 que confían en sus *b*, y de la. . . se jactan 6239
51.18 haz *b* con tu benevolencia a Sion. . . muros. . . . 3190
52.3 amaste el mal más que el *b*, la mentira 2896
53.1 han corrompido. . . no hay quien haga el *b* 2896
65.4 seremos saciados del *b* de tu casa, de 2898
65.11 coronas el año con tus *b*, y tus nubes 2896
69.22 sea su. . . lo que es para *b*, por tropiezo 7965
73.28 cuanto a mí, acercarme a Dios es el *b* 2896
84.11 no quitará el *b* a los que andan en 2896
85.12 Jehová dará también el *b*, y nuestra. 2896
86.17 haz conmigo señal para *b*, y véanla los. 2896
103.5 el que sacia de *b* tu boca, de modo que 2896
104.28 les das. . . abres tu mano, se sacian de *b*. 2896
106.5 para que yo vea el *b* de tus escogidos 2896
107.9 sacia. . . y llena de *b* al alma hambrienta 2896
109.5 devuelven mal por *b*, y odio por amor 2896
112.3 *b* y riquezas hay en su casa, y su 6239
112.5 el hombre de *b* tiene misericordia, y 2896
116.7 vuelve, oh alma. . . Jehová te ha hecho *b* 1580
119.17 haz *b* a tu siervo; que viva, y guarde 1580
119.122 afianza a tu siervo para *b*; no. 2896
122.9 amor a la casa de Jehová buscaré tu *b* 2896
125.4 haz *b*, oh Jehová, a los buenos, y a los 2895
128.5 veas el *b* de Jerusalén todos los días. 2896
Pr 3.9 honra a Jehová con tus *b*, y. . . primicias 1952
3.27 no te niegues a hacer el *b* a quien es 2896
11.10 en el *b* de los justos. . . se alegra; mas 2898
11.17 a su alma hace *b* el. . . misericordioso 1580
11.23 deseo de los justos es solamente el *b* 2896
11.27 el que procura el *b* buscará favor; mas. 2896
12.14 será saciado de *b* del fruto de su boca. 2896
12.20 alegría en el de los que piensan el *b*. 7965
13.2 fruto de su boca el hombre comerá el *b* 2896
13.21 los justos serán premiados con el *b*. 2896
14.14 el hombre de *b* estará contento del suyo. 2896
14.22 verdad alcanzarán los que piensan el *b* 2896
16.20 el entendido en la palabra hallará el *b* 2896
17.13 da mal por *b*, no se apartará el mal de 2896
17.20 perverso de corazón nunca hallará el *b* 2896
18.22 que halla esposa halla el *b*, y alcanza 2896
19.8 que guarda la inteligencia hallará el *b* 2896
19.17 *b* que ha hecho, se lo volverá a pagar 7965
20.21 *b* que se adquieren de prisa al principio. 5159
24.4 llenarán las cámaras de todo *b* preciado 1952
28.10 fosa; mas los perfectos heredarán el *b* 2896
29.3 el que frecuenta rameras perderá los *b* 1952
31.12 le da ella *b* y no mal todos los días de. 2896
31.29 muchas mujeres hicieron el *b*; mas tú 2428
Ec 2.1 ven ahora, te probaré. . . y gozarás de *b*. 2896
2.3 hasta ver cuál fuese el *b* de los hijos de 2896
3.12 cosa mejor que. . . y hacer *b* en su vida 2896
3.13 que coma. . . y goce el *b* de toda su labor 2896
4.8 para quién. . . y defraudo mi alma del *b*? 2896
5.11 cuando aumentan los *b*, también aumentan 2896
5.11 ¿qué *b*. . . tendrá su dueño, sino verlos con 3788
5.18 he aquí, pues, el *b* que yo he visto; que. 2896
5.18 gozar uno del *b* de todo su trabajo con 2896
5.19; 6.2 hombre a quien Dios da riquezas y *b* 6239
6.3 si su alma no se sació del *b*, y también. 2896
6.6 viviere. . . sin gustar el *b*, ¿no van todos. 2896
6.12 ¿quién sabe cuál es el *b* del hombre en 2896
7.14 en el día del *b* goza del *b*; y en el día. 2896
7.20 no hay. . . hombre. . . haga el *b* y nunca peque. . . 2896
8.15 que no tiene el hombre *b* debajo del sol. 2896
9.18 mejor. . . pero un pecador destruye mucho *b* . . . 2896
Cnt 8.7 si diese el hombre todos los *b* de su. 1952
Is 1.17 aprended a hacer el *b*; buscad el juicio 3190
1.19 si quisiereis y oyereis, comeréis el *b* 2896
41.23 haced *b*, o mal, para que tengamos qué 3190
52.7 que trae nuevas del *b*, del que publica 2896
55.2 oídme atentamente, y comed del *b*, y se. 2896
Jer 2.7 para que comieseis su fruto y su *b* 2898
4.22 el mal, pero hacer el *b* no supieron. 3190
5.25 y vuestros pecados apartaron de. . . el *b*. 2896
8.15 esperamos paz, y no hubo *b*; día de. 2896
12.1 ¿por qué. . . y tienen *b* todos los que se 7951
13.23 ¿podréis vosotros hacer *b*, estando. 3190
14.19 esperamos paz, y no hubo *b*; tiempo de. 2896
15.11 si no te he rogado por su *b*, si no he 2896
17.6 y no verá cuando viene el *b*, sino que 2896
18.10 si hiciere lo malo. . . arrepentiré del *b*. 2896
18.20 ¿se da mal por *b*, pues que han cavado 2896
21.10 porque mi rostro. . . para mal, y no para *b* 2896
24.5 así miraré a los transportados. . . para *b* 2896
24.6 pondré mis ojos sobre ellos para *b*, y 2896
29.32 ni verá el *b* que haré yo a mi pueblo. 2896
31.12 correrán al *b* de Jehová, al pan, al 2898
31.14 mi pueblo será saciado de mi *b*, dice 2898
32.39 para que tengan *b* ellos, y sus hijos. 2896
32.40 que no me volveré atrás de hacerles *b* 3190
32.41 y me alegraré con ellos haciéndoles *b* 2895
32.42 así traeré sobre ellos todo el *b* que 2896
33.9 habrán oído todo el *b* que yo les hago 2896
33.9 y temblarán de todo el *b* y de toda la 2896
39.16 sobre esta ciudad para mal, y no para *b*. 2896
44.27 velo sobre ellos para mal, y no para *b*. 2896
48.7 confiaste en tus *b* y en tus tesoros, tú 4639
Lm 3.17 se alejó de la paz, me olvidé del *b*. 2896
Ez 36.11 os haré mayor *b* que en. . . principios 2896
Os 8.3 desechó el *b*; enemigo lo perseguirá. 2896
14.2 quita toda iniquidad, y acepta el *b*, y
Am 5.15 amad el *b*, y estableced la justicia 2896
9.4 pondré sobre ellos mis ojos. . . no para *b* 2896
Abd 13 haber echado mano a sus *b* en el día de
Mi 1.12 los moradores de Marot anhelaron. . . *b* 2896
2.7 ¿no hacen. . . *b* al que camina rectamente? 3190
Sof 1.12 dicen. . . Jehová ni hará *b* ni hará mal. 3190
1.13 por tanto, serán saqueados sus *b*, y sus. 2428
Zac 1.17 rebosarán. . . con la abundancia del *b*. 2896
8.15 he pensado hacer *b* a Jerusalén y a la. 3190
Mt 5.44 **haced *b* a los que os aborrecen, y orad**. 2573
12.12 lícito hacer el *b* en los días de reposo 2573
12.29 casa del hombre fuerte, y saquear sus *b* 4632
19.16 ¿que *b* haré para tener la vida eterna? 18
24.47 digo que sobre todos sus *b* le pondrá. 5224
25.14 llamó a sus siervos y les entregó sus *b* 5224
Mr 3.4 **en los días de reposo hacer *b*, o hacer**. 15
3.27 ninguno puede entrar. . . y saquear sus *b* 4632
14.7 y cuando queráis les podréis hacer *b* 2095
Lc 1.53 a los hambrientos colmó de *b*, y a los 18
6.9 en día de reposo hacer *b*, o hacer mal? 15
6.27 amad a. . . haced *b* a los que os aborrecen 2573
6.33 si hacéis *b* a los que os hacen *b*, ¿qué. 15
6.35 haced *b*, y prestad, no esperando de ello 15
8.3 y otras muchas que le servían de sus *b* 5224
12.15 no consiste en la abundancia de *los b*
12.18 allí guardaré todos mis frutos y mis *b* 18
12.19 alma, muchos *b* tienes guardados para 15
12.44 digo que le pondrá sobre todos sus *b*
15.12 parte de los *b*. . . y les repartió los *b* 3776
15.13 desperdició sus *b* viviendo perdidamente 3776
15.30 que ha consumido tus *b* con rameras
16.1 **acusado ante él como disipador de sus *b*** 5224
16.25 acuérdate que recibiste tus *b* en tu vida 18
17.31 sus *b* en casa, no descienda a tomarlos. 4632
19.8 la mitad de mis *b* doy a los pobres; y si 5224
Hch 2.45 vendían sus propiedades y sus *b*, y lo 5223
10.38 cómo éste anduvo haciendo *b* y sanando 2109
14.17 haciendo *b*, dándonos lluvias del cielo 15
Ro 2.7 perseverando en *b* hacer, buscan gloria. 18
3.8 decir. . . Hagamos males para que vengan *b*? 15
7.18 y yo sé que. . . en mi carne, no mora el *b* 18
7.18 el querer el *b* está en mí, pero no el. 2570
7.19 porque no hago el *b* que quiero, sino el 18
7.21 queriendo yo hacer el *b*, hallo esta ley 2570
8.28 que aman. . . todas las cosas les ayudan a *b*. 18
9.11 ni habían hecho aún ni *b* ni mal, para 18
12.21 de lo malo, sino vence con el *b* el mal 18
13.3 para infundir temor al que hace el *b*. 18
13.4 porque es servidor de Dios para tu *b* 18
14.16 no sea, pues, vituperado vuestro *b* 18
15.27 han sido hechos participantes de *sus b* 18
16.19 que seáis sabios para el *b*, e ingenuos 18
1 Co 10.24 ninguno busque su propio *b*, sino el
13.3 si repartiese todos mis *b* para dar de 5224
Gá 4.17 tienen celo de. . . pero no para *b*, sino. 2573
6.9 no nos cansemos, pues, de hacer *b*; porque 2570
6.10 hagamos *b* a todos, y mayormente a los 18
Ef 6.8 el *b* que cada uno hiciere, ése recibirá 18
2 Ts 3.13 hermanos, no os canséis de hacer *b*
1 Ti 6.18 hagan *b*, que sean ricos en. . . obras 14
Tit 2.3 no esclavas del vino, maestras del *b* 2570
Flm 6 eficaz en el conocimiento de todo el *b* 18
He 5.14 en el discernimiento del *b* y del mal 2570
9.11 sumo sacerdote de *los b* venideros, por 18
10.1 teniendo la sombra de *los b* venideros 18
10.34 el despojo de vuestros *b* sufristeis 5224
13.16 de hacer *b* y de la ayuda mutua no os 2140
1 P 2.14 para. . . alabanza de los que hacen *b*. 17
2.15 haciendo *b*, hagáis callar la ignorancia. 15
3.6 hacéis el *b*, sin temer ninguna amenaza 15
3.11 apártese del mal, y haga el *b*; busque 18
3.13 hacer daño, si vosotros seguís el *b*? 18
3.17 mejor es que padezcáis haciendo el *b*. 15
4.19 encomienden sus almas al. . . y hagan el *b* 16
1 Jn 3.17 el que tiene *b* de. . . y ve a su hermano 979

BIEN *(adv.)*

Gn 4.7 *si b* hicieres, ¿no serás enaltecido? 3190
4.7 y si no hicieres *b*, el pecado está a la 3190
12.13 para que me vaya *b* por causa tuya, ... 3190
16.6 haz con ella lo que *b* te parezca
19.8 haced de ellas como *b* os pareciere. 2890
20.15 habita donde *b* te parezca
24.1 era Abraham ya viejo, y *b* avanzado
27.36 Esaú respondió: *B* llamaron su nombre 3588
29.6 les dijo: ¿Está *b*? Y ellos dijeron: *B* 7965
34.18 y parecieron *b* sus palabras a Hamor
35.22 ahora *b*, los hijos de Israel
41.37 el asunto pareció *b* a Faraón y 3190
43.27 el anciano que dijisteis, lo pasa *b*?. 7965
43.28 *b* va a tu siervo nuestro padre: aún. 7965
Éx 3.7 *B* he visto la aflicción de mi pueblo
4.14 ¿no conozco yo a tu hermano Aarón,. . . *b*?
10.29 *b* has dicho; no veré más tu rostro. 3651
18.17 suegro. . . dijo: No está *b* lo que haces 2896
23.5 antes *b* le ayudarás a levantarlo
30.35 *b* mezclado, puro y santo
Lv 5.2 *b* que no lo supiere, será
6.2 o *b* robare o calumniare a su prójimo
Nm 14.41 dijo Moisés: Esto tampoco os saldrá *b*
14.25 ahora *b*, el amalecita y el cananeo
19.15 cuya tapa no esté *b* ajustada, será
23.27 parecerá *b* a Dios que. . . lo maldigas
24.1 cuando vio Balaam que parecía *b* a Jehová
27.7 *B* dicen las hijas de Zelofehad 3651
31.23 *b* que en las aguas de purificación habrá
35.23 o *b*, sin verlo hizo caer sobre él
Dt 1.23 Y el dicho me pareció *b*; y
4.9 antes *b*, las enseñarás a tus hijos
4.40 para que te vaya *b* a ti y a tus hijos. 3190
5.16 honra a tu padre. . . para que te vaya *b* 3190
5.28 he oído. . . *b* está todo lo que han dicho 3190
5.29 que a ellos. . . les fuese *b* para siempre! 3190
5.33 para que viváis y os vaya *b*, y tengáis. 2895
6.3 te vaya *b* en la tierra que fluye leche y. 3190
6.18 haz lo recto y bueno. . . para que te vaya *b* 2896
6.24 para que nos vaya *b* todos los días 2896
7.18 para que nos vaya *b* todos los días
9.21 y lo desmenucé moliéndolo muy *b*
12.8 cada uno lo que *b* le parece 3477
12.25,28 para que te vaya *b* a ti y a tus hijos. 3477
15.16 dijere: No te dejaré. . . le va *b* contigo 2895
17.4 y hubieres indagado *b*, la cosa 3190
18.17 han hablado *b* en lo que han dicho 3190
19.13 quitarás de. . . sangre inocente, y te irá *b*. 2895
22.7 que te vaya *b*, y prolongues tus días 3190
23.6 no procurarás la paz de ellos ni su *b* 2896
23.16 donde a *b* tuviere; no le oprimirás. 2896
Jos 1.8 harás prosperar. . . todo te saldrá *b*
3.16 se detuvieron. . . un montón *b* lejos de 3966
6.1 ahora, Jericó estaba cerrada, *b* cerrada
14.10 ahora *b*, Jehová me ha hecho vivir 2009
22.24 lo hicimos más *b*. . . de que mañana
22.30 les pareció *b* todo ello
22.33 el asunto pareció *b* a. . . Israel
Jue 9.16 si habéis actuado *b* con Jerobaal 2895
10.15 haz. . . con nosotros como *b* te parezca. 2896
17.6 cada uno hacía lo que *b* le parecía 3477
18.2 que reconociesen y explorasen *b* la tierra
18.29 *b* que antes se llamaba la ciudad Lais 199
21.19 ahora *b*, dijeron, he aquí cada año
21.25 cada uno hacía lo que *b* le parecía 3477
Rut 2.9 mira *b* el campo que sieguen
3.1 hogar para ti, para que te vaya *b*?. 3190
3.13 si él te redimiere, *b*, redímate 2896
1 S 1.23 haz lo que *b* te parezca; quédate. 2896
3.18 haga lo que *b* le pareciere. 2896
9.10 dices *b*; anda, vamos 2896
11.10 todo lo que *b* os pareciere. 2896
12.14 si. . . servís a Jehová. . . Dios, haréis *b*

14.36 haz lo que *b* te pareciere. Dijo................2896
14.40 haz lo que *b* te pareciere....................2896
15.20 antes *b* he obedecido la voz de Jehová
16.17 alguno que toque *b*, y traédmelo.............3190
17.22 preguntó por... hermanos, si estaban *b*
18.20 y le pareció *b* a sus ojos
18.22 y todos sus siervos te quieren *b*
18.26 pareció *b* la cosa a los ojos de David
19.4 Jonatán habló *b* de David a Saúl..............2896
20.7 *b* está, entonces tendrá paz tu siervo..........2896
20.9 nunca tal te suceda; antes *b*
20.12 si resultare *b* para con David................2896
26.16 que has hecho no está *b*. Vive Jehová........2896
28.2 muy *b*... lo que hará tu siervo
29.6 me ha parecido *b*... y tu entrada...............2896
2 S 3.13 David dijo: *B*; haré pacto.......................2896
3.19 todo lo que parecía *b* a los de.................2896
7.29 ten ahora a *b* bendecir la casa de
10.12 haga Jehová lo que *b* le pareciere............2896
11.23 *b* que nosotros les hicimos retroceder
15.26 haga de mí lo que *b* le pareciere.............2896
17.4 este consejo pareció *b* a Absalón
18.4 yo haré lo que *b* os parezca...................3190
18.29 rey dijo: ¿El joven Absalón está *b*?............7965
18.32 ¿el joven Absalón está *b*?......................7965
19.27 haz, pues, lo que *b* te parezca................2896
19.37 haz a él lo que *b* te pareciere.................2896
19.38 yo haré con él como *b* te parezca............2896
20.9 Joab dijo a Amasa: ¿Te va *b*, hermano.........7965
24.22 ofrezca mi señor el rey lo que *b*..............2896
1 R 2.18 Betsabé dijo: *B*; yo hablaré....................2896
2.28 si *b* no se había adherido a Absalón
2.44 el cual tu corazón *b* sabe, que cometiste
5.6 sabes *b* que ninguno hay entre nosotros
8.18 *b* has hecho en tener tal deseo................3190
18.24 todo el pueblo... diciendo: *B* dicho............2896
2 R 4.26 digas: ¿Te va *b* a ti? ¿Le va *b* a tu............7965
4.26 tu marido, y a tu hijo? Y ella dijo: *B*..........7965
5.21 se bajó del carro... y dijo: ¿Va todo *b*?.........7965
5.22 él dijo: *B*. Mi señor me envía a decirte.........7965
7.9 se dijeron el uno... No estamos haciendo *b*.....3651
9.31 ¿sucedió *b* a Zimri, que mató a su señor?
10.5 haz lo que *b* te parezca.........................2896
10.30 por cuanto has hecho *b* ejecutando............2895
25.24 no temáis... servid al rey... y os irá *b*.........3190
1 Cr 5.2 *b* que Judá llegó a ser el
13.2 si os parece *b* y si es la voluntad de............2895
13.4 la cosa parecía *b* a todo el pueblo.............3477
19.3 ¿no vienen más *b* sus siervos a ti para
19.13 haga Jehová lo que *b* le parezca
21.23 haga mi... lo que *b* le parezca..................2896
2 Cr 6.8 *b* has hecho en haber tenido esto..............2895
12.12 también en Judá... cosas fueron *b*..............2896
18.12 tu palabra sea... de ellos, que hables *b*.......2896
24.20 no os vendrá *b* por ello; porque por
28.23 *b* que fueron éstos su ruina... y Israel
33.23 antes *b* aumentó el pecado
Esd 5.17 y ahora, si al rey parece *b*......................2869
Neh 5.5 ahora *b*, nuestra carne es
13.26 *b* que en muchas naciones no hubo rey
Est 1.19 si parece *b* al rey,salga un
3.11 hagas de él lo que *b* te pareciere...............2896
7.9 Mardoqueo... había hablado *b* por el rey.......2896
8.8 escribid, pues,..a los judíos como *b* os
Job 9.4 se endureció contra él, y le fue *b*?
10.3 ¿te parece *b* que oprimas, que deseches.......2896
20.13 si le parecía *b*, y no lo dejaba
22.21 tendrás paz; y por ello te vendrá *b*...........2896
32.14 ahora *b*, Job no dirigió contra mí sus
32.16 Más *b* callaron y no respondieron más
36.7 antes *b* con los reyes los... para siempre
36.31 *b* que por... castiga a los pueblos
Sal 33.3 hacedlo *b*, tañendo con júbilo.................3190
68.13 *b* que fuisteis echados entre los tiestos
106.13 *b* pronto olvidaron sus obras
119.65 *b* has hecho... tu siervo, oh Jehová
122.3 Jerusalén... está *b* unida entre sí
128.2 bienaventurado serás, y te irá *b*...............2896
139.14 estoy... Y mi alma lo sabe muy *b*
139.15 *b* que en oculto fui formado
Pr 14.15 mas el avisado mira *b* sus pasos...............2896
30.12 si *b* no se ha limpiado de su inmundicia
30.29 tres cosas... Y la cuarta pasea muy *b*:
31.18 que van *b* sus negocios; su lámpara..........2428
Ec 7.18 aquel... a Dios teme, saldrá *b*
8.12 que les irá *b* a los que a Dios temen..........2896
8.13 que no le irá *b* al impío, ni le serán............2896
Is 3.10 decid al justo que te irá *b*, porque..............2896
6.9 oíd *b*, y no entendáis; ved por cierto
30.20 *b* que os dará el Señor pan de congoja y
33.1 *b* que nadie contra ti la hizo!
36.5 ahora *b*, ¿en quién confías para que te
58.6 ¿no es más *b* el ayuno que yo escogí
63.16 si *b* Abraham nos ignora, e Israel no nos
64.6 si *b* todos nosotros somos como suciedad
Jer 1.12 y me dijo Jehová: *B* has visto..................3190
5.8 como caballos *b* alimentados, cada cual
7.19 ¿No obran más *b* ellos mismos su propia
7.23 camino que os mande... que os vaya *b*.........3190
10.5 ni para hacer *b* tienen poder.....................3190
12.6 No los creas cuando *b* te hablen
14.11 No ruegues por este pueblo para *b*.............2896
18.20 me puse delante de ti para hablar *b*..........2896
20.4 terror a ti... y a todos los que *b* te quieren
20.6 enterrado tú, y... los que *b* te quieren
22.15 ¿no hizo juicio... y entonces le fue *b*..........2896
22.16 él juzgó la... y... entonces estuvo bien.........2896
32.5 y si peleareis contra los... no os irá *b*
38.20 oye ahora la voz de Jehová... te irá *b*.........3190
40.4 si te parece *b* venir conmigo a Babilonia
40.9 servid al rey de Babilonia, y os irá *b*...........3190
42.6 que obedeciendo a la voz de... nos vaya *b*.....2896
Ez 24.5 toma una oveja... haz que hierva *b*...........7571
25.3 así dice Jehová el Señor:¡Ea, *b*!
26.2 ea, *b*; quebrantada está la que era puerta
33.32 tú eres... hermoso de voz y que canta *b*
36.32 dice Jehová el Señor, sabedlo *b*
Jon 4.4 dijo: ¿Haces tú *b* en enojarte tanto?............3190
Dn 6.1 pareció *b* a Darío constituir
Jl 3.4 *b* pronto haré yo recaer... vuestra
Am 5.26 *b*, llevabais el tabernáculo de
Mi 2.7 ¿no hacen mis palabras *b* al que...............3190
Hab 3.16 si *b* estaré quieto en el día de
Sof 1.12 Jehová ni hará *b* ni hará mal..................3190
Hag 1.5 meditad *b* sobre vuestros caminos
Zac 8.15 así... he pensado hacer *b* a Jerusalén........3190
9.3 *b* que Tiro se edificó fortaleza
10.9 *b* que los esparciré entre los pueblos
11.12 si os parece *b*, dadme mi salario...............2896
12.3 *b* que todas las naciones de la tierra
Mt 5.44 **haced *b* a los que os aborrecen**...............*2573*
7.5 **entonces verás *b* para sacar la paja del ojo**.....*1227*
10.28 **temed más *b* a aquel que puede destruir**
15.7 ***b* profetizó de vosotros Isaías, cuando dijo:**....*2573*
15.26 **no está *b* tomar el pan de los hijos**...........*2570*
25.9 **id más *b* a los que venden, y**
25.21 ***b*, buen siervo y fiel; sobre poco has**..........*2095*
25.23 **su señor le dijo: *B*, buen siervo y fiel**.........*2095*
27.15 *b*, en el día de la fiesta acostumbraba el
Mr 7.6 hipócritas, *b* profetizó de vosotros..............*2573*
7.9 *b* invalidáis el mandamiento de Dios............*2573*
7.27 no está *b* tomar el pan de los hijos y...........*2570*
7.35 desató la... lengua, y hablaba *b*.................*3723*
7.37 diciendo: *B* lo ha hecho todo; hace a...........*2573*
12.28 que... sabía que les había respondido *b*.......*2573*
12.32 *B*, Maestro, verdad has dicho....................*2573*
15.6 ahora *b*, en el día... soltaba... que pidiesen
15.11 para que les soltase más *b* a Barrabás.......*3123*
Lc 1.4 para que conozcas *b* la verdad de
1.17 preparar al Señor un pueblo *b* dispuesto
6.26 **cuando... hombres hablen *b* de vosotros**......*2573*
6.42 **entonces verás *b* para sacar la paja que**......*1227*
9.44 **haced que os penetren *b* en los oídos**
10.28 ***b* has respondido; haz esto, y vivirás**.........*3723*
11.39 **ahora *b*,... limpiáis lo de fuera pero por**
13.9 **si diere fruto, *b*; y si no, la cortarás**..........*2573*
17.8 **¿no le dice más *b*: Prepárame la cena**
19.17 **él le dijo: Está *b*, buen siervo**.................*2095*
20.39 los escribas, dijeron: Maestro, *b* has..........*2095*
Jn 4.17 ***b* has dicho: No tengo marido**...................*2573*
8.48 ¿no decimos *b* nosotros, que tú eres............*2573*
13.13 llamáis Maestro, y Señor; y decís *b*............*2573*
18.23 **y si *b*, ¿por qué me golpeas?**....................*2573*
Hch 7.43 antes *b* llevasteis el tabernáculo
7.48 si *b* el Altísimo no habita en templos............*235*
8.37 si crees de todo corazón, *b* puedes
10.33 y tú has hecho *b* en venir.........................*2573*
11.19 ahora *b*, los que habían sido esparcidos
15.22 pareció *b* a los apóstoles y a los ancianos *1380*
15.25 ha parecido *b*, habiendo llegado a un
15.28 porque ha parecido *b* al Espíritu Santo
15.29 os guardareis, *b* haréis. Pasadlo *b*..............*2095*
15.34 a Silas le pareció *b* el quedarse allí............*1380*
15.38 a Pablo no le parecía *b* llevar consigo..........*515*
23.30 traten... lo que tengan contra él. Pásalo *b*
24.2 cosas son *b* gobernadas en el pueblo por tu ...*2735*
24.22 estando *b* informado de este Camino, les......*197*
25.10 como tú sabes muy *b*..............................*2573*
28.25 *b* habló el Espíritu Santo por medio..............*2573*
Ro 3.4 antes *b* sea Dios veraz, y.........................*1161*
10.18 pero digo: ¿No han oído? Antes *b*..............*3304*
11.20 *b*; por su incredulidad fueron desgajadas.....*2573*
14.13 más *b* decidid no poner tropiezo
15.3 antes *b*, como está escrito:Los vituperios
15.26 porque Macedonia y Acaya tuvieron a *b*.....*2106*
1 Co 2.9 antes *b*, como está escrito: Cosas
3.15 sufrirá pérdida, si *b* él mismo será salvo
4.2 ahora *b*, se requiere de los administradores
5.2 ¿no debierais más *b* haberos lamentado........*3123*
5.11 más *b* os escribí que no os juntéis
6.7 ¿por qué no sufrís más *b* el agravio?...........*3123*
7.7 quisiera más *b* que todos los hombres... pero
7.26 hará *b* el hombre en quedarse como está......*2570*
7.37 ha resuelto... guardar a su hija virgen, *b* hace...*2573*
7.38 el que la da en casamiento hace *b*.............*2573*
8.8 si *b* la... hace más aceptos ante Dios
12.4 ahora *b*, hay diversidad de dones, pero
12.22 antes *b* los miembros del cuerpo que
14.9 si por la lengua no diereis palabra *b*..........*2154*
14.17 porque tú, a la verdad, *b* das gracias.........*2573*
2 Co 2.7 vosotros más *b* debéis perdonarle..............*3123*
3.8 ¿cómo no será más *b* con gloria el ministerio...*3123*
4.2 antes *b* renunciamos a lo oculto y vergonzoso
6.4 antes *b*, nos... como ministros de Dios
6.9 como desconocidos, pero *b* conocidos..........*1921*
11.4 u otro... habéis aceptado, *b* lo toleráis.........*2573*
12.9 me gloriaré más *b* en mis debilidades..........*3123*
Gá 3.16 ahora *b*, a Abraham fueron hechas
4.9 o más *b*, siendo conocidos por Dios.............*3123*
4.14 antes *b*... como a un ángel de Dios
5.7 vosotros corríais *b*; ¿quién os estorbó.........*2573*
Ef 2.21 *b* coordinado, va creciendo para...............*4883*
4.16 de quien todo el cuerpo, *b* concertado y *4883*
5.4 sino antes *b* acciones de gracias.................*3123*
5.11 no participéis en las obras... más *b*
reprendedlas..*3123*
5.16 aprovechando *b* el... los días son malos
5.18 antes *b* sed llenos del Espíritu
6.3 que te vaya *b*, y seas de larga vida..............*2095*
Fil 1.12 más *b* para el progreso del evangelio..........*3123*
1.20 antes *b* con toda confianza, como siempre
2.3 nada hagáis por... antes *b* con humildad
4.14 *b* hicisteis en participar conmigo..............*2573*
1 Ts 1.5 *b* sabéis cuáles fuimos entre vosotros
1 Ti 1.4 disputas más *b* que edificación de Dios........*3123*
3.4 gobierne *b* su casa, que tenga a sus hijos.......*2573*
3.12 que gobiernen *b* sus hijos y sus casas..........*2573*
3.13 porque los que ejerzan *b* el diaconado.........*2573*
5.17 los ancianos que gobiernan *b*, sean tenidos....*2573*
2 Ti 2.15 como obrero... que usa *b* la palabra..........*3718*
Flm 1.9 más *b* te ruego por amor
He 4.13 *b* todas las cosas están desnudas
8.1 ahora *b*, el punto principal de lo que venimos
9.1 ahora *b*, aun el primer pacto tenía ordenanza..*3303*
12.15 mirad *b*, no sea... alcanzar la gracia de Dios
13.18 deseando conducirnos *b* en todo..............*2570*
Stg 2.8 amarás a tu prójimo... mismo, *b* hacéis.......*2573*
2.11 ahora *b*, si no cometes adulterio
2.19 tú crees que Dios es uno; *b* haces.............*2573*
2 P 1.19 hacéis *b* en estar atentos... antorcha..........*2573*
3.18 antes *b*, creced en la gracia y el
3 Jn 6 harás bien en encaminarlos como es digno.....*2573*

BIENAVENTURADO, A

Dt 33.29 *b* tú, oh Israel, ¿quién como tú..................835
1 R 10.8; 2 Cr 9.7 *b* tus hombres, dichosos..............835
Job 5.17 *b* es el hombre a quien Dios castiga............835
29.11 los oídos que me oían me llamaban *b*..........835
Sal 1.1 *b* el varón que no anduvo en consejo de..........835
2.12 su ira... *B* todos los que en él confían............835
32.1 *b* aquel... transgresión ha sido perdonada......835
32.2 *b* el hombre a quien Jehová no culpa de........835
33.12 *b* la nación cuyo Dios es Jehová, el..............835
40.4 *b* el hombre que... en Jehová su confianza......835
41.1 *b* el que piensa en el pobre, en el día............835
41.2 será *b* en la tierra, y no los entregarás a.......835
65.4 *b* el que tú escogieres y atrajeres a ti............835
72.17 benditas serán en él... lo llamarán *b*..........1288
84.4 *b* los que habitan en tu casa... alabarán.........835
84.5 *b* el hombre que tiene en ti sus fuerzas..........835
89.15 *b* el pueblo que sabe aclamarte; andará.........835
94.12 *b* el hombre a quien tú, JAH, corriges...........835
112.1 *b* el hombre que teme a Jehová, y en sus.......835
119.1 *b* los perfectos de camino, los que...............835
119.2 *b* los que guardan sus testimonios, y............835
127.5 *b* el hombre que llenó su aljaba de ellos.........835
128.1 *b* todo aquel que teme a Jehová, que............835
128.2 cuando comieres... *b* serás, y te irá bien.......835
137.8 *b* el que te diere el pago de lo que................835
144.15 *b* el pueblo que tiene esto; *b* el pueblo........835
146.5 *b* aquel cuyo ayudador es el Dios de.............835
Pr 3.13 *b* el hombre que halla la sabiduría.................835
3.18 es árbol de... *b* son los que la retienen...........835
8.32 oídme, y *b* los que guardan mis caminos.........835
8.34 *b* el hombre que me escucha, velando a.........835
14.21 tiene misericordia de los pobres es *b*..............835
16.20 el bien, y el que confía en Jehová es *b*............835
28.14 *b* el hombre que siempre teme a Dios............835
29.18 pueblo... mas el que guarda la ley es *b*...........835
31.28 se levantan sus hijos y la llaman *b*................833
Ec 10.17 ¡*b* tú, tierra, cuando tu rey es hijo................835
Cnt 6.9 vieron las doncellas, y la llamaron *b*.............833
Is 30.18 justo; *b* todos los que confían en él...............835
56.2 *b* el hombre que hace esto, y el hijo de...........835
Dn 12.12 *b* el que espere, y llegue a 1.335 días..........835
Mal 3.12 todas las naciones os dirán *b*; porque..........833
3.15 decimos... ahora: *B* son los soberbios...........833
Mt 5.3 ***b* los pobres en espíritu, porque de**..............*3107*
5.4 ***b* los que lloran, recibirán consolación**..........*3107*
5.5 ***b* los mansos, porque ellos recibirán la**..........*3107*
5.6 ***b* los que tienen hambre y... de justicia**...........*3107*
5.7 ***b* los misericordiosos... ellos alcanzarán**.........*3107*
5.8 ***b* los de limpio corazón... verán a Dios**...........*3107*
5.9 ***b* los pacificadores, porque ellos serán**...........*3107*
5.10 ***b* los que padecen persecución por causa**.......*3107*
5.11 ***b* sois cuando por mi causa os vituperen**.......*3107*
11.6 **y *b* es el que no halle tropiezo en mí**..............*3107*
13.16 ***b* vuestros ojos, porque ven; y vuestros**........*3107*
16.17 **respondió Jesús: *B* eres, Simón, hijo de**........*3107*
24.46 ***b* aquel siervo al cual, cuando su señor**.........*3107*
Lc 1.45 y *b* la que creyó, porque se cumplirá...............*3107*
1.48 ahora me dirán *b* todas las generaciones.......*3106*
6.20 ***b* vosotros los pobres, porque vuestro**.............*3107*
6.21 ***b* los que ahora tenéis hambre, porque**..........*3107*
6.21 ***b* los que ahora... lloráis, porque reiréis**.........*3107*
6.22 ***b*... cuando los hombres os aborrezcan**............*3107*
7.23 ***b* es aquel que no halle tropiezo en mí**
10.23 ***b*... ojos que ven lo que vosotros veis**...........*3107*
11.27 *b* el vientre que te trajo, y los senos.............*3107*
11.28 **antes *b* los que oyen la palabra de Dios**.........*3107*
12.37 ***b* aquellos siervos a los cuales su**..................*3107*
12.38 **los hallare así, *b* son aquellos siervos**...........*3107*
12.43 ***b* aquel siervo al cual, cuando su señor**.........*3107*
14.14 **y serás *b*; porque ellos no te pueden**..............*3107*
14.15 *b* el que coma pan en el reino de Dios............*3107*
23.29 ***b* las estériles, y los vientres que**..................*3107*
Jn 13.17 **si sabéis... *b* seréis si las hiciereis**..............*3107*
20.29 **dijo... *b* los que no vieron, y creyeron**..........*3107*
Hch 20.35 **que dijo: Más *b* es dar que recibir**...............*3107*
Rom 4.7 *b*... cuyas iniquidades son perdonadas............3107
4.8 *b* el varón a quien el Señor no inculpa............*3107*

14.22 b el que no se condena a sí mismo en 3107
1 Ti 6.15 la cual a su tiempo mostrará el b 3107
Tit 2.13 aguardando la esperanza b... gloriosa 3107
Stg 1.12 b el varón que soporta la tentación 3107
1.25 sino hacedor de... será b en lo que hace 3107
5.11 he aquí, tenemos por b a los que sufren 3106
1 P 3.14 si alguna cosa padecéis por... b sois 3107
4.14 sois vituperados por el nombre... sois b 3107
Ap 1.3 b el que lee... que oyen las palabras de 3107
14.13 b... los muertos que mueren en el Señor 3107
16.15 b el que vela, y guarda sus ropas para 3107
19.9 b los que son llamados a la cena de las 3107
20.6 b y santo el que tiene parte en la 3107
22.7 b el que guarda las palabras de... libro 3107
22.14 b los que lavan Sus ropas, para tener 3107

BIENAVENTURANZA
Ro 4.6 David habla de la b del hombre a quien 3108
4.9 ¿es, pues, esta b solamente para los de 3108

BIENESTAR
Est 10.3 porque procuró el b de su pueblo y 2896
Job 20.21 no quedó nada... su b no será duradero
36.11 le sirvieren, acabarán sus días en b 2896
Sal 25.13 gozará él de b, y su descendencia 2896

BIENHECHOR
Sal 119.68 bueno eres tú, y b; enséñame tus 2895
Lc 22.25 **que tienen autoridad son llamados b** 2110

BIENVENIDO
2 Jn 10 no lo recibáis en... ni le digáis: ¡B!
11 el que le dice: ¡B!, participa en sus

BIGTA *Eunuco del rey Asuero*, Est 1.10. 903

BICTÁN *Eunuco que conspiró contra el rey Asuero*, Est 2.21; 6.2 904

BIGVAI
1. Uno que regresó del cautiverio con Zorobabel, Esd 2.2; Neh 7.7 902
2. Padre de una familia que regresó del cautiverio, Esd 2.14; 8.14; Neh 7.19 902
3. Firmante del pacto de Nehemías (posiblemente =No. 1), Neh 10.16 902

BILDAD Uno de los tres amigos de Job, Job 2.11; 8.1; 18.1; 25.1; 42.9 1085

BILEAM *Ciudad de los levitas en Manasés (=Ibleam)*, 1 Cr 6.70 1109

BILGA
1. Sacerdote en tiempo de David, 1 Cr 24.14 1083
2. Sacerdote que regresó del cautiverio (=Bilgai), Neh 12.5,18 1083

BILGAI Firmante del pacto de Nehemías (=*Bilga No. 2)*, Neh 10.8 1084

BILHA
1. Concubina de Jacob
Gn 29.29 dio Labán a Raquel... B por criada 1090
30.3 he aquí mi sierva B; llégate a ella, y 1090
30.4 así le dio a B su sierva por mujer; y 1090
30.5 concibió B, y dio a luz un hijo a Jacob 1090
30.7 concibió otra vez B la sierva de Raquel 1090
Gn 35.22 fue Rubén y durmió con B la concubina 1090
35.25 los hijos de B, sierva de Raquel: Dan 1090
37.2 el joven estaba con los hijos de B y 1090
46.25 hijos de B, la que dio Labán a Raquel 1090
1 Cr 7.13 Guni, Jezer y Salum, hijos de B 1090
2. Aldea en Judá (=Bala y Baala No. 3), 1 Cr 4.29 ... 1090

BILHÁN
1. Hijo de Ezer, jefe horeo, Gn 36.27; 1 Cr 1.42 1092
2. Descendiente de Benjamín, 1 Cr 7.10(2) 1092

BILSÁN *Uno que regresó del cautiverio con Zorobabel*, Esd 2.2; Neh 7.7 1114

BIMHAL *Descendiente de Aser*, 1 Cr 7.33......... 1118

BINA Descendiente del rey Saúl, 1 Cr 8.37; 9.43... 1150

BINÚI
1. Jefe de una familia que regresó del cautiverio con Zorobabel, Esd 8.33; Neh 7.15 1131
2. Nombre de dos de los que se casaron con extranjeras en tiempo de Esdras, Esd 10.30,38.... 1131
3. Uno que ayudó en la restauración del muro de Jerusalén, Neh 3.24; 10.9 1131
4. Levita en tiempo de Nehemías (posiblemente =No. 3), Neh 12.8 1131

BIRSA *Rey de Gomorra*, Gn 14.2 1306

BIRZAVIT *Descendiente de Aser*, 1 Cr 7.31 1269

BISLAM *Uno de los tres que escribieron carta al rey Artajerjes contra los judíos*, Esd 4.7 1312

BITIA *Hijo de Faraón No. 9*, 1 Cr 4.18 1332

BITINIA *Región en el noroeste de Asia Menor*
Hch 16.7 intentaron ir a B, pero el Espíritu 978
1 P 1.1 a los expatriados... en el Ponto... y B 978

BITRÓN *Camino o valle entre el Jordán y Mahanaim*, 2 S 2.29 1338

BIZOTIA *Lugar en Judá*, Jos 15.28 964

BIZTA *Uno de los siete eunucos del rey Asuero*, Est 1.10............................. 968

BLANCA *(moneda)*
Mr 12.42 y echó dos b, o sea un cuadrante 3016
Lc 12.59 **que hayas pagado aun la última b** 3016
21.2 viuda muy pobre, que echaba allí dos b 3016

BLANCO *(s.)*
1 S 20.20 tiraré... como ejercitándome al b 4307
Job 7.20 por qué me pones por b tuyo, hasta 4645
16.12 me despedazó, y me puso por b suyo 4307
Lm 3.12 entesó su arco, y me puso como b para 4307

BLANCO, A *(adj.)*
Gn 30.35 aquella que tenía en sí algo de b 3836
30.37 y descortezó en ellas mondaduras b 3836
30.37 descubriendo así lo b de las varas 3836
40.16 yo soñé que veía tres canastillos b 2751
49.12 del vino, y sus dientes b de la leche 3836
Éx 16.31 b, y su sabor como de hojuelas con 3836
Lv 13.2 hombre tuviere en la piel... mancha b 934
13.3 si el pelo en la llaga se ha vuelto b 3836
13.4 mancha b... el pelo se hubiere vuelto b 3836
13.10 si apareciere tumor b en la piel, el 3836
13.13 ella se ha vuelto b, y él es limpio 3836
13.16 la carne viva cambiare y se volviere b 3836
13.17 y si la llaga se hubiere vuelto b, el 3836
13.19 una hinchazón, o una mancha b rojiza 3836
13.20 pelo se hubiere vuelto b, el sacerdote 3836
13.21 no apareciere en ella pelo b, ni fuere 3836
13.23 la mancha b se estuviere en su lugar 934
13.24 hubiere en lo sanado del... rojiza o b 3836
13.25 pelo se hubiere vuelto b en la mancha 3836
13.26 no apareciere en la mancha pelo b, ni 3836
13.38 la mujer tuviere en la piel... manchas b 3836
13.39 aparecieren manchas b algo oscurecidas 3836
13.42 en la antecalva hubiere llaga b rojiza 3836
13.43 si pareciere la hinchazón... b rojiza en 3836
14.56 acerca de la hinchazón, y... la mancha b 934
Jue 5.10 los que cabalgáis en asnas, los que 6715
2 R 5.27 salió de... leproso, b como la nieve
Est 1.6 el pabellón era de b, verde y azul 2353
8.15 y salió... con vestido real de azul y b 2353
Sal 51.7 lávame, y seré más b que la nieve 3835
Ec 9.8 en todo tiempo sean b tus vestidos 3836
Cnt 5.10 mi amado es b y rubio, señalado entre 6703
Is 1.18 pecados... vendrán a ser como b lana 3835
Lm 4.7 sus nobles fueron... más b que la leche 6705
Ez 27.18 vino de Helbón y lana b negociaban 6713
Dn 7.9 cuyo vestido era b como la nieve, y le
Jl 1.7 asoló mi vid, y... sus ramas quedaron b 3835
Zac 1.8 y detrás de él... alazanes, overos y b 3836
6.3 en el tercer carro caballos b, y en el 3836
6.6 los b salieron tras ellos, y los overos 3836
Mt 5.36 **no puedes hacer b o negro un cabello** 3022
17.2 sus vestidos se hicieron b como la luz 3022
28.3 su aspecto... su vestido b como la nieve 3022
Mr 9.3 sus vestidos se volvieron...b, como la 3021
9.3 ningún lavador en... los puede hacer tan b 3022
16.5 un joven... cubierto de una larga ropa b 3022
Lc 9.29 se hizo... vestido b y resplandeciente 3022
Jn 4.35 **y mirad los campos... b para la siega** 3022
20.12 y vio a dos ángeles con vestiduras b 3022
Hch 1.10 he aquí... dos varones con vestiduras b 3022
Ap 1.14 sus cabellos eran b como b lana, como 3022
2.17 le daré una piedrecita b, y... un nombre 3022
3.4 andarán conmigo en vestiduras b, porque 3022
3.5 que venciere será vestido de vestiduras b 3022
3.18 compres... y vestiduras b para vestirte 3022
4.4 había... 24 ancianos, vestidos de ropas b 3022
6.2 miré, y he aquí un caballo b; y el que 3022
6.11 les dieron vestiduras b, y se les dijo 3022
7.9 vestidos de ropas b, y con palmas en las 3022
7.13 estos... vestidos de ropas b, ¿quiénes son 3022
14.14 y he aquí una nube b; y sobre la nube 3022
19.11 un caballo b, y el que lo montaba se 3022
19.14 vestidos de lino finísimo, b y limpio 3022
19.14 los ejércitos... le seguían en caballos b 3022
20.11 y vi un gran trono b y al que estaba 3022

BLANDIR
1 Cr 11.11 Jasobeam... el cual blandió su lanza 5782
11.20 Abisai... blandió su lanza contra 300 5782
Job 41.29 del blandir de la jabalina se burla 7494

BLANDO, A
Sal 55.21 los dichos de su boca son más b que 2505
Pr 5.3 y su paladar es más b que el aceite 2513
15.1 la b respuesta quita la ira; mas la 7390
25.15 y la lengua b quebranta los huesos 7390

BLANDURA
Pr 6.24 la b de la lengua de la mujer extraña 2513

BLANQUEADO, A
Mt 23.27 **porque sois semejantes a sepulcros b** 2867
Hch 23.3 ¡Dios te golpeará a ti, pared b! 2867

BLANQUECINA
Lv 13.24 hubiere... mancha b, rojiza o blanca

BLASFEMADOR
Hch 19.37 sacrílegos ni b de vuestra diosa 987

BLASFEMAR
Lv 24.11 y el hijo de la... blasfemó el Nombre 5344
24.16 el que blasfemare el nombre de Jehová 5344
24.16 si blasfemare el Nombre, que muera 5344
1 S 3.13 sus hijos han blasfemado a Dios, y
2 S 12.14 hiciste blasfemar a los enemigos 5006
1 R 21.10 digan: Tú has blasfemado a Dios y 1288
21.13 Nabot ha blasfemado a Dios y al rey 1288
2 R 19.4 para blasfemar al Dios viviente, y 2778
19.6 me han blasfemado los siervos del rey 1442
19.16 enviado a blasfemar al Dios viviente 2778
19.22 ¿a quién has... blasfemado? ¿y contra 1442
2 Cr 32.17 escribió cartas en que blasfemaba 5921
Job 1.5 quizá... habrán blasfemado contra Dios 1288
1.11; 2.5 verás si no blasfema contra ti en 1288
Sal 74.10 de blasfemar el enemigo... tu nombre? 5006
74.18 y pueblo insensato ha blasfemado tu 5006
Pr 30.9 hurte, y blasfeme el nombre de mi
Is 37.4 envió para blasfemar al Dios vivo 2778
37.6 me han blasfemado los siervos del rey 1442
37.17 ha enviado a blasfemar al Dios viviente 2778
37.23 ¿a quién vituperaste, y... blasfemaste? 1442
52.5 blasfemado mi nombre todo el día 5006
Mt 9.3 decían dentro de sí: Este blasfema 987
26.65 ¡ha blasfemado! ¿Qué más necesidad 987
Mr 3.29 **que blasfeme contra el Espíritu Santo** 987
Lc 12.10 **al que blasfemare contra el Espíritu** 987
Jn 10.36 **decís: Tú blasfemas, porque dije** 987
Hch 13.45 rebatían lo que Pablo... blasfemando 987
18.6 oponiéndose y blasfemando éstos, les dijo 987
26.11 muchas veces... los forcé a blasfemar 987
Ro 2.24 el nombre de Dios es blasfemado entre 987
1 Ti 1.20 para que aprendan a no blasfemar 987
6.1 no sea blasfemado el nombre de Dios y 987
Tit 2.5 la palabra de Dios no sea blasfemada 987
Stg 2.7 ¿no blasfeman ellos el buen nombre 987
1 P 4.14 él es blasfemado, pero por vosotros
2 P 2.2 camino de la verdad será blasfemado
Jud 8 blasfeman de las potestades superiores
10 blasfeman de cuantas cosas no conocen
Ap 13.6 abrió su boca... para blasfemar de su 987
16.9 se quemaron... y blasfemaron el nombre 987
16.11 blasfemaron contra el Dios del cielo 987
16.21 los hombres blasfemaron contra Dios 987

BLASFEMIA
2 R 19.3 este día es día de... reprensión y de b 5007
Sal 139.20 b dicen ellos contra ti... enemigos 4209
Is 37.3 día de... reprensión y de b es este día 5007
Dn 3.29 nación... que dijere b contra el Dios 7955
Mt 12.31 **todo pecado y b será perdonado a los** 988
12.31 la b contra el Espíritu no les será 988
15.19 hurtos, los falsos testimonios, las b 988
26.65 he aquí, ahora mismo habéis oído su b 988
Mr 2.7 por qué habla éste así? B dice... ¿Quién 988
3.28 perdonados... las b cualesquiera que sean 988
14.64 habéis oído la b; ¿qué os parece? 988
Lc 5.21 ¿quién es éste que habla b? ¿Quién 988
Jn 10.33 por la b; porque tú, siendo hombre 988
Col 3.8 malicia, b, palabras deshonestas de 988
1 Ti 6.4 de las cuales nacen envidias...b 988
Ap 2.9 **la b de los que se dicen ser judíos** 988
13.5 se le dio boca que hablaba grandes... b 988
13.6 abrió su boca en b contra Dios, para 988
17.3 bestia escarlata llena de nombres de b 988

BLASFEMO, A
Lv 24.14 saca al b fuera del campamento, y 7043
24.23 y ellos sacaron... al b y lo apedrearon 7043
Hch 6.11 que le habían oído hablar palabras b 989
6.13 no cesa de hablar palabras b contra este 989
1 Ti 1.13 habiendo yo sido... b, perseguidor 989
2 Ti 3.2 habrá hombres... b, desobedientes a los 989
Ap 13.1 tenía... sobre sus cabezas, un nombre b 989

BLASTO *Camarero del rey Herodes No. 3*, Hch 12.20............................... 986

BOANERGES *«Hijos del trueno»*, Mr 3.17 993

BOAZ *Una de las dos columnas a la entrada del templo de Salomón*, 1 R 7.21; 2 Cr 3.17.... 1162

BOCA
Gn 4.11 la tierra, que abrió su b para recibir 6310
29.2 había una gran piedra sobre la b del pozo 6310
29.3 revolvían la piedra de la b del pozo 6310
29.3 volvían la piedra sobre la b del pozo 6310
29.8 y remuevan la piedra de la b del pozo 6310
29.10 Jacob y removió la piedra de la b del 6310
42.27 dinero que estaba en la b de su costal 6310
43.12 el dinero vuelto en las b de vuestros 6310
43.21 el dinero... estaba en la b de su costal 6310
44.1 pon el dinero de... en la b de su costal 6310
44.2 y pondrás mi copa... en la b del costal 6310
44.8 hallamos en la b de nuestros costales 6310
45.12 vuestros ojos ven... que mi b os habla 6310
Éx 4.11 respondió: ¿Quién dio la b al hombre? 6310
4.12 estaré con tu b, y te enseñaré lo que 6310
4.15 pondrás en su b... y yo estaré con tu b 6310
4.16 él te será... en lugar de b, y tú serás 6310
13.9 para que la ley de Jehová esté en tu b 6310
23.13 otros dioses... ni se oirá de vuestra b 6310
Nm 16.30 la tierra abriere su b y los tragare 6310
16.32 abrió la tierra su b, y... tragó a ellos 6310
22.28 Jehová abrió la b al asna, la cual dijo 6310
22.38 la palabra que Dios pusiere en mi b 6310
23.5 Jehová puso palabra en la b de Balaam 6310
23.12 de decir lo que Jehová ponga en mi b? 6310
23.16 puso palabra en su b, y le dijo: Vuelve 6310
26.10 tierra abrió su b y los tragó a ellos 6310
30.2 conforme a todo lo que salió de su b 6310
32.24 y haced lo que ha declarado vuestra b 6310
Dt 8.3 de todo lo que sale de la b de Jehová 6310
11.6 cómo abrió su b la tierra, y los tragó 6310
18.18 pondré mis palabras en su b, y él les 6310
23.23 la ofrenda... que prometiste con tu b 6310
30.14 cerca... está... en tu b y en tu corazón 6310
31.19 en b de ellos, para que este cántico 6310
31.21 pues será recordado por la b de sus 6310
32.1 y oiga la tierra los dichos de mi b 6310
Jos 1.8 nunca se apartará de tu b este libro 6310
6.10 ni saldrá palabra de vuestra b, hasta 6310
Jue 7.6 llevando el agua con la mano a su b 6310
9.38 ¿dónde está ahora tu b con que decías 6310

18.19 pon la mano sobre tu b, y vente con 6310
1 S 1.12 Elí estaba observando la b de ella.......... 6310
2.1 mi b se ensanchó sobre mis enemigos 6310
2.3 cesen las palabras arrogantes de vuestra b 6310
14.26 quien hiciera llegar su mano a su b 6310
14.27 panal de miel, y llevó su mano a la b 6310
17.35 salía yo tras él...lo libraba de su b 6310
2 S 1.16 misma b atestiguó contra ti, diciendo 6310
14.3 rey...y puso Joab las palabras en su b 6310
14.19 en b de tu sierva todas estas palabras.......... 6310
17.19 extendió sobre la b del pozo, y tendió.......... 6310
22.9 y de su b fuego consumidor; carbones 6310
1 R 7.31 la b de la fuente...la b era redonda.......... 6310
7.31 había también sobre la b entalladuras 6310
8.24 lo dijiste con tu b, y con tu mano lo 6310
17.24 la palabra de Jehová es verdad en tu b.......... 6310
19.18 siete mil...y cuyas b no lo besaron 6310
20.33 a tomar la palabra de su b, y dijeron 6310
22.22,23 espíritu de mentira en b...profetas.......... 6310
2 R 4.34 poniendo su b sobre la b de él, y sus 6310
21.13 como se limpia un...y se vuelve b abajo
1 Cr 16.12 memoria...y de los juicios de su b 6310
2 Cr 6.4 prometió con su b a David mi padre 6310
6.15 lo dijiste con tu b, y con tu mano lo 6310
18.21,22 espíritu de mentira en la b...profetas 6310
35.22 palabras de Necao...eran de b de Dios.......... 6310
36.21,22 palabra de Jehová por b de Jeremías.......... 6310
Esd 1.1 palabra de Jehová por b de Jeremías 6310
8.17 y puse en b de ellos las palabras que 6310
Neh 9.20 no retiraste tu maná de su b, y agua 6310
Job 3.1 esto abrió Job su b, y maldijo su día 6310
5.15 libra...de la b de los impíos, y de la.......... 6310
5.16 esperanza...y la iniquidad cerrará su b 6310
7.11 por tanto, no refrenaré mi b; hablaré 6310
8.2 las palabras de tu b serán como viento 6310
8.21 aún llenará tu b de risa, y tus labios 6310
9.20 yo me justificare, me condenaría mi b 6310
15.5 porque tu b declaró tu iniquidad, pues 6310
15.6 b te condenará, yno yo; y tus labios.......... 6310
15.13 para que...saques tales palabras de tu b?.... 6310
15.30 y con el aliento de su b perecerá 6310
16.10 abrieron contra mí su b; hirieron mis 6310
19.16 llamé a...de mi propia b le suplicaba.......... 6310
20.12 si el mal se endulzó en su b, si lo 6310
21.5 espantaos, y poned la mano sobre la b 6310
22.22 toma ahora la ley de su b, y pon sus 6310
23.4 mi causa...y llenaría mi b de argumentos 6310
23.12 guardé las palabras de su b más que mi...... 6310
29.9 los príncipes...ponían la mano sobre su b.... 6310
29.23 y abrían su b como a la lluvia tardía 6310
31.27 engañó en secreto, y mi b besó mi mano 6310
32.5 no había respuesta en la b de aquellos 6310
33.2 abriré ahora mi b, y mi lengua hablará 2441
35.16 Job abre su b vanamente, y multiplica.......... 6310
36.16 te apartará de la b de la angustia a
37.2 su voz, y el sonido que sale de su b 6310
40.4 yo soy vil...mi mano pongo sobre mi b 6310
40.23 todo un Jordán se estrelle contra su b.......... 6310
41.19 su b salen hachones de fuego; centellas 6310
41.21 su aliento enciende...de su b sale llama.......... 6310
Sal 5.9 en la b de ellos no hay sinceridad.......... 6310
8.2 de la b de los niños y de los que maman 6310
10.7 llena está su b de maldición...de fraude.......... 6310
17.3 resuelto que mi b no haga transgresión 6310
17.10 con su b hablan arrogantemente.......... 6310
18.8 y de su b fuego consumidor; carbones.......... 6310
19.14 sean gratos los dichos de mi b y la 6310
22.7 todos...estiran la b, menean la cabeza
22.13 abrieron sobre mí su b como...rapaz 6310
22.21 sálvame de la b del león, y líbrame 6310
33.6 hechos los cielos...el aliento de su b.......... 6310
34.1 su alabanza estará de continuo en mi b 6310
35.21 ensancharon contra mí su b; dijeron 6310
36.3 las palabras de su b son iniquidad y.......... 6310
37.30 la b del justo habla sabiduría, y su.......... 6310
38.13 mas yo soy como mudo que no abre la b 6310
38.14 como un hombre que no oye, y en cuya b.......... 6310
39.1 guardaré mi b con freno, en tanto que 6310
39.9 enmudecí, no abrí mi b...tú lo hiciste.......... 6310
40.3 puso...en mi b cántico nuevo, alabanza 6310
49.3 mi b hablará sabiduría, y...inteligencia 6310
50.16 leyes, y que tomar mi pacto en tu b?.......... 6310
50.19 tu b metías en mal,Y tu lengua 6310
51.15 labios, y publicará mi b tu alabanza.......... 6310
54.2 oh Dios...escucha las razones de mi b.......... 6310
55.21 los dichos de su b son más blandos que.......... 6310
58.6 oh Dios, quiebra sus dientes en sus b 6310
59.7 proferirán con su b; espadas hay en sus.......... 6310
59.12 por el pecado de su b, por la palabra.......... 6310
62.4 con su b bendicen, pero maldicen en su 6310
63.5 con labios de júbilo te alabará mi b.......... 6310
63.11 la b de los que hablan mentira será 6310
66.14 habló mi b, cuando estaba angustiado.......... 6310
66.17 a él clamé con mi b, y fue exaltado 6310
69.15 no me...ni el pozo cierre sobre mí su b.......... 6310
71.8 sea llena mi b de tu alabanza, de tu 6310
71.15 b publicará tu justicia y tus hechos.......... 6310
73.9 ponen su b contra el cielo, y su lengua.......... 6310
78.1 inclinad...oído a las palabras de mi b 6310
78.2 abriré mi b en proverbios; hablaré 6310
78.30 anhelo, aún estaba la comida en su b.......... 6310
78.36 pero le lisonjeaban con su b, y con 6310
81.10 tu Dios...abre tu b, y yo la llenaré.......... 6310
89.1 haré notoria tu fidelidad con mi b.......... 6310
103.5 el que sacia de bien tu b de modo que 6310
105.5 acordaos de...y de los juicios de su b.......... 6310
107.42 véanlo...todos los malos cierren su b 6310
109.2 b de impío y b de engañador se han.......... 6310
109.30 alabaré a Jehová en gran...con mi b.......... 6310
115.5 tienen b, mas no hablan; tienen ojos.......... 6310
119.13 he contado todos los juicios de tu b.......... 6310
119.43 no quites de mi b...palabra de verdad 6310
119.72 mejor me es la ley de tu b que...oro.......... 6310
119.88 y guardaré los testimonios de tu b 6310
119.103 dulces son...más que la miel a mi b.......... 6310
119.108 agradables los sacrificios...de mi b.......... 6310
119.131 mi b abrí y suspiré, porque deseaba 6310
126.2 entonces nuestra b se llenará de risa.......... 6310
135.16 tienen b, y no hablan; tienen ojos.......... 6310
135.17 no oyen; tampoco hay aliento en sus b 6310
138.4 porque han oído los dichos de tu b 6310
141.3 pon guarda a mi b, oh Jehová; guarda 6310
141.7 esparcidos nuestros huesos a la b del 6310
144.8 cuya b habla vanidad, y cuya diestra.......... 6310
144.11 los...extraños, cuya b habla vanidad.......... 6310
145.21 la alabanza de Jehová proclamará mi b 6310
Pr 2.6 y de su b viene el conocimiento y la.......... 6310
4.5 ni te apartes de las razones de mi b 6310
4.24 aparta de ti la perversidad de la b, y 6310
5.7 no os apartéis de las razones de mi b.......... 6310
6.2 has enlazado con las palabras de tu b 6310
6.12 malo...el que anda en perversidad de b.......... 6310
7.24 y estad atentos a las razones de mi b.......... 6310
8.7 mi b hablará verdad, y la impiedad.......... 2441
8.8 justas son todas las razones de mi b 6310
8.13 la soberbia...y la b perversa, aborrezco.......... 6310
10.6 violencia cubrirá la b de los impíos.......... 6310
10.11 manantial de vida es la b del justo.......... 6310
10.11 violencia cubrirá la b de los impíos.......... 6310
10.14 la b del necio es calamidad cercana.......... 6310
10.31 la b del justo producirá sabiduría; mas.......... 6310
10.32 la b de los impíos habla perversidades 6310
11.9 el hipócrita con la b daña a su prójimo 6310
11.11 por la b de los impíos será trastornada 6310
12.6 impíos...la b de los rectos los librará.......... 6310
12.14 será saciado de bien del fruto de su b 6310
13.2 del fruto de su b el hombre comerá el 6310
13.3 el que guarda su b guarda su alma; mas.......... 6310
14.3 en la b del necio está la vara de la.......... 6310
15.2 mas la b de los necios hablará sandeces.......... 6310
15.7 la b de los sabios esparce sabiduría 8193
15.14 mas la b de los necios se alimenta de.......... 6310
15.23 se alegra con la respuesta de su b.......... 6310
15.28 la b de los impíos derrama malas cosas 6310
16.10 del rey; en juicio no prevaricará su b.......... 6310
16.23 corazón del sabio hace prudente su b 6310
16.26 trabaja para...porque su b le estimula 6310
18.4 aguas profundas...las palabras de la b.......... 6310
18.6 traen contienda; y su b los azotes llama 6310
18.7 b del necio es quebrantamiento para sí.......... 6310
18.20 del fruto de la b...llenará su vientre.......... 6310
19.24 su mano...y ni aun a su b la llevará 6310
19.28 b de los impíos encubrirá la iniquidad.......... 6310
20.17 pero después su b será llena de cascajo 6310
21.23 el que guarda su b y su lengua, su alma 6310
22.14 profunda es la b de la mujer extraña.......... 6310
24.7 insensato...la puerta no abrirá él su b 6310
26.7,9 así es el proverbio en la b del necio.......... 6310
26.15 su mano...se cansa de llevarla a su b 6310
26.28 lengua...la b lisonjera hace resbalar.......... 6310
27.2 alábete el extraño, y no tu propia b.......... 6310
27.21 oro, y al hombre la b del que lo alaba
30.20 come, y limpia su b y dice: No he 6310
30.32 si...hacer mal, pon el dedo sobre tu b 6310
31.8 abre tu b por el mudo en el juicio de.......... 6310
31.9 abre tu b, juzga...justicia, y defiende 6310
31.26 abre su b con sabiduría, y la ley de.......... 6310
Ec 5.2 no te des prisa con tu b, ni tu corazón 6310
5.6 no dejes que tu b te haga pecar, ni digas.......... 6310
6.7 todo el trabajo del hombre es para su b 6310
10.12 palabras de la b del sabio son llenas 6310
10.13 el principio de las palabras de su b.......... 6310
Cnt 1.2 oh, si él me besara con besos de su b! 6310
7.8 vid, el olor de tu b como de manzanas
Is 1.20 porque la b de Jehová lo ha dicho.......... 6310
5.14 ensanchó...y sin medida extendió su b 6310
6.7 tocando con él sobre mi b, dijo: He aquí 6310
9.12 y a b llena devorarán a Israel. Ni con 6310
9.17 son falsos...toda b habla despropósitos 6310
10.14 y no hubo quien...abriese b y graznase 6310
11.4 y herirá la tierra con la vara de su b 6310
29.13 este pueblo se acerca a mí con su b 6310
30.2 se apartan...no han preguntado de mi b 6310
34.16 su b mandó, y los reunió su...Espíritu 6310
40.5 verá; porque la b de Jehová ha hablado 6310
45.23 de mi b salió palabra en justicia, y 6310
48.3 lo dije, y de mi b salió; lo publiqué 6310
49.2 puso mi b como espada aguda, me cubrió 6310
51.16 en tu b he puesto mis palabras, y con 6310
52.15 los reyes cerrarán ante él la b, porque 6310
53.7 angustiado...afligido, no abrió su b 6310
53.7 como oveja...enmudeció, y no abrió su b 6310
53.9 nunca hizo maldad, ni...engaño en su b.......... 6310
55.11 así será mi palabra que sale de mi b 6310
57.4 ¿contra quién ensanchasteis la b, Y 6310
58.14 porque la b de Jehová lo ha hablado 6310
59.21 palabras...en tu b, no faltarán de tu b.......... 6310
59.21 ni de la b de tus hijos, ni de la b de 6310
62.2 un nombre...que la b de Jehová nombrará.... 6310
Jer 1.9 tocó mi b y...mis palabras en tu b 6310
5.14 yo pongo mis palabras en tu b por fuego 6310
7.28 verdad, y de la b de ellos fue cortada.......... 6310
9.8 con su b dice paz a su amigo, y dentro.......... 6310
9.12 ¿y a quién habló la b de Jehová, para 6310
9.20 vuestro oído reciba la palabra de su b.......... 6310
12.2 cercano estás tú en sus b, pero lejos.......... 6310
15.19 y si entresacares lo...serás como mi b 6310
17.16 lo que de mi b ha salido, fue en tu 8193
23.16 hablan visión de...no de la b de Jehová 6310
32.4 hablará con él b a b, y sus ojos verán.......... 6310
34.3 rey...te hablará b a b, y en Babilonia.......... 6310
36.4 escribió Baruc de b de Jeremías, en un.......... 6310
36.6 de este rollo que escribiste de mi b 6310
36.17 cómo escribiste de b de Jeremías todas 6310
36.18 dictaba de su b todas estas palabras 6310
36.27 palabras que...escrito de b de Jeremías.......... 6310
36.32 escribió en él de b de Jeremías todas.......... 6310
44.17 toda palabra que ha salido de nuestra b 6310
44.25 vosotros...hablasteis con vuestras b 6310
44.26 no será invocado...b de ningún hombre.......... 6310
45.1 escribía en...palabras de b de Jeremías.......... 6310
48.28 la paloma que hace nido en la b de la 6310
51.44 sacaré de su b lo que se ha tragado 6310
Lm 2.16 tus enemigos abrieron contra ti su b.......... 6310
3.29 ponga su b en el polvo, por si aún hay.......... 6310
3.38 ¿de la b del Altísimo no sale lo malo y 6310
3.46 enemigos abrieron contra nosotros su b.......... 6310
Ez 2.8 tú...abre tu b, y come lo que yo te doy 6310
3.2 abrí mi b, y me hizo comer aquel rollo.......... 6310
3.3 lo comí, y fue en mi b dulce como miel.......... 6310
3.17 oirás, pues, tú la palabra de mi b 6310
3.27 cuando te hubiere hablado, abriré tu b.......... 6310
4.14 ni nunca en mi b entró carne inmunda 6310
16.56 no era...digna de mención en tu b en el.......... 6310
16.63 y nunca más abras la b, a causa de tu.......... 6310
24.27 aquel día se abrirá tu b para hablar 6310
29.21 abriré tu b en medio de ellos, y sabrán 6310
33.7 oirás la palabra de mi b...amonestarás 6310
33.22 había abierto mi b...abrió mi b, y ya 6310
33.31 hacen halagos con sus b, y el corazón.......... 6310
34.10 libraré mis ovejas de sus b, y no les 6310
35.13 os engrandecisteis...con vuestra b, y.......... 6310
36.3 se os ha hecho caer en b de habladores 8193
Dn 4.31 aún estaba la palabra en la b del rey 6433
6.22 el cual cerró la b de los leones, para.......... 6433
7.5 tenía en su b tres costillas entre los.......... 6433
7.8 tenía...una b que hablaba grandes cosas.......... 6433
7.20 este mismo cuerno tenía ojos, y b que 6433
10.3 ni entró en mi b carne ni vino, ni me 6310
10.16 entonces abrí mi b y hablé, y dije al 6310
Os 2.17 quitaré de su b los nombres...baales.......... 6310
6.5 con las palabras de mi b los maté; y tus.......... 6310
8.1 pon a tu b trompeta. Como águila viene 2441
Jl 1.5 bebéis vino...os es quitado de vuestra b 6310
Am 3.12 que el pastor libra de la b del león.......... 6310
Mi 4.4 porque la b de Jehová...lo ha hablado 6310
6.12 mentira, y su lengua es engañosa en su b.......... 6310
7.5 la que duerme...cuídate, no abras tu b 6310
7.16 naciones...pondrán la mano sobre su b 6310
Nah 3.12 caen en la b del que las ha de comer 6310
Sof 3.13 mentira, ni en b de ellos se hallará 6310
Zac 5.8 echó la masa de plomo en la b del efa 6310
8.9 los que oís en...de la b de los profetas.......... 6310
9.7 quitaré la sangre de su b...sus dientes 6310
14.12 y la lengua se les deshará en su b 6310
Mal 2.6 la ley de verdad estuvo en su b, e.......... 6310
2.7 de su b el pueblo buscará la ley; porque 6310
Mt 4.4 **toda palabra que sale de la b de Dios** 4750
5.2 y abriendo su b les enseñaba, diciendo 4750
12.34 **de la abundancia del corazón habla la b** 4750
13.35 abriré en parábolas mi b; declararé.......... 4750
15.11 **no lo que entra en la b contamina al** 4750
15.11 **lo que sale de la b, esto contamina al**.......... 4750
15.17 **lo que entra en la b va al vientre, y**.......... 4750
15.18 **lo que sale de la b, del corazón sale** 4750
17.27 **al abrirle la b, hallarás un estatero** 4750
18.16 **para que en b de dos o tres testigos** 4750
21.16 **la b de los niños y de los que maman**.......... 4750
Lc 1.64 fue abierta su b y suelta su lengua.......... 4750
1.70 habló por b de sus santos profetas que 4750
4.22 palabras de gracia que salían de su b 4750
6.45 **de la abundancia del corazón habla la b** 4750
11.54 cazar...palabra de su b para acusarle 4750
19.22 **mal siervo, por tu propia b te juzgo** 4750
22.71 nosotros mismos la hemos oído de su b
Jn 19.29 en un hisopo, se la acercaron a la b 4750
Hch 1.16 el Espíritu Santo habló antes por b 4750
3.18 anunciado por b de todos sus profetas.......... 4750
3.21 de que habló Dios por b de sus santos 4750
4.25 que por b de David tu siervo dijiste 4750
8.32 a la muerte fue llevado...no abrió su b 4750
8.35 Felipe, abriendo su b...le anunció el.......... 4750
10.34 Pedro, abriendo la b, dijo: En verdad 4750
11.8 cosa común o inmunda entró...en mi b.......... 4750
15.7 los gentiles oyesen por mi b la palabra 4750
22.14 que conozcas...y oigas la voz de su b.......... 4750
23.2 Ananías ordenó...le golpeasen en la b.......... 4750
Ro 3.14 b está llena de maldición...amargura 4750
3.19 lo dice...para que toda b se cierre y.......... 4750
10.8 cerca de ti...en tu b y en tu corazón 4750
10.9 si confesares con tu b que Jesús es el.......... 4750
10.10 con la b se confiesa para salvación.......... 4750
2 Co 6.11 nuestra b se ha abierto a vosotros.......... 4750
13.1 por b de dos o de tres...decidirá todo.......... 4750
Ef 4.29 ninguna palabra...salga de vuestra b.......... 4750
6.19 que al abrir mi b me sea dada palabra 4750
Col 3.8 palabras deshonestas de vuestra b 4750
2 Ts 2.8 Señor matará con el espíritu de su b 4750
2 Ti 4.17 así fui librado de la b del león 4750
Tit 1.11 a los cuales es preciso tapar la b 1993
He 11.33 que por fe...taparon b de leones.......... 4750
Stg 3.3 ponemos frenos en la b de los caballos.......... 4750

3.10 de una misma *b* proceden bendición y *4750*
1 P 2.22 no hizo... ni se halló engaño en su *b* *4750*
Jud 16 cuya *b* habla cosas infladas, adulando *4750*
Ap 1.16 de su *b* salía una espada aguda de dos *4750*
2.16 **pelearé contra ti con la espada de mi *b*** *4750*
3.16 **frío ni caliente, te vomitaré de mi *b*** *4750*
9.17 y de su *b* salían fuego, humo y azufre *4750*
9.18 el humo y el azufre que salían de *b* *4750*
9.19 el poder de los caballos estaba en su *b* *4750*
10.9 pero en tu *b* será dulce como la miel *4750*
10.10 era dulce en mi *b* como la miel, pero *4750*
11.5 sale fuego de la *b* de ellos, y devora a *4750*
12.15 la serpiente arrojó de su *b*... agua como *4750*
12.16 la tierra abrió su *b* y tragó el río *4750*
12.16 río que el dragón había echado de su *b* *4750*
13.2 era semejante a... y su b como *b* de león *4750*
13.5 se le dio *b* que hablaba... blasfemias *4750*
13.6 y abrió su *b* en blasfemias contra Dios *4750*
14.5 en sus *b* no fue hallada mentira, pues *4750*
16.13 salir... de la *b* del falso profeta, tres *4750*
19.15 de su *b* sale una espada aguda, para *4750*
19.21 con la espada que salía de la *b* del que *4750*

BOCADO
Gn 18.5 y traeré un *b* de pan, y sustentad 6595
Jue 8.5 os ruego que deis... algunos *b* de pan 3603
19.5 conforta tu corazón con un *b* de pan, y 6595
Rt 2.14 del pan, y moja tu *b* en el vinagre 6595
1 S 2.36 por un *b*... pueda comer un *b* de pan 3603
28.22 pondré yo... un *b* de pan para que comas 6595
2 S 12.3 comiendo de su *b* y bebiendo de su 6595
1 R 17.11 te ruego que me traigas... un *b* de pan 6595
Job 31.17 si comí mi *b* solo, y no comió de él 6595
Pr 6.26 el hombre es reducido a un *b* de pan 6595
17.1 mejor es un *b* seco, y en paz, que casa 6595
18.8; 26.22 palabras del chismoso son como *b* 3859
28.21 por un *b* de pan prevaricará el hombre 6595
Jn 13.27 después del *b*, Satanás entró en él *5596*
13.30 cuando... hubo tomado el *b*, luego salió *5596*

BOCINA
Éx 19.13 cuando suene... la *b*, subirán al monte 3104
19.16 espesa nube... y sonido de *b* muy fuerte 7782
19.19 el sonido de la *b* iba aumentando en 7782
20.18 el pueblo observaba... el sonido de la *b* 7782
Jos 6.4 siete *b* de... sacerdotes tocarán las *b* 7782
6.5 el sonido de la *b*, todo el pueblo gritará 7782
6.6 siete sacerdotes lleven *b* de cuerno de 7782
6.8 siete sacerdotes, llevando las siete *b* 7782
6.8 pasaron delante del arca... tocaron las *b* 7782
6.9 iban delante de los... que tocaban las *b* 7782
6.9,13 mientras las *b* sonaban continuamente 7782
6.13 llevando las siete *b*... y tocando las *b* 7782
6.16 cuando... tocaron las *b* la séptima vez 7782
6.20 entonces... los sacerdotes tocaron las *b* 7782
6.20 el pueblo hubo oído el sonido de la *b* 7782
1 Cr 15.28 llevaba... el arca... al sonido de *b* 2689
2 Cr 15.14 júbilo, al son de trompetas y de *b* 2689
23.13 alegría, y sonaba *b*, y los cantores con 2689
Sal 98.6 sonidos de *b*, delante del rey Jehová 2689
150.3 alabadle a son de *b*; alabadle... arpa 7782
Jer 6.1 tocad *b* en Tecoa, y alzad por señal 7782
Dn 3.5,7,10,15 oír el son de la *b*... postréis 7162
Os 5.8 tocad *b* en Gabaa, trompeta en Ramá 7782

BOCRU *Descendiente del rey Saúl,*
1 Cr 8.38; 9.44 1074

BODA
Mt 9.15 **los que están de *b* tener luto entre** *3567*
22.2 **un rey que hizo fiesta de *b* a su hijo** *1062*
22.3 **a llamar a los convidados a las *b*; mas** *1062*
22.4 **decid a los convidados... venid a las *b*** *1062*
22.8 **las *b* a la verdad están preparadas; mas** *1062*
22.9 **id... y llamad a las *b* a cuantos halléis** *1062*
22.10 **y las *b* fueron llenas de convidados** *1062*
22.11 **un hombre que no estaba vestido de *b*** *1062*
22.12 **entraste aquí, sin estar vestido de *b*?** *1062*
25.10 **el esposo; y... entraron con él a las *b*** *1062*
Mr 2.19 **¿acaso pueden... que están de *b* ayunar** *3567*
Lc 5.34 **hacer que los que están de *b* ayunen** *3567*
12.36 **a que su señor regrese de las *b*, para** *1062*
14.8 **cuando fueres convidado por alguno a *b***
Jn 2.1 se hicieron unas *b* en Caná de *1062*
2.2 fueron también invitados a las *b* Jesús *1062*
Ap 19.7 porque han llegado las *b* del Cordero *1062*
19.9 llamados a la cena de las *b* del Cordero *1062*

BODEGA
1 Cr 27.27 del fruto de las viñas para las *b* 214

BOFETADA
Mr 14.65 profetiza... alguaciles le daban de *b* *4475*
Jn 18.22 uno de los alguaciles... le dio una *b* *4475*
19.3 decían: ¡Salve, Rey... y le daban de *b* *4475*
2 Co 11.20 toleráis si... si alguno os da de *b* *1194*

BOGAR
Lc 5.4 ***boga* mar adentro, y echad... redes** *1877*

BOHÁN *Señal en la frontera de Judá y Benjamín,* Jos 15.6; 18.17 932

BOJ
Is 41.19 pondré en la soledad cipreses... y *b* 8391
60.13 vendrá a ti... pinos y *b* juntamente 8391

BOLA
1 R 7.24 rodeaban aquel mar por debajo unas *b*
Is 22.18 te echará a rodar... a *b* por tierra 1754

BOLSA
Dt 25.13 no tendrás en tu *b* pesa grande y 3599
1 S 17.49 y metiendo David su mano en la *b* 3627
2 R 5.23 ató dos talentos de plata en dos *b* 2754
Pr 1.14 echa tu suerte... tengamos todos una *b* 3599
7.20 la *b* de dinero llevó en su mano; el día 3599
16.11 obra suya son todas las pesas de la *b* 3599
Is 3.22 los mantoncillos, los velos, las *b* 3599
46.6 sacan oro de la *b*, y pesan plata con 3599
Mi 6.11 tiene balanza... *b* de pesas engañosas? 3599
Lc 10.4 **no llevéis *b*, ni alforja, ni calzado** *905*
12.33 **haceos *b* que no se envejezcan, tesoro** *905*
22.35 **cuando os envié sin *b*, sin alforja, y** *905*
22.36 **pues ahora, el que tiene *b*, tómela** *905*
Jn 12.6 teniendo la *b*, sustraía de lo que se *1101*
13.29 pensaban, puesto que Judas tenía la *b* *1101*

BONANZA
Mt 8.26 reprendió a los vientos y... grande *b* *1055*
Mr 4.39 cesó el viento, y se hizo grande *b* *1055*
Lc 8.24 reprendió al viento y... y se hizo *b* *1055*

BONDAD
Gn 21.23 conforme a la *b* que yo hice contigo 2617
Rt 3.10 has hecho mejor tu postrera *b* que la 2617
2 Cr 6.41 y tus santos se regocijen en tu *b* 2896
Neh 9.25 se saciaron, y se deleitaron en tu... *b* 2898
Sal 25.7 acuérdate de mí, por tu *b*, oh Jehová 2898
27.13 si no creyese que veré la *b* de Jehová 2898
31.19 ¡cuán grande es tu *b*, que has guardado 2898
68.10 tu *b*, oh Dios, has provisto al pobre 2898
145.7 proclamarán la memoria de tu inmensa *b* 2898
Pr 20.6 muchos hombres proclaman su propia *b* 2617
Os 3.5 temerán a Jehová y a su *b* en el fin de 2898
10.1 conforme a la *b* de su tierra... sus ídolos 2896
Zac 9.17 ¡cuánta es su *b*, y su... hermosura! 2897
Ro 11.22 mira... la *b* y la severidad de Dios *5544*
11.22 *b* para contigo, si permaneces en esa *b* *5544*
15.14 de que... estáis llenos de *b*, llenos de *19*
2 Co 6.6 en *b*, en el Espíritu Santo, en amor *5544*
Gá 5.22 gozo, paz, paciencia, benignidad, *b* *19*
Ef 2.7 en su *b* para con nosotros en Cristo *5544*
5.9 el fruto del Espíritu es en toda *b* *19*
2 Ts 1.11 Y cumpla todo propósito de *b* y toda *19*
Tit 3.4 se manifestó la *b* de Dios... Salvador *5544*

BONDADOSAMENTE
2 S 19.7 ve afuera y habla *b* a tus siervos

BOOZ *Ascendiente del rey David*
Rt 2.1 un pariente de... el cual se llamaba *B* 1162
2.3 aquella parte del campo era de *B*, el cual 1162
2.4 *B* vino de Belén, y dijo a los segadores 1162
2.5 *B* dijo a su criado el mayordomo de las 1162
2.8 *B* dijo a Rut: Oye, hija mía, no vayas a 1162
2.11 *B*, le dijo: He sabido... lo que has hecho 1162
2.14 *B* le dijo a la hora de comer: Ven aquí 1162
2.15 *B* mandó... diciendo: Que recoja también 1162
2.19 contó ella... el nombre del varón... es *B* 1162
2.23 estuvo... junto con las criadas de *B* 1162
3.2 ¿no es *B* nuestro pariente, con cuyas 1162
3.7 cuando *B* hubo comido y bebido... contento 1162
4.1 *B* subió a la puerta y se sentó allí; y 1162
4.1 aquel pariente de quien *B* había hablado 1162
4.5 replicó *B*: El mismo día que compres las 1162
4.8 entonces el pariente dijo a *B*: Tómalo 1162
4.9 *B* dijo a los ancianos y a todo el pueblo 1162
4.13 *B*... tomó a Rut, y ella fue su mujer; y 1162
4.21 Salmón engendró a *B*, y *B* engendró a 1162
1 Cr 2.11 Naasón engendró a Salmón, y... a *B* 1162
2.12 *B* engendró a obed, y Obed engendró a 1162
Mt 1.5 Salmón engendró de Rahab a *B*, *B*... Rut *1003*
Lc 3.32 de *B*, hijo de Salmón, hijo de Naasón *1003*

BOQUIM *«Los que lloran», lugar entre Gilgal y Bet-el,* Jue 2.1,5 1066

BORDADO *Véase también Bordar*
Éx 35.35 *b* en azul, en púrpura, en carmesí 7551
Ez 16.10 te vestí de *b*, te calcé de tejón, te
16.13 tu vestido era de lino fino, seda y *b*
27.24 negociaban... en mantos de azul y *b*, y

BORDAR
Éx 28.4 el manto, la túnica *bordada*, la mitra 8665
28.39 *bordarás* una túnica de lino, y harás 7660
Jue 5.30 las vestiduras *bordadas* de colores 7553
5.30 ropa de color *bordada* de ambos lados 7553
Sal 45.14 con vestidos *bordados* será llevada 7553
Ez 26.16 y desnudarán sus ropas *bordadas;* de
27.7 de lino fino *bordado* de Egipto era tu
27.16 con... vestidos *bordados*, linos finos

BORDE
Éx 26.10 cincuenta lazadas... al *b* en la unión 8193
28.32 tendrá un *b* alrededor de obra tejida 8193
39.23 con un *b* alrededor de la abertura, para 8193
Nm 15.38 diles que se hagan franjas en los *b* 3678
15.38 en cada franja de los *b* un cordón de 3671
Jos 3.8 hayáis entrado hasta el *b* del agua del 7097
4.18 corriendo como antes sobre todos sus *b* 1415
Rt 3.9 extiende *el b* de tu capa sobre tu
1 R 7.24 rodeaban... mar por debajo de su *b* 8193
7.26 el *b* era labrado como el *b* de un cáliz 8193
2 Cr 4.2 un mar... diez codos de un *b* al otro 8193
4.5 el *b* tenía la forma del *b* de un cáliz 8193
Job 26.14 estas cosas son sólo los *b* de sus 7098
Sal 133.2 baja hasta el *b* de sus vestiduras 6310
Is 28.25 pone el... y la avena en su *b* apropiado? 1367
Ez 43.13 su remate por su *b* alrededor, de un 1366
43.17 y de medio codo el *b* alrededor; y la 1366
43.20 sangre, y pondrás... en el *b* alrededor 1366
Mt 9.20 se le acercó... tocó el *b* de su manto *2899*
14.36; Mr 6.56 dejase tocar... *b* de su manto *2899*
Lc 8.44 tocó el *b* de su manto; y al instante *2899*

BORDO
Hch 20.14 tomándole a *b*, vinimos a Mitilene
27.17 subido a *b*, usaron de refuerzos para

BORDÓN
Éx 12.11 lo comeréis... vuestro *b* en vuestra 4731
Zac 8.4 morar ancianos... con *b* en su mano por 4938
Mt 10.10 **calzado, ni de *b*; porque el obrero** *4464*
Mr 6.8 que no llevasen nada... sino solamente *b* *4464*
Lc 9.3 **ni *b*, ni alforja, ni pan, ni dinero** *4464*
He 11.21 adoró apoyado sobre el extremo... su *b* *4464*

BORRACHERA
Ro 13.13 y *b*, no en lujurias y lascivias, no *3178*
Gá 5.21 *b*, orgías, y cosas semejantes a estas *3178*

BORRACHO
Dt 21.20 es contumaz y rebelde... es glotón y *b* 5435
Job 12.25 a tientas... y los hace errar como *b* 7910
Jl 1.5 despertad, *b*, y llorad; gemid, todos 7910
Mt 24.49 **y aun a comer y a beber con los *b*** *3184*
1 Co 5.11 que no os juntéis con... *b*, o ladrón *3183*
6.10 avaros, ni los *b*, ni los maldicientes *3183*

BORRAR
Nm 5.23 y las *borrará* con las aguas amargas 4229
Dt 9.14 borre su nombre de debajo del cielo 4229
25.6 el nombre de, no sea *borrado de* Israel
25.19 *borrarás* la memoria de Amalec... cielo 4229
29.20 Jehová *borrará su* nombre de debajo del 4229
Jos 7.9 los cananeos... *borrarán* nuestro nombre 3772
Rt 4.10 el nombre del muerto no se *borre* de 3772
1 S 24.21 júrame... ni *borrarás* mi nombre de la 8045
Neh 4.5 ni su pecado sea *borrado* delante de ti 4229
13.14 no *borres* mis misericordias que hice 4229
Sal 9.5 *borraste* el nombre de... para siempre 4229
51.1 conforme a la... *borra* mis rebeliones 4229
51.9 mis pecados, y *borra* todas mis maldades 4229
109.13 en la segunda... sea *borrado* su nombre 4229
109.14 el pecado de su madre no sea *borrado* 4229
Pr 6.33 y su afrenta nunca será *borrada* 4229
Is 43.25 yo soy el que *borro* tus rebeliones 4229
Jer 18.23 ni *borres* su pecado de delante de 4229
23.40 eterna confusión que nunca *borrará* el
Hch 3.19 que sean *borrados* vuestros pecados *1813*
Ap 3.5 **no *borraré* su nombre del libro de la** *1813*

BORRASCOSO
Sal 55.8 escapar del viento *b*... de la tempestad 5584

BORREGO
Gn 30.39 ovejas... parían *b* listados, pintados 6629

BORRICO
Gn 32.15 diez novillos, veinte asnas y diez *b* 5895

BOSCAT *Aldea en Judá, cerca de Laquis,* Jos 15.39; 2 R 22.1 1218

BOSES *Uno de los peñascos en Micmas y Cabaa,* 1 S 14.4 949

BOSQUE
Jos 17.15 subid al *b*, y haceos desmontes allí 3293
17.18 aunque es *b*, tú lo desmontarás y lo 3293
1 S 14.25 el pueblo llegó a un *b*, donde había 3293
14.26 entró, pues, el pueblo en el *b*, y he aquí 3293
22.5 y David se fue, y vino al *b* de Haret 3293
2 S 18.6 libró la batalla en el *b* de Efraín 3293
18.8 fueron más los que destruyó el *b* aquel 3293
18.17 le echaron en un gran hoyo en el *b*, y 3293
1 R 7.2 edificó la casa del *b* del Líbano, la 3293
10.17 los puso en la casa del *b* del Líbano 3293
10.21 la vajilla de la casa del *b* del Líbano 3293
2 R 19.23 me alojaré... en el *b* de sus feraces 3293
1 Cr 16.33 cantarán los árboles de los *b* 3293
2 Cr 9.16 los puso el rey en la casa del *b* del 3293
9.20 la vajilla de la casa del *b* del Líbano 3293
27.4 construyó fortalezas y torres en los *b* 2793
Neh 2.8 carta para Asaf guarda del *b* del rey 6508
Sal 29.9 voz de Jehová que... y desnuda los *b* 3295
50.10 porque mía es toda bestia del *b*, y 3293
74.5 levantan el hacha en medio de tupido *b* 6096
83.14 como fuego que... llama que abrasa el *b* 3293
96.12 árboles del *b* rebosarán de contento 3293
132.6 oímos... lo hallamos en los campos del *b* 3293
Ec 2.6 me hice estanques... regar de ellos el *b* 3293
Is 9.18 y se encenderá en lo espeso del *b*, y 3293
10.18 la gloria de su *b* y de campo fértil 3293
10.19 y los árboles que queden en su *b* serán 3293
10.34 cortará con hierro la espesura del *b* 3293
21.13 en el *b* pasaréis la noche en Arabia 3293
22.8 miraste... hacia la casa de armas del *b* 3293
29.17; 32.15 el campo fértil... estimado por *b* 3293
37.24 llegaré... al *b* de sus feraces campos 3293
44.14 que crecen entre los árboles del *b* 3293
44.23 *b*, y todo árbol que en él está; porque 3293
56.9 todas las fieras del *b*, venid a devorar 3293
Jer 4.29 entraron en las espesuras de los *b* 5441
10.3 leño del *b* cortaron, obra de manos de 3293
21.14 encender fuego en su *b*, y consumirá 3293
26.18 el monte de la casa como cumbres de *b* 3293
46.23 cortarán sus *b*... aunque... impenetrables 3293
Ez 15.2 el sarmiento entre los árboles del *b* 3293
15.6 como la madera de la vid entre... del *b* 3293
20.46 profetiza contra el *b* del Neguev 3293
20.47 dirás al *b* del Neguev: Oye la palabra 3293
34.25 con seguridad, y dormirán en los *b* 3264

39.10 ni cortarán de los *b*, sino quemarán 3293
Mi 3.12 monte de la casa como cumbres de *b* 3293
Zac 11.2 encinas de... el *b* espeso es derribado 3293
Stg 3.5 grande *b* enciende un pequeño fuego!

BOSRA *Ciudad fortificada en Edom*
Gn 36.33; 1 Cr 1.44 Jobab hijo de Zera, de *B* 1224
Is 34.6 porque Jehová tiene sacrificios en *B* 1224
63.1 ¿quién es éste que viene de Edom, de *B* 1224
Jer 48.24 Queriot, sobre *B* y sobre todas las 1224
49.13 he jurado... soledad y maldición será *B* 1224
49.22 volará, y extenderá sus alas contra *B* 1224
Am 1.12 fuego... y consumirá los palacios de *B* 1224
Mi 2.12 lo reuniré como ovejas de *B*, como 1223

BOTÍN
Nm 31.11 Y tomaron... el despojo, y todo el *b* 4455
31.12 y trajeron a Moisés... cautivos y el *b* 4455
31.26 toma la cuenta del *b* que se ha hecho 4455
31.27 partirás... el *b* entre los que pelearon 4455
31.32 fue el *b*, el resto del *b* que tomaron 4455,957
31.53 habían tomado *b* cada uno para sí 962
Dt 1.39 cuales dijisteis que servirían de *b* 957
13.16 juntarás... su *b* en medio de la plaza 7998
13.16 consumirás con fuego, todo su *b*, todo 7998
20.14 todo su *b* tomarás para ti; y comerás 7998
20.14 y comerás del *b* de tus enemigos, los 7998
Jos 11.14 los hijos de Israel tomaron... el *b* 962
22.8 compartid... el *b* de vuestros enemigos 7998
Jue 5.30 hallado *b*, y lo están repartiendo? 7998
5.30 para los jefes de los que tomaron el *b* 7998
8.24 cada uno me dé los zarcillos de su *b* 7998
8.25 echó... cada uno los zarcillos de su *b* 7998
1 S 14.30 comido... *b* tomado de sus enemigos? 7998
14.32 se lanzó el pueblo sobre el *b*... vacas 7998
15.19 vuelto al *b* has hecho lo malo ante los 7998
15.21 el pueblo tomó del *b* ovejas y vacas 7998
30.16 haciendo fiesta... por todo aquel gran *b* 7998
30.20 delante, decían: Este es el *b* de David 7998
30.22 no les daremos del *b* que hemos quitado 7998
30.26 envió del *b* a los... un presente... del *b* 7998
2 S 3.22 los siervos... traían consigo gran *b* 7998
8.12 del *b* de Hadad-ezer hijo de Rehob, rey 7998
12.30 David... sacó muy grande *b* de la ciudad 7998
23.10 en pos de él tan sólo para recoger el *b* 6584
2 R 3.23 dijeron... ahora, pues, ¡Moab, al *b*! 7998
1 Cr 20.2 tornó... de la ciudad muy grande *b* 7998
26.27 y de los *b*, para reparar la casa de 7998
2 Cr 14.13 el pueblo... tornaron muy grande *b* 7998
14.14 saquearon todas... había en ellas gran *b* 961
15.11 sacrificaron... del *b* que habían traído 7998
20.25 tres días estuvieron recogiendo el *b* 7998
24.23 enviaron todo el *b* al rey a Damasco 7998
28.8 además de haber tomado de ellos mucho *b* 7998
28.14 el ejército dejó los cautivos y el *b* 961
Is 33.23 se repartirá entonces *b* de... despojos 5706
33.23 entonces... los cojos arrebatarán el *b* 957
42.24 ¿quién dio a Jacob en *b*, y entregó a 4933,4882
49.24 ¿será quitado el *b* al valiente? ¿Será 4455
49.25 y el *b* será quitado al tirano; y tu 4455
Jer 38.2 pues su vida le será por *b*, y vivirá 7998
39.18 tu vida te será por *b*, porque tuviste 7998
45.5 a ti te daré tu vida por *b* en todos los 7998
49.32 sus camellos por *b*, y la multitud de 957
50.10 y Caldea será para *b*; todos los que la 7998
Ez 29.19 arrebatará *b*, y habrá paga para su 957
36.4 que fueron puestas por *b* y escarnio de 957
38.12 y para tomar *b*, para poner tus manos 957
38.13 ¿has reunido tu multitud para tomar *b* 957
Dn 11.24 *b*, despojos y riquezas repartirá a 961
Mi 4.13 trilla, y consagrarás a Jehová su *b*
Lc 11.22 **viene otro más fuerte... reparte el *b*** *4661*
He 7.4 a quien aun Abraham... dio diezmos del *b* *205*

BOTÓN
1 R 6.18 tenía entalladuras... de *b* de flores
6.29 y esculpió... *b* de flores, por dentro y
6.32,35 en ellas... palmeras *y b* de flores

BÓVEDA
Jer 37.16 la casa de la cisterna, y en las *b* 2588

BOYERO
Am 7.14 que soy *b*, y recojo higos silvestres 951

BOZAL
Dt 25.4 no pondrás *b* al buey cuando trillare 2629
1 Co 9.9; 1 Ti 5.18 no... *b* al buey que trilla *5392*

BRAMAR
1 S 6.12 seguían camino recto... *bramando*, sin 1600
Job 30.7 *bramaban* entre las matas... los espinos 5101
37.4 después de ella *brama* el sonido, truena 7580
Sal 42.1 como el ciervo *brama* por las... aguas 6165
46.3 aunque *bramen* y se turben sus aguas 1993
46.6 *bramaron* las naciones, titubearon los 1993
96.11; 98.7 *brame* el mar y su plenitud 7580
Is 5.30 *bramará* sobre... como bramido del mar 5098
Jer 5.22 *bramarán* sus ondas... no lo pasarán 1993
6.23 crueles... su estruendo *brama* como el mar 1993
31.35 que parte el mar, y *braman* sus ondas 1993
51.55 *bramarán* sus olas, y como sonido de 1993
Jl 1.20 las bestias del campo *bramarán*... a ti 2199

BRAMIDO
1 S 15.14 qué balido de ovejas y *b* de vacas 6963
Job 4.10 los *b* del rugiente, y los dientes de
Is 5.30 bramará... en aquel día como *b* del mar 5098
17.12 harán alboroto como *b* de muchas aguas 7582
Jer 9.10 hasta no quedar... oirse *b* de ganado 6963
Lc 21.25 **confundidas a causa del *b* del mar** *2278*

BRASA
Lv 16.12 tomará un incensario lleno de *b* de 1513
Sal 120.4 agudas saetas de valientes, con *b* 1513
140.10 caerán sobre ellos *b*; serán echados 1513
Pr 6.28 ¿andará el hombre sobre *b* sin que sus 1513
26.21 el carbón para *b*, y la leña para el 6302
Cnt 8.6 los celos; sus *b*, *b* de fuego, fuerte 7565
Is 44.19 sobre sus *b* cocí pan, asé carne, y la 1513
47.14 no quedará *b* para calentarse, ni lumbre 1513
Ez 24.11 asentando... la olla vacía sobre sus *b* 1513
Jn 21.9 vieron *b* puestas, y un pez encima de *439*

BRASERO
Éx 27.3 harás... tazones, sus garfios y sus *b* 4289
Nm 4.14 los *b* y los tazones... los utensilios 4289
Jer 36.22 había un *b* ardiendo delante de él 254
36.23 lo echó en el *b*... el fuego que en el *b* 254
Zac 12.6 los capitanes de Judá como *b* de fuego 3595

BRAVEZA
Sal 46.3 tiemblen los montes a causa de su *b* 1346
89.9 tú tienes dominio sobre la *b* del mar 1348

BRAZA
Hch 27.28 hallaron veinte *b*... hallaron quince *b* *3712*

BRAZALETE
Gn 24.22 pendiente... y dos *b* que pesaban diez 6781
24.30 y cuando vio el pendiente y los *b* en 6781
24.47 entonces le puse... *y b* en sus brazos 6781
Éx 35.22 trajeron... *b* y toda clase de joyas de 2387
Nm 31.50 hemos ofrecido... *b*, manillas, anillos 6781
Is 3.19 los collares, los pendientes y los *b* 8285
Ez 16.11 puse *b* en tus brazos y collar a tu 6781

BRAZO
Gn 2.10 y de allí se repartía en cuatro *b* 7218
24.47 un pendiente... y brazaletes en sus *b* 3027
49.24 los *b* de sus manos se fortalecieron 2220
Éx 6.6 y os redimiré con *b* extendido, y con 2220
15.16 a la grandeza de tu *b* enmudezcan como 2220
25.32 y saldrán seis *b* de sus lados; tres *b* 7070
25.32 candelero a un lado, y tres *b* al otro 7070
25.33 en forma de flor... en un *b*... en otro *b* 7070
25.33 en los seis *b* que salen del candelero 7070
25.35 manzana debajo de dos *b*... otros dos *b* 7070
25.35 manzana debajo de los otros dos *b* 7070
25.35 así para los seis *b* que salen del 7070
25.36 sus manzanas y sus *b* serán de una pieza 7070
37.18 de sus lados salían seis *b*; tres *b* de 7070
37.18 un lado... otros tres *b* del otro lado 7070
37.19 en un *b*, tres copas... y en otro *b* tres 7070
37.19 en los seis *b* que salían del candelero 7070
37.21 manzana debajo de dos *b*... otros dos *b* 7070
37.21 los otros dos *b*, conforme a los seis *b* 7070
37.22 sus manzanas y sus *b* eran de lo mismo 7070
Dt 4.34 *y b* extendido, y hechos aterradores 2220
5.15 te sacó... con mano fuerte *y b* extendido 2220
7.19 el *b* extendido con que Jehová tu Dios 2220
9.29 pueblo que sacaste... con tu *b* extendido 2220
11.2 visto... mano poderosa, y su *b* extendido 2220
26.8 nos sacó... con *b* extendido, con grande 2220
33.20 como león reposa, y arrebata *b* y testa 2220
33.27 tu refugio, y acá abajo los *b* eternos 2220
Jue 15.14 las cuerdas que estaban en sus *b* se 2220
16.12 él las rompió de sus *b* como un hilo 2220
1 S 2.31 cortaré tu *b* y el *b* de la casa de tu 2220
2 S 1.10 tomé... la argolla que traía en su *b* 2220
22.35 se doble el arco de bronce con mis *b* 2220
1 R 8.42 oirán de tu gran... de tu *b* extendido 2220
10.19 tenía *b* cerca del asiento, junto a los 3027
2 R 5.18 y se apoyare sobre mi *b*... inclinare 3027
7.2,17 un príncipe sobre cuyo *b*... se apoyaba 3027
17.36 Jehová, que os sacó... con... *b* extendido 2220
2 Cr 6.32 venido... a causa... de tu *b* extendido 2220
9.18 *b* a uno y otro lado del asiento, y dos 3027
9.18 el trono tenía... leones... junto a los *b* 3027
32.8 con él está el *b* de carne, mas con 2220
Job 22.9 *b* de los huérfanos fueron quebrados 2220
26.2 ¿cómo has amparado al *b* sin fuerza? 2220
31.22 caiga... el hueso de mi *b* sea quebrado 3802
38.15 luz... y el *b* enaltecido es quebrantado 2220
40.9 ¿tienes tú un *b* como el de Dios?... voz 2220
Sal 10.15 quebranta tú el *b* del inicuo, y 2220
18.34 entesar con mis *b* el arco de bronce 2220
37.17 los *b* de los impíos serán quebrados 2220
44.3 ni su *b* los libró... tu diestra, y tu *b* 2220
77.15 con tu *b* redimiste a tu pueblo, a los 2220
79.11 conforme, grandeza de tu *b* preserva 2220
83.8 asirio... sirven de *b* a los hijos de Lot
89.10 con tu *b* poderoso esparciste a tus 2220
89.13 tuyo es el *b* potente; fuerte es tu 2220
89.21 con él, mi *b* también lo fortalecerá 2220
98.1 su diestra lo ha salvado, y su santo *b* 2220
129.7 su mano, ni sus *b* el que hace gavillas 2683
136.12 con mano fuerte, *y b* extendido, porque 2220
Pr 31.17 ciñe de fuerza sus lomos, y... sus *b* 2220
Cnt 8.6 como una marca sobre tu *b*; porque 2220
Is 9.20 cada cual comerá la carne de su *b* 2220
11.15 lo herirá en sus siete *b*, y hará que 3027
17.5 el segador... con su *b* siega las espigas 2220
30.30 hará ver el descenso de su *b*, con furor 2220
33.2 tú, *b* de ellos en la mañana, sé también 2220
40.10 vendrá con poder, y su *b* señoreará 2220
40.11 en su *b* llevará los corderos, y en su 2220
44.12 trabaja en ellos con la fuerza de su *b* 2220
48.14 en Babilonia, y su *b* estará sobre los 2220
49.22 traerán en *b* a tus hijos, y tus hijas 2220
51.5 mis *b* juzgarán a los pueblos; a mí me 2220
51.5 esperan... y en mi *b* ponen su esperanza 2220
51.9 despiértate, vístete de poder, oh *b* de 2220
52.10 desnudó su santo *b* ante los ojos de 2220
53.1 quién se ha manifestado el *b* de Jehová? 2220
59.16 lo salvó su *b*, y le afirmó su... justicia 2220
60.4 lejos, y tus hijas serán llevadas en *b*
62.8 juró Jehová por su mano... su poderoso *b* 3225
63.5 me salvó mi *b*, y me sostuvo mi ira 2220
63.12 que los guió... con el *b* de su gloria 2220
66.12 en los *b* seréis traídos, y sobre las 6654
Jer 17.5 el varón que... pone carne por su *b* 2220
21.5 pelearé contra vosotros... con *b* fuerte 2220
27.5 con mi gran poder y con mi *b* extendido 2220
32.17 tu *b* extendido, ni hay nada, difícil 2220
32.21 con mano fuerte *y b* extendido, y con 248
48.25 cortado es... Moab, y su *b* quebrantado 2220
Ez 4.7 descubierto tu *b*, profetizarás contra 2220
16.11 puse brazaletes en tus *b* y collar a tu 3027
20.33 con... *b* extendido... he de reinar sobre 3027
20.34 os reuniré... con... *b* extendido, y enojo 3027
30.21 quebrado el *b* de Faraón rey de Egipto 2220
30.22 quebraré... *b*, el fuerte y el fracturado 2220
30.24 fortaleceré los *b* del rey de Babilonia 2220
30.24 quebraré los *b* de Faraón, y... gemirá 2220
30.25 fortaleceré... *b* del rey de Babilonia, y 2220
30.25 los *b* de Faraón caerán; y sabrán que yo 2220
31.17 que fueron su *b*, los que estuvieron a 2220
Dn 2.32 pecho y sus *b*, de plata; su vientre 1872
10.6 sus *b*... como de color de bronce bruñido 2220
11.6 ella no podrá retener la fuerza de su *b* 2220
11.6 ni permanecerá él, ni su *b*; porque será 2220
Os 7.15 les enseñé y fortalecí sus *b*, contra 2220
11.3 enseñaba a andar al... tomándole de los *b* 2220
Zac 11.17 hiera la espada su *b*... ojo derecho 2220
11.17 se secará su *b*, y su ojo derecho será 2220
Mr 9.36 un niño... tomándole en sus *b*, les dijo *1723*
10.16 y tomándolos en sus *b*... los bendecía *1723*
Lc 1.51 hizo proezas con su *b*; esparció a los *1023*
2.28 él le tomó en sus *b*, y bendijo a Dios *43*
Jn 12.38 **¿y a quién se ha revelado el *b* del** *1023*
Hch 13.17 y con *b* levantado los sacó de ella *1023*

BREA
Gn 6.14 la calafatearás con *b* por dentro y 3724
Éx 2.3 la calafateó con asfalto *y b*, y colocó 2203
Is 34.9 se convertirán en *b*... en *b* ardiente 2203

BRECHA
Gn 38.29 ¡qué *b* te has abierto! Y llamó su 6556
Jue 21.15 Jehová había abierto una *b* entre 6556
2 R 25.4 abierta... *b* en el muro de la ciudad 1234
Is 22.9 visteis las *b* de la ciudad de David 1233
Jer 39.2; 52.7 *b* en el muro de la ciudad 1234
Ez 13.5 no habéis subido a las *b*, ni habéis 6556
22.30 hombre... se pusiese en la *b* delante de
Am 4.3 y saldréis por las *b* una tras otra, y 6556

BREGA
Job 7.1 ¿no es acaso *b* la vida del hombre

BREVA
Jer 24.2 cesta tenía higos muy buenos, como *b*
Nah 3.12 tus fortalezas... cual higueras con *b*

BREVE
2 Cr 12.7 los salvaré en *b*, y no derramaré
Esd 9.8 un *b* momento ha habido misericordia 4592
Job 20.5 que la alegría de los malos es *b*, y el 7138
32.22 porque... en *b* mi Hacedor me consumiría 4592
Sal 89.47 recuerda cuán *b* es mi tiempo; ¿por 2465
Is 54.7 por un *b* momento te abandoné, pero te 6996
Hch 25.4 Cesarea, adonde él... partiría en *b*
Ro 16.20 Dios de paz aplastará en *b* a Satanás
2 P 1.14 que en *b* debo abandonar el cuerpo *5031*
3 Jn 14 espero verte en *b*, y hablaremos cara *2112*
Ap 17.10 es necesario que dure *b* tiempo *3641*
22.20 **ciertamente vengo en *b*. Amén; sí, ven** *5035*

BREVEMENTE
Hch 24.4 ruego que nos oigas *b* conforme a tu *4935*
Ef 3.3 como antes lo he escrito *b* *3641*
He 13.22 soportéis la... pues os he escrito *b* *1024*
1 P 5.12 os he escrito *b*, amonestándoos, y *3641*

BRILLANTE
Is 18.2 nación de... tez *b*, al pueblo temible
18.7 del pueblo de elevada estatura y tez *b*
Ez 32.8 haré entenebrecer todos los astros *b* 3974
Hab 3.4 la luz; rayos *b* salían de su mano, y

BRILLAR
2 R 3.22 brilló el sol sobre las aguas, vieron 2224
Job 36.32 le manda no brillar, interponiendo
Sal 104.15 el aceite que hace brillar el rostro 6670
Ap 21.23 de sol ni de luna que brillen en ella *5316*

BRILLO
Est 1.4 mostrar... el *b* y la magnificencia de 8597
Lm 4.1 ¡cómo el buen oro ha perdido su *b*! 6004

BRINCAR
Cnt 2.8 viene... brincando sobre los collados 1801

BRISA
Hch 27.13 y soplando una *b* del sur... levaron *5285*

BROCADO
Sal 45.13 la hija... de *b* de oro es su vestido 4865

BROMA
Pr 26.19 y dice: Ciertamente lo hice por *b* 7832

BRONCE
Gn 4.22 artífice de... obra de *b* y de hierro 5178
Éx 26.11 harás asimismo 50 corchetes de *b* 5178
26.37 fundirás cinco basas de *b* para ellas 5178

27.2 le harás cuernos...y lo cubrirás de *b*..........5178
27.3 harás también...sus utensilios de *b*..........5178
27.4 y le harás un enrejado de *b* de obra de..........5178
27.4 sobre la rejilla harás 4 anillos de *b*..........5178
27.6 varas de madera...cuales cubrirás de *b*..........5178
27.10 columnas y sus 20 basas serán de *b*..........5178
27.11 sus 20 columnas con sus 20 basas de *b*..........5178
27.17 capiteles de plata, y sus basas de *b*..........5178
27.18 sus cortinas de lino...sus basas de *b*..........5178
27.19 todas las estacas del atrio...de *b*..........5178
30.18 harás...fuente de *b*, con su base de *b*..........5178
31.4 para trabajar en oro, en plata y en *b*..........5178
35.5 ofrenda para Jehová...oro, plata, *b*..........5178
35.16 altar...su enrejado de *b* y sus varas..........5178
35.24 todo el que ofrecía ofrenda...o de *b*..........5178
35.32 para trabajar en oro, en plata y en *b*..........5178
36.18 cincuenta corchetes de *b* para enlazar..........5178
36.38 columnas...e hizo de *b* sus cinco basas..........5178
38.2 eran de la misma pieza, y lo cubrió de *b*..........5178
38.3 del altar...sus utensilios los hizo de *b*..........5178
38.4 hizo para el altar un enrejado de *b* de..........5178
38.5 los cuatro extremos del enrejado de *b*..........5178
38.6 hizo las varas de madera...cubrió de *b*..........5178
38.8 hizo la fuente de *b* y su base de *b*, de..........5178
38.10,11 columnas...con sus veinte basas de *b*..........5178
38.17 las basas de las columnas eran de *b*..........5178
38.19 sus cuatro basas de *b* y sus capiteles..........5178
38.20 las estacas del tabernáculo...eran de *b*..........5178
38.29 el *b* ofrendado fue de setenta talentos y..........5178
38.30,39 el altar de *b* y su enrejado de *b*..........5178
Lv 6.28 si fuere cocida en vasija de *b*, será..........5178
26.19 como hierro, y vuestra tierra como *b*..........5154
Nm 16.39 Eleazar tomó los incensarios de *b*..........5178
21.9 Moisés hizo una serpiente de *b*, y la..........5178
21.9 miraba a la serpiente de *b*, y vivía..........5178
31.22 la plata, el *b*, hierro, estaño, y plomo..........5178
Dt 28.23 cielos que están sobre...serán de *b*..........5178
33.25 hierro y *b* serán tus cerrojos, y como..........5178
Jos 6.19 los utensilios de *b*...sean consagrados..........5178
6.24 pusieron en el tesoro...utensilios de *b*..........5178
22.8 plata, con oro, y *b*, y muchos vestidos..........5178
1 S 17.5 y traía un casco de *b* en su cabeza..........5178
17.5 era el peso de la cota 5.000 siclos de *b*..........5178
17.6 grebas de *b*, y jabalina de *b* entre sus..........5178
17.38 y puso sobre su cabeza un casco de *b*..........5178
2 S 8.8 tomó el rey David gran cantidad de *b*..........5178
8.10 Joram llevaba...utensilios...de oro y de *b*..........5178
21.16 cuya lanza pesaba 300 siclos de *b*, y..........5178
22.35 se doble el arco de *b* con mis brazos..........5154
1 R 4.13 ciudades con muro y cerraduras de *b*..........5178
7.14 padre, que trabajaba en *b*, era de Tiro..........5178
7.14 lleno de sabiduría...en toda obra de *b*..........5178
7.15 vació dos columnas de *b*; la altura de..........5178
7.16 hizo...dos capiteles de fundición de *b*..........5178
7.27 hizo también diez basas de *b*, siendo la..........5178
7.30 tenía cuatro ruedas de *b*, con ejes de *b*..........5178
7.38 hizo también diez fuentes de *b*; cada..........5178
7.45 todos los utensilios que...de *b* bruñido..........5178
7.47 no inquirió Salomón el peso del *b* de..........5178
8.64 el altar de *b*...de Jehová era pequeño..........5178
14.27 hizo el rey Roboam escudos de *b*, y los..........5178
2 R 16.14 e hizo acercar el altar de *b* que..........5178
16.15 el altar de *b* será mío para consultar..........5178
16.17 quitó...el mar de sobre los bueyes de *b*..........5178
18.4 e hizo pedazos la serpiente de *b* que..........5178
25.13 quebraron...caldeos las columnas de *b*..........5178
25.13 el mar de *b* que estaba en la casa de..........5178
25.13 los caldeos...llevaron el *b* a Babilonia..........5178
25.14 llevaron también...los utensilios de *b*..........5178
25.17 de una columna...encima un capitel de *b*..........5178
25.17 había una red y granadas...todo de *b*..........5178
1 Cr 15.19 cantores, sonaban címbalos de *b*..........5178
18.8 de Cun...tomó David muchísimo *b*, con el..........5178
18.8 hizo el mar de *b*, las...y utensilios de *b*..........5178
18.10 le envió...de utensilios de oro...y de *b*..........5178
22.3 mucho *b* sin peso, y madera de cedro..........5178
22.14 he preparado...*b* y hierro sin medida..........5178
22.16 del oro...*b* y del hierro, no hay cuenta..........5178
29.2 *b* para las de *b*, hierro para las de..........5178
29.7 dieron 18.000 talentos de *b*, y 5.000..........5178
2 Cr 1.5 altar de *b* que habían hecho Bezaleel..........5178
1.6 subió...al altar de *b* que estaba en el..........5178
2.7 que sepa trabajar en oro, en plata, en *b*..........5178
2.14 sabe trabajar en oro, plata, *b* y hierro..........5178
4.1 hizo además un altar de *b* de 20 codos..........5178
4.9 del atrio, y cubrió de *b* las puertas de..........5178
4.16 de *b* muy fino hizo todos sus enseres..........5178
4.18 número...no pudo saberse el peso del *b*..........5178
6.13 Salomón había hecho un estrado de *b*..........5178
7.7 en el altar de *b*...no podían caber los..........5178
12.10 hizo el rey Roboam escudos de *b*, y los..........5178
24.12 artífices en hierro y *b* para componer..........5178
Esd 8.27 y dos vasos de *b* bruñido muy bueno..........5178
Job 6.12 ¿es mi fuerza la...o es mi carne de *b*?..........5153
20.24 huirá de...y el arco de *b* le atravesará..........5154
40.18 sus huesos son fuertes como *b*, y sus..........5154
41.27 como paja...y el *b* como leño podrido..........5154
Sal 18.34 entesar con sus brazos el arco de *b*..........5154
107.16 porque quebrantó las puertas de *b*, y..........5178
Is 45.2 quebrantaré puertas de *b*, y cerrojos..........5154
48.4 conozco que eres duro...tu frente de *b*..........5154
60.17 en vez de *b* traeré oro...y por madera *b*..........5178
Jer 1.18 te he puesto...como muro de *b* contra..........5178
6.28 *b* y hierro todos ellos son corruptores..........5178
15.12 ¿puede alguno quebrar el hierro...el *b*?..........5178
15.20 te pondré...por muro fortificado de *b*..........5178
52.17 las columnas de *b*...y el mar de *b* que..........5178
52.17 caldeos...llevaron todo el *b* a Babilonia..........5178
52.18 utensilios de *b* con que se ministraba..........5178
52.20 y los doce bueyes de *b* que estaban..........5178
52.20 el peso del *b* de todo...era incalculable..........5178
52.22 el capitel de *b* que había sobre ella..........5178
52.22 una red y granadas alrededor...todo de *b*..........5178
Ez 1.4 venía...que parecía como *b* refulgente..........2830
1.7 centelleaban a manera de *b* muy bruñido..........5178
1.27 apariencia como de *b* refulgente, como..........2830
8.2 resplandor, el aspecto de *b* refulgente..........2830
9.2 entrados, se pararon junto al altar de *b*..........5178
22.18 todos ellos son *b* y estaño y hierro..........5178
22.20 como quien junta plata y *b* y hierro y..........5178
27.13 y con utensilios de *b* comerciaban en..........5178
40.3 un varón, cuyo aspecto era como...de *b*..........5178
Dn 2.32 plata; su vientre y sus muslos, de *b*..........5174
2.35 fueron desmenuzados...el *b*, la plata y..........5174
2.39 un tercer reino de *b*, el cual dominará..........5174
2.45 desmenuzó el hierro, el *b*, el barro, la..........5174
4.15,23 con atadura de...*b* entre la hierba..........5174
5.4 alabaron a los dioses...de *b*, de hierro..........5174
5.23 diste alabanza a dioses de plata...de *b*..........5174
7.19 que tenía...y uñas de *b*, que devoraba..........5174
10.6 y sus pies como de color de *b* bruñido..........5178
Mi 4.13 haré...tus uñas de *b*, y desmenuzarás..........5154
Zac 6.1 montes y aquellos montes eran de *b*..........5178
Ap 1.15; 2.18 **pies semejantes al *b* bruñido**..........*5474*
9.20 ni dejaron de adorar...imágenes de...*b*..........*5470*

BROTAR

Gn 40.10 como que *brotaba*, y arrojaba su flor..........6524
Lv 13.12 si *brotare* la lepra cundiendo por la..........6524
13.39 es empeine que *brotó* en la piel; está..........6524
13.42 lepra es que *brota* en su calva o en su..........6524
14.43 si la plaga volviere a *brotar* en...casa..........6524
Dt 8.7 arroyos...que *brotan* en vegas y montes..........3318
2 S 23.4 la lluvia que hace *brotar* la hierba
2 Cr 26.19 Uzías...lepra le *brotó* en la frente..........2224
Job 5.6 no...ni la molestia *brota* de la tierra..........6779
38,27 y para hacer *brotar* la tierna hierba?..........6779
Sal 78.20 ha herido la peña, y *brotaron* aguas..........2100
85.11 la verdad *brotará* de la tierra, y la..........6779
92.7 *brotan* los impíos como la hierba, y..........6524
Cnt 6.11 para ver si *brotaban* las vides, si..........6524
7.12 veamos si *brotan* las vides, si están..........6524
Is 17.11 que su simiente *brote* de mañana..........6524
44.4 y *brotarán* entre hierba, como sauces..........6779
45.8 la justicia; háganse *brotar* juntamente..........6779
48.21 hizo *brotar* agua de la piedra; abrió..........5140
61.11 hace *brotar* su semilla...hará *b* justicia..........6779
Jer 33.15 haré *brotar* a David un Renuevo de..........6779
Ez 17.6 *brotó*, y se hizo una vid de...ramaje..........6779
Zac 6.12 el Renuevo, el cual *brotará* de sus..........6779
Mt 13.5 **y *brotó* pronto...no tenía profundidad**..........*1816*
24.32 ***brotan* las hojas, sabéis que el verano**..........*1631*
Mr 4.5 **y *brotó* pronto...no tenía profundidad**..........*1816*
4.8 ***brotó* y creció, y produjo a treinta, a**..........*305*
4.27 **la semilla *brota*...sin que él sepa cómo**..........*985*
13.28 ***brotan* las hojas, sabéis que el verano**..........*1631*
Lc 21.30 **cuando ya *brotan*, viéndolo, sabéis**..........*4261*
He 12.15 que *brotando* alguna raíz de amargura..........*5453*

BRUÑIDO, A

1 R 7.45 todos los utensilios...de bronce *b*..........4803
Esd 8.27 y dos vasos de bronce *b* muy bueno..........6668
Is 49.2 me puso por saeta *b*, me guardó en su..........1305
Ez 1.7 centelleaban a manera de bronce muy *b*..........7044
Dn 10.6 y sus pies como de color de bronce *b*..........7044
Ap 1.15; 2.18 **pies semejantes al bronce *b***..........*5474*

BUCHE

Lv 1.16 quitará el *b* y las plumas, lo cual..........4760

BUEN *Véase Bueno, a*

BUENO, A

Gn 1.4 vio Dios que la luz era *b*: y separó..........2896
1.10,12,18,21,25 y vio Dios que era *b*..........2896
1.31 y vio Dios todo...era *b* en gran manera..........2896
2.9 y todo árbol delicioso...y *b* para comer..........2896
2.12 y el oro de aquella tierra es *b*: hay..........2896
2.18 dijo...No es *b* que el hombre esté solo..........2896
3.6 vio...que el árbol era *b* para comer, y..........2896
15.15 vendrás...serás sepultado en *b* vejez..........2896
18.7 Abraham...tomó un becerro tierno y *b*..........2896
23.16 de plata, de *b* ley entre mercaderes..........5674
24.12 dame...el tener hoy *b* encuentro, y haz
24.50 esto; no podemos hablarte malo ni *b*..........2896
25.8 y murió Abraham en *b* vejez, anciano y..........2896
27.9 y tráeme de allí dos *b* cabritos de las..........2896
30.20 dijo Lea: Dios me ha dado una *b* dote..........2896
41.35 junten...la provisión de estos *b* años..........2896
45.18 os daré lo *b* de la tierra de Egipto..........2896
49.15 y vio que el descanso era *b*, y que la..........2896
Éx 3.8 y sacarlos de...a una tierra *b* y ancha..........2896
Lv 27.10 trocado, *b* por malo, ni malo por *b*..........2896
27.12,14 el sacerdote lo valorará, sea *b* o..........2896
27.33 no mirará si es *b* o...ni lo cambiará..........2896
Nm 13.19 es la tierra habitada, si es *b* o mala..........2896
14.7 la tierra...es tierra en gran manera *b*..........2896
24.13 hacer cosa *b* ni mala de mi arbitrio..........2896
Dt 1.14 dijisteis: *B* es hacer lo que has dicho..........2896
1.25 es *b* la tierra que Jehová...Dios nos da..........2896
1.35 no verá hombre...la *b* tierra que juré..........2896
1.39 y vuestros hijos que no saben hoy lo *b*..........2896
3.25 pase yo...ruego, y vea aquella tierra *b*..........2896
4.21 juró que yo...no entraría en la *b* tierra..........2896
4.22 pasaréis, y poseeréis aquella *b* tierra..........2896
6.10 en ciudades...y *b* que tú no edificaste..........2896
6.18 haz lo recto y *b* ante los ojos de Jehová..........2896
8.7 Jehová, tu Dios, te introduce en la *b* tierra..........2896
8.10 bendecirás a Jehová...por la *b* tierra..........2896
8.12 que...edifiques *b* casas en que habites..........2896
9.6 no te da en posesión esta *b* tierra por tu..........2896
11.17 y perezcáis pronto de la *b* tierra que..........2896
12.28 haciendo lo *b* y lo recto ante los ojos..........2896
28.12 te abrirá Jehová su *b* tesoro, el cielo..........2896
Jos 7.21 pues vi...un manto babilónico muy *b*..........2896
9.25 lo que te pareciere *b* y recto hacer de..........2896
21.45 no faltó palabra de todas las *b* que..........2896
23.13 esta *b* tierra que Jehová,...os ha dado..........2896
23.14 no ha faltado una palabra de...las *b*..........2896
23.15 destruiros...*b* tierra que Jehová,...os ha..........2896
23.16 y pereceréis...de esta *b* tierra que él..........2896
Jue 8.25 respondieron: de *b* gana..........5414
8.32 Murió Gedeón hijo de Joás en *b* vejez..........2896
9.11 ¿He de dejar mi dulzura y mi *b* fruto..........2896
18.9 región, y hemos visto que es muy *b*..........2896
1 S 2.24 porque no es *b* fama la que yo oigo..........2896
12.23 os instruiré en el camino *b* y recto..........2896
15.9 perdonaron a Agag, y a...y de todo lo *b*..........2896
16.12 era...hermoso de ojos, y de *b* parecer..........2896
17.18 mira si tus hermanos están *b*, y toma..........7965
18.9 día Saúl no miró con *b* ojos a David..........5770
19.4 sus obras han sido muy *b* para contigo..........2896
25.3 aquella mujer era de *b* entendimiento y..........2896
25.8 hemos venido en *b* día; te ruego que..........2896
25.15 aquellos hombres han sido muy *b* con..........2896
29.9 sé que tú eres *b* ante mis ojos, como..........2896
31.9 que llevaran las *b* nuevas al templo de
2 S 4.10 imaginándose que traía *b* nuevas, yo..........1319
13.22 Absalón no habló con Amnón ni...ni *b*..........2896
14.17 para discernir entre lo *b* y lo malo..........2896
15.3 mira, tus palabras son *b* y justas; mas..........2896
17.7 consejo que ha dado...Ahitofel no es *b*..........2896
18.25 rey dijo: Si viene solo, *b* nuevas trae..........1309
18.27 hombre de bien, y viene con *b* nuevas..........2896
1 R 1.42 eres...valiente, y traerás *b* nuevas..........2896
1.47 Dios haga *b* el nombre de Salomón más..........3190
2.38 y Simei dijo al rey: La palabra es *b*..........2896
2.42 dijiste: La palabra es *b*...la obedezco..........2896
3.9 y para discernir entre lo *b* y lo malo..........2896
8.36 enseñándoles el *b* camino en que anden..........2896
12.7 si tú...respondiéndoles *b* palabras les..........2896
14.13 se ha hallado en él alguna cosa *b*..........2896
14.15 arrancará a Israel de esta *b* tierra..........2896
20.33 lo tomaron aquellos hombres como un *b* augurio
22.13 los profetas...anuncian al rey cosas *b*..........2896
22.18 ninguna cosa *b* profetizará él acerca..........2896
2 R 2.19 el lugar...es *b*, como mi señor ve..........2896
3.19 talaréis todo *b* árbol, cegaréis todas..........2896
3.25 derribaron todos los *b* árboles; hasta..........2896
7.9 es día de *b* nueva, y nosotros callamos..........2896
20.19 palabra de Jehová...has hablado, es *b*..........2896
1 Cr 4.40 y hallaron...*b* pastos, y la tierra ancha..........2896
16.34 aclamad a Jehová, porque él es *b*..........2896
28.8 que poseáis la *b* tierra, y la dejéis..........2896
29.28 y murió en *b* vejez, lleno de días, de..........2896
2 Cr 5.13 él es *b*, porque su misericordia es..........2896
6.27 enseñarás el *b* camino para que anden en él..........2896
7.3 porque él es *b*, y su misericordia es para..........2896
10.7 hablares *b* palabras, ellos te servirán..........2896
14.2 hizo Asa lo *b* y lo recto ante los ojos..........2896
18.7 porque nunca me profetiza cosa *b*, sino..........2896
18.12 los profetas...anuncian al rey cosas *b*..........2896
19.3 pero se han hallado en ti *b* cosas, por..........2896
19.11 esforzaos...y Jehová estará con el *b*..........2896
30.18 Jehová, que es *b*, sea propicio a todo..........2896
30.22 los levitas que tenían *b* inteligencia..........2896
31.20 y ejecutó lo *b*, recto y verdadero..........2896
Esd 3.11 porque él es *b*, porque para siempre..........2896
7.9 llegó...estando con él la *b* mano de Dios..........2896
8.18 nos trajeron según la *b* mano de...Dios..........2896
8.27 y dos vasos de bronce bruñido muy *b*..........2896
Neh 1.11 concede ahora *b* éxito a tu siervo
2.18 la mano de mi Dios había sido *b* sobre..........2896
5.9 no es *b* lo que hacéis. ¿No andaréis en..........2896
6.19 contaban...las *b* obras de él, y a él le..........2896
9.13 diste juicios rectos...y mandamientos *b*..........2896
9.20 enviaste tu *b* Espíritu para enseñarles..........2896
Est 2.2,3 jóvenes vírgenes de *b* parecer..........2896,4758
2.7 era de hermosa figura y de *b* parecer..........3303
9.22 tristeza se les cambió...luto en día *b*..........2896
Job 13.9 ¿sería *b* que él os escudriñase?..........2896
34.4 conozcamos entre nosotros cuál sea lo *b*..........2896
Sal 14.3 no hay quien haga lo *b*, no hay ni..........2896
25.8 *b* y recto es Jehová...él enseñará a los..........2896
34.8 gustad, y ved que es *b* Jehová; dichoso..........2896
36.4 está en camino no *b*, el mal no aborrece..........2896
38.20 me son contrarios, por seguir yo lo *b*..........2896
39.2 silencio; me callé aun respecto de lo *b*..........2896
45.1 rebosa mi corazón palabra *b*; dirijo al..........2896
49.14 se consumirá su *b* parecer, y el Seol..........6736
52.9 y esperaré en tu nombre, porque es *b*..........2896
53.3 no hay quien haga lo *b*, no hay ni aun..........2896
54.6 alabaré tu nombre, oh Jehová...es *b*..........2896
68.11 multitud de las que llevan *b* nuevas
69.13 a ti oraba...tiempo de tu *b* voluntad
73.1 ciertamente es *b* Dios para con Israel..........2896
86.5 porque tú, Señor, eres *b* y perdonador..........2896
89.17 por tu *b* voluntad acrecentarás...poder
92.1 *b* es alabarte, oh Jehová, y cantar..........2896
100.5 porque Jehová es *b*; para siempre es..........2896
106.1;107.1 alabad a Jehová, porque él es *b*..........2896
109.21 líbrame, porque tu misericordia es *b*..........2896
111.10 *b* entendimiento tienen todos los que..........2896
118.1,29 alabad a Jehová, porque él es *b*..........2896
119.39 quita de mí...porque *b* son tus juicios..........2896

119.66 enséñame *b* sentido y sabiduría 2896
119.68 *b* eres tú, y bienhechor; enseñame tus 2896
119.71 *b* me es haber sido humillado, para 2896
125.4 haz bien, oh Jehová, a los *b*, y a los 2898
133.1 ¡mirad cuán *b* y cuán delicioso es 2896
133.2 es como el *b* óleo sobre la cabeza, el 2896
135.3 alabad a Jah, porque él es *b*; cantad 2896
136.1 alabad a Jehová... él es *b*; porque para 2896
143.10 tu *b* espíritu me guíe a tierra de 2896
145.9 *b* es Jehová para con todos, y sus 2896
147.1 es *b* cantar salmos a nuestro Dios 2896
Pr 2.9 entenderás justicia... y todo *b* camino 2896
2.20 así andarás por el camino de los *b*, y 2896
3.4 y hallarás gracia y *b* opinion ante los 2896
4.2 doy *b* enseñanza; no desamparéis mi ley 2896
8.14 conmigo está el consejo y el *b* juicio 8454
12.2 el *b* alcanzará favor de Jehová; mas el 2896
12.25 lo abate; mas la *b* palabra lo alegra 2896
13.15 el *b* entendimiento da gracia; mas el 2896
13.22 el *b* dejará herederos a los hijos de 2896
14.9 mas entre los rectos hay *b* voluntad
14.19 malos se inclinarán delante de los *b* 2896
15.3 los ojos... mirando a los malos y a los *b* 2896
15.23 y la palabra a su tiempo, ¡cuán *b* es! 2896
15.30 alegra... la *b* nueva conforta los huesos 2896
16.29 lisonjea... hace andar por camino no *b* 2896
17.22 el corazón alegre es una *b* medicina 2896
17.26 no es *b* condenar al justo, ni herir a 2896
18.5 pervertir el derecho del justo, no es *b* 2896
19.2 alma sin ciencia no es *b*, y aquel que 2896
20.23 las pesas... y la balanza falsa no es *b* 2896
22.1 de más estima es el *b* nombre que las
22.1 y la *b* fama más que la plata y el oro 2896
24.13 come, hijo... de la miel, porque es *b* 2896
24.20 porque para el malo no habrá *b* fin
24.23 hacer acepción de personas... no es *b* 2896
25.25 son las *b* nuevas de lejanas tierras 2896
25.27 comer mucha miel no es *b*, ni el buscar 2896
28.21 hacer acepción de personas no es *b* 2896
Ec 5.18 que lo *b* es comer y beber, y gozar 2896
7.1 mejor es la *b* fama que el *b* ungüento
7.11 *b* es la ciencia con herencia... para los 2896
7.18 *b* es que tomes de esto, y... de aquello no 2896
9.2 al *b*, al limpio y al no limpio; al que 2896
9.2 como al *b*, así al que peca; al que jura 2896
11.6 o si lo uno y lo otro es igualmente *b* 2896
12.14 toda cosa encubierta, sea *b* o... mala 2896
Cnt 7.9 paladar como el *b* vino, que se entra 2896
Is 5.20 que a lo malo dicen *b*, y a lo *b* malo 2896
7.15 que sepa desechar lo malo y escoger lo *b* 2896
7.16 antes que el niño sepa... escoger lo *b* 2896
23.16 haz *b* melodía, reitera la canción, para 3190
39.8 palabra de Jehová que has hablado es *b* 2896
41.7 el yunque, diciendo: *b* está la soldadura 2896
60.10 *b* voluntad tendré de ti misericordia
61.1 me ha enviado a predicar *b* nuevas a los 1319
61.2 a proclamar el año de la *b* voluntad de
65.2 rebelde, el cual anda por camino no *b* 2896
Jer 6.16 preguntad... cuál sea el *b* camino, y 2896
6.20 ¿para qué a mí... la *b* caña olorosa de 6148
13.7 había podrido; para ninguna cosa era *b* 6743
13.10 este cinto, que para ninguna cosa es *b* 2896
24.2 una cesta tenía higos muy *b*, como brevas 2896
24.3 dije:Higos; higos *b*, muy *b*; y malos 2896
24.5 como a estos higos *b*, así miraré a los 2896
29.10 despertaré sobre vosotros mi *b* palabra 2896
33.11 Jehová es *b*, porque para siempre es su 2896
33.14 confirmaré la *b* palabra que he hablado 2896
42.6 sea *b*, sea malo, a la voz de Jehová 2896
Lm 3.25 *b* es Jehová a los que en él esperan 2896
3.26 *b* es esperar en silencio la salvación de 2896
3.27 *b* le es al hombre llevar el yugo desde 2896
3.38 ¿de la boca del Altísimo no sale... lo *b*? 2896
4.1 ¡cómo el *b* oro ha perdido su brillo!
Ez 17.5 la puso en un campo *b* para sembrar 2233
17.8 en un *b* campo, junto a muchas aguas fue 2896
18.18 hizo... lo que no es *b*... el morirá por su 2896
20.25 también les di estatutos que no eran *b* 2896
24.4 sus piezas de carne... todas *b* piezas 2896
34.14 en *b* pastos... allí dormirán en *b* redil 2896
34.18 es poco que comáis los *b* pastos, sino 2896
36.31 y de vuestras obras que no fueron *b* 2896
Dn 1.4 de *b* parecer,... en toda sabiduría 2896
1.9 Puso Dios a Daniel en gracia y en *b* voluntad
Os 4.13 debajo de... olmos que tuviesen *b* sombra 2896
Am 5.14 buscad lo *b*, y no lo malo, para que 2896
Mi 3.2 vosotros que aborrecéis lo *b* y amáis 2896
6.8 él te ha declarado lo que es *b*, y qué 2896
Nah 1.7 Jehová es *b*, fortaleza en el día de 2896
1.15 montes los pies del que trae *b* nuevas 1319
Zac 1.13 respondió *b* palabras... al ángel que 2896
Mt 3.10 árbol que no da *b* fruto es cortado *2570*
5.16 **vean vuestras *b* obras, y glorifiquen a** *2570*
5.45 **que hace salir su sol sobre malos y *b*** *2573*
6.22 **si tu ojo es *b*, todo tu cuerpo estará** *573*
7.11 **pues si vosotros... sabéis dar *b* dádivas** *18*
7.11 **vuestro Padre... dará *b* cosas a los que le** *18*
7.17 ***b* árbol da *b* fruto, pero el árbol malo** *18*
7.18 **no puede el *b* árbol dar malos frutos, ni** *18*
7.18 **no puede... ni el árbol malo dar frutos *b*** *2570*
7.19 **todo árbol que no da *b* fruto,es cortado** *2570*
12.33 **haced el árbol *b* y su fruto *b*, o haced** *2570*
12.34 **cómo podéis hablar lo *b*, siendo malos?** *18*
12.35 **el hombre *b*, del *b* tesoro... saca *b* cosas** *18*
13.8 **parte cayó en *b* tierra, y dio *b* fruto** *2570*
13.23 **el que fue sembrado en *b* tierra, éste** *2570*
13.24 **a un hombre que sembró *b* semilla en su** *2570*
13.27 **¿no sembraste *b* semilla en tu campo?** *2570*
13.37 **el que siembra la *b* semilla es el Hijo** *2570*
13.38 **la *b* semilla son los hijos del reino** *2570*
13.45 **es... a un mercader que busca *b* perlas**
13.48 **lo *b* en cestas, y lo malo echan fuera** *2570*
16.2 **dijo:cuando anochece, decís: *B* tiempo** *2105*
17.4 Señor, *b* es para nosotros que estemos *2570*
19.16 Maestro *b*, ¿qué bien haré para tener *18*
19.17 **¿por qué me llamas *b*? Ninguno hay *b*** *18*
20.15 **¿o tienes tú envidia, porque yo soy *b*?** *18*
22.10 **juntaron a todos... juntamente malos y *b*** *18*
25.21 ***b* siervo y fiel; sobre poco has sido** *18*
25.23 ***b* siervo y fiel; sobre poco has sido fiel** *18*
26.10 **mujer... ha hecho conmigo una *b* obra** *18*
26.24 ***b* le fuera a ese hombre no... nacido** *18*
Mr 4.8 **parte cayó en *b* tierra, y dio *b* fruto** *2570*
4.20 **éstos son los... sembrados en *b* tierra** *2570*
6.20 perplejo, pero le escuchaba de *b* gana
9.5 *b* es para nosotros que estamos aquí; y *2570*
9.50 ***b* es la sal; mas si... *se hace insípida*** *2570*
10.17 Maestro *b* ¿qué haré para heredar la *18*
10.18 **¿por qué me llamas *b*? Ninguno hay *b*** *18*
12.37 multitud del pueblo le oía de *b* gana
14.6 **Jesús dijo: Dejadla... *B* obra me ha hecho** *2570*
14.21 ***b* le fuera a... hombre no haber nacido** *2570*
Lc 1.19 sido enviado a... darte estas *b* nuevas *2097*
2.14 paz, *b* voluntad para con los hombres! *2107*
3.9 todo árbol que no da *b* fruto se corta y *2570*
3.18 con... anunciaba las *b* nuevas al pueblo
4.18 **me ha ungido para dar *b* nuevas a los**
4.22 Todos daban *b* testimonio de él y
6.38 **os dará; medida *b*, apretada, remecida** *2570*
6.43 **no es *b* árbol el que da malos frutos, ni** *2570*
6.43 **no es... ni árbol malo el que da *b* fruto** *2570*
6.45 **el hombre *b*, del *b* tesoro de... saca lo *b*** *18*
8.8 **otra parte cayó en *b* tierra, y nació y** *18*
8.15 **la que cayó en *b* tierra, éstos son los** *2570*
8.15 **que con corazón *b* y recto retienen la** *18*
9.33 Maestro, *b* es para nosotros que estemos *2570*
10.42 **María ha escogido la *b* parte, la cual** *18*
11.13 **siendo malos, sabéis dar *b* dádivas a** *18*
11.34 **cuando tu ojo es *b*, también todo tu** *573*
14.34 ***b* es la sal; mas si la sal se hiciere** *2570*
15.27 **gordo, por haberle recibido *b* y sano** *5198*
18.18 Maestro *b*, ¿qué haré para heredar la *18*
18.19 **me llamas *b*? Ninguno hay *b*, sino solo** *18*
19.17 **bien, *b* siervo; por cuanto en lo poco** *18*
23.50 miembro del concilio, varón *b* y justo *18*
Jn 1.46 ¿de Nazaret puede salir algo de *b*? *18*
2.10 todo hombre sirve primero el *b* vino, y *2570*
2.10 tú has reservado el *b* vino hasta ahora *2570*
5.29 **los que hicieron lo *b*, saldrán a... vida** *18*
7.12 unos decían: Es *b*; pero otros... No, sino *18*
10.11 **yo soy el *b* pastor; el *b* pastor su vida** *2570*
10.14 **soy el *b* pastor; y conozco mis ovejas** *2570*
10.32 ***b* obras os he mostrado de mi padre** *2570*
10.33 por *b* obras no te apedreamos, sino por *2570*
Hch 6.3 buscad... a 7 varones de *b* testimonio
9.36 abundaba en *b* obras y en limosnas que *18*
10.22 tiene *b* testimonio en toda la nación *3140*
11.24 era varón *b*, y lleno del espíritu santo *18*
16.2 daban *b* testimonio de él los hermanos *3140*
22.12 tenía *b* testimonio de todos los judíos
23.1 con toda *b* conciencia ha vivido delante *18*
24.10 eres juez... con *b* ánimo haré mi defensa
27.8 llegamos a un lugar... llaman *b* puertos *2568*
27.22 pero ahora los exhorto a tener *b* ánimo
27.25 por tanto, oh varones, tened *b* ánimo
Ro 2.10 honra y paz a todo aquel que hace lo *b* *18*
3.12 no hay quien haga lo *b*, no hay ni aun *5544*
5.7 pudiera ser que alguno... morir por el *b* *18*
7.12 ley... y el mandamiento santo, justo y *b* *18*
7.13 ¿luego lo que es *b*, vino a ser muerte *18*
7.13 produjo... la muerte por medio de lo... *b* *18*
7.16 si... esto hago, apruebo que la ley es *b* *2570*
10.15 la paz, de los que anuncian *b* nuevas! *18*
11.24 contra... fuiste injertado en el *b* olivo *2565*
12.2 cuál sea la *b* voluntad de Dios, agradable *18*
12.9 el amor... aborrece lo malo, seguid lo *b* *18*
12.17 procurad lo *b* delante de todos los *2570*
13.3 haz lo *b*, y tendrás alabanza de ella *18*
14.21 *b* es no comer carne, ni beber vino, ni *2570*
15.2 agrade a su prójimo en lo que es *b*, para *18*
15.27 les pareció *b*, y son deudores a ellos
1 Co 5.6 no es *b* vuestra jactancia. ¿No sabéis? *2570*
7.1 *b* le sería al hombre no tocar mujer *2570*
7.8 digo... que *b* les fuera quedarse como yo *2570*
7.26 tengo, pues, estopor *b* a causa de la *2570*
9.17 si lo hago de *b* voluntad, recompensa
15.33 malas conversaciones corrompen las *b* *5543*
2 Co 5.10 lo que haya hecho... sea *b* o sea malo *18*
6.8 por deshonra, por mala fama y por *b* fama *2162*
8.19 y para demostrar vuestra *b* voluntad
9.2 conozco vuestra *b* voluntad, de la cual
9.8 a fin de que... abundéis para toda *b* obra *18*
11.19 porque de *b* gana toleráis a los necios *2234*
12.9 de *b* gana me gloriaré... mis debilidades *2236*
13.7 para que vosotros hagáis lo *b*, aunque *2570*
Gá 3.8 dio... la *b* nueva a abraham, diciendo
4.18 *b* esmostrar celo en lo *b* siempre, y no *2570*
6.6 haga partícipe de toda cosa *b* al que lo *18*
Ef 2.10 creados en cristo Jesús para *b* obras *18*
2.17 anunció las *b* nuevas de paz a vosotros
4.28 haciendo con sus manos lo que es *b* *18*
4.29 sino lo que sea *b* para... edificación *18*
6.7 sirviendo de *b* voluntad, como al Señor *2133*
Fil 1.6 el que comenzó en vosotros la *b* obra *18*
1.15 por envidia... pero otros de *b* voluntad *2107*
2.13 así... como el hacer, por su *b* voluntad
2.19 para que yo también esté de *b* ánimo
4.8 lo amable, todo lo que es de *b* nombre *2163*
Col 1.10 todo, llevando fruto en toda *b* obra *18*
2.5 gozándome y mirando vuestro *b* orden y
1 Ts 3.6 nos dio *b* noticias de vuestra fe *2097*
5.15 seguid siempre lo *b* unos para con otros *18*
5.21 examinadlo todo; retened lo *b* *2570*
2 Ts 2.16 y nos dio... *b* esperanza por gracia *18*
2.17 os confirme en toda *b* palabra y obra *18*
1 Ti 1.5 es el amor nacido... de *b* conciencia *18*
1.8 sabemos que la ley es *b*, si uno la usa *2570*
1.18 que... milites por ellas la *b* milicia *2570*
1.19 fe y *b* conciencia, desechando la cual *18*
2.3 esto es *b* y agradable delante de Dios *2570*
2.10 sino con *b* obras, como corresponde a *18*
3.1 si alguno anhela obispado, *b* obra desea *2570*
3.7 es necesario que tenga *b* testimonio de *2570*
4.4 porque todo lo que Dios creó es *b*, y *2570*
4.6 si esto enseñas... serás *b* ministro de *2570*
4.6 nutrido con... de la *b* doctrina que has *2570*
5.4 esto es lo *b* y agradable delante de Dios *2570*
5.10 que tenga testimonio de *b* obras; si ha *2570*
5.10 si ha criado... ha practicado toda *b* obra *18*
5.25 se hacen manifiestas las *b* obras; y las *2570*
6.2 los que se benefician de su *b* servicio
6.12 pelea la *b* batalla de la fe, echa mano *2570*
6.12 habiendo hecho la *b* profesión delante de *2570*
6.13 que dio testimonio de la *b* profesión *2570*
6.18 que sean ricos en *b* obras, dadivosos *2570*
6.19 atesorando... *b* fundamento para lo por *2570*
2 Ti 1.14 guarda el *b* depósito por el Espíritu *2570*
2.3 tú... sufre... como *b* soldado de Jesucristo *2570*
2.21 al Señor, y dispuestos para toda *b* obra *18*
3.3 intemperantes... aborrecedores de lo *b* *865*
3.17 enteramente preparado para toda *b* obra *18*
4.7 he peleado la *b* batalla, he acabado la *2570*
Tit 1.8 amante de lo *b*, sobrio, justo, santo *5358*
1.16 reprobados en cuanto a toda *b* obra *18*
2.5 ser... *b*, sujetas a sus maridos, para que *18*
2.7 presentándote... como ejemplo de *b* obras *2570*
2.14 un pueblo propio, celoso de *b* obras *2570*
3.1 insistas... procuren ocuparse en *b* obras *18*
3.8 estas cosas son *b* y útiles a los hombres *2570*
3.14 y aprendan... a ocuparse en *b* obras para *2570*
He 4.2 se nos ha anunciado la *b* nueva como a
4.6 a quienes... se les anunció la *b* nueva no
6.5 gustaron de la *b* palabra de Dios y los *2570*
10.24 estimularnos al amor y a las *b* obras *2570*
11.2 por ella alcanzaron *b* testinio los
11.39 éstos, aunque alcanzaron *b* testimonio
13.9 *b* cosa es afirmar el corazón con la *2570*
13.18 confiamos en que tenemos *b* conciencia *2570*
13.21 os haga aptos en toda obra *b* para que *18*
Stg 1.17 toda *b* dádiva... desciende de lo alto *18*
2.3 siéntate tú aquí en *b* lugar; y decís al *2570*
2.7 ¿no blasfeman ellos el *b* nombre que fue *2570*
3.13 muestre por la *b* conducta sus obras en *2570*
3.17 llena... de *b* frutos, sin incertidumbre *18*
4.17 al que sabe hacer lo *b*, y no lo hace *2570*
1 P 2.12 *b* vuestra manera de vivir entre los
2.12 a Dios... al considerar vuestras *b* obras *2570*
2.18 no solamente a los *b* y afables, sino *18*
2.20 si haciendo lo *b* sufrís, y lo soportáis *15*
3.10 el que quiere... ver días *b*, refrene su *18*
3.16 teniendo *b* conciencia, para que en lo *18*
3.16 calumnian vuestra *b* conducta en cristo *18*
3.21 como la aspiración de una *b* conciencia *18*
4.10 ministrelo... como *b* administradores de *2570*
3 Jn 11 amado, no imites lo malo, sino lo *b* *18*
11 el que hace lo *b* es de Dios; pero el que *15*

BUEY

Éx 20.17 no codiciarás... ni su *b*, ni su asno 7794
21.28 si un *b* acorneare... el *b* será apedreado 7794
21.28 mas el dueño del *b* será absuelto 7794
21.29 si el *b* fuere acorneador desde tiempo 7794
21.29 el *b* será apedreado... morirá su dueño 7794
21.32 si el *b* acorneare a un siervo o a una 7794
21.32 pagará su dueño... el *b* será apedreado 7794
21.33 no la cubriere, y cayere allí *b* o asno 7794
21.35 si el *b* de alguno hiriere al *b* de su 7794
21.35 venderán el *b*... y partirán el *b* muerto 7794
21.36 si era notorio que el *b* era acorneador 7794
21.36 pagará *b* por *b*, y el *b* muerto será 7794
22.1 hurtare *b*... por aquel *b* pagará cinco *b*... 1241,7794
22.4 hurto en la mano... sea *b* o asno u oveja 7794
22.9 en toda clase de fraude, sobre *b*... asno 7794
22.10 dado a su prójimo asno, o *b*... a guardar 7794
22.30 lo mismo harás con el de tu *b* y de tu 7794
23.4 si encontrares el *b* de tu enemigo o su 7794
23.12 reposarás,... que descanse tu *b* y tu asno 7794
34.3 ovejas ni *b* pazcan delante del monte 1241
Lv 4.10 de la manera que se quita del *b* del 7794
7.23 ninguna grosura de *b* ni... cabra comeréis 7794
9.4 un *b* y un carnero para sacrificio de paz 7794
9.18 degolló también el *b* y el carnero en 7794
9.19 y las grosuras del *b* y del carnero, la 7794
17.3 varón de la... que degollare *b* o cordero 7794
22.23 *b* o carnero... tenga de más o de menos 7794
27.26 nadie lo dedicará, sea *b* u oveja, de 7794
Nm 7.3 trajeron... 6 carros cubiertos y doce *b* 1241
7.3 cada dos príncipes... y por cada uno un *b* 7896
7.6 Moisés recibió los carros y los *b*, y los 1241
7.7 y cuatro *b* dio a los hijos de Gersón 1241
7.8 a los hijos de Merari... carros y ocho *b* 1241
7.17,23,29,35,41,47,53,59,65,71,77,83 y para
ofrenda de paz, dos *b* 1241
7.87 los *b* para holocausto, doce becerros 1241

7.88 los *b* de la ofrenda de paz, 24 novillos 1241
11.22 ¿se degollarán para...*b* que les basten? 1241
15.11 así se hará con cada *b*, o carnero, o 7794
22.4 lamerá esta gente...lame el *b* la grama 7794
22.40 Balac hizo matar *b* y ovejas, y envió 1241
31.28 así de las personas como de los *b*, de 2543
31.30 tomarás...de los *b*, de los asnos, de las 2543
31.33 setenta y dos mil *b* 1241
31.38 los *b*, treinta y seis mil; y de ellos 1241
31.44 de los *b*, treinta y seis mil 1241
Dt 5.14 ninguna obra harás tú...ni tu *b*, ni tu 7794
5.21 ni desearás...su *b*, ni su asno, ni cosa 7794
14.4 podréis comer: el *b*, la oveja, la cabra 7794
17.1 no ofrecerás en sacrificio...*b* o cordero 7794
18.3 de los que ofrecieren en sacrificio *b* o 7794
22.1 vieres extraviado el *b* de tu hermano 7794
22.4 si vieres...o su *b*, caído en el camino 7794
22.10 no ararás con *b* y con asno juntamente 7794
25.4 no pondrás bozal al *b* cuando trillare 7794
28.31 tu *b* será matado delante de tus ojos 7794
Jos 6.21 destruyeron...los *b*, las ovejas, y los 7794
7.24 tomaron a Acán...sus *b*, sus asnos, sus 7794
Jue 3.31 Samgar...con una aguijada de *b* 1241
6.4 no dejaban...ni ovejas, ni *b*, ni asnos 7794
1 S 11.5 Saúl que venía del campo, tras los *b* 1241
11.7 tomando un par de *b*, los cortó en 1241
11.7 así se hará con los *b* del que no saliere 1241
12.3 si he tomado el *b* de alguno...el asno 7794
22.19 *b*, asnos y ovejas, todo lo hirió a filo 7794
2 S 6.6 la sostuvo; porque los *b* tropezaban 1241
6.13 sacrificó un *b* y un carnero engordado 7794
24.22 he aquí *b* para el holocausto, y los 1241
24.22 trillos y los yugos de los *b* para leña 1241
24.24 entonces David compró la era y los *b* 1241
1 R 1.19,25 ha matado *b*, y animales gordos 7794
4.23 diez *b* gordos, veinte *b* de pasto, y 1241
7.25 descansaba sobre doce *b*; tres miraban 1241
7.29 había figuras de...*b* y de querubines 1241
7.29 encima como debajo de los leones y...*b* 1241
7.44 un mar, con doce *b* debajo del mar 1241
8.5 estaban con él...sacrificando ovejas y *b* 1241
8.63 ofreció...22.000 *b* y 120.000 ovejas 1241
18.23 dénsenos...dos *b*, y escojan ellos uno 6499
18.23 yo prepararé el otro *b*, y lo pondré 6499
18.25 escogeos un *b*, y preparadlo vosotros 6499
18.26 ellos tomaron el *b* que les fue dado 6499
18.33 cortó el *b* en pedazos, y lo puso sobre 6499
19.20 dejando él los *b*, vino...en pos de Elías 1241
19.21 tomó un par de *b* y los mató, y con el 1241
19.21 con el arado de los *b* coció la carne 1241
2 R 5.26 tomar...ovejas, *b*, siervos y siervas? 1241
16.17 quitó también el mar de sobre los *b* 1241
1 Cr 12.40 trajeron víveres en asnos...y *b* 1241
12.40 trajeron...*b* y ovejas en abundancia 1241
13.9 sostenerla, porque los *b* tropezaban 1241
21.23 y aun los *b* daré para el holocausto 1241
2 Cr 4.4 estaba asentado sobre doce *b*, tres 1241
4.15 un mar, y doce *b* debajo de él 1241
5.6 sacrificaron...*b*, que por ser tantos no 1241
7.5 y ofreció el rey Salomón...22.000 *b*, y 1241
15.11 sacrificaron...setecientos *b* y siete mil 1241
18.2 Acab mató muchas ovejas y *b* para él 1241
29.32 holocaustos...setenta *b*, cien carneros 1241
29.33 las ofrendas fueron 600 *b* y tres mil 1241
35.7 dio el rey Josías...y tres mil *b*, todo 1241
35.8 a los sacerdotes...2.600 ovejas y 300 *b* 1241
35.9 para...la pascua 5.000 ovejas y 500 *b* 1241
35.12 Moisés; y asimismo tomaron de los *b* 1241
Neh 5.18 se preparaba para cada día era un *b* 7794
Job 1.3 su hacienda era...quinientas yuntas de *b* 1241
1.14 dijo: Estaban arando los *b*, y las asnas 1241
6.5 ¿acaso...¿Muge el *b* junto a su pasto? 7794
24.3 y toman en prenda el *b* de la viuda 7794
40.15 behemot el cual...hierba come como *b* 7794
42.12 tuvo...mil yuntas de *b* y mil asnas 1241
Sal 8.7 ovejas y *b*, todo ello, y asimismo las 1241
66.15 te ofreceré en sacrificio *b* y machos 1241
69.31 agradará a...más que sacrificio de *b* 7794
106.20 cambiaron...por la imagen de un *b* que 7794
144.14 nuestros *b*...fuertes para el trabajo 441
Pr 7.22 marchó...como va el *b* al degolladero 7794
14.4 sin *b* el granero está vacío; mas por 504
14.4 la fuerza del *b* hay abundancia de pan 7794
15.17 que de *b* engordado donde hay odio 7794
Is 1.3 el *b* conoce a su dueño, y el asno el 7794
1.11 no quiero sangre de *b*, ni de ovejas, ni 6499
7.25 que serán para pasto de *b* y para ser 7794
11.7 la osa...y el león como el *b* comerá paja 1241
30.24 tus *b* y tus asnos que labran la tierra 504
32.20 aguas, y dejáis libres al *b* y al asno 7794
65.25 el lobo...el león comerá paja como el *b* 1241
66.3 el que sacrifica *b* es como si matase a 7794
Jer 52.20 y los doce *b* de bronce que estaban 1241
Ez 1.10 cara de *b* a la izquierda en los cuatro 7794
4.15 te permito usar estiércol de *b* en lugar 1241
39.18 de *b* y de toros, engordados todos en 6499
Dn 4.25 te apacentarán como a los *b*, y con el 8450
4.32 como a los *b* te apacentarán; y siete 8450
4.33 y comía hierba como los *b*, y su cuerpo 8450
5.21 hierba le hicieron comer como a *b*, y 8450
Os 12.11 Gilgal sacrificaron *b*, y sus altares 7794
Jl 1.18 ¡cuán turbados...los hatos de los *b* 1241
Am 6.12 ¿correrán...¿ararán en ellas con *b*? 1241
Jon 3.7 *b* y ovejas, no gusten cosa alguna; no 1241
Lc 13.15 **¿no desata...su *b*...y lo lleva a beber?** *1016*
14.5 **o su *b* cae en algún pozo, no lo sacará** *1016*
14.19 **he comprado cinco yuntas de *b*, y voy a** *1016*
Jn 2.14 halló en el templo a los que vendían *b* *1016*
2.15 echó fuera del templo a...ovejas y los *b* *1016*
1 Co 9.9 está escrito: No pondrás bozal al *b* *1016*
9.9 que trilla. ¿Tiene Dios cuidado de los *b* *1016*
1 Ti 5.18 no pondrás bozal al *b* que trilla; y *1016*

BÚFALO
Nm 23.22; 24.8 tiene fuerzas como de *b* 7214
Dt 33.17 sus astas como astas de *b*; con ellas 7214
Job 39.9 ¡querrá el *b* servirte a ti, o quedar 7214
39.10 ¿atarás tú al *b* con coyunda para el 7214
Sal 22.21 y líbrame de los cuernos de los *b* 7214
29.6 al Líbano y el Sirión como hijos de *b* 7214
92.10 aumentarás mis fuerzas como las del *b* 7214
Is 34.7 ellos caerán *b*, y toros con becerros 7214

BUFIDO
Jer 8.16 Dan se oyó el *b* de sus caballos 5170

BÚHO
Lv 11.17 el *b*, el somormujo, el ibis 3563
Dt 14.16 el *b*, el ibis, el calamón 3563
Sal 102.6 semejante al...*b* de las soledades 3563
Is 34.15 allí anidará el *b*, pondrá sus huevos 7091

BUITRE
Lv 11.18 el calamón, el pelícano, el *b* 7360
Dt 14.17 el pelícano, el *b*, el somormujo 7360
Job 28.7 que nunca la conoció ave...ni ojo de *b* 344
Is 34.15 se juntarán allí *b*...con su compañera 1772

BUL *Octavo mes en el calendario de los hebreos*
1 R 6.38 en el mes de *B*...fue acabada la casa 945

BULLICIO
Jer 3.23 vanidad son los collados, y el *b* 1995

BUNA *Descendiente de Jerameel*, 1 Cr 2.25 946

BUNI
1. Levita en tiempo de Nehemías, Neh 9.4 1138
2. Firmante del pacto de Nehemías, Neh 10.15 1138
3. Ascendiente de Semaías No. 5, Neh 11.15 1138

BUQUI
1. Príncipe de la tribu de Dan, Nm 34.22 1231
2. Sacerdote, 1 Cr 6.5,51; Esd 7.4 1231

BUQUÍAS *Músico entre los hijos de Hemán*, 1 Cr 25.4,13 1232

BURIL
Éx 32.4 dio forma con *b*, e hizo...un becerro 2747
Jer 10.3 obra de manos de artífice con *b* 4621

BURLA
Gn 39.14 para que hiciese *b* de nosotros 6711
Dt 28.37 servirás de refrán y de *b* a todos 8148
2 R 4.16 señor mío...no hagas *b* de tu sierva 3576
2 Cr 7.20 pondré por *b* y escarnio de todos 8148
Job 30.9 soy objeto de su *b*, y le sirvo de 4405
39.22 *b* del espanto, y no teme, ni vuelve 7832
Sal 44.13 pones...por *b* de los que nos rodean 7047
Jer 18.16 su tierra en...objeto de *b* perpetua 8292
19.8 pondré a esta ciudad por espanto y *b* 8322
25.9 y los pondré por escarnio y por *b* y en 8322
25.18 para ponerlos en...en *b* y en maldición 8322
29.18 daré...por *b* y por afrenta para todas 8322
51.18 vanidad son, obra digna de *b*; en el 8595
51.37 Babilonia...espanto y *b*, sin morador 8322
Lm 3.14 escarnio...*b* de ellos todos los días 5058
Mi 6.16 te pusiese...y tus moradores para *b* 8322
Hab 1.10 y de los príncipes hará *b*; se reirá 4890
Lc 14.29 **lo vean comiencen a hacer *b* de él** *1702*

BURLADOR
Gn 27.12 tendrá por *b*, y traeré...maldición 8591
Pr 1.22 ¿hasta cuándo...*b* desearán el burlar 3887
13.1 mas el *b* no escucha las reprensiones 3887
Is 28.14 varones *b*...oíd la palabra de Jehová 3944
Jer 15.17 no me senté en compañía de *b*, ni 7832
2 P 3.3 que en los postreros días vendrán *b* *1703*
Jud 18 el postrer tiempo habrá *b*, que andarán *1703*

BURLAR
Gn 19.14 pareció a sus yernos...se *burlaba* 6711
21.9 el hijo de Agar...se *burlaba* de su hijo 6711
Nm 22.29 Balaam respondió...has *burlado* de mí 5953
1 R 9.8 cualquiera que pase...*burlará* y dirá 8319
18.27 se *burlaba* de ellos, diciendo...Gritad 2048
2 R 2.23 se *burlaban* de él diciendo: ¡Calvo 7046
4.28 ¿no dije yo que no te *burlases* de mí? 7952
2 Cr 30.10 mas se reían y *burlaban* de ellos 3932
36.16 *burlándose* de sus profetas, hasta que 8591
Job 13.9 *burlaréis* de él como quien se burla 2048
39.7 se *burla* de la multitud de la ciudad 7832
39.18 se *burla* del caballo y de su jinete 7832
41.9 la esperanza acerca de él será *burlada* 3576
41.29 y del blandir de la jabalina se *burla* 7832
Sal 2.4 reirá; el Señor se *burlará* de ellos 3932
14.6 del consejo del pobre se han *burlado* 954
59.8 tú...te *burlarás* de todas las naciones 3932
79.4 somos...escarnecidos y *burlados* de los 7047
80.6 nuestros enemigos se *burlan* entre sí 3932
109.25 ellos...*burlándose* meneaban su cabeza
119.51 los soberbios se *burlaron* mucho de mí 3887
Pr 1.22 y los *burladores* desearán el burlar 3944
1.26 *burlaré* cuando os viniere lo que teméis 3932
19.28 el...perverso se *burlará* del juicio, y 3887
Is 28.22 no os *burléis*, para que no se aprieten 3887
57.4 ¿de quién os habéis *burlado*? ¿Contra 6026
Jer 19.8 *burlará* sobre toda su destrucción 8319
20.7 escarnecido, cada cual se *burla* de mí 3932
48.27 cuando de él hablaste...te has *burlado* 5110
49.17 se *burlará* de todas sus calamidades 8319
50.13 hombre...se *burlará* de sus calamidades 8319
Lm 1.7 la miraron...y se *burlaron* de su caída 7832
2.16 se *burlaron*, y crujieron los dientes 8319
Sof 2.15 cualquiera que pasare...se *burlará* y 8319
Mt 2.16 cuando se vio *burlado* por los magos *1702*
9.24 **niña no está muerta...se *burlaban* de él** *2606*
Mr 5.40 se *burlaban* de él. Mas él, echando *2606*
Lc 8.53 se *burlaban* de él, sabiendo que estaba *2606*
16.14 oían...los fariseos...se *burlaban* de él *1592*
22.63 se *burlaban* de él y le golpeaban *1702*
23.35 aun los gobernantes se *burlaban* de él *1592*
Hch 2.13 *burlándose*, decían: Están llenos de *5512*
17.32 lo de la resurrección de...se *burlaban* *5512*
Gá 6.7 Dios no puede ser *burlado*: pues todo *3456*

BUSCA
Nm 24.1 no fue...en *b* de agüero, sino que puso 7125
Rt 3.10 yendo en *b* de los jóvenes, sean pobres
1 S 23.15 Saúl había salido en *b* de su vida 1245
24.2 Saúl...en *b* de David y de sus hombres 1245
1 Cr 14.8 todos los filisteos en *b* de David 1245
Sal 78.34 se volvían solícitos en *b* suya 1875
Pr 16.27 el hombre perverso cava en *b* del mal 3738
Jer 31.2 cuando Israel iba en *b* de reposo 1980

BUSCAR
Gn 19.11 que se fatigaban *buscando* la puerta 4672
27.5 fue Esaú al campo para *buscar* la caza 6679
31.34 *buscó* Labán en toda la tienda, y no 4959
31.35 y él *buscó*, pero no halló los ídolos 2664
31.37 has *buscado* en todas mis cosas, ¿qué 4959
37.15 y le preguntó...diciendo: ¿Qué *buscas*? 1245
37.16 José respondió: *Busco* a mis hermanos 1245
43.30 *buscó* dónde llorar; y entró...cámara 1245
44.12 *buscó*; desde el mayor comenzó, y acabó 2664
Éx 33.7 cualquiera que *buscaba* a Jehová salía 1245
Lv 13.36 no *busque* el sacerdote...es inmundo 1239
26.25 si *buscareis* refugio en...ciudades, yo 622
Nm 10.33 fue...*buscándoles* lugar de descanso 8446
Dt 4.29 mas si desde allí *buscares* a Jehová 1245
4.29 si lo *buscares* de todo tu corazón y de 1875
12.5 el lugar...ése *buscaréis* y allá iréis 1875
13.14 *buscarás* y preguntarás con diligencia 1875
22.2 contigo hasta que tu hermano lo *busque* 1875
Jos 2.22 *buscaron* por todo...no los hallaron 1245
Jue 4.22 te mostraré al varón que tú *buscas* 1245
6.29 *buscando*...les dijeron: Gedeón hijo de 1875
14.4 él *buscaba* ocasión contra los filisteos 1245
18.1 tribu de Dan *buscaba* posesión para sí 1245
Rt 3.1 ¿no he de *buscar* hogar para ti, para 1245
1 S 9.3 y levántate, y vé a *buscar* las asnas 1245
10.2 las asnas que habías ido a *buscar* se han 1245
10.14 y él respondió: A *buscar* las asnas 1245
10.21 Saúl...le *buscaron*, pero no fue hallado 1245
13.14 se ha *buscado* un varón conforme a su 1245
16.16 *busquen* a alguno que sepa tocar el arpa 1245
16.17 Saúl respondió...*Buscadme*, pues, ahora 7200
20.1 es mi pecado...para que *busque* mi vida? 1245
20.21 luego enviaré...vé, *busca* las saetas 4672
20.36 corre y *busca* las saetas que yo tirare 4672
22.23 quien *buscare* mi vida, buscará...tuya 1245
23.14 lo *buscaba* Saúl todos los días, pero 1245
23.23 le *buscaré* entre todos los millares de 2664
23.25 se fue Saúl con su gente a *buscarlo* 1245
26.2 Saúl...descendió...para *buscar* a David 1245
26.20 ha salido el rey...a *buscar* una pulga 1245
27.1 para que Saúl no...no me ande *buscando* 1245
27.4 vino a Saúl la nueva...y no lo *buscó* más 1245
28.7 *buscadme* una mujer que tenga espíritu 1245
2 S 5.17 los filisteos para *buscar* a David 1245
17.3 pues tú *buscas*...la vida de un hombre 1245
17.20 ellos los *buscaron* y no los hallaron 1245
1 R 1.2 *busquen* para...el rey una joven virgen 1245
1.3 *buscaron* una joven hermosa por toda la 1245
2.40 Simei...fue...para *buscar* a sus siervos 1245
18.10 mi señor no haya enviado a *buscarte* 1245
19.10,14 me *buscan* para quitarme la vida 1245
20.7 ved ahora cómo éste no *busca* sino mal 1245
2 R 2.16 vayan ahora y *busquen* a tu señor 1245
2.17 *buscaron* tres días, mas no lo hallaron 1245
5.7 ahora...ved cómo *busca* ocasión contra mí 579
6.19 y yo os guiaré al hombre que *buscáis* 1245
1 Cr 4.39 *buscando* pastos para sus ganados 1245
15.13 no le *buscamos* según su ordenanza 1875
16.10 el corazón de los que *buscan* a Jehová 1245
16.11 *buscad* a Jehová...poder; *b* su rostro 1875
22.19 vuestros ánimos en *buscar* a Jehová 1875
28.9 si tú le *buscares*, lo hallarás; mas si 1875
2 Cr 7.14 oraren, y *buscaren* mi rostro, y se 1245
11.16 puesto su corazón en *buscar* a Jehová 1245
12.14 no dispuso su...para *buscar* a Jehová 1245
14.4 mandó a Judá que *buscase* a Jehová el 1245
14.7 hemos *buscado* a Jehová...le hemos *b*, y 1875
15.2 le *buscareis*, será hallado de vosotros 1875
15.4 y le *buscaron*, él fue hallado de ellos 1245
15.12 prometieron...que *buscarían* a Jehová 1245
15.13 cualquiera que no *buscase* a Jehová el 1245
15.15 de toda su voluntad lo *buscaban*, y fue 1245
16.12 y en su enfermedad no *buscó* a Jehová 1875
17.3 anduvo en los...y no *buscó* a los baales 1875
17.4 sino que *buscó* al Dios de su padre, y 1875
19.3 has dispuesto tu corazón para *buscar* a 1875
22.9 *buscando* a Ocozías...lo hallaron y lo 1245
22.9 de todo su corazón *buscó* a Jehová 1875
25.15 ¿por qué has *buscado* los dioses de 1875
25.20 habían *buscado* los dioses de Edom 1875
26.5 persistió en *buscar* a Dios en los días 1875
26.5 días en que *buscó* a Jehová...prosperó 1875
30.18 preparado su corazón...*buscar* a Dios 1875

31.21 en todo...*buscó* a su Dios, lo hizo de 1875
34.3 comenzó a *buscar* al Dios de David su 1875
Esd 2.62 *buscaron* su registro de genealogías 1245
4.2 como vosotros, *buscamos* a vuestro Dios 1875
4.15 se *busque* en el libro de las memorias 1240
4.19 fue dada orden y *buscaron*; y hallaron 1240
5.17 *búsquese* en la casa de los tesoros del 1240
6.1 Darío dio la orden de *buscar* en la casa 1240
6.21 para *buscar* a Jehová Dios de Israel 1875
8.15 habiendo *buscado* entre el pueblo y entre 995
8.22 sobre todos los que le *buscan*; mas su 1245
Neh 7.64 *buscaron* su registro de genealogías 1245
12.27 *buscaron* a los levitas de todos sus 1245
Est 2.2 *busquen* para el rey jóvenes vírgenes 1245
Job 3.21 la muerte...la *buscan* más que tesoros 2658
5.8 yo *buscaría* a Dios, y encomendaría a él 1875
7.21 si me *buscares* de mañana...no existiré 7836
8.5 tú de mañana *buscares* a Dios, y rogares 7836
10.6 inquieras mi iniquidad, y *busques* mi 1245
32.11 he escuchado...en tanto que *buscabais* 2713
33.10 aquí que él *buscó* reproches contra mí 4672
39.8 pasto, y anda *buscando* toda cosa verde 1875
Sal 4.2 ¿hasta cuándo...buscaréis la mentira? 1245
9.10 no desamparaste a los que te *buscaron* 1875
10.4 malo...no *busca* a Dios, no hay Dios en 1875
14.2 algún entendido, que *buscara* a Dios 1875
17.9 de mis enemigos que *buscan* mi vida 5362
22.26 alabarán a Jehová los que le *buscan* 1875
24.6 los que le *buscan*...que *b* tu rostro, oh 1245
27.4 una cosa he demandado a...ésta *buscaré* 1245
27.8 *buscad* mi rostro. Tú rostro *buscaré* 1245
34.4 *busqué* a Jehová, y él oyó y me 1875
34.10 que *buscan* a Jehová no tendrán falta 1875
34.14 haz el bien; *busca* la paz, y síguela 1245
35.4 avergonzados...los que *buscan* mi vida 1245
37.36 él pasó...lo *busqué*, y no fue hallado 1245
38.12 los que *buscan* mi vida arman lazos 1245
40.14 los que *buscan* mi vida para destruirla 1245
40.16 y alégrense todos los que te *buscan* 1245
53.2 si había algún entendido que *buscara* 1875
54.3 hombres violentos *buscan* mi vida 1245
63.1 de madrugada te *buscaré*; mi alma tiene 7836
63.9 los que...*buscaron* mi alma caerán en los 1245
69.6 no sean confundidos...los que te *buscan* 1245
69.32 *buscad* a Dios, y vivirá vuestro corazón 1875
70.2 y confundidos los que *buscan* mi vida 1245
70.4 gócense...en ti todos los que te *buscan* 1245
71.13 de confusión los que mi mal *buscan* 1245
77.2 al Señor *busqué* en el día de mi angustia 1875
78.34 si los hacía morir...*buscaban* a Dios 1875
83.16 de vergüenza, y *busquen* tu nombre, oh 1245
86.14 y conspiración de...ha *buscado* mi vida 1245
104.21 rugen para *buscar* de Dios su comida 1245
105.3 el corazón de los que *buscan* a Jehová 1245
105.4 *buscad* a Jehová...*b* siempre su rostro 1245
111.2 buscadas de todos los que las quieren 1875
119.2 los que...con todo el corazón le *buscan* 1875
119.10 con todo mi corazón te he *buscado* 1875
119.45 andaré en...*busqué* tus mandamientos 1875
119.94 porque he *buscado* tus mandamientos 1875
119.155 los impíos...no *buscan* tus estatutos 1875
119.176 *busca* a tu siervo, porque no me he 1245
122.9 por amor a la casa de...*buscaré* tu bien 1245
Pr 1.28 *buscarán* de mañana, y no me hallarán 7836
2.4 si como a la plata la *buscares*, y la 1245
7.15 *buscando* diligentemente tu rostro, y 1245
8.17 me hallan los que temprano me *buscan* 1245
11.27 el que procura el bien *buscará* favor 7836
11.27 al que *busca* el mal, éste le vendrá 1875
14.6 *busca* el escarnecedor la sabiduría y no 1245
15.14 corazón entendido *busca* la sabiduría 1245
17.9 el que cubre la falta *busca* amistad 1245
17.11 el rebelde no *busca* sino el mal, y 1245
17.19 el que abre...la puerta *busca* su ruina 1245
18.1 su deseo *busca* el que se desvía, y se 1245
18.15 el oído de los sabios *busca* la ciencia 1245
19.6 muchos *buscan* el favor del generoso, y
19.7 *buscará* la palabra, y no la hallará 7291
21.6 aliento fugaz de aquellos que *buscan* la 1245
23.30 para los que van *buscando* la mistura 2713
23.35 despertare, aún lo volveré a *buscar* 1245
25.27 ni el *buscar* la...gloria es gloria 2714
28.5 mas los que *buscan* a Jehová entienden 1245
29.10 los rectos *buscan* su contentamiento 1245
29.26 muchos *buscan* el favor del príncipe 1245
31.13 *busca* lana...con voluntad trabaja con 1875
Ec 1.13 mi corazón a...a *buscar* con sabiduría 1875
3.6 tiempo de *buscar*, y tiempo de perder 1245
7.28 aún *busca* mi alma, y no lo encuentra 1245
7.29 pero ellos *buscaron* muchas perversiones 1245
8.17 por mucho que trabaje...*buscándola*, no 1245
Cnt 3.1 *busqué*...al que ama mi alma: lo *b* y 1245
3.2 *buscaré* al que ama mi alma; lo busqué 1245
5.6 lo *busqué*, y no lo hallé; lo llamé, y 1245
6.1 ¿a dónde se...y lo *buscaremos* contigo? 1245
Is 1.17 *buscad* el juicio,...haced justicia al 1875
9.13 no...ni *buscó* a Jehová de los ejércitos 1875
11.10 la raíz de...será *buscada* por las gentes 1875
16.5 se sentará...juzgue y *busque* el juicio 1875
26.9 madrugaré a *buscarte*; porque luego que 7836
26.16 Jehová, en la tribulación te *buscaron* 6485
31.1 no miran al Santo...ni *buscan* a Jehová 1875
40.20 *busca* un maestro sabio, que le haga una 1245
41.12 *buscarás* a los que tienen contienda 1245
41.17 menesterosos *buscan* las aguas, y no las 1245
45.19 no dije a...Jacob: En vano me *buscáis* 1245
51.1 oídme, los que...los que *buscáis* a Jehová 1245
55.6 *buscad* a Jehová mientras...ser hallado 1875
56.11 siguen sus...*buscando* cada uno su propio 6437
58.2 que me *buscan* cada día, y quieren saber 1875
58.3 *buscáis* vuestro propio gusto, y oprimís 4672
58.13 ni *buscando* tu voluntad, ni hablando 4672
65.1 fui *buscado* por los que no preguntaban 1875
65.1 fui hallado por los que no me *buscaban* 1245
65.10 de Acor...para mi pueblo que me *buscó* 1875
Jer 2.24 los que la *buscaren* no se fatigarán 1245
4.30 te menospreciarán tus...*buscarán* tu vida 1245
5.1 *buscad* en sus...a ver si halláis hombre 1245
5.1 mirad...si hay alguno...que *busque* verdad 1245
9.17 plañideras...*buscad* a las hábiles en su 7971
10.21 los pastores...y no *buscaron* a Jehová 1875
11.21 varones de Anatot que *buscan* tu vida 1245
19.7 las manos de los que *buscan* sus vidas 1245
19.9; 21.7 mano...de los que *buscan* sus vidas 1245
22.25 en mano de los que *buscan* tu vida, y 1245
29.13 me *buscaréis* y me hallaréis, porque 1875
29.13 me *buscaréis* de todo vuestro corazón 1245
30.14 enamorados te olvidaron; no te *buscan* 1875
34.20,21 en mano de los que *buscan* su vida 1245
38.4 hombre no *busca* la paz de este pueblo 1875
38.16 en mano de estos varones que *buscan* tu 1245
44.30 yo entrego a Faraón...que *buscan* su vida 1245
44.30 entregué a Sedequías...*buscaba* su vida 1245
45.5 y tú *buscas*...grandezas? No las *busques* 1245
46.26 en mano de los que *buscan* su vida, en 1245
49.37 Elam se intimide...de los que *buscan* su 1245
50.4 irán andando y llorando, y *buscarán* a 1245
50.20 la maldad de Israel será *buscada*, y no 1245
Lm 1.11 todo su pueblo *buscó* su pan suspirando 1245
1.19 *buscando* comida para sí con que,...su vida 1245
3.25 bueno es Jehová...al alma que le *busca* 1875
3.40 y *busquemos*, y volvámonos a Jehová 2664
Ez 7.25 destrucción viene; y *buscarán* la paz 1245
7.26 *buscarán* respuesta del profeta, mas la 1245
22.30 y *busqué*...hombre que hiciese vallado 1245
26.21 serás *buscada*, y nunca...serás hallada 1245
34.4 ni *buscasteis* la perdida, sino que os 1245
34.6 perdidas...y no hubo quien las *buscase* 1245
34.8 ni mis pastores *buscaron* mis ovejas 1875
34.11 yo, yo mismo iré a *buscar* mis ovejas 1239
34.16 *buscaré* la perdida, y haré volver al 1245
Dn 2.13 *buscaron* a Daniel y a sus compañeros 1158
4.36 y mis consejeros me *buscaron*, y fui 1158
6.4 *buscaban* ocasión para acusar a Daniel en 1158
9.3 volví mi rostro a...*buscándole* en oración 1245
Os 2.7 seguirá...los *buscará*, y no los hallará 1245
3.5 *buscarán* a Jehová su Dios, y a David su 1245
5.6 con sus vacas andarán *buscando* a Jehová 1245
5.15 reconozcan su pecado y *busquen* mi rostro 1245
5.15 mi rostro. En su angustia me *buscarán* 7836
7.10 a Jehová...ni lo *buscaron* con todo esto 1245
10.12 porque es el tiempo de *buscar* a Jehová 1875
Am 5.4 así dice Jehová...*Buscadme*, y viviréis 1875
5.5 y no *busquéis* a Bet-el, ni entréis en 1875
5.6 *buscad* a Jehová, y vivid; no sea que 1875
5.8 *buscad* al que hace las Pléyades...Orión
5.14 *buscad* lo bueno, y no lo malo, para que 1875
8.12 errantes...*buscando* palabra de Jehová 1875
9.3 allí los *buscaré* y los tomaré y aunque 2664
Abd 6 sus tesoros escondidos fueron *buscados* 1156
Mi 7.14 *busque* pasto en Basán y Galaad como
Nah 3.7 ¿dónde te *buscaré* consoladores? 1245
3.11 *buscarás* refugio a causa del enemigo 1245
Sof 1.6 los que no *buscaron* a Jehová, ni le 1245
2.3 *buscad* a Jehová todos los humildes de 1245
2.3 *buscad* justicia, *b* mansedumbre; quizá 1245
Hag 1.9 *buscáis*...y halláis poco...lo disiparé 6437
Zac 8.21 a *buscar* a Jehová de los ejércitos 1245
8.22 y vendrán...naciones a *buscar* a Jehová 1245
11.16 ni *buscará* la pequeña, ni curará la 1245
Mal 2.7 de su boca el pueblo *buscará* la ley 1245
2.15 porque *buscaba* una descendencia para 1245
3.1 vendrá...Señor a quien vosotros *buscáis* 1245
Mt 2.13 Herodes *buscará* al niño para matarlo *2212*
6.32 **los gentiles *buscan* todas estas cosas** *1934*
6.33 ***buscad* primeramente el reino de Dios y** *2212*
7.7 ***buscad*, y hallaréis; llamad...os abrirá** *2212*
7.8 **el que *busca*, halla y al que llama, se** *2212*
12.43 **anda...*buscando* reposo, y no lo halla** *2212*
13.45 **a un mercader que *busca* buenas perlas** *2212*
18.12 **a *buscar* la que se había descarriado?** *2212*
21.46 al *buscar* cómo echarle mano, temían al *2212*
26.16 *buscaba* oportunidad para entregarle *2212*
26.59 el concilio, *buscaban* falso testimonio *2212*
28.5 yo sé que *buscáis* a Jesús, el que fue *2212*
Mr 1.36 y le *buscó* Simón, y los que con él *2614*
1.37 hallándole, le dijeron: Todos te *buscan* *2212*
3.32 tus hermanos están afuera, y te *buscan* *2212*
11.18 lo oyeron los...y *buscaban* cómo matarle *2212*
14.1 *buscaban*...los escribas cómo prenderle *2212*
14.11 *buscaba* oportunidad para entregarle *2212*
14.55 todo el concilio *buscaban* testimonio *2212*
16.6 *buscáis* a Jesús...que fue crucificado *2212*
Lc 2.44 y le *buscaban* entre los parientes y *327*
2.45 pero...volvieron a Jerusalén *buscándole* *2212*
2.48 he aquí, tu padre y yo te hemos *buscado* *2212*
2.49 **él les dijo: ¿Por qué me *buscabais*?** *2212*
4.42 la gente le *buscaba*, y llegando a donde *2212*
11.9 ***buscad*, y hallaréis; llamad, y se os** *2212*
11.10 **y el que *busca*, halla, y al que llama** *2212*
11.24 **anda...*buscando* reposo; y no hallándolo** *2212*
12.30 **todas estas cosas *buscan* las gentes del** *1934*
12.31 **mas *buscad* el reino de Dios, y todas** *2212*
13.6 **y vino a *buscar* fruto en ella, y no lo** *2212*
13.7 **vengo a *buscar* fruto en esta higuera** *2212*
15.8 ***busca* con diligencia hasta encontrarla?** *2212*
19.10 **el Hijo...vino a *buscar* y a salvar lo que** *2212*
22.2 *buscaban* cómo matarle; porque temían al *2212*
22.6 *buscaba* una oportunidad...entregárselo *2212*
24.5 ¿por qué *buscáis* entre los muertos al *2212*
Jn 1.38 **y volviéndose Jesús...¿Qué *buscáis*?** *2212*
4.23 **el Padre tales adoradores busca que le** *2212*
5.30 **no *busco* mi voluntad, sino la voluntad** *2212*
5.44 **no *buscáis* la gloria que viene del Dios** *2212*
6.24 y fueron a Capernaum, *buscando* a Jesús *2212*
6.26 **me *buscáis*, no porque habéis visto las** *2212*
7.11 y le *buscaban* los judíos en la fiesta *2212*
7.18 **el que habla por...su propia gloria *busca*** *2212*
7.18 **el que *busca* la gloria del que le envió** *2212*
7.25 no es éste a quien *buscan* para matarle? *2212*
7.34,36 **me *buscaréis*, y no me hallaréis; y a** *2212*
8.21 **dijo Jesús: Yo me voy, y me *buscaréis*** *2212*
8.50 **no *busco* mi gloria; hay quien la busca** *2212*
11.56 *buscaban* a Jesús, y...se preguntaban *2212*
13.33 ***buscaréis*; pero como dije a los judíos** *2212*
18.4 **adelantó y les dijo: ¿A quién *buscáis*?** *2212*
18.7 **volvió...preguntarles: ¿A quién *buscáis*?** *2212*
18.8 **si me *buscáis* a mí, dejad ir a éstos** *2212*
20.15 **¿por qué lloras? ¿A quién *buscas*?** *2212*
Hch 6.3 *buscad*, pues...de entre vosotros a 7 *1980*
9.11 ***busca* en casa de Judas a uno...Saulo, de** *2212*
10.19 dijo...He aquí, tres hombres te *buscan* *2212*
10.21 soy el que *buscáis*; ¿cuál es la causa *2212*
11.25 fue Bernabé a Tarso para *buscar* a Saulo *327*
12.19 mas Herodes, habiéndole *buscado* sin *1934*
13.11 *buscaba* quien le condujese de la mano *2212*
15.17 para que el resto de...*busque* al Señor *1567*
17.27 para que *busquen* a Dios, si en alguna *2212*
Ro 2.7 a los que, perseverando...*buscan* gloria *2212*
3.11 entienda, no hay quien *busque* a Dios *1567*
10.20 fui hallado de los que no me *buscaban* *2212*
11.7 ¿qué pues? Lo que *buscaba* Israel, no lo *1934*
1 Co 1.22 judíos...los griegos *buscan* sabiduría *2212*
10.24 ninguno *busque* su propio bien, sino el *2212*
13.5 no *busca* lo suyo, no se irrita...rencor *2212*
2 Co 12.14 porque no *busco* lo vuestro, sino *2212*
13.3 *buscáis* una prueba de que habla Cristo *2212*
Gá 1.10 ¿*busco* ahora el favor de los hombres *2212*
2.17 si *buscando* ser justificados en Cristo *2212*
Fil 2.21 todos *buscan* lo suyo propio, no lo que *2212*
4.17 no es que *busque* dádivas...busco fruto *1934*
Col 3.1 *buscad* las cosas de arriba, donde está *2212*
1 Ts 2.6 ni *buscamos* gloria de los hombres *2212*
2 Ti 1.17 me *buscó* solícitamente y me halló *2212*
He 11.6 es galardonador de los que le *buscan* *1567*
11.14 dan a entender que *buscan* una patria *1934*
13.14 una ciudad...que *buscamos* la por venir *1934*
1 P 3.11 el mal, y haga el bien; busque la paz *2212*
5.8 diablo..., anda alrededor *buscando* a quien *2212*
Ap 9.6 en aquellos días...*buscarán* la muerte *2212*

BUZ
1. Hijo de Nacor, Gn 22.21 938
2. Descendiente de Gad, 1 Cr 5.14 938
3. Lugar en Arabia, Jer 25.23 938

BUZI *Padre del profeta Ezequiel*, Ez 1.3 941

BUZITA *Habitante de Buz No. 3*, Job 32.2,6 940

C

CAB

2 R 6.25 cuarta parte de un c de estiércol 6894

CABAL

Dt 25.15 efa *c* y justo tendrás, para que tus 8003
1 Cr 21.22 de la era... dámelo por su *c* precio 4392
Pr 11.1 el peso falso... mas la pesa *c* le agrada 8003
Mr 5.15; Lc 8.35 vestido, y en su *c* juicio *4993*
Stg 1.4 que seáis perfectos y *c*, sin que os *3648*

CABALGADURA

Neh 2.12 ni había *c* conmigo, excepto la única 929
2.14 no había lugar por donde pasase la *c* 929
Lc 10.34 **poniéndole en su *c*, lo llevó al mesón** *2934*
Hch 23.24 preparasen *c* en que poniendo a Pablo *2934*

CABALGAR

Éx 15.19 entró *cabalgando* con sus carros y su 935
Lv 15.9 toda montura sobre que *cabalgare* el 7392
Nm 22.30 sobre mí has *cabalgado* desde que tú 7392
Dt 33.26 quien *cabalga* sobre los cielos para 7392
Jue 5.10 los que *cabalgáis* en asnas blancas 7392
10.4 hijos, que *cabalgaban* sobre 30 asnos 7392
12.14 que *cabalgaban* sobre setenta asnos 7392
2 S 22.11 *cabalgó* sobre un querubín, y voló 7392
2 R 9.16 Jehú *cabalgó* y fue a Jezreel, porque 7392
Neh 2.12 excepto la única en que yo *cabalgaba* 7392
Est 6.8 el caballo en que el rey *cabalga*, y 7392
Job 30.22 el viento, me hiciste *cabalgar* en él 7392
Sal 18.10 *cabalgó* sobre un querubín, y voló 7392
45.4 *cabalga* sobre palabra de verdad, de 7392
66.12 *cabalgar* hombres sobre nuestra cabeza 7392
68.4,33 el que *cabalga* sobre los cielos 7392
Is 30.16 sobre corceles veloces *cabalgaremos* 7392
36.8 si tú puedes dar jinetes que *cabalguen* 7392
Am 2.15 ni el que *cabalga* en... salvará su vida 7392
Zac 1.8 he aquí un varón que *cabalgaba* sobre 7392
9.9 tu rey vendrá... *cabalgando* sobre un asno 7392
10.5 y los que *cabalgan*... serán avergonzados 7392

CABALLERÍA

Éx 14.9 siguiéndolos... con toda la *c* y carros 5483
14.17 glorificaré en... sus carros y en su *c* 6571
14.23 los egipcios, entraron... la *c* de Faraón 5483
14.26 que las aguas vuelvan sobre... sobre su *c* 6571
14.28 cubrieron los carros y la *c*, y todo el 6571
Jos 24.6 los egipcios siguieron... con carros y *c* 6571
1 R 20.20 el rey... escapó... alguna gente de *c* 6571
Ez 26.10 el estruendo de su *c* y de las ruedas 6571

CABALLERIZA

1 R 4.26 Salomón tenía 40.000 caballos en... *c* 723
2 Cr 9.25 tuvo también Salomón cuatro mil *c* 723

CABALLO

Gn 47.17 José les dio alimentos por *c*, y por 5483
49.17 muerde los talones del *c*, y hace caer 5483
50.9 subieron... con él carros y gente de a *c* 6571
Éx 9.3 sobre tus... *c*, asnos, camellos, vacas 5483
14.9 siguiéndolos... su gente de a *c*, y todo su 5483
14.18 me glorifique en... y en su gente de a *c* 6571
14.23 entraron... sus carros y su gente de a *c* 5483
15.1,21 echado en el mar al *c* y al jinete 5483
15.19 entró... con sus carros y su gente de a *c* 5483
Dt 11.4 lo que hizo... a sus *c* y a sus carros 5483
17.16 no aumentará para sí *c*, ni hará volver 5483
17.16 ni... a Egipto, con el fin de aumentar *c* 5483
20.1 si vieres *c* y carros, y un pueblo más 5483
Jos 11.4 con muchísimos *c* y carros de guerra 5483
11.6 desjarretarás sus *c*... sus carros quemarás 5483
11.9 desjarretó sus *c*, y sus carros quemó a 5483
Jue 5.22 resonaron los cascos de los *c* por el 5483
1 S 8.11 vuestros hijos... en su gente de a *c* 6571
13.5 los filisteos... seis mil hombres de a *c* 6571
2 S 1.6 venían tras él carros y gente de a *c* 1167,6571
8.4 tomó David de ellos 1.700 hombres de a *c* 6571
8.4 desjarretó... los *c* de todos los carros
10.18 David mató de... 40.000 hombres de a *c* 6571
15.1 que Absalón se hizo de carros y *c*, y 50 5483
1 R 1.5 se hizo de carros y de gente de a *c* 6571
4.26 tenía 40.000 *c* en sus caballerizas 5483
4.28 cebada y paja para los *c* y... bestias 5483
9.19 y las ciudades de la gente de a *c*, y 6571
9.22 hombres de guerra... o su gente de a *c* 6571
10.25 todos le llevaban cada año... *c* y mulos 5483
10.26 juntó Salomón carros y gente de a *c* 6571
10.28 traían de Egipto *c* y lienzos a Salomón 5483
10.28 la compañía de... compraba *c* y lienzos
10.29 el *c* por ciento cincuenta; y así los 5483
18.5 con que conservemos la vida a los *c* y 5483
20.1 y con él a 32 reyes, con *c* y carros 5483
20.20 el rey... Ben-adad, se escapó en un *c* 6571
20.21 hirió la gente de a *c*, y los carros 5483
20.25 ejército... *c* por *c*, y carro por carro 5483
22.4 yo soy como tú, y... y mis *c* como tus *c* 5483
2 R 2.11 un carro... con *c* de fuego apartó a los 5483
2.12 carro de Israel y su gente de a *c*! 6571
3.7 yo soy como tú... y mis *c* como los tuyos 5483
5.9 y vino Naamán con sus *c* y con su carro 5483
6.14 envió el rey... gente de a *c*, y carros 5483
6.15 sitiada la ciudad, con gente de a *c* y 5483
6.17 el monte estaba lleno de gente de a *c* 5483
7.6 se oyese estruendo de carros, ruido de *c* 5483
7.7 abandonando sus tiendas, sus *c*... asnos 5483
7.10 no había allí... sino *c* atados, asnos 5483
7.13 tomen... cinco de los *c* que han quedado 5483
7.14 tomaron, pues, dos *c* de un carro, y 5483
9.33 sangre salpicó en la pared, y en los *c* 5483
10.2 y los que tienen carros y gente de a *c* 5483
11.16 donde entran los de a *c* a la casa del 5483
13.7 quedado... sino cincuenta hombres de a *c* 6571
13.14 carro de Israel y su gente de a *c*! 6571
14.20 lo trajeron... sobre *c*, y lo sepultaron 5483
18.23 te daré dos mil *c*, si tú puedes dar 5483
18.24 confiado en Egipto... su gente de a *c*? 6571
23.11 los *c* que los reyes... dedicado al sol 5483
1 Cr 18.4 tomó David... carros, 7.000 de a *c* 6571
18.4 y desjarretó David los *c* de todos los
19.6 tomar a sueldo carros y gente de a *c* 6571
2 Cr 1.14 juntó Salomón carros y gente de a *c* 6571
1.16 y los mercaderes del rey compraban... *c* 5483
1.17 un carro... y un *c* por ciento cincuenta 5483
8.6 todas las ciudades... de la gente de a *c* 6571
8.9 hijos de Israel... eran... su gente de a *c* 6571
9.24 traía su presente, alhajas... *c* y mulos 5483
9.25 cuatro mil caballerizas para sus *c*, y 5483
9.28 traían... *c* para Salomón, de Egipto y de 5483
12.3 carros, y con 60.000 hombres de a *c* 6571
16.8 con carros y mucha gente de a *c*? Con 6571
23.15 la entrada de la puerta de los *c* de 5483
25.28 lo trajeron en *c*, y lo sepultaron con 5483
Esd 2.66 sus *c* eran setecientos treinta y seis 5483
8.22 tuve vergüenza de pedir... gente de a *c* 6571
Neh 2.9 el rey envió conmigo... gente de a *c* 6571
3.28 desde la puerta de los *C* restauraron 5483
7.68 sus *c*, setecientos treinta y seis; sus 5483
Est 6.8 traigan... el *c* en que el rey cabalga 5483
6.9 den el vestido y el *c* en mano de alguno 5483
6.9 vistan... y llévenlo en el *c* por la plaza 5483
6.10 toma... el *c*, como tú has dicho, y hazlo 5483
6.11 Amán tomó el vestido y el *c*, y vistió 5483
6.11 vistió a... y lo condujo a *c* por la plaza 7392
8.10 por medio de correos montados en *c* 5483
8.14 los correos, pues, montados en *c* veloces 7409
Job 39.18 alto, se burla del *c* y de su jinete 5483
39.19 ¿diste tú al *c* la fuerza? ¿Vestiste tú 5483
Sal 20.7 confían en carros, y aquéllos en *c* 5483
32.9 no seáis como el *c*, o como el mulo, sin 5483
33.17 vano para salvarse es el *c*... su fuerza 5483
76.6 el carro y el *c* fueron entorpecidos 5483
147.10 no se deleita en la fuerza del *c*, ni 5483
Pr 21.31 *c* se alista para el día de la batalla 5483
26.3 el látigo para el *c*, el cabestro para el 5483
Ec 10.7 siervos a *c*, y príncipes que andaban 5483
Is 2.7 también está su tierra llena de *c*, y 5483
5.28 los cascos de sus *c*... como de pedernal 5483
22.7 y los de a *c* acamparon a la puerta 6571
30.16 no, antes huiremos en *c*; por tanto 5483
31.1 que descienden a Egipto... y confían en *c* 5483
31.3 los egipcios hombres son... y sus *c* carne 5483
36.8 daré 2.000 *c*, si tú puedes dar jinetes 5483
36.9 confiando en Egipto con... gente de a *c*? 6571
43.17 que saca carro y *c*, ejército y fuerza 5483
63.13 como un *c* por el desierto, sin que 5483
66.20 traerán... en *c*, en carros, en literas 5483
Jer 4.13 más ligeros son sus *c* que las águilas 5483
4.29 al estruendo de la gente de a *c* y de 6571
5.8 como *c* bien alimentados... relinchaba tras 5483
6.23 montarán a *c* como hombres dispuestos 5483
8.6 *c* que arremete con ímpetu a la batalla 5483
8.16 desde Dan se oyó el bufido de sus *c* 5483
12.5 ¿cómo contenderás con los *c*? Y si en la 5483
17.25 entrarán... en carros y en *c*, los reyes 5483
22.4 entrarán montados en carros y en *c* por 5483
31.40 hasta la esquina de la puerta de los *c* 5483
46.4 uncid *c* y subid, vosotros los jinetes 5483
46.9 subid, *c*, y alborotaos, carros, y 5483
47.3 por el sonido de los cascos de sus *c*
50.11 como novilla... y relinchasteis como *c* 47
50.37 espada contra sus *c*, contra sus carros 5483
50.42 su voz rugirá como... y montarán sobre *c* 5483
51.21 por tu... quebrantaré a *c* y a sus jinetes 5483
51.27 haced subir el *c* como langostas erizadas 5483
Ez 17.15 para que le diese *c* y mucha gente 5483
23.6 jóvenes codiciables todos... que iban a *c* 5483
23.12 jinetes que iban a *c*, todos... jóvenes 5483
23.20 lujuria... y cuyo flujo como flujo de *c* 5483
23.23 capitanes... que montan a *c* todos ellos 5483
26.7 con *c* y carros y jinetes, y tropas y 5483
26.10 por la multitud de sus *c* te cubrirá el 5483
26.11 con los cascos de sus *c* hollará todas 5483
27.14 de Togarma, con *c* y corceles de guerra 5483
38.4 *c* y jinetes, de todo en todo equipados 5483
38.15 todos... a *c*, gran multitud y poderoso 5483
39.20 os saciaréis... de *c* y de jinetes fuertes 5483
Dn 11.40 con carros y gente de a *c*, y... naves 6571
Os 1.7 no los salvaré con... con *c* ni jinetes 6571
14.3 no montaremos en *c*, ni nunca... diremos 5483
Jl 2.4 como... *c*, y como gente de a *c* correrán 5483
Am 2.15 ni el que cabalga en *c* salvará su vida 5483
4.10 cautiverio de vuestros *c*, e hice subir el 5483
6.12 ¿correrán los *c* por las peñas? ¿Ararán 5483
Mi 5.10 haré matar tus *c* de en medio de ti 5483
Nah 3.2 *c* atropellador, y carro que salta 5483
Hab 1.8 sus *c* serán más ligeros que leopardos 5483
3.8 montaste en tus *c*, y en tus carros de 5483
3.15 caminaste en el mar con tus *c*, sobre 5483
Hag 2.22 y vendrán abajo los *c* y sus jinetes 5483
Zac 1.8 vi... un varón que cabalgaba sobre un *c* 5483
1.8 y detrás de él había *c* alazanes, overos 5483
6.2 primer carro había *c* alazanes... *c* negros 5483
6.3 *c* blancos, y en el cuarto carro *c* overos 5483
6.6 el carro con los *c* negros salía hacia la 5483
9.10 destruiré... *c* de Jerusalén, y los arcos 5483
10.3 pondrá como su *c* de honor en la guerra 5483
10.5 los que cabalgan en *c* serán avergonzados 5483
12.4 aquel día... heriré con pánico a todo *c* 5483
12.4 y a todo *c* de los pueblos heriré con 5483
14.15 así también será la plaga de los *c*, de 5483
14.20 grabado sobre las campanillas de los *c* 5483
Stg 3.3 ponemos freno en la boca de los *c* *2462*
Ap 6.2 miré, y he aquí un *c* blanco; y el que *2462*
6.4 salió... *c*, bermejo; y al que lo montaba *2462*
6.5 miré, y he aquí un *c* negro; y el que lo *2462*
6.8 miré, y he aquí un *c* amarillo, y el que *2462*
9.7 semejante a *c* preparados para la guerra *2462*
9.9 como el estruendo de muchos carros de *c* *2462*
9.17 así vi en visión los *c* y a sus jinetes *2462*
9.17 cabezas de los *c* eran como... de leones *2462*
9.19 el poder de los *c* estaba en su boca y
14.20 salió sangre hasta los frenos de los *c* *2462*
18.13 ovejas, *c* y carros, y esclavos, almas *2462*
Ap 19.11 vi... un *c* blanco, y el que lo montaba *2462*
19.14 ejércitos celestiales... le seguían en *c* *2462*
19.18 carnes de *c* y de sus jinetes, y carnes *2462*
19.19 guerrear contra el que montaba el *c* *2462*
19.21 con la espada... del que montaba el *c* *2462*

CABAÑA

Gn 33.17 Jacob fue... e hizo *c* para su ganado 5521
1 Cr 4.41 desbarataron sus tiendas y *c* que 4583
2 Cr 14.15 atacaron las *c* de los que... ganado 168
Cnt 1.8 y apacienta... a las *c* de los pastores 4908
Is 1.8 la hija de Sion como... *c* en melonar 5521
Jer 33.12 habrá *c* de pastores que hagan pastar 5116

CABECEAR

Pr 24.33 poco de sueño, *cabeceando* otro poco 8572
Mt 25.5 **tardándose el esposo, *cabecearon*** *3573*

CABECERA

Gn 28.11 tomó de las piedras... y puso a su *c* 4763
28.18 tomó la piedra que había puesto de *c* 4763
47.31 Israel se inclinó sobre la *c* de la cama 7218
1 S 9.22 dio lugar a la *c* de los convidados 7218
19.13 le acomodó por *c* una almohada de pelo 4763
19.16 una almohada de pelo de cabra a su *c* 4763
26.7 y su lanza clavada en tierra a su *c* 4763
26.11 toma ahora la lanza que está a su *c* 4763
26.12 se llevó... la lanza... de la *c* de Saúl 7226
26.16 la vasija de agua que estaba a su *c* 4763
1 R 19.6 él miró, y... a su *c* una torta cocida 4763
Mi 4.1 el monte de la casa de Jehová será... *c* 7218
Jn 20.12 sentados el uno a la *c*, y el otro a *2776*

CABECILLA

Hch 24.5 es... *c* de la secta de los nazarenos *4414*

CABELLERA

Dt 32.42 las cabezas de larga *c* del enemigo 6546

CABELLO

Lv 13.40 cuando se le cayere el *c*, es calvo 4803
13.41 si hacia su frente se le cayere el *c* 4803
Nm 6.5 voto... será santo; dejará crecer su *c* 6545
6.18 tomará los *c* de su cabeza consagrada 8181
Jue 16.22 el *c* de su cabeza comenzó a crecer 8181
20.16 tiraban una piedra con la honda a un *c* 8185
1 S 14.45 que no ha de caer un *c* de su cabeza 8185
2 S 14.11 no caerá ni un *c* de la cabeza de tu 8185
14.26 cuando se cortaba el *c*... pesaba el *c* 8181
1 R 1.52 ni uno de sus *c* caerá en tierra; más 8185
Neh 13.25 les arranqué los *c*, y les hice jurar 4803
Sal 40.12; 69.4 se han aumentado más que los *c* 8185
Cnt 4.1 tus *c* como manada de cabras que se 8181
5.2 de rocío, mis *c* de las gotas de la noche 6977
5.11 sus *c* crespos, negros como el cuervo 6977
6.5 tu *c* es como manada de cabras que se 8181
7.5 *c*... como la púrpura del rey suspendida 1803
Is 3.24 rapada en lugar de compostura del *c* 4748
22.12 día... a raparse el *c* y a vestir cilicio 7144
Jer 7.29 corta tu *c*, y arrójalo, y levanta 5145
16.6 se rasgarán ni se raerán los *c* por ellos 7139
Ez 5.1 toma... balanza de pesar y divide los *c*
27.31 se raerán por ti los *c*, se ceñirán de 7139,7144
44.20 ni dejarán crecer su *c*, sino que lo 6545
Dn 3.27 ni aun el *c* de sus cabezas se había 8177
Mt 5.36 **no puedes hacer blanco o... un solo *c*** *2359*
10.30 **aun vuestros *c* están todos contados** *2359*
Lc 7.38 sus pies, y los enjugaba con sus *c* *2359*
7.44 **lágrimas, y los ha enjugado con sus *c*** *2359*
12.7 **los *c* de... cabeza están todos contados** *2359*
21.18 **ni un *c* de vuestra cabeza perecerá** *2359*
Jn 11.2 ungió... y le enjugó los pies con sus *c* *2359*
12.3 ungió los pies... y los enjugó con sus *c* *2359*
Hch 27.34 ni aun un *c* de la cabeza... perecerá *2359*
1 Co 11.6 si... no se cubre, que se corte... el *c* *2751*
11.6 si le es vergonzoso a la... cortarse el *c* *2751*
11.14 le es deshonroso dejarse crecer el *c*? *2863*
11.15 a la mujer dejarse crecer el *c* le es *2863*
11.15 porque en lugar de velo le es dado el *c* *2864*
Ap 1.14 su cabeza y sus *c* eran blancos como *2359*
9.8 tenían *c* como *c* de mujer; sus dientes *2359*

CABELLUDA

Sal 68.21 herirá... la testa *c* del que camina 8181

CABER
1 R 7.26 del mar...*cabían* en él dos mil batos 3557
8.64 y no *cabían* en él los holocaustos, las 6996
18.32 zanja...*cupieran* dos medidas de grano 1004
2 Cr 4.5 un cáliz, y le *cabían* tres mil batos 3557
7.7 en el altar de bronce...no podían *caber* 3557
Mr 2.2 que ya no *cabían* ni aun a la puerta *5562*
Jn 2.6 en cada una...*cabían* dos o tres cántaros *5562*
21.25 ni...*cabrían* los libros que se habrían *5562*

CABESTRO
Sal 32.9 de ser sujetados con *c* y con freno 7448
Pr 26.3 el látigo para el...el *c* para el asno 4964

CABEZA
Gn 3.15 herirá en la *c*, y tú...en el calcañar 7218
40.13 cabo de tres días levantará Faraón tu *c* 7218
40.16 que veía tres canastillos...sobre mi *c* 7218
40.17 comían del canastillo de sobre mi *c* 7218
40.19 quitará Faraón tu *c* de sobre ti, y te 7218
40.20 y alzó la *c* del jefe de los coperos 7218
40.20 la *c* del jefe de los panaderos, entre 7218
48.14 sobre la *c* de Efraín...la *c* de Manasés 7218
48.17 la mano derecha sobre la *c* de Efraín 7218
48.17 de la *c* de Efraín a la *c* de Manasés 7218
48.18 dijo...pon tu mano derecha sobre su *c* 7218
49.26 sobre la *c* de José, y sobre la frente 7218
Éx 12.9 su *c* con sus pies y sus entrañas 7218
16.16 un gomer por *c*, conforme al número de 7218
29.6 pondrás la mitra sobre su *c*, y sobre 7218
29.7 lo derramarás sobre su *c*, y le ungirás 7218
29.10 pondrán sus manos...la *c* del becerro 7218
29.15 Aarón y...pondrán sus manos sobre la *c* 7218
29.17 pondrás sobre sus trozos y sobre su *c* 7218
29.19 pondrán sus manos sobre la *c*...carnero 7218
34.8 Moisés...la *c* hacia el suelo y adoró 6915
38.17 cubiertas de las *c* de ellas, de plata 7218
38.26 medio siclo por *c*, según el siclo del 1538
Lv 1.4 su mano sobre la *c* del holocausto, y 7218
1.8 acomodarán las piezas, la *c* y la grosura 7218
1.12 su *c* y la grosura de los intestinos 7218
1.15 le quitará la *c*, y hará que arda en el 7218
3.2,8,13 pondrá su mano sobre la *c* de su 7218
4.4 pondrá su mano sobre la *c* del becerro 7218
4.11 con su *c*, sus piernas, sus intestinos 7218
4.15 pondrán...manos sobre la *c* del becerro 7218
4.24 pondrá su mano sobre la *c* del...cabrío 7218
4.29,33 su mano sobre la *c* de la ofrenda 7218
5.8 arrancará de su cuello la *c*, mas no la 7218
8.9 la mitra sobre su *c*, y sobre la mitra 7218
8.12 derramó del aceite...sobre la *c* de Aarón 7218
8.14,18 pusieron sus manos sobre la *c* del 7218
8.20 Moisés hizo arder la *c*, y los trozos 7218
8.22 pusieron...manos sobre la *c* del carnero 7218
9.13 le presentaron el holocausto...y la *c* 7218
10.6 no descubráis vuestras *c*, ni rasguéis 7218
13.12 cubriere...desde la *c* hasta sus pies 7218
13.29 saliere llaga en la *c*, o en la barba 7218
13.30 es tiña, es lepra de la *c* o de la barba 7218
13.44 es inmundo, y...en su *c* tiene la llaga 7218
13.45 llevará...su *c* descubierta, y embozado 7218
14.9 raerá todo el pelo de su *c*, su barba y 7218
14.18,29 sobre la *c* del que se purifica 7218
16.21 sus dos manos sobre la *c* del...cabrío 7218
16.21 poniéndolos así sobre la *c* del macho 7218
19.27 no haréis tonsura en vuestra *c*, ni 7218
21.5 no harán tonsura en su *c*, ni raerán la 7218
21.10 sobre cuya *c* fue derramado el aceite 7218
21.10 el sumo sacerdote...no descubrirá su *c* 7218
24.14 pongan sus manos sobre la *c* de él, y 7218
Nm 1.2 nombres, todos los varones por sus *c* 1538
1.18,20,22 a la cuenta de los nombres por *c* 1538
3.47 tomarás cinco siclos por *c*; conforme al 1538
5.18 descubrirá la *c* de la mujer, y pondrá 7218
6.5 no pasará navaja sobre su *c*; hasta que 7218
6.7 la consagración de su...tiene sobre su *c* 7218
6.9 su *c* consagrada será contaminada; por 7218
6.9 el día de su purificación raerá su *c*; al 7218
6.11 sacerdote ofrecerá...y santificará su *c* 7218
6.18 el nazareo raerá a la...su *c* consagrada 7218
6.18 tomará los cabellos de su *c* consagrada 7218
6.19 después que fuere raída su *c* consagrada
8.12 sus manos sobre las *c* de los novillos 7218
24.20 Amalec, *c* de naciones; mas...perecerá 7225
Dt 20.9 tomarán el mando a la *c* del pueblo 7218
21.12 ella rapará su *c*, y cortará sus uñas 7218
28.13 te pondrá Jehová por *c*, y no por cola 7218
28.23 los cielos...sobre tu *c* serán de bronce 7218
28.44 él será por *c*, y tú serás por cola 7218
29.10 los *c* de vuestras tribus...ancianos 7218
32.42 las *c* de larga cabellera del enemigo 7218
33.16 la gracia...venga sobre la *c* de José 7218
Jos 2.19 saliere...su sangre será sobre su *c* 7218
2.19 sangre será sobre nuestra *c*, si mano 7218
7.6 se postró...y echaron polvo sobre sus *c* 7218
11.10 Hazor había sido antes *c* de...reinos 7218
14.1 repartieron...los *c* de los padres de las 7218
19.51 heredades que...y los *c* de los padres 7218
21.1 vinieron...a los *c* de los padres de las 7218
22.21 y dijeron a los *c* de los millares de 7218
Jue 5.26 hirió su *c*, y le horadó, y atravesó 7218
7.25 trajeron las *c* de Oreb y de...a Gedeón 7218
8.28 Madián...nunca más volvió a levantar *c* 7218
9.53 dejó caer un...sobre la *c* de Abimelec 7218
9.57 el mal...hizo Dios volver sobre sus *c* 7218
13.5 y navaja no pasará sobre su *c*, porque 7218
16.13 si tejieres siete guedejas de mi *c* con 7218
16.17 nunca a mi *c* llegó navaja; porque soy 7218
16.19 le rapó las siete guedejas de su *c* 7218
16.22 y el cabello de su *c* comenzó a crecer 7218
1 S 1.11 un hijo...no pasará navaja sobre su *c* 7218
4.12 rotos sus vestidos y tierra sobre su *c* 7218
5.4 la *c* de Dagón y las dos palmas de sus 7218
10.1 la derramó sobre su *c*, y lo besó, y le 7218
14.45 que no ha de caer un cabello de su *c* 7218
17.5 y traía un casco de bronce en su *c*, y 7218
17.38 y puso sobre su *c* un casco de bronce 7218
17.46 te cortaré la *c*, y daré...los cuerpos 7218
17.51 lo acabó de matar, y le cortó...la *c* 7218
17.54 y David tomó la *c* del filisteo, y la 7218
17.57 teniendo David la *c* del filisteo en su 7218
25.39 la maldad de Nabal sobre su propia *c* 7218
29.4 volvería...con las *c* de estos hombres? 7218
31.9 le cortaron la *c*, y le despojaron de 7218
2 S 1.2 rotos...vestidos, y tierra sobre su *c* 7218
1.10 tomé la corona que tenía en su *c*, y la 7218
1.16 dijo: Tu sangre sea sobre tu *c*, pues tu 7218
2.16 echó mano de la *c* de su adversario, y 7218
3.8 ¿soy yo *c* de perro que pertenezca a 7218
3.29 caiga sobre la *c* de Joab, y sobre toda 7218
4.7 le cortaron la *c*, y habiéndola tomado 7218
4.8 y trajeron la *c* de Is-boset a David en 7218
4.8 dijeron...He aquí la *c* de Is-boset hijo 7218
4.12 tomaron la *c* de Is-boset...enterraron 7218
12.30 y quitó la corona de la *c* de su rey 7218
12.30 la corona...puesta sobre la *c* de David 7218
13.19 tomó ceniza y la esparció sobre su *c* 7218
13.19 y puesta su mano sobre su *c*, se fue 7218
14.11 no caerá ni un cabello de la *c* de tu
14.26 pesaba el cabello de su *c* 200 siclos 7218
15.30 la *c* cubierta...cubrió cada uno su *c* 7218
15.32 Husai...rasgados...y tierra sobre su *c* 7218
16.9 que me dejes pasar, y le quitaré la *c* 7218
18.9 le enredó la *c* en la encina, y Absalón 7218
20.21 su *c* te será arrojada desde el muro 7218
20.22 cortaron la *c* a Seba hijo de Bicri 7218
22.44 me guardaste...que fuese *c* de naciones 7218
1 R 2.32 Jehová hará volver su sangre...su *c* 7218
2.33 sobre la *c* de Joab, y sobre la *c* de su 7218
2.37 morirás, y tu sangre será sobre tu *c* 7218
2.44 Jehová...hecho volver el mal sobre tu *c* 7218
7.16 puestos sobre las *c* de las columnas 7218
7.17 de poner sobre las *c* de las columnas 7218
7.18 los capiteles que estaban en las *c* de 7218
7.22 puso en las *c* de las columnas tallado 7218
7.41,42 dos capiteles...la *c* de las columnas 7218
8.32 haciendo recaer su proceder sobre su *c* 7218
2 R 4.19 y dijo a su padre: ¡Ay, mi *c*, mi *c*! 7218
6.25 la *c* de un asno se vendía por ochenta 7218
6.31 si la *c* de Eliseo...queda sobre él hoy 7218
6.32 este hijo de...envía a cortarme la *c*? 7218
9.3 aceite, y derrámala sobre su *c*, y dí 7218
9.6 y el otro derramó el aceite sobre su *c* 7218
9.30 atavió su *c*, y se asomó a una ventana 7218
10.6 las *c* de los hijos varones de vuestro 7218
10.7 pusieron sus *c* en canastas, y se las 7218
10.8 han traído las *c* de los hijos del rey 7218
19.21 detrás de ti mueve su *c* la hija de 7218
1 Cr 7.40 fueron hijos de Aser, *c* de familias 7218
10.9 despojaron, tomaron su *c* y sus armas 7218
10.10 y colgaron la *c* en el templo de Dagón 1538
11.6 derrote a los jebuseos será *c* y jefe 7218
12.19 con peligro de nuestras *c* se pasará a 7218
20.2 tomó...la corona de encima de la *c* del 7218
20.2 corona...fue puesta sobre la *c* de David 7218
23.3 levitas...el número...por sus *c*...38.000 1538
23.24 contados...sus *c*, de 20 años arriba 1538
24.4 de los hijos de Eleazar, 16 *c* de casas 7218
2 Cr 4.12 capiteles sobre las *c* de...columnas 7218
5.9 se viesen las *c* de las barras del arca 7218
6.23 haciendo recaer su proceder sobre su *c* 7218
20.27 todo Judá...Josafat a la *c*...volvieron 7218
Esd 5.10 nombres de los...que estaban a la *c* 7217
9.3 y arranqué pelo de mi *c* y de mi barba 7218
9.6 se han multiplicado sobre nuestra *c* 7218
Neh 4.4 vuelve el baldón de ellos sobre su *c* 7218
7.70 y algunos de los *c* de familias dieron 7218
7.71 los *c* de familias dieron para el tesoro 7218
8.13 se reunieron los *c* de las familias de 7218
10.14 los *c* del pueblo: Paros, Pahat-moab 7218
Est 2.17 y puso la corona real en su *c*, y la 7218
6.8 la corona real que está puesta en su *c* 7218
6.12 se dio prisa para irse...cubierta su *c* 7218
9.25 perverso designio...recayera sobre su *c* 7218
Job 1.20 rasuró su *c*, y se postró en tierra 7218
2.7 una sarna maligna...la coronilla de la *c* 6936
2.12 los tres esparcieron polvo sobre sus *c* 7218
10.15 y si fuere justo, no levantaré mi *c* 7218
10.16 si mi *c* se alzare, cual león tú me
15.10 *c* canas...ancianos hay entre nosotros 7867
16.4 yo podría...sobre vosotros mover mi *c* 7218
16.15 cosí cilicio...y puse mi *c* en el polvo 7161
19.9 mi gloria, y quitado la corona de mi *c* 7218
20.6 su altivez...y su *c* tocare en las nubes 7218
24.24 serán...y cortados como *c* de espigas 7218
29.3 cuando hacía resplandecer sobre mi *c* su 7218
41.7 ¿cortarás...arpón de pescadores su *c*? 7218
Sal 3.3 eres escudo...y el que levanta mi *c* 7218
7.16 su iniquidad volverá sobre su *c*, y su 7218
18.43 me has hecho *c* de las naciones; pueblo 7218
21.3 corona de oro...has puesto sobre su *c* 7218
22.7 estiran la boca, menean la *c*, diciendo 7218
23.5 unges mi *c* con aceite; mi copa está 7218
24.7,9 alzad, oh puertas, vuestras *c*, y 7218
27.6 levantará mi *c* sobre mis enemigos que 7218
38.4 iniquidades se han agravado sobre mi *c* 7218
40.12 aumentado más que...cabellos de mi *c* 7218
44.14 naciones; todos al vernos menean la *c* 7218
60.7 Efraín es la fortaleza de mi *c*; Judá 7218
66.12 hiciste cabalgar hombres...nuestra *c* 7218
68.21 Dios herirá la *c* de sus enemigos, la 7218
69.4 aumentado más que los cabellos de mi *c* 7218
74.13 quebrantaste *c* de monstruos en las 7218
74.14 magullaste las *c* del leviatán, y lo 7218
83.2 rugen...y los que te aborrecen alzan *c* 7218
108.8 Efraín es la fortaleza de mi *c*; Judá 7218
109.25 miraban, y burlándose meneaban su *c* 7218
110.6 quebrantará las *c* en muchas tierras 7218
110.7 beberá en...por lo cual levantará la *c* 7218
118.22 piedra...ha venido a ser *c* del ángulo 7218
133.2 es como el buen óleo sobre la *c*, el 7218
140.7 pusiste a cubierto mi *c* en el día de 7218
140.9 la maldad de sus...labios cubrirá su *c* 7218
141.5 excelente bálsamo...no me herirá la *c* 7218
Pr 1.9 porque adorno de gracia serán a tu *c* 7218
4.9 adorno de gracia dará a tu *c*, corona de 7218
10.6 hay bendiciones sobre la *c* del justo 7218
11.26 bendición será sobre la *c* del que lo 7218
25.22 porque ascuas amontonarás sobre su *c* 7218
Ec 2.14 el sabio tiene sus ojos en su *c*, mas 7218
9.8 vestidos, y nunca falte ungüento...tu *c* 7218
Cnt 2.6 su izquierda esté debajo de mi *c*, y 7218
5.2 ábreme...porque mi *c* está llena de rocío 7218
5.11 su *c* como oro finísimo; sus cabellos 7218
7.5 tu *c* encima de ti, como el Carmelo; y 7218
7.5 el cabello de tu *c*, como la púrpura del 7218
8.3 su izquierda esté debajo de mi *c*, y su 7218
Is 1.5 toda *c* está enferma, y todo corazón 7218
1.6 desde la planta del pie hasta la *c* no 7218
2.2 será confirmado...como *c* de los montes 7218
3.17 Señor raerá la *c* de las hijas de Sion 7218
3.24 *c* rapada en lugar de la compostura del 7144
7.8 la *c* de Siria es Damasco, y la *c* de 7218
7.9 la *c* de Efraín es Samaria, y la *c* de 7218
7.20 *c* y pelo de los pies, y aun la barba 7218
9.14 y Jehová cortará de Israel *c* y cola 7218
9.15 anciano y venerable de rostro es la *c* 7218
15.2 toda *c* de ella será rapada, y...barba 7218
19.15 cosa que haga la *c* o la cola, la rama 7218
28.1,4 que está sobre la *c* del valle fértil 7218
29.10 velo sobre las *c* de vuestros videntes 7218
35.10 gozo perpetuo...sobre sus *c*...alegría 7218
37.22 de ti mueve su *c* la hija de Jerusalén 7218
51.11 Sion...gozo perpetuo habrá sobre sus *c* 7218
58.5 incline su *c* como junco y haga cama 7218
59.17 con yelmo de salvación en su *c*; tomó 7218
Jer 2.37 de allí saldrás con tus...sobre tu *c* 7218
9.1 si mi *c* se hiciese aguas, y mis ojos 7218
13.18 la corona de...ha caído de vuestras *c*
13.21 él ponga como *c* sobre ti a aquellos 7218
14.3 se confundieron, y cubrieron sus *c* 7218
14.4 están confusos los...cubrieron sus *c* 7218
18.16 pasare...se asombrará, y meneará la *c* 7218
23.19 la tempestad...caerá sobre la *c* de los 7218
30.23 tempestad...sobre la *c* de los impíos 7218
31.7 dad voces de júbilo a la *c* de naciones 7218
48.37 toda *c* será rapada, y toda barba raída 7218
52.31 alzó la *c* de Joaquín rey de Judá y lo 7218
Lm 2.10 polvo sobre sus *c*...bajaron sus *c* a 7218
2.15 movieron despectivamente sus *c* sobre la 7218
3.54 aguas cubrieron mi *c*; yo dije: Muerto 7218
5.16 cayó la corona de nuestra *c*; ¡ay ahora 7218
Ez 1.22 y sobre las *c* de los seres vivientes 7218
1.22 cristal...extendido encima sobre sus *c* 7218
1.25 26 la expansión que había sobre sus *c* 7218
5.1 toma una navaja...hazla pasar sobre tu *c* 7218
7.18 habrá vergüenza...sus *c* estarán rapadas 7218
8.3 figura...me tomó por las guedejas de mi *c* 7218
9.10 haré recaer el camino de...sobre sus...*c* 7218
10.1 en la expansión que había sobre la *c* de 7218
11.21 traigo su camino sobre sus propias *c* 7218
13.18 hacen velos mágicos para la *c* de toda 7218
16.12 joyas...y una hermosa diadema en tu *c* 7218
16.25 en toda *c* de camino edificaste lugar 7218
16.31 edificando...altos en toda *c* de camino 7218
16.43 también traeré tu camino sobre tu *c* 7218
17.19 el juramento...traeré sobre su misma *c* 7218
22.31 volver el camino...sobre su propia *c* 7218
23.15 tiaras de colores en sus *c*, teniendo 7218
23.42 pusieron...bellas coronas sobre sus *c* 7218
24.23 vuestros turbantes estarán sobre...*c* 7218
27.30 polvo sobre sus *c*, y se revolcarán en 7218
29.18 toda *c* ha quedado calva, y...espalda 7218
32.27 y sus espadas puestas debajo de sus *c* 7218
33.4 lo hiriere, su sangre será sobre su *c* 7218
44.18 turbantes de lino tendrán sobre sus *c* 7218
44.20 no se raparán su *c*, ni dejarán crecer 7218
Dn 1.10 condenaréis para con el rey mi *c* 7218
2.32 la *c* de esta imagen era de oro fino 7218
2.38 en tu mano...tú eres aquella *c* de oro 7218
3.27 ni...cabello de sus *c* se había quemado 7218
4.5 un sueño...visiones de mi *c* me turbaron 7218
4.10,13 las visiones de mi *c* mientras estaba 7218
7.1 tuvo...visiones de su *c* mientras estaba 7218
7.6 tenía también esta bestia cuatro *c* 7218
7.9 y el pelo de su *c* como lana limpia; su 7218
7.15 y las visiones de mi *c* me asombraron 7218
7.20 de los diez cuernos que tenía en su *c* 7218
Jl 3.4 haré yo recaer la paga...vuestra *c* 7218
3.7 y volveré vuestra paga sobre vuestra *c* 7218
Am 2.7 pisotean en...las *c* de los desvalidos 7218
6.7 irán a la *c* de los que van a cautividad 7218
8.10 haré...que se rape toda *c*; y la volveré 7218

9.1 y hazlos pedazos sobre la c de todos 7218
Abd 15 como... recompensa volverá sobre tu c 7218
Jon 2.5 me rodearon... el alga se enredó a mi c 7218
4.6 para que hiciese sombra sobre su c, y 7218
4.8 y el sol hirió a Jonás en la c, y se 7218
Mi 2.13 rey pasará... y a la c de ellos Jehová 7218
Hab 3.13 traspasaste la c... casa del impío 7218
3.14 horadaste... las c de sus guerreros, que 7218
Zac 1.21 a Judá, tanto que ninguno alzó su c 7218
3.5 dijo: Pongan mitra limpia sobre su c 7218
3.5 y pusieron una mitra limpia sobre su c 7218
6.11 pondrás en la c del... sacerdote Josué 7218
Mt 5.36 **ni por tu c jurarás... un solo cabello** 2776
6.17 **tú, cuando ayunes, unge tu c y lava tu** 2776
8.20 **el Hijo... no tiene donde recostar su c** 2776
14.8 dame aquí en... la c de Juan el Bautista 2776
14.11 y fue traída su c en un plato, y dada 2776
21.42 **piedra... ha venido a ser c del ángulo** 2776
26.7 y lo derramó sobre la c de él, estando 2776
27.29 pusieron sobre su c una corona tejida 2776
27.30 tomaban la caña y le golpeaban en la c 2776
27.37 pusieron sobre su c su causa escrita 2776
27.39 pasaban le injuriaban, meneando la c 2776
Mr 6.24 ¿qué pediré?... c de Juan el Bautista 2776
6.25 me des en un... la c de Juan el Bautista 2776
6.27 mandó que fuese traída la c de Juan 2776
6.28 trajo su c en un plato y la dio a la 2776
12.4 apedreándole, le hirieron en la c, y 2775
12.10 **piedra... ha venido a ser c del ángulo** 2776
14.3 quebrando el vaso... derramó sobre su c 2776
15.19 le golpeaban en la c con una caña, y 2776
15.29 injuriaban, meneando la c y diciendo 2776
Lc 7.46 **no ungiste mi c con aceite; mas ésta** 2776
9.58 **el Hijo... no tiene donde recostar la c** 2776
12.7 **cabellos de vuestra c están contados** 2776
20.17 **piedra... ha venido a ser c del ángulo?** 2776
21.18 **ni un cabello de vuestra c perecerá** 2776
21.28 **levantad vuestra c, porque vuestra** 2776
Jn 13.9 Señor, no sólo mis pies, sino... la c 2776
19.2 una corona de... la pusieron sobre su c 2776
19.30 y habiendo inclinado la c, entregó el 2776
20.7 sudario, que había estado sobre la c 2776
Hch 1.18 y cayendo de c, se reventó por la 4248
4.11 la cual ha venido a ser c del ángulo 2776
18.6 vuestra sangre sea sobre vuestra... c 2776
18.18 habiéndose rapado la c en Cencrea 2776
21.24 sus gastos para que se rasuren la c 2776
27.34 ni aun un cabello de la c... perecerá 2776
Ro 12.20 ascuas de... amontonarás sobre su c 2776
1 Co 11.3 Cristo es la c de todo varón, y el 2776
11.3 varón es la c de la mujer, y Dios la c 2776
11.4 ora o... con la c cubierta, afrenta su c 2776
11.5 que ore... la c descubierta, afrenta su c 2776
11.7 el varón no debe cubrirse la c, pues él 2776
11.10 tener señal de autoridad sobre su c 2776
11.13 que la mujer ore... sin cubrirse la c? 177
12.21 ni tampoco la c a los pies: No tengo 2776
Ef 1.22 lo dio por c sobre todas las cosas a 2776
4.15 crezcamos en todo en aquel que es la c 2776
5.23 porque el marido es c de la mujer, así 2776
5.23 así como Cristo es c de la iglesia, la 2776
Col 1.18 es la c del cuerpo que es la iglesia 2776
2.10 es la c de todo principado y potestad 2776
2.19 y no asiéndose de la C, en virtud de 2776
1 P 2.7 piedra... venido a ser la c del ángulo 2776
Ap 1.14 su c y sus cabellos eran blancos como 2776
4.4 ancianos... con coronas de oro en sus c 2776
9.7 en las c tenían como coronas de oro; sus 2776
9.17 las c de los caballos... como c de leones 2776
9.19 colas... tenían c, y con ellas dañaban 2776
10.1 otro ángel... con el arco iris sobre su c 2776
12.1 sobre su c una corona de doce estrellas 2776
12.3 tenía siete c... en sus c siete diademas 2776
13.1 bestia que tenía siete c y diez cuernos 2776
13.1 tenía... sobre sus c, un nombre blasfemo 2776
13.3 vi una de sus c como herida de muerte 2776
14.14 tenía en la c una corona de oro, y en 2776
17.3 bestia... que tenía siete c y diez cuernos 2776
17.7 la cual tiene las siete c y los diez 2776
17.9 las siete c son siete montes, sobre los 2776
18.19 y echaron polvo sobre sus c, y dieron 2776
19.12 y había en su c muchas diademas 2776

CABEZAL
Mr 4.38 estaba en la... durmiendo sobre un c 4344

CABIDA
Jn 8.37 **mi palabra no halla c en vosotros** 5562

CABO
Gn 8.3 retiraron las aguas al c de 150 días 7097
8.6 al c de 40 días abrió Noé la ventana del 7093
16.3 al c de diez años que había habitado 7093
38.24 sucedió que al c de unos tres meses fue
40.13 al c de tres días levantará el faraón
40.19 al c de tres días quitará el faraón
Dt 19.5 el hacha... saltare el hierro del c 6086
2 S 15.7 al c de cuatro años, aconteció que 7093
24.8 volvieron... al c de 9 meses y 20 días 7097
1 R 9.10 al c de veinte años, cuando Salomón
2 R 18.10 y la tomaron al c de tres años 7097
2 Cr 21.19 al c... los *intestinos* se le salieron 7093
Neh 13.6 al c de algunos días pedí permiso 7093
Sal 61.2 desde el c de la tierra clamaré a ti 7097
Is 7.4 a causa de estos dos c de tizón que 181
Jer 34.14 al c de siete años dejará cada uno 7093
42.7 c de diez días vino palabra de Jehová 7093
Ez 3.16 al c de los 7 días vino a mi palabra 7097
38.8 c de años vendrás a la tierra salvada 319
38.16 al c de los días; y te traeré sobre mi 319
39.14 al c de siete meses... reconocimiento 7097
Dn 1.15 c de los diez días pareció el rostro 7117
4.29 al c de doce meses, paseando... palacio 7118
11.6 al c de años harán alianza, y la hija 7093
11.13 al c de algunos años vendrá... ejército 7093
11.40 c del tiempo el rey del sur contenderá 7093
Hch 24.27 al c de dos años recibió Félix por 4137
2 Co 8.11 llevad también a c el hacerlo, para 2005

CABÓN *Aldea en Judá*, Jos 15.40 3522

CABRA
Gn 15.9 y una c de tres años, y un carnero 5795
27.9 tráeme de allí dos buenos cabritos de las c 5795
30.32 las... salpicadas de color entre las c 5795
30.33 la que no fuere... ni manchada en las c 5795
30.35 Labán apartó... todas las c manchadas 5795
31.38 tus ovejas y tus c nunca abortaron 5795
32.14 doscientas c y veinte machos cabríos 5795
37.31 ellos... degollaron un cabrito de las c 5795
38.17 te enviaré del... un cabrito de las c 5795
38.20 y Judá envió el cabrito de las c por 5795
Éx 12.5 lo tomaréis de las ovejas o de las c 5795
25.4 púrpura, carmesí, lino fino, pelo de c 5795
26.7 harás asimismo cortinas de pelo de c 5795
35.6 púrpura, carmesí, lino fino, pelo de c 5795
35.23 tenía... pelo de c, pieles de carneros 5795
35.26 todas las mujeres... hilaron pelo de c 5795
36.14 cortinas de pelo de c para una tienda 5795
Lv 1.10 fuere del rebaño, de las ovejas o... c 5795
3.12 si... c su ofrenda, la ofrecerá delante 5795
4.28 su ofrenda una c, una c sin defecto 5795
5.6 traerá... una c como ofrenda de expiación 5795
7.23 ninguna grosura de... ni de c comeréis 5795
17.3 que degollare buey o cordero o c, en el 5795
22.19 entre los corderos o de entre las c 5795
22.27 c, cuando naciere siete días estará 5795
Nm 15.27 por yerro, ofrecerá una c de un año 5795
18.17 y el primogénito de c, no redimirás 5795
31.20 purificaréis... toda obra de pelo de c 5795
Dt 14.4 podréis comer... buey, la oveja, la c 5795
14.5 la c montés, el íbice, el antílope y el 5795
1 S 19.13 almohada de pelo de c y la cubrió 5795
19.16 una almohada de pelo de c a su cabecera 5795
24.2 por... de los peñascos de las c monteses 3277
25.2 rico, y tenía tres mil ovejas y mil c 5795
1 R 20.27 Israel... como dos rebañuelos de c 5795
Job 39.1 tiempo en que paren las c monteses? 3277
Sal 104.18 montes altos para las c monteses 3277
Pr 27.27 leche de... c para tu mantenimiento 5795
Cnt 4.1; 6.5 tus cabellos como manada de c 5795
Is 13.21 casas... allí saltarán las c salvajes 8163
34.14 y la c salvaje gritará a su compañero 8163
He 11.37 cubiertos de pieles de ovejas y de c 122

CABRAHIGO
1 R 10.27 los cedros como c de la Sefela en 8256
2 Cr 1.15; 9.27 cedro como c de la Sefela 8256
Is 9.10 cortaron los c, pero en su lugar 8256

CABRÍO
Gn 30.35 Labán apartó aquel día los machos c 8495
32.14 doscientas cabras y veinte machos c 8495
Lv 4.23 presentará... un macho c sin defecto 2145
4.24 su mano sobre la cabeza del macho c 8163
9.3 tomad un macho c para expiación, y un 8163
9.15 el macho c que era para la expiación 8163
10.16 preguntó por el macho c... expiación 8163
16.5 tomará dos machos c para expiación, y 8163
16.7 tomará los dos machos c y... presentará 8163
16.8 echará suertes... sobre los dos machos c 8163
16.9,10 el macho c sobre el cual cayere la 8163
16.15 degollará el macho c en expiación por 8163
16.18 tomará de... y de la sangre del macho c 8163
16.20 acabado... hará traer el macho c vivo 8163
16.21 dos manos sobre la cabeza del macho c 8163
16.21 poniéndolos así sobre la... del macho c 8163
16.22 aquel macho c llevará sobre sí todas 8163
16.22 dejará ir al macho c por el desierto 8163
16.26 hubiere llevado el macho c a Azazel 8163
16.27 y el macho c inmolados por el pecado 8163
23.19 ofreceréis... un macho c por expiación 5795
Nm 7.16,22,28,34,40,46,52,58,64,70,76,82 un macho c
para expiación 5795
7.17,23,29,35,41,47,53,59,65,71,77,83 cinco machos c
y cinco corderos 6260
7.87 y doce los machos c para expiación 5795
7.88 sesenta... machos c, y sesenta... corderos 6260
15.24; 28.15 un macho c en expiación 5795
28.22 c por expiación, para reconciliaros 5795
28.30 y un macho c para hacer expiación por 5795
29.5,11,16,19, 25, un macho c por expiación 5795
29.22,,28,31,34,38 un macho c por expiación 8163
Dt 32.14 carneros de Basán; también machos c 6260
2 Cr 17.11 siete mil setecientos machos c 8495
29.21 siete machos c para expiación por el 5795
29.23 hicieron acercar... los machos c para 8163
Esd 6.17 doce machos c en expiación 5796
8.35 doce machos c en expiación 6842
Sal 50.9 no tomaré de tu casa... ni machos c 6260
66.15 te ofreceré en sacrificio... machos c 6260
Pr 30.31 ceñido de lomos... el macho c; y el 8495
Is 1.11 no quiero sangre de... ni de machos c 6260
34.6 engrasada está de grosura... de machos c 6260
Jer 50.8 como los machos c que van delante 6260
51.40 al matadero, como carneros y machos c 6260
Ez 27.21 traficaban contigo en... y machos c 6260
34.17 yo juzgo... entre carneros y machos c 6260
39.18 comeréis carne... machos c, de bueyes 6260
43.22 día ofrecerás un macho c sin defecto 5759
43.25 sacrificarán un macho c cada día en 8163
45.23 y por el pecado un macho c cada día 5759
Dn 8.5 macho c venía del lado del poniente 5795
8.5 y aquel macho c tenía un cuerno notable 6842
8.8 el macho c se engrandeció notablemente 6842
8.21 el macho c es el rey de Grecia, y el 6842
He 9.12 y no por sangre de machos c ni de 5131
9.13 sangre de los toros y de los machos c 5131
9.19 tomó la sangre de los... machos c, con 5131
10.4 la sangre de... machos c no puede quitar 5131

CABRITO
Gn 27.9 tráeme... dos buenos c de las cabras 1423
27.16 cubrió sus... con las pieles de los c 1423
37.31 y degollaron un c de las cabras, y 8163
38.17 yo te enviaré del ganado un c de las 1423,5795
38.20 y Judá envió el c de las cabras por 1423,5795
38.23 he enviado este c, y tú no la hallaste 1423
Éx 23.19; 34.26 el c en la leche de su madre 5795
Nm 15.11 se hará con cada buey, o carnero... c 5795
Dt 14.21 no cocerás el c en la leche de su 1423
Jue 6.19 y entrando Gedeón, preparó un c, y 1423,5795
13.15 te ruego nos... y te prepararemos un c . . 1423,5795
13.19 Manoa tomó un c y una ofrenda, y los . . . 1423,5795
14.6 al león como quien despedaza un c, sin 1423
15.1 que... Sansón visitó a su mujer con un c . . 1423,5795
1 S 10.3 tres hombres... llevando uno tres c
16.20 y tomó Isaí... un c, y lo envió a Saúl 1423,5795
2 Cr 35.7 dio el rey Josías... corderos y c de 1121,5795
Pr 27.26 y los c para el precio del campo 6260
Cnt 1.8 apacienta tus c junto a las cabañas 1429
Is 11.6 y el leopardo con el c se acostará 1423
Mt 25.32 **aparta el pastor... ovejas de los c** 2056
25.33 **a su derecha, y los c a su izquierda** 2055
Lc 15.29 **y nunca me has dado ni un c para** 2056

CABSEEL *Ciudad en Judá*, Jos 15.21; 2 S 23.20;
1 Cr 11.22 6909

CABUL
1. Población en Aser, Jos 19.27 3521
2. Distrito en Galilea, 1 R 9.13 3521

CACHO
Cnt 4.3; 6.7 tus mejillas, como c de granada 6400

CADA *Véase el Apéndice*

CACHORRO
Gn 49.9 c de león, Judá, de la presa subiste 1482
Dt 33.22 es c de león que salta desde Basán 1482
2 S 17.8 la osa... cuando le han quitado sus c 7704
Sal 91.13 hollarás al c del león y al dragón 3715
Pr 17.12 una osa a la cual han robado sus c
19.12 rugido de c de león es la ira del rey
20.2 como rugido de c de león es el terror
Is 31.4 el león y el c de león ruge sobre la 3715
Jer 2.15 los c del león rugieron contra él 3715
51.38 rugirán como leones; como c de leones 1484
Lm 4.3 aun los chacales... amamantan a sus c 1482
Ez 19.2 entre los leoncillos crió sus c 1482
19.3 e hizo subir uno de sus c, vino a ser 1482
19.5 tomó otro... c, y lo puso por leoncillo 1482
Os 5.14 y como c de león a la casa de Judá 3715
Mi 5.8 como el c del león entre las manadas 3715
Nah 2.11 de la majada de los c de los leones 3715
2.11 donde se recogía el... y los c del león 1482
2.12 arrebataba en abundancia para sus c, y 1484
Zac 11.3 estruendo de rugidos de c de leones 3715

CADÁVER
Lv 5.2 c de bestia inmunda, o c de animal 5038
5.2 o c de reptil inmundo, bien que no lo 5038
11.25,28 llevare... sus c lavará sus vestidos 5038
11.27,39 tocare sus c será inmundo hasta 5038
11.35 sobre que cayere algo del c de ellos 5038
11.36 hubiere tocado en los c será inmundo 5038
11.37 si cayere algo de los c sobre alguna 5038
11.38 y cayere algo de los c sobre ella, la 5038
22.4 el que tocare cualquiera cosa de c, o 5315
Nm 19.11 el que tocare c... inmundo siete días 4191,5315
19.13 que tocare c de cualquier persona, y 4191,5315
19.16 tocare algún muerto... algún c, o hueso 4191
Dt 28.26 tus c servirán de comida a toda ave 5038
2 R 13.21 y arrojaron el c en el sepulcro de 376
2 Cr 20.25 hallaron entre los c... riquezas 6297
Job 39.30 y donde hubiere c, allí está ella 2491
Sal 110.6 juzgará... naciones, las llenará de c 1472
Is 5.25 sus c fueron arrojados en medio de 5038
26.19 sus c resucitarán. ¡Despertad y cantad 5038
34.3 y de sus c se levantará hedor; y los 6297
66.24 y verán los c de los hombres que se 6297
Jer 16.18 contaminaron mi tierra con los c 5038
Ez 32.5 montes, y llenaré los valles de tus c 7419
Nah 3.3 multitud de c; c sin fin, y en sus c 6297,1472
Ap 11.8 sus c estarán en la plaza de... ciudad 4430
11.9 verán sus c por tres días y medio, y 4430

CADEMOT *Ciudad de los levitas en Rubén*,
Dt 2.26; Jos 13.18; 21.37; 1 Cr 6.79 6932

CADENA
Éx 35.22 trajeron c y zarcillos, anillos y 2397
Nm 31.50 ofrecido... anillos, zarcillos y c 3558
Jue 16.21 le ataron con c para que moliese en 5175
1 R 6.21 cerró la entrada del santuario con c 7572
7.17 había unos cordones a manera de c, para 8333
2 R 25.7 atado con c lo llevaron a Babilonia 5178
2 Cr 3.5 e hizo realzar en ella palmeras y c 8333
3.16 hizo... c en el santuario, y las puso 8333
3.16 cien granadas, las cuales puso en las c 8333

33.11 y atado con *c* lo llevaron a Babilonia 5178
36.6 rey... lo llevó a Babilonia atado con *c*.......... 5178
Job 12.18 él rompe las *c* de los tiranos, y les 4148
Sal 149.8 reyes... sus nobles con *c* de hierro 3525
Ec 12.6 antes que la *c* de plata se quiebre 2256
Is 40.19 el platero le... y le funde *c* de plata 7577
Jer 40.1 atado con *c* entre todos los cautivos 246
40.4 te he soltado hoy de las *c* que tenías 246
Lm 3.7 me cercó... ha hecho más pesadas mis *c* 5178
Ez 7.23 una *c*, porque la tierra está llena de 7569
19.9 lo llevaron con *c*, y lo llevaron al rey 2397
Mr 5.3 y nadie podía atarle, ni aun con *c* *254*
5.4 atado con grillos y *c*, mas las *c* habían *254*
Lc 8.29 le ataban con *c*... pero rompiendo las *c* *254*
Hch 12.6 sujeto con dos *c*, y los guardas *254*
12.7 y las *c* se le cayeron de las manos *254*
16.26 puertas, y las *c* de todos se soltaron *254*
21.33 le mandó atar con dos *c*, y preguntó *254*
22.30 le soltó de las *c*, y mandó venir a *3089*
26.29 tales cual yo soy, excepto estas *c*! *1199*
28.20 por la esperanza... sujeto con esta *c* *254*
Ef 6.20 por el cual soy embajador en *c*; que *254*
2 Ti 1.16 confortó, y no se avergonzó... *c* *254*
Ap 20.1 a un ángel... y una gran *c* en la mano *254*

CADERA
Gn 32.31 le salió el sol; y cojeaba de su *c* 3409
Jue 15.8 hirió *c* y muslo con gran mortandad 7785

CADES *Ciudad en la frontera sur de Judá (=Cades-barnea)*
Gn 14.7 y vinieron a En-mispat, que es *C*, y 6946
16.14 al pozo... He aquí está entre *C* y Bered *6946*
20.1 acampó entre *C* y Shur, y habitó como *6946*
Nm 13.26 el desierto de Parán, en *C*, y dieron 6946
20.1 acampó el pueblo en *C*... murió María 6946
20.14 envió Moisés embajadores al... desde *C* 6946
20.16 he aquí estamos en *C*, ciudad cercana 6946
20.22 y partiendo de *C* los hijos de Israel 6946
27.14 son las aguas de la rencilla de *C* en 6946
33.36 acamparon en el desierto de... que es *C* 6946
33.37 salieron de *C* y acamparon en el monte 6946
Dt 1.46 estuvisteis en *C* por muchos días, los 6946
32.51 en las aguas de Meriba de *C*, en el 6946
Jue 11.16 Israel subió de Egipto... llegó a *C* 6946
11.17 se quedó, por tanto, Israel en *C* 6946
Sal 29.8 hace temblar Jehová el desierto de *C* 6946
Ez 47.19 *C* y el arroyo hasta el Mar Grande 6946
48.28 y desde *C* y el arroyo hasta el Mar 6946

CADES-BARNEA = *Cades y En-Mispat*
Nm 32.8 los envié desde *C* para que viesen la 6947
34.4 se extenderá del sur a *C*; y continuará 6947
Dt 1.2 once jornadas hay desde Horeb... hasta *C* 6947
1.19 de Horeb, anduvimos... llegamos hasta *C*? 6947
2.14 anduvimos de *C* hasta cuando pasamos el 6947
9.23 envió desde *C*, diciendo: Subid y poseed 6947
Jos 10.41 los hirió Josué desde *C* hasta Gaza 6947
14.6 sabes lo que Jehová dijo a Moisés en *C* 6947
14.7 me envió de *C* a reconocer la tierra 6947
15.3 subiendo por el sur hasta *C*, pasaba a 6947

CADMIEL
1. *Levita, padre de una familia que regresó del cautiverio con Zorobabel*, Esd 2.40; Neh 7.43 6934
2. *Varón de Judá que con sus hijos ayudó en la reconstrucción del templo*, Esd 3.9 6934
3. *Levita en tiempo de Nehemías*, Neh 9.4,5; 10.9; 12.8,24 6934

CADMONEOS *Tribu en Arabia al oriente de Palestina*, Gn 15.19 6935

CADUCA
Is 28.1,4 de la flor *c* de la hermosura de 5034

CAER
Gn 2.21 hizo *caer* sueño profundo sobre Adán 5307
14.10 cuando huyeron... algunos *cayeron* allí 5307
14.15 y *cayó* sobre ellos de noche, él y sus 2505
15.12 de una grande oscuridad *cayó* sobre él 5307
49.17 Dan... hace *caer* hacia atrás al jinete 5307
Éx 9.19 el granizo *caerá* sobre él, y morirá 3381
9.33 la lluvia no *cayó* más sobre la tierra 5413
15.16 *caiga* sobre ellos temblor y espanto 5307
16.12 al *caer* la tarde comeréis carne, y por 5307
19.21 no traspase... *caerá* multitud de ellos 5307
21.18 éste no muriere, pero *cayere* en cama 5307
21.33 no la cubriere, y *cayere* allí buey o 5307
23.5 vieres el asno del que te aborrece *caído* 7257
32.28 *cayeron* del pueblo en aquel día como 5307
Lv 6.27 lavarás aquello sobre que *cayere*, en 5137
11.32 aquello sobre que *cayere* algo de ellos 5307
11.33 toda vasija... dentro de la cual *cayere* 5307
11.34 todo alimento... sobre el cual *cayere* 935
11.35 sobre que *cayere* algo del cadáver de 5307
11.37,38 *cayere* algo de los cadáveres sobre 5307
13.40 cuando... le *cayere* el cabello, es calvo 4803
13.41 y si hacia su frente se le *cayere* el 4803
15.17 piel sobre la cual *cayere* la emisión
16.9,10 sobre el cual *cayere* la suerte por 5307
19.10 tu viña, ni recogerás el fruto *caído*
26.7 y *caerán* a espada delante de vosotros 5307
26.8 vuestros enemigos *caerán* a... de espada 5307
26.36 y *caerán* sin que nadie los persiga 5307
Nm 5.21 tu muslo *caiga* y que tu vientre se 5307
5.22 y hagan hinchar tu vientre y *caer* tu 5307
5.27 vientre se hinchará y *caerá* su muslo 5307
14.3 por qué nos trae... para *caer* a espada 5307
14.29 este desierto *caerán* vuestros cuerpos 5307
14.32 vuestros cuerpos *caerán* en... desierto 5307
14.43 cananeo están allí... *caeréis* a espada 5307
15.31 cortada... su iniquidad *caerá* sobre ella
24.4,16 oyó... *caído*, pero abiertos los ojos 5307
33.54 donde le *cayere* la suerte... la tendrá 3318
34.2 la tierra que os ha de *caer* en herencia 5307
35.23 sin verlo hizo *caer* sobre él... piedra 5307
Dt 17.7 mano de los testigos *caerá* primero 7223
22.4 el asno... o su buey, *caído* en el camino 5307
22.8 culpa de sangre... si de él *cayere* alguno 5307
23.11 al *caer* la noche se lavará con agua 6437
28.40 no te ungirás... tu aceituna se *caerá* 5394
28.52 pondrá sitio a... que *caigan* tus muros 3381
Jos 2.9 el temor de vosotros ha *caído* sobre 5307
6.5 gritará... y el muro de la ciudad *caerá* 5307
7.6 Josué... se postró... hasta *caer* la tarde 5307
8.24 y todos habían *caído* a filo de espada 5307
8.25 el número de los que *cayeron*... doce mil 5307
8.29 al rey de Hai lo colgó... *caer* la noche 935
10.26 quedaron colgados... hasta *caer* la noche 6153
21.4 la suerte *cayó* sobre las familias de 3318
Jue 3.25 su señor *caído* en tierra, muerto 5307
4.16 todo el ejército... *cayó* a filo de espada 5307
5.27 *cayó* encorvado entre... entre sus pies *c* 5307
5.27 donde se encorvó, allí *cayó* muerto 5307
7.13 golpeó... manera que *cayó*... la tienda *c* 5307
8.10 pues habían *caído* 120.000 hombres que 5307
9.33 y por la mañana... *cae* sobre la ciudad 6584
9.40 *cayeron* heridos muchos hasta... la puerta 5307
9.53 una mujer dejó *caer*... rueda de molino 7993
15.14 las ataduras se *cayeron* de sus manos 4549
15.18 *caeré* en mano de los incircuncisos? 5307
16.30 se inclinó... y *cayó* la casa sobre los 5307
19.26 la mujer... *cayó* delante de la puerta 5307
20.39 han *caído* delante de nosotros, como 5062
20.44 *cayeron* de Benjamín 18.000 hombres 5307
Rt 2.16 dejaréis... *caer*... algo de los manojos 2997
1 S 3.19 dejó *caer*... ninguna de sus palabras 5307
4.10 pues *cayeron* de Israel 30.000 hombres 5307
4.18 *cayó* hacia atrás de la silla al lado 5307
5.4 que Dagón había *caído* postrado en tierra 5307
11.7 y *cayó* temor de Jehová sobre el pueblo 5307
14.13 a los que *caían*... su paje... los mataba 5307
14.24 que coma pan antes de *caer* la noche 6153
14.41 y la suerte *cayó* sobre Jonatán y Saúl 3920
14.42 echad... y la suerte *cayó* sobre Jonatán 3920
14.45 no ha de *caer* un cabello de su cabeza 5307
17.49 hirió... *cayó* sobre su rostro en tierra 5307
17.52 y *cayeron* los heridos de los filisteos 5307
18.25 hacer *caer* a David en manos de los 5307
26.12 un profundo sueño... *caído* sobre ello 5307
26.20 no *caiga*... ahora mi sangre en tierra 5307
28.20 Saúl *cayó* en tierra cuan grande era 5307
31.1 *cayeron* muertos en el monte de Gilboa 5307
2 S 1.4 también muchos del pueblo *cayeron* y 5307
1.12 porque habían *caído* a filo de espada 5307
1.19,25,27 ¡cómo han *caído* los valientes! 5307
1.21 rocío ni lluvia *caiga* sobre vosotros
2.16 *cayeron* a una; por lo que fue llamado 5307
2.23 *cayó* allí, y murió en aquel mismo sitio 5307
2.23 que venían por... donde Asael había *caído* 5307
3.29 *caiga* sobre la cabeza de Joab, y sobre 2342
3.34 *caíste* como los que caen delante de 5307
3.38 un príncipe y... ha *caído* hoy en Israel? 5307
4.4 huyó... se le *cayó* el niño y quedó cojo 5307
6.7 *cayó* allí muerto junto al arca de Dios
11.2 sucedió un día, al *caer* la tarde, que 6153
11.17 y *cayeron* algunos... siervos de David 5307
14.11 no *caerá* ni un cabello de la cabeza 5307
17.2 *caeré* sobre él mientras está cansado 935
17.9 y si al principio *cayeren* algunos de 5307
17.12 *caeremos*... como cuando el rocío *cae* 935
18.7 *cayó* el pueblo de Israel delante de los 5062
20.8 una daga... se le *cayó* cuando él avanzó 5307
20.10 *cayó* muerto sin darle... segundo golpe
21.22 los cuales *cayeron* por mano de David 5307
22.39 los herí... *caerán* debajo de mis pies 5307
24.14 *caigamos* ahora en mano de Jehová 5307
24.14 mas no *caiga* yo en manos de hombres 5307
1 R 1.52 uno de sus cabellos *caerá* en tierra 5307
14.1 Abías hijo de Jeroboam *cayó* enfermo 2470
17.17 *cayó* enfermo el hijo del ama de la 2470
18.38 *cayó* fuego de Jehová, y consumió el 5307
20.30 y el muro *cayó* sobre 27.000 hombres 5307
22.20 que suba y *caiga* en Ramot de Galaad 5307
2 R 1.2 Ocozías *cayó* por la ventana de una 5307
2.13,14 el manto de Elías que... había *caído* 5307
6.5 se le *cayó* el hacha en el agua; y gritó 5307
6.6 el varón de Dios preguntó: ¿Dónde *cayó*? 5307
9.24 Jehú... hirió a Joram... *cayó* en su carro 3766
10.10 que de la palabra... nada *caerá* en tierra 5307
14.10 mal, para que *caigas* tú y Judá contigo? 5307
14.12 Judá *cayó* delante de Israel, y huyeron 5062
19.7 y haré que en su tierra *caiga* a espada 5307
20.1 Ezequías *cayó* enfermo... y vino... Isaías 2470
20.12 oído que Ezequías había *caído* enfermo 2470
1 Cr 5.10 los agarenos... *cayeron* en su mano 5307
5.22 *cayeron* muchos... la guerra era de Dios 5307
10.1 *cayeron* heridos en el monte de Gilboa 5307
19.16,19 viendo los sirios que habían *caído* 5062
20.8 los cuales *cayeron* por mano de David y 5307
21.13 que yo *caiga* en la mano de Jehová 5307
21.13 pero que no *caiga* en manos de hombres 5307
26.14 para la del oriente *cayó* a Selemías 5307
2 Cr 13.17 *cayeron* heridos... 500.000 hombres 5307
14.13 *cayeron* los etíopes hasta no quedar 5307
14.14 el terror de Jehová *cayó* sobre ellas 5921
17.10 *cayó* el pavor de Jehová sobre todos 4467
18.19 que suba y *caiga* en Ramot de Galaad? 5307
20.29 pavor de Dios *cayó* sobre todos los 5921
25.8 si vas así... Dios te hará *caer* delante 3782
25.19 provocas un mal en que puedas *caer* 5307
25.22 *cayó* Judá delante de Israel, y huyó 5062
29.9 nuestros padres han *caído* a espada, y 5307
32.5 edificó Ezequías... los muros *caídos*, e 6555
34.21 grande es la ira... que ha *caído* sobre 5413
Neh 4.12 decían... ellos *caerán* sobre vosotros
Est 6.13 delante de quien... comenzado a *caer* 5307
6.13 sino que *caerás*... cierto delante de él 5307
7.8 Amán había *caído* sobre el lecho en que 5307
8.17 temor de los judíos había *caído* sobre 5307
9.2 temor de ellos había *caído* sobre todos 5307
9.3 el temor de Mardoqueo había *caído* sobre 5307
Job 1.16 fuego de Dios *cayó* del cielo que 5307
1.19 la casa, la cual *cayó* sobre los jóvenes 5307
4.13 cuando el sueño *cae* sobre los hombres 5307
13.11 su pavor habría de *caer* sobre vosotros 5307
14.18 monte que *cae* se deshace, y las peñas 5307
16.11 las manos de los impíos me hizo *caer* 3399
18.20 y pavor *caerá* sobre los de oriente
30.30 mi piel se ha ennegrecido y se me *cae* 5921
31.22 mi espalda se *caiga* de mi hombro, y 5307
33.15 cuando el sueño *cae* sobre los hombres 5307
Sal 1.3 fruto en su tiempo, y su hoja no *cae* 5034
5.10 *caigan* por sus mismos consejos; por la 5307
7.15 ha cavado... en el hoyo que hizo *caerá* 5307
7.16 y su agravio *caerá* sobre su... coronilla
9.3 enemigos... *cayeron* y perecieron delante 3782
10.10 y *caen* en sus fuertes garras muchos 5307
16.6 las cuerdas me *cayeron* en lugares 5307
18.38 los herí... *cayeron* debajo de mis pies 5307
20.8 ellos flaquean y *caen*, mas nosotros 5307
27.2 enemigos... ellos tropezaron y *cayeron* 5307
35.8 red... con quebrantamiento *caiga* en ella 5307
36.12 *cayeron* los hacedores de iniquidad 5307
37.24 cuando... *cayere*, no quedará postrado 5307
38.2 porque tus saetas *cayeron* sobre mí, y 5181
38.17 pero yo estoy a punto de *caer*, y mi 6761
41.8 *cayó* en cama no volverá a levantarse 7901
45.5 saetas agudas, con que *caerán* pueblos 5307
55.4 terrores de muerte sobre mí han *caído* 5307
55.22 no dejará para siempre *caído* al justo 4131
56.13 has librado... mis pies de *caída*, para 1762
57.6 en medio de él han *caído* ellos mismos 5307
63.9 *caerán* en los sitios bajos de la tierra 935
64.8 sus propias lenguas los harán *caer* 3782
69.9 los denuestos de los... *cayeron* sobre mí 5307
73.18 puesto... en asolamientos los harás *caer* 5307
78.28 las hizo *caer* en medio del campamento 5307
78.64 sus sacerdotes *cayeron* a espada, y sus 5307
82.7 como cualquiera de... príncipes *caeréis* 5307
91.7 *caerán* a tu lado mil, y diez mil a tu 5307
105.38 su terror había *caído* sobre ellos 5307
107.12 *cayeron*, y no hubo quien los ayudase 3782
118.13 me empujaste... para que *cayese*; pero 5307
140.10 *caerán* sobre ellos brasas... el fuego 4131
141.10 *caigan* los impíos a una en sus redes 5307
145.14 sostiene Jehová a todos los que *caen* 5307
146.8 Jehová levanta a los *caídos*; Jehová 3721
Pr 1.12 y enteros, como los que *caen* en un 3381
4.16 pierden el sueño si no han hecho *caer* 3782
6.3 y líbrate, ya que has *caído* en la mano 935
7.26 a muchos ha hecho *caer* heridos, y aun 5307
10.8 el sabio... mas el necio de labios *caerá* 3832
11.5 mas el impío por su impiedad *caerá* 5307
11.14 donde no hay dirección sabia, *caerá* el 5307
11.28 el que confía en sus riquezas *caerá* 5307
17.20 el que revuelve con... *caerá* en el mal 5307
19.15 la pereza hace *caer* en profundo sueño 5307
22.14 Jehová estuviere airado *caerá* en ella 5307
24.16 *cae* el justo, y vuelve a levantarse 5307
24.16 mas los impíos *caerán* en el mal 3782
24.17 *cayere* tu enemigo, no te regocijes 5307
25.26 es el justo que *cae* delante del impío 4131
26.27 el que cava foso *caerá* en él; y al que 5307
28.10 hace errar a... *caerá* en su misma fosa 5307
28.14 endurece su corazón *caerá* en el mal 5307
28.18 mas el de perversos caminos *caerá* en 5307
Ec 4.10 si *cayeren*, el uno levantará a su 5307
4.10 cuando *cayere*, no habrá segundo que lo 5307
9.12 el tiempo malo, cuando *cae* de repente 5307
10.8 el que hiciere hoyo *caerá* en él; y al 5307
10.18 por la pereza se *cae* la techumbre, y 4355
11.3 si el árbol *cayere* al sur... allí quedará 5307
11.3 el lugar que el árbol *cayere*... quedará 5307
Is 1.30 encina a la que se le *cae* la hoja, y 5034
3.8 arruinada... Jerusalén, y Judá ha *caído* 5307
3.25 varones *caerán* a espada, y tu fuerza 5307
8.14 por tropezadero para *caer*, y por lazo 5063
8.15 muchos... *caerán*, y serán quebrantados 5307
9.8 el Señor envió palabra... y *cayó* en Israel 5307
9.10 ladrillos *cayeron*, pero edificaremos de 5307
10.4 sin mí se... y entre los muertos *caerán* 5307
10.34 cortará... el Líbano *caerá* con estruendo 5307
13.15 por ellos sea tomado, *caerá* a espada 5307
14.12 ¡cómo *caíste* del cielo, oh Lucero 5307
16.9 sobre tu siega *caerá* el grito de guerra 5307
21.9 después habló y dijo: *Cayó*, *c* Babilonia 5307
22.25 el clavo... será quebrado y *caerá*, y la 5307
24.4 *cayó* la tierra, enfermó, *c* el mundo 535
24.18 que huyere de la voz del terror *caerá* 5307
24.20 ella... *caerá*, y nunca más se levantará 5307
26.18 ni *cayeron* los moradores del mundo 5307
28.13 hasta que vayan y *caigan* de espaldas 3782
30.25 matanza, cuando *caerán* las torres 5307
31.3 *caerá* el ayudador y *c* el ayudado, y 3782,5307
31.8 *caerá* Asiria por espada no de varón, y 5307

32.19 y cuando *caiga* granizo, caerá en los 3381
34.4 *caerá*. . . como se cae la hoja de la parra 5034
34.4 parra, y como se *cae* la de la higuera 5034
34.7 con ellos *caerán* búfalos, y toros con. 3381
40.15 como la gota de agua que *cae* del cubo
40.30 se cansan, los jóvenes flaquean y *caen* 3782
43.17 *caen* juntamente para no levantarse 7901
47.11 *caerá* sobre ti quebrantamiento, el cual 5307
54.15 el que contra ti conspirare. . . *caerá* 5307
64.6 *caímos* todos nosotros como la hoja, y 5034
Jer 3.12 dice. . . no haré *caer* mi ira sobre ti 5307
6.4 ¡ay de nosotros! que va *cayendo* ya el día 6437
6.15 por tanto, *caerán* entre los que *caigan*. 5307
6.15 cuando los castigue *caerán*, dice Jehová 5307
6.21 *caerán* en ellos los padres y los hijos 3782
8.4 el que *cae*, ¿no se levanta? El que se 5307
8.12 *caerán*, por tanto, entre los que *caigan* 5307
8.12 cuando los castigue *caerán*, dice Jehová 3782
8.13 no quedarán uvas. . . y se *caerá* la hoja 5034
9.22 cuerpos de los hombres muertos *caerán*. 5307
13.18 la corona de vuestra gloria ha *caído* 3381
15.8 hice que de repente *cayesen* terrores 5307
19.7 les haré *caer* a espada delante de sus 5307
20.4 *caerán* por la espada de sus enemigos. 5307
23.12 oscuridad; serán empujados, y *caerán*. 5307
23.19 tempestad. . . *caerá* sobre la cabeza de 2342
25.27 y vomitad, y *caed*, y no os levantéis. 5307
25.34 seáis degollados. . . y *caeréis* como vaso 5307
37.20 *caiga* ahora mi súplica delante de ti. 5307
39.18 no *caerás* a espada, sino que tu vida. 5307
44.12 *caerán* a espada, y serán consumidos 5307
46.6 al norte junto a. . . tropezaron y *cayeron* 5307
46.12 tropezó contra valiente, y *cayeron* 5307
46.16 multiplicó los caídos, y cada uno cayó . . . 3782,5307
48.44 el que huyere del miedo *caerá* en el 5307
49.26 sus jóvenes *caerán* en sus plazas, y. 5307
50.15 han *caído* sus cimientos, derribados 5307
50.30 sus jóvenes *caerán* en sus plazas, y. 5307
50.32 el soberbio tropezará y *caerá*, y no. 5307
51.8 en un momento *cayó* Babilonia, y se 5307
51.35 sobre Babilonia *caiga* la violencia
51.35 sangre *caiga* sobre los moradores de
51.44 juzgaré. . . y el muro de Babilonia *caerá* 5307
51.47 sus muertos *caerán* en medio de ella 5307
51.49 caerá Babilonia, como. . . *cayeron* los 5307
Lm 1.7 *cayó* su pueblo en mano del enemigo 5307
2.21 mis vírgenes y mis jóvenes *cayeron* a 5307
3.65 corazón; tu maldición *caiga* sobre ellos
5.16 *cayó* la corona de nuestra cabeza; ¡ ay 5307
Ez 5.12 y una tercera parte *caerá* a espada 5307
6.4 que *caigan* vuestros muertos delante de 5307
6.7 los muertos *caerán* en medio de vosotros 5307
6.11 y con hambre y con pestilencia *caerán* 5307
6.12 el que esté cerca *caerá* a espada, y el. 5307
11.10 a espada *caeréis*; en los límites de 5307
12.13 yo extenderé mi red. . . y *caerá* preso en. 8610
13.11 di a los recubridores con. . . que *caerá* 5307
13.11 piedras de granizo que la hagan *caer* 5034
13.12 cuando la pared haya *caído*, ¿no os 5307
13.14 *caerá*, y seréis consumidos en medio 5307
17.21 todos sus fugitivos. . . *caerán* a espada 5307
21.12 *caerán* ellos a espada. . . con mi pueblo 1961
23.25 y lo que te quedare *caerá* a espada. 5307
24.21 y vuestros hijos y. . . *caerán* a espada. 5307
25.13 temán hasta Dedán *caerán* a espada 5307
26.11 tus fuertes columnas *caerán* a tierra 3381
27.27 *caerán* en medio de los mares el día. 5307
27.34 toda tu compañía *caerán* en medio de 5307
28.23 *caerán* muertos en medio de ella, con 5307
29.5 tus ríos; sobre la faz del campo *caerás*. 5307
30.4 miedo. . . cuando *caigan* heridos en Egipto 5307
30.5 Fut. . . *caerán* con ellos a filo de espada 5307
30.6 *caerán* los que sostienen a Egipto, y la. 5307
30.6 la altivez de su poderío *caerá*, desde. 5307
30.6 desde Migdol hasta Sevene *caerán* en él. 5307
30.17 los jóvenes. . . *caerán* a filo de espada 5307
30.22 que la espada se le *caiga* de la mano 5307
30.25 los brazos de Faraón *caerán* y sabrán. 5307
31.12 sus ramas *caerán* sobre los montes y 5307
32.12 con espadas de. . . haré *caer* tu pueblo 5307
32.20 entre los muertos a espada *caerá*: a la. 5307
32.22,23,24 ellos *cayeron* muertos a espada. 5307
32.27 no yacerán con los fuertes. . . *cayeron*. 5307
33.27 en aquellos lugares asolados *caerán* a. 5307
35.8 en tus valles. . . *Caerán* muertos a espada 5307
36.3 os ha hecho *caer* en boca de habladores. 5927
38.20 los vallados *caerán*, y todo muro caerá 5307
39.4 sobre los montes de israel *caerás* tú 5307
39.5 sobre la faz del campo *caerás* porque 5307
39.23 los entregué. . . y *cayeron* todos a espada. 5307
40.31,34 sus arcos *caían* afuera al atrio
40.37 sus postes *caían* afuera al atrio, con
47.12 sus hojas nunca *caerán*, ni faltará su 5034
Dn 3.23 *cayeron* atados dentro del horno de. 5308
7.20 delante del cual habían *caído* tres. 5308
8.18 *caí* dormido en tierra sobre mi rostro 7290
9.11 ha *caído* sobre nosotros la maldición y 5413
10.9 al oír. . . *caí* sobre mi rostro en. . . sueño
11.14 se levantarán para. . . pero ellos *caerán*. 3782
11.19 tropezará y *caerá*, y no será hallado 5307
11.26 destruido, y *caerán* muchos muertos 5307
11.33 por algunos días *caerán* a espada y a 3782
11.35 algunos de los sabios *caerán* para ser. 3782
11.41 entrará a. . . y muchas provincias *caerán* 3782
Os 4.5 *caerás* por tanto en el día. . . destruiré 3782
4.5 *caerá*. . . contigo el profeta de noche. 3782
4.14 por. . . el pueblo sin entendimiento *caerá*. 3832
7.7 *cayeron* todos sus reyes; no hay entre 5307
7.12 les haré *caer* como aves del cielo, les 3381
7.16 *cayeron* sus príncipes a espada por la. 5307
10.8 y a los collados: *Caed* sobre nosotros 5307
11.6 *caerá* espada sobre sus ciudades. . . aldeas 2342
13.16 Samaria será asolada. . . *caerán* a espada. 5307
14.1 vuelve. . . porque por tu pecado has *caído* 3782
14.9 porque. . . los rebeldes *caerán* en ellos. 3782
Jl 2.8 *cayendo* sobre la espada no se herirán 5307
Am 3.5 ¿*caerá* el ave en lazo sobre la tierra 5307
3.14 los cuernos del altar, y *caerán* a tierra 5307
5.2 *cayó* la virgen de Israel, y no podrá. 5307
7.17 tus hijos y tus hijas *caerán* a espada. 5307
8.14 juran. . . *caerán*, y nunca. . . se levantarán 5307
9.9 como se zarandea. . . y no *cae* un granito 5307
9.11 levantaré el tabernáculo *caído* de David 5307
Jon 1.7 suertes, y la suerte *cayó* sobre Jonás 5307
Mi 7.8 aunque *caí*, me levantaré; aunque more 5307
Nah 3.12 si las sacuden, *caen* en la boca del 5307
Hab 2.17 la rapiña del Líbano *caerá* sobre ti 3680
Zac 11.2 aúlla. . . porque el cedro *cayó*, porque. 5307
14.7 sucederá que al *caer* la tarde habrá luz 6153
Mt 5.29,30 si tu. . . te es ocasión de *caer*. *4624*
7.25 contra aquella casa; y no *cayó* porque *4098*
7.27 vientos. . . y *cayó* y fue grande su ruina *4098*
10.29 uno de ellos *cae* a tierra sin vuestro *4098*
12.11 y si ésta *cayere* en un hoyo en día de *1706*
13.4 parte. . . semilla *cayó* junto al camino *4098*
13.5 parte *cayó* en pedregales, donde no *4098*
13.7 parte *cayó* entre espinos, y los espinos *4098*
13.8 pero parte *cayó* en buena tierra, y dio. *4098*
15.14 si el ciego guiare. . . *caerán* en el hoyo *4098*
15.27 los perrillos comen. . . migajas que *caen*. *4098*
17.15 muchas veces *cae* en el fuego, y en el *4098*
18.8 tu mano o tu pie te es ocasión de *caer* *4624*
18.9 si tu ojo te es ocasión de *caer*, sácalo *4624*
21.44 que *cayere* sobre. . . sobre quien ella *c* *4098*
24.29 las estrellas *caerán* del cielo, y las *4098*
Mr 3.10 cuantos tenían plagas *caían* sobre él. *1968*
4.4 que una parte *cayó* junto al camino, y *4098*
4.5 otra parte *cayó* en pedregales, donde no *4098*
4.7 parte *cayó* entre espinos, y los espinos *4098*
4.8 otra parte *cayó* en buena tierra, y dio *4098*
9.20 quien *cayendo* en tierra se revolcaba. *4098*
9.43,45,47 tu. . . te fuere ocasión de *caer* *4624*
13.25 las estrellas *caerán* del cielo, y las *1601*
Lc 5.8 *cayó* de rodillas ante Jesús, diciendo *4363*
6.39 un ciego. . . ¿no *caerán* ambos en el hoyo? *4098*
6.49 *cayó* y fue grande la ruina de aquella *4098*
8.5 una parte *cayó* junto al camino, y fue *4098*
8.6 parte *cayó* sobre la piedra; y nacida, se *4098*
8.7 parte *cayó* entre espinos, y los espinos *4098*
8.8 parte *cayó* en buena tierra, y nació. *4098*
8.14 la que *cayó* entre espinos, éstos son *4098*
8.15 la que *cayó* en buena tierra, éstos son
10.18 a Satanás *caer* del cielo como un rayo. *4098*
10.30 *cayó* en manos de ladrones, los cuales *4045*
10.36 prójimo del que *cayó* en manos de los *1706*
11.17 una casa dividida contra sí misma, *cae* *4098*
13.4 sobre los cuales *cayó* la torre en Siloé. *4098*
14.5 si su asno o su buey *cae* en algún pozo *1706*
16.21 migajas que *caían* de la mesa del rico. *4098*
20.18 todo el que *cayere* sobre aquella piedra *4098*
20.18 sobre quien. . . *cayere* le desmenuzará *4098*
21.24 *caerán* a filo de espada, y. . . cautivos. *4098*
22.44 gotas de sangre que *caían* hasta la. *2597*
23.30 a los montes: *Caed* sobre nosotros. *4098*
Jn **12.24 el grano de trigo no *cae* en la tierra**. *4098*
18.6 retrocedieron, y *cayeron* a tierra *4098*
Hch 1.18 *cayendo* de cabeza, se reventó por la *1096*
1.25 de este ministerio. . . de que *cayó* Judas *3845*
1.26 suertes, y la suerte *cayó* sobre Matías *4098*
5.5 al oír Ananías estas palabras, *cayó* y *4098*
5.10 ella *cayó* a los pies de él, y expiró. *4098*
5.15 su sombra *cayese* sobre alguno de ellos. *1982*
9.4 *cayendo* en tierra, oyó una voz. . . le decía *4098*
9.18 le *cayeron* de los ojos como escamas. *634*
10.44 el Espíritu Santo *cayó* sobre todos los *1968*
11.15 *cayó* el Espíritu Santo sobre ellos. *1968*
12.7 las cadenas se le *cayeron* de las manos *1601*
13.11 *cayeron* sobre él oscuridad y tinieblas *1968*
15.16 tabernáculo de David, que está *caído*. *4098*
20.9 vencido del sueño *cayó* del tercer piso *4098*
22.7 *caí* al suelo, y oí una voz que me decía *4098*
26.14 habiendo *caído*. . . en tierra, oí una voz. *2667*
28.2 a causa de la lluvia que *caía*, y del
28.6 se hinchase, o *cayese* muerto de repente. *2667*
Ro 11.11 ¿han tropezado los. . . para que *cayesen*? *4098*
11.22 la severidad. . . para con los que *cayeron* *4098*
14.4 para su propio señor está en pie, o *cae* *4098*
14.13 no poner. . . ocasión de *caer* al hermano. *4625*
15.3 los vituperios de los. . . *cayeron* sobre mí *1968*
1 Co 8.13 si la comida le es. . . ocasión de *caer* *4624*
10.8 fornicaron, y *cayeron* en un día 23.000. . . . . *4098*
10.12 piensa estar firme, mire que no *caiga* *4098*
Gá 5.4 de Cristo. . . de la gracia habéis *caído* *1601*
1 Ti 3.6 no sea que. . . *caiga* en la condenación *1706*
3.7 que no *caiga* en descrédito y en lazo del
6.9 quieren enriquecerse *caen* en tentación
He 3.17 cuyos cuerpos *cayeron* en el desierto. *4098*
4.11 ninguno *caiga* en semejante ejemplo de *4098*
6.7 que bebe la lluvia que. . . *cae* sobre ella *2064*
10.31 ¡horrenda cosa es *caer* en manos del *1706*
11.30 por la fe *cayeron* los muros de Jericó. *4098*
12.12 por lo cual, levantad las manos *caídas*. *3935*
Stg 1.11 la hierba se seca, su flor se *cae*, y *1601*
5.12 no, para que no *caigáis* en condenación *4098*
1 P 1.24 la hierba se seca, y la flor se *cae* *1601*
2.8 piedra de tropiezo, y roca que hace *caer*. *4625*
2 P 1.10 haciendo estas cosas, no *caeréis* *4417*
3.17 arrastrados por el error de los. . . *caigáis*. *1601*
Ap 1.17 cuando le vi, *caí* como muerto a sus *4098*
2.5 recuerda, por tanto, de dónde has *caído* *1601*
6.13 las estrellas. . . *cayeron* sobre la tierra. *4098*
6.13 como la higuera deja *caer* sus higos *906*
6.16 decían a. . . montes. . . *Caed* sobre nosotros. *4098*
7.16 y el sol no *caerá* más sobre ellos, ni *4098*
8.10 tocó. . . y *cayó* del cielo una gran estrella *4098*
8.10 y *cayó* sobre la tercera parte de los. *4098*
9.1 vi una estrella que *cayó* del cielo a la *4098*
11.11 *cayó* gran temor sobre los que. . . vieron *4098*
14.8 diciendo: Ha *caído* ha *c* Babilonia, la *4098*
16.19 y las ciudades de las naciones *cayeron* *4098*
16.21 y *cayó* del cielo. . . un enorme granizo *2597*
17.10 cinco de ellos han *caído*; uno es, y el. *4098*
18.2 ha *caído*, ha *c* la gran Babilonia, y se *4098*

CAFIRA *Ciudad de los heveos cerca de Gabaón*,
Jos 9.17; 18.26; Esd 2.25; Neh 7.29 3716

CAFTOR *Tierra de donde eran los filisteos*
Dt 2.23 los caftoreos que salieron de *C* los. 3731
Jer 47.4 destruirá. . . al resto,de la costa de *C* 3731
Am 9.7 hice yo subir a. . . a los filisteos de *C*. 3731

CAFTOREOS *Habitantes de Caftor (=Caftorim)*,
Dt 2.23; 1 Cr 1.12 3732

CAFTORIM *Habitantes de Caftor (=Caftoreos)*,
Gn 10.14 3695

CAÍDA
Gn 15.12 a la *c* del sol sobrecogió el sueño. 935
19.1 llegaron. . . a Sodoma a la *c* de la tarde. 6153
Éx 29.39 otro. . . ofrecerás a la *c* de la tarde 6153
29.41 el otro cordero a la *c* de la tarde 6153
Nm 28.4 cordero ofrecerás a la *c* de la tarde 6153
28.8 el segundo cordero a la *c* de la tarde 6153
2 S 1.10 que no podía vivir después de su *c* 5307
Pr 16.18 antes de la *c* la altivez de espíritu 3783
Is 30.13 cuya *c* viene súbita y repentinamente 7667
Jer 49.21 del estruendo de la *c* de ellos la. 5307
Lm 1.7 la miraron los. . . y se burlaron de su *c*. 4868
Ez 26.15 estremecerán. . . al estruendo de tu *c*. 4658
26.18 estremecerán. . . islas en el día de tu *c*. 4658
27.27 toda tu compañía. . . caerán. . . día de tu *c*. 4658
31.16 del estruendo de su *c* hice temblar a 4658
32.10 se sobresaltarán. . . en el día de tu *c*. 4658
Dn 11.34 en su *c* serán ayudados de. . . socorro. 3782
Lc 2.34 he aquí, éste está puesto para *c* y *4431*
Ro 9.33 pongo en Sion piedra de. . . y roca de *c*. *4625*
Jud 24 que es poderoso para guardaros sin *c*. *679*

CAÍDO *Véase Caer*

CAIFÁS *Sumo sacerdote en tiempo de Jesucristo*
Mt 26.3 patio del sumo sacerdote llamado *C*. *2533*
26.57 Jesús le llevaron al sumo sacerdote *C* *2533*
Lc 3.2 siendo sumos sacerdotes Anás y *C*, vino *2533*
Jn 11.49 *C*. . . sumo sacerdote aquel año. . . dijo. *2533*
18.13 a Anás; porque era suegro de *C*, que *2533*
18.14 era *C* el que había dado el consejo a. *2533*
18.24 Anás entonces le envió atado a *C*, el *2533*
18.28 llevaron a Jesús de. . . de *C* al pretorio *2533*
Hch 4.6 *C*. . . y todos los que eran de la familia *2533*

CAÍN
1. Primogénito de Adán y Eva
Gn 4.1 Eva, la cual concibió y dio a luz a *C* 7014
4.2 Abel fue. . . *C* fue labrador de la tierra 7014
4.3 *C* trajo del fruto. . . una ofrenda a Jehová 7014
4.5 no miró con agrado a *C*. . . y se ensañó *C*. 7014
4.6 dijo a *C*: ¿Por qué te has ensañado, y 7014
4.8 dijo *C* a su hermano Abel: Salgamos al 7014
4.8 *C* se levantó contra su hermano Abel, y. 7014
4.9 dijo a *C*: ¿Dónde está Abel tu hermano? 7014
4.13 dijo *C* a Jehová: Grande es mi castigo 7014
4.15 cualquiera que matare a *C*, siete veces 7014
4.15 Jehová puso señal en *C*, para que no lo. 7014
4.16 salió, pues, *C* de delante de Jehová, y. 7014
4.17 conoció *C* a su mujer, la cual concibió 7014
4.24 si siete veces será vengado *C*, Lamec 7014
4.25 hijo en lugar de Abel, a quien mató *C*. 7014
He 11.4 Abel. . . más excelente sacrificio que *C* *2535*
1 Jn 3.12 no como *C*, que era del maligno y *2535*
Jud 11 porque han seguido el camino de *C*, y *2535*
2. Ciudad en Judá, Jos 15.57 7014

CAINÁN
1. Hijo de Enós y padre de Mahalaleel, Gn
5.9,10,12,13,14; 1 Cr 1.2; Lc 3.37. 7018
2. Hijo de Arfaxad, Lc 3.36 . . . . *2536*

CAJA
1 S 6.8 la pondréis. . . en una *c* al lado de ella. 712
6.11 *c* con los ratones de oro y las figuras 712
6.15 bajaron. . . la *c* que estaba junto a ella. 712
Ez 27.24 en *c* de ropas preciosas, enlazadas. 1595

CAL
Dt 27.2 piedras grandes. . . las revocarás con *c*. 7874
27.4 estas piedras. . . y las revocarás con *c* 7874
Is 27.9 piedras del altar como piedras de *c*
33.12 y los pueblos serán como *c* quemada. 7875

CALA *Ciudad importante de Asitia*
Gn 10.11 salió. . . y edificó Nínive, Rehobot, *C* 3625
10.12 y Resén entre Nínive y *C*, la cual es 3625

CALABACERA
Jon 4.6 preparó Dios una *c*, la cual creció. 7021
4.6 Jonás se alegró grandemente por la *c* 7021

4.7 un gusano, el cual hirió la *c*, y se secó 7021
4.9 dijo Dios a...¿Tanto te enojas por la *c*? 7021
4.10 tuviste tú lástima de la *c*, en la cual 7021

CALABAZA
1 R 6.18 tenía entalladuras de *c* silvestres 6497
7.24 rodeaban aquel mar...unas bolas como *c* 6497
2 R 4.39 ella llenó su falda de *c* silvestres 6498
2 Cr 4.3 debajo del mar había figuras de *c* 1241
4.3 dos hileras de *c* fundidas...¿con el mar 1241

CALABOZO
Jer 29.26 hombre loco...poniéndolo en el *c* 4115
Hch 16.24 los metió en el *c* de más adentro *5438*

CALAFATEADOR
Ez 27.27 tus *c* y los agentes de tus negocios

CALAFATEAR
Gn 6.14 la *calafatearás* con brea por dentro
Éx 2.3 una arquilla...la *calafateó* con asfalto 2560
Ez 27.9 ancianos...*calafateaban* tus junturas

CALAI *Sacerdote en tiempo de Ioiacim,*
Neh 12.20 7040

CALAMIDAD
Dt 28.22 Jehová te herirá...con *c* repentina y 7711
2 Cr 15.6 Dios los turbó con toda clase de *c* 6869
Job 7.3 así he recibido meses de *c*, y noches 7723
30.14 vinieron...se revolvieron sobre mi *c* 7722
Sal 11.6 sobre los malos hará llover *c*; fuego 6341
81.7 en la *c* clamaste, y yo te libré; te 6869
Pr 1.26 me reiré en vuestra *c*, y me burlaré 343
1.27 y vuestra *c* llegare como un torbellino 343
6.15 *c* vendrá de repente; súbitamente será 343
10.14 mas la boca del necio es *c* cercana 4288
13.3 el que mucho abre sus labios tendrá *c* 4288
17.5 y el que se alegra de la *c* no quedará 343
Jer 2.27 en el tiempo de su *c* dicen...líbranos 7451
4.15 hace oír la *c* desde el monte de Efraín 205
17.16 no he...ni deseé día de *c*, tú lo sabes 605
49.17 aquel que pasare...se burlará de...sus *c* 4347
50.13 hombre que pasare...burlará de sus *c* 4347
Abd 13 haber echado mano...en el día de su *c* 343
Lc 21.23 **habrá gran *c* en la tierra, e ira** *318*

CÁLAMO
Éx 30.23 de *c* aromático doscientos cincuenta 7070

CALAMÓN
Lv 11.18 el *c*, el pelícano, el buitre 8580
Dt 14.16 el buho, el ibis, el *c* 8580

CALAVERA
2 R 9.35 no hallaron de ella más que la *c*, y 1538
Mt 27.33 Gólgota...significa: Lugar de la *C* *2898*
Mr 15.22 lugar llamado Gólgota...Lugar de la *C* *2898*
Lc 23.33 cuando llegaron al lugar...de la *C* *2898*
Jn 19.17 salió al lugar llamado de la *C*, y en *2898*

CALCAÑAR
Gn 3.15 ésta te herirá...tú le herirás en el *c* 6119
25.26 salió...trabada su mano al *c* de Esaú 6119
Job 18.9 lazo prenderá su *c*; se afirmará la 6119
Sal 41.9 el hombre de mi paz...contra mí el *c* 6119
Jer 13.22 tu maldad...fueron desnudados tus *c* 6119
Os 12.3 en el seno materno tomó por el *c* a su 6117
Jn 13.18 que come pan...levantó contra mí su *c* *4418*

CALCINAR
Am 2.1 quemó los huesos del...hasta *calcinarlos* 7875

CALCOL *Hijo de Zera y nieto de Judá,* 1 Cr 2.6;
1 R 4.31 3633

CALCULAR
Lv 27.23 el sacerdote *calculará* con él la suma 2803
Lc 14.28 **no se sienta primero y *calcula* los** *5585*

CÁLCULO
Lv 25.52 un *c* con él, y devolverá su rescate 2803

CALDEA *Región en el sur de Babilonia*
Jer 50.10 *C* será para botín; todos los que la 3778
51.24 pagaré a...a todos los moradores de *C* 3778
51.35 sangre caiga sobre...*C*, dirá Jerusalén 3778
Ez 23.15 la manera de los hombres de...de *C* 3778

CALDEAR
Ez 24.11 que se *caldee*, y se queme su fondo

CALDEO Propio de Caldea
Gn 11.28 y murió Harán antes...en Ur de los *c* 3778
11.31 y salió con ellos de Ur de los *c*, para 3778
15.7 soy Jehová, que te saqué de Ur de los *c* 3778
2 R 24.2 envió contra Joacim tropas de *c* 3778
25.4 estando los *c* alrededor de la ciudad 3778
25.5 y el ejército de los *c* siguió al rey 3778
25.10 ejército de los *c*...derribó, los muros 3778
25.13 y quebraron los *c* las columnas de 3778
25.24 no temáis de ser siervos de los *c* 3778
25.25 hirieron...a los *c* que estaban con él 3778
25.26 fueron a Egipto, por temor de los *c* 3778
2 Cr 36.17 trajo contra ellos al rey de los *c* 3778
Esd 5.12 entregó en mano de Nabucodonosor...*c* 3777
Neh 9.7 sacaste de Ur de los *c*, y le pusiste 3778
Job 1.17 dijo: Los *c* hicieron tres escuadrones 3778
Is 13.19 ornamento de la grandeza de los *c* 3778
23.13 mira la tierra de los *c*. Este pueblo 3778
43.14 los *c* en las naves de que se gloriaban 3778
47.1 en la tierra, sin trono, hija de los *c* 3778
47.5 y entra en tinieblas, hija de los *c* 3778
48.14 Jehová...su brazo estará sobre los *c* 3778
48.20 salid de Babilonia, huid de entre...*c* 3778
Jer 21.4 a los *c* que están fuera...los reuniré 3778
21.9 mas el que saliere y se pasare a los *c* 3778
22.25 te entregaré en...y en mano de los *c* 3778
24.5 eché de este lugar a la tierra de los *c* 3778
25.12 castigaré...a la tierra de los *c*; y la 3778
32.4 no escapará de la mano de los *c*, sino 3778
32.5 peleareis contra los *c*, no os irá bien 3778
32.24 va a ser entregada en mano de los *c* 3778
32.25 ciudad sea entregada en manos de...*c*? 3778
32.28 entregar esta ciudad en mano de los *c* 3778
32.29 vendrán los *c* que atacan esta ciudad 3778
32.43 tierra...entregada en manos de los *c* 3778
33.5 vinieron para pelear contra los *c*, para 3778
35.11 ocultémonos en...del ejército de los *c* 3778
37.5 los *c* que tenían sitiada a Jerusalén 3778
37.8 volverán los *c* y atacarán esta ciudad 3778
37.9 sin duda ya...*c* se apartarán de nosotros 3778
37.10 el ejército de los *c* que pelean contra 3778
37.11 cuando el ejército de los *c* se retiró 3778
37.13 apresó...diciendo: Tú te pasas a los *c* 3778
37.14 y Jeremías dijo...no me paso a los *c* 3778
38.2 el que se pasare a los *c* vivirá, pues 3778
38.18 será entregada en manos de los *c*, y 3778
38.19 los judíos que se han pasado a los *c* 3778
38.23 sacarán...mujeres y tus hijos a los *c* 3778
39.5 pero el ejército de los *c* los siguió
39.8 los *c* pusieron a fuego la casa del rey 3778
40.9 no tengáis temor de servir a los *c* 3778
40.10 estar delante de los *c* que vendrán a 3778
41.3 mató Ismael a todos...a los soldados *c* 3778
41.18 a causa de los *c*; porque los temían 3778
43.3 para entregarnos en manos de los *c* 3778
50.1 palabra que habló Jehová contra...los *c* 3778
50.8 huid de...salid de la tierra de los *c* 3778
50.25 obra de Jehová...en la tierra de los *c* 3778
50.35 espada contra los *c*, dice Jehová, y 3778
50.45 pensamientos...contra la tierra de...*c* 3778
51.4 caerán muertos en la tierra de los *c* 3778
51.54 quebrantamiento de la tierra de los *c* 3778
52.7 aún los *c* junto a la ciudad alrededor 3778
52.8 y el ejército de los *c* siguió al rey 3778
52.14 el ejército de los *c*, que venía con el 3778
52.17 los *c* quebraron las columnas de bronce 3778
Ez 1.3 la tierra de los *c*, junto al río Quebar 3778
11.24 volvió a llevar...a la tierra de los *c* 3778
12.13 haré llevarlo...a tierra de *c*, pero no 3778
16.29 tu fornicación en la tierra...de los *c* 3778
23.14 vio...imágenes de *c* pintadas de color 3778
23.16 envió mensajeros a la tierra de los *c* 3778
23.23 todos los *c*, los de Pecod, Soa y Coa 3778
Dn 1.4 enseñase las letras...lengua de los *c* 3778
2.2 hizo llamar el rey a...encantadores y *c* 3778
2.4 hablaron los *c* al rey en lengua aramea 3778
2.5 y dijo a los *c*: El asunto lo olvidé; si 3779
2.10 los *c* respondieron delante del rey 3779
2.10 preguntó cosa semejante a ningún...ni *c* 3779
3.8 varones *c* sintieron y acusaron...judíos 3779
4.7 vinieron magos...*c* y adivinos, y les dije 3779
5.7 que hiciesen venir magos...*c* y adivinos 3779
5.11 sobre todos los magos...*c* y adivinos 3779
5.30 noche fue muerto Belsasar rey de los *c* 3779
9.1 vino a ser rey sobre el reino de los *c* 3778
Hab 1.6 he aquí, yo levanto a los *c*, nación 3778
Hch 7.4 salió de la tierra de los *c* y habitó *5466*

CALDERERO
2 Ti 4.14 Alejandro el *c* me ha causado muchos *5471*

CALDERO
Éx 27.3 harás...sus *c* para recoger la ceniza 5518
38.3 *c*, tenazas, tazones, garfios y palas 5518
Nm 11.8 y lo cocía en *c* o hacía de él tortas 6517
1 S 2.14 lo metía...en el *c* o en la marmita 6517
1 R 7.45 *c*, paletas...y todos los utensilios 5518
2 R 25.14 llevaron también los *c*, las paletas 5518
2 Cr 4.11 Hiram...hizo *c*, y palas, y tazones 5518
4.16 *c*, palas y garfios; de bronce muy fino 5518
35.13 lo cocieron en ollas, en *c* y sartenes 5518
Job 41.20 sale humo, como de una olla o *c* que 100
Jer 52.18 llevaron también los *c*, las palas 5518
Mi 3.3 y los rompéis como para el *c*, y como 5518

CALDO
Jue 6.19 puso...el *c* en una olla, y sacándolo 4839
6.20 toma...y viene el *c*. Y él lo hizo así 4839
Is 65.4 en sus ollas hay *c* de cosas inmundas 4839,6564

CALEB
1. Hijo de Jefone, uno de los 12 espías
Nm 13.6 de la tribu de Judá, *C* hijo de Jefone 3612
13.30 *C* hizo callar al pueblo delante de 3612
14.6 Josué...y *C*...hijo rompieron sus vestidos 3612
14.24 a mi siervo *C*, por cuanto hubo en él 3612
14.30 exceptuando a *C* hijo de Jefone, y a 3612
14.38 Josué hijo de...y *C*...quedaron con vida 3612
26.65 no quedó varón de ellos, sino *C* hijo 3612
32.12 excepto *C* hijo de Jefone...y Josué hijo 3612
34.19 de la tribu de Judá, *C* hijo de Jefone 3612
Dt 1.36 excepto *C* hijo de Jefone; él la verá 3612
Jos 14.6 *C*, hijo de Jefone cenezeo, le dijo 3612
14.13 dio a *C* hijo de Jefone a Hebrón por 3612
14.14 Hebrón vino a ser heredad de *C* hijo de 3612
15.13 a *C* hijo de Jefone dio su parte entre 3612
15.14 y *C* echó de allí a los tres hijos de 3612
15.16 dijo *C*: Al que atacare a Quiriat-sefer 3612
15.17 y la tomó Otoniel, hijo...hermano de *C*? 3612
15.18 se bajó del *C* le dijo: ¿Qué tienes? 3612
21.12 el campo de...y sus aldeas dieron a *C*? 3612
Jue 1.12 *C*: El que atacare a Quiriat-sefer y 3612
1.13 y la tomó Otoniel...hermano menor de *C* 3612
1.14 ella se bajó...*C* le dijo: ¿Qué tienes? 3612
1.15 *C* le dio las fuentes de arriba y las de 3612
1.20 dieron Hebrón a *C*, como Moisés había 3612
3.9 a Otoniel hijo de...hermano menor de *C* 3612
1 S 25.3 el hombre era duro...del linaje de *C* 3612
30.14 hicimos una incursión...al Neguev de *C* 3612
1 Cr 2.46 concubina de *C* dio a luz a Harán 3612
2.48 Maaca concubina de *C* dio a luz a Seber 3612
2.49 dio a luz a Saaf...y Acsa fue hija de *C* 3612
4.15 hijos de *C* hijo de Jefone: Iru, Ela y 3612
6.56 la ciudad y sus aldeas se dieron a *C* 3612
2. Hijo de Hezrón (posiblemente =No. 1),
1 Cr 2.18, 19, 42, 50 3612
3. Aldea en Judá (posiblemente =Efrata), 1 Cr 2.24 3613

CALENTAR
Éx 16.21 que el sol *calentaba*, se derretía 2552
1 S 11.9 al *calentar* el sol, seréis librados 2527
11.11 hirieron a los...hasta que el día *calentó* 2527
1 R 1.1 le cubrían de ropas...no se *calentaba* 3179
Neh 7.3 se abran...hasta que *caliente* el sol 2552
Job 6.17 *calentarse*, desaparecen de su lugar 2215
30.4 recogían...y raíces de...para *calentarse* 3899
31.20 del vellón de mis ovejas se *calentaron* 2552
39.4 huevos, y sobre el polvo los *calienta* 2552
Ec 4.11 dos durmieren juntos, se *calentarán* 2552
4.11 dos...mas ¿cómo se *calentará* uno solo? 3179
Is 44.15 de él...toma de ellos para *calentarse* 2552
44.16 se calienta y dice me he *calentado* 2552
47.14 no quedará brasa para *calentarse* 2552
Dn 3.19 el horno se *calentara* siete veces más 228
3.22 y lo habían *calentado* mucho, la llama 228
Hag 1.6 os vestís, y no os *calentáis*; y el 2552
Jn 18.18 porque hacía frío, y se *calentaban* *2328*
18.18,25 estaba Pedro en pie, *calentándose* *2328*
Stg 2.16 *calentaos* y...no les dais las cosas *2328*

CALENTURA
Lv 26.16 enviaré...*c*, que consuman los ojos y 6920

CALIENTE
Jos 9.12 pan lo tomamos *c*...de nuestras casas 2525
1 S 21.6 poner panes *c*...el día que aquellos 2527
Job 37.17 ¿por qué están *c*...vestidos cuando 2525
Ap 3.15 **ni eres frío ni *c*. ¡Ojalá fueses o...*c*!** *2200*
3.16 **y no frío ni *c*, te vomitaré de mi boca** *2200*

CALIFICAR
Job 29.25 *calificaba* yo el camino de ellos, y 977

CALIGINOSO
Job 3.5 nublado...lo haga horrible como día *c* 3650

CÁLIZ
1 R 7.26 era labrado como el borde de un *c* 3563
2 Cr 4.5 tenía la forma de un borde de un *c* 3563
Sal 11.6 azufre...la porción del *c* de ellos 3563
75.8 *c* está en la mano de Jehová, y el vino 3563
Is 51.17 Jerusalén, que bebiste...*c*...de su ira 3563
51.17 el *c* de aturdimiento bebiste hasta los 3563
51.22 he aquí he quitado de tu mano el *c* de 3563
51.22 los sedimentos del *c* de mi ira; nunca 3563
Jer 49.12 no estaban condenados a beber el *c* 3563
Ez 23.31 tu hermana...pondré su *c* en tu mano 3563
23.32 el hondo y ancho *c* de tu hermana, que 3563
23.33 *c* de soledad...*c* de tu hermana Samaria 3563
Hab 2.16 el *c* de la...de Jehová vendrá hasta ti 3563
Ap 14.10 ha sido vaciado puro en el *c* de su ira *4221*
16.19 darle el *c* del vino del ardor de su ira *4221*
17.4 tenía en la mano un *c* de oro lleno de *4221*
18.6 en el *c* en que ella preparó bebida *4221*

CALLAR
Gn 24.21 *callando*, para saber si Jehová había 2790
34.5 *calló* Jacob hasta que ellos viniesen 2790
Lv 10.3 esto es lo que habló...Y Aarón *calló* 1826
Num 13.30 Caleb hizo *callar* al pueblo delante 2013
30.4 su padre oyere su voto...*callare* a ello 2790
30.7 oyere, y cuando lo oyere *callare* a ello 2790
30.11 si su marido oyó, y *calló* a ello y no le 2790
30.14 su marido *callare* a ello de día en día 2790
30.14 los confirmó, por cuanto *calló* a ello 2790
Jue 3.19 dijo: *Calla*. Y salieron de delante de 2013
16.2 estuvieron *callados* toda aquella noche 2790
18.19 *calla*, pon la mano sobre tu boca, y 2790
1 S 25.9 dijeron...estas palabras...y *callaron* 5117
2 S 13.20 pues *calla* ahora, hermana mía; tu 6258
19.10 ¿por qué...estáis *callados* respecto de 2790
2 R 2.3,5 quitará hoy...Sí yo lo sé; *callad* 2814
7.9 hoy es día de buena nueva, y...*callamos* 2814
18.36 el pueblo *calló*, y no le respondió 2790
Neh 5.8 *callaron*...no tuvieron qué responder 2790
8.11 los levitas, pues, hacían *callar* a todo 2814
8.11 *callad*, porque es día santo, y no os 2013
Est 4.14 porque si *callas*...liberación vendrá 2790
7.4 si para siervos y siervas...me *callaría* 2790
Job 6.24 enseñadme...*callaré*; hacedme entender 2790
11.3 ¿harán tus falacias *callar* a...hombres? 2790
13.5 ojalá *callarais* por completo, porque 2790
13.19 porque si ahora yo *callara*, moriría
29.21 me oían, y esperaban, y *callaban* a mi
31.34 temor...*callé*, y no salí de mi puerta
32.16 más bien *callaron* y no respondieron 5975
33.31 escucha...y óyeme; *calla*, y yo hablaré 2790
33.33 óyeme...*calla*, y te enseñaré sabiduría 2790
Sal 4.4 meditad en vuestro corazón...y *callad* 1826
8.2 hacer *callar* al enemigo y al vengativo 7673
30.12 tanto, a ti cantaré...no estaré *callado* 1826
32.3 mientras *callé*, se envejecieron mis 2790
35.22 no *calles*; Señor, no te alejes de mí 2790
39.2 me *callé* aun respecto de lo bueno 1747
39.12 no *calles* ante mis lágrimas; porque 2790

50.3 vendrá nuestro Dios, y no *callará*
50.21 estas cosas hiciste, y yo he *callado* 2790
83.1 no *calle*, oh Dios, ni te estés quieto 2790
109.1 oh Dios de mi alabanza, no *calles* 2790
Pr 11.12 el que... mas el hombre prudente *calla* 2790
17.28 el necio, cuando *calla*, es contado por 2790
Ec 3.7 tiempo de *callar*, y tiempo de hablar
Is 23.2 *callad*, moradores de la costa... Sidón 1826
36.21 ellos *callaron*, y no le respondieron 2790
42.14 desde el siglo he *callado*, he guardado 2790
47.5 siéntate, *calla*, y entra en tinieblas 1748
62.1 por amor de Sion no *callaré*, y por amor 2814
62.6 día y toda la noche no *callarán* jamás 2814
64.12 ¿*callarás*, y... afligirás sobremanera? 2814
65.6 no *callaré*, sino que recompensaré, y 2814
Jer 4.19 *callaré*; porque sonido de trompeta 2790
Lm 2.10 *callaron* los ancianos de la hija de 1826
3.28 que se siente solo y *calle*, porque es 1826
Ez 33.22 mi boca, y ya no más estuve *callado* 481
Am 5.13 prudente en tal tiempo *calla*, porque 1826
6.10 *calla*, porque no podemos mencionar el 2013
Hab 1.13 *callas* cuando destruye el impío al 2790
2.20 *calle* delante de él toda la tierra 2013
Sof 1.7 *calla* en la presencia de Jehová el 2013
3.17 *callará* de amor, se regocijará sobre 2790
Zac 2.13 *calle* toda carne delante de Jehová 2013
Mt 20.31 la gente les reprendió... que *callasen* 4623
22.34 que había hecho *callar* a los saduceos 5392
26.63 mas Jesús *callaba*. Entonces el sumo 4623
Mr 1.25 Jesús... diciendo: ¡*Cállate*, y sal de él! 5392
3.4 les dijo: ¿Es lícito... Pero ellos *callaban* 4623
4.39 dijo al mar: *Calla*, enmudece. Y cesó el 5392
9.34 mas ellos *callaron*; porque en el camino 4623
10.48 muchos le reprendían para que *callase* 4623
14.61 mas él *callaba*, y nada respondía 4623
Lv 4.35 Jesús... diciendo: *Cállate*, y sal de él 5392
9.36 y ellos *callaron*, y por aquellos días
14.4 mas ellos *callaron*. Y él, tomándole, le 2270
18.39 le reprendían para que *callase*; pero 4623
19.40 éstos *callaran*, las piedras clamarían 4623
20.26 maravillados de... respuesta, *callaron* 1949
Hch 11.18 entonces, oídas... cosas, *callaron*, y 2270
12.17 que *callasen*, les contó cómo el Señor 4601
15.12 la multitud *calló*, y oyeron a Bernabé
15.13 cuando ellos *callaron*, Jacobo respondió
18.9 no temas, sino habla, y no calles 4623
1 Co 14.28 si no hay intérprete, *calle* en la 4601
14.30 le fuere revelado a... *calle* el primero 4601
14.34 mujeres *callen* en las congregaciones 4601
1 P 2.15 *callar* la ignorancia de los hombres 5392

CALLADAMENTE

Jue 4.21 se le acercó *c* y le metió la 3814
Rt 3.7 montón. Entonces ella vino *c* 3909
1 S 24.4 y *c* cortó la orilla del manto

CALLE

Gn 19.2 que en la *c* nos quedaremos esta noche 7339
2 S 22.43 como lodo de las *c* los pisé y los 2351
Esd 10.13 y no podemos estar en la *c*; ni la
Job 18.17 tierra, y no tendrá nombre por las *c*
Sal 18.42 los eché fuera como lodo de las *c* 2351
Pr 1.20 la sabiduría clama en las *c*, alza su 7339
5.16 ¿se derramarán tus fuentes por las *c* 7339
7.8 pasaba por la *c*, junto a la esquina, *c* 7784
7.12 unas veces está en la *c*, otras veces en 7339
22.13 león está fuera; seré muerto en la *c* 7339
26.13 dice el perezoso... león está en las *c* 7339
Ec 12.5 los endechadores andarán... por las *c* 7784
Cnt 3.2 rodearé... por las *c* y por las plazas 7784
Is 5.25 cadáveres fueron arrojados en... las *c* 2351
10.6 para ser hollado como lodo de las *c* 2351
15.3 se ceñirán de cilicio en sus *c*; en sus 2351
24.11 clamores por falta de vino en las *c* 2351
42.2 alzará su voz, ni la hará oír en las *c* 2351
Jer 5.1 recorred las *c* de Jerusalén, y mirad 2351
6.11 la derramaré sobre los niños en la *c*
7.17 no ves lo que éstos hacen... en las *c* de 2351
7.34 haré cesar... de las *c* de Jerusalén, la 2351
9.21 para exterminar a los niños de las *c* 7339
11.6 y en las *c* de Jerusalén, diciendo: Oíd 2351
11.13 según el número de tus *c*... los altares 2351
14.16 y el pueblo... será echado en las *c* de 2351
33.10 de Judá y en las *c* de Jerusalén, que 2351
37.21 pan al día, de la *c* de los Panaderos 2351
44.6 ira... se encendió... en las *c* de Jerusalén 2351
44.9 las maldades... que hicieron... en las *c* de 2351
44.21 el incienso que ofrecisteis... en las *c* 2351
48.38 sobre... terrados de Moab, y en sus *c* 7339
51.4 caerán muertos... y alanceados en sus *c* 2351
Lm 2.12 desfallecían... en las *c* de la ciudad 7339
2.19 desfallecen de hambre en... todas las *c* 2351
2.21 niños y... yacían por tierra en las *c* 2351
4.1 esparcidas por las encrucijadas de... *c* 2351
4.5 los que comían... fueron asolados en las *c* 2351
4.8 es su aspecto; no los conocen por las *c* 2351
4.14 titubearon como ciegos en las *c*, fueron 2351
4.18 para que no anduviésemos por nuestras *c* 7339
Ez 7.19 arrojarán su plata en las *c*, y su oro 2351
11.6 ciudad, y habéis llenado de muertos... *c* 2351
26.11 con... sus caballos hollará todas tus *c* 2351
28.23 a ella pestilencia y sangre en sus *c* 2351
Am 5.16 en todas las *c* dirán: ¡Ay! ¡Ay!, y al
Mi 7.10 ahora será hollada como lodo de las *c* 2351
Nah 2.4 carros... estruendo rodarán por las *c* 2351
3.10 pequeños fueron estrellados en las... *c* 2351
Sof 3.6 hice desiertas sus *c*, hasta no quedar 2351
Zac 8.4 aún han de morar ancianos... en las *c* 7339
8.5 y las *c* de... estarán llenas de muchachos 7339
9.3 amontonó plata... oro como lodo de las *c* 2351
10.5 huellan al enemigo en el lodo de las *c* 2351
Mt 6.2 **como hacen los hipócritas en... las *c*** 4505
6.5 aman el orar... en las esquinas de las *c* 4113
12.19 voceará, ni nadie oirá en las *c* su voz 4113
Mr 6.56 en las *c* a los que estaban enfermos 58
Lc 10.10 **no os reciban, saliendo por sus *c*** 4113
14.21 vé pronto por... las *c* de la ciudad, y 4113
Hch 5.15 sacaban los enfermos a las *c*, y los 4113
9.11 dijo... vé a la *c* que se llama Derecha 4505
12.10 pasaron una *c*, y luego el ángel se 4505
Ap 21.21 y la *c* de la ciudad era de oro puro
22.2 en medio de la *c*... estaba el árbol de la

CALMAR

Pr 21.14 la dádiva en secreto *calma* el furor 3711
Jer 30.24 no se *calmará* el ardor de la ira de 7725
Mt 14.32 subieron en la barca, se *calmó* el 2869
Mr 6.51 subió a ellos... y se *calmó* el viento 2869

CALNE *Ciudad en Babilonia (=Calno y Cane)*

Gn 10.10 Erec... y *C*, en la tierra de Sinar 3641
Am 6.2 pasad a *C*, y mirad; y de allí id a la 3641

CALNO *Ciudad en Babilonia (=Calne y Cane)*

Is 10.9 ¿no es *C*... como Carquemis, Hamat como 3641

CALOR

Gn 8.22 no cesarán... la siega, el frío y el *c* 2527
18.1 sentado a la puerta de... en el *c* del día 2527
31.40 de día me consumía el *c*, y de noche la 2721
2 S 4.5 y entraron en el mayor *c* del día en 2527
1 R 1.2 lo abrigue... y entrará en *c* mi señor 2552
2 R 4.34 tendió... el cuerpo del niño entró en *c* 2552
Job 6.17 que al tiempo del *c* son deshechas, y 2215
24.19 el *c* arrebatan las aguas de la nieve 2527
30.30 se me cae, y mis huesos arden de *c* 2721
Sal 19.6 y nada hay que se esconda de su *c* 2535
Is 4.6 habrá un abrigo... sombra contra el *c* 2721
18.4 como nube de rocío en el *c* de la tierra 2527
25.4 sombra contra el *c*; porque el ímpetu 2721
25.5 *c* en lugar seco... como *c* debajo de nube 2721
49.10 ni sed, ni el *c* ni el sol los afligirá 8273
Jer 17.8 no verá cuando viene el *c*, sino que 2527
36.30 será echado al *c* del día y al hielo 2721
51.39 en medio de su *c* les pondré banquetes 2527
Mt 20.12 **hemos soportado la carga y el *c* del** 2742
Lc 12.55 **sopla el... decís: Hará *c*; y lo hace** 2742
Hch 28.3 víbora, huyendo del *c*, se le prendió 2329
Stg 1.11 cuando sale el sol con *c* abrasador 2742
Ap 7.16 el sol no caerá mas sobre ellos, ni *c* 2738
16.9 los hombres se quemaron con el gran *c* 2738

CALUMNIA

Lv 6.4 aquello que robó o el daño de la *c* 6231
Sal 15.3 el que no *c* con su lengua 7270
31.13 oigo la *c* de muchos; el miedo me 1681
Pr 10.18 encubre... el que propaga *c* es necio 1681
Is 59.13 prevaricar... el hablar *c* y rebelión 6233
Ro 3.8 por qué no decir (como se nos *c*, 987

CALUMNIADOR, A

Ez 22.9 *c* hubo en ti para derramar sangre 7400
1 Ti 3.11 no *c*, sino sobrias, fieles en todo 1228
2 Ti 3.3 sin afecto natural... implacables, *c* 1228
Tit 2.3 no *c*, no esclavas del vino, maestras 1228

CALUMNIAR

Lv 6.2 bien robare o *calumniare* a su prójimo 3584
1 S 12.3 tomado... si he *calumniado* a alguien 6231
12.4 nunca nos has *calumniado* ni agraviado 6231
2 S 19.27 ha *calumniado* a tu siervo delante 7270
Sal 15.3 el que no *calumnia* con su lengua, ni 7270
109.20 este el pago... a los que me *calumnian* 7451
109.29 sean vestidos... los que me *calumnian* 7853
119.78 porque sin causa me han *calumniado* 5791
Jer 9.4 porque... compañero anda *calumniando* 7400
Lc 3.14 no hagáis extorsión a... ni *calumniéis* 4811
6.28 bendecid... orad por los... os *calumnian* 1908
Ro 3.8 como se nos *calumnia*, y como algunos 987
1 P 3.16 sean avergonzados los que *calumnian* 1908

CALUROSA

Is 32.2 sombra de gran peñasco en tierra *c* 5889

CALVA

Lv 13.42 cuando en la *c*... hubiere llaga blanca 7146
13.42 lepra es que brota en su *c* o en su 1372
13.43 y si pareciere la hinchazón... en su *c* 1372

CALVO, A

Lv 13.40 cayere el cabello, es *c*, pero limpio 7142
13.41 frente... es *c* por delante, pero limpio 1371
2 R 2.23 de él, diciendo: *C*, sube! ¡*c*, sube! 7142
Ez 29.18 cabeza ha quedado *c*, y toda espalda 7139
Mi 1.16 trasquílate por... hazte *c* como águila 7139

CALZA

Dn 3.21 fueron atados con... *c*, sus turbantes 6361

CALZADA

Pr 15.19 la vereda de los rectos, como una *c* 5549
Is 19.23 habrá una *c* de Egipto a Asiria, y 4546
33.8 las *c* están deshechas, cesaron los 4546
35.8 habrá allí *c* y camino, y será llamado 4547
40.3 enderezad *c* en la soledad a nuestro 4546
49.11 mis montes, y mis *c* serán levantadas 4546
58.12 serás... restaurador de *c* para habitar 5410
62.10 allanad la *c*, quitad las piedras, alzad 4546
Jer 31.21 nota atentamente la *c*; vuélvete por 4546
Lm 1.4 las *c* de Sion tienen luto, porque no 1870

CALZADO

Gn 14.23 hasta una correa de *c*, nada tomaré 5275
Éx 3.5 quita tu *c* de tus pies... tierra santa 5275
12.11 y lo comeréis así... *c* en vuestros pies 5275
Dt 25.9 quitará el *c* del pie, y le escupirá 5275
29.5 ni vuestro *c* se ha envejecido sobre 5275
Jos 5.15 quita el *c* de tus pies, porque el 5275
Sal 60.8; 108.9 sobre Edom echaré mi *c*; me 5275
Is 3.18 quitará el Señor el atavío del *c*, las 5914
9.5 *c* que lleva el guerrero en el tumulto de 5430
Mt 3.11 cuyo *c* yo no soy digno de llevar, es 5266
10.10 de dos túnicas, ni de *c*, ni de bordón 5266
Mr 1.7 desatar encorvado la correa de su *c* 5266
Lc 3.16 digno de desatar la correa de su *c* 5266
10.4 no llevéis bolsa, ni alforja, ni *c* 5266
15.22 un anillo en su mano, y *c* en sus pies 5266
22.35 cuando os envié sin bolsa... y sin *c* 5266
Jn 1.27 soy digno de desatar la correa del *c* 5266
Hch 7.33 le dijo el Señor: Quita la *c* de tus 5266
13.25 de quien no soy digno de desatar el *c* 5266

CALZAR

2 Cr 28.15 los *calzaron*, y les dieron de comer 5274
Ez 16.10 te *calcé* de tejón, te ceñí de lino 5274
Mr 6.9 *calzacen* sandalias, y no vistiesen dos 5265
Ef 6.15 *calzados* los pies con el apresto del 5265

CALZONCILLO

Éx 28.42 les harás *c* de lino para cubrir su 4370
39.28 la mitra... *c* de lino, de lino torcido 4370
Lv 6.10 y vestirá *c* de lino sobre su cuerpo 4370
16.4 sobre su cuerpo tendrá *c* de lino, y se 4370
Ez 44.18 y *c* de lino sobre sus lomos; no se 4370

CAM *Segundo hijo de Noé («tierra de Cam» =Egipto)*

Gn 5.32 Noé... engendró a Sem, a *C* y a Jafet 2526
6.10 engendró Noé tres hijos: a Sem, a *C* y 2526
7.13 entraron Noé, y Sem, *C* y Jafet hijos 2526
9.18 *C* y Jafet; y *C* es el padre de Canaán 2526
9.22 y *C*... vio la desnudez de su padre, y lo 2526
10.1 Sem, *C* y Jafet, a quienes nacieron 2526
10.6 los hijos de *C*: Cus, Mizraim, Fut y 2526
10.20 son los hijos de *C* por sus familias 2526
1 Cr 1.4 Noé, Sem, *C* y Jafet 2526
1.8 hijos de *C*: Cus, Mizraim, Fut y Canaán 2526
4.40 porque los de *C* la habitaban antes 2526
Sal 78.51 hizo morir a... en las tiendas de *C* 2526
105.23 entró... Jacob moró en la tierra de *C* 2526
105.27 y sus prodigios en la tierra de *C* 2526
106.22 maravillas en la tierra de *C*, cosas 2526

CAMA

Gn 47.31 se inclinó sobre la cabecera de la *c* 4296
48.2 esforzó Israel, y se sentó sobre la *c* 4296
49.33 encogió sus pies en la *c*, y expiró 4296
Éx 8.3 la cámara donde duermes, y sobre tu *c* 4296
21.18 y éste no muriere, pero cayere en *c* 4904
Lv 15.4 *c* en que se acostare el que tuviere 4904
15.5,21 que tocare su *c* lavará sus vestidos 4904
15.23 lo que estuviere sobre la *c*, o sobre 4904
15.24 *c* sobre que durmiere, será inmunda 4904
15.26 *c* en que durmiere... será como la *c* de 4904
Dt 3.11 *c*, una *c* de hierro, ¿no está en Rabá 6210
1 S 19.13 una estatua, y la puso sobre la *c* 4296
19.15 traédmelo en la *c* para que lo mate 4296
19.16 entraron... la estatua estaba en la *c* 4296
28.23 se levantó, pues... y se sentó sobre una *c* 4296
2 S 4.11 mataron a un hombre... y sobre su *c*? 4904
11.13 él salió a la tarde a dormir en su *c* 4904
13.5 acuéstate en tu *c*, y finge que estás 4904
17.28 trajeron a David... *c*, tazas, vasijas 4904
1 R 1.47 haga mayor... Y el rey adoró en la *c* 4904
17.19 lo llevó al aposento... puso sobre su *c* 4296
21.4 se acostó en su *c*, y volvió su rostro 4296
2 R 4.10 aposento... y pongamos allí *c*, mesa 4296
4.21 lo puso sobre la *c* del varón de Dios 4296
4.32 niño estaba muerto tendido sobre su *c* 4296
2 Cr 24.25 y lo hirieron en su *c*, y murió 4296
Est 4.3 cilicio y ceniza era la *c* de muchos 8242
Job 7.13 cuando digo... *c* atenuará mis quejas 4909
17.13 el Seol es, haré mi *c* en las tinieblas 3326
33.19 sobre su *c* es castigado con dolor 4904
Sal 4.4 vuestro corazón estando en vuestra *c* 4904
6.6 las noches... riego mi *c* con mis lágrimas 4296
36.4 medita maldad sobre su *c*, está en 4904
41.3 mullirás toda su *c* en su enfermedad 6210
41.8 que cayó en *c* no volverá a levantarse
149.5 regocíjense... y canten aun sobre sus *c* 4904
Pr 7.16 adornado mi *c* con colchas recamadas 6210
22.27 ¿por qué han de quitar tu *c* de debajo 4904
26.14 así el perezoso se vuelve en su *c* 4296
Is 14.11 gusanos serán tu *c*, y... te cubrirán
28.20 la *c* será corta para poder estirarse 4702
57.7 sobre el monte... empinado pusiste tu *c* 4904
57.8 y ensanchaste tu *c*, e... amaste su *c* 4904
58.5 junco, y haga *c* de cilicio y de ceniza? 8242
Dn 2.28 las visiones que has tenido en tu *c* 4903
2.29 en tu *c*, te vinieron pensamientos por 4903
4.5 un sueño que me espantó, y tendido en *c* 4903
4.10,13 visiones... mientras estaba en mi *c* 4903
Os 7.14 no clamaron a... gritaban sobre sus *c* 4904
Am 3.12 que moran en... en el rincón de una *c* 4296
6.4 duermen en *c* de marfil, y reposan sobre 4296
Mi 2.1 de los que en sus *c* piensen iniquidad 4904
Mt 8.14 vio a la suegra de éste postrada en *c*
9.2 un paralítico, tendido sobre una *c* 2825
9.6 levántate, toma tu *c*, y vete a tu casa 2825
Mr 4.21 **la luz para ponerla... debajo de la *c*?** 2825

7.30 halló que... y a la hija acostada en la c......... 2825
Lc 8.16 **ni la pone debajo de la c, sino que**........... 2825
11.7 **mis niños están conmigo en c: no puedo**....... 2895
17.34 **dos en una c; el uno será tomado, y el**........ 2825
Hch 5.15 los ponían en c y lechos, para que........... 2825
9.33 hacía ocho años que estaba en c, pues......... 2895
9.34 y le dijo Pedro... levántate, y haz tu c.......... 4766
28.8 el padre de Publio estaba en c, enfermo
Ap 2.22 **la arrojo en c, y en gran tribulación**.......... 2825

CAMALEÓN
Lv 11.30 erizo... lagarto, la lagartija y el c............. 8580

CÁMARA
Gn 43.30 José... entró en su c, y lloró allí.............. 2315
Éx 8.3 la c donde duermes, y sobre tu cama
Dt 32.25 dentro de las c el espanto; así al
2 S 4.5 estaba durmiendo la siesta en su c............. 4904
4.7 Is-boset dormía... en su c; y lo hirieron
1 R 1.15 Betsabé entró a la c del rey; y el.............. 2315
6.5 edificó... e hizo c laterales alrededor........... 6763
14.28 los ponían en la c de los de la guardia........ 8372
2 R 6.12 declara... palabras... tú hablas en tu c
9.2 haz que se levante de... y llévalo a la c.......... 2315
11.2 lo ocultó de Atalía... en la c de dormir
23.11 junto a la c de Natán-mele c eunuco, el....... 3957
1 Cr 9.26 a su cargo las c y los tesoros de............ 3957
9.33 cantores... moraban en las c del templo....... 3957
23.28 las c, y en la purificación de todas............ 3957
26.18 la c de los utensilios al occidente............. 6503
26.18 cuatro al camino, y dos en la c................ 6503
28.11 David dio a Salomón... el plano... sus c....... 5944
28.12 el plano... para todas las c alrededor......... 3957
2 Cr 12.11 los volvían a la c de la guardia............. 8372
18.24 tú... entres de c en c para esconderte......... 2315
31.11 que preparasen c en la casa de Jehová....... 3957
Esd 10.6 a la c de Johanán hijo de Eliasib............. 3957
Neh 3.30 restauró Mesulam... enfrente de su c........ 5393
10.37 las primicias... a las c de la casa de.......... 3957
10.38 llevarían el diezmo... las c de la casa......... 3957
10.39 a las c del tesoro han de llevar los............ 3957
12.44 varones sobre las c de los tesoros, de......... 5393
13.4 Eliasib, siendo jefe de la c de la casa........... 3957
13.5 le había hecho una gran c, en la cual.......... 3957
13.7 haciendo para él una c en los atrios de........ 5393
13.8 y arrojé todos los muebles de... de la c.......... 3957
13.9 que limpiasen las c, e hice volver allí.......... 3957
Sal 105.30 ranas hasta en las c de sus reyes.......... 2315
Pr 7.17 he perfumado mi c con mirra, áloes y......... 4904
7.27 casa, que conduce a las c de la muerte........ 2315
24.4 con ciencia se llenarán las c de todo........... 2315
24.15 no aceches la tienda... no saquees su c
Ec 10.20 ni en lo... de tu c digas mal del rico
Cnt 1.4 el rey me ha metido en sus c; nos............. 2315
3.4 lo metí... en la c de la que me dio a luz......... 2315
Ez 8.12 uno en sus c pintadas de imágenes?........... 2315
40.7 cada c tenía una caña de largo, y una......... 8372
40.7 entre las c había cinco codos de ancho........ 8372
40.10 y la puerta oriental tenía tres c a............. 8372
40.12 el espacio delante de las c era de un.......... 8372
40.12 cada c tenía seis codos por un lado............ 8372
40.13 midió, desde el techo de una c hasta........... 8372
40.16 había ventanas estrechas en las c, y........... 8372
40.17 había c... treinta c había alrededor en......... 3957
40.21 sus c eran tres de un lado, y tres del......... 8372
40.29,33 c... eran conforme a estas medidas.......... 8372
40.36 sus c, sus postes, sus arcos y sus............. 8372
40.38 había... una c, y su puerta con postes......... 3957
40.44 el atrio... estaban las c de los cantores........ 3957
40.45 esta c que mira hacia el sur es de los.......... 3957
40.46 y la c que mira hacia el norte es de............ 3957
41.5 y de cuatro codos la anchura de las c........... 6763
41.6 las c laterales estaban sobrepuestas........... 6763
41.6 sobre los que estribasen las c, para........... 6763
41.7 mayor anchura en las c de más arriba........ 6763
41.8 los cimientos de las c eran de una caña........ 6763
41.9 el ancho de la pared de... las c era de......... 6763
41.9 igual al espacio que quedaba de las c.......... 6763
41.10 entre las c había anchura de 20 codos......... 3957
41.11 la puerta de cada c salía al espacio........... 6763
41.15 midió... las c de uno y otro lado, cien........... 862
41.16 y las c alrededor de los tres pisos................ 862
41.26 eran las c de la casa y los umbrales............ 6763
42.1 me llevó a la c... delante del espacio.......... 3957
42.3 las c, las unas enfrente de las otras............. 862
42.4 delante de las c había un corredor de.......... 3957
42.5 y las c más altas eran más estrechas.......... 3957
42.7 el muro... enfrente de las c, hacia el............ 3957
42.7 muro... delante de las c, tenía 50 codos........ 3957
42.8 la longitud de las c... cincuenta codos.......... 3957
42.9 y debajo de las c estaba la entrada al.......... 3957
42.10 hacia... delante del edificio, había c........... 3957
42.11 el corredor... era semejante al de las c........ 3957
42.12 así también eran las puertas de las c......... 3957
42.12 una puerta... para quien entraba en las c
42.13 me dijo: Las c... c santas en las cuales........ 3957
44.19 y las dejarán en las c del santuario........... 3957
45.5 cual será para los levitas... con veinte c........ 3957
46.19 me trajo... a las c... de los sacerdotes.......... 3957
Dn 6.10 y abiertas las ventanas de su c que.......... 5952
Jl 2.16 de su c el novio, y de su tálamo la.............. 2315
Am 9.6 él edificó en el cielo sus c, y ha................. 4609

CAMARERO
Jer 51.59 a Seraías... Seraías el principal c............ 8269
Hch 12.20 sobornado Blasto, que era c mayor......... 2846

CAMBIAR
Gn 31.7 me ha *cambiado* el salario diez veces......... 2498
31.41 y has *cambiado* mi salario diez veces.......... 2498
48.17 *cambiarla* de la cabeza de Efraín a la......... 5493
Éx 4.9 *cambiarán* aquellas aguas que tomarás
Lv 13.16 mas cuando la carne viva *cambiare* y......... 2015
13.55 pareciere que la plaga no ha *cambiado*...... 2015
27.10 no será *cambiado* ni trocado, bueno por...... 2498
27.33 no... ni lo *cambiará*; y si lo cambiare......... 4171
1 S 21.13 y *cambió* su manera de comportarse......... 8138
2 S 12.20 David... *cambió* sus ropas, y entró a......... 2498
2 R 23.34 *cambió* el nombre por el de Joacim........... 5437
24.17 *cambió* el nombre por el de Sedequías....... 5437
25.29 le *cambió* los vestidos de prisionero.......... 8132
Esd 6.12 *cambiar* o destruir esa casa de Dios.......... 8133
Est 9.22 de tristeza se les *cambió* en alegría.......... 2015
Job 23.13 determina... ¿quién lo hará *cambiar*?........ 7725
28.17 ni se *cambiará* por alhajas de oro fino....... 8545
30.31 se ha *cambiado* mi arpa en luto, y mi
Sal 15.4 aun jurando en daño suyo, no... *cambia*...... 4171
30.11 has *cambiado* mi lamento en baile............ 2015
55.19 por cuanto no *cambian*, ni temen a Dios...... 2487
84.6 valle de lágrimas lo *cambian* en fuente........ 7896
105.25 *cambió* el corazón de ellos para que......... 2015
106.20 *cambiaron* su gloria por la imagen de....... 4171
107.29 *cambia* la tempestad en sosiego, y se........ 6965
114.8 el cual *cambió* la peña en estanque de........ 2015
Is 30.3 fuerza... se os *cambiará* en vergüenza
42.16 delante... *cambiaré* las tinieblas en luz........ 7760
51.3 *cambiará* su desierto en paraíso, y su......... 7760
Jer 2.11 alguna nación ha *cambiado* sus dioses........ 4171
2.36 discurres tanto, *cambiando* tus caminos?...... 8138
8.8 ciertamente la ha *cambiado* en mentira......... 6213
31.13 y *cambiaré* su lloro en gozo, y los............ 2015
48.11 su sabor... y su olor no se ha *cambiado*....... 4171
Lm 5.15 cesó el... nuestra danza se *cambió* en......... 2015
Ez 5.6 ella *cambió* mis decretos... en impiedad......... 4784
Dn 4.16 su corazón de hombre sea *cambiado*, y........ 8133
7.25 y pensará en *cambiar* los tiempos y la......... 8133
10.8 fuerza se *cambió* en desfallecimiento.......... 2015
Os 4.7 también yo *cambiaré* su... en afrenta........... 4171
Am 8.10 *cambiaré* vuestras fiestas en lloro............ 2015
Mi 2.4 ha *cambiado* la porción de mi pueblo.......... 4171
Mal 3.6 porque yo Jehová no *cambio*; por esto......... 8138
Hch 6.14 *cambiará* las costumbres que nos dio......... *236*
28.6 *cambiaron* de parecer y dijeron que era....... *3328*
Ro 1.23 *cambiaron* la gloria del... incorruptible......... *236*
1.25 que *cambiaron* la verdad de Dios por la........ *3337*
1.26 sus mujeres *cambiaron* el uso natural......... *3337*
Gá 4.20 estar con vosotros... *cambiar* de tono.......... *3337*
He 7.12 *cambiado* el sacerdocio, necesario es......... *3346*

CAMBIO
Lv 27.10 y el dado en c de él serán sagrados........... 4171
27.33 tanto el como el que se dio en c serán......... 4171
Est 4.7 a c de la destrucción de los judíos
Mal 3.6 porque yo Jehová no c.......................... 8138
He 7.12 necesario es que haya también c de........... *3331*
1 Co 2.15 en c el espiritual juzga

CAMBISTA
Mt 21.12, Mr 11.15 volcó las mesas de los c............ *2855*
Jn 2.14 halló en el templo... c allí sentados............ *2773*
2.15 esparció las monedas de los c, y volcó......... *2855*

CAMELLO
Gn 12.16 él tuyo... siervos, criadas, asnas y c.......... 1581
24.10 tomó diez c de los c de su señor, y se.......... 1581
24.11 arrodillar los c fuera de la ciudad............. 1581
24.14 bebe, y también daré de beber a tus c.......... 1581
24.19 dijo: También para tus c sacaré agua.......... 1581
24.20 sacar agua, y sacó para todos sus c........... 1581
24.22 y cuando los c acabaron de beber, le.......... 1581
24.30 que estaba con los c junto a la fuente......... 1581
24.31 he preparado la... y el lugar para los c......... 1581
24.32 Labán desató los c; y les dio paja y........... 1581
24.35 ha dado... siervos y siervas, c y asnos......... 1581
24.44 también para tus c sacaré agua; sea.......... 1581
24.46 bebe, y también a tus c daré de beber......... 1581
24.46 bebí, y dio también de beber a mis c........... 1581
24.61 se levantó Rebeca y... montaron en los c....... 1581
24.63 ojos miró, y he aquí los c que venían........... 1581
24.64 Rebeca... vio a Isaac, y descendió del c......... 1581
30.43 tuvo siervas y siervos, y c y asnos............ 1581
31.17 sus hijos y sus mujeres sobre los c............ 1581
31.34 los puso en una albarda de un c, y se.......... 1581
32.7 las vacas y los c, en dos campamentos.......... 1581
32.15 treinta c paridas con sus crías, 40............ 1581
37.25 sus c traían aromas, bálsamo y mirra......... 1581
Éx 9.3 c, vacas y ovejas, con plaga gravísima.......... 1581
Lv 11.4 c, porque rumia pero no tiene pezuña.......... 1581
Dt 14.7 c, liebre y conejo; porque rumian................ 1581
Jue 6.5 ellos y sus c eran innumerables; así............ 1581
7.12 sus c eran innumerables como la arena......... 1581
8.21 tomó los adornos... que sus c traían al.......... 1581
8.26 y sin los collares que traían sus c al............ 1581
1 S 15.3 mata a hombres... ovejas, c y asnos............ 1581
27.9 David... se llevaba... los c y las ropas............ 1581
30.17 sino... jóvenes que montaron sobre los c........ 1581
1 R 10.2 vino a... con c cargados de especias............ 1581
2 R 8.9 tomó, pues, Hazael... 40 c cargados, y............ 1581
1 Cr 5.21 tomaron sus ganados... c... 2.000 asnos........ 1581
12.40 trajeron víveres en asnos, c, mulos y.......... 1581
27.30 de los c, Obil ismaelita; de las asnas.......... 1581
2 Cr 9.1 reina de Sabá... vino... con c cargados........... 1581
14.15 atacaron... y se llevaron... ovejas y c........... 1581
Esd 2.67; Neh 7.69 sus c, 435; asnos, 6.720........... 1581
Job 1.3 su hacienda era... 3.000 c, 500 yuntas.......... 1581
1.17 y arremetieron contra los c y se los........... 1581
42.12 tuvo... 6.000 c, mil yuntas de bueyes y.......... 1581
Is 21.7 hombres montados, jinetes... sobre c............ 1581
30.6 llevan... sus tesoros sobre jorobas de c......... 1581
60.6 multitud de c te cubrirá; dromedarios.......... 1581
66.20 en mulos y en c, a mi santo monte de.......... 3753
Jer 49.29 sus c tomarán para sí, y clamarán............ 1581
49.32 serán sus c por botín, y la multitud............ 1581
Ez 25.5 pondré a Rabá por habitación de c, y........... 1581
Zac 14.15 así también será la plaga... de los c.......... 1581
Mt 3.4 Juan estaba vestido de pelo de c, y............. *2574*
19.24 **es más fácil pasar un c por el ojo de**......... *2574*
23.24 **que coláis el mosquito y tragáis el c!**......... *2574*
Mr 1.6 Juan estaba vestido de pelo de c, y............. *2574*
10.25; Lc 18.25 **más fácil es pasar un c por**.......... *2574*

CAMINANTE
Jue 19.17 alzando el... los ojos, vio a aquel c.............. 732
2 S 12.4 guisar para el c que había venido a............. 732
Job 6.19 miraron los c de Temán... los c de Sabá........ 734
31.32 el forastero... mis puertas abría al c............ 734
Pr 6.11; 24.34 así vendrá tu necesidad como c......... 1980
Is 21.13 pasaréis la noche en... oh c de Dedán........... 736
33.8 las calzadas... deshechas, cesaron los c......... 1980
Jer 9.2 ¡oh, quién me diese... un albergue de c........... 732
14.8 c que se retira para pasar la noche?............. 732

CAMINAR
Gn 5.22 y *caminó* Enoc con Dios, después que......... 1980
5.24 *caminó*... Enoc con Dios... le llevó Dios......... 1980
6.9 Noé, varón justo... con Dios *caminó* Noé......... 1980
12.9 Abram partió... *caminando* y yendo hacia...... 1980
Dt 8.15 hizo *caminar* por un desierto grande........... 3212
Jos 2.22 *caminando* ellos, llegaron al monte........... 3212
Jue 19.14 *caminaron*, y se les puso el sol.............. 3212
Rt 1.7 comenzaron a *caminar*... volverse a... Judá...... 3212
2 S 2.29 *caminaron* por el Arabá... aquella noche....... 1980
2.32 y *caminaron* toda aquella noche Joab y........ 3212
4.7 *caminaron* toda la noche por... del Arabá....... 3212
17.18 los dos se dieron prisa a *caminar*, y.......... 3212
1 R 19.8 *caminó* 40 días y 40 noches... Horeb........... 3212
21.26 él fue... *caminando* en pos de los ídolos........ 3212
2 R 5.19 y *caminó* como media legua de tierra.......... 3212
2 Cr 6.14 siervos que *caminan* delante de ti............ 1980
34.31 pacto de *caminar* en pos de Jehová y........... 3212
Job 29.3 cuya luz yo *caminaba* en la oscuridad......... 3212
Sal 68.21 testa... del que *camina* en sus pecados....... 1980
81.12 *caminaron* en sus propios consejos............ 3212
86.11 enséñame... *caminaré* yo en tu verdad......... 1980
Pr 2.7 escudo a los que *caminan* rectamente........... 1980
10.9 que *camina* en integridad anda confiado........ 1980
14.2 que *camina* en su rectitud teme a Jehová....... 1980
19.1 es el pobre que *camina* en integridad.......... 1980
20.7 *camina* en su integridad el justo; sus.......... 1980
28.6 es el pobre que *camina* en su integridad....... 1980
28.18 el que en integridad *camina* será salvo........ 1980
28.26 que *camina* en sabiduría será librado......... 1980
Ec 4.15 vi a todos... *caminando* con el... sucesor........ 1980
6.8 pobre que supo *caminar* entre los vivos?........ 1980
Is 2.3 subamos... y *caminaremos* por sus sendas....... 1980
2.5 venid... y *caminaremos* a la luz de Jehová...... 3212
8.11 que no *caminase* por el camino de este......... 3212
33.15 que *camina* en justicia y habla lo recto........ 1980
35.9 ni fiera... para que *caminen* los redimidos...... 1980
40.31 esperan... *caminarán*, y no se fatigarán....... 3212
Jer 7.24 *caminaron* en sus propios consejos............ 3212
9.13 no obedecieron a mi voz, ni *caminaron*......... 1980
10.23 ni del hombre que *camina* es el ordenar...... 1980
16.12 que vosotros *camináis* cada uno tras la....... 1980
18.15 antiguas, para que *camine* por sendas y....... 3212
44.10 ni han *caminado* en mi ley ni en mis.......... 1980
Ez 1.9,12 cada uno *caminaba* derecho hacia............ 3212
10.22 cada uno *caminaba* derecho... adelante........ 3212
18.9 en mis ordenanzas *caminare*, y guardare....... 1980
33.15 y *caminare* en los estatutos de la vida........ 1980
Os 11.10 pos de Jehová *caminarán*; él rugirá............ 3212
Mi 2.7 hacen... bien al que *camina* rectamente?......... 1980
Hab 1.6 *camina* por la anchura de la tierra............ 1980
3.15 *caminaste* en el mar con tus caballos.......... 3212
Zac 10.12 *caminarán* en su nombre, dice Jehová....... 3212
Mr 9.30 salido de allí, *caminaron* por Galilea.......... *3899*
Lc 24.15 Jesús... acercó, y *caminaba* con ellos......... *4848*
24.17 **¿qué pláticas son... mientras camináis**........ *4043*

CAMINO
Gn 3.24 guardar el c del árbol de la vida.............. 1870
6.12 toda carne había corrompido su c sobre........ 1870
16.7 junto a la fuente que está en el c de............ 1870
18.19 mandará... que guarden el c de Jehová......... 1870
19.2 os levantaréis, y seguiréis vuestro c............. 1870
24.10 y puesto en c, llegó a Mesopotamia, a.......... 6965
24.27 guiándome Jehová en el c a casa de los......... 1870
24.40 enviará su ángel... y prosperará tu c............ 1870
24.42 prosperas ahora mi c por el cual ando......... 1870
24.48 que me había guiado por c de verdad.......... 1870
24.56 ya que Jehová ha prosperado mi c.............. 1870
29.1 siguió luego Jacob su c, y fue a la............... 7272
30.36 puso tres días de c entre sí y Jacob........... 1870
31.18 y puso en c todo su ganado, y todo............ 5090
31.23 fue tras Jacob c de siete días, y le............. 1870
32.1 Jacob siguió su c, y le salieron al.............. 1870
33.16 así volvió Esaú aquel día por su c a............ 1870
35.3 al Dios que... ha estado conmigo en el c......... 1870
35.19 Raquel... sepultada en el c de Efrata............ 1870
38.14 y se puso a la... junto al c de Timnat............ 1870
38.16 se apartó del c hacia ella, y le dijo............. 1870
38.21 dónde está la ramera de... junto al c?.......... 1870
42.25 y les diesen comida para el c; y así............. 1870
42.38 le aconteciere algún desastre en el c........... 1870
45.21 y les suministró víveres para el c.............. 1870
45.23 pan y comida, para su padre en el c............ 1870
45.24 y él les dijo: No riñáis por el c................. 1870
48.7 se me murió Raquel en... Canaán, en el c........ 1870

C

48.7 la sepulté allí en el *c* de Efrata, que 1870
49.17 será Dan serpiente junto al *c*, víbora 1870
Éx 3.18 nosotros iremos ahora *c* de tres días 1870
4.24 aconteció en el *c*, que en una posada 1870
5.3; 8.27 *c* de tres días por el desierto 1870
13.17 no los llevó por el *c* de la tierra de 1870
13.18 pueblo rodease por *c* del desierto 1870
13.21 columna de nube para guiarlos por el *c* 1870
18.8 el trabajo que habían pasado en el *c* 1870
18.20 muéstrales el *c* por donde deben andar 1870
23.20 envío mi Ángel... que te guarde en el *c* 1870
32.8 se han apartado del *c* que yo les mandé 1870
33.3 no subiré... sea que te consuma en el *c* 1870
33.13 te ruego que me muestres ahora tu *c* 1870
Lv 26.22 fieras... y vuestros *c* sean desiertos 1870
Nm 10.33 partieron del monte... *c* de tres días 1870
10.33 el arca... fue delante... *c* de tres días 1870
11.31 un día de *c* a un lado, y un día de *c* 1870
14.25 y salid al desierto, *c* del Mar Rojo 1870
20.17 por el *c* real iremos, sin apartarnos 1870
20.19 dijeron: Por el *c* principal iremos 4546
21.1 oyó que venía Israel por el *c* de Atarim 1870
21.4 partieron del monte de Hor, *c* del Mar 1870
21.4 Edom; y se desanimó el pueblo por el *c* 1870
21.22 el *c* real iremos, hasta que pasemos 1870
21.33 subieron *c* de Basán; y salió... Og rey 1870
22.22 el ángel de Jehová se puso en el *c* por 1870
22.23 asna vio al ángel... que estaba en el *c* 1870
22.23 se apartó el asna del *c*, e iba por el 1870
22.23 azotó... al asna para hacerla volver al *c* 1870
22.26 donde no había *c* para apartarse ni a 1870
22.31 y vio al ángel de Jehová... en el *c*, y 1870
22.32 porque tu *c* es perverso delante de mí 1870
22.34 no sabía que tú te ponías... en el *c* 1870
24.25 volvió... también Balac se fue por su *c* 1870
33.8 anduvieron tres días de *c*... el desierto 1870
Dt 1.2 once jornadas hay desde Horeb, *c* del 1870
1.19 anduvimos... el *c* del monte del amorreo 1870
1.22 y a su regreso nos traigan razón del *c* 1870
1.31 por todo el *c* que habéis andado, hasta 1870
1.33 iba delante de vosotros por el *c* para 1870
1.33 con fuego de noche para mostraros el *c* 1870
1.40 volveos e id al desierto, *c* del Mar Rojo 1870
2.1 y salimos al desierto, *c* del Mar Rojo 1870
2.8 *c* del Arabá... el *c* del desierto de Moab 1870
2.27 pasaré por... por el *c*; por el *c* iré, sin 1870
3.1 subimos *c* de Basán, y nos salió... Og rey 1870
5.33 andad en todo el *c* que Jehová vuestro 1870
6.7 hablarás de ellas... andando por el *c*, y 1870
8.2 todo el *c* por donde te ha traído Jehová 1870
8.6 tu Dios, andando en sus *c*, y temiéndole 1870
9.12 se han apartado del *c* que yo les mandé 1870
9.16 apartándoos pronto del *c* que Jehová os 1870
10.12 que andes en todos sus *c*, y que lo ames 1870
11.19 hablando de... cuando andes por el *c* 1870
11.22 andando en todos sus *c*, y siguiéndole 1870
11.28 y os apartareis del *c* que yo os ordeno 1870
11.30 tras el *c* del occidente en la tierra 1870
13.5 de apartarte del *c* por el cual Jehová 1870
14.24 si el *c* fuere tan largo que no puedas 1870
17.16 ha dicho: No volváis nunca por este *c* 1870
19.3 arreglarás los *c*, y dividirás en tres 1870
19.6 vengador... le alcance por ser largo el *c* 1870
19.9 ames a... y andes en sus *c* todos los días 1870
22.4 si vieres el asno de tu... caído en el *c* 1870
22.6 cuando encuentres por el *c* algún nido 1870
23.4 no os salieron a recibir con pan... al *c* 1870
24.9 lo que hizo Jehová tu... a María en el *c* 1870
25.17 de lo que hizo Amalec contigo en el *c* 1870
25.18 de cómo te salió al encuentro en el *c* 1870
26.17 que andarás en sus *c*, y guardarás sus 1870
27.18 el que hiciere errar al ciego en el *c* 1870
28.7 por un *c* saldrán... y por siete *c* huirán 1870
28.9 cuando guardares... anduvieres en sus *c* 1870
28.25 por un *c* saldrás... y por siete *c* huirás 1870
28.29 y no serás prosperado en tus *c*; y no 1870
28.68 el *c* del cual te ha dicho: Nunca más 1870
30.16 que ames a... andes en sus *c*, y guardes 1870
31.29 os apartaréis del *c* que os he mandado 1870
32.4 porque todos sus *c* son rectitud; Dios 1870
Jos 1.8 entonces harás prosperar tu *c*, y todo 1870
2.7 fueron tras ellos por el *c* del Jordán 1870
2.16 dijo... después os iréis por vuestro *c* 1870
2.22 buscaron por todo el *c*, pero no los 1870
3.4 que sepáis el *c*... no habéis pasado... este *c* 1870
5.4 habían muerto en el desierto por el *c* 1870
5.5 nacido... por el *c*, después que hubieron 1870
5.7 no habían sido circuncidados por el *c* 1870
8.15 Israel... huyeron... por el *c* del desierto 1870
9.5 el pan que traían para el *c* era seco y 1870
9.11 tomad... manos provisión para el *c*, e id 1870
9.12 pan lo tomamos caliente de... para el *c*
Jos 9.13 viejos a causa de lo muy largo del *c* 1870
10.10 siguió por el *c* que sube a Bet-horón 1870
12.3 por el *c* de Bet-jesimot, y desde el sur 1870
22.5 améis a... Dios, y andéis en todos sus *c* 1870
23.14 entrar hoy por el *c* de toda la tierra 1870
24.17 ha guardado por todo el *c* por donde 1870
Jue 2.17 apartaron... del *c* en que anduvieron 1870
2.19 no se apartaban... ni de su obstinado *c* 1870
2.22 si procurarían... seguir el *c* de Jehová 1870
5.6 quedaron abandonados los *c*, y los que 734
8.11 el *c* de los que habitaban en tiendas 1870
9.25 robaban a todos los que pasaban... el *c* 1870
9.37 una tropa viene por el *c* de la encina 1870
14.8 apartó del *c* para ver el cuerpo muerto
14.9 tomándolo... se fue comiéndolo por el *c*
17.8 y llegando en su *c* al monte de Efraín

18.6 delante de Jehová está vuestro *c* en que 1870
18.26 y prosiguieron los hijos de Dan su *c* 1870
19.9 os levantaréis temprano a vuestro *c* 1870
19.15 se apartaron del *c* para entrar a pasar
19.27 abrió las puertas... para seguir su *c* 1870
20.31 matándolos como las... veces por los *c* 4546
20.32 alejaremos de la ciudad hasta los *c* 4546
20.42 volvieron... hacia el *c* del desierto 1870
20.45 fueron abatidos cinco mil... en los *c* 4546
21.19 y al lado... del *c* que sube de Bet-el 4546
1 S 1.18 se fue la mujer por su *c*, y comió 1870
4.13 que Elí estaba... vigilando junto al *c* 1870
6.9 sube por el *c* de su tierra a Bet-semes 1870
6.12 encaminaron por el *c*... seguían *c* recto 1870
8.3 no anduvieron los... por los *c* de su padre 1870
8.5 tus hijos no andan en tus *c*; por tanto 1870
9.6 del objeto por el cual emprendimos... *c* 1870
9.8 daré al... para que nos declare nuestro *c* 1870
12.23 os instruiré en el *c* bueno y recto 1870
13.17 un escuadrón marchaba por el *c* de Ofra 1870
15.2 que hizo Amalec... al oponérsele en el *c* 1870
17.52 cayeron... por el *c* de Saaraim hasta Gat 1870
24.3 llegó a un redil de ovejas en el *c* 1870
24.7 Saúl, saliendo de la cueva, siguió su *c* 1870
25.12 y los jóvenes... se volvieron por su *c* 1870
26.3 al oriente del desierto, junto al *c* 1870
26.25 se fue por su *c*, y Saúl se volvió a 1870
28.22 de que cobres fuerzas, y sigas tu *c* 1870
30.2 se los habían llevado al seguir su *c* 1870
2 S 2.24 junto al *c* del desierto de Gabaón 1870
4.7 caminaron... la noche por el *c* del Arabá 1870
11.10 David a Urías: ¿No has venido de *c*? 1870
12.4 vino uno de *c* al hombre rico; y éste
13.30 aún en el *c*, llegó a David el rumor 1870
13.34 mucha gente que venía por el *c* a sus 1870
15.2 y se ponía a un lado del *c* junto a la 1870
15.23 el pueblo pasó al *c* que va al desierto 1870
16.13 mientras David y... suyos iban por el *c* 1870
18.23 corrió, pues, Ahimaas por el *c* de la 1870
20.12 Amasa yacía... en mitad del *c*; y todo 4546
20.12 apartó a Amasa del *c* al campo, y echó 4546
20.13 luego que fue apartado del *c*, pasaron 4546
22.22 porque yo he guardado los *c* de Jehová 4546
22.31 en cuanto a Dios, perfecto es su *c*, y 1870
22.33 Dios es el que... y quien despeja mi *c* 1870
1 R 1.49 entonces... se fue cada uno por su *c* 1870
2.2 yo sigo el *c* de todos en la tierra 1870
2.3 tu Dios, andando en sus *c*, y observando 1870
2.4 si tus hijos guardaren mi *c*, andando 1870
3.14 si anduvieres en mis *c*, guardando mis 1870
8.25 con tal que tus hijos guarden mi *c* y 1870
8.36 enseñándoles el buen *c* en que anden 1870
8.39 y darás a cada uno conforme a sus *c* 1870
8.44 en batalla... por el *c* que tú les mandes 1870
8.58 que andemos en todos sus *c*, y guardemos 1870
11.29 le encontró en el *c* el profeta Ahías 1870
11.33 no han andado en mis *c* para hacer lo 1870
11.38 si... y anduvieres en mis *c*, e hicieres lo 1870
13.9,17 ni regreses por el *c* que fueres 1870
13.10 por otro *c*, y no volvió por el *c* por 1870
13.12 ¿por qué *c* se fue?... le mostraron el *c* 1870
13.24 le topó un león en el *c*, y le mató 1870
13.24 su cuerpo estaba echado en el *c*, y el 1870
13.25 vieron el cuerpo... echado en el *c*, y el 1870
13.26 el profeta... le había hecho volver del *c* 1870
13.28 el cuerpo tendido en el *c*, y el asno 1870
13.33 no se apartó Jeroboam de su mal *c* 1870
15.26 andando en el *c* de su padre, y en los 1870
15.34 y anduvo en el *c* de Jeroboam, y en su 1870
16.2 has andado en el *c* de Jeroboam, y has 1870
16.19 y andando en los *c* de Jeroboam, y en 1870
16.26 pues anduvo en todos los *c* de Jeroboam 1870
18.6 Acab fue por un *c*, y Abdías... por otro 1870
18.7 yendo Abdías por el *c*, se encontró con 1870
18.27 quizá... va de *c*; tal vez duerme, y hay 1870
19.4 él se fue por el desierto un día de *c* 1870
19.7 levántate y come... largo *c* te resta 1870
19.15 vuélvete por tu *c*, por el desierto de 1870
20.38 se puso delante del rey en el *c*, y se 1870
22.43 anduvo en todo el *c* de Asa su padre 1870
22.52 *c* de su padre, y en el *c* de su madre 1870
22.52 en el *c* de Jeroboam hijo de Nabat, que 1870
2 R 2.23 subiendo por el *c*... unos muchachos de 1870
3.8 ¿por qué *c* iremos?... el *c* del desierto 1870
3.9 anduvieron... siete días de *c*, les faltó 1870
3.20 vinieron aguas por el *c* de Edom, y la 1870
4.24 y no me hagas detener en el *c*, sino 6113
6.19 no es este el *c*, ni es esta la ciudad 1870
7.15 el *c* estaba lleno de vestidos y enseres 1870
8.18 anduvo en el *c* de los reyes de Israel 1870
8.27 anduvo en el *c* de la casa de Acab, e 1870
9.27 huyó por el *c* de la casa del huerto 1870
10.12 en el *c* llegó a una casa de esquileo 1870
11.16 el *c* por donde entran los de a caballo 1870
11.19 vinieron por el *c* de la puerta de la 1870
16.3 anduvo en el *c* de los reyes de Israel 1870
17.13 volveos de vuestros... *c*, y guardad mis 1870
18.17 acamparon... en el *c* de la heredad del 4546
19.28 haré volver por el *c* por donde viniste 1870
19.33 por el mismo *c* que vino, volverá, y no 1870
21.21 en todos los *c* en que su padre anduvo 1870
21.22 dejó a Jehová... y no anduvo en el *c* de 1870
22.2 anduvo en todo el *c* de David su padre 1870
25.4 por el *c* de la puerta... el *c* del Arabá 1870
1 Cr 26.16 de Salequet, en el *c* de la subida 4546
26.18 cuatro al *c*, y dos en la cámara 4546
2 Cr 6.16 con tal que tus hijos guarden su *c* 1870
6.27 enseñarás el buen *c* para que anden en 1870

6.30 y darás a cada uno conforme a sus *c* 1870
6.31 te teman y anden en tus *c*, todos los 1870
6.34 pueblo saliere a... por el *c* que tú les 1870
7.14 se convirtieren de sus malos *c*... oiré 1870
11.17 tres años anduvieron en el *c* de David 1870
13.22 sus *c* y sus dichos, están escritos en 1870
17.3 anduvo en los primeros *c* de David su 1870
17.6 se animó su corazón en los *c* de Jehová 1870
18.23 ¿por qué *c* se fue de mí el Espíritu 1870
20.32 anduvo en el *c* de Asa su padre, sin 1870
21.6 anduvo en el *c* de los reyes de Israel 1870
21.12 los *c* de Josafat... ni en los *c* de Asa 1870
21.13 has andado en el *c* de los reyes de 1870
22.3 él anduvo en los *c* de la casa de Acab 1870
27.6 porque preparó sus *c* delante de Jehová 1870
27.7 Jotam... y sus *c*, he aquí están escritos 1870
28.2 anduvo en los *c* de los reyes de Israel 1870
28.26 y todos sus *c*, primeros y postreros 1870
34.2 anduvo en los *c* de David su padre, sin 1870
Esd 8.21 para solicitar de él *c* derecho para 1870
8.22 que nos defendiesen del enemigo en el *c* 1870
8.31 nos libró de... y del asechador en el *c* 1870
Neh 9.12,19 para alumbrarles el *c* por donde 1870
9.19 no se apartó de... para guiarlos por el *c* 1870
Job 4.6 tu esperanza la integridad de tus *c*? 1870
8.13 los *c* de todos los que olvidan a Dios 734
8.19 ciertamente este será el gozo de su *c* 1870
12.24 los hace vagar como por un yermo sin *c* 1870
13.15 he aquí... defenderé delante de él mis *c* 1870
13.27 y observas todos mis *c*, trazando un 734
16.22 y yo iré por el *c* de donde no volveré 734
17.9 no obstante, proseguirá el justo su *c* 1870
19.8 cercó de vallado mi *c*, y no pasaré 734
21.14 no queremos el conocimiento de tus *c* 1870
21.29 preguntado a los que pasan por los *c* 1870
21.31 ¿quién le denunciará en su cara su *c*? 1870
22.3 provecho de... tú hagas perfectos tus *c*? 1870
22.28 firme, y sobre tus *c* resplandecerá luz 1870
23.10 él conoce mi *c*; me probará, y saldré 1870
23.11 pisadas; guardé su *c*, y no me aparté 1870
24.4 hacen apartar del *c* a los menesterosos 1870
24.13 rebeldes a la... nunca conocieron sus *c* 1870
24.18 no andarán por el *c* de las viñas 1870
24.23 sus ojos están sobre los *c* de ellos 1870
26.14 estas cosas son... los bordes de sus *c* 1870
28.23 Dios entiende el *c* de ella, y conoce 1870
28.26 ley... y *c* al relámpago de los truenos 1870
29.25 calificaba yo el *c* de ellos... como rey 1870
30.12 prepararon contra mí *c* de perdición 734
31.4 ve él mis *c*, y cuenta todos mis pasos? 1870
31.7 si mis pasos se apartaron del *c*, si mi 1870
34.11 obra, y le retribuirá conforme a su *c* 734
34.21 sus ojos están sobre los *c* del hombre 1870
34.27 y no consideraron ninguno de sus *c* 1870
36.23 ¿quién le ha prescrito su *c*? ¿y quién 1870
38.19 ¿por dónde va el *c* a la habitación de 1870
38.24 ¿por qué *c* se reparte la luz, y se 1870
38.25 ¿quién repartió... *c* a los relámpagos y 1870
40.19 él es el principio de los *c* de Dios 1870
Sal 1.1 de malos, ni estuvo en *c* de pecadores 1870
1.6 Jehová conoce el *c* de los justos; mas la 1870
2.12 que no se enoje, y perezcáis en el *c* 1870
5.8 guíame... endereza delante de mí tu *c* 1870
10.5 sus *c* son torcidos en todo tiempo; tus 1870
17.5 sustenta mis pasos en tus *c*, para que 4570
18.21 yo he guardado los *c* de Jehová, y no 1870
18.30 en cuanto a Dios, perfecto es su *c*, y 1870
18.32 Dios es el... quien hace perfecto mi *c* 1870
19.5 se alegra cual gigante para correr el *c* 734
25.4 muéstrame, oh Jehová, tus *c*; enséñame 1870
25.8 tanto, él enseñará a los pecadores el *c* 1870
25.12 él le enseñará el *c* que ha de escoger 1870
27.11 enséñame, oh Jehová, tu *c*, y guíame por 1870
32.8 y te enseñaré el *c* en que debes andar 1870
35.6 sea su *c* tenebroso y resbaladizo, y el 1870
36.4 está en *c* no bueno, el mal no aborrece 1870
37.5 encomienda a Jehová tu *c*, y confía en 1870
37.7 no te alteres... del que prospera en su *c* 1870
37.23 ordenados los pasos... y él aprueba su *c* 1870
37.34 espera en Jehová, y guarda su *c*, y él 1870
39.1 dije: Atenderé a mis *c*, para no pecar 1870
44.18 ni... apartado de tus *c* nuestros pasos 734
49.13 este su *c* es locura; con todo, sus 1870
50.23 al que ordenare su *c*, le mostraré la 1870
51.13 enseñaré a los transgresores tus *c*, y 1870
67.2 que sea conocido en la tierra tu *c*, en 1870
68.24 vieron tus *c*... Dios; los *c* de mi Dios 1979
77.13 oh Dios, santo es tu *c*; ¿qué dios es 1870
77.19 en el mar fue tu *c*, y tus sendas en las 1870
78.50 dispuso *c* a su furor; no eximió la 5410
80.12 la vendimian... los que pasan por el *c*? 1870
81.13 oh... si en mis *c* hubiera andado Israel! 1870
84.5 el hombre... en cuyo corazón están tus *c* 4546
85.13 de él, y sus pasos nos pondrá por *c* 1870
86.11 enséñame, oh Jehová, tu *c*; caminaré 1870
89.41 saquean todos los que pasan por el *c* 1870
91.11 sus ángeles... te guarden en todos tus *c* 1870
95.10 que divaga de... no han conocido mis *c* 1870
101.2 el *c* de la perfección, cuando vengas a 1870
101.6 el que ande en el *c* de la perfección 1870
102.23 él debilitó mi fuerza en el *c*; acortó 1870
103.7 sus *c* notificó a Moisés, y a los hijos de 1870
107.4 anduvieron... por la soledad sin *c*, sin 1870
107.7 los dirigió por *c* derecho, para que 1870
107.17 afligidos... causa del *c* de su rebelión 1870
107.40 y les hace andar... vagabundos y sin *c* 1870
110.7 del arroyo beberá en el *c*, por lo cual 1870
119.1 bienaventurados los perfectos de *c* 1870

119.3 no hacen iniquidad los que andan en... *c* 1870
119.5 ¡ojalá fuesen ordenados mis *c* para 1870
119.9 ¿con qué limpiará el joven su *c*? Con 734
119.14 he gozado en el *c* de tus testimonios.......... 1870
119.15 en tus... meditaré; consideraré tus *c*.......... 734
119.26 te he manifestado mis *c*, y me has.......... 1870
119.27 entender el *c* de tus mandamientos 1870
119.29 aparta de mí el *c* de la mentira, y en 1870
119.30 escogí el *c* de la verdad; he puesto 1870
119.32 por el *c* de tus mandamientos correré.......... 1870
119.33 enséñame... el *c* de tus estatutos, y lo.......... 1870
119.37 aparta mis ojos, que... avívame en tu *c* 1870
119.59 consideré mis *c*, y volví mis pies a 1870
119.101 de todo mal *c* contuve mis pies, para 734
119.104 he aborrecido todo *c* de mentira 734
119.105 lámpara es a mis... y lumbrera a mi *c*.......... 5410
119.128 por eso... aborrecí todo *c* de mentira.......... 734
119.168 porque todos mis *c* están delante de 1870
128.1 que teme a Jehová, que anda en sus *c* 1870
138.5 cantarán de los *c* de Jehová, porque 1870
139.3 andar... y todos mis *c* te son conocidos 734
139.24 y ve si hay en mí *c* de perversidad.......... 1870
139.24 ve si hay... y guíame en el *c* eterno 1870
142.3 en el *c* en que... me escondieron lazo 734
143.8 saber el *c* por donde ande, porque a ti 1870
145.17 justo es Jehová en todos sus *c*, y.......... 1870
146.9 Jehová... el *c* de los impíos trastorna 1870
Pr 1.15 hijo mío, no andes en *c* con ellos.......... 1870
1.31 comerán del fruto de su *c*... hastiados 1870
2.8 es el que... preserva el *c* de sus santos 1870
2.9 entenderás justicia, juicio... todo buen *c* 4570
2.12 librarte del mal *c*, de los hombres que 1870
2.13 que dejan los *c* derechos, para andar por 1870
2.15 veredas son torcidas, y torcidos sus *c*.......... 734
2.20 así andarás por el *c* de los buenos, y.......... 1870
3.6 reconócelo en todos tus *c*... tus veredas.......... 1870
3.17 sus *c* son *c* deleitosos... sus veredas paz 1870
3.23 andarás por tu *c* confiadamente, y tu.......... 1870
3.31 no envidies... escojas ninguno de sus *c* 1870
4.11 el *c* de la sabiduría te he encaminado 1870
4.14 entres... ni vayas por el *c* de los malos.......... 1870
4.19 el *c* de los impíos es como la oscuridad 1870
4.26 la senda de... y todos tus *c* sean rectos.......... 1870
5.6 sus *c* son inestables; no los conocerás.......... 734
5.6 no los... si no considerares el *c* de vida 4570
5.8 aleja de ella tu *c*, y no te acerques a 1870
5.21 porque los *c* del hombre están ante los 1870
6.6 vé a la hormiga... mira sus *c*, y sé sabio.......... 1870
6.23 y *c* de vida las reprensiones que te 1870
7.8 el cual pasaba... iba *c* a la casa de ella.......... 1870
7.25 no se aparte tu corazón a sus *c*.......... 1870
7.27 *c* al Seol es su casa, que conduce a las.......... 1870
8.2 en las alturas junto al *c*... encrucijadas 1870
8.13 el mal *c*, y la boca perversa, aborrezco 1870
8.32 bienaventurados los que guardan mis *c* 1870
9.6 vivid, y andad... el *c* de la inteligencia 1870
9.15 que pasan por el *c*, que van por sus *c*.......... 1870
10.9 el que pervierte sus *c* será quebrantado.......... 1870
10.17 *c* a la vida es guardar la instrucción.......... 734
10.29 *c* de Jehová es fortaleza al perfecto 1870
11.5 justicia del perfecto enderezará su *c* 1870
11.20 los perfectos de *c* le son agradables.......... 1870
12.15 *c* del necio es derecho en su opinión.......... 1870
12.26 mas el *c* de los impíos les hace errar 1870
12.28 en el *c* de la justicia está la vida 1870
12.28 la justicia... y en sus *c* no hay muerte.......... 1870
13.6 la justicia guarda al de perfecto *c* 1870
13.15 mas el *c* de los transgresores es duro 1870
14.2 mas el de *c* pervertidos lo menosprecia 1870
14.8 la ciencia del... está en entender su *c*.......... 1870
14.12 hay *c* que al hombre le parece derecho.......... 1870
14.12 derecho; pero su fin es *c* de muerte 1870
14.14 de sus *c* será hastiado el necio de 1870
15.9 abominación es a Jehová el *c* del impío.......... 1870
15.10 es molesta al que deja el *c*; y el que 734
15.19 *c* del perezoso es como seto de espinos.......... 1870
15.24 el *c* de la vida es hacia arriba al.......... 734
16.2 todos los *c* del hombre son limpios en 1870
16.7 cuando los *c*... son agradables a Jehová 1870
Pr 16.9 el corazón del hombre piensa su *c*.......... 1870
16.17 el *c* de los rectos se aparta del mal 4546
16.17 su vida guarda el que guarda su *c*.......... 1870
16.25 hay *c* que... pero su fin es *c* de muerte.......... 1870
16.29 lisonjea... le hace andar por *c* no bueno 1870
16.31 vejez que se halla en el *c* de justicia 1870
18.16 la dádiva del hombre le ensancha el *c*
19.3 la insensatez del hombre tuerce su *c* 1870
19.16 mas el que menosprecia sus *c* morirá 1870
20.24 ¿cómo pues, entenderá el hombre su *c*? 1870
21.2 todo *c* del hombre es recto en... opinión 1870
21.8 el *c* del hombre perverso es torcido y.......... 1870
21.16 que se aparta del *c* de la sabiduría 1870
21.29 endurece... mas el recto ordena sus *c* 1870
22.5 espinos y... hay en el *c* del perverso 1870
22.6 instruye al niño en su *c*, y aun cuando 1870
23.19 sé sabio, y endereza tu corazón al *c*.......... 1870
23.26 corazón, y miren tus ojos por mis *c*.......... 1870
26.13 dice el perezoso: El león está en el *c* 1870
28.6 mejor es... que el de perversos *c* y rico 1870
28.10 hace errar a los rectos por el mal *c* 1870
28.18 mas el de perversos *c* caerá en alguno 1870
29.27 abominación es al impío el de *c* rectos 1870
31.3 ni tus *c* a lo que destruye a los reyes.......... 1870
31.27 considera los *c* de su casa, y no come.......... 1979
Ec 10.3 aun mientras va el necio por el *c*, le 1870
11.5 tú no sabes cuál es el *c* del viento, o 1870
11.9 anda en los *c* de tu corazón y en la vista.......... 1870
12.5 temerán de lo... y habrá terrores en el *c*.......... 1870
Is 2.3 y nos enseñará sus *c*, y caminaremos por 1870
3.12 te engañan, y tuercen el curso de tus *c* 1870
7.3 sal... en el *c* de la heredad del Lavador 4546
8.11 que no caminase por el *c* de este pueblo.......... 1870
9.1 al fin llenará de gloria el *c* del mar 1870
11.16 habrá *c* para el remanente de su pueblo 4546
15.5 levantarán grito... por el *c* de Horonaim 1870
26.7 el *c* del justo es rectitud; tú, que eres.......... 734
26.7 tú, que eres recto, pesas el *c* del justo.......... 4570
26.8 en el *c* de tus juicios, oh Jehová, te.......... 734
30.11 el *c*, apartaos de la senda, quitad de.......... 1870
30.21 que diga: Este es el *c*, andad por él 1870
35.8 habrá allí... *c*... llamado *C* de Santidad 1870
35.8 anduviere en este *c*, por torpe que sea.......... 1870
36.2 acampó... el *c* de la heredad del Lavador.......... 4546
37.29 haré volver por el *c* por donde viniste.......... 1870
37.34 el *c* que vino, volverá, y no entrará.......... 1870
40.3 preparad *c* a Jehová, enderezad calzada.......... 1870
40.14 ¿quién le enseñó el *c* del juicio, o le.......... 1870
40.27 mi *c* está escondido de Jehová, y de mi 1870
41.3 pasó en paz por *c* por donde sus pies.......... 734
42.16 guiaré... ciegos por *c* que no sabían.......... 1870
42.24 no quisieron andar en sus *c*, ni oyeron 1870
43.16 que abre *c* en el mar, y senda en las.......... 1870
43.19 otra vez abriré *c* en el desierto, y.......... 1870
45.13 enderezaré todos sus *c*; él edificará 1870
47.15 cada uno irá por su *c*, no habrá quien.......... 5676
48.15 y le traje; por... será prosperado su *c*.......... 1870
48.17 te encamina por el *c* que debes seguir.......... 1870
49.9 en los *c* serán apacentados, y en todas 1870
49.11 convertiré en *c* todos mis montes, y 1870
51.10 transformó en *c* las profundidades del 1870
51.20 en las encrucijadas de todos los *c* 2351
51.23 tu cuerpo... como *c*, para que pasaran 2351
53.6 se apartó por su *c*; mas Jehová cargó 1870
55.7 deje el impío su *c*, y el hombre inicuo.......... 1870
55.8 no son vuestros... *c* mis *c*, dijo Jehová.......... 1870
55.9 así son mis *c* más altos que vuestros *c* 1870
56.11 todos ellos siguen sus propios *c*, cada 1870
57.10 en... tus *c* te cansaste, pero no dijiste.......... 1870
57.14 barred el *c*, quitad... tropiezos del *c* 1870
57.17 siguió rebelde por el *c* de su corazón.......... 1870
57.18 he visto sus *c*; pero le sanaré... daré.......... 1870
58.2 buscan cada día, y quieren saber mis *c*.......... 1870
58.13 y lo venerares, no andando en tus... *c* 1870
59.7 destrucción y quebrantamiento... en sus *c*.......... 4546
59.8 no conocieron *c* de paz ni... en sus *c*.......... 1870
62.10 barred el *c* al pueblo... alzad pendón a.......... 1870
63.17 Jehová, nos has hecho errar de tus *c*.......... 1870
64.5 de los que se acordaban de ti en tus *c* 1870
65.2 el cual anda por *c* no bueno, en pos de 1870
66.3 porque escogieron sus propios *c*, y su 1870
Jer 2.17 dejado a Jehová... conducía por el *c*? 1870
2.18 ¿qué tienes tú en el *c* de... *c* de Asiria.......... 1870
2.23 dromedaria ligera que tuerce su *c*.......... 1870
2.33 ¿por qué adornas tu *c* para hallar amor?.......... 1870
2.33 aun a las malvadas enseñaste tus *c*.......... 1870
2.36 ¿para qué discurres... cambiando tus *c*?.......... 1870
3.2 junto a los *c* te sentabas para ellos 1870
3.21 han torcido su *c*, de Jehová su Dios se.......... 1870
4.18 tu *c* y tus obras te hicieron esto; esta 1870
5.4,5 conocen el *c* de Jehová, el juicio de.......... 1870
6.16 paraos en los *c*, y mirad, y preguntad 1870
6.16 las sendas antiguas, cuál sea el buen *c* 1870
6.25 no salgas al campo, ni andes por el *c*.......... 1870
6.27 conocerás, pues, y examinarás el *c* de 1870
7.3 mejorad vuestros *c* y vuestras obras, y 1870
7.5 pero si mejorareis... vuestros *c* y... obras 1870
7.23 andad en todo *c* que os mande, para que 1870
8.4 cae... el que se desvía, ¿no vuelve al *c*?
10.2 no aprendáis el *c* de las naciones, ni.......... 1870
10.23 el hombre no es señor de su *c*, ni del 1870
12.1 por qué es prosperado el *c* de los impíos 1870
12.16 y si... aprendieren los *c* de mi pueblo.......... 1870
15.7 lo desbaraté, no se volvieron de sus *c*.......... 1870
16.17 mis ojos están sobre todos sus *c*, los 1870
17.10 para dar a cada uno según su *c*, según 1870
18.11 su mal *c*, y mejore sus *c* y sus obras 1870
18.15 mi pueblo... ha tropezado en sus *c*, en.......... 1870
18.15 para que camine por sendas y no por *c* 5410
21.8 pongo delante... *c* de vida y *c* de muerte 1870
22.21 este fue tu *c* desde tu juventud, que.......... 1870
23.12 *c* será como resbaladeros en oscuridad 1870
23.22 y lo habrían hecho volver de su mal *c* 1870
25.5 volveos ahora de vuestro mal *c* y de la.......... 1870
26.3 quizá... se vuelvan cada uno de su mal *c*.......... 1870
26.13 mejorad... vuestros *c* y vuestras obras.......... 1870
28.11 habló Hananías... siguió Jeremías su *c* 1870
31.9 por *c* derecho en el cual no tropezarán.......... 1870
31.21 vuélvete por el *c* por donde fuiste 1870
32.19 tus ojos están... sobre todos los *c* de 1870
32.19 dar a cada uno según sus *c*, y según el 1870
32.39 les daré un corazón y un *c*, para que 1870
35.15 volveos... de vuestro mal *c*, y enmendad.......... 1870
36.3 arrepienta... de su mal *c*, y yo perdonaré.......... 1870
36.7 quizá... se vuelva cada uno de su mal *c*.......... 1870
39.4 el *c* del huerto del rey... *c* del Arabá 1870
42.3 que Jehová... nos enseñe el *c* por donde 1870
48.19 párate en el *c*, y mira, oh moradora 1870
50.5 preguntarán por el *c* de Sion, hacia 1870
52.7 el *c* de la puerta... por el *c* del Arabá 1870
Lm 1.12 ¿no os conmueve a cuantos pasáis... *c*? 1870
2.15 los que pasaban por el *c* batieron las.......... 1870
3.9 cercó mis *c* con piedra labrada, torció.......... 1870
3.11 torció mis *c*, y me despedazó; me dejó 1870
3.40 escudriñemos nuestros *c*, y busquemos.......... 1870
Ez 3.18 el impío sea apercibido de su mal *c*.......... 1870
3.19 y él no se convirtiere... de su mal *c* 1870
7.3 te juzgaré según tus *c*; y pondré sobre.......... 1870
7.4 antes pondré sobre ti tus *c*, y en medio 1870
7.8 cumpliré en ti... te juzgaré según tus *c*.......... 1870
7.9 según tus *c* pondré sobre ti, y en medio.......... 1870
7.27 según su *c* haré con ellos, y con los 1870
9.2 venían del *c* de la puerta de arriba que.......... 1870
9.10 recaer el *c* de ellos sobre sus cabezas 1870
11.21 traigo su *c* sobre sus propias cabezas 1870
13.22 para que no se apartase de su mal *c* 1870
14.22 y veréis su *c* y sus hechos, y seréis.......... 1870
14.23 y os consolarán cuando viereis su *c* y 1870
16.25 en toda cabeza de *c* edificaste lugar.......... 1870
16.27 se avergüenzan de tu *c* deshonesto.......... 1870
16.31 edificando... altos en toda cabeza de *c* 1870
16.43 también traeré tu *c* sobre tu cabeza.......... 1870
16.47 ni aun anduviste en sus *c*, ni hiciste 1870
16.47 te corrompiste más que... en todos sus *c*.......... 1870
16.61 te acordarás de tus *c* y te avergonzarás.......... 1870
18.23 ¿no vivirá, si se apartare de sus *c*? 1870
18.25 si dijereis: No es recto el *c* del Señor 1870
18.25 ¿no es recto mi *c*? ¿no son vuestros *c* 1870
18.29 aún dijere... No es recto el *c* del Señor 1870
18.29 ¿no son rectos mis *c*... vuestros *c* no 1870
18.30 yo os juzgaré... según sus *c*, oh casa de.......... 1870
20.43 allí os acordaréis de vuestros *c*, y de 1870
20.44 cuando haga... no según vuestros *c* malos.......... 1870
21.19 traza dos *c* por donde venga la espada.......... 1870
21.19 pon una señal al comienzo de cada *c*.......... 1870
21.20 *c* señalarás por donde venga la espada 1870
21.21 ha detenido... al principio de los dos *c*.......... 1870
22.31 volver el *c* de ellos sobre su... cabeza.......... 1870
23.13 y vi que... un mismo *c* era el de ambas 1870
23.31 en el *c* de tu hermana anduviste; yo 1870
24.14 según tus *c* y tus obras te juzgarán.......... 1870
28.15 perfecto eras en todos tus *c* desde el 1870
33.8 para que se guarde el impío de su *c* 1870
33.9 tú avisares al impío de su *c* para que.......... 1870
33.9 y él no se apartare de su *c*, él morirá.......... 1870
33.11 sino que se vuelva el impío de su *c* 1870
33.11 volveos de vuestros malos *c*; ¿por qué 1870
33.17 dirán... No es recto el *c* del Señor 1870
33.17 el *c* de ellos es el que no es recto 1870
33.20 dijisteis: No es recto el *c* del Señor 1870
33.20 juzgaré... a cada uno conforme a sus *c*.......... 1870
36.17 contaminó con sus *c* y con sus obras 1870
36.17 como inmundicia de menstruosa... su *c*.......... 1870
36.19 conforme a sus *c* y... obras les juzgué 1870
36.31 os acordaréis de vuestros malos *c*, y.......... 1870
42.15 luego... me sacó por el *c* de la puerta.......... 1870
44.3 el vestíbulo... y por ese mismo *c* saldrá 1870
46.2,8 príncipe entrará por el *c* del portal.......... 1870
46.8 el príncipe... y por el mismo *c* saldrá 1870
47.2 me sacó por el *c*; de la puerta del norte.......... 1870
47.2 la vuelta por el *c* exterior... al *c* de la 1870
47.15 el límite... el Mar Grande, *c* de Hetlón.......... 1870
Dn 4.37 obras son verdaderas, y sus *c* justos 735
5.23 cuyos son todos tus *c*, nunca honraste 735
Os 2.6 he aquí yo rodearé de espinos su *c*, y.......... 1870
2.6 la cercaré con seto, y no hallará sus *c* 5410
6.9 una compañía de sacerdotes mata en el *c* 1870
9.8 el profeta es lazo de cazador en... sus *c*.......... 1870
10.13 confiaste en tu *c* y en la multitud de 1870
12.2 para castigar a Jacob conforme a sus *c* 1870
13.7 como un leopardo en el *c* los acecharé 1870
14.9 los *c* de Jehová son rectos, y los justos.......... 1870
Jl 2.7 cada cual marchará... su *c*, y no torcerá.......... 1870
Am 2.7 y tuercen el *c* de los humildes; y el 1870
8.14 y dicen... Por el *c* de Beerseba, caerán 1870
Jon 3.3 era Nínive ciudad... de tres días de *c* 4109
3.4 a entrar por la ciudad, *c* de un día, y 4109
3.8 sino... conviértase cada uno de su mal *c* 1870
3.10 que se convirtieron de su mal *c*; y se.......... 1870
Mi 2.13 subirá el que abre *c* delante de ellos 6555
2.13 abrirán *c* y pasarán la puerta, y saldrán
4.2 nos enseñará en sus *c*, y andaremos por.......... 1870
Nah 2.1 vigila el *c*... refuerza mucho tu poder 1870
Hab 3.6 se levantó, y midió... sus *c* son eternos 1979
Hag 1.5,7 ha dicho... Meditad... sobre vuestros *c* 1870
Zac 1.4 volveos ahora de vuestros malos *c* y.......... 1870
1.6 pensó tratarnos conforme a nuestros *c*.......... 1870
3.7 si anduvieres por mis *c*, y si guardares 1870
Mal 2.8 vosotros os habéis apartado del *c*.......... 1870
2.9 no habéis guardado mis *c*, y en la ley 1870
3.1 el cual preparará el *c* delante de mí 1870
Mt 2.12 regresaron a su tierra por otro *c*.......... *3598*
3.3 preparad el *c* del Señor, enderezad sus.......... *5147*
4.15 *c* del mar, al otro lado del Jordán.......... *3598*
5.25 **entre tanto que estás con él en el *c*** *3598*
7.13 **espacioso el *c* que lleva a la perdición**.......... *3598*
7.14 **y angosto el *c* que lleva a la vida, y**.......... *3598*
8.28 tanto que nadie podía pasar por aquel *c*.......... *3598*
10.5 **diciendo: Por *c* de gentiles no vayáis** *3598*
10.10 **alforja para el *c*, ni de dos túnicas** *3598*
11.10 **el cual preparará tu *c* delante de ti**.......... *3598*
13.4 **parte de la semilla cayó junto al *c***.......... *3598*
13.19 **es el que fue sembrado junto al *c***.......... *3598*
15.32 **no quiero, no sea que desmayen en el *c*** *3598*
20.17 a sus doce discípulos aparte en el *c*.......... *3598*
20.30 ciegos que estaban sentados junto al *c*.......... *3598*
21.8 sus mantos en el *c*... las tendían en el *c* *3598*
21.19 viendo una higuera cerca del *c*, vino.......... *3598*
21.32 **vino a vosotros Juan en *c* de justicia** *3598*
22.9 **id... a las salidas de los *c*, y llamad a** *1327,3598*
22.10 **saliendo... por los *c*, juntaron a todos** *3598*
22.16 y que enseñas con verdad el *c* de Dios.......... *3598*
Mr 1.2 el cual preparará tu *c* delante de ti.......... *3598*
1.3 preparad el *c* del Señor; enderezad sus.......... *3598*

4.4 **y al sembrar...una parte cayó junto al** *c* *3598*
4.15 **éstos son los de junto al** *c*: **en quienes** *3598*
6.8 les mandó que no llevasen nada para el *c* *3598*
8.3 **se desmayarán en el** *c*, **pues algunos de** *3598*
8.27 y en el *c* preguntó a sus discípulos *3598*
9.33 **qué disputabais entre vosotros en el** *c*? *3598*
9.34 porque en el *c* habían disputado entre *3598*
10.17 al salir él para seguir su *c*, vino uno *3598*
10.32 iban por el *c* subiendo a Jerusalén *3598*
10.46 Bartimeo el... estaba sentado junto al *c* *3598*
10.52 y en seguida... seguía a Jesús en el *c* *3598*
11.4 hallaron el pollino... en el recodo del *c* *296*
11.8 sus mantos por el *c*... tendían por el *c* *3598*
12.14 que con verdad enseñas el *c* de Dios *3598*
16.12 apareció... a dos de ellos que iban de *c* *4043*
Lc 1.76 irás delante de... para preparar sus *c* *3598*
1.79 encaminar nuestros pies por *c* de paz *3598*
2.44 anduvieron *c* de un día; y le buscaban *3598*
3.4 está escrito... Preparad el *c* del Señor *3598*
3.5 los *c* torcidos... los *c* ásperos allanados *3598*
7.27 **el cual preparará tu** *c* **delante de ti** *3598*
8.5 **parte cayó junto al** *c*, **y fue hollada** *3598*
8.12 **y los de junto al** *c* **son los que oyen** *3598*
9.3 **no toméis nada para el** *c*, **ni bordón, ni** *3598*
9.57 uno le dijo en el *c*: Señor, te seguiré *3598*
10.4 **ni calzado; y a nadie saludéis por el** *c* *3598*
10.31 **que descendió un sacerdote por aquel** *c* *3598*
10.33 **samaritano, que iba de** *c*, **vino cerca** *3593*
10.38 que yendo de *c*, entró en una aldea; y *4198*
12.58 **procura en el** *c* **arreglarte con él, no** *3598*
13.33 **necesario que hoy y mañana...siga mi** *c* *4198*
14.23 **dijo...vé por los** *c* **y los vallados** *3598*
18.35 un ciego estaba sentado junto al *c* *3598*
19.36 a su paso tendían sus mantos por el *c* *3598*
20.21 que enseñas el *c* de Dios con verdad *3598*
24.32 ardía... mientras nos hablaba en el *c*, y *3598*
24.35 cosas que... habían acontecido en el *c* *3598*
Jn 1.23 enderezad el *c* del Señor, como dijo *3598*
4.6 Jesús, cansado del *c*, se sentó... al pozo *3597*
14.4 **y sabéis a dónde voy, y sabéis el** *c* *3598*
14.5 vas; ¿cómo, pues, podemos saber el *c*? *3598*
14.6 **yo soy el** *c*, **y la verdad, y la vida** *3598*
Hch 1.12 está cerca de... *c* de un día de reposo *3598*
2.28 me hiciste conocer los *c* de la vida *3598*
8.26 por el *c* que desciende de Jerusalén a *3598*
8.36 yendo por el *c*, llegaron a cierta agua *3598*
8.39 eunuco no lo vio... y siguió gozoso su *c* *3598*
9.2 hombres... de este *C*, los trajese presos *3598*
9.3 yendo por el *c*, aconteció que al llegar *4198*
9.17 Jesús, que se te apareció en el *c* por *3598*
9.27 contó cómo Saulo había visto en el *c* al *3598*
10.9 ellos iban por el *c* y se acercaban a la *3596*
13.10 de trastornar los *c* rectos del Señor? *3598*
14.16 él ha dejado... andar en sus propios *c* *3598*
16.17 quienes os anuncian el *c* de salvación *3598*
18.25 había sido instruido en el *c* del Señor *3598*
18.26 y le expusieron más exactamente el *c* *3598*
19.9 no creyendo, maldiciendo el *C* delante *3598*
19.23 un disturbio no pequeño acerca del *c*? *3598*
22.4 perseguía yo este *C* hasta la muerte *3598*
24.14 según el *C* que ellos llaman herejía *3598*
24.22 estando bien informado de este *C*, les *3598*
25.3 preparando ellos... para matarle en el *c* *3598*
26.13 yendo por el *c*, vi una luz del cielo *3598*
Ro 3.16 quebranto y desventura hay en sus *c* *3598*
3.17 y no conocieron *c* de paz *3598*
11.33 insondables son... inescrutables sus *c*! *3598*
1 Co 12.31 os muestro un *c* aun más excelente *3598*
2 Co 11.26 en *c* muchas veces; en peligros de *3597*
1 Ts 3.11 el mismo Dios y... dirijan nuestro *c* *3598*
He 3.10 andan vagando... no han conocido mis *c* *3598*
9.8 no se había manifestado el *c* al Lugar *3598*
10.20 por el *c* nuevo y vivo que él nos abrió *3598*
12.13 que lo cojo no se salga del *c*, sino *1624*
Stg 1.8 de doble ánimo es inconstante en... *c* *4197*
2.25 los mensajeros y los envió por otro *c*? *3598*
5.20 el que haga volver al pecador... de su *c* *3598*
2 P 2.2 por... el *c* de la verdad será blasfemado *684*
2.15 han dejado el *c* recto... el *c* de Balaam *3598*
2.21 no haber conocido el *c* de la justicia *3598*
Jud 11 seguido el *c* de Caín, y se lanzaron *3598*
Ap 15.3 justos y verdaderos son tus *c*, Rey *3598*
16.12 preparado el *c* a los reyes del oriente *3598*

CAMÓN *Ciudad en Galaad*, Jue 10.5 7056

CAMPAMENTO
Gn 25.16 nombres, por sus villas y por sus *c* 2691
32.2 dijo Jacob cuando los vio: *C* de Dios es 4264
32.10 y ahora estoy sobre dos *c* 4264
32.7 Jacob... distribuyó el pueblo... en dos *c* 4264
32.8 Esaú contra un *c*... el otro *c* escapará 4264
32.21 y él durmió aquella noche en el *c* 4264
Éx 14.19 ángel de Dios que iba delante del *c* 4264
14.20 iba entre el *c* de los... y el *c* de Israel 4264
14.24 que Jehová miró el *c* de los egipcios 4264
14.24 nube, y trastornó el *c* de los egipcios 4264
16.13 subieron codornices que cubrieron el *c* 4264
16.13 por la mañana... rocío en derredor del *c* 4264
19.16 se estremeció todo el pueblo... en el *c* 4264
19.17 Moisés sacó del *c* al pueblo... a Dios 4264
29.14 los quemarás a fuego fuera del *c*; es 4264
32.17 a Moisés: Alarido de pelea hay en el *c* 4264
32.19 él llegó al *c*, y vio el becerro y las 4264
32.26 se puso Moisés a la puerta del *c*, y 4264
32.27 pasad y volved... el *c*, y matad cada uno 4264
33.7 levantó lejos, fuera del *c*, y lo llamó 4264
33.7 salía al tabernáculo de... fuera del *c* 4264
33.11 y él volvía al *c*; pero el joven Josué 4264
36.6 pregonar por el *c*... Ningún... haga más 4264
Lv 4.12 todo el becerro sacará fuera del *c* a 4264
4.21 sacará el becerro... del *c*, y lo quemará 4264
6.11 y sacará las cenizas fuera del *c* a un 4264
8.17 becerro... lo quemó al fuego fuera del *c* 4264
9.11 y la piel las quemó al fuego fuera del *c* 4264
10.4 sacad a vuestros hermanos... fuera del *c* 4264
10.5 los sacaron con sus túnicas fuera del *c* 4264
13.46 inmundo... fuera del *c* será su morada 4264
14.3 éste saldrá fuera del *c* y lo examinará 4264
14.8 entrará en el *c*, y morará fuera de su 4264
16.26 lavará sus... y después entrará en el *c* 4264
16.27 sacarán fuera del *c* el becerro y el 4264
16.28 lavará... después podrá entrar en el *c* 4264
17.3 degollare buey o... en el *c* o fuera de él 4264
24.10 hijo de la israelita... riñeron en el *c* 4264
24.14 saca al blasfemo fuera del *c*, y todos 4264
24.23 ellos sacaron del *c* al blasfemo y lo 4264
Nm 1.52 acamparán cada uno en su *c*, y cada 4264
2.3 bandera del *c* de Judá, por sus ejércitos 4264
2.9 los contados en el *c* de Judá, 186.400 4264
2.10 la bandera del *c* de Rubén estará al sur 4264
2.16 los contados en el *c* de Rubén, 151.450 4264
2.17 el *c* de los levitas, en medio de los *c* 4264
2.18 la bandera del *c* de Efraín... al occidente 4264
2.24 todos los contados en el *c* de Efraín 4264
2.25 la bandera del *c* de Dan estará al norte 4264
2.31 los contados en el *c* de Dan, 157.600 4264
2.32 los contados por *c*, por sus ejércitos 4264
4.5,15 cuando haya de mudarse el *c*, vendrán 4264
5.2 manda... que echen del *c* a todo leproso 4264
5.3 fuera del *c*... que no contaminen el *c* de 4264
5.4 lo hicieron... y los echaron fuera del *c* 4264
10.2 te servirán... y para hacer mover los *c* 4264
10.5 moverán... *c* de los que están acampados 4264
10.6 moverán los *c* de los que están... al sur 4264
10.14 la bandera del *c*... de Judá comenzó a 4264
10.18 marchar la bandera del *c* de Rubén por 4264
10.22 bandera del *c* de los hijos de Efraín 4264
10.25 a marchar la bandera del *c* de... de Dan 4264
10.25 de Dan... a retaguardia de todos los *c* 4264
10.34 y la nube de... desde que salieron del *c* 4264
11.1 ira... consumió uno de los extremos del *c* 4264
11.9 cuando descendía el rocío sobre el *c* 4264
11.26 y habían quedado en el *c* dos varones 4264
11.26 Eldad y... Medad... profetizaron en el *c* 4264
11.27 dijo: Eldad y Medad profetizan en el *c* 4264
11.30 Moisés volvió al *c*, él y los ancianos 4264
11.31 trajo codornices... las dejó sobre el *c* 4264
11.31 un día de camino al... alrededor del *c* 4264
11.32 las tendieron para sí... alrededor del *c* 4264
12.14 sea echada fuera del *c* por siete días 4264
12.15 así María fue echada del *c* siete días 4264
13.19 cómo son las ciudades... son *c* o plazas 4264
14.44 no se apartaron de en medio del *c* 4264
15.35 apedréelo... la congregación fuera del *c* 4264
15.36 lo sacó la congregación fuera del *c* 4264
19.3 sacará fuera del *c*, y la hará degollar 4264
19.7 lavará luego... después entrará en el *c* 4264
19.9 las cenizas de... las pondrá fuera del *c* 4264
31.12 trajeron a Moisés... los despojos al *c* 4264
31.13 y salieron... a recibirlos fuera del *c* 4264
31.19 permaneced fuera del *c* siete días, y 4264
31.24 lavaréis... y después entraréis en el *c* 4264
Dt 2.14 se acabó toda la generación de... del *c* 4264
2.15 destruirlos de en medio del *c*, hasta 4264
23.10 saldrá fuera del *c*, y no entrará en él 4264
23.11 puesto el sol, podrá entrar en el *c* 4264
23.12 tendrás un lugar fuera del *c* a donde 4264
23.14 Jehová tu Dios anda en medio de tu *c* 4264
23.14 por tanto, tu *c* ha de ser santo, para 4264
29.11 tus extranjeros que habitan en... tu *c* 4264
Jos 1.11 pasad por en medio del *c* y mandad al 4264
3.2 tres días, los oficiales recorrieron el *c* 4264
5.8 se quedaron... en el *c*, hasta que sanaron 4264
6.11 volvieron luego al *c*, y allí pasaron 4264
6.14 dieron otra vuelta... y volvieron al *c* 4264
6.18 sea que hagáis anatema el *c* de Israel 4264
6.23 y los pusieron fuera del *c* de Israel 4264
8.13 todo el *c* al norte de la ciudad, y su 4264
9.6 vinieron a Josué al *c* en Gilgal, y le 4264
10.6 a decir a Josué al *c* en Gilgal: No 4264
10.15 Josué... Israel... volvió al *c* en Gilgal 4264
10.21 todo el pueblo volvió... al *c* en Maceda 4264
10.43 volvió Josué... Israel... al *c* en Gilgal 4264
18.9 en un libro, y volvieron a Josué al *c* 4264
Jue 7.1 tenía el *c* de los madianitas al norte 4264
7.8 tenía el *c* de Madián abajo en el valle 4264
7.9 levántate, y desciende al *c*; porque yo 4264
7.10 si tienes temor... baja tú con Fura... al *c* 4264
7.11 oirás lo que hablan... descenderás al *c* 4264
7.11 de la gente armada que estaba en el *c* 4264
7.13 veía un pan que rodaba hasta el *c* de 4264
7.14 ha entregado... madianitas con todo el *c* 4264
7.15 vuelto al *c* de Israel, dijo: Levantaos 4264
7.15 Jehová ha entregado el *c* de Madián en 4264
7.17 que cuando yo llegue al extremo del *c* 4264
7.18 las trompetas alrededor de todo el *c* 4264
7.19 llegaron Gedeón y... al extremo del *c* 4264
7.21 se estuvieron firmes... en derredor del *c* 4264
7.22 cada uno contra su compañero en... el *c* 4264
8.11 Gedeón atacó el *c*, porque el ejército 4264
13.25 comenzó a manifestarse en él en los *c* 4264
18.12 llamaron a aquel lugar el *c* de Dan 4265
21.8 que ninguno de... había venido al *c*, a 4264
21.12 doncellas... las trajeron al *c* en Silo 4264
1 S 4.3 cuando volvió el pueblo al *c*, los 4264
4.5 cuando el arca... llegó al *c*, todo Israel 4264
4.6 ¿qué voz... esta en el *c* de los hebreos? 4264
4.6 arca de Jehová había sido traída al *c* 4264
4.7 decían: Ha venido Dios al *c*. Y dijeron 4264
11.11 entraron en medio del *c* a la vigilia de 4264
13.17 merodeadores del *c* de los filisteos 4264
14.15 y hubo pánico en el *c* y por el campo 4264
14.19 el alboroto... en el *c* de los filisteos 4264
14.21 habían venido con ellos de los... al *c* 4264
17.4 salió... del *c* de los filisteos un paladín 4264
17.10 he desafiado al *c* de Israel; dadme un 4634
17.17 y llévalo pronto al *c* a tus hermanos 4264
17.20 y llegó al *c* cuando el ejército salía 4570
17.23 que se ponía en medio de los dos *c*
17.53 los hijos de Israel... saquearon su *c* 4264
26.5 miró... y estaba Saúl durmiendo en el *c* 4570
26.6 descenderá conmigo a Saúl en el *c*? 4264
26.7 Saúl estaba tendido durmiendo en el *c* 4570
28.5 cuando vio Saúl el *c* de los filisteos 4264
29.6 tu salida y tu entrada en el *c* conmigo 4264
2 S 1.2 sucedió que vino uno del *c* de Saúl 4264
1.3 ¿de dónde... he escapado del *c* de Israel 4264
5.24 saldrá... a herir el *c* de los filisteos 4264
23.13 *c* de los filisteos estaba en el valle 2416
23.16 irrumpieron por el *c* de los filisteos 4264
1 R 16.16 y el pueblo que estaba en el *c* oyó 4264
22.36 salió un pregón por el *c*, diciendo 4264
2 R 3.24 pero cuando llegaron al *c* de Israel 4264
6.8 el rey... En tal y tal lugar estará mi *c* 8466
7.4 vamos... y pasemos al *c* de los sirios; si 4264
7.5 ir al *c* de... llegaron a la entrada del *c* 4264
7.6 en el *c* de... se oyese estruendo de carros 4264
7.7 abandonando sus tiendas... asnos, y el *c* 4264
7.8 los leprosos llegaron a la entrada del *c* 4264
7.10 fuimos al *c* de los sirios, y he aquí que 4264
7.10 sino caballos atados... y el *c* intacto 168
7.14 envió el rey al *c*... diciendo: Id y ved 4264
7.16 el pueblo... saqueó el *c* de los sirios 4264
19.35 el ángel... mató en el *c* de los asirios 4264
1 Cr 9.19 como sus padres guardaron la... del *c* 4264
11.15 estando el *c* de los filisteos en el 4264
11.18 rompieron por el *c* de los filisteos 4264
2 Cr 22.1 que había venido con los árabes al *c* 4264
32.21 destruyó a... en el *c* del rey de Asiria 4264
Sal 78.28 hizo caer en medio del *c*, alrededor 4264
106.16 tuvieron envidia de Moisés en el *c* 4264
Cnt 6.13 ¿qué... Algo como la reunión de dos *c* 4264
Is 29.3 te sitiaré con *c*, y levantaré contra 4674
37.36 mató a 185.000 en el *c* de los asirios 4264
Jer 1.15 y pondrá cada uno su *c* a la entrada 3678
Ez 4.2 pondrás delante de ella *c*, y colocarás 4264
Jl 2.11 porque muy grande es su *c*; fuerte es 4264
Am 4.10 e hice subir el hedor de vuestros *c* 4264
Zac 14.15 de todas las bestias... en aquellos *c* 4264
He 13.11 cuerpos de... son quemados fuera del *c* *3925*
13.13 salgamos... a él, fuera del *c*, llevando *3925*
Ap 20.9 y rodearon el *c* de los santos y la *3925*

CAMPANILLA
Éx 28.33 y entre ellas *c* de oro alrededor 6472
28.34 una *c* de oro y una granada, otra *c* de 6472
39.25 hicieron... *c* de oro... pusieron *c* entre 6472
39.26 *c* y una granada, otra *c* y otra granada 6472
Zac 14.20 grabado sobre las *c* de los caballos 4698

CAMPAÑA
Dt 23.9 salieres a *c* contra tus enemigos, te 341
1 S 18.30 a *c* los príncipes de los filisteos 3318
28.1 que has de salir conmigo a *c*, tú y tus 4264
2 R 24.1 en su tiempo subió en *c* Nabucodonosor 5927
1 Cr 12.33 de Zabulón 50.000, que salían a *c* 6635
Dn 11.11 pondrá en *c* multitud grande, y toda 3318
11.13 volverá a poner en *c*... multitud mayor

CAMPO
Gn 2.5 toda planta del *c*... toda hierba del *c* 7704
2.19 formó... toda bestia del *c*, y toda ave 7704
2.20 puso Adán nombre... a todo ganado del *c* 7704
3.1 era astuta, más que... los animales del *c* 7704
3.14 maldita serás entre... los animales del *c* 7704
3.18 te producirá, y comerás plantas del *c* 7704
4.8 Caín a su hermano Abel: Salgamos al *c*
4.8 estando ellos en el *c*, Caín se levantó 7704
24.63 y había salido Isaa *c* a meditar al *c*, a 7704
24.65 que viene por el *c* hacia nosotros? 7704
25.27 Esaú fue diestro en la... hombre del *c* 7704
25.29 y volviendo Esaú del *c*, cansado 7704
27.3 toma... arco, y sal al *c* y tráeme caza 7704
27.5 se fue Esaú al *c* para buscar la caza 7704
27.27 el olor del *c* que Jehová ha bendecido 7704
29.2 miró, y vio un pozo en el *c*; y he aquí 7704
30.14 fue Rubén... halló mandrágoras en el *c* 7704
30.16 cuando, pues, Jacob volvía del *c* a la 7704
31.4 llamó... al *c* donde estaban sus ovejas 7704
32.3 a Esaú... a la tierra de Seir, *c* de Edom 7704
33.19 una parte del *c*, donde plantó su tienda 7704
34.5 estando sus hijos con su ganado en el *c* 7704
34.7 hijos de Jacob vinieron del *c* cuando 7704
34.28 tomaron sus... y lo que había... en el *c* 7704
36.35 que derrotó a Madián en el *c* de Moab 7704
37.7 atábamos manojos en medio del *c*, y he 7704
37.15 lo halló... andando él errante por el *c* 7704
39.5 Jehová bendijo la... en casa como en el *c* 7704
41.48 en cada ciudad el alimento del *c* de 7704
49.29,30 en la cueva que está en el *c* de 7704
49.30 la cual compró Abraham con el mismo *c* 7704
49.32 la compra del *c* y de la cueva... en él 7704
50.13 y lo sepultaron en la cueva del *c* de 7704
50.13 la que había comprado... con el mismo *c* 7704
Éx 1.14 toda labor del *c* y en todo su servicio 7704

8.13 murieron las ranas de las casas...los *c* 7704
9.3 tus ganados que están en el *c*, caballos 7704
9.19 tu ganado, y todo lo que tienes en el *c* 7704
9.19 animal que se halle en el *c*, y no sea 7704
9.21 dejó sus criados y sus ganados en el *c* 7704
9.22 granizo...sobre toda la hierba del *c* en 7704
9.25 hirió en...todo lo que estaba en el *c* 7704
9.25 destrozó el granizo...la hierba del *c* 7704
10.5 todo árbol que os fructifica en el *c* 7704
10.15 no quedó cosa verde...en hierba del *c* 7704
16.25 es día de reposo...no hallaréis en el *c* 7704
22.5 pastar en *c* o...su bestia en *c* de otro 7704
22.5 de lo mejor de su *c* y...su viña pagará 7704
22.6 quemare mieses amontonadas o en...o *c* 7704
22.31 carne destrozada por...fieras en el *c* 7704
23.11 que quedare comerán las bestias del *c* 7704
23.16 frutos...que hubieres sembrado en el *c* 7704
23.16 recogido los frutos de...labores del *c* 7704
23.29 se aumenten contra ti las fieras del *c* 7704
Lv 14.7 y soltará la avecilla viva en el *c* 7704
14.53 la avecilla viva...sobre la faz del *c* 7704
17.5 los que sacrifican en medio del *c*, para 7704
19.19 *c* no sembrarás con mezcla de semillas 7704
25.31 estimadas como los terrenos del *c* 7704
26.4 yo daré...y el árbol del *c* dará su fruto 7704
Nm 19.16 muerto a espada sobre la faz del *c* 7704
21.20 al valle que está en los *c* de Moab 7704
22.1 y acamparon en los *c* de Moab junto al 6160
22.4 lamerá...lame el buey la grama del *c* 7704
22.23 se apartó el asna del...e iba por el *c* 7704
23.14 lo llevó al *c* de Zofim, a la cumbre 7704
26.3 hablaron con ellos en los *c* de Moab 6160
26.63 contaron los...Israel en los *c* de Moab 6160
33.48 acamparon en los *c* de Moab, junto al 6160
33.49 finalmente acamparon...los *c* de Moab 6160
33.50; 35.1 habló Jehová a Moisés en los *c* 6160
36.13 que mandó Jehová...en los *c* de Moab 6160
Dt 7.22 que las fieras del *c* no se aumenten 7704
11.15 daré...hierba en tu *c* para tus ganados 7704
14.22 del grano que rindiere tu *c* cada año 7704
20.19 el árbol del *c* no es hombre para venir 7704
21.1 hallado alguien muerto, tendido en el *c* 7704
22.25 hallare en el *c* a la joven desposada 7704
22.27 la halló en el *c*; dio voces la joven 7704
24.19 cuando siegues tu mies en tu *c*, y 7704
24.19 y olvides alguna gavilla en el *c*, no 7704
28.3 bendito serás tú en la ciudad...en el *c* 7704
28.16 maldito serás tú en la ciudad, y...el *c* 7704
28.38 mucha semilla al *c*, y recogerás poco 7704
32.13 lo hizo subir...comió los frutos del *c* 7704
32.32 vid de Sodoma...y de los *c* de Gomorra 7709
Dt 34.1 subió Moisés de los *c* de Moab al monte 6160
34.8 y lloraron...a Moisés en los *c* de Moab 6160
Jos 8.24 matar a...moradores de Hai en el *c* 7704
21.12 mas el *c* de la ciudad...dieron a Caleb 7704
24.32 *c* que Jacob compró de los...de Hamor 7704
Jue 1.14 persuadió...pidiese a su padre un *c* 7704
5.4 cuando te marchaste de los *c* de Edom 7704
5.18 Zabulón...Neftalí en las alturas del *c* 7704
9.27 saliendo al *c*, vendimiaron sus viñedos 7704
9.32 levántate, pues...pon emboscadas en el *c* 7704
9.42 pueblo salió al *c*; y fue dado aviso a 7704
9.43 puso emboscadas en el *c*; y cuando miró 7704
9.44 acometieron a...los que estaban en el *c* 7704
13.9 el ángel...volvió...estando ella en el *c* 7704
19.16 un hombre viejo que venía de su...del *c* 7704
20.31 a Bet-el, y el otro a Gabaa en el *c* 7704
20.36 los...de Israel cedieron *c* a Benjamín 4725
Rt 1.1 un varón...fue a morar en los *c* de Moab 7704
1.2 llegaron...a los *c* de Moab, y se quedaron 7704
1.6 se levantó...y regresó de los *c* de Moab 7704
1.6 oyó en el *c*...que Jehová había visitado 7704
1.22 volvió de los *c* de Moab, y llegaron a 7704
2.2 ruego que me dejes ir al *c*, y recogeré 7704
2.3 espigó en el *c*...*c* era de Booz, el cual 7704
2.6 que volvió con Noemí de los *c* de Moab 7704
2.8 no vayas a espigar a otro *c*, ni pases 7704
2.9 mira bien el *c* que sieguen, y síguelas 7704
2.17 espigó, pues, en el *c* hasta la noche 7704
2.22 mejor...que no te encuentren en otro *c* 7704
4.3 al pariente: Noemí, que ha vuelto del *c* 7704
1 S 4.2 hirieron...el *c* como a 4.000 hombres 7704
6.14 carro vino al *c* de Josué de Bet-semes 7704
6.18 la gran piedra...está en el *c* de Josué 7704
8.12 los pondrá...a que aren sus *c* y sieguen 2758
11.5 Saúl que venía del *c*, tras los bueyes 2758
14.15 hubo pánico en el campamento y...el *c* 2758
14.25 había miel en la superficie del *c* 2758
17.44 y daré tu carne...a las bestias del *c* 2758
19.3 y yo...estaré junto a mi padre en el *c* 2758
20.5 tú dejarás que me esconda en el *c* hasta 2758
20.11 salgamos al *c*. Y salieron ambos al *c* 2758
20.24 David...se escondió en el *c*, y cuando 2758
20.35 salió Jonatán al *c*, al tiempo señalado 2758
30.11 hallaron en el *c* a un hombre egipcio 2758
2 S 2.18 ligero de pies como una gacela del *c* 2758
3.22 siervos de David y Joab venían del *c* 1416
10.8 los sirios de...estaban aparte en el *c* 7704
11.11 y los siervos de mi señor, en el *c* 7704
11.23 hombres...salieron contra nosotros al *c* 7704
14.6 dos hijos, y los dos riñeron en el *c* 7704
14.30 el *c* de Joab...prendieron fuego al *c* 2513
14.31 han prendido fuego tus siervos a mi *c*? 2513
17.8 la osa en el *c* cuando le han quitado sus 7704
18.6 salió...el pueblo al *c* contra Israel, y 7704
21.10 no dejó que...ni fieras del *c* de noche 7704
1 R 11.29 y estaban ellos dos solos en el *c* 7704
14.11 el que muera en el *c*, lo comerán las 7704
16.4 el que de él fuere muerto en el *c*, lo 7704
16.16 a Omri, general...en el *c* de batalla 4264
20.25 luego pelearemos con ellos en *c* raso 4334
21.24 que fuere muerto en el *c*, lo comerán 7704
22.34 y sácame del *c*, pues estoy herido 4264
2 R 4.39 salió uno al *c* a recoger hierbas, y 7704
7.12 y se han escondido en el *c*, diciendo 7704
9.10 Jezabel la comerán los perros en el *c* 2506
19.23 lugares, en el bosque de sus feraces *c* 3760
19.26 vinieron a ser como la hierba del *c* 7704
23.4 los quemó fuera de...en el *c* del Cedrón 7709
1 Cr 1.46 derrotó a Madián en el *c* de Moab 7704
16.32 alégrese el *c*, y todo lo que contiene 7704
19.9 los reyes que...estaban aparte en el *c* 7704
27.25 Jonatán hijo de...los tesoros de los *c* 7704
2 Cr 18.33 sácame del *c*...estoy mal herido 4264
26.23 sepultaron con sus padres en el *c* de 7704
35.22 a darle batalla en el *c* de Meguido 1237
Neh 6.2 ven y reunámonos en...en el *c* de Ono 1237
12.29 de los *c* de Geba y de Asmavet; porque 7704
Job 5.10 que da...envía las aguas sobre los *c* 2351
5.22 reirás, y no temerás de...fieras del *c* 776
5.23 con las piedras del *c* tendrás tu pacto 7704
5.23 las fieras del *c* estarán en paz contigo 7704
24.6 en el *c* siegan su pasto, y los impíos 7704
39.15 que puede quebrarlos la bestia del *c* 7704
40.20 montes...toda bestia del *c* retoza allá 7704
Sal 8.7 ello, y asimismo las bestias del *c* 7704
50.11 lo que se mueve en los *c* me pertenece 7704
78.12 hizo maravillas en...en el *c* de Zoán 7704
78.43 puso...sus maravillas en el *c* de Zoán 7704
80.13 destroza...y la bestia del *c* la devora 7704
96.12 regocíjese el *c*, y todo lo que en él 7704
103.15 hombre...florece como la flor del *c* 7704
104.11 dan de beber a todas las bestias del *c* 7704
107.37 siembran *c*, y plantan viñas, y...fruto 7704
132.6 oímos...hallamos en los *c* del bosque 7704
144.13 que se multipliquen...en nuestros *c* 7339
Pr 8.26 había aún hecho la tierra, ni los *c* 2351
24.27 prepara...fuera, y disponlas en tus *c* 7704
24.30 pasé junto al *c* del hombre perezoso 7704
27.26 y los cabritos para el precio del *c* 7704
Ec 5.9 el rey mismo está sujeto a los *c* 7704
Cnt 2.7; 3.5 conjuro...por las ciervas del *c* 7704
7.11 oh amado mío, salgamos al *c*, moremos 7704
Is 5.17 extraños devorarán los *c* desolados 2723
10.18 su bosque y de su *c* fértil consumirá 3759
16.8 los *c* de Hesbón fueron talados, y las 7709
16.10 quitado es el gozo y la...del *c* fértil 3759
29.17 convertirá...el Líbano en *c* fructífero 3759
32.12 lamentarán por los *c* deleitosos, por 7704
32.15 el desierto se convierta en *c* fértil 3759
32.15 el *c* fértil sea estimado por bosque 3759
32.16 y en el *c* fértil morará la justicia 3759
37.24 llegaré...al bosque de sus feraces *c* 3759
37.27 fueron como hierba del *c* y hortaliza 7704
40.6 carne...toda su gloria como flor del *c* 7704
43.20 fieras del *c* me honrarán, los chacales 7704
55.12 todos los árboles del *c* darán palmadas 7704
56.9 las bestias del *c*, todas las fieras del 7704
Jer 4.3 arad *c* para vosotros, y no sembréis 5215
4.17 guardas de *c* estuvieron en derredor de 7704
4.26 y he aquí el *c* fértil era un desierto 3759
6.25 no salgas al *c*, ni andes por el camino 7704
7.20 se derramarán...sobre los árboles del *c* 7704
8.10 daré a...sus *c* a quienes los conquisten 7704
9.22 caerán como estiércol sobre la...del *c* 7704
12.4 y marchita la hierba de todo el *c*? 7704
12.9 vosotras todas las fieras del *c*, venid 7704
13.27 en el *c* vi tus abominaciones. ¡Ay de ti 7704
14.5 las ciervas en los *c* parían y dejaban la 7704
14.18 si salgo al *c*, he aquí muertos a espada 7704
17.3 sobre las montañas y sobre el *c*. Todos 7704
18.14 ¿faltará la nieve...de la piedra del *c*? 7704
26.18 Sion será arada como *c*, y Jerusalén 7704
27.6 aun las bestias del *c* le he dado para 7704
28.14 también le he dado las bestias del *c* 7704
40.7 los jefes...que estaban por el *c*...oyeron 7704
40.13 los príncipes de...que estaban en el *c* 7704
41.8 tenemos en el *c* tesoros de trigos y 7704
48.33 cortada la alegría y el regocijo...*c* 3759
Ez 3.22 y sal al *c*, y allí hablaré contigo 1237
3.23 salí al *c*...estaba la gloria de Jehová 1237
7.15 el que esté en el *c* morirá a espada, y 7704
8.4 como la visión que yo había visto en el *c* 1237
16.5 que fuiste arrojada sobre la faz del *c* 7704
16.7 hice multiplicar como la hierba del *c* 7704
17.5 la puso en un *c* bueno para sembrar, la 7704
17.8 en un buen *c*, junto a muchas aguas, fue 7704
17.24 sabrán todos los árboles del *c* que yo 7704
26.6 hijas que están en el *c* serán muertas 7704
26.8 matará...a tus hijas que están en el *c* 7704
29.5 la faz del *c* caerás; no serás recogido 7704
31.4 a todos los árboles del *c* enviaba sus 7704
31.5 encumbró...sobre todos los árboles del *c* 7704
31.6 ramaje parían todas las bestias del *c* 7704
31.13 sobre sus ramas...las bestias del *c* 7704
31.15 todos los árboles del *c* se desmayaron 7704
32.4 te echaré sobre la faz del *c*, y haré 7704
33.27 que está sobre la faz del *c* entregaré 7704
34.5,8 son presa de todas las fieras del *c* 7704
34.27 y el árbol del *c* dará su fruto, y la 7704
36.30 multiplicaré asimismo el fruto de...*c* 7704
37.2 que eran muchísimos sobre la faz del *c* 1237
38.20 bestias del *c* y toda serpiente que se 7704
39.4 las fieras del *c*, te he dado por comida 7704
39.5 sobre la faz del *c* caerás; porque yo he 7704
39.10 no traerán leña del *c*, ni cortarán de 7704
39.17 a toda fiera del *c*: Juntaos, y venid 7704
Dn 2.38 que habitan...bestias del *c* y aves del 1251
3.1 una estatua...la levantó en el *c* de Dura 1236
4.12 se ponían a la sombra las bestias del *c* 1251
4.15,23 atadura de...entre la hierba del *c* 1251
4.21 debajo del...moraban las bestias del *c* 1251
4.23 y con las bestias del *c* sea su parte 1251
4.25 con las bestias del *c* será tu morada 1251
4.25 con hierba del *c* te apacentarán como a
4.32 las bestias del *c* será tu habitación 1251
Os 2.12 vides...las comerán las bestias del *c* 7704
2.18 haré para ti pacto con las bestias del *c* 7704
4.3 se extenuará...con las bestias del *c* y 7704
10.4 juicio florecerá...en los surcos del *c* 7704
12.11 son como montones en los surcos del *c* 7704
13.8 devoraré...fiera del *c* los despedazará 7704
Jl 1.10 *c* está asolado, se enlutó la tierra 7704
1.11 gemid...porque se perdió la mies del *c* 7704
1.12 todos los árboles del *c* se secaron, por 7704
1.19 y llama abrasó todos los árboles del *c* 7704
1.20 las bestias del *c* bramarán también a ti 7704
2.22 animales del *c*, no temáis; porque los 7704
Am 1.2 los *c* de los pastores se enlutarán, y 7704
Abd 19 poseerán...los *c* de Efraín, y los *c* de 7704
Mi 2.4 ¡cómo nos quitó nuestros *c*! Los dio y 7704
3.12 Sion será arada como *c*, y Jerusalén 7704
4.10 saldrás de la ciudad y morarás en el *c* 7704
7.14 mora solo en...en *c* fértil; busque pasto 3760
Sof 2.9 Moab...*c* de ortigas, y mina de sal 4476
2.14 harán en ella majada...las bestias del *c* 1471
Zac 10.1 y hierba verde en el *c* a cada uno 7704
13.5 he estado en el *c* desde mi juventud 7069
Mal 3.11 ni vuestra vid en el *c* será estéril 7704
Mt 6.28 **considerad los lirios del *c*...crecen** *68*
6.30 **si la hierba del *c*...Dios la viste así** *68*
13.24 **hombre...sembró buena semilla en su *c*** *68*
13.27 **¿no sembraste buena semilla en tu *c*?** *68*
13.31 **mostaza...un hombre...sembró en su *c*** *68*
13.36 explícanos la parábola de la...del *c* *68*
13.38 **el *c* es el mundo; la buena semilla son** *68*
13.44 **semejante a...tesoro escondido en un *c*** *68*
13.44 **vende todo...tiene, y compra aquel *c*** *68*
24.18 **el que esté en el *c*, no vuelva atrás** *68*
24.40 **entonces estarán dos en el *c*; el uno** *68*
27.7 compraron con ellas el *c* del alfarero *68*
27.8 aquel *c* se llama hasta el...*C* de Sangre *68*
27.10 y las dieron para el *c* del alfarero *68*
Mr 5.14 dieron aviso en la ciudad y en los *c* *68*
6.36 para que vayan a los *c*...y compren pan *68*
6.56 *c*, ponían en las calles a los enfermos *68*
13.16 **el que esté en el *c*, no vuelva atrás** *68*
15.21 venía del *c*, a que le llevase la cruz *68*
16.12 apareció...a dos de ellos...yendo al *c* *68*
Lc 8.34 dieron aviso en la ciudad y por los *c* *68*
9.12 que vayan a las aldeas y *c*...y se alojen *68*
12.28 **hierba que hoy está en el *c*, y mañana** *68*
15.25 **su hijo mayor estaba en el *c*; y cuando** *68*
17.7 **al volver él del *c*, luego le dice: Pasa** *68*
17.31 **y el que en el *c*, asimismo no vuelva** *68*
17.36 **estarán en el *c*; el uno será tomado, y** *68*
21.21 **que estén en los *c*, no entren en ella** *5561*
23.26 Simón de Cirene, que venía del *c*, y le *68*
Jn 4.35 **alzad vuestros ojos y mirad los *c*** *5561*
Hch 1.18 adquirió un *c*, y cayendo de cabeza *5564*
1.19 *c* se llama en su...lengua...*C* de Sangre *5564*
Ro 15.23 no teniendo más *c* en estas regiones *5117*

CANÁ

1. Arroyo en la frontera de Efraín y Manasés, Jos 16.8; 17.9 7071
2. Ciudad en la frontera de Aser, Jos 19.28 7071
3. Ciudad en Galilea

Jn 2.1 hicieron unas bodas en *C* de Galilea *2580*
2.11 principio de señales hizo Jesús en *C* *2580*
4.46 vino...Jesús otra vez a *C* de Galilea *2580*
21.2 estaban...Natanael el de *C* de Galilea *2580*

CANA *Véase también Cano*

Gn 42.38; 44.29 descender mis *c* con dolor al 7872
44.31 descender las *c* de tu siervo nuestro 7872
Lv 19.32 delante de las *c* te levantarás, y 7872
1 S 12.2 soy ya viejo y lleno de *c*; pero mis 7867
1 R 2.6 no dejarás descender su *c* al Seol en 7872
2.9 harás descender sus *c* con sangre al Seol 7872
Sal 71.18 la vejez y las *c*...no me desampares 7872
Is 46.4 la vejez y hasta las *c* os soportaré 7872
Os 7.9 aun *c* le han cubierto, y él no lo supo 7872

CANAÁN ***Hijo de Cam. Sus descendientes habitaron la parte de Palestina al oeste del Jordán y dieron su nombre a esa región***

Gn 9.18 Cam y Jafet; y Cam es el padre de *C* 3667
9.22 Cam, padre de *C*, vio la desnudez de su 3667
9.25 dijo: Maldito sea *C*; siervo de siervos 3667
9.26 bendito por...sea Sem, y sea *C* su siervo 3667
9.27 engrandezca...a Jafet...sea *C* su siervo 3667
10.6 hijos de Cam: Cus, Mizraim, Fut y *C* 3667
10.15 y *C* engendró a Sidón su primogénito 3667
11.31 salió...de Ur...para ir a la tierra de *C* 3667
12.5 para ir a...*C*; y a tierra de *C* llegaron 3667
13.12 Abram acampó en la tierra de *C*...habitó 3667
16.3 había habitado Abram en la tierra de *C* 3667
17.8 y te daré a ti...toda la tierra de *C* en 3667
23.2 murió Sara...Hebrón, en la tierra de *C* 3667
23.19 Mamre...es Hebrón, en la tierra de *C* 3667
28.1,6 no tomes mujer de las hijas de *C* 3667
28.8 que las hijas de *C* parecían mal a Isaac 3667
31.18 para volverse a Isaac...la tierra de *C* 3667
33.18 de Siquem, que está en la tierra de *C* 3667

C

35.6 Jacob a Luz, que está en tierra de C 3667
36.2 Esaú tomó sus mujeres de... hijas de C.......... 3667
36.5 hijos de Esaú, que le nacieron en... C.......... 3667
36.6 adquirido en la tierra de C, y se fue 3667
37.1 habitó Jacob en la... en la tierra de C.......... 3667
42.5 porque había hambre en la tierra de C.......... 3667
42.7 ellos respondieron: De la tierra de C 3667
42.13 hijos de un varón en la tierra de C 3667
42.29 y venidos a Jacob su... en tierra de C.......... 3667
42.32 con nuestro padre en la tierra de C 3667
44.8 volvimos a traer desde la tierra de C.......... 3667
45.17 haced esto... id, volved a la tierra de C 3667
45.25 llegaron a la tierra de C a Jacob su 3667
46.6 que habían adquirido en la tierra de C.......... 3667
46.12 Er y Onán murieron en la tierra de C 3667
46.31 padre, que estaban en la tierra de C 3667
47.1 mi padre... han venido de la tierra de C 3667
47.4 el hambre es grave en la tierra de C 3667
47.13 desfalleció... Egipto y la tierra de C 3667
47.14 todo el dinero... y en la tierra de C 3667
47.15 acabado el dinero... de la tierra de C.......... 3667
48.3 me apareció en Luz en la tierra de C 3667
48.7 se me murió Raquel en la tierra de C.......... 3667
49.30 al oriente de Mamre en la tierra de C 3667
50.5 que cavé para mí en la tierra de C, allí 3667
50.13 lo llevaron sus hijos a la tierra de C 3667
Éx 6.4 mi pacto con... de darles la tierra de C 3667
15.15 acobardarán todos los moradores de C 3667
16.35 maná comieron hasta... la tierra de C 3667
Lv 14.34 hayáis entrado en la tierra de C.......... 3667
18.3 ni haréis como hacen en la tierra de C 3667
25.38 os saqué de... para daros la tierra de C 3667
Nm 13.2 reconozcan la tierra de C, la cual 3667
13.17 los envió... a reconocer la tierra de C 3667
26.19 Er y Onán murieron en la tierra de C 3667
32.30 tendrán posesión... en la tierra de C 3667
32.32 pasaremos armados... a la tierra de C 3667
33.40 y el cananeo... en la tierra de C, oyó.......... 3667
33.51 pasado el... entrando en la tierra de C 3667
34.2 cuando hayáis entrado... C... tierra de C 3667
34.29 la repartición de... en la tierra de C.......... 3667
35.10 cuando hayáis pasado... a la tierra de C.......... 3667
35.14 y tres ciudades en la tierra de C, las.......... 3667
Dt 32.49 mira la tierra de C, que yo doy por 3667
Jos 5.12 que comieron de los frutos de la... C.......... 3667
14.1 tomaron por heredad en la tierra de C 3667
21.2 les hablaron en Silo en la tierra de C.......... 3667
22.9 desde Silo, que está en la tierra de C 3667
22.10 llegando a los límites... la tierra de C.......... 3667
22.11 un altar frente a la tierra de C, en.......... 3667
22.32 regresaron de Galaad a la tierra de C.......... 3667
24.3 y lo traje por toda la tierra de C, y.......... 3667
Jue 3.1 no habían conocido... las guerras de C 3667
4.2 los vendió en mano de Jabín rey de C, el.......... 3667
4.23 abatió Dios aquel día a Jabín rey de C.......... 3667
4.24 endureciéndose... contra Jabín rey de C.......... 3667
5.19 pelearon los reyes de C, en Taanac.......... 3667
21.12 en Silo, que está en la tierra de C 3667
1 Cr 1.8 los hijos de Cam... Mizraim, Fut y C 3667
1.13 C engendró a Sidón su primogénito, y a 3667
16.18 a ti daré la tierra de C, porción de 3667
Sal 105.11 a ti te daré la tierra de C como 3667
106.38 que ofrecieron en... a los ídolos de C.......... 3667
135.11 rey de Basán, y a todos los reyes de C.......... 3667
Is 19.18 hablen la lengua de C, y que juren 3667
23.11 y Jehová mandó respecto a C, que sus.......... 3667
Ez 16.3 tu origen... es de la tierra de C; tu 3667
16.29 tu fornicación en la tierra de C y de.......... 3667
Sof 2.5 la palabra... es contra vosotros, oh C 3667
Hch 7.11 vino... hambre en toda la tierra... de C.......... *5477*
13.19 destruido 7 naciones en la tierra de C *5477*

CANAL
Gn 30.38 en los c de los abrevaderos del agua.......... 4731
2 S 5.8 suba por el c y hiera a los cojos y 6794
Sal 65.10 sus surcos, haces descender sus c 1417

CANANEO, A *Descendiente de Canaán*
Gn 10.18 se dispersaron las familias de los c 3669
10.19 fue el territorio de los c desde Sidón 3669
12.6 y el c estaba entonces en la tierra 3669
13.7 c y el ferezeo habitaban... en la tierra.......... 3669
15.21 los c, los gergeseos y los jebuseos 3669
24.3,37 para mi hijo mujer de las... de los c 3669
34.30 con hacerme abominable a... el c y el 3669
38.2 vio allí Judá la hija de un hombre c.......... 3669
46.10 Jaquín, Zohar, y Saúl hijo de la c 3669
50.11 y viendo... los c, el llanto en la era.......... 3669
Éx 3.8 a los lugares del c, del heteo, del.......... 3669
3.17 sacaré... a la tierra del c, del heteo 3669
6.15 Jaquín, Zohar, y Saúl hijo de una c 3669
13.5,11 Jehová... metido en la tierra del c.......... 3669
23.23 Ángel... te llevará a la tierra... del c 3669
23.28 avispa, que eche fuera al heveo, al c.......... 3669
33.2 y echaré fuera al c y al amorreo, al.......... 3669
34.11 echo de delante de tu presencia al c.......... 3669
Nm 13.29 monte, y el c habita junto al mar 3669
14.25 amalecita y el c habitan en el valle 3669
14.43 y el c están allí delante de vosotros.......... 3669
14.45 descendieron... y el c que habitaban en 3669
21.1 cuando el c, el rey de Arad... oyó que.......... 3669
21.3 entregó al c, y los destruyó a ellos y 3669
33.40 el c... oyó que habían venido... Israel.......... 3669
Dt 1.7 a la tierra del c, y al Líbano, hasta 3669
7.1 haya echado... al c, al ferezeo, al heveo.......... 3669
11.30 tras el camino del... la tierra del c 3669
20.17 destruirás... al c, al ferezeo, al heveo.......... 3669
Jos 3.10 echará de delante de vosotros al c 3669
5.1 reyes de los c... cerca del mar, oyeron 3669
7.9 los c... oirán, y nos rodearán, y borrarán 3669
9.1 oyeron estas cosas... c, ferezeos, heveos 3669
11.3 c que estaba al oriente y al occidente.......... 3669
12.8 el c, el ferezeo, el heveo y el jebuseo 3669
13.3 de Ecrón al... que se considera de los c 3669
13.4 sur toda la tierra de los c, y Mehara 3669
16.10 pero no arrojaron al c... quedó el c en.......... 3669
17.12 el c persistió en habitar en aquella 3669
17.13 hicieron tributario al c, mas no lo 3669
17.16 y todos los c... tienen carros herrados 3669
17.18 tú arrojarás al c, aunque tenga carros 3669
24.11 pelearon contra vosotros... c, heteos 3669
Jue 1.1 subirá primero a pelear contra los c? 3669
1.3 sube conmigo al... y peleemos contra el c.......... 3669
1.4 y Jehová entregó en sus manos al c y al 3669
1.5 pelearon... y derrotaron al c y al ferezeo 3669
1.9 hijos de Judá... para pelear contra el c 3669
1.10 marchó Judá contra el c que... en Hebrón 3669
1.17 Judá... derrotaron al c que habitaba en 3669
1.27 el c persistía en habitar en aquella 3669
1.28 hizo al c tributario, mas no lo arrojó 3669
1.29 tampoco Efraín arrojó al c... habitó el c 3669
1.30 sino que el c habitó en medio de él, y 3669
1.32 moró Aser entre los c que habitaban en 3669
1.33 Neftalí... moró entre los c que habitaban 3669
3.3 todos los c, los sidonios, y los heveos 3669
3.5 los hijos de Israel habitaban entre los c.......... 3669
2 S 24.7 fueron... a todas las ciudades de... c 3669
1 R 9.16 y dio muerte a los c que habitaban 3669
1 Cr 2.3 tres le nacieron de la hija de Súa, c 3669
Esd 9.1 no se ha separado... de los c, heteos 3669
Neh 9.8 pacto con él... darle la tierra del c 3669
9.24 humillaste... a los moradores... a los c 3669
Abd 20 cautivos... poseerán lo de los c hasta 3669
Mt 15.22 he aquí una mujer c que había salido *5478*

CANANISTA *Miembro de un partido nacionalista (véase también Zelote)*, Mt 10.4; Mr 3.18 .... *2581*

CANASTA
Dt 26.2 las pondrás en una c, e irás al lugar 2935
26.4 y el sacerdote tomará la c de tu mano 2935
28.5 benditas serán tu c y tu artesa de 2935
28.17 maldita tu c, y tu artesa de amasar.......... 2935
2 R 10.7 pusieron sus cabezas en c, y se las.......... 1731
Mt 15.37 recogieron... pedazos, siete c llenas *4711*
16.10 **siete panes... y cuántas c recogisteis?** *4711*
Mr 8.8 y recogieron de los pedazos... siete c.......... *4711*
8.20 **¿cuántas c... de los pedazos recogisteis?** *4711*
Hch 9.25 le bajaron... descolgándole en una c *4711*

CANASTILLO
Gn 40.16 veía tres c blancos sobre mi cabeza 5536
40.17 en el c más alto había de toda clase 5536
40.17 y las aves las comían del c de sobre 5536
40.18 esta es su... los tres c tres días son 5536
Éx 29.3 y las pondrás en un c, y en el c las 5536
29.23 una hojaldre del c de los panes sin 5536
29.32 comerán... y el pan que estará en el c 5536
Lv 8.2 toma... el c de los panes sin levadura 5536
8.26 y del c de los panes sin levadura, que.......... 5536
8.31 comedla... con el pan que está en el c.......... 5536
Nm 6.15 además un c de tortas sin levadura 5536
6.17 con el c de los panes sin levadura 5536
6.19 tomará... una torta sin levadura del c 5536
Jue 6.19 puso la carne en un c, y el caldo en.......... 5536
Am 8.1 ha mostrado... un c de fruta de verano 3619
8.2 y respondí: Un c de fruta de verano 3619

CANASTO
2 Co 11.33 y fui descolgado del muro en un c *4553*

CANCILLER
1 R 4.3 Elihoref... Josafat hijo de Ahilud, c.......... 2142
2 R 18.18 salió a ellos... Joa hijo de Asaf, c.......... 2142
18.37 hijo de Asaf, c, vinieron a Ezequías 2142
1 Cr 18.15 Joab... y Josafat hijo de Ahilud, c 2142
2 Cr 34.8 envió a... y a Joa hijo de Joacaz, c 2142
Esd 4.8 Rehum c y Simsai... escribieron una.......... 2942,1169
4.9 escribieron Rehum c y Simsai secretario .. 2942,1169
4.17 a Rehum c, a Simsai secretario, a los 2942,1169
Is 36.3 salió... Sebna... y Joa hijo de Asaf, c.......... 2142
36.22 Joa hijo de Asaf, c, vinieron a Ezequías

CANCIÓN
Job 3.7 ¡oh... que no viniera c alguna en ella! 7445
Sal 45 *tít.* los hijos de Coré. C de amores 7892
69.12 me zaherían en sus c los bebedores 5058
81.2 entonad c, y tañed el pandero, el arpa.......... 2172
Pr 25.20 el que canta c al corazón afligido 7892
Ec 7.5 mejor es oír la reprensión... que la c.......... 7892
Cnt 2.12 el tiempo de la c ha venido, y en.......... 2158
Is 12.2 mi fortaleza y mi c es JAH Jehová.......... 2176
23.15 años, cantará Tiro c como de ramera 7892
23.16 reitera la c, para que seas recordada 7892
24.9 no beberán vino con c; la sidra les 7892
42.10 cantad a Jehová un nuevo c, su alabanza 7892

CANDELERO
Éx 25.31 un c de oro puro; labrado... el c 4501
25.32 tres brazos del c a un lado, y tres.......... 4501
25.33,35 los seis brazos que salen del c 4501
25.34 en la caña central del c cuatro copas.......... 4501
26.35 c enfrente de la mesa al lado sur del 4501
30.27 el c con todos sus utensilios, el altar.......... 4501
31.8 el c limpio y todos sus utensilios, el 4501
35.14 el c del alumbrado y sus utensilios 4501
37.17 el c de oro puro, labrado a martillo 4501
37.18 tres brazos de un lado del c, y otros 4501
37.18 otros tres brazos del otro lado del c 4501
37.19 en los seis brazos que salían del c 4501
37.20 y en la caña del c había cuatro copas 4501
39.37 el c puro, sus lamparillas... el aceite.......... 4501
40.4 meterás también el c y encenderás sus 4501
40.24 puso el c en el tabernáculo de reunión 4501
Lv 24.4 sobre el c... pondrá siempre en orden 4501
Nm 3.31 a cargo de ellos estarán... el c, los.......... 4501
4.9 un paño... y cubrirán el c del alumbrado 4501
8.2 lámparas alumbrarán hacia adelante del c.......... 4501
8.3 encendió hacia la parte anterior del c 4501
8.4 era la hechura del c, de oro labrado a 4501
8.4 conforme al modelo que... así hizo el c 4501
1 R 7.49 cinco c de oro purísimo a... derecha 4501
2 R 4.10 pongamos allí cama, mesa, silla y c.......... 4501
1 Cr 28.15 oro en peso para los c... para cada c 4501
28.15 c de plata, plata en peso para cada c.......... 4501
28.15 plata... conforme al servicio de cada c 4501
2 Cr 4.7 hizo... diez c de oro según su forma 4501
4.20 los c y sus lámparas, de oro puro, para.......... 4501
13.11 el c de oro con sus lámparas para que 4501
Jer 52.19 c, escudillas y tazas; lo de oro por 4501
Dn 5.5 una mano... que escribía delante del c 5043
Mt 5.15 **sobre el c, y alumbra a todos los que** *3087*
Mr 4.21 **la luz... ¿No es para ponerla en el c?** *3087*
Lc 8.16 **la pone en un c para que los que entran** *3087*
11.33 **en el c, para que los... que vean la luz** *3087*
Ap 1.12 me volví... y vuelto, vi siete c de oro *3087*
1.13 medio de los siete c, a uno semejante *3087*
1.20 **siete c de oro... siete c que has visto** *3087*
2.1 **que anda en medio de los siete c de oro** *3087*
2.5 **vendré... y quitaré tu c de su lugar, si** *3087*
11.4 los dos c que están en pie delante del.......... *3087*

CANE *Ciudad en Babilonia (=Calne y Calno)*, Ez 27.23 3656

CANELA
Éx 30.23 y de c aromática la mitad, esto es 7076
Pr 7.17 he perfumado mi cámara con mirra... c.......... 7076
Cnt 4.14 c, con todos los árboles de incienso.......... 7076
Ap 18.13 y c, especias aromáticas, incienso.......... *2792*

CANO, A *Véase también Cana*
Dt 32.25 al niño de pecho como al hombre c.......... 7872
Job 15.10 cabezas c y hombres muy ancianos hay.......... 7867
41.32 senda, que parece que el abismo es c.......... 7872

CANSADO *Véase Cansar*

CANSANCIO
Is 40.28 no desfallece, ni se fatiga con c, y 3021

CANSAR
Gn 25.29 y volviendo Esaú del campo, *cansado* 5889
25.30 me des a comer de... estoy muy *cansado* 5889
Éx 17.12 y las manos de Moisés se *cansaban* 3515
Dt 25.18 te salió... cuando tú estabas *cansado* 5889
Jue 4.21 estaba cargado de sueño y *cansado* 5774
8.4 vino Gedeón... los 300 hombres... *cansados* 5889
8.5 que deis a la gente... pan... están *cansados* 5889
8.15 que demos... pan a tus hombres *cansados*? 3287
1 S 14.31 pero el pueblo estaba muy *cansado*.......... 5888
30.10 *cansados* no pudieron pasar el torrente 6296
30.21 hombres que habían quedado *cansados* 6296
2 S 16.2 para que beban los que se *cansen* en 3287
17.2 caeré sobre él mientras está *cansado* 3287
17.29 el pueblo está... *cansado* y sediento en 5889
21.15 con los filisteos; y David se *cansó*.......... 5774
23.10 hirió a los... hasta que su mano se *cansó* 3021
Job 22.7 no diste de beber agua al *cansado*, y 5889
Sal 69.3 *cansado* estoy de llamar; mi garganta 3021
Pr 26.15 el plato; se *cansa* de llevarla a su.......... 3811
Is 1.14 me son... *cansado* estoy de soportarlas.......... 3811
5.27 no habrá entre ellos *cansado*, ni quien 5889
16.12 apareciere Moab *cansado* sobre los.......... 3811
28.12 es el reposo; dad reposo al *cansado* 5889
29.8 despierta, se halla *cansado* y sediento 5889
35.3 fortaleced las manos *cansadas*, afirmad.......... 7504
40.29 da esfuerzo al *cansado*, y multiplica.......... 3287
40.30 los muchachos se fatigan y se *cansan* 3286
40.31 correrán, y no se *cansarán*; caminarán 3286
42.4 no se *cansará* ni desmayará, hasta que.......... 3543
43.22 sino que de mí te *cansaste*, oh Israel.......... 3021
46.1 cual carga, sobre las bestias *cansadas*.......... 5889
50.4 para saber hablar palabras al *cansado* 3287
57.10 en... tus caminos te *cansaste*, pero no 3021
Jer 6.11 la ira... estoy *cansado* de contenerme.......... 3811
12.5 si corriste con los de... y te *cansaron* 3811
15.6 te destruiré... *cansado* de arrepentirme 3811
31.25 satisfaré al alma *cansada*, y saciaré.......... 5889
51.58 las naciones se *cansaron*... para el fuego.......... 3286
Ez 24.12 en vano se *cansó*, y no salió de ella 3811
Zac 11.16 no... ni llevará la *cansada* a cuestas.......... 5324
Mal 2.17 hecho *cansar* a Jehová con... palabras.......... 3021

2.17 y decís: ¿En qué le hemos *cansado*? En 3021
Jn 4.6 Jesús, *cansado* del camino, se sentó. *2872*
Gá 6.9 no nos *cansemos*, pues, de hacer bien *1573*
2 Ts 3.13 hermanos, no os *canséis* de hacer. *1573*
He 12.3 que vuestro ánimo no se *canse* hasta *2577*

CANTAR *(s.)*
Gn 31.27 yo te despidiera con alegría y con *c*. 7892
1 R 4.32 proverbios, y sus *c* fueron 1.005. 7892
Cnt 1.1 *c* de los *c*, el cual es de Salomón 7892
Is 5.1 cantaré por mi amado el *c* de mi amado 7892
24.9 no beberán vino con *c*; la sidra les. 7892
Am 5.23 quita de mí la multitud de tus *c* 7892
8.10 cambiaré. . . vuestros *c* en lamentaciones 7892

CANTAR *(v.)*
Éx 15.1 *cantó* Moisés y los hijos de Israel 7891
15.1 *cantaré* yo a Jehová, porque se ha. 7891
15.21 *cantad* a Jehová. . . se ha engrandecido 7891
32.18 ni voz de alaridos. . . voz de *cantar* oigo 6031
Nm 21.17 *cantó*. . . Sube, oh pozo; a él cantad 6030
Jue 5.1 aquel día *cantó* Débora con Barac *c* hijo. 7891
5.3 yo cantaré a Jehová, *cantaré* salmos a. 7891
1 S 18.6 las mujeres de. . . de Israel *cantando* 7891
18.7 *cantaban* las mujeres que danzaban, y 6030
21.11; 29.5 de quien *cantaban* en las danzas 6030
2 S 22.50 te confesaré. . . y *cantaré* a tu nombre 2169
1 R 1.40 y *cantaba* la gente con flautas, y. 2490
1 Cr 16.9 *cantad* a él, *cantadle* salmos; hablad. 7891
16.23 *cantad* a Jehová. . . la tierra; proclamad 7891
16.24 *cantad* entre las gentes su gloria, y. 5608
16.33 *cantarán* los árboles de los bosques 7442
2 Cr 5.13 y *cantaban* todos a una, para alabar 7891
20.21 a algunos que *cantasen* y alabasen a. 7891
29.28 adoraba, y los *cantores* cantaban, y 7891
30.21 *cantando* con instrumentos. . . a Jehová
Esd 3.11 *cantaban*, alabando y dando gracias. 6030
Neh 12.42 los cantores *cantaban* en alta voz 7891
Sal 7 *tít.* Sigaión de David, que *cantó* a. 7891
7.17 y *cantaré* al. . . de Jehová el Altísimo 2167
9.2 en ti; *cantaré* a tu nombre, oh Altísimo. 2167
9.11 *cantad* a Jehová, que habita en Sion 2167
13.6 *cantaré* a Jehová. . . me ha hecho bien. 7891
18.49 por tanto yo te. . . *cantaré* a tu nombre 2167
21.13 *cantaremos* y alabaremos tu poderío. 7891
27.6 *cantaré* y entonaré alabanzas a Jehová 7891
30 *tít.* Salmo *cantado* en la dedicación de 7892
30.4 *cantad* a Jehová, vosotros sus santos 2167
30.12 por tanto, a ti *cantaré*, gloria mía 2167
32.11 *cantad* con júbilo todos vosotros los 7442
33.2 *cantadle* con salterio y decacordio 2167
33.3 *cantadle* cántico nuevo; hacedlo bien. 7891
35.27 *canten*. . . los que están a favor de mi. 7442
47.6 *cantad* a Dios, *c*; *c* a nuestro Rey, *c* 2167
47.7 es el Rey de. . . *cantad* con inteligencia 2167
51.14 líbrame. . . *cantará* mi lengua tu justicia. 7442
57.7 dispuesto; *cantaré*, y trovaré salmos. 7891
57.9 Señor; *cantaré* de ti entre las naciones 2167
59.16 yo *cantaré* de tu poder, y alabaré de 7891
59.17 fortaleza mía, a ti *cantaré*; porque 2167
61.8 así *cantaré* tu nombre para siempre. 2167
65.13 dan voces de júbilo, y aun *cantan* 7891
66.2 *cantad* la gloria de su nombre; poned 2167
66.4 y *cantará* a ti; *cantarán* a tu nombre 2167
68.4 *cantad* a Dios, *c* salmos a su nombre 7891
68.32 reinos de. . . *cantad* a Dios, *c* al Señor 7891
71.22 tu verdad *cantaré* a ti en el arpa, oh. 2167
71.23 mis labios se alegrarán cuando *cante* 2167
75.9 y *cantaré* alabanzas al Dios de Jacob. 2167
79.13 alabaremos. . . *cantaremos* tus alabanzas 5608
81.1 *cantad* con gozo a Dios, fortaleza 7442
84.2 mi corazón y mi carne *cantan* al Dios 7442
88 *tít.* Salmo. . . para *cantar* sobre Mahalat 4257
89.1 las misericordias de Jehová *cantaré*. 7891
89.12 y el Hermón *cantarán* en tu nombre 7442
90.14 *cantaremos* y nos. . . todos nuestros días 7442
92.1 bueno es. . . y *cantar* salmos a tu nombre. 2167
95.1 *cantemos*. . . la roca de nuestra salvación 7442
96.1 *cantad* a Jehová cántico nuevo, *c* a 7891
96.2 *cantad* a Jehová, bendecid su nombre. 7891
98.1 *cantad* a Jehová cántico nuevo, porque 7891
98.4 *cantad* alegres a Jehová, toda la tierra 7321
98.4 levantad la. . . aplaudid, y *cantad* salmos 2167
98.5 *cantad* salmos a Jehová con arpa; con 2167
100.1 *cantad* alegres a Dios, habitantes de 7445
101.1 juicio *cantaré*; a ti *c* yo, oh Jehová 7891
104.12 las aves de. . . *cantan* entre las ramas. . . 5414,6963
104.33 a Jehová *cantaré* en mi. . . a mi Dios *c* 7891
105.2 *cantadle*, *c* salmos; hablad de todas 7891
106.12 creyeron a. . . y *cantaron* su alabanza. 7891
108.1 *cantaré* y entonaré salmos; esta es mi 7891
108.3 a ti *cantaré* salmos entre las naciones 2167
135.3 *cantad* salmos a su nombre, porque él 2167
137.3 y los que. . . nos pedían que *cantásemos* . . 1697,7892
137.3 *cantadnos* algunos. . . cánticos de Sion 7891
137.4 ¿cómo *cantaremos* cántico de Jehová en 7891
138.1 delante de. . . dioses te *cantaré* salmos 2167
138.5 y *cantarán* de los caminos de Jehová. 7891
144.9 a ti *cantaré* cántico nuevo. . . *c* a ti. 7891
145.7 proclamarán la. . . y *cantarán* tu justicia 7442
146.2 *cantaré* salmos a mi Dios mientras viva 2167
147.1 es bueno *cantar* salmos a nuestro Dios. 2167
147.7 *cantad* a Jehová con alabanza, *c* con. 6030
149.1 *cantad* a Jehová cántico nuevo; su 7891
149.3 danza; con pandero y arpa a él *canten* 2167
149.5 gloria, y *canten* aun sobre sus camas. 7442
Pr 25.20 el que *canta*. . . al corazón afligido 7891
29.6 mas el justo *cantará* y se alegrará. 7442
Cnt 1.1 *cantar* de los cantares. . . de Salomón 7892
Is 5.1 *cantaré* por mi amado el cantar de mi. 7891
12.1 *cantaré* a ti, oh Jehová; pues aunque 3034
12.4 y diréis en aquel día: *Cantad* a Jehová 3034
12.5 *cantad* salmos a Jehová, porque ha hecho. 2167
12.6 regocíjate y *canta*, moradora de Sion 7442
14.7 reposo y en paz: se *cantaron* alabanzas 7440
16.10 fértil; en las viñas no *cantarán*, ni 7442
23.15 después de los setenta años, *cantará* 7892
24.9 no beberán vino con *cantar*; la sidra le
24.14 *cantarán* gozosos por la grandeza de 7442
26.1 en aquel día *cantarán* este cántico en 7891
26.19 ¡despertad y *cantad*, moradores del 7442
27.2 en aquel día *cantad* acerca de la viña 6031
35.2 alegrará y *cantará* con júbilo. . . gloria 7442
35.6 entonces. . . *cantará* la lengua del mudo 7442
38.20 *cantaremos* nuestros cánticos en la 5059
42.10 *cantad* a Jehová un nuevo cántico, su 7891
42.11 *canten* los moradores de Sela, y desde 7442
44.23 *cantad* loores. . . porque Jehová lo hizo 7442
49.13 *cantad* alabanzas. . . cielos, y alégrate 7442
51.11 redimidos. . . volverán a Sion *cantando* 7440
52.9 *cantad* alabanzas, alegraos juntamente 7442
65.14 que mis siervos *cantarán* por júbilo 7442
Jer 20.13 *cantad* a Jehová, load a Jehová. 7891
25.30 canción de lagareros *cantará* contra. 1959
51.48 cielos y la tierra. . . *cantarán* de gozo. 7442
Ez 32.16 esta es la endecha, y la *cantarán* 6969
32.16 las hijas de las naciones la *cantarán* 6969
33.32 como. . . hermoso de voz y que *canta* bien. 5059
Os 2.15 allí *cantará* como en los tiempos de 6030
Sof 2.14 el erizo. . . *cantará* en las ventanas 7891
3.14 *canta*, oh hija de Sion; da voces de. 7442
Zac 2.10 *canta* y alégrate, hija de Sion 7442
Mt 26.30 hubieron *cantado* el himno, salieron *5214*
26.34 **antes que el gallo *cante*, me negarás** *5455*
26.74 a jurar. . . Y en seguida *cantó* el gallo. *5455*
26.75 **antes que *cante* el gallo, me negarás**. *5455*
Mr 14.26 hubieron *cantado* el himno, salieron. *5214*
14.30 **antes que el gallo haya *cantado* dos**. *5455*
14.68 negó. . . No le conozco. . . y *cantó* el gallo. *5455*
14.72 el gallo *cantó* la segunda vez. . . Entonces *5455*
14.72 **antes que el gallo *cante* dos veces, me**. *5455*
Lc 22.34 **el gallo no *cantará* hoy antes que tú**. *5455*
22.60 él todavía hablaba, el gallo *cantó*. *5455*
22.61 **antes que el gallo *cante*, me negarás** *5455*
Jn 13.38 ***cantará* el gallo, sin que me hayas** *5455*
18.27 negó Pedro. . . en seguida *cantó* el gallo *5455*
Hch 16.25 Pablo y Silas, *cantaban* himnos a *5214*
Ro 15.9 te confesaré. . . y *cantaré* a tu nombre. *5567*
1 Co 14.15 *cantaré* con el espíritu, pero *c* *5567*
Ef 5.19 *cantando* y alabando al Señor en *103*
Col 3.16 *cantando*. . . en vuestros corazones al *103*
Stg 5.13 está alguno alegre? *Cante* alabanzas *5567*
Ap 5.9 y *cantaban* un nuevo cántico, diciendo *103*
14.3 *cantaban* un cántico nuevo delante del *103*
15.3 *cantan* el cántico de Moisés siervo de. *103*

CÁNTARO
Gn 24.14 baja tu *c*, te ruego, para que yo 3537
24.15 la cual salía con su *c* sobre su hombro 3537
24.16 descendió a la fuente, y llenó su *c* 3537
24.17 des a beber un poco de agua de tu *c*. 3537
24.18 dio prisa a bajar su *c* sobre su mano 3537
24.20 se dio prisa, y vació su *c* en la pila. 3537
24.43 dame de beber. . . poco de agua de tu *c*. 3537
24.45 Rebeca, que salía con su *c* sobre su 3537
24.46 y bajó. . . su *c* de encima de sí, y dijo. 3537
Jue 7.16 *c*. . . con teas ardiendo dentro de los *c* 3537
7.19 quebraron los *c* que llevaban en sus. 3537
7.20 y quebrando los *c* tomaron en la mano 3537
1 R 7.50 los *c*, despabiladeras, tazas. . . de oro. 5592
18.34 llenad cuatro *c* de agua, y derramadla 3537
Ec 12.6 y el *c* se quiebre junto a la fuente. 3537
Hag 2.16 venían al lagar para. . . cincuenta *c*
Mr 14.13; Lc 22.10 **un hombre que lleva un *c***. *2765*
Jn 2.6 en cada una de las. . . cabían dos o tres *c* *3355*
4.28 la mujer dejó su *c*, y fue a la ciudad. *5201*

CANTERA
Is 51.1 de la *c* de donde fuisteis arrancados 953

CANTERÍA
Éx 20.25 altar de piedras, no. . . labres de *c*
1 R 5.18 prepararon. . . la *c* para labrar la casa 68
2 R 12.12 en comprar la madera y piedra de *c*. 4274
22.6 comprar. . . piedra de *c* para reparar la. 4274
2 Cr 34.11 para que comprasen piedra de *c* 4274
Is 9.10 los. . . cayeron, pero edificaremos de *c* 1496

CANTERO
2 S 5.11 rey de Tiro envió. . . carpinteros, y *c* 2796,7023
2 R 12.12 y a los. . . *c*; y en comprar la madera 2672
1 Cr 22.2 entre ellos *c* que labrasen piedras 2672
22.15 tú tienes. . . *c*, albañiles, carpinteros 2672
2 Cr 2.18 y 80.000 *c* en la montaña, y 3.600. 2672
24.12 y tomaban *c* y carpinteros. . . reparasen 2672
34.11 a los. . . *c* para que comprasen piedra. 1129

CÁNTICO
Éx 15.1 cantó Moisés y los. . . de Israel este *c* 7892
15.2 Jehová es mi fortaleza y mi *c*, y ha 2176
Nm 21.17 cantó Israel este *c*: Sube, oh pozo 7892
Dt 31.19 escribíos este *c*, y enséñalo a los. 7892
31.19 este *c* me sea por testigo contra los 7892
31.21 *c* responderá en su cara como testigo 7892
31.22 Moisés escribió este *c* aquel día, y lo 7892
31.30 habló Moisés. . . las palabras de este *c* 7892
32.44 y recitó. . . de este *c* a oídos del pueblo 7892
Jue 5.12 despierta, despierta, Débora. . . *c*. 7892
1 S 18.6 salieron. . . mujeres. . . con *c* de alegría
2 S 22.1 habló David. . . las palabras de este *c*. 7892
1 Cr 13.8 se regocijaban. . . *c*, arpas, salterios 7892
2 Cr 23.18 los holocaustos. . . con gozo y con *c*. 7892
29.27 comenzó también el *c* de Jehová, con. 7892
Neh 12.27 para hacer la dedicación y. . . con *c* 7892
12.46 un director de cantores para los *c* y. 7892
Job 35.10 ¿dónde está Dios. . . da *c* en la noche 2158
Sal 18 *tít.* las palabras de este *c* el día que. 7892
28.7 gozó mi corazón, y con mi *c* le alabaré 7892
32.7 eres. . . con *c* de liberación me rodearás. 7438
33.3 cantadle *c* nuevo; hacedlo bien, tañendo. 7892
40.3 puso luego en mi boca *c* nuevo, alabanza. 7892
42.8 de día. . . y de noche su *c* estará conmigo. 7892
48 *tít. c.* Salmo de los hijos de Coré. 7892
También en el título de los Salmos 65, 66, 67, 75, 83, 87, 92, 108 se encuentra la palabra cántico. 7892
69.30 alabaré yo el nombre de Dios con *c* 7892
77.6 acordaba de mis *c* de noche; meditaba 5058
95.2 ante. . . con alabanza; aclamémosle con *c* 2158
96.1; 98.1 cantad a Jehová *c* nuevo 7892
98.5 cantad. . . con arpa; con arpa y voz de *c*. 2172
118.14 mi fortaleza y mi *c* es JAH, y él me 2176
119.54 *c* fueron para mí tus estatutos en las. 2158
120, 121, 122, 123, 124, 125, 126, 127, 128, 129, 130, 131, 132, 133, 134, *tít. c* gradual 7892
137.3 cantadnos algunos de los *c* de Sion. 1697,7892
137.4 ¿cómo cantaremos *c* de Jehová en tierra 7892
144.9 oh Dios, a ti cantaré *c* nuevo; con. 7892
149.1 cantad a Jehová *c* nuevo; su alabanza. 7892
Is 24.16 de lo postrero de la tierra oímos *c* 2158
26.1 dirán cantarán este *c* en tierra de Judá. 7892
30.29 tendréis *c* como de noche en que se 7892
38.20 cantaremos nuestros *c* en la casa de 5058
42.10 cantad a Jehová un *c* nuevo. . . desde el 7892
Sof 3.17 amor, se regocijará sobre ti con *c* 7440
Ef 5.19 salmos, con himnos y *c* espirituales *5603*
Col 3.16 cantando con gracia. . . *c* espirituales *5603*
Ap 5.9 cantaban un *c* nuevo, diciendo: Digno *5603*
14.3 cantaban un *c* nuevo delante del trono *5603*
14.3 nadie podía aprender el *c* sino aquellos *5603*
15.3 cantan el *c* de Moisés. . . el *c* del Cordero *5603*

CANTIDAD
Gn 43.12 tomad. . . doble *c* de dinero, y llevad
43.15 tomaron en su mano doble *c* de dinero
Éx 10.14 la langosta. . . asentó. . . en tan gran *c*. 3515
2 S 8.8 tomó el rey David gran *c* de bronce 7235
1 R 7.47 no inquirió. . . por la gran *c* de ellos 7230
10.10 nunca vino tan gran *c* de especias. 7235
2 Cr 9.9 al rey. . . oro, y gran *c* de especias 7230
Lc 5.6 encerraron gran *c* de peces, y su red *4183*
Jn 21.6 no la podían sacar, por la gran *c* de *4128*

CANTO
1 Cr 6.31 sobre el servicio de *c* en la casa 7892
6.32 los cuales servían. . . en el *c*, hasta que 7892
15.22 Quenanías. . . puesto para dirigir el *c* 4853
15.27 Quenanías era maestro de *c* entre los. 4853
25.7 instruidos en el *c* para Jehová. 288
2 Cr 20.22 cuando comenzaron a entonar *c* de 8416
Neh 12.8 que. . . oficiaba en los *c* de alabanza
Sal 45.1 dirijo al rey mi *c*; mi lengua es 559
78.63 sus vírgenes no fueron loadas en *c*
Ec 12.4 todas las hijas del *c* serán abatidas. 7892
Is 51.3 hallará en ella. . . gozo. . . y voces de *c* 2172
Mr 13.35 no sabéis cuándo. . . o al *c* del gallo *219*

CANTOR, A
2 S 19.35 ¿oiré. . . la voz de los *c* y de las *c*? 7891
23.1 dijo David hijo. . . el dulce *c* de Israel 2158
1 R 10.12 hizo. . . arpas. . . y salterios para los *c* 7891
1 Cr 6.33 de los hijos de Coat, el *c* Hemán 7891
9.33 había *c*, jefes de familias de los levitas. 7891
15.16 que designasen de sus hermanos a *c* con. 7891
15.19 Asaf y. . . que eran *c*, sonaban címbalos 7891
15.27 *c*; y Quenanías era maestro de canto. 7891
2 Cr 5.12 y los levitas *c*, todos los de Asaf. 7891
9.11 rey hizo. . . arpas y salterios para los *c* 7891
23.13 y los *c* con instrumentos de música. 7891
29.28 y los *c* cantaban, y los trompeteros. 7892
35.15 *c* hijos de Asaf estaban en su puesto. 7891
35.25 los *c* y *c* recitan esas lamentaciones 7891
Esd 2.41 los *c*: los hijos de Asaf, 128. 7891
2.65 eran 7.337; y tenían doscientos *c* y *c* 7891
2.70 y habitaron. . . los *c*, los porteros y los 7891
7.7 subieron. . . *c*, porteros y sirvientes del 7891
7.24 a todos los. . . *c*, porteros, sirvientes del. 2171
10.24 de los *c*: Eliasib; y de los porteros. 7891
Neh 7.1 luego. . . fueron señalados. . . *c* y levitas. 7891
7.44 *c*: los hijos de Asaf, 148 7891
7.67 siervos. . . y entre ellos había 245 *c* y *c*. 7891
7.73 habitaron. . . los *c*, los del pueblo, los 7891
10.28 *c*, los sirvientes del templo, y todos 7891
10.39 y allí estarán. . . los porteros y los *c* 7891
11.22 de los hijos de Asaf, *c*, sobre la obra. 7891
11.23 distribución para los *c* para cada día. 7891
12.28 y fueron reunidos los hijos de los *c* 7891
12.29 *c* se habían edificado aldeas alrededor. 7891
12.42 los *c* cantaban en alta voz, e Izrahías. 7891
12.45 habían cumplido. . . también los *c* y los. 7891
12.46 ya de antiguo, había un director de *c*. 7891
12.47 alimentos a los *c* y a los porteros 7891
13.5 estaba mandado dar a los levitas, a. . . *c*. 7891
13.10 *c* que hacían el servicio habían huido 7891
Sal 68.25 *c* iban delante, los músicos detrás 7891

87.7 *c* y tañedores en ella dirán: Todas mis 7891
Ec 2.8 me hice de *c* y *c*, de los deleites de 7891
Ez 33.32 que tú eres a ellos como *c* de amores 3303
40.44 en el atrio de. . . las cámaras de los *c* 7891
Am 8.3 los *c* del templo gemirán en aquel día 7892
Hab 3.19 al jefe de los *c*, sobre. . . de cuerdas 5329

CAÑA
Gn 41.5 siete espigas. . . crecían de una sola *c* 7070
41.22 en una misma *c*, llenas y hermosas 7070
Éx 9.31 la cebada estaba ya y el lino en *c* 1392
25.31 su pie, su *c*, sus copas, sus manzanas 7070
25.34 en la *c* central del candelero 4 copas 4501
37.17 su *c*, sus copas, sus manzanas y sus 7070
37.20 en la *c* del candelero había 4 copas
1 R 14.15 al modo que la *c* se agita en las 7070
2 R 18.21 confías en este báculo de *c* cascada 7070
Job 40.21 se echará en lo oculto de las *c* y 7070
Cnt 4.14 *c* aromática y canela, con todos los 7070
Is 9.14 cortará. . . rama y *c* en un mismo día 100
19.6 ríos. . . la *c* y el carrizo serán cortados 7070
35.7 en su guarida, será lugar de *c* y juncos 7070
36.6 que confías en este báculo de *c* frágil 7070
42.3 no quebrará la *c* cascada, ni apagará 7070
43.24 no compraste para mí *c* aromática por 7070
Jer 6.20 ¿para qué a mí. . . la buena *c* olorosa 7070
Ez 27.19 negociar en tu mercado. . . *c* aromática 7070
29.6 fueron báculo de *c* a la casa de Israel 7070
40.3 tenía un cordel de. . . y una *c* de medir 7070
40.5 la *c*. . . que aquel varón tenía en la mano 7070
40.5 el espesor del muro, de una *c*, y. . . otra *c* 7070
40.6 poste. . . una *c* de ancho, y el. . . de otra *c* 7070
40.7 tenía una *c* de largo, y una *c* de ancho 7070
40.7 cada poste de la puerta junto a. . . una *c* 7070
40.8 midió. . . la entrada de la puerta. . . una *c* 7070
41.8 los cimientos de. . . eran de una *c* entera 7070
42.16 la *c* de medir, 500 *c* de la *c* de medir 7070
42.17,18,19 quinientas *c* de la *C* de medir 7070
42.20 un muro. . . 500 *c* de longitud y 500 *c* de 7070
45.1 de longitud de 25.000 *c* y 10.000 de
45.2 el santuario quinientas *c* de longitud
45.3 de esta. . . medirás en longitud 25.000 *c*
45.5 veinticinco mil *c* de longitud y 10.000
48.8 la porción que reservaréis de 25.000 *c*
48.9 tendrá de longitud 25.000 *c*, y 10.000
48.10 la porción santa. . . de 25.000 *c* al norte
48.13 de 25.000 *c* de longitud, y de 10.000
48.15 las cinco mil *c* de anchura que quedan
48.16 lado del norte cuatro mil quinientas *c*
48.17 ejido. . . será al norte de 250 *c*, al sur
48.18 diez mil *c* al oriente y diez mil al
48.20 la porción reservada. . . de 25.000 *c* por
48.21 del príncipe. . . delante de las 25.000 *c*
48.30 salidas. . . al lado del norte, 4.500 *c*
48.32 lado oriental 4.500 *c*, y tres puertas
48.33 al lado del sur, 4.500 *c* por medida, y
48.34 al lado occidental 4.500 *c*, y sus tres
48.35 en derredor tendrá dieciocho mil *c*
Mt 11.7 **a ver. . . una c sacudida por el viento?** *2563*
12.20 la *c* cascada no quebrará, y el pábilo *2563*
27.29 y pusieron. . . una *c* en su mano derecha *2563*
27.30 tomaban la *c*. . . golpeaban en la cabeza *2563*
27.48 y poniéndola en una *c*, le dio a beber *2563*
Mr 15.19 le golpeaban en la cabeza con una *c* *2563*
15.36 y poniéndola en una *c*, le dio a beber *2563*
Lc 7.24 **a ver. . . una c sacudida por el viento** *2563*
Ap 11.1 fue dada una *c* semejante a una vara *2563*
21.15 el que hablaba conmigo tenía una *c* de *2563*
21.16 él midió la ciudad con la *c*, doce mil *2563*

CAÑADA
Pr 30.17 los cuervos de la *c* lo saquen, y lo 5158

CAPA
Rt 3.9 yo soy Rut. . . extiende el borde de tu *c* 3671
1 R 11.29 éste estaba cubierto con una *c* nueva 8008
11.30 y tomando Ahías la *c* nueva que tenía 8008
Jer 43.12 Egipto, como el pastor limpia su *c* 899
Mi 2.8 de sobre el vestido quitasteis las *c* 145
Mt 5.40 **y quitar la túnica. . . también la c** *2440*
24.18 **campo, no vuelvas atrás para tomar su c** *2440*
Mr 10.50 arrojando su *c*, se levantó y vino a *2440*
13.16 **el campo, no vuelva atrás a tomar su c** *2440*
Lc 6.29 **que te quite la c, ni aun la túnica** *2440*

CAPACIDAD
Ez 23.32 el hondo y ancho cáliz. . . es de gran *c* 3557
Mt 25.15 **a uno. . . a cada uno conforme a su c** *1411*

CAPADOCIA *Provincia romana en Asia Menor*,
Hch 2.9; 1 P 1.1 . . . . *2587*

CAPATAZ
Éx 5.6 a los cuadrilleros. . . a sus *c*, diciendo 5065
5.10 y saliendo los cuadrilleros. . . y sus *c* 5065
5.14,15,19 los *c* de los hijos de Israel 5065
2 Cr 2.18 y 3.600 por *c* para hacer trabajar 5329
Neh 11.16 *c* de la obra exterior de la casa de 5921
Job 3.18 los cautivos; no oyen la voz del *c* 5065

CAPAZ
Gn 47.6 si. . . hombres *c*, ponlos por mayorales 2428
2 Cr 2.6 ¿quién será *c* de edificarle casa 6113,3581
Mt 19.11 **no todos son c de recibir esto, sino** *3756*
19.12 **sea c de recibir esto, que lo reciba** *1410*
1 Co 3.2 aún no erais *c*, ni sois *c* todavía *1410*
Ef 3.18 *c* de comprender con todos los santos *1840*
Stg 3.2 *c* también de refrenar todo el cuerpo *1415*

CAPERNAUM *Ciudad en la ribera del mar de Galilea*
Mt 4.13 dejando a Nazaret, vino y habitó en *C* *2584*
8.5 entrando. . . en *C*, vino a él un centurión *2584*
11.23 **C, que eres levantada hasta el cielo** *2584*
17.24 cuando llegaron a *C*, vinieron a Pedro *2584*
Mr 1.21 y entraron en *C*. . . sinagoga, enseñaba *2584*
2.1 otra vez en *C* después de algunos días *2584*
9.33 y llegó a *C*; y cuando estuvo en casa *2584*
Lc 4.23 **que hemos oído que se han hecho en C** *2584*
4.31 descendió Jesús a *C*, ciudad de Galilea *2584*
7.1 después que hubo terminado. . . entró en *C* *2584*
10.15 **C, que hasta los cielos eres levantada** *2584*
Jn 2.12 después de esto descendieron a *C*, él *2584*
4.46 había en *C* un oficial del rey, cuyo *2584*
6.17 una barca. . . iban cruzando el mar hacia *C* *2584*
6.24 barcas y fueron a *C*, buscando a Jesús *2584*
6.59 dijo en la sinagoga, enseñando en *C* *2584*

CAPITAL
Neh 1.1 el año veinte, estando yo en Susa, *c* 1002
Est 1.2 el cual estaba en Susa *c* del reino 1002
1.5 el pueblo que había en Susa *c* del reino 1002
3.15; 8.14 el edicto fue dado en Susa *c* 1002
9.6 Susa *c* del reino mataron. . . 500 hombres 1002
9.12 Susa *c* del reino los judíos han matado 1002
Dn 8.2 estaba en Susa, que es la *c* del reino 1002
Am 7.13 es santuario del rey, y *c* del reino 1004

CAPITÁN
Gn 26.26 Abimelec. . . y Ficol, *c* de su ejército 8269
37.36 Potifar, oficial de. . . *c* de la guardia 8269
39.1 Potifar. . . *c* de la guardia. . . lo compró de 8269
40.3 prisión en la casa del *c* de la guardia 8269
40.4 y el *c* de la. . . encargó de ellos a José 8269
41.10 nos echó a. . . casa del *c* de la guardia 8269
41.12 hebreo, siervo del *c* de la guardia 8269
Éx 14.7 carros de Egipto, y los *c* sobre ellos 7991
15.4 sus *c* escogidos fueron hundidos en el 7991
Nm 1.16 eran los. . . *c* de los millares de Israel 7218
14.4 designemos un *c*, y volvámonos a Egipto 7218
31.14 y se enojó Moisés contra los *c*. . . jefes 8269
Dt 20.9 los *c* del ejército tomarán el mando 8269
Jue 4.2 *c* de su ejército se llamaba Sisara 8269
4.7 a Sisara, *c* del ejército de Jabín, con 8269
2 S 4.2 hombres, *c* de bandas de merodeadores 8269
18.5 cuando dio el rey orden. . . a todos los *c* 8269
23.8 Joseb-basebet el. . . principal de los *c* 7991
24.4 palabra del rey prevaleció sobre. . . los *c* 8269
24.4 salió. . . Joab, con los *c* del ejército 8269
1 R 1.25 y ha convidado. . . a los *c* del ejército 8269
9.22 sus *c*, comandantes de sus carros, o su 7991
11.24 y se había hecho *c* de una compañía 8269
14.27 los dio a los *c* de los de la guardia 8269
20.24 a los reyes. . . y pon *c* en lugar de ellos 6346
22.31 rey de Siria había mandado a sus 32 *c* 8269
22.32 los *c* de los carros vieron a Josafat 8269
22.33 viendo. . . los *c* de los carros que no era 8269
2 R 1.9 envió a él un *c* de 50. . . y el *c* le dijo 8269
1.10 Elías dijo al *c* de cincuenta: Si yo soy 8269
1.11 volvió el rey a enviar a él otro *c* de 8269
1.13 volvió a enviar al tercer *c* de 50 con 8269
1.13 subiendo aquel tercer *c* de 50, se puso 8269
1.14 ha consumido a los dos primeros *c* de 50 8269
8.21 atacó a los de. . . y a los *c* de los carros 8269
9.25 Jehú a Bidcar su *c*: Tómalo, y échalo a 7991
10.25 dijo a. . . y a los *c*: Entrad, y matadlos 7991
10.25 mataron a espada. . . la guardia y los *c* 7991
11.4 Joiada. . . tomó. . . *c*, y jefe de la guardia 3746
11.19 tomó a. . . los *c*, la guardia y todo el 3746
15.25 conspiró contra él Peka hijo. . . *c* suyo 7991
18.24 ¿cómo, pues, podrás resistir a un *c* 6346
25.8 Nabuzaradán, *c* de la guardia, siervo del 7227
25.10 el *c* de la guardia, derribó los muros 7227
25.11 los llevó cautivos. . . *c* de la guardia 7227
25.12 de los pobres de. . . dejó Nabuzaradán, *c* 7227
25.15 de plata. . . lo llevó el *c* de la guardia 7227
25.18 Nabuzaradán, *c* de la guardia, siervo del 7227
25.20 tomó Nabuzaradán, *c* de la guardia, ... 7227
25.26 levantándose con los. . . *c* del ejército 8269
1 Cr 4.42 llevando por *c* a Pelatías, Nearías 7218
9.20 Finees hijo de. . . fue antes *c* de ellos 5057
12.14 éstos fueron *c* del ejército de. . . de Gad 7218
12.18 David. . . puso entre los *c* de la tropa 7991
12.21 valientes y fueron *c* en el ejército 8269
12.34 de Neftalí, mil *c*, y con ellos 37.000 8269
13.1 David tomó consejo con los *c*. . . los jefes 8269
15.25 David. . . y los *c* de millares, fueron a 8269
19.16 cuyo *c* era Sofac, general del ejército 8269
26.26 los *c* de millares y de centenas, y los 8269
27.3 jefe de todos los *c* de las compañías 8269
2 Cr 8.9 sus *c*, y comandantes de sus carros 7991
11.11 puso en ellas *c*, y provisiones, vino 5057
16.4 y envió los *c* de sus ejércitos contra 8269
18.30 el rey. . . mandado a los *c* de los carros 8269
18.31 los *c* de los carros vieron a Josafat 8269
18.32 viendo los *c* de los. . . que no era el rey 8269
32.6 y puso *c* de guerra sobre el pueblo, y 8269
32.21 un ángel. . . destruyó. . . a los jefes y *c* en 8269
33.14 puso *c* de ejército en todas la ciudades 8269
Esd 8.36 a sus sátrapas y *c* del otro lado del 6346
Neh 2.9 el rey envió conmigo *c* del ejército 8269
Est 3.12 que mandó Amán. . . a los *c* que estaban 6346
8.9 y se escribió. . . a. . . los *c* y los príncipes 6346
9.3 los sátrapas, *c* y. . . apoyaban a los judíos 6346
Job 39.25 hueles la batalla, el grito de los *c* 8269
Sal 83.11 pon a sus *c* como a Oreb y a Zeeb 5081
Pr 6.7 la cual no teniendo *c*, ni gobernador 7101
Is 3.3 el *c* de 50 y el hombre de respeto, el 8269
36.9 podrás resistir a un *c*, al menor de los 6346
Jer 37.13 allí un *c* que se llamaba Irías hijo 1167
39.9 resto. . . *c* de la guardia los transportó 7227
39.10 *c* de la guardia hizo quedar en tierra 7227
39.11 ordenado a. . . *c* de la guardia acerca de 7227
39.13 envió. . . Nabuzaradán *c* de la guardia, y 7227
40.1 después que. . . *c* de la guardia el envió 7227
40.2 tomó. . . el *c* de la guardia a Jeremías y 7227
40.5 le dio el *c* de la guardia provisiones 7227
41.10 cual había encargado. . . *c* de la guardia 7227
41.13 vio. . . los *c* de la gente de guerra que 8269
41.16 los *c* de la gente de guerra que con 8269
43.6 había dejado Nabuzaradán *c* de la guardia . . . 7227
51.27 alzad bandera. . . señalad contra ella *c* 2951
51.28 Media, sus *c* y todos sus príncipes, y 6346
51.57 embriagaré. . . a sus *c*, a sus nobles y a 6346
52.12 vino. . . Nabuzaradán *c* de la guardia, que 7227
52.14 el ejército. . . que venía con el *c* de la 7227
52.15 e hizo transportar Nabuzaradán *c* de la 7227
52.16 dejó Nabuzaradán *c* de. . . para viñadores 7227
52.19 de plata. . . se llevó el *c* de la guardia 7227
52.24 tomó. . . el *c* de la guardia a Seraías el 7227
52.25 a un oficial que era *c* de los hombres 6496
52.26 los tomó. . . Nabuzaradán *c* de la guardia 7227
52.30 *c* de la guardia llevó cautivas a 745 7227
Ez 23.6 y *c*, jóvenes codiciables todos ellos 6346
23.12 *c*, vestidos de ropas y armas. . . jinetes 6346
23.15 teniendo todos ellos apariencia de *c* 7991
23.23 *c*, nobles y varones de renombre, que 6346
Dn 2.14 habló. . . a Arioc, *c* de la guardia del 7229
2.15 a Arioc *c* del rey: ¿Cuál es la causa de 7990
3.2 que se reuniesen. . . *c*, oidores, tesoreros 6347
3.3 fueron. . . reunidos. . . *c*, oidores, tesoreros 6347
3.27 se juntaron. . . los *c* y los consejeros del 6347
6.7 *c* han acordado por consejo. . . promulgues 6347
Mi 3.9 oíd. . . jefes. . . y *c* de la casa de Israel 7101
Zac 9.7 y serán como *c* en Judá, y Ecrón será 441
12.5 y los *c* de Judá dirán en su corazón 441
12.6 a los *c* de Judá como brasero de fuego 441
Ap 6.15 los *c*, los poderosos. . . se escondieron *5506*
19.18 que comáis carnes de reyes y de *c*, y *5506*

CAPITEL
Éx 26.32 sus *c* de oro, sobre basas de plata 2053
26.37 cinco columnas de. . . con sus *c* de oro 2053
27.10,11 *c* de las columnas y sus. . . de plata 2053
27.17 sus *c* de plata, y sus basas de bronce 2053
36.36 sus *c* eran de oro, y fundió para ellas 2053
36.38 con sus *c*; y cubrió de oro los *c* y las 2053
38.10,11,12,17 los *c* de las columnas y sus 2053
38.19 sus cuatro basas de bronce y sus *c* de 2053
38.19 las cubiertas de los *c*. . . sus molduras 7218
38.28 hizo los *c* de. . . y cubrió los *c* de ellas 7218
1 R 7.16 hizo. . . dos *c* de fundición de bronce 3805
7.16 la altura de un *c* era. . . y la del otro *c* 3805
7.17 cordones. . . para los *c*. . . siete para cada *c* 3805
7.18 cubrir los *c* que estaban en las cabezas 3805
7.18 y de la misma forma hizo en el otro *c* 3805
7.19 los *c*. . . tenían forma de lirios, y eran 3805
7.20 tenían. . . los *c*. . . 200 granadas. . . en cada *c* 3805
7.41 los *c* redondos que estaban en lo alto 3805
7.41 redes que cubrían los dos *c* redondos 3805
7.42 cubrir los dos *c* redondos que estaban 3805
2 R 25.17 y tenía encima un *c* de bronce; la 3805
25.17 la altura del *c*. . . 3 codos, y sobre el *c* 3805
2 Cr 3.15 dos columnas. . . *c* encima, de 5 codos 6858
3.16 las puso sobre los *c* de las columnas 7218
4.12 los *c*. . . cubrir las dos esferas de los *c* 3805
4.13 *c* que estaban encima de las columnas 3805
Jer 52.22 *c* de bronce que había sobre ella 3805
52.22 granadas alrededor del *c*. . . de bronze 3805
Am 9.1 dijo: Derriba el *c*, y estremézcase 7218

CAPOTE
2 Ti 4.13 el *c* que dejé en Troas en casa de *5341*

CAPTURAR
1 S 5.1 cuando. . . *capturaron* el arca de Dios 3947
23.26 encerrado a David. . . para *capturarlos* 8610

CARA
Gn 32.30 porque dijo: Vi a Dios *c* a *c*, y fue 6440
Éx 33.11 a *c* a *c*, como habla cualquiera a su 6440
Nm 12.8 *c* a *c* hablaré con él, y claramente 6310
14.14 han oído que tú. . . *c* a *c* aparecías tú 5869
Dt 5.4 *c* a *c* habló Jehová con vosotros en el 6440
31.21 este cántico responderá en su *c* como 6440
34.10 a quien haya conocido Jehová *c* a *c* 6440
Jue 6.22 he visto al ángel de Jehová *c* a *c* 6440
1 R 10.24 ver la *c* de Salomón, para oír la 6440
2 R 14.8 ven, para que nos veamos las *c* 6440
14.11 y se vieron las *c* él y Amasías rey de 6440
2 Cr 25.17 a decir a. . . Ven, y veámonos *c* a *c* 6440
25.21 y se vieron *c* a *c* él y Amasías rey de 6440
Est 1.14 siete príncipes. . . velan la *c* del rey 6440
Job 21.31 le denunciará en su *c* su camino? 6440
Is 3.15 majáis. . . moléis las *c* de los pobres? 6440
Ez 1.6 cada uno tenía cuatro *c* y cuatro alas 6440
1.8 y sus *c* y sus alas por los cuatro lados 6440
1.10 y el aspecto de sus *c* era *c* de hombre 6440
1.10 *c* de león. . . y *c* de buey. . . *c* de águila en 6440
1.11 así eran sus *c*. . . Y. . . sus alas extendidas 6440
10.14 cada uno tenía cuatro *c*. La primera 6440
10.14 la tercera, *c* de león; la cuarta, *c* de 6440
10.21 cada uno tenía cuatro *c* y. . . cuatro alas 6440
20.35 y allí litigaré con vosotros *c* a *c* 6440
Os 5.5 la soberbia de. . . le desmentirá en su *c* 6440
7.10 soberbia de Israel. . . contra él en su *c* 6440
1 Co 13.12 ahora. . . mas entonces veremos *c* a *c* *4383*
2 Co 3.18 a *c* descubierta como en un espejo la *4383*
Gá 2.11 resistí a *c* a *c*, porque era de condenar *4383*
2 Jn 12 espero ir a vosotros y hablar *c* a *c* *4750*
3 Jn 14 porque espero verte. . . hablaremos *c* a *c* *4750*
Ap 9.7 despertó de. . . sus *c* eran como *c* humanas *4383*

CARACOL
1 R 6.8 se subía por una escalera de c al de 3883
Sal 58.8 pasen ellos como el c que se deslíe 7642
Ez 41.7 la escalera de c de la casa subía muy 4141

CARACTERES
Is 8.1 escribe en ella con c legibles tocante 2747

CARAVANA
Ez 27.25 las naves de Tarsis eran como tus c 4627

CARBÓN
2 S 22.9 su nariz: c fueron por él encendidos 1513
22.13 por el resplandor de...se encendieron c...... 1513
Job 41.21 aliento enciende los c, y de su boca.......... 1513
Sal 18.8 fuego...c fueron por él encendidos 1513
18.12 nubes pasaron; granizo y c ardientes 1513
18.13 el Altísimo dio su voz; granizo y c de 1513
Pr 26.21 el c para brasas, y la leña para el 6352
Is 6.6 en su mano un c encendido, tomado del 7531
Ez 1.13 aspecto era como de c de fuego, como 1513
10.2 entra...llena tus manos de c encendidos....... 1513
Hab 3.5 iba...y a sus pies salían c encendidos 7565

CARBUNCLO
Éx 28.17; 39.10 sárdica, un topacio y un c 1304
Is 54.11 yo cimentaré tus piedras sobre c, y 6320
54.12 tus puertas de piedras de c, y toda 688
Ez 28.13 c, esmeralda y oro; los primores de........... 1304

CARCA *Ciudad en la frontera sur de Judá,*
Jos 15.3 7173

CARCAS *Uno de los siete eunucos del rey*
Asuero Est 1.10 3752

CÁRCEL
Gn 39.20 lo puso en la c...estuvo allí en la c 1004,5470
39.21 gracia en los ojos del jefe de la c 1004,5470
39.22 jefe de la c entregó en mano de José 1004,5470
39.23 no necesitaba atender el jefe de la c..... 1004,5470
40.3 puso...en la c donde José estaba preso... 1004,5470
40.15 tampoco...por qué me pusiesen en la c........ 953
41.14 y lo sacaron apresuradamente de la c......... 953
42.17 los puso juntos en la c por tres días 4929
42.19 preso en la casa de vuestra c uno de 4929
Éx 12.29 primogénito del...que estaba en la c 1004,953
Lv 24.12 y lo pusieron en la c, hasta que les............ 4929
Nm 15.34 pusieron en la c, porque no estaba........... 4929
Jue 16.21 le ataron...para que moliese en la c..... 615,1004
16.25 llamaron a Sansón de la c, y sirvió de 1004,615
1 R 22.27 echad a éste en la c, y mantenedle...... 1004,3608
2 R 17.4 y le aprisionó en la casa de la c......... 1004,3608
25.27 libertó a Joaquín...sacándole de la c 1004,3608
2 Cr 16.10 se enojó Asa...y lo echó en la c......... 4115,1004
18.26 poned a éste en la c, y sustentadle....... 1004,3608
Neh 3.25 torre...que está en el patio de la c 4307
12.39 y se detuvieron en la puerta de la C 4307
Sal 105.18 pies...en c fue puesta su persona........... 3525
142.7 saca mi alma de la c, para que alabe 4525
Ec 4.14 de la c salió para reinar, aunque en 1004,631
Is 14.17 que a sus presos nunca abrió la c?........ 1004,615
61.1 publicar...a los presos apertura de la c 6495
Jer 32.2 estaba preso en el patio de la c que.......... 4307
32.8 vino a mí...al patio de la c, y me dijo 4307
32.12 judíos que estaban en el patio de la c......... 4307
33.1 estando él...preso en el patio de la c 4307
37.4 todavía no lo habían puesto en la c....... 1004,3628
37.15 en la casa...la habían convertido en c... 1004,3608
37.18 ¿en qué...me pusieseis en la c?.......... 1004,3608
37.21 y custodiaron a...en el patio de la c 4307
37.21 y quedó Jermías en el patio de la c 4307
38.6 cisterna...que estaba en el patio de la c 4307
38.13,28 quedó Jeremías en el patio de la c.......... 4307
39.14 tomaron a Jeremías del patio de la c 4307
39.15 estando preso en el patio de la c 4307
52.11 y lo puso en la c hasta el día en que 1004,6486
52.31 alzó la cabeza de y lo sacó de la c 1004,3628
Lm 3.55 invoqué tu nombre, oh desde la c 4480,953
Mt 5.25 **te entregue y seas echado en la c** *5438*
11.2 y al oír Juan, en la c, los hechos de *1201*
14.3 y le había encadenado y metido en la c *5438*
14.10 y ordenó decapitar a Juan en la c *5438*
18.30 **y le echó en la c, hasta que pagase** *5438*
25.36 **enfermo, y...en la c, y vinisteis a mí** *5438*
25.39 **¿cuándo te vimos en la c, y vinimos a ti?** *5438*
25.43 **enfermo...o en la c, y no me visitasteis** *5438*
25.44 **enfermo, o en la c, y no te servimos** *5438*
Mr 6.17 le había encadenado en la c por causa.......... *5438*
6.27 el guarda fue, le decapitó en la c, y *5438*
Lc 3.20 además esta: encerró a Juan en la c *5438*
12.58 **juez...y el alguacil te meta en la c** *5438*
21.12 **y os entregarán a las sinagogas y c** *5438*
22.33 dispuesto estoy a ir contigo a la c.............. *5438*
23.19,25 sido echado en la c por sedición *5438*
Hch 4.3 y los pusieron en la c hasta el día *5084*
5.18 los apóstoles...pusieron en la c pública......... *5084*
5.19 abriendo de noche las puertas de la c *5438*
5.21 enviaron a la c para que fuesen traídos *1201*
5.22 los alguaciles, no los hallaron en la c *5438*
5.23 la c hemos hallado cerrada con toda *1201*
5.25 varones que pusisteis en la c están en *5438*
8.3 arrastraba a...y los entregaba en la c *5438*
12.4 le puso en la c, entregándole a cuatro *5438*
12.5 Pedro estaba custodiado en la c; pero *5438*
12.6 los guardas delante...custodiaban la c *5438*
12.7 ángel...y una luz resplandeció en la c *3612*
12.17 cómo el Señor le había sacado de la c *5438*
16.23 haberlos azotado...los echaron en la c *5438*
16.26 que los cimientos de la c se sacudían *1201*
16.27 viendo abiertas las puertas de la c *5438*
16.37 echaron en la c, ¿y ahora nos echan.......... *5438*
16.40 saliendo de la c, entraron en casa de *5438*
22.4 y entregando en c a hombres y mujeres *5438*
26.10 yo encerré en c a muchos de los santos....... *5438*
2 Co 6.5 en c, en tumultos, en trabajos, en *5438*
11.23 yo más...en azotes sin número; en c más..... *5438*
He 11.36 azotes, y a más de...prisiones y c *5438*
Ap 2.10 **el diablo echará a algunos...en la c** *5438*

CARCELERO
Hch 16.23 mandando al c que los guardase con *1200*
16.27 despertando el c, y viendo abiertas............ *1200*
16.36 el c hizo saber estas palabras a Pablo *1200*

CARCOMA
Job 13.28 mi cuerpo se va gastando como de c 398
Pr 12.4 mas la mala, como c en sus huesos 7538
14.30 mas la envidia es c de los huesos 7538
Os 5.12 yo, pues, seré...c a la casa de Judá............ 7538

CARCOMER
2 Ti 2.17 su palabra *carcomerá* como gangrena .. *2192, 3542*

CARCOR *Lugar en Galaad,* Jue 8.10 7174

CARDO
Gn 3.18 espinos y c te producirá, y comerás............ 1863
2 R 14.9 el c que está en el Líbano envió a 2336
14.9 y pasaron los fieras...y hollaron el c 2336
2 Cr 25.18 el c que estaba en el Líbano envió 2336
25.18 las fieras...pasaron, y hollaron el c 2336
Is 5.6 haré que...crecerán el c y los espinos 8068
7.23 el lugar donde...será para espinos y c 8068
7.24 porque toda la tierra será espinos y c 8068
7.25 no llegarán allá por el temor...de los c 8068
9.18 como fuego, c y espinos devorará; y se 8068
10.17 consuma en un día sus c y sus espinos........ 8068
27.4 ¿quién pondrá contra mi...espinos y c? 8068
32.13 sobre la tierra...subirán espinos y c 8068
34.13 crecerán espinos, y ortigas y c en sus 2336
Os 10.8 crecerá sobre sus altares espino y c........... 1863

CAREA *Padre de Zohanán No. 1,* 2 R 25.23; 7143
Jer 40.13,15,16; 41.11,13,14,16; 42.1,8; 43.2,4,5 7143

CARECER
Job 29.12 al huérfano que *carecía* de ayudador... 3808,5826
Pr 11.12 *carece* de entendimiento menosprecia........ 2638
12.9 que el que se jacta, y *carece* de pan............ 2638
31.11 confiado, y no *carecerá* de ganancias.......... 2637
Ec 6.3 si...*careció* de sepultura, yo digo que 6900
Is 50.10 *carece* de luz, confía en el nombre......... 369,5051
1 Co 14.10 y ninguno de...*carece* de significado......... *880*

CARENCIA
Dt 28.57 los comerá ocultamente...por la c de......... 2640

CARGA
Éx 1.11 comisarios...los molestasen con sus c 5450
18.22 así aliviarás la c de sobre ti, y la
23.5 si vieres el asno...caído debajo de su c 4853
Nm 4.15 estas serán las c de los hijos de Coat 4853
11.11 que has puesto la c de todo...sobre mí? 4853
11.17 llevarán contigo la c del pueblo, y no 4853
Dt 1.12 ¿cómo llevaré yo solo...vuestras c y 4853
1 S 17.20 se fue con su c como Isaí le había............ 5375
17.22 dejó su c en mano del que guardaba el 3627
2 S 15.33 si pasares conmigo, me serás c 4853
19.35 ¿para qué, pues, ha de ser tu...una c 4853
1 R 4.28 cebada y paja para...las bestias de c 7409
5.15 tenía Salomón 70.000 que llevaban las c 5449
2 R 5.17 no se dará...la c de un par de mulas? 4853
2 Cr 2.2 y designó...70.000...que llevasen c............ 5449
2.18 y señaló de ellos 70 000 para llevar c 5449
10.10 tu padre agravó...disminuye nuestra c.......... 5923
Neh 13.15 cargaban...higos y toda suerte de c 4853
13.19 que en día de reposo no introdujeran c......... 4853
Job 7.20 convertirme en una c para mí mismo 4853
Sal 38.4 como c pesada se han agravado sobre........... 4853
55.22 sobre Jehová tu c, y él te sustentará 3053
66.11 pusiste sobre nuestros lomos pesada c 4157
81.6 aparté su hombro de debajo de la c 5447
Ec 12.5 la langosta será una c, y se perderá 5445
Is 10.27; 14.25 c será quitada de tu hombro 5448
22.25 y caerá, y la c que sobre él se puso 4853
43.24 pusiste sobre mí la c de tus pecados 3021
46.1 sobre animales de c...son alzadas cual c 4853
46.2 y no pudieron escaparse de la c, sino.......... 4853
58.6 soltar las c de opresión, y dejar ir 92
Jer 17.21 guardaos...de llevar c en el día de 4853
17.22 ni saquéis c de vuestras casas en el 4853
17.24 no metiendo c por...en el día de reposo 4853
17.27 para no traer c ni...en día de reposo.......... 4853
Os 8.10 serán afligidos...por la c del rey y 4853
Am 5.11 vejáis al pobre y recibís de él c de 4864
Sof 3.18 para quienes el oprobio...era una c 4864
Mt 5.41 **te obligue a llevar c por una milla** *29*
11.30 **porque mi yugo es fácil, y ligera mi c** *5413*
20.12 **hemos soportado la c y el calor del día** *922*
21.5 sobre un pollino, hijo de animal de c........... *5268*
23.4 **atan c pesadas y difíciles de llevar** *5413*
Lc 11.46 **cargáis a...con c que no pueden llevar**....... *5413*
Hch 15.28 no imponeros ninguna c más que estas *922*
2 Co 11.9 y tuve necesidad, a ninguno fui c *2655*
12.13 sino en que yo mismo no os he sido c?......... *2655*
12.16 yo no os he sido c, sino que como soy.......... *2599*
Gá 6.2 sobrellevad...unos las c de los otros............ *922*
6.5 porque cada uno llevará su propia c............. *5413*
1 Ts 2.6 podíamos seros c como apóstoles de *922*
2 P 2.16 muda bestia de c, hablando con voz............ *5268*
Ap 2.24 **yo os digo: No os impondré otra c**.............. *922*

CARGA *Véase Cargar*

CARGADOR
2 Cr 34.13 también velaban sobre los c, y.............. 5449

CARGAMENTO
Hch 27.10 pérdida, no sólo del c y de la nave *5414*

CARGAR
Gn 44.13 y *cargó* cada uno su asno y volvieron 6066
45.17 *cargad* vuestras bestias, e id, volved........... 2943
45.23 diez asnos *cargados*...y diez asnas c de 5375
Jue 4.21 estaba *cargado* de sueño y cansado 7290
1 S 16.20 tomó Isaí un asno *cargado* de pan
25.18 Abigail tomó...lo *cargó* todo en asnos 7760
1 R 10.2 camellos *cargados* de especias, y oro 5375
12.11 mi padre os *carga* de pesado yugo, mas 6006
2 R 8.9 tomó...cuarenta camellos *cargados*, y 4853
2 Cr 9.1 con camellos *cargados* de especias 5375
10.11 si mi padre os *cargó* de yugo pesado, yo...... 6006
35.3 para que no la *carguéis* más sobre los.......... 4853
Neh 4.17 que acarreaban, y los que *cargaban* 6006
13.15 vi en Judá a...*cargaban* asnos con vino 6006
Job 34.23 no *carga*...al hombre más de lo justo........ 7760
Pr 28.17 el hombre *cargado* de la sangre de........... 6231
Is 1.4 ¡oh gente pecadora, pueblo *cargado* de.......... 3515
53.6 Jehová *cargó* en él el pecado de todos 6293
Zac 12.3 que se la *cargaren* serán despedazados 6006
Mt 11.28 **a mí todos los que estáis...*cargados*** *5412*
26.43 los ojos de ellos estaban *cargados* de *916*
Mr 2.3 paralítico, que era *cargado* por cuatro *142*
14.40 los ojos de ellos estaban *cargados* de *916*
Lc 11.46 ***cargáis* a los hombres con cargas que** *5412*
21.34 **corazones no se *carguen* de glotonería** *925*
Jn 19.17 él, *cargando* su cruz, salió al lugar............. *941*
Hch 28.10 nos *cargaron* de las cosas necesarias *2007*
2 Ti 3.6 las mujercillas *cargadas* de pecados *4987*

CARGO
Gn 34.12 aumentad a c mío muchas dotes y dones..... 3966
Éx 5.6 los cuadrilleros...que los tenían a su c........... 5065
Nm 3.25 a c de los hijos de Gersón...la tienda.......... 4931
3.31 a c de ellos estarán el arca, la mesa 4931
3.36 a c de los hijos de Merari estará la 4931
4.16 a c de Eleazar...el c de...el tabernáculo....... 6486
4.19 pondrían a cada uno en su oficio y...su c........ 4853
4.27 el ministerio...de Gersón en todos sus c......... 4853
4.27 encomendaréis en guarda todos sus c............ 4853
4.28 c...estará bajo la dirección de Itamar 4931
4.31 será el deber de su c para...su servicio.......... 4931
4.47 tener c...en el tabernáculo de reunión 4853
4.49 fueron contados...cada uno según su...c......... 4853
18.3 guardarán...el c de todo el tabernáculo.......... 4931
18.4 tendrán el c del tabernáculo de reunión......... 4931
27.19 y le darás el c en presencia de ellos 6680
27.23 dio el c como Jehová había mandado........... 6680
Dt 31.14 esperad en...para que yo le de el c........... 6680
Jue 19.20 necesidad...quede solamente a mi c........... 5921
2 S 3.8 haces hoy c del pecado de la mujer? 6485
1 R 5.16 tenían a c el pueblo que hacía la............ 7287
11.28 le encomendó...el c de la casa de José 5447
2 R 10.22 al que tenía el c de las vestiduras............ 5921
12.8 ni tener el c de reparar las grietas 2388
12.11 que tenían a su c la casa de Jehová 6485
15.5 Jotam hijo del...tenía el c del palacio........... 5921
22.5,9 tienen a su c el arreglo de la casa............. 6485
23.11 Natán-melec...tenía a su c los ejidos
25.19 que tenía a su c los hombres de guerra....... 5921
1 Cr 9.19 coreítas...tuvieron a su c la obra 5921
9.26 tenían a su c las cámaras y los tesoros 5921
9.27 tenían el c de guardarla, y de abrirla........... 4931
9.28 tenían a su c los utensilios para el.............. 5921
9.29 de ellos tenían el c de la vajilla, y de 5921
9.31 Matatías...tenía a su c las cosas que se......... 5921
9.32 tenían a su c...panes de la proposición.......... 5921
12.14 el menor tenía c de cien hombres, y el
26.20 Ahías tenía c de los tesoros de la 5921
26.22 tuvieron c de los tesoros de la casa............ 5921
26.26 tenían a su c...las cosas santificadas........... 5921
26.28 consagraba, estaba a c de Selomit y............ 5921
27.25 Azmovet...tenía a su c los tesoros del 5921
2 Cr 8.14 levitas en sus c, para que alabasen 4931
10.18 Adoram, que tenía c de los tributos............. 5921
26.21 Jotam su hijo tuvo c de la casa real............ 5921
31.12 dieron c de ello al levita Conanías............. 5921
31.14 Coré hijo de...tenía c de las ofrendas 5921
31.19 tenían c de dar sus porciones a todos
Neh 10.32 nos impusimos...el c de contribuir 5414
Est 2.8 en Susa residencia real, a c de Hegai 3027
2.14 la casa...a c de Saasgaz eunuco del rey 3027
Job 13.26 y me haces c de los pecados de mi........... 3423
Sal 140.12 Jehová tomará a su c la causa del
Hch 25.18 ningún c presentaron de los que yo *156*
25.27 y no informar de los c que haya en su *156*

CARICIA
Pr 5.19 sus c te satisfagan en todo tiempo 1717

CARIÑO
2 Co 7.15 c para con vosotros es...abundante *4698*
1 Ts 3.6 y que siempre nos recordáis con c *3417*

CARISIM *Valle entre Lod y Ono,* 1 Cr 4.14....... 2798

CARMEL *Ciudad en Judá. Véase también Carmelo*
Jos 15.55 Maón, C, Zif, Juta 3760
1 S 15.12 aviso...diciendo: Saúl ha venido a C?.......... 3760
25.2 un hombre que tenía su hacienda en C 3760
25.2 que estaba esquilando sus ovejas en C.......... 3760
25.5 subid a C id a Nabal, y saludadle 3760
25.7 tus pastores...ni les faltó nada...en C.......... 3760

25.40 los siervos...vinieron a Abigail en *C*.......... 3760
27.3 la que fue mujer de Nabal el de *C*............. 3761
30.5 la que fue mujer de Nabal el de *C*............. 3762
2 S 2.2; 3.3 Abigail...mujer de Nabal el de *C*........... 3761
1 Cr 3.1 segundo, Daniel, de Abigail la de *C*........... 3762

CARMELITA *Habitante de Carmel*, 2 S 23.35;
1 Cr 11.37 3761

CARMELO *Monte en la costa de Palestina.*
Véase también Carmel
Jos 12.22 el rey...rey de Jocneam del *C*, otro.......... 3760
19.26 y llega hasta *C* al occidente, y a.............. 3760
1 R 18.19 congrégame a...Israel en el monte *C*........ 3760
18.20 reunió a los profetas en el monte *C*.......... 3760
18.42 Acab...y Elías subió a la cumbre del *C*....... 3760
2 R 2.25 fue al monte *C*...y volvió a Samaria.......... 3760
4.25 y vino al varón de Dios, al monte *C*........... 3760
Cnt 7.5 tu cabeza encima de ti, como el *C*............. 3760
Is 33.9 Sarón...Basán y el *C* fueron sacudidos......... 3760
35.2 dada, la hermosura del *C* y de Sarón.......... 3760
Jer 46.18 y como *C* junto al mar, así vendrá........... 3760
50.19 morada, y pacerá en el *C* y en Basán......... 3760
Am 1.2 rugirá...y se secará la cumbre del *C*.......... 3760
9.3 se escondieren en la cumbre del *C*, allí......... 3760
Nah 1.4 *C*, y la flor del Líbano fue destruida.......... 3760

CARMESÍ
Éx 25.4 púrpura, *c*, lino fino, pelo de cabras...... 8438,8144
26.1 diez cortinas de...azul, púrpura y *c*...... 8438,8144
26.31 harás un velo de azul, púrpura, *c* y...... 8438,8144
26.36 cortina de azul, púrpura, *c*, y lino....... 8438,8144
27.16 una cortina de...*c*, y lino torcido, de..... 8438,8144
28.5 tomarán oro, azul, púrpura, *c* y lino...... 8438,8144
28.6 el efod de oro, azul...*c* y lino torcido..... 8438,8144
28.8 cinto...de oro, azul, púrpura, *c*, y lino.... 8438,8144
28.15 el pectoral...púrpura, *c* y lino torcido... 8438,8144
28.33 harás granadas de azul, púrpura y *c*.... 8438,8144
35.6 púrpura, *c*, lino fino, pelo de cabras...... 8438,8144
35.23 todo hombre que tenía...*c*, lino fino..... 8438,8144
35.25 lo que habían hilado...*c* o lino fino...... 8438,8144
35.35 hagan toda obra...*c*, en lino fino y en... 8438,8144
36.8 cortinas de lino...de azul, púrpura y *c*.... 8438,8144
36.35 hizo...el velo de azul, púrpura, *c* y...... 8438,8144
36.37 la puerta...púrpura, *c* y lino torcido..... 8438,8144
38.18 la cortina...púrpura, *c* y lino torcido..... 8438,8144
38.23 recamador en azul, púrpura, *c* y lino.... 8438,8144
39.1 del azul...y *c* hicieron las vestiduras..... 8438,8144
39.2 hizo...el efod de oro...*c* y lino torcido.... 8438,8144
39.3 tejerlos entre el azul...el *c* y el lino....... 8438,8144
39.5 cinto...azul, púrpura, *c* y lino torcido..... 8438,8144
39.8 el pectoral...de oro...*c* y lino torcido..... 8438,8144
39.24 granadas de...púrpura, *c* y lino torcido . 8438,8144
39.29 el cinto de...*c*, de obra de recamador... 8438,8144
Nm 4.8 extenderán sobre ella un paño *c*, y lo..... 8438,8144
2 Cr 2.14 trabajar...en azul, en lino y en *c*........ 3758
3.14 hizo también el velo de...púrpura *c* y......... 3758
Is 1.18 si fueren rojos como el *c*, vendrán a............ 8144

CARMI
1. Hijo de Rubén, Gn 46.9; Éx 6.14; Nm 26.43;
1 Cr 5.3.. 3756
2. Padre de Acán, Jos 7.1,18; 1 Cr 2.7; 4.1 3756

CARMITAS *Descendientes de Carmi No. 1*
Nm 26.6 3757

CARNAL
Lv 18.20 no tendrás acto *c* con la mujer de tu..... 7903,2233
Ez 23.20 cuya lujuria es como el ardor *c* de los 1320
Ro 7.14 ley...mas yo soy *c*, vendido al pecado *4559*
8.7 la mente *c* es enemistad contra Dios............ *4561*
1 Co 3.1 como a *c*, como a niños en Cristo *4559*
3.3 aún sois *c*: pues habiendo entre vosotros *4559*
3.3 ¿no sois *c*, y andáis como hombres?............ *4559*
3.4 diciendo...Yo soy de Apolos, ¿no sois *c*? *4559*
2 Co 10.4 armas de nuestra milicia no son *c*.......... *4559*
Col 2.11 al echar de...el cuerpo pecaminoso *c*......... *4561*
2.18 vanamente hinchado por su...mente *c* *4561*
1 P 2.11 que os abstengáis de los deseos *c* *4559*

CARNALMENTE
Nm 31.17 que haya conocido varón *c*

CARNE
Gn 2.21 Jehová Dios...cerró la *c* en su lugar 1320
2.23 dijo...Adán: Esto es ahora...*c* de mi *c* 1320
2.24 unirá a su mujer, y serán una sola *c*........... 1320
6.3 el hombre...porque ciertamente él es *c*.......... 1320
6.12 toda *c* había corrompido su camino sobre...... 1320
6.17 toda *c* en que haya espíritu de vida........... 1320
6.19 de todo lo que vive, de toda *c*, dos de 1320
7.15 toda *c* en que había espíritu de vida 1320
7.16 que vinieron, macho y hembra de toda *c* 1320
7.21 y murió toda *c* que se mueve sobre la......... 1320
8.17 animales...contigo de toda *c*, las aves 1320
9.4 *c* con su vida...es su sangre, no comeréis....... 1320
9.11 no exterminaré ya más toda *c* con aguas 1320
9.15 vosotros y todo ser viviente de toda *c*.......... 1320
9.15 diluvio de aguas para destruir toda *c*.......... 1320
9.16 pacto...toda *c* que hay sobre la tierra 1320
9.17 la señal del pacto...entre mí y toda *c*........... 1320
17.11 circuncidaréis, pues, la *c* de vuestro.......... 1320
17.13 estará mi pacto en vuestra *c* por pacto 1320
17.14 que no hubiere circuncidado la *c* de su....... 1320
17.23 y circuncidó la *c* del prepucio de ellos......... 1320
17.24 años...circuncidó la *c* de su prepucio 1320
17.25 fue circuncidada la *c* de su prepucio 1320
29.14 ciertamente hueso mío y *c* mía eres............ 1320
37.27 es nuestro hermano, nuestra propia *c*.......... 1320
40.19 y las aves comerán tu *c* de sobre ti 1320
41.3 vacas de feo aspecto y enjutas de *c*, y.......... 1320
41.4 que las vacas...enjutas de *c* devoraban a...... 1320
41.18 del río subían siete vacas de gruesas *c* 1320
Éx 4.7 aquí que se había vuelto como la otra *c*......... 1320
12.8 comerán la *c* asada al fuego, y panes.......... 1320
12.46 no llevarás de aquella *c* fuera de ella......... 1320
16.3 cuando nos sentábamos a las ollas de *c* 1320
16.8 Jehová os dará en la tarde *c* para comer...... 1320
16.12 al caer la tarde comeréis *c*, y por la 1320
21.28 será apedreado, y no será comida su *c*....... 1320
22.31 no comeréis *c* destrozada...las fieras 1320
29.14 pero la *c* del becerro, y su piel y su........... 1320
29.31 carnero...cocerás su *c* en lugar santo........ 1320
29.32 Aarón y sus...comerán la *c* del carnero 1320
29.34 sobrare hasta la mañana algo de la *c* 1320
30.32 sobre *c* de hombre no será derramado....... 1320
Lv 4.11 toda su *c* con su cabeza, sus piernas........... 1320
6.27 lo que tocare su *c*, será santificado............ 1320
7.15 *c* del sacrificio de paz...se comerá en 1320
7.17 lo que quedare de la *c* del sacrificio 1320
7.18 si se comiere de la *c* del sacrificio de 1320
7.19 la *c* que tocare alguna cosa inmunda, no 1320
7.19 toda persona limpia podrá comer la *c*......... 1320
7.20 persona que comiere la *c* del sacrificio 1320
7.21 tocare...y comiere la *c* del sacrificio 1320
8.17 su *c* y su estiércol, lo quemó al fuego 1320
8.31 comed la *c* a la puerta del tabernáculo 1320
8.32 lo que sobre de la *c*...lo quemaréis al.......... 1320
9.11 la *c* y la piel las quemó al fuego fuera 1320
11.8 la *c* de ellos no comeréis, ni tocaréis........... 1320
11.11 su *c* no comeréis, y abominaréis sus.......... 1320
13.3 llaga más profunda que la piel de la *c*......... 1320
13.10 del pelo, y se descubre asimismo la *c*......... 1320
13.14 el día que apareciere en él la *c* viva 1320
13.15 mirará la *c* viva...es inmunda la *c* viva....... 1320
13.16 la *c* viva cambiare y se volviere blanca....... 1320
13.18 en la piel de la *c* hubiere divieso, y 1320
16.27 quemarán...su piel, su *c* y su estiércol........ 1320
17.11 la vida de la *c* en la sangre está, y yo 1320
17.14(2) la vida de toda *c* es su sangre.............. 1320
17.14 no comeréis la sangre de ninguna *c*.......... 1320
21.5 ni raerán la...ni en su *c* harán rasguño 1320
26.29 comeréis la *c*...la *c* de vuestras hijas 1320
Nm 11.4 dijeron: ¡Quién nos diera a comer *c*!.......... 1320
11.13 ¿de dónde conseguiré yo *c* para dar a......... 1320
11.13 a mí diciendo: Danos *c* que comamos......... 1320
11.18 santificaos para mañana, y comeréis *c*....... 1320
11.18 ¡quién nos diera a comer *c*!...os dará *c*....... 1320
11.21 les daré *c*, y comerán un mes entero!......... 1320
11.33 aún estaba la *c* entre los dientes de 1320
12.12 al salir del vientre...consumida su *c*........... 1320
16.22 Dios, Dios de los espíritus de toda *c* 1320
18.15 de toda *c* que ofrecerán a Jehová, así 1320
18.18 la *c* de ellos será tuya; como el pecho......... 1320
19.5 cuero y su *c* y su sangre...hará quemar 1320
27.16 pongo...Dios de los espíritus de toda *c* 1320
Dt 12.15 podrás matar y comer *c* en todas tus 1320
12.20 dijeres: Comeré *c*...deseaste comerla 1320
12.23 no comerás la...juntamente con su *c* 1320
12.27 ofrecerás...la *c* y la sangre, sobre el 1320
12.27 altar de Jehová...y podrás comer la *c*......... 1320
14.8 la *c* de éstos no comeréis, ni tocaréis 1320
16.4 de la *c* que...no quedará hasta la mañana...... 1320
28.53 comerás...*c* de tus hijos y de tus hijas 1320
28.55 no dar a...ellos de la *c* de sus hijos 1320
32.42 y mi espada devorará *c*; en la sangre.......... 1320
Jue 6.19 Gedeón...puso la *c* en un canastillo 1320
6.20 toma la *c* y...y ponlos sobre esta peña.......... 1320
6.21 tocó con...la *c* y los panes sin levadura........ 1320
6.21 y subió fuego de la peña...consumió la *c* 1320
8.7 dijo...trillaré vuestra *c* con espinos y........... 1320
9.2 acordaos que yo soy hueso...y *c* vuestra........ 1320
1 S 2.13 el criado...mientras se cocía la *c* 1320
2.15 da *c* que asar...no tomará de ti *c* cocida....... 1320
14.33 el pueblo peca...comiendo la *c* con la
14.34 pequéis, comiendo la *c* con la sangre
17.44 ven...y daré tu *c* a las aves del cielo 1320
25.11 ¿he de tomar...*c* que he preparado para....... 2878
2 S 5.1 henos aquí, hueso tuyo y *c* tuya somos 1320
6.19 un pedazo de *c* y una torta de pasas........... 829
19.12 mis hermanos; mis huesos y mi *c* sois 1320
19.13 a Amasa: ¿No eres...hueso mío y *c* mía? 1320
1 R 17.6 pan y *c* por la mañana y pan y *c*............. 1320
19.21 con el arado...coció la *c*, y la dio al.......... 1320
21.27 y puso cilicio sobre su *c*, ayunó, y............ 1320
2 R 5.10 vé y lávate...tu *c* se te restaurará............ 1320
5.14 y su *c* se volvió como la *c* de un niño.......... 1320
9.36 comerán los perros las *c* de, Jezabel 1320
1 Cr 11.1 aquí nosotros somos tu hueso y tu *c* 1320
16.3 repartió...una pieza de *c*, y una torta 829
2 Cr 32.8 con él está el brazo de *c*, mas con............ 1320
Neh 5.5 es como la *c* de nuestros hermanos 1320
Job 2.5 y toca su hueso y su *c*, y verás si no........... 1320
6.12 ¿es mi fuerza la...o es mi *c* de bronce? 1320
7.5 *c* está vestida de gusanos, y de costras.......... 1320
10.4 ¿tienes tú acaso ojos de *c*? ¿Ves tú 1320
10.11 me vestiste de piel y *c*, y me tejiste............ 1320
13.14 por qué quitaré yo mi *c* con mis dientes 1320
14.22 su *c* sobre él se dolerá...entristecerá 1320
19.20 piel y mi *c* se pegaron a mis huesos 1320
19.22 por qué...ni aun de mi *c* os saciáis? 1320
19.26 después de...en mi *c* he de ver a Dios 1320
21.6 asombro, y el temblor estremece mi *c* 1320
31.31 decían: ¿Quién no...saciado de su *c*?......... 1320
33.21 *c* desfallece, de manera que no se ve 1320
33.25 su *c* será más tierna que la del niño 1320
34.15 *c* perecería juntamente, y el hombre 1320
41.23 las partes más flojas de su *c* están........... 1320
Sal 16.9 mi *c* también reposará confiadamente........ 1320
27.2 se juntaron contra mí...para comer mis *c*..... 1320
38.3 nada hay sano en mi *c*, a causa de tu.......... 1320
38.7 lomos están...y nada hay sano en mi *c* 1320
50.13 ¿he de comer yo *c* de toros, o de beber 1320
63.1 mi *c* te anhela, en tierra seca y árida 1320
65.2 tú oyes la oración; a ti vendrá toda *c* 1320
73.26 mi *c* y mi corazón desfallecen; mas la 1320
78.20 ¿podrá...dispondrá *c* para su pueblo? 1320
78.27 hizo llover sobre ellos *c* como polvo 1320
78.39 se acordó de que eran *c*, soplo que va 1320
79.2 la *c* de tus santos a las bestias de la 1320
84.2 mi corazón y mi *c* cantan al Dios vivo 1320
102.5 voz...mis huesos se han pegado a mi *c* 1320
109.24 mi *c* desfallece por falta de gordura......... 1320
119.120 *c* se ha estremecido por temor de ti 1320
Pr 5.11 al final, cuando se consuma tu *c* y tu........... 1320
14.30 el corazón apacible es vida de la *c* 1320
23.20 no estés con...con los comedores de *c*......... 1320
Ec 2.3 propuse en mi...agasajar mi *c* con vino 1320
4.5 el necio cruza sus manos y come su...*c*......... 1320
11.10 quita, pues...y aparta de tu *c* el mal.......... 1320
12.12 y el mucho estudio es fatiga de la *c*........... 1320
Is 9.20 cada cual comerá la *c* de su brazo 1320
17.4 y se enflaquecerá la grosura de su *c*........... 1320
22.13 comiendo *c* y bebiendo vino, diciendo 1320
31.3 hombres...y no Dios; y sus caballos *c*........... 1320
40.5 la gloria de Jehová, y toda *c*...la verá 1320
40.6 toda *c* es hierba, y toda su gloria como 1320
44.16 parte de él como *c*, prepara un asado 1320
44.19 quemé en...cocí pan, asé *c*, y la comí.......... 1320
49.26 comer sus propias *c*, y con su sangre.......... 1320
65.4 comen *c* de cerdo, y en sus ollas hay............ 1320
66.17 que comen *c* de cerdo y abominación 1320
Jer 7.21 vuestros sacrificios, y comed la *c* 1320
11.15 y las *c*...pueden evitarte el castigo? 1320
12.12 la espada...no habrá paz para ninguna *c*.... 1320
17.5 maldito el varón...pone *c* por su brazo......... 1320
19.9 haré comer la *c* de sus hijos y la *c* de 1320
19.9 cada uno comerá la *c* de su amigo, en 1320
25.31 porque Jehová...él es el Juez de toda *c*....... 1320
Jer 32.27 yo soy Jehová, Dios de toda *c*, ¿habrá........ 1320
45.5 traigo mal sobre toda *c*...pero a ti te........... 1320
51.35 caiga la violencia hecha a mí y a mi *c* 7607
Lm 3.4 envejecer mi *c* y mi piel; quebrantó 1320
Ez 4.14 ni nunca en mi boca entró *c* inmunda 1320
11.3 esta será la olla, y nosotros la *c*................ 1320
11.7 muertos...son la *c*, y ella es la olla............. 1320
11.11 olla, ni...seréis en medio de ella la *c*.......... 1320
11.19 quitaré el corazón de piedra...de su *c*......... 1320
11.19 quitaré el...y les daré un corazón de *c* 1320
16.26 de Egipto, tus vecinos, gruesos de *c*........... 1320
20.48 verá toda *c* que yo Jehová lo encendí.......... 1320
21.4 mi espada saldrá de su...contra toda *c* 1320
21.5 y sabrá toda *c* que yo Jehová saqué mi 1320
24.4 junta sus piezas de *c* en ella; todas
24.10 encendiendo el fuego...consumir la *c* 1320
32.5 tus *c* sobre los montes, y llenaré los 1320
36.26 y quitaré de vuestra *c* el corazón de.......... 1320
36.26 de piedra, y os daré un corazón de *c* 1320
37.6 subir sobre vosotros *c*, y os cubriré de......... 1320
37.8 la *c* subió, y la piel cubrió por encima 1320
39.17 venid...y comeréis *c* y beberéis sangre........ 1320
39.18 comeréis *c* de fuertes, y...de príncipes 1320
40.43 sobre las mesas la *c* de las víctimas 1320
44.7 traer extranjeros...incircuncisos de *c* 1320
44.9 ningún...incircunciso de *c*, entrará en 1320
Dn 2.11 los dioses cuya morada no es con la *c*.......... 1321
4.12 su fruto era...se mantenía de él toda *c* 1321
7.5 fue dicho así: Levántate, devora mucha *c*........ 1321
10.3 ni entró en mi boca *c* ni vino, ni me........... 1320
Os 8.13 sacrificaron *c*, y comieron; no los 1320
Jl 2.28 derramaré mi Espíritu sobre toda *c*............ 1320
Mi 3.2 les quitáis su piel y su *c* de sobre 7607
3.3 que coméis asimismo la *c* de mi pueblo 7607
3.3 los rompéis como para...y como *c* en olla 1320
Sof 1.17 como polvo, y su *c* como estiércol............. 3894
Hag 2.12 llevare *c* santificada en la falda de 1320
Zac 2.13 calle toda *c* delante de Jehová 1320
11.9 que cada una coma la *c* de su compañera 1320
11.16 sino que comerá la *c* de la gorda, y........... 1320
14.12 la *c* de ellos se corromperá estando 1320
Mt 16.17 **no te lo reveló *c* ni sangre, sino mi**......... *4561*
19.5 **a su mujer, y los dos serán una sola *c*?**....... *4561*
19.6 **que no son ya más dos, sino una sola *c***........ *4561*
26.41 **está dispuesto, pero la *c* es débil** *4561*
Mr 10.8 **los dos serán una sola *c*; así que no**.......... *4561*
14.38 **está dispuesto, pero la *c* es débil** *4561*
Lc 3.6 y verá toda *c* la salvación de Dios............... *4561*
24.39 **un espíritu no tiene *c* ni huesos, como**....... *4561*
Jn 1.13 ni de voluntad de *c*, ni de voluntad *4561*
1.14 aquel Verbo fue hecho *c*, y habitó entre *4561*
3.6 **lo que es nacido de la *c*, *c* es; y lo que**......... *4561*
6.51 **el pan que yo daré es mi *c*, la cual yo**......... *4561*
6.52 ¿cómo puede éste darnos de comer su *c*?...... *4561*
6.53 **si no coméis la *c* del Hijo del Hombre**......... *4561*
6.54 **el que come mi *c* y...tiene vida eterna**......... *4561*
6.55 **mi *c* es verdadera comida, y mi sangre**......... *4561*
6.56 **el que come mi *c*...en mí permanece, y yo**...... *4561*
6.63 **que da vida; la *c* para nada aprovecha**........ *4561*
8.15 **vosotros juzgáis según la *c*; yo no juzgo** *4561*
17.2 **como le has dado potestad sobre toda *c*** *4561*
Hch 2.17 derramaré...Espíritu sobre toda *c*............ *4561*
2.26 y aun mi *c* descansará en esperanza *4561*
2.30 de su descendencia, en cuanto a la *c*........... *4561*
2.31 no fue dejada...ni su *c* vio corrupción *4561*
Ro 1.3 que era del linaje de David según la *c* *4561*
2.28 la circuncisión la que se hace...en la *c*.......... *4561*
4.1 halló Abraham, nuestro padre según la *c*?...... *4561*

7.5 mientras estábamos en la *c*, las pasiones *4561*
7.18 sé que en mí...en mi *c*, no mora el bien *4561*
7.25 sirvo a...con la *c* a la ley del pecado *4561*
8.1 los que no andan conforme a la *c*, sino *4561*
8.3 imposible...por cuanto era débil por la *c* *4561*
8.3 en semejanza de *c* de pecado y a causa del *4561*
8.3 enviando a su...condenó al pecado en la *c* *4561*
8.4 no andamos conforme a la *c*...al Espíritu *4561*
8.5 son de la *c* piensan en las cosas de la *c* *4561*
8.6 el ocuparse de la *c* es muerte, pero el *4561*
8.7 los designios...*c* son enemistad contra Dios *4561*
8.8 que viven según la *c* no pueden agradar *4561*
8.9 mas vosotros no vivís según la *c*, sino *4561*
8.12 no a la *c*...que vivamos conforme a la *c* *4561*
8.13 si vivís conforme a la *c*, moriréis; mas *4561*
8.13 hacéis morir...obras de la *c*, viviréis *4561*
9.3 los que son mis parientes según la *c* *4561*
9.5 de los cuales, según la *c*, vino Cristo *4561*
9.8 no los que son hijos según la *c* son los *4561*
13.14 y no proveáis para los deseos de la *c* *4561*
14.21 bueno es no comer *c*, ni beber vino, ni *2907*
1 Co 1.26 no sois muchos sabios según la *c* *4561*
5.5 sea entregado...para destrucción de la *c* *4561*
6.16 porque dice: Los dos serán una sola *c* *4561*
7.28 los tales tendrán aflicción de la *c*; y *4561*
8.13 no comeré *c*...para no poner tropiezo a *2907*
10.18 mirad a Israel según la *c*; los que *4561*
15.39 no toda *c* es la misma *c*, sino que una *4561*
15.39 una *c* es la de los hombres, otra *c* la *4561*
15.50 la *c* y la sangre no pueden heredar el *4561*
2 Co 1.17 lo pienso según la *c*, para que haya *4561*
3.3 escrita...sino en tablas de *c* del corazón *4560*
4.11 la vida de...se manifieste en nuestra *c* *4561*
5.16 adelante a nadie conocemos según la *c* *4561*
5.16 y aun si a Cristo conocimos según la *c* *4561*
7.1 limpiémonos de toda contaminación de *c* *4561*
10.2 tienen como si anduviésemos según la *c* *4561*
10.3 andamos en la *c*, no militamos...la *c* *4561*
11.18 se glorían según la *c*, también yo me *4561*
12.7 dado un aguijón en mi *c*, un mensajero *4561*
Gá 1.16 no consulté en seguida con *c* y sangre *4561*
2.20 lo que ahora vivo en la *c*, lo vivo en *4561*
3.3 Espíritu, ahora vais a acabar por la *c*? *4561*
4.23 pero el de la esclava nació según la *c* *4561*
4.29 el que había nacido según la *c* perseguía *4561*
5.13 la libertad como ocasión para la *c*, sino *4561*
5.16 y no satisfagáis los deseos de la *c* *4561*
5.17 el deseo de la *c* es contra el Espíritu *4561*
5.17 el deseo...del Espíritu es contra la *c* *4561*
5.19 manifiestas son las obras de la *c*, que *4561*
5.24 han crucificado la *c* con sus pasiones *4561*
6.8 el que siembra para su *c*, de la *c* segará *4561*
6.12 los que quieren agradar en la *c*, éstos *4561*
6.13 os circuncidéis, para gloriarse en...*c* *4561*
Ef 2.3 vivimos...en los deseos de nuestra *c* y *4561*
2.3 haciendo la voluntad de la *c* y de los *4561*
2.11 los gentiles en cuanto a la *c*, erais *4561*
2.11 circuncisión hecha con mano en la *c* *4561*
2.15 aboliendo en su *c* las enemistades, la *4561*
5.29 nadie aborreció jamás a su propia *c* *4561*
5.30 somos miembros...su *c* y de sus huesos *4561*
5.31 se unirá a...y los dos serán una sola *c* *4561*
6.12 no tenemos lucha contra sangre y *c*, sino *4561*
Fil 1.22 si el vivir en la *c* resulta para mí *4561*
1.24 pero quedar en la *c* es más necesario *4561*
3.3 espíritu...no teniendo confianza en la *c* *4561*
3.4 tengo también de qué confiar en la *c* *4561*
3.4 tiene de qué confiar en la *c*, yo más *4561*
Col 1.22 en su cuerpo de *c*, por medio de la *4561*
1.24 y cumplo en mi *c* lo que falta de las *4561*
2.13 en la incircuncisión de vuestra *c*, os *4561*
2.23 no tienen valor...los apetitos de la *c* *4561*
1 Ti 3.16 fue manifestado en *c*, justificado *4561*
Flm 1.6 más para ti, tanto en la *c* como en el *4561*
He 2.14 los hijos participaron de *c* y sangre *4561*
5.7 Cristo, en los días de su *c*, ofreciendo *4561*
9.10 abluciones, y ordenanzas acerca de la *c* *1033*
9.13 santifican para la purificación de la *c* *4561*
10.20 a través del velo, esto es, de su *c* *4561*
Stg 5.3 y devorará del todo vuestras *c* como *4561*
1 P 1.24 porque toda *c* es como hierba, y toda *4561*
3.18 siendo a la verdad muerto en la *c*, pero *4561*
3.21 no quitando las inmundicias de la *c* *4561*
4.1 Cristo ha padecido por nosotros en la *c* *4561*
4.1 quien ha padecido en la *c*, terminó con *4561*
4.2 no vivir el tiempo que resta en la *c* *4561*
4.6 para que sean juzgados en *c* según los *4561*
2 P 2.10 aquellos que, siguiendo la *c*, andan *4561*
2.18 seducen con concupiscencias de la *c* y *4561*
1 Jn 2.16 los deseos de la *c*...no proviene del *4561*
4.2,3 confiesa que Jesucristo ha venido en *c* *4561*
2 Jn 7 no confiesan...Jesucristo ha venido en *c* *4561*
Jud 8 mancillan la *c*, rechazan la autoridad y *4561*
23 aborreciendo...ropa contaminada por su *c* *4561*
Ap 17.16 y devorarán sus *c*, y la quemarán con *4561*
19.18 que comáis *c* de reyes...y *c* de fuertes *4561*
19.18 *c* de caballos...y *c* de todos, libres y *4561*
19.21 las aves se saciaron de las *c* de ellos *4561*

CARNERO
Gn 15.9 y le dijo: Tráeme...un *c* de tres años 5697
22.13 miró, y he aquí a sus espaldas un *c* 352
22.13 tomó el *c*, y lo ofreció en holocausto 352
31.38 abortaron, ni yo comí *c* de tus ovejas 352
32.14 cabras...doscientas ovejas y veinte *c* 352
Éx 25.5 pieles de *c* teñidas de rojo, pieles 352
26.14 y una cubierta de pieles de *c* teñidas 352
29.1 toma un becerro de...y dos *c* sin defecto 352
29.3 ofrecerás, con el becerro y los dos *c* 352
29.15 tomarás uno de los *c*, y Aarón y sus 352
29.15,19 pondrán sus manos...la cabeza del *c* 352
29.16 matarás el *c*, y con su sangre rociarás 352
29.17 cortarás el *c* en pedazos, y lavarás 352
29.18 quemarás todo el *c* sobre el altar 352
29.19 tomarás luego el otro *c*, y Aarón y sus 352
29.20 matarás el *c*, y tomarás de su sangre 352
29.22 tomarás del *c*...es *c* de consagración 352
29.26 el pecho del *c* de las consagraciones 352
29.27 fue elevado del *c* de las consagraciones 352
29.31 y tomarás el *c* de las consagraciones 352
29.32 y Aarón y sus...comerán la carne del *c* 352
35.7,23 pieles de *c* teñidas de rojo 352
36.19,34 cubierta de pieles de *c* teñidas de 352
Lv 5.15 traerá por su culpa a Jehová un *c* sin 352
5.16 hará expiación...con el *c* del sacrificio 352
5.18; 6.6 traerá...un *c* sin defecto de los 352
8.2 toma...los dos *c*, y el canastillo de los 352
8.18 hizo que trajeran el *c* del holocausto 352
8.18,22 sus manos sobre la cabeza del *c* 352
8.20 y cortó el *c* en trozos; y Moisés hizo 352
8.21 quemó Moisés todo el *c* sobre el altar 352
8.22 hizo que trajeran el otro *c*, el *c* de 352
8.29 del *c*...aquella fue la parte de Moisés 352
9.2 toma...un *c* para holocausto, sin defecto 352
9.4 *c* para sacrificio de paz, que inmoléis 352
9.18 degolló...el *c* en sacrificio de paz, que 352
9.19 las grosuras del buey y del *c*, la cola 352
16.3 con esto entrará...un *c* para holocausto 352
16.5 tomará dos machos...un *c* para holocausto 352
19.21 traerá...un *c* en expiación por su culpa 352
19.22 con el *c*...lo reconciliará el sacerdote 352
22.23 o *c* que tenga de más o menos, podrás 7716
23.18 y ofreceréis con el pan...dos *c*; serán 352
Num 5.8 dará...además del *c* de las expiaciones 352
6.14 un *c* sin defecto por ofrenda de paz 352
6.17 ofrecerá el *c* en ofrenda de...a Jehová 352
6.19 tomará el...la espadilla cocida del *c* 352
7.15,21,27,33,39,45,51,57,63,69,75,81 un becerro,
un *c*, un cordero de un año 352
7.17,23,27,29,35,41,47,53,59,65,71,77,83 cinco *c*,
cinco machos cabríos y cinco corderos 352
7.87 doce los *c*, doce los corderos de un año 352
7.88 sesenta...*c*, sesenta machos cabríos 352
15.6 por cada *c* harás ofrenda de dos décimas 352
15.11 se hará con cada buey, o *c*, o cordero 352
23.1,29 altares...siete becerros y siete *c* 352
23.2,14,30 un becerro y un *c* en cada altar 352
23.4 y en cada altar he ofrecido un...y un *c* 352
28.11 ofreceréis...un *c*, y siete corderos de 352
28.12 de flor de harina...ofrenda con cada *c* 352
28.14 la tercera parte de un hin con cada *c* 352
28.19,27; 29.2,8 un *c*, y siete corderos de 352
28.20,28; 29.3,9 y dos décimas con cada *c* 352
29.13,17,20,23,26,29,32 ofreceréis...dos *c*,
y catorce corderos 352
29.14 dos décimas con cada uno de los dos *c* 352
29.18,21,24,27,30,33 libaciones...con los *c* 352
29.36 ofreceréis...un *c*, siete corderos de un 352
29.37 con el *c* y con los corderos, según el 352
Dt 14.5 el íbice, el antílope y el *c* montés 689
32.14 y *c* de Basán; también machos cabríos 352
Jos 6.4,6,8,13 bocinas de cuernos de *c* 3104
6.5 cuando toquen...el cuerno de *c*, así que 3104
1 S 15.9 mejor...de los *c* y de todo lo bueno 3733
15.22 el prestar atención que la...de los *c* 352
2 S 6.13 sacrificó un buey y un *c* engordado 4806
2 R 3.4 pagaba...cien mil *c* con sus vellones 352
1 Cr 15.26 sacrificaron siete novillos y 7 *c* 352
29.21 ofrecieron...mil *c*, mil corderos con 352
2 Cr 13.9 a consagrarse con un becerro y 7 *c* 352
17.11 le trajeron...7.700 *c* y 7.700 machos 352
29.21 y presentaron siete novillos, siete *c* 352
29.22 mataron luego los *c*, y esparcieron la 352
29.32 bueyes, cien *c* y doscientos corderos 352
Esd 6.9 *c* y corderos para holocaustos al Dios 1798
6.17 ofrecieron en la dedicación...200 *c* y 1798
7.17 comprarás, pues...becerros, *c* y corderos 1798
8.35 ofrecieron...96 *c*, 77 corderos, y doce 352
10.19 ofrecieron...un *c* de los rebaños por 352
Job 42.8 tomaos...y siete *c*, e id a mi siervo 352
Sal 37.20 perecerán...como la grasa de los *c* 3733
66.15 holocaustos de...con sahumerio de *c* 352
114.4 montes saltaron como *c*, los collados 352
114.6 oh montes, ¿por qué saltasteis como *c* 352
Is 1.11 hastiado estoy de holocaustos de *c* y 352
34.6 engrasada...de grosura de riñones de *c* 352
60.7 *c* de Nebaiot te serán servidos; serán 352
Jer 51.40 los haré traer...al matadero, como *c* 352
Ez 27.21 Arabia y...traficaban contigo en...*c* 352
34.17 juzgo entre...entre *c* y machos cabríos 352
39.18 de *c*, de corderos, de machos cabríos 352
43.23 ofrecerás...un *c* sin tacha de la manada 352
43.25 sacrificarán...*c* sin tacha del rebaño 352
45.23 ofrecerá...y siete *c* sin defecto, cada 352
45.24 ofrenda de un efa, y con cada *c* un efa 352
46.4 el holocausto...será...y un *c* sin tacha 352
46.5 y por ofrenda un efa con cada *c*; y con 352
46.6 seis corderos, y un *c*; deberán ser sin 352
46.7,11 con el becerro, y un efa con cada *c* 352
Dn 8.3 miré...un *c* que estaba delante del río 352
8.4 el *c* hería con los cuernos al poniente 352
8.6 vino hasta el *c* de dos cuernos, que yo 352
8.7 llegó junto al *c*, y se levantó contra él 352
8.7 *c* no tenía fuerzas para pararse delante 352
8.7 y no hubo quien librase al *c* de su poder 352
8.20 en cuanto al *c* que viste, que tenía dos 352
Mi 6.7 ¿se agradará Jehová de millares de *c* 352

CARNICERÍA
1 Co 10.25 de todo lo que se vende en la *c* *3111*

CARPINTERO
2 S 5.11 Hiram rey de Tiro envió...cedro, y *c* 2796,6086
2 R 12.11 en pagar a los *c* y maestros que 2796,6086
22.6 *c*, maestros y albañiles, para comprar 2796
1 Cr 14.1 *c*, para que le edificasen una casa 6086
22.15 tú tienes...*c*, y todo hombre experto 6086
2 Cr 24.12 tomaban...*c* que reparasen la casa 2796
34.11 a los *c* y canteros para que comprasen 2796
Esd 3.7 y dieron dinero a los albañiles y *c* 2796
Is 41.7 *c* animó al platero, y el que alisaba 2796
44.13 el *c* tiende la regla, lo señala con 2796,6086
Zac 1.20 me mostró luego Jehová cuatro *c* 2796
Mt 13.55 ¿no es éste el hijo del *c*? ¿No se *5045*
Mr 6.3 ¿no es éste...el *c*, hijo de María, hermano *5045*

CARPO *Cristiano en Troas*, 2 Ti 4.13 .... *2591*

CARQUEMIS *Ciudad importante en el río Éufrates*
2 Cr 35.20 para hacer guerra en *C* junto al 3751
Is 10.9 ¿no es Calno como *C*, Hamat como Arfad 3751
Jer 46.2 estaba cerca del río Éufrates en *C*? 3751

CARRERA
Sal 25.9 juicio, y enseñaré a los mansos su *c* 1870
Ec 9.11 y vi...que ni es de los ligeros la *c* 4793
Jer 8.6 cada cual se volvió a su propia *c* 4794
23.10 la *c* de ellos fue mala, y su valentía 4794
Jl 2.8 cada uno irá por su *c*; y aun cayendo 4546
Hch 13.25 cuando Juan terminaba su *c*, dijo *1408*
20.24 con tal que acabe mi *c* con gozo, y el *1408*
2 Ti 4.7 he acabado la *c*, he guardado la fe *1408*
He 12.1 corramos con paciencia la *c*...delante *73*

CARRETA
Is 5.18 y el pecado como con coyundas de *c* 5699
28.27 ni sobre el comino se pasa rueda de *c* 5699
28.28 ni lo comprime con la rueda de su *c* 5699
Ez 23.24 y vendrán contra ti carros, *c* y 7393

CARRIZAL
Éx 2.3 y lo puso en un *c* a la orilla del río 8392
2.5 vio ella la arquilla en el *c*, y envió 8392

CARRIZO
Is 19.6 secarán...caña y el *c* serán cortados 5488

CARRO
Gn 41.43 subir en su segundo *c*, y pregonaron 4818
45.19 tomaos de la tierra de Egipto *c* para 5699
45.21 dio...*c* conforme a la orden de Faraón 5699
45.27 viendo Jacob los *c* que José enviaba 5699
46.5 en los *c* que Faraón había enviado para 5699
46.29 y José unció su *c* y vino a recibir a 4818
50.9 subieron también con él *c* y gente de a 7393
Éx 14.6 unció su *c*, y tomó consigo su pueblo 7393
14.7 tomó 600 *c*...y todos los *c* de Egipto, y 7393
14.9 con toda la caballería y *c* de Faraón 7393
14.17 glorificaré en...su ejército, en sus *c* 7393
14.18 me glorificaré en Faraón, en sus *c*, y 7393
14.23 entraron...*c*, y su gente de a caballo 7393
14.25 quitó las ruedas de sus *c*...trastornó 4818
14.26 que las aguas vuelvan...sobre sus *c*, y 7393
14.28 cubrieron los *c* y la caballería, y todo 7393
15.4 echó en el mar los *c* de Faraón y su 4818
15.19 Faraón entró cabalgando con sus *c*, y 7393
Nm 7.3 trajeron...seis *c* cubiertos y 12 bueyes 5699
7.3 por cada dos príncipes un *c*, y cada uno 5699
7.6 Moisés recibió los *c* y los bueyes, y los 5699
7.7 dos *c* y cuatro bueyes dio a los hijos de 5699
7.8 a los hijos de Merari dio cuatro *c* y 8 5699
Dt 11.4 lo que hizo...a sus caballos y a sus *c* 7393
20.1 si vieres...*c*, y un pueblo más grande 7393
Jos 11.4 muchísimos caballos y *c* de guerra 7393
11.6 sus caballos, y sus *c* quemarás a fuego 4818
11.9 desjarretó sus caballos, y sus *c* quemó 4818
17.16 todos los cananeos...tienen *c* herrados 7393
17.18 arrojarás al cananeo, aunque tenga *c* 7393
24.6 egipcios siguieron...con *c* y caballería 7393
Jue 1.19 habitaban en los llanos...tenían *c* 7393
4.3 tenía 900 *c* herrados, y había oprimido 7393
4.7 a Sísara...con sus *c* y su ejército, y lo 7393
4.13 reunió...sus *c*, novecientos *c* herrados 7393
4.15 Jehová quebrantó a Sísara, a...sus *c* y 7393
4.15 y Sísara descendió del *c*, y huyó a pie 4818
4.16 Barac siguió los *c* y el ejército hasta 7393
5.28 ¿por qué tarda su *c* en...ruedas de sus *c* 4818
1 S 6.7 un *c* nuevo, y...uncid las vacas al *c* 5699
6.8 el arca...la pondréis sobre el *c*, y las 5699
6.10 tomando dos vacas...las uncieron al *c* 5699
6.11 pusieron el arca de Jehová sobre el *c* 5699
6.14 *c* vino al campo de Josué de Bet-semes 5699
6.14 paró...y ellos cortaron la madera del *c* 5699
8.11 vuestros hijos, y los pondrá en sus *c* 4818
8.11 los pondrá...que corran delante de su *c* 4818
8.12 y a que hagan...los pertrechos de sus *c* 7393
13.5 los filisteos se juntaron...treinta mil *c* 7393
2 S 1.6 venían tras él *c* y gente de a caballo 7393
6.3 pusieron el arca de Dios sobre un *c*, y la 5699
6.3 Uza y Ahío, hijos de...guiaban el *c* nuevo 5699
8.4 desjarretó...los caballos de todos los *c* 7393
8.4 tomó...pero dejó suficientes para cien *c* 7393
10.18 David mató...la gente de setecientos *c* 7393
15.1 que Absalón se hizo de *c* y caballos, y 4818
1 R 1.5 se hizo de *c* y de gente de a caballo 7393
4.26 tenía 40.000 caballos en...para sus *c* 4817
7.33 forma...como la de las ruedas de un *c* 4818

C

9.19 las ciudades de los c, y las ciudades ... 7393
9.22 comandantes de sus c, o su gente de a ... 7393
10.26 y juntó Salomón c... y tenía 1.400 c ... 7393
10.26 cuales puso en las ciudades de los c ... 7393
10.29 el c por 600 piezas de plata, y el ... 4818
12.18 se apresuró a subirse en un c y huir ... 4818
16.9 Zimri, comandante de la mitad de los c ... 7393
18.44 tu c y desciende, para que la lluvia ... 4818
20.1 juntó... a 32 reyes, con caballos y c ... 7393
20.21 hirió la gente de a caballo, y los c ... 7393
20.25 caballo por caballo, y c por c; luego ... 7393
20.33 a Acab, y él le hizo subir en un c ... 4818
22.31 mandado a sus 32 capitanes de los c ... 7393
22.32 cuando los capitanes de los c vieron ... 7393
22.33 viendo... los capitanes de los c que no ... 7393
22.35 estuvo en su c delante de los sirios ... 4818
22.35 la sangre... corría por el fondo del c ... 7393
22.38 y lavaron el c... estanque de Samaria ... 7393
2 R 2.11 un c de fuego con... apartó a los dos ... 7393
2.12 c de Israel y su gente de a caballo! ... 7393
5.9 vino Naamán... con su c, y se paró a las ... 7393
5.21 se bajó del c para recibirle, y dijo ... 4818
5.26 el hombre volvió de su c a recibirte? ... 4818
6.14 envió el rey... c, y un gran ejército ... 7393
6.15 sitiada la... con gente de a caballo y c ... 7393
6.17 y de c de fuego alrededor de Eliseo ... 7393
7.6 oyese estruendo de c, ruido de caballos ... 7393
7.14 tomaron, pues, dos caballos de un c, y ... 7393
8.21 Joram... pasó a Zair, y todos sus c con ... 7393
8.21 atacó a los... y a los capitanes de los c ... 7393
9.21 unce el c. Y cuando estaba uncido su c ... 7393
9.21 salieron Joram rey... cada uno en su c ... 7393
9.24 Jehú... hirió a Joram... y él cayó en su c ... 7393
9.27 diciendo: Herid también a éste en el c ... 4818
9.28 le llevaron en un c a Jerusalén, y allá ... 7392
10.2 los que tienen c y gente de a caballo ... 7393
10.15 luego lo hizo subir consigo en el c ... 4818
10.16 dijo: Ven... lo pusieron, pues, en su c ... 7393
13.7 y diez c, y diez mil hombres de a pie ... 7393
13.14 padre mío, c de Israel y su gente de ... 7393
18.24 estés confiado en Egipto con sus c y ... 7393
19.23 con... mis c he subido a las alturas de ... 7393
23.11 quitó... y quemó al fuego los c del sol ... 7393
23.30 siervos lo pusieron en un c... muerto
1 Cr 13.7 c nuevo; y Uza y Ahío guiaban el c ... 5699
18.4 y le tomó David mil c, siete mil de a ... 7393
18.4 desjarretó David los caballos de... los c ... 7393
18.4 desjarretó... excepto los de cien c que ... 7393
19.6 plata para tomar a sueldo c y gente de ... 7393
19.7 tomaron a sueldo 32.000 c, y al rey de ... 7393
19.18 mató David... a 7.000 hombres de los c ... 7393
28.18 oro... para el c de los querubines de ... 4818
2 Cr 1.14 y juntó... c... las ciudades de los c ... 7393
1.14 Salomón... tuvo 1.400 c y 12.000 jinetes ... 7393
1.17 compraban... c por 600 piezas de plata ... 4818
8.6 ciudades de los c y... gente de a caballo ... 7393
8.9 comandantes de sus c, y su gente de a ... 7393
9.25 caballerizas para sus caballos y c, y ... 4818
9.25 jinetes... puso en las ciudades de los c ... 7393
10.18 rey Roboam, y subiendo en su c huyó a ... 4818
12.3 mil doscientos c, y con 60.000 hombres ... 7393
14.9 ejército de un millón... y trescientos c ... 4818
16.8 eran un ejército... con c y mucha gente ... 7393
18.30 mandado a los capitanes de los c que ... 7393
18.31 capitanes de los c vieron a Josafat ... 7393
18.32 viendo los capitanes de los c que no ... 7393
18.34 estuvo el rey de Israel en pie en el c ... 4818
21.9 entonces pasó Joram con... todos sus c ... 7393
21.9 Joram... derrotó... comandantes de sus c ... 7393
35.24 lo sacaron de aquel c... un segundo c ... 4818
Sal 20.7 confían en c, y aquéllos en caballos ... 7393
46.9 quiebra el... y quema los c en el fuego ... 5699
68.17 los c de Dios se cuentan por... millares ... 7393
76.6 el c y el caballo fueron entorpecidos ... 7393
Cnt 1.9 a yegua de los c de... te he comparado ... 7393
6.12 alma me puso entre los c de Aminadab ... 4818
Is 2.7 de caballos, y sus c son innumerables ... 4818
5.28 y las ruedas de sus c como torbellino
22.6 Elam tomó aljaba, con c y con jinetes ... 7393
22.7 tus hermosos valles fueron llenos de c ... 7393
22.18 y allá estarán los c de tu gloria, oh ... 4818
31.1 su esperanza... en c, porque son muchos ... 7393
36.9 estés confiado en Egipto con sus c y ... 7393
37.24 con la multitud de mis c subiré a las ... 7393
43.17 el que saca c y caballo, ejército y ... 7393
66.15 Jehová vendrá con fuego, y sus c como ... 4818
66.20 y traerán... en c, en literas, en mulos ... 7393
Jer 4.13 como nube, y su c como torbellino ... 4818
17.25; 22.4 entrarán... en c y en caballos ... 7393
46.9 alborotaos, c, y salgan los valientes ... 7393
47.3 por el sonido de... el alboroto de sus c ... 7393
50.37 espada... contra sus c, y contra todo ... 7393
51.21 quebrantaré c y a... que en ellos suben ... 7393
Ez 23.24 y vendrán contra ti c, carretas y ... 2021
26.7 c y jinetes, y tropas y mucho pueblo ... 7393
26.10 el estruendo... de las ruedas y de los c ... 7393
27.20 comerciaba contigo en paños... para c ... 7396
Dn 11.40 levantará contra él... con c y gente ... 7393
Jl 2.5 como estruendo de c saltarán sobre las ... 4818
Am 2.13 como se aprieta el c... de gavillas ... 5699
Mi 1.13 al c bestias veloces, oh moradores de ... 4818
5.10 en aquel día, dice... haré destruir tus c ... 4818
Nah 2.3 el c como fuego de antorchas; el día ... 7393
2.4 los c se precipitarán a las plazas, con ... 7393
2.13 encenderé y reduciré a humo tus c, y ... 7393
3.2 caballo atropellador, y c que salta ... 4818
Hab 3.8 cuando montaste... tus c de victoria? ... 4818
Hag 2.22 trastornaré los c y los que... suben ... 4818
Zac 6.1 cuatro c que salían de entre... montes ... 4818
6.2 en el primer c había caballos alazanes ... 4818
6.2 había... en el segundo c caballos negros ... 4818
6.3 en el tercer c caballos blancos, y en el ... 4818
6.3 y en el cuarto c caballos overos rucios ... 4818
6.6 c con los caballos negros salía hacia
9.10 de Efraín destruiré los c, y... caballos ... 7393
Hch 8.28 volvía sentado en su c, y leyendo al ... *716*
8.29 a Felipe: Acércate y júntate a ese c ... *716*
8.38 mandó parar el c, y descendieron ambos ... *716*
Ap 9.9 era como el estruendo de muchos c de ... *716*
18.13 caballos y c, y esclavos, almas de ... *4480*

CARROZA
Sal 104.3 el que pone las nubes por su c, el ... 7398
Cnt 3.9 rey Salomón se hizo una c de madera ... 668

CARSENA *Uno de siete príncipes de Persia y Media*, Est 1.14 ... 3771

CARTA *Ciudad de los levitas en Zabulón*, Jos 21.34 ... 7177

CARTA
Dt 24.1 escribirá c de divorcio... en su mano ... 5612
24.3 y le escribiere c de divorcio, y se la ... 5612
2 S 11.14 escribió David a Joab una c, la cual ... 5612
11.15 y escribió en la c... Poned a Urías al ... 5612
1 R 21.8 ella escribió c en nombre de Acab ... 5612
21.9 las c que escribió decían... Proclamad ... 5612
21.11 conforme a lo escrito en las c que ella ... 5612
2 R 5.5 anda... yo enviaré c al rey de Israel ... 5612
5.6 c para el rey de Israel, que decían así ... 5612
5.6 cuando lleguen a ti estas c, sabe por ... 5612
5.7 el rey de Israel leyó las c, rasgó sus ... 5612
10.1 Jehú escribió c y las envió a Samaria ... 5612
10.2 que lleguen estas c a vosotros los que ... 5612
10.7 c llegaron a ellos, tomaron a los hijos ... 5612
19.14 y tomó Ezequías las c de mano de los ... 5612
20.12 envió mensajeros con c y... a Ezequías ... 5612
2 Cr 21.12 le llegó una c del profeta Elías ... 4385
30.1 envió... Ezequías... y escribió c a Efraín ... 107
30.6 fueron... con c de mano del rey y de sus ... 107
32.17 c en que blasfemaba contra Jehová el ... 5612
Esd 4.7 y el lenguaje de la c eran en arameo ... 5407
4.8 escribieron una c contra Jerusalén al rey ... 104
4.11 esta es la copia de la c que enviaron ... 104
4.18 la c que nos enviasteis fue leída ... 5407
4.23 de la c del rey Artajerjes fue leída ... 5407
5.5 entonces respondieron por c sobre esto ... 5407
5.6 copia de la c que... enviaron al rey Darío ... 104
5.7 le enviaron c, y así estaba escrito en ... 6600
7.11 la copia de la c que dio... Artajerjes ... 5406
Neh 2.7 que se me den c para los gobernadores ... 107
2.8 c para Asaf guarda del bosque del rey ... 107
2.9 a los gobernadores... les di las c del rey ... 107
6.5 envió a... con una c abierta en su mano ... 107
6.17 muchas c de los principales de Judá a ... 107
6.19 y enviaba Tobías c para atemorizarme ... 107
Est 1.22 envió c a todas las provincias del ... 5612
3.13 fueron enviadas c por medio de correos ... 5612
8.5 dé orden escrita para revocar las c que ... 5612
8.10 envió c por medio de correos montados ... 5612
9.20 envió c a todos los judíos que estaban ... 5612
9.25 ordenó por c que el perverso designio ... 5612
9.26 debido a... de esta c, y por lo que ellos ... 107
9.29 suscribieron... esta segunda c referente ... 107
9.30 fueron enviadas c a todos los judíos ... 5612
Is 37.14 tomó Ezequías las c de mano de los ... 5612
39.1 envió c y presentes a Ezequías; porque ... 5612
50.1 dijo Jehová: ¿Qué es de la c de repudio ... 5612
Jer 3.8 había despedido y dado c de repudio ... 5612
29.1 la c que el profeta Jeremías envió de ... 5612
29.25 tú enviaste c en tu nombre a todo el ... 5612
29.29 Sofonías había leído esta c a oídos del ... 5612
32.10 y escribí la c y la sellé, y la hice ... 5612
32.11 tomé... la c de venta, sellada según el ... 5612
32.12 di la c de venta... habían suscrito la c ... 5612
32.14 toma estas c, esta c de venta sellada ... 5612
32.14 esta c abierta, y ponlas en una vasija ... 5612
32.16 después que di la c de venta a Baruc ... 5612
Mt 5.31 **repudie... mujer, dele c de divorcio** ... *647*
19.7 mandó... dar c de divorcio, y repudiarla? ... *975*
Mr 10.4 Moisés permitió dar c de divorcio, y ... *975*
Hch 9.2 pidió c para las sinagogas de Damasco ... *1992*
15.30 reuniendo... congregación, entregaron la c ... *1992*
22.5 de quienes también recibí c para los ... *1992*
23.25 y escribió una c en estos términos ... *1992*
23.33 llegaron... dieron la c al gobernador ... *1992*
23.34 leída la c, preguntó de qué provincia ... *1992*
28.21 ni hemos recibido de Judea c... de ti ... *1121*
1 Co 5.9 he escrito por c, que no os juntéis ... *1992*
16.3 a quienes hubiereis designado por c, a ... *1992*
2 Co 3.1 necesidad... de c de recomendación para ... *1992*
3.2 nuestras c sois vosotros, escritas en ... *1992*
3.3 sois c de Cristo expedida por nosotros ... *1992*
7.8 aunque os contristé con la c, no me ... *1992*
7.8 porque veo que aquella c... os contristó ... *1992*
10.9 como que os quiero amedrentar por c ... *1992*
10.10 dicen, las c son duras y fuertes; mas ... *1992*
10.11 así como somos en la palabra por c ... *1992*
Col 4.16 cuando esta c haya sido leída entre ... *1992*
1 Ts 5.27 esta c se lea a todos los santos ... *1992*
2 Ts 2.2 ni por c como si fuera nuestra, en ... *1992*
2.15 habéis aprendido, sea... o por c nuestra ... *1992*
3.14 a lo que decimos por medio de esta c ... *1992*
3.17 Pablo, que es el signo en toda c mía ... *1992*
2 P 3.1 amados, esta es la segunda c que os ... *1992*

CARTÁN *Ciudad de los levitas en Neftalí (=Quiriataim No. 2)*, Jos 21.32 ... 7178

CASA
Gn 7.1 Noé: Entra tú y toda tu c en el arca ... 1004
12.1 vete de tu tierra... de la c de tu padre ... 1004
12.15 y fue llevada la mujer a c de Faraón ... 1004
12.17 a Faraón y a su c con grandes plagas ... 1004
14.14 armó a sus criados, los nacidos en su c ... 1004
15.2 el mayordomo de mi c es ese damasceno ... 1004
15.3 mi heredero un esclavo nacido en mi c ... 1004
17.12 nacido en c, y el comprado por dinero ... 1004
17.13 ser circuncidado el nacido en tu c, y ... 1004
17.23 y a todos los siervos nacidos en su c ... 1004
17.23 todo varón entre... de la c de Abraham ... 1004
17.27 todos los varones de su c, el siervo ... 1004
17.27 el siervo nacido en c, y el comprado ... 1004
18.19 sé que mandará a sus hijos y a su c ... 1004
19.2 que vengáis a c de vuestro siervo y os ... 1004
19.3 y fueron con él, y entraron en su c ... 1004
19.4 rodearon la c los hombres de... Sodoma ... 1004
19.10 y metieron a Lot en c con ellos, y ... 1004
19.11 a los hombres que... a la puerta de la c ... 1004
20.13 me hizo salir errante de la c de mi ... 1004
20.18 había cerrado... toda matriz de la c de ... 1004
24.2 un criado suyo, el más viejo de su c ... 1004
24.7 que me tomó de la c de mi padre y de ... 1004
24.23 me digas: ¿hay en c de tu padre lugar ... 1004
24.25 hay en nuestra c paja y mucho forraje
24.27 guiándome... a c de los hermanos de mi ... 1004
24.28 e hizo saber en c de su madre estas ... 1004
24.31 he preparado la c, y el lugar para los ... 1004
24.32 el hombre vino a c, y Labán desató los ... 1004
24.38 irás a c de mi padre y a mi parentela ... 1004
24.40 mujer de mi familia y de la c de mi ... 1004
27.15 vestidos de Esaú... que ella tenía en c ... 1004
27.43 hijo... levántate y huye a c de Labán
28.2 vé a... a c de Betuel, padre de tu madre ... 1004
28.17 lugar. No es otra cosa que c de Dios ... 1004
28.21 y si volviere en paz a c de mi padre ... 1004
28.22 esta piedra... por señal, será c de Dios ... 1004
29.13 oyó Labán... lo besó, y lo trajo a su c ... 1004
30.30 ¿cuándo trabajaré... por mi propia c? ... 1004
31.14 o heredad en la c de nuestro padre? ... 1004
31.30 tenías deseo de la c de tu padre ... 1004
31.37 ¿qué has hallado de... enseres de tu c? ... 1004
31.41 veinte años en tu c; catorce años te ... 1004
33.17 Jacob fue a... y edificó allí c para sí ... 1004
34.19 era el mas distinguido de toda la c de ... 1004
34.26 tomaron a Dina de c de Siquem, y se ... 1004
34.29 y robaron todo lo que había en c ... 1004
34.30 atacarán, y seré destruido yo y mi c ... 1004
36.6 Esaú tomó... todas las personas de su c ... 1004
38.11 quédate viuda en c de tu padre, hasta ... 1004
38.11 fue Tamar, y estuvo en c de su padre ... 1004
39.2 y estaba en la c de su amo el egipcio ... 1004
39.4 le hizo mayordomo de su c y entregó en ... 1004
39.5 cuando le dio el encargo de su c y de ... 1004
39.5 Jehová bendijo la c del egipcio... José ... 1004
39.5 bendijo la... así en c como en el campo ... 1004
39.8 no se preocupa... de lo que hay en c, y ... 1004
39.9 no hay otro mayor que yo en esta c, y ... 1004
39.11 entró él un día en c para hacer su ... 1004
39.11 y no había nadie de los de c allí ... 1004
39.14 llamó a los de c... diciendo: Mirad, nos ... 1004
39.16 José, hasta que vino su señor a su c ... 1004
40.3 en la c del capitán de la guardia, en ... 1004
40.7 él en la prisión de la c de su señor ... 1004
40.14 hagas mención... y me saques de esta c ... 1004
41.10 la prisión de la c del capitán de la ... 1004
41.40 estarás sobre mi c, y por tu palabra ... 1004
41.51 me hizo olvidar... toda la c de mi padre ... 1004
42.19 quede... en la c de vuestra cárcel uno ... 1004
42.19 alimento para el hambre de vuestra c ... 1004
42.33 tomad para el hambre de vuestras c ... 1004
43.16 mayordomo de su c: Lleva a c a estos ... 1004
43.17 y llevó a los hombres a c de José ... 1004
43.18 fueron llevados a c de José, y decían ... 1004
43.19 se acercaron al mayordomo de la c de ... 1004
43.19 y le hablaron a la entrada de la c ... 1004
43.24 y llevó... a los hombres a c de José ... 1004
43.26 y vino José a c, y ellos le trajeron ... 1004
43.26 trajeron el presente... dentro de la c ... 1004
44.1 mandó... al mayordomo de su c... Llena de ... 1004
44.8 ¿cómo... habíamos de hurtar de c de tu ... 1004
44.14 vino Judá con... hermanos a c de José ... 1004
45.2 a llorar... y oyó también la c de Faraón ... 1004
45.8 me ha puesto... por señor de toda su c ... 1004
45.11 que no perezcas de pobreza tú y tu c ... 1004
45.16 y se oyó la noticia en la c de Faraón ... 1004
46.27 todas las personas de la c de Jacob ... 1004
46.31 José dijo a sus... y a la c de su padre ... 1004
46.31 y la c de mi padre... han venido a mí ... 1004
47.12 alimentaba José a... la c de su padre ... 1004
47.14 metió José el dinero en c de Faraón ... 1004
47.24 y para... los que están en vuestras c ... 1004
50.4 habló José a los de la c de Faraón ... 1004
50.7 subieron con él... los ancianos de su c ... 1004
50.8 toda la c de José... y la c de su padre ... 1004
50.22 habitó José en... él y la c de su padre ... 1004
Éx 7.23 Faraón se volvió y fue a su c, y no ... 1004
8.3 ranas... en tu c... en las c de tus siervos ... 1004
8.9 las ranas sean quitadas de ti y de tus c ... 1004
8.11 y las ranas se irán de ti, y de tus c ... 1004
8.13 y murieron las ranas de las c, de los ... 1004
8.21 yo enviaré... tus c toda clase de moscas ... 1004

8.21 y las *c* de los egipcios se llenarán de 1004
8.24 moscas...*c* de Faraón...*c* de sus siervos 1004
9.19 no sea recogido a *c*, el granizo caerá 1004
9.20 hizo huir sus criados y su ganado a *c* 1004
10.6 llenará tus *c*, y las *c* de tus siervos 1004
10.6 y llenará...las *c* de todos los egipcios 1004
12.4 él y su vecino inmediato a su *c* tomarán 1004
12.7 sangre...pondrán...en el dintel de las *c* 1004
12.13 la sangre os será por señal en las *c* 1004
12.15 que no haya levadura en vuestras *c* 1004
12.19 no se hallará levadura en vuestras *c* 1004
12.22 ninguno...salga de las puertas de su *c* 1004
12.23 no dejará entrar al heridor...*c* para 1004
12.27 pasó...las *c* de los hijos de Israel en 1004
12.27 hirió...egipcios, y libró nuestras *c* 1004
12.30 no había *c* donde no hubiese un muerto 1004
12.46 comerá en una *c*, y no llevarás...fuera 1004
13.3 habéis salido...de la *c* de servidumbre 1004
13.14 Jehová nos sacó...de *c* de servidumbre 1004
16.31 la *c* de Israel lo llamó Maná; y era 1004
19.3 así dirás a la *c* de Jacob, y anunciarás 1004
20.2 soy...que te saqué...de *c* de servidumbre 1004
20.17 no codiciarás la *c* de tu prójimo, no 1004
22.2 el ladrón fuere hallado forzando una *c*
22.7 fuere hurtado de la *c* de aquel hombre 1004
22.8 el dueño de la *c* será presentado a los 1004
23.19 primicias de...traerás a la *c* de Jehová 1004
34.26 los primeros frutos...a la *c* de Jehová 1004
40.38 nube...a vista de toda la *c* de Israel 1004
Lv 10.6 toda la *c* de Israel, sí lamentarán 1004
14.34 pusiere yo plaga de lepra en alguna *c* 1004
14.35 vendrá aquel de quien fuere la *c* y 1004
14.35 algo como plaga ha aparecido en mi *c* 1004
14.36 el sacerdote mandará desocupar la *c* 1004
14.36 no sea contaminado...estuviere en la *c* 1004
14.37 vieren manchas en las paredes de la *c* 1004
14.38 saldrá de la *c* a la...y cerrará la *c* 1004
14.39 si...extendido en las paredes de la *c* 1004
14.41 hará raspar la *c* por dentro alrededor 1004
14.42 tomarán otro barro y recubrirán la *c* 1004
14.43 plaga volviere a brotar en aquella *c* 1004
14.43 plaga...después que hizo...raspar la *c* 1004
14.44 plaga en la *c*...lepra maligna en la *c* 1004
14.45 derribará, por tanto, la tal *c*, sus 1004
14.45 sus maderos y toda la mezcla de la *c* 1004
14.46 y cualquiera que entrare en aquella *c* 1004
14.47 el que durmiere en aquella *c*, lavará 1004
14.47 comiere en la *c*, lavará sus vestidos 1004
14.48 que la plaga no se ha extendido en la *c* 1004
14.48 el sacerdote declarará limpia la *c* 1004
14.49 tomará para limpiar la *c* dos avecillas 1004
14.51 los mojará...y rociará la *c* siete veces 1004
14.52 y purificará la *c* con la sangre de la 1004
14.53 hará expiación por la *c*, y será limpia 1004
14.55 y de la lepra del vestido, y de la *c* 1004
16.6,11 hará reconciliación por sí y por su *c* 1004
16.17 hecho la expiación por sí, por su *c* y 1004
17.3 varón de la *c* de Israel que degollare 1004
17.8,10 cualquier varón de la *c* de Israel, o 1004
18.9 tu hermana...nacida en *c* o nacida fuera 1004
19.13 no retendrás el salario del...en tu *c*
22.11 también el nacido en su *c* podrá comer 1004
22.13 se hubiere vuelto a la *c* de su padre 1004
22.18 cualquier varón de la *c* de Israel, o 1004
25.29 el varón que vendiere *c* de habitación 1004
25.30 fuere rescatada dentro de un año...la *c* 1004
25.31 las *c* de las aldeas que no tienen muro 1004
25.32 podrán rescatar en...*c* en las ciudades 1004
25.33 saldrá de la *c*...las *c*...son la posesión 1004
25.41 saldrá libre de tu *c*; él y sus hijos
27.14 dedicara su *c* consagrándola a Jehová 1004
27.15 el que dedicó su *c* deseare rescatarla 1004
Nm 1.2 las *c* de sus padres, con la cuenta de 1004
1.4 cada uno jefe de la *c* de sus padres 1004
1.18,20,22,24,26,28,30,32,34,36,38,40,42 según las *c* de sus padres 1004
1.44 varones, uno por cada *c* de sus padres 1004
1.45 los contados...por las *c* de sus padres 1004
2.2 bajo las enseñas de las *c* de sus padres 1004
2.32 contados de...según las *c* de sus padres 1004
2.34 marcharon...según las *c* de sus padres 1004
3.15 cuenta los hijos de Leví según las *c* 1004
3.20 son las familias de Leví, según las *c* 1004
3.35 el jefe de la *c* del linaje de Merari 1004
4.2 hijos de Coat...según las *c* de sus padres 1004
4.22 el número...hijos de Gersón según las *c* 1004
4.29 de Merari...según las *c* de sus padres 1004
4.34,38,40,42,46 según las *c* de sus padres 1004
7.2 los jefes de las *c* de sus padres, los 1004
12.7 siervo Moisés, que es fiel en toda mi *c* 1004
16.32 los tragó...sus *c*, a todos los hombres 1004
17.2 toma de ellos una vara por cada *c* de 1004
17.2 doce...conforme a las *c* de sus padres 1004
17.6 cada príncipe por las *c* de sus padres 1004
17.8 la vara de Aarón de la *c* de Leví había 1004
18.1 y la *c* de tu padre contigo, llevaréis el 1004
18.11,13 todo limpio en tu *c* comerá de ellas 1004
22.18; 24.13 Balac me diese su *c* llena de 1004
26.2 tomad el censo de...las *c* de sus padres 1004
30.3 y se ligare con obligación en *c* de su 1004
30.10 hubiere hecho voto en *c* de su marido 1004
30.16 durante su juventud en *c* de su padre 1004
32.18 no volveremos a nuestras *c* hasta que 1004
34.14 (2) la tribu...según las *c* de sus padres 1004
36.1 y hablaron delante de...jefes de las *c*
Dt 5.6 Dios, que te saqué...*c* de servidumbre 1004
5.21 ni desearás la *c* de tu prójimo, ni su 1004
6.7 y hablarás de ellas estando en tu *c*, y 1004
6.9 y las escribirás en los postes de tu *c* 1004
6.11 *c* llenas de...bien, que tú no llenaste 1004
6.12 te sacó...de Egipto, de *c* de servidumbre 1004
6.22 Egipto, sobre Faraón y sobre toda su *c* 1004
7.26 y no traerás cosa abominable a tu *c* 1004
8.12 y edifiques buenas *c* en que habites 1004
8.14 Dios, que te sacó...de *c* de servidumbre 1004
11.19 hablando de...cuando te sientes en tu *c* 1004
11.20 las escribirás en los postes de tu *c* 1004
13.5 sacó...y te rescató de *c* de servidumbre 1004
13.10 Dios, que te sacó...de *c* de servidumbre 1004
15.16 porque te ama a ti y a tu *c*, y porque 1004
19.1 y habites en sus ciudades, y en sus *c* 1004
20.5 ¿quién ha edificado *c* nueva, y no la ha 1004
20.5,6,7,8 vaya, y vuélvase a su *c* 1004
21.12 la meterás en tu *c*; y ella rapará su 1004
21.13 y se quedará en tu *c*; y llorará a su 1004
22.2 lo recogerás en tu *c*, y estará contigo 1004
22.8 cuando edifiques *c* nueva, harás pretil 1004
22.8 que no eches culpa de sangre sobre tu *c* 1004
22.21 la sacarán a la puerta de la *c* de su 1004
22.21 vileza...fornicando en *c* de su padre 1004
23.18 no traerás la paga...a la *c* de Jehová 1004
24.1 y se la entregará...y la despedirá de su *c* 1004
24.2 salida de su *c*, podrá ir y casarse con 1004
24.3 y la despidiere de su *c*; o si hubiere 1004
24.5 libre estará en su *c* por un año, para 1004
24.10 no entrarás en su *c*; tomarle prenda 1004
25.9 no quiere edificar la *c* de su hermano 1004
25.10 dará este nombre...La *c* del descalzado 1004
25.14 ni tendrás en tu *c* efa grande y efa 1004
26.11 tu Dios te haya dado a ti y a tu *c* 1004
26.13 he sacado lo consagrado de mi *c*, y 1004
28.30 edificarás *c*, y no habitarás en ella 1004
Jos 2.1 y entraron en *c* de una ramera que se 1004
2.3 saca a los hombres...han entrado a tu *c* 1004
2.12 la haréis vosotros con la *c* de mi padre 1004
2.15 su *c* estaba en el muro de la ciudad 1004
2.18 reunirás en tu *c* a tu padre y...madre 1004
2.19 saliere fuera de las puertas de tu *c* 1004
2.19 mas cualquiera que se estuviere en *c* 1004
6.17 vivirá, con todos los que estén en *c* 1004
6.22 dijo...Entrad en *c* de la mujer ramera 1004
6.24 en el tesoro de la *c* de Jehová la plata 1004
6.25 Josué salvó...a Rahab...la *c* de su padre 1004
7.14 por sus *c*; y la *c* que Jehová tomare, se 1004
7.18 su *c* por los varones, y fue tomado Acán 1004
9.12 pan lo tomamos caliente de nuestras *c* 1004
9.23 y saque el agua para la *c* de mi Dios 1004
17.17 respondió a la *c* de José, a Efraín y 1004
18.5 los de la *c* de José en el suyo al norte 1004
20.6 el homicida podrá volver a su...y a su *c* 1004
21.45 promesas que...había hecho a la *c* de 1004
22.14 príncipe por cada *c* paterna de todas 1004
22.14 cada uno de...era jefe de la *c* de sus 1004
24.15 pero yo y mi *c* serviremos a Jehová 1004
24.17 Dios...nos sacó...de la *c* de servidumbre 1004
Jue 1.22 la *c* de José subió contra Bet-el 1004
1.23 y la *c* de José puso espías en Bet-el 1004
1.35 pero cuando la *c* de José cobró fuerzas 1004
4.17 había paz entre Jabín...y la *c* de Heber 1004
6.8 Egipto, y os saqué de la *c* de servidumbre 1004
6.15 pobre...yo el menor en la *c* de mi padre 1004
8.27 efod...fue tropezadero a Gedeón y a su *c* 1004
8.29 Jerobaal hijo de...fue y habitó en su *c* 1004
8.35 ni se...agradecidos con la *c* de Jerobaal 1004
9.1 Abimelec...habló con...la *c* del padre de 1004
9.5 y viniendo a la *c* de su padre en Ofra 1004
9.6 se juntaron...con toda la *c* de Milo, y 1004
9.16 actuado bien con Jerobaal y con su *c* 1004
9.18 levantado hoy contra la *c* de mi padre 1004
9.19 si...procedido con Jerobaal y con su *c* 1004
9.20 consuma...la *c* de Milo, y...la *c* de Milo 1004
9.55 muerto a Abimelec, se fueron...a su *c* 4725
10.9 guerra contra Judá y...la *c* de Efraín 1004
11.2 no heredarás en la *c* de nuestro padre 1004
11.7 ¿no me...echasteis de la *c* de mi padre? 1004
11.31 que saliere de las puertas de mi *c* a 1004
11.34 volvió Jefté a Mizpa, a su *c*; y he aquí 1004
12.1 dijeron a Jefté: ¿Por...quemaremos tu *c* 1004
14.15 te quememos a ti y a la *c* de tu padre 1004
14.19 de enojo se volvió a la *c* de su padre 1004
16.26 columnas sobre las que descansa la *c* 1004
16.27 la *c* estaba llena de hombres y mujeres 1004
16.29 columnas...sobre...que descansaba la *c* 1004
16.30 y cayó la *c* sobre los principales, y 1004
16.31 toda la *c* de su padre...le sepultaron 1004
17.4 la cual fue puesta en la *c* de Micaía 1004
17.5 Micaía tuvo *c* de dioses, e hizo efod 1004
17.8 este hombre partió...vino a *c* de Micaía 1004
17.10 Micaía le dijo: Quédate en mi *c*, y
17.12 al levita...permaneció en *c* de Micaía 1004
18.2 éstos vinieron al...hasta la *c* de Micaía 1004
18.3 cuando estaban cerca de la *c* de Micaía 1004
18.13 de allí...vinieron hasta la *c* de Micaía 1004
18.14 ¿no sabéis que en estas *c* hay efod y 1004
18.15 la *c* del joven levita, en *c* de Micaía 1004
18.18 entrando...aquéllos en la *c* de Micaía 1004
18.19 ¿es mejor que seas tú sacerdote en *c* 1004
18.22 se habían alejado de la *c* de Micaía 1004
18.22 en las *c* cercanas a la *c* de Micaía se 1004
18.26 más fuertes...volvió y regresó a su *c* 1004
18.31 tiempo que la *c* de Dios estuvo en Silo 1004
19.2 se fue de él a *c* de su padre, a Belén 1004
19.3 ella le hizo entrar en la *c* de su padre 1004
19.4 le detuvo su...y quedó en su *c* tres días
19.9 levantaréis temprano...y te irás a tu *c* 168
19.15 no hubo quien los acogiese en *c* para 1004
19.18 ahora voy a la *c* de Jehová, y no hay 1004
19.18 voy a...y no hay quien me reciba en *c* 1004
19.21 y los trajo a su *c*, y dio de comer a 1004
19.22 rodearon la *c*, golpeando a la puerta 1004
19.22 hablaron al...dueño de la *c*, diciendo 1004
19.22 saca al hombre que ha entrado en tu *c* 1004
19.23 salió a ellos el dueño de la *c* y les 1004
19.23 ya que este hombre ha entrado en mi *c* 1004
19.26 cayó delante de...la *c* de aquel hombre 1004
19.27 y abrió las puertas de la *c*, y salió 1004
19.27 tendida delante de la puerta de la *c* 1004
19.29 y llegando a su *c*, tomó un cuchillo 1004
20.5 rodearon contra mí la *c* por la noche 1004
20.8 ni volverá ninguno de nosotros a su *c* 1004
20.18 de Israel, y subieron a la *c* de Dios 1008
20.26 y vinieron a la *c* de Dios; y lloraron 1008
21.2 y vino el pueblo a la *c* de Dios, y se 1008
Rt 1.8 volveos cada una a la *c* de su madre 1004
1.9 halléis descanso, cada una en *c* de su marido 1004
4.11 haga a la mujer que entra en tu *c* como 1004
4.11 Lea, las cuales edificaron la *c* de Israel 1004
4.12 y sea tu *c* como la *c* de Fares, el que 1004
1 S 1.7 hacía...cuando subía a la *c* de Jehová 1004
1.19 y volvieron y fueron a su *c* en Ramá 1004
1.24 destetado...lo trajo a la *c* de Jehová 1004
2.11 Elcana se volvió a su *c* en Ramá; y el 1004
2.20 Elí bendijo a...y se volvieron a su *c* 4725
2.27 ¿no me manifesté...a la *c* de tu padre 1004
2.27 ¿no...cuando estaban...en *c* de Faraón? 1004
2.28 a la *c* de tu padre todas las ofrendas 1004
2.30 había dicho que tu *c* y la *c* de tu padre 1004
2.31 *c* de tu padre...no haya anciano en tu *c* 1004
2.32 verás tu *c* humillada, mientras Dios 1004
2.32 en ningún tiempo habrá anciano en tu *c* 1004
2.33 los nacidos en tu *c* morirán en la edad 1004
2.35 le edificaré *c* firme, y andará delante 1004
2.36 el que hubiere quedado en tu *c* vendrá a 1004
3.12 Elí...las cosas que he dicho sobre su *c* 1004
3.13 y le mostraré que yo juzgaré su *c* para 1004
3.14 a la *c* de Elí que la iniquidad de la *c* 1004
3.15 y abrió las puertas de la *c* de Jehová 1004
5.2 el arca...la metieron en la *c* de Dagón 1004
6.7 haced volver sus becerros de detrás...a *c* 1004
6.10 vacas...y encerraron en *c* sus becerros 1004
7.1 el arca...la pusieron en *c* de Abinadab 1004
7.2 *c* de Israel lamentaba en pos de Jehová 1004
7.3 Samuel a toda la *c* de Israel, diciendo 1004
7.17 volvía a Ramá, porque allí estaba su *c* 1004
9.18 me enseñes dónde está la *c* del vidente 1004
9.20 para ti y para toda la *c* de tu padre? 1004
10.26 cada uno a su *c*. Saúl...se fue a su *c* 1004
15.34 y Saúl subió a su *c* en Gabaa de Saúl 1004
17.25 eximirá de tributos a la *c* de su padre 1004
18.2 y no le dejó volver a *c* de su padre 1004
18.10 Saúl, y él desvariaba en medio de la *c* 1004
19.9 sentado en su *c* tenía una lanza a mano 1004
19.11 envió luego mensajeros a *c* de David 1004
20.15 no apartarás tu misericordia de mi *c* 1004
20.15 nombre...sea quitado de la *c* de David
20.16 hizo Jonatán pacto con la *c* de David 1004
21.15 loco...¿había de entrar éste en mi *c*? 1004
22.1 cuando...la *c* de su padre lo supieron 1004
22.11 envió por...Ahimelec...la *c* de su padre 1004
22.14 a tus órdenes y es ilustre en tu *c*? 1004
22.15 no culpe el rey a...ni a toda la *c* de 1004
22.16 morirás, Ahimelec, tú y toda la *c* de 1004
22.22 ocasionado la muerte a...*c* de tu padre 1004
23.18 en Hores, y Jonatán se volvió a su *c* 1004
24.21 ni borrarás mi nombre de la *c* de mi 1004
24.22 y se fue Saúl a su *c*, y David y sus 1004
25.1 Samuel...lo sepultaron en su *c* en Ramá 1004
25.17 el mal está ya resuelto contra...su *c* 1004
25.28 pues Jehová...hará *c* estable a mi señor 1004
25.35 sube en paz a tu *c*, y...he oído tu voz 1004
25.36 él tenía banquete en su *c* como...de rey 1004
28.24 tenía en su *c* un ternero engordado 1004
2 S 1.12 ayunaron hasta...por la *c* de Israel 1004
2.4 allí a David por rey sobre la *c* de Judá 1004
2.7 de la *c* de Judá me han ungido por rey 1004
2.10 los de la *c* de Judá siguieron a David 1004
2.11 que David reinó en...sobre la *c* de Judá 1004
3.1 larga guerra entre la *c* de Saúl y la *c* 1004
3.1 David...la *c* de Saúl se iba debilitando 1004
3.6 como había guerra entre la *c* de Saúl y 1004
3.6 que Abner se esforzaba por la *c* de Saúl 1004
3.8 misericordia con la *c* de Saúl tu padre 1004
3.10 trasladando el reino de la *c* de Saúl 1004
3.19 parecía bien...a toda la *c* de Benjamín 1004
3.29 caiga sobre...Joab, y...la *c* de su padre 1004
3.29 falte de la *c* de Joab quien padezca 1004
4.5 entraron...calor del día en *c* de Is-boset 1004
4.6 portera de la *c* había estado limpiando 1004
4.6 Recab y Baana...se introdujeron en la *c* 1004
4.7 cuando entraron en la *c*, Is-boset dormía 1004
4.11 que mataron a un hombre justo en su *c* 1004
5.8 dijo: Ciego ni cojo no entrará en la *c* 1004
5.11 los cuales edificaron la *c* de David 1004
6.3 y la llevaron de la *c* de Abinadab, que 1004
6.4 cuando lo llevaban de la *c* de Abinadab 1004
6.5 y David y toda la *c* de Israel danzaban 1004
6.10 la hizo llevar David a *c* de Obed-edom 1004
6.11 y estuvo el arca de...en *c* de Obed-edom 1004
6.11 y bendijo...a Obed-edom y a toda su *c* 1004
6.12 Jehová ha bendecido la *c* de Obed-edom 1004
6.12 el arca...de *c* de Obed-edom a la ciudad 1004
6.15 toda la *c* de Israel conducían el arca 1004
6.19 se fue todo el pueblo, cada uno a su *c* 1004
6.20 volvió luego David para bendecir su *c* 1004

6.21 quien me eligió en preferencia a tu...*c* 1004
7.1 que cuando ya el rey habitaba en su *c* 1004
7.2 habitó en *c* de cedro, y el arca de Dios 1004
7.5 me has de edificar *c* en que yo more? 1004
7.6 no he habitado en *c* desde el día en que 1004
7.7 qué no me habéis edificado *c* de cedro? 1004
7.11 Jehová te hace saber que él te hará *c* 1004
7.13 edificará *c* a mi nombre, y yo afirmaré 1004
7.16 afirmada tu *c* y tu reino para siempre 1004
7.18 y qué es mi *c*, para que tú me hayas 1004
7.19 has hablado de la *c* de tu siervo en lo 1004
7.25 la palabra que has hablado sobre...su *c* 1004
7.26 que la *c* de tu siervo David sea firme 1004
7.27 diciendo: Yo te edificaré *c*. Por esto 1004
7.29 ten...a bien bendecir la *c* de tu siervo 1004
7.29 ahora...será bendita la *c* de tu siervo 1004
9.1 quedado alguno de la *c* de Saúl, a quien 1004
9.2 había un siervo de la *c* de Saúl...Siba 1004
9.3 ¿no ha quedado nadie de la *c* de Saúl, a 1004
9.4 está en *c* de Maquir hijo de Amiel, en 1004
9.5 envió...le trajo de la *c* de Maquir hijo 1004
9.9 todo lo que fue de Saúl y de toda su *c* 1004
9.12 la familia de la *c* de Siba eran siervos 1004
11.2 paseaba sobre el terrado de la *c* real 1004
11.4 ella se purificó de...y se volvió a su *c* 1004
11.8 desciende a tu *c*, y lava tus pies 1004
11.8 saliendo Urías de la *c* del rey, le fue 1004
11.9 durmió a la puerta de la *c* del rey con 1004
11.9 Urías durmió a...y no descendió a su *c* 1004
11.10 Urías no ha descendido a su *c*. Y dijo 1004
11.10 ¿por qué, pues, no descendiste a tu *c*? 1004
11.11 había yo de entrar en mi *c* para comer 1004
11.13 y él salió a...mas no descendió a su *c* 1004
11.27 envió David y la trajo a su *c*; y fue 1004
12.8 te di la *c* de tu señor...la *c* de Israel 1004
12.10 no se apartará jamás de tu *c* la espada 1004
12.11 haré levantar el mal...de tu misma *c* 1004
12.15 Natán se volvió a su *c*. Y Jehová hirió 1004
12.17 y se levantaron los ancianos de su *c* 1004
12.20 se levantó...y entró a la *c* de Jehová 1004
12.20 vino a su *c*, y pidió, y le pusieron 1004
13.7 a Tamar a su *c*...vé ahora a *c* de Amnón 1004
13.8 fue Tamar a *c* de su hermano Amnón, el 1004
13.20 quedó Tamar...*c* de Absalón su hermano 1004
14.8 dijo...Vete a tu *c* y yo daré órdenes 1004
14.9 la maldad sea...sobre la *c* de mi padre 1004
14.24 rey...Váyase a su *c*, y no vea mi rostro 1004
14.24 y volvió Absalón a su *c*, y no vio el 1004
14.31 se levantó Joab y vino a *c* de Absalón 1004
15.16 diez mujeres...para que guardasen la *c* 1004
15.35 lo que oyeres en la *c* del rey, se lo 1004
16.3 me devolverá la *c* de Israel el reino 1004
16.5 salía uno...de la *c* de Saúl, el cual se 1004
16.8 pago de toda la sangre de la *c* de Saúl 1004
16.21 que él dejó para guardar la *c*; y todo 1004
17.18 llegaron a *c* de un hombre en Bahurim 1004
17.19 tomando la mujer de la *c* una manta, la 1004
17.20 llegando luego los...a la *c* de la mujer 1004
17.23 se fue a su *c*...su *c* en orden, se ahorcó 1004
19.5 Joab vino al rey en la *c*, y dijo: Hoy 1004
19.11 en hacer volver el rey a su *c*, cuando 1004
19.11 venido al rey...hacerle volver a su *c*? 1004
19.17 venían...Siba, criado de la *c* de Saúl 1004
19.20 el primero de toda la *c* de José, para 1004
19.28 la *c* de mi padre era digna de muerte 1004
19.30 que...el rey ha vuelto en paz a su *c* 1004
19.39 el rey besó a Barzilai...volvió a su *c* 4725
20.3 que llegó David a su *c* en Jerusalén 1004
20.3 que había dejado para guardar la *c*, y 1004
21.1 por aquella *c* de sangre, por cuanto 1004
21.4 no...querella...con Saúl y con su *c*; ni 1004
23.5 no es así mi *c*...con Dios; sin embargo 1004
24.17 contra mí y contra la *c* de mi padre 1004
1 R 1.53 vino...Salomón le dijo: Vete a tu *c* 1004
2.24 me ha hecho *c*, como me había dicho 1004
2.27 había dicho sobre la *c* de Elí en Silo 1004
2.31 y quita...de la *c* de mi padre la sangre 1004
2.33 y sobre su *c*...habrá perpetuamente paz 1004
2.34 fue sepultado en su *c* en el desierto 1004
2.36 edifícate una *c* en Jerusalén y mora ahí 1004
3.1 acababa...su *c*, y la *c* de Jehová, y los 1004
3.2 porque no había *c* edificada al nombre de 1004
3.17 morábamos en una misma *c*, yo di a luz 1004
3.17 yo di a luz estando con ella en la *c* 1004
3.18 ninguno...*c*, sino nosotras dos en la *c* 1004
4.7 los cuales mantenían al rey y a su *c* 1004
5.3 no pudo edificar *c* al nombre de Jehová 1004
5.5 he determinado...edificar *c* al nombre de 1004
5.5 tu hijo, a...él edificará *c* a mi nombre 1004
5.14 viniendo...a estar...dos meses en sus *c* 1004
5.17 piedra...para los cimientos de la *c* de 1004
5.18 madera y la cantería para labrar la *c* 1004
6.1 comenzó él a edificar la *c* de Jehová 1004
6.2 la *c*...tenía 60 codos de largo y veinte 1004
6.3 el pórtico...de la *c* tenía veinte codos 1004
6.3 lo ancho de la *c*...ancho delante de la *c* 1004
6.4 hizo a la *c* ventanas anchas por dentro 1004
6.5 edificó también junto al muro de la *c* 1004
6.5 contra las paredes de la *c* alrededor del 1004
6.6 fuera había hecho disminuciones a la *c* 1004
6.6 para no empotrar las vigas en...de la *c* 1004
6.7 cuando se edificó la *c*, la fabricaron de 1004
6.7 ni martillos ni hachas se oyeron en la *c* 1004
6.8 la puerta del...al lado derecho de la *c* 1004
6.9 labró...la *c*, y la terminó; y la cubrió 1004
6.10 edificó...aposento alrededor de...la *c* 1004
6.10 apoyaba en la *c* con maderas de cedro 1004
6.12 con relación a esta *c* que tú edificas 1004
6.14 así...Salomón labró la *c* y la terminó 1004
6.15 cubrió las paredes de la *c* con...cedro 1004
6.15 desde el suelo de la *c* hasta las vigas 1004
6.16 hizo al final de la *c* un edificio de 1004
6.16 así hizo en la *c* un aposento que es el 1004
6.17 la *c*, esto es, el templo de adelante 1004
6.18 *c* estaba cubierta de cedro por dentro 1004
6.19 el lugar santísimo...en medio de la *c* 1004
6.21 Salomón cubrió de oro...la *c* por dentro 1004
6.22 cubrió...de oro...la *c* de arriba abajo 1004
6.27 puso estos querubines dentro de la *c* 1004
6.27 dos alas se tocaban...en medio de la *c* 1004
6.29 y esculpió todas las paredes de la *c* 1004
6.30 y cubrió de oro el piso de la *c*, por 1004
6.37 año...se echaron los cimientos de la *c* 1004
6.38 en el mes de Bul...fue acabada la *c* con 1004
7.1 edificó...su propia *c* en trece años, y 1004
7.2 edificó la *c* del bosque del Líbano, la 1004
7.8 y la *c* en que él moraba, en otro atrio 1004
7.8 *c* de hechura semejante a la del pórtico 1004
7.12 de la *c* de Jehová, y el atrio de la *c* 1004
7.39 puso cinco basas a derecha de la *c*, y 1004
7.39 colocó el mar al lado derecho de la *c* 1004
7.40,51 terminó toda la obra...*c* de Jehová 1004
7.45 los utensilios que...para la *c* de Jehová 1004
7.48 los enseres que pertenecían a la *c* de 1004
7.50 los quiciales de las puertas de la *c* 1004
7.51 depositó...en las tesorerías de la *c* de 1004
8.6 arca...su lugar, en el santuario de la *c* 1004
8.10 salieron...la nube llenó la *c* de Jehová 1004
8.11 la gloria de Jehová había llenado la *c* 1004
8.13 yo he edificado *c* por morada para ti 1004
8.16 para edificar *c* en la cual estuviese mi 1004
8.17 y David...tuvo en su corazón edificar *c* 1004
8.18 haber tenido en tu corazón edificar *c* 1004
8.19 tú no edificarás la *c*, sino tu hijo que 1004
8.19 tu hijo que...él edificará *c* a mi nombre 1004
8.20 he edificado la *c* al nombre de Jehová 1004
8.27 ¿cuánto menos...*c* que yo he edificado? 1004
8.29 estén tus ojos abiertos...sobre esta *c* 1004
8.31 juramento delante de tu altar en esta *c* 1004
8.33 y te rogaren y suplicaren en esta *c* 1004
8.38 cuando...extendiere sus manos a esta *c* 1004
8.42 el extranjero...viniere a orar a esta *c* 1004
8.43 que tu nombre es invocado sobre esta *c* 1004
8.44,48 rostro...hacia la *c* que yo edifiqué 1004
8.63 así dedicaron...Israel la *c* de Jehová 1004
8.64 del atrio...delante de la *c* de Jehová 1004
9.1 acabado la...la *c* de Jehová, y la *c* real 1004
9.3 santificado esta *c* que tú has edificado 1004
9.7 esta *c*...yo la echaré de delante de mí 1004
9.8 y esta *c*...cualquiera que pase por ella 1004
9.8 ¿por qué ha hecho así Jehová...a esta *c*? 1004
9.10 Salomón ya había edificado las dos *c* 1004
9.10 edificado...la *c* de Jehová y la *c* real 1004
9.15 edificar la *c* de Jehová, y su propia *c* 1004
9.24 subió la hija de Faraón de la...a su *c* 1004
9.25 altar...después que la *c* fue terminada 1004
10.4 reina de Sabá vio...*c* que había edificado 1004
10.5 sus holocaustos que ofrecía en la *c* de 1004
10.12 hizo...balaustres para la *c* de Jehová 1004
10.12 hizo...balaustres...para las *c* reales 1004
10.17 los puso en la *c* del bosque del Líbano 1004
10.21 toda la vajilla de la *c* del bosque del 1004
11.18 Faraón...les dio *c* y le señaló alimentos 1004
11.20 cual destetó Tahpenes en *c* de Faraón 1004
11.20 estaba Genubat en *c* de Faraón entre 1004
11.28 le encomendó...el cargo de la *c* de José 1004
11.38 estaré contigo y...te edificaré *c* firme 1004
12.16 Israel...¡Provee ahora en tu *c*, David! 1004
12.19 así se apartó Israel de la *c* de David 1004
12.20 tribu...que siguiese la *c* de David, sino 1004
12.21 Roboam...reunió a toda la *c* de Judá y 1004
12.21 fin de hacer guerra a la *c* de Israel 1004
12.23 habla a Roboam...y a toda la *c* de Judá 1004
12.24 volveos cada uno a su *c*, porque esto 1004
12.26 se volverá el reino de la *c* de David 1004
12.27 ofrecer sacrificios en la *c* de Jehová 1004
12.31 hizo también *c*...lugares altos, e hizo 1004
13.2 a la *c* de David nacerá un hijo...Josías 1004
13.7 rey dijo al varón de...Ven conmigo a *c* 1004
13.8 aunque me dieras la mitad de tu *c*, no 1004
13.15 le dijo: Ven conmigo a *c*, y come pan 1004
13.18 tráele contigo a tu *c*, para que coma 1004
13.19 volvió con él, y comió pan en su *c* 1004
13.32 y contra todas las *c* de los lugares 1004
13.34 causa de pecado a la *c* de Jeroboam 1004
14.4 y fue a Silo, y vino a *c* de Ahías 1004
14.8 rompí el reino de la *c* de David y te lo 1004
14.10 yo traigo mal sobre la *c* de Jeroboam 1004
14.10 y barreré la posteridad de la *c* de 1004
14.12 levántate y vete a tu *c*; y al poner tu 1004
14.13 ha hallado en él...en la *c* de Jeroboam 1004
14.14 el cual destruirá la *c* de Jeroboam en 1004
14.17 y entrando ella por el umbral de la *c* 1004
14.26 tesoros de la *c* de Jehová...la *c* real 1004
14.27 quienes custodiaban la puerta de la *c* 1004
14.28 cuando el...entraba en la *c* de Jehová 1004
15.15 metió en la *c* de Jehová lo...dedicado 1004
15.18 los tesoros de la *c* de Jehová, y los 1004
15.18 tomando Asa...los tesoros de la *c* real 1004
15.27 Baasa...el cual era de la *c* de Isacar 1004
15.29 reinó, mató a toda la *c* de Jeroboam 1004
16.3 yo barreré la...y la posteridad de su *c* 1004
16.3 pondré su *c* como la *c* de Jeroboam hijo 1004
16.7 la palabra...contra Baasa...contra su *c* 1004
16.7 que fuese hecha como la *c* de Jeroboam 1004
16.9 estando el...en *c* de Arsa su mayordomo 1004
16.11 mató a toda la *c* de Baasa, sin dejar 1004
16.12 exterminó Zimri a toda la *c* de Baasa 1004
16.18 se metió en el palacio de la *c* real 1004
16.18 y prendió fuego a la *c*...y así murió 1004
17.15 comió él, y ella y su *c*, muchos días 1004
17.17 cayó enfermo el hijo del ama de la *c* 1004
17.20 a la viuda en cuya *c* estoy hospedado
17.23 lo trajo del aposento a la *c*, y lo dio 1004
18.18 no he turbado a...sino tú y la *c* de tu 1004
20.6 registrarán tu *c*, y las *c* de...siervos 1004
20.31 oído de los reyes de la *c* de Israel 1004
20.43 el rey...se fue a su *c* triste y enojado 1004
21.2 dame tu viña para...está cercana a mi *c* 1004
21.4 y vino Acab a su *c* triste y enojado 1004
21.21 hasta el último varón de la *c* de Acab
21.22 y pondré tu *c* como la *c* de Jeroboam 1004
21.22 y como la *c* de Baasa hijo de Ahías 1004
21.29 en los días...traeré el mal sobre su *c* 1004
22.17 no tienen...vuélvase cada uno a su *c* 1004
22.39 la *c* de marfil que construyó, y todas 1004
2 R 1.2 cayó por la ventana...de la *c* que tenía
4.2 declárame qué tienes en *c*. Y ella dijo 1004
4.2 tu sierva ninguna cosa tiene en *c*, sino 1004
4.8 Eliseo...venía a la *c* de ella a comer
4.9 éste que siempre pasa por nuestra *c*, es
4.32 y venido Eliseo a la *c*, he aquí que el 1004
4.35 volviéndose luego, se paseó por la *c* 1004
5.9 se paró a las puertas de la *c* de Eliseo 1004
5.24 lo tomó...de ellos, y lo guardó en la *c* 1004
6.32 Eliseo estaba sentado en su *c*, y con él 1004
7.9 entremos y demos la nueva en *c* del rey 1004
8.1 vete tú y toda tu *c* a vivir donde puedas 1004
8.3,5 para implorar al rey por su *c* y por sus 1004
8.18,27 anduvo en el camino de...la *c* de Acab 1004
8.27 como la *c* de Acab...era yerno de la *c* de 1004
9.6 el se levantó, y entró en *c*; y el otro 1004
9.7 herirás la *c* de Acab tu señor, para que 1004
9.8 perecerá...la *c* de Acab, y destruiré de 1004
9.9 la *c* de Acab como la *c* de Jeroboam hijo 1004
9.9 y como la *c* de Baasa hijo de Ahías 1004
9.27 huyó por el camino de la *c* del huerto 1004
10.3 y pelead por la *c* de vuestro señor 1004
10.10 que Jehová habló sobre la *c* de Acab 1004
10.11 mató...de la *c* de Acab en Jezreel, a 1004
10.12 llegó a una *c* de esquileo de pastores 1004
10.14 los degollaron junto...la *c* de esquileo 1004
10.30 e hiciste a la *c* de Acab conforme a 1004
11.3 escondido en la *c* de Jehová seis años 1004
11.4 y los metió consigo en la *c* de Jehová 1004
11.4 juramentándolos en la *c* de Jehová 1004
11.5 tendrá la guardia de la *c* del rey el 1004
11.6 guardaréis la *c*...que no sea allanada 1004
11.7 tendréis la guardia de la *c* de Jehová 1004
11.10 los escudos...estaban en la *c* de Jehová 1004
11.11 desde el lado derecho de la *c* hasta el 1004
11.16 entran los de a caballo a la *c* del rey 1004
11.18 puso guarnición sobre la *c* de Jehová 1004
11.19 llevaron al rey desde la *c* de Jehová 1004
11.19 vinieron...a la *c* del rey; y se sentó 1004
11.20 Atalía muerta...junto a la *c* del rey 1004
12.4 dinero...se suele traer a la *c* de Jehová 1004
12.4 propia voluntad trae a la *c* de Jehová 1004
12.9,13 dinero que se traía a la *c* de Jehová 1004
12.11 a los que tenían a su cargo la *c* de 1004
12.11 pagar a...maestros que reparaban la *c* 1004
12.12 para reparar las grietas de la *c* de 1004
12.12 todo lo que se gastaba en la *c* para 1004
12.13 aquel dinero que se traía a la *c* de Jehová 1004
12.14 y con él reparaban la *c* de Jehová 1004
12.16 el dinero por el...no se llevaba a la *c* 1004
12.18 el oro...de la *c* de Jehová...la *c* del rey 1004
12.20 conspiraron...y mataron a Joás en la *c* 1004
13.6 de los pecados de la *c* de Jeroboam, el 1004
14.10 gloríate pues, mas quédate en tu *c* 1004
14.14 utensilios...hallados en la *c* de Jehová 1004
14.14 y en los tesoros de la *c* del rey, y a 1004
15.5 habitó en *c* separada, y Jotam hijo del 1004
15.25 lo hirió...en el palacio de la *c* real 1004
15.35 edificó él la puerta más alta de la *c* 1004
16.8 el oro que se halló en la *c* de Jehová 1004
16.8 y en los tesoros de la *c* real, envió al 1004
16.14 en la parte delantera de la *c*, entre 1004
16.18 el pórtico...habían edificado en la *c* 1004
17.4 rey...le aprisionó en la *c* de la cárcel
17.21 separó a Israel de la *c* de David, y 1004
18.15 plata que fue hallada en la *c* de Jehová 1004
18.15 la plata...en los tesoros de la *c* real 1004
19.1 de cilicio, y entró en la *c* de Jehová 1004
19.14 subió a la *c* de Jehová, y las extendió 1004
19.30 lo que hubiere quedado de la *c* de Judá 1004
20.1 dice así: Ordena tu *c*, porque morirás 1004
20.5 al tercer día subirás a la *c* de Jehová 1004
20.8 subiré a la *c* de Jehová al tercer día? 1004
20.13 y les mostró toda la *c* de sus tesoros 1004
20.13 Ezequías...mostró...la *c* de sus armas 1004
20.13 así en su *c* como en todos sus dominios 1004
20.15 volvió a decir: ¿Qué vieron en tu *c*? 1004
20.15 todo lo que había en mi *c*; nada quedó 1004
20.17 todo lo que está en tu *c*...a Babilonia 1004
21.4 edificó altares en la *c* de Jehová, de 1004
21.5 altares...en los dos atrios de la *c* de 1004
21.7 y puso una imagen de Asera...en la *c* de 1004
21.7 yo pondré mi nombre...siempre en esta *c* 1004
21.13 extenderé...la plomada de la *c* de Acab 1004
21.18 y fue sepultado en el huerto de su *c* 1004
21.23 conspiraron...y mataron al rey en su *c* 1004
22.3 envió el rey a Safán...a la *c* de Jehová 1004
22.4 recoja el dinero que han traído a la *c* 1004

22.5 tienen a su cargo el arreglo de la *c* ... 1004
22.5 la obra de la *c*...las grietas de la *c* ... 1004
22.6 comprar madera y piedra...reparar la *c* ... 1004
22.8 he hallado el libro de la ley en la *c* ... 1004
22.9 su cargo el arreglo de la *c* de Jehová ... 1004
23.2 subió el rey a la *c* de Jehová con todos ... 1004
23.2,24 libro...hallado en la *c* de Jehová ... 1004
23.6 sacar la imagen de...de la *c* de Jehová ... 1004
23.7 los lugares de prostitución...en la *c* de ... 1004
23.12 altares...en los dos atrios de la *c* de ... 1004
23.19 las *c* de los lugares altos que...quitó ... 1004
23.27 desecharé...*c* de la cual había yo dicho ... 1004
24.13 todos los tesoros de la *c* de Jehová ... 1004
24.13 y los tesoros de la *c* real, y rompió ... 1004
24.13 hecho Salomón rey...en la *c* de Jehová ... 1964
25.9 y quemó la *c* de Jehová, y la *c* del rey ... 1004
25.9 las *c* de Jerusalén, y todas las *c* de los ... 1004
25.13 quebraron...columnas...en la *c* de Jehová ... 1004
25.13 el mar de bronce...en la *c* de Jehová ... 1004
25.16 mar, y las basas...para la *c* de Jehová ... 1004
1 Cr 2.55 de Hamat padre de la *c* de Recab ... 1004
4.38 *c* de sus padres fueron multiplicadas en ... 1004
5.15 Ahí hijo de...fue principal en la *c* de ... 1004
5.24(2) jefes de las *c* de sus padres ... 1004
6.10 Azarías, el...tuvo el sacerdocio en la *c* ... 1004
6.31 sobre el servicio de canto en la *c* de ... 1004
6.32 hasta que...edificó la *c* de Jehová en ... 1004
6.48 ministerio del tabernáculo de la *c* de ... 1004
7.7 cinco jefes de *c* paternas, hombres de ... 1004
7.23 cuanto había estado en aflicción en su *c* ... 1004
8.6 estos los jefes de *c* paternas...en Geba
9.9 jefes de familia en sus *c* paternas ... 1004
9.11 de Ahitob, príncipe de la *c* de Dios ... 1004
9.13 sus hermanos, jefes de sus *c* paternas ... 1004
9.13 eficaces en la...del ministerio en la *c* ... 1004
9.19 y sus hermanos los...por la *c* de su padre ... 1004
9.23 eran porteros...a las puertas de la *c* de ... 1004
9.23 las puertas...y de la *c* del tabernáculo ... 1004
9.26 a su cargo...los tesoros de la *c* de Dios ... 1004
9.27 alrededor de la *c* de Dios...guardarla ... 1004
10.6 y toda su *c* murió juntamente con él ... 1004
12.28 Sadoc...con 22 de...de la *c* de su padre ... 1004
12.29 se mantenían fieles a la *c* de Saúl ... 1004
12.30 varones ilustres en las *c* de...padres ... 1004
13.7 y llevaron el arca de Dios de la *c* de ... 1004
13.12 ¿cómo he de traer a mi *c* el arca de ... 1004
13.13 no trajo David el arca a su *c* en la ... 1004
13.13 que la llevó a *c* de Obed-edom geteo ... 1004
13.14 y el arca de Dios estuvo con...en su *c* ... 1004
13.14 y bendijo Jehová la *c* de Obed-edom, y ... 1004
14.1 madera de...para que le edificasen una *c* ... 1004
15.1 hizo David...*c* para sí en la ciudad de ... 1004
15.25 traer el arca del...de *c* de Obed-edom ... 1004
16.43 todo el pueblo se fue cada uno a su *c* ... 1004
16.43 y David se volvió para bendecir su *c* ... 1004
17.1 morando David en su *c*, dijo David al ... 1004
17.1 yo habito en *c* de cedro, y el arca del ... 1004
17.4 tú no me edificarás *c* en que habite ... 1004
17.5 no he habitado en *c* alguna desde el día ... 1004
17.6 ¿por qué no me edificáis...*c* de cedro? ... 1004
17.10 te hago saber...Jehová te edificará *c* ... 1004
17.12 él me edificará *c*, y yo confirmaré su ... 1004
17.14 lo confirmaré en mi *c* y en mi reino ... 1004
17.16 yo, y cuál es mi *c*, para que me hayas ... 1004
17.17 que has hablado de la *c* de tu siervo ... 1004
17.23 hablado acerca de tu siervo y de su *c* ... 1004
17.24 y sea la *c* de tu siervo David firme ... 1004
17.25 a tu siervo que le has de edificar *c* ... 1004
17.27 has querido bendecir la *c* de tu siervo ... 1004
21.17 contra mí, y contra la *c* de mi padre ... 1004
22.1 dijo David: Aquí estará la *c* de...Dios ... 1004
22.2 que labrasen piedras para edificar la *c* ... 1004
22.5 y la *c* que se ha de edificar a Jehová ... 1004
22.6 le mandó que edificase *c* a Jehová Dios ... 1004
22.8 no edificarás *c* a mi nombre, porque has ... 1004
22.10 él edificará *c* a mi nombre, y él me ... 1004
22.11 edifiques *c* a Jehová tu Dios, como él ... 1004
22.14 he preparado para la *c* de Jehová...oro ... 1004
22.19 para traer el arca del pacto...a la *c* ... 1004
23.4 para dirigir la obra de la *c* de Jehová ... 1004
23.24 trabajaban en el ministerio de la *c* ... 1004
23.28 para ministrar en la *c* de Jehová, en ... 1004
23.28 obra del ministerio de la *c* de Dios ... 1004
23.32 en el ministerio de la *c* de Jehová ... 1004
24.4 de Eleazar, 16 cabezas de *c* paternas ... 1004
24.4 hijos de Itamar, por sus *c* paternas, 8 ... 1004
24.5 de Eleazar...príncipes de la *c* de Dios
24.6 delante de...los jefes de las *c* paternas
24.6 una *c* paterna para Eleazar, y otra para ... 1004
24.19 para que entrasen en la *c* de Jehová ... 1004
24.30 los levitas conforme a sus *c* paternas ... 1004
24.31 de los jefes de las *c* paternas de los ... 1004
25.6 en la música, en la *c* de Jehová, con ... 1004
26.6 fueron señores sobre la *c* de sus padres ... 1004
26.12 los porteros...servir en la *c* de Jehová ... 1004
26.13 echaron suertes...según sus *c* paternas ... 1004
26.15 y a sus hijos la *c* de provisiones del ... 624
26.17 a la *c* de provisiones de dos en dos
26.20 cargo de los tesoros de la *c* de Dios ... 1004
26.21 los jefes de las *c* paternas de Laadán
26.22 cargo de...tesoros de la *c* de Jehová ... 1004
26.26 David, y los jefes de las *c* paternas
26.27 botines, para reparar la *c* de Jehová ... 1004
28.2 yo tenía el propósito de edificar una *c* ... 1004
28.3 tú no edificarás *c* a mi nombre, porque ... 1004
28.4 Jehová...me eligió de...la *c* de mi padre ... 1004
28.4 y de la *c* de Judá a la familia de mi ... 1004
28.6 Salomón...edificará mi *c* y mis atrios ... 1004
28.10 para que edifiques *c* para el santuario ... 1004
28.11 David dio...plano del templo y sus *c* ... 1004
28.11 sus cámaras y la *c* del propiciatorio ... 1004
28.12 el plano...para los atrios de la *c* de ... 1004
28.12 para las tesorerías de la c de Dios ... 1004
28.13 para toda la obra...de la *c* de Jehová ... 1004
28.13 los utensilios del...de la *c* de Jehová ... 1004
28.20 que acabes toda la obra...de la *c* de ... 1004
28.21 todo el ministerio de la *c* de Dios ... 1004
29.1 *c* no es para hombre, sino para...Dios ... 1002
29.2 he preparado para la *c* de mi Dios, oro ... 1004
29.3 tengo mi afecto en la *c* de mi Dios, yo ... 1004
29.3 para la *c* del santuario...*c* de mi Dios ... 1004
29.4 de plata...cubrir las paredes de las *c* ... 1004
29.7 y dieron para el servicio de la *c* de ... 1004
29.8 dio para el tesoro de la *c* de Jehová ... 1004
29.16 para edificar *c* a tu santo nombre ... 1004
29.19 y te edifique la *c* para la cual yo he ... 1004
2 Cr 2.1 *c* al nombre de Jehová, y *c* para su ... 1004
2.3 cedros para que edificara para sí *c* en ... 1004
2.4 edificar *c* al nombre de Jehová mi Dios ... 1004
2.5 la *c* que tengo que edificar, ha de ser ... 1004
2.6 mas ¿quién será capaz de edificarle *c* ... 1004
2.6 ¿quién...soy yo, para que le edifique *c* ... 1004
2.9 la *c* que tengo que edificar ha de ser ... 1004
2.12 que edifique *c* a Jehová, y *c* para su ... 1004
3.1 a edificar la *c* de Jehová en Jerusalén ... 1004
3.3 medidas que dio Salomón...la *c* de Dios ... 1004
3.4 el pórtico que...igual al ancho de la *c* ... 1004
3.6 cubrió...la *c* de piedras preciosas para ... 1004
3.7 así que cubrió la *c*, sus vigas...con oro ... 1004
3.8 según el ancho del frente de la *c*, y su ... 1004
3.11,12 ala...llegaba hasta la pared de la *c* ... 1004
3.13 querubines...con los rostros hacia la *c* ... 1004
3.15 delante de la *c* hizo dos columnas de ... 1004
4.10 colocó el mar...hacia el sureste de la *c*
4.11 acabó Hiram la obra...para la *c* de Dios ... 1004
4.16 todos sus enseres...para la *c* de Jehová ... 1004
4.19 hizo...los utensilios para la *c* de Dios ... 1004
4.22 oro...la entrada de la *c*, sus puertas ... 1004
4.22 de oro...las puertas de la *c* del templo ... 1004
5.1 acabada toda la obra...la *c* de Jehová ... 1004
5.1 puso la...en los tesoros de la *c* de Dios ... 1004
5.7 metieron el arca...el santuario de la *c* ... 1004
5.13 *c* se llenó de una nube, la *c* de Jehová ... 1004
5.14 la gloria...había llenado la *c* de Dios ... 1004
6.2 he edificado una *c* de morada para ti, y ... 1004
6.5 edificar *c* donde estuviese mi nombre ... 1004
6.7 y David...tuvo en su corazón edificar *c* ... 1004
6.8 deseo de edificar *c* a mi nombre, bien ... 1004
6.9 tú no edificarás la *c*, sino tu hijo que ... 1004
6.9 sino tu hijo...él edificará *c* a mi nombre ... 1004
6.10 y he edificado *c* al nombre de Jehová ... 1004
6.18 ¿cuánto menos esta *c* que he edificado? ... 1004
6.20 tus ojos estén abiertos sobre esta *c* ... 1004
6.22 viniere a jurar ante tu altar en esta *c* ... 1004
6.24 si tu...rogare delante de ti en esta *c* ... 1004
6.29 si extendiere sus manos hacia esta *c* ... 1004
6.32 al extranjero que...orare hacia esta *c* ... 1004
6.33 que tu nombre es invocado sobre esta *c* ... 1004
6.34,38 oraren...hacia la *c* que he edificado ... 1004
7.1 fuego...y la gloria de Jehová llenó la *c* ... 1004
7.2 no podían entrar los...en la *c* de Jehová ... 1004
7.2 la gloria...había llenado la *c* de Jehová ... 1004
7.3 vieron...la gloria de Jehová sobre la *c* ... 1004
7.5 así dedicaron la *c* de Dios el rey y ... 1004
7.7 del atrio que estaba delante de la *c* ... 1004
7.11 terminó...la *c* de Jehová, y la *c* del rey ... 1004
7.11 en la *c* de Jehová...y en su propia *c* ... 1004
7.12 y he elegido para mí este lugar por *c* ... 1004
7.16 he...santificado esta *c*, para que esté ... 1004
7.20 esta *c* que he santificado a mi nombre ... 1004
7.21 esta *c* que es tan excelsa, será espanto ... 1004
7.21 ¿por qué ha hecho así Jehová a...esta *c*? ... 1004
8.1 edificado la *c* de Jehová y su propia *c* ... 1004
8.11 la hija de Faraón a...la *c* que él había ... 1004
8.11 mi mujer no morará en la *c* de David ... 1004
8.16 que se pusieron los cimientos de la *c* ... 1004
8.16 hasta que la *c* de Jehová fue acabada ... 1004
9.3 viendo la reina...*c* que había edificado ... 1004
9.4 escalinata por...subía a la *c* de Jehová ... 1004
9.11 el rey hizo gradas en la *c* de Jehová ... 1004
9.11 hizo gradas...en las *c* reales, y arpas ... 1004
9.16 los puso el rey en la *c* del bosque del ... 1004
9.20 toda la vajilla de la *c* del...de oro puro ... 1004
10.16 ¡David, mira ahora por tu *c*! Así se ... 1004
10.19 así se apartó Israel de la *c* de David ... 1004
11.1 vino Roboam...reunió de la *c* de Judá y ... 1004
11.4 vuélvase cada uno a su *c*, porque yo he ... 1004
12.9 tomó los tesoros de la *c* de Jehová, y ... 1004
12.9 Sisac...tomó...tesoros de la *c* del rey ... 1004
12.10 custodiaban la entrada de la *c* del rey ... 1004
12.11 cuando el rey iba a la *c* de Jehová ... 1004
15.18 trajo a la *c* de Dios lo que su padre ... 1004
16.2 sacó Asa la...tesoros de la *c* de Jehová ... 1004
16.2 sacó Asa la plata y el oro...de la *c* real ... 1004
17.14 el número de ellos según sus *c* paternas ... 1004
18.16 éstos...vuélvase cada uno en paz a su c ... 1004
19.1 Josafat rey de...volvió en paz a su *c* en ... 1004
19.11 Zebadías...príncipe de la *c* de Judá, en ... 1004
20.5 Josafat se puso en pie...la *c* de Jehová ... 1004
20.9 si...nos presentaremos delante de esta *c* ... 1004
20.9 de ti (porque tu nombre está en esta c) ... 1004
20.28 arpas y trompetas, a la *c* de Jehová ... 1004
21.6 y anduvo en el...como hizo la *c* de Acab ... 1004
21.7 Jehová no quiso destruir la *c* de David ... 1004
21.13 fornicase...como fornicó la *c* de Acab ... 1004
21.17 tomaron todos los bienes...la *c* del rey ... 1004
22.3 anduvo en los caminos de la *c* de Acab ... 1004
22.4 hizo, pues, lo malo...como la *c* de Acab ... 1004
22.8 y haciendo juicio Jehú contra la *c* de ... 1004
22.9 la *c* de Ocozías no tenía fuerzas para ... 1004
22.10 Atalía...y exterminó...de la *c* de Judá ... 1004
22.12 estuvo con ellos escondido en la *c* de ... 1004
23.3 hizo pacto con el rey en la *c* de Dios ... 1004
23.5 otra tercera parte, a la *c* del rey ... 1004
23.5 el pueblo estará en los patios de la *c* ... 1004
23.6 ninguno entre en la *c* de Jehová, sino ... 1004
23.7 cualquiera que entre en la *c*, que muera ... 1004
23.9 escudos...que estaban en la *c* de Dios ... 1004
23.10 hacia el altar y la *c*, alrededor del ... 1004
23.12 Atalía oyó...vino al pueblo a la *c* de ... 1004
23.14 que no la matasen en la *c* de Jehová ... 1004
23.15 hubo pasado la entrada...la *c* del rey ... 1004
23.18 ordenó Joiada los oficios en la *c* de ... 1004
23.18 los había distribuido en la *c* de Jehová ... 1004
23.19 puso...porteros a las puertas de la *c* ... 1004
23.20 conducir al rey desde la *c* de Jehová ... 1004
23.20 de la puerta mayor de la *c* del rey ... 1004
24.4 Joás decidió restaurar la *c* de Jehová ... 1004
24.5 año sea reparada la *c* de vuestro Dios ... 1004
24.7 Atalía...habían destruido la *c* de Dios ... 1004
24.7 gastado...las cosas...de la *c* de Jehová ... 1004
24.8 un arca...a la puerta de la *c* de Jehová ... 1004
24.12 a los que hacían el trabajo...de la *c* ... 1004
24.12 y carpinteros que reparasen la *c* de ... 1004
24.12 y artífices en hierro...componer la *c* ... 1004
24.13 la obra...y restituyeron la *c* de Dios ... 1004
24.14 hicieron de él utensilios para la *c* de ... 1004
24.14 sacrificaban...en la *c* de Jehová todos ... 1004
24.16 cuanto había hecho bien con...y con su *c* ... 1004
24.18 desampararon la *c* de Jehová el Dios ... 1004
24.21 lo apedrearon...en el patio de la *c* de ... 1004
24.27 la restauración de la *c* de Jehová, he ... 1004
25.10 la gente...para que se fuesen a sus *c* ... 4725
25.10 Judá, y volvieron a sus *c* encolerizados ... 1004
25.19 tu corazón se...Quédate ahora en tu *c* ... 1004
25.22 pero cayó Judá...huyó cada uno a su *c* ... 168
25.24 tomó todo el oro...la *c* de Dios en *c* de ... 1004
25.24 tomó...los tesoros de la *c* del rey, y ... 1004
26.19 la lepra le brotó...en la *c* de Jehová ... 1004
26.21 habitó leproso en una *c* apartada, por ... 1004
26.21 Uzías...fue excluido de la *c* de Jehová ... 1004
26.21 Jotam su hijo tuvo cargo de la *c* real ... 1004
27.3 edificó él la puerta mayor de la *c* de ... 1004
28.21 que despojó Acaz la *c* de Jehová, y la ... 1004
28.21 despojó Acaz...la *c* real, y las de los ... 1004
28.24 recogió Acaz los utensilios de la *c* de ... 1004
28.24 y cerró las puertas de la *c* de Jehová ... 1004
29.3 abrió las puertas de la *c* de Jehová, y ... 1004
29.5 santificad la *c* de Jehová el Dios de ... 1004
29.15 entraron...para limpiar la *c* de Jehová ... 1004
29.16 y entrando...dentro de la *c* de Jehová ... 1004
29.16 sacaron...al atrio de la *c* de Jehová ... 1004
29.17 santificaron la *c* de Jehová en 8 días ... 1004
29.18 ya hemos limpiado toda la *c* de Jehová ... 1004
29.20 rey Ezequías...subió a la *c* de Jehová ... 1004
29.25 levitas en la *c* de Jehová con címbalos ... 1004
29.31 presentad sacrificios...la *c* de Jehová ... 1004
29.35 quedó restablecido el servicio de la *c* ... 1004
30.1 viniesen...a la *c* de Jehová para celebrar ... 1004
30.15 y trajeron los holocaustos a la *c* de ... 1004
31.10 Azarías, de la *c* de Sadoc, le contestó ... 1004
31.10 a traer las ofrendas a la *c* de Jehová ... 1004
31.11 preparasen cámaras en la *c* de Jehová ... 1004
31.13 de Azarías, príncipe de la *c* de Dios ... 1004
31.16 a todos los que entraban en la *c* de ... 1004
31.17 eran contados...según sus *c* paternas ... 1004
31.21 emprendió en el servicio de la *c* de ... 1004
33.4 edificó...altares en la *c* de Jehová, de ... 1004
33.5 edificó...en los dos atrios de la *c* de ... 1004
33.7 una imagen fundida...en la *c* de Dios, de ... 1004
33.15 quitó los...el ídolo de la *c* de Jehová ... 1004
33.15 quitó...en el monte de la *c* de Jehová ... 1004
33.20 durmió Manasés...lo sepultaron en su *c* ... 1004
33.24 y conspiraron...y lo mataron en su *c* ... 1004
34.8 después de haber limpiado la...y la *c* ... 1004
34.8 que reparasen la *c* de Jehová su Dios ... 1004
34.9,14 el dinero...traído a la *c* de Jehová ... 1004
34.10 que eran mayordomos en la *c* de Jehová ... 1004
34.10 y trabajaban en la *c* de Jehová, para ... 1004
34.15 el libro de la ley en la *c* de Jehová ... 1004
34.17 dinero que se halló en la *c* de Jehová ... 1004
34.30 subió el rey a la *c* de Jehová, y con ... 1004
34.30 del libro...hallado en la *c* de Jehová ... 1004
35.2 los confirmó en el...de la *c* de Jehová ... 1004
35.3 poned el arca santa en la *c* que edificó ... 1004
35.8 y Jehiel, oficiales de la *c* de Dios ... 1004
35.20 luego de haber reparado Josías la *c* ... 1004
35.21 sino contra la *c* que me hace guerra ... 1004
36.7 llevó...los utensilios de la *c* de Jehová ... 1004
36.10 objetos preciosos de la *c* de Jehová ... 1004
36.14 contaminando la *c* de Jehová, la cual ... 1004
36.17 mató a espada...en la *c* de su santuario ... 1004
36.18 utensilios de la *c* de Dios...lo llevó a ... 1004
36.18 tesoros de la *c* de Jehová...*c* del rey ... 1004
36.19 y quemaron la *c* de Dios, y rompieron ... 1004
36.23 me ha mandado que le edifique *c* en ... 1004
Esd 1.2 Jehová...ha mandado que le edifique *c* ... 1004
1.3 y edifique la *c* a Jehová Dios de Israel ... 1004
1.4 además de ofrendas...para la *c* de Dios ... 1004
1.5 levantaron los jefes de las *c*...de Judá ... 1004
1.5 subir a edificar la *c* de Jehová, la cual ... 1004
1.7 sacó los utensilios de la *c* de Jehová ... 1004
1.7 los había puesto en la *c* de sus dioses ... 1004
2.36 los hijos de Jedaías, de la *c* de Jesús ... 1004

2.59 que no pudieron demostrar la c de sus 1004
2.68 los jefes de c paternas, cuando vinieron 1004
2.68 la c de Jehová que estaba en Jerusalén........ 1004
2.68 ofrendas voluntarias para la c de Dios 1004
3.8 su venida a la c de Dios en Jerusalén 1004
3.8 que activasen la obra de la c de Jehová.......... 1004
3.9 los que hacían la obra en la c de Dios........... 1004
3.11 porque se echaban los cimientos de la c 1004
3.12 de los jefes de c paternas, ancianos 1004
3.12 muchos...que habían visto la c primera 1004
3.12 viendo echar los cimientos de esta c........... 1004
4.2 vinieron a...a los jefes de c paternas 1004
4.3 jefes de c paternas de Israel dijeron 1004
4.3 edificar con vosotros c a nuestro Dios 1004
4.24 entonces cesó la obra de la c de Dios 1005
5.2 y comenzaron a reedificar la c de Dios 1005
5.3 edificar esta c y levantar estos muros? 1005
5.8 fuimos...a la c del gran Dios, la cual............ 1005
5.9 ¿quién os dio orden para edificar esta c 1005
5.11 y reedificamos la c que ya muchos años 1005
5.12 el cual destruyó esta c y llevó cautivo.......... 1005
5.13 que esta c de Dios fuese reedificada............ 1005
5.14 los utensilios de oro...de la c de Dios 1005
5.15 sea reedificada la c de Dios en su lugar 1005
5.16 y puso los cimientos de la c de Dios............ 1005
5.17 búsquese en la c de los tesoros del rey......... 1005
5.17 la orden para reedificar esta c de Dios 1005
6.1 orden de buscar en la c de los archivos......... 1005
6.3 rey Ciro dio orden acerca de la c de Dios....... 1005
6.3 orden...para que fuese la c reedificada 1005
6.5 los utensilios de oro...de la c de Dios 1005
6.5 vayan a...y sean puestos en la c de Dios........ 1005
6.7 dejad que se haga la obra de esa c de 1005
6.7 reedifiquen esa c de Dios en su lugar............ 1005
6.8 orden de...para reedificar esa c de Dios 1005
6.11 le arranque un madero de su c, y alzado 1005
6.11 sea colgado...y su c sea hecha muladar 1005
6.12 su mano para...destruir esa c de Dios......... 1005
6.15 c fue terminada el tercer día del mes.......... 1005
6.16 hicieron la dedicación de esta c de Dios 1005
6.17 en la dedicación de esta c de Dios cien 1005
6.22 fortalecer...en la obra de la c de Dios 1004
7.16 ofrecieren para la c de su Dios, la cual 1005
7.17 los ofrecerás sobre el altar de la c de.......... 1005
7.19 los utensilios...para...la c de tu Dios 1005
7.20 y todo lo que se requiere para la c de.......... 1005
7.20 lo darás de la c de los tesoros del rey.......... 1005
7.23 sea hecho...para la c del Dios del cielo 1005
7.24 a todos los...ministros de la c de Dios 1005
7.27 honrar la c de...que está en Jerusalén 1004
8.1 estos son los jefes de c paternas, y la
8.17 trajesen ministros para la c de...Dios 1004
8.25 ofrenda que para la c de nuestro Dios......... 1004
8.29 los jefes de las c paternas de Israel............ 1004
8.29 guardadlos...en los aposentos de la c de 1004
8.30 para traerlo...a la c de nuestro Dios 1004
8.33 pesada la plata...en la c de nuestro Dios 1004
8.36 ayudaron al pueblo y a la c de Dios............ 1004
9.9 para levantar la c de...Dios y restaurar 1004
10.1 y postrándose delante de la c de Dios 1004
10.6 se levantó...Esdras de delante de la c 1004
10.9 se sentó...en la plaza de la c de Dios 1004
10.16 jefes de c paternas según...c paternas 1004
Neh 1.6 yo y la c de mi padre hemos pecado 1004
2.3 c de los sepulcros de mis padres, está 1004
2.8 enmaderar...puertas del palacio de la c........ 1004
2.8 para enmaderar...la c en que yo estaré 1004
3.10 restauró...frente a su c, Jedaías hijo 1004
3.16 restauró...hasta la c de los Valientes.......... 1004
3.20 hasta la puerta de la c de Eliasib sumo 1004
3.21 desde la entrada de la c de Eliasib hasta 1004
3.21 hasta el extremo de la c de Eliasib............. 1004
3.23 restauraron Benjamín...frente a su c 1004
3.23 restauró Azarías hijo de...cerca de su c....... 1004
3.24 restauró Binúi...desde la c de Azarías......... 1004
3.25 la torre alta que sale de la c del rey 1004
3.28 restauraron...cada uno enfrente de su c 1004
3.29 restauró Sado c hijo...enfrente de su c 1004
3.31 restauró Malquías...hasta la c de los
4.14 no temáis...y pelead por...por vuestras c 1004
4.16 estaban los jefes de toda la c de Judá.......... 1004
5.3 hemos empeñado...c, para comprar grano..... 1004
5.11 os ruego que les devolváis hoy...sus c 1004
5.13 así sacuda Dios de su c y de su trabajo 1004
6.10 vine...a c de Semaías hijo de Delaía........... 1004
6.10 reunámonos en la c de Dios, dentro del......... 1004
7.3 señalé guardas...cada uno delante de su c 1004
7.4 poco pueblo...y no había c reedificadas
7.39 sacerdotes: los...de la c de Jesúa, 973 1004
7.61 no pudieron mostrar la c de sus padres 1004
8.16 tabernáculos, en los patios de la c de 1004
9.25 heredaron c llenas de todo bien...viñas 1004
10.32 para la obra de la c de nuestro Dios.......... 1004
10.33 el servicio de la c de nuestro Dios 1004
10.34 a la c de nuestro Dios, según las c de 1004
10.35 cada año traeríamos a la c de Jehová 1004
10.36 que traeríamos...a la c de nuestro Dios 1004
10.36 a los...que ministran en la c de...Dios......... 1004
10.37 a las cámaras de la c de nuestro Dios 1004
10.38 llevarían el diezmo del diezmo a la c 1004
10.38 a las cámaras de la c del tesoro 1004
10.39 no abandonaremos la c de nuestro Dios...... 1004
11.11 de Ahitob, príncipe de la c de Dios 1004
11.12 los que hacían la obra de la c, 822 1004
11.16 capataces de la obra exterior de la c 1004
11.22 Asaf, cantores, sobre la obra de la c 1004
12.29 de la c de Gilgal, y de los campos de.......... 1004
12.37 desde la c de David hasta la puerta de 1004
12.40 llegaron...los dos coros a la c de Dios........ 1004
13.4 jefe de la cámara de la c de nuestro Dios, ... 1004
13.7 una cámara en los atrios de la c de Dios........ 1004
13.8 arrojé...los muebles de la c de Tobías 1004
13.9 volver...los utensilios de la c de Dios 1004
13.11 ¿por qué está la c de Dios abandonada?...... 1004
13.14 misericordias que hice en la c de mí.......... 1004
Est 1.8 mandado el rey a...mayordomos de su c....... 1004
1.9 hizo banquete...la c real del rey Asuero 1004
1.22 hombre afirmase su autoridad en su c 1004
2.3 c de las mujeres, al cuidado de Hegai........... 1004
2.8 Ester también fue llevada a la c del rey......... 1004
2.9 le dio...siete doncellas...de la c del rey 1004
2.9 llevó...lo mejor de la c de las mujeres 1004
2.11 se paseaba delante del patio de la c de 1004
2.13 para venir...desde la c de las mujeres......... 1004
2.13 ataviada con ello...hasta la c del rey 1004
2.14 volvía a la c segunda de las mujeres........... 1004
2.16 fue...llevada al rey Asuero a su c real......... 1004
4.13 que escaparás en la c del rey más que......... 1004
4.14 mas tú y la c de tu padre pereceréis........... 1004
5.1 en el patio interior de la c del rey............... 1004
5.10 pero se refrenó Amán y vino a su c, y 1004
6.4 Amán había venido al patio...de la c real....... 1004
6.12 y Amán se dio prisa para irse a su c........... 1004
7.8 también violar a la reina en mi propia c?....... 1004
7.9 he aquí en c de Amán la horca...que hizo 1004
8.1 el rey Asuero dio a...Ester la c de Amán......... 1004
8.2 y Ester puso a Mardoqueo sobre la c de 1004
8.7 yo he dado a Ester la c de Amán, y a él 1004
9.4 Mardoqueo era grande en la c del rey, y........ 1004
Job 1.4 sus hijos y hacían banquetes en sus c.......... 1004
1.10 ¿no le has cercado...a él y a su c y a........... 1004
1.13 que sus hijos...bebían vino en c de su 1004
1.18 y bebiendo vino en c de su hermano el 1004
1.19 y azotó las cuatro esquinas de la c, la.......... 1004
3.15 o con los...que llenaban de plata sus c 1004
4.19 ¡cuánto más en los que habitan en c de 1004
7.10 no volverá más a su c, ni su lugar le 1004
8.15 apoyará él en su c, mas no permanecerá...... 1004
11.14 y no...que more en tu c la injusticia 1004
15.28 habitó...c inhabitadas, que estaban en 1004
17.13 si yo espero, el Seol es mi c; haré mi.......... 1004
19.15 los moradores de mi c y mis criadas me 1004
20.19 por cuanto...robó c, y no las edificó.......... 1004
20.28 renuevos de su c serán transportados........ 1004
21.9 sus c están a salvo de temor, ni viene.......... 1004
21.21 ¿qué deleite tendrá él de su c después........ 1004
21.28 decís: ¿Qué hay de la c del príncipe 1004
22.18 les había colmado de bienes sus c. Pero 1004
24.16 en las tinieblas minan las c que de día........ 1004
27.18 edificó su c como la polilla, y como 1004
30.23 y a la c determinada a todo viviente.......... 1004
38.20 para que...entiendas las sendas de su c?..... 1004
39.6 al cual yo puse c en la soledad, y sus.......... 1004
42.11 todos...comieron con él pan en su c, y........ 1004
Sal 5.7 por...tu misericordia entraré en tu c 1004
23.6 en la c de Jehová moraré por largos días...... 1004
26.8 Jehová, la habitación de tu c he amado........ 1004
27.4 que esté yo en la c de Jehová todos los......... 1004
30 tít. cantado en la dedicación de la C?........... 1004
36.8 serán...saciados de la grosura de tu c.......... 1004
42.4 de cómo...la conduje hasta la c de Dios 1004
45.10 olvida tu pueblo, y la c de tu padre 1004
49.11 pensamiento es que sus c serán eternas...... 1004
49.16 no...cuando aumenta la gloria de su c 1004
50.9 no tomaré de tu c becerros, ni machos 1004
52 tít. David ha venido a c de Ahimelec 1004
52.8 estoy como olivo verde en la c de Dios......... 1004
55.14 andábamos en amistad en la c de Dios 1004
59 tít. David...vigilaron la c para matarlo.......... 1004
65.4 seremos saciados del bien de tu c, de 1004
66.13 entraré en tu c con holocaustos; te 1004
68.12 y las que se quedaban en c repartían.......... 1004
69.9 porque me consumió el celo de tu c, y 1004
84.3 gorrión halla c, y la golondrina nido............ 1004
84.4 bienaventurados los que habitan en tu c....... 1004
84.10 estar a la puerta de la c de mi Dios............ 1004
92.13 plantados en la c de Jehová, en los 1004
93.5 la santidad conviene a tu c, oh Jehová......... 1004
98.3 misericordia...para con la c de Israel 1004
101.2 integridad...andaré en medio de mi c......... 1004
101.7 no habitará dentro de mi c el...fraude 1004
104.17 en las hayas hace su c la cigüeña 1004
105.21 lo puso por señor de su c...gobernador 1004
112.3 bienes y riquezas hay en su c, y su 1004
114.1 cuando salió...la c de Jacob del pueblo....... 1004
115.10 c de Aarón, confiad en Jehová; él es......... 1004
115.12 bendecirá...c de Israel...c de Aarón 1004
116.19 en los atrios de la c de Jehová, en 1004
118.3 diga...la c de Aarón, que para siempre 1004
118.26 desde la c de Jehová os bendecimos......... 1004
119.54 en la c en donde fui extranjero 1004
122.1 que me decían: A la c de Jehová iremos 1004
122.5 allá están...los tronos de la c de David 1004
122.9 amor a la c de Jehová buscaré tu bien........ 1004
127.1 si Jehová no edificare la c, en vano........... 1004
128.3 que lleva fruto a los lados de tu c............. 1004
132.3 no entraré en la morada de mi c, ni 1004
134.1 los que en la c de Jehová estáis por 1004
135.2 los que estáis en la c de Jehová, en 1004
135.2 en los atrios de la c de nuestro Dios 1004
135.19 c de Israel, bendecid a...c de Aarón.......... 1004
135.20 c de Leví, bendecid a Jehová; los que 1004
Pr 1.13 llenaremos nuestras c de despojos 1004
2.18 su c esta inclinada a la muerte, y sus 1004
3.33 maldición de Jehová...en la c del impío 1004
5.8 y no te acerques a la puerta de su c 1004
5.10 y tus trabajos estén en c del extraño........... 1004
6.31 veces; entregará todo el haber de su c......... 1004
7.6 mirando yo por la ventana de mi c, por......... 1004
7.8 pasaba por...iba camino a la c de ella.......... 1004
7.11 rencillosa...pies no pueden estar en c.......... 1004
7.19 el marido no está en c; se ha ido a un.......... 1004
7.20 llevó...el día señalado volverá a su c 1004
7.27 camino al Seol es su c, que conduce a 1004
9.1 la sabiduría edificó su c, labró sus 7 1004
9.14 se sienta...a la puerta de su c, en los 1004
11.29 el que turba su c heredará viento 1004
12.7 la c de los justos permanecerá firme 1004
14.1 mujer sabia edifica su c; mas la necia 1004
14.11 la c de los impíos será asolada; pero 1004
15.6 en la c del justo hay gran provisión............ 1004
15.25 Jehová asolará la c de los soberbios.......... 1004
15.27 alborota su c el codicioso; mas el que......... 1004
17.1 que c de contiendas llena de provisiones 1004
17.13 da mal...no se apartará el mal de su c 1004
19.14 la c y las riquezas son herencia de los........ 1004
21.9 que con mujer rencillosa en c espaciosa....... 1004
21.12 considera el justo la c del impío 1004
21.20 tesoro precioso...hay en la c del sabio 5116
24.3 con sabiduría se edificará la c, y con 1004
24.27 tus labores...y después edificarás tu c 1004
25.17 detén tu pie de la c de tu vecino, no........... 1004
25.24 que con mujer rencillosa en c espaciosa...... 1004
27.10 ni vayas a la c de tu hermano en el........... 1004
27.27 de leche...para mantenimiento de tu c 1004
30.26 los conejos...ponen su c en la piedra......... 1004
31.27 considera los caminos de su c, y no........... 1004
Ec 2.4 edifiqué para mí c, planté para mí............... 1004
2.7 tuve siervos nacidos en c; también tuve......... 1004
5.1 cuando fueres a la c de Dios, guarda tu......... 1004
7.2 mejor es ir a la c del luto que a la c 1004
7.4 corazón de los sabios está en la c del 1004
7.4 los insensatos, en la c en que...alegría.......... 1004
10.18 por la flojedad de las...se llueve la c 1004
12.3 cuando temblarán los guardas de la c.......... 1004
Cnt 1.17 las vigas de nuestra c son de cedro........... 1004
2.4 llevó a la c del banquete, y su bandera.......... 1004
3.4 hasta que lo metí en c de mi madre, y............ 1004
8.2 te llevaría, te metería en c de mi madre 1004
8.7 todos los bienes de su c por este amor 1004
Is 2.2 que será confirmado el monte de la c 1004
2.3 y subamos al...a la c de Dios de Jacob........... 1004
2.5 venid, oh c de Jacob, y caminaremos a 1004
2.6 tú has dejado tu pueblo, la c de Jacob........... 1004
3.7 en mi c ni hay pan, ni qué vestir; no me......... 1004
3.14 el despojo del pobre está en vuestras c 1004
5.7 la viña de Jehová de...es la c de Israel.......... 1004
5.8 ¡ay de los que juntan c a c, y añaden 1004
5.9 que las muchas c han de quedar asoladas 1004
6.4 la voz del que clamaba, y la c se llenó........... 1004
6.11 y no haya hombre en las c, y la tierra 1004
7.2 vino la nueva a la c de David, diciendo 1004
7.13 dijo entonces Isaías: Oíd...c de David 1004
7.17 hará venir sobre ti...la c de tu padre........... 1004
8.14 a las dos c de Israel, por piedra para........... 1004
8.17 escondió su rostro de la c de Jacob, y.......... 1004
10.20 los que hayan quedado de la c de Jacob...... 1004
13.16 sus c serán saqueadas, y violadas sus 1004
13.21 fieras...y sus c se llenarán de hurones 1004
13.22 aullarán hienas...en sus c de deleite 1964
14.2 la c de Israel los poseerá por siervos 1004
22.8 y miraste en aquel día hacia la c de 1004
22.10 y contasteis las c de Jerusalén, y 1004
22.10 derribasteis c para fortificar el muro 1004
22.18 rodar...oh vergüenza de la c de tu señor..... 1004
22.21 será padre al morador...a la c de Judá........ 1004
22.22 pondré la llave de la c de David sobre........ 1004
22.23 y será por asiento de honra a la c de 1004
22.24 colgarán de él toda la honra de la c 1004
23.1 destruida es Tiro hasta no quedar c, ni 1004
24.10 toda c se ha cerrado, para que no entre...... 1004
29.22 Jehová...dice así a la c de Jacob: No 1004
31.2 levantará...contra la c de los malignos......... 1004
32.13 sobre todas las c en que hay alegría.......... 1004
33.18 que pone en lista las c más insignes?......... 4026
37.1 el rey Ezequías...vino a la c de Jehová 1004
37.14 subió a la c de Jehová, y las extendió......... 1004
37.31 lo que hubiere quedado de la c de Judá....... 1004
38.1 dice así: Ordena tu c, porque morirás 1004
38.20 cantaremos nuestros cánticos en la c 1004
38.22 ¿qué señal tendré de que subiré a la c........ 1004
39.2 mostró la c de su tesoro...c de armas........... 1004
39.2 no hubo cosa en su c...que Ezequías no 1004
39.4 dijo entonces: ¿Qué han visto en tu c? 1004
39.4 todo lo que hay en mi c han visto, y............ 1004
39.6 será llevado...todo lo que hay en tu c........... 1004
42.7 y de c de prisión a los que moran en........... 1004
44.13 lo hace en forma de...para tenerlo en c...... 1004
46.3 oídme, oh c de Jacob, y...la c de Israel......... 1004
48.1 oíd esto, c de Jacob, que os llamáis 1004
56.5 yo les daré lugar en mi c y dentro de 1004
56.7 llevaré...los recrearé en mi c de oración 1004
56.7 c será llamada c de oración para todos......... 1004
58.1 rebelión, y a la c de Jacob su pecado 1004
58.7 y a los pobres errantes albergues en c 1004
60.7 altar, y glorificaré la c de mi gloria............ 1004
63.7 de sus beneficios hacia la c de Israel 1004
64.11 la c de nuestro santuario y de nuestra........ 1004
65.21 edificarán c, y morarán en...plantarán 1004
66.1 ¿dónde...la c que me habréis de edificar 1004
66.20 ofrenda en utensilios limpios a la c de........ 1004
Jer 2.4 oíd...c de Jacob, y...de la c de Israel............ 1004
2.26 así avergonzará la c de Israel, ellos 1004
3.18 irán de la c de Judá a la c de Israel............ 1004

3.20 así prevaricasteis contra mí, oh *c* de 1004
5.7 en *c* de rameras se juntaron en compañías 1004
5.11 contra mí la *c* de Israel y las *c* de Judá 1004
5.15 traigo... gente de lejos, oh *c* de Israel 1004
5.20 anunciad esto en la *c* de Jacob... Judá 1004
5.27 así están sus *c* llenas de engaño; así 1004
6.12 y sus *c* serán traspasadas a otros, sus 1004
7.2 ponte a la puerta de la *c* de Jehová, y 1004
7.10 en esta *c* sobre la cual es invocado mi 1004
7.11 ¿es cueva de ladrones... esta *c* sobre la 1004
7.14 haré también a esta *c* sobre la cual es 1004
7.30 pusieron sus abominaciones en la *c* 1004
9.26 toda la *c* de Israel es incircuncisa de 1004
10.1 hablado sobre vosotros, oh *c* de Israel 1004
11.10 *c* de Israel y la *c* de Judá invalidaron 1004
11.15 ¿qué derecho tiene mi amada en mi *c* 1004
11.17 la maldad que la *c* de Israel y la *c* de 1004
12.6 aun tus hermanos y la *c* de tu padre 1004
12.7 he dejado mi *c*, desamparé mi heredad 1004
12.14 arrancaré de en medio... a la *c* de Judá 1004
13.11 hice juntar a mí toda la *c* de Israel 1004
13.11 y toda la *c* de Judá, dice Jehová, para 1004
16.5 así... No entres en *c* de luto, ni vayas a 1004
16.8 asimismo no entres en *c* de banquete 1004
17.22 ni saquéis carga de vuestras *c* en el 1004
17.26 trayendo sacrificio... a la *c* de Jehová 1004
18.2 vete a *c* del alfarero, y allí te haré 1004
18.3 y descendí a *c* del alfarero, y he aquí 1004
18.6 ¿no podré yo hacer de vosotros... oh *c* de 1004
18.6 así sois vosotros en... oh *c* de Israel 1004
18.22 óigase clamor de sus *c*, cuando traigas 1004
19.13 *c* de Jerusalén, y las *c* de los reyes 1004
19.13 por todas las *c* sobre cuyos tejados 1004
19.14 se paró en el atrio de la *c* de Jehová 1004
20.1 Pasur... como príncipe en la *c* de Jehová 1004
20.2 en la puerta... conducía a la *c* de Jehová 1004
20.6 tú, Pasur... los moradores de tu *c* iréis 1004
21.11 y a la *c* del rey de Judá dirás: Oíd 1004
21.12 *c* de David, así dijo Jehová: Haced de 1004
22.1 desciende a la *c* del rey... y habla allí 1004
22.4 en caballos por las puertas de esta *c* 1004
22.5 dice Jehová, que esta *c* será desierta 1004
22.6 ha dicho Jehová acerca de la *c* del rey 1004
22.13 ¡ay del que edifica su *c* sin justicia 1004
22.14 dice: Edificaré para mí *c* espaciosa 1004
23.8 trajo la descendencia de la *c* de Israel 1004
23.11 impíos, aun en mi *c* hallé su maldad 1004
23.34 yo enviaré castigo sobre... y sobre su *c* 1004
26.2 ponte en el atrio de la *c* de Jehová, y 1004
26.2 vienen para adorar en la *c* de Jehová 1004
26.6 pondré esta *c* como Silo, y esta ciudad 1004
26.7 oyeron... hablar estas palabras en la *c* 1004
26.9 esta *c* será como Silo, y esta ciudad 1004
26.9 pueblo se juntó contra Jeremías en la *c* 1004
26.10 y subieron de la *c* del rey a la *c* de 1004
26.10 de la puerta nueva de la *c* de Jehová 1004
26.12 me envió a profetizar contra esta *c* 1004
26.18 monte de la *c* como cumbres de bosque 1004
27.16 utensilios de la *c* de Jehová volverán 1004
27.18,21 en la *c* de Jehová y en la *c* del rey 1004
28.1 Hananías... me habló en la *c* de Jehová 1004
28.3 haré volver... los utensilios de la *c* de 1004
28.5 el pueblo que estaba en la *c* de Jehová 1004
28.6 que los utensilios de la *c*... devueltos 1004
29.5 edificad *c*, y habitadlas; y plantad 1004
29.26 que te encargues en la *c* de Jehová de 1004
29.28 largo será el cautiverio: edificad *c* 1004
31.27 en qué sembraré la *c* de Israel y la *c* 1004
31.31 pacto con la *c* de Israel y... *c* de Judá 1004
31.33 el pacto que haré con la *c* de Israel 1004
32.2 el patio de la cárcel... en la *c* del rey 1004
32.15 aún se comprarán *c*, heredades y viñas 1004
32.29 las *c* sobre cuyas azoteas ofrecieron 1004
32.34 pusieron sus abominaciones en la *c* en 1004
33.4 de las *c* de esta ciudad... *c* de los reyes 1004
33.11 de los que traigan ofrendas... a la *c* de 1004
33.14 he hablado a la *c* de Israel y a la *c* 1004
33.17 que se siente sobre el trono de la *c* de 1004
34.13 que los saqué de... de *c* de servidumbre 1004
34.15 la *c* en la cual es invocado mi nombre 1004
35.2 vé a *c* de los recabitas... la *c* de Jehová 1004
35.4 los llevé a la *c* de Jehová, al aposento 1004
35.7 ni edificaréis *c*, ni sembraréis... viña 1004
35.9 y de no edificar *c* para nuestra morada 1004
36.3 quizá oiga la *c* de Judá todo el mal que 1004
36.5 ha prohibido entrar en la *c* de Jehová 1004
36.6 y lee de este rollo... en la *c* de Jehová 1004
36.8 las palabras de Jehová en la *c* de Jehová 1004
36.10 Baruc leyó en el... en la *c* de Jehová 1004
36.10 leyó... a la entrada... de la *c* de Jehová 1004
36.12 descendió a la *c* del rey, al aposento 1004
36.22 el rey estaba en la *c* de invierno en 1004
37.15 y le pusieron en prisión en la *c* del 1004
37.16 Jeremías en la *c* de la cisterna, y en 1004
37.17 preguntó el rey secretamente en su *c* 1004
37.20 y no me hagas volver a *c* del escriba 1004
38.7 oyendo Ebed-melec... eunuco de la *c* real 1004
38.8 salió de la *c* del rey y habló al rey 1004
38.11 y entró a la *c* del rey debajo de la 1004
38.14 la tercera entrada de la *c* de Jehová 1004
38.17 tu alma vivirá... y vivirás tú y tu *c* 1004
38.22 que han quedado en *c* del rey de Judá 1004
38.26 que no me hiciese volver a *c* de Jonatán 1004
39.8 pusieron a fuego la *c* del rey y las *c* 1004
39.14 para que lo sacase a *c*, y vivió entre 1004
41.5 incienso para llevar a la *c* de Jehová 1004
43.9 a la puerta de la *c* de Faraón en Tafnes 1004
48.13 la *c* de Israel se avergonzó de Bet-el 1004
49.27 fuego... y consumirá las *c* de Ben-adad 759
51.30 incendiadas están sus *c*, rotos sus 4908
51.51 vinieron extranjeros... la *c* de Jehová 1004
52.13 quemó la *c* de Jehová, y las *c* del rey 1004
52.13 quemó la... y todas las *c* de Jerusalén 1004
52.17 las columnas... que estaban en la *c* de 1004
52.17 el mar de bronce que estaba en la *c* de 1004
52.20 había hecho el rey... en la *c* de Jehová 1004
Lm 2.7 resonar su voz en la *c* de Jehová como 1004
5.2 a extranjeros, nuestras *c* a forasteros 1004
Ez 2.5 no escucharen, porque son una *c* rebelde 1004
2.6 ni temas delante de... porque son *c* rebelde 1004
2.8 no seas rebelde como la *c* rebelde; abre 1004
3.1 come este rollo y habla a la *c* de Israel 1004
3.4 vé y entra a la *c* de Israel, y habla a 1004
3.5 no eres enviado a... sino a la *c* de Israel 1004
3.7 la *c* de Israel no te querrá oír, porque 1004
3.7 toda la *c* de Israel es dura de frente y 1004
3.9 ni tengas miedo... porque son *c* rebelde 1004
3.17 he puesto por atalaya a la *c* de Israel 1004
3.24 dijo: Entra, y enciérrate dentro de tu *c* 1004
3.26 estarás mudo, y... porque son *c* rebelde 1004
3.27 no quiera oír, no oiga... *c* rebelde son 1004
4.3 y la sitiarás. Es señal a la *c* de Israel 1004
4.4 y pondrás sobre él la maldad de la *c* de 1004
4.5 llevarás tú la maldad de la *c* de Israel 1004
4.6 y llevarás la maldad de la *c* de Judá 40 1004
5.4 saldrá el fuego a toda la *c* de Israel 1004
6.11 grandes abominaciones de la *c* de Israel 1004
7.24 mas perversos... poseerán las *c* de ellos 1004
8.1 sentado en mi *c*, y los ancianos de Judá 1004
8.6 abominaciones que la *c* de Israel hace 1004
8.10 los ídolos de la *c* de Israel... pintados 1004
8.11 varones de... ancianos de la *c* de Israel 1004
8.12 que los ancianos de la *c* de Israel hacen 1004
8.14 a la puerta de la *c* de Jehová, que está 1004
8.16 y me llevó al atrio... de la *c* de Jehová 1004
8.17 es cosa liviana para la *c* de Judá hacer 1004
9.3 la gloria... se elevó... al umbral de la *c* 1004
9.7 contaminad la *c*, y llenad los atrios de 1004
9.9 la maldad de la *c* de Israel y de Judá es 1004
10.3 querubines estaban a... derecha de la *c* 1004
10.4 y la *c* fue llena de la nube, y el atrio 1004
10.18 gloria... se elevó... del umbral de la *c* 1004
10.19 de la puerta oriental de la *c* de Jehová 1004
11.1 me llevó por la puerta oriental de la *c* 1004
11.3 dicen: No será... pronto; edifiquemos *c* 1004
11.5 así habéis hablado, oh *c* de Israel, y 1004
11.15 y toda la *c* de Israel, toda ella son 1004
12.2 tú habitas en medio de *c* rebelde, los 1004
12.2 no ven... y no oyen, porque son *c* rebelde 1004
12.3 tal vez atienden, porque son *c* rebelde 1004
12.6 por señal te he dado a la *c* de Israel 1004
12.9 te ha dicho la *c* de Israel... *c* rebelde 1004
12.10 se refiere... a toda la *c* de Israel que 1004
12.24 lisonjeros en medio de la *c* de Israel 1004
12.25 oh *c* rebelde, hablaré... y la cumpliré 1004
12.27 los de la *c* de Israel dicen: La visión 1004
13.5 muro alrededor de la *c* de Israel, para 1004
13.9 ni serán inscritos en el libro de la *c* 1004
14.4 cualquier hombre de la *c* de Israel que 1004
14.5 tomar a la *c* de Israel por el corazón 1004
14.6 a la *c* de Israel... Convertíos, y volveos 1004
14.7 cualquier hombre de la *c* de Israel, y de 1004
14.11 para que la *c* de Israel no se desvíe 1004
16.41 quemarán tus *c* a fuego, y harán en ti 1004
17.2 y compón una parábola a la *c* de Israel 1004
17.12 di ahora a la *c* rebelde: ¿No habéis 1004
18.6,15 alzare... ojos a los ídolos de la *c* de 1004
18.25 *c* de Israel: ¿No es recto mi camino? 1004
18.29 dijere la *c* de Israel: No es recto el 1004
18.29 son rectos mis caminos, *c* de Israel? 1004
18.30 os juzgaré a cada uno... oh *c* de Israel 1004
18.31 nuevo. ¿Por qué moriréis, *c* de Israel? 1004
20.5 para jurar a la descendencia de la *c* de 1004
20.13 se rebeló contra mí la *c* de Israel en 1004
20.27 habla a la *c* de Israel y, diles: Así 1004
20.30 a la *c* de Israel: Así ha dicho Jehová 1004
20.31 ¿y he de responderos yo, *c* de Israel? 1004
20.39 y a vosotros, oh *c* de Israel, así ha 1004
20.40 allí me servirá toda la *c* de Israel 1004
20.44 y sabréis que yo soy Jehová... oh *c* de 1004
22.18 la *c* de Israel se me ha convertido en 1004
23.39 he aquí, así hicieron en medio de mi *c* 1004
23.47 matarán... y sus *c* consumirán con fuego 1004
24.3 y habla por parábola a la *c* rebelde, y 1004
24.21 a la *c* de Israel: Así ha dicho Jehová 1004
25.3 y llevada en cautiverio la *c* de Judá 1004
25.8 he aquí la *c* de Judá es como todas las 1004
25.12 hizo Edom, tomando venganza de la *c* 1004
26.12 tus *c* preciosas destruirán; y pondrán 1004
27.14 los de la *c* de Togarma, con caballos 1004
28.24 nunca más será a la *c* de Israel espina 1004
28.25 cuando recoja a la *c* de Israel de los 1004
28.26 y edificarán *c*, y plantarán viñas, y 1004
29.6 fueron báculo de caña a la *c* de Israel 1004
29.16 no será ya... para la *c* de Israel apoyo 1004
29.21 haré retoñar el poder de la *c* de Israel 1004
33.7 he puesto por atalaya a la *c* de Israel 1004
33.10 di a la *c* de Israel: Vosotros habéis 1004
33.11 ¿por qué moriréis, oh *c* de Israel? 1004
33.20 os juzgaré, oh *c* de Israel, a cada uno 1004
33.30 mofan de ti junto a las paredes... las *c* 1004
34.30 y ellos son mi pueblo, las *c* de Israel 1004
35.15 te alegraste sobre... de la *c* de Israel 1004
36.10 haré multiplicar... toda la *c* de Israel 1004
36.17 mientras la *c* de Israel moraba en su 1004
36.21 nombre profanado por la *c* de Israel 1004
36.22 a la *c* de Israel: Así ha dicho Jehová 1004
36.22 no lo hago por vosotros, oh *c* de Israel 1004
36.32 cubríos de confusión por... *c* de Israel 1004
36.37 aún seré solicitado por la *c* de Israel 1004
37.11 todos estos huesos son la *c* de Israel 1004
37.16 toda la *c* de Israel sus compañeros 1004
38.6 la *c* de Togarma, de los confines del 1004
39.12 la *c* de Israel los estará enterrando 1004
39.22 sabrá la *c* de Israel que yo soy Jehová 1004
39.23 que la *c* de Israel fue llevada cautiva 1004
39.25 tendré misericordia de... la *c* de Israel 1004
39.29 derramado de mi Espíritu sobre la *c* 1004
40.4 cuenta todo lo que ves a la *c* de Israel 1004
40.5 y he aquí un muro fuera de la *c*, y la 1004
40.47 midió... el altar estaba delante de la *c* 1004
41.5 el muro de la *c*... de en torno de la *c* 1004
41.6 modillones en la pared de la *c*, sobre 1004
41.6 que no estribasen en la pared de la *c* 1004
41.7 la escalera de caracol de la *c* subía 1004
41.7 muy alto alrededor por dentro de la *c* 1004
41.7 tanto, la *c* tenía más anchura arriba 1004
41.8 miré la altura de la *c* alrededor; los 1004
41.9 al espacio... de las cámaras de la *c* por 1004
41.10 por todos lados alrededor de la *c* 1004
41.13 luego midió la *c*, cien codos de largo 1004
41.14 ancho del frente de la *c*... cien codos 1004
41.17 hasta la *c* de adentro, y afuera de ella 1004
41.19 un rostro de... por toda la *c* alrededor 1004
41.26 así eran las cámaras de la *c* y los 1004
42.15 y luego que acabó las medidas de la *c* 1004
43.4 la gloria de Jehová entró en la *c* por 1004
43.5 aquí que la gloria de Jehová llenó la *c* 1004
43.6 y oí uno que me hablaba desde la *c* 1004
43.7 nunca más profanará la *c* de Israel mi 1004
43.10 hijo... muestra a la *c* de Israel esta *c* 1004
43.11 hazles entender el diseño de la *c*, su 1004
43.12(2) esta es la ley de la *c* 1004
43.21 lo quemarás conforme a la ley de la *c* 1004
44.4 me llevó... por delante de la *c*, y miré 1004
44.4 la gloria... había llenado la *c* de Jehová 1004
44.5 todas las ordenanzas de la *c* de Jehová 1004
44.5 pon atención a las entradas de la *c*, y 1004
44.6 dirás... a la *c* de Israel: Así ha dicho 1004
44.6 basta ya de todas... abominaciones, oh *c* 1004
44.7 traer... incircuncisos... contaminar mi *c* 1004
44.11 porteros... de la *c* y sirvientes en la *c* 1004
44.12 fueron a la *c* de Israel... tropezadero 1004
44.14 por guardas encargados... de la *c* para 1004
44.17 cuando ministren en las... dentro de la *c*
44.22 tomará virgen del linaje... *c* de Israel 1004
44.30 que repose la bendición en vuestras *c* 1004
45.4 y servirá de lugar para sus *c*, y como 1004
45.5 será para los levitas ministros de la *c* 1004
45.6 delante... será para toda la *c* de Israel 1004
45.8 la tierra a la *c* de Israel conforme a 1004
45.17 en todas las fiestas de la *c* de Israel 1004
45.17 para hacer expiación por la *c* de Israel 1004
45.19 y pondrá sobre los postes de la *c*, y 1004
45.20 séptimo día... harás expiación por la *c* 1004
46.24 donde los servidores de la *c* cocerán 1004
47.1 hizo volver luego a la entrada de la *c* 1004
47.1 aguas que salían de debajo del... de la *c* 1004
47.1 la fachada de la *c* estaba al oriente 1004
47.1 hacia el lado derecho de la *c*, al sur 1004
48.21 el santuario de la *c* estará en medio 1004
Dn 1.2 y parte de los utensilios de la *c* de 1004
1.2 los trajo... a la *c* de su dios, y colocó 1004
1.2 colocó los utensilios en la *c* del... dios 1004
2.5 y vuestras *c*... convertidas en muladares 1005
2.17 fue Daniel a su *c* e hizo saber lo que 1005
3.29 su *c* convertida en muladar; por cuanto 1005
4.4 estaba tranquilo en mi *c*, y floreciente 1005
4.30 yo edifiqué para *c* real con la fuerza 1005
5.3 que habían traído del templo de la *c* de 1005
5.23 traer delante de ti los vasos de su *c* 1005
6.10 entró en su *c*, y abiertas las ventanas 1005
Os 1.4 yo castigaré a la *c* de Jehú por causa 1004
1.4 y haré cesar el reino de la *c* de Israel 1004
1.6 no me compadeceré más de la *c* de Israel 1004
1.7 mas de la *c* de Judá tendré misericordia 1004
5.1 estad atentos, *c* de Israel, y *c* del rey 1004
5.12 yo... seré como carcoma a la *c* de Judá 1004
5.14 y como cachorro de león a la *c* de Judá 1004
6.10 en la *c* de Israel he visto inmundicia 1004
8.1 como águila viene contra la *c* de Jehová 1004
9.4 ese pan no entrará en la *c* de Jehová 1004
9.8 el profeta es... odio en la *c* de su Dios 1004
9.15 por la... de sus obras los echaré de mi *c* 1004
11.11 los haré habitar en sus *c*, dice Jehová 1004
11.12 me rodeó... y la *c* de Israel de engaño 1004
Jl 1.9 desapareció... *c* de Jehová la ofrenda 1004
1.13 porque quitada es de la *c*... la ofrenda 1004
1.14 congregad a... en la *c* de Jehová... Dios 1004
1.16 y el placer de la *c* de nuestro Dios? 1004
2.9 subirán por las *c*, entrarán por las 1004
3.18 saldrá una fuente de la *c* de Jehová, y 1004
Am 1.4 prenderé fuego en la *c* de Hazael, y 1004
2.8 el vino de... beben en la *c* de sus dioses 1004
3.13 oíd y testificad contra la *c* de Jacob 1004
3.15 y heriré la *c* de invierno con la *c* de 1004
3.15 las *c* de marfil perecerán; y muchas *c* 1004
5.1 esta palabra que yo levanto... *c* de Israel 1004
5.3 volverá con ciento... en la *c* de Israel 1004
5.4 dice Jehová a la *c* de Israel: Buscadme 1004
5.6 que acometa como fuego a la *c* de José 1004
5.11 edificasteis *c* de piedra labrada, mas no 1004
5.19 como si entrare en *c* y apoyare su mano 1004
5.25 me ofrecisteis sacrificios... *c* de Israel? 1004

6.1 ¡ay...a los cuales acude la c de Israel! 1004
6.9 diez hombres quedaren en una c, morirán 1004
6.10 lo quemará para sacar los huesos de c 1004
6.10 al que estará en los rincones de la c 1004
6.11 la c mayor, y la c menor con aberturas 1004
6.14 oh c de Israel, dice Jehová...levantaré 1004
7.9 levantaré...espada sobre la c de Jeroboam 1004
7.10 Amós se ha levantado...en medio de la c 1004
7.16 dices...ni hables contra la c de Isaac 1004
9.8 mas no destruiré del todo la c de Jacob 1004
9.9 haré que la c de Israel sea zarandeada 1004
Abd 17 c de Jacob recuperará sus posesiones 1004
18 la c de Jacob será fuego, y la c de José 1004
18 y la c de Esaú estopa, y los quemarán y 1004
18 ni aun resto quedará de la c de Esaú 1004
Mi 1.5 y por los pecados de la c de Israel 1004
1.14 c de Aczib serán para engaño a...reyes 1004
2.2 codician las...c, y las toman; oprimen al 1004
2.2 oprimen al hombre y a su c, al hombre y 1004
2.7 que te dices c de Jacob, ¿se ha acortado 1004
2.9 a las mujeres...echasteis fuera de las c 1004
3.1 Dije: Oíd ahora...jefes de la c de Israel 1004
3.9 oíd ahora esto, jefes de la c de Jacob 1004
3.9 oíd...capitanes de la c de Israel, que 1004
3.12 monte de la c como cumbres de bosque 1004
4.1 el monte de la c de Jehová...establecido 1004
4.2 subamos al monte...c del Dios de Jacob 1004
6.4 yo te...de la c de servidumbre te redimí 1004
6.10 aún en c del impío tesoros de impiedad? 1004
6.16 y toda obra de la c de Acab; y en los 1004
7.6 los enemigos del hombre son los de su c 1004
Nah 1.14 la c de tu dios destruiré escultura 1004
Hab 2.9 que codicia injusta ganancia para su c 1004
2.10 tomaste consejo vergonzoso para tu c 1004
3.13 traspasaste la cabeza de la c del impío 1004
Sof 1.9 que llenan las c...de robo y de engaño 1004
1.13 saqueados sus bienes, y sus c asoladas 1004
1.13 edificarán c, mas no las habitarán, y 1004
2.7 lugar para el remanente de la c de Judá 1004
2.7 en las c de Ascalón dormirán de noche 1004
Hag 1.2 de que la c de Jehová sea reedificada 1004
1.4 en vuestras c...y esta c está desierta? 1004
1.8 subid...traed madera, y reedificad la c 1004
1.9 encerráis en c, y yo lo disiparé en un 1004
1.9 por cuanto mi c está desierta, y cada uno 1004
1.9 cada uno de vosotros corre a su propia c 1004
1.14 y trabajaron en la c de Jehová de los 1004
2.3 haya visto esta c en su gloria primera 1004
2.7 llenaré de gloria...c, ha dicho Jehová 1004
2.9 la gloria postrera de esta c será mayor 1004
Zac 1.16 en ella será edificada mi c, dice 1004
3.7 también tú gobernarás mi c...mis atrios 1004
4.9 echarán el cimiento de esta c, y sus 1004
5.4 vendrá a la c del ladrón, y a la c del 1004
5.4 y permanecerá en medio de su c y la 1004
5.11 le sea edificada c en tierra de Sinar 1004
6.10 irás...y entrarás en c de Josías hijo de 1004
7.3 a los sacerdotes que estaban en la c de 1004
8.9 que se echó el cimiento a la c de Jehová 1004
8.13 fuisteis maldición...oh c de Judá y c de 1004
8.15 he pensado hacer bien...a la c de Judá 1004
8.19 convertirán para la c de Judá en gozo 1004
9.8 alrededor de mi c como un guarda, para 1004
10.3 Jehová...visitará...la c de Judá, y los 1004
10.6 fortaleceré la c de Judá, y guardaré la 1004
10.6 guardaré la c de José, y...haré volver 1004
11.13 las eché en la c de Jehová al tesoro 1004
12.4 mas sobre laC c de Judá abriré mis ojos 1004
12.7 para que la gloria de la c de David y 1004
12.8 la c de David como Dios, como el ángel 1004
12.10 derramaré sobre la c de David, y sobre 1004
12.12 c de David por sí...c de Natán por sí 1004
12.13 descendientes de la c de Leví por sí 1004
13.1 un manantial abierto para la c de David 1004
13.6 con ellas fui herido en c de mis amigos 1004
14.2 serán saqueadas las c, y violadas las 1004
14.20 las ollas de la c de Jehová serán como 1004
14.21 y no habrá...mercader en la c de Jehová 1004
Mal 3.10 los diezmos...haya alimento en mi c 1004
Mt 2.11 al entrar en la c, vieron al niño con 3614
5.15 **y alumbra a todos los que están en c** 3614
7.24 **hombre...que edificó su c sobre la roca** 3614
7.25 **y golpearon contra aquella c; y no cayó** 3614
7.26 **un hombre...edificó su c sobre la arena** 3614
7.27 **y dieron con ímpetu contra aquella c** 3614
8.6 mi criado está postrado en c, paralítico 3614
8.14 Jesús a c de Pedro, y vio a la suegra 3614
9.6 **levántate, toma tu cama, y vete a tu c** 3624
9.7 entonces él se levantó y se fue a su c 3624
9.10 estando él sentado a la mesa en la c 3614
9.23 al entrar Jesús en la c del principal 3614
9.28 llegado a la c, vinieron a él...ciegos 3614
10.6 **a las ovejas perdidas de la c de Israel** 3624
10.12 **y al entrar en la c, saludadla** 3614
10.13 **si la c fuere digna, vuestra paz vendrá** 3614
10.14 **salid de aquella c o ciudad, y sacudid** 3614
10.25 **si al padre...¿cuánto más a los de su c?** 3615
10.36 **enemigos del hombre serán los de su c** 3615
11.8 **delicadas, en las c de los reyes están** 3624
12.4 **cómo entró en la c de Dios, y comió los** 3624
12.25 **ciudad o c dividida contra sí misma** 3614
12.29 **¿cómo puede alguno entrar en la c del** 3614
12.29 **le ata? Y entonces podrá saquear su c** 3614
12.44 **entonces dice: Volveré a mi c de donde** 3624
13.1 salió Jesús de la c y se sentó junto al 3614
13.36 entró Jesús en la c; y acercándose a él 3614
13.57 **profeta sin honra, sino en...y en su c** 3614
15.24 **sino a las ovejas perdidas de la c de** 3624
17.25 y al entrar él en c, Jesús le habló 3614
19.29 **cualquiera que haya dejado c...o padre** 3614
21.13 **mi c, c de oración será llamada; mas** 3624
23.14 **porque devoráis las c de las viudas, y** 3614
23.38 **aquí vuestra c os es dejada desierta** 3624
24.17 **no descienda para tomar algo de su c** 3614
24.43 **que...velaría, y no dejaría minar su c** 3614
24.45 **al cual puso su señor sobre su c para** 2322
26.6 estando Jesús...en c de Simón el leproso 3614
26.18 **en tu c celebraré la pascua con mis** 3614
Mr 1.29 vinieron a c de Simón y Andrés, con 3614
2.1 entró Jesús...y se oyó que estaba en c 3624
2.11 **levántate, toma tu lecho, y vete a tu c** 3624
2.15 que estando Jesús a la mesa en c de él 3614
2.26 **entró en la c de Dios, siendo Abiatar** 3624
3.19 Judas Iscariote, el que...Y vinieron a c 3624
3.25 **c está dividida contra sí misma, tal** c 3614
3.27 **entrar en la c de un hombre fuerte y** 3614
3.27 **le ata, y entonces podrá saquear su c** 3614
5.19 **vete a tu c, a los tuyos, y cuéntales** 3624
5.35 vinieron de c del principal de...diciendo 3614
5.38 vino a c del principal de la sinagoga 3624
6.4 **no hay profeta sin honra sino...y en su c** 3614
6.10 **entréis en una c, posad en ella hasta** 3614
7.17 se alejó...y entró en c, le preguntaron 3624
7.24 entrando en una c, no quiso que nadie 3614
7.30 llegó ella a su c, halló que el demonio 3624
8.3 **y si los enviare en ayunas a sus c, se** 3624
8.26 **lo envió a su c, diciendo: No entres en** 3624
9.28 cuando él entró en c, sus discípulos le 3624
9.33 cuando estuvo en c, les preguntó: ¿Qué 3614
10.10 en c volvieron los...a preguntarle de lo 3614
10.29 **ninguno que haya dejado c, o hermanos** 3614
10.30 **c, hermanos, hermanas, madres, hijos** 3614
11.17 **c será llamada** *c de oración para todas* 3624
12.40 **que devoran las c de las viudas, y por** 3614
13.15 **no descienda a la c...tomar algo de su c** 3614
13.34 **el hombre que yéndose lejos, dejó su c** 3614
13.35 **cuándo vendrá el señor de la c; si al** 3614
14.3 estando él en Betania, en c de Simón el 3614
14.14 **decid al señor de la c: El Maestro dice** 3617
Lc 1.23 cumplidos los días de...se fue a su c 3624
1.24 recluyó en c por cinco meses, diciendo 4032
1.27 varón que se llamaba José, de la c de David 3624
1.33 y reinará sobre la c de Jacob...siempre 3624
1.40 y entró en c de Zacarías, y saludó a 3624
1.56 tres meses; después se volvió a su c 3624
1.69 un poderoso Salvador en la c de David 3624
2.4 cuanto era de la c y *familia* de David 3624
4.38 Jesús...salió de y entró en c de Simón 3614
5.19 subieron encima de la c, y...el tejado 1430
5.24 **levántate, toma tu lecho, y vete a tu c** 3624
5.25 se fue a su c, glorificando a Dios 3624
5.29 Leví le hizo gran banquete en su c 3614
6.4 **entró en la c de Dios, y tomó los panes** 3624
6.48 **al hombre que al edificar una c, cavó** 3614
6.48 **el río dio...contra aquella c, pero no** 3614
6.49 **al hombre que edificó su c sobre tierra** 3614
6.49 **y fue grande la ruina de aquella c** 3614
7.6 pero cuando ya no estaban lejos de la c 3614
7.10 y al regresar a c los que habían sido 3624
7.36 habiendo entrado en c del fariseo, se 3614
7.37 saber que Jesús estaba...c del fariseo 3614
7.44 **entré en tu c, y no me diste agua para** 3614
8.27 ni moraba en c, sino en los sepulcros 3614
8.39 **vuélvete a tu c, y cuenta cuán grandes** 3624
8.41 Jairo...le rogaba que entrase en su c 3624
8.49 cuando vino uno de c del principal de 3844
8.51 entrando en la c, no dejó entrar a nadie 3614
9.4 **y en cualquier c donde entréis, quedad** 3614
9.61 me despida...de los que están en mi c 3624
10.5 **en cualquier c...decid: Paz sea a esta c** 3614
10.7 **y posad en...c...No os paséis de c en c** 3614
10.38 una mujer...Marta le recibió en su c 3624
11.17 **y una c dividida contra sí misma, cae** 3624
11.24 **dice: Volveré a mi c de donde salí** 3624
11.37 entrando Jesús en la c, se sentó a la
12.39 **que si supiese...no dejaría minar su c** 3624
12.42 **su señor pondrá sobre su c, para que** 2322
13.35 **he aquí vuestra c os es dejada desierta** 3624
14.1 en c de un gobernante, que era fariseo 3624
14.23 **fuérzalos a entrar...que se llene mi c** 3624
15.6 **y al llegar a c, reúne a sus amigos y** 3624
15.8 **y barre la c, y busca con diligencia** 3614
15.17 **¡cuántos jornaleros en c de mi padre**
15.25 **y cuando vino, y llegó cerca de la c** 3614
16.4 **se me quite de la...me reciban en sus c** 3624
16.27 **te ruego...le envíes a la c de mi padre** 3624
17.31 **bienes en c, no descienda a tomarlos** 3614
18.14 **que éste descendió a su c justificado** 3624
18.29 **nadie que haya dejado c, o padres, o** 3614
19.5 **hoy es necesario que pose yo en tu c** 3624
19.9 **hoy ha venido la salvación a esta c** 3624
19.46 **mi c es c de oración; mas vosotros la** 3624
20.47 **que devoran las c de las viudas, y por** 3614
22.10 **agua; seguidle hasta la c donde entrare** 3614
22.11 **y decid al padre de familia de esa c** 3614
22.54 y le condujeron a c del sumo sacerdote 3624
24.12 y se fue a c maravillándose de lo que
Jn 2.16 **hagáis...c de mi Padre c de mercado** 3624
2.17 que está escrito: El celo de tu c me 3624
4.53 **tu hijo vive; y creyó él con toda su c** 3614
7.53 cada uno se fue a su c 3624
8.35 **el esclavo no queda en la c para siempre** 3614
11.20 encontrarle; pero María se quedó en c 3624
11.31 los judíos que estaban en c con ella y 3614
12.3 y la c se llenó del olor del perfume 3614
14.2 **en la c de mi Padre muchas moradas hay** 3614
18.28 llevaron a Jesús de c de Caifás al
19.27 hora el discípulo la recibió en su c 2398
Hch 2.2 el cual llenó toda la c donde estaban 3624
2.36 sepa...la c de Israel, que a este Jesús 3624
2.46 y partiendo el pan en las c, comían 3624
4.34 todos los que poseían...c, las vendían 3614
5.42 en el templo y por las c, no cesaban de 3624
7.10 lo puso por gobernador sobre...toda su c 3624
7.20 fue criado tres meses en c de su padre 3624
7.42 acaso me of ofrecisteis...c de Israel? 3624
7.47 mas Salomón le edificó c 3624
7.49 qué c me edificaréis? dice el Señor 3624
8.3 entrando c por c, arrastraba a hombres 3624
9.11 **busca en c de Judas a...llamado Saulo** 3614
9.17 entró en la c, y poniendo sobre él las 3614
9.43 que se quedó...en c de un cierto Simón 3844
10.2 temeroso de Dios con toda su c, y que 3624
10.6 posa en c de...Simón...su c junto al mar 3614
10.17 cuales, preguntando por la c de Simón 3614
10.22 de hacerte venir a su c para oír tus 3624
10.30 oraba en mi c, vi que se puso delante 3624
10.32 Pedro, el cual mora en c de Simón, un 3614
11.3 ¿por qué has entrado en c de hombres
11.11 llegaron tres hombres a la c donde yo 3614
11.12 fueron...y entramos en c de un varón 3624
11.13 contó cómo había visto en su c un ángel 3624
11.14 serás salvo tú, y toda tu c 3624
12.12 llego a c de María la madre de Juan 3624
16.15 entrad en mi c, y posad. Y nos obligó 3624
16.31 cree en...y serás salvo, tú y tu c 3624
16.32 a él y a todos los que estaban en su c 3614
16.34 llevándolos a su c, les puso la mesa 3624
16.34 y se regocijó con toda su c de haber 3832
16.40 saliendo de la...entraron en c de Lidia
17.5 y asaltando la c de Jasón, procuraban 3614
18.7 a la c de uno llamado Justo, temeroso 3614
18.8 Crispo...creyó en el Señor con toda su c 3624
19.16 que huyeron de aquella c desnudos y 3624
20.20 de anunciaros y enseñaros...por las c 3624
21.6 al barco, y ellos se volvieron a sus c 2398
21.8 entrando en c de Felipe...posamos con él 3624
28.30 Pablo permaneció...en una c alquilada 3410
Ro 16.5 saludad también a la iglesia de su c 3624
16.10 saludad a los de la c de Aristóbulo
16.11 saludad a los de la c de Narciso los
1 Co 11.22 no tenéis c en que comáis y bebáis 3614
11.34 si alguno tuviere hambre, coma en su c 3624
14.35 pregunten en c a sus maridos, porque 3624
16.19 iglesia que esta en su c, os saludan 3624
2 Co 5.1 tenemos de Dios un edificio, una c 3614
Fil 4.22 especialmente los de la c de César 3614
Col 4.15 saludad...la iglesia que está en su c 3624
1 Ti 3.4 que gobierne bien su c, que tenga a 3624
3.5 que no sabe gobernar su propia c, ¿cómo 3624
3.12 que gobiernen bien sus hijos y sus c 3624
3.15 cómo debes conducirte en la c de Dios 3624
5.8 si alguno no provee para los...de su c? 3609
5.13 a ser ociosas, andando de c en c; y no 3614
5.14 se casen, críen hijos, gobiernen su c 3616
2 Ti 1.16 tenga el Señor misericordia de la c 3624
2.20 en una c grande hay utensilios de oro y 3614
3.6 de éstos son los que se meten en las c 3614
4.13 trae...el capote que dejé en Troas en c 3844
4.19 saluda a Prisca...y a la c de Onesíforo 3624
Tit 1.11 que trastornan c enteras, enseñando 3624
2.5 ser prudentes, castas, cuidadosas de su c 3626
Flm 2 Apia...y a la iglesia que está en tu c 3624
He 3.2 como...fue Moisés en toda la c de Dios 3624
3.3 tiene mayor honra que la c el que la hizo 3624
3.4 porque toda c es hecha por alguno, pero 3624
3.5 y Moisés...fue fiel en toda la c de Dios 3624
3.6 como hijo sobre su c, la cual c somos 3624
8.8 con la c de Israel y la c de Judá...pacto 3624
8.10 es el pacto que haré con la c de Israel 3624
10.21 teniendo un gran sacerdote sobre la c 3624
11.7 preparó el arca en que su c se salvase 3624
1 P 2.5 edificados como c espiritual...santo 3624
4.17 que el juicio comience por la c de Dios 3624
2 Jn 10 si...no lo recibáis en c, ni le digáis 3614

CASADO, A

Nm 30.6 pero si fuere c e hiciere votos 376
Dt 24.5 alguno fuere recién c, no saldrá a la 802
Is 54.1 más son los hijos de...que los de la c 1166
Ro 7.2 la mujer c está sujeta por la ley al 5220
1 Co 7.33 el c tiene cuidado de las cosas del 1060
7.34 hay...diferencia entre la c y la doncella 1135
7.34 c tiene cuidado de las cosas del mundo 1060
7.39 c está ligada por la ley mientras su 1135
Ef 5.22 c estén sujetas a sus propios maridos 1135
5.24 las c lo estén a sus maridos en todo 1135
Col 3.18 c, estad sujetas a vuestros maridos 1135

CASAMIENTO

Mt 22.30 **ni se casarán ni se darán en c, sino** 1547
24.38 **casándose y dando en c, hasta el día** 1547
Mr 12.25 **ni se casarán ni se darán en c, sino** 1061
Lc 17.27 **se casaban y se daban en c, hasta el** 1547
20.34 **los hijos de...se casan, y se dan en c** 1548
20.35 **muertos, ni se casan, ni se dan en c** 1548
1 Co 7.38 el que la da en c hace bien, y el que 1547
7.38 bien, y el que no la da en c hace mejor 1547

CASAR *Véase también Casado*

Gn 20.3 mujer que has...es *casada* con marido 1166
Lv 21.7 con...ramera o infame no se *casarán* 3947
22.12 la hija...si se *casare* con varón extraño
Nm 36.3 si ellas se *casaren* con...otras tribus 802
36.6 *cásense* como a ellas les plazca, pero 802

36.6 en la familia...de su padre se *casarán* 802
36.8 con alguno de la familia de...se *casará* 802
36.11 Noa...se *casaron* con hijos de sus tíos 802
36.12 se *casaron* en la familia de...Manasés 802
Dt 22.22 acostado con una mujer *casada* con 1166
24.1 cuando alguno tomare mujer y se *casare* 1166
24.2 y salida...podrá ir y *casarse* con otro 376
25.5 la mujer del muerto no se *casará* fuera 1961
Jue 12.9 *casó* fuera, y tomó de fuera 30 hijas 7971
Rt 1.13 quedaros sin *casar* por amor a ellos? 376
1 Cr 4.18 Bitia hija...con la cual *casó* Mered 3947
Pr 30.23 por la mujer odiada cuando se *casa* 1166
Jer 29.6 *casaos*, y engendrad hijos e hijas 3947
Mal 2.11 Judá...*casó* con hija de dios extraño 1166
Mt 5.32 **que se *casa* con la repudiada, comete** *1060*
19.9 **repudia a...y se *casa* con otra, adultera** *1060*
19.9 **que se *casa* con la repudiada, adultera** *1060*
19.10 le dijeron...así...no conviene *casarse* *1060*
22.24 su hermano se *casará* con su mujer, y *1918*
22.25 hermanos; el primero se *casó* y murió *1060*
22.30 **ni se *casarán* ni se darán en casamiento** *1060*
24.38 ***casándose* y dando en casamiento...hasta** *1060*
Mr 10.11 **repudia a su mujer y se *casa* con otra** *1060*
10.12 **si la mujer repudia...se *casa* con otro** *1060*
12.19 su hermano se *case* con ella...levante *2983*
12.21 el segundo se *casó* con ella, y murió *2983*
12.25 **ni se *casarán* ni se darán en casamiento** *1060*
Lc 14.20 **dijo: Acabo de *casarme*, y por tanto** *1060*
16.18 **repudia a su mujer, y se *casa* con otra** *1060*
16.18 **se *casa* con la repudiada del marido** *1060*
17.27 ***casaban* y se daban en casamiento, hasta** *1060*
20.28 su hermano se *case* con ella, y levante *2983*
20.34 **los hijos de este siglo se *casan*, y se** *1060*
20.35 **ni se *casan*, ni se dan en casamiento** *1060*
1 Co 7.9 *cásense*, pues mejor es casarse que *1060*
7.11 quédese sin *casar*, o reconcíliese con su *22*
7.27 ¿estás libre de...No procures *casarte* *22*
7.28 mas tambien si te *casas*, no pecas; y si *1060*
7.28 y si la doncella se *casa*, no peca; pero *1060*
7.36 haga lo que quiera, no peca; que se *case* *1060*
7.39 libre es para *casarse* con...en el Señor *1060*
1 Ti 4.3 prohibirán *casarse* y...abstenerse de *1060*
5.11 rebelan contra Cristo, quieren *casarse* *1060*
5.14 que las viudas jóvenes se *casen*, críen *1060*

CASCADA *Véase también Cascar*
Sal 42.7 un abismo llama...a la voz de tus *c* 6794

CASCAJO
Pr 20.17 pero después su boca será llena de *c* 2687
Lm 3.16 mis dientes quebró con *c*, me cubrió 2687

CASCAR
2 R 18.21 confías en...báculo de caña *cascada* 7533
Is 42.3 no quebrará la caña *cascada*, ni apagará 7533
Mt 12.20 caña *cascada* no quebrará, y el pábilo *4937*

CASCO
Jue 5.22 resonaron los *c* de los caballos por 6119
1 S 17.5 traía un *c* de bronce en su cabeza 3553
17.38 puso sobre su cabeza un *c* de bronce 6959
Is 5.28 *c* de sus caballos...como de pedernal 6541
Jer 47.3 el sonido de los *c* de sus caballos 6541
Ez 26.11 los *c* de sus caballos hollará...calles 6541

CASI *Véase el Apéndice*

CASIA
Éx 30.24 de *c* quinientos, según el siclo del 6916
Sal 45.8 áloe y *c* exhalan todos tus vestidos 7102

CASIFIA *Lugar en Babilonia*, Esd 8.17(2) 3703

CASIS *Valle en Benjamín*, Jos 18.21 7104

CASLUHIM *Descendiente de Mizraim*
Gn 10.14 a Patrusim, a *C*, de donde salieron 3695
1 Cr 1.12 Patrusim y *C*, de este salieron los 3695

CASO
Dt 19.4 este es el *c* del homicida que huirá 1697
22.26 y le quita la vida, así es en este *c* 1697
1 S 25.25 no haga *c*...mi señor de ese...Nabal 7760,3820
30.24, y quién os escuchará en este *c*? 1697
2 S 18.3 huyéremos, no harán *c* de nosotros 7760,3820
18.3 la mitad de...muera, no harán *c* 7760,3820
1 Cr 13.3 el arca...no hemos hecho *c* de ella 1875
2 Cr 20.17 peleéis vosotros en este *c*
Est 2.23 fue escrito el *c* en el libro de las 1697
Job 9.21 si fuese íntegro, no haría *c* de mí 3045
11.11 él conoce...la iniquidad, ¿y no hará *c*? 995
35.14 menos cuando dices...no haces *c* de él? 7789
Pr 12.16 no hace *c* de la injuria es prudente 3680
29.19 el siervo no...entiende, mas no hace *c* 4617
Is 42.25 fuego...le consumió, mas no hizo *c* 3045
58.3 qué, dicen, ayunamos, y no hiciste *c* 7200
Ez 44.24 los *c* de pleito ellos estarán para 7379
Dn 11.37 del Dios de sus padres no hará *c* ni 995
Mt 22.5 **mas ellos, sin hacer *c*, se fueron, uno** *272*
Hch 18.21 en todo *c* yo guarde en Jerusalén la *3843*
20.24 pero de ninguna cosa hago *c*, ni estimo *4160*
Ro 5.16 no sucede como en el *c* de aquel uno *5613*
14.6 el que hace *c* del día...no hace *c* del día *5426*
1 Co 5.10 en tal *c* os sería...del mundo
7.15 en semejante *c*, sino que a paz nos
Gá 5.11 en tal *c* se ha quitado el tropiezo de *686*
Tit 3.14 a ocuparse...para los *c* de necesidad *5532*

CASTA
Tit 2.5 a ser prudentes, *c*, cuidadosas de su *53*
1 P 3.2 considerando vuestra conducta *c* y *53*

CASTAÑO
Gn 30.37 varas...de álamo, de avellano y de *c* 6196
Ez 31.8 los *c* fueron semejantes a su ramaje 6196

CASTIGAR
Gn 4.15 matare a Caín, 7 veces será *castigado* 5358
Éx 8.2 *castigaré* con ranas...tus territorios 5062
21.20 muriere bajo su mano, será *castigado* 5358
21.21 sobreviviere un día...no será *castigado* 5358
32.34 pero...yo *castigaré* en ellos su pecado 6485
Lv 26.18 yo volveré a *castigaros* siete veces 3256
26.28 *castigaré* aún siete veces por vuestros 3256
Dt 8.5 que como *castiga* el hombre...Dios te *c* 3256
21.18 habiéndole *castigado*, no...obedeciere 3256
22.18 tomarán al hombre y lo *castigarán* 3256
Jue 8.16 y *castigó* con ellos a los de Sucot 3045
1 S 15.2 yo *castigaré* lo que hizo Amale *c* a 6485
2 S 7.14 yo le *castigaré* con vara de hombres 3198
1 R 12.11,14 padre os castigó...os *castigaré* 3256
1 Cr 16.21 amor de ellos *castigó* a los reyes 3198
2 Cr 10.11,14 mi padre os *castigó* con azotes 3256
Esd 9.13 no nos has *castigado* de acuerdo con 2820
Job 5.17 bienaventurado...a quien Dios *castiga* 3198
11.6 que Dios te ha *castigado* menos de lo que 5382
22.4 te *castiga*, o viene a juicio contigo 3198
31.11 maldad...que han de *castigar* los jueces 5771
33.19 sobre su cama es *castigado* con dolor 3198
35.15 ahora, porque en su ira no *castiga*, ni 6485
36.31 por esos medios *castiga* a los pueblos 1777
Sal 5.10 *castígalos*, oh Dios; caigan por sus 816
6.1; 38.1 no me reprendas...ni me *castigues* 3256
59.5 para *castigar* a todas las naciones 6485
73.14 sido...*castigado* todas las mañanas 8433
89.32 *castigaré* con vara su rebelión, y con 6485
94.10 el que *castiga* a las naciones, ¿no 3256
105.14 por causa de ellos *castigó* a los reyes 3198
118.18 me *castigó* gravemente JAH, mas no me 3256
141.5 que el justo me *castigue*, será un favor 1986
Pr 3.12 al que ama *castiga*, como el padre al 3198
7.22 el necio a...prisiones para ser *castigado* 4148
10.10 y el necio de labios será *castigado* 3832
11.21 tarde o temprano, el malo...*castigado* 5352
19.18 *castiga* a tu hijo en tanto...esperanza 3256
21.11 cuando el escarnecedor es *castigado* 6064
23.13 si lo *castigas* con vara, no morirá 5221
23.14 lo *castigarás* con vara, y librarás su 5221
Is 1.5 ¿por qué queréis ser *castigados* aún? 5221
2.19,21 él se levante para *castigar* la tierra 6206
9.13 no se convirtió al que lo *castigaba*, ni 5221
10.12 *castigaré* el fruto de la soberbia del 6485
13.11 *castigaré* al mundo por su maldad, y a 6485
24.21 Jehová *castigará* al ejército de los 6485
24.22 y serán *castigados* después de muchos 6485
26.14 *castigaste*, y destruiste...su recuerdo 6485
26.16 derramaron oración cuando...*castigaste* 6485
26.21 Jehová sale de su lugar para *castigar* 6485
27.1 en aquel día Jehová *castigará* con su 6485
27.8 con medida lo *castigarás* en sus vástagos 7378
57.6 ¿no habré de *castigar* estas cosas? 5162
60.10 porque en mi ira te *castigué*, mas en 5221
Jer 2.19 tu maldad te *castigará*...rebeldías 3256
5.9 ¿no había de *castigar* esto? dijo Jehová 6485
5.29 ¿no *castigaré* esto? dice Jehová; ¿y de 6485
6.6 es la ciudad que ha de ser *castigada* 6485
6.15; 8.12 cuando los *castigue* caerán, dice 6485
9.9 ¿no los he de *castigar* por estas cosas? 6485
9.25 que *castigaré* a todo circuncidado, y a 6485
10.24 *castígame*, oh Jehová, mas con juicio 3256
11.22 yo los *castigaré*; los jóvenes morirán 6485
14.10 se acordará de...*castigará* sus pecados 6485
21.14 yo os *castigaré* conforme al fruto de 6485
23.2 yo *castigo* la maldad de vuestras obras 6485
25.12 *castigaré* al rey de Babilonia...nación 6485
27.8 *castigaré* a tal nación con espada y con 6485
29.32 *castigaré* a Semaías de Nehelam y a su 6485
30.11 sino que te *castigaré* con justicia 3256
30.20 y *castigaré* a todos sus opresores 6485
31.18 y fui *castigado* como novillo indómito 3256
32.18 y *castigas* la maldad de los padres en 7999
36.31 y *castigaré* su maldad en él, y en su 6485
44.13 *castigaré*...como *castigué* a Jerusalén 6485
44.29 señal...de que en este lugar os *castigo* 6485
46.25 Jehová...ha dicho...*castigo* a Amón dios 6485
46.28 sino que te *castigaré* con justicia; de 3256
49.8 sobre él el tiempo en que lo *castigue* 6485
50.18 yo *castigo* al...como *castigué* al rey de 6485
50.31 venido, el tiempo en que te *castigaré* 6485
Lm 4.22 *castigará* tu iniquidad, oh hija de 6485
Ez 7.9 sabréis...yo Jehová soy el que *castiga* 5221
Os 1.4 *castigaré* a la casa de Jehú por causa 6485
2.13 *castigaré* por los días en que incensaba 6485
4.9 le *castigaré* por su conducta, y le pagaré 6485
4.14 no *castigaré* a...hijas cuando forniquen 6485
5.2 por tanto, yo *castigaré* a todos ellos 4148
7.12 les *castigaré* conforme a lo...anunciado 3256
8.13; 9.9 se acordará...*castigará* su pecado 6485
10.10 y los *castigaré* cuando lo desee 3256
12.2 pleito tiene Jehová...*castigar* a Jacob 6485
Am 3.2 *castigaré* por todas vuestras maldades 6485
3.14 que *castigue* las rebeliones de Israel 6485
3.14 *castigaré* también los altares de Bet-el 6485
Hab 1.12 oh Roca, lo fundaste para *castigar* 3198
Sof 1.8 *castigaré* a los príncipes, y a...hijos 6485
1.9 *castigaré*...todos los que saltan la puerta 6485
1.12 y *castigaré* a los hombres que reposan 6485
3.7 todo aquello por lo cual la *castigué* 6485
Zac 10.3 mi enojo, y *castigaré* a los jefes 6485
Mt 24.51 **y lo *castigará* duramente, y pondrá** *1371*
Lc 12.46 **vendrá el...y le *castigará* duramente** *1371*
23.16 le soltaré, pues, después de *castigarle* *3811*
23.22 él; le *castigaré*, pues, y le soltaré *3811*
Hch 4.21 hallando ningún modo de *castigarles* *2849*
22.5 traer presos...para que fuesen *castigados* *5097*
26.11 *castigándolos* en todas las sinagogas *5097*
Ro 13.4 vengador para *castigar* al que hace lo *3709*
1 Co 11.32 siendo juzgados, somos *castigados* *3811*
2 Co 6.9 como *castigados*, mas no muertos *3811*
10.6 prontos para *castigar* toda desobediencia *1556*
2 P 2.9 a los injustos para ser *castigados* *2849*
Ap 3.19 **yo reprendo y *castigo* a todos los que** *3811*

CASTIGO
Gn 4.13 y dijo Caín a Jehová: Grande es mi *c* 5771
19.15 que no perezcas en el *c* de la ciudad 5771
Éx 32.34 el día del *c*, yo castigaré...su pecado 6485
Lv 26.43 se someterán al *c* de sus iniquidades 5771
Nm 14.34 año por cada día; y conoceréis mi *c* 8569
Dt 11.2 hijos que no han...visto el *c* de Jehová 4148
1 Cr 27.24 por esto vino el *c* sobre Israel 7110
2 Cr 20.9 mal...o espada de *c*, o pestilencia 8196
Job 31.23 porque temí el *c* de Dios, contra cuya 343
34.31 he llevado ya *c*, no ofenderé ya más
Sal 39.11 *c* por el pecado corriges al hombre 8433
149.7 para ejecutar...y *c* entre los pueblos 8433
Pr 3.11 no menosprecies, hijo...el *c* de Jehová 4148
13.24 que detiene el *c*, a su hijo aborrece 7626
17.5 el que se alegra de...no quedará sin *c* 5352
19.5,9 el testigo falso no quedará sin *c* 5352
20.30 los azotes...y el *c* purifica el corazón 4347
30.10 no sea que te maldiga, y lleves el *c* 816
Is 10.3 qué haréis en el día del *c*? ¿A quién 6486
53.5 el *c* de nuestra paz fue sobre él, y por 4148
Jer 10.15 vana; al tiempo de su *c* perecerán 6486
11.15 ¿crees que los...pueden evitarte el *c*? 7451
11.23 yo traeré mal sobre los...el año de su *c* 6486
15.3 enviaré sobre ellos cuatro géneros de *c*
17.16 yo no he ido en...para incitarte a su *c*
23.2 yo *c* la maldad de vuestras obras
23.12 traeré mal sobre...en el año de su *c* 6486
23.34 enviaré *c* sobre tal hombre y sobre su 6485
30.11 a ti...de ninguna manera te dejaré sin *c* 5352
44.29 os *c*, para que sepáis que de cierto 6485
46.21 vino sobre ellos...el tiempo de su *c* 6486
46.25 yo *c* a Amón dios de Tebas 6485
46.28 a ti...de ninguna manera te dejaré sin *c* 5352
48.44 traeré sobre él...Moab, el año de su *c* 6486
50.18 yo *c* al rey de Babilonia y a su tierra 6485
50.27 ha venido su día, el tiempo de su *c* 6486
51.18 de burla; en el tiempo del *c* perecerán 6486
Lm 4.22 se ha cumplido tu *c*, oh hija de Sion 5771
5.7 padres pecaron...nosotros llevamos su *c* 5771
Ez 14.10 y llevarán ambos el *c* de su maldad 5771
16.58 sufre tú el *c* de...de tus abominaciones
30.3 nublado, día de *c* de las naciones será
Os 5.9 Efraín será asolado en el día del *c* 8433
9.7 vinieron los días del *c*...la retribución 6486
Jl 2.13 misericordioso es...que se duele del *c* 7451
Am 1.3,6,9,11,13; 2.1,4,6 no revocaré su *c*
Mi 6.9 atención al *c*, y a quien lo establece 4294
7.4 el día de tu *c* viene, el que anunciaron 6486
Mt 10.15; 11.22,24 **será más tolerable el *c***
25.46 **irán estos al *c* eterno, y los justos a** *2851*
Mr 6.11; Lc 10.12,14 **mas tolerable el *c***
Ro 3.5 diremos? ¿Será injusto Dios que da *c*? *3709*
13.5 sujetos, no solamente por razón del *c* *3709*
He 10.29 ¿cuánto mayor *c* pensáis que merecerá *5098*
1 P 2.14 enviados para *c* de los malhechores *1557*
1 Jn 4.18 el temor lleva en sí *c*. De donde el *2851*
Jud 7 por ejemplo, sufriendo el *c* del fuego *1349*
Ap 3.19 **reprendo y *c* a todos los que amo** *3811*

CASTILLO
Sal 18.2 Jehová, roca mía y *c*...mi libertador 4686
31.3 tú eres mi roca y mi *c*; por tu nombre 4686
91.2 diré yo a Jehová: Esperanza mía, y *c* 4686
144.2 misericordia mía y mi *c*, fortaleza mía 4686

CÁSTOR Y PÓLUX *Dioses paganos gemelos*, Hch 28.11 .... *1359*

CASUALMENTE
Num 35.22 mas si *c* lo empujó sin 6621
2 S 1.6 *C* vine al monte de Gilboa, y

CATARATA
Gn 7.11 las *c* de los cielos fueron abiertas 699
8.2 se cerraron las...y las *c* de los cielos 699

CATAT *Población en Zabulón (=Quitrón)*, Jos 19.15 7005

CÁTEDRA
Mt 23.2 **la *c* de Moisés se sientan los escribas** *2515*

CATORCE *Véase Catorce mil, etc.*
Gn 31.41 *c* años te serví por tus dos hijas 702,6240
46.22 hijos de Raquel...por todas *c* personas 702,6240
Éx 12.6 lo guardaréis hasta el día *c* de este 702,6240
12.18 comeréis los panes...desde el día *c* del 702,6240
Lv 23.5 a los *c* del mes, entre las dos tardes 702,6240
Nm 9.5 celebraron la pascua en...a los *c* días 702,6240
9.11 en el mes segundo, a los *c* días del mes 702,6240
28.16 a los *c* días del mes, será la pascua 702,6240
29.13 ofreceréis en...y *c* corderos de un año 702,6240
29.15 y con cada uno de los *c* corderos, una 702,6240
29.17,20,23,26,29,32 *c* corderos de un año 702,6240
Jos 5.10 y celebraron la pascua a los *c* días 702,6240

15.36 Gederotaim; c ciudades con sus aldeas ... 702,6240
18.28 y Quiriat; c ciudades con sus aldeas ... 702,6240
1 R 8.65 Salomón hizo fiesta...es, por c días ... 702,6240
2 R 18.13 a los c años del rey Ezequías, subió ... 702,6240
1 Cr 25.5 dio a Hemán c hijos y tres hijas ... 702,6240
2 Cr 13.21 Abías...tomó c mujeres, y engendró ... 702,6240
30.15; 35.1 sacrificaron la pascua, a los c ... 702,6240
Esd 6.19 celebraron la pascua a los c días del ... 702,6240
Est 9.15,18 judíos...se juntaron...el c del mes ... 702,6240
9.17 y reposaron en el día c del mismo, y lo ... 702,6240
9.19 hacen a los c del mes...día de alegría ... 702,6240
Is 36.1 año c del rey Ezequías, que Senaquerib ... 702,6240
Ez 40.1 los c años después que la ciudad fue ... 702,6240
43.17 de c codos de longitud y c de anchura ... 702,6240
45.21 el mes primero, a los c días del mes ... 702,6240
Mt 1.17 desde Abraham hasta David son c ... *1180*
1.17 hasta la deportación a Babilonia, c ... *1180*
1.17 desde la deportación...hasta Cristo, c ... 1180
2 Co 12.2 hace c años...fue arrebatado hasta ... *1180*
Gá 2.1 después, pasados c años, subí otra vez ... *1180*

CATORCE MIL
Job 42.12 tuvo *14.000* ovejas, 6.000 camellos ... 702,6240,505

CATORCE MIL SETECIENTOS
Nm 16.49 murieron...*14.700* ... 705,6240,505,7651,3967

CAUDILLO
Éx 15.15 entonces los c de Edom se turbarán ... 441
Jue 5.2 por haberse puesto al frente los c
5.15 c también de Isacar fueron con Débora ... 8269
10.18 c sobre todos...que habitan en Galaad ... 8269
11.8 seas c de todos...que moramos en Galaad ... 7218
11.9 si me hacéis volver...¿seré yo vuestro c? ... 7218
11.11 y el pueblo lo eligió por su c y jefe ... 7218
1 Cr 11.11 Jasobeam hijo de...c de los treinta ... 7218
28.4 a Judá escogió por c, y de la casa de ... 5057
Neh 9.17 pensaron poner c para volverse a su ... 7218

CAUSA *Véase también el Apéndice*
Gn 3.17 maldita será la tierra por tu c; con ... 5668
Éx 3,3 y veré...por qué c la zarza no se quema ... 4069
22.9 c de ambos vendrá delante de los jueces ... 1697
23.3 ni al pobre distinguirás en su c ... 7379
Nm 27.5 y Moisés llevó su c delante de Jehová ... 4941
31.16 fueron c de que...Israel prevaricasen ... 1961
Dt 1.17 la c que os fuere difícil, la traeréis ... 1697
Jos 5.4 la c por la cual Josué los circuncidó ... 1697
Jue 6.31 y Joás respondió...¿Defenderéis su c?
1 S 19.5 por qué, pues...matando a David sin c? ... 2600
24.15 él vea y sustente mi c, y me defienda ... 7379
25.31 por haber derramado sangre sin c, o por ... 2600
25.39 que juzgó la c de mi afrenta recibida ... 7379
2 S 18.19 Jehová ha defendido su c de mano de ... 8199
18.31 ha defendido tu c de la mano de todos ... 8199
1 R 8.59 para que él proteja la c de su siervo ... 4941
11.27 la c por la cual éste alzó su mano ... 1697
12.30 fue c de pecado; porque el pueblo iba ... 1961
13.34 fue c de pecado a la casa de Jeroboam ... 1961
2 Cr 6.35,39 oirás...ruego, y ampararás su c ... 4941
10.15 c era de Dios...que Jehová cumpliera ... 5252
19.8 a algunos de los levitas y...para las c ... 7379
19.10 cualquier c que viniere a vosotros de ... 7379
19.10 en c de sangre, entre ley y precepto
Job 2.3 contra él para que lo arruinara sin c? ... 2600
5.8 yo buscaría a Dios, y encomendaría...mi c ... 1700
13.18 he aquí ahora, si yo expusiere mi c ... 4941
22.6 sacaste prenda a tus hermanos sin c, y ... 2600
23.4 expondría mi c delante de él...mi boca ... 4941
29.16 de la c que no entendía, me informaba ... 7379
35.14 la c está delante de él; por tanto ... 1779
Sal 7.4 antes he libertado al que sin c era ... 7387
9.4 porque has mantenido mi derecho y mi c ... 1779
17.1 oye, oh Jehová, una c justa; está atento
35.23 despierta...Dios...para defender mi c ... 7379
35.27 los que están a favor de mi justa c ... 6664
56.5 todos los días ellos pervierten mi c ... 1697
69.4 aumentado...los que me aborrecen sin c ... 2600
74.22 oh Dios, aboga tu c: acuérdate de cómo ... 7379
106.36 sirvieron a sus ídolos...c de su ruina
109.3 rodeado, y pelearon contra mí sin c ... 2600
119.78 porque sin c me han calumniado; pero ... 8267
119.86 verdad; sin c me persiguen; ayúdame ... 8267
119.154 defiende mi c, y redímeme...palabra ... 7379
119.161 príncipes me han perseguido sin c ... 2600
140.12 tomará a su cargo la c del afligido ... 1779
Pr 18.17 justo parece el...que aboga por su c ... 7379
22.23 porque Jehová juzgará la c de ellos ... 7379
23.11 el cual juzgará la c de ellos contra ti ... 7379
24.28 seas sin c testigo contra tu prójimo ... 2600
25.9 tu c con tu compañero, y no descubras ... 7379
26.2 así la maldición nunca vendrá sin c ... 2600
29.7 conoce el justo la c de los pobres ... 1779
31,9 y defiende la c del pobre...menesteroso ... 1777
Ec 7.10 ¿cuál es la c de que los tiempos ... 1961
Is 1.23 no...ni llega a ellos la c de la viuda ... 7379
29.21 pervierten la c del justo con vanidad
41.21 alegad por vuestra c, dice Jehová ... 7379
49.4 pero mi c está delante de Jehová, y mi ... 4941
50.8 el adversario de mi c? Acérquese a mí ... 4941
Jer 3.3 esta c las aguas han sido detenidas
5.28 no juzgaron la c, la c del huérfano ... 1779
5.28 con todo...c de los pobres no juzgaron ... 1779
9.12 ¿por qué c la tierra ha perecido, ha ... 4100
11.20 vea...porque ante ti he expuesto mi c ... 7379
12.1 sin embargo, alegaré mi c ante ti
15.5 ¿quién se entristecerá por tu c...paz?
20.12 oh Jehová...a ti he encomendado mi c ... 7379
22.16 él juzgó la c del afligido y del ... 1779
30.13 no hay quien juzgue tu c para sanarte ... 1779
50.34 de cierto abogará la c de ellos para ... 7379
51.36 que yo juzgo tu c y haré tu venganza ... 7379
Lm 3.36 trastornar al hombre en su c, el ... 7379
3.58 abogaste, Señor, la c de mi alma...vida ... 7379
3.59 tú has visto...mi agravio; defiende mi c ... 4941
Ez 14.23 y conoceréis que no sin c hice todo ... 2600
Dn 2.15 ¿cuál es la c de que este edicto se ... 4101
Am 5.12 y en...hacéis perder su c a los pobres
Jon 1.7 sepamos por c de quién nos ha venido ... 7945
1.12 por mí c ha venido esta gran tempestad ... 7945
Mi 7.9 que juzgue mi c y haga mi justicia ... 7379
Mt 19.3 repudiar a su mujer por cualquier c? ... *156*
19.9 **salvo por c de fornicación, y se casa** ... *156*
19.12 **se hicieron eunucos por c del reino de** ... *1223*
27.37 pusieron sobre su cabeza su c escrita ... *156*
Mr 15.26 el título escrito de su c era: El Rey ... *156*
Jn 12.30 **no ha venido...por c mía, sino por c** ... *1223*
15.25 **está escrita...Sin c me aborrecieron** ... *1432*
Hch 10.29 ¿por qué c me habéis hecho venir? ... *3056*
19.40 ninguna c por la cual podamos dar razón ... *158*
22.30 saber de...la c por la cual le acusaban ... *804*
23.28 y queriendo saber la c...qué le acusaban ... *156*
25.14 expuso al rey la c de Pablo, diciendo ... *156*
Ro 8.36 por c de ti somos muertos todo el tiempo ... *1752*
Ro 15.22 por esta c me he visto impedido, ir ... *1352*
Ef 3.1 por esta c yo Pablo, prisionero de ... *5484*
He 12.11 ninguna disciplina...parece ser c de

CAUSAR
Gn 48.17 sobre...de Efraín, le *causó*...disgusto
49.23 le *causaron* amargura, le asaetearon ... 4843
Lv 24.19 el que *causare* lesión en su prójimo ... 5414
Nm 35.24 juzgará entre el que *causó* la muerte ... 5221
1 S 23.5 David...les *causó* una gran derrota ... 5221
2 S 14.26 cabello...pues le *causaba* molestia ... 3513
20.6 Seba hijo de Bicri...nos *cause* dificultad ... 3415
1 R 20.21 deshizo a...*causándoles* gran estrago ... 5221
Job 33.22 y su vida a los que *causan* la muerte ... 4191
30.33 el que provoca la ira *causará* contienda ... 3318
Ec 10.12 los labios del necio *causan* su...ruina
Is 30.26 vendare...curare la llaga que él *causó* ... 4273
Dn 8.24 y *causará* grandes ruinas, y prosperará
Hch 15.3 y *causaban* gran gozo a...los hermanos ... *4160*
Ro 16.17 los que *causan* divisiones y tropiezos ... *4160*
2 Co 2.5 si alguno me ha *causado* tristeza, no ... *3076*
2.5 no me la ha *causado* a mí solo, sino en ... *3076*
Gá 6.17 en adelante nadie me *cause* molestias ... *3930*
2 Ti 4.14 Alejandro...ha *causado* muchos males
Tit 3.10 al...que *cause* divisiones...deséchalo ... *141*
Jud 19 éstos son los que *causan* divisiones; los ... *592*

CAUTERIZAR
1 Ti 4.2 teniendo *cauterizada* la conciencia ... *2743*

CAUTIVA *Véase Cautivo*

CAUTIVAR
1 R 8.46 los *cautive* y lleve a tierra enemiga ... 7617
8.47 en la tierra de los que los *cautivaron* ... 7617
Sal 68.18 *cautivaste* la cautividad, tomaste ... 7167
Is 14.2 *cautivarán* a los que los cautivaron ... 7167
52.4 pueblo...el asirio lo *cautivó* sin razón ... 6231

CAUTIVERIO
Dt 21.13 se quitará el vestido de su c, y se ... 7633
28.41 hijos e hijas engendrarás...irán en c ... 7628
Jue 18.30 sacerdotes en...hasta el día del c ... 1546
2 R 24.14 llevó en c a toda Jerusalén, a todos ... 1540
25.27 a los 37 años del c de Joaquín rey de ... 1546
1 Cr 5.22 habitaron en sus lugares hasta el c ... 1473
Esd 1.11 llevar...con los que subieron del c de ... 1473
2.1 son los hijos de la...que subieron del c ... 7628
6.21 comieron los...que habían vuelto del c ... 1473
8.35 hijos de los que habían venido del c ... 7628
9.4 a causa de la prevaricación de los del c ... 1473
9.7 entregados...a c, a robo, y a vergüenza ... 7628
10.6 no comió...causa del pecado de los del c ... 1473
10.7 hijos del c se reuniesen en Jerusalén ... 1473
10.8 excluido de la congregación de los del c ... 1473
10.16 así hicieron los hijos del c...Y fueron ... 1473
Neh 4.4 entrégalos por...en la tierra de su c ... 7633
7.6 éstos son los hijos...que subieron del c ... 7628
Sal 78.61 entregó a c su poderío, y su gloria ... 7628
Is 22.17 Jehová te transportará en duro c, y ... 2925
46.2 que tuvieron ellos mismos que ir en c ... 7628
Jer 13.19 Judá fue transportada, llevada en c ... 1540
15.2 el que a muerte, a...el que a c, a c ... 7628
22.22 y tus enamorados irán en c; entonces ... 7628
29.16 que no salieron con vosotros en c ... 1473
29.28 decir...Largo será el c; edificad casas ... 1473
30.16 todos tus adversarios todos irán en c ... 7633
43.11 asolará la...de Egipto...los que a c, a c ... 7628
46.19 hazte enseres de c, moradora hija de ... 1473
48.7 y Quemos será llevado en c...sacerdotes ... 1473
48.11 no fue vaciado...ni nunca estuvo en c ... 1473
48.46 hijos...cautividad, y tus hijas para c ... 7628
49.3 Milcom fue llevado en c, sus sacerdotes ... 1473
52.31 el año 37 del c de Joaquín rey de Judá ... 1546
Lm 1.3 ha ido en c a causa de la aflicción ... 1540
1.18 vírgenes y mis jóvenes...llevados en c ... 7628
2.14 no descubrieron tu...para impedir tu c ... 7622
Ez 12.3 tus enseres de día...como enseres de c ... 1473
12.4 tú saldrás por la tarde...quien sale en c ... 1473
12.7 saqué mis enseres de día...enseres de c ... 1473
16.53 y haré volver los cautivos de tus c ... 7622
25.3 era asolada, y llevada en c la casa de ... 1473
30.17 caerán a filo...y las mujeres irán en c ... 7628
30.18 los moradores de sus aldeas irán en c ... 7628
32.9 cuando lleve al c a los tuyos entre las ... 7667
33.21 en el año duodécimo de nuestro c, en el ... 1546
39.28 después de haberlos llevado al c entre ... 1473
40.1 en el año veinticinco de nuestro c, al ... 1546
Os 6.11 cuando yo haga volver el c...pueblo ... 7622
Am 1.15 su rey irá en c, él y...sus príncipes ... 1473
4.10 con c de vuestros caballos, c hice subir ... 7628
5.5 Gilgal será llevada en c, y Bet-el será ... 1540
7.11 e Israel será llevado de su tierra en c ... 1540
9.4 y si fueren en c...allí mandaré la espada ... 7628
9.14 y traeré del c a mi pueblo Israel, y ... 7622
Mi 1.16 los hijos de tus...en c se fueron de ti ... 1540
Nah 3.10 sin embargo ella fue llevada en c ... 7628
Sof 2.7 Dios los visitará; y levantará su c ... 7622
3.20 yo os traeré...cuando levante vuestro c ... 7622
Zac 6.10 toma de los del c a Heldai, a Tobías ... 1473
14.2 la mitad de la ciudad irá en c, mas el ... 1473

CAUTIVIDAD
Nm 21.29 puestos...sus hijas en c, por Sehón ... 7628
2 Cr 6.37,38 convirtieren...la tierra de su c ... 7633
Esd 3.8 que habían venido de la c a Jerusalén ... 7628
4.1 los venidos de la c edificaban el templo ... 1473
6.16 y los demás que habían venido de la c ... 1547
6.19 los hijos de la c celebraron la pascua ... 1473
6.20 sacrificaron la pascua...hijos de la c ... 1473
8.35 los hijos de la c, los que habían venido ... 7628
Neh 1.2 les pregunté...habían quedado de la c ... 7628
1.3 quedaron de la c, allí en la provincia ... 7628
8.17 la congregación que volvió de la c hizo ... 7628
Sal 53.6 hiciere volver de la c a su pueblo ... 7622
68.18 a lo alto, cautivaste la c, tomaste dones ... 7628
85.1 fuiste propicio...volviste la c de Jacob ... 7622
126.1 Jehová hiciere volver la c de Sion ... 7870
126.4 haz volver nuestra c, oh Jehová, como ... 7622
Jer 1.3 le vino...hasta la c de Jerusalén en el ... 1540
29.4 ha dicho Jehová...a todos los de la c ... 1473
29.14 y haré volver vuestra c, y os reuniré ... 7622
30.10 que yo soy el que te salvo...tierra de c ... 7628
46.27 te salvaré...a tu descendencia...de su c ... 7633
48.46 tus hijos fueron puestos presos para c ... 7628
Lm 1.5 hijos fueron en c delante del enemigo ... 7628
Ez 12.11 como yo...partiréis al destierro, en c ... 7628
39.25 ahora volveré la c de Jacob, y tendré ... 7622
Dn 5.13 ¿eres tú...Daniel de los hijos de la c ... 1547
11.33 días caerán a espada y a fuego, en c ... 7628
Jl 3.1 tiempo en que haré volver la c de Judá ... 7622
Am 6.7 irán a la cabeza de los que van a c ... 1540
Ef 4.8 llevó cautiva la c, y dio dones a los ... *161*
Ap 13.10 si alguno lleva en c, va en c; si ... *161*

CAUTIVO, A
Gn 34.29 llevaron c...sus niños y sus mujeres ... 7617
Éx 12.29 el primogénito del c que estaba en ... 7628
Nm 24.22 el ceneo...cuando Asiria te llevará c ... 7617
31.9 llevaron c a las mujeres...madianitas ... 7617
31.12 trajeron...c y el botín y los despojos ... 7628
31.19 os purificaréis...vosotros y vuestros c ... 7628
Dt 21.10 cuando salieres...tomares de ellos c ... 7617
21.11 y vieres entre los c a alguna mujer ... 7633
30.3 entonces Jehová hará volver a tus c, y ... 7622
32.42 en la sangre de los muertos y de los c ... 7633
Jue 5.12 levántate, Barac, y lleva tus c, hijo ... 7617
1 S 30.2 se habían llevado c a las mujeres y ... 7617
30.3 hijos e hijas habían sido llevados c ... 7617
30.5 las dos mujeres de David...también eran c ... 7617
30.8 los alcanzarás, y...librarás a los c ... 5337
1 R 8.47 en la tierra donde fueren c; si se ... 7617
8.48 los hubieren llevado c, y oraren a ti ... 7617
8.50 harás...los que los hubieren llevado c ... 7617
2 R 5.2 habían llevado c de...a una muchacha ... 7617
6.22 matarías tú a los que tomaste c con tu ... 7617
15.29 toda la tierra de Neftalí; y llevó c ... 1540
16.9 tomó, y llevó c a los moradores a Kir ... 1540
17.6 llevó a Israel c a Asiria, y los puso ... 1540
17.23 e Israel fue llevado c de su tierra ... 1540
17.28 los sacerdotes que habían llevado c de ... 1540
18.11 y el rey de Asiria llevó c a Israel a ... 1540
24.14 llevó en cautiverio...hasta 10.000 c ... 1540
24.15 llevó c a Babilonia a Joaquín, a la ... 1540
24.15 c los llevó de Jerusalén a Babilonia ... 1473
24.16 a todos...llevó c el rey de Babilonia ... 1473
25.11 los llevó c Nabuzaradán, capitán de la ... 1540
25.21 fue llevado c Judá de sobre su tierra ... 1540
1 Cr 6.15 llevado c cuando Jehová transportó
2 Cr 6.36 los lleven c a tierra de enemigos ... 7617
6.37 tierra donde fueren llevados c...oraren ... 7617
6.38 la tierra...donde los hubieren llevado c ... 7617
28.11 y devolved a los c que habéis tomado ... 7617
28.13 no traigáis aquí a los c, porque el ... 7633
28.14 ejército dejó los c y el botín delante ... 7633
28.15 tomaron a los c, y...vistieron a los ... 7633
28.17 los edomitas habían...y habían llevado c ... 7633
29.9 nuestras mujeres fueron llevados c por ... 7628
30.9 misericordia...de los que los tienen c ... 7617
36.20 espada fueron llevados c a Babilonia ... 1540
Esd 2.1 llevado c a Babilonia, y...volvieron ... 1540
5.12 caldeo...y llevó c al pueblo a Babilonia ... 1541
Neh 7.6 los que llevó c Nabucodonosor rey de ... 1473
Est 2.6 había sido transportado de...con los c ... 1540
Job 3.18 allí...reposan los c; no oyen la voz ... 615
Sal 14.7 hiciere volver a los c de su pueblo ... 7622
68.6 a los c a prosperidad; mas los rebeldes ... 3574
106.46 misericordia todos...que los tenían c ... 7617
137.3 que nos habían llevado c nos pedían ... 7617
146.7 hace justicia...Jehová liberta a los c ... 631
Is 5.13 pueblo fue llevado c, porque no tuvo ... 1540
20.4 así llevará el rey de Asiria a los c de ... 1546
45.13 edificará mi ciudad, y soltará mis c ... 1546
49.24 ¿será rescatado el c de un tirano? ... 7628
49.25 el c será rescatado del valiente, y el ... 7628

52.2 levántate y siéntate...c hija de Sion 7628
61.1 publicar libertad a los c...los presos 7628
Jer 13.17 porque el rebaño de Jehová fue...c..........7617
20.4 llevará c a Babilonia, y los matará a...........1540
20.6 todos los moradores de tu casa iréis c.........7628
22.12 morirá en...adonde lo llevaron c, y no 1540
22.26 te haré llevar c a ti y a tu madre que 2904
29.1 todo el pueblo que...llevó c de Jerusalén 1540
29.31 envía a decir a todos los c: Así ha 1473
30.3 vienen días...en que haré volver a los c 7622
30.18 volver los c de las tiendas de Jacob...........7622
31.23 aún dirán...cuando yo haga volver sus c 7622
32.44 yo haré regresar sus c, dice Jehová 7622
33.7 volver los c de Judá y los c de Israel 7622
33.11 volveré a traer los c de la tierra como........7622
33.26 haré volver sus c, y tendré de ellos 7622
40.1 atado...entre todos los c de Jerusalén 1546
41.10 llevó Ismael c a...los llevó...c Ismael 7617
41.14 el pueblo que Ismael había traído c 7617
43.12 pondrá fuego a los templos...llevará c 7617
48.47 pero haré volver a los c de Moab en..........7622
49.6 volver a los c de los hijos de Amón.............7622
49.39 volver a los c de Elam dice Jehová............7622
50.33 los que los tomaron c los retuvieron..........7617
52.28 el pueblo que Nabucodonosor llevó c.........1540
52.29 él llevó c de Jerusalén a 832 personas 1540
52.30 llevó c a 745 personas de los...de Judá 1540
Lm 4.22 de Sion; nunca más te hará llevar c...........1540
Ez 1.1 estando yo en medio de los c junto al 1473
3.11 y vé y entra a los c, a los hijos de tu............1473
3.15 vine a los c en Tel-abib, que moraban..........1473
6.9 entre las naciones en las...cuales serán c 7617
11.24 me volvió a llevar en visión...a los c..........1473
11.25 hablé a los c...las cosas que Jehová 1473
16.53 haré volver a sus c, los c de Sodoma..........7622
16.53 c de Samaria y...c de tus cautiverios 7622
29.14 volveré a traer los c de Egipto, y los 7622
39.23 de Israel fue llevada c por su pecado 1540
Dn 6.13 Daniel, que es de los...c de Judá, no 1547
11.8 y aun a los dioses...llevará c a Egipto 7628
Am 1.6 porque llevó c a todo un pueblo para 1546
1.9 entregaron a todo un pueblo c a Edom 1546
7.17 Israel será llevado c lejos de su tierra 1540
Abd 11 que extraños llevaban...c su ejército 7617
20 c de...poseerán lo de los cananeos hasta 1546
20 los c de Jerusalén...poseerán...del Neguev 1546
Nah 2.7 y la reina será c; mandarán que suba...........1540
Hab 1.9 ella vendrá...y recogerá c como arena 7628
Lc 4.18 enviado a pregonar libertad a los c.............*164*
21.24 serán llevados c a todas las naciones..........*163*
Ro 7.23 que me lleva c a la ley del pecado *163*
2 Co 10.5 y llevando c todo pensamiento a la *163*
Ef 4.8 llevó c la cautividad, y dio dones a *162*
2 Ti 2.26 del lazo del diablo, en que están c *2221*
3.6 se meten...y llevan c a las mujercillas *162*

CAVAR
Gn 21.30 testimonio de que yo *cavé* este pozo 2658
26.19 siervos de Isaac *cavaron* en el valle..........2658
50.5 sepulcro que *cavé* para mí en la tierra 3738
Éx 21.33 *cavare* cisterna, y no la cubriere, y 3738
Nm 21.18 pozo, el cual *cavaron* los señores; lo..........2658
21.18 lo *cavaron* los príncipes del pueblo, y..........3738
Dt 6.11 y cisternas *cavadas* que tú no cavaste 2672
23.13 *cavarás* con ella, y luego al volverte 2658
2 R 19.24 *cavada* y bebido las aguas extrañas..........5365
Job 6.27 y *caváis* un hoyo para vuestro amigo 3738
Sal 7.15 pozo ha *cavado*, y lo ha ahondado 2658
35.7 sin causa *cavaron* hoyo para mi alma 2658
57.6 hoyo han *cavado*...han caído ellos mismos 3738
94.13 en tanto que para el impío se *cava* el.........3738
119.85 los soberbios me han *cavado* hoyos; mas.....3738
Pr 16.27 hombre perverso *cava* en busca del mal.......3738
26.27 el que *cava* foso caerá en él; y al que 3738
Is 5.6 no será...*cavada*, y crecerán el cardo y 5737
7.25 a todos los montes que se *cavaban* con 5737
35.6 aguas serán *cavadas* en el desierto Y...........1234
37.25 yo *cavé*, y bebí las aguas, y...secaré 5365
Jer 2.13 y *cavaron* para sí cisternas...rotas 2672
13.7 fui al Éufrates, y *cavé*, y tomé el cinto..........2658
18.20 para que hayan *cavado* hoyo a mi alma 3738
18.22 *cavaron* hoyo para prenderme, y a mis.......3738
Ez 8.8 *cava*...en la pared. Y cavé en la pared...........2864
Am 9.2 aunque *cavasen* hasta el Seol, de allá...........2864
Mt 21.33 cavó en ella un lagar, edificó una............*5452*
25.18 fue y cavó en la tierra, y escondió el...........*3736*
Mr 12.1 cavó un lagar, edificó una torre, y...........*3736*
15.46 sepulcro que estaba *cavado* en una peña.....*2998*
Lc 6.48 cavó y ahondó y puso el fundamento *4626*
13.8 hasta que yo cave alrededor de ella, y *4626*
16.3 ¿qué haré... Cavar, no puedo; mendigar *4626*

CAVERNA
Jue 6.2 cuevas...y c, y lugares fortificados 4631
1 S 14.11 he aquí los hebreos, que salen de...c.........2356
Job 30.6 habitaban en...en las c de la tierra...........2356
Is 2.19,21 se meterán en las c de las peñas 4247
7.19 en las c de las piedras, y en todos los 5357
11.8 extenderá su mano sobre la c...víbora 2352
42.22 todos...atrapados en c y escondidos en 2352
Jer 16.16 cazarán...por las c de los peñascos 5357
48.28 paloma...hace nido en la boca de la c..........6354
49.16 que habitas en c de peñas, que tienes 2288
Nah 2.12 y llenaba de presa sus c, y de robo...........2356
He 11.38 errando...por las cuevas y por las c *3692*

CAVILAR
Mr 2.6 los cuales *cavilaban* en sus corazones..........*1260*
2.8 que *cavilaban*... dijo: ¿Por qué *caviláis*.........*1260*
Lc 5.21 a *cavilar*, diciendo: ¿Quién es éste *1260*
5.22 ¿qué *caviláis* en vuestros corazones?..........*1260*

CAYADO
Gn 32.10 con mi c pasé este Jordán, y ahora 4731
1 S 17.40 tomó su c en su mano, y escogió 5............4731
Sal 23.4 tu vara y tu c me infundirán aliento 4938
Mi 7.14 apacienta tu pueblo con tu c...rebaño.........7626
Zac 11.7 tomé para mí dos c: al uno puse por..........4731
11.10 tomé luego mi c Gracia, y lo quebré 4731
11.14 quebré luego el otro c, Ataduras, para 4731

CAZA
Gn 25.27 Esaú fue diestro en la c, hombre del 6718
25.28 amó Isaac a Esaú, porque comía de su c 6718
27.3 toma, pues, ahora tus armas...tráeme c.......6718
27.5 se fue Esaú al campo para buscar la c.........6718
27.7 tráeme c y hazme un guisado, para que 6718
27.19 y come de mi c, para que me bendigas 6718
27.25 comeré de la c de mi hijo, para que yo........6718
27.31 coma de la c de su hijo, para que me 6718
27.33 ¿quién...trajo c, y me dio, y comí de 6718
1 S 24.11 andas a c de mi vida...quitármela 6658
Sal 76.4 tú, poderoso más que los montes de c.........2964
Lm 3.52 mis enemigos me dieron c como a ave 6679

CAZADOR
Gn 10.9 fue vigoroso c...c delante de Jehová 6718
Sal 91.3 él te librará del lazo del c, de la...............3353
124.7 alma escapó cual ave del lazo de los c........3369
Pr 6.5 escápate como gacela de la mano del c.........3353
Jer 16.16 enviaré muchos c, y los cazarán por.........6719
Os 9.8 profeta es lazo de c en...sus caminos 3352
Am 3.5 ¿caerá el ave en lazo...sin haber c? 3920

CAZAR
Gn 27.30 que Esaú su hermano volvió de *cazar*........6718
Lv 17.13 *cazare* animal o ave que sea de comer........6679
Jue 15.4 fue Sansón y *cazó* trescientas zorras 3920
Job 10.16 si mi cabeza...cual león tú me *cazas* 6679
38.39 ¿*cazarás* tú la presa para el león? 6679
Sal 140.11 mal *cazará* al hombre injusto para 6679
Pr 6.26 mujer *caza* la preciosa alma del varón 6679
12.27 el indolente ni aun asará lo...*cazado*..........6718
Cnt 2.15 *cazadnos* las zorras, las...pequeñas 270
Jer 5.26 pusieron trampa para *cazar* hombres 3920
16.16 los *cazarán* por todo monte y por todo 6679
Lm 4.18 *cazaron* nuestros pasos, para que no 6679
Ez 13.18 velos mágicos...para *cazar* las almas!........6679
13.18 ¿habéis de *cazar*...almas de mi pueblo 6679
13.20 vendas mágicas, con que *cazáis*...almas 6679
13.20 las almas que vosotros *cazáis* volando.........6679
Lc 11.54 procurando *cazar* alguna palabra de.........*2340*

CAZUELA
Lv 2.7 si ofrecieres ofrenda cocida en c, se 4802
7.9 lo que fuere preparado en sartén o en c 4802

CEBADA
Éx 9.31 el lino...y la c fueron destrozados 8184
9.31 la c estaba ya espigada, y el lino en............8184
Lv 27.16 un homer de siembra de c se valorará 8184
Nm 5.15 décima parte de un efa de harina de c 8184
Dt 8.8 tierra de trigo y c, de vides...miel 8184
Jue 7.13 soñé un sueño: Veía un pan de c que 8184
Rt 1.22 Belén al comienzo de la siega de la c 8184
2.17 espigó...recogido, y fue como un efa de c 8184
2.23 hasta que se acabó la siega de la c y...........8184
3.2 él avienta esta noche la parva de las c...........8184
3.15 midió seis medidas de c, y se las puso 8184
3.17 seis medidas de c me dio, diciéndome 8184
2 S 14.30 tiene allí c; id y prendedle fuego 8184
17.28 trajeron a David y...c, harina, grano...........8184
21.9 muertos...al comenzar la siega de la c 8184
1 R 4.28 traer c y paja para los caballos y 8184
2 R 4.42 veinte panes de c, y trigo nuevo en 8184
7.1 dos seahs de c un siclo, a la puerta de 8184
7.16,18 dos seahs de c por un siclo 8184
1 Cr 11.13 una parcela de tierra llena de c 8184
2 Cr 2.10 he dado...veinte mil coros de c...vino 8184
2.15 envíe mi señor...el trigo y c, y aceite 8184
27.5 dieron los hijos de Amón...10.000 de c...........8184
Job 31.40 abrojos, y espinos en lugar de c 8184
Is 28.25 pone...la c en el lugar señalado, y la...........8184
Jer 41.8 tesoros de trigos y c y aceites y 8184
Ez 4.9 toma para ti trigo, c, habas, lentejas 8184
4.12 y comerás pan de c cocido debajo de la.........8184
13.19 habéis de profanarme...por puñados de c ...8184
45.13 sexta parte de...por cada homer de la c......8184
Os 3.2 la compré...por...un homer y medio de c 8184
Jl 1.11 gemid, viñeros, por el trigo y la c.................8184
Jn 6.9 tiene cinco panes de c y dos pececillos *2916*
6.13 doce cestas...de los cinco panes de c *2916*
Ap 6.6 seis libras de c por un denario; pero...........*2915*

CEBOLLA
Nm 11.5 melones, los puerros, las c y los ajos..........1211

CEDAR
1. Segundo hijo de Ismael, Gn 25.13; 1 Cr 1.29 6938
2. Tribu descendiente de No. 1
Sal 120.5 y habito entre las tiendas de C!...............6938
Cnt 1.5 pero codiciable como las tiendas de C..........6938
Is 21.16 toda la gloria de C será deshecha 6938
21.17 de los valientes flecheros, hijos de C..........6938
42.11 alcen la voz...aldeas donde habita C...........6938
60.7 todo el ganado de C será juntado para 6938
Jer 2.10 pasad a...enviad a C, y considerad, y..........6938
49.28 acerca de C y de los reinos de Hazor 6938
49.28 subid contra C...destruid a los hijos...........6938
Ez 27.21 los príncipes de C traficaban contigo.........6938

CEDEMA *Hijo de Ismael*, Gn 25.15; 1 Cr 1.31.....6929

CEDER
Jue 20.36 los hijos de Israel *cedieron* campo 5414
Job 27.6 justicia tengo asida, y no la *cederé*............7503

CEDES
1. Ciudad cananea, posteriormente en Neftalí
Jos 12.22 rey de C, otro; el rey de Jocneam 6943
19.37 C, Edrei, En-hazor..............................6943
20.7 señalaron a C en Galilea, en el monte 6943
21.32 C en Galilea con sus ejidos...refugio 6943
Jue 4.6 a llamar a Barac...de C de Neftalí, y 6943
4.9 levantándose Débora, fue con Bara c a C.......6943
4.10 juntó Bara c a Zabulón y a Neftalí en C........6943
4.11 el valle de Zaanaim, que está junto a C 6943
2 R 15.29 Tiglat-pileser...tomó a...C, Hazor 6943
1 Cr 6.76 C en Galilea con sus ejidos, Hamón............6943
2. Población en la frontera sur de Judá, Jos 15.23...6943
3. Ciudad de los levitas en Isacar (=Cisón No. 1),
1 Cr 6.72..6943

CEDRO
Lv 14.4 madera de c, grana e hisopo 730
14.6 tomará...el c, la grana y el hisopo, y............730
14.49 tomará...y madera de c, grana e hisopo.......730
14.51 tomará el c, el hisopo, la grana y la............730
14.52 purificará la casa con la...madera de c 730
Nm 19.6 luego tomará...madera de c, e hisopo 730
24.6 como áloes...como c junto a las aguas..........730
Jue 9.15 salga fuego de la zarza y devore...c............730
2 S 5.11 Hiram rey de Tiro envió...madera de c 730
7.2 habito en casa de c, y el arca de Dios 730
7.7 ¿por qué no me habéis edificado...de c?.........730
1 R 4.33 disertó sobre...el c del Líbano hasta 730
5.6 manda, pues...que me corten c del Líbano.......730
5.8 yo haré todo...acerca de la madera de c..........730
5.10 dio, pues, Hiram a Salomón madera de c 730
6.9 la casa...la cubrió con artesonados de c.........730
6.10 se apoyaba en la casa con maderas de c 730
6.15 cubrió las paredes de...con tablas de c.........730
6.16 un edificio de 20 codos, de tablas de c 730
6.18 cubierta de c por dentro...Todo era c 730
6.20 asimismo cubrió de oro el altar de c 730
6.36 el atrio...de una hilera de vigas de c 730
7.2 casa...de columnas de c, con vigas de c..........730
7.3 estaba cubierta de tablas de c arriba 730
7.7 pórtico...cubrió de c del suelo al techo 730
7.11 arriba...piedras costosas...y madera de c.......730
7.12 el gran atrio...una hilera de vigas de c 730
9.11 Hiram rey de...había traído...madera de c.....730
10.27 y los c como cabrahigos de la Sefela...........730
2 R 14.9 el cardo...envió a decir al c que está...........730
19.23 cortaré sus altos c, sus cipreses más...........730
1 Cr 14.1 Hiram rey de...envió a...madera de c...........730
17.1 yo habito en casa de c, y el arca del 730
17.6 ¿por qué no me edificáis una casa de c?........730
22.3 mucho bronce...y madera de c sin cuenta
22.4 habían traído a David...de madera de c........730
2 Cr 1.15 y c como cabrahigos de la Sefela en 730
2.3 enviándole c para que edificara para sí 730
2.8 envíame...madera del Líbano: c, ciprés y........730
9.27 c como los cabrahigos de la Sefela en 730
25.18 envió al c que estaba en el Líbano..............730
Esd 3.7 trajesen madera de c desde el Líbano 730
Job 40.17 cola mueve como un c, y los nervios 730
Sal 29.5 voz de Jehová que quebranta los c...............730
29.5 quebrantó Jehová los c del Líbano..............730
80.10 y con sus sarmientos los c de Dios..............730
92.12 el justo...crecerá como c en el Líbano...........730
104.16 árboles...c del Líbano que él plantó...........730
148.9 montes...árbol de fruto y todos los c 730
Cnt 1.17 las vigas de nuestra casa son de c...............730
5.15 su aspecto como el Líbano...como los c.........730
8.9 fuere...la guarneceremos con tablas de c 730
Is 2.13 sobre todos los c del Líbano altos y...............730
9.10 cortaron...pero en su lugar pondremos c 730
14.8 se regocijaron...c del Líbano, diciendo 730
37.24 cortaré sus altos c, sus cipreses 730
41.19 daré en el desierto c, acacias...olivos...........730
44.14 corta c, y toma ciprés y encina, que 730
Jer 22.7 cortarán tus c escogidos
22.14 casa...la cubre de c, y la pinta de 730
22.15 ¿reinarás, porque te rodeas de c? ¿No.........730
22.23 habitaste en...hiciste tu nido en los c...........730
Ez 17.3 gran águila...y tomó el cogollo del c...............730
17.22 tomaré yo del cogollo de aquel alto c 730
17.23 y dará fruto, y se hará magnífico c 730
27.5 tomaron c del Líbano...hacerte el mástil 730
27.24 negociaban contigo...y en madera de c 729
31.3 he aquí era el asirio c en el Líbano 730
31.8 c no lo cubrieron en el huerto de Dios 730
Am 2.9 cuya altura era como la altura de los c 730
Sof 2.14 su enmaderamiento de c...descubierto 730
Zac 11.1 oh Líbano...y consuma el fuego tus c.............730
11.2 aúlla, oh ciprés, porque el c cayó 730

CEDRÓN *Torrente al oriente de Jerusalén*
2 S 15.23 pasó...toda la gente el torrente de C..........6939
1 R 2.37 pasares el torrente de C, sin duda 6939
15.13 ídolo...lo quemó junto al torrente de C.......6939
2 R 23.4 y los quemó fuera...en el campo del C............6939
23.6 hizo...sacar la imagen...al valle del C............6939
23.6 la imagen...la quemó en el valle del C..........6939
23.12 el rey...arrojó el polvo al arroyo del C 6939
2 Cr 15.16 y la quemó junto al torrente de C...........6939
29.16 la inmundicia...fuera al torrente de C 6939

30.14 los altares...echaron al torrente de *C* 6939
Jer 31.40 las llanuras hasta el arroyo de *C* 6939
Jn 18.1 Jesús...salió...al otro lado del...de *C* *2748*

CEELATA *Lugar donde acampó Israel,*
Nm 33.22,23 6954

CEFAS = *Simón No. 2 y Pedro*
Jn 1.42 **serás llamado C...quiere decir Pedro** *2786*
1 Co 1.12 de Pablo; y yo de Apolos; y yo de *C* *2786*
3.22 sea *C*, sea el mundo, sea la vida, sea *2786*
9.5 como los...los hermanos del Señor, y *C*? *2786*
15.5 que apareció a C, y después a los doce *2786*
Gá 2.9 C y...eran considerados como columnas *2786*

CEGAR
Gn 26.15 pozos...filisteos los habían *cegado* 5640
26.18 los filisteos habían *cegado* después de 5640
Éx 23.8 porque el presente *ciega* a los que ven 5786
Dt 16.19 soborno *ciega* los ojos de los sabios 2770
1 S 12.3 tomado cohecho para *segar* mis ojos
2 S 3.19 *cegaréis* todas las fuentes de aguas
3.25 *cegaron*...todas las fuentes de las aguas
2 Cr 32.3 concejo...*cegar* las fuentes de agua 5640
32.4 *cegaron*...las fuentes, y el arroyo que
Is 6.10 y agrava sus oídos, y *ciega* sus ojos 3513
29.9 ofuscaos y *cegaos*; embriagaos, y no de 8173
9.39 para que...y los que ven, sean *cegados*
12.40 *cegó* los ojos...y endureció su corazón
2 Co 4.4 dios de este...*cegó* el entendimiento *5186*
1 Jn 2.11 las tinieblas le han *cegado* los ojos *5186*

CEGUERA
Gn 19.11 hirieron con *c* desde el menor hasta 5575
Dt 28.28 te herirá con locura, *c* y turbación 5788
2 R 6.18 ruego que hieras con *c* a esta gente
6.18 hirió con c, conforme a la petición de
Zac 12.4 a todo caballo de los pueblos...con c 5788

CEJA
Lv 14.9 raerá...*c* de sus ojos y todo su pelo 1354,5869

CELADA
Jer 51.12 la guardia...centinelas, disponed c 693
Hch 23.16 oyendo hablar de la c, fue y entró *1747*
25.3 preparando ellos una *c* para matarle en .. *4160,1747*

CELAR
Zac 1.14 *celé* con gran celo a Jerusalén y a 7065
8.2 *celé* a Sion con gran...con gran ira la *c* 7065
2 Co 11.2 porque os *celo* con celo de Dios *2206*

CELEBRACIÓN
Éx 13.5 la tierra...harás esta *c* en este mes 5656
Est 9.32 el mandamiento de Ester confirmó...*c* 1697

CELEBRAR
Éx 5.1 a mi pueblo a *celebrarme* fiesta en el
12.14 lo *celebraréis* como fiesta solemne para 2287
12.14 por estatuto perpetuo lo *celebraréis* 2287
12.48 quisiere *celebrar* la pascua para Jehová 6213
12.48 circuncindado todo varón...la *celebrará* 6213
23.14 veces en el año me *celebraréis* fiesta 2287
31.16 *celebrándolo* por sus generaciones por 8104
34.22 *celebrarás* la fiesta de las semanas 6213
Nm 9.2 hijos de Israel *celebrarán* la pascua 6213
9.3 la *celebraréis* como fiesta solemne para 6213
9.3 y conforme a...sus leyes la *celebraréis* 6213
9.4 y habló...para que *celebracen* la pascua 6213
9.5 *celebraron* la pascua en el mes primero 6213
9.6 algunos...no pudieron *celebrar* la pascua 6213
9.10 estuviere inmundo...*celebrará* la pascua 6213
9.11 mes, entre loas dos tardes, la *celebrarán* 6213
9.12 conforme a todos los ritos...*celebrarán* 6213
9.13 si dejare de *celebrar* la pascua, la tal 6213
9.14 y si...extranjero, y *celebrare* la pascua 6213
9.14 y conforme a sus leyes la *celebrará*
29.12 y *celebraréis* fiesta solemne a Jehová 2287
Dt 16.15 *celebrarás* fiesta solemne a Jehová 2287
29.1 que *celebrase* con los hijos de Israel 3772
Jos 5.10 y *celebraron* la pascua a los 14 días 6213
9.15 y Josué hizo...*celebró* con ellos alianza 6213
Rt 4.14 cuyo nombre será *celebrado* en Israel 7121
1 S 20.6 familia *celebran* allá el sacrificio
20.29 nuestra familia *celebra* sacrificio en
1 R 12.32 la fiesta...que se *celebraba* en Judá
2 Cr 6.11 el pacto de Jehová que *celebró* con 3772
7.9 habían *celebrado* la fiesta...siete días 6213
30.1 para *celebrar* la pascua a Jehová Dios 6213
30.2 tomado consejo...para *celebrarla* pascua 6213
30.3 no la podían *celebrar*, por cuanto no 6213
30.5 viniesen a *celebrar* la pascua a Jehová 6213
30.5 en mucho tiempo no la habían *celebrado* 6213
30.13 se reunió en...para *celebrar* la fiesta 6213
30.21 *celebraron* la fiesta...de los panes sin 6213
30.23 *celebrasen* la fiesta por...siete días 6213
30.23 fiesta...la *celebraron* otros siete días 6213
35.1 Josías *celebró* la pascua a Jehová en 6213
35.8 dieron a los...para *celebrar* la pascua
35.16 preparado...día, para *celebrar* la pascua 6213
35.17 *celebraron* la pascua en aquel tiempo 6213
35.18 nunca fue *celebrada* una pascua como 6213
35.18 *celebró* pascua tal como la que *c* el 6213
35.19 esta pascua fue *celebrada* en el año 18 6213
Esd 3.4 *celebraron*...la fiesta solemne de los 6213
6.19 *celebraron* la pascua a los 14 días del 6213
6.22 y *celebraron* con regocijo la fiesta 6213
Est 9.21 ordenándoles que *celebrasen* el día 6213
9.27 no dejarían de *celebrar* estos dos días 6213
9.28 que estos días serían...*celebrados* por 6213
Sal 30.4 *celebrad* la memoria de su santidad 3034
89.5 *celebrarán* los cielos tus maravillas 3034
145.4 generación a...*celebrará* tus obras, y 5046
Is 30.29 de noche en que se *celebra* pascua 6942
Jer 34.18 palabras del pacto que *celebraron* 3772
Nah 1.15 *celebra*, oh Judá, tus fiestas, cumple 2287
Zac 14.16 subirán...*celebrar* la fiesta de los 2287
14.18,19 no subieren a *celebrar* la fiesta 2287
Mt 14.6 cuando se *celebraba* el cumpleaños de *71*
26.2 **dentro de dos días se *celebra* la pascua** *3957*
26.18 **en tu casa *celebraré* la pascua con mis** *4160*
Jn 10.22 *celebrábase* en Jerusalén la fiesta
1 Co 5.8 *celebremos* la fiesta, no...levadura *1858*
He 11.28 por la fe *celebró* la pascua...sangre *4160*

CÉLEBRE
Is 12.4 *c* en los pueblos sus obras, recordad 3045
Ez 39.13 será para ellos *c* el día en que yo 8034

CELESTE
Ef 6.12 huestes...de maldad en las regiones *c* *2032*

CELESTIAL
Mt 6.14 **os perdonará también...vuestro Padre *c*** *3770*
6.26 **las aves...vuestro Padre *c* las alimenta** *3770*
6.32 **Padre *c* sabe que tenéis necesidad de** *3770*
15.13 **toda planta que no plantó mi Padre *c*** *3770*
18.35 **también mi Padre *c* hará con vosotros** *2032*
Lc 2.13 multitud de las huestes *c*...alababan *3770*
11.13 **¿cuánto más vuestro Padre *c* dará el** *3772*
Jn 3.12 **¿cómo creeréis si os dijere las *c*?** *2032*
Hch 26.19 rey...no fui rebelde a la visión *c* *3770*
1 Co 15.40 cuerpos *c*, y cuerpos terrenales *2032*
15.40 una es la gloria de los *c*, y otra la *2032*
15.48 terrenal...y cual el *c*...también los *c* *2032*
15.49 traeremos también la imagen del *c* *2032*
2 Co 5.2 revestidos de...nuestra habitación *c* *3772*
Ef 1.3 que nos bendijo con...en los lugares *c* *2032*
1.20 sentándole a su diestra en...lugares *c* *2032*
2.6 hizo sentar en los lugares *c* con Cristo *2032*
3.10 ahora dada a conocer...en los lugares *c* *2032*
2 Ti 4.18 el Señor...preservará para su reino *c* *2032*
He 3.1 santos participantes del llamamiento *c* *2032*
6.4 y gustaron del don *c*, y fueron hechos *2032*
8.5 que es figura y sombra de las cosas *c* *2032*
9.23 que las figuras de las cosas *c* fuesen *3772*
9.23 las cosas *c*...con mejores sacrificios *2032*
11.16 pero anhelaban una mejor, esto es, *c* *2032*
12.22 la ciudad del Dios vivo, Jerusalén la *c* *2032*
Ap 19.14 los ejércitos *c*, vestidos...le seguían *3772*

CELO
Gn 30.41 cuantas veces se hallaban en *c* las 3179
31.10 al tiempo que las ovejas estaban en *c* 3179
Nm 5.14 si viniere...espíritu de *c*, y tuviere *c* 7068,7065
5.15 es ofrenda de *c*, ofrenda recordativa 7068
5.18 recordativa, que es la ofrenda de *c*; y 7068
5.25 tomará...la ofrenda de los *c*, y la mecerá 7068
5.29 esta es la ley de los *c*, cuando la mujer 7068
5.30 pasare espíritu de celos, y tuviere *c* 7068
11.29 Moisés le respondió: ¿Tienes tú *c* por 7065
25.11 hecho apartar mi furor...llevado de *c* 7065
25.11 yo no he consumido en mi *c* a...Israel 7068
25.13 por cuanto tuvo *c* por su Dios e hizo 7065
Dt 29.20 humeará la ira...*c* sobre el tal hombre 7068
32.16 despertaron a *c* con los dioses ajenos 7065
32.21 ellos me movieron a *c*...los moveré a *c* 7065
2 S 21.2 Saúl había procurado matarlos en su *c* 7065
1 R 19.10,14 he sentido un vivo *c* por Jehová 7065
2 R 10.16 ven conmigo, y verás mi *c* por Jehová 7068
19.31 *c* de Jehová de los ejércitos hará esto 7068
Sal 69.9 porque me consumió el *c* de tu casa 7068
78.58 le provocaron a *c* con sus imágenes de 7065
79.5 hasta cuándo...¿Arderá como fuego tu *c*? 7068
119.139 mi *c* me ha consumido, porque mis 7068
Pr 6.34 porque los *c* son el furor del hombre 7068
Cnt 8.6 el amor; duros como el sepulcro los *c* 7068
Is 9.7; 37.32 *c* de Jehová de los...hará esto 7068
42.13 y como hombre de guerra despertará *c* 7068
59.17 ropas de...se cubrió de *c* como de manto 7068
63.15 tu *c*, y tu poder, la conmoción de tus 7068
Jer 2.24 en el tiempo de su *c* la hallarán 2320
Ez 5.13 y sabrán que yo...he habladoen mi *c* 7068
8.3 de la imagen del *c*, la que provoca a *c* 7068
8.5 junto a la puerta...aquella imagen del *c* 7068
16.38 y traeré sobre ti sangre de ira y de *c* 7068
16.42 y se apartará de ti mi *c*, y descansaré 7068
23.25 y pondré mi *c* contra ti, y procederán 7068
35.11 y conforme a tu *c* con que procediste 7068
36.5 he hablado...en el fuego de mi *c* contra 7068
36.6 en mi *c*...he hablado, por cuanto habéis 7068
38.19 he hablado en mi *c*, y en el fuego de 7068
Sof 1.18 será consumida con el fuego de su *c* 7068
3.8 por el fuego de mi *c* será consumida toda 7068
Zac 1.14 celé con gran *c* a Jerusalén y a Sion 7068
8.2 celé a Sion con gran *c*, y con gran ira 7068
Jn 2.17 escrito: El *c* de tu casa me consume *2205*
Hch 5.17 secta de...saduceos, se llenaron de *c* *2205*
13.45 judíos...se llenaron de *c*, y rebatían lo *2205*
17.5 los judíos que no creían, teniendo *c* *2206*
Ro 10.2 doy testimonio de que tienen *c* de Dios *2205*
10.19 os provocaré a *c* con un pueblo que no *3863*
11.11 a los gentiles, para provocarles a *c* *3863*
11.14 puedo provocar a *c* a los de mi sangre *3863*
1 Co 3.3 habiendo entre vosotros *c*...carnales *2205*
10.22 ¿o provocaremos a *c* al Señor? ¿Somos *3863*
2 Co 7.11 qué temor, qué ardiente afecto...*c* *2205*
9.2 y vuestro *c* ha estimulado a la mayoría *2205*
11.2 porque os celo con *c* de Dios; pues os *2205*
Gá 4.17 tienen *c* por vosotros, pero no...bien *2206*
4.17 para que vosotros tengáis *c* por ellos *2206*
4.18 bueno es mostrar *c* en lo bueno siempre *2206*
5.20 pleitos, *c*...contiendas, disensiones *2205*
Fil 3.6 cuanto a *c*, perseguidor de la iglesia *2205*
Stg 3.14 pero si tenéis *c*...en vuestro corazón *2205*
3.16 porque donde hay *c*...hay perturbación y *2205*

CELOSAMENTE
Stg 4.5 el Espíritu que él ha hecho...anhela *c*? *5355*

CELOSÍA
Jue 5.28 madre...por entre las *c* a voces dice 822
Pr 7.6 mirando yo por la ventana de...por mi *c* 822
Cnt 2.9 por las ventanas, atisbando por las *c* 2762

CELOSO
Éx 20.5 yo soy Jehová tu Dios, fuerte, *c*, que 7067
34.14 Jehová, cuyo nombre es *C*, Dios *c* es 7067
Dt 4.24 Jehová...es fuego consumidor, Dios *c* 7067
5.9 porque yo soy Jehová tu Dios, fuerte, *c* 7067
6.15 el Dios *c*...tu Dios, en medio de ti está 7067
Jos 24.19 porque él es Dios santo, y Dios *c* 7072
Ez 39.25 me mostraré *c* por mi santo nombre 7065
Nah 1.2 Jehová es Dios *c* y vengador...se venga 7072
Hch 21.20 han creído; y todos son *c* por la ley *2207*
22.3 *c* de Dios, como hoy lo sois...vosotros *2207*
Gá 1.14 más *c* de las tradiciones de mis padres *2207*
Tit 2.14 un pueblo propio, *c* de buenas obras *2207*
Ap 3.19 **castigo a, sé, pues, *c*, y arrepiéntete** *2206*

CENA
Mt 23.6 **y aman los primeros asientos en las *c*** *1173*
Mr 6.21 daba una *c* a sus príncipes y tribunos *1173*
12.39 **sillas...los primeros asientos en las *c*** *1173*
Lc 14.12 **cuando hagas comida o *c*, no llames a** *1173*
14.16 **un hombre hizo una gran *c*, y convidó** *1173*
14.17 **y a la hora de la *c* envió a su siervo** *1173*
14.24 **que ninguno de aquellos...gustará mi *c*** *1173*
17.8 **¿no le dice...Prepárame la *c*, cíñete, y** *1172*
20.46 **aman...los primeros asientos en las *c*** *1173*
Jn 12.2 le hicieron allí una *c*; Marta servía *1173*
13.4 se levantó de la *c*, y se quitó su manto *1173*
21.20 en la *c* se había recostado al lado de *1173*
1 Co 11.20 esto no es comer la *c* del Señor *1173*
11.21 uno se adelanta a tomar su propia *c* *1173*
Ap 19.9 bienaventurados los...llamados a la *c* *1173*
19.17 venid, y congregaos a la...*c* de Dios *1173*

CENAGOSO
Sal 40.2 hizo sacar...del lodo *c*; puso mis pies 3121

CENAR
Lc 22.20 **después que...*cenado*, tomó la copa** *1172*
Jn 13.2 y cuando *cenaban*, como el diablo ya *1173*
1 Co 11.25 **la copa, después de haber *cenado*** *1172*
Ap 3.20 **entraré a él, y *cenaré* con él, y él** *1172*

CENAZ
1. Hijo de Elifaz y nieto de Esaú, Gn 36.11,15;
1 Cr 1.36 7073
2. jefe de los edomitas (posiblemente =No. l),
Gn 36.42; 1 Cr 1.53 7073
3. Padre de Otoniel, Jos 15.17; Jue 1.13; 3.9,11;
1 Cr 4.13 7073
4. Nieto de Caleb, 1 Cr 4.15 7073

CENCREA *Puerto cerca de Corinto*
Hch 18.18 habiéndose rapado la cabeza en *C* *2747*
Ro 16.1 Febe...es diaconisa de la iglesia en *C* *2747*

CENEO *Tribu nómada en Palestina*
Gn 15.19 la tierra de los *c*, los cenezeos, los 7017
Nm 24.21 viendo al *c*, tomó su parábola y dijo7014
24.22 porque el *c* será echado, cuando Asiria 7014
Jue 1.16 y los hijos del *c*, suegro de Moisés 7017
4.11 y Heber *c*...se había apartado de los *c* 7014
4.17 a la tienda de Jael mujer de Heber *c* 7017
4.17 paz entre Jabín...y la casa de Heber *c* 7017
5.24 bendita sea...Jael, mujer de Heber *c* 7017
1 S 15.6 dijo Saúl a los *c*...apartaron los *c* 7017
27.10 David decía...o en el Neguev de los *c* 7017
30.29 en...de Jerameel, en las ciudades del *c* 7017
1 Cr 2.55 los cuales son los *c* que vinieron 7017

CENEZEO *Descendiente de Cenaz No. 1 ó 2*
Gn 15.19; Nm 32.12; Jos 14.6,14 7074

CENIZA
Gn 18.27 replicó y dijo...aunque soy polvo y *c* 665
Éx 9.8 tomad puñados de *c* de un horno, y la 6368
9.10 y tomaron *c* del horno, y se pusieron 6368
27.3 harás...sus calderos para recoger la *c* 1878
Lv 1.16 junto al altar, en el lugar de las *c* 1880
4.12 un lugar limpio, donde se echan las *c* 1880
4.12 en donde se echan las *c* será quemado 1880
6.10 apartará él las *c* de sobre el altar, y 1880
6.11 sacará las *c* fuera del campamento a un 1880
Nm 4.13 quitarán la *c* del altar, y extenderán 1878
19.9 un hombre limpio recogerá las *c* de la 665
19.10 el que recogió las *c* de la vaca lavará 665
19.17 tomarán de la *c* de la vaca quemada de 6083
Dt 28.24 dará Jehová por lluvia a...polvo y *c* 6083
2 S 13.19 Tamar tomó *c* y la esparció sobre su 665
1 R 13.3 la *c* que sobre él está se derramará 1880
13.5 se rompió, y se derramó la *c* del altar 1880
17.13 una pequeña torta cocida debajo de la *c*
2 R 23.4 *c* hizo llevar las *c* de ellos a Bet-el 6083
Est 4.1 se vistió de cilicio y de *c*, y se fue 665
4.3 luto...cilicio y *c* era la cama de muchos 665
Job 2.8 tomaba Job un...sentado en medio de *c* 665
13.12 vuestras máximas son refranes de *c*, y 665
30.19 lodo, y soy semejante al polvo y a la *c* 665
42.6 por tanto...me arrepiento en polvo y *c* 665
Sal 102.9 por lo cual yo como *c* a manera de pan 665

147.16 nieve...y derrama la escarcha como *c* 665
Is 44.20 de *c* se alimenta; su corazón engañado......... 665
58.5 junco, y haga cama de cilicio y de *c*?........... 665
61.3 se les dé gloria en lugar de *c*, óleo de 665
Jer 6.26 cíñete de cilicio, y revuélcate en *c*............. 665
31.40 el valle de los cuerpos muertos y de...*c*....... 1880
Lm 3.16 mis dientes quebró...me cubrió de *c*........... 665
Ez 4.12 y comerás pan...cocido debajo de la *c*......... 8184
27.30 polvo sobre sus...y se revolcarán en *c*......... 665
28.18 puse en *c* sobre la tierra a los ojos de.......... 665
Dn 9.3 buscándole en oración y...cilicio y *c* 665
Jon 3.6 el rey de Nínive...y se sentó sobre *c* 665
Mal 4.3 los cuales serán *c* bajo las plantas de........... 665
Mt 11.21 **que se hubieran arrepentido en...en *c*** *4700*
Lc 10.13 **sentadas en cilicio y *c*, se habrían**............ *4700*
He 9.13 y las *c* de la becerra rociadas a los............ *4700*
2 P 2.6 condenó a...Sodoma...reduciéndolas a *c* *5077*

CENSAR
2 S 24.10 después que David hubo *censado* al.......... 5608

CENSO
Éx 38.26 los que pasaron por el *c*, de edad de.......... 6485
Nm 1.2; 26.2 tomad el *c* de...la congregación.......... 7218
2 S 24.1 incitó...vé, haz un *c* de Israel y de 4487
24.2 haz un *c* del pueblo, para que yo sepa......... 6485
24.4 para hacer el *c* del pueblo de Israel 6485
24.9 y Joab dio el *c* del pueblo al rey 4662
1 Cr 21.1 *c* incitó a David a que hiciese *c* de 4487
21.2 id, haced *c* de Israel desde Beerseba 5608
23.24 Leví...jefes de familias según el *c* de 6485
Lc 2.2 *c* se hizo siendo Cirenio gobernador de.......... *582*
Hch 5.37 se levantó Judas...en los días del *c*............ *582*

CENSURA
Job 6.25 pero ¿qué reprende la *c* vuestra?............. 3198
20.3 la reprensión de mi *c* he oído, y me hace 4148
Pr 13.8 sus riquezas; pero el pobre no oye *c*........... 1606

CENSURAR
Job 6.26 ¿pensáis *censurar* palabras...discursos 3198
1 Co 10.30 ¿por qué he de ser *censurado* por *937*
2 Co 8.20 nadie nos *censure* en cuanto a esta *3469*

CENTELLA
Job 18.5 y no resplandecerá la *c* de su fuego 7632
41.19 de su boca salen...*c* de fuego proceden 3590
Is 1.31 será...estopa, y lo que hizo como *c*............. 5213

CENTELLEAR
Ez 1.7 *centelleaban* a manera de bronce muy 5340

CENTENA
Éx 18.21 ponlos sobre el pueblo por jefes...*c* 3967
Nm 31.14 contra los jefes de millares y de *c* 3967
31.48 vinieron...los jefes de millares y de *c*......... 3967
31.52 que ofrecieron a Jehová los jefes de...*c* 3967
31.54 recibieron...el oro de los jefes de...*c*........ 3967
Dt 1.15 jefes...de *c*, de cincuenta y de diez 3967
1 S 22.7 os hará a todos vosotros jefes de *c*............. 3967
2 S 18.1 David...puso sobre ellos...jefes de *c* 3967
2 R 11.4 año envió Joiada y tomó jefes de *c*............. 3967
11.9 los jefes de *c*...hicieron todo como el 3967
11.10 el sacerdote dio a los jefes de *c* las 3967
11.15 mandó a los jefes de *c*...Sacadla fuera 3967
11.19 tornó a los jefes de *c*, los capitanes 3967
1 Cr 13.1 consejo con los capitanes de...de *c* 3967
26.26 los capitanes de millares y de *c*, y los 3967
27.1 jefes de millares y de *c*, y oficiales 3967
28.1 reunió David...jefes de millares y de *c* 3967
29.6 jefes...de *c*...ofrecieron voluntariamente 3967
2 Cr 1.2 convocó...a jefes de millares y de *c*........... 3967
23.1 tomó...a los jefes de *c* Azarías hijo de 3967
23.9 dio...Joiada a los Jefes de *c* las lanzas......... 3967
23.14 mandó que salieran los jefes de *c* del.......... 3967
23.20 llamó después a los jefes de *c*, y a los 3967
25.5 puso jefes de millares y de *c* sobre todo 3967

CENTENO
Éx 9.32 el trigo y el *c* no fueron destrozados........... 3698

CENTÉSIMA
Neh 5.11 que les devolváis hoy...la *c* parte del 3967

CENTINELA
Jue 7.19 cuando acababan de renovar los *c* 8104
1 S 14.16 y los *c* de Saúl vieron desde Gabaa 6822
Neh 4.22 de noche sirvan de *c* y de día en la............ 4929
Sal 130.6 alma espera a Jehová más que los *c*.......... 8104
Is 21.6 vé, pon *c* que haga saber lo que vea............ 6822
Jer 51.12 guardia, poned *c*, disponed celadas.......... 8104

CENTRAL
Éx 25.34 la caña *c* del candelero cuatro copas
2 Cr 7.7 consagró la parte *c* del atrio que 8432
Ez 38.12 que mora en la parte *c* de la tierra........... 2872

CENTURIÓN
Mt 8.5 Capernaum, vino a él un *c*, rogándole.......... *1543*
8.8 respondió el *c*...Señor, no soy digno de......... *1543*
8.13 **Jesús dijo al *c*: Vé, y como creíste, te**........ *1543*
27.54 *c*...visto el...terremoto, y las...temieron...... *1543*
Mr 15.39 el *c* que estaba frente a él, viendo........... *2760*
15.44 y haciendo venir al *c*, le preguntó si *2760*
15.45 e informado por el *c*, dio el cuerpo a *2760*
Lc 7.2 el siervo de un *c*, a quien éste quería.......... *1543*
7.3 cuando el *c* oyó hablar de Jesús...envió
7.6 el *c* envió a él unos amigos, diciéndolo......... *1543*
23.47 cuando el *c* vio lo que...aconteció, dio....... *1543*
Hch 10.1 *c* de la compañía llamada la Italiana......... *1543*
10.22 Cornelio el *c*, varón justo y temeroso *1543*
21.32 tomando...soldados y *c*, corrió a ellos *1543*
22.25 cuando le ataron con...Pablo dijo al *c* *1543*
22.26 cuando el *c* oyó esto, fue y dio aviso *1543*
23.17 Pablo, llamando a uno de los *c*, dijo........... *1543*
23.23 llamando a dos *c*, mandó que preparasen *1543*
24.23 mando al *c* que se custodiase a Pablo......... *1543*
27.1 entregaron a Pablo...un *c* llamado Julio....... *1543*
27.6 hallando allí el *c* una nave alejandrina *1543*
27.11 pero el *c* daba más crédito al piloto y......... *1543*
27.31 Pablo dijo al *c* y a los soldados: Si............ *1543*
27.43 pero el *c*, queriendo salvar a Pablo........... *1543*
28.16 el *c* entregó los presos al prefecto *1543*

CEÑIDO *Véase Ceñir*

CEÑIDOR
Is 11.5 y será la...fidelidad *c* de su cintura 232

CEÑIMIENTO
Is 3.24 en lugar de ropa de gala *c* de cilicio............ 4228

CEÑIR
Éx 12.11 comeréis así: *ceñidos* vuestros lomos......... 2296
27.17 las columnas...estarán *ceñidas* de plata 2836
29.5 a Aarón...*ceñirás* con el cinto del efod 2805
29.9 les *ceñirás* el cinto de Aarón y a sus 2296
38.28 y cubrió los capiteles de...y las *ciñó*.......... 2836
Lv 8.7 puso...túnica, y le *ciñó* con el cinto 2296
8.7 el efod, y lo *ciñó* con el cinto del efod 2296
8.13 les *ciñó* con cintos, y les ajustó las 2296
16.4 la túnica...se *ceñirá* el cinto de lino 2296
Jue 3.16 y se lo *ciñó* debajo de sus vestidos 2296
1 S 2.4 arcos...los débiles se *ciñeron* de poder.......... 247
17.39 *ciñó* David su espada sobre...vestidos 2296
25.13 *cíñase* cada uno su espada. Y se ciñó.......... 2296
25.13 David se *ciñó* su espada; y subieron 2296
2 S 3.31 David a...*ceñíos* de cilicio, y haced............ 2296
20.8 Joab estaba *ceñido* de su ropa, y sobre 2296
21.16 Isbi-benob, uno...*ceñido* con una espada 2296
22.33 Dios es el que me *ciñe* de fuerza, y 4581
22.40 me *ceñiste* de fuerzas para la pelea 247
1 R 7.23 mar...lo *ceñía*...un cordón de 30 codos..5696,5439
7.24 bolas...que *ceñían* el mar...en dos filas 5362
18.46 *ciñó*...lomos, y corrió delante de Acab 8151
20.11 no se alabe tanto el que se *ciñe* las 2296
20.32 *ciñeron*, pues, sus lomos con cilicio 2296
2 R 1.8 y *ceñía* sus lomos con un cinturón de 247
3.21 los que apenas podían *ceñir* armadura en....... 2296
4.29 dijo...*Ciñe* tus lomos, y toma mi báculo........ 2296
9.1 *ciñe* tus lomos, y toma esta redoma de.......... 2296
2 Cr 4.2 un cordón de treinta codos...lo *ceñía* 5437
Neh 4.18 cada uno tenía su espada *ceñida* a............ 631
Job 30.18 me *ciñe* como el cuello de mi túnica 247
31.36 yo lo...me lo *ceñiría* como una corona 6029
38.3 ahora *ciñe* como varón tus lomos; yo te......... 247
40.7 *cíñete* ahora como varón tus lomos; yo 247
Sal 18.32 Dios es el que me *ciñe* de poder, y 247
18.39 me *ceñiste* de fuerzas para la pelea 247
30.11 desataste mi...y me *ceñiste* de alegría......... 247
45.3 *ciñe* tu espada sobre el...oh valiente 2296
65.6 afirma los montes...*ceñido* de valentía......... 247
65.12 y los collados se *ciñen* de alegría
93.1 Jehová se vistió, se *ciñó* de poder............... 247
109.19 y en lugar de cinto con que se *ciña*.......... 2296
Pr 30.31 el *ceñido* de lomos...el macho cabrío.......... 2223
31.17 *ciñe* de fuerza sus lomos...sus brazos 2296
Is 8.9 reuníos...*ceñíos*, y seréis quebrantados 247
15.3 se *ceñirán* de cilicio en sus calles; en 2296
22.21 lo *ceñiré* de tu talabarte, y entregaré.......... 2388
32.11 desnudaos, *ceñid* los lomos con cilicio......... 2290
45.5 yo te *ceñiré*, aunque tú no me conociste......... 247
49.18 y de ellos serás *ceñida* como novia 7194
Jer 1.17 tú, pues, *ciñe* tus lomos, levántate 2296
6.26 hija de mi pueblo...*cíñete* de cilicio 2296
13.1 cómprate un cinto...y *cíñelo* sobre tus 7760
Lm 2.10 echaron polvo...se *ciñeron* de cilicio........... 2296
Ez 7.18 se *ceñirán* también de cilicio, y les............ 2296
16.10 y te...*ceñí* de lino y te cubrí de seda 2280
23.15 *ceñidos* por sus lomos con talabartes.......... 2289
27.31 *ceñirán* de Cilicio, y endecharán por ti 2296
44.18 no se *ceñirán* cosa que los haga sudar 2296
Dn 10.5 y *ceñidos* sus lomos de Ufaz 2296
Jl 1.13 *ceñíos* y lamentad, sacerdotes; gemid 2296
Nah 2.1 *cíñete* los lomos, refuerza...tu poder........... 2388
Lc 12.35 ***ceñidos* vuestros lomos, y vuestros** *4024*
12.37 **se *ceñirá*, y hará que se sienten a la**........ *4024*
17.8 **cena, *cíñete*, y sírveme hasta que haya** *4024*
Jn 13.4 manto, y tomando una toalla...la *ciñó* *1241*
13.5 con la toalla con que estaba *ceñido*.......... *1241*
21.7 oyó que era el Señor, se *ciñó* la ropa *1241*
21.18 **te *ceñías*, e ibas a donde querías; mas**........ *2224*
21.18 **te *ceñirá* otro, y te llevará a donde** *2224*
Hch 12.8 dijo...*Cíñete*, y átate las sandalias *2224*
27.17 usaron de refuerzos para *ceñir* la nave........ *5269*
Ef 6.14 *ceñidos* vuestros lomos con la verdad.......... *4024*
1 P 1.13 *ceñid* los lomos de...entendimiento *328*
Ap 1.13 *ceñido* por el pecho con un cinto de *4024*
15.6 *ceñidos* alrededor del pecho con cintos *4024*

CEPA
Gn 49.11 atando a...a la *c* el hijo de su asna........... 8321
Dn 4.15,23 la *c* de sus raíces dejaréis en la 6136
4.26 la orden de dejar...la *c* de las raíces 6136

CEPILLO
Is 44.13 el carpintero...lo labra con los *c*............... 4741

CEPO
Job 13.27 pones...mis pies en el *c*, y observas 5465
33.11 puso mis pies en el *c*, y vigiló todas.......... 5465
Jer 20.2 puso en el *c* que estaba en la puerta 4115
20.3 el día siguiente...sacó a Jeremías del *c* 4115
29.26 todo hombre loco...poniéndolo en...el *c*........ 6729
Hch 16.24 metió...les aseguró los pies en el *c*.......... *3586*

CERA
Sal 22.14 mi corazón fue como *c*, derritiéndose........ 1749
68.2 como se derrite la *c* delante del fuego 1749
97.5 montes se derritieron como *c* delante de 1749
Mi 1.4 valles se hendirán como la *c* delante 1749

CERCA *(s.)*
Sal 62.3 aplastarle como pared...*c* derribada?........ 1447
Pr 24.31 y su *c* de piedra estaba ya destruida......... 1444
Is 5.5 le quitaré su...su *c*, y será hollada............... 1447

CERCA *(adv.)*
Dt 30.14 porque muy *c* de ti está la palabra 7138
Job 10.13 estas cosas...yo sé que están *c* de ti 5973
Sal 22.11 no te alejes...la angustia está *c*.............. 7138
Pr 27.10 mejor es el vecino *c* que el hermano.......... 7138
Is 13.6 aullad, porque *c* está el día de Jehová.......... 7138
33.13 los que estáis *c*, conoced mi poder............ 7138
Jer 23.23 ¿soy yo Dios de *c* solamente, dice 7138
25.26 los de *c* y los de lejos, los unos con............ 7138
48.24 todas las ciudades...di lejos y las de *c* 7138
Ez 22.5 las que están *c* de ti...reirán de ti 7138
Dn 9.7 y todo Israel, los de *c* y los de lejos 7138
Mr 13.28 **brotan...sabéis que el verano está *c***........ *1451*
13.29 **así...conoced que está *c*, a las puertas** *1451*
Ro 10.8 ¿qué dice? *C* de ti está la palabra, en.......... *1451*
13.11 ahora está más *c* de...nuestra salvación *1452*
Ef 2.17 anunció...lejos y a los que estaban *c*........... *1451*
2 Ts 2.2 sentido de que el día del Señor...*c* *1764*
Ap 22.10 no selles las palabras de la...está *c* *1451*

CERCADO *Véase también Cercar*
1 Cr 4.23 alfareros, y moraban en medio de...*c* 1448

CERCANO, A
Lv 21.2 por su pariente *c*, por su madre o por 7138
21.3 por su hermana virgen, a él *c*, la cual.......... 7138
25.49 su tío...o un pariente *c*...lo rescatará 7607
Nm 20.16 en Cades, ciudad *c* a tus fronteras 7097
22.41 desde allí vio a los más *c* del pueblo 7097
23.13 los veas; solamente los más *c* verás........... 7097
27.11 daréis su herencia a su pariente más *c*........ 7138
Dt 4.7 ¿qué nación...tenga dioses tan *c* a ellos 7138
21.3,6 ancianos de la ciudad más *c* al lugar.......... 7138
32.35 porque el día de su aflicción está *c*........... 7138
Jue 18.22 habitaban en las casas *c* a...Micaía 5973
Rt 3.9 extiende...por cuanto eres pariente *c* 1350
3.12 soy pariente *c*...hay pariente más *c* que........ 1350
1 S 4.19 su nuera...estaba *c* al alumbramiento
1 R 21.2 dame tu viña para...está *c* a mi casa 7138
Est 9.20 cartas a...los judíos...*c* y distantes 7138
Sal 34.18 *c* está Jehová a los quebrantados de........... 7138
38.11 amigos...lejos...y mis *c* se han alejado 7138
75.1 gracias te damos, pues *c* está tu nombre 7138
85.9 *c* está su salvación a los que le temen.......... 7138
88.3 mi alma está hastiada...vida *c* al Seol.......... 5060
119.151 *c* estás tú, oh Jehová, y todos tus 7138
145.18 *c* está Jehová a...los que le invocan........... 7138
148.14 alábenle todos sus...el pueblo a él *c*........... 7138
Pr 10.14 mas la boca del necio es calamidad *c*.......... 7138
Is 13.22 y *c* a llegar está su tiempo, y sus 7138
50.8 *c* está de mí el que me salva; ¿quién 7138
51.5 *c*...mi justicia, ha salido mi salvación........... 7138
55.6 buscad a...llamadle en tanto que está *c* 7138
56.1 porque *c* está mi salvación para venir.......... 7138
57.19 paz, paz al que está lejos y al *c*, dijo 7138
Jer 12.2 *c* estás tú en sus bocas, pero lejos............. 7138
23.30 que hurtan mis palabras...de su más *c* 7453
48.16 *c* está el quebrantamiento de Moab para..... 7138
Ez 7.7 el tiempo viene, *c* está el día; día de............. 7138
Jl 1.15 *c* está el día de Jehová, y vendrá como 7138
2.1 viene el día de Jehová, porque está *c* 7136
3.14; Abd 15 *c* está el día de Jehová 7138
Sof 1.7 calla...porque el día de Jehová esta *c*.......... 7138
1.14 *c* está el día grande...*c* y muy próximo 7138
Ef 2.13 habéis sido hechos *c* por la sangre de.......... *1451*

CERCAR
Jue 20.43 así *cercaron* a los de Benjamín, y............ 3803
2 Cr 14.7 y *cerquémoslas* de muros con torres.......... 5437
Job 1.10 ¿no le has *cercado* alrededor a él y 7753
19.8 *cercó* de vallado mi camino, y no pasaré........ 1443
Sal 12.8 *cercando* andan los malos, cuando la 5439
17.11 *cercado* ahora nuestros pasos; tienen 5437
22.12 fuertes toros de Basán me han *cercado*........ 5437
22.16 me ha *cercado* cuadrilla de malignos.......... 5437
88.17 me han rodeado...a una me han *cercado*........ 5362
Cnt 7.2 como montón de trigo *cercado* de lirios........ 5473
Is 5.2 *cercado* y despedregado y plantado de 5823
Lm 3.7 me *cercó* por todos lados, y no puedo 1443
3.9 *cercó* mis caminos con piedra labrada, y 1443
Ez 46.22 los cuatro rincones...patios *cercados*......... 7000
Os 2.6 la *cercaré* con seto, y no hallará sus 7753
Mt 21.33 **la *cercó* de vallado, cavó en ella un** *5418*
Mr 12.1 **plantó una viña, la *cercó* de vallado** *5418*

CERCENAR
2 R 10.32 comenzó...a *cercenar* el territorio de........ 7096

CERCIORAR
Hch 24.11 como tú puedes *cerciorarte*, no hace *1097*

CERCO
Éx 27.5 pondrás dentro del *c* del altar abajo........... 3749
38.4 enrejado...que puso por debajo de su *c* 3749
Ez 4.3 plancha de hierro...será en lugar de *c* 7023

CERDO
Lv 11.7 también el *c*...los tendréis por inmundo....... 2386
Dt 14.8 *c*...tiene pezuña hendida, mas no rumia....... 2386
Pr 11.22 zarcillo de oro en el hocico de un *c* 2386
Is 65.4 comen carne de *c*, y en sus ollas hay 2386

66.3 ofrenda, como si ofreciese sangre de *c* 2386
66.17 comen carne de *c* y abominación y ratón 2386
Mt 7.6 **ni echéis vuestras perlas delante de...** ***c*** *5519*
8.30 estaba paciendo lejos...hato de muchos *c* *5519*
8.31 fuera, permítenos ir a aquel hato de *c* *5519*
8.32 se fueron a aquel hato de *c*; y he aquí *5519*
8.32 todo el hato de *c* se precipitó en el mar *5519*
Mr 5.11 cerca del...un gran hato de *c* paciendo *5519*
5.12 envíanos a los *c* para que entremos en *5519*
5.13 entraron en los *c*...eran como dos mil *5519*
5.14 y los que apacentaban los *c* huyeron, y *5519*
5.16 contaron...lo habían visto...lo de los *c* *5519*
Lc 8.32 un hato de muchos *c* que pacían en el *5519*
8.33 entraron en los *c*; y el hato...se ahogó *5519*
8.34 los que apacentaban los *c*...vieron lo que
15.15 **le envió a su...para que apacentase** ***c*** *5519*
15.16 **deseaba...algarrobas que comían los** ***c*** *5519*

CERETEO
1. Tribu vecina de los filisteos
1 S 30.14 la parte del Neguev que es de los *c* 3374
Ez 25.16 cortaré a los *c*, y destruiré el resto 3374
Sof 2.5 ¡ay de los que...del pueblo de los *c*! 3374
2. Tropa de No. 1 que servía a David
2 S 8.18 Benaía hijo...sobre los *c* y peleteos 3374
15.18 pasaban a su lado, con...los *c* y peleteos 3374
20.7 salieron en pos de él...los *c* y peleteos 3374
20.23 Benaía hijo de...sobre los *c* y peleteos 3374
1 R 1.38 descendieron...los *c* y los peleteos 3746
1.44 y el rey ha enviado con él...a los *c* y 3774
1 Cr 18.17 Benaía hijo de, estaba sobre los *c* 3774

CERRADO *Véase Cerrar*

CERRADURA
1 S 23.7 entrando en ciudad con puertas y *c* 1280
1 R 4.13 sesenta...ciudades con...*c* de bronce 1280
Neh 3.3,6,13 levantaron sus puertas, con sus *c* 4514
3.14,15 levantó sus puertas, sus *c*...cerrojos 4514

CERRAR
Gn 2.21 tomó una...y *cerró* la carne en su lugar 5462
7.16 vinieron...y Jehová le *cerró* la puerta 5462
8.2 se *cerraron* las fuentes del abismo y las 5534
19.6 salió a...a la puerta, y *cerró* la puerta 5462
19.10 metieron a Lot en...y *cerraron* la puerta 5462
20.18 Jehová había *cerrado*...toda matriz de la 6113
46.4 y la mano de José *cerrará* tus ojos
Lv 14.38 saldrá de...*cerrará* la casa por 7 días 5462
14.46 entrare en...días en que la mandó *cerrar* 5462
20.4 *cerrare* sus ojos respecto de aquel varón 5956
Dt 11.17 y *cierre* los cielos, y no haya lluvia 6113
15.7 ni *cerrarás* tu mano contra tu hermano 7092
Jos 2.5 se iba a *cerrar* la puerta...se salieron 5462
2.7 puerta fue *cerrada* después que salieron 5462
6.1 Jericó estaba *cerrada*, bien *c*, a causa de 5462
Jue 3.23 Aod...*cerró* tras sí las puertas de la 5462
3.24 viendo las puertas de la sala *cerradas* 5274
9.51 *cerrando*...puertas, se subieron al techo 5462
2 S 13.17 a ésta...y *cierra* tras ella la puerta 5274
13.18 echó fuera, y *cerró* la puerta tras ella 5274
1 R 6.21 y *cerró* la entrada del santuario con 5674
8.35 si el cielo se *cerrare* y no lloviere 6113
11.27 a Milo, cerró el portillo de la ciudad 5462
2 R 4.5 y se fue la mujer, y *cerró* la puerta 5462
4.21 la cama...y *cerrando* la puerta, se salió 5462
4.33 *cerró* la puerta tras...y oró a Jehová 5462
6.32 viniere el mensajero, *cerrad* la puerta 5462
2 Cr 6.26 los cielos se *cerraren* y no...lluvias 6113
7.13 yo *cerrare* los cielos para que no haya 6113
28.24 *cerró* las puertas de la casa de Jehová 5462
29.7 y aun *cerraron* las puertas del pórtico 5462
Neh 4.7 portillos comenzaban a ser *cerrados* 5640
6.10 casa...y *cerremos* las puertas del templo 6113
7.3 aunque haya gente...*cerrad* las puertas y 1479
13.19 que se *cerrasen* las puertas, y ordené 5462
Job 3.10 no *cerró* las puertas del vientre donde 5462
5.16 esperanza...la iniquidad *cerrará* su boca 7092
41.15 son escudos fuertes, *cerrados* entre sí 5462
Sal 35.3 *cierra* contra mis perseguidores 5462
58.4 como el áspid sordo que *cierra* su oído 331
63.11 la boca...que hablan mentira será *cerrada* 5534
69.15 no...ni el pozo *cierre* sobre mí su boca 332
107.42 y todos los malos *cierren* su boca 7092
Pr 16.30 *cierra* sus ojos para...perversidades 6095
17.28 el que *cierra* sus labios es entendido 331
21.13 que *cierra* su oído al clamor del pobre 331
Ec 12.4 y las puertas de afuera se *cerrarán* 5462
Cnt 4.12 huerto *cerrado* eres...mía, fuente *c* 5274
Is 22.22 y nadie *cerrará*; *c*, y nadie abrirá 5462
24.10 casa se ha *cerrado*, para que no entre 5462
26.20 *cierra* tras ti tus puertas, escóndete 5462
29.10 *cerró* los ojos de vuestros profetas 6105
33.15 *cierra* sus ojos para no ver cosa mala 331
44.18 *cerrados* están sus ojos para no ver, y 2902
45.1 para abrir...las puertas no se *cerrarán* 5462
52.15 reyes *cerrarán* ante él la boca, porque 7092
60.11 puertas...no se *cerrarán* de día ni de 5462
Jer 13.19 ciudades del Neguev fueron *cerradas* 5462
Lm 3.8 di voces, *cerró* los oídos a mi oración 5640
Ez 44.1 la puerta exterior...y estaba *cerrada* 5462
44.2 puerta estará *cerrada*; no se abrirá...*c* 5462
46.1 puerta...estará *cerrada* los seis días de 5462
46.2 no se *cerrará* la puerta hasta la tarde 5462
46.12 *cerrarán* la puerta después que saliere 5462
Dn 6.22 el cual *cerró* la boca de los leones 5463
12.4 tú, Daniel, *cierra* las palabras y sella 5640
12.9 palabras están *cerradas* y selladas hasta 5640
Am 9.11 *cerraré* sus portillos y levantaré sus 1443
Mi 3.7 ellos todos *cerrarán* sus labios, porque 5844
Mal 1.10 ¿quién...hay...que *cierre* las puertas 5462
Mt 6.6 ***cerrada*** **la puerta, ora a tu Padre que** *2808*
13.15 **han** ***cerrado*** **sus ojos; para que no vean** *2576*
23.13 ***cerráis*** **el reino de los cielos delante** *2808*
25.10 **entraron con él...y se** ***cerró*** **la puerta** *2808*
Lc 4.25 **cuando el cielo fue** ***cerrado*** **por 3 años** *2808*
11.7 **la puerta ya está** ***cerrada***, **y mis niños** *2808*
13.25 **se haya levantado y** ***cerrado*** **la puerta** *608*
Jn 20.19 **estando las puertas** ***cerradas*** **en el** *2808*
20.26 **llegó...estando las puertas** ***cerradas***, **y** *2808*
Hch 5.23 la cárcel hemos hallado *cerrada* con *2808*
21.30 e inmediatamente *cerraron* las puertas *2808*
28.27 sus ojos han *cerrado*, para que no vean *2576*
Ro 3.19 para que toda boca se *cierre* y todo *5420*
1 Co 15.52 en un abrir y *cerrar* de ojos, a la *4493*
1 Jn 3.17 ve a...y *cierra* contra él su corazón *2808*
Ap 3.7 **abre y ninguno** ***cierra***, **y** ***c*** **y ninguno** *2808*
3.8 **una puerta...la cual nadie puede** ***cerrar*** *2808*
11.6 éstos tienen poder para *cerrar* el cielo *2808*
21.25 puertas nunca serán *cerradas* de día *2808*

CERROJO
Dt 33.25 hierro y bronce serán tus *c*, y como 4515
Jue 3.23 las puertas de...las aseguró con el *c* 5274
16.3 puertas de...con sus dos pilares y su *c* 1280
Neh 3.3,6,13,14,15 con sus cerraduras y sus *c* 1280
Job 38.10 y establecí sobre...puse puertas y *c* 1280
Sal 107.16 de bronce, y desmenuzó los *c* de 1280
147.13 porque fortificó los *c* de tus puertas 1280
Pr 18.19 las contiendas de los hermanos son...*c* 1280
Cnt 5.5 que corría sobre la manecilla del *c* 4514
Is 45.2 de bronce, y *c* de hierro haré pedazos 1280
Jer 49.31 ni tiene puertas ni *c*...vive solitaria 1280
51.30 incendiadas están sus casas, rotos...*c* 1280
Lm 2.9 destruyó y quebrantó sus *c*; su rey y 1280
Ez 38.11 sin muros, y no tienen *c* ni puertas 1280
Am 1.5 quebraré los *c* de Damasco, y destruiré 1280
Jon 2.6 la tierra echó sus *c* sobre mí para 1280
Nah 3.13 se abrirán de...fuego consumirá tus *c* 1280

CERTEZA
1 S 26.4 y supo con *c* que Saúl había venido 3559
He 6.11 el fin, para plena *c* de la esperanza *4136*
11.1 es...la fe la *c* de lo que se espera, la *5287*

CERTIDUMBRE
Pr 22.21 hacerte saber la *c* de las palabras 7189
1 Ts 1.5 en el Espíritu Santo y en plena *c* *4136*
He 10.22 acerquémonos con...en plena *c* de fe *4136*

CERTIFICAR
Jer 32.10 y la hice *certificar* con testigos 5749

CERVATILLO
Cnt 2.9 amado es semejante al corzo, o al *c* 354
2.17 como el *c* sobre los montes de Beter 354
8.14 sé semejante al corzo, o al *c*, sobre 354

CERVIZ
Gn 27.40 cuando...descargarás su yugo de tu *c* 6677
49.8 Judá...tu mano en la *c* de tus enemigos 6203
Éx 13.13 si no lo redimieres, quebrarás su *c* 6203
23.27 y te daré la *c* de todos tus enemigos 6203
32.9 he visto...por cierto es pueblo de dura *c* 6203
33.3 yo no subiré en...eres pueblo de dura *c* 6203
33.5 sois pueblo de dura *c*; en un momento 6203
34.9 en medio...porque es un pueblo de dura *c* 6203
34.20 y si no lo redimieres, quebrarás su *c* 6203
Dt 9.6 sabe...porque pueblo duro de *c* eres tú 6203
9.13 a ese pueblo...que es pueblo duro de *c* 6203
10.16 circuncidad...y no endurezcáis más...*c* 6203
21.4 y quebrarán la *c* de la becerra allí en 6203
21.6 sobre la becerra cuya *c* fue quebrada 6202
31.27 yo conozco tu rebelión, y tu dura *c* 6203
2 R 17.14 endurecieron su *c*, como la *c* de sus 6203
2 Cr 30.8 endurezcáis, pues, ahora vuestra *c* 6203
36.13 endureció su *c*, y obstinó su corazón 6203
Neh 9.16 endurecieron su *c*, y no escucharon 6203
9.17 endurecieron su *c*, y en su rebelión 6203
9.29 endurecieron su *c*, y no escucharon 6203
Job 16.12 me arrebató por la *c* y me despedazó 6203
41.22 en su *c* está la fuerza, y delante de él 6677
Sal 75.5 no hagáis...no habléis con *c* erguida 6677
Pr 29.1 hombre que reprendido endurece la *c* 6203
Is 10.27 su carga será quitada...yugo de tu *c* 6677
48.4 que eres duro, y barra de hierro tu *c* 6203
Jer 2.27 me volvieron la *c*, y no el rostro 6203
7.26 endurecieron su *c*, e hicieron peor que 6203
17.23 no oyeron...endurecieron su *c* para no oír 6203
19.15 porque han endurecido su *c* para no oír 6203
32.33 y me volvieron la *c*, y no el rostro 6203
Lm 1.14 ataduras han sido echadas sobre mi *c* 6677
Os 10.11 pasaré sobre su lozana *c*; haré llevar 6677
11.4 los que alzan el yugo de sobre su *c*, y 3895
Hch 7.51 ¡duros de *c*, e incircuncisos...oídos! *4644*
15.10 sobre la *c* de los discípulos un yugo *5137*

CÉSAR *Título del emperador romano*
Mt 22.17 ¿es lícito dar tributo a *C*, o no? *2541*
22.21 **dijeron: De** ***C***. **Y les dijo: Dad, pues, a** *2541*
22.21 **dad, pues, a** ***C*** **lo que es de** ***C***, **y a Dios** *2541*
Mr 12.14 ¿es lícito dar tributo a *C*, o no? *2541*
12.16 **¿de quién es...Ellos le dijeron: De** ***C*** *2541*
12.17 **dad a** ***C*** **lo que es de** ***C***, **y a Dios lo que** *2541*
Lc 2.1 un edicto de parte de Augusto *C*, que *2541*
3.1 en el año 15 del imperio de Tiberio *C* *2541*
20.22 ¿nos es lícito dar tributo a *C*, o no? *2541*
20.24 **de quién...Y respondiendo dijeron: De** ***C***? . . . *2541*
20.25 **dad a** ***C*** **lo que es de** ***C***, **y a Dios lo que** *2541*
23.2 prohíbe dar tributo a *C*, diciendo que él *2541*
Jn 19.12 si a éste sueltas, no eres amigo de *C* *2541*
19.12 todo el que se hace rey, a *C* se opone *2541*
19.15 respondieron...No tenemos más rey que *C* . . . *2541*
Hch 17.7 éstos contravienen los decretos de *C* *2541*
25.8 templo, ni contra *C* he pecado en nada *2541*
25.10 ante el tribunal de *C* estoy, donde debo *2541*
25.11 nadie puede entregarme a...A *C* apelo *2541*
25.12 respondió: A *C* has apelado; a *C* irás *2541*
25.21 mandé que...hasta que le enviara yo a *C* *2541*
26.32 en libertad, si no hubiera apelado a *C* *2541*
27.24 es necesario que comparezcas ante *C* *2541*
28.19 me vi obligado a apelar a *C*; no porque *2541*
Fil 4.22 y especialmente los de la casa de *C* *2541*

CESAR
Gn 8.22 no *cesarán* la sementera y la siega 7673
18.11 a Sara le había *cesado* ya la costumbre 2308
Éx 5.4 ¿por qué hacéis *cesar* al pueblo de su 6544
5.5 vosotros les hacéis *cesar* de sus tareas 7673
9.28 orad...para que *cesen* los truenos de Dios 6279
9.29 y los truenos *cesarán*, y no habrá más 2308
9.33 *cesaron* los truenos y el granizo, y la 2308
9.34 viendo Faraón...la lluvia había *cesado* 2308
16.14 Y cuando el rocío *cesó* de descender
31.17 Jehová...el séptimo día *cesó* y reposó 7673
Nm 8.25 desde los 50 años *cesarán* de ejercer 7725
11.25 espíritu, profetizaron, y no *cesaron* 3254
16.31 aconteció que cuando *cesó* él de hablar 3615
16.48 se puso entre los...y *cesó* la mortandad 6113
16.50 volvió Aarón...mortandad había *cesado* 6113
17.5 *cesar*...las quejas de los hijos de Israel 7918
17.10 harás *cesar* sus quejas de delante de 3615
25.8 *cesó* la mortandad de los hijos de Israel 6113
Dt 32.26 haría *cesar* de entre los hombres la 7673
Jos 5.12 el maná *cesó* el día siguiente, desde 7673
1 S 2.3 *cesen* las palabras arrogantes de...boca
7.8 no *ceses* de clamar por nosotros a Jehová
10.13 *cesó* de profetizar, y llegó al lugar alto 3615
12.33 peque yo contra Jehová *cesando* de rogar
2 S 24.21 que *cese* la mortandad del pueblo 6113
24.25 Jehová oyó...y *cesó* la plaga en Israel 6113
2 R 4.6 no hay más vasijas...*cesó* el aceite 5975
1 Cr 21.22 lugar en la era...*cese* la mortandad 6113
2 Cr 16.5 Baasa, *cesó* de edificar a Ramá 2308
Esd 4.21 dad orden que *cesen* aquellos hombres 989
4.23 les hicieron *cesar* con poder y violencia 989
4.24 entonces *cesó* la obra de la casa de Dios 989
5.5 y no les hicieron *cesar* hasta que el 989
6.8 los gastos, para que no *cese* la obra 989
Neh 4.11 entremos en...y hagamos *cesar* la obra 7673
6.3 *cesaría* la obra, dejándola yo para ir a 7673
Job 10.20 *cesa*...déjame, para que me consuele 2308
16.6 si hablo, mi dolor no *cesa*; y si dejo 2820
32.1 *cesaron* estos tres varones de responder 7673
Sal 46.9 que hace *cesar* las guerras hasta los 7673
77.8 *cesado* para siempre su misericordia? 8252
85.4 y haz *cesar* tu ira de sobre nosotros 656
89.44 hiciste *cesar* su gloria, y echaste su 7673
Pr 19.27 *cesa*, hijo mío, de oír las enseñanzas 2308
22.10 echa...*cesará* el pleito y la afrenta 7673
26.20 donde no...chismoso, *cesa* la contienda 8367
Ec 4.8 nunca *cesa* de trabajar, ni sus 7093
10.4 la mansedumbre hará *cesar*...ofensas 5117
12.3 y *cesarán* las muelas...han disminuido 988
Is 5.25; 9.12,17,21; 10.4 ni con todo esto ha *cesado*
su furor 7725
13.11 y haré que *cese* la arrogancia de los 7673
16.10 he hecho *cesar* el grito del lagarero 7673
17.3 *cesará* el socorro de Efraín, y el reino 7673
21.2 oh Media. Todo su gemido hice *cesar* 7673
24.8 *cesó* el regocijo de los panderos, se 7673
32.14 la multitud de la ciudad *cesará*; las 5800
33.8 las calzadas están deshechas, *cesaron* 7673
Jer 6.7 nunca *cesa* de manar...nunca cesa de 6979
7.13 os hablé desde temprano y sin *cesar* 1696
7.25 os envié todos los profetas...sin *cesar* 7971
7.34 haré *cesar*...la voz de gozo y la voz de 7673
11.7 amonestándoles...temprano y sin *cesar* 5749
14.17 ojos lágrimas noche y día, y no *cesen* 1820
16.9 haré *cesar* en este lugar...voz de gozo 7673
25.3 he hablado desde temprano y sin *cesar* 1696
25.4; 26.5 los profetas...temprano y sin *cesar* 1696
29.19 palabras...que les envié...y sin *cesar* 7971
32.33 enseñaba desde temprano y sin *cesar*
35.14 os he hablado...temprano y sin *cesar* 1696
35.15 y sin *cesar*, para deciros: Volveos
44.4 envié...siervos los profetas...sin *cesar* 7971
Lm 2.18 no descanses, ni *cesen* las niñas de 1826
3.49 mis ojos destilan y no *cesan*, porque 1820
5.15 *cesó* el gozo de nuestro corazón...luto 7673
Ez 7.24 *cesar* la soberbia de los poderosos 7673
12.23 *cesar* este refrán, y no repetirán más 7673
16.41 y que *ceses* de prodigar tus dones 7673
23.27 y haré *cesar* de ti tu lujuria, y tu 7673
23.48 haré *cesar* la lujuria de la tierra, y 7673
26.13 haré *cesar* el estrépito de...canciones 7673
30.18; 33.28 *cesará*...soberbia de su poderío 7673
Dn 9.27 hará *cesar* el sacrificio y la ofrenda 7673
11.18 mas un príncipe hará *cesar* su afrenta 7673
Os 1.4 haré *cesar* el reino de la casa de Israel 7673
2.11 haré *cesar* todo su gozo, sus fiestas 7673
4.18 fornicaron sin *cesar*; sus príncipes 2181
7.4 que *cesa* de avivar el fuego después que 7673
Am 7.5 Jehová, *cesa* ahora; ¿quién levantará a 2308
Mr 4.39 *cesó* el viento, y se hizo...bonanza *2869*
Lc 7.45 **no ha** ***cesado*** **de besar mis pies** *1257*

8.24 las olas…*cesaron*, y se hizo bonanza 3973
9.36 cuando *cesó* la…Jesús fue hallado solo 1096
Hch 5.42 no *cesaban* de enseñar y predicar 3973
6.13 no *cesa* de hablar palabras blasfemas 3973
12.5 la iglesia hacía sin *cesar* oración a 1618
13.10 ¿no *cesarás* de trastornar los…del Señor? 3973
20.1 después que *cesó* el alboroto, llamó 3973
20.31 no he *cesado* de amonestar con lágrimas a 3973
Ro 1.9 que sin *cesar* hago mención de vosotros 89
1 Co 13.8 y *cesarán* las lenguas, y la ciencia 3973
Ef 1.16 no *ceso* de dar gracias por vosotros 3973
Col 1.9 no *cesamos* de orar por vosotros
1 Ts 1.3 acordándonos sin *cesar*…de la obra de 89
2.13 sin *cesar* damos gracias a Dios, de que 89
5.17 orad sin *cesar* 89
2 Ti 1.3 que sin *cesar* me acuerdo de ti en mis 88
He 10.2 de otra manera *cesarían* de ofrecerse 3973
Ap 4.8 no *cesaban* día y noche de decir

CESAREA *Puerto y capital de la provincia de Judea*
Hch 8.40 anunciaba el evangelio en…llegó a C 2542
9.30 llevaron hasta C, y le enviaron a Tarso 2542
10.1 había en C un hombre llamado Cornelio 2542
10.24 otro día entraron en C. Y Cornelio los 2542
11.11 tres hombres a…enviados a mí desde C 2542
12.19 descendió de Judea a C y se quedó allí 2542
18.22 arribado a C, subió para saludar a la 2542
21.8 al otro día, saliendo Pablo…fuimos a C 2542
21.16 y vinieron…C algunos de los discípulos 2542
23.23 que preparasen…para que fuesen hasta C 2542
23.33 a C, y dieron la carta al gobernador 2542
25.1 subió de C a Jerusalén tres días después 2542
25.4 que Pablo estaba custodiado en C, adonde 2542
25.6 venido a C, al siguiente día se sentó en 2542
25.13 y Berenice vinieron a C para saludar a 2542

CESAREA DE FILIPO *Ciudad en la falda del monte Hermón*
Mt 16.13 viniendo Jesús a la región de C de F 2542
Mr 8.27 salieron por las aldeas de C de F 2542

CESIA *Segunda hija de Job*, Job 42.14 7103

CESTA
Jer 24.1 mostró Jehová dos c de higos puestas 1736
24.2 una c tenía higos…c tenía higos…malos 1731
Mt 13.48 **lo bueno en c, y lo malo echan fuera** 30
14.20 recogieron…los pedazos, doce c llenas 2894
16.9 **ni os acordáis…cuántas c recogisteis?** 2894
Mr 6.43 recogieron…doce c llenas, y de lo que 2894
8.19 **¿cuántas c…de los pedazos recogisteis?** 2984
Lc 9.17 lo que les sobró, doce c de pedazos 2894
Jn 6.13 llenaron doce c de pedazos, que de los 2894

CESTO
Dt 23.24 podrás comer uvas…no pondrás en tu c 3627
Sal 81.6 sus manos fueron descargadas de los c 1731

CETRO
Gn 49.10 no será quitado el c de Judá, ni el 7626
Nm 24.17 se levantará c de Israel, y herirá 7626
Est 4.11 a quien el rey extendiere el c de oro 8275
5.2 el rey extendió a Ester el c de oro que 8275
5.2 entonces…Ester y tocó la punta del c 8275
8.4 el rey extendió a Ester el c de oro, y 8275
Sal 45.6 c de justicia es el c de tu reino 7626
Is 9.4 el c de su opresor, como en el día de 7626
14.5 quebrantó Jehová…el c de los señores 7626
Jer 51.19 él…e Israel es el c de su herencia 7626
Ez 19.11 tuvo varas fuertes para c de reyes 7626
19.14 no ha quedado en ella vara…para c de 7626
21.10 al c de mi hijo ha despreciado como a 7626
21.13 qué, si la espada desprecia aun al c? 7626
Zac 10.11 Asiria…y se perderá el c de Egipto 7626
He 1.8 Dios…c de equidad es el c de tu reino 4464

CETURA *Mujer de Abraham después de la muerte de Sara*
Gn 25.1 Abraham tomó otra cuyo nombre era C 6989
25.4; 1 Cr 1.33 todos estos fueron hijos de C 6989
1 Cr 1.32 C, concubina de Abraham, dio a luz 6989

CHACAL
Job 30.29 he venido a ser hermano de ch, y 8577
Sal 44.19 nos quebrantases en el lugar de ch 8577
63.10 les destruirán…serán porción de los ch 7776
Is 13.22 en sus palacios aullarán hienas, y ch 8577
34.13 y serán morada de ch, y patio para los 8577
35.7 la morada de ch…será lugar de cañas y 8577
43.20 ch y los pollos del avestruz; porque 8577
Jer 9.11 reduciré a Jerusalén a…morada de ch 8577
10.22 las ciudades de Judá, en morada de ch 8577
14.6 los asnos…aspiraban el viento como ch 8577
49.33 Hazor será morada de ch, soledad para 8577
50.39 allí morarán fieras del desierto y ch 8577
51.37 será Babilonia…morada de ch, espanto 8577
Lm 4.3 aun los ch dan la teta, y amamantan a 8565
Mi 1.8 haré aullido como de ch, y lamento como 8577
Mal 1.3 y abandoné su heredad para los ch del 8568

CHARLA
Ec 10.13 y el fin de su ch, nocivo desvarío 6310

CHASQUIDO
Nah 3.2 ch de látigo, y fragor de ruedas 6963

CHICO, A
Nm 22.18 no puedo traspasar…cosa ch ni grande 6996
Dt 25.13 no tendrás en…pesa grande y pesa ch 6996
1 S 5.9 afligió…desde el ch hasta el grande 6996
30.19 no les faltó cosa alguna, ch ni grande 6996
1 R 22.31 no peleéis ni con grande ni con ch 6996
2 R 23.2 desde el más ch hasta el más grande 6996
2 Cr 18.30 no peleéis con ch ni con grande 6996
36.18 todos los utensilios de…grandes y ch 6996
Job 3.19 están el ch y el grande, y el siervo 6996
Jer 6.13 desde el más ch de ellos hasta el más 6996

CHIMENEA
Os 13.3 serán…como el humo que sale de la ch 699

CHIPRE *Isla en el Mar Mediterráneo*
Hch 4.36 entonces José…levita, natural de Ch 2953
11.19 pasaron hasta Fenicia, Ch y Antioquía 2954
11.20 había entre ellos unos…varones de Ch y 2953
13.4 a Seleucia, y de allí navegaron a Ch 2954
15.39 Bernabé, tomando a Marcos, navegó a Ch 2954
21.3 avistar Ch, dejándola a mano izquierda 2954
21.16 trayendo…a Mnasón, de Ch, discípulo 2953
27.4 navegamos a sotavento de Ch, porque los 2954

CHISME
Pr 11.13; 20.19 anda en ch descubre el secreto 7400

CHISMEAR
Lv 19.16 no andarás *chismeando* entre tu pueblo 7400
Jer 6.28 rebeldes, porfiados, andan *chismeando* 7400

CHISMOSO, A
Pr 16.28 y el ch aparta a los mejores amigos 5372
18.8 palabras del ch son como bocados suaves 5372
26.20 y donde no hay ch, cesa la contienda 5372
26.22 las palabras del ch son como bocados 5372
1 Ti 5.13 también ch y entremetidas, hablando 5397

CHISPA
Job 5.7 como las ch se levantan para volar por 1121,7565

CHORREAR
1 R 18.28 se sajaban…hasta *chorrear* la sangre 8210

CHOZA
Is 24.20 la tierra…será removida como una ch 4412

CHUPAR
Dt 32.13 e hizo que *chupase* miel de la peña 3243
33.19 *chuparán* la abundancia de los mares 3243
Job 20.16 veneno de áspides *chupará*…lo matará 3243
39.30 polluelos *chupan* la sangre; y donde 5966

CHUZA *Intendente de Herodes No.* 2, Lc 8.3 5529

CICATRIZ
Lv 13.23 no se hubiere extendido, es la c del 6867
13.28 es la c de la quemadura; el sacerdote 7613

CIEGO
Éx 4.11 ¿o quien hizo al mudo…que ve y al c? 5787
Lv 19.14 y delante del c no pondrás tropiezo 5787
21.18 varón c, o cojo, o mutilado, o sobrado 5787
22.22 c, perniquebrado, mutilado, verrugoso 5788
Dt 15.21 si fuere c, o cojo, o hubiere en él 5787
27.18 maldito el que hiciere errar al c en el 5787
28.29 palparás a mediodía como palpa el c en 5787
2 S 5.6 pues aun los c y los cojos te echarán 5787
5.8 hiera a…c aborrecidos del alma de David 5787
5.8 se dijo: C ni cojo no entrará en la casa 5787
Job 29.15 yo era ojos al c, y pies al cojo 5787
Sal 146.8 Jehová abre los ojos a los c; Jehová 5787
Is 29.18 ojos de los c verán en…la oscuridad 5787
35.5 los ojos de los c serán abiertos, y los 5787
42.7 para que abras los ojos de los c, para 5787
42.16 y guiaré a los c por camino que no 5787
42.18 sordos, oíd, y vosotros, c, mirad para 5787
42.19 ¿quién es c, sino mi siervo? ¿Quién es 5787
42.19 c como mi escogido, y c como el siervo 5787
43.8 sacad al pueblo c que tiene ojos, y a 5787
56.10 atalayas son c, todos ellos ignorantes 5787
59.10 palpamos la pared como c, y andamos a 5787
Jer 31.8 y entre ellos c y cojos, la mujer que 5787
Lm 4.14 titubearon como c en las calles, fueron 5787
Sof 1.17 andarán como c, porque pecaron contra 5787
Mal 1.8 ofrecéis el animal c para el sacrificio 5787
Mt 9.27 pasando Jesús de…le siguieron dos c 5185
9.28 llegado a la casa, vinieron a él los c 5185
11.5 **los c ven, los cojos andan, los leprosos** 5185
12.22 entonces fue traído a él un…c y mudo 5185
12.22 manera que el c y mudo veía y hablaba 5185
15.14 **dejadlos; son c guías de c; y si el** 5185
15.14 **si el c guiare al c, ambos caerán en el** 5185
15.30 gente que traía…c, mudos, mancos, y 5185
15.31 viendo a…los cojos andar, y a los c ver 5185
20.30 y dos c que estaban sentados junto al 5185
21.14 vinieron a él…c y cojos, y los sanó 5185
23.16 **¡ay de vosotros, guías c! que decís: Si** 5185
23.17 **¡insensatos y c!…¿cuál es mayor, el** 5185
23.19 **¡necios y c! porque ¿cuál es mayor, la** 5185
23.24 **c, que coláis el mosquito, y tragáis** 5185
23.26 **¡fariseo c! Limpia primero lo de dentro** 5185
Mr 8.22 vino…a Betsaida; y le trajeron un c 5185
8.23 tomando la mano del c, le sacó fuera de 5185
10.46 Bartimeo el c…sentado junto al camino 5185
10.49 deteniéndose…llamaron al c, diciéndole 5185
10.51 el c le dijo: Maestro, que recobre la 5185
Lc 4.18 **a pregonar libertad…y vista a los c** 5185
6.39 **¿acaso puede un c guiar a otro c? ¿No** 5185
7.21 sanó a…y a muchos c les dio la vista 5185
7.22 **los c ven, los cojos andan, los leprosos** 5185
14.13 **llama a los pobres…los cojos y los c** 5185
14.21 **y trae acá a los pobres…cojos y los c** 5185
18.35 un c estaba sentado junto al camino 5185
Jn 5.3 en éstos yacía una multitud…c, cojos 5185
9.1 Jesús, vio a un hombre c de nacimiento 5185
9.2 ¿quién pecó…para que haya nacido c? 5185
9.6 lodo…y untó con el dedo los ojos del c 5185
9.8 los que antes le habían visto que era c 5185
9.13 ante los fariseos al que había sido c 5185
9.18 los judíos no creían que él había sido c 5185
9.19 que vosotros decís que nació c? ¿Cómo 5185
9.20 que éste es nuestro hijo, y que nació c 5185
9.24 a llamar al hombre que había sido c, y 5185
9.25 sé, que habiendo yo sido c, ahora veo 5185
9.32 abriese los ojos a uno que nació c 5185
9.40 le dijeron: ¿Acaso nosotros somos…c? 5185
9.41 **si fuerais c, no tendríais pecado; mas** 5185
10.21 acaso el demonio abrir…ojos de los c? 5185
11.37 ¿no podía éste, que abrió los ojos al c 5185
Hch 13.11 serás c, y no verás el sol por algún 5185
Ro 2.19 confías en que eres guía de los c, luz 5185
2 P 1.9 pero el que no tiene estas cosas…es c 5185
Ap 3.17 **y no sabes que tú eres un…c y desnudo** 5185

CIELO
Gn 1.1 el principio creó Dios los c y la tierra 8064
1.8 y llamó Dios a la expansión C. Y fue la 8064
1.9 júntense las aguas que…debajo de los c 8064
1.14,15 lumbreras en la expansión de los c 8064
1.17 las puso Dios en la expansión de los c 8064
1.20 aves…en la abierta expansión de los c 8064
1.26 señoree…en las aves de los c, en las 8064
1.28 señoread…en las aves de los c, y en todas 8064
1,30 a todas las aves de los c, y a todo lo 8064
2.1 fueron, pues, acabados los c y la tierra 8064
2.4 estos son los orígenes de los c y de la 8064
2.4 el día que Jehová Dios hizo la…y los c 8064
2.19 Jehová Dios formó…toda ave de los c 8064
2.20 puso Adán nombre a toda…ave de los c 8064
6.7 y hasta el reptil y las aves del c; pues 8064
6.17 carne en que haya…de vida debajo del c 8064
7.3 aves de los c, siete parejas, macho y 8064
7.11 las cataratas de los c fueron abiertas 8064
7.19 todos los montes altos…debajo de…los c 8064
7.23 destruido…el hombre hasta…aves del c 8064
8.2 las cataratas de los c…la lluvia de los c 8064
9.2 el temor…estarán sobre toda ave de los c 8064
11.4 y una torre, cuya cúspide llegue al c 8064
14.19,22 creador de los c y de la tierra 8064
15.5 mira ahora los c, y cuenta las estrellas 8064
19.24 fuego de parte de Jehová desde los c 8064
21.17 ángel de Dios llamó a Agar desde el c 8064
22.11 el ángel de Jehová le dio voces del c 8064
22.15 llamó el ángel…segunda vez desde el c 8064
22.17 descendencia como las estrellas del c 8064
24.3 Dios de los c y Dios de la tierra, que 8064
24.7 Dios de los c, que me tomó de la casa 8064
26.4 descendencia como las estrellas del c 8064
27.28 Dios, pues, te dé del rocío del c, y 8064
27.39 será tu…del rocío de los c de arriba 8064
28.12 una escalera…su extremo tocaba en el c 8064
28.17 lugar…casa de Dios, y puerta del c 8064
49.25 con bendiciones de los c de arriba, con 8064
Éx 9.8 la esparcirá Moisés hacia el c delante 8064
9.10 ceniza…la esparció Moisés hacia el c 8064
9.22 extiende tu mano hacia el c, para que 8064
9.23 y Moisés extendió su vara hacia el c 8064
10.21 extiende tu mano hacia el c, para que 8064
10.22 y extendió Moisés su mano hacia el c 8064
16.4 Jehová dijo…yo os haré llover pan del c 8064
17.14 la memoria de Amalec de debajo del c 8064
20.4 ni ninguna semejanza de…arriba en el c 8064
20.11 seis días hizo Jehová los c y la tierra 8064
20.22 que he hablado desde el c con vosotros 8064
24.10 semejante al c cuando está sereno 8064
31.17 seis días hizo Jehová los c y la tierra 8064
32.13 descendencia como las estrellas del c 8064
Lv 26.19 haré vuestro c como hierro, y vuestra 8064
Dt 1.10 vosotros sois como las estrellas del c 8064
1.28 las ciudades…y amuralladas hasta el c 8064
2.25 sobre los pueblos debajo de todo el c 8064
3.24 ¿qué dios hay en el c…que haga obras 8064
4.11 el monte ardía…hasta en medio de los c 8064
4.19 alces tus ojos al c…el ejército del c 8064
4.19 todos los pueblos debajo de todos los c 8064
4.26 yo pongo hoy por testigos al c y…tierra 8064
4.32 si desde un extremo del c al otro se ha 8064
4.36 desde los c te hizo oír su voz, para que 8064
4.39 Jehová es Dios arriba en el c y abajo en 8064
5.8 imagen…de cosa que está arriba en los c 8064
7.24 destruirás el nombre de…de debajo del c 8064
9.1 ciudades grandes y amuralladas hasta el c 8064
9.14 borre su nombre de debajo del c, y yo te 8064
10.14 de Jehová…son los c, y los c de los c 8064
10.22 te ha hecho como las estrellas del c en 8064
11.11 que bebe las aguas de la lluvia del c 8064
11.17 y cierre los c, y no haya lluvia, ni la 8064
11.21 como los días de los c sobre la tierra 8064
17.3 inclinado a…o a todo el ejército del c 8064
25.19 borrarás la memoria de Amalec…del c 8064
26.15 mira…desde el c, y bendice a…Israel 8064
28.12 te abrirá Jehová su buen tesoro, el c 8064
28.23 los c…sobre tu cabeza serán de bronce 8064
28.24 de los c descenderán sobre ti hasta que 8064
28.26 servirán de comida a toda ave del c y 8064
28.62 de haber sido como las estrellas del c 8064
29.20 tal hombre…su nombre de debajo del c 8064
30.4 partes más lejanas que hay debajo del c 8064
30.12 no está en el c, para que digas: ¿Quién 8064
30.12 ¿quién subirá…al c, y nos lo traerá y 8064
30.19 a los c…llamo por testigos hoy contra 8064
31.28 llamaré por testigos…c y a la tierra 8064
32.1 escuchad, c, y hablaré; y oiga la tierra 8064
32.40 alzaré a los c mi mano, y diré: Vivo 8064

33.13 bendita...con lo mejor de los c, con el 8064
33.26 cabalga sobre los c para tu ayuda, y 8064
33.28 de vino; también sus c destilarán rocío 8064
Jos 2.11 Jehová...Dios es Dios arriba en los c 8064
8.20 que el humo de la ciudad subía al c, y 8064
10.11 desde el c grandes piedras sobre ellos 8064
10.13 el sol se paró en medio del c, y no se 8064
Jue 5.4 la tierra tembló, y los c destilaron 8064
5.20 desde los c pelearon las estrellas; desde 8064
13.20 la llama subía del altar hacia el c 8064
20.40 vieron...el humo de la ciudad subía al c 8064
1 S 2.10 y sobre ellos tronará desde los c 8064
5.12 y el clamor de la ciudad subía al c 8064
17.44 ven...y daré tu carne a las aves del c 8064
17.46 daré hoy los cuerpos...a las aves del c 8064
2 S 18.9 quedó suspendido entre el c...tierra 8064
21.10 hasta que llovió sobre ellos agua del c 8064
21.10 ninguna ave del c se posase sobre ellos 8064
22.8 se conmovieron los cimientos de los c 8064
22.10 e inclinó los c, y descendió; y había 8064
22.14 tronó desde los c Jehová...dio su voz 8064
1 R 8.22 del altar...extendiendo sus manos al c 8064
8.23 arriba en los c ni abajo en la tierra 8064
8.27 que los c, los c de los c, no te pueden 8064
8.30 tú lo oirás en el lugar de tu...en los c 8064
8.32 oirás desde el c...Juzgarás a tus siervos 8064
8.34,36 tú oirás en los c, y perdonarás el 8064
8.35 el c se cerrare y no lloviere, por haber 8064
8.39,43,49 tú oirás en los c, en el lugar de tu 8064
8.45 tú oirás en los c su oración y su súplica 8064
8.54 se levantó...sus manos extendidas al c 8064
14.11 el que muera...lo comerán las aves del c 8064
16.4 muerto en el, lo comerán las aves del c 8064
18.45 que los c se oscurecieron con nubes y 8064
21.24 muerto en el...lo comerán las aves del c 8064
22.19 el ejército de los c estaba junto a él 8064
2 R 1.10,12 descienda fuego del c, y consúmate 8064
1.10, 12 y descendió fuego del c...lo consumió 8064
1.14 he aquí ha descendido fuego del c, y ha 8064
2.1 a Elías en un torbellino al c, Elías venía 8064
2.11 y Elías subió al c en un torbellino 8064
7.2,19 si Jehová hiciese...ventanas en el c 8064
14.27 raer el nombre de Israel de debajo...c 8064
17.16 adoraron a todo el ejército de los c 8064
19.15 sólo tú...tú hiciste el c y la tierra 8064
21.3 y adoró a todo el ejército de los c, y 8064
21.5 altares para todo el ejército de los c 8064
23.4 hechos para...todo el ejército de los c 8064
23.5 incienso...a todo el ejército de los c 8064
1 Cr 16.26 son ídolos; mas Jehová hizo los c 8064
16.31 alégrense los c, y gócese la tierra 8064
21.16 vio al ángel...entre el c y la tierra 8064
21.26 le respondió por fuego desde los c en 8064
27.23 multiplicaría a Israel como las...del c 8064
29.11 las cosas están en los c...son tuyas 8064
2 Cr 2.6 que los c y los c de los c no pueden 8064
2.12 hizo los c y la tierra, y que dio al rey 8064
6.13 se arrodilló...y extendió sus manos al c 8064
6.14 no hay Dios semejante a ti en el c ni en 8064
6.18 c y los c de los c no te pueden contener 8064
6.21 tú oirás desde los c, desde el lugar de 8064
6.23 tú oirás...los c, y actuarás, y juzgarás 8064
6.25,27 tú oirás desde los c, y perdonarás el 8064
6.26 los c se cerraren y no hubieren lluvias 8064
6.30,33,39 oirás desde los c, desde el lugar 8064
6.35 oirás desde los c su oración y su ruego 8064
7.1 descendió fuego de los c y consumió el 8064
7.13 yo cerrare los c para que no haya lluvia 8064
7.14 yo oiré desde los c, y perdonaré sus 8064
18.18 el ejército de los c estaba a su mano 8064
20.6 ¿no eres tú Dios en los c, y tienes 8064
28.9 matado con ira que ha llegado hasta el c 8064
30.27 su oración llegó a...su santuario, al c 8064
32.20 Ezequías y el...oraron...y clamaron al c 8064
33.3 adoró a todo el ejército de los c, y les 8064
33.5 altares a todo el ejército de los c en 8064
36.23 Jehová, el Dios de los c, me ha dado 8064
Esd 1.2 Dios de los c me ha dado todos los 8064
5.11 siervos del Dios del c y de la tierra 8065
5.12 padres provocaron a ira al Dios de los c 8065
6.9 para holocaustos al Dios del c, trigo, sal 8065
6.10 que ofrezcan sacrificios...al Dios del c 8065
7.12 erudito en la ley del Dios del c: Paz 8065
7.21 Esdras, escriba de la ley del Dios del c 8065
7.23 todo lo que es mandado por el Dios del c 8065
7.23 sea hecho...para la casa del Dios del c 8065
9.6 nuestros delitos han crecido hasta el c 8065
Neh 1.4 ayuné y oré delante del Dios de los c 8065
1.5 oh Jehová, Dios de los c, fuerte, grande 8065
1.9 fuere hasta el extremo de los c, de allí 8065
2.4 me dijo...Entonces oré al Dios de los c 8064
2.20 el Dios de los c, él nos prosperará, y 8064
9.6 tú hiciste los c, y los c de los c, con 8064
9.6 tú solo...los ejércitos de los c te adoran 8064
9.13 y hablaste con ellos desde el c, y les 8064
9.15 les diste pan del c en su hambre, y en 8064
9.23 sus hijos como las estrellas del c, y los 8064
9.27 clamaron a ti...tú desde los c los oíste 8064
9.28 y tú desde los c los oías, y según tus 8064
Job 1.16 fuego de Dios cayó del c, que quemó 8064
2.12 los tres esparcieron polvo...hacia el c 8064
9.8 él solo extendió los c, y anda sobre las 8064
11.8 es más alta que los c, ¿qué harás? 8064
12.7 aves de los c, y ellas te lo mostrarán 8064
14.12 hasta que no haya c, no despertarán, ni 8064
15.15 ni aun los c son limpios delante de sus 8064
16.19 he aquí que en los c está mi testigo 8064
20.6 aunque subiere su altivez hasta el c 8064
20.27 c descubrirán su iniquidad, y la tierra 8064
22.12 ¿no está Dios en la altura de los c? 8064
22.14 no ve; y por el circuito del c se pasea 8064
26.11 las columnas del c tiemblan...espantan 8064
26.13 su espíritu adornó los c; su mano creó 8064
28.21 viviente, y a toda ave del c es oculta 8064
28.24 mira hasta...y ve cuanto hay bajo los c 8064
35.5 mira a los c, y ve, y considera que las 8064
35.11 nos hace sabios más que a las aves del c? 8064
37.3 debajo de todos los c lo dirige, y su 8064
37.18 ¿extendiste tú con él los c, firmes 7834
37.21 ya no se puede mirar la luz...en los c 7834
38.29 la escarcha del c, ¿quién la engendró? 8064
38.32 ¿sacarás tú...las constelaciones de los c 6256
38.33 ¿supiste tú las ordenanzas de los c? 8064
38.37 puso por cuenta los c con sabiduría? 8064
38.37 y los odres de los c, ¿quién los hace 7834
41.11 todo lo que hay debajo del c es mío 8064
Sal 2.4 que mora en los c se reirá; el Señor 8064
8.1 Señor...has puesto tu gloria sobre los c 8064
8.3 cuando veo tus c, obra de tus dedos, la 8064
8.8 las aves de los c y los peces del mar 8064
11.4 templo; Jehová tiene en el c su trono 8064
14.2 Jehová miró desde los c sobre los hijos 8064
18.9 inclinó los c, y descendió; y...tinieblas 8064
18.11 puso...oscuridad de aguas, nubes de los c 7834
18.13 tronó en los c Jehová, y el Altísimo 8064
19.1 los c cuentan la gloria de Dios, y el 8064
19.6 de un extremo de los c es su salida, y 8064
20.6 su ungido; lo oirá desde sus santos c 8064
33.6 por la palabra de...fueron hechos los c 8064
33.13 desde los c miró Jehová; vio a todos 8064
36.5 hasta los c llega tu misericordia, y tu 8064
50.4 convocará a los c...y a la tierra, para 8064
50.6 y los c declararán su justicia, porque 8064
53.2 Dios desde los c miró sobre los hijos de 8064
57.3 él enviará desde los c, y me salvará de 8064
57.5,11 exaltado seas sobre los c, oh Dios 8064
57.10 grande es hasta los c tu misericordia 8064
68.4 exaltad al que cabalga sobre los c 6160
68.8 destilaron los c ante la presencia de 8064
68.33 al que cabalga sobre los c de los c 8064
68.34 atribuid poder...su poder está en los c 7834
69.34 alábenle los c y la tierra, los mares 8064
73.9 ponen su boca contra el c, y su lengua 8064
73.25 ¿a quién tengo yo en los c sino a ti? 8064
76.8 desde los c hiciste oír juicio; la tierra 8064
77.17 tronaron los c, y discurrieron...rayos 7834
78.23 mandó a...y abrió las puertas de los c 8064
78.24 hizo llover...y les dio trigo de los c 8064
78.26 movió el solano en el c, y trajo con 8064
79.2 siervos por comida a las aves de los c 8064
80.14 mira desde el c...y visita esta viña 8064
85.11 verdad...la justicia mirará desde los c 8064
89.2 en los c mismos afirmarás tu verdad 8064
89.5 celebrarán...c tus maravillas, oh Jehová 8064
89.6 ¿quién en los c se igualará a Jehová? 7834
89.11 tuyos son los c...también la tierra 8064
89.29 pondré...trono como los días de los c 8064
89.37 la luna...como un testigo fiel en el c 7834
96.5 son ídolos; pero Jehová hizo los c 8064
96.11 alégrense los c, y gócese la tierra 8064
97.6 los c anunciaron su justicia, y todos 8064
102.19 Jehová miró desde los c a la tierra 8064
102.25 tierra, y los c son obra de tus manos 8064
103.11 porque como la altura de los c sobre 8064
103.19 Jehová estableció en los c su trono 8064
104.2 que extiende los c como una cortina 8064
104.12 sus orillas habitan las aves de los c 8064
105.40 codornices, y los sació de pan del c 8064
107.26 suben a los c, descienden a...abismos 8064
108.4 más grande que los c es tu misericordia 8064
108.4 más grande...y hasta los c tu verdad 8064
108.5 exaltado seas sobre los c, oh Dios 8064
113.4 excelso sobre...sobre los c su gloria 8064
113.6 que se humilla a mirar en el c y en la 8064
115.3 nuestro Dios está en los c; todo lo que 8064
115.15 de Jehová, que hizo los c y la tierra 8064
115.16 los c son los c de Jehová; y ha dado 8064
119.89 Jehová, permanece tu palabra en los c 8064
121.2 de Jehová, que hizo los c y la tierra 8064
123.1 mis ojos, a ti que habitas en los c 8064
124.8 de Jehová, que hizo el c y la tierra 8064
134.3 el cual ha hecho los c y la tierra 8064
135.6 en los c y en la tierra, en los mares 8064
136.5 al que hizo los c con entendimiento 8064
136.26 alabad al Dios de los c, porque para 8064
139.8 si subiere a los c, allí estás tú; y si 8064
144.5 oh Jehová, inclina tus c y desciende 8064
146.6 el cual hizo los c y la tierra, el mar 8064
147.8 él es quien cubre de nubes los c, el que 8064
148.1 alabad a Jehová desde los c; alabadle 8064
148.4 alabadle, c de los c, y las aguas que 8064
148.4 y las aguas que están sobre los c 8064
148.13 porque...su gloria es sobre tierra y c 8064
Pr 3.19 Jehová...afirmó los c con inteligencia 8064
3.20 con su ciencia...y destilan rocío los c 7834
8.27 cuando formaba los c, allí estaba yo 8064
8.28 cuando afirmaba los c arriba, cuando 7834
23.5 porque se harán alas...y volarán al c 8064
25.3 altura de los c, y para la profundidad 8064
30.4 ¿quién subió al c, y descendió? ¿Quién 8064
Ec 1.13 a buscar...lo que se hace debajo del c 8064
2.3 en el cual se ocuparan debajo del c todos 8064
3.1 lo que se quiere debajo del c tiene su 8064
5.2 Dios está en el c, y tú sobre la tierra 8064
6.1 hay un mal que he visto debajo del c, y 8121
10.20 porque las aves del c llevarán la voz 8064
Is 1.2 oíd, c, y escucha tú, tierra; porque 8064
5.30 mirará...y en sus c se oscurecerá la luz 6183
13.5 de lejana tierra, de lo postrero de los c 8064
13.10 las estrellas de los c...no darán su luz 8064
13.13 haré estremecer los c, y la tierra se 8064
14.12 ¡cómo caíste del c, oh Lucero, hijo de 8064
14.13 subiré al c; en lo alto, junto a las 8064
24.21 castigará al ejército de los c en lo 4791
34.4 todo el ejército de los c se disolverá 8064
34.4 enrollarán los c como un libro; y caerá 8064
34.5 porque en los c se embriagará mi espada 8064
37.16 eres Dios...tú hiciste los c y la tierra 8064
40.12 ¿quién midió las...y los c con su palmo 8064
40.22 él extiende los c como una cortina, los 8064
42.5 así dice Jehová Dios, Creador de los c 8064
44.23 cantad loores, oh c, porque Jehová lo 8064
44.24 que extiendo solo los c, que extiendo la 8064
45.8 rociad, c, de arriba, y...nubes destilen 8064
45.12 yo, mis manos, extendieron los c, y a 8064
45.18 así dijo Jehová, que creó los c; él es 8064
47.13 defiendan los contempladores de los c 3556
48.13 mano derecha midió los c con el palmo 8064
49.13 alabanzas, oh c, y alégrate, tierra 8064
50.3 visto de oscuridad los c, y hago 8064
51.6 alzad a los c vuestros ojos, y mirad 8064
51.6 porque los c serán deshechos como humo 8064
51.13 que extendió los c y fundó la tierra 8064
51.16 de mi mano te cubrí, extendiendo los c 8064
55.9 como son más altos los c que la tierra 8064
55.10 como desciende de los c la lluvia y la 8064
63.15 mira desde el c, y contempla desde tu 8064
64.1 ¡oh, si rompieses los c, y descendieras 8064
65.17 que yo crearé nuevos c y nueva tierra 8064
66.1 Jehová dijo así: El c es mi trono, y la 8064
66.22 como los c nuevos y la nueva tierra que 8064
Jer 2.12 espantaos, c, sobre...y horrorizaos 8064
4.23 miré...a los c, y no había en ellos luz 8064
4.25 miré, y...las aves del c se habían ido 8064
4.28 se enlutará la tierra, y los c arriba se 8064
7.18 para hacer tortas a la reina del c y 8064
7.33 para comida de las aves del c y de las 8064
8.2 los esparcirán...a todo el ejército del c 8064
8.7 aun la cigüeña en el c conoce su tiempo 8064
9.10 desde las aves del c hasta las bestias 8064
10.2 ni de las señales del c tengáis temor 8064
10.11 los dioses que no hicieron los c ni la 8065
10.11 desaparezcan de la tierra y...de los c 8065
10.12 el que...extendió los c con su sabiduría 8064
10.13 produce muchedumbre de aguas en el c 8064
14.22 haga llover? ¿y darán los c lluvias? 8064
15.3 aves del c y bestias de la tierra para 8064
16.4 servirán de comida a las aves del c y a 8064
19.7 daré sus cuerpos...a las aves del c y a 8064
19.13 ofrecieron...a todo el ejército del c 8064
23.24 ¿no lleno yo, dice Jehová, el c y la 8064
31.37 así...Si los c arriba se pueden medir 8064
32.17 hiciste el c y la tierra con tu gran 8064
33.22 no puede ser contado el ejército del c 8064
33.25 si yo no he puesto las leyes del c y 8064
34.20 serán comida de las aves del c, y de 8064
44.17,18,25 ofrecer incienso a la reina del c 8064
44.19 ofrecimos incienso a la reina del c 8064
49.36 vientos de los cuatro puntos del c 8064
51.9 porque ha llegado hasta el c su juicio 8064
51.15 y extendió los c con su inteligencia 8064
51.16 se producen tumultos de aguas en los c 8064
51.48 los c y la tierra y...cantarán de gozo 8064
51.53 aunque suba Babilonia hasta el c, y se 8064
Lm 2.1 derribó del c a la tierra la hermosura 8064
3.41 levantemos...corazones...a Dios en los c 8064
3.50 hasta que Jehová mire y vea desde los c 8064
3.66 y quebrántalos de debajo de los c, oh 8064
4.19 más ligeros fueron...que las águilas del c 8064
Ez 1.1 los c se abrieron, y vi visiones de Dios 8064
8.3 Espíritu me alzó entre el c y la tierra 8064
29.5 a las aves del c te he dado por comida 8064
31.6 ramas hacían nido todas las aves del c 8064
31.13 sobre su ruina habitarán...aves del c 8064
32.4 haré posar sobre ti...las aves del c 8064
32.7 cubriré los c...sol cubriré con nublado 8064
32.8 entenebrecer...los astros brillantes del c 8064
38.20 las aves del c, las bestias del campo 8064
Dn 2.18 pidiesen misericordias del Dios del c 8065
2.19 por lo cual bendijo Daniel al Dios del c 8065
2.28 hay un Dios en los c, el cual revela los 8065
2.37 el Dios del c te ha dado reino, poder 8065
2.38 dondequiera que habitan...y aves del c 8065
2.44 el Dios del c levantará un reino que no 8065
4.11 y su copa llegaba hasta el c, y se le 8065
4.12 sus ramas hacían morada las aves del c 8065
4.13,23 un vigilante y santo descendía del c 8065
4.15,23 sea mojado con el rocío del c, y con las 8065
4.20 copa llegaba hasta el c, y que se veía 8065
4.21 en cuyas ramas anidaban las aves del c 8065
4.22 tu grandeza y ha llegado hasta el c, y 8065
4.25 con el rocío del c serás bañado; y siete 8065
4.26 luego que reconozcas que el c gobierna 8065
4.31 vino una voz del c: A ti se te dice, rey 8064
4.33 su cuerpo se mojaba con el rocío del c 8064
4.34 alcé mis ojos al c, y mi razón me fue 8064
4.35 él hace según su voluntad en el...del c 8064
4.37 y glorifico al Rey del c, porque todas 8064
5.21 su cuerpo fue mojado con el rocío del c 8064
5.23 sino que contra el Señor del c te has 8064
6.27 hace...maravillas en el c y en la tierra 8064
7.2 los cuatro vientos del c combatían en el 8064
7.13 con las nubes del c venía uno como un 8064

7.27 de los reinos debajo de todo el *c*, sea 8064
8.8 cuernos... hacia los cuatro vientos del *c* 8064
8.10 se engrandeció hasta el ejército del *c* 8064
9.12 pues nunca fue hecho debajo del *c* nada 8064
11.4 y repartido hacia los 4 vientos del *c* 8064
12.7 el cual alzó su diestra... al *c*, y juró 8064
Os 2.18 haré para ti pacto con... las aves del *c* 8064
2.21 responderé a los *c*, y ellos responderán 8064
4.3 extenuará todo... las bestias... aves del *c* 8064
7.12 haré caer como aves del *c*; les castigaré 8064
Jl 2.10 estremecerán los *c*; el sol y la luna 8064
2.30 daré prodigios en el *c* y en la tierra 8064
3.16 temblarán... *c* y la tierra; pero Jehová 8064
Am 9.2 y aunque subieren hasta el *c*, de allá 8064
9.6 él edificó en el *c* sus cámaras, y ha 8064
Jon 1.9 soy hebreo, y temo a... Dios de los *c* 8064
Nah 3.16 mercaderes más que... estrellas del *c* 8064
Hab 3.3 su gloria cubrió los *c*, y la tierra se 8064
Sof 1.3 destruiré las aves del *c* y los peces 8064
1.5 a los que... se postran al ejército del *c* 8064
Hag 1.10 por eso se detuvo del los *c*... la lluvia 8064
2.6,21 yo haré temblar los *c* y la tierra 8064
Zac 2.6 los cuatro vientos de los *c* os esparcí 8064
5.9 alzaron el efa entre la tierra y los *c* 8064
6.5 estos son los cuatro vientos de los *c* 8064
8.12 y los *c* darán su rocío; y haré que el 8064
12.1 Jehová, que extiende los *c* y funda la 8064
Mal 3.10 si no os abriré las ventanas de los *c* 8064
Mt 3.2 arrepentíos, porque el reino de los *c* *3772*
3.16 he aquí los *c* le fueron abiertos, y vio *3772*
3.17 hubo una voz de los *c*, que decía: Este *3772*
4.17 **porque el reino de los *c* se ha acercado** *3772*
5.3,10 **porque de ellos es el reino de los *c*** *3772*
5.12 **vuestro galardón es grande en los *c*** *3772*
5.16 **glorifiquen a... Padre que está en los *c*** *3772*
5.18 **hasta que pasen el *c* y la tierra, ni una** *3772*
5.19 **muy pequeño será llamado en el... de los *c*** *3772*
5.19 **será llamado grande en el reino de los *c*** *3772*
5.20 **que... no entraréis en el reino de los *c*** *3772*
5.34 **ni por el *c*, porque es el trono de Dios** *3772*
5.45 **hijos de vuestro Padre que está en los *c*** *3772*
5.48 **como vuestro Padre que está en los *c* es** *3772*
6.1 **recompensa de... Padre que está en los *c*** *3772*
6.9 **así: Padre nuestro que estás en los *c*** *3772*
6.10 **hágase tu voluntad, como en el *c*, así** *3772*
6.20 **sino haceos tesoros en el *c*, donde ni la** *3772*
6.26 **mirad las aves del *c*, que no siembran** *3772*
7.11 **vuestro Padre que está en los *c* dará** *3772*
7.21 **no todo el... entrará en el reino de los *c*** *3772*
7.21 **hace la voluntad de mi Padre... en los *c*** *3772*
8.11 **y se sentarán con... en el reino de los *c*** *3772*
8.20 **y las aves del *c* nidos; mas el Hijo del** *3772*
10.7 **predicad... reino de los *c* se ha acercado** *3772*
10.32,33 **delante de... Padre que está en los *c*** *3772*
11.11 **pero el más pequeño en el reino de los *c*** *3772*
11.12 **el reino de los *c* sufre violencia, y los** *3772*
11.23 **Capernaum... eres levantada hasta el *c*** *3772*
11.25 **te alabo... Señor del *c* y de la tierra** *3772*
12.50 **hace la voluntad de mi Padre... en los *c*** *3772*
13.11 **saber los misterios del reino de los *c*** *3772*
13.24,31,33,44,45,47 **reino de los *c* es semejante** *3772*
13.32 **vienen las aves del *c* y hacen nidos en** *3772*
13.52 **escriba docto en el reino de los *c* es** *3772*
14.19 levantando los ojos al *c*, bendijo, y *3772*
16.1 le pidieron que les mostrase señal del *c* *3772*
16.2 **decís: Buen tiempo... *c* tiene arreboles** *3772*
16.3 **porque tiene arreboles el *c* nublado** *3772*
16.3 **que sabéis distinguir el aspecto del *c*** *3772*
16.17 **lo reveló... mi Padre que está en los *c*** *3772*
16.19 **te daré las llaves del reino de los *c*** *3772*
16.19 **lo que atares en... será atado en los *c*** *3772*
16.19 **que desatares... será desatado en los *c*** *3772*
18.1 ¿quién es el mayor en el reino de... *c*? *3772*
18.3 **que... no entraréis en el reino de los *c*** *3772*
18.4 **ése es el mayor en el reino de los *c*** *3772*
18.10 **os digo que sus ángeles en los *c* ven** *3772*
18.10 **rostro de mi Padre que está en los *c*** *3772*
18.14 **la voluntad... Padre que está en los *c*** *3772*
18.18 **todo lo que atéis... será atado en el *c*** *3772*
18.18 **lo que desatéis... será desatado en el *c*** *3772*
18.19 **hecho por mi Padre que está en los *c*** *3772*
18.23 **el reino de los *c* es semejante a un rey** *3772*
19.12 **eunucos por causa del reino de los *c*** *3772*
19.14 **porque de los tales es el reino de los *c*** *3772*
19.21 **vende lo que... tendrás tesoro en el *c*** *3772*
19.23 **difícilmente entrará un rico en... los *c*** *3772*
20.1 **porque el reino de los *c* es semejante a** *3772*
21.25 **el bautismo... ¿del *c*, o de los hombres?** *3772*
21.25 si decimos, del *c*, nos dirá: ¿Por qué *3772*
22.2 **el reino de los *c* es semejante a un rey** *3772*
22.30 **serán como los ángeles de Dios en el *c*** *3772*
23.9 **es vuestro Padre, el que está en los *c*** *3772*
23.13 **cerráis el reino de los *c* delante de los** *3772*
23.22 **el que jura por el *c*, jura por el trono** *3772*
24.29 **y las estrellas caerán del *c*, y las** *3772*
24.29 **las potencias de los *c* serán conmovidas** *3772*
24.30 **aparecerá la señal del Hijo... en el *c*** *3772*
24.30 **Hijo... viniendo sobre las nubes del *c*** *3772*
24.31 **desde un extremo del *c* hasta el otro** *3772*
24.35 **el *c* y la tierra pasarán, pero mis** *3772*
24.36 **nadie sabe, ni... los ángeles de los *c*** *3772*
25.1 **el reino de los *c* será semejante a diez** *3772*
25.14 **reino de los *c* es como un hombre que**
26.64 **al Hijo... viniendo en las nubes del *c*** *3772*
28.2 un ángel del Señor, descendiendo del *c* *3772*
28.18 **toda potestad me es dada en el *c* y en** *3772*
Mr 1.10 vio abrirse los *c*, y al Espíritu como *3772*
1.11 vino una voz de los *c* que decía: Tú eres *3772*
4.4 **y vinieron las aves del *c* y la comieron** *3772*
4.32 **que las aves del *c* pueden morar bajo su** *3772*
6.41 levantando los ojos al *c*, bendijo, y *3772*
7.34 levantando los ojos al *c*, gimió, y le *3772*
8.11 pidiéndole señal del *c*, para tentarle *3772*
10.21 **vende todo... y tendrás tesoro en el *c*** *3772*
11.25 **Padre que está en los *c* os perdone a** *3772*
11.26 **tampoco vuestro Padre que está en... *c*** *3772*
11.30 **el bautismo de Juan, ¿era del *c*, o de** *3772*
11.31 si decimos, del *c*, dirá: ¿Por qué, pues *3772*
12.25 **sino serán como los ángeles... en los *c*** *3772*
13.25 **y las estrellas caerán del *c*, y las** *3772*
13.25 **las potencias que están en los *c* serán** *3772*
13.27 **extremo de la tierra... el extremo del *c*** *3772*
13.31 **el *c* y... pasarán, pero mis palabras no** *3772*
13.32 **ni aún los ángeles que están en el *c*** *3772*
14.62 al Hijo... viniendo en las nubes del *c* *3772*
16.19 después... fue recibido arriba en el *c* *3772*
Lc 2.15 los ángeles se fueron de ellos al *c* *3772*
3.21 fue bautizado; y orando, el *c* se abrió *3772*
3.22 y vino una voz del *c* que decía: Tú eres *3772*
4.25 **cuando el *c* fue cerrado por tres años** *3772*
6.23 **vuestro galardón es grande en los *c*** *3772*
8.5 **fue hollada, y las aves del *c* la comieron** *3772*
9.16 levantando los ojos al *c*, los bendijo *3772*
9.54 descienda fuego del *c*, como hizo Elías *3772*
9.58 **y las aves de los *c* nidos; mas el Hijo** *3772*
10.15 **que hasta los *c* eres levantada, hasta** *3772*
10.18 **yo veía a Satanás caer del *c* como un** *3772*
10.20 **vuestros nombres están escritos en... *c*** *3772*
10.21 **oh Padre, Señor del *c* y de la tierra** *3772*
11.2 **decid: Padre nuestro que estás en los *c*** *3772*
11.2 **hágase tu voluntad, como en el *c*, así en** *3772*
11.16 para tentarle, le pedían señal del *c* *3772*
12.33 **tesoro en los *c* que no se agote, donde** *3772*
12.56 **sabéis distinguir el aspecto del *c* y de** *3772*
13.19 **las aves del *c* anidaron en sus ramas** *3772*
15.7 **habrá más gozo en el *c* por un pecador** *3772*
15.18,21 **he pecado contra el *c* y contra ti** *3772*
16.17 **más fácil es que pasen el *c* y la tierra** *3772*
17.24 **resplandece desde un extremo del *c*, así** *3772*
17.29 **de Sodoma, llovió del *c* fuego y azufre** *3772*
18.13 **ni aun alzar los ojos al *c*, sino que** *3772*
18.22 **a los pobres, y tendrás tesoro en el *c*** *3772*
19.38 paz en el *c*, y gloria en las alturas! *3772*
20.4 **el bautismo... del *c*, o de los hombres?** *3772*
20.5 si decimos, del *c*, dirá: ¿Por qué, pues *3772*
21.11 **habrá terror y grandes señales del *c*** *3772*
21.26 **las potencias de los *c* serán conmovidas** *3772*
21.33 **el *c* y la tierra pasarán, pero mis** *3772*
22.43 y se le apareció un ángel del *c* para *3772*
24.51 se separó... y fue llevado arriba al *c* *3772*
Jn 1.32 al Espíritu que descendía del *c* como *3772*
1.51 **veréis el *c* abierto, y a los ángeles de** *3772*
3.13 **subió al *c*, sino el que descendió del *c*** *3772*
3.13 **el Hijo del Hombre, que está en el *c*** *3772*
3.27 recibir nada, si no le fuere dado del *c* *3772*
3.31 el que viene del *c*, es sobre todos; el *3772*
6.31 está escrito: Pan del *c* les dio a comer *3772*
6.32 **no os dio Moisés el pan del *c*, mas mi** *3772*
6.32 **mi Padre os da el verdadero pan del *c*** *3772*
6.33 **es aquel que descendió del *c* y da vida** *3772*
6.38 **he descendido del *c*, no para hacer mi** *3772*
6.41 **dicho: Yo soy el pan que descendió del *c*** *3772*
6.42 **¿cómo... dice éste: Del *c* he descendido?** *3772*
6.50 **este es el pan que desciende del *c*, para** *3772*
6.51 **yo soy el pan vivo que descendió del *c*** *3772*
6.58 **este es el pan que descendió del *c*; no** *3772*
12.28 vino una voz del *c*: Lo he glorificado *3772*
17.1 **levantando los ojos al *c*, dijo: Padre** *3772*
Hch 1.10 ellos con los ojos puestos en el *c* *3772*
1.11 galileos, ¿por qué estáis mirando al *c*? *3772*
1.11 que ha sido tomado de vosotros al *c*, así *3772*
1.11 así vendrá como le habéis visto ir al *c* *3772*
2.2 vino del *c* un estruendo como de un viento *3772*
2.5 judíos... de todas las naciones bajo el *c* *3772*
2.19 daré prodigios arriba en el *c*, y señales *3772*
2.34 porque David no subió a los *c*; pero él *3772*
3.21 de cierto es necesario que el *c* reciba *3772*
4.12 no hay otro nombre bajo el *c*, dado a los *3772*
4.24 tú eres el Dios que hiciste el *c* y la *3772*
7.42 que rindiesen culto al ejército del *c* *3772*
7.49 el *c* es mi trono, y la tierra el estrado *3772*
7.55 puestos los ojos en el *c*, vio la gloria *3772*
7.56 veo los *c* abiertos, y al Hijo del Hombre *3772*
9.3 le rodeó un resplandor de luz del *c* *3772*
10.11 vio el *c* abierto, y que descendía algo *3772*
10.12 había de todos... reptiles y aves del *c* *3772*
10.16 lienzo volvió a ser recogido en el *c* *3772*
11.5 lienzo... bajado del *c* y venía hasta mí *3772*
11.6 cuadrúpedos... y reptiles, y aves del *c* *3772*
11.9 voz me respondió del *c* por segunda vez *3772*
11.10 y volvió todo a ser llevado arriba al *c* *3772*
14.15 al Dios vivo, que hizo el *c* y la tierra *3772*
14.17 bien, dándonos lluvias del *c* y tiempos *3772*
17.24 siendo Señor del *c* y de la tierra, no *3772*
22.6 de repente me rodeó mucha luz del *c* *3772*
26.13 vi una luz del *c* que sobrepasaba el *3771*
Ro 1.18 la ira de Dios se revela desde el *c* *3772*
10.6 digas en tu corazón: ¿Quién subirá al *c*? *3772*
1 Co 8.5 se llamen dioses, sea en el *c*, o en *3772*
15.47 el segundo... que es el Señor, es del *c* *3772*
2 Co 5.1 una casa no hecha... eterna, en los *c* *3772*
12.2 que... fue arrebatado hasta el tercer *c* *3772*
Gá 1.8 si... un ángel del *c*, os anunciare otro *3772*
Ef 1.10 así las que están en los *c*, como las *3772*
3.15 toma nombre toda familia en los *c* y en *3772*
4.10 subió por encima de todos los *c* para *3772*
6.9 sabiendo que el Señor de... está en los *c* *3772*
Fil 2.10 que están en los *c*, y en la tierra *2032*
3.20 mas nuestra ciudadanía está en los *c*, de *3772*
Col 1.5 esperanza... os está guardada en los *c* *3772*
1.16 las que hay en los *c* y las que hay en la *3772*
1.20 en la tierra como las que están en los *c* *3772*
1.23 toda la creación que está debajo del *c* *3772*
4.1 sabiendo que... tenéis un Amo en los *c* *3772*
1 Ts 1.10 esperar de los *c* a su Hijo, al cual *3772*
4.16 el Señor mismo con... descenderá del *c* *3772*
2 Ts 1.7 se manifieste el Señor... desde el *c* *3772*
He 1.10 fundaste la tierra, y los *c* son obra *3772*
4.14 gran sumo sacerdote que traspasó los *c* *3772*
7.26 inocente... y hecho más sublime que los *c* *3772*
8.1 se sentó a la diestra del trono... en los *c* *3772*
9.24 en el *c* mismo para presentarse ahora por *3772*
10.34 mejor y perdurable herencia en los *c* *3772*
11.12 como las estrellas del *c* en multitud *3772*
12.23 de los primogénitos... inscritos en los *c* *3772*
12.25 nosotros... al que amonesta desde los *c* *3772*
12.26 aun una vez, y conmoveré... también el *c* *3772*
Stg 5.12 no juréis, ni por el *c*, ni por la tierra *3772*
5.18 otra vez oró, y el *c* dio lluvia, y la *3772*
1 P 1.4 reservada en los *c* para vosotros *3772*
1.12 por el Espíritu Santo enviado del *c* *3772*
3.22 habiendo subido al *c* está a la diestra *3772*
2 P 1.18 oímos esta voz enviada del *c*, cuando *3772*
3.5 hechos por la palabra de Dios los *c*, y *3772*
3.7 pero los *c* y la tierra que existen ahora *3772*
3.10 los *c* pasarán con grande estruendo, y los *3772*
3.12 en el cual los *c*... serán deshechos, y los *3772*
3.13 esperamos... *c* nuevos y tierra nueva, en *3772*
1 Jn 5.7 son los que dan testimonio en el *c* *3772*
Ap 3.12 **Jerusalén, la cual desciende del *c*, de** *3772*
4.1 he aquí una puerta abierta en el *c*; y la *3772*
4.2 y he aquí, un trono establecido en el *c* *3772*
5.3 ninguno, ni en el *c* ni en la tierra ni en *3772*
5.13 todo lo creado que está en el *c*, y sobre *3772*
6.13 y las estrellas del *c* cayeron sobre la *3772*
6.14 y el *c* se desvaneció como un pergamino *3772*
8.1 se hizo silencio en el *c*... por media hora *3772*
8.10 cayó del *c* una gran estrella, ardiendo *3772*
8.13 oí a un ángel volar por en medio del *c* *3321*
9.1 una estrella que cayó del *c* a la tierra *3772*
10.1 vi descender del *c* a otro ángel fuerte *3772*
10.4 oí una voz del *c* que me decía: Sella las *3772*
10.5 y el ángel que vi... levantó su mano al *c* *3772*
10.6 que creó el *c* y las cosas que están en *3772*
10.8 voz que oí del *c* habló otra vez conmigo *3772*
11.6 éstos tienen poder para cerrar el *c*, a *3772*
11.12 oyeron una... voz del *c*, que les decía *3772*
11.12 subid acá; y subieron al *c* en una nube *3772*
11.13 los demás... dieron gloria al Dios del *c* *3772*
11.15 tocó la... y hubo grandes voces en el *c* *3772*
11.19 el templo de Dios fue abierto en el *c* *3772*
12.1 apareció en el *c* una gran señal... mujer *3772*
12.3 apareció otra señal en el *c*: he aquí un *3772*
12.4 su cola arrastraba... las estrellas del *c* *3772*
12.7 después hubo una gran batalla en el *c* *3772*
12.8 ni se halló ya lugar para ellos en el *c* *3772*
12.10 entonces oí una gran voz en el *c*, que *3772*
12.12 alegraos, *c*, y los que moráis en ellos *3772*
13.6 blasfemar de... de los que moran en el *c* *3772*
13.13 hace descender fuego del *c* a la tierra *3772*
14.2 y oí una voz del *c* como estruendo de *3772*
14.6 vi volar por en medio del *c* a otro ángel *3321*
14.7 adorad a aquel que hizo el *c* y la tierra *3772*
14.13 una voz que desde el *c* me decía: Escribe *3772*
14.17 salió otro ángel del templo... en el *c* *3772*
15.1 vi en el *c* otra señal, grande y admirable *3772*
15.5 aquí fue abierto en el *c* el templo del *3772*
16.11 y blasfemaron contra el Dios del *c* por *3772*
16.17 y salió una gran voz del templo del *c* *3772*
16.21 cayó del *c*... un enorme granizo como de *3772*
18.1 vi a otro ángel descender del *c* con gran *3772*
18.4 otra voz del *c*, que decía: Salid de ella *3772*
18.5 sus pecados han llegado hasta el *c*, y *3772*
18.20 alégrate sobre ella, *c*, y vosotros *3772*
19.1 oí una gran voz de gran multitud en el *c* *3772*
19.11 vi el *c* abierto; y he aquí un caballo *3772*
19.17 a... las aves que vuelan en medio del *c* *3321*
20.1 vi a un ángel que descendía del *c*, con *3772*
20.9 descendió fuego del *c*, y los consumió *3772*
20.11 del cual huyeron la tierra y el *c*, y *3772*
21.1 vi un *c* nuevo y... el primer *c* y... pasaron *3772*
21.2 la nueva Jerusalén, descender del *c*, de *3772*
21.3 y oí una gran voz del *c* que decía: He *3772*
21.10 gran ciudad santa... que descendía del *c* *3772*

CIEN *Véase Ciento*

CIENCIA
Gn 2.9 y el árbol de la *c* del bien y del mal 1847
2.17 del árbol de la *c* del bien... no comerás 1847
Éx 31.3 lo he llenado... en inteligencia, en *c* 1847
35.31 lo ha llenado del Espíritu de Dios... *c* 1847
Nm 24.16 dijo... el que sabe la *c* del Altísimo 1847
1 R 7.14 Hiram era lleno de... *c* en toda obra 1847
2 Cr 1.10 dame ahora sabiduría y *c*... gobernar 4093
1.11 sino que has pedido... *c* para gobernar a 4093
1.12 sabiduría y *c* te son dadas; y también 4093
Job 12.12 en los ancianos está la *c*, y en la 2451
26.3 ¿en qué aconsejaste al que no tiene *c* 2451
Sal 94.10 ¿no sabrá el que enseña al... a *c*? 1847
107.27 como ebrios, y toda su *c* es inútil 2451
Pr 1.22 burlar... insensatos aborrecerán la *c*? 1847
2.10 corazón, y la *c* fuere grata a tu alma 1847
3.20 con su *c* los abismos fueron divididos 1847
5.2 el consejo, y tus labios conserven la *c* 1847

8.10 recibid, *c* antes que el oro escogido . . . 1847
8.12 cordura, y hallo la *c* de los consejos . . . 1847
14.7 vete de . . . en él no hallarás labios de *c* . . . 1847
14.18 la *c* del prudente está en entender su . . . 1847
18.15 y el oído de los sabios busca la *c* . . . 1847
19.2 el alma sin *c* no es buena, y aquel que . . . 1847
19.25 corrigiendo al entendido, entenderá *c* . . . 1847
21.11 cuando . . . amonesta al sabio aprende *c* . . . 1847
22.12 los ojos de Jehová velan por la *c*; mas . . . 1847
22.20 ¿no te he escrito tres veces . . . y en *c* . . . 1847
24.4 con *c* se llenarán las cámaras de todo . . . 1847
30.3 ni aprendí . . . ni conozco la *c* del Santo . . . 1847
Ec 1.16 mi corazón ha percibido . . . sabiduría y *c* . . . 1847
1.18 molestia; y quien añade *c*, añade dolor . . . 1847
2.21 el hombre trabaje . . . con *c* y con rectitud . . . 1847
2.26 al hombre que le agrada, Dios de la . . . *c* . . . 1847
7.11 buena es la *c* con herencia, y provechosa . . . 2451
7.12 escudo es la *c*, y escudo es el dinero . . . 2451
9.10 no hay . . . ni trabajo, ni *c*, ni sabiduría . . . 2451
9.16 la *c* del pobre sea menospreciada, y no . . . 2451
Is 28.9 ¿a quién se enseñará *c*, o a quién se . . . 1844
33.6 reinarán en tus tiempos la sabiduría . . . *c* . . . 1847
40.14 o le enseñó *c*, o le mostró la senda de . . . 1847
47.10 tu sabiduría y tu misma *c* te engañaron . . . 1847
Jer 3.15 daré pastores . . . os apacienten con *c* . . . 1844
10.14 todo hombre se embrutece, y le falta *c* . . . 1847
51.17 hombre se ha infatuado, y no tiene *c* . . . 1847
Dn 1.4 sabios en *c* y de buen entendimiento . . . 1847
1.17 Dios les dio . . . inteligencia en todas . . . *c* . . . 4093
2.21 da la sabiduría . . . y la *c* a los entendidos . . . 4486
5.12 fue hallado en él mayor espíritu y *c* . . . 4486
12.4 muchos correrán de . . . y la *c* se aumentará . . . 1847
Lc 11.52 **¡ay . . . habéis quitado la llave de la *c*** . . . *1108*
Ro 2.20 que tienes en la ley la forma de la *c* . . . *1108*
10.2 tienen celo de Dios . . . no conforme a *c* . . . *1922*
11.33 ¡oh profundidad de . . . y de la *c* de Dios! . . . *1108*
1 Co 1.5 *c* según el mismo Espíritu . . . *1108*
13.2 entendiese . . . *c*, y si tuviese toda la fe . . . *1108*
13.8 y cesarán las lenguas y la *c* acabará . . . *1108*
14.6 no os hablare con revelación, o con *c* . . . *1108*
2 Co 6.6 en *c*, en longanimidad, en bondad, en . . . *1108*
8.7 fe, en palabra, en *c*, en toda solicitud . . . *1108*
Fil 1.9 vuestro amor abunde aun más y . . . en *c* . . . *1922*
1 Ti 6.20 argumentos . . . falsamente llamada *c* . . . *1108*

CIEN MIL
1 R 20.29 mataron . . . *100.000* hombres de a pie . . . 3967,05
2 R 3.4 *100.000* corderos y *100.000* carneros . . . 3967,505
1 Cr 5.21 tomaron . . . asnos, y *100.000* personas . . . 3967,505
22.14 he preparado . . . *100.000* talentos de oro . . . 3967,505
2 Cr 25.6 sueldo . . . a *100.000* hombres valientes . . . 3967,505

CIENO
Sal 69.2 estoy hundido en *c* profundo, donde no . . . 3121
Is 57.20 en tempestad . . . aguas arrojan *c* y lodo . . . 7516
Jer 38.6 sino *c*, y se hundió Jeremías en el *c* . . . 2916
38.22 tus amigos; hundieron en el *c* tus pies . . . 1206
2 P 2.22 la puerca lavada a revolcarse en el *c* . . . *1004*

CIENTO, CIEN *Véase también Ciento Cinco y otros números*
Gn 11.10 Sem, de edad de *c* años, engendró a . . . 3967
17.17 ¿a hombre de *c* años ha de nacer hijo? . . . 3967
21.5 Abraham de *c* años cuando nació Isaac . . . 3967
26.12 y cosechó aquel año *c* por uno; y le . . . 3967,8180
33.19 una parte del campo . . . por *c* monedas . . . 3967
47.9 los años de . . . son *c* treinta años . . . 3967
47.28 de su vida, *c* cuarenta y siete años . . . 3967
Éx 18.25 puso por jefes . . . sobre mil, sobre *c* . . . 3967
27.9,11 cortinas . . . de *c* codos de longitud . . . 3967
27.18 la longitud del atrio será de *c* codos . . . 3967
38.9 las cortinas del atrio eran de *c* codos . . . 3967
38.11 y del lado norte cortinas de *c* codos . . . 3967
38.25 la plata . . . fue *c* talentos y 1.775 siclos . . . 3967
38.27 hubo además *c* talentos de plata para . . . 3967
38.27 en *c* basas, *c* talentos, a talento por . . . 3967
Lv 26.8 perseguirán a *c*, y *c* . . . perseguirán a . . . 3967
Nm 2.24 Efraín, *c* ocho mil cien . . . 3967
Dt 22.19 y le multarán en *c* piezas de plata . . . 3967
Jos 24.32 Jacob compró . . . por *c* piezas de dinero . . . 3967
Jue 7.19 llegaron . . . Gedeón y los *c* hombres que . . . 3967
16.5 te dará mil *c* siclos de plata . . . 3967
17.2 mil *c* siclos de plata que te fueron hurtados . . . 3967
17.3 devolvió los mil *c* siclos de plata a su
20.10 tomaremos diez hombres de cada *c* por . . . 3967
20.10 *c* de cada mil, y mil de cada 10.000 . . . 3967
20.35 derrotó . . . veinticinco mil *c* hombres . . . 3967
1 S 18.25 no desea la dote, sino *c* prepucios . . . 3967
25.18 Abigail tomó . . . *c* racimos de uvas pasas . . . 3967
29.2 pasaban revista a sus compañías de a *c* . . . 3967
2 S 3.14 cual desposé conmigo por *c* prepucios . . . 3967
8.4 caballos . . . dejó suficientes para *c* carros . . . 3967
16.1 *c* racimos de pasas, *c* panes de higos . . . 3967
18.4 salía todo el pueblo de *c* en *c* y de mil . . . 3967
24.3 añada Jehová al . . . *c* veces tanto como son . . . 3967
1 R 4.23 *c* ovejas; sin los ciervos, gacelas . . . 3967
7.2 la casa del . . . tenía *c* codos de longitud . . . 3967
18.4 Abdías tomó a *c* profetas y . . . escondió . . . 3967
18.13 escondí a *c* varones de los profetas . . . 3967
2 R 4.43 pondré esto delante de *c* hombres? . . . 3967
23.33 impuso . . . multa de *c* talentos de plata . . . 3967
1 Cr 12.14 el menor tenía cargo de *c* hombres . . . 3967
12.25 los hijos de Simeón, siete mil *c* hombres . . . 3967
18.4 desjarretó . . . excepto los de *c* carros . . . 3967
21.3 añada Jehová a su pueblo *c* veces más . . . 3967
21.5 había en todo Israel un millón *c* mil . . . 3967
22.14 la casa de Jehová *c* mil talentos de oro . . . 3967
2 Cr 3.16 e hizo *c* granadas, las cuales puso . . . 3967
4.8 hizo diez mesas . . . hizo *c* tazones de oro . . . 3967
25.6 tomó a sueldo por *c* talentos de plata . . . 3967
25.9 ¿qué, pues, se hará de los *c* talentos . . . 3967
27.5 le dieron los . . . *c* talentos de plata . . . 3967
29.32 de los holocaustos . . . *c* carneros y 200 . . . 3967
36.3 condenó la tierra a pagar *c* talentos . . . 3967
Esd 2.3 hijos de Paros, dos mil *c* setenta . . . 3967
2.69 dieron . . . y *c* túnicas sacerdotales . . . 3967
6.17 ofrecieron . . . *c* becerros, 200 carneros . . . 3967
7.22 hasta *c* talentos de plata, *c* coros de . . . 3967
7.22 *c* hatos de vino, y *c* hatos de aceite . . . 3967
8.26 y utensilios de plata por *c* talentos . . . 3967
8.26 en manos de ellos . . . y *c* talentos de oro . . . 3967
Neh 7.8 hijos de Paros, dos mil *c* setenta . . . 3967
7.31 los varones de Micmas, *c* veintidós . . . 3967
Pr 17.10 aprovecha . . . más que *c* azotes al necio . . . 3967
Ec 6.3 aunque el hombre engendrare *c* hijos . . . 3967
8.12 aunque el pecador haga mal *c* veces, y . . . 3967
Is 65.20 morirá de *c* años, y el pecador de *c* . . . 3967
Jer 52.23 granadas en . . . eran *c* sobre la red . . . 3967
Ez 40.19 midió la anchura . . . de *c* codos hacia . . . 3967
40.23,27 midió de puerta a puerta, *c* codos . . . 3967
40.47 midió . . . *c* codos de longitud, y *c* codos . . . 3967
41.13 luego midió la casa, *c* codos de largo . . . 3967
41.13 midió . . . el edificio . . . *c* codos de longitud . . . 3967
41.14 y el ancho . . . de la casa . . . era de *c* codos . . . 3967
41.15 la longitud del edificio que . . . *c* codos . . . 3967
42.2 su longitud era de *c* codos, y el ancho . . . 3967
42.8 delante de la fachada del . . . había *c* codos . . . 3967
Am 5.3 ciudad que salga con mil, volverá con *c* . . . 3967
5.3 y la que salga con *c* volverá con diez . . . 3967
Mt 13.8 **y dio fruto, cuál a *c*, cuál a sesenta** . . . *1540*
13.23 **y produce a *c*, a sesenta, y a treinta** . . . *1540*
15.38 habían comido *c* mil hombres . . . *5070*
18.12 **si un hombre tiene *c* ovejas, y se** . . . *1540*
18.28 **halló a uno de . . . que le debía *c* denarios** . . . *1540*
19.29 **recibirá *c* veces más, y heredará la vida** . . . *1542*
Mr 4.8 **y produjo a treinta, a sesenta, y a *c*** . . . *1540*
4.20 **y dan fruto a treinta, a sesenta y a *c*** . . . *1540*
6.40 y se recostaron por grupos, de *c* en *c* . . . *1540*
10.30 **no reciba *c* veces más ahora en este** . . . *1542*
Lc 8.8 **parte . . . nació y llevó fruto a *c* por uno** . . . *1542*
15.4 **qué hombre de vosotros, teniendo *c* oveja** . . . *1540*
16.6 **él dijo: *C* barriles de aceite. Y le dijo** . . . *1540*
16.7 **él dijo: *C* medidas de trigo. Él le dijo** . . . *1540*
Jn 19.39 un compuesto de mirra . . . como *c* libras . . . *1540*
Ro 4.19 considerar su cuerpo . . . de casi *c* años . . . *1541*

CIENTO CINCO
Gn 5.6 vivió Set *105* años, y engendró a Enós . . . 3967,2568

CIENTO CINCUENTA
Gn 7.24 y prevalecieron las aguas . . . *150* días . . . 3967,2572
8.3 se retiraron . . . aguas al cabo de *150* días . . . 3967,2572
1 R 10.29 el caballo por *150*; y así . . . adquirían . . . 3967,2572
1 Cr 8.40 los hijos de Ulam...muchos hijos . . . *150* . . . 3967,2572
2 Cr 1.17 compraban . . . carro . . . un caballo por *150* . . . 3967,2572
Esd 8.3 y con él, en la línea de varones, *150* . . . 3967,2572
Neh 5.17 además, *150* judíos . . . estaban a mi mesa . . . 3967,2572

CIENTO CINCUENTA Y SEIS
Esd 2.30 los hijos de Magbis, *156* . . . 3967,2572,8337

CIENTO CINCUENTA Y SIETE MIL SEISCIENTOS
Nm 2.31 todos los contados en . . . Dan, *157.600* . . . 3967,505,2572,7651,505,8337,3967

CIENTO CINCUENTA Y TRES
Jn 21.11 llena de grandes peces, *153* . . . *1540,4004,5140*

CIENTO CINCUENTA Y TRES MIL SEISCIENTOS
2 Cr 2.17 extranjeros que . . . hallados *153.600* . . . 3967,2572,505,7969,505,8337,3967

CIENTO CINCUENTA Y UN MIL CUATROCIENTOS CINCUENTA
Nm 2.16 los contados en el . . . de Rubén, *151.450* . . . 3967,505,2572,259,505,702,3967,2572

CIENTO CUARENTA
Job 42.16 después de esto vivió Job *140* años . . . 3967,705

CIENTO CUARENTA Y CUATRO
Ap 21.17 midió su muro, *144* codos, de medida . . . *1540,5062,5064*

CIENTO CUARENTA Y CUATRO MIL
Ap 7.4 *144.000* sellados de todas . . . *1540,5062,5064,5505*
14.1 y con él 144.000, que tenían el nombre . . . *1540,5062,5064,5505*
14.3 podía aprender . . . sino aquellos 144.000 . . . *1540,5062,5064,5505*

CIENTO CUARENTA Y OCHO
Neh 7.44 cantores: los hijos de Asaf, *148* . . . 3967,705,8083

CIENTO CUARENTA Y SIETE
Gn 47.28 y fueron los días de Jacob . . . *147* años . . . 3967,705,7651

CIENTO DIECINUEVE
Gn 11.25 y vivió Nacor . . . *119* años, y engendró . . . 3967,8672,6240

CIENTO DIEZ
Gn 50.22 habitó José en . . . y vivió José *110* años . . . 3967,6235
50.26 murió José a la edad de *110* años; y lo . . . 3967,6235
Jos 24.29; Jue 2.8 murió Josué . . . de *110* años . . . 3967,6235
Esd 8.12 Johanán hijo de Hacatán, y con él *110* . . . 3967,6235

CIENTO DOCE
1 Cr 15.10 el principal, y sus hermanos, *112* . . . 3967,8147,6240
Esd 2.18 los hijos de Jora, *112* . . . 3967,8147,6240
Neh 7.24 los hijos de Harif, *112* . . . 3967,814,,6240

CIENTO OCHENTA
Gn 35.28 y fueron los días de Isaa *c* *180* años . . . 3967,8084
Est 1.4 y su poder, por muchos días, *180* días . . . 3967,8084

CIENTO OCHENTA MIL
1 R 12.21 reunió . . . *180.000* hombres, guerreros . . . 3967,8084,505
2 Cr 11.1 reunió . . . *180.000* hombres escogidos de . . . 3967,8084,505
17.18 tras éste, Jozabad, y con él *180.000* . . . 3967,8084,505

CIENTO OCHENTA Y CINCO MIL
2 R 19.3 5 el ángel . . . mató . . . asirlos a *185.000* . . . 3967,8084,2568,505
Is 37.36 mató a *185.000* en el campamento de . . . 3967,8084,2568,505

CIENTO OCHENTA Y DOS
Gn 5.28 vivió Lame *c* *182* años, y engendró un . . . 3967,8084,8147

CIENTO OCHENTA Y OCHO
Neh 7.26 los varones de Belén y de Netofa, *188* . . . 3967,8084,8083

CIENTO OCHENTA Y SEIS MIL CUATROCIENTOS
Nm 2.9 en el campamento de Judá, *186.400* . . . 3967,505,8084,505,8337

CIENTO OCHENTA Y SIETE
Gn 5.25 vivió Matusalén *187* años, y engendró . . . 3967,8084,7651

CIENTO OCHO MIL CIEN
Nm 2.24 los contados en . . . de Efraín, *108.100* . . . 3967,505,8083,505,3967

CIENTO SESENTA
Esd 8.10 el hijo de Josifías, y con él *160* . . . 3967,8346

CIENTO SESENTA Y DOS
Gn 5.18 vivió Jared *162* años, y engendró a . . . 3967,8346,8147

CIENTO SETENTA Y DOS
Neh 11.19 Acub . . . guardas en las puertas, *172* . . . 3967,7657,8147

CIENTO SETENTA Y CINCO
Gn 25.7 los días que vivió Abraham: *175* años . . . 3967,7657,2568

CIENTO TREINTA
Gn 5.3 y vivió Adán *130* años, y engendró un . . . 3967,7970
47.9 los días de los años de . . . son *130* años . . . 3967,7970
Nm 7.13,19,25,31,37,43,49,55,61,67,73,79 un plato de plata de *130* siclos . . . 3967,7970
7.85 cada plato de *130* siclos, y cada jarro . . . 3967,7970
1 Cr 15.7 de Gersón, Joel . . . sus hermanos, *130* . . . 3967,7970
2 Cr 24.15 Joiada . . . *130* años era cuando murió . . . 3967,7970

CIENTO TREINTA Y NUEVE
Esd 2.42 los hijos de Sobai; por todos, *139* . . . 3967,7970,8672

CIENTO TREINTA Y OCHO
Neh 7.45 porteros . . . los hijos de Sobai, *138* . . . 3967,7970,8083

CIENTO TREINTA Y SIETE
Gn 25.17 años de la vida de Ismael, *137* años . . . 3967,7970,7651
Éx 6.16 y los años . . . de Leví fueron *137* años . . . 3967,7970,7651
6.20 los años de la vida de Amram fueron *137* . . . 3967,7970,7651

CIENTO TREINTA Y TRES
Éx 6.18 los años de la vida de Coat fueron *133* . . . 3967,7970,7969

CIENTO VEINTE
Gn 6.3 es carne; mas serán sus días *120* años . . . 3967,6242
Nm 7.86 el oro de las cucharas, *120* siclos . . . 3967,6242
Dt 31.2 dijo: Este día soy de edad de *120* años . . . 3967,6242
34.7 era Moisés de . . . de *120* años cuando murió . . . 3967,6242
1 R 9.14 enviado al rey *120* talentos de oro . . . 3967,6242
10.10 y dio ella al rey *120* talentos de oro . . . 3967,6242
1 Cr 15.5 de Coat, Uriel . . . y sus hermanos, *120* . . . 3967,6242
2 Cr 3.4 el pórtico . . . y su altura de *120* codos . . . 3967,6242
5.12 y con ellos *120* sacerdotes que tocaban . . . 3967,6242
9.9 y dio al rey *120* talentos de oro, y gran . . . 3967,6242
Dn 6.1 constituir sobre el reino *120* sátrapas . . . 3967,6242
Hch 1.15 los reunidos eran como *120* en número . . . *1540,1501*

CIENTO VEINTE MIL
Jue 8.10 caído *120.000* hombres que . . . 3967,6242,505
1 R 8.63 ofreció Salomón . . . *120.000* ovejas . . . 3967,6242,505
1 Cr 12.37 media tribu de Manasés, *120.000* . . . 3967,6242,505
2 Cr 7.5 ofreció . . . Salomón . . . *120.000* ovejas . . . 3967,6242,505
28.6 Peka . . . mató . . . en un día *120.000* hombres . . . 3967,6242,505
Jon 4.11 donde hay más de *120.000* personas que . . . 3967,6242,505

CIENTO VEINTIDÓS
Esd 2.27; Neh 7.31 varones de Micmas, *122* . . . 3967,6242,8147

CIENTO VEINTIOCHO
Esd 2.23 los varones de Anatot, *128* . . . 3967,6242,8083
2.41 los cantores: los hijos de Asaf, *128* . . . 3967,6242,8083
Neh 7.27 los varones de Anatot, *128* . . . 3967,6242,8083
11.14 hermanos, hombres de gran vigor, *128* . . . 3967,6242,8083

CIENTO VEINTISIETE
Gn 23.1 vida de Sara *127* años; tantos 3967,7651,6242
Est 1.1 reinó...sobre *127* provincias 3967,7651,6242
8.9 se escribió...a...*127* provincias; a cada 3967,7651,6242
9.30 cartas...a las *127* provincias del rey 3967,7651,6242

CIENTO VEINTITRÉS
Nm 33.39 Aarón de edad de *123* años, cuando 3967,6242,7969
Esd 2.21 los hijos de Belén, *123* 3967,6242,7969
Neh 7.32 varones de Bet-el y de Hai, *123* 3967,6242,7969

CIERNE
Cnt 2.13 higos, y las vides en *c* dieron olor 5563
2.15 las zorras...nuestras viñas están en *c* 5563
7.12 si brotan las vides, si están en *c*, si 5563

CIERTAMENTE *Véase el Apéndice*

CIERTÍSIMAMENTE
Hch 2.36 sepa...*c* toda la casa de Israel, que *806*

CIERTÍSIMA
Lc 1.1 las cosas que entre nosotros han sido *c* *4135*

CIERTO, A *Véase también el Apéndice*
Dt 13.14 si pareciere verdad, cosa *c*, que tal 3559
17.4 la cosa pareciere...*c*, que tal abominación 3559
Rt 3.12 es *c* que yo soy pariente cercano, con 551
Est 2.23 hizo investigación...y fue hallado *c* 4672
Job 5.2 es *c* que al necio lo mata la ira, y al
Hch 16.10 dando por *c* que Dios nos llamaba *4822*
22.30 queriendo saber de *c* la causa por la *804*
23.15,20 inquirir alguna cosa más *c* acerca de *197*
25.26 cosa *c* que escribir a mi señor, le he *804*
Ro 8.18 pues tengo por *c* que las aflicciones *3049*

CIERVA
Gn 49.21 Neftalí, *c* suelta, que pronunciará 355
2 S 22.34 quien hace mis pies como de *c*, y me 355
Job 39.1 miraste tú...*c* cuando están pariendo? 355
Sal 18.33 quien hace mis pies como de *c*, y me 355
Pr 5.19 como *c* amada y graciosa gacela. Sus 365
Cnt 2.7; 3.5 los corzos y por las *c* del campo 355
Jer 14.5 las *c* en...parían y dejaban la cría 365
Hab 3.19 el cual hace mis pies como de *c*, y en 355

CIERVO
Dt 12.15 podrá comer, como...de gacela o de *c* 354
12.22 lo mismo que se come la gacela y el *c* 354
14.5 *c*, la gacela, el corzo, la cabra montés 354
15.22 comerán...como de una gacela o de un *c* 354
1 R 4.23 sin los *c*, gacelas, corzos y aves 354
Sal 42.1 como el *c* brama por las corrientes 354
Is 35.6 el cojo saltará como un *c*, y cantará 354
Lm 1.6 príncipes fueron como *c* que no hallan 354

CIGÜEÑA
Lv 11.19; Dt 14.18 la *c*, la garza según su 2624
Sal 104.17 en las hayas hace su casa la *c* 2624
Jer 8.7 aun la *c* en el cielo conoce su tiempo 2624
Zac 5.9 dos mujeres...tenían alas como de *c* 2624

CILICIA *Comarca romana en Asia Menor*
Hch 6.9 de *C* y de Asia, disputando con Esteban *2791*
15.23 los hermanos...que están...en *C*, salud *2791*
15.41 pasó por Siria y *C*, confirmando a las *2791*
21.39 de Tarso, ciudadano de una ciudad...de *C* *2791*
22.3 soy judío, nacido en Tarso de *C*, pero *2791*
23.34 y habiendo entendido que era de *C* *2791*
27.5 atravesado el mar...frente a *C* y Panfilia *2791*
Gá 1.21 fui a las regiones de Siria y de *C* *2791*

CILICIO
Gn 37.34 y puso *c* sobre sus lomos, y guardó 8242
2 S 3.31 ceñíos de *c*, y haced duelo delante de 8242
21.10 Rizpa...tomó una tela de *c* y la tendió 8242
1 R 20.31 pongamos, pues, ahora *c* en...lomos 8242
20.32 ciñeron, pues, sus lomos con *c*, y sogas 8242
21.27 puso *c* sobre su carne...y durmió en *c* 8242
2 R 6.30 rasgó...y el pueblo vio el *c* que traía 8242
19.1 se cubrió de *c*, y entró en la casa de 8242
19.2 y envió a Eliaquim...cubiertos de *c*, al 8242
1 Cr 21.16 David...se postraron...cubiertos de *c* 8242
Neh 9.1 se reunieron...con *c* y tierra sobre sí 8242
Est 4.1 se vistió de *c* y de ceniza, y se fue 8242
4.2 no era lícito pasar adentro...vestido de *c* 8242
4.3 luto, *c* y ceniza era la cama de muchos 8242
4.4 envió vestidos para...hacerle quitar el *c* 8242
Job 16.15 *c* sobre mi piel, y puse mi cabeza 8242
Sal 30.11 desataste mi *c*, y me ceñiste de 8242
35.13 cuando ellos enfermaron, me vestí de *c* 8242
69.11 puse además *c* por mi vestido, y vine 8242
Is 3.24 en lugar de ropa de...ceñimiento de *c* 8242
15.3 se ceñirán de *c* en sus calles; en sus 8242
20.2 vé y quita el *c* de tus lomos, y descalza 8242
22.12 a raparse el cabello y a vestir *c* 8242
32.11 oh indolentes...ceñid los lomos con *c*
37.1 Ezequías...cubierto de *c* vino a la casa 8242
37.2 envió a...los sacerdotes, cubiertos de *c* 8242
50.3 los cielos, y hago como *c* su cubierta 8242
58.5 aflija el...y haga cama de *c* y de ceniza? 8242
Jer 4.8 esto vestíos de *c*, endechad y aullad 8242
6.26 hija de mi pueblo, cíñete de *c*...ceniza 8242
48.37 sobre toda mano...y *c* sobre todo lomo 8242
49.3 hijas de Rabá, vestíos de *c*, endechad 8242
Lm 2.10 polvo...sus cabezas, se ciñeron de *c* 8242
Ez 7.18 se ceñirán también de *c*, y les cubrirá 8242
27.31 se ceñirán de *c*, y endecharán por ti 8242
Dn 9.3 oración y ruego, en ayuno, *c* y ceniza 8242
Jl 1.8 llora tú como joven vestida de *c* por 8242
1.13 venid, dormid en *c*, ministros de...Dios 8242
Am 8.10 haré Poner *c* sobre todo lomo, y que 8242
Jon 3.5 vistieron de *c* desde el mayor hasta 8242
3.6 se cubrió de *c* y se sentó sobre ceniza 8242
3.8 sino cúbranse de *c* hombres y animales 8242
Mt 11.21 **que se hubieran arrepentido en *c* y** *4526*
Lc 10.13 **sentadas en *c*...habrían arrepentido** *4526*
Ap 6.12 el sol se puso negro como tela de *c* *4526*
11.3 testigos que profeticen...vestidos de *c* *4526*

CIMA
Gn 8.5 se descubrieron las *c* de los montes 7218
Nm 14.44 se obstinaron en subir a la *c* del 7218
Jer 22.6 como Galaad...y como la *c* del Líbano 7218
Os 4.13 las *c* de los montes sacrificaron, e 7218

CÍMBALO
2 S 6.5 danzaban...con...panderos, flautas y *c* 6767
1 Cr 13.8 David y...regocijaban...*c* y trompetas 4700
15.16 cantores con...arpas y *c*, que resonasen 4700
15.19 que eran cantores, sonaban *c* de bronce 4700
15.28 el arca...con...*c*, y al son de salterios 4700
16.5 instrumentos...pero Asaf sonaba los *c* 4700
16.42 a Hemán y a Jedutún con trompetas y *c* 4700
25.1 para que profetizasen con arpas...y *c* 4700
25.6 casa de Jehová, con *c*, salterios y arpas 4700
2 Cr 5.12 estaban con *c* y salterios y arpas 4700
5.13 que alzaban la voz con trompetas y *c* y 4700
29.25 levitas en la casa de Jehová con *c* 4700
Esd 3.10 los levitas...con *c*, para que alabasen 4700
Neh 12.27 hacer la dedicación...*c*, salterios 4700
Sal 150.5 alabadle con *c* resonantes; alabadle 6767
150.5 alabadle...alabadle con *c* de júbilo 6767
1 Co 13.1 vengo a ser como...o *c* que retiñe *2950*

CIMENTAR
Sal 78.69 la tierra que *cimentó* para siempre 3245
Is 54.11 *cimentaré*...piedras sobre carbunclo 3245
Ef 3.17 que, arraigados y *cimentados* en amor *2311*

CIMIENTO
Jos 6.26 sobre su primogénito eche los *c* de 3245
2 S 22.8 se conmovieron los *c* de los cielos 4146
22.16 y quedaron al descubierto los *c* del 4146
1 R 5.17 piedras costosas, para...*c* de la casa 3245
6.37 se echaron los *c* de la casa de Jehová 3245
7.9 piedras costosas...el *c* hasta los remates 4527
7.10 el *c* era de piedras costosas...grandes 3245
16.34 precio de la vida de Abiram...echó el *c* 3245
2 Cr 3.3 medidas que dio Salomón a los *c* de la 1129
8.16 desde el día en que se pusieron los *c* de 4143
23.5 la otra tercera parte, a la puerta del *C*? 3247
Esd 3.6 los *c* del templo...no se habían echado 3245
3.10 y cuando los albañiles...echaban los *c* 3245
3.11 se echaban los *c* de la casa de Jehová 3245
3.12 viendo echar...*c* de esta casa, lloraban 3245
5.16 Sesbasar vino y puso los *c* de la casa 787
Job 4.19 casas de barro, cuyos *c* están en el 3247
Sal 18.7 se conmovieron los *c* de los montes 4146
18.15 y quedaron al descubierto los *c* del 4146
82.5 tiemblan todos los *c* de la tierra 4146
87.1 su *c* está en el monte santo 3248
89.14; 97.2 justicia y juicio son el *c* de tu 4349
104.5 fundó la tierra sobre sus *c*; no será 4349
137.7 cuando decían...arrasadla hasta los *c* 3247
Is 24.18 porque...temblarán los *c* de la tierra 4146
28.16 he puesto en Sion...piedra...de *c* estable 3248
51.16 extendiendo los cielos y echando los *c* 3245
58.12 los *c* de generación y...levantarás, Y 4146
Jer 50.15 han caído sus *c*, derribados son sus 803
51.26 y nadie tomará de ti...ni piedra para *c* 4146
Lm 4.11 encendió en Sion fuego...hasta sus *c* 3247
Ez 13.14 y será descubierto su *c*, y caerá, y 3247
41.8 los *c*...era de una caña entera de seis 4328
Jon 2.6 descendí a los *c* de los montes; la 7095
Mi 1.6 montones de ruinas...descubriré sus *c* 3247
6.2 oíd...fuertes *c* de la tierra, el pleito 4146
Hab 3.13 la casa del impío, descubriendo el *c* 3247
Hag 2.18 el día que se echó el *c* del templo 3245
Zac 4.9 las manos de Zorobabel echarán el *c* 3248
8.9 desde el día que se echó el *c* a la casa 3248
Lc 14.29 **sea que después que haya puesto el *c*** *2310*
Hch 16.26 que los *c* de la cárcel se sacudían *2310*
Ap 21.14 y el muro de la ciudad tenía doce *c* *2310*
21.19 y los *c* del muro de...estaban adornados *2310*
21.19 primer *c* era jaspe; el segundo, zafiro *2310*

CINA *Ciudad en Judá*, Jos 15.22 7016

CIÑA
S 109.19 en lugar de cinto con que se *c*

CÍÑASE
1 S 25.13 *C* cada uno con su espada, y se 2296

CINCEL
Job 19.24 con *c* de hierro y con plomo fuesen 2672
Jer 17.1 el pecado de Judá escrito está con *c* 2790

CINCHO
1 R 7.33 sus cubos y sus *c*...era de fundición 2840

CINCO *Véase Cinco mil, etc.*
Gn 5.6 vivió Set ciento *c* años, y 2568
5.11 días de Enós novecientos *c* años; y murió 2568
5.15 vivió Mahalaleel sesenta y *c* años 2568
5.17 Mahalaleel ochocientos noventa y *c* años 2568
5.21 vivió Eno *c* sesenta y *c* años, y engendró 2568
5.23 días de Eno *c* trescientos sesenta y *c* años 2568
5.30 Noé, quinientos noventa y *c* años, y 2568
11.12 Arfaxad vivió treinta y *c* años, y 2568
11.32 días de Taré doscientos *c* años; y murió 2568
12.4 era Abram de edad de setenta y *c* años 2568
14.9 rey de Elasar; cuatro reyes contra *c* 2568
18.28 quizá faltarán de cincuenta justos *c* 2568
18.28 ¿destruirás por aquellos...*c* la ciudad? 2568
25.7 vivió Abraham: *c* setenta y cinco años 2568
43.34 *c* veces mayor que cualquiera de las de 2568
45.6 *c* años en los cuales ni habrá arada ni 2568
45.11 quedan *c* años de hambre, para que no 2568
45.22 y a Benjamín dio...*c* mudas de vestidos 2568
47.2 tomó *c* varones, y los presentó delante 2568
Éx 22.1 por aquel buey pagará *c* bueyes, y por 2568
26.3 *c* cortinas estarán unidas una con la 2568
26.3 y las otras *c* cortinas unidas una con 2568
26.9 unirás *c* cortinas aparte y las otras 6 2568
26.26 harás...*c* barras de madera de acacia 2568
26.27 *c* barras para las tablas del otro lado 2568
26.27 *c*...para las tablas del lado posterior 2568
26.37 harás...*c* columnas de madera de acacia 2568
26.37 fundirás *c* basas de bronce para ellas 2568
27.1 altar...de *c* codos de longitud, y de *c* 2568
27.18 y la altura de *c* codos; sus cortinas 2568
36.10 *c* de las cortinas las unió entre sí, y 2568
36.10 unió las otras *c* cortinas entre sí 2568
36.16 y unió *c* de las cortinas aparte, y las 2568
36.31 barras...*c* para las tablas de un lado 2568
36.32 *c* barras para las tablas del otro lado 2568
36.32 *c* barras para las tablas del...posterior 2568
36.38 *c* columnas con sus capiteles; y cubrió 2568
36.3 8 de oro los...e hizo de bronce sus *c* basas 2568
38.1 hizo...el altar...su longitud de *c* codos 2568
38.1 y su anchura de otros *c* codos, cuadrado 2568
38.18 su altura, era de *c* codos, lo mismo que 2568
Lv 26.8 *c* de vosotros perseguirán a ciento, y 2568
27.5 y si fuere de *c* años hasta veinte, el 2568
27.6 un mes hasta *c* años...*c* siclos de plata 2568
3.47 *c* siclos por cabeza; conforme al siclo 2568
7.17,23,29,35,41,47,53,59,65,71,77,83 *c* carneros, *c*...cabríos y *c* corderos 2568
11.19 no comeréis un día...ni *c* días, ni diez 2568
18.16 por el precio de *c* siclos, conforme al 2568
31.8 mataron...los *c* reyes de Madián; también 2568
Jos 10.5 *c* reyes de...se juntaron y subieron 2568
10.16 los *c* reyes huyeron, y se escondieron 2568
10.17 que los *c* reyes habían sido hallados 2568
10.22 abrid...la cueva, y sacad...a esos *c* reyes 2568
10.23 sacaron de la cueva a aquellos *c* reyes 2568
10.26 mató, y los hizo colgar en *c* maderos 2568
13.3 *c* príncipes de los filisteos: el gazeo 2568
Jue 3.3 los *c* príncipes de los filisteos, todos 2568
18.2 Dan enviaron...*c* hombres de entre ellos 2568
18.7 aquellos *c* hombres salieron, y vinieron a 2568
18.14 *c* hombres que habían ido...dijeron a sus 2568
18.17 subiendo los *c* hombres...entraron allá 2568
1 S 6.4 *c* tumores de oro, y *c* ratones de oro 2568
6.16 cuando vieron esto los *c* príncipes de los 2568
6.18 pertenecientes a los *c* príncipes, así las 2568
17.40 escogió *c* piedras lisas del arroyo, y 2568
21.3 dame *c* panes, o lo que tengas a mano 2568
25.18 *c* ovejas guisadas, *c* medidas de grano 2568
25.42 levantándose...Abigail con *c* doncellas 2568
2 S 4.4 tenía *c* años de edad cuando llegó de 2568
21.8 tomó el rey a...*c* hijos de Mical hija de 2568
1 R 6.6 el aposento...era de *c* codos de ancho 2568
6.10 el aposento...de altura de *c* codos, el 2568
6.24 una ala...tenía *c* codos, y la otra ala...*c* 2568
6.31 umbral y los postes eran de *c* esquinas 2549
7.16 capitel era de *c* codos...otro...*c* codos 2568
7.23 su altura era de *c* codos, y lo ceñía 2568
7.39 *c* basas a la mano derecha...las otras *c* 2568
7.49 *c* candeleros de oro purísimo...otros *c* 2568
2 R 6.25 estiércol de palomas por *c* piezas de 2568
7.13 tomen ahora *c* de los caballos que han 2568
13.19 *c* o seis golpes, hubieras derrotado a 2568
25.19 tomó...*c* varones de los consejeros del 2568
1 Cr 2.4 todos los hijos de Judá fueron *c* 2568
2.6 los hijos de Zera: Zimri...por todos *c* 2568
3.20 Hasadías y Jusab-hesed; *c* por todos 2568
4.32 y sus aldeas fueron Etam...*c* pueblos 2568
7.3 hijos de Israhías...por todos, *c* príncipes 2568
7.7 los hijos de Bela: Ezbón, Uzi...*c* jefes 2568
11.23 venció a un egipcio, hombre de *c* codos 2568
2 Cr 3.11,12 ala era de *c* codos...la otra de *c* 2568
3.15 con sus capiteles encima, de *c* codos 2568
4.2 hizo un mar de fundición...era de *c* codos 2568
4.6 diez fuentes...puso *c* a la derecha y *c* a 2568
4.7 diez candeleros...*c* a la derecha y *c* a la 2568
4.8 mesas...*c* a la derecha y *c* a la izquierda 2568
6.13 estrado...*c* codos de largo, de *c* codos 2568
Is 17.6 cuatro o *c* en sus ramas...fructíferas 2568
19.18 *c* ciudades en la tierra de Egipto que 2568
30.17 la amenaza de *c* huiréis vosotros todos 2568
Jer 52.22 el capitel...de una altura de *c* codos 2568
Ez 1.1 a los *c* días del mes, que estando yo 2568
1.2 en el quinto año...a los *c* días del mes 2568
8.1 sexto, a los *c* días del mes, aconteció 2568
33.21 a los *c* días del mes, que vino a mí un 2568
40.7 y entre las cámaras había *c* codos de 2568
40.30 los arcos...eran de...*c* codos de ancho 2568
40.48 poste...*c* codos de un lado, y *c* codos de 2568
41.2 puerta, de *c* codos de un lado, y *c* del 2568
41.9 el ancho de la pared de...era de *c* codos 2568
41.11 el ancho del espacio...era de *c* codos 2568
41.12 pared...de *c* codos de grueso alrededor 2568
Mt 14.17 no tenemos aquí sino *c* panes y dos *4002*
14.19 y tomando los *c* panes y los dos peces *4002*
16.9 **ni os acordáis de los *c* panes entre** *4002*
25.2 ***c* de ellas eran prudentes y *c* insensatas** *4000*
25.15 **a uno dio *c* talentos, y a otro dos, y** *4000*
25.16 **el que había recibido *c* talentos fue** *4000*

2 5.16 **fue y negoció... y ganó otros c talentos** 4000
25.20 **recibido c talentos, trajo otros c** 4000
25.20 **c talentos me entregaste; aquí tienes** 4000
25.20 **he ganado otros c talentos sobre ellos** 4000
Mr 6.38 al saberlo, dijeron: *C*, y dos peces 4000
6.41 tomó los *c* panes y los dos peces, y 4000
8.19 **cuando partí los c panes entre cinco mil** 4002
Lc 1.24 recluyó en casa por *c* meses, diciendo 4002
9.13 dijeron... No tenemos más que *c* panes y 4002
9.16 tomando los *c* panes y los dos pescados 4002
12.6 **se venden c pajarillos por dos cuartos?** 4002
12.52 **c en una familia estarán divididos, tres** 4002
14.19 **he comprado c yuntas de bueyes, y voy a** 4002
16.28 **tengo c hermanos... que les testifique** 4002
19.18 **otro... Señor, tu mina ha ganado c minas** 4002
19.19 **dijo: Tú también sé sobre c ciudades** 4002
Jn 4.18 **c maridos has tenido, y el que ahora** 4002
5.2 un estanque... el cual tiene *c* pórticos 4002
6.9 aquí está un muchacho, que tiene *c* panes 4002
6.13 llenaron doce cestas de... de los *c* panes 4002
Hch 20.6 en *c* días nos reunimos con ellos en 4002
24.1 *c* días después, descendió el... Ananías 4002
1 Co 14.19 prefiero hablar *c* palabras con mi 4002
2 Co 11.24 *c* veces he recibido cuarenta azotes 3999
Ap 9.5 no... sino que los atormentasen *c* meses 4002
9.10 para dañar a los hombres durante *c* meses 4002
17.10 son siete reyes. *C* de ellos han caído 4002

CINCO MIL
Jos 8.12 tomó como *5.000* hombres, y los Puso 2568,505
Jue 20.45 fueron abatidos *5.000* hombres en 2568,505
1 S 17.5 era el peso de la cota *5.000* siclos 2568,505
1 Cr 29.7 dieron para... *5.000* talentos... de oro 2568,505
29.7 de bronce, y *5.000* talentos de hierro 2568,505
2 Cr 35.9 dieron... *5.000* ovejas y 500 bueyes 2568,505
Esd 2.69 al tesorero... *5.000* libras de plata 2568,505
Ez 45.6 la ciudad señalaréis *5.000* de anchura 2568,505
48.15 las *5.000* cañas de anchura que quedan 2568,505
Mt 14.21 y los que comieron fueron como *5.000* 4000
16.9 **de los cinco panes entre 5.000 hombres** 4000
Mr 6.44 los que comieron eran *5.000* hombres 4000
8.19 los cinco panes entre *5.000*, ¿cuántas 4000
Lc 9.14 **y eran como 5.000 hombres. Entonces** 4000
Jn 6.10 **se recostaron como en número de 5.000** 4000
Hch 4.4 número de los varones era como *5.000* 4002,5505

CINCO MIL CUATROCIENTOS
Esd 1.11 los utensilios de oro y... eran
5.400 2568,505,702,3967

CINCUENTA *Véase también Cincuenta y dos, Cincuenta mil, etc*
Gn 6.15 de *c* codos su anchura, y de treinta 2572
18.24 quizá haya *c* justos dentro de la ciudad 2572
18.24 perdonarás al lugar por amor a los *c* 2572
18.26 si hallare en Sodoma *c* justos dentro de 2572
18.28 quizá faltarán de *c* justos cinco 2572
Éx 18.21 y ponlos... por jefes... de *c* y de diez 2572
18.25 y los puso por jefes... sobre *c* y sobre 2572
26.5 *c* lazadas... en la primera cortina, y *c* 2572
26.6 harás también *c* corchetes de oro, con 2572
26.10 *c* lazadas en la orilla... y *c* lazadas en 2572
26.11 asimismo *c* corchetes de bronce, los 2572
27.12 lado occidental... cortinas de *c* codos 2572
27.13 en el ancho del atrio... habrá *c* codos 2572
27.18 anchura *c* por un lado y *c* por el otro 2572
36.12 *c* lazadas hizo en la... y otras *c* en la 2572
36.13 hizo también *c* corchetes de oro, con 2572
36.17 *c* lazadas en la orilla de... y otras *c* en 2572
36.18 hizo también *c* corchetes de bronce para 2572
38.12 lado del occidente, cortinas de *c* codos 2572
38.13 del lado... al este, cortinas de *c* codos 2572
Lv 23.16 hasta el día... reposo contaréis *c* días 2572
25.10 santificaréis el año *c*, y pregonaréis 2572
25.11 el año *c* os será jubileo; no sembraréis 2572
27.3 al varón... estimarás en *c* siclos de plata 2572
27.16 un homer... se valorará en *c* siclos de 2572
Nm 4.3,23,30 de treinta años arriba hasta *c* 2572
4.35,39,43,47 hasta el de edad de *c* años 2572
8.25 desde los *c* años cesarán de ejercer su 2572
31.30 tomarás uno de cada *c* de las personas 2572
31.47 tomó Moisés uno de cada *c*, así de las 2572
Dt 1.15 los puse por jefes sobre... *c* y de diez 2572
22.29 al padre de la joven *c* piezas de plata 2572
Jos 7.21 vi... un lingote de oro... de *c* siclos 2572
2 S 15.1 Absalón se hizo de carros... *c* hombres 2572
24.24 compró la era... por *c* siclos de plata 2572
1 R 1.5 *c* hombres que corriesen delante de él 2572
7.2 tenía... *c* codos de anchura y 30 codos de 2572
7.6 un pórtico... que tenía *c* codos de largo 2572
18.4,13 cien profetas... de *c* en *c* en cuevas 2572
2 R 1.9 envió a él un capitán de *c* con sus *c* 2572
1.10 Elías... dijo al capitán de *c*: Si yo soy 2572
1.10,12 fuego del cielo... consúmate con tus *c* 2572
1.10,12 fuego del... lo consumió a él y a sus *c* 2572
1.11 a enviar... otro capitán de *c* con sus *c* 2572
1.13 enviar al tercer capitán de *c* con sus *c* 2572
1.13 subiendo aquel tercer capitán de *c*, se 2572
1.13 mi vida, y la vida de estos tus *c* siervos 2572
1.14 ha consumido a... capitanes de *c* con sus *c* 2572
2.7 vinieron *c* varones de los hijos de los 2572
2.16 hay con tus siervos *c* varones fuertes 2572
2.17 ellos enviaron *c* hombres, los cuales lo 2572
13.7 no le había quedado... sino *c* hombres de 2572
15.20 cada uno *c* siclos de plata, para dar al 2572
15.23 el año *c* de Azarías rey... reinó Pekaía 2572
15.25 en compañía... de *c* hombres... galaaditas 2572
2 Cr 3.9 el peso de... era de uno hasta *c* siclos 2572
Esd 8.6 hijo de Jonatán, y con él *c* varones 2572
Neh 7.70 el gobernador dio... *c* tazones, y 530 2572
Est 5.14 hagan una horca de *c* codos de altura 2572
7.9 la horca de *c* codos de altura que hizo 2572
Is 3.3 el capitán de *c* y el hombre de respeto 2572
Ez 40.15 el frente de la puerta de... *c* codos 2572
40.21 *c* codos de longitud, y veinticinco de 2572
40.25,29,33,36 la longitud era de *c* codos 2572
42.2 su longitud era... y el ancho de *c* codos 2572
42.7 el muro... afuera... tenía *c* codos de largo 2572
42.8 la longitud de las cámaras... de *c* codos 2572
45.2 y *c* codos en derredor para sus ejidos 2572
Hag 2.16 venían... sacar *c* cántaros, y había 20 2572
Mr 6.40 se recostaron por grupos... de *c* en *c* 4004
Lc 7.41 **uno le debía 500 denarios, y el otro c** 4004
9.14 **hacedlos sentar en grupos, de c en c** 4004
16.6 **toma tu cuenta, siéntate... y escribe c** 4004
Jn 8.57 aún no tienes *c* años, ¿y has visto a 4004

CINCUENTA MIL
1 Cr 5.21 y tomaron... *50.000* camellos... asnos 2572,505
12.33 de Zabulón *50.000*, que... para la guerra 2572,505
Hch 19.19 hallaron que era *50.000* piezas de 2572,505

CINCUENTA MIL SETENTA
1 S 6.19 morir del pueblo *50.070* hombres 2572,505,7657

CINCUENTA Y CINCO
2 R 21.1 Manasés... reinó en Jerusalén *55* años 2572,2568
2 Cr 33.1 era Manasés... *55* años reinó 2572,2568

CINCUENTA Y CUATRO MIL CUATROCIENTOS
Nm 1.29 los contados... de Isacar
fueron *54.400* 2572,702,505,702,3967
2.6 con sus contados, *54.400* 2572,702,505,702,3967

CINCUENTA Y DOS
2 R 15.2 años, y *52* años reinó en Jerusalén 2572,8147
15.27 el año *52* de Azarías... reinó Peka hijo 2572,8147
2 Cr 26.3 Uzías... y *52* años reinó en Jerusalén 2572,8147
Esd 2.29 los hijos de Nebo, *52* 2572,8147
Neh 6.15 fue terminado... el muro... en *52* días 2572,8147
7.33 los varones del otro Nebo, *52* 2572,8147

CINCUENTA Y DOS MIL SETECIENTOS
Nm 26.34 y fueron contados de ellas
52.700 2572,8147,505,7651,3967

CINCUENTA Y NUEVE MIL TRESCIENTOS
Nm 1.23 los contados... Simeón
fueron *59.300* 2572,8672,505,7969,3967
2.13 con sus contados, *59.300* 2572,8672,505,7969,3967

CINCUENTA Y SEIS
Esd 2.22 los varones de Netofa, *56* 2572,8337

CINCUENTA Y SIETE MIL CUATROCIENTOS
Nm 1.31 los contados... Zabulón
fueron *57.400* 2572,7651,505,702,3967
2.8 con sus contados, *57.400* 2572,7651,505,702,3967

CINCUENTA Y TRES MIL CUATROCIENTOS
Nm 1.43 los contados... de Neftalí
fueron *53.400* 2572,7969,505,702,3967
2.30 con sus contados, *53.400* 2572,7969,505,702,3967
26.47 Aser; y fueron contados
de ellas *53.400* 2572,7969,505,702,3967

CINCUENTENA
1 S 8.12 nombrará para sí jefes... y jefes de *c* 2572

CINERET
1. Nombre antiguo del mar de Galilea
Nm 34.11 llegará a la costa del mar de *C*, al 3672
Dt 3.17 el Jordán como límite desde *C* hasta 3672
Jos 11.2 a los reyes... en el Arabá al sur de *C* 3672
12.3 el Arabá hasta el mar de *C*, al oriente 3672
13.27 límite hasta el extremo del mar de *C* 3672
2. Ciudad fortificada en Neftalí, Jos 19.35 3672
3. Distrito en Neftalí, 1 R 15.20 3672

CINTA
Pr 31.24 telas, y vende, y da *c* al mercader 2289

CINTO
Éx 28.8 *c* de obra primorosa que estará sobre 2805
28.27 delante de su juntura sobre el *c*... efod 2805
28.28 el pectoral... esté sobre el *c* del efod 2805
28.39 también un *c* de obra de recamador 73
28.40 les harás *c*, y, tiaras para honra y 73
29.5 a Aarón... le ceñirás con el *c* del efod 2805
29.9 les ceñirás el *c* a Aarón y a sus hijos 73
39.5 el *c* del efod que estaba sobre él era 2805
39.20 dos anillos de oro... sobre el *c* del efod 2805
39.21 estuviese sobre el *c* del mismo efod 2805
39.29 el *c* de lino torcido, de azul, púrpura 73
Lv 8.7 sobre él la túnica, y le ciñó con el *c* 73
8.7 lo ciñó con el *c* del efod, y lo ajustó 2805
8.13 les ciñó con *c*, y les ajustó las tiaras 73
16.4 se ceñirá el *c* de lino, y con la mitra 73
2 S 20.8 pegado a sus lomos el *c* con una daga 2290
Job 12.21 derrama... desata el *c* de los fuertes 232
Sal 109.19 lugar de *c* con que se ciña siempre 4206
Is 5.27 a ninguno se le desatará el *c* de los 232
11.5 y será la justicia *c* de sus lomos, y la 232
Jer 13.1 vé y cómprate un *c* de lino, y cíñelo 232
13.2 y compré el *c* conforme a la palabra de 232
13.4 el *c* que compraste, que está sobre tus 232
13.6 toma de allí el *c* que te mandé esconder 232
13.7 y tomé el *c*... que el *c* se había podrido 232
13.10 este *c*, que para ninguna cosa es bueno 232
13.11 porque como el *c* se junta a los lomos 232
Mt 3.4 y tenía un *c* de cuero alrededor de sus 2223
10.9 **no os proveáis de oro... en vuestros c** 2223
Mr 1.6 y tenía un *c* de cuero alrededor de sus 2223
6.8 que no llevasen nada... ni dinero en el *c* 2223
Hch 21.11 tomó el *c* de Pablo, y atándose los 2223
21.11 así atarán... al varón de quien es este *c* 2223
Ap 1.13 ceñido por el pecho con un *c* de oro 2223
15.6 ceñidos alrededor del pecho con *c* de oro 2223

CINTURA
Is 11.5 y será la... fidelidad ceñidor de su *c* 2504
Ez 9.2 varón... el cual traía a su *c* un tintero 4975
9.3 al varón... que tenía a su *c* el tintero de 4975
9.11 el varón... que tenía el tintero a su *c* 4975

CINTURÓN
Éx 28.4 la túnica bordada, la mitra y el *c* 73
2 R 1.8 y ceñía sus lomos con un *c* de cuero 232
Is 3.24 cuerda en lugar de *c*, y cabeza rapada 2290

CIPRÉS
1 R 5.8 haré todo... acerca de... la madera de *c* 730
5.10 Hiram a Salomón... cedro y madera de *c* 1265
6.15 y cubrió... el pavimento con madera de *c* 1265
6.34 pero las dos puertas eran de madera de *c* 1265
9.11 había traído a... madera de cedro y de *c* 1265
2 R 19.23 cortaré sus altos cedros, sus *c* más 1265
2 Cr 2.8 envíame... cedro, *c* y sándalo; porque 1265
3.5 y techó el... del edificio con madera de *c* 1265
Cnt 1.17 son de cedro, y de *c* los artesonados 1266
Is 14.8 aun los *c* se regocijaron a causa de ti 1265
37.24 contaré sus... cedros, sus *c* escogidos 1265
41.19 pondré en la soledad *c*, pinos y bojes 1265
44.14 toma *c* y encina, que crecen entre los 8645
55.13 lugar de la zarza crecerá *c*, y en lugar 1265
60.13 gloria del Líbano vendrá a ti, *c*, pinos 1265
Zac 11.2 aúlla, oh *c*, porque el cedro cayó 1265

CIRCUITO
Job 22.14 no ve; y por el *c* del cielo se pasea 2329

CÍRCULO
Pr 8.27 trazaba el *c* sobre la faz del abismo 2329
Is 40.22 está sentado sobre el *c* de la tierra 2329

CIRCUNCIDAR
Gn 17.10 será *circuncidado* todo varón de entre 4135
17.11 *circuncidaréis*... la carne de vuestro 4135
17.12 de edad de ocho días será *circuncidado* 4135
17.13 debe ser *circuncidado* el nacido en tu 4135
17.14 no hubiere *circuncidado* la carne de su 4135
17.23 y *circuncidó* la carne del prepucio de 4135
17.24 Abraham... cuando *circuncidó* la carne de 4135
17.25 de trece años, cuando fue *circuncidada* 4135
17.26 fueron *circuncidados* Abraham e Ismael 4135
17.27 todos lo... fueron *circuncidados* con él 4135
21.4 *circuncidó* Abraham a su hijo Isaa *c* de 8 4135
34.15 se *circuncide* entre vosotros todo varón 4135
34.17 nos prestareis oído para *circuncidaros* 4135
34.22 se *circuncide* todo varón entre nosotros 4135
34.22 que... así como ellos son *circuncidados* 4135
34.24 *circuncidaron* a todo varón, a cuantos 4135
Éx 12.44 después que lo hubieres *circuncidado* 4135
12.48 séale *circuncidado* todo... la celebrará 4135
Lv 12.3 al octavo día se *circuncidará* al niño 4135
Dt 10.16 *circuncidad*, pues... de vuestro corazón 4135
30.6 *circuncidará* Jehová tu Dios tu corazón 4135
Jos 5.2 vuelve a *circuncidar*... hijos de Israel 4135
5.3 Josué... *circuncidó* a los hijos de Israel 4135
5.4 la causa por la cual Josué los *circuncidó* 4135
5.5 los del pueblo que... estaban *circuncidados* 4135
5.5 salido de Egipto, no estaba *circuncidado* 4135
5.7 los hijos de ellos... Josué los *circuncidó* 4135
5.7 porque no habían sido *circuncidados* por 4135
5.8 acabaron de *circuncidar* a toda la gente 4135
Jer 4.4 *circuncidaos* a Jehová, y quitad el 4135
9.25 castigaré a todo *circuncidado*, y a todo 4135
Lc 1.59 vinieron para *circuncidar* al niño 4059
2.21 para *circuncidar* al niño, le pusieron 4059
Jn 7.22 **y en el día de reposo circuncidáis al** 4061
Hch 7.8 engendró a Isaac, y le *circuncidó* al 4061
15.1 si no os *circuncidáis* conforme al rito 4059
15.5 diciendo: Es necesario *circuncidarlos* 4059
15.24 mandando *circuncidaros* y guardar la ley 4059
16.3 le *circuncidó* por causa de los judíos 4059
21.21 enseñas... que no *circunciden* a sus hijos 4059
Ro 4.11 padre de todos los... no *circuncidados* 203
4.12 la fe que tuvo... antes de ser *circuncidado* 4061
1 Co 7.18 fue... incircunciso? No se *circuncide* 4059
Gá 2.3 ni aun Tito... obligado a *circuncidarse* 4059
5.2 yo Pablo os digo que si os *circuncidáis* 4059
5.3 a todo hombre que se *circuncida*, que está 4059
6.12 a que os *circuncidéis*... para no padecer 4059
6.13 ni aun los... se *circuncidan* guardan la ley 4059
6.13 quieren que vosotros os *circuncidéis* 4059
Fil 3.5 *circuncidado* al octavo día, del linaje 4061
Col 2.11 en él también fuisteis *circuncidados* 4059

CIRCUNCISIÓN
Éx 4.26 dijo: Esposo de sangre, a causa de la *c* 4139
Jn 7.22 **Moisés os dio la c (no porque sea de** 4061
7.23 **si recibe el hombre la c en el día de** 4061
Hch 7.8 dio el pacto de la *c*; y así Abraham 4061
10.45 y los fieles de la *c* que habían venido 4061
11.2 disputaban con él los que eran de la *c* 4061
Ro 2.25 la *c* aprovecha, si guardas la ley; pero 4061
2.25 la ley, tu *c* viene a ser incircuncisión 4061
2.26 será tenida su incircuncisión como *C*? 4061
2.27 y con la *c* eres transgresor de la ley 4061
2.28 ni es la *c* la que se hace... en la carne 4061
2.29 la *c* es la del corazón, en espíritu, no 4061
3.1 ¿qué ventaja... ¿o de qué aprovecha la *c*? 4061

3.30 él justificará por la fe a los de la c 4061
4.9 ¿es, pues... solamente para los de la c. 4061
4.10 ¿estando en la c, o en la incircuncisión? 4061
4.10 no en la c, sino en la incircuncisión 4061
4.11 recibió la c como señal, como sello de 4061
4.12 padre de la c... no solamente son de la c 4061
15.8 Cristo Jesús vino a ser siervo de la c. 4061
1 Co 7.19 c nada es, y la incircuncisión nada 4061
Gá 2.7 encomendado... como a Pedro el de la c. 4061
2.8 actuó en Pedro para el apostolado de la c 4061
2.9 fuésemos a los gentiles, y ellos a la c. 4061
2.12 se apartaba... tenía miedo de los de la c 4061
5.6 en Cristo Jesús ni la c vale algo, ni la 4061
5.11 si aún predico la c, ¿por qué padezco 4061
6.15 en Cristo Jesús ni la c vale nada, ni. 4061
Ef 2.11 por la llamada c hecha con mano en la 4061
Fil 3.3 porque nosotros somos la c, los que. 4061
Col 2.11 c no hecha a mano... en la c de Cristo 4061
3.11 no hay griego ni... c ni incircuncisión. 4061
4.11 son los únicos de la c que me ayudan en 4061
Tit 1.10 engañadores, mayormente los de la c 4061

CIRCUNCISO
1 Co 7.18 llamado alguno siendo c? Quédese c 4059,1986

CIRCUNDAR
2 Cr 4.3 figuras de calabazas... lo *circundaban*. 5362

CIRCUNVECINA
Hch 14.6 huyeron a Listra y... toda la región c 4066

CIRENE *Ciudad en la costa mediterránea del África*
Mt 27.32 un hombre de C que se llamaba Simón. 2957
Mr 15.21 obligaron a uno... Simón de C, padre 2956
Lc 23.26 tomaron a cierto Simón de C, que 2956
Hch 2.10 las regiones de África más allá de C 2957
6.9 se levantaron... de los de C, de Alejandría 2956
11.20 había... unos varones de Chipre y de C. 2957
13.1 que se llamaba Níger, Lucio de C, Manaén 2957

CIRENIO *Gobernador de Siria cuando nació Jesucristo*, Lc 2.2 2958

CIRO *Rey de Persia*
2 Cr 36.22 primer año de C rey de los persas. 3566
36.22 Jehová despertó el espíritu de C rey de. 3566
36.23 así dice C, rey de los persas: Jehová. 3566
Esd 1.1 en el primer año de C rey de Persia 3566
1.1 despertó Jehová el espíritu de C rey de. 3566
1.2 así ha dicho C rey de Persia: Jehová el 3566
1.7 el rey C sacó los utensilios de la casa 3566
1.8 los sacó... C rey de Persia, por mano de 3566
3.7 conforme a la voluntad de C... de Persia. 3566
4.3 como nos mandó el rey C, rey de Persia 3566
4.5 todo el tiempo de C rey de Persia y hasta. 3566
5.13 año primero de C... rey C dio orden para. 3567
5.14 rey C los sacó del templo de Babilonia. 3567
5.17 por el rey C había sido dada la orden 3567
6.3 el año primero del rey C, el mismo rey C 3567
6.14 mandato de C, de Darío, y de Artajerjes 3567
Is 44.28 dice de C: Es mi pastor, y cumplirá. 3566
45.1 dice Jehová a su ungido, a C, al cual. 3566
Dn 1.21 continuó Daniel hasta el año... rey C. 3566
6.28 Daniel prosperó... durante el reinado de C 3567
10.1 en el año tercero de C rey de Persia fue 3566

CIS
1. Padre del rey Saúl
1 S 9.1 hombre valeroso, el cual se llamaba C 7027
9.3 perdido las asnas de C... dijo C a Saúl 7027
10.11 ¿qué le ha sucedido al hijo de C? ¿Saúl 7027
10.21 y de ella fue tomado Saúl hijo de C 7027
14.51 C padre... y Ner... fueron hijos de Abiel 7027
2 S 21.14 lo sepultaron... en el sepulcro de C 7027
1 Cr 8.33; 9.39 Ner engendró a C, C engendró 7027
12.1 encerrado por causa de Saúl hijo de C 7027
26.28 que había consagrado... Saúl hijo de C. 7027
Hch 13.21 rey, y Dios les dio a Saúl hijo de C 2797
2. Hijo de Jehiel o Abigabaón, 1 Cr 8.30; 9.36 7027
3. Levita, hijo de Mahli y padre de Jerameel, 1 Cr 23.21,22; 24.29. 7027
4. Levita en tiempo del rey Ezequías, 2 Cr 29.12. 7027
5. Ascendiente de Mardoqueo, Est 2.5 7027

CISÓN
1. Ciudad de los levitas en Isacar (=Cedes No. 3), Jos 21.28. 7191
2. Arroyo en el norte de Palestina
Jue 4.7 atraeré hacia... al arroyo de C a Sísara 7028
4.13 y reunió Sísara... hasta el arroyo de C. 7028
5.21 barrió el torrente de C, el antiguo... C 7028
1 R 18.40 llevó Elías al arroyo de C, y allí 7028
Sal 83.9 hazles como... Jabín en el arroyo de C. 7028

CISTERNA
Gn 37.20 matémosle y echémosle en una c, y 953
37.22 no derraméis sangre; echadlo en esta c 953
37.24 le echaron en la c; pero la c estaba 953
37.28 sacaron ellos a José de la c... vendieron 953
37.29 Rubén volvió a la c, y no halló a José 953
Éx 21.33 alguno abriere un pozo, o cavare c 953
21.34 el dueño de la c pagará el daño... dueño. 953
Lv 11.36 y la c donde se recogen aguas serán. 953
Dt 6.11 y c cavadas que tú no cavaste, viñas 953
1 S 13.6 escondieron en cuevas... rocas y en c 953
2 Cr 26.10 y abrió muchas c... muchos ganados 953
Neh 9.25 y heredaron casas... c hechas, viñas 953
Pr 5.15 bebe el agua de tu misma c, y... pozo 953
Jer 2.13 cavaron... c, c rotas que no retienen 877
37.16 entró... Jeremías en la casa de la c, y 953
38.6 echar en la c... y en la c no había agua 953
38.7 que habían puesto a Jeremías en la c. 953
38.9 Jeremías, al cual hicieron echar en la c. 953
38.10 haz sacar al profeta Jeremías de la c. 953
38.11 los echó a Jeremías con sogas en la c. 953
38.13 lo subieron de la c; y quedó Jeremías. 953
41.7 los degolló, y los echó dentro de una c 953
41.9 c en que echó Ismael todos los cuerpos 953
Lm 3.53 ataron mi vida en c, pusieron piedra. 953
Zac 9.11 he sacado tus presos de la c en que 953

CÍTARA
Neh 12.27 hacer la dedicación... salterios y c. 3658
Job 21.12 al son de tamboril y de c saltan, y 3658
Ez 26.13 cesar... no se oirá más el son de tus c 3658
1 Co 14.7 o la c, si no dieren distinción de 2788
14.7 lo que se toca con la flauta o con la c? 2789

CIUDAD
Gn 4.17 edificó una c, y llamó... la c... Enoc. 5892
10.12 y Resén... y Cala, la cual es c grande 5892
11.4 edifiquémonos una c y una torre, cuya 5892
11.8 los esparció... dejaron de edificar la c 5892
13.12 Lot habitó en las c de la llanura, y. 5892
18.24 quizá haya 50 justos dentro de la c 5892
18.26 si hallare 50 justos dentro de la c 5892
18.28 ¿destruirás por aquellos cinco... la c? 5892
19.4 rodearon la casa los hombres de la c. 5892
19.12 y todo lo que tienes en la c, sácalo 5892
19.14 les dijo... Jehová va a destruir esta c 5892
19.15 que no perezcas en el castigo de la c 5892
19.16 lo sacaron y lo pusieron fuera de la c 5892
19.20 ahora esta c está cerca para huir allá. 5892
19.21 no destruiré la c de que has hablado 5892
19.22 fue llamado el nombre de la c, Zoar 5892
19.25 y destruyó las c... los moradores de... c. 5892
19.29 así, cuando destruyó Dios las c de la 5892
19.29 y envió fuera a Lot... al asolar las c. 5892
23.10,18 que entraban por la puerta de su c 5892
24.10 llegó a Mesopotamia, a la c de Nacor 5892
24.11 arrodillar los camellos fuera de la c. 5892
24.13 y las hijas... de esta c salen por agua 5892
26.33 nombre de aquella c es Beerseba hasta 5892
28.19 Luz era el nombre de la c primero 5892
33.18 llegó sano y salvo a la c de Siquem 5892
33.18 Jacob llegó... y acampó delante de la c 5892
34.20 Hamor y... vinieron a la puerta de su c 5892
34.20 Hamor... hablaron a los varones de su c 5892
34.24 los que salían por la puerta de la c 5892
34.24 a cuantos salían por la puerta de su c 5892
34.25 vinieron contra la c que... desprevenida. 5892
34.27 y saquearon la c, por cuanto habían 5892
34.28 tomaron... lo que había en la c y en el 5892
35.5 el terror de Dios estuvo sobre las c que. 5892
35.27 vino Jacob a Isaa c su... a la c de Arba 7151
36.32 Bela... y el nombre de su c fue Dinaba. 5892
36.35 Hadad hijo... el nombre de su c fue Avit 5892
36.39 Hadar hijo... el nombre de su c fue Pau 5892
41.35 el trigo... para mantenimiento de las c 5892
41.48 guardó alimento en las c... en cada c 5892
44.4 ellos salido de la c, de la que aún no se 5892
44.13 cargó cada uno su... y volvieron a la c. 5892
47.21 al pueblo lo hizo pasar a las c, desde 5892
Éx 1.11 edificaron para Faraón las c de... Pitón 5892
9.29 salga yo de la c, extenderé mis manos 5892
9.33 salido... fuera de la c, extendió sus manos 5892
Lv 14.40 y las echarán fuera de la c en lugar 5892
14.41 derramarán fuera de la c... el barro que 5892
14.45 y sacarán todo fuera de la c a lugar. 5892
14.53 soltará la avecilla viva fuera de la c 5892
25.29 que vendiere casa de... en c amurallada. 5892
25.30 casa que estuviere en la c amurallada. 5892
25.32 cuanto a las c de los levitas, éstos 5892
25.32 podrán rescatar... las c de su posesión 5892
25.33 saldrá de la casa vendida, o de la c de. 5892
25.33 las casas de las c de los levitas son 5892
25.34 mas la tierra del ejido de sus c no se 5892
26.25 y si buscareis refugio en vuestras c 5892
26.31 haré desiertas vuestras c, y asolaré 5892
26.33 vuestra tierra... y desiertas vuestras c. 5892
Nm 13.19 y cómo son las c habitadas, si son 5892
13.28 las c muy grandes y fortificadas... Anac 5892
20.16 en Cades, c cercana a tus fronteras 5892
21.2 entregares... pueblo... yo destruiré sus c 5892
21.3 Israel... los destruyó a ellos y a sus c 5892
21.25 tomó Israel... estas c, y habitó... las c 5892
21.26 Hesbón era la c de Sehón rey de los. 5892
21.27 edifíquese y repárese la c de Sehón 5892
21.28 y llama de la c de Sehón, y consumió a 7151
22.36 salió a recibirlo a la c de Moab, que. 5892
24.19 y destruirá lo que quedare de la c 5892
31.10 e incendiaron todas sus c, aldeas y 5892
32.16 edificaremos... c para nuestros niños 5892
32.17 quedarán en c fortificadas a causa de. 5892
32.24 edificaos c para vuestros niños, y 5892
32.26 nuestros niños... estarán ahí en las c 5892
32.33 la tierra con sus c y... las c del país 5892
32.36 y Bet-arán, c fortificadas; hicieron 5892
32.38 pusieron nombres a... c que edificaron 5892
35.2 que den a los levitas... c en que habiten. 5892
35.2 daréis a... levitas los ejidos de esas c 5892
35.3 y tendrán ellos las c para habitar, y 5892
35.4 los ejidos de las c que... serán mil codos 5892
35.4 mil codos... desde el muro de la c para 5892
35.5 mediréis fuera de la c al... del oriente 5892
35.5 y la c estará en medio; esto tendrán por. 5892
35.5 esto tendrán por los ejidos de las c 5892
35.6 de las c que daréis... 6 c serán de refugio 5892
35.6 además de éstas daréis cuarenta y dos c 5892
35.7 todas las c que daréis... serán 48 c con 5892
35.8 y en cuanto a las c que diereis de la 5892
35.8 cada uno dará de sus c a los levitas 5892
35.11 os señalaréis c, c de refugio tendréis 5892
35.12 y os serán aquellas c para refugiarse 5892
35.13 de las c... tendréis seis c de refugio. 5892
35.14 tres c daréis a este lado del Jordán. 5892
35.14 tres c daréis en... Canaán... c de refugio 5892
35.15 estas seis c serán de refugio para los. 5892
35.25 lo hará volver a su c de refugio, en la 5892
35.26 saliere fuera de los límites de su c de. 5892
35.27 le hallare fuera del límite de la c 5892
35.28 en su c de refugio deberá aquél habitar 5892
35.32 precio del que huyó a su c de refugio. 5892
Dt 1.22 razón... de las c adonde hemos de llegar 5892
1.28 c grandes y amuralladas hasta el cielo 5892
2.34 tomamos... c, y destruimos todas las c 5892
2.35 despojos de las c que habíamos tomado 5892
2.36 la c que está en el valle, hasta Galaad 5892
2.36 no hubo c que escapase de nosotros; todas 5892
2.37 las c del monte, ni a lugar alguno que 5892
3.4 tomamos... todas sus c; no quedó c que no 5892
3.4 sesenta c, toda la tierra de Argob, del 5892
3.5 estas eran c fortificadas con muros altos 5892
3.5 sin contar otras muchas c sin muro 5892
3.6 matando en toda c a hombres, mujeres y 5892
3.7 tomamos... ganado y los despojos de las c 5892
3.10 las c de la llanura... c del reino de Og 5892
3.12 la mitad del monte de Galaad con sus c 5892
3.19 hijos... quedarán en las c que os he dado 5892
4.41 apartó... tres c a este lado del Jordán 5892
4.42 huyendo a una de estas c salvase su vida 5892
6.10 c grandes y buenas que tú no edificaste 5892
9.1 c grandes y amuralladas hasta el cielo 5892
13.12 oyeres que se dice de alguna de tus c. 5892
13.13 han instigado a los moradores de su c. 5892
13.15 herirás... a los moradores de aquella c 5892
13.16 consumirás con fuego la c y... su botín 5892
14.28 todo el diezmo... lo guardarás en tus c 8178
15.7 haya... menesteroso... en alguna de tus c 8179
16.5 sacrificar... en cualquiera de las c que 8179
16.11 el levita que habitare en tus c, y el. 8179
16.18 oficiales pondrás en todas tus c que. 8179
17.2 cuando se hallare... en alguna de tus c 8179
17.8 y otra, en negocios de litigio en tus c 8179
18.6 saliere un levita de alguna de tus c de 8179
19.1 y tú... habites en sus c, y en sus casas. 5892
19.2 apartarás tres c en medio de la tierra 5892
19.5 aquél huirá a una de estas c, y vivirá 5892
19.7 yo te mando, diciendo: Separarás tres c. 5892
19.9 que... añadirás tres c más a estas tres. 5892
19.11 alguno... si huyere a alguna de estas c 5892
19.12 entonces los ancianos de su c enviarán. 5892
20.10 te acerques a una c para combatirla, le 5892
20.14 animales, y todo lo que haya en la c 5892
20.15 así harás a todas las c que estén muy 5892
20.15 que no sean de las c de estas naciones 5892
20.16 de las c de estos pueblos que Jehová 5892
20.19 sities a alguna c, peleando contra ella. 5892
20.20 para construir baluarte contra la c que 5892
21.2 y medirán la distancia hasta las c que 5892
21.3,6 ancianos de la c más cercana al lugar 5892
21.4 y los ancianos de aquella c traerán la 5892
21.19 y lo sacarán ante los ancianos de su c. 5892
21.20 y dirán a los ancianos de la c: Este 5892
21.21 todos los hombres de su c lo apedrearán 5892
22.15 a los ancianos de la c, en la puerta 5892
22.17 la vestidura delante... ancianos de la c 5892
22.18 los ancianos de la c tomarán al hombre 5892
22.21 y la apedrearán los hombres de su c 5892
22.23 muchacha... y alguno la hallare en la c. 5892
22.24 sacaréis a ambos a la puerta de la c. 5892
22.24 la joven porque no dio voces en la c 5892
23.16 lugar que escogiere en alguna de tus c 8179
24.14 o de los extranjeros... dentro de tus c. 8179
25.8 los ancianos de aquella c lo harán venir. 5892
28.3 bendito serás tú en la c... en el campo 5892
28.16 maldito serás tú en la c... en el campo. 5892
28.52 pondrá sitio a todas tus c, hasta que. 8179
28.52 sitiará... todas tus c y toda la tierra 8179
28.55,57 enemigo te oprimirá en todas tus c 8179
31.12 tus extranjeros que estuvieren en tus c 8179
34.3 Jericó, c de las palmeras, hasta Zoar 5892
Jos 2.15 su casa estaba en el muro de la c 2346
3.16 detuvieron... bien lejos de la c de Adam 5892
6.3 rodearéis... pues, la c todos los hombres. 5892
6.3 todos... yendo alrededor de la c una vez 5892
6.4 séptimo día daréis siete vueltas a la c. 5892
6.5 gritará a... voz, y el muro de la c caerá 5892
6.7 y rodead la c; y los que están armados. 5892
6.11 arca diera una vuelta alrededor de la c 5892
6.14 dieron otra vuelta a la c el segundo día. 5892
6.15 dieron vuelta a la c de la misma manera 5892
6.16 porque Jehová os ha entregado la c 5892
6.17 será la c anatema a Jehová, con todas. 5892
6.20 el pueblo subió luego a la c, cada uno 5892
6.21 destruyeron... todo lo que en la c había. 5892
6.24 y consumieron con fuego la c, y todo lo 5892
6.26 maldito... el hombre... reedificare esta c. 5892
8.1 yo he entregado... Hai su c y a su tierra 5892
8.2,4 pondrás emboscadas a la c detrás de 5892
8.4 atended... no os alejaréis mucho de la c 5892
8.5 y todo el pueblo... nos acercaremos a la c 5892
8.6 saldrán... hasta que los alejemos de la c 5892
8.7 vosotros os levantaréis... y tomaréis la c. 5892
8.11 la gente de... Alegaron delante de la c 5892
8.12 puso en emboscada... al occidente de la c 5892
8.13 todo el campamento al norte de la c, y. 5892
8.13 emboscada al occidente de la c, y Josué 5892

8.14 hombres de la *c* salieron al encuentro 5892
8.14 puesta emboscada a espaldas de la *c* 5892
8.16 el pueblo...siendo así alejados de la *c* 5892
8.17 por seguir a Israel dejaron la *c* abierta 5892
8.18 Josué extendió hacia la *c* la lanza que 5892
8.19 corrieron luego...a la *c*, y la tomaron 5892
8.20 al mirar...humo de la *c* subía al ciclo 5892
8.21 Josué...viendo que...habían tomado la *c* 5892
8.21 viendo...que el humo de la *c* subía, se 5892
8.22 otros salieron de la *c* a su encuentro 5892
8.27 los israelitas tomaron...despojos de la *c* 5892
8.29 su cuerpo...echasen a la puerta de la *c* 5892
9.17 Israel...al tercer día llegaron a las *c* 5892
9.17 y sus *c* eran Gabaón, Cafira, Beerot y 5892
10.2 Gabaón era una gran *c*, como...las *c* reales 5892
10.19 seguid a...sin dejarles entrar en sus *c* 5892
10.20 los que quedaron...se metieron en las *c* 5892
10.37 hirieron...todas sus *c*, con todo lo que 5892
10.39 la tomó, y a su rey, y a todas sus *c* 5892
11.12 tomó Josué...las *c* de aquellos reyes, y 5892
11.13 a todas las *c* que...no las quemó Israel 5892
11.14 Israel tomaron...bestias de aquellas *c* 5892
11.19 no hubo *c* que hiciese paz con...Israel 5892
11.21 Josué los destruyó a ellos y a sus *c* 5892
13.9,16 y la *c* que está en medio del valle 5892
13.10 las *c* de Sehón rey de los amorreos, el 5892
13.17 Hesbón, con todas sus *c* que están en 5892
13.21 todas las *c* de la llanura, y todo el 5892
13.23 heredad...de Rubén...*c* con sus aldeas 5892
13.25 el territorio...fue Jazer...*c* de Galaad 5892
13.28 heredad...Gad...estas *c* con sus aldeas 5892
13.31 Astarot y Edrei, *c* del reino de Og en 5892
14.4 a los levitas en...sino *c* en que morasen 5892
14.12 este monte...*c* grandes y fortificadas 5892
15.9 límite...sale a las *c* del monte de Efrón 5892
15.13 a Caleb...la *c* de Quiriat-arba padre de 7151
15.21 fueron las *c* de la tribu de los hijos 5892
15.32 por todas veintinueve *c* con sus aldeas 5892
15.36 Gederotaim; catorce *c* con sus aldeas 5892
15.41 Gederot...dieciséis *c* con sus aldeas 5892
15.44 Keila, Aczib...nueve *c* con sus aldeas 5892
15.51 Gosén, Holón y...once *c* con sus aldeas 5892
15.54 Humta...y Sior; nueve *c* con sus aldeas 5892
15.57 Gabaa y Timna; diez *c* con sus aldeas 5892
15.59 Maarat...Eltecón; seis *c* con sus aldeas 5892
15.60 Quiriat-baal...Rabá; 2 *c* con sus aldeas 5892
15.62 la *C* de la Sal y Engadi; seis *c* con sus 5892
16.9 *c* que se apartaron...*c* con sus aldeas 5892
17.9 estas *c*...están entre las *c* de Manasés 5892
17.12 no pudieron arrojar a...de aquellas *c* 5892
18.9 delineándola por *c* en siete partes en 5892
18.14 *c* de los hijos de Judá. Este es el lado 5892
18.21 las *c* de la tribu de los...de Benjamín 5892
18.24 Ofni y Geba; doce *c* con sus aldeas 5892
18.28 y Quiriat; catorce *c* con sus aldeas 5892
19.6 Bet-lebaot y...trece *c* con sus aldeas 5892
19.7 Aín, Rimón, Eter...cuatro *c* con sus aldeas 5892
19.8 todas las aldeas...alrededor de estas *c* 5892
19.15 Catat, Naalal...doce *c* con sus aldeas 5892
19.16 la heredad...de Zabulón...estas *c* con sus 5892
19.22 el Jordán, dieciséis *c* con sus aldeas 5892
19.23 los hijos de Isacar...*c* con sus aldeas 5892
19.29 de allí...hasta la *c* fortificada de Tiro 5892
19.30 Uma, Afec...veintidós *c* con sus aldeas 5892
19.31 tribu de Aser...estas *c* con sus aldeas 5892
19.35 y las *c* fortificadas son Sidim, Zer 5892
19.38 Bet-anat...diecinueve *c* con sus aldeas 5892
19.39 heredad...de Neftalí...*c* con sus aldeas 5892
19.48 los hijos de Dan...estas *c* con sus aldeas 5892
19.50 dieron la *c* que él pidió, Timnat-sera 5892
19.50 y él reedificó la *c* y habitó en ella 5892
20.2 y diles: Señalaos las *c* de refugio, de 5892
20.4 que se acogiere a alguna de aquellas *c* 5892
20.4 la puerta de la *c*...ancianos de aquella *c* 5892
20.4 ellos le recibirán consigo dentro de la *c* 5892
20.6 y quedará en...*c* hasta que comparezca en 5892
20.6 podrá volver a su c...la *c* de donde huyó 5892
20.9 fueron las *c* señaladas para todos los 5892
21.2 nos fuesen dadas *c* donde habitar, con 5892
21.3 Israel dieron...estas *c* con sus ejidos 5892
21.4 los hijos de Aarón, obtuvieron...trece *c* 5892
21.5 de Coat obtuvieron por suerte diez *c* de 5892
21.6 de Gersón obtuvieron por suerte...trece *c* 5892
21.7 los hijos de Merari...obtuvieron...doce *c* 5892
21.8 a los levitas estas *c* con sus ejidos 5892
21.9 dieron estas *c* que fueron nombradas 5892
21.12 mas el campo de la *c*...dieron a Caleb 5892
21.13 Hebrón con sus ejidos como *c* de refugio 5892
21.16 Aín con...nueve *c* de estas dos tribus 5892
21.18 Anatot...Almón con sus ejidos; cuatro *c* 5892
21.19 todas las *c* de los sacerdotes...son trece 5892
21.20 recibieron por...*c* de la tribu de Efraín 5892
21.21 les dieron Siquem...como *c* de refugio 5892
21.22 y Bet-horón con sus ejidos; cuatro *c* 5892
21.24 y Gat-rimón con sus ejidos; cuatro *c* 5892
21.25 Taanac, con...ejidos y Gat-rimón...dos *c* 5892
21.26 *c*...de Coat fueron diez con sus ejidos 5892
21.27 Golán...*c* de refugio para los homicidas 5892
21.27 además, Beestera con sus ejidos; dos *c* 5892
21.29 y En-ganim con sus ejidos; cuatro *c* 5892
21.31 Helcat...Rehob con sus ejidos; cuatro *c* 5892
21.32 Cedes en...como *c* de refugio para los 5892
21.32 además...Cartán con sus ejidos; tres *c* 5892
21.33 todas las *c* de...trece *c* con sus ejidos 5892
21.35 Dimna...Naalal con sus ejidos; cuatro *c* . 5892,5892
21.37 Cademot con sus...y Mefaat...cuatro *c* 5892
21.38 Ramot de Galaad con...como *c* de refugio 5892
21.39 Hesbón...Jazer con sus ejidos; cuatro *c* 5892
21.40 las *c* de los hijos de Merari...doce *c* 5892
21.41 todas las *c* de los levitas...fueron 48 *c* 5892
21.42 estas *c* estaban apartadas la una de la 5892
21.42 sus ejidos alrededor...con todas estas *c* 5892
24.13 y os di...las *c* que no edificasteis, en 5892
Jue 1.8 a Jerusalén...y pusieron fuego a la *c* 5892
1.16 subieron de la *c* de las palmeras con 5892
1.17 Judá...pusieron por nombre a la *c*, Horma 5892
1.23 en Bet-el, *c* que antes se llamaba Luz 5892
1.24 vieron a un hombre que salía de la *c* 5892
1.24 muéstranos ahora la entrada de la *c*, y 5892
1.25 mostró la entrada a la *c*, y la hirieron 5892
1.26 edificó una *c* a la cual llamó Luz; y este 5892
3.13 vino e hirió...y tomó la *c* de las palmeras 5892
6.27 temiendo...los hombres de la *c*, lo hizo 5892
6.28 cuando los de la *c* se levantaron, he 5892
6.29 entonces los...de la *c* dijeron a Joás 5892
8.16 tomó a los ancianos de la *c*, y espinos 5892
8.17 derribó la torre...y mató a los de la *c* 5892
8.27 un efod, el cual hizo guardar en su *c* 5892
9.30 cuando Zebul gobernador de la *c* oyó las 5892
9.31 aquí que están sublevando la *c* contra ti 5892
9.33 por la mañana...madruga y cae sobre la *c* 5892
9.35 puso a la entrada de la puerta de la *c* 5892
9.43 miró, he aquí el pueblo que salía de la *c* 5892
9.44 se detuvieron a la entrada de...de la *c* 5892
9.45 Abimele *c* peleó contra la *c*...y tomó la *c* 5892
9.45 tomó...y asoló la *c*, y la sembró de sal 5892
9.51 en medio de aquella *c* había una torre 5892
9.51 a la cual se retiraron todos...de la *c* 5892
10.4 treinta *c*, que se llaman las *c* de Jair 5892
11.26 y todas las *c* que están en...de Arnón 5892
11.33 y desde Aroer hasta llegar a...veinte *c* 5892
12.7 fue sepultado en una de las *c* de Galaad 5892
14.18 los de la *c* le dijeron: ¿Qué cosa más 5892
16.2 acecharon toda...noche a la puerta de la *c* 5892
16.3 y tomando las puertas de la *c* con sus 5892
17.8 hombre partió de la *c* de Belén de Judá 5892
18.27 a Lais...y los hirieron...y quemaron la *c* 5892
18.28 la *c* estaba en el valle que hay junto a 5892
18.28 reedificaron la *c*, y habitaron en ella 5892
18.29 y llamaron el nombre de aquella *c* Dan 5892
18.29 bien que antes se llamaba la *c* Lais 5892
19.11 ven...vámonos a esta *c* de los jebuseos 5892
19.12 no iremos a ninguna *c* de extranjeros 5892
19.15 se sentaron en la plaza de la *c*, porque 5892
19.17 vio aquel caminante en la plaza de la *c* 5892
19.22 hombres de aquella *c*...rodearon la casa 5892
20.11 y se juntaron...de Israel contra la *c* 5892
20.14 juntaron de las *c* en Gabaa, para salir 5892
20.15 fueron...los hijos de Benjamín de las *c* 5892
20.31 y salieron...pueblo, alejándose de la *c* 5892
20.32 huiremos, y los alejaremos de la *c* 5892
20.37 hirieron a filo de espada a toda la *c* 5892
20.38 hiciesen subir...gran humareda de la *c* 5892
20.40 a subir de la *c*...el humo de la *c* subía 5892
20.42 los que salían de las *c* los destruían 5892
20.48 hirieron...así a los hombres de cada *c* 5892
20.48 asimismo pusieron fuego a todas las *c* 5892
21.23 reedificaron las *c*, y habitaron en ellas 5892
Rt 1.19 la *c* se conmovió por causa de ellas 5892
2.18 lo tomó, y se fue a la *c*; y su suegra 5892
3.15 se las puso encima; y ella se fue a la *c* 5892
4.2 tomó a diez varones de...ancianos de la *c* 5892
1 S 1.3 aquel varón subía de su *c* para adorar 5892
4.13 llegado, pues...a la *c*...toda la *c* gritó 5892
5.9 Jehová estuvo contra la *c*...afligió a...*c* 5892
5.11 había consternación de muerte en...la *c* 5892
5.12 y el clamor de la *c* subía al cielo 5892
6.18 conforme al número de todas las *c* de los 5892
6.18 así las *c* fortificadas como las aldeas 5892
7.14 fueron restituidas...*c* que los filisteos 5892
8.22 dijo Samuel...Idos cada uno a vuestra *c* 5892
9.6 hay en esta *c* un varón de Dios, que es 5892
9.10 fueron a la *c* donde estaba el varón de 5892
9.11 y cuando subían por la cuesta de la *c* 5892
9.12 hoy ha venido a la *c* en atención a que el 5892
9.13 entréis en la *c*, le encontraréis luego 5892
9.14 subieron a la *c*; y cuando estuvieron 5892
9.25 descendido del...a la *c*, él habló con Saúl 5892
9.27 y descendiendo ellos al extremo de la *c* 5892
10.5 cuando entres allá en la *c* encontrarás 5892
15.5 Saúl a la *c* de Amalec, puso emboscada 5892
16.4 ancianos de la *c* salieron a recibirle 5892
18.6 salieron las mujeres de todas las *c* de 5892
20.6 rogó mucho...lo dejase ir...a Belén su *c* 5892
20.29 familia celebra sacrificio en la *c*, y 5892
20.40 dio...y le dijo: Vete y llévalas a la *c* 5892
20.42 se...y se fue; y Jonatán entró en la *c* 5892
22.19 Nob, *c* de los sacerdotes, hirió a filo 5892
23.7 entrando en *c* con puertas y cerraduras 5892
23.10 que Saúl...destruir la *c* por causa mía 5892
27.5 ha de morar tu siervo...en la *c* real? 5892
28.3 y le habían sepultado en Ramá, su *c* 5892
30.3 vino, pues, David con los suyos a la *c* 5892
30.29 las *c* de Jerameel, en las *c* del ceneo 5892
31.7 los de Israel...dejaron las *c* y huyeron 5892
2 S 2.1 ¿subiré a alguna de las *c* de Judá? 5892
2.3 los cuales moraron en las *c* de Hebrón 5892
5.7 tomó la...Sion, la cual es la *c* de David 5892
5.9 moró...y le puso por nombre la *C* de David 5892
6.10 no quiso traer para sí el arca...a la *c* 5892
6.12 fue, y llevó...el arca...a la *c* de David 5892
6.16 cuando el arca...llegó a la *c* de David 5892
8.8 de Beta...*c* de Hadad-ezer, tomó...bronce 5892
10.3 ¿no ha enviado David...inspeccionar la *c* 5892
10.12 esforcémonos por...y por las *c* de...Dios 5892
10.14 Amón...huyeron...y se refugiaron en la *c* 5892
11.16 cuando Joab sitió la *c*, puso a Urías 5892
11.17 saliendo luego los de la *c*, pelearon 5892
11.20 ¿por qué os acercasteis...a la *c* para 5892
11.25 refuerza tu ataque contra la *c*, hasta 5892
12.1 había dos hombres en una *c*, el uno rico 5892
12.26 Joab peleaba contra Rabá...y tomó la *c* 5892
12.27 a Rabá, y he tomado la *c* de las aguas 5892
12.28 y acampa contra la *c*...que tome yo la *c* 5892
12.30 David...sacó muy grande botín de la *c* 5892
12.31 lo mismo hizo a todas las *c* de...Amón 5892
15.2 Absalón le...y le decía: ¿De qué *c* eres? 5892
15.12 llamó a Ahitofel gilonita...de su *c* de 5892
15.14 no sea que...hiera la *c* a filo de espada 5892
15.24 el pueblo hubo acabado de salir de la *c* 5892
15.25 dijo...Vuelve el arca de Dios a la *c* 5892
15.27 vuelve en paz a la *c*, y con vosotros 5892
15.34 volvieres a la *c*, y dijeres a Absalón 5892
15.37 así vino Husai amigo de David a la *c* 5892
17.13 si se refugiare en alguna *c*, todos los 5892
17.13 los de Israel llevarán sogas a aquella *c* 5892
17.17 no podían mostrarse viniendo a la *c* 5892
17.23 se levantó y se fue a su casa a su *c* 5892
18.3 mejor que tú nos des ayuda desde la *c* 5892
19.3 y entró el pueblo aquel día en la *c* 5892
19.37 que muera en mi *c*, junto al sepulcro de 5892
20.6 no sea que halle para sí *c* fortificadas 5892
20.15 pusieron baluarte contra la *c*, y quedó 5892
20.16 mujer sabia dio voces en la *c*, diciendo 5892
20.19 procuras destruir una *c* que es madre 5892
20.21 Seba...entregad a ése...y me iré de la c 5892
20.22 y se retiraron de la *c*, cada uno a su 5892
24.5 al sur de la *c* que está en medio del 5892
24.7 fueron...y a todas las *c* de los heveos 5892
1 R 1.41 dijo: ¿Por qué se alborota la *c* con 7151
1.45 han ungido...la *c* está llena de estruendo 7151
2.10 durmió David...y fue sepultado en su *c* 5892
3.1 la hija de Faraón...trajo a la *c* de David 5892
4.13 también las *c* de Jair hijo de Manasés 5892
4.13 sesenta grandes *c* con muro y cerraduras 5892
8.1 para traer el arca del...de la *c* de David 5892
8.16 no he escogido *c* de todas las tribus de 5892
8.44,48 el rostro hacia la *c* que tú elegiste 5892
9.11 el rey Salomón dio a Hiram veinte *c* en 5892
9.12 salió Hiram...para ver las *c* que Salomón 5892
9.13 dijo: ¿Qué *c* son estas que me has dado 5892
9.16 y dio muerte a los...que habitaban la *c* 5892
9.19 las *c* donde Salomón tenía provisiones 5892
9.19 las *c* de los carros, y las *c* de la gente 5892
9.24 subió la hija de Faraón de la *c* de David 5892
10.26 en las *c* de los carros, y con el rey 5892
11.27 cerró el portillo de la *c* de David su 5892
11.32 *c* que yo he elegido de todas las tribus 5892
11.36 *c* que yo me elegí para poner en ella 5892
11.43 y fue sepultado en la *c* de su padre 5892
12.17 sobre los...que moraban en las *c* de Judá 5892
13.25 y lo dijeron en la *c* donde el...profeta 5892
13.29 viejo vino a la *c*, para endecharle y 5892
13.32 los lugares altos que están en las *c* 5892
14.11 que muera de los de Jeroboam en la *c* 5892
14.12 poner tu pie en la *c*, morirá el niño 5892
14.21 *c* que Jehová eligió de...las tribus de 5892
14.31 fue sepultado con sus...en la *c* de David 5892
15.8 lo sepultaron en la *c* de David; y reinó 5892
15.20 los ejércitos que tenía contra las *c* 5892
15.23 *c* que edificó, ¿no está todo escrito en 5892
15.24 fue sepultado...la *c* de David su padre 5892
16.4 el que de Baasa fuere muerto en la *c*, lo 5892
16.15 había acampado contra Gibetón, *c* de 5892
16.18 viendo Zimri tomada la *c*, se metió en 5892
16.24 el nombre de la *c* que edificó, Samaria 5892
17.10 y cuando llegó a la puerta de la *c*, he 5892
20.2 envió mensajeros a la *c* a Acab rey de 5892
20.12 y ellos se dispusieron contra la *c* 5892
20.19 salieron, pues, de la *c* los siervos de 5892
20.30 huyeron a Afec, a la *c*; y el muro cayó 5892
20.30 también Ben-adad vino huyendo a la *c*, y 5892
20.34 las *c* que mi padre tomó al tuyo, yo las 5892
21.8 los ancianos...moraban en la *c* con Nabot 5892
21.11 los de su *c*, los...que moraban en su *c* 5892
21.13 y lo llevaron...de la *c* y lo apedrearon 5892
21.24 el que de Acab fuere muerto en la *c* 5892
22.26 llévalo a Amón gobernador de la *c*, y a 5892
22.36 cada uno a su *c*, y cada cual a su tierra 5892
22.39 las *c* que edificó, ¿no está escrito en 5892
22.50 y fue sepultado con...en la *c* de David 5892
2 R 2.19 los hombres de la *c* dijeron a Eliseo 5892
2.19 el lugar en donde está...esta *c* es bueno 5892
2.23 salieron unos muchachos de la *c*, y se 5892
3.19 destruiréis toda *c* fortificada y toda 5892
3.25 asolaron las *c*, y en todas las tierras 5892
6.14 los...vinieron de noche, y sitiaron la *c* 5892
6.15 he aquí el ejército...tenía sitiada la *c* 5892
6.19 no es este el camino, ni es esta la *c* 5892
7.4 si tratáremos de entrar en la *c*, por el 5892
7.4 por el hambre que hay en la *c* moriremos 5892
7.10 a los guardas de la puerta de la *c*, y les 5892
7.12 diciendo: Cuando hayan salido de la *c* 5892
7.12 tomaremos vivos, y entraremos en la *c* 5892
7.13 de los caballos que han quedado en la *c*
8.24 fue sepultado con ellos en la *c* de David 5892
9.15 ninguno escape de la *c*, para ir a dar 5892
9.28 allá le sepultaron con...en la *c* de David 5892
10.2 que tienen...la *c* fortificada, y las armas 5892
10.5 el gobernador de la *c*, los ancianos y 5892
10.6 estaban con los principales de la *c*, que 5892
11.20 la *c* estuvo en reposo, habiendo sido 5892
12.21 lo sepultaron con sus...en la *c* de David 5892
13.25 tomó...las *c* que éste había tomado en 5892

13.25 lo derrotó Joás, y restituyó las c de 5892
14.20; 15.7 lo sepultaron... en la c de David 5892
15.38; 16.20 fue sepultado... en la c de David 5892
17.6 y los puso en... y en las c de los medos 5892
17.9 edificándose lugares altos en... sus c, 5892
17.9 las torres de... hasta las c fortificadas 5892
17.24 puso en las c de Samaria, en lugar de 5892
17.24 y poseyeron a... y habitaron en sus c 5892
17.26 las gentes que tú... y pusiste en las c 5892
17.29 hizo sus dioses... en su c donde habitaba 5892
18.8 hirió también... hasta la c fortificada 5892
18.11 y los puso en... y en las c de los medos 5892
18.13 subió Senaquerib... contra todas las c 5892
18.30 esta c no será entregada en mano del 5892
19.13 ¿dónde está... rey de la c de Sefarvaim 5892
19.25 serás... para reducir las c fortificadas 5892
19.32 del rey de Asiria: No entrará en esta c 5892
19.33 y no entrará en esta c, dice Jehová 5892
19.34 porque yo ampararé esta c para salvarla 5892
20.6 te libraré a ti y a esta c de mano del 5892
20.6 ampararé esta c por amor a mí mismo 5892
20.20 cómo hizo... y metió las aguas en la c 5892
22.14 moraba en... en la segunda parte de la c
23.5 quemasen incienso en... en las c de Judá 5892
23.8 hizo venir... los sacerdotes de las c de 5892
23.8 la puerta de Josué, gobernador de la c 5892
23.8 derribó los altares... a la puerta de la c 5892
23.17 y los de la c le respondieron: Este es 5892
23.19 casas de los lugares altos... en las c 5892
23.27 desecharé a esta c que había escogido 5892
24.10 contra Jerusalén... y la c fue sitiada 5892
24.11 vino... Nabucodonosor rey... contra la c 5892
25.2 la c sitiada hasta el año undécimo del 5892
25.3 prevaleció el hambre en la c, hasta que 5892
25.4 abierta ya una brecha en el muro de la c 5892
25.4 estando los caldeos alrededor de la c 5892
25.11 del pueblo que habían quedado en la c 5892
25.19 de la c tomó un oficial que tenía a su 5892
25.19 consejeros del rey, que estaban en la c 5892
25.19 tomó... 60 varones del pueblo... en la c 5892
1 Cr 1.43 Bela... el nombre de su c fue Dinaba 5892
1.46 Hadad hijo... el nombre de su c fue Avit 5892
1.50 Hadad, el nombre de cuya c fue Pai 5892
2.22 Jair... tuvo 23 c en la tierra de Galaad 5892
2.23 tomaron... las c de Jair, con Kenat y sus 5892
4.12 a Tehina padre de la c de Nahas; éstos
4.31 estas fueron sus c hasta el reinado de 5892
4.33 aldeas... estaban en contorno de estas c 5892
6.56 el territorio de la c... se dieron a Caleb 5892
6.57 de Judá dieron... la c de refugio... Hebrón 5892
6.60 sus c fueron trece c... por sus linajes 5892
6.61 diez c de la media tribu de Manasés 5892
6.62 a los hijos de Gersón... dieron... trece c 5892
6.63 de Merari... dieron por suerte doce c 5892
6.64 dieron a los levitas c con sus ejidos 5892
6.65 dieron por suerte... las c que nombraron 5892
6.66 hijos de Coat dieron c con sus ejidos 5892
6.67 les dieron la c de refugio, Siquem con 5892
9.2 que entraron en sus posesiones en las c 5892
10.7 los de Israel... dejaron sus c y huyeron 5892
11.5 la fortaleza de Sion... es la c de David 5892
11.7 y por esto la llamaron la C de David 5892
11.8 edificó la c alrededor desde Milo hasta 5892
11.8 el muro; y Joab reparó el resto de la c 5892
13.2 por los sacerdotes y levitas... en sus c 5892
13.13 no trajo... el arca a su casa en la c de 5892
15.1 hizo David... casas para sí en la c de 5892
15.29 arca del pacto... llegó a la c de David 5892
18.8 y de Cun, c de Hadad-ezer, tomó David 5892
19.7 se juntaron... los hijos de Amón de sus c 5892
19.9 y ordenaron la batalla a la entrada... c 5892
19.13 esfuérzate... por las c de nuestro Dios 5892
19.15 de Amón... huyeron... y entraron en la c 5892
20.2 además de... sacó de la c muy grande botín 5892
20.3 lo mismo hizo David a todas las c de los 5892
27.25 tenía Jonatán... los tesoros... de las c 5892
2 Cr 1.14 cuales puso en las c de los carros 5892
5.2 trajesen el arca del... de la c de David 5892
6.5 ninguna c he elegido de... tribus de Israel 5892
6.34,38 oraren... hacia la c que tú elegiste 5892
8.2 reedificó Salomón las c que Hiram... dado 5892
8.4 las c de aprovisionamiento que... en Hamat 5892
8.5 reedificó a... c fortificadas, con muros 5892
8.6 las c de provisiones que Salomón tenía 5892
8.6 todas las c de los carros y las de la 5892
8.11 hija de Faraón, de la c de David a la 5892
9.25 jinetes, los cuales puso en las c de los 5892
9.31 lo sepultaron en la c de David su padre 5892
10.17 Israel que habitaban en las c de Judá 5892
11.5 Roboam... edificó c para fortificar a Judá 5892
11.10 eran c fortificadas de Judá y Benjamín 5892
11.12 y en todas las c puso escudos y lanzas 5892
11.23 esparció a todos sus hijos por... las c 5892
12.4 tomó las c fortificadas de Judá, y llegó 5892
12.13 Jerusalén, c que escogió Jehová de todas 5892
12.16 Roboam... fue sepultado en la c de David 5892
13.19 y le tomó algunas c, a Bet-el con sus 5892
14.1 Abías... fue sepultado en la c de David 5892
14.5 quitó... lasc de Judá los lugares altos 5892
14.6 y edificó c fortificadas en Judá, por 5892
14.7 edifiquemos estas c, y cerquémoslas de 5892
14.14 atacaron... todas las c alrededor de Gerar 5892
14.14 saquearon todas las c, porque había en 5892
15.6 una c a otra c; porque Dios los turbó 5892
15.8 Asa... quitó los ídolos... de las c que él 5892
16.4 los capitanes de... contra las c de Israel 5892
16.4 conquistaron Ijón... y las c de... Neftalí 5892
16.14 y lo sepultaron en... en la c de David 5892
17.2 ejércitos en todas las c fortificadas 5892
17.2 colocó gente... en las c de Efraín que su 5892
17.7 para que enseñasen en las c de Judá 5892
17.9 y recorrieron... las c de Judá enseñando 5892
17.12 edificó en... y c de aprovisionamiento 5892
17.13 muchas provisiones en las c de Judá 5892
17.19 sin los que el rey había puesto en las c 5892
18.25 llevadlo a Amón gobernador de la c, y a 5892
19.5 puso jueces en todas las c fortificadas 5892
19.10 vuestros hermanos que habitan en las c 5892
20.4 las c de Judá vinieron a pedir ayuda a 5892
21.1 lo sepultaron con sus... en la c de David 5892
21.3 su padre les había dado... c fortificadas 5892
21.20 lo sepultaron en la c de David, pero no 5892
23.2 reunieron a los levitas de todas las c 5892
23.21 y la c estuvo tranquila, después que 5892
24.5 dijo: Salid por las c de Judá, y recoged 5892
24.16,25 y lo sepultaron en la c de David 5892
25.13 del ejército... invadieron las c de Judá 5892
25.28 lo sepultaron con sus... en la c de Judá 5892
26.6 edificó c en Asdod, y en la tierra de 5892
27.4 edificó c en las montañas de Judá, y 5892
27.9 Jotam... lo sepultaron en la c de David 5892
28.15 y los llevaron hasta Jericó, c de las 5892
28.18 los filisteos... extendido por las c de 5892
28.25 lugares altos en todas las c de Judá 5892
28.27 durmió Acaz... y lo sepultaron en la c de 5892
29.20 el rey... reunió los principales de la c 5892
30.10 pasaron, pues, los correos de c en c 5892
31.1 de Israel... salieron por las c de Judá 5892
31.1 volvieron... los hijos de Israel a sus c 5892
31.6 de Judá, que habitaban en las c de Judá 5892
31.15 en las c de los sacerdotes, para dar 5892
31.19 los ejidos de sus c, por todas las c 5892
32.1 acampó contra las c fortificadas, con 5892
32.3 para cegar las fuentes de... fuera de la c 5892
32.5 fortificó... a Milo en la c de David, y 5892
32.6 la plaza de la puerta de la c, y habló 5892
32.18 espantarles... a fin de poder tomar la c 5892
32.29 adquirió también c, y hatos de ovejas 5892
32.30 el agua hacia el occidente de la c de 5892
33.14 edificó el muro exterior de la c de 5892
33.14 y puso capitanes de... en todas las c 5892
33.15 los altares... y los echó fuera de la c 5892
34.6 mismo hizo en las c de Manasés, Efraín 5892
34.8 envió... a Maasías gobernador de la c, y a 5892
Esd 2.1 volvieron a... a Judá, cada uno a su c 5892
2.70 habitaron... sus c... todo Israel en sus c 5892
3.1 los... de Israel, ya establecidos en las c 5892
4.10 hizo habitar en las c de Samaria y las 7149
4.12 judíos... y edifican la c rebelde y mala 7149
4.13 que si aquella c fuere reedificada, y 7149
4.15 que esta c es c rebelde, y perjudicial 7149
4.15 sabrás... por lo que esta c fue destruida 7149
4.16 al rey que si esta c fuere reedificada 7149
4.19 aquella c de tiempo antiguo se levanta 7149
4.21 no sea esa c reedificada hasta que por 7149
10.14 que en nuestras c hayan tomado mujeres 5892
10.14 con ellos los ancianos de cada c, y los 5892
Neh 2.3 cuando la c, casa de los sepulcros de 5892
2.5 envíame... a la c de los sepulcros de mis 5892
2.8 para el muro de la c, y la casa en que 5892
3.15 gradas que descienden de la c de David 5892
7.4 la c era espaciosa y grande, pero poco 5892
7.6 y que volvieron a Jerusalén y a... a su c 5892
7.73 habitaron los... y todo Israel, en sus c 5892
7.73 los hijos de Israel estaban en sus c 5892
8.15 pregón por todas sus c y por Jerusalén 5892
9.25 tomaron c fortificadas y tierra fértil 5892
10.37 recibirían las décimas... en todas las c 5892
11.1 para que morase en Jerusalén, c santa 5892
11.1 y las otras nueve partes en las otras c 5892
11.3 en las c de Judá habitaron cada uno en 5892
11.3 de Judá habitaron... su posesión, en sus c 5892
11.9 Judá hijo de Senúa el segundo en la c 5892
11.18 todos los levitas en la santa c eran 284 5892
11.20 en todas las c de Judá, cada uno en su 5892
12.37 subieron... las gradas de la c de David 5892
12.44 para recoger... de los ejidos de las c 5892
13.16 había en la c tirios que traían pescado
13.18 y trajo... todo este mal... sobre esta c? 5892
Est 3.15 pero la c de Susa estaba conmovida 5892
4.1 fue por la c clamando con grande... clamor 5892
4.6 salió, pues, Hatac... a la plaza de la c 5892
6.9 vistan... y llévenlo... por la plaza de la c 5892
6.11 condujo a caballo por la plaza de la c 5892
8.11 facultad a los judíos... en todas las c 5892
8.15 la c de... entonces se alegró y regocijó 5892
8.17 en cada c donde llegó el mandamiento 5892
9.2 judíos se reunieron en sus c, en todas 5892
9.28 celebrados por todas las... provincias y c 5892
Job 15.28 y habitó las c asoladas, las casas 5892
24.12 desde la c gimen los moribundos, y 5892
39.7 se burla de la multitud de la c; no oye 7151
Sal 9.6 c que derribaste, su memoria pereció 5892
31.21 su misericordia para... en c fortificada 5892
46.4 sus corrientes alegran la c de Dios 5892
48.1 la c de nuestro Dios, en su monte santo 5892
48.2 hermosa provincia... la c del gran Rey 7151
48.8 así lo hemos visto en la c de Jehová 5892
48.8 hemos visto... en la c de nuestro Dios 5892
55.9 he visto violencia y rencilla en la c 5892
59.6 volverán a la tarde... y rodearán la c 5892
59.14 vuelvan... como perros... y rodeen la c 5892
60.9 ¿quién me llevará a la c fortificada? 5892
69.35 a Sion, y reedificará las c de Judá 5892
72.16 los de la c florecerán como la hierba 5892
87.3 cosas gloriosas se han dicho de ti, c de 5892
101.8 exterminar de la c de Jehová a todos 5892
107.4 perdidos... sin hallar c en donde vivir 5892
107.7 los dirigió... que viniesen a c habitable 5892
107.36 establece... y fundan c en donde vivir 5892
108.10 ¿quién me guiará a la c fortificada? 5892
122.3 como una c que está bien unida entre sí 5892
127.1 si Jehová no guardare la c, en vano 5892
Pr 1.21 en las puertas de la c dice sus razones 5892
8.3 a la entrada de la c, a la entrada de las 7176
9.3 envió... sobre lo más alto de la c clamó 7176
9.14 se sienta... en los lugares altos de la c 7176
10.15 riquezas del rico son su c fortificada 7151
11.10 en el bien de los justos la c se alegra 7151
11.11 de los rectos la c será engrandecida 7176
16.32 mejor es el que... que el que toma una c 5892
18.11 riquezas del rico son... c fortificada 7151
18.19 ofendido es más tenaz que una c fuerte 7151
21.22 tomó el sabio la c de los fuertes, y 5892
25.28 como c derribada... es el hombre cuyo 5892
29.8 escarnecedores ponen la c en llamas 7151
Ec 7.19 más que diez poderosos que... en una c 5892
8.10 puestos en olvido en la c donde habían 5892
9.14 una pequeña c, y pocos hombres en ella 5892
9.15 el cual libra a la c con su sabiduría 5892
10.15 porque no saben por dónde ir a la c 5892
Cnt 3.2 levantaré ahora, y rodearé por la c 5892
3.3; 5.7 me hallaron los... que rondan la c 5892
Is 1.7 destruida, vuestras c puestas a fuego 5892
1.8 como cabaña en melonar, como c asolada 5892
1.21 te has convertido en ramera, oh c fiel? 7151
1.26 entonces te llamarán C de justicia, C 5892
6.11 hasta que las c estén asoladas y sin 5892
14.4 ¡cómo paró... cómo acabó la c codiciosa 4062
14.17 que asoló sus c, que a sus presos nunca 5892
14.21 ni posean la tierra, ni llenen de c la 5892
14.31 oh c; disuelta estás toda tú, Filistea 5892
17.1 Damasco dejará de ser c, y será montón 5892
17.2 las c de Aroer están desamparadas, en 5892
17.9 en aquel día sus c fortificadas serán 5892
19.2 cada... c contra c, y reino contra reino 5892
19.18 en aquel tiempo habrá cinco c en la 5892
19.18 juren... una será llamada la c de Herez 5892
22.2 c turbulenta, c alegre; tus muertos no 5892,7151
22.9 visteis las brechas de la c de David 5892
23.7 ¿no era ésta... c alegre, con muchos días 5892
23.16 toma arpa, y rodea la c, oh ramera 5892
24.10 quebrantada está la c por la vanidad 7151
24.12 la c quedó desolada, y con ruina fue 5892
25.2 porque convertiste la c en montón, la 5892
25.2 la c fortificada en ruina; el alcázar 7151
25.2 para que no sea c, ni nunca jamás sea 5892
25.3 te dará gloria... temerá la c de gentes 7151
26.1 cantarán... Fuerte c tenemos; salvación 5892
26.5 derribó a los... humilló a la c exaltada 7151
27.10 porque la c fortificada será desolada 5892
27.10 la c habitada será abandonada y dejada 5892
29.1 ¡ay de Ariel, de... c donde habitó David! 7151
32.13 en que hay alegría en la c de alegría 7151
32.14 desiertos, la multitud de la c cesará 5892
32.19 montes; y la c será del todo abatida 5892
33.8 aborreció las c, tuvo en nada a los 5892
33.20 mira a Sion, c de nuestras fiestas 7151
36.1 subió contra todas las c fortificadas 5892
36.15 no será entregada esta c en manos del 5892
37.13 ¿dónde está... rey de la c de Sefarvaim 5892
37.26 serás para reducir las c fortificadas 5892
37.33 del rey de Asiria: No entrará en esta c 5892
37.34 y no entrará en esta c, dice Jehová 5892
37.35 porque yo ampararé a... c para salvarla 5892
38.6 te libraré a ti y a esta c... de Asiria 5892
38.6 de mano del rey de... a esta c ampararé 5892
40.9 di a las c de Judá: ¡Ved aquí al Dios 5892
42.11 alcen la voz el desierto y sus c, las 5892
44.26 y a las c de Judá: Reconstruidas serán 5892
45.13 edificará mi c, y soltará mis cautivos 5892
48.2 de la santa c se nombran, y en el Dios 5892
52.1 vístete tu ropa... oh Jerusalén, c santa 5892
54.3 tu descendencia... habitará las c asoladas 5892
60.14 llamarán C de Jehová, Sion del Santo 5892
61.4 y restaurarán las c arruinadas, los 5892
62.12 te llamarán C Deseada, no desamparada 5892
64.10 tus santas c están desiertas, Sion es 5892
66.6 voz de alboroto de la c, voz del templo 5892
Jer 1.15 vendrán... contra todas las c de Judá 5892
1.18 que yo te he puesto en este día como c 5892
2.15 quemadas están sus c, sin morador 5892
2.28 según el número de tus c... tus dioses 5892
3.14 os tomaré uno de cada c, y dos de cada 5892
4.5 decid... entrémonos en las c fortificadas 5892
4.7 tus c quedarán asoladas y sin morador 5892
4.16 y lanzarán su voz contra las c de Judá 5892
4.26 sus c eran asoladas delante de Jehová 5892
4.29 al estruendo de la gente... huyó toda la c 5892
4.29 las c fueron abandonadas, y no quedó en 5892
5.6 los destruirá... el leopardo acechará sus c 5892
5.17 convertirá en nada tus c fortificadas 5892
6.6 esta es la c que ha de ser castigada 5892
7.17 ¿no ves lo que... hacen en las c de Judá 5892
7.34 y haré cesar de las c de Judá, y de las 5892
8.14 reuníos, y entremos en... c fortificadas 5892
8.16 devoraron... la c y a los moradores de ella 5892
9.11 convertiré las c de Judá en desolación 5892
10.22 para convertir en soledad todas las c 5892
11.6 pregona todas estas palabras en las c de 5892
11.12 irán las c de Judá y los moradores de 5892
11.13 según el número de tus c... tus dioses 5892
13.19 las c del Neguev fueron cerradas, y no 5892
14.18 si entro en la c, he aquí enfermos de 5892

15.8 de repente cayesen terrores sobre la c 5892
17.24 no metiendo carga por las puertas de...c 5892
17.25 entrarán por las puertas de esta c, en 5892
17.25 y esta c será habitada para siempre 5892
17.26 vendrán de las c de Judá...de Jerusalén 5892
19.8 pondré a esta c por espanto y burla; todo 5892
19.11 quebrantaré a este pueblo y a esta c 5892
19.12 así haré...poniendo esta c como Tofet........ 5892
19.15 traigo sobre esta c...todo el mal que 5892
20.5 entregaré...toda la riqueza de esta c.......... 5892
20.16 sea el tal hombre como las c que asoló 5892
21.4 los caldeos...reuniré en medio de esta c....... 5892
21.6 heriré a los moradores de esta c, y los......... 5892
21.7 a los que queden de...del hambre en la c...... 5892
21.9 el que quedare en esta c morirá a espada 5892
21.10 mi rostro he puesto contra esta c para 5892
22.6 te convertiré en...como c deshabitadas 5892
22.8 muchas gentes pasarán junto aesta c.......... 5892
22.8 ¿por qué hizo así Jehová con esta... c?........ 5892
23.39 de mi presencia a vosotros y a la c 5892
25.18 a las c de Judá y a sus reyes, y a sus.......... 5892
25.29 la c en la cual es invocado mi nombre 5892
26.2 a todas las c de Judá, que vienen para......... 5892
26.6 esta c la pondré por maldición a todas 5892
26.9 c será asolada hasta no quedar morador...... 5892
26.11 porque profetizó contra esta c, como......... 5892
26.12 me envió a profetizar contra...esta c......... 5892
26.15 sangre inocente echaréis...sobre esta c...... 5892
26.20 Urías hijo de...profetizó contra esta c........ 5892
27.17 ¿por qué ha de ser desolada esta c?.......... 5892
27.19 de los utensilios que quedan en esta c 5892
29.7 de la c a la cual os hice transportar 5892
29.16 de todo el pueblo que mora en esta c......... 5892
30.18 y la c será edificada sobre su colina.......... 5892
31.21 virgen de Israel, vuelve a estas tus c.......... 5892
31.23 dirán esta palabra en...Judá y en sus c 5892
31.24 y habitará allí Judá...sus c labradores 5892
31.38 la c será edificada a Jehová, desde la 5892
32.3 aquí yo entrego esta c en mano del rey........ 5892
32.24 acometido la c...y la c va a ser entregada 5892
32.25 la c sea entregada en manos...caldeos?...... 5892
32.28 voy a entregar esta c en mano de los......... 5892
32.29 vendrán los caldeos que atacan esta c........ 5892
32.31 para ira mía me ha sido esta c desde........ 5892
32.36 a esta c, de la cual decís vosotros............. 5892
32.44 en las c de Judá, y...c de las montañas 5892
32.44 c de la Sefela, y en las c del Neguev 5892
33.4 ha dicho...acerca de las casas de esta c 5892
33.5 escondí mi rostro de esta c a causa de......... 5892
33.10 en las c de Judá y en las calles de 5892
33.12 en todas sus c, aún habrá cabañas de 5892
33.13 en las c de las montañas, en las c de.......... 5892
33.13 en las c del Neguev...en las c de Judá 5892
34.1 peleaban contra Jerusalén...todas sus c....... 5892
34.2 yo entregaré esta c al rey de Babilonia 5892
34.7 contra...las c de Judá...c fortificadas 5892
34.22 haré volver a esta c...a soledad las c.......... 5892
36.6 todos los de Judá que vienen de sus c.......... 5892
36.9 que venía de las c de Judá a Jerusalén 5892
37.8 volverán los caldeos y atacarán esta c......... 5892
37.10 se levantará...pondrán esta c a fuego........ 5892
37.21 hasta que...el pan de la c se gastase 5892
38.2 que se quedare en esta c morirá a espada..... 5892
38.3 cierto será entregada esta c en manos 5892
38.4 hombres de guerra...quedado en esta c 5892
38.9 morirá...porque no hay más pan en la c 5892
38.17 c no será puesta a fuego, y vivirás tú 5892
38.18 esta c será entregada en mano de los 5892
38.23 serás apresado, y a esta c quemará a 5892
39.2 mes se abrió brecha en el muro de la c 5892
39.4 huyeron y salieron de noche de la c 5892
39.9 al resto del pueblo que había...en la c......... 5892
39.16 traigo mis palabras sobre esta c para 5892
40.5 ha puesto sobre todas las c de Judá 5892
40.10 y quedaos en vuestras c que habéis 5892
41.7 llegaron dentro de la c, Ismael hijo de 5892
44.2 el mal que traje sobre...las c de Judá.......... 5892
44.6 se encendió en las c de Judá y en las 5892
44.17 como hemos hecho...en las c de Judá y 5892
44.21 incienso que ofrecisteis en las c de 5892
46.8 destruiré a la c y a los que en ella 5892
47.2 inundarán...la c y los moradores de ella 5892
48.8 vendrá destruidor a cada una de las c......... 5892
48.8 ninguna c escapará; se arruinará...valle...... 5892
48.9 serán desiertas sus c hasta no quedar......... 5892
48.15 destruido fue Moab, y sus c asoladas......... 5892
48.24 y sobre todas las c de tierra de Moab 5892
48.28 abandonad las c y habitad en peñascos 5892
48.41 tomadas...las c, y tomadas...fortalezas
49.1 su pueblo se ha establecido en sus c?.......... 5892
49.2 sus c serán puestas a fuego, e Israel........... 1323
49.13 sus c serán desolaciones perpetuas 5892
49.18 la destrucción de Sodoma...y de sus c
49.25 ¡cómo dejaron a la c...la c de mi gozo! .. 5892,7151
50.32 y encenderé fuego en sus c, y quemaré....... 5892
50.40 la destrucción...de Gomorra y de sus c
51.31 para anunciar al rey...su c es tomada 5892
51.43 sus c fueron asoladas, la tierra seca.......... 5892
52.5 estuvo sitiada la c hasta el undécimo 5892
52.6 prevaleció el hambre en la c, hasta no......... 5892
52.7 abierta una brecha en el muro de la c......... 5892
52.7 huyeron, y salieron de la c de noche por....... 5892
52.7 aún los caldeos junto a la c alrededor 5892
52.15 del pueblo que había quedado en la c 5892
52.25 y de la c tomó a un oficial que era 5892
52.25 siete...consejeros...que estaban en la c 5892
52.25 pueblo que se hallaron dentro de la c 5892
Lm 1.1 ¡cómo ha quedado sola la c populosa!.......... 5892
1.19 mis sacerdotes y mis...en la c perecieron 5892
2.11 desfallecía el niño...las plazas de la c 7151
2.12 desfallecían como...en las calles de la c 5892
2.15 ¿es esta la c que decían de perfecta 5892
3.51 contristaron mi alma por...hijas de mi c 5892
5.11 violaron...las vírgenes en las c de Judá 5892
Ez 4.1 un adobe...sobre él la c de Jerusalén........... 5892
4.3 ponla en lugar de muro...entre ti y la c......... 5892
5.2 parte quemarás a fuego en medio de la c....... 5892
5.2 la cortarás con espada alrededor de la c 5892
6.6 serán desiertas las c, y...lugares altos.......... 5892
7.15 y al que esté en la c lo consumirá el 5892
7.23 la tierra...la c está llena de violencia.......... 5892
9.1 los verdugos de la c han llegado, y cada 5892
9.4 pasa por en medio de la c, por en medio........ 5892
9.5 pasad por la c en pos de él, y matad; no 5892
9.7 llenad los...Y salieron, y mataron en la c 5892
9.9 la c está llena de perversidad; porque 5892
10.2 llena...de carbones...espárcelos sobre la c.... 5892
11.2 hombres que...dan en esta c mal consejo...... 5892
11.6 multiplicado vuestros muertos en esta c 5892
11.11 la c no os será por olla, ni vosotros........... 5892
11.23 se elevó de en medio de la c, y se puso....... 5892
11.23 el monte que está al oriente de la c........... 5892
12.20 y las c habitadas quedarán desiertas......... 5892
17.4 llevó...lo puso en una c de comerciantes 5892
19.7 y asoló c; y la tierra fue desolada, y.......... 5892
21.19 una señal...que indique la c adonde va....... 5892
21.20 contra Jerusalén, la c fortificada
22.2 no juzgarás tú a la c derramadora de 5892
22.3 ¡ c derramadora de sangre en medio de sí..... 5892
24.6,9 ha dicho...¡Ay de la c de sangres!........... 5892
25.9 yo abro el lado de Moab desde las c 5892
25.9 desde sus c que están en su confín, las........ 5892
26.10 cuando entre...como por portillos de c....... 5892
26.17 c que era alabada, que era fuerte en 5892
26.19 te convertiré en c asolada, como las c 5892
29.12 sus c entre las c destruidas estarán 5892
30.7 y sus c serán entre las c desiertas 5892
33.21 vino...diciendo: La c ha sido conquistada 5892
35.4 a tus c asolaré, y tú serás asolado 5892
35.9 c nunca más se restaurarán; y sabréis 5892
36.4 ha dicho Jehová...a las c desamparadas 5892
36.10 y las c serán habitadas, y edificadas.......... 5892
36.33 haré también que sean habitadas las c 5892
36.35 estas c que eran desiertas y asoladas 5892
36.38 las c desiertas serán llenas de rebaños....... 5892
39.9 los moradores de las c de Israel saldrán....... 5892
39.16 también el nombre de la c será Hamona 5892
40.1 años después que la c fue conquistada 5892
40.2 había un edificio parecido a una gran c 5892
43.3 que vi cuando vine para destruir la c.......... 5892
45.6 propiedad de la c señalaréis cinco mil......... 5892
45.7 junto a la posesión de la c, delante de 5892
45.7 delante de la posesión de la c, desde el 5892
48.15 para la c, para...y la c estará en medio 5892
48.17 el ejido de la c será al norte de 250 5892
48.18 para sembrar para los que sirven a la c...... 5892
48.19 y los que sirvan a la c será de todas 5892
48.20 reservaréis...para la posesión de la c 5892
48.21 uno y otro lado...de la posesión de la c....... 5892
48.22 y la porción de la c, entre el límite............ 5892
48.30 estas son las salidas de la c: al lado.......... 5892
48.31 las puertas de la c serán según...tribus 5892
48.35 el nombre de la c desde aquel día será 5892
Dn 9.16 apártese ahora tu ira...de sobre tu c 5892
9.18 c sobre la cual es invocado tu nombre......... 5892
9.19 tu nombre es invocado sobre tu c y sobre...... 5892
9.24 semanas están determinadas...tu santa c 5892
9.26 destruirá la c y el santuario; y su fin.......... 5892
11.15 vendrá...el rey...y tomará la c fuerte 5892
Os 6.8 Galaad, c de hacedores de iniquidad 7151
8.14 Judá multiplicó c fortificadas; mas yo 5892
8.14 meteré fuego en sus c, el cual consumirá 5892
11.6 caerá espada sobre sus c, y consumirá 5892
11.9 porque Dios soy...y no entraré en la c......... 5892
13.10 rey, para que te guarde con todas tus c....... 5892
Jl 2.9 irán por la c, correrán por el muro............. 5892
Am 3.6 ¿se tocará la trompeta en la c, y no 5892
3.6 ¿habrá algún mal en la c, el cual Jehová........ 5892
4.6 hice estar a diente limpio...vuestras c 5892
4.7 hice llover sobre una c, y sobre otra c 5892
4.8 venían dos o tres c a una c para beber.......... 5892
5.3 c que salga con mil, volverá con ciento 5892
5.10 aborrecieron al...en la puerta de la c 5892
6.8 entregaré al enemigo la c y cuanto hay......... 5892
7.17 tu mujer será ramera en medio de la c 5892
9.14 edificarán ellos las c asoladas, y las 5892
Abd 20 los cautivos...poseerán las c del Neguev 5892
Jon 1.2; 3.2 vé a Nínive, aquella gran c, y 5892
3.3 era Nínive c grande en extremo, de tres 5892
3.4 comenzó Jonás a entrar por la c, camino 5892
4.5 salió Jonás de la c, y acampó hacia el........... 5892
4.5 Jonás...acampó hacia el oriente de la c 5892
4.5 sentó...hasta ver qué acontecería en la c....... 5892
4.11 Nínive, aquella gran c donde hay más de...... 5892
Mi 4.10 ahora saldrás de la c y morarás en el 7151
5.11 también destruir las c de tu tierra, y.......... 5892
5.14 arrancaré tus imágenes...destruiré tus c...... 5892
6.9 la voz de Jehová clama a la c; es sabio......... 5892
7.12 ti desde Asiria y las c fortificadas, y 5892
7.12 y desde las c fortificadas hasta el Río......... 4693
Nah 3.1 ay de ti, c sanguinaria, toda llena............ 5892
Hab 2.8,17 de las c y de todos los que habitan 7151
2.12 ¡ay del que edifica la c con sangre, y.......... 5892
2.12 ¡ay...del que funda una c con iniquidad!....... 7151
Sof 1.16 trompeta y de algazara sobre las c 5892
2.15 esta es la c alegre que estaba confiada 5892
3.1 ¡ay de la c rebelde y contaminada y 5892
3.6 c están asoladas hasta no quedar hombre...... 5892
Zac 1.12 no tendrás piedad...de las c de Judá......... 5892
1.17 aún rebosarán mis c con la abundancia....... 5892
7.7 y sus c en sus alrededores y el Neguev.......... 5892
8.3 y Jerusalén se llamará C de la Verdad.......... 5892
8.5 y las calles de la c estarán llenas de 5892
8.20 aún vendrán...y habitantes de muchas c 5892
8.21 vendrán los habitantes de una c a otra
14.2 la c será tomada, y serán saqueadas las....... 5892
14.2 la mitad de la c irá en cautiverio, mas 5892
14.2 resto del pueblo no será cortado de la c 5892
Mt 2.23 y habitó en la c que se llama Nazaret 4172
4.5 entonces el diablo le llevó a la santa c 4172
4.13 y habitó en Capernaum, c marítima, en
5.14 **c asentada sobre un monte no se puede** 4172
5.35 **ni por Jerusalén...es la c del gran Rey**........ 4172
8.33 viniendo a la c, contaron...las cosas........... 4172
8.34 toda la c salió al encuentro de Jesús........... 4172
9.1 entrando Jesús en la barca...vino a su c........ 4172
9.35 recorría Jesús todas las c y aldeas............. 4172
10.5 **diciendo...c de samaritanos no entréis**........ 4172
10.11 **en cualquier c o aldea donde entréis**......... 4172
10.14 **salid de aquella casa o c, y sacudid** 4172
10.15 **será más tolerable...que para aquella c** 4172
10.23 **cuando os persigan en esta c, huid a** 4172
10.23 **no acabaréis de recorrer...c de Israel** 4172
11.1 se fue de allí...a predicar en las c de 4172
11.20 reconvenir a las c en las cuales había 4172
12.25 **toda c o casa dividida contra sí misma** 4172
14.13 la gente...le siguió a pie desde las c 4172
21.10 la c se conmovió, diciendo: ¿Quién es......... 4172
21.17 y dejándolos, salió fuera de la c, a 4172
21.18 mañana, volviendo a la c, tuvo hambre 4172
22.7 **al oírlo el rey, se enojó...y quemó su c** 4172
23.34 **azotaréis...y perseguiréis de c en c** 4172
26.18 **id a la c a cierto hombre, y decidle** 4172
27.53 vinieron a la santa c, y aparecieron a 4172
28.11 guardia fueron a la c, y dieron aviso 4172
Mr 1.33 y toda la c se agolpó a la puerta 4172
1.45 ya Jesús no podía entrar...en la c, sino 4172
5.14 y dieron aviso en la c y en los campos 4172
6.11 **será más tolerable...que para aquella c** 4172
6.33 muchos fueron allá a pie desde las c........... 4172
6.56 c o campos, ponían en las calles a los.......... 4172
11.19 llegar la noche, Jesús salió de la c 4172
14.13 **id a la c, y os saldrá...un hombre que**........ 4172
14.16 entraron en la c, y hallaron como les 4172
Lc 1.26 Gabriel fue enviado por Dios a una c 4172
1.39 María, fue de prisa a...a una c de Judá........ 4172
2.3 iban todos para ser empadronados...su c 4172
2.4 José subió...de la c de Nazaret...a la c 4172
2.11 que os ha nacido hoy, en la c de David......... 4172
2.39 volvieron a Galilea, a su c de Nazaret 4172
4.29 le echaron fuera de la c, y le llevaron.......... 4172
4.29 sobre el cual estaba edificada la c de 4172
4.31 descendió...a Capernaum, c de Galilea......... 4172
4.43 **también a otras c anuncie el evangelio**........ 4172
5.12 en una de las c, se presentó un hombre........ 4172
7.11 él iba a la c que se llama Naín, e iban.......... 4172
7.12 cuando llegó cerca de la puerta de la c 4172
7.12 y había con ella mucha gente de la c........... 4172
7.37 una mujer de la c, que era pecadora, al........ 4172
8.1 que Jesús iba por todas las c y aldeas.......... 4172
8.4 los que de cada c venían a él, les dijo 4172
8.27 vino...un hombre de la c, endemoniado 4172
8.34 dieron aviso en la c y por los campos.......... 4172
8.39 **publicando por toda la c cuán grandes**........ 4172
9.5 **salid de aquella c, y sacudid el polvo** 4172
9.10 se retiró...a un lugar desierto de la c.......... 4172
10.1 envió...a toda c y lugar adonde él había....... 4172
10.8 **cualquier c donde entréis, y os reciban**........ 4172
10.10 **en...c donde entréis, y no os reciban**......... 4172
10.11 **aun el polvo de vuestra c...sacudimos** 4172
10.12 **será más tolerable...que para aquella c** 4172
13.22 pasaba Jesús por c y aldeas, enseñando...... 4172
14.21 **por las...calles de la c, y trae acá a** 4172
18.2 **había en una c un juez, que ni temía a** 4172
18.3 **también en aquella c una viuda, la cual** 4172
19.1 Jesús en Jericó, iba pasando por la c
19.17 **fiel, tendrás autoridad sobre diez c** 4172
19.19 **a este dijo...también sé sobre cinco c** 4172
19.41 cuando llegó cerca de la c, al verla 4172
22.10 **entrar en la c os saldrá al encuentro**......... 4172
23.19 en la cárcel por sedición en la c, y por........ 4172
23.50 llamado José, de Arimatea, c de Judea
24.49 **quedaos vosotros en la c de Jerusalén**........ 4172
Jn 1.44 de Betsaida, la c de Andrés y Pedro............ 4172
4.5 vino...a una c de Samaria llamada Sicar 4172
4.8 discípulos habían ido a la c a comprar.......... 4172
4.28 la mujer dejó su cántaro, y fue a la c.......... 4172
4.30 entonces salieron de la c, y vinieron a 4172
4.39 los samaritanos de aquella c creyeron......... 4172
11.54 alejó de allí...a una c llamada Efraín 4172
19.20 el lugar donde...estaba cerca de la c 4172
Hch 4.27 se unieron en esta c contra tu santo
5.16 y aun de las c vecinas muchos venían a........ 4172
7.58 echándole fuera de la c, le apedrearon 4172
8.5 Felipe, descendiendo a la c de Samaria 4172
8.8 así que había gran gozo en aquella c 4172
8.9 que antes ejercía la magia en aquella c 4172
8.40 anunciaba el evangelio en todas las c.......... 4172
9.6 **en la c, y se te dirá lo que debes hacer**........ 4172
10.9 se acercaban a la c, Pedro subió a la 4172
11.5 estaba yo en la c de Jope orando, y vi.......... 4172
12.10 a la puerta de hierro que daba a la c 4172
13.44 se juntó casi toda la c para oír la 4172
13.50 instigaron...a los principales de la c 4172

14.4 la gente de la *c* estaba dividida; unos 4172
14.6 huyeron a Listra y Derbe, *c* de Licaonia 4172
14.13 Júpiter...templo estaba frente a la *c* 4172
14.19 le arrastraron fuera de la *c*, pensando 4172
14.20 se levantó y entró en la *c*; y al día 4172
14.21 de anunciar el evangelio a aquella *c* 4172
15.21 porque Moisés...tiene en cada *c* quien 4172
15.36 visitar a los hermanos en todas las *c* 4172
16.4 al pasar por las *c*, les entregaban las 4172
16.12 que es la primera *c* de la provincia de 4172
16.12 y estuvimos en aquella *c* algunos días 4172
16.14 una mujer...Lidia...de la *c* de Tiatira 4172
16.20 estos hombres...alborotan nuestra *c* 4172
16.39 les pidieron que salieran de la *c* 4172
17.5 alborotaron la *c*; y asaltando la casa 4172
17.6 a Jasón...ante las autoridades de la *c* 4173
17.8 alborotaron...a las autoridades de la *c* 4173
17.16 se enardecía viendo la *c* entregada a 4172
18.10 **porque yo tengo mucho pueblo en...c** 4172
19.29 la *c* se llenó de confusión, y a una 4172
19.35 que no sabe que la *c* de los efesios es 4172
20.23 que...por todas las *c* me da testimonio 4172
21.5 acompañándonos...hasta fuera de la *c* 4172
21.29 habían visto con él en la *c* a Trófimo 4172
21.30 toda la *c* se conmovió, y se agolpó el 4172
21.31 la *c* de Jerusalén estaba alborotada
21.39 de una *c* no insignificante de Cilicia 4172
22.3 nacido en Tarso...pero criado en esta *c*
24.12 templo, ni en las sinagogas ni en la *c* 4172
25.23 con los...principales hombres de la *c* 4172
26.11 los perseguí hasta en las *c* extranjeras 4172
27.5 Panfilia, arribamos a Mira, *c* de Licia
27.8 cerca del cual estaba la *c* de Lasea 4172
Ro 16.23 os saluda Erasto, tesorero de la *c* 4172
2 Co 11.26 peligros en la *c*...en el desierto 4172
11.32 el gobernador de la...guardaba la *c* de 4172
Tit 1.5 establecieses ancianos en cada *c*, así 4172
He 11.10 esperaba la *c* que tiene fundamentos 4172
11.16 Dios de ellos...les ha preparado una *c* 4172
12.22 habéis acercado...a la *c* del Dios vivo 4172
13.14 porque no tenemos aquí *c* permanente 4172
Stg 4.13 iremos a tal *c*, y estaremos allá un 4172
2 P 2.6 y si condenó...a las *c* de Sodoma y de 4172
Jud 7 como Sodoma y Gomorra y las *c* vecinas 4172
Ap 3.12 **nombre de la c de mi Dios, la nueva** 4172
11.2 y ellos hollarán la *c* santa 42 meses 4172
11.8 sus cadáveres estarán en...la grande *c* 4172
11.13 y la décima parte de la *c* se derrumbó 4172
14.8 ha caído Babilonia, la gran *c*, porque 4172
14.20 y fue pisado el lagar fuera de la *c* 4172
16.19 la gran *c* fue dividida en tres partes 4172
16.19 y las *c* de las naciones cayeron; y la 4172
17.18 y la mujer que has visto en la gran *c* 4172
18.10 ¡ay, ay, de la gran *c* de...la *c* fuerte 4172
18.16 ¡ay de la gran *c*, que estaba vestida 4172
18.18 ¿qué *c* era semejante a esta gran *c*? 4172
18.19 ay, ay de la gran *c*, en la cual todos 4172
18.21 será derribada Babilonia, la gran *c* 4172
20.9 rodearon el campamento...y la *c* amada 4172
21.2 Juan vi la santa *c*, la nueva Jerusalén 4172
21.10 mostró la gran *c* santa de Jerusalén 4172
21.14 el muro de la *c* tenía doce cimientos 4172
21.15 tenía una caña...oro, para medir la *c* 4172
21.16 la *c* se halla establecida en cuadro 4172
21.16 midió la *c* con la...doce mil estadios 4172
21.18 pero la *c* era de oro puro, semejante 4172
21.19 cimientos del muro de la *c*...adornados 4172
21.21 y la calle de la *c* era de oro puro 4172
21.23 la *c* no tiene necesidad de sol ni de 4172
22.2 en medio de la calle de la *c*...el árbol
22.14 y para entrar por las puertas en la *c* 4172
22.19 del libro de la vida, y de la santa *c* 4172

CIUDADANÍA

Hch 22.28 yo con una gran suma adquirí esta *c* 4174
Ef 2.12 alejados de la *c* de Israel y ajenos 4174
Fil 3.20 mas nuestra *c* está en los cielos, de 4175

CIUDADANO

Lc 15.15 **se arrimó a uno de los c de aquella** 4177
Hch 16.37 siendo *c* romanos, nos echaron en la 4514
21.39 *c* de una ciudad no insignificante de 4177
22.25 ¿os es lícito azotar a un *c* romano sin 4514
22.26 hacer? Porque este hombre es *c* romano 4514
22.27 dime ¿eres tú *c* romano? Él dijo: Sí 4514
22.29 al saber que era *c* romano...tuvo temor 4514
23.27 yo...habiendo sabido que era *c* romano 4514

CIZAÑA

Mt 13.25 **vino su enemigo y sembró c entre el** 2215
13.26 **cuando salió la hierba...también la c** 2215
13.27 **le dijeron...¿De dónde, pues, tiene c?** 2215
13.29 **dijo: No, no sea que al arrancar la c** 2215
13.30 **recoged...la c, y atadla en manojos** 2215
13.36 explícanos la parábola...*c* del campo 2215
13.38 **reino, y la c son los hijos del malo** 2215
13.40 **como se arranca la c, y se quema en** 2215

CLAMAR

Gn 4.10 la sangre de tu hermano *clama* a mí 6817
27.34 cuando Esaú oyó las palabras...*clamó* 6817
41.55 el pueblo *clamó* a Faraón por pan 6817
45.1 *clamó*: Haced salir de mi presencia a 7121
Éx 2.23 *clamaron*; y subió a Dios el clamor 2199
8.12 y *clamó* Moisés a Jehová tocante a las 6817
14.10 Israel temieron, y *clamaron* a Jehová 6817
14.15 Jehová dijo a...¿Por qué *clamas* a mí? 6817
15.25 Moisés *clamó* a Jehová...le mostró un 6817
17.4 *clamó* Moisés a Jehová, diciendo: ¿Qué 6817
22.23 ellos *clamaren* a mí...oiré yo su clamor 6817
22.27 y cuando él *clamare* a mí, yo le oiré 6817
Nm 11.2 el pueblo *clamó* a Moisés, y Moisés 6817
12.13 Moisés *clamó* a Jehová...ruego, oh Dios 6817
20.16 *clamamos* a Jehová, el cual oyó...voz 6817
Dt 15.9 él podrá *clamar* contra ti a Jehová 7121
24.15 para que no *clame* contra ti a Jehová 7121
26.7 *clamamos* a Jehová el Dios de nuestros 6817
Jos 24.7 cuando ellos *clamaron* a Jehová, él 6817
Jue 3.9,15 *clamaron* los hijos de Israel a 2199
4.3; 6.6,7 los hijos de Israel *clamaron* a Jehová 6817
9.7 *clamó* y...dijo: Oídme, varones de Siquem 7121
10.10 los hijos de Israel *clamaron* a Jehová 2199
10.12 y *clamando* a mí no os libré de sus 6817
10.14 *clamad* a los dioses...os habéis elegido 2199
15.18 y teniendo gran sed, *clamó*...a Jehová 7121
16.28 *clamó* Sansón a Jehová, y dijo: Señor 7121
1 S 7.8 no ceses de *clamar*...a Jehová nuestro 2199
7.9 *clamó* Samuel a Jehová por Israel...le oyó 2199
8.18 *clamaréis* aquel día a causa de...rey que 2199
10.24 pueblo *clamó*...diciendo: ¡Viva el rey! 7321
12.8 vuestros padres *clamaron*...Jehová envió a 2199
12.10 ellos *clamaron* a Jehová...Hemos pecado 2199
12.17 y *clamaré* a Jehová, y él dará truenos 7121
12.18 y Samuel *clamó* a...y Jehová dio truenos 7121
15.11 y *clamó* a Jehová toda aquella noche 2199
28.12 viendo la mujer a...*clamó* en alta voz 2199
2 S 19.4 el rey...*clamaba* en alta voz: ¡Hijo 2199
19.28 ¿qué derecho...para *clamar* más al rey? 2199
22.7 invoqué a Jehová, y *clamé* a mi Dios 7121
22.42 *clamaron*, y no hubo quien los salvase 8159
1 R 8.43 el extranjero hubiere *clamado* a ti 7121
13.2 *clamó* contra el altar por palabra de 7121
13.4 había *clamado* contra el altar de Bet-el 7121
13.21 y *clamó* al varón de Dios que...de Judá 7121
17.20 *clamando* a Jehová, dijo: Jehová Dios 7121
17.21 y *clamó* a Jehová y dijo: Jehová Dios 7121
18.28 ellos *clamaban* a grandes voces, y se 7121
2 R 2.12 Eliseo, *clamaba*: ¡Padre mío, padre 6817
4.1 una mujer...*clamó* a Eliseo, diciendo: Tu 6817
11.14 y *clamó* a voz en cuello: ¡Traición 7121
18.28 el Rabsaces se puso en pie y *clamó* a 7121
20.11 Isaías *clamó* a Jehová; e hizo volver 7121
1 Cr 5.20 *clamaron* a Dios en la guerra, y les 2199
2 Cr 6.33 por las cuales hubiere *clamado* a ti 7121
13.14 *clamaron* a Jehová, y...las trompetas 6817
14.11 y *clamó* Asa a Jehová su Dios, y dijo 7121
18.31 mas Josafat *clamó*, y Jehová lo ayudó 2199
20.9 *clamaremos*...y tú nos oirás y salvarás 2199
32.18 y *clamaron* a gran voz en judaico al 7121
32.20 oraron por esto, y *clamaron* al cielo 2199
Esd 3.13 *clamaba* el pueblo con gran júbilo, y 8643
Neh 9.4 *clamaron* en voz alta a Jehová su Dios 2199
9.27 *clamaron* a ti, y tú desde los cielos los 6817
9.28 volvían y *clamaban* otra vez a ti, y tú 2199
Est 4.1 *clamando* con grande y amargo clamor 2199
Job 19.7 *clamaré* agravio, y no seré oído; daré 6817
24.12 y *claman* las almas de los heridos de 7768
29.12 porque yo libraba al pobre que *clamaba* 7768
30.20 *clamo* a ti, y no me oyes; me presento 7768
30.24 ¿*clamarán* los sepultados cuando él los 7769
30.28 ando...me he levantado en la...y *clamado* 7768
31.38 si mi tierra *clama* contra mí, y lloran 2199
35.9 a causa de la...de las violencias *claman* 2199
35.12 *clamarán*, y él no oirá, por la soberbia 6817
36.13 ira, y no *clamarán* cuando él los atare 7768
38.41 cuando sus polluelos *claman* a Dios, y 7768
Sal 3.4 con mi voz *clamé* a Jehová, y él me 7121
4.1 respóndeme cuando *clamo*, oh Dios de mi 7121
4.3 sí; Jehová oirá cuando yo a él *clamare* 7121
18.6 invoqué a Jehová, y *clamé* a mi Dios 7768
18.41 *clamaron*, y no hubo quien salvase; aun 7768
22.2 Dios mío, *clamo* de día, y no respondes 7121
22.5 *clamaron* a ti, y fueron librados...y no 2199
22.24 sino que cuando *clamó* a él, le oyó 7768
27.7 oye, oh Jehová...voz con que a ti *clamo* 7121
28.1 a ti *clamaré* oh Jehová. Roca mía, no 7121
28.2 la voz de mis ruegos cuando *clamo* a ti 7768
30.2 Dios mío, a ti *clamé* y me sanaste 7768
30.8 a ti, oh...*clamaré*, y al Señor suplicaré 7121
31.22 oíste...mis ruegos cuando a ti *clamaba* 7768
34.6 este pobre *clamó*, y le oyó Jehová, y lo 7121
34.17 *claman* los justos, y Jehová oye, y los 6817
42.1 así *clama* por ti, oh Dios, el alma mía 6165
55.2 *clamo* en mi oración, y me conmuevo 7300
55.16 cuanto a mí, a Dios *clamaré*; y Jehová 7121
55.17 oraré y *clamaré* y él oirá mi voz 1993
56.9 vueltos atrás...el día en que yo *clamare* 7121
57.2 *clamaré* al Dios Altísimo, al Dios que 7121
61.2 desde el cabo de la tierra *clamaré* a ti 7121
66.17 a él *clamé* con mi boca, y fue exaltado 7121
72.12 él librará al menesteroso que *clamare* 7768
77.1 con mi voz *clamé* a Dios, a Dios *c*, y él 6817
81.7 en la calamidad *clamaste*, y yo te libré 7121
86.3 Jehová, porque a ti *clamo* todo el día 7121
88.1 Dios...día y noche *clamo* delante de ti 6817
88.13 mas yo a ti he *clamado*, oh Jehová, y de 7768
89.26 me *clamará*: Mi padre eres tú, mi Dios 7121
107.6,13,19 *clamaron* a Jehová en su angustia 6817
107.28 *claman* a Jehová en su angustia, y los 6817
119.145 *clamé* con...mi corazón; respóndeme 7121
119.146 a ti *clamé*; sálvame, y guardaré tus 7121
119.147 me anticipé al alba, y *clamé*: esperé 7768
120.1 a Jehová *clamé* estando en angustia, y 7121
130.1 de lo profundo, oh Jehová, a ti *clamo* 7121
138.3 el día que *clamé*, me respondiste 7121
141.1 Jehová, a ti he *clamado*: apresúrate a 7121
142.1 con mi voz *clamaré* a Jehová; con mi 2199
142.5 *clamé* a ti, oh Jehová; dije: Tú eres 2199
147.9 a los hijos de los cuervos que *claman* 7121
Pr 1.20 la sabiduría *clama* en las calles, alza 7442
1.21 *clama* en los principales lugares de 7121
2.3 si *clamares* a la inteligencia, y a la 7121
8.1 ¿no *clama* la sabiduría, y da su voz la 7121
8.4 oh hombres, a vosotros *clamo*; dirijo mi 7121
9.3 sobre lo más alto de la ciudad *clamó* 7121
21.13 también él *clamará*, y no será oído 7121
Is 6.4 estremecieron con la voz...que *clamaba* 7121
14.31 *clama*, oh ciudad; disuelta estás toda 2199
19.20 *clamarán* a Jehová a causa...opresores 6817
22.5 derribar el muro, y *clamar* al monte 7771
40.3 voz que *clama* en el desierto: Preparad 7121
57.13 cuando *clames*, que te libren tus ídolos 2199
58.1 *clama* a voz en cuello, no te detengas 7121
58.9 te oirá...*clamarás*, y dirá él: Heme aquí 7768
59.4 no hay quien *clame* por la justicia, ni 7121
65.14 y vosotros *clamaréis* por el dolor del 6817
65.24 y antes que *clamen*, responderé yo 7121
Jer 2.2 anda y *clama* a los oídos de Jerusalén 7121
3.12 y *clama* estas palabras hacia el norte 7121
11.11 he aquí...*clamarán* a mí, y no los oiré 2199
11.12 irán...de Judá...y *clamarán* a los dioses 2199
11.14 no oiré...en su aflicción *clamen* a mí 7440
22.20 sube al Líbano y *clama*, y en Basán da 6817
25.34 aullad, pastores, y *clamad*: revolcaos 2199
31.6 habrá día en que *clamarán* los guardas 7121
33.3 *clama* a mí, y yo te responderé, y te 7121
47.2 los hombres *clamarán*, y lamentará todo 2199
48.20 se avergonzó Moab...lamentad y *clamad* 2199
49.3 *clamad*, hijas de...vestíos de cilicio 6817
49.29 *clamarán* contra ellos: Miedo alrededor 7121
Lm 2.18 el corazón de ellos *clamaba* al Señor 6817
3.8 cuando *clamé* y di voces, cerró los oídos 2199
Ez 9.1 *clamó* en mis oídos con...voz, diciendo 7121
9.4 una señal en...a los hombres...que *claman* 602
9.8 postré sobre mi rostro, y *clamé* y dije 2199
11.13 *clamé* con gran voz, y dije: ¡Ah, Señor 2199
21.12 *clama* y lamenta, oh hijo de hombre 2199
Dn 4.14 *clamaba*...decía así: Derribad el árbol 7123
Os 7.7 y no hay entre ellos quien a mí *clame* 7121
7.14 no *clamaron* a...gritaban sobre sus camas 2199
8.2 a mí *clamará* Israel: Dios mío, te hemos 2199
Jl 1.14 convocad a asamblea...*clamad* a Jehová 2199
1.19 a ti, oh Jehová, *clamaré*; porque fuego 7121
Jon 1.5 *clamaba* a su dios; y echaron suertes 2199
1.6 levántate, y *clama* a tu Dios; quizá él 7121
1.14 *clamaron* a Jehová y dijeron: Te rogamos 7121
2.2 desde el seno del Seol *clamé*, y mi voz 7121
3.8 sino cúbranse de cilicio...*clamen* a Dios 7121
Mi 3.4 entonces *clamaréis* a Jehová, y no os 2199
3.5 *claman*: Paz, cuando tienen algo que 7121
6.9 la voz de Jehová *clama* a la ciudad 7121
Hab 1.2 cuándo, oh Jehová, *clamaré*, y no oirás 7768
2.11 porque la piedra *clamará* desde el muro 7768
Zac 1.4 a los cuales *clamaron* los...profetas 7121
1.14 *clama* diciendo: Así ha dicho Jehová de 7121
1.17 *clama* aún, diciendo: Así dice Jehová de 7121
7.13 que así como él *clamó*, y no escucharon 7121
7.13 ellos *clamaron*, y yo no escuché, dice 7121
Mt 3.3 que *clama* en el desierto: Preparad el 994
8.29 y *clamaron*...¿Qué tienes con nosotros 2896
15.22 una mujer cananea...*clamaba*, diciéndole 2905
20.30 *clamaron*...¡Señor, Hijo de David, ten 2896
20.31 ellos *clamaban* más, diciendo: ¡Señor 2896
27.46 Jesús *clamó* a gran voz, diciendo 310
27.50 habiendo otra vez *clamado* a gran voz 2896
Mr 1.3 que *clama* en el desierto: Preparad el 994
1.26 y *clamando* a gran voz, salió de él 2896
5.7 *clamando* a gran voz, dijo: ¿Qué tienes 2896
9.24 padre del muchacho *clamó* y dijo...Creo 2896
9.26 entonces el espíritu, *clamando*...salió 2896
10.48 él *clamaba* mucho más: Hijo de David 2896
15.34 Jesús *clamó* a gran voz, diciendo 994
15.39 que después de *clamar* había expirado 2896
Lc 3.4 dice: Voz del que *clama* en el desierto 994
8.54 **él...clamó diciendo: Muchacha, levántate** 5455
9.38 *clamó* diciendo: Maestro, te ruego que 310
18.7 **escogidos, que claman a él día y noche?** 994
18.39 él *clamaba* mucho más: ¡Hijo de David 2896
19.40 **éstos callaran, las piedras clamarían** 2896
23.46 **Jesús clamando a gran voz, dijo: Padre, en** 5455
Jn 1.15 y *clamó* diciendo: Este es de quien yo 2896
1.23 yo soy la voz...que *clama* en el desierto 994
11.43 **clamó a gran voz: ¡Lázaro, ven fuera!** 2905
12.13 y *clamaban*: ¡Hosanna! Bendito el que 2896
12.44 **Jesús clamó y dijo: El que cree en mí** 2896
Hch 7.60 *clamó* a gran voz: Señor, no les tomes 2896
16.28 Pablo *clamó*...No te hagas ningún mal 5455
22.24 por qué causa *clamaban* así contra él 2019
Ro 8.15 por el cual *clamamos*: ¡Abba, Padre! 2896
9.27 también Isaías *clama* tocante a Israel 2896
Gá 4.6 Espíritu...el cual *clama*: ¡Abba, Padre! 2896
4.27 *clama*, tú que no tienes dolores de parto 994
Stg 5.4 *clama* el jornal de los obreros que han 2896
Ap 6.10 y *clamaban*...diciendo: ¿Hasta cuándo 2896
7.2 y *clamó* a gran voz a los cuatro ángeles 2896
7.10 *clamaban* a gran voz, diciendo: La 2896
10.3 *clamó* a gran voz...y cuando hubo clamado 2896
12.2 encinta, *clamaba* con dolores de parto 2896
14.15 salió otro ángel, *clamando* a gran voz 2896
18.2 y *clamó* con voz potente, diciendo: Ha 2896
19.17 *clamó*...voz, diciendo a todas las aves 2896

CLAMOR

Gn 18.20 cuanto el *c* contra Sodoma...aumenta 2201
18.21 obra según el *c* que ha venido hasta mí 6818

19.13 el *c* contra ellos ha subido de punto 6818
Éx 2.23 subió a Dios el *c* de ellos con motivo 7775
3.7 he oído su *c* a causa de sus exactores 6818
3.9 el *c*, pues, de los hijos de Israel ha 6818
11.6 habrá gran *c* por. . . la tierra de Egipto 6818
12.30 y hubo un gran *c* en Egipto, porque no 6818
22.23 si. . . ellos clamaren a mí. . . oiré yo su *c* 6817
32.17 cuando oyó Josué el *c* del pueblo que
1 S 5.12 y el *c* de la ciudad subía al cielo 7775
9.16 a mi pueblo. . . su *c* ha llegado hasta mí 6818
2 S 22.7 oyó mi voz. . . mi *c* llegó a sus oídos 7775
1 R 1.40 la tierra se hundía con el *c* de ellos 6963
8.28 oyendo el *c* y la oración que tu siervo 7440
2 Cr 6.19 para oír el *c* y la oración con que 7440
Esd 3.13 no podía distinguir el pueblo el *c* 6963
Neh 5.1 gran *c*. . . del pueblo y de sus mujeres 6818
5.6 me enojé en gran manera cuando oí su *c* 2201
9.9 y oíste el *c* de ellos en el Mar Rojo 2201
Est 4.1 se fue. . . clamado con grande y amargo *c* 2201
9.31 conmemorar el fin de. . . ayunos y de su *c* 2201
Job 16.18 no cubras. . . y no haya lugar para mi *c* 2201
27.9 ¿oirá Dios su *c* cuando la tribulación 6818
34.28 venir delante de él el *c* del pobre, y 6818
34.28 y que oiga el *c* de los necesitados 6818
Sal 5.2 está atento a la voz de mi *c*, Rey mío 7773
9.12 él. . . no se olvidó del *c* de los afligidos 6818
17.1 oye. . . una causa justa; está atento a mi *c* 7440
18.6 mi *c* llegó delante de él, a sus oídos 7775
22.1 tan lejos de. . . de las palabras de mi *c*? 7581
34.15 ojos. . . atentos sus oídos al *c* de ellos 7775
39.12 oye mi oración, oh. . . y escucha mi *c* 7775
40.1 esperé a. . . y se inclinó a mí, y oyó mi *c* 7775
61.1 oye, oh Dios, mi *c*; a mi oración atiende 7440
88.2 a tu presencia; inclina tu oído a mi *c* 7440
102.1 Jehová, escucha. . . y llegue a ti mi *c* 7775
106.44 él miraba cuando estaban. . . y oía su *c* 7440
119.169 llegue mi *c* delante de ti, oh Jehová 7440
142.6 escucha mi *c*, porque estoy. . . afligido 7440
145.19 oirá. . . el *c* de ellos, y los salvará 7775
Pr 21.13 el que cierra su oído al *c* del pobre 2201
Ec 9.17 mejores que el *c* del señor entre los 2201
Is 5.7 esperaba juicio. . . justicia, y he aquí *c* 6818
15.8 hasta Eglaim. . . y hasta Beer-elim su *c* 2201
24.11 hay *c* por falta de vino en las calles 6670
30.19 al oír la voz de tu *c* te responderá 2201
65.19 nunca más se oirán en ella. . . voz de *c* 2201
Jer 7.16 ni levantes por ellos *c* ni oración 7440
8.19 voz del *c* de la hija de mi pueblo, que 7775
11.14 tú. . . ni levantes por ellos *c* ni oración 7440
14.2 enlutó Judá. . . y subió el *c* de Jerusalén 6682
14.12 cuando ayunen, yo no oiré su *c*, y 7440
18.22 óigase *c* de sus casas, cuando traigas 2201
46.12 oyeron tu afrenta. . . *c* llenó la tierra 6682
48.3 ¡voz de *c* de Horonaim, destrucción y 6818
48.4 hicieron. . . se oyese el *c* de sus pequeños 2201
48.5 a la bajada de. . . oyeron *c* de quebranto 6818
48.31 sobre todo Moab haré *c*, y sobre los 2199
48.34 *c* de Hesbón llega hasta Eleale; hasta 2201
49.2 en que haré oír *c* de guerra en Rabá de 8643
50.46 la tierra tembló, y el *c* se oyó entre 2201
51.54 ¡óyese el *c* de Babilonia, y el gran 2201
Lm 3.56 no escondas tu oído al *c* de. . . suspiros 7775
Sof 1.10 voz de *c* desde la puerta del Pescado 6818
Mal 2.13 haréis cubrir el altar de Jehová. . . *c* 603
Mt 25.6 **y a la medianoche se oyó un *c*: ¡Aquí** *2906*
He 5.7 con gran *c* y lágrimas al que le podía *2906*
Stg 5.4 *c* de los que habían segado han entrado *995*
Ap 21.4 y ya no habrá muerte. . . ni *c*, ni dolor *2906*

CLARA
Job 6.6 sal? ¿Habrá gusto en la *c* del huevo? 7388
11.17 La vida te será más *c* que el mediodía 6965
Zac 14.6 no habrá luz *c*, ni oscura 3368

CLARAMENTE
Nm 12.8 a cara hablaré con él, y *c* 4758
Dt 27.8 y escribirás muy *c* en las piedras 874
1 S 2.27 no me manifesté yo *c* a la casa 1540
20.3 tu padre sabe *c* que yo he
2 S 19.6 pues hoy me has hecho ver *c* que
Esd 4.18 que nos enviasteis fue leída *c* 6568
Est 8.8 en el libro de la ley de Dios *c*
Is 32.4 tartamudos hablará rápida y *c* 6703
Mr 8.25 y vio de lejos y *c* a todos *5081*
8.32 esto les decía *c* *3954*
Jn 11.14 entonces Jesús les dijo *c* *3954*
16.25 **sino que *c* os anunciaré acerca** *3954*
16.29 he aquí ahora hablas *c* *3954*
Hch 10.3 este vio *c* en una visión, como *5320*
Ro 1.20 se hacen *c* visibles desde la *2529*
1 Co 15.27 *c* se exceptúa aquel que
Gá 3.1 Jesucristo fue ya presentado *c* *4270*
1 Ti 4.1 pero el Espíritu dice *c* que en *4490*
He 11.14 *c* dan a entender que buscan una *1718*

CLAREAR
Sal 46.5 Dios la ayudará al *clarear* la mañana 6437

CLARIDAD
Job 3.4 aquel día. . . ni *c* sobre él resplandezca 5105
37.22 viniendo de la. . . del norte la dorada *c* 2091

CLARÍN
Job 39.25 antes como que dice entre los *c*: ¡Ea! 7782

CLARO, A
Job 11.17 la vida te será más *c* que el mediodía 6965
Cnt 5.14 su cuerpo, como *c* marfil cubierto de 6247
Is 18.4 como sol *c* después de la lluvia, como 6703
Ez 34.18 que bebiendo las aguas *c*, enturbiáis 4950
Am 8.9 y cubriré de tinieblas la. . . en el día *c* 216
Zac 14.6 en ese día no habrá luz *c*, ni oscura 3368

CLASE
Gn 24.10 tomando toda *c* de regalos escogidos 3605
40.17 de toda *c* de manjares de. . . para Faraón 3605
Éx 8.21 yo enviaré sobre ti. . . toda *c* de moscas 6157
8.21 casas. . . se llenarán de toda *c* de moscas 6157
8.22 ninguna *c* de moscas haya en ella, a fin 6157
8.24 y vino toda *c* de moscas molestísimas 6157
8.29 que las diversas *c* de moscas se vayan 6157
12.38 grande multitud de toda *c* de gentes 6154
31.5 artificio. . . trabajar en toda *c* de labor 3605
35.22 y brazaletes y toda *c* de joyas de oro 3605
Lv 19.23 plantéis toda *c* de árboles frutales 3605
Dt 17.8 el juicio, entre una *c* de homicidios y
17.8 entre una *c* de derecho legal y otra, y
17.8 una *c* de herida y otra, en negocios de
2 S 6.5 danzaban. . . con toda *c* de instrumentos 3605
1 Cr 12.33,37 con toda *c* de armas de guerra 3605
18.10 le envió. . . toda *c* de utensilios de oro 3605
29.2 toda *c* de piedras preciosas. . . de mármol 3605
2 Cr 2.14 sabe esculpir toda *c* de figuras, y 3605
15.6 Dios los turbó con toda *c* de calamidades 3605
32.27 Ezequías. . . adquirió. . . y toda *c* de joyas 3605
32.28 hizo. . . establos para toda *c* de bestias 3605
34.13 que se ocupaban en cualquier *c* de obra 5656
Esd 6.18 pusieron. . . los levitas en sus *c*, para 4255
Pr 1.13 hallaremos riquezas de toda *c*. . . casas 3605
Ec 2.8 y de toda *c* de instrumentos de música
Is 22.24 colgarán de. . . hasta toda *c* de jarros 3605
Ez 47.12 crecerá toda *c* de árboles frutales 3605
Nah 2.9 y suntuosidad de toda *c* de efectos 3605
Mt 5.11 **digan toda *c* de mal contra vosotros** *3956*
13.47 **una red. . . que. . . recoge de toda *c* de peces** . . . *3956*
Lc 1.5 sacerdote. . . Zacarías, de la *c* de Abías *2183*
1.8 que ejerciendo. . . según el orden de su *c* *2183*
7.39 conocería. . . qué *c* de mujer es la que le *4217*
1 Co 14.10 tantas *c* de idiomas hay. . . en el mundo *1085*
Ef 4.19 cometer con avidez toda *c* de impureza *3956*

CLAUDA *Isla en el Mediterráneo al sur de Creta*, Hch 27.16 . . . . *2802*

CLAUDIA *Cristiana en Roma*, 2 Ti 4.21 . . . . *2803*

CLAUDICAR
1 R 18.21 ¿hasta cuándo *claudicaréis*. . . entre dos 6452
Jer 20.10 mis amigos miraban si *claudicaría* 6761

CLAUDIO *Emperador romano*
Hch 11.28 hambre en. . . sucedió en tiempos de *C* *2804*
18.2 *C* había mandado que. . . los judíos saliesen *2804*

CLAUDIO LISIAS *Tribuno romano*, Hch 23.26 . . . *2804*

CLAVAR
1 S 17.49 la piedra quedó *clavada* en la frente 2883
26.7 lanza *clavada* en tierra a su cabecera 4600
2 S 18.14 los *clavó* en el corazón de Absalón 8628
Col 2.14 quitándola. . . y *clavándola* en la cruz *4338*

CLAVAZÓN
1 Cr 22.3 hierro para la *c* de las puertas, y 4548

CLAVIJA
Zac 10.4 de él saldrá. . . la *c*, de él el arco de 3489

CLAVO
2 Cr 3.9 el peso de los *c* era de uno hasta 50 4548
Ec 12.11 *c* hincados son las de los maestros 4930
Is 22.23 y lo hincaré como *c* en lugar firme 3489
22.25 *c* hincado en lugar firme será quitado 3489
41.7 lo afirmó con *c*, para que no se moviese 4548
Jer 10.4 con *c* y martillo lo afirman para que 4548
Jn 20.25 dijo: Si no viere. . . la señal de los *c* *2247*
20.25 metiere mi dedo en el lugar de los *c* *2247*

CLEMENCIA
Pr 20.28 al rey, y con *c* se sustenta su trono 2617
31.26 boca. . . y la ley de *c* está en su lengua 2617
Is 63.9 en su amor y en su *c* los redimió, y 2551
Jer 16.13 arrojaré. . . porque no os mostraré *c* 2594
1 Ti 1.16 mostrase en mí el primero. . . su *c* *3115*

CLEMENTE *Cristiano en Filipos*, Fil 4.3 . . . . *2815*

CLEMENTE
Éx 33.19 y seré *c* para con el que seré *c* 7355
1 R 20.31 reyes de la. . . Israel, que son reyes *c* 2617
2 Cr 30.9 porque Jehová vuestro Dios es *c* y 2587
Neh 9.17 eres Dios que perdonas, *c* y piadoso 2587
9.31 porque eres Dios *c* y misericordioso 2587
Sal 86.15 tú, Señor, Dios misericordioso y *c* 2587
103.8 misericordioso y *c* es Jehová; lento 2587
111.4 ha hecho. . . *c* y misericordioso es Jehová 2587
112.4 rectos; es *c*, misericordioso y justo 2587
116.5 *c* es Jehová, y justo. . . es nuestro Dios 2587
145.8 *c* y misericordioso es Jehová, lento 2587
Is 19.22 convertirán a Jehová, y les será *c* 6279
Jl 2.13 misericordioso es y *c*, tardo para la 2587
Jon 4.2 sabía yo que tú eres Dios *c* y piadoso 2587

CLEOFAS
1. *Uno de los dos discípulos que Jesús encontró en el camino de Emaús*, Lc 24.18 . . . . *2810*
2. *Marido de una de las Marías que estuvieran junto a la cruz*, Jn 19.25 . . . . *2832*

CLOÉ *Mujer conocida por Pablo y la iglesia de Corinto*, 1 Co 1.11 . . . . *5514*

COA *Tribu al nordeste de Babilonia*, Ez 23.23 . . . 6970

COAT *Segundo hijo de Leví*
Gn 46.11; Éx 6.16 hijos de Leví. . . Gersón, *C* 6955
Éx 6.18 hijos de *C*: Amram, Izhar, Hebrón 6955
6.18 los años de la vida de *C* fueron 133 6955
Nm 3.17 los hijos de Leví fueron. . . *C* y Merari 6955
3.19 hijos de *C* por sus familias son: Amram 6955
3.27 de *C* eran la familia de los amramitas 6956
3.29 las familias de. . . *C* acamparán al lado del 6955
4.2 la cuenta de los hijos de *C* de entre los 6955
4.4 el oficio de los hijos de *C*. . . será este 6955
4.15 vendrán. . . los hijos de *C* para llevarlos 6955
4.15 serán las cargas de los hijos de *C* en 6955
4.18 no haréis que perezca la tribu de. . . *C* 6956
4.34 contaron a los. . . de *C* por sus familias 6956
4.37 fueron. . . contados de las familias de *C* 6956
7.9 pero a los hijos de *C* no les dio, porque 6955
16.1 Coré hijo de Izhar, hijo de *C*, hijo de 6955
26.57 levitas. . . *C*, la familia de los coatitas 6955
26.58 de los levitas. . . y *C* engendró a Amram 6955
Jos 21.5 los otros hijos de *C*. . . diez ciudades 6955
21.10 las familias de *C*, de los hijos de Leví 6956
21.20 de *C*. . . que quedaban de los hijos de *C* 6955
21.26 ciudades para. . . hijos de *C* fueron diez 6955
1 Cr 6.1,16 hijos de Leví: Gersón, *C* y Merari 6955
6.2,18 los hijos de *C*: Amram, Izhar, Hebrón 6955
6.22 los hijos de *C*: Aminadab su hijo, Coré 6955
6.33 de los hijos de *C*, el cantor Hemán hijo 6956
6.38 hijo de Izhar, hijo de *C*, hijo de Leví 6955
6.61 a los hijos de *C*. . . dieron por suerte lo 6955
6.66 de los hijos de *C* dieron ciudades con 6955
6.70 de los hijos de *C* que habían quedado 6955
9.32 los hijos de *C*. . . tenían a su cargo los 6956
15.5 de los hijos de *C*, Uriel el principal 6955
23.6 conforme a los hijos de Leví: Gersón, *C* 6955
23.12 los hijos de *C*: Amram, Izhar, Hebrón 6955
2 Cr 20.19 levantaron los. . . de los hijos de *C* 6956
29.12 se levantaron los levitas. . . hijos de *C* 6956
34.12 eran sus mayordomos. . . de los hijos de *C* 6956

COATITA *Descendiente de Coat*
Nm 3.27 de Coat eran la. . . son las familias *c* 6956
10.21 comenzaron a marchar los *c* llevando el 6956
26.57 de Coat, la familia de los *c*; de Merari 6956
Jos 21.4 suerte cayó sobre. . . familias de los *c* 6956
1 Cr 6.54 familias de los *c*. . . tocó en suerte 6956

COBARDE
Ap 21.8 los *c*. . . tendrán su parte en el lago que *1169*

COBARDÍA
Lv 26.36 infundiré en sus corazones tal *c*, en 4816
2 Ti 1.7 no nos ha dado Dios espíritu de *c* *1167*

COBERTURA
Job 24.7 sin ropa, sin tener *c* contra el frío 3682
26.6 el Seol está. . . y el Abadón no tiene *c* 3682

COBIJAR
Job 36.30 *cobija* con ella las profundidades del 3680
Is 30.1 apartan. . . para *cobijarse* con cubierta 4541

COBRADOR
Dn 11.20 uno que hará pasar un *c* de tributos 5674

COBRAR
Gn 31.39 lo hurtado así de día. . . me lo *cobrabas* 1245
Dt 31.6 esforzaos y *cobrad* ánimo; no temáis
Jue 1.35 cuando la casa de José *cobró* fuerzas
1 S 28.22 *cobres* fuerzas, y sigas tu camino 3581
1 Cr 22.13 *cobra* ánimo; no temas, ni desmayes
2 Cr 15.8 Asa. . . *cobró* ánimo, y quitó los ídolos
Hag 2.4 y *cobrad* ánimo, pueblo. . . de la tierra
Mt 17.24 vinieron a Pedro los que *cobraban* las *2983*
17.25 **¿de quiénes *cobran* los tributos o los** *2983*
Hch 28.15 dio gracias a Dios y *cobró* aliento *2983*
Fil 1.14 *cobrando* ánimo. . . atreven mucho más *3982*

COBRE
Éx 25.3 ofrenda que tomaréis. . . oro, plata, *c* 5178
Dt 8.9 son hierro, y de cuyos montes sacarás *c* 5178
Job 28.2 se saca. . . y de la piedra se funde el *c* 5154
Mt 10.9 **no os proveáis de oro, ni plata, ni *c*** *5475*
Ap 18.12 objeto de marfil. . . de *c*, de hierro y *5475*

COCER
Gn 11.3 vamos, hagamos ladrillo y *cozámoslo* 8313
18.6 haz panes *cocidos* debajo del rescoldo
19.3 *coció* panes sin levadura, y comieron 644
Éx 12.9 ninguna cosa comeréis. . . ni *cocida* en 1311,1310
12.39 y *cocieron* tortas sin levadura de la 644
16.23 lo que habéis de *cocer*, *cocedlo* hoy, y 644
29.31 tomarás el carnero. . . *cocerás* su carne 1310
34.26 no *cocerás* el cabrito en la leche de 1310
Lv 2.4 cuando ofrecieres ofrenda *cocida* en 3989
2.7 si ofrecieres ofrenda *cocida* en cazuela
6.17 no se *cocerá* con levadura; la he dado a 644
6.21 pedazos *cocidos* de la ofrenda ofrecerás 8601
6.28 la vasija de barro en que fuere *cocida* 1310
6.28 y si fuere *cocida* en vasija de bronce 1310
7.9 toda ofrenda que se *cociere* en horno, y 644
23.17 de flor de harina, *cocidos* con levadura 644
24.5 y tomarás flor de harina, y *cocerás* de 644
26.26 *cocerán* diez mujeres vuestro pan en un 644
Nm 6.19 la espaldilla *cocida* del carnero, una 1311
11.8 recogía. . . y lo *cocía* en caldera o hacía 1310
Dt 14.21 no *cocerás* el cabrito en la leche de 1310
1 S 2.13 el criado. . . mientras se *cocía* la carne 1310
2.15 porque no tomará de ti carne *cocida* 1310

28.24 y *coció* de ella panes sin levadura 644
2 S 13.8 e hizo hojuelas delante... y las *coció* 1310
1 R 17.12 vive Jehová... que no tengo pan *cocido*
17.13 haz... torta *cocida* debajo de la ceniza
19.6 una torta *cocida* sobre las ascuas, y una
19.21 con el arado... *coció* la carne, y la dio 1310
2 R 6.29 *cocimos*... a mi hijo y lo comimos 1310
2 Cr 35.13 mas lo... santificado lo *cocieron* en 1310
Is 44.15 enciende también el horno, y *cuece* 644
44.19 sobre sus brasas *cocí* pan, asé carne 644
Lm 4.10 mujeres piadosas *cocieron* a sus hijos 1310
Ez 4.12 de cebada *cocido* debajo de la ceniza 5746
4.12 lo *cocerás* a vista de ellos al fuego de 5746
4.15 estiércol de bueyes... para *cocer* tu pan 6213
24.5 hierva bien; *cuece* también sus huesos 1310
46.20 sacerdotes *cocerán* la ofrenda... allí c 1310,644
46.24 donde... *cocerán* la ofrenda del pueblo 1310
Dn 2.33 sus pies... y en parte de barro *cocido* 2635
2.34 e hirió a... en sus pies... de barro *cocido* 2635
2.35 desmenuzados... el barro *cocido*, el bronce 2635
2.41 en parte de barro *cocido* de alfarero y 2635
2.41 viste hierro mezclado con barro *cocido* 2917
2.42 ser los... pies en parte de barro *cocido* 2635
Zac 14.21 que sacrificaren *cocerán* en ellas 1310

COCES *Véase Coz*

COCHERO
1 R 22.34 él a su c: Da la vuelta, y sácame 7395
2 Cr 18.33 al c: Vuelve las riendas, y sácame 7395

COCIDO *Véase Cocer*

COCINA
Ez 46.24 estas son las c, donde los servidores..... 1004,1310

COCINAR
Éx 16.23 lo que habéis de cocinar, cocinadlo 1310

COCINERO, A
1 S 8.13 también a vuestras hijas... que sean c 2879
9.23 y dijo Samuel al c: Trae acá la porción 2876
9.24 entonces alzó el c una espaldilla, con 2876

COCODRILO
Lv 11.30 el c, el lagarto, la lagartija y el 3581

CODICIA
Pr 1.19 sendas de todo el que es dado a la c 1214
12.12 C el impío la red de los malvados
21.26 hay quien todo el día c; pero el 183
Is 57.17 por la iniquidad de su c me enojé 1215
Jer 51.13 ha venido tu fin, la medida de tu c 1215
Hab 2.9 ¡Ay del que c injusta ganancia 1214
Mr 4.19 **los afanes... las c, ahogan la palabra** 1939
Ro 7.7 yo tampoco conociera la c; si la ley no 1939
7.8 el pecado... produjo en mí toda c; porque 1939
1 Ti 6.9 caen en... muchas c necias y dañosas 1939
2 P 2.14 tiene el corazón habituado a la c 4124

CODICIABLE
Gn 3.6 y árbol c para alcanzar la sabiduría 2530
1 S 9.20 ¿para quién es todo lo que hay de c 2532
Cnt 1.5 morena soy, oh hijas de... pero c como 5000
5.16 su paladar, dulcísimo, y todo él c 4261
Ez 23.6 jóvenes c todos ellos, jinetes que iban 2531
23.12 iban a caballo, todos ellos jóvenes c 2531
23.23 jóvenes c, gobernadores y capitanes 2531
Nah 2.9 suntuosidad de... clase de efectos c 2532

CODICIAR
Éx 20.17 no *codiciarás* la mujer de tu prójimo 2530
34.24 y ninguno *codiciará* tu tierra, cuando 2530
Dt 5.21 no *codiciarás* la mujer de tu prójimo 2530
7.25 no *codiciarás* plata ni oro de ellas para 2530
21.11 vieres... alguna mujer... y la *codiciares* 2836
Jos 7.21 y un lingote de oro... lo cual *codicié* 2530
Job 20.20 ni salvará nada de lo que *codiciaba* 2530
Pr 6.25 no *codicies* su hermosura en tu corazón 2530
12.12 *codicia* el impío la red de... malvados 2530
21.26 hay quien todo el día *codicia*; pero el 183
23.3 no *codicies* sus manjares delicados 183
23.6 no comas pan... ni *codicies* sus manjares 183
Is 13.17 no se ocuparán de... ni *codiciarán* oro 2654
Mi 2.2 *codician* las heredades, y las roban 2530
Hab 2.9 ¡ay del que *codicia* injusta ganancia 1214
Mt 5.28 **que mira a una mujer para *codiciarla*** 1937
Hch 20.33 plata ni oro... de nadie he *codiciado* 1937
Ro 7.7 si la ley no dijera: No *codiciarás* 1937
13.9 no *codiciarás*... se resume: Amarás a tu 1937
1 Co 10.6 no *codiciemos*... como ellos codiciaron .. 1511,1938
1 Ti 6.10 al dinero, el cual *codiciando* algunos 3713
Stg 4.2 *codiciáis*, y no tenéis; matáis y ardéis 1937
Ap 18.14 los frutos *codiciados* por tu alma se 1939

CODICIOSO, A
Nm 11.34 cuanto allí sepultaron al pueblo c 183
Job 5.2 al necio... y al c lo consume la envidia 6601
Sal 10.3 bendice al c, y desprecia a Jehová 1214
Pr 15.27 alborota su casa el c; mas el que 1214
Is 14.4 cómo paró... acabó la ciudad c de oro!
1 Ti 3.3,8; Tit 1.7 no c de ganancias 146

CODO
Gn 6.15 de trescientos c la longitud del arca 520
6.15 de 50 c su anchura, y de 30 c su altura 520
6.16 y la acabarás a un c de elevación por la 520
7.20 quince c más alto subieron las aguas 520
Éx 25.10 arca... longitud será de dos c y medio 520
25.10 su anchura de c y medio, su altura de c 520
25.17 su longitud será de dos c y medio, y su 520
25.17 propiciatorio... su anchura de c y medio 520
25.23 harás... una mesa... longitud será de dos c 520
25.23 c su anchura, y su altura de c y medio 520
26.2 una cortina de 28 c, y la anchura de... 4 c 520
26.8 cada cortina será de 30 c... anchura... 4 c 520
26.13 un c de un lado, y otro c del otro lado 520
26.16 de diez c, y de c y medio la anchura 520
27.1 un altar de madera... cinco c de longitud 520
27.1 cinco c de anchura... su altura de tres c 520
27.9,11 cortinas... de cien c de longitud 520
27.12 del lado occidental... cortinas de 50 c 520
27.13 el ancho... al este, habrá cincuenta c 520
27.14 cortinas a un lado... serán de quince c 520
27.15 y al otro lado, quince c de cortinas
27.16 cortina de veinte c, de azul, púrpura 520
27.18 atrio... cien c... y la altura de cinco c 520
30.2 su longitud... un c, y su anchura de un c 520
30.2 será cuadrado, y su altura de dos c 520
36.9 una cortina era de 28 c... anchura de 4 c 520
36.15 una cortina era de 30 c... anchura de 4 c 520
36.21 cada tabla era de 10 c, y de c y medio 520
37.1 el arca... longitud era de dos c y medio 520
37.1 anchura de c y medio, y su altura de c 520
37.6 el propiciatorio... su longitud de dos c 520
37.6 el propiciatorio... anchura de c y medio 520
37.10 la mesa de madera... longitud de dos c 520
37.10 su anchura de un c, y de c y medio su 520
37.25 el altar... un c su longitud, y de otro c 520
37.25 era cuadrado, y su altura de dos c 520
38.1 su longitud de 5 c, y su anchura de... 5 c 520
38.1 el altar... cuadrado, y de tres c de altura 520
38.9 las cortinas del atrio eran de cien c 520
38.11 y del lado norte cortinas de cien c 520
38.12 del occidente, cortinas de cincuenta c 520
38.13 lado oriental... cortinas de cincuenta c 520
38.14 un lado cortinas de quince c, sus tres 520
38.15 cortinas de quince c, con sus... columnas 520
38.18 la entrada... era de veinte c de longitud 520
39.18 su anchura, o sea su altura, era de 5 c 520
Nm 11.31 casi dos c sobre la faz de la tierra 520
35.4 los ejidos de las... serán mil c alrededor 520
35.5 del oriente dos mil c, al... sur dos mil c 520
35.5 del occidente dos mil c... norte dos mil c 520
Dt 3.11 la longitud de ella es de nueve c, y 520
3.11 y su anchura de cuatro c, según el c de 520
Jos 3.4 haya distancia como de dos mil c; no os 520
Jue 3.16 puñal de dos filos, de un c de largo 1574
1 S 17.4 y tenía de altura seis c y un palmo 520
1 R 6.2 tenía 60 c de largo y... 30 c de alto 520
6.3 el pórtico... tenía veinte c de largo a lo 520
6.3 el ancho delante de la casa era de diez c 520
6.6 el aposento de abajo era de 5 c de ancho 520
6.6 el de en medio de seis c de ancho, y el 520
6.6 el tercero de siete c de ancho; porque 520
6.10 el aposento... altura de cinco c, el cual 520
6.16 final de la casa un edificio de veinte c 520
6.17 el templo de adelante, tenía cuarenta c 520
6.20 veinte c de largo, veinte de ancho, y 520
6.23 querubines... cada uno de diez c de altura 520
6.24 una ala... tenía cinco c... otros cinco c 520
6.24 diez c desde la punta de una ala hasta 520
6.25 el otro querubín tenía diez c; porque 520
6.26 altura del uno era de diez c, y... la otra 520
7.2 la casa del bosque... cien c de longitud 520
7.2 cincuenta c de anchura y treinta c de 520
7.6 pórtico... tenía 50 c de largo y 30 c de 520
7.10 piedras de diez c y piedras de ocho c 520
7.15 la altura de cada una era de 18 c, y 520
7.15 rodeaba a una y otra un hilo de doce c 520
7.16 capitel era de 5 c, y la del otro... 5 c 520
7.19 forma de lirios, y eran de cuatro c 520
7.23 hizo fundir... un mar de diez c de un lado 520
7.23 su altura era de cinco c, y lo ceñía 520
7.23 un mar... lo ceñía... un cordón de treinta c 520
7.24 bolas como calabazas, diez en cada c 520
7.27 la longitud de cada basa de cuatro c 520
7.27 la anchura de cuatro c, y de tres c la 520
7.31 la boca... entraba un c en el remate que 520
7.31 misma hechura del remate... de c y medio 520
7.32 la altura de... rueda era de un c y medio 520
7.35 una pieza redonda de medio c de altura 520
7.38 diez fuentes... cada una era de cuatro c 520
2 R 14.13 rompió el muro de... cuatrocientos c 520
25.17 la altura de una columna era de 18 c 520
25.17 la altura del capitel era de tres c, y 520
1 Cr 11.23 venció... egipcio, hombre de cinco c 520
2 Cr 3.3 longitud, de 60 c... anchura de 20 c 520
3.4 el pórtico... de 20 c... su altura de 120 c 520
3.8 el lugar santísimo... longitud era de 20 c 520
3.8 su anchura de 20 c; y lo cubrió de oro 520
3.11 la longitud de las alas de... era de 20 c 520
3.11,12 una ala era de 5 c... la otra de 5 c 520
3.13 querubines... las alas extendidas por 20 c 520
3.15 columnas de 35 c... sus capiteles... de 5 c 520
4.1 un altar de bronce de 20 c de longitud 520
4.1 altar... 20 c de anchura, y 10 c de altura 520
4.2 hizo un mar de fundición... tenía diez c 520
4.2 altura era de 5 c, y un cordón de 30 c 520
4.3 figuras de calabazas que... diez en cada c 520
6.13 un estrado de bronce de 5 c de largo, de 520
6.13 de 5 c de ancho y de altura de tres c 520
25.23 derribó el muro de... un tramo de 400 c 520
Esd 6.3 altura de 60 c, y de 60 c su anchura 521
Neh 3.13 levantaron... y mil c del muro, hasta 520
Est 5.14 hagan una horca de 50 c de altura 520
7.9 la horca de 50 c de altura que hizo Amán 520
Jer 52.21 altura... de 18 c... cordón de doce c 520
52.22 el capitel... de una altura de cinco c 520
Ez 40.5 la caña... era de seis c de a c y palmo 520
40.7 y entre las cámaras había cinco c de 520
40.9 midió... la entrada del portal... de ocho c 520
40.9 y sus postes de dos c; y la puerta 520
40.11 midió el ancho de la entrada... diez c 520
40.11 la longitud del portal, de trece c 520
40.12 era de un c a un lado, y de otro c al 520
40.12 seis c por un lado, y seis c por el otro 520
40.13 midió la puerta desde el... 25 c de ancho 520
40.14 midió los postes, de sesenta c, cada 520
40.15 desde el frente de la puerta de... 50 c 520
40.19 la anchura... de cien c hacia el oriente 520
40.21 cincuenta c de longitud, y 25 de ancho 520
40.23,27 y midió de puerta a puerta... cien c 520
40.25 la longitud era de 50 c... ancho de 25 c 520
40.29,36 longitud... 50 c, y de 25 c el ancho 520
40.30 los arcos... de 25 c de largo, y 5 c de 520
40.33 longitud... 50 c, y la anchura de 25 c 520
40.42 cuatro mesas, un c y medio de longitud 520
40.42 y c y medio de ancho, y de un c de 520
40.47 atrio, cien c de longitud, y cien c de 520
40.48 poste... cinco c de un lado, y cinco c 520
40.48 puerta tres c de un lado, y tres c de 520
40.49 la longitud del pórtico, veinte c, y el 520
40.49 y el ancho once c, al cual subían por 520
41.1 postes... seis c de un lado, y seis c de 520
41.2 el ancho de la puerta era de diez c, y 520
41.2 de cinco c de un lado, y cinco del otro 520
41.2 su longitud, de 40 c... anchura de 20 c 520
41.3 cada poste de la puerta, de dos c; y la 520
41.3 la puerta, de seis c; y la anchura de la 520
41.3 y la anchura de la entrada, de siete c 520
41.4 longitud, de 20 c, y la anchura de 20 c 520
41.5 midió el muro de la casa, de seis c 520
41.5 de cuatro c la anchura de las cámaras 520
41.8 los cimientos... una caña entera de seis c 520
41.9 el ancho de la pared de... era de cinco c 520
41.10 anchura de veinte c por todos lados 520
41.11 y el ancho del espacio... era de cinco c 520
41.12 edificio... occidental era de setenta c 520
41.12 la pared... 5 c de grueso... 90 c de largo 520
41.13 luego midió la casa, cien c de largo 520
41.13 y el edificio... de cien c de longitud 520
41.14 y el ancho... de la casa... era de cien c 520
41.15 midió la longitud del edificio... cien c 520
41.22 la altura del altar... era de tres c, y 520
41.22 su longitud de dos c; y sus esquinas 520
42.2 longitud era de cien c... ancho de 50 c 520
42.3 frente a los veinte c que había en el 520
42.4 corredor de 10 c... con una vía de un c 520
42.7 el muro que... tenía cincuenta c de largo 520
42.8 la longitud de las cámaras... cincuenta c 520
42.8 y delante de la fachada... había cien c 520
43.13 estas son las medidas del altar por c 520
43.13 medidas... (el c de a c y palmo menor) 520
43.13 la base, de un c, y de un c el ancho 520
43.14 base... hasta el lugar de abajo, dos c 520
43.14 la anchura de un c; y desde la cornisa 520
43.14 menor hasta la cornisa mayor, cuatro c 520
43.14 y desde la base... y el ancho de un c 520
43.15 el altar era de cuatro c, y encima del 520
43.16 el altar tenía doce c de largo, y doce 520
43.17 el descanso 14 c de longitud y 14 de
43.17 y medio c el borde alrededor; y la 520
43.17 la base de un c por todos lados; y sus 520
45.2 cincuenta c en derredor para sus ejidos 520
46.22 patios... de cuarenta c de longitud y 30
47.3 y midió mil c, y me hizo pasar por las 520
Dn 3.1 altura era de 60 c... anchura de seis c 521
Zac 5.2 veo un rollo que... de veinte c de largo 520
5.2 un rollo que vuela... de diez c de ancho 520
Mt 6.27; Lc 12.25 **añadir a su estatura un c?** 4083
Jn 21.8 no distaban... sino como doscientos c 4083
Ap 21.17 midió su muro, 144 c, de medida de 4083

CODORNIZ
Éx 16.13 subieron c... cubrieron el campamento 7958
Nm 11.31 vino un viento de Jehová, y trajo c 7958
11.32 y recogieron c: el que menos, recogió 7958
Sal 105.40 pidieron, e hizo venir c; y los 7958

COFIA
Is 3.20 las c, los atavíos de las piernas 6287

COGOLLO
Ez 17.3 vino al Líbano, y tomó el c del cedro 6788
17.22 tomaré yo del c de aquel alto cedro 6788

COHABITAR
Éx 22.19 cualquiera que *cohabitare* con bestia 7901
Nm 5.13 y alguno *cohabitare* con ella, y su 7901
5.20 ha *cohabitado* contigo alguno fuera de tu 7903

COHECHO
Dt 10.17 Dios... que no hace acepción... ni toma c 7810
1 S 12.3 si de alguien he tomado c para cegar 3724
2 Cr 19.7 con Jehová... no hay... ni admisión de c 7810
Sal 15.5 no... ni contra el inocente admitió c 7810
Is 5.23 que justifican al impío mediante c 7810
33.15 que sacude sus manos para no recibir c 7810
Am 5.12 se que afliges al justo, y recibís c 3724
Mi 3.11 jefes juzgan por c, y sus sacerdotes 7810

COHEREDERO, A
Ro 8.17 herederos de Dios y c con Cristo, si 4789
Ef 3.6 que los gentiles son c y miembros del 4789
He 11.9 Isaac y Jacob, c de la misma promesa 4789
1 P 3.7 y como a c de la gracia de la vida 4789

COJEAR
Gn 32.31 salió el sol; y *cojeaba* de su cadera 6760
Mi 4.6 aquel día, dice... juntaré la que *cojea* 6760
Sof 3.19 salvaré a la que *cojea*, y recogeré 6760

COJO, A
Lv 21.18 ciego, o *c*, o mutilado, o sobrado ... 6455
Dt 15.21 o *c*, o hubiere en él cualquier falta ... 6455
2 S 4.4 huyendo... se le cayó el paño y quedó *c* ... 6452
5.6 pues aun los ciegos y los *c* te echarán ... 6455
5.8 por el canal y hiera a los *c* y ciegos ... 6455
5.8 se dijo: Ciego ni *c* no entrarán en la casa ... 6455
19.26 montaré en él... porque tu siervo es *c* ... 6455
Job 29.15 yo era ojos al ciego, y pies al *c* ... 6455
Pr 26.7 las piernas del *c* penden inútiles; así ... 6455
Is 33.23 despojos; los *c* arrebatarán el botín ... 6455
35.6 el *c* saltará como un ciervo, y cantará ... 6455
Jer 31.8 hago volver... entre ellos ciegos y *c* ... 6455
Mi 4.7 y pondré al *c* como remanente, y a la ... 6760
Mal 1.8 cuando ofrecéis el *c* o el enfermo ¿no ... 6455
1.13 trajisteis lo hurtado, o *c*, o enfermo ... 6455
Mt 11.5 **c andan, los leprosos son limpiados** ... *5560*
15.30 gente que traía consigo a *c*, ciegos ... *5560*
15.31 viendo... a los *c* andar, y a los ciegos ... *5560*
18.8 **mejor te es entrar en la vida c o manco** ... *5560*
21.14 vinieron a él en el templo ciegos y *c* ... *5560*
Mr 9.45 **mejor te es entrar a la vida c, que** ... *5560*
Lc 7.22 **c andan, los leprosos son limpiados** ... *5560*
14.13 **llama a los pobres... los c y los ciegos** ... *5560*
14.21 **vé... y trae acá a... los c y los ciegos** ... *5560*
Jn 5.3 *c*... que esperaban el movimiento del agua ... *5560*
Hch 3.2 era traído un hombre *c* de nacimiento ... *5560*
3.11 a Juan el *c* que había sido sanado, todo ... *5560*
8.7 y muchos paralíticos y *c* eran sanados ... *5560*
14.8 cierto hombre de... *c* de nacimiento, que ... *5560*
He 12.13 para que lo *c* no se salga del camino ... *5560*

COLA
Éx 4.4 extiende tu mano, y tómala por la *c* ... 2180
29.22 tomarás del carnero la grosura, y la *c* ... 451
Lv 3.9 ofrecerá... a Jehová la grosura, la *c* ... 451
7.3 y de ella ofrecerá... la *c*, y la grosura ... 451
8.25 tomó... la *c*, toda la grosura que estaba ... 451
9.19 *c*, la grosura que cubre los intestinos ... 451
Dt 28.13 pondrá Jehová por cabeza, y no por *c* ... 2180
28.44 él será por cabeza, y tú serás por *c* ... 2180
Jue 15.4 *c* con *c*, y... una tea entre cada dos *c* ... 2180
Job 40.17 *c* mueve como un cedro, y los nervios ... 2180
Is 9.14 y Jehová cortará de Israel cabeza y *c* ... 2180
9.15 el profeta que enseña mentira, es la *c* ... 2180
19.15 que haga la cabeza o la *c*, la rama o ... 2180
Ap 9.10 *c* como de escorpiones... *c* tenían poder ... *3769*
9.19 el poder... estaba en su boca y en sus *c* ... *3769*
9.19 sus *c*, semejantes a serpientes, tenían ... *3769*
12.4 su *c* arrastraba... parte de las estrellas ... *3769*

COLABORADOR
Ro 16.3 saludad a Priscila y a Aquila, mis *c* ... *4904*
16.9 saludad a Urbano... *c* en Cristo Jesús, y a ... *4904*
16.21 saludan Timoteo mi *c*, y Lucio, Jasón ... *4904*
1 Co 3.9 nosotros somos *c* de Dios, y vosotros ... *4904*
2 Co 6.1 nosotros, como *c* suyos, os exhortamos ... *4903*
8.23 en cuanto a Tito... *c* para con vosotros ... *4904*
Fil 2.25 enviaros a Epafrodito... hermano y *c* ... *4904*
4.3 con Clemente también y los demás *c* míos ... *4904*
1 Ts 3.2 enviamos a Timoteo... *c* nuestro en el ... *4904*
Flm 1 Pablo... al amado Filemón, *c* nuestro ... *4904*
24 Marcos, Aristarco, Demas y Lucas, mis *c* ... *4904*

COLABORAR
2 Co 1.24 que *colaboramos* para vuestro gozo ... *4904*

COLAÍAS
1. Ascendiente de Salú No. 1, Neh 11.7 ... 6964
2. Padre de Acab No. 2, Jer 29.21 ... 6964

COLAR
Mt 23.24 **que coláis el mosquito, y tragáis el** ... *1368*

COLCHA
Pr 7.16 he adornado mi cama con *c* recamadas ... 4765

CÓLERA
Jer 48.30 conozco... su *c*, pero no tendrá efecto ... 5678

COLÉRICO
Jue 18.25 no... que los de ánimo *c* os acometan ... 4751

COLGAR
Gn 40.19 y te hará *colgar* en la horca, y las ... 8518
41.13 fui establecido... el otro fue *colgado* ... 8518
Éx 26.12 *colgará* a espaldas del tabernáculo ... 5628
26.13 *colgará* sobre... lados del tabernáculo ... 5628
Dt 21.22 morir, y lo *colgaréis* en un madero ... 8518
21.23 maldito por Dios es el *colgado*; y no ... 8518
Jos 8.29 al rey de Hai lo *colgó* de un madero ... 8518
10.26 Josué... los mató, y los hizo *colgar* en ... 8518
10.26 quedaron *colgados* en los maderos hasta ... 8518
1 S 31.10 y *colgaron* su cuerpo en el muro de ... 8628
2 S 4.12 y los *colgaron* sobre el estanque en ... 8518
18.10 visto a Absalón *colgado* de una encina ... 8518
21.12 donde los habían *colgado* los filisteos ... 8511
1 Cr 10.10 *colgaron* la cabeza en el templo de ... 8628
Esd 6.11 sea *colgado* en él, y su casa sea hecha ... 4223
Est 2.23 dos eunucos fueron *colgados* en una ... 8518
5.14 di al rey que *cuelguen* a Mardoqueo en ... 8518
6.4 para que hiciese *colgar* a Mardoqueo en la ... 8518
7.9 entonces el rey dijo: *Colgadlo* en ella ... 8518
7.10 así *colgaron* a Amán en la horca que él ... 8518
8.7 a Amán, y a él han *colgado* en la horca ... 8518
9.13 *cuelguen* en la horca a los diez hijos de ... 8518
9.14 y *colgaron* a los diez hijos de Amán ... 8518
9.25 *colgaran* a él y a sus hijos en la horca ... 8518
Job 26.7 extiende... *cuelga* la tierra sobre nada ... 8518
Sal 137.2 los sauces... *colgamos* nuestras arpas ... 8518
Cnt 4.4 mil escudos están *colgados* en ella ... 8518
Is 22.24 *colgarán* de él toda la honra de la ... 8518
Jer 10.20 no hay... quien *cuelgue* mis cortinas ... 6965
Lm 5.12 a los príncipes *colgaron* de las manos ... 8518
Ez 15.3 ¿tomarán... estaca para *colgar* en ella ... 8518
27.10 escudos y yelmos *colgaron* en ti; ellos ... 8518
27.11 sus escudos *colgaron* sobre tus muros ... 8518
Mt 18.6 **que se le colgase al cuello una piedra** ... *2910*
Lc 23.39 uno de los... que estaban *colgados* le ... *2910*
Hch 5.30 matasteis *colgándolo* en un madero ... *2910*
10.39 quien mataron *colgándolo* en un madero ... *2910*
28.4 vieron la víbora *colgando* de su mano ... *2910*
Gá 3.13 maldito... que es *colgado* en un madero ... *2910*

COLHOZE
1. Padre de Salum, No. 11, Neh 3.15 ... 3626
2. Ascendiente de Maasías No. 11, Neh 11.5 ... 3626

COLINA
Jos 11.13 las ciudades... sobre *c*, no las quemó ... 8510
Is 30.17 que quedéis... como bandera sobre una *c* ... 2022
Jer 30.18 la ciudad será edificada sobre su *c* ... 8510

COLIRIO
Ap 3.18 **y unge tus ojos con c, para que veas** ... *2854*

COLLADO
Gn 49.26 hasta el término de los *c* eternos ... 1389
Éx 17.9 yo estaré sobre la cumbre del *c*, y la ... 1389
17.10 Moisés y... subieron a la cumbre del *c* ... 1389
Nm 23.9 veré, y desde los *c* lo miraré; he aquí ... 1389
Dt 12.2 sirvieron a sus dioses... sobre los *c* ... 1389
33.15 con la abundancia de los *c* eternos ... 1389
Jos 5.3 circuncidó... Israel en el *c* de Aralot ... 1389
24.33 murió Eleazar... lo enterraron en el *c* ... 1389
Jue 7.1 más allá del *c* de More, en el valle ... 1389
1 S 7.1 el arca... en casa de... situada en el *c* ... 1389
10.5 después de esto llegarás al *c* de Dios ... 1389
10.10 cuando llegaron allá al *c*, he aquí la ... 1389
13.3 Jonatán atacó a la guarnición... en el *c* ... 1387
23.19; 26.1 ¿no está David escondido en el *c* ... 1389
26.3 y acampó Saúl en el *c* de Haquila, que ... 1389
2 S 2.24 se puso el sol cuando llegaron al *c* ... 1389
2.25 e hicieron alto en la cumbre del *c* ... 1389
6.3 la casa de Abinadab, que estaba en el *c* ... 1390
6.4 cuando lo llevaban de la casa... en el *c* ... 1390
1 R 14.23 imágenes de Asera, en todo *c* alto ... 1389
2 R 16.4 quemó incienso... sobre los *c*, y debajo ... 1389
17.10 y levantaron estatuas... en todo *c* alto ... 1389
2 Cr 28.4 quemó incienso... en los *c*, y debajo ... 1389
Job 15.7 tú... fuiste formado antes que los *c*? ... 1389
Sal 50.10 y los millares de animales en los *c* ... 2042
65.12 destilan... y los *c* se ciñen de alegría ... 1389
72.3 montes llevarán paz... y los *c* justicia ... 1389
114.4 montes saltaron... los *c* como corderitos ... 1389
114.6 montes... vosotros, *c*, como corderitos? ... 1389
148.9 los montes y todos los *c*, el árbol de ... 1389
Pr 8.25 antes de los *c*... sido yo engendrada ... 1389
Cnt 2.8 aquí él viene... brincando sobre los *c* ... 1389
4.6 me iré al monte de... y al *c* del incienso ... 1389
Is 2.2 el monte de... será exaltado sobre los *c* ... 1389
2.14 los montes... sobre todos los *c* elevados ... 1389
10.32 alzará su mano al... al *c* de Jerusalén ... 1389
30.25 y sobre todo *c* elevado, habrá ríos y ... 1389
31.4 sobre el monte de Sión, y sobre su *c* ... 1389
40.4 y bájese todo monte y *c*; y lo torcido ... 1389
40.12 pesó los montes... y con pesas los *c*? ... 1389
41.15 montes... molerás, y *c* reducirás a tamo ... 1389
42.15 convertiré en soledad montes y *c*, haré ... 1389
54.10 montes se moverán, y los *c* temblarán ... 1389
55.12 y los *c* levantarán canción delante de ... 1389
65.7 y sobre los *c* me afrentaron por tanto ... 1389
Jer 2.20 sobre todo *c* alto y debajo de todo ... 1389
3.23 vanidad son los *c*, y el bullicio sobre ... 1389
4.24 miré... y todos los *c* fueron destruidos ... 1389
13.27 maldad de tu fornicación sobre los *c* ... 1389
16.16 los cazarán por todo monte y por todo *c* ... 1389
17.2 junto a los árboles... y en los *c* altos ... 1389
31.39 sobre el *c* de Gareb, y rodeará a Goa ... 1389
50.6 descarriaron; anduvieron de monte en *c* ... 1389
Ez 6.3 ha dicho Jehová... a los montes y a los *c* ... 1389
6.13 sus muertos estén en... sobre todo *c* alto ... 1389
20.28 y miraron a todo *c* alto y a todo árbol ... 1389
34.6 perdidas mis ovejas por... en todo *c* alto ... 1389
34.26 bendición... a los alrededores de mi *c* ... 1389
35.8 en tus *c*, en tus valles... caerán muertos ... 1389
36.4 ha dicho Jehová... a los montes y a los *c* ... 1389
36.6 di a... a los *c*, y a los arroyos y a los ... 1389
Os 4.13 incensaron sobre los *c*, debajo de las ... 1389
10.8 y dirán... a los *c*: Caed sobre nosotros ... 1389
Jl 3.18 y los *c* fluirán leche, y por... arroyos ... 1389
Am 9.13 los montes destilarán... y todos los *c* ... 1389
Mi 4.1 y más alto que los *c*, y correrán a él ... 1389
6.1 contiende contra... y oigan los *c* tu voz ... 1389
Nah 1.5 *c* se derriten; la tierra se conmueve ... 1389
Hab 3.6 montes... los *c* antiguos se humillaron ... 1389
Sof 1.10 y gran quebrantamiento desde los *c* ... 1389
Lc 3.5 se bajará todo monte y *c*, los caminos ... *1015*
23.30 **decir a los montes... a los c: Cubridnos** ... *1015*

COLLAR
Gn 41.42 y puso un *c* de oro en su cuello ... 7242
Jue 8.26 y sin los *c* que traían sus camellos ... 5188
Pr 1.9 adorno de gracia serán... *c* a tu cuello ... 6060
Cnt 1.10 hermosas son... tu cuello entre los *c* ... 2737
Is 3.19 los *c*, los pendientes y los brazaletes ... 5188
Ez 16.11 puse brazaletes en... y *c* a tu cuello ... 7242
Dn 5.7 y un *c* de oro llevará en su cuello, y ... 2002
5.16 un *c* de oro llevarás en tu cuello, y ... 2002
5.29 mandó... poner en su cuello un *c* de oro ... 2002

COLMAR
1 S 2.32 mientras Dios *colma* de... a Israel ... 3190
Job 22.18 había *colmado* de bienes sus casas ... 4390
Sal 68.19 cada día nos *colma* de beneficios el ... 6006
145.16 y *colmas* de bendición a... ser viviente ... 7646
Pr 12.21 los impíos serán *colmados* de males ... 4390
Lm 3.30 le hiere, y sea *colmado* de afrentas ... 7646
Dn 11.39 y *colmará* de honores a los que le ... 7235
Mi 6.12 sus ricos se *colmaron* de rapiña, y sus ... 4390
Lc 1.53 a los hambrientos *colmó* de bienes, y ... *1705*
1 Ts 2.16 así *colman*... medida de sus pecados ... *378*

COLMILLO
Job 29.17 quebrantaba los *c* del inicuo, y de ... 4973
Ez 27.15 *c* de marfil y... dieron por sus pagos ... 7161

COLMO
Gn 15.16 no ha llegado a su *c* la maldad del ... 8003
Job 20.22 en el *c* de su abundancia... estrechez ... 4390
Dn 8.23 cuando los transgresores lleguen al *c* ... 8552

COLOCACIÓN
2 Cr 2.4 para la *c* continua de los panes de

COLOCAR
Gn 48.14 puso... *colocando* así sus manos adrede ... 7896
Éx 2.3 *colocó* en ella al niño y lo puso en un ... 7760
30.18 la *colocarás* entre el tabernáculo de ... 5414
39.31 cordón... para *colocarla* sobre la mitra ... 5414
40.18 *colocó* sus tablas, y puso sus barras ... 7760
40.20 *colocó* las varas en el arca, y encima ... 7760
40.29 y *colocó* el altar del holocausto a la ... 7760
Nm 4.10,12 lo *colocaron* sobre unas parihuelas ... 5414
1 R 7.38 *colocó* una fuente sobre cada una de
7.39 y *colocó* el mar al lado derecho de la ... 5414
10.19 junto a los cuales estaban *colocados* ... 5975
2 R 2.19 en donde está *colocada* esta ciudad ... 4186
2 Cr 3.17 y *colocó* las columnas delante del ... 6965
4.10 *colocó* el mar al lado derecho, hacia el ... 5414
4.14 hizo... las basas, sobre las cuales *colocó* ... 5921
17.2 y *colocó* gente de guarnición en... Judá ... 5414
35.10 sacerdotes se *colocaron* en sus puestos ... 5975
Esd 3.3 y *colocaron* el altar sobre su base ... 3559
Neh 7.1 fue edificado, y *colocadas* las puertas ... 5975
Ec 10.6 la necedad está *colocada* en grandes ... 5414
Cnt 5.12 sus ojos... a la perfección *colocados* ... 3427
Is 46.7 lo llevan, y lo *colocan* en su lugar ... 5117
Ez 4.2 *colocarás* contra ella arietes alrededor ... 7760
Dn 1.2 y *colocó* los utensilios en la casa del ... 935
1 Co 12.18 Dios ha *colocado* los miembros cada ... *5087*

COLONIA
Hch 16.12 y de allí a Filipos, que es... y una *c* ... *2862*

COLOR
Gn 30.32 ovejas... salpicadas de *c*... *c* oscuro
30.33 y de *c* oscuro entre mis ovejas, se me
30.35 cabras... salpicadas de *c*... de *c* oscuro
30.39 pintados y salpicados de diversos *c*
37.3 a José... hizo una túnica de diversos *c* ... 6446
37.23 quitaron a... la túnica de *c* que tenía ... 6446
37.32 enviaron la túnica de *c* y la trajeron ... 6446
Lv 13.10 el cual haya mudado el *c* del pelo ... 3836
Nm 11.7 era el maná... su *c* como *c* de bedelio ... 5869
Jue 5.30 las vestiduras de *c* para Sísara, las ... 6648
5.30 vestiduras bordadas de *c*, la ropa de *c* ... 6648
2 S 13.18 llevaba... un vestido de diversos *c* ... 6446
13.19 y rasgó la... de *c* de que estaba vestida ... 6446
1 Cr 29.2 piedras de diversos *c*, y toda clase ... 7553
Pr 23.31 cuando resplandece su *c* en la copa ... 5869
Jer 12.9 heredad... ave de rapiña de muchos *c*? ... 6641
Ez 1.16 obra era semejante al *c* del crisólito ... 5869
16.18 tomaste tus vestidos de diversos *c* y de ... 7553
23.14 vio... imágenes de caldeos pintadas de *c* ... 8350
23.15 tiaras de *c* en sus cabezas, teniendo ... 2871
Dn 10.6 sus pies como de *c* de bronce bruñido ... 5869

COLOSAS *Ciudad en la provincia de Asia,*
Col 1.2 ... *2857*

COLUMNA
Éx 13.21 una *c* de nube... una *c* de fuego para ... 5982
13.22 la *c* de nube de día, ni de noche la *c* ... 5982
14.19 la *c* de nube que iba delante de ellos ... 5982
14.24 Jehová miró el campamento... desde la *c* ... 5982
24.4 doce *c*, según las doce tribus de Israel ... 4676
26.32 lo pondrás sobre cuatro *c* de madera ... 5982
26.37 harás para la cortina cinco *c* de madera ... 5982
27.10,11 sus veinte *c*... los capiteles de las *c* ... 5982
27.12 cortinas... *c* diez, con sus diez basas ... 5982
27.14,15 sus *c* tres, con sus tres basas ... 5982
27.16 sus *c* cuatro, con sus cuatro basas ... 5982
27.17 *c* alrededor del atrio estarán ceñidas ... 5982
Éx 33.9 Moisés entraba... la *c* de nube descendía ... 5982
33.10 y viendo todo el pueblo la *c* de nube ... 5982
35.11 tablas, sus barras, sus *c* y sus basas ... 5982
35.17 *c* y sus basas, la cortina de la puerta ... 5982
36.36 él hizo cuatro *c* de madera de acacia ... 5982
36.38 cinco *c* con sus capiteles; y cubrió de ... 5982
38.10,11 sus *c* eran veinte... capiteles de las *c* ... 5982
38.12 sus *c* diez, y... los capiteles de las *c* ... 5982

38.14,15 cortinas…tres *c* y sus tres basas 5982
38.17 las basas de las *c* eran de bronce, los. 5982
38.17 los capiteles de las *c* y sus molduras. 5982
38.17 *c* del atrio tenían molduras de plata. 5982
38.19 sus *c* eran cuatro, con sus cuatro basas 5982
38.28 hizo los capiteles de las *c*, y cubrió 5982
39.33 tablas, sus barras, sus *c*, sus basas 5982
39.40 sus *c* y sus basas, la cortina para la 5982
40.18 y puso sus barras, e hizo alzar sus *c*. 5982
Nm 3.36 sus *c*, sus basas y todos sus enseres 5982
3.37 y las *c* alrededor del atrio, sus basas 5982
4.31 tablas del tabernáculo…*c* y sus basas 5982
4.32 las *c* del atrio alrededor y sus basas 5982
12.5 Jehová descendió en la *c* de la nube, y. 5982
14.14 en *c* de nube, y de noche en *c* de fuego 5982
Dt 31.15 se apareció Jehová…en la *c* de nube 5982
31.15 la *c* de nube se puso sobre la puerta. 5982
Jue 16.25 a Sansón…y lo pusieron entre las *c* 5982
16.26 acércame, y hazme palpar las *c* sobre. 5982
16.29 asió luego Sansón…dos *c* de en medio 5982
20.40 cuando la *c* de humo comenzó a subir de. 5982
1 S 2.8 de Jehová son las *c* de la tierra, y 4690
2 S 18.18 había…erigido una *c*…en el valle 4678
18.18 llamó aquella *c* por su…*C* de Absalón 4678
1 R 7.2 sobre cuatro hileras de *c* de cedro 5982
7.2 la casa…con vigas de cedro sobre las *c* 5982
7.3 vigas…45 *c*; cada hilera tenía quince *c* 5982
7.6 también hizo un pórtico de *c*…con sus *c* 5982
7.15 vació dos *c* de bronce; la altura de cada 5982
7.16 para que fuesen puestos sobre…de las *c* 5982
7.17 que se habían de poner sobre…de las *c* 5982
7.18 los capiteles…en las cabezas de las *c* 5982
7.19 los capiteles…sobre las *c* en el pórtico 5982
7.20 tenían…los capiteles de las dos *c*, 200 5982
7.21 estas *c* erigió en el pórtico del templo 5982
7.21 alzado la *c* del lado derecho, le puso. 5982
7.21 atando la *c* del lado izquierdo, llamó 5982
7.22 puso en las cabezas de las *c* tallado en 5982
7.22 lirios, y así se acabó la obra de las *c*. 5982
7.41 *c*, y los capiteles redondos que estaban. 5982
7.41 los capiteles…en lo alto de las dos *c*. 5982
7.41,42 que estaba sobre la cabeza de las *c*. 5982
2 R 11.14 el rey estaba junto a la *c*, conforme. 5982
23.3 poniéndose el rey en pie junto a la *c*. 5982
25.13 quebraron los caldeos las *c* de bronco. 5982
25.16 dos *c*, un mar, y las basas que Salomón 5982
25.17 la altura de una *c* era de 18 codos, y. 5982
25.17 e igual labor había en la otra *c* con su. 5982
1 Cr 18.8 con el que Salomón hizo el mar…*c*. 5982
2 Cr 3.15 hizo dos *c* de 35 codos de altura 5982
3.16 las puso sobre los capiteles de las *c*. 5982
3.17 colocó las *c* delante del templo, una a 5982
4.12 dos *c*…los capiteles sobre…las dos *c*. 5982
4.12,13 capiteles que estaban encima de las *c* 5982
23.13 vio al rey que estaba junto a su *c* a 5982
Neh 9.12 *c* de nube…de día, y con *c* de fuego. 5982
9.19 *c* de nube no se apartó de ellos de día 5982
9.19 no se apartó…ni de noche la *c* de fuego 5982
Est 1.6 anillos de plata y *c* de mármol; los 5982
Job 9.6 remueve la tierra…hace temblar sus *c* 5982
26.11 *c* del cielo tiemblan, y se espantan a. 5982
Sal 75.3 y sus moradores; yo sostengo sus *c* 5982
99.7 *c* de nube hablaba con ellos; guardaban. 5982
Pr 9.1 la sabiduría edificó…labró sus siete *c* 5982
Cnt 3.6 que sube del desierto como *c* de humo. 8490
3.10 sus *c* de plata, su respaldo de oro, su 5982
5.15 sus piernas, como *c* de mármol fundadas. 5982
Jer 1.18 que yo te he puesto…como *c* de hierro 5982
27.19 acerca de aquellas *c*, del estanque, de 5982
52.17 los caldeos quebraron las *c* de bronce. 5982
52.20 las dos *c*, un mar, y los doce bueyes 5982
52.21 a las *c* la altura de cada *c* era de 18 5982
52.22 lo mismo era lo de la segunda *c* con sus 5982
Ez 26.11 y tus fuertes *c* caerán a tierra. 4676
40.49 y había *c* junto a los postes, una de 5982
42.6 no tenían *c* como las *c* de los atrios 5982
Jl 2.30 y daré…sangre, y fuego, y *c* de humo 8490
Gá 2.9 y Juan, que eran considerados como *c* *4769*
1 Ti 3.15 iglesia…*c* y baluarte de la verdad *4769*
Ap 3.12 **venciere, yo lo haré *c* en el templo** *4769*
10.1 otro ángel…y sus pies como *c* de fuego. *4769*

COMADREJA

Lv 11.29 por inmundos…*c*, el ratón, la rana 2467

COMANDANTE

1 R 9.22 sus capitanes, *c* de sus carros, o su 8269
16.9 conspiró…Zimri, *c* de la mitad de los. 8269
2 Cr 8.9 eran…*c* de sus carros, y su gente de. 8269
21.9 derrotó…a todos los *c* de sus carros. 8269

COMARCA

Dt 1.7 al monte del amorreo y a todas sus *c* 7934
Is 37.18 destruyeron todas las tierras y…*c* 776
Jer 46.14 prepárate…espada devorará tu *c* 5439

COMBATE

1 S 4.2 trabándose el *c*, Israel fue vencido 4421
4.16 dijo…a Elí: Yo…he escapado hoy del *c* 4634
17.20 el ejército salía…daba el grito de *c*. 4421
He 10.32 sostuvisteis gran *c* de padecimientos *119*

COMBATIR

Dt 20.2 cuando os acerquéis para *combatir*, se 4421
20.10 acerques a una ciudad para *combatirla* 3898
Jos 8.14 hombres de…salieron…para *combatir*. 4421
10.4 subid…ayudadme…*combatamos* a Gabaón . . . 5221
10.31 pasó…a Laquis, y acampó…la *combatió* 3898
10.34 pasó Josué…a Eglón…y la *combatieron* 3898
10.36 subió luego…a Hebrón, y la *combatieron* 3898
10.38 volvió Josué…sobre Debir, y *combatió* 3898
19.47 y subieron…Dan y *combatieron* a Lesem. 3898
Jue 1.8 *combatieron* los…de Judá a Jerusalén 3898
9.52 y *combatiéndola*, llegó hasta la puerta 3898
20.20 salieron…a *combatir* contra Benjamín. 4421
1 S 14.52 y apto para *combatir*, lo juntaba. 2428
23.1 los filisteos *combaten* a Keila, y roban 3898
2 S 11.20 ¿por qué os acercasteis…*combatir*? 3898
12.29 fue contra Rabá, y *combatió* contra ella 3898
1 R 20.1 y sitió a Samaria, y la *combatió*. 6696
2 R 19.8 halló al rey de Asiria *combatiendo*. 3898
1 Cr 7.11 valerosos…que salían a *combatir* 4421
2 Cr 32.2 intención de *combatir* a Jerusalén. 4421
Job 6.4 saetas…Terrores de Dios me *combaten* 6186
30.15 *combatieron* como viento mi honor, y 7291
Sal 35.1 pelea contra los que me *combaten*. 3898
56.1 porque…oprime *combatiéndome* cada día 3898
Is 7.1 subieron contra Jerusalén…*combatirla*. 4421
37.8 al rey de Asiria que *combatía* contra 3898
Dn 7.2 cuatro vientos del cielo *combatían* en 1519
Zac 14.2 naciones…*combatir* contra Jerusalén. 4421
Hch 27.18 *combatidos* por…furiosa tempestad. *5492*
Fil 1.27 *combatiendo*…por la fe del evangelio *4866*
4.3 te ruego…ayudes a éstas que *combatieron* *4866*
He 12.4 sangre, *combatiendo* contra el pecado *464*
Stg 4.1 vuestras pasiones, las cuales *combaten* *4754*
4.2 *combatís*…pero no tenéis lo que deseáis. *4170*

COMEDOR, A

Pr 23.20 no estés con…ni con los *c* de carne. 2151
Ez 36.13 *c* de hombres, y matadora…has sido 398

COMENZAR

Gn 4.26 entonces los hombres *comenzaron* a. 2490
6.1 aconteció que cuando *comenzaron* los. 2490
9.20 después *comenzó* Noé a labrar la 2490
11.6 y han *comenzado* la obra, y nada les 2490
18.27 he aquí ahora que he *comenzado* a
41.54 y *comenzaron* a venir los siete años del 2490
44.12 desde el mayor *comenzó* y acabó en el 2490
Lv 21.9 si *comenzare* a fornicar, a su padre
23.32 *comenzando* a los nueve días del mes en
Nm 10.14 de los hijos de Judá *comenzó* a
10.18 luego *comenzó* a marchar la bandera del
10.21 luego *comenzaron* a marchar los coatitas
10.22 después comenzó a marchar la bandera
10.25 luego *comenzó* a marchar la bandera del
15.19 cuando *comencéis* a comer del pan de la
16.46 de Jehová; la mortandad ha *comenzado*. 2450
16.47 que la mortandad había *comenzado* en 2450
Dt 2.25 hoy *comenzaré* a poner tu temor y tu 2450
2.31 he aquí yo he *comenzado* a entregar 2450
3.24 tú has *comenzado* a mostrar a tu siervo 2450
16.9 meterse la hoz en las mieses *comenzarás*. 2450
16.9 desde que *comenzare* a meterse la hoz en 2450
Jos 3.7 desde este día *comenzaré* a 2450
5.12 desde que *comenzaron* a comer del fruto
Jue 10.18 quién *comenzará* la batalla contra los. 2450
13.5 y él *comenzará* a salvar a Israel de 2450
13.25 y el Espíritu de Jehová *comenzó* a. 2450
16.19 y ella *comenzó* a afligirlo, pues su 2450
16.22 y el cabello de su cabeza *comenzó* a. 2450
20.31 y *comenzaron* a herir a algunos del 2450
20.39 los de Benjamín *comenzaron* a herir y. 2450
20.40 cuando la columna de humo *comenzó* a 2450
Rt 1.7 y *comenzaron* a caminar para volverse a
1 S 3.2 cuando sus ojos *comenzaban* a oscurecerse. . . . 2450
22.15 he *comenzado* yo desde hoy a consultar 2450
2 S 2.10 hijo de Saúl cuando *comenzó* a
5.4 de treinta años cuando *comenzó* a
11.20 si el rey *comenzare* a enojarse, y te
21.9 al *comenzar* la siega de la cebada 8462
1 R 6.1 *comenzó* él a edificar la casa de
14.21 era Roboam cuando *comenzó* a reinar
15.1 Abiam *comenzó* a reinar sobre Judá
15.9 Asa *comenzó* a reinar sobre Judá
15.25 Nadab hijo de Jeroboam *comenzó* a
15.33 *comenzó* a reinar Baasa hijo de Ahías
16.8 de Asa rey de Judá *comenzó* a reinar
16.15 *comenzó* a reinar Zimri, y reinó
16.23 *comenzó* a reinar Omri sobre Israel, y
16.29 *comenzó* a reinar Acab hijo de Omri
20.14 quién *comenzará* la batalla? Y él 631
22.41 Josafat hijo de Asa *comenzó* a reinar
22.42 treinta y cinco años cuando *comenzó*
22.51 Ocozías hijo de Acab *comenzó* a reinar
2 R 3.1 Joram hijo de Acab *comenzó* a reinar en
8.16 *comenzó* a reinar Joram hijo de
8.17 y dos años era cuando *comenzó* a reinar
8.25 *comenzó* a reinar Ocozías hijo de
8.26 años era Ocozías cuando *comenzó* a
9.29 *comenzó* a reinar Ocozías sobre
10.32 en aquellos días *comenzó* Jehová a. 2490
11.21 Joás de siete años cuando *comenzó*
12.1 en el séptimo año de Jehú comenzó
13.1 *comenzó* a reinar Joacaz hijo de Jehú
13.10 *comenzó* a reinar Joás hijo de Joacaz
14.1 *comenzó* a reinar Amasías hijo de
14.2 cuando *comenzó* a reinar era de
14.23 *comenzó* a reinar Jeroboam hijo de
15.1 *comenzó* a reinar Azarías hijo de
15.2 cuando *comenzó* a reinar era de
15.13 Salum hijo de Jabes *comenzó* a reinar
15.32 *comenzó* a reinar Jotam hijo de Uzías
15.33 cuando *comenzó* a reinar era de
15.37 en aquel tiempo *comenzó* Jehová a. 2450
16.1 *comenzó* a reinar Acaz hijo de Jotam
16.2 cuando *comenzó* a reinar Acaz era de
17.1 *comenzó* a reinar Oseas hijo de Ela en
17.25 aconteció…cuando *comenzaron* a habitar . . . 8462
18.1 *comenzó* a reinar Ezequías hijo de
18.2 cuando *comenzó* a reinar era de
21.1 años era Manasés cuando *comenzó* a
21.19 años era Amón cuando *comenzó* a
22.1 cuando Josías *comenzó* a reinar era de
23.31 años era Joacaz cuando *comenzó* a
23.36 años era Joacim cuando *comenzó* a
24.8 años era Joaquín cuando *comenzó* a
24.18 años era Sedequías cuando *comenzó*
1 Cr 16.7 David *comenzó* a aclamar a Jehová por 7218
27.24 Joab hijo de Sarvia había *comenzado* a 2490
2 Cr 3.1 *comenzó* Salomón a edificar la casa de 2490
3.2 y *comenzó* a edificar en el mes 2490
12.13 cuarenta y un años cuando *comenzó* a
20.22 y cuando *comenzaron* a entonar cantos de . . . 2490
20.31 y cinco años era cuando *comenzó* a reinar
21.5 cuando *comenzó* a reinar era de treinta
21.20 cuando *comenzó* a reinar era de treinta
22.2 cuando Ocozías *comenzó* a reinar era
24.1 siete años era Joás cuando *comenzó*
25.1 años era Amasías cuando *comenzó* a
26.3 años era Uzías cuando *comenzó* a
27.1 años era Jotam cuando *comenzó* a
27.8 cuando *comenzó* a reinar era de
28.1 veinte años era Acaz cuando *comenzó*
29.1 *comenzó* a reinar Ezequías siendo de
29.17 *comenzaron* a santificarse el día primero 2490
29.27 y cuando *comenzó* el holocausto 2490
29.27 *comenzó* también el cántico de. 2490
31.7 en el mes tercero *comenzaron* a formar 2490
31.10 desde que *comenzaron* a traer las. 2490
33.1 años era Manasés cuando *comenzó* a
33.21 años era Amón cuando *comenzó* a
34.1 años era Josías cuando *comenzó* a
34.3 *comenzó* a buscar al Dios de David su 2490
34.3 y a los doce años *comenzó* a limpiar. 2490
36.2 años era Joacaz cuando *comenzó* a
36.5 cuando *comenzó* a reinar Joacim era de
36.9 años era Joaquín cuando *comenzó* a
36.11 años era Sedequías cuando *comenzó*
Esd 3.6 primer día del mes séptimo *comenzaron* 2490
3.8 *comenzaron* Zorobabel hijo de Salatiel 2490
5.2 y *comenzaron* a reedificar la casa de. 8217
Est 6.13 delante de quien has *comenzado* a caer. 2490
9.23 hacer, según habían *comenzado* 2490
Neh 4.7 porque ya los portillos *comenzaban* a ser 2490
Jer 36.2 desde el día que *comencé* a hablarte
52.1 de veintiún años cuando *comenzó* a
Lm 2.19 al *comenzar* las vigilias; Derrama como 7218
Ez 9.6 y *comenzaréis* por mi santuario 2490
9.6 comenzaréis por…Comenzaron…desde los varones 2490
Am 7.1 él criaba langostas cuando *comenzaba* 8462
Jon 3.4 y *comenzó* Jonás a entrar por la 2490
Mt 4.17 desde entonces *comenzó* Jesús a *756*
11.7 *comenzó* Jesús a decir de Juan a la *756*
11.20 entonces *comenzó* a reconvenir a las *756*
12.1 y *comenzaron* a arrancar espigas y a. *756*
14.30 y *comenzando* a hundirse, dio voces *756*
16.21 desde entonces *comenzó* Jesús a *756*
16.22 *comenzó* a reconvenirle, diciendo *756*
18.24 **y *comenzando* a hacer cuentas, le fue** *756*
20.8 ***comenzando* desde los postreros hasta los** *756*
24.49 **y *comenzare* a golpear a sus consiervos** *756*
26.22 *comenzó* cada uno de ellos a decirle *756*
26.37 *comenzó* a entristecerse y a *756*
26.74 entonces él *comenzó* a maldecir, y a *756*
Mr 1.45 *comenzó* a publicarlo mucho y a *756*
2.23 *comenzaron* a arrancar espigas *756*
4.1 otra vez *comenzó* Jesús a enseñar *756*
5.17 y *comenzaron* a rogarle que se fuera de *756*
5.20 y *comenzó* a publicar en Decápolis *756*
6.2 *comenzó* a enseñar en la sinagoga; y *756*
6.7 y *comenzó* a enviarlos de dos en dos *756*
6.34 y *comenzó* a enseñarles muchas cosas. *756*
6.55 *comenzaron* a traer de todas partes *756*
8.11 entonces los fariseos y *comenzaron* a. *756*
8.31 y *comenzó* a enseñarles que le era. *756*
8.32 Pedro le tomó aparte y *comenzó* a *756*
10.28 entonces Pedro *comenzó* a decirle: He. *756*
10.32 les *comenzó* a decir las cosas que le *756*
10.41 *comenzaron* a enojarse contra Jacobo y *756*
10.47 *comenzó* a dar voces y a decir. *756*
11.15 *comenzó* a echar fuera a los que *756*
12.1 entonces *comenzó* Jesús a decirles por *756*
13.5 ***comenzó* a decir: Mirad que nadie os** *756*
14.19 entonces ellos *comenzaron* a *756*
14.33 y *comenzó* a entristecerse y a *756*
14.65 y algunos *comenzaron* a escupirle, y a. *756*
14.69 *comenzó* a decir a los que estaban. *756*
14.71 entonces él *comenzó* a maldecir, y a *756*
15.8 *comenzó* a pedir que hiciese como. *756*
15.18 *comenzaron* luego a saludarle: ¡Salve. *756*
Lc 3.8 y no *comencéis* a decir dentro de. *756*
3.23 Jesús mismo al *comenzar* su ministerio *756*
4.21 **y *comenzó* a decirles: Hoy se ha** *756*
5.21 los escribas y los fariseos *comenzaron*. *756*
7.15 y *comenzó* a hablar. Y lo dio a su *756*
7.24 *comenzó* a decir de Juan a la gente *756*
7.38 *comenzó* a regar con lágrimas sus. *756*
7.49 *comenzaron* a decir entre sí: ¿Quién. *756*
9.12 Pero el día *comenzaba* a declinar; y *756*
11.29 ***comenzó* a decir: Esta generación es** *756*
11.53 los escribas y los fariseos *comenzaron*. *756*
12.1 *comenzó* a decir a sus discípulos. *756*
12.45 **y *comenzare* a golpear a los criados y a** *756*
13.26 **entonces *comenzaréis* a decir: Delante de** *756*

14.18 **y todos a una *comenzaron* a excusarse. El** *756*
14.30 **este hombre *comenzó* a edificar, y no** *756*
15.14 **y *comenzó* a faltarle** *756*
15.24 **y *comenzaron* a regocijarse** *756*
19.37 *comenzó* a alabar a Dios a grandes *756*
19.45 *comenzó* a echar fuera a todos los que *756*
20.9 *comenzó* luego a decir al pueblo esta *756*
22.23 entonces ellos *comenzaron* a discutir *756*
23.2 y *comenzaron* a acusarle, diciendo: A *756*
23.5 *comenzando* desde Galilea hasta aquí *756*
23.30 **entonces *comenzarán* a decir a los montes** *756*
23.54 y estaba para *comenzar* el día de
24.27 y *comenzando* desde Moisés, y siguiendo *756*
24.47 ***comenzando* desde Jerusalén** *756*
Jn 4.52 a qué hora había *comenzado* a estar mejor *756*
8.9 *comenzando* desde los más viejos hasta *756*
13.5 y *comenzó* a lavar los pies de los *756*
Hch 1.1 todas las cosas que Jesús *comenzó* a *756*
1.22 *comenzando* desde el bautismo de Juan *756*
2.4 y *comenzaron* a hablar en otras lenguas *756*
8.35 y *comenzando* desde esta escritura, le *756*
10.37 *comenzando* desde Galilea, después del *756*
11.4 entonces *comenzó* Pedro a contarles por *756*
11.15 Y cuando *comencé* a hablar, cayó el *756*
18.14 y al *comenzar* Pablo a hablar, Galión
18.26 y *comenzó* a hablar con denuedo en la *756*
21.37 cuando *comenzaron* a meter a Pablo en la
24.2 Tértulo *comenzó* a acusarle *756*
26.1 *comenzó* así su defensa
27.33 cuando *comenzó* a amanecer, Pablo
27.35 comenzó a comer *756*
2 Co 3.1 *comenzamos* otra vez a recomendarnos a *756*
8.6 a Tito para que tal como *comenzó* *4278*
8.10 que *comenzasteis* antes, no sólo a *4278*
Gá 3.3 habiendo *comenzado* por el Espíritu *1728*
Fil 1.6 que el que *comenzó* en vosotros la *1728*

COMER

Gn 1.29 árbol en que hay fruto... para *comer* 402
1.30 toda planta verde les será para *comer* 402
2.9 Dios hizo... todo árbol... bueno para *comer* 3878
2.16 de todo árbol del huerto podrás *comer* 398
2.17 árbol de la ciencia... no *comerás* de él 398
2.17 porque el día que... *comieres*... morirás 398
3.1 os ha dicho: No *comáis* de todo árbol del 398
3.2 del fruto de... del huerto podemos *comer* 398
3.3 del fruto... dijo Dios: No *comeréis* de él 398
3.5 que sabe Dios que el día que *comas* de él 398
3.6 vio la mujer que... era bueno para *comer* 398
3.6 *comió*... también a su marido, el cual *c* 398
3.11 *comido* del árbol... te mandé no *comieses?* 398
3.12 la mujer... me dio del árbol, y yo *comí* 398
3.13 y dijo... La serpiente me engañó, y *comí* 398
3.14 polvo *comerás* todos los días de tu vida 398
3.17 por cuanto... *comiste* del árbol de que te 398
3.17 que te mandé diciendo: No *comerás* de él 398
3.17 con dolor *comerás* de ella todos los días 398
3.18 producirá, y *comerás* plantas del campo 398
3.19 con el sudor... *comerás* el pan hasta que 398
3.22 del árbol de la vida, y *coma*, y viva 398
6.21 y toma... de todo alimento que se *come* 398
9.4 carne con su vida... la sangre, no *comeréis* 398
14.24 excepto... lo que *comieron* los jóvenes 398
18.8 y él se estuvo con ellos... y *comieron* 398
19.3 y coció panes sin levadura, y *comieron* 398
24.33 pusieron... qué comer... dijo... No *comeré* 398
24.54 *comieron* y bebieron él y los varones 398
25.28 amó Isaa *c* a Esaú... *comía* de su caza 6310
25.30 dijo... Te ruego que me des a *comer* de 3938
25.34 *comió* y bebió, y se levantó y se fue 398
26.30 hizo banquete, y *comieron* y bebieron 398
27.4 y *comer*, para que yo te bendiga antes 398
27.7 tráeme caza y hazme un... para que *coma* 398
27.10 tú las llevarás a tu padre, y *comerá* 398
27.19 siéntate, y *come* de mi caza, para que 398
27.25 *comeré* de la caza de mi hijo, para que 398
27.25 y Jacob se la acercó, e Isaa *c comió* 398
27.31 mi padre, y *coma* de la caza de su hijo 398
27.33 y *comí* de todo antes que tú vinieses? 398
28.20 y me diere pan para *comer* y vestido 398
31.15 se ha *comido* del todo nuestro precio? 398
31.38 abortaron, ni yo *comí* carnero de tus 398
31.46 y *comieron* allí sobre aquel majano 398
31.54 y llamó a... a *comer* pan; y *comieron* pan 398
32.32 por esto no *comen* los hijos de Israel 398
37.25 y se sentaron a *comer* pan; y alzando 398
39.6 de cosa alguna sino del pan que *comía* 398
40.17 las aves las *comían* del canastillo de 398
40.19 las aves *comerán* tu carne de sobre ti 398
42.27 dar de *comer* a su asno en el mesón, vio 4554
43.2 cuando acabaron de *comer* el trigo que 398
43.16 pues estos hombres *comerán* conmigo al 398
43.24 dio agua... y dio de *comer* a sus asnos 4554
43.25 habían oído que allí habrían de *comer* 398
43.32 para los egipcios que con él *comían* 398
43.32 los egipcios no pueden *comer* pan con 398
45.18 *comeréis* de la abundancia de la tierra 398
47.22 *comían* la ración que Faraón les daba 398
47.24 serán... para que *coman* vuestros hijos 398
49.27 Benjamín... a la mañana *comerá* la presa 398
Éx 2.20 ¿dónde está... Llamadle para que *coma* 398
10.5 *comerá* lo que escapó... c... todo árbol que 398
12.4 conforme al *comer* de... haréis la cuenta 400
12.7 dintel de las casas en que lo han de *comer* 398
12.8 noche *comerán* la carne asada al fuego 398
12.8 panes... con hierbas amargas lo *comerán* 398
12.9 ninguna cosa *comeréis* de él cruda, ni 398
12.11 lo *comeréis* así... lo *c* apresuradamente 398
12.15 siete días *comeréis* panes sin levadura 398
12.15,19 cualquiera que *comiere* leudado 398
12.16 preparéis lo que cada... haya de *comer* 398
12.18 *comeréis* los panes sin levadura, desde 398
12.20 ninguna cosa leudada *comeréis*; en todas 398
12.20 en todas... *comeréis* panes sin levadura 398
12.43 de la pascua; ningún extraño *comerá* de 398
12.44 mas todo siervo humano... *comerá* de ella 398
12.45 el extranjero y el jornalero no *comerán* 398
12.46 se *comerá* en una casa, y no llevarás 398
12.48 la pascua... ningún incircunciso *comerá* 398
13.3 salido de Egipto... no *comeréis* leudado 398
13.6 siete días *comerás* pan sin leudar, y el 398
13.7 días se *comerán* los panes sin levadura 398
16.3 cuando *comíamos* pan hasta saciarnos 398
16.8 Jehová os dará en la... carne para *comer* 398
16.12 al caer la tarde *comeréis* carne, y por 398
16.15 es el pan que Jehová os da para *comer* 402
16.16 recoged de... según lo que pudiera *comer* 400
16.18,21 cada... según lo que había de *comer* 400
16.25 *comedlo* hoy... hoy es día de reposo para 398
16.32 que vean el pan que yo os di a *comer* 398
16.35 *comieron*... de Israel maná cuarenta años 398
16.35 maná *comieron* hasta que llegaron a los 398
18.12 vino Aarón... para *comer* con el suegro 398
21.28 acorneare a... no será *comida* su carne 398
22.31 no *comeréis* carne destrozada por las 398
23.11 la dejarás... para que *coman* las pobres 398
23.11 quedare *comerán* las bestias del campo 398
23.15 *comerá* los panes sin levadura, como 398
24.11 y vieron a Dios, y *comieron* y bebieron 398
29.32 Aarón y sus hijos *comerán* la carne del 398
29.33 *comerán* aquellas cosas con las cuales 398
29.33 el extraño no las *comerá*... son santas 398
29.34 no se *comerá*, porque es cosa santa 398
32.6 y se sentó el pueblo a *comer* y a beber 398
34.15 invitarán, y *comeréis* de sus sacrificios 398
34.18 siete días *comerás* pan sin levadura 398
34.28 no *comió* pan, ni bebió agua; y escribió 398
Lv 3.17 ninguna grosura ni... sangre *comeréis* 398
6.16 y el sobrante de ella lo *comerán* Aarón y 398
6.16 sin levadura y *comerá* en lugar santo 398
6.16 en el atrio del tabernáculo lo *comerán* 398
6.18 los varones de... Aarón *comerán* de ella 398
6.23 toda ofrenda de sacerdote... no se *comerá* 398
6.26 el sacerdote que la ofreciere... *comerá* 398
6.26 en lugar santo será *comida* en el atrio 398
6.29 todo varón de... los sacerdotes la *comerá* 398
6.30 no se *comerá* ninguna ofrenda de cuya 398
7.6 todo varón de... la *comerá* será comida en 398
7.15 se *comerá* en el día que fuere ofrecida 398
7.16 será *comido* en el día que ofreciere su 398
7.16 el quedare, lo *comerán* al día siguiente 398
7.18 si se *comiere* de la carne... tercer día 398
7.18 persona que... *comiere* llevará su pecado 398
7.19 que tocare... cosa inmunda, no se *comerá* 398
7.19 toda persona limpia podrá *comer* la carne 398
7.20 que *comiere* la carne del sacrificio de 398
7.21 tocare alguna cosa inmunda... y *comiere* 398
7.23 ninguna grosura de buey ni de... *comeréis* 398
7.24 cualquier otro uso, mas no la *comeréis* 398
7.25 *comiere* grosura de animal, del cual se 398
7.25 la persona que lo *comiere* será cortada 398
7.26 ninguna sangre *comeréis* en ningún lugar 398
7.27 persona que *comiere* de alguna sangre 398
8.31 dijo Moisés... *Comed* la carne a la puerta 1310
8.31 *comedla* allí con el pan que está en el 398
8.31 mandado... Aarón y sus hijos la *comerán* 398
10.12 tornad la ofrenda... *comedla* sin levadura 398
10.13 *comeréis*, pues, en lugar santo; porque 398
10.14 la *comeréis*... en lugar limpio, tú y tus 398
10.17 ¿por qué no *comisteis* la expiación en 398
10.18 debíais *comer* la ofrenda en el lugar 398
10.19 si hubiera yo *comido* hoy del sacrificio 398
11.2 estos son los animales que *comeréis* de 398
11.3 todo el que... y que rumia, éste *comeréis* 398
11.4 de los que rumian... no *comeréis* éstos: el 398
11.8 carne de ellos no *comeréis*, ni tocaréis 398
11.9 esto *comeréis*... los que tienen aletas... *c* 398
11.11 de su carne no *comeréis*, y abominaréis 398
11.13 y de las aves, éstas... no se *comerán* 398
11.21 esto *comeréis* de todo insecto alado que 398
11.22 estos *comeréis* de ellos: la langosta 398
11.34 todo alimento que se *come*, sobre el cual 398
11.39 algún animal que tuviereis para *comer* 402
11.40 *comiere* del cuerpo muerto, lavará sus 398
11.41 reptil que se arrastra... no se *comerá* 398
11.42 animal que se arrastra... no lo *comeréis* 398
11.47 que se pueden *comer* y... no se pueden *c* 398
14.47 el que *comiere* en la casa lavará sus 398
17.10 varón de la casa... *comiere* alguna sangre 398
17.10 contra la persona que *comiere* sangre 398
17.12 persona de vosotros *comerá* sangre, ni 398
17.12 ni el extranjero que... *comerá* sangre 398
17.13 cazare animal o ave que sea de *comer* 398
17.14 no *comeréis* la sangre de ninguna carne 398
17.14 cualquiera que la *comiere* será cortado 398
17.15 persona... que *comiere* animal mortecino 398
19.6 será *comido* el día que lo ofreciereis 398
19.7 si se *comiere* el día... será abominación 398
19.8 y el que lo *comiere* llevará su delito 398
19.23 será incircunciso; su fruto no se *comerá* 398
19.25 al quinto año *comeréis* el fruto de él 398
19.26 no *comeréis* cosa alguna con sangre 398
21.22 del pan de su Dios, de lo... podrá *comer* 398
22.4,6 no *comerá* de las cosas sagradas 398
22.7 después podrá *comer* las cosas sagradas 398
22.8 mortecino ni despedazado por... no *comerá* 398
22.10 ningún extraño *comerá* cosa sagrada 398
22.10 el jornalero, no *comerán* cosa sagrada 398
22.11 esclavo... podrá *comer* de ella, así como 398
22.11 el nacido en su casa podrá *comer* de su 398
22.12 si se casare... no *comerá* de la ofrenda 398
22.13 podrá *comer* del alimento de su padre 398
22.13 padre, pero ningún extraño *coma* de él 398
22.14 el que por yerro *comiere* cosa sagrada 398
22.16 *comiendo* las cosas santas de ellos 398
22.30 en el mismo día se *comerá*; no dejaréis 398
23.6 siete días *comeréis* panes sin levadura 398
23.14 no *comeréis* pan, ni grano tostado, ni 398
24.9 y será de Aarón... los cuales lo *comerán* 398
25.6 el descanso de la... te dará para *comer* 402
25.7 será todo el fruto de ella para *comer* 398
25.12 jubileo... el producto de la... *comeréis* 398
25.19 *comeréis* hasta saciaros, y habitaréis 398
25.20 y si... ¿Qué *comeremos* el séptimo año? 398
25.22 y *comeréis* del fruto añejo; hasta el 398
25.22 que venga su fruto, *comeréis* del añejo 398
26.5 y *comeréis* vuestro pan hasta saciaros 398
26.10 *comeréis* lo añejo de mucho tiempo, y 398
26.16 porque vuestros enemigos la *comerán* 398
26.26 peso; y *comeréis*, y no os saciaréis 398
26.29 *comeréis* la carne de... hijos, y *c* la 398
Nm 6.3 tampoco *comerá* uvas frescas ni secas 398
6.4 todo lo que se hace de la vid... no *comerá* 398
9.11 con panes... y hierbas amargas la *comerán* 398
11.4,18 ¡quién nos diera a *comer* carne! 398
11.5 nos acordamos del pescado que *comíamos* 398
11.13 a mí diciendo: Danos carne que *comamos* 398
11.18 dirás: Santificaos... y *comeréis* carne 398
11.18 Jehová pues, os dará carne, y *comeréis* 398
11.19 no *comeréis* un día, ni dos días, ni 5 398
11.21 daré carne, y *comerán* un mes entero! 398
14.9 porque nosotros los *comeremos* como pan
15.19 cuando comencéis a *comer* del pan de la 398
18.10 en el santuario la *comerás*, todo varón 398
18.10 varón *comerá* de ella; cosa santa será 398
18.11,13 limpio en tu casa *comerá* de ellas 398
18.31 *comeréis* en cualquier lugar, vosotros 398
25.2 el pueblo *comió*, y se inclinó a... dioses 398
28.17 siete días se *comerán*... sin levadura 398
Dt 2.6 compraréis... los alimentos, y *comeréis* 398
2.28 comida me venderás... y *comeré*; el agua 398
4.28 dioses... que no ven, ni oyen, ni *comen* 398
6.11 olivares... y luego que *comas* y te sacies 398
8.9 en la cual no *comerás* el pan con escasez 398
8.10 *comerás* y te saciarás, y bendecirás a 398
8.12 no suceda que *comas* y te sacies... casas 398
9.9 en el monte... sin *comer* pan ni beber agua 398
9.18 no *comí* pan ni bebí agua, a causa de 398
11.15 daré también... *comerás*, y te saciarás 398
12.7 *comeréis* allí delante de Jehová... Dios 398
12.15 podrás matar y *comer* carne en todas tus 398
12.15 el inmundo y el limpio la podrá *comer* 398
12.16 que sangre no *comeréis*; sobre la tierra 398
12.17 ni *comerás*... el diezmo de tu grano, de 398
12.18 delante de Jehová tu Dios las *comerás* 398
12.20 comeré carne, porque deseaste *comerla* 398
12.20 conforme a lo que deseaste podrás *comer* 398
12.21 y *comerás* en tus puertas según todo lo 398
12.22 se *come* la gacela... así las podrás comer 398
12.22 el inmundo y el limpio podrán *comer* 398
12.23 te mantengas firme en no *comer* sangre 398
12.23 y no *comerás* la vida... con su carne 398
12.24 no la *comerás*... la derramarás como agua 398
12.25 no *comerás* de ella... que te vaya bien 398
12.27 ofrecerás tus... y podrás *comer* la carne 398
14.3 nada abominable *comerás* 398
14.4 los animales que podréis *comer*: el buey 398
14.6 y todo animal de pezuñas... podréis *comer* 398
14.7 estos no *comeréis*, entre los que rumian 398
14.8 carne de éstos no *comeréis*, ni tocaréis 398
14.9 podréis *comer*: todo lo que tiene aleta 398
14.10 no tiene aleta y escama, no *comeréis* 398
14.11,20 toda ave limpia podréis *comer* 398
14.12 de las que no podréis *comer*: el águila 398
14.19 insecto alado... inmundo, no se *comerá* 398
14.21 ninguna cosa mortecina *comeréis*... darás 398
14.21 extranjero... darás, y él podrá *comerla* 398
14.23 *comerás* delante de... Dios en el lugar 398
14.26 *comerás* allí delante de Jehová tu Dios 398
14.29 y *comerán* y serán saciados; para que 398
15.20 delante de Jehová tu... *comerás* cada año 398
15.22 lo comerás; el inmundo... *comerán* de él 398
15.23 no *comas* su sangre; sobre la tierra la 398
16.3 no *comerás* con ella pan con levadura 398
16.3 siete días *comerás* con... pan sin levadura 398
16.7 y la asarás y *comerás* en el lugar que 398
16.8 seis días *comerás* pan sin levadura, y 398
18.1 ofrendas... de la heredad de él *comerán* 398
18.8 igual ración a 13 de los otros *comerá* 398
20.14 y *comerás* del botín de tus enemigos 398
20.19 árboles... porque de ellos podrás *comer* 398
23.24 podrás *comer* uvas hasta saciarte; mas 398
26.12 *comerán* en tus aldeas, y se saciarán 398
26.14 no he *comido* de ello en mi luto, ni he 398
27.7 y *comerás* allí, y te alegrarás delante 398
28.31 tu buey será matado... y tú no *comerás* 398
28.33 fruto... *comerá* pueblo que no conociste 398
28.39 uvas, porque el gusano se las *comerá* 398
28.51 *comerá* el fruto de tu bestia y el fruto 398
28.53 y *comerás* el fruto de tu vientre, la 398
28.55 la carne de sus hijos, que él *comiere* 398
28.57 los *comerá*... por la carencia de todo 398
29.6 no habéis *comido* pan, ni bebisteis vino 398
31.20 leche y miel; y *comerán* y se saciarán 398

32.13 y *comió* los frutos del campo, e hizo 398
32.38 *comían* la grosura de sus sacrificios 398
Jos 5.11 al otro día...*comieron* del fruto de la 398
5.12 desde que comenzaron a *comer* del fruto 398
5.12 *comieron* de los frutos de la tierra de 398
24.13 las viñas...que no plantasteis, *coméis* 398
Jue 6.4 y no dejaban qué *comer* en Israel, ni 4241
9.27 en el templo de sus dioses, *comieron* y 398
13.4,7 no bebas vino...ni *comas* cosa inmunda 398
13.14 no *comerá* cosa inmunda; guardará todo 398
13.16 aunque me detengas, no *comeré* de tu pan 398
14.9 tomándolo en...manos, se fue *comiéndolo* 398
14.9 les dio también a ellos que *comiesen* 398
19.4 quedó en su casa...*comiendo* y bebiendo 398
19.6 se sentaron ellos...y *comieron* y bebieron 398
19.8 dijo...aguarda...y *comieron* ambos juntos 398
19.21 a su casa, dio de *comer* a sus asnos 1101
19.21 y se lavaron...y *comieron* y bebieron 398
Rt 2.14 Booz le dijo a la hora de *comer*: Ven 398
2.14 ven aquí, y *come*...y comió hasta que se 398
3.3 hasta que él haya acabado de *comer* y de 398
3.7 cuando Booz hubo *comido* y bebido, y su 398
1 S 1.7 por lo cual Ana lloraba, y no *comía* 398
1.8 Ana, ¿por qué lloras? ¿por qué no *comes*? 398
1.9 se levantó Ana después que hubo *comido* 398
1.18 se fue...y *comió*, y no estuvo más triste 398
2.36 para que pueda *comer* un bocado de pan 398
9.13 que suba...a *comer*...el pueblo no comerá 398
9.13 después de esto *comen* los convidados 398
9.19 *come* hoy conmigo, y por la mañana te 398
9.24 ponlo...y *come*...y Saúl comió aquel día 398
14.24 que *coma* pan antes de caer la noche 398
14.30 más si el pueblo hubiera *comido*...hoy 398
14.32 vacas...el pueblo los *comió* con sangre 398
14.33 el pueblo peca...*comiendo* la carne con 398
14.34 comed; y no pequéis...*comiendo*...sangre 398
20.5 acostumbro sentarme con el rey a *comer* 398
20.24 la nueva luna, se sentó el rey a *comer* 398
20.27 no ha venido a *comer* el hijo de Isaí 3899
20.34 y no *comió* por el segundo día de la 398
28.20 todo aquel día...no había *comido* pan 398
28.22 pondré...bocado de pan para que *comas* 398
28.23 y él rehusó diciendo: No *comeré*. Pero 398
28.25 después de haber *comido*, se levantaron 398
30.11 y le dieron pan, y *comió* y le dieron 398
30.12 luego que *comió* volvió...su espíritu 398
30.12 no había *comido* pan ni...en tres días 398
30.16 desparramados...*comiendo* y bebiendo y 398
2 S 3.35 para persuadir a David que *comiera* 1262
9.7 le dijo David...*comerás* siempre a mi mesa 398
9.10 el hijo de tu señor tenga pan para *comer* 398
9.10 Mefiboset...*comerá* siempre a mi mesa 398
9.11 Mefiboset, dijo el rey, *comerá* a mi 398
9.13 Mefiboset...*comía*...a la mesa del rey 398
11.11 entrar en mi casa para *comer* y beber 398
11.13 y David lo convidó a *comer* y a beber 398
12.3 *comiendo* de su bocado y bebiendo de su 398
12.17 él no quiso ni *comió* con ellos pan 1262
12.20 vino a su...y le pusieron pan, y *comió* 398
12.21 y muerto él, te levantaste y *comiste* 398
13.5 me dé de *comer*...la *coma* de su mano 3899,398
13.6 haga...dos hojuelas, para que *coma* yo de 1262
13.7 vé...a casa de Amnón...y hazle de *comer* 1279
13.9 las sacó...mas él no quiso *comer*. Y dijo 398
13.10 trae la comida...que yo *coma* de tu mano 1279,1262
13.11 se las puso delante para que *comiese* 398
16.2 las pasas para que *coman* los criados 398
17.29 y quesos de vaca, para que *comiesen* 398
19.35 ¿tomará gusto...en lo que *coma* o beba? 398
19.42 ¿hemos nosotros *comido* algo del rey? 398
1 R 1.25 *comiendo* y bebiendo delante de él 398
1.41 oyó Adonías...ya habían acabado de *comer* 398
4.20 Judá...*comiendo*, bebiendo y alegrándose 398
5.9 mi deseo al dar de *comer* a mi familia 3899
13.7 rey dijo...Ven conmigo a casa, y *comerás* 5582
13.8 ni *comería* pan ni bebería agua en este 398
13.9 diciendo: No *comas* pan, ni bebas agua 398
13.15 dijo: Ven *conmigo* a casa, y come pan 398
13.16 ni tampoco *comeré* pan ni beberé agua 398
13.17 dicho: No *comas* pan ni bebas agua allí 398
13.18 tráele...a tu casa, para que *coma* pan 398
13.19 volvió con él, y *comió* pan en su casa 398
13.22 que volviste, y *comiste* pan y bebiste 398
13.22 te había dicho que no *comieses* pan ni 398
13.23 cuando había *comido* pan y bebido, el 398
13.28 el león no había *comido* el cuerpo, ni 398
14.11; 16.4 lo *comerán* los perros...c las aves 398
17.4 yo he mandado...que te den allí de *comer* 3557
17.12 que lo *comamos*, y nos dejemos morir 398
17.15 y *comió* él, y ella, y su casa, muchos 398
18.19 los...que *comen* de la mesa de Jezabel 398
18.41 *come* y bebe; porque una lluvia grande 398
18.42 Acab subió a *comer* y a beber. Y Elías 398
19.5,7 ángel le tocó...Levántate...*come* 398
19.6 y *comió* y bebió, y volvió a dormirse 398
19.8 se levantó, pues, y *comió* y bebió 398
19.21 y la dio al pueblo para que *comiesen* 398
21.4 y se acostó en su cama, y...y no *comió* 398
21.5 ¿por qué está tan decaído tu...no *comes*? 398
21.7 *come* y alégrate; yo te daré la viña de 398
21.23 perros *comerán* a Jezabel en el muro de 398
21.24 los perros lo *comerán*...lo c las aves 398
2 R 4.8 una mujer...le invitaba...a que *comiese* 398
4.8 Eliseo...venía a la casa de ella a *comer* 398
4.40 sirvió para que *comieran* los hombres 398
4.40 que *comiendo* ellos de aquel guisado 398
4.40 hay muerte en...Y no lo pudieron *comer* 398
4.41 dijo: Da de *comer* a la gente. Y no hubo 398
4.42,43 dijo: Da a la gente para que *coma* 398
4.43 así ha dicho Jehová: *Comerán*, y sobrará 398
4.44 *comieron*, y les sobró, conforme a la 398
6.22 pon...pan y agua, para que *coman* y beban 398
6.23 cuando habían *comido*...los envió, y ellos 398
6.28 comámoslo...y mañana *comeremos* el mío 398
6.29 cocimos, pues, a mi hijo, y lo *comimos* 398
6.29 da acá tu hijo, y *comámoslo*. Mas ella 398
7.2,19 verás con tus ojos, mas no *comerás* 398
7.8 entraron...tienda y *comieron* y bebieron 398
9.10 a Jezabel la *comerán* los perros en el 398
9.34 después que *comió*...dijo: Id ahora a ver 398
9.36 *comerán* los perros las carnes de Jezabel 398
18.27 expuestos a *comer* su propio estiércol 398
18.31 *coma* cada uno de su vid y...su higuera 398
19.29 este año *comeréis* lo que nacerá de suyo 398
19.29 plantaréis viñas, y *comeréis* el fruto 398
23.9 que *comían* panes sin levadura entre sus 398
25.29 y *comió*...delante de él todos los días 398
1 Cr 12.39 allí con David tres días *comiendo* 398
29.22 *comieron* y bebieron delante de Jehová 398
2 Cr 28.15 y les dieron de *comer* y de beber 398
30.18 *comieron* la pascua no conforme a lo que 398
30.22 *comieron* de lo sacrificado...siete días 398
31.10 hemos *comido* y nos hemos saciado, y nos 398
Esd 2.63 no *comiesen* de las cosas más santas 398
6.21 *comieron* los hijos de...del cautiverio 398
9.12 que seáis fuertes y *comáis* el bien de 398
10.6 e ido allá, no *comió* pan ni bebió agua 398
Neh 5.2 hemos pedido prestado...para *comer* 398
5.14 ni yo ni mis hermanos *comimos* el pan del 398
7.65 que no *comiesen* de las cosas más santas 398
8.10 id, *comed* grosuras, y bebed vino dulce 398
8.12 el pueblo se fue a *comer* y a beber, y 398
9.25 *comieron*, se saciaron, y se deleitaron 398
9.36 para que *comiesen* su fruto y su bien 398
Est 4.16 y no *comáis* ni bebáis en tres días 398
Job 1.4 para que *comiesen* y bebiesen con ellos 398
1.13 sus hijos e hijas *comían* y bebían vino 398
1.18 tus hijos...estaban *comiendo* y bebiendo 398
5.5 su mies *comerán* los hambrientos, y la 398
6.6 ¿se *comerá* lo desabrido sin sal? ¿Habrá 398
20.21 quedó nada que no *comiese*; por tanto 400
21.25 morirá...sin haber *comido*...con gusto 398
31.8 siembre yo, y otro *coma* y sea arrancada 398
31.17 si *comí*...y no *comió* de él el huérfano 398
31.39 si *comí* su sustancia sin dinero, o afligí 398
34.3 como el paladar gusta lo que uno *come* 398
40.15 ahora behemot...hierba *come* como buey 398
42.11 *comieron* con él pan en su casa, y se 398
Sal 14.4 a mi pueblo como si *comiesen* pan 398
22.26 *comerán* los humildes, y serán saciados 398
22.29 *comerán* y adorarán todos los poderosos 398
27.2 juntaron contra...para *comer* mis carnes 398
41.9 el hombre de mi paz...que de mi pan *comía* 398
50.13 ¿he de *comer* yo carne de toros, o de 398
53.4 devoran a mi pueblo como si *comiesen* 398
59.15 ellos errantes para hallar qué *comer* 398
78.24 hizo llover...maná para que *comiesen* 398
78.25 pan de nobles *comió* el hombre; les 398
78.29 *comieron*, y se saciaron; les cumplió 398
80.5 les diste a *comer* pan de lágrimas, y a 398
102.4 por lo cual me olvido de *comer* mi pan 398
102.9 yo *como* ceniza a manera de pan, y mi 398
105.35 y *comieron* toda la hierba de su país 398
106.20 la imagen de un buey que *come* hierba 398
106.28 *comieron* los sacrificios de...muertos 398
127.2 por demás es...que *comáis* pan de dolores 398
128.2 cuando *comieres* el trabajo de tus manos 398
141.4 no dejes...no *coma* yo de sus deleites 3898
Pr 1.31 *comerán* del fruto de su camino, y 398
4.17 porque *comen* pan de maldad, y beben vino 3898
9.5 *comed* mi pan, y bebed del vino que yo 3898
9.17 y el pan *comido* en oculto es sabroso
13.2 del fruto de su boca el hombre *comerá* 398
13.25 el justo *come* hasta saciar su alma; mas 398
18.21 y el que la ama *comerá* de sus frutos 398
23.1 te sientes a *comer* con algún señor 3898
23.6 no *comas* pan con el avaro, ni codicies 3898
23.7 *come* y bebe, te dirá; mas su corazón 398
23.8 vomitarás la...que *comiste*, y perderás 398
24.13 *come*, hijo...la miel, porque es buena 398
25.16 ¿hallaste miel? *Come* lo que te basta 398
25.21 aborrece tuviere hambre, dale de *comer* 398
25.27 *comer* mucha miel no es bueno, ni el 398
27.18 quien cuida la higuera *comerá* su fruto 398
30.20 *come*, y limpia su boca y dice: No he 398
31.27 considera...y no *come* el pan de balde 398
Ec 2.24 no hay cosa mejor...sino que *coma* y 398
2.25 ¿quién *comerá*, y quién...mejor que yo? 398
3.13 es don de Dios que todo hombre *coma* y 398
4.5 necio cruza sus manos y *come* su...carne 398
5.12 el sueño del trabajador, *coma* mucho, *c* 398
5.17 todos los días de...*comerá* en tinieblas 398
5.18 que lo bueno es *comer* y beber, y gozar 398
5.19 le da...facultad para que *coma* de ellas 398
8.15 *coma* y beba y se alegre; y que esto le 398
9.7 *come* tu pan con gozo, y bebe tu vino con 398
10.17 y tus príncipes *comen* a su hora, para 398
Cnt 4.16 venga mi amado a su huerto, y *coma* 398
5.1 he *comido* mi panal y mi miel, mi vino y 398
5.1 *comed*, amigos; bebed en abundancia, oh 398
Is 1.7 vuestra tierra...*comida* por extranjeros 398
1.19 oyereis, *comeréis* el bien de la tierra 398
3.10 porque *comerá* de los frutos de sus manos 398
4.1 nosotras *comeremos* de nuestro pan, y nos 398
7.15 *comerá* mantequilla y miel, hasta que 398
7.22 *comerás* mantequilla...miel *c* el que quede 398
9.20 tendrá hambre, y *comerá* a la izquierda 398
9.20 cada cual *comerá* la carne de su brazo 398
11.7 y el león como el buey *comerá* paja 398
21.5 ponen la mesa, extienden...*comen*, beben 398
22.13 y alegría...*comiendo* carne y bebiendo 398
22.13 *comamos* y bebamos, porque...moriremos 398
23.18 para que *coman* hasta saciarse, y vistan 398
29.8 hambre y sueña, y le parece que *come* 398
30.24 tus asnos que labran la tierra *comerán* 398
36.12 expuestos a *comer* su estiércol y beber 398
36.16 *coma* cada uno de su viña, y cada uno 398
37.30 *comeréis* este año lo que nace de suyo 398
37.30 plantaréis viñas, y *comeréis* su fruto 398
44.16 con parte de él *come* carne, prepara un 398
44.19 quemé...cocí pan, asé carne y la *comí* 398
49.26 los que te despojaron haré *comer* sus 398
50.9 he aquí...serán *comidos* por la polilla 398
51.8 como a vestidura los *comerá* polilla 398
51.8 porque...como a lana los *comerá* gusano 398
55.1 venid, comprad y *comed*. Venid, comprad 398
55.2 oídme atentamente, y *comed* del bien, y 398
55.10 da...al que siembra, y pan al que *come* 398
58.14 y te daré a *comer* la heredad de Jacob 398
59.5 el que *comiere* de sus huevos, morirá 398
61.6 *comeréis* las riquezas de las naciones 398
62.9 que lo cosechan lo *comerán*, y alabarán 398
65.4 *comen* carne de cerdo, y en sus ollas hay 398
65.13 que mis siervos *comerán*, y vosotros 398
65.21 plantarán viñas, y *comerán* el fruto de 398
65.22 habite, ni plantarán para que otro *coma* 398
65.25 y el león *comerá* paja como el buey 398
66.17 que *comen* carne de cerdo y abominación 398
Jer 2.7 os introduje...que *comieseis* su fruto 398
5.17 *comerá* tu mies y tu pan, *c* a tus hijos 398
5.17 *comerá* tus ovejas y...vacas, *c* tus viñas 398
7.21 añadid...sacrificios, y *comed* la carne 398
9.15 les daré a *comer* ajenjo, y les daré a 398
10.25 se *comieron* a Jacob, lo devoraron, le 398
15.16 halladas tus palabras, y yo las *comí* 398
16.8 no entres en casa de banquete...a *comer* 398
19.9 les haré *comer* la carne de sus hijos y 398
19.9 y cada uno *comerá* la carne de su amigo 398
22.15 *comió* y bebió tu padre, e hizo juicio 398
23.15 yo les hago *comer* ajenjos, y les haré 398
24.2,3,8 que de malos no se podían *comer* 398
29.5,28 plantad huertos, y *comed* del fruto 398
29.17 higos malos, que...no se pueden *comer* 398
31.29 los padres *comieron* las uvas agrias y 398
31.30 los dientes de todo hombre que *comiere* 398
41.1 en Mizpa; y *comieron* pan juntos allí en 398
52.33 *comía* pan en la mesa del rey siempre 398
Lm 2.20 ¿han de *comer* las mujeres el fruto de 398
4.5 que *comían* delicadamente fueron asolados 398
Ez 2.8 abre tu boca, y *come* lo que yo te doy 398
3.1 dijo: Hijo de hombre, *come*...*c* este rollo 398
3.2 y abrí mi boca, y me hizo *comer* aquel 398
3.3 *comí*, y fue en mi boca dulce como miel 398
4.9 trescientos noventa días *comerás* de él 398
4.10 que *comerás*...de tiempo en tiempo la *c* 398
4.12 *comerás* pan de cebada cocido debajo de 398
4.13 así *comerán* los hijos de Israel su pan 398
4.14 nunca desde mi...*comí* cosa mortecina ni 398
4.16 *comerán* el pan por peso y con angustia 398
5.10 padres *comerán* a los hijos...los hijos *c* 398
12.18 *come* tu pan con temblor, y bebe tu agua 398
12.19 pan *comerán* con temor, y con espanto 398
16.13 *comiste* flor de harina de trigo, miel 398
18.2 los padres *comieron* las uvas agrias, y 398
18.6,15 no *comiere* sobre los montes, ni 398
18.11 sino que *comiere* sobre los montes, a 398
22.9 hubo...y sobre los montes *comieron* en 398
24.17 con rebozo, ni *comas* pan de enlutados 398
24.22 ni *comeréis* pan de hombres en luto 398
25.4 *comerán* tus sementeras, y beberán tu 398
33.25 ¿*comeréis* con sangre, y a vuestros 398
34.3 *coméis* la grosura...vestís de la lana 398
34.18 es poco que *comáis* los buenos pastos 7462
34.19 mis ovejas *comen* lo hollado de...pies 7462
39.17 y *comeréis* carne y beberéis sangre 398
39.18 *comeréis* carne de fuertes, y beberéis 398
39.19 *comeréis* grosura hasta saciaros, y 398
42.13 sacerdotes...*comerán*...santas ofrendas 398
44.3 se sentará allí para *comer* pan delante 398
44.29 y el sacrificio por el pecado *comerán* 398
44.31 ninguna cosa mortecina...*comerán* los 398
45.21 la pascua...se *comerá* pan sin levadura 398
47.12 y su fruto será para *comer*, y su hoja 3878
Dn 1.12 nos den legumbres a *comer*, y agua a 398
1.13 rostros de los muchachos que *comen* de la 398
1.15 el de los...que *comían* de la porción de 398
4.33 y *comía* hierba como los bueyes, y su 399
5.21 hierba le hicieron *comer* como a buey 2939
10.3 no *comí* manjar delicado, ni entró en mi 398
11.26 aun los que *coman* de sus manjares le 398
Os 2.12 y las *comerán* las bestias del campo 398
4.8 del pecado de mi pueblo *comen*, y en su 398
4.10 *comerán*...no se saciarán; fornicarán, mas 398
8.7 y si la hiciere, extraños la *comerán* 1104
8.13 sacrificaron carne, y *comieron*; no los 398
9.3 a Asiria, donde *comerán* vianda inmunda 398
9.4 todos los que *coman* de él serán inmundos 398
10.13 *comeréis* fruto de mentira...confiaste 398
Jl 1.4 que quedó de la oruga *comió* el saltón 398
1.4 *comió* el revoltón; y la langosta *c* lo que 398
2.25 restituiré los años que *comió* la oruga 398
2.26 *comeréis* hasta saciaros, y alabaréis el 398
Am 6.4 y *comen* los corderos del rebaño, y los 398

C

7.2 que cuando acabó de *comer* la hierba de 398
7.12 y *come* allá tu pan, y profetiza allá 398
9.14 y harán huertos, y *comerán* el fruto de 398
Abd 7 los que *comían* tu pan pusieron lazo
Mi 3.3 que *coméis*...la carne de mi pueblo, y 398
3.5 y claman: Paz, cuando tienen...que *comer* 5414
3.5 que no les da de *comer*, proclaman guerra
6.14 *comerás*, y no te saciarás...no salvarás 398
7.1 y no queda racimo para *comer*; mi alma 398
Nah 3.12 en la boca del que las ha de *comer* 398
Hag 1.6 *coméis*, y no os saciáis; bebéis, y no 398
Zac 7.6 cuando *coméis* y bebéis, ¿no *c*...para 398
11.9 cada una *coma* la carne de su compañera 398
11.16 sino que *comerá* la carne de la gorda 398
Mt 6.25 **qué habéis de *comer* o qué habéis de** *5315*
6.31 **¿qué *comeremos*, o qué beberemos, o** *5315*
9.11 come vuestro Maestro con los publicanos *2068*
11.18 **vino Juan; que ni *comía* ni *bebía*, y** *2068*
11.19 **vino el Hijo del Hombre, que come y** *2068*
12.1 comenzaron a arrancar espigas y a *comer* *2068*
12.4 **cómo entró en la casa...y *comió* los panes** *5315*
12.4 **que no les era lícito *comer* ni a él ni a** *5315*
13.4 **cayó...y vinieron las aves y la *comieron*** *2719*
14.15 para que vayan a...y compren de *comer* *1033*
14.16 **les dijo...dadle vosotros de *comer*** *5315*
14.20 *comieron*...y se saciaron y recogieron *5315*
14.21 los que *comieron* fueron como cinco mil *2068*
15.2 no se lavan las manos cuando *comen* pan *2068*
15.20 **pero el *comer* con las manos sin lavar** *5315*
15.27 aun los perrillos *comen* de las migajas *2068*
15.32 **y no tienen qué *comer*; y enviarlos en** *5315*
15.37 *comieron*...y se saciaron; y recogieron *5315*
15.38 eran los que habían *comido* cuatro mil *2068*
24.38 **antes del diluvio estaban *comiendo* y** *5176*
24.49 **a *comer* y a beber con los borrachos** *2068*
25.35 **tuve hambre, y me disteis de *comer*** *5315*
25.42 **tuve hambre, y no me disteis de *comer*** *5315*
26.17 preparemos para que *comas* la pascua? *5315*
26.21 **mientras *comían* dijo: De cierto os** *2068*
26.26 mientras *comían* tomó Jesús el pan, y *2068*
26.26 **dijo: Tomad, *comed*; esto es mi cuerpo** *5315*
Mr 1.6 Juan...*comía* langostas y miel silvestre *2068*
2.16 viéndole *comer* con los publicanos y con *2068*
2.16 que él *come* y bebe con los publicanos *2068*
2.26 **y *comió* los panes de la proposición, de** *5315*
2.26 **de los cuales no es lícito *comer* sino** *5315*
3.20 modo que ellos ni aun podían *comer* pan *5315*
4.4 **vinieron las aves del cielo y la *comieron*** *2719*
5.43 mandó...y dijo que se le diese de *comer* *5315*
6.31 que ni aun tenían tiempo para *comer* *5315*
6.36 compren pan...pues no tienen qué *comer* *5315*
6.37 **él, les dijo: Dadles vosotros de *comer*** *5315*
6.37 y compremos pan...y les demos de *comer*? *5315*
6.42 y *comieron* todos, y se saciaron *5315*
6.44 los que *comieron* eran cinco mil hombres *5315*
7.2 viendo a...*comer* pan con manos inmundas *2068*
7.3 veces no se lavan las manos, no *comen* *2068*
7.4 volviendo de...si no se lavan, no *comen* *2068*
7.5 sino que *comen* pan con manos inmundas? *2068*
7.28 los perrillos...*comen* de las migajas de *2068*
8.1 multitud, y no tenían qué *comer*, Jesús *5315*
8.2 **que están conmigo, y no tienen qué *comer*** *5315*
8.8 *comieron*, y se saciaron; y recogieron de *5315*
8.9 eran los que *comieron*, como cuatro mil *5315*
11.14 **nunca jamás *coma* nadie fruto de ti** *5315*
14.12 a preparar para que *comas* la pascua? *5315*
14.14 **aposento donde he de *comer* la pascua** *5315*
14.18 **mientras *comían*, dijo Jesús: De cierto** *2068*
14.18 **uno...*come* conmigo, me va a entregar** *2068*
14.22 y mientras *comían*, Jesús tomó pan y *2068*
Lc 3.11 el que tiene qué *comer*, haga lo mismo *1033*
4.2 no *comió* nada en aquellos días...hambre *5315*
5.30 ¿por qué *coméis* y bebéis con publicanos *2068*
5.33 ayunan...pero los tuyos *comen* y beben? *2068*
6.1 discípulos arrancaban espigas y *comían* *2068*
6.4 **los cuales no es lícito *comer* sino sólo** *5315*
6.4 ***comió*, y dio...a los que estaban con él?** *5315*
7.33 **vino Juan...ni *comía* pan ni bebía vino** *2068*
7.34 **vino el Hijo...que *come* y bebe, y decís** *2068*
7.36 uno de...rogó a Jesús que *comiese* con él *5315*
8.5 **y fue hollada, y las aves...la *comieron*** *2719*
8.55 y él mandó que se le diese de *comer* *5315*
9.13 **él les dijo: Dadles vosotros de *comer*** *5315*
9.17 *comieron*...y se saciaron; y recogieron lo *5315*
10.7 **posad...*comiendo* y bebiendo lo que os den** . . . *2068*
10.8 **y os reciban, *comed* lo que os pongan** *2068*
11.37 le rogó un fariseo que *comiese* con él *709*
11.38 que no se hubiese lavado antes de *comer* *712*
12.19 **diré a mi alma...repósate, *come*, bebe** *5315*
12.22 **no os afanéis por...vida, qué *comeréis*** *5315*
12.29 **por lo que habéis de *comer*, ni por lo** *5315*
12.45 **comenzare a golpear...a *comer* y beber** *2068*
13.26 **delante de ti hemos *comido* y bebido, y** *5315*
14.1 habiendo entrado para *comer* en casa de *5315*
14.15 el que *coma* pan en el reino de Dios *5315*
15.2 los pecadores recibe, y con ellos *come* *4906*
15.16 **de las algarrobas que *comían* los cerdos** *2068*
15.23 **traed el...y *comamos* y hagamos fiesta** *5315*
17.8 **sírveme hasta que haya *comido* y bebido** *5315*
17.8 **y después de esto, *come* y bebe tú?** *5315*
17.27 ***comían*, bebían, se casaban y se daban** *2068*
17.28 ***comían*, bebían, compraban, vendían** *2068*
22.8 **preparadnos la pascua...que la *comamos*** *5315*
22.11 **aposento donde he de *comer* la pascua** *5315*
22.15 **deseado *comer* con vosotros esta pascua** *5315*
22.16 **no la *comeré* más, hasta que se cumpla** *5315*
22.30 **para que *comáis* y bebáis a mi mesa en** *2068*
24.41 **les dijo: ¿Tenéis aquí algo de *comer*?** *1034*
24.43 y él tomó, y *comió* delante de ellos *5315*
Jn 4.8 habían ido a la...a comprar de *comer* *5160*
4.31 los discípulos le rogaban...Rabí, *come* *5315*
4.32 **les dijo: Yo tengo una comida que *comer*** *5315*
4.33 ¿le habrá traído alguien de *comer*? *5315*
6.5 **compraremos pan para que *coman* éstos?** *5315*
6.13 que...sobraron a los que habían *comido* *977*
6.23 junto al lugar donde habían *comido* el *5315*
6.26 **me buscáis...porque *comisteis* el pan y** *5315*
6.31 nuestros padres *comieron* el maná en el *5315*
6.31 escrito: Pan del cielo les dio a *comer* *5315*
6.49 **vuestros padres *comieron* el maná en el** *5315*
6.50 **para que el que de él *come*, no muera** *5315*
6.51 **si alguno *comiere* de este pan, vivirá** *5315*
6.52 ¿cómo puede...darnos de *comer* su carne? *5315*
6.53 **no *coméis* la carne del Hijo del Hombre** *5315*
6.54,56 **que *come* mi carne y bebe mi sangre** *5176*
6.57 **el que me *come*, él también vivirá por mí** *5176*
6.58 **como vuestros padres *comieron* el maná** *5315*
6.58 **el que *come* de este pan, vivirá eternamente** *5176*
13.18 **el que *come* pan conmigo, levantó contra** *5176*
18.28 para no...y así poder *comer* la pascua *5315*
21.5 **dijo: Hijitos, ¿tenéis algo de *comer*?** *4371*
21.12 **les dijo Jesús: Venid, *comed*. Y ninguno** *709*
21.15 cuando hubieron *comido*, Jesús dijo a *709*
Hch 2.46 *comían*, con alegría y sencillez de *3335*
9.9 tres días sin ver, y no *comió* ni bebió *5315*
10.10 y tuvo gran hambre, y quiso *comer* *1089*
10.13 una voz: Levántate, Pedro, mata y *come* *5315*
10.14 ninguna cosa común...he *comido* jamás *5315*
10.41 nosotros que *comimos* y bebimos con él *4906*
11.3 incircuncisos, y has *comido* con ellos? *4906*
11.7 me decía: Levántate, Pedro, mata y *come* *5315*
12.23 le hirió...y expiró *comido* de gusanos *4662*
20.11 después de...partido el pan y *comido* *1089*
23.12 que no *comerían* ni beberían hasta que *5315*
23.21 no *comer* ni beber hasta que le hayan *5315*
27.21 como hacía ya mucho que no *comíamos* *776*
27.33 Pablo exhortaba a todos que *comiesen* *5160*
27.33 permanecéis en ayunas, sin *comer* nada *4355*
27.34 os ruego que *comáis* por vuestra salud *5160*
27.35 tomó el pan y dio...*comenzó* a comer *2068*
27.36 teniendo ya mejor ánimo, *comieron* *5160*
Ro 12.20 si tu...tuviere hambre, dale de *comer* *5595*
14.2 uno cree que se ha de *comer* de todo *5315*
14.2 otro, que es débil, *come* legumbres *5315*
14.3 que *come*, no menosprecie al que no *c* *2068*
14.3 y el que no *come*, no juzgue al que *c* *2068*
14.6 el que *come*, para el Señor *c*, porque da *2068*
14.6 el que no *come*, para el Señor no *c*, y da *2068*
14.20 haga tropezar a otros con lo que *come* *2068*
14.21 bueno el no *comer* carne, ni beber vino *5315*
14.23 duda sobre lo que *come*, es condenado *5315*
1 Co 5.11 o ladrón; con el tal ni aun *comáis* *4906*
8.7 porque...*comen* como sacrificado a ídolos *2068*
8.8 ni porque *comamos*...más, ni porque no *c* *5315*
8.10 estimulada a *comer* de lo sacrificado a *2068*
8.13 no *comeré* carne jamás, para no poner *5315*
9.4 ¿acaso no tenemos derecho de *comer* y *5315*
9.7 ¿quién planta viña y no *come*...fruto? *2068*
9.13 los que trabajan en...*comen* del templo *2068*
10.3 *comieron* el mismo alimento espiritual *5315*
10.7 se sentó el pueblo a *comer* y a beber *5315*
10.18 los que *comen* de los sacrificios, ¿no *2068*
10.25 que se vende en la carnicería, *comed* *2068*
10.27 *comed*, sin preguntar nada por motivo *2068*
10.28 esto fue sacrificado a...no lo *comáis* *2068*
10.31 si, pues, *coméis*...hacedlo todo para la *2068*
11.20 esto no es *comer* la cena del Señor *5315*
11.21 porque al *comer*, cada uno se adelanta *5315*
11.22 no tenéis casas en que *comáis* y bebáis? *2068*
11.24 **dijo: Tomad, *comed*; esto es mi cuerpo** *5315*
11.26 todas las veces que *comiereis* este pan *2068*
11.27 que *comiere* este pan o bebiere esta copa *2068*
11.28 pruébese cada uno...y *coma* así del pan *2068*
11.29 *come* y bebe...juicio *c* y bebe para sí *2068*
11.33 cuando os reunís a *comer* esperaos unos *5315*
11.34 tuviere hambre, *coma* en su casa, para *2068*
13.3 si repartiese...para dar de *comer* a los *5595*
15.32 *comamos* y bebamos...mañana moriremos . . *5315*
2 Co 9.10 el que da...pan al que *come*, proveerá *1035*
Gá 2.12 pues antes que...*comía* con los gentiles *4906*
5.15 si os mordéis y os *coméis* unos a otros *2719*
2 Ts 3.8 ni *comimos* de balde el pan de nadie *5315*
3.10 alguno no quiere trabajar, tampoco *coma* *2068*
3.12 que trabajando...*coman* su propio pan *2068*
He 13.10 del cual no tienen derecho de *comer* *5315*
Stg 5.2 y vuestras ropas...*comidas* de polilla *4598*
2 P 2.13 aun mientras *comen* con vosotros, se *4910*
Jud 12 *comiendo*...con vosotros se apacientan a *4910*
Ap 2.7 **que venciere, le daré a *comer* del árbol** *5315*
2.14 **enseñaba...a *comer* de cosas sacrificadas** *5315*
2.17 **daré a *comer* del maná escondido, y le** *5315*
2.20 **enseñe...a *comer* cosas sacrificadas a los** *5315*
10.9 toma, y *cómelo*; y te amargará el vientre *2719*
10.10 tomé el librito de la mano...y lo *comí* *2719*
10.10 pero cuando lo hube *comido*, amargó mi *5315*
19.18 para que *comáis* carnes de reyes y de *5315*

COMERCIANTE

Neh 3.31 restauró...hasta la casa de...de los *c* 7402
3.32 entre...restauraron los plateros y los *c* 7402
Ez 17.4 arrancó...y lo puso en una ciudad de *c* 7402

COMERCIAR

Is 23.17 Tiro; y volverá a *comerciar*, y otra vez 868
Ez 27.12 *comerciaba* contigo por la abundancia 5503
27.12 con plata...*comerciaba* en tus ferias 5414
27.13 y Mese *c* *comerciaba* también contigo 7402
27.13 con hombres y con...*comerciaban* en tus 5414
27.14 con caballos y corceles...*comerciaban* 5414
27.17 Judá y la...de Israel *comerciaban* contigo 7402
27.18 Damasco *comerciaba* contigo por tus 5503
27.20 Dedán *comerciaba*...en paños preciosos 7402

COMERCIO

Ez 27.33 la multitud de tus riquezas y de tu *c* 4627
27.34 tu *c* y toda tu compañía caerá en medio 4627

COMESTIBLE

Dt 23.19 ni interés de *c*, ni de cosa alguna 400
Neh 10.31 a vender...*c* en día de reposo, nada 7668

COMETER

Éx 20.14 no *cometerás* adulterio 5003
28.38 llevará Aarón las faltas *cometidas* en
32.30 habéis *cometido* un gran pecado, pero 2398
32.31 este pueblo ha *cometido* un gran pecado 2398
Lv 4.3 a Jehová, por su pecado que...*cometido* 2398
4.14 a ser conocido el pecado que *cometieren* 2398
4.23,28 que conociere su pecado que *cometió* 2398
4.28 una cabra sin...por su pecado que *cometió* 2398
4.35 expiación...pecado que habrá *cometido* 2398
5.6,7 traerá...por su pecado que *cometió* 2398
5.10 por el pecado de aquel que lo *cometió* 2398
5.13 pecado que *cometió* en alguna de, cosas 2398
5.15 cuando alguna persona *cometiere* falta 4603
5.18 por el yerro que *cometió* por ignorancia
19.22 reconciliará...por su pecado que *cometió* 2398
19.22 le perdonará su pecado que ha *cometido* 2398
20.10 *cometiere* adulterio con la mujer de su 5003
20.12 *cometieron* grave perversión su sangre 6213
20.14 y a la madre de ella, *comete* vileza
20.21 tomare la mujer de...comete inmundicia 5079
Nm 5.6 *cometiere* alguno de todos los pecados 6213
5.7 persona confesará el pecado que *cometió* 6213
5.29 *cometiere* infidelidad contra su marido 7847
Dt 5.18 no *cometerás* adulterio 5003
9.18 pecado que habíais *cometido* haciendo el 2398
19.15 relación. Cualquier ofensa *cometida* 2398
21.22 alguno hubiere *cometido* algún crimen 2399
Jos 7.1 de Israel *cometieron* una prevaricación 4603
7.15 quemado...ha *cometido* maldad en Israel 6213
22.20 ¿no *cometió* Acán...prevaricación en el 4603
Jue 19.23 os ruego que no *cometáis* este mal 7489
20.10 abominación que ha *cometido* en Israel 6213
1 S 19.4 ninguna cosa ha *cometido* contra ti 2398
1 R 2.44 que *cometiste* contra mi padre David 6213
8.47 hecho lo malo, hemos *cometido* impiedad 7561
14.22 hecho en sus pecados que *cometieron* 2398
15.3 los pecados que su padre había *cometido* 6213
15.30 pecados que Jeroboam había *cometido* 2398
16.19 por los pecados que había *cometido* 2398
16.19 y en su pecado que *cometió*, haciendo 6213
2 R 17.21 apartó...les hizo *cometer* gran pecado 2398
21.17 de Manasés...y el pecado que *cometió* 2398
Esd 9.2 ha sido la primera en *cometer*...pecado 7223
9.14 y a emparentar con pueblos que *cometen*
Neh 1.6 los pecados...que hemos *cometido* contra 2398
9.18 y *cometieron* grandes abominaciones 6213
13.27 para *cometer* todo este mal tan grande 6213
Sal 59.2 líbrame de los que *cometen* iniquidad 6466
Pr 6.32 el que *comete* adulterio es falto de 5003
Is 32.6 iniquidad, para *cometer* impiedad y 6213
Jer 16.10 pecado...que hemos *cometido* contra 2398
23.14 los profetas de...*cometían* adulterios 5003
29.23 hicieron maldad...*cometieron* adulterio 6213
44.3 la maldad que...*cometieron* para enojarme . . . 6213
Lm 1.8 pecado *cometió* Jerusalén, por lo cual
Ez 15.8 por cuanto *cometieron* prevaricación 4603
16.51 Samaria no *cometió* ni la mitad de tus 2398
18.7 que no *cometiere* robo, y que diere de 1497
18.12 al pobre...oprimiere, *cometiere* robos 1497
18.16 la prenda no retuviere, ni *cometiere* 1497
18.22 todas las transgresiones que *cometió* 6213
18.24 *cometiere* maldad, e hiciere conforme a 6213
18.24 el pecado que *cometió*, por ello morirá 6213
18.28 sus transgresiones que había *cometido* 6213
20.27 cuando *cometieron* rebelión contra mí 4603
20.43 a causa de...pecados que *cometisteis* 6213
22.13 a causa de tu avaricia que *cometiste* 6213
22.29 el pueblo de la tierra...*cometía* robo 1497
23.5 Ahola *cometió* fornicación aun estando 2181
23.43 ¿todavía *cometerán* fornicaciones con 2181
33.16 sus pecados que había *cometido*; hizo 2398
Dn 9.5 hemos *cometido* iniquidad, hemos hecho 5753
Os 6.9 como ladrones...*cometieron* abominación 6213
Am 3.9 las violencias *cometidas* en su medio
Mal 2.11 en Israel...se ha *cometido* abominación 6213
Mt 5.27 **que fue dicho: No *cometerás* adulterio** *3431*
5.32 **el que se casa con la...*comete* adulterio** *3429*
Mr 10.11,12 **y se casa con...*comete* adulterio** *3429*
15.7 que habían *cometido* homicidio en una *4160*
Ro 1.27 otros, *cometiendo* hechos vergonzosos *2716*
2.22 tú que abominas...¿*cometes* sacrilegio? *2416*
1 Co 5.2 quitado...el que *cometió* tal acción? *4160*
6.8 pero vosotros *cometéis* el agravio, y *650*
6.18 pecado que el hombre *cometa*, está fuera *4160*
2 Co 7.12 no fue por causa del que *cometió* *91*
12.21 pecado...y lascivia que han *cometido* *4238*
Ef 4.19 para *cometer*...toda clase de impureza *2039*
Stg 2.9 *cometéis* pecado, y quedáis convictos *2038*
2.11 el que dijo: No *cometerás* adulterio *3431*
2.11 si no *cometes* adulterio, pero matas *3431*
5.15 si hubiere *cometido* pecados, le serán *4160*
1 Jn 3.4 todo aquel que *comete* pecado, infringe *4160*
5.16 *cometer* pecado que no sea de muerte *264*

5.16 esto es para los que *cometen* pecado que 264
Ap 2.14 **que enseñaba a... a *cometer* fornicación** 4203

COMEZÓN
Dt 28.27 y con *c* de que no puedas ser curado 2775
2 Ti 4.3 teniendo *c* de oír, se amontonarán 2833

COMIDA *Véase también Comer*
Gn 42.25 saco, y les diesen *c* para el camino 6720
45.23 pan y *c*, para su padre en el camino 4202
Éx 12.39 tenido tiempo ni para prepararse *c* 6720
16.22 sexto día recogieron doble porción de *c* 3899
Dt 2.28 la *c* me venderás por dinero, y comeré 400
8.3 te sustentó con maná, *c* que no conocías
8.16 maná... *c*, que... padres no habían conocido
28.26 y tus cadáveres servirán de *c* a toda 3978
Jos 1.11 preparaos *c*, porque dentro de 3 días 6720
Jue 14.14 dijo: Del devorador salió *c*, y del 3978
17.10 yo te daré diez siclos... vestidos y *c* 4241
2 S 13.10 trae la *c* a la alcoba, para que yo 1279
1 R 10.5 la *c* de su mesa, las habitaciones de 3978
19.8 fortalecido con aquella *c* caminó 40 días 396
2 R 6.23 entonces se les preparó una gran *c* 3740
25.30 le fue dada su *c* de parte del rey, de 737
Esd 3.7 dieron... *c*, bebida y aceite a... tirios 3978
Job 20.14 su *c* se mudará en sus entrañas; hiel 3899
20.23 la hará llover sobre él y sobre su *c* 3894
23.12 las palabras de su boca más que mi *c*
33.20 vida aborrezca el pan, y su alma la *c* 3978
38.41 Dios, y andan errantes por falta de *c*? 6718
Sal 69.21 me pusieron además hiel por *c*, y en 1267
74.14 lo diste por *c* a los moradores del 3978
78.18 tentaron a Dios... pidiendo *c* a su gusto 400
78.25 pan de nobles... envió *c* hasta saciarles 6720
78.30 su anhelo, aún estaba la *c* en su boca 400
79.2 dieron los cuerpos... por *c* a las aves de 3978
104.21 la presa, para buscar de Dios su *c* 400
104.27 esperan en ti, para que les des su *c* 400
145.15 en ti, y tú les das su *c* a su tiempo 400
Pr 6.8 prepara en el verano su *c*, y recoge en 3899
15.17 mejor es la *c* de legumbres donde hay 737
30.25 hormigas... en el verano preparan su *c* 3899
31.15 se levanta aun de... y da *c* a su familia 2964
Is 62.8 jamás daré tu trigo por *c*... enemigos 3978
Jer 7.33 los cuerpos... *c* de las aves del cielo 3978
16.4; 19.7 sus cuerpos... *c* a las aves del cielo 3978
34.20 sus cuerpos muertos serán *c* de las aves 3978
Lm 1.11 dieron por la *c*... sus cosas preciosas 400
1.19 buscando *c* para sí con que entretener su 400
4.10 sus propios hijos les sirvieron de *c* en 1262
Ez 4.10 *c* que comerás será de peso de veinte 3978
29.5 a las aves del cielo te he dado por *c* 402
34.10 mis ovejas... y no les serán más por *c* 402
39.4 a aves de rapiña de... te he dado por *c* 402
Dn 1.5 señaló el rey... de la provisión de la *c* 6598
1.8 no contaminarse con... la *c* del rey, ni con 6598
1.10 que señaló vuestra *c* y vuestra bebida 3978
1.13 los muchachos que comen... de la *c* del rey 6598
1.15 que el de los... que comían... *c* del rey 6598
1.16 se llevaba la porción de la *c* de ellos 6598
Os 11.4 el yugo... y puse delante de ellos la *c* 398
Hab 1.16 con ellas engordó... y engrasó su *c* 3978
Hag 2.12 ella tocare pan... o cualquier otra *c* 3978
Mt 3.4 su *c* era langostas y miel silvestre 5160
22.4 **he aquí, he preparado mi *c*; mis toros** 712
Lc 12.23 **la vida es más que la *c*, y el cuerpo** 5160
14.12 **cuando hagas *c* o cena, no llames a tus** 712
Jn 4.32 **tengo una *c* que comer, que vosotros no** 1035
4.34 **mi *c* es que haga la voluntad del que me** 1033
6.27 **la *c* que perece, sino... la *c* que a vida** 1035
6.55 **mi carne es verdadera *c*, y mi sangre es** 1035
Ro 14.15 si por causa de la *c* tu hermano es 1033
14.15 no hagas que por la *c* tuya se pierda 1033
14.17 el reino de Dios no es *c* ni bebida, sino 1035
14.20 no destruyas la obra... por causa de la *c* 1033
1 Co 8.13 si la *c* es a mi... ocasión de caer 1033
Col 2.16 nadie os juzgue en *c* o en bebida, o 1035
He 9.10 ya que consiste sólo de *c* y bebidas 1033
12.16 como Esaú, que por una sola *c* vendió 1035

COMIENZO
Gn 10.10 el *c* de su reino Babel, Erec, Acad 7225
Nm 28.11 al *c* de vuestros meses ofreceréis 7218
Rt 1.22 a Belén al *c* de la siega de la cebada 8462
Jer 25.29 invocado mi nombre yo *c* a hacer
Ez 21.19 pon una señal al *c* de cada camino, que 7218
21.22 la orden de ataque... dar *c* a la matanza 6605
42.12 había una puerta al *c* del corredor 7218

COMILÓN
Pr 23.21 el bebedor y el *c* empobrecerán, y el 2151
Is 56.11 esos perros *c* son insaciables; y los 5794
Mt 11.19; Lc 7.34 un hombre *c*, y bebedor de 5314

COMINO
Is 28.25 eneldo, siembra el *c*, pone el trigo 3646
28.27 ni sobre el *c* se pasa rueda de carreta 3646
28.27 sacude el eneldo, y el *c* con una vara 3646
Mt 23.23 **diezmáis la menta y el eneldo y el *c*** 2951

COMISARIO
Éx 1.11 pusieron sobre ellos *c* de tributos que 8269

COMISIÓN
Hch 26.12 en *c* de los principales sacerdotes 2011
1 Co 9.17 pero si... la *c* me ha sido encomendada 3622

COMO *Véase el Apéndice*

CÓMO *Véase el Apéndice*

CÓMODO
Jer 40.4 a donde mejor y más *c* te parezca ir 3477
40.5 con él... o vé a donde te Parezca más *c* 3477

COMPADECER
Dt 13.8 oído, ni tu ojo le *compadecerá*, ni le 2347
19.13 no y *compadecerás*, y quitarás de Israel 2347
19.21 no le *compadecerás*; vida por vida, ojo 2347
2 R 13.23 Jehová... se *compadeció* de ellos y 7355
Sal 69.20 esperé quien se *compadeciese* de mí 5110
103.13 Como el padre se *compadece* de los hijos 7355
103.13 *compadece* Jehová de los que le temen 7355
135.14 Jehová... *compadecerá* de sus siervos 5162
Pr 28.8 aquel que se *compadece* de los pobres 2603
Is 27.11 ni se *compadecerá*... el que los formó 7355
49.15 *compadecerse* del hijo de su vientre? 7355
Jer 48.17 *campadeceos* de él todos... alrededor 5110
Lm 3.32 *compadece* según la multitud de sus 7355
Ez 16.5 no hubo ojo que se *compadeciese* de ti 2347
Os 1.6 no me *compadeceré* más de la casa de 7355
Nah 3.7 dirán... ¿quién se *compadecerá* de ella? 5110
Mt 20.34 *compadecido*, les tocó los ojos, y 4697
Lc 7.13 **Señor la vio, se *compadeció* de ella** 4697
Ro 9.15 me compadeceré, del que... *compadezca* 3627
He 4.15 sacerdote que no pueda *compadecerse* 4834
10.34 porque de los presos... *compadecisteis* 4834

COMPAÑERISMO
2 Co 6.14 porque ¿qué *c* tiene la justicia con 3352
Gá 2.9 dieron a mí... la diestra en señal de *c* 2842

COMPAÑERO, A
Gn 3.12 la mujer que me diste por *c* me dio 5978
Gn 11.7 ninguno entienda el habla de su *c* 7453
Éx 33.11 cara, como habla cualquiera a su *c* 7453
Jue 7.13 un hombre estaba contando a su *c* un 7453
7.14 su *c* respondió y dijo: Esto no es otra 7453
7.22 Jehová puso la espada de... contra su *c* 7453
11.37 y lloré mi virginidad, yo y mis *c* 7464
11.38 fue con sus *c*, y lloró su virginidad 7464
14.11 treinta *c* para que estuviesen con él 4828
14.20 y la mujer de Sansón fue dada a su *c* 4828
15.2 la di a tu *c*. Mas su hermana menor, ¿no 4828
15.6 porque le quitó su mujer y la dio a su *c* 4828
Rt 4.7 se quitaba el zapato y lo daba a su *c* 7453
1 S 14.20 la espada de cada uno... contra su *c* 7453
28.17 el reino de... lo ha dado a tu *c*, David 7453
1 R 20.35 un varón... dijo a su *c* por palabra 7453
2 R 3.23 y cada uno ha dado muerte a su *c* 7453
2 Cr 20.23 cual ayudó a la destrucción de su *c* 7453
Esd 4.7 escribieron Bislam... los demás *c* suyos 3674
4.9 escribieron Rehum... y los demás *c* suyos 3675
4.17 y a los demás *c* suyos que... Salud y paz 3675
4.23 fue leída delante de Rehum, y... y sus *c* 3675
5.3 Tatnai... Setar-Boznai y sus *c*... dijeron 3675
5.6 sus *c* los gobernadores... enviaron al rey 3675
6.6 y vuestros *c* los gobernadores que estáis 3675
6.13 y sus *c*, hicieron... según el rey Darío 3675
Job 6.14 el atribulado es consolado por su *c* 7453
30.29 venido a ser hermano... *c* de avestruces 7453
35.4 responderé razones, y a tus *c* contigo 7453
41.6 ¿harán de él banquete los *c*... repartirán 2271
42.7 mi ira se encendió contra ti y tus dos *c* 7453
Sal 35.14 como por mi *c* como por mi... andaba 7453
38.11 mis *c* se mantienen lejos de mi plaga 7453
45.7 ungió... óleo de alegría más que a tus *c* 2270
Sal 45.14 vírgenes... *c* suyas serán traídas a 7464
88.18 has alejado de mí al amigo y al *c* 7453
119.63 *c* soy yo de todos los que te temen 2270
122.8 por amor de mis hermanos y *c* diré yo 7453
Pr 2.17 la cual abandona al *c* de su juventud 441
25.9 trata tu causa con tu *c*, y no descubras 7453
28.7 el que es *c* de glotones avergüenza a su 7462
28.24 que roba... *c* es del hombre destruidor 2270
Ec 4.10 si cayeren, el uno levantará a su *c* 2270
Cnt 1.7 errante junto a los rebaños de tus *c* 2270
8.13 los *c* escuchan tu voz; házmela oír 2270
Is 1.23 tus príncipes... *c* de ladrones; todos 2270
13.8 se asombrará cada cual al mirar a su *c* 7453
34.14 y la cabra salvaje gritará a su *c* 7453
34.15 juntarán... buitres, cada uno con su *c* 7468
34.16 inquirid en el... ninguno faltó con su *c* 7468
Jer 3.20 como la esposa infiel abandona a su *c* 1167
6.21 tropiezos... el vecino y su *c* perecerán 7453
9.4 guárdese cada uno de su *c*, y... hermano 7453
9.4 con falacia, y todo *c* anda calumniando 7453
22.8 gentes pasarán... dirán cada uno a su *c* 7453
23.27 sus sueños que cada uno cuenta a su *c* 7453
23.35 diréis cada cual a su *c*, y cada cual a 7453
34.17 promulgar cada uno libertad... a su *c* 7453
36.16 se volvió espantado a su *c*, y dijeron 7453
46.16 cada uno cayó sobre su *c*; y dijeron 7453
Ez 37.16 para Judá, y... hijos de Israel sus *c* 2270
37.16 y para toda la casa de Israel sus *c* 2270
37.19 y a las tribus de Israel sus *c*, y los 2270
Dn 2.13 buscaron a Daniel y... *c* para matarlos 2269
2.17 Daniel... hizo saber lo que había... sus *c* 2269
2.18 fin de que Daniel y sus *c* no pereciesen 2269
7.20 cuerno... parecía más grande que sus *c* 2273
Os 3.1 ama a una mujer amada de su *c*, aunque 7453
Jl 2.8 ninguno estrechará a su *c*, cada uno irá 251
Jon 1.7 dijeron... uno a su *c*: Venid y echemos 7453
Zac 3.10 cada uno de vosotros convidará a su *c* 7453
8.10 dejé a... hombres cada cual contra su *c* 7453
11.6 entregaré... cada cual en mano de su *c* y 7453
11.9 que cada uno coma la carne de su *c* 7468
13.7 levántate, oh... contra el hombre *c* mío 5997
14.13 trabará cada uno de la mano de su *c* 7453
14.13 levantará su mano contra la... de su *c* 7453
Mal 2.14 siendo ella tu *c*, y la mujer de tu 2278
3.16 hablaron cada uno a su *c*; y Jehová 7453
Mt 11.16 **que se sientan... y dan voces a sus *c*** 2083
Mr 15.7 Barrabás, preso con sus *c* de motín 4955
Lc 5.7 hicieron señas a los *c* que estaban en 3353
5.10 Jacobo y Juan, hijos... eran *c* de Simón 2844
Hch 13.13 Pablo y sus *c* arribaron a Perge de 4012
19.29 y a Aristarco, macedonios, *c* de Pablo 4989
Ro 16 7 saludad... Junias... mis *c* de prisiones 4869
2 Co 1.7 así como sois *c* en las aflicciones 2844
8.19 como *c* de nuestra peregrinación para 4898
8.23 en cuanto a Tito, es mi *c* y colaborador 2844
Fil 2.25 a Epafrodito, mi... colaborador y *c* de 4904
4.3 ruego también a ti, *c* fiel, que ayudes a 4805
Col 4.10 Aristarco, mi *c* de prisiones, os 4869
Flm 2 y a Arquipo nuestro *c* de milicia, y a 4961
17 si me tienes por *c*, recíbelo como a mí 2844
23 te saludan Epafras, mi *c* de prisiones 4869
He 1.9 con óleo de alegría más que a sus *c* 3353
10.33 llegasteis a ser *c* de los que estaban 2844

COMPAÑÍA
Gn 37.25 y he aquí una *c* de ismaelitas que 736
49.6 alma, ni mi espíritu se junte en su *c* 6951
Nm 4.3,23,30,35,39,43 los que entran en *c* 6635,5656
27.3 y él no estuvo en la *c* de los que se 5712
Jue 9.34 emboscada contra Siquem con cuatro *c* 7218
9.43 tomando gente, la repartió en tres *c* 7218
9.44 Abimele *c* y la *c*... con él acometieron 7218
9.44 y las otras dos *c* acometieron a todos 7218
1 S 10.5 encontrarás una *c* de profetas que 2256
10.10 he aquí la *c* de los profetas que venía 2256
11.11 dispuso Saúl al pueblo en tres *c*, y 7218
19.20 mensajeros... vieron una *c* de profetas 3862
29.2 los filisteos pasaban revista a sus *c* de 2256
1 R 10.28 la *c*... mercaderes del rey compraba
11.24 había hecho capitán de una *c*, cuando 1416
2 R 5.15 volvió al varón de Dios... toda su *c* 4264
15.25 lo hirió... en *c* de Argob y de Arie, y 854
1 Cr 27.3 jefe de todos los capitanes de las *c* 6635
2 Cr 20.36 hizo con él *c* para construir naves 2266
20.37 por cuanto has hecho *c* con Ocozías 2266
23.8 porque... Joiada no dio licencia a las *c* 4256
Job 16.7 has fatigado; has asolado toda mi *c* 5712
34.8 y va en *c* con los que hacen iniquidad 2274
Sal 106.17 se abrió la tierra... y cubrió la *c* 5712
111.1 alabaré... en la *c* y congregación de los 5475
119.61 *c* de impíos me han rodeado, mas no 2256
Pr 21.16 vendrá a parar en la *c* de... muertos 6951
Jer 5.7 en casa de rameras se juntaron en *c* 1413
15.17 no me senté en *c* de burladores, ni me 5475
31.8 yo los hago volver... en gran *c* volverán 6951
Lm 1.15 llamó contra mí *c* para quebrantar a 4150
Ez 4.6 Sodoma... sin que acamparan contra ella *c* 3027
Ez 17.17 ni con mucha *c* hará Faraón nada por 6951
23.42 oyó en ella voz de *c* que se solazaba 1995
27.27 toda tu *c* que en medio de ti se halla 6951
27.34 tu comercio... *c* caerán en medio de ti 6951
Os 6.9 una *c* de sacerdotes mata en el camino 2267
Mt 27.27 reunieron alrededor de él a toda la *c* 4686
Mr 15.16 los soldados... convocaron a toda la *c* 4686
Lc 2.44 y pensando que estaba entre la *c* 4923
5.29 había mucha *c* de publicanos y de otros 3793
6.17 y se detuvo... en *c* de sus discípulos y 3793
Jn 18.3 Judas... tomando una *c* de soldados, y 4686
18.12 la *c* de soldados... prendieron a Jesús 4686
Hch 10.1 Cornelio, centurión de la *c* llamada 4686
21.31 se le avisó al tribuno de la *c*, que 4686
27.1 a un centurión llamado lucio, de la *c* 4686
He 12.22 la *c* de muchos millares de ángeles 3461

COMPARABLES
Ro 8.18 aflicciones... no son *c* con la gloria

COMPARACIÓN
Is 40.17 en su *c* serán estimadas en menos que 2308
Jer 3.11 la rebelde Israel en *c* con la desleal 4480
Ez 29.15 En *c* con los otros reinos será humilde 4480
2 Co 3.10 Porque aun... en *c* con la gloria

COMPARAR
Jue 8.2 ¿qué he hecho yo ahora *comparado* con
8.3 qué he podido... *comparado* con vosotros?
Pr 3.15 desear, no se puede *comparar* a ella 7737
8.11 desear, no es de *compararse* con ella 7737
Cnt 1.9 a yegua... te he *comparado*, amiga mía 1819
Is 40.25 ¿a qué, pues... me *compararéis*? dice 7737
46.5 ha quién me... igualáis, y me *comparáis* 7737
Lm 2.13 ¿a quién te *compararé* para consolarte 7737
Ez 31.2 ¿a quién te *comparaste* en tu grandeza? 1819
31.18 ¿a quién te has *comparado*... en gloria 1819
Mt 7.24 **compararé a un hombre prudente, que** 3666
7.26 **le *compararé* a un hombre insensato, que** 3666
11.16 **¿a qué *compararé* esta generación? Es** 3666
Mr 4.30 **o con qué parábola lo *compararemos*?** 3846
Lc 7.31 **¿a qué, pues, *compararé* los hombres** 3666
13.18 **el reino de... y con qué lo *compararé*?** 5101
13.20 **¿a qué *compararé* el reino de Dios?** 5101
2 Co 10.12 ni a *compararnos* con algunos que 4793
10.12 y *comparándose* consigo mismos, no son 4793

COMPARECER
Jos 20.6 que *comparezca* en juicio delante de 5975
20.9 *compareciese* delante de la congregación 5975
Est 1.12 la reina Vasti no quiso *comparecer* a 935
Is 47.13 *comparezcan* ahora y te defiendan los 5975
48.13 cielos... al llamarlos yo, *comparecieron* 5975
Hch 24.1 y *comparecieron* ante el gobernador 1718
24.19 debieran *comparecer* ante ti y acusarme 3918
24.20 cosa mal hecha, cuando *comparecí* ante 2476

C

27.24 necesario que *comparezcas* ante César....... *3936*
Ro 14.10 *compareceremos* ante el tribunal de.......... *3936*
2 Co 5.10 *comparezcamos* ante el tribunal de.......... *5319*

COMPARTIR
Jos 22.8 *compartid*... el botín de... enemigos.......... 2505
Pr 17.2 los hermanos *compartirá* la herencia.......... 2505
Ez 32.30 y *comparten* su confusión con los que........ 5375
Ro 12.13 *compartiendo* para las necesidades de....... *2841*
Ef 4.28 para que tenga qué *compartir* con el.......... *3330*

COMPÁS
Is 44.13 le da figura con el *c*, lo hace en............... 4230

COMPASIÓN
Éx 2.6 teniendo *c* de él, dijo: De los niños de.......... 2550
Dt 13.17 y tenga *c* de ti, y te multiplique............... 7355
Jue 21.15 pueblo tuvo *c* de Benjamín, porque.......... 5162
1 S 23.21 Saúl dijo... habéis tenido *c* te mí............. 2550
2 S 12.22 ¿quién sabe si Dios tendrá *c* de mí............ 2603
Job 19.21 unidos, tened *c* de mí, tened *c* de............ 2603
Sal 102.14 aman... de polvo de ella tienen *c*............. 2603
109.12 ni... quien tenga *c* de sus huérfanos......... 2603
Is 47.6 no les tuviste *c*; sobre el anciano............... 7356
54.8 con misericordia eterna tendré *c* de ti......... 7355
Jer 15.5 ¿quién tendrá *c* de ti, oh Jerusalén?............ 2550
21.7 ni tendrá *c* de ellos ni... misericordia.......... 2550
50.42 serán crueles, y no tendrán *c*; su voz......... 7355
Lm 4.16 ni tuvieron *c* de los viejos
Os 11.8 mi corazón se... se inflama toda mi *c*.......... 5150
13.14 Seol; la *c* será escondida de mi vista.......... 5164
Jon 1.6 Dios; quizá él tendrá *c* de nosotros............ 6245
Mt 9.36 al ver las multitudes, tuvo *c* de ellas.......... *4697*
14.14 tuvo *c* de ellos, y dijo a los... enfermos......... *4697*
15.32 tengo *c* de la gente, porque ya hace 3........ *4697*
16.22 Señor, ten *c* de ti; en ninguna manera......... *2436*
Mr 6.34 salió Jesús y vio... y tuvo *c* de ellos............ *4697*
8.2 tengo *c* de la gente, porque ya hace tres........ *4697*

COMPASIVO
Stg 5.11 el Señor es muy misericordioso y *c*........... *3629*
1 P 3.8 todos de un mismo sentir, *c*, amandoos......... *4835*

COMPENSAR
Nm 5.7 y *compensará* enteramente el daño, y.......... 7725

COMPETENCIA
2 Co 3.5 sino que nuestra *c* proviene de Dios.......... *2426*

COMPETENTE
2 Co 3.5 no que seamos *c* por nosotros mismos........ *2425*
3.6 nos hizo ministros *c* de un nuevo pacto......... *2427*

COMPLACENCIA
Sal 16.3 y para los íntegros, es toda mi *c*.............. 2656
Mal 1.10 no tengo *c* en vosotros dice Jehová.......... 2656
Mt 3.17; 17.5 mi Hijo amado, en quien tengo *c*......... *2106*
Mr 1.11; Lc 3.22 mi Hijo amado; en ti tengo *c*.......... *2106*
2 P 1.17 es mi Hijo amado, en el cual tengo *c*.......... *2106*

COMPLACER
Gn 34.15 con esta condición os *complaceremos*......... 225
Lv 19.15 al pobre ni *complaciendo* al grande.......... 1921
1 S 15.22 dijo: ¿Se *complace* Jehová tanto en.......... 2656
2 S 15.26 y si dijera: no me *complazco* en ti.......... 2654
24.3 ¿por qué se *complace* en esto mi señor........ 2654
Sal 5.4 no eres un Dios que se *complace* en............ 2655
22.8 sálvelo, puesto que en él se *complacía*......... 2654
44.3 Libró... porque te *complaciste* en ellos......... 7521
49.13 sus descendientes se *complacen* en el......... 7521
68.30 esparce a los... *complacen* en la guerra...... 2654
147.10 ni se *complace* en la agilidad del............ 7521
147.11 *complace* Jehová en los que le temen........ 7521
Ec 5.4 él no se *complace* en los insensatos............ 2656
Is 42.21 Jehová se *complació* por amor de su.......... 2654
Am 5.21 y no me *complaceré* en... asambleas.......... 7306
Mal 2.17 hace mal... en los tales se *complace*.......... 2654
Ro 1.32 *complacen* con los que las practican.......... *4909*
2 Ts 2.12 que se *complacieron* en la injusticia.......... *2106*

COMPLETAMENTE
Gn 20.18 Jehová había cerrado *c* toda
Dt 20.17 sino que los destruirás *c*
1 S 25.36 y estaba *c* ebrio, por lo cual
Sal 36.8 serán *c* saciadas de la grosura
Is 24.3 y *c* saqueada; porque Jehová ha
Lam 5.20 por qué te olvidas *c* de...................... 5800
Nah 1.10 consumidas como hojarasca *c*
Jn 7.23 **en el día de reposo sané *c* a**

COMPLETAR
Éx 23.26 no *completaré* el número de tus días.......... 4390
Ez 27.4 los que te edificaron *completaron* tu.......... 3634
27.11 muros... ellos *completaron* tu hermosura..... 3634
Hch 21.7 *completamos* la navegación, saliendo........ *1274*
Fil 2.2 *completad* mi gozo, sintiendo lo mismo......... *4137*
1 Ts 3.10 *completemos* lo... falte a vuestra fe?......... *2675*
Ap 6.11 hasta que se *completará* el número de........ *4137*

COMPLETO, A
Éx 22.3 el ladrón hará *c* restitución; si no............. 7999
Lv 5.8 le arrancará de su cuello... por *c*
Jos 8.26 destruido por *c* a... de Hai
10.28 mató a su rey; por *c* los destruyó
11.11 mataron a espada... destruyéndolo por *c*
2 S 17.10 el hombre valiente... desmayará por *c*....... 4549
2 Cr 18.10 los tuyos haga destruirlos por *c*.......... 3615
Job 13.5 ojalá callaréis por *c*, porque esto os.......... 2790
S 39.5 es *c* vanidad todo hombre que vive.......... 3605
139.22 aborrezco por *c*; los tengo por enemigos
Is 26.3 tú guardarás en *c* paz a aquel cuyo.......... 7965
Sof 1.2 destruiré por *c* todas las cosas............... 3605
Hch 3.16 la fe... ha dado a éste esta *c* sanidad......... *3647*
Col 2.10 y vosotros estáis *c* en él, que es la............. *4137*

4.12 que estéis... *c* es todo lo que Dios quiere....... *4137*
1 Ts 5.23 el... Dios de paz os santifique por *c*.......... *3651*
Stg 1.4 tenga la paciencia su obra *c*, para............. *5046*
1 P 1.13 esperad por *c* en la gracia que se os......... *5049*
2 Jn 8 sino que recibáis galardón *c*

CÓMPLICE
Pr 29.24 el *c* del ladrón aborrece su propia............ 2505
Mt 23.30 **sus *c* en la sangre de los profetas**............ *2844*

COMPLOT
Est 6.2 había denunciado el *c* de Bigtán y de.......... 5046
Hch 23.12 algunos de los judíos tramaron un *c*... *4160,4963*

COMPONER
Gn 22.9 *compuso* la leña, y ató a Isaa *c* su............ 6186
Éx 30.33 cualquiera que *compusiera* ungüento........ 7543
Lv 1.7 y *compondrán* la leña sobre el fuego........... 5414
1 S 13.21 por afilar... *componer* las aguijadas......... 5324
1 R 4.32 *compuso* tres mil proverbios, y sus........... 1696
2 Cr 24.12 artífices... para *componer* la casa......... 2318
Sal 50.19 boca... y tu lengua *componía* engaño......... 6775
Ec 12.9 enseñó... y *compuso* muchos proverbios....... 8626
Is 40.18 Dios, o qué imagen le *compondréis*?........... 6186
45.18 formó la tierra... la hizo y la *compuso*........ 3559
Ez 17.2 y *compón* una parábola a la casa de.......... 4911

COMPORTARSE
1 S 21.13 y cambió su manera de *comportarse*.......... 2940
Sal 131.2 en verdad que me he *comportado* y he...... 7737
Hch 20.18 sabéis cómo me he *comportado* entre....... *1096*
Fil 1.27 que os *comportéis* como es digno del........... *4176*
1 Ts 2.10 cuán... nos *comportamos* con vosotros....... *1096*

COMPOSICIÓN
Éx 30.32 ni haréis... conforme a su *c*; santo............ 4971
30.37 no os haréis otro según su *c*; te será......... 4971

COMPOSTURA
Is 3.24 rapada en lugar de la *c* del cabello............. 4639

COMPRA
Gn 49.32 la *c* del campo de la cueva... en él............ 4735

COMPRADO *Véase Comprar*

COMPRADOR
Zac 11.5 las cuales matan sus *c*, y no se tienen........ 7069

COMPRAR
Gn 17.12 y el *comprado* por dinero a cualquier........ 4736
17.13 el nacido... y el *comprado* por tu dinero...... 4736
17.23 y a todos los *comprados* por su dinero....... 4736
17.27 el *comprado* por dinero del extranjero....... 4736
25.10 heredad que *compró*... de los hijos de........ 7069
33.19 y *compró* una parte del campo, donde........ 7069
39.1 Potifar... lo *compró* de los ismaelitas......... 7069
41.57 venían a Egipto para *comprar* de José....... 7666
42.2 descended allá, y *comprad* de allí para........ 7666
42.3 descendieron los diez... a *comprar* trigo....... 7666
42.5 vinieron los hijos de Israel a *comprar*......... 7666
42.7 ¿de... de Canaán, para *comprar* alimentos.... 7666
42.10 siervos han venido a *comprar* alimentos..... 7666
43.2 *comprad* para nosotros un... de alimento....... 7666
43.4 descenderemos y... *compraremos* alimento.... 7666
43.20 descendimos al... a *comprar* alimentos....... 7666
43.22 otro dinero para *comprar* alimentos.......... 7666
44.25 volved a *comprarnos* un... de alimento........ 7666
47.14 por los alimentos que de él *compraban*....... 7666
47.19 *cómpranos* a nosotros y... tierra por pan..... 7069
47.20 *compró* José toda la tierra de Egipto.......... 7069
47.22 la tierra de los sacerdotes no *compró*......... 7069
47.23 dijo... os he *comprado* hoy, a vosotros y...... 7069
49.30 cueva... *compró* Abraham con el... campo.... 7069
50.13 la cueva... que había *comprado* Abraham.... 7069
Éx 12.44 todo siervo humano *comprado*... comerá...... 4736
21.2 si *comprares* siervo hebreo, seis años.......... 7069
Lv 22.11 el sacerdote *comprare* algún esclavo.......... 7069
25.14 *compraréis* de mano de vuestro prójimo...... 7069
25.15 *conforme* al... comprarás de tu prójimo........ 7069
25.28 en poder del que lo *compró* hasta el año..... 7069
25.30 quedará... poder de aquel que la *compró*..... 7069
25.33 el que *comprare* de los levitas saldrá......... 1350
25.44 de ellos *podréis* comprar esclavos y........... 7069
25.45 podréis *comprar* de los hijos de los........... 7069
25.50 hará la cuenta con el que lo *compró*........... 7069
27.22 si dedicare... la tierra que él *compró*.......... 4736
27.24 a aquel de quien él la *compró*, cuya es........ 7069
Dt 2.6 *compraréis*... por dinero los alimentos........ 7666
2.6 *compraréis* de ellos el agua, y beberéis....... 3739
28.68 vendidos a... y no habrá quien os *compre*..... 7069
Jos 24.32 campo que Jacob *compró*... de Hamor........ 7069
Rt 4.4 que la *compres* en presencia de los que........ 7069
4.5 día que *compres* las tierras de mano de........ 7069
2 S 12.3 corderita... había *comprado* y criado........ 7069
24.21 respondió: Para *comprar* de ti la era.......... 7069
24.24 no, sino por precio te lo *compraré*............ 7069
24.24 David *compró* la era y los bueyes por........ 7069
1 R 10.28 la compañía de... *compraba* caballos......... 3947
16.24 *compró* a Semer el monte de Samaria por... 7069
2 R 12.12 y en *comprar* la madera y piedra de......... 7069
22.6 *comprar* madera y piedra de cantería.......... 7069
1 Cr 21.24 la *compraré* por su justo precio............ 7069
2 Cr 1.16 *compraban* por contrato caballos y........... 3947
1.17 *compraban* en Egipto un carro por 600......... 3318
1.17 así *compraban*... para todos los reyes de...... 3118
34.11 para que *comprasen* piedra de cantería....... 7069
Esd 7.17 *comprarás*... con este dinero becerros........ 7066
Neh 5.3 hemos empeñado... para *comprar* grano..... 3947
5.16 restaure... parte, y no *compramos* heredad.... 7069
Pr 17.16 el precio... para *comprar* sabiduría.......... 7069
20.14 el que *compra* dice: Malo es, malo es........ 7069
23.23 *compra* la verdad, y no la vendas............ 7069

31.16 considera la heredad, y la *compra*, y......... 3947
Ec 2.7 *compré* siervos y siervas... y ovejas............ 7069
Is 24.2 como al que *compra*, al que vende............. 7069
43.24 no *compraste* para mi caña aromática....... 7069
55.1 que no tienen dinero, venid, *comprad*......... 7666
55.1 venid, *comprad* sin dinero y sin precio........ 7666
Jer 13.1 *cómprate* un cinto de lino, y cíñelo.......... 7069
13.2 *compré* el cinto conforme a la palabra........ 7069
13.4 toma el cinto que *compraste*... y vete al....... 7069
19.1 dijo Jehová: Ve y *compra* una vasija de......... 7069
32.7 *cómprame*... tienes derecho a... *comprarla*.... 7069
32.8 *compra*... mi heredad... *cómprala* para ti...... 7069
32.9 *compré* la heredad de Hanameel, hijo de...... 7069
32.15 se *comprarán* casas, heredades y viñas...... 7069
32.25 *cómprate* la heredad por dinero, y por....... 7069
32.44 heredades *comprarán* por dinero, y harán... 7069
Lm 5.4 agua... *compramos* nuestra leña por precio.... 4242
Ez 7.12 el que *compra*, no se alegre, y el que.......... 7069
Os 3.2 la *compré*... para mí por quince siclos.......... 3739
Am 8.6 para *comprar* los pobres por dinero, y........ 7069
Mt 13.44 **y vende todo... y *compra* aquel campo**......... *59*
13.46 y vendió todo lo que tenía, y la *compró*........ *59*
14.15 vayan... las aldeas y *compren* de comer........ *59*
21.12 echó fuera a todos los que... *compraban*....... *59*
25.9 id más bien a... y *comprad* para vosotras....... *59*
25.10 mientras ellas iban a *comprar*, vino el........ *59*
27.7 *compraron*... el campo del alfarero, para......... *59*
Mr 6.36 vayan... y *compren* pan, pues no tienen......... *59*
6.37 *compremos* pan por 200 denarios, y les.......... *59*
11.15 a echar fuera a los que... *compraban* en........ *59*
15.46 *compró* una sábana, y... lo envolvió en.......... *59*
16.1 *compraron* especias... para ir a ungirlo.......... *59*
Lc 9.13 vayamos nosotros a *comprar* alimentos......... *59*
14.18 he *comprado* una hacienda, y necesito......... *59*
14.19 he *comprado* cinco yuntas de bueyes, y......... *59*
17.28 comían, bebían, *compraban*, vendían.......... *59*
19.45 todos los que vendían y *compraban* en el........ *59*
22.36 no tiene espada venda su capa y *compre*....... *59*
Jn 4.8 discípulos... ciudad a *comprar* de comer.......... *59*
6.5 de dónde *compraremos* pan para que coman...... *59*
13.29 decía: *Compra* lo que necesitamos para......... *59*
Hch 7.16 que... *compró* Abraham de los hijos de....... *5608*
1 Co 6.20 habéis sido *comprados* por precio............. *59*
7.23 por precio fuisteis *comprados* no os............. *59*
7.30 los que *compran*, como si no poseyesen.......... *59*
Ap 3.18 **yo te aconsejo que de mí *compres* oro**........... *59*
13.17 que ninguno pudiese *comprar* ni vender.......... *59*
18.11 ninguno *compra* más sus mercaderías.......... *59*

COMPRENDER
Dt 11.2 *comprended* hoy, porque no hablo con........ 3045
32.29 fueran sabios, que *comprendieran* esto....... 7919
Job 26.14 su poder, quién lo puede *comprender*?....... 995
36.29 ¿quién podrá *comprender* la extensión........ 995
42.3 cosas... maravillosas... yo no *comprendía*........ 995
Sal 51.6 me has hecho *comprender* sabiduría.......... 3045
73.17 hasta que... *comprendí* el fin de ellos.......... 995
139.6 mí; alto es, no lo puedo *comprender*.......... 3201
Pr 24.22 de repente; y... ¿quién lo *comprende*?......... 3045
Is 6.9 ved por cierto, mas no *comprendáis*............ 995
33.19 de lengua tartamuda que no *comprendas*..... 998
Ez 48.22 la parte del príncipe... *comprendida*.......... 8432
Dn 8.15 consideraba la visión... *comprenderla*.......... 998
10.1 pero él *comprendió* la palabra, y tuvo.......... 995
12.10 los impíos... los entendidos *comprenderán*..... 995
Zac 9.2 Hamat... *comprendida* en el territorio.......... 1379
Mt 17.13 *comprendieron* que les había hablado........ *4920*
Mr 8.17 **dijo... ¿No entendéis ni *comprendéis*?**......... *4920*
Lc 1.22 *comprendieron* que había visto visión.......... *1921*
18.34 pero ellos nada *comprendieron* de estas...... *4920*
20.19 *comprendieron* que contra ellos había......... *1097*
20.23 él, *comprendiendo* la astucia de ellos.......... *2657*
24.45 para que *comprendiesen* las Escrituras........ *4920*
Jn 13.7 **lo que yo hago, tú no lo *comprendes***.......... *1492*
Hch 7.25 pensaba que sus hermanos *comprendían*..... *4920*
10.34 *comprendo* que Dios no hace acepción de..... *2638*
21.24 *comprenderán* que no hay nada de lo que..... *1097*
Ef 3.18 capaces de *comprender* con todos los.......... *2638*

COMPRENSIBLE
1 Co 14.9 no diereis palabra bien *c*, ¿cómo se.......... *2154*

COMPRENSIÓN
Neh 10.28 todo el que tenía *c* y discernimiento.......... 995

COMPRIMIR
Is 28.28 ni lo *comprime* con la rueda... carreta......... 2000
Ez 23.8 *comprimieron* sus pechos virginales........... 6213
23.21 los egipcios *comprimieron* tus pechos......... 6213

COMPROBAR
Ro 12.2 *comprobéis* cuál sea la buena voluntad......... *1381*
2 Co 8.22 cuya diligencia hemos *comprobado*.......... *1732*
Ef 5.10 *comprobando* lo... es agradable al Señor....... *1381*

COMPROMETER
Pr 22.26 seas de aquellos que se *comprometen*........ 6148
Lc 22.6 comprometió y buscaba... oportunidad......... *1843*

COMPUESTO
Jn 19.39 trayendo un *c* de mirra y de áloes............ *3395*

COMPUNGIR
Hch 2.37 *compungieron* de corazón, y dijeron.......... *2660*

COMÚN
1 S 21.4 no tengo pan *c* a la mano... tengo pan......... 2455
2 R 25.11 de la gente *c*, los llevó cautivos.............. 1995
Ec 6.1 hay un mal... muy *c* entre los hombres........... 7227
Ez 23.42 con los varones de la gente *c* fueron........... 120
Sof 3.9 para que le sirvan de *c* consentimiento.......... 259
Hch 2.44 estaban juntos, y tenían en *c* todas........... *2839*

4.32 sino que tenían todas las cosas en *c* 2839
10.14 ninguna cosa *c* o inmunda he comido 2839
10.15 lo que Dios limpió, no lo llames tú *c* 2840
10.28 que a ningún hombre llame *c* o inmundo 2839
11.8 ninguna cosa *c*... entró jamás en mi boca 2839
11.9 lo que Dios limpió, no lo llames tú *c* 2840
18.12 los judíos se levantaron de *c* acuerdo 3661
Ro 1.12 confortados por la fe que nos es *c* a 240
Tit 1.4 a Tito, verdadero hijo en la *c* fe... paz 2839
Jud 3 escribiros acerca de nuestra *c* salvación 2839

COMUNICAR
2 S 15.35 lo que oyeres... lo *comunicarás* a los 5046
Sal 55.14 juntos *comunicábamos*... los secretos 5475
Ro 1.11 para *comunicaros* algún don espiritual 3330
Gá 2.6 a mí, pueblo... nada nuevo me *comunicaron* 4323

COMUNIÓN
Sal 25.14 la *c* íntima de Jehová es con los que 5475
Pr 3.32 mas su *c* íntima es con los justos 5475
Hch 2.42 perseveraban... en la *c* unos con otros 2842
1 Co 1.9 por el cual fuisteis llamados a la *c* 2842
10.16 ¿no es la *c* de la sangre de Cristo? 2842
10.16 pan... ¿no es la *c* del cuerpo de Cristo? 2842
2 Co 6.14 ¿y qué *c* la luz con las tinieblas? 2842
13.14 la *c* del Espíritu Santo sean con todos 2842
Fil 1.5 por vuestra *c* en el evangelio, desde 2842
2.1 alguna *c* del Espíritu, si algún afecto 2842
1 Jn 1.3 que también... tengáis *c* con nosotros 2842
1.3 nuestra *c* verdaderamente es con el Padre 2842
1.6 decimos que tenemos *c* con él, y andamos 2842
1.7 andamos en luz... tenemos *c* unos con otros 2842

CON *Véase el Apéndice*

CONANÍAS
1. Levita, hermano del rey Ezequías, 2 Cr 31.12,13 3562
2. Levita en tiempo del rey Josías, 2 Cr 35.9 3562

CONCEBIR
Gn 4.1 Eva, la cual *concibió* y dio a luz a Caín 2029
4.17 su mujer... *concibió* y dio a luz a Enoc 2029
16.4 él se llegó a Agar, la cual *concibió* 2029
16.4 cuando vio que había *concebido*, miraba 2029
16.11 has *concebido*, y darás a luz un hijo 2030
17.17 Sara, ya de 90 años, ha de *concebir*? 3205
19.36 y las dos hijas de Lot *concibieron* de 2029
21.2 Sara *concibió* y dio a Abraham un hijo 2029
25.21 y lo aceptó Jehová, y *concibió* Rebeca 2029
29.32 *concibió* Lea, y dio a luz un hijo, y 2029
29.33,34,35 *concibió* otra vez, y dio a luz 2029
30.5 *concibió* Bilha, y dio a luz un hijo a 2029
30.7 *concibió* otra vez Bilha la sierva de 2029
30.17 *concibió*, y dio a luz el quinto hijo a 2029
30.19 después *concibió* Lea otra vez, y dio a 2029
30.23 *concibió*, y dio a luz un hijo, y dijo 2029
30.39 así *concebían* las ovejas delante de las 3179
30.41 para que *concibiesen* a la vista de las 3179
38.3 ella *concibió*, y dio a luz un hijo, y 2029
38.4 *concibió* otra vez, y dio a luz un hijo 2029
38.5 volvió a *concebir*, y dio a luz un hijo 3254
38.18 se llegó a ella, y ella *concibió* de él 2029
Éx 2.2 la que *concibió*, y dio a luz un hijo 2029
Lv 12.2 mujer cuando *conciba* y dé a luz varón 2232
Nm 11.12 ¿*concebí* yo a todo este pueblo? 2030
Jue 13.3,5,7 *concebirás* y darás a luz un hijo 2029
Rt 4.13 Jehová le dio que *concibiese*... un hijo 2032
1 S 1.20 después de haber *concebido* Ana, dio 2029
2.21 Ana... *concibió*, y dio a luz tres hijos 2029
2 S 11.5 *concibió* la mujer, y envió... a David 2029
2 R 4.17 mujer *concibió*, y dio a luz un hijo 2029
1 Cr 7.23 ella *concibió* y dio a luz un hijo 2030
Job 3.3 en que se dijo: Varón es *concebido* 2029
15.35 *concibieron* dolor, dieron... iniquidad 2029
24.21 a la mujer... que no *concebía*, afligió 3205
Sal 7.14 he aquí, el impío *concibió* maldad, se 2029
51.5 he aquí... en pecado me *concibió* mi madre 3179
Pr 13.10 la soberbia *concebirá* contienda; mas 5414
Is 7.14 la virgen *concebirá*, y dará a luz un 2029
8.3 la cual *concibió*, y dio a luz un hijo 2029
26.18 *concebimos*, tuvimos dolores de parto 2029
33.11 *concebisteis* hojarascas, rastrojo... luz 2029
59.4 *conciben* maldades, y dan a luz iniquidad 2029
59.13 hablar... *concebir* y proferir... mentira 2029
66.8 ¿*concebirá* la tierra en un día? ¿Nacerá 2342
Ez 38.10 corazón, y *concebirás*... pensamiento 2803
Os 1.3 la cual *concibió* y le dio a luz un hijo 2029
1.6 *concibió* ella otra vez, y dio a luz una 2029
1.8 después de... *concibió* y dio a luz un hijo 2029
Mt 1.18 que había *concebido* del Espíritu Santo 1064
1.23 virgen *concebirá* y dará a luz un hijo 1064
Lc 1.24 después... *concibió* su mujer Elisabet 4815
1.31 *concebirás* en tu vientre, y darás a luz 4815
1.36 Elisabet... ha *concebido* hijo en su vejez 4815
2.21 sido puesto... antes que fuese *concebido* 4815
23.29 **los vientres que no concibieron, y los** 1080
Ro 9.10 también cuando Rebeca *concibió* de uno 2845
He 11.11 Sara... recibió fuerza para *concebir* 2602
Stg 1.15 después que ha *concebido*, da a luz el 4815

CONCEDER
Gn 30.22 y la oyó Dios, y le *concedió* hijos 8085
Dt 4.19 los ha *concedido* a todos los pueblos 2505
Jos 9.15 hizo paz con... *concediéndoles* la vida 6213
9.21 *concediéndoles* la vida, según... habían 1696
15.19; Jue 1.15 respondió: *Concédeme* un don 5414
Jue 11.37 *concédeme* esto: déjame por dos meses
21.22 hacednos la merced de *concedernos* las 5414
Rt 1.9 os *conceda* Jehová que halléis descanso 5414
1 S 1.5,6 no le había *concedido* tener hijos 5414
Esd 7.6 le *concedió* el rey todo lo que pidió 5414
7.21 lo que os pida... Esdras... se le *conceda* 5648
Neh 1.11 *concede* ahora buen éxito a tu siervo 5414
2.8 me lo *concedió* el rey, según la benéfica 5414
Est 5.6 la mitad del reino, te será *concedida* 5414
5.8 y si place al rey... *conceder* mi demanda 5414
7.2; 9.12 tu petición... y te será *concedida* 5414
9.13 *concédase*... a los judíos en Susa, que 5414
Job 9.18 no me ha *concedido* que tome aliento 5414
10.12 vida y misericordia me *concediste*, y 6213
Sal 20.5 *conceda* Jehová todas tus peticiones 4390
21.2 le has *concedido* el deseo de su corazón 5414
37.4 *concederá* las peticiones de tu corazón 5414
119.29 en tu misericordia *concédeme* tu ley
140.8 no *concedas*, oh... al impío sus deseos 5414
Ec 8.15 días de su vida que Dios le *concede* 5414
Mr 10.37 *concédenos* que... nos sentemos el uno 1325
Lc 1.43 ¿por qué se me *concede* esto a mí, que
1.73 juramento... que nos había de *conceder* 3660
7.4 diciéndole: Es digno de que le *concedas* 3930
Jn 19.38 Pilato se lo *concedió*. Entonces vino 2010
Hch 4.29 y *concede* a tus siervos que con todo 1325
11.17 si Dios... les *concedió*... el mismo don 1325
14.3 *concediendo* que se hiciesen... prodigios 1325
19.38 audiencias se *conceden*, y procónsules
24.23 que se le *concediese* alguna libertad
27.24 te ha *concedido* todos los que navegan 5483
Ro 11.31 que por la misericordia *concedida* a
1 Co 2.12 sepamos lo que Dios... ha *concedido* 5483
3.5 eso según lo que a cada uno *concedió* el 1325
2 Co 1.11 dadas gracias... por el don *concedido*
8.4 que les *concediésemos* el privilegio de
Gá 3.18 Dios la *concedió* a Abraham mediante 5483
Fil 1.29 os es *concedido*... no sólo que creáis 5483
2 Ti 1.18 *concédale*... que halle misericordia 1325
2.25 Dios les *conceda* que se arrepientan para 1325
Flm 22 vuestras oraciones os seré *concedido* 5483
Ap 19.8 le ha *concedido* que se vista de lino 1325

CONCEPCIÓN
Os 9.11 de modo que no habrá... embarazos, ni *c* 2032

CONCEPTO
Job 36.4 contigo... el que es íntegro en sus *c* 1844
Ro 12.3 que no tenga más alto *c* de sí que el 5252

CONCERNIENTE
Hch 18.25 y enseñaba diligentemente lo *c*

CONCERNIR
Mi 3.1 ¿no *concierne* a vosotros saber lo que 3045

CONCERTAR
Éx 23.1 no te *concertarás* con el impío para
Dt 29.1 pacto que *concertó* con ellos en Horeb 3772
29.12 juramento, que Jehová... *concierta* hoy 3772
29.25 el pacto de... que él *concertó* con ellos 3772
31.16 invalidará mi pacto que he *concertado* 3772
Jos 9.2 *concertaron* para pelear contra Josué 6908
23.12 si *concertaréis* con ellas matrimonios
Jue 20.38 era la señal *concertada*... humareda 4150
1 Cr 16.16 del pacto que *concertó* con Abraham 3772
19.19 los sirios... *concertaron* paz con David 7999
Sal 105.9 la cual *concertó* con Abraham, y de 3772
Jer 11.10 el cual había yo *concertado* con sus 3772
Ez 16.60 memoria de mi pacto que *concerté*
Zac 11.10 para romper mi pacto que *concerté* 3772
Ef 4.16 todo el cuerpo, bien *concertado* y unido 4883

CONCESIÓN
1 Co 7.6 mas esto digo por vía de *c*, no por 4774

CONCHA
Job 41.30 por debajo tiene agudas *c*; imprime 2789

CONCIENCIA
Sal 16.7 aun en las noches me enseña mi *c*
Jn 8.9 acusados por su *c*, salían uno a uno 4893
Hch 23.1 con toda buena *c* he vivido delante de 4893
24.16 por esto procuro tener... *c* sin ofensa 4893
Ro 2.15 sus corazones, dando testimonio su *c* 4893
9.1 y mi *c* me da testimonio en el Espíritu 4893
13.5 castigo, sino también por causa de la *c* 4893
1 Co 4.4 aunque de nada tengo mala *c*, no por 4894
8.7 y su *c*, siendo débil, se contamina 4893
8.10 la *c* de aquel que es débil, ¿no será 4893
8.12 *c* hiriendo su débil *c*, contra Cristo 4893
10.25,27 sin preguntar nada por motivos de *c* 4893
10.28 no lo comáis, por... y por motivos de *c* 4893
10.29 *c*, digo, no la tuya, sino la del otro 4893
10.29 de juzgar mi libertad por la *c* de otro? 4893
2 Co 1.12 el testimonio de nuestra *c*, que con 4893
4.2 verdad recomendándonos a toda *c* humana 4893
5.11 espero que también lo sea a vuestras *c* 4893
1 Ti 1.5 el amor nacido de... buena *c*, y de fe 4893
1.19 manteniendo la fe y buena *c*, desechando 4893
3.9 guarden el misterio de la fe con limpia *c* 4893
4.2 de mentirosos que... cauterizada la *c* 4893
Tit 1.15 su mente y su *c* están corrompidas 4893
He 9.9 hacer perfecto, en cuanto a la *c*, al 4893
9.14 limpiará vuestras *c* de obras muertas 4893
10.2 limpios una vez, no tendrían ya más *c* 4893
10.22 y purificados los corazones de mala *c* 4893
13.18 pues confiamos en que tenemos buena *c* 4893
1 P 2.19 si alguno a causa de la *c* delante de 4893
3.16 teniendo buena *c*, para que en lo que 4893
3.21 la aspiración de una buena *c* hacia Dios 4893

CONCIERTO
Job 37.15 ¿sabes tú cómo Dios las pone en *c* 7760

CONCILIO
Mt 5.22 **diga: Necio... será culpable ante el c** 4892
10.17 **hombres, porque os entregarán a los c** 4892
26.59 y todo el *c*, buscaban falso testimonio 4892
Mr 13.9 **porque os entregarán a los c, y en las** 4892
14.55 y todo el *c* buscaban testimonio contra 4892
15.1 habiendo tenido consejo... con todo el *c* 4892
15.43 José de Arimatea, miembro noble del *c* 1010
Lc 22.66 y los escribas, y le trajeron al *c* 4892
23.50 miembro del *c*, varón bueno y justo 1010
Jn 11.47 fariseos reunieron el *c*, y dijeron 4892
Hch 4.15 que saliesen del *c*; y conferenciaban 4892
5.21 convocaron al *c* y a todos los ancianos 4892
5.27 los trajeron, los presentaron en el *c* 4892
5.34 el *c* un fariseo llamado Gamaliel, doctor 4892
5.41 y ellos salieron de la presencia del *c* 4892
6.12 le arrebataron, y le trajeron al *c* 4892
6.15 todos los que estaban sentados en el *c* 4892
22.30 mandó venir... a todo el *c*, y sacando a 4892
23.1 Pablo, mirando fijamente al *c*, dijo 4892
23.6 Pablo, notando que... alzó la voz en el *c* 4892
23.15 con el *c*, requerid al tribuno que le 4892
23.20 que mañana lleves a Pablo ante el *c* 4892
23.28 y queriendo saber la causa... llevé al *c* 4892
24.20 mal hecha, cuando comparecí ante el *c* 4892

CONCIUDADANO
Lc 19.14 **pero sus c le aborrecían, y enviaron** 4177
Ef 2.19 sino *c* de los santos, y miembros de 4847

CONCLUIR
Dt 31.24 escribir... un libro hasta *concluirse* 3615
Rt 3.18 no descansará hasta que *concluya* el 3615
2 S 20.18 y así *concluían* cualquier asunto 8552
Esd 5.16 se edifica, y aún no está *concluida* 8000
Ro 3.28 *concluimos*... el hombre es justificado 3049
15.28 así que, cuando haya *concluido* esto, y 2005

CONCORDAR
Mr 14.56 mas sus testimonios no *concordaban* 2470
14.59 ni... así *concordaban* en el testimonio 2470
Hch 15.15 con esto *concuerdan* las palabras de 4856
1 Jn 5.8 tres son los... y estos tres *concuerdan* 1526

CONCORDIA
2 Co 6.15 ¿y qué *c* Cristo con Belial? ¿O qué 4857

CONCUBINA
Gn 22.24 y su *c*, que se llamaba Reúma, dio a 6370
25.6 a los hijos de sus *c* dio Abraham dones 6370
35.22 durmió con Bilha la *c* de su padre; lo 6370
36.12 y Timna fue *c* de Elifaz hijo de Esaú 6370
Jue 8.31 su *c* que estaba en Siquem le dio un 6370
19.1 levita... había tomado... mujer *c* de Belén 6370
19.2 y su *c* le fue infiel, y se fue de él a 6370
19.9 se levantó el varón para irse, él y su *c* 6370
19.10 y llegó... con su par de asnos... y su *c* 6370
19.24 mi hija virgen, y la *c* de él... las sacaré 6370
19.25 tomando aquel hombre a su *c*, la sacó 6370
19.29 se levantó el varón para irse, él y su *c* 6370
20.4 llegué a Gabaa... con mi *c*, para pasar la 6370
20.5 a mi *c* la humillaron de tal manera que 6370
20.6 tomando yo mi *c*, la corté en pedazos 6370
2 S 3.7 Saúl una *c* que se llamaba Rizpa, hija 6370
3.7 qué te has llegado a la *c* de mi padre? 6370
5.13 tomó David... *c* y mujeres de Jerusalén 6370
15.16 dejó el rey diez mujeres *c*, para que 6370
16.21 llégate a las *c* de tu padre, que él dejó 6370
16.22 y se llegó Absalón a las *c* de su padre 6370
19.5 han librado tu vida... y la vida de tus *c* 6370
20.3 tomó el rey las diez mujeres *c* que había 6370
21.11 que hacía Rizpa hija de Aja, *c* de Saúl 6370
1 R 11.3 tuvo... trescientas *c*; y sus mujeres 6370
1 Cr 1.32 Cetura, *c* de Abraham, dio a luz a 6370
2.46 y Efa *c* de Caleb dio a luz a Harán, a 6370
2.48 Maaca *c* de Caleb dio a luz a Seber y a 6370
3.9 hijos de David, sin los hijos de las *c* 6370
7.14 Asriel, al cual dio a luz su *c* la siria 6370
2 Cr 11.21 Roboam amó a... sobre todas... sus *c* 6370
11.21 tomó 18 mujeres y 60 *c*, y engendró 28 6370
Est 2.14 al cargo de Saasgaz... guarda de las *c* 6370
Cnt 6.8 y ochenta las *c*, y las doncellas sin 6370
6.9 la vieron las... y las *c*, y la alabaron 6370
Dn 5.2 bebiesen en ellos... sus mujeres y sus *c* 3904
5.3 bebieron en ellos el rey y sus... y sus *c* 3904
5.23 tú... y tus *c*, bebisteis vino en ellos 3904

CONCUPISCENCIA
Ro 1.24 los entregó a... las *c* de sus corazones 167
6.12 no... de modo que lo obedezcáis en sus *c* 1939
1 Ts 4.5 no en pasión de *c*, como los gentiles 1939
2 Ti 3.6 las mujercillas... arrastradas por... *c* 1939
4.3 oír... maestros conforme a sus propias *c* 1939
Tit 3.3 esclavos de *c* y deleites diversos 1939
Stg 1.14 cuando de su propia *c* es atraído y 1939
1.15 la *c*, después que ha concebido, da a luz 1939
1 P 4.2 para no vivir... conforme a las *c* de los 1939
4.3 andando en lascivias... *c*, embriagueces 1939
2 P 1.4 corrupción que hay... a causa de la *c* 1939
2.10 aquellos que... andan en *c* inmundicia 1939
2.18 hablando... seducen con *c* de la carne y 1939
3.3 burladores, andando según sus propias *c* 1939

CONCURRENCIA
Jer 44.15 gran *c*, y todo el pueblo... en Patros 6951
Hch 19.32 la *c* estaba confusa, y los más no 1577

CONCURRIR
Hch 3.11 pueblo... *concurrió* a ellos al pánico 4936
17.17 discutía en la... con los que *concurrían* 3909

CONCURSO
Hch 19.40 la cual podamos dar razón de este *c* 4963

CONDENACIÓN
Mt 23.14 **¡ay de... por esto recibiréis mayor c** 2917

23.33 **¿cómo escaparéis de la *c* del infierno?** 2920
Mr 12.40; Lc 20.47 **éstos recibirán mayor *c*** 2917
Lc 23.40 ¿ni aun temes... estando en la misma *c*? 2917
Jn 3.19 **esta es la c: que la luz vino al mundo** 2920
5.24 **no vendrá a *c*, mas ha pasado de muerte** 2920
5.29 **hicieron lo malo a resurrección de *c*** 2920
Hch 25.15 sacerdotes y... pidiendo *c* contra él 1349
Ro 3.8 algunos, cuya *c* es justa, afirman que 2917
5.16 vino a causa de un solo pecado para *c* 2631
5.18 por la transgresión de uno vino la *c* 2631
8.1 ninguna *c* hay para los que... en Cristo 2631
13.2 que resisten; acarrea *c* para sí mismos 2917
2 Co 3.9 si el ministerio de *c* fue con gloria 2633
1 Ti 3.6 no sea que... caiga en la *c* del diablo 2917
5.12 incurriendo... en *c*, por haber quebrantado 2917
Stg 3.1 sabiendo que recibiremos mayor *c* 2917
5.12 no juréis, ni... para que no caigáis en *c* 5272
2 P 2.3 ya de largo tiempo la *c* no se tarda 684
Jud 4 antes habían sido destinados para esta *c* 2917

CONDENAR
Éx 22.9 el que los jueces *condenaren*, pagará 7561
Nm 35.31 no... precio... est
á *condenado* a muerte 7563
Dt 19.6 no debiendo ser *condenado* a muerte por
25.1 absolverán al... y *condenarán* al culpable 7561
1 R 8.32 tú oirás desde... *condenando* al impío y 7561
2 Cr 36.3 rey... *condenó* la tierra a pagar bien 6064
Job 9.20 me justificaré, me *condenaría* mi boca 7561
10.2 no me *condenes*; hazme entender por qué 7561
15.6 tu boca te *condenará*, y no yo; y tus 7561
32.3 qué responder, aunque habían *condenado* 7561
34.17 ¿y *condenarás* tú al que es tan justo? 7561
40.8 ¿me *condenarás*... para justificarte tú? 7561
Sal 34.21 aborrecen al justo serán *condenados* 816
34.22 y no serán *condenados*... en él confían 816
37.33 ni lo *condenará* cuando le juzgaran 7561
94.21 justo, y *condenan* la sangre inocente 7561
Pr 12.2 mas él *condenará* al hombre de malos 7561
17.15 y el que *condena* al justo, ambos son 7561
17.26 no es bueno *condenar* al justo, ni herir 6064
Is 50.9 ayudará; ¿quién hay que me *condene*? 7561
54.17 *condenarás* toda lengua que se levante 7561
Jer 2.19 maldad... tus rebeldías te *condenarán* 3198
49.12 los que no estaban *condenados* a beber 4941
Dn 1.10 *condenaréis* para con el rey mi cabeza 2325
Mt 12.7 **supieseis... no *condenaríais*... inocentes** 2613
12.37 **y por tus palabras serás *condenado*** 2613
12.41 **de Nínive se levantarán... la *condenarán*** 2632
12.42 **con esta generación, y la *condenará*** 2632
20.18 **los escribas, y le *condenarán* a muerte** 2632
27.3 Judas, el que... viendo que era *condenado* 2632
Mr 7.2 comer pan... no lavadas, los *condenarán* 3201
10.33 ***condenarán* a muerte, y le entregarán** 2632
14.64 le *condenaron*, declarándole ser digno 2632
16.16 **mas el que no creyera, será *condenado*** 2632
Lc 6.37 **no *condenéis*, y no seréis *condenados*** 2613
11.31 **levantará en el juicio... y los *condenará*** 2632
11.32 **levantarán en el juicio... la *condenarán*** 2632
Jn 3.17 **no envió Dios... para *condenar* al mundo** 2919
3.18 **el que en él cree, no es *condenado*; pero** 2919
3.18 **el que no cree, ya ha sido *condenado*** 2919
8.10 **¿dónde están los... ¿Ninguno te *condenó*?** 2632
8.11 **Jesús le dijo: Ni yo te *condeno*; vete** 2632
Hch 13.27 leen... las cumplieron al condenarle 2919
22.25 a un... romano sin haber sido *condenado*? 178
Ro 2.1 tú que juzgas... te *condenas* a ti mismo 2632
2.27 te *condenará* a ti, que con la letra de 2919
8.3 enviando... *condenó* al pecado en la carne 2632
8.34 ¿quién es el que *condenará*? Cristo es 2632
14.22 bienaventurado el que no se *condena* a 2919
14.23 el que duda... es *condenado*, porque no 2632
1 Co 11.32 no seamos *condenados* con el mundo 2632
2 Co 7.3 no lo digo para *condenaros*; pues ya 2633
Gá 2.11 cara a cara, porque era de *condenar* 2607
2 Ts 2.12 *condenados* todos los que no creyeron 2919
Tit 3.11 y está *condenado* por su propio juicio 843
He 11.7 y por esa fe *condenó* al mundo, y fue 2632
Stg 5.6 habéis *condenado*... al justo, y él no os 2613
5.9 no os quejéis... que no seáis *condenados* 2632
2 P 2.6 si *condenó* por destrucción a... Sodoma 2632

CONDICIÓN
Gn 34.15 mas con esta *c* os complaceremos: si 2063
34.22 con esta *c* consentirán estos hombres 2063
1 S 11.2 con esta *c* haré alianza con vosotros
2 Cr 24.13 restituyeron la casa... su antigua *c* 4971
33.8 a *c* de que guarden... todas las cosas que
Sal 103.14 él conoce nuestra *c*; se acuerda de 3336
Pr 22.29 no estará delante de los de baja *c* 2823
Is 37.28 he conocido tu *c*, tu salida y tu entrada 3427
Mt 19.10 así es la *c* del hombre con su mujer 156
Lc 14.32 **le envía una embajada, y le pide *c* de** 4314
Fil 2.8 estando en la *c* de hombre, se humilló 4976
Stg 1.9 hermano que es de humilde *c*, gloriese 5011

CONDISCÍPULO
Jn 11.16 dijo... a sus *c*: Vamos también nosotros 4827

CONDOLERSE
Job 2.11 venir juntos para *condolerse* de él y 5110
42.11 se *condolieron* de él, y le consolaron 5110
Jer 22.10 no lloréis al... ni de él os *condoláis* 5110

CONDUCENTE
Zac 8.16 juzgad según la verdad y lo *c* a la

CONDUCIR
Éx 15.13 *condujiste* en tu... a este pueblo que 5148
37.27 varas con que había de ser *conducido* 5375
Lv 18.3 de Canaán, a la cual yo os *conduzco* 935
1 S 18.14 David se *conducía* prudentemente en 7919
2 S 6.15 David... *conducían* el arca de Jehová 5927
2 Cr 10.7 te *condujeras* humanamente con este 2896
19.4 y los *conducía* a Jehová el Dios de sus 7725
23.20 para *conducir* al rey desde la casa de 3381
28.15 y *condujeron* en asnos a... los débiles 5095
32.30 *condujo* el agua hacia el occidente de 3474
Est 6.11 y lo *condujo* a caballo por la plaza 7392
Job 18.14 al rey de los espantos será *conducido* 6805
30.23 yo sé que me *conduces* a la muerte, y a 7725
Sal 42.4 y la *conduje* hasta la casa de Dios 1718
43.3 me *condujeron* a tu santo monte, y a tus 935
49.14 como a rebaños... son *conducidos* al Seol 8371
77.20 *condujiste* a tu pueblo como ovejas por 5148
Pr 5.5 la muerte; sus pasos *conducen* al Seol 8551
7.27 que *conduce* a las cámaras de la muerte 1870
11.19 como la justicia *conduce* a la vida, así
Is 49.10 los *conducirá* a manantiales de aguas 5090
60.11 traídas... y *conducidos* a ti sus reyes 5090
63.13 los *condujo* por los abismos, como un 1980
Jer 2.6 que nos *condujo* por el desierto, por 5927
2.17 haber dejado a Jehová... te *conducía* por 1980
20.2 cepo... en la puerta... la cual *conducía* a
Ez 39.2 te *conduciré* y te haré subir de las
Am 2.10 y os *conduje* por el desierto 40 años 1980
Lc 22.54 le *condujeron* a casa del... sacerdote 71
Hch 13.11 buscaba quien le *condujese* de la 5497
17.15 habían encargado de *conducir* a Pablo 2525
2 Co 1.12 con sencillez... nos hemos *conducido* 390
Fil 3.17 y mirad a los que así se *conducen* 4043
1 Ts 4.1 conviene *conduciros* y agradar a Dios 4043
4.12 a fin de que os *conduzcáis* honradamente 4043
1 Ti 3.15 cómo debes *conducirte* en la casa de 390
2 Ti 2.16 *conducirán* más y más a la impiedad 4298
Hch 13.18 deseando *conducirnos* bien en todo 390
1 P 1.17 *conducíos* en temor todo el tiempo de 390
3 Jn 5 fielmente te *conduces* cuando prestas 4160

CONDUCTA
Pr 20.11 el muchacho... *c* fuere limpia y recta 6467
Os 4.9 le castigaré por su *c*, y le pagaré 1870
Gá 1.13 oído acerca de mi *c* en otro tiempo 391
1 Ti 4.12 sé ejemplo de... en palabra, *c*, amor 391
2 Ti 3.10 tú has seguido mi... *c*, propósito, fe 72
He 13.7 cuál haya sido el resultado de su *c* 391
Stg 3.13 muestre por la buena *c* sus obras en 391
1 P 3.1 sean ganados... por la *c* de sus esposas 391
3.2 considerando vuestra *c*... y respetuosa 391
3.16 calumnian vuestra buena *c* en Cristo 391
2 P 2.7 Lot, abrumado por... *c* de los malvados 391

CONDUCTO
Jos 21.8 había mandado Jehová por *c* de Moisés
22.9 mandato de Jehová por *c* de Moisés 3027
2 R 20.20 Ezequías... hizo el estanque y el *c* 8585
Job 38.25 repartió *c* al turbión, y camino a 8585
Hch 15.23 y escribir por *c* de... Los apóstoles 1223
1 P 5.12 *c* de Silvano... he escrito brevemente 1223

CONEJO
Lv 11.5 también el *c*... lo tendréis por inmundo 8227
Dt 14.7 estos no comeréis... liebre y *c*; porque 8227
Sal 104.18 las peñas, madrigueras para los *c* 8227
Pr 30.26 los *c*, pueblo nada esforzado, y ponen 8227

CONFABULAR
Sal 83.5 porque se *confabulan* de corazón a 3289

CONFEDERAR
Is 7.2 Siria se ha confederado con Efraín 5117

CONFERENCIAR
Hch 4.5 saliesen... y *conferenciaban* entre sí

CONFESAR
Lv 5.5 pecare... *confesará* aquello en que pecó 3034
16.21 *confesará* sobre... él... las iniquidades de 3034
26.40 y *confesarán* su iniquidad, y... padres 3034
Nm 5.7 aquella persona *confesará* el pecado que 3034
2 S 22.50 yo te *confesaré* entre las naciones 3034
1 R 8.33 *confesaren* tu nombre, y oraren y te 3034
8.35 *confesaren* tu nombre, y se volvieren 3034
1 Cr 16.4 que... *confesasen* y loasen a Jehová 3034
16.35 para que *confesemos* tu santo nombre 3034
2 Cr 6.24 convirtiere, y *confesare* tu nombre 3034
6.26 si oraren a ti... y *confesaren* tu nombre 3034
Neh 1.6 y *confieso* los pecados de los hijos 3034
9.2 *confesaron* sus pecados, y las iniquidades 3034
9.3 *confesaron* sus pecados y adoraron a... Dios 3034
Job 40.14 te *confesaré* que podrá salvarte tu 3034
Sal 18.49 yo te *confesaré* entre las naciones 3034
32.5 *confesaré* mis transgresiones a Jehová 3034
35.18 te *confesaré* en grande congregación 3034
38.18 por tanto, *confesaré* mi maldad, y me 5046
Pr 28.13 mas el que los *confiesa* y se aparta 3034
Dn 9.20 aún estaba... *confesando* mi pecado y el 3034
Mt 3.6 bautizados en... *confesando* sus pecados 1843
10.32 **que me confiese... también le *confesaré*** 3670
Mr 1.5 bautizados en... *confesando* sus pecados 1843
Lc 12.8 **me confesara... el Hijo... le *confesará*** 3670
Jn 1.20 *confesó*, y no negó, sino *c*: Yo no soy 3670
9.22 que si alguno *confesase* que Jesús era 3670
12.42 a causa de... fariseos no lo *confesaban* 3670
Hch 19.18 venían, *confesando* y dando cuenta 1843
24.14 esto te *confieso*, que según el Camino 3670
Ro 10.9 si *confesares* con tu boca que Jesús 3670
10.10 con la boca se *confiesa* para salvación 3670
14.11 rodilla, y toda lengua *confesará* a Dios 1843
15.9 yo te *confesaré* entre los gentiles, y 1843
Fil 2.11 toda lengua *confiese* que Jesucristo 1843
He 11.13 y *confesando* que eran extranjeros y 3670
13.15 es decir, fruto de labios que *confiesan* 3670
Stg 5.16 *confesaos* vuestras ofensas unos a 1843
1 Jn 1.9 si *confesamos* nuestros pecados, él 3670
2.23 el que *confiesa* al Hijo, tiene... al Padre 3670
4.2 espíritu que *confiesa* que Jesucristo ha 3670
4.3 no *confiesa* que Jesucristo ha venido en 3670
4.15 aquel que *confiese* que Jesús es el Hijo 3670
2 Jn 7 no *confiesan* que Jesucristo ha venido 3670
Ap 3.5 **y *confesaré* su nombre delante de mi** 1843

CONFESIÓN
Esd 10.1 oraba Esdras y hacía *c*, llorando 3034
Dn 9.4 oré a Jehová mi Dios e hice *c* diciendo 3034

CONFIADAMENTE
Sal 16.9 mi alma, mi carne también reposará *c* 983
Pr 1.33 el que me oyere, habitará *c* y vivirá 983
3.23 andarás por tu camino *c*, y tu pie no 983
Is 47.8 tú que estás sentada *c*, tú que dices 983
Jer 49.31 contra una nación pacífica... vive *c* 983
Ez 28.26 casas, y plantarán viñas, y vivirán *c* 983
38.8 fue sacada de... y todos ellos morarán *c* 983
38.11 iré... gentes tranquilas que habitan *c* 983
Zac 14.11 sino que Jerusalén será habitada *c* 983
He 4.16 acerquémonos, pues, *c* al trono de la 3954
13.6 de manera que podemos decir *c*: El Señor 2292

CONFIADO, A *Véase también Confiar*
Jue 18.7 el pueblo... estaba seguro, ocioso y *c* 983
18.10 llegaréis a un pueblo *c* y a una tierra 982
18.27 llegaron a... al pueblo tranquilo y *c* 982
Pr 14.16 el insensato se muestra insolente y *c* 982
Is 32.9 oíd mi voz; hijas *c*, escuchad mi razón 982
32.10 de aquí a un año tendréis espanto, oh *c* 982
32.11 temblad, oh indolentes; turbados, oh *c* 982
Ez 30.9 en naves, para espantar a Etiopía la *c* 983
2 Co 5.6 así que vivimos *c* siempre, y sabiendo 2292

CONFIANZA
Jue 9.26 y los de Siquem pusieron en él su *c* 982
2 R 18.19 ¿qué *c* es estás en que te apoyas? 986
2 Cr 32.8 el pueblo tuvo *c* en las palabras de 5564
Job 4.6 ¿no es tu temor a Dios tu *c*? ¿No es tu 3690
8.14 será cortada, y su *c* es tela de araña 3689
11.18 tendrás *c*, porque hay esperanza 982
18.14 su *c* será arrancada de su tienda, y al 4009
24.23 les da seguridad y *c*; sus ojos están 983
31.24 si puse en... y dije al oro: Mi *c* eres tú 4009
31.35 mi *c* es que el Omnipotente testificará 8420
Sal 40.4 el hombre que puso en Jehová su *c* 4009
Sal 78.7 a fin de que pongan en Dios su *c*, y no 3689
94.22 refugio, y mi Dios por roca de mi *c* 4268
Pr 3.26 Jehová será tu *c*, y él preservará tu 3689
14.26 en el temor de Jehová está la fuerte *c* 4009
22.19 para que tu *c* sea en Jehová, te las 4009
25.19 diente roto... la *c* en el prevaricador 4009
Is 30.15 quietud y en *c* será vuestra fortaleza 985
36.4 así: ¿Qué *c* es esta en que te apoyas? 986
Jer 9.4 guárdese... y en ningún hermano tenga *c* 982
17.7 bendito el varón que... cuya *c* es Jehová 982
39.18 te libraré, y... porque tuviste *c* en mí 982
48.13 Israel se avergonzó de Betel, su *c* 4009
Ez 29.16 no será ya... apoyo de *c*, que les haga 4009
Mr 10.49 ciego, diciéndole: Ten *c*; levántate 2293
Hch 26.26 delante de quien... hablo con toda *c* 3955
2 Co 1.15 esta *c* quise ir primero a vosotros 4006
3.4 *c* tenemos mediante Cristo para con Dios 4006
7.16 gozo de que en todo tengo *c* en vosotros 2292
8.22 por la mucha *c* que tiene en vosotros 4006
9.4 avergoncemos nosotros... de esta nuestra *c* 5287
11.17 como en locura, con esta *c* de gloriarme 5287
Ef 3.12 seguridad y acceso con *c* por medio de 4006
Fil 1.20 con toda *c*... será magnificado Cristo 3954
3.3 gloriamos en... no teniendo *c* en la carne 3982
2 Ts 3.4 tenemos *c* respecto a vosotros en el 3982
1 Ti 3.13 ganan para sí... y mucha *c* en la fe 3954
He 3.6 si retenemos firme hasta el fin la *c* 3954
3.14 hasta el fin nuestra *c* del principio 5287
10.35 no perdáis, pues, vuestra *c*, que tiene 3954
1 Jn 2.28 que cuando se manifieste, tengamos *c* 3954
3.21 corazón no nos reprende, *c* tenemos en 3954
4.17 para que tengamos *c* en el día del juicio 3954
5.14 esta es la *c* que tenemos en él, que si 3954

CONFIAR
Nm 23.9 aquí un pueblo que habitará *confiado* 910
Dt 28.52 caigan tus muros... en que tú *confías* 982
33.12 el amado de Jehová habitará *confiado* 983
33.28 Israel habitará *confiado*, la fuente de 983
Jue 18.7 el pueblo... seguro, ocioso y *confiado* 982
20.36 estaban *confiados* en las emboscadas que 982
2 S 22.3 Dios... fortaleza mía, en él *confiaré* 2620
2 R 18.20 ¿en qué *confías*, que te has rebelado 982
18.21 *confías* en este báculo de caña cascada 982
18.21 es Faraón para... los que en él *confían* 982
18.22 me decís: Nosotros *confiamos* en Jehová 982
18.24 aunque estés *confiado* en Egipto con 982
18.30 no os haga Ezequías *confiar* en Jehová 982
19.10 te engañe tu Dios en quien tú *confías* 982
22.7 del dinero cuyo manejo se les *confiare* 5414
2 Cr 32.10 ¿en quién *confiáis*... al resistir el 982
Job 4.18 he aquí, en sus siervos no *confía*, y 539
15.15 en sus santos no *confía*, y ni aun los 539
15.31 no *confíe* el iluso en la vanidad porque 539
39.11 ¿*confiarás* tú en él, por ser grande su 982
Sal 2.12 bienaventurados... los que en él *confían* 2620
4.5 ofreced sacrificios... y *confiad* en Jehová 982

4.8 solo tú, Jehová, me haces vivir *confiado* ... 983
5.11 alégrense todos los que en ti *confían* ... 2620
7.1 Dios mío, en ti he *confiado*; sálvame ... 2620
9.10 ti *confiarán* los que conocen tu nombre ... 982
11.1 en Jehová he *confiado*; ¿cómo decís a mi ... 2620
13.5 mas yo en tu misericordia he *confiado* ... 982
16.1 guárdame, oh Dios... en ti he *confiado* ... 2620
18.2 Jehová... fortaleza mía, en él *confiaré* ... 2620
21.7 por cuanto el rey *confía* en Jehová, y en ... 982
22.5 *confiaron* en... y no fueron avergonzados ... 982
22.9 el que me hizo estar *confiado* desde que ... 982
25.2 mío, en ti *confío*; no sea yo avergonzado ... 982
25.20 guarda... líbrame... porque en ti *confié* ... 2620
26.1 he *confiado*... en Jehová sin titubear ... 982
27.3 se levante guerra, yo estaré *confiado* ... 982
28.7 en él *confió* mi corazón, y fui ayudado ... 982
31.1 en ti, oh Jehová, he *confiado* no sea yo ... 2620
31.14 mas yo en ti *confío*, oh Jehová digo ... 982
33.21 en su santo nombre hemos *confiado* ... 982
34.8 dichoso el hombre que *confía* en él ... 2620
34.22 y no serán condenados... en él *confían* ... 2620
37.3 *confía* en Jehová, y haz el bien ... 982
37.5 encomienda... y *confía* en él y él hará ... 982
40.3 verán... temerán, y *confiarán* en Jehová ... 982
41.9 hombre de mi paz, en quien yo *confiaba* ... 982
44.6 no *confiaré* en mi arco, ni mi espada ... 982
49.6 los que *confían* en sus bienes, y de la ... 982
52.7 *confió* en la multitud de sus riquezas ... 982
52.8 yo... en la misericordia de Dios *confío* ... 982
55.23 de sus días; pero yo en ti *confiaré* ... 982
56.3 en el día que temo, yo en ti *confío* ... 982
56.4,11 en Dios he *confiado*, no temeré, ¿qué ... 982
57.1 porque en ti ha *confiado* mi alma, y en ... 2620
62.10 no *confíes* en la violencia, ni en la ... 982
64.10 se alegrara el justo... *confiará* en él ... 2620
69.6 no sean avergonzados... que en ti *confían* ... 6960
78.22 ni habían *confiado* en su salvación ... 982
84.12 dichoso el hombre que en ti *confía* ... 982
86.2 salva tú... a tu siervo que en ti *confía* ... 982
91.2 castillo mío; mi Dios, en quien *confiaré* ... 982
112.7 su corazón... firme, *confiado* en Jehová ... 982
115.8 hacen, y cualquiera que *confía* en ellos ... 982
115.9 oh Israel, *confía* en Jehová, él es tu ... 982
115.10 casa de Aarón, *confiad* en Jehová ... 982
115.11 los que teméis a Jehová, *confiad* en ... 982
118.8,9 mejor es *confiar* en Jehová que *c* en ... 2620
119.42 daré... que en tu palabra he *confiado* ... 982
125.1 los que *confían* en Jehová son como el ... 982
135.18 semejantes... los que en ellos *confían* ... 982
141.8 en ti he *confiado*; no desampares mi ... 2620
143.8 hazme oír... porque en ti he *confiado* ... 982
144.2 escudo mío, en quien he *confiado* ... 2620
146.3 no *confiéis* en los príncipes, ni en ... 982
Pr 3.29 prójimo que habita *confiado* junto a ti ... 983
10.9 que camina en integridad anda *confiado* ... 983
11.28 el que *confía* en sus riquezas caerá ... 982
16.20 que *confía* en Jehová es bienaventurado ... 982
21.22 derribó la fuerza en que ella *confiaba* ... 4009
28.1 mas el justo está *confiado* como un león ... 982
28.25 mas el que *confía* en jehová prosperará ... 982
28.26 el que *confía* en su propio corazón es ... 982
29.25 el que *confía* en Jehová será exaltado ... 982
31.11 corazón de su... está en ella *confiado* ... 982
Is 8.17 esperaré... a Jehová... y en él *confiaré* ... 6960
14.30 menesterosos se acostarán *confiados* ... 983
26.3 guardarás en... porque en ti ha *confiado* ... 982
26.4 *confiad* en Jehová perpetuamente, porque ... 982
30.12 *confiasteis* en violencia y en iniquidad ... 982
30.18 bienaventurados todos los que *confían* ... 2442
31.1 ¡ay de los que... y *confían* en caballos ... 982
36.5 ¿en quién *confías* para que te rebeles ... 982
36.6 *confías* en este báculo de caña frágil ... 982
36.6 tal es... con todos los que en él *confían* ... 982
36.7 y si... En Jehová nuestro Dios *confiamos* ... 982
36.9 aunque estés *confiado* en Egipto con sus ... 982
36.15 ni os haga Ezequías *confiar* en Jehová ... 982
37.10 te engañe tu Dios en quien tú *confías* ... 982
42.17 confundidos los que *confían* en ídolos ... 982
47.10 te *confiaste* en tu maldad, diciendo ... 982
48.2 en el Dios de Israel *confían*; su nombre ... 5564
50.10 el que... *confíe* en el nombre de Jehová ... 982
57.13 que en mí *confía* tendrá la tierra por ... 2620
59.4 *confían* en vanidad, y hablan vanidades ... 982
Jer 2.37 a aquellos en quienes tú *confiabas* ... 4009
5.17 tus ciudades fortificadas en que *confías* ... 982
7.8 *confías* en palabras de mentira, que no ... 982
7.14 esta casa... en la que vosotros *confiáis* ... 982
13.25 olvidaste... y *confiaste* en la mentira ... 982
17.5 maldito el varón... *confía* en el hombre ... 982
17.7 bendito el varón que *confía* en Jehová ... 982
23.6 salvo Judá, e Israel habitará *confiado* ... 983
28.15 tú has hecho *confiar* en mentira a este ... 982
29.31 profetizó... os hizo *confiar* en mentira ... 982
46.25 a Faraón como a los que en él *confían* ... 982
48.7 *confiaste* en tus bienes y en... tesoros ... 982
49.4 que *confía* en sus tesoros, la que dice ... 982
49.11 huérfanos... en mí *confiarán* tus viudas ... 982
Ez 16.15 pero *confiaste* en tu hermosura, y te ... 982
31.14 ni *confíen* en su altura todos los que ... 5975
33.13 y él *confiado* en su justicia hiciere ... 982
Dn 3.28 libró a sus siervos que *confiaron* en ... 7365
6.23 él, porque había *confiado* en su Dios ... 540
9.18 no elevamos... ruegos ante ti *confiados*
Os 10.13 *confiaste* en tu camino y... riquezas ... 982
12.6 vuélvete a... y en tu Dios *confía* siempre ... 6960
Am 6.1 los *confiados* en el monte de Samaria ... 7600
Mi 7.5 no creáis en... ni *confiéis* en príncipe ... 539
Nah 1.7 Jehová... conoce a los que en él *confían* ... 2620
Hab 2.18 que... *confíe* el hacedor en su obra? ... 982
Sof 2.15 la ciudad alegre que estaba *confiada* ... 983
3.2 no *confió* en Jehová, no se acercó a su ... 982
3.12 pueblo... el cual *confiará* en el nombre ... 2620
Mt 27.43 *confió* en Dios; líbrele ahora si le ... *3982*
Mr 10.24 **a los que *confían* en las riquezas!** ... *3982*
Lc 11.22 **le quita... sus armas en que *confiaba*** ... *3982*
12.48 **al que mucho se le haya *confiado* más** ... *1325*
16.11 **y si... ¿quién os *confiará* lo verdadero?** ... *4100*
18.9 que *confiaban* en sí mismos como justos ... *3982*
Jn 16.33 **pero *confiad* yo he vencido al mundo** ... *2293*
Hch 14.3 hablando con... *confiados* en el Señor ... *3955*
27.25 porque yo *confío* en Dios que será así ... *4100*
Ro 2.19 y *confías* en que eres guía de... ciegos ... *3982*
3.2 les ha sido *confiada* la palabra de Dios ... *4100*
14.14 y *confío* en el Señor Jesús, que nada ... *3982*
2 Co 1.9 que no *confiásemos* en nosotros mismos ... *3982*
2.3 *confiando*... que mi gozo es el de todos ... *3982*
5.8 pero *confiamos*, y más quisiéramos estar ... *2292*
Gá 5.10 *confío*... que no pensaréis de otro modo ... *3982*
Fil 1.25 y *confiado* en esto, sé que quedaré ... *3982*
2.24 *confío* en el Señor que yo también iré ... *3982*
3.4 yo tengo... de qué *confiar* en la carne ... *4006*
3.4 que tiene de qué *confiar* en la carne, yo ... *3982*
1 Ts 2.4 para que se nos *confiase* el evangelio ... *4100*
Flm 21 he escrito *confiando* en tu obediencia ... *3982*
He 2.13 y otra vez: Yo *confiaré* en él ... *3982*
13.18 *confiamos* en... tenemos buena conciencia ... *3982*

CONFIGURACIÓN

Ez 43.11 y todas sus *c*, y todas sus leyes; y ... 6699

CONFÍN

Nm 33.6 acamparon en Etam... al *c* del desierto ... 7097
1 S 2.10 jehová juzgará los *c* de la tierra ... 657
Sal 2.8 como posesión tuya los *c* de la tierra ... 657
22.27 volverán a Jehová... los *c* de la tierra ... 657
65.5 esperanza... los más remotos *c* del mar ... 7099
72.8 desde el río hasta los *c* de la tierra ... 657
Is 11.12 de Judá de los cuatro *c* de la tierra ... 3671
26.15 ensanchaste todos los *c* de la tierra ... 7099
40.28 Dios... el cual creó los *c* de la tierra? ... 7098
41.5 los *c* de la tierra se espantaron ... 7098
41.9 porque te tomé de los *c* de la tierra, y ... 7098
43.6 trae... mis hijos... de los *c* de la tierra ... 7097
52.10 los *c* de la tierra verán la salvación ... 657
Jer 6.22 se levantará de los *c* de la tierra ... 3411
Ez 25.9 desde sus ciudades que están en su *c* ... 7097
27.4 en el corazón de los mares están tus *c* ... 1366
38.6 de los *c* del norte, y todas sus tropas ... 3411
48.1 Hamat, Hazar-senán, en los *c* de Damasco ... 1366
Dn 4.11 a ver desde todos los *c* de la tierra ... 5491
4.20 y que se veía desde todos los *c* de la ... 3606
4.22 y tu dominio hasta los *c* de la tierra ... 5491
Abd 7 hasta los *c* te hicieron llegar; los que ... 1366
Mi 5.6 cuando viniere... y hollare nuestros *c* ... 1366

CONFINAR

Jos 19.34 y al occidente *confinaba* con Aser ... 6923
Gá 3.23 fe, estábamos *confinados* bajo la ley ... *4788*

CONFIRMACIÓN

Rt 4.7 para la *c* de cualquier negocio, el uno ... 6965
Fil 1.7 en la defensa y *c* del evangelio, todos ... *951*
He 6.16 fin de toda... es el juramento para *c* ... *951*

CONFIRMAR

Gn 17.19 y *confirmaré* mi pacto con él como ... 6965
26.3 y *confirmaré* el juramento que hice a ... 6965
Nm 30.13 su marido lo *confirmará*, o su marido ... 6965
30.14 callare... *confirmó* todos sus votos, y ... 6965
30.14 los *confirmó*, por cuanto calló a ello ... 6965
Dt 8.18 a fin de *confirmar* su pacto que juró ... 6965
9.5 *confirmar* la palabra que Jehová juró a ... 6965
27.26 maldito... no *confirmare* las palabras de ... 6965
28.9 te *confirmará* Jehová por pueblo santo ... 6965
29.13 para *confirmarte* hoy como su pueblo ... 6965
1 S 13.13 Jehová hubiera *confirmado* tu reino ... 3559
2 S 3.10 *confirmando* el trono de David sobre ... 6965
5.12 que Jehová le había *confirmado* por rey ... 3559
7.25 *confirma* para siempre la palabra que has ... 6965
1 R 2.4 para que *confirme* Jehová la palabra ... 6965
2.24 vive Jehová, quien me ha *confirmado* y ... 3559
2.46 el reino fue *confirmado* en la mano de ... 3559
12.15 para *confirmar* la palabra que Jehová ... 6965
2 R 15.19 le ayudara a *confirmarse* en el reino ... 2388
23.3 y todo el pueblo *confirmó* el pacto ... 6965
1 Cr 14.2 Jehová lo había *confirmado* como rey ... 3559
16.17 el cual *confirmó* a Jacob por estatuto ... 5975
17.12 y yo *confirmaré* su trono eternamente ... 3559
17.14 sino que lo *confirmaré* en mi casa y ... 3559
28.7 *confirmaré* su reino para siempre, si él ... 3559
2 Cr 1.9 *confírmese*... Jehová Dios, tu palabra ... 539
7.18 yo *confirmaré* el trono de tu reino, como ... 6965
11.17 *confirmaron* a Roboam hijo de Salomón ... 553
17.5 Jehová... *confirmó* el reino en su mano ... 3559
25.3 y luego que fue *confirmado* en el reino ... 2388
35.2 y los *confirmó* en el ministerio de la ... 2388
Est 9.31 para *confirmar* estos días de Purim ... 6965
9.32 el mandamiento de Ester *confirmó* estas ... 6965
Sal 68.28 *confirma*, oh Dios, lo que has hecho ... 5810
89.4 para siempre *confirmaré* tu descendencia ... 3559
90.17(2) la obra de nuestras manos *confirma* ... 3559
99.4 tú *confirmas* la rectitud; tú has hecho ... 3559
119.38 *confirma* tu palabra a tu siervo, que ... 6965
Is 2.2 será *confirmado* el monte de la casa de ... 3559
9.7 y *confirmándolo* en juicio y en justicia ... 5582
14.24 será *confirmado* como lo he determinado ... 6965
Jer 11.5 que *confirme* el juramento que hice ... 6965
28.6 *confirme* Jehová tus palabras, con las ... 6965
30.20 y su congregación... será *confirmada* ... 3559
33.14 yo *confirmaré* la buena palabra que he ... 6965
44.25 *confirmáis* a la verdad vuestros votos ... 6965
51.29 es *confirmado* contra Babilonia todo el ... 6965
Ez 13.6 esperan que él *confirme* la palabra de ... 6965
16.62 por mi pacto que yo *confirmaré* contigo ... 6965
Dn 6.7 promulgues un edicto... y lo *confirmes* ... 6966
6.8 rey, *confirma* el edicto y fírmalo, para ... 6966
6.12 ¿no has *confirmado* edicto que cualquiera ... 7560
6.13 no acata el edicto que *confirmaste*, sino ... 7560
6.15 que ningún edicto... que el rey *confirme* ... 6966
9.27 y por otra semana *confirmad* el pacto ... 1396
Mi 7.3 el grande habla el antojo... lo *confirman* ... 5686
Mr 16.20 *confirmando* la palabra con... señales ... *950*
Lc 22.32 **tú... vuelto, *confirma* a tus hermanos** ... *4741*
Hch 3.16 le ha *confirmado* su nombre; y la fe ... *4732*
14.22 *confirmando* los ánimos de... discípulos ... *1991*
15.32 Judas... *confirmaron* a los hermanos con ... *1991*
15.41 pasó por... *confirmando* a las iglesias ... *1991*
16.5 las iglesias eran *confirmadas* en la fe ... *4732*
18.23 *confirmando* a todos los discípulos ... *1991*
24.9 los judíos... *confirmaban*, diciendo ser así ... *4934*
Ro 1.11 veros... a fin de que seáis *confirmados* ... *4741*
3.31 en ninguna manera... *confirmamos* la ley ... *2476*
15.8 para *confirmar* las promesas hechas a los ... *950*
16.25 puede *confirmaros* según mi evangelio ... *4741*
1 Co 1.6 el testimonio... ha sido *confirmado* en ... *950*
1.8 el cual... os *confirmará* hasta el fin, para ... *950*
2 Co 1.21 el que nos *confirma* con vosotros en ... *950*
2.8 ruego que *confirméis* el amor para con él ... *2964*
Col 2.7 arraigados y... y *confirmados* en la fe ... *950*
1 Ts 3.2 *confirmaros*... respecto a vuestra fe ... *4741*
2 Ts 2.17 y os *confirme* en toda buena palabra ... *4741*
He 2.3 nos fue *confirmada* por los que oyeron ... *950*
9.17 testamento con la muerte se *confirma* ... *949*
2 P 1.12 y estéis *confirmados* en la verdad ... *4741*

CONFLICTO

Sal 20.1 Jehová te oiga en el día de *c*; el ... 6869
Dn 10.1 y el *c* grande; pero él comprendió la ... 6635
2 Co 7.5 sino... de fuera, *c*; de dentro, temores ... *3163*
Fil 1.30 teniendo el mismo *c* que habéis visto ... *73*

CONFORMAR

Job 34.9 de nada servirá... *conformar* su voluntad ... 7521
Ro 12.2 no os *conforméis* a este siglo, sino ... *4964*
1 Ti 6.3 no se *conforma* a las sanas palabras ... *4334*
1 P 1.14 no os *conforméis* a... deseos que antes ... *4964*

CONFORME *Véase el Apéndice*

CONFORMIDAD

Éx 39.42 en *c* a todas las cosas que
Col 2.22 (en *c* a mandamientos y doctrinas

CONFORTAR

Jue 19.5 dijo a su yerno: *Conforta* tu corazón ... 5582
19.8 *conforta* ahora tu corazón, y aguarda ... 5582
Sal 23.3 *confortará* mi alma; me guiará por ... 7725
Pr 15.30 la buena nueva *conforta* los huesos ... 1878
Cnt 2.5 con pasas, *confortadme* con manzanas ... 7502
Ro 1.12 ser mutuamente *confortados* por la fe ... *4837*
1 Co 16.18 porque *confortaron* mi espíritu y el ... *373*
2 Co 7.13 haya sido *confortado* su espíritu por ... *3870*
Col 4.8 Tíquico... *conforte* vuestros corazones ... *3870*
2 Ts 2.17 *conforte* vuestros corazones, y os ... *3870*
2 Ti 1.16 porque muchas veces me *confortó*, y ... *404*
Flm 7 han sido *confortados* los corazones de ... *3874*
20 el Señor; *conforta* mi corazón en el Señor ... *373*

CONFUNDIR

Gn 11.7 *confundamos* allí su lengua, para que ... 1101
11.9 *confundió* Jehová el lenguaje de toda la ... 1101
2 R 19.26 fueron acobardados y *confundidos* ... 954
Sal 25.3 ninguno de cuantos... será *confundido* ... 954
31.1 no sea yo *confundido* jamás; líbrame en ... 954
35.4,26; 40.14 sean avergonzados y *confundidos* ... 954
55.9 oh Señor; *confunde* la lengua de ellos ... 6385
69.6 no sean *confundidos* por mí los que te ... 3637
70.2 sean... *confundidos* los que buscan mi vida ... 2659
71.24 han sido *confundidos* los que mi mal ... 954
Is 19.9 los que tejen redes serán *confundidos* ... 954
24.23 y el sol se *confundirá*, cuando Jehová ... 2659
41.11 contra ti... avergonzados y *confundidos* ... 3637
42.17 *confundidos* los que confían en ídolos ... 954
54.4 no temas, pues no serás *confundida* ... 2659
66.5 para alegría vuestra... serán *confundidos* ... 954
Jer 14.3 *confundieron*, y cubrieron... cabezas ... 3637
22.22 *confundirás* a causa de toda tu maldad ... 3637
31.19 avergoncé y me *confundí*, porque llevé ... 3637
48.1 Nebo... fue *confundida* Misgab, y desmayó ... 3001
49.23 se *confundieron* Hamat y Arfad, porque ... 954
50.2 Bel es *confundido*, deshecho es Merodac ... 3001
Jl 1.11 *confundíos*, labradores; gemid, viñedos ... 954
Mi 3.7 profetas, y se *confundirán* los adivinos ... 954
Zac 9.5 porque su esperanza será *confundida* ... 954
Lc 21.25 ***confundidas* a causa del bramido del** ... *640*
Hch 9.22 *confundía* a los judíos que moraban en ... *4797*

CONFUSIÓN

1 S 14.20 contra su compañero, y había... *c* ... 4103
20.30 para *c* tuya, y para *c*... de tu madre? ... 1322
Job 8.22 que te aborrecen serán vestidos de *c* ... 1322
Sal 35.26 vístanse de vergüenza y de *c* los ... 2659
44.15 cada día... la *c* de mi rostro me cubre ... 1322
69.7 he sufrido afrenta; *c* ha cubierto mi ... 3639
69.19 tú sabes mi afrenta, mi *c* y mi oprobio ... 1322

71.13 sean cubiertos de...*c* los que mi mal 3639
109.29 sean cubiertos de *c* como con manto 1322
132.18 sus enemigos vestiré de *c*, mas sobra 1322
Is 22.5 día es de alboroto, de angustia y de *c*. 3998
30.3 el amparo en la sombra de Egipto en *c* 3639
44.9 y ellos mismos son testigos para su *c* 954
61.7 en lugar de vuestra doble *c*... alabarán 3639
Jer 3.24 *c* consumió el trabajo de... padres 1322
3.25 nuestra *c*, y nuestra afrenta nos cubra 1322
7.19 ¿no obran más bien ellos... su propia *c*? 1322
15.9 fue avergonzada y llena de *c*; y lo que 2659
20.11 perpetua *c* que jamás será olvidada 3639
23.40 eterna *c* que nunca borrará el olvido 3640
51.51 la *c* cubrió vuestros rostros, porque 3639
Ez 16.36 y tu *c* ha sido manifestada a tus 6172
16.52 lleva tu *c*, por cuanto has justificado 3639
16.54 que lleves tu *c*, y te avergüences de 3639
32.24,25,30 su *c* con los que descienden al 3639
36.32 cubríos de *c* por vuestras iniquidades 3637
Dn 9.7 la justicia, y vuestra la *c* de rostro 1322
9.8 nuestra es la *c* de rostro, de nuestros 1322
12.2 y otros para vergüenza y *c* perpetua 1860
Mi 7.4 el día de tu castigo... ahora será su *c* 3998
Hch 19.29 y la ciudad se llenó de *c*, y a una *4799*
1 Co 14.33 Dios no es Dios de *c*, sino de paz *181*

CONFUSO, A
Jue 3.25 y habiendo esperado hasta estar *c* 954
Esd 9.6 Dios mío, *c* y avergonzado estoy para 954
Job 6.20 vinieron hasta ellas, y se hallaron *c* 2659
Is 37.27 acobardados y *c*, fueron como hierba 954
45.16 *c* y avergonzados serán todos ellos 954
Jer 14.4 están *c* los labradores, cubrieron 954
Hch 2.6 estaban *c*, porque cada uno les oía *4797*
19.32 la concurrencia estaba *c*, y los más no *4797*

CONGELAR
Job 37.10 da... y las anchas aguas se *congelan* 4164
38.30 aguas... y se *congela* la faz del abismo 3920

CONGOJA
Éx 6.9 ellos no escuchaban... a causa de la *c*. 7115
1 S 1.16 por la magnitud de mis *c*... he hablado 7879
Sal 25.17 se han aumentado; sácame de mis *c* 4691
73.4 porque no tienen *c* por su muerte, pues 2784
107.39 a causa de tiranía, de males y *c* 3015
Pr 12.25 *c* en el corazón del hombre lo abate 1674
14.13 risa... y el término de la alegría es *c* 8424
Is 30.20 bien que os dará el Señor pan de *c* 6862
1 Co 7.32 quisiera, pues, que estuvieseis sin *c* *275*

CONGRACIARSE
Hch 24.27 pero queriendo Félix *congraciarse* *5485*
25.9 queriendo *congraciarse* con los judíos *5485*

CONGREGACIÓN
Éx 12.3 a toda la *c* de Israel, diciendo: En 5712
12.6 y lo inmolará toda la *c* del pueblo de 5712
12.19 comiere... será cortado de la *c* de Israel 5712
12.47 toda la *c* de Israel lo hará 5712
16.1 partió luego de Elim toda la *c* de los 5712
16.2 toda la *c* de los hijos de Israel murmuró 5712
16.9 dí a toda la *c* de los hijos de Israel 5712
16.10 y hablando Aarón a toda la *c* de los 5712
16.22 los príncipes de la *c* vinieron y se lo 5712
17.1 la *c* de los hijos de Israel partió del 5712
34.31 los príncipes de la *c* volvieron a él 5712
35.1 Moisés convocó a toda la *c* de... Israel 5712
35.4 habló Moisés a toda la *c* de los hijos 5712
35.20 salió toda la *c*... de delante de Moisés 5712
38.25 la plata de los empadronados de la *c* 5712
Lv 4.13 si toda la *c* de Israel hubiere errado 5712
4.14 la *c* ofrecerá un becerro por expiación 6951
4.15 los ancianos de la *c* pondrán sus manos 5712
4.21 primer becerro; expiación es por la *c*. 6951
8.3,4 toda la *c* a la puerta del tabernáculo 5712
8.5 Moisés a la *c*: Esto es lo que Jehová ha 5712
9.5 vino... la *c* y se puso delante de Jehová 5712
10.6 ni se levante la ira sobre toda la *c* 5712
10.17 dio... para llevar la iniquidad de la *c* 5712
16.5 de la *c* de... tomará dos machos cabríos 5712
16.17 la expiación... por toda la *c* de Israel 4150
16.33 expiación por... todo el pueblo de la *c* 4150
19.2 habla a toda la *c* de los hijos de Israel 5712
24.14 saca al blasfemo... apedréelo toda la *c* 5712
24.16 la *c* lo apedreará, así el extranjero 5712
Nm 1.2 tomad el censo de toda la *c* de Israel 5712
1.16 estos eran los nombrados de entre la *c* 5712
1.18 reunieron a toda la *c* en el día primero 5712
1.53 que no haya ira sobre la *c* de... Israel 5712
3.7 y el encargo de toda la *c* delante del 5712
4.34 Moisés... y los jefes de la *c*, contaron 5712
8.9 reunirás a... la *c* de los hijos de Israel 4150
8.20 y toda la *c*... hicieron con los levitas 5712
10.2 te servirán para convocar la *c*, y para 5712
10.3 y cuando las tocaran... la *c* se reunirá 5712
10.7 para reunir la *c* tocaréis, mas no con 6951
12.14 echada fuera... y después volverá a la *c* 622
13.26 y vinieron a... y a toda la *c* de... Israel 5712
13.26 y dieron la información... a toda la *c* 5712
14.1 entonces toda la *c* gritó, y dio voces 5712
14.5 y Aarón se postraron... delante de... la *c* 5712
14.7 y hablaron a toda la *c* de los hijos de 5712
14.36 hecho murmurar contra él a toda la *c* 5712
15.15 mismo estatuto... la *c* y el extranjero 6951
15.24 hecho por yerro con ignorancia de la *c* 5712
15.24 la *c* ofrecerá un novillo por holocausto 5712
15.25 el sacerdote hará expiación por... la *c* 5712
15.26 será perdonado a toda la *c* de... Israel 5712
15.33 lo trajeron a Moisés y... y a toda la *c* 5712
15.35 apedréelo... la *c* fuera del campamento 5712
15.36 lo sacó la *c* fuera del campamento, y 5712
16.2 levantaron... con 250 príncipes de la *c* 5712
16.3 toda la *c*, todos ellos son santos, y en 5712
16.3 ¿por qué pues, os levantáis... sobre la *c* 6951
16.9 Dios de Israel os haya apartado de la *c* 5712
16.9 estéis delante de la *c* para ministrarles 5712
16.19 hecho juntar contra ellos toda la *c* a 5712
16.19 gloria de Jehová apareció a toda la *c* 5712
16.21 apartaos de... esta *c*, y los consumiré 5712
16.22 ¿por qué airarte contra toda la *c*? 5712
16.24 habla a la *c* y diles: Apartaos de en 5712
16.26 y él habló a la *c*, diciendo: Apartaos 5712
16.33 ellos... perecieron de en medio de la *c* 6951
16.41 el día siguiente, toda la *c*... murmuró 5712
16.42 cuando se juntó la *c* contra Moisés y 5712
16.45 apartaos de en medio de esta *c*, y los 5712
16.46 vé pronto a la *c*, y haz expiación por 5712
16.47 y corrió en medio de la *c*: y he aquí 6951
19.9 las guardará la *c* de los hijos de Israel 5712
19.20 tal persona será cortada de entre la *c* 6951
20.1 Israel, toda la *c*, al desierto de Zin 5712
20.2 no había agua para la *c*, se juntaron 5712
20.4 ¿por qué hiciste venir la *c* de Jehová 6951
20.6 fueron... de delante de la *c* a la puerta 6951
20.8 y reúne la *c*... y darás de beber a la *c* 5712
20.10 reunieron... a la *c* delante de la peña 6951
20.11 aguas, y bebió la *c*, y sus bestias 5712
20.12 no meteréis esta *c* en la tierra que les 6951
20.22 y partiendo de Cades... toda aquella *c* 5712
20.27 y subieron al... a la vista de toda la *c* 5712
20.29 y viendo... la *c* que Aarón había muerto 5712
25.6 trajo una madianita... a ojos... de toda la *c* 5712
25.7 se levantó de... la *c*, y tomó una lanza 5712
26.2 tomad el censo de toda la *c* de... Israel 5712
26.9 y Abiram fueron los del consejo de la *c* 5712
27.2 y se presentaron delante... de toda la *c* 5712
27.14 rebeldes a mi... en la rencilla de la *c* 5712
27.16 ponga Jehová... un varón sobre la *c* de 5712
27.17 la *c* de Jehová no sea como ovejas sin 5712
27.19 y lo pondrás... y delante de toda la *c* 5712
27.20 que toda la *c*... de Israel le obedezca 5712
27.21 entrarán... Israel con él, y toda la *c* 5712
27.22 tomó a Josué y lo puso delante... la *c* 5712
31.12 trajeron... a la *c*... cautivos y el botín 5712
31.13 salieron... todos los príncipes de la *c* 5712
31.16 por lo que hubo mortandad en la *c* de 5712
31.26 tú... y los jefes de los padres de la *c* 5712
31.27 partirás... el botín entre... y toda la *c* 5712
31.43 la mitad para la *c* fue: de las ovejas 5712
32.2 Gad... hablaron... a los príncipes de la *c* 5712
32.4 tierra que Jehová hirió delante de la *c* 5712
35.12 que entre en juicio delante de la *c* 5712
35.24 *c* juzgará entre el que causó la muerte 5712
35.25 y la *c* librará al homicida de mano del 5712
35.25 y la *c* lo hará volver a su ciudad de 5712
Dt 5.22 palabras habló Jehová a toda vuestra *c* 6951
23.1 no entrará en la *c* de Jehová el que 6951
23.2 no entrará bastardo en la *c* de Jehová 6951
23.2,3 décima generación no entrarán en la *c* 6951
23.3 no entrará amonita ni moabita en la *c* 6951
23.8 la tercera generación entrarán en la *c* 6951
31.30 habló Moisés a oídos de toda la *c* de 5712
33.4 una ley, como heredad a la *c* de Jacob 6952
Jos 8.35 leer delante de toda la *c* de Israel 6951
9.15 paz... lo juraron los príncipes de la *c* 5712
9.18 los príncipes de la *c* les habían jurado 5712
9.18 toda la *c* murmuraba contra los príncipes 5712
9.19 los príncipes respondieron a toda la *c* 5712
9.21 leñadores y aguadores para toda la *c* 5712
9.27 a ser leñadores y aguadores para la *c* 5712
18.1 la *c* de los hijos de Israel se reunió 5712
20.6 comparezca en juicio delante de la *c* 5712
20.9 hasta que compareciese delante de la *c* 5712
22.12 se juntó... la *c* de los hijos de Israel 5712
22.16 toda la *c*... dice así: ¿Qué transgresión 5712
22.17 vino la mortandad en la *c* de Jehová 5712
22.18 mañana se airará él contra toda la *c* 5712
22.20 y vino ira sobre toda la *c* de Israel? 5712
22.30 oyendo Finees... y los príncipes de la *c* 5712
Jue 20.1 se reunió la *c* como un solo hombre 5712
21.10 la *c* envió allá a doce mil hombres de 5712
21.13 la *c* envió luego a hablar a... Benjamín 5712
21.16 ancianos de la *c* dijeron: ¿Qué haremos 5712
1 S 17.47 y sabrá... *c* que Jehová no salva con 6951
1 R 8.5 toda la *c* de Israel... se había reunido 5712
8.14 bendijo a toda la *c*... la *c*... estaba de pie 6951
8.22 se puso... en presencia de toda la *c* de 6951
8.55 en pie, bendijo a toda la *c* de Israel 6951
8.65 una gran *c*, desde donde entran en Hamat 6951
12.3 vino... Jeroboam, y toda la *c* de Israel 6951
12.20 a llamarle a la *c*, y le hicieron rey 5712
1 Cr 28.8 los ojos... *c* de Jehová, y en oídos de 6951
29.10 bendijo a Jehová delante de toda la *c* 6951
29.20 dijo David a toda la *c*: Bendecid ahora 6951
29.20 toda la *c* bendijo a Jehová Dios de sus 6951
2 Cr 5.6 la *c* de Israel que se había reunido 5712
6.3 bendijo a toda la *c*... la *c*... estaba en pie 6951
6.12 en presencia de toda la *c* de Israel, y 6951
6.13 y se arrodilló delante de toda la *c* de 6951
7.8 gran *c*, desde la entrada de Hamat hasta 6951
24.6 Moisés... impuso a la *c* de Israel para el 6951
29.32 holocaustos que trajo la *c*, 70 bueyes 6951
30.2 consejo... y con toda la *c* en Jerusalén 6951
30.17 en la *c* que no estaban santificados 6951
30.25 alegró, pues, toda la *c* de Judá, como 6951
Esd 2.64 toda la *c*, unida como un solo hombre 6951
10.8 el tal fuese excluido de la *c* de los del 6951
10.14 los que se queden en lugar de toda la *c* 6951
Neh 5.13 respondió... la *c*: ¡Amén! y alabaron 6951
7.66 toda la *c* junta era de 42.360 6951
8.2 Esdras trajo la ley delante de la *c*, así 6951
8.17 la *c* que volvió de la... hizo tabernáculos 6951
13.1 no debían entrar jamás en la *c* de Dios 6951
Job 15.34 porque la *c* de los impíos será asolada 5712
30.28 me he levantado en la *c*, y clamado 6951
Sal 1.5 los pecadores en la *c* de los justos 5712
7.7 te rodeará *c* de pueblos, y sobre ella 5712
22.22 nombre... en medio de la *c* te alabaré 6951
22.25 de ti será mi alabanza en la gran *c* 6951
26.12 rectitud; en las *c* bendeciré a Jehová 4721
35.18 te confesaré en grande *c*; te alabaré 6951
40.9 he anunciado justicia en grande *c* 6951
58.1 oh *c*, ¿pronunciáis en verdad justicia? 482
68.26 bendecid a Dios en las *c*; al Señor 4721
68.27 estaba... los príncipes de Judá en su *c* 7277
74.2 acuérdate de tu *c*, la que adquiriste 5712
74.19 y no olvides para siempre la *c* de tus 2416
Sal 89.5 tu verdad también en la *c* de los santos 6951
89.7 Dios temible en la gran *c* de los santos 5475
107.32 exáltenlo en la *c* del pueblo, y en la 6951
111.1 alabaré... la compañía y *c* de los rectos 5712
149.1 su alabanza sea en la *c* de los santos 6951
Pr 5.14 mal... en medio de la sociedad y de la *c* 6951
26.26 su maldad será descubierta en la *c* 6951
Ec 12.11 clavos... las de los maestros de las *c* 627
Jer 6.18 y entended, oh *c*, lo que sucederá 5712
9.2 ellos son adúlteros, *c* de prevaricadores 6116
30.20 y su *c* delante de mí será confirmada 5712
Lm 1.10 cuales mandaste... no entrasen en tu *c* 6951
Ez 13.9 los profetas... no estarán en la *c* de 5475
Os 7.12 conforme a... se ha anunciado en sus *c* 5712
Mi 2.5 reparta heredades en la *c* de Jehová 6951
Hch 7.38 es aquel Moisés que estuvo en la *c* *1577*
13.43 despedida la *c*, muchos de los judíos *4864*
15.30 reuniendo a la *c*, entregaron la carta *4128*
1 Co 14.34 vuestras mujeres callen en las *c* *1577*
14.35 indecoroso que una mujer hable en la *c* *1577*
He 2.12 nombre, en medio de la *c* te alabaré *1577*
12.23 a la *c* de los primogénitos que están *3831*
Stg 2.2 vuestra *c* entra un hombre con anillo *4864*

CONGREGAR
Gn 49.10 y a él se *congregarán* los pueblos 3349
Nm 10.4 se *congregarán* ante ti los príncipes 3259
Dt 31.12 harás *congregar* al pueblo, varones y 6950
31.28 *congregad* a mí todos los ancianos de 6950
33.5 se *congregaron* los jefes del pueblo con 622
1 S 17.1 los filisteos... se *congregaron* en Soco 622
1 R 18.19 y *congrégame* a todo Israel en el 6908
1 Cr 15.3 y *congregó* David a todo Israel en 6950
2 Cr 5.3 se *congregaron* con el rey todos los 6950
Sal 102.22 los pueblos y... se *congreguen* en uno 6908
107.3 y los ha *congregado* de las tierras, del 6908
Is 41.5 tierra se espantaron; se *congregaron* 7126
43.9 *congréguense* a una todas las naciones 6908
49.5 hacer volver... para *congregarle* a Israel 622
52.12 irá... y os *congregará* el Dios de Israel 622
56.8 aún juntaré sobre él a sus *congregados* 6908
Lm 2.6 destruyó el... en donde se *congregaban* 4150
Ez 11.17 y os *congregaré* de las tierras en las 6908
20.41 haya *congregado* de entre las tierras 6908
Os 1.11 se *congregarán* los hijos de Judá y de 6908
7.14 para el trigo y el... se *congregaron*, se 1481
Jl 1.14 *congregad* a los ancianos y a todos los 622
2.16 *congregad* a los niños y a los que maman 622
3.11 venid, naciones todas de... y *congregaos* 6908
Sof 2.1 *congregaos* y meditad, oh nación sin 7197
Mt 18.20 **dos o tres *congregados* en mi nombre** *4863*
Jn 11.52 para *congregar* en uno a los hijos de *4863*
Hch 4.31 el lugar en que estaban *congregados* *4863*
11.26 se *congregaron* allí todo un año con la *4863*
1 Co 11.17 no os *congregáis* para lo mejor, sino *4905*
He 10.25 no dejando de *congregarnos* como *1997*
Ap 19.17 y *congregaos* a la gran cena de Dios *4863*

CONÍAS *Rey de Judá (=Jeconías y Joaquín)*
Jer 22.24 *C* hijo de Joacim rey de Judá fuera 3659
22.28 ¿es este hombre *C*... vasija despreciada 3659
37.1 en lugar de *C* hijo de Joacim reinó el 3659

CONJUNTO
Gn 35.11 y *c* de naciones procederán de ti, y 6951

CONJURACIÓN
2 R 12.20 conspiraron en *c*, y mataron a Joás 7195
Ez 22.25 *c* de sus profetas en medio de ella 7195
Hch 23.13 más de cuarenta... habían hecho esta *c* *4945*

CONJURAR
Nm 5.19 el sacerdote la *conjurará* y le dirá 7650
5.21 el sacerdote *conjurará* a la mujer con 7650
2 Cr 18.15 *conjuraré* por el nombre de Jehová 7650
Neh 6.18 muchos en Judá se habían *conjurado* 7621
Sal 102.8 enfurecen, se han *conjurado* contra 7650
Cnt 2.7; 3.5; 5.8 os *conjuro* oh doncellas de 7650
5.9 más que otro amado, que así nos *conjuras*? 7650
8.4 os *conjuro*... que no despertéis ni hagáis 7650
Mt 26.63 te *conjuro* por el Dios viviente, que *1844*
Mr 5.7 *conjuro* por Dios que no me atormentes *3726*
Hch 19.13 os *conjuro* por Jesús, el que predica *3726*
1 Ts 5.27 os *conjuro*... que esta carta se lea *3726*

CONMEMORACIÓN
Lv 23.24 tendréis... una *c* al son de las trompetas 2146

CONMEMORAR
Est 9.31 para *conmemorar* el fin de los ayunos 1697
Sal 70 *tít*. Salmo de David, para *conmemorar* 2142

CONMEMORATIVO
Jos 4.7 estas piedras servirán de monumentos *c* 2146

CONMIGO *Véase también el Apéndice*
Gn 35.3 al Dios que... ha estado *c* en el camino 5973
1 S 22.23 quédate *c* 854
22.23 pues *c* estaras a salvo 5973
Sal 23.4 no temeré mal alguno... tu estaras *c* 5973
Jer 20.11 Jehová está *c* como poderoso gigante 854
Mt 12.30 **el que no es c... el que c no recoge** *3326*
Lc 23.43 **de cierto te digo que hoy estarás c** *3326*
Jn 15.27 **habéis estado c desde el principio** *3326*
17.24 **donde yo estoy, también ellos estén c** *3326*

CONMISERACIÓN
1 Co 15.19 somos los más dignos de *c* de todos *1652*

CONMOCIÓN
Sal 38.8 gimo a causa de la *c* de mi corazón 5100
Is 63.15 y tu poder, la *c* de tus entrañas y 1995

CONMOVER
Gn 43.30 *conmovieron* sus entrañas a causa de 3648
Rt 1.19 ciudad se *conmovió* por causa de ellas 1949
2 S 22.8 la tierra fue *conmovida* y tembló 1607
22.8 y se *conmovieron* los cimientos de los 1607
1 R 3.26 sus entrañas se le *conmovieron* por su 3648
1 Cr 16.30 establecido... que no se *conmueva* 4131
2 Cr 34.27 tu corazón se *conmovió*... humillaste 7401
Est 3.15 la ciudad de Susa estaba *conmovida* 943
Sal 16.8 está a mi diestra, no seré *conmovido* 4131
18.7 la tierra fue *conmovida* y tembló 1607
18.7 *conmovieron* los cimientos de los montes 1607
21.7 rey confía en Jehová... no será *conmovido* 4131
30.6 en mi... dije yo: No seré jamás *conmovido* 4131
46.5 Dios está en medio... no será *conmovida* 4131
55.2 clamo en mi oración, y me *conmuevo* 1949
77.3 me acordaba de Dios, y me *conmovía*; me 1993
96.10 afirmó el mundo, no será *conmovido* 4131
99.1 él esta sentado... se *conmoverá* la tierra 5120
Cnt 5.4 mi corazón se *conmovió* dentro de mí 1993
Is 24.19 en... manera será la tierra *conmovida* 7489
Jer 31.20 mis entrañas se *conmovieron* por él 1993
Lm 1.12 ¿no os *conmueve* a cuantos pasáis por 3808
2.11 mis ojos desfallecieron... se *conmovieron* 2560
Os 11.8 mi corazón se *conmueve* dentro de mí 2015
Nah 1.5 la tierra se *conmueve* a su presencia 7493
Hab 3.16 oí, y se *conmovieron* mis entrañas 7264
Mt 21.10 toda la ciudad se *conmovió* diciendo *4579*
24.29; Mr 13.25; Lc 21.26 **las potencias de los cielos serán conmovidas** *4531*
Jn 11.33 Jesús... se estremeció... y se *conmovió* *5015*
11.38 *conmovido* otra vez, vino al sepulcro *1690*
13.21 *conmovió* en espíritu, y declaró y dijo *5015*
Hch 2.25 está a mi diestra, no seré *conmovido* *4531*
21.30 así que toda la ciudad se *conmovió* y *2795*
He 12.26 la voz del cual *conmovió*... la tierra *4531*
12.26 *conmoveré* no solamente la tierra, sino *4579*

CONOCER
Gn 3.7 ojos... y *conocieron* que estaban desnudos 3045
4.1 *conoció* Adán a su mujer Eva... concibió 3045
4.17 y *conoció* Caín a su mujer... y dio a luz 3045
4.25 y *conoció* de nuevo Adán a su mujer, la 3045
12.11 *conozco* que eres mujer de hermoso 3045
15.8 Señor Jehová, ¿en qué *conoceré* que la 3045
19.5 a Lot... sácalos, para que los *conozcamos* 3045
19.8 dos hijas que no han *conocido* varón; os 3045
22.12 *conozco* que temes a Dios, por cuanto 3045
24.14 *conoceré* que habrás hecho misericordia 3045
24.16 virgen, a la que varón no había *conocido* 3045
27.23 no le *conoció* porque sus manos eran 5234
29.5 ¿*conocéis* a Labán hijo... Sí, le *conocemos* 3045
38.26 más justa es... Y nunca más la *conoció* 3045
41.21 mas no se *conocía* que hubiesen entrado 3045
42.7 *conoció*; mas hizo... que no los conocía 5234
42.8 José... conoció... ellos no le *conocieron* 5234
42.33 esto *conoceré* que sois hombres honrados 3045
45.1 nadie con él, al darse a *conocer* José a 3045
Éx 1.8 un nuevo rey que no *conocía* a José 3045
3.7 su clamor... pues he *conocido* sus angustias 3045
4.14 *conozco* yo a tu hermano Aarón, levita 3045
5.2 no *conozco* a Jehová, ni tampoco dejaré ir 3045
6.3 en mi nombre Jehová no me di a *conocer* 3045
7.17 en esto *conocerás* que yo soy Jehová; he 3045
8.10 para que *conozcas* que no hay como Jehová 3045
18.11 *conozco* que Jehova es mas grande que 3045
29.46 y *conocerán* que yo soy Jehova su Dios 3045
32.22 *conoces* al pueblo, que es inclinado a 3045
33.12 dices: Yo te he *conocido* por tu nombre 3045
Lv 4.14 que llegue a ser *conocido* el pecado 3045
4.23,28 que *conociere* su pecado que cometió 3045
Nm 10.31 tu *conoces*... donde hemos de acampar 3045
14.31 vuestros niños... *conocerán* la tierra que 3045
14.34 cuarenta años... y *conoceréis* mi castigo 3045
16.28 en esto *conoceréis* que Jehová... enviado 3045
31.17 matada... mujer que haya *conocido* varón 3045
31.18 no hayan *conocido* varón, las dejaréis 3045
Dt 7.9 *conoce*... Jehová tu Dios es Dios, Dios 3045
7.15 malas plagas de Egipto que tú *conoces* 3045
8.3 maná, comida que no *conocías* tú, ni tus 3045
8.3,16 maná... tus padres no habían *conocido* 3045
9.24 rebeldes... desde el día que yo os conozco 3045
11.28 de dioses ajenos que no habéis *conocido* 3045
13.2 vamos en pos de dioses... que no *conociste* 3045
13.6 a dioses ajenos, que ni tú... *conociste* 3045
13.13 a dioses... que vosotros no *conocisteis* 3045
18.21 dijeres... ¿Cómo *conoceremos* la palabra 3045
22.2 y si tu hermano no... o no lo *conocieras* 3045
28.33 fruto... comerá pueblo que no *conociste* 3045
28.36 te llevará... a nación que no *conociste* 3045
28.64 a dioses ajenos que no *conociste* tú ni 3045
29.26 se inclinaron a... dioses que no *conocían* 3045
31.21 yo *conozco* lo que se proponen... antes 3045
31.27 *conozco* tu rebelión, y tu dura cerviz 3045
32.17 dioses que no habían *conocido*, a nuevos 3045
33.9 y no reconoció... ni a sus hijos *conoció* 3045
34.6 ninguno *conoce*... su sepultura hasta hoy 3045
34.10 quien haya *conocido* Jehová cara a cara 3045
Jos 3.10 *conoceréis* que el Dios viviente está 3045
4.24 todos... *conozcan* que la mano de Jehová es 3045
Jue 2.10 generación que no *conocía* a Jehová 3045
3.1 no habían *conocido* todas las guerras de 3045
3.2 para que... de Israel *conociese* la guerra 3045
3.2 a los que antes no la habían *conocido* 3045
11.39 hizo de ella... Y ella nunca *conoció* varón 3045
13.21 *conoció* Manoa... era el ángel de Jehová 3045
19.22 saca al hombre... para que lo *conozcamos* 3045
21.11 a toda mujer que haya *conocido*... varón 3045
21.12 que no habían *conocido* ayuntamiento de 3045
Rt 2.11 venido a un pueblo que no *conociste* 3045
3.3 no te darás a *conocer* al varón hasta que 3045
1 S 3.7 Samuel no había *conocido* aún a Jehová 3045
3.20 Israel... *conoció* que Samuel era... profeta 3045
6.3 *conoceréis* por qué no se apartó... su mano 3045
10.11 los que le *conocían* antes vieron que 3045
12.17 *conozcáis*... que es grande vuestra maldad 3045
17.28 yo *conozco* tu soberbia y la malicia de 3045
23.22 aseguraos más, *conoced* y ved el lugar 3045
24.11 *conoce*... ve que no hay mal ni traición 3045
26.17 *conociendo* Saúl la voz de David, dijo 5234
2 S 3.25 tú *conoces* a Abner hijo de Ner 3045
7.20 tú *conoces* a tu siervo, Señor Jehová 3045
14.1 *conociendo* Joab... que el corazón del rey 3045
14.20 para *conocer* lo que hay en la tierra 3045
22.44 pueblo que yo no *conocía* me servirá 3045
1 R 1.4 abrigaba al rey... rey nunca la *conoció* 3045
4.31 fue *conocido* entre todas las naciones de 8034
8.39 cuyo corazón tú *conoces*... solo tú *c* el 3045
8.43 todos los pueblos de... *conozcan* tu nombre 3045
14.2 y disfrázate, para que no te *conozcan* 3045
17.24 *conozco* que tú eres varón de Dios, y 3045
18.37 *conozca* este pueblo que... eres el Dios 3045
20.13,28 para que *conozcas* que yo soy Jehová 3045
20.41 el rey... *conoció* que era de los profetas 5234
2 R 5.15 *conozco* que no hay Dios en... la tierra 3045
9.11 les dijo: Vosotros *conocéis* al hombre 3045
17.26 no *conocen* la ley del Dios de aquella 3045
19.27 he *conocido* tu situación, tu salida y 3045
1 Cr 16.8 a *conocer* en los pueblos sus obras 3045
17.18 ¿qué más... Mas tú *conoces* a tu siervo 3045
2 Cr 6.29 cualquiera que *conociera* su llaga y 3045
6.30 conocido su corazón... sólo tú *conoces* el 3045
6.33 todos los pueblos de la tierra *conozcan* 3045
32.31 para probarle, para hacer *conocer* todo 3045
Esd 7.25 los que *conocen* las leyes de tu Dios 3046
7.25 y al que no las *conoce*, le enseñarás 3046
Neh 6.16 *conocieron* que por nuestro Dios había 3046
Est 1.13 los sabios que *conozcan* los tiempos 3046
8.13 darse por decreto... que fuese *conocido* 1540
Job 2.12 los ojos desde lejos, no lo *conocieron* 5234
4.16 un fantasma, cuyo rostro yo no *conocí* 5234
5.27 óyelo, y *conócelo* tú para tu provecho 3045
7.10 no volverá más... ni su lugar le *conocerá* 5234
11.6 *conocerías*... Dios te ha castigado menos 3045
11.8 es más profunda... ¿cómo la *conocerás*? 3045
11.11 porque él *conoce* a los hombres vanos 3045
18.21 será el lugar del que no *conoció* a Dios 3045
20.9 nunca más... ni su lugar le *conocerá* más 7789
21.19 Dios... le dará su pago, para que *conozca* 3045
21.27 *conozco* vuestros pensamientos, y las 3045
21.29 y no habéis *conocido* su respuesta 5234
23.10 mas él *conoce* mi camino; me probará 3045
24.1 qué los que le *conocen* no ven sus días? 3045
24.13 rebeldes... nunca *conocieron* sus caminos 5234
24.16 minan las casas... no *conocen* la luz 3045
24.17 si son *conocidos*, terrores... los toman 5234
26.3 qué... inteligencia has dado a *conocer*? 3045
28.7 senda que nunca la *conoció* ave, ni ajo 3045
28.13 no *conoce* su valor el hombre, ni se 3045
28.23 Dios entiende el... y *conoce* su lugar 3045
31.6 pésame Dios... y *conocerá* mi integridad 3045
34.4 *conozcamos*... nosotros cuál sea lo bueno 3045
36.9 él les dará a *conocer* la obra de ellos 5046
36.26 aquí, Dios es grande... no le *conocemos* 3045
37.16 ¿has *conocido* tú las diferencias de las 3045
42.2 yo *conozco* que todo lo puedes, y que no 3045
42.11 vinieron... los que... le habían *conocido* 3045
Sal 1.6 Jehová *conoce* el camino de los justos 3045
9.10 te confiarán los que *conocen* tu nombre 3045
9.16 Jehová se ha hecho *conocer* en el juicio 3045
9.20 *conozcan* las naciones que no son sino 3045
18.43 pueblo que yo no *conocía* me sirvió 3045
20.6 *conozco* que Jehová salva a su ungido 3045
25.14 temen, y a ellos hará *conocer* su pacto 3045
31.7 has *conocido* mi alma en las angustias 3045
36.10 tu misericordia a los que te *conocen* 3045
37.18 *conoce* Jehová... días de los perfectos 3045
41.11 en esto *conoceré* que te he agradado 3045
44.21 él *conoce* los secretos del corazón 3045
46.10 estad quietos, y *conoced* que yo soy 3045
48.3 en sus palacios Dios es *conocido* por 3045
50.11 *conozco* a todas las aves de los montes 3045
67.2 que sea *conocido* en la tierra tu camino 3045
69.5 Dios, tú *conoces* mi insensatez, y mis 3045
76.1 Dios es *conocido* en Judá; en Israel es 3045
77.19 y tus pisadas no fueron *conocidas* 3045
79.6 derrama tu ira sobre... que no te *conocen* 3045
83.18 y *conozcan* que tu nombre es Jehová 3045
87.4 de Babilonia entre los que me *conocen* 3045
90.11 ¿quién *conoce* el poder de tu ira, y tu 3045
91.14 alto, por cuanto ha *conocido* mi nombre 3045
94.11 Jehová *conoce* los pensamientos de los 3045
95.10 digan... y no han *conocido* mis caminos 3045
101.4 apartará de mí; no *conoceré* al malvado 3045
103.14 *conoce* nuestra condición, se acuerda 3045
103.16 pereció, y su lugar no la *conocerá* 5234
104.19 hizo la luna... el sol *conoce* su ocaso 3045
105.1 dad a *conocer* sus obras en los pueblos 3045
119.75 *conozco*... que tus juicios son justos 3045
119.79 que te temen y *conocen* tus testimonios 3045
119.125 dame entendimiento para *conocer* tus 3045
139.1 Jehová, tú me has examinado y *conocido* 3045
139.2 *conocido* mi sentarme y mi levantarme 3045
139.3 y todos mis caminos te son *conocidos* 5532
139.23 *conoce* mi corazón; pruébame y *c* mis 3045
142.3 dentro de mí, tú *conociste* mi senda 3045
142.4 pues no hay quien me quiera *conocer* 5234
147.20 a sus juicios, no los *conocieron* 3045
Pr 1.2 entender... *conocer* razones prudentes 3045
4.1 estad atentos, para que *conozcáis* cordura 3045
5.6 caminos... inestables; no los *conocerás* 3045
12.16 el necio al punto da a *conocer* su ira 3045
14.10 el corazón *conoce* la amargura de su 3045
14.33 no es *conocida* en medio de los necios 3045
20.11 el muchacho es *conocido* por sus hechos 5234
24.12 el que mira por tu alma... lo *conocerá* 3045
27.23 sé diligente en *conocer* el estado de 3045
29.7 *conoce* el justo la causa de los pobres 3045
30.3 yo ni... ni *conozco* la ciencia del Santo 3045
31.23 su marido es *conocido* en las puertas 3045
Ec 1.17 dediqué mi corazón a *conocer*... entender 3045
1.17 *conocí* que aun esto era aflicción de 3045
3.12 yo he *conocido* que no hay... cosa mejor 3045
6.5 no ha visto el sol, ni lo ha *conocido* 3045
7.25 para *conocer* la maldad de la insensatez 3045
8.16 dediqué mi corazón a *conocer* sabiduría 3045
8.17 aunque diga el sabio que la *conoce*, no 3045
9.12 hombre tampoco *conoce* su tiempo; como 3045
Is 1.3 el buey *conoce* a su dueño, y el asno el 3045
19.21 Jehová será *conocido* de Egipto, y los 3045
19.21 y los de Egipto *conocerán* a Jehová en 3045
29.15 ¿quién nos vé, y quién nos *conoce*? 3045
33.13 vosotros los... cerca, *conoced* mi poder 3045
37.20 reinos de la tierra *conozcan* que solo 3045
37.28 he *conocido* tu condición, tu salida y 3045
41.20 para que vean y *conozcan*, y adviertan 3045
42.16 andar... sendas que no habían *conocido* 3045
43.10 escogí, para que me *conozcáis* y creáis 3045
43.19 pronto saldrá a luz; ¿no la *conoceréis*? 3045
44.8 no hay Dios sino yo... no *conozco* ninguno 3045
45.4 te llamé por tu... aunque no me *conociste* 3045
45.5 yo te ceñiré, aunque tú no me *conociste* 3045
47.8 tú que dices en... ni *conoceré* orfandad 3045
48.4 cuanto *conozco* que eres duro... tu cerviz 3045
48.8 sí, nunca lo habías oído, ni... *conocido* 3045
49.23 y *conocerás* que yo soy Jehová, que no 3045
49.26 y *conocerá* todo hombre que yo Jehová 3045
51.7 que *conocéis* justicia, pueblo en cuyo 3045
55.5 aquí, llamarás a gente que no *conoces* 3045
59.8 no *conocieron* camino de paz, ni hay 3045
59.8 que por ellas fuere, no *conocerá* paz 3045
59.12 porque... y *conocemos* nuestros pecados 3045
60.16 y *conocerás* que... soy el Salvador tuyo 3045
61.9 la descendencia de ellos será *conocida* 3045
63.16 nos ignora, e Israel no nos *conoce*; tú 5234
66.14 la mano de Jehová para... será *conocida* 3045
66.18 *conozco* sus obras y sus pensamiento
Jer 1.5 antes que te formases en el... te *conocí* 3045
2.8 los que tenían la ley no me *conocieron* 3045
2.23 *conoce* lo que has hecho, dromedaria 3045
4.22 mi pueblo es necio, no me *conocieron* 3045
5.4 pues no *conocen* el camino de Jehová, el 3045
5.5 a los grandes... ellos *conocen* el camino de 3045
6.27 *conocerás*, pues, y examinarás el camino 3045
7.9 andando tras dioses... que no *conocisteis* 3045
8.7 la cigüeña en el cielo *conoce* su tiempo 3045
8.7 mi pueblo no *conoce* el juicio de Jehová 3045
9.6 muy engañadores no quisieron *conocerme* 3045
9.16 que ni ellos ni sus padres *conocieron* 3045
9.24 alábese en... en entenderme y *conocerme* 3045
10.23 *conozco*, en Jehová, que el hombre no es 3045
10.25 sobre los pueblos que no te *conocen*, y 3045
11.18 y Jehová me lo hizo saber, y lo *conocí* 3045
12.3 pero tú, oh Jehová, me *conoces* me viste 3045
15.14 haré servir... en tierra que no *conoces* 3045
16.13 ni vuestros padres habéis *conocido*, y 3045
16.21 les enseñaré esta vez, les haré *conocer* 3045
17.4 haré servir... en tierra que no *conociste* 3045
17.9 engañoso... perverso; ¿quién lo *conocerá*? 3045
18.23 oh Jehová, *conoces* todo su consejo 3045
19.4 incienso a dioses... no habían *conocido* 3045
22.16 él juzgó... ¿No es esto *conocerme* a mí? 1847
22.28 echados a tierra... no habían *conocido*? 3045
24.7 para que me *conozcan* que yo soy Jehová 3045
28.9 *conocido* como el profeta que Jehová en 3045
31.34 *conoce* a Jehová... todos me conocerán 3045
32.8 entonces *conocí*... era palabra de Jehová 3045
33.3 y te enseñaré cosas... que tú no *conoces* 3045
44.3 dioses ajenos que... no habían *conocido* 3045
48.30 yo *conozco*... su cólera, pero no tendrá 3045
Lm 4.8 oscuro... es su aspecto, no los *conocen* 5234
Ez 2.5 *conocerán* que hubo profeta entre ellos 3045
6.14 extenderé mi mano... *conocerán* que yo soy 3045
10.20 los mismos... *conocí* que eran querubines 3045
14.23 *conoceréis* que no sin causa hice todo 3045

20.4 hazles *conocer* las abominaciones de sus ... 3045
20.5 me di a *conocer* a ellos en la tierra de ... 3045
20.9 las naciones...en cuyos ojos fui *conocido* ... 3045
20.11 les hice *conocer* mis decretos, por los ... 3045
25.14 y *conocerán* mi venganza, dice Jehová ... 3045
28.19 todos los que te *conocieron* de entre ... 3045
32.9 lleve...por las tierras que no *conociste* ... 3045
35.11 *conocido* en ellos, cuando te juzgue ... 3045
38.16 las naciones me *conozcan*, cuando sea ... 3045
38.23 seré *conocido* ante los ojos de muchas ... 3045
Dn 2.8 *conozco*...que vosotros ponéis dilaciones ... 3046
2.22 *conoce* lo que está en tinieblas, y con ... 3046
2.23 nos has dado a *conocer* el asunto del rey ... 3046
2.26 ¿podrás tú hacerme *conocer* el sueño que ... 3046
2.30 sino para que se dé a *conocer* al rey la ... 3046
4.17 *conozcan* los vivientes que el Altísimo ... 3046
4.25 *conozcas* que el Altísimo tiene dominio ... 3046
7.16 y me hizo *conocer* la interpretación de ... 3046
11.32 mas el pueblo que *conoce* a su Dios se ... 3045
11.38 al dios...que sus padres no *conocieron* ... 3045
Os 2.20 y te desposaré...y *conocerás* a Jehová ... 3045
5.3 yo *conozco* a Efraín, e Israel no me es ... 3045
5.4 no piensan en...y no *conocen* a Jehová ... 3045
5.9 tribus de Israel hice *conocer* la verdad ... 3045
6.3 *conoceremos*, y proseguiremos en conocer ... 3045
8.2 a mí clamará Israel...te hemos *conocido* ... 3045
9.7 días del castigo, e Israel lo *conocerá* ... 3045
11.3 Efraín...y no *conoció* que yo le cuidaba ... 3045
13.4 no *conocerás*...otro dios fuera de mí, ni ... 3045
13.5 yo te *conocí* en el desierto, en tierra ... 3045
Jl 2.27 y *conoceréis* que en medio de Israel ... 3045
3.17 y *conoceréis* que yo soy Jehová...Dios ... 3045
Am 3.2 a vosotros...he *conocido* de todas las ... 3045
Mi 4.12 no *conocieron* los pensamientos de ... 3045
6.5 para que *conozcas* las justicias de Jehová ... 3045
Nah 1.7 Jehová es bueno...y *conoce* a los que ... 3045
3.17 y no se *conoce* el lugar donde están ... 3045
Hab 3.2 en medio de los tiempos hazla *conocer* ... 3045
Sof 3.5 el perverso no *conoce* la vergüenza ... 3045
Zac 2.11 *conocerás* que Jehová...me ha enviado ... 3045
4.9 *conocerás* que Jehová de los...me envió ... 3045
6.15 *conoceréis* que Jehová...me ha enviado ... 3045
7.14 por...las naciones que ellos no *conocían* ... 3045
11.11 *conocieron* los pobres del rebaño que ... 3045
14.7 un día, el cual es *conocido* de Jehová ... 3045
Mt 1.25 no la *conoció* hasta que dio a luz a ... *1097*
7.16,20 **por sus frutos los *conoceréis*** ... *1921*
7.23 **declararé: Nunca os *conocí*; apartaos de** ... *1097*
9.4 y *conociendo* Jesús los pensamientos de ... *1492*
11.27 **nadie *conoce* al Hijo...ni al Padre *c*** ... *1921*
12.33 **porque por el fruto se *conoce* el árbol** ... *1097*
14.35 cuando le *conocieron* los hombres de ... *1921*
17.12 **que Elías ya vino, y no le *conocieron*** ... *1921*
22.18 Jesús, *conociendo* la malicia de ellos ... *1097*
24.33 ***conoced* que está cerca, a las puertas** ... *1097*
25.12 **de cierto os digo, que no os *conozco*** ... *1492*
25.24 **Señor, te *conocía* que eres hombre duro** ... *1097*
26.72 él negó otra vez...No *conozco* al hombre ... *1492*
26.74 comenzó...a jurar: No *conozco* al hombre ... *1492*
Mr 1.34 no dejaba hablar...porque le *conocían* ... *1492*
2.8 *conociendo* luego Jesús...que cavilaban de ... *1921*
5.30 *conociendo*...poder que había salido de él ... *1921*
6.54 y saliendo ellos de...la gente le *conoció* ... *1921*
13.29 ***conoced* que está cerca, a las puertas** ... *1097*
14.68 mas él negó, diciendo: No le *conozco* ... *1492*
14.71 y a jurar: No *conozco* a este hombre de ... *1492*
15.10 *conocía* que por envidia le...entregado ... *1097*
Lc 1.4 para que *conozcas* bien la verdad de las ... *1921*
1.18 ¿en qué *conoceré* esto? Porque yo soy ... *1097*
1.34 ¿cómo será esto? pues no *conozco* varón ... *1097*
2.17 y al verlo, dieron a *conocer* lo que se ... *1232*
4.34 *conozco* quién eres, el Santo de Israel ... *1492*
5.22 ***conociendo* los pensamientos de ellos** ... *1921*
6.8 **mas él *conocía* los pensamientos de ellos** ... *1492*
6.44 **cada árbol se *conoce* por su fruto** ... *1097*
7.39 *conocería* quién y qué clase de mujer es ... *1097*
8.10 **él dijo: A vosotros os es dado *conocer*** ... *1097*
8.17 **haya de ser *conocido*, y de salir a luz** ... *1097*
8.46 **he *conocido* que ha salido poder de mí** ... *1097*
10.22 **nadie *conoce* quién es el Hijo sino el** ... *1097*
11.17 él, *conociendo* los pensamientos de ellos ... *1492*
12.47 **siervo que *conociendo* la voluntad de** ... *1097*
12.48 **que sin *conocerla* hizo cosas dignas de** ... *1097*
16.15 **Dios *conoce* vuestros corazones; porque** ... *1097*
19.42 **¡oh, si...*conocieses*, a lo menos en este** ... *1097*
19.44 **por cuanto no *conociste* el tiempo de tu** ... *1097*
22.34 **tú niegues tres veces que me *conoces*** ... *1492*
22.57 lo negó, diciendo: Mujer, no lo *conozco* ... *1492*
24.16 velados, para que no le *conociesen* ... *1921*
Jn 1.10 en el mundo...el mundo no le *conoció* ... *1097*
1.18 el unigénito Hijo...le ha dado a *conocer* ... *1834*
1.26 está uno a quien vosotros no *conocéis* ... *1492*
1.31 yo no le *conocía*; mas para que fuese ... *1492*
1.33 yo no le *conocía*; pero el que me envió ... *1492*
1.48 le dijo Natanael: ¿De dónde me *conoces*? ... *1097*
2.24 no se fiaba de ellos...*conocía* a todos ... *1097*
4.10 **si *conocieras* el don de Dios, y quién es** ... *1492*
5.42 **os *conozco*, que no tenéis amor de Dios** ... *1097*
6.42 cuyo padre y madre nosotros *conocemos*? ... *1492*
6.69 hemos creído y *conocemos* que tú eres el ... *1097*
7.4 que procura darse a *conocer* hace algo en ... *3954*
7.17 ***conocerá* si la doctrina es de Dios, o si** ... *1097*
7.28 **mí me *conocéis*, y sabéis de dónde soy** ... *1492*
7.28 **el que me envió...vosotros no *conocéis*** ... *1492*
7.29 **yo le *conozco*, porque de él procedo, y** ... *1492*
8.19 **ni a mí me *conocéis*, ni a mi Padre; si** ... *1492*
8.19 **si me *conocieseis*...mi Padre conoceríais** ... *1492*
8.28 **entonces *conoceréis* que yo soy, y que** ... *1097*
8.32 ***conoceréis* la verdad, y...os hará libres** ... *1097*
8.52 *conocemos* que tienes demonio. Abraham ... *1097*
8.55 **pero vosotros no le *conocéis*; mas yo le** ... *1097*
8.55 **yo le *conozco*, y si dijere que no le *c*** ... *1492*
8.55 **pero le *conozco*, y guardo su palabra** ... *1492*
10.4 **y las ovejas le siguen...*conocen* su voz** ... *1492*
10.5 **porque no *conocen* la voz de los extraños** ... *1492*
10.14 ***conozco* mis ovejas, y...mías me conocen** ... *1097*
10.15 **Padre me *conoce*, y yo *conozco* al Padre** ... *1097*
10.27 **ovejas oyen mi voz, y yo las *conozco*** ... *1097*
10.38 **que *conozcáis*...que el Padre está en mí** ... *1097*
13.35 ***conocerán* todos que sois mis discípulos** ... *1097*
14.7 **me *conocieseis*...a mi Padre conoceríais** ... *1097*
14.7 **ahora le *conocéis*, y le habéis visto** ... *1097*
14.9 **tiempo...y no me has *conocido*, Felipe?** ... *1097*
14.17 **ni le *conoce*; pero vosotros le *conocéis*** ... *1097*
14.20 ***conoceréis* que yo estoy en mi Padre** ... *1097*
14.31 **para que el mundo *conozca* que amo al** ... *1097*
15.15 **las cosas que...os las he dado a *conocer*** ... *1492*
15.21 **porque no *conocen* al que me ha enviado** ... *1492*
16.3 **y harán esto porque no *conocen* al Padre** ... *1097*
16.19 **Jesús *conoció* que querían preguntarle** ... *1097*
17.3 ***conozcan* a ti, el único Dios verdadero** ... *1097*
17.7 **han *conocido* que todas las cosas que me** ... *1097*
17.8 **y han *conocido*...que salí de ti, y han** ... *1097*
17.23 **que el mundo *conozca* que tú me enviaste** ... *1097*
17.25 **Padre...el mundo no te ha *conocido*, pero** ... *1097*
17.25 **yo te he *conocido*, y éstos han *c* que tú** ... *1097*
17.26 **les he dado a *conocer*...lo daré a *c* aún** ... *1107*
18.2 el que le entregaba, *conocía* aquel lugar ... *1492*
18.15 este discípulo era *conocido* del sumo ... *1110*
18.16 salió...el discípulo que era *conocido* ... *1110*
Hch 1.24 que *conoces* los corazones de todos ... *2589*
2.28 hiciste *conocer* los caminos de la vida ... *1107*
3.16 a éste, que...*conocéis*, le ha confirmado ... *1492*
7.13 José se dio a *conocer* a sus hermanos ... *319*
7.18 levantó...otro rey que no *conocía* a José ... *1492*
13.27 no *conociendo* a Jesús, ni...los profetas ... *50*
15.6 reunieron...para *conocer* de este asunto ... *1492*
15.8 Dios, que *conoce* los corazones, les dio ... *2589*
15.18 hace *conocer* todo esto desde tiempos ... *1110*
17.23 esta inscripción; al Dios no *conocido* ... *57*
17.23 al que...adoráis, pues, sin *conocerle* ... *50*
18.25 solamente *conocía* el bautismo de Juan ... *1987*
19.15 a Jesús *conozco*, y sé quien es Pablo ... *1097*
19.34 cuando le *conocieron* que era Judío ... *1921*
22.14 para que *conozcas* su voluntad, y veas ... *1097*
24.22 acabaré de *conocer* de vuestro asunto ... *1231*
26.3 porque tú *conoces* todas las costumbres ... *1109*
26.4 mi vida...la *conocen* todos los judíos ... *2467*
Ro 1.19 que de Dios se *conoce* les es manifiesto ... *1110*
1.21 pues habiendo *conocido* a Dios, no le ... *1097*
2.18 y *conoces* su voluntad, e instruido por ... *1097*
3.17 y no *conocieron* camino de paz ... *1097*
7.1 pues hablo con los que *conocen* la ley ... *1097*
7.7 yo no *conocí* el pecado sino por la ley ... *1097*
7.7 tampoco *conociera* la codicia, si la ley ... *1492*
8.29 a los que antes *conoció*...los predestinó ... *4267*
10.19 digo: ¿No ha *conocido* esto Israel? ... *1097*
11.2 su pueblo, al cual desde antes *conoció* ... *4267*
13.11 *conociendo* el tiempo, que es ya hora ... *1492*
16.26 ha dado a *conocer* a todas las gentes ... *5319*
1 Co 1.21 el mundo no *conoció* a Dios mediante ... *1097*
2.8 que ninguno de los príncipes de...*conoció* ... *1097*
2.8 si la hubieran *conocido*, nunca habrían ... *1097*
2.11 nadie *conoció* las cosas de Dios, sino ... *1492*
2.16 ¿quién *conoció* la mente del Señor? ... *1097*
3.20 el Señor *conoce* los pensamientos de los ... *1097*
4.19 y *conoceré*, no las palabras, sino el ... *1097*
8.3 si alguno ama a Dios, es *conocido* por él ... *1097*
13.9 porque en parte *conocemos*, y en parte ... *1097*
13.12 conozco...*conoceré* como fui conocido ... *1097,1921*
15.34 porque algunos no *conocen* a Dios ... *56*
2 Co 3.2 *conocidas* y leídas por...los hombres ... *1097*
5.11 *conociendo*, pues, el temor del Señor ... *1492*
5.16 a nadie *conocemos* según la carne; y aun ... *1492*
5.16 si a Cristo *conocimos*...no lo conocemos ... *1097*
5.21 al que no *conoció* pecado, por nosotros ... *1097*
6.9 como desconocidos, pero bien *conocidos* ... *50,1921*
8.9 ya *conoceré* la gracia de nuestro Señor ... *1097*
9.2 pues *conozco* vuestra buena voluntad, de ... *1492*
12.2 *conozco* a un hombre en Cristo, que hace ... *1492*
12.3 *conozco* al tal hombre (si en el cuerpo ... *1492*
13.5 no os *conocéis* a vosotros mismos, que ... *1921*
13.6 *conoceréis* que...no estamos reprobados ... *1097*
Gá 1.22 no era *conocido* de vista a las iglesias ... *50*
4.8 no *conociendo* a Dios, servíais a los que ... *1492*
4.9 *conociendo* a Dios, o...siendo conocidos ... *1097*
Ef 1.9 dándonos a *conocer* el misterio de su ... *1107*
3.5 no se dio a *conocer* a los hijos de los ... *1107*
3.10 dada a *conocer* por medio de la iglesia ... *1107*
3.19 *conocer* el amor de Cristo, que excede a ... *1097*
6.19 dar a *conocer* con denuedo el misterio ... *1107*
Fil 2.22 pero ya *conocéis* los méritos de él ... *1097*
3.10 a fin de *conocerle*, y el poder de su ... *1097*
4.5 vuestra gentileza sea *conocida* de todos ... *1097*
4.6 sino sean *conocidas* vuestras peticiones ... *1107*
Col 1.6 el día que oísteis y *conocisteis* la ... *1921*
1.27 dar a *conocer* las riquezas de la gloria ... *1107*
2.2 de *conocer* el misterio de Dios el Padre ... *1922*
4.3 de dar a *conocer* el misterio de Cristo ... *2980*
4.8 el cual he enviado...para que *conozca* lo ... *1097*
1 Ts 1.4 *conocemos*, hermanos amados de Dios ... *1492*
4.5 como los gentiles que no *conocen* a Dios ... *1492*
2 Ts 1.8 retribución a los que no *conocieron* ... *1492*
1 Ti 1.9 *conociendo* esto, que la ley no fue ... *1492*
4.3 participasen...que han *conocido* la verdad ... *1921*
2 Ti 2.19 *conoce* el Señor a los que son suyos ... *1097*
2.25 se arrepientan para *conocer* la verdad ... *1922*
Tit 1.16 profesan *conocer* a Dios, pero con los ... *1492*
He 3.10 andan...y no han *conocido* mis caminos ... *1097*
8.11 conoce al Señor...todos me *conocerán* ... *1097*
10.30 pues *conocemos* al que dijo: Mía es la ... *1492*
2 P 1.16 no os hemos dado a *conocer* el poder ... *1107*
2.21 mejor...no haber *conocido* el camino de ... *1921*
2.21 después de haberlo *conocido*, volverse ... *1921*
1 Jn 2.3 en esto sabemos que...le *conocemos* ... *1097*
2.4 el que dice: Yo le *conozco*, y no guarda ... *1097*
2.13 *conocéis* al que es desde el principio ... *1097*
2.13 os escribo a...habéis *conocido* al Padre ... *1097*
2.14 *conocido* al que es desde el principio ... *1097*
2.18 esto *conocemos* que es el último tiempo ... *1097*
2.20 la unción...y *conocéis* todas las cosas ... *1492*
2.21 si ignoraseis...sino porque la *conocéis* ... *1492*
3.1 mundo no nos conoce...no le *conoció* a él ... *1097*
3.6 todo aquel que peca...ni te ha *conocido* ... *1097*
3.16 en esto hemos *conocido* el amor, en que ... *1097*
3.19 en esto *conocemos* que somos de la verdad ... *1097*
4.2 en esto *conoced* el Espíritu de Dios: Todo ... *1097*
4.6 el que *conoce* a Dios, nos oye; el que no ... *1097*
4.6 en esto *conocemos* el espíritu de verdad ... *1097*
4.7 ama, es nacido de Dios, y *conoce* a Dios ... *1097*
4.8 el que no ama, no ha *conocido* a Dios ... *1097*
4.13 en esto *conocemos* que permanecemos en ... *1097*
4.16 hemos *conocido* y creído el amor que Dios ... *1097*
5.2 en esto *conocemos* que amamos a los hijos ... *1097*
5.20 *conocer* al que es verdadero; y estamos ... *1492*
2 Jn 1 todos los que han *conocido* la verdad ... *1097*
Jud 10 blasfeman de cuantas cosas no *conocen* ... *1492*
10 y en las que por naturaleza *conocen*, se ... *1987*
Ap 2.2 ***conozco* tus obras, y tu arduo trabajo** ... *1492*
2.9 **yo *conozco* tus obras, y tu tribulación** ... *1492*
2.13 ***conozco* tus obras, y dónde moras, donde** ... *1492*
2.17 **un nombre nuevo, el cual ninguno *conoce*** ... *1097*
2.19 **yo *conozco* tus obras, y amor, y fe, y** ... *1492*
2.24 **no han *conocido*...las profundidades de** ... *1097*
3.1 **yo *conozco* tus obras, que tienes nombre** ... *1492*
3.8 **yo *conozco* tus obras; he aquí, he puesto** ... *1492*
3.15 **yo *conozco* tus obras, que ni eres frío** ... *1492*
19.12 un nombre escrito que ninguno *conocía* ... *1492*

CONOCIDO

Job 19.13 mis *c* como extraños se apartaron de ... 3045
19.14 mis parientes se...*c* se olvidaron de mí ... 3045
24.17 si son *c*, terrores de sombra de muerte ... 5234
Sal 31.11 soy...oprobio...y el horror de mis *c* ... 3045
88.8 has alejado de mí mis *c*; me has puesto ... 3045
88.18 y a mis *c* has puesto en tinieblas ... 3045
139.3 todos mis caminos te son *c*
Lc 2.44 buscaban entre los parientes y los *c* ... *1110*
23.49 todos sus *c*...estaban de lejos mirando ... *1110*
2 Co 6.9 desconocidos, pero bien *c* ... *1921*
Gá 4.9 más bien, siendo *c* por Dios

CONOCIMIENTO

Dt 9.2 de los cuales tienes tú *c*, y has oído ... 3045
1 S 2.12 hijos de Elí...no tenían *c*...de Jehová ... 3045
Est 9.26 sobre esto, y lo que llegó a su *c*
Job 21.14 no queremos el *c* de tus caminos ... 1847
Sal 53.4 ¿no tienen *c* todos los que hacen ... 3045
73.11 ¿cómo sabe...¿y hay *c* en el Altísimo? ... 1844
139.6 tal *c* es demasiado maravilloso para mí ... 1847
Pr 2.5 entenderás el...y hallarás el *c* de Dios ... 1847
2.6 de su boca viene el *c* y la inteligencia ... 1847
9.10 el *c* del Santísimo es la inteligencia ... 1847
24.14 así será a tu alma el *c* de la sabiduría ... 3045
Is 1.3 Israel no entiende...pueblo no tiene *c* ... 995
5.13 fue llevado cautivo, porque no tuvo *c* ... 1847
11.2 espíritu de *c* y de temor de Jehová ... 1847
11.9 la tierra será llena del *c* de Jehová ... 1844
45.20 no tiene *c*...que erigen el madero de ... 3045
53.11 por su *c* justificará mi siervo justo ... 1847
Dn 1.17 a estos 4 muchachos Dios les dio *c* ... 4093
Os 4.1 porque no hay...*c* de Dios en la tierra ... 1847
4.6 pueblo fue destruido, porque le faltó *c* ... 1847
4.6 por cuanto desechaste el *c*, yo te echaré ... 1847
6.6 quiero...y *c* de Dios más que holocaustos ... 1847
Hab 2.14 llena del *c* de la gloria de Jehová ... 1847
Lc 1.77 para dar *c* de salvación a su pueblo ... *1108*
Hch 2.23 y anticipado *c* de Dios, prendisteis ... *4268*
9.24 sus asechanzas llegaron a *c* de Saulo ... *1097*
25.21 se le reservase para el *c* de Augusto ... *1233*
Ro 3.20 por medio de la ley es el *c* del pecado ... *1922*
1 Co 8.1 que todos tenemos *c*. El *c* envanece ... *1108*
8.7 no en todos hay este *c*; porque algunos ... *1108*
8.10 alguno te ve a ti, que tienes *c*, sentado ... *1108*
8.11 y por el *c* tuyo, se perderá el hermano ... *1108*
2 Co 2.14 manifiesta en todo...el olor de su *c* ... *1108*
4.6 del *c* de la gloria de Dios en la faz de ... *1108*
10.5 que se levanta contra el *c* de Dios, y ... *1108*
11.6 tosco en la palabra, no lo soy en el *c* ... *1108*
Ef 1.17 espíritu...de revelación en el *c* de él ... *1922*
3.4 cuál sea mi *c* en el misterio de Cristo ... *4907*
3.19 el amor de Cristo, que excede a todo *c* ... *1108*
4.13 la unidad de...y del *c* del Hijo de Dios ... *1922*
Fil 1.9 amor abunde aun más y más...en todo *c* ... *144*
3.8 por la excelencia del *c* de Cristo Jesús ... *1108*
Col 1.9 seáis llenos del *c* de su voluntad en ... *1922*
1.10 que andéis creciendo en el *c* de Dios ... *1922*
2.3 todos los tesoros de la sabiduría y del *c* ... *1108*
3.10 el cual...va renovando hasta el *c* pleno ... *1922*
1 Ti 2.4 salvos y vengan al *c* de la verdad ... *1922*
2 Ti 3.7 y nunca..llegar al *c* de la verdad ... *1922*
Tit 1.1 *c* de la verdad que es según la piedad ... *1922*
Flm 6 eficaz en el *c* de todo el bien que está ... *1922*
He 10.26 de haber recibido el *c* de la verdad ... *1922*
2 P 1.2 os sean multiplicadas, en el *c* de Dios ... *1922*

1.3 mediante el *c* de aquel que nos llamó por *1922*
1.5 añadid a vuestra fe... a la virtud, *c*. *1108*
1.6 al *c*, dominio propio; al dominio propio *1108*
1.8 fruto en cuanto al *c* de nuestro Señor *1922*
2.20 el *c* del Señor y Salvador Jesucristo *1922*
3.18 en la gracia y el *c* de nuestro Señor y *1108*

CONQUE *Véase el Apéndice*

CONQUISTADORA
Is 18.2.7 gente fuerte y *c*, cuya tierra es 4001

CONQUISTAR
1 R 15.20 Ben-adad... envió... y *conquistó* Ijón 5221
2 Cr 16.4 *conquistaron* Ijón, Dan, Abel-maim 5221
32.1 rey... con la intención de *conquistarlas* 1234
Jer 8.10 sus campos a quienes los *conquisten* 3423
Ez 33.21 diciendo: La ciudad ha... *conquistada* 5221
40.1 después que la ciudad fue *conquistada* 5221
Os 9.6 la ortiga *conquistará* lo deseable de su 3423
He 11.33 por fe *conquistaron* reinos, hicieron *2610*

CONSAGRACIÓN
Éx 29.22 tomarás del carnero... es carnero de *c* 4394
29.26 el pecho del carnero de las *c*... mecerás 4394
29.27 elevado del carnero de las *c* de Aarón 4394
29.31 tomarás el carnero de las *c*, y cocerás 4394
29.34 si sobrare... algo de la carne de las *c* 4394
Lv 7.37 ley... de las *c* y del sacrificio de paz 4394,2077
8.22 hizo que trajeran... el carnero de las *c* 4394,4394
8.28 las *c* en olor grato, ofrenda encendida a 4394
8.29 del carnero de las *c*... la parte de Moisés 4394
8.31 pan que está en el canastillo de las *c* 4394
8.33 que se cumplan los días de vuestras *c* 4394
21.12 la *c* por el aceite de su... está sobre él 5145
Nm 6.7 la *c* de su Dios tiene sobre su cabeza 5145
Pr 20.25 lazo es al hombre hacer... voto de *c* 1239

CONSAGRAR
Éx 13.2 *conságrame* todo primogénito... mío es 6942
16.23 reposo, el reposo *consagrado* a Jehová
28.3 *consagrarle* para que sea mi sacerdote 6942
28.38 *consagrado* en todas sus santas ofrendas 6942
28.41 y los *consagrarás* y santificarás, para ... 4390,3027
29.1 es lo que les harás para *consagrarlos* 3547
29.9 así *consagrarás* a Aarón y a sus hijos 4390,3027
29.29 para ser en ellas *consagrados* 4390,3027
29.33 llenar sus manos para *consagrarlos* 4390,3027
29.35 harás... por siete días los *consagrarás* ... 4390,3027
30.29 *consagrarás*, y serán cosas santísimas 6942
30.30 a Aarón y a... *consagrarás* para que sean 6942
31.15 es día de reposo *consagrado* a Jehová 6944
32.29 Moisés dijo: Hoy os habéis *consagrado* .. 4390,3027
32.29 cada uno se ha *consagrado* en su hijo ... 4390,3027
40.13 *consagrarás* para que sea mi sacerdote 6942
Lv 7.35 el día que él los *consagró* para ser 7126
8.33 porque por siete días seréis *consagrados* 4394
16.32 fuere... *consagrado* para ser sacerdote .. 4390,3027
19.24 su fruto será *consagrado* en alabanzas 6944
21.10 y que fue *consagrado* para llevar las 4390,3027
22.3 los hijos de Israel *consagran* a Jehová 6942
27.14 *consagrándola* a Jehová, la valorará 6942
27.21 la tierra será santa... tierra *consagrada* 2764
27.23 tu precio... cosa *consagrada* a Jehová 6944
27.28 ni se rescatará ninguna cosa *consagrada* 2764
27.28 todo lo *consagrado* será cosa santísima 2764
27.32 el diezmo será *consagrado* a Jehová 6944
Nm 3.3 *consagró* para ejercer el sacerdocio 4390,3027
6.9 su cabeza *consagrada* será contaminada 5145
6.12 *consagrará* para Jehová los días de su 5144
6.18 el nazareo raerá... su cabeza *consagrada* 5145
6.18 los cabellos de su cabeza *consagrada* y 5145
6.19 que fuere raída su cabeza *consagrada* 5145
18.8 todas las cosas *consagradas*... te he dado 6944
18.14 lo *consagrado* por voto en... será tuyo 2764
18.29 la porción que ha de ser *consagrada* 4720
Dt 12.26 las cosas que hubieres *consagrado* 6944
15.19 *consagrarás* a Jehová todo primogénito 6942
26.13 he sacado lo *consagrado* de mi casa 6944
33.3 los *consagrados* a él estaban en su mano 6918
Jos 6.19 la plata y el oro... sean *consagrados* 6944
Jue 17.5 *consagró* a uno de sus hijos para que 4390,3027
17.12 Micaía *consagró* al levita... le servía de . 4390,3027
1 R 13.33 y a quien quería lo *consagraba* para.... 4390,3027
2 R 12.4 dinero *consagrado* que se suele traer 6944
1 Cr 22.19 los utensilios *consagrados* a Dios 6944
26.26 que había *consagrado* el rey David, y 6944
26.27 lo que habían *consagrado* de las guerras 6942
26.28 que había *consagrado* el vidente Samuel 6942
26.28 y todo lo que cualquiera *consagraba* 6942
2 Cr 2.4 edificar casa al... para *consagrársela* 6942
7.7 *consagró* la parte central del atrio que 6942
13.9 venga a *consagrarse* con un becerro y 7 .. 4390,3027
15.18 trajo a... y lo que él había *consagrado* 6944
23.6 éstos entrarán, porque están *consagrados* 6944
24.7 cosas *consagradas* de la casa de Jehová 6944
26.18 hijos de Aarón, que son *consagrados* 6942
29.31 os habéis *consagrado* ahora a Jehová ... 4390,3027
31.12 y los diezmos y las cosas *consagradas* 6944
31.18 con... se *consagraban* a las cosas santas 6942
Esd 8.28 vosotros estáis *consagrados* a Jehová 6944
Neh 12.47 *consagraban*... porciones a los levitas 6942
12.47 y los levitas *consagraban* parte a los 6942
Is 13.3 yo mandé a mis *consagrados*, asimismo 6942
23.18 ganancias serán *consagradas* a Jehová 6944
Ez 20.40 con todas vuestras cosas *consagradas* 6944
36.38 las ovejas *consagradas*... de Jerusalén 6944
43.26 lo limpiarán, y así lo *consagrarán* 4390,3027
44.29 cosa *consagrada* en Israel será de ellos 2764
45.1 porción... le *consagraréis* en la tierra 6944
45.4 lo *consagrado* de esta tierra será para 6944
48.14 porque es cosa *consagrada* a Jehová 6944
Mi 4.13 *consagrarás* a Jehová su botín, y sus 2763
Zac 14.21 toda olla... será *consagrada* a Jehová 6944

CONSECUENCIA
2 R 6.25 a *c* de aquel sitio; tanto que

CONSECUTIVO
2 S 21.1 hambre en los... por tres años *c*...... 8141,310,8141

CONSEGUIR
Lv 25.26 y *consiguiere* lo suficiente para el 1767,5381
25.28 si no *consiguiere* lo suficiente para 4672
Nm 11.13 ¿de dónde *conseguiré* yo carne para
1 R 22.22 le inducirás, y aun lo *conseguirás* 3201
Jn 12.19 **dijeron... veis que no conseguís nada** *5623*

CONSEJERO
2 S 15.12 llamó a Ahitofel... *c* de David, de su 3289
2 R 25.19 tomó... cinco varones de los *c* del rey 6440
1 Cr 26.14 las suertes a Zacarías su hijo, *c*. 3289
27.32 Jonatán tío de David era *c*... y escriba 3289
27.33 Ahitofel era *c* del rey... amigo del rey 3289
2 Cr 25.16 ¿te han puesto a ti por *c* del rey? 3289
Esd 4.5 sobornaron... a los *c* para frustrar sus 3289
7.14 de sus siete *c* eres enviado a visitar 3272
7.15 el rey y sus *c* voluntariamente ofrecen 3272
7.28 delante del rey y de sus *c*, y de todos 3289
8.25 ofrenda... habían ofrecido el rey y sus *c* 3289
Job 3.14 con los *c* de la tierra, que reedifican 3289
12.17 andar despojados de consejo a los *c* 3289
Sal 119.24 tus testimonios son mis... y mis *c* 6098
Pr 11.14 en la multitud de *c* hay seguridad 3289
15.22 mas en la multitud de *c* se afirman 3289
24.6 en la multitud de *c* está la victoria 3289
Is 1.26 restauraré... y tus *c* como eran antes 3289
3.3 el *c*, el artífice excelente, y el hábil 3289
9.6 y se llamará su nombre... *C*, Dios fuerte 3289
19.11 consejo de los prudentes *c* de Faraón 3289
41.28 pregunté... estas cosas, y ningún *c* hubo 3289
Jer 52.25 siete hombres de los *c* íntimos del 6440
Dn 3.2 se reuniesen los... *c*, jueces, y todos 1884
3.3 reunidos los... *c*, jueces... los gobernadores 1884
3.27 se juntaron... capitanes y los *c* del rey 1907
4.36 mis *c* me buscaron; y fui restablecido en 1907
Mi 4.9 ¿no hay rey en ti? ¿Pereció tu *c*, que 3289
Nah 1.11 salió el que imaginó... un *c* perverso 3289
Ro 11.34 ¿quién entendió la... o quién fue su *c*? *4825*

CONSEJO
Gn 49.6 su *c* no entre mi alma, ni mi espíritu 5475
Nm 16.2 se levantaron... de los del *c*, varones 4150
26.9 estos Datán y Abiram fueron los del *c* 7148,7121
31.16 por *c* de Balaam ellas fueron causa de 1697
Dt 32.28 porque son nación privada de *c*, y no 6098
Jue 19.30 considerad esto, tomad *c*, y hablad 5779
20.7 vosotros... dad aquí vuestro parecer y *c* 6098
2 S 15.31 entorpece... Jehová, el *c* de Ahitofel 6098
15.34 entonces... harás nulo el *c* de Ahitofel 6098
16.20 dad vuestro *c* sobre lo que debemos hacer ... 6098
16.23 el *c* que daba Ahitofel... era como si se 6098
16.23 así era todo *c* de Ahitofel, tanto con 6098
17.4 *c* pareció bien a Absalón y a todos los 6098
17.6 ha dicho... ¿seguiremos su *c*, o no? Di tú 1697
17.7 el *c* que ha dado... Ahitofel no es bueno 6098
17.14 *c* de Husai arquita es mejor que el *c* 6098
17.14 el acertado *c* de Ahitofel se frustrara 6098
17.21 Ahitofel ha dado tal *c* contra vosotros 3289
17.23 viendo que no se había seguido su *c* 6098
1 R 1.12 toma mi *c*, para que conserves tu vida 6098
12.6 el rey Roboam pidió *c* de los ancianos 3289
12.8 dejó el *c*... y pidió *c* de los jóvenes que 6098
12.13 el *c* que los ancianos le habían dado 6098
12.14 les habló conforme al *c* de los jóvenes 6098
12.28 tenido *c*, hizo el rey dos becerros de 3289
2 R 18.20 *c* tengo y fuerzas para la guerra 6098
1 Cr 12.19 filisteos, habido *c*, lo despidieron 6098
13.1 tomó *c* con los capitanes de millares 3289
2 Cr 10.6 Roboam tomó *c* con los ancianos que 3289
10.8 dejando el *c* de... tomó *c* con los jóvenes 6098
10.13 dejó el... Roboam el *c* de los ancianos 6098
10.14 les habló conforme al *c* de los jóvenes 6098
20.21 habido *c*... puso a algunos que cantasen 3289
22.5 él anduvo en los *c* de ellos, y fue a la 6098
25.16 has hecho esto, y no obedeciste mi *c* 3289
25.17 Amasías... después de tomar *c*, envió a 3289
30.2 el rey había tomado *c* con sus príncipes 3289
32.3 *c* con sus príncipes y con sus hombres 3289
Esd 10.3 según el *c* de mi señor y de los que 6098
Neh 4.15 Dios había desbaratado el *c* de ellos 6098
Job 12.13 con Dios... es el *c* y la inteligencia 6098
12.17 andar despojados de *c* a los consejeros 3289
12.20 priva del... y quita a los ancianos el *c* 2940
18.7 acortados, y su mismo *c* lo precipitará 6098
21.16 el *c* de los impíos lejos esté de mí 6098
22.18 pero sea el *c* de ellos lejos de mí 6098
29.21 oían, y esperaban, y callaban a mi *c* 6098
33.16 revela al oído de... y les señala su *c* 4561
38.2 ¿quién es ése que oscurece el *c* con 6098
42.3 el que oscurece el *c* sin entendimiento 6098
Sal 1.1 el varón que no anduvo en *c* de malos 6098
5.10 oh Dios; caigan por sus mismos *c*; por 4156
13.2 ¿hasta cuándo pondré *c* en mi alma, con 6098
14.6 del *c* del pobre *c* han burlado, pero 6098
20.4 te dé conforme al... y cumpla todo tu *c* 6098
33.10 Jehová hace nulo el *c* de las naciones 6098
33.11 el *c* de Jehová permanecerá para siempre ... 6098
64.2 escóndeme del *c*... de los malignos, de 5475
73.24 me has guiado según tu *c*, y después me 6098
81.12 los dejé... caminaron en su propios *c* 4156
83.3 han entrado en *c* contra tus protegidos 3289
106.13 pronto olvidaron... no esperaron su *c* 6098
106.43 mas ellos se rebelaron contra su *c* 6098
107.11 y aborrecieron el *c* del Altísimo 6098
Pr 1.3 recibir el *c* de prudencia, justicia 4148
1.5 oirá el sabio... el entendido adquirirá *c* 8458
1.25 sino que desechasteis todo *c* mío y mi 6098
1.30 ni quisieron mi *c*, y menospreciaron toda 6098
1.31 y serán hastiado de sus propios *c* 4156
3.21 no se aparten: guarda la ley y el *c* 4209
4.13 retén el *c*, no lo dejes... es tu vida 4148
5.2 que guardes *c*, y tus labios conserven la 4209
5.12 y digas: ¡Cómo aborrecí el *c*, y mi 4148
8.12 la cordura, y hallo la ciencia de los *c* 4209
8.14 conmigo está el *c* y el buen juicio 6098
8.33 atended el *c*, y sed sabios, y no lo 4148
12.5 los justos... los *c* de los impíos, engaño 8458
12.15 mas el que obedece al *c* es sabio 6098
13.1 el hijo sabio recibe el *c* del padre 4148
13.18 vergüenza tendrá el... menosprecia el *c* 4148
15.5 el necio menosprecia el *c* de su padre 4148
15.22 son frustrados donde no hay *c*; mas en 5475
19.20 escucha el *c*, y recibe la corrección 6098
19.21 hombre; mas el *c* de Jehová permanecerá 6098
20.5 aguas profundas es el *c* en el corazón 6098
20.18 los pensamientos con el *c* se ordenan 6098
21.30 no hay sabiduría... ni *c*, contra Jehová 6098
22.20 ¿no te he escrito tres veces en *c* y en 4156
24.32 lo puse en mi corazón; lo vi, y tomé *c* 4148
27.9 y el cordial *c* del amigo, al hombre 6098
Ec 4.13 el rey viejo y necio que no admite *c* 2094
Is 5.19 venga el *c* del Santo de Israel, para 6098
7.5 acordado maligno *c* contra ti el sirio 3289
8.10 *c*, y será anulado proferid palabra, y 6098
11.2 espíritu de *c* y de poder, espíritu de 1847
14.26 este *c* el *c* que está acordado sobre 6098
16.3 reúne *c*, haz juicio; pon tu sombra en 6098
19.3 Egipto se desvanecerá... destruiré su *c* 6098
19.11 el *c* de los prudentes consejeros de 6098
19.17 te será por causa del *c* que Jehová de 6098
25.1 su *c* antiguos son verdad y firmeza 6098
28.29 hacer maravilloso el *c* y engrandecer 6098
29.15 encubriendo el *c*, y sus obras estén 6098
30.1 *c* apartan... para tomar *c* y no de mí 6098
36.5 digo que el *c* y poderío para la guerra 6098
40.14 ¿a quién pidió *c* para ser avisado? 3289
44.26 y cumple el *c* de sus mensajeros que 6098
46.10 mi *c* permanecerá, y haré todo lo que 6098
46.11 y de tierra lejana al varón de mi *c* 6098
47.13 te has fatigado en tus muchos *c* 6098
Jer 7.24 caminaron en sus propios *c*, en la 4156
18.18 la ley no faltará al... ni el *c* al sabio 6098
18.23 oh Jehová, conoces todo su *c* contra mí 6098
19.7 desvaneceré el *c* de Judá y... Jerusalén 6098
32.19 grande en *c*, y magnífico en hechos 6098
38.15 dijo... si te diere *c*, no me escucharás 3289
49.7 ¿se ha acabado el *c* en los sabios? ¿Se 6098
49.20 el *c* que Jehová ha acordado sobre Edom 6098
49.30 tomó *c* contra vosotros Nabucodonosor 6098
Ez 7.26 ley *c* alejará de... de los ancianos el *c* 6098
11.2 hombres que... dan en esta ciudad mal *c* 6098
Dn 3.24 dijo a los de u *c*: ¿No echaron a tres 1907
4.27 oh rey, acepta mi *c*: tus pecados redime 4431
6.7 acordado por *c* que promulgues un edicto 1907
Os 10.6 aun... Israel se avergonzará de su *c* 6098
11.6 las consumirá a causa de sus propios *c* 4156
Mi 4.12 no conocieron... ni entendieron su *c* 6098
6.16 y en los *c* de ellos anduvisteis, para 4156
Hab 2.10 tomaste *c* vergonzoso para tu casa 3289
Zac 6.13 lado; y *c* de paz habrá entre ambos 6098
Mt 12.14 tuvieron *c* contra Jesús... destruirle *4824*
26.4 *c* para prender con engaño a Jesús, y *4823*
27.1 ancianos... entraron en *c* contra Jesús *4824*
28.12 habido *c*, dieron mucho dinero a los *4824*
Mr 3.6 tomaron *c*... contra él para destruirle *4824*
15.1 tenido los *c* los principales sacerdotes *4824*
Jn 18.14 era Caifás el que había dado el *c* a *4823*
Hch 2.23 *c* y anticipado conocimiento de Dios *1012*
4.28 tu mano y tu *c* habían antes determinado *1012*
5.38 si este *c* o esta obra es de los hombres *1012*
9.23 los judíos resolvieron en *c* matarle *4823*
20.27 no he rehuido anunciaros todo el *c* de Dios ... *1012*
25.12 habiendo hablado con el *c*, respondió *4824*
2 Co 8.10 y en esto doy mi *c*; porque esto os *1106*
He 6.17 mostrar más... la inmutabilidad de su *c* *1012*

CONSENTIDO *Véase Consentir*

CONSENTIDOR
Lc 11.48 **que sois testigos y c de los hechos** *4909*

CONSENTIMIENTO
Jer 44.19 acaso... libaciones, sin *c*... maridos?
Sof 3.9 que invoquen el... le sirvan de común *c* 7926
1 Co 7.5 no os neguéis... a no ser... de mutuo *c* *4859*
Flm 14 nada quise hacer sin tu *c*, para que tu *1106*

CONSENTIR
Gn 34.22 con esta condición *consentirán* estos 225
Dt 13.8 no *consentirás*... ni le prestarás oído 14
1 S 15.24 temí... y *consentí* a la voz de ellos 8085
1 R 15.20 Ben-adad *consintió* con el rey Asa 8085
2 R 12.8 *consintieron* en no tomar más dinero 225
2 Cr 16.4 *consintió* Ben-adad con el rey Asa 8085
Job 11.14 no *consintieres* que more en tu casa
Sal 105.14 no *consintió*... nadie los agraviase 5117
Pr 1.10 te quisieren engañar, no *consientas* 14

29.15 el muchacho *consentido* avergonzará 7971
Dn 1.14 *consintió*...y probó con ellos diez días 8085
Mr 11.16 no *consentía* que nadie atravesase el *863*
Lc 23.51 no había *consentido* en el acuerdo ni *4784*
Hch 8.1 y Saulo *consentía* en su muerte *4909*
22.20 yo...presente, y *consentía* en su muerte *4909*
1 Co 7.12 ella *consiente* en vivir con él no *4909*
7.13 y él *consiente* en vivir con ella, no lo *4909*

CONSERVAR
Gn 7.3 para *conservar* viva la especie sobre la 2421
19.32,34 para que *conservemos*...descendencia 2421
Lv 13.5 si la llaga *conserva* el mismo aspecto 5975
Dt 6.24 nos *conserve* la vida, como hasta hoy 2421
Jue 8.19 si les hubierais *conservado* la vida 2421
2 S 18.18 no tengo hijo que *conserve*...nombre 2142
1 R 1.12 consejo, para que *conserves* tu vida 4422
18.5 que *conservemos* la vida a los caballos 2421
1 Cr 29.18 *conserva*...esta voluntad del corazón 8104
Sal 22.29 el que no puede *conservar* la vida a 2421
36.6 Jehová, al hombre y al animal *conservas* 3467
61.7 misericordia y verdad...que lo *conserven* 5341
89.28 le *conservaré* mi misericordia, y mi 8104
Pr 4.6 no la dejes...ámala, y te *conservará* 5341
5.2 guardes...tus labios *conserven* la ciencia 5341
Ec 2.9 de esto, *conserve* conmigo mi sabiduría 5975
Jer 32.14 para que se *conserven* muchos días 5975
Mt 9.17; Lc 5.38 **uno y lo otro se *conservan*** *4933*
1 Ti 5.22 en pecados ajenos. *Consérvate* puro *5083*
Jud 21 *conservaos*...amor de Dios, esperando *5083*

CONSIDERAR
Lv 13.21 si el sacerdote la *considerara*, y no 7200
19.23 *consideraréis* como incircunciso...fruto 6188
Dt 32.7 *considera* los años de...generaciones 995
Jos 13.3 Ecrón...se *considera* de los cananeos 2803
Jue 19.30 *considerad* esto, tomad consejo, y 7760
1 S 12.24 pues *considerad* cuán grandes cosas 7200
18.28 y *considerando* que Jehová...con David 7200
1 R 20.22 *considera* y mira lo que hagas 3045
2 R 5.7 *considerad*...y ved cómo busca ocasión 3045
Job 1.8; 2.3 ¿no has *considerado* a mi siervo 7760
23.15 lo *considero*, tiemblo a causa de él 995
34.27 no *consideraron* ninguno de sus caminos 7919
35.5 *considera* que las nubes son más altas 7789
37.14 detente, y *considera* las maravillas de 995
38.18 ¿has *considerado* tú...las anchuras de 995
Sal 5.1 escucha, oh...mis palabras *considera* 995
37.37 *considera* al íntegro, y mira al justo 8104
48.13 *considerad*...su antemuro...sus palacios 7896
77.5 consideraba los días desde el principio 2803
80.14 mira...y *considera*, y visita esta viña 7200
102.17 habrá *considerado* la oración de los 6437
119.15 meditaré; *consideraré* tus caminos 7878
11 9.59 *consideré* mis caminos, y volví mis 2803
119.95 mas yo *consideraré* tus testimonios 995
Pr 5.6 si no *consideraras* el camino de vida 6424
5.21 Jehová...él *considera* todas sus veredas 6424
7.7 *consideré* entre los jóvenes, a un joven 995
21.12 *considera* el justo la casa del impío 7919
23.1 *considera* bien lo que está delante de ti 995
31.16 *considera* la heredad, y la compra, y 2161
31.27 *considera* los caminos de su casa, y no 6822
Ec 7.14 en el día de la adversidad *considera* 7200
Is 5.12 ni *consideran* la obra de sus manos 5027
Jer 2.10 enviad a Cedar, y *considerad*...y ved 995
9.17 *considerad* y llamad plañideras que 995
Lm 2.20 mira...*considera* a quién has hecho así 5027
Dn 4.35 los habitantes...son *considerados* como 2804
8.5 mientras yo *consideraba* esto, he aquí un 995
8.15 mientras yo...*consideraba* la visión y 7200
Os 7.2 y no *consideran*...que tengo en memoria 559
Mt 6.28 ***considerad* los lirios del campo, cómo** *2648*
Lc 12.24 ***considerad* los cuervos, que ni** *2657*
12.27 ***considerad* los lirios, cómo crecen; no** *2657*
14.31 **se sienta...y *considera* si puede hacer** *1011*
Hch 11.6 *consideré* y vi cuadrúpedos...y aves *2657*
12.12 habiendo *considerado* esto, llegó a casa *4894*
Ro 4.19 no se debilitó...*considerar* su cuerpo *2657*
6.11 *consideraos* muertos al pecado, pero *3049*
Gá 2.9 que eran *considerados* como columnas *1380*
6.1 *considerándote* a ti mismo, no sea que tú *4648*
2 Ti 2.7 *considera* lo que digo, y el Señor te *3539*
He 3.1 *considerad* al apóstol y...sacerdote de *2657*
7.4 *considerad* pues, cuán grande era éste *2334*
10.24 y *considerémonos* unos a otros para *2657*
12.3 *considerad* a aquel que sufrió tal *357*
13.7 *considerad* cuál haya sido el resultado *333*
Stg 1.23 es semejante al hombre que *considera* *2657*
1.24 él se *considera* así mismo, y se va, y *2657*
1 P 2.12 al *considerar* vuestras buenas obras *2029*
3.2 *considerando* vuestra conducta casta y *2029*

CONSIERVO
Mt 18.28 **pero saliendo...halló a uno de sus *c*** *4889*
18.29 **su *c*...rogaba diciendo: Ten paciencia** *4889*
18.31 **viendo sus *c* lo que pasaba...fueron y** *4889*
18.33 **tener misericordia de tu *c*, como yo** *4889*
24.49 **y comenzare a golpear a sus *c* y aun** *4889*
Col 1.7 aprendido de Epafras, nuestro *c* amado *4889*
4.7 os lo hará saber Tíquico...*c* en el Señor *4889*
Ap 6.11 que se completara el número de sus *c* *4889*
19.10; 22.9 no lo hagas...yo soy *c* tuyo *4889*

CONSIGNAR
Nm 4.32 *consignarás* por sus nombres todos los 6485

CONSIGO *Véase el Apéndice*

CONSIGUIENTE
Mt 12.12 **un hombre que una oveja? Por *c*** *5620*

CONSISTIR
Jue 16.5,6,15 en qué *consiste* su gran fuerza 4100
1 S 14.38 en qué ha *consistido* este pecado hoy 4100
Lc 12.15 **la vida...no *consiste* en la abundancia** *2076*
1 Co 4.20 el reino de Dios no *consiste* en *1063,3756*
1 Jn 4.10 en esto *consiste* el amor: no en que *2076*

CONSOLACIÓN
Job 15.11 ¿en tan poco tienes las *c* de Dios, y 8575
16.5 la *c* de mis labios apaciguaría...dolor 5205
Sal 94.19 dentro de mí, tus *c* alegraban mi 8575
Is 66.11 y os saciéis de los pechos de sus *c* 8575
Jer 16.7 ni les darán a beber vaso de *c* por su 8575
Mt 5.4 **que lloran, porque ellos recibirán *c*** *3870*
Lc 2.25 Simeón...esperaba la *c* de Israel; y el *3874*
Hch 4.36 (que traducido es, Hijo de *c*), levita *3874*
15.31 leído la cual, se regocijaron por la *c* *3874*
Ro 15.4 la paciencia y la *c* de las Escrituras *3874*
15.5 el Dios...de la *c* os dé...un mismo sentir *3874*
1 Co 14.3 pero el que profetiza habla...para...*c* *3889*
2 Co 1.3 Padre de misericordia y Dios de...*c* *3874*
1.4 de la *c* con que nosotros somos consolados *3870*
1.5 abunda...por el mismo Cristo nuestra *c* *3874*
1.6 si somos consolados, es para vuestra *c* *3874*
1.7 compañeros en...también lo sois en la *c* *3874*
7.4 mucho me glorío con...lleno estoy de *c* *3874*
7.7 con la *c* con que él había sido consolado *3874*
7.13 esto hemos sido consolados en nuestra *c* *3874*
Fil 2.1 por tanto, si hay alguna *c* en Cristo *3874*
2 Ts 2.16 nos dio *c* eterna y buena esperanza *3874*
Flm 7 pues tenemos gran gozo y *c* en tu amor *3874*

CONSOLADO *Véase Consolar*

CONSOLADOR, A
2 S 10.3 por honrar...tu padre te ha enviado *c*? 5162
1 Cr 19.3 honra David a tu padre...enviado *c*? 5162
Job 16.2 oído...*c* molestos sois todos vosotros 5162
Sal 69.20 esperé quien...y *c*, y ninguno hallé 5162
Ec 4.1 los oprimidos...y para ellos no había *c* 5162
Is 51.12 yo, yo soy vuestro *c*. ¿Quién eres tú 5162
Lm 1.16 se alejó de mí el *c* que dé reposo a mi 5162
1.21 oyeron que gemía, mas no hay *c* para mí 5162
Nah 3.7 Nínive es...¿Dónde te buscaré *c*? 5162
Zac 1.13 respondió...palabras *c*, al ángel que 5150
Jn 14.16 **yo rogaré al Padre, y os dará otro *C*** *3875*
14.26 **el *C*...a quien el Padre enviará en mi** *3875*
15.26 **pero cuando venga el *C*, a quien yo os** *3875*
16.7 **porque si no me fuere, el *C* no vendría** *3875*

CONSOLAR
Gn 24.67 se *consoló*...de la muerte de su madre 5162
27.42 se *consuela* acerca de ti con la idea de 5162
37.35 para *consolarlo*...él no quiso recibir 5162
38.12 después Judá se *consoló*, y subía a los 5162
50.21 los *consoló*, y les habló al corazón 5162
Rt 2.13 porque me has *consolado*, y...hablado 5162
2 S 10.2 envió...sus siervos para *consolarlo* 5162
12.24 y *consoló* David a Betsabé su mujer, y 5162
13.39 ya estaba *consolado* acerca de Amnón 5162
1 Cr 7.22 vinieron sus hermanos a *consolarlo* 5162
19.2 envió embajadores que lo *consolasen* de 5162
19.2 llegaron los...a Hanún, para *consolarle* 5162
Job 2.11 venir juntos para...y para *consolarle* 5165
6.14 el atribulado es *consolado*...compañero 2617
7.13 cuando digo: Me *consolará* mi lecho, mi 5162
10.20 déjame, para que me *consuele* un poco 1082
21.34 ¿cómo, pues, me *consoláis* en vano 5162
29.25 como el que *consuela* a los que lloran 5162
42.11 y le *consolaron* de todo aquel mal que 5162
Sal 71.21 grandeza, y volverás a *consolarme* 5162
86.17 Jehová, me ayudaste y me *consolaste* 5162
119.52 me acordé, oh Jehová...y me *consolé* 5162
119.76 sea...tu misericordia para *consolarme* 5162
119.82 diciendo: ¿Cuándo me *consolarás*? 5162
Ec 4.1 los oprimidos, sin...quien los *consuele* 5162
Is 12.1 cantaré...oh Jehová...me has *consolado* 5162
22.4 lloraré...no os afanéis por *consolarme* de 5162
40.1 *consolaos*, *c*, pueblo mío, dice...Dios 5162
49.13 Jehová ha *consolado* a su pueblo, y de 5162
51.3 *consolará* Jehová a Sion; *c* todas sus 5162
51.19 se dolerá de ti? ¿Quién te *consolará*? 5162
52.9 porque Jehová ha *consolado* a su pueblo 5162
61.2 año...a *consolar* a todos los enlutados 5162
66.13 *consuela* su madre, así os consolaré yo 5162
Jer 16.5 ni vayas a lamentar, ni los *consueles* 5110
16.7 ni partirán pan por...para *consolarlos* 5162
31.13 y los *consolaré*, y los alegraré de su 5162
31.15 Raquel que...y no quiso ser *consolada* 5162
Lm 1.2 no tiene quien la *consuele* de todos sus 5162
1.9 descendido...no tiene quien la *consuele* 5162
1.17 sus manos; no tiene quien la *consuele* 5162
2.13 ¿a quién te compararé para *consolarte* 5162
Ez 14.22 seréis *consolados* del mal que hice 5162
14.23 os *consolarán* cuando viereis su camino 5162
31.16 *consolados* en lo profundo de la tierra 5162
32.31 se *consolará* sobre toda su multitud 5162
Zac 1.17 *consolará* Jehová a Sion, y escogerá 5162
Mt 2.18 Raquel que...y no quiso ser *consolada* *3870*
Lc 16.25 **ahora éste es *consolado* aquí, y tú** *3870*
Jn 11.19 judíos habían venido a...*consolarlas* *3888*
11.31 los judíos que estaban...la *consolaban* *3888*
Hch 15.32 Judas y...*consolaron*...a los hermanos *3870*
16.40 hermanos, los *consolaron*, y se fueron *3870*
20.12 vivo, y fueron grandemente *consolados* *3870*
2 Co 1.4 el cual nos *consuela*...tribulaciones *3870*
1.4 podamos...*consolar* a los que están en *3870*
1.4 que nosotros somos *consolados* por Dios *3874*
1.6 si...*consolados*...para vuestra *consolación* *3870*
2.7 debéis perdonarle y *consolarle*, para que *3870*
7.6 pero Dios, que *consuela* a...nos *consoló* *3870*
7.7 que él había sido *consolado* en cuanto a *3870*
7.13 esto hemos sido *consolados* en vuestra *3874*
13.11 *consolaos*, sed de un mismo sentir, y *3870*
Ef 6.22 y que *consuele* vuestros corazones *3870*
Col 2.2 para que sean *consolados* sus corazones *3870*
1 Ts 2.11 qué modo...*consolábamos* a cada uno *3888*
3.7 *consolados* de vosotros por...vuestra fe *3870*

CONSOLIDAR
2 Cr 12.1 Roboam había *consolidado* el reino 3559
24.13 restituyeron la casa...la *consolidaron* 553

CONSPIRACIÓN
2 S 15.12 la *c* se hizo poderosa, y aumentaba 7195
1 R 16.20 los hechos de Zimri, y la *c* que hizo 7195
2 R 15.15 la *c* que tramó...están escritos en 7195
2 Cr 24.21 ellos hicieron *c* contra él, y por 7194
Sal 31.20 los esconderás de la *c* del hombre 7407
64.2 de la *c* de los que hacen iniquidad 7285
86.14 y *c* de violentos ha buscado mi vida 5712
Is 8.12 no llaméis *c* a...este pueblo llama *c* 7195
Jer 11.9 *c* se ha hallado entre los varones de 7195

CONSPIRAR
Gn 37.18 *conspiraron* contra él para matarle 5230
1 S 22.8 que todos vosotros hayáis *conspirado* 7194
22.13 ¿por qué habéis *conspirado* contra mí 7194
2 S 15.31 los que *conspiraron* con Absalón 7194
1 R 15.27 *conspiró* contra él, y lo hirió Baasa 7194
16.9 y *conspiró* contra él su siervo Zimri 7194
16.16 Zimri ha *conspirado*, y ha dado muerte 7194
2 R 9.14 *conspiró* Jehú hijo de...contra Jotam 7194
10.9 he *conspirado* contra mi señor, y le he 7194
12.20 *conspiraron* en conjuración, y mataron 7195
14.19 *conspiraron* contra él en Jerusalén, y 7195
15.10 contra él *conspiró* Salum...y lo hirió 7194
15.25 *conspiró* contra él Peka hijo...lo hirió 7194
15.30 Oseas...*conspiró* contra Peka hijo de 7195
17.4 el rey...descubrió que Oseas *conspiraba* 7195
21.23 siervos de Amón *conspiraron* contra él 7194
21.24 mató a todos los que habían *conspirado* 7194
2 Cr 24.25 *conspiraron* contra él sus siervos 7194
24.26 los que *conspiraron* contra él fueron 7194
25.27 empezaron a *conspirar* contra él en 7195
33.24 y *conspiraron* contra él sus siervos, y 7194
33.25 los que habían *conspirado* contra el rey 7194
Neh 4.8 *conspiraron* todos a una para venir a 7194
Is 54.15 alguno *conspirare*...el que contra ti *c* 1481

CONSTANCIA
1 Ts 1.3 amor y de vuestra *c* en la esperanza *5281*

CONSTANTE
2 Cr 12.15 Roboam y Jeroboam...guerra *c* 3605,3117
Ro 12.12 gozosos...sufridos...*c* en la oración *4342*
1 Co 15.58 estad firmes y *c*, creciendo en la *277*

CONSTANTEMENTE
2 Cr 36.15 el Dios de sus padres envió *c*
Jer 31.20 de él, me he acordado de él *c*
Hch 26.7 sirviendo *c* a Dios de día y de

CONSTAR
Mt 18.16 **boca...testigos *conste* toda palabra** *2476*

CONSTELACIÓN
Job 38.32 sacarás tú...las *c* de los cielos, o 4216

CONSTERNACIÓN
Jos 10.10 y Jehová los llenó de *c* delante de 2000
1 S 5.11 había *c* de muerte en toda la ciudad 4103
14.15 la tierra tembló; hubo, pues, gran *c* 2731

CONSTERNAR
Éx 23.27 *consternaré* a...pueblo donde entres 2000
Jer 8.9 se espantaron y fueron *consternados* 3920
51.32 se *consternaron* los hombres de guerra 926

CONSTITUIR
Éx 7.1 yo te he *constituido* dios para Faraón 5414
Nm 3.10 y *constituirás* a Aarón y a sus hijos 6485
Jos 9.21 *constituidos* leñadores y aguadores 2404
Jue 8.30 setenta hijos que *constituyeron* su
1 S 8.5 *constitúyenos*...un rey que nos juzgue 7760
28.2 yo te *constituiré* guarda de mi persona 7760
2 S 6.21 me eligió...*constituirme* por príncipe 6680
1 Cr 9.22 cuales *constituyó*...David y Samuel 3245
17.22 tú has *constituido* a tu pueblo Israel 5414
26.32 David *constituyó* sobre los rubenitas 6485
2 Cr 8.14 *constituyó* los turnos de...sacerdotes 5975
36.10 y *constituyó* a Sedequías su...por rey 4427
Sal 81.5 lo *constituyó* como testimonio en José 7760
Pr 17.22 corazón alegre *constituye*...remedio 3190
Jer 37.1 Nabucodonosor...*constituyó* por rey en 4427
Dn 4.17 y *constituye* sobre él al más bajo de 6966
5.11 *constituyó* jefe sobre todos los magos 6966
6.1 *constituir* sobre el reino 120 sátrapas 6966
Os 8.4 *constituyeron* príncipes...yo no lo supe 8323
Hch 14.23 *constituyeron* ancianos en...iglesia *5500*
Ro 5.19 muchos fueron *constituidos* pecadores *2525*
5.19 los muchos serán *constituidos* justos *2525*
Ef 4.11 él mismo *constituyó* a unos, apóstoles *1325*
1 Ti 2.7 fui *constituido* predicador y apóstol *5087*
2 Ti 1.11 fui *constituido* predicador, apóstol *5087*
He 1.2 a quien *constituyó* heredero de todo *5087*
3.2 el cual es fiel al que le *constituyó* *4160*
5.1 es *constituido* a favor de los hombres *2525*
7.16 no *constituido* conforme a la ley del *1096*
7.28 la ley *constituye* sumos sacerdotes a *2525*
8.3 *constituido* para presentar ofrendas y *2525*

11.3 haber sido *constituido* el universo por......... *2675*
Stg 4.4 mundo, se *constituye* enemigo de Dios......... *2525*

CONSTREÑIR

2 Co 5.14 el amor de Cristo nos *constriñe*............. *4912*

CONSTRUCTOR

He 11.10 ciudad... cuyo arquitecto y *c* es Dios.......... *1217*

CONSTRUIR

Dt 20.20 *construir* baluarte contra la ciudad.......... 1129
1 R 22.39 y la casa de marfil que *construyó*............ 1129
1 Cr 21.18 *construyese* un altar a Jehová en........... 1129
2 Cr 20.36 compañía para *construir* naves que........ 6213
20.36 *construyeron* las naves en Ezión-geber....... 6213
27.4 y *construyó* fortalezas y torres en los.......... 1129

CONSUELO

Gn 37.35 mas él no quiso recibir *c*, y dijo.............. 5162
2 S 14.17 sea... de *c* la respuesta de mi señor.......... 4496
Job 6.10 sería... *c*, si me asaltase con dolor............ 5165
21.2 oíd... mi palabra, y sea esto el *c* que.......... 8575
Sal 77.2 alzaba a él mis manos... rehusaba *c*.......... 5162
119.50 ella es mi *c* en mi aflicción, porque.......... 5162
Is 54.11 fatigada con tempestad, sin *c*; he............. 5162
57.18 pastorearé, y le daré *c* a él y a sus........... 5162
66.13 a vosotros, y en Jerusalén tomaréis *c*......... 5162
Ez 16.54 siendo tú motivo de *c* para ellas.............. 5162
Zac 10.2 sueños vanos, y vano es su *c*; por............. 5162
Lc 6.24 **ay... ricos! porque ya tenéis vuestro *c***......... *3874*
Fil 2.1 si algún *c* de amor, si alguna comunión......... *3874*
Col 4.11 me ayudan... y han sido para mí un *c*......... *3931*
He 6.18 tengamos un... *c* los que hemos acudido....... *3874*

CONSULTAR

Gn 25.22 los hijos luchaban... fue a *consultar*.......... 1875
Éx 18.15 el pueblo viene a mí para *consultar*.......... 1875
Lv 19.31 no los *consultéis* contaminándoos con........ 1245
Nm 27.21 le *consultará* por el juicio del Urim
Dt 18.11 ni... ni quien *consulte* a los muertos.......... 7592
Jos 9.14 tomaron... y no *consultaron* a Jehová
Jue 1.1 hijos de Israel *consultaron* a Jehová........... 7592
20.18 *consultaron* a Dios... ¿Quién subirá de....... 7592
20.23 *consultaron* a Jehová... ¿Volveremos a....... 7592
1 S 9.9 que iba a *consultar* a Dios, decía así........... 1875
14.37 Saúl *consultó* a Dios: ¿Descenderé tras....... 7592
22.10 el cual *consultó* por él a Jehová y le.......... 7592
22.13 diste pan... *consultaste* por él a Dios.......... 7592
22.15 ¿he comenzado yo... a *consultar* por él........ 7592
23.2 David *consultó* a Jehová, diciendo: ¿Iré....... 7592
23.4 David volvió a *consultar* a Jehová.............. 7592
28.6 *consultó* Saúl a Jehová; pero Jehová no....... 7592
30.8 David *consultó* a Jehová... ¿Perseguiré a...... 7592
2 S 2.1 *consultó* a Jehová, diciendo: ¿Subiré.......... 7592
5.19 *consultó* David a Jehová... ¿Iré contra.......... 7592
5.23 *consultando* David a Jehová... respondió...... 7592
16.23 como si se *consultase* la palabra de.......... 7592
21.1 David *consultó* a Jehová, y Jehová le.......... 1245
1 R 14.5 vendrá a *consultarte* por su hijo, que......... 1245
22.5 ruego que *consultes* hoy la palabra de......... 1875
22.7 algún profeta... por el cual *consultemos*?...... 1875
22.8 un varón por el cual podríamos *consultar*..... 1875
2 R 1.2 y *consultad* a Baal-zebub dios de Ecrón........ 1875
1.3,6,16 a *consultar* a Baal-zebub dios de.......... 1875
1.16 ¿no hay Dios en Israel para *consultar* en....... 1875
3.11 *consultemos* a Jehová por medio de él?........ 1875
6.8 *consultando* con sus siervos, dijo: En tal........ 3289
8.8 vé a recibir... y *consulta* por él a Jehová........ 3289
16.15 altar de bronce será... para *consultar*......... 3289
1 Cr 10.13 murió Saúl... *consultó* a una adivina....... 3289
10.14 no *consultó* a Jehová; por esta causa.......... 3289
14.10 *consultó* a Dios, diciendo: ¿Subiré............ 7592
14.14 volvió a *consultar* a Dios, y Dios le........... 7592
21.30 David no pudo ir allá a *consultar* a.......... 1875
2 Cr 1.5 el altar... fue a *consultar* Salomón............ 1875
18.4 te ruego que *consultes* hoy la palabra.......... 1875
20.3 humilló su rostro para *consultar* a............ 1875
33.6 *consultaba* a adivinos y encantadores......... 6213
34.21 *consultad* a Jehová por mí y por el........... 1875
34.26 rey... que os ha enviado a *consultar* a......... 1875
Esd 2.63 sacerdote para *consultar* con Urim y......... 5975
Neh 6.7 ven, por tanto, y *consultemos* juntos.......... 3289
Sal 2.2 príncipes *consultarán* unidos contra........... 3245
31.13 *consultan* juntos contra mí e idean.......... 3245
62.4 solamente *consultan* para arrojarle de......... 3289
71.10 los que acechan mi alma *consultaron*......... 3289
83.3 contra tu pueblo han *consultado* astuta........ 5475
Is 8.19 ¿no *consultará* el pueblo a su Dios?............ 1875
8.19 ¿*consultará* a... muertos por los vivos?......... 1875
45.21 proclamad... y entren todos en *consulta*....... 3289
Jer 21.2 *consulta* ahora acerca de nosotros a.......... 1875
37.7 os envió a mí para que me *consultaseis*......... 1875
Ez 14.3 he de ser yo... *consultado* por ellos?........... 1875
14.10 como la maldad del que *consultare*, así......... 1875
20.1 vinieron algunos... a *consultar* a Jehová....... 1875
20.3 ¿a *consultarme* venís vosotros? Vivo yo........ 1875
21.21 *consultó* a sus ídolos, miró el hígado.......... 7592
Dn 1.20 todo asunto... que el rey les *consultó*.......... 1245
Sof 1.6 que no buscaron a... ni le *consultaron*.......... 1875
Mt 22.15 se fueron los fariseos y *consultaron*.......... *4824*
27.7 y después de *consultar*, compraron con........ *4824*
Gá 1.16 no *consulté* en seguida con carne y........... *4323*

CONSUMACIÓN

Is 10.23 Jehová de los ejércitos, hará *c* ya............. 3617
Ez 21.25,29 el tiempo de la *c* de la maldad............. 7093
Dn 9.27 hasta que venga la *c*, y lo que está........... 3617
Nah 1.9 hará *c*, no tomará venganza dos veces........ 3617
He 9.26 en la *c* de los siglos, se presentó.............. *4930*

CONSUMADO *Véase Consumar*

CONSUMADOR

He 12.2 ojos en Jesús, el autor y *c* de la fe............. *5051*

CONSUMAR

Gn 18.21 veré si han *consumado* su obra según.. 6213,3617
Dn 11.36 prosperará, hasta... *consumada* la ira........ 3615
Jn 19.28 **ya todo estaba *consumado*... Tengo sed**...... *5055*
19.30 **tomado el vinagre, dijo: *Consumado* es**....... *5055*
Stg 1.15 el pecado, siendo *consumado*, da a luz......... *658*
Ap 10.7 misterio de Dios se *consumará*, como......... *5055*
15.1 en ellas se *consumaba* la ira de Dios........... *5055*

CONSUMIDO *Véase Consumir*

CONSUMIDOR

Dt 4.24 Jehová tu... es fuego *c*, Dios celoso............. 398
9.3 que es Jehová... el que pasa... como fuego *c*..... 398
2 S 22.9 de su boca fuego *c*; carbones fueron........... 398
Sal 18.8 humo subió de... y de su boca fuego *c*.......... 398
Is 29.6; 30.30 torbellino... y llama de fuego *c*.......... 398
33.14 ¿quién de nosotros morará... fuego *c*?......... 398
He 12.29 porque nuestro Dios es fuego *c*.............. *2654*

CONSUMIR

Gn 31.40 de día me *consumía* el calor, y de............ 398
41.30 años... y el hambre *consumirá* la tierra....... 3615
Éx 3.2 en fuego, y la zarza no se *consumía*............ 398
10.12 y *consuma* todo lo que el granizo dejó......... 398
10.15 *consumió* toda la hierba de la tierra........... 398
15.7 tu ira; los *consumió* como a hojarasca.......... 398
32.10 se encienda mi ira en... y los *consuma*........ 3615
33.3 no... no sea que te *consuma* en el camino...... 3615
33.5 en un momento subiré... y te *consumiré*....... 3615
Lv 6.10 el fuego... *consumido* el holocausto............ 398
9.24 salió fuego... y *consumió* el holocausto......... 398
26.16 enviaré... calentura, que *consuman* los....... 3615
26.20 vuestra fuerza se *consumirá* en vano......... 8552
26.38 la tierra de... enemigos os *consumirá*......... 398
26.44 yo... ni los abominaré para *consumirlos*...... 3615
Nm 11.1 fuego... *consumió* uno de los extremos......... 398
12.12 tiene ya medio *consumida* su carne........... 398
14.33 cuerpos sean *consumidos* en el desierto...... 8552
14.35 en este desierto serán *consumidos*, y......... 8552
16.21,45 apartaos... *consumiré* en un momento..... 3615
16.35 *consumió* a los... hombres que ofrecían....... 398
21.28 *consumió* a Ar de Moab, a los señores......... 398
25.11 no he *consumido*... los hijos de Israel......... 3615
26.10 *consumió* el fuego a 250 varones, para........ 398
Dt 5.25 porque este gran fuego nos *consumirá*......... 398
7.16 *consumirás* a... pueblos que te da Jehová....... 398
12.3 sus imágenes de Asera *consumiréis* con....... 8313
13.16 *consumirás* con fuego la ciudad y todo....... 8313
28.21 que te *consuma* de la tierra a la cual......... 3615
28.38 poco, porque la langosta lo *consumirá*....... 2628
28.42 el fruto de... serán *consumidos* por la........ 3423
31.17 esconderé... rostro, y serán *consumidos*....... 398
32.24 *consumidos*... de hambre, y devorados....... 4198
Jos 5.6 hombres de guerra... fueron *consumidos*...... 8552
6.24 y *consumieron* con fuego la ciudad, y......... 8313
8.24 habían caído a... hasta ser *consumidos*........ 8552
24.20 volverá y os hará mal, y os *consumirá*........ 3615
Jue 6.21 fuego... el cual *consumió* la carne y............ 398
9.20 *consuma* a los de Siquem... *c* a Abimelec....... 398
1 S 2.33 para *consumir* tus ojos y llenar tu........... 3615
2 S 2.26 *consumirá* la espada perpetuamente?........ 398
11.25 no tengas pesar por... la espada *consume*..... 398
22.39 los *consumiré* y los herirě, de modo.......... 3615
1 R 18.38 y *consumió* el holocausto, la leña............ 398
2 R 1.10,12 descienda fuego del... y *consúmate*......... 398
1.10,12 fuego... lo *consumió* a él y a sus 50........... 398
1.14 y ha *consumido* a los dos... capitanes de........ 398
13.17 herirás a los sitios... hasta *consumirlos*....... 3615
1 Cr 17.9 ni los hijos de... lo *consumirán* más......... 1086
2 Cr 7.1 fuego... *consumió* el holocausto y las.......... 398
7.13 a la langosta que *consuma* la tierra, o......... 398
29.28 duró hasta *consumirse* el holocausto......... 3615
36.19 *consumieron* a fuego todos sus palacios...... 8313
Esd 9.14 ¿no te indignarías... hasta *consumirnos*...... 3615
Neh 2.3 sus puertas *consumidas* por el fuego?......... 398
2.13,17 sus puertas... *consumidas* por el fuego....... 398
9.31 no los *consumiste*, ni los desamparaste........ 3615
Est 9.24 para *consumirlos* y acabar con ellos.......... 2000
Job 1.16 fuego de Dios cayó del... y los *consumió*........ 398
4.9 y por el soplo de su ira son *consumidos*........ 3615
5.2 ira, y al codicioso lo *consume* la envidia........ 4191
9.22 al perfecto y al impío él los *consume*.......... 3615
11.20 los ojos de los malos se *consumirán*.......... 3615
15.34 fuego *consumirá* las tiendas de soborno...... 398
20.26 fuego... los *consumirá*; devorará lo que......... 398
22.20 fuego *consumió* lo que de ellos quedó.......... 398
31.12 es fuego... *consumirla* toda mi hacienda........ 398
32.22 en breve mi Hacedor me *consumiría*......... 5375
Sal 6.6 me he *consumido* a fuerza de gemir........... 3021
21.9 deshará en su ira, y fuego los *consumirá*....... 398
31.9 se han *consumido* de tristeza mis ojos........ 6244
31.10 agotan... y mis huesos se han *consumido*...... 6244
37.20 enemigos de Jehová... serán *consumidos*...... 3615
39.10 *consumido* bajo los golpes de tu mano........ 3615
49.14 *consumirá* su buen parecer, y el Seol......... 1086
50.3 vendrá... fuego *consumirá* delante de él........ 398
69.9 porque me *consumió* el celo de tu casa........ 398
73.19 asolados... se *consumieron* de terrores....... 8552
78.33 *consumió* sus días en vanidad, y sus.......... 3615
79.7 han *consumido* a Jacob, y su morada han........ 398
90.7 con tu furor somos *consumidos*, y con tu....... 3615
102.3 mis días se han *consumido* como humo......... 3615
104.35 sean *consumidos* de la... los pecadores....... 8552
112.10 crujirá los dientes, y se *consumirá*.......... 4549

119.119 hiciste *consumir* a todos los impíos........ 7673
119.139 mi celo me ha *consumido*, porque mis..... 6789
Pr 5.11 al final, cuando se *consuma* tu carne.......... 3615
Ec 5.11 también aumentan los que los *consumen*....... 398
Is 1.20 seréis *consumidos* a espada; porque la.......... 398
1.28 los que dejan a Jehová serán *consumidos*..... 3615
5.5 le quitaré su valla y será *consumida*............ 1197
5.24 la lengua del fuego *consume* el rastrojo........ 398
10.17 abrase y *consuma* en un día sus cardos........ 398
10.18 la gloria de su... *consumirá* totalmente....... 3615
15.6 las aguas de Nimrim serán *consumidas*....... 4923
16.4 el pisoteador será *consumido* de sobre........ 8552
24.6 por esta causa la maldición *consumió* la........ 398
24.6 causa fueron *consumidos* los habitantes...... 2787
26.11 y a tus enemigos fuego los *consumirá*......... 398
29.20 el escarnecedor será *consumido*; serán...... 3615
30.27 ira, y su lengua como fuego que *consume*...... 398
31.8 *consumirá* espada no de hombre; y huirá........ 398
33.11 el soplo de vuestro fuego os *consumirá*........ 398
38.12 me *consumirás* entre el día y la noche........ 7999
42.25 fuego... y le *consumió*, mas no hizo caso....... 1197
49.4 y sin provecho he *consumido* mis fuerzas..... 3615
64.11 nuestro santuario... *consumida* al fuego...... 8316
Jer 3.24 confusión *consumió* el trabajo... padres....... 398
5.3 los *consumiste*, y no quisieron recibir........... 3615
5.14 a este pueblo por leña y los *consumirá*......... 398
6.29 por el fuego se ha *consumido* el plomo......... 8552
10.25 Jacob, lo devoraron, le han *consumido*....... 3615
14.12 los *consumiré* con espada, con hambre....... 3615
14.15; 16.4 espada... hambre serán *consumidos*.... 8552
17.27 haré descender fuego... y *consumirá*... los..... 398
21.14 y *consumirá* todo lo que está alrededor........ 398
30.16 serán *consumidos*... los que te *consumen*...... 398
36.23 el rollo se *consumió* sobre el fuego que....... 8552
44.12 serán todos *consumidos*... a espada, y........ 8552
44.12 caerán... y serán *consumidos* de hambre..... 8552
44.18 a espada y de hambre somos *consumidos*.... 8552
44.27 hombres... serán *consumidos* a espada y..... 8552
49.27 haré... *consumirá* las casas de Ben-adad...... 398
Lm 1.13 envió fuego que *consume* mis huesos......... 7287
3.22 por la misericordia de... no... *consumidos*...... 8552
4.11 encendió... fuego que *consumió* hasta sus...... 398
Ez 4.17 al faltarles... se *consuman* en su maldad...... 4743
5.12 será *consumida* de hambre en medio de ti.... 3615
7.15 y al que esté en la ciudad lo *consumirá*......... 398
13.13 piedras de granizo con... para *consumir*..... 3615
13.14 y seréis *consumidos* en medio de ella......... 3615
15.4 puesta en el fuego para ser *consumida*......... 398
15.4 sus dos extremos *consumió* el fuego, y........ 2787
15.5 el fuego la hubiere *consumido*, y fuere......... 398
15.6 la... di al fuego para que la *consumiese*......... 402
15.7 aunque... escaparon, fuego los *consumirá*....... 398
16.20 sacrificaste a... que fuesen *consumidos*........ 398
16.21 como ofrenda que el fuego *consumía*?
19.12 ramas fuertes... las *consumió* el fuego......... 398
19.14 fuego... ha *consumido* su fruto, y no ha........ 398
20.47 cual *consumirá* en ti todo árbol verde......... 398
21.28 para *consumir*... pulida con resplandor........ 398
22.31 con el ardor de mi ira los *consumí*............ 3615
23.25 tu remanente... *consumido* por el fuego........ 398
23.47 sus hijas, y sus casas *consumirán* con........ 8313
24.10 encendiendo... para *consumir* la carne......... 8552
24.11 se queme... y se *consuma* su herrumbre........ 8552
24.12 en fuego será su herrumbre *consumido*
24.23 os *consumiréis* a causa de... maldades........ 4743
28.18 saqué fuego... el cual te *consumió*, y........... 398
33.10 y a causa de ellos somos *consumidos*......... 4743
34.29 no serán ya más *consumidos* de hambre....... 622
43.8 por tanto, los *consumí* en mi furor............. 398
Dn 2.44 *consumirá* a todos estos reinos, pero.......... 5487
11.16 la cual será *consumida* en su poder.......... 3615
Os 5.7 en un solo mes serán *consumidos* ellos......... 398
8.14 yo meteré fuego... *consumirá* sus palacios...... 398
11.6 espada... *consumirá* sus aldeas; las *c* a........ 3615
Jl 1.19 porque fuego *consumió* los pastos del.......... 398
1.20 fuego *consumió*... praderas del desierto......... 398
2.3 delante de él *consumirá* fuego, tras de él........ 398
2.5 de llama de fuego que *consume* hojarascas...... 398
Am 1.4 y *consumirá* los palacios de Ben-adad........... 398
1.7 fuego en... Gaza, y *consumirá* sus palacios...... 398
1.10 fuego en... Tiro, y *consumirá* sus palacios...... 398
1.12 fuego... *consumirá* los palacios de Bosra........ 398
1.14 y *consumirá* sus palacios con estruendo........ 398
2.2 fuego en Moab, y *consumirá* los palacios........ 398
2.5 fuego en Judá... *consumirá* los palacios de....... 398
5.6 acometa... a la casa de José y la *consuma*....... 398
7.4 *consumió* un gran abismo, y *c* una parte de...... 398
Abd 18 los quemarán y los *consumirán*; ni aun........ 398
Nah 1.8 inundación... *consumirá* a... adversarios...... 3617
1.10 serán *consumidos* como hojarasca... seca....... 398
3.13 puertas... fuego *consumirá* tus cerrojos........ 398
3.15 allí te *consumirá* el fuego, te talará............ 398
Sof 1.18 la tierra será *consumida* con el fuego......... 398
3.8 de mi celo será *consumida* toda la tierra........ 398
Zac 5.4 permanecerá en... casa y la *consumirá*........ 3615
9.4 herirá... y ella será *consumida* de fuego......... 398
11.1 oh Líbano... *consuma* el fuego tus cedros....... 398
12.6 y *consumirán* a diestra y a siniestra........... 398
14.12 se *consumirán* en las cuencas sus ojos....... 4743
Mal 3.6 por esto, no habéis sido *consumidos*.......... 3615
Lc 9.54 descienda fuego del cielo... *consuma*?........... *355*
15.30 **ha *consumido* tus bienes con rameras**......... *2719*
Jn 2.17 escrito: El celo de tu... me *consume*........... *2719*
2 Co 2.7 que no sea *consumido* de... tristeza........... *2666*
Gá 5.15 mirad... no os *consumáis* unos a otros......... *355*
Ap 18.17 en una hora han sido *consumidas*............ *2049*
20.9 descendió fuego del cielo y... *consumió*........ *2719*

CONTAMINACIÓN

Hch 15.20 se aparten de las *c* de los ídolos ... *234*
2 Co 7.1 limpiémonos de toda *c* de carne y de ... *3436*
1 P 1.19 como de un cordero sin mancha y sin *c* ... *784*
2 P 2.20 habiéndose ellos escapado de las *c* ... *3393*

CONTAMINAR

Lv 11.43 ni os *contaminéis* con ellos, ni seáis ... 2930
11.44 no *contaminéis* vuestras personas con ... 2930
14.36 para que no sea *contaminado* todo lo ... 2930
15.31 por haber *contaminado* mi tabernáculo ... 2930
18.20 acto carnal... *contaminándote* con ella ... 2930
18.21 no *contamines* así el nombre de tu Dios ... 2490
18.25 la tierra fue *contaminada*; y yo visité ... 2930
18.27 hicieron... y la tierra fue *contaminada* ... 2930
18.28 vomite por haberla *contaminado*, como ... 2930
18.30 no os *contaminéis* en ellas. Yo Jehová ... 2930
19.29 no *contaminarás* a tu hija... fornicar ... 2490
19.31 no los consultéis, *contaminándoos* con ... 2930
20.3 *contaminando* mi santuario y profanando ... 2490
20.25 no *contaminéis* vuestras personas con ... 8362
21.1 que no se *contaminen* por un muerto en ... 2930
21.3 por su hermana virgen... se *contaminará* ... 2930
21.4 no se *contaminará* como... hombre de su ... 2930
21.11 padre ni por su madre se *contaminará* ... 2930
22.8 no comerá, *contaminándose* en ello ... 2930
Nm 5.2 leproso, y a... *contaminado* con muerto ... 2931
5.3 para que no *contaminen* el campamento de ... 2930
6.7 ni aun por su padre... podrá *contaminarse* ... 2930
6.9 su cabeza... será *contaminada*; por tanto ... 2930
6.12 por cuanto fue *contaminado* su nazareato ... 2930
18.32 no *contaminaréis* las cosas santas de ... 2490
19.13 el tabernáculo de Jehová *contaminó*, y ... 2930
19.20 *contaminó* el tabernáculo de Jehová ... 2930
35.33 y no *contaminaréis* la tierra donde ... 2610
35.34 no *contaminéis*, pues, la tierra donde ... 2930
Dt 21.23 no *contaminarás* tu tierra que Jehová ... 2930
2 R 23.16 quemó sobre el altar... *contaminarlo* ... 2930
2 Cr 36.14 y *contaminando* la casa de Jehová ... 2930
Neh 13.29 los que *contaminan* el sacerdocio, y ... 1352
Sal 106.38 tierra fue *contaminada* con sangre ... 2610
106.39 se contaminaron así con sus obras, y ... 2930
Is 24.5 tierra se *contaminó* bajo... moradores ... 2610
59.3 manos están *contaminadas* de sangre, y ... 1351
Jer 2.7 entrasteis y *contaminasteis* mi tierra ... 2930
3.2 con tu maldad has *contaminado* la tierra ... 2610
3.9 la tierra fue *contaminada*, y adulteró ... 2610
16.18 porque *contaminaron* mi tierra con los ... 2490
32.34 pusieron... en la casa... *contaminándola* ... 2930
Lm 4.14 calles, fueron *contaminados* con sangre ... 1351
Ez 9.7 *contaminad* la casa, y llenad los atrios ... 2930
14.11 ni se *contamine* más en... sus rebeliones ... 2930
20.7 y no os *contaminéis* con los ídolos de ... 2930
20.18 no... ni os *contaminéis* con sus ídolos ... 2930
20.26 y los *contaminé* en sus ofrendas cuando ... 2930
20.30 ¿no os *contamináis*... a la manera de ... 2930
20.31 habéis *contaminado* con todos... ídolos ... 2930
20.43 hechos en que os *contaminasteis*; y os ... 2930
22.3 y que hizo ídolos... para *contaminarse!* ... 2930
22.4 te has *contaminado* en tus ídolos que ... 2930
22.11 cada uno *contaminó*... su nuera, y cada ... 2930
22.26 mi ley, y *contaminaron* mis santuarios ... 2490
23.7 se *contaminó* con... los ídolos de ellos ... 2930
23.13 vi que se había *contaminado*; un mismo ... 2930
23.17 la contaminaron, y ella... se contaminó ... 2930
23.30 con las cuales te *contaminaste* en sus ... 2930
23.38 *contaminaron* mi santuario en aquel día ... 2930
23.39 en mi santuario... día para *contaminarlo* ... 2490
33.26 *contaminasteis* cada cual a la mujer de ... 2930
36.17 la *contaminó* con sus caminos y con sus ... 2930
36.18 porque con sus ídolos la *contaminaron* ... 2930
37.23 ni se *contaminarán* ya... con sus ídolos ... 2930
43.8 han *contaminado* mi santo nombre con sus ... 2930
44.7 incircuncisos... para *contaminar* mi casa ... 2490
44.25 no se acercarán a... para *contaminarse* ... 2930
44.25 pero por padre... sí podrán *contaminarse* ... 2930
Dn 1.8 no *contaminarse* con la porción de la ... 1351
1.8 pidió... no se le obligase a *contaminarse* ... 2930
Os 6.10 fornicó Efraín, y se *contaminó* Israel ... 2930
Mi 2.10 pues está *contaminado*, corrompido ... 2930
Sof 3.1 ay de la ciudad rebelde y *contaminada* ... 1351
3.4 sus sacerdotes *contaminaron* el santuario ... 2490
Mt 15.11 **no lo que entra...** ***contamina*** **al hombre** ... *2840*
15.11,18 **lo que sale de...** ***contamina*** **al hombre** ... *2840*
15.20 **estas cosas son... contaminan al hombre** ... *2840*
15.20 **con las manos sin lavar no** ***contamina*** ... *2840*
Mr 7.15 **entre en él, que le pueda** ***contaminar*** ... *2840*
7.15 **lo que sale de él...** ***contamina*** **el hombre** ... *2840*
7.18 **lo de fuera que... no le puede** ***contaminar*** ... *2840*
7.20 **lo que... sale, eso** ***contamina*** **al hombre** ... *2840*
7.23 **estas maldades de...** ***contaminan*** **al hombre** ... *2840*
Jn 18.28 no entraron en... para no *contaminarse* ... *3392*
1 Co 8.7 y su conciencia... débil, se *contamina* ... *3435*
He 12.15 y por ella muchos sean *contaminados* ... *3392*
Stg 3.6 la lengua... *contamina* todo el cuerpo ... *4695*
Jud 23 aborreciendo aun la ropa *contaminada* ... *4695*
Ap 14.4 estos son los que no se *contaminaron* ... *3435*

CONTAR

Gn 13.16 si alguno puede *contar* el polvo de la ... 4487
13.16 también tu descendencia será *contada* ... 4487
15.5 cuenta las estrellas, si... puedes *contar* ... 5608
15.6 y creyó a Jehová... *contado* por justicia ... 2803
16.10 que no podrá ser *contada* a causa de la ... 5608
24.66 criado *contó* a Isaa *c* todo lo que había ... 5608
29.13 y él *contó* a Labán todas estas cosas ... 5608
32.12 que no se puede *contar* por la multitud ... 5608
37.5 y soñó José un sueño, y lo *contó* a sus ... 5046
37.9 otro sueño, y lo *contó* a sus hermanos ... 5608
37.10 lo *contó* a su padre y a sus hermanos ... 5608
40.8 ¿no son de Dios las... *Contádmelo* ahora ... 5608
40.9 *contó* su sueño a José, y le dijo: Yo ... 5608
41.8 los magos... les *contó* Faraón sus sueños ... 5608
41.12 y se lo *contamos*, y él nos interpretó ... 5608
41.49 no poderse *contar*... no tenía número ... 5608
42.29 le *contaron* todo lo que les... acontecido ... 5046
44.24 le *contamos* las palabras de mi señor ... 5046
45.27 le *contaron* todas las palabras de José ... 1696
Éx 4.28 *contó* Moisés a Aarón... las palabras de ... 5046
10.2 que *cuentes* a tus hijos y a tus nietos ... 5608
12.37 hombres de a pie, sin *contar* los niños ... 905
13.8 lo *contarás*... a tu hijo, diciendo: Se hace ... 5046
18.8 y Moisés *contó* a su suegro todas las ... 5608
24.3 vino y *contó* al pueblo, las palabras de ... 5608
30.12 cuando los *cuentes*, para que no haya ... 6485
30.12 haya mortandad cuando los hayas *contado* ... 6485
30.13 esto dará todo aquel que sea *contado* ... 6485
30.14 el que sea *contado*... dará la ofrenda a ... 6485
Lv 7.18 no será acepto, ni le será *contado* ... 2803
15.13 *contará* siete días... su purificación, y ... 5608
15.28 libre de su flujo, *contará* siete días ... 5608
23.15 y *contaréis* desde el día que sigue al ... 5608
23.16 día de reposo *contaréis* cincuenta días ... 5608
25.8 *contarás* siete semanas de años, siete ... 5608
25.27 *contará* los años desde que vendió, y ... 2803
25.50 se *contará* el tiempo que estuvo con él ... 2803
Nm 1.3 los que pueden salir a... los *contaréis* ... 6485
1.19 Moisés... *contó* en el desierto de Sinaí ... 6485
1.21 los *contados* de la tribu de Rubén fueron ... 6485
1.22 fueron *contados* conforme a la cuenta de ... 6485
1.23 *contados* de la tribu de Simeón fueron ... 6485
1.25 los *contados* de la tribu de Gad fueron ... 6485
1.27 los *contados* de la tribu de Judá fueron ... 6485
1.29 *contados* de la tribu de Isacar fueron ... 6485
1.31 *contados* de la tribu de Zabulón fueron ... 6485
1.33 *contados* de la tribu de Efraín fueron ... 6485
1.35 *contados* de la tribu de Manasés fueron ... 6485
1.37 *contados* de la tribu de Benjamín fueron ... 6485
1.39 los *contados* de la tribu de Dan fueron ... 6485
1.41 los *contados* de la tribu de Aser fueron ... 6485
1.43 *contados* de la tribu de Neftalí fueron ... 6485
1.44 fueron... *contados*, los cuales *contaron* ... 6485
1.45 los *contados* de los hijos de Israel por ... 6485
1.46 fueron todos los *contados* 603.550 ... 6485
1.47 levitas... no fueron *contados* entre ellos ... 6485
1.49 solamente no *contarás* la tribu de Leví ... 6485
2.4,6,8,11,13,15,19,21,23,26,28,30 cuerpo de ejército, con sus *contados* ... 6485
2.9 los *contados* en el campamento de Judá ... 6485
2.16 los *contados* en el campamento de Rubén ... 6485
2.24 los *contados* en el campamento de Efraín ... 6485
2.31 los *contados* en el campamento de Dan ... 6485
2.32 son los *contados* de los hijos de Israel ... 6485
2.32 todos los *contados* por campamentos, por ... 6485
2.33 los levitas no fueron *contados* entre los ... 6485
3.15 *cuenta* los hijos de Leví según... casas ... 6485
3.15 *contarás*... los varones de un mes arriba ... 6485
3.16 Moisés los *contó* conforme a... de Jehová ... 6485
3.22 los *contados*... conforme a la cuenta de ... 6485
3.22 los *contados* de ellos fueron 7.500 ... 6485
3.34 *contados*... conforme al número de todos ... 6485
3.39 los *contados* de los levitas, que Moisés ... 6485
3.39 que Moisés... *contaron* por sus familias ... 6485
3.40 *cuenta* todos los primogénitos varones ... 6485
3.40 de un mes... y *cuéntalos* por sus nombres ... 4557
3.42 *contó* Moisés, como Jehová le mandó ... 6485
4.23,30 de treinta años arriba... los *contarás* ... 6485
4.29 *contarás* los hijos de Merari por sus ... 6485
4.34 *contaron* a los hijos de Coat por sus ... 6485
4.36,40,44 *contados* de ellos por sus familias ... 6485
4.37 los *contados* de las familias de Coat ... 6485
4.37,41,45 cuales *contaron* Moisés y Aarón ... 6485
4.38,41 los *contados* de los hijos de Gersón ... 6485
4.42,45 *contados* de las familias de... Merari ... 6485
4.46 todos los *contados* de los levitas que ... 6485
4.46 que Moisés... *contaron* por sus familias ... 6485
4.48 los *contados* de ellos fueron 8.580 ... 6485
4.49 como lo mandó Jehová... fueron *contados* ... 6485
4.49 los cuales *contó*... como le fue mandado ... 6485
7.2 los príncipes... estaban sobre los *contados* ... 6485
13.27 *contaron*, diciendo: Nosotros llegamos ... 5608
14.29 que fueron *contados* de entre vosotros ... 6485
18.27 y se os *contará*, como grano de la era ... 2803
18.30 será *contado*... como producto de la era ... 2803
23.9 y no será *contado* entre las naciones ... 2803
23.10 ¿quién *contará* el polvo de Jacob, o el ... 4487
26.4 *contaréis* el pueblo de 20 años arriba
26.7 estas... *fueron contados* de ellas 43.730 ... 6485
26.18 Gad; y fueron *contados* de ellas 40.500 ... 6485
26.22 de Judá, y fueron *contados* de... 76.500 ... 6485
26.25 de Isacar, y... *contados* de ellas 64.300 ... 6485
26.27 zabulonitas... *contados* de ellas 60.500 ... 6485
26.34 estas... fueron *contados* de ellas 52.700 ... 6485
26.37 Efraín; y fueron *contados* de... 32.500 ... 6485
26.41 de Benjamín... *contados* de ellas 45.600 ... 6485
26.43 los suhamitas fueron *contados* 64.400 ... 6485
26.47 de Aser; y fueron *contados* de... 53.400 ... 6485
26.50 de Neftalí... *contados* de ellas 45.400 ... 6485
26.51 son los *contados* de los hijos de Israel ... 6485
26.54 su heredad conforme a sus *contados* ... 6485
26.57 los *contados* de los levitas por sus ... 6485
26.62 de los levitas fueron *contados* 23.000 ... 6485
26.62 no fueron *contados* entre los hijos de ... 6485
26.63 los *contados* por Moisés y el... Eleazar ... 6485
26.63 los cuales *contaron* los hijos de Israel ... 6485
26.64 ninguno... de los *contados* por Moisés y ... 6485
26.64 quienes *contaron* a los hijos de Israel ... 6485
Dt 3.5 sin *contar* otras muchas ciudades sin ... 905
15.9 podrá clamar... y se te *contará* por pecado
16.9 siete semanas *contarás*... que comenzare ... 5608
16.9 comenzarás a *contar* las siete semanas ... 5608
Jos 2.23 vinieron... le *contaron* todas las cosas ... 5608
Jue 6.13 han *contado*, diciendo: ¿No nos sacó ... 5608
7.13 un hombre estaba *contando* a... un sueño ... 5608
13.6 y le vino y se lo *contó* a su marido ... 559
20.15 *contados*... de Benjamín... 26.000 hombres ... 6485
20.17 fueron *contados* los varones de Israel ... 6485
21.9 fue *contado* el pueblo, y no hubo allí ... 6485
Rt 2.19 *contó* ella a su suegra con quién había ... 5046
3.16 y le *contó* ella todo lo que... acontecido ... 5046
1 S 11.5 y le *contaron* las palabras de... Jabes ... 5608
11.8 los *contó* en Bezec; y fueron... 300.000 ... 6485
13.15 *contó* la gente que se hallaba con él ... 6485
2 S 4.2 Beerot... también... *contado* con Benjamín ... 2803
11.19 cuando acabes de *contar* al rey todos ... 1696
11.22 *contó* a David todo aquello a que Joab ... 5046
1 R 3.8 pueblo grande, que no se puede *contar* ... 5608
8.5 bueyes... no se podían *contar* ni numerar ... 5608
13.11 le *contó* todo lo que el varón de Dios ... 5608
13.11 *contaron*... a su padre las palabras que ... 5608
2 R 4.7 vino ella... y lo *contó* al varón de Dios ... 5046
8.4 me *cuentes*... las maravillas que ha hecho ... 5608
8.5 *contando* al rey cómo había hecho vivir ... 5608
8.6 preguntando el rey... ella se lo *contó* ... 5608
12.10 y *contaban* el dinero que hallaban en ... 4487
18.37 le *contaron* las palabras del Rabsaces ... 5046
1 Cr 5.1 y no fue *contado* por primogénito ... 3187
5.7 por sus familias, cuando eran *contados* ... 3187
5.17 fueron *contados*... en días de Jotam rey ... 3187
7.2 de Tola fueron *contados* por sus linajes
7.5 *contados*... sus genealogías, eran 87.000 ... 3187
7.7 los hijos de Bela... fueron *contados* 22.034 ... 3187
7.9 *contados* por... resultaron 20.200 hombres ... 3187
7.40 y *contados* que fueron por sus linajes ... 3187
9.1 *contado* todo Israel... fueron escritos en ... 3187
9.22 eran 212 cuando fueron *contados* por el ... 3187
21.6 no fueron *contados* los levitas, ni los ... 6485
21.17 soy yo el que hizo *contar* el pueblo? ... 4487
23.3 fueron *contados* los levitas de 30 años ... 5608
23.3 levitas... *contados* uno por uno, 38.000 ... 4557
23.11 cual fueron *contados* como una familia ... 6486
23.14 los hijos de Moisés... fueron *contados* ... 7121
23.24 los hijos de Leví en... *contados* por sus ... 6485
27.24 Joab... había comenzado a *contar*; pero ... 4487
2 Cr 2.17 *contó* Salomón todos los... extranjeros ... 5608
2.17 después de haberlos ya *contado* David ... 5610
5.6 por ser tantos no se pudieron *contar* ni ... 5608
31.17 *contados* entre los sacerdotes según ... 3187
34.16 lo llevó al rey y le *contó* el asunto ... 7725
Esd 2.65 sin *contar* sus siervos y siervas, los ... 905
Neh 6.19 *contaban* delante de mí... obras de el ... 559
Est 4.9 Hata *c* y *contó* a Ester las palabras de ... 5046
6.13 *contó*... todo lo que le había acontecido ... 5608
Job 3.6 no sea *contada* entre los días del año ... 4557
13.24 ¿por qué... me *cuentas* por tu enemigo ... 2803
14.16 me *cuentas* los pasos, y no das tregua ... 5608
15.17 mostraré, y te *contaré* lo que he visto ... 5608
15.18 los sabios nos *contaron* de sus padres ... 5046
16.22 los años *contados* vendrán, y yo iré a ... 4557
19.11 y me *contó* para sí entre sus enemigos ... 2803
31.4 mis caminos, y *cuenta* todos mis pasos ... 5608
31.27 yo le *contaría* el número de mis pasos ... 4557
37.20 será preciso *contarle* cuando yo hablare ... 5608
39.2 ¿*contaste* tú los meses de su preñez, y ... 5608
Sal 9.1 Jehová... *contaré* todas tus maravillas ... 5608
9.14 para que *cuente* yo todas tus alabanzas ... 5608
19.1 los cielos *cuentan* la gloria de Dios ... 5608
22.17 *contar* puedo todos mis huesos; entre ... 5608
22.30 esto será *contado*... hasta la postrera ... 5608
26.7 y para *contar* todas tus maravillas ... 5608
40.5 y tus... no es posible *contarlos* ante ti ... 5608
44.1 nos han *contado*, la obra que hiciste en ... 5608
44.22 *contados* como ovejas para el matadero ... 2803
48.12 andad... y rodeadla; *contad* sus torres ... 5608
48.13 que lo *contéis* a la generación venidera ... 5608
56.8 mis huidas tú has *contado*... lágrimas ... 5608
66.16 y *contaré* lo que ha hecho a mi alma ... 5608
68.17 los carros de Dios se *cuentan* por
69.26 y *cuentan* del dolor de los que tú ... 5608
73.28 mi esperanza, para *contar*... tus obras ... 5608
75.1 los hombres *cuentan* tus maravillas ... 5608
78.3 que nuestros padres nos las *contaron* ... 5608
78.4 *contando* a la... las alabanzas de Jehová ... 5608
78.6 se levantarán lo *cuenten* a sus hijos ... 5608
87.6 Jehová *contará* al inscribir a... pueblos ... 5608
88.4 soy *contado* entre los que descienden al ... 2803
88.11 *contada* en el sepulcro tu misericordia ... 5608
90.12 enséñanos de tal modo a *contar* nuestros ... 4487
106.2 obras... ¿quién *contará* sus alabanzas? ... 8085
106.31 *contado* por justicia de generación en ... 2803
118.17 viviré, y *contaré* las obras de JAH ... 5608
119.13 *contado* todos los juicios de tu boca ... 5608
147.4 él *cuenta* el número de las estrellas ... 4557
Pr 17.28 el necio, cuando calla, es *contado* por ... 2803
27.14 alta voz... por maldición se le *contará* ... 2803
Ec 1.15 y lo incompleto no puede *contarse* ... 4487
Is 10.19 número que un niño los pueda *contar* ... 3789
10.28 Migrón; en Micmas *contará* su ejército ... 6485
14.20 no serás *contado* con... en la sepultura ... 3161
22.10 y *contasteis* las casas de Jerusalén, y ... 5608
36.22 le *contaron* las palabras del Rabsaces ... 5046
38.13 *contaba* yo hasta la mañana. Como un ... 7737
40.26 él saca y *cuenta* su ejército; a todos ... 4557
41.23 haced... para que tengamos qué *contar* ... 8159

47.13 que *cuentan* los meses, para pronosticar 3045
52.15 verán lo que nunca les fue *contado*, y 5608
53.8 y su generación, ¿quién la *contará*? 7878
53.12 *contado* con los pecadores, habiendo 4487
Jer 23.27 con sus sueños que cada uno *cuenta* 5608
23.28 el profeta que tuviere un sueño, *cuente* 5608
23.28 y aquel a... *cuente* mi palabra verdadera 1696
23.32 los que profetizan sueños... los *cuentan* 5608
33.13 por las manos del que los *cuente*, ha 4487
33.22 puede ser *contado* el ejército del cielo 5608
36.13 y les *contó* Micaías todas las palabras 5046
36.16 sin duda *contaremos* al rey... palabras 5046
36.17 *cuéntanos*... cómo escribiste de boca de 5046
36.20 y *contaron* a oídos del rey... palabras 5046
51.10 venid, y *contemos* en Sion la obra de 5608
Ez 12.16 que *cuenten* todas sus abominaciones 5608
40.4 *cuenta*... lo que ves a la casa de Israel 5046
44.26 después de su purificación... *contarán* 5608
Dn 4.8 *conté* delante de él el sueño, diciendo 560
5.26 MENE: *contó* Dios tu reino, y le ha 4483
Os 1.10 arena... que no se puede medir ni *contar* 4557
Jl 1.3 de esto *contaréis* a vuestros hijos, y 5608
Hab 1.5 cuando se os *contare*, no la creeréis 5608
Mt 8.33 y viniendo... *contaron* todas las cosas 518
10.30 **vuestros cabellos están todos *contados*** 705
14.21 cinco mil... sin *contar* las mujeres y los 5565
15.38 cuatro mil... sin *contar* las mujeres y 5565
26.13 **se *contará* lo que ésta ha hecho, para** 2980
Mr 5.16 les *contaron*... cómo le había acontecido 1334
5.19 ***cuéntales* cuán grandes cosas el Señor ha** 312
6.30 y le *contaron* todo lo que habían hecho 518
14.9 **se *contará* lo que ésta ha hecho, para** 2980
15.28 se cumplió... fue *contado* con los inicuos 3049
Lc 8.36 les *contaron* cómo había sido salvado 518
8.39 ***cuenta* cuán grandes cosas ha hecho Dios** 1334
9.10 le *contaron* todo lo que habían hecho 1334
12.7 **aun los cabellos... están todos *contados*** 705
13.1 que le *contaban* acerca de los galileos 518
22.37 **cumpla. Y fue *contado* con los inicuos** 3049
24.35 *contaban* las cosas que les... acontecido 1834
Hch 1.17 y era *contado* con nosotros, y tenía 2674
1.26 y fue *contado* con los once apóstoles 4785
4.23 *contaron* todo lo que los principales 518
8.33 mas su generación, ¿quién la *contará*? 1334
9.27 y les *contó* cómo Saulo había visto en 1334
10.8 Jope, después de haberles *contado* todo 1834
11.4 comenzó Pedro a *contarles* por orden lo 1620
11.13 quien nos *contó* cómo había visto en su 518
12.17 les *contó* cómo el Señor le había sacado 1334
13.41 no creeréis, si alguien os la *contare* 1555
15.3 *contando* la conversión de los gentiles 1555
15.12 *contaban* cuán grandes señales... había 1834
15.14 Simón ha *contado* cómo Dios visitó por 1834
21.19 *contó*... las cosas que Dios había hecho 1834
Ro 4.3 creyó... y le fue *contado* por justicia 3049
4.4 no se le *cuenta* el salario como gracia 3049
4.5 cree... su fe le es *contada* por justicia 3049
4.9 que a Abraham le fue *contada* la fe por 3049
4.10 ¿cómo, pues, le fue *contada*? ¿Estando 3049
4.11 también a ellos la fe les sea *contada* 3049
4.22 también su fe le fue *contada*... justicia 3049
4.23 a él se escribió que le fue *contada* 3049
4.24 a nosotros a quienes ha de ser *contada* 3049
8.36 somos *contados* como ovejas de matadero 3049
9.8 no los... son *contados* como descendientes 3049
2 Co 10.12 a *contarnos* ni a compararnos con 1469
Gá 3.6 creyó... y le fue *contado* por justicia 3049
1 Ts 1.9 *cuentan*, manera en que... recibisteis 518
He 7.6 aquel cuya genealogía no es *contada* de 1075
11.32 tiempo me faltaría *contando* de Gedeón 1334
Stg 2.23 y le fue *contado* por justicia, y fue 3049
Ap 7.9 multitud, la cual nadie podía *contar* 705
13.18 *cuente* el número de la bestia, pues es 5585

CONTEMPLADOR
Is 47.13 y te defiendan los *c* de los cielos 8064

CONTEMPLAR
2 Cr 16.9 los ojos de Jehová *contemplan* toda la 7751
Job 36.24 su obra, la... *contemplan* los hombres 5027
Sal 27.4 *contemplar* la hermosura de Jehová 2372
Is 14.16 los que te vean, te *contemplarán* 7688
17.7 sus ojos *contemplarán* al Santo de Israel 7200
63.15 y *contempla* desde tu... gloriosa morada 7200
Dn 7.8 mientras yo *contemplaba* los cuernos 7920
1 Jn 1.1 lo que hemos *contemplado*, y palparon 2300

CONTEMPORÁNEO
Gá 1.14 en el judaísmo aventajaba a... mis *c* 4915

CONTENCIÓN
Sal 31.20 pondrás... a cubierto de *c* de lenguas 7379
Fil 1.16 los unos anuncian a Cristo por *c*, no 2052
Tit 3.9 y *c*, y discusiones acerca de la ley 2054
Stg 3.14 tenéis celos... *c* en vuestro corazón 2052
3.16 donde hay... *c*, allí hay perturbación y 2052

CONTENCIOSO
Ro 2.8 pero ira y enojo a los que son *c* y no 2052
1 Co 11.16 si alguno quiere ser *c*, nosotros 5380
2 Ti 2.24 el siervo del Señor no debe ser *c* 3164

CONTENDER
Gn 6.3 no *contenderá*... espíritu con el hombre 1777
30.8 he *contendido* con mi hermana... vencido 6617
Nm 20.13 *contendieron*... de Israel con Jehová 7378
Dt 2.19 los molestes, ni *contiendas* con ellos 1624
33.8 con quien *contendiste* en las aguas de 7378
Jue 6.31 él: ¿*Contenderéis* vosotros por Baal? 7378
6.31 que *contienda* por él... *c* por sí mismo 7378
6.32 Jerobaal... es, *contienda* Baal contra él 7378
1 S 12.7 *contenderé* con vosotros delante de 8199
Job 9.3 quisiere *contender* con él, no le podrá 7378
10.2 entender por qué *contiendes* conmigo 7378
13.8 ¿*contenderéis* vosotros por Dios? 7378
13.19 ¿quién es el que *contenderá* conmigo? 7378
23.6 ¿*contendería* conmigo con grandeza de 7378
31.13 de mi siervo... cuando ellos *contendían* 7378
33.13 ¿por qué *contiendes* contra él? Porque 7378
40.2 ¿es sabiduría *contender*... Omnipotente? 7378
Sal 35.1 con los que contra mí *contienden* 3401
103.9 no *contenderá* para siempre, ni para 7378
Pr 28.4 los que la guardan *contenderán* con 1624
29.9 si el... sabio *contendiere* con el necio 8199
Ec 6.10 no puede *contender* con Aquel que es 1777
Is 41.11 perecerán los que *contienden* contigo 7379
50.8 ¿quién *contenderá* conmigo? Juntémonos 7378
57.16 no *contenderé* para siempre, ni para 7378
Jer 2.9 por tanto, *contenderé* aún con vosotros 7378
12.5 ¿cómo *contenderás* con los caballos? 8474
18.19 la voz de los que *contienden* conmigo 3401
Dn 11.40 el rey del sur *contenderá* con él 5055
Os 2.2 *contended* con vuestra madre, *c*; porque 7378
4.1 Jehová *contiende* con los moradores de la 7379
4.4 *contienda* ni reprenda a hombre, porque 7378
Mi 6.1 *contiende* contra los montes, y oigan 7378
Mt 12.19 no *contenderá*, ni voceará, ni nadie 2051
Jn 6.52 judíos *contendían* entre sí, diciendo 3164
Hch 23.9 levantándose... fariseos, *contendían* 1264
Ro 14.1 pero no para *contender* sobre opiniones 1253
2 Ti 2.14 a que no *contiendan* sobre palabras 3054
Jud 3 que *contendáis* ardientemente por la fe 1864
9 cuando el arcángel Miguel *contendía* con el 1252

CONTENER
Gn 43.31 lavó... se *contuvo*, y dijo: Poned pan 662
45.1 no podía ya José *contenerse* delante de 662
1 R 7.38 cada fuente *contenía* cuarenta batos 3557
8.27 de los cielos, no te pueden *contener* 3557
1 Cr 16.32 el campo, y todo lo que *contiene*
2 Cr 2.6 que los cielos... no pueden *contenerlo*? 3557
6.18 de los cielos no te pueden *contener* 3557
Sal 119.101 todo mal camino *contuve* mis pies 3607
Pr 27.16 *contenerla* es... refrenar el viento 6845
Jer 6.11 cansado de *contenerme*; la derramaré 3557
He 9.4 una urna de oro que *contenía* el maná 2192
1 P 2.6 por lo cual *contiene* la Escritura: He 4023

CONTENTAMIENTO
Neh 12.43 Dios los había recreado con grande *c* 8055
Job 22.3 ¿tiene *c* el Omnipotente en que tú 2656
Sal 149.4 porque Jehová tiene *c* en su pueblo 7521
Pr 12.22 pero los que hacen verdad son su *c* 7522
16.13 los labios justos son el *c* de los reyes 7522
19.22 *c* es a los hombres hacer misericordia 8378
29.10 aborrecen... mas los rectos buscan su *c* 5315
Ec 12.1 los años... digas: No tengo en ellos *c* 2656
Cnt 7.10 soy de mi amado, y conmigo tiene su *c* 8669
Is 9.17 el Señor no tomará *c* en sus jóvenes 8055
42.1 mi escogido, en quien mi alma tiene *c* 7521
1 Ti 6.6 ganancia... la piedad acompañada de *c* 841

CONTENTAR
Lc 3.14 dijo... *contentaos* con vuestro salario 714
Fil 4.11 aprendido a *contentarme*, cualquiera 842

CONTENTO
Rt 3.7 Booz... su corazón estuvo *c*, se retiró 3190
2 S 19.6 que si Absalón viviera... estarías *c* 5869
Est 5.9 salió Amán... día *c* y alegre de corazón 8056
Job 31.16 si estorbé el *c* de los pobres, e hice 2656
Sal 96.12 árboles del bosque rebosarán de *c* 5937
Pr 14.14 el hombre de bien estará *c* del suyo
15.15 mas el de corazón *c* tiene un banquete 2896
Ec 4.16 que vengan... tampoco estarán *c* de él 8055
1 Ti 6.8 teniendo sustento y abrigo, estemos *c* 714
He 13.5 avaricia, *c* con lo que tenéis ahora 714
3 Jn 10 no *c* con estas cosas, no recibe a los 714

CONTESTAR
Éx 34.10 él contestó: He aquí, yo hago pacto 559
Jue 15.6 y les *contestaron*: Sansón, el yerno 559
1 R 10.3 Salomón le *contestó*... sus preguntas 5046
10.3 nada hubo que el rey no le *contestase* 5046
2 Cr 9.2 nada... que Salomón no le *contestase* 5046
10.7 y ellos le *contestaron* diciendo: Si te 1696
10.10 los jóvenes... *contestaron*: Así dirás al 1696
31.10 el sumo sacerdote Azarías... le *contestó* 559
Job 38.3 yo te preguntaré, y tú me *contestarás* 3045
Mt 21.24 **si me la *contestáis*... yo os diré con** 2036

CONTIENDA
Gn 13.7 hubo *c* entre los pastores del ganado 7379
Dt 2.19 no los molestes, ni *c* con ellos 1624
Jue 6.31 *c* por él,... *c* por sí mismo 7378
6.32 C Baal contra él, por cuanto derribó 7378
12.2 teníamos una... *c* con los hijos de Amón 7379
2 S 22.44; Sal 18.43 me has librado de las *c* 7379
Sal 18.43 me has librado de las *c* del pueblo 7379
140.2 males en el corazón, cada día urden *c* 4421
Pr 13.10 la soberbia concebirá *c*; mas con los 4683
15.18 el hombre iracundo promueve *c*; mas el 4066
16.28 el hombre perverso levanta *c*, y el 4066
17.1 paz, que casa de *c* llena de provisiones 7379
17.14 deja, pues, la *c*, antes que se enrede 4066
18.6 los labios del necio traen *c*, y su boca 7379
18.19 las *c* de los hermanos son como cerrojos 4079
19.13 y gotera continua las *c* de la mujer 4079
20.3 honra es del hombre dejar la *c*; mas todo 4079
22.10 echa... el escarnecedor, y saldrá la *c* 4066
26.20 y donde no hay chismoso, cesa la *c* 4066
26.21 el hombre rencilloso para encender *c* 7379
28.25 el altivo de ánimo suscita *c*; mas el 4066
29.22 el hombre iracundo levanta *c*, y el 4066
30.33 sangre; y que provoca la ira causará *c* 7379
Is 41.12 buscarás a los que tienen *c* contigo 4695
58.4 para *c* y debates ayunáis, y para herir 7379
Jer 15.10 engendraste hombre de *c* y hombre de 7379
Os 4.4 hombre no *c* ni reprenda a hombre 3198
Hab 1.3 violencia... y pleito y *c* se levantan 4066
Hch 15.2 discusión y *c* no pequeña con ellos 4714
Ro 1.29 llenos de... *c*, engaños y malignidades 2054
13.13 no en... y lascivias, no en *c* y envidia 2054
1 Co 1.11 he sido informado... que hay entre... *c* 2054
3.3 pues habiendo entre vosotros celos, *c* y 2054
2 Co 12.20 que haya entre vosotros *c*, envidias 2054
Gá 5.20 celos, iras, *c*, disensiones, herejías 2052
Fil 1.15 predican a Cristo por envidia y *c* 2054
2.3 nada hagáis por *c* o por vanagloria; antes 2052
2.14 haced todo sin murmuraciones y *c* 1261
1 Ti 2.8 levantando manos santas, sin ira ni *c* 1261
6.4 delira acerca de... *c* de palabras, de las 3055
2 Ti 2.23 desecha... sabiendo que engendran *c* 3163

CONTIGO *Véase también el Apéndice*
Éx 3.12 yo estaré *c*; y esto te será por señal 5973
Dt 31.8 Jehová... estará *c*, no te dejará, ni te 5973
Jos 1.5 como estuve con Moisés, estaré *c*; no 5973
1.9 Jehová tu Dios estará *c* en dondequiera 5973
3.7 que como estuve con Moisés, así estaré *c* 5973
Jue 6.16 estaré *c*, y derrotarás... madianitas 5973
1 S 20.13 Jehová *c*, como estuvo con mi padre 5973
Sal 73.23 con todo, yo siempre estuve *c*; me 5973
139.18 los enumero... despierto, y aun estoy *c* 5973
Is 41.10 no temas... yo estoy *c*; no desmayes 5973
43.2 cuando pases por las aguas, yo estaré *c* 854
Jer 15.20 yo estoy *c* para guardarte y para 854
30.11 yo estoy *c* para salvarte, dice Jehová 854
Hch 18.10 **yo estoy *c*, y ninguno pondrá sobre** 3326,4675

CONTIGUA
Lc 3.3 y él fue por toda la región *c*
Jn 11.54 alejó de allí a la región *c* 1451

CONTINENCIA
1 Co 7.9 pero si no tienen don de *c*, cásense 1467

CONTINUAMENTE
Éx 25.30 proposición delante de mí *c* 8548
27.20 para hacer arder *c* las 8548
28.29 memorial delante de Jehová *c* 8548
28.38 y sobre su frente estará *c* 8548
29.38 de un año cada día, *c* 8548
Lv 6.13 el fuego arderá *c* en el altar 8548
24.2 hacer arder las lámparas *c* 8548
24.8 día de reposo lo pondrá *c* en 8548
Nm 9.16 así era *c* 8548
Jos 6.9 mientras las bocinas sonaban *c*
6.13 mientras las bocinas tocaban *c* 1980
1 R 10.8 que están *c* delante de ti, y 8548
1 Cr 16.6 Benaía y Jahaziel sonaban *c* 8548
16.11 y su poder; Buscad su rostro *c* 8548
16.40 para que sacrificasen *c* 8548
23.31 *c* delante de Jehová 8548
2 Cr 24.14 y sacrificaban holocaustos *c* en 8548
Sal 38.17 mi dolor está delante de mí *c* 8548
50.8 que están *c* delante de mí 8548
69.23 y haz temblar *c* sus lomos 8548
71.3 de refugio, adonde recurra yo *c* 8548
72.15 de Sabá, Y se orará por él *c* 8548
74.23 se levantan contra ti sube *c* 8548
88.17 me han rodeado como aguas *c*
141.5 pero mi oración será *c* contra
Is 21.8 sobre la atalaya estoy yo *c* de 8548
51.13 y todo el día temiste *c* del 8548
52.5 y *c* es blasfemado mi nombre 8548
Jer 6.7 *c* en mi presencia, enfermedad y 8548
52.34 y *c* se le daba una ración de 8548
Ez 46.14 harina; ofrenda para Jehová *c* 8548
Dn 6.16 a quien tú *c* sirves, él te 8411
6.20 a quien tú *c* sirves, ¿te ha 8411
Os 12.1 y destrucción aumenta *c*
Abd 16 beberán *c* todas las naciones 8548
Nah 3.19 sobre quién no pasó *c* tu 8548
Hab 1.17 piedad de aniquilar naciones *c*? 8548
Ro 13.6 de Dios que atienden *c* a esto
He 9.6 entran los sacerdotes *c* para
10.1 sacrificios que se ofrecen *c*

CONTINUAR
Nm 34.4 y *continuará* a Hasar-adar, y pasará 3318
Dn 1.21 *continuó* Daniel hasta el año primero
Hch 15.35 Pablo y... *continuaron* en Antioquía 1304
19.10 así *continuó* por espacio de dos años 1096
He 7.23 que por la muerte no podían *continuar* 3887
3 Jn 6 encaminarlos... que *continúen* su viaje

CONTINUO, A
Gn 6.5 era de *c* solamente el mal
Éx 29.42 esto será el holocausto *c* por vuestras 8548
Nm 4.7 sobre la mesa... pan *c* estará sobre ella 8548
4.16 la ofrenda *c* y el aceite de la unción 8548
28.3 cada día, será el holocausto *c* 8548
28.6 holocausto *c*... fue ordenado en el... Sinaí 8548
28.10 además del holocausto *c* y su libación 8548
28.15 además del holocausto *c* con su libación 8548
28.23 que es el holocausto *c* 8548
28.24 se ofrecerá además del holocausto *c* con 8548
28.31 además del holocausto *c* con... ofrendas 8548
29.6 el holocausto *c* y su ofrenda
29.11 del holocausto *c* y de sus ofrendas y 8548

29.16,19,22,25,28,31,34,38 además del holocausto *c*, su ofrenda 8548
2 R 25.30, *c* todos los días de su vida 8548
1 CR 16.37 *c* delante del arca, cada cosa 8548
2 Cr 2.4 para la colocación *c* de los panes de 8548
Esd 3.5 el holocausto *c*, las nuevas lunas, y 8548
Neh 10.33 para la ofrenda *c*... el holocausto *c* 8548
Sal 34.1 su alabanza estará de *c* en mi boca 8548
52.1 maldad... la misericordia de Dios es *c* 3605,3117
119.109 mi vida está de *c* en peligro 854
119.112 incliné a cumplir... De *c*, hasta el fin 5769
Pr 15.15 corazón contento tiene un banquete *c* 8548
19.13 gotera *c* las contiendas de la mujer 2956
27.15 gotera *c*... lluvia y la mujer rencillosa 2956
Ec 1.6 rodea al norte; va girando de *c*
Is 60.11 tus puertas estarán de *c* 8548
65.3 en mi rostro me provoca de *c* a 8548
Ez 30.16 Tebas... y Menfis tendrá *c* angustias 3119
46.15 ofrecerán... el cordero... en holocausto *c* 8548
Dn 8.11 y por él fue quitado el *c* sacrificio 8548
8.12 fue entregado... Junto con el *c* sacrificio 8548
8.13 cuándo durará la visión del *c* sacrificio 8548
11.31 quitarán el *c* sacrificio, y pondrán la 8548
12.11 que sea quitado el *c* sacrificio hasta 8548
Lc 18.5 **viniendo de *c*, me agote la paciencia**
Ro 9.2 gran tristeza y *c* dolor en mi corazón 88

CONTORNO
Gn 23.17 había en la heredad, y en todos sus *c* 1366
Nm 22.4 lamerá esta gente todos nuestros *c* 5439
Dt 6.14 dioses de los pueblos... en vuestros *c* 5439
Jos 15.12 fue el límite... de Judá, por todo el *c* 5439
21.11 la cuál es Hebrón... sus ejidos en sus *c* 5439
1 Cr 4.33 sus aldeas que estaban en *c* de estas 5439
Cnt 7.1 los *c* de tus muslos son como joyas 2542
Jer 32.44 en los *c* de Jerusalén, y en... Judá 5439
Mt 8.34; Mr 5.17 rogar... que se fuera de sus *c* 3725
Lc 4.37 su fama se difundía por todos los... *c* 4066

CONTRA *Véase también el Apéndice*
Nah 2.13; 3.5 heme aquí *c* ti, dice Jehová de 5002
Mr 9.40; Lc 9.50 **el que no es *c* nosotros, por** 2596
Lc 11.23 **el que no es conmigo, *c* mí es; y el que** 2596

CONTRADECIR
Lc 2.34 está... para señal que será *contradicha* 483
21.15 **cual no podrán resistir ni *contradecir*** 436
Hch 13.45 los judíos... rebatían... *contradiciendo* 483
19.36 puesto que esto no puede *contradecirse* 368
Tit 1.9 para... convencer a los que *contradicen* 483

CONTRADICCIÓN
He 12.3 que sufrió tal *c* de pecadores contra 485
Jud 11 de Balaam, y perecieron en la *c* de Coré 485

CONTRADICTOR
Ro 10.21 mis manos a un pueblo rebelde y *c* 483

CONTRAER
Gn 32.32 no comen... del tendón que se *contrajo* 5384
32.32 a Jacob... en el tendón que se *contrajo* 5384
2 Cr 18.1 Josafat... contrajo parentesco... Acab 2859

CONTRAFUERTE
Ez 43.8 su *c* junto a mi *c*, mediando sólo una 5592

CONTRAPONER
Éx 26.5 las lazadas estarán *contrapuestas* la 6901

CONTRARIO, A
Est 9.1 día en que los enemigos... sucedió lo *c* 2015
9.16 y mataron de sus *c* a 75.000; pero no 8130
Job 16.9 su furor me despedazó, y me ha sido *c* 7852
22.2 al *c*, para sí mismo es provechoso el
Sal 38.20 los que pagan mal por bien me son *c* 7853
Ez 16.34 ha sucedido contigo... *c* de las demás 2016
Zac 8.15 así al *c* he pensado hacer bien
Mt 14.24 por las olas; porque el viento era *c* 1727
Mr 6.48 fatiga, porque el viento les era *c* 1727
1 Co 11.15 por el *c*
Hch 27.4 sotavento... de Chipre... vientos eran *c* 1727
2 Co 2.7 al *c*... debéis perdonarle y consolarle 5121
Gá 2.7 por el *c*, como vieron que me había sido 5121
3.21 luego la ley es *c* a las promesas 2596
Col 2.14 anulando el acta de... que nos era *c* 5227
1 P 3.9 sino por el *c*, bendiciendo, sabiendo 5121

CONTRARRESTAR
Job 11.10 llama... ¿quién podrá *contrarrestarle*? 7725

CONTRATACIÓN
1 R 10.15 sin... lo de la *c* de especias, y lo de 4536
Ez 28.5 en tus *c* has multiplicado tus riquezas 7404
28.16 a causa de la multitud de tus *c* fuiste 7404
28.18 y con la iniquidad de tus *c* profanaste 7404

CONTRATAR
Ez 27.23 los mercaderes... *contrataban* contigo 7402
Mt 20.1 **que salió... a *contratar* obreros para** 3409
20.7 **dijeron: Porque nadie nos ha *contratado*** 3049

CONTRATO
Rt 4.7 esta costumbre en Israel tocante... al *c* 8545
2 Cr 1.16 compraban por *c* caballos y lienzos 4242

CONTRAVENIR
Hch 17.7 *contravienen* los decretos de César 561

CONTRIBUCIÓN
Esd 7.24 ninguno podrá imponerles tributo, *c* 1093
2 Co 9.13 por la liberalidad de vuestra *c* para 2842

CONTRIBUIR
1 Cr 29.9 alegró el pueblo... haber *contribuido* 5068
2 Cr 31.3 rey *contribuyó* de su propia hacienda
Neh 10.32 nos impusimos... *contribuir* cada año 5414
Ro 14.19 sigamos lo que *contribuye* a la paz

CONTRISTAR
Sal 38.18 y me *contristaré* por mi pecado 1672
Lm 3.51 ojos *contristaron* mi alma por todas 5953
Dn 11.30 él se *contristará*, y volverá, y se 3512
Ro 14.15 si... tu hermano es *contristado*, ya no 3076
2 Co 2.2 si yo os *contristo*, ¿quién será luego 3076
2.2 alegre, sino aquel a quien yo *contristé*? 3076
2.4 no para que fueseis *contristados*, sino 3076
7.8 os *contristé* con la carta, no me pesa 3076
7.8 porque veo que aquella carta... *contristó* 3076
7.9 no porque hayáis sido *contristados*, sino 3076
7.9 fuisteis *contristados*... arrepentimiento 3076
7.9 porque habéis sido *contristados* según 3076
7.11 que hayáis sido *contristados* según Dios 3076
Ef 4.30 y no *contristéis* al Espíritu Santo de 3076

CONTRITO
Sal 34.18 Jehová... salva a los *c* de espíritu 1793
51.17 al corazón *c*... no despreciarás tú, oh 1794

CONTROVERSIA
He 6.16 el fin de toda *c* es el juramento para 485

CONTUMAZ
Dt 21.18 si alguno tuviere un hijo *c* y rebelde 5637
21.20 este nuestro hijo es *c* y rebelde, no 5637
Sal 78.8 generación *c* y rebelde; generación 5637
Jer 31.22 ¿hasta cuándo andarás... oh hija *c*? 7728
49.4 oh hija *c*, la que confía en sus tesoros 7728
Tit 1.10 porque hay aún muchos *c*, habladores 506
2 P 2.10 atrevidos y *c*, no temen decir mal de 829

CONTURBAR
2 Ts 2.2 ni os *conturbéis*, ni por espíritu, ni 2360
1 P 3.14 no os amedrentéis... ni os *conturbéis* 5015

CONVALECER
Is 39.1 había estado enfermo, y... *convalecido* 2388
Dn 8.27 cuando *convalecí*, atendí los negocios 6965

CONVENCER
Jn 16.8 **venga, *convencerá* al mundo de pecado** 1651
Ro 4.21 *convencido* de que era... poderoso para 4135
14.5 cada uno... *convencido* en su propia mente 4135
1 Co 14.24 indocto, por todos es *convencido* 1651
Tit 1.9 para... *convencer* a los que contradicen 1651
Jud 22 a algunos que dudan, *convencedlos* 1252

CONVENIENTE
Jue 6.26 edifica altar a Jehová... en lugar *c* 4634
Hch 27.21 sido... *c*, oh varones, haberme oído 1163

CONVENIO
Is 28.15 e hicimos *c* con el Seol; cuando pase 2374
28.18 y vuestro *c* con el Seol no será firme 2380
Dn 11.17 hará con aquél *c*, y le dará una hija 3477

CONVENIR
Gn 23.16 Abraham se *convino* con Efrón, y pesó 8085
34.23 *convengamos* con ellos, y habitarán con 225
37.27 y sus hermanos *convinieron* con él 8085
Éx 2.21 Y Moisés *convino* en morar con aquel 2974
8.26 respondió: No *conviene* que hagamos así 3559
Esd 4.3 no nos *conviene* edificar con vosotros
Job 2.11 habían *convenido* en venir juntos para 3259
34.31 de seguro *conviene* que se diga a Dios 3588
Sal 93.5 la santidad *conviene* a tu casa, oh 4998
Pr 17.7 no *conviene* al necio la altilocuencia 5000
19.10 no *conviene* al necio el deleite... menos 5000
25.11 oro... es la palabra dicha como *conviene* 212,655
26.1 como no *conviene* la nieve... así no *c* al 5000
Jer 34.10 todo el pueblo que había *convenido* 1285
Dn 4.2 *conviene* que yo declare las señales y 6925
Mt 3.15 ***conviene* que cumplamos toda justicia** 4241
19.10 dijeron... si es así... no *conviene* casarse 4851
20.2 **y habiendo *convenido*... un denario al día** 4856
20.13 **¿no *conviniste* conmigo en un denario?** 4856
Lc 22.5 ellos... *convinieron* en darle dinero 4934
Jn 11.50 nos *conviene* que un hombre muera por 4851
16.7 **os *conviene* que yo me vaya; porque si** 4851
18.14 *convenía* que un solo hombre muriese por 4851
Hch 5.9 ¿por qué *convinisteis* en tentar al 4856
5.40 *convinieron* con él; y llamando a los 3982
22.22 quita de... porque no *conviene* que viva 2520
23.20 los judíos han *convenido* en rogarte que 4934
Ro 1.28 para hacer cosas que no *convienen* 2520
8.26 pues qué hemos de pedir como *conviene* 1163
1 Co 6.12 son lícitas, mas no todas *convienen* 4851
10.23 me es lícito, pero no todo *conviene* 4851
2 Co 8.10 porque esto os *conviene* a vosotros 4851
12.1 ciertamente no me *conviene* gloriarme 4851
Ef 5.3 aun se nombre... como *conviene* a santos 4241
5.4 ni truhanerías, que no *convienen*, sino 433
Col 3.18 sujetas a... Como *conviene* en el Señor 433
1 Ts 4.1 cómo os *conviene* conduciros y agradar 1163
Tit 1.11 enseñando por ganancia... no *conviene* 1163
Flm 1.8 libertad... para mandarte lo que *conviene* 433
He 2.10 *convenía* a aquel por cuya causa son 4241
7.26 porque tal sumo sacerdote nos *convenía* 4241

CONVERSACIÓN
1 Co 15.33 las malas *c* corrompen las buenas 3657

CONVERSIÓN
Hch 15.3 ellos... contando la *c* de los gentiles 1995

CONVERTIR
Éx 7.17 golpearé... y se *convertirá* en sangre 2015
7.19 para que se *conviertan* en sangre, y haya 1961
7.20 todas las aguas, *convirtieron* en sangre 2015
Dt 23.5 tu Dios te *convirtió* la maldición en 2015
30.2,10 te *convirtieres* a Jehová tu Dios 7725
1 R 8.47 si se *convirtieren*, y oraren a ti en 7725
8.48 se *convirtieren* a ti de todo su corazón 7725
2 R 10.27 *convirtieron* en letrinas hasta hoy 7760
23.6 imagen de Asera... la *convirtió* en polvo 1854
23.25 no hubo otro rey... que se *convirtiese* 7725
2 Cr 6.24 *convirtiere*, y confesare tu nombre 7725
6.26 se *convirtieren* de sus pecados, cuando 7725
6.37 si se *convirtieren*, y oraren a ti en la 7725
6.38 se *convirtieren* a ti de todo su corazón 7725
7.14 y se *convirtieren* de sus malos caminos 7725
15.4 cuando en... se *convirtieron* a Jehová Dios 7725
Neh 9.26 protestaban... para *convertirlos* a ti 7725
9.35 ni se *convirtieron* de sus malas obras 7725
Job 7.20 hasta *convertirme* en una carga para mi
28.5 debajo de ella está como *convertido* en 2015
36.10 dice que se *conviertan* de la iniquidad 7725
38.38 cuando el polvo se ha *convertido* en 3332
Sal 19.7 la ley de Jehová... *convierte* el alma 7725
51.13 y los pecadores se *convertirán* a ti 7725
90.3 dices: *Convertíos*, hijos de los hombres 7725
107.33 él *convierte* los ríos en desierto, y 7760
Is 1.21 ¿cómo te has *convertido* en ramera, oh 1961
1.22 tu plata se ha *convertido* en escorias 1961
1.27 y los *convertidos* de ella con justicia 7725
6.10 ni se *convierta*, y haya para él sanidad 7725
9.13 pero el pueblo no se *convirtió* al que 7725
13.9 para *convertir* la tierra en soledad, y 7760
14.23 y la *convertiré* en posesión de erizos 7760
17.2 las ciudades... en majadas se *convertirán* 1961
19.22 se *convertirán* a Jehová... será clemente 7725
23.13 sus palacios; él la *convirtió* en ruinas 7760
25.2 porque *convertiste* la ciudad en montón 7760
29.17 ¿no se *convertirá* de aquí a muy poco 7725
32.15 desierto se *convierta* en campo fértil 1961
34.9 se *convertirán* en brea, y su polvo en 2015
35.7 el lugar seco se *convertirá* en estanque 1961
40.23 él *convierte* en nada a los poderosos 5414
42.15 *convertiré* en soledad montes y collados 7760
49.11 *convertiré* en camino todos mis montes 7760
50.2 he aquí *convierto* los ríos en desierto 7760
Jer 3.14,22 *convertíos*, hijos rebeldes, dice 7725
5.3 endurecieron... no quisieron *convertirse* 7725
5.17 espada *convertirá* en nada tus ciudades 7567
6.8 para que no te *convierta* en desierto, en 7760
9.11 y *convertiré* las ciudades de Judá en 5414
10.22 *convertir* en soledad todas las ciudades 7760
12.10 *convirtieron* en desierto y soledad mi 5414
15.19 si te *convirtieres*, yo te restauraré 7725
15.19 *conviértanse* ellos... y no te conviertas 7725
18.8 si esos pueblos se *convirtieren* de su 7725
18.11 *conviértase* ahora cada uno de su mal 7725
22.6 sin embargo, te *convertiré* en soledad 7896
23.14 que ninguno se *convirtiese* de su maldad 7725
25.12 la *convertiré* en desierto para siempre 7760
31.18 *conviérteme*, y seré convertido, porque 7725
34.15 os habíais hoy *convertido*, y hecho lo 7725
37.15 la casa... la habían *convertido* en cárcel 6213
44.5 su oído para *convertirse* de su maldad 7725
49.2 y será *convertida* en montón de ruinas 1961
49.17 se *convertirá* Edom en desolación; todo 1961
50.23 se *convirtió* Babilonia en desolación 1961
50.26 *convertidla* en montón de ruinas, y 5549
Ez 3.19 y él no se *convirtiere* de su impiedad 7725
5.14 y te *convertiré* en soledad y en oprobio 5414
7.20 *convirtieron* la gloria de su ornamento 7760
7.20 eso se lo *convertí* en cosa repugnante 5414
14.6 dice... *Convertíos*, y volveos de... ídolos 7725
15.8 y *convertiré* la tierra en asolamiento 5414
18.30 *convertíos*, y apartaos... transgresiones 7725
18.32 dice Jehová el... *convertíos*... y viviréis 7725
22.18 la casa de Israel se me ha *convertido* 1961
22.18 en escorias de plata se *convirtieron* 1961
22.19 os habéis *convertido* en escorias, por 1961
26.19 te *convertiré* en ciudad asolada, como 5414
26.21 te *convertiré* en espanto, y dejarás de 5414
33.14 si él se *convirtiere* de su pecado, *c* 7725
33.28 *convertiré* la tierra en desierto y en 5414
33.29 cuando *convierta* la tierra en soledad 5414
35.3 te *convertiré* en desierto y en soledad 5414
35.7 *convertiré* al monte de Seir en desierto 5414
Dn 2.5 casas serán *convertidas* en muladares 7761
3.29 dijere, su casa *convertida* en muladar 7739
9.13 para *convertirnos* de nuestras maldades 7725
Os 5.4 no piensan en *convertirse* a su Dios 7725
11.5 su rey, porque no se quisieron *convertir* 7725
Jl 2.12 *convertíos* a mí con... vuestro corazón 7725
2.13 y *convertíos* a Jehová vuestro Dios 7725
2.31 el sol se *convertirá* en tinieblas, y la 2015
Am 5.7 los que *convertís* en ajenjo el juicio 2015
6.12 habéis... *convertido* el juicio en veneno 2015
Jon 3.8 *conviértase* cada uno de su mal camino 7725
3.10 y vio Dios... que se *convirtieron* de su 7725
Sof 2.13 y *convertirá* a Nínive en asolamiento 7760
Hag 2.17 mas no os *convertisteis* a mí, dice
Zac 7.14 *convirtieron* en desierto la tierra
8.19 se *convertirán* para la casa de Judá en 1961
Mal 1.3 y *convertí* sus montes en desolación 7760
Mt 4.3 que estas piedras se *conviertan* en pan 1096
13.15 **oigan... y se *conviertan*, y yo los sane** 1994
Mr 4.12 se *conviertan*, y les sean perdonados 1994
Lc 1.16 hará que muchos... *conviertan* al Señor 1994
4.3 di a esta piedra que se *convierta* en pan 1096
Jn 4.46 donde había *convertido* el agua en vino 4160
12.40 vean... y se *conviertan*, y yo los sane 1994

16.20 **vuestra tristeza se *convertirá* en gozo** 1096
Hch 2.20 el sol se *convertirá* en tinieblas, y 3344
3.19 y *convertíos*, para que sean borrados 1994
3.26 que cada uno se *convierta* de su maldad 654
9.35 los cuales se *convirtieron* al Señor 1994
11.21 número creyó y se *convirtió* al Señor 1994
14.15 os *convirtáis* al Dios vivo, que hizo 1994
15.19 los gentiles que se *convierten* a Dios 1994
26.18 **se *conviertan* de las tinieblas a la luz** 1994
26.20 se *convirtiesen* a Dios, haciendo obras 1994
28.27 entiendan de corazón, y se *conviertan* 1994
2 Co 3.16 cuando se *conviertan* al Señor, el 1994
1 Ts 1.9 cómo os *convertisteis* de los ídolos 1994
Stg 4.9 vuestra risa se *convierta* en lloro, y 3344
Jud 4 *convierten* en libertinaje la gracia de 3346
Ap 8.8 la tercera parte...*convirtió* en sangre 1096
8.11 la tercera parte...*convirtió* en ajenjo 1096
11.6 las aguas para *convertirlas* en sangre 4762
16.3 se *convirtió* en sangre como de muerto 1096
16.4 derramó su...y se *convirtieron* en sangre 1096

CONVICCIÓN
He 11.1 es, pues, la fe...la *c* de lo que no se ve 1650

CONVICTO
Stg 2.9 quedáis *c* por la ley...transgresores 1651
Jud 15 y dejar *c* a todos los impíos de todas 1827

CONVIDADO
1 S 9.13 bendice...después de esto comen los *c* 7121
9.22 les dio lugar a la cabecera de los *c* 7121
2 S 19.28 tú pusiste a tu siervo entre los *c* a
1 R 1.41 y lo oyó Adonías, y todos los *c* que 7121
1.49 se levantaron todos los *c* que estaban 7121
2.7 que sean de los *c* a tu mesa; porque ellos
Pr 9.18 sus *c* están en lo profundo del Seol 7121
Sof 1.7 porque Jehová...ha dispuesto a sus *c* 7121
Mt 22.3 **envió a sus siervos a llamar a los *c*** 2564
22.4 **decid a los *c*: He aquí, he preparado mi** 2564
22.10 **todos...y las bodas fueron llenas de *c*** 345
22.11 **y entró el rey para ver a los *c*, y vio** 345
Lc 14.7 a los *c* una parábola, diciéndoles 2564
14.17 **envió a su siervo a decir a los *c*: Venid** 2564

CONVIDAR
1 S 9.24 dije: Yo he *convidado* al pueblo 7121
2 S 11.13 David lo *convidó* a comer y a beber 7121
13.23 *convidó* Absalón a...los hijos del rey 7121
15.11 fueron con Absalón...*convidados* por él 7121
1 R 1.9 *convidó* a, hermanos los hijos del rey 7121
1.10 pero no *convidó* al profeta Natán, ni a 7121
1.19,25 ha *convidado* a todos los hijos del 7121
1.19 mas a Salomón tu siervo no ha *convidado* 7121
1.26 ni a Salomón tu siervo, ha *convidado* 7121
Est 5.12 también para mañana estoy *convidado* 7121
Zac 3.10 cada uno...*convidará* a su compañero 7121
Mt 22.8 **que fueron *convidados* no eran dignos** 2564
Lc 7.39 vio esto el...que le había *convidado* 2564
14.8 **cuando fueres *convidado* por alguno a** 2564
14.8 **no sea que otro...esté *convidado* por él** 2564
14.9 **y viniendo el que te *convidó*...te diga** 2564
14.10 **fueres *convidado*, vé y siéntate en el** 2564
14.10 **para que cuando venga el que te *convidó*** 2564
14.12 **dijo también al que le había *convidado*** 2564
14.12 **ellos a su vez te vuelvan a *convidar*** 479
14.16 **hizo una gran cena, y *convidó* a muchos** 2564
14.24 **que ninguno de...que fueron *convidados*** 2564

CONVITE
Job 1.5 pasado en turno los días del *c*, Job 4960
Sal 69.22 sea su *c* delante de ellos por lazo 7979
Ro 11.9 sea vuelto su *c* en trampa y en red 5132

CONVOCACIÓN
Éx 12.16 el primer día habrá santa *c*...séptimo 4744
12.16 el séptimo día tendréis una santa *c* 4744
Lv 23.2 las cuales proclamaréis como santas *c* 4744
23.3 el séptimo día será de reposo, santa *c* 4744
23.4 las *c* santas, a las cuales convocaréis 4744
23.7 el primer día tendréis santa *c*; ningún 4744
23.8 séptimo día será santa *c*; ningún trabajo 4744
23.21 convocaréis en este mismo día santa *c* 4744
23.24 tendréis día de reposo...y una santa *c* 4744
23.27 santa *c*, y afligiréis vuestras almas 4744
23.35 el primer día habrá santa *c*; ningún 4744
23.36 octavo día tendréis santa *c*...a Jehová 4744
Nm 28.18 el primer día será santa *c*; ninguna 4744
28.25 séptimo día tendréis santa *c*; ninguna 4744
28.26 día de las primicias...tendréis santa *c* 4744
29.1 el primero del mes, tendréis santa *c* 4744
29.7 en el diez de este mes...tendréis santa *c* 4744
29.12 a los quince días del...tendréis santa *c* 4744
Is 4.5 y creará...sobre los lugares de sus *c* 4744

CONVOCAR
Éx 12.21 Moisés *convocó* a, ancianos de Israel 7121
35.1 Moisés *convocó* a toda la congregación 6950
Lv 23.4 las cuales *convocaréis* en sus tiempos 7121
23.21 *convocaréis* en este mismo día santa 7121
23.37 a las que *convocaréis* santas reuniones 7121
Nm 10.2 las cuales te servirán para *convocar* 4744
1 S 5.8 *convocaron*...a todos los príncipes de 7971
10.17 Samuel *convocó* al pueblo delante de 6817
15.4 *convocó* al pueblo y les pasó revista en 8085
23.8 *convocó* Saúl a...el pueblo a la batalla 8085
2 S 20.4 *convócame* a los hombres de Judá para 2199
20.5 fue...Amasa para *convocar* a los de Judá 2199
1 R 15.22 el rey Asa *convocó* a todo Judá, sin 8085
18.20 Acab *convocó* a...los hijos de Israel 7971
2 R 10.20 solemne a Baal. Y ellos *convocaron* 7121
2 Cr 1.2 y *convocó* Salomón a todo Israel, a 559
Neh 5.7 *convoqué* contra ellos una...asamblea 5414
5.12 *convoqué* a los sacerdotes, y les hice 7121
Sal 50.1 ha hablado, y *convocado* la tierra 7121
50.4 *convocará* a los cielos de arriba, y a 7121
Is 1.13 el *convocar* asambleas, no lo puedo 7121
Jer 1.15 que yo *convoco* a todas las familias 7121
Lm 2.22 has *convocado* de todas partes mis 7121
Jl 1.14 *convocad* a asamblea; congregad a los 7121
2.15 tocad trompeta en...*convocad* asamblea 7121
Mt 2.4 *convocados*...sacerdotes...les preguntó 4863
Mr 15.16 soldados...*convocaron* a...la compañía 4779
Lc 23.13 Pilato, *convocando* a los principales 4779
Hch 5.21 vinieron...y *convocaron* al concilio y 4779
6.2 los doce *convocaron* a la multitud de los 4341
10.24 habiendo *convocado* a sus parientes y 4779
28.17 Pablo *convocó* a los principales de los 4779

CONYUGAL
Éx 21.10 no disminuirá...vestido, ni el deber *c* 5772
1 Co 7.3 el marido cumpla con la...el deber *c*

COOPERAR
2 Co 1.11 *cooperando*...a favor nuestro con la 4943
3 Jn 8 acoger a...que cooperemos con la verdad 4904

COORDINAR
Ef 2.21 todo el edificio, bien *coordinado*, va 4883

COPA
Gn 40.11 la *c* de Faraón estaba en mi mano, y 3563
40.11 y las exprimía en la *c*...y daba yo la *c* 3563
40.13 y darás la *c* a Faraón en su mano, como 3563
40.21 jefe...dio éste la *c* en mano de Faraón 3563
44.2 pondrás mi *c*, la *c* de plata, en la boca 1375
44.4 ¿por qué habéis robado mi *c* de plata
44.9 aquel de...en quien fuere hallada la *c*
44.12 *c* fue hallada en el costal de Benjamín 1375
44.16 aquel en cuyo poder fue hallada la *c* 1375
44.17 el varón en cuyo poder fue hallada la *c* 1375
Éx 25.31 su caña, sus *c*, sus manzanas y sus 1375
25.33(2) tres *c* en forma de flor de almendro 1375
25.34 en la caña central del candelero 4 *c* 1375
37.17 sus *c*, sus manzanas y sus flores eran 1375
37.19 en un brazo, tres *c*...otro brazo tres *c* 1375
37.20 y en la caña del candelero había 4 *c* 1375
Nm 4.7 y pondrán...*c* y los tazones para libar 4518
2 S 5.24 oigas ruido como de marcha por las *c* 3563
1 Cr 14.15 oigas venir un estruendo por las *c* 3563
28.17 oro...para las *c* y para las tazas de 4219
Job 14.9 reverdecerá...hará *c* como planta nueva 7105
Sal 16.5 Jehová es la porción de...y de mi *c* 3563
23.5 unges mi cabeza con...mi *c* está rebosando 3563
116.13 tomaré la *c* de la salvación, *c* invocaré 3563
Pr 23.31 cuando resplandece su color en la *c* 3599
Jer 25.15 toma de mi mano la *c* del vino de 3563
25.17 tomé la *c* de la mano de Jehová, y di 3563
25.28 y si no quieren tomar la *c* de tu mano 3563
35.5 puse...tazas y *c* llenas de vino, y les 3563
51.7 *c* de oro fue Babilonia en la mano de 3563
52.19 *c*, ollas, candeleros, escudillas...oro 4219
Lm 4.21 hija de Edom...hasta ti llegará la *c* 3563
Ez 31.3 altura, y su *c* estaba entre densas 6788
31.14 ni levanten su *c* entre la espesura, ni 6788
Dn 4.11 su *c* llegaba hasta el cielo, y se le 7314
4.20 y cuya *c* llegaba hasta el cielo, y que 7314
Os 7.5 rey...lo hicieron enfermar con *c* de vino 2534
Zac 12.2 yo pongo a Jerusalén por *c* que hará 5592
Mt 26.27 **tomando la *c*...dio, diciendo: Bebed** 4221
26.39 mío, si es posible, pase de mí esta *c* 4221
26.42 **si no puede pasar de mí esta *c* sin que** 4221
Mr 14.23 tomando la *c*...dado gracias, les dio 4221
14.36 **aparta de mí esta *c*; mas no lo que yo** 4221
Lc 22.17 **habiendo tomado la *c*, dio gracias, y** 4221
22.20 **tomó la *c*, diciendo: Esta *c* es...pacto** 4221
22.42 **Padre, si quieres, pasa de mí esta *c*** 4221
Jn 18.11 **la *c* que el Padre me ha dado, ¿no la** 4221
1 Co 10.16 la *c* de bendición que bendecimos 4221
10.21 no podéis beber la *c* del Señor, y la *c* 4221
11.25 también la *c*, después de haber cenado 4221
11.25 **esta *c* es el nuevo pacto en mi sangre** 4221
11.26 bebiereis esta *c*, la muerte del Señor 4221
11.27 que comiere...o bebiere esta *c* del Señor 4221
11.28 y coma así del pan, y beba de la *c* 4221
Ap 5.8 todos tenían arpas, y *c* de oro llenas 5357
15.7 dio a los siete ángeles siete *c* de oro 5357
16.1 derramad sobre la tierra las siete *c* de 5357
16.2 fue...y derramó su *c* sobre la tierra, y 5357
16.3 el segundo ángel derramó su *c* sobre el 5357
16.4 el tercer ángel derramó su *c* sobre los 5357
16.8 el cuarto ángel derramó su *c* sobre el 5357
16.10 el quinto ángel derramó su *c* sobre el 5357
16.12 ángel derramó su *c* sobre el...Eufrates 5357
16.17 derramó su *c* por el aire; y salió una 5357
17.1; 21.9 uno de los...que tenían las siete *c* 5357

COPARTÍCIPE
1 Co 9.23 y esto hago...para hacerme *c* de él 4791
Ef 3.6 *c* de la promesa en Cristo Jesús por 4830
Ap 1.9 yo Juan...*c* vuestro en la tribulación 4791

COPERO
Gn 40.1 aconteció...el *c* del rey de Egipto y 4945
40.2 se enojó Faraón...contra el jefe de los *c* 4945
40.5 el *c* y el panadero del rey de Egipto 4945
40.9 el jefe de los *c* contó su sueño a José 4945
40.13 como solías hacerlo cuando eras su *c* 4945
40.20 alzó la cabeza del jefe de los *c*, y la 4945
40.21 e hizo volver a su...al jefe de los *c* 4945
40.23 el jefe de los *c* no se acordó de José 4945
41.9 jefe de los *c* habló a Faraón, diciendo 4945
Neh 1.11 varón...Porque yo servía de *c* al rey 4945

COPIA
Dt 17.18 escribirá para sí una *c* de esta ley 4932
Jos 8.32 sobre las piedras una *c* de la ley 4932
Esd 4.11 la *c* de la carta que enviaron: Al rey 6573
4.23 cuando la *c* de la carta del rey...leída 6573
5.6 *c* de la carta que...enviaron al rey Darío 6573
7.11 esta es la *c* de la carta que dio el rey 6572
Est 3.14 la *c* del escrito...publicada a todos 6572
4.8 la *c* del decreto que había sido dado en 6572
8.13 la *c* del edicto...decía que los judíos 6572
Jer 32.11 tomé...carta de venta...la *c* abierta

COPIAR
Pr 25.1 son proverbios de Salomón...*copiaron* 6275

CÓPULA
Lv 20.15 cualquiera que tuviere *c* con bestia 7903

CORAL
Job 28.18 no se hará mención de *c* ni de perlas 7215
Lm 4.7 más rubios eran sus cuerpos que el *c* 6443
Ez 27.16 con...*c* y rubíes venía a tus ferias 7215

CORASÁN *Ciudad en Simeón (=Asán),* 1 S 30.30 3565

CORAZA
1 S 17.38 Saúl vistió a David...y le armó de *c* 8302
Neh 4.16 la otra mitad tenía lanzas...arcos y *c* 8302
Is 59.17 de justicia se vistió como de una *c* 8302
Jer 46.4 limpiad las lanzas, vestíos las *c* 5630
51.3 diré al...y al que se enorgullece de su *c* 5630
Ef 6.14 con la verdad, y vestidos con la *c* de 2382
1 Ts 5.8 habiéndonos vestido con la *c* de fe y 2382
Ap 9.9 tenían *c* como *c* de hierro; el ruido de 2382
9.17 jinetes, los cuales tenían *c* de fuego 2382

CORAZÍN *Ciudad de Galilea, cerca de Capernaum,* Mt 11.21; Lc 10.13 5523

CORAZÓN
Gn 6.5 todo designio...del *c* de ellos era...mal 3820
6.6 se arrepintió Jehová...le dolió en su *c* 3820
8.21 dijo Jehová en su *c*: No volveré más a 3820
8.21 intento del *c* del hombre es malo desde 3820
17.17 Abraham...dijo en su *c*: ¿A hombre de 3820
18.5 pan, y sustentad vuestro *c*, y después 3820
20.5 con sencillez de mi *c* y con limpieza de 3824
20.6 con integridad de tu *c* has hecho esto 3824
24.45 antes que acabase de hablar en mi *c* 3820
27.41 aborreció Esaú a Jacob...dijo en su *c* 3820
34.3 se apegó a Dina...y habló al *c* de ella 3820
42.28 se les sobresaltó el *c*...¿Qué es esto 3820
45.26 el *c* de Jacob se afligió, porque no los 3820
50.21 miedo...los consoló, y les habló al *c* 3820
Éx 4.14 Aarón...al verte se alegrará en su *c* 3820
4.21 pero yo endureceré su *c*, de modo que no 3820
7.3 yo endureceré el *c* de Faraón, y...señales 3820
7.13,22 el *c* de Faraón se endureció, y no 3820
7.14 el *c* de Faraón está endurecido, y no 3820
8.15 endureció su *c* y no los escuchó, como 3820
8.19 mas el *c* de Faraón se endureció, y no 3820
8.32 Faraón endureció...su *c*, y no dejó ir al 3820
9.7,35 *c* de Faraón se endureció, y no dejó 3820
9.12 pero Jehová endureció el *c* de Faraón 3820
9.14 yo enviaré...vez todas mis plagas a tu *c* 3820
9.21 que no puso en su *c* la palabra de Jehová 3820
9.34 y endurecieron su *c* él y sus siervos 3820
10.1 porque yo he endurecido su *c*, y el *c* de 3820
10.20,27 Jehová endureció el *c* de Faraón 3820
11.10 Jehová había endurecido el *c* de Faraón 3820
14.4 endureceré el *c* de Faraón para que los 3820
14.5 *c* de Faraón y de sus siervos se volvió 3824
14.8 endureció Jehová el *c* de Faraón rey de 3820
14.17 endureceré el *c* de los egipcios para 3820
25.2 la diere de...de *c*, tomaréis mi ofrenda 3820
28.3 y tú hablarás a todos los sabios de *c* 3820
28.29 en el pectoral del juicio sobre su *c* 3820
28.30 que estén sobre el *c* de Aarón cuando 3820
28.30 juicio...sobre su *c* delante de Jehová 3820
31.6 puesto...en el ánimo de todo sabio de *c* 3820
35.5 todo generoso de *c* la traerá a Jehová 3820
35.10 todo sabio de *c*...vendrá y hará todas 3820
35.21 vino todo varón a quien su *c* estimuló 3820
35.22 vinieron...todos los voluntarios de *c* 3820
35.25 todas las mujeres sabias de *c* hilaban 3820
35.26 las mujeres cuyo *c* las impulsó...hilaron 3820
35.29 que tuvieron *c* voluntario para traer 3820
35.34 ha puesto en su *c* el que pueda enseñar 3820
35.35 los ha llenado de sabiduría de *c*, para 3820
36.1 y todo hombre sabio de *c* a quien Jehová 3820
36.2 todo varón sabio de *c*, en cuyo *c* había 3820
36.2 hombre a quien su *c* le movió a venir a 3820
36.8 sabios de *c* entre los que hacían la obra 3820
Lv 19.17 no aborrecerás a tu hermano en tu *c* 3824
26.36 infundiré en sus *c* tal cobardía, en la 3824
26.41 entonces se humillará su *c* incircunciso 3824
Nm 15.39 y no miréis en pos de vuestro *c* y de 3824
Dt 1.28 hermanos han atemorizado nuestro *c* 3824
2.30 había...obstinado su *c* para entregarlo 3824
4.9 ni se aparten de tu *c* todos los días de 3824
4.29 si lo buscares de todo tu *c* y de toda tu 3824
4.39 reflexiona en tu *c* que Jehová es Dios 3824
5.29 ¡quién diera que tuviesen tal *c*, que me 3824
6.5 amarás a Jehová tu Dios de todo tu *c*, y 3824
6.6 y estas palabras que...estarán sobre tu *c* 3824
7.17 si dijeres en tu *c*: Estas naciones son 3824
8.2 probarte...saber lo que había en tu *c*, si 3824

8.5 reconoce...en tu c, que como castiga el 3824
8.14 se enorgullezca tu c, y te olvides de 3824
8.17 digas en tu c: Mi poder y la fuerza de 3824
9.4 no pienses en tu c cuando Jehová tu Dios 3824
9.5 no...ni por la rectitud de tu c entras a 3824
10.12 sirvas a Jehová tu Dios con todo tu c 3824
10.16 circuncidad...el prepucio de vuestro c 3824
11.13 sirviéndole con todo vuestro c, y con 3824
11.16 guardaos...que vuestro c no se infatúe 3824
11.18 pondréis...mis palabras en vuestro c 3824
13.3 si amáis a...Dios con todo vuestro c, y 3824
15.7 haya...menesteroso...no endurecerás tu c 3824
15.9 de tener en tu c pensamiento perverso 3824
15.10 no serás de mezquino c cuando le des 3824
17.17 mujeres, para que su c no se desvíe 3824
17.20 que no se eleve su c sobre sus hermanos 3824
18.21 si dijeres en tu c...¿Cómo conoceremos 3824
20.3 no desmaye vuestro c, no temáis, ni os 3824
20.8 vaya...y no apoque el c...como el c suyo 3824
26.16 de ponerlos por obra con todo tu c y 3824
28.47 no serviste a Jehová tu...con gozo de c 3824
28.65 pues allí te dará Jehová c temeroso, y 3820
28.67 por el miedo de tu c con que estarás 3824
29.4 Jehová no os ha dado c para entender 3820
29.18 varón o mujer...cuyo c se aparte hoy de 3824
29.19 él se bendiga en su c, diciendo: Tendré 3824
29.19 paz, aunque ande en la dureza de mi c 3820
30.2 y obedecieres a su voz...con todo tu c 3824
30.6 circuncidará Jehová...tu c, y el c de tu 3824
30.6 que ames a Jehová tu Dios con todo tu c 3824
30.10 te convirtieres a...con todo tu c y con 3824
30.14 tu boca y en tu c, para que la cumplas 3824
30.17 si tu c se apartare y no oyeres, y te 3824
32.46 dijo: Aplicad vuestro c...las palabras 3824
Jos 2.11 oyendo esto, ha desmayado nuestro c 3824
5.1 desfalleció su c, y no hubo más aliento 3824
7.5 por lo cual el c del pueblo desfalleció 3824
11.20 endurecía el c de...para que resistiesen 3820
14.7 traje noticias como lo sentía en mi c 3824
14.8 hicieron desfallecer el c del pueblo; pero 3820
22.5 le sirváis de todo vuestro c y de toda 3824
23.14 reconoced...con todo vuestro c y con 3824
24.23 e inclinad vuestro c a Jehová Dios de 3824
Jue 5.9 mi c es para vosotros, jefes de Israel 3820
5.15,16 de Rubén hubo grandes...del c 3820
9.3 y el c...se inclinó a favor de Abimelec 3820
16.15 te amo, cuando tu c no está conmigo? 3820
16.17 descubrió, pues, todo su c, y le dijo 3820
16.18 que él le había descubierto todo su c 3820
16.18 porque él me ha descubierto todo su c 3820
16.25 que cuando sintieron alegría en su c 3820
18.20 se alegró el c del sacerdote, el cual 3820
19.5 conforta tu c con un bocado de pan, y 3820
19.6 pasar aquí la noche, y se alegrará tu c 3820
19.8 conforta ahora tu c, y aguarda hasta que 3824
19.9 duerme aquí, para que se alegre tu c 3824
Rt 2.13 porque has hablado al c de tu sierva 3820
3.7 su c estuvo contento, se retiró a dormir 3820
1 S 1.8 no comes? ¿y por qué está afligido tu c? 3824
1.13 Ana hablaba en su c...y su voz no se oía 3820
2.1 Ana...dijo: Mi c se regocija en Jehová 3820
2.35 un sacerdote...que haga conforme a mi c 3824
4.13 c estaba temblando por causa del arca 3820
6.6 endurecéis vuestro c como...egipcios...c? 3824
7.3 de todo vuestro c os volvéis a Jehová 3824
7.3 preparad vuestro c a Jehová, y sólo a él 3824
9.19 te descubriré todo lo que está en tu c 3824
10.9 aconteció luego, que al...mudó Dios su c 3820
10.26 los hombres...cuyos c Dios había tocado 3820
12.20 no...sino servidle con todo vuestro c 3824
12.24 servidle de verdad con todo vuestro c 3824
13.14 ha buscado un varón conforme a su c 3824
14.7 su paje...Haz todo lo que tienes en tu c 3824
16.7 el hombre mira...pero Jehová mira el c 3824
17.28 conozco...la malicia de tu c, que para 3824
17.32 no desmaya el c de ninguno a causa de 3820
21.12 David puso en su c estas palabras, y 3824
24.5 después de esto se turbó el c de David 3820
25.36 y el c de Nabal estaba alegre...ebrio 3820
25.37 desmayó su c en él, y se quedó como una 3820
27.1 dijo luego David en su c: Al fin seré 3820
28.5 vio Saúl...se turbó su c en gran manera 3820
2 S 3.21 pacto, y...reines como lo desea tu c 5315
6.16 y vio al rey...y le menospreció en su c 3820
7.3 anda, y haz todo lo que está en tu c 3824
7.21 y conforme a tu c, haciéndolas saber a 3820
7.27 tu siervo ha hallado en su c valor para 3820
13.20 calla...no se angustie tu c por esto 3820
2 S 13.28 que miréis cuando el c de Amnón esté 3820
13.33 no ponga...en su c ese rumor que dice 3820
14.1 conociendo Joab...que el c del rey se 3820
15.6 así robaba Absalón el c de los de Israel 3820
15.13 el c de todo Israel se va tras Absalón 3820
17.10 el hombre...cuyo c sea como c de león 3820
18.14 los clavó en el c de Absalón, quien 3820
19.14 así inclinó el c de todos los varones 3824
19.19 males...no los guarde el rey en su c 3820
24.10 hubo censado al pueblo le pesó en su c 3820
1 R 2.4 con verdad, de todo su c y de toda su 3824
2.44 sabes...el mal, el cual tu c bien sabe 3824
3.6 anduvo...con rectitud de c para contigo 3824
3.9 da, pues, a tu siervo c entendido para 3820
3.12 te he dado c sabio y entendido, tanto 3820
4.29 dio...anchura de c como la arena que está 3820
8.17 mi padre tuvo en su c edificar casa al 3824
8.18 haber tenido en tu c edificar casa a mi 3824
8.23 que andan delante de ti con todo su c 3820
8.38 cualquiera sintiere la plaga en su c 3824

8.39 cuyo c tú conoces...tú conoces el c de 3824
8.48 y si se convirtieren a ti de todo su c 3824
8.58 que incline nuestro c hacia él, para que 3824
8.61 sea, pues, perfecto vuestro c...Jehová 3824
8.66 se fueron...alegres y gozosos de c, por 3820
9.3 casa...y en ella estarán mis ojos y mi c 3820
9.4 si tú anduvieres...en integridad de c y 3824
10.2 vino...expuso todo lo que en su c tenía 3824
10.24 sabiduría...Dios había puesto en su c 3820
11.2 harán inclinar vuestros c...sus dioses 3824
11.3 tuvo 700...sus mujeres desviaron su c 3820
11.4 sus mujeres inclinaron su c tras dioses 3824
11.4 su c no era perfecto...como el c...David 3824
11.9 su c se había apartado de Jehová Dios 3824
12.26 y dijo Jeroboam en su c...se volverá el 3820
12.27 c de este pueblo se volverá a su señor 3820
12.33 que él había inventado de su propio c 3820
14.8 y anduvo en pos de mí con todo su c 3824
15.3 no fue su c perfecto con...como el c de 3824
15.14 el c de Asa fue perfecto...con Jehová 3824
18.37 y que tú vuelves a ti el c de ellos 3820
2 R 5.26 ¿no estaba también allí mi c, cuando 3824
6.11 el c del rey de Siria se turbó por esto 3820
9.24 la saeta salió por su c, y él cayó en el 3824
10.15 ¿es recto tu c, como el mío es recto 3824
10.30 conforme a todo lo que estaba en mi c 3824
10.31 no cuidó de andar en la...con todo su c 3824
14.10 derrotado a...y tu c se ha envanecido 3820
20.3 que he andado...en verdad y con íntegro c 3824
22.19 tu c se enterneció, y te humillaste 3824
23.3 guardarían...sus estatutos, con todo el c 3820
23.25 que se convirtiese a Jehová de...su c 3824
1 Cr 12.17 mi c será unido con vosotros; mas 3824
12.33 dispuestos a pelear sin doblez de c 3820
12.38 vinieron con c perfecto a Hebrón, para 3824
15.29 vio al rey...y lo menospreció en su c 3820
16.10 alégrese el c de...que buscan a Jehová 3820
17.2 a David: Haz todo lo que está en tu c 3824
17.19 por amor de tu siervo y según tu c, has 3820
22.7 mi c tuve el edificar templo al nombre 3824
22.19 poned...vuestros c...en buscar a Jehová 3824
28.9 con c perfecto y con ánimo voluntario 3820
28.9 porque Jehová escudriña los c de todos 3824
29.9 porque de todo c ofrecieron a Jehová 3820
29.17 sé, Dios mío, que tú escudriñas los c 3824
29.17 yo con rectitud de mi c...te he ofrecido 3824
29.18 conserva...voluntad del c de tu pueblo 3824
29.18 de tu pueblo, y encamina su c a ti 3824
29.19 da a mi hijo Salomón c perfecto, para 3824
2 Cr 1.11 dijo...Por cuanto hubo esto en tu c 3824
6.7 David mi padre tuvo en su c edificar casa 3824
6.8 haber tenido en tu c deseo de edificar 3824
6.8 bien has hecho en...tenido esto en tu c 3824
6.14 que caminan delante de ti de todo su c 3820
6.29 conociere su llaga y su dolor en su c
6.30 y perdonarás...habiendo conocido su c 3824
6.30 sólo tú conoces el c de...de los hombres 3824
6.38 si se convirtieren a ti de todo su c 3820
7.10 envió al pueblo a sus...gozosos de c por 3820
7.16 mis ojos y mi c estarán ahí para siempre 3820
9.1 habló con él todo lo que en su c tenía 3824
11.16 los que habían puesto su c en buscar a 3824
12.14 no dispuso su c para buscar a Jehová 3820
15.12 que buscarían a Jehová...de todo su c 3824
15.15 porque de todo su c lo juraban, y de 3824
15.17 el c de Asa fue perfecto en todos sus 3824
16.9 favor de los que tienen c perfecto para 3824
17.6 se animó su c en los caminos de Jehová 3820
19.3 y has dispuesto tu c para buscar a Dios 3824
19.9 procederéis...con temor...y con c íntegro 3824
20.33 no había enderezado su c al Dios de sus 3824
22.9 Josafat...de todo su c buscó a Jehová 3824
25.2 hizo él lo recto ante...no de perfecto c 3824
25.19 dices...y tu c se enaltece para gloriarte 3820
26.16 c se enalteció para su ruina; porque 3820
29.31 los generosos de c trajeron holocaustos 3820
29.34 los levitas fueron más rectos de c para 3824
30.12 para darles un solo c, para cumplir el 3820
30.18 sé propicio a...que ha preparado su c 3824
30.22 habló Ezequías al c de...los levitas 3820
31.21 lo hizo de todo c, y fue prosperado 3824
32.6 los hizo reunir...y habló al c de ellos 3824
32.25 que se enalteció su c, y vino la ira 3820
32.26 después de haberse enaltecido su c, se 3820
32.31 hacer conocer todo lo que estaba en su c 3824
34.27 c se conmovió, y te humillaste delante 3824
34.31 de caminar en pos de...con todo su c y 3824
36.13 obstinó su c para no volverse a Jehová 3824
Esd 6.22 había vuelto el c del rey de Asiria 3820
7.10 Porque Esdras había preparado su c para 3824
7.27 que puso tal cosa en el c del rey, para 3820
Neh 2.2 dijo...No es esto sino quebranto de c 3820
2.12 lo que Dios había puesto en mi c que 3820
6.8 dices, sino que de tu c tú lo inventas 3820
7.5 puso Dios en mi c que reuniese a los 3820
9.8 y hallaste fiel su c delante de ti, c 3824
Est 1.10 estando el c del rey alegre del vino 3820
5.9 salió Amán...día contento y alegre de c 3820
6.6 y dijo Amán en su c: ¿A quién deseará el 3820
7.5 ¿quién...que ha ensoberbecido su c para 3820
Job 1.5 y habrán blasfemado...Dios en sus c 3824
7.17 ¿qué es...para que pongas sobre él tu c 3820
8.10 te hablarán, y de su c sacarán palabras? 3820
9.4 él es sabio de c, y poderoso en fuerzas 3820
10.13 estas cosas tienes guardadas en tu c 3824
11.13 si tú dispusieres tu c, y extendieres 3820
15.12 ¿Por qué tu c te aleja, y...tus ojos 3820
17.4 porque a éstos has escondido de su c la 3820

17.11 fueron arrancados...designios de mi c 3824
19.27 aunque mi c desfallece dentro de mí 3629
22.22 de su boca, y pon sus palabras en tu c 3824
23.16 Dios ha enervado mi c, y me ha turbado 3820
27.6 no me reprochará mi c en todos mis días 3824
29.13 mí, y al c de la viuda yo daba alegría 3820
31.7 si mi c se fue tras mis ojos, y si algo 3820
31.9 si fue mi c engañado acerca de mujer 3820
31.27 mi c se engañó en secreto, y mi boca 3820
32.19 mi c está como el vino que no tiene 990
33.3 razones declararán la rectitud de mi c 3820
34.14 si él pusiese sobre el hombre su c, y 3820
36.13 hipócritas de c atesoran para sí la ira 3820
37.1 se estremece mi c, y salta de su lugar 3820
37.24 a ninguno que cree en su...c ser sabio 3820
38.36 ¿quién puso la sabiduría en el c? 7907
41.24 su c es firme como una piedra, y fuerte 3820
Sal 4.4 meditad en vuestro c estando en...cama 3824
4.7 tú diste alegría a mi c mayor que la de 3820
7.9 el Dios justo prueba la mente y el c 3820
7.10 en Dios, que salva a los rectos de c 3820
9.1 te alabaré, oh Jehová, con todo mi c 3820
10.6 dice en su c: No seré movido jamás 3820
10.11 su c: Dios ha olvidado...nunca lo verá 3820
10.13 en su c ha dicho: Tú no lo inquirirás 3820
10.17 tú dispones su c, y haces atento tu 3820
11.2 asaetear en oculto a los rectos de c 3820
12.2 habla mentira...hablan...con doblez de c 3820
13.2 alma, con tristezas en mi c cada día? 3824
13.5 mas...mi c se alegrará en tu salvación 3820
14.1 dice el necio en su c: No hay Dios 3820
15.2 el que anda en...y habla verdad en su c 3824
16.9 se alegró por tanto mi c, y se gozó mi 3820
17.3 tú has probado mi c, me has visitado de 3820
19.8 los mandamientos de...que alegran el c 3820
19.14 y la meditación de mi c delante de ti 3820
20.4 dé conforme al deseo de tu c, y cumpla 3824
21.2 le has concedido el deseo de su c, y no 3820
22.14 mi c fue como cera, derritiéndose en 3820
22.26 buscan; vivirá vuestro c para siempre 3824
24.4 el limpio de manos y puro de c; el que 3824
25.17 las angustias de mi c se han aumentado 3824
26.2 examina mis íntimos pensamientos y...c 3820
27.3 no temerá mi c; aunque contra mí se 3820
27.8 mi c ha dicho de ti: Buscad mi rostro 3820
27.14 aliéntese tu c; sí, espera a Jehová 3820
28.3 hablan paz...pero la maldad está en su c 3824
28.7 en él confió mi c, y fui ayudado, por lo 3820
28.7 lo que se gozó mi c, y con mi cántico le 3820
31.12 he sido olvidado de su c como un muerto 3820
31.24 esforzaos...y tome aliento vuestro c 3824
32.11 y cantad con júbilo...los rectos de c 3820
33.11 los pensamientos de su c por todas las 3820
33.15 él formó el c de todos ellos; atento 3820
33.21 en él se alegrará nuestro c, porque en 3820
34.18 cercano está...a los quebrantados de c 3820
35.25 no digan en su c: ¡Ea, alma nuestra! 3820
36.1 la iniquidad del impío me dice al c 3820
36.10 extiende, justicia a los rectos de c 3820
37.4 él te concederá las peticiones de tu c 3820
37.15 su espada entrará en su mismo c, y su 3820
37.31 ley de su Dios está en su c; por tanto 3820
38.8 gimo a causa de la conmoción de mi c 3820
38.10 mi c está acongojado, me ha dejado mi 3820
39.3 se enardeció mi c dentro de mí; en mi 3820
40.8 Dios...y tu ley está en medio de mi c 4578
40.10 no encubrí tu justicia dentro de mi c 3820
40.12 han aumentado más que...y mi c me falla 3820
41.6 su c recoge para sí iniquidad, y al salir 3820
44.18 no se ha vuelto atrás nuestro c, ni se 3820
44.21 porque él conoce los secretos del c 3820
45.1 rebosa mi c palabra buena; dirijo al rey 3820
45.5 tus saetas agudas...penetrarán en el c de 3820
46.2 se traspasen los montes al c del mar 3820
49.3 y el pensamiento de mi c inteligencia 3820
51.10 crea en mí, oh Dios, un c limpio, y 3820
51.17 al c contrito...no despreciarás tú, oh 3820
53.1 dice el necio en su c: No hay Dios 3820
55.4 mi c está dolorido dentro de mí, y 3820
55.21 de su boca...pero guerra hay en su c 3820
57.7 Pronto está mi c...mi c está dispuesto 3820
58.2 antes en el c maquináis iniquidades 3820
61.2 clamaré a ti, cuando mi c desmayare 3820
62.4 su boca bendicen, pero maldicen en su c 7130
62.8 derramad delante de él vuestro c; Dios 3824
62.10 las riquezas, no pongáis el c en ellas 3820
64.6 pensamiento...así como su c, es profundo 3820
64.10 y se gloriarán todos los rectos de c 3820
66.18 mi c hubiese yo mirado a la iniquidad 3820
69.20 escarnio ha quebrantado mi c, y estoy 3820
69.32 buscad a Dios, y vivirá vuestro c 3824
73.1 es bueno Dios...para con los de limpio c 3824
73.7 logran con creces los antojos del c 3824
73.13 en vano he limpiado mi c, y lavado mis 3824
73.21 de amargura...y en mi c sentía punzadas 3824
73.26 mi carne y mi c desfallecen; mas la 3824
73.26 la roca de mi c y mi porción es Dios 3824
74.8 dijeron en su c: Destruyámoslos de una 3820
76.5 los fuertes de c fueron despojados 3820
77.6 meditaba en mi c, y mi espíritu inquiría 3824
78.8 generación que no dispuso su c, ni fue 3820
78.18 pues tentaron a Dios en su c, pidiendo 3824
78.37 pues sus c no eran rectos con él, ni 3820
78.72 apacentó conforme...integridad de su c 3824
81.12 los dejé, por tanto, a la dureza de su c 3820
83.5 se confabulan de c a una, contra ti han 3820
84.2 mi c y mi carne cantan al Dios vivo 3820
84.5 el hombre...en cuyo c están tus caminos 3824

86.11 afirma mi *c* para que tema tu nombre 3824
86.12 te alabaré, oh Jehová...con todo mi *c* 3824
90.12 a contar...que traigamos al *c* sabiduría 3824
94.15 en pos de ella...todos los rectos de *c* 3820
95.8 no endurezcáis vuestro *c*, como en Meriba 3824
95.10 dije: Pueblo es que divaga de *c*, y no 3824
97.11 justo, y alegría para los rectos de *c* 3820
101.2 integridad de mi *c* andaré en medio de 3824
101.4 *c* perverso se apartará...no conoceré al 3824
101.5 no sufriré al de ojos...de *c* vanidoso 3824
102.4 mi *c* está herido, y seco como la hierba 3824
104.15 y el vino que alegra el *c* del hombre 3824
105.3 alégrese el *c* de...que buscan a Jehová 3820
105.25 cambió el *c* de...para que aborreciesen 3820
107.12 por eso quebrantó...el trabajo sus *c* 3820
108.1 mi *c* está dispuesto, oh Dios; cantaré 3820
109.16 quebrantado de *c*, para darle muerte 3824
109.22 estoy...mi *c* está herido dentro de mí 3820
111.1 alabaré a Jehová con todo el *c* en la 3824
112.7 su *c* está firme, confiado en Jehová 3820
112.8 asegurado está su *c*; no temerá hasta 3820
119.2 los que guardan...con todo el *c* le buscan 3820
119.7 te alabaré con rectitud de *c* cuando 3824
119.10 con todo mi *c* te he buscado; no me 3820
119.11 en mi *c* he guardado tus dichos, para 3820
119.32 por...correré, cuando ensanches mi *c* 3820
119.34 y guardaré tu ley...cumpliré de todo *c* 3820
119.36 inclina mi *c* a tus testimonios, y no 3820
119.58 tu presencia supliqué de todo *c*; ten 3820
119.69 guardaré de todo *c* tus mandamientos 3820
119.70 se engrosó el *c* de ellos como sebo, mas 3820
119.80 sea mi *c* íntegro en tus estatutos, para 3820
119.111 tus testimonios...son el gozo de mi *c* 3820
119.112 mi *c* incliné a cumplir tus estatutos 3820
119.145 clamé con...mi *c*; respóndeme, Jehová 3820
119.161 pero mi *c* tuvo temor de tus palabras 3820
125.4 haz bien...a los que son rectos en su *c* 3826
131.1 no se ha envanecido mi *c*, ni mis ojos 3820
138.1 te alabaré con todo mi *c*; delante de 3820
139.23 examíname, oh Dios, y conoce mi *c* 3824
140.2 maquinan males en el *c*, cada día urden 3820
141.4 no dejes...se incline mi *c* a cosa mala 3820
143.4 mi espíritu se angustió...desolado mi *c* 3820
147.3 sana a los quebrantados de *c*, y venda 3820
Pr 2.2 si inclinares tu *c* a la prudencia 3820
2.10 cuando la sabiduría entrare en tu *c*, y 3820
3.1 mi ley, y tu *c* guarde mis mandamientos 3820
3.3 átalas...escríbelas en la tabla de tu *c* 3820
3.5 fíate de Jehová de todo tu *c*, y no te 3820
4.4 decía: Retenga tu *c* mis razones, guarda 3820
4.21 de tus ojos; guárdalas en medio de tu *c* 3821
4.23 sobre toda cosa guardada, guarda tu *c* 3820
5.12 ¡cómo...mi *c* menospreció la reprensión 3820
6.14 perversidades hay en su *c*; anda...el mal 3820
6.18 el *c* que máquina pensamientos inicuos 3820
6.21 átalos siempre en tu *c*, enlázalos a tu 3820
6.25 no codicies su hermosura en tu *c*, ni ella 3824
7.3 tus dedos; escríbelos en la tabla de tu *c* 3820
7.10 mujer...atavío de ramera y astuta de *c* 3820
7.23 como el ave que...la saeta traspasa su *c* 3516
7.25 se aparte tu *c* a sus caminos; no yerres 3820
10.8 el sabio de *c* recibirá los mandamientos 3820
10.20 mas el *c* de los impíos es como nada 3820
11.20 abominación son a...los perversos de *c* 3820
11.29 y el necio será siervo del sabio de *c* 3820
12.8 mas el perverso de *c* será menospreciado 3820
12.10 cuida...mas el *c* de los impíos es cruel 7356
12.20 hay en el *c* de los que piensan el mal 3820
12.23 el *c* de los necios publica la necedad 3820
12.25 la congoja en el *c* del hombre lo abate 3820
13.12 la esperanza...demora es tormento del *c* 3820
14.10 el *c* conoce la amargura de su alma 3820
14.13 aun en la risa tendrá dolor el *c*; y el 3820
14.14 de sus caminos...hastiado el necio de *c* 3820
14.30 el *c* apacible es vida de la carne; mas 3820
14.33 el *c* del prudente reposa la sabiduría 3820
15.7 sabiduría; no así el *c* de los necios 3820
15.11 ¡cuánto más los *c* de los hombres! 3826
15.13 el *c* alegre hermosea el rostro; mas por 3820
15.13 por el dolor del *c* el espíritu se abate 3820
15.14 el *c* entendido busca la sabiduría; mas 3820
15.15 mas el de *c* contento tiene un banquete 3820
15.28 el *c* del justo piensa para responder 3820
15.30 la luz de los ojos alegra el *c*, y la 3820
16.1 del hombre son las disposiciones del *c* 3820
16.5 abominación es a Jehová todo altivo de *c* 3820
16.9 el *c* del hombre piensa su camino; mas 3820
16.21 el sabio de *c* es llamado prudente, y la 3820
16.23 el *c* del sabio hace prudente su boca 3820
17.3 crisol para la...pero Jehová prueba los *c* 3826
17.20 el perverso de *c* nunca hallará el bien 3820
17.22 el *c* alegre constituye buen remedio 3820
18.2 placer en...sino en que su *c* se descubra 3820
18.12 antes...quebrantamiento se eleva el *c* 3820
18.15 el *c* del entendido adquiere sabiduría 3820
19.3 y luego contra Jehová se irrita su *c* 3820
19.21 muchos pensamientos hay en el *c* del 3820
20.5 aguas profundas es el consejo en el *c* 3820
20.9 ¿quién podrá decir: Yo he limpiado mi *c* 3820
20.27 cual escudriña lo más profundo del *c* 990
20.30 los azotes...y el castigo purifica el *c* 990
21.1 está el *c* del rey en la mano de Jehová 3820
21.2 todo camino del...pero Jehová pesa los *c* 3826
21.4 altivez de...y orgullo de *c*...son pecado 3826
22.11 el que ama la limpieza de *c*...la gracia 3820
22.15 necedad...ligada en el *c* del muchacho 3826
22.17 inclina...y aplica tu *c* a mi sabiduría 3826
23.7 cual es su pensamiento en su *c*, tal es 5315
23.7 come y bebe...mas su *c* no está contigo 3820
23.12 aplica tu *c* a la enseñanza, y tus oídos 3820
23.15 si tu *c* fuera sabio...me alegrará el *c* 3820
23.17 no tenga tu *c* envidia de los pecadores 3820
23.19 y sé sabio, y endereza tu *c* al camino 3820
23.26 dame, hijo mío, tu *c*, y miren tus ojos 3820
23.33 tus ojos mirarán cosas extrañas, y tu *c* 3820
24.2 su *c* piensa en robar, e iniquidad hablan 3820
24.12 no lo entenderá el que pesa los *c*? 3826
24.17 y cuando tropezare, no se alegre tu *c* 3820
24.32 lo puse en mi *c*; lo vi, y tomé consejo 3820
25.3 y para el *c* de los reyes...investigación 3820
25.20 el que canta canciones al *c* afligido es 3820
26.23 como escoria de plata...son...el *c* malo 3820
26.25 porque siete abominaciones hay en su *c* 3820
27.9 el ungüento y el perfume alegran el *c* 3820
27.11 sé sabio, hijo mío, y alegra mi *c*, y 3820
27.19 agua...así el *c* del hombre al del hombre 3820
28.14 el que endurece su *c* caerá en el mal 3820
28.26 el que confía en su propio *c* es necio 3820
31.11 *c* de su marido está en ella confiado 3820
Ec 1.13 y di mi *c* a inquirir y a buscar con 3820
1.16 hablé yo en mi *c*, diciendo: He aquí yo *3820*
1.16 y mi *c* ha percibido mucha sabiduría y *3820*
1.17 dediqué mi *c* a conocer la sabiduría, y *3820*
2.1 dije yo en mi *c*: Ven ahora, te probaré *3820*
2.3 propuse en mi *c* agasajar mi carne...vino *3820*
2.3 y que anduviese mi *c* en sabiduría, con *3820*
2.10 ojos...ni aparté mi *c* de placer alguno *3820*
2.10 porque mi *c* gozó de todo mi trabajo *3820*
2.15 dije yo en mi *c*: Como sucederá al necio *3820*
2.15 y dije en mi *c*, que...esto era vanidad *3820*
2.20 volvió...a desesperanzarse mi *c* acerca *3820*
2.22 ¿qué tiene...de la fatiga de su *c*, con *3820*
2.23 aun de noche su *c* no reposa...es vanidad *3820*
3.11 y ha puesto eternidad en el *c* de ellos *3820*
3.17 y dije yo en mi *c*: Al justo y al impío *3820*
3.18 dije en mi *c*: Es así, por causa de los *3820*
5.2 ni tu *c* se apresure a proferir palabra *3820*
5.20 pues Dios le llenará de alegría el *c* *3820*
7.2 el fin...y el que vive lo pondrá en su *c* *3820*
7.3 con la tristeza del...se enmendará el *c* *3820*
7.4 el *c* de los sabios...en la casa del luto *3820*
7.4 el *c* de los insensatos, en la casa en que *3820*
7.7 al sabio, y las dádivas corrompen el *c* *3820*
7.21 apliques tu *c* a todas las cosas que se *3820*
7.22 tu *c* sabe que tú también dijiste mal de *3820*
7.25 volví y fijé mi *c* para saber y examinar *3820*
7.26 la mujer cuyo *c* es lazos y redes, y sus *3820*
8.5 el *c* del sabio discierne el tiempo y el *3820*
8.9 he puesto mi *c*...en todo lo que debajo del *3820*
8.11 el *c* de los...está en ellos dispuesto para *3820*
8.16 dediqué mi *c* a conocer sabiduría, y a *3820*
9.1 he dado mi *c* a todas estas cosas, para *3820*
9.3 el *c*...de los hombres está lleno de mal *3820*
9.3 y de insensatez en su *c* durante su vida *3824*
9.7 y bebe tu vino con alegre *c*; porque tus *3820*
10.2 el *c* del sabio está a su mano derecha *3820*
10.2 mas el *c* del necio a su mano izquierda *3820*
11.9 y tome placer tu *c* en los días de tu *3820*
11.9 y anda en los caminos de tu *c* y en la *3820*
11.10 quita...de tu *c* el enojo, y aparta de tu *3820*
Cnt 3.11 el día de...y el día del gozo de su *c* 3820
4.9 prendiste mi *c*, hermana, esposa mía; has 3823
4.9 has apresado mi *c* con uno de tus ojos 3823
5.2 yo dormía, pero mi *c* velaba. Es la voz 3820
5.4 metió...y mi *c* se conmovió dentro de mí 4578
8.6 ponme como un sello sobre tu *c*, como una 3820
Is 1.5 cabeza está enferma, y todo *c* doliente 3824
6.10 engruesa el *c* de este...ni su *c* entienda 3820
7.2 le estremeció el *c*, y el *c* de su pueblo 3824
7.4 ni se turbe tu *c* a causa de estos dos 3824
9.9 con soberbia y con altivez de *c* dicen 3824
10.7 así, ni su *c* lo imaginará de esta manera 3824
10.12 de la soberbia del *c* del rey de Asiria 3824
13.7 mano...y desfallecerá todo *c* de hombre 3824
14.13 tú que decías en tu *c*: Subiré al cielo 3824
15.5 *c* dará gritos por Moab; sus fugitivos 3820
16.11 entrañas vibrarán...mi *c* por Kir-hareset 4578
19.1 y desfallecerá el *c* de los egipcios 3824
21.4 pasmó mi *c*, el horror me ha intimidado 3824
24.7 gimieron todos los que eran alegres de *c* 3820
29.13 su *c* está lejos de mí, y su temor de mí 3824
30.29 tendréis...alegría de *c*, como el que va 3824
32.4 el *c* de los necios entenderá para saber 3824
32.6 porque el ruin hablará ruindades, y su *c* 3820
33.18 *c* imaginará el espanto, y dirá: ¿Qué 3820
35.4 decid a los de *c* apocado: Esforzaos, no 3820
38.3 he andado delante de ti...con íntegro *c* 3820
40.2 hablad al *c* de Jerusalén; decidle a 3820
41.22 pondremos nuestro *c* en ello; sepamos 3820
44.18 para no ver, y su *c* para no entender 3826
44.20 su *c* engañado le desvía, para que no 3820
46.12 oídme, duros de *c*, que estáis lejos de 3820
47.8 que dices en tu *c*: Yo soy, y fuera de 3824
47.10 y dijiste en tu *c*: Yo, y nadie más 3820
49.21 y dirás en tu *c*: ¿Quién me engendró 3824
51.7 oídme...pueblo en cuyo *c* está mi ley 3820
57.15 para vivificar el *c* de los quebrantados 3820
57.17 siguió rebelde por el camino de su *c* 3820
59.13 y proferir de *c* palabras de mentira 3820
60.5 se maravillará y ensanchará tu *c*, porque 3824
61.1 me ha enviado...a los quebrantados de *c* 3820
63.4 el día de la venganza está en mi *c*, y 3820
63.17 y endureciste nuestro *c* a tu temor? 3820
65.14 mis siervos cantarán por júbilo del *c* 3820
65.14 vosotros clamaréis por el dolor del *c* 3820
66.14 alegrará vuestro *c*, y vuestros huesos 3820
Jer 3.10 Judá no se volvió a mí de todo *c*, sino 3820
3.15 y os daré pastores según mi *c*, que os 3820
3.17 ni andarán más tras la...de su malvado *c* 3820
4.4 quitad el prepucio de vuestro *c*...de Judá 3824
4.9 desfallecerá el *c* del rey y el *c* de los 3820
4.14 lava tu *c* de maldad, oh Jerusalén, para 3820
4.18 lo cual amargura penetrará hasta tu *c* 3820
4.19 me duelen las fibras de mi *c*; mi *c* se 3820
5.21 oíd ahora esto, pueblo necio y sin *c*, que 3820
5.23 este pueblo tiene *c* falso y rebelde; se 3820
5.24 y no dijeron en su *c*: Temamos ahora a 3824
7.24 caminaron...en la dureza de su *c* malvado 3820
7.31 que yo no les mandé, ni subió en mi *c* 3820
8.18 a causa de...dolor, mi *c* desfallece en mí 3820
9.14 se fueron tras la imaginación de su *c* 3820
9.26 la casa de Israel es incircuncisa de *c* 3820
11.8 se fueron cada uno tras...de su malvado *c* 3820
11.20 que escudriñas la mente y el *c*, vea yo 3820
12.2 tú en sus bocas, pero lejos de sus *c* 3629
12.3 me viste, y probaste mi *c* para contigo 3820
13.10 que anda en las imaginaciones de su *c* 3820
13.22 si dijeres en tu *c*: ¿Por qué me ha 3824
14.14 vanidad y engaño de su *c* os profetizan 3820
15.16 tu palabra me fue...por alegría de mi *c* 3824
16.12 uno tras la imaginación de su malvado *c* 3820
17.1 esculpido está en la tabla de su *c*, y 3820
17.5 el varón que...su *c* se aparta de Jehová 3820
17.9 engañoso es el *c* más que...y perverso 3820
17.10 yo Jehová...que pruebo el *c*, para dar 3820
18.12 uno el pensamiento de nuestro malvado *c* 3820
20.9 había en mi *c* como un fuego ardiente 3820
20.12 que ves los pensamientos y el *c*, vea 3820
22.17 mas tus ojos y tu *c* no son sino para 3820
23.9 mi *c* está quebrantado dentro de mí, todos 3820
23.16 hablan visión de su propio *c*, no de la 3820
23.17 que anda tras la obstinación de su *c* 3820
23.20 haya cumplido los pensamientos de su *c* 3820
23.26 ¿hasta cuándo estará esto en el *c* de 3820
23.26 profetizan mentira...el engaño de su *c*? 3820
24.7 le daré *c*...volverán a mí de todo su *c* 3820
29.13 porque me buscaréis de todo vuestro *c* 3824
30.24 y cumplido los pensamientos de su *c* 3820
31.33 daré mi ley en...la escribiré en su *c* 3820
32.39 les daré un *c*, y un camino, para que 3820
32.40 pondré mi temor en el *c* de ellos, para 3824
32.41 los plantaré...de todo mi *c* y de toda 3820
48.29 de Moab, que es...altivo y altanero de *c* 3820
48.36 mi *c* resonará...mi *c* a modo de flautas 3820
48.41 *c* de los valientes...como el *c* de mujer 3820
49.16 te engañó...la soberbia de tu *c*. Tú que 3820
49.22 *c* de los valientes...como el *c* de mujer 3820
51.46 y no desmaye vuestro *c*, ni temáis a 3824
Lm 1.20 mi *c* se trastorna dentro de mí, porque 3820
1.22 muchos son mis suspiros, y mi *c* está 3820
2.18 el *c* de ellos clamaba al Señor; oh hija 3820
2.19 derrama como agua tu *c* ante...del Señor 3820
3.21 esto recapacitaré en mi *c*, por lo tanto 3820
3.41 levantemos nuestros *c* y manos a Dios en 3820
3.65 entrégalos al endurecimiento de *c*; tu 3820
5.15 cesó el gozo de nuestro *c*; nuestra danza 3820
5.17 por esto fue entristecido nuestro *c*, por 3820
Ez 2.4 a hijos de duro rostro...empedernido *c* 3820
3.7 Israel es dura de frente y obstinada de *c* 3820
3.10 toma en tu *c* todas mis palabras que yo 3824
6.9 me quebranté a causa de su *c* fornicario 3820
11.19 y les daré un *c*, y un espíritu nuevo 3820
11.19 quitaré el *c*...y les daré un *c* de carne 3820
11.21 a aquellos cuyo *c* anda tras el deseo de 3820
13.2,17 a los que profetizan de su propio *c* 3820
13.22 entristecisteis...el *c* del justo, al cual 3820
14.3 hombres han puesto sus ídolos en su *c* 3820
14.4,7 que hubiere puesto sus ídolos en su *c* 3820
14.5 tomar a la casa de Israel por el *c*, ya 3820
16.30 ¡ cuán inconstante es tu *c*, dice Jehová 3820
18.31 haceos un *c* nuevo y un espíritu nuevo 3826
20.16 profanaron...tras sus ídolos iba su *c* 3820
21.7 que desfallezca todo *c*, y toda mano se 3820
21.15 para que el *c* desmaye, y los estragos 3820
22.14 ¿estará firme tu *c*? ¿Serán fuertes tus 3820
27.4 en el *c* de los mares están tus confines 3820
28.2 se enalteció tu *c*, y dijiste: Yo soy un 3820
28.2 no Dios, y has puesto tu *c* como *c* de Dios 3820
28.5 de tus riquezas se ha enaltecido tu *c* 3824
28.6 por cuanto pusiste tu *c* como *c* de Dios 3824,3820
28.17 enalteció tu *c* a causa de tu hermosura 3820
31.10 densas ramas, su *c* se elevó con su altura 3824
32.9 y entristeceré el *c* de muchos pueblos 3820
33.31 el *c* de ellos anda en pos de su avaricia 3820
36.5 que se disputaron mi tierra...de todo *c* 3824
36.26 os daré *c* nuevo...os daré un *c* de carne 3820
36.26 quitaré de...carne el *c* de piedra, y os 3820
38.10 en aquel día subirán palabras en tu *c* 3824
40.4 tu *c* a todas las cosas que te muestro 3820
44.7 traer extranjeros, incircuncisos de *c* 3820
44.9 ningún hijo...incircunciso de *c*...entrará 3820
Dn 1.8 propuso en su *c* no contaminarse con la 3820
2.30 que etiendas los pensamientos de tu *c* 3825
4.16 *c* de hombre sea cambiado, y le sea dado 3825
4.16 dado *c* de bestia, y pasen sobre él siete 3825
5.20 mas cuando su *c* se ensoberbeció, y su 3825
5.22 tú...no has humillado tu *c*, sabiendo todo 3825
7.4 fue levantada...y le fue dado *c* de hombre 3825
7.28 se demudó; pero guardé el asunto en mi *c* 3821
8.25 y en su *c* se engrandecerá, y sin aviso 3824
10.12 desde...que dispusiste tu *c* a entender 3820
11.12 se elevará su *c*, y derribará a muchos 3824
11.27 el *c* de estos dos reyes será para hacer 3824

11.28 su c será contra el pacto santo; hará 3824
Os 2.14 llevaré al desierto, y hablaré a su c 3820
7.2 no consideran en su c...tengo en memoria 3824
7.6 aplicaron su c, semejante a un horno, a sus 3820
7.14 no clamaron a...con su c cuando gritaban 3820
10.2 está dividido su c...Ahora serán hallados 3820
11.8 c se conmueve dentro de mí, se inflama 3820
13.6 repletos, se ensoberbeció su c; por esta 3820
13.8 y desgarraré las fibras de su c, y allí 3820
Jl 2.12 convertíos a mí con todo vuestro c 3824
2.13 rasgad vuestro c, y no...vestidos, y 3824
Abd 3 la soberbia de tu c te ha engañado, tu 3820
3 que dices en tu c: ¿Quién me derribará a 3820
Nah 2.10 y desolada está, y el c desfallecido 3820
Sof 1.12 dicen en su c: Jehová ni hará bien ni 3824
2.15 que decía en su c: Yo, y no más. ¡Cómo 3824
3.14 regocíjate de todo c, hija de Jerusalén 3820
Hag 2.15,18(2) meditad en vuestro c 3824
Zac 7.10 ninguno piense mal en su c contra su 3824
7.12 pusieron su c como diamante, para no oír 3820
8.17 y ninguno...piense mal en su c contra su 3824
10.7 se alegrará su c como a causa del vino 3820
10.7 se alegrarán; su c se gozará en Jehová 3820
12.5 los capitanes de Judá dirán en su c 3820
Mal 2.2 no decidís de c dar gloria a mi nombre 3820
2.2 he maldecido...no os habéis decidido de c 3820
4.6 volver el c de los padres hacia los hijos 3820
4.6 y el c de los hijos hacia los padres, no 3820
Mt 5.8 **bienaventurados los de limpio c, porque** 2588
5.28 **que mira...ya adulteró con ella en su c** 2588
6.21 **tesoro, allí estará también vuestro c** 2588
9.4 **¿por qué pensáis mal en vuestros c?** 2588
11.29 **de mí, que soy manso y humilde de c** 2588
12.34 **de la abundancia del c habla la boca** 2588
12.35 **del buen tesoro del c saca buenas cosas** 2588
12.40 **estará el Hijo...en el c de la tierra** 2588
13.15 **el c de este pueblo se ha engrosado** 2588
13.15 **y con el c entiendan, y se conviertan** 2588
13.19 **y arrebata lo que fue sembrado en su c** 2588
15.8 **de labios me honra; mas su c está lejos** 2588
15.18 **pero lo que sale de la boca, del c sale** 2588
15.19 **del c salen los malos pensamientos, los** 2588
18.35 **si no perdonáis de todo c cada uno a su** 2588
19.8 **dureza de vuestro c Moisés os permitió** 4641
22.37 **amarás al Señor tu Dios con todo tu c** 2588
24.48 **siervo malo dijere en su c: Mi señor** 2588
Mr 2.6 escribas, los cuales cavilaban en sus c 2588
2.8 **¿por qué caviláis así en vuestros c** 2588
3.5 entristecido por la dureza de sus c, dijo 2588
4.15 **quita la palabra que se sembró en sus c** 2588
6.52 por cuanto estaban endurecidos sus c 2588
7.6 **de labios me honra, mas su c está lejos** 2588
7.19 **no entra en su c, sino en el vientre, y** 2588
7.21 **del c de los hombres, salen los malos** 2588
8.17 **¿aún tenéis endurecido vuestro c** 2588
10.5 **por la dureza de vuestro c os escribió** 4641
11.23 **y no dudare en su c, sino creyere que** 2588
12.30 **amarás al Señor tu Dios con todo tu c** 2588
12.33 y el amarle con todo el c, con todo el 2588
16.14 les reprochó su...y dureza de c, porque 4641
Lc 1.17 volver los c de los padres a los hijos 2588
1.51 los soberbios en el pensamiento de sus c 2588
1.66 las guardaban en su c, diciendo: ¿Quién 2588
2.19 María guardaba...meditándolas en su c 2588
2.35 revelados los pensamientos de muchos c 2588
2.51 su madre guardaba...estas cosas en su c 2588
3.15 preguntándose...en sus c si acaso Juan 2588
4.18 **enviado a sanar a los quebrantados de c**
5.22 **les dijo: ¿Qué caviláis en vuestros c?** 2588
6.45 **del buen tesoro de su c saca lo bueno** 2588
6.45 **del mal tesoro de su c saca lo malo** 2588
6.45 **de la abundancia del c habla la boca** 2588
8.12 **viene el diablo y quita...c la palabra** 2588
8.15 **éstos son los que con c bueno y recto** 2588
9.47 percibiendo los pensamientos de sus c 2588
10.27 amarás al Señor tu Dios con todo tu c 2588
12.34 **tesoro, allí estará también vuestro c** 2588
12.45 **siervo dijere en su c: Mi señor tarda** 2588
16.15 **mas Dios conoce vuestros c; porque lo** 2588
21.14 **proponed en vuestro c no pensar antes** 2588
21.34 **vuestros c no se carguen de glotonería** 2588
24.25 **oh insensatos, y tardos de c para creer** 2588
24.32 ardía nuestro c en nosotros, mientras 2588
24.38 **y vienen a vuestro c...pensamientos?** 2588
Jn 12.40 los ojos de ellos, y endureció su c 2588
12.40 para que no vean...y entiendan con el c 2588
13.2 diablo ya había puesto en el c de Judas 2588
14.1 **no se turbe vuestro c; creéis en Dios** 2588
14.27 **no se turbe vuestro c, ni tenga miedo** 2588
16.6 **dicho...la tristeza ha llenado vuestro c** 2588
16.22 **gozará vuestro c, y nadie os quitará** 2588
Hch 1.24 tú, Señor, que conoces los c de todos 2589
2.26 por lo cual mi c se alegró, y se gozó 2588
2.37 se compungieron de c, y dijeron a Pedro 2588
2.46 comían juntos con alegría y sencillez de c 2588
4.32 de los que habían creído era de un c 2588
5.3 llenó Satanás tu c para que mintieses al 2588
5.4 ¿por qué pusiste esto en tu c? No has 2588
7.23 le vino al c el visitar a sus hermanos 2588
7.39 sino...y en sus c se volvieron a Egipto 2588
7.51 ¡duros de cerviz, e incircuncisos de c 2588
7.54 oyendo...cosas, se enfurecían en sus c 2588
8.21 porque tu c no es recto delante de Dios 2588
8.22 te sea perdonado el pensamiento de tu c 2588
8.37 dijo: Si crees de todo c, bien puedes 2588
11.23 que con propósito de c permaneciesen 2588
13.22 a David hijo de...varón conforme a mi c 2588
14.17 llenando de sustento y de alegría...c 2588
15.8 Dios, que conoce los c, les dio testimonio 2589
15.9 diferencia...purificando por la fe sus c 2588
16.14 el Señor abrió el c de ella para que 2588
21.13 ¿qué hacéis...y quebrantándome el c? 2588
28.27 el c de este pueblo se ha engrosado, y 2588
28.27 entiendan de c, y se conviertan, y yo 2588
Ro 1.21 sino que...su necio c fue entenebrecido 2588
1.24 entregó a...las concupiscencias de sus c 2588
2.5 por tu c no arrepentido, atesoras...ira 2588
2.15 mostrando la obra de la ley...en sus c 2588
2.29 la circuncisión es la del c, en espíritu 2588
5.5 el amor...ha sido derramado en nuestro c 2588
6.17 habéis obedecido de c a aquella forma 2588
8.27 el que escudriña los c sabe cuál es la 2588
9.2 gran tristeza y continuo dolor en mi c 2588
10.1 el anhelo de mi c, y mi oración a Dios 2588
10.6 no digas en tu c: ¿Quién subirá al cielo 2588
10.8 cerca de ti está...en tu boca y en tu c 2588
10.9 y creyeres en tu c que Dios le levantó 2588
10.10 porque con el c se cree para justicia 2588
16.18 lisonjas engañan los c de los ingenuos 2588
1 Co 2.9 ni han subido en c de hombre, son los 2588
4.5 y manifestará las intenciones de los c 2588
7.37 pero el que está firme en su c, sin tener 2588
7.37 ha resuelto en su c guardar a su hija 2588
14.25 lo oculto de su c se hace manifiesto 2588
2 Co 1.22 ha dado las arras del...en nuestros c 2588
2.4 por la mucha...angustia del c os escribí 2588
3.2 nuestras cartas...escritas en nuestros c 2588
3.3 de piedra, sino en tablas de carne del c 2588
3.15 el velo está puesto sobre el c de ellos 2588
4.6 Dios...el que resplandeció en nuestros c 2588
5.12 glorían en las apariencias y no en el c 2588
6.11 oh corintios; nuestro c se ha ensanchado 2588
6.12 sí sois estrechos en vuestro propio c 4698
7.3 ya he dicho antes que estáis en nuestro c 2588
8.16 que puso en el c de Tito la...solicitud 2588
9.7 cada uno dé como propuso en su c: no con 2588
Gá 4.6 Dios envió a vuestros c el Espíritu de 2588
Ef 3.17 habite Cristo por la fe en vuestros c 2588
4.18 ajenos de la vida...por la dureza de su c 2588
5.19 cantando y alabando al...en vuestros c 2588
6.5 obedeced a...con sencillez de vuestro c 2588
6.6 como...de c haciendo la voluntad de Dios 5590
6.22 que sepáis...y que consuele vuestros c 2588
Fil 1.7 os tengo en el c; y en mis prisiones 2588
4.7 y la paz de Dios...guardará vuestros c y 2588
Col 2.2 para que sean consolados sus c, unidos 2588
3.15 la paz de Dios gobierne en vuestros c 2588
3.16 cantando con gracia en vuestros c al 2588
3.22 sino con c sincero, temiendo a Dios 2588
3.23 todo lo que hagáis, hacedlo de c, como 5590
4.8 para que conozca...y conforte vuestros c 2588
1 Ts 2.4 sino a Dios, que prueba nuestros c 2588
2.17 separados de...de vista pero no de c 2588
3.13 para que sean afirmados vuestros c 2588
2 Ts 2.17 conforte vuestros c, y os confirme 2588
3.5 y el Señor encamine vuestros c al amor 2588
1 Ti 1.5 es el amor nacido de c limpio, y de 2588
2 Ti 2.22 con los que de c limpio invocan al 2588
Flm 7 han sido confortados los c de los santos 4698
20 sí, hermano...conforta mi c en el Señor 4698
He 3.8 no endurezcáis vuestros c, como en la 2588
3.10 dije: Siempre andan vagando en su c, y 2588
3.12 que no haya en...c malo de incredulidad 2588
3.15 no endurezcáis vuestros c, como en la 2588
4.7 si oyereis hoy...no endurezcáis vuestros c 2588
4.12 discierne los pensamientos y las...del c 2588
8.10 mis leyes en...y sobre su c las escribiré 2588
10.16 pondré mis leyes en sus c, y en sus 2588
10.22 acerquémonos con c sincero, en plena 2588
10.22 purificados los c de mala conciencia 2588
13.9 buena cosa es afirmar el c...la gracia 2588
Stg 1.26 engaña su c, la religión del tal es 2588
3.14 si tenéis celos amargos...en vuestro c 2588
4.8 los de doble ánimo, purificad vuestros c 2588
5.5 habéis engordado vuestros c como en día 2588
5.8 afirmad vuestros c; porque la venida del 2588
1 P 1.22 amaos unos a...entrañablemente, de c 2588
3.4 el interno, el del c, en el incorruptible 2588
3.15 sino santificad...el Señor en vuestros c 2588
2 P 1.19 el lucero de la mañana salga en...c 2588
2.14 tienen el c habituado a la codicia, y 2588
1 Jn 3.17 ve a su...y cierra contra él su c 4698
3.19 aseguraremos nuestros c delante de él 2588
3.20 pues si nuestro c nos reprende, mayor 2588
3.20 mayor que nuestro c es Dios, y él sabe 2588
3.21 si nuestro c no nos reprende, confianza 2588
Ap 2.23 **soy el que escudriña la mente y el c** 2588
17.17 Dios ha puesto en sus c el ejecutar lo 2588
18.7 dice en su c: Yo estoy sentada como reina 2588

CORBÁN

Mr 7.11 que diga un hombre al padre o...Es C 2878

CORCEL

Is 30.16 dijisteis...sobre c veloces cabalgaremos 7031
Jer 8.16 al sonido...de sus c tembló...la tierra 47
Ez 27.14 Togarma, con caballos y c de guerra 5483

CORCHETE

Éx 26.6 harás también cincuenta c de oro, con 7165
26.11 harás asimismo cincuenta c de bronce 7165
26.33 y pondrás el velo debajo de los c, y 7165
35.11 cubierta, sus c, sus tablas, sus barras 7165
36.13 hizo...50 c de oro, con los cuales enlazó 7165
36.18 hizo también cincuenta c de bronce para 7165
39.33 y trajeron el tabernáculo...sus c, sus 7165

CORDEL

2 S 8.2 y los midió con c...dos c para...morir 2256
8.2 y un c entero para preservarles la vida 2256
2 R 21.13 extenderé sobre Jerusalén el c de 6957
Job 38.5 ¿quién ordenó...extendió sobre ella c? 6957
Is 28.17 ajustaré el juicio a c, y a nivel la 6957
34.11 extenderá sobre ella c de destrucción 6957
34.17 suertes, y su mano les repartió con c 6957
Jer 31.39 saldrá más allá el c de la medida 6961,6957
Lm 2.8 extendió el c, no retrajo su mano de la 6957
Ez 40.3 y tenía un c de lino en su mano, y una 6616
47.3 salió...llevando un c en su mano; y midió 6957
Zac 2.1 aquí un varón que tenía...un c de medir 2256

CORDERA

Gn 21.28 puso Abraham 7 c del rebaño aparte 3535
21.29 ¿qué significan esas siete c...aparte? 3535
21.30 que estas siete c tomarás de mi mano 3535
Lv 5.6 a Jehová...c o una cabra como ofrenda 3776
14.10 tomará...una c de un año sin tacha, y 3535
Nm 6.14 ofrecerá...una c de un año sin defecto 3535
2 S 12.6 y debe pagar la c con cuatro tantos 3535
Ez 45.15 una c del rebaño de doscientas, de 7716

CORDERITA

2 S 12.3 el pobre no tenía más que una sola c 3535

CORDERITO

Sal 114.4 como carneros, los collados como c 1121,6629
114.6 montes...y vosotros, collados, como c? 1121,6629

CORDERO *Véase también Cordera*

Gn 22.7 ¿dónde está el c para el holocausto? 7716
22.8 Dios se proveerá de c para el...hijo mío 7716
30.40 apartaba Jacob los c, y ponía con su 3775
Éx 12.3 tómese cada uno un c...un c por familia 7716
12.4 si la familia...no baste para comer el c 7716
12.4 conforme al...haréis la cuenta sobre el c 7716
12.21 tomaos c por...familias, y sacrificad 6629
13.13 primogénito de asno redimirás con un c 7716
29.38 que ofrecerás...dos c de un año cada día 3532
29.39 uno de los c por la mañana, y el otro c 3532
29.40 con cada c una décima parte de un efa 3532
29.41 ofrecerás el otro c a la caída de la 3532
34.20 redimirás con c el primogénito del asno 7716
Lv 3.7 ofreciere c por su ofrenda, lo ofrecerá 3775
4.32 por su ofrenda por el pecado trajere c 3532
5.7 si no tuviere...para un c, traerá a Jehová 7716
7.23 ninguna grosura de buey ni de c ni de 3775
9.3 tomad, un becerro y un c de un año, sin 3532
12.6 traerá un c de un año para holocausto 3532
12.8 y si no tiene lo suficiente para un c 7716
14.10 el día octavo tomará dos c sin defecto 3535
14.12 tomará...un c y lo ofrecerá por la culpa 3532
14.13 y degollará el c en el lugar donde se 3532
14.21 tomará un c para ser ofrecido como 3532
14.24 sacerdote tomará el c de la expiación 3532
14.25 luego degollará el c de la culpa, y el 3532
17.3 varón de...que degollare buey o c o cabra 3775
22.19 de entre los c, o de entre las cabras 1241
22.27 el c...cuando naciere, siete días estará 3775
23.12 la gavilla, ofreceréis un c de un año 3532
23.18 ofreceréis con el pan siete c de un año 3532
23.19 ofreceréis además...y dos c de un año 3532
23.20 con el pan de las primicias y los dos c 3532
Nm 6.12 traerá un c de un año en expiación por 3532
6.14 ofrecerá...un c de un año sin tacha en 3532
7.15,21,27,33,39,45,51,57,63,69,75,81 un c de un año para holocausto 3532
7.17,23,29,35,41,47,53,59,65,71,77,83 cinco carneros...y cinco c de un año 3532
7.87 doce los c de un año, con su ofrenda, y 12 3532
7.88 de la ofrenda de paz...sesenta los c de un 3532
15.5 un hin, además del holocausto...por cada c 3532
15.11 así se hará con cada...c de las ovejas, o 7716
28.3 dos c sin tacha de un año cada día, será 7716
28.4 un c ofrecerás por la mañana, y el otro c 3532
28.7 la cuarta parte de un hin con cada c 3532
28.8 ofrecerás el segundo c a la...de la tarde 3532
28.9 mas el día de reposo, dos c de un año sin 3532
28.11,19,27 un carnero, y siete c de un año 3532
28.13 en ofrenda que se ofrecerá con cada c 3532
28.14 y la cuarta parte de un hin con cada c 3532
28.21,29 y con cada uno de los siete c 3532
29.2,13,36 un carnero, siete c de un año 3532
29.4,10,15 con cada uno de los...c, una décima 3532
29.13,17,20,23,26,29,32 catorce c de un año 3532
29.18,21,24,27,30,33,37 libaciones...con los c 3532
Dt 17.1 no ofrecerás...c en el cual haya falta 7716
18.3 que ofrecieren en sacrificio buey o c 7716
22.1 si vieres extraviado el buey de...o su c 7716
32.14 y leche de ovejas, con grosura de c 3733
1 S 7.9 Samuel tomó un c de...y lo sacrificó 2924
17.34 un león...y tomaba algún c de la manada 7716
2 R 3.4 pagaba al rey de Israel cien mil c y 3733
1 Cr 29.21 carneros, mil c con sus libaciones 3532
2 Cr 29.21 siete c y siete machos cabríos para 3532
29.22 mataron...los c, y esparcieron la sangre 3532
29.32 y doscientos c, todo para el holocausto 3532
35.7 y dio...c y cabritos de los rebaños, en 3532
Esd 6.9 c para holocaustos al Dios del cielo 563
6.17 ofrecieron...400 c; y 12 machos cabríos 563
7.17 comprarás...carneros y c, con sus ofrendas 563
8.35 ofrecieron...77 c, y 12 machos cabríos 3532
Pr 27.26 los c son para tus vestidos, y los 3532
Is 5.17 c...apacentados según su costumbre 3532
11.6 morará el lobo con el c, y el leopardo 3532
16.1 enviad c al señor de la tierra, desde 3733
34.6 engrasada...de sangre de c y de machos 3733

40.11 en su brazo llevará los *c*, y en su seno 2922
53.7 como *c* fue llevado al matadero; y como 7716
65.25 el lobo y el *c* serán apacentados juntos 2924
Jer 11.19 yo era como *c* inocente que llevan 3532
51.40 los haré traer como *c* al matadero, como 3733
Ez 27.21 de Cedar traficaban contigo en *c* y 3733
39.18 de *c*, de machos cabríos, de bueyes y 3733
46.4 el holocausto. . . será seis *c* sin defecto 3532
46.5 y con cada *c*, una ofrenda conforme a sus 3532
46.6 seis *c*, y un carnero; deberán ser sin 3532
46.7,11 con los *c*, conforme a. . . posibilidades 3532
46.13 ofrecerás. . . un *c* de un año sin defecto 3532
46.15 ofrecerán. . . *c* y la ofrenda y el aceite 3532
Os 4.16 los apacentará ahora Jehová como a *c* 3532
Am 6.4 sus lechos; y comen los *c* del rebaño 3733
Mr 14.12 cuando sacrificaban el *c* de la Pascua
Lc 10.3 **yo os envío como *c* en medio de lobos** *704*
22.7 necesario sacrificar el *c* de la pascua
Jn 1.29 el *C* de Dios, que quita el pecado del *286*
1.36 y mirando a. . . dijo: He aquí el *C* de Dios *286*
21.15 **que te amo. El le dijo: Apacienta mis *c*** *721*
Hch 8.32 *c* mudo delante del que lo trasquila *286*
1 P 1.19 un *c* sin mancha y sin contaminación *286*
Ap 5.6 estaba en pie un *C* como inmolado, que *721*
5.8 se postraron delante del *C*; todos tenían *721*
5.12 el *C* que fue inmolado es digno de tomar *721*
5.13 y al *C*, sea la alabanza, la honra, la *721*
6.1 vi cuando el *C* abrió uno de los sellos *721*
6.16 escondednos del rostro. . . de la ira del *C* *721*
7.9 estaban delante. . . en la presencia del *C* *721*
7.10 la salvación pertenece a. . . Dios. . . y al *C* *721*
7.14 las han emblanquecido en la sangre del *C* *721*
7.17 el *C* que. . . los pastoreará, y los guiará a *721*
12.11 vencido por medio de la sangre del *C* *721*
13.8 libro de la vida del *C* que fue inmolado *721*
13.11 dos cuernos semejantes a los de un *c* *721*
14.1 *C* estaba en pie sobre el monte de Sion *721*
14.4 que siguen al *C* por dondequiera que va *721*
14.4 redimidos. . . como primicias para. . . el *C* *721*
14.10 atormentado con fuego. . . delante. . . del *C* *721*
15.3 cantan el. . . y el cántico del *C*, diciendo *721*
17.14 pelearán contra el *C*, y el *C* los vencerá *721*
19.7 han llegado las bodas del *C*, y su esposa *721*
19.9 llamados a la cena de las bodas del *C* *721*
21.9 ven acá, yo te mostraré. . . la esposa del *C* *721*
21.14 los nombres de los doce apóstoles del *C* *721*
21.11 Señor Dios. . . es el templo de ella, y el *C* *721*
21.23 la gloria de Dios la ilumina, y el *C* *721*
21.27 inscritos en el libro de la vida del *C* *721*
22.1 un río. . . salía del trono de Dios y del *C* *721*
22.3 el trono de Dios y del *C* estará en ella *721*

CORDIAL
Pr 27.9 y el *c* consejo del amigo, al hombre 5315

CORDÓN
Gn 38.18 sello, tu *c*, y tu báculo que tienes 6616
38.25 de quién. . . el sello, el *c* y el báculo 6616
Éx 28.14 dos *c* de oro fino. . . y fijarás los *c* 8333
28.22 harás. . . en el pectoral *c* de hechura de 8331
28.24 y fijarás los dos *c* de oro en los dos 5688
28.25 pondrás los dos extremos de los dos *c* 5688
28.28 juntarán el pectoral. . . con un *c* de azul 6616
28.37 la pondrás con un *c* de. . . sobre la mitra 6616
39.15 hicieron. . . *c* de forma de trenza, de oro 8333
39.17 fijaron los dos *c* de oro en aquellos dos 5688
39.18 otros dos extremos de los dos *c* de oro 5688
39.21 ataron. . . los anillos del efod con un *c* 6616
39.31 y pusieron en ella un *c* de azul para 6616
Nm 15.38 en cada franja de los bordes un *c* de 6616
Jos 2.18 atarás este *c* de grana a la ventana 8615
2.21 y ella ató el *c* de grana a la ventana 8615
1 R 7.17 trenzas. . . y unos *c* a manera de cadenas 1434
7.23 el mar. . . lo ceñía. . . un *c* de treinta codos 6961
2 Cr 4.2 y un *c* de 30 codos de largo lo ceñía 6957
4.12 columnas, y los *c*, los capiteles sobre 7639
Ec 4.12 *c* de tres dobleces no se rompe pronto 2339
Jer 52.21 columna. . . *c* de doce codos la rodeaba 2339
Ez 27.24 ropas preciosas, enlazadas con *c*, y 2256

CORDONCILLO
Pr 7.16 con colchas recamadas con *c* de Egipto 330

CORDURA
Pr 1.4 dar. . . a los jóvenes inteligencia y *c* 4209
4.1 y estad atentos, para que conozcáis *c* 998
8.5 simples. . . vosotros, necios, entrad en *c* 995
8.12 la sabiduría, habito con la *c*, y hallo 6195
9.4,16 dice. . . Ven acá. A los faltos de *c* dice 3820
10.13 es para las espaldas del falto de *c* 995
19.11 la *c* del hombre detiene su furor, y su 7922
Ec 10.3 le falta *c*, y va diciendo a todos que 3820
Hch 26.25 que hablo palabras de verdad y de *c* *4997*
Ro 12.3 que piense de sí con *c*, conforme a la *4993*

CORÉ
1. Hijo de Esaú, Gn 36.5,14,18; 1 Cr 1.35 7141
2. Nieto de Esaú, Gn 36.16 7141
3. Levita que encabezó una rebelión contra Moisés
Éx 6.21 los hijos de Izhar: *C*, Nefeg y Zicri 7141
6.24 los hijos de *C*: Asir, Elcana y Abiasaf 7141
Nm 16.1 *C*. . . y Datán y Abiram. . . tomaron gente 7141
16.5 habló a *C* y a todo su séquito, diciendo 7141
16.6 tomaos incensarios, *C* y todo su séquito 7141
16.8 dijo más Moisés a *C*: Oíd ahora, hijos de 7141
16.16 dijo Moisés a *C*: Tú y todo tu séquito 7141
16.19 *C* había hecho juntar contra ellos toda 7141
16.24 apartaos de. . . de la tienda de *C*, Datán y 7141
16.27 y se apartaron de las tiendas de *C*, de 7141
16.32 los tragó a. . . a todos los hombres de *C* 7141
16.40 que no sea como *C* y como su séquito 7141
16.49 sin los muertos por la rebelión de *C* 7141
26.9 se rebelaron contra. . . con el grupo de *C* 7141
26.10 y la tierra abrió. . . tragó a ellos y a *C* 7141
26.11 mas los hijos de *C* no murieron 7141
27.3 de los que se juntaron. . . en el grupo de *C* 7141
1 Cr 6.22 hijos de Coat: Aminadab su hijo, *C* 7141
6.37 hijo de Asir, hijo de Ebiasaf, hijo de *C* 7141
9.19 hijo de *C*, y sus hermanos los coreítas 7141
2 Cr 20.19 se levantaron. . . los hijos de *C*, para 7141
Sal 42, 44, 45 *tít*. masquil de los hijos de *C* 7141
46 *tít*. al músico principal; de los hijos de *C* 7141
47, 48, 49 *tít*. salmo de los hijos de *C* 7141
84, 85, 88 *tít*. salmo para los hijos de *C* 7141
87 *tít*. a los hijos de *C*. Salmo. Cántico 7141
Jud 11 y perecieron en la contradicción de *C* *2879*
4. Hijo de Hebrón No. 4, 1 Cr 2.43 7141
5. Portero, descendiente de No. 1, 1 Cr 9.19; 26.1 6981
6. Levita, funcionario del rey Ezequías, 2 Cr 31.14 . . 6981

COREÍTA *Descendiente de Coré No. 1*, Éx 6.24; Nm 26.58; 1 Cr 9.19,31; 12.6; 26.1,19 7145

CORINTIO *Habitante de Corinto*
Hch 18.8 y muchos de los *c*, oyendo, creían y *2881*
2 Co 6.11 boca se ha abierto a vosotros, oh *c* *2881*

CORINTO *Ciudad principal de la provincia de Acaya*
Hch 18.1 Pablo salió de Atenas y fue a *C* *2882*
19.1 que entre tanto que Apolos estaba en *C* *2882*
1 Co 1.2; 2 Co 1.1 a la iglesia de Dios. . . en *C* *2882*
2 Co 1.23 por ser indulgente. . . no he pasado. . . *C* *2882*
2 Ti 4.20 Erasto se quedó en *C*, y a Trófimo *2882*

CORNALINA
Ap 4.3 era semejante a piedra de jaspe y de *c* *4555*
21.20 el sexto, *c*; el séptimo, crisólito *4556*

CORNELIO *Centurión en Cesarea*
Hch 10.1 había. . . un hombre llamado *C*, centurión *2883*
10.3 ángel de Dios entraba. . . y le decía: *C* *2883*
10.7 ido el ángel que hablaba con *C*, éste *2883*
10.17 los hombres. . . enviados por *C*, los cuales *2883*
10.21 a donde estaban los. . . enviados por *C* *2883*
10.22 dijeron: *C* el centurión, varón justo *2883*
10.24 y *C* los estaba esperando, habiendo *2883*
10.25 salió *C* a recibirle, y postrándose a *2883*
10.30 *C* dijo: Hace cuatro días que a esta *2883*
10.31 y dijo: *C*, tu oración ha sido oída, y *2883*

CORNERINA
Ez 28.13 de *c*, topacio, jaspe, crisólito 124

CORNETA
2 R 9.13 y tocaron *c*, y dijeron: Jehú es rey 7782

CORNISA
Éx 25.11 sobre ella una *c* de oro alrededor 2213
25.24 oro. . . y le harás una *c* de oro alrededor 2213
25.25 y harás a la moldura una *c*. . . alrededor 2213
30.3 y le harás en derredor una *c* de oro 2213
30.4 dos anillos de oro debajo de su *c*, a sus 2213
37.2,11,26 y le hizo una *c* de oro alrededor 2213
37.12 e hizo en derredor de la moldura una *c* 2213
37.27 dos anillos de oro debajo de la *c* en 2213
Ez 43.14 y desde la *c* menor hasta la *c* mayor 5835

CORO
1. Medida de capacidad (=370 litros)
1 R 4.22 era de treinta *c* de flor de harina 3734
4.22 la provisión de. . . era de. . . 60 *c* de harina 3734
5.11 daba. . . 20.000 *c* de trigo. . . 20 *c* de aceite 3734
2 Cr 2.10 dado 20.000 *c* de trigo. . . *c* de cebada 3734
27.5 plata, diez mil *c* de trigo, y diez mil 3734
Esd 7.22 cien *c* de trigo, cien batos de vino 3734
Ez 45.14 un bato. . . es la décima parte de un *c* 3734
2. Grupo de cantores
Neh 12.31 *c* grandes que fueron en procesión
12.38 el segundo *c* iba del lado opuesto, y
12.40 llegaron. . . los dos *c* a la casa de Dios

CORONA
2 S 1.10 tomé la *c* que tenía en su cabeza, y 5145
12.30 y quitó la *c* de la cabeza de su rey 5850
2 R 11.12 le puso la *c* y el testimonio, y le 5145
1 Cr 20.2 y tomó. . . la *c* de encima de la cabeza 5850
2 Cr 23.11 al hijo del rey, y le pusieron la *c* 5145
Est 1.11 trajesen a la reina. . . con la *c* regia 3804
2.17 puso la *c* real en su cabeza, y la hizo 3804
6.8 la *c* real que está puesta en su cabeza 3804
8.15 con vestido real. . . y una gran *c* de oro 5850
Job 19.9 mi gloria, y quitado la *c* de mi cabeza 5850
31.36 lo llevaría. . . me lo ceñiría como una *c* 5850
Sal 21.3 *c* de oro fino has puesto. . . su cabeza 5850
65.11 tú *c* el año con tus bienes, y 5849
73.6 por tanto, la soberbia los *c*
89.39 has profanado su *c* hasta la tierra 5145
103.4 el que te *c* de favores y 5849
132.18 vestiré. . . mas sobre él florecerá su *c* 5145
Pr 4.9 adorno de. . . *c* de hermosura te entregará 5850
12.4 la mujer virtuosa es *c* de su marido 5850
14.24 las riquezas de los sabios son su *c* 5850
16.31 *c* de honra es la vejez que se halla en 5850
17.6 *c* de los viejos son los nietos, y la 5850
27.24 será la *c* para perpetuas generaciones? 5145
Cnt 3.11 al rey. . . con la *c* con que le coronó su 5850
Is 23.8 sobre Tiro, la que repartía *c*, cuyos 5849
28.1,3 *c* de soberbia de los ebrios de Efraín 5850
28.5 Jehová. . . será por *c* de gloria y diadema 5850
62.3 serás *c* de gloria en la mano de Jehová 5850
Jer 13.18 la *c* de vuestra gloria ha caído de 5850
Lm 5.16 cayó la *c* de nuestra cabeza; ¡ay ahora 5850
Ez 21.26 depón la tiara, quita la *c*; esto no 5850
23.42 pusieron. . . y bellas *c* sobre sus cabezas 5850
Zac 6.11 tomarás pues, plata y oro, y harás *c* 5850
6.14 las *c* servirán a Helem, a Tobías. . . Hen 5850
Mt 27.29 y pusieron. . . una *c* tejida de espinas *4735*
Mr 15.17 y poniéndole una *c* tejida de espinas *4735*
Jn 19.2 entretejieron una *c* de espinas, y la *4735*
19.5 salió Jesús, llevando la *c* de espinas *4735*
1 Co 9.25 ellos. . . para recibir una *c* corruptible *4735*
Fil 4.1 así que, hermanos míos. . . gozo y *c* mía *4735*
1 Ts 2.19 ¿cuál. . . gozo, o *c* de que me glorie? *4735*
2 Ti 4.8 me está guardada la *c* de justicia, la *4735*
Stg 1.12 haya resistido. . . recibirá la *c* de vida *4735*
1 P 5.4 recibiréis la *c* incorruptible de gloria *4735*
Ap 2.10 **sé fiel. . . y yo te daré la *c* de la vida** *4735*
3.11 **retén lo que tienes. . . ninguno tome tu *c*** *4735*
4.4 ancianos. . . con *c* de oro en sus cabezas *4735*
4.10 echan sus *c* delante del trono, diciendo *4735*
6.2 le fue dada una *c*, y salió venciendo, y *4735*
9.7 en las cabezas tenían como *c* de oro; sus *4735*
12.1 sobre su cabeza una *c* de doce estrellas *4735*
14.14 que tenía en la cabeza una *c* de oro *4735*

CORONAR
Sal 8.5 y lo *coronaste* de gloria y de honra 5849
65.11 *coronas* el año con tus bienes, y tus 5849
73.6 por tanto, la soberbia los *corona*; se 5849
103.4 te *corona* de favores y misericordias 5849
Pr 14.18 prudentes se *coronarán* de sabiduría 3803
Cnt 3.11 la corona con que le *coronó* su madre 5849
2 Ti 2.5 que lucha como atleta, no es *coronado* *4737*
He 2.7 le *coronaste* de gloria y de honra, y le *4737*
2.9 a Jesús, *coronado* de gloria y de honra *4737*

CORONILLA
Dt 28.35 desde la planta de tu pie hasta tu *c* 6936
2 S 14.25 de su pie hasta su *c* no había en él 6936
Job 2.7 sarna maligna. . . hasta la *c* de la cabeza 6936
Sal 7.16 su agravio caerá sobre su propia *c* 7218
Jer 2.16 de Menfis y de. . . te quebrantaron la *c* 6936
48.45 quemó. . . la *c* de los hijos revoltosos 6936

CORPORAL
Lc 3.22 descendió el Espíritu Santo. . . forma *c* *4984*
2 Co 10.10 la presencia *c* débil, y la palabra *4983*
1 Ti 4.8 ejercicio *c* para poco es provechoso *4984*

CORPORALMENTE
Col 2.9 porque en él habita *c* toda la *4985*

CORRAL
Hab 3.17 las ovejas. . . y no haya vacas en los *c* 7517
Sof 2.6 y será la costa del mar. . . *c* de ovejas 1448

CORREA
Gn 14.23 desde un hilo hasta una *c* de calzado 8288
Is 5.27 ni se le romperá la *c* de. . . sandalias 8288
Mr 1.7 desatar encorvado la *c* de su calzado
Lc 3.16; Jn 1.27 no soy digno de desatar la *c* *2438*
Hch 22.25 cuando le ataron con *c*, Pablo dijo *2438*

CORRECCIÓN
Job 5.17 no menosprecies la *c* del Todopoderoso 4148
36.10 despierta. . . el oído de ellos para la *c* 4148
Sal 50.17 pues tú aborreces la *c*, y echas a 4148
Pr 3.11 menosprecies. . . ni te fatigues de su *c* 8433
5.23 él morirá por falta de *c*, y errará por 4148
13.18 mas el que guarda la *c* recibirá honra 8433
15.5 el que guarda la *c* vendrá a ser prudente 8433
15.10 camino; y el que aborrece la *c* morirá 8433
15.32 el que escucha la *c* tiene entendimiento 8433
19.20 escucha el consejo, y recibe la *c*, para 4148
22.15 mas la vara de la *c* la alejará de él 4148
29.15 la vara y la *c* dan sabiduría; mas el 8433
Jer 2.30 en vano he azotado. . . no han recibido *c* 4148
5.3 los azotaste. . . y no quisieron recibir *c* 4148
7.28 esta es la nación que no. . . ni admitió *c* 4148
17.23 endurecieron su. . . no oír, ni recibir *c* 4148
32.33 sin cesar, no escucharon para recibir *c* 4148
Sof 3.2 no escuchó la voz, ni recibió la *c* 4148
3.7 dije: Ciertamente me temerá; recibirá *c* 4148

CORRECTAMENTE
Jue 12.6 di Shibolet. . . no podía pronunciarlo *c* 3651

CORREDOR
Jue 3.23 salió Aod al *c*, y cerró. . . las puertas 4528
Cnt 7.5 la púrpura del rey suspendida en los *c* 7298
Ez 40.16 y había ventanas. . . asimismo en los *c* 361
42.4 delante de. . . había un *c* de diez codos de 4109
42.11 el *c*. . . era semejante al de las cámaras 1870
42.12 había una puerta al comienzo del *c* que 1870

CORREGIR
Lv 26.23 si con estas. . . no fuereis *corregidos* 3256
Sal 39.11 con castigos por. . . *corriges* al hombre 3256
94.12 bienaventurado el. . . a quien tu. . . *corriges* 3256
Pr 9.7 que *corrige* al escarnecedor, se acarrea 3256
9.8 reprendas. . . *corrige* al sabio, y te amará 3198
13.24 que lo ama, desde temprano lo *corrige* 4148
16.6 con misericordia y verdad se *corrige* el 3722
19.25 y *corrigiendo* al entendido, entenderá 3198
23.13 no rehúses *corregir* al muchacho; porque 4148
29.17 *corrige* a tu hijo, y te dará descanso 3256
29.19 el siervo no se *corrige* con palabras 3256
Jer 6.8 *corrígete*. . . no se aparte mi alma de ti 3256
Mi 4.3 *corregirá* a naciones poderosas hasta 3198
2 Ti 2.25 con mansedumbre *corrija* a los que se *3811*
3.16 y útil. . . para *corregir*, para instruir en *1882*
Tit 1.5 para que *corrigieses* lo deficiente *1930*

CORREO
2 Cr 30.6 fueron. . . *c* con cartas de mano del rey 7323

30.10 pasaron...los *c* de ciudad en ciudad por 7323
Est 3.13 fueron enviadas cartas por medio de *c* 7323
3.15 y salieron los *c*...por mandato del rey 7323
8.10 lo selló...y envió cartas por medio de *c* 7323
8.14 los *c*...montados en caballos veloces 7323
Job 9.25 días han sido más ligeros que un *c* 7323
Jer 51.31 *c* se encontrará con *c*, mensajero se 7323

CORRER

Gn 18.2 salió *corriendo* de la puerta de su 7323
18.7 *corrió* Abraham a las vacas, y tomó un 7323
24.17 el criado *corrió* hacia ella, y dijo 7323
24.20 y *corrió* otra vez al pozo para sacar 7323
24.28 doncella *corrió*, e hizo saber en casa 7323
24.29 Labán...*corrió* afuera hacia el hombre 7323
29.12 y ella *corrió*, y dio las nuevas a su 7323
29.13 Labán...*corrió* a recibirlo, y lo abrazó 7323
33.4 Esaú *corrió* a su encuentro y le abrazó 7323
Nm 11.27 *corrió* un joven y dio aviso a Moisés 7323
16.47 *corrió* en medio de la congregación 7323
Jos 4.18 *corriendo*...sobre todos sus bordes 1980
7.22 envió mensajeros...*corriendo* a la tienda 7323
8.19 *corrieron* luego que él alzó su mano 7323
Jue 7.21 ejército echó a *correr* dando gritos 7323
13.10 mujer *corrió*...a avisarle a su marido 7323
1 S 3.5 y *corriendo* luego a Elí, dijo: Heme 7323
4.12 y *corriendo* de la batalla un hombre de 7323
8.11 para que *corran* delante de su carro 7323
14.26 y he aquí que la miel *corría*; pero no 1982
17.22 y *corrió* al ejército, y cuando llegó 7323
17.48 David...*corrió* a la línea de batalla 7323
17.51 entonces *corrió* David y se puso sobre 7323
20.6 rogó...que lo dejase ir *corriendo* a Belén 7323
20.36 al muchacho: *Corre* y busca las saetas 7323
20.36 y cuando el muchacho iba *corriendo*, él 7323
20.38 gritar...*corre*, date prisa, no te pares 2363
21.13 dejaba *correr* la saliva por su barba 3381
2 S 15.1 se hizo de 50 hombres que *corriesen* 7323
18.19 ¿*correré*...y daré al rey las nuevas de 7323
18.21 y el etíope hizo reverencia...y *corrió* 7323
18.22 yo *correré*...¿para qué has de *correr* 7323
18.23 respondió: Sea como fuere, yo *correré* 7323
18.23 le dijo: *Corre*...*Corrió*, pues, Ahimaas 7323
18.24 y...miró, y vio a uno que *corría* solo 7323
18.26 vio el atalaya a otro que *corría*; y dio 7323
18.26 he aquí otro hombre que *corre* solo 7323
18.27 parece el *correr* del primero como el *c* 4794
1 R 1.5 y de 50 hombres que *corriesen* delante 7323
18.35 el agua *corría* alrededor del altar, y 1980
18.46 Elías...*corrió* delante de Acab hasta 7323
19.20 vino *corriendo* en pos de Elías, y dijo 7323
22.35 la sangre *corría*...por el fondo del carro 3332
2 R 4.22 que yo vaya *corriendo* al varón de Dios 7323
4.26 que vayas ahora *corriendo* a recibirla 7323
5.20 *correré* yo...y tomaré de él alguna cosa 7323
5.21 vio Naamán que venía *corriendo* tras él 7323
23.12 *corrió* y arrojó el polvo al arroyo del 7323
2 Cr 23.12 Atalía oyó...de la gente que *corría* 7323
32.4 cegaron...el arroyo que *corría* a través 7857
Job 3.24 mi pan...mis gemidos *corren* como aguas 5414
15.26 *corrió* contra él con cuello erguido 7323
16.14 me...*corrió* contra mí como un gigante 7323
Sal 19.5 se alegra cual gigante para *correr* el 7323
50.18 si veías al ladrón, tú *corrías* con él 7521
58.7 sean disipados como aguas que *corren* 1980
59.4 sin delito mío *corren* y se aperciben 7323
105.41 *corrieron* por los sequedales como un 1980
119.32 el camino de tus mandamientos *correré* 7323
147.15 él envía...velozmente *corre* su palabra 7323
Pr 1.16 porque sus pies *corren* hacia el mal 7323
4.12 tus pasos, y si *corrieras*, no tropezarás 7323
6.18 los pies presurosos para *correr* al mal 7323
Ec 1.7 ríos...allí vuelven para *correr* de nuevo 1980
Cnt 1.4 atráeme; en pos de ti *correremos* 7323
4.15 pozo de aguas vivas...*corren* del Líbano 4480
5.5 gotearon mirra...que *corría*...la manecilla 5197
Is 2.2 y *correrán* a él todas las naciones 5102
8.6 las aguas de Siloé, que *corren* mansamente 1980
33.4 correrán...como...*corren* las langostas 4944
40.31 *correrán*, y no se cansarán; caminarán 7323
48.21 abrió la peña, y *corrieron* las aguas 2100
55.5 *correrán* a ti, por causa de Jehová tu 7323
59.7 sus pies *corren* al mal, se apresuran 7323
Jer 12.5 *corriste* con los de a pie, y te cansaron 7323
18.14 las aguas frías que *corren* de lejanas 5140
23.21 no envié...profetas, pero ellos *corrían* 7323
31.12 y *correrán* al bien de Jehová, al pan 5102
Ez 1.14 los seres vivientes *corrían* y volvían 7519
24.16 no...ni llores, ni *corran* tus lágrimas 935
31.4 sus ríos *corrían* alrededor de su pie, y 1980
32.14 haré *correr* sus ríos como aceite, dice 1980
Dn 8.6 y *corrió* contra él con la furia de su 7323
12.4 muchos *correrán* de aquí para allá, y la 7751
Jl 2.4 y como gente de a caballo *correrán* 7323
2.7 como valientes *correrán* como hombres de 7323
2.9 *correrán* por el muro, subirán por las 7323
3.18 por todos los arroyos...*correrán* aguas 1980
Am 5.24 pero *corra* el juicio como las aguas 1556
6.12 ¿*correrán* los caballos por las peñas? 7323
Mi 1.4 las aguas que *corren* por un precipicio 5064
4.1 el monte de...*correrán* a él los pueblos 5102
Nah 2.4 los carros...*correrán* como relámpagos 7323
Hab 2.2 para que *corra* el que leyera en ella 7323
Hag 1.9 y cada uno de...*corre* a su propia casa 7323
Zac 2.4 y le dijo: *Corre* habla a este joven 7323
Mt 27.48 *corriendo* uno de ellos, tomó...esponja *5143*
28.8 fueron *corriendo* a dar las nuevas a su *5143*
Mr 5.6 vio...a Jesús...*corrió*, y se arrodilló *5143*
9.15 la gente...*corriendo* a él, le saludaron *4370*
10.17 vino uno *corriendo*, e hincando la rodilla *4370*
15.36 *corrió* uno, y empapando una esponja en *5143*
Lc 15.20 ***corrió*, y se echó sobre su cuello, y** *5143*
19.4 y *corriendo* delante, subió a un árbol *4390*
Jn 7.38 **de su interior *correrán* ríos de agua** *4482*
20.2 *corrió*, y fue a Simón Pedro y al otro *5143*
20.4 *corrían* los dos...corrió más aprisa que *5143*
Hch 12.14 *corriendo* adentro, dio la nueva de *1532*
21.32 tomando luego soldados...*corrió* a ellos *2701*
27.16 habiendo *corrido* a sotavento de una *5295*
Ro 9.16 que no depende del que...*corre*, sino *5143*
1 Co 9.24 ¿no sabéis que los que *corren* en el *5143*
9.24 todos a la verdad *corren*, pero uno solo *5143*
9.24 *corred* de tal manera que lo obtengáis *5143*
9.26 yo de esta manera *corro*, no como a la *5143*
Gá 2.2 para no *correr* o haber *corrido* en vano *5143*
5.7 *corríais* bien; ¿quién os estorbó para no *5143*
Fil 2.16 pueda gloriarme de que no he *corrido* *5143*
2 Ts 3.1 la palabra...*corra* y sea glorificada *5143*
He 12.1 *corramos* con paciencia la carrera que *5143*
1 P 4.4 cosa extraña que...no *corráis* con ellos *4936*
Ap 9.9 estruendo de muchos carros...*corriendo* *5143*

CORRESPONDER

Éx 25.26 en las cuatro esquinas que *corresponden* a
36.12 las lazadas de la una *correspondían* a 6901
37.13 a las cuatro esquinas que *correspondían* a
Dt 21.17 el doble de lo que *correspondiere* a 4672
Jos 19.17 cuarta suerte *correspondió* a Isacar 3318
19.24 la quinta suerte *correspondió* a...Aser 3318
19.32 la sexta suerte *correspondió* a...Neftalí 3318
19.40 la séptima suerte *correspondió* a...Dan 3318
1 R 7.6 sus columnas y maderos *correspondientes*
1 Cr 26.16 *correspondiéndose* guardia con 5980
2 Cr 26.18 dijeron: No te *corresponde* a ti
31.4 *correspondiente* a los sacerdotes y
32.25 Ezequías no *correspondió* al bien que 7725
Pr 27.19 en el agua el rostro *corresponde* al
Jer 32.8 a ti *corresponde* el rescate; cómprala
Ez 45.17 mas al príncipe *corresponderá* dar el 5387
Lc 15.12 **dame la parte de...que me *corresponde*** *1911*
2 Co 6.13 para *corresponder* del mismo modo *489*
Gá 4.25 y *corresponde* a la Jerusalén actual *4960*
1 Ti 2.10 *corresponde* a mujeres que profesan *4241*
1 P 3.21 el bautismo que *corresponde* a esto *499*

CORRETEAR

Sal 104.20 *corretean* todas las bestias de la 7430

CORRIENTE

Éx 15.8 se juntaron las *c* como en un montón 4325
Lv 14.5 matar una avecilla en...sobre aguas *c* 2416
14.6 la avecilla muerta sobre las aguas *c* 2416
14.50 degollará una avecilla...sobre aguas *c* 2416
14.51 los mojará...en las aguas *c*, y rociará 2416
14.52 y purificará la casa...con las aguas *c* 2416
15.13 y lavará su cuerpo en aguas *c*, y será 2416
Nm 19.17 y echarán sobre ella agua *c* en un 2416
21.15 *c* de los arroyos que va a parar en Ar 793
25.20 quebrantó Jehová...como *c* impetuosa 6556
Job 6.15 traicionaron...pasan como *c* impetuosas 650
Sal 1.3 como árbol plantado junto a *c* de aguas 6388
42.1 como el ciervo brama por las *c* de las 650
46.4 del río sus *c* alegran la ciudad de Dios 6388
69.2 abismos de aguas, y la *c* me ha anegado 7641
69.15 no me anegue la *c* de las aguas, ni me 7641
78.16 sacó de la peña *c*, e hizo descender 5140
78.44 y volvió sus ríos en sangre, y sus *c* 5140
Pr 5.16 fuentes...*c* de aguas por las plazas? 6388
Is 19.6 agotarán y secarán las *c* de los fosos 2975
30.25 habrá ríos y *c* de aguas el día de la 2988
Jer 17.8 el árbol...que junto a la *c* echará sus 3105
51.36 secaré su mar, y haré que su *c* quede 4726
Ez 31.4 a todos los árboles del...enviaba sus *c* 8585
Ef 2.2 siguiendo la *c* de este mundo, conforme *165*

CORRO

Jue 21.21 salir...hijas de Silo a bailar en *c* 4246

CORROMPER

Gn 6.11 se *corrompió* la tierra delante de Dios 7843
6.12 miró...la tierra, y...estaba *corrompida* 7843
6.12 toda carne había *corrompido* su camino 7843
Éx 7.21 y el río se *corrompió* tanto que los 887
8.24 moscas...la tierra fue *corrompida* a causa 7843
32.7 tu pueblo que sacaste...se ha *corrompido* 7843
Lv 18.24 en todas estas cosas se han *corrompido* 2930
Dt 4.16 os *corrompáis* y hagáis para vosotros 7843
4.25 os *corrompiereis* e hiciereis escultura 7843
9.12 tu pueblo que sacaste...se ha *corrompido* 7843
31.29 os *corromperéis* y os apartaréis del 7843
Jue 2.19 y se *corrompían* más que sus padres 7843
2 Cr 27.2 el pueblo continuaba *corrompiéndose* 7843
Neh 1.7 extremo nos hemos *corrompido* contra 2254
Sal 14.1 *corrompido* hacer obras abominables 7843
14.3 se desviaron, a una se han *corrompido* 444
53.1 se han *corrompido* e hicieron...maldad 7843
53.3 se habían *corrompido* no hay quien haga 444
Pr 6.32 *corrompe* su alma el que tal hace 7843
25.26 fuente turbia y manantial *corrompido* 7843
Ec 7.7 al sabio, y las dádivas *corrompen* el 6
Jer 49.7 sabios? ¿Se *corrompió* su sabiduría? 6
Ez 16.47 te *corrompiste* más que ellas en todos 7843
28.17 *corrompiste* tu sabiduría a causa de tu 7843
Os 4.18 su bebida se *corrompió*; fornicaron sin 5493
Mi 2.10 contaminado, *corrompido* grandemente 2254
Sof 3.7 apresuraron a *corromper*...sus hechos 7843
Zac 14.12 la carne de ellos se *corromperá* 4743
Mal 2.8 habéis *corrompido* el pacto de Leví 7843
Mt 6.19 **donde la polilla y el orín *corrompen*** *853*
6.20 **donde ni la polilla ni el orín *corrompen*** *853*
Hch 14.2 *corrompieron* los ánimos de...gentiles *2559*
1 Co 15.33 *corrompen* las buenas costumbres *5351*
2 Co 7.2 a nadie hemos *corrompido*...engañado *5351*
Ef 4.29 ninguna palabra *corrompida* salga de *4550*
Tit 1.15 los *corrompidos* e...nada les es puro *3392*
1.15 hasta su mente y su...están *corrompidas* *3392*
Jud 10 *corrompen* como animales irracionales *5351*
Ap 19.2 ramera que ha *corrompido* a la tierra *5351*

CORROSIÓN

Lv 13.55 es *c* penetrante, esté lo raído en el 6356

CORRUPCIÓN

Lv 22.25 porque su *c* está en ellos; hay en 4893
Dt 32.5 la *c* no es suya; de sus hijos es la 7843
Job 17.14 a la *c* he dicho: Mi padre eres tú 7845
Sal 16.10 ni permitirás que tu santo vea *c* 7845
49.9 que viva...para siempre, y nunca vea *c* 7845
Is 38.17 agradó librar mi vida del hoyo de *c* 1097
Os 9.9 llegaron hasta lo más bajo en su *c* 7843
Hch 2.27 ni permitirás que tu Santo vea *c* *1312*
2.31 dejada en el Hades, ni su carne vio *c* *1312*
13.34 le levantó...para nunca más volver a *c* *1312*
13.35 dice...No permitirás que tu Santo vea *c* *1312*
13.36 y fue reunido con sus padres, y vio *c* *1312*
13.37 aquel a quien Dios levantó, no vio *c* *1312*
Ro 8.21 la creación misma será libertada de...*c* *5356*
1 Co 15.42 se siembra en *c*, resucitará en *5356*
15.50 de Dios, ni la *c* hereda la incorrupción *5356*
Gá 6.8 el que siembra para su carne...segará *c* *5356*
2 P 1.4 habiendo huido de la *c* que hay en el *5356*
2.19 les...y son ellos mismos esclavos de *c* *5356*

CORRUPTIBLE

Ro 1.23 en semejanza de imagen de hombre *c* *5349*
1 Co 9.25 la verdad, para recibir una corona *c* *5349*
15.53 es necesario que esto *c* se vista de *5349*
15.54 esto *c* se haya vestido de incorrupción *5349*
1 P 1.18 no con cosas *c*, como oro o plata, sino *5349*
1.23 siendo renacidos, ni...de simiente *c*, sino *5349*

CORRUPTO

1 Ti 6.5 disputas necias de hombres *c* de *1311*
2 Ti 3.8 hombres *c* de entendimiento, réprobos *2704*

CORRUPTOR

Jer 6.28 bronce y hierro; todos ellos son *c* 7843

CORTADO *Véase Cortar*

CORTADOR

1 R 5.15 tenía también...80.000 *c* en el monte 2672
2 Cr 2.10 siervos, *c* de madera, he dado...trigo 2404
Is 14.8 desde que tú pereciste no ha subido *c* 3772
Jer 46.22 con hachas vendrán a ella como *c* de 2404

CORTANTE

He 4.12 y más *c* que toda espada de dos filos *5114*

CORTAPLUMAS

Jer 36.23 lo rasgó el rey con un *c* de escriba 5608

CORTAR

Gn 17.14 persona será *cortada* de su pueblo 3772
22.3 y *cortó* leña para el holocausto, y se 1234
Éx 4.25 *cortó* el prepucio de su hijo, y lo 3772
12.15 que comiere leudado...*cortado* de Israel 3772
12.19 *cortado* de la congregación de Israel 3772
29.17 *cortarás* el carnero en...y lavarás sus 5408
30.33 ungüento...sobre extraño, será *cortado* 3772
30.38 hiciere otro...será *cortado* de entre su 3772
31.14 será *cortada* de en medio de su pueblo 3772
34.13 y *cortaré* a sus imágenes de Asera 3772
39.3 *cortaron* hilos para tejerlos entre el 7112
Lv 7.20,21,25,27 *cortada* de entre su pueblo 3772
8.20 y *cortó* el carnero en trozos; y Moisés 5408
13.56 la *cortará* del vestido, del cuero, de 7167
17.4 será *cortado* el tal varón de entre su 3772
17.9 el tal varón será...*cortado* de su pueblo 3772
17.10 persona...la *cortaré* de entre su pueblo 3772
17.14 cualquiera que la comiere será *cortado* 3772
18.29 hicieren serán *cortadas* de...su pueblo 3772
19.8 la tal persona será *cortada* de su pueblo 3772
20.3,5,6 y lo *cortaré* de entre su pueblo 3772
20.18 ambos serán *cortados* de entre su pueblo 3772
22.3 sobre sí, será *cortado* de mi presencia 3772
22.24 no ofreceréis...con testículos...*cortados* 3772
23.29 persona que...será *cortada* de su pueblo 3772
Nm 9.13 tal persona será *cortada* de entre su 3772
13.23 de allí *cortaron* un sarmiento con un 3772
13.24 el racimo que *cortaron* de allí los hijos 3772
15.30 será *cortada* de en medio de su pueblo 3772
15.31 enteramente será *cortada* esa persona 3772
19.13 aquella persona será *cortada* de Israel 3772
19.20 será *cortada* de entre la congregación 3772
Dt 19.5 el que fuere...al monte a *cortar* leña 2404
19.5 dar su mano el golpe...*cortar* algún leño 3772
21.12 rapará su cabeza, y cortará sus uñas 6213
25.12 le *cortarás*...la mano; no la perdonarás 7112
29.11 desde el que *corta* tu leña hasta el que 2404
Jos 9.23 y quien *corte* la leña y saque el agua 2404
Jue 1.6 le *cortaron* los pulgares de las manos 7112
1.7 *cortados* los pulgares de sus manos y de 7112
6.25 y *corta* también la imagen de Asera que 3772
6.26 madera de la imagen...que habrás *cortado* ... 3772

6.28 estaba...*cortada* la imagen de Asera que 3772
6.30 tu hijo...ha *cortado* la imagen de Asera 3772
9.48 hacha...y *cortó* una rama de los árboles 3772
9.49 todo el pueblo *cortó* cada uno su rama 3772
20.6 la *corté* en pedazos y, la envié por todo 5408
21.6 dijeron: *Cortada* es hoy de...una tribu 1438
1 S 2.31 vienen días en que *cortaré* tu brazo 1438
2.33 el varón...que yo no *corte* de mi altar 3772
5.4 manos estaban *cortadas* sobre el umbral 3772
6.14 y ellos *cortaron* la madera del carro 1234
11.7 un par de bueyes, los *cortó* en trozos y 5408
15.33 Samuel *cortó* en pedazos a Agag delante 8158
17.46 te *cortaré* la cabeza, y daré hoy los 5493
17.51 espada...y le *cortó* con ella la cabeza 3772
20.15 haya *cortado* uno por uno los enemigos 3772
24.4 David *cortó* la orilla del manto de Saúl 3772
24.5 porque había *cortado* la orilla del manto 3772
24.11 porque yo *corté* la orilla de tu manto 3772
28.9 Saúl...cómo ha *cortado* de la tierra a los 3772
31.9 le *cortaron* la cabeza, y le despojaron 3772
2 S 4.7 lo mataron, y le *cortaron* la cabeza 5493
4.12 y les *cortaron* las manos y los pies, y 7112
10.4 les *corto* los vestidos por la mitad hasta 3772
14.26 se *cortaba* el cabello...por eso se lo *c* 1548
19.24 sus pies, ni había *cortado* su barba 6213
20.22 ellos *cortaron* la cabeza a Seba hijo de 3772
1 R 5.6 manda...que me *corten* cedros del Líbano 3772
5.18 *cortaron* y prepararon la madera y la 6458
7.9 de piedras...*cortadas* y ajustadas con 1496
9.7 yo *cortaré* a Israel de sobre la faz de 3772
13.34 fue *cortada* y raída de sobre la faz de 3582
18.23 *córtenlo* en pedazos, y pónganlo sobre 5408
18.33 y *cortó* el buey en pedazos, y lo puso 5408
2 R 4.39 las *cortó* en la olla del potaje, pues 6398
6.4 llegaron al Jordán, *cortaron* la madera 1504
6.6 *cortó* él un palo, y lo echó allí; e hizo 7094
6.32 cómo este...envía a *cortarme* la cabeza? 5493
16.17 *cortó*...Acaz los tableros de las basas 7112
18.4 y *cortó* los símbolos de Asera, e hizo 3772
19.23 del Líbano; *cortaré* sus altos cedros 3772
1 Cr 17.8 he *cortado* a todos tus enemigos de 3772
19.4 y les *cortó* los vestidos por la mitad 3772
2 Cr 2.2 hombres que *cortasen* en los montes 2672
2.8 sé que tus siervos saben *cortar* madera 3772
2.16 *cortaremos* en el Líbano la madera que 3772
Job 8.12 sin haber sido *cortado*, con...se seca 6998
8.14 porque su esperanza será *cortada*, y su 6990
14.2 sale como una flor y es *cortado*, y 5243
14.7 el árbol fuere *cortado*, aún queda de él 3772
14.10 mas el hombre morirá, y será *cortado* 2522
15.32 él será *cortado* antes de su tiempo, y 4390
18.16 abajo...arriba serán *cortadas* sus ramas 5243
21.21 siendo *cortado* el número de sus meses? 2686
22.16 cuales fueron *cortados* antes de tiempo 7059
23.17 ¿por qué no fui yo *cortado* delante de 6789
24.24 y *cortados* como cabezas de espigas 5243
28.10 de los peñascos *cortó* ríos, y sus ojos 1234
41.7 ¿*cortarás* tú con cuchillo su piel, o con 4390
Sal 31.22 *cortado* soy de delante de tus ojos 1629
34.16 para *cortar* de la tierra la memoria de 3772
37.2 como hierba serán pronto *cortados*, y 5243
46.9 que quiebra el arco, *corta* la lanza
54.5 a mis enemigos; *córtalos* por tu verdad 6789
72.6 como la lluvia sobre la hierba *cortada*
76.12 *cortaré* el espíritu de los príncipes 1219
90.6 florece y crece; a la tarde es *cortada* 4135
102.24 no me *cortes* en la mitad de mis días 5927
109.15 y él *corte* de la tierra su memoria 3772
129.4 justo; *cortó* las coyunturas de los impíos 7112
Pr 2.22 los impíos serán *cortados* de la tierra 3772
10.31 mas la lengua perversa será *cortada* 3772
23.18 hay fin, y tu esperanza no será *cortada* 3772
24.14 y al fin tu esperanza no será *cortada* 3772
26.6 el que se *corta* los pies y bebe su daño 7096
Ec 10.9 quien *corta* piedras, se hiere con ellas 1234
Is 6.13 al ser *cortados* aún queda el tronco 7995
9.10 *cortaron* los cabrahigos; pero en su 1496
9.14 Johová *cortará* de Israel cabeza y cola 3772
10.7 desarraigar y cortar naciones no pocas 3772
10.15 el hacha contra el que con ella *corta*? 2672
10.33 árboles de gran altura serán *cortados* 1438
10.34 y *cortará* con hierro la espesura del 5362
14.12 oh Lucero...*cortado* fuiste por tierra 1438
18.5 podará...y *cortará* y quitará las ramas 3772
19.6 la caña y el carrizo serán *cortados* 7060
28.20 la cama será *corta* para poder estirarse
33.9 el Líbano se avergonzó, y fue *cortado* 7060
33.12 como espinos *cortados* serán quemados 3683
37.24 del Líbano; *cortaré* sus altos cedros 3772
38.12 como tejedor *corté* mi vida; me cortará 7088
44.14 *corta* cedros, y toma ciprés y encina 3772
48.19 nunca su nombre sería *cortado*...raído 3772
51.1 a la piedra de donde fuisteis *cortados* 2672
51.9 ¿no eres tú el que *cortó* a Rahab, y el 2672
53.8 *cortado* de la tierra de los vivientes 1504
Jer 6.6 *cortad* árboles, y levantad vallado 3772
7.28 verdad...de la boca de ellos fue *cortada* 3772
7.29 *corta* tu cabello...levanta llanto sobre 1494
8.13 los *cortaré* del todo, dice Jehová 5486
10.3 porque leño del bosque *cortaron*, obra de 3772
11.19 *cortémoslo* de la tierra de los vivientes 3772
22.7 y *cortarán* tus cedros escogidos y los 3772
46.23 *cortarán* sus bosques...impenetrables 3772
48.2 tú, Madmena, serás *cortada*; espada será 3772
48.25 *cortado* es el poder de Moab, y su brazo 1438
48.33 será *cortada* la alegría y el regocijo 622
50.23 fue *cortado* y quebrado el martillo de 1438
Lm 2.3 *cortó* con el ardor de su ira todo el 1438
Ez 5.2 la *cortarás* con espada alrededor de la 5221
14.8 y lo *cortaré* de en medio de mi pueblo 3772
14.13 y *cortare* de ella hombres y bestias 3772
14.17,19,21 *cortar* de ella hombres y bestias 3772
16.4 día que naciste no fue *cortado*...ombligo 3772
17.17 se edifiquen torres para *cortar*...vidas 3772
17.22 *cortaré* un tallo, y lo plantaré sobre 6998
21.3 y *cortaré* de ti al justo y al impío 3772
21.4 he de *cortar* de ti al justo y al impío 3772
21.16 *corta* a la derecha, hiere a...izquierda 258
25.7 te *cortaré* de entre los pueblos, y te 3772
25.13 *cortaré* de ella hombres y bestias, y la 3772
25.16 y *cortaré* a los cereteos, y destruiré 3772
29.8 que yo...*cortaré* de ti hombres y bestias 3772
35.7 *cortaré* de él al que vaya y al que venga 3772
39.10 no traerán leña del campo, ni *cortarán* 2404
Dn 2.34 que una piedra fue *cortada*, no con mano 1505
2.45 que del monte fue *cortada* una piedra, no 1505
4.14 *cortad* sus ramas, quitadle el follaje 7113
4.23 *cortad* el árbol y destruidlo; mas la cepa 1414
Os 6.5 los *corté* por medio de los profetas 2672
10.7 Samaria fue *cortado* su rey como espuma 1820
10.15 será del todo *cortado* el rey de Israel 1820
Am 3.14 serán *cortados* los cuernos del altar 1438
Abd 9 hombre será *cortado* del monte de Esaú 3772
10 vergüenza, y seáis *cortado* para siempre 3772
Nah 2.13 *cortaré* de la tierra tu robo, y nunca 3772
Sof 1.3 *cortaré* a los impíos; y raeré a los 3772
Zac 13.2 *cortar* de la tierra a los profetas 3772
13.8 dos terceras partes serán *cortadas* en 3772
14.2 el resto...no será *cortado* de la ciudad 3772
Mal 2.12 Jehova *cortará*...hombre que hiciere 3772
Mt 3.10 no da buen fruto es *cortado* y echado *1581*
5.30 **te es ocasion de caer, *córtala* y échala** *1581*
7.19 **árbol que no da buen fruto, es *cortado*** *1581*
13.21 **sino que es de *corta* duración**
18.8 **tu mano...*córtalo* y échalo de ti mejor** *1581*
21.8 y otros *cortaban* ramas de los árboles *2875*
Mr 4.17 **sino que son de *corta* duración**
9.43,45 **te fuere ocasion de caer, *córtala*** *609*
11.8 otros *cortaban* ramas de los árboles, y *2875*
14.47 hirió al siervo...*cortándole* la oreja *851*
Lc 3.9 árbol que no da buen fruto se *corta* y *1581*
5.36 **nadie *corta* un pedazo de un vestido** ......
13.7 ***córtala*, para qué inutiliza...tierra?** *1581*
13.9 **diere fruto, bien y si no, la *cortarás*** *1581*
22.50; Jn 18.10 le *cortó* la oreja derecha *851*
Jn 18.26 a quien Pedro había *cortado* la oreja *609*
Hch 27.32 los soldados *cortaron* las amarras *609*
27.40 *cortando*...las anclas, las dejaron en *4014*
Ro 11.22 otra manera tu también serás *cortado* *1581*
11.24 fuiste *cortado* del que por naturaleza *1581*
1 Co 11.6 no se cubre, que se *corte*...el cabello *2751*
11.6 si le es vergonzoso a la mujer *cortarse* *2751*
1 P 1.9 tiene la vista muy *corta*; es ciego

CORTE
Dn 2.49 obtuvo...Daniel estaba en la *c* del rey 8651

CORTESANO
Est 1.3 banquete a todos sus principes y *c* 5650
2.2 y dijeron...sus *c*: Busquen para el rey 5288

CORTIJO
Éx 8.13 murieron las ranas...de los *c* y de los 2691

CORTINA
Éx 26.1 tabernáculo de diez *c* de lino torcido 3407
26.2 la longitud de una *c*...anchura de la...*c* 3407
26.2 todas las *c* tendrán una misma medida 3407
26.3 cinco *c* estarán unidas...y las otras 5 *c* 3407
26.4 *c* de la primera unión...*c* de la segunda 3407
26.5 cincuenta lazadas harás en la primera *c* 3407
26.5 cincuenta lazadas...en la orilla de la *c* 3407
26.6 enlazarás las *c* la una con la otra, y se 3407
26.7 *c* de pelo de cabra para...once *c* harás 3407
26.8 la longitud de cada *c*...anchura de cada *c* 3407
26.8 una misma medida tendrán las once *c* 3407
26.9 unirás cinco *c* aparte y las otras seis *c* 3407
26.9 y doblarás la sexta *c* en el frente del 3407
26.10 (2) 50 lazadas en la orilla de la *c* 3407
26.12 parte que sobra en las *c* de la tienda 3407
26.12 la mitad de la *c* que sobra, colgará a 3407
26.13 sobra a lo largo de las *c* de la tienda 3407
26.36 harás...*c* de azul, púrpura, carmesí y 4539
26.37 harás para la *c* 5 columnas de madera 4539
27.9 tendrá el atrio *c* de lino torcido, de 7050
27.11 a lo largo *c* de cien codos de longitud 7050
27.12 lado occidental, tendrá *c* de 50 codos 7050
27.14 las *c* a un lado de la entrada serán de 7050
27.15 al otro lado, quince codos de *c*; sus 7050
27 16 para la puerta del atrio habrá una *c* de 4539
35.15 la *c* de la puerta para la entrada del 4539
35.17 *c* del atrio, sus columnas y sus basas 7050
35 17 sus basas, la *c* de la puerta del atrio 4539
36 8 hicieron el tabernáculo de diez *c* de lino 3407
36.9 la longitud de una *c*...todas las *c* eran 3407
36.10 cinco de las *c* las unió...las otras 5 *c* 3407
36.11 hizo lazadas de...en la orilla de la *c* 3407
36.11 lo mismo en la orilla de la *c* final de 3407
36.12 cincuenta lazadas hizo en la primera *c* 3407
36.12 la orilla de la *c* de la segunda serie 3407
36.13 corchetes de...los cuales enlazó las *c* 3407
36.14 hizo...*c* de pelo de cabra...once *c* hizo 3407
36.15 la longitud de una *c* era de...las once *c* 3407
36.16 y unir cinco de las *c*...seis *c* aparte 3407
36.17 la orilla de la *c* que estaba al extremo 3407
36.17 lazadas en la orilla de la *c* final de 3407
38.9 al mediodía, las *c* del atrio eran de 100 7050
38.12 del lado del occidente, *c* de 50 codos 7050
38.14 a un lado *c* de quince codos, sus tres 7050
38.15 al otro lado *c* de quince codos, con sus 7050
38.16 las *c* del atrio...eran de lino torcido 7050
38.18 *c* de la entrada del atrio era de obra 4539
38.18 su altura...lo mismo que las *c* del atrio 7050
39.38 la *c* para la entrada del tabernáculo 4539
39.40 *c* del atrio, sus columnas y sus basas 7050
39.40 la *c* para la entrada del atrio, sus 7050
40.5 pondrás la *c* delante a la entrada del 4539
40.8 el atrio...y la *c* a la entrada del atrio 4539
40.22 al lado norte de la *c*, fuera del velo 6532
40.24 puso el candelero...al lado sur de la *c* 4908
40.28 puso...la *c* a la entrada del tabernáculo 4539
40.33 atrio...puso la *c* a la entrada del atrio 4539
Nm 3.25 cargo...*c* de la puerta del tabernáculo 4539
3.26 las *c* del atrio, y la *c* de la puerta 7050
4.25 las *c* del tabernáculo, el tabernáculo 3407
4.25 la *c* de la puerta del tabernáculo de 4539
4.26 las *c* del atrio, la *c* de la puerta del 7050
2 S 7.2 habito...el arca de Dios está entre *c* 3407
1 Cr 17.1 el arca del pacto de...debajo de *c* 3407
Sal 18.11 puso tinieblas...por *c* suya alrededor 5521
104 2 que extiende los cielos como una *c* 3407
Cnt 1.5 pero codiciable...como las *c* de Salomón 3407
Is 40.22 él extiende los cielos como una *c* 1852
54.2 *c* de tus habitaciones sean extendidas 3407
Jer 4.20 son destruidas...en un momento mis *c* 3407
10.20 no hay ya más...ni quien cuelgue mis *c* 3407
49.29 sus *c* y todos sus utensilios y sus 3407
Ez 27.7 de lino fino bordado...era tu *c*, para 4666

CORTO, A
2 R 19.26 sus moradores fueron de *c* poder 7116
Job 14.1 *c* de días, y hastiado de sinsabores 7116
Sal 39.5 he aquí, diste a mis días término *c* 2947
46.9 que quiebra el arco, *c* la lanza 7665
Is 28.20 la cama será *c* para poder estirarse 7114
37.27 sus moradores fueron de *c* poder; fueron 7116
Mt 13.21; Mr 4.17 **no tienen raíz...*c* duración** *4340*
1 Co 7.29 pero esto digo...que el tiempo es *c* *4958*
2 P 1.9 que...tiene la vista muy *c*; es ciego *3467*

CORZO
Dt 14.5 la gacela, el *c*, la cabra montés, el 3180
1 R 4.23 los ciervos, gacelas, *c* y aves gordas 3180
Cnt 2.7 conjuro...por los *c* y por las ciervas 6643
2.9 amado es semejante al *c*, o al cervatillo 6643
2.17 vuélvete, amado mío; sé semejante al *c* 6643
3.5 os conjuro...por los *c* y por las ciervas 6643
8.14 y sé semejante al *c*, o al cervatillo 6643

COS
1. Descendiente de Judá, 1 Cr 4.8 6976
2. Jefe de una familia de sacerdotes, 1 Cr 24.10; Esd 2.61; Neh 7.13 6976
3. Ascendiente de Meremot No. 1, Neh.3.4,21 6976
4. Isla en el Mar Egeo, Hch 21.1 ...... *2972*

COSA
Gn l5.1 después de estas *c* vino la palabra de 1697
18.14 ¿hay para Dios alguna *c* difícil? Al 1697
22.1 después de...*c*, que probó Dios a Abraham 1697
22.20 aconteció después de estas *c*, que fue 1697
24.28 hizo saber en casa de su madre estas *c* 1697
24.53 *c* preciosas a su hermano y a su madre 4030
29.13 Jacob...él contó a Labán todas estas *c* 1697
31.37 pues que has buscado en todas mis *c* 3627
38.25 varón cuyas son estas *c* estoy encinta 428
38.25 mira ahora de quién son estas *c*, el sello
39.6 y con él no se preocupaba de *c* alguna 3972
39.9 y ninguna *c* me ha reseñado sino a ti 3972
39.23 necesitaba atender el Jefe...*c* alguna 3972
40.1 después de estas *c*, que el copero del 1697
41.32 significa que la *c* es firme de parte 1697
44.7 ¿por que dice nuestro señor tales *c*? 1697
48.1 después de estas *c* que dijeron a José 1697
Éx 4.30 habló Aarón acerca de todas las *c* que 1697
6.29 dí a Faraón...todas las *c* que yo te digo 1696
7.2 tú dirás todas las *c* que yo te mande, y 3605
9.5 mañana hará Jehová esta *c* en la tierra 1697
10.2 que cuentes...las *c* que yo hice en Egipto 5953
10.15 cubrió...no quedó *c* verde en arboles ni 3418
12.9 ninguna *c* comeréis de él cruda...en agua
12.10 ninguna *c* dejaréis...hasta la mañana 3808
12.20 ninguna *c* leudada comeréis; en todas 3808
16.14 una *c* menuda, redonda, menuda como 2636
18.1 oyó Jetro...todas las *c* que Dios había 3605
18.8 contó...todas las *c* que Jehová había hecho 3605
20.11 el mar, y todas las *c* que en ellos hay 3605
20.17 no codiciarás...*c* alguna de tu prójimo 3605
21.11 y si ninguna de estas tres *c* hiciere 3605
22.9 en toda clase de fraude...toda *c* perdida 9
24.7 dijo: Haremos todas las *c* que Jehová ha 3605
24.8 sangre del pacto...sobre todas estas *c* 1697
28.38 faltas cometidas en todas las *c* santas 6944
29.33 comerán aquellas *c* con las cuales se
29.34 y si sobrare...no se comerá...es *c* santa 6944
29.37 *c* que tocare el altar, será santificada 3605
30.29 los consagrarás, y serán *c* santísimas 3605
30.36 molerás parte de él...será *c* santísima 6944
30.37 incienso...será *c* sagrada para Jehová 6944
34.10 porque será *c* tremenda la que yo haré 3372
34.25 no ofrecerás *c* leudada junto con la 2557
35.1 estas son las *c* que Jehová ha mandado 1697
35.10 hará todas las *c* que Jehová ha mandado 3605
36.1 harán todas las *c* que ha mandado Jehová 3605
38.22 todas las *c* que Jehová mandó a Moisés 3605

39.42 en conformidad a todas las *c* que Jehová 3605
Lv 2.3 es *c* santísima de las ofrendas que se 6944
2.8 traerás. . . ofrenda que se hará de estas *c* 428
2.10 es *c* santísima de las ofrendas que se 6944
2.11 de ninguna *c* leuda. . . ha de quemar ofrenda. . . 7603
4.2,13,22,27 *c* que no se han de hacer
5.2 que hubiere tocado cualquier *c* inmunda 1697
5.4 en cualquiera *c* que el hombre profiere 3605
5.4 será culpable por cualquiera de estas *c*. 428
5.5 pecare en alguna de estas *c*, confesará 428
5.13 pecado que cometió en alguna de estas *c* 428
5.15 y pecare por yerro en las *c* santas de 6944
5.16 que hubiere defraudado de las *c* santas 6944
5.17 hiciere alyuna de todas aquellas *c* que. 3605
6.3 aquellas *c* en que suele pecar el hombre 3605
6.7 perdón. . . todas las *c* en que suele ofender 3605
6.17 es *c* santísima, como el sacrificio por 6944
6.18 *c* que tocare en ellas será santificada 3605
6.25 será degollada la ofrenda. . . *c* santísima 6944
6.29 todo varón de. . . la comerá, es *c* santísima 6944
7.1 es la ley del sacrificio. . . es *c* muy santa 6944
7.6 será comida en lugar santo. . . *c* muy santa 6944
7.19 la carne que tocare alguna *c* inmunda, no
7.21 la persona que tocare alguna *c* inmunda 3772
8.10 ungió el tabernáculo y todas las *c* que 3605
8.28 tomó aquellas *c* Moisés de las manos de
8.36 hicieron todas las *c* que mandó Jehová 1697
10.12 comedla sin levadura. . . es *c* muy santa 6944
10.19 pero a mí me han sucedido estas *c*, y si 428
11.10 toda *c* viviente que está en las aguas 3605
11.24 y por estas *c* seréis inmundos. . . tocare 428
11.32 sea *c* de madera, vestido, piel, saco. 3605
12.4 ninguna *c* santa tocará, ni vendrá al 6944
13.55 lo raído en l derecho. . . de aquella *c*
13.57 apareciere. . . en cualquiera *c* de cuero 3627
13.58 o cualquiera *c* de cuero que lavares. 3627
13.59 o de trama, o de cualquiera *c* de cuero 3627
14.11 al que se ha de limpiar, con aquellas *c*
14.13 es del sacerdote; es *c* muy sagrada 6944
14.23 estas *c* al sacerdote, a la puerta del
15.4 y toda *c* sobre que se sentare, immunda 3627
15.10 que tocare cualquiera *c* que haya estado 3605
15.27 cualquiera que tocare esas *c*. . . inmundo
18.24 en ninguna de estas *c* os amancillaréis 428
18.24 en todas estas *c* se han corrompido las 428
19.26 no comeréis *c* alguna con sangre. No
20.17 si. . . viere su desnudez. . . es *c* execrable 2617
20.23 porque ellos hicieron todas estas *c*, y 428
21.22 y de las *c* santificadas, podrá comer. 6944
22.2 que se abstengan de las *c* santas que los. 6944
22.3 que se acercare a las *c* sagradas que los 6944
22.4 no comerá de las *c* sagradas hasta que. 6944
22.4 el que tocare cualquiera *c* de cadáveres. 3605
22.6 no comerá de las *c* sagradas antes que. 6944
22.7 después podrá comer las *c* sagradas 6944
22.10 ningún extraño comerá *c* sagrada, el. 6944
22.10 y el jornalero, no comerán *c* sagrada. 6944
22.12 hija. . . no comerá de la ofrenda de las *c*. 6944
22.14 y el que por yerro comiere *c* sagrada 6944
22.14 la dará al sacerdote con la *c* sagrada 6944
22.15 no profanarán, pues, las *c* santas de 6944
22.16 del pecado, comiendo las *c* santas de. 6944
22.20 ninguna *c* en. . . haya defecto of receréis 3605
23.20 *c* sagrada a Jehová para el sacerdote 6944
23.37 sacrificio y libaciones, cada *c* en su 1697
24.9 es *c* muy santa para él, de las ofrendas
26.18 si aun con estas *c* no me oyereis, yo 428
26.23 y si con estas *c* no fueres corregidos 428
27.23 dará tu precio,. . . *c* consagrada a Jehová 6944
27.28 ni se rescatará ninguna *c* consagrada. 2764
27.28 todo lo consagrado será *c* santísirna 2764
27.30 y el diezmo de. . . es *c* dedicada a Jehová 6944
27.33 que se dio en cambio serán *c* sagradas. 6944
Nm 1.50 y sobre todas las *c* que le pertenecen. 3605
1.54; 2.34 conforme a todas las *c* que mandó 3605
4.15 no tocarán *c* santa, no sea que mueran. 6944
4.20 no. . . para ver cuando cubran las *c* santas 6944
5.9 toda ofrenda de todas las *c* santas que 6944
6.20 será *c* santa del sacerdote, además del 6944
8.20; 9.5 conforme a todas las *c* que mandó. 3605
14.39 Moisés dijo estas *c* a. . . hijos de Israel. 1697
15.13 hará estas *c* así, para ofrecer ofrenda. 428
15.23 todas las *c* que Jehová os ha mandado 3605
16.26 y no toquéis ningna *c* suya, para que 3605
16.28 para que hiciese todas estas *c*, y que 4639
16.30 la tierra. . . los tragare con todas sus *c* 3605
18.8 las *c* consagradas de los hijos de Israel 6944
18.9 será tuyo de la ofrenda de las *c* santas 6944
18.9 todo presente. . . será *c* muy santa para ti 6944
18.10 en el santuario. . . *c* santa será para ti. 6944
18.13 primicias de todas las *c* de la tierra 3605
18.19 las ofrendas elevadas de las *c* santas. 6944
18.32 no contaminaréis las *c* santas de los. 6944
22.18 traspasar. . . para hacer *c* chica ni grande
22.38 mas ¿podré ahora hablar alguna *c*? La. 3972
23.3 cualquiera *c*. . . me mostrare, te avisaré 1697
24.13 hacer *c* buena ni mala de mi arbitrio
24.23 ¿quién vivirá cuando hiciere Dios. . . *c*?
29.39 estas *c* ofreceréis a Jehová. . . fiestas. 411
30.6 pronunciare. . . *c* con que obligue su alma 3605
35.20 y si por odio. . . echó sobre él alguna *c*
35.29 *c* os serán por ordenanza de derecho 411
Dt 1.3 conforme a todas las *c* que Jehová le 3605
1.30 las *c* que hizo por vosotros en Egipto 3605
4.9 no te olvides de las *c* que tus ojos han. 1697
4.23 imagen de ninguna *c* que Jehová tu Dios 3605
4.25 si os. . . e hiciereis. . . imagen de cualquier *c* 3605
4.30 angustia, y te alcanzaren todas estas *c* 1697
4.32 se ha hecho *c* semejante a esta gran *c* 1697
5.8 no harás para ti. . . ni imagen de *c* que está
5.21 no codiciarás. . . ni *c* alguna de tu prójimo. 3605
5.27 oye todas las *c* que dijere Jehová. . . Dios 3605
7.26 no traerás *c* abominable a tu casa, para. 2764
10.14 de Jehová tu Dios. . . las *c* que hay en ella 3605
10.21 que ha hecho contigo estas *c* grandes 3372
12.11 allí llevaréis. . . las *c* que yo os mando 3605
12.26 pero las *c* que hubieres consagrado, y. 6944
12.31 toda *c* abominable que Jehová aborrece 3605
13.11 no vuelva a hacer. . . *c* semejante a esta 1697
13.14 si pareciere verdad, *c* cierta, que tal. 1697
14.21 ninguna *c* mortecina comeréis. . . la darás 3605
14.26 o por cualquier *c* que tú deseares; y. 3605
17.1 cordero en el cual haya alguna *c* mala 3605
17.4 la *c* pareciere de verdad cierta, que tal. 1697
17.5 la mujer que hubiere hecho esta mala *c* 1697
17.8 alguna *c* te fuere difícil en el juicio 1697
18.12 porque es abominación. . . que hace estas *c* 428
22.3 lo mismo harás con toda *c* de tu hermano 9
23.9 a campaña. . . te guardarás de toda *c* mala. 1697
23.14 para que él no vea en ti *c* inmunda, y. 1697
23.19 ni de *c* alguna de que se suele exigir. 1697
24.1 por haber hallado en ella. . . *c* indecente 1697
24.5 en ninguna *c* se le ocupará; libre estará 1697
24.10 entregares a tu prójimo. . . *c* prestada, no 4859
28.47 gozo. . . por la abundancia de todas las *c*. 3605
28.48 desnudez, y con falta de todas las *c* 3605
29.26 dioses. . . que ninguna *c* les habían dado
29.29 *c* secretas pertenecen a Jehová. . . Dios
30.1 hubieren venido sobre ti todas estas *c*. 1697
32.47 porque no os es *c* vana; es vuestra vida. 1697
Jos 1.7 que seas prosperado en todas las *c* que. 3605
1.16 haremos todas las *c* que nos has mandado 3605
1.17 que obedecimos a Moisés en todas las *c* 3605
1.18 no obedeciere. . . todas las *c* que le mandes. 3605
2.23 le contaron todas las *c* que les habían 3605
4.10 conforme a. . . *c* que Moisés había mandado . . . 1697
6.17 será. . . anatema a Jehová, con todas las *c*. 3605
6.18 ni toméis alguna *c* del anatema, no sea. 2764
9.1 cuando oyeron estas *c* todos los reyes que
24.29 después de estas *c* murió Josué hijo de 1697
Jue 7.14 es otra *c* sino la espada de Gedeón 369
13.4,7 no bebas vino ni. . . ni comas *c* immunda. 3605
13.13 guardará de todas las *c* que yo le dije 3605
13.14 y no comerá *c* inmunda; guardará todo lo. . . . 3605
13.23 ni nos hubiera mostrado todas estas *c*. 3605,411
14.18 ¿qué *c* más dulce. . . qué *c* más fuerte que
18.7 sin que nadie. . . perturbase en *c* alguna. 1697
18.10 lugar donde no hay falta de *c* alguna. 1697
18.27 llevando las *c* que había hecho Micaía
19.24 no hagáis a este hombre *c* tan infame 1697
19.30 jamás se ha hecho ni visto tal *c*, desde
1 S 2.23 dijo: ¿Por qué hacéis *c* semejantes? 1697
3.11 he aquí haré yo una *c* en Israel, que a 1697
3.12 yo cumpliré. . . todas las *c* que he dicho. 3605
9.21 ¿por qué. . . me has dicho *c* semejante?. 1697
12.5 no habéis hallado *c* alguna en mi mano 3972
12.16 y mirad esta gran *c* que Jehová hará. 1697
12.24 cuán grandes *c* ha hecho por vosotros 1431
14.12 dijeron: Subid. . . os haremos saber una *c* 1697
17.39 espada. . . Y David echó de sí aquellas *c*
18.26 pareció bien la *c* a los ojos de David. 1697
19.4 porque ninguna *c* ha cometido contra ti
20.2 que mi padre ninguna *c* hará, grande ni. 1697
20.39 pero ninguna *c* entendió el muchacho. 3972
21.2 nadie sepa *c* alguna del asunto a que te 3972
22.15 no culpe el rey de *c*. . . ninguna *c* sabe. 1697
24.6 Jehová me guarde de hacer tal *c* contra 1697
25.36 ella no le declaró *c* alguna hasta el día 1697
25.37 a Nabal se. . . le refirió su mujer estas *c*. 1697
26.25 sin duda emprenderás tú *c* grandes, y
29.4 ¿con qué *c* volvería mejor a la gracia de. 4100
29.6 ninguna *c* mala he hallado en ti desde el 7451
30.19 no les faltó *c* alguna. . . de todas las *c*. 3605
2 S 3.13 mas una *c* te pido: No me vengas a ver. 1697
3.35 si. . . gustare yo pan, o cualquiera otra *c*. . . 3605,3972
11.11 por vida tuya. . . que yo no haré tal *c* 1697
12.6 porque hizo tal *c*, y no tuvo misericordia 1697
13.2 Amnón que será difícil hacerle *c* alguna. 3972
14.13 has pensado tú *c* semejante contra él. 2063
14.19 mano de Joab contigo en todas estas *c*? 2069
14.20 para mudar el aspecto de las *c* Joab tu 1697
20.21 *c* no es así: mas un hombre. . . Seba hijo. 1697
23.5 ordenado en todas las *c*, y será guardado 3605
24.12 tres *c* te ofrezco; tú escogerás una de
1 R 2.26 has sido afligido en todas las *c* en 3605
3.13 también te he dado las *c* que no pediste 834
8.9 en el arca ninguna *c* había sino las dos. 369
8.59 que él proteja la. . . cada *c* en su tiempo 1697
9.4 haciendo. . . las *c* que yo te he mandado, y. 3605
10.6 verdad es lo que oí en mi tierra de tus *c* 1697
11.37 reinarás en todas las *c* que deseare tu. 3605
11.38 si prestares oído a todas las *c* que te 3605
14.13 ha hallado en él alguna *c* buena delante. 1697
15.5 de ninguna *c*. . . se había apartado en todos 3605
16.5 las *c* que hizo, y su poderío, ¿no está. 1697
16.31 le fue ligera *c* andar en los pecados de 7043
17.17 después de estas *c*. . . cayó enfermo el hijo 1697
18.36 por mandato tuyo he hecho todas estas *c*. 1697
20.40 ocupado en una y en otra *c*, el hombre
21.1 pasadas estas *c*, aconteció que Nabot de 1697
22.13 a una voz anuncian al rey *c* buenas 2896
22.18 ninguna *c* buena profetizará él. . . de mí 2896
22.53 todas las *c* que había hecho su padre. 3605
2 R 2.10 *c* difícil has pedido. Si me vieres 7185
3.18 esto es *c* ligera en los ojos de Jehová 7043
4.2 tu sierva ninguna *c* tiene en casa, sino. 3605
5.13 si el profeta te mandara alguna gran *c*. 1697
5.16 le instaba que aceptara alguna *c*, pero
5.20 no tomando de. . . las *c* que había traído 834
5.20 correré yo. . . él y tomaré de él alguna *c* 3972
8.6 devolver todas las *c* que eran suyas, y 3605
8.13 ¿qué es. . . para que haga tan grandes *c*?. 1697
14.3 hizo. . . todas las *c* que había hecho Joás 3605
15.3,34 conforme a todas las *c* que su padre. 3605
16.16 hizo el. . . las *c* que el rey Acaz le mandó 3605
17.9 hicieron. . . *c* no rectas contra Jehová su 1697
17.11 e hicieron *c*. . . provocar a ira a Jehová 1697
18.3 hizo. . . *c* que había hecho David su padre 3605
18.12 todas las *c* que Moisés. . . había mandado 3605
20.3 y que he hecho las *c* que te agradan 2896
20.10 fácil *c* es que la sombra decline diez. 7043
20.13 ninguna *c*. . . que Ezequías no les mostrase. . . . 1697
21.3 adoró a todo. . . y rindió culto a aquellas *c*. 3605
21.8 hagan. . . todas las *c* que yo les he mandado. . . . 3605
23.17 del varón de Dios que. . . profetizó estas *c*. 1697
23.32,37; 24.9 hizo lo malo. . . todas las *c* que. 7451
1 Cr 9.31 Matatías. . . tenía a su cargo las *c* que 4639
13.4 dijo. . . la *c* parecía bien a todo el pueblo 1697
16.37 que ministrasen de. . . cada *c* en su día 1697
17.20 según todas las *c* que hemos oído con 3605
18.1 después de estas *c*. . . David derrotó a los. 3651
19.1 después de estas *c*. . . murió Nahas rey de 3651
21.10 tres *c* te propongo; escoge de ellas una
23.13 Aarón fue. . . dedicado a las *c* más santas 6944
23.28 la purificación de toda *c* santificada 6944
25.5 Hemán, vidente del rey en las *c* de Dios 1697
26.20,26 los tesoros de. . . las *c* santificadas. 6944
26.28 las *c* que había consagrado el vidente
26.32 las *c* de Dios y los negocios del rey 1697
28.12 el plano de. . . Las *c* que tenía en mente 3605
28.12 las tesorerías de las *c* santificadas 6944
28.14 dio oro en peso para las *c* de oro, para
28.14 y plata en peso para todas las *c* de 3605
28.19 todas estas *c*. . . me fueron trazadas por 4399
29.2,5 para las *c* de oro, plata para las *c*. 2091,3701
29.3 las *c* que he preparado para la casa de. 3605
29.11 todas las *c* que están en los cielos y en. 3605
29.14 que pudiésemos ofrecer. . . *c* semejantes? 3605
29.19 haga todas las *c*, y te edifique la casa. 3605
2 Cr 5.1 *c* que David su padre había dedicado 6944
6.33 y harás conforme a todas las *c* por las 3605
7.17 e hicieres. . . las *c* que yo te he mandado 3605
8.13 para que ofreciesen cada *c* en su día
8.14 levitas en sus cargos. . . cada *c* en su día
9.5 había oído en mi tierra acerca de tus *c* 1697
12.12 y también en Judá las *c* fueron bien 1697
12.15 las *c* de Roboam. . . ¿no están escritas en. 1697
18.7 nunca me profetiza *c* buena, sino. . . mal 2896
18.12 los profetas a una voz anuncian al rey *c*. 2896
19.3 pero se han hallado en ti buenas *c*, por. 1697
20.1 pasadas estas *c*, aconteció que. . . de Moab. 3651
20.35 pasadas estas *c*, Josafat. . . amistad con 3651
21.3 su padre les había dado. . . y *c* preciosas 4030
24.7 gastado. . . las *c* consagradas de la casa de. 6944
25.16 y hablándole el profeta estas *c*, él le
26.4 hizo. . . las *c* que había hecho Amasías su 3605
27.2; 29.2 las *c* que había hecho. . . su padre 3605
29.36 se alegró. . . la *c* fue hecha rápidamente 1697
30.26 no había habido *c* semejante en Israel
31.1 todas estas *c*. . . quebraron. . . Asera 2063
31.5 abundancia los diezmos de todas las *c*
31.6 de las *c* que habían prometido a. . . Dios. 6944
31.12 depositaron las. . . y las *c* consagradas
31.14 la distribución. . . de las *c* santísimas 6944
31.18 porque. . . se consagraban a las *c* santas
32 1 después de estas *c* y. . . vino Senaquerib. 1697
32 16 otras *c* más hablaron sus siervos contra
33.8 hagan todas las *c* que yo les he mandado. 3605
33.19 estas *c* están escritas en. . . los videntes
35.20 después de toas estas *c*, luego de haber 2063
Esd 1.6 ayudaron con plata. . . y con *c* preciosas 4030
2.63 no comiesen de las *c* más santas, hasta 6944
3.4 día. . . conforme al rito, cada *c* en su día. 1697
7.1 pasadas estas *c*, en el reinado de. . . rey de 1697
7.27 que puso tal *c* en el corazón del rey
9.1 acabadas estas *c*, los príncipes vinieron 428
Neh 2.4 me dijo el rey ¿Qué *c* pides? Entonces. 4100
6.8 no hay tal *c* como dices, sino que de tu. 1697
6.14 acuérdate, Dios mío. . . conforme a estas *c* 4639
7.65 no comiesen de las *c* más santas, hasta 6944
9.6 tú vivificas todas estas *c*, y. . . te adoran
9.21 de ninguna *c* tuvieron necesidad; sus. 3808
10.33 las *c* santificadas y los sacrificios de
12.47 daba. . . a los porteros, cada *c* en su día
13.17 ¿qué mala *c*. . . hacéis, profanando así el. 1697
Est 2.1 pasadas estas *c*, sosegada ya la ira del. 1697
2.15 ninguna *c* procuro sino lo que dijo Hegai 1697
3.1 después de estas *c*. . . Asuero engrandeció a. 1697
5.11 *c* con que el rey le había engrandecido
9.20 y escribió Mardoqueo estas *c*, y envió 1697
Job 5.9 el cual hace *c* grandes *c* inescrutables
6.7 las *c* que mi alma no quería tocar, son. 1992
6.30 no puede mi. . . discernir las *c* inicuas? 1942
8.2 ¿hasta cuándo hablarás tales *c*. . . palabras 428
9.3 no le podrá responder a una *c* entre mil
9.10 él hace *c* grandes *c* incomprensibles, y
9.22 una *c* resta que yo diga: Al perfecto y
10.13 estas *c* tienes guardadas en tu corazón
12.9 ¿qué *c* de todas estas no entiende que
13.1 todas estas *c* han visto mis ojos, y oído
13.20 dos *c* no hagas conmigo; entonces no me
15.14 ¿qué *c* es el hombre para que sea limpio
16.2 muchas veces he oído *c* como estas. 428
22.28 determinarás. . . una *c*, y te será firme 562

23.13 si él determina una *c*, ¿quién lo hará
23.14 de mí; y muchas *c* como estas hay en él
26.14 *c* son solo los bordes de sus caminos 428
33.29 estas *c* hace Dios dos y tres veces con 3605
35.2 ¿piensas que es *c* recta lo que has dicho
37.5 él hace... *c* que nosotros no entendemos
39.8 su pasto, y anda buscando toda *c* verde 3387
41.34 menosprecia toda *c* alta; es rey sobre
42.3 *c* demasiado maravillosas para mí, que yo 6381
42.10 aumenté... las *c* que habían sido de Job 3605
Sal 2.1 ¿por qué... los pueblos piensan *c* vanas? 7385
15.5 el que hace estas *c*, no resbalará jamás
24.4 el que no ha elevado su alma a *c* vanas
27.4 *c* he demandado a Jehová, ésta buscaré
31.18 que hablan contra el justo *c* duras con 6277
41.8 *c* pestilencial se ha apoderado de él 1697
42.4 me acuerdo de estas *c*, y derramo mi alma
45.4 y tu diestra te enseñará *c* terribles 3372
50.21 *c* hiciste, y yo he callado; pensabas
60.3 has hecho ver a tu pueblo *c* duras; nos
65.5 con tremendas *c* nos responderás tú en 3372
71.19 has hecho grandes *c*; oh Dios, ¿quién
78.2 hablaré *c* escondidas... tiempos antiguos 2420
87.3 *c* gloriosas se han dicho de ti, ciudad
94.4 ¿hasta cuándo... hablarán *c* duras, y se 6277
101.3 no pondré delante de... ojos *c* injusta 1697
106.22 Cam, *c* formidables sobre el Mar Rojo 3372
107.43 ¿quién es sabio y guardará estas *c*
118.23 y es *c* maravillosa a nuestros ojos
119.91 tu ordenación subsisten todas las *c*
119.128 tus mandamientos sobre todas las *c*
126.2 grandes *c* ha hecho Jehová con éstos
126.3 grandes *c* ha hecho Jehová con nosotros
127.3 son... *c* de estima el fruto del vientre
131.1 ni anduve en... en *c* demasiado sublimes 6381
138.2 has engrandecido tu... sobre todas las *c* 8034
139.16 en tu libro estaban... todas aquellas *c*
141.4 no... que se incline mi corazón a *c* mala 1697
Pr 3.21 hijo mío, no se aparten estas *c* de tus
4.23 sobre toda *c* guardada, guarda tu corazón
6.16 seis *c* aborrece Jehová, y aun 7 abomina
8.6 oíd, porque hablaré *c* excelentes, y abriré 5057
8.6 oíd... y abriré mis labios para *c* rectas 4339
8.8 no hay en ellas *c* perversa ni torcida 369
15.28 la boca de los impíos derrama malas *c* 7451
16.4 todas las *c* ha hecho Jehová para él
20.10 pesa falsa y... ambas *c* son abominación
20.12 ojo que ve, ambas *c*... ha hecho Jehová
22.12 trastorna las *c* de los prevaricadores 1697
22.18 es *c* deliciosa, si las guardares dentro
23.16 cuando tus labios hablaren *c* rectas 4339
23.33 ojos mirarán *c* extrañas, y tu corazon 8419
28.5 buscan a Jehová entienden todas las *c*
30.7 dos *c* te he demandado; no me las niegues
30.15 tres *c* hay que nunca se sacian; aun la
30.18 tres *c* me son ocultas; aun tampoco sé
30.21 por tres *c* se alborota la tierra, y la
30.24 cuatro *c* son de las más pequeñas de la
30.29 tres *c* hay de hermoso andar, y la cuarta
Ec 1.8 todas las *c* son fatigosas más de lo que 1697
2.10 no negué a mis... ninguna *c* que desearan 3605
2.24 no hay *c* mejor... sino que coma y beba, y 369
3.12 no hay para ellos *c* mejor que alegrarse
3.22 no hay *c* mejor para el... que alegrarse en 369
7.21 apliques tu corazón a todas las *c* que se 1697
7.23 estas *c* probé con sabiduría, diciendo 2090
7.27 pesando las *c* una por una para hallar la
8.1 como el que sabe la declaración de las *c*? 1697
8.3 ni en *c* mala persistas; porque él hará 3605
9.1 he dado mi corazón a todas estas *c*, para 2088
11.5 obra de Dios, el cual hace todas las *c* 3605
11.9 que sobre todas estas *c* te juzgará Dios
12.14 con toda *c* encubierta, sea buena o mala 5956
Is 1.6 pie... no hay en él *c* sana, sino herida
8.12 no llaméis conspiración a todas las *c*
12.5 ha hecho *c* magníficas; sea sabido esto 1348
30.10 no... lo recto, decidnos *c* halagüeñas 5229
33.15 que cierra sus ojos para no ver *c* mala
38.16 por todas estas *c* los hombres vivirán
39.2 no hubo *c*... que Ezequías no les mostrase 5238
39.4 ninguna *c* hay... que no les haya mostrado 3605
39.6 llevado a Babilonia... ninguna *c* quedará 3605
40.23 a los que gobiernan... hace como *c* vana
40.26 levantad en... mirad quién creó estas *c*
41.12 seran como... *c* que no es, aquellos que 369
41.27 yo soy... que he enseñado estas *c* a Sion
41.28 y pregunté de estas *c*, y ningún... hubo
42.9 las *c* primeras, y yo anuncio *c* nuevas 7223
42.16 estas *c* les haré, y no los desampararé 1697
42.20 ve muchas *c* y no advierte, que abre los 7227
43.9 nos dé... que nos haga oir las *c* primeras? 7223
43.18 no os acordéis de las *c* pasadas, ni 7223
43.18 ni traigáis a memoria las *c* antiguas 6931
44.21 acuérdate de... *c*, oh Jacob, *c* Israel
45.11 dice... Preguntadme de las *c* por venir 857
46.1 esas *c* que vosotros solíais llevar son
46.9 acordaos de las *c* pasadas desde los 7223
47.9 estas dos *c* te vendrán de repente en un
48.5 mi ídolo lo hizo, mis... mandaron estas *c*
48.6 pues te he hecho oír *c* nuevas y ocultas 2319
48.14 hay entre ellos que anuncie estas *c*?
51.19 dos *c* te han acontecido: asolamiento
52.11 salid... no toquéis *c* inmunda; salid de
64.3 *c* terribles cuales nunca esperábamos 3372
64.11 todas nuestras *c* preciosas... destruidas 4261
64.12 ¿te estarás quieto, oh... sobre estas *c*?
65.4 y en sus ollas hay caldo de *c* inmundas
65.18 os alegraréis... las *c* que yo he creado
66.2 mi mano... hizo... *c*, y así todas estas *c*
66.8 ¿quién oyó *c* semejante?... vio tal *c*?
Jer 2.10 ved si se ha hecho *c* semejante a esta
2.34 sin embargo, en todas estas *c* dices
3.9 sucedió que por juzgar ella *c* liviana su
5.19 Dios... hizo con nosotros todas estas *c*?
5.25 iniquidades han estorbado estas *c*, y
5.30 *c* espantosa y fea es hecha en la tierra 8186
6.10 palabra de Jehová les es *c* vergonzosa
7.31 *c* que yo no les mandé, ni subió en mi
9.9 ¿no los he de castigar por estas *c*? dice
9.24 y justicia... estas *c* quiero, dice Jehová
13.7 cinto se había podrido; para ninguna *c* 3605
13.10 este cinto que para ninguna *c* es bueno 3605
14.22 esperamos... tú hiciste todas estas *c*
15.18 ¿serás para mí como *c* ilusoria, como
16.10 cuando anuncies a... estas *c*, te dirán 1697
17.9 engañoso es el corazón más que... las *c*
18.13 preguntad... quién ha oído *c* semejante
19.5 *c* que no les mandé, ni hablé, ni me vino
20.5 su trabajo y todas sus *c* preciosas; y 3366
26.10 los príncipes de Judá oyeron estas *c* 1697
31.22 creará una *c* nueva sobre la tierra; la 2319
33.3 te enseñaré *c* grandes y ocultas que tú
35.8 hemos obedecido a la voz... en todas las *c* 3605
35.10 y hecho conforme a todas la *c* que nos 3605
35.18 hicisteis conforme a todas las *c* que 3605
36.8 hizo conforme a todas las *c* que le mandó 3605
38.14 haré una pregunta; no me encubras... *c* 1697
42.20 haznos saber todas las *c* que... dijere 3605
42.21 ni a todas las *c* por las cuales me envió
44.4 no hagáis esta *c* abominable... aborrezco 1697
51.61 llegues a... y veas y leas todas estas *c* 1697
Lm 1.7 todas las *c* agradables que tuvo desde 4262
1.10 extendió su mano el enemigo a... sus *c* 4261
1.11 dieron por la comida... sus *c* preciosas 4262
Ez 4.14 nunca... comí *c* mortecina ni despedazada
5.9 jamás haré *c* semejante, a causa de todas
7.14 prepararán todas la *c*, y no habrá quien 3605
7.20 por eso se lo convertí en *c* repugnante
8.12 ¿has visto las *c* que los ancianos de la
8.17 ¿es *c* liviana para la casa de Judá hacer 7043
11.5 las *c* que suben a vuestro espíritu, yo 4609
11.25 habla a los cautivos todas las *c* que 1697
14.22 consolados... de todas las *c* que traje 3605
15.3 estaca para colgar en ella alguna *c*? 3627
16.16 *c* semejante nunca había sucedido, ni
16.20 ¿eran poca *c* tus fornicaciones 4592
16.30 habiendo hecho todas estas *c*, obras de
17.12 ¿no... entendido qué significan estas *c*?
17.15 escapará el que estas *c* hizo? El que
17.18 y ha hecho todas estas *c*, no escapará
18.10 hijo ladrón... que haga alguna *c* de estas
20.40 dones con todas vuestras *c* consagradas 6944
23.30 *c* se harán contigo porque fornicaste
24.19 qué significan todas estas *c* que haces?
24.24 según todas las *c* que él hizo, haréis 3605
27.21 Arabia... estas *c* fueron tus mercaderes
27.24 estos... negociaban contigo en varias *c*
40.4 pon tu corazón a... las *c* que te muestro 3605
44.8 lo establecido acerca de mis *c* santas 6944
44.13 no se acercarán a... de mis *c* santas, a 6944
44.13 ni se acercarán a... de mis *c* santísimas 6944
44.17 lino; no llevarán sobre ellos *c* de lana
44.18 no se ceñirán *c* que los haga sudar
44.29 *c* consagrada en Israel será de ellos 2764
44.31 ninguna *c* mortecina... de aves... comerán ... 3605
48.14 no venderán... es *c* consagrada a Jehová 6944
Dn 2.10 ningún rey... preguntó *c* semejante a
2.40 y como el hierro... y rompe todas las *c*
7.8,20 ojos... una boca que hablaba grandes *c* 7260
7.16 hizo conocer la interpretación de las *c* 4406
11.38 lo honrará con... y con *c* de gran precio 2530
11.43 se apoderará... de todas las *c* preciosas 2530
12.7 se acabe... todas estas *c* serán cumplidas
12.8 y dije:¿cuál será el fin de estas *c*?
Os 8.12 ley, y fueron tenidas por *c* extraña
Jl 2.20 subirá su pudrición... hizo grandes *c* 1431
2.21 y gózate, porque Jehová hará grandes *c* 1431
3.5 mis *c* preciosas y hermosas metisteis en 4261
Abd 6 ¡cómo fueron escudriñadas las *c* de Esaú!
Jon 3.7 hombres y... ovejas, no gusten *c* alguna 3972
Sof 1.2 destruiré... todas las *c* de sobre la faz
Hag 2.13 un inmundo... tocare alguna *c* de estas 428
2.16 antes que sucediesen estas *c*, venían al
Zac 8.16 estas son las *c* que habéis de hacer 1697
8.17 estas son *c* que aborrezco, dice Jehová
Mal 1.9 podéis agradarle, si hacéis estas *c*?
2.5 las cuales *c* yo le di para que me temiera
Mt 6.8 **Padre sabe de qué *c* tenéis necesidad** *3739*
6.32 **los gentiles buscan todas estas *c*; pero** *5023*
6.32 **sabe que tenéis necesidad de... estas *c*** *5130*
6.33 **mas buscad... estas *c* os serán añadidas**
7.11 **vuestro Padre... dará buenas *c* a los que** *18*
7.12 **las *c* que queráis que los hombres hagan** *3956*
8.33 contaron todas las *c*, y lo que habla *3956*
9.18 mientras él les decía estas *c*,vino un
9.33 nunca se ha visto *c* semejante en Israel
11.4 **haced saber a Juan las *c* que oís y veis** *3739*
11.25 **escondiste estas *c* de los sabios y de**
11.27 **todas las *c* me fueron entregadas por mí** *3956*
12.35 **bueno, del buen tesoro... saca buenas *c*** *18*
12.35 **el... malo, del mal tesoro saca malas *c*** *4190*
13.3 habló muchas *c* por parábolas, diciendo *4183*
13.35 en parábolas... declararé *c* escondidas
13.51 **les dijo: ¿Habéis entendido... estas *c*?** *3956*
13.52 **saca de su tesoro *c* nuevas y *c* viejas** *2537*
13.56 ¿de dónde... tiene éste todas estas *c*?
15.20 **estas *c* son... contaminan al hombre pero**
16.23 **no pones la mira en las *c* de Dios, sino** *3588*
17.11 **Elías viene... y restaurará todas las *c*** *3956*
18.19 **acerca de cualquiera *c* que pidieren, les** *4229*
21.23 ¿con qué autoridad haces estas *c*?
21.24,27 **con qué autoridad hago estas *c***
21.42 **y es *c* maravillosa a nuestros ojos?**
24.3 ¿cuándo serán estas *c*, y qué señal habrá
24.33 **cuando veáis todas estas *c*, conoced que**
27.13 ¿no oyes cuántas *c* testifican contra *4214*
27.54 visto... y las *c* que habían sido hechas *1096*
28.11 de todas las *c* que habían acontecido *1096*
28.20 **enseñándoles que guarden todas las *c*** *3956*
Mr 2.12 glorificaron... Nunca hemos visto tal *c*
3.8 de Idumea... oyendo cuán grandes *c* hacía *3745*
4.2 y les enseñaba... muchas *c*, y les decía en *4183*
4.11 **están fuera, por parábolas todas las *c*** *3956*
4.19 **codicias de otras *c*, entran y ahogan la** *3062*
5.19 **cuéntales... grandes *c* el Señor ha hecho** *3745*
5.20 cuán grandes *c* había hecho Jesús con él *3745*
6.2 y decían: ¿De dónde tiene éste estas *c*? *5023*
6.34 Jesús... comenzó a enseñarles muchas *c* *4183*
7.4 muchas *c* hay que tomaron para guardar
7.8 **los lavamientos... otras muchas *c* semejantes** .. *3946*
7.13 **y muchas *c* hacéis semejantes a estas** *3946*
8.33 **no pones la mira en las *c* de Dios, sino** *3588*
9.12 **vendrá primero, y restaurará todas las *c*** *3956*
10.21 **una *c* te falta: anda, vende todo lo que** *1520*
10.27 **todas las *c* son posibles para Dios** *3956*
10.32 comenzó a decir las *c* que le habían de *3195*
11.11 y habiendo mirado... todas las *c*, como ya *3956*
11.28 ¿con qué autoridad haces estas *c*, y *5023*
11.28 te dio autoridad para hacer estas *c*? *5023*
11.29,33 **con qué autoridad hago estas *c*** *5023*
12.11 **y es *c* maravillosa a nuestros ojos?**
13.4 ¿cuándo serán cstas *c*? ¿Y qué señal *5023*
13.4 y qué señal habrá cuando todas estas *c* *5023*
13.29 **así... cuando veáis que suceden estas *c*** *5023*
14.36 **Padre, todas las *c* son posibles para ti** *3956*
15.4 ¿nada respondes? Mira de cuántas *c* te *4214*
16.18 **bebieren *c* mortífera, no les hará daño** *5100*
Lc 1.1 poner en orden la historia de las *c* que *4229*
1.3 haber investigado... las *c* desde su origen *3956*
1.4 conozcas bien la verdad de las *c* en las *3056*
1.49 ha hecho grandes *c* el Poderoso; santo es *3167*
1.65 y en... Judea se divulgaron todas estas *c* *4487*
2.19 María guardaba... estas *c*, meditándolas en ... *4487*
2.20 alabando a Dios... las *c* que habían oído *3956*
2.51 y su madre guardaba todas estas *c* en su *4487*
4.23 **de tantas *c* que hemos oído que se han** *3745*
4.28 al oír estas *c* todos... se llenaron de ira
5.27 después de estas *c* salió, y vio a un
6.9 **os preguntaré una *c*: ¿Es lícito en día de**
7.18 le dieron las nuevas de todas estas *c*
7.40 **le dijo: Simón, una *c* tengo que decirte**
8.8 **hablando estas *c*, decía a gran voz: El**
8.39 **cuán grandes *c* ha hecho Dios contigo**
8.39 cuán grandes *c* había hecho Jesús con él
9.7 Herodes el tetrarca oyó de todas la *c* que
9.9 ¿quién... es éste, de quien oigo tales *c*?
9.22 **padezca muchas *c*, y sea desechado por**
9.43 maravillándose todos de todas las *c* que
10.1 después de estas *c*, designó el Señor
10.21 **porque escondiste estas *c* de los sabios**
10.22 **las *c* me fueron entregadas por mi Padre**
10.25 ¿haciendo qué *c* heredaré la vida
10.41 **afanada y turbada estás con muchas *c***
10.42 **pero sólo una *c* es necesaria; y María**
11.27 mientras él decía estas *c*, una mujer
11.53 diciéndoles él estas *c*, los escribas
11.53 provocarle a que hablase de muchas *c*
12.30 **estas *c* buscan las gentes del mundo**
12.30 **sabe que tenéis necesidad de estas *c***
12.31 **mas buscad... estas *c* os serán añadidas**
12.48 **hizo *c* dignas de azotes, será azotado**
13.17 decir él estas *c*, se avergonzaban todos
13.17 el pueblo se regocijaba por todas las *c*
14.6 y no le podían replicar a estas *c*
14.21 **siervo, hizo saber estas *c* a su señor**
15.31 **estás conmigo, y todas mis *c* son tuyas**
16.14 oían... todas estas *c* los fariseos, que
18.22 **aún te falta una *c*: vende todo lo que**
18.31 **cumplirán todas las *c* escritas acerca**
18.34 ellos nada comprendieron de estas *c*, y
19.11 oyendo ellos estas *c*, prosiguió Jesús
20.2 dinos: ¿con qué autoridad haces estas *c*?
20.8 **os diré con qué autoridad hago estas *c***
21.6 **a estas *c* que veis, días vendrán en que**
21.7 ¿y qué señal habrá cuando estas *c* estén
21.9 **es necesario que estas *c* acontezcan**
21.12 **antes de todas estas *c* os echarán mano**
21.22 **cumplan todas las *c* que están escritas**
21.26 **expectación de las *c* que sobrevendrán**
21.28 **estas *c* comiencen a suceder, erguíos y**
21.31 **cuando veáis que suceden estas *c*, sabed**
21.36 **por dignos de escapar de todas estas *c***
22.65 decían otras muchas *c* injuriándole
23.8 porque había oído muchas *c* acerca de él
23.31 **si en el árbol verde hacen estas *c*, ¿en**
23.49 mujeres... estaban lejos mirando estas *c*
24.9 dieron nuevas de todas estas *c* a los once
24.10 quienes dijeron estas *c* a los apóstoles
24.14 hablando entre sí de todas aquellas *c*
24.18 que no has sabido las *c* que en ella han
24.19 **les dijo: ¿Qué *c*? Y ellos le dijeron**
24.26 **¿no era necesario... padeciera estas *c***
24.35 contaban las *c*... les habían acontecido
24.36 ellos aún hablaban de estas *c*, Jesús *5023*

24.48 **y vosotros sois testigos de estas c**
Jn 1.3 todas las c por él fueron hechas, y sin
1.28 c sucedieron en Betábara, al otro lado
1.50 **dije: Te vi... C mayores que estas verás**
3.12 **os he dicho c terrenales, y no creéis**
3.31 el que... es terrenal, y c terrenales habla
3.35 y todas las c ha entregado en su mano
4.25 cuando él venga nos declarará... las c
4.45 visto todas las c que había hecho en
5.1 después de estas c había una fiesta de *5023*
5.14 **más, para que no te venga alguna c peor**
5.16 porque hacía estas c en el día de reposo
5.20 **y le muestra todas las c que él hace**
6.59 estas c dijo en la sinagoga, enseñando
7.1 después de estas c, andaba Jesús en
7.4 si estas c haces, manifiéstate al mundo
7.32 a la gente que murmuraba de él estas c
8.26 **muchas c tengo que decir y juzgar de**
8.30 hablando él estas c, muchos creyeron en *5023*
12.16 c no las entendieron sus discípulos al
12.16 se acordaron de que estas c estaban
12.36 c habló Jesús, y se fue y se ocultó de
13.3 el Padre le había dado todas las c en las
13.17 **sabéis estas c, bienaventurados seréis**
14.25 **he dicho estas c estando con vosotros**
14.26 **os enseñará todas las c, y os recordará**
15.11 **estas c os he hablado, para que mi gozo**
15.15 **porque todas las c que oí de mi Padre**
16.1 **c os he hablado, para que no tengáis**
16.4 **he dicho estas c, para que cuando llegue**
16.6 **porque os he dicho estas c, tristeza ha**
16.12 **tengo muchas c que deciros, pero ahora**
16.13 **os hará saber las c que habrán de venir**
16.25 **estas c os he hablado en alegorías; la**
16.30 ahora entendemos que sabes todas las c
16.33 **estas c os he hablado para que en mí**
17.1 estas c habló Jesús, y levantando los........... *5023*
17.7 **todas las c que me has dado, proceden de**
18.1 habiendo dicho Jesús estas c, salió con *5023*
18.4 sabiendo todas las c que le habían de
19.36 c sucedieron para que se cumpliese la
20.18 había visto... él le había dicho estas c
21.24 testimonio de estas c... escribió estas c
21.25 y hay... otras muchas c que hizo Jesús
Hch 1.1 todas las c que Jesús comenzó a hacer
1.9 habiendo dicho estas c... fue alzado, y le
2.44 juntos, y tenían en común todas las c
3.21 hasta... la restauración de todas las c
3.22 a él oiréis en todas las c que os hable
4.25 gentes, y los pueblos piensan c vanas?
4.32 sino que tenían todas las c en común
5.11 y sobre todos los que oyeron estas c
5.32 nosotros somos testigos suyos de estas c....... *4487*
7.50 ¿no hizo mi mano todas estas c?
7.54 oyendo estas c, se enfurecían en sus
8.6 escuchaba atentamente las c que decía
9.5 **dura c te es dar coces contra el aguijón**
10.14 ninguna c común o inmunda he comido
10.39 somos testigos de todas las c que Jesús
11.8 ninguna c común o inmunda entró jamás...... *3956*
11.18 oídas... c, callaron, y glorificaron a
11.22 llegó la noticia de estas c a oídos de
13.29 habiendo cumplido todas las c que de él....... *537*
13.42 les rogaron que... les hablasen de estas c..... *5023*
14.18 y diciendo estas c... lograron impedir *5023*
14.27 cuán grandes c había hecho Dios con *3745*
15.4 y refirieron todas las c que Dios había
15.28 no imponeros... carga más que estas c
15.29 cuales c si os guardareis, bien haréis
17.8 alborotaron al pueblo... oyendo estas c
17.11 escudriñando... ver si estas c eran así
17.20 pues traes a nuestros oídos c extrañas
17.21 en ninguna otra c se interesaban sino
17.24 el Dios que hizo... las c que en él hay
17.25 él es quien da... aliento y todas las c
18.1 de estas c, Pablo salió de Atenas y fue
18.15 porque yo no quiero ser juez de estas c
19.21 pasadas estas c, Pablo se propuso en
19.28 cuando oyeron estas c, se llenaron de
19.32 gritaban una c, y otros otra; porque la
19.39 si demandáis alguna otra c, en legítima *4007*
20.24 pero de ninguna c hago caso, ni estimo....... *3056*
20.30 hombres que hablen c perversas para
20.36 cuando hubo dicho estas c, se puso de........ *5023*
21.19 les contó... las c que Dios había hecho
21.34 unos gritaban una c, y otros otra
23.8 no... pero los fariseos afirman estas c *297*
23.15 como que queréis indagar alguna c más
23.20 como que van a inquirir alguna c más........ *5100*
24.2 y muchas c son bien gobernadas en el......... *2735*
24.8 podrás informarte de todas estas c de
24.13 ni... probar las c de que ahora me acusan
24.14 creyendo todas las c que en la ley y
24.20 si hallaron en mí alguna c mal hecha........... *92*
24.22 oídas estas c, estando bien informado
25.9 y allá ser juzgado de estas c delante de
25.11 o c alguna digna de muerte he hecho, no
25.11 pero si nada hay de las c de que éstos
25.20 ir a... y allá ser juzgado de estas c............ *5130*
25.25 ninguna c digna de muerte ha hecho, y
25.26 como no tengo c cierta que escribir a
26.2 defenderme hoy... de todas las c de que
26.8 ¿se juzga... c increíble que Dios resucite
26.9 muchas c contra el nombre de Jesús de
26.14 **dura c te es... coces contra el aguijón** *4642*
26.16 **y testigo de las c que has visto, y de**
26.22 nada fuera de las c que los profetas
26.24 diciendo él estas c en su defensa, Festo....... *5023*
26.26 el rey sabe estas c, delante de quien
26.30 había dicho estas c, se levantó el rey *5023*
26.31 ninguna c digna de muerte ni... ha hecho..... *3762*
27.44 parte en tablas, parte en c de la nave
28.10 nos cargaron de las c necesarias
Ro 1.20 c invisibles de él, su eterno poder y
1.20 entendidas por medio de las c hechas
1.28 los entregó... a hacer c que no convienen
1.32 los que practican tales c son dignos de
2.2 juicio... contra los que practican tales c
4.17 llama las c que no son, como si fuesen
6.21 c de las cuales ahora os avergonzáis?
8.5 en las c de la carne... las c del Espíritu
8.28 todas las c les ayudan a bien, esto es
8.32 ¿cómo no nos dará... con él todas las c?
8.37 todas estas c somos más que vencedores
8.39 ninguna otra c creada nos podrá separar *2937*
9.5 el cual es Dios sobre todas las c, bendito........ *3956*
10.5 el hombre que haga estas c, vivirá por
11.36 y por él, y para él, son todas las c
14.20 todas las c a la verdad son limpias
15.4 las c que se escribieron antes, para
16.2 y que la ayudéis en cualquier c en que.......... *302*
1 Co 1.5 en todas las c fuisteis enriquecidos
1.10 que habléis todos una misma c, y que no
2.2 no saber entre vosotros c alguna sino a
2.9 c que ojo no vio, ni oído oyó, ni han
2.11 ¿quién de los hombres sabe las c del
2.11 nadie conoció las c de Dios, sino el
2.14 el hombre natural no percibe las c que
2.15 el espiritual juzga todas las c; pero
3.8 que planta y el que riega son una misma c
5.3 como... he juzgado al que tal c ha hecho
6.2 ¿sois indignos de juzgar c muy pequeñas?...... *1646*
6.3 juzgar... ¿Cuánto más las c de esta vida?
6.4 si... tenéis juicios sobre c de esta vida
6.12(2) todas las c me son lícitas, mas no
7.1 cuanto a las c de que me escribisteis
7.32,34 tiene cuidado de las c del Señor
7.33,34 tiene cuidado de las c del mundo, de
8.6 un Dios... del cual proceden todas las c
8.6 Señor... por medio del cual son todas las c
9.11 ¿es gran c si segáremos de vosotros lo
9.13 que trabajan en las c sagradas, comen
10.6,11 estas c sucedieron como ejemplos
10.6 para que no codiciemos c malas, como ellos
10.31 o hacéis otra c, hacedlo todo para la *5100*
10.33 yo en todas las c agrado a todos, no
11.34 las demás c las pondré en orden cuando
12.6 Dios que hace todas las c en todos, es
12.11 estas c las hace... el mismo Espíritu
14.7 las c inanimadas que producen sonidos
15.27 todas las c las sujetó debajo de sus
15.27 cuando dice que todas las c han sido
15.27 exceptúa... que sujetó a él todas las c
15.28 luego que todas las c le estén sujetas
15.28 sujetará al que le sujetó... todas las c
16.14 todas vuestras c sean hechas con amor
2 Co 1.13 porque no os escribimos otras c de
2.16 y para estas c, ¿quién es suficiente?
4.15 estas c padecemos por amor a vosotros
4.18 no mirando nosotros las c que se ven
4.18 pues las c que se ven son temporales
5.17 las c viejas pasaron; he aquí todas son
8.21 procurando hacer las c honradamente, no
8.22 comprobado repetidas veces en muchas c
9.8 teniendo... en todas las c... lo suficiente
10.7 miráis las c según la apariencia
11.28 y además de otras c, lo que sobre mí
13.7 oramos a Dios que ninguna c mala hagáis
Gá 2.18 las c que destruí... vuelvo a edificar
3.4 ¿tantas c habéis padecido en vano? si es
3.10 que no permaneciere en... las c escritas
3.12 el que hiciere estas c vivirá por ellas............ *846*
5.21 orgías, y c semejantes a estas; acerca........... *5125*
5.21 los que practican tales c no heredarán el
5.23 templanza; contra tales c no hay ley........... *5108*
6.6 haga partícipe de toda c buena al que lo
Ef 1.10 de reunir toda las c en Cristo, en la
1.11 que hace todas las c según el designio
1.22 sometió todas las c bajo sus pies, y lo
1.22 lo dio por cabeza sobre todas las c a la
3.9 misterio... en Dios, que cre'o todas las c
3.20 todas las c mucho mas abundantemente de
5.6 por estas c viene la ira de Dios sobre los
5.13 mas todas las c... son hechas manifiestas
5.27 que no tuviese mancha... ni c semejante *5108*
Fil 1.12 sepais... que las c que me han sucedido
1.23 de ambas c estoy puesto en estrecho
2.2 el mismo amor... sintiendo una misma c........ *5426*
2.6 no estimó el ser igual a Dios como c a
3.1 mí no me es molesto el escribiros las... c
3.7 cuantas c eran para mí ganancia, las he
3.8 estimo todas las c como pérdida por la
3.13 una c hago: olvidando... lo que queda atrás.... *1520*
3.15 si otra c sentís, esto... revelará Dios *2088*
3.16 que hemos llegado... sintamos una misma c
3.21 puede... sujetar a sí mismo todas las c
Col 1.16 en él fueron creadas todas las c
1.17 él es antes de todas las c, y todas las c
1.20 por medio de él reconciliar... todas las c
2.22 c que todas se destruyen con el uso?........... *3739*
2.23 c tienen a la verdad cierta reputación de
3.1 buscad las c de arriba, donde está Cristo
3.2 poned la mira en las c de arriba, no en
3.6 c por las cuales la ira de Dios viene............. *3739*
3.8 ahora dejad... todas estas c: ira, enojo *3956*
3.14 y sobre todas estas c vestíos de amor
1 Ts 2.14 las mismas c que ellas padecieron
1 Ti 1.6 de las cuales c desviándose algunos *3739*
4.15 ocúpate en estas c. Permanece en ellas
5.7 manda también estas c, para que sean
5.21 que guardes estas c sin prejuicios, no
6.3 si alguno enseña otra c, y no se conforma
6.11 tu, oh hombre de Dios, huye de estas c
6.13 de Dios, que da vida a todas las c, y
6.17 en el Dios vivo, que nos da todas las c
6.20 evitando las... pláticas sobre c vanas
2 Ti 2.21 si alguno se limpia de estas c, será *5130*
Tit 1.15 todas las c son puras para los puros
3.8 estas c quiero que insistas con firmeza
3.8 estas c son buenas y útiles a los hombres
He 1.3 sustenta todas las c con la palabra de
2.1 atendamos a las c que hemos oído, no sea
2.8 cuanto le sujetó todas las c, nada dejó
2.8 no vemos que todas las c le sean sujetas
2.10 a aquel por cuya causa son todas las c
2.10 y por quien todas las c subsisten, que
3.4 pero el que hizo todas las c es Dios
4.13 no hay c creada que no sea manifiesta en *2937*
4.13 todas las c están desnudas y abiertas a
6.9 estamos persuadidos de c mejores, y c
6.18 que por dos c... tengamos un... consuelo los
8.5 a lo que es figura... de las c celestiales
8.5 haz todas las c conforme al modelo que se
9.5 de las cuales c no se puede ahora hablar
9.6 y así dispuestas estas c, en la primera
9.10 impuestas... el tiempo de reformar las c
9.23 las figuras de las c celestiales fuesen
9.23 las c celestiales mismas, con mejores
10.1 la sombra... no la imagen misma de las c
10.8 las cuales c se ofrecen según la ley *3748*
10.31 horrenda c es caer en manos del Dios
11.7 fue advertido... de c que aún no se veían
11.20 bendijo Isaac... respecto a c venideras
11.40 proveyendo Dios alguna c mejor para
12.27 la remoción de las c movibles... c hechas
13.9 buena c es afirmar el corazón con la
Stg 1.4 y cabales, sin que os falte c alguna............ *3367*
1.7 no piense el... recibirá c alguna del Señor
2.16 no les dais las c que son necesarias
3.5 la lengua es un... se jacta de grandes c
1 P 1.12 las c que ahora os son anunciadas por......... *846*
1.12 c en las cuales anhelan mirar... ángeles
1.18 no con c corruptibles, como oro o plata
3.14 mas si alguna c padecéis por causa de la
4.4 les parece c extraña que... no corráis con
4.7 mas el fin de tdas las c se acerca; sed
4.12 como si alguna c extraña os aconteciese
2 P 1.3 como todas las c que pertenecen a la
1.8 si estas c etán en vosotros, y abundan
1.9 pero el que no tiene estas c... es ciego
1.10 porque haciendo estas c, no caeréis jamás
1.12 no dejaré de recordaros siempre estas c
1.15 podáis en todo... tener memoria de estas c
2.12 hablando mal de c que no entienden, como
3.4 las c permanecen... como desde el principio
3.11 que todas estas c han de ser deshechas
3.14 estando en espera de estas c, procurad
3.16 hablando en ellas de estas c; entre los
1 Jn 1.4 estas c os escribimos, para que... gozo
2.1 estas c os escribo para que no pequéis
2.15 no améis... las c que están en el mundo
2.20 vosotros tenéis... y conocéis todas las c
2.27 la unción misma os enseña todas las c
3.20 mayor... es Dios, y él sabe todas las c
3.22 c que pidiéremos la recibiremos de él *3739*
3.22 y hacernos las c que son agradables
5.13 estas c os he escrito a vosotros que
5.14 que si pedimos alguna c conforme a su
5.15 él nos oye en cualquiera c que pidamos........ *3739*
2 Jn 12 tengo muchas c que escribiros, pero
3 Jn 2 deseo que tú seas prosperado en... las c
10 no contento con estas c, no recibe a los.......... *5125*
13 tenía muchas c que escribirte, pero no
Jud 10 pero éstos blasfeman de cuantas c no
15 las c duras que los pecadores impíos han
16 cuya boca habla c infladas, adulando a las
Ap 1.1 para manifestar a sus siervos las c que
1.2 testimonio... de todas las c que ha visto
1.3 y guardan las c en ella escritas; porque
1.19 **escribe las c que has visto, y las que**
2.14,20 **pero tengo unas pocas c contra ti**
2.14,20 **a comer c sacrificadas a los ídolos**
3.2 **afirma las otras c que están para morir**
3.17 **de ninguna c tengo necesidad; y no sabes** *3762*
4.1 te mostraré las c que sucederán después
4.11 porque tú creaste todas las c, y por tu
5.13 todas las c que en ellos hay, oí decir
9.4 mandó que no dañasen... a c verde alguna
10.4 sella las c que los siete truenos han
10.6 que creó el cielo y las c que están en
10.6 y la tierra y las c... el mar y las c
13.5 se le dio boca que hablaba grandes c y
15.5 después de estas c miré, y he aquí fue
16.5 el Santo, porque has juzgado estas c
18.14 todas las c exquisitas... te han faltado
18.15 los mercaderes de estas c... se pararán
20.12 fueron juzgados... por las c... escritas en
21.4 ni dolor; porque las primeras c pasaron
21.5 he aquí, yo hago nuevas todas las c
21.7 el que venciere heredará todas las c
21.27 no entrará en ella ninguna c inmunda
22.6 para mostrar a... las c que deben suceder
22.8 yo Juan soy el que oyó y vio estas c

22.8 a los pies del... que me mostraba estas *c*
22.16 **ángel para daros testimonio de estas *c***
22.18 alguno añadiere a estas *c*, Dios traerá
22.19 las *c* que están escritas en este libro
22.20 **el que da testimonio de estas *c* dice**

COSAM *Ascendiente de Jesucristo*, Lc 3.28 *2973*

COSECHA
Éx 22.29 no demorarás la primicia de tu *c* ni 4395
23.10 sembrarás tu tierra, y recogerás su *c* 8393
23.16; 34.22 fiesta de la *c* a la salida del 614
Lv 25.16 según el número de las *c* te venderá 8393
Dt 16.13 cuando hayas hecho la *c* de era y de 622
Is 16.9 sobre tus *c*... caerá el grito de guerra 7105
17.11 la *c* será arrebatada en el día de la 7105
32.10 la vendimia faltará, y la *c* no vendrá 625
Jer 48.32 sobre tu *c* y... vino el destruidor 7019

COSECHAR
Gn 26.12 sembró Isaa *c* en... y *cosechó* aquel año 4672
Is 62.9 que lo *cosechan* lo comerán, y alabarán 622
Lc 6.44 **no se *cosechan* higos de los espinos** *4816*
Stg 5.4 el jornal de los... que han *cosechado* *270*

COSELETE
Éx 28.32 un borde... como el cuello de un *c* 8473
39.23 como el cuello de un *c*, con un borde 8473
2 Cr 18.33 hirió al... entre las junturas y el *c* 8302
26.14 y Uzías preparó... *c*, arcos, y hondas 8302
Job 41.26 ni..., ni dardo, ni *c* durará 8302

COSER
Gn 3.7 entonces *cosieron* hojas de higuera, y 8609
Job 14.17 tienes sellada... *cosida* mi iniquidad 2950
16.15 *cosí* cilicio sobre mi piel, y puse mi 8609
Ec 3.7 tiempo de romper, y tiempo de *coser* 8609
Ez 13.18 ay de... que *cosen* vendas mágicas para 8609

COSTA *(s.)*
Gn 10.5 de éstos se poblaron las *c*, cada cual 776
Nm 24.24 vendrán naves de la *c* de Quitim, y 3027
34.11 llegará a la *c* del mar de Cineret, al 3802
Dt 1.7 junto a la *c* del mar, a la tierra del 2348
Jos 9.1 los reyes... en toda la *c* del Mar Grande 2348
15.2 su límite... fue desde la *c* del Mar Salado 7097
15.47 de Egipto, y el Mar Grande con sus *c* 1366
2 Cr 8.17 Salomón fue... a Elot, a la *c* del mar 8193
Est 10.1 impuso tributo... hasta las *c* del mar 339
Sal 72.10 reyes de Tarsis y de las *c* traerán 339
97.1 Jehová reina... alégrense las muchas *c* 339
Is 11.11 pueblo que aún quede... en las *c* del mar 339
20.6 dirá en aquel día el morador de esta *c* 339
23.2 callad, moradores de la *c*, mercaderes 339
23.6 pasaos a Tarsis; aullad, moradores... *c* 339
41.1 escuchadme, *c*, y esfuércense los pueblos 339
41.5 las *c* vieron, y tuvieron temor; los 339
42.4 justicia; y las *c* esperarán su ley 339
42.10 en él, las *c* y los moradores de ellas 339
42.12 gloria... y anuncien sus loores en las *c* 339
49.1 oídme, *c*, y escuchad, pueblos lejanos 339
51.5 me esperan los de la *c*, y en mi brazo 339
59.18 adversarios; el pago dará a los de la *c* 339
60.9 ciertamente a mí esperarán los de la *c* 339
66.19 a las *c* lejanas que no oyeron de mí, ni 339
Jer 2.10 pasad a las *c* de Quitim y mirad 339
25.22 a los reyes de las *c* que están de ese 339
31.10 hacedlo saber en las *c* que están lejos 339
47.4 destruirá... al resto de la *c* de Caftor 339
47.7 Jehová te ha enviado... contra la *c* del 2348
Ez 25.16 destruiré el resto... en la *c* del mar 339
26.15 ¿no se estremecerán las *c* al estruendo 339
27.3 que trafica con los pueblos de muchas *c* 339
27.6 tus bancos de pino de las *c* de Quitim 339
27.7 de azul y púrpura de las *c* de Elisa era 339
27.15 muchas *c* tomaban mercadería de tu mano 339
27.28 estrépito de las voces... temblarán las *c* 4054
27.35 los moradores de las *c* se maravillarán 339
39.6 fuego... y sobre los que moran... en las *c* 339
Dn 11.18 volverá después su rostro a las *c* 339
Sof 2.5 ¡ay de los que moran en la *c* del mar 2256
2.6 será la *c*... praderas para pastores, y 2256
Lc 6.17 multitud... de la *c* de Tiro y de Sidón *3882*

COSTA *(m. adv.)*
Ap 18.15 que se han enriquecido a *c* de ella *575*

COSTADO
Nm 33.55 serán... por espinas en vuestro *c*, y 6654
Jos 23.13 os serán... por azote para vuestros *c* 6654
Jue 2.3 que serán azotes para vuestros *c*, y 6654
2 S 2.16 cada uno... metió su espada en el *c* de 6654
Ez 1.17 andaban, se movían hacia sus cuatro *c* 7253
34.21 empujasteis con el *c* y con el hombro 6654
Dn 7.5 la cual se alzaba de un *c* más que del 7859
Jn 19.34 uno de... le abrió el *c* con una lanza *4125*
20.20 dicho esto, les mostró las manos y el *c* *4125*
20.25 y metiere mi mano en su *c*, no creeré *4125*
20.27 **acerca tu mano, y métela en mi *c*; y no** *4125*
Hch 12.7 tocando a Pedro en el *c*, le despertó *4125*

COSTAL
Gn 42.27 vio el dinero que... en la boca de su *c* 572
43.12 el dinero vuelto en las bocas de... *c* 572
43.18 dinero que fue devuelto en nuestros *c* 572
43.21 abrirnos nuestros *c*... en la boca de su *c* 572
43.22 puesto nuestro dinero en nuestros *c* 572
43.23 Dios... os dio el tesoro en vuestros *c* 572
44.1 llena... los *c* de estos varones, cuanto 572
44.1 dinero de cada uno en la boca de su *c* 572
44.2 la copa de plata, en la boca del *c* del 572
44.8 el dinero que... en la boca de nuestros *c* 572
44.11 cada uno su *c* en... abrió cada cual el *c* 572
44.12 la copa fue hallada en el *c* de Benjamín 572

COSTAR
2 S 24.24 no... holocaustos que no me *cuesten* 2600
1 Cr 21.24 ni... holocausto que nada me *cueste* 2600

COSTEAR
Hch 27.8 *costeándola* con dificultad, llegamos *3881*
27.13 levaron anclas e iban *costeando* Creta *788*
28.13 de allí, *costeando*... llegamos a Regio *4022*

COSTILLA
Gn 2.21 mientras... dormía, tomó una de sus *c* 6763
2.22 de la *c* que Jehová Dios tomó del hombre 6763
2 S 2.23 lo hirió Abner con... por la quinta *c*
3.27 Joab... le hirió por la quinta *c*, y murió
20.10 éste le hirió con ella en la quinta *c*
Dn 7.5 en su boca tres *c* entre los dientes 5967

COSTO
Dt 15.18 por la mitad del *c* de un jornalero 7939

COSTOSO, A
1 R 5.17 rey que trajesen piedras... piedras *c* 3368
7.9 todas aquellas obras fueron de piedras *c* 3368
7.10 el cimiento era de piedras *c*, piedras 3368
7.11 allí hacia arriba eran también piedras *c* 3368
1 Ti 2.9 no con... oro, ni perlas, ni vestidos *c* *4185*

COSTRA
Job 7.5 mi carne está vestida... de *c* de polvo 1487

COSTUMBRE
Gn 18.11 a Sara le había cesado ya la *c* de las 734
19.31 que entre a nosotras conforme a la *c* de 1870
31.35 pues estoy con la *c* de las mujeres 1870
Éx 12.17 guardaréis... mandamiento... *c* perpetua 2708
21.9 hará con ella según la *c* de las hijas 4941
Lv 15.25 fuera del tiempo de su *c*, o cuando 5079
15.25 o cuando tuviere flujo de... más de su *c* 5079
15.25 será inmunda como en los días de su *c* 5079
15.26 como la cama de su *c*... impureza de su *c* 5079
15.33 y para la que padece su *c*, y para el 1739
18.30 guardad... no haciendo las *c* abominables 2708
Jue 11.40 se hizo *c*... que de año en año fueran
18.7 conforme a la *c* de los de Sidón, sin que 4941
Rt 4.7 ya desde hacía tiempo esta *c* en Israel
1 S 2.13 *c*... cuando alguno ofrecía sacrificio 4941
27.11 esta fue su *c* todo el tiempo que moró 4941
1 R 18.28 ellos... se sajaban... conforme a su *c* 4941
2 R 11.14 junto a la columna, conforme a la *c* 4941
17.33 según la *c* de las naciones de donde 4941
17.40 pero ellos... hicieron según su *c* antigua 4941
1 Cr 6.32 estuvieron en su ministerio... su *c* 4941
2 Cr 30.16 en los turnos de *c*, conforme a la 4941
Is 2.6 están llenos de *c* traídas del oriente
5.17 los corderos serán apacentados según su *c* 1699
Jer 10.3 las *c* de los pueblos son vanidad 2708
32.11 la carta... sellada según el derecho y *c* 2706
Ez 11.12 las *c* de las naciones que os rodean 4941
Lc 1.9 conforme a la *c* del sacerdocio, le tocó *1485*
2.42 subieron... conforme a la *c* de la fiesta *1485*
4.16 entró en la sinagoga, conforme a su *c* *1486*
Jn 18.39 tenéis la *c* de que os suelte uno en *4914*
19.40 según es *c* sepultar entre los judíos *1485*
Hch 6.14 y cambiará las *c* que nos dio Moisés *1485*
16.21 y enseñan *c* que no es lícito recibir *1485*
21.21 que no circunciden... ni observen las *c* *1485*
25.16 respondí que no es *c* de los romanos *1485*
26.3 tú conoces todas las *c* y cuestiones que *1485*
28.17 ni contra las *c* de nuestros padres *1485*
1 Co 11.16 no tenemos tal *c*, ni las iglesias *4914*
15.33 conversaciones corrompen las buenas *c* *2239*
He 10.25 reunirnos, como algunos tienen por *c*, *1485*
13.5 vuestras *c* sin avaricia, contentos con *5158*

COSTURA
Jn 19.23 su túnica, la cual era sin *c*, de un *729*

COTA
1 S 17.5 llevaba una *c*... era el peso de la *c* 8302

COYUNDA
Lv 26.13 y rompí las *c* de vuestro yugo, y os 4133
Job 39.10 ¿atarás tú al búfalo con *c* para el 5688
Sal 129.4 es justo; cortó las *c* de los impíos 5688
Is 5.18 traen... el pecado como con *c* de carreta 5688
Jer 5.5 quebraron el yugo, rompieron las *c* 4147
27.2 hazte *c* y yugos, y ponlos... tu cuello 4147
30.8 yo quebraré tu yugo de... y romperé tus *c* 4147
Ez 34.27 cuando rompa las *c* de su yugo, y los 4133
Nah 1.13 porque ahora quebraré... romperá tus *c* 4147

COYUNTURA
Ef 4.16 unido entre sí por todas las *c* que se *860*
Col 2.19 todo el cuerpo... uniéndose por las *c* *860*
He 4.12 hasta partir el... las *c* y los tuétanos *719*

COZ
Dt 32.15 pero engordó Jesurún, y tiró *c* 1163
Hch 9.15; 26.14 **dura... dar *c* contra el aguijón** *2979*

COZBI *Mujer madianita*
Nm 25.15 nombre de... madianita muerta era *C* 3579
25.18 engañado... en lo tocante a *C* hija del 3579

COZEBA *Aldea en Judá*, 1 Cr 4.22 3578

CRÁNEO
Jue 9.53 una rueda de molino... le rompió el *c* 1538

CREACIÓN
Gn 2.3 toda la obra que había hecho en la *c* 1254
Ez 28.13 preparados para ti en el día de tu *c* 1254
Mr 10.6 al principio de la *c*, varón y hembra *2937*
13.19 nunca... desde el principio de la *c* que *2937*
Ro 1.20 hacen... visibles desde la *c* del mundo *2937*
8.19 anhelo ardiente de la *c* es el aguardar *2937*
8.20 la *c* fue sujetada a vanidad, no por su *2937*
8.21 la *c*... será libertada de la esclavitud *2937*
8.22 sabemos que toda la *c* gime a una, y a *2937*
Gá 6.15 ni la incircuncisión, sino una nueva *c* *2937*
Col 1.15 la imagen... el primogénito de toda *c* *2937*
1.23 el cual se predica en toda la *c* que está *2937*
He 9.11 no hecho de... es decir, no de esta *c* *2937*
Stg 3.6 la lengua... inflama la rueda de la *c* *1078*
2 P 3.4 así como desde el principio de la *c* *2937*
Ap 3.14 **principio de la *c* de Dios, dice esto** *2937*

CREADO *Véase Crear*

CREADOR
Gn 14.19,22 *c* de los cielos y de la tierra 7069
Dt 32.18 te creó, has olvidado de Dios tu *c* 2342
Ec 12.1 acuérdate de tu *C* en los días de tu 1254
Is 42.5 así dice Jehová Dios, *C* de los cielos 1254
43.1 así dice Jehová, *C* tuyo, oh Jacob, y 1254
43.15 yo Jehová... *C* de Israel, vuestro Rey 1254
Ro 1.25 culto a las criaturas antes que al *C* *2936*
1 P 4.19 encomienden sus almas al fiel *C*, y *2939*

CREAR
Gn 1.1 en el principio *creó* Dios los cielos 1254
1.21 *creó* Dios los grandes monstruos marinos 1254
1.27 *creó* Dios al hombre... a imagen de... lo *c* 1254
1.27 a imagen de... varón y hembra los *creó* 1254
2.4 son los orígenes... cuando fueron *creados* 1254
5.1 el día en que *creó* Dios al hombre, a 1254
5.2 varón y hembra los *creó*; y los bendijo 1254
5.2 el nombre... el día en que fueron *creados* 1254
6.7 raeré de... a los hombres que he *creado* 1254
Dt 4.32 desde el día que *creó* Dios al hombre 1254
32.6 ¿no es él tu padre que te *creó*? El te 6213
32.18 de la Roca que te *creó* te olvidaste 3205
Job 26.13 su mano *creó* la serpiente tortuosa 2490
Sal 51.10 *crea* en mí, oh... un corazón limpio 1254
89.12 el norte y el sur, tú los *creaste*; el 1254
89.47 ¿Por qué habrás *creado* en vano a todo 1254
104.30 envías tu Espíritu, son *creados*, y 1254
148.5 porque él mandó, y fueron *creados* 1254
Is 4.5 *creará* Jehová sobre toda la morada del 1254
40.26 mirad quién *creó* estas cosas; él saca 1254
40.28 el cual *creó* los confines de la tierra? 1254
41.20 esto, y que el Santo de Israel lo *creó* 1254
43.7 para gloria mía los he *creado*, los formé 1254
43.21 este pueblo he *creado* para mí; mis 3335
45.7 que formo la luz y *creo* las tinieblas 1254
45.7 que hago la paz y *creo* la adversidad 1254
45.8 prodúzcanse la... Yo Jehová lo he *creado* 1254
45.12 la tierra, y *creé* sobre ella al hombre 1254
45.18 así dijo Jehová, que *creó* los cielos 1254
45.18 hizo y lo compuso; no la *creó* en vano 1254
45.18 Dios... para que fuese habitada la *creó* 1254
48.7 han sido *creadas*, no en días pasados, ni 1254
54.16 he *creado* al destruidor para destruir 1254
57.16 decaería... y las almas que yo he *creado* 6213
65.17 yo *crearé* nuevos cielos y nueva tierra 1254
65.18 os alegraréis... cosas que yo he *creado* 1254
Jer 31.22 Jehová *creará* una cosa nueva sobre 1254
Ez 28.15 perfecto... el día que fuiste *creado* 1254
Am 4.13 *crea* el viento, y anuncia al hombre su 1254
Mal 2.10 ¿no nos ha *creado* un mismo Dios? 1254
Mr 13.19 **de la creación que Dios *creó*, hasta** *2936*
Ro 8.39 ni ninguna otra cosa *creada* nos podrá *2937*
1 Co 11.9 y tampoco el varón fue *creado* por *2936*
Ef 2.10 hechura suya, *creados* en Cristo Jesús *2936*
2.15 para *crear* en... un solo y nuevo hombre *2936*
3.9 escondido... en Dios, que *creó* todas las *2936*
4.24 nuevo hombre, *creado* según Dios en la *2936*
Col 1.16 él fueron *creadas* todas las cosas, las *2936*
1.16 todo fue *creado* por medio de él y para *2936*
3.10 conforme a la imagen del que lo *creó* *2936*
1 Ti 4.3 de alimentos que Dios *creó* para que *2936*
4.4 porque todo lo que Dios *creó* es bueno *2938*
He 4.13 cosa *creada* que no sea manifiesta en *2937*
Ap 4.11 porque tú *creaste* todas las cosas, y *2936*
4.11 y por tu voluntad existen y... *creadas* *2936*
5.13 a todo lo *creado* que está en el cielo y *2938*
10.6 juró por el que vive... que *creó* el cielo *2936*

CRECER
Gn 7.17 las aguas *crecieron*, y alzaron el arca 7235
7.18 y *crecieron* en... manera sobre la tierra 7235
21.8 *creció* el niño, y fue destetado; e hizo 1431
21.20 y *creció* y habitó en el desierto, y 1431
25.27 y *crecieron*... y Esaú fue diestro en la 1431
30.30 antes de... y ha *crecido* en gran número 6555
35.11 también le dijo... *crece* y multiplícate 6509
38.11 quédate viuda en... hasta que *crezca* Sela 1431
38.14 porque veía que había *crecido* Sela, y 1431
41.5,22 siete espigas... *crecían* de una... caña 5927
41.23 otras siete espigas... *crecían* después de 6779
41.56 había *crecido* el hambre en la tierra 2388
41.57 por toda la... había *crecido* el hambre 2388
48.4 yo te haré *crecer*, y te multiplicaré 6509
Éx 1.12 tanto más se multiplicaban y *crecían* 6555
2.10 cuando el niño *creció*, ella lo trajo a 1431
2.11 *crecido* ya Moisés, salió a sus hermanos 1431
Lv 19.25 para que os haga *crecer* su fruto 8393
26.9 y os haré *crecer*, y os multiplicaré, y 6509
Nm 6.5 será santo; dejará *crecer* su cabello 1431
Dt 26.5 allí *creció* y llegó a ser una nación
29.23 ni *crecerá* en ella hierba alguna, como 5927
Jue 11.2 cuando *crecieron*, echaron... a Jefté 1431
13.24 y el niño *creció*, y Jehová lo bendijo 1431

16.22 el cabello... comenzó a *crecer*, después 6779
1 S 2.21 y el joven Samuel *crecía* delante de 1431
2.26 joven Samuel iba *creciendo*, y era acepto 1432
3.19 Samuel *creció*, y Jehová estaba con él 1431
14.19 el alboroto... aumentaba, e iba *creciendo* 7227
2 S 12.3 que había *crecido* con él y con sus 1431
2 R 4.18 el niño *creció*. Pero aconteció un día 1431
1 Cr 11.9 David iba adelantando y *creciendo*, y 1431
19.5 en Jericó hasta que os *crezca* la barba 6779
Esd 4.22 de *crecer* el daño en perjuicio de los 7680
9.6 nuestros delitos han *crecido* hasta el 7235
Job 8.11 ¿*crece* el junco sin lodo? ¿*C* el prado 1342
21.7 los impíos... y aun *crecen* en riquezas? 1396
31.18 *creció* conmigo como con un padre, y 1431
39.4 sus hijos... *crecen* con el pasto; salen 7235
Sal 90.5 como la hierba que *crece* en la mañana 2498
90.6 la mañana florece y *crece*; a la tarde 2498
92.12 justo... *crecerá* como cedro en el Líbano 7685
129.6 la hierba... que se seca antes que *crezca* 8025
144.12 como plantas *crecidas* en su juventud 1431
Pr 24.31 toda ella habían *crecido* los espinos 5927
Ec 1.16 y he *crecido* en sabiduría sobre todos 3254
2.6 para regar... el bosque donde *crecían* los 6779
11.5 cómo *crecen* los huesos en el vientre
Is 5.6 *crecerán* el cardo y los espinos; y aun 5927
17.11 las harás *crecer*, y harás que... brote 7735
23.3 que *crecen* con las muchas aguas del Nilo
29.19 humildes *crecerán* en alegría en Jehová 3254
34.13 en sus alcázares *crecerán* espinos, y 5927
44.14 que *crecen* entre los árboles del bosque 553
55.13 en lugar de la zarza *crecerá*... *c* arrayán 5927
Jer 3.16 *crezcáis* en la tierra, en esos días 6509
12.2 *crecieron* y dieron fruto; cercano estás 1980
23.3 mis ovejas... *crecerán* y se multiplicarán 6509
Ez 16.7 hice... y *creciste* y te hiciste grande 7235
16.7 y tu pelo había *crecido*; pero estabas 6779
31.4 aguas lo hicieron *crecer*, lo encumbró el 1431
31.14 no se exalten... los árboles que *crecen*
36.11 y serán multiplicados y *crecerán*; y os 6509
44.20 ni dejarán *crecer* su cabello, sino que 7971
47.5 las aguas habían *crecido* de manera que 1342
47.12 *crecerá* toda clase de árboles frutales 5927
Dn 4.11 *crecía* este árbol, y se hacía fuerte 7236
4.20 el árbol... que *crecía* y se hacía fuerte 7236
4.22 oh rey, que *creciste*... creció tu grandeza 7236
4.33 que su pelo *creció* como plumas de águila 7236
8.3 dos cuernos... y el más alto *creció* después 5927
8.9 cuerno pequeño, que *creció* mucho al sur
Os 9.6 ortiga... espino *crecerá* en sus moradas
10.8 Avén... *crecerá* sobre sus altares espino 5927
Am 7.1 criaba langostas... comenzaba a *crecer* el 5927
8.8 *crecerá* y mermará como el río de Egipto 5927
9.5 y *crecerá* toda como un río, y mermará 5927
Jon 4.6 calabacera... la cual *creció* sobre Jonás 5927
4.10 la calabacera... ni tú la hiciste *crecer* 1431
Mt 6.28 **considerad los lirios... cómo *crecen*** *837*
13.7 **y los espinos *crecieron*, y la ahogaron** *305*
13.30 **dejad *crecer*... lo uno y lo otro hasta** *4885*
13.32 **pero cuando ha *crecido*, es la mayor de** *837*
Mr 4.7 **los espinos *crecieron* y la ahogaron** *305*
4.8 ***creció*, y produjo a treinta, a sesenta** *837*
4.27 **la semilla... *crece* sin que él sepa cómo** *3373*
4.32 **después... *crece*, y se hace la mayor de** *305*
Lc 1.80 el niño *crecía*... fortalecía en espíritu *837*
2.40 y el niño *crecía* y se fortalecía, y se *837*
2.52 Jesús *crecía* en sabiduría y... estatura *4298*
12.27 **considerad los lirios, cómo *crecen*** *837*
13.19 **y *creció*, y se hizo árbol grande, y las** *837*
Jn 3.30 es necesario que él *crezca*, pero que *837*
Hch 6.1 *creciera* el número de los discípulos *4129*
6.7 *crecía* la palabra del Señor, y el número *837*
7.17 pueblo *creció* y se multiplicó en Egipto *837*
12.24 pero la palabra del Señor *crecía* y se *837*
19.20 así *crecía* y... la palabra del Señor *837*
1 Co 11.14 es deshonroso... *crecer* el cabello? *2863*
11.15 a la mujer dejarse *crecer* el cabello le *2863*
15.58 *creciendo* en la obra del Señor siempre *4052*
2 Co 10.15 conforme *crezca* vuestra fe seremos *837*
Ef 2.21 va *creciendo* para ser un templo santo *837*
4.15 *crezcamos* en... en aquel que es la cabeza *837*
Col 1.6 y lleva fruto y *crece* en vosotros
1.10 y *creciendo* en el conocimiento de Dios *837*
2.19 *crece* con el crecimiento que da Dios *837*
1 Ts 3.12 el Señor os haga *crecer* y abundar en *4121*
2 Ts 1.3 por cuanto vuestra fe va *creciendo* *5232*
1 P 2.2 que por ella *crezcáis* para salvación *837*
2 P 3.18 *creced* en la gracia... de nuestro Señor *837*

CRECES

Sal 73.7 logran con *c* los antojos del corazón 5674

CRECIDO *Véase también Crecer*

Pr 28.8 aumenta sus riquezas con... *c* interés 8636

CRECIMIENTO

1 Co 3.6 Apolos regó; pero el *c* lo ha dado *837*
3.7 ni el que riega, sino Dios, que da el *c* *837*
Ef 4.16 recibe su *c* para ir edificándose en *838*
Col 2.19 el cuerpo... crece con el *c* que da Dios *838*

CRÉDITO

Sal 78.32 aún, y no dieron *c* a sus maravillas 539
Hch 27.11 el centurión daba más *c* al piloto y *3982*

CREER

Gn 15.6 *creyó* a Jehová, y le fue contado por 539
45.26 Jacob se afligió, porque no los *creía* 539
Éx 4.1 ellos no me *creerán*, ni oirán mi voz 539
4.5 por esto *creerán* que se te ha aparecido 539
4.8 no te *creyeren* ni obedecieren a la voz de 539
4.8 señal, *creerán* a la voz de la postrera 539
4.9 y si aún no *creyeren* a estas dos señales 539
4.31 Y el pueblo *creyó*; y oyendo... adoraron 539
14.31 el Pueblo temió... y *creyeron* a Jehová 539
19.9 también para que te *crean* para siempre 539
Nm 14.11 ¿hasta cuándo no me *creerán*... señales 539
20.12 no *creísteis* en mí, para santificarme 539
Dt 1.32 y aun con esto no *creísteis* a Jehová 539
9.23 no le *creísteis*, ni obedecisteis a su 539
1 S 27.12 y Aquis *creía* a David, y decía: Él 539
1 R 10.7 yo no lo *creía*, hasta que he venido 539
2 R 17.14 los cuales no *creyeron* en Jehová su 539
2 Cr 9.6 yo no *creía*... hasta que he venido, y 539
20.20 *creed* en Jehová, y... *c* a sus profetas, y 539
32.15 no os engañe Ezequías... ni le *creáis* 539
Job 9.16 no *creeré* que haya escuchado mi voz 539
15.22 él no *cree* que volverá de las tinieblas 539
29.24 si me reía con ellos, no lo *creían*; y 539
37.24 que *cree* en su propio corazón ser sabio
Sal 27.13 si no *creyese* que veré la bondad de 539
78.22 por cuanto no habían *creído* a Dios, ni 539
116.10 *creí*; por... hablé, estando afligido en 539
106.12 entonces *creyeron* a sus palabras y 539
106.24 por cuanto... no *creyeron* a su palabra 539
119.66 Porque tus mandamientos he *creído* 539
Pr 14.15 simple todo lo *cree*; mas el avisado 539
26.25 hablare amigablemente, no le *creas* 539
Is 7.9 si vosotros no *creyereis*, de cierto no 539
28.16 en Sion... el que *creyere*, no se apresure 539
43.10 me conozcáis y *creáis*, y entendáis que 539
53.1 ¿quién ha *creído* a nuestro anuncio? 539
Jer 11.15 ¿*crees*... pueden envitarte el castigo?
12.6 de ti. No los *creas* cuando bien te hablen 539
40.14 Gedalías hijo de Ahicam no les *creyó* 539
Lm 4.12 nunca, *creyeron* que el enemigo y el 539
Jon 3.5 los hombres de Nínive *creyeron* a Dios 539
Mi 7.5 no *creáis* en amigo, ni... en príncipe; de 539
Hab 1.5 cuando se os contare, no la *creeréis* 539
Mt 8.13 **dijo: Vé, y como *creíste*, te sea hecho** *4100*
9.28 **les dijo: ¿*Creéis* que puedo hacer esto?** *4100*
18.6 **haga tropezar... pequeños que *creen* en mí** *4100*
21.22 **que pidiereis en... *creyendo*, lo recibiréis**
21.25 **dirá: ¿Por qué, pues, no le *creísteis*?** *4100*
21.32 **vino a vosotros Juan... no le *creísteis*** *4100*
21.32 **publicanos y las rameras le *creyeron*** *4100*
21.32 **no os arrepentisteis para *creerle*** *4100*
24.23 **dijere... mirad allí está, no lo *creáis*** *4100*
24.26 **está en los aposentos, no lo *creáis*** *4100*
27.42 descienda... la cruz, y *creeremos* en él *4100*
Mr 1.15 **arrepentíos, y *creed* en el evangelio** *4100,1722*
5.36 **Jesús... dijo... No temas, *cree* solamente** *4100*
9.23 **si puedes creer, al que *cree* todo le es** *4100*
9.24 y dijo: *Creo*; ayuda mi incredulidad *4100*
9.42 **uno de estos pequeñitos que *creen* en mí** *4100*
11.23 ***creyere* que será hecho lo que dice, lo** *4100*
11.24 ***creed* que lo recibiréis, y os vendrá** *4100*
11.31 dirá: ¿Por qué, pues, no le *creísteis*? *4100*
13.21 **mirad aquí... allí está, no le *creáis*** *4100*
15.32 descienda... para que veamos y *creamos* *4100*
16.11 oyeron que vivía, y que... no lo *creyeron* *569*
16.13 ellos fueron... ni aun a ellos *creyeron* *4100*
16.14 no habían *creído* a los que le habían *4100*
16.16 **el que *creyere*... será salvo; mas el que** *4100*
16.16 **mas el que no *creyere*, será condenado** *569*
16.17 **estas señales seguirán a los que *creen*** *4100*
Lc 1.20 por cuanto no *creíste* mis palabras, las *4100*
1.45 bienaventurada la que *creyó*, porque se *4100*
3.23 hijo, según se *creía*, de José, hijo de *3543*
8.12 **quita la... para que no *crean* y se salven** *4100*
8.13 ***creen* por algún tiempo, y en... se apartan** *4100*
8.50 **no temas; *cree* solamente, y será salva** *4100*
20.5 dirá ¿Por qué, pues, no le *creísteis*? *4100*
22.67 **les dijo: Si os lo dijere, no *creeréis*** *4100*
24.11 les parecían locura... y no las *creían* *569*
24.25 **tardos de corazón para *creer* todo lo que** *4100*
24.41 todavía ellos, de gozo, no lo *creían* *569*
Jn 1.7 vino... fin de que todos *creyesen* por él *4100*
1.12 a los que *creen* en su nombre, les dio *4100*
1.50 **dijo: Te vi debajo de la higuera, *crees*?** *4100*
2.11 en Caná... y sus discípulos *creyeron* en él *4100*
2.22 y *creyeron* la Escritura y la palabra que *4100*
2.23 muchos *creyeron* en su nombre, viendo las *4100*
3.12 **he dicho cosas terrenales, y no *creéis*** *4100*
3.12 **cómo *creeréis* si os dijere las celestiales?** *4100*
3.15,16 **aquel que en él *cree*, no se pierda** *4100*
3.18 **el que en él *cree*, no es condenado; pero** *4100*
3.18 **pero el que no *cree*, ya ha sido condenado** *4100*
3.18 **no ha *creído* en el nombre... Hijo de Dios** *4100*
3.36 el que *cree* en el Hijo tiene vida eterna *4100*
3.36 que rehúsa *creer* en el... no verá la vida *544*
4.21 ***créeme*, que la hora viene cuando ni en** *4100*
4.39 muchos de los samaritanos de... *creyeron* *4100*
4.41 *creyeron* muchos más Por la palabra de él *4100*
4.42 ya no *creemos* solamente por tu dicho *4100*
4.48 **dijo: Si no viereis señales... no *creeréis*** *4100*
4.50 el hombre *creyó* la palabra que Jesús le *4100*
4.53 entendió... y *creyó* él con toda su casa *4100*
5.24 ***cree* al que me envió, tiene vida eterna** *4100*
5.38 **a quien él envió, vosotros no *creéis*** *4100*
5.44 **¿cómo podéis... *creer*, pues recibís gloria** *4100*
5.46 **si *creyeseis* a Moisés... me creeríais a mí** *4100*
5.47 **pero si no *creéis* a sus escritos, ¿cómo** *4100*
5.47 **si no... ¿cómo *creeréis* a mis palabras?** *4100*
6.29 **obra... que *creáis* en el que él ha enviado** *4100*
6.30 señal... para que veamos, y te *creamos*? *4100*
6.35 **el que en mí *cree*, no tendrá sed jamás** *4100*
6.36 **que aunque me habéis visto, no *creéis*** *4100*
6.40 **todo aquel que ve al Hijo, y *cree* en él** *4100*
6.47 **el que *cree* en mí, tiene vida eterna** *4100*
6.64 **hay algunos de vosotros que no *creen*** *4100*
6.64 sabía... quienes eran los que no *creían* *4100*
6.69 nosotros hemos *creído* y conocemos que *4100*
7.5 porque ni aun sus hermanos *creían* en él *4100*
7.31 muchos de la multitud *creyeron* en él, y *4100*
7.38 **que *cree* en mí, como dice la Escritura** *4100*
7.39 que habían de recibir los que *creyesen* *4100*
7.48 ¿acaso ha *creído* en él alguno de los *4100*
8.24 **si no *creéis* que yo soy, en... moriréis** *4100*
8.30 hablando... cosas, muchos *creyeron* en él *4100*
8.31 dijo... a los judíos que habían *creído* en *4100*
8.45 **mí, porque digo la verdad, no me *creéis*** *4100*
8.46 **verdad, ¿por qué vosotros no me *creéis*?** *4100*
9.18 los judíos no *creían* que él había sido *4100*
9.35 **le dijo: ¿*Crees* tú en el Hijo de Dios?** *4100*
9.36 ¿quién es, Señor, para que *crea* en él? *4100*
9.38 y él dijo: *Creo*, Señor; y le adoró *4100*
10.25 **respondió: Os lo he dicho, y no *creéis*** *4100*
10.26 **vosotros no *creéis*, porque no sois de** *4100*
10.37 **si no hago las obras de... no me *creáis*** *4100*
10.38 **no me creáis a mí, *creed* a las obras** *4100*
10.38 ***creáis* que el Padre está en mí, y yo en** *4100*
10.42 y muchos *creyeron* en él allí *4100*
11.15 **me alegro por vosotros... para que *creáis*** *4100*
11.25 **el que *cree* en mí... esté muerto, vivirá** *4100*
11.26 **aquel que vive y *cree* en mí, no morirá** *4100*
11.26 **no morirá eternamente. ¿*Crees* esto?** *4100*
11.27 sí... yo he *creído* que tú eres el Cristo *4100*
11.40 **¿no te he dicho que si *crees*, verás la** *4100*
11.42 **para que *crean* que tú me has enviado** *4100*
11.45 vieron lo que hizo Jesús, *creyeron* en *4100*
11.48 si te dejamos así, todos *creerán* en él *4100*
12.11 a causa de él muchos... *creían* en Jesús *4100*
12.36 ***creed* en la luz, para que seáis hijos de** *4100*
12.37 hecho tantas señales... no *creían* en él *4100*
12.38 **¿quién ha *creído* a nuestro anuncio?** *4100*
12.39 por esto no podían *creer*, porque también *4100*
12.42 aun de los gobernantes... *creyeron* en él *4100*
12.44 **el que *cree* en mí, no *c* en mí, sino en** *4100*
12.46 **para que todo aquel que *cree* en mí no** *4100*
13.19 digo... para que cuando suceda, *creáis* *4100*
14.1 ***creéis* en Dios, *creed* también en mí** *4100*
14.10 **¿no *crees* que yo soy en el Padre, y el** *4100*
14.11 ***creedme* que yo soy en el Padre, y el Padre** *4100*
14.11 **manera, *creedme* por las mismas obras** *4100*
14.12 **que en mí *cree*, las obras que yo hago** *4100*
14.29 **dicho... para que cuando suceda, *creáis*** *4100*
16.9 **de pecado, por cuanto no *creen* en mí** *4100*
16.27 **y habéis *creído* que yo salí de Dios** *4100*
16.30 por esto *creemos* que has salido de Dios *4100*
16.31 **Jesús les respondió: ¿Ahora *creéis*?** *4100*
17.8 **y ellos... han *creído* que tú me enviaste** *4100*
17.20 **que han de *creer* en mí por la palabra** *4100*
17.21 **que el mundo *crea* que tú me enviaste** *4100*
19.35 dice verdad, para que... también *creáis* *4100*
20.8 entró también el otro... y vio, y *creyó* *4100*
20.25 metiere mi... en su costado, no *creeré* *4100*
20.29 **porque me has visto, Tomás, *creíste*** *4100*
20.29 **bienaventurados... no vieron, y *creyeron*** *4100*
20.31 éstas se han escrito para que *creáis* *4100*
20.31 y para que *creyendo*, tengáis vida en su *4100*
Hch 2.44 los que habían *creído* estaban juntos *4100*
4.4 los que habían oído la palabra, *creyeron* *4100*
4.32 los que habían *creído* era de un corazón *4100*
5.14 y los que *creían* en el Señor aumentaban *4100*
8.12 cuando *creyeron* a Felipe, que anunciaba *4100*
8.13 *creyó* Simón mismo... Y viendo las señales *4100*
8.37 si crees... *Creo* que Jesucristo es el Hijo *4100*
9.26 miedo, no *creyendo* que fuese discípulo *4100*
9.42 notorio... y muchos *creyeron* en el Señor *4100*
10.43 que en él *creyeren*, recibirán perdón de *4100*
11.17 don que a nosotros que hemos *creído* en *4100*
11.21 número *creyó*... y se convirtió al Señor *4100*
13.12 el procónsul, viendo lo... sucedido, *creyó* *4100*
13.39 en él es justificado... aquel que *cree* *4100*
13.41 obra que no *creeréis*, si alguien os la *4100*
13.48 *creyeron* todos... que estaban ordenados *4100*
14.1 que *creyó* una gran multitud de judíos *4100*
14.2 mas los judíos que no *creían* excitaron *544*
14.23 encomendaron al Señor en quien... *creído* *4100*
15.5 de los fariseos, que habían *creído*, se *4100*
15.7 gentiles oyesen... la palabra... y *creyesen* *4100*
15.11 *creemos* que por la gracia del Señor *4100*
16.31 dijeron: *Cree* en el Señor Jesucristo, y *4100*
16.34 se regocijó con... de haber *creído* a Dios *4100*
17.4 algunos de ellos *creyeron*, y se juntaron *3982*
17.5 los judíos que no *creían*, teniendo celos *544*
17.12 que *creyeron* muchos de ellos, y mujeres *4100*
17.34 mas algunos *creyeron*, juntándose con él *4100*
18.8 Crispo... *creyó* en el Señor con toda su *4100*
18.8 muchos... oyendo, *creían* y eran bautizados *4100*
18.27 a los que por la gracia habían *creído* *4100*
19.2 ¿recibisteis el Espíritu... cuando *creísteis*? *4100*
19.4 *creyesen* en aquel que vendría después de *4100*
19.9 y no *creyendo*... se apartó Pablo de ellos *544*
19.18 los que habían *creído* venían, confesando *4100*
21.20 millares de judíos hay que han *creído* *4100*
21.25 en cuanto a los gentiles que han *creído* *4100*
22.19 saben que yo... azotaba... a los que *creían* *4100*
23.21 no les *creas*; porque más de 40 hombres *3982*
24.14 *creyendo* todas las cosas que en la ley *4100*
26.9 había *creído* mi deber hacer muchas cosas *1380*
26.27 ¿*crees*, oh rey Agripa, a... Yo sé que *c* *4100*
28.24 algunos asentían a lo... otros no *creían* *3982*
Ro 1.16 para salvación a todo aquel que *cree* *4100*
3.22 para todos los que *creen* en él. Porque *4100*
4.3 *creyó* Abraham a Dios, y le fue contado *4100*

4.5 al que no obra, sino *cree* en aquel que *4100*
4.17 delante de Dios, a quien *creyó*, el cual *4100*
4.18 él *creyó* en esperanza contra esperanza *4100*
4.24 los que *creemos* en el que levantó de los *4100*
6.8 y si morimos con Cristo, *creemos* que *4100*
9.33 el que *creyere* en él, no será avergonzado *4100*
10.4 para justicia a todo aquel que *cree* *4100*
10.9 y *creyeres* en tu corazón que Dios le *4100*
10.10 con el corazón se *cree* para justicia *4100*
10.11 todo aquel que en él *creyere*, no será *4100*
10.14 ¿cómo, pues, invocarán... no han *creído*? *4100*
10.14 ¿y cómo *creerán* en aquel de quien no *4100*
10.16 ¿quién ha *creído* a nuestro anuncio? *4100*
13.11 está más cerca de... que cuando *creímos* *4100*
14.2 *cree* que se ha de comer de todo; otro *4100*
15.13 llene de todo gozo y paz en el *creer* *4100*
1 Co 3.5 por medio de los cuales habéis *creído* *4100*
3.18 si alguno... se *cree* sabio en este siglo *1380*
11.18 que hay... divisiones; y en parte lo *creo* *4100*
13.7 todo lo *cree*, todo lo espera, todo lo *4100*
14.37 si alguno se *cree* profeta, o espiritual *1380*
15.2 sois salvos, si no *creísteis* en vano *4100*
15.11 así predicamos, y así habéis *creído* *4100*
2 Co 4.13 creí, por lo cual hablé... *creemos* *4100*
Gá 2.16 nosotros... hemos *creído* en Jesucristo *4100*
3.6 Abraham *creyó* a Dios, y le fue contado *4100*
6.3 el que se *cree* ser algo, no siendo nada *1380*
Ef 1.13 oído la palabra... y habiendo *creído* en *4100*
1.19 poder para con nosotros los que *creemos* *4100*
Fil 1.29 no sólo que *creáis* en él... padezcáis *4100*
1 Ts 1.7 ejemplo a todos los... que han *creído* *4100*
4.14 si *creemos* que Jesús murió y resucitó *4100*
2 Ts 1.10 admirado en todos los que *creyeron* *4100*
1.10 nuestro testimonio ha sido *creído* entre *4100*
2.11 les envía un... para que *crean* la mentira *4100*
2.12 que sean condenados... los que no *creyeron* *4100*
1 Ti 1.16 ejemplo de los que habrían de *creer* *4100*
3.16 *creído* en el mundo, recibido arriba en *4100*
4.10 Salvador... mayormente de los que *creen* *4103*
2 Ti 1.12 sé a quién he *creído*, y estoy seguro *4100*
Tit 3.8 que *creen* en Dios procuren ocuparse en *4100*
He 4.3 pero los que hemos *creído* entramos en *4100*
11.6 el que se acerca a Dios *crea* que le hay *4100*
11.11 *creyó* que era fiel... lo había prometido *2233*
11.13 sino mirándolo de lejos, y *creyéndolo* *3982*
Stg 1.26 si alguno se *cree* religioso entre *1380*
2.19 tú *crees* que Dios es uno; bien haces *4100*
2.19 también los demonios *creen*, y tiemblan *4100*
2.23 Abraham *creyó* a Dios, y le fue contado *4100*
1 P 1.8 en quien *creyendo*... alegráis con gozo *4100*
1.21 mediante el cual *creéis* en Dios, quien *4100*
2.6 el que *creyere* en él no será avergonzado *4100*
2.7 vosotros los que *creéis*, él es precioso *4100*
3.1 para que... los que no *creen* a la palabra *544*
1 Jn 3.23 que *creamos* en el nombre de su Hijo *4100*
4.1 amados, no *creáis* a todo espíritu, sino *4100*
4.16 nosotros hemos... *creído* el amor que Dios *4100*
5.1 aquel que *cree* que Jesús es el Cristo, es *4100*
5.5 ¿quién es el que vence... sino el que *cree* *4100*
5.10 el que *cree* en el Hijo de Dios, tiene el *4100*
5.10 que no *cree*, a Dios le ha hecho mentiroso *4100*
5.10 porque no ha *creído* en el testimonio que *4100*
5.13 he escrito a vosotros que *creéis* en el *4100*
5.13 para que *creáis* en el nombre del Hijo de *4100*
Jud 5 después destruyó a los que no *creyeron* *4100*

CREMA
Jue 5.25 ella... tazón de nobles le presentó *c* 2529

CRESCENTE *Compañero de Pablo*, 2 Ti 4.10 . . . . . *2913*

CRESPO
Cnt 5.11 sus cabellos *c*, negros como el cuervo 8534

CRETA *Isla en el Mar Mediterráneo*
Hch 27.7 navegamos a sotavento de *C*, frente a *2914*
27.12 arribar a Fenice, puerto de *C* que mira *2914*
27.13 levaron anclas e iban costeando *C* *2914*
27.21 no zarpar de *C* tan sólo para recibir *2914*
Tit 1.5 por esta causa te dejé en *C*, para que *2914*

CRETENSE *Habitante de Creta*
Hch 2.11*c* y árabes, les oímos hablar... de Dios *2912*
Tit 1.12 *c*, siempre mentirosos, malas bestias *2912*

CREYENTE
Jn 20.27 **tu mano... y no seas incrédulo, sino *c*** *4103*
Hch 16.1 hijo de una mujer judía *c*, pero de *4103*
Ro 4.11 padre de todos los *c* no circuncidados *4103*
1 Co 1.21 agradó a Dios salvar a los *c* por la *4100*
7.12 algún hermano tiene mujer que no sea *c* *571*
7.13 mujer tiene marido que no sea *c*, y él *571*
14.22 las lenguas son por señal, no a los *c* *4100*
14.22 pero la profecía, no a los... sino a los *c* *571*
2 Co 6.15 ¿o qué parte el *c* con el incrédulo? *4103*
Gá 3.9 la fe son bendecidos con el *c* Abraham *4103*
3.22 que la promesa que es... fuese dada a los *c* *4100*
1 Ts 2.10 nos comportamos con vosotros los *c* *4100*
2.13 de Dios, la cual actúa en vosotros los *c* *4100*
1 Ti 4.3 para que... participasen de ellos los *c* *4103*
4.12 sé ejemplo de los *c* en palabra, conducta *4103*
5.16 si algún *c* o alguna *c* tiene viudas, que *4103*
6.2 los que tienen amos *c*... por cuanto son *c* *4103*
Tit 1.6 tenga hijos *c* que no estén acusados de *4103*

CRÍA
Gn 32.15 treinta camellas paridas con su *c* 1121
Nm 11.12 como lleva la que *c* al que mama 539
Dt 7.13 bendecirá... aceite, la *c* de tus vacas 7698
28.4,18 la *c* de tus vacas y los rebaños de 7698
28.51 no te dejará grano... la *c* de tus vacas 7698
Job 21.10 paren sus vacas, y no malogran su *c* 7921
Cnt 4.2; 6.6 de ovejas... todas con *c* gemelas 8382
Is 11.7 sus *c* se echarán juntas; y el león 3206
Jer 14.5 dejaban la *c*, porque no había hierba

CRIADA
Gn 12.16 y él tuvo... asnos, siervos, *c*, asnas 8198
29.24 dio Labán... Zilpa a su hija Lea por *c* 8198
29.29 dio... a Raquel... su sierva Bilha por *c* 8198
Éx 2.5 vio... envió una *c* suya a que la tomase 519
20.10 no hagas en él obra alguna tú... ni tu *c* 519
20.17 no codiciarás la... ni su *c*, ni su buey 519
Dt 15.17 horadarás... así también harás a tu *c* 519
Jue 9.18 por rey sobre... Abimelec *c* hijo de su *c* 519
Rt 2.8 Booz dijo... aquí estarás junto a mis *c* 5291
2.13 ella dijo... no soy ni como una de tus *c* 8198
2.21 además... me ha dicho: Júntate con mis *c* 5288
2.22 mejor es, hija mía, que salgas con sus *c* 5291
2.23 estuvo, pues, junto con las *c* de Booz 5291
3.2 ¿no es Booz... con cuyas *c* tú has estado? 5291
2 S 6.20 descubriéndose hoy delante de las *c* 519
6.22 seré honrado delante de las *c* de quienes 519
17.17 fue una *c* y les avisó, porque ellos no 8198
Job 19.15 casa y mis *c* me tuvieron por extraño 519
Pr 9.3 envió sus *c*; sobre lo más alto de la 5291
27.27 de leche de las... para sustento de tus *c* 5291
31.15 comida a su familia y ración a sus *c* 5291
Is 14.2 poseerá por siervos y *c* en la tierra 8198
24.2 y sucederá así... como a la *c*, a su ama 8198
Nah 2.7 *c* la llevarán gimiendo como palomas 519
Mt 26.69 Pedro... se le acercó una *c*, diciendo *3814*
Mr 14.66 vino una de las *c* del sumo sacerdote *3814*
14.69 y la *c*, viéndole otra vez, comenzó a *3814*
Lc 12.45 **comenzare a golpear a los... y a las *c*** *3814*
22.56 pero una *c*, al verle sentado al fuego *3814*
Jn 18.17 la *c* portera dijo a Pedro: ¿No eres *3814*

CRIADO *Véase también Criada*
Gn 14.14 armó a sus *c*, los nacidos en su casa
18.7 al *c*, y éste se dio prisa a prepararlo 5288
24.2 dijo Abraham a un *c* suyo, el más viejo 5650
24.5 *c* le respondió: Quizá la mujer no querrá 5650
24.9 el *c* puso su mano debajo del muslo de 5650
24.10 el *c* tomó diez camellos... de su señor 5650
24.17 el *c* corrió hacia ella, y dijo: Te ruego 5650
24.34 entonces dijo: Yo soy *c* de Abraham 5650
24.52 cuando el *c* de Abraham oyó... palabras 5650
24.53 sacó el *c* alhajas de plata y... de oro 5650
24.59 dejaron ir a Rebeca... y al *c* de Abraham 5650
24.61 entonces... el *c* tomó a Rebeca, y se fue 5650
24.65 había preguntado al *c*: ¿Quién es este 5650
24.65 el *c* había respondido: Este es mi señor 5650
24.66 el *c* contó a Isaa *c* todo lo que había 5650
26.15 los pozos que habían abierto los *c* de 5650
26.32 vinieron los *c* de Isaac, y le dieron 5650
50.23 fueron *c* sobre las rodillas de José 3205
Éx 9.20 hizo huir sus *c* y su ganado a casa 5650
9.21 dejó sus *c* y sus ganados en el campo 5650
Lv 25.6 dará para comer... a tu sierva, a tu *c* 5650
25.40 como *c*, como extranjero estará contigo 7916
25.50 conforme al tiempo de un *c* asalariado 7916
Nm 22.22 iba... montado... y con él dos *c* suyos 5288
Jue 7.10 baja tú con Fura tu *c* al campamento 5288
7.11 él descendió con Fura su *c* hasta los 5288
19.3 llevaba consigo un *c*, y un par de asnos 5288
19.9 para irse, él y su concubina y su *c* 5288
19.11 y dijo el *c* a su señor: Ven ahora, y 5288
19.12 que pasaremos hasta Gabaa. Y dijo a su *c* 5288
19.19 pan... para el *c* que está con tu siervo 5288
Rt 2.5 dijo a su *c*... ¿De quién es esta joven? 5288
2.6 y el *c*... respondió y dijo: Es la... moabita 5288
2.9 yo he mandado a los *c* que no te molesten 5288
2.9 vé a las... y bebe del agua que sacan los *c* 5288
2.15 a sus *c*, diciendo: Que recoja espigas 5288
1 S 2.13 venía el *c* del sacerdote mientras se 5288
2.15 venía el *c*... y decía al que sacrificaba 5288
9.3 toma... alguno de los *c*, y levántate, y vé 5650
9.5 Saúl dijo a su *c*... Ven, volvámonos, porque 5288
9.7 respondió Saúl a su *c*... ¿qué llevaremos al 5288
9.8 volvió el *c* a responder a Saúl, diciendo 5288
9.10 dijo entonces Saúl a su *c*: Dices bien 5288
9.22 entonces Samuel tomó a Saúl y a su *c*; los 5288
9.27 al *c* que se adelante... se adelantó el *c* 5288
10.14 un tío de Saúl dijo a él Y a su *c*; ¿A 5288
14.1 dijo a su *c* que le traía las armas: Ven 5288
16.15 los *c* de Saúl le dijeron: He aquí ahora 5650
16.17 Saúl respondió a sus *c*: Buscadme, pues 5650
16.18 uno de los *c* respondió... he visto a un 5288
18.23 los *c* de Saúl hablaron estas palabras 5650
18.24 y los *c* de Saúl le dieron la respuesta 5650
20.21 al *c*, diciéndole: Ve... busca las saetas 5288
20.21 si dijere al *c*: He allí las saetas más 5288
21.2 y yo les señalé a los *c* un cierto lugar 5288
21.4 pero lo daré si los *c* se han guardado a 5288
25.8 pregunta a tus *c*, y ellos te lo dirán 5650
25.14 pero uno de los *c* dio aviso a Abigail 5288
25.19 dijo a su *c*: Id delante de mí, y yo os 5288
26.22 lanza... pase acá uno de los *c* Y tómela 5288
28.7 Saúl dijo a sus *c*: Buscadme una mujer 5650
28.7 sus *c* le respondieron: He aquí hay una 5650
2 S 12.3 había comprado y *c*, y que 7069
13.17 llamando a su *c*... le dijo: Échame a 5288
13.18 su *c*, pues, la echó fuera, y cerró la 8334
13.28 y Absalón había dado orden a sus *c* 5288
13.29 y los *c* de Absalón hicieron con Amnón 5288
13.31 sus *c*... también rasgaron sus vestidos
16.1 aquí Siba el *c* de Mefi-boset, que salía 5288
16.2 panes y las pasas para que coman los *c* 5288
17.20 llegando... los *c* de Absalón a la casa de 5650
19.17 asimismo Siba, *c* de la casa de Saúl, con 5288
1 R 9.22 sus *c*, sus príncipes, sus capitanes 5650
10.13 y ella... se fue a su tierra con sus *c* 5650
12.8 jóvenes que se habían *c* con él 1431
12.10 los jóvenes que se habían *c* con él 1431
18.43 dijo a su *c*: Sube ahora, y mira hacia 5288
19.3 y vino a Beerseba... dejó allí a su *c* 5288
2 R 4.12 a Giezi su *c*: Llama a esta sunamita 5288
4.19 padre dijo a un *c*: Llévalo a su madre 5288
4.22 envíes conmigo a alguno de los *c* y una 5288
4.24 y dijo al *c*: Guía y anda... y no me hagas 5288
4.25 dijo a su *c* Giezi: He aquí la sunamita 5288
4.38 dijo a su *c*: Pon una y grande, y haz 5288
5.13 sus *c*... le hablaron diciendo: Padre mío 5650
5.20 Giezi, *c* de Eliseo el varón de Dios, dijo 5288
5.23 lo puso todo a cuestas a dos de su *c* 5650
6.15 entonces su *c* le dijo: ¡Ah, señor mío! 8334
6.17 Jehová abrió los ojos del *c*, y miró 5228
8.4 hablado con Giezi, *c* del varón de Dios 5288
2 Cr 9.4 el estado de sus *c* y los vestidos de 5650
Neh 4.22 cada uno con su *c* permanezca dentro 5288
5.10 yo... y mis *c* les hemos prestado dinero 5288
5.15 y aun sus *c* se enseñoreaban del pueblo 5288
5.16 y mis *c* juntos estaban allí en la obra 5288
6.5 Sanbalat envió a mí su *c* para decir lo 5288
13.19 puse a las puertas algunos de mis *c* 5288
Est 2.2 dijeron los *c* del rey, sus cortesanos 5288
Job 1.3 quinientas asnas, y muchísimos *c*; y era 5657
1.15,17 y mataron a los *c* a filo de espada 5288
Jer 14.3 enviaron sus *c* al agua... y no hallaron 6810
21.7 entregaré a Sedequías rey... a sus *c*, al 5650
22.4 entrarán montados... y sus *c* y su pueblo 5650
Mt 8.6 Señor, mi *c* está postrado... paralítico *3816*
8.8 solamente di la palabra, y mi *c* sanará *3816*
8.13 y su *c* fue sanado en aquella misma hora *3816*
14.2 dijo a sus *c*: Este es Juan el Bautista *3816*
Lc 12.45 **comenzare a golpear a los *c* y a las** *3816*
15.26 **llamando a uno de los *c*, le preguntó** *3816*
Hch 7.20 fue *c* tres meses en casa de su padre *397*
10.7 llamó a dos de sus *c*, y a un devoto *3610*
13.1 el que se había *c* junto con Herodes *4939*
22.3 nacido en Tarso de Cilicia, pero *c* en *4939*
Ro 14.4 ¿tú quién eres, que juzgas al *c* ajeno? *3610*
1 P 2.18 *c*, estad sujetos con... a vuestros amos *3610*

CRIAR
Gn 4.20 Jubal... padre de los que... *crían* ganados
50.23 fueron *criados* sobre las rodillas de 3205
Éx 2.7 nodriza... para que te *críe* este niño? 3243
2.9 lleva a este niño y *críamelo*, y yo te 3243
2.9 lleva... y la mujer tomó al niño y lo *crió* 5134
8.3 el río *criará* ranas, las cuales subirán 8317
16.20 de ello para otro día, y *cría* gusanos 7311
Nm 11.12 como lleva la que *cría* al que mama 539
1 S 1.23 se quedó la mujer y *crió* a su hijo 3243
6.7 tomad luego dos vacas que *crien*, a las 5763
6.10 dos vacas que *criaban*, las uncieron al 5763
2 S 12.3 corderita... había comprado y *criado* 2421
1 R 12.8,10 jóvenes que se habían *criado* con 1431
2 R 10.6 con los principales... que los *criaban* 1431
2 Cr 10.8,10 jóvenes que se habían *criado* con él 1431
Est 2.7 había *criado* a Hadasa, es decir, Ester 539
Is 1.2 *crié* hijos, y los engrandecí, y ellos 1431
7.21 *criará* un hombre una vaca y dos ovejas 2421
23.4 ni *crié* jóvenes, ni levanté vírgenes 1431
44.14 planta pino, que se *críe* con la lluvia 1431
49.21 ¿quién, pues *crió* estos? He aquí yo 1431
51.18 de la mano, de todos los hijos que *cría* 1431
Jer 49.11 deja tus huérfanos, yo los *criaré* 2421
Lm 2.22 los que *crié* y mantuve, mi enemigo los 2946
4.5 los que se *criaron* entre púrpura se 539
Ez 19.2 entre los leoncillos *crió*... cachorros 7235
21.30 el lugar donde te *criaste*, en la tierra 1254
Dn 1.5 los *criase* tres años, para que al fin 1431
Am 7.1 él *criaba* langostas cuando comenzaba a 3335
Mt 24.19; Mr 13.17 **que *críen* en aquellos días!** *2337*
Lc 4.16 vino a Nazaret, donde se había *criado* *5142*
21.23 **¡ay... de las que *crien* en aquellos días!** *2337*
23.29 **vientres... y los pechos que no *criaron*** *2337*
Hch 7.20 fue *criado* tres meses en casa de su *397*
7.21 la hija de Faraón... le *crió* como a hijo *397*
13.1 Manaén el que se había *criado* junto con *4939*
22.3 soy judío... pero *criado* en esta ciudad *397*
Ef 6.4 *criadlos* en disciplina y amonestación *1625*
1 Ti 5.10 si ha *criado* hijos; si ha practicado *5044*
5.14 se casen, *crien* hijos, gobiernen su casa *5041*

CRIATURA
Mr 16.15 id... y predicad el evangelio a toda *c* *2937*
Lc 1.41 aconteció... la *c* saltó en su vientre *1025*
1.44 la *c* saltó de alegría en mi vientre *1025*
Ro 1.25 culto a las *c* antes que al Creador, el *2937*
2 Co 5.17 si alguno está en Cristo, nueva *c* es *2937*
Stg 1.18 para que seamos primicias de sus *c* *2938*

CRIBA
Is 30.24 grano limpio, aventado con pala y *c* 4214
30.28 para zarandear a las naciones con *c* de 5299
Am 9.9 sea... como se zarandea el grano en una *c* 3531

CRIMEN
Dt 21.22 cometido algún *c* digno de muerte, y 2399
Jue 20.6 cuanto han hecho maldad y *c* en Israel 5039
Os 10.10 cuando sean atados por su doble *c* 5869
Hch 18.14 o algún *c* enorme... yo os toleraría *4467*
25.5 desciendan... y si hay algún *c*... acúsenle *824*

CRIN
Job 39.19 vestiste tú su cuello de *c*

CRISOL
Pr 17.3 el c para la plata, y la hornaza para 4715
27.21 el c prueba la plata, y la hornaza el 4715

CRISÓLITO
Ez 1.16 su obra era semejante al color del c 8658
10.9 el aspecto de las ruedas era como de c 8658
28.13 c, berilo y ónice; de zafiro, carbunclo 8658
Ap 21.20 el séptimo, c; el octavo, berilo 5555

CRISOPRASO
Ap 21.20 el décimo, c; el undécimo, jacinto 5556

CRISPO *Cristiano en Corinto*
Hch 18.8 C, el principal de la sinagoga, creyó 2921
1 Co 1.14 a ninguno de...he bautizado, sino a C 2921

CRISTAL
Ez 1.22 expansión a manera de c maravilloso 7140
Ap 4.6 como un mar de vidrio semejante al c 2930
21.11 como piedra de jaspe, diáfana como el c 2929
22.1 un río limpio...resplandeciente como c 2930

CRISTIANO
Hch 11.26 a los discípulos se les llamó c por 5546
26.28 a Pablo: Por poco me persuades a ser c 5546
1 P 4.16 pero si alguno padece como c, no se 5546

CRISTO
Mt 1.16 María, de la cual nació Jesús...el C 5547
1.17 desde la deportación...hasta C, catorce 5547
2.4 les preguntó dónde había de nacer el C 5547
11.2 al oír Juan...los hechos de C, le envió 5547
16.16 tú eres el C, el Hijo del Dios viviente 5547
16.20 a nadie dijesen que él era Jesús el C 5547
22.42 **¿qué pensáis del C? ¿De quién es hijo?** 5547
23.8,10 **porque uno es vuestro Maestro, el C** 5547
24.5 **vendrán muchos...diciendo: Yo soy el C** 5547
24.23 **si...os dijere: Mirad, aquí está el C** 5547
24.24 **levantarán falsos C, y falsos profetas** 5580
26.63 digas si eres tú el C, el Hijo de Dios 5547
26.68 profetízanos, C, quién es...te golpeó 5547
27.17 a Barrabás, o a Jesús, llamado el C 5547
27.22 ¿qué, pues, haré de Jesús, llamado el C 5547
Mr 8.29 **¿quién...Pedro, le dijo: Tú eres el C** 5547
9.41 **diere un vaso de agua...porque sois de C** 5547
12.35 ¿cómo dicen...que el C es hijo de David? 5547
13.6 **vendrán muchos...diciendo: Yo soy el C**
13.21 **si...os dijere: Mirad, aquí está el C** 5547
13.22 **levantarán falsos C y falsos profetas** 5547
14.61 ¿eres tú el C, el Hijo del Bendito? 5547
15.32 el C, Rey de Israel, descienda ahora de 5547
Lc 2.11 ha nacido...Salvador, que es C el Señor 5547
3.15 Preguntándose...si acaso Juan sería el C 5547
4.41 no los dejaba hablar...que él era el C 5547
9.20 respondiendo Pedro, dijo: El C de Dios 5547
20.41 ¿cómo dicen...que el C es hijo de David? 5547
21.8 **vendrán muchos...diciendo: Yo soy el C**
22.67 **¿eres tú el C? Dínoslo. Y les dijo: Si os** 5547
23.2 diciendo que él mismo es el C, un rey 5547
23.35 si éste es el C, el escogido de Dios 5547
23.39 si tú eres el C, sálvate a ti mismo y a 5547
24.26 **¿no era necesario que el C padeciera** 5547
24.46 **así fue necesario que el C padeciese** 5547
Jn 1.20 no negó, sino confesó: Yo no soy el C 5547
1.25 ¿Por qué...bautizas, si tú no eres el C 5547
1.41 al Mesías (que traducido es, el C) 5547
3.28 sois testigos de que dije: Yo no soy el C? 5547
4.25 que ha de venir el Mesías, llamado el C 5547
4.29 ved a un hombre...¿No será éste el C? 5547
4.42 éste es el Salvador del mundo, el C 5547
6.69 conocemos que tú eres el C, el Hijo de 5547
7.26 ¿habrán reconocido...que éste es el C? 5547
7.27 cuando venga el C, nadie sabrá de dónde 5547
7.31 el C, cuando venga, ¿hará más señales 5547
7.41 otros decían: Este es el C. Pero algunos 5547
7.41 decían: ¿De Galilea ha de venir el C? 5547
7.42 de la aldea de Belén...ha de venir el C? 5547
10.24 si tú eres el C, dínoslo abiertamente 5547
11.27 yo he creído que tú eres el C, el Hijo 5547
12.34 oído...que el C permanece para siempre 5547
20.31 para que creáis que Jesús es el C, el 5547
Hch 2.30 de su descendencia...levantaría al C 5547
2.31 habló de la resurrección de C, que su 5547
2.36 este Jesús...Dios le ha hecho Señor y C 5547
3.18 sus profetas, que su C había de padecer 5547
4.26 juntaron en uno, contra...y contra su C 5547
8.5 Felipe, descendiendo a...les predicaba a C 5547
9.20 seguida predicaba a C en las sinagogas 5547
9.22 Saulo...demostrando que Jesús era el C 5547
17.3 que era necesario que el C padeciese, y 5547
17.3 Jesús, a quien yo os anuncio...es el C 5547
18.5 testificando a los...que Jesús era el C 5547
18.28 por las Escrituras que Jesús era el C 5547
19.4 al pueblo que creyesen...en Jesús el C 5547
26.23 el C había de padecer, y ser el primero 5547
Ro 3.24 mediante la redención que es en C 5547
5.6 porque C, cuando aún éramos débiles, a su 5547
5.8 en que siendo aun pecadores, C murió por 5547
6.3 los que hemos sido bautizados en C Jesús 5547
6.4 C resucitó de los muertos por la gloria 5547
6.8 si morimos con C, creemos que...viviremos 5547
6.9 sabiendo que C, habiendo resucitado de los 5547
6.11 pero vivos para Dios en C Jesús, Señor 5547
6.23 es vida eterna en C Jesús Señor nuestro 5547
7.4 muerto a la ley mediante el cuerpo de C 5547
8.1 ninguna condenación hay para...en C 5547
8.2 la ley del Espíritu de vida en C Jesús me 5547
8.9 no tiene el Espíritu de C, no es de él 5547
8.10 pero si C está en vosotros, el cuerpo 5547
8.11 el que levantó de los muertos a C Jesús 5547
8.17 herederos de Dios y coherederos con C 5547
8.34 C es el que murió; más aun, el que 5547
8.35 ¿quién nos separará del amor de C 5547
8.39 separar del amor de Dios, que es en C 5547
9.1 verdad digo en C...y mi conciencia me da 5547
9.3 separado de C, por amor a mis hermanos 5547
9.5 de los cuales...vino C, el cual es Dios 5547
10.4 el fin de la ley es C, para justicia a 5547
10.6 cielo? (esto es, para traer abajo a C) 5547
10.7 esto es, para hacer subir a C de entre 5547
12.5 así siendo muchos, somos un cuerpo en C 5547
14.9 C para esto murió y resucitó, y volvió 5547
14.10 compareceremos ante el tribunal de C 5547
14.15 tuya se pierda aquel por quien C murió 5547
14.18 el que en esto sirve a C, agrada a Dios 5547
15.3 porque ni aun C se agradó a sí mismo 5547
15.5 os dé...un mismo sentir según C Jesús 5547
15.7 también C nos recibió, para gloria de 5547
15.8 digo, que C Jesús vino a ser siervo de 5547
15.17 tengo...de qué gloriarme en C Jesús en 5547
15.18 hablar sino de lo que C ha hecho por 5547
15.19 todo lo he llenado del evangelio de C 5547
15.20 no donde C ya hubiese sido nombrado 5547
15.29 con abundancia de...del evangelio de C 5547
16.3 a Aquila, mis colaboradores en C Jesús 5547
16.5 a Epeneto...primer fruto de Acaya para C 5547
16.7 y que también fueron antes de mí en C 5547
16.9 saludad a Urbano...colaborador en C Jesús ... 5547
16.10 a Apeles, aprobado en C. Saludad a los 5547
16.16 os saludan todas las iglesias de C 5547
1 Co 1.2 está en Corinto, los santificados en C 5547
1.4 la gracia de Dios que os fue dada en C 5547
1.6 como el testimonio acerca de C ha sido 5547
1.12 dice: Yo soy...y yo de Cefas; y yo de C 5547
1.13 está dividido C?...¿Fue crucificado Pablo 5547
1.17 pues no me envió C a bautizar, sino a 5547
1.17 para que no se haga vana la cruz de C 5547
1.23 pero nosotros predicamos a C crucificado 5547
1.24 mas para los llamados...C poder de Dios 5547
1.30 mas por él estáis vosotros en C Jesús 5547
2.16 mas nosotros tenemos la mente de C 5547
3.1 no pude hablaros...sino como...a niños en C ... 5547
3.23 es vuestro, y vosotros de C, y C de Dios 5547
4.1 ténganos los hombres por servidores de C 5547
4.10 amor de C, mas vosotros prudentes en C 5547
4.15 aunque tengáis diez mil ayos en C, no 5547
4.15 en C Jesús yo os engendré por medio del 5547
4.17 el cual os recordará mi proceder en C 5547
5.7 nuestra pascua...es C, ya fue sacrificada 5547
6.15 que vuestros cuerpos son miembros de C 5547
6.15 ¿quitaré, pues, los miembros de C y los 5547
7.22 llamado siendo libre, esclavo es de C 5547
8.11 se perderá el...débil por quien C murió 5547
8.12 contra los hermanos...contra C pecáis 5547
9.12 poner ningún obstáculo al evangelio de C 5547
9.18 gratuitamente el evangelio de C, para 5547
9.21 no estando yo sin...sino bajo la ley de C 5547
10.4 la roca...que los seguía, y la roca era C 5547
10.16 ¿no es la comunión de la sangre de C 5547
10.16 ¿no es la comunión del cuerpo de C 5547
11.1 sed imitadores de mí, así como yo de C 5547
11.3 C es la cabeza...y Dios la cabeza de C? 5547
12.12 todos...son un solo cuerpo, así también C 5547
12.27 vosotros, pues, sois el cuerpo de C 5547
15.3 C murió por nuestros pecados, conforme 5547
15.12 si se predica de C que resucitó de los 5547
15.13 porque si no hay...tampoco C resucitó 5547
15.14 y si C no resucitó, vana es entonces 5547
15.15 hemos testificado...que él resucitó a C 5547
15.16 si los...no resucitan, tampoco C resucitó 5547
15.17 y si C no resucitó, vuestra fe es vana 5547
15.18 también...que durmieron en C perecieron ... 5547
15.19 en esta vida solamente esperamos en C 5547
15.20 mas ahora C ha resucitado de los muertos ... 5547
15.22 también en C todos serán vivificados 5547
15.23 C, las primicias; luego los que...de C 5547
16.24 mi amor en C Jesús esté con...vosotros 5547
2 Co 1.5 en nosotros las aflicciones de C, así 5547
1.5 así abunda...por el mismo C...consolación 5547
1.21 y el que nos confirma con vosotros en C 5547
2.10 por vosotros lo he...en presencia de C 5547
2.12 a Troas para predicar el evangelio de C 5547
2.14 nos lleva siempre en triunfo en C Jesús 5547
2.15 para Dios somos grato olor de C en los 5547
2.17 como de parte de Dios, y...hablamos en C 5547
3.3 siendo manifiesto que sois carta de C 5547
3.4 y tal confianza tenemos mediante C para 5547
3.14 el mismo velo...el cual por C es quitado 5547
4.4 no les resplandezca la luz...la gloria de C 5547
5.10 comparezcamos ante el tribunal de C 5547
5.14 amor de C nos constriñe, pensando esto 5547
5.16 y aun si a C conocimos según la carne 5547
5.17 si alguno está en C, nueva criatura es 5547
5.18 quien nos reconcilió consigo mismo por C 5547
5.19 Dios estaba en C reconciliando consigo 5547
5.20 somos embajadores en nombre de C, como 5547
5.20 os rogamos en nombre de C: Reconciliaos 5547
6.15 ¿y qué concordia C con Belial? ¿O qué 5547
8.23 son mensajeros de las...y gloria de C 5547
9.13 por la obediencia que...al evangelio de C 5547
10.1 yo Pablo os ruego por la...ternura de C 5547
10.5 y llevando cautivo...a la obediencia a C 5547
10.7 está persuadido en sí mismo que es de C 5547
10.7 que como él es de C, así...somos de C 5547
10.14 en llegar hasta...con el evangelio de C 5547
11.2 presentaros como una virgen pura a C 5547
11.3 sean...extraviados de la...fidelidad a C 5547
11.10 por la verdad de C que está en mí, que 5547
11.13 que se disfrazan como apóstoles de C 5547
11.23 ¿son ministros de C? (Como...loco hablo 5547
12.2 conozco a un hombre en C, que hace 14 5547
12.9 **para que repose sobre mí el poder de C** 5547
12.10 por amor a C me gozo en...debilidades 5547
12.19 delante de Dios en C hablamos; y todo 5547
13.3 buscáis una prueba de que habla C en mí 5547
Gá 1.6 del que os llamó por la gracia de C 5547
1.7 y quieren pervertir el evangelio de C 5547
1.10 agradara a...hombres, no sería siervo de C ... 5547
1.22 y no era conocido...a las iglesias...en C 5547
2.4 espiar nuestra libertad que tenemos en C 5547
2.16 para ser justificados por la fe de C y 5547
2.17 y si buscando ser justificados en C 5547
2.17 ¿es por eso C ministro de pecado? En 5547
2.20 con C estoy juntamente crucificado, y ya 5547
2.20 no vivo yo, mas vive C en mí; y lo que 5547
2.21 ley fuese la justicia...por demás murió C 5547
3.13 C nos redimió de la maldición de la ley 5547
3.14 para que en C...la bendición de Abraham 5547
3.16 sino como...a tu simiente, la cual es C 5547
3.17 el pacto...ratificado por Dios para con C 5547
3.24 la ley ha sido...ayo, para llevarnos a C 5547
3.26 todos sois hijos de Dios por la fe en C 5547
3.27 bautizados en C, de C estáis revestidos 5547
3.28 todos vosotros sois uno en C Jesús 5547
3.29 si...sois de C...linaje de Abraham sois 5547
4.7 si hijo...heredero de Dios por medio de C 5547
4.14 me recibisteis como a...como a C Jesús 5547
4.19 hasta que C sea formado en vosotros 5547
5.1 en la libertad con que C nos hizo libres 5547
5.2 os circuncidáis, de nada os aprovechará C 5547
5.4 de C os desligasteis, los que por la ley 5547
5.6 en C Jesús ni la circuncisión vale algo 5547
5.24 los que son de C han crucificado la carne 5547
6.2 sobrellevad los...y cumplid así la ley de C 5547
6.12 para no padecer...a causa de la cruz de C 5547
6.15 en C Jesús ni la circuncisión vale nada 5547
Ef 1.1 a los santos y fieles en C Jesús que 5547
1.3 que nos bendijo con toda bendición...en C 5547
1.10 de reunir todas las cosas en C, en la 5547
1.12 los que primeramente esperábamos en C 5547
1.20 la cual operó en C, resucitándole de los 5547
2.5 muertos...nos dio vida juntamente con C 5547
2.6 asimismo nos hizo sentar en...con C Jesús 5547
2.7 su bondad para con nosotros en C Jesús 5547
2.10 creados en C Jesús para buenas obras 5547
2.12 en aquel tiempo estabais sin C, alejados 5547
2.13 ahora en C Jesús...sido hechos cercanos 5547
2.13 sido hechos cercanos por la sangre de C 5547
3.1 causa yo Pablo, prisionero de C Jesús por 5547
3.4 sea mi conocimiento en el misterio de C 5547
3.6 y copartícipes de la promesa en C Jesús 5547
3.8 esta gracia de anunciar...riquezas de C 5547
3.11 al propósito eterno que hizo en C Jesús 5547
3.17 habite C por la fe en vuestros corazones 5547
3.19 conocer el amor de C, que excede a todo 5547
3.21 a él sea gloria en la iglesia en C Jesús 5547
4.7 gracia conforme a la medida del don de C 5547
4.12 para la edificación del cuerpo de C 5547
4.13 la medida de la estatura...plenitud de C 5547
4.15 en aquel que es la cabeza, esto es, C 5547
4.20 mas vosotros no habéis aprendido así a C 5547
4.32 como Dios también os perdonó a...en C 5547
5.2 andad en amor, como también C nos amó 5547
5.5 ningún...tiene herencia en el reino de C 5547
5.14 despiértate, tú que...y te alumbrará C 5547
5.23 así como C es cabeza de la iglesia, la 5547
5.24 así que, como la iglesia está sujeta a C 5547
5.25 amad a...así como C amó a la iglesia, y 5547
5.29 y la cuida, como también C a la iglesia 2962
5.32 digo esto respecto de C y de la iglesia 5547
6.5 siervos, obedeced a vuestros...como a C 5547
6.6 como siervos de C, de corazón haciendo la 5547
Fil 1.1 Pablo...a todos los Santos en C Jesús 5547
1.10 que seáis sinceros y...para el día de C 5547
1.13 hecho patentes en C en todo el pretorio 5547
1.15 predican a C por envidia y contienda 5547
1.16 los unos anuncian a C por contención, no 5547
1.18 por pretexto o por verdad, C es anunciado 5547
1.20 será magnificado C en mi cuerpo, o por 5547
1.21 porque para mí el vivir es C, y el morir 5547
1.23 teniendo deseo de partir y estar con C 5547
1.26 que abunde vuestra gloria de mí en C 5547
1.27 como es digno del evangelio de C, para 5547
1.29 os es concedido a causa de C, no sólo 5547
2.1 por tanto, si hay alguna consolación en C 5547
2.5 haya...este sentir que hubo...en C Jesús 5547
2.16 que en el día de C yo pueda gloriarme 5547
2.21 todos buscan, no lo que es de C Jesús 5547
2.30 por la obra de C estuvo próximo a la 5547
3.3 y nos gloriamos en C Jesús, no teniendo 5547
3.7 he estimado como pérdida por amor de C 5547
3.8 por la excelencia del conocimiento de C 5547
3.8 y lo tengo por basura, para ganar a C 5547
3.9 sino la que es por la fe de C, la justicia 5547
3.12 para lo cual fui también asido Por C 5547
3.14 supremo llamamiento de Dios en C Jesús 5547
3.18 digo...que son enemigos de la cruz de C 5547
4.7 guardará...y vuestros pensamientos en C 5547
4.13 todo lo puedo en C que me fortalece 5547
4.19 conforme a sus riquezas en gloria en C 5547
4.21 saludad a todos los santos en C Jesús 5547
Col 1.2 a los santos y fieles hermanos en C 5547
1.4 habiendo oído de vuestra fe en C Jesús 5547
1.7 Epafras...que es un fiel ministro de C 5547
1.24 de las aflicciones de C por su cuerpo 5547

1.27 es C en vosotros, la esperanza de gloria....... 5547
1.28 a fin de presentar perfecto en C Jesús......... 5547
2.2 el misterio de Dios el Padre, y de C............ 5547
2.5 orden y la firmeza de vuestra fe en C........... 5547
2.8 los rudimentos del mundo, y no según C........ 5547
2.11 circuncidados, en la circuncisión de C......... 5547
2.17 es sombra de lo... pero el cuerpo es de C...... 5547
2.20 pues si habéis muerto con C en cuanto a....... 5547
3.1 si... habéis resucitado con C, buscad las........ 5547
3.1 donde está C sentado a la diestra de Dios....... 5547
3.3 vuestra vida está escondida con C en Dios...... 5547
3.4 cuando C, vuestra vida, se manifieste........... 5547
3.11 libre, sino que C es el todo, y en todos.......... 5547
3.13 la manera que C os perdonó, así también...... 5547
3.16 la palabra de C more en abundancia en........ 5547
3.24 la herencia, porque a C el Señor servís........ 5547
4.3 a fin de dar a conocer el misterio de C.......... 5547
4.12 Epafras... siervo de C, siempre rogando....... 5547
1 Ts 2.6 podíamos seros carga... apóstoles de C....... 5547
2.14 a ser imitadores de las iglesias... en C......... 5547
3.2 colaborador nuestro en el evangelio de C....... 5547
4.16 y los muertos en C resucitarán primero....... 5547
5.18 voluntad de Dios para con vosotros en C...... 5547
2 Ts 3.5 Señor encamine... a la paciencia de C......... 5547
1 Ti 1.2 y paz, de Dios nuestro Padre y de C............ 5547
1.12 doy gracias al... a C Jesús nuestro Señor...... 5547
1.14 con la fe y el amor que es en C Jesús.......... 5547
1.15 que C Jesús vino al mundo para salvar a...... 5547
2.7 y apóstol (digo verdad en C, no miento)......... 5547
3.13 confianza en la fe que es en C Jesús........... 5547
5.11 se rebelan contra C, quieren casarse.......... 5547
2 Ti 1.1 promesa de la vida que es en C Jesús.......... 5547
1.9 y la gracia que nos fue dada en C Jesús......... 5547
1.13 retén... en la fe y amor que es en C Jesús...... 5547
2.1 tú... esfuérzate en la gracia que es en C........ 5547
2.10 que... obtengan la salvación que es en C?...... 5547
2.19 todo aquel que invoca el nombre de C......... 5547
3.12 quieren vivir piadosamente en C Jesús........ 5547
3.15 para la salvación por la fe que es en C........ 5547
Flm 1.6 el bien que está en vosotros por C Jesús........ 5547
1.8 tengo mucha libertad en C para mandarte lo... 5547
1.23 Epafras, mi compañero de prisiones por C.... 5547
He 3.1 al apóstol y... de nuestra profesión, C............ 5547
3.6 pero C como hijo sobre su casa, la cual.......... 5547
3.14 porque somos hechos participantes de C...... 5547
5.5 así tampoco C se glorificó a sí mismo........... 5547
5.7 y C, en los días de su carne, ofreciendo......... 5547
6.1 dejando... rudimentos de la doctrina de C...... 5547
9.11 estando ya presente C, sumo sacerdote de..... 5547
9.14 ¿cuánto más la sangre de C, el cual............ 5547
9.24 no entró C en el santuario hecho de mano..... 5547
9.28 C fue ofrecido una sola vez para llevar........ 5547
10.12 C, habiendo ofrecido una vez... un solo....... 846
11.26 por mayores riquezas el vituperio de C....... 5547
1 P 1.11 indicaba el Espíritu de C que estaba.......... 5547
1.11 el cual anunciaba... los sufrimientos de C...... 5547
1.19 sino con la sangre preciosa de C, como........ 5547
2.21 porque también C padeció por nosotros........ 5547
3.16 calumnian vuestra buena conducta en C...... 5547
3.18 C padeció una sola vez por los pecados........ 5547
4.1 C ha padecido por nosotros en la carne........ 5547
4.13 participantes de los padecimientos de C....... 5547
4.14 si sois vituperados por el nombre de C........ 5547
5.1 y testigo de los padecimientos de C, que........ 5547
1 Jn 2.22 sino el que niega que Jesús es el C............ 5547
5.1 todo aquel que cree que Jesús es el C... es...... 5547
2 Jn 9 y no persevera en la doctrina de C, no........... 5547
9 el que persevera en la doctrina de C, ése......... 5547
Ap 11.15 reinos... de nuestro Señor y de su C............ 5547
12.10 ha venido la... y la autoridad de su C?......... 5547
20.4 y vivieron y reinaron con C mil años.......... 5547
20.6 sino que serán sacerdotes de Dios y de C?..... 5547

CRÓNICA
Lv 13.11 es lepra c en la piel de su cuerpo............. 3462
1 R 14.29 está escrito en las c de los reyes........ 1697,3117
15.7,23,31; 16.5,14,20,27; 22.39,45; 2 R 1.18; 8.23;
10.34; 12.19; 13.8,12; 14.15,18,28; 15.6,11,15,21,
26,31,36; 16.19; 20.20; 21.17,25; 23.28; 24.5
en el libro de las c de los reyes.............. 1697,3117
1 Cr 27.24 no fue puesto en el registro de... c...... 1697,3117
29.29 en el libro de las c de Samuel vidente........ 1697
29.29 en las c del... Natán, y en las c de Gad........ 1697
Neh 12.23 fueron inscritos en el libro de las c......... 1697
Est 2.23 escrito el caso en el libro de las c............. 1697
6.1 dijo que le trajesen el libro de las... c...... 1697,3117
10.2 ¿no está escrito en el libro de las c....... 1697,3117

CRONISTA
2 S 8.16; 20.24 Josafat hijo de Ahilud era c............. 2142

CRUCIFICAR
Mt 20.19 **le azoten, y le crucifiquen; mas al**........... 4717
23.34 **a unos mataréis y crucificaréis, y a**........... 4717
26.2 **será entregado para ser crucificado**........... 4717
27.22 todos le dijeron: ¡Sea crucificado!.............. 4717
27.23 gritaban... diciendo: ¡Sea crucificado!.......... 4717
27.26 a Jesús, le entregó... ser crucificado........... 4717
27.31 manto... y le llevaron para crucificarle........ 4717
27.35 le hubieron crucificado, repartieron........... 4717
27.38 crucificaron con él a dos ladrones, uno....... 4717
27.44 ladrones que estaban crucificados con él..... 4957
28.5 buscáis a Jesús, el que fue crucificado......... 4717
Mr 15.13 volvieron a dar voces: ¡Crucifícale!............ 4717
15.14 ellos gritaban aun más: ¡Crucifícale!........... 4717
15.15 entregó a Jesús... que fuese crucificado....... 4717
15.20 después... le sacaron para crucificarle........ 4717
15.24 le hubieron crucificado, repartieron........... 4717
15.25 la hora tercera cuando le crucificaron......... 4717
15.27 crucificaron, con él a dos ladrones, uno....... 4717
15.32 los que estaban crucificados con él le......... 4957
16.6 buscáis a Jesús... el que fue crucificado........ 4717
Lc 23.21 dar voces, diciendo: ¡Crucifícale, c!........... 4717
23.23 voces, pidiendo que fuese crucificado......... 4717
23.33 le crucificaron... y a los malhechores......... 4717
24.7 **sea crucificado, y resucite al tercer día**........ 4717
24.20 cómo le entregaron... y le crucificaron....... 4717
Jn 19.6 diciendo: ¡Crucifícale! ¡C! Pilato les............ 4717
19.6 dijo: Tomadle vosotros, y crucificadle.......... 4717
19.10 que tengo autoridad para crucificarte........ 4717
19.15 ellos gritaron: Fuera... crucifícale!............ 4717
19.15 dijo: ¿A vuestro Rey he de crucificar?......... 4717
19.16 lo entregó... para que fuese crucificado...... 4717
19.18 allí le crucificaron, y con él a otros........... 4717
19.20 el lugar donde Jesús fue crucificado.......... 4717
19.23 cuando... hubieron crucificado a Jesús....... 4717
19.32 otro que había sido crucificado con él........ 4957
19.41 en el lugar donde había sido crucificado...... 4717
Hch 2.23 y matasteis por manos... crucificándole...... 4362
2.36 Jesús a quien vosotros crucificasteis.......... 4717
4.10 de Jesucristo... a quien... crucificasteis......... 4717
Ro 6.6 viejo hombre fue crucificado... con él............ 4957
1 Co 1.13 ¿fue crucificado Pablo por vosotros?........ 4717
1.23 nosotros predicamos a Cristo crucificado..... 4717
2.2 sino a Jesucristo, y a éste crucificado........... 4717
2.8 nunca habrían crucificado al Señor de......... 4717
2 Co 13.4 aunque fue crucificado en debilidad......... 4717
Gá 2.20 con Cristo estoy juntamente crucificado...... 4957
3.1 ya presentado entre... como crucificado?....... 4717
5.24 crucificado la carne con sus pasiones......... 4717
6.14 el mundo me es crucificado a mí, y yo al....... 4717
He 6.6 crucificando de nuevo... al Hijo de Dios.......... 388
Ap 11.8 donde... nuestro Señor fue crucificado........ 4717

CRUDA
Éx 12.9 ninguna... comeréis de él c, ni cocida.......... 4995
1 S 2.15 no tomará de ti carne cocida, sino c.......... 2416

CRUEL
Dt 32.33 es su vino, y ponzoña c de áspides............. 393
Job 30.21 te has vuelto c para mí; con el poder......... 393
Pr 5.9 no des a los extraños... y tus años al c............ 394
11.17 hace... mas el c se atormenta a sí mismo...... 394
12.10 justo... el corazón de los impíos es c.......... 394
17.11 y mensajero c será enviado contra él.......... 394
27.4 c es la ira, c impetuoso el furor; mas........... 395
Jer 6.23 c son, y no tendrán misericordia; su........... 394
30.14 te herí, con azote de adversario c, a........... 394
50.42 serán c, y no tendrán compasión; su voz....... 394
Lm 4.3 la hija de mi pueblo es c... avestruces........... 393
Hab 1.6 yo levanto a los caldeos, nación c y............ 4751
2 Ti 3.3 intemperantes, c, aborrecedores de lo.......... 434

CRUELDAD
Jue 4.3 había oprimido con c a los... de Israel......... 2393
Sal 27.12 testigos falsos, y los que respiran c.......... 2555
Is 14.6 se enseñoreaba... y las perseguía con c

CRUJIR
Job 16.9 crujió sus dientes contra mí; contra.......... 2786
Sal 35.16 crujieron contra mí sus dientes.............. 2786
37.12 el impío... cruje contra él sus dientes......... 2786
112.10 crujirá los dientes, y se consumirá.......... 2786
Is 5.29 crujirá los dientes, y arrebatará la............. 5098
Lm 2.16 se burlaron, y crujieron los dientes............ 2786
Mt 8.12; 13.42,50; 22.13; 24.51; 25.30 **allí será el lloro**
y el crujir de dientes.................................. 1030
Mr 9.18 y cruje los dientes, y se va secando............. 5149
Lc 13.28 **será el llanto y el crujir de dientes**........... 1030
Hch 7.54 oyendo... crujían los dientes contra él........ 1031

CRUZ
Mt 10.38 **el que no toma su c y sigue en pos de**........ 4716
16.24 **mí, niéguese a sí mismo, y tome su c**.......... 4716
27.32 a éste obligaron a que llevase la c............ 4716
27.40 si eres Hijo de Dios, desciende de la c.......... 4716
27.42 descienda... de la c, y creeremos en él......... 4716
Mr 8.34 **niéguese a sí mismo, y tome su c, y**........... 4716
10.21 **vende todo... y ven, sígueme, tomando tu c**... 4716
15.21 obligaron a uno... a que le llevase la c........ 4716
15.30 sálvate a ti mismo, y desciende de la c......... 4716
15.32 descienda... de la c, para que veamos y....... 4716
Lc 9.23 **mismo, tome su c cada día, y sígame**........... 4716
14.27 **que no lleva su c y viene en pos de mi**........ 4716
23.26 y le pusieron encima la c para que la.......... 4716
Jn 19.17 y él, cargando su c, salió al lugar............. 4716
19.19 un título, que puso sobre la c, el cual.......... 4716
19.25 junto a la c de Jesús su madre, y la............ 4716
19.31 que los cuerpos no quedasen en la c en....... 4716
1 Co 1.17 que no se haga vana la c de Cristo........... 4716
1.18 la palabra de la c es locura a los que.......... 4716
Gá 5.11 caso se ha quitado el tropiezo de la c.......... 4716
6.12 no padecer persecución a causa de la c....... 4716
6.14 lejos de mí gloriarme, sino en la c de......... 4716
Ef 2.16 mediante la c reconciliar con Dios a........... 4716
Fil 2.8 obediente hasta la muerte, y... de c............ 4716
3.18 digo... que son enemigos de la c de Cristo..... 4716
Col 1.20 la paz mediante la sangre de su c............ 4716
2.14 quitándola de en... y clavándola en la c........ 4716
2.15 exhibió... triunfando sobre ellos en la c
He 12.2 por el gozo, delante de él sufrió la c........... 4716

CRUZAR
Dt 2.29 hasta que cruce el Jordán a la tierra............ 5674
2 S 2.29 cruzaron por todo Bitrón y llegaron........... 5674
19.18 cruzaron el vado para pasar a... del rey....... 5674
1 Cr 19.17 y cruzando el Jordán vino a ellos............ 5674
Pr 6.10 y cruzar por un poco las manos para........... 2264
Ec 4.5 necio cruza sus manos y come su misma........ 2263
Jn 6.17 iban cruzando el mar hacia Capernaum

CUADRADO
Éx 27.1 será c el altar, y su altura de tres................ 7251
28.16 será c y doble, de un palmo de largo........... 7251
30.2; 37.25 c, y su altura de dos codos................. 7251
38.1 hizo... el altar del... c, y de tres codos........... 7251
39.9 era c; doble hicieron el pectoral; su............. 7251
1 R 6.33 puerta... postes c de madera de olivo........... 7243
7.5 todas las puertas y los postes eran c............ 7251
7.31 con sus tableros, los cuales eran c, no.......... 7251
Ez 40.47 y midió el atrio, cien codos... era c............. 7251
41.21 poste del templo era c, y el frente del......... 7251
43.16 el altar tenía... c a sus cuatro lados............ 7253

CUADRANTE
Mt 5.26 **saldrás... hasta que pagues el último c**........ 2835
Mr 12.42 una viuda... dos blancas, o sea un c........... 2835

CUADRILLA
1 Cr 9.18 entre las c de los hijos de Leví.................. 4264
Sal 22.16 ha cercado c de malignos; horadaron........ 5712
Pr 30.27 las langostas, que... salen todas por c......... 2686
Is 31.4 si se reúne c de pastores contra él.............. 4393

CUADRILLERO
Éx 5.6 mandó Faraón... a los c del pueblo que.......... 5065
5.10 y saliendo los c del... y sus capataces........... 5065
5.13 los c los apremiaban, diciendo: Acabad......... 5065
5.14 capataces... que los c de Faraón habían........ 5065

CUADRO
Ez 45.2 y quinientas de ancho, en c alrededor.......... 7251
48.20 la porción... 25.000 en c, reservaréis
Ap 21.16 la ciudad se halla establecida en c............ 5068

CUADRÚPEDO
Hch 10.12 había de todos los c terrestres y............. 5074
11.6 y vi c terrestres, y fieras, y reptiles............. 5074
Ro 1.23 de hombre corruptible, de aves, de c........... 5074

CUADRUPLICADO
Lc 19.8 defraudado a alguno, se lo devuelvo c.......... 5073

CUAJAR *(s.)*
Dt 18.3 darán... espaldilla, las quijadas y el c........... 6896

CUAJAR *(v.)*
Éx 15.8 los abismo se cuajaron en medio del............ 7087
Job 10.10 vaciaste... y como queso me cuajaste?........ 7087

CUAL *Véase el Apéndice*

CUÁL *Véase el Apéndice*

CUALESQUIERA *Véase el Apéndice*

CUALQUIER *Véase el Apéndice*

CUAN *Véase el Apéndice*

CUÁN *Véase el Apéndice*

CUANDO *Véase el Apéndice*

CUÁNDO *Véase también el Apéndice*
Sal 6.3 muy turbada; y tú, Jehová, ¿hasta c?...... 5704,4970
13.1 ¿hasta c, Jehová?... hasta c esconderás... 5704,5641
35.17 Señor, ¿hasta c verás esto? Rescata mi....... 4100
89.46 ¿hasta c, oh Jehová? ¿Te esconderás.... 5704,4100
90.13 oh Jehová; ¿hasta c?... aplácate.......... 5704,4970
Ec 8.7 no sabe lo que ha de ser; y el c haya de........... 834
Is 6.11 dije: ¿Hasta c, Señor? Y respondió él...... 5704,4970
Mt 17.17; Mr 9.19 **¿hasta c he de estar con**
vosotros? ¿Hasta c.................................. 4219
Mr 13.4 ¿c serán estas cosas? ¿Y qué señal habrá...... 4219
Lc 9.41 **¿hasta c he de estar con vosotros, y**........... 4219

CUÁNTA *Véase el Apéndice*

CUANTAS *Véase el Apéndice*

CUANTO *Véase el Apéndice*

CUÁNTO *Véase el Apéndice*

CUARENTA *Véase también Cuarenta y uno, Cuarenta mil, etc.*
Gn 7.4 yo haré llover... c días y c noches; y............. 705
7.12 y hubo lluvia sobre... c días y c noches........... 705
7.17 fue el diluvio c días sobre la tierra............. 705
8.6 al cabo de c días abrió Noé la ventana........... 705
18.29 y dijo: Quizá se hallarán allí c.................. 705
18.29 respondió: No lo haré por amor a los c......... 705
25.20 Isaa c de c años cuando tomó por mujer........ 705
26.34 y cuando Esaú era de c años, tomó por........ 705
32.15 c vacas y diez novillos, veinte asnas........... 705
50.3 y le cumplieron c días, porque así se............ 705
Éx 16.35 comieron los... de Israel maná c años.......... 705
24.18 Moisés en el monte c días y c noches.......... 705
26.19 harás c basas de plata debajo de las........... 705
26.21 c basas de plata; dos basas debajo de.......... 705
34.28 él estuvo allí con... c días y c noches............ 705
36.24 hizo... c basas de plata debajo de las........... 705
36.26 sus c basas de plata; dos basas debajo.......... 705
Nm 13.25 volvieron de reconocer... fin de c días......... 705
14.33 pastoreando en el desierto c años, y........... 705
14.34 c días en que reconocisteis la tierra............ 705
14.34 llevaréis vuestras iniquidades c años........... 705
32.13 los hizo andar errantes c años por el........... 705
33.38 y allí murió a los c años de la salida........... 705
Dt 1.3 que a los c años, en el mes undécimo............ 705
2.7 estos c años Jehová... ha estado contigo........... 705
8.2 te ha traído Jehová tu Dios estos c años........... 705
8.4 ni el pie se te ha hinchado en... c años............ 705
9.9 estuve... en el monte c días y c noches, sin........ 705
9.11 sucedió al fin de los c días y c noches............ 705
9.18 me postré delante de... c días y c noches......... 705
9.25 me... c días y c noches estuve postrado........... 705
10.10 yo estuve... c días y c noches; y Jehová......... 705

25.3 se podrá dar *c* azotes, no más; no sea ... 705
29.5 yo os he traído *c* años en el desierto ... 705
Jos 5.6 anduvieron por el desierto *c* años ... 705
14.7 yo era de... *c* años cuando Moisés siervo ... 705
Jue 3.11 y reposó la tierra *c* años; y murió ... 705
5.31 como el sol... Y la tierra reposó *c* años ... 705
8.28 reposó la tierra *c* años en los días de ... 705
12.14 este tuvo *c* hijos y treinta nietos, que ... 705
13.1 entregó en mano de... filisteos por *c* años ... 705
1 S 4.18 Elí... había juzgado a Israel *c* años ... 705
17.16 aquel filisteo... lo hizo durante *c* días ... 705
2 S 2.10 de *c* años era Is-boset hijo de Saúl ... 705
5.4 David... comenzó a reinar, y reinó *c* años ... 705
1 R 2.11 días que reinó David... fueron *c* años ... 705
6.17 es, el templo de adelante, tenía *c* codos ... 705
7.38 cada fuente contenía *c* batos, y cada una ... 705
11.42 días que Salomón reinó... fueron *c* años ... 705
19.8 caminó *c* días y *c* noches hasta Horeb, el ... 705
2 R 8.9 tomó, pues, Hazael... *c* camellos cargados ... 705
12.1 comenzó a reinar Joás, y reinó *c* años ... 705
1 Cr 26.31 en el año *c* del reinado de David se ... 705
29.27 tiempo que reinó sobre Israel fue *c* años ... 705
2 Cr 9.30 reinó Salomón sobre... Israel *c* años ... 705
24.1 años era Joás... *c* años reinó en Jerusalén ... 705
Neh 5.15 por el vino más de *c* siclos de plata ... 705
9.21 los sustentaste *c* años en el desierto ... 705
Sal 95.10 *c* años estuve disgustado... la nación ... 705
Ez 4.6 llevarás la maldad de... de Judá *c* días ... 705
29.11 no pasará... ni será habitada, por *c* años ... 705
29.12 y sus ciudades... desoladas por *c* años ... 705
29.13 al fin de *c* años recogeré a Egipto de ... 705
41.2 y midió su longitud, de *c* codos, y la ... 705
46.22 había patios... de *c* codos de longitud ... 705
Am 2.10 y os conduje por el desierto *c* años ... 705
5.25 ¿me ofrecisteis sacrificios... en *c* años ... 705
Jon 3.4 de aquí a *c* días Nínive será destruida ... 705
Mt 4.2 y después de haber ayunado *c* días y *c* ... *5062*
Mr 1.13 y estuvo allí en el desierto *c* días ... *5062*
Lc 4.2 por *c* días, y era tentado por el diablo ... *5062*
Hch 1.3 vivo... apareciéndoseles durante *c* días ... *5062*
4.22 ya que el hombre... tenía más de *c* años ... *5062*
7.23 cuando hubo cumplido la edad de *c* años ... *5063*
7.30 pasados *c* años, un ángel se le apareció ... *5062*
7.36 señales en... y en el desierto por *c* años ... *5062*
7.42 el desierto por *c* años, casa de Israel? ... *5062*
13.18 de *c* años los soportó en el desierto ... *5063*
13.21 Dios les dio a Saúl hijo de... por *c* años ... *5062*
23.13 eran más de *c* los que habían hecho esta ... *5062*
23.21 más de *c* hombres de ellos le acechan ... *5062*
2 Co 11.24 cinco veces he recibido *c* azotes ... *5062*
He 3.9 me probaron, y vieron mis obras *c* años ... *5062*
3.17 ¿y con quiénes... él disgustado *c* años ... *5062*

CUARENTA MIL
Jos 4.13 *40.000* hombres armados, listos para ... 705,505
Jue 5.8 veía escudo... entre *40.000* en Israel? ... 705,505
2 S 10.18 mató... *40.000* hombres de a caballo ... 705,505
1 R 4.26 Salomón tenía *40.000* caballos en sus ... 705,505
1 Cr 12.36 y preparados para pelear, *40.000* ... 705,505
19.18 mató David... *40.000* hombres de a pie ... 705,505

CUARENTA MIL QUINIENTOS
Nm 1.33 los contados, de Efraín fueron *40.500* ... 705,505,2568,3967
2.19 de ejército, con sus contados, *40.500* ... 705,505,2568,3967
26.18 Gad; y fueron contados de ellas *40.500* ... 705,505,2568,3967

CUARENTA Y CINCO
Gn 18.28 no la destruiré, si hallare allí *45* ... 705,2568
Jos 14.10 me ha hecho vivir... estos *45* años ... 705,2568
1 R 7.3 vigas, que se apoyaban en *45* columnas ... 705,2568

CUARENTA Y CINCO MIL CUATROCIENTOS
Nm 26.50 y fueron contados de ellas *45.400* ... 705,2568,505,702,3967

CUARENTA Y CINCO MIL SEISCIENTOS
Nm 26.41 y fueron contados de ellas *45.600* ... 705,2568,505,8337,3967

CUARENTA Y CINCO MIL SEISCIENTOS CINCUENTA
Nm 1.25 los contados... de Gad fueron *45.650* ... 705,2568,505,8337,3967,2572
2.15 de ejército, con sus contados, *45.650* ... 705,2568,505,8337,3967,2572

CUARENTA Y CUATRO MIL SETECIENTOS SESENTA
1 Cr 5.18 eran *44.760* que salían a batalla ... 705,704,505,7651,3967,8346

CUARENTA Y DOS
Nm 35.6 además de éstas daréis *42* ciudades ... 705,8147
2 R 2.24 osos... y despedazaron de ellos a *42* ... 705,8147
10.14 los degollaron... *42* varones, sin dejar ... 705,8147
2 Cr 22.2 Ocozías comenzó a reinar... *42* años ... 705,8147
Esd 2.24 los hijos de Azmavet, *42* ... 705,8147
Neh 7.28 los varones de Bet-azmavet, *42* ... 705,8147
Ap 11.2 hollarán la ciudad santa *42* meses ... *5062,1417*
13.5 le dio autoridad para actuar *42* meses ... *5062,1417*

CUARENTA Y DOS MIL
Jue 12.6 murieron... de los de Efraín *42.000* ... 705,8147,505

CUARENTA Y DOS MIL TRESCIENTOS SESENTA
Esd 2.64; Neh 7.66 de *42.360* ... 702,7239,505,7969,3967,8346

CUARENTA Y NUEVE
Lv 25.8 años vendrán a serte *49* años ... 705,8672

CUARENTA Y OCHO
Nm 35.7 las ciudades que daréis a... serán *48* ... 705,8083
Jos 21.41 ciudades de los levitas... fueron *48* ... 705,8083

CUARENTA Y SEIS
Jn 2.20 en *46* años fue edificado este ... *5062,2532,1803*

CUARENTA Y SEIS MIL QUINIENTOS
Nm 1.21 los contados... de Rubén fueron *46.500* ... 705,8337,505,2568,3967
2.11 de ejército, con sus contados, *46.500* ... 705,8337,505,2568,3967

CUARENTA Y TRES MIL SETECIENTOS TREINTA
Nm 26.7 fueron contados de ellas *43.730* ... 705,7969,505,7651,3967,7970

CUARENTA Y UNO
1 R 14.21 de *41* años... cuando comenzó a reinar ... 705,259
15.10 reinó *41* años en Jerusalén; el nombre ... 705,259
2 R 14.23 a reinar Jeroboam... y reinó *41* años ... 705,259
2 Cr 12.13 Roboam de *41* años cuando comenzó a ... 705,259
16.13 Asa... murió en el año *41* de su reinado ... 705,259

CUARENTA Y UN MIL QUINIENTOS
Nm 1.41 los contados, de Aser fueron *41.500* ... 705,259,505,2568,3967
2.28 de ejército, con sus contados, *41.500* ... 705,259,505,2568,3967

CUARTO *Cristiano que mandó saludos por conducto de Pablo*, Ro 16.23 ... *2890*

CUARTO, A
Gn 1.19 y fue la tarde y la mañana el día *c* ... 7243
2.14 y el nombre del... *c* río es el Eufrates ... 7243
15.16 en la *c* generación volverán acá; porque ... 7243
Éx 20.5 hasta la tercera y *c* generación de los ... 7256
28.20; 39.13 *c* hilera, un berilo, un ónice ... 7243
29.40 amasada con la *c* parte de un hin de ... 7253
29.40 para la libación, la *c* parte de un hin ... 7243
34.7 hijos, hasta la tercera y *c* generación ... 7256
Lv 19.24 el *c* año todo su fruto será consagrado ... 7243
23.13 su libación será de vino, la *c* parte de ... 7243
Nm 7.30 *c* día, Elisur hijo de Sedeur, príncipe ... 7243
14.18 que visita la maldad de... hasta los *c* ... 7256
15.4 harina, amasada con la *c* parte de un hin ... 7243
15.5 de vino... ofrecerás la *c* parte de un hin ... 7243
23.10 o el número de la *c* parte de Israel? ... 7255
28.5 amasada con un *c* de un hin de aceite ... 7243
28.7 su libación, la *c* parte de un hin con ... 7243
28.14 la *c* parte de un hin con cada cordero ... 7243
29.23 el *c* día, diez becerros, dos carneros ... 7243
Dt 5.9 la tercera y *c* generación de los que me ... 7256
Jos 19.17 la*c* suerte correspondió a Isacar ... 7243
Jue 19.5 *c* día... se levantó también el levita ... 7243
1 S 9.8 mi mano la *c* parte de un siclo de plata ... 7253
2 S 3.4 *c*, Adonías hijo de Haguit; el quinto ... 7243
1 R 6.1 el *c* año del principio del reino de ... 7243
6.37 en el *c* año... se echaron los cimientos de ... 7243
22.41 comenzó a reinar... en el *c* año de Acab ... 702
2 R 6.25 la *c* parte de un cab de estiércol de ... 7255
10.30 sentarán sobre... hasta la *c* generación ... 7243
15.12 hijos hasta la *c* generación se sentarán ... 7243
18.9 en el *c* año del rey Ezequías... subió ... 7243
25.3 a los nueve días del *c* mes prevaleció el ... 7243
1 Cr 2.14 el *c* Natanael, el quinto Radaj ... 7243
3.2 el tercero, Absalón... el *c*, Adonías hijo ... 7243
3.15 hijos... el tercero Sedequías, el *c* Salum ... 7243
8.2 Noha el *c*, y Rafa el quinto ... 7243
12.10 Mismana el *c*, Jeremías el quinto ... 7243
23.19 los hijos de Hebrón... y Jecamán el *c* ... 7243
24.8 la tercera a Harim, la *c* a Seorim ... 7243
24.23 de los hijos de Hebrón... el *c* Jecamán ... 7243
25.11 la *c* para Izri, con sus hijos y sus ... 7243
26.2 los hijos de Meselemías... Jatniel el *c* ... 7243
26.4 hijos de... el *c* Sacar, el quinto Natanael ... 7243
26.11 el *c* Zacarías; todos los hijos de Hosa ... 7243
27.7 *c* jefe para el *c* mes era Asael hermano ... 7243
2 Cr 3.2 edificar en... el *c* año de su reinado ... 702
20.26 y al *c* día se juntaron en el valle de ... 7243
Esd 8.33 al *c* día fue luego pesada la plata ... 7243
Neh 9.3 leyeron el libro... la *c* parte del día ... 7243
9.3 y la *c* parte confesaron sus pecados y ... 7243
Job 42.16 a sus hijos... hasta la *c* generación ... 702
Pr 30.15 tres cosas... la *c* nunca dice, ¡Basta! ... 702
30.18 me son ocultas; aun tampoco sé la *c* ... 702
30.21 tres cosas... y la *c* ella no puede sufrir ... 702
30.29 tres cosas hay... y la *c* pasea muy bien ... 702
Jer 25.1 año *c* de Joacim hijo de Josías, rey ... 7243
28.1 año *c*, en el quinto mes, que Hananías ... 7243
36.1 aconteció en el *c* año de Joacim hijo de ... 7243
39.2 en el mes *c*, a los nueve días del mes ... 7243
45.1 habló... el año *c* de Joacim hijo de Josías ... 7243
46.2 a quien destruyó... en el año *c* de Joacim ... 7243
51.59 con Sedequías... el *c* año de su reinado ... 7243
52.6 en el mes *c*, a los nueve días del mes ... 7243
Ez 1.1 en el mes *c*, a los cinco días del mes ... 7243
10.14 la tercera, cara de león; la *c*, cara de ... 7243
Dn 2.40 y el *c* reino será fuerte como hierro ... 7244
3.25 el aspecto del *c* es semejante a hijo de ... 7244
7.7 la *c* bestia, espantosa y terrible y en ... 7244
7.19 saber la verdad acerca de la *c* bestia ... 7244
7.23 la *c* bestia será un *c* reino en la tierra ... 7244
11.2 el *c* se hará de grandes riquezas más que ... 7243
Am 1.3 por tres pecados de Damasco, y por el *c* ... 702
1.6 por tres pecados de Gaza, y por el *c* ... 702
1.9 por tres pecados de Tiro, y por el *c* ... 702
1.11 por tres pecados de Edom, y por el *c* ... 702
1.13 por tres pecados de... Amón, y por el *c*
2.1 por tres pecados de Moab, y por el *c* ... 702
2.4 por tres pecados de Judá, y por el *c* ... 702
2.6 por tres pecados de Israel, y por el *c* ... 702
Zac 6.3 en el *c* carro caballos overos rucios ... 7243
7.1 en el año *c* del rey Darío vino palabra de ... 702
8.19 el ayuno del *c* mes, el ayuno del quinto ... 7243
Mt 10.29 **¿no se venden 2 pajarillos por un *c*?** ... *787*
14.25 mas a la *c* vigilia... Jesús vino a ellos ... *5067*
Mr 6.48 la *c* vigilia de la noche vino a ellos ... *5067*
Lc 12.6 **¿no se venden 5 pajarillos por dos *c*?** ... *787*
Ap 4.7 el *c* era semejante a un águila volando ... *5067*
6.7 cuando abrió el *c* sello, oí la voz del *c* ... *5067*
6.8 potestad sobre la *c* parte de la tierra ... *5067*
8.12 *c* ángel tocó la trompeta, y fue herida ... *5067*
16.8 el *c* ángel derramó su copa sobre el sol ... *5067*
21.19 el tercero, ágata; el *c*, esmeralda ... *5067*

CUATRO *Véase también Cuatrocientos, Cuatro mil, etc.*
Gn 2.10 río... de allí se repartía en *c* brazos ... 702
14.9 Quedorlaorner rey... *c* reyes contra cinco ... 702
47.24 las *c* partes serán vuestras para sembrar ... 702
Éx 22.1 pagará... y por aquella oveja *c* ovejas ... 702
25.12 *c* anillos... pondrás en sus *c* esquinas ... 702
25.26 le harás *c* anillos... en las *c* esquinas ... 702
25.26 anillos... que corresponden a sus *c* patas ... 702
25.34 en la caña central... *c* copas en forma de ... 702
26.2 anchura de la misma cortina de*c* codos ... 702
26.8 la anchura de cada cortina de *c* codos ... 702
26.32 sobre *c* columnas de... cubiertas de oro ... 702
27.2 y le harás cuernos en sus *c* esquinas ... 702
27.4 *c* anillos de bronce a sus *c* esquinas ... 702
27.16 atrio... sus columnas *c*, con sus *c* basas ... 702
28.17 y lo llenarás de pedrería en *c* hileras ... 702
36.9 anchura de *c* codos; todas las cortinas ... 702
36.15 anchura de *c* codos; las once cortinas ... 702
36.36 *c* columnas de madera... *c* basas de plata ... 702
37.3 fundió... *c* anillos de oro a sus *c* esquinas ... 702
37.13 *c* anillos de oro puso a las *c* esquinas ... 702
37.13 que correspondían a las *c* patas de ella ... 702
37.20 en la caña del candelero había *c* copas ... 702
38.2 e hizo sus cuernos a sus *c* esquinas, los ... 702
38.5 fundió *c* anillos a los *c* extremos del ... 702
38.19 sus columnas eran *c*, con sus *c* basas ... 702
39.10 engastaron en él *c* hileras de piedras ... 702
Lv 11.20 insecto alado que anduviere sobre *c* ... 702
11.21 todo insecto... que anda sobre *c* patas ... 702
11.23 todo insecto alado que tenga *c* patas ... 702
11.27 todos los animales que andan en *c* patas ... 702
11.42 todo lo que anda sobre *c* o más patas ... 702
Nm 7.7 y *c* bueyes dio a los hijos de Gersón ... 702
7.8 y a los hijos de Merari dio *c* carros y ... 702
Dt 3.11 su anchura de *c* codos, según el codo ... 702
22.12 te harás flecos en las *c* puntas de tu ... 702
Jos 19.7 Aín, Rimón... *c* ciudades con sus aldeas ... 702
21.18 Anatot con sus ejidos... *c* ciudades ... 702
21.22 Bet-horón con sus ejidos; *c* ciudades ... 702
21.24 y Gat-Rimón con sus ejidos; *c* ciudades ... 702
21.29 y En-ganim con sus ejidos; *c* ciudades ... 702
21.31 y Rehob con sus ejidos; *c* ciudades ... 702
21.35 y Naalal con sus ejidos; *c* ciudades ... 702
21.37 y Mefaat con sus ejidos; *c* ciudades ... 702
21.39 y Jazer con sus ejidos; *c* ciudades ... 702
Jue 9.34 pusieron emboscada... con *c* compañías ... 702
11.40 endechar a la hija de Jefté... *c* días en ... 702
19.2 y su concubina... se fue de él... *c* meses ... 702
20.47 estuvieron en la peña de Rimón *c* meses ... 702
1 S 27.7 David habitó en la... un año y *c* meses ... 702
2 S 12.6 debe pagar la cordera con *c* tantos ... 706
15.7 al cabo de *c* años... Absalón dijo al rey ... 705
21.22 *c* eran descendientes de los gigantes ... 702
1 R 7.2 sobre *c* hileras de columnas de cedro ... 702
7.19 capiteles que estaban... eran de *c* codos ... 702
7.27 cada basa de *c* codos, y la anchura de *c* ... 702
7.30 *c* ruedas de bronce... en sus *c* esquinas ... 702
7.32 *c* ruedas estaban debajo de los tableros ... 702
7.34 las *c* repisas de las *c* esquinas de cada ... 702
7.38 cada una era de *c* codos; y colocó una ... 702
18.34 y dijo: Llenad *c* cántaros de agua, y ... 702
2 R 7.3 a la entrada... *c* hombres leprosos, los ... 702
1 Cr 3.5 *c* le nacieron en Jerusalén: Simea ... 702
7.1 los hijos de Isacar fueron *c*: Tola, Fúa ... 702
9.24 estaban los porteros a los *c* lados; al ... 702
9.26 *c* principales de los porteros levitas ... 702
21.20 por lo que se escondieron *c* hijos suyos ... 702
23.10 estos *c* fueron los hijos de Simei ... 702
23.12 hijos de Coat: Amram, Izhar... ellos *c* ... 702
26.17 al norte *c* de día; al sur *c* de día ... 702
26.18 en la... *c* al camino, y dos en la cámara ... 702
Neh 6.4 enviaron a mí... hasta *c* veces, y yo les ... 702
Job 1.19 azotó las *c* esquinas de la casa, la ... 702
Pr 30.24 *c* cosas son de las más pequeñas de ... 702
Is 11.12 reunirá los esparcidos de... *c* confines ... 702
17.6 *c* o cinco en sus ramas más fructíferas ... 702
Jer 15.3 y enviaré sobre ellos *c* géneros de ... 702
36.23 Jehudí había leído tres o *c* planas, lo ... 702
49.36 traeré... los *c* vientos de los *c* puntos ... 702
52.21 las columnas... su espesor era de *c* dedos ... 702
Ez 1.5 en medio... figura de *c* seres vivientes ... 702
1.6 cada uno tenía *c* caras y *c* alas ... 702
1.8 a sus *c* lados... sus alas por los *c* lados ... 702
1.10 derecho de los *c*... la izquierda en los *c* ... 702
1.10 asimismo había en los *c* cara de águila ... 702
1.15 rueda... junto a los seres... los *c* lados ... 702
1.16 y las *c* tenían una misma semejanza; su ... 702
1.17 se movían hacia sus *c* costados; no se ... 702
1.18 arcos... llenos de ojos alrededor en las *c* ... 702
7.2 el fin viene sobre los *c* extremos de la ... 702
10.9 y miré... *c* ruedas junto a los querubines ... 702
10.10 las *c* eran de una misma forma, como si ... 702
10.11 andaban, hacia los *c* frentes andaban ... 702
10.12 estaban llenos de ojos... sus *c* ruedas ... 702

10.14 cada uno tenía *c* caras... La primera era 702
10.21 cada uno tenía *c* caras y cada...*c* alas......... 702
14.21 mis *c* juicios terribles, espada, hambre 702
37.9 espíritu, ven de los *c* vientos, y sopla............ 702
40.41 *c* mesas a un lado, y *c* mesas al otro 702
40.42 las *c* mesas... eran de piedra labrada, de 702
41.5 y de *c* codos la anchura de las cámaras 702
42.20 a los *c* lados lo midió; tenía un muro........... 702
43.14 hasta la cornisa mayor, *c* codos, y el........... 702
43.15 el altar era de *c* codos, y...*c* cuernos 702
43.16 el altar tenía... cuadrado a sus *c* lados......... 702
43.17 catorce de anchura en sus *c* lados, y de........ 702
43.20 y pondrás en los *c* cuernos del altar........... 702
43.20 y en las *c* esquinas del descanso, y en.......... 702
45.19 sobre los *c* ángulos del descanso del........... 702
46.21 me llevó por los *c* rincones del atrio........... 702
46.22 los *c* rincones del atrio había patios........... 702
46.22 patios... una misma medida tenían los *c*....... 702
46.23 y había una pared... alrededor de los *c*........ 702
Dn 1.17 a estos *c*... Dios les dio conocimiento........... 702
3.25 yo veo *c* varones sueltos, que se pasean 703
7.2 que los *c* vientos del cielo combatían en 703
7.3 *c* bestias grandes, diferentes la una de 703
7.6 un leopardo, con *c* alas de ave..*c* cabezas 703
7.17 estas *c* grandes bestias son *c* reyes que......... 703
8.8 y en su lugar salieron otros *c* cuernos 702
8.8 salieron... hacia los *c* vientos del cielo 702
8.22 y sucedieron *c*...*c* reinos se levantarán........ 702
11.4 repartido hacia los *c* vientos del cielo........... 702
Zac 1.18 mis ojos y miré, y he aquí *c* cuernos 702
1.20 me mostró luego Jehová *c* carpinteros............ 702
2.6 pues por los *c* vientos de los cielos os 702
6.1 y he aquí *c* carros que salían de entre 702
6.5 estos son los *c* vientos de los cielos............... 702
7.1 palabra de Jehová... a los *c* días del mes......... 702
Mt 24.31 **a sus escogidos, de los *c* vientos**............. *5064*
Mr 2.3 un paralítico, que era cargado por *c* *5064*
13.27 **juntará a sus escogidos de...*c* vientos**......... *5064*
Jn 4.35 **aún faltan *c* meses para que llegue la** *5072*
11.17 que hacía ya *c* días que Lázaro estaba......... *5064*
11.39 Señor, hiede ya, porque es de *c* días........... *5066*
19.23 *c* hicieron *c* partes... para cada soldado *5064*
Hch 10.11 atado de las *c* puntas era bajado a.......... *5064*
10.30 hace *c* días que a esta hora yo estaba *5064*
11.5 que por las *c* puntas era bajado del cielo *5064*
12.4 entregándole a *c* grupos de *c* soldados......... *5064*
21.9 éste tenía *c* hijas... que profetizaban.......... *5064*
21.23 hay entre nosotros *c* hombres que tienen..... *5064*
27.29 *c* anclas por la popa, y ansiaban que *5064*
Ap 4.6 y junto al trono...*c* seres vivientes.............. *5064*
4.8 los *c* seres... tenían cada uno seis alas *5064*
5.6 que en medio... de los *c* seres vivientes.......... *5064*
5.8 los *c* seres vivientes y los 24 ancianos *5064*
5.14 los *c* seres vivientes decían: Amén; y los *5064*
6.1 oí a uno de los *c* seres vivientes decir *5064*
6.6 y oí una voz de en medio de los *c* seres *5064*
7.1 a *c* ángeles en pie sobre los *c* ángulos de........ *5064*
7.1 que detenían los *c* vientos de la tierra *5064*
7.2 y clamó a gran voz a los *c* ángeles, a............ *5064*
7.11 alrededor del... y de los *c* seres vivientes....... *5064*
9.13 una voz de entre los *c* cuernos del altar *5064*
9.14 desata a los *c* ángeles que están atados......... *5064*
9.15 y fueron desatados los *c* ángeles que *5064*
14.3 y cantaban un cántico... delante de los *c*....... *5064*
15.7 uno de los *c* seres vivientes dio a los *5064*
19.4 los *c* seres vivientes se postraron en *5064*
20.8 a engañar a las naciones... los *c* ángulos *5064*

CUATROCIENTOS *Véase también Cuatrocientos diez, etc.*
Gn 15.13 tu descendencia... será oprimida *c* años . 702,3967
23.15 la tierra vale *c* siclos de plata: ¿qué........ 702,3967
23.16 Abraham a Efrón...*c* siclos de plata...... 702,3967
32.6 viene a recibirte, y *c* hombres con él........ 702,3967
33.1 aquí venía Esaú, y los *c* hombres con él...... 702,3967
Jue 21.12 hallaron...*c* doncellas que no habían.... 702,3967
1 S 22.2 jefe... y tuvo consigocomo *c* hombres 702,3967
25.13 y subieron tras David como *c* hombres ... 702,3967
30.10 y David siguió adelante con *c* hombres ... 702,3967
30.17 sino *c* jóvenes que montaron sobre los.... 702,3967
1 R 7.42 *c* granadas para las dos redes, dos 702,3967
18.19 congrégame a... los *c* profetas de Asera.. 702,3967
22.6 reunió a los profetas, como *c* hombres 702,3967
2 R 14.13 el muro de Jerusalén...*c* codos 702,3967
2 Cr 4.13 *c* granadas en las dos redes, dos......... 702,3967
18.5 el rey de Israel reunió a *c* profetas 702,3967
25.23 derribó el muro... un tramo de *c* codos ... 702,3967
Esd 6.17 ofrecieron...*c* corderos; y 12 machos...... 702,3969
Hch 5.36 se unió un número como de *c* hombres....... *5071*
7.6 dijo Dios... los maltratarían, por *c* años......... *5071*

CUATROCIENTOS CINCUENTA
1 R 18.19 a...*450* profetas de Baal............ 702,3967,2572
18.22 Baal hay *450* hombres............... 702,3967,2572
2 Cr 8.18 y tomaron de allá *450* talentos...... 702,3967,2572
Hch 13.20 por *450* años, les dio jueces......... *5071,2532,4004*

CUATROCIENTOS CINCUENTA Y CUATRO
Esd 2.15 los hijos de Adín, *454* 702,3967,2572,702

CUATROCIENTOS DIEZ
Esd 1.10 *410* tazas de plata, y otros mil 702,3967,6235

CUATROCIENTOS MIL
Jue 20.2 presentes...*400.000* hombres 702,3967,505
20.17 contados...*400.000* hombres que...... 702,3967,505
2 Cr 13.3 un ejército de *400.000* hombres 702,3967,505

CUATROCIENTOS OCHENTA
1 R 6.1 en el año *480* después que... salieron
de 702,3967,8084

CUATROCIENTOS SESENTA Y OCHO
Neh 11.6 los hijos de Fares que
moraron...*468*........................ 702,3967,8346,8083

CUATROCIENTOS SETENTA MIL
1 Cr 21.5 de Judá *470.000*... *que* sacaban
espada 702,3967,7657,505

CUATROCIENTOS TREINTA
Gn 11.17 y vivió Heber...*430* años,
y engendró 702,3967,7970
Éx 12.40 habitaron en Egipto fue *430* 702,3967,7970
12.41 y pasados los *430* años... salieron.... 702,3967,7970
Gá 3.17 que vino *430* años después, no....... *5071,2532,5144*

CUATROCIENTOS TREINTA Y CINCO
Esd 2.67; Neh 7.69 camellos *435*.......... 702,3967,7970,2568

CUATROCIENTOS TRES
Gn 11.13 vivió Arfaxad...*403* años,
y engendró 702,3967,7969
11.15 vivió Sala...*403* años, y engendró
hijos.................................. 702,3967,7969

CUATROCIENTOS VEINTE
1 R 9.28 tomaron de allí oro, *420* talentos..... 702,3967,6242

CUATRO MIL
1 S 4.2 hirieron en la... como a *4.000* hombres 702,505
1 Cr 23.5 *4.000* porteros, y *4.000* para alabar........ 702,505
2 Cr 9.25 tuvo... Salomón *4.000* caballerizas 702,505
Mt 15.38 y eran los que habían comido, *4.000* *5070*
16.10 **¿ni de los siete panes entre *4.000*** *5070*
Mr 8.9 y eran los que comieron, como *4.000* *5070*
8.20 **y cuando los siete panes entre *4.000*** *5070*
Hch 21.38 sacó al desierto los...*4.000* sicarios? *5070*

CUATRO MIL QUINIENTOS
Ez 48.16 del norte *4.500* cañas, al... sur
4.500.................................. 702,505,2568,3967
48.16 del oriente *4.500*... occidente
4.500.................................. 702,505,2568,3967
48.30 del norte, *4.500* cañas por 702,505,2568,3967
48.32 al lado oriental *4.500* cañas,
y tres 702,505,2568,3967
48.33 lado del sur, *4.500* cañas
por medida 702,505,2568,3967
48.34 al lado occidental *4.500* cañas,
y sus.................................. 702,505,2568,3967

CUATRO MIL SEISCIENTOS
1 Cr 12.26 de los hijos de Leví, *4.600* 702,505,8337,3967
Jer 52.30 las personas en total
fueron 4.600 702,505,8337,3967

CUBA
Jl 3.13 el lagar está lleno, rebosan las *c* 3342

CUBIERTA
Gn 8.13 y quitó Noé la *c* del arca, y miró, y 4372
Éx 22.27 sólo eso es su *c*... ¿En qué dormirá? 3682
25.29 sus *c* y sus tazones, con que se libará......... 7184
26.7 cortinas de pelo de cabra para una *c*.......... 168
26.11 enlazarás las... que se haga una sola *c*
26.14 también... una *c* de pieles de carneros 4372
26.14 y una *c* de pieles de tejones encima.......... 4372
26.32 de madera de acacia *c* de oro 6823
30.3 oro puro, su *c*, sus paredes en derredor 1406
35.11 su *c*, sus corchetes, sus tablas, sus 4372
36.19 hizo para la tienda una *c* de... y otra *c*........ 4372
37.26 oro puro, su *c* y sus paredes alrededor 1406
38.17 las *c* de las cabezas de ellas, de plata......... 6826
38.19 y las *c* de los capiteles de... de plata 6826
39.34 la *c* de pieles de carnero teñidas de 4372
39.34 la *c* de pieles de tejones, el velo del 4372
Nm 3.25 a cargo... la tienda y su *c*, la cortina 4372
4.6 y pondrán sobre ella la *c* de pieles de.......... 3681
4.8 lo cubrirán con la *c* de pieles de tejones 4372
4.10 pondrán... en una *c* de pieles de tejones 4372
4.11 cubrirán con la *c* de pieles de tejones........... 4372
4.12 y los cubrirán con una *c* de pieles de 4372
4.14 y extenderán... la *c* de pieles de tejones........ 3681
4.25 el tabernáculo de... su *c*, la *c* de pieles 4372
2 S 15.30 la cabeza *c* y los pies descalzos 2645
1 R 6.18 estaba *c* de cedro por dentro 4734
7.3 estaba *c* de tablas de cedro arriba............... 5603
Est 6.12 apesadumbrado y *c* su cabeza 2645
Sal 31.20 los pondrás en... a *c* de contención 6845
61.4 yo... estaré seguro bajo la *c* de tus alas 5643
68.13 como alas de paloma *c* de plata 2645
105.39 extendió una nube por *c*, y fuego para 4539
140.7 tú pusiste a *c* mi cabeza en el día de.......... 5526
Is 22.8 y desnudó la *c* de Judá; y miraste en 4539
25.7 destruirá... la *c* con que están cubiertos 3875
30.1 se apartan... para cobijarse con *c*, y no......... 4541
30.22 profanarás la *c* de tus esculturas de........... 6826
50.3 los cielos, y hago como cilicio su *c* 3682
65.16 serán olvidadas, y serán *c* de mis ojos........ 5641
Jer 51.42 de la multitud de sus olas fue *c* 3680
Ez 24.7 para que fuese *c* con polvo 3680
24.8 para que no sea *c* 3680
41.16 todo *c* de madera... ventanas también *c* 3680
1 Co 11.4 con la cabeza *c*, afrenta su cabeza *2596*
He 9.4 el arca del pacto *c* de oro *4028*

CUBIERTO *Véase también Cubrir*
Éx 37.16 hizo... cucharas, sus *c* y sus tazones 7184

CUBO
1 R 7.33 sus *c* y sus cinchos... era de fundición 2839
Is 40.15 como la gota de agua que cae del *c* 1805

CUBRIR
Gn 7.19 y todos los montes... fueron *cubiertas* 3680
7.20 después que fueron *cubiertos* los montes 3680
9.23 atrás, *cubrieron* la desnudez de su padre...... 3680
24.65 ella entonces tomó el velo, y se *cubrió* 3680
27.16 y *cubrió* sus manos y... su cuello donde........ 3847
31.10 los machos que *cubrían* a las hembras 5927
31.12 los machos que *cubren* a las hembras son.... 5927
38.14 se quitó ella... y se *cubrió* con un velo 3680
38.15 porque ella había *cubierto* su rostro.......... 3680
Éx 3.6 Moisés *cubrió* su rostro... tuvo miedo de......... 5641
8.6 ranas que *cubrieron* la tierra de Egipto......... 3680
10.5 la cual *cubrirá* la faz de la tierra, de........... 3680
10.15 *cubrió*... el país, y oscureció la tierra 3680
14.28 volvieron las aguas, y *cubrieron* los 3680
15.5 los abismos los *cubrieron*; descendieron......... 3680
15.10 soplaste con tu viento; lo *cubrió* el mar 3680
16.13 codornices que *cubrieron* el campamento 3680
21.33 si... no la *cubriere*, y cayere allí buey 3680
22.27 eso es su vestido para *cubrir* su cuerpo 3682
24.15 Moisés subió... una nube *cubrió* el monte..... 3680
24.16 Sinaí... la nube lo *cubrió* por seis días 3680
25.11 y la *cubrirás* de oro puro por dentro y........ 6823
25.13 unas varas... las cuales *cubrirás* de oro 6823
25.20 *cubriendo* con sus alas el propiciatorio.. 5526,5921
25.24 y la *cubrirás* de oro puro, y le harás.......... 6823
25.28 harás las varas... y las *cubrirás* de oro 6823
26.13 los lados del tabernáculo, para *cubrirlo* 3680
26.29 y *cubrirás* de oro las tablas, y harás.......... 6823
26.29 harás sus, *cubrirás* de oro las barras......... 6823
26.32 cuatro columnas de...*cubiertas* de oro 6822
26.37 columnas de madera de...*cubrirás* de oro.... 6822
27.2 le harás cuernos... lo *cubrirás* de bronce 6822
27.6 varas de madera de...*cubrirás* de bronce 6822
28.42 calzoncillos... para *cubrir* su desnudez 3680
29.13,22 la grosura que *cubre* los intestinos 3680
30.3 y lo *cubrirás* de oro puro, su cubierta.......... 6823
30.5 varas de madera... y las *cubrirás* de oro 6823
33.22 te *cubriré* con mi mano hasta que haya... 5526,5921
36.34 *cubrió* de oro las tablas...*c*... las barras 6822
36.36 cuatro columnas... y las *cubrió* de oro 6822
36.38 y *cubrió* de oro los capiteles y las............ 6822
37.2 la *cubrió* de oro puro por dentro y por 6822
37.4 hizo también varas... y las *cubrió* de oro 6822
37.9 *cubriendo* con sus alas el propiciatorio......... 5526
37.11 *cubrió* de oro puro... hizo una cornisa......... 6822
37.15 varas de madera... y las *cubrió* de oro 6822
37.26 y lo *cubrió* de oro puro, su cubierta y.......... 6822
37.28 hizo las varas de... y las *cubrió* de oro......... 6822
38.2 hizo sus cuernos... y lo *cubrió* de bronce....... 6822
38.6 hizo las varas... y las *cubrió* de bronce 6822
38.28 y *cubrió* los capiteles de ellas, y las 6822
40.3 pondrás... el arca...*cubrirás* con el velo 5526
40.34 nube *cubrió* el tabernáculo de reunión 3680
Lv 3.3,9,14; 4.8; 7.3; 9.19 la grosura que *cubre*
los intestinos 3680
13.12 que *cubriere* toda la piel del llagado.......... 3680
13.13 lepra hubiere *cubierto* todo su cuerpo......... 3680
16.4 ceñirá... con la mitra de lino se *cubrirá*......... 6801
16.13 la nube...*cubrirá* el propiciatorio que......... 3680
17.13 derramará su sangre y la *cubrirá* con......... 3680
Nm 4.5 *cubrirán* con él el arca del testimonio 3680
4.8,11,12 cubrirán con la *cubierta* de pieles.......... 3680
4.9 tomarán un paño... y *cubrirán* el candelero 3680
4.15 acaben Aarón y... de *cubrir* el santuario y...... 3680
4.20 no entrarán... ver cuando *cubran* las cosas.... 1104
7.3 seis carros *cubiertos* y doce bueyes 6632
9.15 la nube *cubrió* el tabernáculo sobre la.......... 3680
9.16 la nube lo *cubría* de día, y de noche la.......... 3680
16.33 y los *cubrió* la tierra, y perecieron 3680
1 6.38 planchas batidas para *cubrir* el altar......... 6862
16.39 y los batieron para *cubrir* el altar............ 6862
16.42 tabernáculo... la nube lo había *cubierto* 3680
22.5,11 pueblo...*cubre* la faz de la tierra 3680
Dt 2.5 no os daré... ni aun lo que *cubre*... un pie 4096
22.12 flecos en... tu manto con que te *cubras* 3680
23.13 al volverte *cubrirás* tu excremento 3680
32.15 coces (engordaste, te *cubriste* de grasa...... 3780
33.12 lo *cubrirá* siempre, y entre sus hombros...... 2645
Jos 24.7 hizo venir... mar, el cual los *cubrió* 3680
Jue 3.22 la gordura *cubrió* la hoja; porque no 5462
3.24 él *cubre* sus pies en la sala de verano.......... 5526
4.18 él vino... y ella le *cubrió* con una manta 3680
4.18 y le dio de beber, y le volvió a *cubrir*........... 3680
1 S 19.13 una estatua... y la *cubrió* con la ropa 3680
24.3 entró Saúl en ella para *cubrir* sus pies 5526
28.14 un... anciano viene, *cubierto* de un manto 5844
2 S 15.30 llevando la cabeza *cubierta* y los............. 2645
15.30 el pueblo...*cubrió* cada uno su cabeza 2645
19.4 el rey, *cubierto* el rostro, clamaba en 3813
1 R 1.1 le *cubrían* de ropas... no se calentaba 3680
6.9 y la *cubrió* con artesonados de cedro........... 5603
6.15 *cubrió* las paredes...*c*... pavimento con 6823
6.18 y la casa estaba *cubierta* de cedro por.......... 4734
6.20 y lo *cubrió* de oro purísimo...*c* de oro 6823
6.21 *cubrió* de oro puro la casa por dentro.......... 6823
6.21 cerró la entrada... y lo *cubrió* de oro 6823
6.22 *cubrió*, pues, de oro... la casa de arriba......... 6823
6.22 *cubrió* de oro todo el altar que estaba 6823
6.28 y *cubrió* de oro los querubines 6823
6.30 y *cubrió* de oro el piso de la casa, por 6823
6.32 las *cubrió* de oro; *c* también de oro los......... 6823
6.35 talló... y las *cubrió* de oro ajustado a 6823
7.3 estaba *cubierta* de tablas de cedro arriba 5603
7.7 el pórtico del juicio...*cubrió* de cedro............ 5603
7.18 para *cubrir* los capiteles que estaban 3680
7.41 dos redes que *cubrían* los dos capiteles........ 3680
7.42 para *cubrir* los dos capiteles redondos 3680
8.7 así *cubrían* los querubines el arca y sus 5526
10.18 un gran trono... el cual *cubrió* de oro......... 6822

11.29 Ahías...*cubierto* con una capa nueva......3680
19.13 cuando lo oyó Elías, *cubrió* su rostro......3874
2 R 18.16 quiciales que...había *cubierto* de oro......6822
19.1 se *cubrió* de cilicio, y entró en la casa......3680
19.2 envió a Eliaquim, *cubiertos* de cilicio......3680
1 Cr 21.16 se postraron...*cubiertos* de cilicio......3680
28.18 con las alas extendidas *cubrían* el arca......5526
29.4 plata...para *cubrir* las paredes de las......2902
2 Cr 3.4 el pórtico...*cubrió* por dentro de oro......6822
3.5 madera de ciprés, la cual *cubrió* de oro......2645
3.6 *cubrió*...la casa de piedras preciosas para......6823
3.7 *cubrió* la casa...y sus puertas, con oro......2645
3.8 y lo *cubrió* de oro fino que ascendía a......2645
3.9 *cubrió* también de oro los aposentos......2645
3.10 dos querubines...fueron *cubiertos* de oro......6822
4.9 y *cubrió* de bronce las puertas de ellas......6822
4.12 dos redes para *cubrir* las dos esferas......3680
4.13 granadas...que *cubriesen* las dos esferas......3680
5.8 los querubines *cubrían* por encima el arca......3680
9.17 un gran trono de marfil, *cubrió* de oro......6822
32.30 este Ezequías *cubrió* los manantiales......5640
Esd 9.7 a vergüenza que *cubre* nuestro rostro
Neh 4.5 no *cubras* su iniquidad, ni su pecado......3680
Est 6.12 prisa para irse...*cubierta* su cabeza......2645
7.8 palabra, le *cubrieron* el rostro a Amán......2645
Job 9.24 y él *cubre* el rostro de sus jueces......4374
15.27 porque la gordura *cubrió* su rostro, *c*......3680
16.18 no *cubras* mi sangre, y no haya lugar......3680
21.26 yacerán ellos...y gusanos los *cubrirán*......3680
22.11 no veas, y abundancia de agua te *cubre*......3680
23.17 ni...*cubierto* con oscuridad mi rostro?......3680
29.14 me vestía de justicia, y ella me *cubría*......3847
38.34 para que te *cubra* muchedumbre de aguas?..3680
40.22 los árboles...lo *cubren* con su sombra......5526
Sal 32.1 sido perdonada, y *cubierto* su pecado......3680
44.15 y la confusión de mi rostro me *cubre*......3680
44.19 y nos *cubrieses* con sombra de muerte......3680
55.5 temor y temblor...terror me ha *cubierto*......3680
65.13 y los valles se *cubren* de grano; dan......5848
68.13 como alas de paloma *cubiertas* de plata......2645
69.7 afrenta; confusión ha *cubierto*...rostro......3680
71.13 *cubiertos* de vergüenza y de confusión......5844
78.53 guio...y el mar *cubrió* a sus enemigos......3680
80.10 montes fueron *cubiertos* de su sombra......3680
85.2 tu pueblo...los pecados de ellos *cubriste*......3680
89.45 has acortado...has *cubierto* de afrenta......5844
91.4 con sus plumas te *cubrirá*, y debajo de......5526
104.2 que se *cubre* de luz como de vestidura......5844
104.6 abismo, como con vestido, la *cubriste*......3680
104.9 no traspasarán, ni volverán a *cubrir* la......3680
106.11 *cubrieron* las aguas a sus enemigos; no......3680
106.17 abrió...y *cubrió* la compañía de Abiram......3680
109.19 séale como vestido con que se *cubra*, y......5844
109.29 sean *cubiertos* de confusión como con......5844
140.9 la maldad de sus...*cubrirá* su cabeza......3680
147.8 él es quien *cubre* de nubes los cielos......3680
Pr 10.6,11 violencia *cubrirá* la boca de los......3680
10.12 pero el amor *cubrirá* todas las faltas......3680
17.9 el que *cubre* la falta busca amistad; mas......3680
24.31 ortigas habían ya *cubierto* su faz, y su......3680
26.26 aunque su odio se *cubra* con disimulo......6823
Ec 6.4 y con tinieblas su nombre es *cubierto*......3680
Cnt 5.14 cuerpo...marfil *cubierto* de zafiros......5968
Is 6.2 *cubrían* sus rostros, con dos *c*...pies......3680
11.9 llena del...como las aguas *cubren* el mar......3680
14.11 serán tu cama, y gusanos te *cubrirán*......4374
22.17 Jehová...de cierto te *cubrirá* el rostro......5844
25.7 cubierta con que están *cubiertos* todos......3875
37.1 y *cubierto* de cilicio vino a la casa de......3680
37.2 envió...sacerdotes, *cubiertos* de cilicio......3680
49.2 me *cubrió* con la sombra de su mano......2244
51.16 y con la sombra de mi mano te *cubrí*......3680
58.7 que cuando veas al desnudo, lo *cubras*......3680
59.6 vestir, ni de sus obras serán *cubiertos*......3680
59.17 ropas...se *cubrió* de celo como de manto......5844
60.2 he aquí que tinieblas *cubrirán* la tierra......3680
60.6 multitud de camellos te *cubrirá*...de Efa......3680
65.16 serán olvidadas, y serán *cubiertas* de......5641
Jer 3.25 yacemos...y nuestra afrenta nos *cubre*......3680
14.3 se confundieron, y *cubrieron* sus cabezas......2645
14.4 están confusos...*cubrieron* sus cabezas......2645
17.11 como la perdiz que *cubre* lo que no puso......1716
22.14 casa...la *cubre* de cedro, y la pinta de......5603
43.9 *cúbrelas* de barro en el enladrillado que......2934
46.8 subiré, *cubriré* la tierra, destruiré a......3680
51.42 de la multitud de sus olas fue *cubierta*......3680
51.51 la confusión *cubrió* nuestros rostros......3680
Lm 3.16 mis dientes quebró...*cubrió* de ceniza......3728
3.44 te *cubriste* de nube para que no pasase......5526
3.54 aguas *cubrieron* mi cabeza...Muerto soy. 6687,5921
Ez 1.11 alas...los otras dos *cubrían* sus cuerpos......3680
1.23 uno tenía dos alas que *cubrían* su cuerpo......3680
12.6 *cubrirás*...rostro, y no mirarás la tierra......3680
12.12 *cubrirá* su rostro para no ver con sus......3680
16.8 *cubrí* tu desnudez; y te di juramento y......3680
16.10 te vestí...te ceñí de lino y te *cubrí* de......3680
16.18 y tomaste tus vestidos...y las *cubriste*......3680
18.7 diere...*cubriere* al desnudo con vestido......3680
18.16 pan, y *cubriere* con vestido al desnudo......3680
24.7 no...para que fuese *cubierta* con polvo......3680
24.8 pondré su sangre sobre...no sea *cubierta*......3680
24.17 no te *cubras* con rebozo, ni comas pan......5844
24.22 no os *cubriréis* con rebozo, ni comeréis......5844
26.10 te *cubrirá* el polvo...con el estruendo......3680
26.19 subir...y las muchas aguas te *cubrirán*......3680
30.18 tiniebla la *cubrirá*, y los moradores de......3680
31.8 los cedros no lo *cubrieron* en el huerto......6004
31.15 hice *cubrir* por él el abismo, y detuve......3680
31.15 al Líbano *cubrí* de tinieblas por él, y......3680
32.7 *cubriré* los cielos...el sol *c* con nublado......3680
36.32 avergonzaos y *cubríos* de confusión por
37.6 os *cubriré* de piel, y pondré en vosotros......7159
37.8 la piel *cubrió* por encima de ellos; pero......7159
38.9,16 como nublado para *cubrir* la tierra......3680
41.16 *cubierto* de madera...ventanas también *c*......3680
Os 2.9 y mi lino que había dado para *cubrir* su......3680
7.9 canas le han *cubierto*, y él no lo supo......2236
10.8 dirán a...*Cubridnos*; y a los collados......3680
Am 8.9 y *cubriré* de tinieblas la tierra en el......2821
Abd 10 por la injuria a...te *cubrirá* vergüenza......3680
Jon 3.6 se *cubrió* de cilicio y se sentó sobre......3680
3.8 *cúbranse* de cilicio hombres y animales......3680
Mi 7.10 lo verá, y la *cubrirá* vergüenza; la que......5844
Hab 2.14 llena...como las aguas *cubren* el mar......3680
2.19 está *cubierto* de oro y plata, y no hay......8610
3.3 su gloria *cubrió* los cielos, y la tierra......3680
Mal 2.13 haréis *cubrir* el altar de Jehová de......3680
2.16 y al que *cubre* de iniquidad su vestido......3680
Mt 8.24 tempestad...las olas *cubrían* la barca......*2572*
11.8 **hombre *cubierto* de vestiduras delicadas?**......*294*
17.5 aún hablaba, una nube de luz los *cubrió*......*1982*
25.36 **desnudo, y me *cubristeis*; enfermo, y me**......*4016*
25.38 **¿y cuándo te...desnudo, y te *cubrimos*?**......*4016*
25.43 **estuve desnudo, y no me *cubristeis***......*4016*
Mr 14.51 le seguía, *cubierto* el cuerpo con una......*4016*
14.65 y a *cubrirle* el rostro y a darte de......*4026*
16.5 un joven...*cubierto* de una larga ropa......*4016*
Lc 1.35 el poder del Altísimo te *cubrirá* con......*1982*
7.25 **hombre *cubierto* de vestiduras delicadas?**......*294*
8.16 **nadie que enciende una luz la *cubre* con**......*2572*
9.34 una nube que los *cubrió*; y tuvieron temor......*1982*
23.30 **a decir a...y a los collados: *Cubridnos***......*2572*
Ro 4.7 aquellos...cuyos pecados son *cubiertos*......*1943*
1 Co 11.4 varón que ora con la cabeza *cubierta*......*2596*
11.6 si la mujer no se *cubre*, que se corte......*2619*
11.6 y si le es vergonzoso a la...que se *cubra*......*2619*
11.7 el varón no debe *cubrirse* la cabeza, pues......*2619*
11.13 que la mujer ore a Dios sin *cubrirse*......*177*
He 9.4 el arca del pacto *cubierta* de oro por......*4028*
9.5 los querubines de gloria que *cubrían* el......*2683*
11.37 anduvieron de acá...*cubiertos* de pieles
Stg 5.20 alma, y *cubrirá* multitud de pecados......*2572*
1 P 4.8 el amor *cubrirá* multitud de pecados......*2572*
Ap 16.10 y su reino se *cubrió* de tinieblas

CUCHARA
Éx 25.29; 37.16 platos, sus *c*, sus cubiertos......3709
Nm 4.7 y pondrán...*c*, las copas y los tazones......3709
7.14,20,26,32,38,44,50,56,62,68,74,80 una *c* de oro
de diez siclos......3709
7.84 platos...Jarros de plata, doce *c* de oro......3709
7.86 las doce *c* de oro...de 10 siclos cada *c*......3709
7.86 doce...todo el oro de las *c*, 120 siclos......3709
2 Cr 4.22 *c* y los incensarios eran de oro puro......3709
24.14 hicieron...morteros, *c*, vasos de oro......3709
Jer 52.18 los tazones, las *c*, y...utensilios......3709

CUCHARILLA
1 R 7.50 *c* e incensarios, de oro purísimo......3709

CUCHARÓN
2 R 25.14 llevaron...*c*, y todos los untensilios......3709

CUCHILLO
Gn 22.6 y él tomó en su mano el fuego y el *c*......3979
22.10 y extendió Abraham su mano y tornó el *c*......3979
Jos 5.2 a Josué: Hazte *c* afilados, y vuelve a......2719
5.3 Josué se hizo *c* afilados, y circuncidó a......2719
Jue 19.29 y llegando a su casa, tomó un *c*, y......3979
1 R 18.28 y se sajaban con *c* y con lancetas......2719
Esd 1.9 mil tazones de plata, veintinueve *c*......4252
Job 41.7 ¿cortarás tú con *c* su piel, o...arpón......7905
Pr 23.2 pon *c* a tu garganta, si tienes gran......7915
25.18 martillo y *c*...es el hombre que habla......2719
30.14 cuyos dientes son espadas, y...muelas...*c*......2719
Ez 5.1 tómate un *c* agudo, toma una navaja de......2719

CUELLO
Gn 27.16 la parte de su *c* donde no tenía vello......6677
33.4 Esaú...y se echó sobre su *c*, y le besó......6677
41.42 lino...y puso un collar de oro en su *c*......6677
45.14 echó sobre el *c* de Benjamín su hermano......6677
45.14 y también Benjamín lloró sobre su *c*......6677
46.29 se echó sobre su *c*, y lloró...largamente......6677
Éx 28.32; 39.23 como el *c* de un coselete......6310
Lv 5.8 arrancará de su *c* la cabeza, mas no la......6203
Dt 28.48 él pondrá yugo de hierro sobre tu *c*......6677
Jos 10.24 y poned vuestros pies sobre los *c* de......6677
10.24 pusieron sus pies sobre los *c* de ellos......6677
Jue 8.21 adornos...que sus camellos traían al *c*......6677
8.26 collares que traían sus camellos al *c*......6677
1 R 20.31 pongamos, pues...sogas en nuestro *c*......7218
20.32 y sogas a sus *c*, y vinieron al rey de......7218
2 R 11.14 a voz en *c*: ¡Traición, traición!......7121
Job 15.26 corrió contra él con *c* erguido, con......6677
30.18 la violencia...ciñe como el *c* de mi túnica......6310
39.19 ¿vestiste tú su *c* de crines ondulantes?......6677
Pr 1.9 adorno de gracia...y collares a tu *c*......1621
3.3 átalas a tu *c*, escríbelas en la tabla de......1621
3.22 serán vida a tu alma, y gracia a tu *c*......1621
6.21 átalos siempre en tu...enlázalos a tu *c*......1621
Cnt 1.10 hermosas son...tu *c* entre los collares......6677
4.4 tu *c*, como la torre de David, edificada......6677
4.9 has apresado...con una gargantilla de tu *c*......6060
7.4 *c*, como torre de marfil; tus ojos, como......6677
Is 3.16 *c* erguido y con ojos desvergonzados......1627
30.28 llegará hasta el *c*, para zarandear a las......6677
52.2 suelta las ataduras de tu *c*, cautiva hija......6677
58.1 clama a voz en *c*, no te detengas; alza......1627
Jer 27.2 hazte coyundas...y ponlos sobre tu *c*......6677
27.8 la nación...y que no pusiere su *c* debajo......6677
27.11 a la nación que sometiere su *c* al yugo......6677
27.12 someted vuestros *c* al yugo del rey de......6677
28.10,12 el yugo del *c* del profeta Jeremías......6677
28.11 romperé el yugo...*c*...de las naciones......6677
28.14 yugo de hierro puse sobre el *c* de todas......6677
30.8 yo quebraré su yugo de tu *c*, y romperé......6677
Ez 16.11 puse brazaletes en tus...y collar a tu *c*......1627
21.29 que la emplees sobre los *c* de los malos......6677
Dn 5.7 collar de oro llevará en su *c*, y será......6676
5.16 collar de oro llevarás en tu *c*, y serás......6676
5.29 mandó...poner en su *c* un collar de oro......6676
Mi 2.3 un mal del cual no sacaréis vuestros *c*......6677
Mt 18.6 **se le colgase al *c* una piedra de molino**......*5137*
Mr 9.42 **se le atase una piedra de molino al *c***......*5137*
Lc 15.20 **corrió, y se echó sobre su *c*, y le**......*5137*
17.2 **se le atase al *c* una piedra de molino**......*5137*
Hch 20.37 echándose al *c* de Pablo, le besaban......*5137*

CUENCA
Jue 15.19 abrió Dios la *c* que hay en Lehí, y......4388
Zac 14.12 se consumirán en las *c* de sus ojos......2356

CUENCO
1 R 7.40 hizo Hiram fuentes, y tenazas, y *c*......4219
7.45 *c*, y...los utensilios que Hiram hizo al......4219
2 R 25.15 *c*, los que de oro, en oro, y los de......4219
Ec 12.6 se rompa el *c* de oro, y el cántaro se......1543

CUENTA
Gn 43.9 te respondo por él; a mí me pedirás *c*......1245
Éx 12.4 hombre, haréis la *c* sobre el cordero......3699
30.12 conforme a la *c* de ellos, cada uno dará......6485
38.21 estas son las *c* del tabernáculo, del......6485
Lv 25.50 hará la *c* con el que lo compró, desde......2803
27.18 el sacerdote hará la *c*...conforme a los......2803
Nm 1.2 tomad el censo de...la *c* de los nombres......4557
1.18,20,22,24,26,28,30,32,34,36,38,40,42 conforme
a la *c* de los nombres......4557
1.49 tribu de Leví, ni tomarás la *c* de ellos......6485
3.22 conforme a la *c* de todos los varones de......6485
4.2 toma la *c* de los hijos de Coat de entre......7218
26.53 se repartirá...por la *c* de los nombres......4557
31.26 toma la *c* del botín que se ha hecho, así......7218
Dt 1.25 y nos dieron *c*, y dijeron: Es buena la......1697
18.19 cualquiera que no oyere...yo le pediré *c*......1875
19.15 no se tomará en *c* a un solo testigo......6965
32.29 y se dieran *c* del fin que les espera!......995
Jue 20.15 fueron por *c* 700 hombres escogidos......6485
2 R 12.15 y no se tornaba *c* a los hombres en......2803
22.7 y que no se les tome *c* del dinero cuyo......2803
22.9 dio *c* al rey y dijo: Tus siervos han......1697
1 Cr 9.28 se metían por *c*, y por *c* se sacaban......4557
21.4 dio la *c* del número del pueblo a David......4557
22.3 preparó David...madera de cedro sin *c*......4557
22.16 del oro...bronce y del hierro, no hay *c*......4557
23.27 se hizo la *c* de los hijos de Leví de......4557
23.29 para lo tostado, y para toda medida y *c*......4060
2 Cr 34.15 y dando *c* Hilcías, dijo al escriba......6030
Esd 1.8 Mitrídates...los dio por *c* a Sesbasar......5608
1.9 y esta es la *c* de ellos: 30 tazones de......4557
8.34 por *c* y por peso se entregó todo, y se......4557
Est 9.11 mismo día se le dio *c* al rey acerca......4557
Job 7.3 así...noches de trabajo me dieron por *c*......4487
33.13 él no da *c* de ninguna de sus razones......6030
38.37 puso por *c* los cielos con sabiduría?......5608
Sal 52 *tít.* vino Doeg edomita y dio *c* a Saúl......5046
Is 1.18 venid...dice Jehová, y estemos a *c*......3198
Ez 18.24 ninguna de las...le serán tenidas en *c*......2142
Dn 6.2 uno, a quienes estos sátrapas diesen *c*......2941
Mt 12.36 **de ella darán *c* en el día del juicio**......*3056*
18.23 **rey que quiso hacer *c* con sus siervos**......*3056*
18.24 **comenzando a hacer *c*...fue presentado**......*4868*
25.19 **vino el señor de...y arregló *c* con ellos**..*4868,3056*
Lc 16.2 **da *c* de tu mayordomía, porque ya no**......*3056*
16.6 **le dijo: Toma tu *c*...y escribe cincuenta**......*1121*
16.7 **le dijo: Toma tu *c*, y escribe ochenta**......*1121*
Jn 7.17 **conocerá...si yo hablo por mi propia *c***......*1683*
7.18 **habla por su propia *c*, su propia gloria**......*1438*
12.49 **yo no he hablado por mi propia *c*; el**......*1683*
14.10 **no las hablo por mi propia *c*, sino que**......*1683*
16.13 **no hablará por su propia *c*, sino que**......*1438*
Hch 7.60 Señor, no les tomes en *c* este pecado......*2476*
19.18 muchos...venían...dando *c* de sus hechos......*312*
19.19 hecha la *c* de su precio, hallaron que......*4860*
Ro 1.28 ellos no aprobaron tener en *c* a Dios......*2192*
14.12 cada uno de nosotros dará a Dios *c* de......*3056*
2 Co 5.19 no tomándoles en *c* a...sus pecados......*3049*
10.11 esto tenga en *c* tal persona, que así......*3049*
Fil 4.17 busco fruto que abunde en vuestra *c*......*3056*
2 Ti 4.16 desampararon; no les sea tomado en *c*......*3049*
Flm 18 algo te dañó, o te debe, ponlo a mi *c*......*1677*
He 4.13 ojos de aquel a quien tenemos que dar *c*......*3056*
13.17 velan por...como quienes han de dar *c*......*3056*
1 P 4.5 ellos darán *c* al que está preparado......*3056*

CUERDA
Éx 35.18 estacas...estacas del atrio y sus *c*......4340
39.40 sus *c* y sus estacas, y...los utensilios......4340
Nm 3.26 asimismo sus *c* para todo su servicio......4340
3.37 las columnas...basas, sus estacas y sus *c*......4340
4.26,32 sus *c*...instrumentos de su servicio......4340
Jos 2.15 ella los hizo descender con una *c* por......2256
Jue 15.13 entonces le ataron con dos *c* nuevas......5688
15.14 las *c*...se volvieron como lino quemado......5688
16.9 rompió los mimbres, como...*c* de estopa......6616
16.11 si me ataren fuertemente con *c* nuevas......5688

16.12 y Dalila tomó *c* nuevas, y le ató con 5688
Est 1.6 tendido sobre *c* de lino y púrpura en 2256
Job 18.10 su *c* está escondida en la tierra, y 2256
30.11 porque Dios desató su *c*, y me afligió 3499
36.8 y si... aprisionados en las *c* de aflicción 2256
41.1 sacarás tú... *c* que le eches en su lengua? 2256
Sal 2.3 rompamos... y echemos de nosotros sus *c* 5688
11.2 el arco, disponen sus saetas sobre la *c* 3499
16.6 las *c* me cayeron en lugares deleitosos 2256
21.12 en tus *c* dispondrás saetas contra sus 4340
78.55 con *c* repartió sus tierras en heredad 2256
118.27 atad víctimas con *c* a los cuernos del 5688
140.5 me han escondido lazo y *c* los soberbios 2256
150.4 con pandero... alabadle con *c* y flautas 4482
Pr 5.22 retenido será con las *c* de su pecado 2256
Is 3.24 *c*... lugar de cinturón, y cabeza rapada 5364
5.18 traen la iniquidad con *c* de vanidad, y 2256
33.20 estacas, ni ninguna de sus *c* será rota 2256
33.23 *c* se aflojaron; no afirmaron su mástil 2256
54.2 alarga tus *c*, y refuerza tus estacas 4340
Jer 10.20 todas mis *c* están rotas, mis hijos 4340
Ez 3.25 que pondrán sobre ti *c*, y con ellas te 5688
Os 11.4 con *c* humanas... atraje, con *c* de amor 2256
Hab 3.19 sobre mis instrumentos de *c* 5058
Jn 2.15 haciendo un azote de *c*, echó fuera a *4979*

CUERDO

2 Cr 2.12 dio al rey David un hijo sabio... *c* y 7922
Sal 36.3 ha dejado de ser *c* y de hacer el bien 7919
Pr 12.23 el hombre *c* encubre su saber; mas el 6175
2 Co 5.13 si... y si somos *c*, es para vosotros *4993*
11.19 toleráis a... necios, siendo vosotros *c* *5429*

CUERNO

Gn 22.13 un carnero trabado en un... por sus *c* 7161
Éx 27.2 le harás *c*... *c* serán parte del mismo 7161
29.12 pondrás sobre los *c* del altar con tu 7161
30.2 dos codos; y sus *c* serán parte del mismo 7161
30.3 de oro... sus paredes en derredor y sus *c* 7161
30.10 sobre sus *c* hará Aarón expiación una 7161
37.25 el altar del... y sus *c* de la misma pieza 7161
37.26 de oro... sus paredes alrededor, y sus *c* 7161
38.2 hizo sus *c* a sus cuatro esquinas, los 7161
Lv 4.7 pondrá de esa sangre sobre... *c* del altar 7161
4.18,25,30,34 pondrá sobre los *c* del altar 7161
8.15 puso con su dedo sobre los *c* del altar 7161
9.9 mojó... puso de ella sobre los *c* del altar 7161
16.18 sangre... la pondrá sobre los *c* del altar 7161
Jos 6.4 llevarán 7 ocinas de *c* de carnero 3104
6.5 y cuando toquen... el *c* de carnero, así que 7161
6.6 siete sacerdotes llevan bocinas de *c* de 3104
6.8,13 llevando 7 bocinas de *c* de carnero 3104
Jue 3.27 tocó el *c* en el monte de Efraín, y los 7782
6.34 tocó el *c*... los abiezeritas se reunieron 7782
1 S 16.1 llena tu *c* de aceite, y... te enviaré 7161
16.13 Samuel tomó el *c* del aceite, y lo ungió 7161
2 S 2.28 Joab tocó el *c*, y todo el pueblo se 7782
1 R 1.39 y tomando... Sadoc el *c* el aceite del 7161
1.50 y se fue, y se asió de los *c* del altar 7161
1.51 se ha asido de los *c* del altar, diciendo 7161
2.28 huyó Joab... y se asió de los *c* del altar 7161
22.11 Sedequías... había hecho unos *c* de hierro 7161
2 Cr 18.10 se había hecho *c* de hierro, y decía 7161
Sal 22.21 y líbrame de los *c* de los búfalos 7161
69.31 buey, o becerro que tiene *c* y pezuñas 7160
118.27 atad víctimas con... a los *c* del altar 7161
Jer 17.1 esculpido... en los *c* de sus altares 7161
Ez 34.21 acorneasteis con vuestros *c* a todas 7161
43.15 altar... encima del altar había cuatro *c* 7161
43.20 pondrás en los cuatro *c* del altar, y en 7161
Dn 7.7 bestia... era muy diferente... tenía diez *c* 7162
7.8 y contemplaba los *c*, he aquí que otro *c* 7162
7.8 delante de él fueron arrancados tres *c* 7162
7.8 que este *c* tenía ojos como de hombre, y 7162
7.11 las grandes palabras que hablaba el *c* 7162
7.20 de los diez *c* que tenía... *c* tenía ojos 7162
7.21 este *c* hacía guerra contra los santos 7162
7.24 los diez *c* significan que de aquel reino 7162
8.3 carnero... tenía dos *c*... los *c* eran altos 7161
8.4 que el carnero hería con los *c* al poniente
8.5 macho cabrío tenía un *c* notable entre sus 7161
8.6 y vino hasta el carnero de dos *c*, que yo 7161
8.7 le quebró sus dos *c*, y el carnero no tenía 7161
8.8 aquel gran *c* fue quebrado, y en su lugar 7161
8.8 y en su lugar salieron otros cuatro *c* 2380
8.9 de uno de ellos salió un *c* pequeño, que 7161
8.20 que tenía dos *c*, éstos son los reyes de 7161
8.21 y el *c* grande que tenía entre sus ojos 7161
8.22 y en cuanto al *c* que fue quebrado, y
Am 3.14 y serán cortados los *c* del altar y 7161
Mi 4.13 haré tu *c* como de hierro, y tus uñas 7161
Zac 1.18 mis ojos y miré, y he aquí cuatro *c* 7161
1.19,21 son los *c* que dispersaron a Judá 7161
1.21 los *c* de las naciones que alzaron el *c* 7161
9.15 llenarán como tazón, o como *c* del altar 7161
Ap 5.6 un Cordero... tenía siete *c*, y siete ojos *2768*
9.13 una voz de entre los cuatro *c* del altar *2768*
12.3 que tenía diez *c*, y en sus cabezas siete *2768*
13.1 siete cabezas y diez *c*; y en sus *c* diez *2768*
13.11 dos *c* semejantes a los de un cordero *2768*
17.3 una bestia... tenía siete cabezas y diez *c* *2768*
17.7 cual tiene las siete cabezas y los diez *c* *2768*
17.12 y los diez *c*... son diez reyes, que aún *2768*
17.16 y los diez *c* que viste en la bestia *2768*

CUERO

Lv 13.48,49,51 *c*, o en cualquiera obra de *c* 5785
13.52 o cualquiera obra de *c* en que hubiere 5785
13.53 extendido en... en cualquiera obra de *c* 5785
13.56 la cortará... del *c*, de la urdimbre o de 5785
13.57,59 o trama, o en cualquiera cosa de *c* 5785
13.58 cualquiera cosa de *c* que lavares, y que 5785
Nm 19.5 hará quemar... *c* y su carne y su sangre 5785
Jos 9.4 y tomaron... *c* viejos de vino, rotos y 4997
9.13 estos *c* de vino... llenamos nuevos; helos 4997
1 S 25.18 Abigail tomó... dos *c* de vino, cinco 5035
2 S 16.1 cien panes de higos... y un *c* de vino 5035
2 R 1.8 ceñía sus lomos con un cinturón de *c* 5785
Mt 3.4; Mr 1.6 un cinto de *c* alrededor de sus *1193*

CUERPO

Gn 15.11 descendían aves de rapiña sobre los *c* 6297
47.18 nada ha quedado... sino nuestros *c* y 1472
Éx 22.27 eso es su vestido para cubrir su *c* 5785
Lv 6.10 vestirá calzoncillos de lino... su *c* 1320
11.8 no comeréis, ni tocaréis su *c* muerto 5038
11.11 carne no comeréis, y abominaréis sus *c* 1320
11.24 que tocare sus *c* muertos será inmundo 5038
11.40 el que comiere del *c*... que sacare el *c* 5038
13.2 el hombre tuviere en la piel de su *c* 1320
13.2 hubiere en la piel de su *c* como llaga 1320
13.3 mirará la llaga en la piel de *c*; si el 1320
13.4 y si en la piel de su *c* hubiere mancha 1320
13.11 es lepra crónica en la piel de su *c* 1320
13.13 si la lepra hubiere cubierto todo su *c* 1320
13.24 hubiere en la piel del *c* quemadura de 1320
13.38 tuviere en la piel de su *c* manchas 1320
13.39 si en... su *c* aparecieren manchas blancas 1320
13.43 parecer de la lepra de la piel del *c* 1320
14.9 y lavará su *c* en agua, y será limpio 1320
15.3 sea que su *c* destiló a causa de su flujo 1320
15.7 el que tocare el *c* del que tiene flujo 1320
15.13 y lavará su *c* en aguas corrientes, y 1320
15.16 emisión de... lavará en agua todo su *c* 1320
15.19 y su flujo fuere en su *c*, siete días 1320
16.4 sobre su *c* tendrá calzoncillos de lino 1320
16.4 vestir después de lavar su *c* con agua 1320
16.24 lavará... su *c* con agua en el lugar del 1320
16.26 lavará... su *c*, y después entrará en el 1320
16.28 quemare... lavará también su *c* con agua 1320
17.16 ni lavare su *c*, llevará su iniquidad 1320
19.28 y no haréis rasguños en vuestro *c* por 1320
22.6 no comerá... antes que haya lavado su *c* 1320
26.30 pondré vuestros *c* muertos sobre los *c* 6297
Nm 2.4,6,8,11,13,15,19,21,23,26,28,30 su *c* de ejército,
con sus contados 6635
8.7 y haz pasar la navaja sobre todo su *c* 1320
10.14 Naasón... estaba sobre su *c* de ejército 6635
10.15,16,19,20,23,24,26,27 sobre el *c* de ejército
de la tribu 6635
10.18 Elisur... estaba sobre su *c* de ejército 6635
10.22 Elisama hijo... sobre su *c* de ejército 6635
10.25 Ahiezer hijo... sobre su *c* de ejército 6635
14.29 en este desierto caerán vuestros *c* 6297
14.32 vuestros *c* caerán en este desierto 6297
14.33 hasta que vuestros *c* sean consumidos 6297
19.7 luego... lavará también su *c* con agua, y 1320
19.8 lavará en agua su *c*, y será inmundo 1320
Dt 14.8 éstos no comeréis, ni tocaréis sus *c* 5038
21.23 no dejaréis que su *c* pase la noche 5038
Jos 8.29 Josué que quitasen del madero su *c* 5038
Jue 14.8 para ver el *c* muerto... el *c* del león 4658,1472
14.9 que había tomado... miel del *c* del león 1472
1 S 17.46 daré hoy los *c* de los filisteos a las 6297
31.10 y colgaron su *c* en el muro de Bet-sán 1472
31.12 y quitaron el *c* de Saúl y los *c* de sus 1472
1 R 13.22 no entrará tu *c* en el sepulcro de 5038
13.24 *c* estaba... y el león también junto al *c* 1472
13.25 vieron el *c*... y el león que... junto al *c* 1472
13.28 halló el *c* tendido... el león... junto al *c* 1472
13.28 el león no había comido el *c*, ni dañado 1472
13.29 tomó el profeta el *c* del varón de Dios 1472
13.30 el *c* en su sepulcro; y le endecharon 1472
2 R 4.34 subió... el *c* del niño entró en calor 1320
6.30 y el pueblo vio el cilicio... sobre su *c* 1320
9.37 el *c* de Jezabel será como estiércol sobre 5038
19.35 por la mañana... todo era *c* de muertos 6297
1 Cr 10.12 tomaron el *c* de Saúl y los *c* de sus 1480
2 Cr 3.5 y techó el *c* mayor del edificio con
Neh 9.37 quienes se enseñorean... nuestros *c* 1472
Job 4.15 hizo que se erizara el pelo de mi *c* 1320
13.28 y mi *c* se va gastando como de carcoa
20.25 saeta le traspasará y saldrá de su *c* 1465
Sal 31.9 consumido de tristeza... mi alma... mi *c* 990
44.25 nuestro *c* está postrado hasta la tierra 990
79.2 dieron los *c* de tus siervos por comida 5038
139.15 no fue encubierto de ti mi *c*, bien 6108
Pr 3.8 será medicina a tu *c*, y refrigerio para 8270
4.22 porque son vida... y medicina a todo su *c* 1320
5.11 gimas al final, cuando se consuma... tu *c* 7607
Cnt 5.14 su *c*, como claro marfil cubierto de 4578
Is 10.18 la gloria de su... consumirá... alma y *c* 1320
14.19 eres echado de... como *c* muerto hollado 6297
37.36 por la mañana... todo era *c* de muertos 6297
50.6 di mi *c* a los heridores, y mis mejillas 1460
51.23 y tú pusiste tu *c* como tierra, y como 1460
Jer 7.33 *c* muertos de este pueblo para comida 5038
9.22 los *c* de los hombres muertos caerán como 5038
16.4 sus *c* servirán de comida a las aves del 5038
19.7 sus *c* para comida a las aves del cielo 5038
26.23 y echó su *c* en los sepulcros del vulgo 5038
31.40 todo el valle de los *c* muertos y de la 6297
33.5 para llenarlas de *c* de hombres muertos 6297
34.20 sus *c* muertos serán comida de las aves 5038
36.30 su *c* será echado al calor del día y al 5038
41.9 cisterna en que echó Ismael todos los *c* 6297
Lm 4.7 más rubios eran sus *c* que el coral, su 6106
Ez 1.11 sus alas... las otras dos cubrían sus *c* 1472
1.23 cada uno tenía dos alas que cubrían su *c* 1472
6.5 y pondré los *c* muertos de los... de Israel 6297
10.12 y todo su *c*, sus espaldas, sus manos y 1320
43.7 ni con los *c* muertos de sus reyes en sus 6297
43.9 arrojarán lejos... *c* muertos de sus reyes 6297
Dn 3.27 el fuego no había tenido poder... sus *c* 1655
3.28 y entregaron sus *c* antes que servir y 1655
4.33; 5.21 *c* se mojaba con el rocío del cielo 1655
7.11 su *c* fue destrozado y entregado para ser 1655
7.15 me turbó el espíritu... en medio de mi *c* 5085
10.6 su *c* era como de berilo, y su rostro 1472
Am 8.3 gemirán en... muchos serán los *c* muertos 6297
Hag 2.13 inmundo a causa de *c* muerto tocare 5315
Mt 5.29,30 todo tu *c* sea echado al infierno *4983*
6.22 la lámpara del *c* es el ojo; así que, si *4983*
6.22 ojo es bueno... tu *c* estará lleno de luz *4983*
6.23 si tu ojo es maligno, todo tu *c* estará *4983*
6.25 ni por vuestro *c*, qué habéis de vestir *4983*
6.25 ¿no es la... y el *c* más que el vestido? *4983*
10.28 no temáis a los que matan el *c*, mas el *4983*
10.28 destruir el alma y el *c* en el infierno *4983*
14.12 tomaron el *c* y lo enterraron; y fueron *4983*
24.28 dondequiera que estuviere el *c* muerto *4430*
26.12 al derramar este perfume sobre mi *c*, lo *4983*
26.26 y dijo: Tomad, comed; esto es mi *c* *4983*
27.52 muchos *c* de santos que habían dormido *4983*
27.58 éste fue a Pilato y pidió el *c* de Jesús *4983*
27.58 Pilato mandó que se le diese el *c* *4983*
27.59 tomando José el *c*, lo envolvió en una *4983*
Mr 5.29 y sintió en el *c* que estaba sana de *4983*
6.29 vinieron y tomaron su *c*, y lo pusieron *4430*
14.8 se ha anticipado a ungir mi *c* para la *4983*
14.22 les dio, diciendo: Tomad, esto es mi *c* *4983*
14.51 le seguía, cubierto el *c* con una sábana *4983*
15.43 José de Arimatea... pidió el *c* de Jesús *4983*
15.45 informado por el centurión, dio el *c* a *4983*
Lc **11.34 la lámpara del *c* es el ojo; cuando** 4983
11.34 también todo tu *c* está lleno de luz *4983*
11.34 maligno, también tu *c* está en tinieblas *4983*
11.36 así que, si todo tu *c* está lleno de luz *4983*
12.4 os digo... No temáis a los que matan el *c* *4983*
12.22 no os afanéis por... el *c*, qué vestiréis *4983*
12.23 la vida es más que... el *c* que el vestido *4983*
17.37 donde estuviere el *c*, allí se juntarán *4983*
22.19 esto es mi *c*, que por vosotros es dado *4983*
23.52 fue a Pilato, y pidió el *c* de Jesús *4983*
23.55 vieron el supulcro, y cómo... puesto su *c* *4983*
24.3 y entrando, no hallaron el *c* del Señor *4983*
24.23 no hallaron su *c*, vinieron diciendo que *4983*
Jn 2.21 mas él hablaba del templo de su *c* *4983*
19.31 *c* no quedasen en la cruz en el día de *4983*
19.38 le permitiese llevarse el *c* de Jesús *4983*
19.38 José de... vino, y se llevó el *c* de Jesús *4983*
19.40 tomaron, pues, el *c* de Jesús... lienzos *4983*
20.12 donde el *c* de Jesús había sido puesto *4983*
Hch 9.40 oró; y volviéndose al *c*, dijo: Tabita *4983*
19.12 se llevaban a los... delantales de su *c* *5559*
Ro 1.24 deshonraron entre sí sus propios *c* *4983*
4.19 fe al considerar su *c*... de casi cien años *4983*
6.6 para que el *c* del pecado sea destruido *4983*
6.12 no reine... el pecado en vuestro *c* mortal *4983*
7.4 habéis muerto a la ley mediante el *c* de *4983*
7.24 ¿quién me librará de este *c* de muerte? *4983*
8.10 el *c* en verdad está muerto a causa del *4983*
8.11 vivificará también vuestros *c* mortales *4983*
8.23 esperando la... la redención de nuestro *c* *4983*
12.1 que presentéis vuestros *c* en sacrificio *4983*
12.4 en un *c* tenemos muchos miembros, pero *4983*
12.5 así... siendo muchos, somos un *c* en Cristo *4983*
1 Co 5.3 como ausente en *c*, pero presente en *4983*
6.13 el *c*... para el Señor, y el Señor para el *c* *4983*
6.15 que vuestros *c* son miembros de Cristo? *4983*
6.16 que se une con una... es un *c* con ella? *4983*
6.18 pecado que el... cometa, está fuera del *c* *4983*
6.18 el que fornica, contra su propio *c* peca *4983*
6.19 ¿o ignoráis que vuestro *c* es templo del *4983*
6.20 glorificad, pues, a Dios en vuestro *c* y *4983*
7.4 la mujer no tiene potestad sobre su... *c* *4983*
7.4 el marido potestad sobre su propio *c*, sino *4983*
7.34 para ser santa así en *c* como en espíritu *4983*
9.27 golpeo mi *c*, y lo pongo en servidumbre *4983*
10.16 ¿no es la comunión del *c* de Cristo? *4983*
10.17 nosotros, con ser muchos, somos un *c* *4983*
11.24 comed; esto es mi *c* que por... es partido *4983*
11.27 será culpado del *c* y de la sangre del *4983*
11.29 sin discernir el *c* del Señor, juicio *4983*
12.12 así como el *c* es uno, y tiene muchos *4983*
12.12 todos los miembros del *c*... son un solo *c* *4983*
12.13 todos bautizados en un *c*, sean judíos *4983*
12.14 el *c* no es un solo miembro, sino muchos *4983*
12.15,16 porque... no soy del *c*... no será del *c*? *4983*
12.17 si todo el *c* fuese ojo, ¿dónde estaría *4983*
12.18 Dios ha colocado los miembros... en el *c* *4983*
12.19 un solo miembro, ¿dónde estaría el *c*? *4983*
12.22 los miembros del *c*... más débiles, son *4983*
12.23 aquellos del *c* que nos parecen menos *4983*
12.24 Dios ordenó el *c*, dando más abundante *4983*
12.25 para que no haya desavenencia en el *c* *4983*
12.27 vosotros, pues, sois el *c* de Cristo, y *4983*
13.3 y si entregase mi *c* para ser quemado *4983*
15.35 pero dirá alguno... ¿Con qué *c* vendrán? *4983*
15.37 lo que siembras no es el *c* que ha de *4983*
15.38 pero Dios le da el *c* como él quiso, y *4983*
15.38 Dios le da... a cada semilla su propio *c* *4983*
15.40 hay *c* celestiales, y *c* terrenales; pero *4983*

15.44 se siembra c animal, resucitará c.... 4983
15.44 hay c animal, y hay c espiritual.... 4983
2 Co 4.10 llevando en el c... muerte de Jesús.... 4983
4.10 la vida de... se manifieste en nuestros c.... 4983
5.6 entre tanto que estamos en el c, estamos.... 4983
5.8 y más quisiéramos estar ausentes del c.... 4983
5.10 que haya hecho mientras estaba en el c.... 4983
7.5 ningún reposo tuvo nuestro c, sino que.... 4561
12.2 si en el c, no lo sé; si fuera del c, no.... 4983
12.3 en el c, o fuera del c, no lo sé; Dios.... 4983
Gá 4.13 que a causa de una enfermedad del c os.... 4561
4.14 por la prueba que tenía en mi c, antes.... 4561
6.17 yo traigo en mi c las marcas del Señor.... 4983
Ef 1.23 la cual es su c, la plenitud de Aquel.... 4983
2.16 reconciliar con Dios a ambos en un... c.... 4983
3.6 los gentiles son... miembros del mismo c.... 4954
4.4 un c, y un Espíritu... una misma esperanza.... 4983
4.12 a fin de... la edificación del c de Cristo.... 4983
4.16 de quien todo el c, bien concertado y.... 4983
5.23 es cabeza de la iglesia, la cual es su c.... 4983
5.28 amar a sus mujeres como a sus mismos c.... 4983
5.30 somos miembros de su c, de su carne y de.... 4983
Fil 1.20 será magnificado Cristo en mi c, o.... 4983
3.2 guardaos de los perros... mutiladores del c
3.21 cual trasformará el c de la humillación.... 4983
3.21 que sea semejante al c de la gloria suya.... 4983
Col 1.18 es la cabeza del c que es la iglesia.... 4983
1.22 en su c de carne, por medio de la muerte.... 4983
1.24 de las aflicciones de Cristo por su c.... 4983
2.5 aunque estoy ausente en c, no obstante.... 4561
2.11 echar de vosotros el c pecaminoso carnal.... 4983
2.17 lo cual es sombra de... el c es de Cristo.... 4983
2.19 en virtud de quien todo el c... crece con.... 4983
2.23 en humildad y en duro trato del c; pero.... 4983
3.15 la que... fuisteis llamados en un solo c.... 4983
1 Ts 5.23 ser, espíritu, alma y c, sea guardado.... 4983
He 3.17 ¿no... cuyos c cayeron en el desierto?.... 2966
10.5 y ofrenda no quisiste... me preparaste c.... 4983
10.10 la ofrenda del c de Jesucristo hecha una.... 4983
10.22 purificados... y lavados los c con agua.... 4983
13.3 también vosotros mismos estáis en el c.... 4983
13.11 los c de aquellos animales cuya sangre.... 4983
Stg 2.16 no les dais las cosas que... para el c.... 4983
2.26 como el c sin espíritu está muerto, así.... 4983
3.2 es... capaz también de refrenar todo el c.... 4983
3.3 ponemos freno... y dirigimos así todo su c.... 4983
3.6 lengua... contamina todo el c, e inflama.... 4983
1 P 2.24 quien llevó... nuestros pecados en su c.... 4983
2 P 1.13 justo, en tanto que estoy en este c.... 4638
1.14 que en breve debo abandonar el c, como.... 4638
Jud 9 disputando con él por el c de Moisés, no.... 4983

CUERVO
Gn 8.7 y envió un c, el cual salió, y estuvo.... 6158
Lv 11.15; Dt 14.14 todo c según su especie.... 6158
1 R 17.4 yo he mandado a los c que te den allí.... 6158
17.6 c le traían pan y carne por la mañana.... 6158
Job 38.41 ¿quién prepara al c su alimento.... 6158
Sal 147.9 y a los hijos de los c que claman.... 6158
Pr 30.17 los c de la cañada lo saquen, y lo.... 6158
Cnt 5.11 sus cabellos crespos, negros como el c.... 6158
Is 34.11 la lechuza y el c morarán en ella.... 6158
Lc 12.24 **considerad los c, que ni siembran, ni**.... 2876

CUESTA *Véase también Cuestas*
1 S 9.11 cuando subían por la c de la ciudad.... 4608
2 S 15.30 David subió la c de los Olivos; y la.... 4608
2 Cr 20.16 ellos subirán por la c de Sis, y los.... 4608
Is 15.5 por la c de Luhit subirán llorando.... 4608

CUESTAS *(m. adv.)*
2 R 5.23 lo puso todo a c a dos de sus criados.... 8147
Ez 12.12 y al príncipe... llevarán a c de noche.... 3802
Zac 11.16 ni llevará la cansada a c, sino que.... 3557

CUESTIÓN
Jue 11.25 ¿tuvo él c contra Israel, o... guerra.... 7378
Hch 15.2 subiesen Pablo y... para tratar esta c.... 2213
18.15 si son c de palabras, y... vedlo vosotros.... 2213
23.29 le acusaban por c de la ley de ellos.... 2213
25.19 tenían contra él ciertas c acerca de.... 2213
25.20 Yo, dudando en c semejante, le pregunté.... 2214
26.3 tú conoces todas las costumbres y c.... 2213
1 Ti 6.4 delira acerca de c y contiendas de.... 2214
2 Ti 2.23 desecha las c necias e insensatas.... 2214
Tit 3.9 evita las c necias, y genealogías, y.... 2214

CUEVA
Gn 19.30 Lot subió de Zoar... y habitó en una c.... 4631
23.9 que me dé la c de Macpela, que tiene al.... 4631
23.11 te doy también la c que está en ella.... 4631
23.17 la heredad con la c que estaba en ella.... 4631
23.19 sepultó Abraham a Sara... en la c de la.... 4631
23.20 la heredad y la c que en ella había, de.... 4631
25.9 lo sepultaron Isaac... en la c de Macpela.... 4631
49.29 sepultadme con mis padres en la c que.... 4631
49.30 en la c que está en el campo de Macpela.... 4631
49.32 la compra del campo y de la c que está.... 4631
50.13 y lo sepultaron en la c del campo de.... 4631
Jos 10.16 cinco reyes... se escondieron en una c.... 4631
10.17 reyes habían sido hallados... en una c.... 4631
10.18,27 grandes piedras a la entrada de la c.... 4631
10.22 abrid la entrada de la c, y sacad de.... 4631
10.23 sacaron de la c a aquellos cinco reyes.... 4631
10.27 y los echasen en la c donde se habían.... 4631
Jue 6.2 Israel... se hicieron c en los montes.... 4492
15.8 habitó en la c de la peña de Etam.... 5585
15.11 y vinieron... a la c de la peña de Etam.... 5585
1 S 13.6 escondieron en c, en fosos, en rocas.... 4631
22.1 yéndose... de allí, huyó a la c de Adulam.... 4631
24.3 llegó... donde había una c, entró Saúl en.... 4631
24.3 David... sentados en los rincones de la c.... 4631
24.7 Saúl, saliendo de la c, siguió su camino.... 4631
24.8 y saliendo de la c dio voces detrás de.... 4631
24.10 te ha puesto hoy en mis manos en la c.... 4631
2 S 17.9 estará ahora escondido en alguna c.... 6354
23.13 vinieron... a David en la c de Adulam.... 4631
1 R 18.4 los escondió... en c, y los sustentó.... 4631
18.13 escondí... los profetas... de 50 en 50 en c.... 4631
19.9 se metió en una c, donde pasó la noche.... 4631
19.13 salió, y se puso a la puerta de la c.... 4631
1 Cr 11.15 descendieron a la... la c de Adulam.... 4631
Job 38.40 cuando están echados en las c, o se.... 4585
Sal 10.9 en oculto, como el león desde su c.... 5520
57 *tít.* cuando huyó delante de Saúl a la c.... 4631
104.22 sol, se recogen, y se echan en sus c.... 4585
141 *tít.* oración que hizo cuando... en la c
Is 11.8 el niño... jugará sobre la c del áspid.... 2352
32.14 las torres y fortalezas se volverán c.... 4631
Jer 7.11 ¿es c de ladrones delante de... ojos.... 4631
Ez 33.27 que están... en las c, de pestilencia.... 4631
Mt 21.13; Mr 11.17; Lc 19.46 **vosotros la habéis hecho c de ladrones**.... 4693
Jn 11.38 era una c, y tenía una piedra puesta.... 4693
He 11.38 errando... por los montes, por las c.... 4693
Ap 6.15 escondieron en las c y entre las peñas.... 4693

CUIDADO
Gn 39.22 en mano de José el c de... los presos.... 5414
39.23 cosa... de las que estaban al c de José
Nm 18.5 el c del santuario, y el c del altar.... 4931
18.8 te he dado también el c de mis ofrendas.... 4931
Dt 12.19 ten c de no desamparar al levita en.... 8104
17.18 del... que está al c de los sacerdotes.... 6440
24.8 ten c de observar... y hacer según todo lo.... 8104
1 S 9.20 de las asnas que... pierde c de ellas.... 3820
17.20 dejando las ovejas al c de un guarda
Est 2.3,8 c de Hegai... guarda de las mujeres.... 3027
Job 10.12 concediste, y tu c guardó mi espíritu.... 6486
Pr 27.23 sé diligente... con c por tus rebaños.... 7896,3820
Is 3.7 él jurará... diciendo: No tomaré ese c.... 2280
Jer 31.28 como tuve c de ellos para arrancar.... 8245
31.28 tendré c de ellos... edificar y plantar.... 8245
Lm 2.20 comer... los pequeñitos a su tierno c?.... 2949
Mr 4.38 Maestro, ¿no tienes c que perecemos?.... 3199
Lc 10.40 ¿no te da c que mi hermana me deje.... 3199
1 Co 7.21 llamado siendo esclavo? No te dé c.... 3199
7.32,34 tiene c de las cosas del Señor.... 3309
7.33,34 tiene c de las cosas del mundo, de.... 3309
9.9 que trilla. ¿Tiene Dios c de los bueyes.... 3199
Fil 4.10 ya... habéis revivido vuestro c de mí.... 5426
1 Ti 4.16 ten c de ti mismo y de la doctrina.... 1907
1 P 5.3 señorío sobre los que... a vuestro.... 2819
5.7 sobre él, porque él tiene c de vosotros.... 3199

CUIDADOSA
Tit 2.5 c de su casa, buenas, sujetas a sus.... 3626

CUIDADOSAMENTE
Dt 6.17 Guardad c los mandamientos
11.13 si obedeciereis c a mis mandamientos
11.22 si guardareis c todos estos mandamientos
Jer 2.10 enviad a Cedar, y considerad c
12.16 si c aprendieren los caminos de mi pueblo

CUIDAR
Nm 23.12 ¿no *cuidaré* de decir lo que Jehová.... 8104
Dt 6.3 oye... *cuida* de ponerlos por obra, para.... 8104
6.12 *cuídate* de no olvidarte de Jehová, que.... 8104
6.25 justicia cuando *cuidemos* de poner por.... 8104
8.1 *cuidaréis* de... por obra todo mandamiento.... 8104
8.11 *cuídate* de no olvidarte de Jehová tu Dios.... 8104
11.12 tierra de la cual Jehová tu Dios *cuida*.... 1875
11.32 *cuidaréis*... cumplir todos los estatutos.... 8104
12.1 decretos que *cuidaréis* de poner por obra.... 8104
12.13 *cuídate* de no ofrecer tus holocaustos.... 8104
12.32 *cuidarás* de hacer... lo que yo te mando.... 8104
17.10 *cuidarás* de hacer... que te manifiesten.... 8104
24.8 les he mandado, así *cuidaréis* de hacer.... 8104
26.16 *cuida*, pues, de ponerlos por obra con.... 8104
28.58 si no *cuidares* de poner por obra todas.... 8104
31.12; 32.46 *cuiden* de cumplir todas las.... 8104
Jos 22.3 que os habéis *cuidado* de guardar los.... 8104
22.5 *cuidéis* de cumplir el mandamiento y la.... 8104
1 S 19.2 *cuídate* hasta la mañana, y estate en.... 8104
2 S 20.10 y Amasa no se *cuidó* de la daga que.... 8104
2 R 6.10 así lo hizo... con el fin de *cuidarse*.... 8104
10.31 mas Jehú no *cuidó* de andar en la ley de.... 8104
17.37 *cuidaréis*... de ponerlos por obra, y no.... 8104
1 Cr 22.13 si *cuidares* de poner por obra los.... 8104
Job 3.4 no *cuide* de él Dios desde arriba, ni.... 1875
Sal 142.4 refugio, ni hay quien *cuide* de mi.... 1875
Pr 12.10 el justo *cuida* de la vida de su bestia.... 3045
27.18 quien *cuida* la higuera comerá su fruto.... 5341
Ec 2.25 porque... quién se *cuidará*, mejor que yo.... 2363
Jer 23.2 mis ovejas... y no las habéis *cuidado*.... 6485
47.3 los padres no *cuidaron* a los hijos por.... 6437
Os 11.3 Efraín... no conoció que yo le *cuidaba*.... 7495
Mi 7.5 de la que duerme a tu lado *cuídate*, no.... 8104
Mt 22.16; Mr 12.14 que no te *cuidas* de nadie.... 3199
Lc 10.34 **vino... llevó al mesón, y cuidó de él**.... 1959
10.35 **dijo: Cuídamele; y todo lo que gastes**.... 1959
Jn 12.6 no porque se *cuidara* de los pobres.... 3199
Ef 5.29 y la *cuida*, como también Cristo a la.... 2282
1 Ts 2.7 nodriza que *cuida* con ternura a sus.... 2282
1 Ti 3.5 ¿cómo *cuidará* de la iglesia de Dios?.... 1959
1 P 5.2 apacentad la grey de... *cuidando* de ella.... 1983

CULANTRO
Éx 16.31 maná... era como semilla de c, blanco.... 1407
Nm 11.7 era el maná como semilla de c, y su.... 1407

CULEBRA
Éx 4.3 él la echó en tierra, y se hizo una c.... 5175
7.9 toma tu vara, y échala... para que se haga c.... 8577
7.10 echó Aarón su vara delante... y se hizo c.... 8577
7.12 uno su vara, las cuales se volvieron c.... 8577
7.15 toma en tu mano la vara que se volvió c.... 5175
Pr 30.19 el rastro de la c sobre la peña; el.... 5175
Is 14.29 de la raíz de la c saldrá áspid, y su.... 8314
Am 5.19 su mano en la pared, y le muerde una c.... 5175
Mi 7.17 lamerán el polvo como la c; como las.... 5175

CULPA
Gn 44.10 mi siervo, y vosotros seréis sin c.... 5355
Lv 5.15 traerá por su c a Jehová un carnero.... 817
6.6 para expiación de su c traerá a Jehová.... 817
6.17 pecado, y como el sacrificio por la c.... 817
7.1,37 esta es la ley del sacrificio por la c.... 817
7.2 el lugar... degollarán la víctima por la c.... 817
7.5 lo hará arder sobre... es expiación de la c.... 817
7.7 como el... así es el sacrificio por la c.... 817
14.12 y lo ofrecerá por la c, con el log de.... 817
14.13 la víctima por la c es del sacerdote.... 817
14.14,17 de la sangre de la víctima por la c.... 817
14.21 un cordero para ser ofrecido... por la c.... 817
14.24 el cordero de la expiación por la c, y.... 817
14.25 luego degollará el cordero de la c, y.... 817
14.25 sacerdote tomará de la sangre de la c.... 817
14.28 pondrá... en el lugar de la sangre de la c.... 817
19.21 traerá... carnero en expiación por su c.... 817
Nm 6.12 cordero de un año en expiación... la c.... 817
18.9 y toda expiación por la c de ellos, que.... 817
32.22 y seréis libres de c para con Jehová.... 5355
Dt 21.9 tú quitarás la c de la sangre inocente
22.8 que no eches c de sangre sobre tu casa
22.26 la joven... no hay en ella c de muerte.... 2399
Jos 2.19 que saliere fuera de... nosotros sin c.... 5355
Jue 15.3 sin c seré esta vez respecto de los.... 5352
1 S 6.8 habéis de pagar en ofrenda por la c.... 817
2 S 14.9 mas el rey y su trono sean sin c.... 5355
2 R 12.16 el dinero por la c, no se llevaba a.... 817
2 Cr 28.13 tratáis de añadir sobre... nuestras c.... 819
Pr 28.20 el que se apresura a... no será sin c.... 5352
Is 6.7 esto tocó tus labios, y es quitada tu c.... 2403
Mt 12.5 **en el templo profanan el... y son sin c?**.... 338

CULPABLE
Gn 43.9 si no lo pongo delante de ti, seré... c.... 2398
44.32 yo seré c ante mi padre para siempre.... 2398
Éx 5.16 son azotados, y el pueblo tuyo es el c.... 2398
Lv 4.13 si toda la congregación de... fueren c.... 816
5.3 ver, si después llegare a saberlo, será c.... 816
5.4 si... será c por cualquiera de estas cosas.... 816
5.17 sin hacerlo a sabiendas, es c, y llevará.... 816
Nm 14.18 ningún modo tendrá por inocente al c
Dt 25.1 absolverán al justo, y condenarán al c.... 7563
2 S 14.13 hablando el rey... se hace c él mismo.... 818
1 R 1.21 yo y mi hijo... seremos tenidos por c.... 2400
Sal 109.7 cuando fuere juzgado, salga c; y su.... 7563
Jer 2.3 todos los que le devoraban eran c; mal.... 816
Os 10.2 ahora serán hallados c; Jehová demolerá.... 816
Nah 1.3 Jehová... no tendrá por inocente al c.... 7563
Zac 11.5 las cuales matan... y no se tienen por c.... 816
Mt 5.21 **cualquiera que matare será c de juicio**.... 1777
5.22 **que cualquiera que se enoje... c de juicio**.... 1777
5.22 **diga: Necio, a... será c ante el concilio**.... 1777
Lc 13.4 **¿pensáis que eran más c que todos los**.... 3781
Stg 2.10 ofendiere en un punto, se hace c de.... 1777

CULPAR
Éx 22.2 lo hirió no será *culpado* de su muerte
Lv 17.4 será *culpado* de sangre el tal varón.... 2803
Nm 35.27 matare al homicida, no se le *culpará*.... 1818
Dt 19.10 no seas *culpado* de derramamiento de.... 5921
21.8 no *culpes* de sangre inocente a... Israel.... 5414
Jue 21.22 no sois... que ahora seáis *culpados*.... 816
1 S 22.15 no *culpe* el rey de cosa alguna a su.... 7760
2 S 19.19 no me *culpe* mi señor de iniquidad.... 2803
Sal 32.2 el hombre a quien Jehová no *culpa* de.... 2803
1 Co 11.27 *culpado* del cuerpo y de la sangre.... 1777

CULTO
2 R 21.3 adoró a... y rindió c a aquellas cosas.... 7812
2 Cr 14.3 quitó los altares del c extraño, y
33.3 adoró a... de los cielos, y les rindió c.... 5647
Jer 44.19 hicimos... tortas para tributarle c.... 6087
Hch 7.42 que rindiesen c al ejército del cielo.... 3000
Ro 1.25 dando c a las criaturas antes que al.... 4573
9.4 de los cuales son... el c y las promesas.... 2999
12.1 presentéis... que es vuestro c racional.... 2999
Col 2.18 afectando humildad y c a los ángeles.... 2356
2.23 reputación de sabiduría en c voluntario.... 1479
2 Ts 2.4 se levanta contra todo... objeto de c.... 4574
He 9.1 el primer pacto tenía ordenanzas de c.... 2999
9.6 entran... para cumplir los oficios del c.... 2999
9.9 hacer perfecto, en... al que practica ese c.... 3000
10.2 los que tributan este c, limpios una vez.... 3000

CUMBRE
Éx 17.9 estaré sobre la c del collado, y la vara.... 7218
17.10 Moisés y... subieron a la c del collado.... 7218
19.20 descendió Jehová... Sinaí, sobre la c del.... 7218
19.20 llamó Jehová a Moisés a la c del monte.... 7218
24.17 un fuego abrasador en la c del monte.... 7218
34.2 preséntate ante mí sobre la c del monte.... 7218
Nm 14.40 subieron a la c del monte, diciendo.... 7218
20.28 y Aarón murió allí en la c del monte.... 7218

21.20 Moab, y a la *c* de Pisga, que mira hacia 7218
23.9 de la *c* de las peñas lo verá, y desde los 7218
23.14 y lo llevó...a la *c* de Pisga, y edificó 7218
23.28 y Bala *c* llevó a Balaam a la *c* de Peor 7218
Dt 3.27 sube a la *c* del Pisga y alza tus ojos 7218
34.1 subió Moisés de los...a la *c* del Pisga 7218
Jos 15.8 luego sube por la *c* del monte que está 7218
15.9 rodea este límite desde la *c* del monte 7218
Jue 6.26 edifica altar...la *c* de este peñasco 7218
9.7 y se puso en la *c* del monte de Gerizim 7218
9.25 pusieron en las *c* de los...asechadores 7218
9.36 he allí gente que desciende de las *c* de 7218
16.3 puertas de...las subió a la *c* del monte 7218
1 S 24.2 las *c* de los peñascos de las cabras 6440
26.13 se puso en la *c* del monte a lo lejos 7218
2 S 2.25 e hicieron alto en la *c* del collado 7218
15.32 cuando David llegó a la *c* del monte 7218
16.1 David pasó un poco más allá de la *c* del 7218
1 R 18.42 y Elías subió a la *c* del Carmelo, y 7218
2 R 1.9 él estaba sentado en la *c* del monte 7218
2 Cr 25.12 los...llevaron a la *c* de un peñasco 7218
Job 39.28 mora...la *c* del peñasco y de la roca 8127
Sal 72.16 un puñado de grano...*c* de los montes 7218
Cnt 4.8 mira desde la *c* de Amana...*c* de Senir 7218
Is 30.17 que quedéis como mástil en la *c* de un 7218
37.24 llegaré hasta sus más elevadas *c*, al 4791
42.11 desde la *c* de los montes den voces de 7218
Jer 26.18 monte de la casa como *c* de bosque 1116
Ez 6.13 en todas las *c* de los montes, debajo 7218
31.10 haber levantado su *c* entre densas ramas 6788
43.12 sobre la *c*...monte, el recinto entero 7218
Jl 2.5 saltarán sobre las *c* de los montes; como 7218
Am 1.2 Jehová rugirá...secará la *c* del Carmelo 7218
9.3 se escondieren en la *c* del Carmelo, allí 7218
Mi 3.12 el monte de la casa como *c* de bosque 1116
Lc 4.29 le llevaron hasta la *c* del monte sobre *3790*

CUMI
Mr 5.41 **talita *c*; que traducido es: Niña, a ti** *2891*

CUMPLEAÑOS
Gn 40.20 del *c* de Faraón, el rey hizo banquete ... 3117,3205
Mt 14.6 se celebraba el *c* de Herodes, la hija *1077*
Mr 6.21 Herodes, en la fiesta de su *c*, daba *1077*

CUMPLIDAMENTE
Jos 14.14 había seguido *c* a Jehová 4390
1 R 11.6 no siguió *c* a Jehová como David 4390
Jer 7.5 si mejorareis *c* vuestros caminos y
23.20 los postreros días lo entenderéis *c*
Col 1.25 que anuncie *c* la palabra de Dios *4137*

CUMPLIMIENTO
Ez 12.23 aquellos días, y el *c* de toda visión 1697
Lc 22.37 **lo que está escrito de mí, tiene *c*** *5055*
Hch 21.26 para anunciar el *c* de los días de *1604*
26.7 *c* esperan que han de alcanzar nuestras
Ro 13.10 así que el *c* de la ley es el amor *4138*
Gá 4.4 cuando vino el *c* del tiempo, Dios envió *4138*
Ef 1.10 la dispensación del *c* de los tiempos *4138*

CUMPLIR
Gn 25.24 cuando se *cumplieron* sus días para 4390
29.21 porque mi tiempo se ha *cumplido*, para 4390
29.27 *cumple* la semana de ésta, y se te dará 4390
29.28 Jacob...y *cumplió* la semana de aquélla 4390
41.53 así se *cumplieron* los siete años de la 3615
50.3 le cumplieron 40 días...así *cumplían* los 4390
Éx 5.14 ¿por qué no habéis *cumplido*...tarea de 3615
7.25 y se *cumplieron* siete días después que 4390
Lv 8.33 *cumplan* los días de...consagraciones 4390
12.4 *cumplidos* los días de su purificación 4390
12.6 los días...fueren *cumplidos*, por hijo o 4390
22.21 alguno ofreciere...para *cumplir* un voto 6381
22.31 guardad...mandamientos, y *cumplidlos* 6213
23.15 y contaréis...siete semanas *cumplidas* 8549
Nm 6.5 hasta que sean *cumplidos* los días de 4390
6.13 el día que se *cumpliere*...su nazareato 4390
11.23 verás si se *cumple* mi palabra, o no 7136
Dt 6.24 que *cumplamos* todos estos estatutos 6213
7.11 decretos que yo te mando...que *cumplas* 8104
8.11 cuídate...para *cumplir* sus mandamientos 8104
11.22 estos mandamientos...que los *cumpláis* 6213
11.32 cuidaréis, pues, de *cumplir* todos los 6213
13.2 si se *cumpliere* la señal o prodigio que 935
15.5 y *cumplir* todos estos mandamientos que 6213
16.12 guardarás y *cumplirás* estos estatutos 6213
18.22 hablare...y no se *cumpliere* lo que dijo 935
23.23 lo *cumplirás*, conforme lo prometiste 6213
26.16 que *cumplas* estos estatutos y decretos 6213
27.10 oirás...y *cumplirás* sus mandamientos y 6213
28.13 te ordeno...que los guardes y *cumplas* 6213
28.15 para procurar *cumplir*...mandamientos 6213
29.29 que *cumplamos*...las palabras de esta ley 6213
30.12 nos lo hará oir para que lo *cumplamos?* 6213
30.13 lo traiga...a fin de que lo *cumplamos?* 6213
30.14 muy cerca de ti...para que la *cumplas* 6213
31.12; 32.46 de *cumplir* todas las palabras 6213
33.9 ellos guardaron...y *cumplieron* tu pacto 5341
34.8 así se *cumplieron* los días del lloro y 8552
Jos 14.8 yo *cumplí* siguiendo a Jehová mi Dios 4390
14.9 por cuanto *cumpliste* siguiendo a Jehová 4390
21.45 no faltó palabra de...todo se *cumplió* 935
22.5 cuidéis de *cumplir* el mandamiento y la 6213
Jue 13.12 dijo: Cuando tus palabras se *cumplan* 935
13.17 para que cuando se *cumpla* tu palabra 935
Rt 2.12 remuneración sea *cumplida* de parte de 8003
1 S 1.20 al *cumplirse* el tiempo, después de 1961
1.23 solamente que *cumpla* Jehová su palabra 6213
3.12 yo *cumpliré* contra Elí todas las cosas 6965
15.11 a Saúl...y no ha *cumplido* mis palabras 6965
15.13 yo he *cumplido* la palabra de Jehová 6965
18.26 David...antes que el plazo se *cumpliese* 4390
28.18 ni *cumpliste* el ardor de su ira contra 6213
2 S 7.12 tus días sean *cumplidos*, y duermas 4390
1 R 2.27 que se *cumpliese* la palabra de Jehová 4390
5.9 tú *cumplirás* mi deseo al dar de comer a 6213
6.12 *cumpliré* contigo mi palabra que hablé 8104
8.15 que habló...que con su mano ha *cumplido* 4390
8.20 Jehová ha *cumplido* su palabra que había 6965
8.24 que has *cumplido*...lo que le prometiste 8104
8.24 tu boca, y con tu mano lo has *cumplido* 4390
8.25 *cumple* a tu siervo David mi padre lo que 8104
8.26 *cúmplase* la palabra...dijiste a tu siervo 539
2 R 23.3 que *cumplirían* las palabras del pacto 6965
23.24 para *cumplir* las palabras de la ley que 6965
1 Cr 17.11 y cuando tus días sean *cumplidos* 4390
2 Cr 6.4 su mano ha *cumplido* lo que prometió 4390
6.10 Jehová ha *cumplido* su palabra que había 6965
6.15 con tu mano lo has *cumplido*, como se ve 4390
6.16 cumple a...David, lo que le has *prometido* 8104
6.17 *cúmplase* tu palabra...dijiste a tu siervo 539
10.15 para que Jehová *cumpliera* la palabra 6965
30.12 para *cumplir* el mensaje del rey y de 6213
34.16 tus siervos han *cumplido* todo lo que les 6213
36.21,22 para que se *cumpliese* la palabra de 4390
36.21 que los setenta años fueron *cumplidos* 4390
Esd 1.1 que se *cumpliese* la palabra de Jehová 3615
6.12 yo Darío he...sea *cumplido* prontamente 5648
7.10 para inquirir la ley de...para *cumplirla* 6213
7.26 que no *cumpliere* la ley de tu Dios, y la 5648
Neh 5.13 a todo hombre que no *cumpliere* esto 6965
9.8 *cumpliste* tu palabra, porque eres justo 6965
10.29 y *cumplirían* todos los mandamientos 6213
12.45 habían *cumplido* el servicio de su Dios 8104
Est 1.5 *cumplidos* estos días, hizo el rey otro 4390
1.15 por cuanto no había *cumplido* la orden 6213
2.12 así se *cumplía* el tiempo de sus atavíos 4390
Sal 20.4 deseo de...y *cumpla* todo tu consejo 4390
78.29 saciaron; les *cumplió*, pues, su deseo 935
105.19 la hora que se *cumplió* su palabra, el 935
105.45 que guardasen...y *cumpliesen* sus leyes 5341
119.34 tu ley, y la *cumpliré* de todo corazón 8104
119.112 mi corazón incliné a *cumplir* tus 6213
138.8 Jehová *cumplirá* su propósito en mí; tu 1584
145.19 *cumplirá* el deseo de los que le temen 6213
Pr 13.12 árbol de vida es el deseo *cumplido* 935
13.19 el deseo *cumplido* regocija el alma 1961
Ec 5.4 no tardes en *cumplirla*...Cumple lo que 7999
5.5 mejor es...no que prometas y no *cumplas* 7999
Is 19.21 harán votos a Jehová y los *cumplirán* 7999
40.2 decidle...que su tiempo es ya *cumplido* 4390
42.9 se *cumplieron* las cosas primeras, y yo 935
44.26 y *cumple* el consejo de sus mensajeros 7999
44.28 Ciro...*cumplirá* todo lo que yo quiero 7999
60.22 yo Jehová...haré que esto sea *cumplido* 2363
65.20 niño...ni viejo que sus días no *cumpla* 4390
Jer 11.4 oíd mi voz, y *cumplid* mis palabras 6213
11.8 mandé que *cumpliesen*, y no lo *cumplieron* 6213
17.15 ¿dónde está la...¡Qué se *cumpla* ahora! 935
23.20 *cumplido* los pensamientos de su corazón 6965
25.12 cuando sean *cumplidos* los setenta años 4390
25.34 *cumplidos* son vuestros días para que 4390
28.9 cuando se *cumpla* la palabra del profeta 935
29.10 cuando...se *cumplan* los setenta años, yo 6965
30.24 haya hecho...*cumplido* los pensamientos 6965
44.25 *cumpliremos* nuestros votos que hicimos 4390
Lm 2.17 *cumplido* su palabra, la cual él había 1214
4.11 *cumplió* Jehová su enojo, derramó...su ira 3615
4.18 se acercó...se *cumplieron* nuestros días 4390
4.22 se ha *cumplido* tu castigo, oh hija de 8552
Ez 4.6 *cumplidos* éstos, te acostarás sobre tu 3615
4.8 hasta que hayas *cumplido* los días de tu 3615
5.2 quemarás a fuego...cuando se *cumplan* los 4390
5.13 se *cumplirá* mi furor y saciaré en ellos 3615
5.13 sabrán que...he hablado, cuando *cumpla* 3615
6.12 hambre; así *cumpliré* en ellos mi enojo 3615
7.8 y *cumpliré* en ti mi furor, y te juzgaré 3615
11.20 y guarden mis decretos y los *cumplan* 6213
12.25 y se *cumplirá* la palabra...la *cumpliré* 6213
12.28 que la palabra que yo hable se *cumplirá* 6213
13.15 *cumpliré* así mi furor en la pared y en 3615
18.19 guardó...mis estatutos y los *cumplió*, de 6213
20.8 para *cumplir* mi enojo en ellos en medio 3615
20.11,13,21 el hombre que los *cumpliere* vivirá 6213
20.21 *cumplir* mi enojo en ellos en el desierto 3615
39.8 aquí viene, y se *cumplirá*, dice Jehová 1961
Dn 3.28 y que no *cumplieron* el edicto del rey 8133
4.33 *cumplió* la palabra sobre Nabucodonosor 5487
9.2 que habían de *cumplirse* las desolaciones 4390
9.12 ha *cumplido* la palabra que habló contra 6965
10.3 hasta que se *cumplieron*...tres semanas 4390
11.14 se levantarán para *cumplir* la visión 5975
11.36 ira; porque lo determinado se *cumplirá* 6213
12.7 acabe...todas estas cosas serán *cumplidas* 3615
Mi 7.20 *cumplirás* la verdad a Jacob...Abraham 5414
Nah 1.15 *cumple* tus votos; porque nunca más 7999
Mt 1.22 esto aconteció para que se *cumpliese* *4137*
2.15 que se *cumpliese* lo que dijo el Señor *4137*
2.17 entonces se *cumplió* lo que fue dicho por *4137*
2.23 para que se *cumpliese* lo que fue dicho *4137*
3.15 **así conviene que *cumplamos* toda justicia** *4137*
4.14 que se *cumpliese* lo dicho por...Isaías *4137*
5.17 **no he venido para abrogar...para *cumplir*** *4137*
5.18 **la ley, hasta que todo se haya *cumplido*** *1096*
5.33 **sino *cumplirás* al Señor tus juramentos** *591*
8.17; 12.17 se *cumpliese* lo dicho por...Isaías *4137*
13.14 **que se *cumple* en ellos la profecía de** *378*
13.35; 21.4 *cumpliese* lo dicho por el profeta *4137*
26.54 **¿pero cómo...*cumplirían* las Escrituras** *4137*
26.56 **para que se *cumplan* las Escrituras de** *4137*
27.9 así se *cumplió* lo dicho por el profeta *4137*
27.35 para que se *cumpliese* lo dicho por el *4137*
Mr 1.15 **el tiempo se ha *cumplido*, y el reino** *4137*
13.4 qué señal...cuando...hayan de *cumplirse?* *4931*
14.49 **así, para que se *cumplan* las Escrituras** *4137*
15.28 *cumplió* la Escritura que dice: Y fue *4137*
Lc 1.20 las cuales se *cumplirán* a su tiempo *4137*
1.23 y *cumplidos* los días de su ministerio *4130*
1.45 se *cumplirá* lo que le fue dicho de parte *5050*
1.57 a Elizabet se le *cumplió* el tiempo de *4130*
2.6 *cumplieron* los días de su alumbramiento *4130*
2.21 *cumplidos*...ocho días para circuncidar *4130*
2.22 *cumplieron* los días de la purificación *4130*
2.39 de haber *cumplido* con todo lo prescrito *5055*
4.21 **se ha *cumplido* esta Escritura delante de** *4137*
9.31 que iba Jesús a *cumplir* en Jerusalén *4137*
9.51 se *cumplió* el tiempo en que él había de *4845*
12.50 **cómo me angustio hasta que se *cumpla!*** *5055*
18.31 **se *cumplirán* todas las cosas escritas** *5055*
21.22 **para que se *cumplan* todas las cosas que** *4137*
21.24 **los tiempos de los gentiles se *cumplan*** *4137*
22.16 **hasta que se *cumpla* en el reino de Dios** *4137*
22.37 **os digo que es necesario que se *cumpla*** *5055*
24.44 **era necesario que se *cumpliese* todo lo** *4137*
Jn 3.29 así pues, este mi gozo está *cumplido* *4137*
5.36 **que el Padre me dio para que *cumpliese*** *5048*
7.8 **porque mi tiempo aún no se ha *cumplido*** *4137*
7.19 **y ninguno de vosotros *cumple* la ley?** *4160*
12.38 **para que se *cumpliese* la palabra del** *4137*
13.18 **que se *cumpla* la Escritura: El que come** *4137*
15.11 **para que...y vuestro gozo sea *cumplido*** *4137*
15.25 **para que se *cumpla* la palabra que está** *4137*
16.24 **para que vuestro gozo sea *cumplido*** *4137*
17.12 **para que la Escritura se *cumpliese*** *4137*
1 7.13 **para que tengan mi gozo *cumplido* en sí** *4137*
18.9 **que se *cumpliese* aquello que había dicho** *4137*
18.32 que se *cumpliese* la palabra que Jesús *4137*
19.24,28,36 que se *cumpliese* la Escritura . *4137,5048,4137*
Hch 1.16 era necesario que se *cumpliese* la *4137*
3.18 pero Dios ha *cumplido* así lo que había *4137*
7.23 cuando hubo *cumplido* la...cuarenta años *4137*
12.25 Saulo, *cumplido* su servicio, volvieron *4137*
13.27 se leen...las *cumplieron* al condenarle *4137*
13.29 habiendo *cumplido* todas las cosas que *5055*
13.33 la cual Dios ha *cumplido* a los hijos *1603*
14.26 Dios para la obra que habían *cumplido* *4137*
21.5 *cumplidos* aquellos días, salimos *1822*
21.23 que tienen obligación de *cumplir* voto
21.27 estaban para *cumplirse* los siete días *4931*
Ro 8.4 la justicia de la ley se *cumpliese* en *4137*
13.8 que ama al prójimo, ha *cumplido* la ley *4137*
1 Co 7.3 marido *cumpla* con...el deber conyugal *591*
15.54 se *cumplirá* la palabra que está escrita *1096*
2 Co 8.11 lo estéis en *cumplir* conforme a lo *2005*
Gá 5.14 la ley en esta sola palabra se *cumple* *4137*
6.2 los otros, y *cumplid* así la ley de Cristo *378*
Col 1.24 *cumplo* en mi carne lo que falta de *466*
4.17 *cumplas* el ministerio que recibiste en *4137*
2 Ts 1.11 y *cumpla* todo propósito de bondad y *4137*
2 Ti 4.5 tú sé sobrio...*cumple* tu ministerio *4135*
4.17 que por mí fuese *cumplida* la predicación *4135*
He 9.6 para *cumplir* los oficios del culto *2005*
Stg 2.8 si...*cumplís* la ley real, conforme a *5055*
2.23 *cumplió* la Escritura...Abraham creyó a *4137*
1 P 5.9 van *cumpliendo* en vuestros hermanos *2005*
1 Jn 1.4 para que vuestro gozo sea *cumplido* *4137*
2 Jn 12 para que nuestro gozo sea *cumplido* *4137*
Ap 15.8 se hubiesen *cumplido* las siete plagas *5055*
17.17 hasta que se *cumplan* las palabras de *5055*
20.3 hasta que fuesen *cumplidos* mil años *5055*
20.5 vivir hasta que se *cumplieron* mil años *5055*
20.7 mil años se *cumplan*, Satanás será suelto *5055*

CUN *Ciudad en Siria*, 1 Cr 18.8 3560

CUNDIR
Lv 13.6 parece...que no ha *cundido* en la piel 6581
13.12 brotare la lepra *cundiendo* por la piel 6524
13.34 la tiña no hubiere *cundido* en la piel 6581
13.36 si la tiña hubiere *cundido* en la piel 6581

CUÑADO, A
Dt 25.5 su *c* se llegará a ella, y la tomará 2993
25.7 si el hombre no quisiere tomar a su *c* 2994
25.7 irá su *c* a la puerta, a los ancianos 2994
25.7 mi *c* no quiere suscitar nombre en Israel 2993
25.9 se acercará...su *c* a él delante de los 2994
Rt 1.15 he aquí tu *c* se ha vuelto a su pueblo 2994

CURACIÓN
Jer 8.15; 14.19 de *c*, y he aquí turbación 4832
15.18 y mi herida desahuciada no admitió *c*? 7495
46.11 por demás...medicinas; no hay *c* para ti 8585
Lc 13.32 **hago *c* hoy y mañana...y al tercer día** *2392*

CURADOR
Gá 4.2 está bajo tutores y *c* hasta el tiempo *3623*

CURAR
Éx 21.19 le satisfará por...y hará que le *curen* 7495
Dt 28.27 comezón de que no puedas ser *curado* 7495
28.35 te herirá...sin que puedas ser *curado* 7495
2 R 8.29 el rey Joram se volvió...para *curarse* 7495
9.15 *curarse* de las heridas que los sitios 7495
2 Cr 22.6 y volvió para *curarse* en Jezreel de 7495
Job 5.18 vendará; él hiere, y sus manos *curan* 7495
Ec 3.3 tiempo de matar, y tiempo de *curar* 7495
Is 1.6 llaga; no están *curadas*, ni vendadas 2115

30.26 Jehová...*curare* la llaga que él causó........ 7495
53.5 y por su llaga fuimos nosotros *curados*........ 7495
Jer 6.14 y *curan* la herida de mi pueblo con........... 7495
8.11 *curaron* la herida de la hija de...pueblo....... 7495
33.6 y los *curaré*, y les revelaré...de paz........... 7495
51.9 *curamos* a Babilonia, y no ha sanado.......... 7495
Ez 34.4 las débiles, ni *curasteis* la enferma............ 7495
Os 5.13 él no os podrá sanar, ni os *curará* la.......... 1455
6.1 él arrebató, y nos *curará*; hirió, y nos........... 7495
7.1 mientras *curaba* yo a Israel, se descubrió...... 7495
Zac 11.16 *curará* la perniquebrada, ni llevará......... 7495
Lc 4.23 **me diréis...Médico, cúrate a ti mismo**......... *2323*
8.43 y por ninguno había podido ser *curada*........ *2323*
9.11 sanaba a...que necesitaban ser *curados*....... *2390*

CURSO
Job 10.1 daré libre *c* a mi queja, hablaré con.......... 5800
Sal 19.6 su *c* hasta el término de ellos; y nada......... 8622
Is 3.12 guían...y tuercen el *c* de tus caminos.......... 1870
29.1 añadid un año a...las fiestas sigan su *c*........ 5362

CURTIDOR
Hch 9.43 Jope en casa de un cierto Simón, *c*........... *1038*
10.6 éste posa en casa de cierto Simón *c*........... *1038*
10.32 el cual mora en casa de Simón, un *c*.......... *1038*

CUS
1. Nombre antiguo de la región al sur de Egipto, Gn 2.13 3568
2. Hijo de Cam y padre de Nimrod, Gn 10.6,7,8; 1 Cr 1.8,9,10; Ez 38.5 3568
3. Benjamita, enemigo de David, Sal 7 *tít.*........... 3568

CUSAÍAS *Padre de Etán No. 4*, 1 Cr 15.17 6984

CUSAN-RISATAIM *Rey de Mesopotamia y opresor de Israel*, Jue 3.8(2),10(2) 3573

CUSI
1. Ascendiente de Jehudí, Jer 36.14................. 3570
2. Padre del profeta Sofonías, Sof 1.1............... 3570

CUSITA *Descendiente de Cus No. 2 o de Cusán*
Nm 12.1 causa de la mujer *c* que había tomado 3571
12.1 Moisés...porque él había tomado mujer *c*..... 3571

CÚSPIDE
Gn 11.4 y una torre, cuya *c* llegue al cielo 7218

CUSTODIA
Nm 3.36 a cargo de los...de Merari estará la *c*........ 6486
Ez 44.14 por guardas encargados de la *c* de la 4931

CUSTODIAR
1 R 14.27 quienes *custodiaban* la puerta de la......... 8104
2 Cr 12.10 los cuales *custodiaban* la entrada 8104
Jer 37.21 *custodiaron* a Jeremías en el patio 6485
Lc 22.63 que *custodiaban* a Jesús se burlaban......... *4912*
Hch 12.4 entregándole...para que le *custodiasen*...... *5442*
12.5 que Pedro estaba *custodiado* en la cárcel...... *5083*
12.6 los guardas...puerta *custodiaban* la cárcel.... *5083*
23.35 que le *custodiasen* en el pretorio de *5442*
24.23 y mandó al...que se *custodiase* a Pablo......... *5083*
25.4 que Pablo estaba *custodiado* en Cesarea...... *5083*
25.21 le *custodiasen* hasta que le enviara yo........ *5083*
28.16 aparte, con un soldado...le *custodiase*........ *5442*

CUTA *Ciudad en Babilonia*
2 R 17.24 trajo el rey de Asiria gente...de *C*........... 3575
17.30 los de *C* hicieron a Nergal, y los de........... 3575

CUYA *Véase el Apéndice*

CUYO *Véase el Apéndice*

D

DABERAT *Ciudad de los levitas en Isacar*, Jos 19.12; 21.28; 1 Cr 6.72 1705

DABESET *Población en la frontera de Zabulón*, Jos 19.11 1708

DÁDIVA
Nm 22.7 fueron...con las *d* de adivinación en su 7081
Dt 33.16 con las mejores *d* de la tierra y su............ 4022
Est 9.22 para enviar porciones...*d* a los pobres....... 4979
Pr 18.16 la *d* del hombre le ensancha el camino....... 4976
21.14 *d* en secreto calma el furor, y el don.......... 4976
Ec 7.7 al sabio, y las *d* corrompen el corazón.......... 4979
Mt 7.11; Lc 11.13 **malos, sabéis dar buenas *d***......... *1390*
Ro 6.23 la *d* de Dios es vida eterna en Cristo *5486*
Fil 4.17 no es que busque *d*, sino que busco............ *1390*
Stg 1.17 toda buena *d* y...desciende de lo alto......... *1394*

DADIVOSO
1 Ti 6.18 hagan bien, que sean...*d*, generosos *2130*

DADO *Véase Dar*

DADOR
2 Co 9.7 cada uno dé como...Dios ama al *d* alegre *1395*
Stg 4.12 uno...es el *d* de la ley, que puede salvar...... *3550*

DAGA
2 S 20.8 pegado a sus lomos el cinto con una *d*........ 2719
20.10 Amasa no se cuidó de la *d* que estaba en..... 2719

DAGÓN *Dios de los filisteos*
Jue 16.23 para ofrecer sacrificio a *D* su dios 1712
1 S 5.2 la metieron en la casa de *D*...junto a *D*........ 1712
5.3 *D* postrado en tierra...tomaron a *D* y lo......... 1712
5.4 *D* había caído postrado...la cabeza de *D*....... 1712
5.4 estaban cortadas...quedado a *D* el tronco...... 1712
5.5 los sacerdotes de *D*...en el templo de *D*......... 1712
5.5 no pisan el umbral de *D* en Asdod, hasta 1712
5.7 su mano es dura...y sobre nuestro dios *D*...... 1712
1 Cr 10.10 colgaron la cabeza en el templo de *D*....... 1712

DALAÍAS *Descendiente del rey Salomón*, 1 Cr 3.24 1806

DALFÓN *Uno de los hijos de Amán*, Est 9.7...... 1813

DALILA *Mujer que traicionó a Sansón*
Jue 16.4 enamoró de una...la cual se llamaba *D*...... 1807
16.6 *D* dijo a Sansón...ruego que me declares....... 1807
16.10 *D* dijo a Sansón...tú me has engañado....... 1807
16.12 *D* tomó cuerdas nuevas, y le ató con ellas 1807
16.13 *D* dijo a Sansón: Hasta ahora me engañas ... 1807
16.18 viendo *D* que él le había descubierto 1807

DALMACIA *Región de la provincia de Ilírico*, 2 Ti 4.10.................................. *1149*

DALMANUTA *Lugar en la ribera del mar de Galilea*, Mr 8.10........................... *1148*

DAMA
Jue 5.29 más avisadas de sus *d* le respondían......... 8282

DÁMARIS *Mujer en Atenas*, Hch 17.34 .... *1152*

DAMASCENO *Propio de Damasco*
Gn 15.2 mayordomo de mi casa es ese *d* Eliezer?...... 1834
2 Co 11.32 guardaba la ciudad de los *d* para *1153*

DAMASCO *Ciudad de Siria*
Gn 14.15 siguiendo hasta Hoba al norte de *D*.......... 1834
2 S 8.5 vinieron los sirios de *D* para dar ayuda........ 1834
8.6 puso luego David guarnición en Siria de *D*...... 1834
1 R 11.24 fueron a *D*...y le hicieron rey en *D*.......... 1834
15.18 rey Asa a Ben-adad...el cual residía en *D*.... 1834
19.15 vé, vuélvete por...por el desierto de *D*........ 1834
20.34 haz plazas en *D* para ti, como mi padre 1834
2 R 5.12 y Farfar, ríos de *D*, ¿no son mejores.......... 1834
8.7 Eliseo se fue luego a *D*; y Ben-adad rey 1834
8.9 tomó pues, Hazael...entre los, bienes de *D*..... 1834
14.28 cómo restituyó...a *D* y Hamat, que habían ... 1834
16.9 pues subió el rey de Asiria contra *D*, Y 1834
16.10 Acaz a encontrar a...rey de Asiria en *D*...... 1834
16.10 vio el rey Acaz el altar que estaba en *D*...... 1834
16.11 conforme...rey Acaz había enviado de *D* 1834
16.11 entre tanto que el rey Acaz venía de *D*....... 1834
16.12 que el rey vino de *D*, y vio el altar 1834
1 Cr 18.5 viniendo los sirios de *D* en ayuda de......... 1834
18.6 y puso David guarnición en Siria de *D*........ 1834
2 Cr 16.2 Asa...envió a Ben-adad...estaba en *D*....... 1834
24.23 y enviaron todo el botín al rey a *D* 1834
28.5 número de prisioneros que llevaron a *D*....... 1834
28.23 ofreció sacrificios a los dioses de *D* 1834
Cnt 7.4 la torre del Líbano, que mira hacia *D* 1834
Is 7.8 la cabeza de Siria es *D*, y...de *D*, Rezín.......... 1834
8.4 niño sepa...será quitada la riqueza de *D*....... 1834
10.9 ¿no es Calno como...y Samaria como *D*?....... 1834
17.1 profecía sobre *D*...*D* dejará de ser ciudad..... 1834
17.3 y cesará el socorro de...y el reino de *D*......... 1834
Jer 49.23 acerca de *D*...Se confundieron Hamat 1834
49.24 se desmayó *D*, se volvió para huir, y le 1834
49.27 y haré encender fuego en el muro de *D* 1834
Ez 27.18 *D* comerciaba contigo por tus muchos 1834
47.16 está entre el límite de *D* y el límite............ 1834
47.17 Hazar-enán en el límite de *D* al norte 1834
47.18 en medio de Haurán y de *D*, y de Galaad..... 1834
48.1 Hazar-enán, en los confines de *D*...norte...... 1834
Am 1.3 ha dicho Jehová: Por tres pecados de *D* 1834
1.5 quebraré los cerrojos de *D*, y destruiré 1834
5.27 os haré, pues, transportar más allá de *D* 1834
Zac 9.1 contra la tierra de Hadrac y sobre *D*.......... 1834
Hch 9.2 pidió cartas para las sinagogas de *D*.......... *1154*
9.3 al llegar cerca de *D*...un resplandor de luz..... *1154*
9.8 llevándole por la mano, le metieron en *D* *1154*
9.10 había en *D* un discípulo llamado Ananías...... *1154*
9.19 días con los discípulos que estaban en *D*....... *1154*
9.22 confundía a los judíos que moraban en *D*...... *1154*
9.27 cómo en *D* había hablado valerosamente...... *1154*
22.5 fui a *D* para traer presos a Jerusalén *1154*
22.6 al llegar cerca de *D*...me rodeó mucha luz *1154*
22.10 **ve a *D*, y allí se te dirá todo lo que**........... *1154*
22.11 llevado de la mano por los...llegué a *D*....... *1154*
26.12 iba yo a *D* con poderes y en comisión *1154*
26.20 sino que anuncié...a los que están en *D* *1154*
2 Co 11.32 en *D*, el gobernador de la provincia *1154*
Gá 1.17 que fui a Arabia, y volví de nuevo a *D*........ *1154*

DAN
1. Ciudad en el norte de Palestina
Gn 14.14 armó...criados...y los siguió hasta *D*....... 1835
Dt 34.1 mostró Jehová toda la tierra...hasta *D*........ 1835
Jos 19.47 llamaron a Lesem, *D*, del nombre de 1835
Jue 18.29 y llamaron el nombre de...ciudad *D* 1835
20.1 y se reunió la...desde *D* hasta Beerseba....... 1835
1 S 3.20 todo Israel, desde *D* hasta Beerseba 1835
2 S 3.10 y sobre Judá, desde *D* hasta Beerseba 1835
17.11 se junte a ti, desde *D* hasta Beerseba 1835
24.2 desde *D* hasta Beerseba, y haced un censo...... 1835
24.15 murieron del...desde *D*...70.000 hombres.... 1835
1 R 4.25 vivían seguros...desde *D* hasta Beerseba..... 1835
12.29 y puso uno en Bet-el, y el otro en *D* 1835
12.30 el pueblo iba a adorar delante...hasta *D* 1835
15.20 conquistó Ijón, *D*, Abel-bet-maaca, y 1835
2 R 10.29 los becerros de oro que estaban...en *D*...... 1835
1 Cr 21.2 id, haced censo de Israel...hasta *D* 1835
2 Cr 16.4 y conquistaron Ijón, *D*, Abel-maim 1835
30.5 pasar pregón...desde Beerseba hasta *D* 1835
Jer 4.15 porque una voz trae las nuevas desde *D* 1835
8.16 desde *D* se oyó el bufido de sus caballos....... 1835
Ez 27.19 *D* y el errante Javán vinieron a tus.......... 1835
Am 8.14 por tu Dios, oh *D*, y: Por el camino de......... 1835
2. Hijo de Jacob y la tribu que formó su posteridad
Gn 30.6 y me dio un hijo...llamó su nombre *D*......... 1835
35.25 los hijos de Bilha, sierva de Raquel: *D* 1835
46.23 los hijos de *D*: Husim.......................... 1835
49.16 *D* juzgará a su pueblo, como una de las 1835
49.17 será *D* serpiente junto al camino, víbora 1835
Éx 1.4 *D*, Neftalí, Gad y Aser 1835
31.6 Aholiab hijo de Ahisamac...tribu de *D* 1835
35.34; 38.23 Aholiab hijo...de la tribu de *D* 1835
Lv 24.11 Selomit...de Dibri, de la tribu de *D*........... 1835
Nm 1.12 de *D*, Ahiezer hijo de Amisadai............... 1835
1.38 de los hijos de *D*, por su descendencia......... 1835
1.39 contados de la tribu de *D* fueron 62.700.......... 1835
2.25 la bandera del campamento de *D* estará al.... 1835
2.25 el jefe de los hijos de *D*, Ahiezer hijo.......... 1835
2.31 todos, en el campamento de *D*, 157.600 1835
7.66 el príncipe de los hijos de *D*, Ahiezer 1835
10.25 marchar la bandera...de los hijos de *D* 1835
13.12 de la tribu de *D*, Amiel hijo de Gemali........ 1835
26.42 son los hijos de *D*...las familias de *D* 1835
34.22 de la tribu de...*D*, el príncipe Buqui........... 1835
Dt 27.13 el monte Ebal...Zabulón, *D* y Neftalí 1835
33.22 a *D* dijo: *D* es cachorro de león, que 1835
Jos 19.40 suerte correspondió...los hijos de *D*......... 1835
19.47 les faltó territorio a los hijos de *D* 1835
19.47 subieron los hijos de *D* y combatieron........ 1835
19.47 llamaron a Lesem, Dan, del nombre de *D* 1835
19.48 esta es la heredad...de los hijos de *D*......... 1835
21.5 diez ciudades...de la tribu de *D* y de la........ 1835
21.23 la tribu de *D*, Elteque con sus ejidos 1835
Jue 1.34 los amorreos acosaron a los hijos de *D* 1835
5.17 *D*, ¿por qué se estuvo junto a las naves? 1835
13.2 un hombre de Zora, de la tribu de *D*, el........ 1839
13.25 en los campamentos de *D*, entre Zora y 1835
18.1 la tribu de *D* buscaba posesión para sí 1839
18.2 y los hijos de *D* enviaron de su tribu 5 1835
18.11 salieron...600 hombres de la familia de *D*.... 1839
18.12 llamaron a...lugar el campamento de *D* 1835
18.16 y los 600...que eran de los hijos de *D*.......... 1835
18.22 se juntaron y siguieron a los hijos de *D*........ 1835
18.23 dando voces a los de *D*...volvieron sus 1835
18.25 los hijos de *D* le dijeron: No des voces 1835
18.26 prosiguieron los hijos de *D* su camino 1835
18.29 llamaron el...Dan...nombre de *D* su padre .. 1835
18.30 y los hijos de *D* levantaron para sí la 1835
18.30 hijos fueron sacerdotes en la tribu de *D*...... 1835
1 Cr 2.2 *D*, José, Benjamín, Neftalí, Gad y 1835
12.35 los de *D*, dispuestos a pelear, 28.600 1839
27.22 y de *D*, Azareel hijo de Jeroham. Estos 1835
2 Cr 2.14 hijo de una mujer de las hijas de *D* 1835
Ez 48.1 *D* una parte, desde el lado oriental............ 1835
48.2 junto a la frontera de *D*, desde el lado.......... 1835
48.32 al lado oriental...la puerta de *D*, otra 1835

DANA *Aldea en Judá*, Jos 15.49 1837

DANIEL
1. Hijo de David, 1 Cr 3.1 1840
2. Sacerdote en tiempo de Nehemías, Esd 8.2; Neh 10.6.. 1840
3. Profeta
Ez 14.14,20 estuviesen en medio...Noé, *D* y Job......... 1840
28.3 eres más sabio que *D*; no hay secreto que 1840
Dn 1.6 *D*, Ananías, Misael...los hijos de Judá.......... 1840
1.7 puso a *D*, Beltsasar; a Ananías, Sadrac.......... 1840
1.8 *D* propuso en su corazón no contaminarse 1840
1.9 puso Dios a *D* en gracia...con el jefe de 1840
1.10 dijo el jefe...a *D*: Temo a mi señor el rey 1840
1.11 dijo *D* a Melsar, que estaba puesto por 1840
1.11 estaba puesto...sobre *D*, Ananías, Misael 1840
1.17 y *D* tuvo entendimiento en toda visión 1840
1.19 no fueron hallados entre...otros como *D*....... 1840
1.21 continuó *D* hasta el año primero del rey........ 1840
2.13 y buscaron a *D* y a sus compañeros para...... 1841
2.14 *D* habló sabia y prudentemente a Arioc 1841
2.15 entonces Arioc hizo saber a *D* lo que 1841
2.16 y *D* entró y pidió al rey que le diese 1841
2.17 luego se fue *D* a su casa e hizo saber 1841
2.18 de que *D* y sus compañeros no pereciesen..... 1841
2.19 fue revelado a *D* en...bendijo *D* al Dios 1841
2.20 *D* habló y dijo: Sea bendito el nombre de 1841
2.24 *D* a Arioc, al cual el rey había puesto.......... 1841
2.25 Arioc llevó...a *D* ante el rey, y le dijo 1841
2.26 dijo a *D*...¿Podrás tú hacerme conocer el 1841
2.27 *D* respondió delante del rey, diciendo 1841

2.27 *D* respondió delante del rey, diciendo 1841
2.46 el rey Nabucodonosor... se humilló ante *D* 1841
2.47 el rey habló a *D*, y dijo: Ciertamente 1841
2.48 entonces el rey engrandeció a *D*, y le 1841
2.49 y *D* solicitó del rey... que pusiera sobre 1841
2.49 obtuvo... y *D* estaba en la corte del rey 1841
4.8 que entró delante de mí *D*, cuyo nombre 1841
4.19 *D*... quedó atónito casi una hora, y sus 1841
5.12 en *D*, al cual el rey puso por nombre 1841
5.12 llámese, pues, ahora a *D*, y él te dará 1841
5.13 entonces *D* fue traído delante del rey 1841
5.13 dijo el rey a *D*: ¿Eres tú aquel *D* de los 1841
5.17 *D* respondió y dijo... Tus dones sean para 1841
5.29 mandó Belsasar vestir a *D* de púrpura, y 1841
6.2 tres gobernadores, de los cuales *D* era 1841
6.3 *D* mismo era superior a estos sátrapas y 1841
6.4 para acusar a *D* en lo relacionado al reino 1841
6.5 no hallaremos contra... *D* ocasión alguna 1841
6.10 cuando *D* supo que el edicto había sido 1841
6.11 hallaron a *D* orando... en presencia de su 1841
6.13 *D*, que es de los hijos de los cautivos 1841
6.14 resolvió librar a *D*; y hasta la puesta 1841
6.16 trajeron a *D*, y le echaron en el foso de 1841
6.16 el rey dijo a *D*: El Dios tuyo, a quien 1841
6.17 el acuerdo acerca de *D* no se alterase 1841
6.20 llamó a voces a *D* con voz triste, y le 1841
6.20 *D*, siervo del Dios viviente, el Dios tuyo 1841
6.21 *D* respondió al rey: Oh rey, vive para 1841
6.23 mandó sacar a *D*... fue *D* sacado del foso 1841
6.24 traídos aquellos... que habían acusado a *D* 1841
6.26 teman... ante la presencia del Dios de *D* 1841
6.27 ha librado a *D* del poder de los leones 1841
6.28 *D* prosperó durante el reinado de Darío 1841
7.1 primer año... tuvo *D* un sueño, y visiones 1841
7.2 *D* dijo: Miraba yo en mi visión de noche 1841
7.15 me turbó el espíritu a mí, *D*, en medio 1841
7.28 en cuanto a mí, *D*, mis pensamientos se 1841
8.1 apareció una visión a mí, *D*, después de 1840
8.15 que mientras yo *D* consideraba la visión 1840
8.27 yo *D* quedé quebrantado, y estuve enfermo 1840
9.2 yo *D* miré... en los libros el número de los 1840
9.22 *D*, ahora he salido para darte sabiduría 1840
10.1 el año tercero... fue revelada palabra a *D* 1840
10.2 yo *D* estuve afligido por espacio de tres 1840
10.7 sólo yo, *D*, vi aquella visión, y no la 1840
10.11 *D*, varón muy amado, está atento a las 1840
10.12 *D*, no temas; porque desde el primer día 1840
12.4 pero tú, *D*, cierra las palabras y sella 1840
12.5 y yo *D* miré, y he aquí otros dos que 1840
12.9 respondió: Anda, *D*, pues estas palabras 1840
Mt 24.15; Mr 13.14 **de que habló el profeta *D*** *1158*

DANJAÁN *Población en el norte de Palestina*,
2 S 24.6 1842

DANZA
Éx 15.20 mujeres salieron en... con panderos y *d* 4246
32.19 vio el becerro y las *d*, ardió la ira de 4246
Jue 11.34 he aquí a su hija... con panderos y *d* 4246
1 S 2 1.11; 29.5 de quien cantaban en las *d* 4246
Sal 149.3 alaben su nombre con *d*; con pandero 4234
150.4 alabadle con pandero y *d*; alabadle con 4234
Jer 31.4 tus panderos, y saldrás en alegres *d* 4246
31.13 entonces la virgen se alegrará en la *d* 4234
Lm 5.15 el gozo... nuestra *d* se cambió en luto 4234
Lc 15.25 **y cuando vino... oyó la música y las *d*** *5525*

DANZAR
Jue 21.23 robándolas de entre las que *danzaban* 2342
1 S 18.6 mujeres... Israel cantando y *danzando* 4246
18.7 y cantaban las mujeres que *danzaban*, y
2 S 6.5 David y... *danzaban* delante de Jehová
6.14 y David *danzaba* con... su fuerza delante 3769
6.16 vio al rey David que saltaba y *danzaba* 3769
6.21 por tanto, *danzaré* delante de Jehová 7832
1 Cr 15.29 Mical... vio al rey David que... *danzaba* 7540
Is 3.16 cuando andan van *danzando*, y haciendo 2952
Mt 14.6; Mr 6.22 la hija de Herodías *danzó* *3738*

DAÑAR
Éx 21.26 hiriere y lo *dañare*, le dará libertad 7843
Lv 19.27 ni *dañaréis* la punta de vuestra barba7843
Rt 4.6 no sea que *dañe* mi heredad. Redime tú 7843
1 R 13.28 el león no había... ni *dañado* al asno 7665
1 Cr 4.10 me libraras de mal... que no me *dañe*! 6087
Job 35.8 al hombre como tú *dañará* tu impiedad 7562
Pr 11.9 el hipócrita con la... *daña* a su prójimo 7843
Is 11.9 no... ni *dañarán* en todo mi santo monte 7489
27.3 la guardaré de... para que nadie la *dañe* 6485
Mal 1.14 que, y sacrifica a Jehová lo *dañado* 7843
2.3 yo os *dañaré* la sementera, y os echaré 1605
Lc 10.19 **os doy potestad de... y nada os *dañará*** *91*
Flm 18 si en algo te *dañó*, o te debe, ponlo a *91*
Ap 6.6 que decía... no *dañes* el aceite ni el vino *91*
9.4 se les mandó que no *dañasen* a la hierba *91*
9.10 tenían poder para *dañar* a los hombres *91*
9.19 colas... tenían cabezas, y con ellas *dañaban* *91*
11.5 si alguno quiere *dañarlos*, sale fuego de *91*

DAÑO
Gn 31.39 yo pagaba el *d*; lo hurtado así de día 2398
Éx 21.34 el dueño de la cisterna pagará el *d* 7999
Lv 6.4 restituirá... el *d* de la calumnia, o el 6233
Nm 5.7 compensará... el *d*, y añadirá sobre ello 817
5.8 no... pariente al cual sea resarcido el *d* 817
2 S 14.11 que el vengador... no aumente el *d* 7843
20.6 Seba... nos hará ahora más *d* que Absalón 3415
Esd 4.22 crecer el *d* en perjuicio de los reyes? 2257
Neh 4.8 venir a atacar a Jerusalén y hacerle *d* 8442
Est 7.4 nuestra muerte sería para el rey un *d* 5143
Sal 15.4 jurando en *d* suyo, no por eso cambia 7489
Pr 22.3 mas los simples pasan y reciben el *d* 6064
26.6 el que se corta los pies y bebe su *d* 2555
27.12 mas los simples pasan y llevan el *d* 6064
Dn 3.25 en medio del fuego sin sufrir ningún *d* 2257
6.22 cerró la boca de... que no me hiciesen *d* 2255
Mr 16.18 **bebieren cosa mortífera, no... hará *d*** *984*
Lc 4.35 salió de él, y no le hizo *d* alguno *984*
Hch 28.5 él, sacudiendo la víbora... ningún *d* *2556*
1 P 3.13 quién es aquel que os podrá hacer *d* *2559*
Ap 2.11 **no sufrirá *d* de la segunda muerte** *91*
7.2 se les había dado el poder de hacer *d* a *91*
7.3 no hagáis *d* a la tierra, ni al mar, ni a *91*
11.5 si alguno quiere hacerles *d*, debe morir *91*

DAÑOSO, A
1 Ti 6.9 en muchas codicias necias y *d* *983*

DAR
Gn 1.11 hierba que *dé* semilla; árbol... *d* fruto 6213
1.12 produjo... hierba que *da* semilla según su 2232
1.29 os he dado toda planta que *da* semilla 5414,2232
1.29 todo árbol... que *da* semilla... para comer 2232
3.6 *dio* también a su marido, el cual comió 5414
3.12 mujer que me *diste* por compañera me *dio* 5414
3.16 con dolor *darás* a luz los hijos; y tu 3205
4.1 Eva... concibió y *dio* a luz a Caín, y dijo 3205
4.2 después *dio* a luz a su hermano Abel 3205
4.12 la tierra, no te volverá a *dar* su fuerza 5414
4.17 la cual concibió y *dio* a luz a Enoc 3205
4.20 y Ada *dio* a luz a Jabal, el cual fue 3205
4.22 Zila también *dio* a luz a Tubal-caín, el 3205
4.25 *dio* a luz un hijo, y llamó su nombre Set 3205
9.3 legumbres y plantas... os lo he *dado* todo 5414
12.7 dijo: A tu descendencia *daré* esta tierra 5414
12.20 Faraón *dio* orden a su... acerca de Abram 6680
13.15 la tierra que ves, la *daré* a ti y a tu 5414
13.17 vé por la tierra... porque a ti la *daré* 5414
14.20 y le *dio* Abram los diezmos de todo 5414
14.21 *dame* las personas, y toma para ti los 5414
15.2 ¿qué me *darás*, siendo así que ando sin 5414
15.3 que no me has *dado* prole, y... heredero 5414
15.7 de Ur... para *darte* a heredar esta tierra 5414
15.18 tu descendencia *daré* esta tierra, desde 5414
16.1 Sarai mujer de Abram no le *daba* hijos 3205
16.3 y la *dio* por mujer a Abram su marido 5414
16.5 yo te *di* mi sierva por mujer, y viéndose 5414
16.11 has concebido, y *darás* a luz un hijo 3205
16.15 y Agar *dio* a luz un hijo a Abram, y 3205
16.15 y llamó... hijo que le *dio* Agar, Ismael 3205
16.16 años, cuando Agar le *dio* a luz a Ismael 3205
17.8 y te *daré* a ti... la tierra en que moras 5414
17.16 también te *daré* de ella hijo; sí, la 5414
17.19 Sara tu mujer te *dará* a luz un hijo 3205
17.21 Isaac, el que Sara te *dará* a luz por 3205
18.7 lo *dio* al criado, y éste se *d* prisa a 5414
18.13 ¿será cierto que he de *dar* a luz siendo 3205
19.15 los ángeles *daban* prisa a Lot, diciendo
19.19 habéis hecho... *dándome* la vida; mas yo 2421
19.22 *date* prisa, escápate allá; porque nada
19.32 ven, *demos* a beber vino a nuestro padre
19.33,35 y *dieron* a beber vino a su padre
19.34 *démosle* a beber... también esta noche, y
19.37 *dio* a luz la mayor un hijo, y llamó su 3205
19.38 la menor también *dio* a luz un hijo, y 3205
20.14 se los *dio* a Abraham, y le devolvió a 5414
20.16 he aquí he *dado* mil monedas de plata a 5414
21.2 Sara concibió y *dio* a Abraham un hijo 3205
21.3 su hijo... que le *dio* a luz Sara, Isaac 3205
21.7 que Sara habría de *dar* de mamar a hijos?
21.7 pues le he *dado* un hijo en su vejez 3205
21.9 el hijo de Agar... *dado* a luz a Abraham 3205
21.14 y lo *dio* a Agar, poniéndolo sobre su 5414
21.19 llenó el odre... *dio* de beber al muchacho
21.27 tomó... ovejas y vacas, y *dio* a Abimelec 5414
22.11 el ángel de Jehová le *dio* voces desde
22.20 fue *dada* noticia a Abraham, diciendo 5046
22.20 Milca ha *dado* a luz hijos a Nacor tu 3205
22.23 son los ocho hijos que *dio* a luz Milca 3205
22.24 llamaba Reúma, *dio* a luz también a Teba 3205
23.4 *dame* propiedad para sepultura entre 5414
23.9 para que me *dé* la cueva de Macpela, que 5414
23.9 me la *dé*, para posesión de sepultura 5414
23.11 te *doy* la heredad, y te *d* también la 5414
23.11 en presencia de... de mi pueblo te la *doy* 5414
23.13 yo *daré* el precio de la heredad; tómalo 5414
24.7 a tu descendencia *daré* esta tierra; él 5414
24.12 *dame*... tener hoy buen encuentro, y haz
24.14 y también *daré* de beber a tus camellos
24.17 te ruego que me *des* a beber un... de agua
24.18 se *dio* prisa a bajar su... le *d* a beber 5414
24.19 cuando acabó de *darle* de beber, dijo
24.20 se *dio* prisa, y vació su cántaro en la
24.22 le *dio* el hombre un pendiente de oro 3947
24.24 Milca, el cual ella *dio* a luz a Nacor 3205
24.32 y les *dio* paja y forraje, y agua para 5414
24.35 le ha *dado* ovejas y vacas, plata y oro 5414
24.36 Sara... *dio* a luz en su vejez un hijo a 3205
24.36 quien le ha *dado* a él todo cuanto tiene 5414
24.41 si no te la *dieren*, serás libre de mi 5414
24.43 *dame* de beber te ruego, un poco de agua
24.45 le dije: Te ruego que me *des* de beber
24.46 y también a tus camellos *daré* de beber
24.46 y *dio* también de beber a mis camellos
24.47 hija de Nacor, que le *dio* a luz Milca 3205
24.53 sacó el criado alhajas... y *dio* a Rebeca 5414
24.53 *dio* cosas preciosas a su hermano y a su 5414
25.2 la cual le *dio* a luz a Zimram, Jocsán 3205
25.5 y Abraham *dio* todo cuanto tenía a Isaac 5414
25.6 a los hijos de sus concubinas *dio*... dones 5414
25.12 *dio* a luz Agar egipcia, sierva de Sara 3205
25.24 se cumplieron sus días para *dar* a luz 3205
25.26 de 60 años cuando ella los *dio* a luz 3205
25.30 ruego que me *des* a comer de ese guiso
25.34 Jacob *dio* a Esaú pan y del guisado de 5414
26.3 a ti y a tu... *daré* todas estas tierras 5414
26.4 y *daré* a tu descendencia... estas tierras 5414
26.32 le *dieron* nuevas acerca del pozo que 5046
27.28 Dios, pues, te *dé* del rocío del cielo 5414
27.33 trajo caza, y me *dio*, y comí de todo 935
27.37 le he *dado* por siervos a... sus hermanos 5414
28.4 y te *dé* la bendición de Abraham, y a tu 5414
28.4 heredes la tierra... Dios *dio* a Abraham 5414
28.13 la tierra en que estás... te la *daré* a ti 5414
28.20 si... me *diere* pan para comer y vestido 5414
28.22 y de todo lo que me *dieres*, el diezmo 5414
29.12 y ella corrió, y *dio* las nuevas a su 5046
29.19 que te la *dé* a ti, y no que la *d* a otro 5414
29.21 *dame* mi mujer, porque mi tiempo se ha 3051
29.24 y *dio* Labán su sierva Zilpa a su hija 5414
29.26 que se *dé* la menor antes de la mayor 5414
29.27 y se te *dará* también la otra, por el 5414
29.28 él le *dio* a Raquel su hija por mujer 5414
29.29 y *dio* Labán a Raquel su hija su sierva 5414
29.31 Lea era menospreciada, y le *dio* hijos
29.32 y concibió Lea, y *dio* a luz un hijo, y 3205
29.33,34 concibió otra vez, y *dio* a luz un 3205
29.33 oyó Jehová... me ha *dado* también éste 5414
29.34 porque le he *dado* a luz tres hijos 3205
29.35 *dio* a luz un hijo... y dejó de *dar* a luz 3205
30.1 viendo Raquel que no *daba* hijos a Jacob 3205
30.1 a Jacob: *Dame* hijos, o si no, me muero 3051
30.3 Bilha... *dará* a luz sobre mis rodillas, y 3205
30.4 así le *dio* a Bilha su sierva por mujer 5414
30.5 concibió... y *dio* a luz un hijo a Jacob 3205
30.6 y también oyó mi voz, y me *dio* un hijo 5414
30.7 concibió... y *dio* a luz un segundo hijo 3205
30.9 viendo... que había dejado de *dar* a luz 3205
30.9 Lea... tomó a Zilpa su sierva, y la *dio* a 5414
30.10 Zilpa, sierva... *dio*, a luz un hijo a Jacob 3205
30.12 Zilpa... *dio* a luz otro hijo a Jacob 3205
30.14 te ruego que me *des* de las mandrágoras 5414
30.17 Lea... *dio* a luz el quinto hijo a Jacob 3205
30.18 me ha *dado*... por cuanto di mi sierva a 5414
30.19 Lea... *dio* a luz el sexto hijo a Jacob 3205
30.20 Dios me ha *dado* una buena dote; ahora 2064
30.20 porque le he *dado* a luz seis hijos 3205
30.21 después *dio* a luz una hija, y llamó su 3205
30.23 concibió, y *dio* a luz un hijo, y dijo 3205
30.25 cuando Raquel hubo *dado* a luz a José 3205
30.26 *dame* mis mujeres y mis hijos, por las 5414
30.28 dijo: Señálame tu salario, y yo lo *daré* 5414
30.31 ¿qué te *daré*? Y respondió Jacob: No me 5414
30.31 no me *des* nada; si hicieres por mí esto 5414
31.9 quitó Dios el ganado... y me lo *dio* a mí 5414
31.43 a sus hijos que ellas han *dado* a luz 3205
33.5 los niños que Dios ha *dado* a tu siervo 2603
34.1 la cual ésta había *dado* a luz a Jacob 3205
34.8 hija; os ruego que se la *deis* por mujer 5414
34.9 y emparentad con... *dadnos* vuestras hijas 5414
34.11 halle yo gracia... *daré* lo que me dijereis 5414
34.12 a cargo mío... yo *daré* cuanto me dijereis 5414
34.12 mucha dote... y *dadme* la joven por mujer 5414
34.14 no podemos... esto de *dar* nuestra hermana 5414
34.16 entonces os *daremos* nuestras hijas, y 5414
34.21 sus hijas... y les *daremos* las nuestras 5414
35.4 *dieron* a Jacob todos los dioses ajenos 5414
35.12 tierra que he *dado* a Abraham y a Isaac 5414
35.12 la *daré* a ti, y a tu descendencia... *d* 5414
35.16 *dio* a luz Raquel, y hubo trabajo en su 3205
36.4 Ada *dio* a luz a Esaú a Elifaz; y Basemat 3205
36.4 a Elifaz; y Basemat *dio* a luz a Reuel 3205
36.5 y Aholibama *dio* a luz a Jeús, a Jaalam 3205
36.12 Timna fue... ella le *dio* a luz a Amalec 3205
36.14 ella *dio* a luz a Jeús, Jaalam y Coré 3205
38.3 concibió, y *dio* a luz un hijo, y llamó 3205
38.4 concibió otra vez, y *dio* a luz un hijo 3205
38.5 y *dio* a luz un hijo, y llamó su nombre 3205
38.5 y estaba en Quezib cuando lo *dio* a luz 3205
38.9 por no *dar* descendencia a su hermano 5414
38.13 fue *dado* aviso a Tamar, diciendo: He 5046
38.14 crecido Sela, y ella no era *dada* a él 5414
38.16 dijo: ¿Qué me *darás* por llegarte a mí? 5414
38.17 *dame* una prenda hasta que lo envíes 5414
38.18 Judá dijo: ¿Qué prenda te *daré*? Ella 5414
38.18 y él se los *dio*, y se llegó a ella, y 5414
38.24 fue *dado* aviso a Judá, diciendo: Tamar 5046
38.26 cuanto no la he *dado* a Sela mi hijo 5414
38.27 que al tiempo de *dar* a luz, he aquí 3205
38.28 sucedió cuando *daba* a luz, que sacó 3205
39.5 cuando le *dio* el encargo de su casa y de 6485
39.14 vino él a mí para... y yo *di* grandes voces 7121
39.21 le *dio* gracia en los ojos del jefe de 5414
40.11 y *daba* yo la copa en mano de Faraón 5414
40.13 *darás* la copa a Faraón en su mano, como 5414
40.21 y *dio* éste la copa en mano de Faraón 5414
41.16 Dios será el que *dé* respuesta... a Faraón
41.45 y le *dio* por mujer a Asenat, hija de 5414
41.50 los cuales le *dio* a luz Asenat, hija de 3205
42.25 y les *diesen* comida para el camino 5414
42.27 su saco para *dar* de comer a su asno en 5414
42.34 yo sepa... así os *daré* a vuestro hermano 5414
43.14 el Dios Omnipotente os *dé* misericordia 5414

43.23 vuestro Dios…*dio* el tesoro…costales 5414
43.24 les *dio* agua…y *d* de comer a sus asnos 5414
44.11 se *dieron* prisa, y derribando cada uno 3381
44.27 que dos hijos me *dio* a luz mi mujer 3205
45.1 al *darse* a conocer José a sus hermanos 3045
45.2 se *dio* a llorar a gritos; y oyeron los
45.7 y para *daros* vida por medio de gran 2421
45.9 *daos* prisa, id a mi padre y decidle: Así 4116
45.13 y *daos* prisa, y traed a mi padre acá 4116
45.18 os *daré* lo bueno de la tierra de Egipto 5414
45.21 y les *dio* José carros conforme a la 5414
45.22 a cada uno de…*dio* mudas de vestidos 5414
45.22 y a Benjamín *dio* trescientas piezas de 5414
45.26 *dieron* las nuevas, diciendo: José vive 5046
46.15 hijos de Lea…que *dio* a luz a Jacob en 3205
46.18 Zilpa, la que Labán *dio* a…y *d* a luz 5414,3205
46.20 los que le *dio* a luz Asenat, hija de 3205
46.25 que *dio* Labán…*d* a luz éstos a Jacob 5414,3205
47.11 José…les *dio* posesión en la tierra de 5414
47.15 vino todo Egipto…diciendo: *Danos* pan 3051
47.16 *dad* vuestros ganados y yo os *daré* por 3051
47.17 y José les *dio* alimentos por caballos 5414
47.19 y *danos* semilla para que vivamos y no 5414
47.22 comían la ración que Faraón les *daba* 5414
47.24 de los frutos *daréis* el quinto a Farón 5414
47.25 la vida nos has *dado*; hallemos gracia 2421
48.4 y *daré* esta tierra a tu descendencia 5414
48.9 son mis hijos, que Dios me ha *dado* aquí 5414
48.22 yo te he *dado* a ti una parte más que a 5414
49.20 el pan de Aser…él *dará* deleites al rey 5414
49.33 acabó Jacob de *dar* mandamientos a sus
50.15 y nos *dará* el pago de todo el mal que 7725
Éx 1.19 *dan* a luz antes que la partera venga 3205
2.2 *dio* a luz un hijo; y viéndole que era 3205
2.16 y *dar* de beber a las ovejas de su padre
2.17 las defendió, y *dio* de beber a sus ovejas
2.19 sacó agua, y *dio* de beber a las ovejas
2.21 *dio* su hija Séfora por mujer a Moisés 5414
2.22 ella le *dio* a luz un hijo; y él le puso 3205
3.21 *daré* a este pueblo gracia en los ojos de 5414
4.11 ¿quién *dio* la boca al hombre? ¿o quién 7760
4.28 y todas las señales que le había *dado* 6680
5.7 en adelante no *daréis* paja al pueblo para 5414
5.10 así ha dicho Faraón: Yo no os *doy* paja 5414
5.13 la tarea de…como cuando se os *daba* paja 1961
5.16 no se *da* paja a tus siervos, y con todo 5414
5.18 trabajad…No se os *dará* paja, y habéis 5414
6.3 en mi nombre JEHOVÁ no me *di* a conocer
6.4 mi pacto…de *darles* la tierra de Canaán 5414
6.8 jurando que la *daría* a Abraham, a Isaac 5414
6.8 os meteré…y yo os la *daré* por heredad 5414
6.20 la cual *dio* a luz a Aarón y a Moisés 3205
6.23 a Elisabet…la cual *dio* a luz a Nadab 3205
6.25 tomó para sí mujer…*dio* a luz a Finees 3205
7.23 Faraón…no *dio* atención tampoco a esto 7896
8.15 pero viendo…que le habían *dado* reposo 7309
8.29 no dejando ir…*dar* sacrificio a Jehová
10.25 tú…nos *darás* sacrificios y holocaustos 5414
11.3 Jehová *dio* gracia al pueblo en los ojos 5414
12.25 entréis en la tierra que Jehová os *dará* 5414
12.33 *dándose* prisa a echarlos de la tierra
12.36 y Jehová *dio* gracia al pueblo delante 5414
12.36 los egipcios…les *dieron* cuanto pedían 7592
13.5 la cual juró a tus padres que te *daría* 5414
13.11 en la tierra…cuando te la hubiere *dado* 5414
14.2 *di* a los…de Israel que *den* la vuelta y
14.5 fue *dado* aviso al rey de Egipto, que el 5046
15.25 allí les *dio* estatutos y ordenanzas, y 7760
15.26 si…y *dieres* oído a sus mandamientos 238
16.8 Jehová os *dará* en la tarde carne para 5414
16.15 es el pan que Jehová os *da* para comer 5414
16.29 Jehová os *dio* el día de reposo, y por 5414
16.29 en el sexto día os *da* pan para dos días 5414
16.32 vean el pan que yo os *di* a comer en el
17.2 y dijeron: *Danos* agua para que bebamos 5414
19.5 si *diereis* oído a mi voz, y guardaréis 8085
20.7 porque no *dará* por inocente Jehová al que
20.12 en la tierra que Jehová tu Dios te *da* 5414
21.4 si su amo le hubiere *dado* mujer, y ella 5414
21.4 ella le *diere* hijos o hijas…serán de su 5414
21.26 le *dará* libertad por razón de su ojo 7971
21.30 si…*dará* por el rescate de su persona 5414
22.7 *diere* a su prójimo plata o…a guardar, y 5414
22.10 alguno hubiere *dado* a su prójimo asno 5414
22.17 si su padre no quisiere *dársela*…pesará 5414
22.29 me *darás* el primogénito de tus hijos 5414
22.30 con su madre…al octavo día me lo *darás* 5414
23.27 te *daré* la cerviz de todos tus enemigos 5414
24.12 y te *daré* tablas de piedra, y la ley 5414
25.2 todo varón que la *diere* de su voluntad 5068
25.16 en el arca el testimonio que yo te *daré* 5414
25.21 pondrás…el testimonio que yo te *daré* 5414
30.12 cada uno *dará* a Jehová el rescate de su 5414
30.13 esto *dará* todo aquel que sea contado 5414
30.14 el que sea contado…*dará* la ofrenda 5414
30.15 *dieren* la ofrenda a Jehová para hacer 5414
30.16 *darás* para el servicio del tabernáculo 5414
31.18 *dio* a Moisés…dos tablas del testimonio 5414
32.4 *dio* forma con buril, e hizo…un becerro
32.13 y *daré* a vuestra descendencia…tierra 5414
32.20 lo *dio* a beber a los hijos de Israel
32.24 y me lo *dieron*, y lo eché en el fuego 5414
32.29 que él *dé* bendición hoy sobre vosotros 5414
33.1 la cual juré…a tu descendencia la *daré* 5414
33.14 mi presencia irá…y te *daré* descanso
35.21 a quien su espíritu le *dio* voluntad 5068
36.1 todo hombre…a quien Jehová *dio* sabiduría 5414
Lv 5.16 lo *dará* al sacerdote…hará expiación 5414
6.6 un carnero…y lo *dará*, al sacerdote para
6.17 la he *dado* a ellos por su porción de mis 5414
7.32 *daréis* al sacerdote para…la espaldilla 5414
7.34 lo he *dado* a Aarón el sacerdote y a sus 5414
7.36 mandó Jehová que les *diesen*, desde el 5414
10.14 *dados* de los sacrificios de paz de los 5414
10.17 es muy santa, y la *dio* él a vosotros 5414
10.20 Moisés oyó esto, se *dio* por satisfecho 3190
12.2 la mujer cuando conciba y *dé* a luz varón 3205
12.5 y si *diere* a luz hija, será inmunda dos 3205
12.7 esta es la ley para la que *diere* a luz 3205
14.34 Canaán, la cual yo os *doy* en posesión 5414
14.35 y *dará* aviso al sacerdote, diciendo 5414
15.14 dos palominos…y los *dará* al sacerdote 5414
17.11 yo os la he *dado* para hacer expiación 5414
18.21 no *des* hijo…para ofrecerlo por fuego 5414
19.20 ni le hubiere sido *dada* libertad, ambos 5414
20.3 *dio* de sus hijos a Moloc, contaminando 5414
20.4 que hubiere *dado* de sus hijos a Moloc 5414
20.24 y yo os la *daré* para que la poseáis por 5414
22.14 *dará* al sacerdote con la cosa sagrada 5414
23.10 entrado en la tierra que yo os *doy*, y 5414
23.38 ofrendas…que acostumbráis *dar* a Jehová 5414
25.2 entrado en la tierra que yo os *doy*, la 5414
25.6 el descanso de la…*dará* para comer a ti 402
25.19 y la tierra *dará* su fruto, y comeréis 5414
25.37 no le *darás* tu dinero a usura, ni tus 5414
25.38 saqué…para *daros* la tierra de Canaán 5414
26.4 yo *daré* vuestra lluvia…dará su fruto 5414
26.6 y yo *daré* paz en la tierra, y dormiréis 5414
26.20 vuestra tierra no *dará* su producto, y 5414
26.20 árboles de la tierra no *darán* su fruto 5414
27.9 lo que de los tales se *diere* a Jehová 5414
27.10 el *dado* en cambio de él serán sagrados
27.23 aquel día *dará* tu precio señalado, cosa 5414
27.33 tanto él como el que se *dio* en cambio
Nm 3.9 *darás* los levitas a Aarón y a sus hijos 5414
3.9 son…*dados* de entre los hijos de Israel 5414
3.48 *darás* a Aarón y a sus hijos el dinero 5414
3.51 Moisés *dio* el dinero de los rescates a 5414
5.7 parte, y lo *dará* a aquel contra quien pecó 5414
5.8 se *dará* la indemnización del agravio a
5.10 lo que cualquiera *diere* al sacerdote 5414
5.22 y estas aguas que *dan* maldición entren
5.24 *dará* a beber a la mujer…aguas amargas
5.26 y…*dará*, a beber las aguas a la mujer
5.27 le *dará*, pues, a beber las aguas; y si
7.5 y los *darás* a los levitas, a cada uno 5414
7.6 Moisés recibió…y los *dio* a los levitas 5414
7.7 cuatro bueyes *dio* a los hijos de Gersón 5414
7.8 a los hijos de Merari *dio* cuatro carros 5414
7.9 a los hijos de Coat no les *dio*, porque 5414
8.19 yo he *dado* en don los levitas a Aarón 5414
10.29 cual Jehová ha dicho: Yo os lo *daré* 5414
11.4 dijeron: ¡Quién…*diera* a comer carne!
11.13 ¿de dónde conseguiré yo carne para *dar* 5414
11.13 mí, diciendo: *Danos* carne que comamos 5414
11.15 si así lo…te ruego que me *des* muerte
11.18 ¡quién nos *diera*…pues, os *dará* carne 5414
11.21 *daré* carne, y comerán un mes entero! 5414
11.27 corrió un joven y *dio* aviso a Moisés 5046
13.2 la cual yo *doy* a los hijos de Israel 5414
13.26 y vinieron…y *dieron* la información a 7725
14.1 toda la congregación gritó y *dio* voces 5414
15.2 hayáis entrado en la tierra…yo os *doy* 5414
15.21 las primicias…*daréis* a Jehová ofrenda 5414
16.14 ni nos has *dado* heredades de tierras 5414
17.6 los príncipes de ellos le *dieron* varas 5414
18.6 *dados* a vosotros en don de Jehová, para 5414
18.7 os he *dado* en don el servicio de vuestro 5414
18.8 te he *dado*…el cuidado de mis ofrendas 5414
18.8 te he *dado* por razón de la unción, y a 5414
18.11 he *dado* a ti y…por estatuto perpetuo 5414
18.12 las primicias de…para ti las he *dado* 5414
18.19 todas las ofrendas…las he *dado* para ti 5414
18.21 *dado* a los hijos de Leví…los diezmos 5414
18.24 a los levitas he *dado* por heredad los 5414
18.26 toméis…los diezmos que os he *dado* de 5414
18.28 *daréis* de ellos la ofrenda de Jehová 5414
19.3 y la *daréis* a Eleazar el sacerdote, y él 5414
20.8 hablad a la peña…y ella *dará* su agua 5414
20.8 y *darás* de beber a la congregación y a 5414
20.12 no meteréis…la tierra que les he *dado* 5414
20.19 si bebiéremos…*daré* el precio de ellas 5414
20.24 pues no entrará en la tierra que yo *di* 5414
21.16 dijo…Reúne al pueblo, y les *daré* agua 5414
22.8 y yo os *daré* respuesta según Jehová me 7725
22.18 Balac me *diese* su casa llena de plata 5414
23.20 él *dio* bendición, y no podré revocarla
24.13 Balac me *diese* su casa llena de plata 5414
26.54 a los más *daréis* mayor heredad, y a los 7235
26.54 y a cada uno se le *dará* su heredad 5414
26.59 *dio* a luz de Amram a Aarón y a Moisés 3205
26.62 no les había de ser *dada* heredad entre 5414
27.4 *danos* heredad entre los hermanos…padre 5414
27.7 *darás* la posesión de una heredad entre 5414
27.9 si no…*daréis* su herencia a sus hermanos 5414
27.10 *daréis* su herencia a los hermanos de su 5414
27.11 *daréis* su herencia a su pariente más 5414
27.12 tierra que he *dado* a los hijos de Israel 5414
27.19 le *darás* el cargo en presencia de ellos 6680
27.23 y le *dio* el cargo, como Jehová había 6680
31.5 fueron *dados* de los millares de Israel 4560
31.19 que haya *dado* muerte a persona…tocado
31.29 *darás* al sacerdote Eleazar la ofrenda 5414
31.30 tomarás uno…y los *darás* a los levitas 5414
31.41 y *dio* Moisés el tributo, para ofrenda 5414
31.47 y los *dio* a los levitas, que tenían la 5414
32.5 *dése* esta tierra a tus siervos en heredad 5414
32.7 que no pasen a la tierra que les ha *dado* 5414
32.9 a la tierra que Jehová les había *dado* 5414
32.29 *daréis* la tierra de Galaad en posesión 5414
32.33 así Moisés *dio*…el reino de Sehón rey 5414
32.40 y Moisés *dio* Galaad a Maquir hijo de 5414
33.53 yo os lo he *dado* para que sea vuestra 5414
33.54 a los muchos *daréis* mucho por herencia 7235
33.54 y a los pocos *daréis* menos por herencia 4591
34.13 mandó Jehová que *diese* a las 9 tribus 5414
34.18 un príncipe, para *dar* la posesión de la 5157
35.2 que *den* a los levitas, de la posesión de 5414
35.2 también *daréis* a los levitas los ejidos 5414
35.4,6 las ciudades que *daréis* a los levitas 5414
35.6 *daréis* para que el homicida se refugie 5414
35.6 seis…además de éstas *daréis* 42 ciudades 5414
35.7 ciudades que *daréis*…serán 48 ciudades 5414
35.8 las ciudades que *diereis* de la heredad 5414
35.8 cada uno *dará* de sus…según la posesión 5414
35.13 de las ciudades…que *daréis*, tendréis 5414
35.14 tres ciudades *daréis* a este lado del 5414
35.14 y tres…*daréis* en la tierra de Canaán 5414
35.17 si con piedra en…que pueda *dar* muerte
35.18 con instrumento…que pueda *dar* muerte
35.19 el vengador…*dará* muerte al homicida
35.30 cualquiera que *diere* muerte a alguno
36.2 por sorteo *diese* la tierra a los hijos 5414
36.2 *dé* la posesión de Zelofehad…a sus hijas 5414
Dt 1.8 Jehová juró…que les *daría* a ellos y a 5414
1.13 *dadme* de…de vuestras tribus, varones 3051
1.20 monte del amorreo…nuestro Dios nos *da* 5414
1.25 nos *dieron* cuenta, y dijeron: Es buena la 7725
1.25 la tierra que Jehová nuestro Dios nos *da* 5414
1.35 buena tierra que juré que había de *dar* a 5414
1.36 y a él *daré* la tierra que pisó, y a sus 5414
1.39 y a ellos la *daré*, y ellos la heredarán 5414
1.43 hablé, y no *disteis* oído; antes fuisteis
2.5 porque no os *daré* de su tierra ni aun lo 5414
2.5 *dado* por heredad a Esaú el monte de Seir 5414
2.9 porque no te *daré* posesión de su tierra 5414
2.9 he *dado* a Ar por heredad a los hijos de 5414
2.12 como hizo Israel en la tierra que les *dio* 5414
2.19 no te *daré* posesión de la tierra de los 5414
2.19 los hijos de Lot la he *dado* por heredad 5414
2.28 el agua…me *darás* por dinero, y beberé 5414
2.29 cruce el Jordán a la tierra que nos *da* 5414
3.12 esta tierra…la *di* a los rubenitas y a 5414
3.13 resto de Galaad…lo *di* a la media tribu 5414
3.15 y Galaad se lo *di* a Maquir 5414
3.16 les *di* de Galaad hasta el arroyo de Arnón 5414
3.18 Dios os ha *dado* esta tierra por heredad 5414
3.19 quedarán en las ciudades que os he *dado* 5414
3.20 la tierra que…Dios les *da* al otro lado 5414
3.20 volveréis…a la heredad que…os he *dado* 5414
4.1 y poseáis la tierra que Jehová el…os *da* 5414
4.21 la buena tierra que Jehová tu Dios te *da* 5414
4.38 y *darte* su tierra por heredad, como hoy 5414
4.40 sobre la tierra que Jehová tu Dios te *da* 5414
5.11 Jehová no *dará* por inocente al que tome
5.16 sobre la tierra que Jehová tu Dios te *da* 5414
5.22 en dos tablas…las cuales me *dio* a mí 5414
5.29 ¡quien *diera* que tuviesen tal corazón 5414
5.31 por obra en la tierra que yo les *doy* 5414
6.10 la tierra que juró a…Jacob que te *daría* 5414
6.23 y *darnos* la tierra que juró a nuestros 5414
7.3 no *darás* tu hija a su hijo, ni tomarás a 5414
7.10 y que *da* el pago en…al que le aborrece
7.10 que le odia, en persona le *dará* el pago
7.13 la tierra que juró a tus…que te *daría* 5414
7.16 consumirás a…pueblos que te *da* Jehová 5414
8.10 por la buena tierra que te habrá *dado* 5414
8.18 te *da* el poder para hacer las riquezas 5414
9.6 Jehová te *da*…*buena* tierra para tomarla 5414
9.10 me *dio* Jehová las dos tablas de piedra 5414
9.11 Jehová me *dio* las dos tablas de piedra 5414
9.23 subid y poseed la tierra…yo os he *dado* 5414
10.4 y escribió en las tablas…y me las *dio* 5414
10.11 la tierra que juré…que les había de *dar* 5414
10.18 ama…extranjero *dándole* pan y vestido 5414
11.9 juró Jehová…que había de darla a ellos 5414
11.14 yo *daré* la lluvia de vuestra tierra a 5414
11.15 *daré* también hierba en tu campo para 5414
11.17 ni la tierra *dé* su fruto, y perezcáis 5414
11.17 de la buena tierra que os *da* Jehová 5414
11.21 que Jehová juró…que les había de *dar* 5414
11.31 ir a poseer la tierra que os *da* Jehová 5414
12.1 la tierra que Jehová el Dios…te ha *dado* 5414
12.9 la heredad que os *da* Jehová vuestro Dios 5414
12.10 él os *dará* reposo de…vuestros enemigos 5414
12.15 según la bendición…Dios te haya *dado* 5414
12.21 tus ovejas que Jehová te hubiere *dado* 5414
13.3 no *darás* oído a las palabras de…profeta
13.12 de tus ciudades que…te *da* para vivir 5414
14.21 al extranjero que…la *darás*, y él podrá 5414
14.26 *darás* el dinero por todo lo que deseas 5414
15.4 la tierra que…tu Dios te *da* por heredad 5414
15.7 en la tierra que Jehová tu Dios te *da* 5414
15.9 mires con malos ojos a…para no *darle* 5414
15.10 le *darás*, y no serás de mezquino corazón 5414
15.10 y no serás de mezquino…cuando le *des* 5414
15.14 le *darás* de aquello en que Jehová te 5414
16.5 las ciudades que Jehová tu Dios te *da* 5414
16.10 de la abundancia…será lo que *dieres* 5414
16.17 la bendición que…Dios te hubiere *dado* 5414
16.18 ciudades que Jehová tu Dios te *dará* en 5414
16.20 y heredes la tierra que…tu Dios te *da* 5414
17.2 de tus ciudades que Jehová tu Dios te *da* 5414
17.4 fuere *dado* aviso, y después que oyeres 5046

17.14 entrado en la tierra que...Dios te *da* 5414
18.3 *darán* al sacerdote la espaldilla, las 5414
18.4 las primicias de...de tus ovejas le *darás* 5414
18.9 cuando entres a la tierra...tu Dios te *da* 5414
19.1 naciones cuya tierra...tu Dios te *da* a ti 5414
19.2 la tierra que Jehová tu Dios te *da* para 5414
19.3 la tierra que...Dios te *dará* en heredad
19.5 y al *dar* su mano el golpe con el hacha 5080
19.5 *diere* contra su prójimo y éste muriere 4672
19.8 te *diere* toda la tierra que prometió *dar* 5414
19.10 la tierra que...Dios te *da* por heredad 5414
19.14 en la heredad que...tu Dios te *da*, no 5414
20.16 ciudades...que...Dios te *da* por heredad 5414
21.1 en la tierra que Jehová tu Dios te *da* 5414
21.15 si...le hubieren *dado* hijos, y el hijo 3205
21.16 no podrá *dar*...primogenitura al hijo 1069
21.17 reconocerá...para *darle* el doble de lo 5414
21.23 tu tierra que...Dios te *da* por heredad 5414
22.14 atribuyere faltas que *den* que hablar 7760
22.16 yo *dí* mi hija a este hombre por mujer 5414
22.17 le atribuye faltas que *dan* que hablar 7760
22.19 las cuales *darán* al padre de la joven 5414
22.24 la joven...no *dio* voces en la ciudad
22.27 *dio* voces la joven desposada, y no
22.29 el hombre...*dará* al padre de la joven 5414
24.4 tierra que Jehová...te *da* por heredad 5414
24.15 en su día le *darás* su jornal, y no se 5414
24.15 no se pondrá el sol sin *dárselo*; pues
25.3 se podrá *dar* cuarenta azotes, no más 5221
25.6 que ella *diere* a luz sucederá en el lugar 3205
25.10 se le *dará* este nombre en Israel: La 7121
25.15 sobre la tierra que Jehová tu...te *da* 5414
25 19 te *dé* descanso de todos tus enemigos 5414
25 19 tierra que Jehová...te *da* por heredad 5414
26.1,2 la tierra que Jehová tu Dios te *da* 5414
26.3 tierra que juró Jehová...que nos *daría* 5414
26.9 y nos *dio* esta tierra...que fluye leche 5414
26.10 del fruto de la tierra que me *diste* 5414
26.11 en todo el bien que...Dios te haya *dado* 5414
26.12 *darás* también al levita, al extranjero 5414
26.13 lo he *dado* al levita, al extranjero, al 5414
26.15 bendice...a la tierra que nos has *dado* 5414
27.2 que pases...a la tierra que...tu Dios te *da* 5414
27.3 entrar en la tierra que...tu Dios te *da* 5414
28.8 en la tierra que Jehová tu Dios te *da* 5414
28.11 país que Jehová juró...te había de *dar* 5414
28.24 *dará* Jehová por lluvia...polvo y ceniza 5414
28.31 tus ovejas serán *dadas* a tus enemigos 5414
28.52 la tierra que...tu Dios te hubiere *dado* 5414
28.53 la carne de tus hijos...que...Dios te *dio* 5414
28.55 para no *dar*...de la carne de sus hijos 5414
28.57 hijos que *diere* a luz; pues los comerá 3205
28.65 allí te *dará* Jehová corazón temeroso 5414
28.67 ¡quién *diera* que fuese la tarde! y a la 5414
28.67 ¡quién *diera* que fuese la mañana! por 5414
29.4 no os ha *dado* corazón para entender, ni 5414
29.8 y la *dimos* por heredad a Rubén y a Gad 5414
29.26 dioses...ninguna cosa les habían *dado* 5414
30.20 la tierra que juró...que les había de *dar* 5414
31.7 la tierra que juró Jehová...que les *daría* 5414
31.9 y escribió Moisés esta ley, y la *dio* a 5414
31.14 y esperad, para que yo le *dé* el cargo 6680
31.21 antes que...en la tierra que juré *darles*
31.23 *dio* orden a Josué hijo de Nun, y dijo 6680
31.25 *dio* órdenes Moisés a los levitas que 6680
32.29 se *dieran* cuenta del fin que les espera!
32.41 y *daré* la retribución a...me aborrecen 7725
32.49 de Canaán, que yo *doy* por heredad a los 5414
32.52 la tierra que *doy* a los hijos de Israel 5414
34.4 juré...diciendo: A tu descendencia la *daré* 5414
Jos 1.2 pasa...a la tierra que yo les *doy* a los 5414
1.6 la tierra de la cual juré...que la *daría* a 5414
1.11 la tierra que Jehová...os *da* en posesión 5414
1.13 ha *dado* reposo, y os ha *dado* esta tierra 5414
1.14 tierra que Moisés os ha *dado* a este lado 5414
1.15 que Jehová haya *dado* reposo a vuestros 5414
1.15 posean la tierra que Jehová...Dios les *da* 5414
1.15 a la tierra...la cual Moisés...os ha *dado* 5414
2.2 fue *dado* aviso al rey de Jericó, diciendo 559
2.9 sé que Jehová os ha *dado* esta tierra 5414
2.12 de lo cual me *daréis* una señal segura 5414
2.14 y cuando Jehová nos haya *dado* la tierra 5414
4.10 se pararon...pueblo se *dio* prisa y pasó
5.6 Jehová había jurado a...que nos la *daría* 5414
6.4 *daréis* siete vueltas a la ciudad, y los
6.11 él hizo que el arca...*diera* una vuelta
6.14 así *dieron* otra vuelta a la ciudad el
6.15 séptimo día...*dieron* vuelta a la ciudad
6.15 *dieron* vuelta alrededor de...siete veces
7.19 da gloria a Jehová...y *dale* alabanza, y 7760
9.24 como fue *dado* a entender a tus siervos 5046
9.24 que os había de *dar* toda la tierra, y 5414
10.17 y fue *dado* aviso...que los cinco reyes 5046
12.6 Moisés...*dio* aquella tierra en posesión 5414
12.7 Josué *dio* la tierra...las tribus de Israel 5414
13.8 heredad, la cual les *dio* Moisés al otro 5414
13.8 según se la *dio* Moisés siervo de Jehová 5414
13.14 pero a la tribu de Leví no *dio* heredad 5414
13.15 *dio*, pues, Moisés a la tribu...de Rubén 5414
13.24 *dio*...Moisés a la tribu de Gad, a los 5414
13.29 *dio* Moisés heredad a la media tribu de 5414
13.33 la tribu de Leví no *dio* Moisés heredad 5414
14.2 por suerte se les *dio* su heredad, como
14.2 como Jehová había mandado...que se *diera*
14.3 había *dado* Moisés heredad al otro lado 5414
14.3 a los levitas no les *dio* heredad entre 5414
14.4 y no *dieron* parte a los levitas en la 5414
14.12 *dame*, pues, ahora este monte, del cual 5414
14.13 y *dio* a Caleb hijo...Hebrón por heredad 5414
15.3 y subiendo por Adar *daba* vuelta a Carca
15.13 a Caleb...*dio* su parte entre los hijos 5414
15.16 al que atacare a...le *daré* mi hija Acsa 5414
15.17 Caleb...le *dio* su hija Acsa por mujer 5414
15.19 un don...me has *dado* tierra del Neguev 5414
15.19 *dame* también fuentes...*dio* las fuentes 5414
16.6 el límite...*da* vuelta...hasta Taanat-silo
17.4 mandó...que nos *diese* heredad...él les dio 5414
17.14 ¿por qué nos has *dado* por heredad una 5414
18.3 poseer la tierra que os ha *dado* Jehová 5414
18.7 su heredad...la cual les *dio* Moisés siervo 5414
19.27 *da* vuelta hacia el oriente a Bet-dagón
19.49 *dieron*...heredad a Josué hijo de Nun en 5414
19.50 le *dieron* la ciudad...y habitó en ella 5414
20.4 le *darán* lugar para que habite con ellos 5414
21.2 mandó...nos fuesen *dadas* ciudades donde 5414
21.3 *dieron* de su...herencia a los levitas 5414
21.8 *dieron*...estas ciudades con sus ejidos 5414
21.9 *dieron* estas ciudades que...nombradas 5414
21.11 *dieron* Quiriat-arba del padre de Anac 5414
21.12 el campo de la ciudad...*dieron* a Caleb 5414
21.13 a los hijos del...Aarón *dieron* Hebrón 5414
21.21 les *dieron* Siquem con sus ejidos, en 5414
21.27 *dieron* de la media tribu de Manasés a 5414
21.34 *dio* de la tribu de Zabulón, Jocneam
21.43 *dio* Jehová...tierra...había jurado *dar* 5414
22.4 ahora...Dios ha *dado* reposo a...hermanos
22.4 Moisés...os *dio* al otro lado del Jordán 5414
22.7 había *dado* Moisés posesión en Basán 5414
22.7 a la otra mitad *dio* Josué heredad entre 5414
22.32 regresaron de la...*dieron* la respuesta 7725
23.1 Jehová *diera* reposo a Israel de todos 5414
23.13,15 la buena tierra que Jehová...ha *dado* 5414
23.16 de esta buena tierra que él os ha *dado* 5414
24.3 aumenté su descendencia, y le *dí* Isaac 5414
24.4 a Isaac *dí* Jacob y Esaú. Y a Esaú *d* el 5414
24.13 y os *dí* la tierra por la cual nada 5414
24.25 y les *dio* estatutos y leyes en Siquem 7760
24.33 que le fue *dado* en el monte de Efraín 5414
Jue 1.12 y la tomare, yo le *daré* Acsa mi hija 5414
1.13 tomó...él le *dio* Acsa su hija por mujer 5414
1.15 has *dado* tierra...*dame* también fuentes 5414
1.15 Caleb le *dio* las fuentes de arriba y las 5414
1.20 y *dieron* Hebrón a Caleb, como Moisés 5414
3.4 mandamientos...que él había *dado* a sus 6680
3.6 y *dieron* sus hijas a los hijos de ellos 5414
4.19 ruego me *des* de beber...Y ella...le dio
5.25 él pidió agua, y ella le *dio* leche; en 5414
6.9 los cuales eché de...y os *dí* su tierra 5414
6.17 *des* señal de que tú has hablado conmigo 6213
7.16 *dio* a todos ellos trompetas en sus manos 5414
7.21 el ejército echó a correr *dando* gritos y
8.5 ruego que *deis* a la gente...bocados de pan 5414
8.6 Zeba...para que *demos* pan a tu ejército? 5414
8.14 él le *dio* por escrito los nombres de los
8.15 que *demos*...pan a tus hombres cansados? 5414
8.24 que cada uno me *dé* los zarcillos de su 5414
8.25 de buena gana te...*daremos*...los zarcillos 5414
8.31 su concubina...le *dio* un hijo, y le puso 3205
9.4 le *dieron* 70 siclos de plata del templo de 5414
9.25 de lo cual fue *dado* aviso a Abimelec
9.42 el pueblo salió...*dado* aviso a Abimelec
9.47 *dado* aviso a Abimelec, de que estaban
11.2 pero la mujer de Galaad le *dio* hijos 3205
11.20 Sehón no se fio de Israel...*darle* paso
11.35 porque le he *dado* palabra a Jehová, y 6475
11.36 si le has *dado* palabra a Jehová, haz 6475
13.3,5,7 concebirás y *darás* a luz un hijo 3205
13.24 la mujer *dio* a luz un hijo, y le puso 3205
14.9 a su padre y a...les *dio* también a ellos 5414
14.12 yo os *daré* 30 vestidos de lino, y 30 5414
14.13 me *daréis* a mí los 30 vestidos de lino 5414
14.19 *dio* las mudas de vestidos a los que 5414
14.20 la mujer de...fue *dada* a su compañero
15.2 me persuadí de...y la *dí* a tu compañero 5414
15.6 quitó su mujer y la *dio* a su compañero 5414
15.18 tú has *dado* esta grande salvación por 5414
16.5 cada uno de...te dará mil cien siclos de 5414
16.24 el cual había *dado* muerte a muchos de 2491
17.4 tomó...200 siclos...y los *dio* al fundidor 5414
17.10 yo te *daré* diez siclos de plata por año 5414
18.23 y *dando* voces a los de Dan...volvieron 7121
18.25 no *des* voces tras nosotros, no sea que 8085
19.21 *dio* de comer a sus asnos...se lavaron
20.7 hijos de Israel: *dad* aquí vuestro parecer 3051
21.1 ninguno...*dará* su hija a los de Benjamín 5414
21.7 hemos jurado...no les *daremos*...mujeres 5414
21.14 les *dieron* por mujeres las que habían 5414
21.18 no les podemos *dar* mujeres de...hijas 5414
21.18 jurado...Maldito el que *diere* mujer a 5414
21.22 no sois vosotros...que se las *disteis* 5414
Rt 1.6 Jehová había visitado...para *darles* pan 5414
1.12 aunque dijese...y aun *diese* a luz hijos 3205
1.21 que Jehová ha *dado* testimonio contra mí 6030
2.14 se sentó...él le *dio* del potaje, y comió 6642
2.18 luego lo que le había sobrado...se lo *dio* 5414
3.3 no te *darás* a conocer al varón hasta que 3045
3.17 seis medidas de cebada me *dio*, diciendo 5414
4.7 uno se quitaba el zapato y lo *daba* a su 5414
4.12 de Fares, el cual Tamar *dio* a luz a Judá 3205
4.12 por la descendencia que...te *dé* Jehová 5414
4.13 Jehová le *dio* que...*diese* a luz un hijo 5414
4.15 tu nuera...lo ha *dado* a luz; y ella es 3205
4.17 le *dieron* nombre las vecinas, diciendo 7121
1 S 1.4 *daba* a Penina su mujer, a...sus hijos 5414
1.5 pero a Ana *daba* una parte escogida; porque 5414
1.11 sino...*dieres* a tu sierva un hijo varón 5414
1.20 *dio* a luz un hijo, y le puso por nombre 3205
1.27 por este niño oraba, y Jehová me *dio* lo 5414
2.5 hasta la estéril ha *dado* a luz siete, y 3205
2.6 Jehová mata, y él *da* vida...y hace subir 2421
2.10 *dará* poder a su Rey, y exaltará...Ungido 5414
2.15 *da* carne que asar para el sacerdote 5414
2.16 respondía: No, sino *dámela* ahora mismo 5414
2.20 te *dé* hijos de esta mujer en lugar del 7760
2.21 Ana...*dio* a luz tres hijos y dos hijas 3205
2.28 *dí* a...tu padre todas las ofrendas de los 5414
4.13 *dadas* las nuevas, toda la ciudad gritó 5046
4.14 aquel hombre vino...*dio* las nuevas a Elí 5414
4.19 su nuera...se inclinó y *dio* a luz; porque 3205
4.20 no tengas temor...has *dado* a luz un hijo 5414
4.20 no respondió, ni se *dio* por entendida 3820
5.10 los ecronitas *dieron* voces, diciendo 2199
6.5 *daréis* gloria al Dios de Israel; quizá 5414
7.16 iba y *daba* vuelta a Bet-el, a Gilgal y 1980
8.6 *danos* un rey que nos juzgue. Y Samuel 5414
8.14 tomará lo mejor...los *dará* a sus siervos 5414
8.15 diezmará, para *dar* a sus oficiales y a 5414
9.6 nos *dará* algún indicio acerca del objeto 5046
9.8 esto *daré* al varón de Dios, para que nos 5414
9.12 *date* prisa, pues, porque hoy ha venido 4116
9.22 introdujo...les *dio* lugar a la cabecera 5414
9.23 trae acá la porción que te *dí*, la cual 5414
10.4 te *darán* dos panes, los que tomarás de 5414
11.3 le dijeron: *Danos* siete días, para que
11.12 *dadnos* esos hombres, y los mataremos 5414
11.13 hoy Jehová ha *dado* salvación en Israel 6213
12.17 clamaré a Jehová, y él *dará* truenos y 5414
12.18 Samuel clamó...y Jehová *dio* truenos y 5414
14.33 *dieron* aviso a Saúl...El pueblo peca 5046
14.37 mas Jehová no le *dio* respuesta aquel día 5414
14.41 dijo Saúl a Jehová: *Da* suerte perfecta 3051
15.12 *dado* aviso a Samuel, diciendo: Saúl ha 5046
15.12 Saúl...le *dio* la vuelta, y pasó adelante 5437
15.28 lo ha *dado* a un prójimo tuyo mejor que 5414
17.8 y *dio* voces a los escuadrones de Israel 7121
17.10 *dadme* un hombre que pelee conmigo 5414
17.20 el ejército...*daba* el grito de combate 7321
17.25 le *dará* su hija, y eximirá de tributos 5414
17.30 y le *dio* el pueblo la misma respuesta 559
17.44 ven a mí, y *daré* tu carne a las aves 5414
17.46 *daré* hoy los cuerpos de los filisteos 5414
17.48 David se *dio* prisa, y corrió a la línea 4116
18.4 se quitó el manto...y se lo *dio* a David 5414
18.8 a David *dieran* diez miles, y a mí miles 5414
18.17 aquí, yo te *daré* Merab mi hija mayor 5414
18.19 en que Merab...se había de *dar* a David 5414
18.19 fue *dada* por mujer a Adriel meholatita 5414
18.21 se la *daré*, para que le sea por lazo 5414
18.24 los criados de...le *dieron* la respuesta 5046
18.27 y Saúl le *dio* su hija Mical por mujer 5414
19.2 y *dio* aviso a David, diciendo: Saúl mi 5046
19.5 y Jehová *dio* gran salvación a...Israel 6213
19.19 fue *dado* aviso a Saúl, diciendo: He aquí 5046
20.10 ¿quién me *dará* aviso si tu padre te 5414
20.37 Jonatán *dio* voces tras el muchacho 7121
20.38 corre, *date* prisa, no te pares. Y el 4120
20.40 *dio* Jonatán sus armas a su muchacho 5414
21.3 qué...*Dame* cinco panes, o lo que tengas 5414
21.4 lo *daré* si los criados se han guardado
21.6 así el sacerdote le *dio* el pan sagrado 5414
21.9 dijo David: Ninguna como ella; *dámela* 5414
22.7 ¿os *dará*...el hijo de Isaí tierras y viñas 5414
22.10 le *dio* provisiones...le *d* la espada de 5414
22.13 habéis conspirado...*diste* pan y espada 5414
22.21 *dio* aviso...cómo Saúl había dado muerte 2026
23.1 *dieron* aviso a David, diciendo: He aquí 5046
23.7 y fue *dado* aviso a Saúl que David había 5046
23.25 fue *dado* aviso a David, y descendió a la 5046
23.26 y se *daba* prisa David para escapar de 2648
24.1 le *dieron* aviso, diciendo: He aquí David 5046
24.8 David se levantó...*dio* voces detrás de 7121
24.18 hecho conmigo...no me has *dado* muerte 2026
25.8 te ruego que *des* lo que tuvieres a mano 5414
25.11 mi pan...y *darla* a hombres que no sé de 5414
25.14 uno de los criados *dio* aviso a Abigail 5046
25.27 sea *dado* a los...que siguen a mi señor 5414
25.34 si no te hubieras *dado* prisa en venir 4116
25.44 Saúl había *dado* a su hija Mica¡ mujer 5414
26.8 lo enclavaré...y no le *daré* segundo golpe
26.14 *dio* voces David al...y a Abner...diciendo 7121
27.5 séame *dado* lugar en alguna de las aldeas 5414
27.6 y Aquis le *dio* aquel día a Siclag, por 5414
27.11 sea que *den* aviso de nosotros y digan 5046
28.17 y lo ha *dado* a tu compañero, David 5414
30.2 a nadie habían *dado* muerte, sino se les 4191
30.11 y le *dieron* pan...y le *d* a beber agua 5414
30.12 le *dieron*...un pedazo de masa de higos 5414
30.22 dijeron...no les *daremos* del botín que 5414
30.23 de lo que nos ha *dado* Jehová, quien nos 5414
2 S 1.5 dijo David a...que le *daba* las nuevas 5046
1.6 joven que le *daba* las nuevas respondió 5046
1.20 en Gat, ni *deis* las nuevas en las plazas 1319
2.4 *dieron* aviso a David, diciendo: Los de 5046
2.5 hecho...misericordia...*dándole* sepultura 6912
2.26 Abner *dio* voces a Joab...¿Consumirá la 7121
3.23 fue *dado* aviso a Joab, diciendo: Abner 5046
3.30 a Abner...él había *dado* muerte a Asael 4191
3.39 *dé* el pago al que mal hace, conforme a 7999
4.10 que cuando uno me *dio* nuevas, diciendo 5414
6.12 fue *dado* aviso al rey David, diciendo 5046
7.1 Jehová le había *dado* reposo de todos sus 5414
7.9 he *dado* nombre grande, como el nombre 6213
7.11 te *daré* descanso de todos tus enemigos
8.5 los sirios...para *dar* ayuda a Hadad-ezer 5826

8.6,14 Jehová *dio* la victoria a David por 3467
9.9 lo que fue de Saúl... lo he *dado* al hijo de 5414
10.11 pudieren más que tú, yo te *daré* ayuda 3467
10.17 cuando fue *dado* aviso a David, reunió 5046
11.27 y le *dio* a luz un hijo. Mas esto que 3205
12.8 te *di* la casa de tu señor, y las mujeres 5414
12.8 te *di* la casa de Israel y de Judá; y si 5414
12.11 tus mujeres... y las *daré* a tu prójimo 5414
12.15 la mujer de Urías había *dado* a David 3205
12.24 ella le *dio* a luz un hijo, y llamó su 3205
13.5 venga... Tamar, para que me *dé* de comer 5414
13.28 Absalón había *dado* orden a sus criados 6680
13.30 Absalón ha *dado* muerte a... hijos del rey 5221
13.32 no diga... que han *dado* muerte a todos 4191
14.8 vete... yo *daré* órdenes con respecto a ti 5414
15.14 David dijo... *daos* prisa a partir, no sea 4116
15.28 que venga respuesta... que me *dé* aviso 5046
15.31 y *dieron* aviso a David... Ahitofel está 5046
16.8 Jehová te ha *dado* el pago de... la sangre 5414
16.12 *dará* Jehová bien por sus maldiciones 7725
16.20 dijo Absalón... *Dad* vuestro consejo sobre 3051
16.23 el consejo que *daba* Ahitofel en... días
17.7 el consejo que ha *dado*... no es bueno 3289
17.16 enviad... y *dad* aviso a David, diciendo 5046
17.18 los dos se *dieron* prisa a caminar, y
17.21 *dieron* aviso al rey David, diciéndole 5046
17.21 y *daos* prisa a pasar las aguas, porque 4120
17.21 porque Ahitofel ha *dado* tal consejo 3289
18.3 que tú nos *des* ayuda desde la ciudad 5826
18.5 oyó cuando *dio* el rey orden acerca de
18.11 Joab respondió al... que le *daba* la nueva 5046
18.11 me hubiera placido *darte* diez siclos de 5414
18.19 ¿correré... y *daré* al rey las nuevas de 1319
18.20 no *darás* hoy la nueva, porque el hijo 1309
18.25 el atalaya *dio*... voces, y lo hizo saber 7121
18.26 vio... y *dio* voces el atalaya al portero 7121
18.33 me *diera* que muriera yo en lugar de ti 4310
19.1 *dieron* aviso a Joab... aquí el rey llora 5046
19.8 fue *dado* aviso a... el pueblo, diciendo 5046
19.16 Simei... se *dio* prisa y descendió con los 4116
19.32 Barzilai... había *dado* provisiones al rey
19.36 ¿por qué me ha de *dar* el... recompensa? 1580
20.3 puso en reclusión, y les *dio* alimentos 3557
20.10 cayó muerto sin *darle* un segundo golpe
20.16 una mujer sabia *dio* voces en la ciudad 7121
21.3 qué satisfacción os *daré*, para que
21.6 *dénsenos* siete varones de... Yo los *daré* 5414
22.14 tronó... Jehová... el Altísimo *dio* su voz 5414
22.36 me *diste*... el escudo de tu salvación 5414
23.10 aquel día Jehová *dio* una gran victoria 6213
23.12 mató... y Jehová *dio* una gran victoria 6213
23.15 ¡quién me *diera* a beber del agua del 8248
24.9 y Joab *dio* el censo del pueblo al rey 5414
24.23 todo esto, oh rey, Arauna lo *da* al rey 5414
1 R 1.23 y *dieron* aviso al rey, diciendo: He 5046
1.48 ha *dado* hoy quien se siente en mi trono 5414
2.17 para que me *dé* Abisag sunamita por mujer ... 5414
2.21 dijo: *Dése* Abisag... a tu hermano Adonías 5414
2.32 ha *dado* muerte a dos varones más justos
2.39 y *dieron* aviso a Simei... están en Gat 5046
3.5 dijo... Pide lo que quieras que yo te *dé* 5414
3.6 le *diste* hijo que se sentase en su trono 5414
3.9 *da*, pues, a tu siervo corazón entendido 5414
3.12 te he *dado* corazón sabio y entendido 5414
3.13 aun... te he *dado* las cosas que no pediste 5414
3.17 yo *di* a luz estando con ella en la casa 3205
3.18 día después de *dar* yo a luz... dio a luz 3205
3.21 me levanté... para *dar* el pecho a mi hijo 3243
3.21 que no era... el que yo había *dado* a luz 3205
3.25 *dad* la mitad a la una, y la otra mitad 5414
3.26 *dad* a ésta el niño vivo, y no lo matéis 5414
3.27 respondió... *Dad* a aquélla el hijo vivo 5414
3.28 oyó aquel juicio que había *dado* el rey 8199
4.29 Dios *dio* a Salomón sabiduría... grandes 5414
5.4 Jehová... me ha *dado* paz por todas partes 5414
5.6 y yo te *daré*... el salario que tú dijeres 5414
5.7 bendito sea... que *dio* hijo sabio a David 5414
5.9 tú cumplirás mi deseo al *dar* de comer a 5414
5.10 *dio*... Hiram a Salomón madera de cedro 5414
5.11 Salomón *daba* a... 20.000 coros de trigo 5414
5.11 esto *daba* Salomón a Hiram cada año 5414
5.12 Jehová, pues, *dio* a Salomón sabiduría 5414
8.32 justificando al justo... *darle* conforme a 5414
8.34 y los volverás a la tierra que *diste* a 5414
8.36 y *darás* lluvias sobre tu tierra, la, cual 5414
8.36 la cual *diste* a tu pueblo por heredad 5414
8.39 *darás* a cada uno conforme a sus caminos 5414
8.40 la tierra que tú *diste* a nuestros padres 5414
8.48 hacia... tierra que tú *diste* a sus padres 5414
8.56 bendito sea Jehová, que ha *dado* paz a 5414
9.11 Salomón *dio* a Hiram veinte ciudades en 5414
9.12 las ciudades que Salomón le había *dado* 5414
9.13 ¿qué ciudades son estas que me has *dado* 5414
9.16 a Gezer... *dio* muerte a los cananeos que 2026
9.16 y la dio en dote a su hija la mujer de 5414
10.10 *dio* ella al rey 120 talentos de oro 5414
10.10 la reina de Sabá *dio* al rey Salomón 5414
10.13 *dio* a la reina... lo que Salomón le *d* 5414
11.13 *daré* una tribu a tu hijo, por amor a 5414
11.18 Faraón... les *dio* casa y... les *d* tierra 5414
11.19 Faraón... le *dio* por mujer la hermana 5414
11.20 le *dio* a luz su hijo Genubat, al cual 3205
11.31 yo rompo el reino... te *daré* diez tribus 5414
11.35 pero quitaré el reino... y lo *daré* a ti 5414
11.36 y a su hijo *daré* una tribu, para que 5414
11.38 él dejó el consejo que... le habían *dado* 3289
12.13 dejando el consejo que... le habían *dado* 3289
13.3 y aquel... día *dio* una señal, diciendo 5414
13.5 señal que el varón de Dios había *dado* 5414
13.7 ven conmigo... y yo te *daré* un presente 5414
13.8 aunque me *dieras* la mitad de tu casa, no 5414
14.15 esta buena tierra que había *dado* a sus 5414
14.27 los *dio* a los capitanes de... la guardia 6485
15.4 Jehová su... le *dio* lámpara en Jerusalén 5414
16.16 ha conspirado, y ha dado *muerte* al rey 5221
17.4 yo he mandado... que te *den* allí de comer 3557
17.19 él le dijo: *Dame* acá tu hijo. Entonces 5414
17.23 lo trajo... lo *dio* a su madre, y le dijo 5414
18.12 al venir yo y *dar* las nuevas a Acab 5046
18.16 Abdías fue... y le *dio* el aviso; y Acab 5046
18.23 *dénsenos*... dos bueyes, y escojan ellos 5414
18.26 tomaron el buey que les fue *dado* y lo 5414
18.31 cual había sido *dada* palabra de Jehová 559
19.1 Acab *dio* a Jezabel la nueva de todo lo 5046
19.21 y la *dio* al pueblo para que comiesen 5414
20.5 oro, y tus mujeres y tus hijos me *darás* 5414
20.9 los embajadores... le *dieron* la respuesta 7725
20.17 enviado quien le *dio* aviso, diciendo 5046
20.25 en campo raso... Y él les *dio* oído, y lo 8085
20.29 y al séptimo día se *dio* la batalla 7126
20.37 el hombre le *dio* un golpe, y le hizo 5221
20.39 cuando el rey pasaba, él *dio* voces al 6817
21.2 diciendo: *Dame* tu viña para un huerto 5414
21.2 y yo te *daré* por ella otra viña mejor 5414
21.3 guárdeme... que yo te *dé* a ti la heredad 5414
21.4 no te *daré* la heredad de mis padres 5414
21.6 que me *diera* su viña... le daría otra viña 5414
21.6 y él respondió: Yo no te *daré* mi viña 5414
21.7 yo te *daré* la viña de Nabot de Jezreel 5414
21.15 viña... que no te la quiso *dar* por dinero 5414
22.34 *da* la vuelta, y sácame del campo, pues 2015
2 R 3.23 uno ha *dado* muerte a su compañero 5221
4.17 la mujer concibió, y *dio* a luz un hijo 3205
4.41 *da* de comer a la gente. Y no hubo más
4.42 y él dijo: *Da* a la gente para que coma 5414
4.43 *da* a la gente para que coma, porque así 5414
5.1 él había *dado* Jehová salvación a Siria 5414
5.7 ¿soy yo Dios, que mate y *dé* vida, para 2421
5.17 no se *dará* a tu siervo la carga de un 5414
5.22 ruego que les *des* un talento de plata 5414
6.28 dijo: *Da* acá tu hijo, y comámoslo hoy 5414
6.29 le dije: *Da* acá a tu hijo, y comámoslo 5414
7.4 si ellos nos *dieren* la vida, viviremos 2421
7.4 y si nos *dieren* la muerte, moriremos 4191
7.9 vamos... y *demos* la nueva en casa del rey 5046
8.7 *dieron* aviso... El varón de Dios ha venido 5046
8.19 había prometido *darle* lámpara a él y a 5414
9.15 para ir a *dar* las nuevas en Jezreel 5221
9.18 el atalaya *dio* luego aviso, diciendo 5046
9.26 te *daré* la paga en esta heredad, dijo 7999
10.8 vino un mensajero que le *dio* las nuevas 5046
10.9 yo he conspirado... y le he *dado* muerte 2026
10.9 ¿quién ha *dado* muerte a todos éstos? 5221
10.15 es, *dame* la mano. Y él le *dio* la mano 5414
11.10 sacerdote *dio* a los jefes de centenas 5414
12.7 sino *dadlo* para reparar las grietas de 5414
12.11 *daban* el dinero... a los que hacían la 5414
12.14 lo *daban* a los que hacían la obra, y 5414
12.15 que ellos lo *diesen* a los que hacían 5414
13.5 y *dio* Jehová salvador a Israel, y 5414
13.17 dijo: Abre la ventana que *da* al oriente 5414
13.19 al *dar* cinco o seis golpes, hubieras 5221
14.5 mató a... que habían *dado* muerte al rey 5221
14.6 no mató a... de los que le *dieron* muerte 5221
14.9 decir... *Da* tu hija por mujer a mi hijo 5414
14.26 no había... quien *diese* ayuda a Israel 5826
15.19 y Manahem *dio* a Pul mil talentos de 5414
15.20 siclos de... para *dar* al rey de Asiria 5414
17.17 y se *dieron* a adivinaciones y agüeros 7080
17.37 los estatutos... que os *dio* por escrito 3789
18.15 *dio*... Ezequías toda la plata... hallada 5414
18.16 quitó el oro... lo *dio* al rey de Asiria 5414
18.23 yo te ruego que *des* rehenes a mi señor 6149
18.23 *daré* 2.000 caballos, si tú puedes dar 5414
19.3 y la que *da* a luz no tiene fuerzas 3205
19.29 y esto te *daré* por señal, oh Ezequías 226
21.6 y se *dio* a observar los tiempos, y fue 6049
21.8 movido de la tierra que *di* a sus padres 5414
22.8 Hilcías *dio* el libro a Safán, y lo leyó 5414
22.9 escriba Safán al rey, *dio* cuenta al rey 7725
22.10 sacerdote Hilcías me ha *dado* un libro 5414
22.12 el rey *dio* orden al sacerdote Hilcías 6680
22.20 y ellos *dieron* al rey la respuesta 7725
23.35 *dar* el dinero... darla a Faraón Necao 5414
25.30 le fue *dada* su comida de parte del rey 5414
1 Cr 1.32 Cetura... *dio* a luz a Zimram, Jocsán 3205
2.4 Tamar su nuera *dio* a luz a Fares y a Zera 3205
2.17 Abigail *dio* a luz a Amasa, cuyo padre 3205
2.19 por mujer a Efrata, la cual *dio* a luz a 3205
2.21 la hija de Maquir... *dio* a luz a Segub 3205
2.24 Abías mujer de Hezrón *dio* a luz a Asur 3205
2.29 Abihail... *dio* a luz a Ahbán y a Molid 3205
2.35 Sesán *dio* su hija por mujer... *dio* a luz a 3205
2.46 *dio* a luz Harán, a Mosa y a Gazez 3205
2.48 Maaca... *dio* a luz a Seber y a Tirhana 3205
2.49 *dio* a luz a Saaf padre de Madmana, y a 3205
4.6 Y Naara *dio* a luz a Ahuzam, Hefer, Temeni 3205
4.9 madre llamó Jabes... lo *di* a luz en dolor 3205
4.10 Jabes... ¡Oh, si me *dieras* bendición, y 1288
4.18 mujer Jehudaía *dio* a luz a Jered padre 3205
5.1 Rubén... sus derechos... fueron *dados* a los 5414
6.55 les *dieron*... Hebrón en tierra de Judá 5414
6.56 ciudad y sus aldeas se *dieron* a Caleb 5414
6.57 de Judá *dieron* a los hijos de Aarón la 5414
6.61 a los... de Coat... *dieron* por suerte diez
6.62 a los... de Gersón... *dieron* de la tribu de
6.63 a los... de Merari... *dieron* por suerte 12
6.64 los hijos de Israel *dieron* a los levitas 5414
6.65 *dieron* por suerte de la tribu... de Judá 5414
6.66 a... Coat *dieron* ciudades con sus ejidos
6.67 *dieron* la ciudad de refugio, Siquem con 5414
6.71 *dieron* de la media tribu de Manasés
6.77 a los hijos de Merari... *dieron*... Rimón
6.78 *dieron* de la tribu de Rubén, Beser en
7.14 Asriel, al cual *dio* a luz su... la siria 3205
7.14 la cual también *dio* a luz a Maquir padre 3205
7.16 Maaca... *dio* a luz un hijo... llamó Peres 3205
7.18 Hamolequet *dio* a luz a Isod, Abiezer 3205
7.23 ella concibió y *dio* a luz un hijo, al 3205
10.9 para *dar* las nuevas a sus ídolos y al 1319
11.17 ¡quién me *diera* de beber de... de Belén 8248
16.8 *dad* a conocer en los pueblos sus obras 3045
16.18 *daré* la tierra de Canaán, porción de tu 5414
16.28 pueblos, *dad* a Jehová gloria y poder 3051
16.29 *dad* a Jehová la honra debida a... nombre ... 3051
18.6 porque Jehová *daba* la victoria a David 3467
18.13 porque Jehová *daba* el triunfo a David 3467
19.17 luego que fue *dado* aviso a David, reunió 5046
21.4 y *dio* la cuenta del número del pueblo 5414
21.22 dijo David... *Dame* este lugar de la era 5414
21.22 de la era... *dámelo* por su cabal precio 5414
21.23 los bueyes *daré* para el holocausto, y 5414
21.23 trigo para la ofrenda; yo lo *doy* todo 5414
21.25 *dio* David... peso de 600 siclos de oro 5414
22.9 yo le *daré* paz de... yo *daré* paz y reposo 5414
22.12 te *dé* entendimiento y prudencia, para 5414
22.18 Dios... ha *dado* paz por todas partes? 5117
23.25 Jehová... *dado* paz a su pueblo Israel 5117
23.30 para asistir cada mañana... a *dar* gracias 3034
25.5 y Dios *dio* a Hemán 14 hijos y 3 hijas 5414
28.5 porque Jehová me ha *dado* muchos hijos 5414
28.11 David *dio* a Salomón su hijo el plano 5414
28.14 *dio* oro en peso para las cosas de oro
28.16 *dio* oro en peso para las mesas de la
29.3 cosas... he *dado* para la casa de mi Dios 5414
29.7 *dieron* para el servicio de la casa de 5414
29.8 el que tenía piedras... las *dio* para el 5414
29.12 y en tu mano el... el *dar* poder a todos 2388
29.14 y de lo recibido de tu mano te *damos* 5414
29.17 que tu pueblo, reunido... ha *dado* para ti 5068
29.19 *da* a mi hijo Salomón corazón perfecto 5414
29.22 *dieron*... investidura del reino a Salomón 4427
29.25 y le *dio* tal gloria en su reino, cual 5414
2 Cr 1.7 pídeme lo que quieras que yo te *dé* 5414
1.9 confírmese... tu palabra *dada* a David mi 1697
1.10 *dame* ahora sabiduría y ciencia, para 5414
1.12 ciencia te son *dadas*... te *daré* riquezas 5414
2.10 he *dado* 20.000 coros de trigo en grano 5414
2.12 y que *dio* al rey David un hijo sabio 5414
3.3 medidas que *dio* Salomón... la casa de Dios 3245
5.13 cantaban... para alabar y *dar* gracias a 3034
6.23 a tus siervos, *dando* la paga al impío 7725
6.23 justificando al... al *darle* conforme a su 5414
6.25 les harás volver a la tierra que *diste* 5414
6.27 *daréis* lluvia... tu tierra, que *diste* por 5414
6.30 *darás* a cada uno conforme a sus caminos 5414
6.31 vivieran sobre... la tierra que tú *diste* 5414
6.38 oraren hacia la tierra que tú *diste* a 5414
7.20 arrancaré de mi tierra que os he *dado* 5414
8.2 las ciudades que Hiram le había *dado* y 5414
9.9 *dio* al rey 120 talentos de oro, y gran 5414
9.9 nunca hubo... como las que *dio* la reina de 5414
9.12 Salomón *dio* a la reina de Sabá todo lo 5414
9.23 la sabiduría que Dios le había *dado* 5414
10.8 dejando el consejo que le *dieron* los 3289
11.19 la cual le *dio* a luz estos hijos: Jesús 3205
11.20 Maaca... le *dio* a luz Abías, Atai, Ziza 3205
11.23 y les *dio* provisiones en abundancia 5414
13.5 Jehová Dios de... *dio* el reino a David 5414
14.6 edificó... porque Jehová le había *dado* paz 5117
14.7 y él nos ha *dado* paz por todas partes 5117
14.11 no hay diferencia... en *dar* ayuda al 5826
15.15 Jehová les *dio* paz por todas partes 5117
17.5 y todo Judá *dio* a Josafat presentes 5414
19.2 ¿al impío *das* ayuda, y amas a los que 5826
19.4 *daba* vuelta y salía al pueblo, desde
20.2 *dieron* aviso a Josafat, diciendo: Contra 5046
20.7 la *diste* a la descendencia de Abraham 5414
20.11 nos *dan* el pago viniendo a arrojarnos 1580
20.11 la heredad que tú nos *diste* en posesión 3423
20.27 Jehová les había *dado* gozo librándolos 8055
20.30 su Dios le *dio* paz por todas partes 5117
20.35 con Ocozías... era *dado* a la impiedad 6213
21.3 su padre les había *dado* muchos regalos 5414
21.3 había *dado* el reino a Joram, porque él 5414
21.7 le había dicho que le *daría* lámpara a 5414
21.13 has *dado* muerte a tus hermanos, a la 2026
22.9 y le *dieron* sepultura, porque dijeron 6912
23.8 el sacerdote Joiada no *dio* licencia a 6358
23.9 *dio* también el sacerdote... los paveses 5414
24.12 lo *daban* a los que hacían el trabajo 5414
25.9 cien talentos que he *dado* al ejército 5414
25.9 Jehová puede *darte* mucho más que esto 5414
25.18 cedro... *Da* tu hija a mi hijo por mujer 5414
26.7 Dios le *dio* ayuda contra los filisteos 5826
26.8 y *dieron* los amonitas presentes a Uzías 5414
26.20 él también se *dio* prisa a salir, porque
27.5 *dieron*... aquel año cien talentos de plata 5414
27.5 esto le *dieron* los hijos de Amón, y lo 7725
28.15 y les *dieron* de comer y de beber, les 398,8248
28.21 despojó Acaz... para *dar* al rey de los 5414
30.12 *darles* un solo corazón para cumplir el 5414
30.22 *dando* gracias a Jehová el Dios de sus 3034
30.24 Ezequías rey... había *dado* a la asamblea 7311

30.24 los príncipes *dieron* al...mil novillos 7311
31.2 que *diesen* gracias y alabasen dentro de 3034
31.4 que *diese* la porción correspondiente a 5414
31.5 Israel *dieron*...primicias de grano, vino 7235
31.6 *dieron*...los diezmos de las vacas y de las 935
31.12 *dieron* cargo de ello al levita Conanías 935
31.15 para *dar*...a sus hermanos sus porciones 5414
31.19 cargo de *dar* sus porciones a todos los 5414
32.22 Jehová...les *dio* reposo por todos lados
32.24 Jehová...respondió, y le *dio* una señal 5414
32.29 Dios le había *dado* muchas riquezas 6213
33.6 en agüeros, era *dado* a adivinaciones
34.9 *dieron* el dinero que había sido traído 5414
34.10 los cuales lo *daban* a los que hacían la 5414
34.11 *daban*...que comprasen piedra de cantería 5414
34.14 ley de Jehová *dada* por medio de Moisés
34.15 y *dando* cuenta...dio...el libro a Safán 5414
34.18 el sacerdote Hilcías me *dio* un libro 5414
35.6 la palabra...*dada* por medio de Moisés
35.7 y *dio* el rey...a los del pueblo ovejas 7311
35.8 sus príncipes *dieron* con liberalidad al 7311
35.8 oficiales de...*dieron* a los sacerdotes 5414
35.9 *dieron* a los levitas para...la pascua 7311
35.12 tomaron luego del...para *dar* conforme a 5414
35.22 que se disfrazó para *darle* batalla, y 3898
35.22 a *darle* batalla en el campo de Meguido 3898
36.23 Jehová...me ha *dado* todos los reinos de 5414
Esd 1.2 Dios...me ha *dado* todos los reinos de 5414
1.8 los *dio* por cuenta a Sesbasar príncipe 5608
2.69 según sus fuerzas *dieron* al tesorero de 5414
3.7 *dieron* dinero a los albañiles y...comida 5414
3.11 y cantaban...*dando* gracias a Jehová, y 3034
3.12 otros daban grandes gritos de alegría
4.19 y por mí fue *dada* orden y buscaron 2942
4.21 *dad* orden que cesen aquellos hombres 7761
4.21 hasta que por mí sea *dada* nueva orden 7761
5.3 ¿quién os ha *dado* orden para edificar 2942
5.9 ¿quién os *dio* orden para edificar esta 2942
5.13 mismo rey Ciro *dio* orden para que esta 7761
5.17 por el rey Ciro había sido *dada* la orden 2942
6.1 el rey Darío *dio* la orden de buscar en la 7761
6.3 rey Ciro *dio* orden acerca de la casa de 7761
6.8 y por mí es *dada* orden de lo que habéis 7761
6.8 sean *dados*...a esos varones los gastos 3052
6.9 sea *dado* día por día sin obstáculo alguno 3052
6.11 por mí es *dada* orden, que cualquiera que 7761
6.12 Darío he *dado* el decreto; sea cumplido 7761
7.6 que Jehová Dios de Israel había *dado*, y 5414
7.11 copia de la carta que *dio*...Artajerjes 5414
7.13 por mí es *dada* orden que todo aquel en 7761
7.20 que te sea necesario dar, lo *darás* de la 5415
7.21 y por mí, Artajerjes rey, es *dada* orden 7761
9.8 *darnos* un lugar seguro en su santuario 5414
9.8 y *darnos* un poco de vida en nuestra 5414
9.9 se nos *diese* vida para levantar la casa 5414
9.9 *darnos* protección en Judá y en Jerusalén 5414
9.12 no *daréis* vuestras hijas a los hijos de 5414
9.13 Dios...nos *diste* un remanente como este 5414
10.11 *dad* gloria a Jehová Dios de...padres 5414
10.19 y *dieron* su mano en promesa de que 5414
10.44 había mujeres...que habían *dado* a luz 7760
Neh 1.7 preceptos...*diste* a Moisés tu siervo 6680
1.8 la palabra que *diste* a Moisés tu siervo 6680
1.11 y *dale* gracia delante de aquel varón 5414
2.7 se me *den* cartas para los gobernadores 5414
2.8 para que me *dé* madera para enmaderar 5414
2.9 vine luego...y les *di* las cartas del rey 5414
2.15 *di* la vuelta y entré por la puerta del 7725
5.5 *dimos* nuestros hijos...a servidumbre, y 3533
7.70 y algunos...*dieron* ofrendas para la obra 5414
7.70 el gobernador *dio*...mil dracmas de oro 5414
7.71 *dieron* para el tesoro de la obra...oro 5414
7.72 del pueblo *dio* 20.000 dracmas de oro 5414
8.1 ley...la cual Jehová había *dado* a Israel 6680
9.8 hiciste pacto con él para *darle* la tierra 5414
9.8 hiciste pacto...*darla* a su descendencia 5414
9.13 *diste* juicios rectos, leyes verdaderas 5414
9.15 les *diste* pan del cielo en su hambre 5414
9.15 alzaste tu...y juraste que se la *darías* 5414
9.20 tu maná...y agua les *diste* para su sed 5414
9.22 y les *diste* reinos y pueblos, y los 5414
9.35 en tu mucho bien que les *diste*, y en la 5414
9.36 somos...siervos en la tierra que *diste* 5414
10.29 ley de Dios, que fue *dada* por Moisés 5414
10.30 que no *daríamos* nuestras hijas a los 5414
12.24 *dar* gracias, conforme al estatuto de 3034
12.47 Israel...*daba* alimentos a los cantores 5414
13.2 sino que *dieron* dinero a Baalam para que 7936
13.5 que estaba mandado *dar* a los levitas
13.10 porciones...no les habían sido *dadas* 5414
13.25 no *daréis* vuestras hijas a sus hijos 5414
Est 1.7 *daban* a beber en vasos de oro, y vasos 8248
1.20 las mujeres *darán* honra a sus maridos 5414
2.3 de las mujeres, y que les *den* sus atavíos 5414
2.9 *darle*...alimentos, y le dio...7 doncellas 5414
2.13 todo lo que ella pedía se le *daba*, para 5414
2.18 *dio* mercedes conforme a la generosidad 5414
3.10 anillo...Lo *dio* a Amán hijo de Hamedata 5414
3.14 escrito que se *dio* por mandamiento en 5414
3.15 el edicto fue *dado* en Susa capital del 5414
4.7 le *dio* noticia de la plata que Amán había 5046
4.8 le *dio* también la copia del decreto...*dado* 5414
5.3 hasta la mitad del reino se te *dará* 5414
5.5 *daos* prisa, llamad a Amán, para hacer lo 4116
6.9 y *den* el vestido y el caballo en mano de 5414
6.10 a Amán: *Date* prisa, toma el vestido y el 4116
6.12 Amán se *dio* prisa para irse a su casa 1765
7.3 séame *dada* mi vida por mi petición, y mi 5414
8.1 Asuero *dio* a la reina...la casa de Amán 5414
8.2 quitó...el anillo...y lo *dio* a Mardoqueo 5414
8.5 se *dé* orden...para revocar las cartas que
8.7 he *dado* a Ester la casa de Amán, y a él 5414
8.11 que el rey *daba* facultad a los judíos 5414
8.13 del edicto que había de *darse* por decreto 5414
8.14 el edicto fue *dado* en Susa capital del 5414
9.11 el mismo día se le *dio* cuenta al rey 935
9.14 se *dio* la orden...y colgaron a los diez 5414
Job 1.10 al trabajo de sus...has *dado* bendición 1288
1.15,16,17,19 escapé yo para *darte* la noticia 5046
1.21 dijo...Jehová *dio*, y Jehová quitó; sea 5414
2.4 lo que el hombre tiene *dará* por su vida 5414
3.20 ¿por qué se *da* luz al trabajado, y vida 5414
3.23 ¿por qué se *da* vida al hombre que no
5.1 *da* voces; ¿habrá quién te responda? ¿Y a 7121
5.10 *da* la lluvia sobre la faz de la tierra 5414
6.8 ¡quién me *diera* que viniese mi petición 5414
6.10 asaltase con dolor sin *dar* más tregua
7.3 y noches de trabajo me *dieron* por cuenta 4487
10.1 *daré* libre curso a mi queja, hablaré con 5800
10.9 que como a barro me *diste* forma; ¿y en 6213
11.5 mas ¡oh, quién *diera* que Dios hablara
11.20 su esperanza será *dar* su último suspiro 4646
14.13 ¡oh, quién me *diera* que me escondieses
14.16 pero ahora...no *das* tregua a mi pecado 8104
15.19 a quienes...fue *dada* la tierra, y no pasó 5414
15.35 concibieron dolor, *dieron* a...iniquidad 3205
17.3 *dame* fianza, oh Dios; sea mi protección
19.7 clamaré...*daré* voces, y no habrá juicio 7768
19.23 ¡quién *diese* ahora que mis palabras
19.23 ¡quién *diese* que se escribiesen en un
21.2 oíd...y sea esto el consuelo que me *deis*
21.19 Dios...le *dará* su pago, para que conozca 7999
21.31 que él hizo, ¿quién le *dará* el pago? 7999
22.7 no *diste* de beber agua al cansado, y
23.3 quién me *diera* el saber dónde hallar
24.23 él les *da* seguridad y confianza; su 5414
28.15 no se *dará* por oro, ni su precio será 5414
28.25 *dar* peso al viento, y poner las aguas 6213
28.26 cuando él *dio* ley a la lluvia, y camino 6213
29.13 al corazón de la viuda yo *daba* alegría 7442
30 5 todos les *daban* grita como tras el ladrón 7321
31.2 qué galardón me *daría* de arriba Dios
31.35 ¡quién me *diera* quien me oyese! He aquí
33.4 y el soplo del Omnipotente me *dio* vida 2421
33.13 no *da* cuenta de ninguna de sus razones 6030
34 29 si él *diere* reposo ¿quién inquietará? 8252
35 7 si fueres justo, ¿qué le *darás* a él? 5414
35.10 mi Hacedor, que *da* cánticos en la noche 5414
36.6 pero a los afligidos *dará* su derecho 5414
36.9 él les *dará* a conocer la obra de ellos
36.31 pueblos, a la multitud él *da* sustento 5414
37.10 por el soplo de Dios se *da* el hielo 5414
38.36 ¿o quién *dio* al espíritu inteligencia? 5414
39.13 ¿*diste* tú hermosas alas al pavo real
39.17 le privó Dios...ello le *dio* inteligencia 2505
39.19 ¿*diste* tú al caballo la fuerza...crines 5414
41.11 ¿quién me ha *dado* a mí primero, para 6923
42.11 cada uno de...le *dio* una pieza de dinero 5414
42.15 y les *dio* su padre herencia entre sus 5414
Sal 1.3 *da* su fruto en su tiempo, y su hoja no 5414
2.8 pídeme...te *daré* por herencia las naciones 5414
4.7 tú *das* alegría a mi corazón mayor que 5414
5.11 *den* voces de júbilo para siempre, porque 7442
7.4 si he *dado* mal pago al que estaba en paz 1580
7.14 el impío concibió...y *dio* a luz engaño 3205
10.14 miras...para *dar* la recompensa con tu 5414
15.5 su dinero no *dio* a usura, ni contra el 5414
18.13 y el Altísimo *dio* su voz; granizo y 5414
18.35 me *diste*...el escudo de tu salvación 5414
18.50 grandes triunfos *da* a su rey, y hace
20.4 te *dé* conforme al deseo de tu corazón 5414
21.4 vida te demandó, y se la *diste*; largura 5414
28.4 *dales* conforme a su obra, y conforme a 5414
28.4 *dales* su merecido conforme a la obra de 5414
29.1 *dad* a Jehová la gloria y el poder 3051
29.2 *dad* a Jehová...gloria debida a su nombre 3051
30.3 me *diste* vida, para que no descendiese 2421
33.19 para *darles* vida en tiempo de hambre 2421
37.21 mas el justo tiene misericordia, y *da* 5414
39.5 he aquí *diste* a mis días término corto 5414
41.2 Jehová lo guardará, y le *dará* vida 2421
41.10 y hazme levantar, y les *daré* el pago 7999
46.6 *dio* él su voz, se derritió la tierra 5414
48.6 tomó...dolor como de mujer que *da* a luz 3205
49.7 al hermano, ni *dar* a Dios su rescate 5414
49.11 serán...*dan* sus nombres a sus tierras 7121
51.16 no quieres sacrificio, que yo lo *daría* 5414
52 *tít.* vino Doeg edomita y *dio* cuenta a Saúl 5046
55.6 ¡quién me *diese* alas como de paloma! 5414
60.4 has *dado* a los que te temen bandera que 5414
60.11 *danos* socorro contra el enemigo...vana 3051
61.5 me has *dado* la heredad de los que temen 5414
65.13 *dan* voces de júbilo, y aun cantan 7321
67.6 la tierra *dará* su fruto; nos bendecirá 5414
68.11 el Señor *daba* palabra...grande multitud 5414
68.33 que cabalga...*dará* su voz, poderosa voz 5414
68.35 Dios de Israel, él *da* fuerza y vigor a 5414
69.21 y en mi sed me *dieron* a beber vinagre 5414
71.3 tú has *dado* mandamiento para salvarme 6680
71.20 volverás a *darme* vida, y de nuevo me 2421
72.1 oh Dios, *da* tus juicios al rey, y tu 5414
72.15 vivirá, y se le *dará* del oro de Sabá 5414
74.14 lo *diste* por comida a los moradores del 5414
75.1 gracias te *damos*, oh Dios, gracias te *d* 3034
78 15 les *dio* a beber como de grandes abismos 8248
78.20 ¿podrá *dar*...pan? ¿Dispondrá carne 5414
78.24 maná...y les *dio* trigo de los cielos 5414
78.32 y no *dieron* crédito a sus maravillas 539
78.46 *dio* también a la oruga sus frutos, y 5414
78.66 hirió a sus...les *dio* perpetua afrenta 5414
79.2 *dieron* los cuerpos de tus siervos por 5414
80 5 les *diste* a comer pan de lágrimas, y a
80.18 así...vida nos *daréis*, e invocaremos tu 2421
84.11 gracia y gloria *dará* Jehová; no quitará 5414
85.6 ¿no volverás a *darnos* vida, para que 2421
85.7 tu misericordia, y *danos* tu salvación 5414
85.12 Jehová *dará*...bien, y...tierra *d* su fruto 5414
86.16 *da* tu poder a tu siervo, y guarda al 5414
94.2 oh juez de...*da* el pago a los soberbios 7725
96.7 oh...*dad* a Jehová la gloria y el poder 3051
96.8 *dé* a Jehová la honra debida a...nombre 3051
99.7 guardarán...estatuto que les había *dado* 5414
104.11 *dan* de beber a...las bestias del campo 8248
104.27 para que les *des* su comida a su tiempo 5414
104.28 les *das*, recogen; abres tu mano, se 5414
105.1 *da* a conocer sus obras en los pueblos 3034
105.11 a ti te *daré* la tierra de Canaán como 5414
105.32 les *dio* granizo por lluvia, y llamas 5414
105.42 de su santa palabra *dada* a Abraham su
105.44 les *dio* las tierras de las naciones 5414
106.15 el les *dio* lo que pidieron; mas envió 5414
108.12 *danos* socorro contra el adversario 3051
109.16 al quebrantado de...para *darle* muerte 4191
111.5 ha *dado* alimento a los que le temen 5414
111.6 *dándole* la heredad de las naciones 5414
112.9 reparte, *da* a los pobres; su justicia 5414
115.16 ha *dado* la tierra a los hijos de los 5414
118.27 Jehová es Dios, y nos ha *dado* luz 215
119.34 *dame* entendimiento, y guardaré tu ley 995
119.42 *dará* por respuesta a mi avergonzador
119.49 acuérdate de la palabra *dada* a tu
119.125 tu siervo soy yo, *dame* entendimiento 995
119.144 eterna...*dame* entendimiento, y viviré 995
119.169 *dame* entendimiento conforme a tu 995
120.3 ¿qué te *dará*...oh lengua engañosa? 5414
121.3 no *dará* tu pie al resbaladero, ni se 5414
122.4 conforme al testimonio *dado* a Israel 3034
124.6 no nos *dio* por presa a los dientes de 5414
127.2 pues que a su amado *dará* Dios el sueño 5414
132.4 no *daré* sueño a mis ojos, ni a mis 5414
132.16 y sus santos *darán* voces de júbilo 7442
135.12; 136.21 y *dio* la tierra de ellos en 5414
136.25 que *da* alimento a todo ser viviente 5414
137.8 bienaventurado el que te *diere* el pago 7999
145.15 ti, y tu les *das* su comida a su tiempo 5414
146.7 que hace...que *da* pan a los hambrientos 5414
147.9 él *da* a la bestia su mantenimiento, y a 5414
147.14 *da* en tu territorio la paz; te hará 7760
147.16 *da* la nieve como lana, y derrama la 5414
Pr 1.4 para *dar* sagacidad a los simples, y a 5414
1.19 las sendas de todo el que es *dado* a la 1214
2.3 clamares...y a la prudencia *dieres* tu voz 5414
2.6 porque Jehová *da* la sabiduría, y de su 5414
3.28 no digas a tu...vuelve, y mañana; te *daré* 5414
3.28 cuando tienes contigo qué *darle* 3426
3.34 escarnecerá...a los humildes *dará* gracia 5414
4.2 os *doy* buena enseñanza; no desamparéis 5414
4.9 adorno de gracia *dará* a tu cabeza; corona 5414
5.9 para que no *des* a los extraños tu honor 5414
6.4 no *des* sueño a tus ojos, ni a tus párpados 5414
8.1 ¿no clama...y *da* su voz la inteligencia? 5414
8.3 a la entrada de las puertas *da* voces 7442
9.9 *da* al sabio, y será más sabio; enseña al 5414
10.24 los justos les habrá *dado* lo que desean
12.12 mas la raíz de los justos *dará* fruto 5414
12.16 el necio al punto *da* a conocer su ira 3045
13.15 el buen entendimiento *da* grava; mas 5414
17.25 necio...amargura a la que lo *dio* a luz 3205
19.6 y cada uno es amigo del hombre que *da*
19.17 a Jehová presta el que *da* al pobre, y 1576
21.26 pero el justo *da*, y no detiene su mano 5414
21.31 mas Jehová es el que *da* la victoria 8668
22.9 será bendito, porque *dio* de su pan al 5414
22.16 pobre...o que *da* al rico...se empobrecerá 5414
23.25 tu madre, y gócese la que te *dio* a luz 3205
23.26 *dame*, hijo mío, tu corazón, y miren 5414
23.32 fin...morderá, y como áspid *dará* dolor 6567
24.12 el que...*dará* al hombre según sus obras 7725
24.29 *dará* el pago al hombre según su obra 7725
25.13 pues al alma de su señor *da* refrigerio 7725
25.21 si...tuviere hambre, *dale* de comer pan
25.21 y si tuviere sed, *dale* de beber agua
26.8 liga...así hace el que *da* honra al necio 5414
27.1 porque no sabes qué *dará* de sí el día 3205
28.27 el que *da* al pobre no tendrá pobreza 5414
29.11 el necio *da* rienda suelta a toda su ira 3318
29.15 la vara y la corrección *dan* sabiduría 5414
29.17 corrige a tu hijo, y te *dará* descanso 5117
29.17 corrige a tu...y *dará* alegría a tu alma 4574
30.8 no me *des* pobreza ni riquezas; manténme 5414
30.15 tiene dos hijas que dicen: *¡Dame!* de 3051
31.3 no *des* a las mujeres tu fuerza, ni tus 5414
31.6 *dad* la sidra al desfallecido, y el vino 5414
31.12 *da* ella bien...todos los días de su vida 1580
31.15 *da* comida a su familia y ración a sus 5414
31.24 hace telas...y *da* cintas al mercader 5414
31.31 *dadle* del fruto de sus...y alábenla en 5414
Ec 1.13 y *di* mi corazón a inquirir y a buscar 5414
1.13 penoso trabajo *dio* Dios a los hijos de 5414
2.21 que haya de *dar* su hacienda a hombre que 5414
2.26 al hombre que le agrada, Dios le *da* 5414
2.26 al pecador *da* el trabajo de recoger y 5414
2.26 amontonar...*darlo* al que agrada a Dios 5414
3.10 el trabajo que Dios ha *dado* a los hijos 5414

5.2 no te *des* prisa...tu boca, ni tu corazón 926
5.18 los días de su vida que Dios le ha *dado* 5414
5.19 Dios *da* riquezas...le *d* también facultad 5414
6.2 quien Dios *da* riquezas y bienes y honra 5414
6.2 pero Dios no le *da* facultad de disfrutar
7.12 sabiduría excede, en que *da* vida a sus 2421
9.1 he *dado* mi corazón a todas estas cosas 5414
9.9 los días...que te son *dados* debajo del sol 5414
10.1 hacen heder y *dar* mal olor al perfume 5042
12.7 y el espíritu vuelva a Dios que lo *dio* 5414
12.11 las palabras de los...*dadas* por un Pastor 5414
Cnt 1.12 mientras el rey...nardo *dio* su olor 5414
2.13 vides en cierne *dieron* olor; levántate 5414
3.4 y en la cámara de la que me *dio* a luz 2029
6.9 es...la escogida de la que la *dio* a luz 3205
7.12 han florecido...allí te *daré* mis ardores 5414
7.13 las mandrágoras han *dado* olor, y...frutas 5414
8.5 allí tuvo dolores la que te *dio* a luz 3205
8.7 si *diese* el hombre todos los bienes de 5414
Is 5.2 que *diese* uvas, y *dio* uvas silvestres 6213
5.4 esperando yo que *diese* uvas, ha *dado* 6213
6.3 uno al otro *daba* voces, diciendo: Santo 7121
7.14 el Señor mismo os *dará* señal He aquí 5414
7.14 virgen concebirá, y *dará* a luz un hijo 3205
7.22 la abundancia de leche que *darán*, comerá 6213
8.3 profetisa, la cual concibió, y *dio* a luz 3205
8.18 yo y los hijos que me *dio* Jehová somos 5414
9.6 hijo nos es *dado*, y el principado sobre 5414
13.10 estrellas...sus luceros no *darán* su luz 1984
14.3 Jehová te *dé* reposo de tu trabajo y de 5117
14.10 todos ellos *darán* voces, y te dirán 6030
15.5 mi corazón *dará* gritos por Moab...huirán 2199
21.11 me *dan* voces de Seir: Guarda, ¿qué de 7121
23.4 nunca estuve de parto, ni *di* a luz, ni 3205
24.2 como al que *da* a logro, así al que lo 5378
24.14 cantarán...desde el mar *darán* voces 6670
25.3 por esto te *dará* gloria el pueblo fuerte 3513
26.12 nos *darás* paz, porque también hiciste 8239
26.17 gime y *da* gritos en sus dolores, así 2199
26.18 tuvimos dolores de...*dimos* a luz viento 3205
26.19 vivirán...y la tierra *dará* sus muertos 5307
28.12 este es el reposo; *dad* reposo al cansado 5117
29.11 el cual si *dieron* al que sabe leer, y 5414
29.12 y si se *diere* el libro al que no sabe 5414
30.7 Egipto en vano e inútilmente *dará* ayuda 5826
30.7 yo le *di* voces, que su fortaleza sería 7121
30.20 os *dará* el Señor pan de congoja y agua 5414
30.23 *dará*; el Señor lluvia...*d* pan del fruto 5414
33.7 que sus embajadores *darán* voces afuera
33.11 hojarascas, rastrojo *daréis* a luz 3205
33.16 se le *dará* su pan, y sus aguas serán 5414
35.2 la gloria del Líbano le será *dada*, la 5414
36.8 des rehenes...yo te *daré* dos mil caballos 5414
36.8 si tú puedes *dar* jinetes que cabalguen 5414
37.3 y la que *da* a luz no tiene fuerzas 3205
37.31 echar raíz abajo, y *dará* fruto arriba 6213
38.19 que vive, éste te *dará* alabanza, como 3034
40.6 voz que decía: *Da* voces. Y yo respondí 7121
41.19 *daré* en el desierto cedros, acacias 7760
41.23 *dadnos* nuevas...que ha de ser después 5046
41.27 Sion, y a Jerusalén *daré* un mensajero 5414
42.5 que *da* aliento al pueblo que mora sobre 5414
42.8 a otro no *daré* mi gloria, ni mi alabanza 5414
42.11 desde la cumbre de...*den* voces de júbilo 6681
42.12 *den* gloria a Jehová, y anuncien sus 7760
42.14 *daré* voces como la que está de parto 6463
42.24 ¿quién *dio* a Jacob en botín, y entregó 5414
43.3 Egipto he dado por tu rescate, a Etiopía 5414
43.4 *daré*, pues, hombre por ti, y naciones 5414
43.6 diré al...*Da* acá; y al sur: No detengas 5414
43.9 ¿quién de ellos hay que nos *dé* nuevas de
43.20 *daré* aguas en el desierto, ríos en la 5414
44.12 *da* forma con los martillos, y trabaja 3335
44.13 le *da* figura con el compás, lo hace en 8388
45.3 ¿te *daré* los tesoros escondidos y los 5414
45.10 y a la mujer: ¿Por qué *diste* a luz? 2342
48.11 nombre, y mi honra no la *daré* a otro 5414
48.20 *dad* nuevas de esto con voz de alegría
49.6 te *di* por luz de las naciones, para que 5414
49.8 te *daré* por pacto al pueblo, para que 5414
49.15 ¿se olvidará la...de lo que *dio* a luz
50.4 Jehová el Señor me *dio* lengua de sabios 5414
51.2 mirad...a Sara que os *dio* a luz; porque 2342
51.18 de todos los hijos que *dio* a luz, no 3205
52.8 la voz, juntamente *dará* voces de júbilo
53.12 yo le *daré* parte con los grandes, y con 2505
54.1 regocíjate, oh estéril...que no *daba* a luz 3205
54.1 levanta canción y *da* voces de júbilo, la 6670
55.4 que yo lo *di* por testigo a los pueblos 5414
55.10 la hace...producir, y *da* semilla al que 5414
55.12 los árboles...*darán* palmadas de aplauso 4222
56.5 les *daré* lugar...nombre perpetuo les *d* 5414
57.18 le pastorearé, y le *daré* consuelo a él
58.10 y si *dieres* tu pan al hambriento, y 6329
58.11 saciará tu...y *dará* vigor a tus huesos 2502
59.4 conciben maldades, y *dan* a luz iniquidad 3205
59.18 *dar* el pago...el pago *dará* a los de la 7999
61.3 a los afligidos de Sion se les *dé* gloria 5414
62.7 ni le *deis* tregua, hasta que restablezca 5414
62.8 jamás *daré* tu trigo...a tus enemigos, ni 5414
63.7 conforme a...lo que Jehová nos ha *dado* 1580
65.6 recompensaré, y *daré* el pago en su seno 7999
65.23 en vano, ni *darán* a luz para maldición 3205
66.6 de Jehová que *da* el pago a sus enemigos 7999
66.7 antes que estuviese de parto, *dio* a luz 3205
66.7 antes que le...dolores, *dio* a luz hijo 4422
66.8 cuanto Sion estuvo de parto, *dio* a luz 3205
66.9 yo que hago *dar* a luz, ¿no haré nacer? 7665
Jer 1.5 ante...*di* por profeta a las naciones 5414
3.8 había despedido y *dado* carta de repudio 5414
3.15 os *daré* pastores según mi corazón, que 5414
3.19 y os *daré* la tierra deseable, la rica 5414
5.24 que *da* lluvia temprana y tardía en su 5414
7.7 la tierra que *di* a vuestros padres para 5414
7.14 haré...a este lugar que *di* a vosotros y a 5414
8.10 *daré* a otros sus mujeres, y sus campos 5414
8.13 y lo que les he *dado* pasará de ellos 5414
8.14 nos ha *dado* a beber aguas de hiel, porque
9.2 oh, quién me *diese* en el desierto un 5414
9.13 dejaron mi ley, la cual *di* delante de 5414
9.15 les *daré* a comer ajenjo, y les *d* a beber
9.18 y *dense* prisa, y levanten llanto por 4116
11.5 que les *daría* la tierra que fluye leche 5414
12.2 crecieron y *dieron* fruto; cercano estás 6213
12.6 *dieron* grito en pos de ti...No los creas 7121
12.8 mi heredad fue...contra mí *dio* su rugido
13.16 *dad* gloria a Jehová Dios vuestro, ante 5414
13.20 ¿dónde está el rebaño que te fue *dado* 5414
13.21 ¿no te *darán* dolores como de mujer que 270
14.10 vagar, y no *dieron* reposo a sus pies
14.13 que en este lugar os *daré* paz verdadera 5414
14.22 *darán* los cielos lluvias? ¿No eres tú 5414
15.9 languideció la que *dio* a luz siete 3205
15.10 nunca he *dado* ni tomado en préstamo 5383
16.3 de sus madres que los *den* a luz y de los 3205
16.7 les *darán* a beber vaso de consolaciones
16.15 los volveré a su tierra, la cual *di* a 5414
17.4 perderás la heredad que yo te *di*, y te 5414
17.8 no se fatigará, ni dejará de *dar* fruto 4185
17.10 para *dar* a cada uno según su camino 5414
18.20 ¿se *da* mal por bien, para que hayan 7999
19.7 y *daré* sus cuerpos para comida a las 5414
20.5 y *daré* todos los tesoros de los reyes 5414
20.8 cuantas veces hablo, *doy* voces, grito 2199
20.14 el día en que mi madre me *dio* a luz 3205
20.15 maldito el hombre que *dio* nuevas a mi 1319
22.13 y no *dándole* el salario de su trabajo 5414
22.20 clama, y en Basán *da* tu voz, y grita 5414
22.26 cautivo a ti y a tu madre que te *dio* a 3205
23.39 de mi presencia...a la ciudad que *di* a 5414
24.7 les *daré* corazón para que me conozcan 5414
24.9 los *daré* por escarnio y por mal a todos 5414
24.10 exterminados de la tierra que les *di* 5414
25.5 moraréis en la tierra que os *dio* Jehová 5414
25.15 toma de mi mano la copa...y *da* a beber
25.17 y *di* de beber a todas las naciones, a
25.30 y desde su morada santa *dará* su voz 5414
27.5 hice la tierra...la *di* a quien yo quise 5414
27.6 las bestias del campo le he *dado* para 5414
28.14 y aun también le he *dado* las bestias 5414
29.6 *dad* mujeres a vuestros...y *d* maridos a 5414
29.11 de paz...para *daros* el fin que esperáis 5414
29.18 *daré* por escarnio a todos los reinos de 5414
30.3 traeré a la tierra que *di* a sus padres 5414
30.6 inquirid...y mirad si el varón *da* a luz 3205
30.16 que hicieron presa de ti *daré* en presa 5414
31.7 *dad* voces de júbilo a la cabeza de las 6670
31.8 mujer que está encinta y la que *dio* a 3205
31.33 *daré* mi ley en su mente...en su corazón 5414
31.35 Jehová, que *da* el sol para luz del día 5414
32.12,16 *di* la carta de venta a Baruc hijo de 5414
32.13 y *di* orden a Baruc delante de ellos 6680
32.19 para *dar* a cada uno según sus caminos 5414
32.22 *diste* esta tierra...juraste...la *darías* 5414
32.39 les *daré* un corazón, y un camino, para 5414
35.2 de los recabitas...y *dales* a beber vino
35.15 viviréis en la tierra que *di* a...padres 5414
35.16 el mandamiento que les *dio* su padre 6680
36.32 tomó Jeremías otro rollo y lo *dio* a 5414
37.21 entonces *dio* orden el rey Sedequías 5414
37.21 haciéndole *dar* una torta de pan al día 5414
38.15 si te *diere* consejo, no me escucharás 3289
39.10 a los pobres...les *dio* viñas y heredades 5414
40.5 y le *dio* el capitán de la...un presente 5414
41.18 por haber *dado* muerte Ismael hijo de 5221
45.5 te *daré* tu vida por botín en todos los 5414
48.9 *dad* alas a Moab...que se vaya volando 5414
48.34 hasta Jahaza *dieron* su voz; desde Zoar 5414
50.12 mucho, se afrentó la que os *dio* a luz 3205
50.28 escapan...para *dar* en Sion las nuevas 5046
51.6 tiempo es de venganza...le *dará* su pago 7999
51.56 Dios de retribuciones, *dará* la paga 7999
52.34 y continuamente se le *daba* una ración 5414
Lm 1.11 *dieron* por la comida todas sus cosas 5414
1.16 el consolador que *dé* reposo a mi alma 7725
1.17 Jehová *dio* mandamiento contra Jacob, que 6680
1.19 *di* voces a mis amantes, mas ellos me 7121
2.19 levántate, *da* voces en la noche, al 7442
3.8 cuando clamé y *di* voces, cerró los oídos 7768
3.30 *dé* la mejilla al que le hiere, y sea 5414
3.52 mis enemigos me *dieron* caza como a ave 6679
3.64 *dales* el pago, oh Jehová, según la obra 7725
4.3 aun los chacales *dan* la teta, y amamantan 2502
Ez 2.8 abre tu boca, y come lo que yo te *doy* 5414
3.3 llena tus entrañas...rollo que yo te *doy* 5414
4.5 yo te he *dado* los años de su maldad por 5414
4.6 día por año, día por año te lo he *dado* 5414
11.2 son los hombres que...*dan*...mal consejo 3289
11.15 alejaos...a nosotros es *dada* la tierra 5414
11.17 os recogeré...*daré* la tierra de Israel 5414
11.19 les *daré* un corazón, y un espíritu nuevo 5414
11.19 quitaré...les *daré* un corazón de carne 5414
12.6 por señal te he *dado* a la casa de Israel 5414
13.19 *dando* vida a las personas que no deben 2421
15.6 la...*di* al fuego para que la consumiese 5414
16.8 te *di* juramento y entré en pacto contigo 7650
16.17 alhajas de oro...que yo te había *dado* 5414
16.19 mi pan también, que yo te había *dado* 5414
16.20 hijos...que habías *dado* a luz para mí 3205
16.33 a todas las rameras les *dan* dones; mas 5414
16.33 *diste* tus dones a todos tus enamorados 5414
16.33 les *diste* presentes, para que de todas 5414
16.34 tú *das* la paga, en lugar de recibirla 5414
16.36 sangre de tus hijos, los cuales les *diste* 5414
16.61 las cuales yo te *daré* por hijas, mas no 5414
17.8 para que hiciese ramas y *diese* fruto 5375
17.15 para que le *diese* caballos y mucha gente 5414
17.18 he aquí que había *dado* su mano, y ha 5414
17.23 *dará* fruto, y se hará magnífico cedro 6213
18.7 y que *diere* de su pan al hambriento y 5414
18.16 al hambriento *diere*...pan, y cubriere 5414
19.10 aguas, *dando* fruto y echando vástagos 6509
20.5 me *di* a conocer a ellos en la tierra de 3045
20.11 les *di* mis estatutos, y les hice conocer 5414
20.12 les *di* también mis días de reposo, para 5414
20.15 no los traería a la...que les había *dado* 5414
20.25 les *di* estatutos que no eran buenos, y 5414
20.28 la cual...jurando que había de *dársela* 5414
20.42 jurando que la *daría* a vuestros padres 5414
21.11 y la *dio* a pulir para tenerla a mano 5414
21.22 *dar* la orden de ataque...*d* comienzo a 6605
22.4 te he *dado* en oprobio a las naciones 5414
23.4 ser mías, y *dieron* a luz hijos e hijas 3205
23.37 sus hijos que habían *dado* a luz para mí 3205
26.20 *daré* gloria en la tierra de...vivientes 5414
27.10 persas y...ellos te *dieron* tu esplendor 5414
27.15 marfil y ébano te *dieron* por sus pagos 7725
28.24 nunca más...ni aguijón que le *dé* dolor 3510
28.25 su tierra, la cual *di* a mi siervo Jacob 5414
29.5 y a las aves del...te he *dado* por comida 5414
29.19 yo *doy* a Nabucodonosor, rey...la tierra 5414
29.20 le he *dado* la tierra de Egipto; porque 5414
33.24 a nosotros nos es *dada* la tierra en 5414
34.15 y yo les *daré* aprisco, dice Jehová el 7257
34.26 *daré* bendición a ellas y...alrededores 5414
34.27 el árbol...*dará* su fruto, y la tierra *d* 5414
35.12 han sido *dados* para que los devoremos 5414
36.2 las alturas eternas nos han sido *dadas*
36.8 vosotros, oh montes de Israel, *daréis* 5375
36.26 piedra, y os *daré* un corazón de carne 5414
36.26 *daré* corazón nuevo, y pondré espíritu 5414
36.28 habitaréis...la tierra que *di* a vuestros 5414
36.29 llamaré al trigo...y no os *daré* hambre 5414
37.25 habitarán en la tierra que *di* a...Jacob 5414
39.4 y a las fieras...te he *dado* por comida 5414
39.11 *daré* a Gog lugar para sepultura allí 5414
42.4 corredor...y sus puertas *daban* al norte
43.4 la vía de la puerta que *daba* al oriente 1870
43.19 *darás* un becerro de la...expiación 5414
44.28 pero no les *daréis* posesión en Israel 5414
44.30 *daréis* al sacerdote las primicias de 5414
45.8 y *darán* la tierra a la casa de Israel 5414
45.16 estará obligado a *dar* esta ofrenda para 8641
45.17 mas al príncipe corresponderá el *dar* el
46.16 el príncipe *diere* parte de su heredad 5414
46.17 *diere* parte a alguno de sus siervos 5414
46.18 de lo que él posee *dará* herencia a sus
47.2 me hizo *dar* la vuelta por el camino de 5437
47.14 que la había de *dar* a vuestros padres 5414
47.23 le *daréis* su heredad, ha dicho Jehová 5414
Dn 1.12 y nos *den* legumbres a comer, y agua a 5414
1.16 así, pues, Melsar...les *daba* legumbres 5414
1.17 estos cuatro...Dios les *dio* conocimiento 5414
2.9 sepa que me podéis *dar* su interpretación 2324
2.16 pidió al rey que le *diese* tiempo, y que 5414
2.21 él...*da* la sabiduría a los sabios, y la 3052
2.23 oh Dios de mis padres, te *doy* gracias y 3029
2.23 me has *dado* sabiduría y fuerza, y ahora 3052
2.25 el cual *dará* al rey la interpretación 3046
2.30 sino para que se *dé* a conocer al rey la 3046
2.37 Dios del cielo te ha *dado* reino, poder 3052
2.38 ha *dado* el dominio sobre todo; tú eres 3052
2.48 le *dio* muchos honores y grandes dones 3052
3.10 has dado una ley que todo hombre, al oír 7761
4.16 le sea *dado* corazón de bestia, y pasen 3052
4.17 a quien él quiere lo *da*, y constituye 5415
4.25,32 el Altísimo...lo *da* a quien él quiere 5415
5.6 sus rodillas *daban* la una contra la otra 5368
5.12 llámese...ahora a Daniel, y él te *dará* la 2324
5.15 y me *diesen* su interpretación; pero no 3046
5.16 he oído...que puedes *dar* interpretaciones 6590
5.16 *darme* su interpretación, serás vestido 3046
5.17 y *da* tus recompensas a otros. Leeré la 3052
5.17 leeré la...y le *daré* la interpretación 3046
5.18 Dios...*dio* a Nabucodonosor...el reino y la 3052
5.19 y por la grandeza que le *dio*, todos los 3052
5.19 mataba, y a quien quería *daba* vida 2418
5.23 *diste* alabanza a dioses de plata y oro 7624
5.28 reino ha sido roto, y *dado* a los medos 3052
6.2 a quienes estos sátrapas *diesen* cuenta 3052
6.10 abiertas las ventanas...que *daban* hacia 5049
6.10 y *daba* gracias delante de su Dios, como 3029
6.24 y *dio* orden el rey, y fueron traídos 560
7.4 enhiesta...le fue *dado* corazón de hombre 3052
7.6 cuatro cabezas; y le fue *dado* dominio 3052
7.14 y le fue *dado* dominio, gloria y reino 3052
7.22 vino el...y se *dio* el juicio a los santos 3052
7.27 la majestad...sea *dado* al pueblo de los 3052
9.22 ahora he salido para *darte* sabiduría y 7919
9.23 fue *dada* la orden, y yo he venido para 3318
11.17 hará...le *dará* una hija de mujeres para 5414
11.21 al cual no *darán* la honra del reino 5414
Os 1.3 la cual concibió y le *dio* a luz un hijo 3205

1.6 concibió... otra vez, y dio a luz una hija 3205
1.8 después de... concibió y dio a luz un hijo 3205
2.5 la que los dio a luz se deshonró, porque 3205
2.5 iré tras mis amantes, que me dan mi pan 5414
2.8 no reconoció que yo le daba el trigo, el 5414
2.9 y mi lino que había dado para cubrir su
2.12 mi salario... que me han dado mis amantes ... 5414
2.15 daré sus viñas desde allí, y el valle de 5414
4.17 Efraín es dado a ídolos; déjalo 2266
6.2 nos dará vida después de dos días; en el 2421
9.14 dales... que les has de dar; dales matriz 5414
9.16 su raíz está seca, no dará más fruto 6213
10.1 Israel es... que da abundante fruto para sí 7737
13.10 cuales dijiste: Dame rey y príncipes? 5414
13.11 te di rey en mi furor, y te lo quité 5414
13.13 dolores de... que da a luz le vendrán 3205
Jl 2.1 Sion, y dad alarma en mi santo monte 7321
2.11 Jehová dará su orden delante... ejército 5414
2.22 la higuera y la vid darán sus frutos 5375
2.23 os ha dado la primera lluvia a su tiempo 5414
2.30 daré prodigios en el cielo y... la tierra 5414
3.3 dieron los niños por una ramera, y... niñas 5414
3.16; Am 1.2 dará su voz desde Jerusalén 5414
Am 2.12 disteis de beber vino a los nazareos 5414
3.4 ¿dará el leoncillo su rugido desde su 5414
5.9 que da esfuerzo al despojador sobre el 1082
9.15 arrancados de su tierra que yo les di 5414
Jon 3.7 no se les dé alimento, ni beban agua
Mi 1.14 vosotros daréis dones a Moreset-gat 5414
2.4 nos quitó... los dio y los repartió a otros
3.5 y al que no les da de comer, proclaman 5414
5.3 hasta... que dé a luz la que ha de dar a luz 5414
6.7 ¿daré mi primogénito por mi rebelión, el 5414
6.11 ¿daré por inocente al que tiene... pesas 2135
Hab 1.2 daré voces a ti a causa... la violencia 2199
2.5 el que es dado al vino es traicionero 898
2.15 ¡ay del que da de beber a su prójimo! 8248
3.10 el abismo dio su voz, a lo alto alzó sus 5414
3.17 los labrados no den mantenimiento, y las 6213
Sof 3.14 Sion: da voces de júbilo, oh Israel 7321
Hag 2.9 y daré paz en este lugar, dice Jehová 5414
Zac 3.7 entre éstos que... están te daré lugar 5414
8.12 la vid dará su fruto, y d su producto la 5414
8.12 los cielos darán su rocío; y haré que el 5414
9.9 da voces de júbilo, hija de Jerusalén 7321
10.1 dará lluvia abundante, y hierba verde 5414
10.2 los terafines han dado vanos oráculos 1696
11.12 si os parece bien, dadme mi salario 3051
Mal 2.2 si no decidís... dar gloria a mi nombre 5414
2.5 las cuales... yo le di para que me temiera 5414
Mt 1.21 y dará a luz un hijo, y llamarás su 5088
1.23 virgen concebirá y dará a luz un hijo 5088
1.25 pero no la conoció hasta que dio a luz 5088
3.10 árbol que no da buen fruto es cortado 4160
4.9 esto te daré, si postrado me adorares 1325
5.31 que repudie a su... dele carta de divorcio 1325
5.42 al que te pida, dale; y al que quiera 1325
6.2 cuando, pues, des limosna, no hagas tocar 4160
6.3 mas cuando tú des limosna, no sepa tu 4160
6.11 el pan nuestro de cada día, dánoslo hoy 1325
7.6 no deis lo santo a los perros, ni echéis 1325
7.7 pedid, y se os dará; buscad, y hallaréis 1325
7.9 si su hijo le pide pan, le dará... piedra? 1929
7.10 pide un pescado, le dará una serpiente? 1929
7.11 siendo malos, sabéis dar buenas dádivas 1325
7.11 vuestro Padre... dará buenas cosas a los 1325
7.17 todo buen árbol da buenos frutos, pero 4160
7.17 pero el árbol malo da frutos malos 4160
7.18 no puede el buen árbol dar malos, ni el 4160
7.18 ni el árbol malo dar frutos buenos 4160
7.19 árbol que no da buen fruto, es cortado 4160
7.27 dieron con ímpetu contra aquella casa 4350
9.8 había dado tal potestad a los hombres 1325
9.27 le siguieron dos ciegos, dando voces y 2896
10.1 les dio autoridad sobre los espíritus 1325
10.5 y les dio instrucciones, diciendo: Por 3853
10.8 de gracia recibisteis, dad de gracia 1325
10.19 os será dado lo que habéis de hablar 1325
10.42 que dé a uno de estos... un vaso de agua 4222
11.1 cuando... terminó de dar instrucciones a 1299
11.16 se sientan... dan voces a sus compañeros 4377
12.36 de toda palabra ociosa... darán cuenta en 591
12.39 señal no le será dada, sino la señal del 1325
13.8 parte cayó en buena tierra, y dio fruto 1325
13.11 os es dado saber... a ellos no les es d 1325
13.12 a cualquiera que tiene, se le dará, y 1325
13.23 oye y entiende la palabra, y da fruto 2592
13.26 y cuando salió la hierba y dio fruto 4160
14.7 le prometió... darle todo lo que pidiese 1325
14.8 dame aquí... la cabeza de Juan el Bautista 1325
14.9 se entristeció... mandó que se la diesen 1325
14.11 traída su cabeza... y dada a la muchacha 1325
14.12 y fueron y dieron las nuevas a Jesús 518
14.16 les dijo: No... dadles vosotros de comer 1325
14.19 partió y dio los panes a los discípulos 1325
14.26 los discípulos... dieron voces de miedo 2896
14.30 dio voces, diciendo: ¡Señor, sálvame! 2896
15.23 despídela, pues da voces tras nosotros 2896
15.36 tomando los siete panes... dio gracias 1325
15.36 los partió y dio a sus discípulos, y los 1325
16.4 señal no le será dada, sino la señal del 1325
16.19 a ti te daré las llaves del reino de los 1325
16.26 ¿o qué... dará el hombre por su alma? 1325
17.27 un estatero; tómalo, y dáselo por mí y 1325
19.7 mandó Moisés dar carta de divorcio, y 1325
19.11 esto, sino aquellos a quienes es dado 1325
19.21 dalo a los pobres, y tendrás tesoro en 1325
20.4 id también... y os daré lo que sea justo 1325
20.14 quiero dar a este postrero, como a ti 1325
20.23 pero el sentaros a mi... no es mío darlo 1325
20.28 para dar su vida en rescate por muchos 1325
21.23 cosas? ¿y quién te dio esta autoridad? 1325
21.43 dado a gente que produzca los frutos de 1325
22.17 ¿es lícito dar tributo a César, o no? 1325
22.21 dad, pues, a César lo que es de César 591
22.30 ni se casarán ni se darán en casamiento 1547
23.31 dais testimonio contra vosotros mismos 3140
24.29 la luna no dará su resplandor, y las 1325
24.38 casándose y dando en casamiento, hasta 1547
24.45 para que les dé el alimento a tiempo 1325
25.8 dijeron a las... Dadnos de vuestro aceite 1325
25.15 a uno dio cinco talentos, y a otro dos 1325
25.27 haber dado mi dinero a los banqueros 906
25.28 y dadlo al que tiene diez talentos 1325
25.29 al que tiene, le será dado, y tendrá 1325
25.35 me disteis de comer... y me d de beber 1325
25.37 Vimos... sediento, y te dimos de beber? 4222
25.42 y no me disteis de comer... y no me d... de 1325
26.9 esto podía... haberse dado a los pobres 1325
26.15 ¿qué me queréis dar... os lo entregaré? 1325
26.26 y dio a sus discípulos, y dijo: Tomad 1325
26.27 habiendo dado gracias les dio, diciendo 1325
26.48 había dado señal, diciendo: Al que yo 1325
26 53 el no me daría más de doce legiones de 3936
26.67 y le dieron de puñetazos, y otros le 2852
27.10 las dieron para el campo del alfarero 1325
27.34 le dieron a beber vinagre... con hiel 1325
27.48 la empapó de vinagre, y... le dio a beber 4222
27.58 Pilato mandó que se le diese el cuerpo 591
28.8 fueron corriendo a dar las nuevas a sus 518
28.9 y mientras iban a dar las nuevas a los 518
28.10 dad las nuevas a mis hermanos, para que 518
28.11 guardia... dieron aviso a los principales 518
28.12 dieron mucho dinero a los soldados 1325
28.18 toda potestad me es dada en el cielo 1325
Mr 1.23 un hombre con espíritu... que dio voces 349
2.26 y aun dio a los que con él estaban? 1325
3.11 daban voces, diciendo: Tú eres el Hijo 2896
4.7 los espinos... la ahogaron, y no dio fruto 1325
4.8 parte cayó en buena tierra, y dio fruto 1325
4.11 a vosotros es dado saber el misterio 1325
4.20 y dan fruto a treinta, a sesenta, y a 2592
4.25 al que tiene, se le dará, y al que no 1325
5.5 andaba dando voces en los montes y en los 2896
5.13 y luego Jesús les dio permiso... entraron 2010
5.14 huyeron, y dieron aviso en la ciudad y 312
5.43 miró... y dijo que se le diese de comer 1325
6.2 que sabiduría es la que le es dada, y 1325
6.7 y les dio autoridad sobre los espíritus 1325
6.21 Herodes... daba una cena a sus príncipes 4160
6.22 pídeme lo que quieras, y yo te lo daré 1325
6.23 y le juró: Todo lo que me pidas te daré 1325
6.25 me des en un plato la cabeza de Juan el 1325
6.28 dio a la muchacha, y... la dio a su madre 1325
6.37 él les dijo: Dadles vosotros de comer 1325
6.37 compremos pan por... y les demos de comer ... 1325
6.41 bendijo, y partió los panes, y dio a sus 1325
8.6 habiendo dado gracias, los partió, y dio 2168
8.12 que no se dará señal a esta generación 1325
8.37 ¿o qué recompensa dará el... por su alma 1325
9.41 cualquiera que os diere un vaso de agua 4222
10.4 Moisés permitió dar carta de divorcio 1125
10.21 vende todo lo que tienes, y dalo a los 1325
10.45 para dar su vida en rescate por muchos 1325
10.47 comenzó a dar voces y a decir: ¡Jesús 2896
11.9 iban... daban voces, diciendo: ¡Hosanna! 2896
11.28 quién te dio autoridad para hacer estas 1325
12.9 destruirá a los... y dará su viña a otros 1325
12.14 es lícito dar tributo... Daremos, o no d? 1325
12.17 dad a César lo que es de César, y a Dios 591
12.25 ni se dará en casamiento, sino serán 1061
13.11 lo que os fuere dado en aquella hora 1325
13.24 el sol... y la luna no dará su resplandor 1325
13.34 dio autoridad a sus siervos, y a cada 1325
14.5 vendido por... y haberse dado a los pobres 1325
14.11 ellos, al oírlo... prometieron darle dinero 1325
14.22 y les dio, diciendo: Tomad, esto es mi 1325
14.44 había dado señal, diciendo: Al que yo 1325
14.57 unos, dieron falso testimonio contra él 5576
14.65 y a darle de puñetazos, y a decirle 2852
14.65 y los alguaciles le daban de bofetadas 4475
15.13 volvieron a dar voces: ¡Crucifícale! 2896
15.23 y le dieron a beber vino mezclado con 1325
15.36 uno... le dio a beber, diciendo; Dejad 4222
15.37 a Jesús, dando una gran voz, expiró
15.45 informado por el... dio el cuerpo a José 1433
Lc 1.13 mujer Elizabeth te dará a luz un hijo 1080
1.19 hablarte y darte estas buenas nuevas 2097
1.31 concebirás en tu... y darás a luz un hijo 5088
1.32 Dios le dará el trono de David su padre 1325
1.57 le cumplió el tiempo... dio a luz un hijo 1080
1.77 por dar conocimiento de salvación a su 1325
1.79 dar a luz los que habitan en tinieblas 2014
2.7 y dio a luz su hijo primogénito, y lo 5088
2.10 doy nuevas de gran gozo, que será para 2097
2.17 dieron a conocer lo que se... había dicho 1232
2.38 daba gracias a Dios, y hablaba del niño 437
3.9 todo árbol que no da buen fruto se corta 4160
3.11 que tiene dos túnicas, dé al que no tiene 3330
4.6 toda... potestad... a quien quiero la doy 1325
4.17 se le dio el libro del profeta Isaías 1929
4.18 me ha ungido para dar buenas nueva a 2097
4.20 enrollando el libro, lo dio al ministro 591
4.22 y todos daban buen testimonio de él, y 3140
4.41 salían demonios de muchos, dando voces 2896
6.4 comió, y dio... a los que estaban con él? 1325
6.30 a cualquiera que te pida, dale, y al que 1325
6.38 dad, y se os dará medida buena... darán 1325
6.43 no es buen árbol el que da malos frutos 4160
6.43 no es... árbol malo el que da buen fruto 4160
6.48 río dio con ímpetu contra aquella casa 4366
6.49 contra la cual el río dio con ímpetu 4366
7.15 se incorporó el que... Y lo dio a su madre 1325
7.18 discípulos de Juan le dieron las nuevas 518
7.21 y a muchos ciegos les dio la vista 5483
7.32 dan voces... y dicen: Os tocamos flauta 4377
7.44 y no me diste agua para mis pies; mas 1325
7.45 no me diste beso; mas ésta, desde que 1325
8.10 él dijo: A vosotros os es dado conocer 1325
8.15 retienen... y dan fruto con perseverancia 2592
8.18 porque a todo el que tiene, se le dará 1325
8.32 los dejase entrar en... y le dio permiso 2010
8.34 dieron aviso en la ciudad y... los campos 518
8.55 y él mandó que se le diese de comer 1325
9.1 les dio poder... sobre todos los demonios 1325
9.13 él les dijo: Dadle vosotros de comer 1325
9.16 dio a sus discípulos... pusiesen delante 1325
9.39 y de repente da voces, y le sacude con 2896
10.7 casa, comiendo y bebiendo lo que os den 3844
10.19 os doy potestad de hollar serpientes 1325
10.35 dos denarios, y los dio al mesonero 1325
10.40 ¿no te da cuidado que mi hermana me 3199
11.3 el pan nuestro de cada día, dánoslo hoy 1325
11.7 dice... no puedo levantarme, y dártelos? 1325
11.8 aunque no se levante a dárselos por ser 1325
11.8 os digo... le dará todo lo que necesite 1325
11.9 os digo: Pedid, y se os dará; buscad, y 1325
11.11 su hijo le pide pan, le dará una piedra? 1929
11.11 lugar de pescado le dará una serpiente 1929
11.12 le pide un huevo, le dará un escorpión? 1929
11.13 dará el Espíritu Santo a los que se lo 1325
11.29 demanda señal... señal no le será dada 1325
11.41 pero dad limosna de lo que tenéis, y 1325
12.32 a... Padre le ha placido daros el reino 1325
12.33 vended... y dad limosna; haceos bolsas 1325
12.42 para que a tiempo les dé su ración 1325
12.48 todo aquel a quien se haya dado mucho 1325
12.51 que he venido para dar paz en la tierra? 1325
13.9 diere fruto, bien; y si no, la cortarás 4160
14.9 da lugar a éste; y entonces comiences 1325
15.12 padre, dame la parte de los bienes que 1325
15.16 deseaba llenar su... pero nadie le daba 1325
15.29 y nunca me has dado ni un cabrito para 1325
16.12 sio... ¿quién os dará lo que es vuestro? 1325
16.24 él, dando voces, dijo: Padre Abraham 5455
17.9 ¿acaso da gracias al siervo porque hizo
17.16 y se postró rostro... dándole gracias 2168
17.18 ¿no hubo quien... diese gloria a Dios sino 1325
17.27 se casaban y se daban en casamiento 1547
18.11 te doy gracias porque no soy como los 2168
18.12 ayuno... doy diezmos de todo lo que gano 586
18.22 vende... y dalo a los pobres, y tendrás 1239
18.38 dio voces, diciendo: ¡Jesús, Hijo de 994
18.43 todo el pueblo... dio alabanza a Dios 1325
19.5 date prisa, desciende, porque hoy es 4692
19.8 la mitad de mis bienes doy a los pobres 1325
19.13 dio diez minas, y les dijo: Negociad 1325
19.15 a los cuales había dado el dinero, para 1325
19.24 y dadla al que tiene las diez minas 1325
19.26 que a todo el que tiene, se le dará 1325
20.2 ¿quién... te ha dado esta autoridad? 1325
20.10 le diesen del fruto de la viña; pero 1325
20.16 vendrá y destruirá... y dará su viña 1325
20.22 ¿nos es lícito dar tributo a César, o 1325
20.25 pues dad a César lo que es de César, y a 591
20.34 hijos... se casan, y se dan en casamiento 1548
20.35 ni se casa, ni se dan en casamiento 1548
21.13 esto os será ocasión para dar testimonio 3142
21.15 porque yo os daré palabra y sabiduría 1325
22.5 alegraron, y convinieron en darle dinero 1325
22.17 copa, dio gracias, y dijo: Tomad esto 2168
22.19 pan y dio gracias, y lo partió y les d 2168
22.19 es mi cuerpo, que por vosotros es dado 1325
23.2 prohibe dar tributo a César, diciendo 1325
23.18 la multitud dio voces a una, diciendo 349
23.21 ellos volvieron a dar voces, diciendo 2019
23.47 centurión... dio gloria a Dios, diciendo 1392
24.9 dieron nuevas de todas estas cosas a los 518
24.30 tomó el pan y lo... lo partió, y le dio 1929
24.42 le dieron parte de un pez asado, y un 1929
Jn 1.7,8 para que diese testimonio de la luz 3140
1.12 les dio potestad de ser... hijos de Dios 1325
1.15 dio testimonio de él, y clamó diciendo 3140
1.17 pues la ley por medio de Moisés fue dada 1325
1.22 para que demos respuesta a los que nos 1325
1.32 dio Juan testimonio, diciendo: Vi al 3140
1.34 y he dado testimonio de que éste es el 3140
2.25 que nadie le diese testimonio de hombre 3140
3.16 que ha dado a su Hijo unigénito, para que 1325
3.26 de quien tú diste testimonio, bautiza... y 3140
3.27 recibir... si no le fuere dado del cielo 1325
3.34 pues Dios no da el espíritu por medida 1325
4.5 junto a la heredad que Jacob dio a... José 1325
4.7 una mujer... y Jesús dijo: Dame de beber 1325
4.10 quién es el que te dice: Dame de beber 1325
4.10 tú le pedirías y el te daría agua viva 1325
4.12 Jacob, que nos dio este pozo, del cual 1325
4.14 el que bebiere del agua que yo le daré 1325
4.14 el agua que yo le daré será en él una 1325
4.15 dame esa agua, para que no tenga yo sed 1325
4.39 daba testimonio diciendo: Me dijo todo 3140
4.44 Jesús... dio testimonio de que el profeta 3140
4.51 le dieron nuevas diciendo: tu hijo vive 518
5.15 el hombre... dio aviso a los judíos, que 312

5.21 levanta a los muertos, y les *da* vida, así ... *2227*
5.21 también el Hijo a los que quiere *da* vida ... *2227*
5.22 sino que todo el juicio *dio* al Hijo ... *1325*
5.26 *dado* al Hijo el tener vida en sí mismo ... *1325*
5.27 y también le *dio* autoridad de hacer juicio ... *1325*
5.31 Si yo *doy* testimonio acerca de mí mismo ... *3140*
5.32 otro es el que *da* testimonio acerca de mí ... *3140*
5.32 y sé que el testimonio que *da* de mí es ... *3140*
5.33 Juan, y él *dio* testimonio de la verdad ... *3140*
5.36 las obras que el Padre me *dio* para que ... *1325*
5.36 *dan* testimonio de mí, que el Padre me ... *3140*
5.37 también el Padre... ha *dado* testimonio de ... *3140*
5.39 ellas son las que *dan* testimonio de mí ... *3140*
6.11 y habiendo *dado* gracias, los repartió ... *2168*
6.23 después de haber *dado* gracias el Señor ... *2168*
6.27 la comida... el Hijo del Hombre os *dará* ... *1325*
6.31 escrito: Pan del cielo les *dio* a comer ... *1325*
6.32 no os *dio* Moisés el pan del cielo, mas ... *1325*
6.32 Padre os *da* el verdadero pan del cielo ... *1325*
6.33 descendió del cielo y *da* vida al mundo ... *1325*
6.34 dijeron: Señor, *danos* siempre este pan ... *1325*
6.37 todo lo que el Padre me *da*, vendrá a mí ... *1325*
6.39 que de todo lo que me *diere*, no pierda yo ... *1325*
6.51 el pan que yo *daré* es mi carne, la cual ... *1325*
6.51 la cual yo *daré* por la vida del mundo ... *1325*
6.52 ¿cómo puede... *darnos* a comer su carne? ... *1325*
6.63 el espíritu es el que *da* vida: la carne ... *2227*
6.65 puede venir a mí, si no le fuere *dado* ... *1325*
7.4 que procura *darse* a conocer hace algo en ... *1511*
7.19 ¿no os *dio* Moisés la ley, y ninguno de ... *1325*
7.22 por cierto, Moisés os *dio* la circuncisión ... *1325*
8.14 aunque yo *doy* testimonio acerca de mí ... *3140*
8.18 yo soy el que *doy* testimonio acerca de mí ... *3140*
8.18 el Padre que me envió *da* testimonio de ... *3140*
9.24 *da* gloria a Dios; nosotros sabemos que ... *1325*
10.11 buen pastor su vida *da* por las ovejas ... *5087*
10.25 las obras... ellas *dan* testimonio de mí ... *3140*
10.28 yo os *doy* vida eterna; y no perecerán ... *1325*
10.29 mi Padre que me las *dio*, es mayor que ... *1325*
11.22 lo que pidas a Dios, Dios te lo *dará* ... *1325*
11.41 Padre, gracias te *doy* por haberme oído ... *2168*
11.57 *dado* orden de que si alguno supiese ... *1325*
12.5 perfume vendido por... y *dado* a los pobres? ... *1325*
12.10 acordaron *dar* muerte también a Lázaro ... *615*
12.17 *daba* testimonio la gente que estaba con ... *3140*
12.33 *dando* a entender de qué muerte iba a ... *4591*
12.49 él me *dio* mandamiento de lo que he de ... *1325*
13.3 sabiendo Jesús que... le había *dado* todas ... *1325*
13.15 ejemplo os he *dado*, para que como yo os ... *1325*
13.26 a quien yo *diere* el pan mojado, aquél ... *1929*
13.29 compra... o que *diese* algo a los pobres ... *1325*
13.34 mandamiento nuevo os *doy*: Que os améis ... *1325*
14.16 yo rogaré al... y os *dará* otro Consolador ... *1325*
14.27 la paz os dejo; mi paz os *doy*; yo no os ... *1325*
14.27 yo no os la *doy* como el mundo la *da* ... *1325*
15.15 las cosas que... os las he *dado* a conocer ... *1107*
15.16 todo lo que pidiereis al Padre... lo *dé* ... *1325*
15.26 venga... él *dará* testimonio acerca de mí ... *3140*
15.27 y vosotros *daréis* testimonio también ... *3140*
16.21 la mujer cuando *da* a luz, tiene dolor ... *5088*
16.21 después que ha *dado* a luz un niño, ya ... *1080*
16.23 cuanto pidiereis al Padre... os lo *dará* ... *1325*
17.2 le has *dado* potestad sobre toda carne ... *1325*
17.2 *dé* vida eterna a todos los que le *diste* ... *1325*
17.4 acabado la obra que me *diste* que hiciese ... *1325*
17.6 me *diste*; tuyos eran, y me los *d*, y han ... *1325*
17.7 las cosas que me has *dado*, proceden de ti ... *1325*
17.8 las palabras que me *diste*, les he *dado* ... *1325*
17.9 no ruego por... sino por los que me *diste* ... *1325*
17.11 a los que me has *dado*, guárdalos en tu ... *1325*
17.12 a los que me *diste*, yo los guardé, y ... *1325*
17.14 yo les he *dado* tu palabra; y el mundo ... *1325*
17.22 la gloria que me *diste*, yo les he *dado* ... *1325*
17.24 me has *dado*, quiero que donde yo estoy ... *1325*
17 26 les he *dado* a conocer tu nombre, y lo ... *1107*
17 26 lo *daré* a conocer aún, para que el amor ... *1107*
18.9 de los que me *diste*, no perdí ninguno ... *1325*
18.11 la copa que el Padre me ha *dado*, ¿no la ... *1325*
18.14 era Caifás el que había *dado* el consejo ... *4823*
18.22 le *dio* una bofetada, diciendo: ¿Así ... *4475*
18.31 nos está permitido *dar* muerte a nadie ... *615*
18.32 *dando* a entender de qué muerte iba a ... *4591*
18.37 venido... para *dar* testimonio a la verdad ... *3140*
18.40 *dieron* voces... diciendo: No a éste, sino ... *2905*
19.3 ¡salve, Rey de... y le *daban* de bofetadas ... *4475*
19.6 *dieron* voces, diciendo: ¡Crucifícale! ... *2905*
19.9 de dónde... Mas Jesús no le *dio* respuesta ... *1325*
19.11 ninguna... si no te fuese *dada* de arriba ... *1325*
19.12 pero los judíos *daban* voces, diciendo ... *2896*
20.18 para *dar* a los discípulos las nuevas de ... *518*
21.13 tomó el pan y les *dio*, y... del pescado ... *1325*
21.19 *dando* a entender con qué muerte había ... *1392*
21.24 este es el discípulo que *da* testimonio ... *3140*
Hch 1.2 después de haber *dado* mandamientos ... *1781*
2.4 según el Espíritu les *daba* que hablasen ... *1325*
2.19 y *daré* prodigios en el cielo, y ... *1325*
3.3 vio a... les rogaba que le *diesen* limosna
3.6 pero lo que tengo te *doy*; en el nombre de ... *1325*
3.14 y pedisteis que se os *diese* un homicida ... *5483*
3.16 la fe que... ha *dado* a éste esta completa ... *1325*
4.12 *dado* a los hombres, en que podamos ser ... *1325*
4.33 poder los apóstoles *daban* testimonio de ... *591*
5.22 los alguaciles... volvieron y *dieron* aviso ... *518*
5.25 viniendo uno, les *dio* esta noticia: He ... *518*
5.31 *dar* a Israel arrepentimiento y perdón ... *1325*
5.32 cual ha *dado* Dios a los que le obedecen ... *1325*
6.14 y cambiará las costumbres que nos *dio* ... *3860*
7.5 no le *dio* herencia en ella, ni aun para ... *1325*
7.5 le prometió que se la *daría* en posesión ... *1325*
7.8 y le *dio* el pacto de la circuncisión ... *1325*
7.13 José se *dio* a conocer a sus hermanos ... *319*
7.25 Dios les *daría* libertad por mano suya ... *1325,4991*
7.38 que recibió palabras de vida que *darnos* ... *1325*
7.57 cielos, *dando* grandes voces, se taparon ... *2896*
8.7 espíritus... salían... *dando* grandes voces ... *994*
8.18 se *daba* el Espíritu Santo, les ofreció ... *1325*
8.19 *dadme* también a mí este poder, para que ... *1325*
9.5 dura cosa te es *dar* coces contra el aguijón ... *2979*
9.41 él, *dándole* la mano, la levantó; entonces ... *1325*
10.43 de éste *dan* testimonio los profetas ... *3140*
11.18 ha *dado* Dios arrepentimiento para vida! ... *1325*
11.28 *daba* a entender por el Espíritu, que ... *4591*
12.10 puerta de hierro que *daba* a la ciudad ... *5342*
12.14 *dio* la nueva de que Pedro estaba a la ... *518*
12.23 lo hirió... cuanto no *dio* la gloria a Dios ... *1325*
13.19 les *dio* en herencia su territorio ... *2624*
13.20 les *dio* jueces hasta el profeta Samuel ... *1325*
13.21 pidieron rey, y Dios les *dio* a Saúl hijo ... *1325*
13.22 David, de quien *dio* también testimonio ... *3140*
13.34 *dará* las misericordias fieles de David ... *1325*
14.3 el cual *daba* testimonio a la palabra de ... *3140*
14.14 se lanzaron entre la... *dando* voces ... *2896*
14.17 *dándonos* lluvias del cielo y tiempos ... *1325*
15.8 les *dio* testimonio, *dándoles* el Espíritu ... *3140*
15.24 algunos... a los cuales no *dimos* orden, os ... *1291*
16.2 *daban* buen testimonio de él los hermanos ... *3140*
16.10 *dando* por cierto que Dios nos llamaba ... *4822*
16.16 la cual *daba* gran ganancia a sus amos ... *3930*
16.17 *daba* voces, diciendo: Estos hombres son ... *2896*
17.25 él es quien *da* a todos vida y aliento ... *1325*
17.31 *dando* fe a todos con haberle levantado ... *3930*
18.17 pero a Galión nada se le *daba* de ello ... *3199*
19.18 confesando y *dando* cuenta de sus hechos ... *312*
19.24 *daba* no poca ganancia a los artífices ... *3930*
19.40 por la cual podamos *dar* razón de este ... *591*
20.23 *da* testimonio, diciendo que me esperan ... *1263*
20.24 para *dar testimonio* del evangelio de la ... *1263*
20.32 que tiene poder para... *daros* herencia ... *1325*
20.35 más bienaventurado es *dar* que recibir ... *1325*
21.28 *dando* voces: Varones israelitas, ayudad ... *2896*
22.18 decía: *Date* prisa, y sal prontamente ... *4692*
22.26 fue y *dio* aviso al tribuno, diciendo ... *518*
22.29 los que le iban a *dar* tormento; y aun
23.12 hasta que hubiesen *dado* muerte a Pablo ... *615*
23.16 fue y entró en la... y *dio* aviso a Pablo ... *518*
23.17 porque tiene cierto aviso que *darle* ... *518*
23.21 beber hasta que le hayan *dado* muerte ... *337*
23.22 a nadie dijese que le había *dado* aviso ... *1718*
23.33 llegaron... *dieron* la carta al gobernador ... *325*
24.26 que Pablo le *diera* dinero para que le ... *1325*
25.24 *dando* voces que no debe vivir más ... *1916*
26.10 y cuando los mataron, yo *di* mi voto ... *2702*
26.14 dura cosa te es *dar* coces contra el ... *2979*
26.22 de hoy, *dando* testimonio a pequeños y a ... *3140*
27.11 pero el centurión *daba* más crédito al ... *3982*
27.14 después *dio* contra la nave un viento ... *906*
27.17 y teniendo temor de *dar* en la Sirte ... *1601*
27.26 es necesario que *demos* en alguna isla ... *1601*
27.29 y temiendo *dar* en escollos, echaron 4 ... *1601*
27.35 y *dio* gracias a Dios en presencia de ... *2168*
27.41 pero *dando* en un lugar de dos aguas ... *4045*
28.15 *dio* gracias a Dios y cobró aliento ... *3140*
Ro 1.8 primeramente *doy* gracias a mi Dios ... *2168*
1.21 no le glorificaron... ni le *dieron* gracias ... *2168*
1.25 honrando y *dando* culto a las criaturas ... *4573*
2.15 la ley... *dando* testimonio su conciencia ... *4828*
4.13 no por la ley fue *dada*... la promesa de
4.17 de Dios... el cual *da* vida a los muertos ... *2227*
4.20 se fortaleció en fe, *dando* gloria a Dios ... *1325*
5.5 por el Espíritu Santo, que nos fue *dado* ... *1325*
7.25 gracias *doy* a Dios, por Jesucristo Señor ... *2168*
8.16 el Espíritu... *da* testimonio a nuestro ... *4828*
8.32 ¿cómo no nos *dará*... él todas las cosas? ... *5483*
9.1 y mi conciencia me *da* testimonio en el ... *4828*
10.2 les *doy* testimonio de que tienen celo de ... *3140*
11.3 Señor, a tus profetas han *dado* muerte ... *615*
11.8 Dios les *dio* espíritu de estupor, ojos ... *1325*
11.35 ¿o quién le *dio* a él primero, para que ... *4272*
12.3 digo, pues, por la gracia que me es *dada* ... *1325*
12.6 dones, según la gracia que nos es *dada* ... *1325*
12.20 si tu... tuviere hambre, *dale* de comer ... *5595*
12.20 si tuviere sed, *dale* de beber; pues ... *4222*
14.6 para el Señor come, porque *da* gracias a ... *2168*
14.6 para el Señor no come, y *da* gracias a ... *2168*
14.12 cada uno de... *dará* a Dios cuenta de sí ... *1325*
15.5 os *dé* entre vosotros un mismo sentir ... *1325*
15.15 por la gracia que de Dios me es *dada* ... *1325*
16.4 los cuales no sólo yo *doy* gracias, sino ... *2168*
1 Co 1.4 gracias *doy* a mi Dios... por vosotros ... *2168*
1.4 por la gracia de Dios que me fue *dada* ... *1325*
1.14 *doy* gracias a Dios de que a ninguno de ... *2168*
3.2 os *di* a beber leche, y no vianda; porque ... *4222*
3.6 regué; pero el crecimiento lo ha *dado* Dios ... *837*
3.7 riega, sino Dios, que *da* el crecimiento ... *837*
3.10 la gracia de Dios que me ha sido *dada* ... *1325*
7.21 esclavo? No te *dé* cuidado; pero también ... *3199*
7.25 Señor, mas *doy* mi parecer, como quien ... *1325*
7.38 el que la *da* en casamiento hace bien ... *1547*
7.38 bien, y el que no la *da* en... hace mejor ... *1547*
10.13 que *dará*... con la tentación la salida ... *4160*
10.30 censurado... aquello de que *doy* gracias? ... *2168*
11.15 en lugar de velo le es *dado* el cabello ... *1325*
11.24 y habiendo *dado* gracias, lo partió, y ... *2168*
12.7 a cada uno le es *dada* la manifestación ... *1325*
12.8 a este es *dada* por el Espíritu palabra ... *1325*
12.13 nos *dio* a beber de un mismo Espíritu ... *4222*
12.24 *dando* más abundante honor al que le ... *1325*
13.3 bienes para *dar* de comer a los pobres ... *3860*
14.7 si no *dieren* distinción de voces, ¿cómo ... *1325*
14.8 y si la trompeta *diere* sonido incierto ... *1325*
14.9 si... no *dieres* palabra bien comprensible ... *1325*
14.17 a la verdad, bien *das* gracias, pero el ... *2168*
14.18 *doy* gracias a Dios que hablo en lenguas ... *2168*
15.38 Dios le *da* el cuerpo como él quiso, y ... *1325*
15.57 mas gracias sean *dadas* a Dios, que nos ... *2168*
15.57 que nos *da* la victoria por medio de ... *1325*
2 Co 1.11 sean *dadas* gracias a favor nuestro ... *2168*
1.22 nos ha *dado* las arras del Espíritu en ... *1325*
5.5 quien nos ha *dado* las arras del Espíritu ... *1325*
5.12 sino os *damos* ocasión de gloriarnos por ... *1325*
5.18 nos *dio* el ministerio de la reconciliación ... *1325*
6.3 no *damos* a... ninguna ocasión de tropiezo ... *1325*
8.1 la gracia de Dios que se ha *dado* a las ... *1325*
8.3 pues *doy* testimonio de que con agrado han ... *3140*
8.3 han *dado* conforme a sus fuerzas, y aun
8.5 que a sí mismos se *dieron*... al Señor, y ... *1325*
8.10 en esto *doy* mi consejo; porque esto os ... *1325*
9.7 cada uno *dé* como propuso en su corazón
9.9 está escrito: Repartió, *dio* a los pobres ... *1325*
9.10 el que *da* semilla al que siembra, y pan ... *2023*
10.8 cual el Señor nos *dio* para edificación ... *1325*
10.13 regla que Dios nos ha *dado* por medida ... *3307*
11.20 toleráis si alguno os... *da* de bofetadas ... *1194*
12.4 que no le es *dado* al hombre expresar ... *1832*
12.7 me fue *dado* un aguijón en mi carne, un ... *1325*
13.10 la autoridad que el Señor me ha *dado* ... *1325*
Gá 1.4 se *dio* a sí mismo por nuestros pecados ... *1325*
2.9 reconociendo la gracia que me... sido *dada* ... *1325*
2.9 nos *dieron* a mí y a Bernabé la diestra ... *1325*
3.8 *dio* de antemano la buena nueva a Abraham ... *4283*
3.21 porque si la ley *dada* pudiera vivificar ... *1325*
3.22 la promesa... fuese *dada* a los creyentes ... *1325*
4.15 os *doy* testimonio de que si hubieseis ... *3140*
4.15 hubierais sacado... ojos para *dármelos* ... *1325*
4.24 Sinaí, el cual *da* hijos para esclavitud ... *1080*
4.27 regocíjate, oh estéril, tú que no *das* a luz ... *5088*
Ef 1.16 no ceso de *dar* gracias por vosotros ... *2168*
1.17 para que... os *dé* espíritu de sabiduría ... *1325*
1.22 y lo *dio* por cabeza sobre... a la iglesia ... *1325*
2.1 os *dio* vida a vosotros, cuando estabais
2.5 nos *dio* vida juntamente con Cristo por ... *4806*
3.2 la gracia de Dios que me fue *dada* para ... *1325*
3.5 en otras generaciones no se *dio* a conocer ... *1107*
3.7 me ha sido *dado* según la operación de su ... *1325*
3.8 fue *dada* esta gracia de anunciar entre ... *1325*
3.16 que os *dé*, conforme a la riquezas de su ... *1325*
4.7 a cada uno... fue *dada* la gracia conforme ... *1325*
4.8 la cautividad, y *dio* dones a los hombres ... *1325*
4.27 ni *deis* lugar al diablo ... *1325*
4.29 boca... a fin de *dar* gracias a los oyentes ... *1325*
5.20 *dando* siempre gracias por todo al Dios ... *2168*
6.19 me sea *dada* palabra para *dar* a conocer ... *1325*
Fil 1.3 *doy* gracias a mi Dios siempre de que ... *2168*
2.9 *dio* un nombre que es sobre todo nombre ... *5483*
4.15 en razón de *dar* y recibir, sino vosotros ... *1394*
Col 1.3 orando por vosotros, *damos* gracias ... *2168*
1.12 *dando* gracias al Padre que... hizo aptos ... *2168*
1.25 honrando y *dando* culto a las criaturas ... *1325*
1.27 a quienes Dios quiso *dar* a conocer las ... *1107*
2.13 estando muertos en... os *dio* vida... con él ... *4806*
2.19 crece con el crecimiento que *da* Dios
3.17 *dando* gracias a Dios Padre por medio de ... *2168*
4.3 de *dar* a conocer el misterio de Cristo ... *2980*
4.13 de él *doy* testimonio de que tiene gran ... *3140*
1 Ts 1.2 *damos*... gracias a Dios por... vosotros ... *2168*
2.13 sin cesar *damos* gracias a Dios, de que ... *2168*
3.6 nos *dio* buenas noticias de vuestra fe ... *2097*
3.9 ¿qué acción de gracias podremos *dar* a ... *467*
4.2 ya sabéis qué instrucciones os *dimos* por ... *1325*
4.8 a Dios, que también nos *dio* su Espíritu ... *1325*
5.18 *dad* gracias en todo... esta es la voluntad ... *2168*
2 Ts 1.3 debemos siempre *dar* gracias a Dios ... *2168*
1.7 y a vosotros... *daros* reposo con nosotros ... *1325*
1.8 de fuego, para *dar* retribución a los que ... *1325*
2.13 *dar* siempre gracias a Dios respecto a ... *2168*
2.16 nos amó y nos *dio* consolación eterna ... *1325*
3.9 sino por *daros*... un ejemplo para que ... *1325*
3.16 el... Señor de paz os *dé* siempre paz en ... *1325*
1 Ti 1.9 que la ley no fue *dada* para el justo ... *2749*
1.12 *doy* gracias al que me fortaleció, a ... *2192*
2.6 el cual se *dio* a sí mismo en rescate por ... *1325*
2.6 de lo cual se *dio* testimonio a su... tiempo ... *3142*
3.3 no *dado* al vino, no pendenciero... no avaro ... *3943*
3.8 los diáconos... no *dados* a mucho vino, no ... *4337*
4.14 el don... en ti, que te fue *dado* mediante ... *1325*
5.14 no *den* al adversario ninguna ocasión de ... *1325*
6.13 te mando delante de Dios, que *da* vida a ... *2227*
6.13 que *dio* testimonio de la buena profesión ... *3140*
6.17 nos *da* todas las cosas en abundancia ... *3930*
2 Ti 1.3 *doy* gracias a Dios, al cual sirvo ... *2192*
1.7 porque no nos ha *dado* Dios espíritu de ... *1325*
1.8 no te avergüences de *dar* testimonio de ... *3142*
1.9 según... gracia que nos fue *dada* en Cristo ... *1325*
2.7 y el Señor te *dé* entendimiento en todo ... *1325*
4.8 la cual me *dará* el Señor, juez justo, en ... *591*
4.17 estuvo a mi lado, y me *dio* fuerzas, para ... *1743*
Tit 1.7 no *dado* al vino, no pendenciero, no ... 3943
2.14 quien se *dio* a sí mismo por nosotros ... *1325*
Flm 4 *doy* gracias a mi Dios... memoria de ti ... *2168*
He 2.13 aquí, yo y los hijos que Dios me *dio* ... *1325*
4.8 si Josué les hubiera *dado* el reposo, no ... *2664*
4.13 de aquel a quien tenemos que *dar* cuenta
7.2 a quien... *dio* Abraham los diezmos de todo ... *3307*
7.4 quien aun Abraham... *dio* diezmos del botín ... *1325*

7.8 de quien nos *da* testimonio de que vive 3140
7.17 *da* testimonio de él: Tú eres sacerdote 3140
8.13 ha *dado* por viejo al primero; y lo que 3822
8.13 lo que *da* por viejo... está próximo a 3822
9.8 *dando* el Espíritu Santo a entender con..........1213
10.30 dijo... yo *daré* el pago, dice el Señor 467
11.4 *dando* Dios testimonio de sus ofrendas.........3140
11.11 y *dio* a luz aun fuera del tiempo de la 5088
11.22 *dio* mandamiento acerca de sus huesos 1781
12.11 después *da* fruto apacible de justicia 591
13.17 velan... como quienes han de *dar* cuenta 591
Stg 1.5 pídala a Dios, el cual *da*... será dada...........1325
1.15 la concupiscencia... *da* a luz el pecado..........616
2.16 pero no les *dais* las cosas... necesarias 1325
3.12 ninguna fuente puede *dar* agua salada y 4160
4.6 pero él *da* mayor gracia. Por esto dice...........1325
4.6 Dios resiste... y *da* gracia a los humildes.........1325
5.6 habéis condenado y *dado* muerte al justo........5407
5.18 otra vez oró, y el cielo *dio* lluvia, y.............1325
1 P 1.21 le resucitó de... y le ha *dado* gloria............1325
3.7 *dando* honor a la mujer como a vaso más 632
4.5 *darán* cuenta al que está preparado para 591
4.11 ministre conforme al poder que Dios *da*.........5524
5.5 Dios resiste... y *da* gracia a los humildes.........1325
2 P 1.3 nos han sido *dadas* por su divino poder........1433
1.4 nos ha *dado* preciosas... promesas, para que...1433
1.16 no os hemos *dado* a conocer el poder y.........1107
2.21 volverse... del santo mandamiento... *dado*.....3860
3.2 mandamiento... *dado* por vuestros apóstoles
3.15 según la sabiduría que le ha sido *dada* 1325
1 Jn 3.1 mirad cuál amor nos ha *dado* el Padre.........1325
3.24 sabemos... por el Espíritu que nos ha *dado* 1325
4.13 en que nos ha *dado* de su Espíritu 1325
5.6 y el Espíritu es el que *da* testimonio.............3140
5.7 tres son los que *dan* testimonio en el cielo 3140
5.8 son los que *dan* testimonio en la tierra 3140
5.10 creído en el testimonio que Dios ha *dado* 3140
5.11 que Dios nos ha *dado* vida eterna; y esta 1325
5.16 pedirá, y Dios le *dará* vida; esto es para 1325
5.20 nos ha *dado* entendimiento para conocer 1325
3 Jn 3 *dieron* testimonio de tu verdad, de cómo........3140
6 los cuales han *dado*... testimonio de tu amor 3140
12 todos *dan* testimonio de Demetrio, y aun.........3140
12 y también nosotros *damos* testimonio, y...........3140
Jud 3 fe que ha sido una vez *dada* a los santos 4160
Ap 1.1 revelación de Jesucristo... Dios le *dio* 1325
1.2 que ha *dado* testimonio de la palabra de 3140
2.7 que venciere, le *daré* a comer del árbol.........1325
2.10 fiel... y yo te *daré* la corona de la vida.........1325
2.17 al que venciere, *daré* a comer del maná........1325
2.17 y le *daré* una piedrecita blanca, y en la.........1325
2.21 le he *dado* tiempo para que se arrepienta......1325
2.23 os *daré* a cada uno según vuestras obras.......1325
2.26 yo le daré autoridad sobre las naciones........1325
2.28 y le *daré* la estrella de la mañana 1325
3.21 al que venciere, le *daré* que se siente............1325
4.9 siempre que... *dan* gloria y honra y acción 1325
6.2 le fue *dada* una corona, y salió venciendo 1325
6.4 *dado* poder de quitar de la tierra la paz 1325
6.4 se matasen... y se les *dio* una gran espada........1325
6.8 fue *dada* potestad sobre la cuarta parte...........1325
6.11 se les *dieron* vestiduras blancas, y se 1325
7.2 a quienes se les había *dado* el poder de..........1325
8.2 ángeles... y se les *dieron* siete trompetas..........1325
8.3 y se le *dio* mucho incienso para añadirlo 1325
9.1 y se le *dio* la llave del pozo del abismo 1325
9.3 se les *dio* poder, como... los escorpiones 1325
9.5 les fue *dado*, no que los matasen, sino 1325
10.9 fui... diciéndole que me *diese* el librito 1325
11.1 fue *dada* una caña semejante a una vara.......1325
11.3 *daré* a mis dos testigos que profeticen 1325
11.13 demás... *dieron* gloria al Dios del cielo 1325
11.17 te *damos* gracias... Dios Todopoderoso 2168
11.18 y de *dar* el galardón a tus siervos los 1325
12.4 a la mujer que estaba para *dar* a luz, a 5088
12.5 *dio* a luz un hijo varón, que regirá con 5088
12.13 persiguió a la... que había *dado* a luz.........5088
12.14 se le *dieron* a la mujer las dos alas de 1325
13.2 y el dragón le *dio* su poder y su trono 1325
13.4 adoraron al... que había *dado* autoridad 1325
13.5 se le *dio* boca que... y se le *d* autoridad 1325
13.7 *dio* autoridad sobre toda tribu, pueblo 1325
14.7 temed a Dios, y *dadle* gloria, porque la 1325
15.7 *dio* a los siete ángeles siete copas de 1325
16.6 tú les has *dado* a beber sangre; pues lo.........1325
16.8 al cual fue *dado* quemar a los hombres.........1325
16.9 no se arrepintieron para *darle* gloria.............1325
16.19 *darle* el cáliz del vino del ardor de.............1325
17.17 y *dar* su reino a la bestia, hasta que 1325
18.6 *dadle* a ella como ella os ha *dado*, y 591
18.7 *dadle* de tormento y llanto porque dice 1325
18.18 *dieron* voces diciendo: ¿Qué ciudad era 2896
18.19 y *dieron* voces... diciendo: ¡Ay, ay de la 2896
19.7 alegrémonos y *démosle* gloria porque han.......1325
21.6 *daré*... de la fuente del agua de la vida..........1325
22.2 *dando* cada mes su fruto; y las hojas del..........591
22.16 enviado mi ángel para *daros* testimonio 3140

DARA *Hijo de Zera y nieto de Judá*, 1 Cr 2.6 1873

DARCÓN *Ascendiente de algunos que regresaron del cautiverio con Zorobabel*, Esd 2.56, Neh 7.58.... 1874

DARDA *Varón notado por su sabiduría (=Dara)*, 1 R 4.31 1862

DARDO

2 S 18.14 y tomando 3 *d* en su mano, los clavó......... 7626
Job 41.26 ni espada... ni *d*, ni coselete durará......... 4551
Ez 39.9 y quemarán armas... *d* de mano y lanzas...... 4731
Hab 3.14 horadaste con sus... *d* las cabezas de 4294
Zac 9.14 su *d* saldrá como relámpago; y Jehová....... 2671
Ef 6.16 con que podáis apagar todos los *d* de 956
He 12.20 tocare el monte será... pasada con *d*.........1002

DARÍO

1. Rey de Persia, 522 a 486 a.C.
Esd 4.5 y hasta el reinado de *D* rey de Persia.......... 1867
4.24 hasta el año segundo del reinado de *D* 1868
5.5 hasta que el asunto fuese llevado a *D*.......... 1868
5.6 la carta que Tatnai... enviaron al rey *D*......... 1868
5.7 y así estaba escrito... Al rey *D* toda paz......... 1868
6.1 el rey *D* dio la orden de buscar en la 1868
6.12 yo *D* he dado el decreto; sea cumplido......... 1868
6.13 hicieron... según el rey *D* había ordenado 1868
6.14 por mandato... de *D*, y de Artajerjes rey......... 1868
6.15 era el sexto año del reinado del rey *D* 1868
Hag 1.1 el año segundo del rey *D*, en el mes 1867
1.15 mes sexto, en el segundo año del rey *D* 1867
2.10 en el segundo año de *D*, vino palabra de 1867
Zac 1.1 en el octavo mes... de *D*, vino palabra 1867
1.7 en el año segundo de *D*, vino palabra de........ 1867
7.1 en el año cuarto del rey *D* vino palabra 1867
2. Rey de Persia, 424 a 404 a.C., Neh 12.22 1867
3. Darío de Media
Dn 5.31 y *D* de Media tomó el reino, siendo de 1868
6.1 pareció bien a *D* constituir sobre el Reino 1868
6.6 dijeron así: Rey *D*, para siempre vive! 1868
6.9 firmó... rey *D* el edicto y la prohibición 1868
6.25 el rey *D* escribió a todos los pueblos 1868
6.28 Daniel prosperó durante el reinado de *D*...... 1868
9.1 en el año primero de *D* hijo de Asuero......... 1867
11.1 en el año primero de *D* el medo, estuve........ 1867

DATÁN *Uno que se reveló contra Moisés*

Nm 16.1 *D* y Abiram hijos de Eliab, On hijo............ 1885
16.12 y envió Moisés a llamar a *D* y abiram 1885

DAVID

Rt 4.17 Obed... es padre de Isaí, padre de *D* 1732
4.22 Obed engendró a Isaí, e... engendró a *D*....... 1732
1 S 16.13 el Espíritu de Jehová vino sobre *D*.......... 1732
16.19 envíame a *D* tu hijo el que está con........... 1732
16.20 Isaí... lo envió a Saúl; por medio de *D* 1732
16.21 viniendo *D* a Saúl, estuvo delante de 1732
16.22 te ruego que esté *D* conmigo, pues ha 1732
16.23 *D* tomaba el arpa y tocaba con su mano...... 1732
17.12 *D* era hijo de aquel hombre efrateo de 1732
17.14 y *D* era el menor. Siguieron... los tres 1732
17.15 *D* había ido y vuelto, dejando a Saúl.......... 1732
17.17 dijo Isaí a *D* su hijo: Toma ahora para......... 1732
17.20 levantó, pues, *D* de mañana y dejando 1732
17.22 *D* dejó su carga... y corrió al ejército 1732
17.23 habló las mismas palabras, y las oyó... *D*...... 1732
17.26 habló *D* a los que estaban junto a él 1732
17.28 oyéndole... se encendió en ira contra *D* y...... 1732
17.29 *D* respondió: ¿Qué he hecho yo ahora?....... 1732
17.31 oídas las palabras que *D* había dicho 1732
17.32 dijo *D* a Saúl: No desmaye el corazón de 1732
17.33 dijo Saúl a *D*: No podrás tú ir contra 1732
17.34 *D* respondió a... Tu siervo era pastor de...... 1732
17.37 añadió *D*: Jehová, que me ha librado de...... 1732
17.37 Saul a *D*: Vé, y Jehová esté contigo 1732
17.38 Saúl vistió a *D* con sus ropas, y puso 1732
17.39 y ciñó *D* su espada sobre sus vestidos 1732
17.39 dijo *D* a Saúl: Yo no puedo andar con 1732
17.39 probó... Y *D* echó de sí aquellas cosas 1732
17.41 y el filisteo venía... acercándose a *D*.......... 1732
17.42 y cuando el... vio a *D*, le tuvo en poco......... 1732
17.43 dijo el filisteo a *D*: ¿Soy yo perro, para 1732
17.43 ¿soy yo... Y maldijo a *D* por sus dioses.......... 1732
17.44 dijo luego el filisteo a *D*: Ven a mí, y 1732
17.45 entonces dijo *D* al filisteo: Tú vienes 1732
17.48 ir al encuentro de *D*, *D* se dio prisa........... 1732
17.49 metiendo *D* su mano en la bolsa, tomó 1732
17.50 así venció *D* al... sin tener *D* espada en....... 1732
17.51 corrió *D* y se puso sobre el filisteo............. 1732
17.54 y *D* tomó la cabeza del filisteo y la 1732
17.55 Saúl vio a *D* que salía a... el filisteo........... 1732
17.57 cuando *D* volvía de matar al filisteo 1732
17.57 teniendo *D* la cabeza del... en su mano........ 1732
17.58 *D* respondió... yo soy hijo de tu siervo 1732
18.1 el alma de Jonatán quedó ligada con... *D*...... 1732
18.3 e hicieron pacto Jonatán y *D*, porque él 1732
18.4 se quitó el manto que... y se lo dio a *D* 1732
18.5 y salía *D* adondequiera que Saúl le............ 1732
18.6 cuando *D* volvió de matar al filisteo 1732
18.7 Saúl hirió a sus... y *D* a sus diez miles 1732
18.8 a *D* dieron diez miles, y a mí miles; no.......... 1732
18.9 día Saúl no miró con buenos ojos a *D*........... 1732
18.10 *D* tocaba con su... como los otros días 1732
18.11 enclavaré a *D* a la... Pero *D* lo evadió 1732
18.12 Saúl estaba temeroso de *D*, por cuanto........ 1732
18.14 *D* se conducía prudentemente en todos 1732
18.16 todo Israel y Judá amaba a *D*, porque 1732
18.17 dijo Saúl a *D*... te daré Merab mi hija 1732
18.18 *D* respondió a Saúl: ¿Quién soy yo, o 1732
18.19 que Merab hija de... se había de dar a *D* 1732
18.20 Mical la otra hija de Saúl amaba a *D*......... 1732
18.21 dijo, pues, Saúl a *D*... serás mi yerno 1732
18.22 hablad en secreto a *D*, diciéndole: He 1732
18.23 hablaron... a los oídos de *D*. Y *D* dijo 1732
18.24 diciendo: Tales palabras ha dicho *D*.......... 1732
18.25 así a *D*: El rey no desea la dote, sino.......... 1732
18.25 hacer caer a *D* en manos de... filisteos 1732
18.26 siervos declararon a *D* estas palabras 1732
18.26 pareció bien la cosa a los ojos de *D* 1732
18.27 se levantó *D*... y trajo *D* los prepucios 1732
18.28 Saúl, viendo... que Jehová estaba con *D*...... 1732
18.29 temor de *D*; y fue Saúl enemigo de *D* 1732
18.30 cada vez... *D* tenía más éxito que todos....... 1732
19.1 habló Saúl... para que matasen a *D*; pero 1732
19.1 pero Jonatán... amaba a *D* en gran manera... 1732
19.2 dio aviso a *D*, diciendo: Saúl mi padre 1732
19.4 Jonatán habló bien de *D* a Saúl su padre...... 1732
19.4 dijo: No peque el rey contra su siervo *D* 1732
19.5 pecarás contra... matando a *D* sin causa?....... 1732
19.7 y llamó Jonatán a David, y le declaró todas.... 1732
19.8 y salió *D* y peleó contra los filisteos............ 1732
19.9 sobre Saúl... mientras *D* estaba tocando 1732
19.10 procuró enclavar a *D*... *D* huyó, y escapó..... 1732
19.11 Saúl envió luego mensajeros a casa de *D*..... 1732
19.11 Mical su mujer avisó a *D*, diciendo 1732
19.12 y descolgó Mical a *D* por una ventana........ 1732
19.14 Saúl envió mensajeros para prender a *D*..... 1732
19.15 volvió Saúl a enviar... que viesen a *D*.......... 1732
19.18 huyó... *D*, y escapó, y vino a Samuel en....... 1732
19.19 he aquí que *D* está en Naiot en Ramá 1732
19.20 Saúl envió... para que trajeran a *D*, los....... 1732
19.22 preguntó...¿Dónde están Samuel y *D*?......... 1732
20.1 *D* huyó de... y vino delante de Jonatán 1732
20.3 *D* volvió a jurar diciendo: Tu padre sabe 1732
20.4 y Jonatán dijo a *D*: Lo que deseare tu.......... 1732
20.5 *D* respondió... que mañana será nueva luna... 1732
20.10 *D* a Jonatán? ¿Quién me dará aviso si........ 1732
20.11 y Jonatán dijo a *D*: Ven, salgamos al 1732
20.12 si resultare bien para con *D*, entonces 1732
20.15 haya cortado... los enemigos de *D* de la 1732
20.15 no dejes... sea quitado de la casa de *D*........ 1732
20.16 así hizo Jonatán pacto con la casa de *D* 1732
20.16 requiéralo Jehová de... los enemigos de *D*.... 1732
20.17 Jonatán hizo jurar a *D* otra vez, porque...... 1732
20.24 *D*... se escondió en el campo, y cuando 1732
20.25 se sentó... y el lugar de *D* quedó vacío 1732
20.27 aconteció... el asiento de *D* quedó vacío 1732
20.28 *D* me pidió... que le dejase ir a Belén 1732
20.33 su padre estaba resuelto a matar a *D* 1732
20.34 y no comió... tenía dolor a causa de *D*......... 1732
20.35 salió Jonatán... al tiempo señalado con *D* 1732
20.39 Jonatán y *D* entendían... que se trataba...... 1732
20.41 se levantó *D* del lado del sur, y se 1732
20.41 y besándose... lloraron... y *D* lloró más......... 1732
20.42 Jonatán dijo a *D*: Vete en paz, porque......... 1732
21.1 vino *D* a Nob, al sacerdote Ahimelec 1732
21.2 y respondió *D* al sacerdote Ahimelec: ÉL 1732
21.4 respondió a *D* y dijo: No tengo pan común 1732
21.5 y *D* respondió al sacerdote, y le dijo 1732
21.8 *D* dijo a Ahimelec: ¿No tienes... espada?....... 1732
21.9 y dijo *D*: Ninguna como ella; dámela........... 1732
21.10 levantándose *D* aquel día, huyó de la......... 1732
21.11 ¿no es este *D*, el rey de la tierra?............. 1732
21.11 hirió Saúl a sus... y *D* sus diez miles?......... 1732
21.12 y *D* puso en su corazón estas palabras 1732
22.1 yéndose... *D* de allí, huyó a la cueva de 1732
22.3 fue *D*... a Mizpa de Moab, y dijo al rey.......... 1732
22.4 habitaron... el tiempo que *D* estuvo en el 1732
22.5 el profeta Gad dijo a *D*: No te estés en........ 1732
22.5 y *D* se fue, y vino al bosque de Haret 1732
22.6 oyó Saúl que se sabía de *D* y de los que......... 1732
22.14 ¿y quién... es tan fiel como *D*, yerno 1732
22.17 también la mano de ellos está con *D* 1732
22.20 uno... Abiatar, escapó, y huyó tras *D* 1732
22.21 dio aviso a *D* de cómo Saúl había dado......... 1732
22.22 dijo *D* a Abiatar: Yo sabía que... Doeg.......... 1732
23.1 dieron aviso a *D*, diciendo... los filisteos 1732
23.2 *D* consultó a Jehová, diciendo: ¿Iré a 1732
23.2 Jehová respondió a *D*: Vé, ataca a los 1732
23.3 pero los que estaban con *D* le dijeron 1732
23.4 entonces *D* volvió a consultar a Jehová......... 1732
23.5 fue, pues, *D*... y libró *D* a los de Keila 1732
23.6 que cuando Abiatar... huyó siguiendo a *D* 1732
23.7 dado aviso a Saúl que *D* había venido a 1732
23.8 para... poner sitio a *D* y a sus hombres.......... 1732
23.9 entendiendo *D* que Saúl ideaba el mal........ 1732
23.10 y dijo *D*: Jehová Dios de Israel, tu 1732
23.12 dijo... *D*: ¿Me entregarán los vecinos de 1732
23.13 *D* entonces se levantó con sus hombres 1732
23.13 vino a Saúl la nueva de que *D* se había 1732
23.14 y *D* se quedó en el desierto en lugares........ 1732
23.15 viendo, pues, *D* que Saúl había salido 1732
23.16 no levantó Jonatán... y vino a *D* a Hores 1732
23.18 y *D* se quedó en Hores, y Jonatán se.......... 1732
23.19 ¿no está *D* escondido... en las peñas de......... 1732
23.24 *D* y su gente estaban en el desierto............ 1732
23.25 *D*... quedó en el desierto... siguió a *D*......... 1732
23.26 y *D* con sus hombres por el otro lado......... 1732
23.26 se daba prisa *D* para escapar de Saúl......... 1732
23.26 mas... habían encerrado a *D* y a su gente 1732
23.28 volvió... tanto, Saúl de perseguir a *D* 1732
23.29 *D* subió de allí y habitó en... de En-gadi....... 1732
24.1 aquí *D* está en el desierto de En-gadi 1732
24.2 fue en busca de *D* y de sus hombres, por 1732
24.3 *D* y... estaban sentados en los rincones de...... 1732
24.4 los hombres de *D* le dijeron: He aquí el 1732
24.4 *D*... cortó la orilla del manto de Saúl 1732
24.5 después de esto se turbó el corazón de *D*...... 1732

24.7 reprimió *D* a sus hombres con palabras 1732
24.8 *D* se levantó...y saliendo de la cueva dio 1732
24.8 *D* inclinó su rostro a tierra, e hizo 1732
24.9 *D* a Saúl: ¿Por qué oyes las palabras de 1732
24.9 que dicen: Mira que *D* procura tu mal? 1732
24.16 *D* acabó de decir estas palabras a Saúl 1732
24.16 ¿no es esta la voz tuya, hijo mío *D*? 1732
24.17 y dijo a *D*: Más justo eres tú que yo 1732
24.22 *D* juró a Saúl. Y se fue Saúl a su casa 1732
24.22 y *D* y sus hombres subieron al lugar 1732
25.1 y se levantó *D* y se fue al desierto de 1732
25.4 oyó *D*...que Nabal esquilaba sus ovejas 1732
25.5 entonces envió *D* diez jóvenes y les dijo 1732
25.8 des lo que tuvieres a mano...a tu hijo *D* 1732
25.9 dijeron...estas palabras en nombre de *D* 1732
25.10 Nabal respondió a los...enviados por *D* 1732
25.10 ¿quién es *D*, y quién es el hijo de Isaí 1732
25.12 los...que había enviado *D*...dijeron a *D* 1732
25.13 *D* dijo...Cíñase...y *D* se ciñó su espada 1732
25.13 y subieron tras *D* como 400 hombres, y 1732
25.14 he aquí *D* envió mensajeros del desierto 1732
25.20 *D* y sus hombres venían frente a ella 1732
25.21 *D* había dicho: Ciertamente en vano he 1732
25.22 así haga Dios a los enemigos de *D* y aun 1732
25.23 Abigail vio a *D*, se bajó...del asno, y 1732
25.23 postrándose...delante de *D*, se inclinó 1732
25.32 dijo *D* a Abigail: Bendito sea Jehová 1732
25.35 y recibió *D* de su mano lo que le había 1732
25.39 que *D* oyó que Nabal había muerto, dijo 1732
25.39 después envió *D* a hablar con Abigail 1732
25.40 y los siervos de *D* vinieron a Abigail 1732
25.40 *D* nos ha enviado a ti, para tomarte 1732
25.42 Abigail...siguió a los mensajeros de *D* 1732
25.43 tomó *D* a Ahinoam de Jezreel, y ambas 1732
25.40 y los siervos de *D* vinieron a Abigail 1732
25.40 *D* nos ha enviado a ti, para tomarte 1732
25.42 Abigail...siguió a los mensajeros de *D* 1732
25.43 tomó *D* a Ahinoam de Jezreel, y ambas 1732
25.44 Saúl había dado a...mujer de *D* a Palti 1732
26.1 ¿no está *D* escondido en el collado de 1732
26.2 para buscar a *D* en el desierto de Zif 1732
26.3 estaba *D* en el desierto, y entendió que 1732
26.4 *D*...envió espías, y supo con certeza que 1732
26.5 levantó *D*, y vino al sitio donde Saúl 1732
26.5 y miró *D* el lugar donde dormían Saúl y 1732
26.6 *D* dijo a Ahimelec heteo y a Abisai hijo 1732
26.7 *D*...y Abisai fueron de noche al ejército 1732
26.8 dijo Abisai a *D*: Hoy ha entregado Dios 1732
26.9 y *D* respondió a Abisai: No le mates 1732
26.10 dijo además *D*: Vive Jehová, que si 1732
26.12 se llevó, pues, *D* la lanza y la vasija 1732
26.13 pasó *D* al lado opuesto, y se puso en 1732
26.14 dio voces *D* al pueblo, y a Abner hijo 1732
26.15 dijo *D* a Abner ¿No eres tú un hombre? 1732
26.17 conociendo Saúl la voz de *D*, dijo: ¿No 1732
26.17 ¿no es ésta tu voz...*D*? Y *D* respondió 1732
26.21 vuélvete, hijo mío *D*, que ningún mal 1732
26.22 *D* respondió y dijo: He aquí la lanza 1732
26.25 dijo a *D*: Bendito eres tú, hijo mío *D* 1732
26.25 *D* se fue...su camino, y Saúl se volvió 1732
27.1 dijo luego *D* en su corazón...seré muerto 1732
27.2 se levantó, pues, *D* y...se pasó a Aquis 1732
27.3 y moró *D* con Aquis en Gat, él y sus 1732
27.3 *D* con sus dos mujeres, Ahinoam...Abigail 1732
27.4 vino...nueva de que *D* había huido a Gat 1732
27.5 y *D* dijo a Aquis: Si he hallado gracia 1732
27.7 días *D* habitó en la tierra de los filisteos 1732
27.8 subía *D* con sus hombres, y hacían 1732
27.9 asolaba *D* el país, y no dejaba con vida 1732
27.10 *D* decía: En el Neguev de Judá, y el 1732
27.11 ni hombre ni mujer dejaba *D* con vida 1732
27.11 que den aviso...y digan: Esto hizo *D* 1732
27.12 y Aquis creía a *D*, y decía: El se ha 1732
28.1 dijo Aquis a *D*: Ten entendido que has 1732
28.2 *D* respondió a Aquis...tú sabrás lo que 1732
28.2 y Aquis dijo a *D*...te constituiré guarda 1732
28.17 reino...y lo ha dado a tu compañero, *D* 1732
29.2 *D* y sus hombres iban en la...con Aquis 1732
29.3 respondió...¿No es éste *D*, el siervo de 1732
29.5 ¿no es éste *D*, de quien cantaban en las 1732
29.5 Saúl hirió a sus...y *D* a sus diez miles? 1732
29.6 Aquis llamó a *D* y le dijo: Vive Jehová 1732
29.8 y *D* respondió a Aquis: ¿Qué he hecho? 1732
29.9 Aquis respondió a *D*...Yo sé que tú eres 1732
29.11 levantó *D* de mañana, él y sus hombres 1732
30.1 cuando *D*...vinieron a Siclag al tercer 1732
30.3 vino, pues, *D* con los suyos a la ciudad 1732
30.4 *D* y la gente...alzaron su voz y lloraron 1732
30.5 las dos mujeres de *D*...eran cautivas 1732
30.6 *D* se angustió mucho, porque el pueblo 1732
30.6 mas *D* se fortaleció en Jehová su Dios 1732
30.7 y dijo *D* al sacerdote Abiatar hijo de 1732
30.7 el efod. Y Abiatar acercó el efod a *D* 1732
30.8 y *D* consultó a Jehová...¿Perseguiré a 1732
30.9 partió, pues, *D*, él y los 600 hombres 1732
30.10 y *D* siguió adelante con 400 hombres 1732
30.11 hombre egipcio, el cual trajeron a *D* 1732
30.13 y le dijo *D*: ¿De quién eres tú, y de 1732
30.15 dijo *D*: ¿Me llevarás tú a esa tropa? 1732
30.17 los hirió *D* desde aquella mañana hasta 1732
30.18 y libró *D*...libertó *D* a sus dos mujeres 1732
30.19 no les faltó cosa...todo lo recuperó *D* 1732
30.20 tomó...*D* todas las ovejas y el ganado 1732
30.20 delante, decían: Este es el botín de *D* 1732
30.21 y vino *D* a los 200 hombres que habían 1732
30.21 los 200...no habían podido seguir a *D* 1732
30.21 salieron a recibir a *D* y al pueblo que 1732
30.21 cuando *D* llegó a la gente, les saludó 1732
30.22 malos...entre los que habían ido con *D* 1732
30.23 *D* dijo: No hagáis eso, hermanos míos 1732
30.26 y cuando *D* llegó a Siclag, envió del 1732
30.31 donde *D* había estado con sus hombres 1732
2 S 1.1 vuelto *D* de la derrota de...amalecitas 1732
1.2 llegando a *D*, se postró en tierra e hizo 1732
1.3 y le preguntó *D*: ¿De dónde vienes? Y él 1732
1.4 *D* le dijo: ¿Qué ha acontecido? Te ruego 1732
1.5 dijo *D* a aquel joven...¿Cómo sabes que 1732
1.11 *D*, asiendo de sus vestidos, los rasgó 1732
1.13 *D* dijo a aquel joven...¿De dónde eres tú? 1732
1.14 y le dijo *D*: ¿Cómo no tuviste temor de 1732
1.15 llamó *D* a uno...y le dijo: Vé y mátalo 1732
1.16 *D* le dijo: Tu sangre sea sobre tu cabeza 1732
1.17 y endechó *D* a Saúl y a Jonatán su hijo 1732
2.1 después...*D* consultó a Jehová, diciendo 1732
2.1 *D* volvió a decir: ¿A dónde subiré? 1732
2.2 *D* subió allá, y con él sus dos mujeres 1732
2.3 llevó también *D* consigo a los hombres 1732
2.4 a *D*, diciendo: Los de Jabes de Galaad son 1732
2.4 ungieron allí a *D* por rey sobre la casa 1732
2.5 envió *D* mensajeros a los de Jabes de 1732
2.10 los de la casa de Judá siguieron a *D* 1732
2.11 *D* reinó en Hebrón siete años y 6 meses 1732
2.13 los siervos de *D*...los encontraron junto 1732
2.15 y pasaron en...doce de los siervos de *D* 1732
2.17 fueron vencidos por los siervos de *D* 1732
2.30 faltaron de los siervos de *D* diecinueve 1732
2.31 los siervos de *D* hirieron de...Benjamín 1732
3.1 entre la casa de Saúl y la casa de *D* 1732
3.1 *D* se iba fortaleciendo, la casa de Saúl 1732
3.2 y nacieron hijos a *D*...su primogénito fue 1732
3.5 el sexto, Itream, de Egla mujer de *D* 1732
3.5 estos le nacieron a *D* en Hebrón 1732
3.9 si como ha jurado Jehová a *D*, no haga yo 1732
3.10 confirmando el trono de *D* sobre Israel 1732
3.12 envió Abner mensajeros a *D* de su parte 1732
3.14 envió *D* mensajeros a Is-Boset hijo de 1732
3.17 procurabais que *D*...rey sobre vosotros 1732
3.18 porque Jehová ha hablado a *D*, diciendo 1732
3.18 por la mano de...*D* libraré a mi pueblo 1732
3.19 a decir a *D* todo lo que parecía bien a 1732
3.20 vino, pues, Abner a *D*...*D* hizo banquete 1732
3.21 y dijo Abner a *D*: Yo me levantaré e iré 1732
3.21 *D* despidió luego a Abner, y él se fue en 1732
3.22 los siervos de *D* y Joab venían del campo 1732
3.22 Abner no estaba con *D* en Hebrón pues ya 1732
3.26 saliendo Joab de la presencia de *D* envió 1732
3.26 le hicieron volver...sin que *D* lo supiera 1732
3.28 cuando *D* supo esto dijo: Inocente soy yo 1732
3.31 dijo *D*...el rey *D* iba detrás del féretro 1732
3.35 todo el pueblo vino para persuadir a *D* 1732
3.35 mas *D* juró diciendo: Así me haga Dios y 1732
4.8 y trajeron la cabeza de Is-boset a *D* en 1732
4.9 *D* respondió a Recab...Vive Jehová que ha 1732
4.12 *D* ordenó a sus siervos, y...los mataron 1732
5.1 vinieron todas las tribus de Israel a *D* 1732
5.3 el rey *D* hizo pacto...ungieron a *D* por rey 1732
5.4 era *D* de 30 años cuando comenzó a reinar 1732
5.6 hablaron a *D*, diciendo: Tú no entrarás acá 1732
5.6 queriendo decir: *D* no puede entrar acá 1732
5.7 *D* tomó...Sion, la cual es la ciudad de *D* 1732
5.8 dijo *D* aquel día: Todo el que hiera a los 1732
5.8 a los cojos y...aborrecidos del alma de *D* 1732
5.9 *D* moró...puso por nombre la Ciudad de *D* 1732
5.10 y *D* iba adelantando y engrandeciéndose 1732
5.11 Hiram...envió embajadores a *D*, y madera 1732
5.11 y carpinteros...edificaron la casa de *D* 1732
5.12 entendió *D* que Jehová le había...por rey 1732
5.13 y tomó *D* más concubinas y mujeres de 1732
5.17 oyendo...que *D* había sido ungido por rey 1732
5.17 los filisteos para buscar a *D*...*D* lo oyó 1732
5.19 consultó *D* a Jehová, diciendo: ¿Iré 1732
5.19 Jehová respondió a *D*: Vé...entregaré a 1732
5.20 vino *D* a...y allí los venció *D*, y dijo 1732
5.21 ídolos, y *D* y sus hombres los quemaron 1732
5.23 consultando *D* a Jehová, él le respondió 1732
5.25 *D* lo hizo así, como Jehová se lo había 1732
6.1 *D* volvió a reunir a todos los escogidos 1732
6.2 se levantó *D* y partió de Baala de Judá 1732
6.5 *D* y...Israel danzaban delante de Jehová 1732
6.8 entristeció *D* por haber herido Jehová a 1732
6.9 y temiendo *D* a Jehová aquel día, dijo 1732
6.10 *D* no quiso traer...el arca...ciudad de *D* 1732
6.10 la hizo llevar *D* a casa de Obed-edom 1732
6.12 dado aviso al rey *D*, diciendo: Jehová 1732
6.12 *D* fue, y llevó...arca...a la ciudad de *D* 1732
6.14 *D* danzaba...estaba *D* vestido con un efod 1732
6.15 *D* y...Israel conducían el arca de Jehová 1732
6.16 cuando el arca...llegó a la ciudad de *D* 1732
6.16 Mical hija de...vio al rey *D* que saltaba 1732
6.17 de una tienda que *D* le había levantado 1732
6.17 sacrificó *D* holocaustos y ofrendas de 1732
6.18 cuando *D* había acabado de ofrecer los 1732
6.20 volvió luego *D* para bendecir su casa 1732
6.20 y saliendo Mical a recibir a *D*, dijo 1732
6.21 *D* respondió a Mical: Fue delante de 1732
7.5 y di a mi siervo *D*: Así ha dicho Jehová 1732
7.8 dirás así a...*D*: Así ha dicho Jehová de 1732
7.17 conforme...visión, así habló Natán a *D* 1732
7.18 entró...*D* y se puso delante de Jehová 1732
7.20 más puede añadir *D* hablando contigo? 1732
7.26 y que la casa de tu siervo *D* sea firme 1732
8.1 que *D* derrotó a los filisteos...tomó *D* a 1732
8.2 fueron...moabitas siervos de *D*...tributo 1732
8.3 derrotó *D* a Hadad-ezer hijo de Rehob, rey 1732
8.4 tomó *D* de...y desjarretó *D* los caballos 1732
8.5 *D* hirió de los sirios a 22.000 hombres 1732
8.6 puso...*D* guarnición en Siria de Damasco 1732
8.6 y los sirios fueron hechos siervos de *D* 1732
8.6 dio la victoria a *D* por dondequiera que 1732
8.7 y tomó *D* los escudos de oro que traían 1732
8.8 tomó el rey *D* gran cantidad de bronce 1732
8.9 *D* había derrotado a todo el ejército de 1732
8.10 envió toi a Joram su hijo al rey *D*, para 1732
8.11 los cuales el rey *D* dedicó a Jehová 1732
8.13 así ganó *D* fama. Cuando regresaba de 1732
8.14 y todos los edomitas fueron siervos de *D* 1732
8.14 dio la victoria a *D* por dondequiera que 1732
8.15 y reinó *D* sobre todo Israel 1732
8.15 y *D* administraba justicia y equidad a 1732
8.18 y los hijos de *D* eran los príncipes 1732
9.1 dijo *D*: ¿Ha quedado alguno de la...Saúl 1732
9.2 al cual llamaron para que viniese a *D* 1732
9.5 envió el rey *D*, y le trajo de la casa de 1732
9.6 vino Mefi-boset...a *D*, y se postró sobre su 1732
9.6 dijo *D*: Mefi-boset. Y él respondió: He 1732
9.7 dijo *D*: No tengas temor, porque yo a la 1732
10.2 dijo *D*: Yo haré misericordia con Hanún 1732
10.2 envió *D*...para consolarlo por su padre 1732
10.2 llegados los siervos de *D* a la...de Amón 1732
10.3 por honrar *D* a tu padre te ha enviado 1732
10.3 ¿no ha enviado *D*...a ti para reconocer 1732
10.4 tomó los siervos de *D*, les rapó...barba 1732
10.6 viendo...que se habían hecho odiosos a *D* 1732
10.7 cuando *D* oyó esto, envió a Joab con todo 1732
10.17 fue dado aviso a *D*, reunió a todo Israel 1732
10.17 sirios se pusieron en...batalla contra *D* 1732
13.13 *D* dijo: Bien; haré pacto contigo, mas 1732
10.18 *D* mató de los sirios a la gente de 700 1732
11.1 *D* envió a Joab...*D* se quedó en Jerusalén 1732
11.2 se levantó *D* de su lecho y se paseaba 1732
11.3 envió *D* a preguntar por aquella mujer 1732
11.4 envió *D* mensajeros, y la tomó; y vino 1732
11.5 la mujer, y envió a hacerlo saber a *D* 1732
11.6 *D* envió a decir...Joab envió a Urías a *D* 1732
11.7 *D* le preguntó por la salud de Joab, y 1732
11.8 dijo *D* a Urías: Desciende a tu casa, y 1732
11.10 hicieron saber...a *D*...vé dijo *D* a Urías 1732
11.11 Urías respondió a *D*: El arca e Israel 1732
11.12 *D* dijo a Urías: Quédate aquí aún hoy 1732
11.13 *D* lo convidó a comer y a beber con él 1732
11.14 escribió *D* a Joab una carta, la cual 1732
11.17 cayeron algunos...de los siervos de *D* 1732
11.18 e hizo saber a *D*...asuntos de la guerra 1732
11.22 contó a *D* todo aquello a que Joab le 1732
11.23 dijo el mensajero a *D*: Prevalecieron 1732
11.25 *D* dijo al mensajero: Así dirás a Joab 1732
11.27 pasado el luto, envió *D* y la trajo a su 1732
11.27 esto que *D* había hecho, fue desagradable 1732
12.1 Jehová envió a Natán a *D*; y viniendo a 1732
12.5 encendió el furor de *D* en gran manera 1732
12.7 dijo Natán a *D*: Tú eres aquel hombre 1732
12.13 dijo *D* a Natán: Pequé contra Jehová 1732
12.13 dijo a *D*: También Jehová ha remitido 1732
12.15 hirió al niño que la...había dado a *D* 1732
12.16 *D* rogó a Dios por el niño; y ayunó *D* 1732
12.18 temían los siervos de *D* hacerle saber 1732
12.19 *D*, viendo a sus siervos hablar entre 1732
12.19 por lo que dijo *D*...¿Ha muerto el niño? 1732
12.20 *D* se levantó de la tierra, y se lavó 1732
12.24 consoló *D* a Betsabé...y llegándose a ella 1732
12.27 envió Joab mensajeros a *D*, diciendo 1732
12.29 juntando *D* a todo el pueblo, fue contra 1732
12.30 la corona...puesta sobre la cabeza de *D* 1732
12.31 y volvió *D* con...el pueblo a Jerusalén 1732
13.1 teniendo Absalón hijo de *D* una hermana 1732
13.1 se enamoró de ella Amnón hijo de *D* 1732
13.3,32 Jonadab, hijo de Simea hermano de *D* 1732
13.7 *D* envió a Tamar a su casa, diciendo: Vé 1732
13.21 y luego que...*D* oyó todo esto, se enojó 1732
13.30 llegó a *D* el rumor que decía: Absalón 1732
13.31 levantándose *D*, rasgó sus vestidos, y 1732
13.37 *D* lloraba por su hijo todos los días 1732
13.39 el rey *D* deseaba ver a Absalón; pues 1732
14.18 *D* respondió...que no me encubras nada 1732
15.12 llamó a Ahitofel...consejero de *D*, de 1732
15.13 y un mensajero vino a *D*, diciendo: El 1732
15.14 *D* dijo a todos sus siervos...Levantaos 1732
15.22 *D* dijo a Itai: Ven, pues, y pasa 1732
15.30 *D* subió la cuesta de los Olivos y la 1732
15.31 dieron aviso a *D*, diciendo: Ahitofel 1732
15.31 dijo *D*: Entorpece ahora, oh Jehová, el 1732
15.32 cuando *D* llegó a la cumbre del monte 1732
15.33 dijo *D*: Si pasares conmigo, me serás 1732
15.37 así vino Husai amigo de *D* a la ciudad 1732
16.1 cuando *D* pasó...más allá de la cumbre del 1732
16.5 vino el rey *D* hasta Bahurim; y he aquí 1732
16.6 arrojando piedras contra *D*, y contra 1732
16.6 y contra todos los siervos del rey *D* 1732
16.10 Jehová le ha dicho que maldiga a *D* 1732
16.11 dijo *D* a Abisai...He aquí, mi hijo que 1732
16.13 mientras *D* y los suyos iban...el camino 1732
16.16 que cuando Husai...amigo de *D*, vino al 1732
16.23 así era...tanto con *D* como con Absalón 1732
17.1 y me levantaré y seguiré a *D* esta noche 1732
17.16 dad aviso a *D*, diciendo: No te quedes 1732
17.17 fueron y se lo hicieron saber al rey *D* 1732
17.21 y dieron aviso al rey *D*, diciéndole 1732
17.22 *D* se levantó, y todo el pueblo que con 1732
17.24 *D* llegó a Mahanaim y Absalón pasó el 1732
17.27 que *D* llegó a Mahanaim, Sobi hijo de 1732
17.28 trajeron a *D*...camas, tazas, vasijas de 1732
18.1 *D*, pues, pasó revista al pueblo que tenía 1732
18.2 y envió *D* al pueblo, una tercera parte 1732
18.7 allí cayó...delante de los siervos de *D* 1732

18.9 encontró Absalón con los siervos de *D* 1732
18.24 *D* estaba sentado entre las dos puertas 1732
19.11 el rey *D* envió a los sacerdotes Sadoc y 1732
19.16 Simei . . . descendió . . . a recibir al rey *D* 1732
19.22 *D* . . . dijo: ¿Qué tengo yo con vosotros 1732
19.41 pasar . . . todos los siervos de *D* con él? 1732
19.43 en el mismo *D* más que vosotros. ¿Por 1732
20.1 dijo: No tenemos nosotros parte en *D* 1732
20.2 los hombres de Israel abandonaron a *D* 1732
20.3 que llegó *D* a su casa en Jerusalén, tomó 1732
20.6 dijo *D* a Abisai: Seba hijo de Bicri nos 1732
20.11 ame a Joab y a *D*, vaya en pos de Joab 1732
20.21 ha levantado su mano contra el rey *D* 1732
20.26 Ira jaireo fue también sacerdote de *D* 1732
21.1 hubo hambre en los días de *D* por 3 años 1732
21.1 *D* consultó a Jehová, y Jehová le dijo 1732
21.3 dijo . . . *D* a los gabaonitas: ¿Qué haré por 1732
21.7 por el juramento . . . entre *D* y Jonatán hijo 1732
21.11 fue dicho a *D* lo que hacía Rizpa hija 1732
21.12 *D* fue y tomó los huesos de Saúl y los 1732
21.15 descendió *D* y sus siervos . . . *D* se canso 1732
21.16 Isbi-benob, uno de . . . trató de matar a *D* 1732
21.17 los hombres de *D* le juraron, diciendo 1732
21.21 Jonatán, hijo de Simea hermano de *D* 1732
21.22 los cuales cayeron por mano de *D* y de 1732
22.1 habló *D* . . . las palabras de este cántico 1732
22.51 a *D* y a su descendencia para siempre 1732
23.1 son las palabras postreras de *D*. Dijo *D* 1732
23.8 los nombres de los valientes que tuvo *D* 1732
23.9 los tres valientes que estaban con *D* 1732
23.13 vinieron . . . a *D* en la cueva de Adulam 1732
23.14 *D* . . . estaba en el lugar fuerte, y había 1732
23.15 y *D* dijo . . . ¡Quién me diera a beber del 1732
23.16 y la trajeron a *D*; más él no la quiso 1732
23.23 y lo puso *D* como jefe de su guardia 1732
24.1 e incitó a *D* . . . dijese: Vé, haz un censo 1732
24.10 después que *D* hubo censado al pueblo 1732
24.10 *D* a Jehová: Yo he pecado gravemente 1732
24.11 *D* se hubo levantado, vino palabra de 1732
24.11 de Jehová al profeta Gad, vidente de *D* 1732
24.12 vé y di a *D*: Así ha dicho Jehová: Tres 1732
24.13 vino . . . Gad a *D*, y se lo hizo saber, y le 1732
24.14 *D* dijO a Gad: En grande angustia estoy 1732
24.17 y *D* dijo a Jehová, cuando vio al ángel 1732
24.18 Gad vino a *D* aquel día, y le dijo: Sube 1732
24.19 subió *D*, conforme al dicho de Gad 1732
24.21 *D* respondió: Para comprar de ti la era 1732
24.22 Arauna dijo a *D*: Tome y ofrezca . . . el rey 1732
24.24 entonces *D* compró la era y los bueyes 1732
24.25 y edificó allí *D* un altar a Jehová, y 1732
1 R 1.1 el rey *D* era viejo y avanzado en días 1732
1.8 los grandes de *D*, no seguían a Adonías 1732
1.11 que reina Adonías hijo . . . sin saberlo *D* 1732
1.13 entra al rey *D*, y dile: Rey señor mío 1732
1.28 el rey *D* respondió y dijo: Llamadme a 1732
1.31 viva mi señor el rey *D* para siempre 1732
1.32 rey *D* dijo: Llamadme al sacerdote Sadoc 1732
1.37 haga mayor . . . que el trono de . . . el rey *D* 1732
1.38 montaron a Salomón en la mula del . . . *D* 1732
1.43 señor el rey *D* ha hecho rey a Salomón 1732
1.47 han venido a bendecir a nuestro señor . . . *D* 1732
2.1 que *D* había de morir, y ordenó a Salomón 1732
2.10 durmió *D* con sus padres, y . . . sepultado 1732
2.11 que reinó *D* sobre Israel fueron 40 años 1732
2.12 sentó Salomón en el trono de *D* su padre 1732
2.24 quien . . . me ha puesto sobre el trono de *D* 1732
2.26 llevado el arca . . . delante de *D* mi padre 1732
2.32 mató . . . sin que mi padre *D* supiese nada 1732
2.33 mas sobre *D* y . . . habrá perpetuamente paz 1732
2.44 el mal . . . que cometiste contra mi padre *D* 1732
2.45 el trono de *D* será firme perpetuamente 1732
3.1 hija de Faraón . . . la trajo a la ciudad de *D* 1732
3.3 andando en los estatutos de su padre *D* 1732
3.6 hiciste gran misericordia a tu siervo *D* 1732
3.7 tú me has puesto por rey en lugar de *D* 1732
3.14 si anduvieres . . . como anduvo *D* tu padre 1732
5.1 porque Hiram siempre había amado a *D* 1732
5.3 que mi padre *D* no pudo edificar casa al 1732
5.5 según lo que Jehová habló a *D* mi padre 1732
5.7 que dio hijo sabio a *D* sobre este pueblo 1732
6.12 yo cumpliré . . . mi palabra que hablé a *D* 1732
7.51 metió . . . lo que *D* su padre había dedicado 1732
8.1 para traer el arca del . . . de la ciudad de *D* 1732
8.15 bendito sea Jehová . . . habló a *D* mi padre 1732
8.16 aunque escogí a *D* para que presidiese 1732
8.17 y *D* . . . tuvo en su corazón edificar casa 1732
8.18 Jehová dijo a *D*: Cuanto a haber tenido 1732
8.20 me he levantado en lugar de *D* mi padre 1732
8.24 que has cumplido a tu siervo *D* mi padre 1732
8.25 cumple a tu siervo *D* mi padre lo que le 1732
8.26 la palabra que dijiste a tu . . . *D* mi padre 1732
8.66 beneficios que Jehová había hecho a *D* 1732
9.4 si tú anduvieres . . . como anduvo *D* tu padre 1732
9.5 hablé a *D* tu padre, diciendo: No faltará 1732
9.24 subió la hija de Faraón . . . la ciudad de *D* 1732
11.4 no era perfecto . . . como el . . . de su padre *D* 1732
11.6 y no siguió . . . a Jehová como *D* su padre 1732
11.12 no lo haré en tus días, por amor a *D* tu 1732
11.13 daré una tribu a tu hijo, por amor a *D* 1732
11.15 cuando *D* estaba en Edom, y subió Joab 1732
11.21 oyendo Hadad en . . . que *D* había dormido 1732
11.24 hecho capitán . . . cuando *D* deshizo . . . Soba 1732
11.27 cerró el portillo de la ciudad de *D* su 1732
11.32 y él tendrá una tribu por amor a *D* mi 1732
11.33 no han andado en . . . como hizo *D* su padre . . . 1732
11.34 que lo retendré . . . por amor a *D* mi siervo 1732
11.36 *D* tenga lámpara todos los días delante 1732
11.38 como hizo *D* mi siervo . . . estaré contigo 1732
11.38 te edificaré casa . . . como la edifiqué a *D* 1732
11.39 yo afligiré a la descendencia de *D* a 1732
11.43 sepultado en la ciudad de su padre *D* 1732
12.16 ¿qué parte tenemos nosotros con *D*? No 1732
12.16 ¡Israel . . . ¡Provee ahora en tu casa, *D!* 1732
12.19 así se apartó Israel de la casa de *D* 1732
12.20 que siguiese la casa de *D*, sino sólo la 1732
12.26 se volverá el reino a la casa de *D* 1732
13.2 a la casa de *D* nacerá un hijo . . . Josías 1732
14.8 rompí el reino de la casa de *D* y te lo 1732
14.8 no has sido como *D* mi siervo, que guardó 1732
14.31 fue sepultado con . . . en la ciudad de *D* 1732
15.3 no fue . . . como el corazón de *D* su padre 1732
15.4 por amor a *D*, Jehová . . . le dio lámpara en 1732
15.5 *D* había hecho lo recto ante . . . de Jehová 1732
15.8 sepultaron en la ciudad de *D*; y reinó 1732
15.11 Asa hizo lo recto ante . . . como *D* su padre 1732
15.24; 22.50 fue sepultado . . . en la ciudad de *D* 1732
2 R 8.19 no quiso destruir a . . . por amor a *D* 1732
8.24 sepultado con ellos en la ciudad de *D* 1732
9.28 allá le sepultaron . . . en la ciudad de *D* 1732
11.10 los escudos que habían sido del rey *D* 1732
12.21 lo sepultaron con . . . en la ciudad de *D* 1732
14.3 él hizo lo recto ante . . . aunque no como *D* 1732
14,20; 15.7 lo sepultaron . . . en la ciudad de *D* 1732
15.38 y fue sepultado con . . . en la ciudad de *D* 1732
16.2 no hizo lo recto ante . . . como *D* su padre 1732
16.20 fue sepultado con . . . en la ciudad de *D* 1732
17.21 porque separó a Israel de la casa de *D* 1732
18.3 las cosas que había hecho *D* su padre 1732
19.34 esta ciudad para salvarla . . . por amor a *D* 1732
20.5 así dice Jehová, el Dios de *D* tu padre 1732
20.6 ampararé esta . . . por amor a *D* mi siervo 1732
21.7 casa de la cual Jehová había dicho a *D* 1732
22.2 anduvo en todo el camino de *D* su padre 1732
1 Cr 2.15 el sexto Ozem, el séptimo *D* 1732
3.1 los hijos de *D* que le nacieron en Hebrón 1732
3.9 todos éstos fueron los hijos de *D*, sin 1732
4.31 fueron sus ciudades hasta el reinado de *D* 1732
6.31 que *D* puso sobre el servicio de canto en 1732
7.2 de Tola fueron contados . . . el tiempo de *D* 1732
9.22 constituyó en su oficio *D* y Samuel el 1732
10.14 y traspasó el reino de *D* hijo de Isaí 1732
11.1 Israel se juntó a *D* en Hebrón, diciendo 1732
11.3 y *D* hizo con ellos pacto delante de 1732
11.3 y ungieron a *D* por rey sobre Israel 1732
11.4 se fue *D* con todo Israel a Jerusalén 1732
11.5 y los moradores de Jebús dijeron a *D* 1732
11.5 *D* tomó la fortaleza . . . es la ciudad de *D* 1732
11.6 *D* había dicho: El que primero derrote a 1732
11.7 *D* habitó en la fortaleza, y por esto la 1732
11.7 y por esto la llamaron la Ciudad de *D* 1732
11.9 *D* iba adelantando y creciendo, y Jehová 1732
11.10 los principales de los valientes que *D* 1732
11.11 el número de los valientes que *D* tuvo 1732
11.13 estuvo con *D* en Pas-damin . . . en batalla 1732
11.15 tres de los . . . descendieron a la peña a *D* 1732
11.16 *D* estaba entonces en la fortaleza, y 1732
11.17 *D* deseó . . . dijo: ¡Quién me diera de beber 1732
11.18 del pozo de Belén . . . y la trajeron a *D* 1732
11.25 a éste puso *D* en su guardia personal 1732
12.1 los que vinieron a *D* en Siclag, estando 1732
12.8 los de Gad huyeron y fueron a *D*, al lugar 1732
12.16 y de Judá vinieron a *D* al lugar fuerte 1732
12.17 *D* salió . . . les habló diciendo: Si habéis 1732
12.18 por ti, oh *D*, y contigo, oh hijo de Isaí 1732
12.18 y *D* los recibió, y los puso entre los 1732
12.19 pasaron a *D* algunos de Manasés, cuando 1732
12.19 *D* no les ayudó, porque los jefes de los 1732
12.21 éstos ayudaron a *D* contra la banda de 1732
12.22 todos los días venía ayuda a *D*, hasta 1732
12.23 el número de . . . vinieron a *D* en Hebrón 1732
12.31 de Manasés . . . venir a poner a *D* por rey 1732
12.38 para poner a *D* por rey sobre todo Israel 1732
12.38 un mismo ánimo para poner a *D* por rey 1732
12.39 y estuvieron allí con *D* tres días 1732
13.1 *D* tomó consejo con los capitanes de 1732
13.2 y dijo *D* a toda la asamblea de Israel 1732
13.5 *D* reunió a todo Israel, desde Sihor de 1732
13.6 y subió *D* con todo Israel a Baala de 1732
13.8 *D* . . . se regocijaban delante de Dios con 1732
13.11 y *D* tuvo pesar, porque Jehová había 1732
13.12 y *D* temió a Dios aquel día, y dijo 1732
13.13 no trajo *D* el arca a . . . la ciudad de *D* 1732
14.1 Hiram rey de Tiro envió a *D* embajadores 1732
14.2 y entendió *D* que Jehová lo había . . . rey 1732
14.3 *D* tomó . . . mujeres . . . y engendró *D* más hijos . . . 1732
14.8 oyendo los filisteos que *D* . . . sido ungido 1732
14.8 los filisteos en busca de *D* . . . *D* lo oyó 1732
14.10 *D* consultó a Dios, diciendo: ¿Subiré 1732
14.11 subieron, pues . . . y allí los derrotó *D* 1732
14.11 dijo . . . *D*: Dios rompió mis enemigos por 1732
14.12 sus dioses, y *D* dijo que los quemasen 1732
14.14 *D* volvió a consultar a Dios, y Dios le 1732
14.16 hizo, pues, *D* como Dios le mandó, y 1732
14.17 la fama de *D* fue divulgada por todas 1732
14.17 puso el temor de *D* sobre . . . las naciones
15.1 hizo *D* . . . casas para sí en la ciudad de *D* 1732
15.2 *D*: El arca de Dios no debe ser llevada 1732
15.3 congregó *D* a todo Israel en Jerusalén 1732
15.4 reunió . . . *D* a los hijos de Aarón y a los 1732
15.11 y llamó *D* a los sacerdotes Sadoc y 1732
15.16 dijo *D* a los principales de los levitas 1732
15.25 *D* . . . fueron a traer el arca del pacto de 1732
15.27 y *D* iba vestido de lino fino . . . levitas 1732
15.27 llevaba también *D* sobre sí un efod de 1732
15.29 cuando el arca . . . llegó a la ciudad de *D* 1732
15.29 Mical hija, vio al rey *D* que saltaba 1732
16.1 el arca . . . la tienda que *D* había levantado 1732
16.2 *D* acabó de ofrecer el holocausto y los 1732
16.7 *D* comenzó a aclamar a Jehová por mano 1732
16.43 y *D* se volvió para bendecir su casa 1732
17.1 morando *D* en su casa, dijo *D* al profeta 1732
17.2 y Natán dijo a *D*: Haz todo lo que está 1732
17.4 y di a *D* mi siervo: Así ha dicho Jehová 1732
17.7 ahora dirás a mi siervo *D*: Así ha dicho 1732
17.15 conforme . . . visión, así habló Natán a *D* 1732
17.16 y entró . . . *D* y estuvo delante de Jehová 1732
17.18 ¿qué más puede añadir *D* pidiendo de ti 1732
17.24 sea la casa de . . . *D* firme delante de ti 1732
18.1 *D* derrotó a los filisteos, y los humilló 1732
18.2 Moab, y los moabitas fueron siervos de *D* 1732
18.3 derrotó *D* a Hadad-ezer rey de Soba, en 1732
18.4 y le tomó *D* mil carros, siete mil de a 1732
18.4 desjarretó *D* los caballos de todos los 1732
18.5 sirios . . . *D* hirió de ellos 22.000 hombres 1732
18.6 y puso *D* guarnición en Siria de Damasco 1732
18.6 los sirios fueron hechos siervos de *D* 1732
18.6,13 porque Jehová daba la victoria a *D* 1732
18.7 tornó también *D* los escudos de oro que 1732
18.8 y de Cun . . . tomó *D* muchísimo bronce, con 1732
18.9 oyendo Toi . . . que *D* había deshecho todo el 1732
18.10 envió a Adoram su hijo al rey *D*, para 1732
18.11 los cuales el rey *D* dedicó a Jehová 1732
18.13 edomitas fueron siervos de *D*; porque 1732
18.14 reinó *D* sobre todo Israel, y juzgaba 1732
18.17 y los hijos de *D* eran los príncipes 1732
19.2 y dijo *D*: Manifestaré misericordia con 1732
19.2 *D* envió embajadores que lo consolasen 1732
19.2 pero cuando llegaron los siervos de *D* 1732
19.3 ¿a tu parecer honra *D* a tu padre, que 1732
19.4 entonces Hanún tomó los siervos de *D* y 1732
19.5 cuando llegó a *D* la noticia . . . él envió 1732
19.6 de Amón que se habían hecho odiosos a *D* 1732
19.8 oyéndolo *D*, envió a Joab con todo el 1732
19.17 luego que fue dado aviso a *D*, reunió 1732
19.17 *D* hubo ordenado su tropa contra ellos 1732
19.18 mató *D* de los sirios a 7.000 hombres 1732
19.19 los sirios de . . . concertaron paz con *D*, y 1732
20.1 *D* estaba en Jerusalén; y Joab batió a 1732
20.2 tomó *D* la corona de encima de la cabeza 1732
20.3 lo mismo hizo *D* a todas las ciudades de 1732
20.3 volvió *D* con todo el pueblo a Jerusalén 1732
20.7 lo mató Jonatán, hijo de . . . hermano de *D* 1732
20.8 cayeron por mano de *D* y de sus siervos 1732
21.1 incitó a *D* a que hiciese censo de Israel 1732
21.2 dijo *D* a Joab y a . . . Id, hacer censo de 1732
21.5 dio la cuenta del número del pueblo a *D* 1732
21.8 dijo *D* a Dios: He pecado gravemente al 1732
21.9 y habló . . . a Gad, vidente de *D*, diciendo 1732
21.10 habla a *D*, y dile: Así ha dicho Jehová 1732
21.11 viniendo Gad a *D*, te dijo: Así ha dicho 1732
21.13 *D* dijo a Gad: Estoy en grande angustia 1732
21.16 alzando *D* sus ojos, vio al ángel de 1732
21.16 *D* y los ancianos se postraron sobre sus 1732
21.17 dijo *D* a Dios: ¿No soy yo el que hizo 1732
21.18 el ángel . . . ordenó a Gad que dijese a *D* 1732
21.19 *D* subió, conforme a la palabra que Gad 1732
21.21 y viniendo *D* a Ornán, miró . . . y vio a *D* 1732
21.21 de la era, se postró en tierra ante *D* 1732
21.22 dijo *D* a Ornán: Dame este lugar de la 1732
21.23 y Ornán respondió a *D*: Tómala para ti 1732
21.24 el rey *D* dijo a Ornán: No, sino que 1732
21.25 y dio *D* . . . el peso de 600 siclos de oro 1732
21.26 edificó allí *D* un altar a Jehová, en el 1732
21.28 viendo *D* que Jehová le había oído en la 1732
21.30 *D* no pudo ir allí a consultar a Dios 1732
22.1 dijo *D*: Aquí estará la casa de Jehová 1732
22.2 mandó *D* . . . se reuniese a los extranjeros 1732
22.3 preparó *D* . . . hierro para la clavazón de 1732
22.4 habían traído a *D* . . . de madera de cedro 1732
22.5 y dijo *D*: Salomón mi hijo es muchacho 1732
22.5 *D* antes de su muerte . . . preparativos en 1732
22.6 llamó entonces *D* a Salomón su hijo, y
22.7 *D* a Salomón: Hijo mío, en mi corazón 1732
22.17 mandó *D* a . . . los principales de Israel 1732
23.1 siendo pues, *D* ya viejo y lleno de días 1732
23.5 dijo *D*, con los instrumentos que he 1732
23.6 los repartió *D* en grupos conforme a los 1732
23.25 *D* dijo: Jehová Dios de Israel ha dado 1732
23.27 conforme a las . . . palabras de *D*, se hizo 1732
24.3 y *D* . . . los repartió por sus turnos en el 1732
24.31 echaron suertes . . . delante del rey *D*, y 1732
25.1 *D* y . . . apartaron para el ministerio a los 1732
26.26 cosas . . . que había consagrado el rey *D* 1732
26.31 en el año cuarenta del reinado de *D* se 1732
26.32 los cuales el rey *D* constituyó sobre 1732
27.18 de Judá, Eliú, uno de los hermanos de *D* 1732
27.23 no tomó *D* el número de los que eran de 1732
27.24 puesto en . . . de las crónicas del rey *D* 1732
27.31 eran administradores de la . . . del rey *D* 1732
27.32 Jonatán tío de *D* era consejero, varón 1732
28.1 reunió *D* en . . . los principales de Israel 1732
28.2 y levantándose el rey *D* . . . dijo: Oídme 1732
28.11 *D* dio a Salomón su hijo el plano del 1732
28.19 estas cosas, dijo *D*, me fueron trazadas
28.20 dijo además *D* a Salomón su . . . Anímate y 1732
29.1 el rey *D* a toda la asamblea: Solamente 1732
29.10 se alegró mucho el rey *D*, y bendijo a 1732
29.10 y dijo *D*: Bendito seas tú, oh Jehová 1732
29.20 dijo *D* a toda . . . Bendecid ahora a Jehová 1732
29.22 la investidura del reino a . . . hijo de *D* 1732
29.23 se sentó Salomón por rey . . . en lugar de *D* 1732
29.24 los hijos del rey *D* . . . al rey Salomón 1732
29.26 así reinó *D* hijo de . . . sobre todo Israel 1732

29.29 hechos del rey *D*, primeros y postreros 1732
2 Cr 1.1 Salomón hijo de *D* fue afirmado en su 1732
1.4 pero *D* había traído el arca de Dios de 1732
1.8 tú has tenido con *D*...gran misericordia 1732
1.9 confírmese...tu palabra dada a *D* mi padre 1732
2.3 haz conmigo como hiciste con *D* mi padre 1732
2.12 que dio al rey *D* un hijo sabio, entendido 1732
2.14 sabe trabajar...y con los de mi señor *D* 1732
2.17 después de haberlos ya contado *D* su padre 1732
3.1 en el monte...que había sido mostrado a *D* 1732
3.1 en el lugar que *D* había preparado en la 1732
5.1 las cosas que *D* su padre había dedicado 1732
5.2 que trajesen el arca...de la ciudad de *D* 1732
6.4 que prometió con su boca a *D* mi padre 1732
6.6 a *D* he elegido para que esté sobre mi 1732
6.7 *D*...tuvo en su corazón edificar casa al 1732
6.8 Jehová dijo a *D*...Respecto a haber tenido 1732
6.10 me levanté yo en lugar de *D* mi padre 1732
6.15 has guardado a tu siervo *D* mi padre lo 1732
6.16 cumple a tu...*D*...lo que le has prometido 1732
6.17 cúmplase tu palabra que dijiste a tu...*D* 1732
6.42 acuérdate de tus...para con *D* tu siervo 1732
7.6 instrumentos de...que había hecho el rey *D* 1732
7.6 cuando *D* alababa por medio de ellos 1732
7.10 beneficios que Jehová había hecho a *D* 1732
7.17 tú anduvieres...como anduvo *D* tu padre 1732
7.18 de tu reino, como pacté con *D* tu padre 1732
8.11 pasó...de la ciudad de *D* a la casa que 1732
8.11 mi mujer no morará en la casa de *D* rey 1732
8.14 conforme a lo ordenado por *D* su padre 1732
8.14 así lo había mandado *D*, varón de Dios 1732
9.31 sepultaron en la ciudad de *D* su padre 1732
10.16 ¿qué parte tenemos nosotros con *D*? 1732
10.16 ¡Israel...¡*D*, mira ahora por tu casa! 1732
10.19 así se apartó Israel de la casa de *D* 1732
11.17 tres años anduvieron en el camino de *D* 1732
11.18 de Jerimot, hijo de *D* y de Abihail hija 1732
12.16 Roboam...fue sepultado en la ciudad de *D* 1732
13.5 Jehová dio el reino a *D* sobre Israel 1732
13.6 Jeroboam...siervo de Salomón hijo de *D* 1732
13.8 al reino de...en mano de los hijos de *D* 1732
14.1 Abías...fue sepultado en la ciudad de *D* 1732
16.14 y lo sepultaron en...en la ciudad de *D* 1732
17.3 anduvo en los primeros caminos de *D* su 1732
21.1 lo sepultaron con sus...en la ciudad de *D* 1732
21.7 Jehová...no quiso destruir la casa de *D* 1732
21.7 a causa del pacto que había hecho con *D* 1732
21.12 Jehová el Dios de *D* tu padre ha dicho 1732
21.20 lo sepultaron en la ciudad de *D*, pero 1732
23.3 como...ha dicho respecto a los hijos de *D* 1732
23.9 los escudos que habían sido del rey *D* 1732
23.18 *D* los había distribuido en la casa de 1732
23.18 cánticos conforme a la disposición de *D* 1732
24.16,25 y lo sepultaron en la ciudad de *D* 1732
27.9 Jotam...lo sepultaron en la ciudad de *D* 1732
28.1 Acaz...no hizo lo recto...como *D* su padre 1732
29.2 las cosas que había hecho *D* su padre 1732
29.25 conforme al mandamiento de *D*, de Gad 1732
29.26 los levitas...con los instrumentos de *D* 1732
29.27 y los instrumentos de *D* rey de Israel 1732
29.30 alabasen...con las palabras de *D* y de 1732
30.26 desde los días de Salomón hijo de *D* 1732
32.5 fortificó...a Milo en la ciudad de *D* 1732
32.30 el agua hacia el occidente de la...de *D* 1732
32.33 en...los sepulcros de los hijos de *D* 1732
33.7 cual había dicho Dios a *D* y a Salomón 1732
33.14 edificó el muro...de la ciudad de *D*, al 1732
34.2 y anduvo en los caminos de *D* su padre 1732
34.3 comenzó a buscar al Dios de *D* su padre 1732
35.3 en la casa que edificó Salomón hijo de *D* 1732
35.4 ordenaron *D* rey de Israel y Salomón su 1732
35.15 conforme al mandamiento de *D*, de Asaf 1732
Esd 3.10 según la ordenanza de *D* rey de Israel 1732
8.2 hijos de Itamar...los hijos de *D*, Hatús 1732
8.20 a quienes *D* con los príncipes puso para 1732
Neh 3.15 gradas...descienden de la ciudad de *D* 1732
3.16 delante de los sepulcros de *D*, y hasta 1732
12.24 conforme al estatuto de *D* varón de Dios 1732
12.36 los instrumentos...de *D* varón de Dios 1732
12.37 subieron...las gradas de la ciudad de *D* 1732
12.37 desde la casa de *D* hasta la puerta de 1732
12.45 al estatuto de *D* y de Salomón su hijo 1732
12.46 porque desde el tiempo de *D* y de Asaf 1732
Sal 3, 4, 5, 6, 8, 9, 11, 12, 13, 14, 15, 18, 19, 20, 21, 22, 23, 24, 25, 26, 27, 28, 29, 30, 31, 32, 34, 35, 36, 37, 38, 39, 40, 41, 51, 61, 62, 63, 64, 68, 69, 70, 101, 103, 108, 109, 110, 138, 139, 140, 141, 143, 144 *tits*. Salmo de *D* 1732
7 *tít*. Sigaión de *D*, que cantó a Jehová 1732
16, 56, 57, 58, 59, 60 *títs*. Mictam de *D* 1732
17, 86 *títs*. Oración de *D* 1732
18.50 a *D* y a su descendencia, para siempre 1732
52, 53, 54, 55, 142 *títs*. Masquil de *D* 1732
52 *tít*. diciéndole: *D* ha venido a casa de 1732
54 *tít*. dijeron a Saúl ¿No está *D* escondido 1732
65 *tít*. al músico principal...Cántico de *D* 1732
72.20 aquí terminan las oraciones de *D*, hijo 1732
78.70 eligió a *D* su siervo, y lo tomó de las 1732
89.3 hice pacto con mi escogido; juré a *D* mi 1732
89.20 hallé a *D* mi siervo; lo ungí con mi 1732
89.35 una vez he jurado por...y no mentiré a *D* 1732
89.49 misericordias, que juraste a *D* por tu 1732
122, 124, 131, 133 *títs*. Cántico gradual; de *D* 1732
122.5 allá están...los tronos de la casa de *D* 1732
132.1 acuérdate...de *D*, y de toda su aflicción 1732
132.10 por amor de *D* tu siervo no vuelvas de 1732
132.11 en verdad juró Jehová a *D*, y no se 1732
132.17 allí haré retoñar el poder de *D*; he 1732
144.10 el que rescata de maligna espada a *D* 1732
145 *tít*. Salmo de alabanza; de *D* 1732
Pr 1.1 los proverbios de Salomón, hijo de *D* 1732
Ec 1.1 palabras del Predicador, hijo de *D*, rey 1732
Cnt 4.4 cuello, como la torre de *D*, edificada 1732
Is 7.2 vino la nueva a la casa de *D*, diciendo 1732
7.13 dijo...Isaías: Oíd ahora, casa de *D*...¿Os 1732
9.7 sobre el trono de *D* y sobre su reino 1732
16.5 él se sentará...en el tabernáculo de *D* 1732
22.9 visteis las brechas de la ciudad de *D* 1732
22.22 pondré la llave de la casa de *D* sobre 1732
29.1 ¡ay de Ariel...ciudad donde habitó *D*! 1732
37.35 mí mismo, y por amor de *D* mi siervo 1732
38.5 Jehová Dios de *D* tu padre dice así: He 1732
55.3 pacto...las misericordias firmes a *D* 1732
Jer 13.13 a los reyes de la estirpe de *D* que 1732
17.25 los...que se sientan sobre el trono de *D* 1732
21.12 casa de *D*, así dijo Jehová: Haced de 1732
22.2 que estás sentado sobre el trono de *D* 1732
22.4 los reyes que en lugar de *D* se sientan 1732
22.30 logrará sentarse sobre el trono de *D* 1732
23.5 levantaré a *D* renuevo justo, y reinará 1732
29.16 que está sentado sobre el trono de *D* 1732
30.9 servirán a Jehová su Dios y a *D* su rey 1732
33.15 haré brotar a *D* un Renuevo de justicia 1732
33.17 no faltará a *D* varón que se siente sobre 1732
33.21 invalidarse mi pacto con mi siervo *D* 1732
33.22 así multiplicaré la descendencia de *D* 1732
33.26 desecharé la descendencia de Jacob...*D* 1732
36.30 no...quien se siente sobre el trono de *D* 1732
Ez 34.23 mi siervo *D*, él las apacentará, y él 1732
34.24 mi siervo *D* príncipe en medio de ellos 1732
37.24 mi siervo *D* seré rey sobre ellos, y 1732
37.25 y mi siervo *D* será príncipe de ellos 1732
Os 3.5 buscarán a Jehová su Dios, y a *D* su rey 1732
Am 6.5 inventan instrumentos musicales, como *D* 1732
9.11 yo levantaré el tabernáculo caído de *D* 1732
Zac 12.7 que la gloria de la casa de *D* y del 1732
12.8 débil en aquel tiempo será como *D*, y la 1732
12.8 y la casa de *D* como Dios, como el ángel 1732
12.10 derramaré sobre la casa de *D*, y sobre 1732
12.12 los descendientes de la casa de *D* por sí 1732
13.1 un manantial abierto para la casa de *D* y 1732
Mt 1.1 la genealogía de Jesucristo, hijo de *D* *1138*
1.6 Isaí engendró al rey *D*, y...*D* engendró a *1138*
1.17 las generaciones desde Abraham hasta *D* *1138*
1.17 desde *D* hasta la deportación a...catorce *1138*
1.20 hijo de *D*, no temas recibir a María tu *1138*
9.27 ten misericordia de nosotros, Hijo de *D*! *1138*
12.3 **dijo: ¿No habéis leído lo que hizo *D*** *1138*
12.23 y decía: ¿Será este aquel Hijo de *D*? *1138*
15.22; 20.30,31 Hijo de *D*, ten misericordia *1138*
21.9,15 diciendo: ¡Hosanna al Hijo de *D*! *1138*
22.42 **¿de quién es hijo? Le dijeron: De *D*** *1138*
22.43 **cómo *D* en el Espíritu le llama Señor?** *1138*
22.45 **si *D* le llama Señor, ¿cómo es su hijo?** *1138*
Mr 2.25 **¿nunca leísteis lo que hizo *D* cuando** *1138*
10.47,48 ¡Hijo de *D*, ten misericordia de mí! *1138*
11.10 ¡bendito el reino de nuestro padre *D* *1138*
12.35 **¿cómo dicen...el Cristo es hijo de *D*?** *1138*
12.36 **el mismo *D* dijo por el Espíritu Santo** *1138*
12.37 ***D* mismo le llama Señor; ¿cómo, pues, es** *1138*
Lc 1.27 varón...llamaba José, de la casa de *D* *1138*
1.32 Dios le dará el trono de *D* su padre *1138*
1.69 un poderoso Salvador en la casa de *D* *1138*
2.4 José subió de Galilea...a la ciudad de *D* *1138*
2.4 por cuanto era de la casa y familia de *D* *1138*
2.11 que os ha nacido hoy, en la ciudad de *D* *1138*
3.32 hijo de *D*, hijo de Isaí, hijo de Obed *1138*
6.3 **lo que hizo *D* cuando tuvo hambre él, y** *1138*
18.38,39 Hijo de *D*, ten misericordia de mí! *1138*
20.41 **cómo dicen que el Cristo es hijo de *D*?** *1138*
20.42 **pues el mismo *D* dice en el libro de los** *1138*
20.44 ***D*...le llama Señor; ¿cómo...es su hijo?** *1138*
Jn 7.42 linaje de *D*...ha de venir el Cristo? *1138*
7.42 de Belén, de donde era *D*, ha de venir *1138*
Hch 1.16 Espíritu...habló antes por boca de *D* *1138*
2.25 *D* dice de él: Veía al Señor siempre *1138*
2.29 decir...del patriarca *D*, que murió y fue *1138*
2.34 porque *D* no subió a los cielos; pero él *1138*
4.25 por boca de *D* tu siervo dijiste: ¿Por qué *1138*
7.45 Dios arrojó de la...hasta los días de *D* *1138*
13.22 les levantó por rey a *D*, de quien dio *1138*
13.22 diciendo: He hallado a *D* hijo de Isaí *1138*
13.34 os daré las misericordias fieles de *D* *1138*
13.36 a la verdad *D*, habiendo servido a su *1138*
15.16 el tabernáculo de *D*, que está caído *1138*
Ro 1.3 que era del linaje de *D* según la carne *1138*
4.6 *D* habla de la bienaventuranza del hombre *1138*
11.9 y *D* dice: Sea vuelto su convite en...red *1138*
2 Ti 2.8 del linaje de *D*, resucitado de los *1138*
He 4.7 diciendo...por medio de *D*...Si oyereis hoy *1138*
11.32 el tiempo me faltaría cantando de...*D* *1138*
Ap 3.7 **esto dice...el que tiene la llave de *D*** *1138*
5.5 el León de la...la raíz de *D*, ha vencido *1138*
22.16 **la raíz y el linaje de *D*, la estrella** *1138*

DE *Véase el Apéndice*

DEBAJO *Véase el Apéndice*

DEBATE
Is 58.4 he aquí que para contiendas y *d* ayunáis 4683

DEBER *(s.)*
Éx 21.10 no disminuirá su...ni el *d* conyugal 5772
Nm 4.31 este será el *d* de su cargo para todo 4931
Job 33.23 mediador...que anuncie al hombre su *d* 3476
Hch 26.9 había creído mi *d* hacer muchas cosas *1163*
1 Co 7.3 el marido cumpla con...el *d* conyugal *3784*

DEBER *(v.)*
Gn 17.13 *debe* ser circuncidado el nacido en
34.7 lo que no se *debía* haber hecho
Éx 4.13 por medio del que *debes* enviar
12.42 esta noche *deben* guardarla para
18.20 el camino por donde *deben* andar
22.14 ausente su dueño, *deberá* pagarla
22.16 *deberá* dotarla y tomarla por mujer
39.37 las lamparillas que *debían* mantenerse
Lv 10.18 y vosotros *debíais* comer la ofrenda
13.7 *deberá* mostrarse otra vez al
Nm 35.28 pues en su ciudad de refugio *deberá*
Dt 19.6 no *debiendo* ser condenado a muerte por
Jue 13.12 cómo *debe* ser la manera de vivir
13.12 y qué *debemos* hacer con él?
Rt 4.5 *debes* tomar también a Rut la
2 S 1.18 y dijo que *debía* enseñarse a los 559
12.6 y *debe* pagar la cordera con cuatro
13.12 porque no se *debe* hacer así en
16.20 vuestro consejo sobre lo que *debemos*
1 R 2.9 y sabes cómo *debes* hacer con él
1 Cr 12.32 y que sabían lo que Israel *debía*
15.2 el arca de Dios no *debe* ser
16.29 dad a Jehová la gloria *debida* a su
Est 9.1 cuando *debía* ser ejecutado el
9.26 y *debido* a las palabras de esta
Neh 13.1 los amonitas y moabitas no *debían*
Job 19.28 mas *debierais* decir: ¿Por qué le
Sal 29.2; 96.8 dad a Jehová la honra *debida*
32.8 enseñaré el camino en que *debes*
90.11 y tu indignación según que *debes*
Pr 3.27 no...a hacer el bien a quien es *debido* 1167
Cnt 8.11 cada uno de los cuales *debía* traer
Is 48.17 te encamina por el camino que *debes*
Jer 10.7 porque a ti es *debido* el temor 2969
Ez 13.19 a las personas que no *deben* morir
13.19 vida a las personas que no *deben*
46.6 un carnero; *deberán* ser sin defecto
Os 13.13 porque ya hace tiempo que no *debiera*
Zac 9.1 porque a Jehová *deben* mirar los
Mt 18.24 **uno que le *debía* diez mil talentos** *3781*
18.28 **uno de sus...que le *debía* cien denarios** *3784*
18.28 **le ahogaba...Págame lo que me *debes*** *3784*
18.33 **¿no *debías* tú también tener misericordia**
18.34 **hasta que pagase todo lo que le *debía*** *3784*
25.27 ***debías* haber dado mi dinero a los banqueros** *1163*
Mr 13.14 **puesta donde no *debe* estar (el que** *1163*
Lc 7.41 **uno le *debía* quinientos denarios, y el** *3784*
11.4 **perdonamos a todos los que nos *deben*** *3784*
12.5 **pero os enseñaré a quién *debéis***
13.14 seis días hay en que se *debe* *1163*
13.16 **no se le *debía* desatar de esta** *1163*
16.5 **dijo al primero: Cuánto *debes* a mi amo?** *3784*
16.7 **dijo a otro: Y tú, ¿cuánto *debes*? Y él** *3784*
17.10 **pues lo que *debíamos* hacer, hicimos**
Jn 4.20 es el lugar donde se *debe* adorar *1163*
6.28 qué *debemos* hacer para poner en
13.14 vosotros también *debéis* lavaros los *3784*
19.7 y según nuestra ley *debe* morir *3784*
Hch 9.6 **y se te dirá lo que *debes* hacer** *1163*
17.29 no *debemos* pensar que la Divinidad *3784*
20.35 se *debe* ayudar a los necesitados *1163*
24.19 ellos *debieran* comparecer ante ti y *1163*
25.24 dando voces que no *debe* vivir *1163*
Ro 12.3 concepto de sí que el que *debe* *1163*
13.7 pagad a todos los que *debéis*: al que *3782*
13.8 no *debáis* a nadie nada, sino el amaros *3784*
15.1 los que somos fuertes *debemos* *3784*
15.27 *deben* también ellos ministrarles
1 Co 5.2 no *debierais* más bien haberos
8.2 aún no sabe nada como *debe* *1163*
9.10 porque con esperanza *debe* arar el
11.7 porque el varón no *debe* cubrirse *3784*
11.10 por lo cual la mujer *debe* tener *3784*
15.23 pero cada uno en su *debido* orden *2398*
2 Co 2.3 de aquellos de quienes me *debiera* *1163*
2.7 vosotros más bien *debéis* perdonarle
12.11 pues yo *debía* ser alabado por *3784*
12.14 pues no *deben* atesorar los hijos *3784*
Ef 5.28 así también los maridos *deben* amar *3784*
Col 4.6 para que sepáis cómo *debéis* *1163*
2 Ts 1.3 *debemos* siempre dar gracias a Dios por
2.6 a fin de que a su *debido* tiempo se
2.13 pero nosotros *debemos* dar siempre
3.7 mismos sabéis de qué manera *debéis* *1163*
1 Ti 2.6 lo cual se dio...a su *debido* tiempo *2398*
3.8 los diáconos asimismo *deben* ser
3.15 sepas cómo *debes* conducirte en la *1163*
5.13 hablando lo que no *debieran* *1163*
2 Ti 2.6 *debe* trabajar primero *1163*
2.24 el siervo del Señor no *debe* ser
3.1 también *debes* saber esto: que en
Tit 1.3 y a su *debido* tiempo manifestó su *2398*
Flm 18 te dañó, o te *debe*, ponlo a mi cuenta *3784*
19 no decirte que aun tú mismo te me *debes* *4359*
He 2.17 por lo cual *debía* ser en todo
5.3 y por causa de ella *debe* ofrecer *3784*
5.12 porque *debiendo* ser ya maestros *3784*
7.23 *debido* a que por la muerte no podían
Stg 3.10 esto no *debe* ser así
4.15 en lugar de lo cual *deberíais* decir
2 P 3.11 cómo no *debéis* vosotros andar en *1163*
1 Jn 2.6 *debe* andar como él anduvo *3784*
3.16 también nosotros *debemos* poner *3784*
4.11 *debemos* también nosotros amarnos *3784*
3 Jn 8 *debemos* acoger a tales personas, para *3784*
Ap 1.1 a sus siervos las cosas que *deben*

11.5 *debe* morir él de la misma manera
13.10 a espada *debe* ser muerto. Aquí
20.3 y después de esto *debe* ser
22.6 a sus siervos las cosas que *deben*

DEBIDAMENTE
1 Co 15.34 velad *d*, y no pequéis; porque

DÉBIL
Gn 30.42 pero cuando venían las ovejas más *d* 5848
30.42 así eran las más *d* para Labán, y las 5848
Éx 32.18 voz de alaridos de *d*; voz de cantar 2476
Nm 13.18 observad. . . si es fuerte o *d*, si poco 7504
Dt 25.18 retaguardia de todos los *d* que iban 2826
1 S 2.4 fuertes. . . y los *d* se ciñeron de poder 3782
2 S 3.39 y yo soy *d* hoy, aunque ungido rey 7390
17.2 caeré sobre él mientras está cansado y *d* 7504
2 Cr 28.15 condujeron en asnos a todos los *d* 3782
Neh 4.2 ¿qué hacen estos *d* judíos? ¿Se les 537
Job 4.3 enseñabas a. . . y fortalecías las manos *d* 7504
Sal 82.3 defended al *d* y al huérfano; haced 1800
Is 16.14 los sobrevivientes serán pocos. . . y *d* 3808,3524
Ez 7.17; 21.7 toda rodilla será *d* como el agua 7503
34.4 no fortalecisteis las *d*, ni curasteis la 2470
34.16 buscaré la perdida. . . y fortaleceré la *d* 2470
34.21 acorneasteis. . . a todas las *d*, hasta que 2470
Jl 3.10 forjad espadas. . . diga el *d*: Fuerte soy 2523
Zac 12.8 que entre ellos fuere *d*. . . como David 3782
Mt 26.4 1; Mr 14.38 el espíritu. . . la carne es *d* *772*
Ro 5.6 aún éramos *d*. . . murió por los impíos *772*
8.3 imposible. . . por cuanto era *d* por la carne *770*
14.1 recibid al *d* en la fe, pero no para *770*
14.2 de todo; otro, que es *d*, come legumbres *770*
15.1 debemos soportar las flaquezas de los *d* *102*
1 Co 1.25 lo *d* de Dios es más fuerte que los *772*
1.27 y lo *d* del. . . para avergonzar a lo fuerte *772*
4.10 nosotros *d*, mas vosotros fuertes *772*
8.7 y su conciencia, siendo *d*, se contamina *772*
8.9 no venga a ser tropezadero para los *d* *770*
8.10 la conciencia de aquel que es *d*, ¿no será *772*
8.11 perderá el hermano *d* por quien Cristo *770*
8.12 pecando. . . e hiriendo su *d* conciencia *770*
9.22 he hecho *d* a los *d*, para ganar a los *d* *770*
12.22 miembros. . . que parecen más *d*, son los *772*
2 Co 10.10 mas la presencia corporal *d*, y la *770*
11.21 lo digo, para eso fuimos demasiado *d* *770*
12.10 porque cuando soy *d*, entonces soy fuerte *770*
13.3 el cual no es *d* para con vosotros, sino *770*
13.4 nosotros somos *d* en él, pero viviremos *770*
13.9 nos gozamos de que seamos nosotros *d* *770*
Gá 4.9 os volvéis de nuevo a los *d* rudimentos *772*
1 Ts 5.14 que sostengáis a los *d*, que seáis *772*
He 7.28 constituye. . . sacerdotes a *d* hombres *769*

DEBILIDAD
Pr 14.28 la falta de pueblo la *d* del príncipe 4288
Is 10.16 Señor. . . enviará *d* sobre sus robustos 7332
Jer 47.3 no cuidaron a los hijos por la *d* de 7510
Ro 6.19 como humano, por vuestra humana *d* *769*
8.26 el Espíritu nos ayuda en nuestra *d*; pues *769*
1 Co 2.3 estuve entre vosotros con *d* y. . . temor *769*
15.43 se siembra en *d*, resucitará en poder *769*
2 Co 11.30 me gloriaré en lo que es de mi *d* *769*
12.5 de mí. . . nada me gloriaré, sino en mis *d* *769*
12.9 porque mi poder se perfecciona en la *d* *769*
12.9 me gloriaré más bien en mis *d*, para que *769*
12.10 por amor a Cristo me gozo en las *d*, en *769*
13.4 aunque fue crucificado en *d*, vive por *769*
He 4.15 no pueda compadecerse de nuestras *d* *769*
5.2 puesto que él también está rodeado de *d* *769*
7.18 abrogado. . . a causa de su *d* e ineficacia *772*
11.34 sacaron fuerzas de *d*, se hicieron *769*

DEBILITAR
Jue 16.7,11,17 me *debilitaré* y seré como 2470
2 S 3.1 y la casa de Saúl se iba *debilitando* 1800
4.1 que oyó el. . . las manos se le *debilitaron* 7503
22.46 los extraños se *debilitarán*, y saldrán 5034
Neh 4.10 las fuerzas de los. . . se han *debilitado* 3782
6.9 se *debilitarán* las manos de. . . en la obra 7503
Sal 18.45 extraños se *debilitaron* y salieron 5034
38.8 estoy *debilitado* y molido en gran manera 6313
102.23 él *debilitó* mi fuerza en el camino 6031
109.24 están *debilitadas* a causa del ayuno 3782
Is 13.7 toda mano se *debilitará*, y desfallecerá 7503
14.10 dirán: ¿Tú también te *debilitaste* como 2470
14.12 oh Lucero. . . *debilitabas* a las naciones 2522
Jer 50.43 noticia. . . sus manos se *debilitaron* 7503
Lm 1.14 mi cerviz; ha *debilitado* mis fuerzas 3782
Ez 7.17; 21.7 toda mano se *debilitará*, y toda 7503
Dn 5.6 palideció. . . y se *debilitaron* sus lomos 8271
Hab 1.4 por lo cual la ley es *debilitada*, y el 6313
Sof 3.16 se dirá a. . . no se *debiliten* tus manos 7503
Ro 4.19 no se *debilitó* en la fe al considerar *770*
14.21 nada en que tu hermano. . . o se *debilite* *770*
1 Co 11.30 hay muchos enfermos y *debilitados* *772*

DEBIR
1. Ciudad cananea en el Neguev; posteriormente ciudad de los levitas en Judá (=Quiriat-sefer y Quiriat-sana)
Jos 10.38 volvió Josué, y todo Israel. . . sobre *D* 1688
10.39 destruyeron. . . así hizo a *D* y a su rey 1688
11.21 destruyó a los anaceos de. . . *D*, de Anab 1688
12.13 rey de *D*, otro; el rey de Geder, otro 1688
15.7 luego sube a *D* desde el valle de Acor 1688
15.15 de aquí subió contra. . . *D*; y el nombre de 1688
15.15 el nombre de *D* era antes Quiriat-sefer 1688
15.49 Dana, Quiriat-sana (que es D) 1688
21.15 Holón con sus ejidos, *D* con sus ejidos 1688
Jue 1.11 de allí fue a los que habitaban en *D* 1688
1 Cr 6.58 con sus ejidos, *D* con sus ejidos 1688
2. Rey amorreo, Jos 10.3 1688
3. Ciudad en Galaad (=Lodebar), Jos 13.26 1688

DÉBORA
1. Ama de Rebeca, Gn 35.8 1683
2. Profetisa
Jue 4.4 gobernaba en. . . a Israel. . . *D*, profetisa 1683
4.5 bajo la palmera de *D*, entre Ramá y Bet-el 1683
4.9 y levantándose *D*, fue con Barac a Cedes 1683
4.10 Barac. . . subió con 10.000. . . *D* subió con él 1683
4.14 *D* dijo a Barac: Levántate, porque este 1683
5.1 día cantó *D* con Barac hijo de Abinoam 1683
5.7 hasta que yo *D* me levanté, me levanté como . . . 1683
5.12 despierta, despierta, *D*. . . entona cántico 1683
5.15 caudillos también de Isacar fueron con *D* 1683

DECACORDIO
Sal 33.2 con arpa; cantadle con salterio y *d* 6218
92.3 en el *d* y en el salterio, en tono suave 6218
144.9 oh Dios. . . con salterio, con *d* cantaré 6218

DECAER
Gn 4.5 se ensañó Caín. . . y *decayó* su semblante 5307
4.6 dijo. . . y por qué ha *decaído* tu semblante? 5307
Lv 26.39 *decaerán* en las tierras de. . . enemigos 4743
26.39 por la iniquidad. . . *decaerán* con ellos 4743
Jue 5.7 las aldeas. . . habían *decaído*, hasta que 2308
1 R 21.5 ¿por qué está tan *decaído* tu espíritu 5620
Job 4.4 y esforzabas las rodillas que *decaían* 3766
Is 57.16 *decaería* ante mí el espíritu, y las 5848
Lm 3.22 nunca *decayeron* sus misericordias 3615

DECAPITAR
Mt 14.10 ordenó *decapitar* a Juan en la cárcel *607*
Mr 6.16 este es Juan, el que yo *decapité*, que *607*
6.28 el guarda fue, le *decapitó* en la cárcel *607*
Lc 9.9 Juan yo le hice *decapitar*; ¿quién, pues *607*
19.27 **traedlos, y *decapitadlos* delante de mí** *2695*
Ap 20.4 almas de los *decapitados* por causa del *3990*

DECÁPOLIS *Federación de diez ciudades griegas al oriente de Galilea*
Mt 4.25 siguió mucha gente de Galilea, de *D* *1179*
Mr 5.20 comenzó a publicar en *D* cuán grandes *1179*
7.31 por Sidón. . . pasando por la región de *D* *1179*

DECAR *Padre de un funcionario del rey Salomón*, 1 R 4.9 1128

DECENA
Sal 144.13 se multipliquen a. . . *d* de millares 7231
Jud 14 vino el Señor con. . . santas *d* de millares *3461*

DECENTE
1 Co 7.35 sino para lo honesto y *d*, y para que *2158*

DECENTEMENTE
1 Co 14.40 pero hágase todo *d* y con orden *2156*

DECIDIR
Gn 6.13 he *decidido* el fin de todo ser, porque 935
Nm 14.24 Caleb. . . *decidió* ir en pos de mí, yo le
Dt 21.5 y por la palabra de ellos se *decidirá*
Rt 4.4 *decidí* hacértelo saber, y decirte que 559
2 S 15.15 listos a todo lo que. . . el rey *decida* 977
2 Cr 24.4 que Joás *decidió* restaurar la casa 3820
Pr 18.18 la suerte. . . *decide* entre los poderosos 6504
Mal 2.2 si no *decidís* de corazón dar gloria a 7760
2.2 porque no os habéis *decidido* de corazón 7760
Hch 19.39 en legítima asamblea se puede *decidir* *1956*
27.1 se *decidió* que habíamos de navegar para *2919*
Ro 14.13 *decidid* no poner tropiezo u ocasión *2919*
2 Co 13.1 boca de. . . testigos se *decidirá* todo *2476*

DÉCIMO, A *Véase Decimoprimero, etc*
Gn 8.5 decreciendo hasta el mes *d*; en el *d*, al 6224
Éx 16.36 y un gomer es la *d* parte de un efa 6224
29.40 la *d* parte de un efa de flor de harina 6241
Lv 5.11; 6.20 la *d* parte de un efa de flor de 6224
14.10 tres *d* de efa de flor de harina para 6241
14.21 una *d* de efa de flor de harina amasada 6241
23.13,17 dos *d* de efa de flor de harina 6241
24.5 doce. . . cada torta será de dos *d* de efa 6241
Nm 5.15 *d* parte de un efa de harina de cebada 6224
7.66 el *d* día, el príncipe de los hijos de 6224
15.4 como ofrenda la *d* parte de un efa de 6241
15.6 cada carnero. . . dos *d* de flor de harina 6241
15.9 con el novillo. . . tres *d* de flor de harina 6241
28.5 la *d* parte de un efa de flor de harina 6224
28.9 y dos *d* de flor de harina amasada con 6241
28.12 tres *d* de flor de harina amasada con 6241
28.12 y dos *d* de flor de harina amasada con 6241
28.13 y una *d* de flor de harina amasada con 6241
28.20,28 tres *d* con cada becerro, y dos *d* con 6241
28.21,29 con cada uno de los. . . corderos. . . una *d* . . . 6241
29.3,9,14 tres *d*. . . con cada becerro, dos *d* con 6241
29.4,10,15 cada uno de los. . . corderos, una *d* 6241
Dt 23.2 ni hasta la *d* generación no entrarán 6224
23.3 ni hasta la *d* generación de ellos; no 6224
2 R 25.1 en el mes *d*, a los diez días del mes 6218
1 Cr 12.13 Jeremías el *d* y. . . el undécimo 6224
24.11 la novena a Jesúa, la *d* a Secanías 6224
25.17 la *d* para Simei, con sus hijos y sus 6224
27.13 *d* para el *d* mes era Maharai netofatita 6224
Esd 10.16 primer día del mes *d* para inquirir 6224
Neh 10.37 y que los levitas recibirían las *d* 6237
Est 2.16 Ester llevada al rey. . . en el mes *d*, que 6224
Is 6.13 y si quedare aún en ella la *d* parte 6224
Jer 32.1 el año *d* de Sedequías rey de Judá 6224
39.1 en el mes *d* vino Nabucodonosor rey de 6224
52.4 el mes *d*, a los diez días del mes, que 6224
Ez 24.1 vino. . . palabra de Jehová. . . en el mes *d* 6224
29.1 el año *d*, en el mes *d*, a los doce días 6224
33.21 en el mes *d*, a los cinco días del mes 6224
45.11 que el bato tenga la *d* parte del homer 4643
45.11 tenga. . . y la *d* parte del homer el efa 6224
45.14 un bato. . . que es la *d* parte de un coro 4643
Zac 8.19 el ayuno del *d*, se convertirán para 6224
Jn 1.39 quedaron con él. . . era como la hora *d* *1182*
Ap 11.13 la *d* parte de la ciudad se derrumbó *1182*
21.20 el *d*, crisopraso; el undécimo, jacinto *1182*

DECIMOCTAVO, A
1 Cr 24.15 la decimaséptima a Hezir, la *d* a 8083,6240
25.25 la *d* para Hanani, con sus hijos y sus 8083,6240
Jer 32.1 el año décimo de. . . que fue el año *d* 8083,6240

DECIMOCUARTO, A
Gn 14.5 en el año *d* vino Quedorlaomer, y los 702,6240
Nm 9.3 el *d* día de este mes. . . la celebraréis 702,6240
1 Cr 24.13 la decimatercera a Hupa, la *d* a 702,6240
25.21 *d* para Matatías, con sus hijos y sus 702,6240
Est 9.21 que celebrasen el día *d* del mes de 702,6240
Hch 27.27 venida la *d* noche, y siendo llevados *5065*
27.33 diciendo: Este es el *d* día que veláis *5065*

DECIMANOVENA
1 Cr 24.16 la *d* a Petaías, la vigésima a 8672,6240
25.26 la *d* para Maloti, con sus hijos y sus 8672,6240

DECIMOQUINTO, A
1 Cr 24.14 la *d* a Bilga, la decimasexta a Imer 2568,6240
25.22 la *d* para Jeremot, con sus hijos y sus . . . 2568,6240
2 Cr 15.10 en el mes. . . del año *d* del reinado de. . . 2568,6240
Est 9.21 celebrasen. . . el *d* del mismo, cada año. . . 2568,6240
Lc 3.1 el año *d* del imperio de Tiberio César *4003*

DECIMASÉPTIMA
1 Cr 24.15 *d* a Hezir, la decimaoctava a Afses 7651,6240
25.24 la *d* para Josbecasa, con sus hijos y 7651,6240

DECIMASEXTA
1 Cr 24.14 decimaquinta a Bilga, la *d* a Imer 8337,6240
25.23 la *d* para Hananías, con sus hijos y sus . . 8337,6240

DECIMOTERCERO, A
Gn 14.4 a Quedorlaomer, y en el *d* se rebelaron . . 7969,6240
1 Cr 24.13 la *d* a Hupa, la decimacuarta a 7969,6240
25.20 la *d* para Subael, con sus hijos y sus 7969,6240
Jer 1.2 días de Josías. . . el año *d* de su reinado 7969,6240

DECIR
Gn 1.3 y *dijo* Dios: Sea la luz; y fue la luz 559
1.6 *dijo* Dios: Haya expansión en. . . las aguas 559
1.9 *dijo* también Dios: Júntense las aguas que 559
1.11 *dijo* Dios: Produzca la tierra hierba 559
1.14 *dijo* luego Dios: Haya lumbreras en la 559
1.20 *dijo* Dios: Produzcan las aguas seres 559
1.22 Dios los bendijo, *diciendo*: Fructificad 559
1.24 *dijo* Dios: Produzca la tierra seres 559
1.26 *dijo* Dios: Hagamos al hombre a nuestra 559
1.28 bendijo Dios, y les *dijo*: Fructificad 559
1.29 *dijo* Dios: He aquí que os he dado toda 559
2.16 mandó Jehová Dios al hombre, *diciendo* 559
2.18 *dijo*. . . Dios: No es bueno que el hombre 559
2.23 *dijo*. . . Esto es ahora hueso de mis huesos 559
3.1 la serpiente era astuta. . . *dijo* a la mujer 559
3.1 os ha *dicho*: No comáis de todo árbol del 559
3.3 del árbol. . . *dijo* Dios: No comeréis de él 559
3.4 la serpiente *dijo* a la mujer: No moriréis 559
3.9 Dios llamó al hombre, y le *dijo*: ¿Dónde 559
3.11 y Dios le *dijo*: ¿Quién te enseñó que 559
3.13 Jehová Dios *dijo* a la mujer: ¿Qué es lo 559
3.13 *dijo* la mujer: La serpiente me engañó 559
3.14 Dios *dijo* a la serpiente: Por cuanto esto 559
3.16 a la mujer *dijo*: Multiplicaré en gran 559
3.17 al hombre *dijo*: Por cuanto obedeciste a 559
3.17 que te mandé *diciendo*: No comerás de él 559
3.22 *dijo* Jehová Dios: He aquí el hombre es 559
4.1 y *dijo*: Por voluntad de Jehová he. . . varón 559
4.6 *dijo* a Caín: ¿Por qué te has ensañado 559
4.8 y *dijo* Caín a su hermano Abel: Salgamos 559
4.9 Jehová *dijo* a Caín: ¿Dónde está Abel tu 559
4.10 él le *dijo*: ¿Qué has hecho? La voz de 559
4.13 y *dijo* Caín. . . Grande es mi castigo para 559
4.23 y *dijo* Lamec a sus mujeres. . . oíd mi voz 559
4.25 Dios (*dijo* ella) me ha sustituido otro
5.29 llamó su nombre Noé, *diciendo*: Este nos 559
6.3 *dijo* Jehová: No contenderá mi espíritu 559
6.7 *dijo* Jehová: Raeré de sobre la faz de la 559
6.13 *dijo*, pues, Dios a Noé: He decidido el 559
7.1 *dijo* luego Jehová a Noé: Entra tú y toda 559
8.15 entonces habló Dios a Noé, *diciendo* 559
8.21 y *dijo* Jehová en su corazón: No volveré 559
9.1 bendijo Dios a Noé y. . . hijos, y les *dijo* 559
9.8 habló Dios a Noé y a sus hijos. . . *diciendo* 559
9.12 *dijo* Dios: Esta es la señal del pacto que 559
9.17 *dijo*. . . Dios a Noé: Esta es la señal del 559
9.22 lo *dijo* a sus dos hermanos que estaban 5046
9.25 y *dijo*: Maldito sea Canaán; siervo de 559
9.26 *dijo* más: Bendito por Jehová mi Dios sea 559
10.9 por lo cual se dice: Así como Nimrod 559
11.3 se *dijeron* unos a otros: Vamos, hagamos 559
11.4 *dijeron*: Vamos, edifiquémonos una ciudad 559
11.6 *dijo* Jehová: He aquí el pueblo es uno 559
12.1 Jehová había *dicho* a Abram: Vete de tu 559
12.4 fue Abram, como Jehová le *dijo*; y Lot 1696
12.7 *dijo*: A tu descendencia daré esta tierra 559
12.11 *dijo* a Sarai su mujer: He aquí, ahora 559
12.12 te vean los egipcios, *dirán*: Su mujer 559
12.13 *di* que eres mi hermana, para que me 559
12.18 y le *dijo*: ¿Qué es esto que has hecho 559

12.19 ¿por qué *dijiste*: Es mi hermana ... 559
13.8 *dijo* a Lot: No haya ahora altercado entre ... 559
13.14 Jehová *dijo* a Abram, después que Lot se ... 559
14.19 le bendijo, *diciendo*: Bendito sea Abram ... 559
14.21 el rey de Sodoma *dijo* a Abram: Dame las ... 559
14.23 para que no *digas*: Yo enriquecí a Abram ... 559
15.1 la palabra de Jehová a Abram... *diciendo* ... 559
15.3 *dijo* también Abram: Mira que no me has ... 559
15.4 vino a él palabra de Jehová, *diciendo* ... 559
15.5 le *dijo*: Mira ahora los cielos, y cuenta ... 559
15.5 y le *dijo*: Así será tu descendencia ... 559
15.7 le *dijo*: Yo soy Jehová, que te saqué de ... 559
15.9 Y le *dijo*: Traedme una becerra de tres ... 559
15.13 Jehová *dijo* a Abram: Ten por cierto que ... 559
15.18 Jehová un pacto con Abram, *diciendo* ... 559
16.2 *dijo* entonces Sarai a Abram: Ya ves que ... 559
16.5 Sarai *dijo* a Abram: Mi afrenta sea sobre ... 559
16.8 y le *dijo*: Agar, sierva de Sarai, ¿de dónde ... 559
16.9 le *dijo* el ángel de Jehová: Vuélvete a ... 559
16.10 le *dijo* también el ángel de Jehová ... 559
16.11 *dijo* el ángel de Jehová: He aquí que ... 559
16.13 *dijo*: ¿No he visto... aquí al que me ve? ... 559
17.1 le apareció Jehová y le *dijo*: Yo soy el ... 559
17.3 se postró... Dios habló con él, *diciendo* ... 559
17.9 *dijo*... Dios a Abraham: En cuanto a ti ... 559
17.15 *dijo* también Dios a Abraham: A Sarai ... 559
17.17 *dijo* en su corazón: ¿A hombre de cien ... 559
17.18 *dijo* Abraham a Dios: Ojalá Ismael viva ... 559
17.23 circuncidó... como Dios le había *dicho* ... 1696
18.3 *dijo*: Señor, si ahora he hallado gracia ... 559
18.5 y ellos *dijeron*: Haz así como has *dicho* ... 1696
18.6 Abraham... a la tienda a Sara, y le *dijo* ... 559
18.9 le *dijeron*: ¿Dónde está Sara tu mujer? ... 559
18.10 entonces *dijo*: De cierto volveré a ti ... 559
18.12 se rio, pues, Sara entre sí, *diciendo* ... 559
18.13 Jehová *dijo* a Abraham: ¿Por qué se ha ... 559
18.13 se ha reído Sara *diciendo*: ¿Será cierto ... 559
18.15 Sara negó, *diciendo*: No me reí; porque ... 559
18.15 *dijo*: No es así, sino que te has reído ... 559
18.17 Jehová *dijo*: ¿Encubriré yo a Abraham ... 559
18.20 Jehová le *dijo*: Por cuanto el clamor ... 559
18.23 se acercó Abraham y *dijo*: ¿Destruirás ... 559
18.27 y Abraham replicó y *dijo*: He aquí que ... 559
18.28 *dijo*: No la destruiré, si hallare allí ... 559
18.29 y volvió a hablarle, y *dijo*: Quizá se ... 559
18.30 y *dijo*: No se enoje ahora mi Señor, si ... 559
18.31 *dijo*: He aquí ahora que he emprendido ... 559
18.32 volvió a *decir*: No se enoje ahora mi ... 559
19.2 *dijo*: Ahora, mis señores, os ruego que ... 559
19.5 y llamaron a Lot, y le *dijeron*: ¿Dónde ... 559
19.7 *dijo*: Os ruego, hermanos míos, que no ... 559
19.12 *dijeron* los varones a Lot: ¿Tienes aquí ... 559
19.14 les *dijo*: Levantaos, salid de este lugar ... 559
19.15 los ángeles daban prisa a Lot, *diciendo* ... 559
19.17 los hubieron llevado fuera, *dijeron* ... 559
19.18 Lot les *dijo*: No, yo os ruego, señores ... 559
19.31 la mayor *dijo* a la menor: Nuestro padre ... 559
19.34 el día siguiente, *dijo* la mayor a la ... 559
20.2 y *dijo* Abraham de Sara su mujer: Es mi ... 559
20.3 Dios vino a Abimelec de noche y le *dijo* ... 559
20.4 Abimelec... *dijo*: Señor, ¿matarás también ... 559
20.5 ¿no me *dijo* él... y ella también *d*: Es mi ... 559
20.6 le *dijo* Dios en sueños: Yo también sé ... 559
20.8 *dijo* todas estas palabras en los oídos ... 1696
20.9 llamó Abimelec a Abraham, y le *dijo* ... 559
20.10 *dijo* también... ¿Qué pensabas, para que ... 559
20.11 porque *dije* para mí: Ciertamente no hay ... 559
20.13 le *dije*... digas de mí: Mi hermano es ... 559
20.15 *dijo* Abimelec: He aquí mi tierra está ... 559
20.16 y a Sara *dijo*: He aquí he dado mil ... 559
21.1 visitó Jehová a Sara, como había *dicho* ... 559
21.2 en el tiempo que Dios le había *dicho* ... 1696
21.6 *dijo* Sara: Dios me ha hecho reír, y ... 559
21.7 añadió: ¿Quién *dijera* a Abraham que ... 4448
21.10 *dijo* a Abraham: Echa a esta sierva y a ... 559
21.12 *dijo* Dios a Abraham: No te parezca ... 559
21.12 en todo lo que te *dijere* Sara, oye su ... 559
21.16 porque *decía*: No veré cuando... muera ... 559
21.17 llamó a Agar... y le *dijo*: ¿Qué tienes ... 559
21.22 habló Abimelec... a Abraham, *diciendo* ... 559
21.29 y *dijo* Abimelec... ¿Qué significan estas ... 559
22.1 probó... a Abraham, y le *dijo*: Abraham ... 559
22.2 y *dijo*: Toma ahora tu hijo, tu único ... 559
22.2 sobre uno de los montes que yo te *diré* ... 559
22.3 Abraham... fue al lugar que Dios le *dijo* ... 559
22.5 *dijo* Abraham a sus siervos: Esperad ... 559
22.7 habló Isaac a Abraham su padre, y *dijo* ... 559
22.7 él *dijo*: He aquí el fuego y la leña; mas ... 559
22.9 llegaron al lugar... Dios le había *dicho* ... 559
22.11 le dio voces desde el... y *dijo*: Abraham ... 559
21.12 *dijo*: No extiendas tu mano sobre el ... 559
22.14 por tanto se *dice* hoy: En el monte de ... 559
22.16 *dijo*: Por mí mismo he jurado, dice ... 559
22.20 fue dada noticia a Abraham, *diciendo* ... 559
23.3 y habló a los hijos de Het, *diciendo* ... 559
23.5 y respondieron... a Abraham, y le *dijeron* ... 559
23.8 y habló con ellos, *diciendo*: Si tenéis ... 559
23.10 respondió Efrón... a Abraham... *diciendo* ... 559
23.13 respondió a Efrón... *diciendo*: Antes, si ... 559
23.14 respondió Efrón a Abraham, *diciendo* ... 559
23.16 pesó Abraham a Efrón el dinero que *dijo* ... 1696
24.2 *dijo* Abraham a un criado suyo, el más ... 559
24.6 Abraham le *dijo*: Guárdate que no... allá ... 559
24.7 y me juró, *diciendo*: A tu descendencia ... 559
24.12 y *dijo*: Oh Jehová, Dios de mi señor ... 559
24.14 la doncella a quien yo *dijere*: Baja tu ... 559
24.17 el criado corrió hacia ella, y *dijo* ... 559
24.19 cuando acabó... *dijo*: También para tus ... 559
24.23 *dijo*: ¿De quién eres hija? Te ruego que ... 559
24.23 *digas*: ¿hay en casa de tu padre lugar ... 5046
24.27 y *dijo*: Bendito sea Jehová, Dios de mi ... 559
24.30 de su hermana, que *decía*: Así me habló ... 559
24.31 *dijo*: Ven, bendito de Jehová; ¿por qué ... 559
24.33 *dijo*: No comeré hasta que haya *dicho* ... 559
24.34 entonces *dijo*... soy criado de Abraham ... 559
24.37 y mi amo me hizo jurar, *diciendo*: No ... 559
24.39 y yo *dije*: Quizás la mujer no querrá ... 559
24.42 llegué... hoy a la fuente, y *dije*: Jehová ... 559
24.43 la doncella... a la cual *dijere*: Dame de ... 559
24.45 le *dije*: Te ruego que me des de beber ... 559
24.46 bajó prontamente su cántaro de... y *dijo* ... 559
24.47 pregunté, y *dije*: ¿De quién eres hija? ... 559
24.50 Labán y Betuel respondieron y *dijeron* ... 559
24.51 sea mujer del hijo de... como lo ha *dicho* ... 1696
24.54 de mañana, *dijo*: Enviadme a mi señor ... 559
24.56 y él les *dijo*: No me detengáis, ya que ... 559
24.58 y le *dijeron*: ¿Irás tú con este varón? ... 559
24.60 le *dijeron*: Hermana nuestra, sé madre ... 559
25.22 y los hijos luchaban dentro de... y *dijo* ... 559
25.30 *dijo* a Jacob: Te ruego que me des a ... 559
25.32 *dijo* Esaú: He aquí yo me voy a morir ... 559
25.33 *dijo* Jacob: Júramelo en este día. Y él ... 559
26.2 *dijo*... habita en la tierra que yo te diré ... 559
26.7 miedo de *decir*: Es mi mujer; pensando ... 559
26.9 llamó Abimelec a Isaac, y *dijo*: He aquí ... 559
26.9 ¿cómo, pues *dijiste*: Es mi hermana? ... 559
26.9 *dije*: Quizá moriré por causa de ella ... 559
26.10 Abimelec *dijo*: ¿Por qué nos has hecho ... 559
26.11 Abimelec mandó a... el pueblo, *diciendo* ... 559
26.16 *dijo* Abimelec a Isaac: Apártate de ... 559
26.20 riñeron con los... de Isaac, *diciendo* ... 559
26.22 *dijo*... ahora Jehová nos ha prosperado ... 559
26.24 le apareció Jehová... noche, y le *dijo* ... 559
26.27 les *dijo* Isaac: ¿Por qué venís a mí ... 559
26.28 y *dijimos*: Haya ahora juramento entre ... 559
26.32 pozo... le *dijeron*: Hemos hallado agua ... 559
27.1 llamó a Esaú... y le *dijo*: Hijo mío. Y él ... 559
27.2 él *dijo*: He aquí ya soy viejo, no sé ... 559
26.6 Rebeca habló a Jacob su hijo, *diciendo* ... 559
27.6 tu padre que hablaba con Esaú... *diciendo* ... 559
27.11 Jacob *dijo* a Rebeca su madre: He aquí ... 559
27.18 y *dijo*: Padre mío. E Isaac respondió ... 559
27.19 Jacob *dijo*... he hecho como me *dijiste* ... 559
27.21 Isaac *dijo* a Jacob: Acércate ahora, y ... 559
27.22 le palpó, y *dijo*: La voz es la voz de ... 559
27.24 *dijo*: ¿Eres tú mi hijo Esaú? Y Jacob ... 559
27.25 *dijo*: Acércamela, y comeré de la caza ... 559
27.26 le *dijo* Isaac su padre: Acércate ahora ... 559
27.27 le bendijo, *diciendo*: Mira, el olor de ... 559
27.31 hizo él... y trajo a su padre, y le *dijo* ... 559
27.32 Isaac su padre le *dijo*: ¿Quién eres tú? ... 559
27.32 ¿quién eres... él le *dijo*: Yo soy tu hijo ... 559
27.33 y se estremeció Isaac... y *dijo*: ¿Quién ... 559
27.34 *dijo*: Bendíceme también a mí, padre ... 559
27.35 y él *dijo*: Vino tu hermano con engaño ... 559
27.36 *dijo*: ¿No has guardado bendición para ... 559
27.37 *dijo* a Esaú: He aquí yo le he puesto ... 559
27.39 Isaac su padre habló y le *dijo*: He aquí ... 559
27.41 aborreció Esaú a... y *dijo* en su corazón ... 559
27.42 fueron *dichas* a Rebeca las palabras de ... 5046
27.42 llamó a Jacob su hijo menor, y le *dijo* ... 559
27.46 *dijo* Rebeca a Isaac: Fastidio tengo de ... 559
28.1 Isaac... lo bendijo, y le mandó *diciendo* ... 559
28.6 le había mandado *diciendo*: No tomarás ... 559
28.13 Jehová estaba en lo alto de ella... *dijo* ... 559
28.15 hasta que haya hecho lo que te he *dicho* ... 1696
28.16 y despertó Jacob de su sueño, y *dijo* ... 559
28.17 tuvo miedo, y *dijo*: Cuán terrible es ... 559
28.20 e hizo Jacob voto, *diciendo*: Si fuere ... 559
29.4 les *dijo* Jacob: Hermanos míos, ¿de dónde ... 559
29.5 les *dijo*: ¿Conocéis a Labán... *dijeron*: Sí ... 559
29.6 les *dijo*: ¿Está bien? Y ellos *dijeron* ... 559
29.7 y él *dijo*: He aquí es aún muy de día ... 559
29.12 Jacob *dijo* a Raquel que él era hermano ... 5046
29.14 Labán le *dijo*: Ciertamente hueso mío ... 559
29.15 *dijo* Labán... Dime cuál será tu salario ... 559
29.18 Jacob amó a Raquel, y *dijo*... te serviré ... 559
29.21 *dijo* Jacob a Labán: Dame mi mujer ... 559
29.25 Jacob *dijo* a Labán: ¿Qué es esto que ... 559
29.32 *dijo*: Ha mirado Jehová mi aflicción ... 559
29.33,34,35 y dio a luz un hijo, y *dijo* ... 559
30.1 Raquel... *decía* a Jacob: Dame hijos, o si ... 559
30.2 Jacob se enojó... y *dijo*: ¿Soy yo acaso ... 559
30.3 *dijo*: He aquí mi sierva Bilha; llégate ... 559
30.6 *dijo* entonces Raquel: Me juzgó Dios, y ... 559
30.8 y *dijo* Raquel: Con luchas de Dios he ... 559
30.11 *dijo* Lea: Vino la ventura; y llamó su ... 559
30.13 *dijo* Lea... las mujeres me dirán dichosa ... 559
30.14 *dijo* Raquel a Lea: Te ruego que me des ... 559
30.15 *dijo* Raquel: Pues dormirá contigo esta ... 559
30.16 salió Lea a él, y le *dijo*: Llégate a mí ... 559
30.18 *dijo* Lea: Dios... dado mi recompensa, por ... 559
30.20 y *dijo* Lea: Dios me ha dado una buena ... 559
30.23 y *dijo*: Dios ha quitado mi afrenta ... 559
30.24 llamó su nombre José, *diciendo*... hijo ... 559
30.25 Jacob *dijo* a Labán: Envíame, e iré a ... 559
30.28 y *dijo*: Señálame tu salario, y yo lo ... 559
30.31 y él *dijo*: ¿Qué te daré? Y respondió ... 559
30.34 *dijo*... Labán: Mira, sea como tú dices ... 559
31.1 los hijos de Labán, que *decían*: Jacob ... 559
31.3 también Jehová *dijo* a Jacob: Vuélvete a ... 559
31.5 *dijo*: Veo que el semblante de vuestro ... 559
3 1.8 si él *decía* así: Los pintados serán tu ... 559
31.8 *decía* así: Los listados serán tu salario ... 559
31.11 me *dijo* el ángel... y yo *dije*: Heme aquí ... 559
31.12 él *dijo*: Alza ahora tus ojos, y verás ... 559
31.14 y le *dijeron*: ¿Tenemos acaso parte o ... 559
31.16 pues, haz todo lo que Dios te ha *dicho* ... 559
31.22 y al tercer día fue *dicho* a Labán que ... 5046
31.24 vino Dios a Labán en... noche, y le *dijo* ... 559
31.26 y *dijo* Labán a Jacob: ¿Qué has hecho ... 559
31.29 el Dios de tu padre me habló... *diciendo* ... 559
31.31 *dijo* a Labán: Porque tuve miedo; pues ... 559
31.35 *dijo* a su padre: No se enoje mi señor ... 559
31.36 *dijo* a Labán: ¿Qué transgresión es la ... 559
31.43 Labán y *dijo* a Jacob: Las hijas son ... 559
31.46 y *dijo* Jacob a sus hermanos: Recoged ... 559
31.48 Labán *dijo*: Este majano es testigo hoy ... 559
31.49 cuanto *dijo*: Atalaye Jehová entre tú y ... 559
31.51 *dijo* más Labán a Jacob: He aquí este ... 559
32.2 *dijo* Jacob cuando los vio: Campamento de ... 559
32.4 diciendo: Así *diréis* a mi señor Esaú ... 559
32.4 mi señor Esaú: Así *dice* tu siervo Jacob ... 559
32.5 envío a *decirlo* a mi señor, para hallar ... 5046
32.6 volvieron a Jacob, *diciendo*: Vinimos a ... 559
32.8 *dijo*: Si viene Esaú... y lo ataca, el otro ... 559
32.9 y *dijo* Jacob: Dios de mi padre Abraham ... 559
32.9 Jehová, que me *dijiste*: Vuélvete a tu ... 559
32.12 y tú has *dicho*: Yo te haré bien, y tu ... 559
32.16 *dijo* a sus siervos: Pasad delante de mí ... 559
32.17 mandó al primero, *diciendo*: Si Esaú mi ... 559
32.17 preguntare, *diciendo*: ¿De quién eres ... 559
32.18 entonces *dirás*: Es un presente de tu ... 559
32.19 mandó... a todos los que iban... *diciendo* ... 559
32.20 *diréis*... He aquí tu siervo Jacob viene ... 559
32.20 porque *dijo*: Apaciguaré su ira con el ... 559
32.26 y *dijo*: Déjame, porque raya el alba, y ... 559
32.27 el varón le *dijo*: ¿Cuál es tu nombre? ... 559
32.28 y el varón le *dijo*: No se dirá más tu ... 559
32.29 Jacob le preguntó, y *dijo*: Declárame ... 559
32.30 porque *dijo*: Vi a Dios cara a cara, y
33.5 vio a las... y *dijo*: ¿Quiénes son éstos? ... 559
33.8 Esaú *dijo*: ¿Qué te propones con todos ... 559
33.9 *dijo* Esaú: Suficiente tengo yo, hermano ... 559
33.10 *dijo* Jacob: No, yo te ruego... acepta mi ... 559
33.12 Esaú *dijo*: Anda, vamos; y yo... delante ... 559
33.13 y Jacob le *dijo*: Mi señor sabe que los ... 559
33.15 Esaú *dijo*: Dejaré ahora contigo de la ... 559
33.15 Jacob *dijo*: ¿Para qué esto? Halle yo ... 559
34.4 habló Siquem a Hamor su padre *diciendo* ... 559
34.8 y Hamor habló con ellos, *diciendo*: El ... 559
34.11 Siquem también *dijo* al padre de Dina ... 559
34.11 halle yo gracia... daré lo que... *dijereis* ... 559
34.12 mucha dote... yo daré cuanto me *dijereis* ... 559
34.14 y les *dijeron*: No podemos hacer esto ... 559
34.20 hablaron a los varones de su... *diciendo* ... 559
34.30 entonces *dijo* Jacob a Simeón y a Leví ... 559
35.1 *dijo* Dios a Jacob: Levántate y sube a ... 559
35.2 Jacob *dijo* a su familia y a todos los ... 559
35.10 le *dijo* Dios: Tu nombre es Jacob; no ... 559
35.11 también le *dijo* Dios: Yo soy el Dios ... 559
35.17 que le *dijo* la partera: No temas, que ... 559
37.6 él les *dijo*: Oíd ahora este sueño que ... 559
37.9 sueño... contó a sus hermanos, *diciendo* ... 559
37.10 su padre... le *dijo*: ¿Qué sueño es este ... 559
37.13 y *dijo* Israel a José: Tus hermanos ... 559
37.14 e Israel le *dijo*: Vé ahora, mira cómo ... 559
37.15 y le preguntó aquel hombre, *diciendo* ... 559
37.17 se han ido de aquí; y yo les oí *decir* ... 559
37.19 *dijeron* el uno al otro: He aquí viene ... 559
37.20 *diremos* Alguna mala bestia lo devoró ... 559
37.21 Rubén... lo libró de sus manos, y *dijo* ... 559
37.22 les *dijo* Rubén: No derraméis sangre ... 559
37.26 Judá *dijo* a sus hermanos: ¿Qué provecho ... 559
37.30 y volvió a sus hermanos, y *dijo*: El ... 559
37.32 y la trajeron a su padre, y *dijeron* ... 559
37.33 él la reconoció, y *dijo*: La túnica de ... 559
37.35 él no quiso recibir consuelo, y *dijo* ... 559
38.8 Judá *dijo* a Onán: Llégate a la mujer de ... 559
38.11 y Judá *dijo* a Tamar su nuera: Quédate ... 559
38.11 *dijo*: No sea que muera él también como ... 559
38.13 fue dado aviso a Tamar, *diciendo*: He ... 559
38.16 se apartó del camino hacia... y le *dijo* ... 559
38.16 *dijo*: ¿Qué me darás por llegarte a mí? ... 559
38.17 ella *dijo*: Dame una prenda hasta que ... 559
38.18 Judá *dijo*: ¿Qué prenda te daré? Ella ... 559
38.21 y preguntó a los hombres de... *diciendo* ... 559
38.21 le *dijeron*: No ha estado aquí ramera ... 559
38.22 él se volvió a Judá, y *dijo*: No la he ... 559
38.22 también los hombres del lugar *dijeron* ... 559
38.23 Judá *dijo*: Tómaselo para sí, para que ... 559
38.24 dado aviso a Judá, *diciendo*: Tamar tu ... 559
38.24 y Judá *dijo*: Sacadla, y sea quemada ... 559
38.25 envió a *decir* a su suegro: Del varón ... 559
38.25 *dijo*: Mira ahora de quién son estas ... 559
38.26 Judá... *dijo*: Más justa es ella que yo ... 559
38.28 de grana, *diciendo*: Este salió primero ... 559
38.29 salió su hermano, y ella *dijo*: ¡Qué ... 559
39.7 la mujer... puso sus ojos en José, y *dijo* ... 559
39.8 no quiso, y *dijo* a la mujer de su amo ... 559
39.12 ella lo asió... *diciendo*: Duerme conmigo ... 559
39.14 llamó a los de... y les habló *diciendo* ... 559
39.17 habló ella... *diciendo*: El siervo hebreo ... 559
39.19 *diciendo*: Así me ha tratado tu siervo ... 559
40.7 preguntó... *diciendo*: ¿Por qué parecen ... 559
40.8 ellos le *dijeron*: Hemos tenido un sueño ... 559
40.8 entonces les *dijo* José: ¿No son de Dios ... 559
40.9 contó su sueño a José, y le *dijo*: Yo ... 559
40.12,18 *dijo*: Esta es su interpretación: los ... 559
40.16 *dijo* a José: También yo soñé que veía ... 559
41.9 *diciendo*: Me acuerdo hoy de mis faltas ... 559
41.15 y *dijo* Faraón a José: Yo he tenido un ... 559
41.15 he oído *decir* de ti, que oyes sueños ... 559
41.16 respondió... *diciendo*: No está en mí ... 559

41.17 *dijo* a José: En mi sueño me parecía que 1696
41.24 he *dicho* a los magos, mas no hay quien 559
41.38 y *dijo* Faraón a sus siervos: ¿Acaso 559
41.39 *dijo* Faraón a José: Pues que Dios te 559
41.41 *dijo* además Faraón a José: He aquí yo 559
41.44 *dijo* Faraón a José: Yo soy Faraón; y 559
41.51 porque *dijo*: Dios me hizo olvidar todo
41.52 *dijo*: Dios me hizo fructificar en la
41.54 los siete años...como José había *dicho* 559
41.55 *dijo* Faraón a todos los egipcios: Id a 559
41.55 id a José, y haced lo que él os *dijere* 559
42.1 *dijo* a sus hijos: ¿Por qué os estáis 559
42.2 *dijo*...he oído que hay víveres en Egipto 559
42.4 porque *dijo*: No sea que le acontezca 559
42.7 y les *dijo*: ¿De dónde habéis venido? 559
42.9 José...les *dijo*: Espías sois: por ver lo 559
42.12 *dijo*: No; para ver lo descubierto del 559
42.14 les *dijo*: Eso es lo que os he *dicho* 559
42.18 tercer día les *dijo* José: Haced esto 559
42.21 y *decían* el uno al otro...hemos pecado 559
42.22 Rubén les respondió, *diciendo*: ¿No os 559
42.22 os hablé yo y *dije*: No pequéis contra 559
42.28 *dijo* a sus hermanos: Mi dinero se me 559
42.28 espantados *dijeron* el uno al otro: ¿Qué 559
42.29 lo que les había acontecido, *diciendo* 559
42.31 *dijimos*: Somos hombres honrados, nunca 559
42.33 el señor de la tierra, nos *dijo*: En esto 559
42.36 padre Jacob les *dijo*: Me habéis privado 559
42.37 y Rubén habló...*diciendo*: Harás morir a 559
42.38 y él *dijo*: No descenderá mi hijo con 559
43.2 les *dijo* su padre: Volved, y comprad para 559
43.3 respondió Judá, *diciendo*: Aquel varón nos 559
43.3 protestó...*diciendo*: No veréis mi rostro 559
43.5 varón nos *dijo*: No veréis mi rostro si no 559
43.6 *dijo*...Israel: ¿Por qué me hicisteis tanto 559
43.7 nos preguntó...*diciendo*: ¿Vive aún vuestro 559
43.7 ¿acaso podíamos saber que él nos *diría* 559
43.8 *dijo* a Israel su padre: Envía al joven 559
43.16 *dijo* al mayordomo de su casa: Lleva a 559
43.17 hizo el hombre como José *dijo*, y llevó 559
43.18 tuvieron temor...y *decían*: Por el dinero 559
43.20 y *dijeron*: Ay, señor nuestro, nosotros 559
43.27 *dijo*: ¿Vuestro padre, el...que *dijisteis* 559
43.29 *dijo*: ¿Es éste vuestro hermano menor 559
43.29 y *dijo*: Dios tenga misericordia de ti 559
43.31 salió, y se contuvo, y *dijo*: Poned pan 559
44.1 *diciendo*: Llena de alimento los costales 559
44.2 pondrás mi copa...él hizo como *dijo* José 1696
44.4 *dijo* José a su mayordomo Levántate y 559
44.4 y cuando los alcances, *diles*: ¿Por qué 559
44.6 él los alcanzó, les *dijo* estas palabras 1696
44.7 ¿por qué *dice* nuestro señor tales cosas? 559
44.10 él *dijo*: También ahora sea conforme a 559
44.15 les *dijo* José: ¿Qué acción es esta que 559
44.16 *dijo* Judá: ¿Qué *diremos* a mi señor? 559
44.18 Judá se acercó...y *dijo*: Ay, señor mío 559
44.19 señor preguntó...*diciendo*: ¿Tenéis padre 559
44.21 y tú *dijiste* a tus siervos: Traédmelo 559
44.22 *dijimos* a mi señor: El joven no puede 559
44.23 *dijiste* a tus siervos: Si vuestro hermano 559
44.25 *dijo*...Volved a comprarnos un poco de 559
44.27 tu siervo mi padre nos *dijo*: Vosotros 559
44.32 salió por fiador del...*diciendo*: Si no 559
45.3 *dijo* José a sus hermanos: Yo soy José 559
45.4 *dijo* José a sus hermanos: Acercaos ahora 559
45.4 y él *dijo*: Yo soy José vuestro hermano 559
45.9 *decidle*: Así *dice* tu hijo José: Dios me 559
45.16 se oyó la noticia en la casa...*diciendo* 559
45.17 *dijo* Faraón a José: Dí a tus hermanos 559
45.24 él les *dijo*: No riñáis por el camino 559
45.26 nuevas, *diciendo*: José vive aún; y él es 559
45.28 *dijo* Israel: Basta; José mi hijo vive 559
46.2 habló Dios a Israel en...y *dijo*: Jacob 559
46.3 *dijo*: Yo soy Dios, el Dios de tu padre 559
46.30 Israel *dijo* a José: Muera yo ahora, ya 559
46.31 José *dijo* a sus hermanos, y a la casa 559
46.33 y cuando Faraón os llamare y *dijere* 559
46.34 *diréis*: Hombres de ganadería han sido 559
47.1 y *dijo*: Mi padre y mis hermanos, y sus 559
47.3 y Faraón *dijo* a sus hermanos: ¿Cuál es 559
47.4 *dijeron* además a Faraón: Para morar en 559
47.5 Faraón habló a José, *diciendo*: Tu padre 559
47.8 *dijo* Faraón a Jacob: ¿Cuántos son los 559
47.15 vino todo Egipto...*diciendo*: Danos pan 559
47.16 José *dijo*: Dad vuestros ganados y yo os 559
47.18 vinieron a él el segundo año...*dijeron* 559
47.23 y José *dijo* al pueblo: He aquí os he 559
47.29 llamó a José su hijo, y le *dijo*: Si he 559
47.30 y José respondió: Haré como tú *dices* 559
47.31 Israel *dijo*: Júramelo. Y José le juró 559
48.1 *dijeron* a José...tu padre está enfermo 559
48.2 se le hizo saber a Jacob, *diciendo*: He 559
48.3 y *dijo* a José: El Dios Omnipotente me 559
48.4 me *dijo*: He aquí yo te haré crecer, y te 559
48.8 y vio Israel los hijos de José, y *dijo* 559
48.9 y él *dijo*: Acércalos ahora a mí, y los 559
48.11 *dijo* Israel a José: No pensaba yo ver 559
48.15 bendijo a José, *diciendo*: El Dios en 559
48.18 *dijo* José a su padre: No así, padre mío 559
48.19 su padre no quiso, y *dijo*: Lo sé, hijo 559
48.20 *diciendo*: En ti bendecirá Israel, *d* 559
48.21 dijo Israel a José: He aquí yo muero 559
49.1 llamó Jacob a sus hijos, y *dijo*: Juntaos 559
49.28 y esto fue lo que su padre les *dijo*, al 1696
49.29 y les *dijo*: Yo voy a ser reunido con 559
50.4 habló José a...casa de Faraón, *diciendo* 559
50.4 que habléis en oídos de Faraón, *diciendo* 559
50.5 mi padre me hizo jurar, *diciendo*: He aquí 559
50.6 y Faraón *dijo*: Vé, y sepulta a tu padre 559
50.11 viendo los...el llanto...*dijeron*: Llanto 559
50.15 *dijeron*: Quizá nos aborrecerá José, y 559
50.16 y enviaron a *decir* a José: Tu padre 559
50.16 mandó antes de su muerte, *diciendo* 559
50.17 así *diréis* a José: Te ruego que perdones 559
50.18 se postraron...y *dijeron*: Henos aquí por 559
50.24 y José *dijo* a sus hermanos: Yo voy a 559
50.25 *diciendo*...llevar de aquí mis huesos 559
Éx 1.8 un nuevo rey que no conocía a...y *dijo* 559
1.15 habló el rey...a las parteras...les *dijo* 559
1.18 hizo llamar a las parteras...les *dijo* 559
1.22 Faraón mandó a todo su pueblo, *diciendo* 559
2.6 *dijo*: De los niños de los hebreos es éste 559
2.7 su hermana *dijo* a la hija de Faraón: ¿Iré 559
2.9 *dijo* la hija de Faraón: Lleva a este niño 559
2.10 y le puso por nombre Moisés, *diciendo* 559
2.13 *dijo* al que maltrataba al otro: ¿Por qué 559
2.14 *dijo*: Ciertamente...ha sido descubierto 559
2.18 les *dijo*: ¿Por qué habéis venido hoy tan 559
2.20 *dijo* a sus hijas: ¿Dónde está? ¿Por qué 559
2.22 *dijo*: Forastero soy en tierra ajena 559
3.3 Moisés *dijo*: Iré yo ahora y veré esta 559
3.4 lo llamó Dios...y *dijo*: ¡Moisés, Moisés! 559
3.5 *dijo*: No te acerques; quita tu calzado de 559
3.6 *dijo*: Yo soy el Dios de tu padre, Dios de 559
3.7 *dijo* luego...Bien he visto la aflicción de 559
3.13 *dijo* Moisés a Dios: He aquí que llego yo 559
3.13 y les *digo*: El Dios de vuestros padres 559
3.14 así *dirás* a los hijos de Israel: Yo soy 559
3.15 además *dijo* Dios a Moisés: Así *dirás* a 559
3.16 vé, y reúne a los ancianos de...y *diles* 559
3.16 me apareció *diciendo*: En verdad os he 559
3.17 he *dicho*: Yo os sacaré de la aflicción 559
3.18 le *diréis*: Jehová el Dios de los hebreos 559
4.1 respondió *diciendo*...ellos no me creerán 559
4.1 porque *dirán*: No te ha aparecido Jehová 559
4.2 Jehová *dijo*: ¿Qué es eso que tienes en tu 559
4.3 *dijo*: Échala en tierra. Y él la echó en 559
4.4 *dijo* Jehová a Moisés: Extiende tu mano 559
4.6 *dijo* además Jehová: Mete ahora tu mano 559
4.7 *dijo*: Vuelve a meter tu mano en tu seno 559
4.10 *dijo* Moisés a Jehová: ¡Ay, Señor! nunca 559
4.13 y él *dijo*: ¡Ay, Señor! envía, te ruego 559
4.14 Jehová se enojó contra Moisés, y *dijo* 559
4.18 le *dijo*: Iré...Jetro dijo...Vé en paz 559
4.19 *dijo*...Jehová a Moisés en Madián: Vé y 559
4.21 y *dijo* Jehová a Moisés: Cuando hayas 559
4.22 y *dirás* a Faraón: Jehová ha *dicho* así 559
4.23 ya te he *dicho* que dejes ir a mi hijo 559
4.25 Séfora...y lo echó a sus pies, *diciendo* 559
4.26 y ella *dijo*: Esposo de sangre, a causa 559
4.27 y Jehová *dijo* a Aarón: Vé a recibir a 559
4.30 todas las cosas que Jehová había *dicho* 1696
5.1 y Aarón entraron a...Faraón y le *dijeron* 559
5.1 Jehová el Dios de los hebreos *dice* así 559
5.3 y ellos *dijeron*: El Dios de los hebreos 559
5.4 el rey...*dijo*: Moisés y Aarón, ¿por qué 559
5.5 *dijo* también Faraón: He aquí el pueblo 559
5.6 mandó Faraón...a sus capataces, *diciendo* 559
5.8 por eso levantan la voz *diciendo*: Vamos 559
5.10 hablaron...*diciendo*: Así ha dicho Faraón 559
5.13 los apremiaban, *diciendo*: Acabad vuestra 559
5.14 *diciendo*: ¿Por que no habéis cumplido 559
5.15 y se quejaron a él, *diciendo*: ¿Por qué lo 559
5.16 no se da paja a...y con todo nos *dicen* 559
5.17 y por eso *decís*: Vamos y ofrezcamos 559
5.19 se vieron en aflicción, al *decírseles* 559
5.21 *dijeron*: Mire Jehová sobre vosotros, y 559
5.22 Moisés se volvió a Jehová, y *dijo*: Señor 559
6.2 habló todavía Dios a Moisés, y le *dijo* 559
6.6 por tanto, *dirás* a los hijos de Israel 559
6.10,29; 7.8; 12.1; 13.1; 14.1; 16.11; 25.1; 30.11; 17.22;
31.1,12; 40.1; Lv 4.1; 5.14; 6.1,8,19,24; 7.22,28; 8.1;
10.8; 11.1; 12.1; 13.1; 14.1,33; 15.1; 17.1; 18.1; 19.1;
20.1; 21.16; 22.1,17,26; 23.1,9,23,26,33; 24.1,13; 25.1;
27.1; Nm 1.1,48; 2.1; 3.5,11,14,44; 4.1,17,21; 5.1,5,11;
6.1,22; 7.4; 8.1,5,23; 9.1,9; 10.1; 13.1; 14.26; 15.1,
17,37; 16.20,23,36,44; 17.1; 18.25; 19.1; 20.7,23;
25.10,16; 26.1,52; 27.6; 28.1; 31.1,25; 33.50; 34.1,16;
35.1,9 Jehová habló a Moisés...*diciendo* 559
6.26 y aquel Moisés a los cuales Jehová *dijo* 559
6.29 *di* a Faraón...las cosas que yo te *digo* 559
7.1 Jehová *dijo* a Moisés: Mira, yo te he 559
7.2 tú *dirás* todas las cosas que yo te mande 1696
7.9 *dirás* a Aarón: Toma tu vara, y échala 559
7.13 se endureció...como Jehová lo había *dicho* 1696
7.14 Jehová *dijo* a Moisés...corazón de Faraón 559
7.16 y *dile*: Jehová el Dios de los hebreos 559
7.16 me ha enviado a ti, *diciendo*: Deja ir a 559
7.17 así ha *dicho* Jehová: En esto conocerás 559
7.19 *dijo* a Moisés: *Di* a Aarón: Toma tu vara 559
7.22 no los escuchó...Jehová lo había *dicho* 1696
8.1 entonces Jehová *dijo* a Moisés: Entra a la 559
8.1 entra a...Faraón y *dile*: Jehová ha *dicho* 559
8.5 *dijo* a Moisés: *Di* a Aarón: Extiende tu 559
8.8 les *dijo*: Orad a Jehová para que quite 559
8.9 *dijo* Moisés a Faraón...cuándo debo orar 559
8.10 y él *dijo*: Mañana. Y Moisés respondió 559
8.15 endureció...como Jehová lo había *dicho* 1696
8.16 Jehová *dijo* a Moisés: *Di* a Aarón...vara 559
8.19 los hechiceros *dijeron* a Faraón: Dedo de 1696
8.20 *dijo* a Moisés: Levántate de mañana y 559
8.25 llamó a Moisés y a Aarón, y les *dijo* 559
8.27 sacrificios a...Dios, como él nos *dirá* 559
8.28 *dijo* Faraón: Yo os dejaré ir para que 559
9.1 Jehová *dijo* a Moisés: Entra a...de Faraón 559
9.1,13 *dile*: Jehová...*dice* así: Deja ir a 559
9.5 Jehová fijó plazo, *diciendo*: Mañana hará 559
9.8 Jehová *dijo* a Moisés y a Aarón: Tomad 559
9.12 como Jehová lo había *dicho* a Moisés 1696
9.13 *dijo* a Moisés: Levántate de mañana, y 559
9.22 Jehová dijo a Moisés: Extiende tu mano 559
9.27 y les *dijo*: He pecado esta vez; Jehová 559
9.35 como Jehová lo había *dicho* por...Moisés 1696
10.1 *dijo* a Moisés: Entra a la presencia de 559
10.3 y le *dijeron*: Jehová el Dios...ha *dicho* 559
10.7 los siervos de Faraón le *dijeron*: ¿Hasta 559
10.8 llamados ante Faraón, el cual les *dijo* 559
10.10 les *dijo*: ¡Así sea Jehová con vosotros! 559
10.12,21 dijo a Moisés: Extiende tu mano 559
10.16 *dijo*: He pecado contra Jehová vuestro 559
10.24 a Moisés y *dijo*: Id, servid a Jehová 559
10.28 *dijo* Faraón: Retírate de mí; guárdate 559
10.29 bien has *dicho*; no veré más tu rostro 559
11.1 Jehová *dijo* a Moisés: Una plaga traeré 559
11.4 *dijo*...Moisés: Jehová ha *dicho* así: A la 559
11.8 e inclinados delante de mí *dirán*: Vete 559
11.9 *dijo* a Moisés: Faraón no os oirá, para 559
12.3 *diciendo*...tómese cada uno un cordero 559
12.21 Moisés...*dijo*: Sacad y tomaos corderos 559
12.26 cuando os *dijeren*...¿Qué es este rito 559
12.31 hizo llamar a Moisés y a...y les *dijo* 559
12.31 id, servid a Jehová, como habéis *dicho* 1696
12.32 y vuestras vacas, como habéis *dicho*, e 1696
12.33 egipcios...*decían*: Todos somos muertos 559
12.43 Jehová *dijo* a Moisés y a Aarón: Esta 559
13.3 Moisés *dijo* al pueblo: Tened memoria de 559
13.8 contarás...a tu *hijo*, *diciendo*: Se hace 559
13.14 te pregunte tu *hijo*, *diciendo*: ¿Qué es 559
13.14 le *dirás*: Jehová nos sacó...de Egipto 559
13.17 *dijo* Dios: Para que no se arrepienta el 559
13.19 *diciendo*...haréis subir mis huesos de 559
14.2 *di* a los...de Israel que den la vuelta 1696
14.3 *dirá* de los hijos de Israel: Encerrados 559
14.5 *dijeron*: ¿Cómo hemos hecho...dejado ir a 559
14.11 *dijeron* a Moisés: ¿No había sepulcros 559
14.12 te hablamos...*diciendo*: Déjanos servir 559
14.13 *dijo* al pueblo: No temáis; estad firmes 559
14.15 *dijo* a Moisés...*Dí*...Israel que marchen 559
14.25 egipcios *dijeron*: Huyamos de...de Israel 559
14.26 *dijo* a Moisés: Extiende tu mano sobre 559
15.1 cantó...este cántico a Jehová, y *dijeron* 559
15.9 el enemigo *dijo*: Perseguiré, apresaré 559
15.24 el pueblo murmuró...y *dijo*: ¿Qué hemos 559
15.26 *dijo*: Si oyeres atentamente la voz de 559
16.3 les *decían* los hijos de Israel: Ojalá 559
16.4 Jehová *dijo* a Moisés...os haré llover pan 559
16.6 *dijeron* Moisés y Aarón a...en la tarde 559
16.8 *dijo* también Moisés: Jehová os dará en 559
16.9 *dijo* Moisés a Aarón: *Dí*...*Acercaos* a la 559
16.12 *diciendo*: Al caer la tarde comeréis 559
16.15 *dijeron* unos a otros: ¿Qué es esto? 559
16.15 Moisés les *dijo*: Es el pan que Jehová 559
16.19 *dijo* Moisés: Ninguno deje nada de ello 559
16.23 y él les *dijo*: Esto es lo que ha *dicho* 559,1696
16.25 *dijo* Moisés: Comedlo...es día de reposo 559
16.28 Jehová *dijo* a Moisés: ¿Hasta cuándo no 559
16.32 *dijo* Moisés: Esto es lo que Jehová ha 559
16.33 *dijo* Moisés a Aarón: Toma una vasija y 559
17.2 *dijeron*: Danos agua...Y Moisés les *dijo* 559
17.3 murmuró contra Moisés, y *dijo*: ¿Por qué 559
17.4 clamó Moisés a Jehová, *diciendo*: ¿Qué 559
17.5 *dijo* a Moisés: Pasa delante del pueblo 559
17.7 a Jehová, *diciendo*: ¿Está, pues, Jehová 559
17.9 *dijo* Moisés a Josué: Escógenos varones 559
17.10 hizo...como le *dijo* Moisés, peleando 559
17.14 Jehová *dijo* a Moisés: Escribe esto para 559
17.14 *dí* a Josué que raeré del...la memoria de 7760
17.16 *dijo*: Por cuanto la mano de Amalec se 559
18.3 Gersón, porque *dijo*: Forastero he sido 559
18.4 llamaba Eliezer, porque *dijo*: El Dios
18.6 *dijo* a Moisés: Yo tu suegro...vengo a ti 559
18.10 Jetro *dijo*: Bendito sea Jehová, que os 559
18.14 viendo...lo que él hacía...*dijo*: ¿Qué es 559
18.17 suegro de Moisés le *dijo*: No está bien 559
18.24 y oyó Moisés...e hizo todo lo que *dijo* 559
19.3 Jehová lo llamó...*diciendo*: Así dirás a 559
19.6 son las palabras que *dirás* a los hijos 1696
19.8 y *dijeron*: Todo lo que Jehová ha *dicho* 559
19.9 *dijo* a Moisés...yo vengo a ti en una nube 559
19.10 Jehová *dijo* a Moisés: Vé al pueblo, y 559
19.12 *diciendo*: Guardaos, no subáis al monte 559
19.15 *dijo* al pueblo: Estad preparados para 559
19.21 *dijo* a Moisés...no traspase los límites 559
19.23 Moisés *dijo* a Jehová: El pueblo no 559
19.23 has mandado *diciendo*: Señala límites al 559
19.24 le *dijo*: Vé, desciende, y subirás tú, y 559
19.25 Moisés descendió y se lo *dijo* al pueblo 559
20.1 y habló Dios...estas palabras, *diciendo* 559
20.19 y *dijeron* a Moisés: Habla...con nosotros 559
20.22 *dijo*...Así dirás a los hijos de Israel 559
21.5 si el siervo *dijere*: Yo amo a mi señor 559
22.9 cuando alguno *dijere*: Esto es mío, la 559
23.13 y todo lo que os he *dicho*, guardadlo 559
23.22 hicieres...yo te *dijere*, seré enemigo de 1696
24.1 *dijo* Jehová a Moisés: Sube ante Jehová 559
24.3 haremos todas las...que Jehová ha *dicho* 1696
24.7 lo leyó a oídos del pueblo, el cual *dijo* 559
24.8 roció sobre el pueblo, y *dijo*: He aquí 559
24.12 Jehová *dijo* a Moisés: Sube...al monte 559
24.14 *dijo* a los ancianos: Esperadnos aquí 559
25.2 *dí* a los hijos de Israel que...ofrenda 1696
30.31 *diciendo*: Este será mi aceite de la 559
30.34 *dijo*...Jehová a Moisés: Toma especias 559
31.13 *diciendo*...guardaréis mis días de reposo 559

32.1 y le *dijeron*: Levántate, haznos dioses 559
32.2 Aarón les *dijo*: Apartad los zarcillos 559
32.4 *dijeron*: Israel, estos son tus dioses 559
32.5 y *dijo*: Mañana será fiesta para Jehová 559
32.7 Jehová *dijo* a Moisés: Anda, desciende 1696
32.8 han *dicho*: Israel, estos son tus dioses 559
32.9 *dijo* más Jehová a Moisés: Yo he visto 559
32.11 Moisés... *dijo*: Oh Jehová, ¿por qué 559
32.12 han de hablar los egipcios, *diciendo* 559
32.13 a los cuales has jurado... les has *dicho* 1696
32.14 Jehová se arrepintió del mal que *dijo* 1696
32.17 *dijo* a Moisés: Alarido de pelea hay en 559
32.21 *dijo* Moisés a Aarón: ¿Qué te ha hecho 559
32.23 me *dijeron*; haznos dioses que vayan 559
32.26 *dijo*: ¿Quién está por Jehová? Júntese 559
32.27 y él les *dijo*: Así ha dicho Jehová, el 559
32.29 Moisés *dijo*: Hoy os habéis consagrado 559
32.30 *dijo* Moisés... cometido un gran pecado 559
32.31 volvió Moisés a Jehová, y *dijo*... ruego 559
32.34 lleva a este pueblo a donde te he *dicho* 1696
33.1 Jehová *dijo* a Moisés: Anda, sube de aquí 1696
33.1 juré a Abraham... *diciendo*: A tu... la daré 559
33.5 Jehová había *dicho* a Moisés: *Di* a los 559
33.12 *dijo* Moisés... me *dices* a mí: Saca este 559
33.12 *dices*: Yo te he conocido por tu nombre 559
33.14 él *dijo*: Mi presencia irá contigo, y te 559
33.17 *dijo* a Moisés: También haré esto que 559
33.18 *dijo*... ruego que me muestres tu gloria 559
33.20 *dijo*... No podrás ver mi rostro, porque 559
33.21 y *dijo* aún Jehová: He aquí un lugar 559
34.1 *dijo* a Moisés: Alísate dos tablas de 559
34.9 *dijo*: Si ahora... he hallado gracia en 559
34.27 Jehová *dijo* a Moisés: Escribe tú estas 559
34.32 mandó todo lo que Jehová le había *dicho* 1696
34.34 *decía* a los hijos de Israel lo que le 1696
35.1 Moisés convocó a... de Israel y les *dijo* 559
35.4 *diciendo*... es lo que Jehová ha mandado 559
35.30 *dijo* Moisés... Mirad, Jehová ha nombrado ... 559
36.5 *diciendo*: El pueblo trae mucho más de lo 559
36.6 *diciendo*: Ningún hombre... haga más para 559
Lv 1.1 llamó... Moisés, y habló con él... *diciendo* 559
1.2; 4.2; 7.23,29; 11.2; 12.2; 15.2; 18.2; 19.2; 22.18;
23.2,10,24,34; 25.2; 27.2; Nm 5.12; 6.2; 9.10; 15.2,38;
33.51; 35.10 habla a los hijos de Israel y *diles* 559
6.25 y *diles*: Esta es la ley del sacrificio 559
8.5 *dijo* Moisés a la congregación: Esto es lo 559
8.31 y *dijo* Moisés a Aarón y a sus hijos 559
9.2 y *dijo* a Aarón: Toma de la... un becerro 559
9.3 a los hijos de Israel hablarás *diciendo* 559
9.6 Moisés *dijo*: Esto es lo que mandó Jehová 559
9.7 y *dijo* Moisés a Aarón: Acércate al altar 559
10.3 *dijo*... es lo que habló Jehová, *diciendo* 559
10.4 llamó Moisés a Misael... *dijo*: Acercaos 559
10.5 se acercaron y los sacaron... *dijo* Moisés 1696
10.6,12 Moisés *dijo* a Aarón, y a... sus hijos 559
10.11 estatutos que Jehová les ha *dicho* por 1696
10.16 y se enojó contra Eleazar e... *diciendo* 559
14.35 y dará aviso al sacerdote, *diciendo* 559
16.2 y Jehová *dijo* a Moisés: *Di* a Aarón tu 559
17.2 habla a Aarón y... *diles*: Esto es lo que 559
17.8 les *dirás* también: Cualquier varón de 559
17.12,14 he *dicho* a los hijos de Israel 559
20.2 *dirás* asimismo a los hijos de Israel 559
20.24 he *dicho*: Vosotros poseeréis la tierra 559
21.1 *dijo* a Moisés: Habla a los sacerdotes 559
21.1 y *diles* que no se contaminen por un 559
21.17 habla a Aarón y *dile*: Ninguno de tus 559
22.2 *di* a Aarón... se abstengan de las cosas 1696
22.3 *diles*: Todo varón de... descendencia en 559
25.20 si *dijereis*: ¿Qué comeremos el séptimo 559
Nm 3.40 Jehová *dijo* a Moisés: Cuenta todos los 559
5.4 los echaron... como Jehová *dijo* a Moisés 1696
5.6 *di* a los hijos de Israel: El hombre o la 1696
5.19 el sacerdote la... le *dirá*: Si ninguno ha 559
5.21 el sacerdote... *dirá* a la mujer: Jehová 559
5.22 y hagan hinchar... Y la mujer *dirá*: Amén 559
6.23 *diles*: Así bendeciréis a... diciéndoles 559
7.11 *dijo* a Moisés: Ofrecerán su ofrenda, un 559
8.2 habla a Aarón y *dile*: Cuando enciendas 559
9.7 y le *dijeron* aquellos hombres: Nosotros 559
9.23 como Jehová lo había *dicho* por... Moisés 6310
10.29 *dijo* Moisés a Hobab, hijo de Ragüel 559
10.29 lugar del cual Jehová ha *dicho*: Yo os 559
10.31 él le *dijo*: Te ruego que no nos dejes 559
10.35 Moisés *decía*: Levántate, oh Jehová, y 559
10.36 cuando ella se detenía, *decía*: Vuelve 559
11.4 también volvieron a llorar y *dijeron* 559
11.11 y *dijo* Moisés a Jehová: ¿Por qué has 559
11.12 para que me *digas*: Llévalo en tu seno 559
11.13 lloran a mí, *diciendo*: Danos carne que 559
11.16 Jehová *dijo* a Moisés: Reúneme setenta 559
11.18 pero al pueblo *dirás*: Santificaos para 559
11.18 llorado... *diciendo*: ¡Quién nos diera a 559
11.20 y llorasteis delante de él, *diciendo* 559
11.21 *dijo* Moisés: Seiscientos mil de a pie 559
11.21 ¡y tú *dices*: Les daré carne, y comerán 559
11.24 salió... y *dijo* al pueblo las palabras de 1696
11.27 corrió un joven... y *dijo*: Eldad y Medad 559
11.28 respondió Josué hijo... *dijo*: Señor mío 559
12.2 y *dijeron*: ¿Solamente por Moisés ha 559
12.4 luego *dijo* Jehová a Moisés, a Aarón y a 559
12.6 y él les *dijo*: Oíd ahora mis palabras 559
12.11 *dijo* Aarón a Moisés: ¡Ah! señor mío, no 559
12.13 Moisés clamó... *diciendo*: Te ruego, oh 559
13.17 los envió... *diciéndoles*: Subid de aquí 559
13.27 *diciendo*: Nosotros llegamos a la tierra 559
13.30 hizo callar al pueblo... y *dijo*: Subamos 559
13.31 varones... *dijeron*: No podremos subir 559
13.32 hablaron mal... de la tierra... *diciendo* 559
14.2 les *dijo* toda la multitud... muriéramos¡ 559
14.4 y *decían* el uno al otro: Designemos un 559
14.7 hablaron... *diciendo*: La tierra por donde 559
14.11 Jehová *dijo* a Moisés: ¿Hasta cuándo me 559
14.14 *dirán* a los habitantes de esta tierra 559
14.15 que hubieren oído... hablarán, *diciendo* 559
14.17 te ruego... como lo hablaste, *diciendo* 559
14.20 Jehová *dijo*... lo he perdonado conforme a 559
14.28 *diles*: Vivo yo, dice Jehová, que según 559
14.31 niños... *dijisteis* que serían por presa 559
14.39 y Moisés *dijo* estas cosas a todos los 1696
14.40 subieron a... *diciendo*: Henos aquí para 559
14.41 *dijo* Moisés: ¿Por qué quebrantáis el 559
15.22 mandamientos... Jehová ha *dicho* a Moisés .. 1696
15.35 *dijo* a Moisés... muera aquel hombre 559
16.3 se juntaron... y les *dijeron*: ¡Basta ya de 559
16.5 habló a Coré y a... su séquito, *diciendo* 559
16.8 *dijo*... Moisés a Coré: Oíd ahora, hijos 559
16.15 Moisés se enojó... y *dijo* a Jehová: No 559
16.16 después *dijo* Moisés a Coré: Tú y todo 559
16.22 se postraron... *dijeron*: Dios, Dios de 559
16.24 *diles*: Apartaos de en derredor de la 559
16.26 él habló... *diciendo*: Apartaos ahora de 559
16.28 y *dijo* Moisés: En esto conoceréis que 559
16.34 huyeron... porque *decían*: No nos trague 559
16.37 *di* a Eleazar hijo del sacerdote Aarón 559
16.40 se lo *dijo* Jehová por medio de Moisés 1696
16.41 *diciendo*: Vosotros habéis dado muerte 559
16.46 *dijo*... a Aarón: Toma el incensario, y 559
16.47 tomó Aarón... como Moisés *dijo*, y corrió 1696
17.10 Jehová *dijo* a Moisés: Vuelve la vara 559
17.12 *diciendo*, aquí nosotros somos muertos 559
18.1 Jehová *dijo* a Aarón: Tú y tus hijos, y 559
18.8 *dijo* más Jehová a Aarón... yo te he dado 1696
18.20 y Jehová *dijo* a Aarón: De la tierra de 559
18.24 por lo cual les he *dicho*: Entre los 559
18.26 y le *dirás*: Cuando toméis... los diezmos 559
18.30 *dirás*: Cuando ofreciereis lo mejor de 559
19.2 Jehová ha prescrito, *diciendo*: *Di* a los 559
20.3 habló el pueblo contra Moisés, *diciendo* 559
20.10 y les *dijo*: ¡Oíd ahora, rebeldes! ¿Os 559
20.12 *dijo* a Moisés y a Aarón: Por cuanto no 559
20.14 *diciendo*: Así *dice* Israel tu hermano 559
20.19 Israel *dijeron*: Por el camino... iremos 559
21.2 Israel hizo voto... y *dijo*: Si en efecto 559
21.7 el pueblo vino a... y *dijo*: Hemos pecado 559
21.8 Jehová *dijo* a Moisés: Hazte... serpiente 559
21.14 se *dice* en el libro de las batallas de 559
21.16 el pozo del cual Jehová *dijo* a Moisés 559
21.21 envió Israel embajadores a... *diciendo* 559
21.27 *dicen* los proverbistas: Venid a Hesbón 559
21.34 Jehová *dijo* a Moisés: No le tengas 559
22.4 *dijo* Moab a los ancianos de Madián 559
22.5 envió mensajeros a Balaam hijo... *diciendo* 559
22.7 llegaron... *dijeron* las palabras de Balac 1696
22.8 él les *dijo*: Reposad aquí esta noche 559
22.9 y vino Dios a Balaam, y le *dijo*: ¿Qué 559
22.10 Balac... de Moab, ha enviado a *decirme* 559
22.12 *dijo* Dios a Balaam: No vayas con ellos 559
22.13 se levantó... y *dijo* a los príncipes de 559
22.14 vinieron a Balac y *dijeron*: Balaam no 559
22.16 y le *dijeron*: Así dice Balac, hijo de 559
22.17 haré todo lo que me *digas*: ven, pues 559
22.18 y Balaam... *dijo* a los siervos de Balac 559
22.19 yo sepa qué me vuelve a *decir* Jehová 1696
22.20 vino Dios... y le *dijo*: Si vinieron para 559
22.20 y vete... pero harás lo que yo te *diga* 1696
22.28 abrió la boca... la cual *dijo* a Balaam 559
22.30 el asna *dijo* a Balaam: ¿No soy yo tu 559
22.32 el ángel de Jehová le *dijo*: ¿Por qué 559
22.34 *dijo* al ángel... pecado, porque no sabía 559
22.35 y el ángel... *dijo* a Balaam: Vé con esos 559
22.35 la palabra que yo te *diga*, esa hablarás 559
22.37 y Balac *dijo* a Balaam: ¿No envié yo a 559
23.1 y Balaam *dijo* a Balac: Edifícame aquí 559
23.2 hizo como le *dijo* Balaam y ofrecieron 1696
23.3 Balaam *dijo* a Balac: Ponte junto a tu 559
23.4 vino Dios al encuentro... y éste le *dijo* 559
23.5 y le *dijo*: Vuelve a Balac, y *dile* así 559
23.7 y él tomó su parábola, y *dijo*: De Aram 559
23.11 *dijo* a Balaam: ¿Qué me has hecho? Te 559
23.12 y *dijo*: ¿No cuidaré de decir lo que 559
23.13 y *dijo* Balac: Te ruego que vengas 559
23.15 *dijo* a Balac: Ponte aquí junto a tu 559
23.16 Jehová... *dijo*: Vuelve a Balac, y *dile* 1696
23.17 le *dijo* Balac: ¿Qué ha *dicho* Jehová? 559
23.18 tomó su parábola, y *dijo*: Balac... oye 559
23.19 él *dijo*, ¿y no hará? Habló, ¿y no lo 559
23.23 como ahora, será *dicho* de Jacob y de 559
23.25 Balac *dijo* a Balaam... no lo maldices 559
23.26 Balaam... *dijo* a Balac: ¿No te he *dicho* 559
23.27 y *dijo* Balac a Balaam: Te ruego que 559
23.29 Balaam *dijo* a Balac: Edifícame aquí 559
23.30 y Balac hizo como Balaam le *dijo*; y 559
24.3 tomó su parábola, y *dijo*: *D* Balaam hijo 559
24.4 *dijo* el que oyó los dichos de Dios, el 5002
24.10 entonces... batiendo sus manos le *dijo* 559
24.11 yo *dije* que te honraría, mas he aquí 559
24.12 ¿no lo declaré yo también... *diciendo* 559
24.13 mas lo que hable Jehová, eso *diré* yo? 1696
24.15 y tomó su parábola, y *dijo*: *D* Balaam 559
24.15 Beor, *dijo* el varón de ojos abiertos 5002
24.16 *dijo* el que oyó los dichos de Jehová 5002
24.20 y viendo a... tomó su parábola y *dijo* 559
24.21 *dijo*: Fuerte es tu habitación; pon en 559
24.23 tomó su parábola... y *dijo*: ¡Ay! ¿quién 559
25.4 Jehová *dijo* a Moisés: Toma a todos los 559
25.5 Moisés *dijo* a, jueces de Israel: Matad 559
25.12 por tanto *diles*... establezco mi pacto 559
26.3 Moisés y el... Eleazar hablaron... *diciendo* 559
26.65 Jehová había *dicho* de ellos: Morirán 559
27.2 se presentaron delante de... y *dijeron* 559
27.7 bien *dicen* las hijas de Zelofehad; les 1696
27.8 los hijos de Israel hablarás, *diciendo* 1696
27.12 Jehová *dijo* a Moisés: Sube a este monte 559
27.15 respondió Moisés a Jehová, *diciendo* 559
27.18 y Jehová *dijo* a Moisés: Toma a Josué 559
28.2 y *diles*: Mi ofrenda, mi pan con mis 559
28.3 les *dirás*: Esta es la ofrenda encendida 559
29.40 Moisés *dijo* a los... de Israel conforme 559
30.1 habló Moisés... *diciendo*: Esto es lo que 559
31.3 Moisés habló al pueblo, *diciendo*: Armaos 559
31.15 les *dijo* Moisés: ¿Por qué habéis dejado 559
31.21 Eleazar *dijo* a los hombres de guerra 559
31.49 y *dijeron* a Moisés: Tus siervos han 559
32.2 hablaron a Moisés y... Eleazar... *diciendo* 559
32.5 por tanto, *dijeron*, si hallamos gracia 559
32.10 la ira de Jehová se encendió... *diciendo* 559
32.16 entonces... vinieron a Moisés y *dijeron* 559
32.25 hablaron... de Rubén a Moisés, *diciendo* 559
32.27 pasarán... de la manera que mi señor *dice* ... 1696
32.29 les *dijo* Moisés: Si los hijos de Gad 559
32.31 los hijos de Gad... respondieron *diciendo* 559
32.31 haremos lo que Jehová ha *dicho* a tus 1696
34.2 manda... *diles*: Cuando hayáis entrado en 559
34.13 *diciendo*: Esta es la tierra que se os 559
36.2 y *dijeron*: Jehová mandó a mi señor que 559
36.5 Moisés mandó... *diciendo*: La tribu de los 559
36.6 *diciendo*: Cásense como a ellas... plazca 559
Dt 1.5 resolvió... declarar esta ley, *diciendo* 559
1.6 Jehová... nos habló en Horeb, *diciendo* 559
1.9 yo os hablé *diciendo*: Yo solo no puedo 559
1.14 *dijisteis*: Bueno es... lo que has *dicho* 559
1.16 mandé a vuestros jueces, *diciendo*: Oíd 559
1.20 os *dije*: Habéis llegado al monte del 559
1.21 como... el Dios de tus padres te ha *dicho* 1696
1.22 *dijisteis*: Enviemos varones delante de 559
1.25 *dijeron*: Es buena la tierra que Jehová 559
1.27 murmurasteis... *diciendo*: Porque Jehová 559
1.28 han atemorizado... *diciendo*: Este pueblo 559
1.29 os *dije*: No temáis, ni tengáis miedo de 559
1.34 oyó Jehová... palabras... y juró *diciendo* 559
1.37 contra mi se airó Jehová... y me *dijo* 559
1.39 niños... *dijisteis* que servirían de botín 559
1.41 *dijisteis*: Hemos pecado contra Jehová 559
1.42 y Jehová me *dijo*: *Diles*: No subáis, ni 559
2.1 salimos al... como Jehová me había *dicho* 1696
2.2,17 y Jehová me habló, *diciendo* 559
2.4 y manda al pueblo, *diciendo*: Pasando 559
2.9 Jehová me *dijo*: No molestes a Moab, ni 559
2.26 y envié... con palabras de paz, *diciendo* 559
2.31 me *dijo* Jehová: He aquí yo he comenzado 559
3.2 y me *dijo* Jehová: No tengas temor de él 559
3.18 os mandé... *diciendo*: Jehová vuestro Dios 559
3.21 ordené también a Josué... *diciendo*: Tus 559
3.23 oré a Jehová en aquel tiempo, *diciendo* 559
3.26 *dijo* Jehová: Basta, no me hables más de 559
4.6 oirán... *dirán*: Ciertamente pueblo sabio 559
4.10 Jehová me *dijo*: Reúneme el pueblo, para 559
5.5 vosotros... no subisteis al monte. *Dijo* 559
5.20 no *dirás* falso testimonio... tu prójimo 6030
5.24 *dijisteis*: He aquí Jehová nuestro Dios 559
5.27 oye todas las cosas que *dijere* Jehová 559
5.27 nos *dirás* todo lo que Jehová te *dijere* 1696
5.28 *dijo* Jehová: He oído... lo que han *dicho* 559
5.30 vé y *diles*: Volveos a vuestras tiendas 559
5.31 quédate... te *diré* todos los mandamientos 1696
6.3 como te ha *dicho* Jehová el Dios de tus 1696
6.19 arroje... enemigos... como Jehová ha *dicho* 1696
6.20 cuando te preguntare tu hijo, *diciendo* 559
6.21 *dirás* a tu hijo: Nosotros éramos siervos 559
7.17 *dijeres* en tu corazón: Estas naciones 559
8.17 y *digas* en tu corazón: Mi poder y la 559
9.2 oído *decir*: ¿Quién se sostendrá delante
9.3 los destruirás... como Jehová te ha *dicho* 1696
9.4 no pienses... *diciendo*: Por mi justicia me 559
9.12 y me dijo Jehová: Levántate, *desciende* 559
9.13 *diciendo*: He observado a ese pueblo, y 559
9.23 cuando Jehová os envió... *diciendo*: Subid 559
9.25 Jehová *dijo* que os había de destruir 559
9.26 oré a Jehová, *diciendo*: Oh... Jehová, no 559
9.28 sea que *digan* los de la tierra de donde 559
10.1 en aquel tiempo Jehová me *dijo*: Lábrate 559
10.9 Jehová es su heredad, como... Dios le *dijo* 1696
10.11 me *dijo* Jehová: Levántate, anda, para 559
11.25 miedo y temor de... como él os ha *dicho* 1696
12.20 Dios ensanchare tu... como él te ha *dicho* 1696
12.20 *dijeres*: Comeré carne, porque deseaste 559
12.30 no preguntes... *diciendo*: De la manera 559
13.2 o prodigio que él te anunció, *diciendo* 559
13.6 si te incitare tu... *diciendo* en secreto 559
13.12 si oyeres que se *dice* de alguna de tus 559
13.13 que han instigado a... *diciendo*: Vamos y 559
15.6 te habrá bendecido, como te ha *dicho* 1696
15.9 tener... pensamiento perverso, *diciendo* 559
15.11 yo te mando, *diciendo*: Abrirás tu mano 559
15.16 si él te *dijere*: No te dejaré; porque 559
17.11 y según el juicio que te *digan*, harás 559
17.14 tomes posesión de ella... *digas*: Pondré 559
17.16 Jehová os ha *dicho*: No volváis nunca 559
18.1 es *decir*... la tribu de Leví, no tendrán
18.2 Jehová es su heredad... él les ha *dicho* 1696
18.16 pediste... *diciendo*: No vuelva yo a oír 559
18.17 Jehová me *dijo*: Han hablado bien en 559
18.21 *dijeres*... ¿Cómo conoceremos la palabra 559

18.22 hablare...y no se cumpliere lo que *dijo* 1696
19.7 y te mando, *diciendo*: Separarás tres 559
20.3 *dirá*: Oye, Israel, vosotros os juntáis 559
20.5 oficiales hablarán al pueblo, *diciendo* 559
20.8 volverán...a hablar al pueblo, y *dirán* 559
21.7 *dirán*: Nuestras manos no han derramado 559
21.20 y *dirán* a los ancianos de la ciudad 559
22.14 le atribuyere faltas...y *dijere*: A esta 559
22.16 y *dirá* el padre...a los ancianos: Yo di 559
22,17 él le atribuye faltas...*diciendo*: No he 559
25.7 y *dirá*: Mi cuñado no quiere suscitar 559
25.8 levantare y *dijere*: No quiero tomarla 559
25.9 y *dirá*: Así será hecho al varón que no 559
26.3 te presentarás...y le *dirás*: Declaro hoy 559
26.5 y *dirás* delante de Jehová...Un arameo a 559
26.13 *dirás* delante de Jehová...He sacado lo 559
26.19 seas un pueblo santo...como él ha *dicho* 1696
27.1 ordenó...al pueblo, *diciendo*: Guardaréis 559
27.3 como...el Dios de tus padres te ha *dicho* 1696
27.9 habló a todo Israel, *diciendo*: Guarda 559
27.11 y mandó Moisés al pueblo en...*diciendo* 559
27.14 hablarán los levitas, y *dirán* a todo 559
27.15 el pueblo responderá y *dirá*: Amén 559
27.16,17,18,19,20,21,22,23,24,25,26 maldito...Y
dirá todo el pueblo: Amén 559
28.67 por la mañana *dirás*: ¡Quién diera que 559
28.67 y a la tarde *dirás*: ¡Quién diera que 559
28.68 el camino del cual te ha *dicho*: Nunca 559
29.2 Moisés, pues, llamó a todo Israel...*dijo* 559
29.13 Dios, de la manera que él te ha *dicho* 1696
29.19 se bendiga en su...*diciendo*: Tendré paz 559
29.22 y *dirán* las generaciones venideras 559
29.24 todas las naciones *dirán*: ¿Por qué hizo 559
30.12 no está en el cielo, para que *digas* 559
30.13 al otro lado del mar, para que *digas* 559
31.2 y les *dijo*: Este día soy de edad de 120 559
31.2 me ha *dicho*: No pasarás este Jordán 559
31.3 Josué será...pasará...como Jehová ha *dicho* ..1696
31.7 llamó...a Josué, y le *dijo* en presencia 559
31.10 les mandó Moisés, *diciendo*: Al fin de 559
31.14 y Jehová *dijo* a Moisés: He aquí se ha 559
31.16 Jehová *dijo* a Moisés: He aquí, tú vas 559
31.17 *dirán* en aquel día: ¿No me han venido 559
31.23 dio orden a Josué...y *dijo*: Esfuérzate 559
31.25 dio órdenes...a los levitas, *diciendo* 559
32.7 pregunta...a tus ancianos, y...te *dirán* 559
32.20 y *dijo*: Esconderé de ellos mi rostro 559
32.26 había *dicho* que los esparciría lejos 559
32.27 sea que *digan*: Nuestra mano poderosa 559
32.37 *dirá*: ¿Dónde están sus dioses, la roca 559
32.40 alzaré...y *diré*: Vivo yo para siempre 559
32.46 y les *dijo*: Aplicad vuestro corazón a 559
32.48 habló Jehová a Moisés aquel...*diciendo* 559
33.2 *dijo*: Jehová vino de Sinaí, y de Seir 559
33.7 *dijo* así: Oye, oh Jehová, la voz de Judá 559
33.8 a Leví *dijo*: Tu Tumim y tu Urim sean 559
33.9 quien *dijo* de su padre y de su madre 559
33.12 a Benjamín *dijo*: El amado de Jehová 559
33.13 a José *dijo*: Bendita de Jehová sea tu 559
33.18 a Zabulón *dijo*: Alégrate, Zabulón 559
33.20 *dijo*: Bendito el que hizo ensanchar a 559
33.22 a Dan *dijo*: Dan es cachorro de león que 559
33.23 a Neftalí *dijo*: Neftalí, saciado de 559
33.24 a Aser *dijo*: Bendito sobre los hijos 559
33.27 él echó...al enemigo, y *dijo*: Destruye 559
34.4 y le *dijo* Jehová: Esta es la tierra de 559
Jos 1.1 Jehová habló a Josué hijo de...*diciendo* 559
1.3 entregado, como lo había *dicho* a Moisés 1696
1.10 Josué mandó a los oficiales...*diciendo* 559
1.11 mandad al pueblo, *diciendo*: Preparaos 559
1.12 habló Josué a los rubenitas...*diciendo* 559
1.13 la palabra que Moisés...mandó *diciendo* 559
1.16 a Josué, *diciendo*: Nosotros haremos todas 559
2.1 envió...dos espías...*diciéndoles*: Andad 559
2.2 fue dado aviso al rey de Jericó, *diciendo* 559
2.3 rey...envió a *decir* a Rahab: Saca a los 559
2.4 pero la mujer...*dijo*: Es verdad que unos 559
2.8 antes...ella subió al terrado, y les *dijo* 559
2.16 les *dijo*: Marchaos al monte, para que 559
2.17 *dijeron*: Nosotros quedaremos libres de 559
2.21 respondió: Sea así como habéis *dicho* 559
2.24 y *dijeron* a Josué: Jehová ha entregado 559
3.3 y mandaron al pueblo, *diciendo*: Cuando 559
3.5 Josué *dijo* al pueblo: Santificaos, porque 559
3.6 habló Josué a...*diciendo*: Tomad el arca 559
3.7 *dijo* a Josué: Desde este día comenzaré a 559
3.8 mandarás a los sacerdotes que...*diciendo* 559
3.9 y Josué *dijo* a los...de Israel: Acercaos 559
4.1 Jordán, Jehová habló a Josué, *diciendo* 559
4.3 mandadles, *diciendo*: Tomad...del Jordán 559
4.5 les *dijo* Josué: Pasad delante del arca 559
4.6 *diciendo*: ¿Qué significan estas piedras? 559
4.8 hicieron...Jehová lo había *dicho* a Josué 1696
4.10 mandado a Josué que *dijese* al pueblo 1696
4.12 pasaron...según Moisés les había *dicho* 1696
4.15 luego Jehová habló a Josué, *diciendo* 559
4.17 mandó a los...*diciendo*: Subid del Jordán 559
4.21 habló a los hijos de Israel, *diciendo* 559
4.21 preguntaren vuestros hijos...y *dijeren* 559
4.22 declararéis...*diciendo*: Israel pasó en 559
5.2 *dijo* a Josué: Hazte cuchillos afilados 559
5.9 Jehová *dijo* a Josué: Hoy he quitado de 559
5.13 Josué...le *dijo*: ¿Eres de los nuestros 559
5.14 Josué...le *dijo*: ¿Qué dice mi Señor a su 559
6.2 *dijo* a Josué: Mira, yo he entregado en tu 559
6.6 llamando...sacerdotes, les *dijo*: Llevad 559
6.7 y *dijo* al pueblo: Pasad, y rodead la 559
6.10 mandó al pueblo, *diciendo*, no gritaréis 559
6.10 hasta el día que yo os *diga*: Gritad 559
6.16 Josué *dijo* al pueblo: Gritad, porque 559
6.22 Josué *dijo* a los dos hombres que habían 559
6.26 en...hizo Josué un juramento, *diciendo* 559
7.2 Josué envió hombres...*diciendo*: Subid y 559
7.3 volviendo a Josué, le *dijeron*: No suba 559
7.7 Josué *dijo*: ¡Ah, Señor Jehová! ¿Por qué 559
7.8 ¿qué *diré*, ya que Israel ha vuelto la 559
7.10 Jehová *dijo* a Josué: Levántate; ¿por qué 559
7.13 levántate, santifica...y *dí*: Santificaos 559
7.13 Jehová el Dios de...*dice* así: Anatema hay 559
7.19 Josué *dijo* a Acán: Hijo mío, da gloria 559
7.20 respondió a Josué *diciendo*...yo he pecado 559
7.25 le *dijo* Josué: ¿Por qué nos has turbado? 559
8.1 *dijo* a Josué: No temas ni desmayes; toma 559
8.4 *diciendo*: Atended, pondréis emboscada a 559
8.6 ellos saldrán...*dirán*: Huyen de nosotros 559
8.18 Jehová *dijo* a Josué: Extiende la lanza 559
9.6 vinieron...y le *dijeron* a él y a...Israel 559
9.8 Josué les *dijo*: ¿Quiénes sois vosotros 559
9.11 nuestros ancianos...nos *dijeron*: Tomad 559
9.11 id...y *decidles*...somos vuestros siervos 559
9.21 *dijeron* los príncipes: Dejadlos vivir 559
9.22 ¿por qué nos habéis engañado, *diciendo* 559
9.24 *dijeron*: Como fue dado a entender a tus 559
10.3 Adonisedec rey...envió a Hoham...*diciendo* 559
10.6 de Gabaón enviaron a *decir* a Josué al 559
10.8 Jehová *dijo* a Josué: No tengas temor de 559
10.12 y *dijo* en presencia de los israelitas 559
10.18 Josué *dijo*: Rodad grandes piedras a la 559
10.22 entonces *dijo* Josué: Abrid la...cueva 559
10.24 y *dijo* a los principales de la gente 559
10.25 y Josué les *dijo*: No temáis, ni os 559
11.6 Jehová *dijo* a Josué: No tengas temor de 559
11.23 todo lo que Jehová había *dicho* a Moisés 1696
13.1 Jehová le *dijo*: Tú eres ya viejo, de 559
13.14,33 su heredad, como él les había *dicho* 1696
14.6 Caleb...*dijo*: Tú sabes lo que Jehová *d* a 559
14.9 juró *diciendo*: Ciertamente la tierra que 559
14.10 me ha hecho vivir, como él *dijo*, estos 1696
14.12 y los echaré, como Jehová ha *dicho* 1696
15.16 *dijo* Caleb: Al que atacare...le daré mi 559
15.18 se bajó...Y Caleb le *dijo*: ¿Qué tienes? 559
17.4 éstas vinieron...y *dijeron*: Jehová mandó 559
17.14 los hijos de José...hablaron...*diciendo* 559
17.16 hijos de José *dijeron*: No nos bastará 559
17.17 Josué respondió...a Manasés, *diciendo* 559
18.3 *dijo* a...de Israel: ¿Hasta cuándo seréis 559
18.8 mandó Josué...*diciéndoles*: Id, recorred 559
20.1 habló Jehová a Josué, *diciendo* 559
20.2 habla a...y *diles*: Señalaos las ciudades 559
21.2 les hablaron en...*diciendo*: Jehová mandó 559
22.2 les *dijo*: Vosotros habéis guardado todo 559
22.8 les habló *diciendo*: Volved a vuestras 559
22.11 oyeron *decir* que los hijos de Rubén y 559
22.15 fueron a los hijos de Rubén...*diciendo* 559
22.16 toda la congregación de...*dice* así: ¿Qué 559
22.21 hijos de Gad...*dijeron* a los cabezas de 1696
22.24 hijos *digan* a nuestros hijos: ¿Qué tenéis 559
22.26 *dijimos*: Edifiquemos ahora un altar, no 559
22.27 y no *digan* mañana vuestros hijos a los 559
22.28 *dijimos*: Si aconteciere que tal *digan* 559
22.31 y *dijo* Finees...a los hijos de Rubén, a 559
23.2 les *dijo*: Yo ya soy viejo y avanzado en 559
23.5 poseeréis sus...como Jehová...os ha *dicho* 1696
23.10 Dios es quien pelea...como él os *dijo* 1696
23.14 las buenas palabras que...había *dicho* 1696
23.15 palabra buena que Jehová...había *dicho* 1696
24.2 y dijo Josué...Así *dice* Jehová, Dios de 559
24.16 el pueblo...*dijo*: Nunca tal acontezca 559
24.19 Josué *dijo* al pueblo: No podréis servir 559
24.21 el pueblo...*dijo* a Josué: No, sino que 559
24.27 *dijo* Josué a todo el pueblo: He aquí 559
Jue 1.1 *diciendo*: ¿Quién de nosotros subirá 559
1.3 y Judá *dijo* a Simeón su hermano: Sube 559
1.7 *dijo* Adoni-bezec: 70 reyes, cortados los 559
1.12 *dijo* Caleb: El que atacare...le daré Acsa 559
1.14 se bajó...y Caleb le *dijo*: ¿Qué tienes? 559
1.20 dieron Hebrón...como Moisés había *dicho* 1696
1.24 vieron a un hombre que salía...le *dijeron* 559
2.1 el ángel de Jehová...*dijo*: Yo os saqué de 559
2.1 jurado...*diciendo*: No invalidaré jamás mi 559
2.3 también *digo*: No los echaré de delante 559
2.15 para mal, como Jehová había *dicho*, y 1696
2.20 y *dijo*: Por cuanto este pueblo traspasa 559
3.19 él se volvió...y *dijo*: Rey, una palabra 559
3.19 una palabra...que *decirte*. El...*dijo*: Calla 559
3.20 Aod *dijo*: Tengo palabra de Dios para ti 559
3.24 *dijeron*: Sin duda él cubre sus pies en 559
3.28 él les *dijo*: seguidme, porque Jehová 559
4.6 a llamar a Barac...y le *dijo*: ¿No te ha 559
4.6 ¿no te ha mandado Jehová Dios...*diciendo* 559
4.9 *dijo*: Iré contigo; mas no será tuya la 559
4.14 Débora *dijo* a Barac: Levántate, porque 559
4.18 saliendo Jael a...*dijo*: Ven, señor mío 559
4.19 él le *dijo*: Te ruego me des de beber un 559
4.20 le *dijo*: Estate a la puerta de la tienda 559
4.20 preguntaré, *diciendo*: ¿Hay aquí alguno? 559
4.22 Jael salió a recibirlo, y le *dijo*: Ven 559
5.1 cantó Débora con Barac hijo de...*diciendo* 559
5.23 maldecid a Meroz, *dijo* el ángel de 559
5.28 por entre las celosías...*dice*: ¿Por qué 2980
6.8 profeta...les *dijo*: Así ha *dicho* Jehová 559
6.10 y os *dije*: Yo soy Jehová vuestro Dios 559
6.12 el ángel de Jehová...apareció, y le *dijo* 559
6.13 contado, *diciendo*: ¿No nos sacó Jehová 559
6.14 Jehová, le *dijo*: Vé con esta tu fuerza 559
6.16 le *dijo*: Ciertamente yo estaré contigo 559
6.20 el ángel de Dios le *dijo*: Toma la carne 559
6.22 viendo, que era el ángel de Jehová, *dijo* 559
6.23 le *dijo*: Paz a ti; no tengas temor, no 559
6.25 la misma noche le *dijo* Jehová: Toma un 559
6.27 tomó diez...e hizo como Jehová le *dijo* 1696
6.29 *dijeron* unos a otros: ¿Quién ha hecho 559
6.29 e inquiriendo, les *dijeron*: Gedeón hijo 559
6.36 Gedeón *dijo* a Dios: Si has de salvar a 559
6.37 que salvarás a Israel...como lo has *dicho* 1696
6.39 Gedeón *dijo* a Dios: No se encienda tu 559
7.2 Jehová *dijo* a Gedeón: El pueblo...es mucho 559
7.2 alabe...*diciendo*: Mi mano me ha salvado 559
7.3 haz pregonar...*diciendo*: Quien tema y se 559
7.4 *dijo* a Gedeón: Aún es mucho el pueblo 559
7.4 yo te *diga*: Vaya éste...te *d*: Este no vaya 559
7.5 *dijo* a Gedeón: Cualquiera que lamiere las 559
7.7 *dijo* a Gedeón: Con estos 300 hombres que 559
7.9 aquella noche Jehová le *dijo*: Levántate 559
7.13 contando...un sueño, *diciendo*: He aquí 559
7.14 y su compañero...*dijo*: Esto no es otra 559
7.15 vuelto al campamento...*dijo*: Levantaos 559
7.17 *dijo*: Miradme a mí, y haced como hago 559
7.18 tocaréis...*diréis*: ¡Por Jehová y...Gedeón 559
7.24 Gedeón...envió mensajeros por...*diciendo* 559
8.1 los...de Efraín le *dijeron*: ¿Qué es esto 559
8.5 y *dijo* a los de Sucot: Yo os ruego que 559
8.7 Gedeón *dijo*...trillaré vuestra carne con 559
8.8 subió a...y les *dijo* las mismas palabras 1696
8.9 habló también a los de Peniel, *diciendo* 559
8.15 y entrando...*dijo*: He aquí a Zeba y a 559
8.15 me zaheristeis, *diciendo*: ¿Están ya en 559
8.18 *dijo* a Zeba y a Zalmuna: ¿Qué aspecto 559
8.19 y él *dijo*: Mis hermanos eran, hijos de 559
8.20 *dijo* a Jeter su primogénito: Levántate 559
8.21 *dijeron* Zeba y Zalmuna: Levántate tú y 559
8.22 y los israelitas *dijeron* a Gedeón: Sé 559
8.24 y les *dijo* Gedeón: Quiero haceros una 559
9.1 Abimelec...habló con ellos, y...*diciendo* 559
9.2 *digáis* en oídos de todos los de Siquem 1696
9.3 de Abimelec...*decían*: Nuestro hermano es 559
9.7 cuando se lo *dijeron* a Jotam, fue y se 5046
9.7 y les *dijo*: Oídme, varones de Siquem, y 559
9.8 *dijeran* al olivo: Reina sobre nosotros 559
9.10 *dijeron* los árboles a la higuera: Anda 559
9.12 *dijeron* luego los árboles a la vid: Pues 559
9.14 *dijeron*...todos los árboles a la zarza 559
9.28 Gaal...*dijo*: ¿Quién es Abimelec, y qué 559
9.29 *diría* a Abimelec: Aumenta tus ejércitos 559
9.31 mensajeros...*diciendo*: He aquí que Gaal 559
9.36 viendo Gaal al pueblo, *dijo* a Zebul: He 559
9.37 volvió Gaal a hablar, y *dijo*: He allí 559
9.38 boca con que *decías*: ¿Quién es Abimelec 559
9.48 *diciendo* al pueblo que estaba con él 559
9.54 a su escudero...*dijo*...no se diga de mí 559
10.10 clamaron a Jehová, *diciendo*: Nosotros 559
10.18 *dijeron*...¿Quién comenzará la batalla 559
11.2 fuera a Jefté, *diciéndole*: No heredarás 559
11.6 y *dijeron* a Jefté: Ven, y serás...Jefe 559
11.9 Jefté...*dijo* a los ancianos de Galaad: Si 559
11.10 testigo...si no hiciéremos como tú *dices* 559
11.12 envió Jefté mensajeros al rey...*diciendo* 559
11.15 para *decirle*: Jefté ha *dicho* así: Israel 559
11.17 mensajeros al rey de Edom, *diciendo* 559
11.19 a Sehón rey...*diciéndole*: Te ruego que 559
11.30 Jefté hizo voto a Jehová, *diciendo*: Si 559
11.35 la vio, rompió sus vestidos, *diciendo* 559
11.37 volvió a *decir* a su padre: Concédeme 559
11.38 él entonces *dijo*: Vé. Y la dejó por dos 559
12.1 y pasaron...y *dijeron* a Jefté: ¿Por qué 559
12.4 habían *dicho*: Vosotros sois fugitivos de 559
12.5 cuando *decían* los fugitivos de Efraín 559
12.6 *decían*: Ahora, pues, dí Shibolet. Y él 559
12.6 y él *decía* Sibolet; porque no podía 559
13.3 le *dijo*: He aquí que tú eres estéril, y 559
13.6 *diciendo*: Un varón de Dios vino a mí 559
13.6 un ángel...tampoco él me *dijo* su nombre 5046
13.7 y me *dijo*: He aquí que tú concebirás, y 559
13.8 oró Manoa...y *dijo*: Ah, Señor mío, yo te 559
13.10 la mujer corrió...*diciéndole*: Mira que 559
13.11 le *dijo*: ¿Eres tú aquel...Y él *d*: Yo soy 559
13.12 *dijo*: Cuando tus palabras se cumplan 559
13.13 se guardará de...las cosas que yo le *dije* 559
13.15 Manoa *dijo* al ángel de...Te ruego nos 559
13.17 *dijo* Manoa al ángel...¿Cuál es tu nombre 559
13.22 y *dijo* Manoa a...Ciertamente moriremos 559
14.2 *diciendo*...he visto en Tinmat una mujer 559
14.3 *dijeron*: ¿No hay mujer entre las hijas 559
14.12 Sansón les *dijo*: Yo os propondré ahora 559
14.14 les *dijo*: Del devorador salió comida 559
14.15 *dijeron* a la mujer de Sansón: Induce a 559
14.16 lloró...y *dijo*: Solamente me aborreces 559
14.18 le *dijeron*: ¿Qué cosa más dulce que la 559
15.1 visitó a su mujer...*diciendo*: Entraré a 559
15.2 y *dijo* el padre de ella: Me persuadí de 559
15.3 le *dijo* Sansón: Sin culpa seré esta vez 559
15.6 *dijeron* los filisteos: ¿Quién hizo esto? 559
15.7 Sansón...*dijo*: Ya que así habéis hecho 559
15.10 *dijeron*: ¿Por qué habéis subido contra 559
15.11 vinieron tres mil...y *dijeron* a Sansón 559
15.12 le *dijeron*...hemos venido para prenderte 559
15.13 *diciendo*: No; solamente te prenderemos 559
15.18 teniendo gran sed, clamó luego...y *dijo* 559
16.2 fue *dicho* a los de Gaza; Sansón ha venido 559
16.2 *diciendo*: Hasta la luz de la mañana 559
16.5 los príncipes de...le *dijeron*: Engáñale e 559
16.6 y Dalila *dijo* a Sansón: Yo te ruego que 559
16.9,12,14,20 le *dijo*: ¡Sansón, los filisteos 559
16.10 Dalila *dijo* a Sansón...me has engañado 559

16.10 me has *dicho* mentiras; descúbreme, pues.... 1696
16.11 él le *dijo*: Si me ataren... con cuerdas.......... 559
16.13 y Dalila *dijo* a Sansón: Hasta ahora me 559
16.13 le *dijo*: Si tejieres siete guedejas de........... 559
16.15 ella le *dijo*: ¿Cómo *dices*: Yo te amo........... 559
16.17 le *dijo*: Nunca a mi cabeza llegó navaja 559
16.18 envió a llamar a los... *diciendo*: Venid......... 559
16.20 *dijo*: Esta vez saldré como las otras............ 559
16.23 *dijeron*: Nuestro dios entregó... Sansón........ 559
16.24 alabaron a su dios, *diciendo*: Nuestro 559
16.25 *dijeron*: Llamad a Sansón, para que nos....... 559
16.26 Sansón *dijo* al joven que le guiaba de 559
16.28 clamó Sansón a Jehová, y *dijo*: Señor 559
16.30 *dijo* Sansón: Muera yo con los filisteos 559
17.2 *dijo* a su madre: Los mil cien siclos de 559
17.2 la madre *dijo*: Bendito seas de Jehová.......... 559
17.3 su madre *dijo*: En verdad he dedicado el......... 559
17.9 Micaía le *dijo*: ¿De dónde vienes? Y el 559
17.10 Micaía le *dijo*: Quédate en mi casa, y.......... 559
17.13 Micaía *dijo*... que Jehová me prosperará...... 559
18.2 y les *dijeron*: Id y reconoced la tierra........... 559
18.3 *dijeron*: ¿Quién te ha traído acá? ¿y qué 559
18.5 ellos le *dijeron*: Pregunta... a Dios, para 559
18.8 sus hermanos les *dijeron*: ¿Qué hay?........... 559
18.14 aquellos cinco hombres... *dijeron* a sus........ 559
18.18 y el sacerdote les *dijo*: ¿Qué hacéis............ 559
18.23 y *dijeron* a Micaía: ¿Qué tienes, que........... 559
18.24 ¿por qué, pues, me *decís*: ¿Qué tienes?......... 559
18.25 los... de Dan le *dijeron*: No des voces 559
19.5,6 8,9 el padre de la joven *dijo*.................. 559
19.11 *dijo* el criado a su señor: Ven ahora, y......... 559
19.12 no iremos a ninguna... *dijo* a su criado 559
19.17 vio a aquel caminante en la... y le *dijo*......... 559
19.20 el hombre anciano *dijo*: Paz sea contigo....... 559
19.22 al anciano... *diciendo*: Saca al hombre 559
19.23 salió... el dueño de la casa y les *dijo*........... 559
19,28 *dijo*: Levántate, y vámonos; pero ella 559
19.30 el que vela... *decía*: Jamás se ha hecho 559
20.3 y *dijeron*... Decid cómo fue esta maldad 559
20.4 el varón levita... *dijo*: Yo llegué a Gabaa........ 559
20.8 todo el pueblo... se levantó, y *dijeron* 559
20.12 de Israel enviaron varones... *diciendo*.......... 559
20.18 consultaron a Dios, *diciendo*: ¿Quién 559
20.23 consultaron... *diciendo*: ¿Volveremos a......... 559
20.28 *dijeron*: ¿Volveremos aún a salir contra 559
20.28 Jehová *dijo*: Subid, porque mañana yo 559
20.32 los... de Benjamín *decían*: Vencidos son 559
20.32 los hijos de Israel *decían*: Huiremos 559
20.39 *decían*: Ciertamente ellos han caído............ 559
21.1 *diciendo*: Ninguno... dará su hija a los........... 559
21.2 alzando su voz... gran... Manto, y *dijeron*....... 559
21.5 y *dijeron* los hijos de Israel: ¿Quién............. 559
21.5 juramento... *diciendo*: Sufrirá la muerte 559
21.6 y *dijeron*: Cortada es hoy de Israel una......... 559
21.8 *dijeron*: ¿Hay alguno de las tribus de 559
21.10 y les mandaron, *diciendo*: Id y herid a.......... 559
21.16 los ancianos de... *dijeron*: ¿Qué haremos...... 559
21.17 y *dijeron*: Tenga Benjamín herencia en......... 559
21.18 jurado *diciendo*: Maldito el que diere........... 559
21.19 *dijeron*... cada año hay fiesta solemne de...... 559
21.20 *diciendo*: Id, y poned emboscadas en las....... 559
21.22 nosotros... *diremos*: Hacednos la merced 559
Rt 1.8 y Noemí *dijo* a sus dos nueras... volveos 559
1.10 le *dijeron*: Ciertamente nosotras iremos........ 559
1.12 *dijese*: Esperanza tengo, y esta noche........... 559
1.15 Noemí *dijo*... tu cuñada se ha vuelto a su 559
1.18 estaba tan resuelta a ir... no *dijo* más 1696
1.19 conmovió... y *decían*: ¿No es ésta Noemí?....... 559
2.2 y Rut la moabita *dijo* a Noemí: Te ruego.......... 559
2.4 Booz vino de Belén, y *dijo* a... segadores......... 559
2.5 Booz *dijo* a su criado el mayordomo de los 559
2.6 *dijo*: Es la joven moabita que volvió con.......... 559
2.7 ha *dicho*: Te ruego que me dejes recoger 559
2.8 entonces Booz *dijo* a Rut: Oye, hija mía.......... 559
2.10 le *dijo*: ¿Por qué he hallado gracia en........... 559
2,11 Booz le *dijo*:He sabido... que has hecho.......... 559
2.13 ella *dijo*: Señor mío, halle yo gracia 559
2.14 y Booz le *dijo* a la hora de comer: Ven.......... 559
2.15 Booz mandó a sus... *diciendo*: Que recoja....... 559
2.19 le *dijo* su suegra: ¿Dónde has espigado......... 559
2.19 *dijo*: El nombre del varón con... es Booz 559
2.20 *dijo* Noemí a su nuera: Sea él bendito de 559
2.20 *dijo* Noemí: Nuestro pariente es aquel........... 559
2.21 Rut... *dijo*: Además de esto me ha *dicho* 559
3.1 le *dijo* su suegra Noemí: Hija mía, ¿no he 559
3.4 irás... y él te *dirá* lo que hayas de hacer 5046
3.9 él *dijo*: ¿Quién eres? y ella respondió 559
3.10 *dijo*: Bendita seas tú de Jehová, hija 559
3.11 no temas... haré contigo lo que tú *digas* 559
3.14 él *dijo*: No se sepa que y ¡no mujer a la 559
3.15 *dijo*: Quítate el manto que traes sobre.......... 559
3.16 su suegra... le *dijo*: ¿Qué hay, hija mía?......... 559
3.17 y *dijo*: Estas seis medidas de cebada me 559
3.17 *diciéndome*: A fin de que no vayas a tu 559
3.18 Noemí *dijo*: Espérate, hija mía, hasta 559
4.1 he aquí pasaba aquel pariente... y le *dijo* 559
4.2 él tomó a diez varones... y *dijo*: Sentaos 559
4.3 *dijo* al pariente: Noemí, que ha vuelto 559
4.4 y *decirte* que la compres en presencia de 559
4.8 el pariente *dijo* a Booz: Tómalo tú... Y se.......... 559
4.9 Booz *dijo* a los ancianos y a... el pueblo.......... 559
4.11 *dijeron*... los del pueblo que estaban a 559
4.14 *decían* a Noemí: Loado sea Jehová, que.......... 559
4.17 le dieron nombre... *diciendo*: Le ha nacido 559
1 S 1.8 marido le *dijo*: Ana, ¿por qué lloras 559
1.11 e hizo voto, *diciendo*... si te dignares 559
1.14 *dijo* Elí: ¿Hasta cuándo estarás ebria?.......... 559
1.15 y Ana le respondió *diciendo*: No, señor 559
1.17 *dijo*: Vé en paz, y el Dios de Israel te........... 559
1.18 *dijo*: Halle tu sierva gracia delante de 559
1.20 y le puso por nombre Samuel, *diciendo*......... 559
1.22 *dijo* a su marido Yo no subiré hasta que........ 559
1.26 ella *dijo*: ¡Oh, señor mío! Vive tu alma 559
2.1 Ana oró y *dijo*: Mi corazón se regocija........... 559
2.15 *decía* al que sacrificaba: Da carne que 559
2.20 bendijo a Elcana... *diciendo*: Jehová te.......... 559
2.23 *dijo*: ¿Por qué hacéis cosas semejantes?........ 559
2.27 a Elí, y le *dijo*: Así ha *dicho* Jehová 559
2.30 Jehová... *dice*: Yo había *dicho* que tu casa... 5002,559
2.30 ahora ha *dicho* Jehová: Nunca yo tal haga 5002
2.36 postrarse... *diciéndole*: Te ruego que me........ 559
3.5 a Elí, *dijo*: Heme aquí... Elí le *d*: Yo no............ 559
3.6 Samuel... *dijo*: Heme aquí... él *d*: Hijo mío........ 559
3.8 levantó y vino a Elí, y *dijo*: Heme aquí 559
3.9 *dijo* Elí a Samuel: Vé, y acuéstate; y si 559
3.9 te llamare, *dirás*: Habla, Jehová, porque 559
3.10 entonces Samuel *dijo*: Habla, porque tu 559
3.11 Jehová *dijo* a Samuel: He aquí haré yo 559
3.12 cumpliré... todas las cosas que he *dicho* 1696
3.16 llamando, pues, Elí a Samuel, le *dijo* 559
3.17 *dijo*: ¿Qué es la palabra que te habló?.......... 559
3.18 entonces él *dijo*: Jehová es; haga lo que......... 559
4.3 los ancianos... *dijeron*: ¿Por qué nos ha......... 559
4.6 *dijeran*: ¿Qué voz de gran júbilo es esta.......... 559
4.7 *decían*: Ha venido Dios... *dijeron*: ¡Ay de 559
4.14 cuando Elí oyó el estruendo de la... *dijo* 559
4.16 *dijo*, pues, aquel hombre... Elí *d*: ¿Qué ha....... 559
4.17 respondió *diciendo*: Israel huyó delante 559
4.20 le *decían* las que estaban junto a ella.......... 1696
4.21 llamó... Icabod, *diciendo*: ¡Traspasada es 559
4.22 *dijo*... Traspasada es la gloria de Israel.......... 559
5.7 *dijeron*: No quede con nosotros el arca 559
5.8 convocaron... y les *dijeron*: ¿Qué haremos....... 559
5.10 los ecronitas dieron voces, *diciendo*: Han........ 559
5.11 y reunieron a... los príncipes... *diciendo* 559
6.3 *dijeron*: Si enviáis el arca del Dios de 559
6.4 ellos *dijeron*: ¿Y qué será la expiación 559
6.20 *dijeron* los de Bet-semes: ¿Quién podrá......... 559
6.21 *diciendo*: Los filisteos han devuelto el........... 559
7.3 habló Samuel... *diciendo*: Si de... corazón........ 559
7.5 y Samuel *dijo*: Reunid a todo Israel en........... 559
7.6 *dijeron* allí: Contra Jehová hemos pecado 559
7.8 *dijeron*... a Samuel: No ceses de clamar por 559
7.12 *diciendo*: Hasta aquí nos ayudó Jehová.......... 559
8.5 y le *dijeron*: He aquí tú has envejecido 559
8.6 pero no agradó a Samuel esta... que *dijeron*..... 559
8.7 *dijo* Jehová a Samuel: Oye... que te *digan*........ 559
8.11 *dijo*... Así hará el rey que reinará sobre 559
8.19 no quiso oír... y *dijo*... habrá rey sobre 559
8.22 *dijo*... Oye su voz, y pon rey sobre ellos......... 559
8.22 *dijo* Samuel... Idos cada uno a vuestra.......... 559
9.3 *dijo* Cis a Saúl su hijo... vé a buscar a............ 559
9.5 Saúl *dijo* a su criado... Ven, volvámonos 559
9.6 todo lo que él *dice* acontece sin falta........... 1696
9.8 volvió el criado a responder... *diciendo* 559
9.9 iba a consultar a Dios, *decía* así: Venid 559
9.10 *dijo*... Saúl su criado: *Dices* bien; anda......... 559
9.11 a las cuales *dijeron*: ¿Está... vidente? 559
9.12 ellas... *dijeron*: Sí, helo allí delante 559
9.15 Jehová había revelado al oído... *diciendo*....... 559
9.17 Jehová le *dijo*: He aquí éste es el varón........ 6030
9.18 acercándose Saúl... le *dijo*: Te ruego que 559
9.19 Samuel respondió... *diciendo*: Yo soy el......... 559
9.21 *dijo*: ¿No soy yo hijo de Benjamín, de 559
9.21 ¿por qué... me has *dicho* cosa semejante? 1696
9.23 y *dijo* Samuel al cocinero: Trae acá la 559
9.24 Samuel *dijo*... se te guardó, cuando *dije* 559
9.26 Samuel llamó a Saúl... y *dijo*: Levántate 559
9.27 *dijo* Samuel a Saúl: *Dí* al criado que se 559
10.1 y te *dijo*: ¿No te ha ungido Jehová por 559
10.2 hallarás dos hombres... *dirán*: Las asnas 559
10.2 *diciendo*: ¿Qué haré acerca de mi hijo?.......... 559
10.11 el pueblo *decía*... ¿Qué le ha sucedido al....... 559
10.12 de allí respondió *diciendo*: ¿Y quién es 559
10.14 un tío de Saúl *dijo* a él y a su criado 559
10.15 *dijo* el tío de Saúl: Yo te ruego me 559
10.15 ruego me declares qué os *dijo* Samuel.......... 559
10.18 y *dijo* a... Israel: Así ha *dicho* Jehová 559
10.19 y habéis *dicho*: No, sino pon rey sobre.......... 559
10.24 Samuel *dijo*... ¿Habéis visto al que ha 559
10.24 el pueblo clamó... *diciendo*: ¡Viva el rey!....... 559
10.27 algunos perversos *dijeron*: ¿Cómo nos ha 559
11.1 los de Jabes *dijeron*... Haz alianza con 559
11.3 los de Jabes le *dijeron*: Danos siete días 559
11.4 *dijeron* estas palabras en oídos... pueblo 1696
11.5 y *dijo* Saúl: ¿Qué tiene el pueblo, que........... 559
11.7 *diciendo*: Así se hará con los bueyes del 559
11.9 *diréis* a los de Jabes de Galaad: Mañana 559
11.10 los de Jabes *dijeron* a los enemigos............ 559
11.12 el pueblo... *dijo* a Samuel: ¿Quiénes son 559
11.12 son los que *decían*: ¿Ha de reinar Saúl 559
11.13 y Saúl *dijo*: No morirá hoy ninguno 559
11.14 Samuel *dijo* al pueblo: Venid, vamos a......... 559
12.1 *dijo* Samuel a todo Israel: He aquí, yo 559
12.4 *dijeron*: Nunca nos has calumniado ni........... 559
12.5 él les *dijo*: Jehová es testigo contra 559
12.6 *dijo* al pueblo: Jehová, que... es testigo.......... 559
12.10 ellos clamaron... y *dijeron*: Hemos pecado..... 559
12.12 *dijisteis*: No, sino que ha de reinar............. 559
12.19 *dijo* todo el pueblo a Samuel: Ruega por........ 559
13.3 trompeta... *diciendo*: Oigan los hebreos 559
13.4 oyó que se *decía*: Saúl ha atacado a la.......... 559
13.8 conforme al plazo... Samuel había *dicho*
13.11 Samuel *dijo*: ¿Qué has hecho? Y Saúl............ 559
13.12 *dije*: Ahora descenderán los filisteos............ 559
13.13 Samuel *dijo* a Saúl: Locamente has hecho 559
13.19 los filisteos habían *dicho*: Para que los 559
14.1 Jonatán... *dijo* a su criado que le traía........... 559
14.6 *dijo*... Jonatán a su paje... Ven, pasemos a...... 559
14.8 *dijo* entonces Jonatán: Vamos a pasar a......... 559
14.9 si nos *dijeren* así: Esperad hasta que 559
14.10 si nos *dijeren* así: Subid a nosotros 559
14.11 filisteos *dijeron*: He aquí los hebreos 559
14.12 *dijeron*: Subid a nosotros... dijo... Sube 559
14.17 Saúl *dijo*... Pasad ahora revista, y ved 559
14.18 y Saúl *dijo* a Ahías: Trae el arca de............ 559
14.19 *dijo* Saúl al sacerdote: Detén tu mano 559
14.24 juramentado... *diciendo*: Cualquiera que 559
14.28 *diciendo*: Tu padre ha hecho jurar... *d*......... 559
14.33 *diciendo*: El pueblo peca... y él *dijo* 559
14.34 *dijo* Saúl: y *decidles* que me traigan 559
14.36 *dijo* Saúl: Descendamos de noche contra 559
14.36 *dijeron*: Haz lo que bien te pareciere 559
14.36 *dijo*... el sacerdote: Acerquémonos aquí 559
14.38 *dijo* Saúl: Venid acá... los principales.......... 559
14.40 *dijo* luego a todo Israel: Vosotros.............. 559
14.41 *dijo* Saúl a Jehová... Da suerte perfecta 559
14.42 Saúl *dijo*: Echad suertes entre mí Y............ 559
14.43 Saúl *dijo* a Jonatán: Declárame lo que......... 559
14.43 y Jonatán... *dijo*... gusté un poco de miel 559
14.45 el pueblo *dijo* a Saúl: ¿Ha de morir 559
15.1 Samuel *dijo* a Saúl: Jehová me envió a 559
15.2 ha *dicho* Jehová... Yo castigaré... Amalec 559
15.6 *dijo* Saúl a los ceneos: Idos, apartaos 559
15.10 palabra de Jehová a Samuel, *diciendo* 559
15.12 dado aviso a Samuel, *diciendo*: Saúl 559
15.13 vino... Samuel a Saúl, y Saúl le *dijo*............ 559
15.14 Samuel... *dijo*: ¿Pues qué balido de ovejas 559
15.16 *dijo* Samuel... lo que Jehová me ha *dicho* 559
15.16 déjame declararte... él le respondió: *Dí*......... 559
15.17 y *dijo* Samuel: Aunque eras pequeño en 559
15.18 Jehová te envió... y *dijo*: Vé, destruye 559
15.22 *dijo*: ¿Se complace Jehová tanto en los 559
15.24 *dijo* a Samuel: Yo he pecado; pues he........... 559
15.28 Samuel le *dijo*: Jehová ha rasgado hoy 559
15.30 *dijo*: Yo he pecado; pero te ruego que 559
15.32 *dijo* Samuel: Traedme a Agag... Y *d* Agag 559
15.33 Samuel *dijo*: Como tu espada dejó a las 559
16.1 *dijo* Jehová a Samuel: ¿Hasta cuándo 559
16.2 y *dijo* Samuel: ¿Cómo iré? Si Saúl lo............ 559
16.2 toma... una becerra de la... y *dí*: A ofrecer....... 559
16.3 llama a... y me ungirás al que yo te *dijere*....... 559
16.4 hizo, pues, Samuel como le *dijo* Jehová 559
16.4 salieron a recibirle con... y *dijeron*: ¿Es........ 559
16.6 *dijo*: De cierto delante de Jehová está 559
16.8,9 *dijo*: Tampoco a éste ha escogido 559
16.10 pero Samuel *dijo* a Isaí: Jehová no ha 559
16.11 *dijo* Samuel a Isaí: ¿Son éstos todos 559
16.11 y *dijo* Samuel a Isaí: Envía por él 559
16.12 *dijo*: Levántate y úngelo, porque éste 559
16.15 los criados de Saúl le *dijeron*: He aquí 559
16.16 *diga*... nuestro señor a tus siervos que.......... 559
16.18 *diciendo*... yo he visto a un hijo de Isaí......... 559
16.19 Saúl envió mensajeros a Isaí, *diciendo* 559
16.22 a *decir* a Isaí... que esté David conmigo 559
17.8 y dio voces... *diciéndoles*: ¿Para qué os 559
17.17 *dijo* Isaí a David su hijo: Toma ahora 559
17.25 *decía*: ¿No habéis visto aquel hombre 559
17.26 habló David... *diciendo*: ¿Qué harán al......... 559
17.27 el pueblo le respondió... *diciendo*: Así 559
17.28 y *dijo*: ¿Para qué has descendido acá?.......... 559
17.31 las palabras que David había *dicho*, Y 1696
17.32 y *dijo* David a Saúl: No desmaye el 559
17.33 y *dijo* Saúl a David: No podrás tú ir 559
17.37 *dijo* Saúl a David: Vé, y Jehová esté 559
17.39 *dijo* David a Saúl: Yo no puedo andar 559
17.43 y *dijo* el filisteo a David: ¿Soy yo.............. 559
17.44 *dijo* luego el filisteo a David: Ven a............ 559
17.45 *dijo* David al filisteo: Tú vienes a mí 559
17.55 cuando Saúl vio... *dijo* a Abner general 559
17.56 el rey *dijo*: Pregunta de quién es hijo 559
17.58 le *dijo* Saúl: Muchacho, ¿de quién eres 559
18.7 cantaban... y *decían*: Saúl hirió a... miles 559
18.8 se enojó Saúl... y *dijo*: A David dieron 559
18.11 arrojó... la lanza, *diciendo*: Enclavaré 559
18.17 *dijo* Saúl a David... yo te daré Merab mi........ 559
18.17 Saúl *decía*: No será mi mano contra él 559
18.20 fue *dicho* a Saúl, y le pareció bien a.......... 5046
18.21 Saúl *dijo*: Yo se la daré, para que le 559
18.21 *dijo*... Saúl a David por segunda vez: Tú......... 559
18.22 hablad en secreto a David, *diciéndole* 559
18.23 David *dijo*: ¿Os parece a vosotros que.......... 559
18.24 *diciendo*: Tales palabras ha *dicho* David 559
18.25 Saúl *dijo*: *Decid* así a David: El rey no 559
19.2 y dio aviso a David, *diciendo*: Saúl mi........... 559
19.4 Jonatán... *dijo*: No peque el rey contra la......... 559
19.11 Mical su mujer avisó a David, *diciendo* 559
19.15 que viesen a David, *diciendo*: Traédmelo 559
19.17 *dijo* a Mical: ¿Por qué me has engañado......... 559
19.17 *dijo*: Déjame ir; si no, yo te mataré 559
19.18 le *dijo* todo lo que Saúl había hecho 5046
19.19 dado aviso a Saúl, *diciendo*... en Naiot 559
19.22 preguntó *diciendo*: ¿Dónde están... David 559
19.24 de aquí se *dijo*: ¿También Saúl entre 559
20.1 y *dijo*: ¿Qué he hecho yo? ¿Cuál es mi 559
20.2 le *dijo*: En ninguna manera; no morirás 559
20.3 volvió a jurar *diciendo*: Tu padre sabe........... 559
20.3 tu padre... *dirá*: No sepa esto Jonatán........... 559
20.4 y Jonatán *dijo* a David: Lo que deseare 559
20.6 *dirás*: Me rogó mucho que lo dejase ir 559
20.7 si él *dijere*: Bien está... tendrá paz tu 559
20.9 Jonatán le *dijo*: Nunca tal te suceda 559
20.10 *dijo*... David a Jonatán: ¿Quién me dará......... 559
20.11 Jonatán *dijo* a David: Ven, salgamos al......... 559

20,12 *dijo* Jonatán a David: ¡Jehová Dios de 559
20.16 hizo Jonatán pacto con... David, *diciendo* 559
20.18 le *dijo* Jonatán: Mañana es nueva luna 559
20.21 luego enviaré al criado, *diciéndole*
20.21 si *dijere* al criado: He allí las saetas 559
20.22 mas si yo *dijere*... He allí las saetas 559
20.26 día Saúl no *dijo* nada, porque se decía 1696,559
20.27 Saúl *dijo* a Jonatán su hijo: ¿Por qué 559
20.29 *diciendo*: Te ruego que me dejes ir 559
20.30 se encendió la ira de Saúl... y le *dijo* 559
20.32 y Jonatán... le *dijo*: ¿Por qué morirá? 559
20.36 *dijo* al muchacho: Corre y busca las 559
20.37 dio voces tras el muchacho, *diciendo* 559
20.40 le *dijo*: Vete y llévalas a la ciudad 559
20.42 y Jonatán *dijo* a David: Vete en paz 559
20.42 hemos jurado... *diciendo*: Jehová esté 559
21.1 se sorprendió Ahimelec de... y le *dijo* 559
21.2 el rey... me *dijo*: Nadie sepa cosa alguna 559
21.5 David... le *dijo*: En verdad las mujeres 559
21.8 David dijo a Ahimelec: ¿No tienes aquí 559
21.9 *dijo* David: Ninguna como ella; dámela 559
21.11 los siervos de Aquis le *dijeron*: ¿no es 559
21.11 de quien cantaban en... *diciendo*: Hirió 559
21.14 *dijo* Aquis a sus siervos... es demente 559
22.3 y se fue David... y *dijo* al rey de Moab 559
22.5 el profeta Gad *dijo* a David: No te estés 559
22.7 y *dijo* Saúl a sus siervos... Oíd ahora 559
22.9 Doeg... *dijo*: Yo vi al hijo de Isaí que 559
22.12 Saúl le *dijo*: Oye... y él *d*: Heme aquí 559
22.13 *dijo* Saúl: ¿Por qué habéis conspirado 559
22.14 Ahimelec... *dijo*: ¿Y quién... es tan fiel 559
22.16 el rey *dijo*: Sin duda morirás, Ahimelec 559
22.17 *dijo* el rey a la gente de su guardia 559
22.18 *dijo* el rey a Doeg: Vuelve... y arremete 559
22.22 *dijo* David a Abiatar: Yo sabía que 559
23.1 *diciendo*... los filisteos combaten a Keila 559
23.2 David consultó a Jehová, *diciendo*: ¿Iré 559
23.3 los que estaban con David le *dijeron* 559
23.4 Jehová le... *dijo*: Levántate, desciende 559
23.7 *dijo* Saúl: Dios lo ha entregado en mi 559
23.9 David... *dijo* a Abiatar sacerdote: Trae 559
23.10 *dijo* David: Jehová Dios de Israel, tu 559
23.11 ruego... y Jehová *dijo*: Sí, descenderá 559
23.12 *dijo* luego David: ¿Me entregarán los 559
23.17 le *dijo*: No temas, pues no te hallará 559
23.19 subieron... de Zif para *decirle* a Saúl 559
23.21 Saúl *dijo*: Benditos seáis vosotros de 559
23.22 se me ha *dicho* que él es astuto en 559
23.27 mensajero a Saúl, *diciendo*: Ven luego 559
24.1 dieron aviso, *diciendo*: He aquí David 559
24.4 le *dijeron*... día de que te *dijo* Jehová 559
24.6 *dijo* a sus hombres: Jehová me guarde de 559
24.8 dio voces detrás de Saúl, *diciendo*: ¡ Mi 559
24.9 *dijo* David a Saúl: ¿Por qué oyes las 559
24.10 *dijeron* que te matase, pero te perdoné 559
24.10 *dije*: No extenderé mi mano contra mi 559
24.13 como *dice* el proverbio de los antiguos 559
24.16 David acabó de *decir*... Saúl *dijo*: ¿No 559
24.17 *dijo* a David: Más justo eres tú que yo 559
25.5 envió David diez jóvenes y les *dijo* 559
25.6 *decidle* así: Sea paz a ti, y paz a tu 559
25.8 pregunta a tus criados, y... te lo *dirán* 5046
25.9 cuando llegaron... *dijeron* a Nabal todas 1696
25.10 Nabal respondió a... y *dijo*: ¿Quién es 559
25.12 *dijeron* a David todas estas palabras 5046
25.13 David *dijo* a sus hombres: Cíñase cada 559
25.14 dio aviso a Abigail... *diciendo*: He aquí 559
25.19 *dijo* a sus criados: Id delante de mí 559
25.21 David había *dicho*: Ciertamente en vano 559
25.24 y *dijo*: Señor mío, sobre mí sea el 559
25.32 y *dijo* David a Abigail: Bendito sea 559
25.35 David... le *dijo*: Sube en paz a tu casa 559
25.39 que David oyó... *dijo*: Bendito sea Jehová 559
25.40 *diciendo*: David nos ha enviado a ti 559
25.41 inclinó su rostro a tierra, *diciendo* 559
26.1 vinieron los zifeos a Saúl... *diciendo* 559
26.6 David *dijo* a Ahimelec heteo y a Abisai 559
26.6 *dijo* Abisai: Yo descenderé contigo 559
26.8 *dijo* Abisai a David: Hoy ha entregado 559
26.10 *dijo* además David: Vive Jehová, que si 559
26.14 y dio voces... *diciendo*: ¿No respondes 559
26.14 Abner... *dijo*: ¿Quién eres tú que gritas 559
26.15 *dijo* David a Abner: ¿No eres... hombre? 559
26.17 conociendo Saúl la voz de David, *dijo* 559
26.18 *dijo*: ¿Por qué persigue así mi señor 559
26.19 me han arrojado... *diciendo*: Ve y sirve 559
26.21 *dijo* Saúl: He pecado; vuélvete, hijo 559
26.22 David... *dijo*: He aquí la lanza del rey 559
26.25 y Saúl *dijo* a David: Bendito eres tú 559
27.1 *dijo* luego David en... Al fin seré muerto 559
27.5 David *dijo* a Aquis: Si he hallado gracia 559
27.10 *decía* Aquis: ¿Dónde habéis merodeado 559
27.10 David *decía*: En el Neguev de Judá, y 559
27.11 *diciendo*: No... *digan*: Esto hizo David 559
27.12 y Aquis creía a David, y *decía*: Él se ha 559
28.1 *dijo* Aquis a David: Ten entendido que 559
28.2 Aquis *dijo* a David... yo te constituiré 559
28.7 Saúl *dijo* a sus criados: Buscadme una 559
28.8 y él *dijo*: Yo te ruego que me adivines 559
28.8 y me hagas subir a quien yo te *dijere* 559
28.9 la mujer le *dijo*: He aquí tú sabes lo 559
28.10 Saúl le juró... *diciendo*: Vive Jehová 559
28.11 mujer... *dijo*: ¿A quién te haré venir? 559
28.12 habló aquella mujer a Saúl, *diciendo* 559
28.13 rey le *dijo*: No temas. ¿Qué has visto? 559
28.14 él le *dijo*: ¿Cuál es su forma? Y ella 559
28.15 Samuel *dijo* a Saúl: ¿Por qué me has 559
28.16 Samuel *dijo*: ¿Y para qué me preguntas 559
28.17 te ha hecho como *dijo* por medio de mí 1696
28.21 la mujer... *dijo*: He aquí que tu sierva 559
28.21 oído las palabras que tú me has *dicho* 1696
28.23 y él rehusó *diciendo*: No comeré. Pero 559
29.3 *dijeron* los príncipes de los filisteos 559
29.4 los príncipes... *dijeron*: Despide a este 559
29.5 de quien cantaban... *diciendo*: Saúl hirió 559
29.6 y Aquis llamó a David y le *dijo*: Vive 559
29.9 Aquis respondió... y *dijo*: Yo sé que tú 559
29.9 los príncipes... me han *dicho*: No venga 559
30.7 y *dijo* David al sacerdote Abiatar hijo 559
30.8 a Jehová, *diciendo*: ¿Perseguiré a estos 559
30.8 y él le *dijo*: Síguelos... los alcanzarás 559
30.13 le *dijo* David: ¿De quién eres tú, y de 559
30.15 le *dijo* David: ¿Me llevarás tú... Y él *d* 559
30.20 *decían*: Este es el botín de David 559
30.22 los malos... *dijeron*: Porque no fueron 559
30.23 y David *dijo*: No hagáis eso, hermanos 559
30.26 envió del botín... sus amigos, *diciendo* 559
31.4 entonces *dijo* Saúl a su escudero: Saca 559
2 S 1.4 David le *dijo*: ¿Qué ha acontecido? 559
1.4 te ruego que me lo *digas*. Y él respondió 5046
1.5 *dijo* David a aquel joven que le daba las 559
1.7 me vio y me llamó; y yo *dije*: Heme aquí 559
1.9 a *decir*: Te ruego que te pongas sobre mí 559
1.13 y David *dijo* a aquel joven... ¿De dónde 559
1.14 *dijo* David: ¿Cómo no tuviste temor de 559
1.15 llamó David a... y le *dijo*: Ve y mátalo 559
1.16 David le *dijo*: Tu sangre sea sobre tu 559
1.16 pues tu misma boca atestiguó... *diciendo* 559
1.18 *dijo* que debía enseñarse a los hijos de 559
2.1 que David consultó... *diciendo*: ¿Subiré a 559
2.1 David volvió a *decir*: ¿A dónde subiré? 559
2.4 dieron aviso... *diciendo*: Los de Jabes de 559
2.5 envió David... *diciéndoles*: Benditos seáis 559
2.14 *dijo* Abner a Joab: Levántense ahora los 559
2.20 miró atrás... y *dijo*: ¿No eres tú Asael? 559
2.21 Abner le *dijo*: Apártate a la derecha o 559
2.22 Abner volvió a *decir* a Asael: Apártate 559
2.26 y Abner dio voces a Joab, *diciendo* 559
2.26 ¿hasta cuándo no *dirás* al pueblo que se 559
3.7 *dijo* Is-boset a Abner: ¿Por qué te has 559
3.8 Abner... *dijo*: ¿Soy yo cabeza de perro que 559
3.12 envió Abner mensajeros a David... *diciendo* 559
3.12 que te *dijesen*: Haz pacto conmigo, y he 559
3.13 y David *dijo*: Bien; haré pacto contigo 559
3.14 *diciendo*: Restitúyeme mi mujer Mical 559
3.16 le *dijo* Abner: Anda, vuélvete... volvió 559
3.17 habló Abner... *diciendo*: Hace ya tiempo 559
3.18 Jehová ha hablado a David, *diciendo* 559
3.19 *decir* a David todo lo que parecía bien 1696
3.21 y *dijo* Abner a David: Yo me levantaré 559
3.23 aviso a Joab, *diciendo*: Abner hijo de 559
3.24 Joab vino... y le *dijo*: ¿Qué has hecho? 559
3.28 cuando David supo... *dijo*: Inocente soy 559
3.31 *dijo* David a Joab, y a todo el pueblo 559
3.33 endechando a... *decía*: ¿Había de morir 559
3.35 David juró *diciendo*: Así me haga Dios 559
3.38 *dijo* el rey a sus siervos: ¿No sabéis 559
4.8 y *dijeron* al rey: He aquí la cabeza de 559
4.9 y David... les *dijo*: Vive Jehová que ha 559
4.10 me dio nuevas, *diciendo*... Saúl ha muerto 559
5.1 *diciendo*: Henos aquí, hueso tuyo... somos 559
5.2 Jehová te ha *dicho*: Tú apacentarás a mi 559
5.6 los jebuseos... hablaron a David, *diciendo* 559
5.6 queriendo *decir*: David no puede entrar 559
5.8 *dijo* David aquel día: Todo el que hiera 559
5.19 consultó David... *diciendo*: ¿Iré contra 559
5.20 *dijo*: Quebrantó Jehová a mis enemigos 559
6.9 temiendo David... *dijo*: ¿Cómo ha de venir 559
6.12 dado aviso al rey... *diciendo*: Jehová ha 559
6.20 saliendo Mical... *dijo*: ¡Cuán honrado ha 559
7.2 *dijo* el rey al profeta Natán: Mira ahora 559
7.3 Natán *dijo* al rey: Anda, y haz todo lo 559
7.4 vino palabra de Jehová a Natán, *diciendo* 559
7.5 ve y *dí* a mi siervo... Así ha *dicho* Jehová 559
7.7 *diciendo*: ¿Por qué no me habéis edificado 559
7.8 *dirás*... a mi siervo David: Así ha *dicho* 559
7.18 y entró al rey... y *dijo*... ¿quién soy yo 559
7.25 ahora... haz conforme a lo que has *dicho* 1696
7.26 y se *diga*: Jehová de los ejércitos es 559
7.27 revelaste al... *diciendo*: Yo te edificaré 559
7.29 porque tú, Jehová Dios, lo has *dicho* 1696
9.1 *dijo* David: ¿Ha quedado alguno de 559
9.2 le *dijo*: ¿Eres tú Siba? Y él respondió 559
9.3 el rey le *dijo*: ¿No ha quedado nadie de la 559
9.6 y *dijo* David: Mefi-boset. Y él respondió 559
9.7 *dijo* David: No tengas temor, porque yo 559
9.8 inclinándose, *dijo*: ¿Quién es tu siervo 559
9.9 el rey llamó a Siba... y le *dijo*: Todo lo 559
9.11 Mefi-boset, *dijo* el rey, comerá a mi
10.2 *dijo* David: Yo haré misericordia con 559
10.3 príncipes de... *dijeron* a Hanún su señor 559
10.5 rey mandó... *dijeran*: Quedaos en Jericó 559
10.11 *dijo*: Si los sirios pudieren más que 559
11.3 le *dijeron*: Aquella es Betsabé hija de 559
11.5 envió... a David, *diciendo*: Estoy encinta 559
11.6 David envió a *decir* a Joab: Envíame a 559
11.8 *dijo*... a Urías: Desciende a tu casa, y 559
11.10 *hicieron* saber... *diciendo*: Urías no ha 559
11.10 *dijo* David a Urías: ¿No has venido de 559
11.12 David *dijo* a Urías: Quédate aquí aún 559
11.15 y escribió... *diciendo*: Poned a Urías al 559
11.19 *diciendo*: Cuando acabes de contar al 559
11.20 y te *dijere*: ¿Por qué os acercasteis 559
11.21 tú le *dirás*: También tu siervo Urías 559
11.23 *dijo*... prevalecieron contra nosotros 559
11.25 David *dijo* al mensajero: Así *dirás* a 559
12.1 y viniendo... le *dijo*: Había dos hombres 559
12.5 *dijo* a Natán: Vive Jehová, que el que 559
12.7 *dijo* Natán a David... eres aquel hombre 559
12.7 así ha *dicho* Jehová... Yo te ungí por rey 559
12.11 así ha *dicho* Jehová: He aquí yo haré 559
12.13 *dijo* David... Pequé... y Natán *d* a David 559
12.18 *diciendo* entre sí: Cuando el niño aún 559
12.18 si le *decimos* que el niño ha muerto? 559
12.19 *dijo* David a sus siervos: ¿Ha muerto 559
12.21 le *dijeron* sus siervos: ¿Qué es esto 559
12.22 yo ayunaba... *diciendo*: ¿Quién sabe si 559
12.27 Joab... *diciendo*: Yo he puesto sitio a 559
13.4 y éste le *dijo*: Hijo del rey, ¿por qué 559
13.5 Jonadab le *dijo*: Acuéstate en tu cama 559
13.5 cuando tu padre viniere... *dile*: Te ruego 559
13.6 y *dijo* Amnón al rey: Yo te ruego que 559
13.7 David envió a Tamar... *diciendo*: Vé ahora 559
13.9 *dijo* Amnón: Echad fuera de aquí a todos 559
13.10 Amnón *dijo* a Tamar: Trae la comida a 559
13.11 le *dijo*: Ven, hermana mía, acuéstate 559
13.15 luego... *dijo* Amnón: Levántate, y vete 559
13.17 llamando a su criado... *dijo*: Échame a 559
13.20 le *dijo* su hermano Absalón: ¿Ha estado 559
13.24 vino Absalón al rey y *dijo*: He aquí, tu 559
13.26 *dijo* Absalón: Pues si no, te ruego que 559
13.28 y Absalón había dado orden... *diciendo* 559
13.28 al *decir* yo: Herid a Amnón... matadle 559
13.30 llegó... el rumor que *decía*: Absalón ha 559
13.32 Jonadab... *dijo*: No diga mi señor que 559
13.33 ese rumor que *dice*: Todos los hijos del 559
13.35 *dijo* Jonadab al rey: He allí los hijos 559
14.2 tomó de allá una mujer astuta, y le *dijo* 559
14.4 y postrándose... *dijo* ¡Socorro, oh rey 559
14.5 le *dijo*: ¿Qué tienes? Y ella respondió 559
14.7 se ha levantado... *diciendo*: Entrega al 559
14.8 el rey *dijo* a la mujer: Vete a tu casa 559
14.9 y la mujer... *dijo* al rey: Rey señor mío 559
14.10 el rey *dijo*: Al que hablare contra ti 559
14.11 *dijo* ella... Te ruego, oh rey que te 559
14.12 la mujer *dijo*: Te ruego que permitas 559
14.12 hable una palabra a... Y él *dijo*: Habla 559
14.13 la mujer *dijo*: ¿Por qué... has pensado 559
14.15 el haber yo venido... *decir* esto al rey 1696
14.15 tu sierva *dijo*: Hablaré ahora al rey 559
14.17 tu sierva... *dice*: Sea ahora de consuelo 559
14.18 David... *dijo* a la mujer: Yo te ruego que 559
14.18 la mujer *dijo*: Hable mi señor el rey 559
14.19 el rey *dijo*: ¿No anda la mano de Joab 559
14.19 la mujer... *dijo*: Vive tu alma, rey señor 559
14.21 rey *dijo* a Joab: He aquí yo hago esto 559
14.22 *dijo*: Hoy ha entendido tu siervo que 559
14.22 hecho el rey lo que su siervo ha *dicho* 1697
14.24 el rey *dijo*: Váyase a su casa, y no vea 559
14.30 *dijo* a sus siervos: Mirad, el campo de 559
14.31 Joab... le *dijo*: ¿Por qué han prendido 559
14.32 he enviado... *diciendo* que vinieses acá 559
14.32 para *decirle*: ¿Para qué vine de Gesur 559
15.2 Absalón... le *decía*: ¿De qué ciudad eres? 559
15.3 *decía*: Mira, tus palabras son buenas y 559
15.4 *decía* Absalón: ¡Quién me pusiera por 559
15.7 que Absalón *dijo* al rey: Yo te ruego me 559
15.8 porque tu siervo hizo voto... *diciendo* 559
15.9 el rey le *dijo*: Ve en paz... se levantó 559
15.10 *diciendo*: Cuando oigáis el sonido de 559
15.13 un mensajero vino a David, *diciendo* 559
15.14 David *dijo* a... sus siervos... Levantaos 559
15.15 los siervos del rey *dijeron*... He aquí 559
15.19 y *dijo* el rey a Itai geteo: ¿Para qué 559
15.21 respondió Itai al... *diciendo*: Vive Dios 559
15.22 David *dijo* a Itai: Ven, pues, y pasa 559
15.25 *dijo* el rey a Sadoc: Vuelve el arca de 559
15.26 si *dijere*: No me complazco en ti; aquí 559
15.27 *dijo* además... ¿No eres tú el vidente? 559
15.31 dieron aviso... *diciendo*: Ahitofel está 559
15.31 *dijo* David: Entorpece ahora, oh Jehová 559
15.33 le *dijo* David: Si pasares conmigo, me 559
15.34 y *dijeres* a Absalón: Rey, yo seré tu 559
16.2 y *dijo* el rey a Siba: ¿Qué es esto? Y 559
16.3 *dijo* el rey: ¿Dónde está el hijo de tu 559
16.3 ha *dicho*: Hoy me devolverá la casa de 559
16.4 el rey *dijo* a Siba: He aquí, sea tuyo 559
16.7 y *decía* Simei, maldiciéndole: ¡Fuera 559
16.9 Abisai... *dijo* al rey: ¿Por qué maldice 559
16.10 porque Jehová le ha *dicho* que maldiga 559
16.10 ¿quién... *dirá*: ¿Por qué lo haces así? 559
16.11 *dijo* David... mi hijo que... acecha mi vida 559
16.11 que maldiga, pues Jehová se lo ha *dicho* 559
16.16 *dijo* Husai: ¡Viva el rey, viva el rey! 559
16.17 y Absalón *dijo* a Husai: ¿Es este tu 559
16.20 *dijo* Absalón a Ahitofel: Dad... consejo 559
16.21 Ahitofel *dijo*... Llégate a las concubinas 559
17.1 Ahitofel *dijo* a Absalón: Yo escogeré 559
17.5 *dijo* Absalón: Llamad también ahora a 559
17.5 Husai arquita... oigamos lo que él *dirá* 559
17.6 habló Absalón, *diciendo*: Así ha *dicho* 559
17.6 así... ¿seguiremos su consejo, o no? *Dí* tú 1697
17.7 Husai *dijo* a Absalón: El consejo que 559
17.9 *dirá*: El pueblo que sigue a Absalón ha 559
17.14 *dijeron*: El consejo de Husai es mejor 559
17.15 *dijo*... Husai a los sacerdotes Sadoc y 559
17.16 aviso a David, *diciendo*: No te quedes 559
17.20 llegando luego... *dijeron*... ¿Dónde están 559
17.21 *dieron* aviso al rey David, diciéndole 559
17.29 *decían*: El pueblo está hambriento y 559
18.2 *dijo* el rey al pueblo: Yo... saldré con 559
18.3 el pueblo *dijo*: No saldrás; porque si 559
18.4 el rey les *dijo*: Yo haré lo que bien os 559
18.5 mandó... *diciendo*: Tratad benignamente 559

18.10 avisó a Joab, *diciendo*... que he visto a ... 559
18.12 hombre *dijo* a Joab: Aunque me pesaras ... 559
18.12 el rey te mandó... *diciendo*: Mirad que ... 559
18.18 *dicho*: Yo no tengo hijo que conserve ... 559
18.19 Ahimaas... *dijo*: ¿Correré ahora, y daré ... 559
18.21 Joab *dijo* a un etíope: Vé tú, y *dí* al ... 559
18.22 Ahimaas hijo de... volvió a *decir* a Joab ... 559
18.22 Joab *dijo*: Hijo mío, ¿para qué has de ... 559
18.23 le *dijo*: Corre. Corrió, pues, Ahimaas ... 559
18.25 rey *dijo*: Si viene solo, buenas nuevas ... 559
18.26 *diciendo*: He aquí otro hombre que corre ... 559
18.26 el rey *dijo*: Este también es mensajero ... 559
18.27 el atalaya volvió a *decir*: Me parece ... 559
18.28 Ahimaas *dijo* en alta voz al rey: Paz ... 559
18.28 inclinó... y *dijo*: Bendito sea Jehová ... 559
18.29,32 *dijo*: ¿El joven Absalón está bien ... 559
18.30 el rey *dijo*: Pasa, y ponte allí. Y él ... 559
18.31 vino el etíope, y *dijo*: Reciba nuevas ... 559
18.33 *decía* así: ¡Hijo mío Absalón, hijo mío ... 559
19.2 oyó *decir* el pueblo... que el rey tenía ... 559
19.5 Joab vino al rey en la casa, y *dijo*: Hoy ... 559
19.8 fue dado aviso... *diciendo*: He aquí el rey ... 559
19.9 el pueblo disputaba... *diciendo*: El rey ... 559
19.11 David envió a... *diciendo*: Hablad a los ... 559
19.11 *decidles*: ¿Por qué seréis vosotros los ... 559
19.14 que enviasen a *decir* al rey: Vuelve tú
19.19 *dijo* al rey: No me culpe mi señor de ... 559
19.21 respondió Abisai... y *dijo*: ¿No ha de ... 559
19.22 David... *dijo*: ¿Qué tengo yo con vosotros ... 559
19.23 *dijo* el rey a Simei: No morirás. Y el ... 559
19.25 rey le *dijo*: Mefi-boset, ¿por qué no ... 559
19.26 tu siervo había *dicho*: Enalbárdame un ... 559
19.29 rey le *dijo*: ¿Para qué más palabras? ... 559
19.30 Mefi-boset *dijo*... Deja que él las tome ... 559
19.33 el rey *dijo* a Barzilai: Pasa conmigo ... 559
19.34 Barzilai *dijo* al rey: ¿Cuántos años ... 559
19.38 el rey *dijo*: Pues pase conmigo Quimam ... 559
19.41 *dijeron*: ¿Por qué los hombres de Judá ... 559
19.43 de Israel, y *dijeron* a los de Judá ... 559
20.1 *dijo*: No tenemos... parte en David, ni ... 559
20.4 *dijo* el rey a Amasa: Convócame a los ... 559
20.6 *dijo* David a Abisai: Seba hijo de Bicri ... 559
20.9 *dijo* a Amasa: ¿Te va bien, hermano mío? ... 559
20.11 *diciendo*: Cualquiera que ame a Joab y ... 559
20.16 mujer... dio voces... *diciendo*: Oíd, oíd ... 559
20.17 cuando él se acercó a... *dijo* la mujer ... 559
20.18 *diciendo*: Antiguamente solían *decir* ... 559
20.20 Joab respondió *diciendo*: Nunca tal me ... 559
20.21 mujer *dijo* a Joab: He aquí su cabeza ... 559
21.1 y Jehová le *dijo*: Es por causa de Saúl ... 559
21.3 *dijo*... David a los gabaonitas: ¿Qué haré ... 559
21.4 él les *dijo*: Lo que vosotros *dijereis* ... 559
21.6 dénsenos... y el rey *dijo*: Yo los daré ... 559
21.11 fue *dicho* a David lo que hacía Rizpa ... 5046
21.17 juraron, *diciendo*: Nunca más... saldrás ... 559
22.2 *dijo*: Jehová es mi roca y mi fortaleza ... 559
23.1 *dijo* David hijo... *dijo* aquel varón que ... 5002
23.3 el Dios de Israel ha *dicho*, me habló la ... 559
23.15 David *dijo*... ¡Quién me diera a beber del ... 559
23.16 que la derramó para Jehová, *diciendo* ... 559
24.1 incitó a David... a que *dijese*: Vé, haz ... 559
24.2 *dijo* el rey a Joab... un censo del pueblo ... 559
24.10 y *dijo* David a Jehová: Yo he pecado ... 559
24.11 vino palabra de Jehová... Gad, *diciendo* ... 559
24.12 vé y *dí* a David: Así ha *dicho* Jehová ... 559,1696
24.13 Gad... le *dijo*: ¿Quieres que te vengan ... 559
24.14 David *dijo*... En grande angustia estoy ... 559
24.16 Jehová... *dijo* al ángel que destruía al ... 559
24.17 David *dijo*... cuando vio al ángel que ... 559
24.18 Gad vino a David... y le *dijo*: Sube, y ... 559
24.21 Arauna *dijo*: ¿Por qué viene mi señor ... 559
24.22 Arauna *dijo* a David: Tome y ofrezca ... 559
24.23 *dijo* Arauna al rey: Jehová tu Dios te ... 559
24.24 *dijo* a Arauna: No, sino por precio te ... 559
1 R 1.2 le *dijeron*... sus siervos: Busquen para ... 559
1.5 Adonías... se rebeló, *diciendo*: Yo reinaré ... 559
1.6 nunca... con *decirle*: ¿Por qué haces así? ... 559
1.11 habló Natán a Betsabé... *diciendo*: ¿No has ... 559
1.13 entra al rey David, y *dile*: Rey señor ... 559
1.13 *diciendo*: Salomón... reinará después de ... 559
1.16 se inclinó... Y el rey *dijo*: ¿Qué tienes? ... 559
1.17 tú juraste... *diciendo*: Salomón tu hijo
1.23 dieron aviso al rey, *diciendo*: He aquí ... 559
1.24 *dijo* Natán: Rey señor mío, ¿has *dicho* ... 559
1.25 hoy... han *dicho*: ¡Viva el rey Adonías! ... 559
1.28 el rey David... *dijo*: Llamadme a Betsabé ... 559
1.29 el rey juró *diciendo*: Vive Jehová, que ... 559
1.30 te he jurado... *diciendo*: Tu hijo Salomón ... 559
1.31 haciendo reverencia... *dijo*: Viva... el rey ... 559
1.32 el rey David *dijo*: Llamadme al sacerdote ... 559
1.33 *dijo*: Tomad con vosotros los siervos ... 559
1.34 tocaréis trompeta, *diciendo*: ¡Viva el ... 559
1.36 *dijo*: Amén. Así lo *diga* Jehová, Dios de ... 559
1.39 y *dijo* todo el pueblo: ¡Viva... Salomón! ... 559
1.41 oyendo Joab... *dijo*: ¿Por qué se alborota ... 559
1.42 al cual *dijo* Adonías: Entra, porque tú ... 559
1.43 Jonatán... *dijo* a Adonías: Ciertamente ... 559
1.47 *diciendo*: Dios haga bueno el nombre de ... 559
1.48 el rey ha *dicho* así: Bendito sea Jehová ... 559
1.51 lo hicieron saber a Salomón, *diciendo* ... 559
1.51 *diciendo*: Júreme hoy el rey Salomón que ... 559
1.52 Salomón *dijo*: Si él fuere hombre de bien ... 559
1.53 vino... Salomón le *dijo*: Vete a tu casa ... 559
2.1 y ordenó a Salomón su hijo, *diciendo* ... 559
2.4 habló, *diciendo*: Si tus hijos guardaren ... 559
2.4 jamás, *dice*, faltará... varón en el trono ... 559
2.8 yo le juré, *diciendo*: Yo no te mataré ... 559
2.13 Adonías... vino a Betsabé... y ella le *dijo* ... 559
2.14 *dijo*... tengo que decirte... ella le *dijo*: *Dí* ... 559
2.15 él *dijo*: Tú sabes que el reino era mío ... 559
2.16 hago una petición... Y ella le *dijo*: Habla ... 559
2.17 *dijo*... ruego que hables al rey Salomón ... 559
2.18 Betsabé *dijo*: Bien; yo hablaré por ti ... 559
2.20 *dijo*: Una pequeña petición pretendo de ... 559
2.20 el rey le *dijo*: Pide, madre mía, que yo ... 559
2.21 ella *dijo*: Dese Abisag... por mujer a tu ... 559
2.22 rey Salomón... *dijo* a su madre: ¿Por qué ... 559
2.23 rey Salomón juró... *diciendo*: Así me haga ... 559
2.24 me ha hecho casa, como me había *dicho* ... 1696
2.26 el rey *dijo* al sacerdote Abiatar: Vete ... 559
2.27 que había *dicho* sobre la casa de Elí ... 1696
2.29 envió Salomón a Benaía... *diciendo*: Vé, y ... 559
2.30 y le *dijo*: El rey ha *dicho* que salgas ... 559
2.30 y él *dijo*: No, sino que aquí moriré ... 559
2.30 al rey, *diciendo*: Así *dijo* Joab, y así ... 559,1696
2.31 el rey le *dijo*: Haz como él ha *dicho* ... 559,1696
2.36 a Simei, y le *dijo*: Edifícate una casa ... 559
2.38 Simei *dijo* al rey: La palabra es buena ... 559
2.38 como el rey... ha *dicho*, así lo hará tu ... 1696
2.39 *diciendo*... que tus siervos están en Gat ... 559
2.41 *dicho* a Salomón que Simei había ido de ... 5046
2.42 el rey... hizo venir a Simei, y le *dijo* ... 559
2.42 *diciendo*: El día que salieres y fueres ... 559
2.42 tú me *dijiste*: La palabra es buena, yo ... 559
2.44 *dijo*... el rey a Simei: Tú sabes todo el ... 559
3.5 *dijo* Dios: Pide lo que quieras que yo te ... 559
3.6 Salomón *dijo*: Tú hiciste... misericordia ... 559
3.11 le *dijo* Dios: Porque has demandado esto ... 559
3.17 y *dijo* una de ellas: ¡Ah, señor mío! ... 559
3.22 la otra mujer *dijo*... volvió a *decir*: No ... 559
3.23 el rey... *dijo*: Esta *dice*: Mi hijo es el ... 559
3.23 la otra *dice*: No... el tuyo es el muerto ... 559
3.24 y *dijo* el rey: Traedme una espada ... 559
3.25 el rey *dijo*: Partid por medio al niño ... 559
3.26 la mujer... *dijo*: ¡Ah, señor mío! dad a ... 559
3.26 la otra *dijo*: Ni a mí ni a ti; partidlo ... 559
3.27 el rey... *dijo*: Dad a aquélla el hijo vivo ... 559
5.2 entonces Salomón envió a *decir* a Hiram ... 559
5.5 lo que Jehová habló, *diciendo*: Tu hijo ... 559
5.6 y yo te daré... el salario que tú *dijeres* ... 559
5.7 alegró... y *dijo*: Bendito sea hoy Jehová ... 559
5.8 envió Hiram a *decir* a Salomón: He oído ... 559
5.8 he oído lo que me mandaste a *decir*; yo
5.12 dio a... sabiduría como le había *dicho* ... 1696
6.11 palabra de Jehová a Salomón, *diciendo* ... 559
8.12 *dijo* Salomón: Jehová ha *dicho* que él ... 559
8.15 *dijo*: Bendito... Jehová, Dios de Israel ... 559
8.15 lo que... su mano ha cumplido, *diciendo* ... 559
8.18 Jehová *dijo* a David... Cuanto a haber ... 559
8.20 ha cumplido su palabra que había *dicho* ... 1696
8.20 me he sentado... como Jehová había *dicho* ... 1696
8.23 *dijo*: Jehová Dios de Israel, no hay Dios ... 559
8.24 lo *dijiste* con tu boca, y con tu mano ... 1696
8.25 lo que le prometiste, *diciendo*: No te ... 559
8.26 cúmplase la palabra que *dijiste* a tu ... 1696
8.29 este lugar del cual has *dicho*: Mi nombre ... 559
8.47 oraren a ti... y *dijeren*: Pecamos, hemos ... 559
8.53 como lo *dijiste* por medio de Moisés tu ... 1696
8.55 bendijo a... Israel, *diciendo* en voz alta ... 559
8.56 conforme a todo lo que él había *dicho* ... 1696
9.3 *dijo* Jehová: Yo he oído tu oración y tu ... 559
9.5 como hablé... *diciendo*: No faltará varón de ... 559
9.8 cualquiera que pase... se burlará, y *dirá* ... 7725
9.9 y *dirán*: Por cuanto dejaron a Jehová su ... 559
9.13 *dijo*: ¿Qué ciudades son estas que me has ... 559
10.6 *dijo* al rey: Verdad es lo que oí en mi ... 559
10.7 han visto que ni aun se me *dijo* la mitad ... 5046
11.2 de las cuales Jehová había *dicho* a los ... 559
11.11 *dijo* Jehová a Salomón: Por cuanto ha ... 559
11.21 Hadad *dijo* a Faraón: Déjame ir a mi ... 559
11.31 *dijo* a Jeroboam: Toma... los diez pedazos ... 559
12.3 de Israel, y hablaron a Roboam, *diciendo* ... 559
12.5 les *dijo*: Idos, y de aquí a tres días volved ... 559
12.6 *dijo*: ¿Cómo aconsejáis... que responda a ... 559
12.7 *diciendo*: Si tú fueres hoy siervo de este ... 559
12.9 les *dijo*: ¿Cómo aconsejáis vosotros que ... 559
12.10 *diciendo*: Así hablarás a este pueblo ... 559
12.10 pueblo que te ha *dicho* estas palabras ... 559
12.12 *diciendo*: Volved a mí al tercer día ... 559
12.14 les habló... *diciendo*: Mi padre agravó ... 559
12.16 *diciendo*: ¿Qué parte tenemos nosotros ... 559
12.22 pero vino palabra de Jehová... *diciendo* ... 559
12.23 habla a Roboam... rey de Judá... *diciendo* ... 559
12.24 ha *dicho* Jehová: No vayáis, ni peleéis ... 559
12.26 *dijo* Jeroboam en su corazón: Ahora se ... 559
12.28 y *dijo* al pueblo... he aquí tus dioses ... 559
13.2 y *dijo*: Altar, altar, así ha *dicho* ... 559
13.3 una señal, *diciendo*: Esta es la señal ... 559
13.4 *dijo*: ¡Prendedle! Mas la mano... le secó ... 559
13.6 el rey, *dijo* al varón de Dios: Te pido ... 559
13.7 *dijo* al varón de Dios: Ven conmigo a ... 1696
13.8 el varón de Dios *dijo* al rey: Aunque me ... 559
13.9 me está ordenando... *diciendo*: No comas ... 559
13.12 su padre les *dijo*: ¿Por qué camino se ... 1696
13.13 *dijo* a sus hijos: Ensilladme el asno ... 559
13.14 le *dijo*: ¿Eres tú el varón... *d*: Yo soy ... 559
13.15 *dijo*: Ven conmigo a casa, y come pan ... 559
13.17 sido *dicho*: No comas pan ni bebas agua ... 1697
13.18 el otro le *dijo*... Yo también soy profeta ... 559
13.18 y un ángel me ha hablado por... *diciendo* ... 559
13.21 y clamó al... *diciendo*: Así *dijo* Jehová ... 559
13.22 Jehová te había *dicho* que no comieses ... 1696
13.25 lo *dijeron* en la ciudad donde el viejo ... 1696
13.26 oyéndolo el... *dijo*: El varón de Dios es ... 559
13.26 conforme a la palabra... que él le *dijo* ... 1696
13.27 habló... y les *dijo*: Ensilladme un asno ... 559
13.30 le endecharon, *diciendo*: ¡ Ay, hermano
13.31 a sus hijos, *diciendo*: Cuando yo muera ... 559
13.32 porque sin duda vendrá lo que él *dijo* ... 1697
14.2 y *dijo* Jeroboam a su mujer: Levántate ... 559
14.2 el que me *dijo* que yo había de ser rey ... 1696
14.5 Jehová había *dicho* a Ahías... disfrazada ... 559
14.6 Ahías... *dijo*: Entra, mujer de Jeroboam ... 559
14.7 y *dí* a Jeroboam: Así *dijo* Jehová Dios ... 559
14.11 lo comerán... porque Jehová lo ha *dicho* ... 1696
15.18 envió el rey Asa a Ben-adad... *diciendo* ... 559
16.1 vino palabra de Jehová a Jehú... *diciendo* ... 559
16.16 oyó *decir*: Zimri ha conspirado, y ha ... 559
17.1 Elías... *dijo* a Acab: Vive Jehová Dios de ... 559
17.2,8 vino... a él palabra de Jehová, *diciendo* ... 559
17.10 él la llamó, y le *dijo*: Te ruego que ... 559
17.11 él... le *dijo*: Te ruego que me traigas ... 559
17.13 Elías le *dijo*... vé, haz como has *dicho* ... 559
17.14 Jehová... ha *dicho* así: La harina de la ... 559
17.15 ella fue e hizo como le *dijo* Elías ... 1697
17.16 a la palabra que Jehová había *dicho* ... 1696
17.18 ella *dijo* a Elías: ¿Qué tengo yo contigo ... 559
17.19 le *dijo*: Dame acá tu hijo. Entonces él ... 559
17.20 clamando a Jehová, *dijo*: Jehová Dios ... 559
17.21 *dijo*... que hagas volver el alma de este ... 559
17.23 y le *dijo* Elías: Mira, tu hijo vive ... 559
17.24 la mujer *dijo* a Elías: Ahora conozco ... 559
18.1 vino palabra... *diciendo*: Vé, muéstrate a ... 559
18.5 *dijo*... Acab a Abdías: Vé por el país a ... 559
18.7 se postró... *dijo*: ¿No eres tú... Elías? ... 559
18.8,11,14 vé, *dí* a tu amo: Aquí está Elías ... 559
18.9 él *dijo*: ¿En qué he pecado, para que ... 559
18.13 ¿no ha sido *dicho* a mi señor lo que ... 5046
18.15 y le *dijo* Elías: Vive Jehová de los ... 559
18.17 Acab... le *dijo*: ¿Eres tú el que turbas ... 559
18.21 acercándose Elías a... el pueblo, *dijo* ... 559
18.22 Elías volvió a *decir* al pueblo: Sólo yo ... 559
18.24 todo el pueblo... *diciendo*: Bien *dicho* ... 559
18.25 *dijo* a los profetas de Baal: Escogeos ... 559
18.26 *diciendo*: ¡Baal, respóndenos! Pero no ... 559
18.27 se burlaba de ellos, *diciendo*: Gritad ... 559
18.30 *dijo* Elías a todo el pueblo: Acercaos ... 559
18.31 dada... *diciendo*, Israel será tu nombre ... 559
18.34 *dijo*: Llenad cuatro cántaros de agua ... 559
18.34 y *dijo*: Hacedlo otra... *d* aún: Hacedlo ... 559
18.36 se acercó... Elías y *dijo*: Jehová Dios ... 559
18.39 el pueblo... *dijeron*: Jehová es el Dios ... 559
18.40 Elías... *dijo*: Prended a los profetas de ... 559
18.41 Elías *dijo* a Acab: Sube, come y bebe ... 559
18.43 y *dijo* a su criado: Sube ahora, y mira ... 559
18.43 él subió, y miró, y *dijo*: No hay nada ... 559
18.43 le volvió a *decir*: Vuelve siete veces ... 559
18.44 *dijo*: Yo veo una pequeña nube como la ... 559
18.44 *dijo*: Vé, y *dí* a Acab: Unce tu carro ... 559
19.2 envió... a Elías un mensajero, *diciendo* ... 559
19.4 *dijo*: Basta ya, oh Jehová, quítame la ... 559
19.5,7 le tocó, y le *dijo*: Levántate, come ... 559
19.9 vino a él palabra de Jehová... le *dijo* ... 559
19.11 él te *dijo*: Sal fuera, y ponte en el ... 559
19.13 vino a él una voz, *diciendo*; ¿Qué haces ... 559
19.15 y le *dijo* Jehová: Vé, vuélvete por tu ... 559
19.20 *dijo*: Te ruego que me dejes besar a mi ... 559
19.20 le *dijo*: Vé, vuelve; ¿qué te he hecho ... 559
20.2 y envió mensajeros... a Acab rey... *diciendo* ... 559
20.3 así ha *dicho* Ben-adad: Tu plata y tu oro ... 559
20.4 y el rey de Israel... *dijo*: Como tú *dices* ... 559,1697
20.5 otra vez, *dijeron*: Así *dijo* Ben-adad ... 559
20.5 yo te envié a *decir*: Tu plata y tu oro ... 559
20.7 llamó a todos los ancianos... y les *dijo* ... 559
20.9 *decid* al rey mi señor: Haré todo lo que ... 559
20.10 y Ben-adad... le envió a *decir*: Así me ... 559
20.11 el rey... *dijo*: *Decidle* que no se alabe ... 559
20.12 cuando él oyó esta... *dijo* a sus siervos ... 559
20.13 vino a Acab... y le *dijo*: Así ha *dicho* ... 559
20.14 *dijo*: Así ha *dicho* Jehová: Por mano de ... 559
20.14 y *dijo*... ¿Quién comenzará la batalla? ... 559
20.17 aviso, *diciendo*: Han salido hombres de ... 559
20.18 *dijo*: Si han salido por paz, tomadlos ... 559
20.22 vino luego el profeta... y le *dijo*: Vé ... 559
20.23 los siervos... le *dijeron*: Sus dioses son ... 559
20.28 y le habló *diciendo*: Así *dijo* Jehová ... 559
20.28 los sirios han *dicho*: Jehová es Dios de ... 559
20.31 le *dijeron*... que son reyes clementes ... 559
20.32 y le *dijeron*: Tu siervo Ben-adad *dice* ... 559
20,33 y *dijeron*: Tu hermano Ben-adad vive ... 559
20.33 y él *dijo*: Id y traedle... se presentó ... 559
20.34 le *dijo* Ben-adad: Las ciudades que mi ... 559
20.34 y yo, *dijo* Acab, te dejaré partir con ... 559
20.35 un varón... *dijo* a su compañero... hiéreme ... 559
20.36 le *dije*: Por cuanto no has obedecido a ... 559
20.37 le *dijo*; Hiéreme ahora. Y el hombre le ... 559
20.39 *dijo*: Tu siervo salió en medio de la ... 559
20.39 *diciéndome*: Guarda a este hombre, y si ... 559
20.40 el rey... le *dijo*: Esa será tu sentencia ... 559
20.42 él le *dijo*: Así ha *dicho* Jehová: Por ... 559
21.2 Acab habló a Nabot, *diciendo*: Dame tu ... 559
21.4 *diciendo*: No te daré la heredad de mis ... 559
21.5 vino a él su mujer Jezabel, y le *dijo* ... 1696
21.6 hablé con Nabot... le *dije* que me diera ... 559
21.7 Jezabel le *dijo*: ¿Eres tú ahora rey sobre ... 559
21.9 cartas que... *decían* así: Proclamad ayuno ... 559
21.10 *digan*: Tú has blasfemado a Dios y al ... 559
21.13 *diciendo*: Nabot ha blasfemado a Dios y ... 559
21.14 enviaron a *decir* a Jezabel: Nabot ha ... 559
21.15 Jezabel oyó... *dijo* a Acab: Levántate y ... 559
21.17,28 palabra de Jehová a Elías... *diciendo* ... 559
21.19 le hablarás *diciendo*... ha *dicho* Jehová ... 559
21.20 y Acab *dijo* a Elías: ¿Me has hallado ... 559
21.23 *diciendo*: Los perros comerán a Jezabel ... 559

22.3 y el rey de Israel dijo a sus siervos ... 559
22.4 dijo a Josafat: ¿Quieres venir conmigo ... 559
22.5 dijo luego Josafat al rey de Israel: Yo soy ... 559
22.6 dijo: ¿Iré a la guerra contra Ramot de ... 559
22.6 ellos dijeron: Sube, porque Jehová la ... 559
22.7 dijo Josafat: ¿Hay aún... algún profeta de ... 559
22.8 y Josafat dijo: No hable el rey así ... 559
22.9 rey... llamó a un oficial, y le dijo: Trae ... 559
22.11 dijo: Así ha dicho Jehová: Con éstos ... 559
22.12 profetizaban... diciendo: Sube a Ramot ... 559
22.13 habló diciendo... sea ahora tu palabra ... 559
22.14 que lo que Jehová me hablare, eso diré ... 559
22.15 dijo: Micaías, ¿Iremos a pelear contra ... 559
22.16 el rey le dijo: ¿Hasta cuántas veces ... 559
22.16 que no me digas sino la verdad en el ... 1696
22.17 él dijo: Yo vi a todo Israel esparcido ... 559
22.17 y Jehová dijo: Estos no tienen señor ... 559
22.18 rey... dijo... ¿No te lo había yo dicho? ... 559
22.19 él dijo: Oye, pues, palabra de Jehová ... 559
22.20 y Jehová dijo: ¿Quién inducirá a Acab ... 559
22.20 uno decía de una manera, y otro d de ... 559
22.21 dijo: Yo le induciré. Y Jehová le d ... 559
22.22 él dijo: Yo saldré, y seré espíritu de ... 559
22.22 dijo: Le inducirás, y... lo conseguirás ... 559
22.24 diciendo: ¿Por dónde se fue de mí el ... 559
22.26 rey... dijo: Toma a Micaías, y llévalo a ... 559
22.27 y dirás: Así ha dicho el rey: Echad a ... 559
22.28 dijo Micaías: Si llegas a volver en paz ... 559
22.28 en seguida dijo: Oíd, pueblos todos ... 559
22.30 rey de Israel dijo... Yo me disfrazaré ... 559
22.31 diciendo: No peleéis ni con grande ni ... 559
22.32 dijeron: Ciertamente éste es el rey de ... 559
22.34 dijo él a su cochero: Da la vuelta, y ... 559
22.36 salió un pregón... diciendo: ¡Cada uno a ... 559
22.49 dijo a Josafat: Vayan mis siervos con ... 559
2 R 1.3 habló a Elías... diciendo: Levántate, y ... 1696
1.3 diles: ¿No hay Dios en Israel, que vais ... 1696
1.4 ha dicho Jehová: Del lecho en que estás ... 559
1.5 él les dijo: ¿Por qué os habéis vuelto? ... 559
1.6 un varón que nos dijo: Id, y volveos al ... 559
1.6 y Decidle: Así ha dicho Jehová: ¿No hay ... 1696,559
1,7 él les dijo: ¿Cómo era aquel varón que ... 559
1.8 un varón que... él dijo: Es Elías tisbita ... 559
1.9,11 dijo: Varón de Dios, el rey ha dicho ... 559,1696
1.10 Elías... dijo al capitán de cincuenta: Si ... 559
1.12 y le respondió Elías y dijo: Si yo soy ... 1696
1.13 y le rogó, diciendo: Varón de Dios, te ... 1696
1.15 ángel de Jehová dijo... Desciende con él ... 1696
1.16 le dijo: Así ha dicho Jehová: Por cuanto ... 1696
2.2 dijo Elías a Eliseo: Quédate ahora aquí ... 559
2.2,4,6 dijo: Vive Jehová, y vive tu alma ... 559
2.3,5 dijeron: ¿Sabes que Jehová te quitará ... 559
2.3 ¿sabes que... El dijo: Sí, yo lo sé; callad ... 559
2.4 Elías le volvió a decir: Eliseo, quédate ... 559
2.6 Elías le dijo: Te ruego que te quedes ... 559
2.9 dijo a Eliseo: Pide lo que quieras que ... 559
2.9 y dijo Eliseo: Te ruego que una doble ... 559
2.10 le dijo: Cosa difícil has pedido. Si me ... 559
2.14 y dijo: ¿Dónde está Jehová, el Dios de ... 559
2.15 dijeron: El espíritu de Elías reposó ... 559
2.16 dijeron: He aquí hay con tus siervos 50 ... 559
2.16 vayan ahora... Y él les dijo: No enviéis ... 559
2.17 hasta que avergonzándose dijo: Enviad ... 559
2.18 les dijo: ¿No os dije yo que no fueseis? ... 559
2.19 hombres de la ciudad dijeron a Eliseo ... 559
2.20 él dijo: Traedme una vasija nueva, y ... 559
2.21 y dijo: Así ha dicho Jehová: Yo sané ... 559
2.23 burlaban de él diciendo: ¡Calvo, sube! ... 559
3.7 envió a decir a Josafat... El rey de Moab ... 559
3.8 dijo: ¿Por qué camino iremos?... respondió ... 559
3.10 el rey de Israel dijo... ha llamado Jehová ... 559
3.11 Josafat dijo: ¿No hay aquí profeta de ... 559
3.11 de los siervos... dijo: Aquí está Eliseo ... 559
3.12 Josafat dijo: Este tendrá palabra de ... 559
3.13 Eliseo dijo al... ¿Qué tengo yo contigo? ... 559
3.14 dijo: Vive Jehová de los ejércitos, en ... 559
3.16 dijo: Así ha dicho Jehová: Haced en este ... 559
3.17 Jehová ha dicho así: No veréis viento ... 559
3.23 y dijeron: ¡Esto es sangre de espada! ... 559
4.1 una mujer... clamó a Eliseo, diciendo: Tu ... 559
4.2 dijo: ¿Qué te haré yo? Declárame lo que ... 559
4.2 ella dijo: Tu sierva ninguna cosa tiene ... 559
4.3 dijo: Vé y pide para ti vasijas vacías ... 559
4.6 dijo... Tráeme aún otras... Y él d: No hay ... 559
4.7 dijo: Vé y vende el aceite, y paga a tus ... 559
4.9 y ella dijo a su marido: He aquí ahora ... 559
4.12 dijo a Giezi su criado: Llama a esta ... 559
4.13 dijo él... a Giezi: Dile: He aquí tú has ... 559
4.14 él dijo: ¿Qué, pues, haremos por ella? ... 559
4.15 dijo... Llámala. Y él la llamó, y ella se ... 559
4.16 él le dijo: El año que viene, por este ... 559
4.16 ella dijo: No, señor mío, varón de Dios ... 559
4.17 en el tiempo que Eliseo le había dicho ... 1696
4.19 y dijo a su padre: ¡Ay, mi cabeza, mi ... 559
4.19 y el padre dijo a un criado: Llévalo a ... 559
4.22 le dijo: Te ruego que envíes conmigo a ... 559
4.23 él dijo: ¿Para qué vas a verle hoy? No ... 559
4.24 y dijo al criado: Guía y anda; y no me ... 559
4.24 detener en... sino cuando yo te lo dijere ... 559
4.25 dijo a su criado... He aquí la sunamita ... 559
4.26 digas: ¿Te va bien... Y ella dijo: Bien ... 559
4.27 varón de Dios le dijo: Déjala, porque ... 559
4.28 y ella dijo: ¿Pedí yo hijo a mi señor? ... 559
4.28 ¿no dije yo que no te burlases de mí? ... 559
4.29 dijo él a Giezi: Ciñe tus lomos, y toma ... 559
4.30 y dijo la madre del niño: Vive Jehová, y ... 559
4.31 y se lo declaró, diciendo: El niño no ... 559
4.36 llamó él a Giezi, y le dijo: Llama a ... 559
4.36 entrando ella, él le dijo: Toma tu hijo ... 559
4.38 dijo a su criado: Pon una olla grande ... 559
4.40 gritaron diciendo: ¡Varón de Dios, hay ... 559
4.41 él... dijo: Traed harina. Y la esparció en ... 559
4.41 dijo: Da de comer a la gente. Y no hubo ... 559
4.42 y él dijo: Da a la gente para que coma ... 559
4.43 él volvió a decir... así ha dicho Jehová ... 559
5.3 dijo a su señora: Si rogase mi señor al ... 559
5.4 diciendo: Así... ha dicho una muchacha que ... 559,1696
5.5 le dijo el rey de Siria: Anda, vé, y yo ... 559
5.6 tomó también cartas para... que decían así ... 559
5.7 rasgó sus vestidos, y dijo: ¿Soy yo Dios ... 559
5.8 Eliseo... envió a decir al rey: ¿Por qué ... 559
5.10 Eliseo le envió... diciendo: Vé y lávate ... 559
5.11 Naamán se fue... diciendo... yo decía para ... 559
5.13 le hablaron diciendo: Padre mío, si el ... 559
5.13 más diciéndote: Lávate, y serás limpio? ... 559
5.15 y volvió... y dijo: He aquí ahora conozco ... 559
5.16 él dijo: Vive Jehová, en cuya presencia ... 559
5.17 Naamán dijo... no se dará a tu siervo la ... 559
5.19 él le dijo: Vé en paz. Se fue, pues, y ... 559
5.20 Giezi... dijo entre sí: He aquí mi señor ... 559
5.21 bajó del carro... y dijo: ¿Va todo bien? ... 559
5.22 y él dijo: Bien. Mi señor me envía a ... 559
5.22 envía a decirte: He aquí vinieron a mí ... 559
5.23 dijo Naamán: Te ruego que tomes dos ... 559
5.25 Eliseo le dijo: ¿De dónde vienes, Giezi? ... 559
5.25 él dijo: Tu siervo no ha ido a ninguna ... 559
5.26 le dijo: ¿No estaba también allí mi ... 559
6.1 hijos de los profetas dijeron a Eliseo ... 559
6.2 y hagamos allí lugar... y él dijo: Andad ... 559
6.3 dijo uno: Te rogamos que vengas con tus ... 559
6.5 diciendo: ¡Ah, señor mío, era prestada! ... 559
6.7 y dijo: Tómalo. Y él extendió la mano, y ... 559
6.8 dijo: En... tal lugar estará mi campamento ... 559
6.9 y el varón de Dios envió a decir al rey ... 559
6.10 aquel lugar que el varón... había dicho ... 559
6.11 les dijo: ¿No me declararéis vosotros ... 559
6.12 uno de los siervos dijo: No, rey señor ... 559
6.13 él dijo: Id, mirad dónde está, para que ... 559
6.13 le fue dicho: He aquí... él está en Dotán ... 559
6.15 criado le dijo: ¡Ah, señor mío! ¿qué ... 559
6.16 dijo: No tengas miedo, porque más son ... 559
6.17 oró Eliseo, y dijo: Te ruego... Jehová ... 559
6.18 dijo: Te ruego que hieras con ceguera ... 559
6.19 les dijo Eliseo: No es este el camino ... 559
6.20 dijo Eliseo: Jehová, abre los ojos de ... 559
6.21 dijo a Eliseo: ¿Los mataré, padre mío? ... 559
6.26 una mujer... dijo: Salva, rey señor mío ... 559
6.27 y él dijo: Si no te salva Jehová, ¿de ... 559
6.28 y le dijo el rey: ¿Qué tienes? Ella ... 559
6.28 esta mujer me dijo: Da acá tu hijo, y ... 559
6.29 yo le dije: Da acá tu hijo, y comámoslo ... 559
6.31 y él dijo: Así me haga Dios, y aun me ... 559
6.32 dijo él a los ancianos: ¿No habéis visto ... 559
6.33 dijo... este mal de Jehová viene. ¿Para ... 559
7.1 dijo entonces Eliseo: Oíd palabra de ... 559
7.1 dijo Jehová: Mañana a estas horas valdrá ... 559
7.2,19 dijo: Si Jehová hiciese ventanas en ... 559
7.2,19 dijo... tú lo verás con tus ojos, mas ... 559
7.3 cuatro hombres leprosos... dijeron el uno ... 559
7.6 de los sirios... se dijeron unos a otros ... 559
7.9 se dijeron... No estamos haciendo bien. Hoy ... 559
7.10 y gritaron... diciendo: Nosotros fuimos al ... 559
7.12 se levantó el rey... y dijo a sus siervos ... 559
7.12 y se han escondido en... diciendo: Cuando ... 559
7.13 dijo: Tomen... cinco de los caballos que ... 559
7.14 y envió el rey al... diciendo: Id y ved ... 559
7.17 conforme a lo que había dicho el varón ... 1696
7.18 diciendo: Dos seahs de cebada por un ... 559
8.1 habló Eliseo a aquella mujer... diciendo ... 559
8.2 hizo como el varón de Dios le dijo; y se ... 1697
8.4 diciéndole: Te ruego que me cuentes todas ... 559
8.5 dijo Giezi: Rey... mío, ésta es la mujer ... 559
8.6 al cual dijo: Hazle devolver todas las ... 559
8.7 diciendo: El varón de Dios ha venido aquí ... 559
8.8 el rey dijo a Hazael: Toma en tu mano un ... 559
8.8,9 diciendo: ¿Sanaré de esta enfermedad? ... 559
8.9 dijo: Tu hijo Ben-adad rey de Siria me ... 559
8.10 le dijo: Vé, dile: Seguramente sanarás ... 559
8.12 dijo Hazael: ¿Por qué llora mi señor? ... 559
8.13 Hazael dijo: Pues, ¿qué es tu siervo ... 559
8.14 cual le dijo: ¿Qué te ha dicho Eliseo? ... 559
8.14 y él respondió: Me dijo que... sanarás ... 559
9.1 y le dijo: Ciñe tus lomos, y toma esta ... 559
9.3 dí: Así dijo Jehová: Yo te he ungido por ... 559
9.5 dijo... una palabra tengo que decirte ... 559
9.5 Jehú dijo: ¿A cuál de todos... él d: A ti ... 559
9.6 dijo: Así d Jehová Dios de Israel: Yo te ... 559
9.11 salió Jehú a... y le dijeron: ¿Hay paz? ... 559
9.11 les dijo: Vosotros conocéis al hombre ... 559
9.12 ellos dijeron: Mentira; decláranoslo ... 559
9.12 él dijo: Así y así me habló, diciendo ... 559
9.13 tocaron corneta, y dijeron: Jehú es rey ... 559
9.15 y Jehú dijo: Si es vuestra voluntad ... 559
9.17 dijo: Veo una tropa. Y Joram d: Ordena ... 559
9.17 jinete que vaya... y les diga: ¿Hay paz? ... 559
9.18,19 y dijo: El rey dice así: ¿Hay paz? ... 559
9.18 y Jehú le dijo: ¿Qué tienes tú que ver ... 559
9.18 diciendo: El mensajero llegó hasta ellos ... 559
9.20 el atalaya volvió a decir: También éste ... 559
9.21 Jotam dijo: Unce el carro. Y cuando ... 559
9.22 dijo: ¿Hay paz, Jehú? Y él respondió ... 559
9.23 y dijo a Ocozías: ¡Traición, Ocozías! ... 559
9.25 dijo luego Jehú a Bidcar su capitán ... 559
9.25 pronunció esta sentencia, él, diciendo ... 559
9.26 he visto ayer la sangre... dijo Jehová ... 559
9.26 te daré la paga en esta heredad, dijo ... 5002
9.27 lo siguió Jehú, diciendo: Herid... a éste ... 559
9.31 entraba Jehú por la puerta, ella dijo ... 559
9.32 dijo: ¿Quién está conmigo? ¿quién? ... 559
9.33 él les dijo: Echadla abajo. Y ellos la ... 559
9.34 dijo: Id ahora a ver a aquella maldita ... 559
9.36 y se lo dijeron. Y él dijo: Esta es la ... 559
9.36 Elías... diciendo: En la heredad de Jezreel ... 559
9.37 que nadie pueda decir: Esta es Jezabel ... 559
10.1 escribió cartas... a Samaria... diciendo ... 559
10.4 dijeron: He aquí, dos reyes no pudieron ... 559
10.5 enviaron a decir a Jehú: Siervos tuyos ... 559
10.6 les escribió la... diciendo: Si sois míos ... 559
10.8 diciendo: Han traído las cabezas de los ... 559
10.8 él le dijo: Ponedlas en dos montones a ... 559
10.9 dijo... Vosotros sois justos; he aquí yo ... 559
10.10 y que Jehová ha hecho lo que dijo por ... 1696
10.13 dijo: ¿Quiénes sois vosotros? Y ellos ... 559
10.13 dijeron: Somos hermanos de Ocozías, y ... 559
10.14 él dijo: Prendedlos vivos. Y después ... 559
10.15 le dijo: ¿Es recto tu corazón, como el ... 559
10.15 Jonadab dijo: Lo es. Pues que lo es ... 559
10.16 le dijo: Ven conmigo, y verás mi celo ... 559
10.18 dijo: Acab sirvió poco a Baal, mas Jehú ... 559
10.20 dijo Jehú: Santificad un día solemne ... 559
10.22 dijo al que tenía el cargo... vestiduras ... 559
10.23 dijo a los siervos de Baal: Mirad y ... 559
10.24 les dijo: Cualquiera que dejare vivo ... 559
10.25 Jehú dijo a los de su guardia y a los ... 559
10.30 y Jehová dijo a Jehú: Por cuanto has ... 559
11.5 mandó diciendo: Esto es lo que habéis de ... 559
11.12 le hicieron rey... dijeron: ¡Viva el rey! ... 559
11.15 y les dijo: Sacadla fuera del recinto ... 559
11.15 el sacerdote dijo que no la matasen en ... 559
12.4 y Joás dijo a los sacerdotes: Todo el ... 559
12.7 dijo: ¿Por qué no reparáis las grietas ... 559
13.14 llorando... dijo: ¡Padre mío, padre mío ... 559
13.15 le dijo Eliseo: Toma un arco y unas ... 559
13.16 luego dijo Eliseo al rey... Pon tu mano ... 559
13.17 y dijo: Abre la ventana... da al oriente ... 559
13.17 dijo Eliseo: Tira. Y tirando él, d ... 559
13.18 y le volvió a decir: Toma las saetas ... 559
13.18 le dijo: Golpea la tierra... la golpeó ... 559
13.19 él, le dijo: Al dar cinco o seis golpes ... 559
14.6 diciendo: No matarán a los padres por ... 559
14.8 diciendo: Ven, para que nos veamos las ... 559
14.9 el cardo que... envió a decir al cedro que ... 559
15.12 que había hablado a Jehú, diciendo: Tus ... 559
16.7 envió embajadores... diciendo: Yo soy tu ... 559
16.15 y mandó el... diciendo: En el gran altar ... 559
17.12 Jehová les había dicho: Vosotros no ... 559
17.13 diciendo: Volveos de... malos caminos ... 559
17.23 como él lo había dicho por medio de ... 1696
17.26 dijeron... al rey de Asiria: Las gentes ... 559
17.27 mandó, diciendo: Llevad allí a alguno ... 559
17.35 diciendo: No temeréis a otros dioses ... 559
18.14 Ezequías rey... envió a decir al rey de ... 559
18.19 dijo el Rabsaces: Decid... a Ezequías ... 559
18.19 así dice el gran rey de Asiria: ¿Qué ... 559
18.20 dices... Consejo tengo y fuerzas para la ... 559
18.22 y si me decís: Nosotros confiamos en ... 559
18.22 ha dicho a Judá... Delante de este altar ... 559
18.25 Jehová me ha dicho: Sube a esta tierra ... 559
18.26 dijo Eliaquim... Te rogamos que hables ... 559
18.27 el Rabsaces les dijo: ¿Me ha enviado mi ... 559
18 27 para decir estas palabras a ti y a tu ... 1696
18.28 diciendo: Oíd la palabra del gran rey ... 559
18.29 ha dicho el rey: No os engañe Ezequías ... 559
18.30 diciendo... nos librará Jehová, y esta ... 559
18.31 así dice el rey de Asiria: Haced... paz ... 559
18.32 porque os engaña cuando dice: Jehová ... 559
18.36 el cual había dicho: No le respondáis ... 559
19.3 que le dijesen: Así ha dicho Ezequías ... 559
19.6 diréis... Así ha dicho Jehová: No temas ... 559
19.9 oyó decir que Tirhaca rey... había salido ... 559
19.9 envió embajadores a Ezequías, diciendo ... 559
19.10 así diréis a Ezequías... No te engañe tu ... 559
19.10 decir: Jerusalén no será entregada en ... 559
19.15 oró... diciendo: Jehová Dios de Israel ... 559
19.20 envió a decir a... Así ha dicho Jehová ... 559
19.23 y has dicho: Con la multitud de mis ... 559
19.32 dice Jehová acerca del rey de Asiria ... 559
19.33 no entrará en esta ciudad, dice Jehová ... 5002
20.1 dijo: Jehová dice así: Ordena tu casa ... 559
20.2 volvió su rostro... y oré a Jehová y dijo ... 559
20.4 palabra de Jehová a Isaías, diciendo ... 559
20.5 dí a Ezequías... Así dice Jehová, el Dios ... 559
20.7 dijo Isaías: Tomad masa de higos... sanó ... 559
20.8 Ezequías había dicho... ¿Qué señal tendré ... 559
20.9 de que hará Jehová esto que ha dicho ... 559
20.14 le dijo: ¿Qué dijeron aquellos varones ... 559
20.15 volvió a decir: ¿Qué vieron en tu casa ... 559
20.16 Isaías dijo a Ezequías: Oye palabra de ... 559
20.17 será llevado a Babilonia... dijo Jehová ... 559
20.19 Ezequías dijo a Isaías: La palabra de ... 559
20.19 dijo: Habrá al menos Paz y seguridad en ... 559
21.4 de la cual Jehová había dicho: Yo pondré ... 559
21.7 la casa de la cual Jehová había dicho ... 559
21.10 habló... Jehová por... profetas, diciendo ... 559
21.12 así ha dicho Jehová... yo traigo tal mal ... 559
22.3 envió, el rey... casa de Jehová, diciendo ... 559
22.4 vé... dile que recoja el dinero que han
22.8 dijo el sumo sacerdote... escriba Safán ... 559
22.9 dio cuenta al rey y dijo: Tus siervos ... 559
22.10 escriba Safán declaró al rey, diciendo ... 559
22.12 luego el rey dio orden al... diciendo ... 559
22.15 ella les dijo: Así ha dicho Jehová el ... 559
22.15 así... Decid al varón que os envió a mí ... 559
22.16 dijo Jehová: He aquí yo traigo sobre ... 559

22.18 mas al rey...*diréis* así: Así ha *dicho* 559
22.19 también yo te he oído, *dice* Jehová 5002
23.17 *dijo*: ¿Qué monumento es este que veo? 559
23.18 y él *dijo*: Dejadlo; ninguno mueva sus 559
23.21 mandó el rey...*diciendo*: Haced la pascua 559
23.27 *dijo* Jehová: También quitaré...a Judá 559
23.27 había yo *dicho*: Mi nombre estará allí 559
24.13 sacó de allí...como Jehová había *dicho* 1696
25.24 Gedalías...les *dijo*: No temáis de ser 559
1 Cr 4.9 su madre llamó Jabes, *diciendo*: Por 559
4.10 invocó Jabes al Dios de...*diciendo*: Oh 559
10.4 *dijo* Saúl a su escudero: Saca tu espada 559
11.1 se juntó a David en Hebrón, *diciendo* 559
11.2 Jehová...te ha *dicho*: Tú apacentarás a 559
11.5 los moradores de Jebús *dijeron* a David 559
11.6 había *dicho*: El que primero derrote a 559
11.17 David...*dijo*: ¡Quién me diera de beber 559
11.18 David...la derramó para Jehová, y *dijo* 559
12.17 David...les habló *diciendo*: Si habéis 559
12.18 *dijo*: Por ti, oh David, y contigo, oh 559
12.19 lo despidieron, *diciendo*: Con peligro 559
13.2 *dijo* David a toda la asamblea de Israel 559
13.4 *dijo* toda la asamblea que se hiciese así 559
13.12 *dijo*: ¿Cómo he de traer a mi casa el 559
14.10 consultó a Dios, *diciendo*: ¿Subiré 559
14.10 y Jehová le *dijo*: Sube, porque yo los 559
14.11 *dijo* luego David: Dios rompió mis 559
14.12 dioses, y David *dijo* que los quemasen 559
14.14 Dios le *dijo*: No subas tras ellos, sino 559
15.2 *dijo* David: El arca de Dios no debe ser 559
15.12 les *dijo*: Vosotros que sois...levitas 559
15.16 *dijo* David a los principales de los 559
16.18 *diciendo*...te daré la tierra de Canaán 559
16.22 no toquéis, *dijo*, a mis ungidos, ni
16.31 y *digan* en las naciones : Jehová reina 559
16.35 y *decid*: Sálvanos, oh Dios, salvación 559
16.36 *dijo* todo el pueblo, Amén, y alabó a 559
17.1 *dijo* David al profeta Natán...yo habito 559
17.2 y Natán *dijo* a David: Haz todo lo que 559
17.3 vino palabra de Dios a Natán, *diciendo* 559
17.4 vé y *dí* a David...Así ha *dicho* Jehová 559
17.6 *decirles*: ¿Por qué no me edificáis una 559
17.7 *dirás* a mi siervo David: Así ha *dicho* 559
17.16 entró el rey David...*dijo*: Jehová Dios 559
17.23 sea firme para...y haz como has *dicho* 1696
17.24 a fin de que se *diga*: Jehová...es Dios 559
19.2 *dijo* David: Manifestaré misericordia con 559
19.3 los príncipes...de Amón *dijeron* a Hanún 559
19.5 el rey mandó que les *dijeran*: Estaos en 559
19.12 *dilo*: Si los sirios fueren más fuertes 559
21.2 *dijo* David a Joab...id, haced censo de 559
21.3 y *dijo* Joab: Añada Jehová a su pueblo 559
21.8 y *dijo* David...He pecado gravemente al 559
21.9 habló Jehová a Gad, vidente...*diciendo* 559
21.10 y habla a David, y *dile*: Así ha *dicho* 559
21.11 viniendo Gad a...le *dijo*: Así ha *dicho* 559
21.13 *dijo* a Gad: Estoy en grande angustia 559
21.15 *dijo* al ángel que destruía: Basta ya 559
21.17 *dijo* David a Dios: ¿No soy yo el que 559
21.18 Jehová ordenó a Gad que *dijese* a David 559
21.19 la palabra que Gad le había *dicho* en 1697
21.22 *dijo* David a Ornán: Dame este lugar 559
21.24 el rey David *dijo* a Ornán: No, sino que 559
22.1 y *dijo* David: Aquí estará la casa...Dios 559
22.5 *dijo*...Salomón mi hijo es muchacho y de 559
22.7 *dijo* David a Salomón: Hijo mío, en mi 559
22.8 *diciendo*: Tú...no edificarás casa a mi 559
22.11 y edifiques casa a...como él ha *dicho* 1696
22.17 ayudasen a Salomón su hijo, *diciendo* 559
23.5 y cuatro mil para alabar a Jehová, *dijo*
23.25 David *dijo*: Jehová Dios de Israel ha 559
27.23 *dicho* que él multiplicaría a Israel 559
28.2 levantándose el rey David...*dijo*: Oidme 559
28.3 Dios me *dijo*: Tú no edificarás casa a 559
28.6 ha *dicho*: Salomón...él edificará mi casa 559
28.19 *dijo* David, me fueron trazadas por la
28.20 *dijo*...David a Salomón su hijo: Anímate 559
29.1 *dijo* el rey David a toda la asamblea 559
29.10 *dijo* David: Bendito seas tú, oh Jehová 559
29.20 después *dilo* David...Bendecid ahora a 559
2 Cr 1.7 Dios...le *dijo*: Pídeme lo que quieras 559
1.8 Salomón *dijo* a Dios: Tú has tenido con 559
1.11 y *dijo* Dios a Salomón: Por cuanto hubo 559
2.3 y envió a *decir* Salomón a Hiram rey de 559
2.12 *decía* Hiram: Bendito sea Jehová el Dios 559
2.15 envíe mi señor...el trigo...que ha *dicho* 559
5.13 *diciendo*: Porque él es bueno, porque su 559
6.1 entonces *dijo* Salomón: Jehová ha *dicho* 559
6.4 *dijo*: Bendito sea Jehová Dios de Israel 559
6.4 que prometió...a David mi padre, *diciendo* 559
6.8 *dijo* a David...Respecto a haber tenido en 559
6.10 ha cumplido su palabra que había *dicho* 1696
6.10 sentado en el...como Jehová había *dicho* 1696
6.13 y extendió sus manos al cielo, y *dijo* 559
6.15 lo *dijiste* con tu boca, y con tu mano 1696
6.16 *diciendo*: No faltará de ti...en el trono 559
6.17 palabra que *dijiste* a tu siervo David 1696
6.20 el lugar del cual *dijiste*: Mi nombre 559
6.37 oraren a ti...y *dijeren*: Pecamos, hemos 559
7.3 alabaron...*diciendo*: Porque él es bueno
7.12 le *dijo*: Yo he oído tu oración, y he 559
7.18 pacté con...*diciendo*: No te faltará varón 559
7.21 y *dirá*: ¿Por qué ha hecho así Jehová a 559
8.11 *dijo*: Mi mujer no morará en la casa de 559
9.5 *dijo* al rey: Verdad es lo que había oído 559
9.6 ni aun la mitad de...me había sido *dicha* 5046
10.3 Israel, y hablaron a Roboam, *diciendo* 559
10.5,12 *dijo*: Volved a mí de aquí a tres días 559
10.6,9 les *dijo*: ¿Cómo aconsejáis vosotros 559
10.7 y ellos le contestaron *diciendo*: Si te 559
10.9 *diciendo*: Alivia algo del yugo que tu 559
10.10 así *dirás* al pueblo que te ha hablado 559
10.10 *diciendo*: Tu padre agravó nuestro Yugo 559
10.10 así les *dirás*: Mi dedo más pequeño es 559
10.14 *diciendo*: Mi padre hizo pesado...yugo 559
10.16 al rey, *diciendo*: ¿Qué parte tenemos 559
11.2 mas vino palabra de Jehová a...*diciendo* 559
11.3 habla a Roboam...y a todos...*diciéndoles* 559
11.4 ha *dicho* Jehová: No subáis, ni peleéis 559
12.5 Semaías...les *dijo*: Así ha *dicho* Jehová 559
12.6 humillaron, y *dijeron*: Justo es Jehová 559
12.7 a Semaías, *diciendo*: Se han humillado 559
13.4 y *dijo*: Oídme, Jeroboam y todo Israel 559
14.7 *dijo*, por tanto, a Judá: Edifiquemos 559
14.11 clamó Asa...y *dijo*: ¡Oh Jehová, para ti 559
15.2 *dijo*: Oídme, Asa y todo Judá y Benjamín 559
16.2 Asa...envió a Ben-adad rey de...*diciendo* 559
16.7 *dijo*: Por cuanto te has apoyado en el 559
18.3 *dijo* Acab rey de Israel a Josafat rey 559
18.4 además *dijo* Josafat al rey de Israel 559
18.5 y ellos *dijeron*: Sube, porque Dios los 559
18.6 *dijo*: ¿Hay aún aquí algún profeta de 559
18.8 *dijo*: Haz venir luego a Micaías hijo de 559
18.10 Sedequías...*decía*: Así ha *dicho* Jehová 559
18.11 *diciendo*: Sube contra Ramot de Galaad 559
18.12 *diciendo*: He aquí las palabras de los 559
18.13 *dijo* Micaías: Vive Jehová, que lo que 559
18.13 lo que mi Dios me *dijere*, eso hablaré 559
18.14 rey le *dijo*: Micaías, ¿iremos a pelear 559
18.15 el rey le *dijo*: ¿Hasta cuántas veces te 559
18.16 Micaías *dijo*: He visto a todo Israel 559
18.16 y *dijo* Jehová: Estos no tienen señor 559
18.17 *dijo* a Josafat: ¿No te había yo *dicho* 559
18.18 él *dijo*: Oíd, pues, palabra de Jehová 559
18.19 uno *decía* así, y otro *d* de otra manera 559
18.20 *dijo*: Yo le induciré. Y Jehová le *d*. 559
18.21 y él *dijo*: Saldré y seré espíritu de 559
18.21 *dijo*: Tú le inducirás, y lo lograrás 559
18.23 y *dijo*: ¿Por qué camino se fue de mí 559
18.25 el rey de Israel *dijo*: Tomad a Micaías 559
18.26 *decidles*: El rey ha *dicho* así: Poned a 559
18.27 Micaías *dijo*: Si tú volvieres en paz 559
18.29 *dijo* el rey de Israel a Josafat: Yo me 559
18.30 *diciendo*: No Peleéis con chico ni con 559
18.31 *dijeron*: Este es el rey de Israel 559
18.33 *dijo* al cochero: Vuelve las riendas, y 559
19.2 y *dijo* al rey Josafat: ¿Al impío das 559
19.6 *dijo* a los jueces: Mirad lo que hacéis 559
19.9 y les mandó *diciendo*: Procederéis...con 559
20.2 dieron aviso...*diciendo*: Contra ti viene 559
20.6 *dijo*: Jehová Dios de nuestros padres 559
20.8 han edificado en ella santuario...*diciendo* 559
20.15 y *dijo*: Oíd, Judá todo, y vosotros 559
20.15 Jehová Os *dice* así: No temáis ni os 559
20.20 Josafat...en pie, *dilo*: Oídme, Judá y 559
20.21 *dijesen*: Glorificad a Jehová, porque 559
20.37 contra Josafat, *diciendo*: Por cuanto 559
21.7 le había *dicho* que te daría lámpara a 559
21.12 una carta...que *decía*: Jehová el Dios 559
22.9 *dijeron*: Es hijo de Josafat, quien de 559
23.3 Joiada les *dijo*: He aquí el hijo del rey 559
23.3 el cual reinará, como Jehová ha *dicho* 1696
23.11 lo ungieron, *diciendo*...¡Viva el rey! 559
23.13 Atalía rasgó sus...y *dijo*: ¡Traición! 559
23.14 les *dijo*: Sacadla fuera del recinto 559
24.5 y les *dijo*: Salid por las ciudades de 559
24.6 le *dijo*: ¿Por qué no has procurado que 559
24.20 les *dijo*: Así ha *dicho* Dios: ¿Por qué 559
24.22 quien *dijo* al morir: Jehová lo vea y 559
25.4 mandó *diciendo*: No morirán los padres 559
25.7 *dijo*: Rey, no vaya contigo el ejército 559
25.9 y Amasías *dijo* al varón de Dios: ¿Qué 559
25.15 *dijo*: ¿Por qué has buscado los dioses 559
25.16 el profeta *dijo* luego: Yo sé que Dios 559
25.17 Amasías...envió a *decir* a Joás...Ven, Y 559
25.18 Joás rey...envió a *decir* a Amasías rey 559
25.18 *diciendo*: Da tu hija a...hijo por mujer 559
25.19 tú *dices*: He aquí he derrotado a Edom 559
26.18 y le *dijeron*: No te corresponde a ti 559
26.23 durmió Uzías con...*dijeron*: Leproso es 559
28.9 y les *dijo*: He aquí, Jehová el Dios de 559
28.13 les *dijeron*: No traigáis aquí a los 559
28.23 *dijo*...los dioses de...Siria les ayudan 559
29.5 les *dijo*: ¡Oídme, levitas! Santificaos 559
29.18 te *dijeron*: Ya hemos limpiado toda la 559
29.21 *dijo* a los sacerdotes hijos de Aarón 559
29.30 *dijeron* a los levitas que alabasen a 559
29.31 *dijo*: Vosotros os habéis consagrado 559
30.6 y *decían*...volveos a Jehová el Dios de 559
30.18 oró por...*diciendo*: Jehová, que es bueno 559
32.4 *diciendo*: ¿Por qué han de hallar los 559
32.6 y habló al corazón de ellos, *diciendo* 559
32.9 para *decir* a Ezequías rey de Judá, y a 559
32.10 ha *dicho* Senaquerib rey de los asirios 559
32.11 *decir*: Jehová nuestro Dios nos librará 559
32.12 ha quitado...altares, y ha *dicho* a Judá 559
32.17 contra él, *diciendo*: Como los dioses de 559
33.4,7 en la casa...de la cual había *dicho* 559
34.15 *dijo* al escriba...he hallado el libro 559
34.16 *diciendo*: Tus siervos han cumplido todo 559
34.18 *diciendo*: El sacerdote Hilcías me dio 559
34.20 mandó a Hilcías y a Ahicam...*diciendo* 559
34.22 fueron a Hulda...le *dijeron* las palabras 1696
34.23 Jehová...ha *dicho* así: *Decid* al varón 559
34.26 así le *diréis*: Jehová...ha *dicho* así 559
34.27 yo también te he oído, *dice* Jehová 5002
35.3 y *dijo* a los levitas que enseñaban a 559
35.21 *diciendo*: ¿Qué tengo Yo contigo, rey 559
35.21 y Dios me ha *dicho* que me apresure 559
35.23 *dijo* el rey a sus siervos: Quitadme 559
36.22 Ciro...el cual hizo pregonar...*diciendo* 559
36.23 *dice* Ciro, rey de los persas: Jehová 559
Esd 1.1 hizo pregonar de palabra y...*diciendo* 559
1.2 así ha *dicho* Ciro rey de Persia: Jehová 559
2.63 les *dijo* que no comiesen de las cosas 559
3.11 y *diciendo*: Porque él es bueno, porque
4.2 les *dijeron*: Edificaremos con vosotros 559
4.3 *dijeron*: No nos conviene edificar con 559
5.3 *dijeron* así: ¿Quién os ha dado orden para 560
5.9 preguntamos a los ancianos, *diciéndoles* 560
5.11 nos respondieron *diciendo* así: Nosotros 560
5.15 lo *dijo*: Toma estos utensilios, Vé, Y 560
5.17 nos envíe a *decir* la voluntad del rey
6.9 lo que *dijeren* los sacerdotes que están 3983
8.22 *diciendo*: La mano de nuestro Dios es 559
8.28 les *dije*: Vosotros estáis consagrados 559
9.1 los príncipes vinieron a mí, *diciendo* 559
9.6 y *dije*: Dios mío, confuso y avergonzado 559
9.10 ¿qué *diremos*, oh Dios...después de esto? 559
9.11 *diciendo*: La tierra a la cual entráis 559
10.2 Secanías...*dilo* a Esdras...hemos pecado 559
10.10 Esdras...*dijo*: Vosotros habéis pecado 559
10.12 y *dijeron* en alta voz: Así se haga 559
Neh 1.3 y me *dijeron*: El remanente, los que 559
1.5 y *dije*: Te ruego, oh Jehová, Dios de los 559
1.8 *diciendo*: Si vosotros pecareis, yo os 559
2.2 me *dijo* el rey: ¿Por qué está triste tu 559
2.3 *dije* al rey: Para siempre viva el rey 559
2.4 *dijo* el rey: ¿Qué cosa pides? Entonces 559
2.5,7 *dije* al rey: Si le place al rey 559
2.6 el rey me *dijo*...¿Cuánto durará tu viaje 559
2.17 les *dije*...Vosotros veis el mal en que 559
2.18 las palabras que el rey me había *dicho* 559
2.18 y *dijeron*: Levantémonos y edifiquemos 559
2.19 *diciendo*: ¿Qué es esto que hacéis 559
2.20 les *dije*: El Dios de los cielos, él nos 559
4.2 *dijo*: ¿Qué hacen estos débiles judíos? 559
4.3 Tobías...*dijo*: Lo que ellos edifican del 559
4.10 *dijo* Judá: Las fuerzas...han debilitado 559
4.11 y nuestros enemigos *dijeron*: No sepan 559
4.12 nos *decían*...De todos los lugares de donde 559
4.14,19 *dije* a los nobles y a los oficiales 559
4.22 *dile* entonces al Pueblo: Cada Uno Con 559
5.2 quien *decía*: Nosotros, nuestros hijos Y 559
5.3 quienes *decían*: Hemos empeñado nuestras 559
5.4 *decían*: Hemos tomado prestado dinero para 559
5.7 y les *dije*: ¿Exigís interés cada uno a 559
5.8 les *dije*...según nuestras posibilidades 559
5.9 y *dile*: No es bueno lo que hacéis. ¿No 559
5.12 y *dijeron*...haremos así como tú *dices* 559
5.13 *dije*: Así sacuda Dios de su casa Y de 559
6.2 enviaron a *decirme*: Ven y reunámonos en 559
6.3 *diciendo*: Yo hago una gran obra, y no 559
6.5 Sanbalat envió...para *decirlo* mismo Por 1697
6.6 y Gasmu lo *dice*, que tú y los judíos 559
6.7 proclamen...*diciendo*: ¡Hay rey en Judá! 559
6.8 a *decirle*: No hay tal cosa como *dices* 559
6.9 *diciendo*: Se debilitarán las manos de 559
6.10 me *dijo*: Reunámonos en la casa de Dios 559
6.11 *dije*: ¿Un hombre como yo ha de huir? 559
7.3 y les *dije*: No se abran las puertas de 559
7.65 les *dijo* el gobernador que no comiesen 559
8.1 *dijeron* a Esdras...que trajese el libro 559
8.9 *dijeron* a todo el pueblo: Día santo es 559
8.10 luego les *dijo*: Id, comed grosuras, y 559
8.11 *diciendo*: Callad, porque es día santo 559
8.15 pasar pregón...*diciendo*: Salid al monte 559
9.5 *dijeron* los levitas...Bendecid a Jehová 559
9.15 y les *dijiste* que entrasen a poseer la 559
9.18 y *dijeron*: Este es tu Dios que te hizo 559
9.23 de la cual habías *dicho* a sus padres que 559
13.9 *dije* que limpiasen las cámaras, e hice 559
13.11 y *dije*: ¿Por qué está la casa de Dios 559
13.17 les *dije*: ¿Qué mala cosa es esta que 559
13.19 *dije* que se cerrasen las puertas, y 559
13.21 les *dije*: ¿Por qué os quedáis vosotros 559
13.22 *dije* a los levitas que se purificasen 559
13.25 *diciendo*: No daréis vuestras hijas a 559
Est 1.16 *dijo* Memucán delante del rey y de los 559
1.17 *diciendo*: El rey Asuero mandó traer 559
1.18 *dirán* esto las señoras de Persia y de 559
1.22 *diciendo* que todo hombre afirmase su
2.2 *dijeron* los criados del rey...cortesanos 559
2.7 había criado a Hadasa, es *decir*, Ester
2.15 sino lo que *dijo* Hegai eunuco del rey 559
2.20 Ester hacía lo que *decía* Mardoqueo, como 3982
2.22 y Ester lo *dijo* al rey en nombre de 559
3.8 *dijo* Amán al rey Asuero: Hay un pueblo 559
3.11 le *dijo*: La plata que ofreces sea para 559
4.4 vinieron las doncellas...y se lo *dijeron* 5046
4.7 la plata que Amán había *dicho* que pesaría 559
4.10 Ester *dijo*...que le *dijese* a Mardoqueo 559
4.12 y *dijeron* a Mardoqueo las palabras de 5046
4.13 *dijo* Mardoqueo...No pienses que escaparás 559
4.15 Ester *dijo* que respondiesen a Mardoqueo 559
5.3 *dijo* el rey: ¿Qué tienes, reina Ester, y 559
5.4 Ester *dijo*: Si place al rey, vengan hoy 559
5.5 Amán, para hacer lo que Ester ha *dicho* 1697
5.6 *dijo* el rey a Ester en el...¿Cuál es tu 559
5.7 respondió Ester y *dijo*: Mi petición y 559
5.14 *dijo* Zeres su mujer...Hagan una horca 559
5.14 *dí* al rey que cuelguen a Mardoqueo en 559
6.1 y *dijo* que le trajesen el libro de las 559
6.3 *dijo* el rey: ¿Qué honra...hizo a Mardoqueo 559

6.4 *dijo* el rey: ¿Quién está en el patio? . . . 559
6.5 Amán está en el... Y el rey *dijo*: Que entre . . . 559
6.6 el rey le *dijo*: ¿Qué se hará al hombre . . . 559
6.6 *dijo* Aman en su corazón: ¿A quién desearía . . . 559
6.10 el rey *dijo* a Amán: Date prisa, toma el . . . 559
6.10 toma el vestido... como tú has *dicho*, y . . . 1696
6.10 no omitas nada de todo lo que has *dicho* . . . 1696
6.13 le *dijeron* sus sabios, y Zeres su mujer . . . 559
7.2 *dijo* el rey a Ester: ¿Cuál... tu petición . . . 559
7.3 *dijo*: Oh rey, si he hallado gracia en tus . . . 559
7.5 el rey... *dijo* a la reina Ester: ¿Quién es . . . 559
7.6 Ester *dijo*: El enemigo y adversario es . . . 559
7.8 *dijo* el rey: ¿Querrás también violar a . . . 559
7.9 y *dijo* Harbona, uno de los eunucos que . . . 559
7.9 entonces el rey *dijo*: Colgadlo en ella . . . 559
8.5 *dijo*: Si place al rey, y si he hallado . . . 559
8.13 copia... *decía* que los judíos estuviesen . . . 1540
9.12 *dijo* el rey a la reina Ester: En Susa . . . 559
9.24 echado Pur, que quiere *decir* suerte . . . 1931
Job 1.5 porque *decía* Job: Quizá habrán pecado . . . 559
1.7 *dijo* Jehová a Satanás: ¿De dónde vienes? . . . 559
1.7 respondiendo Satanás... *dijo*: De rodear la . . . 559
1.8 *dijo* a Satanás: ¿No has considerado a mi . . . 559
1.9 respondiendo Satanás... *dijo*: ¿Acaso teme . . . 559
1.12 *dijo* Jehová a Satanás: He aquí, todo lo . . . 559
1.14 un mensajero... y le *dijo*: Estaban arando . . . 559
1.16 vino otro que *dijo*: Fuego de Dios cayó . . . 559
1.17 estaba... hablando, y vino otro que *dijo* . . . 559
1.18 vino otro que *dijo*: Tus hijos y tus hijas . . . 559
1.21 y *dijo*: Desnudo salí del vientre de mi . . . 559
2.2 *dijo* Jehová a Satanás: ¿De dónde vienes? . . . 559
2.2 respondió Satanás... y *dijo*: De rodear la . . . 559
2.3 *dijo* a Satanás: ¿No has considerado a mi . . . 559
2.4 Satanás, *dijo* a Jehová: Piel por piel . . . 559
2.6 Jehová *dijo* a Satanás: He aquí, él está . . . 559
2.9 entonces le *dijo* su mujer: ¿Aún retienes . . . 559
2.10 le *dijo*: Como suele hablar cualquiera de . . . 559
3.2 y exclamó Job, y *dijo* . . . 559
3.3 y la noche en que se *dijo*... es concebido . . . 559
4.1 respondió Elifaz temanita, y *dijo* . . . 559
4.16 yo no conocí, y quedo, oí que *decía*
6.1 respondió entonces Job, y *dijo* . . . 559
6.22 ¿os he *dicho* yo: Traedme, y pagad por . . . 559
6.28 ved si *digo* mentira delante de vosotros . . . 3576
7.4 cuando estoy acostado, *digo*: ¿Cuándo me . . . 559
7.13 cuando *digo*: Me consolará mi lecho, mi . . . 559
8.1 respondió Bildad suhita, y *dijo* . . . 559
8.18 negará entonces, *diciendo*: Nunca te vi
9.1 respondió Job, y *dijo* . . . 559
9.12 ¿quién le... ¿quién le *dirá*: ¿Qué haces? . . . 559
9.20 si me *dijere* perfecto... me haría inicuo
9.22 una cosa resta que yo *diga*: Al perfecto . . . 559
9.27 si yo *dijere*: Olvidaré mi queja, dejaré . . . 559
10.2 *diré* a Dios: No me condenes: hazme . . . 559
11.1 respondió Zofar naamatita, y *dijo* . . . 559
11.4 tú *dices*: Mi doctrina es pura, y yo soy . . . 559
12.1 respondió entonces Job, *diciendo* . . . 559
12.3 ¿y quién habrá que no pueda *decir* otro
12.20 priva del habla a los que *dicen* verdad
15.1 respondió Elifaz temanita, y *dijo* . . . 559
15.11 palabras que con dulzura se te *dicen*?
15.23 tras el pan, *diciendo*: ¿En dónde está?
16.1 respondió Job, y *dijo* . . . 559
17.14 a la corrupción he *dicho*: Mi padre eres . . . 7121
18.1 respondió Bildad suhita, y *dijo* . . . 559
19.1 respondió entonces Job, y *dijo* . . . 559
19.28 *decir*: ¿Por qué le perseguimos? ya que . . . 559
20.1 respondió Zofar naamatita, y *dijo* . . . 559
20.7 los que le hubieren visto *dirán*: ¿Qué . . . 559
21.1 entonces respondió Job, y *dijo* . . . 559
21.14 *dicen*... a Dios: Apártate de nosotros . . . 559
21.28 porque *decís*: ¿Qué hay de la casa del . . . 559
22.1 respondió Elifaz temanita, y *dijo* . . . 559
22.13 ¿y *dirás* tú: ¿Qué sabe Dios? ¿Cómo . . . 559
22.17 *decían* a Dios: Apártate de nosotros . . . 559
22.19 el inocente los escarnecerá, *diciendo*
22.29 *dirás*... Enaltecimiento habrá; y Dios . . . 559
23.1 respondió Job, y *dijo* . . . 559
23.5 yo sabría... entendería lo que me *dijera* . . . 559
24.15 *diciendo*: No me verá nadie; y esconde . . . 559
25.1 respondió Bildad suhita, y *dijo* . . . 559
26.1 respondió Job, y *dijo* . . . 559
27.1 reasumió Job su discurso, y *dijo* . . . 559
28.14 el abismo *dice*: No está en mí... mar *dijo* . . . 559
28.22 la muerte *dijeron*: Su fama hemos oído . . . 559
28.28 y *dijo* al hombre: He aquí que el temor . . . 559
29.1 Job a reanudar su discurso, y *dijo* . . . 559
29.18 *decía* yo: En mi nido moriré, y como . . . 559
31.24 y *dije* al oro: Mi confianza eres tú . . . 559
31.31 si mis siervos no *decían*: ¿Quién no se . . . 559
32.6 respondió Eliú... y *dijo*: Yo soy joven, y . . . 559
32.7 yo *decía*: Los días hablarán... sabiduría . . . 559
32.10 tanto, yo *dije*: Escuchadme; declararé . . . 559
32.13 que no *digáis*: Nosotros hemos hallado . . . 559
33.8 *dijiste*... yo oí... tus palabras que *decían* . . . 559
33.24 *diga* que Dios tuvo de él misericordia . . . 559
33.27 y al que *dijere*: Pequé, y pervertí lo . . . 559
34.1 además Eliú *dijo* . . . 559
34.5 Job ha *dicho*: Yo soy justo, y Dios me . . . 559
34.9 ha *dicho*: De nada servirá al hombre el . . . 559
34.18 ¿se *dirá* al rey: Perverso; y a los . . . 559
34.31 se *diga* a Dios: He llevado ya castigo . . . 559
34.33 retribuirá... *di*, si no, lo que tú sabes . . . 1696
34.34 los hombres inteligentes *dirán* conmigo . . . 559
35.1 prosiguió Eliú... su razonamiento, y *dijo* . . . 559
35.2 cosa recta lo que has *dicho*: Más justo . . . 559
35.3 *dijiste*: ¿Qué ventaja sacaré de ello? . . . 559
35.10 y ninguno *dice*: ¿Dónde está Dios mi . . . 559
35.14 cuando *dices* que no haces caso de él? . . . 559
36.1 añadió Eliú, y *dijo* . . . 559
36.10 y les *dice* que se conviertan de la . . . 559
36.23 ¿quién... quién le *dirá*: Has hecho mal? . . . 559
37.6 a la nieve *dice*: Desciende a la tierra . . . 559
37.19 muéstranos qué le hemos de *decir* . . . 559
38.1 entonces respondió Jehová a Job... *dijo* . . . 559
38.11 *dije*: Hasta aquí llegarás, y no pasarás . . . 559
38.35 los relámpagos... te *dirán*... Henos aquí? . . . 559
39.25 como que *dice* entre los clarines; ¡Ea! . . . 559
40.1 además respondió Jehová a Job, y *dijo* . . . 559
40.3 entonces respondió Job a Jehová, y *dijo* . . . 559
40.6 respondió Jehová a Job desde el... y *dijo* . . . 559
42.1 respondió Job a Jehová, y *dijo* . . . 559
42.7 Jehová *dijo* a Elifaz temanita: Mi ira . . . 559
42.9 hicieron como Jehová les *dijo*; y Jehová . . . 1696
Sal 2.2 y príncipes consultarán... *diciendo*
2.7 Jehová me ha *dicho*: Mi hijo eres tú; yo . . . 559
3.2 que *dicen* de mí: No hay para él salvación . . . 559
4.6 que *dicen*: ¿Quién nos mostrará el bien? . . . 559
8.4 *digo*: ¿Qué es el hombre... que lo visites?
10.6 *dice* en su corazón: No seré movido jamás . . . 559
10.11 *dice* en su corazón: Dios ha olvidado . . . 559
10.13 corazón ha *dicho*: Tú no lo inquirirás . . . 559
11.1 ¿cómo *decís* a mi alma, que escape al . . . 559
12.4 los que han *dicho*: Por nuestra lengua . . . 559
12.5 levantaré, *dice* Jehová; pondré en salvo . . . 559
13.4 para que no *diga* mi enemigo: Lo vencí . . . 559
14.1 *dice* el necio en su corazón: No hay Dios . . . 559
16.2 *dijiste* a Jehová: Tú eres mi Señor; no . . . 559
18 *tít.* libró... de la mano de Saúl. Entonces *dijo* . . . 559
22.7 escarnecen... menean la cabeza, *diciendo*
27.8 mi corazón ha *dicho*... Buscad mi rostro . . . 559
30.6 en mi prosperidad *dije*... No seré jamás . . . 559
31.14 yo en ti confío... *digo*: Tu eres mi Dios . . . 559
31.22 *decía* yo... Cortado soy de delante de tus . . . 559
32.5 *dije*: Confesaré mis transgresiones a . . . 559
33.9 porque él *dijo*, y fue hecho; él mandó . . . 559
35.3 saca... *di* a mi alma: Yo soy tu salvación . . . 559
35.10 mis huesos *dirán*: Jehová, ¿quién como . . . 559
35.21 *dijeron*: ¡Ea, ea, nuestros ojos lo han . . . 559
35.25 digan en su corazón: ¡Ea, alma nuestra . . . 559
35.27 y *digan* siempre: Sea exaltado Jehová . . . 559
36.1 la iniquidad del... me *dice* al corazón . . . 5002
38.16 *dije*: No se alegren de mí; cuando mi . . . 559
39.1 yo *dije*: Atenderé a mis caminos, para . . . 559
40.7 entonces *dije*: He aquí, vengo; en el . . . 559
40.15 sean asolados... los que me *dicen*: ¡Ea . . . 559
40.16 y *digan*... los que aman tu salvación . . . 559
41.4 yo *dije*: Jehová, ten misericordia de mí . . . 559
41.5 enemigos *dicen* mal de mí, preguntando . . . 559
41.7 contra mí piensan mal, *diciendo* de mí
42.3 me *dicen* todos los días: ¿Dónde está tu . . . 559
42.9 *diré* a Dios: Roca mía, ¿por qué te has . . . 559
42.10 *diciéndome* cada día: ¿Dónde está tu . . . 559
50.12 si yo tuviese hambre, no te lo *diría* . . . 559
50.16 pero al malo *dijo* Dios: ¿Qué tienes tú . . . 559
52 *tít.* Doeg... dio cuenta a Saúl *diciéndole* . . . 559
52.6 los justos... se reirán de él, *diciendo*
53.1 *dice* el necio en su corazón: No hay Dios . . . 559
54 *tít.* los zifeos y *dijeron* a Saúl: ¿No está . . . 559
55.6 y *dije*: ¡Quién me diese alas como de . . . 559
58.11 *dirá*... Ciertamente hay galardón para el . . . 559
59.7 espadas hay... porque *dicen*: ¿Quién oye?
60.6 Dios ha *dicho* en su santuario: Yo me . . . 1696
64.5 lazos, y *dicen*: ¿Quién los ha de ver? . . . 559
66.3 *decid* a Dios: ¡Cuán asombrosas son tus . . . 559
68.22 el Señor *dijo*: De Basán te haré volver . . . 559
70.3 sean vueltos... los que *dicen*: ¡ Ah! ¡ Ah! . . . 559
70.4 *digan* siempre los que aman tu salvación . . . 559
71.11 *diciendo*: Dios lo ha desamparado . . . 559
73.11 y *dicen*: ¿Cómo sabe Dios? ¿Y hay . . . 559
73.15 si *dijera* yo: Hablaré como ellos, he . . . 559
74.8 *dijeron* en su corazón: Destruyámoslos . . . 559
75.4 *dije* a los insensatos: No os infatuéis . . . 559
77.10 *dije*: Enfermedad mía es esta; traeré . . . 559
78.19 *diciendo*... poner mesa en el desierto? . . . 559
79.10 *dirán* las gentes: ¿Dónde está su Dios? . . . 559
82.6 yo *dije*: Vosotros sois dioses, y todos . . . 559
83.4 han *dicho*: Venid, y destruyámoslos para . . . 559
83.12 han *dicho*: Heredemos para nosotros las . . . 559
87.3 cosas gloriosas... *dicho* de ti, ciudad de . . . 1696
87.5 de Sion se *dirá*: Este y aquél han nacido . . . 559
87.7 *dirán*: Todas mis fuentes están en ti
89.2 porque *dije*: Para siempre será edificada . . . 559
89.3 pacto... Juré a David mi siervo, *diciendo*
89.19 y *dijiste*: He puesto el socorro sobre . . . 559
90.3 *dices*: Convertíos, hijos de los hombres . . . 559
91.2 *diré* yo a Jehová: Esperanza... y castillo . . . 559
94.7 y *dijeron*: No verá JAH, ni entenderá . . . 559
94.18 cuando yo *decía*: Mi pie resbala, tu . . . 559
95.10 *dije*: Pueblo es que divaga de corazón . . . 559
96.10 *decid* entre las naciones: Jehová reina . . . 559
102.24 *dije*: Dios mío, no me cortes en la . . . 559
105.11 *diciendo*: A ti te daré la tierra de . . . 559
105.15 no toquéis, *dijo*, a mis ungidos, ni . . . 559
106.34 no... a los pueblos que Jehová les *dijo* . . . 559
106.48 y *diga* todo el pueblo, Amén. Aleluya . . . 559
107.2 *díganlo* los redimidos de Jehová, los . . . 559
108.7 Dios ha *dicho* en su santuario: Yo me . . . 1696
110.1 Jehová *dijo* a mi Señor: Siéntate a mi . . . 5002
115.2 ¿por qué han de *decir* las gentes... Dios? . . . 559
116.4 *diciendo*: Oh Jehová, libra ahora mi . . . 577
116.11 y *dije* en mi apresuramiento: Todo . . . 559
118.2 *diga* ahora Israel, que para siempre es . . . 559
118.3 *diga*... la casa de Aarón... para siempre es . . . 559
118.4 *digan* ahora los que temen a Jehová, que . . . 559
119.57 he *dicho* que guardaré tus palabras . . . 559
119.76 conforme a lo que has *dicho* a tu . . . 565
119.82 *diciendo*: ¿Cuándo me consolarás? . . . 559
122.1 yo me alegré con los que me *decían*: A . . . 559
122.8 por amor... *diré* yo: La paz sea contigo . . . 1696
124.1 a no haber estado... *diga* ahora Israel . . . 559
126.2 *dirán* entre las naciones: Grandes cosas . . . 559
129.1 mucho me han angustiado... puede *decir* . . . 559
129.8 ni *dijeron* los que pasaban: Bendición . . . 559
137.3 *diciendo*: Cantadnos... cánticos de Sion
137.7 cuando *decían*: Arrasadla, arrasadla . . . 559
139.11 si *dijere*: Ciertamente las tinieblas . . . 559
139.20 porque blasfemias *dicen*... contra ti . . . 559
140.6 he *dicho* a Jehová: Dios mío eres tú . . . 559
142.5 clamé a... *dije*: Tú eres mi esperanza . . . 559
145.11 la gloria de tu reino *digan*, y hablen . . . 559
Pr 1.11 *dijeren*: Ven con nosotros; pongamos . . . 559
1.21 en las entradas de las... *dice* sus razones . . . 559
3.28 no *digas* a tu prójimo: Anda, y vuelve . . . 559
4.4 me *decía*: Retenga tu corazón mis razones . . . 559
5.12 *digas*: ¡Cómo aborrecí el consejo, y mi . . . 559
7.4 *di* a la sabiduría: Tú eres mi hermana . . . 559
7.13 le besó. Con semblante descarado le *dijo* . . . 559
9.4,16 *dice* a cualquier simple: Ven acá . . . 559
9.4,16 ven acá. A los faltos de cordura *dice* . . . 559
20.9 ¿quién podrá *decir*: Yo he limpiado mi . . . 559
20.14 el que compra *dice*: Malo es, malo es . . . 559
20.22 no *digas*:Yo me vengaré; espera a . . . 559
22.13 *dice* el perezoso: El león está fuera . . . 559
23.7 come y bebe, te *dirá*; mas su corazón . . . 559
23.35 y *dirás*: Me hirieron, mas no me dolió
24.12 si *dijeres*: Ciertamente no lo supimos . . . 559
24.24 el que *dijere* al malo: Justo eres, los . . . 559
24.29 no *digas*: Como me hizo, así le haré . . . 559
25.7 mejor es que se te *diga*: Sube acá, y no . . . 559
25.11 oro... es la palabra *dicha* como conviene . . . 1696
26.13 *dice* el perezoso: El león está en el . . . 559
26.19 y *dice*: Ciertamente lo hice por broma . . . 559
28.24 el que roba... y *dice* que no es maldad . . . 559
29.24 pues oye la imprecación y no *dice* nada . . . 5046
30.1 la profecía que *dijo* el varón a Itiel . . . 5002
30.9 y te niegue, y *diga*: ¿Quién es Jehová? . . . 559
30.15 tiene dos hijas que *dicen*: ¡Dame! ¡dame! . . . 559
30.15 tres... y la cuarta nunca *dice*: ¡Basta!
30.16 y el fuego que jamás *dice*: ¡Basta! . . . 559
30.20 así: Come... y *dice*: No he hecho maldad . . . 559
Ec 1.2 vanidades, *dijo* el Predicador; vanidad . . . 559
1.10 ¿hay algo de que se puede *decir*: He aquí . . . 559
1.16 *diciendo*: He aquí yo me he engrandecido . . . 559
2.1 *dije* yo en mi corazón: Ven ahora, te . . . 559
2.2 a la risa *dije*: Enloqueces; y al placer . . . 559
2.15 entonces *dije*... Como sucederá al necio . . . 559
2.15 y *dije* en... que también esto era vanidad . . . 1696
3.17 *dije*... Al justo y al impío juzgará Dios . . . 559
3.18 *dije*... Es así, por causa de los hijos de . . . 559
5.6 *digas* delante del ángel... fue ignorancia . . . 559
6.3 yo *digo* que un abortivo es mejor que él . . . 559
7.10 nunca *digas*: ¿Cuál es la causa de que . . . 559
7.21 que no oigas a tu... cuando *dice* mal de ti . . . 1696
7.22 corazón sabe que... *dijiste* mal de otros . . . *7043*
7.23 *diciendo*: Seré sabio; pero la sabiduría . . . 559
7.27 que esto he hallado, *dice* el Predicador . . . 559
8.4 potestad, ¿y quién le *dirá*: ¿Qué haces? . . . 559
8.14 obras... *Digo* que esto también es vanidad . . . 559
8.17 aunque *diga* el sabio que la conoce, no . . . 559
9.16 *dije* yo: Mejor es la sabiduría que la . . . 559
10.3 necio... va *diciendo* a todos que es necio . . . 559
10.20 ni... en tu pensamiento *digas* mal del rey . . . *7043*
10.20 ni en lo secreto de... *digas* mal del rico . . . *7043*
12.1 *digas*: No tengo en ellos contentamiento . . . 559
12.8 *dijo* el Predicador, todo es vanidad . . . 559
Cnt 2.10 mi amado habló, y me *dijo*: Levántate . . . 559
3.2 *dije*: Me levantaré ahora, y rodearé por
3.3 *dije*: ¿Habéis visto al que ama mi alma? . . . 559
7.8 yo *dije*: Subiré a la palmera, asiré sus . . . 559
Is 1.11 ¿para qué me sirve, *dice* Jehová, la . . . 559
1.18 venid luego, *dice* Jehová, y estemos a . . . 559
1.20 porque la boca de Jehová lo ha *dicho* . . . 1696
1.24 *dice* el Señor, Jehová de los ejércitos . . . 5002
2.3 y vendrán muchos pueblos, y *dirán*: Venid . . . 559
3.6 y le *dijere*: Tú tienes vestido, tú serás
3.7 jurará... *diciendo*: No tomaré ese cuidado . . . 559
3.10 *decid* al justo que le irá bien, porque . . . 559
3.15 ¿qué pensáis vosotros que... *dice* el Señor . . . 5002
3.16 *dice* Jehová: Por cuanto las hijas de . . . 559
4.1 *diciendo*... comeremos de nuestro pan, y . . . 559
5.19 *dicen*: Venga ya, apresúrese su obra, y . . . 559
5.20 ¡ay de los que a lo malo *dicen* bueno, y a . . . 559
6.3 *diciendo*: Santo, santo, santo, Jehová de . . . 559
6.5 *dije*: ¡Ay de mí! que soy muerto; porque . . . 559
6.7 *dijo*: He aquí que esto tocó tus labios . . . 559
6.8 *decía*: ¿A quién enviaré, y quién irá por . . . 559
6.9 *dijo*: Anda, y *di* a este pueblo: Oíd bien . . . 559
6.11 yo *dije*: ¿Hasta cuándo... Y respondió él . . . 559
7.2 *diciendo*: Siria se ha confederado con . . . 559
7.3 entonces *dijo* Jehová a Isaías: Sal ahora . . . 559
7.4 *dile*: Guarda, y repósate; no temas, ni . . . 559
7.5 sirio... con el hijo de Remalías, *diciendo* . . . 559
7.7 Jehová el Señor *dice* así: No subsistirá . . . 559
7.10 habló también Jehová a Acaz, *diciendo* . . . 559
7.13 *dijo* entonces Isaías: Oíd ahora, casa . . . 559
8.1 me *dijo* Jehová: Toma una tabla grande, y . . . 559
8.3 dio a luz... Y me *dijo* Jehová: Ponle por . . . 559
8.4 antes que el niño sepa *decir*: Padre mío . . . 7121
8.5 vez volvió Jehová a hablarme, *diciendo* . . . 559
8.11 Jehová me *dijo* de esta manera con mano . . . 559
8.11 no caminase por el camino de... *diciendo* . . . 559
8.19 *dijeron*: Preguntad a los encantadores . . . 559
8.20 ¡a la ley... Si no *dijeren* conforme a esto . . . 559

9.9 soberbia y con altivez de corazón *dicen* 559
10.8 él *dice*: Mis príncipes, ¿no son. . . reyes? 559
10.13 *dijo*: Con el poder de mi mano lo he 559
10.24 *dice* así: Pueblo mío, morador de Sion 559
12.1 aquel día *dirás*: Cantaré a ti, oh Jehová 559
12.4 y *diréis* en aquel día: Cantad a Jehová. 559
14.4 *dirás*: ¡Cómo paró el opresor, cómo acabó. 559
14.8 aun los cipreses se regocijaron. . . *diciendo*
14.10 todos ellos darán voces, y te *dirán*. 559
14.13 tú que *decías* en tu corazón: Subiré al 559
14.16 contemplarán, *diciendo*: ¿Es éste aquel. 559
14.22 me levantaré contra ellos, *dice* Jehová 5002
14.22 y raeré de Babilonia el. . . *dice* Jehová. 5002
14.23 la barreré con escobas de. . . *dice* Jehová 5002
14.24 juró *diciendo*: Ciertamente se hará de. 5002
16.14 hablado, *diciendo*: Dentro de tres años 5002
17.3 cesará el socorro de Efraín, y el. . . *dice* 5002
17.6 y quedarán en él rebuscos. . . *dice* Jehová 5002
18.4 Jehová me *dijo* así: Me estaré quieto, y 5002
19.4 y entregaré a Egipto en. . . *dice* el Señor. 5002
19.11 ¿Cómo *diréis* a Faraón: Yo soy hijo de 559
19.12 que te *digan* ahora, o te hagan saber. 5046
19.25 bendecirá *diciendo*: Bendito el pueblo 559
20.2 *diciendo*: Vé y quita el cilicio de tus. 559
20.3 y *dijo* Jehová: De la manera que anduvo. 559
20.6 y *dirá* en aquel día el morador de esta. 559
21.6 el Señor me *dijo* así: Vé, pon centinela. 559
21.9 después habló y *dijo*: Cayó. . . Babilonia 559
21.10 os he *dicho* lo que oí de Jehová de los 5046
21.16 así me ha *dicho* Jehová: De aquí a un año 559
21.17 porque Jehová Dios de. . . lo ha *dicho* 1696
22.4 *dije*: Dejadme, lloraré amargamente; no. 559
22.13 y bebiendo vino, *diciendo*: Comamos y
22.14 no os será perdonado. . . *dice* el Señor 559
22.15 Jehová de los ejércitos *dice* así: Vé 559
22.15 entra a este tesorero, a Sebna. . . y *dile*. 559
22.25 *dice* Jehová. . . el clavo hincado. . . quitado 5002
23.4 la fortaleza del mar habló, *diciendo* 559
23.12 *dijo*: No te alegrarás más, oh. . . Sidón. 559
24.16 y yo *dije*: ¡Mi desdicha, mi desdicha 559
25.8 quitará la afrenta. . . Jehová lo ha *dicho*. 1696
25.9 se *dirá* en aquel día: He aquí, éste es 559
28.12 *dilo*: Este es el reposo; dad reposo al 559
28.15 por cuanto habéis *dicho*: Pacto tenemos. 559
28.16 *dice*. . . he puesto en Sion por. . . una piedra 559
29.11 si dieren al que sabe leer, y le *dijeren*. 559
29.11 él *dirá*: No puedo, porque está sellado. 559
29.12 *diciéndole*: Lee ahora esto; él *dirá*: No 559
29.13 *dice*. . . Porque este pueblo se acerca a mí 559
29.15 y *dicen*: ¿Quién nos vé, y quién nos 559
29.16 ¿acaso la obra *dirá* de su hacedor: No. 559
29.16 ¿*dirá* la vasija de aquel que la ha. . . No 559
29.22 Jehová. . . *dice* así a la casa de Jacob: No. 559
30.1 ¡ay de los hijos que se apartan, *dice* 5002
30.10 *dicen* a los videntes: No veáis; y a los 559
30.10 *decidnos* cosas halagüeñas, profetizad 1696
30.12 por tanto, el Santo de Israel *dice* así. 559
30.15 *dijo* Jehová. . . En descanso y en reposo 559
30.16 sino que *dijisteis*: No, antes huiremos. 559
30.21 oirán a tus espaldas palabra que *diga*. 559
30.22 las apartarás. . . ¡Sal fuera! les *dirás* 559
31.4 Jehová me *dijo* a mí de esta manera: Como. 559
31.9 dejarán sus banderas, *dice* Jehová, cuyo. 559
33.18 tu corazón imaginará el espanto, y *dirá*
33.24 no *dirá* el morador: Estoy enfermo; al 559
35.4 *decid* a. . . de corazón apocado: Esforzaos 559
36.4 a los cuales *dijo* el Rabsaces: *Decid* 559
36.4 el gran rey, el rey de Asiria, *dice* así 559
36.5 yo *digo* que el consejo y poderío para 559
36.7 y si me *decís*: En Jehová nuestro Dios. 559
36.7 y *dijo* a Judá y a Jerusalén: Delante de 559
36.10 Jehová me *dijo*: Sube a esta tierra y 559
36.11 entonces *dijeron* Eliaquim, Sebna y Joa 559
36.12 y *dijo*. . . ¿Acaso me envió. . . a que *dijese* 559
36.13 en pie y gritó a gran voz en. . . *diciendo* 559
36.14 el rey *dice* así: No os engañe Ezequías. 559
36.15 ni os haga. . . confiar en Jehová, *diciendo* 559
36.16 así *dice* el rey de Asiria: Haced. . . paz. 559
36.18 no os engañe Ezequías *diciendo*: Jehová. 559
36.21 el rey así lo había mandado, *diciendo* 559
37.3 *dijeron*: Así ha *dicho* Ezequías: Día de 559
37.6 *dijo* Isaías: *Diréis* así a vuestro señor 559
37.6 así ha *dicho* Jehová: No temas por las. 559
37.9 oyendo *decir* de Tirhaca rey de Etiopía 559
37.9 envió embajadores a Ezequías, *diciendo*. 559
37.10 así *diréis* a Ezequías rey de Judá: No. 559
37.10 *diréis*. . . No te engañe tu Dios. . . *diciendo*. 559
37.15 Ezequías oró a Jehová, *diciendo*. 559
37.21 Isaías. . . envió a *decir* a. . . Así ha *dicho* 559
37.24 has vituperado al Señor, y *dijiste*: Con. 559
37.26 ¿no has oído *decir* que desde tiempos
37.33 *dice* Jehová acerca del rey de Asiria 559
37.34 no entrará en esta ciudad, *dice* Jehová. 5002
38.1 le *dijo*: Jehová *dice* así: Ordena tu casa 559
38.3 *dijo*. . . te ruego que te acuerdes ahora que 559
38.4 palabra de Jehová a Isaías, *diciendo* 559
38.5 vé y *di* a Ezequías: Jehová Dios. . . *dice* 559
38.7 señal. . . que Jehová hará esto que ha *dicho* 1696
38.10 yo *dije*: A la mitad de mis días iré a. 559
38.11 *dije*: No veré a JAH, a JAH en la tierra 559
38.15 ¿qué *diré*? El que me lo *dijo*. . . ha hecho. 1696
38.21 *dicho* Isaías: Tomen masa de higos, y. 559
38.22 había asimismo *dicho* Ezequías: ¿Qué. 559
39.3 y le *dijo*: ¿Qué *dicen* estos hombres, y. 559
39.4 *dijo* entonces: ¿Qué han. . . en tu casa? 559
39.4 y *dijo* Ezequías: Todo lo que hay en mi. 559
39.5 *dijo* Isaías a Ezequías: Oye palabra de 559
39.6 será llevado a Babilonia. . . *dice* Jehová 559
39.8 y *dijo* Ezequías a Isaías: La palabra de 559
40.1 consolaos, consolaos, pueblo mío, *dice*. 559
40.2 *Decidle* a. . . que su tiempo es ya cumplido. 1696
40.6 voz que *decía*: Da voces. Y yo respondí 559
40.6 respondí: ¿Qué tengo que *decir* a voces?. 7121
40.9 *di* a las ciudades de Judá: ¡Ved aquí al. 559
40.21 os lo han *dicho* desde el principio? 5046
40.25 ¿a qué. . . me compararéis? *dice* el Santo. 559
40.27 ¿por qué *dices*, oh Jacob, y hablas tú 559
41.6 ayudó a su vecino, y a su hermano *dijo* 559
41.7 que batía en el yunque, *diciendo*: Buena 559
41.9 de tierras lejanas te llamé, y te *dije* 559
41.13 sostiene de tu mano derecha, y te *dice*. 559
41.14 soy tu socorro, *dice* Jehová; el Santo 5002
41.21 alegad por vuestra causa, *dice* Jehová 559
41.21 vuestras pruebas, *dice* el Rey de Jacob 559
41.22 *digannos* lo que ha pasado desde el 8085
41.26 de tiempo atrás, y *diremos*? ¿Es Justo? 559
42.5 *dice* Jehová Dios, Creador de los cielos 559
42.17 y *dicen* a las imágenes de fundición 559
42.22 despojo. . . no hay quien *diga*: Restituid. 559
43.1 así *dice* Jehová, Creador tuyo, oh Jacob 559
43.6 *diré* al norte: Da acá; y al sur. . . trae 559
43.9 justifíquense; oigan, y *digan*: Verdad es. 559
43.10,12 sois mis testigos, *dice* Jehová 5002
43.14 así *dice* Jehová, Redentor vuestro, el 559
43.16 *dice* Jehová, el que abre camino en el 559
44.2 *dice* Jehová, Hacedor tuyo, y el que te 559
44.5 éste *dirá*: Yo soy de Jehová; el otro se. 559
44.6 así *dice* Jehová Rey de Israel. . . Redentor 559
44.8 te lo *hice* oír desde la. . . y te lo *dije*? 5046
44.16 *dice*: ¡Oh! me he calentado, he visto el 559
44.17 lo adora, y le ruega *diciendo*: Líbrame. 559
44.19 no tiene. . . ni entendimiento para *decir* 559
44.20 que no libre su alma, ni *diga*: ¿No es. 559
44.24 *dice* Jehová, tu Redentor, que te formó 559
44.26 que *dice* a Jerusalén: Serás habitada 559
44.27 que *dice* a las profundidades: Secaos. 559
44.28 *dice* de Ciro: Es mi pastor, y cumplirá 559
44.28 al *decir* a Jerusalén: Serás edificada 559
45.1 así *dice* Jehová a su ungido, a Ciro, al 559
45.9 ¿*dirá* el barro al que lo labra: ¿Qué 559
45.10 ¡ay del que *dice* al padre: ¿Por qué 559
45.11 *dice* Jehová, el Santo de Israel, y su 559
45.13 por precio ni por dones, *dice* Jehová 559
45.14 así *dice* Jehová: El trabajo de Egipto 559
45.14 harán reverencia. . . suplicarán *diciendo*
45.18 así *dijo* Jehová, que creó los cielos 559
45.19 no *dije* a la descendencia de Jacob: En 559
45.21 y lo tiene *dicho* desde entonces, sino 5046
45.24 se *dirá* de mí: Ciertamente en Jehová 559
46.10 *digo*: Mi consejo permanecerá, y haré. 559
47.7 *dijiste*: Para siempre seré señora; y no. 559
47.8 tú que *dices* en tu corazón: Yo soy, y 559
47.10 confiaste en tu maldad, *diciendo*: Nadie 559
48.3 lo que pasó, ya antes lo *dije*, y de mi 5046
48.5 te lo advertí, para que no *dijeras*: Mi. 559
48.7 que no *digas*: He aquí que yo lo sabía. 559
48.17 *dicho* Jehová, Redentor tuyo, el Santo 559
48.20 *decid*: Redimió Jehová a Jacob su siervo 559
48.22 no hay paz para los malos, *dijo* Jehová. 559
49.3 *dijo*: Mi siervo eres, oh Israel, porque. 559
49.4 *dije*: Por demás he trabajado, en vano 559
49.5 *dice* Jehová, el que me formó desde el 559
49.6 *dice*: Poco es para mí que tú seas mi 559
49.7 ha *dicho* Jehová, Redentor de Israel, el. 559
49.8 *dijo* Jehová: En tiempo aceptable te oí 559
49.9 para que *digas* a los presos: Salid; y a 559
49.14 Sion *dijo*: Me dejó Jehová, y el Señor 559
49.18 vivo yo, *dice* Jehová, que de todos 5002
49.20 los hijos de tu orfandad *dirán* a tus. 559
49.21 *dirás* en tu. . . ¿Quién me engendró éstos?. 559
49.22 *dijo* Jehová. . . yo tenderé mi mano a las 559
49.25 así *dice* Jehová: Ciertamente el cautivo. 559
50.1 así *dijo* Jehová: ¿Qué es de la carta de. 559
51.16 y *diciendo* a Sion: Pueblo mío eres tú. 559
51.22 así *dilo* Jehová tu Señor, y tu Dios, el. 559
51.23 angustiadores, que *dijeron* a tu alma 559
52.3 *dice* Jehová: De balde fuisteis vendidos 559
52.4 así *dijo*. . . Mi Pueblo descendió a Egipto. 559
52.5 ¿qué hago aquí, *dice* Jehová, ya que mi 5002
52.5 enseñorean, lo hacen aullar, *dice* Jehová 559
52.7 del que *dice* a Sion: ¡Tu Dios reina! 559
54.1 más son los hijos de la. . . ha *dicho* Jehová 559
54.6 esposa. . . es repudiada, *dijo* el Dios tuyo 559
54.8 tendré compasión de ti, *dijo* Jehová tu. 559
54.10 no se apartará de ti mi. . . *dijo* Jehová 559
54.17 su salvación de mí vendrá, *dijo* Jehová 5002
55.8 ni vuestros caminos mis caminos, *dijo* 559
56.1 *dijo* Jehová: Guardad derecho, y haced. 559
56.3 y el extranjero que. . . no hable *diciendo* 559
56.3 ni *diga* el eunuco: He aquí yo soy árbol 559
56.4 *dijo* Jehová: A los eunucos que guarden 559
56.8 *dice* Jehová el Señor, el que reúne a los 559
56.12 *dicen*, tomemos vino, embriaguémonos
57.10 no *dijiste*: No hay remedio; hallaste. 559
57.14 y *dirá*: Allanad, allanad; barred el 559
57.15 porque así *dijo* el Alto y Sublime, el 559
57.19 Produciré fruto de labios: Paz. . . *dijo*. 559
57.21 no hay paz, *dijo* mi. . . para los impíos. 559
58.3 qué, *dicen*, ayunamos, y no hiciste caso
58.9 te oirá. . . clamarás, y *dirá* él: Heme aquí 559
59.20 a los que se volvieren de. . . *dice* Jehová 5002
59.21 será mi pacto con ellos, *dijo* Jehová 559
59.21 *dijo* Jehová, desde ahora y. . . siempre 559
62.4 ni tu tierra se *dirá* más Desolada; sino. 559
62.11 *decid* a la hija de Sion: He aquí viene 559
63.8 porque *dijo*: Ciertamente mi pueblo son 559
63.11 pero se acordó. . . de Moisés Y. . . *diciendo*
65.1 *dije* a gente que no invocaba mi nombre. 559
65.5 que *dicen*: Estate en tu lugar, no te 559
65.7 por vuestras iniquidades, *dice* Jehová 559
65.8 ha *dicho* Jehová: Como si alguno hallase 559
65.8 hallase mosto en un racimo, y *dijese* 559
65.13 así *dijo* Jehová el Señor: He aquí que. 559
65.25 en todo mi santo monte, *dijo* Jehová. 559
66.1 Jehová *dijo* así: El cielo es mi trono 559
66.2 y así todas estas cosas fueron, *dice* 5002
66.5 *dijeron*: Jehová sea glorificado. Pero 559
66.9 ¿no haré nacer? *dijo* Jehová. . . *dice* tu 559
66.12 *dice* Jehová: He aquí que yo extiendo. 559
66.17 juntamente serán talados, *dice* Jehová 5002
66.20 santo monte de Jerusalén, *dice* Jehová 559
66.21 ellos Para sacerdotes y levitas, *dice* 559
66.22 Permanecerán delante de mí, *dice* 5002
66.23 vendrán todos a adorar. . . *dijo* Jehová. 559
Jer 1.4 vino. . . palabra de Jehová a. . . *diciendo* 559
1.6 yo *dije*: ¡Ah! ¡ah, Señor Jehová! He aquí. 559
1.7 y me *dijo* Jehová: No *digas*: Soy un niño 559
1.7 irás tú, Y *dirás* todo lo que te mande. 559
1.8 contigo estoy para librarte, *dice* Jehová 5002
1.9 tocó mi boca, y me *dijo* Jehová: He aquí 559
1.11,13 vino a mí, *diciendo*. . . ¿Qué ves tú? 559
1.11 ¿que. . . Y *dije*: Veo una vara de almendro 559
1.12 me *dijo* Jehová: Bien has visto; porque 559
1.13 *dile*: Veo una olla que hierve; y su faz. 559
1.14 *dijo* Jehová: Del norte se soltará el mal. 559
1.15 convoco a. . . los reinos del norte, *dice*. 5002
1.19 estoy contigo, *dice* Jehová. . . librarte. 5002
2.1 vino a mí palabra de Jehová, *diciendo*. 559
2.2 clama a los oídos de Jerusalén, *diciendo*. 559
2.2 así *dice* Jehová: Me he acordado de ti, de 559
2.3 que. . . mal venía sobre ellos, *dice* Jehová 559
2.5 así *dijo* Jehová: ¿Qué maldad hallaron 559
2.6 no *dijeron*: ¿Dónde está Jehová, que nos 559
2.8 los sacerdotes no *dijeron*: ¿Dónde está. 559
2.9 contenderé aún con vosotros, *dijo* Jehová 5002
2.12 desolaos en gran manera, *dijo* Jehová. 5002
2.19 y faltar mi temor en ti, *dice* el Señor. 5002
2.20 rompiste tu yugo. . . ataduras, y *dijiste* 559
2.22 tu pecado permanecerá aún. . . *dijo* Jehová 5002
2.23 ¿cómo puedes *decir*: No soy inmunda 559
2.25 mas *dijiste*: No hay remedio en ninguna 559
2.27 que *dicen* a un leño: Mi padre eres tú. 559
2.27 y en el tiempo de su calamidad *dicen* 559
2.29 prevaricasteis contra mí, *dice* Jehová 5002
2.31 por qué ha *dicho* mi pueblo: Somos libres 559
2.34 sin embargo, en todas estas cosas *dices* 559
2.35 yo entraré en juicio. . . porque *dijiste* 559
3.1 *dicen*: Si alguno dejare a su mujer, y. 559
3.1 tú, pues. . . ¡vuélvete a mí! *dice* Jehová 5002
3.6 me *dijo* Jehová en días del rey Josías 559
3.7 y *dije*: Después de hacer todo esto, se. 559
3.10 de todo corazón, sino fingidamente, *dice* 5002
3.11 me *dijo* Jehová: Ha resultado justa la. 559
3.12 *di*: Vuélvete, oh. . . Israel, *dice* Jehová. 559,5002
3.12 misericordioso soy yo, *dice* Jehová, no. 5002
3.13 maldad. . . y no oíste mi voz, *dice* Jehová 5002
3.14 convertíos, hijos rebeldes, *dice* Jehová. 5002
3.16 *dice* Jehová, no se *dirá* más: Arca del. 5002
3.19 *dije*: Me llamaréis: Padre mío, y no os 559
3.20 infiel. . . oh casa de Israel, *dice* Jehová 5002
4.1 si te volvieres, oh Israel, *dice* Jehová. 5002
4.3 así *dice* Jehová a todo varón de Judá y de 559
4.5 *decid*: Tocad trompeta en. . . y *d*: Reuníos 559
4.9 en aquel día, *dice* Jehová, desfallecerá 5002
4.10 *dije*: ¡Ay, ay, Jehová. . . has engañado a. 559
4.11 en aquel tiempo se *dirá* a este pueblo 5002
4.16 *decid* a las naciones: He aquí, haced oír 2142
4.17 porque se rebeló contra mí, *dice* Jehová. 5002
4.27 *dijo* Jehová: Toda la tierra será asolada 559
4.31 extiende sus manos, *diciendo*: ¡Ay ahora
5.2 *digan*: Vive Jehová, juran falsamente 559
5.4 *dije*: Ciertamente éstos son pobres, han 559
5.9 ¿no había de castigar esto? *dijo* Jehová 5002
5.11 se rebelaron. . . casa de Judá, *dice* Jehová 5002
5.12 negaron a Jehová, y *dijeron*: El no es 559
5.14 así ha dicho. . . Porque *dijeron* esta palabra 559
5.15 gente de lejos, oh casa de Israel, *dice* 5002
5.18 *dice* Jehová, no os *destruiré* del todo. 5002
5.19 y cuando *dijeren*: ¿Por qué. . . les *dirás* 559
5.20 haced que esto se oiga en Judá, *diciendo* 559
5.22 ¿a mí no me temeréis? *dice* Jehová; ¿No. 5002
5.24 no *dijeron* en su corazón: Temamos ahora. 559
5.29 ¿no castigaré esto? *dice* Jehová; ¿y de 5002
6.6 *dijo* Jehová. . . Cortad árboles, y levantad 559
6.9 así *dijo* Jehová. . . Del todo rebuscarán como 559
6.12 extenderé mi mano sobre los. . . *dice* Jehová. . . . 5002
6.14 curan la. . . *diciendo*: Paz, paz, y no hay 559
6.15 cuando los castigue caerán, *dice* Jehová. 559
6.16 así *dijo* Jehová: Paraos en los caminos 559
6.16 y andad por. . . Mas *dijeron*: No andaremos 559
6.17 *dijesen*: Escuchad. . . Y *dijeron* ellos: No. 559
6.21 *dice*. . . yo pongo a este pueblo tropiezos 559
6.22 *dicho* Jehová: He aquí que viene pueblo 559
7.1 palabra de. . . que vino a Jeremías, *diciendo*. 559
7.2 y proclama allí esta palabra, y *di*: Oíd 559
7.3 así ha *dicho*. . . Mejorad vuestros caminos 559
7.4 no fiéis en palabras de. . . *diciendo*: Templo 559
7.10 y *diréis*: Librados somos; para seguir. 559
7.11 aquí que también yo lo veo, *dice* Jehová 5002
7.13 habéis hecho. . . estas obras, *dice* Jehová 5002
7.19 ¿me provocarán ellos a ira? *dice* Jehová 5002
7.20 ha *dicho* Jehová. . . He aquí que mi furor 559
7.21 así ha *dicho* Jehová. . . Añadid. . . holocaustos 559
7.23 les mandé, *diciendo*: Escuchad mi voz 559

7.27 *dirás* todas estas palabras, pero no te 1696
7.28 les *dirás*, por tanto: Esta es la nación 559
7.30 de Judá han hecho lo malo...*dice* Jehová 5002
7.32 vendrán días, ha *dicho* Jehová, en que no 5002
7.32 que no se *diga* más, Tofet, ni...de Hinom 559
8.1 *dice* Jehová, sacarán los huesos de los 5002
8.3 arroje yo a los que queden, *dice* Jehová 5002
8.4 les *dirás* asimismo: Así ha *dicho* Jehová 559
8.6 arrepienta de su mal, *diciendo*: ¿Qué he 559
8.8 ¿cómo *decís*: Nosotros somos sabios, y la 559
8.11 curaron la...con liviandad, *diciendo*: Paz 559
8.12 cuando los castigue caerán, *dice* Jehová 559
8.13 los cortaré del todo, *dice* Jehová 5002
8.17 que yo envío...áspides os morderán, *dice* 5002
9.3 de mal en mal procedieron...*dice* Jehová 5002
9.6 por...no quisieron conocerme, *dice* Jehová 5002
9.7 ha *dicho*...he aquí que yo los refinaré y 559
9.8 con su boca *dice* paz a su amigo, y dentro 1696
9.9 ¿no los he de castigar por...*dice* Jehová 5002
9.13 *dijo* Jehová: Porque dejaron mi ley, la 559
9.15 ha *dicho* Jehová...les daré a comer ajenjo 559
9.17 *dice* Jehová...llamad plañideras que vengan ... 559
9.22 así ha *dicho*...Los cuerpos de los hombres 5002
9.23 *dijo* Jehová: No se alabe el sabio en su 559
9.24 porque estas cosas quiero, *dice* Jehová 5002
9.25 vienen días, *dice* Jehová, en que castigaré a ... 5002
10.2 así *dijo* Jehová: No aprendáis el camino 559
10.11 *diréis* así: Los dioses que no hicieron *560*
10.18 ha *dicho*...en que arrojaré con honda los 559
10.19 *dije*: Ciertamente enfermedad mía es esta 559
11.1 palabra que vino de...a Jeremías, *diciendo* 559
11.3 *dirás* tú: Así *dijo*...Maldito el varón que 559
11.4 *diciéndoles*: Oíd mi voz, y cumplid mis 559
11.5 y respondí y *dije*: Amén, oh Jehová 559
11.6 me *dijo*: Pregona todas estas palabras en 559
11.6 *diciendo*: Oíd las palabras de este pacto 559
11.7 hasta el día de hoy, *diciendo*: Oíd mi voz 559
11.9 *dijo* Jehová: Conspiración se ha hallado 559
11.11 así ha *dicho* Jehová...traigo sobre ellos 559
11.19 *diciendo*: Destruyamos el árbol con su
11.21 ha *dicho* Jehová acerca de los varones 559
11.22 ha *dicho*...los jóvenes morirán a espada 559
12.4 porque *dijeron*: No verá Dios nuestro fin 559
12.14 *dijo* Jehová contra...mis malos vecinos 559
12.16 para jurar en mi nombre, *diciendo*: Vive
12.17 de raíz y destruyéndola, *dice* Jehová 5002
13.1 me *dijo* Jehová: Vé y cómprate un cinto 559
13.3,8 vino a mí palabra de Jehová, *diciendo* 559
13.6 después de muchos días me *dijo* Jehová 559
13.9 así ha *dicho* Jehová: Así haré podrir la 559
13.11 hice juntar a mí toda...Judá, *dice* Jehová 5002
13.12 les *dirás*...esta palabra: Así ha *dicho* 559
13.12 te *dirán*: ¿No sabemos que toda tinaja se 559
13.13 les *dirás*: Así ha *dicho* Jehová: He aquí 559
13.14 los padres con los hijos...*dice* Jehová 5002
13.18 *di* al rey y a la reina: Humillaos 559
13.21 ¿que *dirás* cuando él ponga...sobre ti a 559
13.22 si *dijeres* en tu corazón: ¿Por qué me 559
13.25 la porción...medido...para ti, *dice* Jehová ... 5002
14.10 ha *dicho* Jehová acerca de este pueblo 559
14.11 *dijo* Jehová: No ruegues por este pueblo 559
14.13 *dije*: ¡Ah! ¡ah, Señor Jehová! He aquí 559
14.13 los profetas les *dicen*: No veréis espada 559
14.14 me *dijo*...Jehová: Falsamente profetizan 559
14.15 así ha *dicho* Jehová sobre los profetas 559
14.15 los cuales yo no envié, y que *dicen* 559
14.17 *dirás*, pues, esta palabra: Derramen mis 559
15.1 me *dijo* Jehová: Si Moisés y Samuel se 559
15.2 *dirás*: Así ha *dicho*...El que a muerte, a 559
15.3 cuatro géneros de castigo, *dice* Jehová 5002
15.6 tú me dejaste, *dice* Jehová; te volviste 5002
15.9 lo entregaré a la espada...*dice* Jehová 5002
15.19 *dijo* Jehová: Si te convirtieres, yo te 559
15.20 para guardarte y para defenderte, *dice* 5002
16.1 vino a mí palabra de Jehová, *diciendo* 559
16.3 así ha *dicho* Jehová acerca de los hijos y 559
16.5 *dicho* Jehová: No entres en casa de luto 559
16.5 he quitado mi paz de este pueblo, *dice* 5002
16.9 ha *dicho*...yo haré cesar en este lugar 559
16.10 te *dirán* ellos: ¿Por qué anuncia Jehová 559
16.11 *dirás*...padres me dejaron, *dice* Jehová ... *559,5002*
16.14 días, *dice* Jehová, en que no se *dirá* *5002,559*
16.16 yo envío muchos pescadores, *dice* Jehová 5002
16.19 y *dirán*: Ciertamente mentira poseyeron 559
17.5 ha *dicho* Jehová: Maldito el varón que 559
17.15 *dicen*: ¿Dónde está la palabra de Jehová? 559
17.19 ha *dicho* Jehová: Vé y ponte a la puerta 559
17.20 *diles*: Oíd la palabra de Jehová, reyes 559
17.21 así ha *dicho* Jehová: Guardaos por...vida 559
17.24 si...me obedeciereis, *dice* Jehová, no 5002
18.1 palabra...que vino a Jeremías, *diciendo* 559
18.5 vino a mí palabra de Jehová, *diciendo* 559
18.6 ¿no podré yo hacer de vosotros...*dice* 5002
18.11 *diciendo*: Así ha *dicho*...He aquí que yo 559
18.12 *dijeron*: Es en vano; porque en pos de 559
18.13 así *dijo* Jehová: Preguntad ahora a las 559
18.18 y *dijeron*: Venid y maquinemos contra 559
19.1 *dijo* Jehová: Vé y compra una vasija de 559
19.3 *dirás*...Así *dice* Jehová de los ejércitos 559
19.6 *dice* Jehová, que este lugar no...Tofet 5002
19.11 les *dirás*: Así ha *dicho*...quebrantaré 559
19.12 así haré a este lugar, *dice* Jehová, y 5002
19.14 en el atrio...y *dijo* a todo el pueblo 559
19.15 ha *dicho*...yo traigo sobre esta ciudad 559
20.3 lo *dijo*...Jehová no ha llamado tu nombre 559
20.4 ha *dicho* Jehová...haré que seas un terror 559
20.9 y *dije*: No me acordaré más de él, ni 559
20.10 se engañará, *decían*, y prevaleceremos
20.15 dio nuevas...*diciendo*: Hijo varón te ha 559
21.1 Sedequías envió a...para que le *dijesen* 559
21.3 Jeremías...*dijo*: *Diréis* así a Sedequías 559
21.4 así ha *dicho*...yo vuelvo atrás las armas 559
21.7 *dice* Jehová, entregaré a Sedequías rey 5002
21.8 a este pueblo *dirás*: Así ha *dicho* Jehová 559
21.10 mi rostro he puesto contra...*dice* Jehová 5002
21.11 a la casa del rey...*dirás*: Oíd palabra 559
21.12 así *dijo* Jehová: Haced de mañana juicio 559
21.13 estoy contra ti, moradora...*dice* Jehová 5002
21.13 *decís*: ¿Quien subirá contra nosotros 559
21.14 castigaré...vuestras obras, *dice* Jehová 5002
22.1 así *dijo* Jehová: Desciende a la casa del 559
22.2 *di*: Oye palabra de Jehová, oh rey de Judá 559
22.3 ha *dicho* Jehová: Haced juicio y justicia 559
22.5 he jurado, *dice* Jehová, que esta casa 5002
22.6 así ha *dicho* Jehová acerca de la casa del 559
22.8 gentes...*dirán* cada uno a su compañero 559
22.11 ha *dicho* Jehová acerca de Salum hijo de 559
22.14 que *dice*: Edificaré...casa espaciosa, y 559
22.16 ¿no es...conocerme a mí? *dice* Jehová 5002
22.18 así ha *dicho* Jehová acerca de Joacim 559
22.18 no lo llorarán, *diciendo*: ¡Ay, hermano
22.18 ni lo lamentarán, *diciendo*: ¡Ay, señor
22.21 *dijiste*: No oiré. Este fue tu camino 559
22.24 vivo yo, *dice* Jehová, que si Conías hijo 5002
22.30 así ha *dicho* Jehová: Escribid lo que 559
23.1 ¡ay de los pastores que...*dice* Jehová 5002
23.2 así ha *dicho* Jehová...a los pastores que 559
23.2 castigo la maldad de...obras, *dice* Jehová 5002
23.4 y pondré sobre ellas pastores que...*dice* 5002
23.5 días, *dice* Jehová, en que levantaré a 5002
23.7 días, *dice* Jehová, en que no *dirán* más 5002
23.11 aun en mi casa hallé su maldad, *dice* 5002
23.12 traeré mal sobre ellos...*dice* Jehová 5002
23.15 *dicho* Jehová...contra aquellos profetas 5002
23.16 ha *dicho*...No escuchéis las palabras de 5002
23.17 *dicen*...Jehová *dijo*: Paz tendréis; y a 1696
23.17 a cualquiera que anda tras...*dicen*: No 559
23.23 ¿soy yo Dios de cerca...*dice* Jehová, y 5002
23.24 ¿se ocultará alguno, *dice* Jehová, en 5002
23.24 ¿no lleno yo, *dice* Jehová, el cielo y 5002
23.25 profetas *dijeron*...*diciendo*: Soñé, soñé 559
23.28 ¿qué tiene que ver la paja con el...*dice* 5002
23.29 ¿no es mi palabra como fuego, *dice* 5002
23.30 estoy contra los profetas, *dice* Jehová 5002
23.31 *dice*...aquí yo estoy contra los profetas 5002
23.31 los profetas que...*dicen*: El ha *dicho* 5002
23.32 *dice* Jehová, yo estoy contra los que 5002
23.32 ningún provecho hicieron...*dice* Jehová 5002
23.33 te preguntare este pueblo...*diciendo* 5002
23.33 les *dirás*...Os dejaré, ha *dicho* Jehová 559
23.34 al pueblo que *dijere*: Profecía de Jehová 559
23.35 así *diréis* cada cual a su compañero 559
23.36 nunca más os vendrá a la memoria *decir* *2142*
23.37 así *dirás* al profeta: ¿Qué te respondió 559
23.38 si *dijereis*: Profecía de Jehová; por eso 559
23.38 Jehová *dice* así: Porque *dijisteis* esta 559
23.38 *deciros*: No *digáis*: Profecía de Jehová 559
24.3 *dijo* Jehová: ¿Qué ves tú...Y *dije*: Higos 559
24.4 y vino a mí palabra de Jehová, *diciendo* 559
24.5 *dicho* Jehová...Como a estos higos buenos 559
24.8 ha *dicho* Jehová, pondré a Sedequías rey 559
25.2 a todo el pueblo de Judá y a...*diciendo* 559
25.5 cuando *decían*: Volveos ahora de vuestro 559
25.7 no me habéis oído, *dice* Jehová, para 5002
25.8 ha *dicho* Jehová...Por cuanto no habéis 559
25.9 y tomaré a...las tribus del norte, *dice* 5002
25.12 castigaré al rey de Babilonia...ha *dicho* 5002
25.15 me *dijo* Jehová...Toma de mi mano la 559
25.27 les *dirás*...Así ha *dicho* Jehová...Bebed 559
25.28 les *dirás*...ha *dicho*...Tenéis que beber 559
25.29 porque espada traigo sobre todos...*dice* 5002
25.30 les *dirás*: Jehová rugirá desde lo alto 559
25.31 entregará los impíos a espada, *dice* 5002
25.32 ha *dicho* Jehová...el mal irá de nación 559
26.1 vino esta palabra de Jehová, *diciendo* 559
26.2 ha *dicho* Jehová: Ponte en el atrio de la 559
26.4 les *dirás*...Así ha *dicho*...Si no me oyereis 559
26.8 le echaron mano, *diciendo*: De...morirás 559
26.9 has profetizado...*diciendo*: Esta casa será 559
26.11 hablaron...*diciendo*: En pena de muerte 559
26.12 y habló...a todo el pueblo, *diciendo* 559
26.15 para que *dijese* todas estas palabras en 1696
26.16 *dijeron* los príncipes y todo el pueblo 559
26.17 y hablaron a toda la reunión...*diciendo* 559
26.18 *diciendo*...Así ha *dicho* Jehová...Sion será 559
27.1 vino esta palabra...a Jeremías, *diciendo* 559
27.2 me ha *dicho* así: Hazte coyundas y yugos 559
27.4 *digan* a sus señores...ha *dicho* Jehová de 559
27.4 así habéis de *decir* a vuestros señores 559
27.8 castigaré a tal nación con...*dice* Jehová 5002
27.9,14 hablan *diciendo*: No serviréis al rey 559
27.11 la dejaré en su tierra, *dice* Jehová 5002
27.12 *diciendo*: Someted vuestros cuellos al 559
27.13 según ha *dicho* Jehová de la nación que 1696
27.15 yo no los envié, *dice* Jehová, y ellos 5002
27.16 hablé *diciendo*: Así ha *dicho* Jehová: No 559
27.16 *diciendo*: He aquí que los utensilios de 559
27.19 ha *dicho* Jehová...de aquellas columnas 559
27.21 así...ha *dicho* Jehová...de los utensilios 559
27.22 el día en que yo los visité, *dice* Jehová 5002
28.1 me habló...delante de...el pueblo, *diciendo* 559
28.2 habló Jehová...*diciendo*: Quebranté el yugo ... 559
28.4 y yo haré volver...*dice* Jehová; porque yo 5002
28.6 *dijo* el profeta Jeremías: Amén, así lo 5002
28.11 y habló...*diciendo*: Así ha *dicho* Jehová 559
28.12 vino palabra de...a Jeremías, *diciendo* 559
28.13 habla a Hananías, *diciendo*: Así ha *dicho* 559
28.15 *dijo* el profeta Jeremías al...Hananías 559
28.16 así ha *dicho* Jehová...te quito de sobre 559
29.3 a quienes envió Sedequías rey de...*Decía* 559
29.4 ha *dicho* Jehová...a los de la cautividad 559
29.8 ha *dicho*...No os engañen vuestros profetas 559
29.9 falsamente os...no los envié, ha *dicho* 5002
29.10 así *dijo* Jehová: Cuando en Babilonia 559
29.11 yo sé los pensamientos que...*dice* Jehová 5002
29.14 seré hallado por vosotros, *dice* Jehová 5002
29.14 os reuniré...de todos los lugares...*dice* 5002
29.15 habéis *dicho*...nos ha levantado profetas 559
29.16 ha *dicho* Jehová acerca del rey que está 559
29.17 ha *dicho*...envío yo contra ellos espada 559
29.19 no oyeron mis palabras, *dice* Jehová 5002
29.19 y no habéis escuchado, *dice* Jehová 5002
29.21 ha *dicho* Jehová...acerca de Acab hijo 559
29.22 harán de ellos una maldición, *diciendo* 559
29.23 lo cual yo sé y testifico, *dice* Jehová 5002
29.24 y a Semaías de...hablarás, *diciendo* 559
29.25 *diciendo*: Tú enviaste cartas en tu...*d* 559
29.28 envió a *decir* en Babilonia: Largo será 559
29.30 vino palabra de...a Jeremías, *diciendo* 559
29.31 envía a *decir* a todos los cautivos: Así 559
29.31 ha *dicho* Jehová de Semaías de Nehelam 559
29.32 ha *dicho* Jehová...yo castigaré a Semaías 559
29.32 ni verá el bien que haré...*dice* Jehová 5002
30.1 palabra...que vino a Jeremías, *diciendo* 559
30.2 *diciendo*: Escríbete en un libro todas las 559
30.3 vienen días, *dice* Jehová, en que haré 5002
30.3 que haré volver a los cautivos...ha *dicho* 559
30.5 así ha *dicho* Jehová: Hemos oído voz de 559
30.8 en aquel día, *dice* Jehová...yo quebraré 5002
30.10 siervo mío Jacob, no temas, *dice* Jehová 5002
30.11 yo estoy contigo para salvarte, *dice* 5002
30.12 así ha *dicho* Jehová: Incurable es tu 5002
30.17 mas yo haré venir sanidad para ti...*dice* 5002
30.18 así ha *dicho* Jehová...yo hago volver los 559
30.21 ¿quién...que se atreve a acercarse...*dice* 5002
31.1 en aquel tiempo, *dice* Jehová, yo seré 5002
31.2 ha *dicho* Jehová: El pueblo que escapó de 559
31.3 se manifestó a mí...*diciendo*: Con amor
31.7 *dicho* Jehová...haced oír, alabad, y *decid* 559
31.10 hacedlo saber en las costas...y *decid* 559
31.14 y mi pueblo será saciado...*dice* Jehová 5002
31.15 ha *dicho* Jehová: Voz fue oída en Ramá 559
31.16 ha *dicho* Jehová...salario hay para...*dice* ... 559,5002
31.17 esperanza hay...para tu porvenir, *dice* 5002
31.20 tendré de él misericordia, *dice* Jehová 5002
31.23 ha *dicho* Jehová...Aún dirán esta palabra 559
31.27 días, *dice* Jehová, en que sembraré la 5002
31.28 tendré cuidado de ellos...*dice* Jehová 5002
31.29 no *dirán* más: Los padres comieron las 559
31.31 vienen días, *dice* Jehová...nuevo pacto 5002
31.32 ellos invalidaron mi pacto...*dice* Jehová 5002
31.33 este es el pacto que haré...*dice* Jehová 5002
31.34 *diciendo*: Conoce a Jehová...*dice* Jehová 5002
31.35 ha *dicho* Jehová, que da el sol para luz 559
31.36 si faltaren estas leyes...*dice* Jehová 5002
31.37 ha *dicho* Jehová: Si los cielos arriba 559
31.37 desecharé...la descendencia...*dice* Jehová ... 5002
31.38 días, *dice* Jehová, en que la ciudad será 5002
32.3 *diciendo*: ¿Por qué profetizas tú *d*: Así 553
32.3 ha *dicho* Jehová...yo entrego esta ciudad 559
32.5 peleareis...no os irá bien, *dice* Jehová 5002
32.6 *dijo* Jeremías: Palabra...a mí, *diciendo* 559
32.7 Hanameel hijo de...viene a ti, *diciendo* 559
32.8 vino...al patio de la cárcel, y me *dijo* 559
32.13 *di* orden a Baruc delante de...*diciendo* 559
32.14 así ha *dicho* Jehová...Toma estas cartas 559
32.15 *dicho* Jehová...Aún se comprarán casas 559
32.16 *dí* la carta de...oré a Jehová, *diciendo* 559
32.24 ha venido...a suceder lo que tú *dijiste* 1696
32.25 ¿y tú me has *dicho*: Cómprate la heredad 559
32.26 vino la palabra de...a Jeremías, *diciendo* 559
32.28 así ha *dicho*...voy a entregar esta ciudad 559
32.30 no han hecho sino lo malo...*dice* Jehová 5002
32.36 *dice*...a esta...ciudad, de la cual *decís* 559
32.42 ha *dicho*...Como traje sobre este pueblo 559
32.43 en esta tierra de la cual *decís*: Está 559
32.44 haré regresar sus cautivos, *dice* Jehová 5002
33.1 vino palabra de...a Jeremías...*diciendo* 559
33.2 así ha *dicho* Jehová, que hizo la tierra 559
33.4 ha *dicho* Jehová...acerca de las casas de 559
33.10 *dicho*...En este lugar, de la cual *decís* 559
33.11 voz de los que *digan*: Alabad a Jehová 559
33.11 volveré a traer los cautivos...ha *dicho* 559
33.12 así *dice* Jehová...En este lugar desierto 559
33.13 aún pasarán ganados...ha *dicho* Jehová 559
33.14 *dice*...confirmaré la buena palabra que 5002
33.17 así ha *dicho* Jehová: No faltará a David 559
33.19 vino palabra...a Jeremías, *diciendo* 559
33.20 ha *dicho* Jehová: Si pudiereis invalidar 559
33.23 vino palabra de Jehová...*diciendo* 559
33.24 ver lo que habla este pueblo, *diciendo* 559
33.25 *dicho* Jehová: Si no permanece mi pacto 559
34.1 palabra...vino a Jeremías...la cual *dijo* 559
34.2 ha *dicho* Jehová...Vé y habla a Sedequías 559
34.2 a Sedequías...*dile*: Así ha *dicho* Jehová 559
34.4 así ha *dicho* Jehová...No morirás a espada 559
34.5 endecharán, *diciendo*: ¡Ay, señor...*dice* 5002
34.12 vino pues, palabra de Jehová...*diciendo* 559
34.13 *dice* Jehová: Yo hice pacto...*diciendo* 559
34.17 *dicho*...promulgo libertad...*dice* Jehová ... 559,5002
34.22 mandaré...*dice* Jehová, y los haré volver 5002
35.1 palabra...que vino a Jeremías en...*diciendo* ... 559
35.5 copas llenas de vino, y les *dije*: Bebed 559
35.6 *dijeron*: No beberemos...ordenó *diciendo* 559

D

35.11 rey...subió a la tierra, *dijimos*: Venid 559
35.12 vino palabra de...a Jeremías, *diciendo* 559
35.13 ha *dicho*...Vé y *dí* a los varones de Judá 559
35.13 ¿no aprenderéis a obedecer mis...*dice* 5002
35.15 envié a vosotros...para *deciros*: Volveos 559
35.17 ha *dicho* Jehová...traeré yo sobre Judá 559
35.18 *dijo*...los recabitas...Así ha *dicho* Jehová 559
35.19 ha *dicho* Jehová...No faltará de Jonadab 559
36.1 vino esta palabra...a Jeremías, *diciendo* 559
36.5 Jeremías a Baruc, *diciendo*: A mí se me 559
36.14 *dijese* a Baruc: Torna el rollo en el que 559
36.15 y le *dijeron*: Siéntate ahora, y léelo a 559
36.16 y *dijeron* a Baruc: Sin duda contaremos 559
36.17 preguntaron luego a Baruc, *diciendo* 559
36.18 y Baruc les *dijo*: El me dictaba de su 559
36.19 *dijeron* los príncipes a Baruc: Vé y 559
36.27 vino palabra de...a Jeremías...*diciendo* 559
36.29 y *dirás* a Joacim...Así ha *dicho* Jehová 559
36.29 tú quemaste este rollo, *diciendo*: ¿Por 559
36.29 ¿por qué escribiste en él, *diciendo* 559
36.30 ha *dicho* Jehová acerca de Joacim rey de 559
37.2 las cuales *dijo* por el profeta Jeremías 1696
37.3 que *dijesen* al profeta Jeremías: Ruega 559
37.6 palabra de Jehová al...Jeremías, *diciendo* 559
37.7 así ha *dicho* Jehová...*Diréis* así al rey de 559
37.9 así ha *dicho*...No os engañéis...*diciendo* 559
37.13 apresó al profeta Jeremías, *diciendo* 559
37.14 Jeremías *dijo*: Falso; no me paso a los 559
37.17 el rey...*dijo*: ¿Hay palabra de Jehová? 559
37.17 Jeremías *dijo*: Hay. Y *d* más: En mano 559
37.18 *dijo* también Jeremías al rey Sedequías 559
37.19 os profetizaban *diciendo*: No vendrá el 559
38.1 Jeremías hablaba a...el pueblo, *diciendo* 559
38.2 así ha *dicho* Jehová: El que se quedare en 559
38.3 ha *dicho*...será entregada esta ciudad en 559
38.4 y *dijeron* los príncipes al rey: Muera 559
38.5 *dijo* el rey...él está en vuestras manos 559
38.8 salió de la casa...habló al rey,, *diciendo* 559
38.10 mandó el rey al...Ebed-melec, *diciendo* 559
38.12 *dijo* el etíope...a Jeremías: Pon ahora 559
38.14 y *dijo* el rey a Jeremías: Te, haré una 559
38.15 y Jeremías *dijo* a Sedequías: Si te lo 559
38.16 y juró el rey Sedequías en...*diciendo* 559
38.17 *dijo* Jeremías...ha *dicho* Jehová Dios de 559
38.20 y *dijo* Jeremías: No te entregarán. Oye 559
38.22 y ellas mismas *dirán* Te han engañado 559
38.24 y *dijo* Sedequías...Nadie sepa...palabras 559
38.25 *dijeron*: Decláranos qué te *dijo* el rey 1696
38.26 les *dirás*: Supliqué al rey que no me 559
39.11 ordenado acerca de Jeremías, *diciendo* 559
39.12 sino que harás con él como él te *dijere* 1696
39.15 venido palabra de Jehová a...*diciendo* 559
39.16 a Ebed-melec...*diciendo*: Así ha *dicho* 559
39.17 yo te libraré, *dice* Jehová, y no serás 5002
39.18 tuviste confianza en mí, *dice* Jehová 559
40.2 tomó...a Jeremías y le *dijo*: Jehová tu 559
40.3 ha...hecho Jehová según lo había *dicho* 1696
40.9 *diciendo*: No tengáis temor de servir a, 559
40.11 oyeron *decir* que el rey de Babilonia
40.14 le *dijeron*: ¿No sabes que Baalis rey de 559
40.15 a Gedalías...*diciendo*...mataré a Ismael 559
40.16 Gedalías...*dijo* a Johanán...No hagas esto 559
41.6 cuando los encontró, les *dijo*: Venid a 559
41.8 diez hombres que *dijeron* a Ismael: No 559
42.2 *dijeron* al profeta Jeremías: Acepta ahora 559
42.4 Jeremías les *dijo*: He oído...voy a orar 559
42.5 y ellos *dijeron*...Jehová sea...testigo de 559
42.9 les *dijo*: Así ha *dicho* Jehová Dios de 559
42.11 no temáis de su presencia, ha *dicho* 5002
42.13 *dijereis*: No moraremos en esta tierra 559
42.14 *diciendo*: No, sino que entraremos en 559
42.15 ha *dicho* Jehová...al...entrar en Egipto 559
42.18 *dicho* Jehová...Como se derramó mi ira 559
42.20 me enviasteis a Jehová...*diciendo*: Ora 559
42.20 haznos saber...las cosas que...Dios *dijere* 559
43.2 *dijo*...todos los varones soberbios *dijeron* 559
43.2 mentira *dices*; no te ha enviado Jehová 1696
43.2 *decir*: No vayáis a Egipto para morar allí 559
43.8 vino palabra de...a Jeremías...*diciendo* 559
43.10 y *diles*: Así ha *dicho* Jehová de los 559
44.1 palabra que vino a Jeremías...*diciendo* 559
44.2 así ha *dicho* Jehová...habéis visto todo el 559
44.4 envié...profetas...para *deciros*: No hagáis 559
44.7 ha *dicho*...¿Por qué hacéis tan grande mal 559
44.11 ha *dicho*...yo vuelvo mi rostro contra 559
44.15 todos...respondieron a Jeremías, *diciendo* 559
44.20 que le había respondido esto, *diciendo* 559
44.24 y *dijo* Jeremías a todo el pueblo, y a 559
44.25 *diciendo*: Vosotros y vuestras mujeres 559
44.25 lo ejecutasteis, *diciendo*: Cumpliremos 559
44.26 he jurado...*dice* Jehová, que mi nombre 559
44.26 boca de ningún hombre de Judá, *diciendo* 559
44.29 y esto tendréis por señal, *dice* Jehová 5002
44.30 ha *dicho* Jehová...yo entrego a Faraón 559
45.1 habló...Jeremías a Baruc hijo...*diciendo* 559
45.2 así ha *dicho* Jehová Dios de Israel a ti 559
45.3 tú *dijiste*: ¡Ay de mí ahora! porque ha 559
45.4 le *dirás*: Ha *dicho* Jehová...yo destruyo a 559
45.5 yo traigo mal sobre toda carne, ha *dicho* 5002
46.5 miedo de todas partes, *dice* Jehová 5002
46.8 las aguas se mueven como ríos, y *dijo* 559
46.14 *decid*: Ponte en pie y prepárate, porque 559
46.16 y *dijeron*: Levántate y volvámonos a 559
46.18 vivo yo, *dice* el Rey, cuyo nombre es 5002
46.23 cortarán sus bosques, *dice* Jehová 5002
46.25 *dicho*: He aquí yo castigo a Amón dios 559
46.26 después será habitado...*dice* Jehová 5002
46.28 tú, siervo mío Jacob, no temas, *dice* 5002
47.2 ha *dicho* Jehová...suben aguas del norte 559
48.1 así ha *dicho* Jehová...¡Ay de Nebo! porque 559
48.2 maquinaron mal contra ella, *diciendo*
48.8 y será destruida la llanura...ha *dicho* 559
48.12 vienen días, ha *dicho* Jehová, en que 5002
48.14 ¿cómo, pues, *diréis*: Somos hombres 559
48.15 destruido fue Moab...ha *dicho* el Rey 5002
48.17 *decid*: ¡Cómo se quebró la vara fuerte 559
48.19 pregunta a...*dile*: ¿Qué ha acontecido? 559
48.25 y su brazo quebrantado, *dice* Jehová 5002
48.30 conozco, *dice* Jehová, su cólera, pero 5002
48.35 y exterminaré de Moab, *dice* Jehová, a 559
48.38 quebranté a Moab como a vasija...*dice* 559
48.40 *dicho*...He aquí que como águila volará 559
48.43 contra ti, oh morador de Moab, *dice* 5002
48.44 yo traeré...el año de su castigo, *dice* 5002
48.47 volver a los cautivos de Moab...*dice* 5002
49.1 *dicho* Jehová: ¿No tiene hijos Israel? 559
49.2 días, ha *dicho* Jehová, en que haré oír 559
49.2 Israel tomará por heredad a...ha *dicho* 5002
49.4 la que *dice*: ¿Quién vendrá contra mí?
49.5 traigo sobre ti espanto, *dice* el Señor 5002
49.6 haré volver a los cautivos...*dice* Jehová 5002
49.7 acerca de Edom. Así ha *dicho* Jehová de 559
49.12 ha *dicho* Jehová...¿y serás tú absuelto 559
49.13 he jurado, *dice* Jehová, que asolamiento 5002
49.14 mensajero a las naciones, *diciendo*
49.16 de allí te haré descender, *dice* Jehová 5002
49.18 *dice* Jehová, así no morará allí nadie 559
49.26 morirán en aquel día, ha *dicho* Jehová 5002
49.28 así ha *dicho* Jehová: Levantaos, subid 559
49.30 huid...moradores de Hazor, *dice* Jehová 5002
49.31 subid contra una nación pacífica...*dice* 5002
49.32 todos lados les traeré su ruina, *dice* 5002
49.34 palabra de...acerca de Elam...*diciendo* 559
49.35 así ha *dicho*...quiebro al arco de Elam 559
49.37 y traeré sobre ellos mal...*dice* Jehová 5002
49.38 destruiré a su rey y a su...*dice* Jehová 5002
49.39 haré volver a los cautivos de Elam, *dice* 5002
50.2 anunciad en...*decid*, Tomada es Babilonia 559
50.4 en aquellos días...*dice* Jehová, vendrán *500*
50.5 volverán sus rostros, *diciendo*: Venid, y
50.7 y *decían* sus enemigos: No pecaremos 559
50.10 los que la saquearon se saciarán, *dice* 5002
50.18 ha *dicho* Jehová...yo castigo al rey de 559
50.20 en aquel tiempo, *dice* Jehová, la maldad 5002
50.21 destruye y mata en pos de...*dice* Jehová 5002
50.30 serán destruidos en aquel día, *dice* 5002
50.31 contra ti, oh soberbio, *dice* el Señor 5002
50.33 ha *dicho*...Oprimidos fueron los hijos de 559
50.35 espada contra los caldeos, *dice* Jehová 5002
50.40 *dice* Jehová, así no morará allí hombre 5002
51.1 ha *dicho* Jehová...levanto un viento contra 559
51.3 *diré* al flechero que entesa su arco, y
51.12 pondrá en efecto lo que ha *dicho* contra 1696
51.14 juró por sí mismo, *diciendo*: Yo te
51,24 que ellos hicieron en Sion...*dice* Jehová 5002
51.25 yo estoy contra ti...*dice* Jehová, que 5002
51.26 perpetuo asolamiento serás, ha *dicho* 5002
51.33 ha *dicho*...de Babilonia es como una era 559
51.35 *dirá* la moradora de Sion...*d* Jerusalén 559
51.36 ha *dicho* Jehová...juzgo tu causa y haré 559
51.39 eterno sueño y no despierten, *dice* 5002
51.48 contra ella destruidores, *dice* Jehová 5002
51.52 días, *dice* Jehová, en que yo destruiré 5002
51.53 de mí vendrán a ella destruidores, *dice* 5002
51.57 eterno y no despertarán, *dice* el Rey 5002
51.58 ha *dicho*...El muro ancho de Babilonia 559
51.61 *dijo* Jeremías a Seraías: Cuando llegues 559
51.62 *dirás*: Oh Jehová, tú has *dicho* contra 559
51.64 *dirás*: Así se hundirá Babilonia, y no 559
Lm 2.12 *decían* a sus madres: ¿Dónde está el 559
2.15 *diciendo*: ¿Es esta la ciudad que *decían*
2.16 enemigos crujieron los dientes; *dijeron* 559
3.18 *dije*: Perecieron mis fuerzas...esperanza 559
3.24 mi porción es Jehová, *dijo* mi alma; por 559
3.37 ¿quién será aquel que *diga* que sucedió 559
3.54 aguas cubrieron mi...yo *dije*: Muerto soy 559
3.57 el día que te invoqué; *dijiste*: No temas 559
4.15 se *dijo* entre las naciones: Nunca más 559
4.20 el ungido de...de quien habíamos *dicho* 559
Ez 2.1 me *dijo*: Hijo de hombre, ponte sobre 559
2.3 me *dijo*: Hijo de hombre, yo te envío a 559
2.4 les *dirás*: Así ha *dicho* Jehová el Señor 559
3.1 *dilo*: Hijo de hombre, come lo que hallas 559
3.3 y me *dijo*: Hijo de hombre, alimenta tu 559
3.4 me *dijo*: Hijo de hombre, vé y entra a la 559
3.10 y me *dijo*: Hijo de hombre, toma en tu 559
3.11 háblales y *diles*: Así ha *dicho* Jehová 559
3.12 voz...que *decía*: Bendita sea la gloria
3.16; 6.1; 7.1; 11.14; 12.1,8,17,21,26; 13.1; 14.2,12;
15.1; 16.1; 17.1,11; 18.1; 20.2,45; 21.1,8,18; 22.1,23;
23.1; 24.1,15,20; 25.1; 26.1; 27.1; 28.1,20; 29.1,17,20;
30.1,20; 31.1; 32.1,17; 33.1,23; 34.1; 35.1; 36.16; 37.15;
38.1 vino a mí palabra de Jehová, *diciendo* 559
3.18 yo *dijere* al impío: De cierto morirás 559
3.22 la mano de Jehová sobre mí, y me *dijo* 559
3.24 me habló, y me *dijo*: Entra, y enciérrate 559
3.27 les *dirás*: Así ha *dicho* Jehová el Señor 559
4.13 y *dijo* Jehová: Así comerán los hijos de 559
4.14 *dije*: ¡Ah, Señor Jehová! he aquí que mi 559
4.16 *dijo*...quebrantaré el sustento del pan 559
5.5 así ha *dicho* Jehová...Esta es Jerusalén 559
5.7 *dicho* Jehová: ¿Por haberos multiplicado 559
5.8 *dicho* Jehová...he aquí yo estoy contra ti 559
5.11 vivo yo, *dice* Jehová...te quebrantaré yo 5002
6.3 y *dirás*: Montes...así ha *dicho* Jehová el 559
6.10 no en vano *dije* que les había de hacer 1696
6.11 ha *dicho* Jehová...Palmotea con tu mano 559
6.11 golpea con tu pie, y *dí*: ¡Ay, por todas 559
7.2 ha *dicho* Jehová el Señor a la tierra de 559
7.5 *dicho* Jehová...Un mal, he aquí que viene 559
8.5 me *dijo*: Hijo de hombre, alza ahora tus 559
8.6 me *dijo*...Hijo de hombre, ¿no ves lo que 559
8.8 me *dijo*: Hijo de hombre, cava ahora en la 559
8.9 me *dijo*...Entra, y ve las...abominaciones 559
8.12 me *dijo*...¿has visto las cosas que los 559
8.12 *dicen* ellos: No nos ve Jehová; Jehová ha 559
8.13 *dijo*...Vuélvete aún, verás abominaciones 559
8.15,17 me *dijo*: ¿No ves, hijo de hombre? 559
9.1 clamó en mis oídos con gran voz, *diciendo* 559
9.4 le *dijo* Jehová: Pasa por en medio de la 559
9.5 y a los otros *dijo*...Pasad por la ciudad 559
9.7 les *dijo*: Contaminad la casa, y llenad los 559
9.8 postré sobre...y clamé y *dije*: ¡Ah, Señor 559
9.9 me *dijo*: La maldad de la casa de Israel 559
9.9 han *dicho*: Ha abandonado Jehová la tierra 559
9.11 *diciendo*: He hecho conforme a todo lo que 559
10.2 al varón vestido de lino...*dijo*: Entra en 559
10.6 al mandar al varón...*diciendo*: Toma fuego 559
11.2 me *dijo*: Hijo de hombre, estos son los 559
11.3 *dicen*: No será tan pronto; edifiquemos 559
11.5 y me *dijo*: *Dí*: Así ha *dicho* Jehová: Así 559
11.7 así ha *dicho* Jehová...Vuestros muertos 5002
11.8 espada traeré sobre...*dice* Jehová el Señor 559
11.13 clamé con gran voz, y *dije*: ¡Ah, Señor 559
11.15 aquellos a quienes *dijeron* los moradores 559
11.16 *dí*: Así ha *dicho* Jehová...Aunque les he 559
11.17 *dí*...*ha dicho* Jehová...yo os recogeré de 559
11.21 yo traigo su camino sobre...*dice* Jehová 5002
12.9 hijo...¿no te ha *dicho* la casa de Israel 559
12.10 *diles*: Así ha *dicho* Jehová el Señor 559
12.11 *diles*: Yo soy vuestra señal; como yo 559
12.19 *dí* al pueblo de la tierra: Así ha *dicho* 559
12.22 ¿qué refrán es este...que *dice*: Se van 559
12.23 *diles*...ha *dicho*...Haré cesar este refrán 559
12.23 *diles*...Se han acercado aquellos días, y el 1696
12.27 casa de Israel *dicen*: La visión que éste 559
12.28 *diles*...*dicho* Jehová...No se tardará más 559
12.28 la palabra que...se cumplirá, *dice* Jehová 5002
13.2 *dí* a los que profetizan de su...corazón 559
13.3 así ha *dicho* Jehová...¡Ay de los profetas 559
13.6 *dicen*: Ha *dicho* Jehová, y...no los envió 559,5002
13.7 y no habéis *dicho* adivinación mentirosa 559
13.7 que *decís*: *Dijo* Jehová, no habiendo yo 5002
13.8 así ha *dicho* Jehová el Señor: Por cuanto 559
13.8 yo estoy contra vosotros, *dice* Jehová el 5002
13.10 engañaron a mi pueblo, *diciendo*: Paz 559
13.11 *dí* a los recubridores con lodo suelto 559
13.12 os *dirán*: ¿Dónde está la embarradura 559
13.13 así ha *dicho*...Haré que la rompa viento 559
13.15 cumpliré así mi furor...*diré*: No existe 559
13.16 ven para ella visión de paz...*dice* Jehová 5002
13.18 *dí*: Así ha *dicho* Jehová el Señor: ¡Ay 559
13.20 ha *dicho* Jehová...contra vuestras vendas 559
14.4 y *diles*: Así ha *dicho* Jehová el Señor 559
14.6 *dí* a...Así *dice*...Convertíos, y volveos de 559
14.11 y yo les sea por Dios, *dice* Jehová el 5002
14.14 librarían...propias vidas, *dice* Jehová 5002
14.16 *dice*...ni a sus hijos ni a sus...librarían 5002
14.17 si...*dijere*: Espada, pasa por la tierra 559
14.18 *dice* Jehová...no librarían a sus hijos 5002
14.20 *dice* Jehová...no librarían a hijo ni a 5002
14.21 ha *dicho* Jehová el Señor: ¿Cuánto más 559
14.23 que no sin causa hice todo...*dice* Jehová 5002
15.6 ha *dicho* Jehová el Señor: Como la madera 559
15.8 cometieron prevaricación, *dice* Jehová el 5002
16.3 *dí*: Así ha *dicho*...Señor sobre Jerusalén 559
16.6 *dije*: ¡Vive! Sí, te *d*, cuando estabas en 559
16.8 y entré en pacto contigo, *dice* Jehová el 5002
16.14 mi hermosura que yo puse...*dice* Jehová 5002
16.19 pusiste delante de ellas...*dice* Jehová 5002
16.23 ¡ay, ay de ti! *dice* Jehová el Señor 5002
16.30 ¡cuán inconstante es tu corazón, *dice* 5002
16.36 ha *dicho* Jehová el Señor: Por cuanto han 559
16.43 traeré tu camino sobre tu...*dice* Jehová 5002
16.44 refrán que *dice*: Cual la madre, tal la 559
16.48 vivo yo, *dice* Jehová el...que Sodoma tu 5002
16.58 sufre tú el castigo de tu...*dice* Jehová 5002
16.59 más ha *dicho*...¿Haré yo contigo como tú 559
16.63 yo perdone todo lo que hiciste, *dice* 5002
17.3 *dirás*: Así ha *dicho*...Una gran águila, de 559
17.9 *diles*: Así ha *dicho*...¿Será prosperada? 559
17.12 *dí* ahora a la casa rebelde: ¿No habéis 559
17.12 *diles*: He aquí que el rey de Babilonia 559
17.16 *dice* Jehová...que morirá en...Babilonia 5002
17.19 *dicho* Jehová...Vivo yo, que el juramento 559
17.22 ha *dicho* Jehová...Tomaré yo del cogollo 559
17.24 sabrán...Yo Jehová lo he *dicho*, y lo haré 1696
18.2 que *dice*: Los padres comieron las uvas 559
18.3 vivo yo, *dice* Jehová el...que nunca más 5002
18.9 éste es justo; éste vivirá, *dice* Jehová 5002
18.19 si *dijereis*: ¿Por qué el hijo no llevará 559
18.23 ¿quiero yo la muerte del impío? *dice* 5002
18.25 si *dijereis*: No es recto el camino del 559
18.29 si aún *dijere*...Israel: No es recto el 559
18.30 yo os juzgaré a cada uno...*dice* Jehová 5002
18.32 no quiero la muerte del que...*dice* Jehová 5002
19.2 *dirás*: ¡Cómo se echó entre los leones tu 559
20.3 *dirás*: Así ha *dicho*...¿A consultarme venís 559
20.5 *diles*: Así ha *dicho*...El día que escogí 559
20.7 entonces les *dije*: Cada uno eche de sí 559
20.8,13,21 *dije* que derramaría mi ira sobre 559
20.18 antes *dije* en el desierto a sus hijos 559
20.27 *diles*...ha *dicho*...en esto me afrentaron 559
20.29 les *dije*: ¿Qué es ese lugar alto adonde 559

20.30 *di*... *Así* ha *dicho*... ¿No os contamináis 559
20.31 vivo yo, *dice* Jehová... no os responderé 5002
20.32 *decís*: Seamos como las naciones, como 559
20.33 *dice* Jehová... con mano fuerte y brazo 5002
20.36 así litigaré con vosotros, *dice* Jehová 5002
20.39 ha *dicho*... Andad cada uno tras sus ídolos 559
20.40 *dice* Jehová... me servirá toda la casa de 5002
20.44 no según... caminos malos ni... *dice* Jehová .. 5002
20.47 y *dirás* al bosque... Así ha *dicho* Jehová 559
20.49 *dije*: ¡Ah, Señor Jehová! ellos *dicen* de 559
21.3 *dirás* a la tierra de... Así ha *dicho* Jehová....... 559
21.7 cuando te *dijeren*: ¿Por qué gimes tú? 559
21.7 *dirás*: Por una noticia que cuando llegue 559
21.7 aquí que viene, y se hará, *dice* Jehová 5002
21.9 *di*: Así ha *dicho* Jehová... *Di*: La espada......... 559
21.13 él no será más, *dice* Jehová el Señor 5002
21.24 así ha *dicho*... Por cuanto habéis hecho 559
21.26 así ha *dicho*... Depón la tiara, quita la 559
21.28 *di*: Así ha *dicho* Jehová acerca... de Amón 559
21.28 *dirás*... la espada está desenvainada para..... 559
22.3 *dirás*, pues: Así ha *dicho* Jehová el Señor....... 559
22.12 y usura tomaste... *dice* Jehová el Señor 5002
22.19 ha *dicho*... Por cuanto todos vosotros os....... 559
22.24 *di* a ella: Tú no eres tierra limpia, ni........... 559
22.28 *diciendo*: Así ha *dicho* Jehová el Señor 559
22.31 sobre su propia cabeza, *dice* Jehová el 5002
23.22 tanto, Aholibama, así ha *dicho* Jehová......... 559
23.28 ha *dicho* Jehová... te entrego en mano de 559
23.32 así ha *dicho* Jehová... Beberás el... cáliz 559
23.34 porque yo he hablado, *dice* Jehová el.......... 559
23.35 ha *dicho*... Por cuanto te has olvidado de 559
23.36 *dijo* Jehová... ¿No juzgarás tú a Ahola y 559
23.43 y *dije* respecto de la envejecida en 559
23.46 ha *dicho* Jehová... haré subir contra ellas 559
24.3 *diles*: Así ha *dicho* Jehová el Señor: Pon 559
24.6,9 ha *dicho*... ¡Ay de la ciudad de sangres......... 559
24.14 según tus... te juzgarán, *dice* Jehová el 5002
24.19 y me *dijo* el pueblo: ¿No nos enseñarás........ 559
24.21 *di* a la casa de... Así ha *dicho* Jehová el 559
25.3 *dirás* a los hijos de Amón: Oíd palabra 559
25.3 *dice* Jehová el... Por cuanto *dijiste*: ¡Ea.......... 559
25.6 *dicho*... Por cuanto batiste tus manos, y 559
25.8 así ha *dicho* Jehová el Señor: Por cuanto 559
25.8 *dijo* Moab y Seir... la casa de Judá es como...... 559
25.12 ha *dicho* Jehová... Por lo que hizo Edom 559
25.13 *dicho*... extenderé mi mano sobre Edom 559
25.14 y conocerán mi venganza, *dice* Jehová el...... 5002
25.15 ha *dicho* Jehová... hicieron los filisteos 559
25.16 así ha *dicho* Jehová... extiendo mi mano....... 559
26.2 por cuanto *dijo* Tiro contra Jerusalén: Ea 559
26.3 ha *dicho*... yo estoy contra ti, oh Tiro 559
26.5,14 tendedero de redes será... *dice* Jehová 5002
26.7 ha *dicho* Jehová... que del norte traigo yo 559
26.15 ha *dicho* Jehová el Señor a Tiro: ¿No se 559
26.17 te *dirán*: ¿Cómo pereciste tú... ciudad 559
26.19 así ha *dicho*... Yo te convertiré en ciudad....... 559
26.21 y nunca más serás hallada, *dice* Jehová 5001
27.3 *dirás* a Tiro, que está asentada a las 559
27.3 ha *dicho* Jehová... Tiro, tú has *d*: Yo soy 559
27.32 ti, *diciendo*: ¿Quién como Tiro, como la
28.2 *di* al príncipe de Tiro: Así ha *dicho* 559
28.2 y *dijiste*: Yo soy un dios, en el trono 559
28.6 ha *dicho*... Por cuanto pusiste tu corazón....... 559
28.9 *diciendo*: Yo soy Dios? Tú, hombre eres........... 559
28.10 morirás por... porque yo he hablado, *dice* 5002
28.12 endechas... de Tiro, y *dile*: Así ha *dicho* 559
28.22 *dirás*: Así ha *dicho*... yo, estoy contra ti 559
28.25 así ha *dicho*... Cuando recoja a la casa 559
29.3 *di*... *ha dicho* Jehová... yo estoy contra ti 559
29.3,9 *dijo*: Mío es el Nilo, pues yo lo hice 559
29.8 ha *dicho* Jehová... traigo contra ti espada 559
29.13 así ha *dicho* Jehová... Al fin de 40 años......... 559
29.19 así ha *dicho*... yo doy a Nabucodonosor 559
29.20 porque trabajaron para mí, *dice* Jehová 5002
30.2 *di*: Así ha *dicho* Jehová... Lamentad: ¡Ay......... 559
30.6 así ha *dicho* Jehová: También caerán los 559
30.6 caerán... a filo de espada, *dice* Jehová el 5002
30.10 ha *dicho* Jehová... Destruiré las riquezas....... 559
30.13 ha *dicho* Jehová... Destruiré... imágenes 559
30.22 ha *dicho* Jehová... contra Faraón rey de........ 559
31.2 *di* a Faraón rey de Egipto, y a su pueblo......... 559
31.10 *dijo* Jehová... Ya que por ser encumbrado..... 559
31.15 ha *dicho* Jehová... El día que descendió 559
31.18 este es Faraón... *dice* Jehová el Señor 5002
32.2 y *dile*: A leoncillo de naciones eres.............. 559
32.3 ha *dicho* Jehová... Yo extenderé sobre ti 559
32.8 pondré tinieblas... *dice* Jehová el Señor 5002
32.11 ha *dicho* Jehová... La espada del rey de 559
32.14 haré correr sus ríos como... *dice* Jehová 5002
32.16 endecharán sobre Egipto y... *dice* Jehová 5002
32.31 Faraón muerto a espada... *dice* Jehová el 5002
32.32 yacerán entre los... muertos... *dice* Jehová .. 5002
33.2 *diles*: Cuando trajere yo espada sobre la 559
33.8 yo *dijere* al impío... de cierto morirás.......... 559
33.10 hijo... *di* a la casa de Israel: Vosotros 559
33.10 vosotros habéis hablado así, *diciendo* 559
33.11 *diles*: Vivo yo, *dice* Jehová el Señor 559,5002
33.12 *di* a... hijos de tu pueblo: La justicia 559
33.13 yo *dijere* al justo: De cierto vivirás 559
33.14 yo *dijere* al impío: De cierto morirás........... 559
33.17 *dirán* los... de tu pueblo: No es recto el 559
33.20 *dijisteis*: No es recto el camino del 559
33.21 *diciendo*: La ciudad ha sido conquistada 559
33.24 *diciendo*: Abraham era uno, y poseyó la 559
33.25 *diles*: Así ha *dicho* Jehová... ¿Comeréis 559
33.27 *dirás*... Así ha *dicho*... Vivo yo, que los 559
33.30 *diciendo*: Venid... oíd qué palabra viene 559
34.2 *di* a los pastores: Así ha *dicho* Jehová 559
34.8 ha *dicho* Jehová... por cuanto mi rebaño 5002
34.10 ha *dicho*... He aquí, yo estoy contra los 559
34.11 *dicho* Jehová... iré a buscar mis ovejas 559
34.15 y yo les daré aprisco, *dice* Jehová el.......... 5002
34.17 ha *dicho*... He aquí yo juzgo entre oveja 559
34.20 les *dice* Jehová... He aquí yo, yo juzgaré 559
34.30 son mi pueblo, la... *dice* Jehová el Señor...... 5002
34.31 yo vuestro Dios, *dice* Jehová el Señor 5002
35.3 *dile*: Así ha *dicho* Jehová el Señor: He 559
35.6 *dice*... el Señor... que a sangre te destinaré 5002
35.10 cuanto *dijiste*... dos tierras serán mías 559
35.11 *dice* Jehová... yo haré conforme a tu ira...... 5002
35.12 *diciendo*: Destruidos son, nos han sido 559
35.14 ha *dicho*... Para que toda la tierra se 559
36.1 y *di*: Montes de Israel, oíd palabra de........... 559
36.2 así ha *dicho*... Por cuanto el enemigo *dijo* 559
36.3 *di*: Así ha *dicho*... Por cuanto os asolaron........ 559
36.4 así ha *dicho* Jehová... a los montes y a los 559
36.5 ha *dicho* Jehová... He hablado por cierto 559
36.6 *di* a los montes y a los collados, y a los.......... 559
36.6 ha *dicho* Jehová... He aquí, en mi celo y en 559
36.7 ha *dicho* Jehová... Yo he alzado mi mano....... 559
36.13 ha *dicho*... Por cuanto dicen de vosotros........ 559
36.14 nunca más matarás a los... *dice* Jehová 5002
36.15 ni harás más morir a los... *dice* Jehová....... 5002
36.20 *diciéndose* de ellos: Estos son pueblo 559
36.22 *di* a la casa de Israel: Así ha *dicho*............ 559
36.23 y sabrán las naciones... *dice* Jehová el 5002
36.32 no lo hago por vosotros, *dice* Jehová el 5002
36.33 ha *dicho* Jehová... El día que os limpie de 559
36.35 *dirán*: Esta tierra que era asolada ha........... 559
36.37 ha *dicho* Jehová... Aún seré solicitado por..... 559
37.3 me *dijo*... ¿vivirán estos huesos? Y *dije* 559
37.4 *dijo*... Profetiza... y *diles*: Huesos secos 559
37.5 ha *dicho* Jehová... a estos huesos: He aquí 559
37.9 *dijo*: Profetiza al espíritu, profetiza............ 559
37.11 me *dijo*... ellos *dicen*: Nuestros huesos se 559
37.12 *diles*: Así ha *dicho*... yo abro... sepulcros....... 559
37.14 que yo... hablé, y lo hice, *dice* Jehová 5002
37.18 *diciendo*: ¿No nos enseñarás qué... eso?....... 559
37.19 *diles*: Así ha *dicho*... yo tomo el palo de .. 1696,5002
37.21 *dirás*: Así ha *dicho* Jehová... tomo a los 559
38.3 *di*: Así ha *dicho*... estoy contra ti, oh Gog .. 559,5002
38.10 ha *dicho* Jehová... En aquel día subirán 559
38.11 y *dirás*: Subiré contra una tierra... Iré......... 559
38.13 *dirán*: ¿Has venido a arrebatar despojos 559
38.14 *di* a Gog: Así ha *dicho* Jehová el Señor 559
38.17 ha *dicho*... ¿No eres tú aquel de quien 559
38.18 cuando venga Gog contra la... *dijo* Jehová ... 5002
38.21 contra él la espada, *dice* Jehová el 5002
39.1 contra Gog, y *di*: Así ha *dicho* Jehová el 559
39.5 caerás, porque yo he hablado, *dice* Jehová 5002
39.8 he aquí viene, y se cumplirá, *dice* Jehová 5002
39.10 y robarán a los que les robaron, *dice* 5002
39.13 para ellos célebre el día... *dice* Jehová 5002
39.17 así ha *dicho* Jehová... *Di* a las aves de 559
39.20 y os saciaréis... *dice* Jehová el Señor 5002
39.25 ha *dicho*... Ahora volveré la cautividad de..... 559
39.29 derramado de mi Espíritu... *dice* Jehová 5002
40.4 me habló... *diciendo*: Hijo de hombre, mira 1696
40.45 *dijo*: Esta cámara que mira hacia el sur 559
41.4 y me *dijo*: Este es el lugar santísimo 559
41.22 *dijo*: Esta es la mesa que está delante 1696
42.13 me *dijo*: Las cámaras del norte y las del 559
43.7 *dijo*: Hijo de hombre, este es el lugar 559
43.18 y me *dijo*: Hijo de hombre, así ha *dicho* 559
43.19 *dice* Jehová el Señor, para ministrar 5002
43.27 me seréis aceptos, *dice* Jehová el Señor 5002
44.2 *dijo* Jehová: Esta puerta estará cerrada 559
44.5 me *dijo*... Hijo de hombre, pon atención 559
44.6 *dirás* a los rebeldes, a la... Así ha *dicho* 559
44.9 así ha *dicho*... Ningún hijo de extranjero 559
44.12 *dice* Jehová... ellos llevarán su iniquidad 5002
44.15 delante de mí estarán... *dice* Jehová el 5002
44.27 ofrecerá su expiación, *dice* Jehová el......... 5002
45.9 ha *dicho* Jehová el Señor: ¡Basta ya, oh......... 5002
45.9 quitad... imposiciones... de... *dice* Jehová el..... 559
45.15 para expiación por ellos, *dice* Jehová 5002
45.18 ha *dicho* Jehová... El mes primero, el día 559
46.1 ha *dicho*... La puerta del atrio interior.......... 559
46.16 ha *dicho* Jehová... Si el príncipe diere 559
46.20 y me *dijo*: Este es el lugar donde los 559
46.24 me *dijo*: Estas son las cocinas, donde 559
47.6 y me *dijo*: ¿Has visto, hijo de hombre? 559
47.8 me *dijo*: Estas aguas salen a la región 559
47.13 ha *dicho* Jehová... Estos son los límites 559
47.23 le *daréis* su heredad, ha *dicho* Jehová 5002
48.29 y estas son sus porciones, ha *dicho* 5002
Dn 1.3 *dijo* el rey a Aspenaz, jefe de... eunucos 559
1.10 y *dijo* el jefe de los eunucos a Daniel........... 559
1.11 *dijo* Daniel a Melsar, que estaba puesto 559
1.18 al fin de los cuales había *dicho* el rey 559
2.3 y el rey les *dijo*: He tenido un sueño, y 559
2.4 *di* el sueño a tus siervos... te mostraremos...... 1696
2.5 *dijo* a los caldeos: El asunto lo olvidé............ 560
2.6 *decidme*... el sueño y su interpretación 2324
2.7 *dijeron*: *Diga* el rey el sueño a... siervos.......... 560
2.8 el rey respondió y *dijo*: Yo conozco 560
2.9 respuesta... que *decir* delante de mí, entre 560
2.9 *decidme*... el sueño, para que yo sepa que 560
2.10 los caldeos... y *dijeron*: No hay hombre 560
2.15 *dijo* a Arioc... ¿Cuál es la causa de que 560
2.20 Daniel... *dijo*: Sea bendito el nombre de 560
2.24 le *dijo* así: No mates a los sabios de............. 560
2.25 le *dijo* así: He hallado un varón de los 560
2.26 y *dijo* a Daniel, al... ¿Podrás tú hacerme 560
2.27 respondió... *diciendo*: El misterio que el 560
2.36 también la interpretación de él *diremos* 560
2.47 rey... *dijo*: Ciertamente el Dios vuestro 560
3.9 y *dijeron* al rey... Rey, Para siempre vive 560
3.13 *dijo* con ira y... que trajesen a Sadrac 560
3.14 y les *dijo*: ¿Es verdad, Sadrac, Mesac Y 560
3.16 *diciendo*: No es necesario... respondamos 560
3.24 *dijo* a los de su consejo: ¿No echaron a 560
3.25 él *dijo*: He aquí yo veo cuatro varones 560
3.26 y *dijo*: Sadrac, Mesac... siervos del Dios 560
3.28 Nabucodonosor *dijo*: Bendito sea el Dios 560
3.29 que *dijere* blasfemia contra el Dios de 560
4.7 vinieron... adivinos, y les *dije* el sueño 560
4.8 conté delante de él el sueño, *diciendo*........... 560
4.14 *decía* así: Derribad el árbol, y cortad 560
4.18 tú, pues... *dirás* la interpretación de él.......... 560
4.19 el rey... *dijo*: Beltsasar, no te turben ni.......... 560
4.19 Beltsasar... *dijo*: Señor mío, el sueño sea 560
4.23 y *decía*: Cortad el árbol y destruidlo 560
4.30 *dijo*: ¿No es ésta la gran Babilonia que 560
4.31 a ti se te *dice*, rey... El reino ha sido 560
4.35 y no hay quien... y le *diga*: ¿Qué haces?.......... 560
5.7 y *dijo* el rey a los sabios de Babilonia............. 560
5.10 y *dijo*: Rey, vive para siempre; no te 560
5.13 *dijo* el rey a Daniel: ¿Eres tú... Daniel........... 560
5.17 Daniel... *dijo* delante del rey: Tus dones 560
6.5 *dijeron* aquellos hombres: No hallaremos........ 560
6.6 *dijeron*... ¡Rey Darío, para siempre vive!......... 560
6.12 respondió el rey *diciendo*: Verdad es 560
6.13 *dijeron* delante del rey: Daniel, que es 560
6.15 le *dijeron*: Sepas, oh rey, que es ley de 560
6.16 y el rey *dijo* a Daniel: El Dios tuyo, a............ 560
6.20 *dijo*: Daniel, siervo del Dios viviente 560
7.2 Daniel *dijo*: Miraba yo en mi visión de............ 560
7.5 fue *dicho* así: Levántate, devora mucha........... 560
7.23 *dijo*... La cuarta bestia será un... reino en 560
8.14 *dijo*: Hasta dos mil trescientas tardes y 559
8.16 *dijo*: Gabriel, enseña a éste la visión............ 559
8.17 él me *dijo*: Entiende, hijo de hombre 559
8.19 y *dijo*: He aquí yo te enseñaré lo que............ 559
9.4 e hice confesión *diciendo*: Ahora, Señor 559
9.22 *diciendo*: Daniel, ahora he salido para 559
10.11 me *dijo*: Daniel, varón muy amado, está 559
10.12 *dijo*: Daniel, no temas; porque desde el 559
10.15 mientras me *decía* estas palabras, estaba 1696
10.16 *dije*... Señor mío, con la visión me han.......... 559
10.19 me *dijo*: Muy amado, no temas; la paz........... 559
10.19 y *dije*: Hable mi señor, porque me has 559
10.20 *dijo*: ¿Sabes por qué he venido a ti? 559
12.6 *dijo* uno al varón vestido de lino, que 559
12.8 *dije*: Señor, mío, ¿cuál será el fin de 559
Os 1.2 *dijo* Jehová a Oseas... tómate una mujer 559
1.4 le *dijo* Jehová: Ponle por nombre Jezreel 559
1.6 le *dijo* Dios: Ponle por nombre Lo-ruhama........ 559
1.9 y ¡*dijo* Dios: Ponle por nombre Lo-ammi 559
1.10 en donde les fue *dicho*: Vosotros no sois 559
1.10 será *dicho*: Sois hijos del Dios viviente........... 559
2.1 *decid* a vuestros hermanos: Ammi, y a 559
2.5 *dijo*: Iré tras mis amantes, que me dan mi 559
2.7 *dirá*: iré y me volveré a mi primer marido 559
2.12 vides... de las cuales *dijo*: Mi salario son......... 559
2.13 se iba... y se olvidaba de mí, *dice* Jehová 5002
2.16 aquel tiempo, *dice* Jehová, me llamarás 5002
2.21 *dice* Jehová, yo responderé a los cielos 5002
2.23 *diré* a Lo-ammi... pueblo mío, y él *dirá* 559
3.1 *dijo* otra vez Jehová: Vé, ama a una mujer 559
3.3 le *dije*: Tú serás mía durante muchos días 559
10.3 *dirán* ahora: No tenemos rey, porque no 559
10.8 *dirán* a los montes: Cubridnos; y a los 559
11.11 haré habitar en sus casas, *dice* Jehová 5002
12.8 Efraín *dijo*... he enriquecido, he hallado 559
13.2 *dicen* a los hombres que sacrifican, que 559
13.10 cuales *dijiste*: Dame rey y príncipes? 559
14.2 *decidle*: Quita toda iniquidad, y acepta 559
14.3 nunca más *diremos* a la obra de... manos 559
14.8 Efraín *dirá*: ¿Qué más tendré ya con los
Jl 2.12 *dice* Jehová, convertíos a mí con todo 5002
2.17 *digan*: Perdona, oh Jehová, a tu pueblo.......... 559
2.17 ¿por qué han de *decir* entre los pueblos 559
2.19 y *dirá* a su pueblo: He aquí yo os envío 559
2.32 habrá salvación, como ha *dicho* Jehová 559
3.10 forjad espadas... *diga* el débil: Fuerte soy....... 559
Am 1.2 *dijo*: Jehová rugirá desde Sion, y dará 559
1.3,6,9,11,13 ha dicho... Por tres pecados de 559
1.5 y quebraré los cerrojos de... *dice* Jehová 559
1.8 y volveré mi mano contra Ecrón... ha *dicho*....... 559
1.15 y su rey irá en cautiverio... *dice* Jehová.......... 559
2.1,4,6 ha *dicho* Jehová: Por tres pecados de 559
2.3 quitaré el juez de en medio... *dice* Jehová.......... 559
2.11 ¿no es esto así, *dice* Jehová, hijos de 5002
2.12 los... mandasteis *diciendo*: No profeticéis........ 559
2.16 el esforzado... huirá desnudo... *dice* Jehová ... 5002
3.1 hablado Jehová contra vosotros... *Dice* así......... 559
3.9 *decid*: Reuníos sobre... montes de Samaria 559
3.10 no saben hacer lo recto, *dice* Jehová 5002
3.11 Jehová... ha *dicho* así: Un enemigo vendrá 559
3.12 así ha *dicho*... De la manera que el pastor....... 559
3.13 oíd y testificad... ha *dicho* Jehová Dios 5001
3.15 casas serán arruinadas, *dice* Jehová 5001
4.1 que *decís* a vuestros señores: Traed, Y 559
4.3 seréis echadas del palacio, *dice* Jehová.......... 5001
4.5 pues que así lo queréis... *dice* Jehová el......... 5001
4.6,8,9,10,11 no os volvisteis a mí, *dice* 5001
5.3 ha *dicho*... La ciudad que salga con mil 559
5.4 así *dice* Jehová a... Buscadme, y viviréis 559
5.14 Dios... estará con vosotros, como *decís* 559
5.16 ha *dicho* Jehová... En todas las plazas 559
5.16 y en todas las calles *dirán*: ¡Ay! ¡AY! 559
5.17 pasaré en medio de ti, *dice* Jehová 559
5.27 os haré... transportar... ha *dicho* Jehová 559

D

6.8 Jehová... ha *dicho*: Abomino la grandeza 5002
6.10 *dirá* al que estará en los rincones de 559
6.10 *dirá*: No. Y *d* aquel: Calla, porque no 559
6.13 que *decís*: ¿No hemos adquirido poder 559
6.14 *dice*... levantaré yo sobre vosotros a 5002
7.2 yo *dije*: Señor Jehová, perdona ahora 559
7.3 arrepintió Jehová... No será, *dijo* Jehová 559
7.5 *dije*: Señor Jehová, cesa ahora: ¿quién 559
7.6 no será... tampoco, *dijo* Jehová el Señor 559
7.8 me *dijo*: ¿Qué ves, Amós? Y *dije*: Una 559
7.8 el Señor *dijo*: He aquí, yo pongo plomada 559
7.10 Amasías... envió a *decir* a Jeroboam rey 559
7.11 así ha *dicho* Amós: Jeroboam morirá a 559
7.12 y Amasías *dijo* a Amós: Vidente, vete 559
7.14 Amós... *dijo* a Amasías: No soy profeta, ni 559
7.15 *dijo*: Vé y profetiza a mi pueblo Israel 559
7.16 tú *dices*: No profetices contra Israel, ni 559
7.17 ha *dicho* Jehová: Tu mujer será ramera en 559
8.2 y *dijo*: ¿Qué ves, Amós? Y respondí... fruta 559
8.2 me *dijo* Jehová: Ha venido el fin sobre mi 559
8.3 cantores del templo gemirán... *dice* Jehová 5002
8.5 *diciendo*: ¿Cuándo pasará el mes... el trigo 559
8.9 *dice*... haré que se ponga el sol a mediodía 5002
8.11 vienen días, *dice* Jehová... en los cuales 5002
8.14 y *dicen*: Por tu Dios, oh Dan, y: Por el 559
9.1 vi al Señor que... *dijo*: Derriba el capitel 559
9.7 ¿no me sois... como hijos de etíopes, *dice* 5002
9.8 no destruiré del todo la casa... *dice* Jehová 5002
9.10 *dicen*: No se... ni nos alcanzará el mal 559
9.12 posean el resto de Edom... *dice* Jehová que 5002
9.13 vienen días, *dice* Jehová, en que el que 5002
9.15 y nunca más serán arrancados... ha *dicho* 559
Abd 1 Jehová... ha *dicho* así en cuanto a Edom 559
3 *dices* en tu corazón: ¿Quién me derribará a 559
4 si te remontares... te derribaré, *dice* Jehová 5002
8 haré que perezcan en aquel día, *dice* Jehová 5002
18 ni aun resto quedará... Jehová lo ha *dicho* 1696
Jon 1.1 palabra de Jehová a Jonás... *diciendo* 559
1.6 patrón... le *dijo*: ¿Qué tienes... dormilón? 559
1.7 *dijeron* cada uno a su compañero: Venid y 559
1.8 *dijeron* ellos: Decláranos ahora por qué 559
1.10 y le *dijeron*: ¿Por qué has hecho esto? 559
1.11 le *dijeron*: ¿Qué haremos... se nos aquiete? 559
1.14 clamaron... y *dijeron*: Te rogamos ahora 559
2.2 *dijo*: Invoqué en mi angustia a Jehová, y 559
2.4 entonces *dije*: Desechado soy de delante de 559
3.1 palabra de Jehová... vez a Jonás, *diciendo* 559
3.2 proclama en ella el mensaje que yo te *diré* 1696
3.4 *diciendo*: De aquí a 40 días Nínive será 559
3.7 proclamar... *diciendo*: Hombres y animales 559
3.10 del mal que había *dicho* que les haría 1696
4.2 *dijo*: Ahora... ¿no es esto lo que yo decía 1696
4.4 *dijo*: ¿Haces tú bien en enojarte tanto? 559
4.8 *diciendo*: Mejor sería para mí la muerte 559
4.9 *dijo* Dios a Jonás: ¿Tanto te enojas por 559
4.10 y *dijo* Jehová: Tuviste tú lástima de la 559
Mi 1.10 no lo *digáis* en Gat, ni lloréis mucho 5046
2.3 ha *dicho* Jehová: He aquí, yo pienso contra 559
2.4 *diciendo*: Del todo fuimos destruidos; él 559
2.6 no profeticéis, *dicen* a... que profetizan
2.7 te *dices* casa de Jacob, ¿se ha acortado 559
2.11 mintiere *diciendo*: Yo te profetizaré de
3.1 *dije*: Oíd ahora, príncipes de Jacob, y 559
3.5 así ha *dicho* Jehová acerca de los profetas 559
3.11 se apoyan en Jehová, *diciendo*: ¿No está 559
4.2 y *dirán*: Venid, y subamos al monte de 559
4.6 en aquel día, *dice* Jehová, juntaré la que 5002
4.11 y *dicen*: Sea profanada, y vean nuestros 559
5.10 *dice* Jehová, que haré matar tus caballos 5002
6.1 oíd ahora lo que *dice* Jehová: Levántate 559
7.10 la que me *decía*: ¿Dónde está Jehová tu 559
Nah 1.12 ha *dicho* Jehová: Aunque reposo tengan 559
2.8 *dicen*: ¡Deteneos, deteneos! ninguno mira
2.13; 3.5 heme aquí contra ti, *dice* Jehová 5002
3.7 y *dirán*: Nínive es asolada; ¿quién se 559
Hab 2.1 velaré para ver lo que se me *dirá* y 1696
2.2 Jehová me... me *dijo*: Escribe la visión, y 559
2.6 *dirán*: ¡Ay del que multiplicó lo que no era 559
2.19 1 ay del que *dice* al palo: Despiértate 559
Sof 1.2 destruiré por completo... *dice* Jehová 5002
1.3 raeré a los hombres de sobre... *dice* Jehová 5002
1.10 en aquel día, *dice* Jehová, voz de clamor 5002
1.12 *dicen* en su corazón: Jehová ni hará bien 559
2.9 *dice* Jehová de... Moab será como Sodoma 5002
2.15 que *decía* en su corazón: Yo, y no más 559
3.7 *dije*: Ciertamente me temerá; recibirá 559
3.8 esperadme, *dice* Jehová, hasta el día que 5002
3.13 ni *dirá* mentira, ni en boca de ellos se 1696
3.16 en aquel tiempo se *dirá* a Jerusalén: No 559
3.20 os pondré para renombre y... *dice* Jehová 559
Hag 1.1 vino palabra... a Zorobabel... *diciendo* 559
1.2 *diciendo*: Este pueblo dice: No ha llegado 559
1.3 vino palabra de Jehová... Hageo, *diciendo* 559
1.5,7 así ha *dicho* Jehová... Meditad bien sobre 559
1.8 mi voluntad, y seré glorificado, ha *dicho* 559
1.9 ¿por qué? *dice* Jehová de los ejércitos 5002
1.13 Hageo... habló... al pueblo, *diciendo*: Yo 5002
1.13 yo estoy con vosotros, *dice* Jehová 559
2.1 palabra... medio del profeta Hageo, *diciendo* 559
2.2 habla... y al resto del pueblo, *diciendo* 559
2.4 ahora, Zorobabel, esfuérzate, *dice* Jehová 5002
2.4 y cobrad ánimo... *dice* Jehová, y trabajad 5002
2.4 yo estoy con vosotros, *dice* Jehová de los 5002
2.6 así *dice* Jehová... De aquí a poco yo haré 559
2.7 y llenaré de gloria esta casa, ha *dicho* 559
2.8 mía es la plata, y mío es... *dice* Jehová 5002
2.9 la gloria postrera... será mayor... ha *dicho* 5002
2.9 daré paz en este lugar, *dice* Jehová de los 559
2.10 palabra de Jehová por... Hageo, *diciendo* 559
2.11 así ha *dicho* Jehová... Pregunta ahora a los 559
2.11 pregunta... acerca de la ley, *diciendo* 559
2.12 respondieron... sacerdotes y *dijeron*: No 559
2.13 y *dijo* Hageo: Si un inmundo a causa de 559
2.13 y respondieron... y *dijeron*: Inmunda será 559
2.14 y respondió Hageo y *dijo*: Así es este 559
2.17 no os convertisteis a mí, *dice* Jehová 5002
2.20 vez palabra de Jehová a Hageo... *diciendo* 559
2.21 *diciendo*: Yo haré temblar los cielos y 559
2.23 en aquel día, *dice* Jehová de... te tomaré 5002
2.23 te escogí, *dice* Jehová de los ejércitos 5002
Zac 1.1 palabra de Jehová al profeta... *diciendo* 559
1.3 *diles*, pues: Así ha *dicho* Jehová de los 559
1.3 volveos a mí, *dice* Jehová de... ejércitos 559
1.3 me volveré a vosotros, ha *dicho* Jehová 5002
1.4 *diciendo*: Así ha *dicho* Jehová de los 559
1.4 volveos... ni me escucharon, *dice* Jehová 559
1.6 y *dijeron*: Como Jehová... pensó tratarnos 559
1.7 palabra de Jehová al profeta... *diciendo* 559
1.9 *dije*: ¿Qué son éstos, señor mío? Y me *dijo* 559
1.10 y aquel varón... *dijo*: Estos son los que 559
1.11 *dijeron*: Hemos recorrido la tierra, y he 559
1.12 respondió el ángel... y *dijo*: Oh Jehová 559
1.14 me *dijo* el ángel... Clama *diciendo*: Así 559
1.14 así ha *dicho* Jehová... Celé con gran celo 5002
1.16 así ha *dicho* Jehová: Yo me he vuelto a 559
1.16 en ella será edificada mi casa, *dice* 5002
1.17 clama aún, *diciendo*: Así *dice* Jehová de 559
1.19 *dije* al ángel que... ¿Qué son éstas? Y me 559
1.21 y yo, *dije*: ¿Qué vienen éstos a hacer? 559
1.21 *diciendo*: Aquéllos son los cuernos que 559
2.2 le *dije*: ¿A dónde vas? Y él me respondió 559
2.4 *dijo*: Corre, habla a este joven, *diciendo* 559
2.5 yo seré para ella, *dice* Jehová, muro de 5002
2.6 eh, huid de... *dice* Jehová, Pues Por los 5002
2.6 cuatro vientos... os esparcí, *dice* Jehová 5002
2.8 así ha *dicho* Jehová... Tras la gloria me 559
2.10 moraré en medio de ti, ha *dicho* Jehová 5002
3.2 *dijo*... a Satanás: Jehová te reprenda, oh 5002
3.4 *diciendo*: Quitadle esas vestiduras viles 5002
3.4 a él le *dijo*: Mira que he quitado de ti 5002
3.5 después *dijo*: Pongan mitra limpia sobre 5002
3.6 y el ángel de... amonestó a Josué, *diciendo* 5002
3.7 así *dice* Jehová... Si anduvieres por mis 5002
3.9 yo grabaré su escultura, *dice* Jehová de 5002
3.10 en aquel día, *dice* Jehová... cada uno de 5002
4.2 me *dijo*: ¿Qué ves? Y respondí: He mirado 559
4.4 hablé, *diciendo* a aquel ángel... ¿Qué es 559
4.5 me *dijo*: ¿No sabes qué es esto? Y *dije* 559
4.6 *diciendo*: Esta es palabra de Jehová a 559
4.6 que *dice*: No con ejército, ni con fuerza 559
4.6 sino con mi Espíritu, ha *dicho* Jehová 559
4.8; 6.9; 7.4; 8.1,18 vino palabra de Jehová a mí,
diciendo 559
4.11 *dije*: ¿Qué significan estos dos olivos 559
4.12 le *dije*: ¿Qué significan las dos ramas 559
4.13 no sabes qué es... Y *dije*: Señor mío, no 559
4.14 61 *dijo*: Estos son los dos ungidos que 559
5.2 *dijo*: ¿Qué ves? Y respondí: Veo un rollo 559
5.3 *dijo*: Esta es la maldición que sale sobre 559
5.4 yo la he hecho salir, *dice* Jehová de los 5002
5.5 y me *dijo*: Alza ahora tus ojos, y mira 559
5.6 *dije*: ¿Qué es? Y él *dijo*: Este es un efa 559
5.6 además *dijo*: Esta es la iniquidad de ellos 559
5.8 *dijo*: Esta es la Maldad; y la echó dentro 559
5.10 *dije* al ángel... ¿A dónde llevan el efa? 559
6.4 y *dije* al ángel... Señor mío, ¿qué es esto? 559
6.5 el ángel... me *dijo*: Estos son los cuatro 559
6.7 salieron... y *dijo*: Id, recorred la tierra 559
6.8 *diciendo*: Mira, los que salieron hacia la 559
6.12 *diciendo*: Así ha hablado Jehová de... *d* 559
7.3 *diciendo*: ¿Lloraremos en el mes quinto? 559
7.5 habla a todo... *diciendo*: Cuando ayunasteis 559
7.8 palabra de Jehová a Zacarías, *diciendo* 559
7.9 habló Jehová... *diciendo*: Juzgad conforme a 559
7.13 clamaron, y yo no escuché, *dice* Jehová 559
8.2 *dicho* Jehová... Celé a Sion con gran celo 559
8.3 *dice* Jehová: Yo he restaurado a Sion, y 559
8.4 así ha *dicho* Jehová de... Aún han de morar 559
8.6 así *dice* Jehová de los... Si esto parecerá 559
8.6 ¿también será maravilloso... *dice* Jehová de 5002
8.7 así ha *dicho* Jehová... He aquí, yo salvo a 559
8.9 *dicho* Jehová... Esfuércense vuestras manos 559
8.11 no lo haré con el remanente... *dice* Jehová 5002
8.14 ha *dicho* Jehová... Como pensé haceros mal 559
8.17 son cosas que aborrezco, *dice* Jehová 5002
8.19 así ha *dicho* Jehová... El ayuno del cuarto 559
8.20 ha *dicho* Jehová de... Aún vendrán pueblos 559
8.21 y *dirán*: Vamos a implorar el favor de 559
8.23 así ha *dicho* Jehová de... En aquellos días 559
8.23 un judío, *diciendo*: Iremos con vosotros 559
10.12 y caminarán en su nombre, *dice* Jehová 5002
11.4 ha *dicho* Jehová... Apacienta las ovejas de 559
11.5 y el que las vende, *dice*: Bendito sea 559
11.6 no tendré ya más piedad de... *dice* Jehová 5002
11.9 *dije*: No os apacentaré; la que muriere 559
11.12 les *dije*: Si os parece bien, dadme mi 559
11.13 *dijo* Jehová: Échalo al tesoro; ¡hermoso 559
11.15 me *dijo* Jehová: Toma aún los aperos de 559
12.1 Jehová, que forma el espíritu... ha *dicho* 5002
12.4 aquel día, *dice* Jehová, heriré con pánico 5002
12.5 los capitanes de Judá *dirán* en su corazón 559
13.2 *dice* Jehová de... quitaré de la tierra los 5002
13.3 le *dirán* su padre y su madre que lo 559
13.5 *dirá*: No soy profeta; labrador soy de la 559
13.7 levántate, oh espada... *dice* Jehová de los 5002
13.8 *dice* Jehová, que las dos terceras partes 5002
13.9 *diré*: Pueblo mío, y él *dirá*: Jehová es 559
Mal 1.2 os he amado, *dice* Jehová; y *dijisteis* 5002,559
1.2 ¿no era Esaú hermano de... *dice* Jehová 559
1.4 Edom *dijere*: Nos hemos empobrecido, pero 559
1.4 ha *dicho* Jehová. Ellos edificarán, y yo 559
1.5 *diréis*: Sea Jehová engrandecido más allá 559
1.6 ¿dónde está mi temor? *dice* Jehová de los 559
1.6 y *decís*: ¿En qué hemos menospreciado tu 559
1.7 *dijisteis*: ¿En qué te hemos deshonrado? 559
1.8 ¿acaso se... o le serás acepto? *dice* Jehová 559
1.9 cómo podéis agradarle, si... *dice* Jehová 559
1.10 no tengo complacencia en... *dice* Jehová 559
1.11 es grande mi nombre... *dice* Jehová de los 559
1.12 lo habéis profanado... *decís*: Inmunda es 559
1.12 *decís* que su alimento es despreciable 559
1.13 habéis además *dicho*: ¡Oh, qué fastidio 559
1.13 y me despreciáis, *dice* Jehová de los 559
1.13 ¿aceptaré yo eso de... mano? *dice* Jehová 559
1.14 porque yo soy Gran Rey, *dice* Jehová de 559
2.2 ha *dicho* Jehová... enviaré maldición sobre 559
2.4 que fuese mi pacto con... ha *dicho* Jehová 559
2.8 habéis corrompido el pacto... *dice* Jehová 559
2.14 mas *diréis*: ¿Por qué? Porque Jehová ha 559
2.16 ha *dicho* que él aborrece el repudio, y 559
2.16 cubre con iniquidad su... *dijo* Jehová de 559
2.17 *decís*: ¿En qué le hemos cansado? En que 559
2.17 en que *decís*: Cualquiera que hace mal 559
3.1 viene, ha *dicho* Jehová de los ejércitos 559
3.5 no teniendo temor de mí, *dice* Jehová de 559
3.7 volveos a mí, y yo me... ha *dicho* Jehová 559
3.7 *dijisteis*: ¿En qué hemos de volvernos? 559
3.8 *dijisteis*: ¿En qué te hemos robado? En 559
3.10 y probadme ahora en esto, *dice* Jehová de 559
3.11 no os destruirá el fruto de... *dice* Jehová 559
3.12 las naciones os *dirán* bienaventurados 833
3.12 seréis tierra deseable, *dice* Jehová de 559
3.13 palabras... han sido violentas, *dice* Jehová 559
3.13 *dijisteis*: ¿Qué hemos hablado contra ti? 559
3.14 habéis *dicho*: Por demás es servir a Dios 559
3.15 *decimos*, pues, ahora: Bienaventurados son 833
3.17 mi especial tesoro, ha *dicho* Jehová de 559
4.1 día que vendrá los abrasará, ha *dicho* 559
4.3 serán ceniza bajo las... ha *dicho* Jehová 559
Mt 1.20 ángel del Señor... le *dijo*: José, hijo *3004*
1.22 lo *dicho*... medio del profeta, cuando *dijo* *3004*
2.2 *diciendo*: ¿Dónde está el rey de los judíos *3004*
2.5 le *dijeron*: En Belén de Judea; porque así *2036*
2.8 *dijo*: Id allá y averiguad... acerca del niño *2036*
2.13 un ángel... *dijo*: Levántate, y toma al niño *3004*
2.13 y permanece allá hasta que yo te *diga* *2036*
2.15 que se cumpliese lo que *dijo* el Señor *4483*
2.15 cuando *dijo*: De Egipto llamé a mi Hijo *3004*
2.17 fue *dicho* por el profeta Jeremías... *dijo* *3004*
2.20 *diciendo*: Levántate, toma al niño y a su *3004*
2.23 para que se cumpliese lo que fue *dicho* *4483*
3.2 *diciendo*: Arrepentíos, porque el reino de *3004*
3.3 *dijo*: Voz del que clama en el desierto *3004*
3.7 *decía*: ¡Generación de víboras! ¿Quién os *2036*
3.9 y no penséis *decir*... A Abraham tenemos *3004*
3.9 os *digo* que Dios puede levantar hijos a *3004*
3.14 se le oponía, *diciendo*: Yo necesito ser *3004*
3.17 voz... que *decía*: Este es mi Hijo amado *3004*
4.3 vino a él el tentador, y le *dijo*: Si eres *2036*
4.3 *dí* que estas piedras se conviertan en pan *2036*
4.4 ***dijo*: Escrito está: No sólo de pan vivirá** *2036*
4.6 y le *dijo*: Si eres Hijo de Dios, échate *3004*
4.7 **Jesús le *dijo*: Escrito está también: No** *5346*
4.9 le *dijo*: Todo esto te daré, si postrado *3004*
4.10 **le *dijo*: Vete, Satanás, porque escrito** *3004*
4.14 se cumpliese lo *dicho* por el... cuando *dijo* *3004*
4.17 **comenzó Jesús a... y a *decir*: Arrepentíos** *3004*
4.19 **les *dijo*: Venid en pos de mí, y os haré** *3004*
5.2 abriendo su boca les enseñaba, *diciendo* *3004*
5.11 ***digan* toda clase de mal contra vosotros** *2036*
5.18 **os *digo* que hasta que pasen el cielo y** *3004*
5.20 **os *digo* que si vuestra justicia no fuere** *3004*
5.21 **que fue *dicho* a los antiguos: No matarás** *2046*
5.22 **yo os *digo* que cualquiera que se enoje** *3004*
5.22 ***diga*: Necio, a su hermano... le *d*: Fatuo** *2036*
5.26 **te *digo* que no saldrás de allí, hasta que** *3004*
5.27 **que fue *dicho*: No cometerás adulterio** *2046*
5.28 **yo os *digo* que cualquiera que mira a una** *3004*
5.31 **fue *dicho*: Cualquiera que repudie a su** *2046*
5.32 **yo os *digo* que el que repudia a su mujer** *3004*
5.33 **fue *dicho* a los antiguos: No perjurarás** *2046*
5.34 **yo os *digo*: No juréis en ninguna manera** *3004*
5.38 **oísteis que fue *dicho*: Ojo por ojo, y** *2046*
5.39 **yo os *digo*: No resistáis al que es malo** *3004*
5.43 **que fue *dicho*: Amarás a tu prójimo, y** *2046*
5.44 **pero yo os *digo*: Amad a vuestros enemigos** *3004*
6.2,5,16 **os *digo* que ya tienen su recompensa** *3004*
6.25 **os *digo*: No os afanéis por vuestra vida** *3004*
6.29 **os *digo*, que ni aún Salomón con toda su** *3004*
6.31 **no os afanéis... *diciendo*: ¿Qué comeremos** *3004*
7.4 **¿o cómo *dirás* a tu hermano: Déjame sacar** *2046*
7.21 **no todo el que me *dice*: Señor, Señor** *3004*
7.22 **me *dirán* en aquel día: Señor, Señor, ¿no** *2046*
8.2 se postró... *diciendo*: Señor, si quieres *3004*
8.3 **y le tocó, *diciendo*: Quiero; sé limpio** *3004*
8.4 **te *dijo*: Mira, no lo digas a nadie, sino** *3004*
8.6 *diciendo*: Señor, mi criado está postrado *3004*
8.7 **y Jesús le *dijo*: Yo iré y le sanaré** *3004*
8.8 respondió... y *dijo*: Señor, no soy digno de *5346*
8.8 solamente *dí* la palabra, y mi... sanará *2036*
8.9 y digo a éste: Vé, y va; y al otro: Ven *3004*
8.10 ***dijo*... De cierto os *digo*, que ni aun en** *2036*
8.11 **os *digo* que vendrán muchos del oriente** *3004*
8.13 **entonces Jesús *dijo* al centurión: Vé, y** *2036*

8.17 se cumpliese lo dicho por el...cuando dijo 3004
8.19 vino un escriba y le dijo: Maestro, te 2036
8.20 Jesús le dijo: Las zorras tienen guaridas 3004
8.21 otro de sus...le dijo: Señor, permíteme 2036
8.22 Jesús le dijo: Sígueme; deja que los 2036
8.25 diciendo: ¡Señor, sálvanos...perecemos! 3004
8.26 les dijo: ¿Por qué teméis, hombres de 3004
8.27 diciendo: ¿Qué hombre es éste, que aun 3004
8.29 diciendo: ¿Qué tienes con nosotros 3004
8.31 y los demonios le rogaron diciendo: Si 3004
8.32 les dijo: Id. Y ellos salieron, y se 2036
9.2 dijo al paralítico: Ten ánimo, hijo; tus 2036
9.3 de los escribas decían...Este blasfema 2036
9.4 dijo: ¿Por qué pensáis mal en vuestros 2036
9.5 ¿qué es más fácil decir: Los pecados te 2036
9.5 perdonados, o decir: Levántate y anda? 2036
9.6 (dice...al paralítico): Levántate, toma 3004
9.9 dijo: Sígueme. Y se levantó y le siguió 3004
9.11 dijeron a los discípulos: ¿Por qué come 2036
9.12 al oír esto Jesús, les dijo: Los sanos 2036
9.14 diciendo: ¿Por qué nosotros...ayunamos 3004
9.15 Jesús les dijo: ¿Acaso pueden los que 2036
9.18 decía estas cosas, vino un...principal 2980
9.18 se postró...diciendo: Mi hija acaba de 3004
9.21 decía...Si tocare...su manto, seré salva 3004
9.22 Jesús...dijo: Ten ánimo, hijo; tu fe te 2036
9.24 les dijo: Apartaos, porque la niña no 3004
9.27 diciendo: ¡Ten misericordia de nosotros 3004
9.28 les dijo: ¿Creéis que puedo hacer esto? 3004
9.28 ¿creéis que...Ellos dijeron: Sí, Señor 3004
9.29 les tocó los ojos, diciendo: Conforme a 3004
9.30 les encargó...diciendo: Mirad que nadie 3004
9.33 decía: Nunca se ha visto cosa semejante 3004
9.34 los fariseos decían: Por el príncipe de 3004
9.37 dijo a sus discípulos: A la verdad la 3004
10.5 diciendo: Por camino de gentiles no 3004
10.7 yendo, predicad, diciendo: El reino de 3004
10.15 os digo que en el día del juicio, será 3004
10.23 os digo, que no acabaréis de recorrer 3004
10.27 os digo en tinieblas, decidlo en la luz 3004
10.42 os digo que no perderá su recompensa 3004
11.4 les dijo: Id, y haced saber a Juan las 2036
11.7 se iban, comenzó Jesús a decir de Juan 3004
11.9 ¿a un profeta? Sí, os digo, y más que un 3004
11.11 os digo: Entre los que nacen de mujer 3004
11.17 diciendo: Os tocamos flauta, y no 3004
11.18 vino Juan, que...y dicen: Demonio tiene 3004
11.19 y dicen: He aquí un hombre comilón, y 3004
11.20 a reconvenir a las ciudades...diciendo
11.22,24 os digo que en el día del juicio 3004
11.25 dijo: Te alabo, Padre, Señor del cielo 2036
12.2 dijeron: He aquí tus discípulos hacen lo 2036
12.3 les dijo: ¿No habéis leído lo que hizo 2036
12.6 os digo que uno mayor que el templo está 3004
12.11 les dijo: ¿Qué hombre habrá de vosotros 2036
12.13 dijo a aquel hombre: Extiende tu mano 3004
12.17 lo dicho por el...Isaías, cuando dijo 3004
12.23 toda la gente estaba atónita, y decía 3004
12.24 los fariseos...decían: Este no echa fuera 2036
12.25 les dijo: Todo reino dividido contra sí 2036
12.31 os digo: Todo pecado y blasfemia será 3004
12.32 a cualquiera que dijere alguna palabra 2036
12.36 yo os digo que de toda palabra ociosa 3004
12.38 diciendo: Maestro, deseamos ver de ti 3004
12.39 les dijo: La generación mala y adúltera 2036
12.44 dice: Volveré a mi casa de donde salí 3004
12.47 y le dijo uno: He aquí tu madre y tus 2036
12.48 al que le decía esto, dijo: ¿Quién es 2036
12.49 dijo: He aquí mi madre y mis hermanos 2036
13.3 habló...diciendo: He aquí, el sembrador 3004
13.10 le dijeron: ¿Por qué les hablas por 2036
13.11 les dijo: Porque a vosotros os es dado 2036
13.14 ellos la profecía de Isaías, que dijo 3004
13.17 os digo, que muchos profetas y justos 3004
13.24 otra parábola, diciendo: El reino de los 3004
13.27 le dijeron: Señor, ¿no sembraste buena 2036
13.28 él les dijo: Un enemigo ha hecho esto 2036
13.28 los siervos le dijeron: ¿Quieres, pues 5346
13.29 les dijo: No, no sea que al arrancar la 5346
13.30 diré a los segadores: Recoged primero 2046
13.31 diciendo: El reino de los cielos es 3004
13.33 parábola...dijo: El reino de los cielos 2980
13.35 que cumpliese lo dicho por el profeta 4483
13.35 cuando dijo: Abriré en parábolas mi boca 3004
13.36 le dijeron: Explícanos la parábola de la 3004
13.37 dijo: El que siembra la buena semilla 2036
13.51 les dijo: ¿Habéis entendido todas estas 3004
13.52 les dijo: Por eso todo escriba docto en 2036
13.54 decían: ¿De dónde tiene...esta sabiduría 3004
13.57 dijo: No hay profeta sin honra sino en 2036
14.2 y dijo a sus criados: Este es Juan el 2036
14.4 Juan le decía: No te es lícito tenerla 3004
14.8 dijo: Dame aquí...la cabeza de Juan el 5346
14.15 diciendo: El lugar es desierto, y la 3004
14.16 les dijo: No tienen necesidad de irse 2036
14.17 ellos dijeron: No tenemos aquí sino 5 3004
14.18 él les dijo: Traédmelos acá 2036
14.26 se turbaron, diciendo: ¡Un fantasma! 3004
14.27 habló, diciendo: ¡Tened ánimo; yo soy 3004
14.28 le respondió Pedro, y dijo: Señor, si 2036
14.29 y él dijo: Ven. Y descendiendo Pedro 2036
14.30 dio voces, diciendo: ¡Señor, sálvame! 3004
14.31 Jesús...le dijo: ¡Hombre de poca fe! 3004
14.33 diciendo: Verdaderamente eres Hijo de 3004
15.1 acercaron a Jesús...escribas...diciendo 3004
15.3 les dijo: ¿Por qué también vosotros 2036
15.4 Dios mandó diciendo: Honra a tu padre y 3004
15.5 vosotros decís: Cualquiera que diga su 3004,2036
15.7 bien profetizó de vosotros Isaías...dijo 3001
15.10 llamando a sí a la multitud, les dijo 2036
15.12 le dijeron: ¿Sabes que los fariseos se 2036
15.13 dijo: Toda planta que no plantó mi Padre 2036
15.15 Pedro...dijo: Explícanos esta parábola 2036
15.16 dijo: ¿También vosotros sois aún sin 2036
15.22 una mujer cananea...diciéndole: ¡Señor 3004
15.23 diciendo: Despídela, pues da voces tras 3004
15.24 dijo: No soy enviado sino a las ovejas 2036
15.25 ella vino...diciendo: ¡ Señor, socórreme 3004
15.26 dijo: No está bien tomar el pan de los 2036
15.27 y ella dijo: Sí, Señor; pero aun los 2036
15.28 Jesús, dijo: Oh mujer, grande es tu fe 2036
15.32 Jesús...dijo: Tengo compasión de la gente 2036
15.33 sus discípulos le dijeron: ¿De dónde 3004
15.34 Jesús les dijo: ¿Cuántos panes tenéis? 3004
15.34 y ellos dijeron: Siete, y unos pocos 2036
16.2 les dijo: Cuando anochece, decís: Buen 2036
16.6 Jesús les dijo: Mirad, guardaos de la 2036
16.7 diciendo: Esto dice porque no trajimos 3004
16.8 Jesús...dijo: ¿Por qué pensáis dentro de 2036
16.11 dije que os guardaseis de la levadura 2036
16.12 no les había dicho que se guardasen de 2036
16.13 diciendo: ¿Quién dicen los hombre que 3004
16.14 ellos dijeron: Unos, Juan el Bautista 2036
16.15 él les dijo...¿quién decís que soy yo? 3004
16.16 Simón Pedro, dijo: Tú eres el Cristo 2036
16.18 yo también te digo, que tú eres Pedro 3004
16.20 que a nadie dijesen que él era Jesús el 2036
16.22 a reconvenirle, diciendo: Señor, ten 3004
16.23 dijo a Pedro: ¡Quítate de delante de mí 2036
16.24 Jesús dijo a sus discípulos: Si alguno 2036
16.28 de cierto os digo que hay algunos de los 3004
17.4 Pedro dijo a Jesús: Señor, bueno es para 2036
17.5 una voz...decía: Este es mi Hijo amado 3004
17.7 los tocó, y dijo: Levantaos, y no temáis 2036
17.9 no digáis a nadie la visión, hasta que 3004
17.10 diciendo: ¿Por qué...dicen los escribas 3004
17.11 dijo: A la verdad, Elías viene primero 2036
17.12 mas os digo que Elías ya vino, y no le 3004
17.14 un hombre que se arrodilló...diciendo 3004
17.17 Jesús, dijo: ¡Oh generación incrédula 2036
17.19 dijeron: ¿Por qué nosotros no pudimos 2036
17.20 les dijo: Por vuestra poca fe; porque 3004
17.20 os digo, que si tuviereis fe como un 3004
17.20 diréis a este monte: Pásate de aquí allá 2046
17.22 Jesús les dijo: El Hijo del Hombre será 2036
17.24 le dijeron: ¿Vuestro Maestro no paga 2036
17.25 él dijo: Sí. Y al entrar él en casa 3004
17.25 diciendo: ¿Que te parece, Simón? Los 3004
17.26 le dijo: Luego los hijos están exentos 5346
18.1 vinieron...diciendo: ¿Quién es el mayor 3004
18.3 y dijo: De cierto os digo, que si no os 2036,3004
18.10 os digo que sus ángeles en los cielos 3004
18.13 os digo que se regocija más por aquélla 3004
18.17 si no los oyere...dilo a la iglesia 2036
18.18 digo que todo lo que atéis en la tierra 3004
18.19 vez os digo, que si dos de vosotros se 3004
18.21 dijo: Señor, ¿cuántas veces perdonaré a 2036
18.22 le dijo: No te digo hasta siete, sino 3004
18.26,29 diciendo...ten paciencia conmigo, y 3004
18.28 le ahogaba, diciendo: Págame lo que me 3004
18.32 le dijo: Siervo malvado, toda aquella 3004
19.3 diciéndole: ¿Es lícito al...repudiar a su 3004
19.4 dijo: ¿No habéis leído que el que los 2036
19.5 dijo: Por esto el hombre dejará padre y 2036
19.7 le dijeron: ¿Por qué, pues, mandó Moisés 3004
19.8 dijo: Por la dureza de vuestro corazón 3004
19.9 os digo que cualquiera que repudia a su 3004
19.10 le dijeron sus discípulos: Si así es la 3004
19.11 dijo: No todos son capaces de recibir 2036
19.14 Jesús dijo: Dejad a los niños venir a 2036
19.16 entonces vino uno y le dijo: Maestro 2036
19.17 él le dijo: ¿Por qué me llamas bueno? 2036
19.18 dijo: ¿Cuáles? Y Jesús d: No matarás 3004
19.18 no hurtarás. No dirás falso testimonio 3004
19.20 le dijo: Todo esto lo he guardado desde 3004
19.21 le dijo: Si quieres ser perfecto, anda 5346
19.23 Jesús dijo a sus...De cierto os digo que 2036
19.24 vez os digo, que es más fácil pasar un 3004
19.25 diciendo: ¿Quién, pues, podrá ser salvo? 3004
19.26 les dijo: Para los hombres esto es 2036
19.27 dijo: He aquí, nosotros lo hemos dejado 2036
19.28 les dijo: De cierto os digo que en la 2036,3004
20.4 dijo: Id también vosotros a mi viña, y 2036
20.6 dijo: ¿Por qué estáis aquí todo el día 3004
20.7 dijeron: Porque nadie nos ha contratado 3004
20.7 dijo: Id...a la viña, y recibiréis lo que 3004
20.8 el señor...dijo a su mayordomo: Llama a 3004
20.12 diciendo...han trabajado una sola hora 3004
20.13 dijo a uno de...Amigo, no te hago agravio 2036
20.17 tomó a sus doce discípulos...y les dijo 2036
20.21 dijo: ¿Qué quieres? Ella le d: Ordena 2036,3004
20.22 dijo: No sabéis lo que pedís. ¿Podéis 2036
20.22 ¿podéis beber del...le dijeron: Podemos 3004
20.23 dijo: A la verdad, de mi vaso beberéis 3004
20.25 dijo: Sabéis que los gobernantes de las 2036
20.30,31 diciendo: ¡Señor, Hijo de David, ten 3004
20.32 y les dijo: ¿Qué queréis que os haga? 2036
20.33 le dijeron: Señor, que sean abiertos 3004
21.2 diciéndoles: Id a la aldea que está 3004
21.3 alguien os dijere algo, decid: El Señor 2036,2046
21.4 lo dicho por el profeta, cuando dijo 3004
21.5 decid a la hija de Sion: He aquí, tu Rey 2036
21.9 aclamaba, diciendo: ¡Hosanna al Hijo de 3004
21.10 se conmovió, diciendo: ¿Quién es éste? 3004
21.11 gente decía: Este es Jesús el profeta 3004
21.13 les dijo: Escrito está: Mi casa, casa 3004
21.15 y diciendo: ¡Hosanna al Hijo de David! 3004
21.16 le dijeron: ¿Oyes lo que éstos dicen? 2036,3004
21.16 y Jesús les dijo: Sí; ¿nunca leísteis 3004
21.19 le dijo: Nunca jamás nazca de ti fruto 3004
21.20 decían maravillados: ¿Cómo es que se 3004
21.21 les dijo: De cierto os digo, que si 2036,3004
21.21 que si a este monte dijereis: Quítate 2036
21.23 dijeron: ¿Con qué autoridad haces estas 3004
21.24 Jesús, les dijo: Yo también os haré una 2036
21.24 diré con qué autoridad hago estas cosas 2046
21.25 diciendo: Si decimos, del cielo, nos 3004,2036
21.25 dirá: ¿Por qué, pues, no le creísteis? 2046
21.26 si decimos, de los hombres, tememos al 2036
21.27 dijeron: No sabemos. Y él...les dijo 2036
21.27 tampoco yo os digo con qué autoridad 5346
21.28 acercándose al...le dijo: Hijo, vé hoy a 2036
21.29 él, dijo: No quiero; pero después...fue 2036
21.30 al otro, le dijo de la misma manera 2036
21.30 respondiendo él, dijo: Sí, señor, voy 2036
21.31 de su padre? Dijeron ellos: El primero 3004
21.31 les dijo: De cierto os digo, que los 3004
21.37 diciendo: Tendrán respeto a mi hijo 3004
21.38 dijeron entre sí: Este es el heredero 2036
21.41 le dijeron: A los malos destruirá sin 3004
21.42 Jesús les dijo: ¿Nunca leísteis en las 3004
21.43 os digo, que el reino de Dios...quitado 3004
22.1 Jesús, les volvió a hablar en...diciendo 3004
22.4 diciendo: Decid a los convidados: He aquí 3004
22.8 entonces dijo a sus siervos: Las bodas 3004
22.12 y le dijo: Amigo, ¿cómo entraste aquí 3004
22.13 dijo a los que servían: Atadle de pies 2036
22.16 diciendo: Maestro, sabemos que eres 3004
22.17 dinos...qué te parece: ¿Es lícito dar 2036
22.18 Jesús...les dijo: ¿Por qué me tentáis 2036
22.20 les dijo: ¿De quién es esta imagen, y 3004
22.21 le dijeron: De César. Y les dijo: Dad 3004,3004
22.23 que dicen que no hay resurrección, y le 3004
22.24 diciendo: Maestro, Moisés dijo: Si 3004,2036
22.29 dijo: Erráis, ignorando las Escrituras 2036
22.31 leído lo...dicho por Dios, cuando dijo 3004
22.35 uno de...preguntó por tentarle, diciendo 3004
22.37 dijo: Amarás al Señor tu Dios con todo 5346
22.42 diciendo: ¿Qué pensáis del Cristo? ¿De 3004
22.42 ¿de quién es hijo...dijeron: De David 3004
22.43 dijo...David...le llama Señor, diciendo 3004
22.44 dijo el Señor a mi Señor: Siéntate a mi 2036
23.1 habló Jesús...a sus discípulos, diciendo 3004
23.3 lo que os digan que guardéis, guardadlo 2036
23.3 mas no hagáis...porque dicen, y no hacen 3004
23.16,18 decís: Si alguno jura...no es nada 3004
23.30 y decís: Si hubiésemos vivido en los 3004
23.36 os digo que todo esto vendrá sobre esta 3004
23.39 os digo que desde ahora no me veréis 3004
23.39 hasta que digáis: Bendito el que viene 2036
24.2 les dijo: ¿Veis todo esto? De cierto os 2036
24.2 cierto os digo, que no quedará...piedra 3004
24.3 diciendo: Dinos, ¿cuándo serán estas 3004
24.4 Jesús...dijo: Mirad que nadie os engañe 2036
24.5 en mi nombre, diciendo: Yo soy el Cristo 3004
24.23 si alguno os dijere: Mirad, aquí está 2036
24.25 ya os lo he dicho antes 4280
24.26 si os dijeren: Mirad, está en el desierto 2036
24.34 os digo, que no pasará esta generación 3004
24.47 os digo que sobre todos sus bienes le 3004
24.48 dijere en su corazón: Mi señor tarda en 2036
25.8 las insensatas dijeron...Dadnos...aceite 2036
25.9 diciendo...que no nos falte a nosotras 3004
25.11 vinieron...diciendo: ¡Señor...ábrenos! 3004
25.12 dijo: De cierto os digo...no os conozco 2036,3004
25.20 diciendo: Señor, cinco...me entregaste 3004
25.21,23 su señor le dijo: Bien, buen siervo y 5346
25.22 llegando...dijo: Señor, dos talentos me 2036
25.24 dijo: Señor, te conocía...hombre duro 2036
25.26 su señor, le dijo: Siervo...negligente 2036
25.34 el Rey dirá a los de su derecha: Venid 2046
25.37,44 diciendo: Señor, ¿cuándo te vimos 3004
25.40 dirá: De cierto os digo que en cuanto 2046,3004
25.41 dirá también a los de la izquierda 2046
25.45 diciendo...os digo que en cuanto no lo 3004,3004
26.1 hubo acabado Jesús...dijo a sus discípulos 2036
26.5 decían: No durante la fiesta, para que 3004
26.8 diciendo: ¿Para qué este desperdicio? 3004
26.10 dijo: ¿Por qué molestáis a esta mujer? 2036
26.13 os digo que dondequiera que se predique 3004
26.15 les dijo: ¿Qué me queréis dar, y yo os 2036
26.17 diciéndole: ¿Dónde quieres...la pascua? 3004
26.18 él dijo: Id a la ciudad a cierto hombre 2036
26.18 y Decidle: El Maestro dice: Mi tiempo 3004
26.21 dijo: De cierto os digo, que uno de 2036,3004
26.22 comenzó cada uno de...a decirle: ¿Soy yo 3004
26.23 dijo: El que mete la mano conmigo en el 2036
26.25 respondiendo Judas...dijo: ¿Soy yo 2036
26.25 yo, Maestro? Le dijo: Tú lo has dicho 3004
26.26 y dio a sus discípulos, y dijo: Tomad 2036
26.27 les dio, diciendo: Bebed de ella todos 3004
26.29 os digo que desde ahora no beberé más 3004
26.31 dijo: Todos...os escandalizaréis de mí 3004
26.33 Pedro, le dijo: Aunque...escandalicen 2036
26.34 Jesús le dijo...te digo que esta noche 5346,5346
26.35 le dijo: Aunque me sea necesario morir 3004
26.35 todos los discípulos dijeron lo mismo 2036
26.36 y dijo a sus discípulos: Sentaos aquí 3004
26.38 Jesús les dijo: Mi alma está...triste 3004
26.39 y diciendo: Padre mío, si es posible 3004
26.40 dijo a Pedro...que no habéis podido velar 3004
26.42 vez, diciendo: Padre mío, si no puede 3004
26.44 de nuevo...diciendo las mismas palabras 2036
26.45 vino...les dijo: Dormid ya, y descansad 3004

D

26.48 señal, *diciendo*: Al que yo besare, ése 3004
26.49 se acercó a... y *dijo*: ¡Salve, Maestro! 2036
26.50 Jesús le *dijo*: Amigo, ¿a qué vienes? 2036
26.52 Jesús le *dijo*: Vuelve tu espada a su 3004
26.55 *dijo* Jesús a la gente: ¿Como contra un 2036
26.61 *dijeron*: Este *dijo*: Puedo derribar el 2036,5346
26.62 sacerdote, le *dijo*: ¿No respondes nada? 2036
26.63 le *dijo*: Te conjuro... nos *digas* si eres 2036
26.64 le *dijo*: Tú lo has *dicho*; y además os 3004,2036
26.64 os *digo*, que desde ahora veréis al Hijo 3004
26.65 *diciendo*: ¡Ha blasfemado! ¿Qué más 3004
26.66 os parece?... *dijeron*: ¡Es reo de muerte! 2036
26.68 *diciendo*: Profetízanos, Cristo, quién 3004
26.69 criada, *diciendo*: Tú también estabas 3004
26.70 él negó... *diciendo*: No sé lo que *dices* 3004
26.71 *dijo* a los que estaban... También éste 3004
26.73 *dijeron* a Pedro... tú eres de ellos, porque 2036
26.75 que le había *dicho*: Antes que cante el 2046
27.4 *diciendo*: Yo he pecado entregando sangre 3004
27.4 mas ellos *dijeron*: ¿Qué nos importa a 2036
27.6 *dijeron*: No es lícito echarlas en el tesoro 2036
27.9 lo *dicho* por el profeta... cuando *dijo* 3004
27.11 *diciendo*: ¿Eres... el Rey de los judíos? 5346
27.11 ¿eres tú... Y Jesús le *dijo*: Tú lo *dices* 3004
27.13 Pilato... *dijo*: ¿No oyes cuántas cosas 3004
27.17 les *dijo* Pilato: ¿A quién queréis que 2036
27.19 su mujer le mandó *decir*: No tengas nada..... 3004
27.21 les *dijo*: ¿A cuál... *dijeron*: A Barrabás 2036
27.22 Pilato les *dijo*: ¿Qué... haré de Jesús 3004
27.22 todos le *dijeron*: ¡ Sea crucificado! 3004
27.23 les *dijo*: Pues ¿qué mal ha hecho? Pero 5346
27.23 gritaban... *diciendo*: ¡Sea crucificado! 3004
27.24 *diciendo*: Inocente soy yo de la sangre 3004
27.25 *dijo*: Su sangre sea sobre nosotros, y 2036
27.29 *diciendo*: ¡Salve, Rey de los judíos! 3004
27.35 que se cumpliese lo *dicho* por el profeta 4483
27.40 y *diciendo*: Tú que derribas el templo 3004
27.41 los fariseos y los ancianos, *decían* 3004
27.43 porque ha *dicho*: Soy Hijo de Dios 2036
27.46 *diciendo*: Elí, Elí, ¿lama sabactani? 3004
27.47 *decían*, al oírlo: A Elías llama éste 3004
27.49 *decían*: Deja, veamos si viene Elías a 3004
27.54 *dijeron*: Verdaderamente éste era Hijo 3004
27.63 *diciendo*: Señor, nos acordamos que 3004
27.63 aquel engañador *dijo*... Después de tres 2036
27.64 *digan* al pueblo: Resucitó de entre los 2036
27.65 les *dijo*: Ahí tenéis una guardia; id 5346
28.5 el ángel, respondiendo, *dijo*... No temáis 2036
28.6 no está aquí... ha resucitado, como *dijo* 2036
28.7 id pronto y *decid* a sus discípulos que 2036
28.7 allí le veréis. He aquí, os lo he *dicho* 2036
28.9 les salió al encuentro, *diciendo*: ¡Salve! 3004
28.10 Jesús les *dijo*: No temáis; id, dad las 3004
28.13 *diciendo*: *Decid*... Sus discípulos vinieron 2036
28.18 *diciendo*: Toda potestad me es dada en 3004
Mr 1.7 *diciendo*: Viene tras mí el que es más 2036
1.11 y vino una voz... que *decía*: Tú eres mi 3004
1.15 *diciendo*: El tiempo se ha cumplido, y 3004
1.17 les *dijo* Jesús: Venid en pos de mí, y 2036
1.24 *diciendo*: ¡Ah! ¿qué tienes con nosotros 3004
1.25 le reprendió, *diciendo*: ¡Cállate, y sal 3004
1.27 entre sí, *diciendo*: ¿Qué es esto? ¿Qué 3004
1.37 hallándole, le *dijeron*: Todos te buscan 3004
1.38 él les *dijo*: Vamos a los lugares vecinos 3004
1.40 le *dijo*: Si quieres, puedes limpiarme 3004
1.41 y le tocó, y le *dijo*: Quiero, sé limpio 3004
1.44 y le *dijo*: Mira, no *digas* a nadie nada 3004,2036
2.5 al ver Jesús la fe de... *dijo* al paralítico 3004
2.7 blasfemias *dice*. ¿Quién puede perdonar 2980
2.8 Jesús... les *dijo*: ¿Por qué caviláis así en 2036
2.9 ¿qué es más fácil, *decir*... Tus pecados te 2036
2.9 *decirle*: Levántate, toma tu lecho y anda? 2036
2.10 tiene potestad en la... *dijo* al paralítico 3004
2.11 a ti te *digo*: Levántate, toma tu lecho 3004
2.12 *diciendo*: Nunca hemos visto tal cosa 3004
2.14 y le *dijo*: Sígueme. Y levantándose, le 3004
2.16 *dijeron* a los discípulos: ¿Qué es esto 3004
2.17 *dijo*: Los sanos no tienen necesidad de 3004
2.18 le *dijeron*: ¿Por qué los discípulos de 3004
2.19 Jesús les *dijo*: ¿Acaso pueden los que 2036
2.24 los fariseos le *dijeron*: Mira, ¿por qué 3004
2.25 *dijo*: ¿Nunca leisteis lo que hizo David 3004
2.27 también les *dijo*: El día de reposo fue 3004
3.3 *dijo* al hombre que tenía la mano seca 3004
3.4 *dijo*: ¿Es lícito en los días de reposo 3004
3.5 *dijo* al hombre: Extiende tu mano. Y él la 3004
3.9 *dijo* a sus discípulos que le tuviesen 2036
3.11 daban voces, *diciendo*: Tú eres el Hijo 3004
3.21 lo oyeron los... *decían*: Está fuera de sí 3004
3.22 los escribas... *decían* que tenía a Beelzebú 3004
3.23 *decía*... ¿Cómo puede Satanás echar fuera 3004
3.28 *digo* que todos los pecados... *perdonados* 3004
3.30 habían *dicho*: Tiene espíritu inmundo 3004
3.32 le *dijo*: Tu madre y tus hermanos están 2036
3.33 respondió *diciendo*: ¿Quién es mi madre 3004
3.34 *dijo*: He aquí mi madre y mis hermanos 3004
4.2 les enseñaba... y les *decía* en su doctrina 3004
4.9 *dijo*: El que tiene oídos para oír, oiga 3004
4.11 y les *dijo*: A vosotros os es dado saber 3004
4.13 y les *dijo*: ¿No sabéis esta parábola? 3004
4.21 *dijo*: ¿Acaso se trae la luz para ponerla 3004
4.24 *dijo* también: Mirad lo que oís; porque 3004
4.26 *decía* además: Así es el reino de Dios 3004
4.30 *decía*... *¿A qué haremos semejante el reino* 3004
4.35 la noche, les *dijo*: Pasemos al otro lado 3004
4.38 le despertaron, y le *dijeron*: Maestro 3004
4.39 y *dijo* al mar: Calla, enmudece. Y cesó 2036
4.40 *dijo*: ¿Por qué estáis así amedrentados? 2036
4.41 *decían* el uno al otro: ¿Quién es éste 3004
5.7 *dijo*: ¿Qué tienes conmigo, Jesús, Hijo 2036
5.8 le *decía*: Sal de este hombre, espíritu 3004
5.9 y respondió *diciendo*: Legión me llamo 3004
5.12 rogaron todos... *diciendo*: Envíanos a los 3004
5.19 le *dijo*: Vete a tu casa, a los tuyos, y 3004
5.23 le rogaba mucho, *diciendo*: Mi hija está 3004
5.28 *decía*: Si tocare... su manto, seré salva 3004
5.31 *dijeron*: Ves que la multitud te apricta 3004
5.31 ves que... y *dices*: ¿Quién me ha tocado? 3004
5.33 la mujer... vino... y le *dijo* toda la verdad 2036
5.34 le *dijo*: Hija, tu fe te ha hecho salva 2036
5.35 *diciendo*: Tu hija ha muerto; ¿para qué 3004
5.36 oyó lo que se *decía*, dijo al principal 3004
5.39 *dijo*: ¿Por qué alborotáis y lloráis? La 3004
5.41 le *dijo*... Niña, a ti te *digo*, levántate 3004,3004
5.43 mandó... y *dijo* que se le diese de comer 2036
6.2 *decían*: ¿De dónde tiene éste estas cosas? 3004
6.4 mas Jesús les *decía*: No hay profeta sin 3004
6.10 y les *dijo*: Dondequiera que entréis en 3004
6.11 cierto os *digo* que en el día del juicio 3004
6.14 y *dijo*: Juan el Bautista ha resucitado 3004
6.15 otros *decían*: Es Elías. Y otros *d*: Es 3004
6.16 al oír esto Herodes, *dijo*: Este es Juan 2036
6.18 Juan *decía* a Herodes: No te es lícito 3004
6.22 y el rey *dijo* a la muchacha: Pídeme lo 2036
6.24 *dijo* a su madre: ¿Qué Pediré? Y... le *d*. 2036
6.25 ella entró... *diciendo*: Quiero que ahora 3004
6.31 *dijo*: Venid vosotros aparte a un lugar 2036
6.35 *diciendo*: El lugar es desierto, y la 3004
6.37 él, les *dijo*: Dadles vosotros de comer 2036
6.37 *dijeron*: ¿Que vayamos y compremos pan 3004
6.38 les *dijo*: ¿Cuántos panes tenéis? Id y 3004
6.38 al saberlo, *dijeron*: Cinco, y dos peces 3004
6.50 *dijo*: ¡Tened ánimo; yo soy, no temáis! 3004
7.6 les *dijo*: Hipócritas, bien profetizó de 2036
7.9 les *decía* también: Bien invalidáis el 3004
7.10 Moisés *dijo*: Honra a tu padre y a tu 2036
7.11 pero vosotros *decís*: Basta que *diga* un ... 3004,2036
7.11 que quiere *decir*, mi ofrenda a Dios 3603
7.14 y llamando a sí... les *dijo*: Oídme todos 3004
7.18 les *dijo*: ¿También vosotros estáis así 3004
7.19 esto *decía*, haciendo limpios todos los
7.20 pero *decía*, que lo que del hombre sale 3004
7.27 le *dijo*: Deja primero que se sacien los 2036
7.28 *dijo*: Sí, Señor; pero aun los perrillos 3004
7.29 entonces le *dijo*: Por esta palabra, vé 2036
7.34 y le *dijo*: Efata, es *decir*: Sé abierto 3004
7.36 y les mandó que no lo *dijesen* a nadie 2036
7.37 *diciendo*: Bien lo ha hecho todo; hace 3004
8.1 Jesús llamó a sus discípulos, y les *dijo* 3004
8.5 ¿cuántos panes tenéis?... *dijeron*: Siete 2036
8.12 y gimiendo... *dijo*: ¿Por qué pide señal 3004
8.12 os *digo* que no se dará señal a esta 3004
8.15 *diciendo*... *guardaos de la levadura de los* 3004
8.16 sí, *diciendo*: Es porque no trajimos pan 3004
8.17 *dijo*: ¿Qué discutís, porque no tenéis 3004
8.19 ¿Cuántas cestas... Y ellos *dijeron*: Doce 3004
8.20 recogisteis? Y ellos *dijeron*: Siete 2036
8.21 y les *dijo*: ¿Cómo aún no entendéis? 3004
8.24 *dijo*: Veo los hombre como árboles, pero 3004
8.26 *diciendo*: No entres... *ni lo digas a nadie* ... 3004,2036
8.27 *diciéndoles*: ¿Quién *dicen los hombres que*... 3004,3004
8.29 *dijo*: Y vosotros, ¿quién *decís que soy?* 3004,3004
8.29 respondiendo Pedro, le *dijo*: Tú eres el 3004
8.30 él les mandó que no *dijesen* esto de él 3004
8.32 les *decía* claramente. Entonces Pedro 3056
8.33 a Pedro, *diciendo*: ¡Quítate de delante 3004
8.34 *dijo*: Si alguno quiere venir en pos de 2036
9.1 *dijo*: De cierto os *digo* *que hay algunos* 3004,3004
9.5 Pedro *dijo* a Jesús: Maestro, bueno es para 3004
9.7 voz que *decía*: Este es mi Hijo amado; a 3004
9.9 que a nadie *dijesen* lo que habían visto 1334
9.11 *diciendo*: ¿Por qué *dicen* los escribas que . 3004,3004
9.12 *dijo*: Elías a la verdad vendrá primero 2036
9.13 os *digo* que Elías ya vino, y le hicieron 3004
9.17 *dijo*: Maestro, traje a ti mi hijo, que 3004
9.18 y *dije* a tus discípulos que lo echasen 2036
9.19 él, les *dijo*: ¡Oh generación incrédula! 3004
9.21 ¿cuánto tiempo... Y él *dijo*: Desde niño 2036
9.23 Jesús le *dijo*: Si puedes creer, al que 2036
9.24 padre del muchacho clamó y *dijo*: Creo 3004
9.25 *diciéndole*: Espíritu mudo y sordo, yo 3004
9.26 de modo que muchos *decían*: Está muerto 3004
9.29 *dijo*: Este género con nada puede salir 2036
9.31 *decía*: El Hijo del Hombre será entregado 3004
9.35 les *dijo*: Si alguno quiere ser el primero 3004
9.36 y tomándole en sus brazos, les *dijo* 2036
9.38 *diciendo*: Maestro, hemos visto a uno que 3004
9.39 Jesús *dijo*: No se lo prohibáis; porque 2036
9.39 que haga... luego pueda *decir* mal de mí 2551
9.41 os *digo* que no perderá su recompensa 3004
10.3 él... les *dijo*: ¿Qué os mandó Moisés? 2036
10.4 ellos *dijeron*: Moisés permitió dar carta 2036
10.5 *dijo*: Por la dureza de vuestro corazón 2036
10.11 les *dijo*: Cualquiera que repudia a su 3004
10.14 les *dijo*: Dejad a los niños venir a mí 2036
10.15 os *digo* que el que no reciba el reino 3004
10.18 le *dijo*: ¿Por qué me llamas bueno? 2036
10.19 no hurtes. No *digas* falso testimonio 5576
10.20 él... le *dijo*: Maestro, todo esto lo he 2036
10.21 le *dijo*: Una cosa te falta; anda, vende 2036
10.23 Jesús... *dijo* a sus discípulos: ¡Cuán 3004
10.24 *decirles*: Hijos, ¡cuán difícil les es 3004
10.26 *diciendo* entre sí: ¿Quién, pues, podrá 3004
10.27 *dijo*: Para los hombres es imposible, mas 3004
10.28 Pedro comenzó a *decirle*... hemos dejado 3004
10.29 y *dijo*: De cierto os *digo* que no hay 2036,3004
10.32 comenzó a *decir* las cosas que le habían 3004
10.35 *diciendo*: Maestro, querríamos que nos 3004
10.36 él les *dijo*: ¿Qué queréis que os haga? 2036
10.37 ellos le *dijeron*: Concédenos que en tu 2036
10.38 Jesús les *dijo*: No sabéis lo que pedís 2036
10.39 ellos *dijeron*: Podemos. Jesús les *dijo* 2036,2036
10.42 *dijo*: Sabéis que los que son tenidos por 3004
10.47 y a *decir*: ¡Jesús, Hijo de David, ten 3004
10.49 *diciéndole*: Ten confianza; levántate 3004
10.51 *dijo*: ¿Qué quieres que te haga? Y el 3004
10.51 ciego le *dijo*: Maestro, que recobre la 2036
10.52 Jesús le *dijo*: Vete, tu fe te ha salvado 2036
11.2 *dijo*: Id a la aldea que está enfrente 3004
11.3 alguien os *dijere*: ¿Por qué hacéis eso? 2036
11.3 *decid* que el Señor lo necesita, y que 2036
11.5 unos... les *dijeron*: ¿Qué hacéis desatando 3004
11.6 les *dijeron* como Jesús había mandado 2036
11.9 y los que iban y... daban voces, *diciendo* 3004
11.14 Jesús *dijo* a la higuera: Nunca... coma 2036
11.17 *diciendo*: ¿No está escrito: Mi casa será 3004
11.21 le *dijo*: Maestro, mira, la higuera que 3004
11.22 respondiendo Jesús, les *dijo*: Tened fe 3004
11.23 os *digo* que cualquiera que *dijere* a este . 3004,2036
11.23 creyere que será hecho lo que *dice*, lo 3004
11.24 os *digo* que todo lo que pidiereis orando 3004
11.28 y le *dijeron*: ¿Con qué autoridad haces 3004
11.29 *dijo*: Os haré yo también una pregunta 2036
11.29 y os *diré* con qué autoridad hago estas 2046
11.31 *diciendo*: Si *decimos*, del cielo, *dirá* 3004,2036
11.32 ¿y si *decimos*, de los hombres...? Pero 2036
11.33 *dijeron* a Jesús: No sabemos. Entonces 3004
11.33 les *dijo*: Tampoco yo os *digo* con qué 3004,3004
12.1 comenzó Jesús a *decirles* por parábolas 3004
12.6 *diciendo*: Tendrán respeto a mi hijo 3004
12.7 *dijeron* entre sí: Este es el heredero 2036
12.12 que *decía* contra ellos aquella parábola 2036
12.14 le *dijeron*: Maestro, sabemos que eres 3004
12.15 mas él... les *dijo*: ¿Por qué me tentáis? 2036
12.16 les *dijo*: ¿De quién... *dijeron*: De César .. 3004,2036
12.17 *dijo*: Dad a César lo que es de César 2036
12.18 que *dicen* que no hay resurrección, y le 3004
12.18 vinieron... y le preguntaron, *diciendo* 3004
12.24 les *dijo*: ¿No erráis por esto, porque 2036
12.26 *diciendo*: Yo soy el Dios de Abraham 3004
12.32 escriba le *dijo*: Bien, Maestro, verdad 2036
12.32 verdad has *dicho*, que uno es Dios, y no 2036
12.34 *dijo*: No estás lejos del reino de Dios 2036
12.35 *decía*: ¿Cómo *dicen los escribas que* 3004,3004
12.36 el mismo David *dijo* por el Espíritu 2036
12.36 *dijo* el Señor a mi Señor: Siéntate a 2036
12.38 les *decía* en su doctrina: Guardaos de 3004
12.43 os *digo* que esta viuda pobre echó más 3004
13.1 le *dijo* uno de sus discípulos: Maestro 3004
13.2 le *dijo*: ¿Ves estos grandes edificios? 2036
13.4 *dinos*, ¿cuándo serán estas cosas? ¿Y qué 2036
13.5 comenzó a *decir*: Mirad que nadie os 3004
13.6 vendrán... *diciendo*; Yo soy el Cristo; y 3004
13.11 no os preocupéis... que habéis de *decir* 2980
13.21 si alguno os *dijere*: Mirad, aquí está 2036
13.23 mas vosotros mirad; os lo he *dicho* todo 4280
13.30 os *digo*, que no pasará esta generación 3004
13.37 y lo que a vosotros *digo*, a todos lo *d* 3004,3004
14.2 *decían*: No durante la fiesta, para que 3004
14.4 y *dijeron*: ¿Para qué se ha hecho este 3004
14.6 *dijo*: Dejadla; ¿por qué la molestáis? 2036
14.9 os *digo* que dondequiera que se predique 3004
14.12 *dijeron*: ¿Dónde quieres que vayamos a 3004
14.13 les *dijo*: Id a la ciudad, y os saldrá 3004
14.14 *decid* al señor de la casa: El Maestro 2036
14.14 Maestro *dice*: ¿Dónde está el aposento 3004
14.16 fueron... y hallaron como les había *dicho* 2036
14.18 *dijo* Jesús: De cierto os *digo que uno*... 2036,3004
14.19 a *decirle*... ¿Seré yo? Y el otro: ¿Seré 3004
14.20 *dijo*: Es uno de los doce, el que moja 2036
14.22 dio, *diciendo*: Tomad, esto es mi cuerpo 2036
14.24 les *dijo*: Esto es mi sangre del nuevo 2036
14.25 os *digo* que no beberé más del fruto de 3004
14.27 les *dijo*: Todos os escandalizaréis de mí 3004
14.29 Pedro le *dijo*: Aunque... se escandalicen 5346
14.30 *dijo* Jesús: De cierto te *digo* que tú 3004,3004
14.31 *decía*: Si me fuere necesario morir 3004
14.31 no te negaré. También todos *decían* lo 3004
14.32 y *dijo* a sus discípulos: Sentaos aquí 3004
14.34 *dijo*: Mi alma está muy triste, hasta la 3004
14.36 y *decía*: Abba, Padre, todas las cosas 3004
14.37 y *dijo* a Pedro: Simón, ¿duermes? ¿No 3004
14.39 fue y oró, *diciendo* las mismas palabras 2036
14.41 les *dijo*: Dormid ya, y descansad. Basta 3004
14.44 señal *diciendo*: Al que yo besare, ése 3004
14.45 le *dijo*: Maestro, Maestro. Y le besó 3004
14.48 les *dijo*: ¿Como contra un ladrón habéis 2036
14.56 *decían* falso testimonio contra él, mas 5576
14.57 falso testimonio contra él, *diciendo* 3004
14.58 oído *decir*: Yo derribaré este templo 3004
14.60 a Jesús *diciendo*: ¿No respondes nada? 3004
14.61 le *dijo*: ¿Eres tú el Cristo, el Hijo 3004
14.62 Jesús le *dijo*: Yo soy; y veréis al Hijo 2036
14.63 *dijo*: ¿Qué más necesidad tenemos de 3004
14.65 a *decirle*: Profetiza. Y los alguaciles 3004
14.67 *dijo*: Tú también estabas con Jesús el 3004
14.68 él negó, *diciendo*... ni sé lo que *dices* 3004,3004
14.69 comenzó a *decir* a los... Este es de ellos 3004
14.70 *dijeron* otra vez a Pedro... eres de ellos 3004
14.72 las palabras que Jesús le había *dicho* 2036
15.2 respondiendo él, le *dijo*: Tú lo *dices* 3004
15.4 Pilato, *diciendo*: ¿Nada respondes? Mira 3004
15.9 *diciendo*: ¿Queréis que os suelte al Rey 3004
15.12 Pilato, les *dijo*... ¿Qué, pues, queréis 2036

15.14 Pilato...*decía*: ¿Pues qué mal ha hecho? *3004*
15.28 que *dice*: Y fue contado con los inicuos *3004*
15.29 y *diciendo*: ¡Bah! tú que derribas el *3004*
15.31 *decían* unos a otros...A otros salvó, a sí *3004*
15.34 **gran voz, *diciendo*: Eloi, Eloi, ¿lama** *3004*
15.35 y algunos de...*decían*, al oírlo: Mirad *3004*
15.36 *diciendo*: Dejad, veamos si viene Elías *3004*
15.39 *dijo*: Verdaderamente este hombre era *2036*
15.42 es *decir*, la víspera del día de reposo *3603*
16.3 *decían*...¿Quién nos removerá la piedra de ... *3004*
16.6 él les *dijo*. No os asustéis; buscáis a *3004*
16.7 *decid* a sus discípulos, y a Pedro, que *2036*
16.8 *decían* nada a nadie, porque tenían miedo *2036*
16.15 ***dijo*: Id por todo el mundo y predicad** *2036*
Lc 1.13 el ángel le *dijo*: Zacarías, no temas *2036*
1.18 *dijo*...al ángel: ¿En qué conoceré esto? *2036*
1.19 *dijo*: Yo soy Gabriel, que estoy delante *2036*
1.24 se recluyó en casa por 5 meses, *diciendo* *3004*
1.28 entrando...*dijo*: ¡Salve, muy favorecida 1 ...... *2036*
1.30 ángel le *dijo*: María, no temas, porque *2036*
1.34 María *dijo* al ángel: ¿Cómo será esto? *2036*
1.35 le *dijo*: El Espíritu Santo vendrá sobre *2036*
1.38 María *dijo*: He aquí la sierva del Señor *2036*
1.42 y *dijo*: Bendita tú entre las mujeres *2036*
1.45 cumplirá lo que fue *dicho* de parte del *2980*
1.46 María *dijo*: Engrandece mi alma al Señor *2036*
1.48 me *dirán* bienaventurada...las generaciones.. *3106*
1.60 pero...su madre, *dijo*: No; se llamará Juan *2036*
1.61 le *dijeron*: ¿Por qué? No hay nadie en tu *2036*
1.63 escribió, *diciendo*: Juan es su nombre *3004*
1.66 *diciendo*: ¿Quién, pues, será este niño? *3004*
1.67 Zacarías su padre...profetizó, *diciendo* *3004*
2.10 el ángel les *dijo*: No temáis; porque he *2036*
2.13 multitud de...alababan a Dios, y *decían* *3004*
2.15 se *dijeron*...Pasemos, pues, hasta Belén *2036*
2.17 que se les había *dicho* acerca del niño *3004*
2.18 se maravillaron de lo que...les *decían* *2980*
2.20 las cosas que...como se les había *dicho* *2980*
2.24 ofrecer conforme a lo que se *dice* en la *2046*
2.28 él le tomó...y bendijo a Dios, *diciendo* *2036*
2.33 maravillados de todo lo que se *decía* de *2980*
2.34 y *dijo* a su madre María: He aquí, éste *2036*
2.48 y le *dijo* su madre: Hijo, ¿por qué nos *2036*
2.49 **él les *dijo*: ¿Por qué me buscabais? ¿No** *2036*
3.4 *dice*: Voz del que clama en el desierto *3004*
3.7 *decía* a las multitudes que salían para *3004*
3.8 no comencéis a *decir*...Tenemos a Abraham *3004*
3.8 os *digo* que Dios puede levantar hijos a *3004*
3.10 le preguntaba, *diciendo*: Entonces ¿qué *3004*
3.11 les *dijo*: El que tiene dos túnicas, dé *3004*
3.12 y le *dijeron*: Maestro, ¿qué haremos? *2036*
3.13 él les *dijo*: No exijáis más de lo que *2036*
3.14 *diciendo*: Y nosotros, ¿qué haremos? *3004*
3.14 les *dijo*: No hagáis extorsión a nadie *2036*
3.16 respondió Juan, *diciendo* a todos: Yo a *3004*
3.22 una voz del cielo que *decía*: Tú eres mi *3004*
4.3 le *dijo*: Si eres Hijo de Dios, *dí* a esta *2036,2036*
4.4 **Jesús...*dijo*: Escrito está: No sólo de pan** *3004*
4.6 *dijo* el diablo: A ti te daré toda esta *2036*
4.8 **le *dijo*: Vete de mí, Satanás, porque** *2036*
4.9 y le *dijo*: Si eres Hijo de Dios, échate *2036*
4.12 ***dijo*: *Dicho* está: No tentarás al Señor** *2036,2046*
4.21 **comenzó a *decirles*: Hoy se ha cumplido** *3004*
4.22 y *decían*: ¿No es éste el hijo de José? *3004*
4.23 ***dijo*: Sin duda me *diréis* este refrán** *2036,2046*
4.24 **os *digo*, que ningún profeta es acepto** *3004*
4.25 ***digo* que muchas viudas había en Israel** *3004*
4.34 *diciendo*: Déjanos; ¿qué tienes con *3004*
4.35 **Jesús le reprendió, *diciendo*: Cállate** *3004*
4.36 *diciendo*: ¿Qué palabra es esta, que con *3004*
4.41 y *diciendo*: Tú eres el Hijo de Dios *3004*
4.43 **él les *dijo*: Es necesario que también** *2036*
5.4 ***dijo* a Simón: Boga mar adentro, y echad** *2036*
5.5 Simón, le *dijo*: Maestro, toda la noche *2036*
5.8 *diciendo*: Apártate de mí, Señor, porque *3004*
5.10 ***dijo* a Simón: No temas; desde ahora** *2036*
5.12 *diciendo*: Señor, si quieres, puedes *3004*
5.13 **le tocó, *diciendo*: Quiero; sé limpio** *3004*
5.14 **y él le mandó que no lo *dijese* a nadie** *2036*
5.14 **vé, le *dijo*, muéstrate al sacerdote, y**
5.20 **le *dijo*...tus pecados te son perdonados** *2036*
5.21 a cavilar, *diciendo*: ¿Quién es éste que *3004*
5.22 **les *dijo*: ¿Qué caviláis en vuestros** *2036*
5.23 **¿qué es más fácil *decir*: Tus pecados te** *2036*
5.24 **(*dijo* al paralítico): A ti te *digo*** *2036,3004*
5.26 *decían*: Hoy hemos visto maravillas *3004*
5.27 **vio a...llamado Leví...y le *dijo*: Sígueme** *2036*
5.30 *diciendo*: ¿Por qué coméis y bebéis con *3004*
5.31 **Jesús, les *dijo*: Los que están sanos no** *2036*
5.33 le *dijeron*: ¿Por qué los discípulos de *2036*
5.34 ***dijo*: ¿Podéis acaso hacer que los que** *2036*
5.36 **les *dijo*...una parábola: Nadie corta un** *3004*
5.39 **nuevo; porque *dice*: El añejo es mejor** *3004*
6.2 les *dijeron*: ¿Por qué hacéis lo que no *2036*
6.3 **les *dijo*: ¿Ni aun esto habéis leído, lo** *2036*
6.5 **les *decía*: El Hijo del Hombre es Señor** *3004*
6.8 **y *dijo* al hombre que tenía la mano seca** *2036*
6.9 **Jesús les *dijo*: Os preguntaré una cosa** *2036*
6.10 ***dijo* al hombre: Extiende tu mano. Y él** *2036*
6.20 ***decía*: Bienaventurados vosotros los** *3004*
6.27 ***digo*: Amad a vuestros enemigos, haced** *3004*
6.39 **les *decía* una parábola: ¿Acaso puede un** *2036*
6.42 ***decir* a tu hermano: Hermano, déjame** *3004*
6.46 **me llamáis...no hacéis lo que yo *digo*?** *3004*
7.4 *diciéndole*: Es digno de que le concedas *3004*
7.6 *diciéndole*: Señor, no te molestes, pues *3004*
7.7 *dí* la palabra, y mi siervo será sano *2036*
7.8 y *digo* a éste: Vé, y va; y al otro: Ven *3004*
7.9 ***digo* a la gente...Os *digo* que ni aun en** *2036,3004*
7.13 **se compadeció de ella...*dijo*: No llores** *2036*
7.14 **y *dijo*: Joven, a ti te *digo*, levántate** *2036,3004*
7.16 *diciendo*: Un...profeta se ha levantado *3004*
7.20 *dijeron*: Juan el Bautista...ha enviado a *2036*
7.22 **les *dijo*: Id, haced saber a Juan lo que** *2036*
7.24 **comenzó a *decir* de Juan a la gente** *3004*
7.26 **¿a un profeta? Sí, os *digo*, y más que** *3004*
7.28 ***digo* que entre los nacidos de mujeres** *3004*
7.31 ***dijo* el Señor: ¿A qué, pues, compararé** *2036*
7.32 **dan voces...y *dicen*: Os tocamos flauta** *3004*
7.33 **ni bebía vino, y *decís*: Demonio tiene** *3004*
7.34 **y *decís*: Este es un hombre comilón y** *3004*
7.39 *dijo* para sí: Este, si fuera profeta *3004*
7.40 tengo que ***decirle*...él le *dijo*: *Dí*** *2036,3004,2036*
7.42 ***dí*, pues, ¿cuál de ellos le amará más?** *2036*
7.43 ***dijo*: Pienso que aquel a quien perdonó** *2036*
7.43 **y él le *dijo*: Rectamente has juzgado** *2036*
7.44 ***dijo* a Simón: ¿Ves esta mujer? Entré en** *5346*
7.47 **te *digo* que sus muchos pecados le son** *3004*
7.48 **y a ella le *dijo*: Tus pecados te son** *2036*
7.49 a *decir* entre sí: ¿Quién es éste, que *3004*
7.50 **él *dijo* a la mujer: Tu fe te ha salvado** *2036*
8.4 una gran multitud...les *dijo* por parábola *2036*
8.8 ***decía* a gran voz: El que tiene oídos para** *3004*
8.9 *diciendo*: ¿Qué significa esta parábola? *3004*
8.10 **él *dijo*: A vosotros os es dado conocer** *2036*
8.20 se le avisó, *diciendo*: Tu madre y tus *3004*
8.21 **les *dijo*: Mi madre y mis hermanos son** *2036*
8.22 **les *dijo*: Pasemos al otro lado del lago** *2036*
8.24 *diciendo*: ¡Maestro...que perecemos! *3004*
8.25 **y les *dijo*: ¿Dónde está vuestra fe?** *2036*
8.25 y se *decían*...¿Quién es éste, que aun a *3004*
8.30 ***diciendo*: ¿Cómo te llamas? Y él *dijo*** *3004,2036*
8.38 le rogaba...Jesús le despidió, *diciendo* *3004*
8.45 Jesús *dijo*: ¿Quién es...me ha tocado? *2036*
8.45 *dijo* Pedro y...Maestro, la multitud te *2036*
8.45 ***dices*: ¿Quién es el que me ha tocado?** *3004*
8.46 **pero Jesús *dijo*: Alguien me ha tocado** *2036*
8.48 **él le *dijo*: Hija, tu fe te ha salvado** *2036*
8.49 vino uno...a *decirle*: Tu hija ha muerto *3004*
8.52 ***dijo*: No lloréis; no está muerta, sino** *2036*
8.54 **él...clamó *diciendo*: Muchacha, levántate** *3004*
8.56 mandó que a nadie *dijesen* lo que había *2036*
9.3 **les *dijo*: No toméis nada para el camino** *2036*
9.7 *decían* algunos: Juan ha resucitado de los *3004*
9.9 y *dijo* Herodes: A Juan...le hice decapitar *2036*
9.12 *dijeron*: Despide a la gente, para que *2036*
9.13 **él les *dijo*: Dadles vosotros de comer** *2036*
9.13 ***dijeron* ellos: No tenemos más que cinco** *2036*
9.14 ***dijo* a sus discípulos: Hacedlos sentar** *2036*
9.18 ***diciendo*: ¿Quién *dice* la gente que soy** ... *3004,3004*
9.20 **él les *dijo*: ¿Y vosotros, quién *decís*** *2036,3004*
9.20 respondiendo Pedro, *dijo*: El Cristo de *2036*
9.21 él les mandó que a nadie *dijesen* esto *2036*
9.22 **y *diciendo*: Es necesario que el Hijo** *2036*
9.23 ***decía* a todos: Si alguno quiere venir** *3004*
9.27 ***digo*...que hay algunos de los que están** *3004*
9.33 Pedro *dijo*...no sabiendo lo que *decía* *2036,3004*
9.34 mientras él *decía* esto, vino una nube *3004*
9.35 *decía*: Este es mi Hijo amado; a él oíd *3004*
9.36 y ellos...no *dijeron* nada a nadie de lo *518*
9.38 *diciendo*: Maestro, te ruego que veas a *3004*
9.41 **Jesús, *dijo*: ¡Oh generación incrédula** *2036*
9.43 maravillándose...*dijo* a sus discípulos *2036*
9.48 **les *dijo*: Cualquiera que reciba a este** *2036*
9.49 Juan, *dijo*: Maestro, hemos visto a uno *2036*
9.50 ***dijo*: No se lo prohibáis; porque el que** *2036*
9.54 *dijeron*: Señor, ¿quieres que mandemos *2036*
9.55 **reprendió, *diciendo*: Vosotros no sabéis** *2036*
9.57 le *dijo* en el camino: Señor, te seguiré *2036*
9.58 ***dijo* Jesús: Las zorras tienen guaridas** *2036*
9.59 **y *dijo* a otro: Sígueme. El le *d*: Señor** *2036,2036*
9.60 ***dijo*: Deja que los muertos entierren a** *2036*
9.61 también *dijo* otro: Te seguiré, Señor *2036*
9.62 **Jesús le *dijo*: Ninguno que poniendo su** *2036*
10.2 ***decía*: La mies a la verdad es mucha, mas** *3004*
10.5 **donde entréis...*decid*: Paz sea a esta** *3004*
10.9 **y *decidles*: Se ha acercado...el reino de** *3004*
10.10 **ciudad...saliendo por sus calles, *decid*** *2036*
10.12 **os *digo*...aquel día será más tolerable** *3004*
10.17 *diciendo*: Señor, aun los demonios se *3004*
10.18 **les *dijo*: Yo veía a Satanás caer del** *2036*
10.21 **y *dijo*: Yo te alabo, oh Padre, Señor** *2036*
10.23 **les *dijo*...Bienaventurados los ojos que** *2036*
10.24 **os *digo* que muchos profetas y reyes** *3004*
10.25 un intérprete de...*dijo*, para probarle *3004*
10.26 **le *dijo*: ¿Qué está escrito en la ley?** *2036*
10.27 *dijo*: Amarás al Señor tu Dios con todo *2036*
10.28 ***dijo*: Bien has respondido; haz esto, y** *2036*
10.29 *dijo* a Jesús: ¿Y quién es mi prójimo? *2036*
10.30 ***dilo*: Un hombre descendía de Jerusalén** *2036*
10.35 ***dijo*: Cuídamele; y todo lo que gastes** *2036*
10.37 *dijo*: El que usó de misericordia con *2036*
10.37 **Jesús le *dijo*: Vé, y haz tú lo mismo** *2036*
10.40 pero Marta...acercándose, *dijo*: Señor *2036*
10.40 servir sola? *Dile*, pues, que me ayude *2036*
10.41 **Jesús, le *dijo*: Marta, Marta, afanada** *2036*
11.1 le *dijo*: Señor, enséñanos a orar, como *2036*
11.2 **les *dijo*: Cuando oréis, *decid*: Padre** *2036,3004*
11.5 **les *dijo*...¿Quién de vosotros que tenga** *2036*
11.5 **y le *dice*: Amigo, préstame tres panes** *2036*
11.7 **le *dice*: No me molestes; la puerta ya** *2036*
11.8 **os *digo*, que aunque no se levante a** *3004*
11.9 **os *digo*: Pedid, y se os dará; buscad, y** *3004*
11.15 algunos de ellos *decían*: Por Beelzebú *2036*
11.17 **les *dijo*: Todo reino dividido contra** *2036*
11.18 **ya que *decís* que por Beelzebú echo yo** *3004*
11.24 ***dice*: Volveré a mi casa de donde salí** *3004*
11.27 mientras él *decía* estas cosas, una *3004*
11.27 una mujer de...levantó la voz y le *dijo* *2036*
11.28 **él *dijo*: Antes bienaventurados los que** *2036*
11.29 **comenzó a *decir*: Esta generación es** *3004*
11.39 ***dijo*...vosotros los fariseos limpiáis** *2036*
11.45 le *dijo*: Maestro, cuando *dices* esto *3004,3004*
11.46 **él *dijo*: ¡Ay de vosotros...intérpretes** *2036*
11.49 **la sabiduría de Dios...*dijo*: Le enviaré** *2036*
11.51 **os *digo* que será demandada de esta** *3004*
11.53 *diciéndoles* él...cosas, los escribas *3004*
12.1 ***decir*...Guardaos de la levadura de los** *3004*
12.3 **todo lo que habéis *dicho* en tinieblas** *2036*
12.4 **mas os *digo*...No temáis a los que matan** *3004*
12.5 **tiene poder...sí, os *digo*, a éste temed** *3004*
12.8 **os *digo* que todo aquel que me confesare** *3004*
12.10 **todo aquel que *dijere* alguna palabra** *2046*
12.11 **de responder, o qué habréis de *decir*** *2036*
12.12 **Espíritu...enseñará...lo que debáis *decir*** *2036*
12.13 le *dijo* uno...Maestro, *dí* a mi hermano *2036*
12.14 **mas él le *dijo*: Hombre, ¿quién me ha** *2036*
12.15 ***dijo*: Mirad, y guardaos de avaricia** *2036*
12.16 ***diciendo*: La heredad de un hombre rico** *3004*
12.17 ***diciendo*: ¿Qué haré, porque no tengo** *3004*
12.18 ***dijo*: Esto haré: derribaré...graneros** *2036*
12.19 **y *diré* a mi alma: Alma, muchos bienes** *2046*
12.20 **pero Dios le *dijo*: Necio, esta noche** *2036*
12.22 ***dijo*...a sus discípulos: Por tanto os** *2036*
12.22 ***digo*: No os afanéis por vuestra vida** *3004*
12.27 **os *digo*, que ni aun Salomón con toda su** *3004*
12.37 **os *digo* que se ceñirá, y hará que se** *3004*
12.41 le *dijo*: Señor, ¿*dices* esta parábola a *3004*
12.42 **dijo el Señor: ¿Quién es el mayordomo** *2036*
12.44 **os *digo* que le pondrá sobre todos sus** *3004*
12.45 **si aquel siervo *dijere*...Mi señor tarda** *2036*
12.51 **¿pensáis...Os *digo*: No, sino disensión** *3004*
12.54 ***decía*...a la multitud: Cuando veis la** *3004*
12.54 **luego *decís*: Agua viene; y así sucede** *3004*
12.55 **sopla el viento del...*decís*: Hará calor** *3004*
12.59 **te *digo* que no saldrás de allí, hasta** *3004*
13.2 **les *dijo*: ¿Pensáis que estos galileos** *2036*
13.3,5 ***digo*: No; antes si no os arrepentís** *3004*
13.6 **dijo...esta parábola: Tenía un hombre una** ... *3004*
13.7 ***dijo* al viñador: He aquí, hace tres años** *2036*
13.8 **le *dijo*: Señor, déjala todavía este año** *3004*
13.12 **y le *dijo*: Mujer, eres libre de tu** *2036*
13.14 *dijo* a la gente: Seis días hay en que *3004*
13.15 **el Señor...*dijo*: Hipócrita, cada uno de** *2036*
13.17 *decir* él estas cosas, se avergonzaban *3004*
13.18 ***dijo*: ¿A qué es semejante el reino de** *3004*
13.20 **y volvió a *decir*: ¿A qué compararé el** *2036*
13.23 *dijo*: Señor, ¿son pocos...Y él les *d* *2036,2036*
13.24 **os *digo* que muchos procurarán entrar** *3004*
13.25 ***diciendo*: Señor...ábrenos, él...os *dirá*** ... *3004,2046*
13.26 **a *decir*: Delante de ti hemos comido y** *3004*
13.27 ***dirá*: Os digo que no sé de dónde sois** *2046*
13.31 *diciéndole*...Herodes te quiere matar *3004*
13.32 **les *dijo*: Id, y *decid* a aquella zorra** *2036*
13.35 **os *digo* que no me veréis, hasta que** *3004*
13.35 **en que *digáis*: Bendito el que viene en** *2036*
14.3 ***diciendo*: ¿Es lícito sanar en el día de** *3004*
14.5 ***dijo*: ¿Quién de vosotros, si su asno o** *2036*
14.7 refirió a los...una parábola, *diciéndoles* *3004*
14.9 **él, te *diga*: Da lugar a éste; y entonces** *2046*
14.10 **que...te *diga*: Amigo, sube más arriba** *2036*
14.12 *dijo* también al que le había convidado *3004*
14.15 *dijo*: Bienaventurado el que coma pan *2036*
14.16 **le *dijo*: Un hombre hizo una gran cena** *2036*
14.17 **envió...*decir* a los convidados: Venid** *2036*
14.18 **primero *dijo*: He comprado una hacienda** *2036*
14.19 **otro *dijo*: He comprado cinco yuntas de** *2036*
14.20 ***dijo*: Acabo de casarme, y por tanto no** *2036*
14.21 ***dijo* a su siervo: Vé pronto por las** *2036*
14.22 **y *dijo* el siervo: Señor, se ha hecho** *2036*
14.23 ***dijo* el señor al siervo: Vé por los** *2036*
14.24 **os *digo* que ninguno de aquellos hombres** ... *3004*
14.25 Iban con él, y volviéndose, les *dijo* *2036*
14.30 ***diciendo*: Este...comenzó a edificar, y** *3004*
15.2 *diciendo*: Este a los pecadores recibe *3004*
15.3 él les refirió esta parábola, *diciendo* *3004*
15.6,9 ***diciéndoles*: Gozaos conmigo, porque** *3004*
15.7 ***digo* que así habrá más gozo en el cielo** *3004*
15.10 **os *digo* que hay gozo delante de los** *3004*
15.11 **también *dijo*: Un hombre tenía dos hijos** *2036*
15.12 **menor...*dijo* a su padre: Padre, dame la** *2036*
15.17 *dijo*: ¡Cuantos jornaleros en casa de *2036*
15.18 **iré a mi padre, y le *diré*: Padre, he** *2046*
15.21 **hijo le *dijo*: Padre, he pecado contra** *2036*
15.22 **el padre *dijo* a sus siervos: Sacad el** *2036*
15.27 ***dijo*: Tu hermano ha venido; y tu padre** *2036*
15.29 ***dijo* al padre: He aquí, tantos años te** *2036*
15.31 ***dijo*: Hijo, tú siempre estás conmigo** *2036*
16.1 ***dijo*...Había un hombre rico que tenía un** *3004*
16.2 ***dijo*: ¿Qué es esto que oigo acerca de ti** *2036*
16.3 **el mayordomo *dijo* para sí: ¿Qué haré?** *2036*
16.5 ***dijo* al primero: ¿Cuánto debes a mi amo?** *3004*
16.6 ***dijo*: Cien barriles de aceite. Y le *d*** *2036,2036*
16.7 ***dijo* a otro: Y tú, ¿cuánto debes? Y él** *2036*
16.7 ***dijo*: Cien medidas de trigo. El le *d*** *2036,3004*
16.9 **os *digo*: Ganad amigos por medio de las** *3004*
16.15 **les *dijo*: Vosotros sois los que os** *2036*
16.24 ***dijo*: Padre Abraham, ten misericordia** *2036*
16.25 **Abraham le *dijo*: Hijo, acuérdate que** *2036*
16.27 **entonces le *dijo*: Te ruego...le envíes** *2036*
16.29 **Abraham le *dijo*: A Moisés y a...tienen** *3004*
16.30 **él entonces *dijo*: No, padre Abraham** *2036*
16.31 **Abraham le *dijo*: Si no oyen a Moisés** *2036*
17.1 ***dijo* Jesús...Imposible es que no vengan** *2036*

D

17.4 ti, diciendo: Me arrepiento; perdónale ... 3004
17.5 dijeron los apóstoles...Auméntanos la fe ... 2036
17.6 el Señor dijo: Si tuvierais fe como un ... 2036
17.6 decir a este sicómoro: Desarráigate, y ... 3004
17.7 luego le dice: Pasa, siéntate a la mesa? ... 2046
17.8 ¿no le dice más bien: Prepárame la cena ... 2046
17.10 decid: Siervos inútiles somos, pues lo ... 3004
17.13 voz, diciendo: ¡Jesús, Maestro, ten ... 3004
17.14 dijo: Id, mostraos a los sacerdotes ... 2036
17.17 dijo: ¿No son diez los que fueron ... 2036
17.19 le dijo: Levántate, vete; tu fe te ha ... 2036
17.20 dijo: El reino de Dios no vendrá con ... 2036
17.21 ni dirán: Helo aquí, o helo allí ... 2046
17.22 dijo a sus discípulos: Tiempo vendrá ... 2036
17.23 os dirán: Helo aquí, o helo allí. No ... 2046
17.34 os digo que...estarán dos en una cama ... 3004
17.37 le dijeron: ¿Dónde, Señor? El les dijo ... 3004,2036
18.2 diciendo: Había en una ciudad un juez ... 3004
18.3 diciendo: Hazme justicia de...adversario ... 3004
18.4 dijo...Aunque ni temo a Dios, ni tengo ... 2036
18.6 y dijo el Señor: Oíd lo que d el juez ... 2036,3004
18.8 os digo que pronto les hará justicia ... 3004
18.9 a unos que...dijo también esta parábola ... 2036
18.13 el pecho, diciendo: Dios, sé propicio ... 3004
18.14 os digo que éste descendió a su casa ... 3004
18.16 dijo: Dejad a los niños venir a mí, y ... 2036
18.17 os digo, que el que no recibe el reino ... 3004
18.18 diciendo: Maestro bueno, ¿qué haré para ... 3004
18.19 le dijo: ¿Por qué me llamas bueno? ... 2036
18.20 no dirás falso testimonio; honra a tu ... 5576
18.21 dijo: Todo esto lo he guardado desde ... 2036
18.22 le dijo: Aún te falta una cosa: vende ... 2036
18.24 dijo: ¡Cuán difícilmente entrarán en ... 2036
18.26 dijeron: ¿Quién pues, podrá ser salvo? ... 2036
18.27 él les dijo: Lo que es imposible para ... 2036
18.28 Pedro dijo: He aquí, nosotros hemos ... 2036
18.29 dijo...os digo, que no hay nadie que haya ... 2036,3004
18.31 les dijo: He aquí subimos a Jerusalén ... 2036
18.34 y no entendían lo que se les decía ... 3004
18.37 le dijeron que pasaba Jesús nazareno ... 518
18.38 diciendo: ¡Jesús, Hijo de David, ten ... 3004
18.41 diciendo: ¿Qué quieres que te haga? ... 3004
18.41 él dijo: Señor, que reciba la vista ... 2036
18.42 Jesús le dijo: Recíbela, tu fe te ha ... 2036
19.5 le dijo: Zaqueo, date prisa, desciende ... 2036
19.7 diciendo que había entrado a posar con ... 3004
19.8 Zaqueo...dijo al Señor: He aquí, Señor ... 2036
19.9 dijo: Hoy ha venido la salvación a esta ... 2036
19.11 dijo una parábola, por cuanto estaba ... 2036
19.12 dijo, pues: Un hombre noble se fue a un ... 2036
19.13 les dijo: Negociad entre tanto que vengo ... 2036
19.14 diciendo: No queremos que éste reine ... 3004
19.16 diciendo: Señor, tu mina ha ganado 10 ... 3004
19.17 él le dijo: Está bien, buen siervo ... 2036
19.18 diciendo: Señor, tu mina ha producido ... 3004
19.19 a éste dijo: Tú también sé sobre cinco ... 2036
19.20 diciendo: Señor, aquí está tu mina, la ... 3004
19.22 él le dijo: Mal siervo, por tu propia ... 3004
19.24 y dijo a los que estaban...Quitadle la ... 2036
19.25 le dijeron: Señor, tiene diez minas ... 2036
19.26 os digo que a todo el que tiene, se le ... 3004
19.28 dicho esto, iba...subiendo a Jerusalén ... 2036
19.30 diciendo: Id a la aldea de enfrente, y ... 3004
19.32 fueron los...y hallaron como les dijo ... 2036
19.33 dijeron: ¿Por qué desatáis el pollino? ... 2036
19.34 dijeron: Porque el Señor lo necesita ... 2036
19.38 diciendo: ¡Bendito el rey que viene en ... 3004
19.39 le dijeron: Maestro, reprende a tus ... 2036
19.40 dijo: Os digo que si éstos callaran, las ... 2036
19.42 diciendo: ¡Oh, si...tú conocieses, a lo ... 3004
19.46 diciéndoles: Escrito está: Mi casa es ... 3004
20.2 diciendo: Dinos: ¿con qué autoridad ... 3004
20.3 dijo: Os haré yo también una pregunta ... 2036
20.5 diciendo: Si decimos, del cielo, dirá ... 3004,2036,2046
20.6 si decimos, de los hombres...el pueblo ... 2036
20.8 Jesús les dijo: Yo tampoco os diré con ... 2036
20.9 comenzó...decir al pueblo esta parábola ... 3004
20.13 el señor de la viña dijo: ¿Qué haré? ... 2036
20.14 diciendo: Este es el heredero; venid ... 3004
20.16 oyeron esto, dijeron: ¡Dios nos libre! ... 2036
20.17 dijo: ¿Qué...es lo que está escrito? ... 2036
20.19 contra ellos había dicho esta parábola ... 2036
20.21 diciendo: Maestro, sabemos que dices y ... 3004,3004
20.23 mas él...les dijo: ¿Por qué me tentáis? ... 2036
20.24 y respondiendo dijeron: De César ... 2036
20.25 les dijo: Pues dad a César lo que es de ... 2036
20.28 diciendo...Moisés nos escribió: Si el ... 3004
20.34 dijo: Los hijos de este siglo se casan ... 2036
20.39 dijeron: Maestro, bien has dicho ... 2036
20.41 les dijo: ¿Cómo dicen que el Cristo es ... 2036,2036
20.42 David dice en el libro de los Salmos ... 3004
20.42 dijo el Señor a mi Señor: Siéntate a ... 2036
20.45 oyéndolo todo...dijo a sus discípulos ... 2036
21.3 dijo: En verdad os digo que esta viuda ... 2036,3004
21.5 de que el templo estaba adornado...dijo ... 2036
21.7 diciendo: Maestro, ¿cuándo será esto? ... 3004
21.8 dijo; Mirad que no seáis engañados ... 2036
21.8 vendrán...diciendo: Yo soy el Cristo, y ... 3004
21.10 les dijo: Se levantará nación contra ... 3004
21.29 les dijo una parábola: Mirad la higuera ... 2036
21.32 os digo, que no pasará esta generación ... 3004
22.8 diciendo: Id, preparadnos la pascua para ... 2036
22.9 ellos le dijeron: ¿Dónde quieres que la ... 2036
22.10 dijo: He aquí, al entrar en la ciudad ... 2036
22.11 decid al padre de familia de esa casa ... 2046
22.11 el Maestro te dice: ¿Dónde está el ... 3004
22.13 fueron...hallaron como les había dicho ... 2046
22.15 y les dijo: ¡Cuánto he deseado comer ... 2036
22.16 digo que no la comeré más, hasta que ... 3004
22.17 dijo: Tomad esto, y repartidlo entre ... 2036
22.18 os digo que no beberé más del fruto de ... 3004
22.19 diciendo: Esto es mi cuerpo, que por ... 3004
22.20 diciendo: Esta copa es el nuevo pacto ... 3004
22.25 él les dijo: Los reyes de las naciones ... 2036
22.31 dijo también el Señor: Simón, Simón ... 2036
22.33 le dijo: Señor, dispuesto estoy a ir ... 2036
22.34 le dijo: Pedro, te digo que el gallo no ... 2036,3004
22.35 a ellos dijo: Cuando os envié sin bolsa ... 2036
22.35 ¿os faltó algo? Ellos dijeron: Nada ... 2036
22.36 dijo: Pues ahora, el que tiene bolsa ... 2036
22.37 os digo que es necesario que se cumpla ... 3004
22.38 dijeron...hay dos espadas...dijo: Basta ... 2036,2036
22.40 dijo: Orad que no entréis en tentación ... 2036
22.42 diciendo: Padre, si quieres, pasa de mí ... 3004
22.46 les dijo: ¿Por qué dormís? Levantaos ... 2036
22.48 dijo: Judas, ¿con un beso entregas al ... 2036
22.49 dijeron: Señor, ¿heriremos a espada? ... 2036
22.51 dijo: Basta ya; dejad. Y...le sanó ... 2036
22.52 dijo a los principales sacerdotes, a ... 2036
22.56 y dijo: También éste estaba con él ... 2036
22.57 negó, diciendo: Mujer, no lo conozco ... 3004
22.58 otro, dijo: Tú también eres de ellos ... 5346
22.58 eres...Y Pedro dijo: Hombre, no lo soy ... 2036
22.59 diciendo: Verdaderamente también éste ... 3004
22.60 Pedro dijo: Hombre, no sé lo que dices ... 2036,3004
22.61 había dicho: Antes que el gallo cante ... 2036
22.64 diciendo: Profetiza, ¿quién es el que ... 3004
22.65 decían otras muchas cosas injuriándole ... 3004
22.66 y le trajeron al concilio, diciendo ... 3004
22.67 ¿eres tú el Cristo? Dínoslo. Y él les ... 2036
22.67 les dijo: Si os lo dijere, no creeréis ... 2036
22.70 dijeron todos: ¿Luego eres tú el Hijo ... 2036
22.70 él les dijo: Vosotros decís que lo soy ... 3004
22.71 ellos dijeron: ¿Qué más testimonio ... 2036
23.2 diciendo: A éste hemos hallado que ... 3004
23.2 diciendo que él mismo es el Cristo, un ... 3004
23.3 diciendo: ¿Eres...el Rey de los judíos? ... 3004
23.3 respondiéndole él, dijo: Tú lo dices ... 5346
23.4 Pilato dijo a los...Ningún delito hallo ... 2036
23.5 porfiaban, diciendo: Alborota al pueblo ... 3004
23.6 Pilato, oyendo decir, Galilea, preguntó
23.14 les dijo: Me habéis presentado a éste ... 2036
23.18 diciendo: ¡Fuera con éste, y suéltanos ... 3004
23.21 diciendo: ¡Crucifícale, crucifícale! ... 3004
23.22 les dijo por tercera vez: ¿Pues qué mal ... 2036
23.28 Jesús...les dijo: Hijas de Jerusalén, no ... 2036
23.29 dirán: Bienaventuradas las estériles ... 2046
23.30 comenzarán a decir a los montes: Caed ... 3004
23.34 decía: Padre, perdónalos, porque no ... 3004
23.35 diciendo: A otros salvó; sálvese a sí ... 3004
23.37 y diciendo: Si tú eres el Rey de los ... 3004
23.39 diciendo: Si tú eres el Cristo, sálvate ... 3004
23.40 diciendo: ¿Ni aun temes tú a Dios ... 3004
23.42 dijo a Jesús: Acuérdate de mí cuando ... 3004
23.43 Jesús le dijo. De cierto te digo que ... 3004
23.46 dijo: Padre, en tus manos encomiendo ... 2036
23.46 y habiendo dicho esto, expiró ... 2036
23.47 diciendo: Verdaderamente este...era justo ... 3004
24.5 les dijeron: ¿Por qué buscáis entre los ... 2036
24.7 diciendo: Es necesario que el Hijo del ... 3004
24.10 dijeron estas cosas a los apóstoles ... 3004
24.17 les dijo: ¿Qué pláticas son estas que ... 2036
24.18 le dijo: ¿Eres tú el único forastero ... 2036
24.19 dijo: ¿Qué cosas? Y ellos le dijeron ... 2036
24.23 diciendo que...habían visto visión de ... 3004
24.23 ángeles, quienes dijeron que él vive ... 3004
24.24 como las mujeres habían dicho, pero a ... 2036
24.25 él les dijo: ¡Oh insensatos, y tardos ... 2036
24.25 creer...lo que los profetas han dicho! ... 2980
24.27 les declaraba en...lo que de él decían
24.29 ellos...diciendo: Quédate con nosotros ... 3004
24.32 se decían...¿No ardía nuestro corazón ... 2036
24.34 que decían. Ha resucitado el Señor ... 3004
24.36 Jesús se...y les dijo. Paz a vosotros ... 3004
24.38 les dijo: ¿Por qué estáis turbados y ... 2036
24.40 diciendo esto, les mostró las manos y ... 2036
24.41 les dijo: ¿Tenéis aquí algo de comer? ... 2036
24.44 les dijo: Estas son las palabras que ... 2036
24.46 les dijo: Así está escrito, y así fue ... 2036
Jn 1.15 diciendo: Este es aquel de quien yo decía ... 3004
1.21 dijo: No soy. ¿Eres tú el profeta? ... 3004
1.22 dijeron: ¿Pues quién eres?...¿Qué dices ... 2036
1.23 dijo: Yo soy la voz de uno que clama en ... 5346
1.23 que clama...como dijo el profeta Isaías ... 2036
1.25 le dijeron: ¿Por qué, pues, bautizas, si ... 2036
1.26 les respondió diciendo: Yo bautizo con ... 3004
1.29 dijo: He aquí el Cordero de Dios, que ... 3004
1.30 es aquel de quien yo dije: Después de mí ... 2036
1.32 diciendo: Vi al Espíritu que descendía ... 3004
1.33 me dijo: Sobre quien veas descender el ... 2036
1.36 allí, dijo: He aquí el Cordero de Dios ... 3004
1.38 Jesús...les dijo: ¿Qué bucáis? Ellos le ... 3004
1.38 ellos le dijeron: Rabí...¿dónde moras? ... 2036
1.39 les dijo: Venid y ved. Fueron, y vieron ... 3004
1.41 le dijo: Hemos hallado al Mesías (que ... 3004
1.42 llamado Cefas (que quiere decir, Pedro) ... 2036
1.43 y halló a Felipe, y le dijo: Sígueme ... 3004
1.45 le dijo: Hemos hallado a aquel de quien ... 3004
1.46 Natanael le dijo: ¿De dónde me conoces? ... 3004
1.48 y le dijo: Antes que Felipe te llamara ... 2036
1.49 le dijo: Rabí, tú eres el hijo de Dios ... 3004
1.50 le dijo: ¿Porque te dije: Te vi debajo ... 2036
1.51 dijo...os digo: De aquí adelante veréis ... 3004
2.3 la madre de Jesús le dijo: No tienen vino ... 3004
2.4 dijo: ¿Qué tienes conmigo, mujer? Aún no ... 3004
2.5 madre dijo...Haced todo lo que os dijere ... 3004
2.7 Jesús les dijo. Llenad estas tinajas de ... 3004
2.8 les dijo: Sacad ahora y llevadlo al ... 3004
2.10 le dijo: Todo hombre sirve primero el ... 3004
2.16 dijo a los que vendían palomas: Quitad ... 2036
2.18 y le dijeron: ¿Qué señal nos muestras ... 2036
2.19 dijo: Destruid este templo, y en tres ... 2036
2.20 dijeron luego los judíos: En 46 años fue ... 2036
2.22 discípulos se acordaron que había dicho ... 3004
2.22 creyeron...la palabra que...había dicho ... 2036
3.2 y le dijo: Rabí, sabemos que has venido ... 2036
3.3 le dijo...te digo, que el que no naciere ... 2036
3.4 dijo: ¿Cómo puede un hombre nacer siendo ... 3004
3.5 te digo, que el que no naciere de agua y ... 3004
3.7 no te maravilles de que te dije os es ... 2036
3.9 Nicodemo y le dijo: ¿Cómo puede hacerse ... 2036
3.10 le dijo: ¿Eres tú maestro de Israel, y ... 2036
3.11 te digo, que lo que sabemos hablamos ... 3004
3.12 si os he dicho cosas terrenales, y no ... 2036
3.12 creeréis si os dijere las celestiales? ... 2036
3.26 dijeron: Rabí, mira que el que estaba ... 2036
3.27 dijo: No puede el hombre recibir nada ... 2036
3.28 de que dije: Yo no soy el Cristo, sino ... 2036
4.1 fariseos habían oído decir: Jesús hace
4.7 una mujer...Jesús le dijo: Dame de beber ... 3004
4.9 dijo: ¿Cómo tú, siendo judío, me pides a ... 3004
4.10 le dijo: Si conocieras el don de Dios ... 2036
4.10 y quién es el que te dice: Dame de beber ... 3004
4.11 la mujer le dijo: Señor, no tienes con ... 3004
4.13 dijo: Cualquiera que bebiere de esta agua ... 2036
4.15 mujer le dijo: Señor, dame de esa agua ... 3004
4.16 Jesús le dijo: Vé, llama a tu marido, y ... 3004
4.17 mujer y dijo: No tengo marido. Jesús le ... 2036
4.17 le dijo: Bien has dicho: No tengo marido ... 2036
4.18 es tu marido; esto has dicho con verdad ... 2046
4.19 le dijo la mujer: Señor, me parece que ... 3004
4.20 vosotros decís que en Jerusalén es el ... 3004
4.21 dijo: Mujer, créeme, que la hora viene ... 3004
4.25 le dijo la mujer: Sé que ha de venir el ... 3004
4.26 le dijo: Yo soy, el que habla contigo ... 3004
4.27 ninguno dijo: ¿Qué preguntas?, o, ¿Qué ... 2036
4.28 y fue a la ciudad, y dijo a los hombres ... 3004
4.29 un hombre que me ha dicho todo cuanto ... 2036
4.31 discípulos le rogaban, diciendo...come ... 3004
4.32 les dijo: Yo tengo una comida que comer ... 2036
4.33 decían unos a...¿Le habrá traído alguien ... 3004
4.34 Jesús les dijo: Mi comida es que haga ... 3004
4.35 ¿no decís vosotros: Aún faltan 4 meses ... 3004
4.35 os digo: Alzad vuestro ojos y mirad los ... 3004
4.39 diciendo: Me dijo todo lo que he hecho ... 2036
4.42 decían a la mujer: Ya no creemos...por tu ... 3004
4.48 Jesús le dijo: Si no viereis señales y ... 2036
4.49 le dijo: Señor, desciende antes que mi ... 3004
4.50 Jesús le dijo: Vé, tu hijo vive. Y el ... 3004
4.50 creyó la palabra que Jesús le dijo, y ... 2036
4.51 le dieron nuevas, diciendo: Tu hijo vive ... 518
4.52 le dijeron: Ayer a las siete le dejó la ... 2036
4.53 le había dicho: Tu hijo vive; y creyó ... 2036
5.6 Jesús lo vio...le dijo: ¿Quieres ser sano? ... 3004
5.8 Jesús le dijo: Levántate, toma tu lecho ... 3004
5.10 dijeron a aquel que había sido sanado ... 3004
5.11 él mismo me dijo: Toma tu lecho y anda ... 2036
5.12 ¿quién es el que te dijo: Toma tu lecho ... 2036
5.14 Jesús...le dijo: Mira, has sido sanado ... 2036
5.18 también decía que Dios era su...Padre ... 3004
5.19 les dijo: De cierto, de cierto os digo ... 3004
5.24 os digo: El que oye mi palabra, y cree ... 3004
5.25 cierto os digo: Viene la hora, y ahora ... 3004
5.34 mas digo esto, para que...seáis salvos ... 3004
6.5 dijo a Felipe: ¿De dónde compraremos pan ... 3004
6.6 pero esto decía para probarle; porque él ... 3004
6.8 Andrés, hermano de Simón Pedro, le dijo ... 3004
6.10 Jesús dijo: Haced recostar la gente ... 2036
6.12 dijo a sus discípulos: Recoged...pedazos ... 3004
6.14 viendo...dijeron: Este es el profeta ... 3004
6.20 mas él les dijo: Yo soy; no temáis ... 3004
6.25 dijeron: Rabí ¿cuándo llegaste acá? ... 2036
6.28 dijeron:¿Qué debemos hacer para poner ... 2036
6.30 dijeron: ¿Qué señal, pues, haces tú ... 2036
6.32 dijo...os digo: No os dio Moisés el pan ... 3004
6.34 dijeron: Señor danos siempre este pan ... 2036
6.35 Jesús les dijo: Yo soy el pan de vida ... 2036
6.36 os he dicho, que aunque me habéis visto ... 2036
6.41 dicho: Yo soy el pan que descendió del ... 2036
6.42 ¿cómo...dice...Del cielo he descendido? ... 3004
6.43 les dijo: No murmuréis entre vosotros ... 2036
6.47 os digo: El que cree en mí, tiene vida ... 3004
6.52 diciendo: ¿Cómo puede éste darnos a ... 3004
6.53 les dijo...digo: Si no coméis la carne ... 2036
6.59 cosas dijo en la sinagoga, enseñando en ... 2036
6.60 sus discípulos dijeron: Dura es esta ... 2036
6.61 sabiendo Jesús...dijo: ¿Esto os ofende? ... 2036
6.65 dijo: Por eso os he dicho que ninguno ... 3004
6.67 dijo...a los doce: ¿Queréis acaso iros ... 2036
7.3 le dijeron sus hermanos: Sal de aquí, y ... 2036
7.6 les dijo. Mi tiempo aún no ha llegado ... 3004
7.9 y habiéndoles dicho esto se quedó en ... 2036
7.11 buscaban...y decían: ¿Dónde está aquél? ... 3004
7.12 decían: Es bueno; pero otros decían: No ... 3004
7.15 diciendo: ¿Cómo sabe éste letras, sin ... 3004
7.16 Jesús les...dijo: Mi doctrina no es mía ... 2036
7.20 y dijo: Demonio tienes; ¿quién procura ... 2036
7.21 Jesús...les dijo: Una obra hice, y todos ... 2036
7.25 decían...unos en Jerusalén: ¿No es éste ... 3004
7.26 habla públicamente, y no le dicen nada ... 3004
7.28 y dijo: A mí me conocéis, y sabéis de ... 3004
7.31 decían: El Cristo, cuando venga, ¿hará ... 3004
7.33 dijo: Todavía un poco de tiempo estaré ... 2036

7.35 judíos *dijeron* entre sí: ¿Adónde se irá 2036
7.36 significa esto que *dijo*: Me buscaréis 2036
7.37 *diciendo*: Si alguno tiene sed, venga a 3004
7.38 como *dice* la Escritura, de su interior 2036
7.39 esto *dijo* del Espíritu que habían de 2036
7.40 *decían*: Verdaderamente... es el profeta 3004
7.41 otros *decían*: Este es el Cristo. Pero 3004
7.41 algunos *decían*: ¿De Galilea ha de venir 3004
7.42 ¿no *dice* la escritura que del linaje de 2036
7.45 *dijeron* ¿Por qué no le habéis traído? 2036
7.50 les *dijo* Nicodemo, el que vino a él de 3004
7.52 le *dijeron*: ¿Eres tú también galileo? 2036
8.4 le *dijeron*: Maestro, esta mujer ha sido 3004
8.5 apedrear a tales *mujeres*... ¿qué *dices*? 3004
8.6 *decían* tentándole, para poder acusarle 3004
8.7 *dijo*: El que de vosotros esté sin pecado 2036
8.10 le *dijo*: Mujer, ¿dónde están los que te 2036
8.11 *dijo*: Ninguno, Señor. Entonces Jesús le 2036
8.11 Jesús le *dijo*: Ni yo te condeno; vete 2036
8.12 *diciendo*: Yo soy la luz del mundo; el 3004
8.13 *dijeron*: Tú das testimonio acerca de ti 2036
8.14 *dijo*: Aunque yo doy testimonio acerca 2036
8.19 ellos le *dijeron*: ¿Dónde está tu Padre? 3004
8.21 *dijo* Jesús: Yo me voy, y me buscaréis 2036
8.22 *decían* entonces los judíos: ¿Acaso se 3004
8.22 que *dice*: A donde yo voy, vosotros no 3004
8.23 *dijo*: Vosotros sois de abajo, yo soy de 2036
8.24 *dije* que moriréis en vuestros pecados 2036
8.25 entonces le *dijeron*: ¿Tú quién eres? 3004
8.25 lo que desde el principio os he *dicho* 3004
8.26 muchas cosas tengo que *decir* y juzgar 2980
8.28 *dijo*... Cuando hayáis levantado al Hijo 2036
8.31 *dijo*... a los judíos que habían creído 3004
8.33 nadie. ¿Cómo *dices* tú: Seréis libres? 3004
8.34 *digo*, que todo aquel que hace pecado 3004
8.39 y le *dijeron*: Nuestro padre es Abraham 2036
8.39 les *dijo*: Si fueseis hijos de Abraham 3004
8.41 *dijeron*: Nosotros no somos nacidos de 2036
8.42 les *dijo*: Si vuestro padre fuese Dios 2036
8.45 mí, porque *digo* la verdad, no me creéis 3004
8.46 si *digo* la verdad, ¿por qué vosotros no 3004
8.48 *dijeron*: ¿No *decimos* bien... que tú eres 2036
8.51 os *digo*, que el que guarda mi palabra 3004
8.52 le *dijeron*: Ahora conocemos que tienes 2036
8.52 tú *dices*: El que guarda mi palabra nunca 3004
8.54 que vosotros *decís* que es vuestro Dios 3004
8.55 y si *dijere* que no le conozco, sería 2036
8.57 le *dijeron* los judíos: Aún no tienes 50 2036
8.58 *dijo*... os *digo*: Antes que Abraham fuese 3004
9.2 *diciendo*: Rabí, ¿quién pecó, éste o sus 3004
9.6 *dicho* esto, escupió en tierra, e hizo 2036
9.7 le *dijo*: Vé a lavarte en el estanque de 2036
9.8 *decían*: ¿No es éste el que se sentaba y 3004
9.9 unos *decían*: El es; y... El *decía*: Yo soy 3004
9.10 le *dijeron*: ¿Cómo te fueron abiertos los 3004
9.11 y *dijo*: Aquel hombre que se llama Jesús 2036
9.11 me *dijo*: Vé al Siloé, y lávate; y fui 2036
9.12 *dijeron*: ¿Dónde está él? El *dijo*: No sé 2036
9.15 les *dijo*: Me puso lodo sobre los ojos 2036
9.16 *decían*: Ese hombre no procede de Dios 3004
9.16 *decían*: ¿Cómo puede un hombre pecador 3004
9.17 a *decirle* al ciego: ¿Qué *dices* tú del 3004
9.17 abrió los ojos? El *dijo*: Que es profeta 2036
9.19 *diciendo*: ¿Es este vuestro hijo, el que 3004
9.19 el que vosotros *decís* que nació ciego? 3004
9.20 *dijeron*: Sabemos que... es nuestro hijo 2036
9.22 esto *dijeron* sus padres... tenían miedo 2036
9.23 por eso *dijeron* sus padres: Edad tiene 2036
9.24 le *dijeron*: Da gloria a Dios; nosotros 2036
9.25 respondió y *dijo*: Si es pecador, no lo 2036
9.26 volvieron a *decir*: ¿Qué te hizo? ¿Cómo 2036
9.27 él respondió: Ya os lo he *dicho*, y no 2036
9.28 y *dijeron*: Tú eres su discípulo, pero 2036
9.30 les *dijo*: Pues esto es lo maravilloso 2036
9.32 oído *decir* que alguno abriese los ojos
9.34 *dijeron*: Tú naciste del todo en pecado 2036
9.35 le *dijo*: ¿Crees tú en el Hijo de Dios? 2036
9.36 *dijo*: ¿Quién es, Señor, para que crea en 2036
9.37 le *dijo* Jesús: Pues le has visto, y el 2036
9.38 y él *dijo*: Creo, Señor; y le adoró 5346
9.39 *dijo* Jesús: Para juicio he venido yo a 2036
9.40 *dijeron*: ¿Acaso nosotros somos también 2036
9.41 *decís*: Vemos, vuestro pecado permanece 3004
10.1 os *digo*: El que no entra por la puerta 3004
10.6 alegoría les *dijo* Jesús; pero ellos no 2036
10.6 no entendieron qué era lo que les *decía* 2980
10.7 a *decirles*... os *digo*: Yo soy la puerta de 2036
10.20 muchos de ellos *decían*: Demonio tiene 3004
10.21 *decían* otros: Estas palabras no son de 3004
10.24 le *dijeron*: ¿Hasta cuándo nos turbarás 3004
10.24 el alma? Si tú eres el Cristo, *dínoslo* 2036
10.25 respondió: Os lo he *dicho*, y no creéis 2036
10.26 no sois de mis ovejas, como os he *dicho* 2036
10.33 *diciendo*: Por... obra no te apedreamos 3004
10.34 en vuestra ley: Yo *dije*, dioses sois? 2036
10.36 *decís*: Tú blasfemas, porque *dije*: Hijo 3004
10.41 y *decían*: Juan, a la verdad, ninguna 3004
10.41 lo que Juan *dijo* de éste, era verdad 2036
11.3 enviaron... *decir* a Jesús: Señor, he aquí 3004
11.4 *dijo*: Esta enfermedad no es para muerte 2036
11.7 *dijo* a los discípulos: Vamos a Judea 3004
11.8 le *dijeron* los discípulos: Rabí, ahora 3004
11.11 *dicho* esto, les *dijo* después: Nuestro 2036
11.12 *dijeron* entonces sus discípulos: Señor 2036
11.13 Jesús *decía* esto de la muerte de Lázaro 2036
11.14 les *dijo* claramente: Lázaro ha muerto 2036
11.16 *dijo* entonces Tomás... Vamos también 2036
11.21 Marta *dijo* a Jesús: Señor, si hubieses 2036

11.23 Jesús le *dijo*: Tu hermano resucitará 3004
11.24 Marta le *dijo*: Yo sé que resucitará en 3004
11.25 le *dijo* Jesús: Yo soy la resurrección 2036
11.27 le *dijo*: Sí, Señor; yo he creído que 3004
11.28 *dicho* esto, fue y llamó a María su 2036
11.28 *diciéndole*... El Maestro está aquí y te 2036
11.31 *diciendo*: Va al sepulcro a llorar allí 3004
11.32 *diciéndole*: Señor, si hubieses estado 3004
11.34 *dijo*: ¿Dónde le pusisteis? Le *dijeron* 2036
11.36 *dijeron*... judíos: Mirad cómo le amaba 3004
11.37 algunos... *dijeron*: "No podía éste, que 2036
11.39 *dijo* Jesús: Quitad la piedra. Marta, la 3004
11.39 Marta... *dijo*: Señor, hiede ya, porque 3004
11.40 le *dijo*: ¿No te he *dicho* que si crees 3004
11.41 Jesús... *dijo*: Padre, gracias te doy por 2036
11.42 pero lo *dije* por causa de la multitud 2036
11.43 habiendo *dicho* esto, clamó a gran voz 2036
11.44 Jesús les *dijo*: Desatadle, y dejadle ir 3004
11.46 les *dijeron* lo que Jesús había hecho 2036
11.47 y *dijeron*: ¿Qué haremos? Porque este 3004
11.49 Caifás... *dijo*. Vosotros no sabéis nada 2036
11.51 esto no lo *dijo* por sí mismo, sino que 2036
12.4 y *dijo* uno de sus discípulos, Judas 3004
12.6 *dijo* esto... porque era ladrón, y... substraía 2036
12.7 Jesús *dijo*: Déjala; para el día de mi 2036
12.19 *dijeron*... Ya veis que no conseguís nada 2036
12.21 *diciendo*: Señor, quisiéramos ver a Jesús 3004
12.22 fue y se lo *dijo* a Andrés; entonces 3004
12.22 Andrés y Felipe se lo *dijeron* a Jesús 3004
12.23 *diciendo*: Ha llegado la hora para que 3004
12.24 os *digo*, que si el grano de trigo no 3004
12.27 ¿y qué *diré*? ¿Padre, sálvame de esta 2036
12.29 oído... *decía* que había sido un trueno 3004
12.29 otros decían: Un ángel le ha hablado 3004
12.30 *dijo*: No ha venido esta voz por causa 2036
12.33 y *decía* esto dando a entender de qué 3004
12.34 *dices* tú que es necesario que el Hijo 3004
12.35 Jesús les *dijo*: Aún por un poco está la 2036
12.38 *dijo*: Señor, ¿quién ha creído a nuestro 2036
12.39 no podían creer... también *dijo* Isaías 2036
12.41 Isaías *dijo* esto cuando vio su gloria 2036
12.44 Jesús clamó y *dijo*: El que cree en mí 2036
12.49 dio mandamiento de lo que he de *decir* 2036
12.50 lo hablo como el Padre me lo ha *dicho* 2046
13.6 Pedro le *dijo*: Señor, ¿tú me lavas los 3004
13.7 Jesús y le *dijo*: Lo que yo hago, tú no 2036
13.8 Pedro le *dijo* No me lavarás los pies 3004
13.9 le *dijo* Simón... Señor, no sólo mis pies 3004
13.10 *dijo*: El que está lavado, no necesita 3004
13.11 por eso *dijo*: No estáis limpios todos 2036
13.12 les *dijo*:¿Sabéis lo que os he hecho? 2036
13.13 llamáis Maestro, y Señor; y *decís* bien 3004
13.16 os *digo*: El siervo no es mayor que su 3004
13.19 os lo *digo* antes que suceda, para que 3004
13.20 *digo*: El que recibe al que yo enviare 3004
13.21 habiendo *dicho*... esto, se conmovió en 2036
13.21 *dijo*... *os digo, que uno de vosotros me* 3004
13.25 él entonces... *dijo*: Señor, ¿quién es? 3004
13.27 le *dijo*: Lo que vas a hacer, hazlo más 3004
13.28 ninguno... entendió por qué le *dijo* esto 2036
13.29 *decía*: Compra lo que necesitamos para 3004
13.31 *dijo* Jesús: Ahora es glorificado el 3004
13.33 como *dije* a los judíos, así os *digo* 2036
13.36 le *dijo* Simón Pedro: Señor, ¿a dónde 3004
13.37 le *dijo* Pedro: Señor, ¿por qué no te 3004
13.38 te *digo*: No cantará el gallo, sin que 3004
14.2 si así no fuera, yo os lo hubiera *dicho* 2036
14.5 *dijo* Tomás: Señor, no sabemos a dónde 3004
14.6 Jesús le *dijo*: Yo soy el camino, y la 3004
14.8 Felipe le *dijo*: Señor, muéstranos el 3004
14.9 Jesús le *dijo*: ¿Tanto tiempo hace que 3004
14.9 ¿cómo... *dices* tú... Muéstranos el Padre? 3004
14.12 os *digo*: El que en mí cree, las obras 3004
14.22 le *dijo* Judas... Señor, ¿cómo es que le 3004
14.23 y le *dijo*: El que me ama, mi palabra 3004
14.25 *dicho* estas cosas estando con vosotros 2980
14.26 recordará todo lo que yo os he *dicho* 3004
14.28 oído que yo os he *dicho*: Voy, y vengo 2036
14.28 he *dicho* que voy al Padre; porque el 2036
14.29 ahora os lo he *dicho* antes que suceda 2046
15.20 acordaos de la palabra que... he *dicho* 2036
16.4 os he *dicho* estas cosas, para que cuando 2980
16.4 os acordéis de que ya os lo había *dicho* 2036
16.4 no os lo *dije* al principio, porque yo 2036
16.6 porque os he *dicho* estas cosas, tristeza 2980
16.7 os *digo* la verdad: Os conviene que yo me 3004
16.12 tengo muchas cosas que *deciros*, pero 3004
16.15 por eso *dije* que tomará de lo mío, y os 2036
16.17 se *dijeron* algunos de sus discípulos 2036
16.17 ¿qué es esto que nos *dice*: Todavía un 3004
16.18 *decían*... ¿Qué quiere decir con: Todavía 3004
16.19 les *dijo*: ¿Preguntáis... esto que *dije* 2036
16.20 cierto les *digo*, que vosotros lloraréis 3004
16.23 os *digo*, que todo cuanto pidiereis al 3004
16.26 no os *digo* que yo rogaré al Padre por 3004
16.29 *dijeron* sus discípulos: He aquí ahora 3004
16.29 claramente, y ninguna alegoría *dices* 3004
17.1 Jesús... *dijo*: Padre, la hora ha llegado 2980
18.1 habiendo *dicho* Jesús estas cosas, salió 2036
18.4 adelantó y les *dijo*: ¿A quién buscáis? 2036
18.5 *dijo*: Yo soy. Y... con ellos Judas, el que 3004
18.6 les *dijo*: Yo soy... y cayeron a tierra 2036
18.7 ¿a quién... ellos *dijeron*: A Jesús nazareno 2036
18.8 Jesús: Os he *dicho* que yo soy; pues si 2036
18.9 se cumpliese aquello que había *dicho* 2036
18.11 Jesús... *dijo* a Pedro: Mete tu espada en 2036
18.17,25 *dijo* a Pedro: ¿No eres tú... *D* él: No 3004
18.21 he aquí, ellos saben lo que yo he *dicho* 2036

18.22 cuando Jesús hubo *dicho* esto, uno de 2036
18.22 *diciendo*: ¿Así respondes al... sacerdote? 2036
18.26 *dijo*: ¿No te vi yo en el huerto con él? 3004
18.29 les *dijo*: ¿Qué acusación traéis contra 2036
18.30 le *dijeron*: Si éste no fuera malhechor 2036
18.31 les *dijo* Pilato: Tomadle vosotros, y 2036
18.31 los judíos le *dijeron*: A nosotros no 2036
18.32 la palabra que Jesús había *dicho*, dando 2036
18.33 *dijo*: ¿Eres tú el Rey de los judíos? 2036
18.34 ¿*dices*... o te lo han *dicho* otros de mí? 2036
18.37 le *dijo*... Pilato: ¿Luego, eres tú rey? 2036
18.37 tú *dices* que yo soy rey. Yo para esto 3004
18.38 le *dijo* Pilato: ¿Qué es la verdad? 3004
18.38 *dicho* esto, salió otra vez... y les *dijo* 2036
18.40 *diciendo*: No a éste, sino a Barrabás 3004
19.3 le *decían*: ¡Salve, Rey de los judíos 3004
19.4 y les *dijo*: Mirad, os lo traigo fuera 3004
19.5 y Pilato les *dijo*: ¡ He aquí el hombre! 3004
19.6 *diciendo*: ¡Crucifícale! ¡Crucifícale! 3004
19.6 Pilato les *dijo*: Tomadle vosotros, y 3004
19.8 Pilato oyó *decir* esto, tuvo más miedo 3056
19.9 entró... *dijo* a Jesús: ¿De dónde eres tú? 3004
19.10 le *dijo* Pilato: ¿A mí no me hablas? 3004
19.12 *diciendo*: Si a éste sueltas, no eres 3004
19.14 *dijo* a... judíos: ¡ He aquí vuestro Rey! 3004
19.15 Pilato les *dijo*: ¿A vuestro Rey he de 3004
19.19 *decía*: Jesús Nazareno, Rey de... judíos 1125
19.21 *dijeron* a Pilato... No escribas: Rey de 3004
19.21 sino que él *dijo*: Soy Rey de los judíos 2036
19.24 *dijeron*... No la partamos, sino echemos 2036
19.24 Escritura que *dice*: Repartieron entre 3004
19.26 *dijo* a su madre: Mujer, he aquí tu hijo 3004
19.27 *dijo* al discípulo: He ahí tu madre 3004
19.28 *dijo*, para que... se cumpliese: Tengo sed 3004
19.30 Jesús... *dijo*: Consumado es. Y habiendo 2036
19.35 y él sabe que *dice* verdad, para que 3004
19.37 otra... *dice*: Mirarán al que traspasaron 3004
20.2 les *dijo*: Se han llevado del... al Señor 3004
20.13 y le *dijeron*: Mujer, ¿por qué lloras? 3004
20.13 *dijo*: Porque se han llevado a mi Señor 3004
20.14 cuando había *dicho* esto, se volvió, y 2036
20.15 Jesús le *dijo*: Mujer, ¿por qué lloras? 3004
20.15 le *dijo*: Señor, si tú lo has llevado 3004
20.15 *dime* dónde lo has puesto, y... lo llevaré 2036
20.16 Jesús le *dijo*: ¡María! Volviéndose ella 3004
20.16 le *dijo*: ¡Raboni! (que quiere *decir* 3004
20.17 Jesús le *dijo*: No me toques, porque aún 3004
20.17 y *diles*: Subo a mi Padre y a vuestro 2036
20.18 y que él le había *dicho* estas cosas 2036
20.19 puesto en medio... *dijo*: Paz a vosotros 3004
20.20 *dicho* esto, les mostró las manos y el 2036
20.21 Jesús... *dijo* otra vez: Paz a vosotros 2036
20.22 *dicho* esto, sopló, y les *dijo*: Recibid 2036
20.25 *dijeron*, pues... Al Señor hemos visto 3004
20.25 él les *dijo*: Si no viere en sus manos 2036
20.26 puso en medio y les *dijo*: Paz a vosotros 2036
20.27 luego *dijo* a Tomás: Pon aquí tu dedo 3004
20.28 Tomás... *dijo*: ¡Señor mío, y Dios mío! 2036
20.29 le *dijo*: Porque me has visto, Tomás 3004
21.3 Pedro les *dijo*: Voy a pescar. Ellos le 3004
21.3 *dijeron*: Vamos nosotros también contigo 3004
21.5 *dijo*: Hijitos, ¿tenéis algo de comer? 3004
21.6 él les *dijo*: Echad la red a la derecha 2036
21.7 discípulo... *dijo* a Pedro: ¡Es el Señor! 3004
21.10 Jesús les *dijo*: Traed de los peces que 3004
21.12 *dijo* Jesús: Venid, comed. Y ninguno de 3004
21.15 Jesús *dijo* a Simón Pedro: Simón, hijo 3004
21.15 él le *dijo*: Apacienta mis corderos 3004
21.16 a *decirle* la segunda vez: Simón, hijo 3004
21.16 te amo. Le *dijo*: Pastorea mis ovejas 3004
21.17 le *dijo* la tercera vez: Simón, hijo de 3004
21.17 Pedro se entristeció de que le *dijese* 2036
21.17 Jesús le *dijo*: Apacienta mis ovejas 3004
21.18 *digo*: Cuando eras más joven, te ceñías 3004
21.19 *dijo*, dando a entender con qué muerte 2036
21.19 a Dios. Y *dicho* esto, añadió: Sígueme 2036
21.20 había *dicho*: Señor, ¿quién es el que te 2036
21.21 Pedro... *dijo* a Jesús: Señor, ¿y qué de 3004
21.22 Jesús le *dijo*: Si quiero que él quede 3004
21.23 Jesús no le *dijo* que no moriría, sino 2036
Hch 1.4 **la promesa... les *dijo*, oísteis de mí**
1.6 *diciendo*: Señor, ¿restaurarás el reino a 3004
1.7 y les *dijo*: No os toca a vosotros saber 2036
1.9 habiendo *dicho* estas cosas... fue alzado 2036
1.11 les *dijeron*: Varones galileos, ¿por qué 2036
1.15 Pedro se levantó en medio de los... *dijo* 2036
1.19 Acéldama, que quiere *decir*, Campo de
1.24 orando, *dijeron*: Tú, Señor, que conoces 2036
2.7 *diciendo*: Mirad, ¿no son galileos todos 3004
2.12 *diciéndose* unos¿Qué quiere decir esto? 3004
2.13 otros... *decían*: Están llenos de mosto 3004
2.14 *diciendo*: Varones judíos, y todos los que 669
2.16 mas esto es lo *dicho* por el profeta Joel 2046
2.17 *dice* Dios, derramaré de mi Espíritu 3004
2.25 porque David *dice* de él: Veía al Señor 3004
2.29 hermanos, se os puede *decir* libremente 2036
2.34 él mismo *dice*: *Dijo* el Señor a mi Señor 3004
2.37 *dijeron* a Pedro y a los... Varones hermanos 2036
2.38 les *dijo*: Arrepentíos, y bautícese cada 5346
2.40 *diciendo*: Sed salvos de esta perversa 3004
3.4 fijando en él los ojos, le *dijo*: Míranos 2036
3.6 Pedro *dijo*: No tengo plata ni oro, pero 2036
3.22 Moisés *dijo* a los padres: El Señor 2036
3.25 *diciendo* a Abraham: En tu simiente serán 3004
4.8 Pedro... les *dijo*: Gobernantes del pueblo 2036
4.14 viendo... no podían *decir* nada en contra 471
4.16 *diciendo*: ¿Qué haremos con... hombres? 3004
4.19 *diciéndoles*: Juzgad si es justo delante 2036

4.20 no podemos dejar de *decir* lo que... visto y 2980
4.23 contaron todo lo que... les habían *dicho* 2036
4.24 y *dijeron*: Soberano Señor, tú eres el 2036
4.25 *dijiste*: ¿Por qué se amotinan las gentes........ 2036
4.32 ninguno *decía* ser suyo propio nada de lo 3004
5.3 y *dijo* Pedro: Ananías, ¿por qué llenó 2036
5.8 Pedro le *dijo*: *Dime* ¿vendisteis en tanto.......... 611
5.8 vendisteis en... Y ella *dijo*: Sí en tanto........... 2036
5.9 Pedro le *dijo*: ¿Por qué convinisteis en 2036
5.19 un ángel del Señor... sacándolos, *dijo* 2036
5.23 *diciendo*: Por cierto, la cárcel hemos 3004
5.28 *diciendo*: ¿No... mandamos... no enseñaseis ... 3004
5.29 *dijeron*: Es necesario obedecer a Dios 2036
5.35 luego *dijo*: Varones israelitas, mirad 2036
5.36 levantó Teudas, *diciendo* que era alguien...... 3004
5.38 os *digo*: Apartaos de estos hombres, y.......... 3004
6.2 y *dijeron*: No es justo que... dejemos la.......... 2036
6.11 que *dijesen* que le habían oído hablar 3004
6.13 *decían*: Este hombre no cesa de hablar 3004
6.14 oído *decir* que ese Jesús... destruirá este....... 3004
7.1 el sumo sacerdote *dijo*:¿Es esto así?............. 2036
7.2 él *dijo* Varones hermanos y padres, oíd......... 5346
7.3 *dijo*: Sal de tu tierra y de tu parentela 2036
7.6 *dijo* Dios así: Que su descendencia sería........ 2980
7.7 yo juzgaré, *dijo* Dios, a la nación de la 2036
7.26 paz, *diciendo*: Varones, hermanos sois 2036
7.27,35 *diciendo*: ¿Quién te ha puesto... juez........ 2036
7.33 le *dijo* el Señor: Quita el calzado de 2036
7.37 este Moisés es el que *dijo* a los hijos 2036
7.40 cuando *dijeron* a Aarón: Haznos dioses........ 2036
7.44 *dijo* a Moisés que lo hiciese conforme 2980
7.48 no habita en templos... *dice* el profeta 3004
7.49 ¿qué casa me edificaréis? *dice* el Señor........ 3004
7.56 *dijo*: He aquí, veo los cielos abiertos 2036
7.59 *decía*: Señor Jesús, recibe mi espíritu.......... 3004
7.60 clamó... y habiendo *dicho* esto, durmió 2036
8.6 escuchaba... las cosas que *decía* Felipe 3004
8.10 *diciendo*: Este es el gran poder de Dios 3004
8.19 *diciendo*. Dadme... a mí este poder, para 3004
8.20 *dijo*: Tu dinero perezca contigo, porque 2036
8.24 respondiendo entonces Simón, *dijo*: Rogad 2036
8.24 que nada de esto que habéis *dicho* venga 2036
8.26 *diciendo*: Levántate y vé hacia el sur 3004
8.29 el Espíritu *dijo* a Felipe: Acércate y 2036
8.30 y *dijo*: Pero ¿entiendes lo que lees? 2036
8.31 él *dijo*: ¿Y cómo podré, si alguno no me........ 2036
8.34 *dijo* a Felipe: Te ruego que me *digas*........... 2036
8.34 ¿de quién *dice* el profeta esto; de sí 3004
8.36 y *dijo* el eunuco: Aquí hay agua; ¿qué.......... 5346
8.37 Felipe *dijo*: Si crees de todo corazón........... 2036
8.37 *dijo*: Creo que Jesucristo es el Hijo de 2036
9.4 oyó una voz que le *decía*: Saulo, Saulo 3004
9.5 le *dijo*: ¿Quién eres, Señor? Y le *dijo* 2036
9.6 *dijo*: Señor, ¿qué quieres que yo haga........... 2036
9.6 el Señor le *dijo*: Levántate y entra en 2036
9.6 entra... y se te *dirá* lo que debes hacer 2980
9.10 a quien el Señor *dijo*... Ananías. Y él 2036
9.11 y el Señor le *dijo*: Levántate, y vé a
9.15 *dijo*: Vé, porque instrumento escogido 2036
9.17 *dijo*: Hermano Saulo, el Señor Jesús, que 2036
9.20 *diciendo* que éste era el Hijo de Dios
9.21 *decían*: ¿No es éste el que asolaba en 3004
9.34 *dijo* Pedro: Eneas, Jesucristo te sana 3004
9.36 que traducido quiere *decir* Dorcas.............. 3004
9.40 *dijo*: Tabita, levántate. Y ella abrió 2036
10.3 un ángel de Dios... le *decía*: Cornelio 2036
10.4 y atemorizado, *dijo*: ¿Qué es, Señor? Y 2036
10.4 le *dijo*: Tus oraciones y tus limosnas 2036
10.6 te *dirá* lo que es necesario que hagas........... 2980
10.14 Pedro *dijo*: Señor, no; porque ninguna 2036
10.19 *dijo* el Espíritu: He aquí, 3 hombres.......... 2036
10.21 *dijo*: He aquí, yo soy el que buscáis 2036
10.22 ellos *dijeron*: Cornelio el centurión 2036
10.26 *diciendo*: Levántate, pues... soy hombre 3004
10.28 *dijo*: Vosotros sabéis cuán abominable 5346
10.30 Cornelio *dijo*: Hace cuatro días que a 5346
10.31 y *dijo*: Cornelio, tu oración ha sido 5346
10.34 Pedro... *dijo*: En verdad comprendo que....... 2036
11.3 *diciendo*: ¿Por qué has entrado en casa......... 3004
11.4 comenzó Pedro a contarles por... *diciendo* 3004
11.7 una voz que me *decía*: Levántate, Pedro 3004
11.8 y *dije*: Señor, no; porque ninguna cosa......... 2036
11.12 Espíritu me *dijo* que fuese con ellos 2036
11.13 le *dijo*: Envía hombres a Jope, y haz.......... 2036
11.16 *dijo*: Juan ciertamente bautizó en agua 3004
11.18 *diciendo*: ¡De manera que también a los...... 3004
12.7 le despertó, *diciendo*: Levántate pronto........ 3004
12.8 le *dijo* el ángel: Cíñete, y átate las 2036
12.8 y le *dijo*: Envuélvete en tu manto, y 3004
12.11 *dijo*: Ahora entiendo... que el Señor ha 2036
12.15 y ellos le *dijeron*: Estás loca. Pero........... 2036
12.15 entonces ellos *decían*: ¡Es su ángel! 3004
12.17 *dijo*: Haced saber esto a Jacobo y a los 2036
13.2 *dijo* el Espíritu Santo: Apartadme a 2036
13.10 *dijo*: ¡Oh, lleno de todo engaño y de.......... 2036
13.15 *decirles*: Varones hermanos, si tenéis......... 3004
13.16 *dijo*: Varones israelitas, y los que 2036
13.22 *diciendo*: He hallado a David hijo de.......... 2036
13.25 *dijo*: ¿Quién pensáis que soy? No soy 3004
13.34 lo *dijo* así: Os daré las misericordias 2046
13.35 *dice*... otro salmo: No permitirás que te....... 3004
13.40 venga... que está *dicho* en los profetas 2046
13.45 celos, y rebatían lo que Pablo *decía* 3004
13.46 *dijeron*: A vosotros... era necesario que 2036
13.47 *diciendo*: Te he puesto para luz de los
14.10 *dijo* a gran voz: Levántate derecho 2036
14.11 *diciendo* en lengua licaónica: Dioses 3004
14.15 y *diciendo*: Varones, ¿por qué hacéis 3004
14.18 y *diciendo* estas cosas, difícilmente........... 3004
14.22 *diciéndoles*: Es necesario que a través
15.5 *diciendo*: Es necesario circuncidarlos 3004
15.7 *dijo*: Varones hermanos, vosotros sabéis 2036
15.13 *diciendo*: Varones hermanos, oídme.......... 3004
15.18 *dice* el Señor, que hace conocer todo 3004
15.36 *dijo* a Bernabé: Volvamos a visitar a 2036
16.9 *diciendo*: Pasa a Macedonia y ayúdanos....... 3004
16.14 estuviese atenta a lo que Pablo *decía* 2980
16.15 rogó *diciendo*: Si habéis juzgado que 3004
16.17 *diciendo*: Estos hombres son siervos del 3004
16.18 volvió, y *dijo* al espíritu: Te mando en 2036
16.20 *dijeron*: Estos hombres, siendo judíos......... 2036
16.28 voz, *diciendo*: No te hagas ningún mal......... 3004
16.30 les *dijo*: Señores, ¿qué debo hacer para 5346
16.31 *dijeron*: Cree en el Señor Jesucristo 2036
16.35 enviaron... a *decir*: Suelta a aquellos 3004
16.36 han mandado a *decir* que se os suelte
16.37 Pablo les *dijo*: Después de azotarnos 5346
17.3 y que Jesús... *decía* él, es el Cristo
17.7 todos éstos... *diciendo* que hay otro rey........ 3004
17.18 unos *decían*: ¿Qué querrá *decir* este 3004
17.19 *diciendo*: ¿Podremos saber qué es esta 3004
17.20 queremos... saber qué quiere *decir* esto
17.21 cosa... sino en *decir* o en oír algo nuevo 3004
17.22 *dijo*: Varones atenienses... observo que....... 5346
17.28 han *dicho*: Porque linaje suyo somos 2046
17.32 *decían*: Ya te oiremos acerca de esto 2036
18.6 *dijo*... Vuestra sangre sea sobre vuestra 2036
18.9 Señor *dijo* a Pablo en visión de noche 2036
18.13 *diciendo*: Este persuade a los hombres 3004
18.14 Galión *dijo* a... Si fuera algún agravio 2036
18.21 *diciendo*: Es necesario que en todo caso 2036
19.2 les *dijo*: ¿Recibisteis el Espíritu Santo.......... 2036
19.2 y ellos le *dijeron*: Ni siquiera hemos 2036
19.3 *dijo*: ¿En qué, pues, fuisteis bautizados? 2036
19.3 ellos *dijeron*: En el bautismo de Juan 2036
19.4 *dijo* Pablo: Juan bautizó con bautismo......... 2036
19.4 *diciendo* al pueblo que creyesen en aquel...... 3004
19.13 *diciendo*: Os conjuro por Jesús, el que 3004
19.15 *dijo*: A Jesús conozco, y sé quién es 2036
19.21 *diciendo*: Después que haya estado allí 2036
19.25 *dijo*: Varones, sabéis que de... oficio 2036
19.26 *diciendo* que no son dioses los que se......... 3004
19.28 gritaron *diciendo*: ¡Grande es Diana de 3004
19.35 *dijo*: Varones efesios, ¿y quién es el.......... 5346
19.41 y habiendo *dicho* esto, despidió la............ 2036
20.10 *dijo*: No os alarméis, pues está vivo........... 2036
20.18 les *dijo*: Vosotros sabéis cómo me he 2036
20.23 *diciendo* que me esperan prisiones y 3004
20.35 que *dijo*: Más bienaventurado es dar que 2036
20.36 cuando hubo *dicho* estas cosas, se puso 2036
20.38 *dijo*, de que no verían más su rostro........... 2046
21.4 ellos *decían* a Pablo... que no subiese a 3004
21.11 *dijo*: Esto dice el Espíritu Santo: Así 3004
21.14 *diciendo*: Hágase la voluntad del Señor 3004
21.20 le *dijeron*: Ya ves, hermano, cuántos.......... 2036
21.21 *diciéndoles* que no circunciden a sus 3004
21.23 haz, pues, esto que te *decimos*: Hay........... 3004
21.37 *dijo* al... ¿Se me permite *decirte* algo? 3004
21.37 me permite... Y él *dijo*: ¿Sabes griego? 2036
21.39 *dijo* Pablo: Yo de cierto soy... judío 2036
21.40 Pablo... habló en lengua hebrea, *diciendo* 3004
22.2 guardaron más silencio. Y él les *dijo*.......... 5346
22.7 oí una voz que me *decía*: Saulo, Saulo 3004
22.8 y me *dijo*: Yo soy Jesús de Nazaret, a 2036
22.10 *dije*: ¿Qué haré, Señor? Y el... me *dijo* 2036
22.10 se te *dirá* todo lo que está ordenado 2036
22.13 *dijo*: Hermano Saulo, recibe la vista 2036
22.14 él *dijo*: El Dios de nuestros padres............ 2036
22.18 *decía*: Date prisa, y sal prontamente 3004
22.19 yo *dije*: Señor, ellos saben que yo 2036
22.21 *dijo*: Vé, porque yo te enviaré lejos a 2036
22.22 la voz, *diciendo*: Quita de la tierra a........... 3004
22.25 Pablo *dijo* al centurión... ¿Os es lícito.......... 2036
22.26 al tribuno, *diciendo*: ¿Que vas a hacer?....... 3004
22.27 el tribuno le *dijo*:*Dime*, ¿Eres tú 2036
22.27 eres tú ciudadano Romano? El *dijo*: Sí.......... 5346
22.28 Pablo *dijo*: Pero yo lo soy de nacimiento 5346
23.1 *dijo*: Varones hermanos, yo con toda 2036
23.3 Pablo le *dijo*: ¡Dios te golpeará a ti............. 2036
23.5 Pablo *dijo*: No sabía, hermanos, que era 5346
23.8 saduceos *dicen* que no hay resurrección....... 3004
23.9 *diciendo*: Ningún mal hallamos en este 3004
23.11 le *dijo*: Ten ánimo, Pablo, pues como 2036
23.12 *diciendo* que no comerían ni beberían......... 3004
23.14 y *dijeron*... nos hemos juramentado bajo 2036
23.17 *dijo*: Lleva a este... ante el tribuno 5346
23.18 y *dijo*: El preso Pablo me llamó y me.......... 5346
23.19 ¿qué es lo que tienes que *decirme*?............. 518
23.20 él le *dijo*: Los judíos han convenido 2036
23.22 que a nadie *dijese* que le había dado........... 1583
23.35 le *dijo*: Te oiré cuando vengan tus 5346
24.2 *diciendo*: Como debido a ti gozamos de........ 3004
24.9 también confirmaban, *diciendo* ser así 5335
24.20 *digan* éstos... si hallaron en mí alguna 2036
24.22 *diciendo*: Cuando descendiere el... Lisias 2036
24.25 Félix se espantó, y *dijo*: Ahora vete 611
25.5 *dijo*, desciendan conmigo, y si hay algún 5346
25.9 *dijo*: ¿Quieres subir a Jerusalén, y allá 2036
25.10 Pablo *dijo*: Ante el tribunal de César 2036
25.14 *diciendo*: Un hombre ha sido dejado........... 3004
25.22 Agripa *dijo* a Festo: Yo quisiera oír a 5346
25.22 hombre. Y él le *dijo*: Mañana le oirás........... 5346
25.24 Festo *dijo*: Rey Agripa, y todos los 5346
26.1 *dijo* a Pablo: Se te permite hablar por 5346
26.14 oí una voz que me... *decía*... Saulo, Saulo 3004
26.15 yo entonces *dije*... ¿Quién eres, Señor? 2036
26.15 el Señor *dijo*: Yo soy Jesús, a quien 2036
26.22 no *diciendo* nada fuera de las cosas que...... 3004
26.22 y Moisés *dijeron* que habían de suceder 2980
26.24 *diciendo* él estas cosas en su defensa 626
26.24 Festo a gran voz *dijo*: Estás loco 5346
26.25 *dijo*: No estoy loco... Festo, sino que 5346
26.28 *dijo* a Pablo: Por poco me persuades a 5346
26.29 *dijo*: ¡Quisiera Dios que por poco o por 2036
26.30 había *dicho* estas cosas, se levantó el......... 2036
26.31 *diciendo*: Ninguna cosa digna ni de 3004
26.32 Agripa *dijo* a Festo: Podía este hombre 5346
27.10 *diciéndoles*... veo que la navegación va 3004
27.11 al piloto y... que a lo que Pablo *decía* 3004
27.21 *dijo*: Habría sido... cierto conveniente 2036
27.24 *diciendo*: Pablo, no temas; es necesario....... 3004
27.25 confío... será así como se me ha *dicho*........ 2980
27.31 Pablo *dijo* al centurión y a... soldados 2036
27.33 *diciendo*: Este es el decimocuarto día......... 3004
27.35 *dicho* esto, tomó el pan y dio gracias 2036
28.4 se *decían*... Ciertamente este hombre es....... 3004
28.6 cambiaron de... y *dijeron* que era un dios...... 3004
28.17 convocó a los principales de... les *dijo* 3004
28.21 le *dijeron*: Nosotros ni hemos recibido........ 2036
28.24 y algunos asentían a lo que se *decía* 3004
28.25 *dijo* Pablo... Bien habló el Espíritu............ 2980
28.26 y *diles*... oiréis, y no entenderéis; y............ 2036
28.29 hubo *dicho* esto, los judíos se fueron.......... 2036
Ro 2.22 tú que *dices* que no se ha de adulterar......... 3004
3.5 ¿qué *diremos*? ¿Será injusto Dios que da........ 2046
3.8 ¿y por qué no *decir*... Hagamos males para
3.8 algunos... afirman que nosotros *decimos* 3004
3.19 todo lo que la ley *dice*, lo *d* a los que 3004,2980
4.1 ¿qué, pues, *diremos* que halló Abraham 2046
4.3 ¿qué *dice* la Escritura? Creyó Abraham a....... 3004
4.7 *diciendo*: Bienaventurados aquellos cuyas
4.9 *decimos* que a Abraham le fue contada la 3004
4.18 conforme a lo que se le había *dicho*: Así 2046
6.1 ¿qué, pues, *diremos*? ¿Perseveraremos en 2046
7.7 ¿qué diremos, pues? ¿La ley es pecado? 2046
7.7 ley... si la ley no *dijera*: No codiciarás.......... 3004
8.31 ¿qué, pues, *diremos* a esto? Si Dios es........ 2046
9.1 verdad *digo* en Cristo, no miento, y mi.......... 3004
9.12 se le *dijo*: El mayor servirá al menor 4483
9.14 *diremos*? ¿Que hay injusticia en Dios?......... 2046
9.15 a Moisés *dice*: Tendré misericordia del 3004
9.17 la Escritura *dice* a Faraón: Para esto 3004
9.19 pero me *dirás*: ¿Por qué, pues, inculpa?........ 2046
9.20 ¿*dirá* el vaso de barro al que lo formó 2046
9.25 en Oseas *dice*: Llamaré pueblo mío al 3004
9.26 les *dijo*: Vosotros no sois pueblo mío........... 4483
9.29 como antes *dijo* Isaías: Si el Señor de.......... 4280
9.30 ¿qué, pues, *diremos*? Que los gentiles......... 2046
9.30 es *decir*, la justicia que es por fe 1161
10.6 la justicia que es por la fe *dice* así 3004
10.6 no *digas* en tu corazón; ¿Quién subirá.......... 2046
10.8 ¿qué *dice*? Cerca de ti está la palabra 3004
10.11 la Escritura *dice*: Todo aquel que en él........ 3004
10.16 Isaías *dice*: Señor, ¿quién ha creído a.......... 3004
10.18 pero *digo*: ¿No han oído? Antes bien........... 3004
10.19 *digo*: ¿No ha conocido esto Israel?............ 3004
10.19 Moisés *dice*: Yo os provocaré a celos 3004
10.20 Isaías *dice*... Fui hallado de los que no 3004
10.21 pero acerca de Israel *dice*: Todo el día......... 3004
11.1 *digo*... Ha desechado Dios a su pueblo? 3004
11.2 sabéis qué *dice* de Elías la Escritura 3004
11.2 invoca a Dios contra Israel, *diciendo* 3004
11.4 pero qué le *dice* la divina respuesta? 3004
11.9 David *dice*: Sea vuelto su convite en 3004
11.11 *digo*... ¿Han tropezado los de Israel para...... 3004
11.19 las ramas, *dirás*, fueron desgajadas 2046
12.3 *digo*, pues, por la gracia que me es dada 3004
13.9 no hurtarás, no *dirás* falso testimonio
14.11 vivo yo, *dice* el Señor, que ante mí se 3004
15.8 *digo* que Cristo Jesús vino a ser siervo 3004
15.10 otra vez *dice*: Alegraos, gentiles, con 3004
15.12 *dice* Isasías: Estará la raíz de Isaí 3004
1 Co 1.12 quiero *decir*, que cada uno de... *dice* 3004
1.15 ninguno *diga* que fuisteis bautizados en 2036
3.4 *diciendo*... Yo ciertamente soy de Pablo 3004
6.5 para avergonzaros lo *digo*. ¿Pues qué, no........ 3004
6.16 porque *dice*: Los dos serán una sola carne..... 5346
7.6 esto *digo* por vía de concesión, no por 3004
7.8 *digo* a los solteros y las viudas, que 3004
7.12 y a los demás yo *digo*, no el Señor: Si 3004
7.29 esto *digo*, hermanos: que el tiempo es 5346
7.35 esto lo *digo* para vuestro provecho; no 3004
9.8 ¿*digo* esto sólo como hombre? ¿No *dice*......... 2980
9.10 o lo *dice* enteramente por nosotros?........... 3004
10.15 os hablo; juzgad vosotros lo que *digo* 3004
10.19 ¿qué *digo*... ¿Que el ídolo es algo, o que........ 5346
10.20 antes *digo* que lo que los gentiles
10.28 os *dijere*: Esto fue sacrificado a los 2036
10.29 la conciencia, *digo*, no la tuya, sino 3004
11.22 ¿qué os *diré*? ¿Os alabaré? En esto no 2036
11.24 partió, y *dijo*: Tomad, comed; esto es 2036
11.25 *diciendo*: Esta copa es el nuevo pacto 3004
12.15 si *dijere* el pie: Porque no soy mano 2036
12.16 si *dijere* la oreja: Porque no soy ojo 2036
12.21 ni el ojo puede *decir* a la mano: No te......... 2036
14.9 si por... ¿cómo se entenderá lo que *decís*? 2980
14.16 *dirá* el Amén a tu acción de gracias? 2046
14.16 ¿cómo... pues no sabe lo que has *dicho* 3004
14.21 y ni aun así me oirán, *dice* el Señor............ 3004
14.23 y entran... ¿no *dirán* que estáis locos?......... 2046
14.34 estén sujetas, como... la ley lo *dice* 3004
15.12 ¿cómo *dicen*... que no hay resurrección 3004
15.27 cuando *dice*... cosas han sido sujetadas........ 2036
15.34 Dios; para vergüenza vuestra lo *digo*.......... 3004

15.35 pero *dirá* alguno: ¿Cómo resucitarán los 2046
15.50 esto *digo*, hermanos: que la carne y la 5346
15.51 *digo* un misterio: No todos dormiremos 3004
2 Co 6.2 *dice*: En tiempo aceptable te he oído 3004
6.16 *dijo*: Habitaré y andaré entre ellos, y 2036
6.17 salid de en... y apartaos, *dice* el Señor 3004
6.18 me seréis hijos e hijas, *dice* el Señor 3004
7.3 no lo *digo* para condenaros; pues ya he......... 3004
7.3 he *dicho*... que estáis en nuestro corazón 4280
8.13 no *digo* esto para que haya para otros
9.3 que como lo he *dicho*, estéis preparados 3004
9.4 nos avergoncemos... por no *decir* vosotros....... 3004
9.6 esto *digo*: El que siembra escasamente
10.10 *dicen*, las cartas son duras y fuertes.......... 5346
11.16 vez *digo*: Que nadie me tenga por loco 3004
11.21 para vergüenza mía lo *digo*, para eso 3004
12.6 porque *diría* la verdad; pero lo dejo 2046
12.9 me ha *dicho*: Bástate mi gracia; porque 2036
13.2 he *dicho* antes, y ahora *digo* otra vez 4280,4302
Gá 1.9 como antes hemos *dicho*, también ahora .. 4280,3004
1.23 oían *decir*: Aquel que en otro tiempo nos
2.14 *dije*... Si tú, siendo judío, vives como 2036
3.8 *diciendo*: En ti serán benditas todas las
3.12 *dice*: El que hiciere estas cosas vivirá
3.16 no *dice*: Y a las simientes, como si 3004
3.17 *digo*: El pacto... ratificado por Dios para 3004
4.1 *digo*: Entre tanto que el heredero es niño 3004
4.16 vuestro enemigo, por *deciros* la verdad? 226
4.21 *decidme*, los que queréis estar bajo la 3004
4.30 ¿qué *dice* la Escritura? Echa fuera a la 3004
5.2 os *digo* que si os circuncidáis, de nada.......... 3004
5.16 *digo*, pues: Andad en el Espíritu, y no 3004
5.21 amonesto, como ya os lo he *dicho* antes 4302
Ef 4.8 por lo cual *dice*: Subiendo a lo alto 3004
4.17 *digo*... que ya no andéis como los otros 3004
5.14 cual *dice*: Despiértate, tú que duermes.......... 3004
5.32 yo *digo* esto respecto de Cristo y de la.......... 3004
Fil 3.18 *dije*... y aun ahora lo *digo* llorando 3004
4.4 regocijaos... otra vez *digo*: ¡Regocijaos! 2046
4.11 no lo *digo* porque tenga escasez, pues 3004
Col 2.4 lo *digo* para que nadie os engañe con 3004
4.17 *decid* a Arquipo: Mira que cumplas el 2036
1 Ts 4.6 es vengador... como ya os hemos *dicho* 4277
4.15 os *decimos* esto en palabra del Señor.......... 3004
5.3 cuando *digan*: Paz y seguridad, entonces 3004
2 Ts 2.5 ¿no os acordáis que... os *decía* esto? 3004
3.14 si alguno no obedece a lo que *decimos* 3056
1 Ti 2.7 *digo* verdad en Cristo, no miento 3004
4.1 el Espíritu *dice*... que en los postreros 3004
5.18 la Escritura *dice*: No pondrás bozal al 3004
2 Ti 2.7 considera lo que *digo*, y el Señor te 3004
2.18 *diciendo* que la resurrección... se efectuó....... 3004
Tit 1.12 propio profeta, *dijo*: Los cretenses 2036
2.8 no tenga nada malo que *decir* de vosotros 3004
Flm 19 no *decirte* que aun tú mismo te me debes 3004
21 que harás aun más de lo que te *digo* 3004
He 1.5,13 ¿a cuál de los ángeles *dijo* Dios.............. 2036
1.6 *dice*: Adórenle todos los ángeles de Dios 3004
1.7 de los ángeles *dice*: El que hace a sus 3004
1.8 del Hijo *dice*: Tu trono oh Dios, por el
2.2 la palabra *dicha* por medio de los ángeles 2980
2.6 *diciendo*: ¿Qué es el hombre, para que 3004
2.12 *diciendo*: Anunciaré a mis hermanos tu 3004
3.5 para testimonio de lo que se iba a *decir*.......... 2980
3.7 *dice* el Espíritu Santo: Si oyereis hoy............ 2980
3.10 *dije*: Siempre andan vagando en... corazón..... 2036
3.13 entre tanto que se *dice*: Hoy; para que 2564
3.15 que se *dice*: Si oyereis hoy su voz, no 3004
4.3 que *dijo*: Por tanto, juré en mi ira, no 2046
4.4 *dijo* así del séptimo día: Y reposó Dios 2046
4.7 *diciendo*... como se *dijo*: Si oyereis hoy su....... 3004
5.5 sino el que le *dijo*: Tú eres mi Hijo, yo 2980
5.6 *dice* en otro lugar: Tú eres sacerdote 3004
5.11 tenemos mucho que *decir*, y difícil de 3056
6.14 *diciendo*: De cierto te bendeciré con 3004
7.5 los diezmos... es *decir*, de sus hermanos 5123
7.9 *decirlo* así, en Abraham pagó el diezmo 2031
7.13 de quien se *dice* esto, es de otra tribu 3004
7.21 con el juramento del que le *dijo*: Juró........... 3004
8.1 lo que venimos *diciendo* es que tenemos.......... 3004
8.5 *diciéndole*: Mira, haz todas las cosas 5346
8.8 reprendiéndolos *dice*: He aquí vienen días....... 3004
8.8 aquí vienen días, *dice* el Señor, en que 3004
8.9 yo me desentendí de ellos, *dice* el Señor 3004
8.10 *dice* el Señor: Pondré mis leyes en la 3004
8.11 *diciendo*: Conoce al Señor; porque todos 3004
8.13 al *decir*: Nuevo pacto, ha dado por viejo 3004
9 11 no hecho... es *decir*, no de esta creación 5123
9 20 *diciendo*: Esta es la sangre del pacto 3004
10.5 *dice*: Sacrificio y ofrenda no quisiste............ 3004
10.7 *dije*: He aquí que vengo, oh Dios, para 2036
10.8 *diciendo* primero: Sacrificio y ofrenda 3004
10.9 *diciendo* luego: He aquí que vengo, oh 2046
10.15 nos atestigua... después de haber *dicho* 4280
10.16 *dice* el Señor: Pondré mis leyes en sus 3004
10.30 pues conocemos al que *dijo*: Mía es la 2036
10.30 la venganza, yo daré el pago, *dice* el.......... 3004
11 14 los que esto *dicen*... *dan* a entender que 3004
11.18 habiéndosele *dicho*: En Isaac te será 2980
11 32 ¿y qué más *digo*? Porque el tiempo me 3004
12.5 *diciendo*: Hijo mío, no menosprecies la 1256
12.21 veía que moisés *dijo*: Estoy espantado 2036
12 26 ha prometido, *diciendo*: Aún una vez, y.......... 3004
13.5 *dijo*: No te desampararé, ni te dejaré 2046
13.6 podemos *decir*, El Señor es mi ayudador......... 3004
13.15 sacrificio de alabanza, es *decir*, fruto......... 5123
Stg 1.13 no *diga* que es tentado de parte de 3004
2.3 le *decís*: Siéntate tú aquí en buen lugar 2036
2.3 y *decís* al pobre... Estate tú allí en pie 2036
2.11 el que *dijo*: No cometerás adulterio............ 2036
2.11 también ha *dicho*: No matarás 2036
2.14 si alguno *dice* que tiene fe, y no tiene 3004
2.16 les *dice*: Id en paz, calentaos y saciaos 2036
2 18 *dirá*: Tú tienes fe, y yo tengo obras 2046
2.23 la Escritura que *dice*: Abraham creyó a........ 3004
4 5 no penséis que la Escritura *dice* en vano........ 3004
4.6 eso *dice*: Dios resiste a los soberbios............ 3004
4.13 los que *decís*: Hoy y mañana iremos a 3004
4.15 deberíais *decir*, Si el Señor quiere, y........... 3004
1 P 3 20 pocas personas, es *decir*, 8, fueron 5123
2 P 1.17 una voz que *decía*: Este es mi Hijo
2.10 no temen *decir* mal de las potestades 987
3.2 las palabras que antes han *sido* dichas 4280
3 4 *diciendo*: ¿Dónde está la promesa de su 3004
1 Jn 1.6 si *decimos* que tenemos comunión con 2036
1 8 si *decimos* que no tenemos pecado, nos......... 2036
1.10 *decimos* que no hemos pecado, le hacemos 2036
2.4 el que *dice*: Yo le conozco, y no guarda 3004
2.6 que *dice* que permanece en él, debe andar...... 3004
2.9 *dice* que está en la luz, y aborrece a su 3004
4.20 alguno *dice*: Yo amo a Dios, y aborrece 2036
5.16 pecado de muerte... no *digo* que se pida 3004
2 Jn 10 en casa, ni le *digáis*: ¡Bienvenido! 3004
11 el que le *dice*: ¡Bienvenido! participa en 3004
Jud 9 Miguel... que *dijo*: El Señor te reprenda 2036
14 *diciendo*: He aquí, vino el Señor con sus......... 3004
17 palabras... fueron *dichas* por los apóstoles...... 4280
18 que os *decían*: En el postrer tiempo habrá....... 3004
Ap 1.8 **yo soy principio y fin, *dice* el Señor** 3004
1.11 **que *decía*: Yo soy el Alfa y la Omega** 3004
1.17 ***diciéndome*: No temas; yo soy el primero** 3004
2.1 el que anda en medio de los... *dice* esto 3004
2.2 **probado a los que se *dicen* ser apóstoles** 5335
2.7,11,17,29; 3.6,13 **oiga lo que el Espíritu**
***dice* a las iglesias**........................ 3004
2.8 **el que estuvo muerto y vivió, *dice* esto** 3004
2.9 **blasfemia de los que se *dicen* ser judíos** 3004
2.12 **el que tiene la espada aguda... *dice* esto**....... 3004
2.18 **el Hijo de Dios, el que tiene... *dice* esto** 3004
2.20 **que esa mujer... que se *dice* profetisa** 3004
2.24 **yo os *digo*: No os impondré otra carga** 3004
3.1 ***dice* esto: Yo conozco tus obras, que** 3004
3.7 **esto *dice* el Santo, el Verdadero, el que** 3004
3.9 **yo entrego... a los que se *dicen* ser judíos** 3004
3.14 **el Amén, el testigo fiel y... *dice* esto** 3004
3.17 ***dices*: Yo soy rico, y me he enriquecido** 3004
4.1 *dijo*: Sube acá, y yo te mostraré las 3004
4 8 no cesaban día y noche de *decir*: Santo 3004
4.10 y echan sus coronas delante... *diciendo*........ 3004
5.5 uno de los ancianos me *dijo*: No llores 3004
5.9 *diciendo*: Digno eres de tomar el libro 3004
5.12 que *decían* a gran voz: El cordero que 3004
5.13 *decir*: Al que está sentado en el trono 3004
5.14 los cuatro seres... *decían*: Amén; y los 3004
6 1 oí... *decir* como con voz de trueno: Ven y 3004
6.3 oí al segundo ser... que *decía*: Ven y mira........ 3004
6.5 oí al tercer ser... que *decía*: Ven y mira 3004
6.6 que *decía*: Dos libras de... por un denario........ 3004
6.7 la voz del cuarto ser... que *decía*: Ven y 3004
6.10 *diciendo*: ¿Hasta cuándo, Señor, santo.......... 3004
6.11 y se les *dijo* que descansasen todavía.......... 4483
6.16 *decían* a los montes y a las peñas: Caed 3004
7.3 *diciendo*: No hagáis daño a la tierra, ni 3004
7.10 voz *diciendo*: La salvación pertenece a 3004
7.12 *diciendo*: Amén. la bendición... gloria y 3004
7.13 *diciéndome*: Estos que están vestidos de 3004
7.14 *dije*: Señor, tú lo sabes. Y él me *dijo*........... 2046
8.13 *diciendo* a gran voz: ¡ Ay, ay, ay, de los 3004
9.14 *diciendo* al sexto ángel que tenía la............ 3004
10.4 *decía*: Sella las cosas que... han *dicho* 3004
10.8 y *dijo*: Vé y toma el librito que está 3004
10.9 fui *diciéndole* que me diese el librito 3004
10.9 *dijo*: Toma, y cómelo; y te amargará 3004
10.11 me *dijo*: Es necesario que profetices.......... 3004
11.1 me *dijo*: Levántate, y mide el templo de 3004
11.12 *decía*: Subid acá. Y subieron al cielo.......... 3004
11.15 voces... que *decían*: Los reinos del mundo 3004
11.17 *diciendo*: Te damos gracias, Señor Dios 3004
12.10 oí una gran voz en el cielo, que *decía* 3004
13.4 *diciendo*: ¿Quién como la bestia, y quién........ 3004
14.7 *diciendo*... Temed a Dios, y dadle gloria 3004
14.8 ángel le siguió, *diciendo*: Ha caído, ha 3004
14.9 ángel los siguió, *diciendo* a gran voz............ 3004
14.13 me *decía*: Escribe: Bienaventurados de 3004
14.13 sí, *dice* el Espíritu, descansarán de 3004
14.18 llamó a... *diciendo*: Mete tu hoz aguda........ 3004
15 3 *diciendo*: Grandes y maravillosas son tus...... 3004
16.1 una gran voz que *decía* desde el templo 3004
16.5 oí al ángel... que *decía*: Justo eres tú........... 3004
16.7 oí a otro, que desde el altar *decía*.............. 3004
16.17 una gran voz del templo del... *diciendo*........ 3004
17.1 *diciéndome*: Ven acá, y te mostraré la 3004
17.7 el ángel me *dijo*: ¿Por qué te asombras? 2036
17.7 yo te *diré* el misterio de la mujer, y 2046
17.15 me *dijo*... Las aguas que has visto donde 3004
18.2 y clamó... *diciendo*: Ha caído... Babilonia 3004
18.4 *decía*: Salid de ella, pueblo mío, para 3004
18.7 *dice* en su corazón: Yo estoy sentada 3004
18.10,16,19 *diciendo*:¡Ay, ay, de la gran 3004
18.18 *diciendo*: ¿Qué ciudad era semejante a........ 3004
18.21 mar, *diciendo*: Con el mismo ímpetu será...... 3004
19.1 oí una gran voz... que *decía*: ¡Aleluya! 3004
19.3 otra vez *dijeron*: ¡Aleluya! Y el humo........... 2046
19.4 adoraron a... y *decían*: ¡Amén! ¡Aleluya! 3004
19.5 una voz que *decía*: Alabad a nuestro Dios 3004
19.6 *decía*: ¡Aleluya, porque el Señor nuestro....... 3004
19.9 ángel me *dijo*: Escribe: Bienaventurados 3004
19.9 y me *dijo*: Estas son palabras... de Dios........ 3004
19.10 él me *dijo*: Mira, no lo hagas; yo soy 3004
19.17 *diciendo* a todas las aves que vuelan 3004
21.3 *decía*: He aquí el tabernáculo de Dios.......... 3004
21 5 *dijo*: He aquí, yo hago nuevas todas las 2036
21 5 me *dijo*: Escribe; porque estas palabras 3004
21.6 me *dijo*: Hecho está. Yo soy el Alfa y........... 2036
21.9 *diciendo*: Ven acá, yo te mostraré la........... 3004
22.6 y me *dijo*: Estas palabras son fieles y 2036
22.9 él me *dijo*: Mira, no lo hagas; porque 3004
22.10 me *dijo*: No selles las palabras de la........... 3004
22.17 y el Espíritu y la Esposa *dicen*: Ven 3004
22.17 el que oye, *diga*: Ven. Y el que tiene.......... 2036
22.20 **cosas *dice*: Ciertamente vengo en breve** 3004

DECISIÓN

Pr 16.33 la suerte... de Jehová es la *d* de ella 4941
Jl 3.14 muchos pueblos en el valle de la *d* 2742
3.14 cercano está el día... en el valle de la *d* 2742
Hch 20.3 tomó la *d* de volver por Macedonia 1106

DECLARACIÓN

Job 13.17 oíd... y mi *d* entre en vuestros oídos 262
Pr 1.6 para entender proverbio y *d*, palabras 4426
Ec 8.1 ¿y quién como el que sabe la *d* de las........... 6592

DECLARAR

Gn 12.18 ¿por qué no me *declaraste* que era tu 5046
24.49 con mi señor, *declarádmelo*; y si no, *d* 5046
32.29 Jacob le... *Declárame* ahora tu nombre........ 5046
41.12 y *declaró* a cada uno conforme a... sueño 6622
43.6 *declarando* al varón que teníais otro 5046
43.7 le *declaramos* conforme a estas palabras...... 5046
49.1 os *declararé* lo que os ha de acontecer 5046
Éx 18.16 *declaro* las ordenanzas de Dios y sus......... 3045
25.22 de allí me *declararé* a ti, y hablaré............ 3259
33.12 no me has *declarado* a quien enviarás......... 559
Lv 13.3,8,11,15,20,22,25,27,30,44 el sacerdote
lo *declarará* inmundo.............................. 2930
13.6,23,28,34,37 el sacerdote lo *declarad* limpio 2891
13.13 *declarad* limpio al llagado, toda ella........... 2891
13.59 para que sea *declarada* limpia
o inmunda............................... 2891,2930
14.7 rociará siete veces... le *declarará* limpio........ 2891
14.48 el sacerdote *declarará* limpia la casa.......... 2891
24.12 fuese *declarado* por palabra de Jehová 6567
Nm 15.34 no estaba *declarado* qué se le había......... 6567
24.12 ¿no lo *declaré*... a tus mensajeros que 1696
32.24 haced lo que ha *declarado* vuestra boca...... 3318
Dt 1.5 resolvió Moisés *declarar* esta ley 874
5.5 para *declararos* la palabra de Jehová 5046
17.11 no te... de la sentencia que te *declaren* 5046
26.3 *declaro* hoy a Jehová... que he entrado en 5046
26.17 has *declarado*... que... Jehová es tu Dios....... 559
26.18 ha *declarado*... que tú eres su pueblo suyo........ 559
32.7 pregunta a tu padre, y él te *declarará* 5046
Jos 4.22 *declararéis*... diciendo: Israel pasó en 3045
7.19 y *declárame* ahora lo que has hecho; no 5046
Jue 14.2 subió, y lo *declaró* a su padre y a su 5046
14.6 Sansón... no *declaró*... lo que había hecho 5046
14.12 si... me lo *declaráis* y descifráis, yo os 5046
14.13 si no me lo podéis *declarar*, entonces.......... 5046
14.14 ellos no pudieron *declararle* el enigma 5046
14.15 induce a... que nos *declare* este enigma 5046
14.16 no me amas... no me *declaras* el enigma 5046
14.16 ni a... he *declarado*... había de *declarar* 5046
14.17 se lo *declaró*... y ella lo *d* a los hijos......... 5046
16.6 me *declares* en qué consiste tu... fuerza 5046
Rt 4.4 si no quieres redimir, *declárame*lo para 5046
1 S 9.8 para que nos *declare* nuestro camino 5046
9.27 para que te *declare* la palabra de Dios 8085
10.15 te ruego me *declares* qué os dijo Samuel....... 5046
10.16 nos *declaró*... que las asnas habían sido 5046
14.43 *decláramelo*... Y Jonatán se lo *declaró*......... 5046
15.16 *declararte* lo que Jehová me ha dicho 5046
18.26 siervos *declararon* a David... palabras 5046
19.7 Jonatán... *declaró* todas estas palabras 5046
23.11 te ruego que lo *declares* a tu siervo 5046
25.19 id... y nada *declaró* a su marido Nabal 5046
25.36 ella no le *declaró* cosa alguna hasta.......... 5046
28.15 que me *declares* lo que tengo que hacer 3045
2 S 19.6 has *declarado* que nada te importan.......... 5046
1 R 1.20 les *declares* quién se ha de sentar............ 5046
1.27 sin haber *declarado*... quién se había de.......... 3045
14.3 *declare* lo que ha de ser de este niño 5046
2 R 4.2 *declárame* qué tienes en casa. Y ella 5046
4.31 y se lo *declaró*, diciendo: El niño no 5046
6.11 ¿no me *declararéis* vosotros quién de.......... 5046
6.12 *declara*... las palabras que tú hablas en 5046
7.10 *declararon*, diciendo: Nosotros fuimos.......... 5046
7.12 os *declararé* lo que nos han hecho los 5046
9.12 *declárano*slo ahora. Y él dijo: Así y así.......... 5046
22.10 escriba Safán *declaró* al rey, diciendo......... 5046
1 Cr 16.41 los... *declarados* por sus nombres 5344
2 Cr 34.18 *declaró* el escriba Safán al rey 5046
Neh 2.12 y no *declaré* a hombre alguno lo que........... 5046
2.16 ni... lo había *declarado* yo a los judíos 5046
2.18 *declaré* cómo la mano de mi Dios había 5046
Est 2.10 Ester no *declaró* cuál era su pueblo............ 5046
2.10 le había mandado que no lo *declarase*........... 5046
2.20 Ester... no había *declarado* su nación ni........ 5046
3.4 ya él les había *declarado* que era judío 5046
3.6 le habían *declarado* cuál era el pueblo 5046
4.7 le *declaró*... lo que le había acontecido........... 5046
4.8 lo *declarase*, y le encargara que fuese 5046
8.1 Ester le *declaró* lo que él era respecto 5046
Job 11.6 *declarara* los secretos de la sabiduría 5046
12.8 peces del mar te lo *declararán* también 5608

15.5 tu boca *declaró* tu iniquidad, pues has 502
32.6 miedo, y he temido *declararos* mi opinión 2331
32.7 muchedumbre de años *declarará* sabiduría ... 3045
32.10 dije... *declararé* yo también mi sabiduría 2331
32.17 parte; también yo *declararé* mi juicio 2331
33.3 mis razones *declararán* la rectitud de 4448
36.33 el trueno *declara* su indignación, y la 5046
38.18 has considerado... *Declara* si sabes todo 5046
Sal 19.2 una noche a otra... *declara* sabiduría 2331
32.5 mi pecado te *declaré*, y no encubrí mi 3034
49.4 oído; *declararé* con el arpa mi enigma 6605
50.6 y los ciclos *declararán* su justicia 5046
Pr 12.17 el que habla verdad *declara* justicia 5046
Ec 9.1 para *declarar* todo esto: que los justos 952
Is 44.7 ¿y quién proclamará lo... lo *declarará* 5046
Jer 9.12 ¿y a quién habló... pueda *declararlo*? 5046
38.15 Jeremías dijo... Si te lo *declarara*, no 5046
38.25 *decláranos*... qué hablaste con el rey 5046
42.21 y os lo he *declarado* hoy, y no habéis 5046
Dn 2.10 no hay... que pueda *declarar* el asunto 2324
2.11 y no hay quien lo pueda *declarar* al rey 2324
4.2 que yo *declare* las señales y milagros que 2324
4.9 *declárame* las visiones de mi sueño que 560
10.21 te *declararé* lo que está escrito en el 5046
Jon 1.8 *decláranos*... por qué nos ha venido este 5046
1.10 ellos sabían... él se lo había *declarado* 5046
Mi 6.8 él te ha *declarado* lo que es bueno, y 5046
Hab 2.2 dijo: Escribe la visión y *declárala* 874
Mt 7.23 ***declararé*: Nunca os conocí; apartaos** *3670*
13.35 *declararé* cosas escondidas desde la *2044*
16.21 comenzó... a *declarar* a sus discípulos *1166*
Mr 4.34 a sus discípulos... les *declaraba* todo *1956*
14.64 todos... *declarándole* ser digno de muerte *2632*
Lc 8.47 *declaró*... por qué causa le había tocado *518*
24.27 les *declaraba* en... lo que de él decían *1329*
Jn 4.25 él venga nos *declarará* todas las cosas *312*
13.21 ***declaró* y dijo: De cierto, de cierto** *3140*
Hch 17.3 *declarando*... que era necesario que él *1272*
28.23 *declaraba* y les testificaba el reino *1620*
Ro 1.4 fue *declarado* Hijo de Dios con poder *3724*
1 Co 3.13 día la *declarará*, pues por el fuego *1213*
10.28 por causa de aquel que lo *declaró*, y *3377*
14.25 *declarando*... Dios está entre vosotros *518*
15.1 os *declaro*, hermanos, el evangelio que *1107*
Ef 3.3 fue *declarado* el misterio, como antes *1107*
Col 1.8 quien... nos ha *declarado* vuestro amor *1213*
He 5.10 fue *declarado* por Dios sumo sacerdote *4316*
2 P 1.14 como nuestro Señor... me ha *declarado* *1213*
Ap 1.1 la *declaró* enviándola por medio de su *4591*

DECLINAR

Jue 19.8 y aguarda hasta que *decline* el día 3117
19.9 he aquí ya el día *declina* para anochecer 7503
19.11 el día había *declinado* mucho; y dijo 7286
2 R 20.10 fácil cosa es que la sombra *decline* 5186
Sal 90.9 nuestros días *declinan* a causa de tu 6437
109.23 me voy como la sombra cuando *declina* 5186
Lc 9.12 pero el día comenzaba a *declinar*; y *2827*
24.29 se hace tarde, y el día ya ha *declinado* *2827*

DECORAR

Is 60.13 para *decorar* el lugar de mi santuario 6286

DECORO

2 S 6.20 como se descubre sin *d* un cualquiera
1 Co 12.23 menos decorosos, se tratan con... *d* *2157*

DECOROSO, A

1 Co 12.23 los que en nosotros son menos *d*, se *820*
12.24 son más *d*, no tienen necesidad; pero *2158*
1 Ti 2.9 que las mujeres se atavíen de ropa *d* *2887*
3.2 el obispo sea... *d*, hospedador, apto para *2887*

DECRECER

Gn 8.3 y las aguas *decrecían* gradualmente de 7725
8.5 y las aguas fueron *decreciendo* hasta el 2637

DECRÉPITO

2 Cr 36.17 mató a... sin perdonar... anciano ni *d* 3486

DECRETAR

1 R 5.13 Salomón *decretó* leva en todo Israel 5927
22.23 Jehová ha *decretado* el mal acerca de 1696
2 Cr 25.16 sé que Dios ha *decretado* destruirte 3289
Est 3.9 si place... *decrete* que sean destruidos 3789
Sal 149.9 para ejecutar... el juicio *decretado* 3789
Is 23.8 ¿quién *decretó* esto sobre Tiro, la que 3289
23.9 Jehová de los ejércitos lo *decretó*, para 3289
Dn 3.29 *decretó* que todo pueblo, nación o 2942

DECRETO

Lv 26.3 si anduviereis en mis *d* y guardareis 2708
26.15 si desdeñareis mis *d*, y vuestra alma 2708
Nm 15.16 una misma ley y un mismo *d* tendréis 4941
Dt 4.1 oh Israel, oye los estatutos y *d* que yo 4941
4.5 os he enseñado... *d*, como Jehová mi Dios 4941
4.45 los *d* que habló Moisés a los... de Israel 4941
5.1 oye, Israel... *d* que yo pronuncio hoy en 4941
5.31 *d* que les enseñarás, a fin de que los 4941
6.1 *d* que Jehová vuestro Dios mandó que os 4941
6.20 ¿qué significan... *d* que Jehová... mandó? 4941
7.11 guarda, por tanto... *d* que yo te mando hoy 4941
7.12 y por haber oído estos *d*, y haberlos 4941
8.11 para cumplir sus... *d* y sus estatutos que 4941
11.1 y guardarás... sus *d* y sus mandamientos 2708
11.32 de cumplir todos los... *d* que yo presento 2706
12.1 los... *d* que cuidaréis de poner por obra 4941
26.16 te manda... cumplas estos estatutos y *d* 4941
26.17 y guardarás sus estatutos... y sus *d*, y 4941
30.16 guardes... sus estatutos y sus *d*, para 4941
33.21 ejecutó los... y los justos *d* de Jehová 4941
2 S 22.23 todos sus *d* estuvieron delante de mí 4941
1 R 2.3 guarda... observando sus estatutos y... *d* 4941
6.12 e hicieres mis *d*, y guardares todos mis 4941
8.58 guardemos sus... sus estatutos y sus *d* 4941
9.4 si tú... guardando mis estatutos y mis *d* 4941
11.33 no... y mis *d*, como hizo David su padre 4941
1 Cr 22.13 de poner por obra los estatutos y *d* 4941
28.7 poner por obra mis... *d*, como en este día 4941
2 Cr 7.17 si... guardares mis estatutos y mis *d* 4941
19.10 entre ley y precepto, estatutos y *d* 4941
Esd 6.11 cualquiera que altere este *d*, se le 6600
6.12 Darío he dado el *d*; sea cumplido pronto 2942
7.10 para enseñar en Israel sus estatutos y *d* 4941
Neh 10.29 y cumplirían todos... *d* y estatutos 4941
Est 1.19 salga un *d* real de vuestra majestad 1697
1.20 el *d* que dicte el rey será oído en todo 6599
2.8 cuando se divulgó el mandamiento y *d* del 1881
4.3 donde... su *d* llegaba, tenían los judíos 1881
4.8 le dio... copia del *d* que había sido dado 1881
8.13 del edicto que había de darse por *d* en 1881
9.1 cuando debía ser ejecutado el... y su *d* 1881
Job 38.10 y establecí sobre él mi *d*, le puse 2706
Sal 2.7 yo publicaré el *d*; Jehová me ha dicho 2706
105.10 la estableció a Jacob por *d*, a Israel 2706
Ez 5.6 ella cambió mis *d* y mis ordenanzas en 4941
5.6 desecharon mis *d* y mis mandamientos, y 4941
11.12 ni habéis obedecido mis *d*, sino según 4941
11.20 guarden mis *d* y los cumplan, y me sean 4941
18.9 y guardare mis *d* para hacer rectamente 4941
18.17 guardare mis *d*... ordenanzas... no morirá ... 4941
20.11 les di mis... y les hice conocer mis *d* 4941
20.13 y desecharon mis *d*, por los cuales el 4941
20.16 desecharon mis *d*, y no anduvieron en 4941
20.21 ni guardaron mis *d* para ponerlos por 4941
20.24 no pusieron por obra mis *d*, sino que 4941
20.25 y *d* por los cuales no podrían vivir 4941
44.24 mis *d* guardarán en todas mis fiestas 4941
Dn 4.17 sentencia es por *d* de los vigilantes 7595
Sof 2.2 antes que tenga efecto el *d*, y el día 4941
Hch 17.7 contravienen los *d* de César, diciendo *1378*
Col 2.14 anulando el acta de los *d* que había *1378*
He 11.23 escondido... y no temieron el *d* del rey *1297*

DEDÁN

1. Descendiente de Cus No. 2, Gn 10.7; 1 Cr 1.9 1719
2. Hijo de Jocsán, Gn 25.3(2); 1 Cr 1.32 1719
3. Tribu de Arabia descendiente de No. 2
Is 21.13 pasaréis la noche... oh caminantes de *D* 1720
Jer 25.23 a *D*, a Tema y a Buz, y a todos los 1719
49.8 huid, volveos atrás... oh moradores de *D* 1719
Ez 25.13 desde Temán hasta *D* caerán a espada 1719
27.15 hijos de *D* traficaban contigo; muchas 1719
27.20 *D* comerciaba contigo... paños preciosos 1719
38.13 Sabá y *D*, y los mercaderes de Tarsis 1719

DEDICACIÓN

Nm 7.10 trajeron ofrendas para la *d* del altar 2598
7.11 ofrecerán su ofrenda... para la *d* del altar 2598
7.84,88 fue la ofrenda para la *d* del altar 2598
2 Cr 7.9 hecho la *d* del altar en siete días 2598
Esd 6.16 hicieron la *d* de esta casa de Dios 2597
6.17 y ofrecieron en la *d* de... cien becerros 2597
Neh 12.27 la *d* del muro... la *d* y la fiesta con 2598
Sal 30 *tít*, salmo cantado en la *d* de la casa 2598
Dn 3.2,3 a la *d* de la estatua que el rey 2597
Jn 10.22 celebrábase... la fiesta de la *d*. Era *1456*

DEDICAR

Éx 13.12 *dedicarás* a Jehová... abriere matriz 5674
Lv 22.2 los hijos de Israel me han *dedicado* 5144
27.14 alguno *dedicare* su casa consagrándola 6942
27.15 mas si el que *dedicó* su casa deseare 6942
27.16 si alguno *dedicare* de la tierra de su 6942
27.17 si *dedicare* su tierra desde el año del 6942
27.18 mas si después del... *dedicare* su tierra 6942
27.19 que *dedicó* la tierra quisiera redimirla 6942
27.22 si *dedicare* alguno a Jehová la tierra 6942
27.26 nadie lo *dedicará*; sea buey u oveja, de 6942
27.28 que alguno hubiere *dedicado* a Jehová 2763
27.30 el diezmo... es cosa *dedicada* a Jehová 6944
Nm 6.2 haciendo voto de... *dedicarse* a Jehová 5144
8.16 son *dedicados* a mí los levitas de entre 5414
Jue 17.3 he *dedicado* el dinero a Jehová por 6942
1 S 1.11 lo *dedicaré* a Jehová todos los días 5414
1.28 yo, pues, lo *dedico* también a Jehová 7592
6.15 *dedicaron* sacrificios a Jehová en aquel 5930
2 S 8.11 David *dedicó* a Jehová con la plata 6942
8.11 había *dedicado* de todas las naciones 6942
1 R 7.51 metió... lo que David... había *dedicado* 6944
8.63 así *dedicaron* el rey... la casa de Jehová 2596
15.15 metió... lo que su padre había *dedicado* 6944
15.15 lo que él *dedicó*; oro, plata y alhajas 6944
2 R 12.18 que habían *dedicado* Josafat y Joram 6942
12.18 las que él había *dedicado*, y todo el 6944
23.11 los caballos que... habían *dedicado* al sol 5414
1 Cr 18.11 el rey David *dedicó* a Jehová, con 6942
23.13 Aarón fue apartado para ser *dedicado* a 6942
2 Cr 5.1 las cosas que David... había *dedicado* 6944
7.5 así *dedicaron* la casa de Dios el rey y 2596
15.18 trajo... lo que su padre había *dedicado* 6944
31.4 ellos se *dedicasen* a la ley de Jehová 2388
31.14 distribución de las ofrendas *dedicadas*
35.3 los levitas... estaban *dedicados* a Jehová 6918
Ec 1.17; 8.16 *dediqué* mi corazón a... sabiduría 5414
1 Co 16.15 ellos se han *dedicado* al servicio *5021*

DEDO

Éx 8.19 dijeron a Faraón: *D* de Dios es éste 676
29.12 pondrás sobre los cuernos del... con tu *d* 676
29.20 la pondrás... sobre el *d* pulgar de las 931
29.20 sangre... sobre el *d* pulgar de los pies 931
31.18 dos tablas... escritas con el *d* de Dios 676
Lv 4.6,17 mojará el sacerdote su *d*... sangre 676
4.25,30,34 con su *d*... tomará de la sangre 676
8.15 con su *d* sobre los cuernos del altar 676
8.23 sobre el *d* pulgar de su mano derecha 931
8.23 y sobre el *d* pulgar de su pie derecho 931
9.9 mojó su *d* en la sangre, y puso de ella 676
14.16 mojará su *d* derecho en el aceite que 676
14.16 esparcirá del aceite con su *d* 7 veces 676
14.27 con su *d* derecho... rociará del aceite 676
16.14 la sangre... la rociará con su *d* hacia 676
16.14 esparcirá con su *d* siete veces de 676
16.19 esparcirá... la sangre con su *d* 7 veces 676
Nm 19.4 la sangre con su *d*,y rociará hacia 676
Dt 9.10 tablas de... escritas con el *d* de Dios 676
2 S 21.20 tenía doce *d* en las manos, y otros 676
1 R 12.10 menor *d* de los míos es más grueso 6995
1 Cr 20.6 cual tenía seis *d* en pies y manos 676
2 Cr 10.10 mi *d* más pequeño es más grueso que 6995
Sal 8.3 cuando veo tus cielos, obra de tus *d* 676
144.1 quien adiestra... mis *d* para la guerra 676
Pr 6.13 habla con los pies... señas con los *d* 676
30.32 si... hacer mal, pon el *d* sobre tu boca 3027
Cnt 5.5 gotearon... y mis *d* mirra, que corría 676
Is 2.8 manos y ante lo que fabricaron sus *d* 676
17.8 ni mirará a lo que hicieron sus *d*, ni 676
40.12 con tres *d* juntó el polvo de la tierra 2239
58.9 el *d* amenazador, y el hablar vanidad 676
59.3 contaminadas... vuestros *d* de iniquidad 676
Jer 52.21 columnas... espesor era de cuatro *d* 676
Dn 2.41 lo que viste de los pies y los *d*, en 677
2.42 por ser los *d* de los pies en parte de 677
5.5 aparecieron los *d* de una mano de hombre 677
Mt 23.4 **ellos ni con un *d* quieren moverlas** *1147*
Mr 7.33 metió los *d* en las orejas de él, y *1147*
Lc 11.20 **si por el *d* de Dios echo yo fuera** *1147*
11.46 **vosotros ni aun con un *d* las tocáis** *1147*
16.24 **que moje la punta de su *d* en agua... y** *1147*
Jn 8.6 inclinado... escribía en tierra con el *d* *1147*
20.25 y metiera mi *d* en el lugar de... clavos *1147*
20.27 **dijo... Pon aquí tu *d*, y mira mis manos** *1147*

DEFECCIÓN

Ro 11.12 y su *d* la riqueza de los gentiles *3900*

DEFECTO

Éx 12.5 animal será sin *d*, macho de un año 8549
29.1 toma un becerro... y dos carneros sin *d* 8549
Lv 1.3,10 ofrenda... macho sin *d* lo ofrecerá 8549
3.1,6 sea macho o hembra, sin *d* la ofrecerá 8549
4.3 ofrecerá... becerro sin *d* para expiación 8549
4.23 por su ofrenda un macho cabrío sin *d* 8549
4.28 traerá... una cabra sin *d*, por su pecado 8549
4.32 si... trajere cordero, hembra sin *d* traerá 8549
5.15,18; 6.6 un carnero sin *d* de los rebaños 8549
9.2 un carnero... sin *d*, y ofrécelos delante 8549
9.3 un becerro y un cordero de un año, sin *d* 8549
14.10 el día octavo tomará dos corderos sin *d* 8549
21.17 ninguno... que tenga algún *d*, se acercará 3971
21.18,21 ningún varón en el cual haya *d* se 3971
21.21 hay *d* en él; no se acercará a ofrecer 3971
21.23 ni se acercará al altar... hay *d* en él 3971
22.19 sea aceptado, ofreceréis macho sin *d* 8549
22.20 ninguna cosa en que haya *d* ofreceréis 3971
22.21 sacrificio... que sea aceptado será sin *d* 3971
22.25 hay en ellos *d*, no se os aceptarán 3971
23.12 ofreceréis un cordero de un año, sin *d* 8549
23.18 y ofreceréis con... siete corderos... sin *d* 8549
Nm 6.14 cordera de un año sin *d* en expiación 8549
6.14 ofrecerá... un carnero sin *d* por ofrenda 8549
28.9 de reposo, dos corderos de un año sin *d* 8549
28.11 ofreceréis... 7 corderos de un año sin *d* 8549
28.19 ofreceréis... dos becerros... serán sin *d* 8549
28.31 ofreceréis... sus ofrendas... serán sin *d* 8549
29.2 ofreceréis... 7 corderos de un año sin *d* 8549
29.8 ofreceréis... siete corderos... serán sin *d* 8549
29.13,17,20,23,26,29,32 catorce corderos de
un año sin *d* 8549
29.36 carnero siete corderos de un año sin *d* 8549
Dt 15.21 si hubiere en él *d*... no lo sacrificarás 3971
2 S 14.25 hasta su coronilla no había en él *d* 3971
Job 33.9 yo soy limpio y sin *d*; soy inocente, y 6588
Ez 43.22 un macho cabrío sin *d*, para expiación 8549
43.23 ofrecerás un becerro de la vacada sin *d* 8549
45.18 tomarás de la vacada un becerro sin *d* 8549
45.23 ofrecerá... siete carneros sin *d*, cada 8549
46.4 el holocausto... será seis corderos sin *d* 8549
46.6 seis... y un carnero; deberán ser sin *d* 8549
46.13 ofrecerás... un cordero de un año sin *d* 8549
He 8.7 si aquel primero hubiera sido sin *d* *273*

DEFENDER

Éx 2.17 Moisés se levantó y las *defendió*, y 3467
2.19 un varón egipcio nos *defendió* de mano 5337
Dt 32.38 levántense... os ayuden y os *defiendan* 5826
Jos 10.6 sube... a nosotros para *defendernos* y 3467
Jue 6.31 ¿*defenderéis* su causa? Cualquiera que 3467
12.2 llamé, y no me *defendisteis* de su mano 3467
12.3 viendo... que no me *defendíais*, arriesgué 3467
18.28 no hubo quien los *defendiese*, porque 5337
1 S 11.3 y si no hay nadie que nos *defienda* 3467
24.15 Jehová, pues... me *defienda* de tu mano 8199
25.34 que me ha *defendido* de hacerte mal, que 4513
2 S 18.19 de que Jehová ha *defendido* su causa 8199
18.31 hoy Jehová ha *defendido* tu causa de la 8199

23.12 y lo *defendió*, y mató a los filisteos. 5337
2 R 16.7 *defiéndeme* de mano del rey de Siria 3467
1 Cr 11.14 la *defendieron*, y vencieron a los 3467
2 Cr 13.7 Roboam era joven...y no se *defendió* 6440
Esd 8.22 tropa...que nos *defendiesen* del enemigo 5826
Job 13.15 *defenderé* delante de él mis caminos 3198
Sal 5.ll den voces de júbilo...tú los *defiendes* 5526
20.1 el nombre del Dios de Jacob te *defienda* 7682
34.7 el ángel de Jehová acampa...los *defiende* 2502
35.23 y despierta...para *defender* mi causa
43.1 júzgame, oh Dios, y *defiende* mi causa 7378
54.1 Dios, sálvame...con tu poder *defiéndeme* 1777
82.3 *defended* al débil y al huérfano; haced 8199
119.154 *defiende* mi causa, y redímeme...con tu 7378
Pr 31.9 y *defiende* la causa del pobre y del 1777
Is 47.13 comparezcan ahora y te *defiendan* los 3467
49.25 tu pleito yo lo *defenderé*, y yo salvaré 7378
Lm 3.59 tú has visto...mi agravio; *defiende* mi 8199
Zac 12.5 defenderá al morador de Jerusalén; el 556
Hch 7.24 lo *defendió*, e hiriendo al egipcio 292
25.16 que...pueda *defenderse* de la acusación 627
26.2 de que haya de *defenderme* hoy delante de 626
Ro 2.15 y acusándoles o *defendiéndoles* sus 626

DEFENSA

Est 8.11 estuviesen a la *d* de su vida, prontos 5975
9.16 los judíos...se pusieron en *d* de su vida 5975
Job 22.25 el Todopoderoso será tu *d*, y tendrás 1220
36.2 todavía tengo razones en *d* de Dios
Sal 59.9 esperaré en ti, porque Dios es mi *d* 4869
Nah 2.5 se apresurarán...y la *d* se preparará 5526
Lc 21.14 **pensar cómo...responder en vuestra *d*** 626
Hch 19.33 Alejandro...quería hablar en su *d* 626
22.1 y padres, oíd ahora mi *d* ante vosotros 627
24.10 eres juez de...con buen ánimo haré mi *d* 626
25.8 alegando Pablo en su *d*: Ni contra la ley 626
26.1 extendiendo la mano, comenzó así su *d* 626
26.24 diciendo él estas cosas en su *d*, Festo 626
1 Co 9.3 contra los que me acusan, esta es mi *d* 627
2 Co 7.11 qué *d* qué indignación, qué temor 627
Fil 1.7 en la *d* y confirmación del evangelio 627
Fil 1.17 que estoy puesto para la *d* del evangelio 627
2 Ti 4.16 primera *d* ninguno estuvo a mi lado 627
1 P 3.15 siempre preparados para presentar *d* 627

DEFENSOR

Sal 68.5 padre de huérfanos y *d* de viudas es 1781
Pr 23.11 el *d* de ellos es el Fuerte, el cual 1350

DEFICIENTE

Tit 1.5 en Creta, para que corrigieses lo *d* 3007

DEFORMAR

Job 30.18 la violencia *deforma* mi vestidura; me 2664

DEFRAUDAR

Lv 5.16 y pagará lo que hubiere *defraudado* de 2398
Pr 8.36 que peca contra mí, *defrauda* su alma 2554
Ec 4.8 trabajo...y *defraudo* mi alma del bien? 2637
Ez 22.12 prójimos *defraudaste* con violencia 1214
46.18 no...para no *defraudarlos* de su posesión 3238
Mal 3.5 *defraudan* en su salario al jornalero 6231
Mr 10.19 no *defraudes*. Honra a tu padre y a tu 650
Lc 19.8 si en algo he *defraudado* a alguno, se 4811
1 Co 6.7 ¿por qué no sufrís...ser *defraudados*? 650
6.8 y *defraudáis*, y esto a los hermanos 650
Tit 2.10 no *defraudando*, mostrándose fieles 3557

DEGOLLADERO

Pr 7.22 marchó tras ella, como...el buey al *d* 2874
Is 65.12 todos vosotros os arrodillaréis al *d* 2874
Jer 12.3 arrebátalos como a ovejas para el *d* 2878
48.15 sus jóvenes escogidos descendieron al *d* 2874

DEGOLLAR

Gn 22.10 el cuchillo para *degollar* a su hijo 7819
37.31 *degollaron* un cabrito de las cabras 7819
43.16 y *degüella* una res y prepárala, pues 2873
Éx 22.1 hurtara buey...lo *degollara* o vendiere 2873
Lv 1.5 *degollará* el becerro en la presencia de 7819
1.11 lo *degollaré* al lado norte del altar 7819
3.2 la *degollará* a la puerta del tabernáculo 7819
3.8,13 la *degollará* delante del tabernáculo 7819
4.4 becerro...lo *degollará* delante de Jehová 7819
4.15 presencia de Jehová *degollarán*...becerro 7819
4 24,33 *degollará*...el lugar donde se *degüella* 7819
4.29 la *degollará* en el lugar del holocausto 7819
6.25 donde se *degüella*...*degollada* la ofrenda 7819
7.2 donde *degüellan* el holocausto, *degollarán* 7819
8.15,23 lo *degolló*; y Moisés tomó la sangre 7819
8.19 y lo *degolló*, y roció Moisés la sangre 7819
9.8 se acercó Aarón...*degolló* el becerro de 7819
9.12 *degolló*...el holocausto...le presentaron 7819
9.15 lo *degolló*, y lo ofreció por el pecado 7819
9.18 *degolló* también el buey y el carnero en 7819
14.13 *degollará*...el lugar donde se *degüella* 7819
14.19 hará...después *degollará* el holocausto 7819
14.25 luego *degollará* el cordero de la culpa 7819
14.50 *degollará* una avecilla en una vasija de 7819
16.11 *degollará* en expiación el becerro que 7819
16.15 *degollará* el macho cabrío en expiación 7819
17.3 varón...que *degollara* buey o cordero o 7819
22.28 no *degollaréis* en un mismo día a ella 7819
Nm 11.22 ¿se *degollarán* para ellos ovejas y 7819
19.3 y él...la hará *degollar* en su presencia 7819
Jue 12.6 le *degollaban* junto a los vados del 7819
1 S 14.32 *degollaron* en el suelo; y el pueblo 7819
14.34 *degolladlas* aquí...y las *degollaron* allí 7819
1 R 18.40 los llevó Elías...y allí los *degolló* 7819
2 R 10.7 y *degollaron* a los setenta varones 7819
10.14 *degollaron* junto al pozo de la casa de 7819
25.7 *degollaron* a los hijos de Sedequías en 7819
Is 22.13 alegría, matando vacas y *degollando* 7819
66.3 que sacrifica oveja, como si *degollase* 7819
Jer 11.19 como cordero...que llevan a *degollar* 2873
25.34 para que seáis *degollados* y esparcidos 2873
39.6 *degolló* el rey...los hijos de Sedequías 7819
39.6 haciendo *degollar* a todos los nobles 7819
41.7 los *degolló*, los echó dentro de una 7819
52.10 *degolló*...a los hijos...*d*...príncipes de 7819
Lm 2.21 mataste en...*degollaste*, no perdonaste 2873
Ez 16.21 que *degollases* también a mis hijos 2873
21.10 para *degollar* víctimas está afilada 2873
21.15 dispuesta...y preparada para *degollar* 2874
21.28 está desenvainada para *degollar*, para 2874
34.3 engordada *degolláis*, mas no apacentáis 2076
40.39 mesas...para *degollar*...el holocausto 7819
40.41 sobre las cuales *degollarán*...víctimas 7819
40.42 los utensilios en que *degollarán* el 7819

DEGRADAR

Ez 22.16 *degradada* a la vista de las naciones 2490

DEHESA

Is 30.23 serán apacentados en espaciosas *d* 3733

DEIDAD

Ro 1.20 *d*, se hacen claramente visibles desde 2305
Col 2.9 en él habita...toda la plenitud de la *D* 2320

DEJAR

Gn 2.24 *dejará* el hombre a su padre y...madre 5800
11.8 esparció...*dejaron* de edificar la ciudad 2308
19.20 *dejadme* escapar ahora allá ¿no es ella 4422
28.15 no te *dejaré* hasta que haya hecho lo que 5800
30.9 viendo, pues, Lea, que había *dejado* de 5975
30.26 dame mis mujeres y mis...y *déjame* ir 1980
31.28 ni aun me *dejaste* besar a mis hijos y 5203
32.26 y dijo: *Déjame*, porque raya el alba 7971
32.26 Jacob...No te *dejaré*, si no me bendices 7971
33.15 *dejaré*...de la gente que viene conmigo
38.16 dijo: *Déjame* ahora llegarme a ti; pues 935
39.6 *dejó* todo lo que tenía en mano de José 5800
39.12 él *dejó* su ropa en las manos de ella 5800
39.13 vio ella que le había *dejado* su ropa 5800
39.15 *dejó* junto a mí su ropa, y huyó y salió 5800
39.18 yo...grité, él *dejó* su ropa junto a mí 5800
42.33 *dejad* conmigo...de vuestros hermanos 5117
44.22 no puede *dejar* a su padre...si lo *dejara* 5800
50.8 *dejaron* en la tierra de Gosén sus niños 5800
Éx 2.20 ¿por qué habéis *dejado* a ese hombre? 5800
3.19 sé que el rey de Egipto no os *dejará* ir 1980
3.20 heriré a Egipto...entonces os *dejará* ir 7971
4.21 su corazón, de modo que no *dejará* ir al 7971
4.23 ya te he dicho que *dejes* ir a mi hijo 7971
4.23 no has querido *dejarlo* ir: he aquí yo voy 7971
4.26 así le *dejó* luego ir. Y ella dijo: Esposo 7503
5.1 *deja* ir a mi pueblo a celebrarme fiesta 7971
5.2 que...*deje* ir a Israel? Yo no...*dejaré* ir a 7971
6.1 porque con mano fuerte los *dejara* ir, y 7971
6.11; 7.2 *deje* ir de su tierra a los hijos 7971
8.1,20 ha dicho así: *Deja* ir a mi pueblo 7971
8.2 si no lo quisieres *dejar* ir, he aquí yo 7971
8.8 las ranas...y *dejaré* ir a tu pueblo para 7971
8.21 si no *dejas* ir a mi pueblo, he aquí yo 7971
8.28 dijo Faraón: Yo os *dejaré* ir para que 7971
8.29 que Faraón no falte más, no *dejando* ir al 7971
8.32 Faraón endureció...y no *dejó* ir al pueblo 7971
9.1,13 *deja* ir a mi pueblo, para que me sirva 7971
9.2 si no lo quieres *dejar* ir, y lo detienes 7971
9.7 se endureció, y no *dejó* ir al pueblo 7971
9.17 contra mi pueblo, para no *dejarlos* ir? 7971
9.21 *dejó* sus criados y sus ganados en el 5800
9.28 y yo os *dejaré* ir, y no os detendréis 5975
9.35 no *dejó* ir a los hijos de Israel, como 7971
10.4 si aún rehúsas *dejarlo* ir, he aquí que 7971
10.7 *deja* ir a estos hombres, para que sirvan 7971
10.10 ¿cómo os voy a *dejar* ir a vosotros y *a* 7971
10.12 y consuma todo lo que el granizo *dejó* 7604
10.15 el fruto...que había *dejado* el granizo 3498
10 20 corazón de Faraón, y éste no *dejó* ir a 7971
10.27 Jehová endureció...no quiso *dejarlos* ir 7971
11.1 después de la cual él os *dejará* ir de 7971
12.10 ninguna cosa *dejaréis* de él hasta la 3498
12.23 Jehová...no dejará entrar al heridor en
13.15 y endureciéndose...para no *dejarnos* ir 7971
13.17 y luego que Faraón *dejó* ir al pueblo 7971
14.5 haber *dejado* ir a Israel, para que no 7971
14.12 ¿no es...*Déjanos* servir a los egipcios? 2308
16.19 ninguno *deje* nada de ello para mañana 3498
16.20 algunos *dejaron* de ello para otro día 3498
21.27 sierva, por su diente le *dejaría* ir libre 7971
22.18 a la hechicera no *dejarás* que viva
23.5 si vieres el asno...le *dejarás* sin ayuda? 5800
23.11 el séptimo año la *dejarás* libre, para 8058
32.10 *déjame* que se encienda mi ira en ellos 5117
34.25 ni se *dejará* hasta la mañana nada del 3885
Lv 6.2 y negare a su prójimo lo...*dejado* en su 8667
7.15 no *dejarán* de ella nada para otro día 5117
19.10 para el pobre...lo *dejarás*. Yo Jehová 5800
22.30 comerá; no *dejaréis* de él para otro día 3498
23.22 pobre y para el extranjero la *dejarás* 5800
25.46 y los podréis *dejar* en herencia para 5157
Nm 6.5 será santo; *dejará* crecer su cabello
9.12 no *dejarán* del animal...para la mañana 7604
9.13 si *dejara* de celebrar la pascua, la tal 2308
10.31 él le dijo: Te ruego que no nos *dejes* 5800
11.31 codornices...las *dejó* sobre el campamento 5203
20.21 no quiso...Edom *dejar* pasar a Israel por
22.13 porque Jehová no me quiere *dejar* ir con 1980
22.16 le ruego que no *dejes* de venir a mí
22.33 te mataría a ti, y a ella *dejaría* viva 2421
31.15 ¿por qué...*dejado* con vida a...mujeres?
31.18 no hayan conocido varón, las *dejaréis* 2421
32.15 él volverá...a *dejaros* en el desierto 5117
33.55 los que *dejaréis*...serán por aguijones 3498
Dt 2.34 destruimos todas...no *dejamos* ninguno 7604
4.31 tu Dios; no te *dejará*, ni te destruirá 7503
9.14 *déjame* que los destruya, y borre su 7503
15.16 si él te *dijere*: yo te *dejaré*; porque 3318
20.16 pero...ninguna persona *dejarás* con vida
21.14 no te agradare, la *dejarás* en libertad 7971
21.23 no *dejaréis*...su cuerpo pase la noche 3885
22.7 *dejarás* ir a la madre, y tomarás los 7971
24.20 no recorrerás las ramas que...*dejado*
26.10 lo *dejarás* delante de Jehová tu Dios 5117
28.20 maldad de tus obras...me habrás *dejado* 5800
28.51 no te *dejará* grano...mosto, ni aceite 7604
28.60 los males de Egipto...y no te *dejarán* 1692
29.25 por cuanto *dejaron* el pacto de Jehová 5800
31.6,8 no te *dejará*, ni te desamparará 5800
31.16 me *dejará*, e invalidará mi pacto que 5800
Jos 1.5 estaré contigo; no te *dejaré*, ni te 5800
5.6 juro que no les *dejaría* ver la tierra de 7200
8.17 por seguir a Israel *dejaron* la ciudad 5800
9.20 *dejaremos* vivir, para que no venga ira 2421
9.21 *dejadlos* vivir; y fueron...leñadores y 2421
9.23 no *dejará* de haber...quien corte la leña
10.19 sin *dejarles* entrar en sus ciudades
10.28,30,37,39 filo de espada...sin *dejar* 7604
10.33 destruyó...hasta no *dejar* a ninguno de 7604
10.40 hirió, pues, Josué,...sin *dejar* nada 7604
11.8 hiriéndolos...que no les *dejaron* ninguno 7604
11.14 hirieron a...sin *dejar* alguno con vida 7604
22.3 no habéis *dejado* a vuestros hermanos 5800
22.25 harían que...*dejasen* de temer a Jehová 7673
22.32 *dejaron* a los hijos de Rubén y a los 7725
24.16 *dejemos* a Jehová para servir a otros 5800
24.20 si *dejareis* a Jehová y sirviereis a 5800
Jue 1.25 *dejaron* ir a aquel hombre con toda 7971
2.12 *dejaron* a Jehová el Dios de sus padres 5800
2.13 *dejaron* a Jehová, y adoraron a Baal y 5800
2.21 las naciones que *dejó* Josué cuando murió 5800
2.23 por esto *dejó* Jehová a aquellas naciones 3240
3.1 las naciones que *dejó* Jehová para probar 3241
6.4 y no *dejaban* qué comer en Israel, ni 7604
9.9 ¿he de *dejar* mi aceite, con el cual en mí 2308
9.11 ¿he de *dejar* mi dulzura y mi buen fruto 2308
9.13 ¿he de *dejar* mi mosto, que alegra a Dios 2308
9.53 mujer *dejó* caer un pedazo de una rueda 7993
10.6 y *dejaron* a Jehová, y no le sirvieron 5800
10.10 porque hemos *dejado* a nuestro Dios, y 5800
10.13 me habéis *dejado*, y habéis servido a 5800
11.17,19 que me *dejes* pasar por tu tierra 7971
11.37 *déjame* por dos meses que vaya y...llore 7503
11.38 la *dejó* por dos meses. Y ella fue con 7971
19.25 y la *dejaron* cuando apuntaba el alba 7971
Rt 1.16 no me ruegues que te *deje*, y me aparte 5800
2.2 dijo...Te ruego que me *dejes* ir al campo 1980
2.7 te ruego que me *dejes* recoger y juntar 3950
2.11 y que *dejando* a tu padre y a tu madre 5800
2.16 *dejaréis*...caer...lo *d* para que lo recoja 5800
1 S 6.8 arca de Jehová...*dejaréis* que se vaya 1980
8.8 hasta hoy, *dejándome* a mí y sirviendo a 5800
10.2 tu padre ha *dejado* ya de inquietarse por 5203
12.10 hemos pecado...hemos *dejado* a Jehová y 5800
14.36 y dijo...no *dejaremos* de ellos ninguno 7604
14.46 y Saúl *dejó* de seguir a los filisteos 5927
15.16 *déjame* declararte lo que Jehová me ha 5046
15.33 tu espada *dejó* a las mujeres sin hijos 7921
17.15 pero David había ido y vuelto, *dejando*
17.20 *dejando* las ovejas al cuidado de un 5203
17.22 David *dejó* su carga en mano del que 5203
17.28 quién has *dejado* aquellas pocas ovejas 5203
18.2 y no le *dejó* volver a casa de su padre 5414
19.17 así, y has *dejado* escapar a mi enemigo 7971
19.17 dijo: *Déjame* ir; si no, yo te mataré 7971
20.5 tú *dejarás* que me esconda en el campo 7971
20.6 dirás: Me rogó mucho que lo *dejase* ir
20.15 no *dejes* que el nombre de Jonatán sea
20.28 David me pidió...le *dejase* ir a Belén
20.29 te ruego que me *dejes* ir, porque nuestra 7971
21.13 *dejaba* correr la saliva por su barba 3381
24.19 hallará a...lo *dejará* ir sano y salvo? 7971
25.13 y *dejaron* doscientos con el bagaje 3427
25.22 suyo no he de *dejar* con vida ni un varón 7604
26.8 *déjame* que le hiera con la lanza, y lo 5221
27.9,11 y no *dejaba* con vida hombre ni mujer 2421
30.13 y me *dejó* mi amo hoy hace tres días 5800
31.7 *dejaron* las ciudades y huyeron; y los 5800
2 S 3.24 qué, pues, le *dejaste* que se fuese? 7971
5.21 *dejaron* allí sus ídolos, y David y sus 5800
8.4 pero *dejó* suficientes para cien carros 3498
13.27 *dejó* ir con él a Amnón y a todos los 7971
14.7 *dejando* a mi marido nombre ni reliquia 7604
15.16 y *dejó* el rey diez mujeres concubinas 5800
15.25 y me *dejaré* verla y a su tabernáculo 7200
16.9 ruego que me *dejes* pasar, y le quitaré 5674
16.11 *dejadle* que maldiga, pues Jehová se lo 7043
16.21 concubinas...que él *dejó* para guardar la 5117
17.12 ni uno *dejaremos* de él y de todos los 3498
19.30 dijo al rey: *Deja* que él las tome todas 3947
19.37 te ruego que *dejes* volver a tu siervo
20.3 tomó...concubinas que había *dejado* para 5117
21.5 para exterminarnos sin *dejar* nada de 3320
21.10 y no *dejó* que ninguna ave...se posase 5117
1 R 2.6 no *dejarás* descender sus canas al Seol 3381
6.13 habitaré...no *dejaré* a mi pueblo Israel 5800
8.8 extremos se *dejaban* ver desde el lugar 7200

8.8 pero no se *dejaban* ver desde más afuera 7200
8.57 Jehová...y no nos desampare ni nos *deje* 5800
9.9 y dirán: Por cuanto *dejaron* a Jehová su 5800
11.33 cuanto me han *dejado*, y han adorado a 5800
12.8 él *dejó* el consejo que los ancianos le 5800
12.13 dejando el consejo que los ancianos le 5800
15.17 para no *dejar* a ninguno salir ni entrar
15.21 oyendo esto Baasa, *dejó* de edificar a 2308
15.29 sin *dejar* alma viviente de...Jeroboam 7604
16.11 mató...Baasa, sin *dejar* en ella varón 7604
18.18 *dejando* los mandamientos de Jehová, y 5800
19.3 vino a Beerseba...*dejó* allí a su criado 5117
19.10,14 los hijos de Israel han *dejado* tu 5800
19.20 *dejando* él los bueyes, vino corriendo 5800
19.20 te ruego que me *dejes* besar a mi padre 5401
20.34 yo, dijo Acab, te *dejaré* ir con este 7971
1 R 20.34 hizo, pues, pacto con él, y le *dejó* ir 7971
22.6 ¿iré a la guerra contra...o la *dejaré*? 2308
22.15 ¿iremos a pelear contra...o la *dejaremos*? 2308
2 R 2.2,6 y vive tu alma, que no te *dejaré* 5800
3.25 Kir-hareset solamente *dejaron* piedras 7604
4.27 *déjala*, porque su alma está en amargura 7503
4.30 *déjala*...y vive tu alma, que no te *dejaré* 5800
8.6 desde el día que *dejó* el país hasta ahora 5800
10.14 degollaron sin *dejar* ninguno de ellos 7604
10.24 cualquiera que *dejare* vivo a alguno 5315
10.25 los *dejaron* tendidos los de la guardia 7993
10.29 y *dejó* en pie los becerros de oro que
17.16 *dejaron*...los mandamientos de Jehová su 5800
21.22 y *dejó* a Jehová el Dios de sus padres 5800
22.17 me *dejaron* a mí, y quemaron incienso 5800
23.18 dijo: *Dejadlo*; ninguno mueva sus huesos 5117
25.12 pobres de la tierra *dejó* Nabuzaradán 7604
25.22 al pueblo que...*dejó* en tierra de Judá 7604
1 Cr 8.8 engendró hijos en...después que *dejó* 7971
10.7 los de Israel...*dejaron* sus ciudades y 5800
14.12 *dejaron* allí sus dioses, y David dijo 5800
16.37 y *dejó* allí, delante del arca...a Asaf 5800
18.4 excepto los de cien carros que *dejó* 3498
28.8 buena tierra, y la *dejéis* en herencia 5157
28.9 mas si lo *dejares*, él te desechará para 5800
28.20 no te *dejará*...hasta que acabes toda 5800
2 Cr 7.19 mas si...y *dejaréis* mis estatutos 5800
7.22 por cuanto *dejaron* a Jehová Dios de los 5800
10.8 *dejando* el consejo que le dieron los 5800
10.13 *dejó* el rey Roboam el consejo de los 5800
11.14 levitas *dejaban* sus ejidos...y venían 5800
12.1 Roboam...*dejó* la ley de Jehová, y todo 5800
12.5 me habéis *dejado*, y...os he *d* en manos 5800
13.10 es nuestro Dios, y no le hemos *dejado* 5800
13.11 Dios, mas vosotros le habéis *dejado* 5800
15.2 si le *dejareis*, él también os *dejará* 5800
21.10 había *dejado* a Jehová el Dios de sus 5800
24.20 por haber *dejado* a Jehová, él también 5800
24.24 por cuanto habían *dejado* a Jehová el 5800
24.25 lo *dejaron* agobiado por sus...dolencias 5800
25.16 *déjate* de eso. ¿Por qué quieres que
28.6 habían *dejado* a Jehová el Dios de sus 5800
28.14 ejército *dejó* los cautivos y el botín 5800
29.6 le *dejaron*, y apartaron sus rostros del 5800
32.31 Dios lo *dejó*, para probarle, para hacer 5800
34.25 cuanto me han *dejado*, y han ofrecido 5800
Esd 6.7 *dejad* que se haga la obra de esa casa
9.10 nosotros hemos *dejado* tus mandamientos 5800
9.12 la *dejéis* por necedad a vuestros hijos 3423
Neh 6.3 cesar a la obra, *dejándola* yo para ir 7503
Est 3.8 nada le beneficia el *dejarlos* vivir 5117
9.27 no *dejarían* de celebrar estos dos días
Job 3.17 allí los impíos *dejan* de perturbar, y 2308
7.16 *déjame*, pues, porque mis días son vanidad 2308
9.27 yo dijere...*Dejaré* mi triste semblante 5800
10.20 *déjame*, para que me consuele un poco 7896
14.6 si tú lo abandonaras, él *dejará* de ser 2308
16.6 si *dejo* de hablar, no se aparta de mí 2308
20.13 no lo *dejaba*, sino que lo detenía en 5800
Sal 16.10 no *dejarás* mi alma en el Seol, ni 5800
27.9 no me *dejes* ni me desampares, Dios de 5203
27.10 aunque mi padre y mi madre me *dejaran* 5800
28.1 no sea yo, *dejándome* tú, semejante a los
36.3 ha *dejado* de ser cuerdo y de hacer el 2308
37.8 *deja* la ira, desecha el enojo, no te 7503
37.33 Jehová no lo *dejará* en sus manos, ni 5800
38.10 me ha *dejado* mi vigor, y aun la luz de 5800
39.13 *déjame*, y tomaré fuerzas, antes que vaya 8159
49.10 mueren...y *dejan* a otros sus riquezas 5800
55.22 no *dejará* para siempre caído al justo 5414
77.4 no me *dejabas* pegar los ojos; estaba yo
78.60 *dejó*, por tanto, el tabernáculo de Silo 5203
81.12 los *dejé*...a la dureza de su corazón 7971
89.30 si *dejaren* sus hijos mi ley, y...juicios 5800
104.29 les quitas el hálito, *dejan* de ser, y 1478
104.35 pecadores, y los impíos *dejen* de ser
119.8 tus estatutos guardaré; no me *dejes* 5800
119.53 causa de los inicuos que *dejan* tu ley 5800
119.87 pero no he *dejado* tus mandamientos 5800
141.4 no *deje* que se incline mi corazón a
Pr 2.13 que *dejan* los caminos derechos, para 5800
4.6 no la *dejes*, y ella te guardará, ámala 5800
4.13 retén el consejo, no lo *dejes*, guárdalo 7503
4.15 *déjala*, no pases por ella; apártate de 6544
6.20 y no *dejes* la enseñanza de tu madre 5203
9.6 *dejad* las simplezas, y vivid, y andad por 5800
10.3 no *dejará* padecer hambre al justo; mas
13.22 el bueno *dejará* herederos a los hijos 5157
15.10 la reconvención es molesta al que *deja* 5800
17.14 *deja*, pues, la contienda, antes que se 5203
20.3 honra es del hombre *dejar* la contienda 7674
28.3 es como lluvia torrencial que *deja* sin
28.4 los que *dejan* la ley alaban a los impíos 5800
Ec 2.18 el cual tendré que *dejar* a otro que 5117
5.6 no *dejes* que tu boca te haga pecar, ni 5414
5.12 al rico no le *deja* dormir la abundancia 5117
10.4 príncipe se exaltare...no *dejes* tu lugar 5117
11.6 y a la tarde no *dejes* reposar tu mano 5117
Cnt 3.4 no lo dejé, hasta que lo metí en casa 7503
7.8 *deja* que tus pechos sean como racimos
Is 1.4 *dejaron* a Jehová, provocaron a ira al 5800
1.9 Jehová...no nos hubiese *dejado* un resto 3498
1.16 lavaos...quitad...*dejad* de hacer lo malo 5493
1.28 los que *dejan* a Jehová serán consumidos 5800
2.6 has *dejado* tu pueblo, la casa de Jacob 5203
2.22 *dejaos* del hombre, cuyo aliento está en 2308
4.3 el que fuere *dejado* en Jerusalén, será 7604
7.8 quebrantado hasta *dejar* de ser pueblo
10.3 ¿en dónde *dejaréis* vuestra gloria? 5800
17.9 los cuales fueron *dejados* a causa de 5800
18.6 y serán *dejados* todos para las aves de 5800
22.4 dije: *Dejadme*, lloraré amargamente; no 8159
27.10 la ciudad habitada será...*dejada* como 5800
30.11 *dejad* el camino, apartaos de la senda 5186
31.9 y sus príncipes...*dejarán* sus banderas 2865
32.6 *dejando* vacía el alma hambrienta, y 7324
32.20 que...*dejáis* libres al buey y al asno 7971
49.14 pero Sion dijo: Me *dejó* Jehová, y el 5800
49.15 olvidará...para *dejar* de compadecerse 7355
49.21 yo...sido *dejada* sola; ¿dónde estaban 7605
55.7 *deje* el impío su camino, y el hombre 5800
58.2 que no hubiese *dejado* la ley de su Dios 5800
65.11 pero vosotros los que *dejáis* a Jehová 5800
65.15 *dejaréis* vuestro nombre por maldición 5117
Jer 1.16 juicios contra los que me *dejaron* 5800
2.13 me *dejaron* a mí, fuente de agua viva 5800
2.17 ¿no te acarreó esto el haber *dejado* a 5800
2.19 cuán malo...Es haber *dejado* tú a Jehová 5800
3.1 si alguno *dejare* a su mujer, y yéndose 7971
5.7 sus hijos me *dejaron*, y juraron por lo 5800
5.19 de la manera que me *dejasteis* a mí, y 5800
7.29 porque Jehová ha...*dejado* la generación 5203
9.2 para que *dejase* a mi pueblo, y de ellos 5800
9.13 porque *dejaron* mi ley...y no obedecieron 5800
12.7 he *dejado* mi casa, desamparé mi heredad 5800
14.5 las ciervas...parían y *dejaban* la cría 5800
15.6 tú me *dejaste*, dice Jehová; te volviste 5203
15.7 los aventé...*dejé* sin hijos a mi pueblo 7921
16.11 les dirás...vuestros padres me *dejaron* 5800
16.11 ante ellos se postraron, y me *dejaron* 5800
17.8 no se fatigará, ni *dejará* de dar fruto 4185
17.11 en la mitad de sus días las *dejará*, y 5800
17.13 los que te *dejan* serán avergonzados 5800
17.13 *dejaron* a Jehová, manantial de aguas 5800
19.4 me *dejaron*, y enajenaron este lugar, y 5800
22.9 porque *dejaron* el pacto de Jehová su Dios 5800
23.33 esta es la profecía: Os *dejaré*, ha dicho 5203
25.38 *dejó* cual leoncillo su guarida; pues 5800
27.11 la *dejaré* en su tierra, dice Jehová, y 5117
30.11 de ninguna manera te *dejaré* sin castigo 5352
33.21 para que *deje* de tener hijo que reine 1121
34.9 que cada uno *dejase* libre a su siervo 7971
34.10 *dejar* libre...su siervo...y los *dejaron* 7971
34.11 y las siervas que habían *dejado* libres 7971
34.14 al cabo de siete años *dejará* cada uno 7971
34.16 a su sierva, que habíais *dejado* libres 7971
40.4 pero si no te parece bien venir...*déjalo* 2308
40.11 el rey...había dejado a algunos en Judá 5414
41.8 *dejó* y no los mató entre sus hermanos 2308
43.6 toda persona que había *dejado*...capitán 5117
44.5 para *dejar* de ofrecer incienso a dioses 6999
44.18 desde que *dejamos* de ofrecer incienso 2308
46.17 rey...es destruido: *dejó* pasar el tiempo 5674
46.28 ninguna manera te *dejaré* sin castigo 5352
48.42 Moab será destruido hasta *dejar* de ser
49.9 contra ti, ¿no habrían *dejado* rebuscos? 7604
49.10 destruida su descendencia...*dejará* de
49.11 *deja* tus huérfanos, yo los criaré; y en 5800
49.25 ¡cómo dejaron a la ciudad tan acabada 5800
50.20 perdonaré a los que yo hubiere *dejado* 7604
51.9 *dejadla*, y vámonos cada uno a su tierra 5800
51.34 me *dejó* como vaso vacío; me tragó como 3322
52.16 de los pobres de...*dejó*...para viñadores 7604
Lm 1.13 me *dejó* desolada, y con dolor todo el 5414
3.6 *dejó* en oscuridad, como los ya muertos de 3427
3.11 torció mis caminos, y...me *dejó* desolado 7760
5.14 no...los jóvenes *dejaron* sus canciones 7673
Ez 2.7; 3.11 escuchen o *dejen* de escuchar 2308
6.8 mas *dejaré* un resto, de modo que tengáis 3498
16.39 y te *dejarán* desnuda y descubierta 5117
16.41 y así haré que *dejes* de ser ramera, y 7673
20.8 ni *dejaron* los ídolos de Egipto; y dije 5800
23.8 y no *dejó* sus fornicaciones de Egipto 5800
23.29 y te *dejarán* desnuda y descubierta 5800
24.21 y vuestros hijos...que *dejasteis* caerán 5800
26.4 polvo, y la *dejaré* como una peña lisa 5414
26.21 te convertiré en espanto, y *dejarás* de
27.36;28.19 espanto...y para siempre *dejarás*
29.5 te *dejaré* en el desierto a ti y a todos 5203
31.12 y se irán de su sombra...y lo *dejarán* 5203
32.4 te *dejaré* en tierra, te echaré sobre la 5203
32.10 *dejaré* atónitos por ti a...pueblos
39.28 los reúna...sin *dejar* allí a ninguno de 3498
42.14 que allí *dejarán* sus vestiduras con que 5117
44.19 *dejarán* en las cámaras del santuario 5117
45.9 ¡basta...*Dejad* la violencia y la rapiña 5493
Dn 2.44 ni será el reino *dejado* a otro pueblo 7662
4.15,23 la cepa de sus raíces *dejaréis* en la 7662
4.26 la orden de *dejar* en la tierra la cepa 7662
Os 2.3 la *deje* como tierra seca, y la mate de 7896
4.10 no...porque *dejaron* de servir a Jehová 5800
4.12 errar, y dejaron a su Dios para fornicar 2181
4.17 Efraín es dado a ídolos; *déjalo* 5117
Jl 2.14 *dejará* bendición tras de él, esto es 7604
Am 5.2 *dejada* sobre su tierra, no hay quien la 5203
Abd 5 entraran a...¿no *dejarían* algún rebusco? 7604
Mi 5.3 los *dejará* hasta el tiempo que dé a luz 5414
Sof 2.5 haré destruir hasta no *dejar* morador
3.3 sus jueces, lobos...no *dejando* hueso para la
3.12 *dejaré* en medio de ti un pueblo...pobre 7604
Zac 8.10 yo *dejé* a todos los hombres cada cual 7971
11.12 dadme mi salario; y si no, *dejadlo* 2308
Mal 4.1 el día...no les *dejará* ni raíz ni rama 5800
Mt 1.19 José...como era justo...quiso *dejarla* 630
3.15 **deja ahora, porque...Entonces le dejó** 863
4.11 el diablo entonces le *dejó*; y he aquí 863
4.13 y *dejando* a Nazaret, vino y habitó en 2641
4.20 ellos...*dejando* al instante las redes, le 863
4.22 ellos, *dejando*...la barca y a su padre 863
5.24 **deja allí tu ofrenda delante del altar** 863
5.40 **al que quiera...déjale también la capa** 863
7.4 **cómo dirás...Déjame sacar la paja de tu** 863
8.15 tocó su mano, y la fiebre la *dejó*; y ella 863
8.22 **deja que los muertos entierren a sus** 863
13.30 **dejad crecer...lo uno y lo otro hasta** 863
15.14 **dejadlos; son ciegos guías de ciegos** 863
16.4 **no le será dada...Y dejándolos, se fue** 2641
18.12 **¿no deja las 99 y va por los montes a** 863
19.5 **dejará padre y madre, y se unirá a su** 6241
19.14 **Jesús dijo: Dejad a los niños venir a** 863
19.27 he aquí, nosotros lo hemos *dejado* todo 863
19.29 **y cualquiera que haya dejado casas, o** 863
21.17 *dejándolos*, salió fuera de la ciudad 2641
22.22 maravillaron, y *dejándole*, se fueron 863
22.25 el primero...*dejó* su mujer a su hermano 863
23.23 **y dejáis lo más importante de la ley** 863
23.23 **necesario...sin dejar de hacer aquello** 863
23.38 **aquí vuestra casa os es dejada desierta** 863
24.40 **uno será tomado, y el otro será dejado** 863
24.41 **una será tomada, y la otra será dejada** 863
24.43 **velaría, y no dejaría minar su casa** 1439
26.44 *dejándolos*, se fue de nuevo, y oró por 863
26.56 todos los discípulos, *dejándole*, huyeron 863
27.49 *deja*, veamos si viene Elías a librarle 863
Mr 1.18 *dejando* luego sus redes, le siguieron 863
1.20 *dejando* a su padre Zebedeo...le siguieron 863
1.31 la *dejó* la fiebre, y ella les servía 863
5.18 le rogaba que le *dejase* estar con él
7.8 **porque dejando el mandamiento de Dios, os** 863
7.12 **y no le dejáis hacer más por su padre** 863
7.27 **deja primero que se sacien los hijos** 863
8.13 *dejándolos*, volvió a entrar en la barca 863
10.7 **dejará el hombre a su padre y a...madre** 2641
10.14 **les dijo: Dejad a los niños venir a mí** 863
10.28 he aquí, nosotros lo hemos *dejado* todo 863
10.29 **que haya dejado casa, o hermanos, o** 863
11.6 como Jesús había mandado; y los *dejaron* 863
12.12 pero temían a la...*dejándole*, se fueron 863
12.19 muriere y *dejare* esposa, pero no *d* hijos 2641
12.20 primero...murió sin *dejar* descendencia 863
12.21 murió, y tampoco *dejó* descendencia; y el 863
12.22 y no *dejaron* descendencia; y después de 863
13.34 **es como el hombre que...dejó su casa** 863
14.6 **dijo: Dejadla; ¿por qué la molestáis?** 863
14.50 todos los discípulos, *dejándole*, huyeron 863
14.52 mas él, *dejando* la sábana, huyó desnudo 2641
15.36 diciendo: *Dejad*, veamos si viene Elías 863
Lc 4.34 *déjanos*; ¿qué tienes con nosotros 1436
4.39 la fiebre la *dejó*, y levantándose ella 863
4.41 no les *dejaba* hablar, porque sabían que 1439
5.11 las barcas, *dejándolo* todo, le siguieron 863
5.28 *dejándolo* todo, se levantó y le siguió 2641
6.42 **déjame sacar la paja que está en tu ojo** 863
8.38 le rogaba que le *dejase* estar con él
8.51 no *dejó* entrar a nadie consigo, sino a 863
9.59 *déjame* que...vaya y entierre a mi padre 2010
9.60 **deja que los muertos entierren a sus** 863
9.61 *déjame* que me despida primero de los que 2010
10.30 **se fueron, dejándole medio muerto** 863
10.40 que mi hermana me *deje* servir sola? 2641
11.42 **era necesario hacer, sin dejar aquello** 863
13.8 **déjala todavía este año, hasta que yo** 863
13.35 **aquí vuestra casa os es dejada desierta** 863
15.4 **no deja las noventa y nueve...y va tras** 2641
17.34,36 **uno será tomado, y el otro...dejado** 863
17.35 **la una será tomada, y la otra...dejada** 863
18.16 **dejad a los niños venir a mí, y no se** 863
18.28 hemos *dejado* nuestras posesiones y te 863
18.29 **nadie que haya dejado casa, o padres, o** 863
19.44 **y no dejarán en ti piedra sobre piedra** 863
20.28 de alguno muriere...y no *dejare* hijos 815
20.31 así...y murieron sin *dejar* descendencia 2641
22.51 **basta ya; dejad. Y tocando su oreja, le** 1439
Jn 4.28 la mujer *dejó* su cántaro, y fue a la 863
4.52 hora...Ayer a las siete le *dejó* la fiebre 863
8.29 **no me ha dejado solo el Padre, porque** 863
10.12 **venir al lobo y deja las ovejas y huye** 863
11.44 **Jesús les dijo: Desatadle, y dejadle** 863
11.48 si le *dejamos* así, todos creerán en él 863
12.7 **déjala; para el día de mi sepultura ha** 863
14.18 **no os dejaré huérfanos; vendré a** 863
14.27 **la paz os dejo mi paz os doy; yo no os** 863
16.28 **otra vez dejo el mundo, y voy al Padre** 863
16.32 **seréis esparcidos...y me dejaréis solo** 863
18.8 **si me buscáis a mí, dejad ir a éstos** 863
Hch 2.27 no *dejarás* mi alma en el Hades, ni 1459
2.31 su alma no fue *dejada* en el Hades, ni 2641
4.20 no podemos *dejar* de decir lo que...visto 3361,2980

5.38 apartaos de estos hombres, y *dejadlos* *1439*
6.2 no es justo... *dejemos* la palabra de Dios *2641*
14.16 ha *dejado* a todas las gentes andar en *1439*
14.17 no se *dejó* a sí mismo sin testimonio *863*
18.19 y llegó a Éfeso, y los *dejó* allí *2641*
19.30 salir al... los discípulos no le *dejaron* *1439*
21.3 *dejándola* a mano izquierda, navegamos *2641*
21.32 Vieron al... *dejaron* de golpear a Pablo *3973*
23.32 *dejando* a los jinetes que fuesen con *1439*
24.27 y queriendo Félix... *dejó* preso a Pablo *2641*
25.14 hombre ha sido *dejado* preso por Félix *2641*
27.40 las *dejaron* en el mar, largando también *1439*
28.4 escapado del... la justicia no *deja* vivir *1439*
Ro 1.27 *dejando* el uso natural de la mujer *863*
9.29 si... no nos hubiera *dejado* descendencia *1459*
12.19 *dejad* lugar a la ira de Dios; porque *1325*
1 Co 6.12 yo no me *dejaré* dominar de ninguna *1850*
10.13 no os *dejará* ser tentados más de lo que *1439*
13.8 el amor nunca *deja* de ser; pero las *1601*
13.11 ya fui hombre, *dejé* lo que era de niño *2673*
2 Co 12.6 lo *dejo*, para que nadie piense de mí *5339*
Ef 5.31 por esto *dejará* el hombre a su padre *2641*
6.9 amos... *dejando* las amenazas sabiendo que *447*
Col 3.8 *dejad*... todas estas cosas: ira, enojo *659*
2 Ti 4.13 trae... el capote que *dejé* en Troas *620*
4.20 quedó... a Trófimo *dejé* en Mileto enfermo *620*
Tit 1.5 por esta causa te *dejé* en Creta, para 2641
He 2.8 nada *dejó* que no sea sujeto a él; pero *863*
6.1 *dejando* ya los rudimentos de la doctrina *863*
10.25 no *dejando* de congregarnos, como *1459*
11.27 por la fe *dejó* a Egipto, no temiendo la *2641*
12.8 pero si se os *deja* sin disciplina, de *2075*
12.15 que alguno *deje* de alcanzar la gracia *5302*
13.5 él dijo: No te desampararé, ni te *dejaré* *1459*
13.9 os *dejéis* llevar de doctrinas diversas *4064*
1 P 2.21 Cristo padeció... *dejándonos* ejemplo *5277*
2 P 1.8 no os *dejarán* estar ociosos ni sin *2525*
1.12 no *dejaré* de recordaros... estas cosas *272*
2.15 han *dejado* el camino recto, y se han *2641*
Jud 15 *dejar* convictos a todos los impíos de *1827*
Ap 2.4 **contra ti... has *dejado* tu primer amor** *863*
6.13 la higuera *deja* caer sus higos cuando *906*
9.20 ni *dejaron* de adorar a los demonios, y *4352*
11.2 el patio que está fuera... *déjalo* aparte *1544*
17.16 ramera, y la *dejarán* desolada y desnuda *4160*

DEL *Véase el Apéndice*

DELAÍA
1. Sacerdote en tiempo de David, 1 Cr 24.18 1806
2. Ascendientes de unos que regresaron del cautiverio con Zorobabel, Esd 2.60; Neh 7.62 1806
3. Padre de Semaías No. 19, Neh 6.10 1806
4. Funcionario del rey Joacim, Jer 36.12,25 1806

DELANTAL
Gn 3.7 cocieron hojas de higuera... hicieron *d* 2290
Hch 19.12 se llevaban a los enfermos los... *d* *4612*

DELANTE *Véase también el Apéndice*
Dt 4.10 día que estuviste *d* de Jehová tu Dios 6640
1 S 16.6 de cierto *d* de Jehová está su ungido 5048
Sal 51.3 y mi pecado está siempre *d* de mí 5048
Ec 9.1 no lo saben los... todo está *d* de ellos 6440
Is 26.17 así hemos sido *d* de ti, oh Jehova 6440
Jer 15.19 yo te restauraré, y *d* de mis estarás 6440
Ez 2.10 y estaba escrito por *d* y por detrás 6440
Abd 11 día que estando tú *d*, llevaban extraños 5048
Hab 1.9 el terror va *d* de ella, y recogerá cautivos 4041

DELANTERA
Éx 28.25 los fijarás... del efod en su parte *d* 6440
28.27 en la parte *d* de las dos hombreras del 6440
28.37 estará sobre la mitra; por la parte *d* 6440
39.20 pusieron en la parte *d* de las... del efod 6440
Nm 19.4 rociará hacia la... *d* del tabernáculo 6440
Dt 33.21 vino en la *d* del pueblo, con Israel 7218
2 R 16.14 el altar... en la parte *d* de la casa 6440
Job 41.13 ¿quién descubrirá la *d*... vestidura? 6440

DELEITAR
Neh 9.25 y se *deleitaron* en tu gran bondad 5727
Job 22.26 te *deleitarás* en el Omnipotente, y 6026
27.10 *deleitarás* en el Omnipotente? ¿Invocará 6026
Sal 37.4 *deléitate* asimismo en Jehová, y él te 6026
112.1 en sus mandamientos se *deleita* en gran 2654
147.10 no se *deleita* en la fuerza del caballo 2654
Is 55.2 se *deleitará* vuestra alma con grosura 6026
58 14 entonces te *deleitarás* en Jehová, y yo 2654
66.11 y os *deleitéis* con el resplandor de su 6026
Jer 14.10 se *deleitaron* en vagar, y no dieron 157
31.20 no es Efraín... niño en quien me *deleito*? 8191
Mi 7.18 no... porque se *deleita* en misericordia 2654
Ro 7.22 según el hombre interior, me *deleito* *4913*

DELEITE
Gn 18.12 ¿después que he envejecido tendré *d* 5730
49.20 el pan de Aser será... y él dará *d* al rey 4574
2 S 1.24 quien os vestía de escarlata con *d* 5730
Job 21.21 ¿qué *d* tendrá él de su casa después 2656
Sal 141.4 no dejes que... y no coma yo de sus *d* 4516
Pr 19 10 no conviene al necio el *d*; ¡cuanto 8588
21.17 necesitado será el que ama el *d*, y el 8057
Ec 2.8 de los *d* de los hijos de los hombres 8588
Is 13.22 aullarán hienas... en sus casas de *d* 6027
Ez 24.16 yo te quito de golpe el *d* de tus ojos 4261
24.21 aquí yo profano... el *d* de vuestra alma 4263
24.25 *d* de su ojos y el anhelo de sus almas 4261
Lc 7.25 **y viven en *d*, en los palacios de los** *5172*
2 Ti 3.4 amadores de los *d* más que de Dios *5369*
Tit 3.3 esclavos de... *d* diversos, viviendo en 2237
He 11.25 gozar de los *d* temporales del pecado *619*
Stg 4.3 pedís mal, para gastar en vuestros *d* *2237*
5.5 habéis vivido en *d* sobre la tierra, y sido *5171*
2 P 2.13 que tienen por delicia el gozar de *d* *2237*
Ap 18.3 enriquecido de la potencia de sus *d* *4764*
18.7 ha vivido en *d*, tanto dadle de tormento *4763*
18.9 y con ella han vivido en *d*, llorarán y *4763*

DELEITOSO, A
Gn 49.15 vio... que la tierra era *d*; y bajó su 5276
Sal 16.6 las cuerdas me cayeron en lugares *d* 5273
Pr 3.17 sus caminos son caminos *d*, y todas sus 5278
Cnt 7.6 ¡qué hermosa... cuán suave, oh amor *d*! 5276
Is 32.12 lamentarán por los campos *d*, por la 2531

DELGADO
Lv 13.30 pelo de ella fuere amarillento y *d* 1851

DELIBERAR
Jer 51.12 porque *deliberó* Jehová, y aun pondrá 2161

DELICADAMENTE
Lm 4.5 los que comían *d* fueron asolados 4574

DELICADEZA
Dt 28.56 tierna... de pura *d* y ternura, mirará 6026
Jer 51.34 me tragó... llenó su vientre de mis *d* 5730

DELICADO, A
Gn 29.17 los ojos de Lea eran *d*, pero Raquel 7390
Dt 28.54 el muy *d*, mirará con malos ojos a su 6028
28.56 la tierna y la *d* entre vosotros, que 6028
1 R 19.12 tras el fuego un silbo apacible y *d* 1851
Sal 23.2 lugares de *d* pastos me hará descansar 1877
Pr 4.3 fui hijo... *d* y único delante de mi madre 7390
23.3 no codicies sus manjares *d*, porque es 4303
Is 47.1 hija... nunca más te llamarán tierna y *d* 6028
Jer 6.2 destruiré a la bella y *d* hija de Sion 6026
25.37 pastos *d* serán destruidos por el ardor 7965
Dn 10.3 no comí manjar *d*, ni... carne ni vino 2530
Mt 11.8 **¿a un hombre cubierto de vestiduras *d*?** *3120*
11.8 **que llevan vestiduras *d*, en las casas de** *3120*
Lc 7.25 **¿a un hombre cubierto de vestiduras *d*?** *3120*

DELICIA
Sal 1.2 en la ley de Jehová está su *d*, y en 2656
16.11 de gozo; *d* a tu diestra para siempre 5273
36.8 tú los abrevarás del torrente de tus *d* 5730
119.24 pues tus testimonios son mis *d* y mis 8191
119.77 para que viva, porque tu ley es mi *d* 8191
119.92 si tu ley no hubiese sido mi *d*, ya en 8191
119.143 mi, mas tus mandamientos fueron mi *d* 8191
119.174 he deseado... Jehová, y tu ley es mi *d* 8191
Pr 8.30 con él estaba... era su *d* de día en día 8191
8.31 mis *d* son con los hijos de los hombres 8191
Is 58.13 y lo llamares *d*, santo, glorioso de 6027
Mi 1.16 y trasquílate por los hijos de tus *d* 8588
2.9 echasteis... de las casas que eran su *d* 8588
2 P 2.13 que tienen por *d* el gozar de deleites *2237*

DELICIOSO, A
Gn 2.9 Dios hizo... todo árbol *d* a la vista, y 2530
Sal 81.2 tañed el pandero, el arpa *d* y el 5273
133.1 y cuán *d* es habitar los... en armonía! 5273
Pr 22.18 es cosa *d*, si las guardares dentro 5273
Is 5.7 y los hombres de Judá planta *d* suya 8191
Os 9.13 semejante a Tiro, situado en lugar *d* 5116

DELINCUENTE
Dt 25.2 el *d* mereciere ser azotado, entonces 7563

DELINEAR
Jos 18.6 *delinearéis* la tierra en siete partes 3789
18.8 mandó... a los que iban para *delinear* la 3789
18.8 id, recorred la tierra y *delineadla*, y 3789
18.9 *delineándola* por ciudades en 7 partes 3789

DELINQUIR
Gn 40.1 *delinquieron* contra su señor el rey 2398
Lv 4.27 si... pecare por yerro... y *delinquiere* 816
5.2 tocado... será inmunda, y habrá *delinquido* 816
5.19 y ciertamente *delinquió* contra Jehová 816
Nm 5.6 prevarican contra Jehová y *delinquen* 816
Ez 25.12 *delinquieron*... y se vengaron de ellos 816

DELIRAR
1 Ti 6.4 está envanecido, nada sabe, y *delira* *3552*

DELITO
Lv 19.8 el que lo comiere llevará su *d*, por 5771
Dt 19.15 un solo testigo... en cualquier *d* ni 5771
25.2 según su *d* será el número de azotes 7564
2 Cr 28.13 siendo muy grande nuestro *d*, y el 819
Esd 9.6 nuestros *d* han crecido hasta el cielo 5771
9.15 henos aquí delante de ti en nuestros *d* 819
10.19 ofrecieron como ofrenda por... por su *d* 819
Sal 59.4 sin *d* mío corren y se aperciben 5771
Jer 2.34 sangre... No los hallaste en ningún *d*
Ez 7.23 la tierra está llena de *d* de sangre 4941
Lc 23.4 dijo... Ningún *d* hallo en este hombre *158*
23.14 no he hallado en este hombre *d* alguno *158*
23.22 ningún *d* digno de muerte he hallado en *158*
Jn 18.38 les dijo: Yo no hallo en él ningún *d* *156*
19.4 que entendáis que ningún *d* hallo en él *156*
19.6 tomadle vosotros... yo no hallo *d* en él *156*
Hch 20.15 llegamos *d* de Quío *481*
23.29 ningún *d* tenía digno de muerte o de *1462*
Ef 2.1 cuando estabais muertos en... *d* y pecados *3900*

DEMANDA
Neh 5.6 ¿cuál es tu *d*? Aunque sea la mitad del 1246
5.7 respondió... Mi petición y mi *d* es esta 1246
5.8 si place al rey... conceder mi *d*, que venga 1246
7.2 ¿cuál es tu *d*? Aunque sea la mitad del 1246
7.3 séame dada mi vida... mi pueblo por mi *d* 1246
9.12 el rey... ¿o qué más es tu *d*? y será hecha 1246

DEMANDAR
Gn 9.5 *demandaré* la sangre de vuestras vidas 1875
9.5 de mano de todo animal la *demandaré*, y de 1875
9.5 de mano del... *demandaré* la vida del hombre 1875
42.22 aquí también se nos *demanda* su sangre 1875
Dt 15.2 no lo *demandará* más a su prójimo, o a 5065
15.3 del extranjero *demandarás* el reintegro 5065
23.21 lo *demandará* Jehová tu Dios de ti, y 1875
Jos 22.23 si... el mismo Jehová nos lo *demande* 1245
Jue 21.22 si vinieren los... a *demandárnoslas* 7378
2 S 4.11 ¿no he de *demandar* yo su sangre de 1245
1 R 2.22 rey... *Demanda* también para él el reino 7592
3.11 dijo Dios: Porque has *demandado* esto, y 7592
3.11 sino que *demandaste* para ti inteligencia 7597
1 Cr 12.17 Dios de nuestros padres... lo *demande* 3198
2 Cr 24.22 dijo... Jehová lo vea y lo *demande* 1875
Neh 5.11 que *demandáis* de ellos como interés 5383
5.12 nada les *demandaremos*; haremos así como 1245
Sal 9.12 el que *demanda* la sangre se acordó 1875
21.4 vida te *demandó*, y se la diste; largura 7592
27.4 una cosa he *demandado* a Jehová, ésta 7592
40.6 holocausto y expiación no has *demandado* 7592
44.21 ¿no *demandaría* Dios esto? Porque él 2713
Pr 30.7 dos cosas te he *demandado*; no me las 7592
Is 1.12 ¿quién *demanda* esto de vuestras manos 1245
7.11 pide... *demandándola* ya sea de abajo en lo 7592
Ez 3.18,20 pero su sangre *demandaré* de tu mano 1245
20.40 allí *demandaré* vuestras ofrendas, y las 1875
33.6 *demandaré* su sangre de mano del atalaya 1875
33.8 su sangre yo la *demandaré* de tu mano 1245
34.10 *demandaré* mis ovejas de su mano, y les 1875
Dn 2.11 asunto que el rey *demanda* es difícil 7593
2.27 Daniel... El misterio que el rey *demanda* 7593
6.7 días *demande* petición de cualquier dios u 1156
Mi 7.3 el príncipe *demanda*, y el juez juzga 7592
Mt 12.39; 16.4 **la generación mala... *demanda*** *1934*
Lc 11.29 ***demanda* señal, pero señal no le será** *1934*
11.50 **se *demande* de esta generación la sangre** *1567*
11.51 **que será *demandada* de esta generación** *1567*
12.48 **haya dado mucho, mucho se le *demandará*** *2212*
Hch 19.39 si *demandáis* alguna otra cosa, en *1934*
25.24 me ha *demandado* en Jerusalén y aquí *1793*
1 P 3.15 que os *demande* razón de la esperanza *154*

DEMAS *Compañero de Pablo*, Col 4.14; Flm 24; 2 Ti 4.10 .... *1214*

DEMÁS *Véase el Apéndice*

DEMASÍA
Nm 11.14 soportar a... este pueblo... pesado en *d*

DEMASIADO, A
Éx 18.18 porque el trabajo es *d* pesado
Dt 30.11 que yo te ordeno hoy no es *d*
2 S 11.20 ¿por qué os acercasteis *d* a la
Job 42.3 cosas *d* maravillosas para mí
Sal 131.1 ni en cosas *d* sublimes para
139.6 tal conocimiento es *d* maravilloso para mí
Pr 17.19 y el que abre *d* la puerta busca
Ec 7.16 no seas *d* justo, ni seas sabio 7235
2 Co 2.7 para... sea consumido de *d* tristeza *4055*
11.21 para vergüenza... para eso fuimos *d* débiles

DEMENTE
1 S 21.14 he aquí, veis que este hombre es *d* 7696

DEMETRIO
1. Platero en Éfeso
Hch 19.24 un platero llamado *D*, que hacía de *1216*
19.38 si *D* y los artífices que están con él *1216*
2. Cristiano eminente
3 Jn 12 todos dan testimonio de *D*, y aun la *1216*

DEMOLER
Ez 26.4 *demolerán* los muros de Tiro... torres 7843
Os 10.2 *demoleré* sus altares, destruirá sus 6202

DEMONIO
Lv 17.7 nunca más sacrificarán sus... a los *d* 8163
Dt 32.17 sacrificaron a los *d*, y no a Dios 7700
2 Cr 11.15 sacerdotes para los... y para los *d* 8163
Sal 106.37 sacrificaron sus hijos y... a los *d* 7700
Mt 7.22 **dirán... en tu nombre echamos fuera *d*** *1140*
8.16 y con la palabra echó fuera a los *d*, y *1139*
8.31 los *d* le rogaron diciendo: Si nos echas *1142*
9.33 echado fuera el *d*, el mudo habló; y la *1140*
9.34 por el príncipe de los *d* echa fuera *1140*
10.8 **echad fuera *d*; de gracia recibisteis, dad** *1140*
11.18 **Juan, que ni comía... y dicen: *D* tiene** *1140*
12.24 echa fuera los *d*... el príncipe de los *d* *1140*
12.27 **y si yo echo fuera los *d* por Beelzebú** *1140*
12.28 **yo por el Espíritu de Dios echo... los *d*** *1140*
15.22 hija es gravemente atormentada por un *d* *1139*
17.18 reprendió Jesús al *d*, el cual salió del *1140*
Mr 1.34 echó... *d*; y no dejaba hablar a los *d* *1140*
1.39 predicaba en las... y echaba fuera los *d* *1140*
3.15 tuviesen autoridad... para echar fuera *d* *1140*
3.22 el príncipe de los *d* echaba fuera los *d* *1140*
5.12 le rogaron... los *d*, diciendo: Envíanos *1142*
5.15 ven al que había sido atormentado del *d* *1139*
5.16 aconteció al que había tenido el *d*, y *1139*
6.13 y echaban fuera muchos *d*, y ungían con *1140*
7.26 y le rogaba que echase... de su hija al *d* *1140*
7.29 **le dijo... vé; el *d* ha salido de tu hija** *1140*
7.30 halló que el *d* había salido, y a la hija *1140*

9.38 a uno que en tu nombre echaba fuera *d* 1140
16.9 a María...de quien había echado siete *d* 1140
16.17 **señales...En mi nombre echarán fuera *d*** 1140
Lc 4.33 un hombre que tenía un espíritu de *d* 1140
4.35 *d*, derribándole en medio de ellos, salió 1140
4.41 también salían *d* de muchos, dando voces 1140
7.33 **vino Juan...ni comía...y decís: *D* tiene** 1140
8.2 María...de la que habían salido siete *d* 1140
8.29 era impelido por el *d* a los desiertos 1142
8.30 porque muchos *d* habían entrado en él 1140
8.33 los *d*, salidos del hombre, entraron en 1140
8.35,38 hombre de quien habían salido los *d* 1140
9.1 dio poder y autoridad sobre todos los *d* 1140
9.42 *d* le derribó y le sacudió con violencia 1140
9.49 a uno que echaba fuera *d* en tu nombre 1140
10.17 aun los *d* se nos sujetan en tu nombre 1140
11.14 estaba Jesús echando fuera un *d*, que 1140
11.14 salido el *d*, el mudo habló; y la gente 1140
11.15 príncipe de los *d*, echa fuera los *d* 1140
11.18 **que por Beelzebú echo yo fuera los *d*** 1140
11.19 **pues si yo echo fuera los *d* por Beelzebú** 1140
11.20 **si por el dedo de Dios echo yo...los *d*** 1140
13.32 **echo fuera *d* y hago curaciones hoy y** 1140
Jn 7.20 dijo: *D* tienes; ¿quién procura matarte? 1140
8.48 que tú eres samaritano, y que tienes *d*? 1140
8.49 **yo no tengo *d*, antes honro a mi Padre** 1140
8.52 le dijeron: Ahora conocemos que tienes *d* 1140
10.20 decían: *D* tiene, y está fuera de sí 1140
10.21 ¿puede acaso el *d* abrir los ojos de los 1140
1 Co 10.20 a los *d* los sacrifican, y no a Dios 1140
10.20 no...que os hagáis partícipes con los *d* 1140
10.21 no podéis beber la...y la copa de los *d* 1140
10.21 mesa del Señor, y de la mesa de los *d* 1140
1 Ti 4.1 escuchando a...y a doctrinas de *d* 1140
Stg 2.19 tú crees que...los *d* creen, y tiemblan 1140
Ap 9.20 ni dejaron de adorar a los *d*, y a las 1140
16.14 son espíritus de *d*, que hacen señales 1142
18.2 se ha hecho habitación de *d* y guarida 1142

DEMORAR
Éx 22.29 no *demorarás* la primicia...tu cosecha 309
Dt 7.10 no se *demora* con el que le odia, en 309
Pr 13.12 esperanza que se *demora* es tormento 4900
Lc 1.21 se extrañaba de que él se *demorase* en 5549

DEMOSTRACIÓN
1 Co 2.4 sino con *d* del Espíritu y de poder 585
2 Ts 1.5 esto es *d* del justo juicio de Dios 1730

DEMOSTRAR
Esd 2.59 que no pudieron *demostrar* la casa de 5046
Hch 9.22 *demostrando* que Jesús era el Cristo 4822
18.28 *demostrando*...que Jesús era el Cristo 1925
2 Co 8.19 para *demostrar* vuestra buena voluntad
11.6 en todo y, todo os lo hemos *demostrado* 5319

DEMUDAR
Job 14.20 *demudarás* su rostro, y le despedirás 8138
Ez 27.35 temblarán de...*demudarán* sus rostros 7481
Dn 3.19 *demudó* el aspecto de su rostro contra 8133
7.28 y mi rostro se *demudó*: pero guardé el 8133
Nah 2.10 dolor...entrañas, rostros *demudados* 6289
Mt 6.16 ***demudan* sus rostros para mostrar a los** 853

DENARIO
Mt 18.28 **halló a uno de...que le debía cien *d*** 1220
20.2 **convenido con...obreros en un *d* al día** 1220
20.9 **al venir los...recibieron cada uno un *d*** 1220
20.10 **también ellos recibieron cada uno un *d*** 1220
20.13 **dijo...¿no conviniste conmigo en un *d*?** 1220
22.19 **tributo. Y ellos le presentaron un *d*** 1220
Mr 6.37 ¿que...compremos pan por doscientos *d* 1220
14.5 podía haberse vendido por más de 300 *d* 1220
Lc 7.41 **uno le debía quinientos *d*, y el otro** 1220
10.35 **sacó dos *d*, y los dio al mesonero, y** 1220
Jn 6.7 doscientos *d* de pan no bastarían para 1220
12.5 vendido por trescientos *d*, y dado a los 1220
Ap 6.6 decía: Dos libras de trigo por un *d*, y 1220
6.6 decía...y seis libras de cebada por un *d* 1220

DENODADAMENTE
Hch 9.29 y hablaba *d* en el nombre del Señor 3955

DENSA
Éx 10.22 *d* tinieblas sobre toda la tierra de 653
2 S 22.12 puso...oscuridad de aguas y *d* nubes 5645
Job 10.22 tierra...cuya luz es como *d* tinieblas 652
37.11 regando...llega a disipar la *d* nube, y 5645
Sal 18.9 había *d* tinieblas debajo de sus pies 6205
Ez 31.3 cedro...y su copa estaba entre *d* ramas 5688
31.10 levantado...entre *d* ramas, su corazón 5688
2 P 2.17 la más *d* oscuridad está reservada para 2217

DENTERA
Jer 31.29 los dientes de los hijos tienen la *d* 8127
31.30 comiere las uvas agrias, tendrán la *d* 8127
Ez 18.2 los dientes de los hijos tienen la *d*? 8127

DENTRO *Véase el Apéndice*

DENUEDO
Hch 4.13 viendo el *d* de Pedro y de Juan, y 3954
4.29 concede...con todo *d* hablen tu palabra 3954
4.31 y hablaban con *d* la palabra de Dios 3954
13.46 y Bernabé, hablando con *d*, dijeron: A 3955
14.3 detuvieron allí mucho...hablando con *d* 3955
18.26 comenzó a hablar con *d* en la sinagoga 3955
19.8 habló con *d* por espacio de tres meses 3955
Ef 6.19 para dar a conocer con *d* el misterio 3954
6.20 que con *d* hable de él, como debo hablar 3955
1 Ts 2.2 *d* en nuestro Dios para anunciaros el 3955

DENUESTO
Sal 69.9 los *d* de los que...cayeron sobre mí 2781
Ez 36.15 nunca...ni más llevarás *d* de pueblos 2781
Sof 2.8 y los *d* de los hijos de Amón con que 1421

DENUNCIAR
Lv 5.1 testigo que vio...y no lo *denunciare* 5046
Jos 2.14 no *denunciareis* este asunto nuestro 5046
2.20 si tú *denunciares* este nuestro asunto 5046
Est 2.22 *denunció* a la reina Ester, y Ester 5046
3.4 que...lo *denunciaron* a Amán, para ver si 5046
6.2 Mardoqueo había *denunciado* el complot 5046
Job 17.5 que *denuncia* a sus amigos como presa 5046
21.31 le *denunciará* en su cara su camino? 5046
Jer 20.10 porque oí...*Denunciad, denunciémosle* 5046
Ez 23.36 les *denunciarás* sus abominaciones? 5046
Mi 3.8 para *denunciar* a Jacob su rebelión, y 5046
Hch 28.21 venido alguno...que haya *denunciado* 518

DEPENDENCIA
1 R 6.38 fue acabada la casa con todas sus *d* 1697

DEPENDER
Mt 22.40 **de estos dos...*depende* toda la ley y** 2910
Ro 9.16 no *depende* del que quiere, ni del que
12.18 en cuanto *dependa* de vosotros, estad 1537
Gá 3.10 que *dependen* de las obras de la ley 3745

DEPONER
2 Cr 15.16 a Maaca madre del rey...la *depuso* 5493
Ez 21.26 *depón* la tiara, quita la corona; esto 5493
Dn 5.20 fue *depuesto* del trono de su reino, y 5182

DEPORTACIÓN
Ez 1.2 el quinto año de la *d* del rey Joaquín 1546
Mt 1.11 en el tiempo de la *d* a Babilonia 3350
1.12 después de la *d*...Jeconías engendró a 3350
1.17 desde David hasta la *d* a Babilonia, 14 3350
1.17 y desde la *d* a Babilonia hasta Cristo 3350

DEPORTAR
Is 20.4 llevará el rey...*deportados* de Etiopía 1546
Jer 40.1 cautivos...iban *deportados* a Babilonia 1546
Dn 2.25 he hallado un varón de los *deportados* ... 1123,1547

DEPOSITAR
1 R 7.51 *depositó* todo en las tesorerías de la 5414
2 Cr 31.6 trajeron los diezmos...*depositaron* en 5414
31.12 en ellas *depositaron* las primicias y 935
Jer 36.20 habiendo *depositado* el rollo en el 6485

DEPÓSITO
Gn 41.36 aquella provisión en *d* para el país 6487
Éx 7.19 tu vara...sobre todos sus *d* de aguas 4723
Lv 6.4 el *d* que se le encomendó, o lo perdido 6487
2 Cr 32.28 hizo *d* para las rentas del grano 4543
Sal 3 3.7 las aguas...él pone en *d* los abismos 214
135.7 hace subir...saca de sus *d* los vientos 214
Jer 10.13; 51.16 y saca el viento de sus *d* 214
Zac 4.2 he aquí un candelabro...con un *d* encima 1543
4.3 uno a la derecha del *d* y el otro a su 1543
2 Ti 1.12 es poderoso para guardar mi *d* para 3866
1.14 guarda el buen *d* por el Espíritu Santo 3872

DEPRAVADO, A
Nm 14.27 ¿hasta cuándo oiré esta *d* multitud 7451
Pr 6.12 hombre malo, el hombre *d*, es el que 205
Is 1.4 ¡oh...generación de malignos, hijos *d*! 7843
Ez 23.44 vinieron a...y a Aholiba, mujeres *d* 2154

DEPURAR
Dn 11.35 los sabios caerán para ser *depurados* 1305

DERBE *Ciudad de Licaonia*
Hch 14.6 habiéndolo sabido, huyeron a...y *D* 1191
14.20 día siguiente salió con Bernabé para *D* 1191
16.1 después llegó a *D* y a Listra; y he aquí 1191
20.4 y le acompañaron...Gayo de *D*, y Timoteo 1190

DERECHO, A
Gn 13.9 si...yo iré a la *d*; y si tú a la *d*, yo 3231,3225
37.7 que mi manojo se levantaba y estaba *d* 5324
48.13 Efraín a su *d*...y Manasés...*d* de Israel 3225
48.14 Israel extendió su mano *d*, y la puso 3225
48.17 que ponía la mano *d* sobre la cabeza de 3225
48.18 éste es...pon tu mano *d* sobre su cabeza 3225
Éx 14.22,29 las aguas como muro a su *d* y a 3225
23.6 no pervertirás el *d* de tu mendigo en su 4941
26.15 tablas de madera de acacia, que estén *d* 5975
29.9 y tendrán el sacerdocio por *d* perpetuo 2708
29.20 sangre y la pondrás sobre...la oreja *d* 3233
29.20 sobre el dedo pulgar de las manos *d* 3225
29.20 y sobre el dedo pulgar de los pies *d* 3225
29.22 tomarás del carnero...y la espaldilla *d* 3225
36.20 hizo...las tablas de madera de acacia, *d* 5975
Lv 7.32 daréis al sacerdote...la espaldilla *d* 3225
7.33 recibirá la espaldilla *d* como porción 3225
8.23 sobre el lóbulo de la oreja *d* de Aarón 3233
8.23 sobre el dedo pulgar de su mano *d*, y 3225
8.23 y sobre el dedo pulgar de su pie *d* 3225
8.24 sangre sobre el lóbulo de sus orejas *d* 3225
8.24 puso...sobre los pulgares de sus manos *d* 3225
8.24 puso...sobre los pulgares de sus pies *d* 3225
8.25 riñones y la grosura...y la espaldilla *d* 3225
8.26 con la grosura y con la espaldilla *d* 3225
9.21 la espaldilla *d*, los meció Aarón como 3225
10.14 porque por *d* son tuyos y de tus hijos 2706
10.15 será por *d* perpetuo tuyo y de tus hijos 3225
13,55 esté lo raído en el *d* o en el revés de 7146
14.14,17,25 sobre el lóbulo de la oreja *d* 3233
14.14,17,25 pulgar de su mano *d* y...de su pie *d* 3225
14.16 mojará su dedo *d* en el aceite que tiene 3225
14.27 con su dedo *d*...rociará del aceite que 3225
14.28 pondrá del aceite...sobre...la oreja *d* 3225
14.28 el pulgar de su mano *d* y...de su pie *d* 3225
24.9 será de Aarón y de sus...por *d* perpetuo 2706
Nm 18.18 la carne...la espaldilla *d*, será tuya 3225
22.26 para apartarse ni a *d* ni a izquierda 3225
27.11 por estatuto de *d*, como Jehová mandó 4941
35.29 estas cosas...serán por ordenanza de *d* 3225
Dt 16.19 no tuerzas el *d*; no hagas acepción 3225
17.8 otra, entre una clase de *d* legal y otra 3225
18.3 y este será el *d* de los sacerdotes de 3225
21.16 no podrá dar el *d* de primogenitura al
24.17 no torcerás el *d* del extranjero ni del 4941
27.19 maldito el que pervirtiere el *d*...viuda 3225
33.2 vino...con la ley de fuego a su mano *d* 3225
Jos 6.5 subirá el pueblo, cada uno *d* hacia 5048
6.20 pueblo subió...cada uno *d* hacia adelante 3225
Jue 3.16 y se lo ciñó debajo de...a su lado *d* 3225
3.21 alargó Aod...tomó el puñal de su lado *d* 3225
7.20 en la *d* las trompetas con que tocaban 3225
16.29 su mano *d* sobre una y...sobre la otra 3225
Rt 4.6 respondió...redime tú, usando de mi *d* 1353
1 S 6.12 sin apartarse ni a *d* ni a izquierda 3225
8.3 dejándose sobornar y pervirtiendo el *d* 4941
11.2 que a cada uno de todos...saque el ojo *d* 3225
2 S 2.19 siguió Asael...sin apartarse ni a *d* 3225
2.21 dijo: Apártate a la *d* o a la izquierda 3225
14.19 hay que apartarse a *d* ni a izquierda 3231
16.6 los hombres valientes estaban a su *d* 3225
19.28 ¿qué *d*...tengo aún para clamar más al 6666
1 R 6.8 puerta...estaba al lado *d* de la casa 3233
7.21 alzado la columna del lado *d*, le puso 3225
7.39 basas a la mano *d*...mar al lado *d* de la 3225
7.49 cinco candeleros de oro...a la mano *d* 3225
10.9 te ha puesto por rey, para que hagas *d* 4941
22.19 el ejército de los cielos...a su *d* y a 3225
2 R 11.11 desde el lado *d* de la casa hasta 3233
12.9 arca...puso junto al altar, a la mano *d* 3225
17.37 y *d* y ley y...que os dio por escrito 2706
22.2 anduvo en todo...sin apartarse a *d* ni a 3225
23.13 lugares altos...a la mano *d* del monte 3225
1 Cr 5.1 sus *d* de primogenitura fueron dados 1062
5.2 mas el *d* de primogenitura fue de José 3225
6.39 su hermano Asaf...estaba a su mano *d* 3225
2 Cr 3.17 una a la mano *d*...la de la mano *d* 3227
4.6 fuentes...cinco a la *d* y 5 a la izquierda 3225
4.7 candeleros...5 a la *d* y 5 a la izquierda 3225
4.8 diez mesas...5 a la *d* y 5 a la izquierda 3225
4.10 y colocó el mar al lado *d*, hacia el 3233
18.18 todo el ejército...estaba a su mano *d* 3225
23.10 desde el rincón *d* del templo hasta el 3233
34.2 anduvo en...sin apartarse a la *d* ni a la 3225
Esd 8.21 para solicitar de él camino *d* para 3477
Neh 2.20 vosotros no tenéis...ni *d* ni memoria 6666
8.4 estaban Matatías...y Maasías a su mano *d* 3225
12.31 uno a la *d*, sobre el muro, hacia la 3225
Est 1.13 todos los que sabían la ley y el *d* 1779
Job 8.3 ¿acaso torcerá Dios el *d*, o pervertirá 4941
27.2 vive Dios, que ha quitado mi *d*, y el 3225
30.12 a la mano *d* se levantó el populacho 3225
31.13 si...tenido en poco el *d* de mi siervo 4941
32.9 no son...ni los ancianos entienden el *d* 3225
34.5 Job ha dicho...Dios me ha quitado mi *d* 3225
34.12 y el Omnipotente no pervertirá el *d* 3225
36.6 impío, pero a los afligidos dará su *d* 3225
Sal 9.4 porque has mantenido mi *d* y mi causa 3225
37.6 como la luz, y tu *d* como el mediodía 3225
73.23 estuve contigo; me tomaste de la mano *d* 3225
78.54 los trajo a...monte que ganó su mano *d* 3225
103.6 y *d* a todos los que padecen violencia 4941
107.7 los dirigió por camino *d*, para que 3477
140.12 a su cargo...el *d* de los necesitados 4941
Pr 2.13 que dejan los caminos *d*, para andar 3476
3.16 largura de días está en su mano *d*; en 3225
4.11 por...y por veredas *d* te he hecho andar 3476
4.27 no te desvíes a la *d* ni a la izquierda 3225
9.15 llamar a los...que van por sus caminos *d* 3474
12.15 el camino del necio es *d* en su opinión 3477
14.12 hay camino que al hombre le parece *d* 3225
16.8 poco...que la muchedumbre de frutos sin *d* ... 4941
Pr 16.25 camino que parece *d* al hombre, pero su 3477
18.5 pervertir el *d* del justo, no es bueno 6662
Ec 5.8 perversión de *d* y de justicia vieres en 4941
10.2 el corazón del sabio está a su mano *d* 3225
Cnt 2.6; 8.3 su izquierda está...su *d* me abrace 3225
Is 5.23 justifican al...y al justo quitan su *d*! 6666
10.2 y para quitar el *d* a los afligidos de 4941
24.5 falsearon el *d*, quebrantaron el pacto 8451
30.21 y no echéis a la mano *d* ni tampoco 541
41.13 tu Dios, quien te sostiene de tu mano *d* 3225
Jer 10.5 *d* están como palmera, y no hablan 4749
Lm 2.4 entesó su arco...afirmó su mano *d* como 3225
Ez 1.7 los pies de ellos eran *d*, y la planta 3477
Jon 4.11 no saben discernir entre su mano *d* y 3225
Mi 3.9 que abomináis el...y pervertes todo el *d* 3477
Hab 2.16 cáliz de la mano *d* de Jehová vendrá 3225
Zac 3.1 y Satanás...a su mano *d* para acusarle 3225
4.3 uno a la *d* del despojo, y el otro a su 3225
4.11 estos dos olivos a la *d* del candelabro 3225
11.17 y Su ojo *d* ser: enteramente oscurecido 3225
11.17 hiera la espada su brazo, y su ojo *d* 3225
Mt 5.29 **si tu ojo *d* te es ocasión de caer, sácalo** 1188
5.30 **si tu mano *d* te es ocasión de caer, córtala** 1188
5.39 **cualquiera que te hiera en la mejilla *d*** 1188
6.3 **no sepa tu izquierda lo que hace tu *d*** 1188
20.21 uno a tu *d*, y el otro a tu izquierda 1188
20.23 **el sentaros a mi *d* y...no es mío darlo** 1188
22.44 **siéntate a mi *d*, hasta que ponga a tus** 1188
25.34 **entonces e] Rey dirá a los de su *d*** 1188

27.29 una caja en su mano *d*; e hincando la 1188
27.38 a dos ladrones, uno a la *d*, y otro a la 1188
Mr 10.37 sentemos el uno a tu *d*, y el otro a 1188
10.40 **el sentaros a mi *d* y a mi izquierda, no** 1188
15.27 uno a su *d*, y el otro a su izquierda 1188
16.5 a un joven sentado al lado *d*, cubierto 1188
Lc 1.11 ángel...a la *d* del altar del incienso 1188
6.6 allí un hombre que tenía seca la mano *d* 1188
22.50 hirió a un siervo...le cortó la oreja *d* 1188
23.33 los malhechores, uno a la *d*, y otro a 1188
Jn 18.10 hirió al siervo...le cortó la oreja *d* 1188
21.6 **dijo: Echad la red a la *d* de la barca** 1188
Hch 3.7 y tomándole por la mano *d* le levantó 1188
9.11 **vé a la calle que se llama *D*, y busca** 2117
14.10 a gran voz: Levántate *d* sobre tus pies 3717
18.14 oh judíos, conforme a *d* yo os toleraría 3056
1 Co 9.4 ¿acaso no tenemos *d* de comer y beber? 1849
9.5 ¿no tenemos *d* de traer con...una hermana 1849
9.6 solo yo y...no tenemos *d* de no trabajar? 1849
9.12 si otros participan de este *d* sobre 1849
9.12 pero no hemos usado de este *d*, sino que 1849
9.18 para no abusar de mi *d* en el evangelio 1849
2 Ts 3.9 no porque no tuviésemos *d*, sino por 1849
He 12.13 y haced sendas *d* para vuestros pies 3717
13.10 altar, del cual no tienen *d* de comer los 1849
Ap 5.1 vi en la mano *d* del que estaba sentado 1188
5.7 y vino, y tomó el libro de la mano *d* del 1188
10.2 pie *d* sobre el mar, y el izquierdo sobre 1188
13.16 se les pusiese una marca en la mano *d* 1188
22.14 para tener *d* al árbol de la vida y 1188

DERIVA
Hch 27.17 arriaron velas y quedaron a la *d* 5342

DERRAMADO *Véase derramar*

DERRAMADOR
Pr 6.17 los ojos altivos...manos *d* de sangre 8210
Ez 18.10 *d* de sangre, o que haga alguna cosa 8210
22.2 ¿no juzgarás tu a la ciudad *d* de sangre
22.3 ¡ciudad *d* de sangre en medio de sí para 8210

DERRAMAMIENTO
Lv 22.4 verán que hubiere tenido *d* de semen 2100
Dt 19.10 que...no seas culpado de *d* de sangre 8210
He 9.22 sin *d* de sangre no se hace remisión 130

DERRAMAR
Gn 9.6 el que *derramare* sangre de hombre, por 8210
28.18 tomó...y *derramó* aceite encima de ella 3332
35.14 y *derramó* sobre ella libación, y echó 5258
37.22 no *derraméis* sangre echadlo en esta 8210
Éx 4.9 *derramarás* en tierra...y se harán sangre 8210
29.7 el aceite...*derramarás* sobre su cabeza 3332
29.12 *derramarás* la...sangre al pie del altar 8210
30.9 tampoco *derramaréis* sobre él libación 5258
30.32 sobre carne de hombre no será *derramado* 3251
Lv 4.18 25 30 34 *derramará*...al pie del altar 8210
8.12 *derramó* del aceite...la cabeza de Aarón 3332
9.9 *derramó* el resto de la sangre al pie del 3332
14.41 *derramarán* fuera de la ciudad...el barro 8210
17.4 sangre *derramó*; será cortado el tal varón 8210
17.13 *derramará* su sangre y la cubrirá con 8210
21.10 cuya cabeza fue *derramado* el aceite de 3332
Nm 16.37 que tome...y *derrame* más allá el fuego 2219
28.7 *derramarás* libación de vino superior 5258
35.33 expiada de la sangre que fue *derramada* 8210
Dt 12.16 sobre la tierra la *derramaréis* como 8210
12.24 no...en tierra la *derramarás* como agua 8210
12.27 sangre...será *derramada* sobre el altar 8210
15.23 no comas su sangre...la *derramarás* como 8210
19.10 que no sea *derramada* sangre inocente 8210
21.7 nuestras manos no han *derramado* esta 8210
1 S 1.15 *derramado* mi alma delante de Jehová 8210
7.6 agua, y la *derramaron* delante de Jehová 8210
10.1 la *derramó* sobre su cabeza, y lo besó 3332
25.26 ha impedido el venir a *derramar* sangre
25.33 estorbado hoy de ir a *derramar* sangre
2 S 14.14 como aguas *derramadas* por tierra 5064
20.10 y *derramó* sus entrañas por tierra, y 8210
23.16 que la *derramó* para Jehová, diciendo 5258
1 R 2.5 él mató, *derramando* en tiempo de paz 7760
2.31 quita...la sangre que Joab ha *derramado* 8210
13.3 la ceniza que sobre él está se *derramará* 8210
13.5 se rompió...*derramó* la ceniza del altar 8210
18.34 *derramada* sobre el holocausto y sobre 3332
2 R 9.3 de aceite y *derramala* sobre su cabeza 3332
9.6 el otro *derramó* el aceite sobre su cabeza 3332
16.13 *derramó* sus libaciones, y esparció la 5258
21.16 *derramó* Manasés mucha sangre inocente 8210
24.4 sangre inocente que *derramó*...Jerusalén 8210
1 Cr 11.18 no la quiso beber...que la *derramó* 5258
22.8 has *derramado* mucha sangre y...guerras 8210
28.3 no edificaréis...*derramado* mucha sangre 8210
2 Cr 12.7 salvará...y no se *derramará* mi ira 5413
18.16 he visto a todo Israel *derramado* por 6327
34.25 se *derramará* mi ira sobre este lugar 5413
Job 12.21 *derrama* menosprecio...los príncipes 8210
15.33 vid *derramará* su flor como el olivo 7993
16.13 partió mis...mi hiel *derramó* por tierra 8210
16.20 mas ante Dios *derramaré* mis lágrimas 1811
22.16 fundamento fue como un río *derramado*? 3332
30.16 y ahora mi alma está *derramada* en mi 8210
38.8 cuando se *derramaba* saliéndose de su 3318
40.11 *derrama* el ardor de tu ira; mira a todo 6327
Sal 22.14 he caído *derramado* como aguas, y todos 8210
29.7 voz de Jehová que *derrama* llamas...fuego 2672
42.4 me acuerdo de estas...y *derramo* mi alma 8210
45.2 eres...la gracia se *derramó* en tus labios 3332
62.8 *derramad* delante de él vuestro corazón 8210
69.24 *derrama* sobre ellos tu ira, y el furor 8210
75.8 el cáliz está en...y él *derrama* del mismo 5064
79.3 *derramaron* su sangre como agua en los 8210
79.6 *derrama* tu ira sobre las naciones que 8210
79.10 la venganza de la sangre...fue *derramada* 8210
102 *tít.* delante de Jehová *derrama* su lamento 8210
106.38 y *derramaron* la sangre inocente, la 8210
147.16 da...y *derrama* la escarcha como ceniza 6340
Pr 1.11 ven...asechanzas para *derramar* sangre
1.16 pies...van presurosos a *derramar* sangre 8210
1.23 *derramaré* mi espíritu sobre vosotros 5042
5.16 ¿se *derramarán* tus fuentes por las calles 6327
12.6 son asechanzas para *derramar* sangre
15.28 boca de los impíos *derrama* malas cosas 5042
Ec 11.3 nubes...sobre la tierra la *derramarán* 7324
Cnt 1.3 tu nombre es como ungüento *derramado* 7324
Is 5.6 nubes mandaré que no *derramen* lluvia 4305
26.16 *derramaron* oración cuando...castigaste 6694
26.21 tierra descubrirá la sangre *derramada*
28.25 *derrama* el eneldo, siembra el comino 6327
29.10 Jehová *derramó* sobre...espíritu de sueño 5258
32.15 sea *derramado* el Espíritu de lo alto 6168
42.25 *derramó* sobre él el ardor de su ira 8210
44.3 *derramaré* aguas...mi Espíritu *d* sobre tu 3332
53.12 *derramó* su vida hasta la muerte, y fue 6168
57.6 ellas *derramaste* libación, y ofreciste 8210
59.7 se apresuran para *derramar* la sangre 8210
Jer 6.11 la *derramaré* sobre los niños en la 8210
7.6 ni en este lugar *derramaréis* la sangre 8210
7.20 mi furor y mi ira se *derramaron* sobre 5413
10.25 *derrama* tu enojo sobre los pueblos que 8210
14.16 ellas; y sobre ellos *derramará* su maldad 8210
14.17 *derramen* mis ojos lágrimas noche y día 3381
22.3 *derraméis* sangre inocente en este lugar 8210
22.17 tus ojos y...sino para...*derramar* sangre 8210
32.29 *derramaron* libaciones a dioses ajenos 5258
44.6 se *derramó* por tanto mi ira y mi furor 5413
44.17 *derramándose* libaciones como hemos 5258
44.18 dejamos de...y de *derramarle* libaciones 5258
44.19 acaso le *derramamos* libaciones sin 5258
44.25 incienso a la reina del...y *derramarle* 5258
Lm 2.4 en Sión *derramó* como fuego su enojo 8210
2.11 mi hígado se *derramó* por tierra a causa 8210
2.12 *derramando* sus almas en el regazo de sus 8210
2.19 *derramas* como agua tu corazón ante la 8210
4.11 cumplió Jehová: *derramó* el ardor de su 8210
4.13 *derramaron* en medio de ella la sangre 8210
Ez 7.8 ahora pronto *derramaré* mi ira sobre ti 8210
9.8 ¿destruirás a...*derramando* tu furor sobre 8210
14.19 *derramare* mi ira sobre ella en sangre 8210
16.15 *derramaste* tus fornicaciones a cuantos 8210
16.38 las leyes de las que *derraman* sangre 8210
20.8,13,21 dije que *derramaría* mi ira sobre 8210
20.28 porque allí *derramaron* sus libaciones 5258
20.33 y enojo *derramado*, he de reinar sobre 8210
20.34 os reuniré de las...con...enojo *derramado* 8210
20.46 sur, *derrama* tu palabra hacia la parte 5197
21.2 y *derrama* palabra sobre los santuarios 5197
21.31 *derramaré* sobre ti mi ira; el fuego de 8210
22.4 en tu sangre que *derramaste* has pecado 8210
22.6 poder, se esfuerzan en *derramar* sangre 8210
22.9 calumniadores...para *derramar* sangre 8210
22.12 precio para *derramar* sangre; interés 8210
22.13 y a causa de la sangre que *derramaste*
22.22 Jehová habré *derramado* mi enojo sobre 8210
22.27 *derramando* sangre, para destruir las 8210
22.31 por tanto *derramaré* sobre ellos mi ira 8210
23.8 y *derramaron* sobre ella su fornicación 8210
23.45 por la ley de las que *derraman* sangre 8210
24.7 sobre una piedra la ha *derramado*; no la 8210
24.7 no la *derramó* sobre la tierra para que 8210
30.15 *derramé* mi ira sobre Sin, fortaleza 8210
33 25 ¿comeréis con...y *derramaréis* sangre y 8210
36.18 *derramé* ira sobre ellos por la sangre; 8210
36.18 por la sangre que *derramaron* sobre la 8210
39.29 habré *derramado* de mi Espíritu sobre la 8210
Dn 9.20 *derramaba* mi ruego delante de Jehová 5307
9.27 lo que está determinado se *derrame* sobre 5413
Os 5.10 *derramaré* sobre ellos como agua mi ira 8210
12.14 hará recaer la sangre que ha *derramado*
Jl 2.28 *derramaré* mi Espíritu sobre toda carne 8210
2.29 sobre las siervas *derramaré* mi Espíritu 8210
3.19 porque *derramaron* en su tierra sangre 8210
Am 5 8 las *derrama* sobre la faz de la tierra 8210
9.6 y sobre la faz de la tierra las *derrama* 8210
Mi 1.6 y *derramaré* sus piedras por el valle 5064
Nah 3.18 tu pueblo se *derramó* por los montes 6335
Sof 1.17 la sangre...será *derramada* como polvo 8210
3.8 para *derramar* sobre ellos mi enojo todo 8210
Zac 12.10 *derramaré* espíritu de gracia; de 8210
Mal 3.10 y *derramaré* sobre vosotros bendición 7324
Mt 9.17 **y el vino se *derrama*, y los odres se** 1632
23.35 **toda la sangre justa que se ha *derramado*** 1632
26.7 *derramó* sobre la cabeza de él, estando 2708
26.12 ***derramar* este perfume sobre mi cuerpo** 906
26.28 **por muchos es *derramada* para remisión** 1632
Mr 2.22 **y el vino se *derrama*, y los odres se** 1632
14.3 perfume...se lo *derramó* sobre su cabeza 2708
14.24 **mi sangre...que por muchos es *derramada*** 1632
Lc 5.37 **vino...romperá los odres y se *derramará*** 1632
11.50 **la sangre...que se ha *derramado* desde la** 1632
22.20 **mi sangre, que por vosotros se *derrama*** 1632
Hch 1.18 y todas sus entrañas se *derramaron* 1632
2.17 *derramaré* de mi Espíritu sobre toda carne 1632
2.18 mis siervos y...*derramaré* de mi Espíritu 1632
2.33 ha *derramado* esto que vosotros veis y 1632
10.45 sobre los gentiles se *derramase* el don 1632
22.20 se *derramaba* la sangre de Esteban tu 1632
Ro 3.15 pies se apresuran para *derramar* sangre 1632
5.5 el amor de...ha sido *derramado* en nuestros 1632
Fil 2.17 y aunque sea *derramado* en libación 4689
Tit 3.6 *derramó* en nosotros abundantemente por 1632
Ap 16.1 *derramad* sobre la tierra las 7 copas 1632
16.2 fue...y *derramó* su copa sobre la tierra 1632
16.3 el segundo ángel *derramó* su copa sobre 1632
16.4 el tercer ángel *derramó* su copa sobre los 1632
16.6 *derramaron* la sangre de los santos y de 1632
16.8 el cuarto ángel *derramó* su copa sobre el 1632
16.10 el quinto ángel *derramó* su copa sobre 1632
16.12 el sexto ángel *derramó* su copa sobre el 1632
16.17 el séptimo ángel *derramó* su copa por el 1632

D

DERREDOR *Véase el Apéndice*

DERRETIR
Éx 16.21 luego que el sol calentaba...*derretía* 4549
Sal 22.14 como cera, *derritiéndose* en medio de 4549
46.6 dio él su voz, se *derritió* la tierra 4127
68.2 como se *derrite* la cera delante del fuego 4549
97.5 montes se *derritieron* como cera delante 4549
107.26 suben...sus almas se *derriten* con el 4127
147 18 enviará su palabra y los *derretirá* 4529
Jer 49.23 se *derritieron* en aguas de desmayo 4127
Am 9.5 y el que toca la tierra y se *derretirá* 4127
9.13 los montes...los collados se *derretirán* 4127
Mi 1.4 se *derretirán* los montes debajo de él 4549
Nah 1.5 y los collados se *derriten*; la tierra 4127

DERRIBAR
Gn 44.11 y *derribando* cada uno su costal en 3381
Éx 14.27 *derribó* a los egipcios en medio del 5287
15.7 has *derribado* a los que se levantaron 2040
34.13 *derribarás* sus altares, y quebraréis 5422
Lv 11.35 el horno u hornillos se *derribarán* 5422
14.45 *derribará*, por tanto, la tal casa, sus 5422
26.30 *derrotaré* vuestras imágenes, y pondré 3772
Dt 12.3 *derribaréis* sus altares, y quebraréis 5422
Jue 2.2 cuyos altares habéis de *derribar*; mas 5422
6.25 y *derriba* el altar de Baal que tu padre 2040
6.28 que el altar de Baal estaba *derribado* 5422
6.30 porque ha *derribado* el altar de Baal y 5422
6.31 contienda...con el que *derribó* su altar 5422
6.32 Jerobaal...por cuanto *derribó* su altar 5422
8.9 cuando yo vuelva en...*derribaré* esta torre 5422
8.17 así mismo *derribó* la torre de Peniel y 5422
20.21 *derribaron* por tierra...22.000 hombres 7843
20.25 *derribaron* por tierra...18.000 hombres 7843
2 S 2.22 ¿por qué...herirte hasta *derribarte*? 5221
20.15 Joab trabajaba por *derribar* la muralla 5307
1 R 19.10,14 han *derribado* tus altares y han 2040
2 R 3.25 *derribaron* todos los buenos árboles 5307
6.5 mientras uno *derribaba* un árbol se le 5307
10.27 y *derribaron* el templo de Baal y lo 5422
11.18 en el templo de Baal y lo *derribaron* 5422
21.3 lugares altos que Ezequías...*derribado* 6
23.7 *derribó* los lugares de prostitución 5422
23.8 *derribó* los altares de las puertas que 5422
23.12 *derribó* además el rey los altares que 5422
23.14 quebró...*derribó* las imágenes de Asera 7665
25.10 y todo el ejército...*derribó* los muros 5422
2 Cr 23.17 el templo de Baal, y lo *derribaron* 5422
25.8 poder, o para ayudar, o para *derribar* 3782
25.23 y Joás...*derribó* el muro de Jerusalén 6555
31.1 y *derribaron* los lugares altos y los 5422
33.3 lugares altos que Ezequías...*derribado* 5422
34.4 *derribaron*...los altares de los baales 5422
34.7 cuando hubo *derribado* los altares y las 5422
Neh 1.3 el muro de Jerusalén *derribado* y sus 6555
2.13 observé los Muros de...estaban *derribados* 6555
4.3 muro...si subiere una zorra lo *derribará* 6555
Job 12.14 si él *derriba*, no hay quien edifique 2040
19.6 sabed ahora que Dios me ha *derribado* 5791
30.19 él me *derribó* en el lodo, y soy...polvo 3384
Sal 9.6 ciudades que *derribaste*, su memoria 5428
28.5 él los *derribará*, y no los edificará 2040
36.12 cayeron...fueron *derribados*, y no podrán 1760
37.14 para *derribar* al pobre y al menesteroso 5307
56.7 y *derriba* en tu furor a los pueblos 3381
62.3 pared desplomada y como cerca *derribada*? 1760
78.31 y *derribó* a los escogidos de Israel 3766
81.14 habría yo *derribado* a sus enemigos y 3665
140.11 mal cazará al...injusto para *derribarle* 4073
Pr 14.1 mas la necia con sus manos la *derriba* 2040
21.22 *derribó* la fuerza en que ella confiaba 3381
25.28 como ciudad *derribada* y sin muro es el 6555
Is 10.13 y *derriba* como valientes a los que 3381
14.15 tú *derribado* eres hasta el Seol, a los 3381
22.5 para *derribar* el muro y clamar al monte 6979
22.10 *derribasteis* casas para fortificar el 5422
24.12 y con ruina fue *derribada* la puerta 3807
26.5 porque *derribó* a los que moraban en lugar 7817
26.5 la humilló...la *derribó* hasta el polvo 5060
28.2 como ímpetu...con fuerza *derriba* a tierra 5117
Jer 1.10 para arruinar y para *derribar* para 2040
18.7 hablaré contra pueblos...para...*derribar* 5422
31.28 tuve cuidado de ellos para...y *derribar* 2040
33.4 de las casas...*derribadas* con arietes y 5422
39.8 y *derribaron* los muros de Jerusalén 5422
46.15 ¿por qué ha sido *derribada* tu fortaleza? 5502
50.15 han caído sus...*derribados* son sus muros 2040
51.58 el muro...de Babilonia será *derribado* 6209
Lm 2.1 *derribó* del cielo a la tierra...Israel 7993
2.5 *derribó* sus fortalezas, y multiplicó en 7843
Ez 16.39 altos, y *derribarán* tus altares y te 5422
19.12 arrancada con ira, *derribada* en tierra 7993
26.4 muros de Tiro, y *derribarán* sus torres 2040

31.12 lo *derribarán*; sus ramas caerán sobre 3772
31.18 *derribado* seréis con... árboles del Edén 3381
36.36 yo reedifiqué lo que estaba *derribado* 2040
39.3 *derribaré* tus saetas de tu mano derecha 5307
Dn 4.14 así: *Derribad* el árbol, y cortad sus 1414
7.24 se levantará... y a tres reyes *derribará* 8214
8.7 lo *derribó*, por tanto, en tierra y lo 7993
11.12 y *derribará* a muchos millares; mas no 5307
Jl 1.7 vid... la desnudó y *derribó*; sus ramas 7993
Am 3.11 un enemigo *derribará* tu fortaleza, y 3381
9.1 *derribará* el capitel y estremézcanse las 5221
Abd 3 que dices... ¿quién me *derribará* a tierra? 3381
4 te remontares... te *derribaré*, dice Jehová 3381
Zac 1.21 venido... para *derribar* los cuernos 3034
10.11 la soberbia de Asiria será *derribada* 3381
11.2 los árboles magníficos son *derribados* 7703
11.2 porque el bosque espeso es *derribado* 3381
Mt 24.2 **sobre piedra, que no sea *derribada*** *2647*
26.61 puedo *derribar* el templo de Dios, y en *2647*
27.40 que *derribas* el templo, y en tres días *2647*
Mr 13.2 quedará piedra... que no sea *derribada* *2647*
14.58 yo *derribaré* este templo hecho a mano *2647*
15.29 tú que *derribas* el templo de Dios, y en *2647*
Lc 4.35 **el demonio, *derribándolo*... salió de él** *4496*
9.42 el demonio le *derribó* y le sacudió con *4496*
Ro 11.3 Señor a... tus altares; han *derribado* *2679*
2 Co 4.9 *derribados* pero no destruidos *2598*
Ef 2.14 *derribando* la pared... de separación *3089*
Ap 18.21 con... ímpetu será *derribada* Babilonia *906*

DERROTA
Gn 14.17 volvía de la *d* de Quedorlaomer y de 5221
1 S 23 5 les causó una gran *d*; y libró a Keila 4347
2 S 1.1 vuelto David de la *d*... amalecitas 5221
Is 10.18 y vendrá a ser como abanderado en *d* 4549
He 7.1 a Abraham que volvía de la *d* de los *2871*

DERROTAR
Gn 14.5 *derrotaron* a los refaítas en Astarot 5221
36.35 Bedad, el que *derrotó* a Madián en el 5221
Nm 14.45 amalecita y el cananeo... *derrotaron* 5221
Dt 1.4 que *derrotó* a Sehón rey de los amorreos 5221
1.42 que no seáis *derrotados* por... enemigos 5062
1.44 y os *derrotaron* en Seir, hasta Horma 3807
2.33 y lo *derrotamos* a él y a sus hijos, y a 5221
3.3 al cual *derrotamos* hasta acabar Son todos 5221
4.46 al cual *derrotó* Moisés con los hijos de 5221
7.2 las hayas *derrotado*, las destruirás del 5221
28.7 Jehová *derrotará* a tus enemigos que se 5062
28.25 entregar: *derrotado* delante... enemigos 5062
29.7 y Og rey... para pelear, y los *derrotamos* 5221
Jos 7.5 de Hai... los *derrotaron* en la bajada 5221
12.1 los reyes... los hijos de Israel *derrotaron* 5221
12.6 a estos *derrotaron* Moisés y los hijos 5221
12.7 estos son los reyes... *derrotaron* Josué y 5221
13.12 de Og... Moisés los *derrotó*, y los echó 5221
13.21 de Sehón rey de... al cual *derrotó* Moisés 5221
Jue 1.5 y *derrotaron* al cananeo y al ferezeo 5221
1.17 fue Judá con su... y *derrotaron* al cananeo 5221
6.16 y *derrotarás* a los madianitas como a un 5221
11.21 Dios... entregó a Sehón... y los *derrotó* 5221
11.33 los *derrotó* con muy grande estrago. Así 5221
12.4 y los de Galaad *derrotaron* a Efraín 5221
20.35 *derrotó* Jehová a Benjamín delante de 5062
20.36 vieron... Benjamín que eran *derrotados* 5062
1 S 14.48 *derrotó* a Amalec, y libró a Israel 5221
15.7 y Saúl *derrotó* a los amalecitas desde 5221
2 S 8.1 que David *derrotó* a los filisteos y 5221
8.2 *derrotó* también a los de Moab, y los 5221
8.3 *derrotó* David a Hadad-ezer... rey de Soba 5221
8.9 que... había *derrotado* a todo el ejército 5221
8.13 cuando regresaba de *derrotar* a los hijos 5221
10.15 viendo que habían sido *derrotados* por 5062
10.19 viendo... cómo habían sido *derrotados* 5062
18.7 y que sigue a Absalón ha sido *derrotado* 4046
1 R 8.33 tu pueblo... fuere *derrotado* delante de 5062
2 R 10.32 los *derrotó* Hazael por... fronteras 5221
13.19 hubieras *derrotado* a Siria hasta no 5221
13.19 ahora sólo tres veces *derrotaría* a Siria 5221
13.25 tres veces lo *derrotó* Joás, y restituyó 5221
14.10 has *derrotado* a Edom, y tu corazón se 5221
1 Cr 1.46 Hadad hijo... el que *derrotó* a Madián 5221
11.6 el que primero *derrote* a los jebuseos 5221
14.11 Baal-perazim, y allí los *derrotó* David 5221
14.16 *derrotaron* al ejército de los filisteos 5221
18.1 que David *derrotó* a los filisteos, y los 5221
18.2 *derrotó* a Moab, y los moabitas fueron 5221
18.3 *derrotó* David a Hadad-ezer rey de Soba 5221
21.12 por tres meses ser *derrotado* delante de 5595
2 Cr 6.24 Israel fuere *derrotado* delante de 5062
21.9 y *derrotó* a los edomdas que le habían 5221
25.19 dices: He aquí he *derrotado* a Edom, y 5221
28.5 de los sirios, los cuales lo *derrotaron* 5221
28.23 los dioses de... que le habían *derrotado* 5221

DERRUMBAR
Jos 6.20 pueblo gritó... y e] muro se *derrumbó* 5307
Ap 11.13 la décima... de la ciudad se *derrumbó* *4098*

DESABRIDO
Job 6.6 ¿se comerá lo *d* sin sal? ¿Habrá gusto 8602

DESACREDITAR
Nm 14.36 murmurar... *desacreditando* aquel país 1681
Hch 19.27 nuestro negocio... a *desacreditarse* *557*

DESACUERDO
Hch 15.39 tal *d* entre ellos que se separaron *3948*

DESAFIAR
1 S 17.10 he *desafiado* al campamento de Israel 2778
2 S 21.21 *desafió* a Israel, y lo mató Jonatán 2778
23.9 cuando *desafiaron* a los filisteos que 2778

DESAGRADABLE
2 S.11.27 esto fue *d* ante los ojos de Jehová: 3415,5869

DESAGRADAR
Gn 38.10 *desagradó* en ojos de Jehová lo que 7489,5869
1 S 18.8 enojó Saúl... le *desagradó* este dicho 3415,5869
29.7 y vete en paz, para no *desagradar* a los 7451,5869
Pr 24.18 que Jehová lo mire, y le *desagrade* 7489,5869
Is 59.15 lo vio Jehová, y *desagradó* a sus ojos 7489,5869
65.12 ojos, y escogisteis lo que me *desagrada* 2654
66.4 ojos, y escogieron lo que me *desagrada* 2654
Hch 16.18 mas *desagradando* a Pablo, éste se *1278*

DESAHUCIADA
Jer 15.18 mi herida *d* no admitió curación? 605

DESALENTAR
Nm 32.9 *desalentaron* a los hijos de Israel 5106
Dt 20.3 ni tampoco os *desalentéis* delante de 6206
Job 4.5 mal ha venido sobre ti, te *desalientas* 3811
Is 57.10 mano, por tanto, no te *desalentaste* 2470
Col 3.21 no exasperéis... que no se *desaliente* *120*

DESALIENTO
Job 41.22 y delante de él se esparce el *d* 1670

DESAMPARAR
Dt 12.19 cuidado de no *desamparar* al levita en 5800
14.27 no *desampararás* al levita que habitare 5800
31.6,8 no te dejará, ni te *desamparará* 5800
Jos 1.5 estaré... no te dejaré, ni te *desampararé* 5800
Jue 6.13 Jehová nos ha *desamparado* y nos ha 5203
Rt 1.5 quedando así la mujer *desamparada* de 7604
1 S 12.22 Jehová no *desamparará* a su pueblo 5203
1 R 8.57 Dios... no nos *desampare* ni nos deje 5203
2 R 21.14 *desampararé* el resto de mi heredad 5203
1 Cr 28.20 él no te dejará ni te *desamparará* 5800
2 Cr 24.18 *desampararon* la casa de Jehová el 5800
Esd 9.9 no nos ha *desamparado* nuestro Dios 5800
Neh 9.31 los consumiste, ni los *desamparaste* 5203
Job 20.19 quebrantó y *desamparó* a los pobres 5800
39.14 cual *desampara* en la tierra sus huevos 5800
Sal 9.10 no *desamparaste* a... que te buscaron 5800
22.1 Dios mío, ¿por qué me has *desamparado*? 5800
27.9 no me dejes ni me *desampares* Dios de 5203
37.25 y no he visto justo *desamparado* ni su 5800
37.28 rectitud, y no *desampara* a sus santos 5800
38.21 no me *desampares* oh Jehová; Dios mío 5800
68.6 habitar en familia a los *desamparados* 3173
71.9 mi fuerza se acabare, no me *desampares* 5800
71.11 Dios lo ha *desamparado*; perseguidle y 5800
71.18 aun en la vejez y las... no me *desampares* 5800
94.14 su pueblo, ni *desamparará* su heredad 5800
138.8 no *desampares* la obra de tus manos 7503
141.8 ti he confiado; no *desampares* mi alma 6168
Pr 4.2 buena enseñanza; no *desamparéis* mi ley 5800
Is 3.26 ella, *desamparada* se sentará en tierra 5352
17.2 las ciudades de Aroer están *desamparadas* 5800
41.17 el Dios de Israel no los *desampararé* 5800
42.16 cosas les haré, y no los *desampararé* 5800
54.1 más son los hijos de la *desamparada* que 8074
62.4 nunca más te llamarán *Desamparada* ni tu 5800
62.12 te llamarán... Deseada, no *desamparada* 5800
Jer 12.7 *desamparé* mi heredad, he entregado 5800
14.9 invocado tu nombre; no nos *desampares* 5117
Ez 36.4 ha dicho... a las ciudades *desamparadas* 5800
Sof 2.4 porque Gaza... *desamparada* y Ascalón 5800
Mt 9.36 *desamparadas* y dispersas como ovejas *1590*
27.46; Mr 15.34 **¿por qué me has *desamparado*** *1459*
2 Co 4.9 perseguidos, mas no *desamparados* *1459*
2 Ti 4.10 Demas me ha *desamparado* amando *1459*
4.16 que todos me *desampararon*; no les sea *1459*
He 13.5 dijo: No te *desampararé* ni te dejaré *1459*

DESANIMAR
Nm 21.4 y se *desanimó* el pueblo por el camino 7114
32.7 ¿y por qué *desanimáis* a los... de Israel 5106

DESAPARECER
Gn 5.24 y *desapareció*, porque le llevó Dios 369
Lv 14.48 la casa... la plaga ha *desaparecido* 7495
Jue 6.21 y el ángel... *desapareció* de su vista 1980
1 R 20.40 ocupado en... el hombre *desapareció* 369
Job 6.17 calentarse, *desaparecen* de su lugar 6789
24.24 exaltados un poco, mas *desaparecen*, y 369
36.20 que los pueblos *desaparecen* de su lugar 5927
Sal 12.1 han *desaparecido* los fieles de entre 6461
Is 40.15 que hace *desaparecer* las islas como 5190
Jer 10.11 los dioses... *desaparezcan* de la tierra 7
25.10 y haré que *desaparezca* de entre ellos 6
Lm 1.6 *desapareció* de la hija de... su hermosura 3318
Ez 12.22 los días, y *desaparecerá* toda visión? 6
Jl 1.9 *desapareció* de la casa de Jehová la 3772
Mt 8.3 tocó... al instante su lepra desapareció *2511*
Lc 24.31 mas él se *desapareció* de su vista *855*
Hch 13.41 oh menospreciadores... y *desapareced* *853*
He 8.13 envejece, está próximo a *desaparecer* *854*

DESARMAR
Nm 1.51 los levitas lo *desarmarán*, y cuando el 3381
4.5 Aarón y... *desarmarán* el velo de la tienda 3381
10.17 que estaba ya *desarmado* el tabernáculo 3381
Is 33.20 quietud, tienda que no será *desarmada* 6813

DESARRAIGAR
Dt 29.28 y Jehová los *desarraigó* de su tierra 5428
Jos 11.20 destruirlos... fuesen *desarraigados* 8045
Sal 52.5 impíos... serán de ella *desarraigados* 8327
Is 10.7 que su pensamiento será *desarraigar* y 8045
Sof 2.4 saquearán... y Ecrón será *desarraigada* 6131
Mt 15.13 **que no plantó mi Padre... *desarraigada*** *1610*
Lc 17.6 **decir a este sicómoro... *Desarráigate* y** *1610*
Hch 3.23 alma que no oiga... será *desarraigada* *1842*
Jud 12 dos veces muertos y *desarraigados* *1610*

DESARROLLAR
Sal 106.29 se *desarrolló* la mortandad entre 6555

DESASTRE
Gn 42.4 dijo: No sea que le acontezca algún *d* 611
42.38 si le aconteciere algún *d* en el camino 611
44.29 tomáis... a éste... y le acontece algún *d* 611
Jue 20.34 no sabían que ya el *d* se acercaba a 7451
20.41 porque vieron que el *d* había venido 7451

DESATAR
Gn 24.32 *desató* los camellos; y les dio paja 6605
1 R 5.9 y allí se *desatará* y tú la tomarás 5310
Job 12.21 él... *desata* el cinto de los fuertes 8210
30.11 Dios *desató* su cuerda, y me afligió 6605
38.31 o *desatarás* las ligaduras de Orión? 6605
Sal 30.11 *desataste* mi cilicio, y me ceñiste 6605
Is 5.27 a ninguno se le *desatará* el cinto de 6605
45.1 para sujetar... y *desatar* lomos de reyes 6605
58.6 *desatar*... ligaduras de impiedad, soltar 6605
Mt 16.19 **lo que *desatares*... será *desatado* en** *3089*
18.18 **que *desatéis*... será *desatado* en el cielo** *3089*
21.2 **una asna atada... *desatadla* y traédmelos** *3089*
Mr 1.7 digno de *desatar* encorvado la correa de *3089*
7.35 y se *desató* la ligadura de su lengua *3089*
11.2 **un *pollino* atado... *desatadlo* y traedlo** *3089*
11.4 y hallaron el pollino... y lo *desataron* *3089*
11.5 unos... ¿Qué hacéis *desatando* el pollino? *3089*
Lc 3.16 no soy digno de *desatar* la correa de *3089*
13.15 **¿no *desata* en el día de reposo su buey** *3089*
13.16 **¿no se le debía *desatar* de... ligadura en** *3089*
19.30 **un pollino atado... *desatadlo* y traedlo** *3089*
19.31 **¿por qué lo *desatáis*? le responderéis** *3089*
19.33 cuando *desataban* el pollino, sus dueños *3089*
19.33 dijeron: ¿Por qué *desatáis* el pollino? *3089*
Jn 1.27 no soy digno de *desatar* la correa del *3089*
11.44 **Jesús les dijo: *Desatadle* y dejadle ir** *3089*
Hch 13.25 de quien no soy digno de *desatar* el *3089*
Ap 5.2 de abrir el libro y *desatar* sus sellos? *3089*
5.5 ha vencido para abrir el libro y *desatar* *3089*
9.14 *desata* a los cuatro ángeles que... atados *3089*
9.15 fueron *desatados* los cuatro ángeles que *3089*
20.3 después de esto debe ser *desatado* por un *3089*

DESATENDER
Hch 6.1 *desatendidas* en la distribución diaria *3865*

DESATINO
Jer 23.13 los profetas de Samaria he visto *d* 8604

DESAVENENCIA
1 Co 12.25 para que no haya *d* en el cuerpo *4978*

DESBARATAR
Dt 25.18 te *desbarató* la retaguardia de todos 2179
2 S 22.30 contigo *desbarataré* ejércitos, y con 7323
1 Cr 4.41 *desbarataron* sus tiendas y cabañas 5221
2 Cr 13.15 *desbarató* a Jeroboam y a... Israel 5062
Neh 4.15 Dios había *desbaratado* el consejo de 6565
Job 30.13 senda *desbarataron*, se aprovecharon 5420
Sal 18.29 contigo *desbarataré* ejércitos, y con 7323
Jer 15.7 sin hijos a mi pueblo y lo *desbaraté* 6
Ez 13.14 *desbarataré* la pared que... recubristeis 2040

DESBORDAR
Jos 3.15 el Jordán suele *desbordarse* por todas 4390
1 Cr 12.15 había *desbordado* por... sus riberas 4390
Is 66.12 gloria... como torrente que se *desborda* 7857

DESCALZAR
Dt 25.10 este nombre... La casa del *descalzado* 2502
Is 20.2 y *descalza* las sandalias de sus pies 2502
47.2 *descalza* los pies, descubre las piernas 2834

DESCALZO
2 S 15.30 la cabeza cubierta y los pies *d* 3182
Is 20.2 Isaías... hizo así, andando desnudo y *d* 3182
20.3 que anduvo... Isaías desnudo y *d* tres años 3182
20.4 llevara el rey... ancianos, desnudos y *d* 3182
Jer 2.25 guarda tus pies de andar *d*, y... sed 3182

DESCANSAR
Éx 23.12 para que *descanse* tu buey y tu asno 5117
34.21 el séptimo día *descansarás*; aun en la 7673
34.21 en la arada y en la siega, *descansarás* 7673
Lv 26.34 la tierra *descansará*... gozará sus días 7673
26.35 *descansará* por lo que no reposó en los 7673
Nm 21.15 Ar, y *descansa* en el límite de Moab 8172
Dt 5.14 para que *descanse* tu siervo y tu sierva 5117
28.65 y ni aun entre... naciones *descansarás* 4494
1 R 7.25 y *descansaba* sobre doce bueyes; tres 5975
2 Cr 4.4 bueyes... el mar *descansaba* sobre ellos 5975
Neh 10 31 año dejaríamos *descansar* la tierra 5203
Job 3.17 allí *descansan* los de agotadas fuerzas 5117
17.16 y juntamente *descansarán* en el polvo 5183
Sal 23.2 delicados pastos me hará *descansar* 7257
55.6 alas como... Volaría yo, y *descansaría* 7931
94.13 para hacerle *descansar* en los días de 8252
Is 32.14 cuevas... *descansen* asnos monteses, y 4885
57.2 entrarán en la paz; *descansarán* en sus 5117
62.1 y por amor de Jerusalén no *descansaré* 8252
Jer 30.10 Jacob volverá, *descansará* y vivirá 8252

46.27 y volverá Jacob, y *descansará* y será 8252
Lm 2.18 *descanses*, ni cesen las niñas de tus 6314
Ez 16.42 mi celo, y *descansaré* y no me enojaré 5117
Mt 11.28 **venid a mí... y yo os haré *descansar*** *373*
26.45 **dijo: Dormid ya, y *descansad*. He aquí** *373*
Mr 6.31 **venid... aparte... y *descansad* un poco** *373*
14.41 **dormid ya, y *descansad*. Basta, la hora** *373*
Lc 23.56 vueltas... *descansaron* el día de reposo *2270*
Hch 2.26 aun mi carne *descansará* en esperanza *2681*
Ap 6.11 se les dijo que *descansasen* todavía un *373*
14.13 *descansarán* de sus trabajos, porque sus *373*

DESCANSO
Gn 49.15 y vio que el *d* era bueno, y que la 4496
Éx 33.14 presencia irá contigo, y te daré *d* 5117
Lv 25.4 pero el séptimo año la tierra tendrá *d* 7677
25.6 el *d* de la tierra te dará para comer a 7676
Nm 10.33 el arca... fue... buscándoles lugar de *d* 4496
Dt 25.19 tu Dios te dé *d* de todos tus enemigos 5117
Rt 1.9 conceda Jehová que halléis *d* cada una 4496
2 S 7.11 a ti te daré *d* de todos tus enemigos 5117
Job 3.13 pues... dormiría, y entonces tendría *d* 5117
Sal 35.15 se juntaron... me despedazaban sin *d* 1826
77.2 Alzaba a él mis manos de noche sin *d* 6313
122.7 muros, y el *d* dentro de tus palacios 7962
Pr 29.17 corrige a tu hijo, y te dará *d*... alma 5117
Ec 4.6 más vale un puño lleno con *d* que 5183
Is 30.15 en *d* y en reposo seréis salvos; en 7729
Jer 6.16 él, y hallaréis *d* para vuestra alma 4771
45.3 fatigado estoy de... y no he hallado *d* 4496
Lm 1.3 habitó entre las naciones, y no halló *d* 4494
Ez 43.17 el *d* era de catorce codos de longitud 5835
43.20 y en las cuatro esquinas del *d* y en 5835
45.19 sobre los 4 ángulos del *d* del altar 5835
Mt 11.29 **y hallaréis *d* para vuestras almas** *372*

DESCARADO
Pr 7.13 y le besó. Con semblante *d* le dijo 5810

DESCARGAR
Gn 27.40 que *descargarás* su yugo de tu cerviz 6561
Éx 9.23 el fuego se *descargó* sobre la tierra 1980
Est 9.2 para *descargar* su mano sobre los que 7971
Job 27.22 Dios, pues, *descargará* sobre él, y 7993
Sal 81.6 sus manos fueron *descargadas* de los 5674
Is 66.15 vendrá... *descargar* su ira con furor 7725
Jon 1.5 al mar los enseres... para *descargarla* 7043
Hch 21.3 porque el barco había de *descargar* *670*

DESCARRIAR
Nm 5.12 si la mujer de alguno se *descarriare* 7847
5.20 mas si te has *descarriado* de tu marido 7847
Sal 58.3 *descarriaron* hablando mentira desde 8582
119.67 antes que fuera... *descarriado* andaba 7683
Is 53.6 nosotros nos *descarriamos* como ovejas 8582
Jer 50.6 sus pastores... montes las *descarriaron* 8582
50.17 rebaño *descarriado* es Israel; leones lo 6340
Ez 34.4 ni volvisteis al redil la *descarriada* 5080
34.16 y haré volver al redil la *descarriada* 5080
Is 53.6 nosotros nos *descarriamos* como ovejas 8582
Jer 50.6 sus pastores... montes las *descarriaron* 8582
50.17 rebaño *descarriado* es Israel, leones lo 6340
Ez 34.4 ni volvisteis al redil la *descarriada* 5080
34.16 y haré volver al redil la *descarriada* 5080
Mi 4.6 y recogeré la descarriada, y a la que 5080
4.7 y a la *descarriada* como nación robusta 1972
Sof 3.19 que cojea, y recogeré la *descarriada* 5080
Mt 18.12 **tiene cien ovejas, y se *descarría*** *4105*
1 P 2.25 erais como ovejas *descarriadas*, pero *4105*

DESCENDENCIA
Gn 10.32 familias de hijos de Noé por sus *d* 8435
13.15 ves, la daré a ti y a tu *d* para siempre 2233
13.16 haré tu *d* como el polvo de la tierra 2233
13.16 la tierra, también tu *d* será contada 2233
15.5 y cuenta las estrellas... Así será tu *d* 2233
15.13 cierto que tu *d* morará en tierra ajena 2233
15.18 a tu *d* daré esta tierra, desde el río 2233
16.10 multiplicaré tanto tu *d*, que no podrá 2233
17.7 tu *d* después de ti en sus generaciones 2233
17.7 para ser tu Dios, y el de tu *d* después 2233
17.8 daré a ti, y a tu *d*... la tierra en que 2233
17.9 guardarás mi pacto, tú y tu *d* después 2233
17.10 guardaréis entre mí... y tu *d* después de 2233
19.32 ven... y conservaremos de nuestro padre *d* ... 2233
19.34 para que conservemos de nuestro padre *d* ... 2233
21.12 voz, porque en Isaac te será llamada *d* 2233
22.17 multiplicaré tu *d* como las estrellas 2233
22.17 *d* poseerá las puertas de sus enemigos 2233
24.7 juró, diciendo: A tu *d* daré esta tierra 2233
26.3 a ti y a tu *d* daré todas estas tierras 2233
26.4 multiplicaré tu *d* como las estrellas del 2233
26.4 cielo, y daré a tu *d* todas estas tierras 2233
26.24 y te bendeciré, y multiplicaré tu *d* 2233
28.4 te dé la bendición de... y a tu *d* contigo 2233
28.13 la tierra en... te la daré a ti y a tu *d* 2233
28.14 será tu *d* como el polvo de la tierra 2233
32.12 y tu *d* será como la arena del mar, que 2233
35.12 la daré a ti, y a tu *d* después de ti 2233
38.8 y despósate con ella, y levanta *d* a tu 2233
38.9 sabiendo Onán que la *d* no había de ser 2233
38.9 vertía en tierra... no dar *d* a su hermano 2233
46.6 y vinieron a Egipto, Jacob y toda su *d* 2233
46.7 y a toda su *d* trajo consigo a Egipto 2233
48.4 daré esta tierra a tu *d* después de ti 2233
48.11 Dios me ha hecho ver también a tu *d* 2233
48.19 y su *d* formará multitud de naciones 2233
Éx 28.43 estatuto perpetuo para él, y... su *d* 2233
30.21 y lo tendrán por estatuto... él y su *d* 2233
32.13 multiplicaré vuestra *d*... las estrellas 2233

32.13 y daré a vuestra *d* toda esta tierra de 2233
33.1 juré a... Jacob, diciendo: A tu *d* la daré 2233
Lv 21.15 que no profane su *d* en sus pueblos 2233
21.21 ningún varón... *d* del sacerdote Aarón 2233
22.3 diles: Todo varón de toda vuestra *d* en 2233
22.4 varón de la *d* de Aarón que fuere leproso 2233
Nm 1.20,22,24,26,28,30,32,34,36,38,40,42 por
su *d*, por sus familias 8435
14.24 Caleb... y su *d* la tendrá en posesión 2233
16.40 extraño que no sea de la *d* de Aarón se 2233
18.19 pacto de sal perpetuo... ti y para tu *d* 2233
24.7 y su *d* será en muchas aguas; enaltecerá 2233
25.13 tendrá él, y su *d*... pacto del sacerdocio 2233
Dt 1.8 juró... que les daría a ellos y a su *d* 2233
4.37 escogió a su *d* después de ellos, y te 2233
10.15 de tus padres se agradó... escogió su *d* 2233
11.9 juró... había de darla a ellos y a su *d* 2233
28.46 en ti por señal... en tu *d* para siempre 2233
28.59 Jehová aumentará... las plagas de tu *d* 2233
30.6 circuncidará Jehová... el corazón de tu *d* 2233
30.19 escoge... vida, para que vivas tú y tu *d* 2233
34.4 de que juré a... diciendo: A tu *d* la daré 2233
Jos 24.3 lo traje... aumenté su *d*, y le di Isaac 2233
Jue 8.30 setenta hijos que constituyeron su *d* 3318
Rt 4.12 por la *d* que de esa joven te dé Jehová 2233
1 S 20.42 Jehová esté entre tú y... tu *d* y mi *d* 2233
24.21 que no destruirás mi *d* después de mí 2233
2 S 22.51 rey... a David y a su *d* para siempre 2233
1 R 2.33 de Joab, y sobre la cabeza de su *d* 2233
2.33 mas sobre David y sobre su *d*... habrá paz 2233
9.5 no faltará varón de tu *d* en el trono de
11.39 yo afligiré a la *d* de David a causa de 2233
2 R 5.27 la lepra... se te pegará a ti y a tu *d* 2233
11.1 Atalía... se levantó y destruyó toda la *d* 2233
17.20 desechó Jehová a toda la *d* de Israel 2233
1 Cr 1.29 estas son sus *d*: el primogénito de 8435
4.33 esta fue su habitación, y esta su *d* 3187
5.7 contados en sus *d*, tenían por príncipes a 8435
6.19 son las familias de Leví, según sus *d* 1
7.7 Bela... de cuya *d* fueron contados 22.034 3187
7.9 y contados por sus *d*... 20.200 hombres de 3187
17.11 levantaré *d* después de ti, a uno... hijos 2233
2 Cr 20.7 la diste a la *d* de Abraham tu amigo 2233
22.10 Atalía... exterminó toda la *d* real de la 2233
Neh 9.2 ya se había apartado la *d* de Israel 2233
9.8 pacto... para darla a su *d*; y cumpliste tu 2233
Est 6.13 la *d* de los judíos es ese Mardoqueo 2233
9.27 tomaron... sobre su *d* y sobre todos los 2233
9.28 que su *d* jamás dejaría de recordarlos 2233
9.31 según ellos habían tomado sobre... su *d* 2233
Job 5.25 echarás de ver que tu *d* es mucha, y 2233
21.8 su *d* se robustece a su vista, y sus 2233
Sal 18.50 a su ungido, a David y a su *d*, para 2233
21.10 destruirás... su *d* de entre... los hombres 2233
22.23 glorificadle, *d* toda de Jacob... temedle 2233
22.23 y temedle vosotros, *d* toda de Israel 2233
25.13 gozará él de... su *d* heredará la tierra 2233
37.25 no he visto... ni su *d* que mendigue pan 2233
37.26 y presta; y su *d* es para bendición 2233
37.28 mas la *d* de los impíos será destruida 2233
69.36 la *d* de sus siervos la heredará, y los 2233
89.4 para siempre confirmaré tu *d*... tu trono 2233
89.29 pondré su *d* para siempre, y su trono 2233
89.36 su *d* será para siempre, y su trono como 2233
102.28 y su *d* será establecida delante de ti 2233
105.6 vosotros, *d* de Abraham su siervo, hijos 2233
112.2 su *d* será poderosa en la tierra; la 2233
132.11 juró... de tu *d* pondré sobre tu trono 6529
Pr 11.21 mas la *d* de los justos será librada 2233
Is 14.20 no será nombrada para siempre la *d* 2233
41.8 quien yo escogí, *d* de Abraham mi amigo 2233
45.19 no dije a la *d* de Jacob: En vano me 2233
45.25 en Jehová... gloriará toda la *d* de Israel 2233
48.19 como la arena tu *d*, y los renuevos de 2233
54.3 tu *d* heredará naciones, y habitará las 2233
61.9 la *d*... será conocida entre las naciones 2233
65.9 sacaré *d* de Jacob, y de Judá heredero 2233
66.22 permanecerá vuestra *d* y vuestro nombre 2233
Jer 22.30 hombre privado de *d*, hombre a quien ... 3381,6185
22.30 ninguno de su *d*... sentarse sobre
el trono 3381,2233
23.8 y trajo la *d* de la casa de Israel de 3381,2233
29.32 que yo castigaré a Semaías... y a su *d* ... 3381,2233
30.10 el que te salvo de lejos a ti y a tu *d* 3381,2233
31.36 también la *d* de Israel faltará para no ... 3381,2233
31.37 yo desecharé toda la *d* de Israel por 3381,2233
33.22 multiplicaré la *d* de David mi siervo 3381,2233
33.26 también desecharé la *d* de Jacob, y de .. 3381,2233
33.26 para no tomar de su *d* quien sea señor .. 3381,2233
36.31 castigaré su maldad en él, y en su *d* 3381,2233
41.1 que vino Ismael... de la *d* real, y algunos . 3381,2233
46.27 te salvaré... y a tu *d* de la tierra de su ... 3381,2233
49.10 será destruida su *d*, sus hermanos y sus ... 3381,2233
Ez 17.13 tomó... uno de la *d* real e hizo pacto 3381,2233
20.5 para jurar a la *d* de la casa de Jacob 3381,2233
Mal 2.15 ¿y por qué uno?... Porque
buscaba una *d* 3381,2233
Mt 22.24 se casará... levantará *d* a su hermano .. *3381,4690*
22.25 y no teniendo *d*, dejó su mujer a su *3381,4690*
Mr 12.19 su hermano... levante *d* a su hermano . *3381,4690*
12.20 el primero tomó... y murió sin dejar *d* ... *3381,4690*
12.21 el segundo se casó... y tampoco dejó *d* ... *3381,4690*
12.22 los siete, y no dejaron *d*, y después *3381,4690*
Lc 1.55 para con Abraham y su *d* para siempre ... *3381,4690*
20.28 se case con... y levante *d* a su hermano . *3381,4690*
20.31 así todos los 7, y murieron sin dejar *d* *3381,5043*
Hch 2.30 Dios le había jurado que de su *d*, en *3381,2590*
7.5 que se la daría, y a su *d* después de él *3381,4690*

7.6 que su *d* sería extranjera en tierra ajena .. *3381,4690*
13.23 de la *d* de éste... Dios levantó a Jesús *3381,4690*
Ro 4.13 no por la ley fue... a su *d* la promesa *3381,4690*
4.16 que la promesa sea firme para toda su *d* ... *3381,4690*
4.18 lo que se le había dicho: Así será tu *d* *3381,4690*
9.7 hijos; sino: En Isaac te será llamada *d* *3381,4690*
9.29 si el Señor... no nos hubiera dejado *d* *3381,4690*
11.1 yo soy israelita, de la *d* de Abraham *3381,4690*
He 2.16 sino que socorrió a la *d* de Abraham *3381,4690*
7.16 a la ley del mandamiento acerca de la *d* .. *3381,4559*
11.18 fue dicho: En Isaac te será llamada *d* *3381,4690*
Ap 12.17 a hacer guerra contra... la *d* de ella *3381,4690*

DESCENDER
Gn 11.5 *descendió* Jehová para ver la ciudad 3381
11.7 *descendamos*, y confundamos... su lengua 3381
12.10 y *descendió* Abram a Egipto para morar 3381
15.11 y *descendían* aves de rapiña sobre los 3381
18.21 *descenderé... veré* si han consumado su 3381
24.16 cual *descendió* a la fuente, y llenó su 3381
24.45 y *descendió* a la fuente, y sacó agua 3381
24.64 vio a Isaac, y *descendió* del camello 3381,5307
26.2 no *desciendas* a Egipto; habita en 3381
28.12 ángeles... que subían y *descendían* por 3381
37.35 *descenderé* enlutado a... hasta el Seol 3381
42.2 *descended* allá, y comprad de allí para 3381
42.3 *descendieron* los diez hermanos de José 3381
42.38 no *descenderá* mi hijo con vosotros 3381
42.38 haréis *descender* mis canas con dolor 3381
43.4 si enviares a... hermano... *descenderemos* 3381
43.5 pero si no le enviares, no *descenderemos* 3381
43.15 se levantaron y *descendieron* a Egipto 3381
43.20 *descendimos* al principio a comprar 3381
44.23 si vuestro hermano... no *descendie* con 3381
44.29 *descender* mis canas con dolor al Seol 3381
44.31 harán *descender* las canas de tu siervo 3381
46.3 y dijo... no temas de *descender* a Egipto 3381
46.4 *descenderé* contigo a Egipto, y... volver 3381
Éx 2.5 la hija de Faraón *descendió* a lavarse 3381
3.8 he *descendido* para librarlos de mano de 3381
11.8 *descenderán* a mí todos estos tus siervos 3381
15.5 *descendieron* a las profundidades como 3381
16.13 la mañana *descendió* rocío en derredor ... 3381,7902
16.14 cuando el rocío cesó de *descender*, he ... 3381,7902
19.11 Jehová *descenderá* a ojos de todo el 3381
19.14 *descendió* Moisés del monte al pueblo 3381
19.18 Jehová había *descendido* sobre él en 3381
19.20 *descendió* Jehová sobre el monte Sinaí 3381
19.21 dijo... *Desciende*, ordena al pueblo que 3381
19.24 *desciende*, y subirás... y Aarón contigo 3381
19.25 Moisés *descendió* y se lo dijo al pueblo 3381
32.1 Moisés tardaba en *descender* del monte 3381
32.7 anda, *desciende*, porque tu pueblo que 3381
32.15 y volvió Moisés y *descendió* del monte 3381
33.9 la nube *descendía* y se ponía a la puerta 3381
34.5 Jehová *descendió* en la nube, y estuvo 3381
34.29 y *descendiendo* Moisés del monte Sinaí 3381
34.29 al *descender... no* sabía Moisés que la 3381
Lv 9.22 después de... la expiación... *descendió* 3381
Nm 11.9 cuando *descendía* el rocío el maná *d* 3381
11.17 yo *descenderé* y hablaré allí contigo 3381
11.25 entonces Jehová *descendió* en la nube 3381
12.5 entonces Jehová *descendió* en la columna 3381
14.45 *descendieron* el amalecita y el cananeo 3381
16.30 abriere... y *descendieren* vivos al Seol 3381
16.33 con todo lo... *descendieron* vivos al Seol 3381
20.15 nuestros padres *descendieron* a Egipto 3381
20.28 Moisés y Eleazar *descendieron* del monte 3381
34.11 *descenderá* el límite, y llegará a la 3381
34.12 después *descenderá* este frente al Jordán 3381
Dt 9.12 *desciende* pronto de aquí... tu pueblo 3381
9.15 y *descendí* del monte, el cual ardía en 3381
9.21 él en el arroyo que *descendía* del monte 3381
10.5 y *descendí* del monte, y puse las tablas 3381
10.22 con setenta personas *descendieron* tus 3381
26.5 el cual *descendió* a Egipto y habitó allí 3381
28.24 polvo... los cielos *descenderán* sobre ti 3381
28.43 se elevará... y tú *descenderás* muy abajo 3381
Jos 2.15 los hizo *descender* con una cuerda por 3381
2.23 *descendieron* del monte, y pasaron, y 3381
3.16 y las que *descendían* al mar de Arabá 3381
15.10 *desciende* a Bet-semes, y pasa a Timna 3381
16.7 de Janoa *desciende* a Atarot y a Naarat 3381
17.9 *desciende* este límite al arroyo de Caná 3381
18.13 *desciende* de Atarot-adar al monte que 3381
18.16 y *desciende* este límite al extremo del 3381
18.16 *desciende* luego al valle de Hinom, al 3381
18.16 de allí *desciende* a la fuente de Rogel 3381
18.17 *desciende* a la piedra de Bohán hijo de 3381
18.18 pasa al lado que... y *desciende* al Arabá 3381
24.4 Jacob y sus hijos *descendieron* a Egipto 3381
Jue 1.9 Judá *descendieron* para pelear contra 3381
1.34 no los dejaron *descender* a los llanos 3381
3.27 los hijos de Israel *descendieron* con él 3381
3.28 *descendieron*... y tomaron los vados del 3381
4.14 y Barac *descendió* del monte de Tabor, y 3381
4.15 Sísara *descendió* del carro, y huyó a pie 3381
5.14 de Maquir *descendieron* príncipes, y de 3381
7.9 *desciende* al campamento; porque yo lo he 3381
7.10 si tienes temor de *descender*, baja tú 3381
7.11 *descenderás* al campamento... él *descendió* 3381
7.24 *descended* al encuentro de los madianitas 3381
9.36 gente que *desciende* de las cumbres de 3381
9.37 gente que *desciende* de en medio de la 3381
11.37 vaya y *descienda* por los montes, y llore 3381
14.1 *descendió* Jansón a Timnat, y vio mujer 3381
14.5 Sansón *descendió* con su padre y madre 3381
14.7 *descendió*... y habló a la mujer; y ella 3381

14.19 *descendió* a Ascalón y mató a treinta 3381
15.8 y *descendió* y habitó en la cueva Etam 3381
16.31 y *descendieron* sus hermanos y toda la 3381
Rt 3.6 *descendió*, pues, a la era, e hizo todo 3381
1 S 2.6 hace *descender* al Seol, y hace subir 3381
6.21 *descended*, pues, y llevadla a vosotros 3381
9.25 y cuando hubieron *descendido* del lugar 3381
9.27 *descendiendo*... *al* extremo de la ciudad 3381
10.5 profetas que *descienden* del lugar alto 3381
10.8 a Gilgal, entonces *descenderé* yo a ti 3381
13.12 *descenderán* los filisteos contra mí a 3381
13.20 tenían que *descender* a los filisteos 3381
14.36 *descendamos* de noche contra... filisteos 3381
14.37 Saúl... ¿*Descenderé* tras los filisteos? 3381
17.28 y dijo: ¿Para qué has *descendido* acá? 3381
20.19 *descenderás* y vendrás al lugar donde 3381
23.4 *desciende* a Keila, pues yo entregaré en 3381
23.6 Abiatar... *descendió*... el efod en su mano 3381
23.8 convocó Saúl a... para *descender* a Keila 3381
23.11 ¿*descenderá* Saúl... ha oído tu siervo? 3381
23.11 ruego... Y Jehová dijo: Sí, *descenderá* 3381
23.20 *descendió* a la peña, y se quedó en el 3381
23.25 *descendió* por una parte secreta del 3381
26.2 ¿quién *descenderá* conmigo a Saúl en el 3381
26.6 y dijo Abisai: Yo *descenderé* contigo 3381
26.10 que... o *descendiendo* en batalla perezca 3381
30.24 conforme a la parte del que *desciende* 3381
2 S 5.17 cuando David lo oyó, *descendió* a la 3381
11.8 *desciende* a tu casa, y lava tus pies 3381
11.9 Urías durmió... y no *descendió* a su casa 3381
11.10 diciendo: Urías no ha *descendido* a su 3381
11.10 ¿por qué... no *descendiste* a tu casa? 3381
11.13 él salió a... mas no *descendió* a su casa 3381
19.16 y Simei... *descendió* con los hombres de 3381
19.20 he venido... para *descender* a recibir a 3381
19.24 Mefi-boset... *descendió* a recibir al rey 3381
19.31 Barzilai... *descendió* de Rogelim, y pasó 3381
21.15 *descendió* David y sus siervos con él 3381
22.10 e inclinó los cielos, y *descendió* 3381
23.13 *descendieron* y vinieron en tiempo de 3381
23.20 *descendió* y mató a un león en... un foso 3381
23.21 pero *descendió* contra él con un palo 3381
1 R 1.25 ha *descendido*, y ha matado bueyes y 3381
1.38 y *descendieron* el sacerdote Sadoc, el 3381
2.6 no dejarás *descender* sus canas al Seol 3381
2.8 *descendió* a recibirme al Jordán, y yo le 3381
2.9 y harás *descender* sus canas con sangre 3381
18.44 *desciende*... *que* la lluvia no te ataje 3381
21.16 se levantó para *descender* a la viña de 3381
21.18 *desciende* a encontrarte con Acab rey 3381
21.18 ha *descendido* para tomar posesión de 3381
22.2 que Josafat... *descendió* al rey de Israel 3381
2 R 1.9 dijo: el rey ha dicho que *desciendas* 3381
1.10,12 *descienda* fuego del cielo... *descendió* 3381
1.11 el rey ha dicho así: *Desciende* pronto 3381
1.14 he aquí ha *descendido* fuego del cielo 3381
1.15 *desciende* con él; no tengas miedo de él 3381
1.15 él se levantó, y *descendió* con él al rey 3381
2.2 Eliseo dijo: *Descendieron*, pues, a Bet-el 3381
3.12 y *descendieron* a él el rey de Israel, y 3381
5.14 *descendió*, y se zambulló siete veces en 3381
6.18 luego que los sirios *descendieron* a él 3381
6.33 he aquí el mensajero que *descendía* a él 3381
7.17 había dicho: cuando el rey *descendió* a 3381
8.29 y *descendió* Ocozías... a visitar a Joram 3381
9.16 Ocozías rey... había *descendido* a visitar 3381
12.20 mataron a Joás en... *descendía* él a Sila 3381
13.14 y *descendió* a él Joás rey de Israel 3381
20.11 por los grados que había *descendido* 3381
1 Cr 11.15 tres de los 30... *descendieron* a la 3381
11.22 Benaía... *descendió* y mató a un león en 3381
11.23 *descendió* con un báculo, y arrebató al 3381
2 Cr 7.1 cuando Salomón acabó... *descendió* fuego 3381
7.3 cuando vieron... *descender* el fuego y la 3381
18.2 *descendió* a Samaria para visitar a Acab 3381
20.16 mañana *descenderéis* contra ellos; he 3381
22.6 *descendió* Ocozías hijo de... para visitar 3381
Neh 3.15 hasta las gradas que *descienden* de 3381
9.13 y sobre el monte de Sinaí *descendiste* 3381
Job 7.9 así el que *desciende* al Seol no subirá 3381
17.16 a la profundidad del Seol *descenderán* 3381
21.13 sus días... y en paz *descienden* al Seol ... 3381,5181
33.24 que lo libró de *descender* al sepulcro 3381
37.6 a la nieve dices: *Desciende* a la tierra 3381,1933
Sal 18.9 inclinó los cielos, y *descendió*; y 3381
22.29 se postrarán... todos los que *descienden* 3381
28.1 no sea... semejante a los que *descienden* 3381
30.3 me diste vida, para que no *descendiese* 3381
30.9 ¿qué provecho hay en... cuando *descienda* 3381
38.2 sobre mí ha *descendido* tu mano 3381,5181
49.17 nada, ni *descenderá* tras él su gloria 3381
55.15 *desciendan* vivos al Seol, porque hay 3381
55.23 Dios, harás *descender* aquéllos al pozo 3381
65.10 haces *descender* sus canales... lluvias ... 3381,5181
72.6 *descenderá* como la lluvia sobre la hierba 3381
78.16 peña... hizo *descender* aguas como ríos 3381
88.4 soy contado entre los que *descienden* al 3381
104.8 *descendieron* los valles, al lugar que 3381
107.23 los que *descienden* al mar en naves 3381
107.26 suben a los cielos, *descienden* a los 3381
115.17 no... ni cuantos *descienden* al silencio 3381
119.136 ríos de agua *descendieron* de mis ojos 3381
133.2 el cual *desciende* sobre la barba, la 3381
133.3 el rocío de Hermón, que *desciende* sobre 3381
143.7 ser semejante a los que *descienden* a la 3381
144.5 Jehová, inclina tus cielos y *desciende* 3381
Pr 5.5 sus pies *descienden* a la muerte 3381

30.4 ¿quién subió al cielo, y *descendió*? 3381
Ec 3.21 que el espíritu del animal *desciende* 3381,4295
Cnt 6.2 mi amado *descendió* a su huerto, a las 3381
6.11 *descendí* a ver los frutos del valle 3381
Is 5.14 y allá *descenderá* la gloria de ellos 3381
14.11 *descendió* al Seol tu soberbia, y... arpas 3381
14.19 *descendieron* al fondo de la sepultura 3381
30.2 que se apartan para *descender* a Egipto 3381
31.1 ¡ay de los que *descienden* a Egipto por 3381
31.4 así Jehová de los... *descenderá* a pelear 3381
34.5 espada... *descenderá* sobre Edom en juicio 3381
38.8 los grados que ha *descendido* con el sol 3381
38.8 grados... los cuales había ya *descendido* 3381
38.18 no... ni los que *descienden* al sepulcro 3381
42.10 los que *descendéis* al mar, y cuanto hay 3381
43.14 hice *descender* como fugitivos a todos 3381
47.1 *desciende* y siéntate en el polvo, virgen 3381
52.4 mi pueblo *descendió* a Egipto en tiempo 3381
55.10 como *desciende* de los cielos la lluvia 3381
63.14 como a... bestia que *desciende* al valle 3381
64.1 ¡oh, si... *descendieras* y a tu presencia 3381
64.3 *descendiste* fluyeron los montes delante 3381
Jer 17.27 haré *descender* fuego en sus puertas ... 3381,3341
18.3 *descendí*; a casa del alfarero, y he aquí 3381
22.1 *desciende* a la casa del rey de Judá, y 3381
36.12 *descendió* a la casa del... al aposento 3381
48.15 jóvenes... *descendieron* al degolladero 3381
48.18 *desciende* de la gloria, siéntate en 3381
49.16 aunque alces como... te haré *descender* 3381
Lm 1.9 ella ha *descendido* sorprendentemente 3381
Ez 26.16 los príncipes del mar *descenderán* de 3381
26.20 haré *descender* con los que *descienden* 3381
27.29 *descenderán* de sus naves todos los que 3381
28.8 sepulcro te harán *descender* y morirás 3381
31.14 entre... los que *descienden* a la fosa 3381
31.15 día que *descendió* al Seol, hice... luto 3381
31.16 hice *descender*... con los que *descienden* 3381
31.17 *descendieron* con él al Seol, con los 3381
32.18 con los que *descienden* a la sepultura 3381
32.19 *desciende*, y yace con los incircuncisos 3381
32.21 *descendieron* y yacen con los muertos 3381
32.24 los cuales *descendieron* incircuncisos 3381
32.24,25,29,30 con los que *descienden* al 3381
32.27 *descendieron* al Seol con sus armas de 3381
32.30 *descendieron*... *con* los muertos a espada 3381
34.26 haré *descender* la lluvia en su tiempo 3381
47.1 y las aguas *descendían* de debajo, hacia 3381
47.8 estas aguas salen... *descenderán* al Arabá 3381
Dn 4.13,23 un vigilante y santo *descendía* 3381,5182
Jl 2.23 hará *descender* sobre vosotros lluvia 3381
3.2 las haré *descender* al valle de Josafat 3381
3.13 *descended*, porque el lagar está lleno 3381
Am 6.2 *descended* luego a Gat de los filisteos 3381
9.2 aunque subieran... allá los haré *descender* 3381
Jon 1.3 y *descendió* a Jope, y halló una nave 3381
2.6 *descendí* a los cimientos de los montes 3381
Mi 1.3 *descenderá* y hollará las alturas de la 3381
1.12 el mal había *descendido* hasta la puerta 3381
Mt 3.16 Espíritu de Dios que *descendía* como *3381,2597*
7.25,37 **descendió lluvia, y vinieron ríos** *3381,2597*
8.1 *descendió* Jesús del monte, le seguía *3381,2597*
14.29 *descendiendo* Pedro de la barca, andaba ... *3381,2597*
17.9 cuando *descendieron* del monte, Jesús les ... *3381,2597*
24.17 **el que esté en la azotea, no descienda** ... *3381,2597*
27.40 si eres Hijo de Dios, *desciende* de la *2597*
27.42 *descienda*... la cruz, y creeremos en él *2597*
28.2 ángel del Señor, *descendiendo* del cielo *2597*
Mr 1.10 al Espíritu como paloma que *descendía* *2597*
9.9 *descendiendo* ellos del monte, les mandó *2597*
13.15 **en la azotea, no descienda a la casa** *2597*
15.30 sálvate a ti... y *desciende* de la cruz *2597*
15.32 *descienda* ahora de la cruz, para que *2597*
Lc 2.51 y *descendió* con ellos, y volvió a *2597*
3.22 y *descendió* el Espíritu Santo sobre él *2597*
4.31 *descendió* Jesús a Capernaum, ciudad de *2718*
5.2 los pescadores, habiendo *descendido* de *576*
6.17 *descendió* con ellos, y se detuvo en un *2597*
9.37 cuando *descendieron* del monte, una gran *2718*
9.54 que *descienda* fuego del cielo, como hizo *2597*
10.30 **hombre descendía de Jerusalén a Jericó** *2597*
10.31 **que descendió un sacerdote... y viéndolo** *2597*
17.31 **sus bienes... no descienda a tomarlos** *2597*
18.14 **éste descendió a su casa justificado** *2597*
19.5 **desciende... hoy es necesario que pose en** *2597*
19.6 *descendió* aprisa, y le recibió gozoso *2597*
Jn 1.32 vi al Espíritu que *descendía* del cielo *2597*
1.33 sobre quien veas *descender* el Espíritu *2597*
1.51 **y descienden sobre el Hijo del Hombre** *2597*
2.12 después de esto *descendieron* a Capernaum *2597*
3.13 **subió al cielo, sino el que descendió** *2597*
4.47 le rogó que *descendiese* y sanase a su *2597*
4.49 Señor, *desciende* antes que mi... muera *2597*
4.51 ya él *descendía*, a sus siervos salieron *2597*
5.4 un ángel *descendía* de tiempo en tiempo *2597*
5.4 el que primero *descendía*... quedaba sano *1684*
5.7 que yo voy, otro *desciende* antes que yo *2597*
6.16 al... *descendieron* sus discípulos al mar *2597*
6.33 **es aquel que descendió del cielo y da** *2597*
6.38 **he descendido del cielo, no para hacer** *2597*
6.41 **yo soy el pan que descendió del cielo** *2597*
6.42 **dice este: Del cielo he descendido?** *2597*
6.50 **este es el pan que desciende del cielo** *2597*
6.51 **soy el pan vivo que descendió del cielo** *2597*
6.58 **este es el pan que descendió del cielo** *2597*
21.9 al *descender* a tierra, vieron brasas *576*
Hch 7.15 así *descendió* Jacob a Egipto, donde *2597*
7.34 gemido, y he *descendido* para librarlos *2597*
8.5 Felipe, *descendiendo* a la... de Samaria *2718*

8.16 aún no había *descendido* sobre ninguno *1968*
8.26 el camino que *desciende* de Jerusalén a *2597*
8.38 *descendieron* ambos al agua, Felipe y el *2597*
10.11 que *descendía* algo semejante a un gran *2597*
10.20 *desciende*, y no dudes de ir con ellos *2597*
10.21 Pedro, *descendiendo* a donde estaban los *2597*
11.5 un gran lienzo que *descendía*, que por *2597*
11.27 profetas *descendieron* de Jerusalén a *2718*
12.19 después *descendió* de Judea a Cesarea *2718*
13.4 *descendieron* a Seleucia, y de... a Chipre *2718*
14.11 dioses bajo... han *descendido* a nosotros *2597*
14.25 predicado... Perge, *descendieron* a Atalia *2597*
15.30 *descendieron* a Antioquía, y reuniendo *2064*
16.8 pasando junto a Misia, *descendieron* a *2597*
18.22 subió... y luego *descendió* a Antioquía *2597*
20.10 *descendió* Pablo y se echó sobre él, y *2597*
24.1 *descendió* el sumo sacerdote Ananías con *2597*
24.22 cuando *descendiere* el tribuno Lisias *2597*
25.5 los que de... puedan... *desciendan* conmigo *4782*
Ro 9.6 no todos los que *descienden* de Israel
10.7 ¿quién *descenderá* al abismo? (esto es *2597*
Ef 4.9 había *descendido* primero a las partes *2597*
4.10 que *descendió*, es el mismo que... subió *2597*
1 Ts 4.16 con trompeta... *descenderá* del cielo *2597*
Stg 1.17 y todo don perfecto *desciende* de lo *2597*
3.15 esta sabiduría no es la que *desciende* *2718*
Ap 3.12 **nueva Jerusalén... desciende del cielo** *2597*
10.1 *descender* del cielo a otro ángel fuerte *2597*
12.12 el diablo ha *descendido*... con gran ira *2597*
13.13 *descender* fuego del cielo a la tierra *2597*
18.1 vi a otro ángel *descender* del cielo con *2597*
20.1 vi a un ángel que *descendía* del cielo *2597*
20.9 de Dios *descendió* fuego... los consumió *2597*
21.2 vi... la nueva Jerusalén, *descender* del *2597*
21.10 de Jerusalén, que *descendía* del cielo *2597*

DESCENDIENTE

Gn 9.9 yo establezco mi pacto... con vuestros *d* 2233
17.19 pacto Perpetuo para sus *d* después de él 2233
21.13 hijo... haré una nación, porque es tu *d* 2233
24.60 posean tus *d* la puerta de sus enemigos 2233
25.12 son los *d* de Ismael hijo de Abraham 8435
25.19 estos son... *d* de Isaac hijo de Abraham 8435
Éx 16.32 guardadlos para vuestros *d*, a fin de 1755
16.33 para que sea guardado para vuestros *d* 1755
Lv 21.17 ninguno de tus *d*... tenga algún defecto 2233
23.43 sepan vuestros *d* que en tabernáculos 1755
25.30 para siempre en poder de... y para sus *d* 1755
Nm 3.1 estos son los *d* de Aarón y de Moisés 8435
9.10 cualquiera de... *d*, que estuviere inmundo 1755
18.23 estatuto perpetuo para vuestros *d*; y no 1755
Dt 31.21 será recordado por la boca de sus *d* 2233
2 S 21.16 Isbi-benob, uno de los *d*... gigantes 3211
21.18 Saf... era uno de los *d* de los gigantes 3211
21.20 tenía doce dedos... era *d* de los gigantes 3205
21.22 estos cuatro eran *d* de los gigantes en 3205
1 Cr 20.4 a Sipai, de los *d* de los gigantes 3211
20.6 grande estatura... era *d* de los gigantes 3205
20.8 estos eran *d* de los gigantes en Gat, los 3205
Sal 49.13 *d* se complacen en el dicho de ellos 310
Is 65.23 de los benditos de Jehová, y sus *d* 2233
Dn 11.4 no a sus *d*, ni según el dominio con 319
Am 4.2 a vuestros *d* con anzuelos de pescador 319
Zac 12.12 los *d* de la casa de David por sí, y 4940
12.12 los *d* de la casa de Natán por sí, y sus 4940
12.13 los *d* de la casa de Leví por sí, y sus 4940
12.13 los *d* de Simei por sí, y sus mujeres 4940
Jn 8.37 **d de Abraham; pero procuráis matarme** *4690*
Ro 9.7 ni por ser *d* de Abraham... todos hijos *4690*
9.8 los que son hijos... son contados como *d* *4690*
2 Co 11.22 ¿son *d* de Abraham? También yo *4690*

DESCENSO

Is 30.30 hará ver el *d* de su brazo, con furor 5183

DESCEÑIR

1 R 20.11 no se alabe... como el que los *desciñe* 6605

DESCIFRAR

Jue 14.12 si en... me lo declaráis y *descifráis* 4672
Dn 5.12 y *descifrar* enigmas y resolver dudas 263

DESCOLGAR

Jos 2.18 ventana por la cual nos *descolgaste* 3381
1 S 19.12 *descolgó*... a David por una ventana 3381
Hch 9.25 muro *descolgándole* en una canasta *2524*
2 Co 11.33 *descolgado* del muro en un canasto *5465*

DESCOMEDIDAMENTE

Gn 31.24,29 guárdate que no hables a Jacob *d*

DESCONCERTADO

Job 18.11 asombrarán temores... le harán huir *d*

DESCONOCER

Sal 69.8 y *desconocido* para los hijos de mi 5237
Jer 9.3 mal procedieron, y me han *desconocido* .. 3045,3808
Os 5.3 e Israel no me es *desconocido*; porque 3582
2 Co 6.9 como desconocidos, pero bien conocidos *50*

DESCONOCIDO, A

1 Co 14.14 si yo oro en lengua *d*, mi espíritu
14.19 cinco... que diez mil palabras en lengua *d*
3 Jn 5 algún servicio... especialmente a los *d* *3581*

DESCONSOLADO, A

2 S 13.20 se quedó Tamar *d* en casa de Absalón 8074
Is 29.2 pondré a Ariel en apretura, y será *d* 8386

DESCORTEZAR

Gn 30.37 y *descortezó* en... mondaduras blancas 6478
Jl 1.7 asoló mi vid y *descortezó* mi higuera 7111

DESCOYUNTAR
Gn 32.25 tocó...*descoyuntó* el muslo de Jacob 3363
Sal 22.14 todos mis huesos se *descoyuntaron* 6504
Pr 25.19 como diente roto y pie *descoyuntado* 4154

DESCRÉDITO
1 Ti 3.7 no caigas en *d* y en lazo del diablo *3680*

DESCRIBIR
Jos 18.4 y recorran la tierra, y la *describan* 3789
Ez 43.11 *descríbemelo* delante de tus ojos 3789

DESCRIPCIÓN
Jos 18.6 traeréis la *d*...yo os echara suertes 3789
2 R 16.10 envió al...la *d* del altar, conforme 8403
Ez 43.11 sus *d*, y todas sus configuraciones 2708

DESCUARTIZAR
Dn 3.29 dijere blasfemia...sea *descuartizado* 5648,1917

DESCUBIERTO, A
Gn 42.9,12 ver lo *d* del país habéis venido 6172
Nm 23.3 Balaam dijo a...y se fue a un monte *d* 8205
2 S 22.16 y quedaron al *d* los cimientos del 1540
Job 15.22 tinieblas, y *d* está para la espada 6822
Sal 18.15 y quedaron al *d* los cimientos del 1540
Is 20.4 cautivos...*d* las nalgas para vergüenza 2834
Ez 4.7 y *d* tu brazo, profetizarás contra ella 2834
16.7 habías crecido; pero estabas desnuda y *d* 5903
16.22 juventud, cuando estabas desnuda y *d* 5903
16.39 se llevarán...y te dejarán desnuda y *d* 5903
23.29 tomarán todo...y te dejarán desnuda y *d* 5903
1 Co 11.5 que ora o profetiza con la cabeza *d* *177*
2 Co 3.14 leen...les queda el mismo velo no *d* *343*
3.18 mirando a cara *d* como en un espejo la *343*

DESCUBRIR
Gn 1.9 dijo también Dios...*descúbrase* lo seco 7200
8.5 se *descubrieron* las cimas de los montes 7200
9.21 estaba *descubierto* en medio de su tienda 1540
30.37 *descubriéndose*...lo blanco de las varas 4286
36.24 Aná es el que *descubrió* manantiales en 4672
Éx 2.14 ciertamente esto ha sido *descubierto* 3045
20.26 que tu desnudez se *descubra* junto a mí 1540
Lv 10.6 dijo...No *descubráis* vuestras cabezas 6544
13.10 y se *descubre* asimismo la carne viva 7613
13.45 leproso...llevará...su cabeza *descubierta* 6544
18.6 se llegue a...para *descubrir* su desnudez 6172
18.7 la desnudez de tu madre, no *descubrirás* 6172
18.7 tu madre es, no *descubrirás* su desnudez 6172
18.8 la desnudez de la mujer...no *descubrirás* 1540
18.9 tu hermana...su desnudez no *descubrirás* 1540
18.10 la hija de...su desnudez no *descubrirás* 1540
18.11 hermana es; su desnudez no *descubrirás* 1540
18.12 la hermana de tu padre no *descubrirás* 1540
18.13 la hermana de tu madre no *descubrirás* 1540
18.14 del hermano de tu padre no *descubrirás* 1540
18.15 la desnudez de tu nuera no *descubrirás* 1540
18.15 mujer es de...no *descubrirás* su desnudez 1540
18.16 la mujer de tu hermano no *descubrirás* 1540
18.17 de la mujer y de su hija no *descubrirás* 1540
18.17 de su hija, para *descubrir* su desnudez 1540
18.18 *descubriendo* su desnudez delante de ella 1540
18.19 *descubrir* su desnudez mientras esté en 1540
20.11 desnudez de su padre *descubrió*; ambos 1540
20.17 *descubrió* la desnudez de su hermana; su 1540
20.18 durmiera con...*descubriera* su desnudez 1540
20.18 su fuente *descubrió*, y ella *d* la fuente 1540
20.19 no *descubrirás*; porque al descubrir la 1540
20.20 la desnudez del hermano de...*descubrió* 1540
20.21 desnudez de su hermano *descubrió*; sin 1540
21.10 sumo sacerdote...no *descubrirá* su cabeza ... 6544
Nm 5.18 y *descubrirá* la cabeza de la mujer, y 6544
Dt 22.28 y se acostare...y fueran *descubiertos* 4672
27.20 cuanto *descubrió* el regazo de su padre 1540
Jue 14.9 mas no les *descubrió* que había tomado 5046
14.18 nunca hubierais *descubierto* mi enigma 4672
16.10,13 *descúbreme*...cómo podrás ser atado 5046
16.15 no me has *descubierto*...en qué consiste 5046
16.17 le *descubrió*, pues todo su corazón, y 5046
16.18 le había *descubierto* todo su corazón 5046
16.18 él me ha *descubierto* todo su corazón 5046
Rt 3.4 *descubrirás* sus pies, y te acostarás 1540
3.7 ella...le *descubrió* los pies y se acostó 1540
1 S 3.15 Samuel temía *descubrir* la visión a 5046
9.19 *descubriré*...lo que está en tu corazón 5046
10.16 asunto del reino...no le *descubrió* nada 5046
20.2 ninguna cosa hará...que no me la *descubra* ... 1540
22.8 no haya quien me *descubra* al oído cómo 1540
22.8 me *descubra* cómo mi hijo ha levantado 1540
22.17 sabiendo...huía, no me lo *descubrieron* 1540
2 S 6.20 *descubriéndose*...como se descubre sin 1540
13.4 ¿no me lo *descubrirás* a mí? Y Amnón le 5046
2 R 17.4 rey...*descubrió* que Oseas conspiraba 4672
Job 11.7 ¿*descubrirás* tú los secretos de Dios? 4672
12.22 él *descubre* las profundidades de las 1540
20.27 los cielos *descubrirán* su iniquidad 1540
26.6 el Seol está *descubierto* delante de él 6174
28.27 él...la preparó y la *descubrió* también 2713
38.17 ¿te han sido *descubiertas* las puertas 1540
41.13 ¿quién *descubrirá* la...de su vestidura? 1540
Sal 98.2 a vista...ha *descubierto* su justicia 1540
Pr 11.13 anda en chismes *descubre* el secreto 1540
18.2 el necio...en que su corazón se *descubra* 1540
18.17 pero viene su adversario, y le *descubre* 2713
20.19 que anda en chismes *descubre* el secreto 1540
25.9 causa...y no *descubras* el secreto a otro 1540
26.26 su odio se...su maldad será *descubierta* 1540
Is 3.17 y Jehová *descubrirá* sus vergüenzas 6168
26.21 tierra *descubrirá* la sangre derramada 1540
47.2 *descubre* tus guedejas...*d* las piernas 1540
47.3 tu vergüenza *descubierta*, y tu deshonra 1540
57.8 porque a otro, y no a mí, te *descubriste* 1540
Jer 2.26 avergüenza el ladrón...es *descubierto* 4672
13.22 por...de tu maldad fueron *descubiertas* 1540
13.26 *descubriré* también tus faldas delante 2834
49.10 yo...*descubriré* sus escondrijos, y no 1540
Lm 2.14 no *descubrieron* tu pecado para impedir 1540
4.22 castigará...Edom, *descubrirá* tus pecados 1540
Ez 13.14 será *descubierto* su cimiento, y caerá 1540
16.36 han sido *descubiertas* tus desnudeces 1540
16.37 y les *descubriré* tu desnudez, y ellos 1540
16.57 antes que tu maldad fuese *descubierta* 1540
21.24 *descubriendo* vuestros pecados en todas 1540
22.10 la desnudez del padre *descubrieron* en 1540
23.10 *descubrieron* su desnudez, tomaron sus 1540
23.18 *descubrió* sus desnudeces, por lo cual 1540
23.29 y se *descubrirá* la inmundicia de tus 1540
Os 2.10 *descubriré* yo su locura delante de los 1540
7.1 se *descubrió* la iniquidad de Efraín, y 1540
Mi 1.6 de Samaria...y *descubriré* sus cimientos 1540
Nah 3.5 y *descubriré* tus faldas en tu rostro 1540
Hab 2.16 bebe...y serás *descubierto*; el cáliz 6188
3.9 se *descubrirá* enteramente tu arco; los 5783,6181
3.13 *descubriendo* el cimiento hasta la roca 6168
Sof 2.14 su enmaderamiento...será *descubierto* 6168
Mt 12.16 les encargaba...que no le *descubriesen* *5318*
26.73 aun tu manera de hablar te *descubre* *1212*
Mr 2.4 *descubrieron* el techo de donde estaba *648*
3.12 reprendía...para que no le *descubriesen* *5318*
Lc 12.2 **encubierto...que no haya de *descubrirse*** *601*
1 Ti 5.24 mas a otros se les *descubren* después
Ap 3.18 **que no se *descubra* la vergüenza de tu** *5319*

DESCUIDAR
1 Ti 4.14 no *descuides* el don que hay en ti *272*
He 2.3 *descuidamos* una salvación tan grande? *272*

DESDE *Véase el Apéndice*

DESDEÑAR
Lv 26.15 si *desdeñareis* mis decretos...pacto 3988
Job 30.1 cuyos padres yo *desdeñara* poner con 3988

DESDICHA
Is 24.16 y yo dije: ¡Mi *d*, mi *d*, ay de mí! 7334

DESDICHADO
Sal 10.10 caen en sus fuertes garras muchos *d* 2489

DESEABLE
2 Cr 32.27 adquirió...y toda clase de joyas *d* 2532
36.19 y destruyeron todos los objetos *d* 4261
Sal 19.10 *d* son más que el oro, y más que mucho 2530
106.24 aborrecieron la tierra *d*; no creyeron 2532
Jer 3.19 ¿cómo os pondré...os daré la tierra *d* 2532
Ez 25.9 yo abro...las tierras *d* de Bet-jesimot 6643
Os 9.6 la ortiga conquistará lo *d* de su plata 4261
9.16 aunque engendró, yo mataré lo *d* de su 4261
Zac 7.14 convirtieron en desierto la tierra *d* 2532
Mal 3.12 porque seréis tierra *d*, dice Jehová 2656

DESEADO, A
Cnt 2.3 bajo la sombra del *d* me senté, y su 2530
Is 62.12 y a ti te llamarán Ciudad *D*, no 1875
Hag 2.7 y vendrá el *D* de todas las naciones 2532

DESEAR
Dt 5.21 ni *desearás* la casa de tu prójimo, ni 2530
12.20 dijeres: Comeré carne, porque *deseaste* 183
12.20 conforme a...que *deseaste* podrás comer 185
12.21 y comerás...según todo lo que *deseares* 185
14.26 darás el dinero por todo lo que *deseas* 183
14.26 o por cualquier cosa que tú *deseares* 7592
1 S 18.25 el rey no *desea* la dote, sino cien 2656
20.4 dijo...lo que *deseare* tu alma, haré por ti 559
2 S 3.21 y tú reines como lo *desea* tu corazón 183
13.39 y el rey David *deseaba* ver a Absalón 3615
1 R 11.37 tú reinarás en...que *deseare* tu alma 183
19.4 y *deseando* morirse, dijo: Basta ya, oh 7592
1 Cr 11.17 David *deseó*...dijo: ¡Quién me diera 183
2 Cr 21.20 y murió sin que lo *desearan* más 2532
Est 6.6 ¿qué se hará al...honra *desea* el rey? 2654
6.6 ¿a quién *deseará* el rey honrar más que 2654
6.7,9(2),11 el varón cuya honra *desea* el rey 2654
Job 14.6 *deseara*, como el jornalero su día 7521
23.13 él determina...su alma *deseó*, e hizo 183
34.36 *deseo*...que Job sea probado ampliamente 15
Sal 34.12 ¿quién es el...que *desea* vida, que *d* 2655
40.14 avergüéncense los que mi mal *desean* 2655
45.11 *deseará* el rey tu hermosura...tu señor 183
68.16 monte que *deseó* Dios para su morada? 2530
70.2 sean vueltos atrás...que mi mal *desean* 2655
73.25 y fuera de ti nada *deseo* en la tierra 2654
84.2 mi alma aun...*desea* los atrios de Jehová 3615
107.30 así los guía al puerto que *deseaban* 2656
119.20 quebrantada...de *desear* tus juicios 8375
119.131 abrí...*deseaba* tus mandamientos 2968
119.174 he *deseado* tu salvación, oh Jehová 8373
Pr 1.22 y los burladores *desearán* el burlar 2530
3.15 todo lo que puedes *desear*, no se puede 2656
10.24 los justos les será dado lo que *desean* 8378
13.4 alma del perezoso *desea*, y nada alcanza 183
21.10 alma del impío *desea* el mal, su prójimo 183
24.1 envidia de los...ni *desees* estar con ellos 183
Ec 2.10 no negué a...ninguna cosa que *desearan* 7592
6.2 y nada le falta de...lo que su alma *desea* 183
Cnt 6.4 hermosa eres...de *desear*, como Jerusalén 5000
Is 26.9 con mi alma te he *deseado* en la noche 183
53.2 mas sin atractivo para que le *deseemos* 2530
Jer 17.16 no he ido...ni *deseé* día de calamidad 183
42.22 lugar donde *deseasteis* entrar para morar ... 2654
Os 10.10 y los castigaré cuando lo *desee* 185
Am 5.18 de los que *desean* el día de Jehová! 183
Jon 4.8 y *deseaba* la muerte, diciendo: Mejor 7592
Mi 7.1 ¡ay...mi alma *deseó* los primeros frutos 183
Mal 3.1 el ángel del pacto, a quien *deseáis* 1245
Lc 10.24 **muchos profetas y reyes *desearon* ver** *2309*
15.16 ***deseaba*...de las algarrobas que comían** *1937*
17.22 ***desearéis* ver uno de los días del Hijo** *1937*
22.15 **cuánto he *deseado* comer...esta pascua** *1939*
23.8 porque hacía tiempo que *deseaba* verle *2309*
Hch 13.7 Sergio Paulo...*deseaba* oír la palabra *1934*
27.13 que ya tenían lo que *deseaban*, levaron *4286*
Ro 1.11 porque *deseo* veros, para comunicaros *1971*
9.3 *deseara* yo mismo ser anatema, separado *2172*
15.23 *deseando* desde hace muchos años ir a *1974*
2 Co 5.2 gemimos, *deseando* ser revestidos de *1971*
11.12 para quitar la ocasión a...que la *desean* *2309*
Fil 4.1 que, hermanos míos amados y *deseados* *1973*
1 Ti 3.1 si...anhela obispado, buena obra *desea* *3713*
2 Ti 1.4 *deseando* verte, al acordarme de tus *1971*
He 6.11 *deseamos* que cada uno de...muestre la *1937*
12.17 después, *deseando* heredar la bendición *2309*
13.18 *deseando* conducirnos bien en todo *2309*
Stg 4.2 y lucháis...no tenéis lo que *deseáis* *2206*
1 P 2.2 *desead*, como niños...leche espiritual *1971*
3 Jn 2 *deseo* que tú seas prosperado en todas *2172*

DESECHAR
Éx 21.8 la podrá vender...cuando la desechare 898
Lv 26.44 no los *desecharé*, ni los abominaré 3988
1 S 8.7 porque no te han *desechado*...me han *d* 3988
10.19 habéis *desechado* hoy a vuestro Dios, que 3988
15.23 *desechaste*...el también te ha *desechado* 3988
15.26 Porque *desechaste* la palabra de Jehová 3988
15.26 y Jehová te ha *desechado* para que no 3988
16.1 habiéndolo yo *desechado*...que no reine 3988
16.7 no mires a su parecer, ni...yo lo *desecho* 3988
2 S 1.21 porque allí fue *desechado* el escudo 1602
2 R 17.15 *desecharon* sus estatutos, y el pacto 3988
23 27 y *desecharé* a esta ciudad...a Jerusalén 3988
1 Cr 28.9 mas si lo dejares, él te *desechará* 2186
2 Cr 29.19 que...había *desechado* el rey Acaz 2186
Job 10.3 que *deseches* la obra de tus manos, y 3988
Sal 37.8 deja la ira, y *desecha* el enojo; no 5800
43.2 pues que tú...¿por qué me has *desechado*? 2186
44.9 pero nos has *desechado*, y nos has hecho 2186
53.5 avergonzaste, porque Dios los *desechó* 3988
60.1 tú nos has *desechado*, nos quebrantaste 2186
60.10 oh Dios, que nos habías *desechado*, y no 2186
71.9 no me *deseches* en el tiempo de la vejez 7993
74.1 ¿por qué, oh Dios, nos has *desechado* 2186
77.7 ¿*desechará* el Señor para siempre, y no 2186
78.67 *desechó* la tienda de José, y...de Efraín 3988
88.14 ¿por qué, oh Jehová, *desechas* mi alma? 2186
89.38 mas tú *desechaste* y menospreciaste a tu 2186
102.17 no habrá *desechado* el ruego de ellos 959
108.11 oh Dios, que nos habías *desechado*, y 2186
118.22 la piedra que *desecharon*...edificadores 3988
119.141 pequeño soy yo, y *desechado*, mas no 959
Pr 1.25 sino que *desechasteis* todo consejo mío 6544
10.17 pero quien *desecha* la reprensión, yerra 5800
Ec 3.6 tiempo de guardar, y tiempo de *desechar* 7993
Is 5.24 porque *desecharon* la ley de Jehová de 3988
7.15,16 sepa *desechar* lo malo y escoger lo 3988
8.6 *desechó* este pueblo las aguas de Siloé 3988
30.12 porque *desechasteis* esta palabra, y 3988
41.9 te llamé, y...te, y no te *deseché* 3988
53.3 *desechado* entre los hombres, varón de 2310
Jer 2.37 *desechó* a...en quienes tú confiabas 3988
6.30 plata *desechada* los...Jehová los *desechó* 3988
14.19 ¿has *desechado* enteramente a Judá? 3988
14.21 por amor de tu nombre no nos *deseches* 5006
30.17 *desechada* te llamaron, diciendo: Esta 5080
31.37 yo *desecharé* toda la descendencia de 3988
33 24 dos familias que Jehová ha *desechado*? 3988
33.26 *desecharé* la descendencia de Jacob, y 3988
Lm 2.6 en el ardor de su ira ha *desechado* al 5006
2.7 *desechó* el Señor su altar, menospreció al 2186
3.31 porque el Señor no *desecha* para siempre 2186
5.22 nos has *desechado*; te has airado contra 3988
Ez 5.6 porque *desecharon* mis decretos y mis 3988
7.19 arrojarán su plata...oro será *desechado* 5079
16.45 que *desechó* a su marido y a sus hijos 1602
16.45 que *desecharon* a sus maridos y a sus 1602
Zac 10.6 serán como si no los hubiera *desechado* 2186
Mt 21.42 **que *desecharon* los edificadores, ha** *593*
Mr 6.26 causa...juramento...no quiso *desecharla* *114*
8.31 ser *desechado* por los ancianos, por los *593*
12.10 **piedra que *desecharon* los edificadores** *593*
Lc 6.22 ***desechen* vuestro nombre como malo, por** *1544*
7.30 mas los...*desecharon* los designios de Dios *114*
9.22 **sea *desechado* por los ancianos, por los** *593*
10.16 **y el que a vosotros *desecha*, a mí me *d*** *114*
10.16 **que me *desecha* a mí, *d* al que me envió** *114*
17.25 **y sea *desechado* por esta generación** *593*
20.17 **piedra que *desecharon* los edificadores** *593*
Hch 7.39 que le *desecharon*, y en sus corazones *683*
13.46 mas puesto que la *desecháis*, y no os *683*
Ro 11.1 digo...¿Ha *desechado* Dios a su pueblo? *683*
11.2 no ha *desechado* Dios a su pueblo, al cual *683*
13.12 *desechemos*...las obras de las tinieblas *659*
1 Co 1.19 *desecharé* el entendimiento de los *114*
Gá 2.21 no *desecho* la gracia de Dios; pues si *114*
4.14 ni *desechasteis* por la prueba que tenía *1609*
Ef 4.25 *desechando* la mentira, hablad verdad *659*
1 Ts 4.8 el que *desecha* esto, no *d* a hombre *114*
1 Ti 1.19 *desechando* la cual naufragaron en *683*

4.4 y nada es de *desecharse*, si se toma con 579
4.7 *desecha* las fábulas profanas y de viejas 3868
2 Ti 2.23 pero *desecha* las cuestiones necias 3868
Tit 3.10 al... que cause divisiones... *deséchalo* 3868
He 12.17 deseando heredar la... fue *desechado* 593
12.25 mirad que no *deseches* al que habla 3868
12.25 que *desecharon* al que los amonestaba 3868
12.25 si *desecháramos* al que amonesta desde 654
Stg 1.21 *desechando*... inmundicia y abundancia 659
1 P 2.1 *desechando*, pues, toda malicia, todo 659
2.4 piedra viva, *desechada*... por los hombres 593
2.7 la piedra que... *desecharon*, ha venido a 593

DESECHO
Am 8.6 precio, y venderemos los *d* del trigo? 4651
1 Co 4.13 hemos venido a ser... el *d* de todos 4067

DESEMBOCADURA
Jos 15.5 el límite... es... hasta la *d* del Jordán 7097
15.5 desde la bahía del... en la *d* del Jordán 7097

DESEMPEÑAR
Nm 3.7 y *desempeñen* el encargo de él, y el 5647
2 Cr 7.6 *desempeñaban* su ministerio; también 5975
31.16 para *desempeñar* su ministerio según sus 4931

DESENCADENAR
Lc 8.23 *desencadena* una tempestad de viento 2597

DESENFRENADAMENTE
2 Cr 28.19 Acaz rey... había actuado *d* en Judá 6544

DESENFRENAR
Éx 32.25 que el pueblo estaba *desenfrenado* 6544
Job 30.11 *desenfrenaron* delante de mi rostro 7971
Pr 29.18 sin profecía el pueblo se *desenfrena* 6544

DESENFRENO
1 P 4.4 no corráis con ellos en el mismo *d* de 401

DESENTENDER
Sal 28.1 Roca mía, no te *desentiendas* de mí 2790
He 8.9 me *desentendí* de ellos, dice el Señor 272

DESENVAINAR
Lv 26.33 *desenvainaré* espada en... de vosotros 7324
Jos 5.13 el cual tenía una espada *desenvainada* 8025
Jue 8.20 pero el joven no *desenvainó* su espada 8025
Sal 37.14 impíos *desenvainan* espada y entesan 6605
Ez 5.2 yo *desenvainaré* espada en pos de ellos 7324
5.12 esparciré a todos... *desenvainaré* espada 7324
12.14 y *desenvainaré* espada en pos de ellos 7324
21.28 está *desenvainada* para degollar; para 6605
28.7 que *desenvainarán* sus espadas contra la 7324
30.11 *desenvainarán* sus espadas sobre Egipto 7324
Jn 18.10 la *desenvainó*, e hirió al siervo del 1670

DESEO
Gn 3.16 y tu *d* será para tu marido, y él se 8669
4.7 con todo esto, a ti será su *d*, y tú te 8669
31.30 porque tenías *d* de la casa de tu padre 3700
Nm 11.4 la gente extranjera... tuvo un vivo *d* 183,8378
Dt 12.15 comer carne... conforme a tu *d*, según 185
18.6 viniere con... el *d* de su alma al lugar 185
1 S 23.20 desciende pronto... conforme a tu *d* 185
2 S 23.5 florecer toda mi salvación y mi *d* 2656
1 R 5.9 cumplirás mi *d* al dar de comer a mi 2656
8.18 edificar... bien has hecho en tener tal *d* 3824
2 Cr 6.8 en haber tenido... *d* de edificar casa 3824
Job 34.36 *d* yo que Job sea... ampliamente 15
Sal 10.3 el malo se jacta del *d* de su 8378
10.17 el *d* de los humildes oíste, oh Jehová 8378
20.4 te dé conforme al *d* de tu corazón, y 3824
21.2 le has concedido el *d* de su corazón, y 8378
38.9 Señor, delante de ti están todos mis *d* 8378
59.10 Dios hará que vea en mis enemigos mi *d*
73.25 fuera de ti nada *d* en la tierra 2654
78.29 se saciaron; les cumplió, pues, su *d* 8378
106.14 se entregaron a un *d* desordenado en 183,8378
112.8 hasta que vea en sus enemigos su *d*
112.10 lo verá... el *d* de los impíos perecerá 8378
118.7 yo veré mi *d* en los que me aborrecen
140.8 no concedas... Jehová, al impío sus *d* 3970
145.19 cumplirá el *d* de los que le temen; oirá 7522
Pr 11.23 el *d* de los justos es... el bien; mas 8378
13.12 pero árbol de vida es el *d* cumplido 8378
13.19 el *d* cumplido regocija el alma; pero 8378
18.1 su *d* busca el que se desvía... entremete 8378
21.25 el *d* del perezoso le mata, porque sus 8378
31.2 ¿qué, hijo mío?... ¿y qué, hijo de mis *d*? 5088
Ec 6.7 boca, y con todo esto su *d* no se sacia 5315
6.9 más vale vista de ojos que *d* que pasa 5315
Is 21.4 noche de mi *d* se me volvió en espanto 2837
26.8 y tu memoria son el *d* de nuestra alma 8378
Ez 11.21 cuyo corazón anda tras el *d* de sus 3820
24.21 el *d* de vuestros ojos y el deleite de 4261
Dn 7.19 tuve *d* de saber la verdad acerca de la 6634
Mi 4.11 y vean nuestros ojos sus *d* en Sion
Jn 8.44 **los *d* de vuestro padre queréis hacer** 1939
Ro 1.11 porque *d* veros, para comunicaros 1971
13.14 y no proveáis para los *d* de la carne 1939
Gá 5.16 y no satisfagáis los *d* de la carne 1939
5.17 el *d* de la carne es contra el Espíritu 1937
Ef 2.3 otro tiempo en los *d* de nuestra carne 1939
4.22 está viciado conforme a los *d* engañosos 1939
Fil 1.23 teniendo *d* de partir y... con Cristo 1939
2.26 tenía gran *d* de veros a todos vosotros 1971
Col 3.5 malos *d* y avaricia, que es idolatría 1939
1 Ts 2.17 procuramos con mucho *d* ver vuestro 4056
1 Ti 5.11 impulsadas por sus *d*, se rebelan 2691
Tit 2.12 renunciando a *d* mundanos, vivamos 1939
1 P 1.14 no os conforméis a los *d* que antes 1939
2.11 que os abstengáis de los *d* carnales que 1939
1 Jn 2.16 los *d* de la carne, los *d* de los ojos 1939
2.17 y el mundo pasa, y sus *d*; pero el que 1939
3 Jn 2 amado, yo *d* que tú seas prosperado 2172
Jud 16 andan según sus propios *d*, cuya boca 1939
18 burladores... andarán según sus malvados *d* 1939

DESERTAR
1 S 13.8 no venía... el pueblo se le *desertaba* 6327
13.11 vi que el pueblo se me *desertaba*, y que 5310

DESERTOR
Jer 52.15 los *d* que se habían pasado al rey de 5307

DESESPERACIÓN
Sal 40.2 me hizo sacar del pozo de la *d* del 7588

DESESPERADO
Job 6.26 y los discursos de un *d*, que son como 2976
Is 17.11 el día de la angustia, y del dolor *d* 605
2 Co 4.8 estamos atribulados... apuros, mas no *d* 1820

DESESPERANZAR
Ec 2.20 volvió... a *desesperanzarse* mi corazón 2976

DESESTIMAR
Job 36.5 no *desestima* a nadie es poderoso en 3988

DESFALLECER
Gn 47.13 *desfalleció* de hambre la tierra de 3856
Éx 18.18 *desfallecerás* del todo, tu pueblo 5034
Dt 28.32 tus ojos lo verán, y *desfallecerán* 3616
Jos 5.1 los cananeos... *desfalleció* su corazón 4549
7.5 lo cual el corazón del pueblo *desfalleció* 4549
14.8 *desfallecer* el corazón del pueblo; pero 4529
1 S 14.28 alimento. Y el pueblo *desfallecía* 5888
2 Cr 15.7 no *desfallezcan* vuestras manos, pues 7503
Job 17.5 los ojos de sus hijos *desfallecerán* 3615
19.27 aunque mi corazón *desfallece* dentro de 3615
31.16 hice *desfallecer* los ojos de la viuda 3615
33.21 su carne *desfallece*, de manera que no 3615
Sal 69.3 han *desfallecido* mis ojos esperando 3615
73.26 mi carne y mi corazón *desfallecen*; mas 3615
107.5 sedientos, su alma *desfallecía* en ellos 5848
109.24 carne *desfallece* por falta de gordura 3584
119.81 *desfallece* mi alma por tu salvación 3615
119.82 *desfallecieron*... ojos por tu palabra 3615
119.123 ojos *desfallecieron* por tu salvación 3615
Pr 31.6 dad la sidra al *desfallecido*... y el vino 6
Is 13.7 y *desfallecerá* todo corazón de hombre 7503
19.1 *desfallecerá* el corazón de los egipcios 4549
19.8 y *desfallecerán* los que extienden red 535
31.3 caerá el... y todos ellos *desfallecerán* 3615
40.28 *desfallece*, ni se fatiga con cansancio 3286
Jer 4.9 *desfallecerá* el corazón del rey y el 6
8.18 a causa de... dolor, mi corazón *desfallece* 1742
Lm 2.11 mis ojos *desfallecieron* de lágrimas 3615
2.11 *desfallecía* el niño y el que mamaba, en 5848
2.12 *desfallecían* como heridos en las calles 5848
2.19 pequeñitos, que *desfallecen* de hambre 5848
4.17 han *desfallecido* nuestros ojos esperando 3615
5.13 y los muchachos *desfallecieron* bajo el 3782
Ez 21.7 que... haré que *desfallezca* todo corazón 4549
Jon 2.7 cuando mi alma *desfallecía* en mí, me 5848
Nah 2.10 el corazón *desfallecido*; temblor de 4549
Lc 21.26 **desfalleciendo los hombres por el** 674

DESFALLECIMIENTO
Dt 28.65 pues allí te dará Jehová... *d* de ojos 3631
Job 41.25 causa de su *d* hacen por purificar 7667
Dn 10.8 antes mi fuerza se cambió en *d*, y no 4889

DESFIGURAR
Is 52.14 fue *desfigurado* de los hombres su 4893

DESFILADERO
1 S 14.4 *d* por donde Jonatán procuraba pasar 4569

DESGAJAR
Éx 9.25 granizo... *desgajó*... los árboles del país 7665
Sal 29.9 voz de Jehová que *desgaja* las encinas 2342
Is 10.33 el Señor, Jehová... *desgajará* el ramaje 5586
Ro 11.17 árbol... las ramas fueron *desgajadas*, y tú 1575
11.19 las ramas, dirás, fueron *desgajadas* 1575
11.20 por su incredulidad fueron *desgajados* 1575

DESGARRADA *Véase Desgarrar*

DESGARRADORA
Ez 28.24 nunca más será a... Israel espina *d* 3510

DESGARRAR
Sal 7.2 sea que *desgarren* mi alma cual león 2963
Ez 44.31 cosa mortecina ni *desgarrada* así de 2966
Os 13.8 *desgarraré* las fibras de su corazón 7167

DESGASTAR
Job 14.19 las piedras se *desgastan* con el agua 7833
2 Co 4.16 el hombre exterior se va *desgastando* 1311

DESGRACIA
Pr 13.17 el mal mensajero acarrea *d* mas el 7451

DESGRANAR
Rt 2.17 *desgranó* lo que había recogido, y fue 2251

DESHABITAR
Job 38.26 haciendo llover sobre... *deshabitada*
Jer 17.6 en el desierto, en tierra... y *deshabitada*
22.6 te convertiré... y como ciudades *deshabitadas*

DESHACER
Éx 17.13 Josué *deshizo* a Amalec y a su pueblo 2522
1 S 14.16 iba de un lado a otro y era *deshecha* 4127
2 S 20.20 nunca... que yo destruya ni *deshaga* 7843
1 R 11.24 cuando David *deshizo* a los de Soba 2026
15.13 *deshizo* Asa el ídolo de su madre, y lo 3772
20.21 *deshizo* a los sirios causándoles gran 5221
1 Cr 18.9 oyendo Toi... que David había *deshecho* 5221
2 Cr 14.12 *deshizo* a los etíopes delante de 5062
14.13 fueron *deshechos* delante de Jehová y 7665
16.3 y *deshagas* la alianza que tienes con 6565
Job 6.17 al tiempo del calor son *deshechas*, y 6789
10.8 ¿y luego te vuelves y me *deshaces*? 1104
14.18 monte que cae se *deshace*, y las peñas 5034
19.26 después de *deshecha* esta mi piel, en 5362
Sal 21.9 Jehová los *deshará* en su ira, y fuego 1104
39.11 *deshaces* como polilla lo más estimado 4529
119.28 se *deshace* mi alma de ansiedad 1811
Is 15.3 aullarán todos, *deshaciéndose* en llanto 1065
21.16 toda la gloria de Cedar será *deshecha* 3615
26.14 castigaste, y *deshiciste*... su recuerdo 6
33.8 las calzadas están *deshechas*, cesaron 8074
44.22 *deshice* como una nube tus rebeliones 4229
44.25 que *deshago* las señales de los adivinos 6565
51.6 los cielos serán *deshechos* como humo 4414
Jer 9.18 *desháganse* nuestros ojos en lágrimas 3381
13.17 *desharán* mis ojos en lágrimas, porque 3381
46.5 valientes fueron *deshechos*, y huyeron 3807
49.4 tu valle se *deshizo*, oh hija contumaz 2100
50.2 Bel es confundido, *deshecho* es Merodac 2844
Ez 6.6 vuestros ídolos... obras serán *deshechas* 4229
32.12 de Egipto... su multitud será *deshecha* 8045
Os 8.6 será *deshecho* en pedazos el becerro de 7616
Am 5.5 en cautiverio, y Bet-el será *deshecha* 205
Zac 11.11 y fue *deshecho* en ese día, y así 6565
14.12 la lengua se les *deshará* en su boca 4743
1 Co 1.28 que no es, para *deshacer* lo que es 2673
2 Co 5.1 que si nuestra morada... se *deshiciere* 2647
2 P 3.10 elementos ardiendo serán *deshechos* 3089
3.11 todas estas cosas han de ser *deshechas* 3089
3.12 en el cual los cielos... serán *deshechos* 3089
1 Jn 3.8 para *deshacer* las obras del diablo 3089

DESHONESTO, A
Ez 16.27 cuales se avergüenzan de tu camino *d* 2154
Ef 5.4 palabras *d*... necedades, ni truhanerías 151
Col 3.8 blasfemia, palabras *d* de vuestra boca 148
1 Ti 3.3 no codicioso de ganancias *d*, sino 146
3.8 diáconos... no codiciosos de ganancias *d* 146
Tit 1.7 el obispo... no codicioso de ganancias *d* 146
1.11 enseñando por ganancia *d*... no conviene 150
1 P 5.2 no por ganancia *d*, sino con ánimo 147

DESHONRA
2 S 13.13 porque, ¿adónde iría yo con mi *d*? 2781
Job 10.15 hastiado de *d*, y de verme afligido 7036
Pr 11.2 viene la soberbia, viene también la *d* 7036
Is 47.3 será descubierta, y tu *d* será vista 2781
61.7 en lugar de... de vuestra *d*, os alabarán 1322
Hab 2.16 te has llenado de *d* más que de honra 7036
Ro 9.21 hacer... vaso para honra y otro para *d*? 819
1 Co 15.43 siembra en *d*, resucitará en gloria 819
2 Co 6.8 por honra y por *d*, por mala fama y 819

DESHONRADO *Véase Deshonrar*

DESHONRADOR
Pr 18.3 viene también el... con el *d* la afrenta 7036

DESHONRAR
Gn 34.2 y se acostó con ella, y la *deshonró* 6031
39.17 el siervo... vino a mí para *deshonrarme* 6711
Lv 21.9 a su padre *deshonra*; quemada será 2490
Dt 27.16 maldito el que *deshonrare*... padre 7034
Sal 44.16 voz del que me vitupera y *deshonra* 1442
79.12 con que te han *deshonrado* oh Jehová 2778
83.17 siempre, sean *deshonrados* y perezcan 2659
89.51 enemigos... han *deshonrado*... *d* los pasos 2778
Pr 17.2 se enseñoreará del hijo que *deshonra* 954
25.10 no sea que te *deshonre* el que lo oyere 2616
Jer 14.21 no... ni *deshonres* tu glorioso trono 5034
Os 2.5 que los dio a luz se *deshonró* porque 954
Mi 7.6 porque el hijo *deshonra* al padre la 5034
Sof 2.8 las afrentas... con que *deshonraron* a 2778
Mal 1.7 ¿en qué te hemos *deshonrado*? En que 1351
Jn 8.49 **honro a mi Padre; y... me *deshonráis*** 818
Ro 1.24 *deshonraron* entre sí sus... cuerpos 818
2.23 infracción de la ley *deshonras* a Dios? 818

DESHONROSO
1 Co 11.14 le es *d* dejarse crecer el cabello 2617

DESHUESAR
Jer 50.17 Nabucodonosor... lo *deshuesó* después 6105

DESIERTO, A
Gn 14.6 llanura de Parán, que está junto al *d* 4057
16.7 halló... junto a una fuente de agua en el *d* 4057
21.14 y anduvo errante por el *d* de Beerseba 4057
21.20 el muchacho; y creció, y habitó en el *d* 4057
21.21 habitó en el *d* de Parán; y su madre le 4057
36.24 Aná... que descubrió manantiales en el *d* 4057
37.22 en esta cisterna que está en el *d*, y no 4057
Éx 3.1 llevó las ovejas a través del *d*, y llegó 4057
3.18 iremos... camino de tres días por el *d* 4057
4.27 a Aarón: Vé a recibir a Moisés en el *d* 4057
5.1 a mi pueblo a celebrarme fiesta en el *d* 4057
5.3 iremos... camino de tres días por el *d*, y 4057
7.16 deja ir a mi... para que me sirva en el *d* 4057
8.27 camino de tres días iremos por el *d*, y 4057
8.28 ofrezcáis sacrificios a... Dios en el *d* 4057
13.18 rodease... el camino del *d* del Mar Rojo 4057
13.20 acamparon en Etam, a la entrada del *d* 4057
14.3 porque Faraón dirá... *d* los ha encerrado 4057
14.11 nos has sacado para que muramos en el *d* 4057
14.12 servir a... que morir nosotros en el *d* 4057
15.22 y salieron al *d* de Shur; y anduvieron 4057
15.22 anduvieron tres días por el *d* sin... agua 4057

16.1 vino al *d* de Sin, que está entre Elim y 4057
16.2 murmuró contra Moisés y Aarón en el *d* 4057
16.3 nos habéis sacado a este *d* para matar de 4057
16.10 miraron hacia el *d*...la gloria de Jehová 4057
16.14 aquí sobre la faz del *d* una cosa menuda 4057
16.32 vean el pan que yo os di a comer en el *d* 4057
17.1 toda la...de Israel partió del *d* de Sin 4057
18.5 Jetro el suegro...vino a Moisés en el *d* 4057
19.1 en el mismo día llegaron al *d* de Sinaí 4057
19.2 llegaron al *d* de...y acamparon en el *d* 4057
23.29 para que no quede la tierra *d*, y se 8077
23.31 límites...desde el *d* hasta el Eufrates 4057
Lv 7.38 mandó Jehová a Moisés en el *d*...Sinaí 4057
16.10 la suerte...para enviarlo a Azazel al *d* 4057
16.21 lo enviará al *d* por mano de un hombre 4057
16.22 y dejará ir al macho cabrío por el *d* 4057
26.22 destruyan...y vuestros caminos sean *d* 8074
26.31 haré *d* vuestras ciudades, y asolaré 2723
26.33 vuestra tierra...y *d* vuestras ciudades 2723
26.43 gozará sus días de reposo, estando *d* 8074
Nm 1.1 habló Jehová a Moisés en el *d* de Sinaí 4057
1.19 mandado a Moisés, los contó en el *d* de 4057
3.4 ofrecieron fuego extraño delante...en el *d* 4057
3.14; 9.1 Jehová habló a Moisés en el *d* de 4057
9.5 celebraron la pascua...en el *d* de Sinaí 4057
10.12 y partieron...del *d* de Sinaí según el 4057
10.12 y se detuvo la nube en el *d* de Parán 4057
10.31 tú conoces...hemos de acampar en el *d* 4057
12.16 partió...y acamparon en el *d* de Parán 4057
13.3 y Moisés los envió desde el *d* de Parán 4057
13.21 reconocieron...desde el *d* de Zin hasta 4057
13.26 y vinieron a Moisés...en el *d* de Parán 4057
14.2 Egipto; o en este *d* ojalá muriéramos! 4057
14.16 no pudo Jehová meter...los mató en el *d* 4057
14.22 vieron...señales que he hecho en...el *d* 4057
14.25 volveos...y salid al *d*, camino del Mar 4057
14.29,32 en este *d* caerán vuestros cuerpos 4057
14.33 andarán pastoreando en el *d* 40 años 4057
14.33 que...cuerpos sean consumidos en el *d* 4057
14.35 en este *d* serán consumidos, y...morirán 4057
15.32 Israel en el *d*, hallaron a un hombre 4057
16.13 venir de...para hacernos morir en el *d* 4057
20.1 llegaron...al *d* de Zin, en el mes primero 4057
20.4 ¿por qué hiciste venir...a este *d*, para 4057
21.5 de Egipto para que muramos en este *d*? 4057
21.11 acamparon...en el *d* que está enfrente 4057
21.13 otro lado de Arnón, que está en el *d* 4057
21.18 sus báculos. Del *d* vinieron a Matana 4057
21.20 cumbre de Pisga, que mira hacia el *d* 3452
21.23 Sehón...y salió contra Israel en el *d* 4057
23.28 la cumbre de Peor, que mira hacia el *d* 3452
24.1 no...sino que puso su rostro hacia el *d* 4057
26.64 contaron a los hijos de Israel en el *d* 4057
26.65 había dicho de ellos: Morirán en el *d* 4057
27.3 nuestro padre murió en el *d*; y él no 4057
27.14 fuisteis rebeldes a mi...en el *d* de Zin 4057
27.14 de la rencilla de Cades en el *d* de Zin 4057
32.13 los hizo andar errantes...años por el *d* 4057
32.15 él volverá otra vez a dejaros en el *d* 4057
33.6 acamparon en Etam, que...al confín del *d* 4057
33.8 y pasaron por en medio del mar al *d*, y 4057
33.8 anduvieron tres días...por el *d* de Etam 4057
33.11 salieron...y acamparon en el *d* de Sin 4057
33.12 salieron del *d* de Sin y acamparon en 4057
33.15 salieron...acamparon en el *d* de Sinaí 4057
33.16 salieron del *d* de Sinaí y acamparon en 4057
33.36 acamparon en el *d* de Zin, que es Cades 4057
34.3 desde el *d* de Zin hasta la frontera de 4057
Dt 1.1 las palabras que habló Moisés...en el *d* 4057
1.19 anduvimos todo aquel grande y terrible *d* 4057
1.31 en el *d* has visto que Jehová tu Dios te 4057
1.40 volveos e id al *d*, camino del Mar Rojo 4057
2.1 salimos al *d*, camino del Mar Rojo, como 4057
2.7 Jehová...sabe que andas por este gran *d* 4057
2.8 Elat...y tomamos el camino del *d* de Moab 4057
2.26 envié mensajeros desde el *d* de Cademot 4057
4.43 Beser en el *d*, en...para los rubenitas 4057
8.2 el camino...estos cuarenta años en el *d* 4057
8.15 que te hizo caminar por un *d* grande y 4057
8.16 te sustentó con maná en el *d*, comida que 4057
9.7 has provocado la ira de Jehová...en el *d* 4057
9.28 digan...los sacó para matarlos en el *d* 4057
11.5 y lo que ha hecho con vosotros en el *d* 4057
11.24 desde el *d* hasta el Líbano, desde el 4057
29.5 yo os he traído cuarenta años en el *d* 4057
32.10 le halló en tierra de *d*, y en yermo de 4057
32.51 pecasteis contra mí en...en el *d* de Zin 4057
Jos 1.4 desde el *d* y el Líbano hasta el...río 4057
5.4 hombres de guerra, habían muerto en el *d* 4057
5.5 el pueblo...nacido en el *d*, por el camino 4057
5.6 Israel anduvieron por el *d* cuarenta años 4057
8.15 Josué y...huyeron...por el camino del *d* 4057
8.20 el pueblo que iba huyendo hacia el *d* 4057
8.24 matar a...de Hai en el campo y en el *d* 4057
12.8 en el *d* y en el Neguev; el heteo, el 4057
14.10 habló...cuando Israel andaba por el *d* 4057
15.1 Edom, teniendo el *d* de Zin al sur como 4057
15.61 en el *d*, Bet-arabá, Midín, Secaca 4057
16.1 hacia el *d* que sube de Jericó por las 4057
18.12 sube...y viene a salir al *d* de Bet-ayén 4057
20.8 de Jericó, señalaron a Beser en el *d* 4057
24.7 después estuvisteis muchos días en el *d* 4057
Jue 1.16 subieron...al *d* de Judá, que está en 4057
8.7 trillaré vuestra carne con espinos...del *d* 4057
8.16 espinos y abrojos del *d*, y castigá con 4057
11.16 Israel...anduvo por el *d* hasta el Mar 4057
11.18 yendo por el *d*, rodeó la tierra de Edóm 4057
11.22 apoderaron...desde el *d* hasta el Jordán 4057
20.42 delante de Israel hacia el camino del *d* 4057
20.45 huyeron hacia el *d*, a la peña de Rimón 4057
20.47 y huyeron al *d* a la peña de Rimón 4057
1 S 4.8 hirieron a Egipto con...plaga en el *d* 4057
13.18 mira al valle de Zeboim, hacia el *d* 4057
17.28 ¿y a quién has dejado...ovejas en el *d*? 4057
23.14 y David se quedó en el *d* en lugares 4057
23.14 y habitaba en un monte en el *d* de Zif 4057
23.15 David...estuvo en Hores, en el *d* de Zif 4057
23.19 en el collado de Haquila...al sur del *d*? 3452
23.24 estaban en el *d* de Maón...al sur del *d* 4057
23.25 se quedó en el *d*...siguió a David al *d* 4057
24.1 he aquí David está en el *d* de En-gadi 4057
25.1 se levantó David y se fue al *d* de Parán 4057
25.4 oyó David en el *d* que Nabal esquilaba 4057
25.14 he aquí David envió mensajeros del *d* 4057
25.21 he guardado...lo que éste tiene en el *d* 4057
26.1 ¿no está David escondido en el...del *d*? 4057
26.2 Saúl...descendió al *d* de Zif, llevando 4057
26.2 Zif...para buscar a David en el *d* de Zif 4057
26.3 el collado de Haquila...al oriente del *d* 4057
26.3 David en el *d*...Saúl le seguía en el *d* 4057
2 S 2.24 Gía, junto al camino del *d* de Gabaón 4057
15.23 el pueblo pasó al camino que va al *d* 4057
15.28 mirad...me detendré en los vados del *d* 4057
16.2 para que beban los que se cansen en el *d* 4057
17.16 no te quedes esta noche...vados del *d* 4057
17.29 el pueblo está hambriento y...en el *d* 4057
1 R 2.34 y fue sepultado en su casa en el *d* 4057
9.18 a Baafat, y a Tadmor en tierra del *d* 4057
19.4 él se fue por el *d* un día de camino, y 4057
19.15 vé, vuélvete por...por el *d* de Damasco 4057
2 R 3.8 él respondió: Por el camino del *d* de 4057
3.9 anduvieron rodeando por el *d* siete días
1 Cr 5.9 el oriente hasta la entrada del *d* 4057
6.78 dieron de...Beser en el *d* con sus ejidos 4057
12.8 huyeron y fueron a David, al...en el *d* 4057
21.29 el tabernáculo de...había hecho en el *d* 4057
2 Cr 1.3 tabernáculo...Moisés...hecho en el *d* 4057
8.4 y edificó a Tadmor en el *d*, y todas las 4057
20.16 los hallaréis...al arroyo, antes del *d* 4057
20.20 por la mafiana, salieron al *d* de Tecoa 4057
20.24 luego que vino Judá a la torre del *d* 4057
24.9 la ofrenda...impuesto a Israel en el *d* 4057
26.10 edificó torres en el *d*, y...cisternas 4057
Neh 2.3 la ciudad...*d*, y sus puertas consumidas 2720
2.17 veis...que Jerusalén está *d*, y sus puertas 2720
9.19 con todo...no los abandonaste en el *d* 4057
9.21 sustentaste 40 años en el *d*; de ninguna 4057
Job 1.19 y un gran viento vino del lado del *d* 4057
24.5 como asnos monteses en el *d*, salen a su 4057
24.5 salen...el *d* es mantenimiento de sus hijos 4057
30.3 huían a...lugar tenebroso, asolado y *d* 4057
38.26 hviendo llover...sobre el *d*, donde no 4057
38.27 para saciar la tierra *d* e inculta, y 4875
Sal 29.8 voz de Jehová que hace temblar el *d* 4057
55.7 ciertamente huiría...moraría en el *d* 4057
63 *tít.* David, cuando estaba en el *d* de Judá 4057
65.12 destilan sobre los pastizales del *d* 4057
68.7 Dios, cuando...cuando anduviste por el *d* 4057
72.9 se postrarán los moradores del *d*, y sus 4057
74.14 diste por comida a los moradores del *d* 4057
75.6 ni de...ni del *d* viene el enaltecimiento 4057
78.15 hendió las peñas en el *d*, y les dio a 4057
78.17 pecar contra él, rebelándose...en el *d* 4057
78.19 diciendo: ¿Podrá poner mesa en el *d*? 4057
78.40 veces se rebelaron contra él en el *d* 4057
78.52 y los llevó por el *d* como un rebaño 4057
95.8 como...como en el día de Masah en el *d* 4057
102.6 soy semejante al pelícano del *d*; soy 2723
106.9 les hizo ir por el abismo como por un *d* 4057
106.14 se entregaron a un deseo...en el *d*, y 3452
106.26 alzó su mano...para abatirlos en el *d* 4057
107.4 anduvieron perdidos por el *d*, por la 4057
107.33 convierte los ríos en *d*...sequedal es 4057
107.35 vuelve el *d* en estanques de aguas, y 4057
136.16 al que pastoreó a su pueblo por el *d* 4057
Pr 21.19 mejor es morar en tierra *d* que con 4057
Cnt 3.6; 8.5 ¿quién es ésta que sube del *d* 4057
Is 5.6 que quede *d*; no será podada ni cavada 1326
6.11 hasta que...y la tierra esté hecha un *d* 8077
7.19 acamparán todos en los valles *d*, y en 1327
13.21 sino que dormirán allí las fieras del *d* 6728
14.17 que puso el mundo como un *d*, que asoló 4057
16.1 enviad cordero al...desde Sela del *d* al 4057
16.8 Jazer, y se habían extendido por el *d* 4057
21.1 profecía sobre el *d* del mar...torbellino 4057
21.1 así viene del *d*, de la tierra horrenda 4057
23.13 Asiria la fundó para...moradores del *d* 6728
27.10 la ciudad habitada...dejada como un *d* 4057
32.14 los palacios quedarán *d*, la multitud de 5203
32.15 el *d* se convierta en campo fértil, y el 4057
32.16 y habitará el juicio en el *d*, y en el 4057
33.9 Sarón se ha vuelto como *d*, y Basán y el 6160
34.14 las fieras del *d* se encontrarán con las 6728
35.1 se alegrarán el *d* y la soledad; el yermo 4057
35.6 porque aguas serán cavadas en el *d*, y 6160
40.3 voz que clama en el *d:* Preparad camino 6160
41.18 abriré en el *d* estanques de aguas, y 4057
41.19 en el *d* cedros, acacias, arrayanes y 4057
42.11 alcen la voz el *d* y sus ciudades, las 4057
43.19 otra vez abriré camino en el *d*, y ríos 4057
43.20 daré aguas en el *d*, ríos en la soledad 4057
48.21 no tuvieron sed cuando, por los *d*; les 2723
49.19 tierra devastada, arruinada y *d*, ahora 8074
50.2 secar el mar; convierto los ríos en *d* 4057
51.3 cambiará su *d* en paraíso, y su soledad 4057
63.13 un caballo por el *d*, sin que tropezaran 4057
64.10 santas ciudades están *d*, Sion es un *d* 4057
Jer 2.2 cuando andabas en pos de mí en el *d* 4057
2.6 nos condujo por el *d*, por una tierra *d* 4057
2.24 asna montés acostumbrada al *d*, que en 4057
2.31 ¿he sido yo un *d* para Israel, o tierra 4057
3.2 te sentabas para ellos como árabe en el *d* 4057
4.11 viento seco de las alturas del *d* vino a 4057
4.26 miré, y he aquí el campo fértil era un *d* 4057
5.6 los matará, los destruirá el lobo del *d* 6160
6.8 corrígete...para que no te convierta en *d* 8077
9.2 ¡oh, quién me diese en el *d* un albergue 4057
9.10 lloro...llanto por los pastizales del *d* 4057
9.12 ¿por qué causa...ha sido asolada como *d* 4057
9.26 Moab, y a todos...los que moran en el *d* 4057
12.4 ¿hasta cuándo estará *d* la tierra, y
12.10 convirtieron en *d* y soledad mi heredad 4057
12.12 sobre todas las alturas del *d* vinieron 4057
13.24 yo los esparciré al viento del *d*, como 4057
17.6 será como la retama en el *d*, y no verá 4057
17.6 que morará en los sequedales en el *d*, en 4057
22.5 mismo he jurado...que esta casa será *d* 2723
23.10 la tierra está *d*; los pastizales del *d* 4057
25.12 Babilonia...convertiré en *d* para siempre 8077
25.24 pueblos mezclados que habitan en el *d* 4057
31.2 el pueblo...halló gracia en el *d*, cuando 4057
32.43 de la cual decís: Está *d*, sin hombres 8077
33.10,12 está *d* sin hombres y sin animales 2717
46.19 Porque Menfis será *d*, y será asolada 3341
48.6 huid, salvad...sed como retama en el *d* 4057
48.9 serán *d* sus ciudades hasta no quedar en 8047
50.12 última de las naciones; *d*, sequedal y 4057
50.39 allí morarán fieras del *d* y chacales 6728
51.43 la tierra seca y *d*, tierra en que no 6160
Lm 4.3 es cruel como los avestruces en el *d* 4057
4.19 sobre...en el *d* nos pusieron emboscadas 4057
5.9 traíamos nuestro pan ante la espada...*d* 4057
Ez 6.6 serán *d* las ciudades, y...lugares altos 2717
6.6 asolados y se hagan *d* vuestros altares 816
6.14 más asolada y...que el *d* hacia Diblat 4057
12.20 las ciudades habitadas quedarán *d*, y la 2717
13.4 zorras en los *d* fueron tus profetas oh 2723
19.13 ahora está plantada en el *d*, en tierra 4057
20.10 los saqué de...Egipto, y los traje al *d* 4057
20.13 rebeló contra mí la...de Israel en el *d* 4057
20.13 derramaría sobre ellos mi ira en el *d* 4057
20.15,23 alcé mi mano en el *d*, jurando que 4057
20.17 no los maté, ni los exterminé en el *d* 4057
20.18 dije en el *d* a sus hijos: No andéis en 4057
20.21 para cumplir mi enojo en ellos en el *d* 4057
20.35 y os traeré al *d* de los pueblos, y allí 4057
20.36 como litigué...en el *d* de la tierra de 4057
23.42 común fueron traídos los sabeos del *d* 4057
26.2 a mí se volvió; yo seré llena, y ella *d* 4057
26.20 *d* antiguos, con los que descienden al 4057
29.5 dejaré en el *d* a ti y...peces de tus ríos 4057
29.9 y la tierra de Egipto será asolada y *d* 2723
29.10 tierra de Egipto...en la soledad del *d* 2723
30.7 sus ciudades serán entre las ciudades *d* 2717
33.28 convertiré la tierra en *d* y en soledad 8077
33.29 convierta la tierra en soledad y *d*, por
34.25 paz y...habitarán en el *d* con seguridad 4057
35.3 de Seir...te convertiré en *d* y en soledad 8077
35.7 y convertiré al monte de Seir en *d* y en 8077
36.35 estas ciudades que eran *d* y asoladas 2720
36.38 las ciudades *d* serán llenas de rebaños 2720
38.12 manos sobre las tierras *d* ya pobladas 8074
Os 2.3 la haga como un *d*, la deje como tierra 4057
2.14 la llevaré al *d*, y hablaré a su corazón 4057
9.10 como uvas en el *d* hallé a Israel; como 4057
13.5 yo te conocí en el *d*, en tierra seca 4057
13.15 se levantará desde el *d*, y se secará su 4057
Jl 1.19 porque fuego consumió los pastos del *d* 4057
1.20 y fuego consumió las praderas del *d* 4057
2.3 el huerto...y detrás de él como *d* asolado 4057
2.20 norte, y lo echaré en tierra seca y *d* 8077
2.22 los pastos del *d* reverdecerán, la higuera 4057
3.19 Edom será vuelto en *d* asolado, por la 4057
Am 2.10 y os conduje por el *d* cuarenta años 4057
5.25 ¿me ofrecisteis sacrificios y...en el *d* 4057
Sof 2.13 Asiria, y convertirá a Nínive en...d 4057
3.6 hice *d* sus calles, hasta no quedar quien 2717
Hag 1.4 vuestras casas, y esta casa está *d*? 2720
1.9 mi casa está *d*, y cada uno de vosotros 8077
Zac 7.14 convirtieron en *d* la tierra deseable 8047
Mal 1.3 su heredad para los chacales del *d* 4057
Mt 3.1 Juan el Bautista predicando en el *d* de *2048*
3.3 voz del que clama en el *d:* Preparad el *2048*
4.1 Jesús fue llevado por el Espíritu al *d* *2048*
11.7 **¿qué salisteis a ver al *d*? ¿Una caña** *2048*
14.13 se apartó de allí...barca a un lugar *d* *2048*
14.15 el lugar es *d*, y la hora ya pasada *2048*
15.33 tantos panes en el *d*, para saciar a una *2047*
23.38 **he aquí vuestra casa os es dejada *d*** *2048*
24.26 **si...Mirad, está en el *d*, no salgáis** *2048*
Mr 1.3 voz del que clama en el *d:* Preparad el *2048*
1.4 bautizaba Juan en el *d*, y predicaba el *2048*
1.12 y luego el Espíritu le impulsó al *d* *2048*
1.13 y estuvo allí en el *d* cuarenta días, y *2048*
1.35 salió y se fue a un lugar *d*, y allí oraba *2048*
1.45 que se quedaba fuera en los lugares *d* *2048*
6.31 **venid vosotros aparte a un lugar *d*, y** *2048*
6.32 fueron solos en una barca a un lugar *d* *2048*
6.35 el lugar es *d*, y la hora ya muy avanzada *2048*
8.4 podrá saciar el pan a éstos aquí en el *d*? *2048*
Lc 1.80 estuvo en lugares *d* hasta el día de su *2048*
3.2 vino palabra de Dios a Juan...en el *d* *2048*
3.4 voz del que clama en el *d:* Preparad el *2048*
4.1 Jesús...fue llevado por el Espíritu al *d* *2048*

4.42 era de día, salió y se fue a un lugar *d* 2048
5.16 mas él se apartaba a lugares *d*, y oraba 2048
7.24 ¿qué salisteis a ver al *d*? ¿Una caña 2048
8.29 era impelido por el demonio a los *d* 2048
9.10 se retiró aparte, a un lugar *d* de la 2048
9.12 vayan... porque aquí estamos en lugar *d* 2048
13.35 he aquí, vuestra casa os es dejada *d* 2048
15.4 no deja las noventa y nueve en el *d*, y 2048
Jn 1.23 de uno que clama en el *d*: Enderezad 2048
3.14 como Moisés levantó la serpiente en el *d* 2048
6.31 padres comieron el maná en el *d*, como 2048
6.49 comieron el maná en el *d*, y murieron 2048
11.54 se alejó... a la región contigua al *d* 2048
Hch 1.20 sea hecha *d* su habitación, y no haya 2048
7.30 ángel se le apareció en el *d* del monte 2048
7.36 señales en... en el *d* por cuarenta años 2048
7.38 es aquel Moisés que estuvo... en el *d* con 2048
7.42 ¿acaso me ofrecisteis víctimas... en el *d* 2048
7.44 el tabernáculo del testimonio en el *d* 2048
8.26 por el camino que... a Gaza, el cual es *d* 2048
13.18 como de 40 años los soportó en el *d* 2048
21.38 y sacó al *d* los cuatro mil sicarios? 2048
1 Co 10.5 lo cual quedaron postrados en el *d* 2048
2 Co 11.26 peligros en el *d*, peligros en el 2047
He 3.8 como... en el día de la tentación en el *d* 2048
11.38 errando por los *d*, por los montes, por 2047
Ap 12.6 la mujer huyó al *d*, donde tiene lugar 2048
12.14 para que volase de... la serpiente al *d* 2048
17.3 y me llevó en el Espíritu al *d*; y vi a 2048

DESIGNAR
Nm 1.17 estos varones que fueron *designados* 5344
14.4 *designemos* un capitán, y volvámonos a
Jos 4.4 los doce hombres... él había *designado* 3559
1 S 12.6 Jehová que *designó* a Moisés y a Aarón 6213
13.14 *designado* para que sea príncipe sobre 6680
1 Cr 15.16 levitas, que *designasen*... a cantores 5975
15.17 los levitas *designaron* a Hemán hijo de 5975
24.6 *designando*... casa paterna para Eleazar
2 Cr 2.2 y *designó* Salomón 70.000 hombres que
11.15 él *designó* sus propios sacerdotes para 5975
13.9 habéis *designado* sacerdotes a la manera
Esd 8.20 sirvientes del templo... *designados* por
Lc 10.1 *designó* el Señor... a otros setenta, a 322
Hch 17.31 por aquel varón a quien *designó* 3724
1 Co 16.3 a quienes hubiereis *designado* por 1381
2 Co 8.19 fue *designado*... compañero de nuestra 5500

DESIGNIO
Gn 6.5 todo *d* de los pensamientos del corazón 3336
1 R 12.15 no oyó el rey al... era *d* de Jehová 5438
Est 8.3 *d* que había tramado contra los judíos 4284
9.25 el perverso *d* que aquél trazó contra los 4284
Job 5.13 prende... frustra los *d* de los perversos 6098
10.3 y que favorezcas los *d* de los impíos? 6098
17.11 mis pensamientos, los *d* de mi corazón 4180
37.12 por sus *d* se revuelven las nubes en 8458
Sal 64.5 obstinados en su inicuo *d*, tratan de 1697
Jer 11.19 que maquinaban *d* contra mí, diciendo 4284
18.11 dispongo mal... y trazo contra vosotros *d* 4284
49.30 rey... contra vosotros ha formado un *d* 4284
Lm 3.62 dichos... y su *d* contra mí todo el día 1902
Dn 11.24 contra las fortalezas formará sus *d* 4284
Lc 7.30 desecharon los *d* de Dios respecto de 1012
Ef 1.11 hace... cosas según el *d* de su voluntad 4286

DESIGUAL
2 Co 6.14 no os unáis en Yugo *d*... incrédulos 2086

DESISTIR
Gn 11.6 han comenzado... nada les hará *desistir* 1219
Jue 15.7 que me vengaré... y después *desistiré* 2308
20.28 a salir... para pelear, o *desistiremos*? 2308
1 S 23.13 a Saúl la nueva... *desistió* de salir 2308
2 R 23.26 Jehová no *desistió* del ardor con que 7725
2 Cr 18.32 no era el... *desistieron* de acosarle 7725
Pr 23.4 no te afanes... sé prudente, y *desiste* 2308
Jer 4.28 y no me arrepentí, ni *desistiré* de 7725
Hch 21.14 *desistimos*, diciendo: Hágase la 2270

DESJARRETAR
Gn 49.6 y en su temeridad *desjarretaron* toros 6131
Jos 11.6 dijo... *desjarretarás* sus caballos, y 6131
11.9 *desjarretó* sus caballos, y sus carros 6131
2 S 8.4 *desjarretó* David los caballos de todos 6131
1 Cr 18.4 y *desjarretó* David los caballos de 6131

DESLEAL
Is 24.16 han prevaricado con prevaricación de *d* 898
48.8 sabía que siendo *d* hablas de desobedecer 898
Jer 3.11 Israel en comparación con la *d* Judá 898
Lm 3.42 nos hemos rebelado, y fuimos *d*; tú no 4784
Os 9.15 no los amaré más... sus príncipes son *d* 5637
Mal 2.14 contra la cual has sido *d*, siendo ella 898
2.15 guardaos... no seáis *d* para con la mujer 898
2.16 guardaos... en... espíritu, y no seáis *d* 898
Ro 1.31 *d*, sin afecto natural, implacables 802

DESLEALMENTE
Jer 12.1 y tienen bien... los que se portan *d*? 898
Mal 2.10 ¿por qué, pues, nos portamos *d* el uno 898

DESLEALTAD
Is 33.1 haces *d*... que nadie contra ti la hizo! 898
33.1 cuando acabes de hacer *d*, se hará contra 898
Jer 5.6 multiplicado, se han aumentado sus *d* 4878

DESLEÍR
Sal 58.8 ellos como el caracol que se *deslíe* 8557

DESLENGUADO
Sal 140.11 el hombre *d* no será firme en la 3956

DESLIGAR
Gá 5.4 de Cristo os *desligasteis*, los que por 2673

DESLIZADERO
Sal 73.18 ciertamente los has puesto en *d*; en 2513

DESLIZAR
Sal 73.2 casi se *deslizaron* mis pies; por poco 8210
He 2.1 atendamos a... no sea que nos *deslicemos* 3901

DESMAYAR
Dt 1.21 toma posesión... no temas ni *desmayes* 2865
7.21 no *desmayes* delante de ellos, porque 6206
20.3 no *desmaye* vuestro corazón, no temáis 7401
Jos 1.9 no temas ni *desmayes*, porque Jehová 2865
2.9 ya han *desmayado* por causa de vosotros 4127
2.11 oyendo esto, ha *desmayado*... corazón; ni 4549
2.24 todos los moradores del país *desmayan* 4127
8.1 no temas ni *desmayes*, toma contigo toda 2865
1 S 17.32 no *desmaye* el corazón de ninguno a 5307
25.37 a Nabal... *desmayó* su corazón en él, y 4191
2 S 17.10 el... *valiente*... *desmayará* por completo 4549
1 Cr 22.13 esfuérzate... no temas, ni *desmayes* 2865
28.20 no temas, ni *desmayes*, porque Jehová 2865
2 Cr 20.17 temáis ni *desmayéis*; salid mañana 2865
Job 41.9 porque... a su sola vista se *desmayarán* 2904
Sal 27.13 hubiera yo *desmayado*, si no creyese
61.2 clamaré... cuando mi corazón *desmayare* 5848
77.3 me quejaba, y *desmayaba* mi espíritu 5848
143.7 respóndeme pronto... *desmaya* mi espíritu ... 3615
Is 41.10 no *desmayes*, porque yo soy tu Dios 8159
42.4 no se cansará ni *desmayará*, hasta que 7533
44.12 las fuerzas; no bebe agua, y se *desmaya* 3286
51.7 hombre, ni *desmayéis* por sus ultrajes 2865
51.20 hijos *desmayaron*, estuvieron tendidos 5968
Jer 4.31 alma *desmaya* a causa de los asesinos 5888
38.4 hace desmayar las manos de los hombres 7503
46.27 no temas... Jacob, ni *desmayes*, Israel 2865
48.1 Nebo... fue confundida Misgab, y *desmayó* 2865
51.46 no *desmaye* vuestro corazón, ni temáis 7401
Ez 21.15 para que el corazón *desmaye*, y los 4127
31.15 los árboles del campo se *desmayaron* 5969
Am 8.13 las doncellas... los Jóvenes *desmayarán* 5968
Jon 4.8 el sol hirió a Jonás... y se *desmayaba* 5968
Mt 15.32 **no sea que *desmayen* en el camino** 1590
Mr 8.3 **enviare... se *desmayarán* en el camino** 1590
Lc 18.1 la necesidad de orar... y no *desmayar* 1573
2 Co 4.1 teniendo... ministerio... no *desmayamos* 1573
4.16 por tanto, no *desmayamos*; antes aunque 1573
Gá 6.9 su tiempo segaremos, si no *desmayamos* 1590
Ef 3.13 no *desmayéis* a causa de... tribulaciones 1573
He 12.3 vuestro ánimo no se canse... *desmayar* 1590
12.5 ni *desmayes* cuando eres reprendido por 1590
Ap 2.3 **sufrido... trabajado... y no has *desmayado*** 2577

DESMAYO
Pr 10.15 y el *d* de los pobres es su pobreza 4288
Jer 49.23 derritieron en aguas de *d*, no pueden 4127

DESMEDIDAMENTE
2 Co 10.13 nosotros no nos gloriaremos *d*, sino 280
10.15 no nos gloriamos *d* en trabajos ajenos 280
12.7 para que la grandeza... no me exaltase *d*

DESMENTIR
Job 24.25 ¿quién me *desmentirá*... o reducirá a 3576
Os 5.5 la soberbia... le *desmentirá* en su cara 6030

DESMENUZAR
Lv 2.14 el grano *desmenuzado* ofrecerás como 1643
2.16 parte del grano *desmenuzado* y del aceite 1643
Nm 24.8 devorará... *desmenuzará* sus huesos, y 1633
Dt 9.21 *desmenucé* moliéndolo muy bien, hasta 3807
2 Cr 15.16 la desmenuzó, y la quemó junto al 1854
34.4 las *desmenuzó*, y esparció el polvo sobre 7665
34.7 altares y... *desmenuzado* las esculturas 3807
Job 16.12 próspero estaba, y me *desmenuzó*; me 6327
Sal 2.9 vasija de alfarero los *desmenuzarás* 5310
107.16 y *desmenuzó* los cerrojos de hierro 1438
Is 24.19 *desmenuzada* será la tierra, en gran 6565
27.9 altar como piedras de cal desmenuzadas 5310
Jer 51.34 me *desmenuzó* Nabucodonosor rey de 2000
Lm 3.34 *desmenuzar* bajo los pies a todos los 1792
Dn 2.34 e hirió... en sus pies... y los *desmenuzó* 1855
2.35 fueron *desmenuzados* también el hierro 1751
2.40 el hierro *desmenuza* y rompe... las cosas 1855
2.44 *desmenuzará*... a todos estos reinos, pero 1855
2.45 la cual *desmenuzó* el hierro, el bronce 1855
7.7,19 *desmenuzaba*, y las sobras hollaba con 1855
Mi 4.13 trilla... *desmenuzarás* a muchos pueblos 1854
Hab 3.6 montes antiguos fueron *desmenuzados* 6327
Mt 21.44 **sobre quien... cayere, le *desmenuzará*** 3039
Mr 5.4 las cadenas... y *desmenuzados* los grillos 4937
Lc 20.18 **sobre quien... cayere, le *desmenuzará*** 3039

DESMONTAR
Jos 17.18 lo *desmontarás* y lo poseerás hasta 1254

DESMONTE
Jos 17.15 haceos *d*... en la tierra de... ferezeos 1254

DESMORONAR
Ez 38.20 y se *desmoronarán* los montes, y los 2040

DESNUCAR
1 S 4.18 cayó hacia atrás... se *desnucó* y murió ... 4665,7665

DESNUDAR
Nm 20.26 *desnuda* a Aarón de sus vestiduras 6584
20.28 Moisés *desnudó* a Aarón de... vestiduras 6584
Neh 4.23 cada uno se *desnudaba*... para bañarse 6584
Sal 29.9 voz de Jehová... *desnuda* los bosques 2834
Cnt 5.3 me he *desnudado* de mi ropa; ¿cómo me 6584
Is 22.8 *desnudó* la cubierta de Judá; y miraste 1540
24.1 que Jehová vacía la tierra y la *desnuda* 1110
32.11 *desnudaos*, ceñid los lomos con cilicio 6209
52.10 *desnudó* su santo brazo ante los ojos de 2834
Jer 13.22 fueron *desnudados* tus calcañales 1540
49.10 mas yo *desnudaré* a Esaú, descubriré sus 1540
Ez 26.16 y *desnudarán* sus ropas bordadas, de 6584
Os 2.3 no sea que yo la despoje y *desnude*, la 6584
Jl 1.7 todo la *desnudó* y derribó, sus ramas 6584
Mt 27.28 y *desnudándolo*, le echaron encima un 1562
Mr 15.20 *desnudaron* la púrpura, y le pusieron 1562
2 Co 5.4 porque no quisiéramos ser *desnudados* 1562

DESNUDEZ
Gn 9.22 Cam... vio la *d* de su padre, y lo dijo 6172
9.23 y andando... cubrieron la *d* de su padre 6172
9.23 atrás... y así no vieron la *d* de su padre 6172
Éx 20.26 altar, para que tu *d* no se descubra 6172
28.42 calzoncillos de lino para cubrir su *d* 6172
Lv 18.6 parienta próxima... para descubrir su *d* 6172
18.7 la *d* de tu padre, o la *d* de tu madre, no 6172
18.7 no... tu madre es, no descubrirás su *d* 6172
18.8 la *d* de la mujer de... es la *d* de tu padre 6172
18.9 la *d* de tu hermana... su *d* no descubrirás 6172
18.10 *d* de la hija de tu hijo, o de la hija 6172
18.10 *d* no descubrirás, porque es la *d* tuya 6172
18.11 la *d* de la hija de... su *d* no descubrirás 6172
18.12 la *d* de la hermana... padre no descubrirás .. 6172
18.13 la *d* de la hermana... madre no descubrirás .. 6172
18.14 la *d* del hermano de tu... no descubrirás 6172
18.15 la *d* de tu nuera... no descubrirás su *d* 6172
18.16 la *d* de la mujer es la *d* de tu hermano 6172
18.17 la *d* de la mujer y de su... no descubrirás 6172
18.17 la hija de su hija, para descubrir su *d* 6172
18.18 descubriendo su *d* delante de ella en su 6172
18.19 para descubrir su *d* mientras esté en su 6172
20.11 la *d* de su padre descubrió; ambos han 6172
20.17 viere su *d*, y ella viere la suya, es 6172
20.17 y viere... descubrió la *d* de su hermana 6172
20.18 mujer menstruosa, y descubriere su *d* 6172
20.19 la *d* de la hermana de tu madre, o de la 6172
20.19 al descubrir la *d* de su parienta, su 6172
20.20 la *d* del hermano de su padre descubrió 6172
20.21 la *d* de su hermano descubrió, sin hijos 6172
Dt 28.48 con *d*, y con falta de todas las cosas 5903
Ez 16.8 extendí mi... sobre ti, y cubrí tu *d* 6172
16.36 cuanto han sido descubiertas tus *d* en 6172
16.37 descubriré tu *d*, y ellos verán... tu *d* 6172
22.10 la *d* del padre descubrieron en ti, y 6172
23.10 ellos descubrieron su *d*, tomaron sus 6172
23.18 descubrió sus *d*, por lo cual mi alma 6172
Os 2.9 mi lino que había dado para cubrir su *d* 6172
Nah 3.5 mostraré a las naciones tu *d*, y a los 4626
Hab 2.15 ¡ay de... le embriagas para mirar su *d*! 4589
Ro 8.35 o hambre, o *d*, o peligro, o espada? 1132
2 Co 11.27 en muchos ayunos, en frío y en *d* 1132
Ap 3.18 **no se descubra la vergüenza de tu *d*** 1132

DESNUDO, A
Gn 2.25 estaban ambos *d*, Adán y su mujer, y 6174
3.7 los ojos de... y conocieron que estaban *d* 5903
3.10 oí tu voz... tuve miedo, porque estaba *d* 5903
3.11 le dijo: ¿Quién te enseñó que estabas *d*? 5903
Nm 22.23 el asna vio al ángel... con su espada *d* 8025
22.31 el ángel... tenía su espada *d* en su mano 8025
1 S 19.24 y estuvo *d* todo aquel día y... noche 6174
1 Cr 21.16 vio al ángel de... con una espada *d* 8025
2 Cr 28.15 del despojo vistieron a los que... *d* 4636
Job 1.21 *d* salí del vientre... y *d* volveré allá 6174
22.6 porque... despojaste de sus ropas a los *d* 6174
24.7 al *d* hacen dormir sin ropa, sin tener 6174
24.10 al *d* hacen andar sin vestido, y a los 6174
Sal 55.21 sus palabras... ellas son espadas *d* 6609
Ec 5.15 como salió del vientre... *d*, así vuelve 6174
Is 20.2 y lo hizo así, andando *d* y descalzo 6174
20.3 como anduvo... Isaías *d* y descalzo 3 años 6174
20.4 así llevará... a ancianos, *d* y descalzos 6174
21.15 ante la espada huye, ante la espada *d* 5203
58.7 que cuando veas al *d*, lo cubras, y no te 6174
Ez 16.7 crecido; pero estabas *d* y descubierta 5903
16.22 cuando estabas *d* y descubierta, cuando 5903
16.39 alhajas, y te dejarán *d* y descubierta 5903
18.7 hambriento y cubriere al *d* con vestido 5903
18.16 de su pan, y cubriere con vestido al *d* 5903
23.29 tomarán... y te dejarán *d* y descubierta 5903
Am 2.16 el esforzado... huirá *d* aquel día, dice 6174
Mi 1.8 y andaré despojado y *d*; haré aullido 6174
1.11 pásate, oh morador de Safir, *d* y con 6181
Mt 25.36 **estuve *d*, y me cubristeis; enfermo** 1131
25.38 **¿y cuándo te vimos... *d*, y te cubrimos?** 1131
25.43 **estuve *d*, y no me cubristeis; enfermo** 1131
25.44 **¿cuándo te... *d*, enfermo, o en la cárcel** 1131
Mr 14.52 mas él, dejando la sábana, huyó *d* 1131
Hch 19.16 huyeron de aquella casa *d* y heridos 1131
1 Co 4.11 estamos *d*, somos abofeteados, y no 1130
15.37 no es el cuerpo que... sino el grano *d* 1131
2 Co 5.3 así seremos hallados vestidos, y no *d* 1131
He 4.13 todas las cosas están *d* y abiertas a 1131
Stg 2.15 hermana están *d*, y tienen necesidad 1131
Ap 3.17 **no sabes que tú eres... pobre, ciego y *d*** 1131
16.15 **guarda sus ropas, para que no ande *d*** 1131
17.16 la dejarán... *d*; y devorarán sus carnes 1131

DESOBEDECER
Is 48.8 siendo desleal habías de *desobedecer* 898
Lc 15.29 **no habiéndote *desobedecido* jamás, y** 3928
He 3.18 sino a aquellos que *desobedecieron?* 544
1 P 3.20 los que en otro tiempo *desobedecieron* 544

DESOBEDIENCIA
Ro 5.19 como por la *d* de un hombre los muchos 3876
11.30 alcanzado misericordia por la *d* de ellos 544
11.32 Dios sujetó a todos en *d*, para tener 543
2 Co 10.6 estando prontos para castigar toda *d* 3876
Ef 2.2 espíritu que...opera en los hijos de *d* 543
5.6; Col 3.6 la ira...sobre los hijos de *d* 543
He 2.2 y toda...y *d* recibió justa retribución 3876
4.6 y aquellos...no entraron por causa de *d* 543
4.11 para que ninguno caiga en...ejemplo de *d* 543

DESOBEDIENTE
Ro 1.30 soberbios, altivos...*d* a los padres 545
11.30 como vosotros también...erais *d* a Dios 544
11.31 también éstos ahora han sido *d*, para 544
1 Ti 1.9 para los transgresores y *d*, para los 506
2 Ti 3.2 blasfemos, *d* a los padres, ingratos 545
He 11.31 Rahab la ramera no pereció...con los *d* 544
1 P 2.8 tropiezan en la palabra, siendo *d* 544

DESOCUPAR
Lv 14.36 mandará *desocupar* la casa antes que 6437
Mt 12.44 **cuando llega, la halla *desocupada*** 4980
20.3 **vio a otros...en la plaza *desocupados*** 692
20.6 **halló a otros que estaban *desocupados*** 692
20.6 **qué estáis aquí todo el día *desocupados?*** 692

DESOLACIÓN
2 R 19.25 ahora...tú serás para hacer *d*, para 7582
2 Cr 30.7 los entregó a *d*, como vosotros veis 8047
Is 17.9 sus ciudades...serán como...y habrá *d* 8077
Jer 4.7 ha salido...para poner tu tierra en *d* 8047
9.11 las ciudades de Judá en *d* en que no quede 8077
18.16 poner su tierra en *d*, objeto de burla 8047
25.9 los pondré por escarnio...en *d* perpetua 2723
49.13 todas sus ciudades serán *d* perpetuas 8047
49.17 se convertirá Edom en *d*; todo aquel que 8047
50.23 ¡cómo se convirtió Babilonia en *d* entre 8047
Ez 23.33 llena de...dolor por el cáliz...y de *d* 8077
29.10 pondré la tierra de Egipto en *d*, en la 8077
35.14 la tierra se regocije, yo te haré una *d* 8077
38.8 a los montes...que siempre fueron una *d* 2723
Dn 9.2 habían de cumplirse las *d* de Jerusalén 2723
9.18 inclina...tu oído, y oye...mira nuestras *d* 8074
Sof 2.14 el pelícano...habrá *d* en las puertas 2721
Mal 1.3 convertí sus montes en *d*,y abandoné 8077

DESOLADO *Véase Desolar*

DESOLADOR, A
Dn 9.27 con...de las abominaciones vendrá el *d* 8074
9.27 lo...determinado se derrame sobre el *d* 8076
11.31 profanarán...pondrán la abominación *d* 8074
12.11 hasta la abominacion *d* habrá 1,290 días 8074
Mt 24.15 **en el lugar santo la abominación *d*** 2050
Mr 13.14 **cuando veáis la abominación *d* de que** 2050

DESOLAR
Dt 32.25 fuera *desolará* la espada, y dentro 7921
Sal 9.6 han quedado *desolados* para siempre
109.10 su pan lejos de sus *desolados* hogares 2723
137.3 nos habían *desolado* nos pedían alegría 8437
137.8 Babilonia la *desolada*, bienaventurado el 7703
143.4 se angustió...está *desolado* mi corazón 8074
Is 5.17 devorarán los campos *desolados* de los 2723
24.12 la ciudad quedó *desolada*, y con ruina 8047
27.10 la ciudad fortificada será *desolada* 910
62.4 ni tu tierra se dirá más *Desolada*; sino 8077
Jer 2.12 espantaos...*desolados* en gran manera 2717
7.34 cesar...porque la tierra será *desolada* 2723
9.10 *desolados* hasta no quedar quien pase, ni 3341
12.11 y lloró sobre mí *desolada*; fue asolada 8077
27.17 ¿por qué ha de ser *desolada*...ciudad? 2723
Lm 1.13 me dejó *desolada*, y con dolor todo el 8076
2.8 el antemuro y el muro; fueron *desolados* 535
3.11 torció...me despedazó; me dejó *desolado* 8076
Ez 14.15 *desolada* de modo que no haya quien 8077
14.16 librados, y la tierra quedaría *desolada* 8077
19.7 la tierra fue *desolada* y cuanto había 3456
20.26 para *desolarlos* y hacerles saber que 8077
29.12 ciudades...estarán *desoladas* por 40 años 8077
36.36 que yo...planté lo que estaba *desolado* 8074
Nah 2.10 vacía, agotada y *desolada* está, y el 1110
Zac 7.14 y la tierra fue *desolada* tras ellos 8074
Gá 4.27 más son los hijos de la *desolada*, que 2048
Ap 17.16 a la ramera, y la dejarán *desolada* y 2049
18.19 ¡ay...pues en una hora ha sido *desolada!* 2049

DESOLLAR
Lv 1.6 *desollará* el holocausto, y lo dividirá 6584
2 Cr 29.34 pocos, y no bastaban para *desollar* 6584
35.11 y los levitas *desollaban* las víctimas 6584
Ez 29.18 y toda espalda *desollada*; y ni para 4803
Mi 3.3 y les *desolláis* su piel de sobre ellos 6584

DESORDEN
2 Co 12.20 temo que...haya entre vosotros...*d* 181

DESORDENADAMENTE
2 Ts 3.6 apartéis de todo hermano que ande *d* 814
3.7 nosotros no anduvimos *d* entre vosotros 812
3.11 oímos que algunos de...vostros andan *d* 814

DESORDENADO, A
Gn 1.2 y la tierra estaba *d* y vacía, y las
Sal 106.14 se entregaron a un deseo *d* en el
Col 3.5 pasiones *d*, malos deseos y avaricia 3806

DESPABILADERA
Éx 25.38 sus *d* y sus platillos, de oro puro 4457
37.23 hizo...*d* y sus platillos, de oro puro 4457
Nm 4.9 sus *d*, sus platillos, y...sus utensilios 4457
2 R 12.13 no se hacían tazas...*d*, ni jofainas 4212
25.14 llevaron también...las *d*, los cucharones 4212
2 Cr 4.22 las *d*, los lebrillos...de oro puro 4212
Jer 52.18 se llevaron...las *d*, los tazones, las 4212

DESPACHAR
Gn 24.56 *despachadme*...que me vaya a mi señor
1 S 9.19 come...y por la mañana te *despacharé*
2 S 11.12 quédate aquí...mañana te *despacharé*
1 Cr 19.4 cortó los vestidos...y los *despachó*
Esd 8.16 *despaché* a Eliezer, Ariel, Semanías 7971

DESPACHO
Esd 8.36 y entregaron los *d* del rey a sus 1881

DESPACIO
Hch 27.7 navegando muchos días *d*, y llegando 1020

DESPARRAMAR
1 S 30.16 estaban *desparramados* sobre toda 5203
Mt 12.30 **el que conmigo no recage, *desparrama*** 4650
Lc 11.23 **el que conmigo no recoge, *desparrama*** 4650

DESPECHO
Ez 25.15 cuando se vengaron con *d* de ánimo 7589

DESPECTIVAMENTE
Lm 2.15 movieron *d* sus cabezas sobre la hija

DESPEDAZAR
Gn 37.33 lo devoró; José ha sido *despedazado*
44.28 y pienso de cierto que fue *despedazado* 2963
Lv 7.24 y la grosura del que fue *despedazado* 2966
17.15 que comiere...o *despedazado* por fiera 2966
22.8 ni *despedazado* por fiera comerá 2966
Jue 14.6 *despedazó* al león como...*despedaza* un 8156
2 R 2.24 dos osos...*despedazaron* de ellos a 42
11.18 *despedazaron*...sus altares y sus imágenes
2 Cr 34.4 *despedazó*...las imágenes de Asera 1438
Job 16.9 su furor me *despedazó*, y me ha dado 2963
16.12 me *despedazó*, y me puso por blanco suyo
18.4 oh tú, que te *despedazas* en tu furor 2963
Sal 35.15 gentes...*despedazaban* sin descanso 7167
50.22 sea que os *despedace*, y no haya quien 2963
Jer 15.3 espada para...perros para *despedazar* 5498
51.8 cayó Babilonia, y se *despedazó*; gemid 7665
Lm 3.11 torció mis caminos, y me *despedazó* 6582
Ez 4.14 comí cosa mortecina ni *despedazada* 2966
Dn 7.23 toda la tierra devorará...*despedazará* 1854
Os 13.8 león, fiera del campo los *despedazará* 1234
Mi 1.7 todas sus estatuas serán *despedazadas*
Zac 12.3 que se la cargaren serán *despedazados* 8295
Mt 7.6 **no sea que...se vuelvan y os *despedacen*** 4486
Hch 23.10 temor de que Pablo sea *despedazado* 1288

DESPEDIR
Gn 21.14 le entregó el muchacho, y la *despidió* 7971
26.31 los *despidió*, y ellos se *despidieron* 7971
31.27 que yo te despidiera con alegría y con 7971
44.3 hombres fueron *despedidos* con sus asnos 7971
45.24 y *despidió* a sus hermanos, y ellos se 7971
Éx 18.27 *despidió* Moisés a su suegro, y éste 7971
Dt 15.12 años, al séptimo le *despedirás* libre
15.13 cuando lo *despidieres*...no le enviarás 7971
22.19,29 no podrá *despedirla* en todos sus días 7971
24.1 le escribirá...y la *despedirá* de su casa 7971
24.3 escribiere...y la *despidiere* de su casa 7971
24.4 no podrá su...marido, que la *despidió*
Jos 2.21 los *despidió*, y se fueron; y ella ató 7971
22.6 bendiciéndolos, Josué los *despidió*, y se 7971
Jue 2.6 Josué había *despedido* al pueblo, y los
3.18 *despidió*...a la gente que lo había traído 7971
1 S 9.26 dijo: Levántate, para que te *despida* 7971
29.4 *despide* a este hombre...que se vuelva al
2 S 3.21 David despidió luego a Abner, y él se 7971
3.22 ya lo había *despedido*, y él se había ido 7971
3.23 y él le ha *despedido*, y se fue en paz 7971
10.4 les cortó los vestidos...y los *despidió* 7971
1 R 8.66 al octavo día *despidió* al pueblo; y 7971
1 Cr 12.19 *despidieron*, diciendo: Con peligro 7971
2 Cr 25.13 los del...que Amasías había *despedido* 7725
Esd 10.3 que *despediremos* a todas las mujeres
10.19 promesa de que *despedirían* sus mujeres
Job 14.20 demudarás su rostro, y le *despedirás* 7971
Sal 144.6 *despide* relámpagos y disípalos, envía 1299
Jer 3.8 yo la había *despedido* y dado carta de
40.5 le dio el capitán de la...y le *despidió*
Mt 13.36 *despedida* la gente, entró Jesús en la 863
14.15 *despide* a la multitud, para que vayan 630
14.22 entre tanto...él *despedía* a la multitud 630
14.23 *despedida* la multitud, subió al monte 630
15.23 despídela, pues da voces tras nosotros 630
15.39 *despedida* la gente, entró en la barca 630
Mr 1.43 entonces le encargó...le *despidió* luego 1544
4.36 *despidiendo* a la multitud, le tomaron 863
6.36 *despídelos* para que vayan a los campos 630
6.45 entre tanto que él *despedía* a la multitud 628
6.46 después que los hubo *despedido*, se fue 657
8.9 eran los...como cuatro mil; y los *despidió* 630
Lc 2.29 ahora, Señor, *despides* a tu siervo en 630
8.38 le rogaba...Jesús le *despidió*, diciendo 630
9.12 *despide* a la gente, para que vayan a las 630
9.61 me *despida* primero de los que están en 657
14.4 él, tomándole, le sanó, y le *despidió*
Hch 13.3 impusieron...manos y los *despidieron* 630
13.43 *despedida* la congregación, muchos de
15.33 fueron *despedidos* en paz por...hermanos
18.18 se *despidió* de los hermanos y navegó a
18.21 que se *despidió* de ellos, diciendo: Es 657
19.41 habiendo dicho...*despidió* la asamblea 630
20.1 se *despidió* y salió para ir a Macedonia
23.22 tribuno *despidió* al joven, mandándole 630
2 Co 2.13 así, *despidiéndome*...para Macedonia

DESPEDREGAR
Is 5.2 había cercado y *despedregado* y plantado

DESPEJAR
2 S 22.33 Dios es el...quien *despeja* mi camino

DESPENSA
Lc 12.24 **cuervos, que ni tienen *d*, ni granero** 5009

DESPEÑADERO
Mt 8.32 cerdos se precipitó en el mar por un *d* 2911
Mr 5.13 hato se precipitó en el mar por un *d* 2911
Lc 8.33 el hato se precipitó por un *d* al lago 2911

DESPEÑAR
2 Cr 25.12 y de allí los *despeñaron*, y todos
Sal 141.6 serán *despeñados* sus jueces 8058
Ez 32.18 y *despéñalo* a él, y a las hijas 3381
Lc 4.29 le llevaron hasta la...para *despeñarle* 2630

DESPERDICIAR
Is 65.8 no lo *desperdicies*, porque bendición 7843
Lc 15.13 **se fue lejos...*desperdició* sus bienes** 1287

DESPERDICIO
Mt 26.8 enojaron, diciendo: ¿para qué este *d?* 684
Mr 14.4 ¿para qué se ha hecho...*d* de perfume? 684

DESPERTAR
Gn 9.24 *despertó* Noé de su embriaguez, y supo 3364
28.16 y *despertó* Jacob de su sueño, y dijo 3364
41.4 las vacas...devoraban...y *despertó* Faraón 3364
41.7 y *despertó* Faraón, y he aquí...era sueño 3364
41.21 apariencia...era aún mala...y yo *desperté* 3364
49.9 como león viejo; ¿quién lo *despertará?* 6965
Nm 24.9 y como leona; ¿quién lo *despertará?* 6965
Dt 32.16 le *despertaron* a celos con los dioses 3707
Jue 5.12 *despierta*, *d*, Débora; *d*, *d*, entona 5782
16.14 *despertando* él...arrancó la estaca del 3364
16.20 luego que *despertó* él de su sueño, se 3364
1 R 3.15 cuando...*despertó*, vio que era un sueño 3364
18.27 tal vez duerme, y hay que *despertarle* 3364
2 R 4.31 Giezi...diciendo: El niño no *despierta* 6974
2 Cr 21.16 Jehová *despertó* contra Joram la ira 5782
36.22 Jehová *despertó*...el espíritu de Ciro rey 5782
Esd 1.1 *despertó* Jehová el espíritu de Ciro 5782
1.5 cuyo espíritu *despertó* Dios para subir
Job 3.8 se aprestan para *despertar* a Leviatán 5782
8.6 se *despertará* por ti, y hará próspera la 5782
14.12 que no haya cielo, no *despertarán*, ni 6974
36.10 *despierta* además el oído de ellos para
36.15 y en la aflicción *despertará* su oído
41.10 nadie hay tan osado que lo *despierte*
Sal 3.5 me acosté y dormí, y *desperté*, porque 6974
7.6 y *despierta* en favor mío el juicio que 5782
17.15 satisfecho...*despirte* a tu semejanza 6974
35.23 *despierta* para hacerme justicia, Dios 6974
44.23 *despierta*; ¿por qué duermes, Señor? 5782
44.23 *despierta*, no te alejes para siempre 6974
57.8 *despierta*, alma mía; *d*, salterio y arpa 5782
59.4 *despierta* para venir a mi encuentro, y 5782
59.5 *despierta* para castigar a...las naciones 6974
73.20 como sueño del que *despierta*, así, Señor 6974
73.20 cuando *despertares*, menospreciarás su 5782
78.38 apartó...ira, y no *despertó* todo su enojo
78.65 *despertó*...el Señor como quien duerme 3364
80.2 *despierta* tu poder delante de Efraín
108.2 *despiértate*...arpa; despertaré al alba 5782
139.18 arena; *despierto*, y aún estoy contigo 6974
Pr 6.22 hablarán contigo cuando *despierte* 6974
10.12 el odio *despierta* rencillas; pero el 5782
23.35 cuando *despertare*, aún lo volveré a 6974
Ec 4.14 toda excelencia de obras *despierta* la
Cnt 2.7;3.5;8.4 que no *despertéis*...al amor 5782
8.5 debajo de un manzano te *desperté*; allí 5782
Is 13.17 yo *despierto* contra ellos a los medos 5782
14.9 el Seol abajo...*despertó* muertos que en 5782
26.19 ¡*despertad* y cantad, moradores...polvo! 6974
29.8 parece que come, pero cuando *despierta* 6974
29.8 parece que bebe, pero cuando *despierta* 6974
41.2 ¿quién *despertó* del oriente al justo, lo 5782
42.13 como hombre de guerra *despertará* celo 5782
44.26 que *despierta* la palabra de su siervo 6965
45.13 lo *desperté* en justicia, y enderezaré 5782
50.4 *despertará* mañana tras mañana, *d*...oído 5782
51.9 *despiértate*, *d*, vístete de poder, oh 5782
51.9 *despiértate* como en el tiempo antiguo 5782
51.17 *despierta*, *d*, levántate, oh Jerusalén 5782
52.1 *despierta*, *d*, vístete de poder, oh Sion 5782
64.7 que se *despierte* para apoyarse en ti 5782
Jer 29.10 visitaré, y *despertaré* sobre vosotros
31.26 en esto me *desperté*, y vi, y mi sueño 6974
51.11 ha *despertado* Jehová el espíritu de los 5782
51.39 duerman eterno sueño y no *despierten* 6974
51.57 dormirán sueño eterno y no *despertarán* 6974
Ez 7.6 el fin viene; se ha *despertado* contra
Dn 11.25 y *despertará* sus fuerzas y su ardor 5782
12.2 los que duermen en el...serán *despertados* 6974
Jl 1.5 *despertad*, borrachos, y llorad; gemid 6974
3.9 *despertad* a los valientes, acérquense 6974
3.12 *despiértense* las naciones, y suban al 5782
Hab 2.7 *despertarán* los que te harán temblar 6974
2.19 ¡ay del que dice al palo: *Despiértate* 6974
Hag 1.14 *despertó*...el espíritu de Zorobabel 5782
Zac 4.1 me *despertó*, como un...*despertado* de 5782

D

9.13 *despertaré* a tus hijos, oh Sion, contra ... 5782
Mt 1.24 *despertando* José del sueño, hizo como ... *1326*
2.14 él, *despertando*, tomó de noche al niño ... *1453*
8.25 *despertaron*, diciendo: ¡Señor, sálvanos ... *1453*
Mr 4.38 le *despertaron*, y le dijeron: Maestro ... *1326*
Lc 8.24 le *despertaron*, diciendo: ¡Maestro ... *1326*
8.24 *despertando* él, reprendió al viento y ... *1326*
Jn 11.11 **Lázaro duerme... voy a *despertarle*** ... *1852*
Hch 12.7 *despertó*, diciendo: Levántate pronto ... *1453*
16.27 *despertando* el carcelero, y viendo ... *1853*
Ef 5.14 dice: *Despiértate*, tú que duermes, y ... *1453*
2 P 1.13 justo... *despertaros* con amonestación ... *1326*
3.1 *despierto*... vuestro limpio entendimiento ... *1326*

DESPIERTO
Lc 9.32 permaneciendo *d*, vieron la gloria de ... *1235*

DESPLEGAR
Is 40.22 los *despliega* como una tienda para ... 4969
42.5 creador de los cielos... que los *despliega* ... 5186
Lm 3.43 *desplegaste* la ira y nos perseguiste

DESPLOMADA
Sal 62.3 como pared *d* y como cerca derribada? ... 5186

DESPOBLADA
Jer 2.6 condujo... por una tierra desierta y *d* ... 7745
17.6 que morará en... tierra *d* y deshabitada ... 4420

DESPOBLAR
Jer 14.2 enlutó Judá... puertas se *despoblaron* ... 535

DESPOJADO *Véase Despojar*

DESPOJADOR
Ez 39.10 despojarán a sus *d* y robarán a los ... 7997
Am 5.9 que da esfuerzo al *d* sobre el fuerte ... 7701
5.9 hace que el *d* venga sobre la fortaleza ... 7701

DESPOJAR
Éx 3.22 pedirá cada... y *despojaréis* a Egipto ... 5337
12.36 dieron... así *despojaron* a los egipcios ... 5337
33.6 de Israel se *despojaron* de sus atavíos ... 5337
Jue 2.14 manos de robadores que los *despojaron* ... 8155
2.16 librasen de... de los que les *despojaban* ... 8154
14.15 habéis llamado aquí para *despojarnos*? ... 3423
1 S 19.24 *despoja* de sus vestidos, y profetizó ... 6584
31.8 los filisteos a *despojar* a los muertos ... 6584
31.9 le *despojaron* de las armas; y enviaron ... 6584
1 R 21.19 ¿no mataste, y también... *despojado*? ... 3423
1 Cr 10.8 al venir los filisteos a *despojar* a ... 6584
10.9 que le *despojaron* tomaron su cabeza ... 6584
2 Cr 20.25 viniendo... a *despojarlos* hallaron ... 7998
Job 12.17 hace andar *despojados* de consejo a ... 7758
12.19 él lleva *despojados* a los príncipes, y ... 7758
19.9 me ha *despojado* de mi gloria, y quitado ... 6584
22.6 *despojarse* de sus ropas a los desnudos ... 6584
Sal 35.10 libras... al pobre... del que le *despoja*? ... 1497
76.5 los fuertes de corazón fueron *despojados* ... 7997
Pr 22.23 *despojará* el alma... que los *despojaren* ... 6906
Is 10.2 para *despojar* a las viudas, y robar a ... 7998
32.11 confiadas, *despojaos* desnudaos, ceñid ... 6584
42.22 no hay quien libre; *despojados* y no ... 8154
49.26 a los que te *despojaron* haré comer sus ... 3238
Ez 12.19 porque su tierra será *despojada* de su ... 3456
16.39 te *despojarán* de tus ropas, se... alhajas ... 6584
18.18 hizo agravio *despojó*... al hermano, e hizo ... 1497
22.7 huérfano y a a viuda *despojaron* en ti ... 3238
23.26 y te *despojarán* de tus vestidos, y te ... 6584
28.26 juicios en todos los que los *despojan* ... 7590
32.15 tierra quede *despojada* de todo cuanto ... 8074
39.10 y despojarán a sus *despojadores* dice ... 7997
Dn 5.20 fue depuesto... *despojado* de su gloria ... 5709
Os 2.3 no sea que yo la *despoje* y desnude, la ... 6584
7.1 ladrón, y el salteador *despoja* por fuera ... 6584
Jon 3.6 se *despojó* de su vestido, y se cubrió ... 5674
Mi 1.8 aullaré, y andaré *despojado* y desnudo ... 7758
Hab 2.8 has *despojado* a muchas naciones, todos ... 7997
2.8 todos los otros pueblos te *despojarán* ... 7997
Zac 2.8 él a las naciones que os *despojaron* ... 7997
Lc 10.30 **le *despojaron*; e hiriéndole, se fueron** ... *1562*
Jn 21.7 ropa (porque se había *despojado* de ella) ... *1131*
2 Co 11.8 he *despojado* a otras iglesias... para ... *4813*
Ef 4.22 *despojaos* del viejo hombre, que está ... *659*
Fil 2.7 se *despojó* a sí mismo... tomando forma ... *2758*
Col 2.15 *despojando* a los principados y las ... *554*
3.9 habiéndoos *despojado* del viejo hombre con ... *554*
He 12.1 *despojémonos* de todo peso y del pecado ... *659*

DESPOJO
Gn 49.27 Benjamín... a la tarde repartirá los *d* ... 7998
Éx 15.9 perseguiré, apresaré, repartiré *d* ... 7998
Nm 31.11 tomaron todo el *d* y todo el botín ... 7998
31.12 trajeron... los *d* al campamento, en los ... 7998
Dt 2.35 y los *d* de las ciudades que... tomado ... 7998
3.7 tomamos para nosotros... ganado, y los *d* ... 7998
Jos 7.21 vi entre los *d* un manto babilónico ... 7998
8.2 sólo que sus *d*... tomaréis para vosotros ... 7998
8.27 los israelitas tomaron para sí los *d* ... 7998
Jue 14.19 y tomando sus *d* dio las mudas de ... 2488
2 S 2.21 echa mano de y toma para ti sus *d* ... 2488
2 R 21.14 presa y *d* todos sus adversarios ... 4933
2 Cr 25.13 mataron a 3,000... y tomaron gran *d* ... 961
28.15 y del *d* vistieron a los que... desnudos ... 7998
Neh 4.4 entrégalos por *d* en la tierra de su ... 961
Sal 68.12 se quedaban en casa repartían los *d* ... 7998
119.162 regocijo... como el que halla muchos *d* ... 7998
Pr 1.13 clase, llenaremos nuestras casas de *d* ... 7998
16.19 mejor es humillar el... que repartir *d* ... 7998
Is 3.14 el *d* del pobre está en vuestras casas ... 1500
8.4 *d* de Samaria delante del rey de Asiria ... 7998
9.3 siega, como se gozan cuando reparten *d* ... 7998
10.6 para que quite *d*, y arrebate presa, y ... 7998
33.4 *d* serán recogidos como cuando recogen ... 7998
33.23 repartirá entonces botín de muchos *d* ... 7998
42.22 puestos para *d*, y no hay quien libre ... 4933
53.12 le daré... y con los fuertes repartirá *d* ... 7998
Jer 4.13 ¡ay de... porque entregados somos a *d*! ... 7703
21.9 el que... vivirá, y su vida le será por *d* ... 7998
49.32 serán... multitud de sus ganados por *d* ... 7998
Ez 29.19 recogerá sus *d*, y arrebatará botín ... 7998
34.28 no serán más por *d* de las naciones, ni ... 957
38.12 para arrebatar *d* y para tomar botín ... 7998
38.13 te dirán: ¿Has venido a arrebatar *d*? ... 7998
38.13 ¿has reunido tu... para tomar grandes *d*? ... 7998
Dn 11.24 botín, *d* y riquezas repartirá a sus ... 7998
11.33 caerán a espada y... en cautividad y *d* ... 961
Am 3.10 atesorando rapiña y *d* en sus palacios ... 7701
Hab 2.7 se despertarán... y serás *d* para ellos? ... 4933
Zac 2.9 serán *d* a sus siervos, y sabréis que ... 7998
14.1 en medio de ti serán repartidos tus *d* ... 7998
He 10.34 el *d* de vuestros bienes sufristeis ... *724*

DESPOSADO, A
Jer 2.32 se olvida... la *d* de sus galas? Pero ... 3618
25.10 desaparezca... la voz de *d* y la voz de *d* ... 2860,3618
33 11 ha de oírse una voz de *d* y la voz de *d* ... 2860,3618
Ap 21.9 yo te mostraré la *d* la esposa del ... *3565*

DESPOSAR
Gn 38.8 Judá dijo a Onán... *despósate* con ella ... 2992
Éx 21.9 si la hubiere *desposado* con su hijo ... 3259
22.16 a una joven que no fuere *desposada* y ... 781
Lv 19.20 fuere sierva *desposada* con alguno ... 2778
Dt 20.7 ¿y quién se ha *desposado* con mujer ... 781
22.23 muchacha virgen *desposada* con ... 781
22.25 en el campo a la joven *desposada* y la ... 781
22.27 dio voces la joven *desposada*, y no hubo ... 781
22.28 una joven virgen que no fuere *desposada* ... 781
28.30 te *desposarás* con mujer, y otro varón ... 781
25.3.14 Mical, la cual *desposé* conmigo por ... 781
Is 62.4 amor... en ti, y tu tierra será *desposada* ... 1166
62.5 como el joven se *desposa* con la virgen ... 1166
62.5 *desposarán* contigo tus hijos, y como el ... 1166
Os 2.19 y te *desposaré* conmigo para siempre ... 781
2.19 te *desposaré*... en justicia... benignidad ... 781
Mt 1.18 estando *desposada* María su... con José ... *3423*
Lc 1.27 una virgen *desposada* con un varón que ... *3423*
2.5 con María su mujer, *desposada* con él ... *3423*
2 Co 11.2 os he *desposado* con un solo esposo ... *718*

DESPOSEER
Dt 9.1 vas... para entrar a *desposeer* a naciones ... 3423
Jue 11.23 Jehová Dios de... *desposeyó* al amorreo ... 3423
11.23 y *desposeeréis* naciones grandes y más ... 3423
11.24 lo que *desposeyó* Jehová nuestro Dios ... 3423
Jer 49.1 ¿por qué Milcom ha *desposeído* a Gad ... 3423

DESPOSORIO
Cnt 3.11 con que le coronó... en el día de su *d* ... 2861
Jer 2.2 me he acordado de ti... del amor de tu *d* ... 3623

DESPRECIABLE
1 S 15.9 todo lo que era vil y *d* destruyeron ... 4549
Sal 35.15 se juntaron contra mí gentes *d* y yo ... 5222
Ez 29.14 los llevaré... y allí serán un reino *d* ... 8217
Dn 11.21 le sucederá en su lugar un hombre *d* ... 959
Mal 1.7 que pensáis que la mesa de Jehová es *d* ... 959
1.12 y cuando decís que su alimento es *d* ... 959

DESPRECIAR
Nm 14.31 la tierra que vosotros *despreciasteis* ... 3988
1 S 2.30 me *desprecian* serán tenidos en poco ... 959
Neh 2.19 y nos *despreciaron* diciendo: ¿Qué ... 959
Job 9.21 no haría caso de... *despreciaría* mi vida ... 3988
12.5 como una lámpara *despreciada* de aquel ... 937
Sal 10.3 bendice al codicioso, y *desprecia* a ... 5006
10.5 lejos... a todos sus adversarios *desprecia* ... 6315
10.13 ¿por qué *desprecia* el malo a Dios? ... 5006
22.6 soy... oprobio de... *despreciado* del pueblo ... 959
51.17 al corazón contrito... no *despreciarás* tú ... 959
Pr 1.7 los insensatos *desprecian* la sabiduría ... 936
1.8 no *desprecies* la dirección de tu madre ... 5203
12.9 vale el *despreciado* que tiene servidores ... 7034
27.7 el... saciado *desprecia* el panal de miel ... 947
Is 53.3 *despreciado* y desechado entre... hombres ... 959
Jer 22.28 ¿es... Conías una vasija *despreciada* ... 959
Ez 16.57 cuales por todos lados te desprecian ... 7590
21.10 al cetro... ha *despreciado* como a un palo ... 3988
21.13 si la espada *desprecia* aun al cetro? ... 3988
22.7 al padre y a la madre *despreciaron* en ti ... 7043
Mal 1.13 me *despreciáis* dice Jehová de los ... 5301
1 Co 4.10 honorables... nosotros *despreciados* ... *820*
Gá 4.14 no me *despreciasteis*... por la prueba ... *1848*
2 P 2.10 aquellos que... *desprecian* el señorío ... *2706*

DESPRECIO
Gn 16.4 concibió... miraba con *d* a su señora ... 7043
16.5 me mira con *d*; juzgue Jehová entre tú ... 7043

DESPRENDER
Cnt 4.16 soplad en mi huerto, *despréndanse* sus ... 5140

DESPREVENIDO, DA
Gn 34.25 vinieron contra la ciudad... estaba *d* ... 983
2 Co 9.4 si vinieren conmigo... y os hallaren *d* ... *532*

DESPROPÓSITO
Job 1.22 esto no pecó Job, ni atribuyó a Dios *d* ... 8604
Is 9.17 todos son falsos... toda boca habla *d* ... 5039

DESPUÉS *Véase el Apéndice*

DESPUNTAR
Jos 6.15 se levantaron al *despuntar* el alba ... 5927
1 S.9.26 al *despuntar* el alba, Samuel llamó a ... 5927

DESTERRADO, A
Dt 30.4 aun cuando tus *d* estuvieren en las ... 5080
2 S 14.13 cuando el rey no hace volver a su *d* ... 5080
14.14 provee medios para no alejar de sí al *d* ... 5080
15.19 tú eres extranjero, y *d* también de tu ... 1540
Sal 147.2 Jehová... a los *d* de Israel recogerá ... 1760
Is 11.12 y juntará los *d* de Israel, y reunirá ... 5080
16.3 esconde a los *d*, no entregues a los que ... 5080
16.4 moren contigo mis *d*, oh Moab; sé para ... 5080
49.21 porque yo... estaba sola, peregrina y *d* ... 5493

DESTERRAR
Is 24.11 se *desterró* la alegría de la tierra ... 1540
27.13 que habían sido *desterrados* a Egipto ... 5080

DESTETAR
Gn 21.8 creció el niño, y fue *destetado*; e ... 1580
21.8 banquete el día que... *destetado* Isaac ... 1580
1 S 1.22 no subiré hasta... niño sea *destetado* ... 1580
1.23 Elcana... quédate hasta que lo *destetes* ... 1580
1.23 y crió a su hijo hasta que lo *destetó* ... 1580
1.24 después que lo hubo *destetado*, lo llevó ... 1580
1 R 11.20 al cual *destetó*... en casa de Faraón ... 1580
Sal 131.2 comportado... como un niño *destetado* ... 1580
131.2 como un niño *destetado* está mi alma ... 1580
Is 11.8 el recién *destetado* extenderá su mano ... 1580
28.9 ¿a los *destetados*? ¿a los arrancados ... 1580
Os 1.8 después de haber *destetado* a Lo-ruhama ... 1580

DESTIERRO
Esd 7.26 sea... *d*, a pena de multa, o prisión ... 8332
Ez 12.11 como... partiréis al *d*, en cautividad

DESTILAR
Éx 13.5 metido en... tierra que *destila* leche ... 2100
Lv 15.3 su cuerpo destiló... deje de *destilar* ... 7325
Nm 16.13 una tierra que *destila* leche y miel ... 2100
24.7 de sus manos *destilarán* aguas, y su ... 5140
Dt 32.2 *destilará* como el rocío... razonamiento ... 5140
33.28 también sus cielos *destilarán* rocío ... 6201
Jue 5.4 y los cielos *destilaron*, y las nubes ... 5197
Job 29.22 y mi razón *destilaba* sobre ellos ... 5197
36.28 la cual *destilan* las nubes, goteando ... 7491
Sal 19.10 miel, y que la que *destila* del panal
65.11 coronas... y tus nubes *destilan* grosura ... 7491
65.12 *destilan*... los pastizales del desierto ... 7491
68.8 *destilaron* los cielos ante la... de Dios ... 5197
72.6 como el rocío que *destila* sobre la tierra ... 2222
Pr 3.20 su ciencia... *destilan* rocío los cielos ... 7491
5.3 labios de la mujer extraña *destilan* miel ... 5197
Cnt 4.11 como panal... *destilan* tus labios, oh ... 5197
5.13 labios, como lirios que *destilan* mirra ... 5197
Is 45.8 cielos... las nubes *destilen* la justicia ... 7491
Jer 9.18 y nuestros párpados se *destilen* en ... 5140
Lm 3.49 mis ojos *destilan* y no cesan, porque ... 5064
Ez 27.19 para negociar... con... mirra *destilada* ... 6916
Jl 3.18 los montes *destilarán* mosto, y los ... 5197
Am 9.13 los montes *destilarán* mosto, y todos ... 5197

DESTINAR
Gn 24.14 sea ésta la que tú has *destinado* para ... 3198
24.44 sea ésta la mujer que *destinó* Jehová ... 3198
Lv 16.21 mano de un hombre *destinado* para esto ... 6261
Jos 9.27 y Josué los *destinó*... a ser leñadores ... 5414
Is 65.12 yo también os *destinaré* a la espada ... 4487
Jer 8.14 Jehová nuestro Dios nos ha *destinado*
Ez 31.14 todos estarán *destinados* a muerte, a ... 5414
35.6 que a sangre te *destinaré*, y sangre te ... 6213
1 P 1.10 profetizaron de la gracia *destinada*
1.20 ya *destinado* desde antes de la fundación ... *4267*
2.8 a lo cual fueron también *destinados* ... *5087*
Jud 4 que desde antes habían sido *destinados* ... *4270*

DESTINO
Is 65.11 suministráis libaciones para el *D* ... 4507

DESTITUIR
Ro 3.23 están *destituidos* de la gloria de Dios ... *5302*

DESTREZA
Sal 137.5 me olvidare... pierda mi diestra su *d*
Is 25.11 abatirá su soberbia y la *d* de... manos ... 698

DESTROZADO *Véase Destrozar*

DESTROZADOR
Jer 2.30 devoró a vuestros profetas... león *d* ... 7843

DESTROZAR
Éx 9.25 *destrozó* el granizo toda la hierba ... 7665
9.31 el lino... y la cebada fueron *destrozados* ... 5221
9.32 mas el trigo y el... no fueron *destrozados* ... 5221
22.31 no comeréis carne *destrozada* por las ... 2966
2 S 8.13 *destrozó* a 18.000 edomitas en el Valle ... 5221
1 Cr 18.12 Abisai... *destrozó*... 18.000 edomitas ... 5221
Sal 7.2 *destrocen* sin que haya quien me libre ... 6561
60 *tít.* *destrozó* a 12.000 de Edom en el valle ... 5221
80.13 la *destroza* el puerco montés, y la ... 3765
105.33 *destrozó* sus viñas y sus higueras y ... 5221
Ez 30.16 y Tebas será *destrozada*, y Menfis ... 1234
Dn 7.11 su cuerpo fue *destrozado* y entregado ... 7
Os 10.14 cuando la madre fue *destrozada* con ... 7376

DESTROZO
Dt 7.23 las quebrantará con grande *d*, hasta ... 4103

DESTRUCCIÓN
Gn 19.29 y envió... a Lot de en medio de la *d* ... 2018
Dt 29.23 como sucedió en la *d* de Sodoma y de ... 4114
2 R 23.13 a la mano derecha del monte de la *d* ... 4889
1 Cr 21.12 que el ángel de Jehová haga *d* en ... 7843
2 Cr 20.23 cual ayudó a la *d* de su compañero ... 4889
Est 4.7 plata... a cambio de la *d* de los judíos ... 6
8.6 ¿cómo podré yo ver la *d* de mi nación? ... 13

9.5 asolaron…con mortandad y *d*, e hicieron ... 12
Job 5.21 azote…no temerás la *d* cuando viniere ... 7701
5.22 de la *d* y del hambre te reirás, y no ... 7701
21.30 malo es preservado en el día de la *d* ... 343
Sal 35.17 rescata mi alma de sus *d*, mi vida ... 7722
63.9 los que para *d* buscaron mi alma caerán ... 7722
Pr 1.27 viniere como una *d* lo que teméis, y ... 7722,7584
10.29 el camino…es *d* a los que hacen maldad ... 4288
21.15 justo…mas *d* a los que hacen iniquidad ... 4288
Is 10.22 mar…la *d* acordada rebosará justicia ... 3631
10.25 se acabará mi furor y mi enojo, para *d* ... 8399
14.23 barreré con escobas de *d*, dice Jehová ... 8045
22.4 no os afanéis por consolarme de la *d* de ... 7701
28.22 *d* ya determinada sobre toda la tierra ... 3617
30.28 para zarandear a las…con criba de *d* ... 7723
34.11 y se extenderá sobre ella cordel de *d* ... 8414
47.11 y *d*…que no sepas…de repente sobre ti ... 7722
59.7 *d* y quebrantamiento hay en sus caminos ... 7667
60.18 nunca más se oirá en tu tierra…*d* ni ... 7667
Jer 19.8 se asombrará, y se burlará sobre…*d* ... 4347
20.8 hablo, doy voces, grito: Violencia y *d* ... 7701
44.6 fueron puestas en soledad y en *d*, como ... 2723
47.4 día que viene para *d* de…los filisteos ... 7703
48.3 ¡voz de clamor…*d* y…quebrantamiento! ... 7701
49.18 sucedió en la *d* de Sodoma y de Gomorra ... 4414
50.40 como en la *d* que Dios hizo de Sodoma ... 4114
Lm 2.8 el cordel, no retrajo su mano de la *d* ... 1104
Ez 5.16 saetas del hambre, que serán para *d* ... 4889
7.25 *d* viene; y buscarán la paz, y no…habrá ... 7089
21.31 te…en mano de hombres…artífices de *d* ... 4889
Os 7.13 *d* vendrá sobre ellos, porque contra ... 7701
9.6 he aquí se fueron ellos a causa de la *d* ... 7701
12.1 mentira y *d* aumenta continuamente ... 7701
13.14 seré tu muerte; y seré tu *d*, oh Seol ... 6987
Jl 1.15 día…vendrá como *d* por el Todopoderoso ... 7701
Hab 1.3 *d* y violencia están delante de mí, y ... 7701
2.17 y la *d* de las fieras te quebrantará, a ... 7701
Sof 1.18 *d*…hará de todos los habitantes de ... 3617
Lc 21.20 **sabed entonces que su *d* ha llegado** ... *2050*
Ro 9.22 los vasos de ira preparados para *d* ... *684*
1 Co 5.5 sea entregado a…para *d* de la carne ... *3639*
2 Co 10.4 sino poderosas en Dios para la *d* de ... *2506*
10.8 para edificación y no para vuestra *d* ... *2506*
13.10 ha dado para edificación, y no para *d* ... *2506*
1 Ts 5.3 vendrá sobre ellos *d* repentina, como ... *3639*
1 Ti 6.9 hunden a los hombres en *d* y perdición ... *3639*
2 P 2.1 atrayendo sobre sí mismos *d* repentina ... *684*
2.6 condenó por *d* a las ciudades de Sodoma ... *2692*
2.12 como animales…nacidos para presa y *d* ... *5356*

DESTRUCTOR, A
Sal 78.49 angustia, un ejército de ángeles *d* ... 7451
91.3 él te librará del lazo…de la peste *d* ... 1942
Is 21.2 el prevaricador prevarica, y el *d* ... 7703
Jer 50.16 de la espada *d* cada uno volverá el ... 3238
1 Co 10.10 murmuraron, y perecieron por el *d* ... *3644*
2 P 2.1 que introducirán…herejías *d*, y aun ... *684*

DESTRUIDO *Véase destruir*

DESTRUIDOR
Jue 16.24 Dios entregó…al *d* de nuestra tierra ... 2717
Pr 28.24 que roba…compañero es del hombre *d* ... 7843
Is 49.17 tus *d* y tus asoladores saldrán de ti ... 2040
49.19 tu tierra…tus *d* serán apartados lejos ... 1104
54.16 yo hice…he creado al *d* para destruir ... 7843
Jer 4.7 y el *d* de naciones está en marcha, y ... 7843
6.26 porque pronto vendrá sobre nosotros el *d* ... 7703
12.12 sobre todas las alturas del…vinieron *d* ... 7703
15.8 traje contra ellos *d* a mediodía sobre ... 7703
22.7 prepararé contra ti *d* cada uno con sus ... 7843
48.8 vendrá *d* a cada una de las ciudades, y ... 7703
48.18 el *d* de Moab subió contra ti, destruyó ... 7703
48.32 sobre tu cosecha y…vendimia vino el *d* ... 7703
51.1 yo levanto un viento *d* contra Babilonia ... 7843
51.25 yo estoy contra ti, oh monte *d* dice ... 4889
51.48 del norte vendrán contra ella *d* dice ... 7703
51.53 de mí vendrán a ella *d* dice Jehová ... 7703
51.56 vino *d* contra ella, contra Babilonia ... 7703
Nah 2.1 subió *d* contra ti; guarda…refuerza ... 6327

DESTRUIR
Gn 6.13 aquí que yo los *destruiré* con la tierra ... 7843
6.17 para *destruir* toda carne en que haya vida ... 7843
7.23 fue *destruido* todo ser que vivía sobre ... 4229
8.21 ni volveré…a *destruir* todo ser viviente ... 5221
9.11 ni habrá más diluvio para *destruir* la ... 7843
9.15 y no habrá mas diluvio de…para *destruir* ... 7843
13.10 antes que *destruyese* Jehová a Sodoma ... 7843
18.23 ¿*destruirás* también al justo con el ... 5595
18.24 ¿*destruirás* también y no perdonarás al ... 5595
18 28 dijo: No la *destruiré*, si hallare allí ... 7843
18.28 ¿*destruirás* por aquellos cinco toda la ... 7843
19.13 vamos a *destruir* este lugar, por cuanto ... 7843
19.13 Jehová nos ha enviado para *destruirlo* ... 7843
19.14 salid de este…Jehová va a *destruir* ... 7843
19.21 no *destruiré* la ciudad de…has hablado ... 2015
19.25 *destruyas* las ciudades…aquella llanura ... 2015
19.29 así, cuando *destruyó* Dios las ciudades ... 7843
34.30 me atacarán, y seré *destruido* yo y mi ... 8045
Éx 10.7 no sabes…que Egipto está ya *destruido?* ... 6
15.9 sacaré mi espada, los *destruirá* mi mano ... 3423
23.23 heveo…a los cuales yo haré *destruir* ... 3582
23.24 los *destruirás* del todo, y quebrarás ... 2040
Lv 23.30 *destruiré* a la tal persona de entre ... 6
26.22 fieras que…*destruyan* vuestro ganado ... 3772
26.30 *destruiré* vuestros lugares altos, y ... 8045
Nm 14.12 yo…los *destruiré*, y a ti te pondré ... 3423
21.2 entregares…yo *destruiré* sus ciudades ... 2763
21.3 los *destruyó* a ellos y a sus ciudades ... 2763
21.30 Dibón, y *destruimos* hasta Nofa y Medeba ... 8074
24.17 y *destruirá* a todos los hijos de Set ... 4272
24.19 *destruirá* lo que quedare de la ciudad ... 6
32.15 dejaros…y *destruiréis* a…este pueblo ... 7843
33.52 *destruiréis* todos sus ídolos de piedra ... 6
33.52 y *destruiréis* todos sus lugares altos ... 6
Dt 1.27 entregarnos en manos…para *destruirnos* ... 8045
2.15 la mano de Jehová vino…para *destruirlos* ... 2000
2.21 Jehová *destruyó* delante de los amonitas ... 8045
2.22 delante…cuales *destruyó* a los horeos ... 8045
2.23 los caftoreos…de Caftor los *destruyeron* ... 8045
2.34 *destruimos* todas las ciudades, hombres ... 2763
3.6 y las *destruimos*, como hicimos a Sehón ... 2763
4.3 a todo hombre que fue en pos…*destruyó* ... 8045
4.26 no estaréis en…sin que seáis *destruidos* ... 8045
4.31 tu Dios, no te dejará, ni te *destruirá* ... 7843
6.15 furor…y te *destruya* de sobre la tierra ... 8045
7.2 las hayas derrotado, las *destruirás* del ... 2763
7.4 el furor de Jehová…te *destruirá* pronto ... 8045
7.5 sus altares *destruiréis* y *d* sus imágenes ... 5422
7.10 que da el pago en persona…*destruyéndolo* ... 6
7.23 quebrantará…hasta que sean *destruidas* ... 8045
7.24 *destruirás* el nombre de ellos de debajo ... 6
7.24 nadie te hará…hasta que los *destruyas* ... 8045
8.20 como las naciones que Jehová *destruirá* ... 6
9.3 Jehová…que los *destruirá* delante de ti ... 8045
9.3 los *destruirás*…como Jehová te ha dicho ... 6
9.8 se enojó Jehová contra…para *destruiros* ... 8045
9.14 que los *destruya*, y borre su nombre de ... 8045
9.19 Jehová estaba enojado para *destruirlo* ... 8045
9.25 Jehová dijo que os había de *destruir* ... 8045
9.26 no *destruyas* a tu pueblo y a tu heredad ... 7843
10.10 escuchó…y no quiso Jehová *destruirte* ... 7843
11.4 Egipto…y Jehová los *destruyó* hasta hoy ... 6
12.2 *destruiréis* enteramento todos…lugares ... 6
12.3 *destruiréis* las esculturas de…dioses ... 1438
12.29 cuando Jehová haya *destruido*…naciones ... 3772
12.30 después que sean *destruidas* delante de ... 8045
13.15 *destruyéndola* con todo lo que en ella ... 2763
19.1 cuando Jehová…*destruya* a las naciones ... 3772
20.17 sino que los *destruirás* completamente ... 2763
20.20 el árbol…podrás *destruirlo* y talarlo ... 7843
28.20 hasta que seas *destruido*, y perezcas ... 8045
28.48 y él pondrá yugo de…hasta *destruirte* ... 8045
28.51 no te dejará grano…hasta *destruirte* ... 8045
28.61 sobre ti, hasta que seas *destruido* ... 8045
28.63 se gozará Jehová en…y en *destruiros* ... 6
29.23 las cuales Jehová *destruyó* en su furor ... 2015
31.3 *destruirá* a estas naciones delante de ... 8045
31.4 como hizo con Sehón…a quienes *destruyó* ... 8045
33.27 él echó…al enemigo, y dijo: *Destruye* ... 8045
Jos 2.10 reyes…los cuales habéis *destruido* ... 2763
6.21 *destruyeron*…todo lo que en la ciudad ... 2763
7.7 entregarnos en…para que nos *destruyan?* ... 6
7.12 no *destruyereis* el anatema de en medio ... 8045
8.26 *destruido* a todos los moradores de Hai ... 2763
9.24 que había de *destruir* a…los moradores ... 8045
10.20 acabaron de herirlos…hasta *destruirlos* ... 8552
10.28 por completo los *destruyó* con todo lo ... 2763
10.33 mas a él y a su pueblo *destruyó* Josué ... 5221
10.37 la *destruyeron* con todo lo que en ella ... 2763
10.39 *destruyeron* todo lo que allí tenía vida ... 2763
11.11 y mataron a…*destruyéndolo* por completo ... 2763
11.12 *destruyó* como Moisés…había mandado ... 2763
11.14 hirieron…hasta *destruirlos* sin dejar ... 8045
11.20 resistiesen…a Israel, para *destruirlos* ... 2763
11.21 *destruyó* a los anaceos de los montes ... 3772
11.21 Josué los *destruyó* a…y a sus ciudades ... 2763
22.33 subir…para *destruir* la tierra en que ... 7843
23.4 así las *destruidas* como las que quedan ... 3772
23.15 toda palabra mala, hasta *destruiros* de ... 8045
24.8 yo…los *destruí* de delante de vosotros ... 8045
Jue 4.24 Jabín rey…hasta que lo *destruyeron* ... 3772
6.4 *destruían* los frutos de la tierra, hasta ... 7843
20.42 salían de las ciudades los *destruían* ... 7843
1 S 5.6 los *destruyó* y los hirió con tumores ... 8074
6.5 de vuestros ratones que *destruyeron* la ... 7843
15.3 y *destruye* todo lo que tiene, y no te ... 2763
15.6 que no os *destruya* juntamente con ellos ... 622
15.9 a lo mejor de…no lo quisieron *destruir* ... 2763
15.9 mas todo lo que era vil y…*destruyeron* ... 2763
15.15 perdonó…pero lo demás lo *destruimos* ... 2763
15.18 *destruye* a los pecadores de Amalec, y ... 2763
15.20 fui a…y he *destruido* a los amalecitas ... 2763
23.10 Saúl…*destruir* la ciudad por causa mía ... 7843
24.21 no *destruirás* mi descendencia después ... 8045
2 S 7.9 he *destruido* a todos tus enemigos, y ... 3772
10.3 inspeccionar la ciudad para *destruirla?* ... 2015
11.1 *destruyeron* a los amonitas, y sitiaron ... 7843
14.11 el vengador de…no *destruya* a mi hijo ... 7843
14.16 mano del hombre que me quiere *destruir* ... 8045
17.16 que no sea *destruido* el rey y todo el ... 1104
18.8 fueron más los que *destruyó* el bosque ... 398
18.8 más los…que los que *destruyó* la espada ... 398
20.19 procuras destruir…¿Por qué *destruyes* ... 4191
20.20 nunca tal…que yo *destruya* ni deshaga ... 7843
21.5 que nos *destruyó*, y que maquinó contra ... 3615
22.15 envió…lanzó relámpagos y los *destruyó* ... 2000
22.38 perseguiré…enemigos, y los *destruiré* ... 8045
22.41 yo *destruyese* a los que me aborrecen ... 6789
24.16 mano sobre Jerusalén para *destruirla* ... 7843
24.16 dijo al ángel que *destruía* al pueblo ... 7843
24.17 vio al ángel que *destruía* al pueblo ... 5221
1 R 14.10 y *destruiré* de Jeroboam todo varón ... 1197
14.14 el cual *destruirá* la casa de Jeroboam ... 3772
16.7 contra Baasa…porque la había *destruido* ... 5221
18.4 cuando Jezabel *destruía* a los profetas ... 3772
21.21 *destruiré* hasta el último varón de la ... 3772
2 R 3.19 *destruiréis* toda ciudad fortificada ... 5221
3.19 *destruiréis* con piedras…tierra fértil ... 3510
3.25 honderos la rodearon y la *destruyeron* ... 5221
8.19 Jehová no quiso *destruir* a Judá, por ... 7843
9.8 y *destruiré* de Acab todo varón, así al ... 3772
11.1 y *destruyó* toda la descendencia real ... 7843
13.7 el rey de Siria los había *destruido*, y ... 6
13.23 y no quiso *destruirlos* ni echarlos de ... 7843
18.25 he venido…sin Jehová…para *destruirlo?* ... 7843
18.25 Jehová me ha dicho: Sube…y *destrúyela* ... 7843
19.11 oído lo que han hecho…*destruyéndolas* ... 2763
19.12 las naciones que mis padres *destruyeron* ... 7843
19.17 de Asiria han *destruido* las naciones ... 2717
19.18 o piedra, y por eso los *destruyeron* ... 6
21.9 naciones que Jehová *destruyó* delante de ... 8045
23.15 aquel altar y el lugar alto *destruyó* ... 5422
24.2 envió contra Judá…que la *destruyesen* ... 6
1 Cr 4.41 *destruyeron* hasta hoy, y habitaron ... 2763
4.43 *destruyeron* a los que…quedado de Amalec ... 5221
20.1 *destruyó* la tierra de los hijos de Amón ... 7843
20.1 Rabá…y Joab batió a Rabá, y la *destruyó* ... 2040
21.15 envió Jehová el ángel…para *destruirla* ... 7843
21.15 cuando él estaba *destruyendo*, miró ... 7843
21.15 dijo al ángel que *destruía*: Basta ya ... 7843
2 Cr 8.8 a los cuales…Israel no *destruyeron* ... 3615
12.7 no los *destruiré*; antes los salvaré en ... 7843
12.12 se apartó de él para no *destruirlo* ... 7843
14.3 altos…y *destruyó* los símbolos de Asera ... 1438
15.6 una gente *destruía* a otra, y una ciudad ... 3807
15.16 Asa *destruyó* la imagen, y la desmenuzó ... 3772
18.10 acornearás a los sirios…*destruirlos* ... 3615
20.10 que se apartase…y no los *destruyese* ... 8045
20.23 Moab se levantaron…para…*destruirlos* ... 8045
20.37 Ocozías, Jehová *destruirá* tus obras ... 6555
21.7 Jehová no quiso *destruir* la casa de David ... 7843
22.7 que Ocozías fuese *destruido* viniendo a ... 8395
24.7 hijos habían *destruido* la casa de Dios ... 6555
24.23 y *destruyeron*…los principales de él ... 7843
25.16 yo sé que Dios ha decretado *destruirte* ... 7843
31.1 *destruyeron* las imágenes de Asera, y ... 7665
32.14 naciones que *destruyeron* mis padres ... 2763
32.21 un ángel…*destruyó* a todo valiente y ... 3582
33.9 que las naciones que Jehová *destruyó* ... 8045
34.7 y *destruido* todos los ídolos por toda ... 1438
34.11 de los edificios que habían *destruido* ... 7843
35.21 de oponerte…no sea que él te *destruya* ... 7843
36.19 y *destruyeron*…sus objetos deseables ... 7843
Esd 4.15 por lo que esta ciudad fue *destruida* ... 2718
5.12 *destruyó* esta casa y llevó cautivo al ... 5642
6.12 el Dios…*destruya* a todo rey y pueblo ... 4049
6.12 su mano…para…*destruir* esa casa de Dios ... 2255
Est 3.6 procuró…*destruir* a todos los judíos ... 8045
3.9 si place al…decrete que sean *destruidos* ... 6
3.13 orden de *destruir*, matar y exterminar ... 8045
4.8 del decreto…para que fuesen *destruidos* ... 8045
7.4 para ser *destruidos*, para ser muertos ... 8045
8.5 que escribió para *destruir* a los judíos ... 6
8.11 prontos a *destruir*, y matar, y acabar ... 8045
9.6 y *destruyeron* los judíos a 500 hombres ... 6
9.24 plan para *destruirlos* y había echado ... 6
Job 4 7 dónde han sido *destruidos* los rectos? ... 3582
4.20 de la mañana a la tarde son *destruidos* ... 3807
12.15 si él…las envía, *destruyen* la tierra ... 2015
12.23 él multiplica las…y él las *destruye* ... 6
22.20 fueron *destruidos*…adversarios, y el ... 3582
Sal 5.6 *destruirás* a los que hablan mentira ... 6
9.5 *destruiste* al malo, borraste el nombre ... 6
11.3 si fueran *destruidos* los fundamentos ... 2040
12.3 Jehová *destruirá*…labios lisonjeros, y ... 3772
18.14 envió…lanzó relámpagos, y los *destruyó* ... 2000
18.40 que yo *destruya* a los que me aborrecen ... 6789
21.10 su fruto *destruirás* de la tierra, y su ... 6
37.9 los malignos serán *destruidos*, pero los ... 3772
37.22 y los malditos de él serán *destruidos* ... 3772
37.28 la descendencia de los…será *destruida* ... 3772
37.34 cuando sean *destruidos* los pecadores ... 3772
37.38 transgresores serán…a una *destruidos* ... 8045
40.14 los que buscan mi vida para *destruirla* ... 5595
52.5 tanto, Dios te *destruirá* para siempre ... 5422
55.9 *destrúyelos*, oh…confunde la lengua de ... 1104
57,58,59,75 *títs*. al músico principal; sobre No *destruyas* ... 7843
63.10 los *destruirán* a filo de espada; serán ... 5064
69.4 los que me *destruyen* sin tener por qué ... 6789
73.27 *destruirás* a todo aquel que de ti se ... 6789
74.8 dijeron en…*Destruyámoslos* de una vez ... 3238
78.38 pero él…perdonaba…y no los *destruía* ... 7843
78.45 entre ellos…ranas que los *destruían* ... 7843
78.47 sus viñas *destruyó* con granizo, y sus ... 2026
83.4 *destruyámoslos* para que no sean nación ... 3582
89.40 vallados; has *destruido* sus fortalezas ... 4288
91.6 mortandad que en medio del día *destruya* ... 7736
92.7 cuando brotan…es para ser *destruidos* ... 8045
94.23 y los *destruirá* en su propia maldad ... 6789
94.23 los *destruirá* Jehová nuestro Dios ... 6789
101.5 infama a su prójimo, yo lo *destruiré* ... 6789
101.8 de mañana *destruiré* a todos los impíos ... 6789
106.23 trató de *destruirlos*, de no haberse ... 8045
106.23 a fin de…para que no los *destruyese* ... 7843
106.34 no *destruyeron* a los pueblos que…dijo ... 8045
109.13 su posteridad sea *destruida*; en la ... 3772
118.10,11,12 en…de Jehová yo las *destruiré* ... 4135
119.95 me han aguardado para *destruirme*; mas ... 6
135.10 *destruyó* a muchas naciones, y mató a ... 5221
143.12 *destruirás* a todos los adversarios ... 6
145.20 Jehová…*destruirá* a todos los impíos ... 8045
Pr 11.3 *destruirá* a…pecadores la perversidad ... 7703

19.18 mas no se apresure tu... para *destruirlo* 4191
21.7 la rapiña de los impíos los *destruirá* 1641
24.31 su cerca de piedra estaba ya *destruida* 2040
29.4 mas el que exige presentes la *destruye* 2040
31.3 ni tus caminos a lo que *destruye* a los 4229
Ec 3.3 tiempo de *destruir*, y... de edificar 6555
5.6 voz, y que *destruya* la obra de tus manos? 2254
7.16 exceso; ¿por qué habrás de *destruirte*? 8074
9.18 pero un pecador *destruye* mucho bien 6
Is 1.7 vuestra tierra está *destruida*, vuestras 8077
6.13 quedare... ésta volverá a ser *destruida* 1197
11.13 los enemigos de Judá serán *destruidos* 3772
13.5 vienen... para *destruir* toda la tierra 2254
14.20 tú *destruiste* tu tierra, mataste a tu 7843
14.30 raíz, y *destruiré* lo que de ti quedare 2026
15.1 noche fue *destruida* Ar de Moab, puesta 7703
15.1 cierto, de noche fue *destruida* Kir de 7703
19.3 se desvanecerá... y *destruiré* su consejo 1104
21.2 el destructor *destruye*. Sube, oh Elam 7703
23.1 aullad, naves de Tarsis... *destruida* es 7703
23.11 mandó... sus fortalezas sean *destruidas* 8045
23.14 porque *destruida* es vuestra fortaleza 7703
24.4 se *destruyó*, cayó la tierra; enfermó 56
25.7 *destruirá* en este monte la cubierta con 1104
25.8 *destruirá* a la muerte para siempre; y 1104
26.14 *destruiste* y deshiciste... su recuerdo 8045
29.20 *destruidos* todos los que se desvelan 3772
34.2 *destruirá* y las entregará al matadero 2763
36.10 vine yo... para *destruirla* sin Jehová? 7843
36.10 dijo: Sube a esta tierra y *destrúyela* 7843
37.11 a todas las tierras... las *destruyeron* 2763
37.12 dioses a las naciones que *destruyeron* 7843
37.18 los reyes de Asiria *destruyeron* todas 2717
37.19 porque no eran dioses... los *destruyeron* 6
48.9 mi ira... la reprimiré para no *destruirte* 3772
51.13 furor... cuando se disponía para *destruir* 7843
54.16 he creado al destruidor para *destruir* 2254
64.11 cosas preciosas han sido *destruidas* 2723
65.8 así haré yo... que no lo *destruiré* todo 7843
Jer 1.10 mira que te he puesto... para *destruir*
4.20 la tierra es *destruida*... *d* mis tiendas 7703
4.24 y todos los collados fueron *destruidos* 7043
4.27 asolada; pero no la *destruiré* del todo 3617
4.30 y tú, *destruida*, ¿qué harás? Aunque te 7703
5.6 león... los matará, los *destruirá* el lobo 7703
5.10 escalad sus muros y *destruid*, pero no 7843
5.18 dice Jehová, no os *destruiré* del todo 3617
6.2 *destruiré* a la bella y delicada hija de 1820
6.5 levantaos y... *destruyamos* sus palacios 7843
9.19 oída voz... ¡Cómo hemos sido *destruidos*! 7703
9.19 porque han *destruido* nuestras moradas 7993
10.20 mi tienda está *destruida*, y todas mis 7703
11.19 *destruyamos* el árbol con su fruto, y 7843
12.10 muchos pastores han *destruido* mi viña 7843
12.17 sacándola de raíz y *destruyéndola*, dice 6
13.14 ni tendré piedad... para no *destruirlos* 7843
15.3 bestias de la... para devorar y *destruir* 7843
15.6 yo extenderé... ti mi mano y te *destruiré* 7843
18.7 hablaré contra pueblos... para... *destruir* 6
22.20 todos tus enamorados son *destruidos* 7665
23.1 ¡ay de los pastores que *destruyen* y 6
24.6 los edificaré, y no los *destruiré*; los 2040
25.9 *destruiré*, y los pondré por escarnio y 2763
25.37 pastos... serán *destruidos* por el ardor 1826
30.11 *destruiré*... naciones... pero a ti no te *d* 3617
31.40 no será arrancada ni *destruida* más para 2040
36.29 vendrá el rey... y *destruirá* esta tierra 7843
42.10 no os *destruiré*; os plantaré, y no os 7843
44.7 para ser *destruidos* el hombre y la mujer 3772
44.11 yo vuelvo mi rostro... para *destruir* a 3772
45.4 *destruyo* a los que edifiqué, y arranco 2040
46.2 a quien *destruyó* Nabucodonosor rey de 5221
46.8 *destruiré* a la ciudad y... en ella moran 6
46.17 Faraón rey de Egipto es *destruido*; dejó 7588
46.28 *destruiré*... naciones... a ti no te *d* del 3617
47.1 filisteos, antes que Faraón *destruyese* 5221
47.4 para destruir a Tiro... Jehová *destruirá* 3772
48.1 ¡ay de Nebo... *destruida* y avergonzada 7703
48.8 se arruinará... será *destruida* la llanura 8045
48.15 *destruido* fue Moab, y sus ciudades 7703
48.18 el destruidor... *destruyó* tus fortalezas 7843
48.20 anunciad en Arnón... Moab es *destruido* 7703
48.34 las aguas de Nimrim serán *destruidas* 4923
48.42 Moab será *destruido* hasta dejar de ser 8045
49.3 lamenta, oh Hesbón... *destruida* es Hai 7703
49.10 será *destruida* su descendencia, sus 7703
49.20 arrastrarán, y *destruirán* sus moradas 8074
49.28 subid... *destruid* a los hijos del oriente 7703
49.38 y *destruiré* a su rey y a su príncipe 7843
50.2 *destruidas* sin sus esculturas, quebrados 3001
50.11 os gozasteis *destruyendo* mi heredad 8154
50.16 *destruid* en Babilonia al que siembra 3772
50.21 *destruye* y mata en pos de ellos, dice 2763
50.26 convertidla en... ruinas, y *destruidla* 2763
50.30 hombres de guerra serán *destruidos* en 1826
50.45 y *destruirán* sus moradas con ellos 8074
51.3 no perdonéis... *destruid* todo su ejército 2763
51.11 contra Babilonia es... para *destruirla* 7843
51.20 y por medio de ti *destruiré* reinos 7843
51.25 contra ti... *destruiste* toda la tierra 7843
51.47 yo destruiré los ídolos de Babilonia 6485
51.52 vienen días... yo *destruiré* sus ídolos 6485
51.55 porque Jehová *destruirá* a Babilonia 6
51.62 este lugar que lo habías de *destruir* 3772
52.13 *destruyó*... fuego todo edificio grande 8313
52.14 *destruyó* todos los muros en derredor 5422
Lm 1.16 mis hijos son *destruidos*, porque el 8074
2.2 *destruyó* el Señor, y no perdonó; *d* en su ... 1104,2040
2.2 *destruyó* en su furor todas las tiendas 5060
2.4 entesó su... y *destruyó* cuanto era hermoso 2026
2.5 *destruyó* a Israel; *d* todos sus palacios 7843
2.6 *destruyó* el lugar en donde se congregaban 7843
2.8 determinó *destruir* el muro de la hija de 7843
2.9 *destruyó* y quebrantó sus cerrojos; su 6
2.17 *destruyó*, y no perdonó; y ha hecho que 2040
4.6 Sodoma, que fue *destruida* en un momento 2015
Ez 5.16 saetas del... enviaré para *destruiros* 7843
5.17 enviaré... bestias feroces... te *destruyan* 7921
6.3 venir sobre vosotros espada, y *destruiré* 6
6.6 ídolos... imágenes del sol serán *destruidas* 1438
9.1,2 su mano su instrumento para *destruir* ... 4892,4660
9.8 ¿*destruirás* a todo el remanente de Israel 7843
11.13 ¿*destruirás* del todo al remanente de 3617
14.9 lo *destruiré* de en medio de mi pueblo 8045
16.39 y *destruirán* tus... altos, y derribarán 2040
17.9 ¿no... *destruirá* su fruto, y se secará? 7082
22.27 derramando sangre... *destruir* las almas 6
22.30 a favor... para que yo no la *destruyese* 7843
25.7 y te *destruiré* de entre las tierras; te 8045
25.15 *destruyendo* por antiguas enemistades 4889
25.16 *destruiré* el resto... la costa del mar 9
26.9 muros, y tus torres *destruirá* con hachas 7843
26.10 como por portillos de ciudad *destruida* 1234
26.12 muros, y tus casas preciosas *destruirán* 5422
27.32 como la *destruida* en medio del mar? 1822
29.12 ciudades entre las ciudades *destruidas* 2717
30.4 Egipto... serán *destruidos* sus fundamentos ... 2040
30.10 *destruiré* las riquezas de Egipto por 7673
30.11 serán traídos para *destruir* la tierra 7843
30.12 *destruiré* la tierra y cuanto en ella 8074
30.13 dicho... *Destruiré* también las imágenes 6
30.13 *destruiré* los ídolos de Menfis; y no 7673
31.12 lo *destruirán* extranjeros... poderosos 3772
32.12 y *destruirán* la soberbia de Egipto, y 8045
32.13 todas sus bestias *destruiré* de sobre 6
34.16 a la engordada y a la fuerte *destruiré* 8045
35.12 *destruidos* son, nos han sido dados para 8074
37.11 pereció... y somos del todo *destruidos* 1504
43.3 vi cuando vine para *destruir* la ciudad 7843
Dn 2.44 un reino que no será jamás *destruido* 2255
4.23 cortad el árbol y *destruidlo*; mas la 2255
6.26 y su reino no será jamás *destruido*, y 2255
7.14 y su reino uno que no será *destruido* 2255
7.26 le quitarán su... para que sea *destruido* 7
8.24 y *destruirá* a los fuertes y al pueblo 7843
8.25 y sin aviso *destruirá* a muchos; y se 7843
9.26 que ha de venir *destruirá* la ciudad y 7843
11.17 le dará una hija de... para *destruirte* 7843
11.22 serán del todo *destruidos*, junto con 7665
11.26 su ejército será *destruido*, y caerán 7665
11.44 saldrá con gran ira... *destruir* y matar 8045
Os 4.5 caerás por tanto... tu madre *destruiré* 1820
4.6 mi pueblo fue *destruido*, porque le faltó 1820
8.4 ídolos para sí... ellos mismos *destruidos* 3772
10.2 Jehová demolerá... *destruirá* sus ídolos 7703
10.8 lugares altos de Avén serán *destruidos* 8045
10.14 serán destruidas, como *destruyó* Salmán 7703
11.9 no... ni volveré para *destruir* a Efraín 7843
Jl 1.10 trigo fue *destruido*, se secó el mosto 7703
1.17 los graneros... los alfolíes *destruidos* 2040
3.19 Egipto será *destruido*, y Edom... desierto 8077
Am 1.5 *destruiré* a los moradores del valle de 3772
1.8 *destruiré* a los moradores de Asdod, y a 3772
2.9 yo *destruí* delante de ellos al amorreo 8045
2.9 *destruí* su fruto arriba y sus raíces 8045
7.9 los lugares... de Isaac serán *destruidos* 8074
9.8 no *destruiré* del todo la casa de Jacob 8045
Abd 5 robadores... (¡cómo has sido *destruido*!) 1820
Jon 3.4 cuarenta días Nínive será *destruida* 2015
Mi 2.4 diciendo: Del todo fuimos *destruidos* 7703
5.9 todos tus adversarios serán *destruidos* 3772
5.10 aquel día... y haré *destruir* tus carros 6
5.11 haré también *destruir* las ciudades de 3772
5.12 *destruiré* de tu mano las hechicerías 3772
5.13 haré *destruir* tus culturas... imágenes 3772
5.14 tus imágenes... y *destruiré* tus ciudades 8045
Nah 1.4 Basán fue *destruido*... el Líbano fue *d* 535
1.14 la casa de tu Dios *destruiré* esculturas 3772
2.6 se abrirán, y el palacio será *destruido* 4127
Hab 1.13 y callas cuando *destruye* el impío al 1104
Sof 1.2 *destruiré*... todas las cosas de sobre 5486
1.3 *destruiré* los hombres... y *d* las aves del 5486
1.11 aullad... el pueblo mercader es *destruido* 1820
1.11 *destruidos* son... los que traían dinero 3772
2.5 te haré *destruir* hasta no dejar morador 6
2.11 *destruirá* a... los dioses de la tierra, y 7329
2.13 y *destruirá* a Asiria, y convertirá a 6
3.6 hice *destruir* naciones... están asoladas 3772
3.7 no será *destruida* su morada según todo 3772
Hag 2.22 y *destruiré* la fuerza de los reinos 8045
Zac 5.3 todo aquel que hurta... será *destruido* 5352
5.3 todo aquel que jura falsamente... *destruido* 5352
9.10 de Efraín *destruiré* los carros, y los 3772
11.3 voz... la gloria del Jordán es *destruida* 7703
11.8 y *destruí* a tres pastores en un mes 3582
12.9 *destruir* a... las naciones que vinieren 8045
Mal 1.4 ellos edificarán, y yo *destruiré*
3.11 no os *destruirá* el fruto de la tierra 7843
Mt 10.28 **a aquel que puede *destruir* el alma** *622*
12.14 concejo contra Jesús para *destuirle* *622*
21.41 los malos *destruirá* sin misericordia *622*
22.27 *destruyó* a aquellos homicidas, y quemó *622*
Mr 1.24 ¡ah... ¿has venido para *destruirnos*? *622*
3.6 tomaron concejo con los... para *destruirle* *622*
12.9 **vendrá, y *destruirá* a los labradores** *622*
Lc 4.34 ¿has venido para *destruirnos*? Yo te *622*
9.25 **y se *destruye* o se pierde así mismo?** *2210*
12.33 **ladrón no llega, ni polilla *destruye*** *1311*
17.27 **vino el diluvio y los *destruyó* a todos** *622*
17.29 **llovió del cielo fuego... y los *destruyó*** *622*
20.16 **vendrá y *destruirá* a estos labradores** *622*
21.6 **piedra sobre piedra, que no... *destruida***
Jn 2.19 ***destruid* este templo y en tres días** *3089*
10.10 **el ladrón no viene sino para... *destruir*** *622*
11.48 y *destruirán* nuestro lugar santo y
Hch 5.39 es de Dios, no la podréis *destruir* *2647*
6.14 que ese Jesús... *destruirá* este lugar, y *2647*
13.19 habiendo *destruido* siete naciones en *2507*
19.27 comience a ser *destruida* la majestad *2507*
Ro 6.6 el cuerpo del pecado será *destruido*, a *2673*
14.20 no *destruyas* la obra de Dios por causa *2647*
1 Co 1.19 *destruiré* la sabiduría de los sabios *622*
3.17 si alguno *destruyere*... Dios le *destruirá* *5351*
15.26 y el postrer... *destruido* es la muerte *2673*
2 Co 4.9 derribados, pero no *destruidos* *622*
Col 2.22 que todas se *destruyen* con el uso? *5356*
2 Ts 2.8 y *destruirá* con el resplandor de su *2673*
He 2.14 para *destruir* por medio de la muerte *2673*
11.28 l que *destruía* a los primogénitos no *3645*
Jud 5 después *destruyó* a los que no creyeron *622*
Ap 8.9 tercera parte de... naves fue *destruida* *1311*
11.18 destruir a los que *destruyen* la tierra *1311*

DESVALIDO

Sal 10.8 acecha... sus ojos están acechando al *d* 2489
10.14 a ti se acoge el *d*; tú eres el amparo 2489
102.17 considerado la oración de los *d*, y no 6199
Pr 31.8 abre tu boca... en el juicio de... los *d* 1121,2475
Am 2.7 pisotean... cabezas de los *d*, y tuercen 1800

DESVANECER

Job 7.9 como la nube se *desvanece* y se va, así 3615
Is 5.24 y su flor se *desvanecerá* como polvo 5927
19.3 y el espíritu de Egipto se *desvanecerá* 1238
19.11 el consejo de... Faraón se ha *desvanecido* 1197
19.13 han *desvanecido* los príncipes de Zoán 2973
29.14 se *desvanecerá* la inteligencia de sus 6
44.25 los sabios, y *desvanezco* su sabiduría 5528
Jer 19.7 *desvaneceré* el consejo de Judá y de 1238
Os 6.4 rocío de la madrugada que se *desvanece* 1980
Mt 5.13 **pero si la sal se *desvaneciere*, ¿con** *3471*
Hch 5.38 si... es de los hombres, se *desvanecerá* *2647*
1 Co 9.15 que nadie *desvanezca* esta mi gloria *2758*
Stg 4.14 es neblina que... y luego se *desvanece* *853*
Ap 6.14 el cielo se *desvaneció*... un pergamino *673*

DESVARIAR

1 S 18.10 y él *desvariaba* en medio de la casa 5012

DESVARÍO

Ec 1.17 a entender las locuras y los *d*; conocí 5531
2.12 volví yo a mirar para ver... los *d* y la 1947
7.25 para conocer la maldad... el *d* del error 1947
10.13 necedad; y el fin de su charla, nocivo *d* 1948

DESVELAR

Is 29.20 que se *desvelan* para hacer iniquidad 8245

DESVELO

2 Co 6.5 en azotes... trabajos, en *d*, en ayunos *70*
11.27 fatiga, en muchos *d*, en hambre y sed *70*

DESVENTURA

Ro 3.16 quebranto y *d* hay en sus caminos *5004*

DESVENTURADO

Ap 3.17 **no sabes que tú eres un *d*, miserable** *5005*

DESVERGONZADO, A

Is 3.16 andan con cuello erguido y con ojos *d* 8265
Ez 16.30 estas cosas, obras de una ramera *d* 7986

DESVIAR

Nm 20.21 no quiso... y se *desvió* Israel de él 5186
Dt 7.4 *desviará* a tu hijo de en pos de mí, y 5493
17.17 para que su corazón no se *desvíe*, ni 5493
1 R 11.3 y sus mujeres *desviaron* su corazón 5186
22.43 anduvo... sin *desviarse* de él, haciendo 5493
Sal 14.3 se *desviaron*, a una se han corrompido 5493
40.4 a los que se *desvían* tras la mentira 7750
101.3 aborrezco la obra de los que se *desvían* 7750
119.10 te he buscado; no me dejes *desviarme* 7686
119.21 que se *desvían* de tus mandamientos 7686
119.110 yo no me *desvié* de tus mandamientos 8582
119.118 hollaste a todos los que se *desvían* 7686
Pr 4.27 no te *desvíes* a la derecha ni a la 5186
18.1 su deseo busca el que se *desvía*, y se 6504
Is 44.20 su corazón engañado le *desvía*, para 5186
Jer 8.4 que se *desvía*, ¿no vuelve al camino? 7725
Ez 14.11 que la casa de Israel no se *desvíe* 8582
Ro 3.12 todos se *desviaron*, a una... inútiles *1578*
1 Ti 1.6 *desviándose* algunos, se apartaron a *795*
6.21 la cual profesando... *desviaron* de la fe *795*
2 Ti 2.18 se *desviaron* de la verdad diciendo *795*

DESVÍO

Pr 1.32 el *d* de los ignorantes los matará, y 4878

DETALLE

He 9.5 cosas no se puede ahora hablar en *d* *3313*

DETENER

Gn 8.2 y la lluvia de los cielos fue *detenida* 3607
19.16 y *deteniéndose* él, los varones asieron 4102
20.6 yo también te *detuve* de pecar contra mí 2820
24.56 dijo: No me *detengáis*, ya que Jehová 309
32.4 con Labán... me he *detenido* hasta ahora 309
43.10 pues si no nos hubiéramos *detenido* 4102
45.9 dice tu hijo... ven a mí, no te *detengas* 5975
Éx 9.2 si no lo quieres dejar ir, y lo *detienes* 2388

9.28 yo os dejaré ir, y no os *detendréis* más 5975
19.17 el pueblo... *detuvieron* al pie del monte 3320
Lv 13.37 pareciere que la tiña está *detenida* 5975
Nm 1.51 el tabernáculo haya de *detenerse*, los 2583
9.19 cuando la nube se *detenía*... muchos días 748
9.21 la nube se *detenía* desde la tarde hasta 6153
9.22 o un año, mientras la nube se *detenía* 748
10.12 y se *detuvo* la nube en el desierto de 7931
10.36 cuando ella se *detenía*, decía: Vuelve 5117
Jos 3.13 las aguas... se *detendrán* en un montón 5975
3.16 las aguas que venían de... se *detuvieron* 5975
10.12 sol, *detente* en Gabaón; y tú, luna, en 1826
10.13 y el sol se *detuvo* y la luna se paró 1826
10.19 vosotros no os *detengáis*, sino seguid 5975
Jue 3.26 que ellos se *detuvieron*, Aod escapó 4102
5.28 qué las ruedas de su carro se *detienen* 309
9.44 se *detuvieron* a la entrada de la puerta 5975
13.15 te ruego nos permitas *detenerte*, y te 6113
13.16 aunque me *detengas*, no comeré... tu pan 6113
19.4 *detuvo* su suegro, el padre de la joven 2388
1 S 14.19 Saúl al sacerdote: *Detén* tu mano 622
21.7 estaba allí aquel día *detenido* Doeg 6113
2 S 2.23 donde Asael había caído... se *detenían* 5975
2.28 el pueblo se *detuvo*, y no persiguió mas 5975
15.17 y se *detuvieron* en un lugar distante 5975
15.28 me *detendré* en los vados del desierto 4102
18.16 volvió... porque Joab *detuvo* al pueblo 7725
20.5 se *detuvo* más del tiempo que le había 3186
20.12 todo el que pasaba... *detenía*, y viendo 5975
24.16 al ángel... Basta ahora, *detén* tu mano 7503
2 R 4.24 y no me hagas *detener* en el camino 6113
13.18 él la golpeó tres veces, y se *detuvo* 5975
15.20 el rey... no se *detuvo* allí en el país 5975
17.4 por lo que el rey de Asiria le *detuvo* 6113
1 Cr 21.15 al ángel... Basta ya, *detén* tu mano 7503
Neh 12.39 y se *detuvieron* en la puerta de la 5975
Job 4.2 pero ¿quién podrá *detener* las palabras 6113
12.15 si él *detiene* las aguas, todo se seca 6113
17.2 en cuya amargura se *detienen* mis ojos 3885
19.14 mis parientes se *detuvieron* y mis 3885
20.13 le parecía... lo *detenía* en su paladar 4513
22.7 agua... y *detuviste* el pan al hambriento 4513
28.11 *detuvo* los ríos en su nacimiento, e 2280
29.9 los príncipes *detenían* sus palabras 6113
30.10 de mi rostro no *detuvieron* su saliva 2820
33.18 *detendrá* su alma del sepulcro, y su 2820
37.4 aunque sea oída su voz, no los *detiene* 6117
37.14 *detente* y considera las maravillas de 5975
Sal 70.5 apresúrate... oh Jehová, no te *detengas* 309
78.13 *detuvo* las aguas como en un montón 5324
106.30 he hecho juicio, y se *detuvo* la plaga 6113
Pr 13.24 el que *detiene* el castigo, a su hijo 2820
19.11 la cordura del hombre *detiene* su furor 748
21.26 pero el justo da, y no *detiene* su mano 2820
23.30 los que se *detienen* mucho en el vino 309
25.17 *detén* tu pie de la casa de tu vecino 3365
28.17 huirá hasta el... y nadie le *detendrá* 8551
Is 29.9 *deteneos* y maravillaos; ofuscaos y 4102
42.14 he guardado silencio, y me he *detenido* 2790
43.6 diré al norte... y al sur: No *detengas* 3607
46.13 no se... y mi salvación no se *detendrá* 309
58.1 clama a voz en cuello, no te *detengas* 2820
59.15 y la verdad fue *detenida*, y el que se 5737
Jer 2.24 de su lujuria, ¿quién la *detendrá*? 7725
3.3 las aguas han sido *detenidas*, y faltó la 4513
4.6 huid, no os *detengáis*; porque yo hago 5975
48.10 maldito el que *detuviere* de la sangre 4513
51.50 escapasteis... andad, no os *detengáis* 5975
Ez 21.21 el rey de Babilonia se ha *detenido* 5975
31.15 y *detuve* sus ríos, y las muchas aguas 4513
Dn 4.35 y no hay quien *detenga* su mano, y le 4223
Os 13.13 no debiera *detenerse* al punto mismo 5975
Am 4.7 os *detuve* la lluvia tres meses antes de 4513
Nah 2.8 dicen: ¡*Deteneos*, *d*!; pero ninguno 5975
Hag 1.10 se *detuvo* de los cielos... la lluvia 3607
1.10 por eso... la tierra *detuvo* sus frutos 3607
Mt 2.9 se *detuvo* sobre donde estaba el niño *2476*
20.32 *deteniéndose* Jesús, los llamó, y les *2476*
Mr 10.49 Jesús, *deteniéndose*, mandó llamarle *2476*
Lc 4.42 le *detenían* para que no se fuera de *2722*
6.17 descendió... se *detuvo* en un lugar llano *2476*
7.14 y los que lo llevaban se *detuvieron* *2476*
8.44 al instante se *detuvo* el flujo... sangre *2476*
18.40 Jesús... *deteniéndose*, mandó traerle a *2476*
Hch 14.3 por tanto, se *detuvieron* allí mucho *1304*
18.11 y se *detuvo* allí un año y seis meses *2523*
18.18 habiéndose *detenido* aún muchos días allí *4357*
20.16 Efeso, para no *detenerse* en Asia, pues *5551*
22.16 ahora, pues, ¿por qué te *detienes*? *3195*
25.6 *deteniéndose* entre ellos no más de ocho *1304*
Ro 1.18 que *detienen* con injusticia la verdad *2722*
2 Ts 2.6 vosotros sabéis lo que lo *detiene* *2722*
2.7 hay quien al presente lo *detiene*, hasta *2722*
Ap 7.1 ángeles... *detenían* los cuatro vientos *2902*

DETERMINACIÓN
Jer 50.45 la *d* que Jehová ha acordado contra 4284
Sof 3.8 porque mi *d* es reunir las naciones 4941

DETERMINADO
Esd 10.14 vengan en tiempos *d*, y con ellos los 2163
Neh 10.34 los tiempos *d* cada año, para quemar 2163
Hch 2.23 entregado por el *d* consejo... de Dios *3724*

DETERMINAR
1 S 20.7 maldad está *determinada* de parte de 3615
20.9 mi padre ha *determinado* maldad contra 3615
2 S 13.32 había sido *determinado* desde el día 7760
19.29 he *determinado*... os dividáis las tierras 559
1 R 5.5 he *determinado* ahora edificar casa al 559
2 R 14.27 no había *determinado* raer... de Israel 1696
2 Cr 2.1 *determinó*... Salomón edificar casa al 559
28.10 habéis *determinado* sujetar a vosotros 559
29.10 he *determinado* hacer pacto con... Dios . 5973,3824
30.5 y *determinaron* hacer pasar pregón por 5975
30.23 *determinó* que celebrasen la fiesta por 3289
Job 14.5 días están *determinados*, y el número 2782
22.28 *determinarás*... una cosa, y te será firme 1504
23.13 pero si él *determina* una cosa, ¿quién
23.14 acabará lo que ha *determinado* de mí 2706
30.23 a la casa *determinada* a todo viviente 4150
Pr 8.15 y los príncipes *determinan* justicia 2710
Is 10.23 hará consumación ya *determinada* en 2782
14.24 será confirmado como lo he *determinado* 3289
14.27 Jehová de... ejércitos lo ha *determinado* 3289
19.12 que Jehová... ha *determinado* sobre Egipto ... 3289
28.22 destrucción ya *determinada* sobre toda 2782
Jer 18.10 bien que había *determinado* hacerle 559
Lm 2.8 Jehová *determinó* destruir el muro de 2803
2.17 ha hecho lo que tenía *determinado*, ha 2161
Dn 9.24 están *determinadas* sobre tu pueblo y 2852
9.27 y lo que está *determinado* se derrame 2782
11.35 ser depurados... el tiempo *determinado* 4150
11.36 ira; porque lo *determinado* se cumplirá 2782
Lc 22.22 **va, según lo que está *determinado*** *3724*
Hch 4.28 tu consejo habían antes *determinado* *4309*
11.29 *determinaron* enviar socorro a... Judea *3724*
20.13 Pablo, ya que así lo había *determinado* *1299*
21.25 *determinando* que no guarden nada de *2919*
25.25 apeló a... he *determinado* enviarle a él *2919*
2 Co 2.1 *determiné* para conmigo, no ir otra *2919*
Tit 3.12 allí he *determinado* pasar el invierno *2919*
He 4.7 vez *determina* un día: Hoy, diciendo *3724*

DETESTABLE
Mi 6.10 ¿hay aún... y medida escasa que es *d*? 2194

DETESTAR
Pr 24.24 dijere... le *detestarán* las naciones 2194

DETRACCIÓN
1 P 2.1 desechando... envidias, y todas las *d* *2636*

DETRACTOR, A
Pr 17.4 y el mentiroso escucha la lengua *d* 1942
25.23 lluvia, y el rostro airado la lengua *d* 5643
Ro 1.30 *d*, aborrecedores de Dios, injuriosos *2637*

DETRÁS *Véase el Apéndice*

DEUDA
Neh 10.31 el año séptimo... remitiríamos toda *d* 3027
Pr 22.26 de los que salen por fiadores de *d* 4859
Mt 6.12 **perdónanos nuestras *d*, como también** *3783*
18.25 **venderle... para que se le pagase la *d*** *591*
18.27 **el señor... le soltó y le perdonó la *d*** *1156*
18.30 **en la cárcel, hasta que pagase la *d*** *3784*
18.32 **toda aquella *d* te perdoné... me rogaste** *3782*
Ro 4.4 se le cuenta... como gracia, sino como *d* *3783*

DEUDOR
Dt 15.2 perdonará a su *d* todo aquel que hizo 7453
Ez 18.7 que al *d* devolviere su prenda, que no 2326
Hab 2.7 ¿no se levantarán de repente tus *d*
Mt 6.12 **como también nosotros perdonamos... *d*** *3783*
23.16 **si... jura por el oro del templo, es *d*** *3784*
23.18 **jura por la ofrenda... sobre él, es *d*** *3784*
Lc 7.41 **acreedor tenía dos *d*: el uno le debía** *5533*
16.5 **llamando a cada uno de los *d* de su amo** *5533*
Ro 1.14 a griegos... sabios y a no sabios soy *d* *3781*
8.12 *d* somos, no a la carne, para que vivamos *3781*
15.27 pues les pareció bueno, y son *d* a ellos *3781*

DEUEL *Padre de Eliasaf,* Nm 1.14; 7.42,47; 1.20... 1845

DEVASTACIÓN
Is 4.4 espíritu de juicio y con espíritu de *d* 1197
Dn 9.26 hasta el fin de la guerra durarán las *d* 8074

DEVASTADA
Is 49.19 tu tierra *d*, arruinada y desierta, ahora 8074
Ez 6.14 haré la tierra mas asolada y *d* que el 8077

DEVASTADOR
Is 16.4 sé... escondedero de la presencia del *d* 7703
16.4 el *d* tendrá fin, el pisoteador será 7701

DEVASTAR
Gn 14.7 *devastaron* todo el país de... amalecitas 5221
Nm 21.30 *devastamos* el reino de ellos; pereció 8074
Jue 6.5 así venían a la tierra para *devastarla* 7843
Mi 5.6 *devastarán* la tierra de Asiria a espada 7489

DEVOLVER
Gn 20.7 ahora... *devuelve* la mujer a su marido 7725
20.7 si no la *devolvieres*, sabe que... morirás 7725
20.14 los dio... y le *devolvió* a Sara su mujer 7725
42.25 y *devolviesen* el dinero de cada uno 7725
42.28 dinero se me ha *devuelto*, y helo aquí 7725
42.37 si no te lo *devuelvo* yo lo devolveré 935
43.18 el dinero que fue *devuelto* en nuestros 7725
Éx 22.26 a la puesta del sol se lo *devolverás* 7999
Lv 25.28 suficiente para que se la *devuelvan* 7725
25.51 *devolveré* para su rescate, del dinero 7725
25.52 y *devolverá* su rescate conforme a sus 7725
26.26 y os *devolverán* vuestro pan por peso 7725
Dt 22.2 recogerás en tu casa... lo *devolverás* 7725
24.13 le *devolverás* la prenda cuando el sol 7725
28.31 será arrebatado... y no te será *devuelto* 7725
Jue 7.3 quien tema devuélvase se *devolvieron* 7725
11.13 tomó mi tierra... pues, *devuélvala* en paz 7725
17.3 él *devolvió* los 1.100 siclos de plata 7725
17.3 dinero... ahora, pues, yo te lo *devuelvo* 7725
17.4 mas él *devolvió* el dinero a su madre 7725
1 S 6.21 los filisteos han *devuelto* el arca de 7725
2 S 9.7 te *devolveré* todas las tierras de Saúl 7725
16.3 hoy me *devolverá*... el reino de mi padre 7725
2 R 8.6 hazle *devolver* todas las cosas que 7725
2 Cr 28.11 *devolved* a los cautivos que habéis 7725
Esd 6.5 sean *devueltos* y vayan a su lugar, al 8421
Neh 5.11 que les *devolváis* hoy sus tierras 7725
5.12 *devolveremos*, y nada les demandaremos 7725
Job 20.10 sus manos *devolverán* lo que él robó 7725
Sal 35.12 *devuelven* mal por bien, para afligir 7999
54.5 él *devolverá* el mal a mis enemigos 7725
79.12 *devuelve* a nuestros vecinos en su seno 7725
109.5 me *devuelven* mal por bien, y odio por 7760
Jer 28.6 *devueltos* de Babilonia a este lugar 7725
Ez 18.7 que al deudor *devolviere* su prenda 7725
18.12 no *devolviere* la prenda, o alzare sus 7725
33.15 *devolviere* lo... hubiere robado... vivirá 7725
Dn 4.34 mi razón me fue *devuelta*; y bendije 8421
4.36 mi razón me fue *devuelta*, y la majestad 8421
Sof 3.9 *devolveré* yo a los pueblos pureza de 2015
Mt 27.3 *devolvió*... las treinta piezas de plata *654*
Mr 11.3 **lo necesita, y que luego lo *devolverá*** *649*
Lc 6.30 **es tuyo, no pidas que te lo *devuelva*** *523*
9.42 sanó al muchacho, y se lo *devolvió* a su *591*
19.8 defraudado... lo *devuelvo* cuadruplicado *591*
1 P 3.9 no *devolviendo* mal... ni maldición por *591*

DEVORADOR
Jue 14.14 *d* salió comida, y del fuerte salió 398
Is 30.27 su rostro... y con llamas de fuego *d* 398
Mal 3.11 reprenderé también por vosotros al *d* 398

DEVORAR
Gn 37.20,33 alguna mala bestia lo *devoró* 398
41.4 *devoraban* a las siete vacas hermosas 398
41.7 las siete espigas menudas *devoraban* a 1104
41.20 vacas flacas... *devoraban* a las siete 398
41.24 las espigas menudas devoraban a las 7 1104
Éx 7.12 la vara de Aarón *devoró* las varas de 398
Nm 23.24 se echará hasta que *devore* la presa 398
24.8 tiene... *devorará* a las naciones enemigas 398
Dt 32.22 *devorará* la tierra, y sus frutos, y 398
32.24 serán de hambre, y *devorados* de fiebre 398
32.42 mis saetas, y mi espada *devorará* carne 398
Jue 9.15 salga fuego... *devore* a los cedros del 398
Job 18.13 miembros *devorará* el primogénito de 398
20.15 *devoró* riquezas, pero las vomitará 1104
20.26 fuego *devorará* lo que... en su tienda 398
31.12 es fuego que *devoraría* hasta el Abadón 398
Sal 14.4 que *devoran* a mi pueblo como si... pan 398
35.25 no digan en su... ¡Le hemos *devorado*! 1104
53.4 *devoran* a mi pueblo como si comiesen 398
56.1 ten misericordia de mí... me *devoraría* 7602
78.45 envió... de moscas que los *devoraban* 398
78.63 el fuego *devoró* a sus jóvenes, y sus 398
80.13 el puerco... bestia del campo la *devora* 7462
105.35 y *devoraron* el fruto de su tierra 398
Pr 30.14 *devorar* a los pobres de la tierra 398
30.17 saquen... lo *devoren* los hijos del águila 398
Is 3.14 habéis *devorado* la viña y el despojo 1197
5.17 *devorarán* los campos desolados de los 398
5.24 como la... llama *devora* la paja, así será 398
9.12 a boca llena *devorarán* a Israel. Ni con 398
9.18 como fuego, cardos y espinos *devorará* 398
42.14 daré... asolaré y *devoraré* juntamente 7602
56.9 las fieras del bosque, venid a *devorar* 398
Jer 2.3 los que le *devoraban* eran culpables 398
2.30 espada *devoró* a vuestros profetas como 398
8.16 y vinieron y *devoraron* la tierra y su 398
10.25 se comieron a Jacob, lo *devoraron*, le 398
12.9 las fieras del campo, venid a *devorarla* 402
12.12 la espada de Jehová *devorará* desde un 398
15.3 y bestias de la tierra para *devorar* y 398
46.10 la espada *devorará* y se saciará, y se 398
46.14 prepárate... espada *devorará* tu comarca 398
50.7 los que los hallaban, los *devoraban* 398
50.17 el rey de Asiria lo devoró primero 398
51.34 *devoró*, me desmenuzó Nabucodonosor 398
Lm 2.3 como llama de fuego que ha *devorado* 398
2.16 dijeron: *Devorémosla*; ciertamente este 1104
Ez 19.3 aprendió a arrebatar la... y a *devorar* 398
19.6 aprendió a arrebatar la... *devoró* hombres 398
22.25 *devoraron* almas tomaron haciendas y 398
33.27 entregaré a las fieras... que lo *devoren* 398
34.28 ni las fieras de... las *devorarán*; sino 398
35.12 han sido dados para que los *devoremos* 402
36.14 no *devorarás* más hombres, y nunca más 398
Dn 7.5 dicho... Levántate, *devora* mucha carne 399
7.7,19 *devoraba* y desmenuzaba, y las sobras 399
7.23 y a toda la tierra *devorará*, trillará 399
Os 7.7 devoraron a sus jueces; cayeron todos 398
7.9 *devoraron* extraños su fuerza, y él no lo 398
8.8 *devorado* será Israel; pronto será entre 1104
13.8 los *devoraré* como león; fiera del campo 398
Am 4.9 la langosta *devoró* vuestros... huertos 398
Nah 2.13 y espada *devorará* tus leoncillos; y 398
3.15 te *devorará* como pulgón; multiplícate 398
Hab 1.8 águilas que se apresuran a *devorar* 398
3.14 regocijo era como para *devorar* al pobre 398
Zac 9.15 *devorarán*, y hollarán las piedras de 398
Mt 23.14 ***devoráis* las casas de las viudas, y** *2719*
Mr 12.40; Lc 20.47 ***devoran* las casas de las** *2719*
2 Co 11.20 pues toleráis... si alguno os *devora* *2719*
He 10.27 hervor de fuego que ha de *devorar* a *2068*
Stg 5.3 y *devorará* del todo vuestras carnes *5315*
1 P 5.8 anda alrededor buscando a quien *devorar* *2666*
Ap 11.5 sale fuego de... y *devora* a sus enemigos *2719*

12.4 *devorar* a su hijo tan pronto... naciese *2719*
17.16 y *devorarán* sus carnes, y la quemarán *5315*

DEVOTO

Hch 10.7 un *d* soldado de los que le asistían *2152*

DEVUELTO *Véase Devolver*

DÍA

Gn 1.5 llamó Dios a la luz *D*, y a las tinieblas 3117
1.5 noche. Y fue la tarde y la mañana un *d* 3117
1.8 y fue la tarde y la mañana el *d* segundo 3117
1.13 fue la tarde y la mañana el *d* tercero 3117
1.14 lumbreras... para separar el *d* de la noche 3117
1.14 sirvan de señales, para... para *d* y años 3117
1.16 la... mayor para que señorease en el *d* 3117
1.18 y para señorear en el *d* y en la noche 3117
1.19 y fue la tarde y la mañana el *d* cuarto 3117
1.23 y fue la tarde y la mañana el *d* quinto 3117
1.31 y fue la tarde y la mañana el *d* sexto 3117
2.2 acabó Dios en el *d* séptimo la obra que 3117
2.2 reposó el *d* séptimo de toda la obra que 3117
2.3 bendijo Dios al *d* séptimo... lo santificó 3117
2 4 el *d* que Jehová Dios hizo la tierra y los 3117
2.17 porque el *d* que de él comieres... morirás 3117
3.5 que sabe Dios que el *d* que comáis de él 3117
3.8 se paseaba en el huerto, al aire del *d* 3117
3.14 polvo comerás todos los *d* de tu vida 3117
3.17 con dolor comerás de ella todos los *d* 3117
5.1 de Adán... El *d* en que creó Dios al hombre 3117
5.2 llamó el nombre de ellos Adán, el *d* en 3117
5.4 fueron los *d* de Adán... ochocientos años 3117
5.5 los *d* que vivió Adán 930 años; Y murió 3117
5.8 y fueron todos los *d* de Set 912 años 3117
5.11 y fueron todos los *d* de Enós 905 años 3117
5.14 fueron todos los *d* de Cainán 910 años 3117
5.17 y fueron... los *d* de Mahalaleel 895 años 3117
5.20 fueron todos los *d* de Jared 962 años,.......... 3117
5.23 y fueron todos los *d* de Enoc 365 años 3117
5.27 fueron... los días de Matusalén 969 años 3117
5.31 y fueron todos los *d* de Lamec 777 años 3117
6.3 carne; mas serán sus *d* ciento veinte años 3117
6.4 había gigantes en la tierra en aquellos *d* 3117
7.4 porque pasados aún 7 *d*, yo haré llover 3117
7.4 haré llover sobre la tierra cuarenta *d* 3117
7.10 sucedió que al séptimo *d* las aguas del 3117
7.11 los 17 *d* del mes, aquel *d* fueron rotas 3117
7.12 hubo lluvia sobre la tierra 40 *d* y 40 3117
7.13 este mismo *d* entraron Noé, y Sem, Cam 3117
7.17 y fue el diluvio 40 *d* sobre la tierra 3117
7.24 prevalecieron las aguas... la tierra 150 *d* 3117
8.3 se retiraron las aguas al cabo de 150 *d* 3117
8.4 reposó el arca en el... a los 17 *d* del mes 3117
8.6 al cabo de 40 *d* abrió Noé la ventana del 3117
8.10 esperó aún otros siete *d*, y volvió a 3117
8.12 aún otros siete *d*, y envió la paloma 3117
8.13 *d* primero del mes, las aguas se secaron 3117
8.14 a los 27 *d* del mes, se secó la tierra 3117
8.22 no cesarán... el invierno... *d* y la noche 3117
9.29 y fueron todos los *d* de Noé 950 años 3117
10.25 en sus *d* fue repartida la tierra; y el 3117
11.32 fueron... los *d* de Taré 205 años; y murió 3117
14.1 aconteció en los *d* de Amrafel rey de 3117
15.18 aquel *d* hizo Jehová un pacto con Abram 3117
17.12 de edad de ocho *d* será circuncidado 3117
17.23 circuncidó la carne... en aquel mismo *d* 3117
17.26 mismo *d* fueron circuncidados Abraham 3117
18.1 sentado a la puerta... en el calor del *d* 3117
19.34 *d* siguiente, dijo la mayor a la menor 4283
21.4 circuncidó Abraham a... Isaac de ocho *d* 3117
21.8 e hizo Abraham gran banquete el *d* que 3117
21.34 moró Abraham en... los filisteos muchos *d* ... 3117
22.4 al tercer *d* alzó Abraham sus ojos, Y vio 3117
24.55 espere la doncella... a lo menos diez *d* 3117
25.7 estos fueron los *d* que vivió Abraham 3117
25.24 cuando se cumplieron sus *d* para dar a 3117
25.31 véndeme en este *d* tu primogenitura 3117
25.33 dijo Jacob: Júramelo en este *d*. Y él 3117
26.1 la primera hambre que hubo en los *d* de 3117
26.8 que después que él estuvo allí muchos *d* 3117
26.15 criados de Abraham su padre en sus *d* 3117
26.18 los pozos... abierto en los *d* de Abraham 3117
26.32 aquel *d*... vinieron los criados de Isaac 3117
26.33 el nombre de... es Beerseba hasta este *d* 3117
27.2 ya soy viejo, no sé el *d* de mi muerte 3117
27.41 llegarán los *d* del luto de mi padre 3117
27.44 y mora con él algunos *d*, hasta que el 3117
27.45 seré privada de vosotros ambos en un *d*? 3117
29.7 dijo: He aquí es aún muy de *d*; no es 3117
29.20 y le parecieron como pocos *d*, porque 3117
30.35 y Labán apartó... *d* los machos cabríos 3117
30.36 puso tres *d* de camino entre sí y Jacob 3117
31.22 tercer *d* fue dicho a Labán que Jacob 3117
31.23 fue tras Jacob camino de siete *d*, y le 3117
31.39 lo hurtado así de *d* como de noche, a 3117
31.40 de *d* me consumía el calor, y de noche 3117
32.32 no comen... hasta hoy *d*, del tendón que 3117
33.13 si las fatigan, en un *d* morirán todas 3117
33.16 volvió Esaú aquel *d*... su camino a Seir 3117
34.25 pero sucedió que al tercer *d*, cuando 3117
35.3 al Dios que me respondió en el *d* de mi 3117
35.28 y fueron los *d* de Isaac 180 años 3117
35.29 exhaló Isaac... murió... viejo y lleno de *d* 3117
37.34 y guardó luto por su hijo muchos *d* 3117
38.12 pasaron muchos *d*, y murió la hija de 3117
39.10 ella a José cada *d*, y no escuchándola 3117
39.11 que entró él un *d* en casa para hacer 3117
40.4 les servía; y estuvieron *d* en la prisión 3117
40.12 dijo... los tres sarmientos son tres *d* 3117
40.13 al cabo de tres *d* levantará Faraón tu 3117
40.18 dijo... Los tres canastillos tres *d* son 3117
40.19 al cabo de tres *d* quitará Faraón tu 3117
40.20 tercer *d*, que era el *d* del cumpleaños 3117
42.17 los puso juntos en la cárcel por tres *d* 3117
42.18 al tercer *d* les dijo José: Haced esto 3117
47.8 cuántos son los *d* de los años de tu 3117
47.9 los *d* de... pocos y malos han sido los *d* 3117
47.9 no han llegado a los *d* de los años de 3117
47.9 mis padres en los *d* de su peregrinación 3117
47.28 fueron los *d* de Jacob, los años de su 3117
47.29 y llegaron los *d* de Israel para morir 3117
48.15 el Dios que me mantiene hasta este *d* 3117
48.20 los bendijo aquel *d*, diciendo: En ti 3117
49.1 que os ha de acontecer en los *d* venideros 3117
50.3 y le cumplieron cuarenta *d*, porque así 3117
50.3 así cumplían los *d* de los embalsamados 3117
50.3 y lo lloraron los egipcios setenta *d* 3117
50.4 pasados los *d* de su luto, habló José a 3117
50.10 José hizo a su padre duelo por siete *d* 3117
Éx 2.11 en aquellos *d* sucedió que crecido ya 3117
2.13 al *d* siguiente salió y vio a dos hebreos 3117
2.23 que después de muchos *d* murió el rey de 3117
3.18; 5.3 iremos ahora camino de tres *d* por 3117
5.6 Faraón aquel mismo *d* a los cuadrilleros 3117
5.13 acabad... obra, la tarea de cada *d* en su *d* 3117
5.19 no se disminuirá... la tarea de cada *d* 3117
7.24 cumplieron siete *d* después que Jehová 3117
8.22 aquel *d* yo apartaré la tierra de Gosén 3117
8.27 camino de tres *d* iremos por el desierto 3117
9.6 al *d* siguiente Jehová hizo aquello, y 4283
9.18 granizo... desde el *d* que se fundó hasta
10.13 Jehová trajo un viento... todo aquel *d* 3117
10.22 tinieblas sobre toda... Egipto, por tres *d* 3117
10.23 nadie se levantó de su lugar en tres *d* 3117
10.28 en... *d* que vieres mi rostro, morirás 3117
12.6 lo guardaréis hasta el *d* 14 de este mes 3117
12.14 *d* os será en memoria, y lo celebraréis 3117
12.15 siete *d* comeréis panes sin levadura 3117
12.15 el primer *d* haréis que no haya levadura 3117
12.15 que comiere leudado desde el primer *d* 3117
12.16 el primer *d* habrá santa convocación 3117
12.16 séptimo *d* tendréis... santa convocación 3117
12.17 este mismo *d* saqué vuestras huestes de 3117
12.18 el *d* 14 del mes por la tarde hasta la 3117
12.19 por siete *d* no se hallará levadura en 3117
12.41 el mismo *d* todas las huestes... salieron 3117
12.51 aquel mismo *d* sacó Jehová a los hijos 3117
13.3 tened memoria de este *d*... habéis salido 3117
13.6 siete *d* comerás pan sin leudar, y el 3117
13.6 y el séptimo *d* será fiesta para Jehová 3117
13.7 por los siete *d* se comerán los panes sin 3117
13.8 contarás en aquel *d* a tu hijo, diciendo 3117
13.21 Jehová iba delante de ellos de *d* en una 3119
13.21 a fin de que anduviesen de *d* y de noche 3119
13.22 nunca se apartó... columna de nube de *d* 3119
14.30 así salvó Jehová aquel *d* a Israel de 3117
15.22 anduvieron tres *d* por el desierto sin 3117
16.1 Sinaí, a los quince *d* del segundo mes 3117
16.4 saldrá, y recogerá... la porción de un *d* 3117
16.5 en el sexto *d* prepararán para guardar 3117
16.5 el doble de lo que suelen recoger cada *d* 3117
16.20 que algunos dejaron de ello para otro *d* 1242
16.22 en el sexto *d* recogieron doble porción 3117
16.23 dicho... Mañana es el santo *d* de reposo 7676
16.25 comedlo hoy... es *d* de reposo para Jehová ... 3117
16.26 seis *d* lo recogeréis; mas el séptimo 3117
16.26 el séptimo *d* es *d* de reposo; en él no 3117
16.27 salieron en el séptimo *d* a recoger, y 3117
16.29 Jehová os dio el *d* de reposo, y por eso 3117
16.29 y... en el sexto *d* os da pan para dos *d* 3117
16.29 y nadie salga de él en el séptimo *d* 3117
16.30 así el pueblo reposó el séptimo *d* 3117
18.13 al *d* siguiente se sentó Moisés a juzgar 4283
19.1 el mismo *d* llegaron al desierto de Sinaí 3117
19.11 y estén preparados para el *d* tercero 3117
19.11 al tercer *d* Jehová descenderá a ojos de 3117
19.15 estad preparados para el tercer *d*; no 3117
19.16 que al tercer *d*... truenos y relámpagos 3117
20.8 acuérdate del *d* de reposo... santificarlo 3117
20.9 seis *d* trabajarás, y harás toda tu obra 3117
20.10 el séptimo *d* es reposo para Jehová tu 3117
20.11 en seis *d* hizo Jehová los cielos y la 3117
20.11 y reposó en el séptimo *d*; por tanto 3117
20.11 bendijo el *d* de reposo y lo santificó 3117
20.12 *d* se alarguen en la tierra que Jehová 3117
21.21 sobreviviere por un *d* o dos, no será 3117
22.3 fuere de *d*, el autor de la muerte será 8121,2224
22.30 siete *d* estará... al octavo *d* me lo darás 3117
23.12 seis *d* trabajarás, y al séptimo *d* 3117
23.15 siete *d* comerás los panes sin levadura 3117
23.26 y yo completaré el número de tus *d* 3117
24.16 Sinaí, y la nube lo cubrió por seis *d* 3117
24.16 al séptimo *d* llamó a Moisés de... la nube 3117
24.18 estuvo Moisés en el monte cuarenta *d* 3117
29.30 por siete *d* las vestirá el que de sus 3117
29.35 a Aarón y a... siete *d* los consagrarás 3117
29.36 cada *d* ofrecerás el becerro... el pecado 3117
29.37 siete *d* harás expiación por el altar 3117
29.38 ofrecerás... 2 corderos de un año cada *d* 3117
31.13 vosotros guardaréis mis *d* de reposo 7676
31.14 guardaréis el *d* de reposo... santo es a 7676
31.15 seis *d* se trabajará... *d* séptimo es *d* de 3117
31.15 que trabaje en el *d* de reposo... morirá 3117
31.16 guardarán... el *d* de reposo los hijos de 3117
31.17 en seis *d* hizo... y en el séptimo *d* cesó 3117
32.6 al *d* siguiente madrugaron, y ofrecieron 4283
32.28 cayeron... en aquel *d* como 3.000 hombres ... 3117
32.30 al *d* siguiente dijo Moisés al pueblo 4283
32.34 en el *d* del castigo, yo castigaré en 3117
34.18 siete *d* comerás pan sin levadura, según 3117
34.21 seis *d* trabajarás, mas en el séptimo *d* 3117
34.28 estuvo allí con Jehová 40 *d* y 40 noches 3117
35.2 seis *d* se trabajará, mas el *d* séptimo 3117
35.2 *d* de reposo para Jehová; cualquiera que 3117
35.3 no encenderéis fuego... en el *d* de reposo 3117
40.2 el primer *d* del mes... harás levantar el 3117
40.17 en el *d* primero del primer mes, en el 3117
40.37 no se movían hasta el *d* en que ella se 3117
40.38 la nube de Jehová estaba de *d* sobre el 3119
Lv 6.5 añadirá a ello... en el *d* de su expiación 3119
6.20 que ofrecerán... el *d* que fueren ungidos 3119
7.15 se comerá en el *d* que fuere ofrecida 3119
7.15 no dejarán de ella nada para otro *d* 4283
7.16 será comido en el *d* que ofreciere su 3119
7.16 de él quedare, lo comerán al *d* siguiente 4283
7.17 y lo que quedare de... hasta el tercer *d* 3119
7.18 si se comiere de la carne... al tercer *d* 3117
7.35 desde el *d* que él los consagró para ser 3117
7.36 el *d* que él los ungió de entre los hijos 3117
7.38 la cual mandó Jehová... el *d* que mandó a 3117
8.33 no saldréis en siete *d*, hasta el *d* que 3117
8.33 cumplan los *d*... 7 *d* seréis consagrados 3117
8.35 *d* y noche por siete *d*, y guardaréis la 3119,3117
9.1 en el *d* octavo, Moisés llamó a Aarón y a 3117
12.2 y dé a luz varón, será inmunda siete *d* 3117
12.2 conforme a los *d* de su menstruación será 3117
12.3 y al octavo *d* se circuncidará al niño 3117
12.4 ella permanecerá 33 *d* purificándose de 3117
12.5 y 66 *d* estará purificándose de su sangre 3117
12.6 *d* de su purificación fueren cumplidos 3117
13.4 sacerdote encerrará al llagado... siete *d* 3117
13.5 y al séptimo *d* el sacerdote lo mirará 3117
13.5 le volverá a encerrar por otros siete *d* 3117
13.6,27 séptimo *d* el sacerdote le reconocerá 3117
13.14 el *d* que apareciere en él la carne viva 3117
13.21,26 sacerdote le encerrará por siete *d* 3117
13.31 encerrará por siete *d* al llagado de la 3117
13.32 séptimo *d* el sacerdote mirará la llaga 3117
13.33 encerrará... otros siete *d* al que tiene 3117
13.34 séptimo *d* mirará el sacerdote la tiña 3117
13.50 encerrará la cosa plagada por siete *d* 3117
13.51 al séptimo *d* mirará la plaga; y si se 3117
13.54 y lo encerrará otra vez por siete *d* 3117
14.8 raerá... morará fuera de su tienda siete *d* 3117
14.9 el séptimo *d* raerá... el pelo de su cabeza 3117
14.10 el *d* octavo tomará dos corderos sin 3117
14.23 al octavo *d* de su purificación traerá 3117
14.38 saldrá... y cerrará la casa por siete *d* 3117
14.39 al séptimo *d* volverá el sacerdote, y la 3117
14.46 durante los *d* en que la mandó cerrar 3117
15.13 contar siete *d* desde su purificación 3117
15.14 el octavo *d* tomará dos tórtolas o dos 3117
15.19 la mujer... siete *d* estará apartada; y 3117
15.24 durmiere con ella... inmundo por siete *d* 3117
15.25 cuando siguiere el flujo... por muchos *d* 3117
15.25 inmunda como en los *d* de su costumbre 3117
15.28 contará siete *d*, y después será limpia 3117
15.29 el octavo *d* tomará consigo dos tórtolas 3117
16.29 en el mes séptimo, a los diez *d* del mes 7676
16.30 este *d* se hará expiación por vosotros 3117
16.31 *d* de reposo... es para vosotros, y afligiréis ... 7676
19.3 temerá a... y mis *d* de reposo guardaréis 7676
19.6 el *d* que le ofreciereis, y el *d* siguiente 3117
19.6 quedare para el tercer *d*, será quemado 3117
19.7 comiere el *d* tercero, será abominación 3117
19.30 *d* de reposo guardaréis... en reverencia 7676
22.27 siete *d* estará mamando de su madre 3117
22.27 octavo *d* en adelante será acepto para 3117
22.28 no degollaréis en un mismo *d* a ella y 3117
22.30 el mismo *d* se comerá; no... para otro *d* 3117
23.3 seis *d* se trabajará, mas el septimo *d* 3117
23.3 ningún trabajo haréis, *d* de reposo es de 7676
23.6 a los 15 *d* de este mes es la fiesta 3117
23.6 siete *d* comeréis panes sin levadura 3117
23.7 el primer *d* tendréis santa convocación 3117
23.8 ofreceréis... siete *d* ofrenda encendida 3117
23.8 el séptimo *d* será santa convocación 3117
23.11 *d* siguiente del *d* de reposo la mecerá 7676
23.12 el *d* que ofrezcáis la gavilla... cordero 3117
23.14 no comeréis pan... hasta este mismo *d* 3117
23.15 desde el *d* que sigue al *d* de reposo 7676
23.15 el *d* en que ofrecisteis la gavilla de 3117
23.16 el *d* siguiente del séptimo *d* de reposo 7676
23.16 contaréis 50 *d*; entonces ofreceréis el 3117
23.21 y convocaréis en este mismo *d* santa 3117
23.24 el mes séptimo... tendréis *d* de reposo 7676
23.27 diez *d* de este mes séptimo será el *d* 3117
23.28 ningún trabajo haréis en este,d; porque 3117
23.28 es *d* de expiación, para reconciliaros 3117
23.29 que no se afligiere en este mismo *d* 3117
23.30 que hiciere trabajo alguno en este *d* 3117
23.32 *d* de reposo... a vosotros, y afligiréis 7676
23.32 comenzando a los nueve *d* del mes en la 7676
23.34 a los quince *d* de este mes séptimo será 3117
23.34 fiesta solemne... a Jehová por siete *d* 3117
23.35 el primer *d* habrá santa convocación 3117
23.36 siete *d* ofreceréis ofrenda encendida 3117
23.36 el octavo *d* tendréis santa convocación 3117
23.38 además de los *d* de reposo de Jehová 7676
23.39 a los quince *d* del mes séptimo, cuando 3117
23.39 fiesta... por siete *d*, el primer *d* será 3117
23.40 tomaréis el primer *d* ramas con fruto 3117
23.40 os regocijaréis delante... por siete *d* 3117
23.41 fiesta a lehová por siete *d* cada año 3117
23.42 en tabernáculos habitaréis siete *d*; todo 3117

24.8 cada *d* de reposo lo pondrá...en orden........7676
25.8 que los *d* de las siete semanas de años........7676
25.9 tocar...a los diez *d* del mes; el *d* de la.........3117
26.2 guardad mis *d* de reposo, y tened en..........7676
26.34 sus *d* de reposo...los *d* que esté asolada......7676
26.34 descansará...y gozará sus *d* de reposo.......7676
26.35 por lo que no reposó en los *d* de reposo......7676
26 43 la tierra será...gozará sus *d* de reposo.......7676
27.23 aquel *d* dará tu precio señalado, cosa........3117
Nm 1.1 habló...en el *d* primero del mes segundo.......259
1.18 reunieron...la congregación...el *d* Primero....259
3.1 el *d* en que Jehová habló a Moisés en el........3117
3.13 mío...desde el *d* en que yo hice morir a.......3117
6.5 hasta que sean cumplidos los *d* de su...........3117
6.9 el *d* de su purificación raerá su cabeza.........3117
6.9 raerá su cabeza; al séptimo *d* la raera.........3117
6.10 el *d* octavo traerá dos tórtolas o dos...........3117
6.11 y santificará su cabeza en aquel *d*............3117
6.12 y consagrará para...los *d* de su nazareato....3117
6.12 *d* primeros serán anulados, por cuanto.......3117
6.13 la ley del nazareo el *d* que se cumpliere.......3117
7.10 trajeron ofrendas...*d* en que fue ungido......3117
7.11 un príncipe un *d*, y otro príncipe otro *d*.......3117
7.12 el que of reció...el primer *d* fue Naasón.......3117
7.18 el segundo *d* ofreció Natanael hijo de.........3117
7.24 el tercer *d*, Eliab...de Helón, príncipe.........3117
7.30 el cuarto *d*, Elisur...de Sedeur, príncipe.......3117
7.36 el quinto *d*, Selumiel hijo de Zurisadai.........3117
7.42 el sexto *d*, Eliasaf...de Deuel, príncipe.........3117
7.48 el séptimo *d*, el príncipe de...de Efraín........3117
7.54 el octavo *d*, el príncipe de...de Manasés.......3117
7.60 el noveno *d*, el príncipe de...de Benjamín.....3117
7.66 el décimo *d*, el príncipe de los...de Dan.......3117
7.72 el undécimo *d*, el príncipe de...de Aser........3117
7.78 el duodécimo *d*, el príncipe de...Neftalí.......3117
7.84 para la dedicación del altar, el *d* en...........3117
8.17 el *d* que yo herí a todo primogénito en........3117
9.3 el decimocuarto *d* de este mes, entre las........3117
9.5 la pascua en el...a los catorce *d* del mes........3117
9.6 no pudieron celebrar la pascua aquel *d*........3117
9.6 y vinieron delante de Moisés y...aquel *d*.......3117
9.11 el mes segundo, a los catorce *d* del mes.......3117
9.15 el *d* que el tabernáculo fue erigido, la.........3117
9.16 la nube lo cubría de *d*, y de noche la
9.18 todos los *d* que la nube estaba sobre el........3117
9.19 la nube se detenía sobre el...muchos *d*........3117
9.20 y cuando la nube estaba sobre...pocos *d*......3117
9.21 si había estado un *d*...entonces partían.......3119
9.22 si dos *d*...mientras la nube se detenía.........3117
10.10 y en el *d* de vuestra alegria, y en.............3117
10.11 los veinte *d* del mes, la nube se alzó..........6242
10.33 partieron del monte...camino de tres *d*......6242
10.33 arca...fue delante...camino de tres *d*........6242
10.34 la nube de Jehová iba sobre ellos de *d*........3119
11.19 no comeréis un *d*, ni dos *d*, ni cinco *d*.........3117
11.19 no comeréis...ni diez *d*, ni veinte *d*...........3117
11.31 un *d* de camino a un lado, y un *d* de..........3117
11.32 levantado todo aquel *d*...el *d* siguiente.......3117
12.14 ¿no se avergonzaría por siete *d*? Sea.........3117
12.14 sea echada...del campamento por siete *d*....3117
12.15 María fue echada del campamento 7 *d*.......3117
13.25 de reconocer la tierra al fin de 40 *d*..........3117
14.14 de *d* ibas delante de ellos en columna........3119
14.34 al número de los *d*, de los cuarenta *d*.........3117
14.34 cuarenta años, un año por cada *d*; y.........3117
15.23 desde el *d* que Jehová lo mandó, y en........3117
15.32 hombre que recogía leña en *d* de reposo.....7676
16.41 el *d* siguiente, toda la congregación..........4283
17.8 *d* siguiente vino Moisés al tabernáculo........4283
19.11 tocare cadáver...será inmundo siete *d*.......3117
19.12 tercer *d* se purificará con aquella agua......3117
19.12 y al séptimo *d* será limpio y si al.............3117
19.12 y si al tercer *d* no se purificare, no...........3117
19.12 purificare, no será limpio al séptimo *d*.......3117
19.14 que esté en ella, será inmundo siete *d*........3117
19.16 tocare algún muerto...7 *d* será inmundo.....3117
19.19 rociará sobre...al tercero y al séptimo *d*.....3117
19.19 cuando lo haya purificado al *d* séptimo......3117
20.29 le hicieron duelo por treinta *d* todas.........3117
22.41 el *d* siguiente, Balac tomó a Balaam y........1242
24.14 pueblo...a tu pueblo en los postreros *d*.......3117
25.18 muerta el *d* de la mortandad por causa.......3117
28.3 dos corderos sin tacha...cada *d*, será el.......3117
28.9 el *d* de reposo, dos corderos de un año........3117
28.10 es el holocausto de cada *d* de reposo.........7676
28.17 a los quince *d* de este mes, la fiesta...........3117
28.17 siete *d* se comerán panes sin levadura.......3117
28.18 el primer *d* será santa convocación...........3117
28.24 esto ofreceréis cada uno de los siete *d*.......3117
28.25 el séptimo *d* tendréis santa convocación.....3117
28.26 el *d* de las primicias...tendréis santa..........3117
29.1 primero...será *d* de sonar las trompetas......3117
29.12 los quince *d* del mes séptimo tendréis........3117
29.12 celebraréis fiesta solemne...por siete *d*......3117
29.17 segundo *d*, doce becerros de la vacada.......3117
29.20 *d* tercero, once becerros, dos carneros.......3117
29.23 cuarto *d*, diez becerros, dos carneros.........3117
29.26 quinto *d*, nueve becerros, dos carneros.......3117
29.29 el sexto *d*, ocho becerros, dos carneros.......3117
29.32 séptimo *d*, siete becerros, dos carneros......3117
29.35 octavo *d* tendréis solemnidad; nmguna.......3117
30.5 mas si su padre le vedare el *d* que oyere......3117
30.12 su marido los anuló el *d* que los oyó..........3117
30.14 si su marido callare a ello de *d* en *d*..........3117
30.14 por cuanto calló a ello el *d* que lo oyó.........3117
31.19 permaneced fuera del campamento *d*.........3117
31.19 purificaréis al tercer *d* y al séptimo...........3117
31.24 lavaréis...vestidos el séptimo *d*, y así.........3117
33.3 salieron en...a los 15 *d* del mes primero.......3117
33.3 el segundo *d* de la pascua salieron los.........4283
33.8 anduvieron tres *d*...el desierto de Etam.......3117
Dt 1.33 iba delante de vosotros...con nube de *d*.......3119
1.46 estuvisteis en Cades por...*d*, los *d* que.........3117
2.14 *d* que anduvimos de Cades-barnea hasta......3117
4.9 ni se aparten de...todos los *d* de tu vida........3117
4.10 el *d* que estuviste delante de Jehová tu........3117
4.10 para temerme todos los *d* que vivieren........3117
4.15 ninguna figura...el *d* que Jehová habló........3117
4.20 el puebio de su heredad como en este *d*.......3117
4.26 no...largos *d* sin que seáis destruidos.........3117
4.30 los postreros *d* te volvieres a Jehová..........3117
4.32 el *d* que creó Dios al hombre sobre la.........3117
4.40 y prolongues tus *d* sobre la tierra que.........3117
5.12 guardarás el *d* de reposo...como Jehová......7676
5.13 seis *d* trabajarás, y harás toda tu obra........3117
5.14 el séptimo *d* es reposo a lehová tu Dios........3117
5.15 ha mandado que guardes el *d* de reposo......3117
5.16 que sean prolongados tus *d*...te vaya bien....3117
5.29 guardasen todos los *d*...mis mandamientos...3117
5.33 bien, y tengáis largos *d* en la tierra............3117
6.2 guardando todos...todos los *d* de tu vida.......3117
6.2 temas...para que tus *d* sean prolongados......3117
6.24 para que nos vaya bien todos los *d*, y..........3117
8.18 de confirmar su pacto...como en este *d*.......3117
9.7 desde el *d* que saliste de la tierra de............3117
9.9 estuve...en el monte cuarenta *d*...noches......3117
9.10 os habló Jehová...el *d* de la asamblea.........3117
9.11 al fin de los 40 *d*...que lehová me dio..........3117
9.18 y me postré...40 *d* y 40 noches; no comí.......3117
9.24 rebeldes...desde el *d* que yo os conozco.......3117
9.2S cuarenta *d* y 40 noches estuve postrado.......3117
10.4 os había hablado...el *d* de la asamblea........3117
10.10 y yo estuve en el monte...40 *d* y 40 noches....3117
10.15 de entre...los pueblos, como en este *d*........3117
11.1 y guardarás sus ordenanzas...todos los *d*.....3117
11.9 sean prolongados los *d* sobre la tierra........3117
11.21 que sean vuestros *d*, y los *d* de...hijos........3117
11.21 como los *d* de los cielos sobre la tierra.......3117
12.1 todos los *d*...viviereis sobre la tierra..........3117
12.19 no desamparar al levita en todos tus *d*.......3117
14.23 aprendas a temer a...tu Dios todos los *d*.....3117
16.3 siete *d* comerás...pan sin levadura, pan.......3117
16.3 los *d* de tu vida te acuerdes del *d* en que.......3117
16.4 no se verá levadura contigo...por siete *d*......3117
16.4 que matares en la tarde del primer *d*..........3117
16.8 seis *d* comerás...el séptimo *d* será fiesta......3117
16.13 la fiesta solemne...harás por siete *d*..........3117
16.15 siete *d* celebrarás fiesta solemne a...........3117
17.9 y al juez que hubiere en aquelilos *d*, y..........3117
17.19 y leerá en él todos los *d* de su vida...........3117
17.20 prolongue sus *d* en su reino, él y sus.........3117
18.16 pediste a Jehová...el *d* de la asamblea.......3117
19.9 que...andes en sus caminos todos los *d*........3117
19.17 los jueces que hubiere en aquellos *d*..........3117
20.19 ciudad peleando contra ella muchos *d*.......3117
21.16 el *d* que hiciere heredar a sus hijos...........3117
21.23 sin falta lo enterrarás el mismo *d*............3117
22.7 que te vaya bien, y prolongues tus *d*...........3117
22.19,29 no podrá despedirla en todos sus *d*........3117
23.6 no procurarás...su bien en todos los *d*.........3117
24.15 en su *d* le darás su jornal, y no se............3117
25.15 para que tus *d* sean prolongados sobre......3117
26.3 al sacerdote que hubiere en aquellos *d*........3117
27.2 el *d* que pases el Jordán a la tierra que........3117
27.11 y mandó Moisés al pueblo en aquel *d*........3117
28.29 y no serás sino...y robado todos los *d*........3117
28.32 y desfallecerán por ellos todo el *d*............3117
28.33 sino oprimido y quebrantado todos los *d*.....3117
28.66 estarás temeroso de noche y de *d*, y no.......3119
30.18 no prolongaréis vuestros *d* sobre la...........3117
30.20 él es vida...y prolongación de tus *d*..........3117
31.2 este *d* soy de edad de ciento veinte años.......3117
31.13 a temer a...todos los *d* que viviereis..........3117
31.14 ha acercado el *d* de tu muerte; llama a.......3117
31.17 encenderá...furor contra él en aquel *d*........3117
31.17 y dirán en aquel *d*: ¿No me han venido.......3117
31.18 yo esconderé mi rostro en aquel *d*, por.......3117
31.22 Moisés escribió este cántico aquel *d*..........3117
31.29 os ha de venir mal en los postreros *d*.........3117
32.35 el *d* de su aflicción está cercano, y...........3117
32.47 ley haréis prolongar vuestros *d* sobre........3117
32.48 habló lehová a Moisés aquel mismo *d*........3117
33.25 hierro...y como tus *d* serán tus fuerzas......3117
34.8 lloraron...treinta *d*...cumplieron los *d*........3117
Jos 1.5 te podrá hacer frente en todos los *d*..........3117
1.8 de *d* y de noche meditarás en él, para que......3119
1.11 dentro de tres *d* pasaréis el Jordán para......3117
2.16 estad escondidos allí tres *d*, hasta que.........3117
2.22 al monte y estuvieron allí tres *d*, hasta........3117
3.2 tres *d*, los...recorrieron el campamento........3117
3.7 desde este *d* comenzaré a engrandecerte.......3117
4.14 en aquel *d* Jehová engrandeció a Josué.......3117
4.14 y le temieron...todos los *d* de su vida..........3117
4.19 y el pueblo subió del Jordán el *d* diez..........6218
4.24 que temáis a...vuestro Dios todos los *d*........3117
5.10 y celebraron la pascua a los catorce *d*........3117
5.11 otro *d* de la pascua comieron del fruto.......4283
5.11 en el mismo *d* espigas nuevas tostadas........3117
5.12 y el maná cesó el *d* siguiente, desde que.......4283
6.3 rodearéis...y esto haréis durante seis *d*........3117
6.4 al séptimo *d* daréis siete vueltas a la...........3117
6.10 no...hasta el *d* que yo os diga: Gritad..........3117
6.14 dieron otra vuelta a la...el segundo *d*..........3117
6.14 de esta manera hicieron durante seis *d*.........3117
6.15 al séptimo *d* se levantaron al...el alba.........3117
6.15 este *d* dieron vuelta...de ella siete veces.......3117
7.25 le dijo Josué...Túrbete Jehová en este *d*.......3117
8.25 los que cayeron aquel *d*...fue de doce mil.....3117
9.12 pan lo tomamos caliente...*d* que salimos......3117
9.16 tres *d* después que hicieron alianza con.......3117
9.17 al tercer *d* llegaron a las ciudades de.........3117
9.27 los destinó aquel *d* a ser leñadores y..........3117
10.12 Josué habló...el *d* en que Jehová entregó....3117
10.13 y no se apresuró a ponerse casi un *d*.........3117
10.14 y no hubo *d* como aquel, ni antes ni..........3117
10.28 en aquel mismo *d* tomó Josué a Maceda.....3117
10.32 a Laquis...la tomó al *d* siguiente, y la..........3117
10.35 la tomaron el mismo *d*, y la hirieron a........3117
10.35 aquel *d* mató a todo lo que...tenía vida.......3117
14.11 estoy tan fuerte como el *d* que Moisés........3117
14.12 monte, del cual habló Jehová aquel *d*........3117
14.12 oíste en aquel *d* que los anaceos están.......3117
22.3 no habéis dejado a...hasta el *d* de hoy........3117
22.17 que no estamos aún limpios hasta este *d*.....3117
23.1 muchos *d* después que Jehová diera reposo...3117
24.7 estuvisteis muchos *d* en el desierto............3117
24.25 hizo pacto con el pueblo el mismo *d*..........3117
Jue 3.30 fue subyugado Moab aquel *d* bajo la.........3117
4.14 este es el *d* en que Jehová ha entregado.......3117
4.23 así abatió Dios aquel *d* a Jabín, rey de.........3117
5.1 aquel *d* cantó Débora con Barac hijo de........3117
5.6 en los *d* de Samgar hijo...en los *d* de Jael......3117
6.27 temiendo hacerlo de *d*...lo hizo de noche......3119
6.32 aquel *d* Gedeón fue llamado Jerobaal, esto....3117
8.28 reposó la tierra...en los *d* de Gedeón.........3117
9.42 el siguiente *d*, que el pueblo salió al...........4283
9.45 y Abimelec peleó...todo aquel *d*, y tomó.......3117
10.15 te rogamos que nos libres en este *d*.........3117
11.40 endechar a la hija de Jefté...cuatro *d*........3117
13.7 será nazareo...hasta el *d* de su muerte........3117
13.10 aquel varón que vino a mí el otro *d*...........3117
14.8 y volviendo después de algunos *d* para........3117
14.12 si en los siete *d* del banquete me lo...........3117
14.14 no pudieron declararle el...en tres *d*.........3117
14.15 al séptimo *d* dijeron a la mujer de............3117
14.17 ella lloró...siete *d*...mas al séptimo *d*........3117
14.18 séptimo *d*, antes que el sol se pusiese.........3117
15.1 en los *d* de la siega del trigo Sansón...........3117
15.20 y juzgó a Israel en los *d* de...20 años.........3117
16.16 que, presionándole ella cada *d* con sus.......3117
17.6; 18.1 aquellos *d* no había rey en Israel.........3117
18.1 en aquellos *d* la tribu de Dan buscaba.........3117
18.30 sacerdotes...hasta el *d* del cautiverio........3117
19.1 en aquellos *d*, cuando no había rey en..........3117
19.4 le detuvo su...y quedó en su casa tres *d*.......3117
19.5 al cuarto *d*...se levantaron de mañana, se.....3117
19.8 quinto *d*, levantándose de mañana para.......3117
19.8 le dijo...aguarda hasta que decline el *d*........3117
19.9 he aqui ya el *d* declina para anochecer........3117
19.11 el *d* había declinado mucho; y dijo el.........3117
19.26 vino la mujer, y...hasta que fue de *d*.........1242
20.21 derribaron...aquel *d* 22.000 hombres de.....3117
20.22 donde la habían ordenado el primer *d*.......3117
20.24 acercaron los...de Israel...el segundo *d*.....3117
20.25 segundo *d*, saliendo Benjamín de Gabaa.....3117
20.26 y ayunaron aquel *d* hasta la noche, y.........3117
20.27 el arca de...estaba allí en aquellos *d*.........3117
20.28 Finees hijo...ministraba...en aquellos *d*......3117
20.30 tercer *d*, ordenaron la batalla delante........3117
20.35 mataron...aquel *d* a 25.100 hombres de......3117
20.46 de Benjamín murieron aquel *d*, 25.000.........3117
21.4 al *d* siguiente el pueblo se levantó de..........4283
21.25 en estos *d* no había rey en Israel; cada.......3117
Rt 1.1 en los *d* que gobernaban los jueces, que........3117
3.13 pasa aquí la noche, y cuando sea de *d*.........1242
4.5 el mismo *d* que compres las tierras de..........1242
1 S 1.4 llegaba el *d* en que Elcana ofrecía..............3117
1.11 yo lo dedicaré a Jehová todos los *d* de.........3117
1.28 todos los *d* que viva, será de Jehová............3117
2.31 vienen *d* en que cortaré tu brazo y el..........3117
2.34 Ofni y Finees: ambos morirán en un *d*..........3117
2.35 andará delante de mi ungido todos los *d*......3117
3.1 y la palabra de Jehova escaseaba en...*d*.......3117
3.2 aconteció un *d*, que estando Elí acostado.......3117
3.12 aquel *d* yo cumpliré contra Elí todas las.......3117
4.12 un hombre de...llegó el mismo *d* a Silo.........3117
5.3 y cuando al siguiente *d* los de Asdod se.........4283
5.4 volviéndose a levantar...el siguiente *d*.........4283
6.15 y dedicaron sacrificios a Jehová en...*d*.........3117
6.16 los cinco príncipes...volvieron...mismo *d*.....3117
7.2 el *d* que llegó el arca a Quiriat-jearim..........3117
7.2 el arca a Quiriat-jearim pasaron muchos *d*.....3117
7.6 ayunaron aquel *d*, y dijeron allí: Contra.......3117
7.10 tronó aquel *d* con gran estruendo sobre.......3117
7.13 estuvo contra los filisteos todos los *d*..........3117
8.8 desde el *d* que los saqué de Egipto hasta........3117
8.18 clamaréis aquel *d* a causa de vuestro rey......3117
8.18 mas Jehová no os responderá en aquel *d*......3117
9.15 y un *d* antes que Saúl viniese Jehová...........3117
9.20 asnas que se te perdieron hace ya tres *d*......3117
9.24 come...Y Saúl comió aquel *d* con Samuel.....3117
9.26 al otro *d* madrugaron; y al despertar el.......7837
10.8 espera siete *d*, hasta que yo venga a ti.........3117
10.9 estas señales acontecieron en aquel *d*.........3117
11.3 danos siete *d*...que enviemos mensajeros.....3117
11.11 al *d* siguiente...hasta que el *d* calentó........3117
12.2 andando...desde mi juventud hasta este *d*.....3117
12.5 su ungido también es testigo en este *d*.........3117
12.18 jehová dio truenos y lluvia en aquel *d*........3117
13.8 esperó siete *d* conforme al plazo que...........3117
13.22 el *d* de la batalla no se halló espada..........3117
14.1 aconteció un *d* que Jonatán hijo de Saúl.......3117
14.23 así salvó Jehová a Israel aquel *d*..............3117
14.24 puestos en apuro aquel *d*; porque Saúl.......3117

14.31 hirieron aquel *d*... Micmas hasta Ajalón 3117
14.37 mas Jehová no le dio respuesta aquel *d* 3117
16.13 desde aquel *d*... el Espíritu de Jehová 3117
17.16 venía... así lo hizo durante cuarenta *d* 3117
18.2 y Saúl le tomó aquel *d*, y no le dejó 3117
18.9 desde aquel *d* Saúl no miró con buenos 3117
18.10 aconteció al otro *d*, que un espíritu 4283
18.10 tocaba con su mano como los otros *d* 3117
18.29 fue Saúl enemigo de David todos los *d* 3117
19.24 estuvo desnudo todo aquel *d* y... noche 3117
20.5 me esconda... hasta la tarde del tercer *d* 7992
20.12 le haya preguntado a... el *d* tercero, si 7992
20.19 estarás... tres *d*, y luego descenderás 8027
20.19 al lugar donde estabas escondido el *d* 3117
20.26 aquel *d* Saúl no dijo nada, porque se 3117
20.27 siguiente *d*, el segundo *d* de la nueva 4283
20.34 no comió pan el segundo *d* de la... luna 3117
20.35 al otro *d*... salió Jonatán al campo, al 1242
21.6 poner panes calientes el *d* que aquéllos 3117
21.7 estaba allí aquel *d* detenido delante de 3117
21.10 y levantándose David aquel *d*, huyó de 3117
22.13 y me acechase, como lo hace hoy *d*? 3117
22.18 Doeg... mató en aquel *d* a 85 varones que 3117
22.22 yo sabía que estando allí aquel *d* Doeg 3117
23.14 y lo buscaba Saúl todos los *d* pero 3117
24.4 he aquí el *d* de que te dijo jehová: He 3117
24.19 Jehová te pague... por lo que en este *d* 3117
25.8 hemos venido en buen *d*; te ruego que des 3117
25.16 muro fueron... *d* y de noche, todos los *d* 3119
25.28 y mal no se ha hallado en ti en tus *d* 3117
25.36 no le declaró cosa alguna hasta el *d* 1242
25.38 diez *d* después, Jehová hirió a Nabal 3117
26.10 que si... o su *d* llegue para que muera 3117
27.1 al fin seré muerto algún *d* por... Saúl 3117
27.6 Aquis le dio aquel *d* a Siclag, por lo 3117
27.7 el número de los *d* que David habitó en 3117
28.1 aconteció en aquellos *d*... los filisteos 3117
28.20 en todo aquel *d*... no había comido pan 3117
29.3 David... ha estado conmigo por *d* y años 3117
29.3 desde el *d* que se pasó a mí hasta hoy 3117
29.6 desde el *d* que viniste a mí hasta hoy 3117
29.8 ¿qué has hallado... desde el *d* que estoy 3117
30.1 David y... vinieron a Siclag al tercer *d* 3117
30.12 comido pan ni bebido agua en tres *d* y 3117
30.13 yo soy... me dejó mi amo hoy hace tres *d* 3117
30.17 los hirió David... hasta la tarde del *d* 4283
30.25 aquel *d* en adelante fue esto por ley 3117
31.6 así murió Saúl en aquel *d*, juntamente 3117
31.8 al siguiente *d*... viniendo los filisteos 4283
31.13 los sepultaron... y ayunaron siete *d* 3117
2 S 1.1 vuelto David... estuvo dos *d* en Siclag 3117
1.2 al tercer *d*... vino uno del campamento de 3117
2.11 los *d* que David reinó en Hebrón sobre 3117
2.17 batalla fue muy reñida aquel *d*, y Abner 3117
3.35 que comiera, antes que acabara el *d* 3117
4.5 entraron en el mayor calor del *d* en casa 3117
5.8 dijo David aquel *d*: Todo el que hiera a 3117
6.9 temiendo David a Jehová aquel *d*, dijo 3117
6.23 Mical... nunca tuvo hijos hasta el *d* de 3117
7.6 no he habitado en casas desde el *d* en que 3117
7.11 desde el *d* en que puse jueces sobre mi 3117
7.12 cuando tus *d* sean cumplidos, y duermas 3117
11.2 sucedió un *d*, al caer la tarde, que se
11.12 se quedó Urías... aquel *d* y el siguiente 3117
12.18 al séptimo *d* murió el niño y temían 3117
13.4 ¿por qué de *d* en *d* vas enflaqueciendo 1242
13.32 desde el *d* en que Amnón forzó a Tamar 3117
13.37 David lloraba por su hijo todos los *d* 3117
16.23 consejo que daba Ahitofel en aquellos *d* 3117
18.7 hizo allí en aquel *d* una gran matanza 3117
18.8 más los que destruyó el bosque aquel *d* 3117
18.20 hoy no llevarás las nuevas... las... otro *d* 3117
19.2 se volvió aquel *d* la victoria en luto 3117
19.2 oyó decir el pueblo aquel *d* que el rey 3117
19.3 y entró el pueblo aquel *d* en la ciudad 3117
19.19 males que tu siervo hizo el día en que 3117
19.24 *d* en que el rey salió hasta el *d* en 3117
19.35 edad de ochenta años soy este *d*. ¿Podré 3117
20.4 convócame a los... para dentro de tres *d* 3117
21.1 hambre en los *d* de David por tres años 3117
21.9 muertos en los primeros *d* de la siega 3117
21.10 posase sobre ellos de *d*, ni fieras de 3119
22.1 el *d* que Jehová le había librado de la 3117
22.19 me asaltaron en el *d* de mi quebranto 3117
23.10 aquel *d* Jehová dio una gran victoria 3117
24.8 volvieron... al cabo de nueve meses y 20 *d* 3117
24.13 que tres *d* haya peste en tu tierra? 3117
24.18 Gad vino a David aquel *d*, y le dijo 3117
1 R 1.1 rey David era viejo y avanzado en *d* 3117
1.6 nunca le había entristecido en... sus *d* 3117
2.1 llegaron... *d* en que David había de morir 3117
2.8 me maldijo... el *d* que yo iba a Mahanaim 3117
2.11 los *d* que reinó David... fueron 40 años 3117
2.37 el *d* que salieres y pasares el torrente 3117
2.38 y habitó Simei en Jerusalén muchos *d* 3117
2.42 el *d* que salieres y fueres acá o allá 3117
3.6 se sentase en su... como sucede en este *d* 3117
3.11 porque... no pediste para ti muchos *d*, ni 3117
3.13 que ninguno haya como tú en todos tus *d* 3117
3.14 y si anduvieres en mis... alargaré tus *d* 3117
3.18 al tercer *d* después de dar yo a luz que 3117
4.21 y sirvieron a Salomón... los *d* que vivió 3117
4.22 la provisión de Salomón para cada *d* era 3117
4.25 vivían seguros... todos los *d* de Salomón 3117
8.2 se reunieron con... en el *d* de la fiesta 2282
8.16 *d* que saqué de Egipto a mi pueblo Israel 3117
8.24 lo has cumplido, como sucede en este *d* 3117
8.29 tus ojos abiertos de noche y de *d* sobre 3117
8.40 te teman todos los *d* que vivan sobre la 3117
8.59 cerca de... nuestro Dios de *d* y de noche 3119
8.61 sus mandamientos, como en el *d* de hoy 3119
8.64 *d* santificó el rey el medio del atrio 3119
8.65 Salomón hizo fiesta por siete *d* y aun 3119
8.65 otros siete *d*, esto es, por catorce *d* 3119
8.66 al octavo *d* despidió al pueblo; y ellos 3119
9.3 y en ella estarán mis ojos... todos los *d* 3119
11.12 no lo haré en tus *d*, por amor a David 3119
11.25 fue adversario de Israel todos los *d* 3119
11.34 lo retendré por rey todos los *d* de su 3119
11.36 que... David tenga lámpara todos los *d* 3119
11.42 los *d* que Salomón reinó... fueron 40 años 3119
12.5 les dijo: Idos, y de aquí a tres *d* volved 3119
12.12 al tercer *d* vino Jeroboam con todo el 3119
12.12 rey... diciendo: Volved a mí al tercer *d* 3119
12.32 fiesta solemne... a los quince *d* del mes 3119
12.33 sacrificó... los quince *d* del mes octavo 3119
13.3 aquel mismo *d* dio una señal, diciendo 3119
13.11 el varón... había hecho aquel *d* en Bet-el 3119
14.14 destruirá la casa de Jeroboam en... *d* 3119
14.30 hubo guerra entre Roboam... todos los *d* 3119
15.5 se había apartado en todos los *d* de su 3119
15.6 hubo guerra entre Roboam... todos los *d* 3119
15.23 mas en los *d* de su vejez enfermó de los 6256
16.15 a reinar Zimri, y reinó siete *d* en Tirsa 3117
16.16 aquel mismo *d* por rey... a Omri, general 3117
17.7 pasados algunos *d*, se secó el arroyo 3117
17.14 hasta el *d* en que Jehová haga llover 3117
17.15 comió él, y ella, y su casa, muchos *d* 3117
18.1 pasados muchos *d*, vino palabra de Jehová 3117
19.4 se fue por el desierto un *d* de camino 3117
19.8 cuarenta *d* y cuarenta noches hasta Horeb 3117
20.29 siete *d* estuvieron acampados los unos 3117
20.29 al séptimo *d* se dio la batalla; y los 3117
20.29 mataron... en un solo *d* cien mil hombres 3117
21.29 no traeré el mal en sus *d*; en los *d* de 3117
22.25 tú lo verás en aquel *d*, cuando te irás 3117
22.35 la batalla había arreciado aquel *d*, y 3117
2 R 2.17 buscaron tres *d*, mas no lo hallaron 3117
3.9 anduvieron... el desierto siete *d* de camino 3117
4.8 un *d* pasaba Eliseo por Sunem; y había allí 3117
4.11 que un *d* vino él por allí, y se quedó en 3117
4.18 un *d*, que vino a su padre, que estaba 3117
4.23 no es nueva luna, ni *d* de reposo. Y ella 3117
6.29 *d* siguiente yo le dije: Da acá tu hijo 3117
7.9 es *d* de buena nueva, y nosotros callamos 3117
8.6 desde el *d* que dejó el país hasta ahora 3117
8.15 el *d* siguiente, tomó un paño y lo metió 4283
10.20 dijo... Santificad un *d* solemne a Baal 7676
10.32 en aquellos *d* comenzó Jehová a cercenar 3117
11.5 tendrá la guardia de la... el *d* de reposo 7676
11.7 las dos partes... que salen el *d* de reposo 7676
11.9 los que entraban el *d* de reposo y los que 7676
11.9 los que salían el *d* de reposo, vinieron 7676
15.5 estuvo leproso hasta el *d* de su muerte 3117
15.29 en los *d* de Peka rey de Israel, vino 3117
16.18 el pórtico para los *d* de reposo, que 7676
19.3 este *d* es *d* de angustia, de reprensión 3117
19.25 desde los *d* de la antigüedad lo tengo 3117
20.1 en aquellos *d* Ezequías cayó enfermo de 3117
20.5 al tercer *d* subirás a la casa de Jehová 3117
20.6 añadiré a tus *d* quince años... te libraré 3117
20.8 subiré a la casa de Jehová al tercer *d*? 3117
20.17 vienen *d* en que todo lo que está en tu 3117
20.19 habrá al menos... y seguridad en mis *d* 3117
21.15 desde el *d* que sus padres salieron de 3117
23.29 aquellos *d*... Necao rey de Egipto subió 3117
25.1 a los diez *d* del mes, que Nabucodonosor 6218
25.3 a los nueve *d* del cuarto mes prevaleció 8672
25.8 a los siete *d* del mes, siendo el año 19 7651
25.27 a los 27 *d* del mes, que Evil-merodac 7651,6242
25.29 comió... delante de él todos los *d* de su 3117
25.30 le fue dada su comida... todos los *d* de 3117
1 Cr 1.19 en sus *d* fue dividida la tierra 3117
4.41 vinieron en *d* de Ezequías rey de Judá 3117
5.10 los *d* de Saúl hicieron guerra contra los 3117
5.17 en *d* de Jotam... y en *d* de Jeroboam rey 3117
7.22 Efraín su padre hizo duelo por muchos *d* 3117
9.25 cada siete *d* según su turno para estar 3117
9.32 los panes... por orden cada *d* de reposo 7676
9.33 de *d* y de noche estaban en aquella obra 3119
10.8 sucedió al *d* siguiente, que al venir los 4283
10.12 y enterraron sus... y ayunaron siete *d* 3117
12.22 todos los *d* venía ayuda a David, hasta 3117
12.39 y estuvieron allí con David tres *d* 3117
13.12 y David temió a Dios aquel *d*, y dijo 3117
16.7 en aquel *d*, David comenzó a aclamar a 3117
16.23 cantad... proclamad de *d* en *d* su salvación 3117
16.37 delante del arca, cada cosa en su *d* 3117
17.5 no he habitado en casa... desde el *d* que 3117
17.11 tus *d* sean cumplidos para irte con tus 3117
21.12 tres *d* la espada de Jehová... la peste 3117
22.9 daré paz y reposo sobre Israel en sus *d* 3117
23.1 siendo... David ya viejo y lleno de *d* 3117
23.30 para asistir... todos los *d* a dar gracias 1242
23.31 los holocaustos... los *d* de reposo, lunas 7676
26.17 al norte cuatro de *d*; al sur cuatro de *d* 3117
1 Cr 28.7 por obra... mis decretos, como en este *d* 3117
29.15 y nuestros *d*... cual sombra que no dura 3117
29.21 y ofrecieron a Jehová... al *d* siguiente 3117
29.22 comieron... delante de Jehová aquel *d* 3117
29.28 murió en... lleno de *d*, de riquezas y de 3117
2 Cr 1.11 ni pediste muchos *d*, sino que has 3117
2.4 para holocaustos a... en los *d* de reposo 7676
3.2 comenzó a edificar... a los dos *d* del mes 8145
6.5 desde el *d* que saqué a mi pueblo de la 3117
6.15 lo has cumplido como se ve en este *d* 3117
6.20 que tus ojos estén abiertos... de *d* y de 3119
6.31 anden en tus caminos, todos los *d* que 3117
7.8 hizo Salomón fiesta siete *d*, y con él todo 3117
7.9 al octavo *d* hicieron solemne asamblea 3117
7.9 la dedicación del altar en siete *d*, y 3117
7.9 celebrado la fiesta solemne por siete *d* 3117
7.10 y a los 23 *d* del mes séptimo envió al 3117
8.13 para que ofreciesen cada cosa en su *d* 3117
8.13 en los *d* de reposo, en las nuevas lunas 7676
8.14 los levitas en sus... cada cosa en su *d* 3117
8.16 estaba preparada desde el *d* en que se 3117
9.20 en los *d* de Salomón la plata no era 3117
10.5 les dijo: Volved a mí de aquí a tres *d* 3117
10.12 vino, pues... al tercer *d*, según el rey 3117
10.12 mandado... Volved a mí de aquí a tres *d* 3117
13.20 nunca más tuvo... poder en los *d* de Abías 3117
14.1 Asa, en cuyos *d* tuvo sosiego el país por 3117
15.3 muchos *d* ha estado Israel sin... Dios y 3117
15.11 y en aquel mismo *d* sacrificaron para 3117
15.17 corazón de Asa fue perfecto en... sus *d* 3117
18.24 tú lo verás aquel *d*, cuando entres de 3117
18.34 y arreció la batalla aquel *d*, por lo 3117
20.25 tres *d* estuvieron recogiendo el botín 3117
20.26 y al cuarto *d* se juntaron en el valle 3117
21.8 los *d* de éste se rebeló Edom contra el 3117
21.19 al pasar muchos *d*... al cabo de dos años 3117
23.4 los que entran el *d* de reposo, estarán 7676
23.8 los que entraban el *d* de reposo, y los 7676
23.8 y los que salían el *d* de reposo; porque 7676
24.2 e hizo Joás lo recto... los *d* de Joiada el 3117
24.11 lo hacían de *d* en *d*, y recogían mucho 3117
24.14 y sacrificaban... todos los *d* de Joiada 3117
24.15 Joiada... murió lleno de *d*; de 130 años 3117
26.5 persistió en buscar a Dios en los *d* de 3117
26.5 en estos *d* en que buscó a Jehová, él le 3117
26.21 fue leproso hasta el *d* de su muerte 3117
28.6 mató en Judá en un *d* 120.000 hombres 3117
29.17 comenzaron a santificarse el *d* primero 259
29.17 santificaron la casa de Jehová en 8 *d* 3117
29.17 en el *d* 16 del mes primero terminaron 3117
30.15 sacrificaron la pascua, a los 14 *d* del
30.21 celebraron la fiesta... 7 *d* con grande gozo 3117
30.21 glorificaban a Jehová todos los *d* los 3117
30.22 y comieron de lo sacrificado... siete *d* 3117
30.23 celebrasen la fiesta por otros siete *d* 3117
30.23 celebraron otros siete *d* con alegría 3117
30.26 desde los *d* de Salomón hijo de David 3117
31.3 para los holocaustos de los *d* de reposo 7676
32.26 no vino... la ira de Jehová en los *d* de 3117
35.1 sacrificaron la pascua a los 14 *d* del 702,6240
35.16 fue preparado todo el servicio... aquel *d* 3117
35.17 celebraron la pascua en... por siete *d* 3117
35.18 una pascua... desde los *d* de Samuel el 3117
36.9 Joaquín... reinó tres meses y diez *d* en 3117
Esd 3.4 fiesta solemne... y holocaustos cada *d* 3117
3.4 orden conforme al rito, cada cosa en su *d* 3117
3.6 el primer *d* del mes séptimo comenzaron a 3117
4.2 ofrecemos... desde los *d* de Esar-hadón rey 3117
4.7 también en *d* de Artajerjes escribieron 3117
6.9 les sea dado *d* por *d* sin obstáculo alguno 3118
6.15 terminada el tercer *d* del mes de Adar 3118
6.19 celebraron la pascua a los 14 *d* del mes 702,6240
6.22 celebraron... la fiesta solemne... siete *d* 3117
7.9 porque el *d* primero del primer mes fue
8.15 junto al río y acampamos allí tres *d* 3117
8.32 y llegamos a... y reposamos allí tres *d* 3117
8.33 al cuarto *d* fue luego pesada la plata 3117
9.7 los *d* de nuestros padres hasta este *d* 3117
9.7 entregados en... a vergüenza... como hoy *d* 3117
9.15 un remanente que ha escapado... en este *d* 3117
10.8 que el que no viniera dentro de tres *d* 3117
10.9 todos... se reunieron... dentro de los 3 *d* 3117
10.9 se reunieron en... a los 20 *d* del mes, que 6242
10.13 la obra es de un *d* ni de dos, porque 3117
10.16 se sentaron el primer *d* del mes décimo 3117
10.17 terminaron... primer *d* del mes primero 3117
Neh 1.4 hice duelo por algunos *d*, y ayuné y 3117
1.6 oír la oración... que hago ahora... *d* y noshe 3119
2.11 llegué... y después de estar allí tres *d* 3117
4.2 ¿acabarán en un *d*? ¿Resucitarán de los 3117
4.9 pusimos guarda contra... de *d* y de noche 3119
4.16 desde aquel *d* la mitad de mis siervos 3117
4.22 sirvan de centinela y de *d* en la obra 3117
5.14 desde el *d* que me mandó el rey que fuese 3117
5.18 que se preparaba para cada *d* era un buey 3117
5.18 y cada diez *d* vino en toda abundancia 3117
6.15 fue termirdado, pues, el muro... en 52 *d* 3117
6.17 en aquellos *d* iban muchas cartas de los 3117
8.2 Esdras trajo la ley... el primer *d* del mes 3117
8.9 *d* santo es a jehová nuestro Dios; no os 3117
8.10 porque *d* santo es a nuestro Señor; no os 3117
8.11 diciendo: Callad, porque es *d* santo, y 3117
8.13 al *d* siguiente se reunieron los cabezas 3117
8.17 desde los *d* de Josué... hasta aquel *d*, no 3117
8.18 y leyó... cada *d*, desde el primer *d* hasta 3117
8.18 fiesta... por siete *d*, y el octavo *d* fue 3117
9.1 el *d* 24 del mismo mes se reunieron los 3117
9.3 leyeron el libro... la cuarta parte del *d* 3117
9.10 hiciste nombre grande, como en este *d* 3117
9.12 con columna de nube los guiaste de *d* 3119
9.14 ordenaste el *d* de reposo santo para ti 7676
9.19 la columna de nube no se apartó... de *d* 3119
9.32 los días de los reyes de... hasta este *d* 3117
10.31 si... trajesen a vender... en *d* de reposo 3117
10.31 nada tomaríamos de... ese *d* ni en otro *d* 3117
10.33 los *d* de reposo, las nuevas lunas, las 7676
11.23 distribución para los cantores... cada *d* 3117
12.7 eran los príncipes... en los *d* de Jesúa 3117

12.12 y en los *d* de Joiacim los sacerdotes 3117
12.22 los levitas en *d* de Eliasib, de Joiada 3117
12.23 inscritos en... hasta los *d* de Johanán 3117
12.26 estos fueron en los *d* de Joiacim hijo 3117
12.26 y en los *d* del gobernador Nehemías y......... 3117
12.43 sacrificaron aquel *d*... víctimas, y se.......... 3117
12.44 aquel *d* fueron puestos varones sobre........ 3117
12.47 en *d* de Zorobabel y en *d* de Nehemías 3117
12.47 daba alimentos a los... cada cosa en su *d*..... 3117
13.1 aquel *d* se leyó en el libro de Moisés........... 3117
13.6 al cabo de algunos *d* pedí permiso al rey...... 3117
13.15 en aquellos *d* vi en Judá a algunos que....... 3117
13.15 pisaban en lagares en el *d* de reposo......... 7676
13.15 que traían a Jerusalén en *d* de reposo........ 3117
13.15 amonesté acerca del *d* en que vendían 3117
13.16 pescado... y vendían en *d* de reposo a los 7676
13.17,18 profanando así el *d* de reposo?............ 3117
13.19 iba oscureciendo... antes del *d* de reposo..... 7676
13.19 hasta después del *d* de reposo; y puse........ 7676
13.19 en *d* de reposo no introdujeran carga........ 7676
13.21 entonces no vinieron en el *d* de reposo 7676
13.22 viniesen a... santificar el *d* de reposo......... 3117
13.23 vi asimismo en aquellos *d* a judíos que 3117
Est 1.1 los *d* de Asuero, el Asuero que reinó 3117
1.2 en aquellos *d*, cuando fue afirmado el rey 3117
1.4 para mostrar él las... por muchos *d*, 180 *d*...... 3117
1.5 cumplidos estos *d*, hizo el... otro banquete...... 3117
1.10 el séptimo *d*, estando el corazón del rey....... 3117
2.11 cada *d* Mardoqueo se paseaba delante del 3117
2.21 aquellos *d*, estando Mardoqueo sentado a..... 3117
3.4 que hablándole cada *d* de esta manera, y....... 3117
3.7 suerte para cada *d* y cada mes del año 3117
3.12 en el mes primero, al *d* trece del mismo 3117
3.13 en un mismo *d*, en el *d* trece del mes 3117
3.14 de que estuviesen listos para aquel *d*.......... 3117
4.11 yo no he sido llamada... estos treinta *d* 3117
4.16 comáis ni bebáis en tres *d*, noche y *d*.......... 3117
5.1 tercer *d* se vistió Ester su vestido real 3117
5.9 salió Amán aquel *d* contento y alegre de 3117
7.2 el segundo *d*, mientras bebían vino, dijo 3117
8.1 el mismo *d*, el rey Asuero dio a la... Ester........ 3117
8.9 fueron llamados... a los 23 *d* de ese mes ... 7969,6242
8.12 en un mismo *d* en... en el *d* trece del mes...... 3117
8.13 preparados para aquel *d*, para vengarse....... 3117
8.17 los judíos tuvieron alegría... *d* de placer....... 3117
9.1 a los trece *d* del mismo mes cuando debía...... 3117
9.1 el mismo *d* en que los enemigos de los........ 3117
9.11 mismo *d* se le dio cuenta al rey acerca 3117
9.17 esto fue en el *d* trece del mes de Adar 3117
9.17 y reposaron en el *d* catorce del mismo 3117
9.17 lo hicieron *d* de banquete y de alegría......... 3117
9.18 se juntaron el *d* 13 y el 14 del mismo...... 7969,6242
9.19 lo hicieron *d* de banquete y de regocijo........ 3117
9.19 hacen... *d* de alegría... un *d* de regocijo....... 3117
9.21 celebrasen el *d* decimocuarto del mes de...... 3117
9.22 como el *d* en que los judíos tuvieron paz 3117
9.22 se les cambió en... y de luto en *d* bueno......... 3117
9.22 que los hiciesen *d* de banquete y de gozo 3117
9.26 por esto llamaron a estos *d* Purim, por 3117
9.27 que no dejarían de celebrar estos dos *d* 3117
9.28 estos *d* serían recordados y celebrados 3117
9.28 *d* de Purim no dejarían de ser guardados 3117
9.31 para confirmar estos *d* de Purim en sus....... 3117
Job 1.4 hacían banquetes en... cada uno en su *d* 3117
1.5 que habiendo pasado en... los *d* del convite..... 3117
1.5 Job... de esta manera hacía todos los *d*......... 3117
1.6 un *d* vinieron a presentarse delante de 3117
1.13 y un *d* aconteció que sus hijos e hijas 3117
2.1 otro *d* vinieron los hijos de Dios para........... 3117
2.13 se sentaron con él... siete *d* y 7 noches......... 3117
3.1 esto abrió Job su boca, y maldijo su *d* 3117
3.3 perezca el *d* en que yo nací, y la noche 3117
3.4 sea aquel *d* sombrío, y no cuide de él 3117
3.5 que lo haga horrible cosno *d* caliginoso 3117
3.6 no sea contada entre los *d* del año, ni 3117
3.8 maldíganla los que maldicen el *d*, los que........ 3117
5.14 de *d* tropiezan con tsmeblas, y... andan 3119
7.1 ¿no eS... sus *d* como los *d* del jornalero?........ 3117
7.6 mis *d* fueron más veloces que la lanzadera 3117
7.16 déjeme, pues, porque mis *d* son vanidad......... 3117
8.9 siendo nuestros *d* sobre la tierra como 3117
9.25 mis *d* han sido más ligeros que un correo 3117
10.5 ¿son tus *d* como los *d* del hombre, o tus........ 3117
10.20 ¿no son pocos mis *d*? Cesa, pues, y 3117
14.1 el hombre nacido de mujer, corto de *d* 3117
14.5 ciertamente sus *d* están determinados 3117
14.6 tanto deseará, como el jornalero, su *d*......... 3117
14.14 los *d* de mi edad esperaré, hasta que......... 3117
15.10 mucho más avanzados en *d* que tu padre 3117
15.20 todos sus *d*, el impío es atormentado 3117
15.23 que le está preparado *d* de tinieblas 3117
17.1 mi aliento se agota, se acortan mis *d* 3117
17.11 pasaron mis *d*, fueron arrancados mis 3117
17.12 pusieron la noche por *d*, y la luz se........... 3117
18.20 sobre su *d* se espantarán... de occidente 3117
20.28 serán esparcidos en el *d* de su furor 3117
21.13 pasan sus *d* en prosperidad, y en paz 3117
21.30 que el malo es preservado en el *d* de 3117
21.30 malo... guardado será en el *d* de la ira 3117
24.1 por qué los que le conocen no ven sus *d*?...... 3117
24.16 las casas que de *d* para sí señalaron 3119
27.6 no me reprochará mi corazón en... mis *d* 3117
29.2 como en los *d* en que Dios me guardaba....... 3117
29.4 fui en los *d* de mi juventud, cuando el.......... 3117
29.18 decía yo... como arena multiplicaré mis *d* 3117
30.16 en mí; *d* de aflicción se apoderan de mí 3117
30.27 *d* de aflicción me han sobrecogido 3117
32.7 yo decía: Los *d* hablarán, y... declarará 3117
33.25 carne... volverá a los *d* de su juventud......... 3117
36.11 acabarán sus *d* en bienestar, y sus años...... 3117
38.12 ¿has mandado tú a la mañana en tus *d*?...... 3117
38.21 sabes... y es grande el número de tus *d*....... 3117
38.23 que tengo... para el *d* de la guerra y de 3117
42.17 y murió Job viejo y lleno de *d* 3117
Sal 1.2 sino... en su ley medita de *d* y de noche 3119
7.11 está airado contra el impío todos los *d* 3117
13.2 con tristezas en mi corazón cada *d*?........... 3119
18 *tít.* el *d* que le libró Jehová de mano de.......... 3117
18.18 me asaltaron en el *d* de mi quebranto......... 3117
19.2 un *d* emite palabra a otro *d*, y una noche...... 3117
20.1 Jehová te oiga en el *d* de conflicto; el.......... 3117
20.9 Rey nos oiga en el *d* que lo invoquemos 3117
21.4 largura de *d* eternamente y para siempre..... 3117
22.2 Dios mío, clamo de *d*, y no respondes.......... 3119
23.6 me seguirán todos los *d* de mi vida, y en....... 3117
23.6 en la casa de Jehova moraré por largos *d*..... 3117
25.5 tú eres el... en ti he esperado todo el *d*......... 3117
27.4 en la casa de... todos los *d* de mi vida.......... 3117
27.5 él me esconderá en su... en el *d* del mal 3117
32.3 se envejecieron... en mi gemir todo el *d* 3117
32.4 de *d* y de noshe se agravó sobre mí tu 3119
34.12 que desea muchos *d* para ver el bien?........ 3117
35.28 lengua hablará... tu alabanza todo el *d*....... 3117
37.13 reirá de él; porque ve que viene su *d* 3117
37.18 conoce Jehová los *d* de los perfectos 3117
37.19 y en los *d* de hambre serán saciados 3117
38.6 estoy humillado en... enlutado todo el *d* 3117
38.12 hablan... y meditan fraudes todo el *d*.......... 3117
39.4 y cuánta sea la medida de mis *d*; sepa yo 3117
39.5 he aquí, diste a mis *d* término corto 3117
41.1 en el pobre, en el *d* malo lo librará 3117
42.3 fueron... lágrimas mi pan de *d* y de noche..... 3119
42.3,10 todos los *d*: ¿Dónde está tu Dios? 3117
42.8 de *d* mandará Jehová su misericordia, y 3119
44.1 la obra que hiciste en sus *d*, en los............ 3117
44.15 cada *d* mi vergüenza está delante de mí....... 3117
44.22 pero por causa de ti nos matan cada *d* 3117
49 5 ¿por qué he de temer... *d* de adversidad........ 3117
50.15 e invócame en el *d* de la angustia; te 3117
55.10 *d* y noche la rodean sobre sus muros......... 3119
55.23 no llegarán a la mitad de sus *d*; pero.......... 3117
56.1 hombre; me oprime combatiéndome todo el *d*. 3117
56.2 todo el *d* mis enemigos me pisotean 3117
56.3 en el *d* que temo, yo en ti confío 3117
56.5 todos los *d* ellos pervierten mi causa 3117
56.9 vueltos atrás... el *d* en que yo clamare.......... 3117
59.16 sido mi... refugio en el *d* de mi angustia 3117
61.6 *d* sobre *d* añadirás al rey; sus años serán 3117
61.8 así cantaré tu... pagando mis votos cada *d* 3117
68.19 cada *d* nos colma de beneficios el Dios 3117
71.8 llena mi boca... de tu gloria todo el *d* 3117
71.15 y tus hechos de salvación todo el *d*.......... 3117
71.24 lengua hablará... tu justicia todo el *d*......... 3117
72.7 florecerá en sus *d* justicia, y... de paz.......... 3117
72.15 y se orará... todo el *d* se le bendecirá......... 3117
73.14 he sido azotado todo el *d*, y castigado 3117
74.16 tuyo es el *d*, tuya también es la noshe 3117
74.22 de cómo el insensato te injuria cada *d*........ 3117
77.2 al Señor busqué en el *d* de mi angustia 3117
77.5 consideraba los *d* desde el principio........... 3117
77.9 volvieron las espaldas en el *d* de la............ 3117
78.14 les guió de *d* con nube, y toda la noche 3119
78.33 consumió sus *d* en vanidad, y sus años 3117
78.42 del *d* que los redimió de la angustia 3117
81.3 el *d* señalado, en el *d* de nuestra fiesta 3117
84.10 mejor es un *d* en tus atrios que mil 3117
86.3 ten misericordia... a ti clamo todo el *d*.......... 3117
86.7 el *d* de mi angustia te llamaré, porque.......... 3117
88.1 Jehová... *d* y noche clamo delante de ti......... 3117
88.9 te he llamado, oh Jehová, cada *d*; he............ 3117
89.16 en tu nombre se alegrará todo el *d*, y........... 3117
89.29 y su trono como los *d* de los cielos............ 3117
89.45 has acortado los *d* de su juventud; le 3117
90.4 mil años... como el *d* de ayer, que pasa......... 3117
90.9 nuestros *d* declinan a causa de tu ira.......... 3117
90.10 los *d* de nuestra edad son setenta años........ 3117
90.12 enséñanos... tal modo a contar nuestros *d* ... 3117
90.14 y nos alegraremos todos nuestros *d*.......... 3117
90.15 alégranos conforme a los *d* que nos........... 3117
91.5 no temerás el... ni saeta que vuele de *d*......... 3119
91.6 mortandad que en medio del *d* destruya 6672
92 *tít.* Salmo. Cántico para el *d* de reposo.......... 3117
94.13 hacerle descansar en los *d* de aflicción....... 3117
95.8 como en el *d* de Masab en el desierto.......... 3117
96.2 cantad... anunciad de *d* en *d* su salvación 3117
102.2 no escondas de mí tu rostro en el *d* de........ 3117
102.2 apresúrate a responderme el *d* que te......... 3117
102.3 mis *d* se han consumido como humo, y mi.... 3117
102.8 cada *d* me afrentan mis enemigos; los......... 3117
102.11 mis *d* son como sombra que se va, y me..... 3117
102.23 él debilitó mi fuerza... acortó mis *d* 3117
102.24 mío, no me cortes en la mitad de mis *d*...... 3117
103.15 el hombre, como la hierba son sus *d* 3117
109.8 sean sus *d* pocos; tome otro su oficio 3117
110.3 pueblo se te ofrecerá... el *d* de tu poder 3117
110.5 quebrantará a los reyes en el *d* de su 3117
116.2 por tanto, le invocaré en todos mis *d*
118.24 este es el *d* que hizo Jehová; nos 3117
119.84 ¿cuántos son los *d* de tu siervo?............ 3117
119.97 ley! Todo el *d* es ella mi meditación 3117
119.164 siete veces al *d* te alabo a causa de 3117
121.6 el sol no te fatigará de *d*, ni la luna........... 3117
128.5 veas el bien... todos los *d* de tu vida 3117
136.8 el sol para que señorease en el *d*............. 3117
137.7 oh Jehová, recuerda... el *d* de Jerusalén....... 3117
138.3 el *d* que clamé, me respondiste; me........... 3117
139.12 ti, y la noche resplandece como el *d*......... 3117
140.2 en el corazón; cada *d* urden contiendas
140.7 pusiste a cubierto mi cabeza en el *d*.......... 3117
143.5 me acordé de los *d* antiguos; meditaba 3117
144.4 sus *d* son como la sombra que pasa 3117
145.2 *d* te bendeciré, y alabaré tu nombre.......... 3117
146.4 ese mismo *d* perecen sus pensamientos 3117
Pr 3.2 largura de *d* y años de vida y paz te 3117
3.16 largura de *d* está en su mano derecha; en..... 3117
4.18 va en aumento hasta que el *d* es perfecto...... 3117
6.34 y no perdonará en el *d* de la venganza 3117
7.9 a la tarde del *d*, cuando ya oscurecía, en
7.20 llevó... el *d* señalado volverá a su casa 3117
8.30 yo... era su delicia de *d* en *d*, teniendo 3117
8.34 velando a... puertas cada *d*, aguardando 3117
9.11 por mí se aumentarán tus *d*, y años de 3117
10.27 el temor de Jehová aumentará los *d*.......... 3117
11.4 no aprovecharán las riquezas en el *d* de 3117
15.15 todos los *d* del afligido son difíciles........... 3117
16.4 ha hecho... aun al impío para el *d* malo 3117
21.26 hay quien todo el *d* codicia; pero el........... 3117
21.31 el caballo se alista para el *d* de la 3117
24.10 si fueres flojo en el *d* de trabajo, tus.......... 3117
27.1 no te jactes del *d* de mañana; porque no....... 3117
27.10 ni vayas a la... en el *d* de tu aflicción 3117
28.16 aborrece la avaricia prolongará sus *d* 3117
31.12 da ella bien... todos los *d* de su vida 3117
Ec 2.3 en el cual se ocuparan... *d* de su vida........... 3117
2.16 los *d* venideros ya todo será olvidado 3117
2.23 todos sus *d* no son sino dolores, y sus.......... 3117
5.17 todos los *d*... comerá en tinieblas, con 3117
5.18 gozar... todos los *d* de su vida que Dios........ 3117
5.20 no se acordará mucho de los *d* de su vida 3117
6.3 y los *d* de su edad fueren numerosos; si......... 3117
6.12 todos los *d* de la vida de su vanidad 3117
7.1 y mejor el *d* de la muerte que el *d* del........... 3117
7.14 el *d* del bien goza del bien; y en el *d* 3117
7.15 esto he visto en los *d* de mi vanidad 3117
7.15 impío que por su maldad alarga sus *d*
8.8 ni potestad sobre el *d* de la muerte; y........... 3117
8.12 y prolongue sus *d*, con todo yo también
8.13 ni le serán prolongados los *d*, que son.......... 3117
8.15 le quede de su trabajo los *d* de su vida......... 3117
8.16 hay quien ni de noche ni de *d* ve sueño 3117
9.9 goza de la... todos los *d*... de tu vanidad 3117
11.1 porque después de muchos *d* lo hallarás 3117
11.8 acuérdese... que los *d* de las tinieblas 3117
11.9 tome placer... en los *d* de tu adolescencia 3117
12.1 acuérdate de tu Creador en los *d* de tu......... 3117
12.1 vengan los *d* malos, y lleguen los años......... 3117
Cnt 2.17 hasta que apunte el *d*, y huyan las 3117
3.11 le coronó su... en el *d* de su desposorio 3117
3.11 le coronó... el *d* del gozo de su corazón........ 3117
4.6 hasta que apunte el *d* y huyan las sombras..... 3117
Is 1.1 visión de Isaías hijo de... en *d* de Uzías 3117
1.13 y *d* de reposo... no lo puedo sufrir; son
2.11,17 Jehová solo será exaltado en aquel *d* 3117
2.12 *d* de Jehová de... sobre todo soberbio y......... 3117
2.20 aquel *d* arrojará el hombre a los topos 3117
3.7 jurará aquel *d*, diciendo: No tomaré ese 3117
3.18 aquel *d* quitará el Señor el atavío del 3117
4.5 nube y oscuridad de *d*, y de noche... fuego...... 3119
4.6 habrá... para sombra contra el calor del *d* 3119
5.30 bramará sobre él en aquel *d* como... mar 3117
7.1 aconteció en los *d* de Acaz hijo de Jotam 3117
7.17 *d* cuales nunca vinieron desde el *d* que......... 3117
7.18 que aquel *d* silbará Jehová a la mosca 3117
7.20 en aquel *d* el Señor raerá con navaja 3117
9.4 tú quebrantaste su... como en el *d* de Madián..... 3117
9.14 cortará de... rama y caña en un mismo *d*...... 3117
10.3 ¿Y qué haréis en el *d* del castigo?............. 3117
10.17 que abrase y consuma en un *d* sus cardos.... 3117
10.32 vendrá *d* cuando reposará en Nob; alzará ... 3117
11.16 el *d* que subió de la tierra de Egipto 3117
12.1 aquel *d* dirás: Cantaré a ti, oh Jehová 3117
12.4 y diréis en aquel *d*:Cantad a Jehová........... 3117
13.6 aullad, porque cerca está el *d* de Jehová 3117
13.9 el *d* de Jehová viene, terrible, y de............ 3117
13.13 se moverá... en el *d* del ardor de su ira....... 3117
13.22 está su tiempo, y sus *d* no se alargarán....... 3117
14.3 y en el *d* que Jehová te dé reposo de tu........ 3117
16.3 tu sombra en medio del *d* como la noche 6672
17.7 en aquel *d* mirará el hombre a su Hacedor.... 3117
17.9 aquel *d* sus ciudades fortificadas serán 3117
17.11 el *d* que las plantes, las harás crecer 3117
17.11 será arrebatada en el *d* de la angustia 3117
19.16 aquel *d* los egipcios serán como mujeres 3117
19.21 de Egipto conocerán a Jehová en aquel *d* 3117
20.6 dirá en aquel *d* el morador de esta costa....... 3117
21.8 estoy yo continuamente de *d*, y... noches 3119
22.5 porque *d* es de alboroto, de angustia y 3117
22.8 y miraste en aquel *d* hacia la casa de.......... 3117
22.12 llamó en este *d* a llanto y a endechas......... 3117
22.20 aquel *d* llamaré a mi siervo Eliaquim.......... 3117
22.25 aquel *d*, dice Jehová de los ejércitos.......... 3117
23.7 era ésta... con muchos *d* de antigüedad? 3117
23.15 acontecerá en aquel *d*, que Tiro será.......... 3117
24.21 en aquel *d*, que Jehová castigará al 3117
24.22 serán castigados después de muchos *d*....... 3117
25.9 y se dirá en aquel *d*: He aquí, éste es 3117
26.1 aquel *d* cantarán este cántico en tierra........ 3117
27.1 aquel *d* Jehová castigará con su espada........ 3117
27.2 en aquel *d* cantad acerca de la viña del 3117
27.3 la guardaré de noche y de *d*, para que 3117
27.6 *d* vendrán cuando Jacob echará raíces
27.8 él los remueve... en el *d* del aire solano......... 3117
27.12 acontecerá en aquel *d*, que trillará............ 3117
27.13 acontecerá... en aquel *d*, que se tocará....... 3117

28.5 en aquel *d* Jehová... será por corona de....... 3117
28.19 de mañana en mañana pasará, de *d* y de..... 3117
28.24 ¿arará todo el *d*? ¿Romperá y quebrará 3117
30.8 quede hasta el *d* postrero, eternamente
30.25 habrá... aguas el *d* de la gran matanza 3117
30.26 como la luz de siete *d*, el *d* que vendare 3117
31.7 en aquel *d* arrojará el hombre sus ídolos...... 3117
34.8 porque es *d* de venganza de Jehová, año 3117
34.10 no se apagará de noche ni de *d*... humo 3117
37.3 *d* de angustia... y de blasfemia es este *d*....... 3117
37.26 desde los *d* de la antigüedad lo tengo......... 3117
38.1 en aquellos *d* Ezequías enfermó de muerte.... 3117
38.5 he aquí que yo añado a tus *d* quince años 3117
38.10 dije: A la mitad de mis *d* iré a... Seol.......... 3117
38.12 me consumirás entre el *d* y la noche 3117
38.20 cánticos... todos los *d* de nuestra vida 3117
39.6 *d* en que será llevado a Babilonia todo 3117
39.8 lo menos, haya paz y seguridad en mis *d* 3117
43.13 antes que hubiera *d*, yo era, y no hay......... 3117
47.9 dos... en un mismo *d*, orfandad y viudez....... 3117
48.7 ahora han sido creadas, no en *d* pasados...... 3117
49.8 te oí, y en el *d* de salvación te ayudé........... 3117
51.13 y todo el *d* temiste continuamente del 3117
52.5 dice... es blasfemado mi nombre todo el *d*..... 3117
52.6 mi pueblo sabrá mi nombre... en aquel *d*...... 3117
53.10 verá linaje, vivirá por largos *d*, y la 3117
54.9 será como en los *d* de Noé, cuando juré
56.2 guarda el *d* de reposo para no profanarlo
56.4 que guarden mis *d* de reposo, y escojan
56.6 a todos los que guarden el *d* de reposo
56.12 el *d* de mañana como este, o mucho más 3117
58.2 que me buscan cada *d*, y quieren saber 3117
58.3 en el *d* de vuestro ayuno buscáis vuestro 3117
58.5 que de *d* aflija el hombre su alma, que 3117
58.5 llamaréis esto... *d* agradable a Jehová? 3117
58.13 si retrajeres del *d* de reposo tu pie 3117
58.13 de hacer tu voluntad en mi *d* santo, y.......... 3117
60.11 no se cerrarán de *d* ni de noche, para........ 3119
60.19 el sol nunca más te... de luz para el *d* 3117
60.20 luz... los *d* de tu luto serán acabados 3117
61.2 año... y el *d* de venganza del Dios nuestro..... 3117
62.6 todo el *d* y toda la noche no callarán 3117
63.4 el *d* de la venganza está en mi corazón........ 3117
63.9 los trajo, y los levantó todos los *d* de........... 3117
63.11 se acordó de los *d* antiguos, de Moisés 3117
65.2 extendí mis manos todo el *d* a pueblo.......... 3117
65.5 en mi furor, fuego que arde todo el *d*.......... 3117
65.20 pocos *d*, ni viejo que sus *d* no cumpla......... 3117
65.22 según los *d* de los árboles serán los *d* 3117
66.8 ¿concebirá la tierra en un *d*? ¿Nacerá 3117
66.23 de *d* de reposo en *d* de reposo, vendrán
Jer 1.2 palabra... que le vino en los *d* de Josías........ 3117
1.3 le vino... en *d* de Joacim hijo de Josías.......... 3117
1.10 te he puesto en este *d* sobre naciones y........ 3117
1.18 yo te he puesto en este *d* como ciudad 3117
2.32 se ha olvidado de mí por innumerables *d*...... 3117
3.6 me dijo Jehová en *d* del rey Josías: ¿Has........ 3117
3.16 en esos *d*, dice Jehová, no se dirá más.......... 3117
3.25 hasta este *d*, y no hemos escuchado la......... 3117
4.9 en aquel *d*, dice Jehová, desfallecerá el......... 3117
5.18 aquellos *d*, dice Jehová, no os destruiré 3117
6.4 que va cayendo ya el *d*, que las sombras........ 3117
7.22 *d* que los saqué de la tierra de Egipto 3117
7.25 el *d* que vuestros padres salieron de la........ 3117
7.32 vendrán *d*, ha dicho Jehová, en que no se 3117
8.15 esperamos paz... *d* de curación, y he aquí 6256
9.1 para que llore *d* y noche los muertos de 3119
9.25 que vienen *d*... en que castigaré a todo 3117
11.4 el cual mandé a vuestros padres el *d* que...... 3117
11.5 que les daría la tierra... como en este *d* 3117
11.7 el *d* que les hice subir de la tierra de 3117
11.14 no oiré en el *d* que en su... clamen a mí 6256
12.3 y señálalos para el *d* de la matanza 3117
13.6 que después de muchos *d* me dijo Jehová...... 3117
14.17 derramen mis ojos lágrimas noche y *d* 3119
15.9 su sol se puso siendo aún de *d*; fue 3119
16.9 cesar... en vuestros *d*, toda voz de gozo 3117
16.13 allá serviréis a dioses ajenos de *d* y 3119
16.14 vienen *d*... no se dirá más: Vive Jehová....... 3117
17.11 en la mitad de sus *d* las dejará, y en.......... 3117
17.16 ni deseé *d* de calamidad, tú lo sabes.......... 3117
17.17 pues mi refugio eres tú en el *d* malo.......... 3117
17.18 sobre ellos *d* malo, y quebrántalos con 3117
17.21 guardaos... de llevar cargaón el *d* de.......... 3117
17.22 ni saquéis carga de... en el *d* de reposo....... 3117
17.22 santificad el *d* de reposo, como mandé 3117
17.24 no metiendo carga... en el *d* de reposo 3117
17.24 sino que santificareis el *d* de reposo 3117
17.27 si no me oyereis para santificar el *d* 3117
17.27 para no traer carga ni... en *d* de reposo...... 3117
18.17 les mostraré las espaldas... en el *d* de......... 3117
19.6 vienen *d*, dice Jehová, que este lugar no....... 3117
20.3 y el *d* siguiente Pasur sacó a Jeremías......... 4283
20.7 cada *d* he sido escarnecido, cada cual se
20.8 ha sido para afrenta y escarnio cada *d*
20.14 maldito el *d* en que nací; el *d* en que.......... 3117
20.18 y que mis *d* se gastasen en afrenta?........... 3117
22.30 nada próspero sucederá en todos los *d*....... 3117
23.5 que vienen *d*... en que levantaré a David 3117
23.6 sus *d* será salvo Judá, e Israel habitará 3117
23.7 vienen *d*... no dirán más: Vive Jehová 3117
23.20 en los postreros *d* lo entenderéis 3117
25.3 el año trece de Josías... hasta este *d*.......... 3117
25.33 yacerán los muertos... en aquel *d* desde....... 3117
25.34 porque cumplidos son vuestros *d* para 3117
27.22 allí estarán hasta el *d* en que yo los 3117
30.3 vienen *d*... en que haré volver... cautivos 3117
30.7 ¡ah, cuán grande es aquel *d*! tanto, que........ 3117

30.8 aquel *d*... quebraré su yugo de tu cuello 3117
30.24 en el fin de los *d* entenderéis esto 3117
31.6 habrá *d* en que clamarán los guardas en...... 3117
31.27 vienen *d*... en que sembraré la casa de....... 3117
31.29 en aquellos *d* no dirán más: Los padres 3117
31.31 *d*... en los cuales haré nuevo pacto con....... 3117
31.32 el *d* que tomé su mano para sacarlos de...... 3117
31.33 pacto que haré... después de aquellos *d* 3117
31.35 Jehová, que da el sol para luz del *d*........... 3119
31.38 vienen *d*... que la ciudad será edificada 3117
32.14 ponlas en... que se conserven muchos *d* 3117
32.20 señales... hasta este *d*... en el *d* de hoy 3119
32.31 desde el *d* que la edificaron hasta hoy........ 3119
33.14 vienen *d*... confirmaré la buena palabra 3117
33.15 en aquellos *d*... haré brotar a David un 3117
33.16 aquellos *d* Judá será salvo, y Jerusalén....... 3117
33.18 varón que... haga sacrificio todos los *d*
33.20 pacto con el *d*... que no haya *d* ni noche...... 3117
33.25 si no permanece mi pacto con el *d* y la 3119
34.13 hice pacto... *d* que los saqué de tierra 3117
35.1 palabra... vino a Jeremías en *d* de Joacim..... 3117
35.7 que moraréis en tiendas todos vuestros *d* 3117
35.7 que viváis muchos *d* sobre la faz de la......... 3117
35.8 de no beber vino en todos nuestros *d*.......... 3117
35.19 que esté en mi presencia todos los *d*
36.2 que comencé... los *d* de Josías hasta hoy..... 3117
36.6 este rollo... el *d* del ayuno; y las leerás......... 3117
36.30 será echado al calor del *d* y al hielo 3117
37.16 habiendo estado... Jeremías por muchos *d*... 3117
37.21 haciéndole dar una torta de pan al *d*
38.28 de la cárcel hasta el *d* que fue tomada 3117
39.2 a los nueve *d* del mes se abrió brecha 3117
39.16 sucederá... en aquel *d* en presencia tuya 3117
39.17 en aquel *d* yo te libraré, dice Jehová 3117
41.4 sucedió... *d* después que mató a Gedalías 3117
42.7 al cabo de diez *d* vino palabra de Jehová...... 3117
44.2 aquí que ellas están el *d* de hoy asoladas 3117
44.10 no se han humillado hasta el *d* de hoy........ 3117
46.10 mas ese *d* será para... *d* de retribución....... 3117
46.21 vino... el *d* de su quebrantamiento, el......... 3117
46.26 será habitado como en los *d* pasados 3117
47.4 causa del *d* que viene para destrucción 3117
48.12 vienen *d*... yo le enviaré trasvasadores........ 3117
48.41 en aquel *d* el corazón de los valientes 3117
49.2 vienen *d*... haré oír clamor de guerra en 3117
49.22 corazón de... Edom será en aquel *d* como 3117
49.26 hombres de guerra morirán en aquel *d* 3117
49.39 en los últimos *d*, que haré volver a los......... 3117
50.4 aquellos *d*... vendrán los hijos de Israel......... 3117
50.20 en aquellos *d*... la maldad de Israel será 3117
50.27 ha venido su *d*, el tiempo de su castigo 3117
50.30 sus hombres de... destruidos en aquel *d*...... 3117
50.31 porque tu *d* ha venido, el tiempo en que...... 3117
51.2 se pondrán contra ella... en el *d* del mal....... 3117
51.47 vienen *d* en que... destruiré los ídolos 3117
51.50 andad... acordaos por muchos *d* de Jehová
51.52 vienen *d*... que yo destruiré sus ídolos 3117
52.4 diez *d* del mes, que vino Nabucodonosor
52.6 nueve *d* del mes, prevaleció el hambre
52.11 lo puso en la cárcel hasta el *d* en que......... 3117
52.12 a los diez *d* del mes, que era el año 19
52.31 los veinticinco *d* del mes, Evil-merodac
52.33 comía pan... mesa del rey... todos los *d*....... 3117
52.34 cada *d*... todos los *d*... hasta el *d* de su......... 3117
Lm 1.7 se acordó de los *d* de su aflicción, y............. 3117
1.12 me ha angustiado en el *d* de su... furor 3117
1.13 me dejó desolada, y con dolor todo el *d*......... 3117
1.21 harás venir el *d* que has anunciado, y 3117
2.1 y no se acordó del... en el *d* de su furor 3117
2.6 hecho olvidar... los *d* de reposo en Sion
2.7 resonar su voz en... como en *d* de fiesta 3117
2.16 este es el *d* que esperábamos; lo hemos 3117
2.18 echa lágrimas cual arroyo *d* y noche; no 3119
2.21 mataste en el *d* de tu furor; degollaste.......... 3117
2.22 convocado... como en un *d* de solemnidad..... 3117
2.22 y en el *d* del furor de Jehová no hubo 3117
3.3 contra mí... y revolvió su mano todo el *d* 3117
3.14 escarnio a... burla de ellos todos los *d* 3117
3.57 acercaste el *d* que te invoqué; dijiste........... 3117
4.10 hijos les sirvieron de comida en el *d*
4.18 acercó... fin, se cumplieron nuestros *d* 3117
5.21 renueva nuestros *d* como al principio 3117
Ez 1.1 a los cinco *d* del mes, que estando yo
1.2 en el quinto año... a los cinco *d* del mes
1.28 el arco iris que está en las nubes el *d*.......... 3117
2.3 se han rebelado contra mí hasta este... *d*........ 3117
3.15 permanecí siete *d* atónito entre ellos.......... 3117
4.4 el número de los *d* que duermas sobre él 3117
4.5 los años... por el número de los *d*, 390 *d* 3117
4.6 cuarenta *d*; *d* por año, *d* por año te lo he 3117
4.8 hasta que hayas cumplido los *d* de... asedio 3117
4.9 y hazte pan de ellos el número de los *d* 3117
4.9 pan... trescientos noventa *d* comerás de él 3117
4.10 comida... de peso de veinte siclos al *d* 3117
5.2 parte quemarás... cuando se cumplan los *d* 3117
7.7 cercano está el *d*; *d* de tumulto, y no de......... 3117
7.10 el *d*, he aquí que viene; ha salido la............ 3117
7.12 el tiempo ha venido, se acercó el *d*; el 3117
7.19 librarlos en el *d* del furor de Jehová........... 3117
8.1 cinco *d* del mes, aconteció que estaba yo
12.3 prepárate... y parte de *d* delante de sus 3119
12.4 sacarás tus enseres de *d* delante de sus 3119
12.7 saqué mis enseres de *d*, como enseres de...... 3119
12.22 se van prolongando los *d*, y... visión?........... 3117
12.23 diles: Se han acercado aquellos *d*, y el........ 3117
12.25 en vuestros *d*, oh casa rebelde, hablaré 3117
12.27 la visión... es para de aquí a muchos *d* 3117
13.5 resista... la batalla en el *d* de Jehová 3117

16.4 *d* que naciste no fue cortado tu ombligo....... 3117
16.5 que fuiste arrojada... en el *d* que naciste 3117
16.22 no te has acordado de los *d*... Juventud 3117
16.43 no... acordaste de los *d* de tu juventud......... 3117
16.60 mi pacto que concerté... en los *d* de tu........ 3117
20.1 los diez *d* del mes, que vinieron algunos
20.5 el *d* que escogí a Israel, y que alcé mi.......... 3117
20.6 aquel *d* que les alcé mi mano, jurando......... 3117
20.12 di... mis *d* de reposo, para que fuesen........ 7676
20.13,16,21,24 mis *d* de reposo profanaron 7676
20.20 y santificad mis *d* de reposo, y sean 7676
20.29 y fue llamada... Bama hasta el *d* de hoy...... 3117
21.25 impío príncipe... cuyo *d* ha llegado ya........ 3117
21.29 cuyo *d* vino en el tiempo de... la maldad...... 3117
22.4 has hecho acercar tu *d*, y has llegado 3117
22.8 mis... y mis *d* de reposo has profanado........ 7676
22.14 ¿serán fuertes tus manos en los *d* en 3117
22.24 rociada con lluvia en el *d* del furor........... 3117
22.26 de mis *d* de reposo apartaron sus ojos 7676
23.19 trayendo en memoria... *d* de su juventud 3117
23.38 contaminaron mi santuario en aquel *d*....... 3117
23.38 aun esto... profanaron mis *d* de reposo 7676
23.39 entraban en mi santuario el mismo *d* 3117
24.1 palabra... a los diez *d* del mes, diciendo
24.2 escribe la fecha de este *d*; el rey de............ 3117
24.2 puso sitio a Jerusalén este mismo *d* 3117
24.25 el *d* que yo arrebate a... su fortaleza 3117
24.26 ese *d* vendrá a ti... que haya escapado 3117
24.27 aquel *d* se abrirá tu boca para hablar........ 3117
26.1 undécimo año, en el *d* primero del mes
26.18 se estremecerán... en el *d* de tu caída 3117
27.27 caerán en medio de... el *d* de tu caída 3117
28.13 preparados para ti... *d* de tu creación........ 3117
28.15 perfecto eras... el *d* que fuiste creado 3117
29.1 los doce *d* del mes, vino a mí palabra
29.17 el *d* primero del mes, que vino a mí 3117
30.2 así ha dicho... Lamentad: ¡Ay de aquel *d*! 3117
30.3 porque cerca está el *d*... el *d* de Jehová......... 3117
30.3 *d* de nublado, *d* de castigo de... naciones 3117
30.9 tendrán espanto como en el *d* de Egipto 3117
30.18 se oscurecerá el *d*, cuando quebrante yo 3117
30.20 a los siete *d* del mes, que vino a mí
31.1 *d* primero del mes, que vino a mí palabra
31.15 el *d* que descendió al Seol, hice... Auto 3117
32.1 *d* primero del mes, que vino a mí palabra
32.10 se sobresaltarán... en el *d* de tu caída 3117
32.17 a los quince *d* del mes, que vino a mí
33.12 no lo librará el *d* que se rebelare; y 3117
33.12 el *d* que se volviere... el *d* que pecare.......... 3117
34.12 reconoce su rebaño el pastor el *d* que........ 3117
34.12 fueron esparcidas el *d* del nublado y 3117
36.33 *d* que os limpie de todas... iniquidades 3117
38.8 aquí a muchos *d* serás visitado; al cabo 3117
38.10 aquel *d* subirán palabras en tu corazón....... 3117
38.16 al cabo de los *d*; y te traeré sobre mi 3117
39.8 dice... este es el *d* del cual he hablado 3117
39.13 célebre el *d* en que yo sea glorificado 3117
39.22 de aquel *d* en adelante sabrá la casa de...... 3117
40.1 a los diez *d* del mes, a los catorce años
40.1 aquel mismo *d* vino sobre mí la mano de 3117
43.18 las ordenanzas del altar el *d* en que sea...... 3117
43.22 al segundo *d* ofrecerás un macho cabrío...... 3117
43.25 siete *d* sacrificarán un macho cabrío.......... 3117
43.25 un macho cabrío cada *d* en expiación.......... 3117
43.26 siete *d* harán expiación por el altar 3117
43.27 y acabados estos *d*, del octavo *d* en........... 3117
44.24 estarán... santificarán mis *d* de reposo....... 7676
44.26 su purificación, le contarán siete *d*............ 3117
44.27 el *d* que entre al santuario, al atrio 3117
45.17 la libación... en los *d* de reposo y en 7676
45.18 el *d* primero del mes, tomarás de la
45.20 así harás el séptimo *d* del mes para los
45.21 a los catorce *d* del mes, tendréis la 3117
45.21 tendréis la pascua, fiesta de siete *d* 3117
45.22 aquel *d* el príncipe sacrificará por sí........... 3117
45.23 y en los siete *d* de la fiesta solemne........... 3117
45.23 sin defecto, cada *d* de los siete *d*; y 3117
45.23 por el pecado un macho cabrío cada *d*....... 3117
45.25 a los quince *d* del mes, en la fiesta............ 3117
45.25 hará como en estos siete *d* en cuanto.......... 3117
46.1 estará cerrada los seis *d* de trabajo, y.......... 3117
46.1 y el *d* de reposo se abrirá; se abrirá............ 3117
46.1 se abrirá también el *d* de la luna nueva 3117
46.3 adorará el pueblo... en los *d* de reposo y 7676
46.4 ofrecerá a Jehová en el *d* de reposo será...... 7676
46.6 mas el *d* de la luna nueva, un becerro 3117
46.12 ofrendas, como hace en el *d* de reposo 3117
46.13 cada *d* en holocausto un cordero de un 3117
48.35 el nombre... desde aquel *d*... Jehová-sama.... 3117
Dn 1.5 les señaló el rey ración para cada *d* 3117
1.12 que hagas la prueba... por diez *d*, y nos 3117
1.14 consintió... y probó con ellos diez *d*............ 3117
1.15 al cabo de los diez *d* pareció el rostro 3117
1.18 pasados... los *d* al fin de los cuales había 3117
2.28 que ha de acontecer en los postreros *d*......... 3118
2.44 y en los *d* de estos reyes el Dios del............ 3118
5.11 en los *d* de tu padre se halló en él luz.......... 3118
6.7 que en el espacio de treinta *d* demande 3118
6.10 se arrodillaba tres veces al *d*, y oraba 3118
6.12 que en el espacio de treinta *d* pida a 3118
6.13 sino que tres veces al *d* hace su petición........ 3118
7.9 se sentó un Anciano de *d*, cuyo vestido 3118
7.13 venía uno... vino hasta el Anciano de *d*........ 3118
7.22 hasta que vino el Anciano de *d*, y se dio 3118
8.26 tú guarda la visión... es para muchos *d*........ 3117
8.27 y estuve enfermo algunos *d*, y cuando.......... 3117
9.7 en el *d* de hoy lleva todo hombre de Judá....... 3117
10.2 en aquellos *d* yo Daniel estuve afligido 3117

10.4 el d veinticuatro del mes primero estaba 3117
10.12 el primer d que dispusiste tu corazón 3117
10.13 se me opuso durante veintiún d; pero 3117
10.14 que ha de venir... en los postreros d 3117
10.14 hacerte saber... visión es para esos d 3117
11.20 en pocos d será quebrantado, aunque no..... 3117
11.33 por algunos d caerán a espada y a fuego..... 3117
12.11 hasta la abominación... habrá 1.290 d 3117
12.12 bienaventurado el... y llegue a 1.335 d........ 3117
12.13 tú irás... te levantarás... al fin de los d........ 3117
Os 1.1 vino... en d de Uzías... en d de Jeroboam....... 3117
1.5 en aquel d quebraré yo el arco de Israel........ 3117
1.11 y subirán... el d de Jezreel será grande........ 3117
2.3 que yo... la ponga como el d en que nació 3117
2.11 haré cesar todo su... y sus d de reposo 7676
2.13 la castigaré por los d en que incensaba 3117
2.15 y como en el d de su subida de... Egipto 3117
3.3 le dije: Tú serás mía durante muchos d......... 3117
3.4 muchos d estarán los hijos de Israel sin 3117
3.5 y temerán a Jehová... en el fin de los d 3117
4.5 caerás... en el d, y caerá... el profeta de 3117
5.9 Efraín será asolado en el d del castigo.......... 3117
6.2 nos dará vida después de dos d; en el........... 3117
6.2 el tercer d nos resucitará, y viviremos.......... 3117
7.5 en el d de nuestro rey los príncipes lo 3117
9.5 ¿qué haréis en el d de la solemnidad, y 3117
9.5 ¿qué haréis... d de la fiesta de Jehová? 3117
9.7 vinieron los d del castigo... los d de la 3117
9.9 en los d de Gabaa; ahora se acordará de....... 3117
10.9 desde... d de Gabaa has pecado, oh Israel..... 3117
10.14 destruyó Salmán... en el d de la batalla 3117
12.9 te haré morar en tiendas, como en los d....... 3117
Jl 1.2 ¿ha acontecido esto en vuestros d, o en.......... 3117
1.15 ¡ay del d! porque cercano está el d de 3117
2.1 porque viene el d de Jehová... está cercano 3117
2.2 d de tinieblas y... d de nube y de sombra 3117
2.11 porque grande es el d de Jehová, y muy 3117
2.29 derramaré mi Espíritu en aquellos d 3117
2.31 antes que venga el d grande... de Jehová...... 3117
3.1 que en aquellos d... en que haré volver la....... 3117
3.14 cercano está el d de Jehová en el valle 3117
Am 1.1 profetizó... d de Uzías... d de Jeroboam 3117
1.14 consumirá sus palacios... en el d de la.......... 3117
1.14 fuego... con tempestad en d tempestuoso...... 3117
2.16 el esforzado de... huirá desnudo aquel d 3117
3.14 que el d que castigue las rebeliones de 3117
4.2 vienen... d en que os llevarán con ganchos 3117
4.4 y traed... y vuestros diezmos cada tres d 3117
5.8 y hace oscurecer el d como noche; el que....... 3117
5.18 ¡ay de los que desean el d de Jehová!.......... 3117
5.18 ¿para qué queréis este d de Jehová? 3117
5.20 ¿no será el d de Jehová tinieblas, y no......... 3117
6.3 oh vosotros que dilatáis el d malo, y 3117
8.3 cantores del templo gemirán en aquel d.......... 3117
8.9 acontecerá en aquel d... que se ponga el sol 3117
8.9 y cubriré de tinieblas la tierra en el d 3117
8.10 volveré... su postrimería como d amargo...... 3117
8.11 vienen d... en los cuales enviaré hambre 3117
9.11 en aquel d yo levantaré el tabernáculo 3117
9.13 vienen d... en que el que ara alcanzará........ 3117
Abd 8 ¿no haré que perezcan en aquel d, dice 3117
11 el d que... llevaban extraños cautivo su 3117
12 mirando en el d de... el d de su infortunio....... 3117
12 d en que se perdieron... d de la angustia........ 3117
13 entrado... en el d de su quebrantamiento 3117
13 haber mirado su mal... el d de su quebranto 3117
13 ni haber echado mano a sus... en el d de su..... 3117
14 a los que quedaban en el d de angustia 3117
15 porque cercano está el d de Jehová sobre....... 3117
Jon 1.17 Jonás en el vientre del pez tres d............. 3117
3.3 era Nínive ciudad... de tres d de camino......... 3117
3.4 a entrar por la ciudad, camino de un d.......... 3117
3.4 de aquí a 40 d Nínive será destruida............ 3117
4.7 al venir el alba del d siguiente, Dios 4283
Mi 1.1 palabra de... a Miqueas... en d de Jotam 3117
3.6 se pondrá el sol, y el d se entenebrecerá......... 3117
4.6 en aquel d, dice... juntaré la que cojea 3117
5.2 salidas son desde los d de la eternidad 3117
5.10 en aquel d, dice Jehová, que haré matar....... 3117
7.4 d de tu castigo viene, el que anunciaron 3117
7.11 viene el d... que se edificarán tus muros........ 3117
7.11 aquel d se extenderán los límites 3117
7.12 en ese d vendrán hasta ti desde Asiria 3117
7.15 maravillas como el d que saliste de............ 3117
Nah 1.7 es... fortaleza en el d de la angustia 3117
2.3 el d que se prepare, temblarán las hayas 3117
3.17 que se sientan en vallados en d de frío 3117
Hab 1.5 haré una obra en vuestros d, que aun 3117
3.16 estaré quieto en el d de la angustia............ 3117
Sof 1.1 en d de Josías hijo de Amón, rey de............ 3117
1.7 porque el d de Jehová está cercano 3117
1.8 d del sacrificio de Jehová castigaré a............ 3117
1.9 castigaré en aquel d a todos los que 3117
1.10 habrá en aquel d... voz de clamor desde........ 3117
1.14 cercano está el d grande de Jehová 3117
1.14 amarga la voz del d de Jehová; gritará......... 3117
1.15 d de ira aquel d, d de angustia y de............ 3117
1.15 d de alboroto y... d de tiniebla y... d de 3117
1.16 d de trompeta y de algazara sobre las......... 3117
1.18 ni su oro podrá librarlos en el d de la 3117
2.2 y el d se pase como el tamo; antes que.......... 3117
2.2 que el d de la ira de Jehová venga sobre 3117
2.3 seréis guardados en el d del enojo de.......... 3117
2.4 saquearán a Asdod en pleno d, y Ecrón......... 6672
3.8 esperadme... hasta el d que me levante para ... 3117
3.11 en aquel d no serás avergonzada por 3117
Hag 1.1 en el primer d del mes, vino palabra.......... 3117
1.15 en el d veinticuatro del mes sexto, en.......... 3117
2.1 a los veintiún d del mes, vino palabra
2.10 a los veinticuatro d del noveno mes, en
2.15 meditad... este d en adelante, antes que 3117
2.18 meditad... desde este d... el d veinticuatro..... 3117
2.18 desde el d que se echó el cimiento del 3117
2.19 todavía; mas desde este d os bendeciré........ 3117
2.20 vino... palabra de... a los veinticuatro d
2.23 aquel d... te tomaré, oh Zorobabel hijo 3117
Zac 1.7 a los 24 d del mes undécimo, que es el......... 3117
2.11 se unirán muchas naciones... en aquel d 3117
3.9 quitaré el pecado de la tierra en un d 3117
3.10 en aquel d, dice Jehová... cada uno de......... 3117
4.10 menospreciaron el d de las pequeñeces 3117
6.10 irás tú en aquel d, y entrarás en casa 3117
7.1 vino palabra de... a los cuatro d del mes
8.4 con bordón en... por la multitud de los d........ 3117
8.6 parecerá maravilloso a... en aquellos d.......... 3117
8.9 los que oís en estos d estas palabras de.......... 3117
8.9 desde el d que se echó el cimiento a la.......... 3117
8.10 antes de estos d no ha habido paga de 3117
8.11 no lo haré... como en aquellos d pasados 3117
8.15 pensado hacer bien a... Judá en estos d 3117
8.23 aquellos d acontecerá que diez hombres 3117
9.16 los salvará en aquel d Jehová su Dios 3117
11.11 fue deshecho en ese d, y así conocieron 3117
12.3 en aquel d yo pondré a Jerusalén por 3117
12.4 en aquel d... heriré con pánico a todo 3117
12.6 aquel d pondré a los capitanes de Judá 3117
12.8 aquel d Jehová defenderá al morador de........ 3117
12.9 en aquel d yo procuraré destruir a todas...... 3117
12.11 en aquel d habrá... llanto en Jerusalén....... 3117
13.2 aquel d... quitaré de la tierra... nombres 3117
14.1 el d de Jehová viene, y en medio de ti.......... 3117
14.3 y peleará... peleó en el d de la batalla 3117
14.4 se afirmarán sus pies en aquel d sobre......... 3117
14.5 huisteis... en los d de Uzías rey de Judá 3117
14.6 en ese d no habrá luz clara, ni oscura 3117
14.7 será un d... que no será ni d ni noche.......... 3117
14.8 aquel d, que saldrán de Jerusalén aguas 3117
14.9 en aquel d Jehová será uno, y uno su.......... 3117
14.13 aquel d que habrá entre ellos... pánico 3117
14.20 en aquel d estará grabado sobre las 3117
14.21 no habrá en aquel d más mercader en la..... 3117
Mal 3.4 será grata a... como en los d pasados 3117
3.7 desde los d de vuestros padres os habéis 3117
3.17 mi especial tesoro... el d en que yo actúe 3117
4.1 aquí, viene el d ardiente como un horno 3117
4.1 aquel d que vendrá los abrasará, ha dicho 3117
4.3 en el d en que yo actúe, ha dicho Jehová........ 3117
4.5 antes que venga el d de Jehová, grande 3117
Mt 2.1 Jesús nació en... en d del rey Herodes.......... 2250
3.1 en aquellos d vino Juan el Bautista 2250
4.2 y después de haber ayunado cuarenta d y 2250
6.11 **el pan nuestro de cada d, dánoslo hoy**......... 4594
6.34 **así... no os afanéis por el d de mañana** 839
6.34 **porque el d de mañana traerá su afán** 839
6.34 **su afán. Basta a cada d su propio mal**.......... 2250
7.22 **me dirán en aquel d: Señor, Señor, ¿no** 2250
9.15 **d cuando el esposo les será quitado, y**.......... 2250
10.15 **os digo que en el d del juicio, será** 2250
11.12 **desde los d de Juan... el reino de los** 2250
11.22,24 **d del juicio, será más tolerable** 2250
11.23 **habría permanecido hasta el d de hoy** 4594
12.1 iba Jesús... sembrados en un d de reposo........ 4521
12.2 que no es lícito hacer en el d de reposo 4521
12.5 **el d de reposo... profanan el d de reposo** 4521
12.8 **el Hijo del Hombre es Señor del d de** 4521
12.10 ¿es lícito sanar en el d de reposo? 4521
12.11 **ésta cayere en un hoyo en d de reposo** 4521
12.12 **lícito hacer el bien en los d de reposo** 4521
12.36 **de ella darán cuenta en el d del juicio**......... 2250
12.40 **estuvo Jonás en el... del gran pez tres d**....... 2250
12.40 **estará el Hijo... tres d y tres noches** 2250
13.1 aquel d salió Jesús de la casa y se sentó 2250
15.32 **ya hace tres d que están conmigo, y no**....... 2250
16.21 y ser muerto, y resucitar al tercer d 2250
17.1 seis d después, Jesús tomó a Pedro, a........... 2250
17.23 **le matarán; mas al tercer d resucitará** 2250
20.2 **habiendo convenido... en un denario al d** 2250
20.3 **cerca de la hora tercera del d, vio a**
20.6 **¿por qué... aquí todo el d desocupados?**........ 2250
20.12 **hemos soportado la... y el calor del d** 2250
20.19 **crucifiquen; mas al tercer d resucitará** 2250
22.23 aquel d vinieron a él los saduceos, que 2250
22.46 ni osó alguno desde... d preguntarle más...... 2250
23.30 **decís: Si hubiésemos vivido en los d de** 2250
24.19 **¡ay de... de las que críen en aquellos d!** 2250
24.20 **vuestra huida no sea en... d de reposo** 4521
24.22 **si aquellos d no fuesen acortados, nadie** 2250
24.22 **por causa... aquellos d serán acortados** 2250
24.29 **después de la tribulación de aquellos d** 2250
24.36 **del d y la hora nadie sabe, ni aun los**.......... 2250
24.37 **mas como en los d de Noé, así será la** 2250
24.38 **d antes del diluvio estaban comiendo** 2250
24.38 **hasta el d en que Noé entró en el arca** 2250
24.50 **vendrá... en d que éste no espera, y a la** 2250
25.13 **no sabéis el d ni la hora en que el**............. 2250
26.2 **que dentro de dos d se celebra la pascua**...... 2250
26.17 el primer d de la fiesta de los panes
26.29 **hasta aquel d en que lo beba nuevo con** 2250
26.55 **cada d me sentaba con... enseñando en el** ... 2250
26.61 derribar el templo... en tres d reedificarlo..... 2250
27.8 se llama hasta el d de... Campo de sangre 4594
27.15 en el d de la fiesta acostumbraba el 1859
27.40 en tres d lo reedificas, sálvate a ti 2250
27.62 al d siguiente, que es después de la........... 1887
27.63 dijo... Después de tres d resucitaré 2250
27.64 que se asegure el... hasta el tercer d........... 2250
28.1 pasado el d de reposo, al amanecer del........ 4521
28.1 al amanecer del primer d de la semana
28.15 ha divulgado entre... hasta el d de hoy 4594
28.20 **estoy con vosotros todos los d, hasta** 2250
Mr 1.9 aquellos d, que Jesús vino de Nazaret.......... 2250
1.13 estuvo allí en el desierto cuarenta d 2250
1.21 los d de reposo, entrando en la sinagoga 4521
2.1 entró... en Capernaum después de algunos d ... 2250
2.20 **d cuando el esposo les será quitado, y**......... 2250
2.20 **y entonces en aquellos d ayunarán**............ 2250
2.23 al pasar él por los sembrados un d de reposo .. 4521
2.24 ¿por qué hacen en el d de reposo lo que 4521
2.27 **el d de reposo fue hecho por causa del** 4521
2.27 **no el hombre por causa del d de reposo** 4521
2.28 **el Hijo... es Señor aun del d de reposo** 4521
3.2 en el d de reposo le sanaría, a fin de........... 4521
3.4 **¿es lícito en los d de reposo hacer bien** 4521
4.27 **y duerme y se levanta, de noche y de d** 2250
4.35 aquel d, cuando llegó la noche, les dijo 2250
5.5 de d y de noche, andaba dando voces en........ 2250
6.2 el d de reposo, comenzó a enseñar en la 4521
6.11 **en el d del juicio, será más tolerable** 2250
8.1 en aquellos d... había una gran multitud......... 2250
8.2 **ya hace tres d que están conmigo, y no**......... 2250
8.31 muerto, y resucitar después de tres d 2250
9.2 seis d después, Jesús tomó a Pedro, a............ 2250
9.31 **matarán; pero... resucitará al tercer d** 2250
10.34 **le matarán; mas al tercer d resucitará** 2250
11.12 al d siguiente, cuando salieron de 1887
13.17 **¡ay... de las que críen en aquellos d!** 2250
13.19 **aquellos d serán de tribulación cual** 2250
13.20 **Señor no hubiese acortado aquellos d**......... 2250
13.20 **por... los escogidos... acortó aquellos d** 2250
13.32 **de aquel d y de la hora nadie sabe, ni** 2250
14.1 dos d después era la pascua, y la fiesta 2250
14.12 el primer d de la fiesta de los panes 2250
14.25 **no beberé... hasta aquel d en que lo beba** 2250
14.49 **cada d estaba con vosotros enseñando en**.... 2250
14.58 en tres d edificaré otro hecho sin mano 2250
15.6 el d de la fiesta les soltaba un preso 1859
15.29 que derribas... en tres d lo reedificas............ 2250
15.42 es decir, la víspera del d de reposo 4315
16.1 pasó el d de reposo, María Magdalena 4521
16.2 el primer d de la semana, vinieron al 3391,4521
16.9 resucitado Jesús... primer d de la semana.... 4413,4521
Lc 1.5 hubo en los d de Herodes... un sacerdote 2250
1.20 mudo y... hasta el d en que esto se haga 2250
1.23 y cumplidos los d de su ministerio, se........... 2250
1.24 después de aquellos d concibió su mujer......... 2250
1.25 los d en que se dignó quitar mi afrenta 2250
1.39 en aquellos d, levantándose María, fue 2250
1.59 al octavo d vinieron para circuncidar 2250
1.75 justicia delante de él, todos nuestros d.......... 2250
1.80 hasta el d de su manifestación a Israel 2250
2.1 en aquellos d... se promulgó un edicto de 2250
2.6 se cumplieron los d de su alumbramiento 2250
2.21 cumplidos los ocho d para circuncidar al 2250
2.22 se cumplieron los d de la purificación 2250
2.37 sirviendo de noche y de d con ayunos y.......... 2250
2.44 camino de un d; y le buscaban entre los 2250
2.46 tres d después le hallaron en el templo 2250
4.2 cuarenta d, y era tentado por el diablo 2250
4.2 no comió nada en aquellos d, pasados los........ 2250
4.16 en el d de reposo entró en la sinagoga.......... 4521
4.25 **muchas viudas había... en los d de Elías** 2250
4.31 Jesús... les enseñaba en los d de reposo 4521
4.42 cuando ya era de d, salió y se fue a un.......... 2250
5.17 aconteció un d, que él estaba enseñando 2250
5.35 **mas... d cuando el esposo les será quitado** 2250
5.35 **les será quitado... en aquellos d ayunarán** 2250
6.1 un d de reposo, que pasando Jesús por los...... 4521
6.2 no es lícito hacer en los d de reposo? 4521
6.5 **el Hijo del... es Señor aun del d de reposo** 4521
6.6 en otro d de reposo, que él entró en la.......... 4521
6.7 para ver si en el d de reposo lo sanaría.......... 4521
6.9 **¿es lícito en d de reposo hacer bien, o** 4521
6.12 en aquellos d él fue al monte a orar 2250
6.13 cuando era de d, llamó a sus discípulos......... 2250
6.23 **gozaos en aquel d, y alegraos, porque** 2250
8.22 aconteció un d, que entró en una barca 2250
9.12 el d comenzaba a declinar; y acercándose....... 2250
9.22 **que sea muerto, y resucite al tercer d** 2250
9.23 **mismo, tome su cruz cada d, y sígame**........ 2250
9.28 como ocho d después... que tomó a Pedro 2250
9.36 por aquellos d no dijeron nada a nadie.......... 2250
9.37 al d siguiente, cuando descendieron del 2250
10.12 **aquel d será más tolerable el castigo**......... 2250
10.35 **otro d al partir, sacó dos denarios** 839
11.3 **el pan nuestro de cada d, dánoslo hoy**......... 1967
12.46 **vendrá... en d que éste no espera, y a** 2250
13.10 enseñaba Jesús en... en el d de reposo 4521
13.14 de que Jesús hubiese sanado en el d de......... 4521
13.14 seis d hay en que se debe trabajar; en 2250
13.14 en estos... venid... y no en el d de reposo.......... 2250
13.15 **¿no desata en el d de reposo su buey o** 4521
13.16 **se le debía desatar... en el d de reposo?** 2250
13.31 aquel mismo d llegaron unos fariseos 2250
13.32 **mañana, y al tercer d termino mi obra**
14.1 d de reposo, que habiendo entrado para 4521
14.3 **¿es lícito sanar en el d de reposo?**............. 4521
14.5 **no lo sacará, aunque sea... d de reposo?** 2250
15.13 **no muchos d después, juntándolo todo el** 2250
16.19 **hacía cada d banquete con esplendidez**........ 2250
17.4 **si siete veces al d pecare contra ti, y** 2250
17.4 **siete veces al d volviere a ti, diciendo** 2250
17.22 **desearéis ver uno de los d del Hijo del** 2250
17.24 **así... será el Hijo del Hombre en su d** 2250
17.26 **como fue en los d de Noé, así también**........ 2250

17.26 **así... será en los d del Hijo del Hombre** 2250
17.27 **d en que entró Noé en el arca, y vino** 2250
17.28 **como sucedió en los d de Lot, comían** 2250
17.29 **el d en que Lot salió de Sodoma, llovió** 2250
17.30 **será el d en que el Hijo del Hombre se** 2250
17.31 **en aquel d, el que esté en la azotea** 2250
18.7 **escogidos, que claman a él d y noche9** 2250
18.33 **le matarán; mas al tercer d resucitará** 2250
19.42 **en este tu d, lo que es para tu paz!** 2250
19.43 **porque vendrán d sobre ti, cuando tus** 2250
19.47 enseñaba cada d en el templo, pero los 2250
20.1 un d... enseñando Jesús al pueblo en el 2250
21.6 **d vendrán en que no quedará piedra sobre** 2250
21.22 **estos son d de retribución, para que** 2250
21.23 **¡ay... de las que crían en aquellos d!** 2250
21.34 **y venga de repente... vosotros aquel d** 2250
21.37 enseñaba de d en el templo, y de noche 2250
22.7 llegó el d de los panes sin levadura, en 2250
22.53 **habiendo estado con vosotros cada d en** 2250
22.66 era de d, se juntaron los ancianos del 2250
23.7 que en aquellos d... estaba en Jerusalén 2250
23.12 se hicieron amigos Pilato y... aquel d 2250
23.29 **porque he aquí vendrán d en que dirán** 2250
23.54 era d de la víspera de la pascua, y 2250
23.54 y estaba para rayar el d de reposo 4521
23.56 descansaron el d de reposo, conforme 4521
24.1 el primer d de la semana... muy de mañana 3391,4521
24.13 el mismo d a una aldea llamada Emaús 2250
24.18 cosas que... han acontecido en estos d? 2250
24.21 ya el tercer d que esto ha acontecido 2250
24.22 las que antes del d fueron al sepulcro 3721
24.29 se hace tarde, y el d ya ha declinado 2250
24.46 **resucitase de los muertos al tercer d** 2250
Jn 1.29 el siguiente d vio Juan a Jesús que 1887
1.35 el siguiente d... estaba Juan, y dos de 1887
1.39 se quedaron con él aquel d; porque era 2250
1.43 el siguiente d quiso Jesús ir a Galilea 1887
2.1 tercer d se hicieron unas bodas en Caná 2250
2.12 Capernaum... estuvieron allí no muchos d 2250
2.19 **destruid este... en tres d lo levantaré** 2250
2.20 templo, ¿y tú en tres d lo levantarás? 2250
4.40 le rogaron que... y se quedó allí dos d 2250
4.43 dos d después, salió de... y fue a Galilea 2250
5.9 fue sanado... Y era d de reposo aquel d 2250
5.10 es d de reposo; no te es lícito llevar 4521
5.16 hacía estas cosas en el d de reposo 4521
5.18 no sólo quebrantaba el d de reposo, sino 4521
6.22 el d siguiente, la gente que estaba al 1887
6.39 **sino que lo resucite en el d postrero** 2250
6.40,44,54 **le resucitaré en el d postrero** 2250
7.22 **el d de reposo circuncidáis al hombre** 4521
7.23 **si recibe... la circuncisión en el d de** 4521
7.23 **enojáis... porque en el d de reposo sané** 4521
7.37 **el último y gran d de la fiesta, Jesús** 2250
8.56 **Abraham... gozó de que había de ver mi d** 2250
9.4 **es necesario... entre tanto que el d dura** 2250
9.14 era d de reposo cuando Jesús había hecho 4521
9.16 ese hombre... no guarda el d de reposo 4521
11.6 se quedó dos d más... lugar donde estaba 2250
11.9 **respondió... ¿No tiene el d doce horas?** 2250
11.9 el que anda de d, no tropieza, porque 2250
11.17 hacía ya cuatro d que Lázaro estaba en 2250
11.24 yo sé que resucitará... en el d postrero 2250
11.39 **Señor, hiede ya, porque es de cuatro d** 2250,5066
11.53 así... desde aquel d acordaron matarle 2250
12.1 seis d antes de la pascua, vino Jesús 2250
12.7 **para el d de mi sepultura ha guardado** 2250
12.12 el siguiente d, grandes multitudes que 1887
12.48 **palabra... le juzgará en el d postrero** 2250
14.20 **en aquel d vosotros conoceréis que yo** 2250
16.23 **en aquel d no me preguntaréis nada** 2250
16.26 **en aquel d pediréis en mi nombre; y no** 2250
19.31 cuerpos no quedasen en... el d de reposo 4521
19.31 aquel d de reposo era de... solemnidad 2250
20.1 primer d de la semana, María Magdalena 3391
20.19 cuando llegó la noche de aquel mismo d 3391
20.26 ocho d después, estaban otra vez sus 3391
Hch 1.2 hasta el d en que fue recibido arriba 3391
1.3 apareciéndoseles durante cuarenta d y 3391
1.5 **bautizados con el... dentro de no muchos d** 3391
1.12 está cerca de... camino de un d de reposo 4521
1.15 en aquellos d Pedro se levantó en medio 2250
1.22 hasta el d en que... fue recibido arriba 2250
2.1 llegó el d de Pentecostés, estaban todos 2250
2.15 no... puesto que es la hora tercera del d 2250
2.17 y en los postreros d... derramaré de mi 2250
2.18 en aquellos d derramaré de mi Espíritu 2250
2.20 antes que venga el d del Señor, grande 2250
2.29 su sepulcro está con... hasta el d de hoy 2250
2.41 y se añadieron aquel d como tres mil 2250
2.46 y perseverando... cada d en el templo, y 2250
2.47 el Señor añadía cada d a la iglesia los 2250
3.2 cojo... a quien ponían cada d a la puerta 2250
3.24 todos los profetas... anunciado estos d 2250
4.3 y los pusieron en la cárcel hasta el d 839
4.5 al d siguiente... se reunieron en Jerusalén 839
5.36 porque antes de estos d se levantó Teudas 2250
5.37 se levantó Judas el... en los d del censo 2250
5.42 y todos los d, en el templo y por las 2250
6.1 en aquellos d, como creciera el número 2250
7.8 engendró a... y le circuncidó al octavo d 2250
7.26 al d siguiente, se presentó a unos de 2250
7.45 Dios arrojó de la... hasta los d de David 2250
8.1 aquel d hubo una gran persecución contra 2250
9.9 donde estuvo tres d sin ver, y no comió 2250
9.19 y estuvo Saulo por algunos d con los 2250
9.23 pasados muchos d, los judíos... matarle 2250
9.24 guardaban las puertas de d y de noche 2250
9.37 aconteció... aquellos d enfermó y murió 2250
9.43 se quedó muchos d en Jope en casa de un 2250
10.3 vio... como a la hora novena del d, que un 2250
10.9 al d siguiente, mientras ellos iban por 1887
10.23 y al d siguiente, levantándose, se fue 1887
10.24 otro d entraron en Cesarea. Y Cornelio 1887
10.30 hace cuatro d que a esta hora yo estaba 2250
10.40 a éste levantó Dios al tercer d, e hizo 2250
10.48 rogaron que se quedase por algunos d 2250
11.27 aquellos d unos profetas descendieron 2250
12.3 eran... los d de los panes sin levadura 2250
12.18 de d, hubo no poco alboroto entre los 2250
12.21 d señalado, Herodes, vestido de ropas 2250
13.14 entraron en la sinagoga un d de reposo 2250
13.27 los profetas que se leen todos los d de 4521
13.31 se apareció durante muchos d a los que 2250
13.41 hago una obra en vuestros d, obra que 2250
13.42 siguiente d de reposo les hablasen de 4521
13.44 el siguiente d de reposo se juntó casi 4521
14.20 al d siguiente salió con Bernabé para 1887
15.21 porque Moisés... leído cada d de reposo 4521
15.36 después de... d, Pablo dijo a Bernabé 2250
16.5 iglesias... aumentaban en número cada d 2250
16.11 Samotracia, y el d siguiente a Neápolis 1966
16.12 estuvimos en aquella ciudad algunos d 2250
16.13 y un d de reposo salimos fuera de la 4521
16.18 hacía por muchos d; mas desagradando a 2250
16.35 fue de d, los magistrados enviaron 2250
17.2 por tres d de reposo discutió con ellos 4521
17.11 escudriñando cada d las Escrituras para 2250
17.17 así que discutía en... cada d con los que 2250
17.31 un d en el cual juzgará al mundo con 2250
18.4 discutía en la sinagoga... los d de reposo 4521
18.18 habiéndose detenido aún muchos d allí 2250
19.9 discutiendo cada d en la escuela de uno 2250
20.6 pasados los d de los panes sin levadura 2250
20.6 cinco d nos reunimos con ellos en Troas 2250
20.6 en Troas, donde nos quedamos siete d 2250
20.7 el primer d de la semana, reunidos los 3391
20.7 Pablo... habiendo de salir al d siguiente 1887
20.15 al d siguiente llegamos delante de Quío 1966
20.15 y al otro d tomamos puerto en Samos 2087
20.15 el d siguiente llegamos a Mileto 2192
20.16 pues se apresuraba por estar el d de 2250
20.18 me he comportado... desde el primer d 2250
20.26 os protesto en el d de hoy, que estoy 2250
20.31 años, de noche y de d, no he cesado de 2250
21.1 al d siguiente a Rodas, y de allí a 1836
21.4 quedamos allí siete d; y ellos decían a 2250
21.5 cumplidos... d, salimos, acompañándonos 2250
21.7 saludado... nos quedamos con ellos un d 2250
21.8 al otro d, saliendo... fuimos a Cesarea 2250
21.10 permaneciendo nosotros allí algunos d 2250
21.15 después de esos d... subimos a Jerusalén 2250
21.18 al d siguiente Pablo entró con nosotros 1966
21.26 al d siguiente, habiéndose purificado 2250
21.26 para anunciar el cumplimiento de los d 2250
21.27 cuando estaban para cumplirse los 7 d 2250
21.38 levantó una sedición antes de estos d 2250
22.30 d siguiente, queriendo saber de cierto 1887
23.1 vivido delante de Dios hasta el d de hoy 2250
23.12 venido el d, algunos de los judíos 2250
23.32 al d siguiente, dejando a los jinetes 1887
24.11 no hace más de doce d que subí a adorar 2250
24.24 algunos d después, viniendo Félix con 2250
25.1 de Cesarea a Jerusalén tres d después 2250
25.6 deteniéndose... no más de ocho o diez d 2250
25.6 al siguiente d se sentó en el tribunal 1887
25.13 algunos d, el rey Agripa y Berenice 2250
25.14 como estuvieron allí muchos d, Festo 2250
25.17 al d siguiente... mandé traer al hombre 1836
25.23 al otro d, viniendo Agripa y Berenice 1887
26.7 sirviendo constantemente a Dios de d y 2250
26.22 persevero... hasta el d de hoy, dando 2250
27.3 al otro d llegamos a Sidón; y Julio 2087
27.7 muchos d despacio, y llegando... a Gnido 2250
27.18 pero... al siguiente d empezaron a alijar 1836
27.19 al tercer d con nuestras propias manos 5154
27.20 no apareciendo ni sol ni... por muchos d 2250
27.29 popa, y ansiaban que se hiciese de d 2250
27.33 este es el decimocuarto d que veláis 2250
27.39 cuando se hizo de d, no reconocían la 2250
28.7 recibió y hospedó solícitamente tres d 2250
28.12 llegados a Siracusa... allí tres d 2250
28.13 otro d después, soplando el viento sur 2250
28.13 sur, llegamos al segundo d a Puteoli 1206
28.14 que nos quedásemos con ellos siete d 2250
28.17 que tres d después, Pablo convocó a los 2250
28.23 habiéndole señalado un d vinieron a 2250
Ro 2.5 atesoras... ira para el d de la ira y de 2250
2.16 el d en que Dios juzgará por Jesucristo 2250
10.21 dice: Todo el d extendí mis manos a un 2250
11.8 ojos con que no vean... hasta el d de hoy 2250
13.12 noche está avanzada, y se acerca el d 2250
13.13 andemos como de d, honestamente; no 2250
14.5 uno hace diferencia entre d y d; otro 2250
14.5 otro juzga iguales todos los d. Cada uno 2250
14.6 el que hace caso del d, lo hace para el 2250
14.6 el que no hace caso del d, para el Señor 2250
1 Co 1.8 que seáis irreprensibles en el d de 2250
3.13 el d la declarará, pues por el fuego 2250
5.5 el espíritu sea salvo en el d del Señor 2250
10.8 como... y cayeron en un d veintitrés mil 2250
15.4 y que resucitó al tercer d, conforme a 2250
15.31 os aseguro, hermanos... que cada d muero 2250
16.2 cada primer d de la semana cada uno de 3391
2 Co 1.14 somos nuestra gloria... el d del Señor 2250
3.14 porque hasta el d de hoy, cuando leen el 4594
3.15 aun hasta el d de hoy, cuando se lee a 4594
4.16 el interior... se renueva de d en d 2250
6.2 oído, y en d de salvación te he socorrido 2250
6.2 he aquí ahora... ahora el d de salvación 2250
11.25 noche y un d he estado como náufrago 3574
11.28 lo que sobre mí se agolpa cada d, la 2250
Gá 1.18 a Pedro, y permanecí con él quince d 2250
4.10 guardáis los d, los meses, los tiempos 2250
Ef 4.30 con el cual fuisteis sellados para el d 2250
5.16 aprovechando... porque los d son malos 2250
6.13 para que podáis resistir en el d malo 2250
Fil 1.5 comunión en... el primer d hasta ahora 2250
1.6 la perfeccionará hasta el d de Jesucristo 2250
1.10 que seáis sinceros... para el d de Cristo 2250
2.16 en el d de Cristo yo pueda gloriarme de 2250
3.5 circuncidado al octavo d, del linaje de 2250
Col 1.6 desde el d que oísteis y conocisteis 2250
1.9 desde el d que lo oímos, no cesamos de 2250
2.16 en cuanto a d de fiesta... o d de reposo 1859,4521
1 Ts 2.9 trabajando de noche y de d, para no 2250
3.10 orando de noche y de d con... insistencia 2250
5.2 sabéis... que el d del Señor vendrá así como 2250
5.4 para que aquel d os sorprenda como ladrón 2250
5.5 todos... sois hijos de luz e hijos del d 2250
5.8 pero nosotros, que somos del d, seamos 2250
2 Ts 1.10 cuando venga en aquel d para ser 2250
2.2 el sentido de que el d del Señor... cerca 2250
3.8 que trabajamos... d y noche, para no ser 2250
1 Ti 5.5 es diligente en súplicas... noche y d 2250
2 Ti 1.3 acuerdo de ti... oraciones noche y d 2250
1.12 para guardar mi depósito para aquel d 2250
1.18 halla misericordia... del Señor en aquel d 2250
3.1 que en los postreros d vendrán tiempos 2250
4.8 me dará el Señor, juez justo, en aquel d 2250
He 1.2 en estos... d nos ha hablado por el Hijo 2250
3.8 en el d de la tentación en el desierto 2250
3.13 exhortaos los unos a los otros cada d 2250
4.4 dijo así del séptimo d: Y reposó Dios de 1442
4.4 reposó Dios de... sus obras en el séptimo d 2250
4.7 determina un d: Hoy, diciendo después de 2250
4.8 el reposo, no hablaría después de otro d 2250
5.7 Cristo, en los d de su carne, ofreciendo 2250
7.3 ni tiene principio de d, ni fin de vida 2250
7.27 no tiene necesidad cada d, como aquellos 2250
8.8 vienen d... en que estableceré con la casa 2250
8.9 el d que los tomé de... para sacarlos de 2250
8.10 después de aquellos d, dice el Señor 2250
10.11 sacerdote está d tras d ministrando 2250
10.16 después de aquellos d, dice el Señor 2250
10.25 más, cuanto veis que aquel d se acerca 2250
10.32 traed a la memoria los d pasados, en 2250
11.30 cayeron... después de rodearlos siete d 2250
12.10 por pocos d nos disciplinaban como a 2250
Stg 2.15 necesidad del mantenimiento de... d 2184
5.3 acumulado tesoros para los d postreros 2250
5.5 engordado vuestros corazones como en d 2250
1 P 2.12 glorifiquen a Dios en el d de la 2250
3.10 el que quiere... ver d buenos, refrene su 2250
3.20 esperaba... en los d de Noé, mientras se 2250
2 P 1.19 alumbra... hasta que el d esclarezca 2250
2.8 afligía cada d su alma justa, viendo y 2250
2.9 para ser castigados en el d del juicio 2250
2.13 por delicia el gozar de deleites cada d 2250
3.3 que en los postreros d vendrán burladores 2250
3.4 desde el d en que los padres durmieron
3.7 guardados para el fuego en el d del juicio 2250
3.8 d es como mil años, y mil años como un... d 2250
3.10 pero el d del Señor vendrá como ladrón 2250
3.12 esperando... la venida del d de Dios, en 2250
3.18 sea gloria... hasta el d de la eternidad 2250
1 Jn 4.17 confianza en el d del juicio; pues 2250
Jud 6 ha guardado... para el juicio del gran d 2250
Ap 1.10 yo estaba en el Espíritu en el d del 2250
2.10 **y tendréis tribulación por diez d. Sé** 2250
2.13 **aun en los d en que Antipas... fue muerto** 2250
4.8 y no cesaban d y noche de decir: Santo 2250
6.17 porque el gran d de su ira ha llegado 2250
7.15 y le sirven d y noche en su templo 2250
8.12 y no hubiese luz en la tercera... del d 2250
9.6 en aquellos d... buscarán la muerte, pero 2250
9.15 preparados para la hora, d, mes y año 2250
10.7 que en los d de la voz del séptimo ángel 2250
11.3 daré a mis... que profeticen por 1.260 d 2250
11.6 que no llueva en los d de su profecía 2250
11.9 verán sus cadáveres por tres d y medio 2250
11.11 pero después de tres d y medio entró 2250
12.6 para que allí la sustenten por 1.260 d 2250
12.10 los acusaba delante de... Dios d y noche 2250
14.11 no tiene reposo de d ni de noche los 2250
16.14 para... la batalla de aquel gran d del 2250
18.8 en un solo d vendrán sus plagas; muerte 2250
20.10 serán atormentados d y noche por los 2250
21.25 sus puertas nunca serán cerradas de d 2250

DIABLO

Mt 4.1 fue llevado... para ser tentado por el d 1228
4.5 entonces el d le llevó a la santa ciudad 1228
4.8 llevó el d a un monte... alto; y le mostró 1228
4.11 el d entonces le dejó... vinieron ángeles 1228
13.39 **el enemigo que la sembró es el d; la** 1228
25.41 **al fuego eterno preparado para el d y** 1228
Lc 4.2 cuarenta días, y era tentado por el d 1228
4.3 el d le dijo: Si eres Hijo de Dios, di a 1228
4.5 llevó el d a un alto monte, y le mostró 1228
4.6 y le dijo el d: A ti te daré toda esta 1228
4.13 cuando el d hubo acabado toda tentación 1228

8.12 **luego viene el *d* y quita de su corazón** *1228*
Jn 6.70 **¿no os he escogido yo... y uno de... es *d*?** *1228*
8.44 **vosotros sois de vuestro padre el *d*, y** *1228*
13.2 el *d* ya había puesto en el corazón de.......... *1228*
Hch 10.38 sanando a...los oprimidos por el *d* *1228*
13.10 hijo del *d*, enemigo de toda justicia!........... *1228*
Ef 4.27 ni deis lugar al *d*............................ *1228*
6.11 estar firmes contra las asechanzas del *d* *1228*
1 Ti 3.6 sea que...caiga en la condenación del *d* *1228*
3.7 no caiga en descrédito y en lazo del *d* *1228*
2 Ti 2.26 escapen del lazo del *d*, en que están *1228*
He 2.14 tenía el imperio de la muerte...al *d* *1228*
Stg 4.7 resistid al *d*, y huirá de vosotros *1228*
1 P 5.8 el *d*...anda alrededor buscando a quien *1228*
1 Jn 3.8 el que practica el pecado es del *d* *1228*
3.8 porque el *d* peca desde el principio............. *1228*
3.8 apareció...para deshacer las obras del *d*........ *1228*
3.10 en esto se manifiestan...los hijos del *d*......... *1228*
Jud 9 el arcángel Miguel contendía con el *d*........... *1228*
Ap 2.10 **el *d* echará a algunos de... en la cárcel** *1228*
12.9 la serpiente antigua, que se llama *d* y *1228*
12.12 el *d* ha descendido a vosotros con...ira........ *1228*
20.2 la serpiente...el *d* y Satanas; y lo ató *1228*
20.10 y el *d*...fue lanzado en el lago de fuego....... *1228*

DIABÓLICO
Stg 3.15 de lo alto, sino terrenal, animal, *d* *1141*

DIACONADO
1 Ti 3.10 ejerzan el *d*, si son irreprensibles *1247*
3.13 los que ejerzan bien el *d*, ganan para sí *1247*

DIACONISA
Ro 16.1 Febe, la cual es *d* de la iglesia en.............. *1249*

DIÁCONO
Fil 1.1 están en Filipos, con los obispos y *d*............. *1249*
1 Ti 3.8 los *d*...deben ser honestos, sin doblez *1249*
3.12 los *d* sean maridos de una sola mujer *1249*

DIADEMA
Éx 29.6 y sobre la mitra pondrás la *d* santa 5145
39.30 hicieron...la lámina de la *d* santa de 5145
Lv 8.9 sobre la mitra...la *d* santa, como Jehová 5145
Job 29.14 ella...como manto y *d* era mi rectitud....... 6797
Is 28.5 por...*d* de hermosura al remanente de 6843
62.3 y *d* de reino en la mano del Dios tuyo 6797
Ez 16.12 puse joyas...hermosa *d* en tu cabeza.......... 5850
Zac 9.16 como piedras de *d* serán enaltecidos.......... 5145
Ap 12.3 gran dragón...y en sus cabezas siete *d*........ *1238*
13.1 siete cabezas...y en sus cuernos diez *d* *1238*
19.12 había en su cabeza muchas *d*, y tenía *1238*

DIÁFANA
Ap 21.11 piedra de jaspe, *d* como el cristal *2929*

DIAMANTE
Éx 28.18; 39.11 segunda hilera...zafiro y un *d* 3095
Job 28.17 el oro no se le igualará, ni el *d* 2137
Jer 17.1 escrito está con...y con punta de *d* 8068
Ez 3.9 *d*, más fuerte que pedernal he hecho 8068
Za 7.12 pusieron su corazón como *d*, para no 8068

DIANA *Nombre latino de la diosa Artemisa de los griegos*
Hch 19.24 que hacía de plata templecillos de *D* *735*
19.27 el templo de...*D* sea estimado en nada *735*
19.34 gritaron...¡Grande es *D* de los efesios! *735*
19.35 es guardiana del templo de la...diosa *D* *735*

DIARIA
Hch 6.1 eran desatendidas en la distribución *d*........ *2522*

DIARIAMENTE
Éx 16.4 y recogerá *d* la porción de un día 3117
2 R 25.30 y *d* le fue dada su comida de parte 8548

DIBLAIM *Padre de Gomer No. 3*, Os 1.3 1691

DIBLAT = *Ribla*, Ez 6.14........................ 1689

DIBÓN *Ciudad de Moab (=Dibón-gad)*
Nm 21.30 devastamos...pereció Hesbón hasta *D*........ 1769
32.3 *D*, Jazer, Nimra, Hesbón, Eleale, Sebam......... 1769
32.34 los hijos de Gad edificaron *D*, Atarot........ 1769
Jos 13.9 toda la llanura de Medeba, hasta *D*........... 1769
13.17 Hesbón...*D*, Bamot-baal, Bet-baal-meón 1769
Neh 11.25 algunos habitaron...en *D* y sus aldeas....... 1769
Is 15.2 subió a Bayit y a *D*, lugares altos, a 1769
Jer 48.18 siéntate en tierra seca...hija de *D*............ 1769
48.22 sobre *D*...Nebo, sobre Bet-diblataim 1769

DIBÓN-GAD = *Dibón*, Nm 33.45,46 1769

DIBRI *Hombre de la tribu de Dan*, Lv 24.11 1704

DICHA
Gn 30.13 dijo Lea: Para *d* mía...y llamó...Aser 837
Job 36.11 acabarán sus días...y sus años en *d*......... 5273

DICHO *Vease también Decir*
Gn 4.23 mujeres de Lamec, escuchad mi *d*: Que 565
21.11 este *d* pareció grave en gran manera a 1697
49.21 Neftalí...que pronunciará *d* hermosos 561
Éx 32.28 lo hicieron conforme al *d* de Moisés.......... 1697
Lv 10.7 ellos hicieron conforme al *d* de Moisés 1697
Nm 14.20 yo lo he perdonado conforme a tu *d* 1697
24.4 dijo el que oyó los *d* de Dios, el que 561
24.13 yo no podré traspasar el *d* de Jehová 6310
24.16 dijo el que oyó los *d* de Jehová, y el............ 561
27.21 por el *d* de él saldrán, y por el *d* de.......... 6310
33.38 subió...Aarón...conforme al *d* de Jehová 6310
Dt 1.23 y el *d* me parecio bien; y tomé doce............ 1697
17.6 por *d* de dos o de tres testigos morirá 6310
17.6 no morirá por el *d* de un solo testigo 6310
32.1 cielos...oiga la tierra los *d* de mi boca.......... 561
34.5 y murió allí Moisés...conforme al *d* de 6310
Jos 17.4 él les dio...conforme al *d* de lehová............ 559
1 S 18.8 le desagradó este *d*, y dijo: A David 1697
2 S 24.19 subió David, conforme al *d* de Gad 1697
1 Cr 12.32 cuyo *d* seguían todos sus hermanos 6310
2 Cr 13.22 sus caminos y sus *d*, están escritos 1697
Est 1.21 hizo el rey conforme al *d* de Memucán 1697
3.4 para ver si...mantendría firme en su *d*......... 1697
Job 33.6 mí en lugar de Dios, conforme a tu *d* 6310
Sal 19.14 sean gratos los *d* de mi boca y la 561
49.13 con todo...se complacen en el *d* de ellos...... 6310
55.21 los *d* de su boca son más blandos que 1697
105.19 su palabra, el *d* de Jehová le probó 565
119.11 en mi corazón he guardado tus *d*, para 565
119.41 venga...tu salvación, conforme a tu *d*......... 565
119.50 es mi consuelo...tu *d* me ha vivificado 565
119.170 llegue mi...líbrame conforme a tu *d* 565
119.172 hablará mi lengua tus *d*...son justicia........ 565
138.4 te alabarán...han oído los *d* de tu boca........ 561
Pr 1.6 palabras de sabios, y sus *d* profundos 2420
6.2 has quedado preso en los *d* de tus labios.......... 561
16.24 panal de miel son los *d* suaves...al alma 561
21.28 el hombre que oye, permanecerá en su *d*..... 1696
24.23 también estos son *d* de los sabios............. 428
Is 28.23 estad atentos...atended, y oíd mi *d*............ 565
Lm 3.62 *d* de los que contra mí se levantaron 8193
Ez 48.21 delante...partes *d* será del príncipe
Dn 4.17 y por *d* de los santos la resolución 3983
Mt 28.15 *d* se ha divulgado entre los judíos *3983*
Jn 4.37 **en esto es verdadero el *d*: Uno es el**........... *3056*
4.42 decían...no creemos solamente por tu *d*....... *2981*
21.23 este *d* se extendió entonces entre los *3056*

DICHOSO, A
Gn 30.13 las mujeres me dirán *d*; y llamó su............ 837
1 R 10.8 *d* estos tus siervos...delante de ti 835
2 Cr 9.7 y *d* estos siervos tuyos que están............... 835
Sal 34.8 Jehová; *d* el hombre que confía en él 835
37.37 hay un final *d* para el hombre de paz 7965
49.18 mientras viva, llame *d* a su alma, y sea 1288
84.12 Jehová...*d* el hombre que en ti confía 835
106.3 *d* los que guardan juicio, los que hacen........ 835
137.9 *d* el que...estrellare tus niños contra 835
Pr 20.7 justo; sus hijos son *d* después de él.............. 835
Is 32.20 *d* vosotros los que sembráis junto a 835
Jer 23.5 será *d*, y hará juicio y justicia en.............. 7919
Lm 4.9 más *d* fueron los muertos a espada que......... 2896
Hch 26.2 me tengo por *d*, oh rey Agripa, de que *3107*
1 Co 7.40 pero a mi juicio, más *d* será si se *3107*

DICLA *Hijo de Joctán*, Gn 10.27; 1 Cr 1.21 1853

DICTAR
Est 1.20 el decreto que *dicte* el rey será oído........... 6213
Is 10.1 ¡ay de los que *dictan* leyes injustas 2710
Jer 36.18 él me *dictaba* de su boca todas estas.......... 7121

DÍDIMO
Jn 11.16 dijo entonces Tomás, llamado *D*, a............ *1324*
20.24 Tomás...llamado *D*, no estaba con ellos *1324*
21.2 estaban...Tomás llamado el *D*, Natanael *1324*

DIECINUEVE
Jos 19.38 Horem...*d* ciudades con sus aldeas 8672,6240
2 S 2.30 faltaron de los siervos de David *d*........ 8672,6240
2 R 25.8 siendo el año *d* de Nabucodonosor rey .. 8672,6240
Jer 52.12 año *d* del reinado de Nabucodonosor .. 8672,6240

DIECIOCHO *Véase tambien Dieciocho mil*
Jue 3.14 sirvieron...Israel a Eglón rey...*d* años .. 8083,6240
10.8 quebrantaron a...hijos de Israel...*d* años 8083,6240
1 R 7.15 la altura de cada una era de *d* codos 8083,6240
15.1 el año *d* del rey Jeroboam hijo de Nabat . 8083,6240
2 R 3.1 Joram...comenzó a reinar...el año *d* de .. 8083,6240
22.3 a los *d* años del rey Josías, envió el 8083,6240
23.23 a los *d* años del rey Josías fue...pascua ... 8083,,6240
24.8 de *d* años era Joaquín cuando comenzó a .. 8083,6240
25.17 la altura de una columna era de *d* codos. . 8083,6240
1 Cr 26.9 los hijos de Meselemías...*d* hombres ... 8083,6240
2 Cr 11.21 Roboam...*d* mujeres y 60 concubinas . 8083,6240
13.1 los *d* años del rey Jeroboam, reinó Abías 8083,,6240
34.8 los *d* años de su reinado...envió a Safán . 8083,6240
35.19 pascua fue celebrada en el año *d* del.... 8083,6240
Esd 8.18 trajeron...Serebías con sus hijos...*d* 8083,6240
Jer 52.21 la altura de cada columna era de *d*..... 8083,6240
52.29 en el año *d* de Nabucodonosor él llevó.. 8083,6240
Lc 13.4 **o aquellos *d* sobre los cuales cayó la** *1176,3638*
13.11 desde hacía *d* años tenía...enfermedad . *1176,3638*
13.16 **que Satanás había atado *d* años,¿no se** . *1176,3638*

DIECIOCHO MIL
Jue 20.25 derribaron...otros *18.000* hombres de ... 8083,505
20.44 y cayeron de Benjamín *18.000* hombres... 8083,505
2 S 8.13 destrozó a *18.000* edomitas en el 8083,505
1 Cr 12.31 la media tribu de Manasés, *18.000*......... 8083,505
18.12 Abisai...destrozó...*18.000* edomitas 8083,505
29.7 dieron para...*18.000* talentos de bronce ... 8083,505
Ez 48.35 en derredor tendrá *18.000* cañas 8083,505

DIECISÉIS *Véase tambien Dieciséis mil etc*
Gn 46.18 Zilpa...dio a luz éstos...*d* personas..... 8337,6240
Éx 26.25 serán...*d* basas: dos basas debajo de.... 8337,6240
36.30 ocho tablas, y sus basas de plata *d* 8337,6240
Jos 15.41 y Maceda; *d* ciudades con sus aldeas ... 8337,6240
19.22 el Joradan; *d* ciudades con sus aldeas... 8337,6240
2 R 13.10 comenzó a reinar Joás...reinó *d* años... 8337,6240
14.21 tomó a Azarías, que era de *d* años, y 8337,6240
15.2 cuando comenzó a reinar era de *d* años . 8337,,6240
15.33 a reinar...y reinó *d* años en Jerusalén.. 8337,,6240
16.2 Acaz...reinó en Jerusalén *d* años y no..... 8337,6240
1 Cr 4.27 hijos de Simei fueron *d*, y 6 hijas........ 8337,6240
24.4 los hijos de Eleazar- *d* cabezas de casas .. 8337,6240
2 Cr 13.21 Abías...engendró 22 hijos y *d* hijas 8337,6240
26.1 a Uzías, el cual tenía *d* años de edad 8337,6240
26.3 *d* años era Uzías cuando comenzó a reinar 8337,6240
27.1 era Jotám...y *d* años reinó en Jerusalén . 8337,6240
27.8 era de 25 años, y *d* reinó en Jerusalén.... 8337,6240
28.1 era Acaz...y *d* años reinó en Jerusalén... 8337,6240
29.17 en el día *d* del mes primero terminaron. 8337,6240

DIECISÉIS MIL
Nm 31.40,46 de las personas, *16.000* 8337,505

DIECISÉIS MIL SETECIENTOS CINCUENTA
Nm 31.52 el oro de la ofrenda...*16.750* siclos.......... 8337, 7651,3967,2572

DIECISIETE *Véase también Diecisiete mil*
Gn 7.11 los *d* días del mes, aquel día fueron...... 7651,6240
8.4 y reposó el arca...a los *d* días del mes..... 7651,6240
37.2 siendo de edad de *d* años, apacentaba las... 7651,6240
47.28 vivió Jacob en...tierra de Egipto *d* años... 7651,6240
1 R 14.21 Roboam...*d* años reinó en Jerusalén ... 7651,6240
22.51 Ocozías...comenzó...el año *d* de Josafat ... 7651,6240
2 R 13.1 comenzó a reinar Joacaz...y reinó *d* 7651,6240
16.1 el año *d* de Peka...comenzó a reinar Acaz 7651,6240
2 Cr 12.13 Roboam...*d* años reinó en Jerusalén.. 7651,6240
Jer 32.9 le pesé el dinero; *d* siclos de plata 7651,6240

DIECISIETE MIL DOSCIENTOS
1 Cr 7.11 *17.200* que salían a combatir en la....................................... 7651,6240,505,3967

DIENTE
Gn 49.12 de vino, y sus *d* blancos de la leche 8127
Éx 21.24 ojo por ojo, *d* por *d*, mano por mano 8127
21.27 saltar un *d* de su siervo, o un *d* de su 8127
21.27 saltar un...por su *d* le dejará ir libre......... 8127
Lv 24.20 *d* por *d*; según...haya hecho a otro........... 8127
Nm 11.33 estaba la carne entre los *d* de ellos.......... 8127
Dt 19.21 ojo por ojo, *d* por *d*, mano por mano 8127
32.24 *d* de fieras enviaré también sobre ellos 8127
1 S 2.13 trayendo en su mano un garfio de 3 *d* 8127
Job 4.10 *d* de los leoncillos son quebrantados 8127
13.14 ¿por qué quitaré yo mi carne con mis *d* 8127
16.9 sido contrario, crujió sus *d* contra mí.......... 8127
19.20 he escapado con sólo la piel de mis *d*.......... 8127
29.17 y de sus *d* hacía soltar la presa................ 8127
41.14 rostro? Las hileras de sus *d* espantan 8127
Sal 3.7 los *d* de los perversos quebrantaste.............. 8127
35.16 truhanes, crujieron contra mí sus *d* 8127
37.12 maquina el impío...y cruje contra él...*d* 8127
57.4 sus *d* son lanzas y saetas, y su lengua 8127
58.6 oh Dios, quiebra sus *d* en sus bocas 8127
112.10 verá...crujirá los *d*, y se consumirá 8127
124.6 no nos dio por presa a los *d* de ellos.......... 8127
Pr 10.26 como el vinagre a los *d*, y como el............ 8127
25.19 como *d* roto y pie descoyuntado es la......... 8127
30.14 hay generación cuyos *d* son espadas, y........ 8127
Cnt 4.2 tus *d* como...ovejas trasquiladas, que 8127
6.6 tus *d*, como manadas de ovejas que suben...... 8127
Is 5.29 crujirá los *d*, y arrebatará la presa 5098
28.28 ni lo quebranta con los *d* de su trillo 6571
41.15 trillo nuevo, lleno de *d*; trillarás 6374
Jer 31.29 los *d* de los hijos tienen la dentera........... 8127
31.30 *d* de todo hombre que comiere las uvas 8127
Lm 2.16 boca; se burlaron, y crujieron los *d* 8127
3.16 mis *d* quebró con cascajo, me cubrió de 8127
Ez 18.2 los *d* de los hijos tienen la dentera?........... 8127
Dn 7.5 en su boca tres costillas entre los *d* 8128
7.7 la cual tenía unos *d* grandes de hierro.......... 8128
7.19 que tenía *d* de hierro y uñas de bronce........ 8128
Jl 1.6 sus *d* son *d* de león, y...muelas de león 8127
Am 4.6 os hice estar a *d* limpio en...ciudades 8127
Zac 9.7 quitaré...abominaciones de entre sus *d* 8127
Mt 5.38 **que fue dicho: Ojo por ojo, y *d* por *d*** *3599*
8.12; 13.42,50; 22.13; 24.51; 25.30 **allí será el lloro y el crujir de *d*** *3599*
Mr 9.18 cruje los *d*, y se va secando; y dije *3599*
Lc 13.28 **allí será el llanto y el crujir de *d*** *3599*
Hch 7.54 enfurecían...crujían los *d* contra él.......... *3599*
Ap 9.8 tenían cabello...*d* eran como de leones *3599*

DIESTRA
Gn 24.49 y me iré a la *d* o a la siniestra 3225
Éx 15.6 tu *d*, oh Jehová...tu *d*...ha quebrantado....... 3225
15.12 extendiste tu *d*; la tierra los tragó 3225
Nm 20.17 apartarnos a *d* ni a siniestra, hasta 3225
Dt 2.27 sin apartarme ni a *d* ni a siniestra 3225
5.32 mirad...no os apartéis a *d* ni a siniestra......... 3225
17.11 no te apartarás ni a *d* ni a siniestra 3225
17.20 ni se aparte del...a *d* ni a siniestra 3225
28.14 no te apartares...ni a *d* ni a siniestra 3225
Jos 1.7 no te apartes...ni a *d* ni a siniestra 3225
23.6 sin apartaros de...ni *d* ni a siniestra 3225
Jue 5.26 tendió...su *d* al mazo de trabajadores......... 3225
2 S 20.9 y tomó Joab con la *d* la barba de 3225
1 R 2.19 vino Betsabé...la cual se sentó a su *d*.......... 3225
Job 40.14 te confesaré que podrá salvarte tu *d* 3225
Sal 16.8 porque está a mi *d*, no seré conmovido 3225
16.11 de gozo; delicias a tu *d* para siempre......... 3225
17.7 salvas a los que se refugian a tu *d* 3225
18.35 tu *d* me sustentó, y tu benignidad me......... 3225
20.6 lo oirá desde...con la potencia...de su *d* 3225
21.8 tu *d* alcanzará a los que te aborrecen 3225
26.10 el mal, y su *d* está llena de sobornos.......... 3225
44.3 sino tu *d*, y tu brazo, y la luz de tu 3225
45.4 y tu *d* te enseñará cosas terribles 3225
45.9 está la reina a tu *d* con oro de Ofir 3225
48.10 oh Dios...de justicia está llena tu *d*........... 3225

60.5 que se libren tus amados, salva con tu d....... 3225
63.8 alma apegada a ti; tu d me ha sostenido....... 3225
74.11 ¿por qué escondes tu d en tu seno?........... 3225
77.10 traeré...a la memoria los años de la d....... 3225
80.15 planta que plantó tu d, y el renuevo.......... 3225
80.17 sea tu mano sobre el varón de tu d, y......... 3225
89.13 tuyo...fuerte es tu mano, exaltada tu d....... 3225
89.25 pondré su mano...y sobre los ríos su d....... 3225
89.42 has exaltado la d de sus enemigos; has....... 3225
91.7 a tu lado mil, y diez mil a tu d; mas........... 3225
98.1 su d lo ha salvado, y su santo brazo........... 3225
108.6 amados, salva con tu d y respóndeme.......... 3225
109.6 pon sobre él...y Satanás esté a su d.......... 3225
109.31 él se pondrá a la d del pobre, para.......... 3225
110.1 siéntate a mi d, hasta que ponga a tus........ 3225
110.5 el Señor esté a tu d; quebrantará a los....... 3225
118.15 justos; la d de Jehová hace proezas......... 3225
118.16 la d...es sublime, la d...hace valentías...... 3225
137.5 me olvidare...pierda mi d su destreza
138.7 extenderás, tu mano, y me salvará tu d....... 3225
139.10 aun allí me guiará...y me asirá tu d......... 3225
142.4 mira a mi d y observa, pues no hay.......... 3225
144.8,11 vanidad, y cuya d es d de mentira......... 3225
Is 41.10 siempre te sustentaré con la d de mi.......... 3225
63.12 el que los guió por la d de Moisés con........ 3225
Lm 2.3 retiró de él su d frente al enemigo............. 3225
Dn 12.7 el cual alzó su d y su siniestra al.............. 3225
Zac 12.6 consumirán a d y a siniestra a todos.......... 3225
Mt 26.64 **sentado a la d del poder de Dios, y**........... *1188*
Mr 12.36 **siéntate a mi d, hasta que ponga tus**......... *1188*
14.62 **Hijo...sentado a la d del poder de Dios**....... *1188*
16.19 en el cielo, y se sentó a la d de Dios........... *1188*
Lc 20.42 **dijo el Señor a mi...Siéntate a mi d**.......... *1188*
22.69 **el Hijo del Hombre se sentará a la d**.......... *1188*
Hch 2.25 porque está a mi d, no seré conmovido....... *1188*
2.33 exaltado por la d de Dios, y habiendo.......... *1188*
2.34 dice: Dijo el Señor a...Siéntate a mi d.......... *1188*
5.31 a éste, Dios ha exaltado con su d por.......... *1188*
7.55 vio...a Jesús que estaba a la d de Dios......... *1188*
7.56 veo...al Hijo del Hombre...a la d de Dios...... *1188*
Ro 8.34 el que además está a la d de Dios, el.......... *1188*
2 Co 6.7 armas de justicia a d y a siniestra............ *1188*
Gá 2.9 dieron a mí y a Bernabé la d en señal.......... *1188*
Ef 1.20 y sentándole a su d en los lugares............. *1188*
Col 3.1 donde está Cristo sentado a la d de............ *1188*
He 1.3 se sentó a la d de la Majestad en las............ *1188*
1.13 siéntate a mi d, hasta que ponga a tus.......... *1188*
8.1 el cual se sentó a la d del trono de la............ *1188*
10.12 Cristo...se ha sentado a la d de Dios........... *1188*
12.2 y se sentó a la d del trono de Dios............... *1188*
1 P 3.22 habiendo subido...está a la d de Dios.......... *1188*
Ap 1.16 tenía en su d siete estrellas; de su............ *1188*
1.17 **él puso su d sobre mí, diciéndome: No**......... *1188*
1.20 **misterio de las...que has visto en mi d**........ *1188*
2.1 **el que tiene las siete estrellas en su d**......... *1188*

DIESTRO *(adj.)*

Gn 25.27 y Esaú fue d en la caza, hombre del......... 3045
1 R 9.27 envió Hiram...marineros y d en el mar....... 3045
1 Cr 5.18 de Rubén y de Gad...d en la guerra......... 3925
8.40 fueron los hijos de Ulam...flecheros d......... 7198
12.8 muy valientes para...d con escudo y pavés..... 6186
2 Cr 8.18 había enviado naves...y marineros d......... 3045
14.8 tuvo...Asa ejército que...todos hombres d..... 1368
Cnt 3.8 todos ellos...d en la guerra, cada uno.......... 3925
Jer 50.9 sus flechas son como de valiente d............ 7919

DIEZ

Gn 16.3 al cabo de d años que había habitado......... 6235
18.32 volvió a decir...quizá se hallarán...d......... 6235
18.32 no la destruiré...por amor a los d............ 6235
24.10 el criado tomó d camellos...de su señor....... 6235
24.22 le dio...dos brazaletes que pesaban d......... 6235
24.55 espere la doncella...a lo menos d días........ 6218
31.7 me ha cambiado el salario d veces; pero....... 6235
31.41 serví...has cambiado mi salario d veces........ 6235
32.15 d novillos, veinte asnas y d borricos.......... 6235
42.3 y descendieron los d hermanos de José........ 6235
45.23 a su padre envió...d asnos...y d asnas........ 6235
Éx 12.3 en el d de este mes tómese cada uno.......... 6218
18.21 ponlos sobre el pueblo por jefes...de d....... 6235
18.25 escogió...los puso por jefes...sobre d......... 6235
26.1 el tabernáculo de d cortinas de lino............ 6235
26.16 la longitud de cada tabla...de d codos......... 6235
27.12 atrio...sus columnas d, con sus d basas....... 6235
34.28 escribió en tablas...los d mandamientos...... 6235
36.8 hicieron el tabernáculo de d cortinas........... 6235
36.21 longitud de cada tabla era de d codos......... 6235
38.12 del lado...sus columnas d, y sus d basas...... 6235
Lv 16.29 los d días del mes, afligiréis...almas.......... 6218
23.27 a los d de este mes séptimo será el........... 6218
25.9 harás tocar...la trompeta...a los d días........ 6218
26.26 cocerán d mujeres...pan en un horno.......... 6235
27.5,7 estimarás en...y a la mujer en d siclos....... 6235
Nm 7.14,20,26,32,38,44,50,56,62,68,74,80
una cuchara de oro de d siclos.................... 6235
7.86 de d siclos cada cuchara, al siclo del.......... 6235
11.19 no comeréis...ni d días, ni veinte días........ 6235
11.32 el que menos, recogió d montones; y las...... 6235
14.22 y me han tentado ya d veces, y no han........ 6235
29.7 el d de este mes séptimo tendréis santa....... 6218
29.23 el cuarto día, d becerros, dos carneros....... 6235
Dt 1.15 y los puse por jefes...de 50 y de d............ 6235
4.13 los d mandamientos, y los escribió en......... 6235
10.4 escribió...los d mandamientos que Jehová.... 6235
33.2 y vino de entre d millares de santos.......... 7233
33.17 son los d millares de Efraín, y ellos.......... 7233
Jos 4.19 el pueblo subió del Jordán el día d............ 6218
15.57 Caín...Timna; d ciudades con sus aldeas..... 6235
Jos 17.5 le tocaron a Manasés d partes además de.... 6235
21.5 obtuvieron por suerte d ciudades de las....... 6235
21.26 las ciudades...fueron d con sus ejidos........ 6235
22.14 y a d príncipes con él: un príncipe por....... 6235
Jue 6.27 tomó d hombres de sus siervos, e hizo....... 6235
12.11 después...Elón...Juzgó a Israel d años....... 6235
17.10 yo te daré d siclos de plata por año.......... 6235
20.10 tomaremos d hombres de cada ciento por.... 6235
Rt 1.4 los cuales...habitaron allí unos d años.......... 6235
4.2 él tomó a d varones de los ancianos de......... 6235
1 S 1.8 dijo...¿No te soy yo mejor que d hijos?......... 6235
17.17 toma...estos d panes, y llévalo pronto........ 6235
17.18 estos d quesos de leche los llevarás.......... 6235
25.5 entonces envió David d jóvenes y les dijo...... 6235
25.38 d días después, Jehová hirió a Nabal......... 6235
2 S 15.16 y dejó el rey d mujeres concubinas.......... 6235
18.11 me hubiera placido darte d siclos de......... 6235
18.15 d jóvenes escuderos de Joab...hirieron...... 6235
20.3 tomó el rey las d mujeres concubinas que..... 6235
1 R 4.23 d bueyes gordos, 20 bueyes de pasto......... 6235
6.3 ancho delante de la casa era de d codos........ 6235
6.23 querubines...cada uno de d codos de altura... 6235
6.24 había d codos desde la punta de una ala...... 6235
6.25 el otro querubín tenía d codos; porque........ 6235
6.26 altura del uno era de d codos, y...del otro..... 6235
7.10 piedras de d codos y piedras de 8 codos....... 6235
7.23 hizo fundir...mar de d codos de un lado....... 6235
7.24 y rodeaban...unas bolas...d en cada codo.... 6235
7.27 hizo también d basas de bronce, siendo....... 6235
7.37 de esta forma hizo d basas, fundidas de....... 6235
7.38 d fuentes de bronce...sobre...las d basas..... 6235
7.43 las d basas...d fuentes sobre las basas........ 6235
11.31 y dijo a...Toma para ti los d pedazos......... 6235
11.31 rompo el reino...y a ti daré d tribus.......... 6235
11.35 el reino...lo daré a ti, las d tribus............ 6235
14.3 toma...d panes, y tortas, y una vasija de...... 6235
2 R 5.5 llevando consigo d talentos de plata........... 6235
5.5 él, llevando consigo...d mudas de vestidos..... 6235
13.7 no le había quedado...sino...d carros, y....... 6235
15.17 reinó Manahem hijo...sobre Israel d años... 6235
20.9 ¿avanzará...d grados, o retrocederá d......... 6235
20.10 fácil cosa es que la sombra decline d......... 6235
20.10 no que la sombra vuelva atrás d grados....... 6235
20.11 hizo volver la sombra...d grados atrás........ 6235
25.1 los d días del mes, que Nabucodonosor........ 6218
25.25 vino Ismael hijo...y con él d varones......... 6235
1 Cr 6.61 dieron por suerte d ciudades de la.......... 6235
2 Cr 4.1 hizo...un altar...de d codos de altura........ 6235
4.2 hizo un mar...tenía d codos de un borde........ 6235
4.3 calabazas que...d en cada codo alrededor..... 6235
4.6 hizo también d fuentes, y puso cinco a......... 6235
4.7 d candeleros de oro según su forma, los........ 6235
4.8 hizo d mesas y las puso en el templo, 5 a...... 6235
14.1 reinó...tuvo sosiego el país por d años........ 6235
36.9 Joaquín...reinó tres meses y d días en........ 6235
Esd 8.24 aparté...con ellos d de sus hermanos......... 6235
Neh 4.12 los judíos...nos decían hasta d veces........ 6235
5.18 y cada d días vino en toda abundancia........ 6235
11.1 traer uno de cada d para que morase en....... 6235
Est 9.10 d hijos de Amán hijo de Hamedata............ 6235
9.12 los judíos han matado...a d hijos de Amán.... 6235
9.13 que cuelguen en...a los d hijos de Amán....... 6235
9.14 Susa, y colgaron a los d hijos de Amán........ 6235
Job 19.3 ya me habéis vituperado d veces; ¿no........ 6235
Sal 3.6 no temeré a d millares de gente, que.......... 7233
Ec 7.19 fortalece al sabio más que d poderosos........ 6235
Is 5.10 d yugadas de viña producirán un bato......... 6235
38.8 haré volver la sombra...d grados atrás........ 6235
38.8 y volvió el sol d grados atrás, por los......... 6235
Jer 41.1 príncipes del rey y d hombres con él......... 6235
41.2 se levantó Ismael...y los d hombres que....... 6235
41.8 fueron hallados d hombres que dijeron........ 6235
42.7 al cabo de d días vino palabra de Jehová...... 6235
52.4 d días del mes, que vino Nabucodonosor...... 6224
52.12 a los d días del mes, que era el año.......... 6218
Ez 20.1 d días del mes, que vinieron algunos......... 6218
24.1 palabra...a los d días del mes, diciendo....... 6218
40.1 a los d días del mes, a los catorce años....... 6218
40.11 midió el ancho de la entrada...d codos........ 6235
41.2 el ancho de la puerta era de d codos.......... 6235
42.4 había un corredor de d codos de ancho........ 6235
45.14 d hatos serán un homer...d hatos son un..... 6235
Dn 1.12 que hagas la prueba...por d días, y nos....... 6235
1.14 consintió, pues...probó con ellos d días....... 6235
1.15 al cabo de los d días pareció al rostro......... 6235
1.20 los halló d veces mejores que todos los........ 6235
7.7 he aquí la cuarta bestia...tenía d cuernos...... 6236
7.20 acerca de los d cuernos que tenía en su....... 6236
7.24 y los d cuernos...se levantarán d reyes........ 6236
Am 5.3 la que salga con ciento volverá con d......... 6235
6.9 que si d hombres quedaren en una casa........ 6235
Hag 2.16 al montón de veinte efas, y había d.......... 6235
Zac 5.2 un rollo que vuela...d codos de ancho......... 6235
8.23 que d hombres de las naciones de toda........ 6235
Mt 20.24 cuando los d oyeron esto, se enojaron........ *1176*
25.1 **semejante a d vírgenes que tomando sus**...... *1176*
25.28 **quitadle, pues...y dadlo al que tiene d**...... *1176*
Mr 10.41 cuando lo oyeron los d, comenzaron a........ *1176*
Lc 15.8 **mujer que tiene d dracmas, si pierde**.......... *1176*
17.12 le salieron al encuentro d...leprosos......... *1176*
17.17 **¿no son d los que fueron limpiados?**......... *1176*
19.13 **llamando a d siervos...les dio d minas**........ *1176*
19.16 **vino...Señor, tu mina ha ganado d minas**...... *1176*
19.17 **fiel, tendrás autoridad sobre d ciudades**...... *1176*
19.24 **mina, y dadla al que tiene las d minas**........ *1176*
19.25 **ellos le dijeron: Señor, tiene d minas**......... *1176*
Hch 25.6 deteniéndose...no más de 8 o d días.......... *1176*
Ap 2.10 **tendréis tribulación por d días. Sé fiel**........ *1176*
12.3 he aquí un gran dragón...tenía...d cuernos..... *1176*
13.1 una bestia que tenía...d cuernos; y en......... *1176*
13.1 que tenía...y en sus cuernos d diademas....... *1176*
17.3 bestia...tenía siete cabezas y d cuernos....... *1176*
17.7 la cual tiene las siete...y los d cuernos........ *1176*
17.12 d cuernos que has visto, son d reyes.......... *1176*
17.16 los d cuernos que viste en la bestia........... *1176*

DIEZMAR

Dt 14.22 *diezmarás* todo el producto del grano........ 6237
26.12 cuando acabes de *diezmar*...tus frutos....... 6237
1 S 8.15 *diezmará* vuestro grano y vuestras........... 6237
8.17 *diezmará* también vuestros rebaños, y........ 6237
Mt 23.23; Lc 11.42 ¡ay de...*diezmáis* la menta........... *586*

DIEZMO

Gn 14.20 bendito...le dio Abram los d de todo......... 4643
28.22 de todo lo que me dieres, el d apartaré....... 6237
Lv 27.30 el d de...es cosa dedicada a Jehová........... 4643
27.31 si alguno quisiere rescatar algo del d......... 4643
27.32 todo d...el d será consagrado a Jehová....... 6224
Nm 18.21 dado a los hijos de Leví todos los d.......... 4643
18.24 los levitas he dado por heredad los d......... 4643
18.26 toméis...los d que os he dado de ellos........ 4643
18.26 presentaréis...a Jehová el d de los d.......... 4643
18.28 así ofreceréis...de todos vuestros d que...... 4643
Dt 12.6,11 allí llevaréis vuestros...vuestros d........... 4643
12.17 ni comerás en tus...el d de tu grano, de...... 4643
14.23 comerás delante de...el d de tu grano......... 4643
14.28 sacarás todo el d de tus productos de......... 4643
26.12 el d de tus frutos en el...el año del d......... 4643
2 Cr 31.5 trajeron...los d de todas las cosas........... 4643
31.6 d de las vacas y...d de lo santificado......... 4643
31.12 en ellas depositaron...los d y las cosas....... 4643
Neh 10.37 y el d de nuestra tierra para los............ 4643
10.38 cuando los levitas recibiesen el d............. 6237
10.38 que los levitas llevarían el d del d........... 4643
12.44 y de los d, para recoger en ellas, de......... 4643
13.5 en la cual guardaban antes...d del grano..... 4643
13.12 Judá trajo el d del grano, del vino y.......... 4643
Am 4.4 id...traed...vuestros d cada tres días.......... 4643
Mal 3.8 en qué te hemos robado? En vuestros d........ 4643
3.10 todos los d al alfolí y haya alimento........... 4643
Lc 18.12 **ayuno dos...doy d de todo lo que gano**....... *586*
He 7.2 a quien asimismo dio Abraham los d de......... *1181*
7.4 a quien aun Abraham el patriarca dio d......... *1181*
7.5 mandamiento de tomar...los d según la ley...... *586*
7.6 tomó de Abraham los d, y bendijo al que........ *1183*
7.8 aquí...reciben los d hombres mortales; pero.... *1181*
7.9 pagó el d también Leví, que recibe los d......... *1181*

DIEZ MIL

Lv 26.8 de vosotros perseguirán a *10.000*, y............ 7233
Dt 32.30 dos hacer huir a *10.000*, si su Roca........ 7233,505
Jue 1.4 hirieron de ellos...a *10.000* hombres....... 6235,505
3.29 mataron de los moabitas como *10.000*....... 6235,505
4.6 toma...*10.000* hombres de la tribu de....... 6235,505
4.10 y subió con *10.000* hombres a su mando... 6235,505
4.14 descendió...*10.000* hombres en pos de él.. 6235,505
7.3 y se devolvieron de...y quedaron *10.000*.... 6235,505
20.10 tomaremos diez...y mil de cada *10.000*.... 6235,505
20.34 vinieron contra Gabaa *10.000* hombres.... 6235,505
1 S 15.4 pasó revista...*10.000* hombres de Judá.... 6235,505
18.7 Saúl hirió a sus...y David a sus *10.000*........ 7233
18.8 a David dieron *10.000*, y a mí miles; no......... 7233
21.11; 29.5 hirió Saúl...David a sus *10.000*?......... 7233
2 S 18.3 vales tanto como *10.000* de nosotros....... 6235,505
1 R 5.14 al Líbano de *10.000* en *10.000* cada........ 6235,505
2 R 13.7 diez carros, y *10.000* hombres de a pie.... 6235,505
14.7 mató...a *10.000* edomitas en el Valle de.... 6235,505
24.14 llevó en cautiverio a...*10.000* cautivos.... 6235,505
1 Cr 29.7 dieron para...*10.000* dracmas de oro.... 7239,505
29.7 oro, *10.000* talentos de plata, y 18.000....... 6235,505
2 Cr 25.11 mató de los hijos de Seir *10.000*........ 6235,505
25.12 de Judá tomaron vivos a otros *10.000*...... 6235,505
27.5 *10.000*...de trigo, y *10.000* de cebada....... 6235,505
30.24 dieron al pueblo mil...y *10.000* ovejas..... 6235,505
Est 3.9 y yo pesaré *10.000* talentos de plata........ 6235,505
Sal 91.7 caerán a tu lado mil, y *10.000* a tu........ 7233,505
Cnt 5.10 mi amado es...señalado entre *10.000*.......... 7233
Ez 45.1 y *10.000* de ancho...será santificado........ 6235,505
45.3 medirás en...en ancho *10.000*, en lo cual... 6235,505
45.5 y *10.000* de ancho, lo cual será para los.... 6235,505
48.9 la porción que...tendrá...*10.000* de ancho. 6235,505
48.10 la porción santa...de *10.000* de anchura.. 6235,505
48.10 y de *10.000* de ancho al oriente, y de...... 6235,505
48.13 la de los levitas...de *10.000* de anchura... 6235,505
48.13 toda la longitud...la anchura de *10.000*... 6235,505
48.18 quedare...10.000...al oriente y *10.000*..... 6235,505
Mi 6.7 agradará...de *10.000* arroyos de aceite.......... 7233
Mt 18.24 **presentado uno que le debía *10.000***............ *3463*
Lc 14.31 **si puede hacer frente con *10.000* al**...... *1176,5505*
1 Co 4.15 porque aunque tengáis *10.000* años........... *3463*
14.19 a otros, que *10.000* palabra en lengua.......... *3463*

DIFAMAR

1 Co 4.13 nos *difaman*, y rogamos...escoria del......... *987*
Tit 3.2 a nadie *difamen*...amables...con todos.......... *987*

DIFERENCIA

Éx 11.7 Jehová hace d entre los egipcios y los......... 6395
Lv 11.47 hacer d entre lo inmundo y lo limpio.......... 914

20.25 haréis *d* entre animal limpio e inmundo 914
2 Cr 14.11 para ti no hay *d* alguna en dar ayuda
Job 37.16 ¿has conocido tú las *d* de las nubes 4657
Ez 22.26 lo santo y lo profano no hicieron *d* 914
Mal 3.18 discerniréis la *d* entre el justo y el
Hch 15.9 ninguna *d* hizo entre nosotros y ellos *1252*
Ro 3.22 los que creen en él...Porque no hay *d* *1293*
10.12 no hay *d* entre judío y griego, pues *1293*
14.5 uno hace *d* entre día y día; otro juzga *2919*
1 Co 7.34 hay...*d* entre la casada y la doncella *3307*

DIFERENTE
Est 1.7 daban a beber...y en vasos *d* unos de 8138
3.8 y sus leyes son *d* de las de todo pueblo 8138
Ez 16.34 lo contrario de...por esto has sido *d* 2016
Dn 7.3 y cuatro bestias...*d* la una de la otra 8133
7.7 y era muy *d* de todas las bestias que vi 8133
7.19 era tan *d* de todas las otras, espantosa 8133
7.23 el cual será *d* de todos los otros reinos 8133
7.24 otro, el cual será *d* de los primeros 8133
Lc 21.11 **grandes terremotos, y en *d* lugares**
Ro 12.6 teniendo *d* dones, según la gracia que *1313*
1 Co 15.41 una estrella es *d* de otra en gloria *1308*
Gá 1.6 alejado del...para seguir un evangelio *d* *2087*
1.8 os anunciare otro evangelio *d* del que os
1.9 si alguno os predica *d* evangelio del que

DIFERIR
Is 48.9 por amor de mi nombre *diferiré* mi ira 748
Gá 4.1 en nada *difiere* del esclavo, aunque es *1308*

DIFÍCIL
Gn 18.14 ¿hay para Dios alguna cosa *d*? 6381
Éx 18.26 asunto *d* lo traían a Moisés, y ellos 7186
Dt 1.17 la causa que os fuere *d*, la traeréis 7185
17.8 cuando alguna...te fuere *d* en el juicio 6381
30.11 no es demasiado *d* para ti, ni...lejos 6381
1 S 14.6 pues no es *d* para Jehová salvar con 4622
2 S 13.2 parecía...sería *d* hacerle cosa alguna 6381
1 R 10.1 la reina...a probarle con preguntas *d* 2420
2 R 2.10 dijo: Cosa *d* has pedido. Si me vieres 7185
2 Cr 9.1 para probar a Salomón con preguntas *d* 2420
Pr 15.15 todos los días del afligido son *d* 7451
Is 33.19 pueblo de lengua *d* de entender, de 6012
Jer 32.17 Señor...ni hay nada que sea *d* para ti 6381
32.27 Dios...¿habrá algo que sea *d* para mí? 6381
Ez 3.5 no eres enviado a pueblo...de lengua *d* 3515
3.6 no a muchos pueblos de...ni de lengua *d* 3515
Dn 2.11 el asunto que el rey demanda es *d*, y no 3358
Mt 23.4 **atan cargas pesadas y *d* de llevar, y** *1419*
Mr 10.24 **¡cuán *d* les es entrar en el reino a** *1422*
He 5.11 y *d* de explicar, por cuanto os habéis *1421*
1 P 2.18 amos...también a los *d* de soportar *4646*
2 P 3.16 hay algunas *d* de entender, las cuales *1425*

DIFÍCILMENTE
Mt 19.23 ***d* entrará un rico en el reino de los** *1423*
Mr 10.23; Lc 18.24 *d* entrarán en el reino *1423*
Hch 14.18 *d* lograron impedir que la multitud *3433*

DIFICULTAD
2 S 20.6 halle para sí ciudades...nos cause *d* 5869
Dn 5.16 resolver *d*. Si ahora puedes leer esta 7001
Hch 27.8 y costeándola con *d*, llegamos a un *3433*
27.16 Clauda...con *d* pudimos recoger el esquife *3433*
1 P 4.18 si el justo con *d* se salva, ¿en dónde *3433*

DIFUNDIR
Mt 4.24 y se *difundió* su fama por toda Siria 565
9.26 y se *difundió* la fama de esto por toda *1831*
Mr 1.28; Lc 4.14 se *difundió* su fama por toda *1831*
Lc 4.37 fama se *difundía* por todos los lugares *1607*
Hch 13.49 y la palabra del Señor se *difundía* *1308*

DIFUNTO
Rt 4.5 debes tomar también a Rut...mujer del *d* 4191
4.10 para restaurar el nombre del *d* sobre su 4191
Lc 7.12 he aquí que llevaban a enterrar a un *d* *2348*

DIGERIR
1 S 1.14 ¿hasta cuándo...ebria? *Digiere* tu vino 5493

DIGNAMENTE
1 Co 12.23 menos dignos, a éstos vestimos...*d* *5092*

DIGNARSE
Éx 8.9 *dígnate* indicarme cuándo debo orar por 6286
1 S 1.11 si te *dignares* mirar a la aflicción 7200
Lc 1.25 se *dignó* quitar mi afrenta entre los

DIGNIDAD
Gn 49.3 principal en *d*, principal en poder 7613
Nm 27.20 y pondrás de tu *d* sobre él, para que 1935
2 Cr 15.16 a Maaca madre...la depuso de su *d* 1377
Dn 4.36 mi *d* y mi grandeza volvieron a mí, y 1923
Hab 1.7 de ella...procede su justicia y su *d* 7613
Jud 6 y a los ángeles que no guardaron su *d* *746*

DIGNO, A
Dt 21.22 cometido algún crimen *d* de muerte 4941
1 S 26.16 vive Jehová, que sois *d* de muerte 1121
2 S 12.5 que el que tal hizo es *d* de muerte 1121
19.28 la casa de mi padre era *d* de muerte
22.4 invocaré a Jehová, quien es *d* de ser
1 R 2.26 vete a...pues eres *d* de muerte; pero 376
1 Cr 16.25 y *d* de suprema alabanza, y de ser 3966
Sal 18.3 invocaré a Jehová, quien es *d* de ser
48.1 grande es Jehová, y *d* de ser en gran 3966
96.4, 145.3 grande...y *d* de suprema alabanza 3966
Jer 51.18 vanidad son, obra *d* de burla; en el
Ez 16.56 no su hermana Sodoma *d* de mención
Dn 9.4 Dios...*d* de ser temido, que guardas el
Mt 3.8 haced...frutos *d* de arrepentimiento *514*
3.11 cuyo calzado yo no soy *d* de llevar, es *2425*
8.8 no soy *d* de que entres bajo mi techo *2425*
10.10 **porque el obrero es *d* de su alimento** *514*
10.11 **informaos quién en ella sea *d*, y posad** *514*
10.13 **si la casa fuere *d*, vuestra paz vendrá** *514*
10.13 **si no fuere *d*, vuestra paz se volverá** *514*
10.37(2) **ama...más que a mí, no es *d* de mí** *514*
10.38 **el que no toma su cruz...no es *d* de mí** *514*
22.8 **mas los que fueron convidados no eran *d*** *514*
Mr 1.7 a quien no soy *d* de desatar encorvado *2425*
14.64 todas...declarándole ser *d* de muerte *1777*
Lc 3.8 haced, pues, frutos *d* de arrepentimiento *514*
3.16 no soy *d* de desatar la correa de su *2425*
7.4 le rogaron...Es *d* de que le concedas esto *514*
7.6 no soy *d* de que entres bajo mi techo *2425*
7.7 que ni aun me tuve por *d* de venir a ti *515*
10.7 **porque el obrero es *d* de su salario** *514*
12.48 **el que sin conocerla hizo cosas *d* de** *514*
15.19,21 **ya no soy *d* de ser llamado tu hijo** *514*
20.35 **los que fueren tenidos por *d* de alcanzar** *2661*
21.36 **que seáis tenidos por *d* de escapar de** *2661*
23.15 nada *d* de muerte ha hecho este hombre *514*
23.22 ningún delito *d* de muerte he hallado en *514*
Jn 1.27 yo no soy *d* de desatar la correa del *514*
Hch 5.41 haber sido tenidos por *d* de padecer *2661*
13.25 de quien no soy *d* de desatar el calzado *514*
13.28 y sin hallar en él causa *d* de muerte
13.46 no os juzgáis *d* de la vida eterna, he *514*
23.29 ningún delito tenía *d* de muerte o de *514*
25.11 si...cosa alguna *d* de muerte he hecho *514*
25.25 que ninguna cosa *d* de muerte ha hecho *514*
26.20 haciendo obras *d* de arrepentimiento *514*
26.31 cosa *d* ni de muerte ni de prisión ha *514*
Ro 1.32 que practican tales...son *d* de muerte *514*
16.2 que la recibáis en el Señor, como es *d* *516*
1 Co 12.23 que nos parecen menos *d*, a éstos *820*
15.9 no soy *d* de ser llamado apóstol, porque *2425*
15.19 los más *d* de conmiseración de todos los
Ef 4.1 andéis como es *d* de la vocación con que *516*
Fil 1.27 os comportéis como es *d* del evangelio *516*
4.8 si algo *d* de alabanza, en esto pensad
Col 1.10 para que andes como es *d* del Señor *516*
1 Ts 2.12 que anduvisteis como es *d* de ellos *516*
2 Ts 1.3 dar gracias a Dios por vosotros...es *d* *514*
1.5 que seáis tenidos por *d* del reino de Dios *2661*
1.11 Dios os tenga por *d* de su llamamiento *515*
1 Ti 1.15 palabra fiel y *d* de ser recibida por *514*
4.9 palabra fiel es...y *d* de ser recibida por *514*
5.17 por *d* de doble honor, mayormente los que *515*
5.18 **dice...*D* es el obrero de su salario** *514*
6.1 tengan a sus amos por *d* de todo honor *514*
He 3.3 de...mayor gloria que Moisés es...*d* este *515*
11.38 de los cuales el mundo no era *d* *514*
3 Jn 6 encaminarlos como es *d* de su servicio
Ap 3.4 **andarán...en vestiduras blancas...son *d*** *514*
4.11 *d* eres de recibir la gloria y la honra *514*
5.2 ¿quién es *d* de abrir el libro y desatar *514*
5.4 no se había hallado a ninguno *d* de abrir *514*
5.9 *d* eres de tomar el libro y de abrir sus *514*
5.12 Cordero que fue inmolado es *d* de tomar *514*

DILACIÓN
Dn 2.8 ponéis *d*, porque veis que el asunto se 5732
Hch 25.17 habiendo venido ellos...sin ninguna *d* *311*

DILATADO
Is 9 7 lo *d* de su imperio no tendrán límite 4766

DILATAR
Am 6.3 oh vosotros que *dilatáis* el día malo 5077

DILEÁN *Aldea de Judá*, Jos 15.38 1810

DILIGENCIA
Nm 32.17 e iremos con *d* delante de...de Israel
Dt 4.9 guárdate, y guarda tu alma con *d*, para 3966
13.14 y buscarás y preguntarás con *d*; y si 3190
Jos 22.5 solamente...con *d* cuidéis de cumplir 3966
23.11 guardad, pues, con *d* vuestras almas 3966
2 Cr 24.5 poned *d*...los levitas no pusieron *d* 4116
Job 29.16 que no entendía, me informaba con *d*
Pr 12.27 haber precioso del hombre es la *d* 2742
Mt 2.8 id...y averiguad con *d* acerca del niño *199*
Lc 1.3 después de haber investigado con *d* *199*
15.8 **barre...y busca con *d* hasta encontrarla!** *1960*
Ro 12.11 en lo que requiere *d*, no perezosos *4710*
2 Co 8.8 poner a prueba, por medio de la *d* de *4710*
8.22 *d* hemos comprobado repetidas veces en *4705*
Gá 2.10 lo cual también procuré con *d* hacer *4704*
Ef 5.15 mirad, pues, con *d* cómo andéis, no *199*
2 Ti 2.15 procura con *d* presentarte a Dios *4704*
He 2 1 que con más *d* atendamos a las cosas que *4056*
2 P 1.5 poniendo toda *d* por esto mismo, añadid *4710*
1.15 yo procuraré con *d* que después de mi *4704*
3.14 procurad con *d* ser hallados por él sin *4704*

DILIGENTE
Esd 7.6 era escriba *d* en la ley de Moisés, que 4106
Sal 16.4 de aquellos que sirven *d* a otro dios 4116
Pr 10.4 mano...mas la mano de los *d* enriquece 2742
12.24 la mano de los *d* señoreará; mas la 2742
13.4 mas el alma de los *d* será prosperada 2742
21.5 los pensamientos del *d*...a la abundancia 2742
27.23 sé *d* en conocer el estado de tus ovejas 3045
Is 11.3 y le hará entender *d* en el temor de
2 Co 8.22 mucho más *d* por la mucha confianza *4707*
1 Ti 5.5 y es *d* en súplicas y oraciones noche *4357*

DILIGENTEMENTE
Hch 18 25 enseñaba *d* lo concerniente al Señor *199*

DILUVIO
Gn 6.17 traigo un *d* de aguas sobre la tierra 3999
7.10 al séptimo día las aguas del *d* vinieron 3999
7.17 fue el *d* 40 días sobre la tierra; y las 3999
9.11 y no exterminaré ya más...con aguas de 3999
9.11 ni habrá más *d* para destruir la tierra 3999
9.15 y no habrá más *d* de aguas para destruir 3999
9.28 y vivió Noé después del *d* 350 años 3999
10.1 a quienes nacieron hijos después del *d* 3999
10.32 las naciones en la tierra después del *d* 3999
11.10 Sem...a Alfaxad, dos años después del *d* 3999
Sal 29.10 Jehová preside en el *d*, y se sienta 3999
Mt 24.38 **los días antes del *d* estaban comiendo** *2627*
24.39 **no entendieron hasta que vino el *d* y se** *2627*
Lc 17.27 **y vino el *d* y los destruyó a todos** *2627*
2 P 2.5 trayendo el *d* sobre el...de los impíos *2627*

DIMENSIÓN
Job 11.9 su *d* es más extensa que la tierra 4055

DIMNA *Ciudad de los levitas en Zabulón,*
Jos 21.35 1829

DIMÓN *Lugar desconocido,* Is 15.9 1775

DIMONA *Población en el Neguev,* Jos 15.22 1776

DINA *Hija de Jacob*
Gn 30.21 dio a luz una...y la llamó *D* 1783
34.1 salió *D* la hija de Lea...ver las hijas 1783
34.3 su alma se apegó a *D* la hija de Jacob 1783
34.5 Siquem había amancillado a *D* su hija 1783
34.11 Siquem también dijo al padre de *D* y a
34.13 cuanto había amancillado a *D* su hermana 1783
34.25 Simeón y Leví, hermanos de *D*, tomaron 1783
34.26 tomaron a *D* de casa de Siquem, y se 1783
46.15 además su hija *D*: treinta y tres las 1783

DINABA *Ciudad de Bela, rey edomita,*
Gn 36.32; 1 Cr 1.43 1838

DINERO
Gn 17.12 comprado por *d* a cualquier extranjero 3701
17.13 el nacido en tu...y el comprado por tu *d* 3701
17.23 a todos los comprados por su *d*, a todo 3701
17.27 casa y el comprado del extranjero por *d* 3701
23.16 y pesó Abraham a Efrón el *d* que dijo 3701
42.25 devolviesen el *d* de cada uno de ellos 3701
42.27 su *d* que estaba en la boca de su costal 3701
42.28 mi *d* se me ha devuelto, y helo aquí en 3701
42.35 el atado de su *d*; y viendo ellos...su *d* 3701
43.12 doble cantidad de *d*, y...el *d* vuelto en 3701
43.15 tomaron en su mano doble cantidad de *d* 3701
43.18 por el *d* que fue devuelto en nuestros 3701
43.21 el *d*...estaba en la boca de su costal 3701
43.21 nuestro *d* en su justo peso; y lo hemos 3701
43.22 en nuestras manos otro *d* para comprar 3701
43.22 puesto nuestro *d* en nuestros costales 3701
43.23 os dio el tesoro...yo recibí vuestro *d* 3701
44.1 y pon el *d* de cada uno en la boca de su 3701
44.2 pondrás mi copa...con el *d* de su trigo 3701
44.8 el *d* que hallamos en...costales, te lo 3701
47.14 recogió José todo el *d* que había en 3701
47.14 y metió José el *d* en casa de Faraón 3701
47.15 acabado el *d*...vino todo Egipto a José 3701
47.15 moriremos...por haberse acabado el *d* 3701
47.16 vuestros ganados, si se ha acabado el *d* 3701
47 18 el *d*...se ha acabado...nada ha quedado 3701
Éx 12.44 todo siervo...comprado por *d* comerá de 3701
21.11 y si ninguna...saldrá de gracia, sin *d* 3701
21.35 venderá el buey vivo y partirán el *d* 3701
22.25 cuando prestares *d* a uno de mi pueblo 3701
30.16 y tomarás de...el *d* de las expiaciones 3701
Lv 22.11 cuando...comprare algún esclavo por *d* 3701
25.37 no le darás tu *d* a usura ni...víveres 3701
25.51 rescate, del *d* por el cual se vendió 3701
27 18 haré la cuenta del *d* conforme a los años 3701
Nm 3.48 darás a Aarón...*d* del rescate de los 3701
3.49 tomó, pues, Moisés el *d* del rescate de 3701
3.50 recibió...de Israel, en *d*, 1.365 siclos 3701
3.51 Moisés dio el *d* a Aarón y a sus hijos 3701
Dt 2.6 compraréis de ellos por *d* los alimentos 3701
2.28 la comida me venderás por *d*, y comeré 3701
2.28 agua también me darás por *d*, y beberé 3701
14.25 guardarás el *d* en tu mano, y vendrás 3701
14.26 y darás el *d* por todo lo que deseas 3701
21.14 no la venderás por *d*, ni la tirarás 3701
23.19 no exigirás...interés de *d*, ni interés 3701
Jos 7.21 escondido bajo tierra...y el *d* del 3701
7.22 escondido en su tienda, y el *d* debajo 3701
7.24 tomaron a Acán hijo de...el *d*, el manto 3701
24.32 Jacob compró de...por cien piezas de *d* 7192
Jue 5.19 mas no llevaron ganancia alguna de *d* 3701
16.18 vinieron a...trayendo en su mano el *d* 3701
17.2 aquí el *d* está en mi poder, yo lo tomé 3701
17.3 he dedicado el *d* a Jehová por mi hijo 3701
17.4 él devolvió el *d* a su madre, y tomó su 3701
1 R 21.2 dame tu viña...pagaré su valor en *d* 3701
21.6 dije que me diera su viña por *d*, o que 3701
21.15 la viña...que no te la quise dar por *d* 3701
2 R 12.4 el *d* consagrado que se suele traer a 3701
12.4 el *d* del rescate...el *d* que cada una, de 3701
12.7 no toméis...el *d* de vuestros familiares 3701
12.8 en no tomar más *d* del pueblo, ni tener 3701
12.9 ponían allí todo el *d* que se traía a la 3701
12.10 cuando veían que había mucho *d* en el 3701
12.10 venía...y contaban el *d* que hallaban en 3701
12.11 daban el *d*...a los que hacían la obra 3701
12.13 de aquel *d* que se traía a la casa de 3701
12.15 en cuyas manos el *d* era entregado para 3701
12.16 el *d* por el pecado, y el *d* por la culpa 3701
15.20 e impuso Manahem este *d* sobre Israel 3701
22.4 y dile que recoja el *d* que han traído 3701

22.7 no se les tome cuenta del *d* cuyo manejo 3701
22.9 siervos han recogido el *d* que se halló 3701
23.35 hizo avaluar... para dar el *d*... a Faraón...... 3701
2 Cr 24.5 recoged *d* de todo Israel, para que 3701
24.11 cuando veían que había mucho *d*, venía...... 3701
24.11 lo hacían de día en... y recogían mucho *d* 3701
24.14 trajeron al rey... lo que quedaba del *d*........ 3701
34.9 dieron el *d* que había sido traído a la.......... 3701
34.14 al sacar el *d* que había sido traído a.......... 3701
34.17 reunido el *d* que se halló en la casa de 3701
Esd 3.7 dieron *d* a los albañiles y carpinteros 3701
7.17 comprarás, pues... con este *d* becerros........ 3702
Neh 5.4 tomado prestado *d* para el tributo del 3701
5.10 también... les hemos prestado *d* y grano 3701
5.11 les devolváis... la centésima parte del *d* 3701
13.2 sino que dieron *d* a Baalam para que los...... 7936
Job 31.39 si comí su sustancia sin *d*, o afligí 7936
42.11 cada uno de ellos le dio una pieza de *d*....... 7192
Sal 15.5 quien su *d* no dio a usura, ni contra 3701
Pr 7.20 la bolsa de *d* llevó en su mano, el día 3701
Ec 5.10 el que ama el *d*, no se saciará de *d* 3701
7.12 escudo es la ciencia, y escudo es el *d* 3701
10.19 el vino alegra... y el *d* sirve para todo 3701
Is 43.24 no compraste... caña aromática por *d* 3701
52.3 dice... por tanto, sin *d* seréis rescatados....... 3701
55.1 y los que no tienen *d*... comprad sin *d* 3701
55.2 ¿por qué gastáis el *d* en lo que no es........... 3701
Jer 32.9 pesé el *d*; diecisiete siclos de plata 3701
32.10 hice certificar... pesé el *d* en balanza 3701
32.25 has dicho: Cómprate la heredad por *d* 3701
32.44 heredades comprarán por *d*, y harán 3701
Lm 5.4 nuestra agua bebemos por *d*: compramos 3701
Am 2.6 porque vendieron por *d* al justo, y al 3701
8.6 para comprar los pobres por *d*, y los 3701
Mi 3.11 sacerdotes... profetas adivinan por *d* 3701
Sof 1.11 destruidos... todos los que traían *d* 3701
Mt 25.18 **cavó en... y escondió el *d* de su señor** *694*
25.27 **haber dado mi *d* a los banqueros, y al**......... *694*
28.12 consejo dieron mucho *d* a los soldados *694*
28.15 ellos, tomando el *d*, hicieron como se *694*
Mr 6.8 no llevasen... ni pan, ni *d* en el cinto *5475*
12.41 cómo el pueblo echaba *d* en el arca; y *5475*
14.11 ellos, al oírlo... prometieron darle *d* *694*
Lc 9.3 **no toméis... *d*; ni llevéis dos túnicas** *694*
19.15 **siervos a los cuales había dado el *d*** *694*
19.23 **me pusiste mi *d* en el banco, para que**......... *694*
22.2 se alegraron, y convinieron en darle *d*......... *694*
Hch 7.16 que a precio de *d* compró Abraham de *694*
8.18 cuando vio Simón que por... les ofreció *d*...... *5536*
8.20 Pedro le dijo: Tu *d* perezca contigo *694*
8.20 que el don de Dios se obtiene con *d*............ *5536*
24.26 esperaba... que Pablo le diera *d* para *694*
1 Ti 6.10 de todos los males es el amor al *d* *5365*

DINTEL
Éx 12.7 pondrán en los dos postes y en el *d*............ 4947
12.22 el *d* y los dos postes con la sangre que 4947
12.23 cuando vea la sangre en el *d* y en los......... 4947
Sof 2.14 el erizo dormirán en sus *d*; su voz 3730

DIONISIO *Hombre prominente de Atenas*, Hch 17.34........................... *1354*

DIOS *Véase también Diosa*
Gn 1.1 en el principio creó *D* los cielos y la............. 430
1.2 Espíritu de *D* se movía sobre... las aguas 430
1.3 y dijo *D*: Sea la luz; y fue la luz 430
1.4 vio *D* que la luz era buena, y separó *D*........... 430
1.5 llamó *D* a la luz Día, y a las tinieblas............. 430
1.6 dijo *D*: Haya expansión en medio de... aguas 430
1.7 hizo *D* la expansión, y separó las aguas 430
1.8 llamó *D* a la expansión Cielos. Y fue la........... 430
1.9 dijo también *D*: Júntense las aguas que........... 430
1.10 llamó *D* a lo seco Tierra... y vio *D* que 430
1.11 dijo *D*, produzca la tierra hierba verde 430
1.12 hierba verde... Y vio *D* que era bueno 430
1.14 luego *D*: Haya lumbreras en la expansión 430
1.16 e hizo *D* las dos grandes lumbreras la........... 430
1.17 las puso *D* en la expansión de los cielos 430
1.18 de las tinieblas. Y vio *D* que era bueno.......... 430
1.20 dijo *D* Produzcan las... seres vivientes 430
1.21 y creó *D* los grandes monstruos marinos 430
1.21 y toda ave alada... Y vio *D* que era bueno....... 430
1.22 y *D* los bendijo, diciendo: Fructificad 430
1.24 luego dijo *D*: Produzca la tierra seres............ 430
1.25 e hizo *D* animales de la tierra según su.......... 430
1.25 todo animal que... Y vio *D* que era bueno 430
1.26 *D*: Hagamos al hombre a nuestra imagen 430
1.27 creó *D* al hombre a su... a imagen de *D* lo 430
1.28 los bendijo *D*, y les dijo: Fructificad 430
1.29 y dijo *D*: He aquí que os he dado toda............ 430
1.31 Vio *D* todo lo que había hecho y he aquí 430
2.2 y acabó *D* en el día séptimo la obra que 430
2.3 bendijo *D* al día séptimo... lo santificó 430
2.4 el día que Jehová *D* hizo la tierra y los........... 430
2.5 Jehová *D* aún no había hecho llover sobre....... 430
2.7 Jehová *D* formó al hombre del polvo de la
2.8 y Jehová *D* plantó un huerto en Edén, al......... 430
2.9 *D* hizo nacer de la tierra todo árbol 430
2.15 tomó... Jehová *D* al hombre, y lo puso en 430
2.16 mandó Jehová *D* al hombre, diciendo: De....... 430
2.18 dijo... *D*: No es bueno que el hombre esté 430
2.19 *D* formó... de la tierra toda bestia del........... 430
2.21 *D* hizo caer sueño profundo sobre Adán......... 430
2.22 de la costilla que... *D* tomó del hombre 430
3.1 los animales... que Jehová *D* había hecho........ 430
3.1 ¿conque *D* os ha dicho: No comáis de todo 430
3.3 del fruto... dijo *D*: No comeréis de él, ni 430
3.5 que sabe *D* que el día que comáis de él 430
3.5 seréis como *D*, sabiendo el bien y el mal......... 430
3.8 oyeron la voz de... *D* que se paseaba en el 430
3.9 *D* llamó al hombre, y le dijo: ¿Dónde estás 430
3.11 *D* le dijo: ¿Quién te enseñó que estabas
3.13 *D* dijo a la mujer: ¿Qué es lo que has 430
3.14 *D* dijo a la serpiente... maldita serás............ 430
3.21 *D* hizo al hombre y a su mujer túnicas.......... 430
3.22 dijo Jehová *D*... el hombre es como uno de...... 430
4.25 *D* (dijo ella) me ha sustituido otro hijo 430
5.1 que creó *D* al hombre, a semejanza de *D* lo...... 430
5.22 caminó Enoc con *D*... 300 años, y engendró..... 430
5.24 caminó, pues, Enoc con *D*, y... le llevó *D* 430
6.2 viendo los hijos de *D* que las hijas de 430
6.4 se llegaron los hijos de *D* a las hijas 430
6.9 Noé, varón justo, era... con *D* caminó Noé 430
6.11 y se corrompió la tierra delante de *D*........... 430
6.12 miró *D* la tierra, y... estaba corrompida 430
6.13 dijo, pues, *D* a Noé: He decidido el fin........... 430
6.22 hizo conforme a todo lo que *D* le mandó......... 430
7.9,16 macho y hembra, como mandó *D* a Noé 430
8.1 acordó *D* de Noé, y de todos los animales........ 430
8.1 hizo pasar *D* un viento sobre la tierra 430
8.15 entonces habló *D* a Noé, diciendo 430
9.1 bendijo *D* a Noé y a sus hijos, y les dijo 430
9.6 porque a imagen de *D* es hecho el hombre....... 430
9.8 y habló *D* a Noé y a sus hijos con él............. 430
9.12 dijo *D*: Esta es la señal del pacto que........... 430
9.16 del pacto perpetuo entre *D* y todo ser 430
9.17 dijo, pues, *D* a Noé: Esta es la señal............ 430
9.26 bendito por Jehová mi *D* sea Sem, y sea 430
9.27 engrandezca *D* a Jafet, y habite en las 430
14.18 Melquisedec, rey... y sacerdote del *D*.......... 430
14.19 bendito sea Abram del *D* Altísimo 430
14.20 bendito sea el *D* Altísimo, que entrega.......... 430
14 22 he alzado mi mano a Jehová *D* Altísimo 430
16.13 tú eres *D* que ve; porque dijo: ¿No he 410
17.1 le dijo: Yo soy el *D* Todopoderoso; anda......... 410
17.3 se postró... y *D* habló con él, diciendo........... 430
17.7 para ser tu *D*, y el de tu descendencia 430
17.8 tu descendencia... y seré el *D* de ellos............ 430
17.9 dijo de nuevo *D* a Abraham: En cuanto a 430
17.15 dijo también *D* a Abraham: A Sarai tu......... 430
17.18 Abraham a *D*: Ojalá Ismael viva delante 430
17.19 respondió *D*: Ciertamente... dará a luz 430
17.22 con él, y subió *D* de estar con Abraham 430
17.23 circuncidó la... como *D* le había dicho 430
18.14 ¿hay para *D* alguna cosa difícil? 3068
19.29 cuando destruyó *D* las ciudades de la 430
19.29 *D* se acordó de Abraham, y envió fuera 430
20.3 *D* vino a Abimelec en sueños de noche 430
20.6 le dijo *D* en sueños: Yo también sé que.......... 430
20.11 no hay temor de *D* en este lugar, y me.......... 430
20.13 cuando *D* me hizo salir errante de la........... 430
20.17 Abraham oró a *D* y *D* sanó a Abimelec 430
21.2 hijo... en el tiempo que *D* le había dicho 430
21.4 y circuncidó... como *D* le había mandado....... 430
21.6 *D* me ha hecho reír, y cualquiera que lo 430
21.12 dijo *D* a Abraham: No te parezca grave 430
21.17 oyó *D* la voz del... y el ángel de *D* llamó 430
21.17 porque *D* ha oído la voz del muchacho 430
21.19 *D* le abrió los ojos, y vio una fuente........... 430
21.20 y *D* estaba con el muchacho; y creció.......... 430
21.22 *D* está contigo en todo cuanto haces............ 430
21.23 júrame aquí por *D*, que no faltarás a 430
21.33 invocó... el nombre de Jehová *D* eterno 410
22.1 probó *D* a Abraham, y le dijo: Abraham 430
22.3 y Abraham... fue al lugar que *D* le dijo 430
22.8 *D* se proveerá de cordero... el holocausto 430
22.9 cuando llegaron al lugar que *D* le había.......... 430
22.12 ya conozco que temes a *D*, por cuanto........... 430
23.6 eres un príncipe de *D* entre nosotros
24.3 *D* de los cielos y *D* de la tierra, que 430
24.7 Jehová, *D* de los cielos, que me tomó de 430
24.12 *D* de mi señor Abraham, dame, te ruego 430
24.27 bendito... *D* de mi amo Abraham, que no 430
24.42 Jehová, *D* de mi señor Abraham, si tú 430
24.48 bendije a Jehová *D* de mi señor Abraham 430
25.11 que *D* bendijo a Isaac su hijo; y habitó........... 430
26.24 soy el *D* de Abraham tu padre; no temas 430
27.20 Jehová tu *D* hizo que la encontrase............ 430
27.28 *D*, pues, te dé del rocío del cielo, y 430
28.3 el *D* omnipotente te bendiga, y te haga 410
28.4 heredes la tierra... que *D* dio a Abraham 430
28.12 ángeles de *D* que subían y descendían.......... 430
28 13 yo soy... *D* de Abraham... y el *D* de Isaac 430
28.17 no es otra cosa que casa de *D*, y puerta 430
28 20 si fuere *D* conmigo, y me guardare en.......... 430
28.21 si volviere en paz... Jehová será mi *D* 430
28 22 y esta piedra... señal, será casa de *D* 430
30.2 ¿soy yo acaso *D*, que te impidió el fruto.......... 430
30.6 me juzgó *D*, y también oyó mi voz, y me 430
30.8 con luchas de *D* he contendido con mi
30.17 oyó *D* a Lea; y concibió, y dio a luz 430
30.18 dijo Lea: *D* me ha dado mi recompensa......... 430
30.20 dijo Lea: *D* me ha dado una buena dote......... 430
30.22 se acordó *D* de Raquel, y la oyó *D*, y 430
30.23 hijo, y dijo: *D* ha quitado mi afrenta 430
31.5 mas el *D* de mi padre ha estado conmigo 430
31.7 *D* no le ha permitido que me hiciese mal 430
31.9 así quitó *D* el ganado de vuestro padre 430
31.11 me dijo el ángel de *D* en sueños: Jacob 430
31.13 soy el *D* de Bet-el, donde tú ungiste la.......... 410
31.16 la riqueza que *D* ha quitado a... padre 430
31.16 pues, haz todo lo que *D* te ha dicho............ 430
31.24 vino *D* a Labán arameo en sueños... noche 430
31.29 mas el *D* de tu padre me habló anoche 430
31.30 te ibas... ¿por qué me hurtaste mis *d*? 430
31.32 en cuyo poder hallares tus *d*, no viva.......... 430
31.42 si el *D* de mi padre, *D* de Abraham y 430
31.42 pero *D* vio mi aflicción y el trabajo 430
31.50 mira, *D* es testigo entre nosotros dos 430
31.53 el *D* de Abraham y el *D* de Nacor juzgue 430
31.53 juzgue... nosotros, el *D* de sus padres.......... 430
32.1 le salieron al encuentro ángeles de *D*........... 430
32.2 y dijo Jacob... Campamento de *D* es este 430
32.9 *D* de mi padre Abraham, y *D* de... Isaac 430
32.28 has luchado con *D* y con... y has vencido 430
32.30 porque dijo: Vi a *D* cara a cara, y fue.......... 430
33.5 son los niños que *D* ha dado a tu siervo......... 430
33.10 como si hubiera visto el rostro de *D* 430
33.11 acepta... porque *D* me ha hecho merced 430
35.1 *D* a Jacob: Levántate y sube a Bet-el............ 430
35.1 haz allí un altar al *D* que te apareció 410
35.2 quitad los *d*... que hay entre vosotros........... 430
35.3 haré allí altar al *D* que me respondió........... 410
35.4 así dieron a Jacob todos los *d* ajenos 430
35.5 terror de *D* estuvo sobre las ciudades 430
35.7 allí le había aparecido *D* cuando huía 430
35.9 apareció otra vez *D* a Jacob, cuando 430
35.10 le dijo *D*: tu nombre es Jacob; no se............ 430
35.11 dijo *D*: Yo soy el *D* omnipotente; crece 430,410
35.13 y se fue de él *D*, del lugar en donde............ 430
35.15 donde *D* había hablado con él, Bet-el........... 430
39.9 ¿cómo... haría... mal, y pecaría contra *D*? 430
40.8 José: ¿No son de *D* las interpretaciones? 430
41.16 *D*... que dé respuesta propicia a Faraón........ 430
41.25 *D* ha mostrado a Faraón lo que va a............ 430
41.28 lo que *D* va hacer, lo ha mostrado a 430
41.32 cosa es firme de parte de *D*, y que *D*........... 430
41.38 otro... en quien esté el espíritu de *D*?........... 430
41.39 que *D* te ha hecho saber todo esto, no 430
41.51 *D* me hizo olvidar todo mi trabajo, y............ 430
41.52 *D* me hizo fructificar en la tierra de 430
42.18 José: Haced esto, y vivid: Yo temo a *D* 430
42.28 otro: ¿Qué es esto que nos ha hecho *D*?......... 430
43.14 el *D* Omnipotente os dé misericordia 410
43.23 vuestro *D* y el *D* de vuestro padre os 430
43.29 *D* tenga misericordia de ti, hijo mío 430
44.16 *D* ha hallado la maldad de tus siervos 430
45.5 para preservación de vida me envió *D* 430
45.7 *D* me envió delante de vosotros, para............ 430
45.8 no me enviasteis acá vosotros, sino *D* 430
45.9 *D* me ha puesto por señor de todo Egipto 430
46.1 y ofreció sacrificios al *D* de su padre 430
46 3 y dijo: Yo soy *D*, el *D* de tu padre, no 410
48.3 el *D* Omnipotente me apareció en Luz en......... 430
48.9 son mis hijos, que *D* me ha dado aquí............ 430
48.11 *D* me ha hecho ver... a tu descendencia 430
48.15 el *D* en cuya presencia anduvieron mis......... 430
48.15 el *D* que me mantiene desde que yo soy 430
48.20 diciendo: Hágate *D* como a Efraín y como 430
48.21 yo muero, pero *D* estará con vosotros 430
49.25 el *D* de tu padre, el cual te ayudará 410
49 25 el *D* Omnipotente, el cual te bendecirá 7706
50.17 la maldad de los siervos de: *D* de tu 430
50.19 José... ¿acaso estoy yo en lugar de *D*? 430
50.20 mas *D* lo encaminé a bien, para hacer 430
50.24,25 *D* ciertamente os visitará, y 430
Éx 1.17 pero las parteras temieron a *D*, y no 430
1.20 *D* hizo bien a las parteras; y el pueblo 430
1.21 por haber las parteras temido a *D*, él............ 430
2.23 subió a *D* el clamor de ellos con motivo.......... 430
2.24 oyó *D* el gemido de ellos y se acordó............ 430
2.25 miró *D* a los hijos de... y los reconoció *D*......... 430
3.1 ovejas... y llegó hasta Horeb, monte de *D* 430
3.4 llamó *D* de en medio de la zarza, y dijo 430
3.6 y dijo: Yo soy el *D* de tu padre 430
3.6,15 *D* de Abraham, *D* de Isaac y *D* de Jacob 430
3.6 rostro, porque tuve miedo, de mirar a *D*......... 430
3.11 Moisés respondió a *D*: ¿Quién soy yo para...... 430
3.12 señal... serviréis a *D* sobre este monte.......... 430
3.13 dijo Moisés a *D*: He aquí que llego yo a 430
3 13 el *D* de vuestros padres me ha enviado 430
3 14 respondió *D*... Yo soy EL QUE SOY. Y dijo 430
3.15 dijo *D* a Moisés... *D* de vuestros padres........ 430
3.16 Jehová, el *D* de nuestros padres, el *D*............ 430
3.18 y le diréis: Jehová el *D* de los hebreos 430
3.18 que ofrezcamos sacrificios a Jehová... *D* 430
4.5 creerán que... ha aparecido Jehová, el *D* 430
4.5 *D* de Abraham, *D* de Isaac y *D* de Jacob 430
4.16 boca, y tú serás para él en lugar de *D* 430
4.20 tomó... Moisés la vara de *D* en su mano 430
4.27 lo encontró en el monte de *D*, y le besó 430
5.1 Jehová el *D* de Israel dice así: Deja ir 430
5.3 el *D* de los hebreos nos ha encontrado........... 430
5.3 y ofreceremos sacrificios a... nuestro *D* 430
5.8 y ofrezcamos sacrificios a nuestro *D* 430
6.2 habló todavía *D* a Moisés, y le dijo: Yo 430
6.3 aparecí a Abraham... como *D* Omnipotente 410
6.7 tomaré por mi pueblo y seré vuestro *D* 430
6.7 sabréis que yo soy Jehová vuestro *D*, que........ 430
7.1 mira, yo te he constituido *d* para Faraón 430
7.16 dile: Jehová el *D* de los hebreos me ha.......... 430
8.10 que conozcas que no hay como... nuestro *D* 430
8.19 dijeron a Faraón: Dedo de *D* es éste 430
8.25 ofreced sacrificio a vuestro *D* en la............. 430
8.26 ofreceríamos a... *D* la abominación de 430
8.27 y ofreceremos sacrificios a... nuestro *D* 430
8.28 para que ofrezcáis sacrificios a... *D* en 430
9.1,13 Jehová, el *D* de los hebreos, dice así 430
9.28 orad... para que cesen los truenos de *D* 430
9.30 ni tú... temeréis... presencia de Jehová *D* 430
10.3 Jehová el *D* de los hebreos ha dicho así.......... 430
10.7 deja ir... para que sirvan a Jehová su *D* 430
10.8 dijo: Andad, servid a Jehová vuestro *D* 430
10.16 he pecado contra Jehová vuestro *D*, y 430

10.17 oréis a Jehová...*D* que quite de mí al 430
10.25 que sacrifiquemos para Jehová nuestro *D* 430
10.26 hemos de tomar para servir...nuestro *D* 430
12.12 ejecutaré mis juicios en todos los *d* 430
13.17 *D* no los llevó por el camino...filisteos 430
13.17 dijo *D*: Para que no se arrepienta el 430
13.18 hizo *D* que el pueblo rodease por el 430
13.19 *D*...visitará, y haréis subir mis huesos 430
14.19 y el ángel de *D* que iba delante del 430
15.2 es mi *D*, y lo alabaré; *D* de mi padre 410
15.11 ¿quién como tú, oh Jehová, entre los *d*? 410
15.26 dijo: si oyeres...la voz de Jehová tu *D* 430
16.12 y sabréis que yo soy Jehová vuestro *D* 430
17.9 yo estaré...y la vara de *D* en mi mano 430
18.1 las cosas que *D* había hecho con Moisés 430
18.4 el *D* de mi padre me ayudó, y me libró 430
18.5 vino a Moisés en...junto al monte de *D* 430
18.11 Jehová es más grande que todos los *d* 430
18.12 tomó Jetro, suegro...sacrificios para *D* 430
18.12 con el suegro de Moisés delante de *D* 430
18.15 pueblo viene a mí para consultar a *D* 430
18.16 juzgo...y declaro las ordenanzas de *D* 430
18.19 yo te aconsejaré, y *D* estará contigo 430
18.19 está tu...delante de *D*, y somete...a *D* 430
18.21 varones de virtud, temerosos de *D* 430
18.23 si esto hicieres, y *D* ti lo mandare 430
19.3 y Moisés subió a *D*; y Jehová lo llamó 430
19.17 Moisés sacó...pueblo para recibir a *D* 430
19.19 Moisés hablaba, y *D* le respondía con 430
20.1 habló *D* todas estas palabras, diciendo 430
20.2 soy Jehová tu *D*, que te saqué de...Egipto 430
20.3 no tendrás *d* ajenos delante de mí 430
20.5 yo soy Jehová tu *D*, fuerte, celoso, que 430
20.7 no tomarás el nombre de...tu *D* en vano 430
20.10 séptimo día es reposo para Jehová tu *D* 430
20.12 se alarguen en la tierra que...*D* te da 430
20.19 no hable *D* con nosotros...no muramos 430
20.20 no temáis, porque para probaros vino *D* 430
20.21 acercó a la oscuridad en la...estaba *D* 430
20.23 no hagáis conmigo *d* de plata, ni *d* de 430
21.13 no...sino que *D* lo puso en sus manos 430
22.20 que ofreciere sacrificio a *D* excepto 430
23.13 y nombre de otros *d* no mentaréis, ni 430
23.19 primicias...tráelas a la casa de...tu *D* 430
23.24 no te inclinarás a...*d*, ni los servirás 430
23.25 mas a Jehová vuestro *D* serviréis, y él 430
23.32 no harás alianza con ellos, ni...sus *d* 430
23.33 que te hagan pecar...sirviendo a sus *d* 430
24.10 vieron al *D* de Israel; y había debajo 430
24.11 y vieron a *D*, y comieron y bebieron 430
24.13 se levantó Moisés...subió al monte de *D* 430
29.45 habitaré entre...de Israel, y seré su *D* 430
29.46 que yo soy Jehová su *D*...Yo Jehová su *D* 430
31.3 y lo he llenado del Espíritu de *D*, en 430
31.18 dos tablas...escritas con el dedo de *D* 430
32.1 haznos *d* que vayan delante de nosotros 430
32.4 estos son tus *d*, que te sacaron...Egipto 430
32.8 dicho: Israel, estos son tus *d*, que te 430
32.11 Moisés oró en presencia de Jehová su *D* 430
32.16 tablas eran obra de *D*...escritura de *D* 430
32.23 dijeron: Haznos *d* que vayan delante de 430
32.27 ha dicho Jehová, el *D* de Israel: Poned 430
32.31 un gran pecado...se hicieron *d* de oro 430
34.14 no te has de inclinar a ningún otro *d* 430
34.14 Jehová, cuyo nombre es...*D* celoso es 430
34.15 en pos de sus *d*...sacrificios a sus *d* 430
34.16 fornicando sus hijas en pos de sus *d* 430
34.16 harán fornicar...pos de los *d* de ellas 430
34.17 no te harás *d* de fundición 430
34.23 varón tuyo delante...Señor *D* de Israel 3068
34.24 delante de Jehová tu *D* tres veces en 430
34.26 las primicias...llevarás a la casa de...*D* 430
34.29 su rostro resplandecía...hablado con *D*
34.35 velo...hasta que entraba a hablar con *D*
35.31 y lo ha llenado del Espíritu de *D*, en 430
Lv 2.13 que falte...la sal del pacto de tu *D* 430
4.22 jefe...hiciere por yerro algo contra...*D* 430
11.44 yo soy Jehová vuestro *D*...seréis santos 430
11.45 hago subir...Egipto para ser vuestro *D* 430
18.2 habla...diles: Yo soy Jehová vuestro *D* 430
18.4 mis ordenanzas...Yo Jehová vuestro *D* 430
18.21 no contamines así el nombre de tu *D* 430
18.30 no os contaminéis...Yo Jehová vuestro *D* 430
19.2 porque santo soy yo Jehová vuestro *D* 430
19.3 mis días de...guardaréis. Yo Jehová...*D* 430
19.4 ni haréis para vosotros *d* de fundición 430
19.10 para el pobre y...Yo Jehová vuestro *D* 430
19.12 profanando así el nombre de tu *D*. Yo 430
19.14 que tendrás temor de tu *D*. Yo Jehová 430
19.25 crecer su fruto. Yo Jehová vuestro *D* 430
19.31 ni a los adivinos...Yo Jehová vuestro *D* 430
19.32 y de tu *D* tendrás temor. Yo Jehová 430
19.34 amarás como a ti...Yo Jehová vuestro *D* 430
19.36 yo Jehová vuestro *D*, que os saqué de 430
20.7 santos, porque yo Jehová soy vuestro *D* 430
20.24 Jehová vuestro *D*, que os he apartado 430
21.6 santos serán a su *D*, y no profanarán el 430
21.6 no profanarán el nombre de su *D*, porque 430
21.6 las ofrendas...y el pan de su *D* ofrecen 430
21.7 no...porque el sacerdote es santo a su *D* 430
21.8 el pan de tu *D* ofrece; santo será para 430
21.12 ni profanará el santuario de su *D* 430
21.12 la consagración...de su *D* está sobre él 430
21.17,21 acercará a ofrecer el pan de su *D* 430
21.22 de su *D*, de lo muy santo...podrá comer 430
22.25 ofrecerlos como el pan de vuestro *D* 430
22.33 saqué...para ser vuestro *D*. Yo Jehová 430
23.14 que hayáis ofrecido la ofrenda de...*D* 430
23.22 para el pobre y...Yo Jehová vuestro *D* 430
23.28 día...para reconciliaros delante de...*D* 430
23.40 os regocijaréis delante de Jehová...*D* 430
23.43 cuando los saqué...Yo Jehová vuestro *D* 430
24.15 cualquiera que maldijera...*D*, llevará 430
24.22 mismo estatuto...soy Jehová vuestro *D* 430
25.17 temed a vuestro *D*; porque yo soy...*D* 430
25.36 ganancia, sino tendrás temor de tu *D* 430
25.38 que os saqué de la...para ser vuestro *D* 430
25.43 con dureza, sino tendrás temor de tu *D* 430
25.55 los cuales saqué...Yo Jehová vuestro *D* 430
26.1 ídolos...porque yo soy Jehová vuestro *D* 430
26.12 seré vuestro *D*, y vosotros...mi pueblo 430
26.13 yo Jehová vuestro *D*, que os saqué de la 430
26.44 no los desecharé...yo Jehová soy su *D* 430
26.45 cuando los saqué de la...para ser su *D* 430
Nm 6 7 la consagración de su *D* tiene sobre su 430
7.89 y cuando entraba Moisés...hablar con *D*
10.9 seréis recordados por Jehová vuestro *D* 430
10.10 y os serán por memoria delante de...*D* 430
10.10 tocaréis las trompetas...Yo vuestro *D* 430
12.13 clamó...Te ruego, oh *D*, que la sanes 410
15.40 os acordéis...seáis santos a vuestro *D* 430
15 41 yo Jehová vuestro *D*, que os saqué de 430
15 41 para ser vuestro *D*. Yo Jehová vuestro *D* 430
16.9 ¿os es poco que el *D*...os haya apartado 430
16 22 *D*, *D* de los espíritus de toda carne 410
21.5 y habló el pueblo contra *D* y...Moisés 430
22 9 y vino *D* a Balaam, y le dijo: ¿Qué...son 430
22.10 y Balaam respondió a *D*: Balac hijo de 430
22 12 dijo *D* a Balaam: No vayas con ellos, ni 430
22.18 no puedo traspasar la palabra de...mi *D* 430
22.20 y vino *D* a Balaam de noche, y le dijo 430
22.22 la ira de *D* se encendió porque él 430
22.38 la palabra que *D* pusiere en mi boca 430
23.4 vino *D* al encuentro de Balaam, y éste 430
23.8 ¿por que maldeciré...que *D* no maldijo? 410
23 15 ponte...y yo iré a encontrar a *D* allí 430
23.19 *D* no es hombre, para que mienta, ni 430
23 21 Jehová su *D* está con él, y júbilo de 430
23.22 *D*...ha sacado de Egipto; tiene fuerzas 430
23.23 dicho de Jacob...¡Lo que ha hecho *D*! 430
23.27 parecerá bien a *D* que...me lo maldigas 430
24.4 dijo el que oyó los dichos de *D*, el que 410
24.8 *D* lo sacó de Egipto; tiene fuerzas como 410
24.23 vivirá cuando hiciere *D* estas cosas? 410
25.2 invitaban...a los sacrificios de sus *d* 430
25.2 el pueblo comió, y se inclinó a sus *d* 430
25.13 tuvo celo por su *D* e hizo expiación por 430
27.16 ponga Jehová, *D* de los espíritus de 430
33.4 había hecho Jehová juicios contra sus *d* 430
Dt 1.6 nuestro *D* nos habló en Horeb, diciendo 430
1.10 Jehová vuestro *D* os ha multiplicado, y 430
1.11 *D* de vuestros padres os haga mil veces 430
1.17 no tendréis temor de...el juicio es de *D* 430
1.19 como Jehová nuestro *D* nos lo mandó; y 430
1.20 monte...el cual Jehová nuestro *D* nos da 430
1.21 Jehová tu *D* te ha entregado la tierra 430
1.21 como...el *D* de tus padres te ha dicho 430
1.25 buena la tierra que Jehová...*D* nos da 430
1.26 antes fuisteis rebeldes al mandato...*D* 430
1.30 *D*...él peleará por vosotros, conforme a 430
1.31 has visto que Jehová tu *D* te ha traído 430
1.32 y aun...no creísteis a Jehová vuestro *D* 430
1.41 conforme a...nuestro *D* nos ha mandado 430
2.7 *D* te ha bendecido en toda obra de tus 430
2.7 estos 40 años...tu *D* ha estado contigo 430
2.29 la tierra que nos da Jehová nuestro *D* 430
2.30 tu *D* había endurecido su espíritu, y 430
2.33 *D* lo entregó delante de nosotros; y lo 430
2.36 las entregó Jehová...*D* en nuestro poder 430
2.37 a lugar alguno que...*D* había prohibido 430
3.3 *D* entregó...en nuestra mano a Og rey de 430
3.18 *D* os ha dado esta tierra por heredad 430
3.20 que...*D* les da al otro lado del Jordán 430
3.21 vieron todo lo que Jehová...*D* ha hecho 430
3.22 Jehová vuestro *D*, él es el que pelea por 430
3.24 ¿qué *d* hay en el cielo...que haga obras 410
4.1 tierra que...el *D* de vuestros padres os 430
4.2 los mandamientos de...*D* que yo os ordeno 430
4.3 en pos de Baal-peor destruyó Jehová tu *D* 430
4.4 seguisteis a...*D*, todos estáis vivos hoy 430
4.5 he enseñado...como Jehová mi *D* me mandó 430
4.7 *d* tan cercanos a ellos como lo está...*D* 430
4.10 el día que estuviste delante de...tu *D* 430
4.19 *D* los ha concedido a todos los pueblos 430
4.21 buena tierra que Jehová tu *D* te da por 430
4.23 no os olvidéis del pacto de...vuestro *D* 430
4.23 de ninguna cosa que...*D* te ha prohibido 430
4.24 Jehová...*D* es fuego consumidor, *D* celoso 410
4.25 hiciereis lo malo ante los...de vuestro *D* 410
4.28 serviréis allí a *d* hechos de manos de 410
4.29 si desde allí buscares a Jehová tu *D* 410
4.30 te volvieres a Jehová tu *D*, y oyeres 410
4.31 *D* misericordioso es Jehová tu *D* no te 430,410
4.32 el día que creó *D* al hombre sobre la 430
4.33 ¿ha oído pueblo...la voz de *D*, hablando 430
4.34 ¿o ha intentado *D* venir a tomar para sí 430
4.34 todo lo que hizo...vuestro *D* en Egipto 430
4.35 que supieses que Jehová es *D*, y no hay 430
4.39 Jehová es *D* arriba en el cielo y abajo 430
4.40 sobre la tierra que Jehová tu *D* te da 430
5.2 Jehová nuestro *D* hizo pacto con...en Horeb 430
5.6 soy Jehová tu *D*, que te saqué de...Egipto 430
5.7 no tendrás *d* ajenos delante de mí 430
5.9 yo soy Jehová tu *D*, fuerte, celoso, que 430
5.11 no tomarás el nombre de...tu *D* en vano 430
5.12 guardarás el día de...*D* te ha mandado 430
5.14 el séptimo día es reposo a Jehová tu *D* 430
5.15 tu *D* te sacó de allá con mano fuerte y 430
5.15 *D* te ha mandado que guardes el día de 430
5.16 honra a tu padre y...tu *D* te ha mandado 430
5.16 sobre la tierra que Jehová tu *D* te da 430
5.24 nuestro *D* nos ha mostrado su gloria y 430
5.25 oyéremos otra vez la voz de Jehová...*D* 430
5.26 para que oiga la voz del *D* viviente que 430
5.27 y oye...las cosas que dijere Jehová...*D* 430
5.27 tú nos dirás todo lo que...*D* te dijere 430
5.32 hagáis como Jehová...*D* os ha mandado 430
5.33 en todo el camino que...*D* os ha mandado 430
6.1 decretos que...*D* mandó que os enseñase 430
6.2 temas a Jehová tu *D*, guardando todos sus 430
6.3 te ha dicho Jehová el *D* de tus padres 430
6.4 Israel: Jehová nuestro *D*, Jehová uno es 430
6.5 amarás a Jehová tu *D* de todo tu corazón 430
6.10 cuando Jehová tu *D* te haya introducido 430
6.13 Jehová tu *D* temerás, y a él...servirás 430
6.14 no andaréis en pos de *d* ajenos...los *d* 430
6.15 *D* celoso, Jehová tu *D*, en medio de ti 430,410
6.15 no se inflame el furor de...*D* contra ti 430
6.16 no tentaréis a Jehová vuestro *D*, como 430
6.17 guardad...los mandamientos...vuestro *D* 430
6.20 ¿qué significan los...decretos que...*D* 430
6.24 y que temamos a Jehová nuestro *D*, para 430
6.25 todos estos mandamientos delante de...*D* 430
7.1 cuando Jehová tu *D* te haya introducido 430
7.2 tu *D* las haya entregado delante de ti 430
7.4 desviará a tu hijo...servirán a *d* ajenos 430
7.6 pueblo santo para Jehová tu *D*...*D* te ha 430
7.9 Jehová tu *D* es *D*, *D* fiel, que guarda el 430,410
7.12 Jehová tu *D* guardará contigo el pacto 430
7.16 consumirás...los pueblos que te da...tu *D* 430
7.16 no los perdonará...ni servirás a sus *d* 430
7.18 de lo que hizo Jehová tu *D* con Faraón 430
7.19 el brazo...con que Jehová tu *D* te sacó 430
7.19 así hará...tu *D* con todos los pueblos de 430
7.20 enviará Jehová tu *D* avispas sobre ellos 430
7.21 tu *D* está en medio de ti, *D* grande y 430,410
7.22 Jehová tu, *D* echará a estas naciones de 430
7.23 *D* las entregará delante de ti, y él las 430
7.25 las esculturas de sus *d* quemarás en el 430
7.25 de ellas...es abominación a Jehová tu 430
8.2 te acordarás...por donde te ha traído...*D* 430
8.5 reconoce...así Jehová tu *D* te castiga 430
8.6 guardarás...mandamientos de Jehová tu *D* 430
8.7 *D* te introduce en la buena tierra, tierra 430
8.10 bendecirás a...tu *D* por la buena tierra 430
8.11 cuídate de no olvidarte de Jehová tu *D* 430
8.14 te olvides de Jehová tu *D*, que te sacó 430
8.18 acuérdate de...tu *D*, porque él te da el 430
8.19 si llegares a olvidarte de Jehová tu *D* 430
8.19 si anduvieres en pos de *d* ajenos, y les 430
8.20 cuanto no habréis atendido a la voz...*D* 430
9.3 que es Jehová tu *D* el que pasa delante 430
9.4 no pienses...cuando...tu *D* los haya echado 430
9.5 por la impiedad...Jehová tu *D* las arroja 430
9.6 que Jehová tu *D* te da esta buena tierra 430
9.7 que has provocado la ira de Jehová tu *D* 430
9.10 dos tablas...escritas con el dedo de *D* 430
9.16 habíais pecado contra Jehová vuestro *D* 430
9.23 fuisteis rebeldes al mandato de...*D*, y no 430
10.9 Jehová es su heredad, como...tu *D* le dijo 430
10.12 ¿qué pide...*D* de ti, sino que temas...*D* 430
10.12 y sirvas a...tu *D* con todo tu corazón 430
10.14 de Jehová tu *D* son los cielos, y los 430
10.17 Jehová vuestro *D* es *D* de *d*, y Señor de 430
10.17 *D* grande, poderoso y temible, que no 410
10.20 a Jehová tu *D* temerás, a él...servirás 430
10.21 él es tu *D*, que ha hecho contigo estas 430
11.1 amarás...a Jehová tu *D*, y guardarás sus 430
11.2 ni visto el castigo de Jehová vuestro *D* 430
11.12 tierra de la cual Jehová tu *D* cuida 430
11.12 siempre están sobre ella los ojos...*D* 430
11.13 amando a Jehová...*D*, y sirviéndole con 430
11.16 os apartéis y sirváis a *d* ajenos, y os 430
11.22 si amareis a Jehová vuestro *D*, andando 430
11.25 miedo...pondrá...*D* sobre toda la tierra 430
11.27 si oyereis los mandamientos de...*D*, que 430
11.28 si no oyereis los mandamientos de...*D* 430
11.28 para ir en pos de *d* ajenos que no habéis 430
11.29 Jehová tu *D* te haya introducido en la 430
11.31 poseer la tierra que os da Jehová...*D* 430
12.1 en la tierra que...el *D* de tus padres te 430
12.2 donde las naciones...sirvieron a sus *d* 430
12.3 destruiréis las esculturas de sus *d*, y 430
12.4 no haréis así a Jehová vuestro *D* 430
12.5 que el lugar que...*D* escogiere de entre 430
12.7 y comeréis allí delante de...vuestro *D* 430
12.7 obra...en la cual...*D* te hubiere bendecido 430
12.9 no habéis entrado al reposo...que os da...*D* 430
12.10 tierra que...vuestro *D* os hace heredar 430
12.11,21 el lugar que Jehová tu *D* escogiere 430
12.12 y os alegraréis delante de...vuestro *D* 430
12.15 según la bendición que...*D* te haya dado 430
12.18 delante de Jehová tu *D*...el lugar que...*D* 430
12.18 y te alegrarás delante de Jehová tu *D* 430
12.20 cuando...tu *D* ensanchare tu territorio 430
12.27 y ofrecerás...sobre el altar de...tu *D* 430
12.27 será derramada sobre el altar de...tu *D* 430
12.28 haciendo lo bueno...ante...Jehová tu *D* 430
12.29 cuando...tu *D* haya destruido...naciones 430
12.30 no preguntes acerca de sus *d*, diciendo 430
12.30 servían a sus *d*, yo también les serviré 430
12.31 no harás así a Jehová tu *D*; porque toda 430
12.31 abominable que...hicieron ellos a sus *d* 430
12.31 sus hijas quemaban en el fuego a sus *d* 430

13.2 vamos en pos de *d*...que no conociste, y........ 430
13.3 vuestro *D* os está probando, para saber........ 430
13.3 para saber si amáis a Jehová vuestro *D*........ 430
13.4 en pos de Jehová vuestro *D* andaréis........... 430
13.5 aconsejó rebelión contra...vuestro *D* que...... 430
13.5 del camino por el cual...*D* te mandó que....... 430
13.6 vamos y sirvamos a *d* ajenos, que ni tú......... 430
13.7 *d* de los pueblos que están en vuestros......... 430
13.10 procuró apartarte de Jehová tu *D*, que........ 430
13.12 tus ciudades que...*D* te da para vivir.......... 430
13.13 sirvamos a *d* ajenos, que vosotros no.......... 430
13.16 botín...como holocausto a Jehová tu *D*......... 430
13.18 cuando obedecieres a la voz de...tu *D*......... 430
13.18 para hacer lo recto ante...Jehová tu *D*........ 430
14.1 hijos sois de Jehová vuestro *D*, no os........... 430
14.2,21 eres pueblo santo a Jehová tu *D*............. 430
14.23 comerás delante de...*D* en el lugar que........ 430
14.23 para que aprendas a temer a Jehová tu *D*..... 430
14.24 el lugar que...*D* hubiere escogido para....... 430
14.24 lugar...cuando Jehová tu *D* te bendijere...... 430
14.25 vendrás al lugar que...tu *D* escogiere......... 430
14.26 y comerás allí delante de Jehová tu *D*......... 430
14.29 que Jehová tu *D* te bendiga en toda obra...... 430
15.4 en la tierra que...*D* te da por heredad.......... 430
15.5 si escuchares...la voz de Jehová tu *D*........... 430
15.6 ya que Jehová tu *D* te habrá bendecido......... 430
15.7 en la tierra que Jehová tu *D* te da, no........... 430
15.10 por ello te bendecirá Jehová tu *D* en.......... 430
15.15 fuiste siervo en la...tu *D* te rescató............ 430
15.18 *D* te bendecirá en todo cuanto hicieres........ 430
15.19 consagrarás a...tu *D* todo primogénito......... 430
15.20 delante de...tu *D* los comerás cada año....... 430
15.21 en él defecto...no lo sacrificarás a...*D*........ 430
16.1 y harás pascua a Jehová tu *D*; porque en....... 430
16.1 te sacó Jehová tu *D* de Egipto, de noche........ 430
16.2 y sacrificarás la pascua a Jehová tu *D*.......... 430
16.5 de las ciudades que Jehová tu *D* te da.......... 430
16.6,15 en el lugar que...tu *D* escogiere para........ 430
16.7,11 el lugar que...tu *D* hubiere escogido......... 430
16.8 el séptimo día será fiesta solemne a...*D*........ 430
16.10 fiesta solemne de las...a Jehová tu *D*.......... 430
16.10 dieres, según...*D* te hubiere bendecido........ 430
16.11 y te alegrarás delante de Jehová tu *D*......... 430
16.15 celebrarás fiesta solemne a...tu *D* en el....... 430
16.15 habrá bendecido...*D* en todos tus frutos...... 430
16.16 aparecerá...delante de Jehová tu *D* en......... 430
16.17 a la bendición que...*D* te hubiere dado........ 430
16.18 ciudades que...*D* te dará en tus tribus......... 430
16.20 heredes la tierra que Jehová tu *D* te........... 430
16.21 árbol...cerca del altar de Jehová tu *D*......... 430
16.22 estatua, lo cual aborrece Jehová tu *D*......... 430
17.1 no ofrecerás en sacrificio a...*D*, buey o......... 430
17.1 haya falta...abominación a Jehová tu *D*........ 430
17.2 en...tus ciudades que Jehová tu *D* te da........ 430
17.2 hecho mal ante los ojos de Jehová tu *D*......... 430
17.3 que hubiere ido y servido a *d* ajenos............ 430
17.8 recurrirás al lugar que...tu *D* escogiere........ 430
17.12 para ministrar allí delante de...tu *D*.......... 430
17.14 entrado en la tierra que...tu *D* te da.......... 430
17.15 por rey...al que Jehová tu *D* escogiere........ 430
17.19 para que aprenda a temer a Jehová su *D*..... 430
18.5 le ha escogido...tu *D* de entre...las tribus..... 430
18.7 ministrará en el nombre de Jehová su *D*....... 430
18.9 cuando entres a la tierra que...*D* te da......... 430
18.12 por estas abominaciones...*D* echa estas....... 430
18.13 perfecto serás delante de Jehová tu *D*......... 430
18.14 mas a ti no te ha permitido esto...tu *D*........ 430
18.15 profeta de...le levantará Jehová tu *D*.......... 430
18.16 pediste a Jehová tu *D* en Horeb el día.......... 430
18.16 no vuelva yo a oír la voz de...mi *D*, ni......... 430
18.20 o que hablare en nombre de *d* ajenos.......... 430
19.1 cuando...*D* destruya a las naciones cuya....... 430
19.1 naciones cuya tierra Jehová tu *D* te da......... 430
19.2 la tierra que Jehová tu *D* te da para que........ 430
19.3 dividirás...la tierra que...tu *D* te dará........... 430
19.8 si Jehová tu *D* ensanchare tu territorio......... 430
19.9 que ames a...tu *D* y andes en sus caminos...... 430
19.10 en medio de la tierra que...tu *D* te da......... 430
19.14 en la heredad que...Jehová tu *D* te da......... 430
20.1 no tengas temor...tu *D* está contigo, el......... 430
20.4 Jehová vuestro *D* va con vosotros, para........ 430
20.13 tu *D* la entregue en tu mano, herirás.......... 430
20.14 enemigos, los cuales...tu *D* te entregó......... 430
20.16 de las ciudades...que Jehová tu *D* te da....... 430
20.17 destruirás...Jehová tu *D* te ha mandado....... 430
20.18 abominaciones...han hecho para sus *d*......... 430
20.18 que...pequéis contra Jehová vuestro *D*......... 430
21.1 si en la tierra que Jehová tu *D* te da............ 430
21.5 a ellos escogió...*D* para que le sirvan.......... 430
21.10 Jehová tu *D* los entregare en tu mano......... 430
21.23 porque maldito por *D* es el colgado............ 430
21.23 no contaminarás tu tierra que...*D* te da....... 430
22.5 abominación es a...tu *D* cualquiera que......... 430
23.5 mas no quiso Jehová tu *D* oír a Balaam......... 430
23.5 *D*...maldición en bendición...*D* te amaba....... 430
24.14 tu *D* anda en medio de tu campamento........ 430
23.18 no traerás la paga de...a la casa de...*D*....... 430
23.18 abominación es a...*D* tanto lo uno como....... 430
23.20 para que te bendiga...*D* en toda obra de....... 430
23.21 haces voto a...*D*, no tardes en pagarlo........ 430
23.21 lo demandará...*D* de ti, y sería pecado........ 430
23.23 conforme lo prometiste a Jehová tu *D*......... 430
24.4 no...pervertir la tierra que...tu *D* te da......... 430
24.9 lo que hizo...tu *D* a María en el camino........ 430
24.13 y te será justicia delante de...tu *D*............. 430
24.18 y que de allí te rescató Jehová tu *D*............ 430
24.19 para que te bendiga...*D* en toda obra de....... 430
25.15 sobre la tierra que Jehová tu *D* te da........... 430

25.16 porque abominación es a...*D* cualquiera...... 430
25.18 te salió...y no tuvo ningún temor de *D*......... 430
25.19 cuando Jehová tu *D* te dé descanso de......... 430
25.19 en la tierra que...*D* te da por heredad........ 430
26.1 entrado en la tierra que...*D* te da por.......... 430
26.2 que sacares de la tierra que...*D* te da......... 430
26.2 irás al lugar que...tu *D* escogiere para......... 430
26.3 declaro hoy a...tu *D*, que he entrado en........ 430
26.4 pondrá delante del altar de Jehová tu *D*....... 430
26.5 dirás delante de...*D*: Un arameo a punto....... 430
26.7 y clamamos a...el *D* de nuestros padres........ 430
26.10 delante de Jehová tu *D*, y adorarás...*D*........ 430
26.11 el bien que Jehová tu *D* te haya dado.......... 430
26.13 y dirás delante de...tu *D*: He sacado lo........ 430
26.14 he obedecido a la voz de Jehová mi *D*......... 430
26.16 tu *D* te manda hoy que cumplas estos......... 430
26.17 has declarado...hoy que Jehová es tu *D*....... 430
26.19 que seas un pueblo santo a Jehová tu *D*....... 430
27.2 pases el Jordán a la tierra que...*D* te da......... 430
27.3 para entrar en la tierra que...*D* te da.......... 430
27.3 como...el *D* de tus padres te ha dicho.......... 430
27.5 edificarás allí un altar a Jehová tu *D*........... 430
27.6 de piedras...edificarás el altar de...*D*.......... 430
27.6 ofrecerás sobre él holocausto a...tu *D*.......... 430
27.7 y te alegrarás delante de Jehová tu *D*.......... 430
27.9 has venido a ser pueblo de Jehová tu *D*........ 430
27.10 oirás, pues, la voz de Jehová tu *D*, y........... 430
28.1 si oyeres...la voz de Jehová tu *D*, para.......... 430
28.1 *D* te exaltará sobre todas las naciones.......... 430
28.2 bendiciones...si oyeres la voz de...tu *D*........ 430
28.8 te bendecirá en la tierra que...*D* te da......... 430
28.9 cuando guardares los mandamientos de...*D*... 430
28.13 si obedecieres los mandamientos de...*D*...... 430
28.14 si no te apartares...ir tras *d* ajenos........... 430
28.15 no oyeres la voz de...*D*, para procurar........ 430
28.36 allá servirás a *d* ajenos, al palo y a............ 430
28.45 no habrás atendido a la voz de...tu *D*......... 430
28.47 cuanto no serviste a...*D* con alegría y......... 430
28.52 toda la tierra que...*D* te hubiere dado......... 430
28.53 y de tus hijas que Jehová tu *D* te dio.......... 430
28.58 temiendo este nombre...JEHOVA Tu *D*.......... 430
28.62 cuanto no obedecisteis a la voz de...*D*........ 430
28.64 servirás a *d* ajenos que no conociste.......... 430
29.6 supierais que yo soy Jehová vuestro *D*......... 430
29.10 estáis hoy en presencia de Jehová...*D*......... 430
29.12 para que entres en el pacto de...tu *D*......... 430
29.12 juramento...tu *D* concierta hoy contigo....... 430
29.13 y para que él te sea a ti por *D*, de la.......... 430
29.15 con los que están aquí...delante de...*D*........ 430
29.18 cuyo corazón se aparte hoy de...*D* para ir.... 430
29.18 ir a servir a los *d* de esas naciones........... 430
29.25 dejaron el pacto de Jehová el *D* de sus........ 430
29.26 sirvieron a *d* ajenos, y se inclinaron a.......... 430
29.26 y se inclinaron a...*d* que no conocían.......... 430
29.29 las cosas secretas pertenecen a...D; mas...... 430
30.1 adonde te hubiere arrojado Jehová tu *D*....... 430
30.2 te convirtieres a...*D*, y obedecieres a su........ 430
30.3 pueblos adonde te hubiere esparcido...*D*....... 430
30.4 allí te recogerá Jehová tu *D*, y de allá.......... 430
30.5 te hará volver Jehová tu *D* a la tierra.......... 430
30.6 circuncidará Jehová tu *D* tu corazón, y.......... 430
30.6 para que ames a...*D* con todo tu corazón....... 430
30.7 pondrá...*D* todas estas maldiciones sobre...... 430
30.9 y te hará...*D* abundar en toda obra de tus..... 430
30.10 obedecieres a la voz...*D*, para guardar........ 430
30.10 cuando te convirtieres a Jehová tu *D*......... 430
30.16 yo te mando hoy que ames a Jehová tu *D*..... 430
30.16 tu *D* te bendiga en la tierra a la cual.......... 430
30.17 inclinares a *d* ajenos y les sirvieres........... 430
30.20 amando a Jehová tu *D*, atendiendo a su....... 430
31.3 Jehová tu *D*, él pasa delante de ti; él........... 430
31.6 porque Jehová tu *D* es el que va contigo........ 430
31.11 a presentarse delante de Jehová tu *D*......... 430
31.12 que oigan...y teman a Jehová vuestro *D*....... 430
31.13 aprendan a temer a...*D* todos los días......... 430
31.16 pueblo se...fornicará tras los *d* ajenos......... 430
31.17 no...porque no está mi *D* en medio de mí?.... 430
31.18 el mal...por haberse vuelto a *d* ajenos......... 430
31.20 se volverán a *d* ajenos y les servirán.......... 430
31.26 ponedlo al lado del arca del pacto...*D*........ 430
32.3 proclamaré. Engrandeced a nuestro *D*.......... 430
32.4 *D* de verdad, y sin ninguna iniquidad en........ 430
32.12 solo le guió, y con él no hubo *d* extraño....... 430
32.15 entonces abandonó al *D* que lo hizo, y......... 433
32.16 despertaron a celos con los *d* ajenos
32.17 sacrificaron a los demonios, y no a *D*........... 433
32.17 a *d* que no habían conocido, a nuevos.......... 433
32.17 a nuevos *d* venidos de cerca, que no........... 433
32.18 creó...te has olvidado de *D* tu creador.......... 410
32.21 me movieron a celos con lo que no es *D*....... 410
32.37 ¿dónde están sus *d*, la roca en que se......... 430
32.39 no hay *d* conmigo; yo hago morir, y yo......... 430
33.1 bendijo Moisés varón de *D* a los hijos........... 430
33.26 no hay como el *D* de Jesurún, quien........... 410
33.27 el eterno *D* es tu refugio, y acá abajo.......... 430
Jos 1.9 porque Jehová tu *D* estará contigo en.......... 430
1.11 a poseer la tierra que Jehová...*D* os da........ 430
1.13 Jehová vuestro *D* os ha dado reposo, y.......... 430
1.15 posean la tierra que Jehová...*D* les da.......... 430
1.17 Jehová tu *D* esté contigo, como estuvo.......... 430
2.11 porque Jehová vuestro *D* es *D* arriba en........ 430
3.3 cuando veáis el arca del pacto de...*D*............ 430
3.9 acercaos, y escuchad las palabras de...*D*........ 430
3.10 conoceréis que el *D*...está en medio de......... 410
4.5 pasad delante del arca de Jehová...*D* a la........ 430
4.23 *D* secó las aguas del Jordán delante de.......... 430
4.23 la manera que Jehová...*D* lo había hecho....... 430
4.24 que temáis a...vuestro *D* todos los días......... 430

7.13 el *D* de Israel dice así: Anatema hay en......... 430
7.19 hijo...da gloria a Jehová el *D* de Israel......... 430
7.20 he pecado contra Jehová el *D* de Israel......... 430
8.7 pues...*D* la entregará en vuestras manos........ 430
8.30 Josué edificó un altar a Jehová *D* de............ 430
9.9 venido...causa del nombre de Jehová...*D*........ 430
9.18 habían jurado por Jehová el *D* de Israel........ 430
9.19 les hemos jurado por Jehová *D* de Israel....... 430
9.23 y saque el agua para la casa de mi *D*........... 430
9.24 Jehová tu *D* había mandado a Moisés su....... 430
10.19 vuestro *D* los ha entregado en vuestra........ 430
10.40 lo mató, como...*D*...se lo había mandado..... 430
10.42 Jehová...*D* de Israel peleaba por Israel....... 430
13.14 los sacrificios de...*D*...son su heredad........ 430
13.33 *D* de Israel es la heredad de ellos, como....... 430
14.8 pero yo cumplí siguiendo a Jehová mi *D*....... 430
14.9 por cuanto cumpliste siguiendo a...mi *D*...... 430
14.14 Caleb hijo...había seguido...a Jehová *D*...... 430
18.3 la tierra que os ha dado Jehová el *D* de......... 430
18.6 yo os echaré suertes aquí delante de...*D*...... 430
22.3 guardar los mandamientos de Jehová...*D*...... 430
22.4 *D* ha dado reposo a vuestros hermanos........ 430
22.5 améis a Jehová vuestro *D*, y andéis en.......... 430
22.16 que prevaricáis contra el *D* de Israel.......... 430
22.19,29 además del altar de Jehová nuestro *D*...... 430
22.22 Jehová *D* de los *d*, Jehová *D* de los *d*......... 410
22.24 ¿qué tenéis vosotros con...*D* de Israel......... 430
22.33 y bendijeron a *D* los hijos de Israel........... 430
22.34 porque testimonio es...que Jehová es *D*....... 430
23.3 todo lo que Jehová vuestro *D* ha hecho......... 430
23.3 *D* es quien ha peleado por vosotros............ 430
23.5 *D* las echará de delante de vosotros, y.......... 430
23.5 poseeréis...como Jehová...*D* os ha dicho....... 430
23.7 ni juréis por el nombre de sus *d*, ni los.......... 430
23.8 mas a Jehová vuestro *D* seguiréis, como........ 430
23.10 vuestro *D* es quien pelea por vosotros......... 430
23.11 para que améis a Jehová vuestro *D*........... 430
23.13 que...*D* no arrojará más a estas naciones..... 430
23.13 buena tierra que...vuestro *D* os ha dado...... 430
23.14 las buenas palabras que...*D* había dicho....... 430
23.15 toda palabra buena...*D* os había dicho........ 430
23.15 sobre la buena tierra que...*D* os ha dado...... 430
23.16 si traspasareis el pacto de...*D* que él.......... 430
23.16 honrando a *d* ajenos, e inclinándoos a.......... 430
24.1 llamó a...y se presentaron delante de *D*........ 430
24.2 y dijo Josué...dice Jehová, *D* de Israel.......... 430
24.2 vuestros padres...servían a *d* extraños......... 430
24.14 quitad de entre vosotros los *d* a los............ 430
24.15 si a los *d*...o a los *d* de los amorreos........... 430
24.16 que dejemos a Jehová para servir a...*d*....... 430
24.17 nuestro *D* es el que nos sacó a nosotros....... 430
24.18 serviremos a Jehová...él es nuestro *D*......... 430
24.19 porque él es *D* santo, y *D* celoso; no........ 430,410
24.20 sirviereis a *d* ajenos, él se volverá.............. 430
24.23 quitad...los *d* ajenos que están entre........... 430
24.23 inclinad vuestro corazón a Jehová *D*.......... 430
24.24 a Jehová nuestro *D* serviremos, y a su......... 430
24.26 escribió...en el libro de la ley de *D*........... 430
24.27 para que no mintáis contra vuestro *D*......... 430
Jue 1.7 mesa; como yo hice, así me ha pagado *D*....... 430
2.3 serán azotes...sus *d* os serán tropezadero....... 430
2.12 dejaron a Jehová el *D* de sus padres, que....... 430
2.12 tras otros *d*, los *d* de los pueblos que.......... 430
2.17 que fueron tras *d* ajenos, a los cuales........... 430
2.19 siguiendo a *d* ajenos para servirles, e........... 430
3.6 dieron sus hijas a...y sirvieron a sus *d*.......... 430
3.7 olvidaron a Jehová su *D*, y sirvieron a........... 430
3.20 y Aod dijo: Tengo palabra de *D* para ti......... 430
4.6 dijo: ¿No te ha mandado Jehová *D* de Israel..... 430
4.23 así abatió *D*...día a Jabín, rey de Canaán....... 430
5.3 cantaré salmos a Jehová, el *D* de Israel......... 430
5.5 Sinaí, delante de Jehová *D* de Israel............ 430
5.8 cuando escogían nuevos *d*, la guerra estaba..... 430
6.8 así ha dicho Jehová *D* de Israel: Yo os........... 430
6.10 yo soy Jehová...*D*; no temáis a los *d* de........ 430
6.20 el ángel de *D* le dijo: Toma la carne y........... 430
6.26 edifica altar a...tu *D* en la cumbre de........... 430
6.31 si es un *d*, contienda por sí mismo con......... 430
6.36 y Gedeón dijo a *D*: Si has de salvar a........... 430
6.39 Gedeón dijo a *D*: No se encienda tu ira......... 430
6.40 y aquella noche lo hizo *D* así; sólo el........... 430
7.14 *D* ha entregado en sus...a los madianitas....... 430
8.3 *D* ha entregado en vuestras manos a Oreb....... 430
8.33 Israel...escogieron por *d* a Baal-berit........... 430
8.34 no se acordaron...Israel de Jehová su *D*........ 430
9.7 oídme, varones de Siquem, y...os oiga *D*......... 430
9.9 con el cual en mí se honra a *D* y a los............ 430
9.13 mosto, que alegra a *D* y a los hombres.......... 430
9.23 envió *D* un mal espíritu entre Abimelec........ 430
9.27 entrando en el templo de sus *d*, comieron...... 430
9.46 se metieron en...del templo del *d* Berit......... 410
9.56 así pagó *D* a Abimelec el mal que hizo.......... 430
9.57 lo hizo *D* volver sobre sus cabezas, y............ 430
10.6 a los *d* de Siria, a los *d* de Sidón, a.............. 430
10.6 a los *d* de Moab, a los *d* de los...de Amón........ 430
10.6 sirvieron a...y a los *d* de los filisteos............ 430
10.10 hemos dejado a nuestro *D*, y servido a.......... 430
10.13 habéis servido a *d* ajenos; por tanto............ 430
10.14 clamad a los *d* que os habéis elegido............ 430
10.16 quitaron...los *d* ajenos, y sirvieron a........... 430
11.21 *D*...entregó a Sehón y a todo su pueblo......... 430
11.23 lo que Jehová *D* de Israel desposeyó al......... 430
11.24 lo que te hiciere poseer Quemos tu *d*........... 430
11.24 todo lo que desposeyó...*D*...lo poseeremos..... 430
13.5 porque el niño será nazareo a *D* desde.......... 430
13.6 un varón de *D*...cuyo aspecto...ángel de *D*...... 430
13.7 niño será nazareo a *D* desde su nacimiento.... 430
13.8 que aquel varón de *D* que enviaste, vuelva...... 430

13.9 *D* oyó... de Manoa; y el ángel de *D* volvió 430
13.22 moriremos, porque a *D* hemos visto 430
15.19 abrió *D* la cuenca que hay en Lehi: y 430
16.17 soy nazareo de *D* desde el vientre de 430
16.23 para ofrecer sacrificio a Dagón su *d* 430
16.23 dijeron: Nuestro *d* entregó... a Sansón 430
16.24 alabaron a su *d*, diciendo: Nuestro *d* 430
16.28 fortaléceme... esta vez, oh *D*, para que 430
17.5 Micaía tuvo casa de *d*, e hizo efod y 430
18.5 pregunta... ahora a *D*, para que sepamos 430
18.10 *D* la ha entregado en vuestras manos 430
18.24 tomasteis mis *d* que yo hice... y os vais 430
18.31 el tiempo que la casa de *D* estuvo en 430
20.2 los jefes... en la reunión del pueblo de *D* 430
20.18 casa de *D* y consultaron a *D*, diciendo 1008,430
20.26 subieron... y vinieron a la casa de *D* 1008
20.27 el arca del pacto de *D* estaba allí en 430
21.2 y vino... a la casa de *D*... presencia de *D* 1008,430
21.3 oh Jehová *D* de Israel, ¿por qué... esto 430
Rt 1.15 se ha vuelto a su pueblo y a sus *d* 430
1.16 tu pueblo será mi pueblo, y tu *D* mi *D* 430
2.12 cumplida de parte de Jehová *D* de Israel 430
1 S 1.17 el *D* de Israel te otorgue la petición 430
2.2 ti, y no hay refugio como el *D* nuestro 430
2.3 porque el *D* de todo saber es Jehová, y 410
2.26 joven Samuel... era acepto delante de *D* 3068
2.27 y vino un varón de *D* a Elí, y le dijo 430
2.30 Jehová el *D* de Israel dice: Yo había 430
2.32 humillada, mientras *D* colma de bienes a
3.3 donde estaba el arca de *D*... lámpara de *D* 430
3.13 porque sus hijos han blasfemado a *D*, y
3.17 Elí dijo... así te haga *D* y aun te añada 430
4.4 estaban allí con el arca del pacto de *D* 430
4.7 porque decían: Ha venido *D* al campamento 430
4.8 estos *d*... son los *d* que hirieron a Egipto 430
4.11 el arca de *D* fue tomada, y muertos los 430
4.13 Elí... temblando por causa del arca de *D* 430
4.17 diciendo... y el arca de *D* ha sido tomada 430
4.18 que cuando él hizo mención del arca de *D* 430
4.19 que el arca de *D* había sido tomada, y 430
4.21 por haber sido tomada el arca de *D*, y 430
4.22 dijo... porque ha sido tomada el arca de *D* 430
5.1 los filisteos capturaron el arca de *D* 430
5.2 tomaron los filisteos el arca de *D*, y la 430
5.7 no quede con nosotros el arca del *D* de 430
5.7 su mano es dura... sobre nuestro *d* Dagón 430
5.8 arca del *D*... pásese el arca del *D*... a Gat 430
5.8 y pasaron allá el arca del *D* de Israel 430
5.10 el arca de *D* a Ecrón... arca de *D* vino a 430
5.10 han pasado a nosotros el arca del *D* para 430
5.11 enviad el arca del *D*... y la mano de *D* se 430
6.3 si enviáis el arca del *D* de Israel, no la 430
6.5 ratones... y daréis gloria al *D* de Israel 430
6.5 aliviará su mano de sobre... vuestros *d* 430
6.19 *D* hizo morir a los hombres de Bet-semes 3068
6.20 ¿quién podrá estar delante de... *D* santo? 430
7.3 volvéis a Jehová... quitad los *d* ajenos y 430
7.8 no ceses de clamar... a Jehová nuestro *D* 430
8.8 dejándome a mí y sirviendo a *d* ajenos 430
9.6 hay en esta ciudad un varón de *D*, que es 430
9.7 no tenemos qué ofrecerle al varón de *D* 430
9.8 daré al varón de *D*, para que nos declare 430
9.9 que iba a consultar a *D*, decía así: Venid 430
9.10 a la ciudad donde estaba el varón de *D* 430
9.27 para que te declare la palabra de *D* 430
10.3 tres hombres que suben a *D* en Bet-el 430
10.5 llegarás al collado de *D* dónde está la 430
10.7 haz lo que te... porque *D* está contigo 430
10.9 que al volver él... le mudó *D* su corazón 430
10.10 Espíritu de *D* vino sobre él con poder 430
10.18 así ha dicho... *D* de Israel: Yo saqué a 430
10.19 habéis desechado hoy a vuestro *D*, que 430
10.26 los hombres... corazones *D* había tocado 430
11.6 el Espíritu de *D* vino sobre él con poder 430
12.9 olvidaron a Jehová su *D*, y él los vendió 430
12.12 que Jehová vuestro *D* era vuestro rey 430
12.14 servís a Jehová vuestro *D*, haréis bien 430
12.19 ruega por tus siervos a Jehová tu *D* 430
13.13 no guardaste el mandamiento de... tu *D* 430
14.18 trae el arca de *D*... el arca de *D* estaba 430
14.36 el sacerdote: Acerquémonos aquí a *D* 430
14.37 Saúl consultó a *D*: ¿Descenderé tras los 430
14.41 dijo Saúl a... *D* de Israel: Da suerte 430
14.44 así me haga *D* y aun me añada, que sin 430
14.45 de morir Jonatán... ha actuado hoy con *D* 430
15.15 para sacrificarlas a Jehová tu *D*, pero lo 430
15.21 ofrecer sacrificios a Jehová tu *D* en 430
15.30 conmigo para que adore a Jehová tu *D* 430
16.15 ahora, un espíritu malo de parte de *D* 430
16.16 sobre ti el espíritu malo de parte de *D* 430
16.23 el espíritu malo de parte de *D* venía 430
17.26 que provoque a los escuadrones del *D* 430
17.36 ha provocado al ejército del *D* viviente 430
17.43 ¿soy yo... Y maldijo a David por sus *d* 430
17.45 en el nombre de... *D* de los escuadrones 430
17.46 toda la tierra sabrá que hay *D* en Israel 430
18.10 un espíritu malo de parte de *D* tomó a 430
19.20 y vino, el Espíritu de *D* sobre los 430
19.23 también vino sobre él el Espíritu de *D* 430
20.12 dijo... ¡Jehová *D* de Israel, sea testigo! 430
22.3 hasta que sepa lo que *D* hará de mí 430
22.13 le diste pan... y consultaste por él a *D* 430
22.15 consultar por él a *D*? Lejos sea de mí 430
23.7 *D* lo ha entregado en mi mano, pues se 430
23.10 Jehová *D*... tu siervo tiene entendido que 430
23.11 *D* de Israel, te ruego que lo declares 430
23.14 Saúl... pero *D* no lo entregó en sus manos 430
23.16 vino a David... fortaleció su mano en *D* 430
25.22 así haga *D* a los enemigos de David y 430
25.29 los que viven delante de Jehová tu *D* 430
25.32 dijo... a Abigail: Bendito sea Jehová *D* 430
25.34 vive Jehová *D*... que me ha defendido de 430
26.8 hoy ha entregado *D* a tu enemigo en tu 430
26.19 me han arrojado... Vé y sirve a *d* ajenos 430
28.13 dijo... He visto *d* que suben de la tierra 430
28.15 *D* se ha apartado... y no me responde más 430
29.9 que tú eres bueno... como un ángel de *D* 430
30.6 mas David se fortaleció en Jehová su *D* 430
30.15 dijo: Júrame por *D* que no me matarás 430
2 S 2.27 vive *D*, que si no hubieses hablado 430
3.9 así haga *D* a Abner y aun le añada, al 430
3.35 así me haga *D* y aun me añada, si antes 430
5.10 Jehová *D* de los ejércitos estaba con él 430
6.2 para hacer pasar de allí el arca de *D* 430
6.3 pusieron el arca de *D*... un carro nuevo 430
6.4 lo llevaban... con el arca de *D*, Ahío iba 430
6.6 Uza extendió su mano al arca de *D*, y la 430
6.7 y lo hirió allí *D* por aquella temeridad 430
6.7 y cayó allí muerto junto al arca de *D* 430
6.12 ha bendecido la... a causa del arca de *D* 430
6.12 el arca de *D* de casa de Obed-edom a la 430
6.13 cuando los que llevaban el arca de *D* 3068
7.2 mira... el arca de *D* está entre cortinas 430
7.22 tú te has engrandecido, Jehová *D*; por 430
7.22 ni hay *D* fuera de ti, conforme a todo 430
7.23 fue *D* para rescatarlo por pueblo suyo 430
7.23 rescataste... de las naciones y de sus *d* 430
7.24 y tú, oh Jehová, fuiste a ellos por *D* 430
7.25 Jehová *D*, confirma... la palabra que has 430
7.26 Jehová de... es *D* sobre Israel; y que la 430
7.27 tú... *D* de Israel, revelaste al oído de 430
7.28 *D*, tú eres *D*, y tus palabras son verdad 430
7.29 porque tú, Jehová *D*, lo has dicho, y con 3069
9.3 Saúl, a quien haga yo misericordia de *D*? 430
10.12 por las ciudades de nuestro *D*; y haga 430
12.7 así ha dicho... *D* de Israel: Yo te ungí 430
12.16 entonces David rogó a *D* por el niño 430
12.22 si *D* tendrá compasión de mí, y vivirá 3069
14.11 oh rey, que te acuerdes de Jehová tu *D* 430
14.13 has pensado tú... contra el pueblo de *D*? 430
14.14 ni *D* quita la vida, sino que provee 430
14.16 me quiere destruir... de la heredad de *D* 430
14.17 mi señor el rey es como un ángel de *D* 430
14.17 y lo malo. Así Jehová tu *D* sea contigo 430
14.20 es sabio... la sabiduría de un ángel de *D* 430
15.21 vive *D*... que o para muerte o para vida 3068
15.24 que llevaban el arca del pacto de *D* 430
15.24 y asentaron el arca del pacto de *D* 430
15.25 vuelve el arca de *D* a la ciudad. Si yo 430
15.29 volvieron el arca de *D* a Jerusalén 430
15.32 David llegó a... para adorar allí a *D* 430
16.23 como si se consultase la palabra de *D* 430
18.28 dijo: Bendito sea Jehová *D* tuyo, que 430
19.13 así me haga *D*, y aun me añada, si no 430
19.27 mi señor el rey es como un ángel de *D* 430
21.14 *D* fue propicio a la tierra después de 430
22.3 *D* mío, fortaleza mía, en el confiaré 430
22.7 en mi... invoqué a Jehová, y clamé a mi *D* 430
22.22 y no me aparté impíamente de mi *D* 430
22.29 lámpara... mi *D* alumbrará mis tinieblas 430
22.30 ejércitos, y con mi *D* asaltaré muros 430
22.31 en cuanto a *D*, perfecto es su camino 410
22.32 porque ¿quién es *D*, sino sólo Jehová? 410
22.32 ¿y qué roca hay fuera de nuestro *D*? 430
22.33 *D* es el que me ciñe de fuerza, y quien 410
22.47 engrandecido sea el *D* de mi salvación 430
22.48 el *D* que venga mis agravios, y sujeta 410
23.1 dijo David... el ungido del *D* de Jacob 430
23.3 el *D* de Israel ha dicho, me habló la 430
23.3 justo... que gobierne en el temor de *D* 430
23.5 no es así mi casa... con *D*; sin embargo 410
24.3 añada... tu *D* al pueblo cien veces tanto 430
24.23 al rey: Jehová tu *D* te sea propicio 430
24.24 no ofreceré a... *D* holocaustos que no me 430
1 R 1.17 tú juraste... por Jehová tu *D*, diciendo 430
1.30 que como yo te he jurado por Jehová *D* 430
1.36 así lo diga Jehová, *D* de mi señor el rey 430
1.47 *D* haga bueno el nombre de Salomón más 430
1.48 bendito sea Jehová *D* de Israel, qué ha 430
2.3 guarda los preceptos de... tu *D*, andando 430
2.23 diciendo: Así me haga *D* y aun me añada 430
3.3 dijo *D*: Pide lo que quieras que yo te dé 3068
3.7 *D* mío, tú me has puesto a mí tu siervo 430
3.11 dijo *D*: Porque has demandado esto, y no 430
3.28 había en él sabiduría de *D* para juzgar 430
4.29 *D* dio a Salomón sabiduría y prudencia 430
5.3 no pudo edificar casa al nombre de... su *D* 430
5.4 mi *D* me ha dado paz por todas partes 430
5.5 edificar casa al nombre de Jehová mi *D* 430
8.15 bendito sea Jehová, *D* de Israel, que 430
8.17 edificar casa al nombre de Jehová *D* de 430
8.20 y he edificado la casa al... *D* de Israel 430
8.23 Jehová *D* de Israel, no hay *D* como tú, ni 430
8.25 *D* de Israel, cumple a tu siervo David 430
8.26 Jehová *D* de Israel, cúmplase la palabra 430
8.27 es verdad que *D* morará sobre la tierra? 430
8.28 tú atenderás a la oración... Jehová *D* mío 430
8.57 esté con nosotros Jehová nuestro *D*, como 430
8.59 mis palabras... estén cerca de Jehová... *D* 430
8.60 todos los pueblos... sepan que Jehová es *D* 430
8.61 perfecto vuestro corazón para con... *D* 430
8.65 una gran congregación... delante de... *D* 430
9.6 sino que fuereis y sirviereis a *d* ajenos 430
9.9 dirán: Por cuanto dejaron a Jehová su *D* 430
9.9 echaron mano a *d* ajenos, y los adoraron 430
10.9 tu *D* sea bendito, que se agradó de ti 430
10.24 la sabiduría que *D* había puesto en su 430
11.2 harán Inclinar... corazones tras sus *d* 430
11.4 sus... inclinaron su corazón tras *d* ajenos 430
11.4 su corazón no era perfecto con... su *D* 430
11.8 las cuales quemaban incienso... a sus *d* 430
11.9 corazón se habla apartado de Jehová *D* 430
11.10 que no siguiese a *d* ajenos; mas él no 430
11.23 *D*... levantó por adversario... Rezón hijo 430
11.31 así dijo Jehová *D* de Israel: He aquí 430
11.33 Quemos *d* de Moab, y a Moloc *d* de Amón 430
12.22 vino palabra de... a Semaías varón de *D* 430
12.24 oyeron la palabra de *D*, y volvieron y 3068
12.28 he aquí tus *d*, oh Israel, los cuales 430
13.1 que un varón de *D*... vino de Judá a Bet-el 430
13.4 Jeroboam oyó la palabra del varón de *D* 430
13.5 la señal que el varón de *D* había dado 430
13.6 al varón de *D*: Te pido que ruegues ante 430
13.6 el varón de *D* oró a Jehová, y la mano 430
13.7 el rey dijo al varón de *D*: Ven conmigo 430
13.8 pero el varón de *D* dijo al rey: Aunque me 430
13.11 todo lo que el varón de *D* había hecho 430
13.12 por donde había regresado el varón de *D* 430
13.14 tras el varón de *D*... tú el varón de *D*? 430
13.17 por palabra de *D* me ha sido dicho: No 3068
13.21 clamó al varón de *D* que había venido 430
13.21 mandamiento que... *D* te había prescrito 430
13.26 el varón de *D* es, que fue rebelde al 430
13.29 tomó... el cuerpo del varón de *D*, y lo 430
13.31 en que está sepultado el varón de *D* 430
14.7 vé y di a Jeroboam: Así dijo Jehová *D* 430
14.9 pues... te hiciste *d* ajenos e imágenes de 430
14.13 alguna cosa buena delante de Jehová *D* 430
15.3 no fue su corazón perfecto con... su *D* 430
15.4 por amor... Jehová su *D* le dio lámpara en 430
15.30 provocó a enojo a Jehová *D* de Israel 430
16.13 provocando a enojo con sus... a Jehová *D* 430
16.26 provocando a ira a Jehová *D* de Israel 430
16.33 provocar la ira de Jehová *D* de Israel 430
17.1 dijo a Acab: Vive Jehová *D* de Israel, en 430
17.12 vive Jehová tu *D*, que no tengo pan 430
17.14 Jehová *D*... ha dicho así: La harina de 430
17.18 ella... ¿qué tengo yo contigo, varón de *D*? 430
17.20 dijo: Jehová *D* mío, ¿aun a la viuda en 430
17.21 clamó... y dijo: Jehová *D* mío, te ruego 430
17.24 ahora conozco que tú eres varón de *D* 430
18.10 vive... tu *D*, que no ha habido nación ni 430
18.21 si Jehová es *D*, seguidle; y si Baal, id 430
18.24 Invocad luego... el nombre de vuestros *d* 430
18.24 *D* que respondiere por... fuego, ése sea *D* 430
18.25 invocad el nombre de vuestros *d*, mas no 430
18.27 gritad en alta voz, porque *d* es: quizá 430
18.36 *D* de Abraham, de Isaac y de Israel, sea 430
18.36 que tú eres *D* en Israel, y que yo soy 430
18.37 conozca... que tú, oh Jehová, eres el *D* 430
18.39 ¡Jehová es el *D*, Jehová es el *D*! 430
19.2 así me hagan los *d*, y aún me añadan, si 430
19.8 caminó 40... hasta Horeb, el monte de *D* 430
19.10,14 he sentido un vivo celo por Jehová *D* 430
20.10 así me hagan los *d*, y aun me añadan 430
20.23 sus *d* son *d* de los montes, por eso nos 430
20.28 vino entonces el varón de *D* al rey de 430
20.28 Jehová es *D* de los montes, y no *D* de 430
20.35 dijo... Por palabra de *D*: Hiéreme ahora 3068
21.10 digan: Tú has blasfemado a *D* y al rey 430
21.13 Nabot ha blasfemado a *D* y al rey. Y lo 430
22.53 y provocó a ira a Jehová *D* de Israel 430
2 R 1.2 y consultad a Baal-zebub *d* de Ecrón 430
1.3 diles: ¿No hay *D* en Israel, que vela a 430
1.3,6 a consultar a Baal-zebub *d* de Ecrón? 430
1.6 así... ¿No hay *D* en Israel, que tú envías 430
1.9,11 dijo: Varón de *D*, el rey ha dicho que 430
1.10,12 al yo soy varón de *D*, descienda fuego 430
1.13 varón de *D*, te ruego que sea de valor 430
1.16 *d* de Ecrón, ¿no hay *D* en Israel para 430
2.14 dijo: ¿Dónde está Jehová, el *D* de Elías? 430
4.7 vino... y lo contó al varón de *D*, el cual 430
4.9 entiendo que éste... es varón santo de *D* 430
4.16 varón de *D*, no hagas burla de tu sierva 430
4.21 y lo puso sobre la cama del varón de *D* 430
4.22 que yo vaya corriendo al varón de *D*, y 430
4.25 y vino al varón de *D*, al monte Carmelo 430
4.25 y cuando el varón de *D* la vio de lejos 430
4.27 llegó a donde estaba el varón de *D* en 430
4.27 el varón de *D* le dijo: Déjala, porque 430
4.40 ¡varón de *D*, hay muerte en esa olla! 430
4.42 trajo al varón de *D* panes de primicias 430
5.7 ¿soy yo *D*, que mate y dé vida, para que 430
5.8 Eliseo el varón de *D* oyó que el rey de 430
5.11 decía... Invocará el nombre de Jehová su *D* 430
5.14 conforme a la palabra del varón de *D* 430
5.15 y volvió al varón de *D*, él y toda su 430
5.15 conozco que no hay *D* en toda la tierra 430
5.17 ni ofrecerá sacrificio a otros *d*, sino 430
5.20 Giezi, criado de Eliseo el varón de *D* 430
6.6 el varón de *D* preguntó: ¿Dónde cayó? 430
6.9 y el varón de *D* envió a decir al rey de 430
6.10 aquel lugar que el varón de *D* había dicho 430
6.15 salió el que servía al varón de *D*, y he 430
6.31 él dijo: Así me haga *D*, y aun me añada 430
7.2 y un príncipe... respondió al varón de *D* 430
7.17 que había dicho el varón de *D*, cuando 430
7.18 que el varón de *D* había hablado al rey 430
7.19 respondido al varón de *D*, diciendo: Si 430
8.2 mujer... hizo como el varón de *D* le dijo 430
8.4 rey hablado con... criado del varón de *D* 430
8.7 diciendo: El varón de *D* ha venido aquí 430
8.8 vé a recibir al varón de *D*, y consulta 430
8.11 y el varón de *D* le miró fijamente, y

8.11 estuvo así...luego lloró el varón de *D*........... 430
9.6 dijo Jehová *D*...Yo te he ungido por rey......... 430
9.36 es la palabra de *D*, la cual él habló por........ 3068
10.31 Jehú no cuidó de andar en la ley de...*D*....... 430
13.19 el varón de *D*...le dijo: Al dar cinco o.......... 430
14.25 conforme a la palabra de...*D* de Israel........ 430
16.2 no hizo lo recto ante...de Jehová su *D*.......... 430
17.7 de Israel pecaron contra Jehová su *D*.......... 430
17.7 los hijos de Israel...temieron a *d* ajenos........ 430
17.9 cosas no rectas contra Jehová su *D*............. 430
17.14 los cuales no creyeron en Jehová su *D*........ 430
17.16 dejaron todos los mandamientos de...*D*....... 430
17.19 guardó los mandamientos de Jehová su *D*..... 430
17.26 no conocen la ley del *D* de la tierra............ 430
17.27 allí, y les enseñe la ley del *D* del país.......... 430
17.29 pero cada nación se hizo sus *d*, y los.......... 430
17.31 adorar a Adramelec y...*d* de Sefarvaim....... 430
17.33 temían a Jehová, y honraban a sus *d*.......... 430
17.35 no temeréis a otros *d*, ni...adoraréis.......... 430
17.37 por obra, y no temeréis a *d* ajenos............ 430
17.38 no olvidaréis...ni temeréis a *d* ajenos......... 430
17.39 temed a Jehová vuestro *D*...os librará........ 430
18.5 en Jehová *D* de Israel puso su esperanza....... 430
18.12 no habían atendido a la voz de...su *D*......... 430
18.22 decís...confiamos en Jehová vuestro *D*........ 430
18.33 ¿acaso alguno de los *d*...ha librado su........ 430
18.34 ¿dónde está el *d* de Hamat y de Arfad?........ 430
18.34 ¿dónde está el *d* de Sefarvaim...de Iva?....... 430
18.35 ¿qué *d* de todos los *d* de estas tierras.......... 430
19.4 quizá oirá...tu *D* todas las palabras del........ 430
19.4 ha enviado para blasfemar al *D* viviente....... 430
19.4 palabras...las cuales Jehová tu *D* ha oído...... 430
19.10 no te engañe tu *D* en quien tú confías......... 430
19.12 ¿acaso libraron sus *d* a las naciones.......... 430
19.15 Jehová *D* de Israel, que moras entre los....... 430
19.15 sólo tú eres *D* de todos los reinos de........... 430
19.16 ha enviado a blasfemar al *D* viviente........... 430
19.18 que echaron al fuego a sus *d*...no eran *d*...... 430
19.19 Jehová *D* nuestro...sálvanos, te ruego......... 430
19.19 que sepan...que sólo tú, Jehová, eres *D*....... 430
19.20 ha dicho Jehová, *D* de Israel: Lo que........... 430
19.37 adoraba en el templo de Nisroc su *d*.......... 430
20.5 así dice Jehová, el *D* de David tu padre......... 430
21.12 ha dicho Jehová el *D* de Israel: He aquí........ 430
21.22 dejó a Jehová el *D* de sus padres, y no......... 430
22.15 así ha dicho...el *D* de Israel: Decid al.......... 430
22.17 cuanto...quemaron incienso a *d* ajenos....... 430
22.18 diréis así: Así ha dicho...*D* de Israel.......... 430
23.16 conforme a...profetizado el varón de *D*....... 430
23.17 el sepulcro del varón de *D* que vino de........ 430
23.21 haced la pascua a Jehová vuestro *D*........... 430
1 Cr 4.10 invocó Jabes al *D* de Israel, diciendo.......... 430
4.10 si me dieras...Y le otorgó *D* lo que pidió........ 430
5.20 porque clamaron a *D* en la guerra, y los......... 430
5.22 y cayeron muchos...la guerra era de *D*......... 430
5.25 se rebelaron contra el *D* de sus padres......... 430
5.25 siguiendo a los *d* de los pueblos de la'......... 430
5.26 el *D* de...excitó el espíritu de Pul rey........... 430
6.48 sobre...del tabernáculo de la casa de *D*......... 430
6.49 a todo lo que Moisés siervo de *D* había......... 430
9.11 hijo de Ahitob, príncipe de la casa de *D*......... 430
9.13 eficaces en...ministerio en la casa de *D*........ 430
9.26 su cargo...los tesoros de la casa de *D*.......... 430
9.27 estos moraban alrededor de la casa de *D*....... 430
10.10 sus armas en el templo de sus *d*, y............ 430
11.2 Jehová tu *D* te ha dicho: Tú apacentarás....... 430
11.19 guárdeme mi *D*...de beber la sangre y la....... 430
12.17 véalo el *D* de nuestros padres, y lo........... 430
12.18 oh David...pues también tu *D* te ayuda......... 430
12.22 hasta hacerse un...como ejército de *D*........ 430
13.2 si es la voluntad de Jehová nuestro *D*.......... 430
13.3 y traigamos el arca de...*D* a nosotros.......... 430
13.5 David...para que trajesen el arca de *D*......... 430
13.6 para pasar de allí el arca de Jehová *D*.......... 430
13.7 y llevaron el arca de *D* de la casa de............ 430
13.8 se regocijaban delante de *D* con...arpas....... 430
13.10 y lo hirió...y murió allí delante de *D*........... 430
13.12 y David temió a *D* aquel día, y dijo............ 430
13.12 ¿cómo he de traer a mi...el arca de *D*?......... 430
13.14 el arca de *D* estuvo con la familia de.......... 430
14.10 David consultó a *D*...¿Subiré contra los....... 430
14.11 *D* rompió mis enemigos por mi mano.......... 430
14.12 dejaron allí sus *d*, y David dijo que............ 430
14.14 volvió a consultar a *D*, y *D* le dijo: No......... 430
14.15 sal luego a la...*D* saldrá delante de ti......... 430
14.16 hizo, pues, David como *D* le mandó, y......... 430
15.1 y arregló un lugar para el arca de *D*.......... 430
15.2 el arca de *D* no debe ser llevada sino.......... 430
15.12 pasad el arca de Jehová *D* de Israel al........ 430
15.13 nuestro *D* nos quebrantó, por cuanto no...... 430
15.14 para traer el arca de Jehová *D* de Israel....... 430
15.15 de los levitas trajeron el arca de *D*........... 430
15.24 las trompetas delante del arca de *D*........... 430
15.26 ayudando *D* a los levitas que llevaban......... 430
16.1 trajeron el arca de *D*, y la pusieron............ 430
16.1 ofrecieron holocaustos...delante de *D*.......... 430
16.4 levitas, para que...loasen a Jehová *D*.......... 430
16.6 las trompetas delante del arca...de *D*.......... 430
16.14 Jehová, él es nuestro *D*; sus juicios............ 430
16.25 digno...de ser temido sobre todos los *d*........ 430
16.26 todos los *d* de los pueblos son ídolos........... 430
16.35 sálvanos, oh *D*, salvación nuestra............. 430
16.36 bendito sea Jehová *D* de Israel, de............. 430
16.42 con otros instrumentos de música de *D*........ 430
17.2 haz todo lo que...porque *D* está contigo........ 430
17.3 misma noche vino palabra de *D* a Natán....... 430
17.16 Jehová *D*, ¿quién soy yo, y cuál es mi......... 430
17.17 y aun esto, oh *D*, te ha parecido poco.......... 430
17.17 me has mirado como a un...oh Jehová *D*...... 430
17.20 no hay semejante a ti, ni hay *D* sino........... 430
17.21 cuyo *D*...se redimiese un pueblo, para........ 430
17.22 y tú, Jehová, has venido a ser su *D*............ 430
17.24 Jehová *D* de Israel, es *D* para Israel........... 430
17.25 *D* mío, revelaste al oído a tu siervo........... 430
17.26 el *D* que has hablado de tu siervo este......... 430
19.13 por las ciudades de nuestro *D*; y haga......... 430
21.7 esto desagradó a *D*, e hirió a Israel............. 430
21.8 dijo David a *D*: He pecado...al hacer esto...... 430
21.17 dijo David a *D*: ¿No soy yo el que hizo.......... 430
21.17 *D* mío, sea ahora tu mano contra mí, y......... 430
21.30 David no pudo ir allá a consultar a *D*.......... 430
22.1 aquí estará la casa de Jehová *D*, y aquí......... 430
22.2 labrasen piedras...edificar la casa de *D*........ 430
22.6 le mandó que edificase casa a Jehová *D*........ 430
22.7 el edificar templo al nombre de...mi *D*......... 430
22.11 edifiques casa a Jehová tu *D*, como él......... 430
22.12 para que...guardes la ley de Jehová tu *D*...... 430
22.18 ¿no está con vosotros Jehová vuestro *D*....... 430
22.19 poned...ánimos en buscar a Jehová...*D*....... 430
22.19 edificad el santuario de Jehová *D*, para....... 430
22.19 traer...los utensilios consagrados a *D*......... 430
23.14 los hijos de Moisés varón de *D* fueron......... 430
23.25 *D*...ha dado paz a su pueblo Israel, y.......... 430
23.28 obra del ministerio de la casa de *D*............ 430
24.5 santuario, y príncipes de la casa de *D*.......... 430
24.19 que le había mandado...el *D* de Israel......... 430
25.5 vidente del rey en las cosas de *D*, para......... 430
25.5 y *D* dio a Hemán 14 hijos y tres hijas........... 430
25.6 arpas, para el ministerio del templo de *D*....... 430
26.5 porque *D* había bendecido a Obed-edom....... 430
26.20 cargo de los tesoros de la casa de *D*........... 430
26.32 las cosas de *D* y los negocios del rey........... 430
28.2 para el estrado de los pies de nuestro *D*........ 430
28.3 mas *D* me dijo: Tú no edificarás casa a......... 430
28.4 *D* de Israel me eligió de toda la casa............ 430
28.8 todo Israel...y en oídos de nuestro *D*.......... 430
28.8 e inquirid...los preceptos de Jehová...*D*....... 430
28.9 tú, Salomón...reconoce al *D* de tu padre....... 430
28.12 para las tesorerías de la casa de *D*............ 430
28.20 porque Jehová *D*, mi *D*, estará contigo........ 430
28.21 para todo el ministerio de la casa de *D*........ 430
29.1 a Salomón mi hijo ha elegido *D*; él es........... 430
29.1 la casa no es para hombre, sino para...*D*...... 430
29.2 he preparado para la casa de mi *D*, oro......... 430
29.3 tengo mi afecto en la casa de mi *D*, yo.......... 430
29.3 las cosas...he dado para la casa de mi *D*....... 430
29.7 dieron para el servicio de la casa de *D*......... 430
29.10 bendito seas...*D* de Israel nuestro padre...... 430
29.13 *D* nuestro, nosotros alabamos y loamos....... 430
29.16 *D* nuestro, toda esta abundancia que.......... 430
29.17 yo sé, *D* mío, que tú escudriñas los........... 430
29.18 Jehová, *D*...conserva...esta voluntad del...... 430
29.20 dijo...Bendecid ahora a Jehová vuestro *D*..... 430
29.20 la congregación bendijo a Jehová *D* de........ 430
2 Cr 1.1 Salomón...Jehová su *D* estaba con él.......... 430
1.3 porque allí estaba el tabernáculo...de *D*........ 430
1.4 pero David había traído el arca de *D* de......... 430
1.7 aquella noche apareció *D* a Salomón y lo....... 430
1.8 y Salomón dijo a *D*: Tú has tenido con.......... 430
1.9 confírmese...Jehová *D*, tu palabra dada a....... 430
1.11 dijo *D* a Salomón: Por cuanto hubo esto........ 430
2.4 edificar casa al nombre de Jehová mi *D*........ 430
2.4 festividades de Jehová nuestro *D*: lo cual....... 430
2.5 el *D* nuestro es grande sobre todos los *d*....... 430
2.12 bendito sea Jehová el *D* de Israel, que......... 430
3.3 medidas que dio Salomón a...la casa de *D*....... 430
4.11 acabó Hiram la obra...para la casa de *D*....... 430
4.19 hizo...los utensilios para la casa de *D*......... 430
5.1 y puso...en los tesoros de la casa de *D*......... 430
5.14 la gloria...había llenado la casa de *D*.......... 430
6.4 bendito sea Jehová *D* de Israel, quien con...... 430
6.7 edificar casa al nombre de Jehová *D* de......... 430
6.10 he edificado casa al nombre de Jehová *D*....... 430
6.14 *D* de Israel, no hay *D* semejante a ti en........ 430
6.16 Jehová *D*...cumple a tu siervo David mi........ 430
6.17 *D* de Israel, cúmplase tu palabra que.......... 430
6.18 ¿es verdad que *D* habitará con el hombre...... 430
6.19 tú mirarás a la oración de tu siervo...*D*........ 430
6.40 *D* mío, te ruego que estén abiertos tus........ 430
6.41 *D*, levántate ahora para habitar en tu.......... 430
6.41 Jehová *D*, sean vestidos de salvación tus....... 430
6.42 *D*, no rechaces a tu ungido; acuérdate.......... 430
7.5 así dedicaron la casa de *D* el rey y todo......... 430
7.19 si vosotros os...y sirviereis a *d* ajenos.......... 430
7.22 cuanto dejaron a Jehová *D* de sus padres...... 430
7.22 cuanto...han abrazado a *d* ajenos, y........... 430
8.14 así lo había mandado David, varón de *D*....... 430
9.8 bendito sea Jehová tu *D*, el cual se ha........... 430
9.8 para ponerte...como rey para Jehová tu *D*...... 430
9.8 cuanto tu *D* amó a Israel para afirmarlo........ 430
9.23 para oír la sabiduría que *D* le había dado...... 430
10.15 la causa era de *D*, para que...cumpliera....... 430
11.2 vino palabra de...a Semaías varón de *D*........ 430
11.16 buscar a Jehová *D*...el *D* de sus padres....... 430
13.5 Jehová *D* de Israel dio el reino a David......... 430
13.8 tenéis...los becerros de oro que...por *d*......... 430
13.9 así sea sacerdote de los que no son *d*?......... 430
13.10 Jehová es nuestro *D*, y no le...dejado......... 430
13.11 guardamos la ordenanza de Jehová...*D*....... 430
13.12 he aquí *D* está con nosotros por jefe........... 430
13.12 Israel, no peleéis contra Jehová el *D*......... 430
13.15 *D* desbarató a Jeroboam y a todo Israel........ 430
13.16 de Judá, y *D* los entregó en sus manos........ 430
13.18 porque se apoyaban en Jehová el *D* de......... 430
14.2 hizo Asa lo bueno y lo recto ante...de *D*........ 430
14.4 mandó a Judá que buscase a Jehová el *D*....... 430
14.11 porque hemos buscado a Jehová nuestro *D*... 430
14.11 clamó Asa a Jehová su *D*, y dijo: ¡Oh.......... 430
14.11 Jehová *D* nuestro...tu eres nuestro *D*......... 430
15.1 vino el Espíritu de *D* sobre Azarías hijo......... 430
15.3 muchos días ha estado Israel sin...*D* y......... 430
15.4 cuando...se convirtieron a Jehová *D* de........ 430
15.6 *D* los turbó con...clase de calamidades......... 430
15.9 viendo que Jehová su *D* estaba con él.......... 430
15.12 que buscarían a...*D* de sus padres, de......... 430
15.13 que no buscase a Jehová el *D* de Israel........ 430
15.18 trajo a la casa de *D* lo que su padre........... 430
16.7 y no te apoyaste en...tu *D*, por eso el........... 430
17.4 que buscó al *D* de su padre, y anduvo en....... 430
18.5 porque *D* los entregará en mano del rey........ 430
18.13 que lo que mi *D* me dijere, eso hablaré........ 430
18.31 mas Josafat clamó...y los apartó *D* de él....... 430
19.3 has dispuesto tu corazón para buscar a *D*...... 430
19.4 los conducía a Jehová el *D* de sus padres....... 430
19.7 con Jehová nuestro *D* no hay injusticia......... 430
20.6 *D* de nuestros padres, ¿no eres tú *D* en........ 430
20.7 *D* nuestro, ¿no echaste tú los moradores....... 430
20.12 ¡oh *D* nuestro! ¿no los juzgarás tú?............ 430
20.15 no es vuestra la guerra, sino de *D*............. 430
20.19 para alabar a Jehová el *D* de Israel con....... 430
20.20 creed en Jehová vuestro *D*...sus profetas..... 430
20.29 pavor de *D* cayó sobre todos los reinos........ 430
20.30 Josafat...*D* le dio paz por todas partes........ 430
20.33 no había enderezado su corazón al *D* de...... 430
21.10 él había dejado a...el *D* de sus padres......... 430
21.12 Jehová el *D* de David tu padre ha dicho....... 430
22.7 esto venía de *D*, para que Ocozías fuese........ 430
22.12 y estuvo...escondido en la casa de *D*.......... 430
23.3 hizo pacto con el rey en la casa de *D*........... 430
23.9 las lanzas...que estaban en la casa de *D*....... 430
24.5 año sea reparada la casa de vuestro *D*......... 430
24.7 Atalía...habían destruido la casa de *D*......... 430
24.9 la ofrenda que Moisés siervo de *D* había....... 430
24.13 la obra...y restituyeron la casa de *D*.......... 430
24.16 había hecho bien con Israel, y...con *D*........ 430
24.18 desampararon la casa de Jehová *D* de sus.... 430
24.18 entonces la ira de *D* vino sobre Judá.......... 430
24.20 el Espíritu de *D* vino sobre Zacarías........... 430
24.24 habían dejado a...el *D* de sus padres.......... 430
25.8 así...*D* te hará caer...en *D* está el poder....... 430
25.9 y Amasías dijo al varón de *D*: ¿Qué, pues....... 430
25.9 el varón de *D* respondió: Jehová puede......... 430
25.14 los *d* de...de Seir...puso ante sí por *d*......... 430
25.15 buscado los *d* de otra nación, que no.......... 430
25.16 yo sé que *D* ha decretado destruirte........... 430
25.20 era la voluntad de *D*, que los quería........... 430
25.20 por cuanto habían buscado los *d* de Edom..... 430
25.24 los utensilios que se...en la casa de *D*......... 430
26.3 persistió en buscar a *D* en los días de.......... 430
26.5 de Zacarías, entendido en visiones de *D*........ 430
26.7 *D* le dio ayuda contra los filisteos, y............ 430
26.16 se rebeló contra Jehová su *D*, entrando....... 430
26.18 no te será para gloria delante de...*D*.......... 430
27.6 preparó sus caminos delante de...su *D*......... 430
28.5 su *D* lo entregó en manos del rey de los........ 430
28.6 cuanto habían dejado a Jehová el *D* de......... 430
28.9 el *D* de vuestros padres, por el enojo........... 430
28.10 ¿no habéis pecado...contra Jehová...*D*?...... 430
28.23 sacrificios a los *d* de Damasco que le.......... 430
28.23 los *d* de los reyes de Siria les ayudan.......... 430
28.24 Acaz los utensilios de la casa de *D*............. 430
28.25 para quemar incienso a los *d* ajenos........... 430
28.25 provocando así a...él *D* de sus padres......... 430
29.5 y santificad la casa de Jehová el *D* de.......... 430
29.6 han hecho lo malo ante los ojos de...*D*......... 430
29.7 no quemaron incienso ni...al *D* de Israel....... 430
29.10 hacer pacto con Jehová el *D* de Israel......... 430
29.36 de que *D* hubiese preparado el pueblo......... 430
30.1,5 para celebrar la pascua a...*D* de Israel....... 430
30.6 volveos a...el *D* de Abraham, de Isaac y......... 430
30.7 se rebelaron contra...el *D* de sus padres....... 430
30.8 servid a Jehová vuestro *D*, y el ardor de........ 430
30.9 vuestro *D* es clemente y misericordioso........ 430
30.12 en Judá también estuvo la mano de *D*.......... 430
30.16 conforme a la ley de Moisés varón de *D*....... 430
30.18 preparado su corazón para buscar a *D*......... 430
30.19 a Jehová el *D* de sus padres, aunque no........ 430
30.22 y dando gracias a Jehová el *D* de sus.......... 430
31.6 de las cosas que habían prometido a...*D*........ 430
31.13 de Azarías, príncipe de la casa de *D*........... 430
31.14 tenía cargo de las ofrendas...para *D*.......... 430
31.20 y ejecutó lo bueno...delante de...su *D*......... 430
31,21 el servicio de la casa de *D*, de acuerdo........ 430
31.21 buscó a su *D*, lo hizo de todo corazón.......... 430
32.8 mas con nosotros está Jehová nuestro *D*........ 430
32.11 nuestro *D* nos librará de la mano del.......... 430
32.13 ¿pudieron los *d* de las naciones de esas....... 430
32.14 ¿qué *d* hubo de entró todos los *d* de.......... 430
32.14 ¿cómo podrá vuestro *D* libraros de mi......... 430
32.15 si ningún *d* de todas aquellas naciones........ 433
32.15 menos vuestro *D* os podrá librar de mi......... 430
32.16 hablaron...sus siervos contra Jehová *D*....... 430
32.17 cartas en que blasfemaba contra...el *D*........ 430
32.17 como los *d* de las naciones, no pudieron....... 430
32.17 tampoco el *D* de Ezequías librará al suyo...... 430
32.19 contra el *D*...como contra los *d* de los......... 430
32.21 en el templo de su *d*, allí lo mataron........... 430
32.29 porque *D* le había dado muchas riquezas...... 430
32.31 *D* lo dejó, para probarlo, para...conocer....... 430
33.7 puso una imagen fundida...en la casa de *D*.... 430
33.7 de la cual había dicho *D* a David y a........... 430
33.12 fue puesto en angustias, oró a...su *D*......... 430
33.12 en la presencia del *D* de sus padres........... 430
33.13 pues *D* oyó su oración y lo restauró a......... 430

33.13 reconoció Manasés que Jehová era D ... 430
33.15 quitó los d ajenos, y el ídolo de la ... 430
33.16 Judá que sirviesen a Jehová D de Israel ... 430
33.17 altos, aunque lo hacía para Jehová su D ... 430
33.18 su oración a su D, y las palabras de ... 430
33.18 que le hablaron en nombre de...el D de ... 430
34.3 a los 8...comenzó a buscar al D de David ... 430
34.8 que reparasen la casa de Jehová su D ... 430
34.23 D de Israel ha dicho así:Decid al varón ... 430
34.25 y han ofrecido sacrificios a d ajenos ... 430
34.26 D de Israel ha dicho así: Por cuanto ... 430
34.27 te humillaste delante de D al oír sus ... 430
34.32 conforme al pacto de Él, del D de sus ... 430
34.33 e hizo que...sirviesen a Jehová su D ... 430
34.33 no se apartaron...de Jehová el D de sus ... 430
35.3 ahora servid a Jehová vuestro D, y a su ... 430
35.8 y Jehiel, oficiales de la casa de D ... 430
35.21 D me ha dicho que me apresure. Deja de ... 430
35.21 de oponerte a D, quien está conmigo ... 430
35.22 las palabras de...que eran de boca de D ... 430
36.5,12 malo ante los ojos de Jehová su D ... 430
36.13 se rebeló...al cual había jurado por D ... 430
36.13 no volverse a Jehová el D de Israel ... 430
36,.15 D de sus padres envió...palabra a ellos ... 430
36.16 hacían escarnio de los mensajeros de D ... 430
36.18 los utensilios de la casa de D...llevó ... 430
36.19 y quemaron la casa de D, y rompieron ... 430
36.23 el D de los cielos, me ha dado todos ... 430
36.23 haya...sea Jehová su D con él, y suba ... 430
Esd 1.2 Jehová el D de los cielos me ha dado ... 430
1.3 sea D con él, y suba a Jerusalén, que ... 430
1.3 edifique la casa a Jehová D...(él es el D) ... 430
1.4 ofrendas...para la casa de D, la cual está ... 430
1.5 aquellos cuyo espíritu despertó D para ... 430
1.7 y los había puesto en la casa de sus d ... 430
2.68 hicieron ofrendas...para la casa de D ... 430
3.2 y edificaron el altar del D de Israel ... 430
3.2 escrito en la ley de Moisés varón de D ... 430
3.8 de su venida a la casa de D en Jerusalén ... 430
3.9 los que hacían la obra en la casa de D ... 430
4.1 edificaban el templo de...D de Israel ... 430
4.2 buscamos a vuestro D, y a él ofrecemos ... 430
4.3 edificar con vosotros casa a nuestro D ... 430
4.3 edificaremos a Jehová D de Israel, como ... 430
4.24 entonces cesó la obra de la casa de D ... 426
5.1 profetizaron Hageo...en el nombre del D ... 426
5.2 y comenzaron a reedificar la casa de D ... 426
5.2 con ellos los profetas de D...les ayudaban ... 426
5.5 los ojos de D estaban sobre los ancianos ... 426
5.8 que fuimos...a la casa del gran D, la cual ... 426
5.11 somos siervos del D del cielo y de la ... 426
5.12 provocaron a ira al D de los cielos ... 426
5.13 que esta casa de D fuese reedificada ... 426
5.14 los utensilios de oro...de la casa de D ... 426
5.15 y sea reedificada la casa de D en su ... 426
5.16 Y puso los cimientos de la casa de D ... 426
5.17 la orden para reedificar esta casa de D ... 426
6.3 rey Ciro dio orden acerca de la casa de D ... 426
6.5 los utensilios de oro...de la casa de D ... 426
6.5 vayan a...y sean puestos en la casa de D ... 426
6.7 se haga la obra de esa casa de D; que el ... 426
6.7 reedifiquen esa casa de D en su lugar ... 426
6.8 orden de...para reedificar esa casa de D ... 426
6.9 para holocaustos al D del cielo, trigo ... 426
6.10 para que ofrezcan sacrificios...al D del ... 426
6.12 y el D que hizo habitar allí su nombre ... 426
6.12 o destruir esa casa de D, la cual está ... 426
6.14 terminaron, por orden del D de Israel ... 426
6.16 dedicación de esta casa de D con gozo ... 426
6.17 en la dedicación de esta casa de D cien ... 426
6.18 el servicio de D en Jerusalén, conforme ... 426
6.21 habían apartado...para buscar a Jehová D ... 430
6.22 la obra de la casa de D, del D de Israel ... 430
7.6 la ley...que Jehová D de Israel había dado ... 430
7.6 mano de Jehová su D estaba sobre Esdras ... 430
7.9 llegó...estando con él la buena mano de D ... 430
7.12 erudito en la ley del D del cielo: Paz ... 426
7.14 conforme a la ley de tu D que está en ... 426
7.15 oro que el rey...ofrecen al D de Israel ... 426
7.16 que...ofrecieren para la casa de su D ... 426
7.17 sobre el altar de la casa de vuestro D ... 426
7.18 hacedlo conforme a la voluntad de...D ... 426
7.19 los utensilios...de tu D...delante de D ... 426
7.20 que se requiere para la casa de tu D ... 426
7.21 escriba de la ley del D del cielo, se ... 426
7.23 mandado por el D...para la casa del D ... 426
7.24 a todos los...ministros de la casa de D ... 426
7.25 conforme...sabiduría que tienes de tu D ... 426
7.25 todos los que conocen las leyes de tu D ... 426
7.26 que no cumpliere la ley de tu D, y la ... 426
7.27 bendito Jehová D de nuestros padres, que ... 430
7.28 fortalecido por la mano de mi D, reuní ... 430
8.17 trajesen ministros para la casa de...D ... 430
8.18 nos trajeron según la buena mano de...D ... 430
8.21 para afligirnos delante de nuestro D ... 430
8.22 la mano de nuestro D es para bien sobre ... 430
8.23 ayunamos, pues, y pedimos...D sobre esto ... 430
8.25 ofrenda que para la casa de nuestro D ... 430
8.28 ofrenda...a Jehová D de nuestros padres ... 430
8.30 para traerlo...a la casa de nuestro D ... 430
8.31 y la mano de...D estaba sobre nosotros ... 430
8.33 pesada la plata...en la casa de nuestro D ... 430
8.35 ofrecieron holocaustos al D de Israel ... 430
8.36 ayudaron al pueblo y a la casa de D ... 430
9.4 todos los que temían las palabras del D ... 430
9.5 postré...y extendí mis manos a Jehová mi D ... 430
9.6 D mío, confuso y avergonzado estoy para ... 430
9.6 para levantar, oh D mío, mi rostro a ti ... 430
9.8 ha habido misericordia de parte de...D ... 430
9.8 fin de alumbrar nuestro D nuestros ojos ... 430
9.9 no nos ha desamparado nuestro D, sino ... 430
9.9 vida para levantar la casa de nuestro D ... 430
9.10 ¿qué diremos, oh D nuestro, después de ... 430
9.13 tú, D nuestro, no nos has castigado de ... 430
9.15 oh Jehová D de Israel, tú eres justo ... 430
10.1 y postrándose...delante de la casa de D ... 430
10.2 nosotros hemos pecado contra nuestro D ... 430
10.3 ahora, pues, hagamos pacto con nuestro D ... 430
10.3 que temen el mandamiento de nuestro D ... 430
10.6 se levantó...de delante de la casa de D ... 430
10.9 se sentó...en la plaza de la casa de D ... 430
10.11 dad gloria a...D de vuestros padres, y ... 430
10.14 apartemos de...el ardor de la ira de...D ... 430
Neh 1.4 y ayuné y oré delante del D de los ... 430
1.5 Jehová, D de los cielos, fuerte, grande ... 430
2.4 pides? Entonces oré al D de los cielos ... 430
2.12 y no declaré...lo que D había puesto en ... 430
2.18 cómo la mano de mi D había sido buena ... 430
2.20 el D de los cielos, él nos prosperará ... 430
4.4 oye, oh D nuestro, que somos objeto de ... 430
4.9 oramos a nuestro D, y...pusimos guarda ... 430
4.15 que D había desbaratado el consejo de ... 430
4.20 reuníos allí con...D peleará por nosotros ... 430
5.9 ¿no andaréis en el temor de nuestro D ... 430
5.13 sacuda D de su casa y de su trabajo a ... 430
5.15 yo no hice así, a causa del temor de D ... 430
5.19 acuérdate de mí para bien, D mío, y de ... 430
6.9 ahora, pues, oh D, fortalece tú mis manos
6.10 reunámonos en la casa de D, dentro del ... 430
6.12 entendí que D no lo había enviado, sino ... 430
6.14 acuérdate, D mío, de Tobías...Sambalat ... 430
6.16 que por...D había sido hecha esta obra ... 430
7.2 éste era varón de verdad y temeroso de D ... 430
7.5 puso D en mi corazón que reuniese a los ... 430
8.6 bendijo...Esdras a Jehová, D grande ... 430
8.8 leían...el libro de la ley de D claramente ... 430
8.9 día santo es a Jehová nuestro D; no os ... 430
8.16 en los patios de la casa de D, en la ... 430
8.18 leyó...en el libro de la ley de D cada ... 430
9.3 leyeron el libro de la ley de...su D la ... 430
9.3 confesaron sus...y adoraron a Jehová su D ... 430
9.4 y clamaron en voz alta a Jehová su D ... 430
9.5 bendecid a...D desde la eternidad hasta ... 430
9.7 tú eres...el D que escogiste a Abram, y ... 430
9.17 pero tú eres D que perdonas, clemente ... 433
9.18 este es tu D que te hizo subir de Egipto ... 430
9.31 porque eres D clemente y misericordioso ... 410
9.32 D nuestro, D grande, fuerte, temible ... 430,410
10.28 se habían apartado de...a la ley de D ... 430
10.29 ley de D...dada por Moisés siervo de D ... 430
10.32 para la obra de la casa de nuestro D ... 430
10.33 todo el servicio de la casa de nuestro D ... 430
10.34 la leña...traerla a la casa de nuestro D ... 430
10.34 para quemar sobre el altar...nuestro D ... 430
10.36 traeríamos...a la casa de nuestro D, a ... 430
10.36 que ministran en la casa de nuestro D ... 430
10.37 a las cámaras de la casa de nuestro D ... 430
10.38 llevarían el diezmo...a la casa de...D ... 430
10.39 no abandonaremos la casa de nuestro D ... 430
11.11 de Ahitob, príncipe de la casa de D ... 430
11.16 capataces de la obra...de la casa de D ... 430
11.22 de Asaf...sobre la obra de la casa de D ... 430
12.24 conforme al estatuto de David...de D ... 430
12.36 los instrumentos...de David varón de D ... 430
12.40 llegaron...los dos coros a la casa de D ... 430
12.43 se regocijaron...D los había recreado ... 430
12.45 y habían cumplido el servicio de su D ... 430
12.46 los cánticos...y acción de gracias a D ... 430
13.1 no debían entrar...la congregación de D ... 430
13.2 D volvió la maldición en bendición ... 430
13.4 de la cámara de la casa de nuestro D ... 430
13.7 una cámara en los atrios de la casa de D ... 430
13.9 volver...los utensilios de la casa de D ... 430
13.11 ¿por qué está la casa de D abandonada? ... 430
13.14 acuérdate de mí, oh D, en orden a esto ... 430
13.14 mis misericordias...en la casa de mi D ... 430
13.18 y trajo nuestro D todo este mal sobre ... 430
13.22 acuérdate de mí, D mío, y perdóname ... 430
13.26 era amado de su D, y D lo había puesto ... 430
13.27 este mal...prevaricar contra nuestro D ... 430
13,29 acuérdate de ellos, D mío, contra los ... 430
13.31 acuérdate de mí, D mío, para bien ... 430
Job 1.1,8 temeroso de D y apartado del mal ... 430
1.5 quizá...y habrán blasfemado contra D en ... 430
1.6 vinieron a presentarse...los hijos de D ... 430
1.9 Satanás...¿Acaso teme Job a D de balde? ... 430
1.16 fuego de D cayó del cielo, que quemó las ... 430
1.22 Job...ni atribuyó a D despropósito alguno ... 430
2.1 que otro día vinieron los hijos de D para ... 430
2.3 recto, temeroso de D y apartado del mal ... 430
2.9 le dijo su mujer...Maldice a D, y muérete ... 430
2.10 ¿recibiremos de D el bien, y el mal no ... 430
3.4 aquel día...no cuide de él D desde arriba ... 433
3.23 se da vida al...a quien D ha encerrado? ... 433
4.6 ¿no es tu temor a D tu confianza? ¿No es
4.9 perecen por el aliento de D, y por el ... 433
4.17 ¿será el hombre más justo que D? ¿Será ... 433
5.8 yo buscaría a D, y encomendaría a D mi ... 410,430
5.17 bienaventurado es el...a quien D castiga ... 433
6.4 las saetas...y terrores de D me combaten ... 433
6.8 ¡quién...que me otorgase D lo que anhelo ... 433
6.9 agradara a D quebrantarme; que soltara ... 433
8.3 acaso torcerá D el derecho, o pervertirá ... 410
8.5 buscares a D, y rogares al Todopoderoso ... 410
8.13 caminos de todos los que olvidan a D ... 410
8.20 D no aborrece al perfecto, ni apoya la ... 410
9.2 ¿y cómo se justificará el hombre con D? ... 410
9.13 D no volverá atrás su ira, y debajo de ... 433
10.2 a D: No me condenes; hazme entender por ... 433
11.5 quién diera que D hablara, y abriera sus ... 433
11.6 conocerías...D te ha castigado menos de ... 433
11.7 ¿descubrirás tú los secretos de D? ... 433
12.4 yo soy...que invoca a D, y él le responde ... 433
12.6 y los que provocan a D viven seguros, en ... 410
12.13 con D está la sabiduría y el poder
13.3 hablaría con el...y querría razonar con D ... 410
13.7 ¿hablaréis iniquidad por D? ¿Hablaréis ... 410
13.8 ¿haréis...¿contenderéis vosotros por D? ... 410
15.4 y menoscabas la oración delante de D ... 410
15.8 ¿oíste...secreto de D, y está limitada a ... 433
15.11 tan poco tienes las consolaciones de D ... 410
15.13 para que contra D vuelvas tu espíritu ... 410
15.25 extendió su mano contra D, y se portó ... 410
16.11 me ha entregado D al mentiroso, y en ... 410
16.20 son...mas ante D derramaré mis lágrimas ... 433
16.21 disputar el hombre con D, como con su ... 433
17.3 dame fianza, oh D; sea mi protección
18.21 será el lugar del que no conoció a D ... 410
19.6 sabed ahora que D me ha derribado, y me ... 433
19.21 mí! Porque la mano de D me ha tocado ... 433
19.22 ¿por qué me perseguís como D, y ni aun ... 410
19.26 después de...en mi carne he de ver a D ... 433
20.15 vomitará; de su vientre las sacará D ... 410
20.23 D enviará sobre él el ardor de su ira
20.29 porción que D prepara al hombre impío ... 430
20.29 y la heredad que D le señala por su ... 410
21.9 temor, ni viene azote de D sobre ellos ... 433
21.14 dicen, pues, a D: Apártate de nosotros ... 410
21.17 y D en su ira les reparte dolores!
21.19 D guardará para los hijos de ellos su ... 433
21.22 enseñará...a D sabiduría, juzgando el ... 410
22.2 ¿traerá el hombre provecho a D? ... 410
22.12 ¿no está D en la altura de los cielos? ... 433
22.13 dirás tú: ¿Qué sabe D? ¿Cómo juzgará ... 410
22.17 decían a D: Apártate de nosotros ... 410
22.26 entonces te...y alzarás a D tu rostro ... 433
22.29 dirás...y D salvará al humilde de ojos
23.3 me diera el saber dónde hallar a D!
23.16 D ha enervado mi corazón...ha turbado ... 410
24.12 claman...pero D no atiende su oración ... 433
25.4 se justificará el hombre para con D? ... 410
27.2 vive D, que ha quitado mi derecho, y el ... 410
27.3 mí, y haya hálito de D en mis narices ... 433
27.8 ¿cuál es...cuando D le quitare la vida? ... 433
27.9 ¿oirá D su clamor...tribulación viniere ... 410
27.10 deleitará...invocará a D en todo tiempo? ... 433
27.11 os enseñaré en cuanto a la mano de D ... 410
27.13 es para con D la porción del hombre ... 410
27.22 D, pues, descargará sobre él, y no
28.23 D entiende el camino...conoce su lugar ... 430
29.2 como en los días en que D me guardaba ... 433
29.4 cuando el favor de D velaba sobre mi ... 433
30.11 D desató su cuerda, y me afligió; por
31.2 ¿qué galardón me daría de arriba D, y ... 433
31.6 péseme D en balanzas de justicia, y ... 433
31.14 ¿qué haría yo cuando D se levantase? ... 410
31.23 porque temí el castigo de D, contra ... 410
31.28 porque habría negado al D soberano ... 410
32.2 se justificaba a sí mismo más que a D ... 430
32.13 sabiduría; lo vence D, no el hombre ... 410
33.4 el espíritu de D me hizo, y el soplo ... 410
33.6 heme aquí a mí en lugar de D, conforme ... 410
33.12 yo te responderé que mayor es D que el ... 433
33.14 en una o en dos maneras habla D; pero ... 410
33.24 le diga que D tuvo de él misericordia
33.26 orará a D, y éste le amará, y verá su ... 433
33.28 D redimirá su alma para que no pase al
33.29 estas cosas hace D dos y tres veces con ... 410
34.5 dicho: Yo soy justo, y D me ha quitado ... 410
34.9 servirá al...conformar su voluntad a D ... 430
34.10 oídme: lejos esté de D la impiedad, y ... 410
34.12 sí, por cierto, D no hará injusticia ... 410
34.23 lo justo, para que vaya con D a juicio ... 410
34.31 conviene que se diga a D: He llevado ... 410
34.37 y contra D multiplica sus palabras ... 410
35.2 que has dicho: Más justo soy yo que D? ... 410
35.10 y ninguno...¿Dónde está D mi Hacedor ... 433
35.13 D no oirá la vanidad, ni la mirará el ... 410
36.2 todavía tengo razones en defensa de D ... 433
36.5 D es grande, pero no desestima a nadie ... 410
36.22 he aquí que D es excelso en su poder ... 410
36.26 D es grande, y...no le conocemos, ni se ... 410
37.5 truena D maravillosamente con su voz ... 410
37.10 por el soplo de D se da el hielo, y ... 410
37.14 Job...y considera las maravillas de D ... 410
37.15 ¿sabes tú cómo D las pone en concierto ... 433
37.22 norte...En D hay una majestad terrible ... 433
38.7 se regocijaban todos los hijos de D? ... 430
38.41 cuando sus polluelos claman a D, y ... 410
39.17 le privó D de sabiduría, y no le dio ... 433
40.2 el que disputa con D, responda a esto ... 433
40.9 ¿tienes tú un brazo como el de D? ... 410
40.19 él es el principio de los caminos de D ... 410
Sal 3.2 dicen...No hay para él salvación en D ... 430
3.7 levántate, Jehová; sálvame, D...heriste ... 430
4.1 respóndeme...clamo, oh D de mi justicia ... 430
5.2 a la voz de mi clamor, Rey mío y D mío ... 430
5.4 porque tú no eres un D que se complace en ... 410
5.10 castígalos, oh D; caigan por sus mismos ... 430
7.1 Jehová D mío, en ti he confiado; sálvame ... 430
7.3 D mío, si yo he hecho esto, si hay en mis ... 430
7.9 el D justo prueba la mente y el corazón ... 430
7.10 mi escudo está en D, que salva a los ... 430
7.11 D es juez justo, y D está airado contra ... 430,410

9.17 todas las gentes que se olvidan de D 430
10.4 el malo, por...no busca a D; no hay D en 430
10.11 dice en su corazón: D ha olvidado; ha 410
10.12 levántate, oh...D, alza tu mano; no te 410
10.13 ¿por qué desprecia el malo a D? En su 430
13.3 respóndeme, oh Jehová D mío; alumbra 430
14.1 dice el necio en su corazón: No hay D 430
14.2 si había...entendido, que buscara a D 430
14.5 D está con la generación de los justos 430
16.1 guárdame...D, porque en ti he confiado 410
16.4 aquellos que sirven diligentes a otro d
17.6 yo te he invocado...tú me oirás, oh D 410
18.2 D mío, fortaleza mía, en él confiaré 410
18.6 en mi angustia invoqué...y clamé a mi D 430
18.21 yo he...no me aparté impíamente de mi D 430
18.28 Jehová mi D alumbrará mis tinieblas 430
18.29 desbarataré...con mi D asaltaré muros 430
18.30 en cuanto a D, perfecto es su camino 410
18.31 ¿quién es D sino sólo Jehová? ¿Y qué 433
18.31 ¿y qué roca hay fuera de nuestro D? 430
18.32 D es el que me ciñe de poder, y quien 410
18.46 y enaltecido sea el D de mi salvación 430
18.47 el D que venga mis agravios, y somete 410
19.1 los cielos cuentan la gloria de D, y el 410
20.1 el nombre del D de Jacob te defienda 430
20.5 y alzaremos pendón en el nombre de...D 430
20.7 nombre de...nuestro D tendremos memoria 430
22.1 D mío, D mío, ¿por qué...desamparado? 410
22.2 D mío, clamo de día, y no respondes 430
22.10 desde el vientre de mi...tú eres mi D 410
24.5 recibirá...justicia del D de salvación 430
24.6 de los que buscan tu rostro, oh D de
25.2 D...en ti confío; no sea yo avergonzado 430
25.5 porque tú eres el D de mi salvación 430
25.22 redime, oh D, a Israel de todas sus 430
27.9 no me...desampares, D de mi salvación 430
29.3 truena el D de gloria, Jehová sobre las 410
30.2 Jehová D mío, a ti clamé, y me sanaste 430
30.12 Jehová D mío, te alabaré para siempre 430
31.5 me has redimido, oh Jehová, D de verdad 410
31.14 mas yo en ti confío...digo: Tú eres mi D 430
33.12 bienaventurada la nación cuyo D es 430
35.23 D mío y Señor mío...defender mi causa 430
35.24 júzgame conforme a tu...Jehová D mío 430
36.1 no hay temor de D delante de sus ojos 430
36.6 tu justicia es como los montes de D, tus
36.7 cuán preciosa, oh D, es tu misericordia! 430
37 31 la ley de su D está en su corazón; por 430
38.15 he esperado; tú responderás, Jehová D 430
38.21 oh Jehová; D mío, no te alejes de mí 430
40.3 cántico nuevo, alabanza a nuestro D 430
40.5 has aumentado, oh...D mío, tus maravillas 430
40.8 hacer tu voluntad, D mío, me ha agradado 430
40.17 libertador eres...D mío, no te tardes 430
41.13 bendito sea Jehová, el D de Israel, por 430
42.1 así clama por ti, oh D, el alma mía 430
42.2 mi alma tiene sed de D, del D vivo 430,410
42.2 ¿cuándo...me presentaré delante de D? 430
42.3 mientras me dicen...¿Dónde está tu D? 430
42.4 la conduje hasta la casa de D, entre 430
42.5,11 espera en D...salvación mía y D mío 430
42.6 D mío, mi alma está abatida en mí; me 430
42.8 conmigo, y mi oración al D de mi vida 410
42.9 diré a D: Roca mía, ¿por qué te has 410
42.10 diciéndome cada día: ¿Dónde está tu D? 430
43.1 júzgame, oh D, y defiende mi causa 430
43.2 pues que tú eres el D de mi fortaleza 430
43.4 entraré al altar de D, al D de...alegría 430,410
43.4 gozo; y te alabaré con arpa, oh D, D mío 430
43.5 espera en D...salvación mía y D mío 430
44.1 oh D, con nuestros oídos hemos oído 430
44.4 tú, oh D, eres mi rey; manda salvación 430
44.8 en D nos gloriaremos todo el tiempo 430
44.20 nos hubiésemos olvidado...de nuestro D 430
44.20 si...o alzado nuestras manos a d ajeno 410
44.21 ¿no demandaría D esto? Porque él conoce 430
45.2 tanto, D te ha bendecido para siempre 430
45.6 trono, oh D, es eterno y para siempre 430
45.7 por tanto, te ungió D, el D tuyo, con 430
46.1 D es nuestro amparo y...pronto auxilio 430
46 4 sus corrientes alegran la ciudad de D 430
46:5 D está en medio de...no será conmovida 430
46.5 D la ayudará al clarear la mañana 430
46.7,11 nuestro refugio es el D de Jacob 430
46.10 estad quietos, y conoced que yo soy D 430
47.1 las manos; aclamad a D con voz de júbilo 430
47.5 subió D con júbilo, Jehová con sonido 430
47.6 cantad a D, cantad...a nuestro Rey, cantad 430
47.7 porque D es el Rey de toda la tierra 430
47.8 reinó D sobre las naciones; se sentó D 430
47.9 reunieron como pueblo del D de Abraham 430
47.10 de D son los escudos de la tierra; él 430
48.1 en la ciudad de nuestro D, en su monte 430
48.3 en...palacios D es conocido por refugio 430
48.8 hemos visto...en la ciudad de nuestro D 430
48.8 ciudad de...la afirmará D para siempre 430
48.9 nos acordamos de tu misericordia, oh D 430
48.10 conforme a tu nombre, oh D, así es tu 430
48.14 este D es D nuestro eternamente y para 430
49.7 ninguno de...podrá...ni dar a D su rescate 430
49.15 D redimirá mi vida del poder del Seol 430
50.1 el D de d...ha hablado y convocado la 430
50.2 de Sion, perfección...D ha resplandecido 430
50.3 vendrá nuestro D, y no callará; fuego 430
50.6 cielos declararán su justicia...D es el juez 430
50.7 escucha, Israel, y...yo soy D, el D tuyo 430
50.14 sacrifica a D alabanza, y paga...votos 430
50.16 pero al malo dijo D: ¿Qué tienes tú que 430
50.22 entended...los que os olvidáis de D 433
50.23 camino, le mostraré la salvación de D 430
51.1 ten piedad de mí, oh D, conforme a tu 430
51.10 crea en mí, oh D, un corazón limpio 430
51.14 líbrame de homicidios, oh D, D de mi 430
51.17 los sacrificios de D son el espíritu 430
51.17 al corazón...no despreciarás tú, oh D 430
52.1 oh...La misericordia de D es continua 410
52.5 por tanto, D te destruirá para siempre 410
52.7 aquí...que no puso a D por su fortaleza 430
52.8 estoy como olivo verde en la casa de D 430
52.8 en la misericordia de D confío...siempre 430
53.1 dice el necio en su corazón: No hay D 430
53.2 D desde los cielos miró sobre los hijos 430
53.2 había algún entendido que buscara a D 430
53.4 que hacen iniquidad...y a D no invocan? 430
53.5 D ha esparcido los huesos del que puso 430
53.5 los avergonzaste, porque D los desechó 430
53.6 D hiciere volver de la cautividad a su 430
54.1 oh D, sálvame por tu nombre, y con tu 430
54.2 D, oye mi oración; escucha las razones 430
54.3 porque...no han puesto a D delante de sí 430
54.4 D es el que me ayuda; el Señor está con 430
55.1 escucha, oh D, mi oración...te escondas 430
55.14 andábamos en amistad en la casa de D 430
55.16 en cuanto a mí, a D clamaré, y Jehová 430
55.19 D oirá, y los quebrantará luego, el que 410
55.19 por cuanto no cambian, ni temen a D 430
55.23 tú, oh D, harás descender aquéllos al 430
56.1 ten misericordia de mí, oh D, porque me 430
56.4 D alabaré su palabra; en D he confiado 430
56.7 pésalos según su iniquidad, oh D, y 430
56.9 yo clamaré; esto sé, que D está por mí 430
56.10 en D alabaré su palabra; en Jehová su 430
56.11 en D he confiado; no temeré; ¿qué puede 430
56.12 sobre mí, oh D, están tus votos; te 430
56.13 para que ande delante de D en la luz 430
57.1 ten misericordia de mí, oh D, ten...de mí 430
57.2 clamaré al D...al D que me favorece 430,410
57.3 D enviará su misericordia y su verdad 430
57.5 exaltado seas sobre los cielos, oh D 430
57.7 está...oh D, mi corazón está dispuesto 430
57.11 exaltado seas sobre los cielos, oh D 430
58.6 oh D, quiebra sus dientes en sus bocas 430
58.11 ciertamente...D que juzga en la tierra 430
59.1 líbrame de mis enemigos, oh D mío; ponme 430
59.5 y tú...D de los ejércitos, D de Israel 430
59.9 esperaré en ti, porque D es mi defensa 430
59.10 D...irá delante de mí; D hará que vea 430
59.13 sépase que D gobierna en Jacob hasta 430
59.17 porque eres, oh D, mi refugio, el D de 430
60.1 oh D, tú nos has desechado...¡vuélvete 430
60.6 D ha dicho en su santuario: Yo me 430
60.10 ¿no serás tú, oh D, que nos habías 430
60.10 y no salías, oh D, con...ejércitos? 430
60.12 en D haremos proezas, y él hollará a 430
61.1 oye, oh D, mi clamor...oración atiende 430
61.5 porque tú, oh D, has oído mis votos 430
61.7 estará...siempre delante de D; prepara 430
62.1 en D solamente está acallada mi alma 430
62.5 alma mía, en D solamente reposa porque 430
62.7 en D está mi salvación y mi gloria; en 430
62.7 en D está mi roca fuerte, y mi refugio 430
62.8 esperad en él en...D es nuestro refugio 430
62.11 una vez habló D...que de D es el poder 430
63.1 D, D mío eres...de madrugada te buscaré 430,410
63.11 el rey se alegrará en D; será alabado 430
64.1 escucha, oh D, la voz de mi queja 430
64.7 mas D los herirá con saeta; de repente 430
64.9 anunciarán la obra de D, y entenderán 430
65.1 tuya es la alabanza en Sion, oh D, y a 430
65.5 oh D de nuestra salvación, esperanza 430
65.9 el río de D, lleno de aguas, preparas el 430
66.1 aclamad a D con alegría, toda la tierra 430
66.3 decida D: ¡Cuán asombrosas...tus obras! 430
66.5 venid, y ved las obras de D, temible en 430
66.8 bendecid, pueblos, a nuestro D, y haced 430
66.10 tú nos probaste, oh D; nos ensayaste 430
66.16 venid, oíd todos los que teméis a D 430
66.19 ciertamente me escuchó D; atendió a 430
66.20 bendito sea D, que no echó de sí mi 430
67.1 D tenga misericordia de nosotros, y nos 430
67.3,5 te alaben los pueblos, oh D; todos 430
67.6 su fruto; nos bendecirá D, el D nuestro 430
67.7 bendíganos D, y témanlo todos...la tierra 430
68.1 levántese D...esparcidos sus enemigos 430
68.3 mas los justos...gozarán delante de D 430
68.5 padre de huérfanos y defensor de...es D 430
68.6 D hace habitar en...a los desamparados 430
68.7 oh D, cuando tú saliste delante de tu 430
68.8 también destilaron los cielos ante...D 430
68.8 aquel Sinaí tembló delante de D, del D 430
68.9 abundante lluvia esparciste, oh D; a tu 430
68.10 por tu bondad, oh D, has previsto al 430
68.15 monte de D es el monte de Basán...alto 430
68.16 al monte que deseó D para su morada? 430
68.17 carros de D se cuentan por veintenas 430
68.18 para que habite entre ellos JAH D 430
68.19 bendito el...el D de nuestra salvación 410
68.20 D, nuestro D ha de salvarnos, y de 410
68.21 D herirá la cabeza de sus enemigos, la 430
68.24 vieron tus caminos, oh D; los...de mi D 430,410
68.26 bendecid a D en ¡u congregaciones; las 430
68.28 tu D ha ordenado tu fuerza; confirma 430
68.28 confirma, oh D, lo que has hecho para 430
68.31 apresurará a extender...manos hacia D 430
68.32 reinos de...cantad a D, cantad al Señor 430
68.34 atribuid poder a D; sobre Israel es su 430
68.35 temible eres, oh D, desde...santuarios 430
68.35 el D de Israel, él da fuerza y vigor 410
68.35 da...vigor a su pueblo. Bendito sea D 430
69.1 sálvame, oh D, porque las aguas han 430
69.3 desfallecido mis ojos esperando a mi D 430
69.5 D, tú conoces mi insensatez...pecados 430
69.6 no sean confundidos por...oh D de Israel 430
69.13 a ti oraba...oh D, por...tu misericordia 430
69.29 tu salvación, oh D, me ponga en alto 430
69.30 alabaré yo el nombre de D con cántico 430
69.32 buscad a D, y vivirá vuestro corazón 430
69.35 D salvará a Sion, y reedificará las 430
70.1 oh D...apresúrate, oh D, a socorrerme 430
70.4 digan siempre los...Engrandecido sea D 430
70.5 apresúrate a mí, oh D...no te detengas 430
71.4 D mío, líbrame de la mano del impío, de 430
71.11 D lo ha desamparado; perseguidle y 430
71.12 oh D, no te alejes de mí; D mío, acude 430
71.17 oh D, me enseñaste desde mi juventud 430
71.18 en la vejez y...oh D, no me desampares 430
71.19 y tu justicia, oh D, hasta lo excelso 430
71.19 grandes cosas; oh D, ¿quién como tú? 430
71.22 oh D mío; tu verdad cantaré a ti en el 430
72.1 D, da tus juicios al rey, y tu justicia 430
72.18 bendito Jehová D, el D de Israel, el 430
73.1 ciertamente es bueno D para con Israel 430
73.10 por eso D hará volver a su pueblo aquí
73.11 ¿cómo sabe D? ¿Y hay conocimiento en 410
73.17 hasta que entrado...el santuario de D 410
73.26 roca de mi corazón y mi porción es D 430
73.28 acercarme a D es el bien; he puesto en 430
74.1 ¿por qué, oh D, nos has desechado para 430
74.8 han quemado todas las sinagogas de D en 410
74.10 ¿hasta cuándo, oh D, nos afrentará el 430
74.12 pero D es mi rey desde tiempo antiguo 430
74.22 oh D, aboga tu causa; acuérdate de cómo 430
75.1 gracias te damos, oh D...cercano está tu 430
75.7 D es el juez; a éste humilla, y a aquél 430
75.9 pero yo...cantaré alabanzas al D de Jacob 430
76.1 D es conocido en Judá; en Israel es 430
76.6 a tu reprensión, oh D de Jacob...fueron 430
76.9 te levantaste, oh D, para juzgar, para 430
76.11 prometed, y pagad a Jehová vuestro D 430
77.1 clamé a D, a D clamé, y él me escuchará 430
77.3 me acordaba de D, y me conmovía; me 430
77.9 ¿ha olvidado D el tener misericordia? 410
77.13 D...¿qué d es grande como nuestro D? 430,410
77.14 eres el D que hace maravillas; hiciste 410
77.16 te vieron las aguas, Oh D; las aguas 430
78.7 a fin de que pongan en D su confianza 430
78.7 y no se olviden de las obras de D; que 410
78.8 no...ni fue fiel para con D su espíritu 410
78.10 no guardaron el pacto de D, ni...su ley 430
78.18 tentaron a D en su corazón, pidiendo 410
78.19 y hablaron contra D, diciendo: ¿Podrá 430
78.22 por cuanto no habían creído a D, ni 430
78.31 vino...el furor de D, e hizo morir a los 430
78.34 los hacía morir, entonces buscaban a D 410
78.35 que D era...el D altísimo su Redentor 430
78.41 volvían, y tentaban a D, y...al Santo 410
78.56 pero ellos tentaron y...al D Altísimo 430
78.59 lo oyó D y se enojó, y en gran manera 430
79.1 D, vinieron las naciones a tu heredad 430
79.9 ayúdanos, oh D de nuestra salvación 430
79.10 dirán las gentes: ¿Dónde está su D? 430
80.3 oh D, restáuranos; haz resplandecer tu 430
80.4 Jehová D de los ejércitos, ¿hasta cuándo 430
80.7,19 oh D de los ejércitos, restáuranos 430
80.10 y con sus sarmientos los cedros de D 410
80.14 oh D de los ejércitos, vuelve ahora 430
81.1 cantad con gozo a D...al D de Jacob 430
81.4 estatuto es...ordenanza del D de Jacob 430
81.9 no habrá en ti d ajeno, ni...d extraño 410
81.10 yo soy Jehová tu D, qué te hice subir 430
81.16 sustentaría D con lo mejor del trigo
82.1 D está en...d...en medio de los d juzga 430
82.6 vosotros sois d, y todos vosotros hijos 430
82.8 levántate, oh D, juzga la tierra, porque 430
83.1 oh D, no guardes silencio; no calles 410
83.1 no calles, oh D, ni te estés quieto 410
83.12 ha dicho: Heredemos...las moradas de D 430
83.13 D mío, ponlos como torbellinos, como 430
84,2 mi corazón y mi carne cantan al D vivo 410
84.3 cerca de tus altares...Rey mío, y D mío 430
84.7 irán de poder en poder; verán a D en 430
84.8 D de los ejércitos, oye mi oración 430
84.8 oye mi oración; escucha, oh D de Jacob 430
84.9 mira oh D, escudo nuestro, y pon los 430
84.10 estar a la puerta de la casa de mi D 430
84.11 sol y escudo es Jehová D; gracia y 430
85.4 restáuranos, oh D de nuestra salvación, 430
85.8 escucharé lo que hablará Jehová D...paz 410
86.2 salva tú, oh D mío, a tu siervo que en 430
86,8 Señor, ninguno hay como tú entre los d 430
86.10 porque tú eres grande...sólo tú eres D 430
86.12 te alabaré, oh Jehová D mío, con todo 430
86.14 D, los soberbios se levantaron contra 430
86.15 tú Señor, D misericordioso y Clemente 410
87.3 cosas...se han dicho de ti, Ciudad de D 430
88.1 Jehová, D de mi salvación, día y noche 430
89.7 D temible en la gran congregación de 410
89.8 oh...D de los ejércitos, ¿quién como tú? 430
89.26 clamará: Mi padre eres tú, mi D, y la 410
90 tít. Oración de Moisés, varón de D 430
90.2 el siglo y hasta el siglo, tú eres D 410
90.17 sea la luz de...D sobre nosotros, y la 430
91.2 castillo mío; mi D, en quien confiaré 430
92.13 en los atrios de nuestro D florecerán 430

94.1 Jehová, D de las venganzas, D de las ... 410
94.7 no Verá JAH, ni entenderá el D de Jacob ... 430
94.22 me ha sido... D por roca de mi confianza ... 430
94.23 hará... los destruirá Jehová nuestro D ... 430
95.3 es D grande, y Rey... sobre todos los d ... 410,430
95.7 él es nuestro D; nosotros el pueblo de ... 430
96.4 grande es... temible sobre todos los d ... 430
96.5 todos los d de los pueblos son ídolos ... 430
97.7 los ídolos... Póstrense a él todos los d ... 430
97.9 eres muy exaltado sobre todos los d ... 430
98.3 han visto la salvación de nuestro D ... 430
99.5,9 exaltad a... nuestro D, y postraos ante ... 430
99.8 Jehová D... les fuiste un D perdonador ... 430,410
99.9 y postraos... Jehová nuestro D es santo ... 430
100.1 cantad alegres a D, habitantes de toda ... 3068
100.3 reconoced que Jehová es D; él nos hizo ... 430
102.24 D mío, no me cortes en la mitad de mis ... 410
104.1 D mío, mucho te has, engrandecido; te ... 430
104.21 la presa, y para buscar de D su comida ... 410
104.33 a mi D cantaré salmos mientras viva ... 430
105.7 es Jehová nuestro D; en toda la tierra ... 430
106.14 deseo... y tentaron a D en la soledad ... 410
106.21 olvidaron al D de su salvación, que ... 410
106.29 provocaron la ira de D con sus obras
106.47 sálvanos, Jehová D... y recógenos de ... 430
106.48 bendito Jehová D de Israel, desde la ... 430
108.1 corazón está dispuesto, oh D; cantaré ... 430
108.5 exaltado seas sobre los cielos, oh D ... 430
108.7 D ha dicho en su santuario... me alegraré ... 430
108.11 ¿no serás tú, oh D que nos habías ... 430
108.11 no salías... D, con nuestros ejércitos? ... 430
108.13 en D haremos proezas, y él hollará ... 430
109.1 D de mi alabanza, no calles; porque ... 430
109.26 ayúdame, Jehová D... sálvame conforme ... 430
113.5 ¿quién como... nuestro D, que se sienta ... 430
114.7 tiembla... a la presencia del D de Jacob, ... 433
115.2 han de decir... ¿Dónde está ahora su D? ... 430
115.3 nuestro D está en los cielos; todo lo ... 430
116.5 y justo... misericordioso es nuestro D ... 430
118.27 Jehová es D, y nos ha dado luz; atad ... 410
118.28 mi D eres tú, y te alabaré; D mío, te ... 410
119.115 guardaré los mandamientos de mi D ... 430
122.91 por amor a la casa... D buscaré tu bien ... 430
123.2 nuestros ojos miran a Jehová nuestro D ... 430
127.2 pues que a su amado dará D el sueño
135.2 en los atrios de la casa de nuestro D ... 430
135.5 Señor nuestro, mayor que todos los d ... 430
136.2 alabad al D de los d, porque para ... 430
136.26 alabad al D de los cielos, porque para ... 410
138.1 delante de los d te cantaré salmos ... 430
139.17 ¡cuán Preciosos me son, oh D, tus ... 410
139.19 de cierto, oh D, harás morir al impío ... 433
139.23 examíname, oh D, y conoce mi corazón ... 410
140.6 dicho a Jehová: D mío eres tú; escucha ... 410
143.10 enséñame a hacer tu voluntad... mi D ... 430
144.9 oh D, a ti cantaré cántico nuevo; con ... 430
144.15 bienaventurado el pueblo cuyo D es ... 430
145.1 te exaltaré... D, mi Rey, y bendeciré tu ... 430
146.2 cantaré salmos a mi D mientras viva ... 430
146.5 aquel cuyo ayudador es el D de Jacob ... 410
146.5 cuya esperanza está en Jehová su D ... 430
146.10 tu D, oh... de generación en generación ... 430
147.1 es bueno cantar salmos a nuestro D ... 430
147.7 alabanza, cantad con arpa a nuestro D ... 430
147.12 alabad a Jehová... alaba a tu D, oh Sion ... 430
149.6 exalten a D... sus gargantas, y espadas ... 410
150.1 alabad a D en su santuario; alabadle ... 410
Pr 2.5 temor... y hallarás el conocimiento de D ... 430
2.17 abandona... y se olvida del pacto de su D ... 430
3.4 buena opinión ante los ojos de D y de los ... 430
12.7 D trastornará a los impíos, y no serán
25.2 gloria de D es encubrir un asunto; pero ... 430
28.14 bienaventurado el hombre que... teme a D
30.5 palabra de D es limpia; él es escudo a ... 433
30.9 o... hurte, y blasfeme el nombre de mi D ... 430
Ec 1.13 este... trabajo dio D a los hijos de los ... 430
2.24 he visto que esto es de la mano de D ... 430
2.26 hombre que le agrada, D le da sabiduría
2.26 recoger... para darlo al que agrada a D ... 430
3.10 trabajo que D ha dado a los hijos de los ... 430
3.11 entender la obra que ha hecho D desde ... 430
3.13 es don de D que todo hombre coma y beba ... 430
3.14 que todo lo que D hace será perpetuo ... 430
3.14 lo hace D, para que delante de él teman ... 430
3.15 lo que ha de ser... D restaura lo que pasó ... 430
3.17 dije yo... Al justo y al impío juzgará D ... 430
3.18 para que D los pruebe, y para que vean ... 430
5.1 cuando fueres a la casa de D, guarda tu ... 430
5.2 delante de D; porque D está en el cielo ... 430
5.4 cuando a D haces promesa, no tardes en ... 430
5.6 ¿por qué harás que D se enoje a causa de ... 430
5.7 las muchas palabras; mas tú, teme a D ... 430
5.18 todos los días de su vida que D le ha ... 430
5.19 hombre a quien D da riquezas y bienes ... 430
5.19 y goce de su trabajo, esto es don de D ... 430
5.20 pues D le llenará de alegría el corazón ... 430
6.2 del hombre a quien D da riquezas y bienes ... 430
6.2 pero D no le da facultad de disfrutar de ... 430
7.13 mira la obra de D; porque ¿quién podrá ... 430
7.14 D hizo tanto lo uno como lo otro, a fin ... 430
7.18 porque aquel Que a D teme, saldrá bien ... 430
7.26 el que agrada a D escapará de ella; mas ... 430
7.29 que D hizo al hombre recto, pero ellos ... 430
8.2 guardes... la palabra del juramento de D ... 430
8.12 sé que les irá bien a los que a D temen ... 430
8.13 no teme delante de la presencia de D ... 430
8.15 días... que D le concede debajo del sol ... 430
8.17 y he visto todas las obras de D, que el ... 430
9.1 los justos y los sabios... en la mano de D ... 430
9.7 porque tus obras ya son agradables a D ... 430
11.5 así ignoras la obra de D, el cual hace ... 430
11.9 que sobre todas estas cosas te juzgará D ... 430
12.7 el espíritu vuelva a D que lo dio, como ... 430
12.13 teme a D, y guarda sus mandamientos ... 430
12.14 porque D traerá toda obra a juicio ... 430
Is 1.10 escuchad la ley de nuestro D, pueblo ... 430
2.3 y subamos al... a la casa del D de Jacob ... 430
5.16 D Santo será santificado con justicia ... 410
7.11 pide para ti señal de Jehová tu D... sea ... 430
7.13 ¿os es poco... también lo seáis a mi D? ... 430
8.10 y no será firme... D está con nosotros ... 410
8.19 si os... ¿No consultará el pueblo a su D? ... 430
8.21 enojarán y maldecirán a su rey y a... D ... 430
9.6 se llamará su... D fuerte, Padre eterno ... 410
10.21 el remanente de... volverá al D fuerte ... 410
12.2 D es salvación mía; me aseguraré y no ... 410
13.19 Sodoma y Gomorra... que trastornó D ... 430
14.13 en lo alto, junto a las estrellas de D ... 410
17.6 quedarán en él... dice Jehová D de Israel ... 430
17.10 te olvidaste del D de tu salvación, y ... 430
17.13 pero D los reprenderá, y huirán lejos ... 430
21.9 todos los ídolos de sus d quebrantó en ... 430
21.10 os he dicho lo que oí de... D de Israel ... 430
21.17 porque Jehová D de Israel lo ha dicho ... 430
24.15 orillas del mar... sea nombrado Jehová D ... 430
25.1 tú eres mi D; te exaltaré, alabaré tu ... 430
25.9 éste es nuestro D, le hemos esperado ... 430
26.1 salvación puso D por muros y antemuro
26.13 Jehová D nuestro, otros señores fuera ... 430
28.26 su D le Instruye, y le enseña lo recto ... 430
29.23 santificarán... temerán al D de Israel ... 430
30.18 es D justo; bienaventurados todos los ... 430
31.3 y los egipcios hombres son, y no D ... 410
35.2 ellos verán... la hermosura del D nuestro ... 430
35.4 que vuestro D viene con... D mismo vendrá ... 430
36.7 me decís: En Jehová nuestro D confiamos ... 430
36.18 ¿acaso libraron los d de las naciones ... 430
36.19 ¿dónde está el d de Hamat y de Arfad? ... 430
36.19 Arfad? ¿Dónde está el d de Sefarvaim? ... 430
36.20 ¿qué d hay entre los d de estas tierras ... 430
37.4 quizá oirá Jehová tu D las palabras del ... 430
37.4 blasfemar al D vivo, y para vituperar ... 430
37.4 con las palabras que oyó Jehová tu D ... 430
37.10 no te engañe tu D en quien tú confías ... 430
37.12 ¿acaso libraron sus d a las naciones ... 430
37.16 Jehová... D de Israel... sólo tú eres D de ... 430
37.17 ha enviado a blasfemar al D viviente ... 430
37.19 y entregaron los d de ellos al fuego ... 430
37.19 porque no eran d, sino obra de manos ... 430
37.20 Jehová D nuestro, líbranos de su mano ... 430
37.21 ha dicho Jehová D de Israel: Acerca de ... 430
37.38 adoraba en el templo de Nisroc su d ... 430
38.5 Jehová D de David tu padre dice así: He ... 430
40.1 consolaos, pueblo mío, dice vuestro D ... 430
40.3 enderezad calzada... soledad a nuestro D ... 430
40.8 mas la palabra del D nuestro permanece ... 430
40.9 a las ciudades... ¡Ved aquí al D vuestro! ... 430
40.18 ¿a qué, pues, haréis semejante a D, o ... 410
40.27 mi camino está escondido de Jehová... D ... 430
40.28 no has oído que el D eterno es Jehová ... 430
41.10 porque yo soy tu D que te esfuerzo ... 430
41.13 yo Jehová soy tu D, quien te sostiene ... 430
41.17 yo Jehová los oiré, yo el D de Israel ... 430
41.23 para que sepamos que vosotros sois d ... 430
42.5 dice Jehová D, Creador de los cielos ... 410
42.17 dicen a las... Vosotros sois nuestros d ... 430
43.3 yo Jehová, D tuyo... soy tu Salvador; a ... 430
43.10 antes de mí no fue formado d, ni lo ... 410
43.12 oír, y no hubo entre vosotros d ajeno ... 410
43.12 mis testigos, dice Jehová, que yo soy D ... 410
44.6 soy el postrero, y fuera de mí no hay D ... 430
44.8 no hay D sino yo. No hay Fuerte; no ... 433
44.10 ¿quién formó un d, o quién fundió una ... 410
44.15 hace además un d, y lo adora; fabrica ... 410
44.17 hace del sobrante un d, un ídolo suyo ... 410
44.17 adora, y le ruega diciendo... mi d eres ... 410
45.3 sepas que yo soy Jehová, el D de Israel ... 430
45.5 yo soy Jehová, y... no hay D fuera de mí ... 430
45.14 en ti está D, y no hay otro fuera de D ... 410
45.15 tú eres D que te encubres, D de Israel ... 410,430
45.18 él es D, el que formó la tierra, el que ... 430
45.20 y los que ruegan a un d que no salva ... 410
45.21 no... más D que yo; D justo y Salvador ... 430
45.22 mirad a mí, y... yo soy D, y no hay más ... 410
46.6 alquilan un platero para hacer un d de ... 410
46.9 yo soy D, y no hay otro D, y nada hay ... 410,430
48.1 hacen memoria del D de Israel, mas no ... 430
48.2 y en el D de Israel confían; su nombre ... 430
48.17 yo soy Jehová D tuyo, que te enseña ... 430
49.4 mi causa está... mi recompensa con mi D ... 430
49.5 estimado seré... el D mío será mi fuerza ... 430
50.10 confío en el nombre... apóyese en su D ... 430
51.15 soy tu D, cuyo nombre es Jehová de los ... 430
51.20 llenos de la indignación... del D tuyo ... 430
51.22 dijo... D, el cual aboga por su pueblo ... 430
52.7 pies... del que dice a Sion: ¡Tu D reina! ... 430
52.10 los... verán la salvación del D nuestro ... 430
52.12 iréis... y os congregará el D de Israel ... 430
53.4 le tuvimos por azotado, por herido de D ... 430
54.5 el Santo de Israel; D de toda la tierra ... 430
54.6 a la esposa... repudiada, dijo el D tuyo ... 430
55.5 por causa de Jehová tu D, y del Santo ... 430
55.7 y al D nuestro, el cual será amplio en ... 430
57.2 sus lechos... los que andan delante de D
57.21 no hay paz, dijo mi D, para los impíos ... 430
58.2 y que no hubiese dejado la ley de su D ... 430
58.2 como gente que... quieren acercarse a D ... 430
59.2 división entre vosotros y vuestro D, y ... 430
59.13 y el apartarse de en pos de nuestro D ... 430
60.9 al nombre de Jehová tu D, y al Santo de ... 430
60.19 será por luz... el D tuyo por tu gloria ... 430
61.2 y el día de venganza del D nuestro; a ... 430
61.6 ministros de nuestro D seréis llamados ... 430
61.10 mi alma se alegrará en mi D; porque me ... 430
62.3 y serás corona... en la mano del D tuyo ... 430
62.5 la esposa, así se gozará... contigo el D ... 430
64.4 nunca... ni ojo ha visto a D fuera de ti ... 430
65.16 en el D de verdad se bendecirá; y el ... 430
65.16 la tierra, por el D de verdad jurará ... 430
66.9 yo... ¿impediré el nacimiento? dice tu D ... 430
Jer 1.16 dejaron, e incensaron a d extraños ... 430
2.11 cambiado sus d, aunque ellos no son d? ... 430
2.17 ¿no te... el haber dejado a Jehová tu D ... 430
2.19 amargo... haber dejado tú a Jehová tu D ... 430
2.28 dónde están tus d que hiciste para ti? ... 430
2.28 según el número... oh Judá, fueron tus d ... 430
3.13 contra Jehová tu D has prevaricado, y ... 430
3.21 porque... de Jehová su D se han olvidado ... 430
3.22 a ti, porque tú eres Jehová nuestro D ... 430
3.23 en Jehová nuestro D está la salvación ... 430
3.25 porque pecamos contra Jehová nuestro D ... 430
3.25 no hemos escuchado la voz de Jehová... D ... 430
4.10 ¡ay, ay, Jehová D!... has engañado a este ... 3069
5.4,5 el camino de Jehová, el juicio de su D ... 430
5.7 me dejaron, y juraron por lo que no es D ... 430
5.14 así ha dicho Jehová D de los ejércitos ... 430
5.19 ¿por qué Jehová el D nuestro hizo con ... 430
5.19 y servisteis a d ajenos en... tierra, así ... 430
5.24 no dijeron en... Temamos ahora a Jehová D ... 430
7.3 así ha dicho Jehová... D de Israel: Mejorad ... 430
7.6 ni anduviereis en pos de d ajenos para ... 430
7.9 incensando a... y andando tras d extraños ... 430
7.18 tortas a la reina... ofrendas a D ajenos ... 430
7.21 así ha dicho Jehová... D de Israel: Añadid ... 430
7.23 y seré a vosotros por D, y vosotros me ... 430
7.28 que no escuchó la voz de Jehová su D, ni ... 430
8.14 nuestro D nos ha destinado a perecer ... 430
9.15 ha dicho D... yo les daré a comer ajenjo ... 430
10.10 Jehová es el D... es D vivo y Rey eterno ... 430
10.11 los d que no hicieron los cielos y la ... 426
11.3 así dijo Jehová D de Israel: Maldito el ... 430
11.4 me seréis... y yo seré a vosotros por D ... 430
11.10 se fueron tras d ajenos para servirles ... 430
11.12 y clamarán a los d a quienes... incienso ... 430
11.13 según el... de tus ciudades fueron tus d ... 430
12.4 porque dijeron: No verá D nuestro fin
13.10 va en pos de d ajenos para servirles ... 430
13.12 así ha dicho Jehová, D... Toda tinaja se ... 430
13.16 dad gloria a Jehová D vuestro, antes ... 430
14.22 ¿no eres tú, Jehová, nuestro D? En ti ... 430
15.16 se invocó sobre mí, oh Jehová D de los ... 430
16.9 dicho Jehová... D de Israel... yo haré cesar ... 430
16.10 hemos cometido contra... nuestro D? ... 430
16.11 padres... anduvieron en pos de d ajenos ... 430
16.13 allí serviréis a d ajenos de día y de ... 430
16.20 ¿hará... d para sí? Mas ellos no son d ... 430
19.3 dice... D... yo traigo mal sobre este lugar ... 430
19.4 y ofrecieron en el incienso a d ajenos ... 430
19.13 y vertieron libaciones a d ajenos ... 430
19.15 ha dicho... D... traigo sobre esta ciudad ... 430
21.4 dicho Jehová D... vuelvo atrás las armas ... 430
22.9 porque dejaron el pacto de Jehová su D ... 430
22.9 y adoraron d ajenos y les sirvieron ... 430
23.2 ha dicho... D de Israel a los pastores que ... 430
23.23 yo D de cerca... y no D desde muy lejos? ... 430
23.36 las palabras del D viviente... D nuestro ... 430
24.5 ha dicho Jehová D... Como a estos higos ... 430
24.7 me serán por pueblo, y yo les seré... D ... 430
25.6 y no vayáis en pos de d... sirviéndoles ... 430
25.15 dijo Jehová D... Toma de mi mano la copa ... 430
25.27 así ha dicho Jehová... D de Israel: Bebed ... 430
26.13 oíd la voz de Jehová vuestro D, y se ... 430
26.16 en nombre de Jehová... D nos ha hablado ... 430
27.4 así ha dicho... D... Así habéis de decir a ... 430
27.21 ha dicho Jehová... D... de los utensilios ... 430
28.2 habló... D... Quebranté el yugo del rey de ... 430
28.14 dicho Jehová... D... Yugo de hierro puse ... 430
29.4 dicho... D de Israel, a todos los de la ... 430
29.8 así ha dicho Jehová... D... No os engañen ... 430
29.21 ha dicho Jehová... D acerca de Acab hijo ... 430
29.25 así habló... D... Tú enviaste cartas en tu ... 430
30.2 habló Jehová D... Escríbete en un libro ... 430
30.9 servirán a Jehová su D y a David su rey ... 430
30.22 me seréis por pueblo, y yo... vuestro D ... 430
31.1 yo seré por D a todas las familias de ... 430
31.6 y subamos a Sion, a Jehová nuestro D ... 430
31.18 seré convertido, porque tú eres... mi D ... 430
31.23 dicho Jehová... D de Israel: Aún dirán ... 430
31.33 seré a ellos por D, y ellos me serán ... 430
32.14 ha dicho Jehová... D... Toma estas cartas ... 430
32.15 ha dicho Jehová... D... Aún se comprarán ... 430
32.18 D grande, poderoso, Jehová... su nombre ... 410
32.27 yo soy Jehová, D de toda carne; ¿habrá ... 430
32.29 derramaron libaciones a d ajenos, para ... 430
32.36 dice Jehová D de Israel a esta ciudad ... 430
32.38 me serán por pueblo, y yo seré... por D ... 430
33.4 dicho Jehová D... acerca de las casas de ... 430
34.2 dicho Jehová D de Israel: Vé y habla a ... 430
34.13 dice... D de Israel: Yo hice pacto con ... 430
35.4 de Hanán hijo de Igdalías, varón de D ... 430
35.13 ha dicho Jehová... D de Israel: Vé y di ... 430
35.15 no vayáis tras d ajenos para servirles ... 430
35.17 ha dicho Jehová D de los... D de Israel ... 430
35.18 así ha dicho... D de Israel: Por cuanto ... 430

35.19 ha dicho...*D*...No faltará de Jonadab hijo 430
37.3 ruega...por nosotros a Jehová nuestro *D* 430
37.7 ha dicho Jehová *D*...Diréis así al rey de 430
38.17 dicho...*D* de los ejércitos, *D* de Israel 430
39.16 a Ebed-melec...así ha dicho...*D* de Israel 430
40.2 Jehová tu *D* habló este mal contra este 430
42.2 y ruega por nosotros a Jehová tu *D* por 430
42.3 que Jehová tu *D* nos enseñe el camino por 430
42.4 que voy a orar a Jehová vuestro *D*, como 430
42.5 todo aquello para lo cual Jehová tu *D* 430
42.6(2) a la voz de Jehová nuestro *D* 430
42.9 ha dicho Jehová *D* de Israel, al cual me 430
42.13 no obedeciendo a la voz de Jehová...*D* 430
42.15 así ha dicho...*D*...Si vosotros volviereis 430
42.18 ha dicho...*D*...Como se derramó mi enojo 430
42.20 enviasteis a Jehová vuestro *D*...Ora por 430
42.21 y no habéis obedecido a la voz de...*D* 430
43.1 las palabras de Jehová *D*...*D* de ellos 430
43.2 no te ha enviado Jehová nuestro *D* para 430
43.10 así ha dicho...*D*...yo enviaré y tomaré a 430
43.12 pondrá fuego a los templos de los *d* 430
43.13 los templos de los *d* de Egipto quemará 430
44.2 dicho...*D*...habéis visto todo el mal que 430
44.3 a ofrecer incienso, honrando a *d* ajenos 430
44.5 dejar de ofrecer incienso a *d* ajenos 430
44.7 ha dicho...*D* de Israel: ¿Por qué hacéis 430
44.8 ofreciendo incienso a *d* ajenos en la 430
44.11 ha dicho...*D*...yo vuelvo mi rostro contra 430
44.15 habían ofrecido incienso a *d* ajenos 430
44.25 ha hablado Jehová de los...*D* de Israel 430
45.2 así ha dicho Jehová *D*...a ti, oh Baruc 430
46.10 día será para Jehová *D*. retribución 3069
46.10 sacrificio será para Jehová *D* de los 3069
46.25 *D*...ha dicho...que yo castigo a Amón *d* 430
46.25 a Egipto, a sus *d* y a sus reyes: así 430
48.1 acerca de Moab. Así ha dicho Jehová...*D* 430
48.35 exterminaré...quien ofrezca...a sus *d* 430
50.4 y llorando, y buscarán a Jehová su *D* 430
50.18 ha dicho Jehová...*D*...Yo castigo al rey 430
50.25 es obra de Jehová, *D* de los ejércitos 3069
50.28 las nuevas de la retribución de...*D*, de 430
50.40 como en la destrucción que *D* hizo de 430
51.5 Israel y Judá no han enviudado de su *D* 430
5 1.10 contemos...la obra de Jehová nuestro *D* 430
51.33 ha dicho...*D*...La hija de Babilonia es 430
51.56 Jehová, *D* de retribuciones, dará la 410
Lm 3.28 siente solo...es *D* quien se lo impuso
1 3.41 levantemos nuestros corazones...a *D* en 410
Ez 1.1 cielos se abrieron, y vi visiones de *D* 430
8.3 y me llevó en visiones de *D* a Jerusalén 430
8.4 la gloria del *D* de Israel, como la visión 430
9.3 y la gloria del *D* de Israel se elevó de 430
10.5 se oía...corno la voz del *D* Omnipotente 410
10.19 la gloria del *D* de Israel...sobre ellos 430
10.20 vi debajo del *D* de Israel junto al río 430
11.20 y me sean por pueblo, y yo sea...por *D* 430
11.22 la gloria del *D* de Israel estaba sobre 430
11.24 a llevar en visión del Espíritu de *D* a 430
14.11 me sean por pueblo, y yo les sea por *D* 430
20.5 juré diciendo: Yo soy Jehová vuestro *D* 430
20.7 ídolos de Egipto...soy Jehová vuestro *D* 430
20.19 yo soy Jehová vuestro *D*; andad en mis 430
20.20 que sepáis que yo soy Jehová vuestro *D* 430
28.2 dijiste: Yo soy un *d*, en el trono de *D* 410
28.2 siendo tú hombre y no D), y has puesto 410
28.6 pusiste tu corazón como corazón de *D* 430
28.9 yo soy *D*? Tú, hombre eres, y no *D*, en la 430
28.13 en el huerto de *D* estuviste; de toda 430
28.14 yo te puse en el santo monte de *D*, allí 430
28.16 por lo que yo te eché del monte de *D* 430
28.26 todos...sabrán que yo soy Jehová su *D* 430
31.8 los...no lo cubrieron en el huerto de *D* 430
31.8 árbol en el huerto de *D* fue semejante a 430
31.9 árboles...que estaban en el huerto de *D* 430
34.24 yo Jehová les seré por *D*, y mi siervo 430
34.30 y sabrán que yo Jehová su *D* estoy con 430
34.31 ovejas...hombres sola, y yo vuestro *D* 430
36.28 por pueblo, y yo seré a vosotros por *D* 430
37.23 serán por pueblo, y yo a ellos por *D* 430
37.27 y seré a ellos por *D*, y ellos me serán 430
39.22 sabrá...Israel que yo soy Jehová su *D* 430
39.28 sabrán que, yo soy Jehová su *D*, cuando 430
40.2 en visiones de *D* me llevó a la tierra de 430
43.2 la gloria del *D* de Israel, que venía del 430
44.2 porque Jehová *D* de Israel entró por ella 430
Dn 1.2 los utensilios de la casa de *D*; y los 430
1.2 y los trajo...a la casa de su *d*, y colocó 430
1.2 colocó...en la casa del tesoro de su *d* 430
1.9 y puso *D* a Daniel en gracia y en buena 430
1.17 a estos cuatro...*D* les dio conocimiento 430
2.11 salvo los *d* cuya morada no es con la 426
2.18 pidiesen misericordias del *D* del cielo 426
2.19 por lo cual bendijo Daniel al *D* del cielo 426
2.20 sea bendito el nombre de *D* de siglos en 426
2.23 a ti, oh *D* de mis padres, te doy gracias 426
2.28 hay un *D* en los cielos, el cual revela 426
2.37 el *D* del cielo te ha dado reino, poder 426
2.44 el *D* del cielo levantará un reino que 426
2.45 el gran *D* ha mostrado al rey lo que ha 426
2.47 *D* vuestro es *D* de *d*, y Señor de señores 426
3.12 no adoran tus *d*, ni adoran la estatua 426
3.14 vosotros no honráis a mi *d*, ni adoráis 426
3.15 *d* será aquel que os libre de mis manos? 426
3.17 *D* a quien servimos puede librarnos del 426
3.18 no serviremos a tus *d*, ni...adoraremos 426
3.25 aspecto...es semejante a hijo de los *d* 426
3.26 siervos del *D* Altísimo, salid y venid 426
3.28 bendito sea el *D* de ellos, de Sadrac 426
3.28 antes que servir y...a otro *d* que su *D* 426
3.29 dijere blasfemia contra el *D* de Sadrac 426
3.29 cuanto no hay *d* que pueda librar como 426
4.2 las señales...que el *D* Altísimo ha hecho 426
4.8 Beltsasar, como el nombre de mi *d*, y en 426
4.8 y en quien mora el espíritu de los *d* 426
4.9 que hay en ti espíritu de los *d* santos 426
4.18 mora en ti el espíritu de los *d* santos 426
5.3 del templo de la casa de *D*...en Jerusalén 426
5.4 alabaron a los *d* de oro y de plata, de 426
5.11 en el cual mora el espíritu de los *d* 426
5.11 halló en él...sabiduría, como...de los *d* 426
5.14 el espíritu de los *d* santos está en ti 426
5.18 *D*, oh rey, dio a Nabucodonosor tu padre 426
5.21 que...*D* tiene dominio sobre el reino de 426
5.23 diste alabanza a *d* de plata y oro, de 426
5.23 al *D* en cuya mano está tu vida, y cuyos 426
5.26 MENE: Contó *D* tu reino, y le ha puesto 426
6.5 si no la...en relación con la ley de su *D* 426
6.7 petición de cualquier *d* u hombre fuera 426
6.10 daba gracias delante de su *D*, como lo 426
6.11 orando y rogando en presencia de su *D* 426
6.12 pida a cualquier *d* u hombre fuera de ti 426
6.16 el *D* tuyo, a quien...sirves, él te libre 426
6.20 Daniel, siervo del *D* viviente, el *D* tuyo 426
6.22 *D* envió su ángel, el cual cerró la boca 426
6.23 Daniel...porque había confiado en su *D* 426
6.26 y tiemblen ante la presencia del *D* de 426
6.26 es el *D* viviente y permanece por...siglos 426
9.3 volví mi rostro a *D* el Señor...en oración 430
9.4 y oré a Jehová mi *D* e hice confesión 430
9.4 diciendo...*D* grande, digno de ser temido 410
9.9 de Jehová...*D* es el tener misericordia y 430
9.10 no obedecimos a la voz de...nuestro *D* 430
9.11 está...en la ley de Moisés siervo de *D* 430
9.13 no hemos implorado el favor de...*D*, para 430
9.14 justo es Jehová nuestro *D* en todas sus 430
9.15 *D* nuestro, que sacaste tu pueblo de la 430
9.17 *D* nuestro, oye la oración de tu siervo 430
9.18 inclina, oh *D* mío, tu oído, y oye; abre 430
9.19 no tardes, por amor de ti mismo, *D* mío 430
9.20 y derramaba mi ruego delante de...mi *D* 430
9.20 mi ruego...por el monte santo de mi *D* 430
10.12 a humillarte en la presencia de tu *D* 430
11.8 y aun a los *d* de ellos, sus imágenes 430
11.32 pueblo que conoce a su *D* se esforzará 430
11.36 el rey...se engrandecerá sobre todo *d* 410
11.36 el rey...contra el *D* de los *d* hablará 410
11.37 del *D* de sus padres no hará caso, ni 430
11.37 no hará caso...ni respetará a *d* alguno 433
11.38 honrará...al *d* de las fortalezas, *d* que 433
11.39 con un *d* ajeno se hará de...fortalezas 433
Os 1.6 le dijo *D*: Ponte por nombre Lo-ruhama
1.7 y los salvaré por Jehová su *D*; y no los 430
1.9 y dijo *D*: Ponle...nombre Lo-ammi, porque
1.9 no sois mi pueblo, ni yo seré vuestro *D*
1.10 será dicho: Sois hijos del *D* viviente 410
2.23 diré...eres pueblo mío, y él dirá: *D* mío 430
3.1 miran a *d* ajenos, y aman tortas de pasas 430
3.5 volverán...y buscarán a Jehová su *D*, y a 430
4.1 no hay...conocimiento de *D* en la tierra 430
4.6 olvidaste la ley de tu *D*...yo me olvidaré 430
4.12 mi pueblo...dejaron a su *D* para fornicar 430
5.4 no piensan en convertirse a su *D*, porque 430
6.6 y conocimiento de *D* más que holocaustos 430
7.10 y no se volvieron a Jehová su *D*, ni lo 430
8.2 clamará Israel: *D* mío, te hemos conocido 430
8.6 y artífice lo hizo; no es *D*; por lo que 430
9.1 pues has fornicado apartándote de tu *D* 430
9.8 atalaya es Efraín...con mi *D*; el profeta 430
9.8 el profeta es...odio en la casa de su *D* 430
9.17 mi *D* los desechará, porque ellos no le 430
11.9 *D* soy, y no hombre, el Santo en medio 410
11.12 Judá aún gobierna con *D*, y es fiel con 430
12.5 Jehová es *D* de los ejércitos; Jehová es 430
12.6 tú...vuélvete a tu *D*...y en tu *D* confía 430
12.9 yo soy Jehová tu *D* desde la...de Egipto 430
12.14 Efraín ha provocado a *D* con amarguras
13.4 mas yo soy Jehová tu *D* desde la tierra 430
13.4 no conocerás, pues, otro *d* fuera de mí 430
13.16 asolada, porque se rebeló contra su *D* 430
14.1 vuelve...Israel, a Jehová tu *D*; porque 430
14.3 nunca más diremos...*D* nuestros; porque en 430
Jl 1.13 dormid en cilicio, ministros de mi *D* 430
1.13 quitada es de la casa de...*D* la ofrenda 430
1.14 congregad...en la casa de...vuestro *D*, y 430
1.16 y el placer de la casa de nuestro *D*? 430
2.13 rasgad...convertíos a Jehová vuestro *D* 430
2.14 ofrenda y libación para...vuestro *D*? 430
2.17 han de decir entre los...Dónde está su *D*? 430
2.23 hijos de Sion, alegraos y gozaos en...*D* 430
2.26 alabaréis el nombre de Jehová vuestro *D* 430
2.27 que yo soy Jehová vuestro *D*, y no hay 430
3.17 conoceréis que yo soy Jehová vuestro *D* 430
Am 2.8 el vino de...beben en la casa de sus *d* 430
3.13 oíd y testificad contra la...ha dicho...*D* 430
4.11 os trastorné como cuando *D* trastornó a 430
4.12 venir al encuentro de tu *D*, oh Israel 430
4.13 Jehová *D* de los ejércitos es su nombre 430
5.14 Jehová *D* de...estará con vosotros, como 430
5.15 *D*...tendrá piedad del remanente de José 430
5.16 ha dicho Jehová, *D*...llamarán a lloro, y 430
5.26 estrella de vuestros *d* que os hicisteis 430
5.27 más allá de Damasco, ha dicho Jehová...*D* 430
6.8 *D*...dicho: Abomino la grandeza de Jacob 430
6.14 dice...*D*...levantaré yo sobre vosotros a 430
8.14 por tu *D*, oh Dan, y: Por el camino de 430
9.15 los plantaré sobre...ha dicho Jehová *D* 430
Jon 1.5 y cada uno clamaba a su *d*; y echaron 430
1.6 dijo...Levántate, y clama a tu *D*; quizá 430
1.9 temo a Jehová, *D* de los cielos, que hizo 430
2.1 oró Jonás a Jehová su *D* desde el...del pez 430
2.6 sacaste mi vida de la sepultura...*D* mío 430
3.5 y los hombres de Nínive creyeron a *D*, y 430
3.8 y clamen a *D* fuertemente; y conviértase 430
3.9 si se volverá y se arrepentirá *D*, y se 430
3.10 vio *D*...se arrepintió del mal que había 430
4.2 porque sabía yo que tú eres *D* clemente 410
4.6 preparó Jehová *D* una calabacera, la cual 430
4.7 *D* preparó un gusano, el cual hirió la 430
4.8 preparó *D* un recio viento solano, y el 430
4.9 dijo *D* a Jonás: ¿Tanto te enojas por la 430
Mi 3.7 labios, porque no hay respuesta de *D* 430
4.2 y subamos al...y a la casa del *D* de Jacob 430
4.5 anden cada uno en el nombre de su *d* 430
4.5 andaremos en el nombre de...nuestro *D* 430
5.4 con grandeza del nombre de Jehová su *D* 430
6.6 ¿con qué me...y adoraré al *D* Altísimo? 430
6.8 y qué pide Jehová...humillarte ante tu *D* 430
7.7 esperaré al *D* de mi salvación; el *D* mío 430
7.10 que me decía: ¿Dónde está Jehová tu *D*? 430
7.17 volverán amedrentados ante Jehová...*D* 430
7.18 ¿qué *D* como tú, que perdona la maldad 410
Nah 1.2 Jehová es *D* celoso...guarda enojo para 410
1.14 de la casa de tu *d* destruiré escultura 430
Hab 1.11 ofenderá atribuyendo su fuerza a su *d* 430
1 12 ¿no eres tú desde el principio, oh...*D* 430
3:3 *D* vendrá de Temán, y el Santo desde el 433
3.18 y me gozaré en el *D* de mi salvación 430
Sof 2.7 Jehová su *D* los visitará, y levantará 430
2.9 dice Jehová...*D* de Israel, que Moab será 430
2.11 destruirá a todos los *d* de la tierra 430
3.2 no confió en Jehová, no se acercó a su *D* 430
Hag 1.12 oyó Zorobabel...la voz de Jehová su *D* 430
1.12 Hageo, como le había enviado Jehová su *D* 430
1.14 trabajaron en la casa de Jehová., su *D* 430
Zac 6.15 esto sucederá si oyereis...la voz...*D* 430
8.8 y yo seré a ellos por *D* en verdad y en 430
8.23 porque hemos oído...*D* está con vosotros 430
9.7 quedará...un remanente para nuestro *D*, y 430
9.16 los salvará en aquel día Jehová su *D* 430
10.6 porque yo soy Jehová su *D*, y los oiré 430
11.4 así ha dicho Jehová mi *D*: Apacienta las 430
12.5 tienen fuerza...en Jehová de los...su *D* 430
12.8 la casa de David como *D*, como el ángel 430
13.9 pueblo mío; y él dirá: Jehová es mi *D* 430
14.5 vendrá Jehová mi *D*, y con él...los santos 430
Mal 1.9 orad por el favor de *D*, para que tenga 410
2.10 padre? ¿No nos ha creado un mismo *D*? 410
2.11 Judá ha...se casó con hija de *d* extraño 410
2.15 porque buscaba una descendencia para *D* 430
2.16 *D*...ha dicho que él aborrece el repudio 430
2.17 o si no, ¿dónde está el *D* de justicia? 430
3.8 ¿robará el hombre a *D*?...me habéis robado 430
3.14 habéis dicho: Por demás es servir a *D* 430
3.15 no...sino que tentaron a *D* y escaparon 430
3.18 el que sirve a *D* y el que no le sirve 430
Mt 1.23 que traducido es: *D* con nosotros *2316*
3.9 *D* puede levantar hijos a Abraham aun de *2316*
3.16 vio al Espíritu de *D* que descendía como *2316*
4.3 si eres Hijo de *D*, di que estas piedras *2316*
4.4 **de toda palabra que sale de la boca de *D*** *2316*
4.6 si eres Hijo de *D*, échate abajo; porque *2316*
4.7 **escrito está...No tentarás al Señor tu *D*** *2316*
4.10 **al Señor tu *D* adorarás, y a él...servirás** *2316*
5.8 **los de limpio corazón...ellos verán a *D*** *2316*
5.9 **porque ellos serán llamados hijos de *D*** *2316*
5.34 **por el cielo, porque es el trono de *D*** *2316*
6.24 **no podéis servir a *D* y a las riquezas** *2316*
6.30 **si la hierba...*D* la viste así, ¿no hará** *2316*
6.33 **mas buscad primeramente el reino de *D* y** *2316*
8.29 ¿qué tienes con nosotros...Hijo de *D*? *2316*
9.8 la gente...glorificó a *D*, que había dado *2316*
12.4 **cómo entró en la casa de *D*, y comió los** *2316*
12.28 **si yo por el Espíritu de *D* echo fuera** *2316*
12.28 **ha llegado a vosotros el reino de *D*** *2316*
14.33 diciendo: Verdaderamente eres Hijo de *D* *2316*
15.3 **quebrantáis el mandamiento de *D* por** *2316*
15.4 ***D* mandó diciendo: Honra a tu padre y a** *2316*
15.5 **es mi ofrenda a *D* todo aquello con que** *2316*
15.6 **habéis invalidado el mandamiento de *D*** *2316*
15.31 viendo...y glorificaban al *D* de Israel *2316*
16.16 eres el Cristo, el Hijo del *D* viviente *2316*
16.23 **no pones la mira en las cosas de *D*, sino** *2316*
19.6 **lo que *D* juntó, no lo separe el hombre** *2316*
19.17 **bueno? Ninguno hay bueno sino uno: *D*** *2316*
19.24 **que entrar un rico en el reino de *D*** *2316*
19.26 **imposible; mas para *D* todo es posible** *2316*
21.12 entró Jesús en el templo de *D*, y echó *2316*
21.31 **van delante de vosotros al reino de *D*** *2316*
21.43 **os digo, que el reino de *D* será quitado** *2316*
22.16 que enseñas con verdad el camino de *D* *2316*
22.21 **les dijo: Dad, pues...a *D* lo que es de *D*** *2316*
22.29 **dijo: Erráis, ignorando...el poder de *D*** *2316*
22.30 **serán como los ángeles de *D* en el cielo** *2316*
22.31 **¿no habéis leído...os fue dicho por *D*** *2316*
22.32 ***D* de Abraham, el *D* de Isaac y el *D* de** *2316*
22.32 ***D* no es *D* de muertos, sino de vivos** *2316*
22.37 **amarás al Señor tu *D* con...tu corazón** *2316*
23.22 **por el cielo, jura por el trono de *D*** *2316*
26.61 dijo: Puedo derribar el templo de *D*, y *2316*
26.63 te conjuro por el *D* viviente, que nos *2316*
26.63 si eres tú el Cristo, el Hijo del *D* *2316*
26.64 **sentado a la diestra del poder de *D***
27.40 eres Hijo de *D*, desciende de la cruz *2316*

27.43 confió en D...ha dicho: Soy hijo de D 2316
27.46 D mío, D mío, ¿por qué...desamparado? 2316
27.54 verdaderamente éste era Hijo de D 2316
Mr 1.1 del evangelio de Jesucristo, Hijo de D 2316
1.14 predicando el evangelio del reino de D 2316
1.15 diciendo...el reino de D se ha acercado 2316
1.24 diciendo...Sé quién eres, el Santo de D 2316
2.7 ¿quién puede perdonar pecados, sino...D? 2316
2.12 glorificaron a D, diciendo: Nunca...tal 2316
2.26 entró en la casa de D, siendo Abiatar 2316
3.11 voces, diciendo: Tú eres el Hijo de D 2316
3.35 aquel que hace la voluntad de D, ése es 2316
4.11 dado saber el misterio del reino de D 2316
4.26 es el reino de D, como cuando un hombre 2316
4.30 ¿a qué haremos semejante el reino de D 2316
5.7 ¿qué tienes conmigo, Jesús, Hijo del D 2316
5.7 te conjuro por D que no me atormentes 2316
7.8 dejando el mandamiento de D...tradición 2316
7.9 bien invalidáis el mandamiento de D para 2316
7.11 Corbán...quiere decir, mi ofrenda a D
7.13 invalidando la palabra de D con vuestra 2316
8.33 no pones la mira en las cosas de D, sino 2316
9.1 que hayan visto el reino de D...con poder 2316
9.47 mejor te es entrar en el reino de D con 2316
10.6 al principio...varón y hembra los hizo D 2316
10.9 lo que D juntó, no lo separe el hombre 2316
10.14 porque de los tales es el reino de D 2316
10.15 no reciba el reino de D como un niño 2316
10.18 ninguno hay bueno, sino sólo uno, D 2316
10.23 difícilmente entrarán en el reino de D 2316
10.24 difícil les es entrar en el reino de D 2316
10.25 que entrar un rico en el reino de D 2316
10.27 hombres es imposible; mas para D, no 2316
10.27 todas las cosas son posibles para D 2316
11.22 respondiendo...les dijo: Tened fe en D 2316
12.14 que con verdad enseñas el camino de D 2316
12.17 dad a César lo...y a D lo que es de D 2316
12.24 ignoráis...Escrituras, y el poder de D? 2316
12.26 cómo le habló D en la zarza, diciendo 2316
12.26 D de Abraham, el D de Isaac y el D de 2316
12.27 D no es D de muertos, sino D de vivos 2316
12.29 el Señor nuestro D, el Señor uno es 2316
12.30 amarás al Señor tu D con todo...corazón 2316
12.32 verdad has dicho, que uno es D, y no 2316
12.34 le dijo: No estás lejos del reino de D 2316
13.19 de la creación que D creó, hasta este 2316
14.25 en que lo beba nuevo en el reino de D 2316
14.62 sentado a la diestra del poder de D
15.29 tú que derribas el templo de D, y en
15.34 clamó...D mío, D mío, ¿por qué me has 2316
15.39 verdaderamente...hombre era Hijo de D 2316
15.43 José...también esperaba el reino de D 2316
16.19 el cielo, y se sentó a la diestra de D 2316
Lc 1.6 eran Justos delante de D, y andaban 2316
1.8 ejerciendo...el sacerdocio delante de D 2316
1.15 será grande delante de D. No beberá vino 2962
1.16 muchos de los...se conviertan al Señor D 2316
1.19 yo soy Gabriel, que estoy delante de D 2316
1.26 el ángel Gabriel fue enviado por D a una 2316
1.30 porque has hallado gracia delante de D 2316
1.32 D le dará el trono de David su padre 2316
1.35 el Santo Ser...será llamado Hijo de D 2316
1.37 porque nada hay imposible para D 2316
1.47 espíritu se regocija en D mi Salvador 2316
1.58 oyeron...que D había engrandecido para 2962
1.64 fue abierta...y habló bendiciendo a D 2316
1.68 bendito el Señor D de Israel, que ha 2316
1.78 la entrañable misericordia de nuestro D 2316
2.13 una multitud...que alababan a D, y decían 2316
2.14 ¡gloria a D en las alturas, y en la tierra 2316
2.20 y volvieron los pastores...alabando a D 2316
2.28 le tomó en sus brazos, y bendijo a D 2316
2.38 daba gracias a D, y hablaba del niño 2962
2.40 crecía...y la gracia de D era sobre él 2316
2.52 y Jesús crecía...en gracia para con D y 2316
3.2 vino palabra de D a Juan...en el desierto 2316
3.6 y verá toda carne la salvación de D 2316
3.8 D puede levantar hijos a Abraham aun de 2316
3.38 hijo de Set, hijo de Adán, hijo de D 2316
4.3 si eres Hijo de D, dí a esta piedra que 2316
4.4 no sólo de pan...sino de toda palabra de D 2316
4.8 al Señor tu D adorarás, y a él...servirás 2316
4.9 si eres Hijo de D, échate de aquí abajo 2316
4.12 dicho está: No tentarás al Señor tu D 2316
4.34 yo te conozco quien eres, el Santo de D 2316
4.41 voces y diciendo: Tú eres el Hijo de D 2316
4.43 anuncie el evangelio del reino de D 2316
5.1 se agolpaba...para oír la palabra de D 2316
5.21 puede perdonar pecados sino sólo D? 2316
5.25 se fue a su casa, glorificando a D 2316
5.26 glorificaban a D, y llenos de temor 2316
6.4 cómo entró en la casa de D, y tomó los 2316
6.12 al monte...y pasó la noche orando a D 2316
6.20 los pobres...vuestro es el reino de D 2316
7.16 y glorificaban a D, diciendo: Un gran 2316
7.16 profeta...y: D ha visitado a su pueblo 2316
7.28 pero el más pequeño en el reino de D 2316
7.29 justificaron a D, bautizándose con el 2316
7.30 desecharon los designios de D respecto 2316
8.1 anunciando el evangelio del reino de D 2316
8.10 conocer los misterios del reino de D 2316
8.11 parábola: La semilla es la palabra de D 2316
8.21 son los que oyen la palabra de D, y la 2316
8.28 ¿qué tienes conmigo, Jesús, Hijo del D 2316
8.39 cuán grandes cosas ha hecho D contigo 2316
9.2 los envió a predicar el reino de D, y a 2316
9.11 les hablaba del reino de D, y sanaba a 2316
9.20 decís que soy?...le dijo: el Cristo de D 2316
9.27 la muerte hasta que vean el reino de D 2316
9.43 todos se admiraban de la grandeza de D 2316
9.60 deja...y tú vé, y anuncia el reino de D 2316
9.62 hacia atrás, es apto para el reino de D 2316
10.9 se ha acercado a vosotros el reino de D 2316
10.11 el reino de D se ha acercado a vosotros 2316
10.27 amarás al Señor tu D con...tu corazón 2316
11.20 si por el dedo de D echo...los demonios 2316
11.20 el reino de D ha llegado a vosotros 2316
11.28 bienaventurados...oyen la palabra de D 2316
11.42 y pasáis por alto la...y el amor de D 2316
11.49 la sabiduría de D...dijo: Les enviaré 2316
12.6 ni uno de...está olvidado delante de D 2316
12.8 confesará delante de los ángeles de D 2316
12.9 será negado delante de los ángeles de D 2316
12.20 D le dijo: Necio, esta noche vienen a 2316
12.21 hace...tesoro, y no es rico para con D 2316
12.24 ni tienen despensa...y D los alimenta 2316
12.28 si así viste D la hierba que hoy está 2316
12.31 mas buscad el reino de D, y todas estas 2316
13.13 y ella se enderezó...y glorificaba a D 2316
13.18 ¿a qué es semejante el reino de D, y 2316
13.20 decir: ¿A qué compararé el reino de D? 2316
13.28 veáis a Abraham...en el reino de D, y 2316
13.29 se sentarán a la mesa en el reino de D 2316
14.15 dijo...el que coma pan en el reino de D 2316
15.10 hay gozo delante de los ángeles de D 2316
16.13 no podéis servir a D y a las riquezas 2316
16.15 D conoce vuestros corazones; porque lo 2316
16.15 sublime, delante de D es abominación 2316
16.16 el reino de D es anunciado, y todos se 2316
17.15 volvió, glorificando a D a gran voz 2316
17.18 ¿no hubo quien...diese gloria a D sino 2316
17.20 cuándo había de venir el reino de D 2316
17.20 el reino de D no vendrá con advertencia 2316
17.21 aquí el reino de D está entre vosotros 2316
18.2 un juez, que ni temía a D, ni respetaba 2316
18.4 aunque ni temo a D, ni tengo respeto a 2316
18.7 acaso D no hará justicia a sus escogidos 2316
18.11 D, te doy gracias porque no soy como 2316
18.13 diciendo: D, sé propicio a mí, pecador 2316
18.16 porque de los tales es el reino de D 2316
18.17 no recibe el reino de D como un niño 2316
18.19 dijo...Ninguno hay bueno, sino sólo D 2316
18.24 difícilmente entrarán en el reino de D 2316
18.25 que entrar un rico en el reino de D 2316
18.27 imposible para los...es posible para D 2316
18.29 que haya dejado casa...por el reino de D 2316
18.43 vio, y le seguía, glorificando a D 2316
18.43 todo el pueblo...vio...dio alabanza a D 2316
19.11 pensaban...el reino de D se manifestaría 2316
19.37 a alabar a D a grandes voces por todas 2316
20.16 oyeron esto, dijeron: ¡D nos libre! 3361,1096
20.21 que enseñas el camino de D con verdad 2316
20.25 dad a César lo...y a D lo que es de D 2316
20.36 y son hijos de D, al ser hijos de la 2316
20.37 D de Abraham, D de Isaac y D de Jacob 2316
20.38 D no es D de muertos, sino de vivos 2316
21.4 echaron para las ofrendas de D de lo que 2316
21.31 así sabed que está cerca el reino de D 2316
22.16 hasta que se cumpla en el reino de D 2316
22.18 la vid, hasta que el reino de D venga 2316
22.69 se sentará a la diestra del poder de D 2316
22.70 dijeron...¿Luego eres tú el Hijo de D? 2316
23.35 si éste es el Cristo, el escogido de D 2316
23.40 ¿ni aun temes tú a D, estando en la 2316
23.47 el centurión...dio gloria a D, diciendo 2316
23.51 también esperaba el reino de D, y no 2316
24.19 poderoso...en palabra delante de D y de 2316
24.53 el templo, alabando y bendiciendo a D 2316
Jn 1.1 el Verbo era con D, y el Verbo era D 2316
1.2 éste era en el principio con D 2316
1.6 hubo un hombre enviado de D, el cual se 2316
1.12 dio potestad de ser hechos hijos de D 2316
1.13 no...ni de voluntad de varón, sino de D 2316
1.18 a D nadie le vio jamás; el unigénito 2316
1.29 he aquí el Cordero de D, que quita el 2316
1.34 testimonio de que éste es el Hijo de D 2316
1.36 mirando a Jesús...aquí el Cordero de D 2316
1.49 Rabí, tú eres el Hijo de D; tú eres el 2316
1.51 los ángeles de D que suben y descienden 2316
3.2 Rabí, sabemos que has venido de D como 2316
3.2 nadie puede hacer...si no está D con él 2316
3.3 no naciere...no puede ver el reino de D 2316
3.5 digo...no puede entrar en el reino de D 2316
3.16 tal manera amó D al mundo, que ha dado 2316
3.17 porque no envió D a su Hijo al mundo 2316
3.18 no ha creído en el nombre del...Hijo de D 2316
3.21 sea manifiesto que sus obras son...en D 2316
3.33 recibe...éste atestigua que D es veraz 2316
3.34 el que D envió, las palabras de D habla 2316
3.34 pues D no da el Espíritu por medida 2316
3.36 vida, sino que la ira de D está sobre él 2316
4.10 si conocieras el don de D, y quién es el 2316
4.24 D es Espíritu; y los que le adoran, en 2316
5.18 D era su...Padre, haciéndose igual a D 2316
5.25 los muertos oirán la voz del Hijo de D 2316
5.42 que no tenéis amor de D en vosotros 2316
5.44 no buscáis la gloria que...del D único? 2316
6.27 dará; porque a éste señaló D el Padre 2316
6.28 para poner en práctica las obras de D? 2316
6.29 esta es la obra de D, que creáis en el 2316
6.33 el pan de D es aquel que descendió del 2316
6.45 escrito...Y serán todos enseñados por D 2316
6.46 que vino de D; éste ha visto al Padre 2316
6.69 eres el Cristo, el Hijo del D viviente 2316
7.17 el que quiera hacer la voluntad de D 846
7.17 conocerá si la doctrina es de D, o si 2316
8.40 hablado la verdad, la cual he oído de D 2316
8.41 le dijeron...un padre tenemos, que es D 2316
8.42 si vuestro padre fuese D...me amaríais 2316
8.42 porque yo de D he salido, y he venido 2316
8.47 el que es de D, las palabras de D oye 2316
8.47 no las oís vosotros, porque no sois de D 2316
8.54 el que vosotros decís que es vuestro D 2316
9.3 que las obras de D se manifiesten en él 2316
9.16 ese hombre no procede de D, porque no 2316
9.24 da gloria a D; nosotros sabemos que ese 2316
9.29 sabemos que D ha hablado a Moisés, pero 2316
9.31 y sabemos que D no oye a los pecadores 2316
9.31 si alguno es temeroso de D, y hace su 2318
9.33 si...no viniera de D, nada podría hacer 2316
9.35 le dijo: ¿Crees tú en el Hijo de D? 2316
10.33 porque tú, siendo hombre, te haces D 2316
10.34 ¿no está escrito en...Yo dije, d sois? 2316
10.35 si llamó d a aquellos a quienes vino 2316
10.35 vino la palabra de D (y la Escritura 2316
10.36 blasfemas, porque dijo: Hijo de D soy? 2316
11.4 para muerte, sino para la gloria de D 2316
11.4 que el Hijo de D sea glorificado por 2316
11.22 todo lo que pidas a D, D te lo dará 2316
11.27 he creído que tú eres el...Hijo de D 2316
11.40 que si crees, verás la gloria de D? 2316
11.52 congregar en uno a los hijos de D que 2316
12.43 porque amaban más...que la gloria de D 2316
13.3 Jesús...que había salido de D, y a D iba 2316
13.31 glorificado...y D es glorificado en él 2316
13.32 si D es glorificado en él, D también 2316
14.1 turbe...creéis en D, creed también en mí 2316
16.2 os mate, pensará que rinde servicio a D 2316
16.27 amado, y habéis creído que yo salí de D 2316
16.30 por esto creemos que has salido de D 2316
17.3 te conozcan a ti, el único D verdadero 2316
19.7 porque se hizo a sí mismo Hijo de D 2316
20.17 y diles: Subo a...a mi D y a vuestro D 2316
20.28 Tomás respondió...¡Señor mío, y D mío! 2316
20.31 que Jesús es el Cristo, el Hijo de D 2316
21.19 con qué muerte había de glorificar a D 2316
Hch 1.3 y hablándoles acerca del reino de D 2316
2.11 les oímos hablar...las maravillas de D 2316
2.17 dice D, derramaré de mi Espíritu sobre 2316
2.22 Jesús nazareno, varón aprobado por D 2316
2.22 con las maravillas...señales que D hizo 2316
2.23 por el...anticipado conocimiento de D 2316
2.24 al cual D levantó, sueltos los dolores 2316
2.30 con juramento D le había jurado que de 2316
2.32 este Jesús resucitó D, de lo cual todos 2316
2.33 así que, exaltado por la diestra de D 2316
2.36 este Jesús...D le ha hecho Señor y Cristo 2316
2.39 para cuantos el Señor nuestro D llamare 2316
2.47 alabando a D, y teniendo favor con todo 2316
3.8 entró con ellos...saltando, y alabando a D 2316
3.9 todo el pueblo le vio andar y alabar a D 2316
3.13 D de Abraham...el D de nuestros padres 2316
3.15 a quien D ha resucitado de los muertos 2316
3.18 D ha cumplido así lo que había antes 2316
3.21 de que habló D por boca de sus santos 2316
3.22 el Señor vuestro D os levantará profeta 2316
3.25 pacto que D hizo con nuestros padres 2316
3.26 D, habiendo levantado a su Hijo, lo 2316
4.10 a quien D resucitó de los muertos, por 2316
4.19 si es justo delante de D obedecer a 2316
4.19 obedecer a vosotros antes que a D 2316
4.21 glorificaban a D por lo que se había 2316
4.24 alzaron unánimes la voz a D, y dijeron 2316
4.24 tú eres el D que hiciste el cielo y la 2316
5.4 no has mentido a los hombres, sino a D 2316
5.29 obedecer a D antes que a los hombres 2316
5.30 el D de nuestros padres levantó a Jesús 2316
5.31 a éste, D ha exaltado con su diestra por 2316
5.32 el cual ha dado D a los que le obedecen 2316
5.39 mas si es de D, no la podréis destruir 2316
5.39 seáis tal vez hallados luchando contra D 2314
6.2 no es justo que...dejemos la palabra de D 2316
6.11 hablar palabras blasfemas...y contra D 2316
7.2 D de la gloria apareció a nuestro padre 2316
7.4 D le trasladó a esta tierra, en la cual
7.6 le dijo D así: Que su descendencia sería 2316
7.7 juzgaré, dijo D, a la nación de la cual 2316
7.9 vendieron a José...pero D estaba con él 2316
7.17 promesa, que D había jurado a Abraham 2316
7.20 nació Moisés, y fue agradable a D; y
7.25 que D les daría libertad por mano suya 2316
7.32 soy el D de tus padres, el D de Abraham 2316
7.32 yo soy...el D de Isaac, y el D de Jacob 2316
7.35 envió D como gobernante y libertador 2316
7.37 profeta os levantará el Señor vuestro D 2316
7.40 a Aarón: Haznos d que vayan delante de 2316
7.42 y D se apartó, y los entregó a que 2316
7.43 la estrella de vuestro d Renfán, figuras 2316
7.44 había ordenado D cuando dijo a Moisés
7.45 a los cuales D arrojó de la presencia 2316
7.46 gracia delante de D, y pidió proveer 2316
7.46 proveer tabernáculo para el D de Jacob 2316
7.55 la gloria de D, y a Jesús...diestra de D 2316
7.56 al Hijo del Hombre...a la diestra de D 2316
8.10 diciendo: Este es el gran poder de D 2316
8.12 anunciaba el evangelio del reino de D 2316
8.14 Samaria había recibido la palabra de D 2316
8.20 has pensado que el don de D se obtiene 2316
8.21 tu corazón no es recto delante de D 2316
8.22 ruega a D, si quizá te sea perdonado 2316
8.25 hablado la palabra de D, se volvieron 2962
8.37 creo que Jesucristo es el Hijo de D 2316
9.20 diciendo que éste era el Hijo de D 2316
10.2 temeroso de D con toda su casa, y que 2316

10.2 hacía muchas limosnas al…y oraba a D 2316
10.3 un ángel de D entraba donde él estaba 2316
10.4 han subido para memoria delante de D 2316
10.15 que D limpió, no lo llames tú común 2316
10.22 Cornelio…varón justo y temeroso de D 2316
10.28 me ha mostrado D que a ningún hombre 2316
10.31 tus limosnas…recordadas delante de D 2316
10.33 estamos aquí en la presencia de D, para 2316
10.33 para oír todo lo que D te ha mandado 2316
10.34 que D no hace acepción de personas 2316
10.36 D envió mensaje a los hijos de Israel
10.38 cómo D ungió con el Espíritu Santo y.......... 2316
10.38 sanando a todos…porque D estaba con él.... 2316
10.40 éste levantó D al tercer día, e hizo............ 2316
10.41 a los testigos que D había ordenado de....... 2316
10.42 él es el que D ha puesto por Juez de 2316
10.46 oían que hablaban…que magnificaban a 2316
11.1 gentiles habían recibido la palabra de D 2316
11.9 lo que D limpió, no lo llames tú común.......... 2316
11.17 D…les concedió también el mismo don....... 2316
11.17 ¿quién era yo…pudiese estorbar a D?........ 2316
11.18 entonces…glorificaron a D, diciendo.......... 2316
11.18 ha dado D arrepentimiento para vida! 2316
11.23 y vio la gracia de D, se regocijó, y 2316
12.5 iglesia hacía sin cesar oración a D por 2316
12.22 gritando: ¡Voz de D, y no de hombre! 2316
12.23 lo hirió, por cuanto no dio gloria a D 2316
13.5 y llegados…anunciaban la palabra de D 2316
13.7 procónsul…deseaba oír la palabra de D 2316
13.16 israelitas, y los que teméis a D, oíd 2316
13.17 el D de este pueblo de Israel escogió 2316
13.21 pidieron rey, y D les dio a Saúl hijo........... 2316
13.23 D levantó a Jesús…Salvador a Israel......... 2316
13.26 y los que…teméis a D, a vosotros es 2316
13.30 mas D le levantó de los muertos 2316
13.33 la cual D ha cumplido a los hijos de 2316
13.36 servido a su…según la voluntad de D 2316
13.37 a quien D levantó, no vio corrupción 2316
13.43 a que perseverasen en la gracia de D 2316
13.44 juntó casi…para oír la palabra de D 2316
13.46 se os hablase primero la palabra de D 2316
14.11 d bajo la semejanza de hombres han 2316
14.15 os convirtáis al D vivo, que hizo el............ 2316
14.22 través de…entremos en el reino de D 2316
14.26 encomendados a la gracia de D para la 2316
14.27 grandes cosas había hecho D con ellos....... 2316
15.4 y refirieron…cosas que D había hecho 2316
15.7 D escogió que los gentiles oyesen por.......... 2316
15.8 y D…les dio testimonio, dándoles el 2316
15.10 ¿por qué tentáis a D, poniendo sobre 2316
15.12 señales…había hecho D por medio de 2316
15.14 cómo D visitó por primera vez a los 2316
15.19 a los gentiles que se convierten a D 2316
16.10 por cierto que D nos llamaba para que 2962
16.14 mujer llamada Lidia…que adoraba a D...... 2316
16.17 hombres son siervos del D Altísimo........... 2316
16.25 cantaban himmos a D; y los presos los 2316
16.34 se regocijó con…de haber creído a D 2316
17.13 anunciada la palabra de D por Pablo 2316
17.18 parece que es predicador de nuevos d 1140
17.23 esta inscripción: Al D no conocido............ 2316
17.24 el D que hizo el mundo y…las cosas.......... 2316
17.27 que busquen a D, si en alguna manera 2962
17.29 siendo, pues, linaje de D, no debemos......... 2316
17.30 pero D, habiendo pasado por alto los......... 2316
18.7 casa de uno llamado Justo, temeroso de D..... 2316
18.11 detuvo…enseñándoles la palabra de D....... 2316
18.13 persuade…a honrar a D contra la ley........ 2316
18.21 pero…volveré a vosotros, si D quiere 2316
18.26 y le expusieron más…el camino de D 2316
19.8 discutiendo y…acerca del reino de D.......... 2316
19.11 y hacía D milagros…por mano de Pablo 2316
19.26 que no son d los que se hacen con las 2316
20.21 acerca del arrepentimiento para con D 2316
20.24 dar testimonio del…de la gracia de D........ 2316
20.25 he pasado predicando el reino de D.......... 2316
20.27 no he rehuido anunciaros…consejo de D..... 2316
20.32 os encomiendo a D, y a la palabra de......... 2316
21.19 las cosas que D había hecho entre los 2316
21.20 glorificaron a D, y le dijeron: Ya ves.......... 2962
22.3 celoso de D, como hoy lo sois todos 2316
22.14 D de nuestros padres te ha escogido 2316
23.1 he vivido delante de D hasta el día de 2316
23.3 ¡D te golpeará a ti, pared blanqueada!......... 2316
23.4 ¿al sumo sacerdote de D injurias? 2316
23.9 si un…le ha hablado…no resistamos a D...... 2313
24.14 así sirvo al D de mis padres, creyendo........ 2316
24.15 teniendo esperanza en D, la cual ellos........ 2316
24.16 conciencia sin ofensa ante D y ante los....... 2316
26.6 la promesa que hizo D a nuestros padres...... 2316
26.7 tribus, sirviendo…a D de día y de noche
26.8 increíble que D resucite a los muertos?........ 2316
26.18 **y de la potestad de Satanás a D; para** 2316
26.20 y se convirtiesen a D, haciendo obras 2316
26.22 pero habiendo obtenido auxilio de D 2316
26.29 ¡quisiera D que por poco o por mucho........ 2316
27.23 estado conmigo el ángel del D de quien....... 2316
27.24 D te ha concedido todos los que navegan..... 2316
27.25 yo confío en D que será así como se me 2316
27.35 dio gracias a D en presencia de todos 2316
28.6 cambiaron de…y dijeron que era un d 2316
28.15 Pablo dio gracias a D y cobró aliento......... 2316
28.23 les testificaba el reino de D desde 2316
28.28 enviada esta salvación de D; y ellos 2316
28.31 predicando el reino de D y enseñando........ 2316
Ro 1.1 Pablo…apartado para el evangelio de D....... 2316
1.4 que fue declarado Hijo de D con poder 2316
1.7 todos los que estáis en Roma, amados de D..... 2316
1.7 gracia y paz…de D nuestro Padre y del 2316
1.8 doy gracias a mi D mediante Jesucristo 2316
1.9 porque testigo me es D, a quien sirvo en........ 2316
1.10 por la voluntad de D, un próspero viaje........ 2316
1.16 porque es poder de D para salvación a........ 2316
1.17 la justicia de D se revela por fe y para......... 2316
1.18 la ira de D se revela desde el cielo............. 2316
1.19 lo que de D se conoce les es manifiesto 2316
1.19 es manifiesto, pues D se lo manifestó.......... 2316
1.21 a D, no le glorificaron como a D, ni le.......... 2316
1.23 cambiaron la gloria del D incorruptible 2316
1.24 también D los entregó a la inmundicia 2316
1.25 cambiaron la verdad de D por la mentira 2316
1.26 D los entregó a pasiones vergonzosas 2316
1.28 ellos no aprobaron tener en cuenta a D 2316
1.28 D los entregó a una mente reprobada......... 2316
1.30 aborrecedores de D…soberbios, altivos 2319
1.32 habiendo entendido el juicio de D, que......... 2316
2.2 el juicio de D contra los que practican 2316
2.3 piensas…tú escaparás del juicio de D? 2316
2.5 de la revelación del justo juicio de D............ 2316
2.11 no hay acepción de personas para con D...... 2316
2.13 no son los oidores…los justos ante D 2316
2.16 el día en que D juzgará por Jesucristo......... 2316
2.17 te apoyas en la ley, y te glorías en D........... 2316
2.23 con infracción de la ley deshonras a D? 2316
2.24 el nombre de D es blasfemado entre los 2316
2.29 cual no viene de los hombres, sino de D 2316
3.2 que les ha sido confiada la palabra de D........ 2316
3.3 su…habrá hecho nula la fidelidad de D? 2316
3.4 bien sea D veraz, y todo hombre mentiroso..... 2316
3.5 si…hace resaltar la justicia de D, ¿qué 2316
3.5 ¿será injusto D que da castigo? (Hablo.......... 2316
3.6 otro modo, ¿cómo juzgaría D al mundo?........ 2316
3.7 si por mi mentira la verdad de D abundó 2316
3.11 quien entienda, no hay quien busque a D...... 2316
3.18 no hay temor de D delante de sus ojos......... 2316
3.19 todo el mundo quede bajo el juicio de D........ 2316
3.21 ley, se ha manifestado la justicia de D 2316
3.22 la justicia de D por medio de la fe en 2316
3.23 y están destituidos de la gloria de D 2316
3.25 a quien D puso como propiciación por 2316
3.29 ¿es D solamente D de los judíos? ¿No es 2316
3.29 ¿no es también D de los gentiles?.............. 2316
3.30 D es uno, y él justificará por la fe a............ 2316
4.2 tiene de qué gloriarse, pero no…con D......... 2316
4.3 creyó Abraham a D, y le fue contado por 2316
4.6 del hombre a quien D atribuye justicia 2316
4.17 delante de D, a quien creyó, el cual de......... 2316
4.20 tampoco dudó…de la promesa de D, sino 2316
4.20 se fortaleció en fe, dando gloria a D........... 2316
5.1 la fe, tenemos paz para con D por medio 2316
5.2 nos gloriamos en la…de la gloria de D 2316
5.5 porque el amor de D ha sido derramado en 2316
5.8 D muestra su amor para con nosotros, en 2316
5.10 reconciliados con D por la muerte de su...... 2316
5.11 nos gloriamos en D por el Señor nuestro 2316
5.15 el don de D por la gracia de un hombre 2316
6.10 murió…mas en cuanto vive, para D vive 2316
6.11 muertos…pero vivos para D en Cristo 2316
6.13 presentaos vosotros mismos a D como 2316
6.13 vuestros miembros a D como instrumentos.... 2316
6.17 gracias a D, que aunque erais esclavos 2316
6.22 sido libertados…y hechos siervos de D 2316
6.23 dádiva de D es vida eterna en Cristo 2316
7.4 a fin de que llevemos fruto para D.............. 2316
7.22 porque según…me deleito en la ley de D 2316
7.25 gracias doy a D, por Jesucristo Señor 2316
7.25 con la mente sirvo a la ley de D, mas 2316
8.3 D, enviando a su Hijo en semejanza de 2316
8.7 los…de la carne son enemistad contra D 2316
8.7 no se sujeta a la ley de D, ni tampoco 2316
8.8 según la carne no pueden agradar a D 2316
8.9 es que el Espíritu de D mora en vosotros 2316
8.14 por el Espíritu de D…son hijos de D........... 2316
8.16 da testimonio…de que somos hijos de D....... 2316
8.17 herederos de D y coherederos con Cristo...... 2316
8.19 de la manifestación de los hijos de D 2316
8.21 la libertad gloriosa de los hijos de D........... 2316
8.27 conforme a la voluntad de D intercede 2316
8.28 los que aman a D, todas las cosas les 2316
8.31 si D es por nosotros, ¿quién contra 2316
8.33 acusará a los escogidos de D? D es el.......... 2316
8.34 el que además está a la diestra de D........... 2316
8.39 podrá separar del amor de D, que es en 2316
9.5 vino Cristo, el cual es D sobre todas las........ 2316
9.6 no que la palabra de D haya fallado 2316
9.8 no…según la carne son los hijos de D 2316
9.11 para que el propósito de D…permaneciese ... 2316
9.14 pues, diremos? ¿Qué hay injusticia en D?...... 2316
9.16 depende…de D que tiene misericordia 2316
9.20 ¿quién eres tú…que alterques con D? 2316
9.22 ¿y qué, si D, queriendo mostrar su ira 2316
9.26 allí serán llamados hijos del D viviente 2316
10.1 y mi oración a D por Israel, es para 2316
10.2 doy testimonio de que tienen celo de D 2316
10.3 ignorando la justicia de D, y procurando 2316
10.3 no se han sujetado a la justicia de D........... 2316
10.9 creyeres…D le levantó de los muertos......... 2316
10.17 el oír, y el oír, por la palabra de D............ 2316
11.1 pues: ¿Ha desechado D a su pueblo? En 2316
11.2 no ha desechado D a su pueblo, al cual 2316
11.2 de Elías…cómo invoca a D contra Israel 2316
11.8 D les dio espíritu de estupor, ojos con 2316
11.21 si D no perdonó a las ramas naturales 2316
11.22 mira…la bondad y la severidad de D.......... 2316
11.23 pues poderoso es D para volverlos a 2316
11.29 irrevocables son los dones y el…de D 2316
11.30 erais desobedientes a D, pero ahora 2316
11.32 D sujetó a todos en desobediencia, para...... 2316
11.33 ¡oh profundidad…de la ciencia de D!......... 2316
12.1 ruego por las misericordias de D, que 2316
12.1 que presentéis vuestros cuerpos…a D......... 2316
12.2 comprobéis cuál sea la…voluntad de D 2316
12.3 medida de la fe que D repartió a cada......... 2316
12.19 os venguéis…dejad lugar a la ira de D
13.1 no hay autoridad sino de parte de D, y 2316
13.1 que hay, por D han sido establecidas 2316
13.2 se opone…a lo establecido por D resiste 2316
13.4 es servidor de D, para tu bien 2316
13.4 es servidor de D, vengador para castigar...... 2316
13.6 son servidores de D que atienden…a esto 2316
14.3 no juzgue al…porque D le ha recibido......... 2316
14.6 para el Señor porque da gracias a D 2316
14.6 para el Señor no come y da gracias a D 2316
14.11 doblará y toda lengua confesará a D......... 2316
14.12 que cada uno de…dará a D cuenta de sí 2316
14.17 el reino de D no es comida ni bebida 2316
14.18 el que sirve a Cristo…agrada a D............ 2316
14.20 no destruyas la obra de D por causa de 2316
14.22 tú fe? Tenla para contigo delante de D 2316
15.5 el D de la paciencia y de la consolación........ 2316
15.6 glorifiquéis al D y Padre de nuestro 2316
15.7 Cristo nos reciba para gloria de D 2316
15.8 siervo de…para mostrar la verdad de D 2316
15.9 para que las gentes glorifiquen a D 2316
15.13 D de esperanza os llene de todo gozo......... 2316
15.15 por la gracia que de D me es dada 2316
15.16 ministrando el evangelio de D, para que 2316
15.17 gloriarme en…lo que a D se refiere 2316
15.19 con potencia…poder del Espíritu de D 2316
15.30 os ruego me ayudéis orando por mí a D...... 2316
15.32 llegue a vosotros por la voluntad de D........ 2316
15.33 y el D de paz sea con todos vosotros.......... 2316
16.20 D de paz aplastará en breve a Satanás....... 2316
16.26 según el mandamiento del D eterno se 2316
1 Co 1.1 a ser apóstol por la voluntad de D............ 2316
1.2 a la iglesia de D que está en Corinto........... 2316
1.3 gracia y paz a vosotros de D Padre y 2316
1.4 gracias doy a mi D siempre por vosotros 2316
1.9 fiel es D por el cual fuisteis llamados 2316
1.14 doy gracias a D de que a ninguno de 2316
1.18 pero a los que se salvan…es poder de D....... 2316
1.20 ¿no ha enloquecido D la sabiduría del 2316
1.21 ya que en la sabiduría de D, el mundo 2316
1.21 no conoció a D mediante la sabiduría 2316
1.21 agradó a D salvar a los creyentes por 2316
1.24 Cristo poder de D y sabiduría de D............ 2316
1.25 lo insensato de D es más sabio que los......... 2316
1.25 y lo débil de D es más fuerte que los........... 2316
1.27 lo necio…escogió D, para avergonzar a....... 2316
1.27 lo débil…escogió D, para avergonzar a 2316
1.28 lo vil del mundo y lo…escogió D y lo.......... 2316
1.30 cual nos ha sido hecho por D sabiduría........ 2316
2.1 para anunciaros el testimonio de D no 2316
2.5 no este fundada sino…en el poder se D......... 2316
2.7 hablamos sabiduría de D en misterio la 2316
2.7 la cual D predestinó antes de los siglos 2316
2.9 que D ha preparado para los que le aman 2316
2.10 pero D nos lo reveló a nosotros por el 2316
2.10 todo lo escudriña…aun lo profundo de D...... 2316
2.11 las cosas de D sino el Espíritu de D 2316
2.12 el Espíritu que proviene de D, para que 2316
2.12 que sepamos lo que D nos ha concedido 2316
2.14 no percibe las cosas…del Espíritu de D 2316
3.6 regó; pero el crecimiento lo ha dado D 2316
3.7 el que planta…ni el que siega sino D 2316
3.9 porque nosotros somos colaboradores de D 2316
3.9 vosotros…labranza de D, edificio de D 2316
3.10 conforme a la gracia de D que me ha sido..... 2316
3.16 templo de D…el Espíritu de D mora en........ 2316
3.17 alguno destruyere el templo de D D le 2316
3.17 el templo de D, el cual sois…santo; es 2316
3.19 la sabiduría…es insensatez para con D 2316
3.23 y vosotros de Cristo, y Cristo de D............ 2316
4.1 administradores de los misterios de D.......... 2316
4.5 venga…cada uno recibiría su alabanza de D... 2316
4.9 D nos ha exhibido a…los apóstoles como 2316
4.20 el reino de D no consiste en palabras.......... 2316
5.13 porque a los que están fuera D juzgará........ 2316
6.9 los injustos no heredarán el Reino de D? 2316
6.10 ni los avaros…heredarán el Reino de D....... 2316
6.11 justificados en…por el Espíritu de D 2316
6.13 al uno como a los otras destruirá D............ 2316
6.14 y D, que levantó al Señor, también a........... 2316
6.19 tenéis de D, y que no sois vuestros?............ 2316
6.20 glorificad, pues, a D…cuales son de D......... 2316
7.7 pero cada uno tiene su propio don de D 2316
7.15 sujeto a…sino que a paz nos llamó D.......... 2316
7.17 y como D llamó a cada uno así haga........... 2316
7.19 Sino el guardar los mandamientos de D 2316
7.24 fue llamado, así permanezca para con D 2316
7.40 que también yo tengo el Espíritu de D 2316
8.3 pero si alguno ama a D, es conocido por él 2316
8.4 en el mundo, y que no hay más que un D........ 2316
8.5 se llamen d (como hay muchos d y muchos 2316
8.6 para nosotros…sólo hay un D, el Padre 2316
8.8 la vianda no nos hace más aceptos ante D...... 2316
9.9 trilla. ¿Tiene D cuidado de los bueyes........... 2316
9.21 no estando yo sin ley de D, sino bajo la 2316
10.5 pero de los más de ellos no se agradó D 2316
10.13 fiel es D, que no os dejará ser tentados 2316
10.20 a los demonios lo sacrifican, y no a D 2316
10.31 cosa, hacedlo todo para la gloria de D........ 2316
10.32 no seáis tropiezo…a la iglesia de D 2316
11.3 Cristo es la…y D la cabeza de Cristo.......... 2316

11.7 varón…pues él es imagen y gloria de *D* 2316
11.12 de la mujer; pero todo procede de *D* 2316
11.13 que la mujer ore a *D* sin cubrirse la 2316
11.16 tal costumbre, ni las iglesias de *D* 2316
11.22 ¿o menospreciáis la iglesia de *D* y 2316
12.3 nadie que hable por el Espíritu de *D* 2316
12.6 pero *D* que hace todas las cosas en todos 2316
12.18 *D* ha colocado los miembros cada uno 2316
12.24 *D* ordenó el cuerpo, dando más honor 2316
12.28 unos puso *D* en la iglesia, primeramente 2316
14.2 no habla a los hombres, sino a *D*; pues 2316
14.18 gracias a *D* que hablo en lenguas más 2316
14.25 postrándose…adorará a *D*, declarando 2316
14.25 verdaderamente *D* está entre vosotros 2316
14.28 calle hable para sí mismo y para *D* 2316
14.33 pues *D* no es *D* de confusión, fino de 2316
14.36 ha salido de vosotros la palabra de *D* 2316
15.9 porque yo…perseguí a la iglesia de *D* 2316
15.10 pero por la gracia de *D* soy lo que soy 2316
15.10 pero no yo, sino la gracia de *D* conmigo 2316
15.15 somos hallados falsos testigos de *D* 2316
15.15 hemos testificado de *D* que él resucitó 2316
15.24 el fin, cuando entregue el reino al *D* y 2316
15.28 las cosas, para que *D* sea todo en todos 2316
15.34 velad…porque algunos no conocen a *D* 2316
15.38 pero *D* le da el cuerpo como él quiso 2316
15.50 no pueden heredar el reino de *D* ni la 2316
15.57 gracias sean dadas a *D*…da la victoria 2316
2 Co 1.1 Pablo, apóstol…por la voluntad de *D* 2316
1.1 a la iglesia de *D* que está en Corinto 2316
1.2 gracia y paz a vosotros de *D*…Padre y 2316
1.3 bendito sea el *D*…*D* de toda consolación 2316
1.4 consolación con que…consolados por *D* 2316
1.9 para que no confiásemos en…sino en *D* 2316
1.12 con sencillez y sinceridad de *D*, no con 2316
1.12 con la gracia de *D*, nos hemos conducido 2316
1.18 mas, como *D* es fiel, nuestra palabra a 2316
1.19 el Hijo de *D*…ha sido predicado entre 2316
1.20 son en él…Amén…para la gloria de *D* 2316
1.20 todas las promesas de *D* son en él sí, y 2316
1.21 el que nos confirma, y…nos ungió, es *D* 2316
1.23 invoco a *D* por testigo sobre mi alma 2316
2.14 a *D* gracias, el cual nos lleva siempre 2316
2.15 para *D* somos grato olor de Cristo en 2316
2.17 que medran falsificando la palabra de *D* 2316
2.17 de parte de *D*, y delante de *D*, hablamos 2316
3.3 escrita no…sino en el Espíritu del *D* 2316
3.4 confianza…mediante Cristo para con *D* 2316
3.5 que nuestra competencia proviene de *D* 2316
4.2 ni adulterando la palabra de *D*, sino 2316
4.2 a toda conciencia humana delante de *D* 2316
4.4 *d* de este siglo cegó el entendimiento 2316
4.4 de Cristo, el cual es la imagen de *D* 2316
4.6 *D*, que mandó que de las tinieblas…luz 2316
4.6 del conocimiento de la gloria de *D* en 2316
4.7 que la excelencia del poder sea de *D*, y 2316
4.15 la acción de gracias para gloria de *D* 2316
5.1 tenemos de *D* un edificio, una casa no 2316
5.5 mas el que nos hizo para esto mismo es *D* 2316
5.11 pero a *D* le es manifiesto lo que somos 2316
5.13 si estamos locos, es para *D*; y si somos 2316
5.18 esto proviene de *D*, quien nos reconcilió 2316
5.19 *D* estaba en Cristo reconciliando consigo 2316
5.20 como si *D* rogase por medio de nosotros 2316
5.20 rogamos en nombre…reconciliaos con *D* 2316
5.21 nosotros fuésemos hechos justicia de *D* 2316
6.1 que no recibáis en vano la gracia de *D* 2316
6.4 nos recomendamos…como ministros de *D* 2316
6.7 en poder de *D*, con armas de justicia a 2316
6.16 que acuerdo hay entre el templo de *D* 2316
6.16 vosotros sois el templo del *D* viviente 2316
6.16 como *D* dijo Habitaré…y seré su *D*, y 2316
7.1 perfeccionando la santidad en el…de *D* 2316
7.6 pero *D*…nos consoló con la venida de Tito 2316
7.9 habéis sido contristados según *D*, para 2316
7.10 la tristeza que es según *D* produce 2316
7.11 que hayáis sido contristados según *D* 2316
7.12 solicitud…por vosotros delante de *D* 2316
8.1 os hacemos saber la gracia de *D* que se 2316
8.5 luego a nosotros por la voluntad de *D* 2316
8.16 gracias a *D* que puso en el corazón de 2316
9.7 dé como…porque *D* ama al dador alegre 2316
9.8 poderoso es *D* para hacer que abunde en 2316
9.11 la cual produce…acción de gracias a *D* 2316
9.12 abunda en…acciones de gracias a *D* 2316
9.13 glorifican a *D* por la obediencia que 2316
9.14 a causa de la…gracia de *D* en vosotros 2316
9.15 ¡gracias a *D* por su don inefable! 2316
10.4 poderosas en *D* para la destrucción de 2316
10.5 se levanta contra el conocimiento de *D* 2316
10.13 conforme a la regla que *D* nos ha dado 2316
10.18 aprobado…sino aquel a quien *D* alaba 2962
11.2 porque os celo con celo de *D*; pues os 2316
11.7 he predicado el evangelio de *D* de balde? 2316
11.11 ¿por qué ¿Porque no os amo? *D* lo sabe 2316
11.31 el *D* y Padre de…sabe que no miento 2316
12.2,3 si fuera del cuerpo, no lo sé; *D* lo sabe 2316
12.19 delante de *D* en Cristo hablamos; y todo 2316
12.21 me humille *D* entre vosotros, y quizá 2316
13.4 fue crucificado…vive por el poder de *D* 2316
13.4 viviremos con él por el poder de *D* para 2316
13.7 oramos a *D* que ninguna cosa mala hagáis 2316
13.11 el *D* de paz y de…estará con vosotros 2316
13.14 amor de *D*, y la comunión del Espíritu 2316
Gá 1.1 sino por Jesucristo y por *D* el Padre 2316
1.3 gracia y paz sean a vosotros, de *D* el Padre 2316
1.4 conforme a la voluntad de nuestro *D* y 2316
1.10 el favor de los hombres, o el de *D*? 2316
1.13 que perseguía…a la iglesia de *D*, y la 2316
1.15 pero cuando agradó a *D*, que me apartó 2316
1.20 en esto que…delante de *D* que no miento 2316
1.24 y glorificaban a *D* en mí 2316
2.6 importa; *D* no hace acepción de personas 2316
2.19 ley soy muerto…a fin de vivir para *D* 2316
2.20 lo vivo en la fe del Hijo de *D*, el cual 2316
2.21 no desecho la gracia de *D*; pues si por 2316
3.6 Abraham creyó a *D*, y le fue contado por 2316
3.8 la Escritura, previendo que *D* había de 2316
3.11 por la ley ninguno se justifica…con *D* 2316
3.17 el pacto previamente ratificado por *D* 2316
3.18 pero *D* la concedió a Abraham mediante la 2316
3.20 el mediador no lo es de…pero *D* es uno 2316
3.21 ley es contraria a las promesas de *D*? 2316
3.26 sois hijos de *D* por la fe en Cristo 2316
4.4 *D* envió a su Hijo, nacido de mujer y 2316
4.6 *D* envió a vuestros corazones el Espíritu 2316
4.7 hijo…heredero de *D* por medio de Cristo 2316
4.8 no conociendo a *D*, servíais a los que por 2316
4.8 serviais a…que por naturaleza no son *d* 2316
4.9 conociendo a *D*…siendo conocidos por *D* 2316
4.14 bien me recibisteis como a un ángel de *D* 2316
5.21 practican…no heredarán el reino de *D* 2316
6.7 *D* no puede ser burlado: pues todo lo que 2316
6.16 paz y…sea a ellos, y al Israel de *D* 2316
Ef 1.1 Pablo, apóstol…por la voluntad de *D* 2316
1.2 y paz a vosotros, de *D* nuestro Padre y 2316
1.3 bendito sea el *D* y Padre de…Jesucristo 2316
1.17 el *D* de nuestro Señor…os dé espíritu 2316
2.4 *D*, que es rico en misericordia, por su 2316
2.8 y esto no de vosotros, pues es don de *D* 2316
2.10 las cuales *D* preparó de antemano para 2316
2.12 ajenos…sin esperanza y sin *D* 112,2316
2.16 mediante la cruz reconciliar con *D* a 2316
2.19 los santos, miembros de la familia de *D* 2316
2.22 juntamente edificados para morada de *D* 2316
3.2 de la administración de la gracia de *D* 2316
3.7 fui hecho ministro por…la gracia de *D* 2316
3.9 misterio escondido desde los siglos en *D* 2316
3.10 que la multiforme sabiduría de *D* sea 2316
3.19 seáis llenos de toda la plenitud de *D* 2316
4.6 un *D* y Padre de todos, el cual es sobre 2316
4.13 lleguemos…conocimiento del Hijo de *D* 2316
4.18 ajenos de la vida de *D* por la ignorancia 2316
4.24 del nuevo hombre, creado según *D* en la 2316
4.30 no contristéis al Espíritu Santo de *D* 2316
4.32 perdonándoos…*D* también os perdonó en 2316
5.1 sed…imitadores de *D* como hijos amados 2316
5.2 entregó a sí…ofrenda y sacrificio a *D* 2316
5.5 herencia en el reino de Cristo y de *D* 2316
5.6 por estas cosas viene la ira de *D* sobre 2316
5.20 dando siempre gracias por todo al *D* y 2316
5.21 someteos unos a otros en el temor de *D* 2316
6.6 de corazón haciendo la voluntad de *D* 2316
6.11 vestíos de toda la armadura de *D* para 2316
6.13 tomad toda la armadura de *D*, para que 2316
6.17 del Espíritu, que es la palabra de *D* 2316
6.23 paz…de *D* Padre y del Señor Jesucristo 2316
Fil 1.2 paz a vosotros, de *D* nuestro Padre y 2316
1.3 gracias a mi *D*…me acuerdo de vosotros 2316
1.8 *D* me es testigo de cómo os amo a todos 2316
1.11 de frutos…para gloria y alabanza de *D* 2316
1.28 para vosotros de salvación, y esto de *D* 2316
2.6 el cual, siendo en forma de *D*, no estimó 2316
2.6 no estimó el ser igual a *D* como cosa a 2316
2.9 por lo cual *D*…le exaltó hasta lo sumo 2316
2.11 es el Señor, para gloria de *D* Padre 2316
2.13 *D* es el que en vosotros produce así el 2316
2.15 para que seáis…hijos de *D* sin mancha 2316
2.27 pero *D* tuvo misericordia de él, y no 2316
3.3 servimos a *D* y nos gloriamos en Cristo 2316
3.9 sino…la justicia que es de *D* por la fe 2316
3.14 al premio del supremo llamamiento de *D* 2316
3.15 sentís, esto también os lo revelará *D* 2316
3.19 cuyo *d* es el vientre, y cuya gloria es 2316
4.6 sean conocidas vuestras peticiones
delante de *D* 2316
4.7 de *D*, que sobrepasa todo entendimiento 2316
4.9 esto…y el *D* de paz estará con vosotros 2316
4.18 olor…sacrificio acepto, agradable a *D* 2316
4.19 *D*, pues, suplirá todo lo que os falta 2316
4.20 al *D* y Padre nuestro sea gloria por los 2316
Col 1.1 Pablo, apóstol…por la voluntad de *D* 2316
1.2 gracia y paz…de *D* nuestro Padre y del 2316
1.3 damos gracias a *D*, Padre de…Jesucristo 2316
1.6 y conocisteis la gracia de *D* en verdad 2316
1.10 y creciendo en el conocimiento de *D* 2316
1.15 él es la imagen del *D* invisible, el 2316
1.25 ministro, según la administración de *D* 2316
1.25 anuncie cumplidamente la palabra de *D* 2316
1.27 a quienes *D* quiso dar a conocer las 2316
2.2 fin de conocer el misterio de *D* el Padre 2316
2.12 la fe en el poder de *D* que le levantó 2316
2.19 todo…crece con el crecimiento que da *D* 2316
3.1 está Cristo sentado a la diestra de *D* 2316
3.3 vuestra vida está escondida con…en *D* 2316
3.6 cosas por las cuales la ira de *D* viene 2316
3.12 vestíos…como escogidos de *D*, santos y 2316
3.15 y la paz de *D* gobierne en…corazones 2316
3.17 dando gracias a *D* Padre por medio de él 2316
3.22 sino con corazón sincero, temiendo a *D* 2316
4.11 que me ayudan en el reino de *D*, y han 2316
4.12 y completos en todo lo que *D* quiere 2316
1 Ts 1.1 la iglesia…en *D* Padre y en el Señor 2316
1.1 paz sean a vosotros, de *D* nuestro Padre 2316
1.2 damos…gracias a *D* por todos vosotros 2316
1.3 acordándonos sin cesar delante del *D* y 2316
1.4 porque conocemos…amados de *D*, vuestra 2316
1.8 lugar vuestra fe en *D* se ha extendido 2316
1.9 a *D*, para servir al *D* vivo y verdadero 2316
2.2 denuedo en nuestro *D* para anunciaros el 2316
2.2 anunciaros el evangelio de *D* en medio de 2316
2.4 como para agradar a los hombres, sino a *D* 2316
2.4 fuimos aprobados por *D* para que se nos 2316
2.5 ni encubrimos avaricia; *D* es testigo 2316
2.8 entregaros no sólo el evangelio de *D* 2316
2.9 cómo…os predicamos el evangelio de *D* 2316
2.10 sois testigos, y *D* también, de cuán 2316
2.12 anduvieseis como es digno de *D*, que os 2316
2.13 sin cesar damos gracias a *D*, de que 2316
2.13 según es en verdad, la palabra de *D* 2316
2.13 que cuando recibisteis la palabra de *D* 2316
2.14 a ser imitadores de las iglesias de *D* 2316
2.15 y no agradan a *D*, y se oponen a todos 2316
3.2 y enviamos a Timoteo…servidor de *D* y 2316
3.9 acción de gracias podamos dar a *D* por 2316
3.9 causa de vosotros delante de nuestro *D* 2316
3.11 mismo *D* y Padre…dirija nuestro camino 2316
3.13 sean afirmados…en santidad delante de *D* 2316
4.1 os conviene conduciros y agradar a *D*, así 2316
4.3 voluntad de *D* es vuestra santificación 2316
4.5 no…como los gentiles que no conocen a *D* 2316
4.7 no nos ha llamado *D* a inmundicia, sino 2316
4.8 desecha…no desecha a hombre, sino a *D* 2316
4.9 habéis aprendido de *D* que os améis unos 2312
4.14 traerá *D* con Jesús a los que durmieron 2316
4.16 con trompeta de *D*, descenderá del cielo 2316
5.9 no nos ha puesto *D* para ira, sino para 2316
5.18 dad gracias…esta es la voluntad de *D* 2316
5.23 el…¿*D* de paz os santifique por completo 2316
2 Ts 1.1 la iglesia de los tesalonicenses en *D* 2316
1.2 paz a vosotros de *D* nuestro padre y del 2316
1.3 debemos…dar gracias a *D* por vosotros 2316
1.4 nos gloriamos de…en las iglesias de *D* 2316
1.5 es demostración del justo juicio de *D* 2316
1.5 seáis tenidos por dignos del reino de *D* 2316
1.6 porque es justo delante de *D* pagar con 2316
1.8 retribución a los que no conocieron a *D* 2316
1.11 que nuestro *D* os tenga por dignos de su 2316
1.12 por la gracia de nuestro *D* y del Señor 2316
2.4 se levanta contra todo lo que se llama *D* 2316
2.4 en el templo de *D* como *D*…pasar por *D* 2316
2.11 por esto *D* les envía un poder engañoso 2316
2.13 dar…gracias a *D* respecto a vosotros 2316
2.13 *D* os haya escogido desde el principio 2316
2.16 *D* nuestro padre, el cual nos amó y nos 2316
3.5 encamine vuestros corazones al amor de *D* 2316
1 Ti 1.1 Pablo, apóstol de…por mandato de *D* 2316
1.2 y paz, de *D* nuestro Padre y de Cristo 2316
1.4 disputas más bien que edificación de *D* 2316
1.11 el glorioso evangelio del *D* bendito, que 2316
1.17 al único y sabio *D*, sea honor y gloria 2316
2.3 esto es bueno y agradable delante de *D* 2316
2.5 un solo *D*, y un solo mediador entre *D* y 2316
3.5 casa; ¿cómo cuidará de la iglesia de *D*? 2316
3.15 cómo debes conducirte en la casa de *D* 2316
3.15 es la iglesia del *D* viviente, columna 2316
3.16 la piedad: *D* fue manifestado en carne 2316
4.3 abstenerse de alimentos que *D* creó para 2316
4.4 todo lo que *D* creó es bueno, y nada es 2316
4.5 por la palabra de *D* y por la oración es 2316
4.10 esperamos en el *D* viviente, que es el 2316
5.4 porque esto es lo bueno y…delante de *D* 2316
5.5 es viuda…espera en *D*, y es diligente en 2316
5.21 te encarezco delante de *D* y del Señor 2316
6.1 que no sea blasfemado el nombre de *D* y la 2316
6.11 tú, oh hombre de *D*, huye de estas cosas 2316
6.13 mando delante de *D*, que da vida a todas 2316
6.17 en las riquezas…sino en el *D* vivo, que 2316
2 Ti 1.1 Pablo, apóstol…por la voluntad de *D* 2316
1.2 paz, de *D* Padre y de Jesucristo nuestro 2316
1.3 doy gracias a *D*, al cual sirvo desde mis 2316
1.6 avives el fuego del don de *D* que está en 2316
1.7 no nos ha dado *D* espíritu de cobardía 2316
1.8 sino participa de…según el poder de *D* 2316
2.9 sufro…mas la palabra de *D* no está presa 2316
2.15 procura con…presentarte a *D* aprobado 2316
2.19 el fundamento de *D* está firme, teniendo 2316
2.25 *D* les conceda que se arrepientan para 2316
3.4 amadores de los deleites más que de *D* 5377
3.16 toda la Escritura es inspirada por *D* 2316
3.17 fin de que el hombre de *D* sea perfecto 2316
4.1 te encarezco delante de *D* y del Señor 2316
Tit 1.1 siervo de *D* y apóstol de Jesucristo 2316
1.1 conforme a la fe de los escogidos de *D* 2316
1.2 en la esperanza de la vida…la cual *D* 2316
1.3 que me fue encomendada por mandato de *D* ... 2316
1.4 y paz, de *D* Padre y del Señor Jesucristo 2316
1.7 irreprensible, como administrador de *D* 2316
1.16 profesan conocer a *D*, pero con los 2316
2.5 que la palabra de *D* no sea blasfemada 2316
2.10 que en todo adornen la doctrina de *D* 2316
2.11 la gracia de *D* se ha manifestado para 2316
2.13 la manifestación gloriosa de…gran *D* 2316
3.4 pero cuando se manifestó la bondad de *D* 2316
3.8 los que creen en *D* procuren ocuparse en 2316
Flm 3 gracia y paz…de *D* nuestro Padre y del 2316
4 doy gracias a mi *D*, haciendo…memoria de 2316
He 1.1 *D*, habiendo hablado muchas veces y de 2316
1.5, 13 ¿a cuál de los ángeles dijo *D* jamás
1.6 dice: Adórenle todos los ángeles de *D* 2316
1.8 tu trono, oh *D*, por el siglo del siglo 2316
1.9 por lo cual te ungió *D*, el *D* tuyo, con 2316
2.4 testificando *D*…con ellos…con señales 2316
2.9 que por la gracia de *D* gustase la muerte 2316

2.13 he aquí, yo y los hijos que *D* me dio *2316*
2.17 y fiel, sumo sacerdote en lo que a *D* se *2316*
3.2 como. . . fue Moisés en toda la casa de *D*. *846*
3.4 pero el que hizo todas las cosas es *D*. *2316*
3.5 Moisés. . . fue fiel en toda la casa de *D*. *846*
3.12 incredulidad para apartarse del *D* vivo. *2316*
4.4 reposó *D* de todas sus obras en el. . . día. *2316*
4.9 queda un reposo para el pueblo de *D*. *2316*
4.10 reposado de. . . obras, como *D* de las suyas *2316*
4.12 la palabra de *D* es viva y eficaz, y más. *2316*
4.14 un gran sumo sacerdote. . . el Hijo de *D* *2316*
5.1 a favor de los hombres en lo que a *D* se. *2316*
5.4 sino el que es llamado por *D*, como lo fue *2316*
5.10 declarado por *D* sumo sacerdote según el *2316*
5.12 primeros rudimentos de las palabras de *D* . . . *2316*
6.1 otra vez el fundamento del. . . de la fe en *D* *2316*
6.3 esto haremos, si *D* en verdad lo permite *2316*
6.5 gustaron de la buena palabra de *D* y los. *2316*
6.6 crucificando de nuevo para. . . al Hijo de *D* *2316*
6.7 bebe la lluvia. . . recibe bendición de *D* *2316*
6.10 *D* no es injusto para olvidar vuestra *2316*
6.13 cuando *D* hizo la promesa a Abraham, no *2316*
6.17 queriendo *D* mostrar. . . inmutabilidad de *2316*
6.18 en las cuales es imposible que *D* mienta *2316*
7.1 Melquisedec. . . sacerdote del *D* Altísimo *2316*
7.3 hecho semejante al Hijo de *D*, permanece *2316*
7.19 esperanza, por la cual. . . acercarnos a *D*. *2316*
7.25 salvar. . . los que por él se acercan a *D* *2316*
8.10 seré a ellos por *D*, y ellos me serán a *2316*
9.14 se ofreció a sí mismo sin mancha a *D*. *2316*
9.14 limpiará para que sirváis al *D* vivo? *2316*
9.20 esta es la sangre del pacto que *D* os *2316*
9.24 presentarse ahora por nosotros ante *D*. *2316*
10.7,9 vengo, oh *D*, para hacer tu voluntad *2316*
10.12 Cristo. . . ha sentado a la diestra de *D* *2316*
10.21 un gran sacerdote sobre la casa de *D* *2316*
10.29 que pisoteare al Hijo de *D*, y tuviere *2316*
10.31 ¡horrenda. . . caer en manos del *D* vivo! *2316*
10.36 que habiendo hecho la voluntad de *D* *2316*
11.3 constituido el universo por la. . . de *D*. *2316*
11.4 por la fe Abel ofreció a *D*. . . sacrificio *2316*
11.4 dando *D* testimonio de sus ofrendas y *2316*
11.5 y no fue hallado, porque lo traspuso *D*. *2316*
11.5 tuvo testimonio de haber agradado a *D* *2316*
11.6 pero sin fe es imposible agradar a *D* *2316*
11.7 Noé, cuando fue advertido por *D* acerca
11.10 cuyo arquitecto y constructor es *D* *2316*
11.16 *D* no se avergüenza de llamarse *D* de *2316*
11.19 pensando. . . *D* es poderoso para levantar. *2316*
11.25 ser maltratado con el pueblo de *D*, que *2316*
11.40 proveyendo *D* alguna cosa mejor para *2316*
12.2 y se sentó a la diestra del trono de *D* *2316*
12.7 si soportáis. . . *D* os trata como a hijos *2316*
12.15 deje de alcanzar la gracia de *D*; que. *2316*
12.22 acercado a Sion, a la ciudad del *D*. *2316*
12.23 a *D* el Juez de todos, a los espíritus *2316*
12.28 sirvamos a *D* agradándole con temor y. *2316*
12.29 porque nuestro *D* es fuego consumidor. *2316*
13.4 pero a los fornicarios. . . los juzgará *D* *2316*
13.7 pastores. . . os hablaron la palabra de *D*. *2316*
13.15 ofrezcamos siempre a *D*, por medio de *2316*
13.16 porque de tales sacrificios se agrada *D*. *2316*
13.20 *D* de paz que resucitó de los muertos. *2316*
Stg 1.1 Santiago, siervo de *D* y. . . Jesucristo. *2316*
1.5 tiene falta de sabiduría, pídala a *D*, el *2316*
1.12 recibirá la corona de vida, que *D* ha. *2316*
1.13 tentado. . . de *D*. . . *D* no puede ser tentado *2316*
1.20 la ira del. . . no obra la justicia de *D* *2316*
1.27 la religión pura. . . delante de *D* el Padre *2316*
2.19 crees que *D* es uno; bien haces. También *2316*
2.23 Abraham creyó a *D*, y le fue contado por *2316*
2.23 por justicia, y fue llamado amigo de *D*. *2316*
3.9 con ella bendecimos al *D* y Padre, y con *2316*
3.9 que están hechos a la semejanza de *D* *2316*
4.4 la amistad del. . . es enemistad contra *D*? *2316*
4.4 amigo del. . . se constituye enemigo de *D* *2316*
4.6 *D* resiste a los soberbios, y da gracia *2316*
4.7 someteos, pues, a *D*; resistid al diablo. *2316*
4.8 acercaos a *D*, y él se acercará a vosotros *2316*
1 P 1.2 elegidos según la presciencia de *D*. *2316*
1.3 bendito el *D* y Padre de nuestro Señor. *2316*
1.5 que sois guardados por el poder de *D* *2316*
1.21 mediante el cual creéis en *D*, quien le. *2316*
1.21 que vuestra fe y esperanza sean en *D* *2316*
1.23 siendo renacidos. . . por la palabra de *D*. *2316*
2.4 hombres, mas para *D*, escogida y preciosa *2316*
2.5 para ofrecer sacrificios. . . a *D* por medio *2316*
2.9 vosotros sois. . . pueblo adquirido por *D*
2.10 pero que ahora sois pueblo de *D*; que en. *2316*
2.12 para que. . . glorifiquen a *D* en el día de *2316*
2.15 es la voluntad de *D*; que haciendo bien *2316*
2.16 no como los que. . . sino como siervos de *D* *2316*
2.17 honrad a todos. . . Temed a *D*. Honrad al rey . . . *2316*
2.19 a causa de la conciencia delante de *D* *2316*
2.20 ciertamente es aprobado delante de *D* *2316*
3.4 que es de grande estima delante de *D* *2316*
3.5 así. . . santas mujeres que esperaban en *D*. *2316*
3.15 santificad a *D*. . . en vuestros corazones *2316*
3.17 si la voluntad de *D* así lo quiere, que. *2316*
3.18 por los injustos, para llevarnos a *D*. *2316*
3.20 la paciencia de *D* en los días de Noé. *2316*
3.21 de una buena conciencia hacia *D* por la *2316*
3.22 habiendo subido al. . . a la diestra de *D*. *2316*
4.2 vivir. . . sino conforme a la voluntad de *D*. *2316*
4.6 en carne. . . pero vivan en espíritu según *D* *2316*
4.10 buenos administradores de. . . gracia de *D* *2316*
4.11 hable conforme a las palabras de *D*; si *2316*
4.11 ministre conforme al poder que *D* da. *2316*
4.11 para que en todo sea *D* glorificado por. *2316*
4.14 el. . . Espíritu de *D* reposa sobre vosotros. *2316*
4.16 alguno padece. . . glorifique a *D* por ello. *2316*
4.17 que el juicio comience por la casa de *D*. *2316*
4.17 el fin. . . no obedecen al evangelio de *D*? *2316*
4.19 los que padecen según la voluntad de *D* *2316*
5.2 apacentad la grey de *D* que está entre. *2316*
5.5 *D* resiste a los soberbios, y da gracia a *2316*
5.6 humillaos. . . bajo la poderosa mano de *D* *2316*
5.10 el *D* de toda gracia, que nos llamó a su *2316*
5.12 esta es la verdadera gracia de *D*, en la *2316*
2 P 1.1 habéis alcanzado, por la justicia. . . *D* *2316*
1.2 el conocimiento de *D* y de nuestro Señor *2316*
1.17 cuando él recibió de *D* Padre honra y *2316*
1.21 los santos hombres de *D* hablaron siendo *2316*
2.4 si *D* no perdonó a los ángeles que pecaron *2316*
3.5 hechos por la palabra de *D* los cielos, y. *2316*
3.12 esperando. . . la venida del día de *D*, en el *2316*
1 Jn 1.5 *D* es luz, y no hay. . . tinieblas en él. *2316*
2.5 en éste. . . el amor de *D* se ha perfeccionado. *2316*
2.14 y la palabra de *D* permanece en vosotros *2316*
2.17 el que hace la voluntad de *D* permanece. *2316*
3.1 cuál amor. . . que seamos llamados hijos de *D* . . . *2316*
3.2 amados, ahora somos hijos de *D*, y aún no *2316*
3.8 para esto apareció el Hijo de *D*, para *2316*
3.9 aquel que es nacido de *D*, no practica el *2316*
3.9 porque la simiente de *D* permanece en él. *848*
3.9 y no puede pecar, porque es nacido de *D* *2316*
3.10 en esto se manifiestan los hijos de *D*. *2316*
3.10 y que no ama a su hermano, no es de *D* *2316*
3.17 ve a su. . . ¿cómo mora el amor de *D* en él? *2316*
3.20 mayor que nuestro corazón es *D*, y él. *2316*
3.21 no nos reprende, confianza tenemos en *D* *2316*
3.24 que guarda. . . permanece en *D*, y *D* en él. *846*
4.1 sino probad los espíritus si son de *D*. *2316*
4.2 en esto conoced el Espíritu de *D*: Todo *2316*
4.2 Jesucristo ha venido en carne, es de *D*. *2316*
4.3 que no confiesa. . . no es de *D*: y este es el. *2316*
4.4 vosotros sois de *D*, y los habéis vencido. *2316*
4.6 somos de *D*; el que conoce a *D*, nos oye *2316*
4.6 el que no es de *D*, no nos oye. En esto *2316*
4.7 amémonos unos a otros. . . el amor es de *D* *2316*
4.7 que ama, es nacido de *D*, y conoce a *D*. *2316*
4.8 no ha conocido a *D*; porque *D* es amor. *2316*
4.9 se mostró el amor de *D*. . . en que *D* envió a. *2316*
4.10 no en que nosotros hayamos amado a *D*. *2316*
4.11 si *D* nos ha amado así, debemos también *2316*
4.12 nadie ha visto jamás a *D*. Si nos amamos *2316*
4.12 *D* permanece en nosotros, y su amor se *2316*
4.15 que confiese que Jesús es el Hijo de *D* *2316*
4.15 confiese. . . *D* permanece en él, y él en *D* *2316*
4.16 conocido y creído el amor que *D* tiene *2316*
4.16 *D* es amor; y el que permanece en amor *2316*
4.16 en amor, permanece en *D*, y *D* en él *2316*
4.20 yo amo a *D*, y aborrece a su hermano, es *2316*
4.20 cómo puede amar a *D* a quien no ha visto? *2316*
4.21 que ama a *D*, ame también a su hermano *2316*
5.1 que Jesús es el Cristo, es nacido de *D*. *2316*
5.2 que amamos a los hijos de *D*. . . amamos a *D* *2316*
5.3 este es el amor de *D*, que guardemos sus *2316*
5.4 lo que es nacido de *D* vence al mundo *2316*
5.5 el que cree que Jesús es el Hijo de *D*? *2316*
5.9 mayor es el testimonio de *D*; porque este *2316*
5.9 el testimonio con que *D* ha testificado *2316*
5.10 el que cree en el Hijo de *D*, tiene el *2316*
5.10 que no cree, a *D* le ha hecho mentiroso. *2316*
5.10 no ha creído en el testimonio que *D* ha *2316*
5.11 *D* nos ha dado vida eterna, y esta vida. *2316*
5.12 el que no tiene al Hijo de *D* no tiene *2316*
5.13 que creéis en el nombre del Hijo de *D* *2316*
5.13 y para que creáis en el. . . del Hijo de *D*. *2316*
5.16 pedirá, y *D* le dará vida; esto es para *2316*
5.18 aquel que ha nacido de *D*, no practica el. *2316*
5.18 aquel que fue engendrado por *D* le guarda *2316*
5.19 somos de *D*, y el mundo. . . bajo el maligno *2316*
5.20 sabemos que el Hijo de *D* ha venido, y *2316*
5.20 este es el verdadero *D*, y la vida eterna. *2316*
2 Jn 3 paz, de *D* Padre y del señor Jesucristo. *2316*
9 cualquiera que se extravía. . . no tiene a *D* *2316*
3 Jn 6 como es digno de su servicio a *D*, para *2316*
11 el que hace lo bueno es de *D*; pero el que. *2316*
11 pero el que hace lo malo, no ha visto a *D*. *2316*
Jud 1 Judas. . . a los. . . santificados en *D* Padre *2316*
4 convierten en libertinaje la gracia de. . . *D* *2316*
4 niegan a *D* el único soberano, y a. . . Señor. *2316*
21 conservaos en el amor de *D*, esperando la *2316*
25 al único y sabio *D*. . . sea gloria y majestad. *2316*
Ap 1.1 revelación de Jesucristo, que *D* le dio *2316*
1.2 que ha dado testimonio de la palabra de *D* *2316*
1.6 nos hizo reyes y sacerdotes para *D*, su. *2316*
1.9 Patmos, por causa de la palabra de *D* y. *2316*
2.7 **el cual está en medio del paraíso de *D*.** *2316*
2.18 **el Hijo de *D*, el que tiene ojos como** *2316*
3.1 **el que tiene los siete espíritus de *D*** *2316*
3.2 **no he hallado tus obras. . . delante de *D*** *2316*
3.12 **lo haré columna en el templo de mi *D*** *2316*
3.12 **escribiré sobre él el nombre de mi *D*** *2316*
3.12 **nombre de la ciudad de mi *D*, la nueva** *2316*
3.12 **la cual desciende del cielo, de mi *D*.** *2316*
3.14 **el principio de la creación de *D*, dice** *2316*
4.5 lámparas. . . son los siete espíritus de *D* *2316*
4.8 santo, santo es el Señor *D* Todopoderoso *2316*
5.6 son los siete espíritus de *D* enviados por. *2316*
5.9 con tu sangre nos has redimido para *D*. *2316*
5.10 y nos has hecho para nuestro *D* reyes y *2316*
6.9 muertos por causa de la palabra de *D* y *2316*
7.2 y tenía el sello del *D* vivo; y clamó a. *2316*
7.3 sellado en. . . a los siervos de nuestro *D*. *2316*
7.10 la salvación pertenece a nuestro *D* que. *2316*
7.11 se postraron sobre sus. . . y adoraron a *D* *2316*
7.12 honra. . . sean a nuestro *D* por los siglos. *2316*
7.15 por esto están delante del trono de *D*. *2316*
7.17 *D* enjugará toda lágrima de los ojos de *2316*
8.2 y vi a los siete ángeles. . . en pie ante *D* *2316*
8.4 a la presencia de *D* el humo del incienso. *2316*
9.4 los hombres que no tuviesen el sello de *D*. *2316*
9.13 del altar de oro que estaba delante de *D*. *2316*
10.7 el misterio de *D* se consumará, como él. *2316*
11.1 dijo: Levántate, y mide el templo de *D* *2316*
11.4 los dos candeleros que. . . delante del *D* *2316*
11.11 entró en ellos el espíritu de vida. . . *D*. *2316*
11.13 demás. . . y dieron gloria al *D* del cielo *2316*
11.16 que estaban sentados delante de *D* en. *2316*
11.16 se postraron sobre sus. . . y adoraron a *D* *2316*
11.17 te damos gracias, Señor *D* Todopoderoso *2316*
11.19 el templo de *D* fue abiertoS en el cielo. *2316*
12.5 y su hijo fue arrebatado para *D* y para *2316*
12.6 tiene lugar preparado por *D*, para que *2316*
12.10 ha venido la. . . y el reino de nuestro *D* *2316*
12.10 que los acusaba delante de nuestro *D* *2316*
12.17 los que guardan los mandamientos de *D* *2316*
13.6 y abrió su boca en blasfemias contra *D*. *2316*
14.4 redimidos de. . . como primicias para *D* y *2316*
14.5 son sin mancha delante del trono de *D* *2316*
14.7 a gran voz: Temed a *D*, y dadle gloria *2316*
14.10 beberá del vino de la ira de *D*, que ha *2316*
14.12 los que guardan los mandamientos de *D* *2316*
14.19 las uvas en el. . . lagar de la ira de *D* *2316*
15.1 siete plagas. . . se consumaba la ira de *D* *2316*
15.2 en pie sobre el mar. . . con las arpas de *D* *2316*
15.3 y maravillosas son tus obras, Señor *D* *2316*
15.3 el cántico de Moisés siervo de *D*, y el *2316*
15.7 siete copas de. . . llenas de la ira de *D* *2316*
15.8 se llenó de humo por la gloria de *D*, y. *2316*
16.1 derramad. . . las siete copas de la ira de *D*. *2316*
16.7 Señor *D*. . . tus juicios son verdaderos y *2316*
16.9 y blasfemaron el nombre de *D*, que tiene *2316*
16.11 blasfemaron contra el *D* del cielo por *2316*
16.14 a la batalla de aquel gran día del *D* *2316*
16.19 Babilonia vino en memoria delante de *D* *2316*
16.21 los hombres blasfemaron contra *D* por. *2316*
17.17 porque *D* ha puesto en sus corazones el *2316*
17.17 hasta que se cumplan las palabras de *D*. *2316*
18.5 y *D* se ha acordado de sus maldades *2316*
18.8 será quemada con fuego. . . poderoso es *D* *2316*
18.20 porque *D* os ha hecho justicia en ella. *2316*
19.1 gloria y poder son del Señor *D* nuestro *2316*
19.4 se postraron en tierra y adoraron a *D*. *2316*
19.5 alabad a nuestro *D* todos sus siervos *2316*
19.6 el Señor nuestro *D* Todopoderoso reina! *2316*
19.9 me dijo. . . son palabras verdaderas de *D*. *2316*
19.10 dijo. . . Adora a *D* porque el testimonio *2316*
19.13 sangre y su nombre es: El Verbo de *D* *2316*
19.15 él pisa el lagar del. . . de la ira del *D*. *2316*
19.17 venid, y congregaos a la. . . cena de *D* *2316*
20.4 los decapitados por. . . la palabra de *D* *2316*
20.6 que serán sacerdotes de *D* y de Cristo *2316*
20.9 de *D* descendió fuego del cielo, y los *2316*
20.12 y vi a los muertos, grandes y. . . ante *D* *2316*
21.2 Jerusalén, descender del cielo, de *D* *2316*
21.3 decía: He aquí el tabernáculo de *D* con *2316*
21.3 y *D* mismo estará con ellos como su *D* *2316*
21.4 enjugará *D* toda lágrima de los ojos de *2316*
21.7 heredará. . . seré su *D*, y él será mi hijo. *2316*
21.10 Jerusalén. . . descendía del cielo, de *D*. *2316*
21.11 teniendo la gloria de *D*. Y su fulgor. *2316*
21.22 el Señor *D*. . . es el templo de ella, y el *2316*
21.23 porque la gloria de *D* la ilumina, y el *2316*
22.1 un río. . . que salía del trono de *D* y del *2316*
22.3 el trono de *D* y del Cordero estará en *2316*
22.5 *D* el Señor los iluminará; y reinarán por. *2316*
22.6 el *D* de los espíritus de los profetas *2316*
22.9 me dijo: Mira, no lo hagas. . . Adora a *D* *2316*
22.18 *D* traerá sobre él las plagas que están. *2316*
22.19 *D* quitará su parte del libro de la vida *2316*

DIOSA
1 R 11.5 Salomón siguió a Astoret, *d* de los 430
11.33 han adorado a Astoret *d* de los sidonios 430
Hch 19.27 que el templo de la gran *d* Diana sea *2299*
19.35 es guardiana del templo de la. . . *d* Diana. *2299*
19.37 sin ser sacrílegos ni. . . de vuestra *d* *2299*

DIÓTREFES *Personaje desconocido*, 3 Jn 9 . . . . . . *1361*

DIRECCIÓN
Gn 10.19 en *d* a Gerar, hasta Gaza; y en *d* de. 935
10.30 fue desde Mesa en *d* de Sefar, hasta 935
13.10 la tierra de Egipto en la *d* de Zoar. 935
Éx 38.21 bajo la *d* de Itamar hijo del. . . Aarón. 3027
Nm 4.28 el cargo. . . estará bajo la *d* de Itamar. 3027
4.33 la *d* de Itamar hijo del sacerdote Aarón 3027
Dt 33.3 siguieron en tus pasos, recibiendo *d*
Jos 3.16 y el pueblo pasó en *d* de Jericó 5048
18.13 de allí pasa en *d* de Luz, al lado sur
Jue 7.22 y el ejército huyó. . . en *d* de Zerera 5704
1 Cr 25.2 hijos de Asaf, bajo la *d* de Asaf, el 3027
25.3 bajo la *d* de su padre Jedutún, el cual 3027
25.6 bajo la *d* de su padre en la música, en 3027
Pr 1.8 oye. . . y no desprecies la *d* de tu madre 8451
11.14 donde no hay *d* sabia, caerá el pueblo. 8458
20.18 y con *d* sabia se hace la guerra 8458

DIRECTO
Hch 16.11 vinimos con rumbo *d* a Samotracia. *2113*
21.1 con rumbo *d* a Cos, y al día siguiente *2113*

DIRECTOR
Neh 12.42 y los cantores...e Izrahías era el d 6496
12.46 ya de antiguo, había un d de cantores 7218

DIRIGIR
Gn 31.21 huyó...se *dirigió* al monte de Galaad 7760,6440
34.6 se *dirigió* Hamor...a Jacob, para hablar 3318
2 R 12.2 el tiempo que le *dirigió* el sacerdote 3384
1 Cr 15.21 arpas afinadas en la...para *dirigir* 5329
15.22 Quenanías...puesto para *dirigir* el canto 3256
23.4 de estos, 24.000 para *dirigir* la obra 5329
2 Cr 23.13 los cantores...*dirigían* la alabanza 3045
Job 32.14 Job no *dirigió* contra mí sus palabras 6186
37.3 y debajo de todos los cielos lo *dirige* 3474
Sal 18 *tít.* *dirigió* a Jehová las palabras de 1696
45.1 *dirijo* al rey mi canto; mi lengua es
74.3 *dirige* tus pasos a los asolamientos 7311
107.7 los *dirigió* por camino derecho, para 1869
Pr 4.25 *diríjanse* tus párpados hacia lo que 3474
8.4 *dirijo* mi voz a los hijos de los hombres
Ec 10.10 sabiduría es provechosa para *dirigir* 3787
Jer 5.31 los sacerdotes *dirigían* por manos de 7287
Lc 14.5 **dirigiéndose a ellos, dijo: ¿Quién de** 611
22.26 **sea...el que dirige, como el que sirve** 2233
1 Ts 3.11 *dirija* nuestro camino a vosotros 2720
He 12.5 como a hijos se os *dirige*, diciendo
Stg 3.3 freno...y *dirigimos* así todo su cuerpo 3329

DISÁN *Hijo de Seir*, Gn 36.21,28,30; 1 Cr 1.38,42 1789

DISCERNIMIENTO
Neh 10.28 todo el que tenía comprensión y d 995
Sal 14.4 ¿no tienen d todos los que hacen 3045
1 Co 12.10 a otro, d de espíritus; a otro 1253
He 5.14 sentidos ejercitados en el d del bien 1253

DISCERNIR
Lv 10.10 para poder *discernir* entre lo santo 914
2 S 14.17 rey es como un ángel...para *discernir* 8085
1 R 3.9 y para *discernir* entre lo bueno y lo 995
Job 6.30 ¿acaso no puede mi paladar *discernir* 995
Ec 8.5 corazón del sabio *discierne* el tiempo 3045
Ez 44.23 a *discernir* entre lo limpio y lo no 3045
Jon 4.11 que no saben *discernir* entre su mano 3045
Mal 3.18 *discerniréis* la diferencia entre el 7200
1 Co 2.14 se han de *discernir* espiritualmente 350
11.29 el que come...sin *discernir* el cuerpo 1252
He 4.12 y *discierne* los pensamientos y las 2924

DISCIPLINA
Pr 15.32 el que tiene en poco la d menosprecia 4148
Ef 6.4 sino criadlos en d y amonestación del 3809
He 12.5 Hijo mío, no menosprecies la d del 3809
12.7 si soportáis la d, Dios os trata como a 3809
12.8 pero si se os deja sin d...sois bastardos 3809
12.11 que ninguna d al presente parece ser 3809

DISCIPLINAR
He 12.6 porque el Señor al que ama, *disciplina* 3811
12.7 ¿qué hijo es...el padre no *disciplina*? 3811
12.9 nuestros padres...que nos disciplinaban 3810
12.10 nos *disciplinaban* como...les parecía 3811

DISCÍPULO, A
1 Cr 25.8 turnos...mismo el maestro que el d 8527
Is 8.16 testimonio, sella la ley entre mis d 3928
Mt 5.1 subió...sentándose, vinieron a él sus d 3101
8.21 de sus d le dijo: Señor, permíteme que 3101
8.23 entrado él en la barca...d le siguieron 3101
8.25 vinieron...d y le despertaron, diciendo 3101
9.10 se sentaron...a la mesa con Jesús y sus d 3101
9.11 los fariseos, dijeron a los d: ¿Por qué 3101
9.14 vinieron a él los d de Juan, diciendo 3101
9.14 ¿por qué...ayunamos...y tus d no ayunan? 3101
9.19 se levantó Jesús, y le siguió con sus d 3101
9.37 **a sus d: A la verdad la mies es mucha** 3101
10.1 llamando a sus doce d, les dio autoridad 3101
10.24 **el d no es más que su maestro, ni el** 3101
10.25 **bástale al d ser como su maestro, y al** 3101
10.42 **agua fría solamente, por cuanto es d** 3101
11.1 terminó de dar instrucciones a sus...d 3101
11.2 al oír Juan, en la...le envió dos de sus d 3101
12.1 y sus d tuvieron hambre, y comenzaron a 3101
12.2 tus d hacen lo que no es lícito hacer en 3101
12.49 **extendiendo su mano hacia sus d, dijo** 3101
13.10 acercándose los d, le dijeron: ¿Por qué 3101
13.36 y acercándose a él sus d, le dijeron 3101
14.12 llegaron sus d, y tomaron el cuerpo y 3101
14.15 se acercaron a él sus d, diciendo: El 3101
14.19 y dio los panes a los d, y los d a la 3101
14.22 hizo a sus d entrar en la barca e ir 3101
14.26 y los d, viéndole andar sobre el mar 3101
15.2 ¿por qué tus d quebrantan la tradición 3101
15.12 acercándose sus d, le dijeron: ¿Sabes 3101
15.23 acercándose sus d, le rogaron, diciendo 3101
15.32 **Jesús, llamando a sus d, dijo: Tengo** 3101
15.33 sus d le dijeron: ¿De dónde tenemos 3101
15.36 los partió y dio a sus d, y los d a la 3101
16.5 llegando sus d al otro lado, se habían 3101
16.13 **a sus d...¿Quién dicen...que es el Hijo** 3101
16.20 mandó a sus d que a nadie dijesen que 3101
16.21 comenzó Jesús a declarar a sus d que 3101
16.24 **dijo a sus d: Si alguno quiere venir en** 3101
17.6 al oír esto los d, se postraron sobre 3101
17.10 sus d le preguntaron, diciendo: ¿Por 3101
17.13 d comprendieron que les había hablado 3101
17.16 y lo he traído a tus d, pero no le han 3101
17.19 viniendo...d a Jesús, aparte, dijeron 3101
18.1 los d vinieron a Jesús, diciendo: ¿Quién 3101
19.10 dijeron sus d: Si así es la condición 3101
19.13 unos niños...y los d les reprendieron 3101
19.23 **Jesús dijo a sus d: De cierto os digo** 3101
19.25 sus d, oyendo esto, se asombraron en 3101
20.17 tomó a sus doce d aparte en el camino 3101
21.1 vinieron a Betfagé...Jesús envió dos d 3101
21.6 los d fueron, e hicieron como Jesús les 3101
21.20 viendo esto los d, decían...¿Cómo es que 3101
22.16 y le enviaron los d de ellos con los 3101
23.1 habló Jesús a la...y a sus d, diciendo 3101
24.1 se acercaron sus d para mostrarle los 3101
24.3 los d se le acercaron aparte, diciendo 3101
26.1 acabado Jesús...palabras, dijo a sus d 3101
26.8 los d se enojaron, diciendo: ¿Para qué 3101
26.17 sin levadura, vinieron los d a Jesús 3101
26.18 **tu casa celebraré la pascua con mis d** 3101
26.19 y los d hicieron como Jesús les mandó 3101
26.26 **y dio a sus d, y dijo: Tomad, comed** 3101
26.35 morir...Y todos los d dijeron lo mismo 3101
26.36 **entonces...dijo a sus d: Sentaos aquí** 3101
26.40 vino...a sus d, y los halló durmiendo 3101
26.45 **vino a sus d y les dijo: Dormid ya, y** 3101
26.56 entonces...los d, dejándole, huyeron 3101
27.57 José, que también había sido d de Jesús 3100
27.64 que vengan sus d de noche, y lo hurten 3101
28.7 id...y decid a sus d que ha resucitado 3101
28.8 ellas...fueron...a dar las nuevas a sus d 3101
28.8 mientras iban a dar las nuevas a los d 3101
28.13 decid vosotros: Sus d vinieron de noche 3101
28.16 pero los once d se fueron a Galilea, al 3101
28.19 **id, y haced d a todas las naciones** 3100
Mr 2.15 también a la mesa...con Jesús y sus d 3101
2.16 dijeron a los d: ¿Qué es esto, que él 3101
2.18 y los d de Juan...ayunaban; y vinieron 3101
2.18 ¿por qué los d de...y tus d no ayunan? 3101
2.23 sus d...comenzaron a arrancar espigas 3101
3.7 Jesús se retiró al mar con sus d, y le 3101
3.9 dijo a sus d que le tuviesen...la barca 3101
4.34 a sus d en particular les declaraba todo 3101
5.31 sus d le dijeron: Ves que la multitud te 3101
6.1 y vino a su tierra, y le seguían sus d 3101
6.29 cuando oyeron esto sus d, vinieron y 3101
6.35 sus d se acercaron a él, diciendo: El 3101
6.41 y partió los panes, y dio a sus d para 3101
6.45 a sus d entrar en la barca e ir delante 3101
7.2 algunos de los d de Jesús comer pan con 3101
7.5 ¿por qué tus d no andan conforme a la 3101
7.17 le preguntaron sus d sobre la parábola 3101
8.1 no tenían qué comer, Jesús llamó a sus d 3101
8.4 sus d le respondieron: ¿De dónde podrá 3101
8.6 dado gracias, los partió, y dio a sus d 3101
8.10 entrando en la barca con sus d vino a 3101
8.27 salieron Jesús y sus d por las aldeas 3101
8.27 **preguntó a sus d, diciéndoles: ¿Quién** 3101
8.33 él...mirando a los d, reprendió a Pedro 3101
8.34 **llamando...a sus d, les dijo: Si alguno** 3101
9.14 cuando llegó a donde estaban los d, vio 3101
9.18 dije a tus d que lo echasen fuera, y no 3101
9.28 sus d le preguntaron aparte: ¿Por qué 3101
9.31 **enseñaba a sus d, y les decía: El Hijo** 3101
10.10 en casa volvieron los d a preguntarle 3101
10.13 d reprendían a los que los presentaban 3101
10.23 **a sus d: ¡Cuán difícilmente entrarán** 3101
10.24 los d se asombraron de sus palabras 3101
10.46 salir de Jericó él y sus d y una gran 3101
11.1 se acercaban...Jesús envió dos de sus d 3101
11.14 **jamás coma nadie fruto...los oyeron sus d** 3101
12.43 **llamando a sus d, les dijo: De cierto** 3101
13.1 dijo uno de sus d: Maestro, mira qué 3101
14.12 sus d le dijeron: ¿Dónde quieres que 3101
14.13 **envió dos de sus d, y les dijo: Id a** 3101
14.14 **donde he de comer la pascua con mis d** 3101
14.16 fueron sus d y entraron en la ciudad 3101
14.32 **y dijo a sus d: Sentaos aquí, entre** 3101
14.50 entonces...los d, dejándole, huyeron
16.7 sus d, y a Pedro, que él va delante de 3101
Lc 5.30 los fariseos murmuraban contra los d 3101
5.33 ¿por qué los d de Juan ayunan muchas 3101
6.1 que...sus d arrancaban espigas y comían 3101
6.13 llamó a sus d, y escogió a doce de ellos 3101
6.17 se detuvo en un...en compañía de sus d 3101
6.20 **y alzando los ojos hacia sus d, decía** 3101
6.40 **el d no es superior a su maestro; mas** 3101
7.11 iban con él muchos de sus d, y una gran 3101
7.18 d de Juan le dieron las nuevas de todas 3101
7.18 las nuevas...Y llamó Juan a dos de sus d 3101
8.9 y sus d le preguntaron...¿Qué significa 3101
8.22 **día, que entró en una barca con sus d** 3101
9.1 habiendo reunido a sus doce d, les dio 3101
9.14 **dijo a sus d: Hacedlos sentar en grupos** 3101
9.16 a sus d para que les pusiesen delante 3101
9.18 estaban con él los d; y les preguntó 3101
9.40 rogué a tus d que le echasen fuera, y no 3101
9.43 maravillándose todos de...dijo a sus d 3101
9.54 viendo esto...d Jacobo y Juan, dijeron 3101
10.23 **volviéndose a los d, les dijo aparte** 3101
11.1 uno de sus d le dijo: Señor, enséñanos 3101
11.1 orar, como también Juan enseñó a sus d 3101
12.1 **decir a sus d: Guardaos de la levadura** 3101
12.22 **dijo luego a sus d: Por tanto os digo** 3101
14.26 **no aborrece...vida, no puede ser mi d** 3101
14.27 **no lleva su cruz y...no puede ser mi d** 3101
14.33 **no renuncia a todo...no puede ser mi d** 3101
16.1 **dijo...a sus d: Había un hombre rico que** 3101
17.1 **dijo Jesús a sus d: Imposible es que no** 3101
17.22 **y dijo a sus d: Tiempo vendrá cuando** 3101
18.15 lo cual viendo los d, les reprendieron 3101
19.29 llegando cerca de...envió dos de sus d 3101
19.37 la multitud de los d...comenzó a alabar 3101
19.39 le dijeron: Maestro, reprende a tus d 3101
20.45 oyéndole todo el pueblo, dijo a sus d 3101
22.11 **donde he de comer la pascua con mis d?** 3101
22.39 se fue...y sus d también le siguieron 3101
22.45 y vino a sus d, los halló durmiendo 3101
Jn 1.35 otra vez estaba Juan, y dos de sus d 3101
1.37 oyeron...los dos d, y siguieron a Jesús 3101
2.2 fueron también invitados...Jesús y sus d 3101
2.11 manifestó su gloria; y sus d creyeron 3101
2.12 descendieron a Capemaum, él...y sus d 3101
2.17 se acordaron sus d que está escrito: El 3101
2.22 sus d se acordaron que había dicho esto 3101
3.22 Jesús con sus d a la tierra de Judea 3101
3.25 hubo discusión entre los d de Juan y los 3101
4.1 oído decir: Jesús hace y bautiza más d 3101
4.2 aunque Jesús no bautizaba, sino sus d 3101
4.8 sus d habían ido a la...a comprar de comer 3101
4.27 vinieron sus d, y se maravillaron de que 3101
4.31 los d le rogaban, diciendo: Rabí, come 3101
4.33 los d decían...¿Le habrá traído alguien 3101
6.3 subió Jesús...y se sentó allí con sus d 3101
6.8 uno de sus d, Andrés, hermano de Simón 3101
6.11 los repartió entre los d, y los d entre 3101
6.12 **dijo a sus d: Recoged los pedazos que** 3101
6.16 al anochecer, descendieron sus d al mar 3101
6.22 Jesús no había entrado en ella con...d 3101
6.24 vio...que Jesús no estaba allí, ni sus d 3101
6.60 muchos de sus d dijeron: Dura es esta 3101
6.61 sabiendo Jesús en...que sus d murmuraban 3101
6.66 muchos de sus d volvieron atrás, y ya no 3101
7.3 también tus d vean las obras que haces 3101
8.31 **si permanecieres en mi palabra...mis d** 3101
9.2 le preguntaron sus d...¿quién pecó, éste 3101
9.27 queréis también vosotros haceros sus d? 3101
9.28 tú eres su d; pero nosotros, d de Moisés 3101
11.7 **dijo a los d: Vamos a Judea otra vez** 3101
11.8 le dijeron los d: Rabí, ahora procuraban 3101
11.12 dijeron...d: Señor, si duerme, sanará 3101
11.54 se alejó de...y se quedó allí con sus d 3101
12.4 dijo uno de sus d, Judas Iscariote hijo 3101
12.16 estas cosas no las entendieron sus d 3101
13.5 comenzó a lavar los pies de los d, y a 3101
13.22 los d se miraban unos a otros, dudando 3101
13.23 y uno de sus d, al cual Jesús amaba 3101
13.35 en esto conocerán todos que sois mis d 3101
15.8 **llevéis mucho fruto, y seáis así mis d** 3101
16.17 dijeron algunos de sus d...¿Qué es esto 3101
16.29 dijeron sus d...ahora hablas claramente 3101
18.1 con sus d al otro lado del torrente de 3101
18.1 un huerto, en el cual entró con sus d 3101
18.2 Jesús se había reunido allí con sus d 3101
18.15 seguían a Jesús Simón Pedro y otro d 3101
18.15 este d era conocido del sumo sacerdote 3101
18.16 salió...el d que era conocido del sumo 3101
18.17 ¿no eres tú también de los d de este 3101
18.19 preguntó a Jesús acerca de sus d y de 3101
18.25 dijeron: ¿No eres tú de sus d? El negó 3101
19.26 vio Jesús a...y al d a quien él amaba 3101
19.27 **dijo al d: He aquí tu madre. Y desde** 3101
19.27 desde aquella hora el d la recibió en 3101
19.38 José de Arimatea, que era d de Jesús 3101
20.2 corrió, y fue a Simón Pedro y al otro d 3101
20.3 y salieron Pedro y el otro d, y fueron 3101
20.4 el otro d corrió más aprisa que Pedro 3101
20.8 entonces entró también el otro d, que 3101
20.10 y volvieron los d a los suyos 3101
20.18 fue...para dar a los d las nuevas de que 3101
20.19 el lugar donde los d estaban reunidos 3101
20.20 y los d se regocijaron viendo al Señor 3101
20.25 dijeron, pues, los otros d: Al Señor 3101
20.26 estaban otra vez sus d dentro, y con 3101
20.30 hizo...señales en presencia de sus d 3101
21.1 se manifestó otra vez a sus d Junto al 3101
21.2 estaban juntos...y otros dos de sus d 3101
21.4 en la playa...d no sabían que era Jesús 3101
21.7 d a quien Jesús amaba dijo a Pedro: ¡Es 3101
21.8 y los otros d vinieron con la barca 3101
21.12 de los d se atrevía a preguntarle: Tú 3101
21.14 vez que Jesús se manifestaba a sus d 3101
21.20 que les seguía el d a quien amaba Jesús 3101
21.23 este dicho se...que aquel d no moriría 3101
21.24 el d que da testimonio de estas cosas 3101
Hch 6.1 días, como creciera el número de los d 3101
6.2 doce convocaron a la multitud de los d 3101
6.7 y el número de los d se multiplicaba 3101
9.1 amenazas...contra los d del Señor, vino al 3101
9.10 había...en Damasco un d llamado Ananías 3101
9.19 estuvo Saulo por algunos días con los d 3101
9.25 los d, tomándole de noche, le bajaron 3101
9.26 Jerusalén, trataba de juntarse con los d 3101
9.26 tenían miedo, no creyendo que fuese d 3101
9.36 entonces en Jope una d llamada Tabita 3102
9.38 los d, oyendo que Pedro estaba allí, le 3101
11.26 y a los d se les llamó cristianos por 3101
11.29 los d...determinaron enviar socorro a 3101
13.52 y los d estaban llenos de gozo y del 3101
14.20 rodeándolo los d, se levantó y entró 3101
14.21 después...de hacer muchos d, volvieron
14.22 confirmando los ánimos de los d 3101
14.28 quedaron allí mucho tiempo con los d 3101
15.10 poniendo sobre la cerviz de los d un 3101
16.1 había allí cierto d llamado Timoteo, hijo 3101
18.23 de Frigia, confirmando a todos los d 3101
18.27 escribieron a los d que le recibiesen 3101
19.1 vino a Efeso, y hallando a ciertos d 3101
19.9 apartó Pablo de ellos y separó a los d 3101
19.30 salir al pueblo, los d no le dejaron 3101
20.1 cesó el alboroto, llamó Pablo a los d 3101
20.7 primer día de la...reunidos los d para 3101

20.30 hombres...para arrastrar tras sí a los *d* 3101
21.4 hallados los *d*, nos quedamos allí siete......... 3101
21.16 vinieron...de Cesarea algunos de los *d*....... 3101
21.16 llamado Mnasón...*d* antiguo, con quien...... 3101

DISCORDIA
Pr 6.14 anda pensando el mal...siembra las *d*......... 4066
6.19 y el que siembra *d* entre hermanos............ 4090
17.14 que comienza la *d* es como quien suelta...... 4066
Jer 15.10 que me engendraste hombre de...*d* para.... 4066

DISCRECIÓN
Pr 2.11 la *d* te guardará; te preservará la............. 4209
8.5 entended, oh simples, *d*; y vosotros............. 6195

DISCULPAR
2 Co 12.19 ¿pensáis aún que nos disculpamos.......... 626

DISCURRIR
Sal 77.17 tronaron...y *discurrieron* tus rayos.......... 1980
Is 44.19 no *discurre* para consigo, no tiene............ 7725
Jer 2.36 qué *discurres*...cambiando tus caminos?....... 235
Am 8.12 *discurrirán* buscando...de Jehová, y no...... 7751

DISCURSO
Job 6.26 los *d* de un desesperado, que son como........ 561
27.1 reasumió Job su *d*, y dijo....................... 4912
29.1 volvió Job a reanudar su *d*, y dijo.............. 4912
Ec 12.13 fin de todo el *d* oído es este: Teme........... 1697
Hch 10.44 cayó sobre todos los que oían el *d*.......... 3056
20.7 día...y alargó el *d* hasta la medianoche....... 3056

DISCUSIÓN
Lc 9.46 *d* sobre quien de ellos sería el mayor.......... 1261
Jn 3.25 hubo *d* entre los discípulos de Juan............ 2214
Hch 15.2 y Bernabé tuviesen una *d*...con ellos........ 4803
15.7 después de mucha *d*, Pedro se levantó y....... 4803
28.29 los judíos se fueron, teniendo gran *d*......... 4803
Tit 3.9 pero evita las...*d* acerca de la ley............. 3163
He 7.7 y sin *d* alguna, el menor es bendecido........... 485

DISCUTIR
Mt 21.25 entonces *discutían* entre sí, diciendo......... 1260
Mr 1.27 *discutían* entre sí, diciendo: ¿Qué es......... 4802
8.11 a *discutir*...pidiéndole señal del cielo.......... 4802
8.16 y *discutían* entre sí...no trajimos pan......... 1260
8.17 **¿qué *discutís*, porque no tenéis pan?**......... 1260
9.10 *discutiendo* qué sería...de resucitar de......... 4802
11.31; Lc 20.5 *discutían* entre sí, diciendo........... 3049
Lc 20.14 *discutían* entre sí, diciendo: Este es......... 1260
22.23 ellos comenzaron a *discutir* entre sí.......... 4802
24.15 hablaban y *discutían* entre sí, Jesús.......... 4802
Hch 17.2 por tres días de reposo *discutió* con......... 1256
17.17 *discutía* en la sinagoga con los judíos......... 1256
18.4 *discutía* en la sinagoga todos los días.......... 1256
18.19 la sinagoga, discutía con los judíos............ 1256
19.8 *discutiendo*...acerca del reino de Dios......... 1256
19.9 *discutiendo* cada día en la escuela de.......... 1256

DISENSIÓN
Mt 10.35 **he venido para poner en *d* al hombre**........ 1369
Lc 12.51 **para dar paz en...Os digo: No, sino *d***........ 1267
Jn 7.43 hubo...*d* entre la gente a causa de él.......... 4978
9.16 ¿cómo puede un...Y había *d* entre ellos....... 4978
10.19 volvió a haber *d* entre los judíos por.......... 4978
Hch 23.7 se produjo *d* entre los fariseos y los.......... 4714
23.10 habiendo grande *d*, el tribuno...mandó....... 4714
1 Co 3.3 habiendo entre vosotros celos...y *d*.......... 1370
11.19 es preciso que...haya *d*, para que se.......... 139
Gá 5.20 celos, iras, contiendas, *d*, herejías............ 1370

DISENTERÍA
Hch 28.8 padre de Publio estaba...enfermo...de *d*.... 1420

DISEÑADOR
Éx 38.23 Aholiab...artífice, *d* y recamador en......... 2803

DISEÑAR
Ez 4.1 un adobe...*diseña* sobre él...Jerusalén......... 2710

DISEÑO
Éx 25.9 el *d* del tabernáculo, y el *d* de todos............ 8403
31.4 para inventar *d*, para trabajar en oro......... 4284
35.32 para proyectar *d*, para trabajar en oro...... 4284
35.35 hagan toda labor, e inventen todo *d*.......... 2803
2 R 16.10 envió...*d* y la descripción del altar.......... 8403
1 Cr 28.19 hizo entender todas las obras del *d*......... 8403
2 Cr 2.14 sacar toda forma de *d* que se le pida......... 4284
Ez 43.10 muestra a la casa...midan el *d* de ella......... 8508
43.11 hazles entender el *d* de la casa, su........... 6699

DISERTAR
1 R 4.33 *disertó* sobre los árboles, desde el............ 1696
4.33 *disertó* sobre los animales, sobre las........... 1696
Hch 20.9 por cuanto Pablo *disertaba* largamente........ 1256
24.25 *disertar* Pablo acerca de la justicia........... 1256

DISFRAZAR
1 S 28.8 y se *disfrazó* Saúl, y se puso otros............ 2664
1 R 14.2 *disfrázate*...no te conozcan que eres.......... 8138
14.5 cuando ella viniere, vendrá *disfrazada*........ 5234
20.38 se *disfrazó*, poniéndose una venda sobre..... 2664
22.30 me *disfrazaré*, y entraré en la batalla........ 2664
22.30 el rey de Israel se *disfrazó*, y entró......... 2664
2 Cr 18.29 yo me *disfrazaré* para entrar en la......... 2664
18.29 se *disfrazó* el rey de Israel, y entró.......... 2664
35.22 Josías...se *disfrazó* para darle batalla....... 2664
2 Co 11.13 *disfrazan* como apóstoles de Cristo........ 3345
11.14 Satanás se *disfraza* como ángel de luz........ 3345
11.15 si también sus ministros se *disfrazan*......... 3345

DISFRUTAR
Dt 20.6 plantado...y no ha *disfrutado* de ella?......... 2490
20.6 que muera en...y algún otro la *disfrute*........ 2490
28.30 plantarás viña, y no la *disfrutarás*............ 3427
Ec 6.2 Dios no le da facultad de *disfrutar* de............ 398
6.2 ello, sino que, lo *disfrutan* los extraños.......... 398
Is 65.22 *disfrutarán* la obra de sus manos............. 1086
Jer 30.3 los traeré a la tierra...*disfrutarán*............ 3423
31.5 plantarás viñas...*disfrutarán* de ellas
32.23 y entraron, y la *disfrutaron*; pero no......... 3423
1 Co 7.31 que *disfrutan*...si no lo *disfrutasen*.......... 5530
1 Ti 6.17 que nos da...para que las *disfrutemos*......... 619

DISGUSTAR
Neh 2.10 les *disgustó*...que viniese alguno para....... 7489
Sal 95.10 cuarenta años estuve *disgustado* con........ 6962
119.158 veía a...y me *disgustaba*, porque no....... 6962
He 3.10 me *disgusté* contra esa generación, y.......... 4360
3.17 ¿y con quiénes estuvo él *disgustado* 40......... 4360

DISGUSTO
Gn 48.17 le causó esto *d*; y asió la mano de........... 5869

DISIMULAR
1 S 10.27 no le trajeron presente...él *disimuló*........ 2790
Pr 26.24 el que odia *disimula* con sus labios........... 5234
Is 3.9 publican su pecado, no lo *disimulan*............ 3582

DISIMULO
Pr 26.26 aunque su odio se cubra con *d*, su........... 4860

DISIPACIÓN
1 P 4.3 andando en...*d* y abominables idolatrías...... 4224

DISIPADO *Véase Disipar*

DISIPADOR
Pr 18.9 negligente...es hermano del hombre *d*........ 4889
Lc 16.1 **acusado ante él como *d* de sus bienes**......... 1287

DISIPAR
Job 15.4 también *disipas* el temor, y menoscabas...... 6565
20.8 sueño...se *disipará* como visión nocturna..... 5074
37.11 llega a *disipar* la densa nube, y con.......... 6327
Sal 37.20 perecerán...se *disiparán* como el humo..... 3615
58.7 sean *disipados* como aguas que corren........ 3988
143.12 *disiparás* a...enemigos, y destruirás......... 6789
144.6 despide relámpagos y *disípalos*, envía........ 6327
Pr 20.8 el rey...con su mirar *disipa* todo mal.......... 2219
21.20 mas el hombre insensato todo lo *disipa*...... 1104
Is 11.13 y se *disipará* la envidia de Efraín........... 5493
Os 10.5 por su gloria, la cual será *disipada*............ 1540
Hag 1.9 encerráis...yo lo *disiparé* en un soplo.......... 5301

DISMINUCIÓN
1 R 6.6 por fuera había hecho *d* a la casa............. 4052

DISMINUIR
Gn 8.1 hizo...viento...y *disminuyeron* las aguas...... 7918
Éx 5.8 misma tarea...no les *disminuiréis* nada........ 1639
5.11 pero nada se *disminuirá* de vuestra tarea..... 1639
5.19 no se *disminuirá* nada de...ladrillo, de....... 1639
21.10 no *disminuirá* su alimento...su vestido....... 1639
30.15 ni el pobre *disminuirá* del medio siclo......... 4591
Lv 25.16 cuanto menor...*disminuirás* el precio......... 4591
Dt 4.2 no añadiréis...ni *disminuiréis* de ella........... 1639
1 R 12.4 *disminuye* tú...de la dura servidumbre....... 7043
12.9 *disminuye* algo del yugo que tu padre......... 7043
12.10 tú *disminúyenos* algo...así les hablarás...... 7043
17.14 ni el aceite de la vasija disminuirá........... 2637
2 Cr 10.10 agravó nuestro yugo...tú *disminuye*....... 7043
Est 2.18 *disminuyó* tributos a las provincias........... 2010
Sal 107.38 bendice...y no *disminuye* su ganado....... 4591
Pr 13.11 las riquezas de vanidad *disminuirán*.......... 4591
Ec 3.14 no se añadirá, ni de ello...*disminuirá*......... 1639
12.3 y cesarán las muelas...han *disminuido*....... 4591
Is 24.6 consumidos...*disminuyeron* los hombres...... 4213
Jer 29.6 multiplicaos ahí, y no os *disminuyáis*......... 4591
30.19 multiplicaré, y no serán disminuidos......... 4591
Ez 16.27 *disminuí* tu provisión ordinaria, y te.......... 1639
29.15 los *disminuiré* para que no vuelvan a........ 4591

DISOLUCIÓN
Ef 5.18 no os embriaguéis con vino, en...hay *d*......... 810
Tit 1.6 no estén acusados de *d* o de rebeldía............ 810
1 P 4.4 no corráis...el mismo desenfreno de *d*.......... 810
2 P 2.2 muchos seguirán sus *d* por causa de........... 684
2.18 seducen con...*d* a los que...habían huido....... 766

DISOLUTO
Stg 5.5 habéis vivido en deleites...y sido *d*............ 4684

DISOLVER
Job 30.22 alzaste...y *disolviste* mi sustancia........... 4127
Is 14.31 *disuelta* estás toda tú, Filistea............... 4127
34.3 los montes se *disolverán* por la sangre........ 4549
34.4 el ejército de los cielos se *disolverá*............ 4743

DISÓN
1. Hijo de Seir, Gn 36.21,26,30; 1 Cr 1.38,41............ 1787
2. Hijo de Aná, Gn 36.25; 1 Cr 1.41..................... 1787

DISPARAR
1 R 22.34 un hombre *disparó* su...a la ventura........ 4900
2 Cr 18.33 *disparando*...el arco a la ventura.......... 4900
Sal 58.7 cuando *disparen* sus saetas, sean............. 1869
Is 66.19 Fut y Lud que *disparan* arco, a Tubal.......... 4900

DISPENSACIÓN
Ef 1.10 la *d* del cumplimiento de los tiempos........... 3622
3.9 cuál sea la *d* del misterio escondido............ 2842

DISPERSAR
Gn 10.18 se *dispersaron* las familias...cananeos...... 6327
Nm 10.35 y sean *dispersados* tus enemigos, y.......... 6327
1 S 11.11 y los que quedaron fueron *dispersos*......... 6327
2 S 22.15 envió sus saetas, y los *dispersó*............. 6327
2 R 25.5 al rey...*dispersado* todo su ejército........... 6327
Neh 1.8 si...yo os dispersaré por los pueblos.......... 6327
Job 4.11 y los hijos de la leona se *dispersen*........... 6504
Sal 18.14 envió sus saetas, y los *dispersó*.............. 6327
59.11 *dispérsalos* con tu poder, y abátelos.......... 5128
Is 56.8 que reúne a los *dispersos* de Israel............ 1760
Jer 18.21 *dispérsalos* por medio de la espada.......... 5064
23.1 y *dispersan* las ovejas de mi rebaño!.......... 6327
23.2 vosotros *dispersasteis* mis ovejas, y las........ 6327
40.15 los judíos...se *dispersarán*, y perecerá....... 6327
46.28 naciones...las cuales te he *dispersado*........ 5080
50.17 leones lo *dispersaron*...el rey de Asiria....... 5080
Lm 4.15 huyeron y fueron *dispersados*; se dijo......... 5128
Ez 12.15 los esparciere...los *dispersare* por........... 6327
20.23 y que los *dispersaré* por las tierras........... 6327
22.15 te *dispersara* por las naciones, y te........... 6327
29.12 Egipto...lo *dispersaré* por las tierras......... 6327
30.23,26 a los egipcios...y los *dispersaré*............ 6327
34.5 y andan errantes...y se han *dispersado*....... 6327
34.21 que las echasteis y las *dispersasteis*.......... 6327
36.19 y fueron *dispersados* por las tierras.......... 6327
Dn 4.14 derribad el árbol...*dispersad* su fruto.......... 921
Hab 3.14 acometieron para *dispersarme*, cuyo........ 6327
Zac 1.19,21 cuernos que *dispersaron* a Judá........... 2219
1.21 el cuerno sobre...Judá para *dispersarla*....... 2219
13.7 pastor, y serán *dispersadas* las ovejas......... 6327
Mt 9.36 *dispersas* como ovejas que no tienen.......... 4496
26.31 ovejas del rebaño serán *dispersadas*......... 1287
Mr 14.27 al pastor y las ovejas...*dispersadas*.......... 1287
Jn 7.35 a los *dispersos* entre los griegos, y............. 1290
10.12 **el lobo arrebata las...y las *dispersa***.......... 4650
11.52 congregar...los hijos de Dios...*dispersos*..... 1287
Hch 5.36 que le obedecían fueron *dispersados*......... 1262

DISPERSIÓN
Neh 1.9 vuestra *d* fuere hasta el extremo de la........ 5080
Dn 12.7 cuando se acabe la *d*...del pueblo santo...... 5310
Stg 1.1 a las doce tribus que están en la *d*............. 1290
1 P 1.1 Pedro...a los expatriados de la *d* en el......... 1290

DISPERSO *Véase Dispersar*

DISPONER
Lv 7.24 se *dispondrá* para cualquier otro uso......... 6213
24.3 *dispondrá* Aarón desde la tarde hasta la...... 6186
Nm 32.20 Si os *disponéis* para ir delante de.......... 2502
Jos 8.4 emboscada...estaréis todos *dispuestos*......... 3559
8.13 *dispusieron* al pueblo...y Josué avanzó........ 7760
1 S 11.11 *dispuso* Saúl al...en tres compañías.......... 7760
1 R 20.12 dijo a...*Disponeos*...se dispusieron.......... 7760
1 Cr 12.33 *dispuestos* a pelear sin doblez de........... 5737
12.35 de Dan, *dispuestos* a pelear, 28.600.......... 6186
12.36 de Aser, *dispuestos* para la guerra y......... 6186
12.38 *dispuestos* para guerrear, vinieron con....... 5737
17.9 he *dispuesto* lugar para mi pueblo Israel...... 7760
19.10 ataque...había sido *dispuesto* contra él...... 6440
2 Cr 2.7 con los maestros...*dispuso* mi padre.......... 3559
12.14 no *dispuso* su corazón para buscar a.......... 3559
17.18 y con él 180.000 *dispuestos* para la............ 2502
19.3 has *dispuesto* tu corazón para buscar a....... 3559
Est 5.5 vino...al banquete que Ester *dispuso*.......... 6213
5.12 al banquete que ella *dispuso*...sino a mí...... 6213
6.14 al banquete que Ester había *dispuesto*......... 6213
Job 8.8 y *disponte* para inquirir a los padres.......... 3559
11.13 *dispusieres* tu corazón, y extendieres......... 3559
15.24 como un rey *dispuesto* para la batalla......... 6264
31.15 no nos *dispuso* uno mismo en la matriz?..... 6213
38.33 ¿*dispondrás* tú de su potestad en la.......... 7760
Sal 9.7 ha *dispuesto* su trono para juicio.............. 3559
10.17 *dispones* su corazón, y haces atento tu........ 3559
11.2 arco, *disponen* sus saetas sobre la cuerda..... 3559
21.12 *dispondrás* saetas contra sus rostros......... 3559
57.7 oh Dios, mi corazón está *dispuesto*............. 3559
65.9 preparas el grano de...así la *dispones*......... 3559
78.8 generación que no *dispuso* su corazón......... 3559
78.20 pan? ¿*Dispondrá* carne para su pueblo?..... 3559
78.50 *dispuso* camino a su furor; no eximió......... 6424
108.1 mi corazón está *dispuesto*...oh Dios.......... 3559
132.17 he *dispuesto* lámpara a mi ungido........... 6186
Pr 24.27 prepara...y *dispónlas* en tus campos......... 6257
Ec 8.11 corazón...*dispuesto* para hacer el mal........ 4390
Is 8.9 oíd...*disponeos* y seréis quebrantados............ 247
9.7 *disponiéndolo*...en juicio y en justicia........... 5582
16.5 se *dispondrá* el trono en misericordia......... 3559
30.33 Tofet ya de tiempo está *dispuesto* y........... 6186
53.9 se *dispuso* con los impíos su sepultura........ 5414
Jer 6.23 *dispuestos* para la guerra, contra ti........... 6186
18.11 que yo *dispongo* mal contra vosotros, y...... 3335
51.12 poned centinelas, *disponed* celadas.......... 3559
Ez 21.15 ah! *dispuesta* está para que relumbre......... 6213
40.43 ganchos, de un...*dispuestos* en derredor..... 3559
45.17 él *dispondrá* la expiación, la ofrenda......... 6213
Dn 3.15 *dispuestos* para que al oír el son de........... 6263
10.12 el primer día que *dispusiste* tu corazón....... 5414
Os 6.3 como el alba está *dispuesta* su salida.......... 3559
Jl 2.5 como pueblo fuerte *dispuesto* para la........... 6186
Sof 1.7 Jehová...ha *dispuesto* a sus convidados........ 3559
Mt 22.4 **todo está *dispuesto*; venid a las bodas**....... 2092
26.41 **el espíritu a la verdad está *dispuesto***......... 4289
Mr 14.15 **un gran aposento alto ya *dispuesto***......... 2092
14.38 **el espíritu a la verdad está *dispuesto***......... 4289
Lc 1.17 preparar...un pueblo bien *dispuesto*............ 2680
22.12 **mostrará un gran aposento ya *dispuesto***..... 4766

22.33 *dispuesto* estoy a ir contigo no sólo ... *2092*
Hch 15.2 *dispuso* que subiesen Pablo y Bernabé ... *5021*
21.13 estoy *dispuesto* no sólo a ser atado ... *2093*
2 Co 8.12 primero hay la voluntad *dispuesta* ... *2309*
10.2 que estoy *dispuesto* a proceder contra ... *3049*
2 Ti 2.21 y *dispuesto* para toda buena obra ... *2090*
Tit 3.1 que estén *dispuestos* a toda buena obra ... 2092
He 9.2 el tabernáculo estaba *dispuesto* así: en ... *2680*
Ap 8 6 siete ángeles *dispusieron*... a tocarlas ... *2090*
21.2 Jerusalén... *dispuesta* como una esposa ... *2090*

DISPOSICIÓN
1 Cr 25.6 Asaf... y Hemán estaban por *d* del rey ... 3027
2 Cr 23.18 cánticos, conforme a la *d* de David
Job 41.12 sobre sus fuerzas y la gracia de su *d* ... 6187
Pr 16.1 del hombre son las *d* del corazón; mas ... 4633
Ez 43.11 su *d*, sus salidas y sus entradas, y ... 8498
Hch 7.53 recibisteis la ley por *d* de ángeles ... *1296*

DISPUESTO *Véase Disponer*

DISPUTA
Dt 21.5 palabra de ellos se decidirá toda *d* ... 7379
Job 32.4 y Eliú había esperado a Job en la *d*
Pr 17.19 el que ama la *d*, ama la transgresión ... 4683
Lc 22.24 hubo... *d* sobre quien... sería el mayor ... *5379*
1 Ti 1.4 acarrean *d* más bien que edificación ... *2214*
6.5 *d*... de hombres corruptos de entendimiento ... *3859*

DISPUTADOR
Job 16.20 *d* son mis amigos; mas ante Dios ... 3887
1 Co 1.20 ¿dónde está el *d* de este siglo? ... *4804*

DISPUTAR
2 S 19.9 pueblo *disputaba*... diciendo: El rey ... 1777
Job 15 3 ¿*disputará* con palabras inútiles, y ... 3198
16.21 pudiese *disputar* el hombre con Dios ... 3198
40.2 que *disputa* con Dios, responda a esto ... 7378
Sal 35.1 *disputa*, oh Jehová, con los que contra ... 3401
Jer 12.1 justo eres... que yo *dispute* contigo ... 7378
Ez 36.5 que se *disputaron* mi tierra por heredad ... 5414
Mr 9.14 y escribas que disputaban con ellos ... *4802*
9.16 **les preguntó: ¿Qué *disputáis* con ellos?** ... *4802*
9.33 **¿qué *disputabais* entre vosotros en el** ... *1260*
9.34 habían *disputado*... quién había de ser el ... *1256*
12.28 escribas, que los había oído *disputar* ... *4802*
Hch 6.9 unos... de Asia, *disputando* con Esteban ... *4802*
9.29 y hablaba... y *disputaba* con los griegos ... *4802*
11.2 *disputaban* con él... de la circuncisión ... *1252*
17.18 algunos filósofos... *disputaban* con él ... *4820*
24.12 no me hallaron *disputando* con ninguno ... *1256*
Jud 9 *disputando*... él por el cuerpo de Moisés ... *1252*

DISTANCIA
Gn 21.16 fue y se sentó... *d* de un tiro de arco ... 7368
Dt 21.2 medirán la *d* hasta las ciudades que
Jos 3.4 pero entre vosotros y ella haya *d* como ... 7350
1 S 26.13 lejos, habiendo gran *d* entre ellos ... 4725
Lc 22.41 apartó de ellos a *d* como de un tiro ... *1000*

DISTANTE
Sal 56 *tít.* paloma silenciosa en paraje muy *d* ... 7350

DISTAR
Jn 21.8 *distaban*... sino como doscientos codos ... *3112*

DISTINCIÓN
Dt 1.17 no hagáis *d* de persona en el juicio ... 5234
Est 6.3 o qué *d* se hizo a Mardoqueo por esto? ... 1420
Hch 17.12 que creyeron... mujeres griegas de *d* ... *2158*
1 Co 14.7 si no dieren *d* de voces, ¿cómo se ... *1293*
Stg 2.4 ¿no hacéis *d* entre vosotros mismos ... *1252*

DISTINGUIDO, A
Gn 34.19 el más *d* de toda la casa de su padre ... 3513
1 Cr 11.25 fue el más *d* de los treinta, pero ... 3513
Job 22.8 tuvo la tierra, y habitó en ella el *d* ... 5375
Lc 14.8 **que otro más *d* que tú esté convidado** ... *1784*
Hch 13.50 instigaron a mujeres piadosas y *d* ... *2158*

DISTINGUIR
Éx 23.3 ni al pobre *distinguirás* en su causa ... 1921
2 S 19.35 ¿podré *distinguir* entre... agradable ... 3045
Esd 3.13 y no podía *distinguir* el pueblo el ... 5234
Job 12.11 el oído *distingue* las palabras, y el ... 974
Ez 22.26 *distinguieron* entre inmundo y limpio ... 914
Mt 16.3 **que sabéis *distinguir* el aspecto del** ... *1252*
Lc 12.56 **que sabéis *distinguir* el aspecto del** ... *1381*
12.56 **¿y cómo no *distinguís* este tiempo?** ... *1381*
1 Co 4.7 ¿quién te *distingue*? ¿o qué tienes que ... *1252*

DISTINTO
He 7.15 a semejanza... levanta un sacerdote *d* ... *2087*

DISTRIBUCIÓN
Jos 11.23 la entregó Josué... conforme a su *d* ... 4256
12.7 Josué dio la tierra en... conforme a su *d* ... 4256
1 Cr 26.12 éstos se hizo la *d* de los porteros ... 4256
26.19 estas son las *d* de los porteros, hijos ... 4256
2 Cr 31.2 arregló Ezequías la *d*... sacerdotes ... 4256
31.14 el cargo de... y de la *d* de las ofrendas ... 5414
35.5 estad en el... según la *d* de las familias ... 6391
Neh 11.23 *d* para los cantores para cada día ... 548
Hch 6.1 viudas... desatendidas en la *d* diaria ... *1248*

DISTRIBUIR
Gn 32.7 Jacob... *distribuyó* el pueblo que tenía ... 2673
1 Cr 24.1 de Aarón... *distribuidos* en grupos ... 4256
24.19 *distribuidos* para su ministerio, para ... 6486
26.1 también fueron *distribuidos* los porteros ... 4256
2 Cr 23.18 según David los había *distribuido* ... 2505
Est 3.8 hay un pueblo... *distribuido* entre los ... 6504

DISTRITO
Neh 9.22 los repartiste por *d* y poseyeron la ... 6285

DISTURBIO
Hch 19.23 un *d* no pequeño acerca del Camino ... *5017*

DISUELTA *Véase Disolver*

DIVAGAR
Sal 95.10 pueblo es que *divaga* de corazón, y ... 8582
Pr 19.27 que te hacen *divagar* de las razones ... 7686

DIVERSIDAD
1 Co 12.4 hay *d* de dones, pero el espíritu es ... *1243*
12.5 hay *d* de ministerios, pero el Señor es el ... *1243*
12.6 y hay *d* de operaciones, pero Dios que ... *1243*

DIVERSIÓN
Pr 10.23 maldad es como una *d* al insensato ... 7814

DIVERSO, A
Gn 30.39 borregos... salpicados de *d* colores
37.3 a José... le hizo una túnica de *d* colores
Éx 8.29 *d* clases de moscas se vayan de Faraón ... 6157
Dt 22.9 no sembrarás tu viña con semillas *d* ... 6446
2 S 13.18 llevaba ella un vestido de *d* colores ... 6446
1 R 6.29 esculpió... *d* figuras, de querubines
1 Cr 29.2 piedras de *d* colores y toda clase ... 7553
2 Cr 16.14 llenaron de perfumes y *d* especias ... 2177
Ez 16.16 te hiciste *d* lugares... y fornicaste ... 2921
16.18 y tomaste tus vestidos de *d* colores ... 7553
17 3 una gran águila de plumas de *d* colores ... 7553
Mt 4.24 los afligidos por *d* enfermedades y ... *4164*
Mr 1 34 que estaban enfermos de *d* enfermedades ... *4164*
Lc 4.40 enfermos de *d* enfermedades los traían ... *4164*
1 Co 12.10 a otro, *d* géneros de lenguas; y a
2 Ti 3.6 arrastradas por *d* concupiscencias ... *4164*
Tit 3.3 extraviados, esclavos de... deleites *d* ... 4164
He 2.4 con señales y prodigios y *d* milagros ... *4164*
9.10 ya que consiste sólo... de *d* abluciones ... *1313*
13.9 no os dejéis llevar de doctrinas *d* y ... *4164*
Stg 1.2 gozo cuando os halléis en *d* pruebas ... *4164*
1 P 1.6 necesario... ser afligidos en *d* pruebas ... *4164*

DIVERTIR
Jue 16.25 llamad a Sansón... que nos *divierta* ... 7832

DIVIDIR
Gn 15.17 pasaba por... los animales *divididos* ... 1506
25 23 y dos pueblos serán *divididos* desde tus ... 6504
Éx 14.16 tu mano sobre el mar, y *divídelo*, y ... 1234
14.21 el mar... y las aguas quedaron *divididas* ... 1234
Lv 1.6 holocausto... lo *dividirá* en sus piezas ... 6186
1.12 lo *dividirá* en sus piezas, con su cabeza ... 5408
1.17 la henderá... pero no la *dividirá* en dos ... 914
Dt 19.3 y *dividirás* en tres partes la tierra ... 8027
32.8 hizo *dividir* a los hijos de los hombres ... 5157
Jos 3.13 las aguas del Jordán se *dividirán* ... 3772
3.16 aguas... se acabaron, y fueron *divididas* ... 3772
4.7 que las aguas del Jordán fueron *divididas* ... 3772
18.5 y la *dividirán* en siete partes, y Judá ... 2505
2 S 19.29 he determinado... *dividáis* las tierras ... 2505
1 R 16.21 Israel fue *dividido* en dos partes ... 2505
18.6 y *dividieron* entre sí el país para ... 2505
1 Cr 1.19 en sus días fue *dividida* la tierra ... 6385
Neh 9.11 *dividiste* el mar delante de ellos ... 1234
Sal 74.13 *dividiste* el mar con tu poder ... 6565
78.13 *dividió* el mar y los hizo pasar, detuvo ... 1234
136.13 al que *dividió* el Mar Rojo en partes ... 1504
Pr 3.20 ciencia los abismos fueron *divididos* ... 1234
Is 63.12 *dividió* las aguas delante de ellos ... 1234
Jer 34.18 *dividiendo* en dos partes el becerro ... 3772
Ez 5.1 toma... una balanza... y *divide* los cabellos ... 2505
37.22 ni nunca más serán *divididos* en dos ... 2673
Dn 2.41 en parte de hierro... un reino *dividido* ... 6386
Os 10.2 está *dividido* su corazón... culpables ... 2505
Mt 12.25 **reino *dividido* contra sí... una casa *d*** ... *3307*
12.26 **Satanás, contra sí mismo está *dividido*** ... *3307*
Mr 3.24 **reino está *dividido* contra sí mismo** ... *3307*
3.25 **una casa está *dividida* contra sí misma** ... *3307*
3.26 **y se *divide*... no puede permanecer sino** ... *3307*
Lc 11.17 **reino *dividido* contra sí... una casa *d*** ... *1266*
11.18 **Satanás está *dividido* contra sí mismo** ... *1266*
12.52 **cinco en una familia estarán *divididos*** ... *1266*
12.53 ***dividido* el padre contra el hijo, y el** ... *1266*
Hch 14.4 ciudad estaba *dividida*; unos estaban ... *4977*
23.7 hubo disensión... la asamblea se *dividió* ... *4977*
1 Co 1.13 ¿acaso está *dividido* Cristo? ¿Fue ... *3307*
Ap 16.19 ciudad fue *dividida* en tres partes ... *1096*

DIVIESO
Lv 13.18 en la piel... hubiere *d*, y se sanare ... 7822
13.19 en el lugar del *d* hubiere... hinchazón ... 7822
13.20 llaga de lepra que se originó en el *d* ... 7822
13.23 es la cicatriz del *d*, y el sacerdote lo ... 7822

DIVINIDAD
Hch 17.29 la *D* sea semejante a oro, plata ... *2304*

DIVINO, A
Ro 11.4 pero ¿qué le dice la *d* respuesta? ... *5538*
2 P 1.3 nos han sido dadas por su *d* poder ... *2304*
1.4 a ser participantes de la naturaleza *d* ... *2304*

DIVISA
Sal 74.4 enemigos... puesto sus *d* por señales ... 226

DIVISIÓN
1 Cr 27.1 las *d* que entraban y salían cada mes ... 4256
27.1 año, siendo cada *d* de veinticuatro mil ... 4256
27.2 sobre la primera *d* del primer mes estaba ... 4256
27.2,5,7,8,9,10,11,12,13,14,15 en su *d* veinticuatro mil 4256
27.4 sobre la *d* del segundo mes estaba Dodai ... 4256
27.4 y Miclot era jefe en su *d*, en la que ... 4256
27.5 el jefe de la tercera *d* para... era Benaía ... 4256
27.6 y en su *d* estaba Amisabad su hijo ... 4256
28.1 reunió... jefes de las *d* que servían al ... 4256
2 Cr 26.11 los cuales salían a la guerra en *d* ... 1416
Is 59 2 vuestras iniquidades han hecho *d* entre ... 914
Ro 16.17 que os fijéis en los que causan *d* y ... *1370*
1 Co 1.10 ruego... que no haya entre vosotros *d* ... *4978*
11.18 oigo que hay entre vosotros *d*... lo creo ... *4978*
2 Co 12.20 que haya... iras, *d*, maledicencias ... *2052*
Tit 3.10 al hombre que cause *d*... deséchalo ... *141*
Jud 19 los que causan *d*, los sensuales, que no ... *592*

DIVORCIO
Dt 24.1 escribirá carta de *d*... y la despedirá ... 3748
24.3 escribiere carta de *d*, y se la entregare ... 3748
Mt 5.31 **repudie a su mujer, dele carta de *d*** ... *647*
19.7 mandó dar carta de *d* y repudiarla ... *647*
Mr 10.4 Moisés permitió dar carta de *d*, y ... *647*

D

DIVULGAR
Jos 6.27 con Josué... y su nombre se *divulgó* por
1 Cr 14.17 la fama de David fue *divulgada* por ... 3318
2 Cr 26.8 se *divulgó* su fama hasta la frontera ... 1980
31.5 cuando este edicto fue *divulgado*, los ... 6555
Est 2.8 que cuando se *divulgó* el mandamiento ... 8085
Sal 41.6 recoge... y al salir fuera la *divulgan* ... 1696
Pr 17.9 mas el que la *divulga*, aparta al amigo ... 8138
Mt 9.31 salidos ellos, *divulgaron* la fama de ... *1310*
28.15 dicho se ha *divulgado* entre los judíos ... *1310*
Mr 1.45 a *divulgar* el hecho, de manera que ya ... *1310*
7.36 más les mandaba... y más lo *divulgaban* ... *2784*
Lc 1.65 Judea se *divulgaron* todas estas cosas ... *1255*
Hch 4.17 para que no se *divulgue* más entre el ... *1268*
10.37 vosotros sabéis lo que se *divulgó* por ... *1096*
Ro 1.8 que vuestra fe se *divulga* por todo el ... *2605*
1 Ts 1.8 sido *divulgada* la palabra del Señor ... *1837*

DIZAHAB *Lugar al origen del Arabá*, Dt 1.1 ... 1774

DOBLAR
Gn 41.43 delante de él: ¡*Doblad* la rodilla! ... 86
Éx 26.9 *doblarás* la sexta cortina en el frente ... 3717
39.9 un palmo su anchura, cuando era *doblado* ... 3717
Jue 7.5 que se *doblara* sobre sus rodillas para ... 3766
7.6 el resto del... se *dobló* sobre sus rodillas ... 3766
2 S 22.35 que se *doble* el arco de bronce con ... 5181
1 R 19.18 cuyas rodillas no se *doblaron* ante ... 3766
2 R 2.8 manto, lo *dobló*, y golpeó las aguas ... 1563
Is 45.23 *doblará* toda rodilla, y jurará toda ... 3766
Ro 11.4 no han *doblado* la rodilla delante de ... *2578*
14.11 que ante mí se *doblará* toda rodilla, y ... *2578*
Ef 3.14 esta causa *doblo* mis rodillas ante el ... *2578*
Fil 2.10 *doble* toda rodilla de los que están ... *2578*

DOBLE
Gn 43 12 vuestras manos *d* cantidad de dinero ... 4932
43.15 en su mano *d* cantidad de dinero, y a ... 4932
Éx 16.5 *d* de lo que suelen recoger cada día ... 4932
16.22 el sexto día recogieron *d* porción de ... 4932
22.4 hallado con el hurto en... pagará el *d* ... 8147
22.7 si el ladrón fuere hallado, pagará el *d* ... 8147
22.9 que los jueces condenaran, pagará el *d* ... 8147
28.16 cuadrado y *d*, de un palmo de largo y ... 3717
39.9 era cuadrado; *d* hicieron el pectoral; su ... 3717
Dt 21.17 darle el *d* de lo que correspondiere ... 8147
2 R 2.9 *d* porción de tu espíritu sea sobre mí ... 8147
Job 11.6 que son de *d* valor que las riquezas! ... 3718
41.13 ¿quién se acercará a él con... freno *d*? ... 3718
42.10 aumentó al *d* todas las cosas... de Job ... 4932
Pr 31.21 su familia está vestida de ropas *d* ... 8144
Is 40.2 *d* ha recibido de la mano de Jehová por ... 3718
61.7 en lugar de vuestra *d* confusión... *d* honra ... 4932
Jer 16.18 primero pagaré al *d* su iniquidad y ... 4932
17.18 y quebrántalos con *d* quebrantamiento ... 4932
Os 10.10 cuando sean atados por su *d* crimen ... 8147
Zac 9 12 hoy os anuncio que os restauraré el *d* ... 4932
1 Ti 5.17 sean tenidos por dignos de *d* honor ... *1362*
Stg 1.8 el hombre de *d* ánimo es inconstante en ... *1374*
4.8 de *d* ánimo, purificad vuestros corazones ... *1374*
Ap 18.6 dadle a... y pagadle *d* según sus obras ... *1363*
18.6 en el cáliz en... preparadle a ella el *d* ... *1362*

DOBLEZ
1 Cr 12.33 dispuestos a... sin *d* de corazón
Sal 12.2 labios lisonjeros, y con *d* de corazón
Ec 4.12 y cordón de tres *d* no se rompe pronto ... 8027
1 Ti 3.8 diáconos... deben ser honestos, sin *d* ... *1351*

DOCE *Véase también Doce mil*
Gn 14.4 *d* años habían servido a Quedorlaomer ... 8147,6240
17.20 *d* príncipes engendrará, y haré de él ... 8147,6240
25.16 Ismael... *d* príncipes por sus familias ... 8147,6240
35.22 ahora bien, los hijos de Israel fueron *d* ... 8147,6240
42.13 tus siervos somos *d* hermanos ... 8147,6240
42.32 somos *d* hermanos, hijos de
nuestro padre ... 8147,6240
49.28 éstos fueron las *d* tribus de Israel ... 8147,6240
Éx 15.27 Elim, donde había *d* fuentes de aguas ... 8147,6240
24.4 y *d* columnas, según las *d* tribus de ... 8147,6240
28.21; 39.14 piedras... *d*... según las *d* tribus ... 8147,6240
Lv 24.5 cocerás de ella *d* tortas; cada torta ... 8147,6240
Nm 1.44 *d* varones, uno por cada casa de sus ... 8147,6240
7.3 seis carros cubiertos y *d* bueyes ... 8147,6240
7.84 para la dedicación... *d* platos de plata ... 8147,6240
7.84 *d* jarras de plata, *d* cucharas de oro ... 8147,6240
7.86 las *d* cucharas de oro llenas de incienso ... 8147,6240
7.87 los bueyes... *d* becerros; *d* carneros ... 8147,6240
7.87 *d* los corderos de... *d* los machos cabríos ... 8147,6240
17.2 *d* varas conforme a las casas de ... 8147,6240
17.6 los príncipes de ellos le dieron... *d* varas ... 8147,6240
29.17 *d* becerros de la vacada, dos carneros ... 8147,6240

33.9 a Elim, donde había *d* fuentes de aguas . . . 8147,6240
Dt 1.23 tomé *d* varones de entre vosotros, un 8147,6240
Jos 3.12 tomad. . . ahora *d* hombres de las tribus. . . 8147,6240
4.2 tomad del. . . *d* hombres, uno de cada tribu. . . 8147,6240
4.3 tomad. . . *d* piedras, las cuales pasaréis 8147,6240
4.4 entonces Josué llamó a los *d* hombres a . . . 8147,6240
4.8 tomaron *d* piedras. . . del Jordán 8147,6240
4.9 levantó *d* piedras en medio del Jordán 8147,6240
4.20 Josué erigió en Gilgal las *d* piedras que . . 8147,6240
18.24 Ofni y Geba, *d* ciudades. 8147,6240
19.15 abarca Catat. . . *d* ciudades 8147,6240
21.7 Gad y de la tribu de Zabulón, *d* ciudades . 8147,6240
21.40 fueron por sus suertes *d* ciudades. 8147,6240
Jue 19.29 partió por sus huesos en *d* partes 8147,6240
2 S 2.15 pasaron. . . *d* de Benjamín. . . *d* de. . . David . . . 8147,6240
21.20 *d* dedos en las manos, y otros *d* en los
1 R 4.7 tenía Salomón *d* gobernadores sobre 8147,6240
7.15 y rodeaba a una y otra un. . . de *d* codos. . . 8147,6240
7.25 y descansaba sobre *d* bueyes. 8147,6240
7.44 un mar, con *d* bueyes debajo del mar 8147,6240
10.20 estaban también *d* leones puestos allí . . . 8147,6240
11.30 la capa nueva. . . la rompió en *d* pedazos . . . 8147,6240
16.23 Omri. . . reinó *d* años; en Tirsa reinó 6 . . . 8147,6240
18.31 tomando Elías *d* piedras, conforme al. . . 8147,6240
19.19 halló a Eliseo. . . que araba con *d* yuntas. . . 8147,6240
2 R 3.1 Joram. . . comenzó. . . y reinó *d* años 8147,6240
8.25 en el año *d* de Joram hijo de Acab, rey . . . 8147,6240
21.1 de *d* años era Manasés cuando
comenzó a 8147,6240
1 Cr 6.63 Gad. . . dieron por suerte *d* ciudades 8147,6240
25.9 Gedalías. . . con sus hermanos. . . fueron *d*. . . . 8147,6240
25.10,11,12,13,14,15,16,17,18,19,20,21,22,23,24
25,26,27,28,29,30,31 con sus hijos y sus
hermanos, *d*. 8147,6240
2 Cr 4.4 asentado sobre *d* bueyes, tres de los 8147,6240
4.15 un mar, y los *d* bueyes debajo de él. 8147,6240
9.19 *d* leones sobre las seis gradas, a uno y . . . 8147,6240
33.1 de *d* años era Manasés cuando
comenzó a 8147,6240
34.3 a los *d* años comenzó a limpiar a Judá . . . 8147,6240
Esd 6.17 en la dedicación. . . *d* machos cabríos 8648,6236
8.24 aparté luego a *d* de los principales de 8147,6240
8.31 partimos del río Ahava el *d* del mes 8147,6240
8.35 ofrecieron. . . *d* becerros por todo Israel . . 8147,6240
8.35 y *d* machos cabríos por expiación 8147,6240
Neh 5.14 hasta el año 32, *d* años, ni yo ni mis. 8147,6240
Est 2.12 después de haber estado *d* meses. 8147,6240
Jer 52.20 los *d* bueyes de bronce que estaban 8147,6240
52.21 columna. . . cordón de *d* codos 8147,6240
Ez 29.1 en el mes décimo, a los *d* días del mes 8147,6240
43.16 el altar tenía *d* codos de largo, y *d* de. . . . 8147,6240
47.13 repartiréis la tierra. . . las *d* tribus 8147,6240
Dn 4.29 al cabo de *d* meses, paseando. . . palacio . . . 8648,6236
Mt 9.20 una mujer enferma. . . desde hacía *d* años *1427*
10.1 llamando a sus *d* discípulos, les dio *1427*
10.2 los nombres de los *d* apóstoles son estos. *1427*
10.5 **a estos *d* envió. . . les dio instrucciones** *1427*
11.1 de dar instrucciones a sus *d* discípulos *1427*
14.20 y recogieron lo que sobró de. . . *d* cestas. *1427*
19.28 ***d* tronos, para juzgar a las *d* tribus de** *1427*
20.17 tomó a sus *d* discípulos aparte en el *1427*
26.14 uno de los *d*. . . fue a los principales *1427*
26.20 la noche, se sentó a la mesa con los *d*. *1427*
26.47 vino Judas, uno de los *d*, y con él mucha *1427*
26.53 **me daría más de *d* legiones de ángeles** *1427*
Mr 3.14 estableció a *d*, para que estuviesen *1427*
4.10 los que estaban cerca de él con los *d* *1427*
5.25 una mujer que desde hacía *d* años padecía *1427*
5.42 la niña se levantó. . . pues tenía *d* años *1427*
6.7 llamó a los *d*, y comenzó a enviarlos de *1427*
6.43 recogieron de. . . pedazos *d* cestas llenas *1427*
8.19 **¿cuántas cestas llenas. . . ellos dijeron: *D*** *1427*
9.35 **y llamó a los *d*, y les dijo: Si alguno** *1427*
10.32 volviendo a tomar a los *d* aparte les *1427*
11.11 anochecía, se fue a Betania con los *d*. *1427*
14.10 Judas Iscariote, uno de los *d*, fue a *1427*
14.17 cuando llegó la noche, vino él con los *d*. *1427*
14.20 **es uno de los *d* el que moja conmigo** *1427*
14.43 vino Judas, qué era uno de los *d*, y con *1427*
Lc 2.42 cuando. . . *d* años, subieron a Jerusalén *1427*
6.13 y escogió a *d* de ellos, a los cuales *1427*
8.1 Jesús iba por todas las. . . y los *d* con él *1427*
8.42 tenía una hija única, como de *d* años, que *1427*
8.43 padecía de flujo de. . . desde hacía *d* años *1427*
9.1 habiendo reunido a sus *d* discípulos, les *1427*
9.12 los *d*, le dijeron: Despide a la gente *1427*
9.17 lo que les sobró, *d* cestas de pedazos *1427*
18.31 **tomando Jesús a los *d*, les dijo: Helo aquí** *1427*
22.3 entró en Judas. . . uno del número de los *d* *1427*
22.30 **en tronos juzgando a las *d* tribus de** *1427*
22.47 Judas, uno de los *d*, iba al frente de *1427*
Jn 6.13 llenaron *d* cestas de pedazos, que de *1427*
6.67 **a los *d*: ¿Queréis acaso iros también** *1427*
6.70 **he escogido yo a vosotros los *d*, y uno** *1427*
6.71 le iba a entregar, y era uno de los *d* *1427*
11.9 **respondió. . . ¿No tiene el día *d* horas? El** *1427*
20.24 pero Tomás, uno de los *d*. . . no estaba con *1427*
Hch 6.2 los *d* convocaron a la multitud de los. *1427*
7.8 circuncidó. . . y Jacob a los *d* patriarcas *1427*
19.7 eran por todos unos *d* hombres *1177*
24.11 no hace más de *d* días que subí a adorar *1177*
26.7 que han de alcanzar nuestras *d* tribus. *1429*
1 Co 15.5 apareció a Cefas, y después a los *d* *1427*
Stg 1.1 Santiago. . . a las *d* tribus que están en *1427*
Ap 12.1 su cabeza una corona de *d* estrellas *1427*
21.12 *d* puertas; y en las puertas, *d* ángeles. *1427*
21.12 son los de las *d* tribus de los hijos de *1427*
21.14 el muro de la ciudad tenía *d* cimientos *1427*
21.14 los *d* nombres de los *d* apóstoles del. *1427*
21.21 las *d* puertas eran *d* perlas; cada una *1427*
22.2 árbol de la vida, que produce *d* frutos *1427*

DOCE MIL
Nm 31.5 así fueron. . . *12.000* en pie de guerra . . . 8147,6240,505
Jos 8.25 número. . . fue de *12.000*,
todos. . . de Hai 8147,6240,505
Jue 21.10 congregación envió allá a *12.000* . . . 8147,6240,505
2 S 10.6 a sueldo. . . de Is-tob *12.000* hombres . . 8147,6240,505
17.1 Ahitofel. . . Yo escogeré. . . *12.000*
hombres. 8147,6240,505
1 R 4.26 Salomón. . . carros, y *12.000* jinetes . . . 8147,6240,505
10.26 tenía. . . *12.000* jinetes, los cuales puso. . . 8147,6240,505
2 Cr 1.14 tuvo 1.400 carros y *12.000* jinetes. . . . 8147,6240,505
9.25 y *12.000* jinetes, los cuales puso en 8147,6240,505
Sal 60 *tít.* destrozó a *12.000* en el valle de 8147,6240,505
Ap 7.5(3),6(3),7(3),8(3) de la tribu de. . . *12.000*
sellados. *1427,5505*
21.16 y él midió la ciudad. . . *12.000* estadios *1427,5505*

DÓCIL
Pr 25.12 reprende al sabio sque tiene oído *d* 8085

DOCTO
Esd 8.16 a Joiarib y a Elnatán, hombres *d* 995
Job 34.2 sabios. . . vosotros, *d* estadme atentos 3045
Pr 24.5 sabio. . . de pujante vigor el hombre *d*. 1847
Mt 13.52 **escriba *d* en el reino de los cielos** *3100*

DOCTOR
Lc 2.46 sentado en medio de los *d* de la ley *1320*
5.17 sentados los fariseos y *d* de la ley, los. *3547*
Hch 5.34 Gamaliel, *d* de la ley, venerado de *3547*
1 Ti 1.7 queriendo ser *d*. . . la ley, sin entender. *3547*

DOCTRINA
Job 11.4 dices: Mi *d* es pura, y yo soy limpio 3948
Pr 1.2 entender sabiduría y *d*, para conocer 4148
Is 28.9 o a quién se hará entender *d*? ¿A los 8052
29.24 y los murmuradores aprenderán *d*. 3948
Mt 7.28 terminó. . . la gente se admiraba de su *d* *1322*
15.9 **enseñando. . . *d*, mandamientos de hombres** . . . *1319*
16.12 sino de la *d* de los fariseos y de los *1322*
22.33 oyendo. . . la gente, se admiraba de su *d*. *1322*
Mr 1.22 admiraban de su *d*; porque les enseñaba *1322*
1.27 ¿qué nueva *d* es esta, que con autoridad. *1322*
4.2 les enseñaba. . . cosas, y les decía en su *d* *1322*
7.7 **enseñando. . . *d* mandamientos de hombres** *1319*
11.18 todo el pueblo estaba admirado de su *d* *1322*
12.38 **y les decía en su *d*: Guardaos de los** *1322*
Lc 4.32 admiraban de su *d*, porque su palabra *1322*
Jn 7.16 **mi *d* no es mía, sino de aquel que me** *1322*
7.17 **conocerá si la *d* es de Dios, o si yo** *1322*
18.19 preguntó a Jesús acerca de. . . y de su *d* *1322*
Hch 2.42 perseveraban en la *d* de los apóstoles *1322*
5.28 habéis llenado a Jerusalén de vuestra *d* *1322*
13.12 creyó, maravillado de la *d* del Señor *1322*
Ro 6.17 obedecido. . . a aquella forma de *d* a la. *1322*
16.17 causan divisiones. . . en contra de la *d*. *1322*
1 Co 14.6 con ciencia, o con profecía, o con *d*. *1322*
14.26 uno. . . tiene salmo, tiene *d*, tiene lengua. *1322*
Ef 4.14 niños. . . llevados. . . de todo viento de *d*. *1319*
Col 2.22 en conformidad a. . . y *d* de hombres *1319*
2 Ts 2.15 retened la *d* que habéis aprendido. *3862*
1 Ti 1.3 a algunos que no enseñen diferente *d* *2085*
1.10 y para cuanto se oponga a la sana *d* *1319*
4.1 escuchando a espíritus. . . y *d* de demonios *1319*
4.6 de la fe y de la buena *d* que has seguido *1319*
4.16 cuidado de ti mismo y de la *d*; persiste. *1319*
6.1 no sea blasfemado el nombre de. . . y la *d*. *1319*
6.3 y a la *d* que es conforme a la piedad. *1319*
2 Ti 3.10 pero tú has seguido mi *d*, conducta. *1319*
4.2 instes. . . exhorta con toda paciencia y *d*. *1322*
4.3 tiempo cuando no sufrirán la sana *d*, sino *1319*
Tit 2.1 pero tú habla. . . de acuerdo con la sana *d* 1319
2.10 para que en todo adornen la *d* de Dios *1319*
He 6.1 dejando ya los rudimentos de la *d* de. *3056*
6.2 de la *d* de bautismo, de la imposición de *1322*
13.9 dejéis llevar de *d* diversas y extrañas. *1322*
2 Jn 9 y no persevera en la *d* de Cristo, no *1322*
9 el que persevera en la *d* de Cristo, ése sí *1322*
10 y no trae esta *d*, no lo recibáis en casa *1322*
Ap 2.14 **ahí a los que retienen la *d* de Balaam**. *1322*
2.15 **los que retienen la *d* de los nicolaítas** *1322*
2.24 **a cuantos no tienen esa *d*, y no han** *1322*

DODAI = *Dodo No. 2*, 1 Cr 27.4 1737

DODANIM *Pueblo antiguo*, Gn 10.4; 1 Cr 1.7. 1721

DODAVA *Padre de Eliezer No. 6*, 2 Cr 20.37. 1735

DODO
1. Abuelo de Tola, juez de Israel, Jue 10.1 1734
2. Padre de Eleazar No. 3 (=Dodai), 2 S 23.9;
1 Cr 11.12 1734
3. Padre de Elhanán No. 9, 2 S 23.24; 1 Cr 11.26. 1734

DOEG *Edomita, siervo del rey Saúl*
1 S 21.7 y estaba allí aquel día. . . *D*, edomita 1673
22.9 *D* edomita. . . Vi al hijo de Isaí que vino. 1673
22.18 dijo el rey a *D*: Vuelve. . . Y se volvió *D* 1673
22.22 yo sabía que estando allí aquel día *D*. 1673
Sal 52 *tít.* vino *D* edomita y dio cuenta a Saúl 1673

DOFCA Lugar donde acampó Israel,
Nm 33.12,13. 1850

DOLENCIA
2 Cr 24.25 sirios, lo dejaron agobiado por. . . *d* 4251
Sal 103.3 es quien. . . el que sana todas tus *d* 8463
Mt 4.23 y sanando toda enfermedad y toda *d* en. *3119*
4.24 le trajeron todos los que tenían *d*, los. *3554*
8.17 tomó. . . enfermedades, y llevó nuestras *d* *3554*
9.35 toda enfermedad y toda *d* en el pueblo *3119*
10.1 y para sanar toda enfermedad y toda *d* *3119*

DOLER
Gn 6.6 se arrepintió. . . le *dolió* en su corazón. 6087
Neh 13.8 y me *dolió* en. . . y, arrojé. . . los muebles 7489
Job 14.22 mas su carne sobre él se *dolerá*, y se 3510
Pr 23.35 dirás: Me hirieron, mas no me *dolió*. 3045
Is 51.19 ¿quién se *dolerá* de ti? ¿Quién te 5110
Jer 4.19 me *duelen* las fibras de mi corazón 3176
5.3 oh Jehová. . . los azotaste, y no les *dolió* 2342
Mi 4.10 *duélete* y gime, hija de Sion, como 2342
Zac 9.5 Gaza también, y se *dolerá* en. . . manera 2342
Hch 20.38 *doliéndose*. . . por la palabra que dijo *3600*
1 Co 12.26 todos los miembros se *duelen* con *4841*

DOLIENTE
Is 1.5 cabeza está enferma, y todo corazón *d*. 1742

DOLOR
Gn 3.16 multiplicaré. . . los *d*. . . con *d* darás a luz . . 6093,6089
3.17 con *d* comerás de ella todos los días de. 6093
34.25 cuando sentían ellos el mayor *d*, dos 3510
42.38; 44.29 descender mis canas con *d* al 3015
44.31 canas de. . . nuestro padre con *d* al Seol. 3015
Éx 15.14 apoderará *d* de la tierra. . . filisteos 2427
Jue 11.35 tú. . . has venido a ser causa de mi *d* 5916
1 S 2.33 para consumir. . . y llenar tu alma de *d* 109
4.19 luz. . . le sobrevinieron sus *d* de repente 6735
20.34 y no comió. . . tenía *d* a causa de David. 6087
2 S 19.2 oyó decir. . . el rey tenía *d* por su hijo 6087
1 Cr 4.9 Jabes. . . por cuanto lo di a luz en *d*. 6090
2 Cr 6.29 que conociera su. . . su *d* en su corazón. 4341
Est 4.4 la reina tuvo gran *d*, y envió vestidos 2342
Job 2.13 porque veían que su *d* era muy grande. 3511
6.10 Si me asaltase con *d* sin dar más tregua. 2427
9.28 me turban todos mis *d*; sé que no me 6094
15.20 sus días, el impío es atormentado de *d* 2342
15.35 concibieron *d*, dieron a luz iniquidad. 5999
16.5 la consolación. . . apaciguaría vuestro *d*
16.6 si hablo, mi *d* no cesa; y si dejo de 3511
17.7 mis ojos se oscurecieron por el *d*, y mis. 3708
21.17 viene. . . y Dios en su ira les reparte *d*! 2256
30.17 huesos, y los *d* que me roen no reposan 6207
33.19 castigado con *d*. . . en todos sus huesos. 4341
39.3 hacen salir sus hijos, pasan sus *d*. 2256
Sal 16.4 multiplicarán los *d* de aquellos que. 6094
31.10 porque mi vida se va gastando de *d*, y 3015
32.10 muchos *d* habrá para el impío; mas al 4341
38.17 a punto de caer, y mi *d* está delante de. 4341
39.2 enmudecí con. . . me callé. . . y se agravó mi *d*. . . 3511
41.3 Jehová lo sustentará sobre el lecho del *d* 1741
48.6 les tomó. . . *d* como de mujer que da a luz 2427
69.26 cuentan del *d* de los que tú llagaste 4341
116.3 del Seol; angustia y *d* había yo hallado 2256
127.2 por demás es que. . . y que comáis pan de *d* . . . 6089
Pr 14.13 aun en la risa tendrá *d* el corazón. 3510
15.13 por el *d* del corazón el espíritu se abate 6094
19.13 *d* es para su padre el hijo necio, y 1942
23.29 ¿para quién. . . el ay? ¿para quién el *d*?. 17
23.32 al fin. . . morderá, y como áspid dará *d*. 6567
Ec 1.18 porque. . . quien añade ciencia, añade *d*. 4341
2.23 porque todos sus días no son sino *d*, y 4341
5.17 comerá en tinieblas, con mucho afán y *d* 3707
Cnt 8.5 allí tuvo tu madre *d*. . . tuvo *d* la que te 2254
Is 13.8 *d* se apoderarán de ellos, tendrán *d*. 2256,2342
17.11 día de la angustia y del *d* desesperado 3511
21.3 por tanto, mis lomos se han llenado de *d* 2479
23.5 Egipto, tendrán *d* de las nuevas de Tiro 2342
26.17 y da gritos en sus *d*, así hemos sido. 2256
26.18 concebimos, tuvimos *d* de parto, dimos. 2342
50.11 os vendrá esto; en *d* seréis sepultados. 4620
51.11 volverán a. . . y el *d* y el gemido huirán. 3015
53.3 varón de *d*, experimentado en quebranto 4341
53.4 sufrió nuestros *d*, y nosotros le tuvimos 4341
65 14 clamaréis por el *d* del corazón. 3511
66.7 antes que le viniesen *d*, dio a luz hijo 2256
Jer 6.24 se apoderó de nosotros angustia, *d*. 2427
8.18 de mi fuerte *d*, mi corazón desfallece. 3015
13.21 ¿no te darán *d* como de mujer. . . de parto? . . . 2256
15.9 se llenó de *d* su alma, su sol se puso
15.18 ¿por qué fue perpetuo mi *d*. . . curación?. 3511
20.18 ¿para ver trabajo y *d*, y que mis días 3015
22.23 cuando te vinieren *d*, *d* como de mujer . . 2256,2427
30.15 incurable es tu *d*. . . te he hecho esto 4341
31.12 gritos de gozo. . . y nunca más tendrán *d*. 1669
31.13 los consolaré, y los alegraré de su *d*. 3015
45.3 ¡ ay. . . ha añadido Jehová tristeza a mi *d*. 4341
49.24 *d* le tomaron, como de mujer que está de. 2256
50.43 angustia le. . . *d* como de mujer de parto 2427
51.8 tomad bálsamo para su *d*, quizá sane 4341
Lm 1.12 mirad, y ved si hay *d* como mi *d* que 4341
1.13 me dejó desolada, y con *d* todo el día 1739
1.18 oíd ahora, pueblos todos, y ved mi *d*. 4341
Ez 23.33 serás llena de. . . *d* por el cáliz de tu. 3015
28.24 nunca más será. . . ni aguijón que le dé *d*. 3510
30.16 tendrá gran *d*, y Tebas será destrozada 2342
36.21 al ver mi santo nombre profanado por. 2550
Dn 10.16 con la visión me han sobrevenido *d*. 6735
Os 13.13 *d* de mujer que da a luz le vendrán 2256
Mi 4.9 te ha tomado *d* como de mujer de parto?. 2427
Nah 2.10 *d* en las entrañas, rostros demudados 2479
Mt 24.8 **y todo esto será principio de *d*** *5604*
Mr 13.8 **alborotos; principios de *d* son éstos** *5604*
Jn 16.21 **la mujer cuando da a luz, tiene *d*** *3077*
Hch 2.24 levantó, sueltos los *d* de la muerte *5604*
Ro 8.22 a una está con *d* de parto hasta ahora *4944*

9.2 gran tristeza y continuo *d* en mi corazón....... 3601
Gá 4.19 míos, por quienes vuelvo a sufrir *d*............ 5605
4.27 y clama, tú que no tienes *d* de parto........... 5605
1 Ts 5.3 como los *d* a la mujer encinta, y no............ 5604
1 Ti 6.10 y fueron traspasados de muchos *d*........... 3601
Ap 12.2 clamaba con *d* de parto, en la angustia....... 5605
16.10 tinieblas, y mordían de *d* sus lenguas......... 4192
16.11 blasfemaron... por sus *d* y... sus úlceras...... 4192
21.4 ni habrá más llanto, ni clamor, ni *d*............ 3997

DOLORIDO

Sal 55.4 mi corazón está *d* dentro de mí, y 2342

DOLOROSO, A

Job 34.6 *d* es mi herida sin haber hecho yo............. 605
Ec 5.13 un mal *d* que he visto debajo del sol........... 2470
6.2 lo disfrutan... Esto es vanidad, y mal *d*........... 7451
Jer 10.19 ¡ay de mí, por... mi llaga es muy *d*........... 2470
14.17 quebrantada la virgen... de plaga muy *d*..... 2470
16.4 de *d* enfermedades morirán, no serán......... 8463
30.12 incurable es tu quebrantamiento, y *d*......... 2470
Mi 1.9 porque su llaga es *d*; y llegó hasta............... 605

DOMAR

Os 10.11 es novilla *domada*... le gusta trillar.......... 3925
Stg 3.7 naturaleza... se *doma* y ha sido domada....... 1150
3.8 pero ningún hombre puede *domar* la lengua... 1150

DOMESTICADO

Gn 7.14 los animales *d* según sus especies

DOMÉSTICO, A

Gn 17.23 a todo varón entre los *d* de la casa............ 582
Is 11.6 el león y la bestia *d* andarán juntos............ 4806

DOMICILIO

1 Cr 6.54 conforme a sus *d* y sus términos, las......... 2918

DOMINADOR

Nm 24.19 de Jacob saldrá el *d*, y destruirá lo.......... 7287
Jer 51.46 violencia en la tierra, *d* contra *d*............ 4910

DOMINAR

Jos 12.5 Og... *dominaba* en el monte Hermón, en...... 4910
Jue 9.22 Abimelec hubo *dominado* sobre Israel....... 7786
14.4 los filisteos *dominaban* sobre Israel........... 4910
15.11 ¿no sabes tú que los filisteos *dominan*........ 4910
16.5 que lo atemos y lo *dominemos*; y cada uno.... 6031
16.6 cómo podrás ser atado para ser *dominado*.... 6031
1 Cr 4.22 cuales *dominaron* en Moab y volvieron....... 1166
29.12 tú *dominas* sobre todo; en tu mano está...... 4910
Esd 4.20 reyes fuertes que *dominaron* en todo........ 7990
Neh 9.28 de sus enemigos que los *dominaron*........ 7287
Sal 72.8 *dominará* de mar a mar, y desde el río........ 7287
103.19 trono, y su reino *domina* sobre todos........ 7287
110.2 Sion... *domina* en medio de tus enemigos..... 7287
Pr 8.16 por mí *dominan* los príncipes, y todos......... 8323
29.2 cuando los justos *dominan*, el pueblo se....... 7235
29.2 cuando *domina* el impío, el pueblo gime....... 4910
Jer 23.9 como hombre a quien *dominó* el vino......... 5674
Dn 2.39 el cual *dominará* sobre toda la tierra......... 7981
11.3 el cual *dominará* con gran poder y hará....... 4910
11.4 ni según el *dominio* con que él dominó....... 4910
Zac 6.13 se sentará y *dominará* en su trono........... 4910
Mr 5.4 los grillos; y nadie le podía *dominar*........... 1150
Hch 19.16 el hombre... *dominándolos* pudo más....... 2634
1 Co 6.12 yo no me dejaré *dominar* de ninguna........ 1850

DOMINIO

Dt 15.6 tendrás *d*... pero sobre ti no tendrán *d*........ 4910
2 R 8.20 se rebeló Edom contra el *d* de Judá........... 3027
8.22 Edom se libertó del *d* de Judá, hasta hoy...... 3027
14.28 restituyó al *d* de Israel a Damasco y
2 R 20.13 mostrase, así en su casa como en... *d*........ 4475
1 Cr 18.3 yendo éste a asegurar su *d* junto al.......... 3027
2 Cr 8.6 edificar en... toda la tierra de su *d*............ 4475
9.26 y tuvo *d* sobre todos los reyes desde el........ 4910
20.6 tienes *d* sobre todos los reinos de las......... 4910
21.8 se rebeló Edom contra el *d* de Judá, y.......... 3027
21.10 Edom se libertó del *d* de Judá, hasta.......... 3027
21.10 Libna se libertó de su *d*, por cuanto........... 3027
Neh 3.7 estaban bajo el *d* del gobernador del.......... 3678
Sal 89.9 tú tienes *d* sobre la braveza del mar.......... 4910
Is 39.2 no hubo cosa en... sus *d*, que Ezequías........ 4475
40.26 tal es la grandeza... el poder de su *d*......... 4475
Jer 51.28 sus príncipes, y... territorio de su *d*.......... 4475
Ez 29.15 que no vuelvan a tener *d* sobre las........... 7287
Dn 2.38 y te ha dado el *d* sobre todo; tú eres........... 7981
4.22 y tu *d* hasta los confines de la tierra........... 7985
4.25 conozcas que el Altísimo tiene *d* en el......... 7990
4.32 tiene el *d* en el reino de los hombres.......... 7990
4.34 *d* es sempiterno, y su reino por todas.......... 7985
5.21 tiene *d* sobre el reino de los hombres.......... 7990
6.26 que en todo el *d* de mi reino todos teman...... 7985
6.26 su reino... y su *d* perdurará hasta el fin....... 7985
7.6 tenía... cuatro cabezas; y le fue dado *d*........ 7985
7.12 quitado a las otras bestias su *d*, pero.......... 7985
7.14 le fue dado *d*, gloria y reino, para que.......... 7985
7.14 su *d* es *d* eterno, que nunca pasará, y.......... 7985
7.26 le quitarán su *d* para que sea destruido....... 7985
7.27 el *d* y la majestad de los reinos debajo.......... 7985
7.27 y todos los *d* le servirán y obedecerán......... 7985
11.4 ni según el *d* con que él dominó; porque....... 4915
11.5 él, y se hará poderoso; su *d* será grande....... 4910
Hch 24.25 al disertar Pablo acerca... *d* propio......... 1466
1 Co 15.24 cuando haya suprimido todo *d*, toda......... 746
Col 1.16 sean tronos, sean *d*, sean principados........ 2963
1 Ti 2.12 ni ejercer *d* sobre el hombre, sino........... 831
2 Ti 1.7 sino de poder, de amor y de *d* propio.......... 4995
2 P 1.6 *d* propio; y al *d* propio, paciencia.............. 1466

DON

Gn 25.6 hijos de sus concubinas dio Abraham *d*....... 4979
34.12 aumentad a cargo mío mucha dote y *d*....... 4976
Lv 23.38 vuestros *d*, de todos vuestros votos........... 4979
Nm 8.19 yo he dado en *d* los levitas a Aarón y......... 7810
18.6 dados a vosotros en *d* de Jehová, para........ 4979
18.7 he dado en *d* el servicio de... sacerdocio...... 4979
18.11 será tuyo: la ofrenda elevada de sus *d*........ 4976
18.29 de todos vuestros *d* ofreceréis toda.......... 4979
Jos 15.19; Jue 1.15 respondió: Concédeme un *d*........ 1293
Sal 68.18 subiste... tomaste *d* para los hombres....... 4979
68.29 de tu templo... los reyes te ofrecerán *d*....... 7862
72.10 los reyes de Sabá y de Seba ofrecerán *d*...... 814
141.2 el *d* de mis manos como la ofrenda de........ 4864
Pr 6.35 perdonar, aunque multipliques los *d*.......... 7810
21.14 calma el furor, y el *d* en el seno... ira......... 4976
Ec 3.13 es *d* de Dios que todo hombre coma y......... 4991
5.19 goce de su trabajo, esto es *d* de Dios.......... 4991
Is 45.13 no por precio ni por *d*, dice Jehová........... 7810
Ez 16.33 a todas las rameras les dan *d*; mas tú........ 5078
16.33 tú diste tus *d* a todos tus enamorados........ 5083
16.41 así haré... que ceses de prodigar tus *d*......... 868
20.40 demandaré... las primicias de vuestros *d*..... 4864
Dn 2.6 recibiréis de mí *d* y favores y gran............ 4978
2.48 rey... le dio muchos honores y grandes *d*...... 4978
5.17 tus *d* sean para ti, y da tus recompensas...... 4978
Mi 1.7 todos sus *d* serán quemados en fuego........... 868
1.7 porque de *d* de rameras los juntó, y a *d*.......... 868
1.14 tanto, vosotros daréis *d* a Moreset-gat......... 7964
Jn 4.10 **si conocieras el *d* de Dios, y quién es**........ 1431
Hch 2.38 y recibiréis el *d* del Espíritu Santo........... 1431
8.20 que el *d* de Dios se obtiene con dinero......... 1431
10.45 se derramase el *d* del Espíritu Santo......... 1431
11.17 si Dios, pues, les concedió... el mismo *d*....... 1431
Ro 1.11 para comunicaros algún *d* espiritual.......... 5486
5.15 pero el *d* no fue como la transgresión........ 5486
5.15 abundaron mucho más... la gracia y el *d* de... 1431
5.16 y con el *d* no sucede como en el caso de....... 1434
5.16 *d* vino a causa de muchas transgresiones..... 5486
5.17 los que reciben la... del *d* de la justicia........ 1431
11.29 irrevocables son los *d* y el... de Dios.......... 5486
12.6 teniendo diferentes *d*, según la gracia........ 5486
1 Co 1.7 manera que nada os falta en ningún *d*........ 5486
7.7 pero cada uno tiene su propio *d* de Dios........ 5486
12.1 ignoréis acerca de los *d* espirituales
12.4 hay diversidad de *d*, pero el Espíritu.......... 5486
12.9 *d* de sanidades por el mismo Espíritu.......... 5486
12.28 que ayudan... los que tienen *d* de lenguas... 5486
12.30 ¿tienen todos *d* de sanidad? ¿hablan......... 5486
12.31 procurad, pues, los *d* mejores. Mas yo........ 5486
14.1 el amor, y procurad los *d* espirituales
14.12 que anheláis *d* espirituales, procurad
2 Co 1.11 por el *d* concedido a nosotros por........... 5486
9.15 ¡gracias a Dios por su *d* inefable!............... 1431
Ef 2.8 esto no de vosotros, pues es *d* de Dios.......... 1435
3.7 hecho ministro por el *d* de la gracia de......... 1431
4.7 conforme a la medida del *d* de Cristo........... 1431
4.8 llevó cautiva la cautividad, y dio *d* a los......... 1390
1 Ti 4.14 no descuides el *d* que hay en ti, que.......... 5486
2 Ti 1.6 que avives el fuego del *d* de Dios que.......... 5486
He 6.4 y gustaron del *d* celestial, y fueron........... 1431
Stg 1.17 todo *d* perfecto desciende de lo alto.......... 1394
1 P 4.10 cada uno según el *d* que ha recibido.......... 5486

DONATIVO

1 Co 16.3 para que lleven vuestro *d* a Jerusalén....... 5485
2 Co 8.19 fue designado, para llevar este *d*............ 5485

DONCELLA

Gn 24.11 la hora en que salen las *d* por agua
24.14 la *d* a quien yo dijere: Baja tu cántaro........ 5291
24.16 *d* era de aspecto muy hermoso, virgen........ 5291
24.28 la *d* corrió, e hizo saber en casa de........... 5291
24.43 la *d* que saliere por agua, a la cual............ 5959
24.55 espere la *d* con nosotros a lo menos 10....... 5291
24.57 ellos... Llamemos a la *d* y preguntémosle..... 5291
24.61 entonces se levantó Rebeca y sus *d*, y......... 5291
Éx 2.5 paseándose sus *d* por la ribera del río.......... 5291
2.8 fue la *d*, y llamó a la madre del niño............ 5959
22.16 si alguno engañare a alguna *d* que no......... 1330
Dt 22.15 las señales de la virginidad de la *d*.......... 5291
32.25 así al joven como a la *d*, al niño de............ 1330
Jue 5.30 cada uno una *d*, o dos; las vestiduras........ 7356
11.40 las *d*... a endechar a la hija de Jefté.......... 1323
21.12 hallaron... 400 *d* que no habían conocido...... 1330
1 S 9.11 hallaron unas *d* que salían por agua.......... 5291
25.42 levantándose... Abigail con cinco *d* que....... 5291
2 Cr 36.17 que mató... sin perdonar joven ni *d*.......... 1330
Est 2.4 y la *d* que agrade a los ojos del rey............. 5291
2.8 y habían reunido a muchas *d* en Susa.......... 5291
2.9 y la *d* agradó a sus ojos, y halló gracia......... 5291
2.9 le dio también siete *d* especiales de la......... 5291
2.9 llevó con sus *d* a la mejor de la casa de........ 5291
2.12 llegaba el tiempo de cada una de las *d*........ 5291
2.13 entonces la *d* venía así al rey. Todo lo......... 5291
4.4 vinieron las *d* de Ester, y sus eunucos.......... 5291
4.16 yo también con mis *d* ayunaré igualmente..... 5291
Sal 68.25 detrás; en medio las *d* con panderos......... 5959
148.12 los jóvenes y... las *d*, los ancianos y.......... 1330
Pr 30.19 mar; y el rastro del hombre en la *d*........... 5959
Cnt 1.3 tu nombre es... por eso las *d* te aman.......... 5959
2.2 como el lirio, es mi amiga entre las *d*.......... 1323
2.7; 3.5 yo os conjuro, oh *d* de Jerusalén........... 1323
3.10 su interior recamado de amor por las *d*....... 1323
3.11 salid, oh *d*... y ved al rey Salomón con......... 1323
5.8 os conjuro, oh *d* de Jerusalén, si halláis........ 1323
5.16 tal es mi amigo, oh *d* de Jerusalén............ 1323
6.8 ochenta las concubinas, y... *d* sin número...... 5959
6.9 vieron las *d*... la llamaron bienaventurada...... 1323
8.4 os conjuro, oh *d* de Jerusalén, que no........... 1323
Am 8.13 *d* hermosas y los jóvenes desmayarán........ 1330
Zac 9.17 el trigo alegrará... y el vino a las *d*........... 1330
Hch 21.9 tenía cuatro hijas *d* que profetizaban........ 3933
1 Co 7.28 si la *d* se casa, no peca; pero los............. 3933
7.34 la casada y la *d*. La *d* tiene cuidado de......... 3933

DONDE *Véase el Apéndice*

DÓNDE *Véase también el Apéndice*

Gn 3.9 llamó al hombre, y le dijo: ¿*D* estás............. 335
Jos 9.8 ¿quiénes sois vosotros, y de *d* venís?........... 370
1 S 30.13 ¿de quién eres tú, y de *d* eres?................ 335
Job 9.24 cubre... Si no es él, ¿quién es? ¿*D* está?......... 645
35.10 ninguno dice: ¿*D* está Dios mi Hacedor........ 346
Sal 42.3 me dicen todos los... ¿*D* está tu Dios?........... 346
42.10 diciéndome cada día: ¿*D* está tu Dios?......... 346
79.10 dirán las gentes: ¿*D* está su Dios?............. 346
115.2 han de decir... ¿*D* está ahora su Dios?......... 346
Is 49.21 había sido dejada sola; ¿*d* estaban............ 375
Jer 2.8 no dijeron: ¿*D* está Jehová? y los que........... 346
Mt 13.56 ¿de *d*... tiene éste todas estas cosas?......... 4159
Jn 7.11 le buscaban... decían: ¿*D* está aquél?........... 4226
19.9 dijo a Jesús: ¿De *d* eres tú? Mas Jesús......... 4159
Ap 7.13 estos que... ¿quiénes son, y de *d* han.......... 4159

DONDEQUIERA *Véase el Apéndice*

DOQUIERA

Ef 4.14 llevados por *d* de todo viento

DOR *Ciudad y puerto mediterráneo cerca del monte Carmelo*

Jos 11.2 a los reyes... y en las regiones de *D*........... 1756
12.23 el rey de *D*, de la provincia de *D*, otro........ 1756
17.11 tuvo... a los moradores de *D* y sus aldeas..... 1756
Jue 1.27 ni a los de *D* y sus aldeas, ni a los............. 1756
1 R 4.11 el hijo de Abinadab en todos... de *D*........... 1756
1 Cr 7.29 Meguido con sus aldeas, y *D* con sus......... 1756

DORADA

Job 37.22 viniendo... del norte la *d* claridad........... 2091

DORCAS *Discípula en la ciudad de Jope*

Hch 9.36 Tabita... traducido quiere decir, *D*........... 1393
9.39 mostrando las túnicas y... que *D* hacía......... 1393

DORMIDO *Véase Dormir*

DORMILÓN

Jon 1.6 ¿qué tienes, *d*? Levántate, y clama a........... 7290

DORMIR

Gn 2.21 mientras éste *dormía*, tomó una de sus....... 3462
19.32 *durmamos* con él, y conservaremos de....... 7901
19.33 entró la mayor, y durmió con... su padre..... 7901
19.34 yo *dormí* la noche pasada con mi padre...... 7901
19.34 y *duerme* con él, para que conservemos...... 7901
19.35 se levantó la menor, y *durmió* con él......... 7901
24.54 él y los varones... con él... y *durmieron*....... 3885
26.10 hubiera *dormido* alguno del pueblo con....... 7901
28.11 llegó a un cierto lugar, y *durmió* allí......... 3885
30.15 pues *dormirá* contigo esta noche por las...... 7901
30.16 Jacob... *durmió* con ella aquella noche........ 7901
31.54 y *durmieron* aquella noche en el monte....... 3885
32.13 y *durmió* allí aquella noche, y tomó de........ 3885
32.21 *durmió* aquella noche en el campamento..... 3885
35.22 Rubén y *durmió* con Bilha la concubina...... 7901
39.7 mujer de su amo... dijo: *Duerme* conmigo...... 7901
39.12 lo asió por... diciendo: *Duerme* conmigo...... 7901
39.14 vino él a mí para *dormir* conmigo, y yo...... 7901
41.5 *durmió* de nuevo, y soñó la segunda vez....... 3462
47.30 *duerma* con mis padres, me llevarás a........ 7901
Éx 8.3 ranas... casa, en la cámara donde *duermes*
22.16 y *durmiere* con ella, deberá dotarla y......... 7901
22.27 eso es su cubierta... ¿En qué *dormirá*?........ 7901
Lv 14.47 que *durmiere* en aquella casa, lavará......... 7901
15.24 *durmiere* con ella, y su menstruo fuere....... 7901
15.24 cama sobre que *durmiere*, será inmunda...... 7901
15.26 cama en que *durmiere* todo el tiempo de...... 7901
15.33 para el hombre que *durmiere* con mujer...... 7901
20.12 si alguno *durmiere* con su nuera, ambos...... 7901
20.18 que *durmiere* con mujer menstruosa, y........ 7901
20.20 que *durmiere* con la mujer del hermano....... 7901
26.6 *dormiréis*, y no habrá quien os espante......... 7901
Nm 5.19 le dirá: Si ninguno ha *dormido* contigo........ 7901
Dt 24.13 para que pueda *dormir* en su ropa, y.......... 7901
28.30 te desposarás... y otro varón *dormirá* con.... 7901
31.16 tú vas a *dormir* con tus padres, y este........ 7901
Jos 2.8 antes que ellos se *durmiesen*... subió al........ 7901
Jue 16.3 Sansón *durmió* hasta la media noche........ 7901
16.19 ella hizo que él se *durmiese* sobre sus......... 3462
19.9 *duerme*... para que se alegre tu corazón....... 3885
Rt 3.7 Booz... se retiró a *dormir* a un lado del......... 7901
3.14 que *durmió* a sus pies hasta la mañana........ 7901
1 S 2.22 *dormían* con las mujeres que velaban........ 7901
3.3 Samuel estaba *durmiendo* en el templo de...... 7901
26.5 miró David el lugar donde *dormían* Saúl...... 7901
26.5 estaba Saúl *durmiendo* en el campamento..... 7901
26.7 que Saúl estaba tendido *durmiendo* en......... 7901
26.12 no hubo nadie que viese... todos *dormían*..... 3463
2 S 4.5 Is-boset... estaba *durmiendo* la siesta.......... 7901
4.6 la portera de la casa... pero se *durmió*
4.7 cuando entraron... Is-boset *dormía* sobre....... 7901
7.12 y *duermas* con tus padres, yo levantaré........ 7901
11.4 envió... vino a él, y él *durmió* con ella.......... 7901
11.9 Urías *durmió* a la puerta de la casa del........ 7901
11.11 en mi casa para... *dormir* con mi mujer?....... 7901
11.13 él salió... a *dormir* en su cama con los........ 7901
12.3 *durmiendo* en su seno; y la tenía como......... 7901
12.24 llegándose a ella *durmió* con ella; y ella...... 7901
1 R 1.2 *duerma* a su lado, y entrará en calor........... 7901
1.21 mi señor el rey *duerma* con sus padres......... 7901

D

2.10 y *durmió* David con sus padres, y fue 7901
3.20 el hijo... estando yo tu siervo *durmiendo* 3463
11.21 oyendo... que David había *dormido* con 7901
11.43 *durmió* Salomón con sus padres, y fue 7901
14.20 *dormido* con sus padres, reinó... Nadab...... 7901
14.31 *durmió* Roboam con sus padres, y fue........ 7901
15.8 y *durmió* Abiam... y lo sepultaron en la 7901
15.24 *durmió* Asa... y fue sepultado con ellos........ 7901
16.6 y *durmió* Baasa con sus padres... sepultado... 7901
16.28 Omri *durmió* con sus padres... sepultado 7901
18.27 tal vez *duerme*, y hay que despertarle........ 3463
19.5 debajo del enebro, se quedó *dormido*.......... 3462
21.27 *durmió* en cilicio, y anduvo humillado........ 7901
22.40 y *durmió* Acab con sus padres, y reinó 7901
22.50 *durmió* Josafat con sus padres, y fue......... 7901
2 R 4.11 día vino él por allí... y allí *durmió*............ 7901
8.24 *durmió* Joram con sus padres... sepultado 7901
10.35 *durmió* Jehú con sus padres... sepultaron.... 7901
11.2 ocultó de Atalía... en la cámara de *dormir*
13.9 *durmió* Joacaz con sus padres... sepultaron... 7901
13.13; 14.16 y *durmió* Joás con sus padres.......... 7901
14.22 después que el rey *durmió* con sus padres ... 7901
14.29 y *durmió* Jeroboam con sus padres, los 7901
15.7 y *durmió* Azarías con sus padres, y lo......... 7901
15.22 *durmió* Manahem con sus padres, y reinó.... 7901
15.38 *durmió* Jotam con sus padres... sepultado.... 7901
16.20 y *durmió* el rey Acaz con sus padres 7901
20.21 *durmió* Ezequías con sus padres, y reinó...... 7901
21.18 y *durmió* Manasés con sus padres, y fue 7901
24.6 *durmió* Joacim con sus padres, y reinó en...... 7901
2 Cr 9.31 *durmió* Salomón con sus padres, y lo........ 7901
12.16 y *durmió* Roboam con sus padres, y fue...... 7901
14.1 *durmió* Abías con sus padres... sepultado 7901
16.13 y *durmió* Asa con sus padres, y murió........ 7901
21.1 *durmió* Josafat con sus padres... sepultaron .. 7901
26.2 después que el rey Amasías *durmió* con....... 7901
26.23 y *durmió* Uzías con sus padres, y lo 7901
27.9 y *durmió* Jotam con sus padres... sepultaron.. 7901
28.27 y *durmió* Acaz con sus padres... sepultaron.. 7901
32.33 y *durmió* Ezequías con sus padres, y lo....... 7901
33.20 y *durmió* Manasés con sus padres, y lo........ 7901
Job 3.13 *dormiría*, y entonces tendría descanso 3462
7.21 porque ahora *dormiré* en el polvo, y si 7901
11.18 mirarás alrededor, y *dormirás* seguro 7901
24.7 al desnudo hacen *dormir* sin ropa, sin.......... 3885
Sal 3.5 me acosté y *dormí*, y desperté, porque......... 3462
4.8 en paz me acostaré, y asimismo *dormiré* 3462
13.3 alumbra mis ojos... no *duerma* de muerte 3462
44.23 despierta; ¿por qué *duermes*, Señor?.......... 3462
76.5 fueron despojados, *durmieron* su sueño 5123
78.65 despertó el Señor como quien *duerme* 3463
121.3 tu pie... ni se *dormirá* el que te guarda 5123
121.4 no... ni *dormirá* el que guarda a Israel 3462
Pr 4.16 no *duermen* ellos si no han hecho mal 3462
6.9 perezoso, ¿hasta cuándo has de *dormir*? 7901
6.22 cuando *duermas* te guardarán; hablarán...... 7901
10.5 el que *duerme* en el tiempo de la siega 7290
24.33 mano sobre mano otro poco para *dormir* 8142
Ec 4.11 si dos *durmieren* juntos, se calentarán 7901
5.12 al rico no le deja *dormir* la abundancia 3462
Cnt 5.2 yo *dormía*, pero mi corazón velaba; es 3463
Is 5.27 ninguno se *dormirá*, ni le tomará sueño........ 3463
13.21 *dormirán* allí las fieras del desierto 7257
17.2 *dormirán*... y no habrá quien los espante....... 7257
56.10 soñolientos, echados, aman el *dormir* 5123
Jer 51.39 *duerman* eterno sueño y no despierten...... 3462
51.57 *dormirán* sueño eterno y no despertarán 3462
Ez 4.4 el número de los días que *duermas* sobre....... 7901
34.14 *dormirán* en buen redil, y en pastos.......... 7257
34.25 con seguridad... *dormirán* en los bosques 3462
Dn 8.18 caí *dormido* en tierra sobre mi rostro 7290
12.2 muchos de los que *duermen* en el polvo 3463
Os 2.18 quitaré de la... y te haré *dormir* segura 7901
7.6 la noche *duerme* su hornero; a la mañana...... 3463
Jl 1.13 *dormid* en cilicio, ministros de... Dios 3885
Am 6.4 *duermen* en camas de marfil, y reposan....... 7901
Jon 1.5 pero Jonás... se había echado a dormir 7290
Mi 7.5 de la que *duerme* a tu lado cuídate, no 7901
Nah 3.18 *durmieron* tus pastores, oh rey de........... 5123
Sof 2.7 en las casas de Ascalón *dormirán* de 7257
2.14 y el erizo *dormirán* en sus dinteles: su......... 7257
3.13 *dormirán*, y no habrá quien los atemorice..... 7257
Mt 8.24 olas cubrían la barca; pero él *dormía* *2518*
9.24 **la niña no está muerta, sino *duerme*** *2518*
13.25 **mientras *dormían* los hombres, vino su** *2518*
25.5 **y tardándose el esposo... y se *durmieron*** *2518*
26.40 y los halló *durmiendo*, y dijo a Pedro *2518*
26.43 vino otra vez y los halló *durmiendo* *2518*
26.45 **dijo: *Dormid* ya, y descansad. He aquí** *2518*
27.52 cuerpos de santos que habían *dormido*....... *2837*
28.13 lo hurtaron, estando nosotros *dormidos*....... *2837*
Mr 4.27 ***duerme* y se levanta, de noche y de día** *2518*
4.38 él estaba... *durmiendo* sobre un cabezal....... *2518*
5.39 **la niña no está muerta, sino *duerme*** *2518*
13.36 **que cuando venga... no os halle *durmiendo***... *2518*
14.37 **los halló *durmiendo*... ¿*duermes*?** *2518,2518*
14.40 los halló *durmiendo*, porque los ojos de *2518*
14.41 **les dijo: *Dormid* ya, y descansad. Basta** *2518*
Lc 8.23 pero mientras navegaban, él se *durmió* *879*
8.52 **dijo... no está muerta, sino que *duerme*** *2518*
22.45 halló *durmiendo* a causa de la tristeza *2837*
22.46 **¿Por qué *dormís*? Levantaos, y orad para**..... *2518*
Jn 11.11 **nuestro amigo Lázaro *duerme*; mas voy**....... *2837*
11.12 discípulos: Señor, si *duerme*, sanará *2837*
Hch 7.60 clamó... Y habiendo dicho esto, *durmió* *2837*
12.6 estaba Pedro *durmiendo* entre dos soldados... *2837*
13.36 *durmió*, y fue reunido con sus padres *2837*
1 Co 11.30 muchos enfermos... y muchos *duermen* *2838*
15.6 muchos viven aún, y otros ya *duermen* *2837*
15.18 los que *durmieron* en Cristo perecieron...... *2837*
15.20 primicias de los que *durmieron* es hecho..... *2837*
15.51 digo un misterio: No todos *dormiremos*....... *2838*
Ef 5.14 dice: Despiértate, tú que *duermes*, y............ *2518*
1 Ts 4.13 ignoréis acerca de los que *duermen*.......... *2837*
4.14 traerá Dios... a los que *durmieron* en él *2838*
4.15 no precederemos a los que *durmieron*......... *2837*
5.6 no *durmamos* como los demás, sino velemos.... *2518*
5.7 los que *duermen*, de noche *d*, y los que.......... *2518*
5.10 que ya sea que velemos, o que *durmamos* *2518*
2 P 2.3 se tarda, y su perdición no se *duerme* *3573*
3.4 desde el día en que los padres *durmieron*....... *2837*

DORMITAR

Pr 6.10 un poco de sueño, un poco de *dormitar*......... 8572

DOS *Véase también Doscientos, Dos mil, etc*

Gn 1.16 hizo Dios las *d* grandes lumbreras; la.......... 8147
4.19 Lamec tomó para sí *d* mujeres... Ada... Zila ... 8147
6.19 *d* de cada especie meterás en el arca.......... 8147
6.20 *d* de cada especie entrarán contigo, para 8147
7.9 de *d* en *d* entraron con Noé en el arca.......... 8147
7.15 vinieron... con Noé al arca, de *d* en *d* de....... 8147
9.22 Cam... vio... y lo dijo a sus *d* hermanos que.... 8147
10.25 y a Heber nacieron *d* hijos: el nombre 8147
11.10 engendró a Arfaxad, *d* años después del 8147
19.1 llegaron, pues, los *d* ángeles a Sodoma 8147
19.8 tengo *d* hijas que no han conocido varón 8147
19.16 asieron de... de las manos de sus *d* hijas 8147
19.30 moró en el monte, y sus *d* hijas con él 8147
19.30 habitó en una cueva él y sus *d* hijas 8147
19.36 *d* hijas de Lot concibieron de su padre 8147
24.22 le dio... *d* brazaletes que pesaban diez 8147
25.23 *d* naciones hay en tu... y *d* pueblos serán..... 8147
27.9 tráeme de allí *d* buenos cabritos de las........ 8147
27.36 Jacob, pues ya me ha suplantado *d* veces 8147
29.16 y Labán tenía *d* hijas: el nombre de la........ 8147
31.33 entró Labán... la tienda de las *d* siervas...... 8147
31.41 catorce años te serví por tus *d* hijas 8147
31.44 y sea por testimonio entre nosotros *d*
31.48 este majano es testigo... entre nosotros *d*
31.50 mira, Dios es testigo entre nosotros *d*
32.7 distribuyó el pueblo... en *d* campamentos 8147
32.10 pues... ahora estoy sobre *d* campamentos.... 8147
32.22 y tomó sus *d* mujeres... y sus *d* siervas 8147
33.1 repartió... niños entre Lea y... *d* siervas 8147
34.25 *d* de los hijos de Jacob, Simeón y Leví 8147
40.2 se enojó Faraón contra sus *d* oficiales......... 8147
41.1 que pasados *d* años tuvo Faraón un sueño 8141
41.32 y el suceder el sueño a Faraón *d* veces 6471
41.50 y nacieron a José *d* hijos antes que.......... 8147
42.37 harás morir a mis *d* hijos, si no te lo.......... 8147
43.10 si no nos... hubiéramos ya vuelto *d* veces..... 6471
44.27 vosotros sabéis que *d* hijos me dio a.......... 8147
45.6 ha habido *d* años de hambre en medio de 8141
46.27 hijos de José... le nacieron en Egipto, *d*....... 8147
48.1 tomó consigo a sus *d* hijos, Manasés y......... 8147
48.5 ahora tus *d* hijos Efraín y Manasés, que....... 8147
Éx 2.13 salió y vio a *d* hebreos que reñían............. 8147
4.9 y si aún no creyeren a estas *d* señales 8147
12.6 lo inmolará toda la... entre las *d* tardes
12.7 la sangre, y la pondrán en los *d* postes 8147
12.22 untad el dintel y los *d* postes con la.......... 8147
12.23 cuando vea la sangre... en los *d* postes 8147
16.22 el sexto día... *d* gomeres para cada uno 8147
16.29 en el sexto día os da pan para *d* días 8147
18.3 a sus *d* hijos; el uno se llamaba Gersón 8147
18.6 vengo a ti, con tu mujer, y sus *d* hijos 8147
21.21 si sobreviviere por un día o *d*, no será......... 8147
25.10 cuya longitud será de *d* codos y medio
25.12 *d* anillos a un lado... *d* anillos al otro 8147
25.17 longitud será de *d* codos y medio, y su
25.18 harás... *d* querubines de oro; labrados a 8147
25.18 en los *d* extremos del propiciatorio.......... 8147
25.19 harás los querubines en sus *d* extremos..... 8147
25.22 entre los *d* querubines que están sobre....... 8147
25.23 una mesa... su longitud será de *d* codos
25.35 habrá una manzana debajo de *d* brazos 8147
25.35 (2) una manzana debajo de otros *d* brazos ... 8147
26.17 *d* espigas tendrá cada tabla... unirlas 8147
26.19 (2) *d* basas debajo... para sus *d* espigas 8147
26.21,25 *d* basas debajo de una tabla, y *d*........... 8147
26.23 *d* tablas para las... en los *d* ángulos 8147
26.24 las otras *d*; serán para las *d* esquinas 8147
28.7 tendrá *d* hombreras que... a sus *d* extremos... 8147
28.9 tomarás *d* piedras de ónice, y grabarás 8147
28.11 grabar las *d* piedras con los nombres de..... 8147
28.12 y pondrás las *d* piedras sobre... del efod 8147
28.12 los nombres... sobre sus *d* hombros por 8147
28.14 y *d* cordones de oro fino, los cuales 8147
28.23,26 *d* anillos de oro... a los *d* extremos........ 8147
28.24 fijarás los *d* cordones de oro en los............ 8147
28.24 en los *d* anillos a los *d* extremos del 8147
28.25 los *d* extremos de los *d* cordones sobre....... 8147
28.25 sobre los *d* engastes, y los fijarás a 8147
28.27 los *d* anillos... las *d* hombreras del efod 8147
28.28 y juntarán... a los *d* anillos del efod
29.1 un becerro de... y *d* carneros sin defecto 8147
29.3 ofrecerás... el becerro y los *d* carneros......... 8147
29.13,22 tomarás... los *d* riñones, y la grosura 8147
29.38 el altar: *d* corderos de un año cada día....... 8147
30.2 y su altura de *d* codos; y sus cuernos
30.4 harás... *d* anillos de oro... sus *d* esquinas 8147
31.18 dio a Moisés... *d* tablas del testimonio 8147
32.15 trayendo... las *d* tablas del testimonio 8147
34.1 *d* tablas de piedra como las primeras, y 8147
34.4 Moisés alisó *d* tablas de piedra como las 8147
34.4 llevó en su mano las *d* tablas de piedra........ 8147
34.29 descendiendo Moisés... con las *d* tablas 8147
36.22 cada tabla tenía *d* espigas, para unirlas...... 8147
36.24 (2) hizo... *d* basas... para sus *d* espigas 8147
36.26 *d* basas debajo de una tabla, y *d* basas 8147
36.28 las esquinas... los *d* lados hizo *d* tablas 8147
36.29 así hizo a la una y... en las *d* esquinas 8147
36.30 tablas, y... *d* basas debajo de cada tabla...... 8147
37.1 su longitud era de *d* codos y medio, su
37.3 un lado *d* anillos y en el otro lado *d*............ 8147
37.6 su longitud de *d* codos y medio, y su
37.7 los *d* querubines... en los *d* extremos del 8147
37.8 también los querubines a sus *d* extremos...... 8147
37.10 hizo... la mesa... su longitud de *d* codos
37.21 manzana debajo de *d* brazos del mismo...... 8147
37.21 (2) manzana debajo de otros *d* brazos........ 8147
37.25 y su altura de *d* codos; y sus cuernos
37.27 hizo también *d* anillos de oro debajo de 8147
37.27 anillos... las *d* esquinas a los *d* lados 8147
39.4 hombreras... y se unían en sus *d* extremos 8147
39.16 hicieron... *d* engastes y *d* anillos de oro 8147
39.16 *d* anillos de oro en los *d* extremos del 8147
39.17 *d* cordones de oro en... *d* anillos a los 8147
39.18 los *d* extremos de los *d* cordones de oro 8147
39.18 en los *d* engastes que pusieron sobre.......... 8147
39.19 otros *d* anillos... en los *d* extremos del........ 8147
39.20 *d* anillos de oro... *d* hombreras del efod 8147
Lv 1.17 la henderá... pero no la dividirá en *d*
3.4,10,15; 4.9 los *d* riñones y la grosura que......... 8147
5.7 traerá... *d* tórtolas o *d* palominos, el uno 8147
5.11 si no tuviere lo... para *d* tórtolas, o *d* 8147
7.4 los *d* riñones, la grosura que está sobre 8147
8.2 toma... los *d* carneros, y el canastillo de 8147
8.16,25 los *d* riñones, y la grosura de ellos.......... 8147
12.5 será inmunda *d* semanas, conforme a su
12.8 tomará... *d* tórtolas o *d* palominos, uno....... 8147
14.4 que se tomen... *d* avecillas vivas, limpias 8147
14.10 tomará *d* corderos sin defecto, y una.......... 8147
14.22 *d* tórtolas o *d* palominos, según pueda 8147
14.49 tomará para limpiar la... *d* avecillas, y 8147
15.14,29 tomará *d* tórtolas o *d* palominos............ 8147
16.1 de la muerte de los *d* hijos de Aarón.......... 8147
16.5 tomará *d* machos cabríos para expiación 8147
16.7 después tomará los *d* machos cabríos y 8147
16.8 echará suertes Aarón sobre los *d* machos 8147
23.5 entre las *d* tardes, pascua es de Jehová
23.13,17 *d* décimas de efa de flor de harina 8147
23.17 traeréis *d* panes para ofrenda mecida 8147
23.19 y ofreceréis con el pan... *d* carneros 8147
23.19 *d* corderos de un año en sacrificio de 8147
23.20 pan de las primicias y los *d* corderos.......... 8147
24.5 cada torta será de *d* décimas de efa............ 8147
24.6 las pondrás en *d* hileras... seis en cada......... 8147
Nm 6.10 el día octavo traerá *d* tórtolas o *d*........... 8147
7.3 por cada *d* príncipes un carro, y cada uno...... 8147
7.7 *d* carros y 4..dio a los hijos de Gersón 8147
7.17,23,29,35,41,47,53,59,65,71,77,83 para
ofrenda de paz, *d* bueyes 8147
7.89 oía la voz... de entre los *d* querubines 8147
9.3 entre las *d* tardes, la celebraréis a su
9.5 celebraron la pascua... entre las *d* tardes
9.11 en el mes segundo... entre las *d* tardes
9.22 si *d* días... mientras la nube se detenía
10.2 hazte *d* trompetas de plata; de obra de 8147
11.19 no comeréis un día, ni *d* días, ni cinco
11.26 *d* varones, llamados el uno Eldad y el 8147
11.31 casi *d* codos sobre la faz de la tierra
13.23 racimo de uvas... trajeron *d* en un palo 8147
15.6 ofrenda de *d* décimas de flor de harina 8147
20.11 y golpeó la peña con su vara *d* veces 6471
22.22 iba, pues, él... con él *d* criados suyos 8147
28.3 *d* corderos sin tacha de un año, cada día...... 8147
28.9 el día de reposo, *d* corderos de un año 8147
28.9 *d* décimas de flor de harina amasada con..... 8147
28.11,19,27 *d* becerros de la vacada... carnero....... 8147
28.12 *d* décimas de flor de harina amasada con.... 8147
28.20,28; 29.3 *d* décimas con cada carnero 8147
29.13 *d* carneros, y catorce corderos de un.......... 8147
29.14 *d* décimas... cada uno de los *d* carneros...... 8147
29.17,20,23,26,29,32 *d* carneros, 14 corderos 8147
34.15 *d* tribus y media tomaron su heredad a 8147
Dt 3.8 de manos de los *d* reyes amorreos que 8147
3.21 vuestro Dios ha hecho a aquellos *d* reyes...... 8147
4.13 y los escribió en *d* tablas de piedra.......... 8147
4.47 *d* reyes de los amorreos que estaban de....... 8147
5.22 las escribió en *d* tablas de piedra, las.......... 8147
9.10,11 me dio Jehová las *d* tablas de piedra 8147
9.15 con las tablas del pacto en mis *d* manos 8147
9.17 las *d* tablas y las arrojé de mis *d* manos 8147
10.1 *d* tablas de piedra como las primeras 8147
10.3 labré *d* tablas... subí... con las *d* tablas 8147
14.6 animal... que tiene hendidura de *d* uñas........ 8147
17.6 por dicho de *d* o tres testigos morirá 8147
19.15 por el testimonio de *d*... se mantendrá 8147
19.17 *d* litigantes se presentarán delante de......... 8147
21.15 si un hombre tuviere *d* mujeres, la una........ 8147
32.30 y *d* hacer huir a diez mil, si su Roca 8147
Jos 2.1 Josué hijo... envió desde Sitim *d* espías 8147
2.4 la mujer había tomado a los *d* hombres y........ 8147
2.10 lo que habéis hecho a los *d* reyes de los 8147
2.23 volvieron los *d* hombres... a Josué hijo 8147
6.22 Josué dijo a los *d* hombres que habían 8147
9.10 todo lo que hizo a los *d* reyes de los 8147
14.3 porque a las *d* tribus y a la media tribu......... 8147
14.4 porque los hijos de José fueron *d* tribus 8147
15.60 Quiriat-baal... y Rabá; *d* ciudades con......... 8147
21.16 Juta... nueve ciudades de estas *d* tribus 8147
21.25 Taanac... y Gat-rimón con... *d* ciudades 8147
21.27 Golán... y además, Beestera... *d* ciudades 8147

24.12 arrojaron. . . los *d* reyes de los amorreos. 8147
Jue 3.16 se había hecho un puñal de *d* filos. 8147
5.30 botín, y. . . a cada uno una doncella, o *d* 7361
7.25 tomaron a *d* príncipes de los madianitas 8147
8.12 prendió a los *d* reyes de Madián, Zeba 8147
9.44 y las otras *d* compañías acometieron a. 8147
11.37 déjame por *d* meses que vaya y. . . More 8147
11.38 y la dejó por *d* meses. Y ella fue con. 8147
11.39 pasados los *d* meses volvió a su padre. 8147
15.4 tomó. . . y puso una tea entre cada *d* colas. 8147
15.13 le ataron con *d* cuerdas nuevas, y le. 8147
16.3 las puertas de la. . . con sus *d* pilares y 8147
16.28 que tome venganza de. . . por mis *d* ojos 8147
16.29 las *d* columnas de en medio, sobre las. 8147
19.6 se sentaron ellos *d* juntos, y comieron 8147
Rt 1.1 a morar en. . . Moab, él. . . y *d* hijos suyos. 8147
1.3 y murió. . . y quedó ella con sus *d* hijos 8147
1.5 murieron también los *d*, Mahlón y Quelión 8147
1.5 quedando así. . . desamparada de sus *d* hijos 8147
1.7 y con ella sus *d* nueras. . . para volverse. 8147
1.8 a sus *d* nueras: Andad, volveos cada una 8147
1.17 sólo la muerte hará. . . entre nosotras *d*
1.19 anduvieron. . . ellas *d* hasta que llegaron 8147
1 S 1.2 tenía él *d* mujeres: el nombre de una. 8147
1.3 estaban *d* hijos de Elí, Ofni Y Finees 8147
2.21 y ella dio a luz tres hijos y *d* hijas. 8147
2.34 acontecerá a tus *d* hijos. . . ambos morirán. 8147
4.4 los *d* hijos de Elí. . . estaban allí con el 8147
4.11 y muertos los *d* hijos de Elí, Ofni y. 8147
4.17 tus *d* hijos. . . fueron muertos, y el arca. 8147
5.4 la cabeza. . . y las *d* palmas de sus manos 8147
6.7 un carro. . . tomad luego *d* vacas que crien 8147
6.10 tomando *d* vacas. . . las uncieron al carro 8147
10.2 *d* hombres junto al sepulcro de Raquel 8147
10.4 te darán *d* panes, los que tomarás de. 8147
11.11 de tal manera que no quedaron *d*. . . juntos . . . 8147
13.1 cuando hubo reinado *d* años sobre Israel 8147
14.49 nombres de sus *d* hijas eran, el de la 8147
17.23 se ponía en medio de los *d* campamentos
18.11 enclavaré. . . Pero David lo evadió *d* veces 6471
20.23 Jehová entre nosotros *d* para siempre
27.3 David. . . sus *d* mujeres, Ahinoam. . . Abigail. 8147
28.8 Saúl. . . se fue con *d* hombres, y vinieron 8147
30.5 las *d* mujeres de David. . . eran cautivas. 8147
30.12 le dieron. . . higos. . . y *d* racimos de pasas 8147
30.18 libró. . . libertó David a sus *d* mujeres 8147
2 S 1.1 vuelto David. . . estuvo *d* días en Siclag 8147
2.2 David subió allá, y con él sus *d* mujeres. 8147
2.10 de 40 años era Is-boset. . . y reinó *d* años 8147
4.2 hijo de Saúl tenía *d* hombres, capitanes 8147
8.2 midió *d* cordeles para hacerlos morir 8147
12.1 había *d* hombres en una ciudad, el uno. 8147
13.6 haga delante de mí *d* hojuelas, para que 8147
13.23 aconteció pasados *d* años, que Absalón
14.6 tu sierva tenía *d* hijos, y los *d* riñeron 8147
14.28 estuvo Absalón por. . . *d* años en Jerusalén. . . . 8147
15.27 vuelve en paz a la ciudad, y. . . *d* hijos 8147
15.36 están con ellos sus *d* hijos, Ahimaas 8147
17.18 *d* se dieron prisa a caminar, y llegaron 8147
18.24 y David. . . sentado entre las *d* puertas 8147
21.8 tomó el rey a *d* hijos de Rizpa hija de. 8147
23.20 mató a *d* leones de Moab; y él mismo. 8147
1 R 2.5 lo que hizo a *d* generales del ejército 8147
2.32 ha dado muerte a *d* varones más justos 8147
2.39 que *d* siervos de Simei huyeron a Aquis 8147
3.16 vinieron al rey *d* mujeres rameras, y se 8147
3.18 ninguno de. . . sino nosotras *d* en la casa 8147
5.14 mes en el Líbano, y *d* meses en sus casas. 8147
6.23 en el lugar santísimo *d* querubines de 8147
6.27 las otras *d* alas se tocaban la una en
6.32 las *d* puertas eran de madera de olivo. 8147
6.34 las *d* puertas eran de madera de ciprés 8147
6.34 *d* hojas de una. . . giraban, y las otras *d* 8147
7.15 vació *d* columnas de bronce; la altura de 8147
7.16 hizo también *d* capiteles de fundición 8147
7.18 también *d* hileras de granadas alrededor 8147
7.20 tenían. . . capiteles de las *d* columnas, 200 8147
7.20 doscientas granadas en *d* hileras. . . red. 8147
7.24 que ceñían el mar alrededor en *d* filas 8147
7.41 *d* columnas, y los capiteles redondos que. 8147
7.41 capiteles. . . en lo alto de las *d* columnas. 8147
7.41 y *d* redes que cubrían los *d* capiteles 8147
7.42 las *d* redes, *d* hileras de granadas en. 8147
7.42 para cubrir los *d* capiteles redondos que 8147
8.9 ninguna cosa había sino las *d* tablas de 8147
9.10 cuando. . . ya había edificado las *d* casas. 8147
10.19 junto a los cuales estaban. . . *d* leones 8147
11.9 Dios. . . que se le había aparecido *d* veces 6471
11.29 y estaban ellos *d* solos en el campo. 8147
12.28 hizo el rey *d* becerros de oro, y dijo 8147
15.25 Nadab hijo. . . reinó sobre Israel *d* años 8147
16.8 comenzó a reinar Ela hijo. . . reinó *d* años
16.21 de Israel fue dividido en *d* partes: la. 2677
16.24 Omri compró. . . Samaria por *d* talentos de
17.12 ahora recogía *d* leños, para entrar y. 8147
18.21 ¿hasta cuándo claudicaréis. . . entre *d* 8147
18.23 dénsenos. . . *d* bueyes, y escojan ellos uno 8147
18.32 una zanja. . . en que cupieran *d* medidas de
20.27 de Israel. . . como *d* rebañuelos de cabras. 8147
21.10 poned a *d* hombres perversos delante de. 8147
21.13 vinieron entonces *d* hombres perversos 8147
22.51 Ocozías. . . y reinó *d* años sobre Israel
2 R 1.14 y ha consumido a los *d*. . . capitanes de 8147
2.7 y ellos *d* se pararon junto al Jordán 8147
2.11 un carro de fuego con. . . apartó a los *d* 8147
2.12 sus vestidos, los rompió en *d* partes 8147
2.24 salieron *d* osos. . . despedazaron de ellos. 8147
4.1 venido el acreedor para tomarse *d* hijos. 8147
5.22 *d* jóvenes de los hijos de los profetas 8147
5.22 te ruego que les des. . . *d* vestidos nuevos. 8147
5.23 Naamán: Te ruego que tomes *d* talentos. 8147
5.23 insistió, y ató *d* talentos. . . en *d* bolsas 8147
5.23 y *d* vestidos nuevos, y lo puso todo a. 8147
5.23 a cuestas a *d* de sus criados para que 8147
7.1 un siclo, y *d* seahs de cebada un siclo
7.14 tomaron, pues, *d* caballos de un carro. 8147
7.16,18 *d* seahs de cebada por un siclo, y
9.32 se inclinaron hacia él *d* o tres eunucos 8147
10.4 *d* reyes no pudieron resistirle; ¿cómo 8147
10.8 ponedlas en *d* montones a la entrada de 8147
11.7 las *d* partes. . . que salen el día de reposo 8147
15.23 reinó Pekaía hijo. . . sobre Israel. . . *d* años 8147
17.16 y se hicieron imágenes. . . de *d* becerros 8147
21.5 edificó altares. . . en los *d* atrios de la 8147
21.19 era Amón. . . y reinó *d* años en Jerusalén 8147
23.12 altares. . . en los *d* atrios de la casa de 8147
25.4 huyeron. . . entre los *d* muros, junto a los. 8147
25.16 las *d* columnas, un mar, y las basas que 8147
1 Cr 1.19 a Heber nacieron *d* hijos; el nombre. 8147
4.5 Asur padre. . . tuvo *d* mujeres, Hela y Naara 8147
11.22 Benaía. . . venció a los *d* leones de Moab 8147
26.17 y a la casa de provisiones de *d* en *d* 8147
26.18 cuatro al camino, y *d* en la cámara. 8147
2 Cr 3.2 edificar. . . a los *d* días del mes, en. 8145
3.10 *d* querubines de madera. . . cubiertos de oro . . . 8147
3.15 delante de la casa hizo *d* columnas de. 8147
4.3 *d* hileras de calabazas fundidas. . . el mar 8147
4.12 *d* columnas, y. . . capiteles sobre. . . las *d* 8147
4.12 *d* redes para cubrir las *d* esferas de los 8147
4.13 granadas en las *d* redes, *d* hileras de. 8147
4.13 granadas. . . cubriesen las *d* esferas de los 8147
5.10 en el arca no había más que las *d* tablas 8147
9.18 el trono. . . *d* leones. . . junto a los brazos 8147
21.19 al cabo de *d* años, los intestinos se le 8147
24.3 Joiada tomó para él *d* mujeres; y. . . hijos. 8147
33.5 altares. . . en los *d* atrios de la casa de. 8147
33.21 era Amón. . . y *d* años reinó en Jerusalén 8147
Esd 8.27 *d* vasos de bronce bruñido muy bueno 8147
10.13 ni la obra es de un día ni de *d*, porque. 8147
Neh 12.31 puse *d* coros. . . fueron en procesión 8147
12.40 llegaron luego los *d* coros a la casa de 8147
13.20 y se quedaron fuera de. . . una y *d* veces 8147
Est 2.21 se enojaron. . . *d* eunucos del rey, de la 8147
2.23 *d* eunucos fueron colgados en una horca 8147
6.2 había denunciado el complot de. . . *d* eunucos . . . 8147
9.27 que no dejarían de celebrar estos *d* días 8147
Job 9.33 que ponga su mano sobre nosotros *d*. 8147
13.20 a lo menos *d* cosas no hagas conmigo 8147
33.14 en una o en *d* maneras habla Dios: pero 8147
33.29 estas cosas hace Dios *d* y tres veces. 6471
40.5 aun *d* veces, mas no volveré a hablar 8147
42.7 mi ira. . . contra ti y tus *d* compañeros 8147
Sal 62.11 *d* veces he oído esto: que de Dios 8147
149.6 y espadas de *d* filos en sus manos. 6374
Pr 5.4 amargo. . . agudo como espada de *d* filos. 6310
30.7 *d* cosas te he demandado: no me. . . niegues 8147
30.15 la sanguijuela tiene *d* hijas que dicen. 8147
Ec 4.9 mejores son *d* que uno. . . mejor paga de 8147
4.11 si *d* durmieren juntos, se calentarán 8147
4.12 si alguno prevaleciere. . . *d* le resistirán. 8147
6.6 si aquél viviere mil años *d* veces, sin. 6471
Cnt 4.5; 7.3 tus *d* pechos, como gemelos de 8147
Is 6.2 tenían seis alas; con *d* cubrían sus 8147
6.2 con *d* cubrían sus pies, y con *d* volaban. 8147
7.4 a causa de estos *d* cabos de tizón que 8147
7.16 la tierra de los *d* reyes que tú temes 8147
8.14 a las *d* casas de Israel, por piedra para 8147
17.6 *d* o tres frutos en la punta de la rama 8147
21.7 vio. . . jinetes de *d* en *d*, montados sobre. 6776
21.9 aquí vienen hombres montados. . . de *d* en *d* . . . 6776
22.11 hicisteis foso entre los *d* muros para 8147
47.9 estas *d* cosas te vendrán de repente en. 8147
51.19 *d* cosas te han acontecido: asolamiento 8147
Jer 2.13 porque *d* males ha hecho mi pueblo: me 8147
3.14 tomaré uno de cada. . . *d* de cada familia. 8147
24.1 me mostró Jehová *d* cestas de higos. 8147
28.3 dentro de *d* años haré volver a este lugar
28.11 romperé el yugo de. . . dentro de *d* años
33.24 había. . . *D* familias que Jehová escogiera 8147
34.18 dividiendo en *d* partes el becerro y. 8147
39.4 por la puerta entre los *d* muros; y salió. 8147
52.7 entre los *d* muros que había cerca del. 8147
52.20 *d* columnas, un mar, y los doce bueyes 8147
Ez 1.11 sus alas. . . *d*. . . *d* cubrían sus cuerpos 8147
1.23 uno tenía *d* alas que cubrían su cuerpo. 8147
15.4 sus *d* extremos consumió el fuego, y la 8147
21.19 *d* caminos por donde venga la espada del. 8147
21.21 detenido. . . al principio de los *d* caminos. 8147
23.2 hijo. . . hubo *d* mujeres, hijas de una madre 8147
35.10 *d* naciones y las *d* tierras serán mías. 8147
37.22 nunca más serán *d* naciones. . . en *d* reinos . . . 8147
40.39 había *d* mesas a un lado, y otras *d* al. 8147
40.40 a la entrada había. . . *d* mesas. . . *d* mesas. 8147
41.3 midió cada poste de la puerta. . . *d* codos 8147
41.18 estaba. . . cada querubín tenía *d* rostros. 8147
41.22 del altar de. . . su longitud de *d* codos 8147
41.23 templo y el santuario tenían *d* puertas 8147
41.24 en cada puerta. . . *d* hojas, *d* hojas que 8147
41.24 *d* hojas en una puerta. . . *d* en la otra. 8147
43.14 hasta el lugar de abajo, *d* codos, y la 8147
47.9 entraren estos *d* ríos, vivirá; y habrá
47.13 que repartiréis. . . José tendrá *d* partes
Dn 8.3 he aquí un carnero. . . y tenía *d* cuernos
8.6 vino hasta el carnero de *d* cuernos, que
8.7 y le quebró sus *d* cuernos, y el carnero 8147
8.20 que tenía *d* cuernos, éstos son los reyes
11.27 el corazón de estos *d* reyes será para 8147
12.5 he aquí otros *d* que estaban en pie, el 8147
Os 6.2 nos dará vida después de *d* días: en el
Am 1.1 profetizó. . . *d* años antes del terremoto
3.3 ¿andarán *d* juntos si no estuvieren de 8147
3.12 manera que el pastor libra. . . *d* piernas. 8147
4.8 y venían *d* o tres ciudades a. . . para beber 8147
Nah 1.9 no tomará venganza *d* veces de sus 6471
Zac 4.3 junto a él *d* olivos. . . uno a la derecha. 8147
4.11 ¿qué significan estos *d* olivos. . . derecha 8147
4.12 ¿qué significan las *d* ramas. . . *d* tubos de 8147
4.14 *d* ungidos que están delante del Señor 8147
5.9 *d* mujeres que salían, y traían viento en 8147
6.1 miré. . . carros que salían de entre *d* montes 8147
13.8 las *d* terceras partes serán cortadas en 8147
Mt 2.16 matar a. . . los niños menores de *d* años. *1332*
4.18 vio a *d* hermanos, Simón, llamado Pedro *1417*
4.21 vio a otros *d* hermanos, Jacobo hijo de *1417*
5.41 **llevar carga por una milla, vé con él *d*** *1417*
6.24 **ninguno puede servir a *d* señores; porque** *1417*
8.28 vinieron. . . *d* endemoniados que salían de. *1417*
9.27 le siguieron *d* ciegos, dando voces y *1417*
10.10 **ni de *d* túnicas, ni de calzado, ni de** *1417*
10.29 **se venden *d* pajarillos por un cuarto?** *1417*
11.2 al oír Juan. . . envió *d* de sus discípulos *1417*
14.17 no tenemos. . . sino cinco panes y *d* peces *1417*
14.19 tomando los cinco panes y los *d* peces. *1417*
17.24 vinieron a. . . que cobraban las *d* dracmas
17.24 ¿vuestro Maestro no paga las *d* dracmas?
18.8 **teniendo *d* manos o *d* pies ser echado en** *1417*
18.9 **que teniendo *d* ojos ser echado en el** *1417*
18.16 **toma. . . a uno o *d*, para que en boca de *d*** *1417*
18.19 **si *d* de vosotros se pusieren de acuerdo** *1417*
18.20 **donde están *d* o tres congregados en mi**. *1417*
19.5 **su mujer, y los *d* serán una sola carne?** *1417*
19.6 **así que no son ya más *d*, sino una sola** *1417*
20.21 en tu reino se sienten estos *d* hijos. *1417*
20.24 esto, se enojaron contra los *d* hermanos. *1417*
20.30 *d* ciegos que. . . oyeron que Jesús pasaba. *1417*
21.1 se acercaron. . . Jesús envió *d* discípulos *1417*
21.28 **un hombre tenía *d* hijos. . . Hijo, vé hoy a** *1417*
21.31 **¿cuál de los *d* hizo la voluntad de su** *1417*
22.40 **de estos *d* mandamientos depende toda** *1417*
23.15 **le hacéis *d* veces más hijo del infierno** *1362*
24.40 **estarán *d* en el campo: el uno. . . tomado**. *1417*
24.41 ***d* mujeres estarán moliendo en un molino** . . . *1417*
25.15 **y a otro *d*, y a otro uno, a cada uno**. *1417*
25.17 **el que había recibido *d*, ganó. . . otros *d*** *1417*
25.22 **el que había recibido *d* talentos, dijo** *1417*
25.22 ***d* talentos me entregaste; aquí. . . otros *d*** *1417*
26.2 **dentro de *d* días se celebra la pascua** *1417*
26.37 tomando a. . . y a los *d* hijos de Zebedeo *1417*
26.60 pero al fin vinieron *d* testigos falsos. *1417*
27.21 ¿a cuál de los *d* queréis que os suelte?. *1417*
27.38 crucificaron con él a *d* ladrones, uno. *1417*
27.51 el velo del templo se rasgó en *d*, de *1417*
Mr 6.7 llamó. . . y comenzó a enviarlos de *d* en *d* *1417*
6.9 sino. . . sandalias, y no vistiesen *d* túnicas. *1417*
6.38 al saberlo, dijeron: Cinco, y *d* peces *1417*
6.41 tomó los cinco panes y los *d* peces, y. *1417*
6.41 dio. . . repartió los *d* peces entre todos. *1417*
9.43 **que teniendo *d* manos ir al infierno, al** *1417*
9.45 **cojo, que teniendo *d* pies ser echado en** *1417*
9.47 **teniendo *d* ojos ser echado al infierno**. *1417*
10.8 **y los *d* serán una sola carne; así que** *1417*
10.8 así que no son ya más *d*, sino uno *1417*
12.42 vino una viuda pobre y echó *d* blancas *1417*
14.1 *d* días después. . . pascua, y la fiesta de. *1417*
14.13 envió *d* de sus discípulos, y les dijo *1417*
14.30 **haya cantado *d* veces, me negarás tres** *1364*
14.72 **antes que el gallo cante *d* veces, me**. *1364*
15.27 crucificaron. . . con él a *d* ladrones, uno *1417*
15.38 el velo del templo se rasgó en *d*, de *1417*
16.12 apareció en otra forma a *d* de ellos *1417*
Lc 2.24 un par de tórtolas, o *d* palominos. *1417*
3.11 que tiene *d* túnicas, dé al que no tiene *1417*
5.2 *d* barcas que estaban cerca de la orilla. *1417*
7.18 y llamó Juan a *d* de sus discípulos *1417*
7.41 **un acreedor tenía *d* deudores: el uno le** *1417*
9.3 **no toméis nada para, ni llevéis *d* túnicas** *1417*
9.13 no. . . más que cinco panes y *d* pescados. *1417*
9.16 tomando los cinco panes y los *d* pescados *1417*
9.30 he aquí *d* varones que hablaban con él. *1417*
9.32 vieron. . . los *d* varones que estaban con él *1417*
10.1 a quienes envió de *d* en *d* delante de él *1417*
10.35 **sacó *d* denarios, y los dio al mesonero** *1417*
12.6 **venden cinco pajarillos por *d* cuartos?** *1417*
12.52 **cinco. . . tres contra *d*, y *d* contra tres** *1417*
15.11 **también dijo: Un hombre tenía *d* hijos** *1417*
16.13 **ningún siervo puede servir a *d* señores** *1417*
17.34 **aquella noche estarán *d* en una cama**. *1417*
17.35 ***d* mujeres estarán moliendo juntas: lit** *1417*
17.36 ***d* estarán en el campo; el uno. . . tomado**. *1417*
18.10 ***d* hombres subieron al templo a orar** *1417*
18.12 **ayuno *d* veces a la semana, doy diezmos** *1364*
19.29 que llegando. . . envió *d* de sus discípulos. *1417*
21.2 a una viuda. . . que echaba allí *d* blancas *1417*
22.38 dijeron: Señor, aquí hay *d* espadas *1417*
23.32 llevaban también con él a otros *d*, que. *1417*
24.4 se pararon junto a ellas *d* varones con *1417*
24.13 *d* de ellos iban. . . a una aldea llamada *1417*
Jn 1.35 vez estaba Juan, y *d* de sus discípulos *1417*
1.37 le oyeron hablar los *d* discípulos, y *1417*
2.6 en cada una de. . . cabían *d* o tres cántaros. *1417*
4.40 que se quedase. . . y se quedó allí *d* días *1417*
4.43 *d* días después, salió de allí y fue a *1417*
6.9 cinco panes de cebada y *d* pececillos; mas. *1417*
11.6 se quedó *d* días más en el. . . donde estaba *1417*

19.18 le crucificaron, y con él a otros d............ 1417
20.12 vio a d ángeles con vestiduras blancas....... 1417
21.2 estaban...y otros d de sus discípulos.......... 1417
Hch 1.10 se pusieron junto a ellos d varones.......... 1417
1.23 señalaron a d: a José, llamado Barsabás...... 1417
1.24 muestra cual de estos d has escogido.......... 1417
7.29 y vivió...Madián, donde engendró d hijos,..... 1417
9.38 allí, le enviaron d hombres, a rogarle.......... 1417
10.7 llamó a d de sus criados, y a un devoto........ 1417
12.6 durmiendo entre d soldados, sujeto con....... 1417
12.6 con d cadenas, y los guardas delante de....... 1417
19.10 así continuó por espacio de d años, de........ 1417
19.22 enviando...a d de los que le ayudaban....... 1417
19.34 gritaron casi por d horas: ¡Grande es........ 1417
21.33 prendió y le mandó atar con d cadenas...... 1417
23.23 y llamando a d centuriones, mandó que...... 1417
24.27 pero al cabo de d años recibió Félix.......... 1333
27.41 un lugar de d aguas, hicieron encallar....... 1337
28.30 Pablo permaneció d años...en una casa...... 1333
1 Co 6.16 dice: Los d serán una sola carne............ 1417
14.27 esto por d, o a lo más tres, y por turno........ 1417
14.29 profetas hablen d o tres, y los demás......... 1417
2 Co 13.1 por boca de d o de tres testigos se........... 1417
Ef 2.15 crear...de los d un solo y nuevo hombre....... 1417
5.31 se unirá...y los d serán una sola carne........ 1417
1 Ti 5.19 no admitas acusación sino con d o........... 1417
He 6.18 por d cosas...tengamos un...consuelo los..... 1417
10.28 el testimonio de d o de tres testigos........... 1417
Ap 1.16 de su boca salía una espada...d filos.......... 1366
2.12 el que tiene la espada...de d filos dice........ 1366
6.6 d libras de trigo por un denario, y seis
9.12 aquí, vienen aún d ayes después de esto....... 1417
11.3 daré a mis d testigos que profeticen........... 1417
11.4 son los d olivos, y los d candeleros que........ 1417
11.10 estos d profetas habían atormentado a......... 1417
12.14 le dieron...las d alas de la gran águila....... 1417
13.11 y tenía d cuernos semejantes a los de........ 1417
19.20 estos d fueron lanzados vivos dentro de...... 1417

DOSCIENTOS *Véase también Doscientos cinco, Doscientos mil, etc*
Gn 11.23 y vivió Serug...d años, y engendró.......... 3967
32.14 d cabras...d ovejas y veinte carneros........ 3967
Jos 7.21 vi...d siclos de plata, y un lingote............ 3967
Jue 17.4 y tomó su madre d siclos de plata y.......... 3967
1 S 18.27 y mató a d hombres de los filisteos.......... 3967
25.13 subieron tras...dejaron d con el bagaje...... 3967
25.18 tomó luego d panes...d panes de higos........ 3967
30.10 se quedaron atrás d, que cansados no........ 3967
30.21 vino David a los d hombres que habían...... 3967
2 S 14.26 pesaba el cabello...d siclos de peso........... 3967
15.11 con Absalón d hombres de Jerusalén......... 3967
16.1 sobre ellos d panes...cien panes de higos..... 3967
1 R 7.20 d granadas en dos hileras alrededor.... 8147,3967
10.16 hizo...d escudos grandes de oro batido....... 3967
1 Cr 12.32 los hijos de Isacar, d principales........... 3967
15.8 Semaías el principal, y sus hermanos, d....... 3967
2 Cr 9.15 d paveses de oro batido, cada uno........... 3967
29.32 d corderos, todo para el holocausto de....... 3967
Esd 2.65 sus siervos...y tenían d cantores y........... 3967
6.17 ofrecieron...d carneros y 400 corderos........ 3969
8.4 hijo de Zeraías, y con él d varones............. 3967
Cnt 8.12 y d para los que guardan su fruto............ 3967
Ez 45.15 una cordera del rebaño de d, de las.......... 3967
Mr 6.37 ¿que...compremos pan por d denarios, y..... 1250
Jn 6.7 d denarios de pan no bastarían para que....... 1250
21.8 no distaban de tierra sino como d codos....... 1250
Hch 23.23 d soldados, 70 jinetes y d lanceros.......... 1250

DOSCIENTOS CINCO
Gn 11.32 y fueron los días de Taré 205 años...... 3967,2568

DOSCIENTOS CINCUENTA
Éx 30.23 de canela...250...cálamo aromático 250... 3967,2572
Nm 16.2 se levantaron contra Moisés con 250.... 3967,2572
16.17 poned incienso en ellos...250 incensarios................................ 3967,2572
16.35 consumió a los 250 hombres que ofrecían... 3967,2572
26.10 consumió el fuego a 250 varones, para... 3967,2572
2 Cr 8.10 y tenía Salomón 250 gobernadores...... 3967,2572
Ez 48.17 al norte de 250 cañas, al sur de 250........ 3967,2572
48.17 oriente de 250, y de 250 al occidente..... 3967,2572

DOSCIENTOS CINCUENTA MIL
1 Cr 5.21 camellos, 250.000 ovejas y dos mil... 3967,2572,505

DOSCIENTOS CUARENTA Y CINCO
Esd 2.66 sus caballos eran 736; sus mulas, 245... 3967,705,2568
Neh 7.67 y entre ellos había 245 cantores y... 3967,705,2568
7.68 sus caballos, 736, sus mulos, 245...... 3967,705,2568

DOSCIENTOS CUARENTA Y DOS
Neh 11.13 sus hermanos, jefes de familias, 242.. 3967,705,8147

DOSCIENTOS DIECIOCHO
Esd 8.9 hijo de Jehiel, y con él 218 varones... 3967,8083,6240

DOSCIENTOS DOCE
1 Cr 9.22 eran 212 cuando fueron contados por.......................... 3967,8147,6240

DOSCIENTOS MIL
1 S 15.4 les pasó revista...200.000 de a pie......... 3967,505
2 Cr 17.16 con él 200.000 hombres valientes........ 3967,505
17.17 con él 200.000 armados de arco y escudo... 3967,505
28.8 tomaron cautivos de...200.000, mujeres..... 3967,505

DOSCIENTOS MILLONES
Ap 9.16 número de los ejércitos. 200.000.000.. 1417,3461,3461

DOSCIENTOS NUEVE
Gn 11.19 y vivió Peleg...209 años, y engendró.... 3967,8672

DOSCIENTOS OCHENTA MIL
2 Cr 14.8 Judá 300.000 y de Benjamín 280.000... 3967,8084,505
17.15 él, el Jefe Johanán, y con él 280.000... 3967,8084,505

DOSCIENTOS OCHENTA Y CUATRO
Neh 11.18 levitas en la santa ciudad eran 284... 3967,8084,702

DOSCIENTOS OCHENTA Y OCHO
1 Cr 25.7 instruidos en el canto...aptos...2883967,8084,8083

DOSCIENTOS SETENTA Y SEIS
Hch 27.37 todas las personas en la nave 276... 1250,1440,1803

DOSCIENTOS SETENTA Y TRES
Nm 3.46 y para el rescate de los 273 de los... 3967,7969,7657

DOSCIENTOS SIETE
Gn 11.21 vivió Reu...207 años, y engendró hijos.. 3967,7651

DOSCIENTOS TREINTA Y DOS
1 R 20.15 a los siervos de los príncipes...232 3967,7970,8147

DOSCIENTOS VEINTE
1 Cr 15.6 Asaías el principal...hermanos, 220.... 3967,6242
Esd 8.20 y de los sirvientes del templo...220...... 3967,6242

DOSCIENTOS VEINTITRÉS
Esd 2.19 los hijos de Hasum, 223............ 3967,6242,7969
2.28 los varones de Bet-el y Hai, 223...... 3967,6242,7969

DOSEL
Is 4.5 porque sobre toda gloria habrá un d........... 2646

DOS MIL *Véase Dos Mil Doscientos, etc*
Nm 35.5 al oriente 2.000 codos, al...sur 2.000........... 505
35.5 occidente 2.000 codos, y...norte 2.000........... 505
Jos 3.4 haya distancia como de 2.000 codos............ 505
7.3 suban como 2.000 o tres mil hombres, y.......... 505
Jue 20.45 y mataron de ellos a 2.000 hombres.......... 505
1 S 13.2 estaban con Saúl 2.000 en Micmas y.......... 505
1 R 7.26 del mar...y cabían en él 2.000 batos.......... 505
2 R 18.23 y yo te daré 2.000 caballos, si tú.............. 505
1 Cr 5.21 y tomaron...2.000 asnos; y cien mil........... 505
Neh 7.72 del pueblo dio...2.000 libras de plata.......... 505
Is 36.8 te daré 2.000 caballos, si tú puedes.............. 505
Mr 5.13 entraron en los cerdos...como 2.000.......... 1367

DOS MIL CIENTO SETENTA Y DOS
Esd 2.3; Neh 7.8 los hijos de Paros, 2.172.... 505,3967,7657,8147

DOS MIL CINCUENTA Y SEIS
Esd 2.14 los hijos de Bigvai, 2.056............. 505,2572,8337

DOS MIL CUATROCIENTOS
Éx 38.29 bronce...70 talentos y 2.400 siclos.... 505,702,3967
Nm 7.85 la plata de la vajilla, 2.400 siclos...... 505,702,3967

DOS MIL DOSCIENTOS
Neh 7.71 dieron...oro y 2.200 libras de plata...... 505,3967

DOS MIL OCHOCIENTOS DIECIOCHO
Neh 7.11 los hijos de Jesúa y de Joab, 2.818...................... 505,8083,3967,8083,6240

DOS MIL OCHOCIENTOS DOCE
Esd 2.6 los hijos de Jesúa y de Joab, 2.812...................... 505,8083,3967,8147,6240

DOS MIL SEISCIENTOS
2 Cr 26.12 el número de los jefes...era 2.600... 505,8337,3967
35.8 2.600 ovejas y 300 bueyes............ 505,8337,3967

DOS MIL SEISCIENTOS TREINTA
Nm 4.40 los contados de ellos...fueron 2.630................................ 505,8337,3967,7970

DOS MIL SEISCIENTOS VEINTIDÓS
Neh 7.17 los hijos de Azgad, 2.622... 505,7969,3967,6242,8147

DOS MIL SESENTA Y SIETE
Neh 7.19 los hijos de Bigvai, 2.067............ 505,8346,7651

DOS MIL SETECIENTOS
1 Cr 26.32 sus hermanos...eran 2.700, jefes... 505,7651,3967

DOS MIL SETECIENTOS CINCUENTA
Nm 4.36 fueron los contados de ellos...2.750.......................... 505,7651,3967,2572

DOS MIL TRESCIENTOS
Dn 8.14 dijo: Hasta 2.300 tardes y mañanas... 505,7969,3967

DOTÁN *Ciudad en una llanura del mismo nombre*
Gn 37.17 oí decir: Vamos a D...los halló en D......... 1886
2 R 6.13 fue dicho: He aquí que él está en D........... 1886

DOTAR
Éx 22.16 si alguno engañare...deberá dotarla.......... 4117

DOTE
Gn 30.20 dijo...Dios me ha dado una buena d......... 2065
34.12 aumentad a cargo mío mucha d y dones..... 4119
Éx 22.17 pesará plata conforme a la d de las.......... 4119
1 S 18.25 así a David: El rey no desea la d............ 4119
1 R 9.16 en d a su hija la mujer de Salomón.......... 7964

DRACMA
1 Cr 29.7 dieron...diez mil d de oro, diez mil........... 150
Esd 2.69 dieron al tesorero...61.000 d de oro......... 1871
8.27 además, veinte tazones de oro de mil d......... 150
Neh 7.70 el gobernador dio...mil d de oro, 50......... 1871
7.71 dieron...20.000 d de oro y 2.200 libras......... 1871
7.72 resto del pueblo dio...20.000 d de oro.......... 1871
Mt 17.24 vinieron...los que cobraban las dos d......... 1323
17.24 ¿vuestro Maestro no paga las dos d?......... 1323
Lc 15.8 **qué mujer que tiene diez d, si pierde**.......... 1406
15.8 si pierde una d, no enciende la lámpara...... 1406
15.9 he encontrado la d que había perdido......... 1406

DRAGÓN
Neh 2.13 salí de noche...hacia la fuente del D......... 8577
Sal 91.13 hollarás al cachorro del...y al d............. 8577
Is 27.1 Jehová...matará al d que está en el mar....... 8577
51.9 ¿no eres tú el que cortó...hirió al d?........... 8577
Jer 51.34 me tragó como d, llenó su vientre de........ 8577
Ez 29.3 gran d que yace en medio de sus ríos.......... 8577
32.2 como el d en los mares; pues secabas tus...... 8577
Ap 12.3 un gran d...que tenía siete cabezas y......... 1404
12.4 y el d se paró frente a la mujer que............ 1404
12.7 luchaban contra el d; y luchaba el d y......... 1404
12.9 lanzado fuera el gran d, la serpiente.......... 1404
12.13 vio el d que había sido arrojado a la.......... 1404
12.16 tragó el río que el d había echado de......... 1404
12.17 el d se llenó de ira contra la mujer........... 1404
13.2 y el d le dio su poder y su trono, y............ 1404
13.4 adoraron al d que había dado autoridad...... 1404
13.11 los de un cordero, pero hablaba como d...... 1404
16.13 vi salir de la boca del d...espíritus........... 1404
20.2 y prendió al d...y lo ató por mil años.......... 1404

DROMEDARIO, A
Is 60.6 d de Madián y de Efa; vendrán todos........... 1070
Jer 2.23 conoce lo que has hecho, d ligera que........ 1072

DRUSILA *Mujer de Félix*, Hch 24.24............. 1409

DUDA
Jue 3.24 sin d él cubre sus pies en la sala de.......... 5526
1 S 14.44 respondió...sin d morirás, Jonatán.......... 4191
22.16 el rey dijo: Sin d morirás, Abimelec........... 4191
26.25 sin d emprenderás tú cosas grandes, y
1 R 2.37 el día que salieres...sin d morirás............ 4191
13.32 sin d vendrá lo que él dijo a voces
Jer 36.16 sin d contaremos al rey...palabras
37.9 sin d ya los caldeos se apartarán de
Dn 5.12 para...descifrar enigmas y resolver d........ 7001
Hab 2.3 no mentirá...sin d vendrá, no tardará
1 Ti 6.7 mundo, y sin d nada podremos sacar.......... 1212

DUDAR
Mt 14.31 **¡hombre de poca fe! ¿Por qué dudaste?**...... 1365
21.21 que si tuviereis fe, y no dudareis, no......... 1252
28.17 le adoraron; pero algunos dudaban.......... 1365
Mr 11.23 **no dudare en su corazón...será hecho**...... 1252
Jn 13.22 se miraban...dudando de quién hablaba...... 639
Hch 5.24 dudaban en...vendría a parar aquello....... 1280
10.20 desciende, y no dudes de ir con ellos.......... 1252
11.12 me dijo que fuese con ellos sin dudar......... 1252
25.20 yo, dudando en cuestión semejante, le......... 639
Ro 4.20 tampoco dudó...de la promesa de Dios........ 570
14.23 pero el que duda sobre lo que come, es....... 1252
Stg 1.6 no dudando nada; porque el que duda......... 1252
Jud 22 a algunos que dudan, convencedlos........... 1252

DUELO
Gn 23.2 vino Abraham a hacer d por Sara, y a........ 5594
50.10 José hizo a su padre d por siete días......... 5594
Lv 10.6 ni rasguéis...vestidos en señal de d
Nm 20.29 le hicieron d por treinta días todas.......... 1058
2 S 3.31 ceñíos de...haced d delante de Abner........ 5594
11.26 oyendo la mujer...hizo d por su marido....... 5594
14.2 yo te ruego que finjas estar de d, y te............ 60
14.2 desde mucho tiempo está de d por algún........ 56
19.1 aquí el rey llora, y hace d por Absalón............ 56
1 Cr 7.22 y Efraín su padre hizo d por...días............ 56
2 Cr 35.24 y todo Judá...hicieron d por Josías.......... 56
Neh 1.4 hice d por algunos días, y ayuné y oré.......... 56
Is 19.8 harán d todos los que echan anzuelo en......... 578
Jl 1.9 los...ministros de Jehová están de d................ 56
Am 6.7 se acercará el d de los que se entregan.......... 4797

DUEÑO
Éx 21.28 buey...el d del buey será absuelto............ 1167
21.29 a su d se le hubiere notificado, y no.......... 1167
21.29 el buey será apedreado, y...morirá su d..... 1167
21.32 pagará su d treinta siclos de plata.............. 113
21.34 el d de la cisterna pagará el daño............. 1167
21.34 pagará el daño, resarciendo a su d, y......... 1167
21.36 el buey...su d no lo hubiere guardado........... 1167
22.8 el d de la casa será presentado a los.......... 1167
22.11 su d lo aceptará, y el otro no pagará.......... 1167
22.12 hubiere sido hurtado, resarcirá a su d......... 1167
22.14 estando ausente su d, deberá pagarla......... 1167
22.15 si el d estaba presente, no la pagará.......... 1167
22.15 era alquilada, reciba el d el alquiler........... 1167
Jue 19.22 y hablaron al anciano, d de la casa........... 1167
19.23 y salid a ellos el d de la casa y les............ 1167
1 R 16.24 de Semer, que fue d de aquel monte............ 113
Job 31.39 si comí...o afligí el alma de sus d............ 1167
Ec 5.11 ¿qué bien...tendrá su d, sino verlos............ 1167
5.13 las riquezas guardadas por sus d para......... 1167
Is 1.3 el buey conoce a su d, y el asno el................ 7069
Lc 19.33 sus d les dijeron: ¿Por qué desatáis.......... 2962
1 Co 7.37 que es d de su propia voluntad, y............ 1849
Tit 1.8 sobrio, justo, santo, d de sí mismo............ 1468

DULCE
Jue 14.18 ¿qué cosa más d que la miel? ¿Y qué......... 4966
2 S 1.26 hermano mío Jonatán...fuiste muy d......... 5276
23.1 dijo David hijo...el d cantor de Israel.......... 5273
Neh 8.10 y bebed vino d, y enviad porciones a.......... 4477
Job 21.33 los terrones del valle le serán d............ 4985
Sal 19.10 d más que miel, y que la...del panal.......... 4966
104.34 d será mi meditación en él; yo me............ 6148
119.103 cuán d son a mi paladar tus palabras!..... 4452
Pr 9.17 las aguas hurtadas son d, y el pan............. 4985
24.13 es buena, y el panal es d a tu paladar......... 4966
27.7 pero al hambriento todo lo amargo es d....... 4966
Ec 5.12 d es el sueño del trabajador, coma............ 4966
Cnt 1.16 que tú eres hermoso, amado mío, y d......... 5273

2.3 me senté, y su fruto fue d a mi paladar 4966
2.14 porque d es la voz tuya, y hermoso tu 6156
4.16 venga mi amado a... y coma de su d fruta 4022
7.13 toda suerte de d frutas, nuevas y añejas 4022
Is 5.20 lo amargo por d, y lo d por amargo! 4966
Ez 3.3 lo comí, y fue en mi boca d como miel 4966
Stg 3.11 alguna fuente echa... agua d y amarga? 1099
3.12 ninguna fuente puede dar agua salada y d 1099
Ap 10.9 pero en tu boca será d como la miel 1099
10.10 tomé el librito... y era d en mi boca 1099

DULCEMENTE
Sal 55.14 juntos comunicábamos d los secretos 4985

DULCÍSIMO
Cnt 5.16 su paladar, d, y todo él codiciable 4477

DULZURA
Jue 9.11 ¿he de dejar mi d y mi buen fruto 4987
14.14 del... salió comida, y del fuerte salió d 4966
Job 15.11 las palabras que con d se te dicen?
24.20 de ellos sentirán los gusanos d; nunca 4988
Pr 16.21 y la d de labios aumenta el saber 4986

DUMA
1. Hijo de Ismael, Gn 25.14; 1 Cr 1.30 1746
2. Ciudad en Judá, Jos 15.52 1746
3. =Edom, Is 21.11 1746

DUODÉCIMO, A
Nm 7.78 el d día, el príncipe de los hijos de 8147,6240
2 R 17.1 en el año d de Acaz... comenzó a reinar ... 8147,6240
25.27 en el mes d, a los 27 días del mes, que ... 8147,6240
1 Cr 24.12 undécima a Eliasib, la d a Jaquim 8147,6240
25.19 la d para Hasabías, con sus hijos y sus .. 8147,6240
27.15 d para el d mes era Heldai netofatita ... 8147,6240
Est 3.7 año d del rey Asuero, fue echada Pur 8147,6240
3.7 y salió el mes d, que es el mes de Adar 8147,6240
3.13; 8.12 el día trece del mes d, que es el 8147,6240
9.1 en el mes d, que es el mes de Adar, a los ... 8147,6240
Jer 52.31 el mes d, a los veinticinco días del 8147,6240
Ez 32.1 aconteció en el año d, en el mes d, el 8147,6240
32.17 aconteció en el año d, a los 15 días 8147,6240
33.21 en el año d de nuestro cautiverio, en 8147,6240
Ap 21.20 el undécimo, jacinto; el d amatista 1428

DUPLICAR
Ez 21.14 y *duplíquese*... el furor de la espada 3717

DURA Valle en Babilonia, Dn 3.1 1757
Lc 9.39 le sacude... a d penas se aparta de él 3425

DURACIÓN
Mt 13.21 **es de corta d... al venir la aflicción** 4340
Mr 4.17 **no tienen raíz en sí... son de corta d** 4340

DURADERO, A
Dt 28.59 aumentará... enfermedades malignas y d 539
1 S 13.14 mas ahora tu reino no será d... Jehová 6965
Job 20.21 por tanto, su bienestar no será d
Pr 8.18 están conmigo; riquezas d, y justicia 6276

DURAMENTE
1 R 12.13 el rey respondió al pueblo d, dejando 7186
Mt 24.51 **castigará d, y pondrá su parte con** 1371
Lc 12.46 **le castigará d, y le pondrá con los**
Tit 1.13 repréndelo d, para que sean sanos en 664

DURANTE *Véase el Apéndice*

DURAR
1 Cr 29.15 nuestros días... sombra que no *dura* 4723
2 Cr 29.28 *duró* hasta consumirse... holocausto
Neh 2.6 ¿cuánto *durará* tu viaje y... volverás? 4970
Job 15.29 prosperará, ni *durarán* sus riquezas 6965
41.26 ni espada, ni lanza, ni dardo... *durará* 6965
Sal 30.5 ira, pero su favor *dura* toda la vida
30.5 la noche *durará* el lloro, y a la mañana 3885
72.5 temerán mientras *duren* el sol y la luna 6440
72.17 se perpetuará... mientras *dure* el sol 6440
Pr 27.24 las riquezas no *duran* para siempre
Is 26.9 que me *dure* el espíritu dentro de mí
Dn 8.13 ¿hasta cuándo *durará* la visión del 4970
9.26 hasta el fin de la guerra *durarán* las 2782
Jn 9.4 **las obras... entre tanto que el día *dura*** 2076
Ap 17.10 es necesario que *dure* breve tiempo 3306

DUREZA
Éx 1.13 hicieron servir a los... de Israel con d 6531
Lv 25.43 no te enseñorearás de él con d, sino 6531
25.46 no os enseñorearéis cada uno... con d 6531
Dt 9.27 no mires a la d de este pueblo, ni a 7190
29.19 aunque ande en la d de mi corazón, a 8307
Job 38.38 el polvo se ha convertido en d, y los 4165
Sal 81.12 los dejé, por... a la d de su corazón 8307
Pr 18.23 con ruegos, mas el rico responde d 5794
Jer 3.17 ni andarán más tras la d de... corazón 8307
7.24 antes caminaron... en la d de su corazón 8307
Ez 34.4 os habéis enseñoreado de ellas con d 2394
Mt 19.8 **por la d de vuestro corazón Moisés os** 4641
Mr 3.5 entristecido por la d de sus corazones 4457
10.5 **por la d de vuestro corazón os escribió** 4641
16.14 les reprochó su... d de corazón, porque 4641
Ro 2.5 tu d y por tu corazón no arrepentido 4643
Ef 4.18 ajenos de la... por la d de su corazón 4457

DURO, A
Gn 49.7 maldito su furor... su ira, que fue d 7185
Éx 1.14 amargaron su vida con d servidumbre 6531
2.11 salió a sus... y los vio en sus d tareas 5450
6.9 la congoja de espíritu... la d servidumbre 7186
32.9 que por cierto es pueblo de d cerviz 7186
33.3 porque eres pueblo de d cerviz, no sea 7186
33.5 vosotros sois pueblo de d cerviz; en un 7186
34.9 dijo... porque es un pueblo de d cerviz 7186
Dt 9.6 sabe... porque pueblo d de cerviz eres tú 7186
9.13 he observado a ese pueblo... d de cerviz 7186
15.18 no te parezca d cuando le enviares libre 7185
26.6 pusieron sobre nosotros d servidumbre 7186
31.27 yo conozco tu rebelión, y tu d cerviz 7186
32.13 chupase miel... y aceite del d pedernal 2496
1 S 5.7 porque su mano es d sobre nosotros y 7185
25.3 pero el hombre era d y de malas obras 7186
2 S 3.39 hijos de Sarvia, son muy d para mí 7186
1 R 12.4 disminuye tú algo de la d servidumbre 3515
14.6 yo soy enviado a ti con revelación d 7186
2 Cr 10.4 alivia algo de la d servidumbre y 7185
Sal 31.18 que hablan contra el justo cosas d 6277
60.3 has hecho ver a tu pueblo cosas d; nos 7186
73.16 pensé para saber... fue d trabajo para mí 5999
94.4 ¿hasta cuándo... hablarán cosas d, y se 6277
Pr 13.15 el camino de los transgresores es d 386
Ec 4.8 también esto es vanidad, y d trabajo 7451
Cnt 8.6 el amor; d como el sepulcro los celos 7186
Is 14.3 te dé reposo... de la d servidumbre en 7186
19.4 entregaré a Egipto en manos de señor d 7186
21.2 visión d me ha sido mostrada... Sube, oh 7186
22.17 Jehová te transportará en d cautiverio 1397
27.1 día Jehová castigará con su espada d 7186
46.12 oídme, d de corazón, que estáis lejos 47
48.4 por cuanto conozco que eres d, y barra 7186
Lm 1.3 cautiverio a causa... de la d servidumbre 7230
Ez 2.4 envío a hijos de d rostro y... corazón 2389
3.7 toda la casa de Israel es d de frente y 2389
24.8 yo pondré su sangre sobre la d piedra
Mt 25.24 **señor, te conocía que eres hombre d** 4642
Jn 6.60 d es esta palabra; ¿quién la puede oír? 4642
Hch 7.51 d de cerviz, e incircuncisos... oídos 4644
9.5; 26.14 **d cosa te es dar coces contra el** 4642
27.7 y llegando a d penas frente a Gnido 3433
2 Co 10.10 las cartas son d y fuertes; mas la 926
Col 2.23 en humildad y en d trato del cuerpo 857
Jud 15 las cosas d que los... impíos han hablado 4642

D

E

E *Véase el Apéndice*

EA
Job 39.25 como que dice entre los clarines: *¡E!* 1889
Sal 35.21 *¡e, e,* nuestros ojos lo han visto! 253
35.25 digan en su corazón: *¡E,* alma nuestra! 1889
40.15 sean asolados... los que me dicen: *¡E, e!* 253
Is 1.24 el Fuerte de Israel: *E,* tomaré 1945
Ez 25.3 por cuanto dijiste: *E,* bien!, cuando 253
26.2 por cuanto dijo Tiro contra Jerusalén: *E* 253
36.2 cuanto el enemigo dijo de vosotros: *¡E!* 253

EBAL
1. Hijo de Sobal, Gn 36.23; 1 Cr 1.40 5858
2. Monte cerca de Siquem
Dt 11.29 pondrás... maldición sobre el monte *E* 5858
27.4 levantarás estas piedras... en el monte *E* 5858
27.13 y estos estarán sobre el monte *E*...
en el monte *E* 5858
8.33 y la otra mitad hacia el monte *E,* de la 5858
Jos 8.30 Josué edificó un... en el monte *E* 5858
3. Hijo de Joctan (=Obal), 1 Cr 1.22 5858

ÉBANO
Ez 27.15 marfil y *é* te dieron por sus pagos 1894

EBED
1. Padre de Gaal, Jue 9.26,28,30,31,35 5651
2. Uno que regresó con Esdras, Esd 8.6 5651

EBED-MELEC *Eunuco en la corte del rey Sedequías*
Jer 38.7 oyendo *E*... habían puesto a Jeremías 5663
38.8 *E* salió de la casa del rey y habló al 5663
38.10 mandó el rey al... etíope *E,* diciendo 5663
38.11 tomó *E* en su poder a los hombres, y 5663
38.12 dijo... *E* a Jeremías: Pon... esos trapos 5663
39.16 vé y habla a *E* etíope, diciendo: Así 5663

EBEN-EZER
1. Lugar cerca de Afec No.1, 1 S 4.1; 5.1 72
2. «Piedra de ayuda» 1 S 7.12 72

EBER *Sacerdote en tiempo de Nehemías*,
Neh 12.20 5677

EBIASAF = *Abiasaf*, 1 Cr 6.23,37; 9.19 43

EBRIO, A
1 S 1.13 pero Ana hablaba... Elí la tuvo por *e* 7910
1.14 le dijo Elí: ¿Hasta cuando estarás *e*? 7937
25.36 Nabal... estaba completamente *e,* por lo 7910
Sal 107.27 tiemblan y titubean como *e,* y toda 7910
Is 19.14 errar... como tambalea el *e* en su vómito 7910
24.20 temblará la tierra como un *e,* y será 7910
28.1 ¡ay de la corona... de los *e* de Efraín 7910
28.3 será pisoteada la corona... de los *e* de 7910
51.21 oye, pues, ahora esto, afligida, *e,* y 7937
Jer 23.9 estoy como un *e,* y como hombre a quien 7910
Hch 2.15 no están *e,* como vosotros suponéis 3184
Ap 17.6 vi a la mujer *e* de la sangre de los 3184

ECHAR
Gn 3.24 *echó,* pues, fuera al hombre, y puso al 1644
4.14 he aquí me *echas* hoy de la tierra, y de 1644
19.35 él no *echó* de ver cuándo se acostó ella 3045
21.10 dijo... *Echa* a esta sierva y a su hijo 1644
21.15 *echó* al muchacho debajo de un arbusto 7993
26.27 dijo... me *echasteis* de entre vosotros? 7971
33.4 y se *echó* sobre su cuello, y le besó 5307
35.14 una señal en... y *echó* sobre ella aceite 3332
37.20 y *echémosle* en una cisterna, y diremos 7993
37.22 *echadlo* en esta cisterna que está en el 7993
37.24 le tornaron y le *echaron* en la cisterna 7993
41.10 nos *echó* a la prisión de la casa del 5414
41.31 aquella abundancia no se *echará* de ver 3045
45.14 y se *echó* sobre el cuello de Benjamín 5307
46.29 se *echó* sobre su cuello, y lloró sobre 5307
49.9 se encorvó, se echó como león, así como 7257
50.1 *echó* José sobre el rostro de su padre 5307
Éx 1.22 *echad* al río a todo hijo que nazca 7993
2.17 los pastores vinieron y las *echaron* de 1644
4.3 *échala* en tierra... él la echó en tierra 7993
4.25 cortó el prepucio... lo *echó* a sus pies 5060
6.1 con mano fuerte los *echará* de su tierra 1644
7.9 vara, y *échala* delante de Faraón, para 7993
7.10 y *echó* Aarón su vara delante de Faraón 7993
7.12 pues *echó* cada uno su vara, las cuales 7993
10.11 los *echaron* de la presencia de Faraón 1644
11.1 seguramente os *echará* de aquí del todo 1644
12.33 dándose prisa a *echarlos* de la tierra 7971
12.39 al *echarlos*... no habían tenido tiempo 1644
15.1,21 ha *echado* en el mar al caballo y al 7411
15.4 *echó* en el mar los carros de Faraón y 3384
15.25 le mostró un árbol; y lo *echó* en las 7993
22.31 carne destrozada... perros la *echaréis* 7993
23.28 la avispa, que *eche* fuera al heveo, al 1644
23.29 no los *echaré*... en un año, para que no 1644
23.30 poco a poco los *echaré* de delante de 1644
23.31 moradores... los *echarás* de delante de 1644
32.24 lo *eché* en el fuego, y salió... becerro 7993
33.2 y *echaré* fuera al cananeo y al amorreo 1644
34.11 yo *echo* de delante de tu presencia al 1644
Lv 1.16 el buche y las... *echará* junto al altar 7993
2.1 de harina, sobre la cual *echará* aceite 3332
2.6 *echarás* sobre ella aceite; es ofrenda 3332
4.7 *echará* el resto de la sangre... al pie del 8210
4.12 a un lugar... donde se *echan* las cenizas 8211
4.12 donde se *echan* las cenizas será quemado 8211
5.3 y no lo *echare* de ver,... será culpable
8.15 y *echó* la demás sangre al pie del altar 3332
14.15 tomará... y lo *echará* sobre la palma de 3332
14.26 *echará* del aceite sobre la palma de su 3332
14.40 las *echarán* fuera de la ciudad en lugar 7993
16.8 y *echará* suertes Aarón sobre los dos 5414
18.22 no te *echarás* con varón como con mujer 7901
18.24 las naciones que yo *echo* de delante de 7971
20.23 las naciones que yo *echaré* de delante 7971
Nm 5.2 que *echen* del campamento a todo leproso 7971
5.3 *echaréis*; fuera del campamento los e, para 7971
5.4 los *echaron* fuera del campamento, como 7971
5.15 no *echará* sobre ella aceite, ni pondrá 3332
5.17 tomará... polvo... y lo *echará* en el agua 5414
12.14 *echada* fuera del campamento por siete 5462
12.15 fue *echada* del campamento siete días 5462
16.18 *echaron*... incienso, y se pusieron a la 7760
17.8 la vara de Aarón... había... *echado* flores 6692
19.6 y escarlata... *echará* en medio del fuego 7993
19.17 *echarán* sobre ella agua corriente en un 5414
21.32 y *echaron* al amorreo que estaba allí 3423
22.6 quizá yo pueda... y *echarlo* de la tierra 1644
22.11 quizá podré pelear contra él y *echarlo* 1644
22.27 viendo el asna... *echó* debajo de Balaam 7257
23.24 no se *echará* hasta que devore la presa 7901
24.9 se encorvará para *echarse* como león, y 7901
24.22 el ceneo será *echado*, cuando Asiria te 1197
32.21 hasta que haya *echado* a sus enemigos 3423
32.39 *echaron* al amorreo que estaba en ella 3423
33.52 *echaréis*... todos los moradores del país 3423
33.53 *echaréis* a los moradores de la tierra 3423
33.55 no *echaréis* a los moradores del país 3423
35.20 si por odio... *echó* sobre él alguna cosa 7993

35.22 o *echó* sobre él cualquier instrumento 7993
Dt 2.12 los cuales *echaron* los hijos de Esaú 3423
4.38 para *echar*...de tu presencia naciones 3423
7.1 haya *echado* de delante de ti a muchas 5394
7.22 Jehová tu Dios *echará* a estas naciones 5394
9.3 tú los *echarás*...como Jehová te ha dicho 3423
9.4 cuando Jehová tu Dios los haya *echado* de 3423
9.21 y *eché* el polvo de él en el arroyo que 7993
11.23 Jehová...*echará*...todos estas naciones 3423
18.12 Jehová tu Dios *echa* estas naciones de 3423
22.6 y la madre *echada* sobre los pollos o 7257
22.8 no *eches* culpa de sangre sobre tu casa 7760
25.2 el juez le hará *echar* en tierra, y le 5307
32.41 si...*echare* mano del juicio, yo tomaré 270
33.27 él *echó* de delante de ti al enemigo 1644
Jos 3.10 él *echará* de delante de...al cananeo 3423
6.26 sobre su primogénito *eche* los cimientos
7.6 postró...*echaron* polvo sobre sus cabezas 5927
8.29 y lo *echasen* a la puerta de la ciudad 7993
10.27 los quitasen...los *echasen* en la cueva 7993
13.12 pues Moisés los derrotó, y los *echó* 3423
13.13 gesureos y...maacateos no los *echaron* 3423
14.12 dame...los *echaré*, como Jehová ha dicho 3423
15.14 Caleb *echó*...a los tres hijos de Anac 3423
17.1 se *echaron*...suertes para la...de Manasés
17.2 *echaron*...suertes para los otros hijos
18.6 *echaré* suertes aquí delante de Jehová 3384
18.8 y volved...para que yo os *eche* suertes 7993
18.10 y Josué les *echó* suertes delante de 7993
23.5 Jehová...*echará* de delante de vosotros 3423
Jue 2.3 no los *echaré* de delante de vosotros 1644
6.9 los cuales *eché* de delante de vosotros 1644
7.21 el ejército *echó* a correr dando gritos
8.25 *echó* allí cada uno los zarcillos de su 7993
9.41 Zebul *echó* fuera a Gaal y a...hermanos 1644
11.2 cuando crecieron, *echaron* fuera a Jefté 1644
11.7 ¿no me aborrecisteis...me *echasteis* de 1644
12.6 le *echaban* mano, y le degollaban junto 270
16.3 las puertas...se las *echó* al hombro, y 7760
16.21 mas los filisteos le *echaron* mano, y 270
16.29 y *echó* todo su peso sobre ellas, su
19.28 *echándola* sobre su asno, se levantó y 3947
19.29 *echó* mano de su concubina, y la partió 2388
1 S 14.42 *echad* suertes entre mí y Jonatán mi 5307
17.35 *echaba* mano de la quijada, y lo hería 2388
17.39 ciñó...David *echó* de sí aquellas cosas 5493
17.48 el filisteo se levantó y *echó* a andar 7126
20.18 tú serás *echado* de menos, porque tu 6485
25.24 se *echó* a sus pies, y dijo: Señor mío 5307
31.4 tomó Saúl...espada y se *echó* sobre ella 5307
31.5 se *echó* sobre su espada, y murió con él 5307
2 S 2.16 cada uno *echó* mano de...su adversario 5307
1.21 y *echa* mano de alguno de los hombres 2388
5.6 aun los ciegos y los cojos te *echarán* 5493
11.21 ¿no *echó* una mujer del muro un pedazo 7993
13.9 y dijo...*Echad* fuera de aquí a todos 3318
13.17 le dijo: *Échame* a ésta fuera de aquí 7971
13.18 su criado...la *echó* fuera, y cerró la 3318
13.31 David, rasgó sus...y se *echó* en tierra 7901
18.11 ¿por qué no le mataste...*echándole* a
18.17 a Absalón, le *echaron* en un gran hoyo 7993
20.12 a Amasa...*echó* sobre él una vestidura 7993
1 R 2.27 así *echó* Salomón a...del sacerdocio 1644
6.37 se *echaron* los cimientos de la casa de
9.7 esta casa...yo la *echaré* de delante de mí 7971
9.9 y *echaron* mano a dioses ajenos, y los 2388
13.24 su cuerpo estaba *echado* en el camino 7993
13.25 y vieron el cuerpo que estaba *echado* 7993
14.9 y a mí me *echaste* tras tus espaldas 7993
14.24 las naciones que Jehová había *echado* 3423
16.34 a precio de la vida...*echó* el cimiento
19.5 *echándose* debajo del enebro, se quedó 7901
19.19 pasando Elías...*echó* sobre él su manto 7993
22.27 rey ha dicho...*echad* a éste en la cárcel 7760
2 R 2.16 quizá...lo ha *echado* en algún monte 7993
2.21 saliendo él a los...*echó* dentro la sal 7993
3.25 *echó* cada...su piedra, y las llenaron 7993
4.4 *echa* en todas las vasijas, y cuando una 3332
4.5 las vasijas, y ella *echaba* del aceite 3332
4.37 *echó* a sus pies, y se inclinó a tierra 5307
6.6 cortó él un palo, y lo *echó* allí; e hizo 7993
9.10 abrió la puerta, y *echó* a huir
9.25 y *échalo* a un extremo de la heredad de 7993
9.26 tómalo...*échalo* en la heredad de Nabot 7993
9.33 dijo: *Echadla* abajo. Y ellos la *echaron* 8058
13.23 no quiso...*echarlos* de delante de su 7993
16.3 naciones que Jehová *echó* de delante de 3423
16.6 y *echó* de Elat a los hombres de Judá 5394
17.20 los afligió...*echarlos* de su presencia 7993
17.26 él ha *echado* leones en medio de ellos 7971
19.18 que *echaron* al fuego a sus dioses, por 5414
19.30 la casa...volverá a *echar* raíces abajo
19.32 no entrará en...ni *echará* saeta en ella 8210
21.2 las naciones que Jehová había *echado* de 3423
23.6 y *echó* el polvo sobre los sepulcros de 7993
24.20 hasta que los *echó* de su presencia 7993
1 Cr 8.13 jefes...*echaron* a los moradores de Gat 1272
10.4 Saúl tomó la espada, y se *echó* sobre 5307
10.5 su escudero...se *echó* sobre su espada 5307
17.21 *echando* a las naciones de delante de 1644
24.31 éstos también *echaron* suertes, como 5307
25.8 *echaron* suertes para servir por turnos 5307
26.13 *echaron* suertes, el pequeño con el 5307
2 Cr 16.10 se enojó Asa...*echó* en la cárcel 5414
20.7 ¿no *echaste* tú los moradores de esta 3423
23.15 le *echaron* mano, y luego que ella hubo 7760
24.10 las *echaron* en el arca hasta llenarla 7993
30.14 y los *echaron* al torrente de Cedrón 7993
33.2 las naciones que Jehová había *echado* 3423
33.15 altares...los *echó* fuera de la ciudad 7993
Esd 3.6 los cimientos...no se habían *echado*
3.10 los albañiles...*echaban* los cimientos
3.11 porque se *echaban* los cimientos de la
3.12 viendo *echar* los cimientos...lloraban
Neh 9.11 a sus perseguidores *echaste* en las 7993
9.26 y *echaron* tu ley tras sus espaldas, y 7993
10.34 *echamos* también suertes...sacerdotes 5307
11.1 el resto...*echó* suertes para traer uno 5307
13.21 si lo hacéis otra vez, os *echaré* mano 7971
Est 3.7 fue *echada* Pur, esto es, la suerte 5307
8.3 Ester...se *echó* a sus pies, llorando y 5307
9.24 había *echado* Pur...quiere decir suerte 5307
Job 5.3 he visto al necio que *echaba* raíces 8327
5.25 *echarás* de ver que tu descendencia 3045
8.4 si...él los *echó* en el lugar de su pecado 7971
11.14 y la *echares* de ti, y no consintieres 7368
18.8 porque red será *echada* a sus pies, y 7971
18.18 será lanzado...*echado* fuera del mundo 5074
38.40 cuando están *echados* en las cuevas, o 7817
39.5 ¿quién *echó* libre al asno montés, y 7971
40.21 se *echará* debajo de las sombras, en 7901
41.1 con cuerda que le *eches* en su lengua? 8257
Sal 2.3 rompamos...y *echemos* de nosotros sus 7993
5.10 por la...de sus transgresiones *échalos* 5080
17.11 tienen puestos sus ojos para *echarnos* 5186
18.42 los *eché* fuera como lodo de las calles 7324
22.10 sobre ti fui *echado*...antes de nacer 7993
22.18 mis...y sobre mi ropa *echaron* suertes 5307
34 *tít.* de Abimelec, y él le *echó*, y se fue 1644
35.2 *echa* mano al escudo y al pavés...ayuda 2388
44.2 tú con tu mano *echaste* las naciones, y 3423
50.17 pues...*echas* a tu espalda mis palabras 7993
51.11 no me *eches* de delante de ti, y no 7993
55.3 sobre mí *echaron* iniquidad, y con furor 4131
55.22 *echa* sobre Jehová tu carga...y él te 7993
57.4 estoy *echado* entre hijos de hombres que 7901
60.8 lavarme; sobre Edom *echaré* mi calzado 7993
66.20 no *echó* de sí mi oración, ni de mí su 5493
68.13 fuisteis *echados* entre los tiestos 7901
72.16 será *echado* un puñado de grano en la
74.7 han profanado el...*echándolo* a tierra 7971
77.17 las nubes *echaron* inundaciones de aguas 2229
78.55 *echó* las naciones de delante de ellos 1644
80.8 *echaste* las naciones, y la plantaste 1644
89.44 gloria, y *echaste* su trono por tierra 4048
104.22 se recogen...y se *echan* en sus cuevas 7257
108.9 lavarme; sobre Edom *echaré* mi calzado 7993
119.87 casi me han *echado* por tierra, pero 3615
140.10 brasas, serán *echados* en el fuego, en 5307
147.17 *echa* su hielo como pedazos; ante su 7993
Pr 1.14 *echa* tu suerte entre nosotros...bolsa 5307
1.32 la prosperidad...los *echará* a perder
3.18 es...vida a los que de ella *echan* mano 2388
16.33 la suerte se *echa* en el regazo; mas de 2904
22.10 *echa* fuera al escarnecedor, y saldrá 1644
25.20 o el que sobre el jabón *echa* vinagre
26.18 como el que enloquece, y *echa* llamas 3384
26.23 como escoria de plata *echada* sobre el
Ec 11.1 *echa* tu pan sobre las aguas; porque 7971
Cnt 2.13 la higuera ha *echado* sus higos, y los 2590
2.15 las zorras...que *echan* a perder las viñas 2254
Is 4.1 *echarán* mano de un hombre 7 mujeres 2388
4.5 noche resplandor de fuego que *eche* llamas 3852
6.12 Jehová haya *echado* lejos a los hombres 7368
11.7 sus crías se *echarán* juntas; y el león 7257
14.19 pero tú *echado* eres de tu sepulcro como 7993
19.8 harán duelo todos los que *echan* anzuelo 7993
22.18 te *echará* a rodar con ímpetu, como a 6802
22.25 la carga que...se puso se *echará* a perder
25.12 humillará y la *echará* a tierra, hasta 5060
27.6 cuando Jacob *echará* raíces...e renuevos 8327
30.21 no *echéis* a la mano derecha...torzáis
34.17 y él les *echó* suertes, y su mano les 5307
37.31 la casa de Judá...volverá a *echar* raíz 8328
38.17 *echaste* tras tus espaldas...mis pecados 7993
46.7 lo *echan* sobre los hombros, lo llevan 5375
51.16 y *echando* los cimientos de la tierra
56.10 soñolientos, *echados*, aman el dormir 7901
66.5 os *echan* fuera por causa de mi nombre 5077
Jer 2.20 árbol frondoso te *echabas*...ramera 6808
3.16 ni la *echarán* de menos, ni se hará otra 2142
7.15 os *echaré* de mi presencia, como *eché* 7993
12.2 los plantaste, y *echaron* raíces...fruto 8327
14.16 el pueblo...será *echado* en las calles 7993
15.1 si...*échalos* de mi presencia, y salgan 7971
17.8 junto a la corriente *echará* sus raíces 7971
18.4 se *echó* a perder en su mano; y volvió 7843
22.7 cortarán tus cedros...y los *echarán* en 5307
22.19 arrastrándole y *echándole* fuera de las 7993
22.28 y *echados* a tierra que no...conocido? 7993
23.3 de todas las tierras adonde las *eché* 5080
23.8 las tierras adonde yo los había *echado* 5080
23.39 os *echaré* en olvido, y arrancaré de
24.5 de Judá, a los cuales *eché* de este lugar 7971
26.8 le *echaron* mano, diciendo: De...morirás 8610
26.15 si me matáis, sangre inocente *echaréis* 5414
26.23 lo mató a espada, y *echó* su cuerpo en 7993
32.37 tierras a las cuales los *eché* con mi 5080
33.24 ¿no has *echado* de ver lo que habla
36.23 y lo *echó* en el fuego que había en el 7993
36.30 cuerpo será *echado* al calor del día y 7993
38.6 y lo hicieron *echar* en la cisterna de 7993
38.9 al cual hicieron *echar* en la cisterna 7993
38.11 y los *echó* a Jeremías con sogas en la 5499
40.12 los lugares adonde habían sido *echados* 5080
41.7 los *echó* dentro de una cisterna, él y
41.9 cisterna en que *echó* Ismael...los cuerpos 7993
43.5 las naciones donde había sido *echado* 5080
51.34 llenó su vientre de...y me *echó* fuera 1740
51.63 libro...*echarás* en medio del Éufrates 7993
52.3 ira...llegó a *echarlos* de su presencia 7993
Lm 1.14 ataduras han sido *echadas* sobre mi 5927
2.2 *echó* por tierra las fortalezas de...Judá 2040
2.9 sus puertas fueron *echadas* por tierra 2883
2.10 *echaron* polvo sobre sus cabezas...cilicio 5927
2.18 *echa* lágrimas cual arroyo día y noche 3381
3.48 ríos de aguas *echan* mis ojos por el 3381
Ez 5.4 los *echarás* en medio del fuego, y en 7993
13.14 la *echaré* a tierra, y será descubierto 5060
17.6 vid, y arrojó sarmientos y *echó* mugrones 7971
18.31 *echad*...todas vuestras transgresiones 7993
19.2 dirás: ¡Cómo se *echó* entre los leones 7257
19.10 *echando* vástagos a causa de las...aguas
20.7 cada uno *eche* de sí las abominaciones de 7993
20.8 no *echó*...las abominaciones de delante de 7993
23.8 con ella se *echaron* en su juventud, y 7901
23.35 me has *echado* tras tus espaldas, por 7993
24.3 pon una olla, ponla, y *echa*...ella agua 3332
24.6 por sus piezas sácala, sin *echar* suerte 5307
27.30 *echarán* polvo sobre sus cabezas, y se 5927
28.16 lo que yo te *eché* del monte de Dios 2490
31.5 se alargó su ramaje que había *echado* 7971
32.4 *echaré* sobre la faz del campo, y haré 2904
34.21 que las *echasteis* y las dispersasteis 6327
43.24 los sacerdotes *echarán* sal sobre ellos 7993
46.18 ninguno de...sea *echado* de su posesión 3238
47.22 *echaréis* sobre ella suertes...heredad 5307
47.22 *echarán* suertes con...para tener heredad
Dn 3.6,11 *echado* dentro de un horno de fuego 7412
3.15 seréis *echados* en medio de un horno de 7412
3.20 *echarlos* en el horno de fuego ardiendo 7412
3.21 fueron *echados* dentro del horno de fuego 7412
3.24 ¿no *echaron* a tres varones...dentro del 7412
4.25 te *echarán* de entre los hombres, y con 2957
4.33 hora...fue *echado* de entre los hombres 2957
5.21 y fue *echado* de entre los hijos de los 2957
6.7,12 sea *echado* en el foso de los leones 7412
6.16 y le *echaron* en el foso de los leones 7412
6.24 fueron *echados* en el foso de los leones 7412
8.10 parte del ejército y de...*echó* por tierra 5307
8.11 de su santuario fue *echado* por tierra 7993
8.12 *echó* por tierra la verdad, e hizo cuanto 7993
9.7 todas las tierras adonde los has *echado* 5080
Os 4.6 yo te *echaré* del sacerdocio; y porque 3988
9.15 por la perversidad...*echaré* de mi casa 1644
Jl 2.20 lo *echaré* en tierra seca y desierta 5080
3.3 *echaron* suertes sobre mi pueblo, y dieron 3032
3.13 *echad* la hoz...la mies está ya madura 7971
Am 4.3 brechas...y seréis *echadas* del palacio 7993
5.7 los que...justicia la *echáis* por tierra 5117
8.3 en todo lugar los *echarán* en silencio 7993
Abd 11 y *echaban* suertes sobre Jerusalén, tú 3032
13 ni haber *echado* mano a sus bienes en el 7971
Jon 1.5 *echaron* al mar los enseres que había 2904
1.5 Jonás había...y se había *echado* a dormir 7901
1.7 *echemos* suertes...*echaron* suertes, y la 5307
1.12 *echadme* al mar, y el mar se...aquietará 2904
1.15 y tomaron a Jonás, y lo *echaron* al mar 2904
2.3 me *echaste* a lo profundo, en medio de los 7993
2.6 la tierra *echó* sus cerrojos sobre mí para
Mi 2.9 a las mujeres...*echasteis* fuera de las 1644
7.19 *echará* en...mar todos nuestros pecados 7993
Nah 3.6 y *echaré* sobre ti inmundicias, y te 7993
3.10 y sobre sus varones *echaron* suertes, y 3032
Sof 3.15 Jehová...ha *echado* fuera tus enemigos 6437
Hag 2.18 el día que se *echó* el cimiento del 3245
Zac 4.9 las manos de Zorobabel *echarán*...casa 3245
5.8 la *echó* dentro del efa, y *e* la masa de 7993
8.9 desde el día que se *echó* el cimiento a 3245
11.13 y me dijo Jehová: *Échalo* al tesoro 7993
11.13 las *eché* en la casa de Jehová al tesoro 7993
Mal 2.3 os *echaré* al rostro el estiércol, el 2219
Mt 3.10 no da...cortado y *echado* en el fuego *906*
4.6 dijo: Si eres Hijo de Dios, *échate* abajo *906*
4.18 vio a dos hermanos...que *echaban* la red *906*
5.13 **sino para ser *echada* fuera y hollada por** *906*
5.25 **te entregue...y seas *echado* en la cárcel** *906*
5.29,30 **y *échalo* de ti; pues mejor te es que** *906*
5.29,30 **todo tu cuerpo sea *echado* al infierno** *906*
6.30 **que hoy es, y mañana se *echa* en el horno** *906*
7.3 **y no *echas* de ver...en tu propio ojo?** *2657*
7.6 **ni *echéis*...perlas delante de los cerdos** *906*
7.19 **árbol...es cortado y *echado* en el fuego** *906*
7.22 **y en tu nombre *echamos* fuera demonios** *1544*
8.12 ***echados* a las tinieblas de afuera; allí** *1544*
8.16 con la palabra *echó* fuera a los demonios *1544*
8.31 nos *echas* fuera, permítenos ir a...hato *1544*
9.17 **ni *echan* vino nuevo en odres viejos; de** *906*
9.17 ***echan* el vino nuevo en odres nuevos, y** *906*
9.25 la gente había sido *echada* fuera, entró *1544*
9.33 *echado* fuera el demonio, el mudo habló *1544*
9.34 de los demonios *echa* fuera los demonios *1544*
10.1 autoridad...para que los *echasen* fuera *1544*
10.8 ***echad*...demonios; de gracia recibisteis** *1544*
12.11 **oveja...no le *eche* mano, y la levante?** *2902*
12.24 éste no *echa* fuera los demonios sino *1544*
12.26 **Satanás *echa* fuera a Satanás, contra** *1544*
12.27 **si yo *echo*...los demonios por Beelzebú** *1544*
12.27 **¿por quién los *echan* vuestros hijos?** *1544*
12.28 **si yo por el Espíritu de...*echo* fuera** *1544*
13.42,50 los *echarán* en el horno de fuego *1544*
13.47 **red, que *echada* en el mar, recoge de** *1544*
13.48 **recogen lo bueno...lo malo *echan* fuera** *1544*
15.17 **al vientre, y es *echado* en la letrina?** *1544*

15.26 **tomar el pan... *echarlo* a los perrillos** *906*
17.19 ¿por qué... no pudimos *echarlo* fuera? *1544*
17.27 ***echa* el anzuelo, y el primer pez que** *906*
18.8,9 **y *échalo* de ti; mejor te es entrar** *906*
18.8,9 **que teniendo dos... ser *echado* en el** *906*
18.30 **le *echó* en la cárcel, hasta que pagase** *906*
21.12 y *echó* fuera a todos los que vendían *1544*
21.21 **quítate y *échate* en el mar, será hecho** *906*
21.39 **tomándole, le *echaron* fuera de la viña** *1544*
21.46 al buscar cómo *echarle* mano, temían al *2902*
22.13 **y *echadle* en las tinieblas de afuera** *1544*
25.30 **siervo inútil *echadle* en las tinieblas** *1544*
26.50 ***echaron* mano a Jesús, y le prendieron** *1911*
27.6 no es lícito *echarlas* en el tesoro de las *906*
27.28 le *echaron* encima un manto de escarlata *4060*
27.35 repartieron entre sí... *echando* suertes *906*
27.35 vestidos, y... mi ropa *echaron* suertes *906*
Mr 1.16 a Simón... que *echaban* la red en el mar *906*
1.34 y sanó a... y *echó* fuera muchos demonios *1544*
1.39 predicaba... y *echaba* fuera los demonios *1544*
2.22 **nadie *echa* vino nuevo en odres viejos** *906*
2.22 **nuevo en odres nuevos se ha de *echar*** *992*
3.15 autoridad para... *echar* fuera demonios *1544*
3.22 que por el... *echaba* fuera los demonios *1544*
3.23 **decía... ¿Cómo puede Satanás *echar* fuera** *1544*
4.26 **como cuando... *echa* semilla en la tierra** *906*
4.32 *echa* grandes ramas, de tal manera que *4160*
4.37 y *echaba* las olas en la barca, de tal *1911*
5.40 mas él, *echando* fuera a todos, tomó al *1544*
6.13 *echaban* fuera... demonios, y ungían con *1544*
7.26 le rogaba que *echase* fuera de su hija *1544*
7.27 **tomar el pan de los hijos y *echarlo* a** *906*
9.18 *echa* espumarajos, y cruje los dientes
9.18 dije... lo *echasen* fuera, y no pudieron *1544*
9.20 quien... se revolcaba, *echando* espumarajos *875*
9.22 muchas veces le *echa* en el fuego y en *906*
9.28 ¿por qué nosotros no pudimos *echarle* *1544*
9.38 que en tu nombre *echaba* fuera demonios! *1544*
9.45 **que teniendo dos pies ser *echado* en el** *906*
9.47 **teniendo dos ojos ser *echado* al infierno** *906*
11.7 el pollino... *echaron* sobre él sus mantos *1911*
11.15 comenzó a *echar*... a los que vendían y *1544*
11.23 **a este monte: Quítate y *échate* en el** *906*
12.8 **mataron, y le *echaron* fuera de la viña** *1544*
12.41 miraba cómo el pueblo *echaba* dinero *906*
12.42 y vino una viuda... y *echó* dos blancas *906*
12.43 ***echó* más que todos los que han *echado*** *906*
12.44 **todos han *echado* de lo que les sobra** *906*
12.44 **de su pobreza *echó* todo lo que tenía** *906*
14.46 ellos le *echaron* mano, y le prendieron *1911*
15.24 *echando* suertes sobre ellos para ver *906*
16.9 de quien había *echado* siete demonios *1544*
16.17 **en mi nombre *echarán* fuera demonios** *1544*
Lc 3.9 árbol... se corta y se *echa* en el fuego *906*
4.9 dijo: Si eres Hijo de Dios, *échate* de *906*
4.29 le *echaron* fuera de la ciudad, y le *2630*
5.4 **boga... y *echad* vuestras redes para pescar** *5465*
5.5 nada hemos... en tu palabra *echaré* la red *5465*
5.37 **nadie *echa* vino nuevo en odres viejos** *906*
5.38 **en odres nuevos se ha de *echar*; y lo uno** *992*
6.41 **no *echas* de ver la viga que está en tu** *2657*
9.39 le hace *echar* espuma, y estropeándole
9.40 rogué... le *echasen* fuera, y no pudieron *1544*
9.49 a uno que *echaba* fuera demonios en tu *1544*
10.34 **sus heridas, *echándoles* aceite y vino** *2022*
11.14 estaba Jesús *echando* fuera un demonio *1544*
11.15 por Beelzebú... *echa* fuera los demonios *1544*
11.18 **decís que por Beelzebú *echo*... demonios** *1544*
11.19 **si yo *echo*... hijos por quién los *echan*?** *1544*
11.20 **por... Dios *echo* yo fuera los demonios** *1544*
12.5 **tiene poder de *echar* en el infierno; sí** *1685*
12.28 **hoy está... y mañana es *echada* al horno** *906*
12.49 **fuego vine a *echar* en la tierra; ¿y qué** *906*
13.32 ***echo* fuera demonios y hago curaciones** *1544*
15.20 **y se *echó* sobre su cuello, y le besó** *1968*
16.20 **que estaba *echado* a la puerta de aquél** *906*
19.35 habiendo *echado* sus mantos sobre el *1977*
19.45 a *echar* fuera a todos los que vendían *1544*
20.12 **también a éste *echaron* fuera, herido** *1544*
20.15 ***echaron* fuera de la viña, y le mataron** *1544*
20.19 procuraban... *echarle* mano en aquella *1911*
21.1 vio a los ricos que *echaban* sus ofrendas *906*
21.2 una viuda... que *echaba* allí dos blancas *906*
21.3 **esta viuda pobre *echó* más que todos ellos** *906*
21.4 **aquéllos *echaron*... de lo que les sobraba** *906*
21.4 **ésta... *echó* todo el sustento que tenía** *906*
21.12 **os *echarán* mano, y os perseguirán, y** *1911*
23.19,25 *echado* en la cárcel por sedición *906*
23.34 **entre sí sus vestidos, *echando* suertes** *906*
Jn 2.15 *echó* fuera del templo a todos, y las *1544*
6.37 **y al que a mí viene, no le *echo* fuera** *1544*
7.30 pero ninguno le *echó* mano, porque aún *1911*
7.44 prenderle; pero ninguno le *echó* mano *1911*
12.6 sustraía de lo que se *echaba* en ella *906*
12.31 **el príncipe de este mundo será *echado*** *1544*
15.6 **el que en mí no permanece, será *echado*** *906*
15.6 **los recogen... *echan* en el fuego, y arden** *906*
19.24 no la... sino *echemos* suertes sobre ella *2975*
19.24 sobre mi ropa *echaron* suertes. Y así *906*
21.6 ***echad* la red a la derecha de la barca** *906*
21.6 **la *echaron*, y ya no la podían sacar, por** *906*
21.7 Pedro... se ciñó la ropa... y se *echó* al mar *906*
Hch 1.26 les *echaron* suertes, y la suerte cayó *1325*
4.3 y les *echaron* mano, y los pusieron en la *1911*
5.18 y *echaron* mano a los apóstoles y los *1911*
5.28 queréis *echar* sobre nosotros la sangre *1863*
7.58 y *echándole* fuera de la... le apedrearon *1544*
12.1 Herodes *echó* mano a... de la iglesia para *1911*

16.23 los *echaron* en la cárcel, mandando al *906*
16.37 nos *echaron* en la cárcel, ¿y ahora nos *906*
16.37 ¿y ahora nos *echan* encubiertamente? *906*
18.16 y los *echó* del tribunal *556*
20.10 descendió Pablo y se *echó* sobre él, y *1968*
20.37 y *echándose* al cuello de... le besaban *1968*
21.27 alborotaron a toda la... le *echaron* mano *1911*
27.28 y *echando* la sonda... volviendo a *echar* *1001*
27.29 *echaron* cuatro anclas por la popa, y *4496*
27.30 huir de la... *echando* el esquife al mar *1614*
27.38 aligeraron la... *echando* el trigo al mar *1544*
27.43 se *echasen* los primeros, y saliesen a *641*
28.3 *echó* al fuego; y una víbora, huyendo del *2007*
1 Co 6.9 ni... ni los que se *echan* con varones *733*
Gá 4.30 *echa* fuera a la esclava y a su hijo *1544*
Col 2.11 *echar*... el cuerpo pecaminoso carnal *555*
1 Ti 6.12 la fe, *echa* mano de la vida eterna *1949*
6.19 venir, que *echen* mano de la vida eterna *597*
He 6.1 no *echando* otra vez el fundamento del *2598*
Stg 1.6 es arrastrada... *echada* de una parte a *4494*
3.11 ¿acaso alguna fuente *echa*... agua dulce *1032*
1 P 5.7 *echando* toda vuestra ansiedad sobre *1977*
1 Jn 4.18 el perfecto amor *echa* fuera el temor *906*
Ap 2.10 **diablo *echará* a algunos... en la cárcel** *906*
4.10 y *echan* sus coronas delante del trono *906*
12.16 el río que el dragón había *echado* de *906*
14.19 *echó* las uvas en el gran lagar de la *906*
18.19 y *echaron* polvo sobre sus cabezas, y *906*

ECRÓN *Una de las ciudades principales de los filisteos*
Jos 13.3 desde Sihor... hasta el límite de *E* al 6138
15.11 sale luego al lado de *E* hacia el norte 6138
15.45 *E* con sus villas y sus aldeas 6138
15.46 desde *E* hasta el mar, todas las que 6138
19.43 Elón, Timnat, *E* 6138
Jue 1.18 tomó también... *E* con su territorio 6138
1 S 5.10 enviaron el arca de Dios a *E*... vino a *E* 6138
6.16 príncipes... volvieron a *E* el mismo día 6138
6.17 por Ascalón uno, por Gat uno, por *E* uno 6138
7.14 fueron restituidas... desde *E* hasta Gat 6138
17.52 y siguieron a... hasta las puertas de *E* 6138
17.52 cayeron los heridos de... hasta Gat y *E* 6138
2 R 1.2 y consultad a Baal-zebub dios de *E* 6138
1.3,6,16 consultar a Baal-zebub dios de *E*? 6138
Jer 25.20 a Filistea, a Ascalón, a Gaza, a *E* y 6138
Am 1.8 y volveré mi mano contra *E*, y el resto 6138
Sof 2.4 Ascalón asolada... *E* será desarraigada 6138
Zac 9.5 *E*, porque su esperanza será confundida 6138
9.7 un remanente... y *E* será como el jebuseo 6138

ECRONEO, *Habitante de Ecrón*, Jos 13.3 6139

ECRONITA *Habitante de Ecrón*, 1 S 5.10 6139

ED
Jos 22.34 pusieron por nombre al altar *E*

EDAD
Gn 11.10 Sem, de *e* de cien años, engendró a 1121
12.4 era Abram de *e* de 75 años cuando salió 1121
16.16 era Abram de *e* de 86 años, cuando Agar 1121
17.1 era Abram de *e* de 99 años, cuando le 1121
17.12 y de *e* de ocho días será circuncidado 1121
17.24 era Abraham de *e* de 99 años... circuncidó 1121
18.11 Abraham y Sara eran viejos, de *e* avanzada 3117
25.26 era Isaac de *e* de 60 años cuando ella 1121
37.2 José, siendo de *e* de diecisiete años 1121
41.46 era José de *e* de treinta años cuando 1121
43.33 y el menor conforme a su menor *e*; y 6812
50.26 murió José a la *e* de ciento diez años 1121
Éx 7.7 Moisés de *e* de 80... y Aarón de *e* de 83 1121
38.26 de *e* de veinte años arriba, que fueron 1121
Lv 3.17 estatuto perpetuo será por vuestras *e* 1755
17.7 tendrán esto por estatuto... por sus *e* 1755
23.14 estatuto perpetuo es por vuestras *e* 1755
Nm 4.3,23 de *e* de treinta años arriba hasta 1121
4.30 desde el de *e* de treinta años arriba 1121
4.35,39,43,47 de *e* de 30 años... *e* de 50 años 1121
15.23 lo mandó, y en adelante por vuestras *e* 1755
33.39 Aarón de *e* de 123 años, cuando murió 1121
35.29 os serán por ordenanza, por vuestra *e* 1755
Dt 31.2 dijo: Este día soy de *e* de 120 años 1121
34.7 era Moisés de *e* de 120 años cuando murió 1121
Jos 13.1 tú eres ya viejo, de *e* avanzada, y 3117
14.7 yo era de *e* de 40 años cuando Moisés 1121
14.10 ahora, he aquí, hoy soy de *e* de 85 años 1121
1 S 2.33 los nacidos... morirán en la *e* viril 582
4.15 era ya Elí de *e* de 98 años, y sus ojos 1121
17.12 este hombre era viejo y de gran *e* entre 1121
2 S 4.4 lisiado de los pies... cinco años de *e* 1121
19.35 de *e* de 80 años soy este día. ¿Podré 1121
1 Cr 22.5 Salomón mi hijo es... y de tierna *e* 7390
29.1 él es joven y tierno de *e*, y la obra 7390
2 Cr 26.1 a Uzías, el cual tenía 16 años de *e* 1121
31.17 a los levitas de *e* de 20 años arriba 1121
Job 12.12 está... en la larga *e* la inteligencia 3117
14.14 todos los días de mi *e* esperaré, hasta 6635
32.9 no son los sabios los de mucha *e*, ni los 2205
Sal 39.5 y mi *e* es como nada delante de ti 2465
90.10 los días de nuestra *e* son setenta años 8141
Ec 6.3 y los días de su *e* fueren numerosos 8141
Jer 52.1 era Sedequías de *e* de veintiún años 1121
Ez 13.18 velos mágicos... la cabeza de toda *e* 6967
Dn 2.21 él muda los tiempos y las *e*; quita 2166
4.34 cuyo dominio... su reino por todas las *e* 1859
Lc 1.7 estéril, y ambos eran ya de *e* avanzada *2250*
1.18 soy viejo, y mi mujer es de *e* avanzada *2250*
2.36 allí Ana, profetisa... de *e* muy avanzada *2250*
Jn 9.21 *e* tiene, preguntadle a él; él hablará *2244*

9.23 por eso dijeron... *E* tiene, preguntadle *2244*
Hch 7.23 hubo cumplido la *e* de cuarenta años *5550*
14.16 en las *e* pasadas él ha dejado a todas *1074*
1 Co 7.36 que pase ya de *e*, y es necesario que *5230*
Ef 3.21 a él sea la gloria... por todas las *e* *1074*
Col 1.26 estado oculto desde los siglos y *e* *1074*
He 11.11 a luz aun fuera del tiempo de la *e* *2244*

EDAR
1. Aldea en territorio de Judá, Jos 15.21 5740
2. Levita, 1 Cr 23.23; 24.30 5740

EDÉN
1. El Paraíso
Gn 2.8 Jehová Dios plantó un huerto en *E*, al 5731
2.10 salía de *E* un río para regar el huerto 5731
2.15 al hombre, y lo puso en el huerto de *E* 5731
3.23 lo sacó Jehová del huerto del *E*, para 5731
3.24 al oriente del huerto de *E* querubines 5731
4.16 Caín... en tierra de Nod, al oriente de *E* 5731
Ez 28.13 en *E*, en el huerto de Dios estuviste 5731
31.9 árboles del *E*... tuvieron de él envidia 5731
31.16 todos los árboles escogidos del *E*, y 5731
31.18 ¿a quién te... entre los árboles del *E*? 5731
31.18 derribado serás con los árboles del *E* 5731
36.35 ha venido a ser como huerto del *E*; y 5731
Jl 2.3 como el huerto del *E* será la tierra 5731
2. Lugar en el noroeste de Mesopotamia
2 R 19.12 hijos de *E* que estaban en Telasar? 5729
Is 37.12 libraron sus dioses... los hijos de *E* 5729
Ez 27.23 Cane, *E*, y los mercaderes de Sabá 5729
3. Levita en tiempo del rey Ezequías, 2 Cr 29.12; 31.15 5731

EDICTO
2 Cr 31.5 y cuando este *e* fue divulgado, los 1697
Est 3.15 y el *e* fue dado en Susa capital del 1881
8.8 un *e* que se escribe en nombre del rey 3791
8.13 la copia del *e* que había de darse por *e* fue 3791
8.14 el *e* fue dado en Susa capital del reino 1881
Dn 2.13 se publicó el *e*... llevados a la muerte 1882
2.15 es la causa de que este *e* se publique 1882
3.28 en él, y que no cumplieron el *e* del rey 4406
6.7 han acordado... que promulgues un *e* real 7010
6.8 oh rey, confirma el *e* y fírmalo, para que 633
6.9 firmó... el rey Darío el *e* y la prohibición 633
6.10 que el *e* había sido firmado, entró en 3792
6.12 ante el rey y le hablaron del *e* real 633
6.12 ¿no has confirmado *e* que cualquiera 633
6.13 Daniel... ni acata el *e* que confirmaste 633
6.15 *e* u ordenanza que... puede ser abrogado 633
Lc 2.1 se promulgó un *e* de parte de Augusto *1378*

EDIFICACIÓN
Ro 14.19 sigamos lo que contribuye a... mutua *e* *3619*
15.2 agrade a su... en lo que es bueno, para *e* *3619*
1 Co 14.3 pero el que profetiza habla... para *e* *3619*
14.5 interprete para que la iglesia reciba *e* *3619*
14.12 abundar en ellos para *e* de la iglesia *3619*
14.26 interpretación. Hágase todo para *e* *3619*
2 Co 10.8 la cual el Señor nos dio para *e* y *3619*
12.19 en Cristo hablamos; y... para vuestra *e* *3619*
13.10 autoridad que... me ha dado para *e*, y no *3619*
Ef 4.12 a fin... para la *e* del cuerpo de Cristo *3619*
4.29 la que sea buena para la necesaria *e* *3619*
1 Ti 1.4 que acarrean disputas más bien que *e* *3618*

EDIFICADO *Véase Edificar*

EDIFICADOR
Sal 118.22 la piedra que desecharon los *e* ha 1129
Is 49.17 tus *e* vendrán aprisa; tus destruidores 1121
Mt 21.42; Mr 12.10; Lc 20.17 la piedra que desecharon los *e* *3618*
Hch 4.11 piedra reprobada por vosotros los *e* *3618*
1 P 2.7 la piedra que los *e* desecharon, ha *3618*

EDIFICAR
Gn 4.17 y *edificó* una ciudad, y llamó... Enoc 1129
8.20 *edificó* Noé un altar a Jehová, y tomó 1129
10.11 salió... *edificó* Nínive, Rehobot, Cala 1129
11.4 *edifiquémonos* una ciudad y una torre 1129
11.5 ver... la torre que *edificaban* los hijos 1129
11.8 esparció Jehová... y dejaron de *edificar* 1129
12.7 y *edificó* allí un altar a Jehová, quien 1129
12.8 *edificó* allí altar a Jehová, e invocó el 1129
13.18 Hebrón, y *edificó* allí altar a Jehová 1129
22.9 *edificó* allí Abraham un altar, y compuso 1129
26.25 y *edificó* allí un altar, e invocó el 1129
33.17 Jacob fue a Sucot, y *edificó* allí casa 1129
35.7 *edificó* allí un altar, y llamó al lugar 1129
Éx 1.11 y *edificaron* para Faraón las ciudades 1129
17.15 y Moisés *edificó* un altar, y llamó su 1129
24.4 *edificó* un altar al pie del monte, y 1129
32.5 *edificó* un altar delante del becerro 1129
Nm 13.22 Hebrón fue *edificada* 7 años antes de 1129
21.27 *edifíquese* y repárese la ciudad... Sehón 1129
23.1,29 dijo... *Edifícame* aquí siete altares 1129
23.14 *edificó* siete altares, y ofreció un 1129
32.16 y dijeron: *Edificaremos* aquí majadas 1129
32.24 *edificaos* ciudades para vuestros niños 1129
32.34 hijos de Gad *edificaron* Dibón, Atarot 1129
32.37 los hijos de Rubén *edificaron* Hesbón 1129
32.38 nombres a las ciudades que *edificaron* 1129
Dt 6.10 ciudades grandes... que tú no *edificaste* 1129
8.12 y te sacies, y *edifiques* buenas casas 1129
13.16 la ciudad... nunca más será *edificada* 1129
20.5 ¿quién ha *edificado* casa nueva, y no la 1129
22.8 *edifiques* casa nueva, harás pretil a tu 1129
25.9 al varón que no quiere *edificar* la casa 1129
27.5 y *edificarás* allí un altar a Jehová tu 1129

E

27.6 de piedras enteras *edificarás* el altar 1129
28.30 *edificarás* casa, y no habitarás en ella 1129
Jos 8.30 Josué *edificó* un altar a Jehová Dios 1129
22.10 *edificaron*...un altar junto al Jordán 1129
22.11 habían *edificado* un altar frente a la 1129
22.16 *edificándoos* altar para ser rebeldes 1129
22.19 *edificándoos* altar además del altar de 1129
22.23 si nos hemos *edificado* altar...volvernos 1129
22.26 *edifiquemos* ahora un altar, no para 1129
22.29 *edificando* altar para holocaustos, para 1129
24.13 os di...ciudades que no *edificasteis* 1129
Jue 1.26 *edificó*...ciudad a la cual llamó Luz 1129
6.24 *edificó* allí Gedeón altar a Jehová, y 1129
6.26 y *edifica* altar a Jehová tu Dios en la 1129
6.28 en holocausto sobre el altar *edificado* 1129
21.4 y *edificaron* allí altar, y ofrecieron 1129
Rt 4.11 cuales *edificaron* la casa de Israel 1129
1 S 2.35 yo le *edificaré* casa firme, y andará 1129
7.17 Ramá...y *edificó* allí un altar a Jehová 1129
14.35 y *edificó* Saúl altar...el primero que *e* 1129
2 S 5.9 y *edificó* alrededor desde Milo hacia 1129
5.11 los cuales *edificaron* la casa de David 1129
7.5 me has de *edificar* casa en que yo more? 1129
7.7 ¿por qué no me habéis *edificado* casa de 1129
7.13 *edificará* casa a mi nombre...afirmaré 1129
7.27 siervo, diciendo: Yo te *edificaré* casa 1129
24.21 a fin de *edificar* un altar a Jehová 1129
24.25 *edificó* allí David un altar a Jehová 1129
1 R 2.36 *edifícate* una casa en Jerusalén, y 1129
3.1 tanto que acababa de *edificar* su casa 1129
3.2 porque no había casa *edificada* al nombre 1129
5.3 mi padre David no pudo *edificar* casa al 1129
5.5 he determinado ahora *edificar* casa al 1129
5.5 tu hijo...él *edificará* casa a mi nombre 1129
6.1 comenzó él a *edificar* la casa de Jehová 1129
6.2 casa que el rey...*edificó* a Jehová tenía 1129
6.5 *edificó*...al muro de la casa aposentos 1129
6.7 cuando se *edificó* la casa, la fabricaron 1129
6.7 cuando la *edificaban*, ni martillos ni 1129
6.10 *edificó*...el aposento alrededor de toda 1129
6.12 con relación a...casa que tú *edificas* 1129
6.36 *edificó* el atrio...de tres hileras de 1129
6.38 casa...la *edificó*, pues, en siete años 1129
7.1 después *edificó* Salomón su propia casa 1129
7.2 *edificó* la casa del bosque del Líbano 1129
7.8 *edificó*...Salomón para la hija de Faraón 6213
8.13 yo he *edificado* casa por morada para ti 1129
8.16 ciudad...para *edificar* casa en la cual 1129
8.17 mi padre tuvo en su corazón *edificar* 1129
8.18 haber tenido en tu corazón *edificar* casa 1129
8.19 tú no *edificarás* la casa...él *edificará* 1129
8.20 *edificado* la casa al nombre de Jehová 1129
8.27 ¿cuánto menos esta...yo he *edificado*? 1129
8.43 invocado sobre...casa que yo *edifiqué* 1129
8.44 rostro...hacia la casa que yo *edifiqué* 1129
8.48 y hacia...la casa que yo he *edificado* 1129
9.3 santificado...casa que tú has *edificado* 1129
9.10 Salomón ya había *edificado* las...casas 1129
9.15 leva...para *edificar* la casa de Jehová 1129
9.19 todo lo que...quiso *edificar* en Jerusalén 1129
9.24 su casa que Salomón le había *edificado* 1129
9.24 que Salomón...entonces *edificó* él a Milo 1129
9.25 sobre el altar que él *edificó* a Jehová 1129
10.4 vio toda...la casa que había *edificado* 1129
11.7 *edificó* Salomón un lugar alto a Quemos 1129
11.27 Salomón, *edificando* a Milo, cerró el 1129
11.38 te *edificaré* casa...como la *edifiqué* a 1129
14.23 se *edificaron* lugares altos, estatuas 1129
15.17 subió Baasa...*edificó* a Ramá, para que 1129
15.21 oyendo esto Baasa, dejó de *edificar* a 1129
15.22 y la madera con que Baasa *edificaba* 1129
15.22 *edificó* el rey Asa con ello a Geba de 1129
15.23 y las ciudades que *edificó*, ¿no está 1129
16.24 Omri...*edificó* en el monte; y llamó el 1129
16.24 llamó...la ciudad que *edificó*, Samaria 1129
16.32 en el templo de Baal que él *edificó* 1129
18.32 *edificó* con las piedras un altar en el 1129
22.39 las ciudades que *edificó*, ¿no está 1129
2 R 15.35 *edificó* él la puerta más alta de la 1129
16.11 y el sacerdote Urías *edificó* el altar 1129
16.18 el pórtico...que habían *edificado* en la 1129
17.9 *edificándose* lugares altos en...ciudades 1129
21.3 volvió a *edificar* los lugares altos que 1129
21.4 *edificó* altares en la casa de Jehová de 1129
21.5 y *edificó* altares para todo el ejército 1129
23.13 Salomón rey...había *edificado* a Astoret 1129
1 Cr 6.10 que Salomón *edificó* en Jerusalén 1129
6.32 que Salomón *edificó* la casa de Jehová en 1129
7.24 Seera, la cual *edificó* a Bet-horón la 1129
8.12 Semed (el cual *edificó* Ono, y Lod con 1129
11.8 y *edificó* la ciudad...desde Milo hasta 1129
14.1 cedro...para que le *edificasen* una casa 1129
17.4 tú no me *edificarás* casa en que habite 1129
17.6 ¿Por qué no me *edificáis* una...de cedro? 1129
17.10 hago saber...Jehová te *edificará* casa 1129
17.12 él me *edificará* casa, y yo confirmaré 1129
17.25 revelaste al...le has de *edificar* casa 1129
21.22 para que *edifique* un altar a Jehová 1129
21.26 *edificó* allí David un altar a Jehová 1129
22.2 labrasen piedras para *edificar* la casa 1129
22.5 la casa que se ha de *edificar* a Jehová 1129
22.6 y le mandó que *edificase* casa a Jehová 1129
22.7 en mi corazón tuve el *edificar* templo 1129
22.8 no *edificarás* casa a mi nombre, porque 1129
22.10 él *edificará* casa a mi nombre, y él me 1129
22.11 *edifiques* casa a Jehová tu Dios, como 1129
22.19 *edificad* el santuario de Jehová Dios 1129
22.19 la casa *edificada* al nombre de Jehová 1129
28.2 yo tenía el propósito de *edificar* una 1129
28.2 había ya preparado todo para *edificar* 1129
28.3 no *edificarás* casa a mi nombre, porque 1129
28.6 Salomón tu hijo, él *edificará* mi casa 1129
28.10 te ha elegido para que *edifiques* casa 1129
29.16 para *edificar* casa a tu santo nombre 1129
29.19 y te *edifique* la casa para la cual yo 1129
2 Cr 2.1 determinó, pues, Salomón *edificar* 1129
2.3 enviándole cedros para que *edificara* para 1129
2.4 yo tengo que *edificar* casa al nombre de 1129
2.5 la casa que tengo que *edificar*, ha de ser 1129
2.6 mas ¿quién será capaz de *edificarle* casa 1129
2.6 ¿quién soy yo, para que le *edifique* casa 1129
2.9 la casa que tengo que *edificar* ha de ser 1129
2.12 hijo sabio...que *edifique* casa a Jehová 1129
3.1 comenzó Salomón a *edificar* la casa de 1129
3.2 comenzó a *edificar* en el mes segundo, a 1129
6.2 he *edificado* una casa de morada para ti 1129
6.5 *edificar* casa donde estuviese mi nombre 1129
6.7 David...tuvo en su corazón *edificar* casa 1129
6.8 haber tenido...deseo de *edificar* casa a 1129
6.9 tú no *edificarás* la casa, sino tu hijo que 1129
6.9 sino tu hijo...*edificará* casa a mi nombre 1129
6.10 he *edificado* casa al nombre de Jehová 1129
6.18 cuánto menos esta casa que he *edificado*? 1129
6.33 sobre esta casa que yo he *edificado* 1129
6.34,38 casa que he *edificado* a tu nombre 1129
8.1 había *edificado* la casa de Jehová y su 1129
8.4 *edificó* a Tadmor en el desierto, y todas 1129
8.4 las ciudades de...que *edificó* en Hamat 1129
8.6 y todo lo que Salomón quiso *edificar* en 1129
8.11 casa que él había *edificado* para ella 1129
8.12 el altar...había *edificado* delante del 1129
9.3 viendo la...y la casa que había *edificado* 1129
11.5 *edificó* ciudades para fortificar a Judá 1129
11.6 *edificó* Belén, Etam, Tecoa 1129
14.6 *edificó* ciudades fortificadas en Judá 1129
14.7 dijo pues...*Edifiquemos* estas ciudades 1129
14.7 *edificaron*, pues, y fueron prosperados 1129
16.5 oyendo esto Baasa, cesó de *edificar* a 1129
16.6 y la madera con que Baasa *edificaba*, y 1129
16.6 y con ellas *edificó* a Geba y a Mizpa 1129
17.12 Josafat...y *edificó* en Judá fortalezas 1129
20.8 te han *edificado* en ella santuario a tu 1129
26.2 Uzías *edificó* a Elot, y la restituyó a 1129
26.6 y *edificó* ciudades en Asdod, y en la 1129
26.9 *edificó*...torres en Jerusalén, junto a 1129
26.10 *edificó* torres en el desierto, y abrió 1129
27.3 *edificó* él la puerta mayor de la casa 1129
27.3 y sobre el muro de la...*edificó* mucho 1129
27.4 *edificó* ciudades en las montañas de Judá 1129
32.5 *edificó* Ezequías...los muros caídos, e 1129
33.4 *edificó*...altares en la casa de Jehová 1129
33.5 *edificó*...altares a todo...de los cielos 1129
33.14 *edificó* el muro exterior de la ciudad 1129
33.15 quitó...los altares que había *edificado* 1129
33.19 sitios donde *edificó* lugares altos y 1129
35.3 el arca...en la casa que *edificó* Salomón 1129
36.23 *edifique* casa en Jerusalén, que está 1129
Esd 1.2 me ha mandado que le *edifique* casa en 1129
1.3 *edifique* la casa a Jehová Dios de Israel 1129
1.5 para subir a *edificar* la casa de Jehová 1129
3.2 *edificaron* el altar del Dios de Israel 1129
4.1 venidos de la cautividad *edificaban* el 1129
4.2 les dijeron: *Edificaremos* con vosotros 1129
4.3 no nos conviene *edificar* con vosotros 1129
4.3 sino que nosotros solos la *edificaremos* 1129
4.4 pero...lo atemorizó para que no *edificara* 1129
4.12 y *edifican* la ciudad rebelde y mala, y 1124
5.3 ¿quién os ha dado orden para *edificar* 1124
5.8 la cual se *edifica* con piedras grandes 1124
5.9 ¿quién os dio orden para *edificar* esta 1124
5.11 la casa que ya...había sido *edificada* 1124
5.11 la cual *edificó* y terminó el gran rey 1124
5.16 hasta ahora se *edifica*, y aún no está 1124
6.14 de los judíos *edificaban* Y prosperaban 1124
6.14 *edificaron*...y terminaron, por orden del 1124
Neh 2.17 *edifiquemos* el muro de Jerusalén, y 1129
2.18 y dijeron: Levantémonos y *edifiquemos* 1129
2.20 nos levantaremos y *edificaremos*, porque 1129
3.1 Y *edificaron* la puerta de las Ovejas 1129
3.1 Y *edificaron* hasta la torre de Hananeel
3.2 junto a ella *edificaron* los varones de 1129
3.2 junto...luego *edificó* Zacur hijo de Imri 1129
3.3 Senaa *edificaron* la puerta del Pescado 1129
4.1 oyó Sanbalat que...*edificábamos* el muro 1129
4.3 lo que ellos *edifican* del muro de piedra 1129
4.5 se airaron contra los que *edificaban* 1129
4.6 *edificamos*...el muro, y toda la muralla 1129
4.10 es mucho, y no podemos *edificar* el muro 1129
4.17 los que *edificaban* en el muro, los que 1129
4.18 los que *edificaban*, cada uno tenía su 1129
4.18 *edificaban*; y el que tocaba la trompeta 1129
6.1 oyeron...que yo había *edificado* el muro 1129
6.6 y que por eso *edificas* tú el muro, con 1129
7.1 que el muro fue *edificado*, y colocadas 1129
12.29 los cantores se habían *edificado* aldeas 1129
Job 12.14 si él derriba, no hay quien *edifique* 1129
20.19 cuanto...robó casas, y no las *edificó* 1129
22.23 si te volvieres al...serás *edificado* 1129
27.18 *edificó* su casa como la polilla, y como 1129
Sal 28.5 él los derribará, y no los *edificará* 1129
51.18 a Sion; *edifica* los muros de Jerusalén 1129
78.69 *edificó* su santuario a manera de 1129
89.2 para siempre será *edificada* misericordia 1129
89.4 y *edificaré* tu trono por...generaciones 1129
102.16 Jehová habrá *edificado* a Sion, y en 1129
122.3 Jerusalén, que se ha *edificado* como una 1129
127.1 si Jehová no *edificare* la casa, en vano 1129
127.1 en vano trabajan los que la *edifican* 1129
147.2 Jehová *edifica* a Jerusalén; a...recogerá 1129
Pr 9.1 la sabiduría *edificó* su casa, labró sus 1129
14.1 la mujer sabia *edifica* su casa; mas la 1129
24.3 con sabiduría se *edificará* la casa, y 1129
24.27 prepara...y después *edificarás* tu casa 1129
Ec 2.4 *edifiqué* para mí casas, planté para mí 1129
3.3 tiempo de *destruir*, y tiempo de *edificar* 1129
Cnt 4.4 como la torre de David, *edificada* para 1129
8.9 muro, *edificaremos* sobre él un palacio 1129
Is 5.2 había *edificado* en medio de ella una 1129
9.10 cayeron, pero *edificaremos* de cantería 1129
23.13 sus fortalezas, *edificaron* sus palacios 6209
44.28 al decir a Jerusalén: Serás *edificada* 1129
45.13 él *edificará* mi ciudad, y soltará mis 1129
58.12 tuyos *edificarán* las ruinas antiguas 1129
60.10 y extranjeros *edificarán* tus muros, y 1129
65.21 *edificarán* casas, y morarán en ellas 1129
65.22 no *edificarán* para que otro habite, ni 1129
66.1 está la casa que me habréis de *edificar* 1129
Jer 1.10 puesto...para *edificar* y para plantar 1129
7.31 han *edificado* los lugares altos de Tofet 1129
18.9 hablaré de la gente y...para *edificar* 1129
19.5 *edificaron* lugares altos a Baal, para 1129
22.13 del que *edifica* su casa sin justicia 1129
22.14 que dice: *Edificaré*...casa espaciosa 1129
24.6 volveré a esta tierra, y los *edificaré* 1129
29.5,28 *edificad* casas, y habitadlas: plantad 1129
30.18 y la ciudad será *edificada* sobre su 1129
31.4 aún te *edificaré*, y serás *edificada*, oh 1129
31.28 tendré cuidado de ellos para *edificar* 1129
31.38 que la ciudad será *edificada* a Jehová 1129
32.31 desde el día que la *edificaron* hasta 1129
32.35 *edificaron* lugares altos a Baal, los 1129
35.7 *edificaréis* casa, ni sembraréis...viña 1129
35.9 no *edificar* casas para nuestra morada 1129
42.10 os *edificaré*, y no os destruiré; os 1129
45.4 destruyo a los que *edifiqué*, y arranco 1129
52.4 y de todas partes *edificaron*...baluartes 1129
Lm 3.5 *edificó* baluartes contra mí, y me rodeó 1129
Ez 4.2 y *edificarás* contra ella fortaleza, y 1129
11.3 no será tan pronto; *edifiquemos* casas 1129
13.5 ni habéis *edificado* un muro alrededor 1443
13.10 y uno *edificaba* la pared, y...los otros 1129
16.24 *edificaste* lugares altos, y te hiciste 1129
16.25 en toda...camino *edificaste* lugar alto 1129
16.31 *edificando* tus lugares altos en toda 1129
17.17 *edifiquen* torres para cortar...vidas 1129
21.22 para poner...*edificar* torres de sitio 1129
26.14 nunca más serás *edificada*; porque yo 1129
27.4 los que te *edificaron* completaron tu 1129
28.26 y *edificarán* casas, y plantarán viñas 1129
36.10 serán habitadas, y *edificadas* las ruinas 1129
Dn 4.30 la gran Babilonia que yo *edifiqué* para 1129
9.25 la orden para...y *edificar* a Jerusalén 1129
9.25 volverá a *edificar* la plaza y el muro 1129
Os 8.14 y *edificó* templos, y Judá multiplicó 1129
Am 5.11 *edificasteis* casas de piedra labrada 1129
9.6 él *edificó* en el cielo sus cámaras, y ha 1129
9.11 lo *edificaré* como en el tiempo pasado 1129
9.14 y *edificarán*...las ciudades asoladas, y 1129
Mi 3.10 que *edificáis* a Sion con sangre, y a 1129
7.11 viene el día en que se *edificarán* tus 1129
Hab 2.12 que *edifica* la ciudad con sangre, y 1129
Sof 1.13 *edificarán* casas...no las habitarán 1129
Zac 1.16 en ella será *edificada* mi casa, dice 1129
5.11 que le sea *edificada* casa en tierra de 1129
6.12 Renuevo...*edificará* el templo de Jehová 1129
6.13 él *edificará* el templo de Jehová, y él 1129
6.15 ayudarán a *edificar* el templo de Jehová 1129
8.9 el cimiento a...para *edificar* el templo 1129
9.3 Tiro se *edificó* fortaleza, y amontonó 1129
Mal 1.4 volveremos a *edificar* lo arruinado 1129
1.4 ellos *edificarán*, y yo destruiré; y les 1129
Mt 7.24 **hombre prudente, que *edificó* su casa** *3618*
7.26 **hombre...*edificó* su casa sobre la arena** *3618*
16.18 **sobre esta roca *edificaré* mi iglesia** *3618*
21.33 ***edificó* una torre, y la arrendó a unos** *3618*
23.29 **porque *edificáis* los sepulcros de los** *3618*
Mr 12.1 **plantó una viña...*edificó* una torre, y** *3618*
14.58 en tres días *edificaré* otro hecho sin *3618*
Lc 4.29 estaba *edificada* la ciudad de ellos *3618*
6.48 **hombre que al *edificar* una casa, cavó** *3618*
6.49 **que *edificó* su casa sobre tierra, sin** *3618*
7.5 ama...nación, y nos *edificó* una sinagoga *3618*
11.47 ***edificáis* los sepulcros de los profetas** *3618*
11.48 **y vosotros *edificáis* sus sepulcros** *3618*
12.18 **los *edificaré* mayores, y allí guardaré** *3618*
14.28 **¿quién...queriendo *edificar* una torre** *3618*
14.30 **comenzó a *edificar*, y no pudo acabar** *3618*
17.28 **comían, bebían...plantaban, *edificaban*** *3618*
Jn 2.20 en 46 años fue *edificado* este templo *3618*
Hch 7.47 mas Salomón le *edificó* casa *3618*
7.49 ¿qué casa me *edificaréis*? dice el Señor *3618*
9.31 eran *edificadas*, andando en el temor del *3618*
Ro 15.20 no *edificar* sobre fundamento ajeno *3618*
1 Co 3.10 otro *edifica* encima; pero cada uno *4925*
3.12 si alguno *edificare* oro, plata, piedras *2026*
8.1 el conocimiento envanece...el amor *edifica* *3618*
10.23 todo me es lícito, pero no todo *edifica* *3618*
14.4 en lengua extraña, a sí mismo se *edifica* *3618*
14.4 el que profetiza, *edifica* a la iglesia *3618*
14.17 gracias, pero el otro no es *edificado* *3618*
Gá 2.18 cosas que destruí...vuelvo a *edificar* *3618*
Ef 2.20 *edificados* sobre el fundamento de los *2026*
2.22 en quien...sois juntamente *edificados* *4925*

4.16 recibe su... para ir *edificándose* en amor *3619*
1 Ts 5.11 *edificaos* unos a otros, así como lo *3618*
1 P 2.5 sed *edificados* como casa espiritual y *3618*
Jud 20 *edificándoos* sobre vuestra santísima fe........ *2026*

EDIFICIO
1 R 6.16 hizo... *e* de veinte codos, de tablas 1129
2 Cr 3.4 el pórtico... al frente del *e* era de
3.5 techó el cuerpo mayor del *e* con madera 1004
34.11 daban... y para la entabladura de los *e*....... 1004
Esd 5.4 los nombres de los... que hacen este *e*? 1147
Jer 52.13 y destruyó con fuego todo *e* grande.......... 1004
Ez 40.2 sobre el cual había un *e* parecido a............ 4011
41.12 el *e*, era de setenta codos; y la pared 1146
41.12 pared del *e*, de cinco codos de grueso 1146
41.13 y el *e* y sus paredes, de cien codos de......... 1004
41.15 y midió la longitud del *e* que estaba 1146
42.1 del espacio... que quedaba enfrente del *e*...... 1146
42.5 quitaban... más que de... de en medio del *e* 1146
42.10 hacia... y delante del *e*, había cámaras 1146
Mt 24.1 acercaron... mostrarle los *e* del templo.......... *3619*
Mr 13.1 Maestro, mira qué piedras, y qué *e* *3619*
13.2 dijo: ¿Ves estos grandes *e*? No quedará......... *3619*
1 Co 3.9 vosotros sois labranza de Dios, *e* de *3619*
2 Co 5.1 tenemos de Dios un *e*, una casa no............ *3619*
Ef 2.21 en quien todo el *e*... va creciendo para......... *3619*

EDOM *Los descendientes de Esaú y su territorio. Véase también Edomitas*
Gn 25.30 por tanto fue llamado su nombre *E*........... 123
32.3 a Esaú... a la tierra de Seir, campo de *E* 123
36.1 las generaciones de Esaú, el cual es *E* 123
36.8 habitó en el monte de Seir; Esaú es *E*........... 123
36.9 los linajes de Esaú, padre de *E*, en el............ 130
36.16,17 son los jefes... en la tierra de *E* 123
36.19 los hijos de Esaú, y sus jefes; él es *E*........... 123
36.21 horeos, hijos de Seir, en la tierra de *E* 123
36.31 reyes que reinaron en la tierra de *E*........... 123
36.32 Bela hijo de Beor reinó en *E*... Dinaba......... 123
36.43 estos fueron los jefes de *E* según sus........... 123
36.43 *E* es el mismo Esaú, padre de... edomitas
Éx 15.15 los caudillos de *E* se turbarán; a los 123
Nm 20.14 envió Moisés embajadores al rey de *E*........ 123
20.18 *E* le respondió: No pasarás por mi país.......... 123
20.20 y salió *E* contra él con mucho pueblo 123
20.21 no quiso, pues, *E* dejar pasar a Israel.......... 123
20.23 habló a Moisés... en la frontera... de *E* 123
21.4 partieron... para rodear la tierra de *E*.......... 123
24.18 tomada *E*, será también tomada Seir por...... 123
33.37 acamparon... la extremidad del país de *E* 123
34.3 el lado del sur... hasta la frontera de *E* 123
Jos 15.1 Judá... llegaba hasta la frontera de *E*......... 123
15.21 las ciudades... hacia la frontera de *E*.......... 123
Jue 5.4 cuando te marchaste de los campos de *E* 123
11.17 Israel envió mensajeros al rey de *E*........... 123
11.17 te ruego... el rey de *E* no los escuchó 123
11.18 rodeó la tierra de *E* y la tierra de Moab 123
1 S 14.47 Saúl hizo guerra... contra *E*, contra.......... 123
2 S 8.14 y puso guarnición en *E*; por todo *E*.......... 123
1 R 9.26 junto a Elot en... en la tierra de *E* 123
11.1 Salomón amó... a las de *E*, a las de Sidón 130
11.14 Hadad edomita, de... el cual estaba en *E*....... 123
11.15 cuando David estaba en *E*, y subió Joab 123
11.15 Joab... mató a todos los varones de *E*.......... 123
11.16 acabado con... el sexo masculino en *E*.......... 123
22.47 no había entonces rey en *E*... gobernador 123
2 R 3.8 respondió... camino del desierto de *E*.......... 123
3.9 salieron... el rey de *E*, y como anduvieron 123
3.12 y descendieron... Josafat, y el rey de *E*......... 123
3.20 aquí vinieron aguas por el camino de *E* 123
3.26 para atacar al rey de *E*; mas no pudieron 123
8.20 se rebeló *E* contra el dominio de Judá 123
8.21 levantándose de noche atacó a los de *E*......... 130
8.22 *E* se libertó del dominio de Judá, hasta 123
14.10 has derrotado a *E*, y tu corazón se ha 123
16.6 rey de *E* recobró Elat para *E*, y echó de 758
16.6 y los de *E* vinieron a Elat y habitaron........... 758
1 Cr 1.43 los reyes que reinaron en la... de *E* 123
1.51 sucedieron en *E* los jefes Timna, Alva........... 123
1.54 e Iram. Estos fueron los jefes de *E* 123
18.11 y el oro... de todas las naciones de *E*........... 123
18.13 y puso guarnición en *E*, y todos los 123
2 Cr 8.17 la costa del mar en la tierra de *E* 123
21.8 los días de éste se rebeló *E* contra el............ 130
21.10 no obstante, *E* se libertó del dominio 130
25.19 dices: He aquí he derrotado a *E*; y tu 130
25.20 cuanto habían buscado los dioses de *E* 123
Sal 60 *tít.* destrozó a 12.000 de *E* en el valle 123
60.8 para lavarme; sobre *E* echaré mi calzado 123
60.9 la ciudad... ¿quién me llevará hasta *E*? 123
108.9 sobre *E* echaré mi calzado... regocijaré 123
108.10 la ciudad... ¿quién me guiará hasta *E*? 123
137.7 recuerda contra los hijos de *E* el día........... 123
Is 11.14 *E* y Moab les servirán, y los hijos de............ 123
34.5 descenderá sobre *E* en juicio, y sobre........... 123
34.6 tiene... grande matanza en tierra de *E* 123
63.1 ¿quién es éste que viene de *E*, de Bosra......... 123
Jer 9.26 a Egipto y a Judá, a *E* y a los hijos 123
25.21 a *E*, a Moab y a los hijos de Amón 123
27.3 y los enviarás al rey de *E*, y al rey de 123
40.11 los judíos que estaban en... Amón, y en *E* 123
49.7 acerca de *E*. Así ha dicho Jehová de los.......... 123
49.17 y se convertirá *E* en desolación; todo.......... 123
49.20 el consejo que... ha acordado sobre *E* 123
49.22 el corazón de los valientes de *E* será 123
Lm 4.21 hija de *E*, la que habitas en tierra............. 123
4.22 castigará tu iniquidad, oh hija de *E*............. 123
Ez 25.12 por lo que hizo *E*, tomando venganza 123
25.13 yo también extenderé mi mano sobre *E* 123
25.14 pondré mi venganza contra *E* en manos....... 123
25.14 harán en *E* según mi enojo y conforme a...... 123
27.16 *E* traficaba contigo por... tus productos 758
32.29 allí *E*, sus reyes y todos sus príncipes.......... 123
35.15 asolado será el monte de Seir, y todo *E*........ 123
36.5 en el fuego de mi celo... contra todo *E* 123
Dn 11.41 éstos escaparán de su mano: *E* y Moab 123
Jl 3.19 y *E* será vuelto en desierto asolado.............. 123
Am 1.6 llevó cautivo a... para entregarlo a *E* 123
1.9 entregaron a todo un pueblo cautivo a *E* 123
1.11 por tres pecados de *E*, y por el cuarto 123
2.1 porque quemó... huesos del rey de *E* hasta....... 123
9.12 para que aquellos... posean el resto de *E* 123
Abd 1 Jehová el Señor ha dicho... en cuanto a *E*........ 123
8 ¿no haré que perezcan... los sabios de *E*, y 123
Mal 1.4 *E* dijere: Nos hemos empobrecido, pero 123

EDOMITA *Descendiente de Esaú. Véase también Edom*
Gn 36.43 Edom es el mismo Esaú, padre de... *e* 130
Dt 23.7 no aborrecerás el *e*... es tu hermano............ 130
1 S 21.7 nombre era Doeg, *e*, el principal de............ 130
22.9 Doeg *e*... dijo: Yo vi al hijo de Isaí que........... 130
22.18 se volvió Doeg el *e* y acometió a lo............. 130
22.22 yo sabía que estando allí... Doeg el *e* 130
2 S 8.13 destrozó a 18.000 *e* en el Valle de
8.14 y todos los *e* fueron siervos de David 123
1 R 11.14 un adversario a Salomón: Hadad *e* 130
11.17 Hadad huyó, y con él algunos varones *e* 130
2 R 14.7 mató... a diez mil *e* en el Valle de la........... 123
1 Cr 18.12 Abisai hijo... destrozó... a 18.000 *e* 130
18.13 y todos los *e* fueron siervos de David 130
2 Cr 21.9 Joram... de noche, y derrotó a los *e* 130
25.14 volviendo luego de la matanza de los *e* 130
28.17 los *e* habían venido y atacado a... Judá......... 130
Sal 52 *tít.* vino Doeg *e* y dio cuenta a Saúl 130
83.6 las tiendas de los *e* y de los ismaelitas 123

EDREI
1. Ciudad de Og, rey de Basán
Nm 21.33 Og rey... su pueblo, para pelear en *E*......... 154
Dt 1.4 Og rey... que habitaba en Astarot en *E* 154
3.1 y nos salió al encuentro Og rey de... en *E* 154
3.10 hasta Salca y *E*, ciudades del reino de 154
Jos 12.4 Og rey... habitaba en Astarot y en *E*........... 154
13.12 reino de Og... reinó en Astarot y en *E* 154
13.31 *E*, ciudades del reino de Og en Basán 154
2. Ciudad en Neftalí, Jos 19.37 154

EDUCAR
Est 2.20 Ester... como cuando él la *educaba* 545

EFA *(n.)*
1. Un hijo de Madián y su posteridad, Gn 25.4; 1 Cr 1.33; Is 60.6........................ 5891
2. Concubina de Caleb, 1 Cr 2.46.................. 5891
3. Una familia de los descendientes de Caleb, 1 Cr 2.47.............................. 5891

EFA *(medida)*
Éx 16.36 un gomer es la décima parte de un *e* 374
29.40 décima parte de un *e* de flor de harina 5560
Lv 5.11; 6.20 décima parte de un *e*... de harina.......... 374
14.10 y tres décimas de *e* de flor de harina 6241
14.21 y una décima de *e* de flor de harina 6241
23.13,17 dos décimas de *e* de flor de harina 6241
24.5 cada torta será de dos décimas de *e*........... 6241
Nm 5.15 la décima parte de un *e* de harina de........... 374
15.4; 28.5 décima parte de un *e* de... harina.......... 374
29.3,9 tres décimas de *e* con cada becerro.......... 6241
29.14 tres décimas de *e* con cada uno de los......... 6241
Dt 25.14 ni tendrás en... *e* grande y *e* pequeño.......... 374
25.15 *e* cabal y justo tendrás, para que tus........... 374
Jue 6.19 y preparó... panes... de un *e* de harina 374
Rt 2.17 había recogido... como un *e* de cebada 374
1 S 1.24 un *e* de harina, y una vasija de vino............ 374
17.17 toma ahora... un *e* de este grano tostado 374
Is 5.10 y un homer de semilla producirá un *e* 374
Ez 45.10 balanzas justas, *e*... y bato justo 374
45.11 el *e* y el bato serán de... misma medida 374
45.11 tenga... la décima parte del homer el *e* 374
45.13 la sexta parte de un *e* por cada homer 374
45.24 ofrenda de un *e*... con cada carnero un *e* 374
45.24 ofrecerá... por cada *e* un hin de aceite 374
46.5,11 un *e*... y un hin de aceite con el *e*............ 374
46.7 de un *e* con el becerro, y un *e* con cada 374
46.7 ofrenda de... un hin de aceite por cada *e* 374
46.11 será la ofrenda un *e* con cada becerro 374
46.14 ofrenda de la sexta parte de un *e*, y 374
Hag 2.16 al montón de veinte *e*, y había diez
Zac 5.6 dijo: Este es un *e* que sale. Además 374
5.7 una mujer... sentada en medio de aquel *e*........ 374
5.8 la echó dentro del *e*... en la boca del *e* 374
5.9 alzaron el *e* entre la tierra y los cielos 374
5.10 dije al ángel... ¿A dónde llevan el *e*? 374

EFAI *Padre de algunos militares que se juntaron con Gedalías en Mizpa*, Jer 40.8 5778

EFATA
Mr 7.34 gimió... dijo: *E*, es decir: Sé abierto............ *2188*

EFECTIVAMENTE
1 Cr 21.24 sino que *e* la compraré por su.............. 7069
Jer 22.4 porque si *e* obedeciereis esta
44.25 cumpliremos *e* nuestros votos que hicimos

EFECTO
Nm 21.2 en *e* entregares este pueblo en mi mano 5414
1 S 25.37 se le habían pasado los *e* del vino
Job 12.7 en *e*, pregunta ahora a las bestias, y
Is 32.17 el *e* de la justicia será paz; y la 5656
Jer 34.18 no han llevado a *e* las palabras del........... 6965
48.30 conozco... su cólera, pero no tendrá *e* 6213
51.12 pondrá en *e* lo que ha dicho contra los 6213
Nah 2.9 fin de... suntuosidad de toda clase de *e* 3627
Sof 2.2 tenga *e* el decreto, y el día se pase............ 3205
Hch 11.30 en *e* hicieron, enviándolo a los

EFECTUAR
Nm 18.16 de un mes harás *efectuar* el rescate
Pr 16.30 ojos... mueve sus labios, *efectúa* el mal 3615
2 Ti 2.18 que la resurrección ya se *efectuó*............. *1096*
He 1.3 habiendo *efectuado* la purificación de.......... *4160*

EFER
1. Descendiente de Madián, Gn 25.4; 1 Cr 1.33...... 6081
2. Descendiente de Esdras No.1, 1 Cr 4.17........... 6081
3. Jefe de una familia de Manasés, 1 Cr 5.24......... 6081

EFES-DAMIN *Lugar donde acampó el ejército de los filisteos (=Pas-damim)*, 1 S 17.1 658

EFESIO *Habitante de Éfeso*
Hch 19.28,34 ¡grande es Diana de los *e*!................ *2180*
19.35 varones *e*, ¿y quién es el hombre que *2180*
19.35 que la ciudad de los *e* es guardiana de......... *2180*

ÉFESO *Puerto y ciudad principal de la provincia de Asia*
Hch 18.19 a *É*, y los dejó allí; y entrando en............ *2181*
18.21 volveré... si Dios quiere. Y zarpó de *É* *2181*
18.24 llegó... a *É* un judío llamado Apolos............ *2181*
19.1 Pablo... vino a *É*, y hallando a ciertos........... *2181*
19.17 fue notorio a... los que habitaban en *É* *2181*
19.26 este Pablo, no solamente en *É*, sino en.......... *2181*
20.16 se había propuesto pasar de largo a *É* *2181*
20.17 enviando... desde Mileto a *É*, hizo llamar..... *2181*
21.29 habían visto con él... a Trófimo, de *É* *2180*
1 Co 15.32 si como hombre batallé en *É* contra *2181*
16.8 pero estaré en *É* hasta Pentecostés............. *2181*
Ef 1.1 a los santos y fieles... que están en *É*............. *2181*
1 Ti 1.3 como te rogué que te quedases en *É*............ *2181*
2 Ti 1.18 cuánto nos ayudó en *É*, tú lo sabes *2181*
4.12 a Tíquico lo envié a *É*............................ *2181*
Ap 1.11 **envíalo a las siete iglesias... a *É*** *2181*
2.1 **escribe al ángel de la iglesia en *É*: El** *2179*

EFICACIA
2 Ti 3.5 de piedad, pero negarán la *e* de ella........... *1411*

EFICAZ
1 Cr 9.13 muy *e* en la obra del ministerio en........... 1368
Job 6.25 ¡cuán *e* son las palabras rectas! Pero......... 4834
Jer 30.13 no... no hay para ti medicamentos *e*.......... 8585
1 Co 16.9 se me ha abierto puerta grande y *e*.......... *1756*
Flm 6 que la participación de tu fe sea *e* en *1756*
He 4.12 porque la palabra de Dios es viva y *e* *1756*
Stg 5.16 la oración *e* del justo puede mucho *1754*

EFIGIE
Dt 4.16 que no hagáis... *e* de varón o hembra.......... 8403

EFLAL *Descendiente de Jerameel*, 1 Cr 2.37 654

EFOD *Padre de Haniel, príncipe de Manasés*, Nm 34.23........................... 641

EFOD *(Vestidura sacerdotal)*
Éx 25.7 piedras de engaste para el *e* y para 646
28.4 el pectoral, el *e*, el manto, la túnica 646
28.6 harán el *e* de oro, azul, púrpura... lino.......... 646
28.12 dos piedras sobre las hombreras del *e* 646
28.15 lo harás conforme a la obra del *e*, de........... 646
28.25 los fijarás a las hombreras del *e* en............ 646
28.26 pondrás... al lado del *e* hacia adentro 646
28.27 delantera de las dos hombreras del *e*.......... 646
28.27 delante... juntura sobre el cinto del *e* 646
28.28 pectoral... a los dos anillos del *e* con.......... 646
28.28 para que esté sobre el cinto del *e*.............. 646
28.28 y no se separe el pectoral del *e*................ 646
28.31 harás el manto del *e* todo de azul.............. 646
29.5 y vestirás a Aarón... manto del *e*, el *e* 646
29.5 a Aarón... le ceñirás con el cinto del *e* 646
35.9 piedras de engaste para el *e* y para el 646
35.27 las piedras de los engastes para el *e*.......... 646
39.2 también el *e* de oro, de azul, púrpura 646
39.5 cinto del *e*... sobre él era de lo mismo........... 642
39.7 y las puso sobre las hombreras del *e* 646
39.8 pectoral... como la obra del *e*, de oro 646
39.18 sobre las hombreras del *e* por delante.......... 646
39.19 orilla, frente a la parte baja del *e*............... 646
39.20 dos anillos de oro... dos hombreras del *e* 646
39.20 de su juntura, sobre el cinto del *e*.............. 646
39.21 ataron el pectoral... a los anillos del *e* 646
39.21 estuviese sobre el cinto del mismo *e*........... 646
39.21 no se separase el pectoral del *e*, como......... 646
39.22 hizo... el manto del *e* de obra de tejedor 646
Lv 8.7 y puso sobre él el *e*... el cinto del *e* 646
Jue 8.27 y Gedeón hizo de ellos un *e*, el cual 646
8.27 todo Israel se prostituyó tras de ese *e*
17.5 hizo *e*... y consagró a uno de sus hijos 646
18.14 ¿no sabéis que en estas casas hay *e* y.......... 646
18.17,18 tomaron la imagen de talla, el *e* 646
18.20 tomó el *e* y los terafines y la imagen.......... 646
1 S 2.18 Samuel ministraba... vestido de un *e*.......... 646
2.28 mi sacerdote... llevase *e* delante de mí........... 646
14.3 y Ahías hijo de Ahitob... llevaba el *e* 646
21.9 aquí envuelta en un velo detrás del *e* 646
22.18 mató... 85 varones que vestían *e* de lino 646

23.6 Abiatar...descendió con el *e* en su mano 646
23.9 él dijo a Abiatar sacerdote: Trae el *e*. 646
30.7 me acerques el *e*. Y Abiatar acercó el *e* 646
2 S 6.14 y estaba David vestido con un *e* de 646
1 Cr 15.27 llevaba...David sobre sí un *e* de 646
Os 3.4 muchos días estarán...sin rey...sin *e* y 646

EFRAÍN

1. Hijo menor de José, la tribu que formó su posteridad, y su territorio; a veces se refiere a todo el reino norteño de Israel

Gn 41.52 llamó el nombre del segundo *E*; porque 669
46.20 y nacieron a José en la...Manasés y *E*. 669
48.1 él tomó...a sus dos hijos, Manasés y *E* 669
48.5 tus dos hijos *E* y...que te nacieron en 669
48.13 ambos; *E* a su derecha, a la izquierda 669
48.14 su mano derecha...sobre la cabeza de *E* 669
48.17 la mano derecha sobre la cabeza de *E* 669
48.17 para cambiarla de la cabeza de *E* a la 669
48.20 diciendo: Hágate Dios como a *E* y como 669
48.20 hágate...Y puso a *E* antes de Manasés 669
50.23 y vio José los hijos de *E* hasta la 669
Nm 1.10 de José: de *E*, Elisama hijo de Amiud 669
1.32 de los hijos de *E*, por su descendencia 669
1.33 contados de la tribu de *E* fueron 40.500 669
2.18 la bandera del campamento de *E* por sus 669
2.18 el jefe de los hijos de *E*, Elisama hijo 669
2.24 todos...en el campamento de *E*, 108.100 669
7.48 el príncipe de los hijos de *E*, Elisama 669
10.22 marchar la bandera...de los hijos de *E* 669
13.8 de la tribu de *E*; Oseas hijo de Nun 669
26.28 de José por sus familias: Manasés y *E* 669
26.35 son los hijos de *E* por sus familias; de 669
26.37 son las familias de los hijos de *E*; y 669
34.24 de la tribu de...*E*, el príncipe Kemuel 669
Dt 33.17 ellos son los diez millares de *E*, y 669
34.2 la tierra de *E* y de Manasés, toda la 669
Jos 14.4 hijos de José fueron...Manasés y *E* 669
16.4 recibieron...su heredad los...Manasés y *E* 669
16.5 cuanto al territorio de los hijos de *E* 669
16.8 esta es la heredad...de los hijos de *E* 669
16.9 también ciudades...para los hijos de *E* 669
16.10 antes quedó el cananeo en medio de *E* 669
17.8 pero Tapúa misma...es de los hijos de *E* 669
17.9 ciudades de *E* están entre las ciudades 669
17.10 *E* al sur, y Manasés al norte, y el mar 669
17.15 monte de *E* es estrecho para vosotros 669
17.17 Josué respondió...casa de José, a *E* y 669
19.50 dieron...Timnat-sera, en el monte de *E* 669
20.7 señalaron a...Siquem en el monte de *E* 669
21.5 diez ciudades...de la tribu de *E*, de la 669
21.20 recibieron...ciudades de la tribu de *E* 669
21.21 les dieron Siquem...en el monte de *E* 669
24.30 en su heredad...en el monte de *E*, al 669
24.33 le enterraron en el...en el monte de *E* 669
Jue 1.29 tampoco *E* arrojó al cananeo...en Gezer 669
2.9 y lo sepultaron en su...en el monte de *E* 669
3.27 tocó el cuerno en el monte de *E*, y los 669
4.5 entre Ramá y Bet-el, en el monte de *E* 669
5.14 de *E* vinieron los radicados en Amalec 669
7.24 envió mensajeros por todo el monte de *E* 669
7.24 los hombres de *E*, tomaron los vados de 669
8.1 pero los hombres de *E*...le reconvinieron 669
8.2 ¿no es el rebusco de *E* mejor que la 669
10.1 Tola...habitaba en Samir en el monte de *E* 669
10.9 para hacer...guerra contra...la casa de *E* 669
12.1 se reunieron los varones de *E*, y pasaron 669
12.4 peleó contra *E*; y los...derrotaron a *E* 669
12.4 sois fugitivos de *E*...en medio de *E* y 669
12.5 tomaron...vados del Jordán a los de *E* 669
12.5 que cuando decían los fugitivos de *E* 669
12.6 murieron...los de *E* cuarenta y dos mil 669
12.15 y fue sepultado en...en la tierra de *E* 669
17.1 hubo un hombre del monte de *E*...Micaía 669
17.8 llegando...al monte de *E*, vino a casa de 669
18.2 vinieron al monte de *E*, hasta la casa 669
18.13 y de allí pasaron al monte de *E*, y 669
19.1,18 la parte más remota del monte de *E* 669
19.16 un hombre...el cual era del monte de *E* 669
1 S 1.1 un varón de...de Zofim, del monte de *E* 669
9.4 pasó el monte de *E*, y de allí a...Salisa 669
14.22 se habían escondido en el monte de *E* 669
2 S 2.9 lo hizo rey sobre...*E*, sobre Benjamín 669
13.23 aconteció...en Baal-hazor, que está junto a *E*. . 669
18.6 se libró la batalla en el bosque de *E* 669
20.21 un hombre del monte de *E*...Seba hijo de 669
1 R 4.8 son...el hijo de Hur en el monte de *E* 669
12.25 reedificó...a Siquem en el monte de *E* 669
2 R 5.22 vinieron...del monte de *E* dos jóvenes 669
14.13 desde la puerta de *E* hasta la puerta de 669
1 Cr 6.66 dieron ciudades...de la tribu de *E* 669
6.67 les dieron...Siquem...en el monte de *E* 669
7.20 los hijos de *E*: Sutela, Bered su hijo 669
7.22 *E* su padre hizo duelo por muchos días 669
9.3 en Jerusalén...los hijos de *E* y Manasés 669
12.30 los hijos de *E*, 20.800, muy valientes 669
27.10 era Heles pelonita, de los hijos de *E* 669
27.14 Benaía piratonita, de los hijos de *E* 669
27.20 los hijos de *E*, Oseas hijo de Azazías 669
2 Cr 13.4 Zemaraim...está en los montes de *E* 669
13.19 a Jesana con sus aldeas, y a *E* con sus 6085
15.8 los ídolos...en la parte montañosa de *E* 669
15.9 Judá...y con ellos los forasteros de *E* 669
17.2 asimismo en las ciudades de *E* que su 669
19.4 desde Beerseba hasta el monte de *E*, y 669
25.7 porque Jehová no está con...hijos de *E* 669
25.10 apartó el ejército de la gente...de *E* 669
25.23 desde la puerta de *E* hasta la puerta 669
28.7 Zicri, hombre poderoso de *E*, mató a 669
28.12 se levantaron algunos varones...de *E* 669
30.1 escribió cartas a *E* y a Manasés, para 669
30.10 los correos de...por la tierra de *E* y 669
30.18 gran multitud del pueblo de *E* y Manasés 669
31.1 derribaron los lugares altos...*E* y Manasés 669
34.6 lo mismo hizo en las ciudades de...*E* 669
34.9 recogido de mano de Manasés y de *E* y de 669
Sal 60.7 *E* es la fortaleza de mi cabeza; Judá 669
78.9 los hijos de *E*...volvieron las espaldas 669
78.67 desechó la...y no escogió la tribu de *E* 669
80.2 despierta tu poder delante de *E*, de 669
108.8 *E* es la fortaleza de mi cabeza; Judá 669
Is 7.2 nueva: Siria se ha confederado con *E* 669
7.5 sitio, con *E* y con el hijo de Remalías 669
7.8 *E* será quebrantado hasta dejar de ser 669
7.9 la cabeza de *E* es Samaria, y la cabeza 669
7.17 desde el día que *E* se apartó de Judá 669
9.9 sabrá todo el pueblo, *E* y los moradores 669
9.21 Manasés a *E*, y *E* a Manasés, y ambos 669
11.13 y se disipará la envidia de *E*, y los 669
11.13 *E* no tendrá envidia de Judá, ni...a *E* 669
17.3 cesará el socorro de *E*, y el reino de 669
28.1 ¡ay de la corona de...los ebrios de *E* 669
28.3 pisoteada la corona de soberbia...de *E* 669
Jer 4.15 oír la calamidad desde el monte de *E* 669
7.15 como eché a...toda la generación de *E* 669
31.6 clamarán los guardas en el monte de *E* 669
31.9 porque soy a Israel por padre, y *E* es 669
31.18 oído a *E* que se lamentaba: Me azotaste 669
31.20 ¿no es *E* hijo precioso para mí? ¿no 669
50.19 el monte de *E* y en Galaad se saciará 669
Ez 37.16 para José, palo de *E*, y para toda la 669
37.19 palo de José que está en la mano de *E* 669
48.5 desde...hasta del lado del mar, *E*, otra 669
48.6 junto al límite de *E*, desde el lado 669
Os 4.17 *E* es dado a ídolos; déjalo 669
5.3 yo conozco a *E*...oh *E*, te has prostituido 669
5.5 Israel y *E* tropezarán en su pecado, y 669
5.9 *E* será asolado en el día del castigo; en 669
5.11 *E* es vejado, quebrantado en juicio 669
5.12 seré como polilla a *E*, y como carcoma 669
5.13 verá *E* su enfermedad, y Judá su llaga 669
5.13 irá entonces *E* a Asiria, y enviará al 669
5.14 porque yo seré como león a *E*, y como 669
6.4 ¿qué haré a ti, *E*? ¿Qué haré a ti, oh 669
6.10 allí fornicó *E*, y se contaminó Israel 669
7.1 a Israel, se descubrió la iniquidad de *E* 669
7.8 *E* se ha mezclado con los demás pueblos 669
7.8 se ha mezclado...*E* fue torta no volteada 669
7.11 *E* fue como paloma...sin entendimiento 669
8.9 subieron...*E* con salario alquiló amantes 669
8.11 porque multiplicó *E* altares para pecar 669
9.3 sino que volverá *E* a Egipto y a Asiria 669
9.8 atalaya es *E*...con mi Dios; el profeta es 669
9.11 la gloria de *E* volará cual ave, de modo 669
9.13 *E*...veo, es semejante a Tiro, situado en 669
9.13 pero *E* sacará su hijos a la matanza 669
9.16 *E* fue herido, su raíz está seca, no dará 669
10.6 él llevado a Asiria...*E* será avergonzado 669
10.11 *E* es novilla...haré llevar yugo a *E* 669
11.3 con todo...enseñaba a andar al mismo *E* 669
11.8 ¿cómo...abandonarte, oh *E*? ¿Te entregaré 669
11.9 de mi ira, ni volveré para destruir a *E* 669
11.12 me rodeó *E* de mentira, y la casa de 669
12.1 *E* se apacienta de viento, y sigue al 669
12.8 *E* dijo: Ciertamente he enriquecido, he 669
12.14 *E* ha provocado a Dios con amarguras 669
13.1 *E* hablaba, hubo temor; fue exaltado en 669
13.12 atada está la maldad de *E*; su pecado 669
14.8 *E* dirá: ¿Qué más tendré...con los ídolos? 669
Abd 19 poseerán también los campos de *E*, y los 669
Zac 9.10 y de *E* destruiré los carros...caballos 669
9.13 e hice a *E* su flecha, y despertaré a 669
10.7 será *E* corno valiente, y se alegrará su 669

2. Población cerca de Bet-el

2 S 13.23 tenía esquiladores en...junto a *E* 669
2 Cr 13.19 Abías le tomó...a *E* con sus aldeas 6085
Jn 11.54 se alejó de...a una ciudad llamada *E* *2187*

3. Bosque al oriente del Jordán, 2 S 18.6 669

4. Puerta en el muro de Jerusalén

2 R 14.13 rompió...desde la puerta de *E* hasta 669
2 Cr 25.23 muro...desde la puerta de *E* hasta 669
Neh 8.16 en...y en la plaza de la puerta de *E* 669
12.39 la puerta de *E* hasta la puerta Vieja 669

EFRATA

1. Aldea que colindaba con Belén

Gn 35.16 para llegar a *E*, cuando dio a luz 672
35.19 y fue sepultada en el camino de *E*, la 672
48.7 se me murió Raquel en la...viniendo a *E* 672
48.7 la sepulté allí en el camino de *E*, que 672
Rt 4.11 seas ilustre en *E*, y seas de renombre 672
1 Cr 2.24 muerto Hezrón en Caleb de *E*, Abías 672
Sal 132.6 en *E* lo oímos; lo hallamos en los 672
Mi 5.2 pero tú, Belén *E*, pequeña para estar 672

2. Mujer de Caleb, 1 Cr 2.19,50; 4.4 672

EFRATEO

1. Perteneciente a la tribu de Efraín, Jue 12.5; 1 S 1.1; 1 R 11.26 669

2. Perteneciente a Efrata No.1, Rt 1.2; 1 S 17.12 673

EFRÓN

1. Heteo de quien Abraham compró la cueva de Macpela

Gn 23.8 interceded por mí con *E*, hijo de Zoar 6085
23.10 este *E* estaba...respondió *E*...a Abraham 6085
23.13 respondió a *E* en presencia del pueblo 6085
23.14 respondió *E* a Abraham, diciéndole 6085
23.16 entonces...con *E*, y pesó Abraham a *E* el dinero 6085
23.17 la heredad de *E* que estaba en Macpela 6085
25.9 en la heredad de *E* hijo de Zohar heteo 6085
49.29 en la cueva que está en el campo de *E* 6085
49.30 la cual compró Abraham...campo de *E* 6085
50.13 la que había comprado...de *E* el heveo 6085

2. Monte en la frontera de Judá, Jos 15.9 6085

EGIPCIO, A

Gn 12.12 te vean los *e*, dirán: Su mujer es 4713
12.14 los *e* vieron que la mujer era hermosa 4713
16.1 tenía una sierva, *e* que se llamaba Agar 4713
16.3 tomó a Agar su sierva *e*, al cabo de diez 4713
21.9 vio Sara que el hijo de Agar la *e*, el 4713
25.12 a quien le dio a luz Agar *e*, sierva de 4713
39.1 Potifar oficial de...varón *e*, lo compró 4713
39.2 José...estaba en la casa de su amo el *e* 4713
39.5 bendijo la casa del *e* a causa de José 4713
41.55 dijo Faraón a todos los *e*: Id a José 4714
41.56 abrió José...granero...y vendía a los *e* 4714
43.32 aparte para los *e* que con él comían 4713
43.32 los *e* no pueden comer...con los hebreos 4713
43.32 comer pan con...es abominación a los *e* 4714
45.2 oyeron los *e*, y oyó también la casa de 4714
46.34 para los *e* es abominación todo pastor 4714
47.20 los *e* vendieron cada uno sus tierras 4714
50.3 y lo lloraron los *e* setenta días 4714
50.11 Atad...llanto grande es este de los *e* 4714
Éx 1.12 que los *e* temían a los hijos de Israel
1.13 y los *e* hicieron servir a los hijos de 4714
1.19 las mujeres hebreas no son como las *e* 4713
2.11 un *e* que golpeaba a uno de los hebreos 4713
2.12 mató al *e* y lo escondió en la arena 4713
2.14 ¿piensas matarme como mataste al *e*? 4713
2.19 un varón *e* nos defendió de mano de los 4713
3.8 librarlos de mano de los *e*, y sacarlos 4714
3.9 la opresión con que los *e* los oprimen 4714
3.21 yo daré a...gracia en los ojos de los *e* 4714
6.5 de Israel, a quienes hacen servir los *e* 4714
7.5 sabrán los *e* que yo soy Jehová, cuando 4714
7.18 y los *e* tendrán asco de beber el agua 4714
7.21 y el río...los *e* no podían beber de él 4714
8.21 las casas de los *e* se llenarán de toda 4714
8.26 ofreceríamos...la abominación de los *e* 4714
8.26 sacrificáramos la abominación de los *e* 4714
9.11 hubo sarpullido en...y en todos los *e* 4714
10.6 llenará tus...las casas de todos los *e* 4714
11.3 gracia al pueblo en los ojos de los *e* 4714
11.7 diferencia entre los *e* y los israelitas 4714
12.23 porque Jehová pasará hiriendo a los *e* 4714
12.27 hirió a los *e*, y libró nuestras casas 4714
12.30 Faraón, él y...siervos, y todos los *e* 4714
12.33 *e* apremiaban al pueblo, dándose prisa 4714
12.35 pidiendo de los *e* alhajas de plata, y 4714
12.36 dio gracia al pueblo delante de los *e* 4714
12.36 y les dieron...así despojaron a los *e* 4714
12.39 al echarlos...los *e*, no habían tenido 4714
14.4 seré...y sabran los *e* que yo soy Jehová 4714
14.9 siguiéndolos...*e*, con toda la caballería 4714
14.10 y he aquí los *e* venían tras ellos 4714
14.12 mejor nos fuera servir a los *e*, que 4714
14.13 los *e* que hoy habéis visto, nunca más 4714
14.17 yo endureceré el corazón de los *e* para 4714
14.18 sabrán los *e* que yo soy Jehová, cuando 4714
14.20 iba entre el campamento de los *e* y el 4714
14.23 siguiéndolos los *e*, entraron tras ellos 4714
14.24 y trastornó el campamento de los *e* 4714
14.25 los *e* dijeron: Huyamos de delante de 4714
14.25 Jehová pelea por ellos contra los *e* 4714
14.26 para que las aguas vuelvan sobre los *e* 4714
14.27 los *e* al huir se encontraban con el mar 4714
14.27 Jehová derribó a...*e* en medio del mar 4714
14.30 así salvó...a Israel de mano de los *e* 4714
14.30 Israel vio a los *e* muertos a la orilla 4714
14.31 halló que Jehová ejecutó contra los *e* 4714
15.26 ninguna enfermedad...que envié a los *e* 4714
18.8 Jehová había hecho...a los *e* por amor de 4714
18.9 al haberlo librado de mano de los *e* 4714
18.10 Jehová, que os libró de mano de los *e* 4714
18.10 que libró al pueblo de la mano de los *e* 4714
19.4 vosotros visteis lo que hice a los *e*, y 4714
32.12 ¿por qué han de hablar los *e*, diciendo 4714
Lv 24.10 hijo de un *e*, salió entre los hijos 4713
Nm 14.13 oirán luego los *e*, porque de en medio 4714
20.15 y los *e* nos maltrataron, y a nuestros 4714
33.3 salieron los...a vista de todos los *e* 4714
33.4 enterraban los *e* a los que Jehová había 4714
Dt 23.7 no aborrecerás al *e*...forastero fuiste 4713
26.6 los *e* nos maltrataron y nos afligieron 4714
Jos 24.6 *e* siguieron a vuestros padres hasta 4714
24.7 puso oscuridad entre vosotros y los *e* 4713
Jue 6.9 os libré de mano de los *e*, y de mano 4714
1 S 6.6 endurecéis vuestro corazón, como los *e* 4714
10.18 y os libré de mano de los *e*, y de mano 4714
30.11 y hallaron en el campo a un hombre *e* 4713
30.13 respondió el joven *e*: Yo soy siervo de 4713
2 S 23.21 mató él a un *e*...y tenía el *e* una 4713
23.21 y arrebató al *e* la lanza de la mano 4713
1 R 4.30 mayor...que...la sabiduría de los *e* 4714
2 R 7.6 tomado a sueldo...reyes de los *e* 4714
1 Cr 2.34 tenía Sesán un siervo *e* llamado 4713
11.23 venció a un *e*...y el *e* traía una lanza 4713
Esd 9.1 pueblo...no se han separado de los...*e* 4713
Is 19.1 y desfallecerá el corazón de los *e* 4714
19.2 *e* contra *e*, y cada uno peleará contra 4714
19.16 en aquel día los *e* serán como mujeres 4714
19.23 asirios entrarán en Egipto, y *e* en 4714

19.23 *e* servirán con los asirios a Jehová 4714
31.3 y los *e* hombres son, y no Dios; y sus 4714
Lm 5.6 al *e* y al asirio extendimos la mano 4714
Ez 23.21 cuando...*e* comprimieron tus pechos......... 4714
30.23,26 esparciré a los *e* entre las naciones........ 4714
Hch 7.22 fue enseñado...la sabiduría de los *e* *124*
7.24 e hiriendo al *e*, vengó al oprimido *124*
7.28 tú matarme, como mataste ayer al *e*?........... *124*
21.38 ¿no eres tú aquel *e* que levantó una............ *124*
He 11.26 vituperio...que los tesoros de los *e* *124*
11.29 e intentando los *e* hacer lo mismo *124*

EGIPTO

Gn 12.10 descendió Abram a *E* para morar allá....... 4714
12.11 cuando estaba para entrar en *E*, dijo......... 4714
12.14 aconteció que cuando entró Abram en *E* 4714
13.1 subió...Abram de *E* hacia el Neguev, él 4714
13.10 como la tierra de *E* en la dirección de........ 4714
15.18 desde el río de *E* hasta el río grande 4714
21.21 madre le tomó mujer de la tierra de *E*........ 4714
25.18 Shur, que está enfrente de *E* viniendo........ 4714
26.2 no desciendas a *E*; habita en la tierra 4714
37.25 traían aromas...e iban a llevarlo a *E*......... 4714
37.28 a los ismaelitas...llevaron a José a *E*......... 4714
37.36 lo vendieron en *E* a Potifar, oficial de 4714
39.1 llevado pues, José a *E*, Potifar oficial 4714
40.1 que el copero del rey de *E* y el panadero 4714
40.1 delinquieron contra su señor el rey de *E* 4714
40.5 el copero y el panadero del rey de *E*........... 4714
41.8 e hizo llamar a todos los magos de *E* 4714
41.19 no he visto otras...toda la tierra de *E* 4714
41.29 gran abundancia en toda la tierra de *E* 4714
41.30 toda la abundancia será olvidada en...*E* 4714
41.33 un varón...póngalo sobre la tierra de *E*...... 4714
41.34 quinte la tierra de *E* en los siete años........ 4714
41.36 de hambre que habrá en la tierra de *E*....... 4714
41.41 te he puesto sobre toda la tierra de *E* 4714
41.43 y lo puso sobre toda la tierra de *E*........... 4714
41.44 ninguno alzará su mano ni...en toda...*E*..... 4714
41.45 y salió José por toda la tierra de *E* 4714
41.46 presentado delante de Faraón rey de *E* 4714
41.46 José...y recorrió toda la tierra de *E*.......... 4714
41.48 años de abundancia que hubo en la...de *E* ... 4714
41.53 años de abundancia...en la tierra de *E*...... 4714
41.54 mas en toda la tierra de *E* había pan......... 4714
41.55 sintió el hambre en toda la tierra de *E* 4714
41.56 crecido el hambre en la tierra de *E*........... 4714
41.57 de toda la tierra venían a *E* para comprar ... 4714
42.1 viendo Jacob que en *E* había alimentos........ 4714
42.2 he aquí yo he oído que hay víveres en *E* 4714
42.3 descendieron los...a comprar trigo en *E* 4714
43.2 acabaron de...el trigo que trajeron de *E* 4714
43.15 se levantaron y descendieron a *E*, y se 4714
45.4 yo soy Jose...el que vendisteis para *E* 4714
45.8 por gobernador en toda la tierra de *E*......... 4714
45.9 Dios me ha puesto por señor de todo *E*......... 4714
45.13 saber a mi padre toda mi gloria en *E*......... 4714
45.18 yo os dare lo bueno de la tierra de *E* 4714
45.19 tomaos de la tierra de *E* carros para 4714
45.20 la riqueza de la tierra de *E* será vuestra...... 4714
45.23 diez asnos cargados de lo mejor de *E* 4714
45.25 subieron de *E*, y llegaron a la tierra 4714
45.26 y él es señor en toda la tierra de *E* 4714
46.3 no temas de descender a *E*, porque allí......... 4714
46.4 descenderé contigo a *E*, y yo también te 4714
46.6 y tomaron sus ganados...y vinieron a *E* 4714
46.7 toda su descendencia trajo consigo a *E*......... 4714
46.8 los hijos de Israel, que entraron en *E* 4714
46.20 nacieron a José en la...de *E* Manasés y 4714
46.26 las personas que vinieron con jacob a *E*...... 4714
46.27 los hijos de José, que le nacieron en *E* 4714
46.27 personas...de Jacob, que entraron en *E*....... 4714
47.6 la tierra de *E* delante de ti está; en lo 4714
47.11 y les dio posesión en la tierra de *E* 4714
47.13 desfalleció de hambre la tierra de *E*.......... 4714
47.14 todo el dinero que...en la tierra de *E*......... 4714
47.15 acabado el dinero de la tierra de *E* y 4714
47.15 vino todo *E* a José diciendo: Danos pan 4714
47.20 compró José toda la tierra de *E* para......... 4714
47.21 desde un extremo al otro del...de *E* 4714
47.26 lo puso por ley...sobre la tierra de *E*......... 4714
47.27 así habitó Israel en la tierra de *E*............ 4714
47.28 vivió Jacob en la...de *E* diecisiete años....... 4714
47.29 a José...ruego que no me entierres en *E* 4714
47.30 cuando duerma con mis...me llevarás de *E* .. 4714
48.5 tus dos hijos...que te nacieran en...*E* 4714
48.5 antes que viniese a ti a la tierra de *E* 4714
50.7 y todos los ancianos de la tierra de *E*.......... 4714
50.14 volvió José a *E*, él y sus hermanos, y.......... 4714
50.22 habitó José en *E*, él y la casa de su 4714
50.26 murió...y fue puesto en un ataúd en *E* 4714
Éx 1.1 los hijos de Israel que entraron en *E*............ 4714
1.5 le nacieron a Jacob...Y José estaba en *E* 4714
1.8 se levantó sobre *E* un nuevo rey que no......... 4714
1.15 habló el rey de *E* a las parteras de las......... 4714
1.17 no hicieron como les mandó el rey de *E* 4714
1.18 el rey de *E* hizo llamar a las parteras 4714
2.23 después de...días murió el rey de *E*, y 4714
3.7 la aflicción de mi pueblo que está en *E* 4714
3.10 para que saques de *E* a mi pueblo, los 4714
3.11 que...saque de *E* a los hijos de Israel?......... 4714
3.12 hayas sacado de *E* al pueblo, serviréis......... 4714
3.16 os...y he visto lo que se os hace en *E* 4714
3.17 yo os sacaré de la aflicción de *E* a la 4714
3.18 irás...al rey de *E*, y le diréis: Jehová.......... 4714
3.19 yo sé que el rey de *E* no os dejará ir 4714
3.20 y heriré a *E* con todas mis maravillas 4714
3.22 pedirá cada mujer...y despojaréis a *E*......... 4714
4.18 volveré a mis hermanos que están en *E* 4714
4.19 vé y vuélvete a *E*, porque han muerto 4714
4.20 tomó su mujer...y volvió a tierra de *E* 4714
4.21 dijo Jehová...Cuando hayas vuelto a *E*........ 4714
5.4 rey de *E* les dijo: Moisés y Aarón, ¿por.......... 4714
5.12 se esparció por toda la tierra de *E* para 4714
6.6 no os sacaré...de las tareas pesadas de *E* 4714
6.7 que os sacó de las tareas pesadas de *E* 4714
6.11 habla a Faraón rey de *E* que dije ir de......... 4714
6.13 dio mandamiento...para Faraón rey de *E*..... 4714
6.13 para que sacasen a...de la tierra de *E*......... 4714
6.26 sacad a los...Israel de la tierra de *E*........... 4714
6.27 son los que hablaron a Faraón rey de *E* 4714
6.27 para sacar de *E* a los hijos de Israel 4714
6.28 cuando Jehová habló...en la tierra de *E*....... 4714
6.29 di a Faraón rey de *E* todas las cosas que 4714
7.3 multiplicaré en la...*E* mis señales y mis 4714
7.4 pondré mi mano sobre *E*, y sacaré...de *E*....... 4714
7.5 Jehová, cuando extienda mi mano sobre *E* 4714
7.11 hicieron...lo mismo los hechiceros de *E* 4714
7.19 extiende tu mano sobre las aguas de *E* 4714
7.19 y haya sangre por toda la región de *E*......... 4714
7.21 y hubo sangre por toda la tierra de *E* 4714
7.22 los hechiceros de *E* hicieron lo mismo 4714
7.24 y en todo *E* hicieron, pozos alrededor 4714
8.5 haga subir ranas sobre la tierra de *E*........... 4714
8.6 extendió su mano sobre las aguas de *E* 4714
8.6 subieron ranas que cubrieron la...de *E*......... 4714
8.7 hicieron venir ranas sobre la tierra de *E* 4714
8.16 se vuelva piojos por todo el país de *E*.......... 4714
8.17 se volvió piojos en todo el país de *E*........... 4714
8.24 vino toda clase de moscas...el país de *E*....... 4714
9.4 entre los ganados de Israel y los de *E*........... 4714
9.6 y murió todo el ganado de *E*; mas del 4714
9.9 a ser polvo sobre toda la tierra de *E*............ 4714
9.9 y en las bestias, por todo el país de *E* 4714
9.18 granizo...pesado, cual nunca hubo en *E*....... 4714
9.22 venga granizo en toda la tierra de *E* 4714
9.22 toda la hierba del campo en el país de *E*....... 4714
9.23 hizo llover granizo sobre la tierra de *E*........ 4714
9.24 cual nunca hubo en toda la tierra de *E* 4714
9.25 granizo hirió en toda la tierra de *E*............ 4714
10.2 cuentes a...las cosas que yo hice en *E* 4714
10.7 no sabes todavía que *E* está ya destruido?..... 4714
10.12 extiende tu mano sobre la tierra de *E*........ 4714
10.12 la langosta...suba sobre el país de *E* 4714
10.13 y extendió Moisés su vara sobre...de *E*........ 4714
10.14 subió la langosta sobre...tierra de *E* 4714
10.14 langosta...asentó en todo el país de *E*........ 4714
10.15 no quedó cosa verde en...la tierra de *E* 4714
10.19 ni una langosta quedó en todo se...de *E*...... 4714
10.21 que haya tinieblas sobre la tierra de *E* 4714
10.22 tinieblas sobre toda la tierra de *E* por 4714
11.1 una plaga traeré aún sobre Faraón y...*E*..... 4714
11.3 Moisés era tenido por gran varón en...*E*...... 4714
11.4 medianoche yo saldré por en medio de *E*...... 4714
11.5 morirá todo primogénito en tierra de *E* 4714
11.6 habrá gran clamor por...la tierra de *E* 4714
11.9 mis maravillas se multipliquen en...de *E* 4714
12.1 habló Jehová a Moisés...la tierra de *E* 4714
12.12 pasaré...por la tierra de *E* y heriré 4714
12.12 heriré...primogénito en la tierra de *E*........ 4714
12.12 ejecutaré mis juicios en...dioses de *E*......... 4714
12.13 no habrá...cuando hiera la tierra de *E*....... 4714
12.17 día saqué vuestras huestes de la...de *E* 4714
12.27 las casas de los hijos de Israel en *E*........... 4714
12.29 a todo primogénito en la tierra de *E*......... 4714
12.30 y hubo un gran clamor en *E* porque no....... 4714
12.39 tortas...la masa que habían sacado de *E*..... 4714
12.40 el tiempo que...Israel habitaron en *E* 4714
12.41 las huestes...salieron de la tierra de *E* 4714
12.42 por haberlos sacado...de la tierra de *E* 4714
12.51 los hijos de Israel de la tierra de *E* 4714
13.3 este día en el cual habéis salido de *E* 4714
13.8 lo que Jehová hizo...cuando me sacó de *E*..... 4714
13.9 con mano fuerte te sacó Jehová de *E*.......... 4714
13.14 Jehová nos sacó con mano fuerte de *E* 4714
13.15 Jehová hizo morir en la tierra de *E* a......... 4714
13.16 Jehová nos sacó de *E* con mano fuerte 4714
13.17 no se arrepienta el pueblo...vuelva a *E* 4714
13.18 subieron los...de Israel de *E* armados......... 4714
14.5 aviso al rey de *E*, que el pueblo huía........... 4714
14.7 todos los carros de *E*, y los capitanes 4714
14.8 endureció el corazón de Faraón rey de *E*...... 4714
14.11 ¿no había sepulcros en *E*, que nos has........ 4714
14.11 has hecho así...que nos has sacado de *E*?.... 4714
14.12 ¿no es esto lo que te hablamos en *E* 4714
16.1 después que salieron de la tierra de *E* 4714
16.3 por mano de Jehová en la tierra de *E* 4714
16.6 Jehová os ha sacado de la tierra de *E* 4714
16.32 cuando yo os saqué de la tierra de *E* 4714
17.3 hiciste subir de *E* para matarnos de sed....... 4714
18.1 cómo Jehová había sacado a Israel de *E*....... 4714
19.1 la salida de los hijos de Israel de...*E*......... 4714
20.2 tu Dios, que te saqué de la tierra de *E* 4714
22.21; 23.9 extranjeros...en la tierra de *E*........... 4714
23.15 mes de Abib, porque en él saliste de *E*........ 4714
29.46 Dios, que los saqué de la tierra de *E*......... 4714
32.1,23 Moisés...nos sacó de la tierra de *E*......... 4714
32.4,8 dioses...te sacaron de la tierra de *E* 4714
32.7 tu pueblo que sacaste de la tierra de *E* 4714
32.11 tú sacaste de la tierra de *E* con gran 4714
33.1 el pueblo que sacaste de la tierra de *E*......... 4714
34.18 porque en el mes de Abib saliste de *E* 4714
Lv 11.45 que os hago subir de la tierra de *E* 4714
18.3 no haréis como hacen en la tierra de *E*......... 4714
19.34 extranjeros fuisteis en la tierra de *E*.......... 4714
19.36 Dios, que os saqué de la tierra de *E* 4714
22.33 os saqué de la tierra de *E*, para ser........... 4714
23.43 cuando los saqué de la tierra de *E*............ 4714
25.38 Dios, que os saqué de la tierra de *E* 4714
25.42,55 cuales saqué yo de la tierra de *E* 4714
26.13 Dios, que os saqué de la tierra de *E* 4714
26.45 cuando los saqué de la tierra de *E* a.......... 4714
Nm 1.1 segundo año de su salida de la...de *E* 4714
3.13 yo hice morir a...los primogénitos en...*E* 4714
8.17 herí a...primogénito en la tierra de *E* 4714
9.1 año de su salida de la tierra de *E*, en el 4714
11.5 del pescado que comíamos en *E* de balde...... 4714
11.18 a comer carne!...mejor nos iba en *E*!......... 4714
11.20 diciendo: ¿Para qué salimos acá de *E*? 4714
13.22 Hebrón...siete años antes de Zoán en *E*...... 4714
14.2 ¡ojalá muriéramos en la tierra de *E* 4714
14.3 ¿no nos sería mejor volvernos a *E*?............ 4714
14.4 designemos un capitán, y volvámonos a *E*..... 4714
14.19 como has perdonado...desde *E* hasta aquí ... 4714
14.22 vieron...mis señales que he hecho en *E* 4714
15.41 Dios, que os saqué de la tierra de *E* 4714
20.5 por qué nos has hecho subir de *E*, para 4714
20.15 descendieron a *E*, y estuvimos en *E*.......... 4714
20.16 al cual oyó nuestra voz...nos sacó de *E* 4714
21.5 ¿por qué nos hiciste subir de *E* para que 4714
22.5 un pueblo ha salido de *E*...cubre la faz........ 4714
22.11 pueblo que ha salido de *E* cubre la faz 4714
23.22 Dios lo ha sacado de *E*; tiene fuerzas como... 4714
24.8 Dios lo sacó de *E*; tiene fuerzas como.......... 4714
26.4 los...que habían salido de tierra de *E* 4714
26.59 Jocabed, hija de...le nació a Leví en *E*........ 4714
32.11 no verán los varones que subieron de *E*...... 4714
33.1 Israel, que salieron de la tierra de *E*........... 4714
33.38 la salida...de Israel de la tierra de *E* 4714
34.5 rodeará este límite...el torrente de *E*.......... 4714
Dt 1.27 aborrece, nos ha sacado de tierra de *E*........ 4714
1.30 las cosas que hizo por vosotros en *E*........... 4714
4.20 y os ha sacado...de *E*, para que seáis el 4714
4.34 lo que hizo con vosotros Jehová...en *E* 4714
4.37 te sacó de *E* con su presencia y...poder 4714
4.45 que habló Moisés...cuando salieron de *E*...... 4714
4.46 al cual derrotó...cuando salieron de *E* 4714
5.6 que te saqué de la tierra de *E*, de casa de....... 4714
5.15 acuérdate que fuiste siervo en...de *E*.......... 4714
6.12 te sacó de la tierra de *E*, de casa de 4714
6.21 nosotros éramos siervos de Faraón en *E* 4714
6.21 Jehová nos sacó de *E* con mano poderosa..... 4714
6.22 hizo señales...grandes y terribles en *E*........ 4714
7.8 y os ha rescatado...de Faraón, rey de *E* 4714
7.15 las...plagas de *E*...no las pondré sobre tí 4714
7.18 lo que hizo Jehová tu Dios...con todo *E*........ 4714
8.14 te olvides...que te sacó de tierra de *E* 4714
9.7 el día que saliste de la tierra de *E* 4714
9.12 porque tu pueblo que sacaste de *E* se ha....... 4714
9.26 tu pueblo...que sacaste de *E* con mano......... 4714
10.19 extranjeros fuisteis en la tierra de *E*.......... 4714
10.22 con 70 personas descendieron tus...a *E* 4714
11.3 que hizo en medio de *E* a Faraón rey de *E* 4714
11.4 y lo que hizo al ejército de *E*, a sus............ 4714
11.10 la tierra...no es como la tierra de *E*........... 4714
13.5 que te sacó de...*E* y te rescató de casa 4714
13.10 te sacó de...*E*, de casa de servidumbre........ 4714
16.1 mes de Abib te sacó Jehová tu Dios de *E*....... 4714
16.3 porque aprisa saliste de tierra de *E* 4714
16.3 del día en que saliste de la tierra de *E* 4714
16.6 la pascua...a la hora que saliste de *E*.......... 4714
16.12 y acuérdate de que fuiste siervo en *E*......... 4714
17.16 ni hará volver al pueblo a *E* con el fin 4714
20.1 Jehová...el cual te sacó de tierra de *E* 4714
23.4 recibir con pan...cuando salisteis de *E*......... 4714
24.9 lo que hizo...después que salisteis de *E*........ 4714
24.18 que te acordarás que fuiste siervo en *E* 4714
24.22 acuérdate que fuiste siervo en...de *E*......... 4714
25.17 lo que hizo Amalec...cuando salías de *E*...... 4714
26.5 descendió a *E* y habitó allí con pocos.......... 4714
26.8 Jehová nos sacó de *E* con mano fuerte 4714
28.27 Jehová te herirá con la úlcera de *E*........... 4714
28.60 traerá sobre ti todos los males de *E* 4714
28.68 te hará volver a *E* en naves, por el 4714
29.2 ha hecho...en la tierra de *E* a Faraón y 4714
29.16 cómo habitamos en la tierra de *E*, y 4714
29.25 ellos cuando los sacó de la tierra de *E*........ 4714
34.11 prodigios...en tierra de *E*, a Faraón y......... 4714
Jos 2.10 hizo secar las...cuando salisteis de *E*......... 4714
5.4 todo el pueblo que había salido de *E*, los....... 4714
5.4 muerto en el...después que salieron de *E*....... 4714
5.5 había nacido...que hubieron salido de *E* 4714
5.6 hombres...salido de *E* fueron consumidos...... 4714
5.9 he quitado de vosotros el oprobio de *E* 4714
9.9 hemos oído su...y todo lo que hizo en *E*........ 4714
13.3 Sihor, que está al oriente de *E*, hasta 4714
15.4 salía al arroyo de *E*, y terminaba en............ 4714
15.47 Gaza con...sus aldeas hasta el río de *E*, y 4714
24.4 pero Jacob y sus hijos descendieron a *E* 4714
24.5 yo envié a Moisés y a Aarón, y herí a *E*......... 4714
24.6 saqué a vuestros padres de *E*; y cuando 4714
24.7 vuestros ojos vieron lo que hice en *E* 4714
24.14 sirvieron...otro lado del río y en *E* 4714
24.17 sacó...de la tierra de *E*, de la casa de 4714
24.32 los huesos de José...habían traído de *E* 4714
Jue 2.1 yo os saqué de *E*, y os introduje en la.......... 4714
2.12 que los había sacado de la tierra de *E*.......... 4714
6.8 yo os hice salir de *E*, y os saqué de la 4714
6.13 han contado...No nos sacó Jehová de *E*?...... 4714
10.11 ¿no habéis sido oprimidos de *E*, de los........ 4714
11.13 tomó mi tierra, cuando subió de *E*, desde..... 4714
11.16 cuando Israel subió de *E*, anduvo por 4714
19.30 subieron de la tierra de *E* hasta hoy......... 4714
1 S 2.27 cuando estaban en *E* en...de Faraón? 4714

4.8 estos son los dioses que hirieron a *E* con 4714
8.8 desde el día que los saqué de *E* hasta hoy....... 4714
10.18 yo saqué a Israel de *E*, y os libré de 4714
12.6 y sacó a vuestros padres... tierra de *E*......... 4714
12.8 Jacob hubo entrado en *E*, y... clamaron a...... 4714
12.8 sacaron a vuestros padres de *E*, y los.......... 4714
15.2 lo que hizo Amalec... cuando subía de *E*....... 4714
15.6 mostrasteis misericordia... subían de *E*........ 4714
15.7 hasta... Shur, que está al oriente de *E*......... 4714
27.8 quien va a Shur hasta la tierra de *E*........... 4714
2 S 7.6 día en que saqué a los... de Israel de *E*......... 4714
7.23 tu pueblo que rescataste para ti de *E*.......... 4714
1 R 3.1 hizo parentesco con Faraón rey de *E*.......... 4714
4.21 Salomón señoreaba... el límite con E; y........ 4714
6.1 después que los hijos de... salieron de *E*........ 4714
8.9 Jehová hizo pacto... cuando... la tierra de *E*.... 4714
8.16 desde... que saqué de *E* a mi pueblo, no 4714
8.21 hizo... cuando los sacó de la tierra de *E*....... 4714
8.51 son tu pueblo... el cual tú sacaste de *E*......... 4714
8.53 cuando sacaste a nuestros padres de *E*........ 4714
8.65 donde entran en Hamat hasta el río de *E*...... 4714
9.9 que había sacado a sus padres de... de *E*....... 4714
9.16 rey de *E* había subido y tomado a Gezer 4714
10.28 y traían de *E* caballos y lienzos a............. 4714
10.29 venía y salía de *E*, el carro por 600 4714
11.17 Hadad huyó... y se fue a *E*; era entonces...... 4714
11.18 vinieron a *E*, a Faraón rey de *E*, el cual....... 4714
11.21 y oyendo Hadad en *E* que David había 4714
11.40 Jeroboam... huyó a *E*, a Sisac rey de *E* 4714
11.40 estuvo en *E* hasta la muerte de Salomón 4714
12.2 que aún estaba en *E*... y habitaba en *E* 4714
12.28 te hicieron subir de la tierra de *E* 4714
14.25 subió Sisac rey de *E* contra Jerusalén........ 4714
2 R 17.4 enviado embajadores a So, rey de *E*.......... 4714
17.7 su Dios, que los sacó de tierra de *E*............ 4714
17.7 sacó... de bajo la mano de Faraón rey de *E*.... 4714
17.36 a Jehová, que os sacó de tierra de *E*.......... 4714
18.21 en este báculo de caña cascada, en *E*......... 4714
18.21 tal es Faraón rey de *E* para todos los......... 4714
18.24 estés confiado en *E* con sus carros y 4714
19.24 he secado con... pies todos los ríos de *E* 4714
21.15 desde el día que... salieron de *E* hasta........ 4714
23.29 Necao rey de *E* subió contra el rey de 4714
23.34 Faraón... tomó a Joacaz y lo llevó a *E* 4714
24.7 nunca mas el rey de *E* salió de su tierra 4714
24.7 le tomo todo... desde el río de *E* hasta el....... 4714
25.26 fueron a *E*, por temor de los caldeos 4714
1 Cr 13.5 David reunió a... desde Sihor de *E*........... 4714
17.21 de tu pueblo, que tu rescataste de *E*?......... 4714
2 Cr 1.16 rey compraban... lienzos finos de *E* 4714
1.17 compraban en *E* un carro por 600 piezas...... 4714
5.10 hecho pacto con... cuando salieron de *E*....... 4714
6.5 desde el día que saqué a mi pueblo de... *E*...... 4714
7.8 desde la... de Hamat hasta el arroyo, de *E*...... 4714
7.22 que los sacó de la tierra de *E*, y han 4714
9.26 y tuvo dominio... hasta la frontera de *E* 4714
9.28 también caballos para Salomón, de *E* y......... 4714
10.2 lo oyó Jeroboam hijo... en *E*... volvió de *E*...... 4714
12.2 en el quinto año... subió Sisac rey de *E* 4714
12.3 el pueblo que venía con él de *E*, esto es 4714
12.9 subió... Sisac rey de *E* a Jerusalén, y 4714
20.10 Israel cuando venía de la tierra de *E*......... 4714
26.8 a Uzías, y se divulgó su fama hasta... *E*......... 4714
35.20 Necao rey de *E* subió para hacer guerra 4714
36.3 y el rey de *E* lo quitó de Jerusalén, y........... 4714
36.4 y estableció el rey de *E* a Eliaquim 4714
36.4 a Joacaz... tomó Necao, y lo llevó a *E*.......... 4714
Neh 9.9 la aflicción de nuestros padren en *E*.......... 4714
9.18 este es tu Dios que te hizo subir de *E*........... 4714
Sal 68.31 vendrán príncipes de *E*; Etiopía se........... 4714
78.12 hizo maravillas en la tierra de *E*, en........... 4714
78.43 cuando puso en *E* sus señales, y sus 4714
78.51 hizo morir a todo primogénito en *E*, los 4714
80.8 hiciste venir una vid de *E*; echaste las 4714
81.5 en José cuando salió por la tierra de *E*........ 4714
81.10 que te hice subir de la tierra de *E*............ 4714
105.23 entró Israel en *E*, y Jacob moró en la......... 4714
105.38 *E* se alegró de que salieran, porque 4714
106.7 nuestros padres en *E* no entendieron tus..... 4714
106.21 Dios... que había hecho grandezas en *E*..... 4714
114.1 cuando salió Israel de *E*, la casa de........... 4714
135.8 quien hizo morir a... primogénitos de *E* 4714
135.9 envió señales y... en medio de ti, oh *E* 4714
136.10 al que hirió a *E* en sus primogénitos 4714
Pr 7.16 colchas recamadas... cordoncillos de *E*........ 4714
Is 7.18 que está en el fin de los ríos de *E*.............. 4714
10.24 contra ti... su palo, a la manera de *E* 4714
10.26 alzará su... como hizo por la vía de *E* 4714
11.11 su pueblo que aún quede en... *E*, Patros 4714
11.15 secará Jehová la lengua del mar de *E*......... 4714
11.16 Israel el día que subió de... tierra de *E* 4714
19.1 profecía sobre *E*. He aquí que Jehová 4714
19.1 nube, y entrará en *E*; y los ídolos de *E* 4714
19.3 el espíritu de *E* se desvanecerá en medio...... 4714
19.4 y entregaré a *E* en manos de señor duro 4714
19.12 lo que Jehová... ha determinado sobre *E* 4714
19.13 engañaron a *E* los que son la piedra 4714
19.14 e hicieron errar a *E* en toda su obra 4714
19.15 y no aprovechará a *E* cosa que haga la....... 4714
19.17 la tierra de Judá será de espanto a *E*......... 4714
19.18 habrá cinco ciudades en la tierra de *E* 4714
19.19 habrá altar... en medio de la tierra de *E*...... 4714
19.20 será por señal y por... en la tierra de *E*........ 4714
19.21 Jehová será conocido de *E*, y los de *E*......... 4714
19.22 herirá Jehová a *E*; herirá y sanará, y......... 4714
19.23 habrá una calzada de *E*... entrarán en *E* 4714
19.24 Israel será tercero con *E* y con Asiria 4714
19.25 bendito el pueblo mío *E*, y el asirio 4714
20.3 por señal y pronóstico sobre *E* y sobre 4714
20.4 así llevará el rey... los cautivos de *E* 4714
20.4 descubiertas las... para vergüenza de *E*....... 4714
20.5 avergonzarán de Etiopía, y... *E* su gloria 4714
23.5 llegue la noticia a *E*, tendrán dolor los......... 4714
27.12 que trillará Jehová... el torrente de *E* 4714
27.13 vendrán... desterrados a *E*, y adorarán 4714
30.2 se apartan para descender a *E*, y no han...... 4714
30.2 y poner su esperanza en la sombra de *E* 4714
30.3 amparo en la sombra de *E* en confusión....... 4714
30.7 *E* en vano e inútilmente dará ayuda- por 4714
31.1 ¡ay de los que descienden a *E* por ayuda....... 4714
36.6 que confías en este báculo de caña... en *E*..... 4714
36.6 tal es Faraón rey de *E* para con todos 4714
36.9 aunque estés confiado en *E* con... carros 4714
37.25 y con las... secaré todos los ríos de *E*
43.3 a *E* he dado por tu rescate, a Etiopía y......... 4714
45.14 el trabajo de *E*, las mercaderías de........... 4714
52.4 pueblo descendió a *E* en tiempo pasado 4714
Jer 2.6 que nos hizo subir de la tierra de *E*............ 4714
2.18 ¿qué tienes tú en el camino de *E*, para.......... 4714
2.36 también serás avergonzada de *E*, como 4714
7.22 el día que los saqué de la tierra de *E* 4714
7.25 el día que... salieron de la tierra de *E*.......... 4714
9.26 a *E* y a Judá, a Edom y a los hijos de........... 4714
11.4 el día que los saqué de la tierra de *E* 4714
11.7 el día que les hice subir de la... de *E* 4714
16.14; 23.7 hizo subir a... de la tierra de *E* 4714
24.8 y a los que moran en la tierra de *E* 4714
25.19 a Faraón rey de *E*, a sus siervos, a sus........ 4714
26.21 lo cual Urías, tuvo temor, y huyó a *E* 4714
26.22 envió hombres a *E*, a Elnatán hijo... a *E* 4714
26.23 sacaron a Urías de *E* y lo trajeron al 4714
31.32 mano para sacarlos de la tierra de *E*......... 4714
32.20 hiciste señales... en tierra de *E* hasta......... 4714
32.21 y sacaste a... Israel de la tierra de *E*.......... 4714
34.13 los saqué de tierra de *E*, de casa de 4714
37.5 cuando el ejército... había salido de *E* 4714
37.7 el ejército de... volvió a su tierra en *E* 4714
41.17 de Belén, a fin de ir y meterse en *E*........... 4714
42.14 sino que entraremos en la tierra de *E* 4714
42.15 entrar en *E*, y entraréis para morar allí 4714
42.16 en la tierra de *E*... en *E* os perseguirá 4714
42.17 volvieren su rostro para entrar en *E* 4714
42.18 así se derramará mi ira... entraréis en *E* 4714
42.19 no vayáis a *E*; sabed ciertamente que os...... 4714
43.2 para decir: No vayáis a *E* para morar allí 4714
43.7 y entraron en tierra de *E*, porque no 4714
43.11 vendrá y asolará la tierra de *E*; los........... 4714
43.12 fuego a los templos de los dioses de *E* 4714
43.12 limpiará la tierra de *E*, como el pastor 4714
43.13 en tierra de *E*, y los templos de... de *E* 4714
44.1 los judíos que moraban en la tierra de *E* 4714
44.8 en la tierra de *E*, adonde habéis entrado 4714
44.12 ir a tierra de *E*... en tierra de *E* serán 4714
44.13 castigaré a los que... en tierra de *E*........... 4714
44.14 de Judá que entraron en la tierra de *E* 4714
44.15 el pueblo que habitaba en tierra de *E* 4714
44.24 los de Judá que estáis en tierra de *E*.......... 4714
44.26 todo Judá que habitáis en tierra de *E*......... 4714
44.26 no será invocado más en... la tierra de E..... 4714
44.27 los hombres de Judá que... en tierra de E 4714
44.28 los que escapen de la... volverán de... *E* 4714
44.28 el resto de Judá que ha entrado en *E*......... 4714
44.30 yo entrego a Faraón Hofra rey de *E* en....... 4714
46.2 con respecto a *E*: contra el ejército de 4714
46.2 el ejército de Faraón Necao rey de *E* 4714
46.8 *E* como río se ensancha, y las aguas se 4714
46.11 sube... toma bálsamo, virgen hija de *E* 4714
46.13 venida de... para asolar la tierra de *E*........ 4714
46.14 anunciad en *E*, y haced saber en Migdol 4714
46.17 rey de *E* es destruido; dejó pasar el........... 4714
46.19 hazte enseres de... moradora hija de *E*........ 4714
46.20 becerra... es *E*; mas viene destrucción........ 4714
46.24 se avergonzará la hija de *E*; entregada........ 4714
46.25 yo castigo... a *E*, y a sus dioses y a sus 4714
Ez 16.26 fornicaste con los hijos de *E*, tus............. 4714
17.15 enviando embajadores a *E* para que le 4714
19.4 llevaron con grillos a la tierra de *E*............ 4714
20.5 di a conocer a ellos en la tierra de *E*.......... 4714
20.6 los sacaría de la tierra de *E* a la tierra 4714
20.7 y no os contaminéis con los ídolos de *E* 4714
20.8 ni dejaron los ídolos de *E*; y dije que 4714
20.8 para cumplir mi enojo en ellos en... de *E* 4714
20.9 actué para sacarlos de la tierra de *E* 4714
20.10 saqué de la tierra de *E*, y los traje 4714
20.36 como litigué con... en el desierto... de *E* 4714
23.3 cuales fornicaron en *E*; en su juventud 4714
23.8 no dejó sus fornicaciones de *E*; porque 4714
23.19 había fornicado en la tierra de *E*.............. 4714
23.27 cesar... fornicación de la tierra de *E*........... 4714
23.27 ojos, ni nunca mas te acordarás de *E*......... 4714
27.7 de lino fino bordado de *E* era tu cortina 4714
29.2 pon tu rostro contra Faraón rey de *E*.......... 4714
29.2 y profetiza contra él y contra todo *E* 4714
29.3 aquí yo estoy contra ti, Faraón rey de *E* 4714
29.6 sabrán todos los moradores de *E* que yo...... 4714
29.9 la tierra de *E* será asolada y desierta.......... 4714
29.10 y pondré la tierra de *E* en desolación......... 4714
29.12 esparciré a *E* entre las naciones, y lo......... 4714
29.12 y pondré a la tierra de *E* en soledad.......... 4714
29.13 al fin de 40 años recogeré a *E* de entre 4714
29.14 volveré a traer los cautivos de *E*, y los 4714
29.19 yo doy a Nabucodonosor... la tierra de *E*...... 4714
29.20 le he dado la tierra de *E*... dice Jehová 4714
30.4 y vendrá espada a *E*, y habrá miedo en......... 4714
30.4 habrá miedo... cuando caigan heridos en *E* ... 4714
30.6 también caerán los que sostienen a *E* 4714
30.8 sabrán que yo... cuando ponga fuego a *E*...... 4714
30.9 y tendrán espanto como en el día de *E* 4714
30.10 destruiré las riquezas de *E* por mano de 4714
30.11 y desenvainarán sus espadas sobre *E* 4714
30.13 no habrá príncipe de la tierra de *E*............ 4714
30.13 y en la tierra de *E* pondré temor 4714
30.15 mi ira sobre Sin, fortaleza de *E*, y 4714
30.16 pondré fuego a *E*; Sin tendrá gran dolor 4714
30.18 cuando quebranté yo allí el poder de *E*....... 4714
30.19 haré... juicios en *E*, y sabrán que yo soy 4714
31.21 he quebrado el brazo de Faraón rey de *E* 4714
30.22 heme aquí contra Faraón rey de *E*, y......... 4714
30.25 él la extienda contra la tierra de *E* 4714
31.2 di a Faraón rey de *E*, y a su pueblo: ¿A 4714
32.2 levanta endechas sobre Faraón rey de *E* 4714
32.12 y destruirán la soberbia de *E*, y toda 4714
32.15 cuando asuele la tierra de *E*, y la............. 4714
32.16 endecharán sobre *E* y sobre... su multitud.... 4714
32.18 hijo... endecha sobre la multitud de *E* 4714
Dn 9.15 sacaste tu pueblo de la tierra de *E* 4714
11.8 aun a los dioses... llevará cautivos a *E*......... 4714
11.42 las tierras, y no escapará el país de *E* 4714
11.43 de todas las cosas preciosas de *E*; y los 4714
Os 2.15 el día de su subida de la tierra de *E* 4714
7.11 Efraín fue como paloma... llamarán a *E*....... 4714
7.16 esto será su escarnio en la tierra de *E*......... 4714
8.13 castigará su pecado; ellos volverán a *E*........ 4714
9.3 volverá Efraín a *E* y a Asiria, donde comerán... 4714
9.6 *E* los recogerá, Menfis los enterrará............ 4714
11.1 Israel... lo amé, y de *E* llamé a mi hijo 4714
11.5 no volverá a tierra de *E*, sino que el 4714
11.11 como ave acudirán velozmente de *E*, y 4714
12.1 hicieron pacto... el aceite se lleva a *E*.......... 4714
12.9 yo soy Jehová tu Dios desde la tierra de *E*..... 4714
12.13 por un... Jehová hizo subir a Israel de *E*...... 4714
13.4 soy Jehová tu Dios desde la tierra de *E* 4714
Jl 3.19 *E* será destruido, y Edom será vuelto 4714
Am 2.10 os hice subir de la tierra de *E*, y os 4714
3.1 familia que hice subir de la tierra de *E* 4714
3.9 proclamad en los... en los palacios de... *E* 4714
4.10 contra vosotros mortandad tal como en *E*..... 4714
8.8; 9.5 crecerá y mermará como el río de *E*........ 4714
9.7 ¿no hice yo subir a Israel de la... de *E* 4714
Mi 6.4 yo te hice subir de la tierra de *E*, y 4714
7.15 maravillas como el día que saliste de *E*......... 4714
Nah 3.9 Etiopía era su fortaleza, también *E*........... 4714
Hag 2.5 pago que hice... cuando salisteis de *E*......... 4714
Zac 10.10 los traeré de la tierra de *E*, y los 4714
10.11 de Asiria... y se perderá el cetro de *E* 4714
14.18 y si la familia de *E* no subiere y no 4714
14.19 esta será la pena del pecado de *E*, y del 4714
Mt 2.13 huye a *E*, y permanece allá hasta que *125*
2.14 tomó... niño y a su madre, y se fue a *E*......... *125*
2.15 que se cumpliese... De *E* llame a mi Hijo *125*
2.19 ángel... apareció en sueños a José en *E*......... *125*
Hch 2.10 en *E* y en las regiones de Africa más.......... *125*
7.9 envidia, vendieron a José para *E*; pero........... *125*
7.10 dio gracia... delante de Faraón rey de *E* *125*
7.10 Faraón... lo puso por gobernador sobre *E* *125*
7.11 vino... hambre en toda la tierra de E y de........ *125*
7.12 que había trigo en *E*, envió a nuestros *125*
7.15 descendió Jacob a *E*, donde murió él, y *125*
7.17 el pueblo creció y se multiplicó en *E* *125*
7.18 hasta que se levantó en *E* otro rey que......... *125*
7.34 mi pueblo que está en *E*... te enviaré a *E*....... *125*
7.36 prodigios y señales en tierra de *E*, y *125*
7.39 y en sus corazones se volvieron a *E*............ *125*
7.40 Moisés, que los sacó de la tierra de *E* *125*
13.17 siendo ellos extranjeros en tierra de *E*........ *125*
He 3.16 ¿no fueron... los que salieron de *E* por *125*
8.9 los tomé... para sacarlos de la tierra de *E*........ *125*
11.27 por la fe dejó a *E*, no temiendo la ira *125*
Jud 5 Señor, habiendo salvado... sacándolo de *E* *125*
Ap 11.8 en sentido espiritual se llama... y *E*........... *125*

EGLA *Mujer de David*, 2 S 3.5; 1 Cr 3.3 5698

EGLAIM *Población en la frontera de Moab*, Is 15.8 ... 97

EGLÓN

1. Ciudad de los cananeos
Jos 10.3 envió a... a Debir rey de *E*, diciendo 5700
10.5 y el rey de *E*, se juntaron y subieron............ 5700
10.23 al rey... al rey de Laquis y al rey de *E* 5700
10.34 Laquis pasó Josué, y todo Israel... a *E* 5700
10.36 subió luego Josué... de *E* a Hebrón, y la 5700
10.37 la hirieron... como había hecho a *E*, así 5700
12.12 rey de *E*, otro; el rey de Gezer, otro 5700
15.39 Laquis, Boscat, E............................... 5700
2. Rey de Moab
Jue 3.12 Jehová fortaleció a *E* rey de Moab 5700
3.14 sirvieron... a *E* rey de los moabitas 5700
3.15 enviaron... un presente a *E* rey de Moab 5700
3.17 a *E* rey de Moab; y era *E*... muy grueso 5700

EH
Rt 4.1 había hablado, y le dijo: *E* 1945
Zac 2.6 *E*, *e*, huid de la tierra del norte 1945

EHI *Hijo de Benjamín*, Gn 46.21 278

EJE
1 R 7.30 ruedas de bronce, con *e* de bronce 5633
7.32 los *e* de las ruedas nacían en la misma 3027
7.33 sus *e* y sus rayos sus cubos... de fundición....... 3027

EJECUTAR
Éx 12.12 *ejecutaré* mis juicios en... los dioses........... 6213
14.31 que Jehová *ejecutó* contra los egipcios 6213
Lv 25.18 *ejecutad*... mis estatutos y guardad mis....... 6213

26.15 no *ejecutando* todos mis mandamientos 6213
Nm 5.30 sacerdote *ejecutará* en ella... esta ley 6213
23.19 no hará? Habló, ¿y no lo *ejecutará?* 6965
Dt 4.1 los estatutos... para que los *ejecutéis* 6213
33.21 con Israel *ejecutó* los mandatos y los 6213
1 R 16.27 hizo, y las valentía que *ejecutó* 6213
2 R 10.30 *ejecutando* lo recto delante de mis 6213
14.15 los demás hechos que *ejecutó* Joás, y 6213
1 Cr 28.21 el pueblo para *ejecutar* todas tus
2 Cr 24.24 así *ejecutaron* juicios contra Joás 6213
31.20 *ejecutó* lo bueno, recto y verdadero 6213
Est 9.1 ser *ejecutado* el mandamiento del rey 6213
Sal 9.16 hecho conocer en el juicio que *ejecutó* 6213
103.20 poderosos... que *ejecutáis* su palabra 6213
148.8 de tempestad que *ejecuta* su palabra 6213
149.7 *ejecutar* venganza entre las naciones 6213
149.9 *ejecutar* en ellos el juicio decretado 6213
Ec 8.11 no se *ejecuta* luego sentencia sobre 6213
Is 48.14 aquel a quien Jehová amó *ejecutará* 6213
Jer 44.25 con vuestras manos lo *ejecutaseis* 6213
Os 11.9 no *ejecutaré* el ardor de mi ira, ni 6213
Jl 2.11 fuerte es el que *ejecuta* su orden 6213
Mi 2.1 y cuando llega la mañana lo *ejecutan* 6213
Ro 9.28 el Señor *ejecutará* su sentencia sobre *4160*
Ap 17.17 puesto en sus corazones el *ejecutar* *4160*

EJEMPLO

Jer 24.9 por infamia, por *e*, por refrán y por 4912
Jn 13.15 *e* os he dado, para que como yo os he *5262*
1 Co 4.6 lo he presentado como *e* en mí y en *3345*
10.6 cosas sucedieron como *e* para nosotros *5179*
10.11 acontecieron como *e*... para amonestarnos... *5179*
Fil 3.17 se conducen según el *e* que tenéis en *5179*
1 Ts 1.7 tal manera que habéis sido *e* a todos *5179*
2 Ts 3.9 sino por daros nosotros mismos un *e* *5179*
1 Ti 1.16 para *e* de los que habrían de creer *5296*
4.12 *e* de los creyentes en palabra, conducta *5179*
Tit 2.7 en todo como *e* de buenas obras; en la *5179*
He 4.11 ninguno caiga en... *e* de desobediencia *5262*
Stg 5.10 tomad como *e* de aflicción... profetas *5262*
1 P 2.21 dejándonos *e*... que sigáis sus pisadas *5261*
5.3 señorío sobre... sino siendo *e* de la grey *5179*
2 P 2.6 poniéndolas de *e* a los que habían de *5262*
Jud 7 puestas por *e*, sufriendo el castigo del *1164*

EJERCER

Éx 31.10 vestiduras... que *ejerzan* el sacerdocio 3547
Nm 3.3 los... consagró para *ejercer* el sacerdocio 3547
3.4 y Eleazar y... *ejercieron* el sacerdocio 3547
3.10 sus hijos para que *ejerzan* su sacerdocio 8104
8.19 para que *ejerzan* el ministerio de los 5647
8.22 así vinieron... para *ejercer* su ministerio 5647
8.24 entrarán a *ejercer* su ministerio en el 6633
8.25 desde los 50 años cesarán de *ejercer* su 6635
8.25 su ministerio, y nunca mas lo *ejercerán* 5647
1 Cr 24.2 Eleazar... *ejercieron* el sacerdocio 3547
Mt 20.25; Mr 10.42 ***ejercen... ellas potestad*** *2634*
Lc 1.8 que *ejerciendo* Zacarías el sacerdocio *2407*
Hch 8.9 Simón, que antes *ejercía* la magia en *3096*
1 Ti 2.12 ni *ejercer* dominio sobre el hombre
3.10 entonces *ejerzan* el diaconado, si son
3.13 los que *ejerzan* bien el diaconado, ganan *1247*
Ap 13.12 *ejerce* toda la autoridad de... bestia *4160*

EJERCICIO

1 Ti 4.8 el *e* corporal para poco es provechoso *1129*

EJERCITAR

1 S 20.20 lado, como *ejercitándome* al blanco 7971
1 Ti 4.7 desecha... *ejercítate* para la piedad *1128*
He 5.14 uso tienen los sentidos *ejercitados* *1128*
12.11 los que en ella han sido *ejercitados* *1128*

EJÉRCITO

Gn 2.1 los cielos y la... y todo el *e* de ellos 6635
21.22 y Ficol príncipe de su *e*, a Abraham 6635
21.32 Abimelec, y Ficol príncipe de su *e*, y 6635
26.26 y Abimelec... y Ficol, capitán de su *e* 6635
49.19 Gad, *e* lo acometerá; mas él acometerá 1416
Éx 6.26 sacad a... Israel... de Egipto por sus *e* 6635
7.4 y sacaré a mis *e*, mi pueblo, los hijos de 6635
12.51 sacó... de la tierra de Egipto por sus *e* 6635
14.4 seré glorificado en Faraón y en... su *e* 2428
14.9 y todo su *e*, los alcanzaron acampados 2428
14.17 me glorificaré en Faraón y en todo su *e* 2428
14.28 todo el *e* de Faraón que había entrado 2428
15.4 en el mar los carros de Faraón y su *e* 2428
Nm 1.3 los contaréis tú y Aarón por sus *e* 6635
1.52 cada uno junto a su bandera, por sus *e* 6635
2.3 campamento de Judá, por sus *e*; y el jefe 6635
2.4,6,8,11,13,15,19,21,23,26,28,30 su cuerpo
de *e*, con sus contados 6635
2.9 de Judá... por sus *e*, marcharán delante 6635
2.10 campamento de Rubén... al sur, por sus *e* 6635
2.16 Rubén... sus *e*, marcharán los segundos 6635
2.18 del campamento de Efraín por sus *e*, al 6635
2.24 de Efraín... por sus *e*, irán los terceros 6635
2.25 campamento de Dan... al norte, por sus *e* 6635
2.32 todos los contados... por sus *e*, 603.550 6635
10.14,18,22,25 bandera del campamento... sus *e* 6635
10.14,18,22,25 estaba sobre su cuerpo de *e* 6635
10.15,16,19,20,23,24,26,27 sobre el cuerpo
de *e* de la tribu de 6635
10.28 era el orden... por sus *e* cuando partían 6635
31.14 se enojó... contra los capitanes del *e* 2428
31.48 vinieron a Moisés los jefes... de aquel *e* 6635
31.53 los hombres del *e* habían tomado botín 6635
33.1 que salieron de la... de Egipto por sus *e* 6635
Dt 4.19 viendo... el *e* del cielo, seas impulsado 6635
11.4 hizo al *e* de Egipto, a sus caballos y a 2428

17.3 inclinado a... a todo el *e* del cielo, lo 6635
20.9 los capitanes del *e* tomarán el mando a 6635
Jos 5.14 Príncipe del *e* de Jehová he venido 6635
5.15 y el Príncipe del *e*... respondió a Josué 6635
10.5 subieron... con todos sus *e*, y acamparon 4264
11.4 éstos salieron, y con ellos todos sus *e* 4264
Jue 4.2 el capitán de su *e* se llamaba Sísara 6635
4.7 a Sísara, capitán del *e* de Jabín, con... *e* 6635
4.15 quebrantó... todo su *e*, a filo de espada 4264
4.16 Barac siguió... el *e* hasta Haroset-goim 4264
4.16 todo el *e* de Sísara cayó a filo de espada 4264
7.21 todo el *e* echó a correr dando gritos y 4264
7.22 el *e* huyó hasta Bet-sita, en dirección 4264
8.6 ¿están ya... para que demos pan a tu *e?* 6635
8.10 y con ellos su *e*... *e* de los... del oriente 4264
8.11 atacó... porque el *e* no estaba en guardia 4264
8.12 prendió... y llenó de espanto a todo el *e* 4264
9.29 diría a Abimelec: Aumenta tus *e*, y sal 6635
1 S 1.3 ofrecer sacrificios a Jehová de los *e* 6635
1.11 Jehová de los *e*, si te dignaras mirar 6635
4.4 trajeron de... el arca... de Jehová de los *e* 6635
12.9 en mano de Sísara jefe del *e* de Hazor 6635
14.48 reunió un *e* y derrotó a Amalec, y libró 2428
14.50 nombre del general de su *e* era Abner 6635
15.2 ha dicho Jehová de los *e*: Yo castigaré 6635
17.1 filisteos juntaron sus *e* para la guerra 4264
17.20 llegó al... cuando el *e* salía en orden 2428
17.21 y se pusieron en orden... *e* frente a *e* 4634
17.22 David dejó su carga en... y... corrió al *e* 4634
17.36 ha provocado al *e* del Dios viviente 4634
17.45 a ti en el nombre de Jehová de los *e* 6635
17.55 dijo a Abner general del *e*: Abner, ¿de 6635
23.3 si fuéremos a Keila contra el *e* de los 4634
26.5 y Abner hijo de Ner, general de su *e* 6635
26.7 David... y Abisai fueron de noche al *e* 5971
26.7 Abner y el *e*... tendidos alrededor de él 5971
28.19 Jehová entregará... *e* de Israel en mano 4264
2 S 2.8 Abner hijo de Ner, general del *e* de 6635
2.25 se juntaron... Abner, formando un solo *e* 92
3.23 llegó Joab y todo el *e* que con él estaba 6635
5.10 y Jehová Dios de los *e* estaba con él 6635
6.2 era invocado el nombre de Jehová de los *e* 6635
6.18 bendijo... el nombre de Jehová de los *e* 6635
7.8 ha dicho Jehová de los *e*: Yo te tomé del 6635
7.26 Jehová de los *e* es Dios sobre Israel 6635
7.27 tú, Jehová de los *e*... revelaste al oído 6635
8.9 que David había derrotado a todo el *e* de 2428
8.16 Joab hijo... era general de su *e*, y Josafat 6635
10.7 a Joab con todo el *e* de los valientes 6635
10.10 entregó luego el resto del *e* en mano 5971
10.16 a Sobac, general del *e* de Hadad-ezer 6635
10.18 David... hirió... a Sobac general del *e* 6635
11.17 cayeron algunos del *e* de los siervos de 5971
17.25 y Absalón nombró a Amasa jefe del *e* en 6635
19.13 si no fueres general del *e* delante de 6635
20.23 quedó Joab sobre todo el *e* de Israel 6635
22.30 contigo desbarataré *e*, y con mi Dios 1416
24.2 dijo el rey a Joab, general del *e* que 2426
24.4 prevaleció sobre... los capitanes del *e* 2426
24.4 salió... Joab, con los capitanes del *e* 2426
1 R 1.19 ha convidado... a Joab general del *e* 6635
1.25 y ha convidado... a los capitanes del *e* 6635
2.5 Joab... lo que hizo a dos generales del *e* 6635
2.32 general del *e* de Israel, y... *e* de Judá 6635
2.35 puso en su lugar a Benaía... sobre el *e* 6635
4.4 Benaía hijo de Joiada sobre el *e*; Sadoc 6635
11.15 en Edom, y subió Joab el general del *e* 6635
11.21 y que era muerto Joab general del *e* 6635
15.20 envió los príncipes de los *e* que tenía 2428
16.16 puso... por rey... a Omri, general del *e* 6635
18.15 vive Jehová de los *e*, en cuya presencia 6635
19.10,14 un vivo celo por Jehová... de los *e* 6635
20.1 Ben-adad rey de Siria juntó a todo su *e* 2426
20.19 salieron, pues... en pos de ellos el *e* 2428
20.25 fórmate otro *e* como el *e* que perdiste 2428
20.26 un año, Ben-adad pasó revista al *e* de
22.19 el *e* de los cielos estaba junto a él 6635
2 R 3.9 les faltó agua para el *e*, y para las 4264
3.14 vive Jehová de los *e*, en cuya presencia 6635
4.13 hable por ti al rey, o al general del *e?* 6635
5.1 Naamán, general del *e* del rey de Siria 6635
6.14 envió el rey allá gente... y un gran *e* 2428
6.15 he aquí el *e* que tenía sitiada la ciudad 2428
6.24 Ben-adad... reunió todo su *e*, y subió y 4264
7.6 sirios se oyese... y estrépito de gran *e* 4264
9.5 los príncipes del *e* que estaban sentados 2428
11.15 mandó a los jefes... que gobernaban el *e* 2428
17.16 y adoraron a todo el *e* de los cielos 6635
18.17 al Rabsaces, con un gran *e* desde Laquis 2426
19.31 el celo de Jehová de los *e* hará esto 6635
21.3 y adoró a todo el *e* de los cielos, y 6635
21.5 edificó altares para... *e* de los cielos 6635
23.4 Asera y para todo el *e* de los cielos 6635
23.5 incienso a... a todo el *e* de los cielos 6635
25.1 Nabucodonosor rey... vino con todo su *e* 2428
25.5 el *e* de los caldeos siguió al rey, y lo 2428
25.5 al rey... lo apresó... dispersado todo su *e* 2428
25.10 el *e* de los caldeos... derribó los muros 2428
25.19 tomó... el principal escriba del *e*, que 6635
25.23 oyendo todos los príncipes del *e*... que 2428
25.26 levantándose... con los capitanes del *e* 2428
1 Cr 11.9 David... Jehová de los *e* estaba con 6635
11.26 los valientes de los *e*: Asael... Joab 2428
12.14 capitanes del *e* de los hijos de Gad 6635
12.21 ayudaron... y fueron capitanes en el *e* 6635
12.22 hasta hacerse un gran *e*, como *e* de Dios 4264
14.15 Dios... y herirá el *e* de los filisteos 4264
14.16 derrotaron al *e* de los filisteos desde 4264

17.7 ha dicho Jehová de los *e*: Yo te tomé del 6635
17.24 Jehová de los *e*... es Dios para Israel 6635
18.9 que David había deshecho todo el *e* de 2428
18.15 y Joab... era general del *e*, y Josafat 6635
19.7 y tomaron a... al rey de Maaca y a su *e* 5971
19.8 David, envió a Joab con todo el *e* de los 6635
19.10 con ellos ordenó su *e* contra los sirios
19.16 era Sofac, general del *e* de Hadad-ezer 6635
19.18 y mató David... a Sofac general del *e* 6635
20.1 Joab sacó las fuerzas del *e*, y destruyó 6635
25.1 David y los jefes del *e* apartaron para 6635
26.26 que había consagrado... los jefes del *e* 6635
27.34 y Joab era el general del *e* del rey 6635
2 Cr 13.3 ordenó batalla con un *e* de 400.000 2428
14.8 tuvo... Asa *e* que traía escudos y lanzas 2428
14.9 salió contra ellos Zera etíope con un *e* 2428
14.11 y en tu nombre venimos contra este *e* 1995
14.13 deshechos delante de Jehová y de su *e* 4264
16.4 envió los capitanes de sus *e* contra las 2428
16.7 el *e*... de Siria ha escapado de tus manos 2426
16.8 los libios, ¿no eran un *e* numerosísimo 2428
17.2 puso *e* en todas las ciudades... de Judá 2428
18.18 todo el *e* de los cielos estaba a su mano 6635
23.14 mandó que salieran los jefes... del *e*, y 2428
24.23 del año subió contra él el *e* de Siria 2428
24.24 aunque el *e* de Siria había venido con 2428
24.24 Jehová entregó en... un *e* muy numeroso 2428
25.7 dijo: Rey, no vaya contigo el *e* de Israel 6635
25.9 cien talentos que he dado al *e* de Israel? 1416
25.10 apartó el *e* de la gente que... de Efraín 1416
25.13 los del *e*... invadieron las ciudades de 1416
26.11 tuvo también Uzías un *e* de guerreros 2428
26.13 y bajo la mano de éstos estaba el *e* de ... 2428,6635
26.14 y Uzías preparó para todo el *e* escudos 6635
28.9 que se llamaba Obed... salió delante del *e* 6635
28.14 *e* dejó los cautivos y el botín delante 2502
33.3 adoró a todo el *e* de los cielos, y les 6635
33.5 altares a todo el *e* de los cielos en los 6635
33.11 trajo contra ellos los generales del *e* 6635
33.14 Puso capitanes de *e* en todas... de Judá 2428
Neh 2.9 el rey envió conmigo capitanes del *e* 2428
4.2 habló delante... del *e* de Samaria, y dijo 2428
9.6 tú hiciste los cielos... con todo su *e*, la 6635
9.6 cosas, y los *e* de los cielos te adoran 6635
Job 19.12 vinieron sus *e*... y se atrincheraron en 1416
25.3 ¿tienen sus *e* número? ¿Sobre quién no 1416
29.25 moraba como rey en el *e*, como el que 1416
Sal 18.29 contigo desbarataré *e*, y con mi Dios 1416
24.10 Jehová de los *e*, él es el Rey de la 6635
27.3 aunque un *e* acampe contra mí, no temerá 4264
33.6 el *e* de ellos por el aliento de su boca 6635
33.16 rey no se salva por la multitud del *e* 2428
44.9 desechado... y no sales con nuestros *e* 6635
46.7,11 Jehová de los *e* está con nosotros 6635
48.8 visto en la ciudad de Jehová de los *e* 6635
59.5 Jehová Dios de los *e*, Dios de Israel 6635
60.10 y no salías, oh Dios, con nuestros *e?* 6635
68.12 huyeron, huyeron reyes de *e*, y las que 6635
69.6 no sean avergonzados... Jehová de los *e* 6635
78.49 sobre ellos... *e* de ángeles destructores
80.4 Dios de los *e*, ¿hasta cuándo mostrarás 6635
80.7,19 oh Dios de los *e*, restáuranos; haz 6635
80.14 oh Dios de los *e*, vuelve ahora; mira 6635
84.1 ¡cuán amables son... oh Jehová de los *e!* 6635
84.3 cerca de tus altares, oh Jehová de los *e* 6635
84.8 Jehová Dios de los *e*, oye mi oración 6635
84.12 Jehová de los *e*, dichoso el hombre que 6635
89.8 oh Jehová, Dios de los *e*, ¿quién como 6635
103.21 bendecid a Jehová, vosotros... sus *e* 6635
108.11 y no salías, oh Dios, con nuestros *e?* 6635
136.15 y arrojó a Faraón y a su *e* en el Mar 2826
148.2 alabadle, vosotros todos sus *e* 6635
Cnt 6.4,10 como... imponente como *e* en orden 1416
Is 1.9 Jehová de los *e* no nos hubiese dejado 6635
1.24 el Señor, Jehová de los *e*, el Fuerte 6635
2.12 día de Jehová de los *e* vendrá sobre todo 6635
3.1 señor Jehová de los *e* quita de Jerusalén 6635
3.15 pobres, dice el Señor, Jehová de los *e* 6635
5.7 la viña de Jehová de los *e* es la casa de 6635
5.9 a mis oídos de parte de Jehová de los *e* 6635
5.16 Jehová de los *e* será exaltado en juicio 6635
5.24 desecharon la ley de Jehová de los *e* 6635
6.3 santo, santo, santo, Jehová de los *e* 6635
6.5 visto mis ojos al Rey, Jehová de los *e* 6635
8.13 Jehová de los *e*, a él santificad; sea 6635
8.18 de parte de Jehová de los *e*, que mora 6635
9.7 el celo de Jehová de los *e* hará esto 6635
9.13 el pueblo... ni buscó a Jehová de los *e* 6635
9.19 por la ira de Jehová de... *e* se oscureció 6635
10.16 Jehová de los *e*, enviará debilidad 6635
10.23 Jehová de los *e*, hará consumación ya 6635
10.24 el Señor, Jehová de los *e*, dice así 6635
10.26 levantará Jehová de los *e* azote contra 6635
10.28 hasta Migrón; en Micmas contará su *e* 627
10.33 el Señor, Jehová de los *e*, desgajará 6635
13.4 Jehová de los *e* pasa revista a... tropas 6635
13.13 en la indignación de Jehová de los *e* 6635
14.22 contra ellos, dice Jehová de los *e*, y 6635
14.23 la barreré con... dice Jehová de los *e* 6635
14.24 Jehová de los *e* juró diciendo... se hará 6635
14.27 Jehová de los *e* lo ha determinado, ¿y 6635
17.3 que de Siria... dice Jehová de los *e* 6635
18.7 será traída ofrenda a Jehová de los *e* 6635
18.7 al lugar del nombre de Jehová de los *e* 6635
19.4 ellos, dice el Señor, Jehová de los *e* 6635
19.12 lo que Jehová de los *e* ha determinado 6635
19.16 la mano alta de Jehová de los *e*, que 6635
19.17 del consejo que Jehová de los *e* acordó 6635

E

19.18 ciudades...que juren por Jehová de los e 6635
19.20 por testimonio a Jehová de los e en la 6635
19.25 porque Jehová de los e los bendecirá......... 6635
21.10 he dicho lo que oí de Jehová de los e 6635
22.5 de parte del Señor, Jehová de los e, en 6635
22.12 Jehová de los e, llamó en este día al 6635
22.14 esto fue revelado...de Jehová de los e 6635
22.14 muráis, dice el Señor, Jehová de los e 6635
22.15 Jehová de los e dice así: Vé, entra a 6635
22.25 dice Jehová de los e, el clavo hincado......... 6635
23.9 Jehová de los e lo decretó...envilecer 6635
24.21 Jehová castigará al e de los cielos en.......... 6635
24.23 Jehová de los e reine en el monte de 6635
25.6 y Jehová de los e hará en este monte a 6635
28.5 Jehová de...e será por corona de gloria 6635
28.22 he oído del Señor, Jehová de los e 6635
28.29 salió de Jehová de los e, para hacer 6635
29.6 por Jehová de los e serás visitada con......... 6635
31.4 así Jehová de los e descenderá a pelear 6635
31.5 amparará Jehová de los e a Jerusalén.......... 6635
34.2 Jehová...indignado contra todo el e de 6635
34.4 el e de los cielos...y caerá todo su e 6635
36.2 Asiria envió al Rabsaces con un gran e 2426
37.16 Jehová de los e, Dios de Israel, que 6635
37.32 el celo de Jehová de los e hará esto............ 6635
39.5 Isaías...Oye palabra de Jehová de los e 6635
40.26 él saca y cuenta su e; a todas llama........... 6635
43.17 que saca carro y caballo, e y fuerza 2428
44.6 Jehová de los e: Yo soy el primero, y........... 6635
45.12 hice...los cielos, y a todo su e mandé 6635
45.13 no por precio...dice Jehová de los e 6635
47.4 Redentor, Jehová de los e es su nombre 6635
48.2 confían; su nombre es Jehová de los e 6635
51.15 Dios, cuyo nombre es Jehová de los e........... 6635
54.5 Hacedor; Jehová de los e es su nombre 6635
Jer 2.19 malo...dice el Señor, Jehová de los e 6635
5.14 tanto, así ha dicho Jehová Dios de...e 6635
6.6 así dijo Jehová de los e: Cortad árboles......... 6635
6.9 dijo Jehová de los e...rebuscarán como a........ 6635
7.3 dicho Jehová de los e...Mejorad vuestros....... 6635
7.21 así ha dicho Jehová de los e...Añadid 6635
8.2 y los esparcirán...a todo el e del cielo 6635
8.3 escogerá la muerte...dice Jehová de los e 6635
9.7 ha dicho Jehová de los e...los refinaré 6635
9.15 ha dicho Jehová de los e...comer ajenjo 6635
9.17 así dice Jehová de los e: Considerad, y.......... 6635
10.16 Hacedor...Jehová de los e es su nombre 6635
11.17 porque Jehová de los e que te plantó 6635
11.20 oh Jehová de los e, que juzgas con............ 6635
11.22 ha dicho Jehová de los e...los castigaré 6635
15.16 se invocó sobre mí, oh...Dios de los e......... 6635
16.9 ha dicho Jehová de los e...haré cesar en 6635
18.22 clamor...cuando traigas sobre ellos e 1416
19.3 dice Jehová de los e...traigo mal sobre 6635
19.11 dicho Jehová de los e: Así quebrantaré 6635
19.13 ofrecieron incienso a...el e del cielo 6635
19.15 ha dicho Jehová de los e...traigo...mal....... 6635
20.12 oh Jehová de los e, que pruebas a los.......... 6635
23.15 ha dicho Jehová de los e...profetas 6635
23.16 ha dicho Jehová de los e: No escuchéis 6635
23.36 las palabras del...de Jehová de los e 6635
25.8 ha dicho Jehová de los e: Por cuanto 6635
25.27 ha dicho Jehová de los e...embriagaos 6635
25.28 ha dicho Jehová de los e: Tenéis que.......... 6635
25.29 espada traigo...dice Jehová de los e............ 6635
25.32 ha dicho Jehová de los e...el mal irá 6635
26.18 ha dicho Jehová de los e: Sion será............ 6635
27.4 dicho Jehová de los e...Así habéis de 6635
27.18 oren...a Jehová de los e para que los.......... 6635
27.19,21 ha dicho Jehová de los e acerca de 6635
28.2 así habló Jehová de los e...Quebranté el 6635
28.14 dicho Jehová de los e...Yugo de hierro 6635
29.4 ha dicho Jehová de los e...a todos los 6635
29.8 ha dicho Jehová de los e...No os engañen 6635
29.17 así ha dicho Jehová de los e...envío yo 6635
29.21 ha dicho Jehová de los e...de Acab hijo 6635
29.25 así habló Jehová de los e...Tú enviaste 6635
30.8 dice Jehová de los e, yo quebraré su............ 6635
31.23 así ha dicho Jehová de los e...Aún dirán 6635
31.35 sus ondas; Jehová de los e es su nombre...... 6635
32.2 e del rey de Babilonia tenía sitiada a 2428
32.14 ha dicho Jehová de los e...Toma estas......... 6635
32.15 ha dicho Jehová de los e...se comprarán....... 6635
32.18 grande...Jehová de los e es su nombre 6635
33.11 alabad a Jehová de los e...es bueno 6635
33.12 así dice Jehová de los e: En este lugar 6635
33.22 no puede ser contado el e del cielo, ni 6635
34.1 y todo su e...peleaban contra Jerusalén....... 2428
34.7 el e del rey de Babilonia peleaba contra........ 2428
34.21 y en mano del e del rey de Babilonia 2428
35.11 el e de los caldeos...e de los de Siria.......... 2428
35.13 ha dicho Jehová de los e...Vé y di a los........ 6635
35.17 ha dicho Jehová Dios de los e, Dios de........ 6635
35.18 los recabitas...dicho Jehová de los e 6635
35.19 ha dicho Jehová de los e...No faltará 6635
37.5 el e de Faraón había salido de Egipto 2428
37.7 he aquí el e de Faraón que había salido 2428
37.10 el e de los caldeos que pelean contra 2428
37.11 cuando el e de los caldeos se retiró............ 2428
37.11 de Jerusalén a causa del e de Faraón 2428
38.3 será entregada...en manos del e del rey 2428
38.17 ha dicho...Dios de los e...Si te entregas 6635
39.1 vino...con todo su e contra Jerusalén 2428
39.5 pero el e de los caldeos los siguió, y........... 2428
39.16 a Ebed-melec...ha dicho Jehová de los e...... 6635
40.7 los jefes del e que estaban por el campo........ 2428
42.15 ha dicho Jehová de los e...Si vosotros......... 6635
42.18 así ha dicho Jehová de los e...Como se........ 6635
43.10 ha dicho Jehová de los e...yo enviaré 6635
44.2 ha dicho Jehová de los e...habéis visto 6635
44.7 dicho Jehová de los e...¿Por qué hacéis 6635
44.11 ha dicho Jehová de los e...yo vuelvo mi 6635
44.25 hablado Jehová de los e...hablasteis con 6635
46.2 e de Faraón Necao...que estaba cerca de 2428
46.10 será para Jehová Dios de los e día de 6635
46.10 sacrificio será para Jehová...de los e 6635
46.18 el Rey, cuyo nombre es Jehová de los e....... 6635
46.25 Jehová de los e...ha dicho...yo castigo 6635
48.1 ha dicho Jehová de los e...¡Ay de Nebo! 6635
48.15 el Rey, cuyo nombre es Jehová de los e....... 6635
49.5 traigo...espanto, dice...Jehová de los e........ 6635
49.7 de Edom. Así ha dicho Jehová de los e 6635
49.26 morirán en...ha dicho Jehová de los e 6635
49.35 ha dicho Jehová de los e...yo quiebro 6635
50.18 ha dicho Jehová de los e...yo castigo 6635
50.25 esta es obra de Jehová, Dios de los e 6635
50.31 estoy contra ti...dice...Jehová de los e 6635
50.33 así ha dicho Jehová de los e: Oprimidos 6635
50.34 Fuerte; Jehová de los e es su nombre......... 6635
51.3 no perdonéis a sus...destruid todo su e........ 6635
51.5 no han enviudado de...Jehová de los e 6635
51.14 Jehová de los e juró por sí mismo 6635
51.19 él es el Formador...Jehová de los e es........ 6635
51.33 ha dicho Jehová de los e...La hija de 6635
51.57 el Rey, cuyo nombre es Jehová de los e....... 6635
51.58 dicho Jehová de los e: El muro ancho 6635
52.4 vino...él y todo su e, contra Jerusalén 2428
52.8 y el e de los caldeos siguió al rey, y 2428
52.8 a Sedequías en...y lo abandonó todo su e 2428
52.14 el e de los caldeos, que venía con el 2428
Ez 1.24 ruido de muchedumbre...el ruido de un e 4264
17.17 ni con gran e...hará Faraón nada por él..... 2428
27.10 persas...fueron en tu e tus hombres de 2428
27.11 los hijos de Arvad con tu e estuvieron 2428
29.18 hizo a su e prestar un arduo servicio 2428
29.18 para él ni para su e hubo paga de Tiro 2428
29.19 y arrebatará...y habrá paga para su e....... 2428
32.31 Faraón muerto a espada, y todo su e 2428
37.10 y vivieron...un e grande en extremo 2428
38.4 te sacaré a ti y a todo tu e, caballos.......... 2428
38.15 a caballo, gran multitud y poderosos e 2429
Dn 3.20 y mandó a hombres...que tenía en su e 2429
4.35 él hace...su voluntad en el e del cielo 2429
8.10 y se engrandeció hasta el e del cielo 6635
8.10 parte del e y de las...echó por tierra 6635
8.11 se engrandeció contra el príncipe de...e 6635
8.12 entregado el e junto con el...sacrificio 6635
8.13 entregando...el e para ser pisoteados?......... 6635
11.7 y vendrá con e contra el rey del norte 2428
11.10 hijos...reunirán multitud de grandes e 2428
11.13 vendrá apresuradamente con gran e y con... 2428
11.25 y despertará sus fuerzas...con gran e 2428
11.25 en la guerra con grande y muy fuerte e 2428
11.26 su e será destruido, y caerán muchos 2428
Os 12.5 Jehová es Dios de los e; Jehová es............. 6635
Jl 2.11 Jehová dará su orden delante de su e 2428
2.25 mi gran e que envié contra vosotros........... 2428
Am 3.13 testificad...ha dicho...Dios de los e........... 6635
4.13 el que forma...Dios de los e es su nombre..... 6635
5.14 Dios de los e estará con vosotros, como........ 6635
5.15 quizá...Dios de los e tendrá piedad del........ 6635
5.16 ha dicho...Dios de los e: En todas las 6635
5.27 Jehová, cuyo nombre es Dios de los e........... 6635
6.8 Jehová Dios de los e ha dicho: Abomino 6635
6.14 dice Jehová Dios de los e, levantaré yo 6635
9.5 Jehová de los e, es el que toca la tierra 6635
Abd 11 el día...llevaban extraños cautivo su e 2428
20 los cautivos de este e de los hijos de los......... 2426
Mi 4.4 boca de Jehová de los e lo ha hablado........... 6635
Nah 2.3 los varones de su e vestidos de grana........... 2428
2.13; 3.5 contra ti, dice Jehová de los e............. 6635
Hab 2.13 ¿no es esto de Jehová de los e? Los 6635
Sof 1.5 a los que...se postran al e del cielo 6635
2.9 Jehová de los e...Moab será como Sodoma..... 6635
2.10 afrentaron...el pueblo de Jehová de los e 6635
Hag 1.2 ha hablado Jehová de los e, diciendo............ 6635
1.5,7 ha dicho Jehová de los e: Meditad bien........ 6635
1.9 dice Jehová de los e. Por cuanto mi casa........ 6635
1.14 trabajaron en la casa de Jehová de...e......... 6635
2.4 estoy con vosotros, dice Jehová de los e........ 6635
2.6 dice Jehová de los e: De aquí a poco yo 6635
2.7 haré temblar...ha dicho Jehová de los e......... 6635
2.8 mía es la plata, y...dice Jehová de los e........ 6635
2.9 será mayor que...ha dicho Jehová de los e 6635
2.9 daré paz en este...dice Jehová de los e 6635
2.11 así ha dicho Jehová de los e: Pregunta......... 6635
2.23 día, dice Jehová de los e, te tomaré, oh 6635
2.23 yo te escogí, dice Jehová de los e 6635
Zac 1.3 ha dicho Jehová de los e: Volveos a............. 6635
1.3 volveos a mí, dice Jehová de los e, y yo......... 6635
1.3 me volveré a...ha dicho Jehová de los e 6635
1.4 ha dicho Jehová de los e: Volveos ahora 6635
1.6 Jehová de los e pensó tratarnos conforme 6635
1.12 oh Jehová de los e, ¿hasta cuándo no.......... 6635
1.14 así ha dicho Jehová de los e: Celé con 6635
1.16 edificada mi casa, dice Jehová de los e 6635
1.17 dice Jehová de los e: Aún rebosarán mis....... 6635
2.8 ha dicho Jehová de los e: Tras la gloria......... 6635
2.9 y sabréis que Jehová de los e me envió 6635
2.11 que Jehová de los e me ha enviado a ti 6635
3.7 así dice Jehová de los e: Si anduvieres.......... 6635
3.9 grabaré su escultura, dice Jehová de...e 6635
3.10 aquel día, dice Jehová de los e, cada........... 6635
4.6 no con e, ni con fuerza...con mi Espíritu
4.6 con mi Espíritu, ha dicho Jehová de los e 6635
4.9 conocerás que Jehová de los e me envió 6635
5.4 la he hecho salir, dice Jehová de los e 6635
6.12 ha hablado Jehová de los e, diciendo 6635
6.15 Jehová de los e me ha enviado a vosotros 6635
7.3 estaban en la casa de Jehová de los e............ 6635
7.4 vino...a mí palabra de Jehová de los e.......... 6635
7.9 habló Jehová de los e...Juzgad conforme a..... 6635
7.12 las palabras que Jehová de los e enviaba...... 6635
7.12 gran enojo de parte de Jehová de los e 6635
7.13 y yo no escuché, dice Jehová de los e 6635
8.1,18 vino a mí palabra de Jehová de los e......... 6635
8.2 ha dicho Jehová de los e: Celé a Sion con....... 6635
8.3 y el monte de Jehová de los e, Monte de 6635
8.4 así ha dicho Jehová de los e: Aún han de 6635
8.6 dice Jehová de los e: Si esto parecerá........... 6635
8.6 será maravilloso...dice Jehová de los e......... 6635
8.7 ha dicho Jehová de los e...yo salvo a mi 6635
8.9 ha dicho Jehová de los e: Esfuércense 6635
8.9 el cimiento a la casa de Jehová de los e......... 6635
8.11 ahora no lo haré...dice Jehová de los e......... 6635
8.14 así ha dicho Jehová de los e: Como pensé 6635
8.14 provocaron a ira, dice Jehová de los e.......... 6635
8.19 ha dicho Jehová de los e: El ayuno del 6635
8.20 ha dicho Jehová de los e: Aún vendrán 6635
8.21 vamos a...y a buscar a Jehová de los e 6635
8.22 y vendrán...a buscar a Jehová de los e 6635
8.23 ha dicho Jehová de los e: En aquellos.......... 6635
9.15 Jehová de los e los amparará, y ellos 6635
10.3 Jehová de los e visitará su rebaño, la.......... 6635
12.5 tienen fuerza los...en Jehová de los e 6635
13.2 aquel día, dice Jehová de los e, quitaré 6635
13.7 dice Jehová de los e. Hiere al pastor........... 6635
14.16,17 adorar al Rey, a Jehová de los e........... 6635
14.21 toda olla...consagrada a Jehová de los e..... 6635
14.21 mercader en la casa de Jehová de los e 6635
Mal 1.4 ha dicho Jehová de los e...edificarán 6635
1.6 ¿dónde...mi temor? dice Jehová de los e........ 6635
1.8 le serás acepto? dice Jehová de los e 6635
1.9 ¿cómo...agradarle...dice Jehová de los e....... 6635
1.10 complacencia en...dice Jehová de los e......... 6635
1.11 grande es mi nombre...Jehová de los e......... 6635
1.13 y me despreciáis, dice Jehová de los e 6635
1.14 yo soy Gran Rey, dice Jehová de los e 6635
2.2 si no oyereis...ha dicho Jehová de los e......... 6635
2.4 pacto con Leví, ha dicho Jehová de los e 6635
2.7 porque mensajero es de Jehová de los e 6635
2.8 corrompido el pacto...dice Jehová de los e 6635
2.12 al que ofrece ofrenda a Jehová de los e........ 6635
2.16 aborrece el repudio...dijo Jehová de...e 6635
3.1 he aquí viene, ha dicho Jehová de los e 6635
3.5 no teniendo temor...dice Jehová de los e 6635
3.7 volveos a mí...ha dicho Jehová de los e......... 6635
3.10 probadme ahora en...dice Jehová de los e 6635
3.11 no os destruirá...dice Jehová de los e 6635
3.12 tierra deseable, dice Jehová de los e............ 6635
3.14 afligidos en presencia de Jehová de...e? 6635
3.17 especial tesoro, ha dicho Jehová de...e......... 6635
4.1 los abrasará, ha dicho Jehová de los e 6635
4.3 serán ceniza...ha dicho Jehová de los e 6635
Mt 22.7 **enviando sus e, destruyó a aquellos** 4753
Lc 21.20 **viereis a Jerusalén rodeada de e** 4760
Hch 7.42 a que rindiesen culto al e del cielo 4756
Ro 9.29 si el Señor de los e no nos hubiera 4519
He 11.34 en batallas, pusieron en fuga e.................. 3925
Stg 5.4 entrado en...oídos del Señor de los e 4519
Ap 9.16 el número de los e de los jinetes era............ 4753
19.14 y los e celestiales, vestidos de lino 4753
19.19 vi...a los reyes de la tierra y a sus e 4753
19.19 reunidos para guerrear...y contra su e.......... 4753

EJIDO

Lv 25.34 la tierra del e de sus ciudades no se 4054
Nm 35.2 a los levitas los e de esas ciudades 4054
35.3 y los e...serán para sus animales, para......... 4054
35.4 los e de las...serán mil codos alrededor 4054
35.5 esto tendrán por los e de las ciudades 4054
35.7 a los levitas serán ciudades con sus e........... 4054
Jos 14.4 ciudades en que...con los e de ellas............. 4054
21.2 dadas ciudades...e para nuestros ganados.... 4054
21.3,8 dieron de...estas ciudades con sus e 4054
21.11 les dieron Quiriat-arba, del...con sus e 4054
21.13 Hebrón con sus e...como Libna con sus e...... 4054
21.14 Jatir con sus e, Estemoa con sus e 4054
21.15 Holón con sus e, Debir con sus e............... 4054
21.16 Aín con sus e, Juta con sus e y...sus e 4054
21.17 y de...Gabaón con sus e, Geba con sus e 4054
21.18 Anatot con sus e, Almón con sus e; 4 4054
21.19 las ciudades de...son trece con sus e 4054
21.21 dieron Siquem con sus e, en el monte.......... 4054
21.21 les dieron...además, Gezer con sus e........... 4054
21.22 Kibsaim con sus e y Bet-horón con...e......... 4054
21.23 Elteque con sus e, Gibetón con sus e........... 4054
21.24 Ajalón con sus e y Gat-rimón con sus e 4054
21.25 Taanac con sus e y Gat-rimón con sus e 4054
21.26 las ciudades...fueron diez con sus e........... 4054
21.27 dieron...Golán en Basán con sus e como..... 4054
21.27 Golán...y además, Beestera con sus e......... 4054
21.28 Cisón con sus e, Daberat con sus e 4054
21.29 Jarmut con sus e y En-ganim con sus e 4054
21.30 Aser, Miseal con sus e, Abdón con sus e 4054
21.31 Helcat con sus e y Rehob con sus e; 4 4054
21.32 Cedes en Galilea con sus e...de refugio 4054
21.32 Hamot-dor con sus e y Cartán con sus e 4054
21.33 todas...fueron trece ciudades con sus e 4054
21.34 dio...Jocneam con sus e, carta con sus e 4054
21.35 Dimna con sus e y Naalal con sus e; 4 4054
21.36 Beser con sus e, y Jahaza con sus e 4054
21.37 Cademot con sus e y Mefaat con sus e......... 4054
21.38 Ramot...con sus e...Mahanaim con sus e 4054

21.39 Hesbón con sus *e* y Jazer con sus *e*; 4 4054
21.41 de los levitas... 48 ciudades con sus *e* 4054
21.42 cada cual con sus *e* alrededor de ella 4054
2 R 23.11 Natán-melec... tenía a su cargo los *e* 6503
1 Cr 5.16 habitaron... en todos los *e* de Sarón 4054
6.55 dieron, pues, Hebrón en... Judá, y sus *e* 4054
6.57 Libna con sus *e*, Jatir, Estemoa con sus *e* 4054
6.58 Hilén con sus *e*, Debir con sus *e* 4054
6.59 Asán con sus *e* y Bet-semes con sus *e* 4054
6.60 tribu... Geba con sus *e*, Alemet con sus *e* 4054
6.60 Anatot con sus *e*. Todas sus ciudades 4054
6.64 dieron a los levitas ciudades con sus *e* 4054
6.66 hijos de Coat dieron ciudades con sus *e* 1366
6.67 Siquem con sus *e* en el... Gezer con sus *e* 4056
6.68 Jocmeam con sus *e*, Bet-horón con sus *e* 4056
6.69 Ajalón con sus *e* y Gat-rimón con sus *e* 4056
6.70 Aner con sus *e* y Bileam con sus *e*, para 4056
6.71 Golán en... con sus *e* y Astarot con sus *e* 4056
6.72 Cedes con sus *e*, Daberat con sus *e* 4056
6.73 Ramot con sus *e* y Anem con sus *e* 4056
6.74 Aser, Masal con sus *e*, Abdón con sus *e* 4056
6.75 Hucoc con sus *e* y Rehob con sus *e* 4056
6.76 Cedes en... con sus *e*, Hamón con sus *e* y 4056
6.76 tribu de Neftalí... Quiriataim con sus *e* 4056
6.77 tribu... Rimón con sus *e* y Tabor con sus *e* 4056
6.78 Rubén, Beser... con sus *e*, Jaza con sus *e* 4056
6.79 Cademot con sus *e* y Mefaat con sus *e* 4056
6.80 Ramot de... con sus *e*, Mahanaim con sus *e* 4056
6.81 Hesbón con sus *e* y Jazer con sus *e* 4056
13.2 los sacerdotes y... en sus ciudades y *e* 4056
2 Cr 11.14 los levitas dejaban sus *e*... venían 4056
31.19 sacerdotes, que estaban en los *e* de sus 4056
Neh 12.44 recoger en... de los *e* de las ciudades 7704
Ez 45.2 cincuenta codos en derredor para... *e* 4056
48.15 serán... para habitación y para *e*; y la 4056
48.17 y el *e* de la ciudad será al norte de 4056

EL *Véase el Apéndice*

ÉL *Véase el Apéndice*

ELA
1. Jefe de Edom, Gn 36.41; 1 Cr 1.52 425
2. Valle en el territorio de Judá, 1 S 17.2,19; 21.9 425
3. Padre de Simei No 3,1 R 4.18 425
4. Rey de Israel
1 R 16.6 durmió... reinó en su lugar *E* su hijo 425
16.8 en el año 26... comenzó a reinar *E* hijo 425
16.13 de Baasa y los pecados de *E* su hijo 425
16.14 los demás hechos de *E*, y todo lo que 425
5. Padre de Oseas, rey de Israel
2 R 15.30 y Oseas hijo de *E* conspiró contra 425
17.1 el año... comenzó a reinar Oseas hijo de *E* 425
18.1 el tercer año de Oseas hijo de *E*, rey de 425
18.9 era el año séptimo de Oseas hijo de *E* 425
6. Descendiente de Caleb, 1 Cr 4.15 425
7. Uno que regresó de Babilonia, 1 Cr 9.8 425

ELABORAR
Nm 31.51 el oro de... alhajas, todas elaboradas 4639

ELAD *Descendiente de Efraín*, 1 Cr 7.21 496

ELADA *Descendiente de Efraín*, 1 Cr 7.20 497

ELAM
1. Hijo de Sem, Gn 10.22; 1 Cr 1.17 5867
2. La Persia de la antigüedad (hoy Irán)
Gn 14.1 Quedorlaomer rey de *E*, y Tidal rey de 5867
14.9 contra Quedorlaomer rey de *E*, Tidal rey 5867
Is 11.11 su pueblo que aún quede en Asiria... *E* 5867
21.2 sube, oh *E*; sitia, oh Media. Todo su 5867
22.6 *E* tomó aljaba, con carros y con jinetes 5867
Jer 25.25 a todos los reyes de *E*, a todos los 5867
49.34 palabra de Jehová... acerca de *E*, en el 5867
49.35 yo quiebro el arco de *E*... su fortaleza 5867
49.36 traeré sobre *E* los cuatro vientos de 5867
49.36 no habrá nación a donde no vayan... de *E* 5867
49.37 y haré que *E* se intimide delante de sus 5867
49.38 y pondré mi trono en *E*, y destruiré a 5867
49.39 haré volver a los cautivos de *E*, dice 5867
Ez 32.24 allí *E*, y toda su multitud por los 5867
Dn 8.2 Susa... capital del... en la provincia de *E* 5867
3. Descendiente de Benjamín, 1 Cr 8.24 5867
4. Levita en tiempo de David, 1 Cr 26.3 5867
5. Nombre común entre los exiliados que regresaron de Babilonia en los tiempos de Esdras
Esd 2.7; Neh 7.12 los hijos de *E*, 1.254 5867
Esd 2.31; Neh 7.34 los hijos del otro *E*, 1.254 5867
Esd 8.7 los hijos de *E*, Jesaías hijo de Atalías 5867
10.2 respondió Secanías... de los hijos de *E* 5867
10.26 de los hijos de *E*: Matanías, Zacarías 5867
Neh 10.14 cabezas del pueblo: Paros... *E*, Zatu 5867
12.42 Eleazar, Uzi, Johanán, Malquías, *E* 5867

ELAMITA *Habitante de Elam No. 2*
Esd 4.9 Babilonia, de Susa, esto es, los *e* 5962
Hch 2.9 *e*, y los que habitamos en Mesopotamia *1639*

ELASA
1. Descendiente de Jerameel, 1 Cr 2.39,40 499
2. Descendiente de Saúl, 1 Cr 8.37; 9.43 501
3. Hijo de Pasur sacerdote, Esd 10.22 501
4. Mensajero del rey Sedequías, Jer 29.3 501

ELASAR *Región de Mesopotamia*, Gn 14.1,9 495

ELAT *Ciudad y puerto en el mar Rojo (=Elot)*
Dt 2.8 por el camino... desde Elat y Ezión-geber 359
2 R 14.22 reedificó él a *E*, y la restituyó a 359
16.6 recobró *e* para Edom, y echó de *E* a los 359
16.6 los de Edom vinieron a *E* y habitaron 359

EL-BET-EL *Altar que edificó Jacob*, Gn 35.7 416

ELCANA
1. Hijo de Coré, Éx 6.24; 1 Cr 6.23 511
2. Padre de Samuel
1 S 1.1 hubo un varón... de Zofim... se llamaba *E* 511
1.4 el día en que *E* ofrecía sacrificio, daba 511
1.8 y *E* su marido le dijo: Ana, ¿por qué 511
1.19 y *E* se llegó a Ana su mujer, y Jehová 511
1.21 subió el varón *E* con toda su familia 511
1.23 *E*... le respondió: Haz lo que... te parezca 511
2.11 y *E* se volvió a su casa en Ramá; y el 511
2.20 Elí bendijo a *E* y a su mujer, diciendo 511
1 Cr 6.23 *E* su hijo, Ebiasaf su hijo, ... 511
6.27 Eliab su hijo, Jeroham su hijo, *E* 511
6.34 hijo de *E*, hijo de Jeroham, hijo de 511
3. Nombre que aparece en varias listas de levitas, 1 Cr 6.25,26,35,36; 9.16; 15.23 511
4. Benjamita que se juntó con David en Siclag, 1 Cr 12.6 511
5. Oficial del rey Acaz, 2 Cr 28.7 511

ELCOS *Lugar de donde era Nahum el profeta*, Nah 1.1 512

ELDA *Hijo de Madián*, Gn 25.4; 1 Cr 1.33 420

ELDAD *Hombre que profetizó en el campamento de Israel*, Nm 11.26,27 419

ELEALE *Ciudad al oriente del río Jordán*
Nm 32.3 Nimra, Hesbón, *E*, Sebam, Nebo y, Beón 500
32.37 los hijos de Rubén edificaron Hesbón, *E* 500
Is 15.4 Hesbón y *e* gritarán, hasta Jahaza se 500
16.9 regaré con mis lágrimas, oh Hesbón y, *E* 500
Jer 48.34 el clamor de Hesbón llega hasta *E* 500

ELEAZAR
1. Hijo y sucesor de Aarón
Éx 6.23 la cual dio a luz a Nadab, Abiú, *E*. 499
6.25 *E* hijo de Aarón tomó para sí mujer de 499
28.1 harás llegar... Abiú, *E*... hijos de Aarón 499
Lv 10.6,12 dijo a Aarón, y a *E* e Itamar sus 499
10.16 se enojó contra *E* e Itamar, los hijos 499
Nm 3.2 los hijos de Aarón: Nadab... Abiú, *E* e 499
3.4 y *E* e Itamar ejercieron el sacerdocio 499
3.32 el principal de los jefes... será *E* hijo 499
4.16 a cargo de *E*... el aceite del alumbrado 499
16.37 di a *E* hijo... que tome los incensarios 499
16.39 y el sacerdote *E* tomó los incensarios 499
19.3 y la daréis a *E* el sacerdote, y él la 499
19.4 *E*... tomará de la sangre con su dedo, y 499
20.25 toma a Aarón y a *E* su hijo, y hazlos 499
20.26 y viste con ellas a *E* su hijo; porque 499
20.28 y se las vistió a *E* su hijo; y Aarón 499
20.28 y Moisés y *E* descendieron del monte 499
25.7 lo vio Finees hijo de *E*... y se levantó 499
25.11 Finees hijo de *E*... ha hecho apartar mi 499
26.1 Jehová habló a Moisés y a *E* hijo del 499
26.3 *E* hablaron con ellos en los campos de 499
26.60 a Aarón le nacieron... Abiú, *E* e Itamar 499
26.63 estos son los contados por Moisés y... *E* 499
27.2 se presentaron delante de Moisés y... *E* 499
27.19 y lo pondrás delante del sacerdote *E* 499
27.21 él se pondrá delante del sacerdote *E* 499
27.22 lo puso delante del sacerdote *E*, y de 499
31.6 Finees hijo del sacerdote *E* fue a la 499
31.12 trajeron a Moisés y... *E*... los cautivos 499
31.13 salieron... *E*, y todos los príncipes de 499
31.21 *E* dijo a los hombres de guerra que 499
31.26 la cuenta del botín... tú y el sacerdote *E* 499
31.29 al sacerdote *E* la ofrenda de Jehová 499
31.31 hicieron Moisés... *E* como Jehová mandó 499
31.41 al sacerdote *E*, como Jehová lo mandó 499
31.51 y el sacerdote *E* recibieron el oro de 499
31.54 recibieron... Moisés y el sacerdote *E* el 499
32.2 hablaron a Moisés y al sacerdote *E*, y 499
32.28 les encomendó Moisés al sacerdote *E* 499
34.17 os repartirán... el sacerdote *E*, y Josué 499
Dt 10.6 en lugar suyo tuvo el sacerdocio... *E* 499
Jos 14.1 cual les repartieron el sacerdote *E* 499
17.4 vinieron delante del sacerdote *E* y de 499
19.51 heredades que... *E*, y Josué hijo de Nun 499
21.1 los levitas vinieron al sacerdote *E*, y 499
22.13 enviaron... Finees hijo del sacerdote *E* 499
22.31 dijo Finees hijo del sacerdote *E* a los 499
22.32 y Finees hijo del sacerdote *E*, y los 499
24.33 murió *E* hijo de Aarón, y lo enterraron 499
Jue 20.28 Finees hijo de *E*, hijo... ministraba 499
1 Cr 6.3 los hijos de Aarón: Nadab, Abiú, *E* 499
6.4 *E* engendró a Finees, Finees... a Abisúa 499
6.50 hijos de Aarón son... *E* su hijo, Finees 499
9.20 Finees hijo de *E* fue antes capitán sobre 499
24.1 los hijos de Aarón: Nadab, Abiú, *E* e 499
24.2 *E* e Itamar ejercieron el sacerdocio 499
24.3 David, con Sadoc de los hijos de *E*, y 499
24.4 y de los hijos de *E* había más varones 499
24.4 de los hijos de *E*, 16 cabezas de casas 499
24.5 de los hijos de *E*... hubo príncipes del 499
24.6 designando... una casa paterna para *E*, y 499
Esd 7.5 de Finees, hijo de *E*, hijo de Aarón 499
2. Hombre comisionado de cuidar el arca del pacto, 1 S 7.1 499
3. Uno de los tres valientes de David, 2 S 23.9; 1 Cr 11.12 499
4. Levita, hijo de Mahli, 1 Cr 23.21,22; 24.28 499
5. Sacerdote en los tiempos de Esdras, Esd 8.33 499
6. Uno de los que se habían casado con mujeres extranjeras en tiempo de Esdras, Esd 10.25 499
7. Sacerdote en tiempo de Nehemías, Neh 12.42 499

8. Ascendiente de José, esposo de María, Mt 1.15 .... *1648*

ELECCIÓN
Ro 9.11 el propósito de Dios conforme a la *e* *1589*
11.28 pero en cuanto a la *e*, son amados por *1589*
1 Ts 1.4 hermanos amados de Dios, vuestra *e* *1589*
2 P 1.10 hacer firme vuestra vocación y *e* *1589*

ELEF *Ciudad de Benjamín*, Jos 18.28 507

ELEGIR
Jos 9.27 leñadores... lugar que Jehová *eligiese* 977
24.22 testigos... que habéis *elegido* a Jehová 977
Jue 9.6 fueron y *eligieron* a Abimelec por rey 4427
9.8 fueron una vez los árboles a *elegir* rey 4886
9.15 si en... me *elegís* por rey sobre vosotros 4886
10.14 clamad a los dioses... os habéis *elegido* 977
11.11 pueblo lo *eligió* por su caudillo y jefe 7760
1 S 8.18 a causa... rey que os habréis *elegido* 977
10.24 ¿habéis visto al que ha *elegido* Jehová 977
12.13 he aquí el rey que habéis *elegido*, el 977
16.9 dijo: Tampoco a éste ha *elegido* Jehová 977
16.10 a Isaí: Jehová no ha *elegido* a éstos 977
20.30 que tú has *elegido* al hijo de Isaí para 977
2 S 6.21 me *eligió* en preferencia a tu padre 977
16.18 de aquel que *eligiere* Jehová... seré yo 977
1 R 8.44,48 hacia la ciudad que tú *elegiste* 977
11.13 amor a Jerusalén, la cual yo he *elegido* 977
11.32 ciudad que yo he *elegido* de todas las 977
11.34 por amor a David... al cual yo *elegí*, y 977
11.36 ciudad que yo me *elegí* para poner en 977
14.21 ciudad que Jehová *eligió* de todas las 977
2 R 10.5 no *elegiremos* por rey a ninguno, haz 4427
1 Cr 15.2 levitas... a ellos ha *elegido* Jehová 977
28.4 Jehová... me *eligió* de toda la casa de mi 977
28.5 entre todos mis hijos... *eligió* a Salomón 977
28.10 te ha *elegido* para que edifiques casa 977
29.1 solamente a Salomón mi... ha *elegido* Dios 977
2 Cr 6.5 ninguna ciudad he *elegido* de todas 977
6.6 a Jerusalén he *elegido*... y a David he *e* 977
6.34,38 oraren hacia... ciudad que tú *elegiste* 977
7.12 he *elegido* para mí este lugar por casa 977
7.16 *elegido* y santificado esta casa, para 977
33.7 Jerusalén, la cual yo *elegí* sobre todas 970
Sal 47.4 él nos *elegirá* nuestras heredades 977
78.70 *eligió* a David su siervo, y lo tomó de 977
132.13 Jehová ha *elegido* a Sion; la quiso 977
Jn 13.18 **sé a quienes he *elegido*; mas para que** *1586*
15.16 **no me *elegisteis* vosotros... yo os *elegí*** *1586*
15.19 **yo os *elegí* del mundo, por eso el mundo** *1586*
Hch 6.5 *eligieron* a Esteban, varón lleno de *1586*
15.22 pareció bien a... *elegir* de entre ellos *1586*
15.25 *elegir* varones y enviarlos a vosotros *1586*
Stg 2.5 ¿no ha *elegido* Dios a los pobres de *1586*
1 P 1.2 elegidos según la presciencia de Dios *1588*
5.13 iglesia... *elegida* juntamente con vosotros *4899*
2 Jn 1 el anciano a la señora *elegida* y a sus *1588*
13 los hijos de tu hermana, la *elegida*, te *1588*
Ap 17.14 los que están con él son... *elegidos* *1588*

EL-ELOHE-ISRAEL *Altar que erigió Jacob cerca de Siquem*, Gn 33.20 415

ELEMENTO
2 P 3.10 los *e* ardiendo serán deshechos, y la *4747*
3.12 y los *e*, siendo quemados, se fundirán! *4747*

ELEVACIÓN
Gn 6.16 arca, y la acabarás a un codo de *e* 4605

ELEVADO, A
Job 22.12 mira... las estrellas, cuán *e* están 7311
Is 2.14 altos, y sobre todos los collados *e* 7311
18.2,7 nación de *e* estatura y tez brillante 4900
30.13 grieta... extendiéndose en una pared *e* 7682
30.25 y sobre todo collado *e*, habrá ríos y 1364
37.24 llegaré hasta sus más *e* cumbres, al 4791
45.14 hombres de *e* estatura, se pasarán a ti

ELEVAR
Gn 7.17 el arca, y se *elevó* sobre la tierra 7311
Éx 29.27 la espaldilla de la ofrenda *elevada* 8641
29.27 lo que fue *elevado* del carnero de las 7311
29.28 ofrenda *elevada*; y será una ofrenda *e* 8641
29.28 porción... *elevada* en ofrenda a Jehová 8641
Lv 7.14 una parte por ofrenda *elevada* a Jehová 8641
7.32 y daréis... para ser *elevada* en ofrenda 8641
7.34 mece y la espaldilla *elevada* en ofrenda 8641
10.14 el pecho mecido y la espaldilla *elevada* 8641
10.15 la espaldilla que se ha de *elevar* y el 8641
Nm 18.11 la ofrenda *elevada* de sus dones, y 8641
18.19 las ofrendas *elevadas*... he dado para ti 8641
31.41 el tributo, para ofrenda *elevada* a Jehová 8641
Dt 12.6 la ofrenda *elevada* de vuestras manos 8641
12.11 las ofrendas *elevadas* de vuestras manos 8641
12.17 ni las ofrendas *elevadas* de tus manos 8641
17.20 para que no se *eleve* su corazón sobre 7311
28.43 extranjero... *elevará* sobre ti muy alto 5927
2 R 19.4 *eleva* oración por el remanente que 5375
2 Cr 21.4 *elevado*... Joram al reino de su padre 6965
33.14 edificó... Ofel... *elevó* el muro muy alto 1361
Job 21.22 juzgando él a los que están *elevados*? 7311
27.21 *eleva* el solano, y se va; y tempestad 5375
Sal 18.48 me *eleva* sobre los que se levantan 7311
24.4 que no ha *elevado* su alma a cosas vanas 5375
143.8 saber... porque a ti he *elevado* mi alma 5375
Pr 18.12 antes del quebrantamiento se *eleva* 1361
Is 37.4 *eleva*... oración tú por el remanente que 5375
Ez 9.3 la gloria del Dios de Israel se *elevó* 5927
10.4,18 gloria de Jehová se *elevó* de encima 7311
11.1 el Espíritu me *elevó*, y me llevó por la 5375
11.23 gloria de Jehová se *elevó* de en medio 5927

E

19.11 se *elevó* su estatura por encima entre 1361
31.10 su corazón se *elevó* con su altura 1361
Dn 9.18 no *elevamos* nuestros ruegos ante ti 5307
11.12 se *elevará* su corazón, y derribará a 7311

ELHANÁN
1. Guerrero en el ejército de David,
2 S 21.19; 1 Cr 20.5 445
2. Uno de los treinta valientes de David,
2 S 23.24; 1 Cr 11.26 445

ELÍ *(n.)*
1. Sacerdote y juez de Israel
1 S 1.3 estaban dos hijo de *E*, Ofni y Finees 5941
1.9 mientras el sacerdote *E* estaba sentado 5941
1.12 *E* estaba observando la boca de ella 5941
1.13 su voz no se oía; y *E* la tuvo por ebria 5941
1.14 le dijo *E*: ¿Hasta cuándo estarás ebria? 5941
1.17 *E* respondió . . . Vé en paz, y el Dios de 5941
1.25 y matando el . . . trajeron el niño a *E* 5941
2.11 niño ministraba a Jehová delante del . . . *E* 5941
2.12 los hijos de *E* eran hombres impíos, y 5941
2.20 y *E* bendijo a Elcana y a su mujer 5941
2.22 *E* era muy viejo; y oía de todo lo que 5941
2.27 y vino un varón de Dios a *E*, y le dijo 5941
3.1 Samuel ministraba a . . . en presencia de *E* 5941
3.2 que estando *E* acostado en su aposento 5941
3.5 corriendo luego a *E* . . . *E* le dijo: Yo no he 5941
3.6 y levantándose Samuel, vino a *E* y dijo 5941
3.8 se levantó y vino a *E*, y dijo: Heme aquí 5941
3.8 entendió *E* que Jehová llamaba al joven 5941
3.9 dijo *E* a Samuel: Vé y acuéstate; y si te 5941
3.12 cumpliré contra *E* todas las cosas que 5941
3.14 jurado a la casa de *E* que la iniquidad 5941
3.14 que la iniquidad de la casa de *E* no será 5941
3.15 y Samuel temía descubrir la visión a *E* 5941
3.16 llamando, pues, *E* a Samuel, le dijo 5941
3.17 *E* dijo: ¿Qué es la palabra que te habló?
4.4 los dos hijo de *E* . . . estaban allí con el 5941
4.11 y muertos los dos hijos de *E*, Ofni y 5941
4.13 cuando llegó . . . *E* estaba sentado en una 5941
4.14 *E* oyó el estruendo de la gritería, dijo 5941
4.14 aquel hombre vino . . . dio las nuevas a *E* 5941
4.15 ya *E* de edad de 98 años, y sus ojos se 5941
4.16 dijo . . . aquel hombre a *E*: Yo vengo de la 5941
4.16 *E* dijo: ¿Qué ha acontecido, hijo mío?
4.18 *E* cayó hacia atrás de la silla al lado 5941
14.3 hijo de *E*, sacerdote de Jehová en Silo 5941
1 R 2.27 había dicho sobre la casa de *E* en 5941
2. Padre de José, esposo de María, Lc 3.23 . . . . *2242*

ELÍ *Palabra que significa Dios mío (=Eloi)*
Mt 27.46 diciendo: *E*, *E*, ¿lama sabactani? *2241*

ELIAB
1. Jefe de la tribu de Zabulón,
Nm 1.9; 2.7; 7.24,29; 10.16 446
2. Padre de Datán y Abiram, compañeros de Coré, Nm 16.1,12; 26.8,9; Dt 11.6 446
3. Primogénito de Isaí de Belén (=Eliú No. 4)
1 S 16.6 vio a *E*, y dijo: De cierto delante de 446
17.13 los nombres de . . . eran: *E* el primogénito 446
17.28 y oyéndole hablar *E* su hermano mayor 446
1 Cr 2.13 Isaí engendró a *E* su primogénito 446
2 Cr 11.18 Abihail hija de *E*, hijo de Isaí 446
4. Ascendiente del profeta Samuel, 1 Cr 6.27 446
5. Guerrero que se juntó con David en Siclag,
1 Cr 12.9 446
6. Levita, músico en tiempo de David,
1 Cr 15.18,20; 16.5 446

ELIABA *Uno de los treinta valientes de David,* 2 S 23.32; 1 Cr 11.33 455

ELIACIM *Sacerdote en tiempo de Nehemías,* Neh 12.41 471

ELIADA
1. Hijo de David nacido en Jerusalén,
2 S 5.16; 1 Cr 3.8 450
2. Padre de Rezón, 1 R 11.23 450
3. Jefe militar del rey Josafat, 2 Cr 17.17 450

ELIAM
1. Padre de Betsabé (=Amiel No. 3), 2 S 11.3 463
2. Uno de los treinta valientes de David, 2 S 23.34 . . . 463

ELIAQUIM
1. Mayordomo del rey Ezequías
2 R 18.18 y salió a ellos *E* hijo de Hilcías 471
18.26 dijo *E* hijo . . . Te rogamos que hables a 471
18.37 *E* hijo de Hilcías . . . vinieron a Ezequías 471
19.2 envió a *E* mayordomo, a Sebna escriba y 471
Is 22.20 llamaré a mi siervo *E* . . . de Hilcías 471
36.3 salió a él *E* hijo de Hilcías, mayordomo 471
36.11 entonces dijeron *E* . . . y Joa al Rabsaces 471
36.22 *E* hijo de Hilcías . . . vinieron a Ezequías 471
37.2 envió a *E* mayordomo, a Sebna escriba y 471
2. Hijo del rey Josías (=Joacim), 2 R 23.34; 2 Cr 36.4 . . . 471
3. Ascendiente de José, esposo de María,
Mt 1.13; Lc 3.30 . . . . *1662*

ELÍAS
1. Profeta
1 R 17.1 *E* tisbita . . . a Acab . . . no habrá lluvia 452
17.13 *E* le dijo: No tengas temor; vé, haz 452
17.15 fue e hizo como le dijo *E*; y comió él 452
17.16 palabra que Jehová había dicho por *E* 452
17.18 ella dijo a *E*: ¿Qué tengo yo contigo 452
17.22 Jehová oyó la voz de *E*, y el alma del 452
17.23 tomando luego *E* al niño, lo trajo del 452
17.23 lo dio . . . le dijo *E*: Mira, tu hijo vive 452
17.24 la mujer dijo a *E*: Ahora conozco que 452
18.1 palabra de Jehová a *E* en el tercer año 452
18.2 fue, pues, *E* a mostrarse a Acab . . . Y el 452
18.7 encontró con *E* . . . dijo: ¿No eres tú . . . *E*? 452
18.8,11,14 vé, di a tu amo: Aquí está *E* 452
18.15 dijo *E*: Vive Jehová de los ejércitos 452
18.16 fue . . . y Acab vino a encontrarse con *E* 452
18.17 cuando Acab vio a *E*, le dijo: ¿Eres tú 452
18.21 acercándose *E* a todo el pueblo, dijo 452
18.22 *E* volvió a decir . . . Sólo yo he quedado 452
18.25 *E* dijo a los profetas de Baal . . . un buey 452
18.27 que *E* se burlaba de ellos, diciendo 452
18.30 dijo *E* a todo el pueblo: Acercaos a mí 452
18.31 y tomando *E* doce piedras, conforme al 452
18.36 se acercó . . . *E* y dijo: Jehová Dios de 452
18.40 *E* les dijo: Prended a los profetas de 452
18.40 los llevó *E* al arroyo de Cisón, y allí 452
18.41 entonces *E* dijo a Acab: Sube, come y 452
18.42 y *E* subió a la cumbre del Carmelo, y 452
18.46 la mano de Jehová estuvo sobre *E*, el 452
19.1 la nueva de todo lo que *E* había hecho 452
19.2 envió Jezabel a *E* un mensajero, diciendo 452
19.9 de Jehová . . . le dijo: ¿Qué haces aquí, *E*? 452
19.13 cuando lo oyó *E*, cubrió su rostro con 452
19.13 una voz, diciendo: ¿Qué haces aquí, *E*? 452
19.19 pasando *E* por . . . echó sobre él su manto 452
19.20 vino corriendo en pos de *E*, y dijo: Te 452
19.21 después se levantó y fue tras *E*, y le 452
21.17,28 vino palabra de Jehová a *E* tisbita 452
21.20 dijo a *E*: ¿Me has hallado, enemigo mío 452
2 R 1.3 el ángel de Jehová habló a *E* tisbita 452
1.4 sino que ciertamente morirás. Y *E* se fue 452
1.8 de cuero. Entonces él dijo: Es *E* tisbita 452
1.10,12 *E* . . . Si yo . . . descienda fuego del cielo 452
1.13 se puso de rodillas delante de *E* y le 452
1.15 el ángel de . . . dijo a *E*: Desciende con él 452
1.17 a la palabra de . . . que había hablado *E* 452
2.1 quiso . . . alzar a *E* . . . *E* venía con Eliseo de 452
2.2 y dijo *E* a Eliseo: Quédate ahora aquí 452
2.4 y *E* le volvió a decir: Eliseo, quédate 452
2.6 *E* le dijo: Te ruego que te quedes aquí 452
2.8 tomando entonces *E* su manto, lo dobló 452
2.9 *E* dijo a Eliseo: Pide lo que quieras que 452
2.11 y *E* subió al cielo en un torbellino 452
2.13,14 el manto de *E* que se le había caído 452
2.14 dijo: ¿Dónde está Jehová, el Dios de *E*? 452
2.15 el espíritu de *E* reposó sobre Eliseo 452
3.11 aquí está Eliseo hijo . . . que servía a *E* 452
9.36 que él habló por medio de su siervo *E* 452
10.10 ha hecho lo que dijo por su siervo *E* 452
10.17 la palabra . . . que había hablado por *E* 452
1 Cr 8.27 Jaresías, *E* y Zicri, hijos de Jeroham 452
2 Cr 21.12 le llegó una carta del profeta *E* 452
Mal 4.5 envío el profeta *E*, antes que venga 452
Mt 11.14 **él es aquel *E* que había de venir** *2243*
16.14 otros, *E*; y . . . o alguno de los profetas *2243*
17.3 aparecieron Moisés y *E*, hablando con él *2243*
17.4 uno para ti, otra para Moisés, y . . . para *E* *2243*
17.10 que es necesario que *E* venga primero? *2243*
17.11 ***E* viene primero, y restaurará todas las** *2243*
17.12 **digo que *E* ya vino, y no le conocieron** *2243*
27.47 allí decían, al oírlo: A *E* llama éste *2243*
27.49 decían . . . veamos si viene *E* a librarle *2243*
Mr 6.15 otros decían: Es *E*. Y otros decían *2243*
8.28 otros, *E*; y otros, alguno de . . . profetas *2243*
9.4 les apareció *E* con Moisés, que hablaban *2243*
9.5 uno para ti, otra para Moisés, y . . . para *E* *2243*
9.11 que es necesario que *E* venga primero? *2243*
9.12 **les dijo: *E* a la verdad vendrá primero** *2243*
9.13 **digo que *E* ya vino, y le hicieron todo** *2243*
15.35 allí decían, al oírlo: Mirad, llama a *E* *2243*
15.36 dejad, veamos si viene *E* a bajarle *2243*
Lc 1.17 delante de él con el espíritu . . . de *E* *2243*
4.25 **muchas viudas había . . . en los días de *E*** *2243*
4.26 **pero a ninguna de ellas fue enviado *E*** *2243*
9.8 *E* ha aparecido; y otros: Algún profeta *2243*
9.19 otros, *E*; y otros, que algún profeta de *2243*
9.30 varones que hablaban . . . eran Moisés y *E* *2243*
9.33 para ti, una para Moisés, y una para *E* *2243*
9.54 descienda fuego del cielo, como hizo *E* *2243*
Jn 1.21 le preguntaron . . . ¿Eres tú *E*? Dijo *2243*
1.25 ¿por qué . . . bautizas, si tú no eres . . . ni *E* *2243*
Ro 11.2 no sabéis qué dice de *E* la Escritura *2243*
Stg 5.17 *E* era hombre sujeto a pasiones . . . oró *2243*
2. Descendiente de Benjamín, 1 Cr 8.27 452
3. Sacerdote en tiempo de Esdras, Esd 10.21 452
4. Uno de los que se casaron con mujeres extranjeras en tiempo de Esdras, Esd 10.26 452

ELIASAF
1. Príncipe de la tribu de Gad, Nm 1.14; 2.14; 7.42,47; 10.20 460
2. Jefe de los gersonitas, Nm 3.24 460

ELIASIB
1. Descendiente de Zorobabel, 1 Cr 3.24 475
2. Sacerdote en tiempo de David, 1 Cr 24.12 475
3. Nombre que aparece varias veces en las listas de levitas en Esdras y Nehemías,
Esd 10.6,24,27,36; Neh 12.10,22,23 475
4. Sumo sacerdote en tiempo de Nehemías
Neh 3.1 entonces se levantó . . . sacerdote *E* con 475
3.20 puerta de la casa de *E* sumo sacerdote 475
3.21 desde la entrada de la casa de *E* hasta 475
3.21 hasta el extremo de la casa de *E* 475
13.4 *E*, siendo jefe de la cámara de la casa 475
13.7 entonces supe del mal que había hecho *E* 475
13.28 hijo del sumo sacerdote *E* era yerno de 475

ELIATA *Músico del templo en tiempo de David,* 1 Cr 25.4,27 448

ELICA *Uno de los treinta valientes de David,* 2 S 23.25 470

ELIDAD *Oficial de la tribu de Benjamín,* Nm 34.21 . . . 449

ELIEL
1. Jefe de la tribu de Manasés, 1 Cr 5.24 447
2. Levita, cantor en el templo, 1 Cr 6.34 447
3. Nombre de dos jefes de familia de Benjamín,
1 Cr 8.20,22 447
4. Nombre de tres héroes en el servicio de David,
1 Cr 11.46,47; 12.11 447
5. Levita que ayudó a traer el arca a Jerusalén,
1 Cr 15.9,11 447
6. Levita en tiempo del rey Ezequías, 2 Cr 31.13 447

ELIENAI *Familia de la tribu de Benjamín,* 1 Cr 8.20 462

ELIEZER
1. Mayordomo de Abraham, Gn 15.2 461
2. Hijo de Moisés
Éx 18.4 se llamaba *E*, porque dijo: El Dios de 461
1 Cr 23.15 hijos de Moisés fueron Gersón y *E* 461
23.17 hijo de *E* fue . . . y *E* no tuvo otros hijos 461
26.25 en cuanto a su hermano *E*, hijo de éste 461
3. Descendiente de Benjamín, 1 Cr 7.8 461
4. Sacerdote que ayudó a traer el arca a Jerusalén,
1 Cr 15.24 461
5. Jefe de la tribu de Rubén, 1 Cr 27.16 461
6. Profeta en tiempos del rey Josafat, 2 Cr 20.37 461
7. Nombre que aparece en varias listas de Esdras,
Esd 8.16; 10.18,23,31 461
8. Ascendiente de Jesucristo, Lc 3.29 . . . . *1663*

ELIFAL *Uno de los treinta valientes de David,* 1 Cr 11.35 465

ELIFAZ
1. Primogénito de Esaú, Gn 36.4,10,11,12
15,16; 1 Cr 1.35,36 464
2. Uno de los tres amigos de Job
Job 2.11 tres amigos de Job, *E* temanita, Bildad 464
4.1; 15.1; 22.1 respondió *E* temanita, y dijo 464
42.7 Jehová . . . a *E* temanita: Mi ira se encendió 464
42.9 fueron, pues, *E* temanita, Bildad suhita 464

ELIFELEHU *Levita, músico nombrado por David al servicio del templo,* 1 Cr 15.18,21 465

ELIFELET
1. Nombre de dos hijos de David,
2 S 5.16; 1 Cr 3.6,8; 14.7 467
2. Uno de los valientes de David (=Elifal), 2 S.23.34 . . 467
3. Descendiente de Saúl, 1 Cr 8.39 467
4. Uno que regresó del cautiverio con Esdras,
Esd 8.13 467
5. Uno de los que se habían casado con mujeres extranjeras en tiempo de Esdras, Esd 10.33 467

ELIHOREF *Secretario del rey Salomón,* 1 R 4.3 456

ELIM *Lugar donde acampó Israel después de salir de Egipto*
Éx 15.27 llegaron a *E*, donde había 12 fuentes 362
16.1 partió luego de *E* toda la congregación 362
16.1 al desierto de Sin, que está entre *E* y 362
Nm 33.9 de Mara y vinieron a *E*, donde había 362
33.10 salieron de *E* y acamparon junto al Mar 362

ELIMAS *Judío mago y falso profeta (=Barjesús),* Hch 13.8 . . . . *1681*

ELIMELEC *Esposo de Noemí y suegro de Rut*
Rt 1.2 el nombre de aquel varón era *E*, y el 458
1.3 y murió *E*, marido de Noemí, y quedó ella 458
2.1 hombre rico de la familia de *E*, el cual 458
2.3 de Booz, el cual era de la familia de *E* 458
4.3 las tierras que tuvo nuestro hermano *E* 458
4.9 que he adquirido . . . todo lo que fue de *E* 458

ELIMINAR
1 Co 9.27 yo mismo venga a ser *eliminado* *96*

ELIOENAI
1. Descendiente de David, 1 Cr 3.23,24 454
2. Jefe de la tribu de Simeón, 1 Cr 4.36 454
3. Descendiente de Benjamín, 1 Cr 7.8 454
4. Levita portero en el templo, 1 Cr 26.3 454
5. Jefe de una familia que regresó con Esdras, Esd 8.4 . . . 454
6. Sacerdote que se había casado con extranjera en tiempo de Esdras, Esd 10.22 454
7. Uno de los que se habían casado con extranjeras en tiempo de Esdras, Esd 10.27 454
8. Sacerdote en tiempo de Nehemías, Neh 12.41 454

ELISA *Descendiente de Jafet, y su territorio*
Gn 10.4; 1 Cr 1.7 los hijos de Javán: *E* 473
Ez 27.7 de azul y púrpura de las costas de *E* 473

ELISABET
1. Mujer de Aarón, Éx 6.23 472
2. Madre de Juan el Bautista
Lc 1.5 su mujer era . . . de Aarón, y se llamaba *E* *1665*
1.7 no tenían hijo, porque *E* era estéril, y *1665*
1.13 y tu mujer *E* te dará a luz un hijo, y *1665*
1.24 concibió su mujer *E*, y se recluyó en *1665*
1.36 tu parienta *E* . . . ha concebido hijo en su *1665*
1.40 entró en casa de Zacarías, y saludó a *E* *1665*
1.41 cuando oyó *E* la salutación de María, la *1665*
1.41 saltó . . . *E* fue llena del Espíritu Santo *1665*
1.57 cuando a *E* se le cumplió el tiempo de *1665*

ELISAFAT *Militar que ayudó a Joiada contra Atalía*, 2 Cr 23.1 478

ELISAMA
1. Jefe de la tribu de Efraín en el desierto, Nm 1.10; 2.18; 7.48,53; 10.22; 1 Cr 7.26 476
2. Hijo de David, 2 S 5.16; 1 Cr 3.8; 14.7 476
3. Abuelo de Ismael No. 2, 2 R 25.25; Jer 41.1 476
4. Descendiente de Jerameel, 1 Cr 2.41 476
5. Otro hijo de David, 1 Cr 3.6 476
6. Sacerdote en tiempo del rey Josafat, 2 Cr 17.8 476
7. Oficial del rey Joacím, Jer 36.12,20,21 476

ELISEO *Profeta*
1 R 19.16 a *E*...ungirás para que sea profeta 477
19.17 el que escapare...de Jehú, *E* lo matará 477
19.19 partiendo él...halló a E hijo de Safat 477
2 R 2.1 al cielo, Elías venía con *E* de Gilgal 477
2.2,4 *E:* Quédate ahora aquí, porque Jehová 477
2.2 *E* dijo: Vive Jehová, y vive tu alma, que 477
2.3 saliendo a *E* los hijos de los profetas 477
2.5 se acercaron a *E* los hijos de...profetas 477
2.9 Elías dijo a *E:* Pide lo que quieras que 477
2.9 dijo *E:* Te ruego que una doble porción de 477
2.12 viéndolo *E*, clamaba: ¡Padre mío, padre 477
2.14 modo las aguas, se apartaron...y pasó *E* 477
2.15 el espíritu de Elías reposó sobre *E* 477
2.18 volvieron a *E*, que se había quedado en
2.19 y los hombres de la ciudad dijeron a *E* 477
2.22 hoy, conforme a la palabra que habló *E* 477
3.11 aquí está *E* hijo de Safat, que servía a 477
3.13 *E* dijo al rey...¿Qué tengo yo contigo? 477
3.14 y *E* dijo: Vive Jehová de los ejércitos 477
3.15 tocaba, la mano de Jehová vino sobre *E*
4.1 clamó a *E*, diciendo: Tu siervo mi marido 477
4.2 *E* le dijo...Declárame qué tienes en casa 477
4.8 un día pasaba *E* por Sunem; y había allí 477
4.17 hijo...en el tiempo que *E* le había dicho 477
4.31 así se había vuelto para encontrar a *E*
4.32 venido *E* a la casa, he aquí que el niño 477
4.38 *E* volvió a Gilgal cuando había...hambre 477
5.8 cuando *E*...oyó que el rey había rasgado su 477
5.9 y se paró a las puertas de la casa de *E* 477
5.10 *E* le envió un mensajero, diciendo: Vé y 477
5.20 Giezi, criado de *E* el varón de Dios, dijo 477
5.25 y *E* le dijo: ¿De dónde vienes, Giezi? 477
6.1 los hijos de los profetas dijeron a *E* 477
6.12 que el profeta *E* está en Israel, el cual 477
6.17 oró *E*, y dijo: Te ruego, oh Jehová, que 477
6.17 y de carros de fuego alrededor de *E* 477
6.18 *E* a Jehová, y dijo: Te ruego que hieras 477
6.18 los hirió...conforme a la petición de *E* 477
6.19 les dijo *E:* No es este el camino, ni 477
6.20 dijo *E:* Jehová, abre los ojos de éstos 477
6.21 rey...dijo a *E:* ¿Los mataré, padre mío? 477
6.31 si la cabeza de *E*...queda sobre él hoy 477
6.32 *E* estaba sentado en su casa, y con él 477
7.1 dijo entonces *E:* Oíd palabra de Jehová 477
8.1 habló *E* a aquella mujer a cuyo hijo él 477
8.4 cuentes...las maravillas que ha hecho *E* 477
8.5 este es su hijo, al cual *E* hizo vivir 477
8.7 *E* se fue luego a Damasco; y Ben-adad rey 477
8.10 *E* le dijo: Vé, dile: Seguramente sanarás 477
8.13 respondió *E:* Jehová me ha mostrado que 477
8.14 ¿qué te ha dicho *E?* Y él respondió: Me 477
9.1 *E* llamó a uno de los hijos de...profetas 477
13.14 estaba *E* enfermo de la enfermedad de 477
13.15 le dijo *E:* Toma un arco y unas saetas 477
13.16 *E* al rey...Pon tu mano sobre el arco
13.16 puso *E* sus manos sobre las manos del 477
13.17 dijo *E:* Tira. Y tirando él, dijo *E* 477
13.20 murió *E*, y lo sepultaron. Entrado él 477
13.21 arrojaron el cadáver...el sepulcro de *E* 477
13.21 llegó a tocar el muerto los huesos de *E* 477
Lc 4.27 **muchos leprosos...tiempo del profeta *E*** *1666*

ELISÚA *Uno de los hijos de David*, 2 S 5.15; 1 Cr 14.5 474

ELISUR *Jefe de la tribu de Rubén en el desierto*, Nm 1.5; 2.10; 7.30,35; 10.18 468

ELIÚ
1. Ascendiente de Samuel, 1 S 1.1 453
2. Jefe de Manasés que se juntó con David en Siclag, 1 Cr 12.20 453
3. Levita, portero del templo, 1 Cr 26.7 453
4. Hermano de David (=Eliab No. 3), 1 Cr 27.18 453
5. Joven que habló a Job después de sus tres amigos
Job 32.2 entonces *E* hijo de Baraquel buzita, de 453
32.4 y *E* había esperado a Job en la disputa 453
32.5 viendo *E* que no había respuesta en la 453
32.6 respondió *E* hijo de Baraquel...y dijo 453
34.1; 36.1 además *E* dijo 453
35.1 prosiguió *E* en su razonamiento, y dijo 453

ELIUD *Ascendiente de Jesucristo*, Mt 1.14,15 .... *1664*

ELIZAFÁN
1. Jefe en la familia de Coat (=Elzafán), Nm 3.30; 1 Cr 15.8; 2 Cr 29.13 469
2. Jefe de la tribu de Zabulón, Nm 34.25 469

ELLA *Véase el Apéndice*

ELLO *Véase el Apéndice*

ELLOS *Véase el Apéndice*

ELMODAM *Ascendiente de Jesucristo*, Lc 3.28 .... *1678*

ELNAAM *Uno de los valientes de David*, 1 Cr 11.46 493

ELNATÁN
1. Abuelo materno del rey Joaquín
2 R 24.8 su madre fue Nehusta hija de *E*, de 494
Jer 26.22 rey Joacim envió...*E* hijo de Acbor 494
36.12 *E* hijo de Acbor, Gemarías hijo de Safán 494
36.25 *E* y Delaía y Gemarías rogaron al rey 494
2. Nombre de tres de los mensajeros de Esdras, Esd 8.16 494

ELOCUENTE
Job 33.23 si tuviese...*e* mediador muy escogido
Ec 9.11 ni de los *e* el favor; sino que tiempo 3045
Hch 18.24 un judío llamado Apolos...varón *e* *3052*

ELOI *Palabra que significa «Dios mío» (=Elí)*
Mr 15.34 clamó a gran voz, diciendo: *E, E* *1682*

ELÓN
1. Padre de Basemat, mujer de Esaú, Gn 26.34; 36.2 356
2. Hijo de Zabulón, Gn 46.14; Nm 26.26 356
3. Aldea en Dan, Jos 19.43; 1 R 4.9 356
4. Juez de Israel, Jue 12.11,12 356

ELONITA *Descendiente de Elón No. 2*, Nm 26.26 440

ELOT *Puerto en el Mar Rojo (=Elat)*
1 R 9.26 en Ezión-geber, que está junto a *E* 359
2 Cr 8.17 Salomón fue a Ezión-geber y a *E*, a 359
26.2 Uzías edificó a *E*, y la restituyó a 359

ELPAAL *Descendiente de Benjamín*, 1 Cr 8.11,12,18 508

ELPELET *Hijo de David (=Elífelet No. 1)*, 1 Cr 14.5 467

ELTECÓN *Aldea en Judá*, Jos 15.59 515

ELTEQUE *Ciudad de los levitas en Dan*, Jos 19.44; 21.23 514

ELTOLAD *Ciudad en Simeón (=Tolad)*, Jos 15.30; 19.4 513

ELUL *Sexto mes hebreo*, Neh 6.15 435

ELUZAI *Guerrero que se juntó con David en Siclag*, 1 Cr 12.5 498

ELZABAD
1. Guerrero que se juntó con David en Siclag, 1 Cr 12.12 443
2. Levita, portero del templo, 1 Cr 26.7 443

ELZAFÁN = *Elizafán No. 1*, Éx 6.22; Lv 10.4 469

EMANAR
Ec 10.5 manera de error *emanado* del príncipe 3318

EMANUEL
Is 7.14 concebirá, y...y llamará su nombre *E* 6005
8.8 llenará la anchura de tu tierra, oh *E* 6005
Mt 1.23 llamarás su nombre *E*, que...es: Dios *1694*

EMAÚS *Aldea cerca de Jerusalén*, Lc 24.13 .... *1695*

EMBAJADA
Lc 14.32 **le envía una *e* y le pide condiciones** *4242*
19.14 **enviaron tras él una *e*, diciendo: No** *4242*

EMBAJADOR
Nm 20.14 envió Moisés *e* al rey de Edom desde 4397
21.21 entonces envió Israel *e* a Sehón rey de 4397
Jos 9.4 se fingieron *e*, y tomaron sacos viejos 6737
2 S 5.11 Hiram rey de Tiro envió *e* a David 4397
1 R 20.9 el respondió a los *e*...Decid al rey 4397
20.9 los *e* fueron, y le dieron la respuesta 4397
2 R 16.7 Acaz envió *e* a Tiglat-pileser rey de 4397
17.4 había enviado *e* a So, rey de Egipto, y 4397
19.9 volvió él y envió *e* a Ezequías, diciendo 4397
19.14 y tomó...las cartas de mano de los *e* 4397
1 Cr 14.1 Hiram rey de Tiro envió a David *e* 4397
19.2 David envió *e* que lo consolasen de la 4397
19.16 los sirios...enviaron *e*, y trajeron a 4397
Is 30.4 sus príncipes...sus *e* lleguen a Hanes 4397
33.7 he aquí que sus *e* darán voces afuera 691
37.9 al oírlo, envió *e* a Ezequías, diciendo 4397
37.14 y tomó Ezequías las cartas de...los *e* 4397
57.9 y enviaste tus *e* lejos, y te abatiste 6735
Ez 17.15 se rebeló contra él, enviando *e* a 4397
2 Co 5.20 somos *e* en nombre de Cristo, como *4243*
Ef 6.20 por el cual soy *e* en cadenas; que con *4243*

EMBALDOSADO
Éx 24.10 había debajo de sus pies como un *e* 3840

EMBALSAMAR
Gn 50.2 mandó a...que *embalsamasen* a su padre 2590
50.2 y los médicos *embalsamaron* a Israel 2590
50.3 cumplían los días de los *embalsamados* 2590
50.26 *embalsamaron*, y fue puesto en un ataúd 2590

EMBARAZADO, A
Éx 21.22 si algunos riñeren, e hirieren a...*e* 2030
Jer 20.17 madre...y su vientre *e* para siempre 2060

EMBARAZO
Os 9.11 que no habrá...ni *e*, ni concepciones 990

EMBARCAR
Hch 20.3 para cuando se *embarcase* para Siria *321*
20.13 a *embarcarnos*, navegamos a Asón para *321*
21.2 hallando un barco que...nos *embarcamos* *1910*
27.2 *embarcándonos* en una nave adramitena *1910*
27.6 nave alejandrina...nos *embarcó* en ella *1688*

EMBARGO
Éx 33.12 sin *e*, tú dices:
Nm 14.44 sin *e*, se obstinaron en subir
Dt 1.26 sin *e*, no quisisteis subir
1 S 24.11 ni he pecado contra ti; sin *e*
2 S 17.18 sin *e*, los dos se dieron prisa
23.5 sin *e*, él ha hecho conmigo pacto perpetuo 3588
1 R 11.12 sin *e*, no lo haré en tus días 3117
15.14 sin *e*, los lugares altos no se quitaron
2 R 8.10 seguramente sanarás. Sin *e*
Job 33.14 sin *e*, en una o en dos maneras
Sal 78.23 sin *e*, mandó a las nubes de arriba
Ec 4.16 sin *e*, los que vengan después
11.8 sin *e* que los días...serán muchos
Jer 2.34 sin *e*, en todas estas cosas dices
12.1 sin *e*, alegaré mi causa ante ti 389
14.9 sin *e*, tú estás entre nosotros
22.6 sin *e*, te convertiré en soledad
Ez 14.22 sin *e*, he aquí quedará en ella
Nah 3.10 sin *e* ella fue llevada en cautiverio 1571
Mt 17.27 **sin *e*, para no ofenderles, ve al mar**
Lc 11.8 **sin *e* por su importunidad** *1065*
13.33 **sin *e*, es necesario que hoy y mañana y** *4133*
18.5 **sin *e*, porque esta viuda me es molesta** *1065*
Jn 4.27 sin *e*, ninguno dijo: ¿Qué preguntas? o *3305*
Hch 4.17 sin *e*, para que no se divulgue más
2 Co 12.6 sin *e*, si quisiera gloriarme *1437*
Fil 4.14 sin *e*, bien hicisteis en participar conmigo *4133*
1 Jn 2.8 sin *e*, os escribo

EMBARRADURA
Ez 13.12 ¿dónde...la *e* con que la recubristeis? 2915

EMBLANQUECER
Is 1.18 como la nieve serán *emblanquecidos* 3835
Dn 11.35 caerán para ser...y *emblanquecidos* 3835
12.10 serán...*emblanquecidos* y purificados; los 3835
Ap 7.14 las han *emblanquecido* en la sangre del *3021*

EMBOSCADA
Jos 8.2,4 *e* a la ciudad detrás de ella 693
8.7 levantaréis de la *e* y tomaréis la ciudad 693
8.9 Josué los envió; y ellos se fueron a la *e* 3993
8.12 y los puso en *e* entre Bet-el y Hai, al 693
8.13 su *e* al occidente de la ciudad, y Josué 6119
8.14 salieron...no sabiendo...estaba puesta *e* 693
8.19 levantándose...los que estaban en la *e* 693
8.21 que los de la *e* habían tomado la ciudad 693
Jue 9.32 levántate, pues...y pon *e* en el campo 693
9.34 pusieron *e* contra Siquem con 4 compañías 693
9.35 Abimelec y todo...se levantaron de la *e* 3993
9.43 puso *e* en el campo; y cuando miró, he 693
20.29 y puso Israel *e* alrededor de Gabaa 693
20.33 las *e* de Israel salieron de su lugar 693
20.36 confiados en las *e* que habían puesto 693
20.37 hombres de las *e* acometieron...a Gabaa 693
20.38 entre los hombres de Israel y las *e* 693
21.20 diciendo: Id, y poned *e* en las viñas 693
1 S 15.5 viniendo Saúl a...puso *e* en el valle 693
2 Cr 13.13 una *e*...*e* estaba a espaldas de Judá 3993
20.22 Jehová puso contra...*e* de ellos mismos 693
Lm 4.19 sobre...en el desierto nos pusieron *e* 693

EMBOTAR
Sal 89.43 *embotaste*...el filo de su espada, y 7725
Ec 10.10 si se *embotare* el hierro, y su filo 6949
2 Co 3.14 entendimiento de ellos se *embotó* *4456*

EMBOZADO
Lv 13.45 leproso...y *e* pregonará: ¡Inmundo! 5844,5921,8222

EMBRAVECER
Jon 1.11,13 el mar se iba *embraveciendo* más 5590

EMBRAZAR
Jer 51.11 limpiad las saetas, *embrazad* los 4390

EMBRIAGADO
1 R 16.9 y estando él en Tirsa, bebiendo y *e* 7910
Pr 26.9 espinas hincadas en mano del *e*, tal 7910

EMBRIAGAR
Gn 9.21 y bebió del vino, y se *embriagó*, y 7937
Dt 32.42 *embriagaré* de sangre mis saetas, y 7937
2 S 11.13 David lo convidó...hasta *embriagarlo* 7937
1 R 20.16 estaba Ben-adad...*embriagándose* en 7910
Pr 7.18 ven, *embriaguémonos* de amores hasta 7301
Is 29.9 *embriagaos*, y no de vino; tambalead 7937
34.5 en los cielos se *embriagará* mi espada 7301
34.7 se *embriagará* de sangre, y su polvo se 7301
49.26 con su sangre serán *embriagados* como 7937
56.12 tomemos vino, *embriaguémonos* de sidra 5433
63.6 los *embriagué* en mi furor, y derramé 7937
Jer 25.27 bebed, y *embriagaos*, y vomitad, y 7937
46.10 la espada...se *embriagará* de la sangre 7301
48.26 *embriagadla*, porque contra Jehová se 7937
51.7 copa de oro...*embriagó* a toda la tierra 7937
51.39 y haré que se *embriaguen*, para que se 7937
51.57 y *embriagaré* a sus príncipes y a sus 7937
Lm 3.15 me llenó de...me *embriagó* de ajenjos 7301
4.21 hasta ti llegará la copa; te *embriagarás* 7937
Ez 39.19 hasta *embriagaros* de sangre de las 7943
Nah 3.11 tú también serás *embriagada*, y serás 7937
Hab 2.15 le *embriagas* para mirar su desnudez! 7937
Lc 12.45 **comenzare a...y beber y *embriagarse*** *3182*
1 Co 11.21 tiene hambre, y otro se *embriaga* *3184*
Ef 5.18 no os *embriaguéis* con vino, en lo cual *3182*
1 Ts 5.7 los que se *embriagan*, de noche se *e* *3182*
Ap 17.2 se han *embriagado* con el vino de su *3184*

EMBRIAGUEZ
Gn 9.24 despertó Noé de su *e*, y supo lo que 3196
Dt 29.19 a fin de que con la *e* quite la sed 7302
Is 5.11 los que se levantan...para seguir la *e* 7941
Jer 13.13 yo lleno de *e* a todos los moradores 7943
Ez 23.33 serás llena de *e* y de dolor por el 7943
Nah 1.10 aunque sean...estén empapados en su *e* 5433
Lc 21.34 **vuestros corazones no se carguen...*e*** *3178*
1 P 4.3 andando en...*e*, orgías, disipación y *3632*

EMBRIÓN
Sal 139.16 mi *e* vieron tus ojos, y en tu libro 1564

EMBRUTECER
Jer 10.14 todo hombre se *embrutece*, y le falta 1197

EMINENCIA
Sal 78.69 edificó su santuario a manera de *e* 7311
1 Ti 2.2 reyes y por todos los que están en *e* *5247*

EMINENTE
2 Co 3.10 en comparación con la gloria más *e* *5235*

EMISIÓN
Lv 15.16 el hombre tuviere *e* de semen, lavará 3318
15.17 o toda piel sobre la cual cayere la *e* 2233
15.18 tuviere *e* de semen, ambos se lavarán
15.32 la ley...para el que tiene *e* de semen 3318

EMITA *Antiguo habitante de Palestina*
Gn 14.5 derrotaron...los *e* en Save-quiriataim 368
Dt 2.10 los *e* habitaron en ella antes, pueblo 368
2.11 gigantes...y los moabitas los llaman *e* 368

EMITIR
Sal 19.2 un día *emite* palabra a otro día, y 5042
Ap 10.3 voz...siete truenos *emitieron* sus voces *2980*
10.4 truenos hubieron *emitido* sus voces, yo *2980*

EMPADRONAR
Éx 38.25 plata de los *empadronados*...fue cien 6485
Neh 7.5 para que fuesen *empadronados* según sus 3187
Lc 2.1 que todo el mundo fuese *empadronado* *583*
2.3 *e* iban todos para ser *empadronados*, cada *583*
2.5 para ser *empadronado* con María su mujer *583*

EMPAPAR
Sal 65.10 haces que se *empapen* sus surcos 7301
Ez 21.32 se *empapará* la tierra de tu sangre 8432
Nah 1.10 y estén *empapados* en su embriaguez 5435
Mt 27.48 una esponja, y la *empapó* de vinagre *4130*
Mr 15.36 y *empapando* una esponja en vinagre *1072*
Jn 19.29 *empaparon* en vinagre una esponja, y *4130*

EMPARENTAR
Gn 34.9 *emparentad* con nosotros; dadnos...hijas 2859
Dt 7.3 y no *emparentarás* con ellas; no darás 2859
25.7 mi cuñado...no quiere *emparentar* conmigo 2992
Esd 9.14 *emparentar* con pueblos que cometen 2859
Neh 13.4 Eliasib...había *emparentado* con Tobías 7138

EMPEDERNIDO
Ez 2.4 a hijos de duro rostro y de *e* corazón 2389

EMPEINE
Lv 13.39 *e* que brotó en la piel; está limpia 933
21.20 o que tenga...*e*, o testículo magullado 3217

EMPEÑAR
Dt 2.9 no...ni te *empeñes* con ellos en guerra 1624
Neh 5.3 había quienes decían: Hemos *empeñado* 6148
Pr 6.1 has *empeñado* tu palabra a un extraño 6148
Dn 11.25 rey del sur se *empeñará* en la guerra 1624
Am 2.8 sobre las ropas empeñadas se acuestan 2254

EMPEZAR
Nm 25.1 *empezó* a fornicar con las hijas de Moab 2490
2 Cr 25.27 *empezaron* a...en Jerusalén 8462
Neh 11.17 *empezaba* las alabanzas y acción de 8462
Lc 13.25 **y estando fuera *empecéis* a llamar a la** *756*
Hch 27.18 al siguiente día *empezaron* a alijar

EMPINADO
Is 57.7 sobre el monte alto y *e* pusiste tu 5375

EMPLAZAR
Job 9.19 si de juicio, ¿quién me *emplazará*? 3259
Jer 49.19; 50.44 ¿quién...y quién me *emplazará*? 3259

EMPLEAR
Éx 38.24 oro *empleado* en la obra del santuario 6213
Dt 32.23 males...*emplearé* en ellos mis saetas 3615
Ez 21.29 que la *emplees* sobre los cuellos de 5414
Ef 4.14 *emplean* con astucia las artimañas del

EMPOBRECER
Lv 25.25,35,39 cuando tu hermano *empobreciere* 4134
25.47 tu hermano...*empobreciere*, y se vendiere 4134
Jue 6.6 de este modo *empobrecía* Israel en gran 1809
1 S 2.7 Jehová *empobrece*, y él enriquece 3423
Pr 10.4 la mano negligente *empobrece*; mas la 7326
14.23 vanas palabras de los labios *empobrecen* 4270
20.13 el sueño, para que no te *empobrezcas* 3423
22.16 da al rico, ciertamente se *empobrecerá* 4270
23.21 el bebedor y el comilón *empobrecerán* 3423
Zac 9.4 el Señor la *empobrecerá*, y herirá en 3423
Mal 1.4 hemos *empobrecido*, pero volveremos a 7567

EMPORIO
Is 23.3 del río. Fue también *e* de las naciones 5505

EMPOTRAR
1 R 6.6 no *empotrar* las vigas en las paredes 270

EMPRENDER
Gn 18.31 ahora que he *emprendido* el hablar a 2974
Dt 15.10 bendecirá...en todo lo que *emprendas* 4916
20.12 y *emprendiere* guerra contigo, entonces 6213
Jos 1.7 prosperado en...las cosas que *emprendas* 1980
Jue 4.9 la gloria de la jornada que *emprendes* 1980
1 S 9.6 del objeto por el cual *emprendimos* 1980
26.25 sin duda *emprenderás* tú cosas grandes 6213
1 R 2.3 prosperes en todo lo que...*emprendas* 6213
2 Cr 31.21 cuanto *emprendió*...buscó a su Dios 2490

EMPRESA
Stg 1.11 se marchitará el rico en todas sus *e* *4197*

EMPRÉSTITO
Dt 15.2 todo aquel que hizo *e* de su mano, con 5383

EMPUJAR
Nm 35.20 si por odio lo *empujó*, o echó sobre 1920
35.22 si...lo *empujó* sin enemistades, o echó 1920
Job 30.12 *empujaron* mis pies, y prepararon 7971
Sal 118.13 me *empujaste* con violencia para que 1760
Is 22.19 te arrojaré...de tu puesto te *empujaré* 1920
Jer 23.12 serán *empujados*, y caerán en él 1760
46.15 no pudo mantenerse...Jehová la *empujó* 1920
Ez 34.21 *empujasteis* con el costado y con el 1920
Hch 19.33 sacaron...a Alejandro, *empujándole* *4261*
2 P 2.17 son...nubes *empujadas* por la tormenta *1643*

EMPUÑADURA
Jue 3.22 que la *e* entró también tras la hoja 5325

EMPUÑAR
Jer 6.23 arco y jabalina *empuñarán*; crueles 2388

EN *Véase el Apéndice*

ENAIM *Lugar cerca de Adulam (posiblemente =Enam)*, Gn 38.14,21 5879

ENAJENAR
Jer 19.4 me dejaron, y *enajenaron* este lugar 5234

ENALBARDAR
Gn 22.3 y Abraham...*enalbardó* su asno, y tomó 2280
Nm 22.21 Balaam...*enalbardó* su asna y fue con 2280
2 S 16.1 con un par de asnos *enalbardados* 2280
17.23 *enalbardó* su asno, y se levantó y se 2280
19.26 *enalbárdame* un asno, y montaré en él 2280
2 R 4.24 hizo *enalbardar* el asna, y dijo al 2280

ENALTECER
Gn 4.7 bien hicieres, ¿no serás enaltecido? 7613
Éx 15.2 es...Dios de mi padre, y lo *enalteceré* 7311
Nm 24.7 *enaltecerá* su rey más que Agag, y su 7311
1 S 2.7 Jehová empobrece...abate, y *enaltece* 7311
2 Cr 25.19 tu corazón se *enaltece*...gloriarte 5375
26.16 su corazón se *enalteció* para su ruina 1361
32.25 se *enalteció* su corazón, y vino la ira 1361
32.26 después de...*enaltecido* su corazón, se 1363
Job 38.15 el brazo *enaltecido* es quebrantado 7311
Sal 13.2 ¿hasta...será *enaltecido* mi enemigo 7311
18.46 *enaltecido* sea el Dios de mi salvación 7311
37.35 vi yo al impío sumamente *enaltecido* 6184
40.16 digan siempre...Jehová sea *enaltecido* 1431
46.10 seré exaltado...*enaltecido* seré en la 7311
66.7 los rebeldes no serán *enaltecidos* 7311
75.7 Dios...a éste humilla, y a aquel *enaltece* 7311
89.16 día, y en tu justicia será *enaltecido* 7311
108.5 y sobre toda la tierra sea *enaltecido* 7311
131.1 corazón, ni mis ojos se *enaltecieron* 7311
137.6 si no *enalteciere* a Jerusalén como 5927
148.1 3 porque sólo su nombre es *enaltecido* 7682
Pr 14.29 es impaciente...*enaltece* la necedad 7311
30.32 neciamente has procurado *enaltecerte* 5375
Is 2.12 sobre todo soberbio...todo *enaltecido* 5375
Lm 2.17 *enalteció* el poder de tus adversarios 7311
Ez 28.2 *enalteció* tu corazón, y dijiste: Yo 1361
28.5 causa de tus riquezas se ha *enaltecido* 1361
28.17 se *enalteció* tu corazón a causa de tu 1361
Os 11.7 Altísimo, ninguno...me quiere *enaltecer* 7311
Zac 9.16 como piedras de...serán *enaltecidos* 5264
14.10 ésta será *enaltecida*, y habitada en su 7213
Mt 23.12 **el que se *enaltece* será humillado, y** *5312*
23.12 **y el que se humilla será *enaltecido*** *5312*
Lc 14.11 **porque cualquiera que se *enaltece*** *5312*
14.11 **y el que se humilla, será *enaltecido*** *5312*
18.14 **cualquiera que se *enaltece*...humillado** *5312*
18.14 **y el que se humilla será *enaltecido*** *5312*
Hch 13.17 y *enalteció* al pueblo, siendo ellos *5312*
2 Co 11.7 para que vosotros fueseis *enaltecidos* *5312*
11.20 si alguno se *enaltece*, si alguno os da *1869*
12.7 para que no me *enaltezca* sobremanera *5229*

ENALTECIMIENTO
Job 22.29 fueren abatidos, dirás tú: *E* habrá 1466
Sal 75.6 oriente...ni del desierto viene el *e* 7311

ENAM *Aldea en Judá (posiblemente =Enaim)*, Jos 15.34 5879

ENAMORADO
Jer 22.20 porque todos tus *e* son destruidos 157
22.22 y tus *e* irán en cautiverio; entonces 157
30.14 *e* te olvidaron; no te buscan; porque 157
Ez 16.33 tú diste tus dones a todos tus *e* 157
16.36 tu confusión ha...manifestada a tus *e* 157
16.37 reuniré a todos tus *e* con los cuales 157

ENAMORAR
Gn 34.3 su alma se apegó a Dios...se *enamoró* 157
Jue 16.4 se *enamoró* de una mujer en el valle 157
2 S 13.1 *enamoró* de ella Amnón hijo de David 157
Ez 23.5 se *enamoró* de sus amantes los asirios 5689
23.7 todos aquellos de quienes se *enamoró* 5689
23.9 asirIos, de quienes se había *enamorado* 5689
23.12 se *enamoró* de los hijos de los asirios 5689
23.16 se *enamoró* de ellos a primera vista 5689
23.20 *enamoró* de sus rufianes, cuya lujuria 5689

ENÁN *Padre de Ahira, príncipe de Neftalí*, Nm 1.15; 2.29; 7.78,83; 10.27 5881

ENANO
Lv 21.20 o *e*, o que tenga nube en el ojo, o 1851

ENARDECER
Sal 39.3 se *enardeció* mi corazón dentro de mí 2552
118.12 se *enardecieron* como fuego de espinos 1846
139.21 y me *enardezco* contra tus enemigos? 6962
Is 45.24 todos los que contra él se *enardecen* 2734
Hch 17.16 su espíritu se *enardecía* viendo la *3947*

ENCADENAR
Mt 14.3 y le había *encadenado* y metido en la *1210*
Mr 6.17 le había *encadenado* en la cárcel por *1210*

ENCAJAR
Éx 39.13 montadas y *encajadas* en engastes de 4142

ENCAJE
Gn 32.25 tocó en el sitio del *e* de su muslo 3709
32.32 tendón...el cual está en el *e* del muslo 3709

ENCALADO
Dn 5.5 escribía...sobre lo *e* de la pared del 1528

ENCALLAR
Hch 27.41 hicieron *encallar* la nave; y la proa *2027*

ENCAMINAR
Gn 50.20 Dios lo *encaminó* a bien, para hacer 2803
Dt 1.24 se *encaminaron*...y llegaron hasta el 6437
1 S 6.12 vacas se *encaminaron* por el camino 3474
1 Cr 29.18 Jehová...*encamina* su corazón a ti 3559
Sal 25.5 *encamíname* en tu verdad, y enséñame 1869
25.9 *encaminará* a los humildes por el juicio 1869
31.3 por tu nombre me guiarás...*encaminarás* 5095
Pr 4.11 por el camino de la...te he *encaminado* 1869
11.3 integridad de los rectos los *encaminará* 5148
Is 48.17 te *encamina* por el camino que debes 1869
Lc 1.79 *encaminar* nuestros pies por camino de *2720*
13.22 pasaba...y *encaminándose* a Jerusalén *4160,4197*
Hch 15.3 *encaminados* por la iglesia, pasaron *4311*
Ro 15.24 y ser *encaminado* allá por vosotros *4311*
1 Co 16.6 que me *encaminéis* a donde haya de ir *4311*
16.11 *encaminadle* en paz, para que venga a mí *4311*
2 Co 1.16 ser *encaminado* por vosotros a Judea *4311*
2 Ts 3.5 *encamine* vuestros corazones al amor *2720*
Tit 3.13 *encamínales* con solicitud, de modo *4311*
3 Jn 6 y harás bien en *encaminarlos* como es *4043*

ENCANTADOR
Lv 19.31 no os volváis a los *e* ni...adivinos 178
20.6 persona que atendiere a *e* o adivinos 178
Dt 18.11 ni *e*...ni quien consulte a los muertos 178
1 S 28.3 había arrojado de la tierra a los...*e* 178
2 R 21.6 fue agorero, *e* instituyó *e* y adivinos 178
23.24 barrió Josías a los *e*, adivinos...Judá 178
2 Cr 33.6 dado a...y consultaba a adivinos y *e* 178
Sal 58.5 no oye...por más hábil que el *e* sea 2267
Ec 10.11 muerde la serpiente...nada sirve el *e* 3956
Is 8.19 preguntad a los *e* y a los adivinos 178
Jer 27.9 no prestéis oído a...ni a vuestros *e* 3786
Dn 2.2 hizo llamar el rey...*e*...le explicasen 3784

ENCANTAMIENTO
Éx 7.11 los hechiceros de Egipto con sus *e* 3858
7.22; 8.7 hechiceros hicieron lo...con sus *e* 3909
8.18 sacar piojos con sus *e*; pero no pudieron 3909
Is 47.9 a pesar de...hechizos y de tus muchos *e* 2267
47.12 tus *e* y en la multitud de tus hechizos 2267
Jer 8.17 áspides contra los cuales no hay *e* 3908

ENCANTAR
Sal 58.5 que no oye la voz de los que *encantan* 3907
Ec 10.11 si muerde la...antes de ser *encantada* 3908

ENCARCELAR
Is 24.22 como se amontona a los *encarcelados* en 616
Lm 3.34 desmenuzar...a todos los *encarcelados* 615
Mr 1.14 después que Juan fue *encarcelado* *3860*
Jn 3.24 Juan no había sido aún *encarcelado* *906,1519,5438*
Hch 22.19 saben que yo *encarcelaba* y azotaba *2252,5439*
1 P 3.19 predicó a los espíritus *encarcelados* *5438*

ENCARECIDAMENTE
1 S 20.28 David me pidió *e* que le dejase
Col 4.12 siempre rogando *e* por vosotros

ENCARECER
1 Ti 5.21 te *encarezco*...guardes estas cosas *1263*
2 Ti 4.1 te *encarezco* delante de Dios y del *1263*

ENCARGADO
2 Cr 34.17 han entregado en mano de los *e* 6485

ENCARGAR
Gn 40.4 el capitán...*encargó* de ellos a José 6485
Nm 3.8 *encargado* a ellos por los...de Israel 4931
1 R 5.14 Adoniram estaba *encargado* de...leva 5921
Est 4.8 y le *encargara* que fuese ante el rey 6680
Sal 119.4 *encargaste* que sean muy guardados 6680
Jer 29.26 te *encargues* en la casa de Jehová de 4696
41.10 había *encargado* Nabuzaradán capitán de 6485
49.19 y al que fuere escogido la *encargaré* 6485
50.44 huir...y al que yo escoja la *encargaré* 6485
Ez 44.14 por guardas *encargados* de la custodia 8104
Mal 4.4 al cual *encargué*...ordenanzas y leyes 6680
Mt 9.30 **Jesús les *encargó*...que nadie lo sepa** *1690*
12.16 les *encargaba*...que no le descubriesen *2008*
Mr 1.43 *encargó* rigurosamente, y le despidió *1690*
Lc 9.21 mandó...*encargándoselo* rigurosamente *2008*
Hch 6.3 quienes *encarguemos* de este trabajo *2525*

17.15 que se habían *encargado* de conducir a *2525*
2 Co 5.19 nos *encargó* a nosotros la palabra de *5087*
1 Ts 2.12 os *encargábamos* que anduvieseis como *3140*
1 Ti 1.4 presten atención a... te *encargo* ahora
1.18 este mandamiento... te *encargo*, para que *3908*
2 Ti 2.2 esto *encarga* a hombres fieles que sean *3908*

ENCARGO
Gn 39.5 desde cuando le dio el *e* de su casa 6485
Nm 3.7 desempeñen el *e* de él, y el *e* de toda 4931

ENCARNIZADO
1 S 14.52 hubo guerra *e* contra los filisteos 2389

ENCENDER
Gn 3.24 una espada *encendida* que se revolvía 3858
39.19 cuando oyó el amo... *encendió* su furor 2734
44.18 se *encienda* tu enojo contra tu siervo 2734
Éx 22.6 *encendió* el fuego pagará lo quemado 1197
22.24 mi furor se *encenderá*, y os mataré a 2734
25.37 lamparillas, las cuales *encenderás* para 5927
29.25 arder... Es ofrenda *encendida* a Jehová 801
29.41 cordero... ofrenda *encendida* a Jehová 801
30.8 cuando Aarón *encienda* las lámparas al 5927
30.20 para quemar la ofrenda *encendida* para 801
32.10 déjame que se *encienda* mi ira en ellos 2734
32.11 ¿por qué se *encenderá* tu furor contra 2734
35.3 no *encenderéis* fuego... el día de reposo 1197
40.4 el candelero y *encenderás* sus lámparas 5927
40.25 *encendió* las lámparas delante de Jehová 5927
Lv 1.9,13,17; 2.2,9 es ofrenda *encendida* de olor grato ... 801
2.16 arder... es ofrenda *encendida* para Jehová 801
3.3,9 ofrenda *encendida* a Jehová la grosura 801
3.11 vianda es de ofrenda *encendida* para 801
3.14 ofrecerá de ella su ofrenda *encendida* 801
4.35 hará arder... sobre la ofrenda *encendida* 801
5.12 arder... sobre las ofrendas *encendidas* 801
6.9 el holocausto... sobre el fuego *encendido* 4169
6.12 el fuego *encendido* sobre el altar no 3344
6.17 su porción de mis ofrendas *encendidas* 801
6.18 a las ofrendas *encendidas* para Jehová 801
7.5 arder sobre el altar, ofrenda *encendida* 801
7.25 se ofrece a Jehová ofrenda *encendida* 801
7.35 de las ofrendas *encendidas* a Jehová 801
8.21 olor grato, ofrenda *encendida* para Jehová 801
8.28 hizo arder... ofrenda *encendida* a Jehová 801
10.12 que queda de las ofrendas *encendidas* 801
10.13 la comeréis... de las ofrendas *encendidas* 801
21.6 las ofrendas *encendidas* para Jehová y 801
21.21 para ofrecer las ofrendas *encendidas* 801
22.22 ni de ellos pondréis ofrenda *encendida* 801
22.27 será acepto para... sacrificio *encendido* 801
23.8 ofreceréis a... 7 días ofrenda *encendida* 801
23.13 ofrenda *encendida* a Jehová... olor grato 801
23.18 ofrenda *encendida* de olor grato para 801
23.25,27,36(2),37 ofreceréis ofrenda
encendida a Jehová 801
24.7 incienso puro... ofrenda *encendida* a Jehová ... 801
24.9 comerán... de las ofrendas *encendidas* a 801
Nm 8.2 cuando *enciendas* las lámparas, las 7 5927
8.3 hizo así; *encendió* hacia la parte anterior 5927
11.1 y se *encendió* en ellos fuego de Jehová 1197
11.3 el fuego de Jehová se *encendió* en ellos 1197
11.10,33; 12.9 la ira de Jehová se *encendió* 2734
15.3 y hagáis ofrenda *encendida* a Jehová 801
15.10,13,14 ofrenda *encendida* de olor grato 801
15.25 traerán sus... ofrenda *encendida* a Jehová 801
18.17 ofrenda *encendida* en olor... a Jehová 801
22.22 la ira de Dios se *encendió* porque él 2734
24.10 se *encendió* la ira de Balac... Balaam 2734
25.3 el furor de Jehová se *encendió* contra 2734
28.2 mi pan con mis ofrendas *encendidas* en 801
28.3 es la ofrenda *encendida* que ofreceréis 801
28.6 holocausto... ofrenda *encendida* a Jehová 801
28.8 ofrenda *encendida*... olor grato a Jehová 801
28.13 olor grato, ofrenda *encendida* a Jehová 801
28.19 y ofreceréis como ofrenda *encendida* en 801
28.24 vianda y ofrenda *encendida*... olor grato 801
29.6 como ofrenda *encendida* a Jehová en olor 801
29.13 ofreceréis... ofrenda *encendida* a Jehová 801
29.36 en ofrenda *encendida* de olor grato a 801
32.10 la ira de Jehová se *encendió*... y juró 2734
32.13 la ira de Jehová se *encendió* contra Israel 2734
Dt 7.4 el furor de Jehová se *encenderá* sobre 2734
11.17 se *encienda* el furor de Jehová sobre 2734
29.27 *encendió* la ira de Jehová contra esta 2734
31.17 y se *encenderá* mi furor contra él en 2734
32.19 y lo vio Jehová, y se *encendió* en ira
32.22 porque fuego se ha *encendido* en mi ira 6919
Jos 7.1 ira... se *encendió* contra los hijos de 2734
23.16 la ira... se *encenderá* contra vosotros 2734
Jue 2.14 se *encendió* contra Israel el furor 2734
2.20; 3.8 ira de Jehová se *encendió* contra 2734
6.39 no se *encienda* tu ira contra mí, si aún 2734
9.30 cuando Zebul... oyó... se *encendió* en ira 2734
10.7 y se *encendió* la ira de Jehová contra 2734
14.19 y *encendido* en enojo se volvió a la 2734
15.5 *encendiendo* las teas, soltó las zorras 1197
1 S 11.6 él se *encendió* en ira en gran manera 2734
17.28 oyéndole... Eliab... *encendió* en ira contra 2734
20.30 entonces se *encendió* la ira de Saúl 2734
2 S 6.7 el furor de Jehová se *encendió* contra 2734
12.5 se *encendió* el furor de David en gran 2734
22.9,13 carbones fueron por él *encendidos* 1197
24.1 volvió a *encenderse* la ira de Jehová 2734
2 R 13.3 *encendió* el furor de Jehová contra 2734
16.13 y *encendió* su holocausto y su ofrenda 6999
16.15 *encenderás* el holocausto de la mañana 6999
22.13 grande es la ira... que se ha *encendido* 3341
22.17 ira se ha *encendido* contra este lugar 3341
23.26 su gran ira se había *encendido* contra 2734
1 Cr 13.10 y el furor de Jehová se *encendió* 2734
2 Cr 4.20 las *encendiesen* delante del lugar 1197
21.19 no *encendieron* fuego en su honor, como 8316
25.15 se *encendió* la ira de Jehová contra 2734
33.6 se excedió en... hasta *encender* su ira 3707
Est 1.12 el rey se enojó... se *encendió* en ira 1197
7.7 el rey se levantó del... *encendido* en ira
Job 32.2 Eliú... se *encendió* en ira contra Job 2734
32.2 Eliú... se *encendió* en ira, por cuanto se 2734
32.3 *encendió* en ira contra sus tres amigos 2734
32.5 viendo Eliú que no... se *encendió* en ira 2734
41.18 con sus estornudos *enciende* lumbre, y 1984
41.21 su aliento *enciende* los carbones, y de 3857
42.7 mi ira se *encendió* contra ti y tus dos 2734
Sal 18.8 carbones fueron por él *encendidos* 1197
18.28 *encenderás* mi lámpara; Jehová mi Dios 215
39.3 en mi meditación se *encendió* fuego, y 1197
74.1 *encendido* tu furor contra las ovejas de 6225
76.7 delante de ti cuando se *encienda* tu ira?
78.21 se *encendió* el fuego contra Jacob, y el 5400
106.18 y se *encendió* fuego en su junta; la 1197
106.40 se *encendió*... furor de Jehová sobre su 2734
124.3 se *encendió* su furor contra nosotros 2734
Pr 26.21 rencilloso para *encender* contienda 2787
Is 1.31 y ambos serán *encendidos* juntamente 1197
5.11 noche, hasta que el vino los *enciende*! 1814
5.25 por esta causa se *encendió* el furor de 2734
6.6 y voló... en su mano un carbón *encendido* 7531
9.18 la maldad se *encendió* como fuego, cardos 1197
9.18 y se *encenderá* en lo espeso del bosque 3341
10.16 y debajo de su gloria *encenderá* una 3344
27.11 mujeres vendrán a *encenderlas*; porque 215
30.27 su rostro *encendido*, y con llamas de 1197
30.33 como torrente de azufre, lo *enciende* 1197
44.15 *enciende*... horno, y cuece panes; hace 1197
50.11 todos vosotros *encendéis* fuego, y os 6919
50.11 fuego, y de las teas que *encendisteis* 1197
62.1 salvación se *encienda* como una antorcha 1197
Jer 4.4 se *encienda* y no haya quien la apague 1197
7.18 la leña, los padres *encienden* el fuego 1197
7.20 mi furor y mi ira... se *encenderán*, y no 1197
11.16 a la voz de... hizo *encender* fuego sobre 3341
15.14 fuego se ha *encendido* en mi furor, y 6919
17.4 fuego habéis *encendido* en mi furor, que 6919
21.12 para que mi ira no... se *encienda* y no 1197
21.14 y haré *encender* fuego en su bosque, y 3341
33.18 ni... faltará varón que... *encienda* ofrenda ... 6999
44.6 y se *encendió* en las ciudades de Judá 1197
49.27 *encender* fuego en el muro de Damasco 3341
50.32 y *encenderé* fuego en sus ciudades, y 3341
Lm 2.3 *encendió* en Jacob como llama de fuego 1197
4.11 y *encendió* en Sion fuego que consumió 3341
Ez 1.13 como de carbones de fuego *encendidos* 1197
1.13 como visión de hachones *encendidos* que
10.2 llena tus manos de carbones *encendidos* 784
20.47 que yo *enciendo* en ti fuego, el cual 3341
20.48 verá toda carne que yo... lo *encendí*; no 1197
21.31 el fuego de mi... haré *encender* sobre ti 6315
22.20 *encender* fuego en él para fundirlos 5301
24.5 *enciende* los huesos debajo de ella; haz 1754
24.10 *encendiendo* el fuego para consumir la 1814
39.9 y *encenderán* y quemarán armas, escudos 1197
Os 7.4 son como horno *encendido* por el hornero 1197
7.6 a la mañana está *encendido* como llama de 1197
8.5 se *encendió* mi enojo contra ellos, hasta 2734
Am 1.14 *encenderé* fuego en el muro de Rabá, y 3341
Nah 2.4 su aspecto... como antorchas *encendidas*
2.13 *encenderé* y reduciré a humo tus carros 1197
Hab 3.5 sus pies salían carbones *encendidos* 7565
Zac 10.3 contra los pastores se ha *encendido* 2734
Mt 5.15 **ni se *enciende* una luz y se pone debajo** *2545*
Lc 8.16 **nadie que *enciende* una luz la cubre** *681*
11.33 **nadie pone en oculto la luz *encendida*** *681*
12.35 **estén... vuestras lámparas *encendidas*** *2545*
12.49 **¿y qué quiero, si ya se ha *encendido*?** *381*
15.8 **no *enciende* la lámpara, y barre la casa** *681*
22.55 habiendo ellos *encendido* fuego en medio *681*
Jn 18.18 los alguaciles que habían *encendido* *4160*
Hch 28.2 *encendieron* un fuego... nos recibieron *381*
Ro 1.27 se *encendieron* en su lascivia unos *1572*
Stg 3.5 ¡cuán grande bosque *enciende*... fuego! *381*
2 P 3.12 en el cual los cielos, *encendiéndose* *4448*

ENCERRAR
Éx 14.3 *encerrados* están... desierto los ha *e* 5462
Lv 13.4 el sacerdote *encerrará* al llagado por 5462
13.5 el sacerdote le volverá a *encerrar* por 5462
13.11 y no le *encerrará*, porque es inmundo 5462
13.21 sacerdote le *encerrará* por siete días 5462
13.26 *encerrará* el sacerdote por siete días 5462
13.31 *encerrará* por siete días al llagado de 5462
13.33 el sacerdote *encerrará* por otros siete 5462
13.50 *encerrará* la cosa plagada por 7 días 5462
13.54 lo *encerrará* otra vez por siete días 5462
Jos 8.22 y así fueron *encerrados* en medio de
1 S 6.10 y *encerraron* en casa sus becerros 3607
23.7 se ha *encerrado* entrando en ciudad con 5462
23.26 Saúl... habían *encerrado* a David y a su 5849
2 S 20.3 *encerradas* hasta que murieron, en 6887
2 R 4.4 entra... y *enciérrate* tú y tus hijos 5462
4.5 la puerta, *encerrándose* ella y sus hijos 5462
1 Cr 12.1 él aún *encerrado* por causa de Saúl 6113
Neh 6.10 Semaías... estaba *encerrado*; el cual me 6113
Job 3.23 da vida... a quien Dios ha *encerrado*? 5526
12.14 *encerrará* al... y no habrá quien le abra 5462
24.24 *encerrados*, y cortados como... espigas 7092
38.8 ¿quién *encerró* con puertas el mar, cuando 5526
40.13 *encierra* sus rostros en la oscuridad 2280
Sal 77.9 ¿ha *encerrado* con ira sus piedades? 7092
88.8 has... *encerrado* estoy, y no puedo salir 3607
Pr 30.4 ¿quién *encerró*... vientos en sus puños 622
Is 24.22 en prisión quedarán *encerrados*, y 5462
Jer 51.30 se *encerraron* en sus fortalezas; les 3427
Ez 3.24 entra, y *enciérrate* dentro de tu casa 5462
Nah 3.11 también serás embriagada... *encerrada* 5956
Hag 1.9 *encerráis* en casa, y yo lo disiparé 935
Lc 3.20 añadió... *encerró* a Juan en la cárcel *2623*
5.6 *encerraron* gran cantidad de peces, y su *4788*
Hch 26.10 yo *encerré*... a muchos de los santos *2623*
Gá 3.22 Escritura lo *encerró* todo bajo pecado *4788*
3.23 *encerrados* para aquella fe que iba a ser *4788*
Ap 20.3 lo *encerró*... para que no engañase más *2808*

ENCIERRO
2 S 22.46; Sal 18.45 saldrán temblando de... *e* 4526
Mi 7.17 lamerán el polvo... temblarán en sus *e* 4526

ENCIMA
Gn 24.46 bajó prontamente su cántaro de *e* de sí
28.18 y derramó aceite *e* de ella 7218
Éx 12.27 pasó por *e* de las casas de los hijos 5921
25.20 los querubines extenderán por *e* las alas
25.21 pondrás el propiciatorio *e* del arca 4605
26.14 una cubierta de pieles de tejones *e* 4605
36.19 y otra cubierta de pieles de tejones *e* 4605
37.9 los querubines extendían sus alas por *e*
40.19 puso la sobrecubierta *e* del mismo 4605
40.20 y el propiciatorio sobre el arca 4605
Lv 1.8 sobre el fuego que habrá *e* del altar
1.12 sobre el fuego que habrá *e* del altar
3.5 la leña que habrá *e* del fuego 5921
8.8 luego le puso *e* el pectoral, y
14.17 *e* de la sangre del sacrificio por la culpa
Nm 4.6 extenderán *e* un paño todo de azul 4605
4.25 cubierta de pieles de tejones que está *e* de él .. 4605
7.89 oía la voz que le hablaba de *e* del propiciatorio
Dt 28.13 estarás *e*... y no estarás debajo, si 4605
Rt 3.15 seis medidas de cebada, y se las puso *e* 5921
1 R 7.20 en cada capitel, *e* de su globo
7.29 *e* como debajo de los leones y de los bueyes
7.35 *e* de la basa sus molduras y tableros 5921
8.7 cubrían los... y sus varas por *e* 4605
2 R 25.17 y tenía *e* un capitel de bronce
1 Cr 20.2 la corona de *e* de la cabeza del rey
2 Cr 3.15 con sus capiteles *e*, de cinco codos 5921
4.12 los capiteles que estaban *e* de las columnas ... 5921
4.13 los capiteles que estaban *e* de las columnas
5.8 cubrían por *e* así el arca como sus barras 4605
34.4 las imágenes del sol, que estaban puestas *e* 5921
Cnt 5.7 quitaron mi manto de *e* los
7.5 tu cabeza *e* de ti, como el Carmelo
Is 6.2 por *e* de él había serafines 4605
51.23 inclínate, y pasaremos por *e* de ti 5674
Ez 1.11 y tenían sus alas extendidas por *e*
1.22 extendido *e* sobre sus cabezas 5921
9.3 y la gloria del Dios de Israel se elevó de *e*
10.4 Jehová se elevó de *e* del querubín
10.18 la gloria de Jehová se elevó de *e* del
10.19 la... de Israel estaba por *e* sobre ellos 5921
16.9 y lavé tus sangres de *e* de ti
19.11 se elevó su estatura por *e* entre las ramas
37.8 y la piel cubrió por *e* de ellos 4605
41.17 por *e* de la puerta, y hasta la casa 5921
41.20 desde el suelo hasta *e* de la puerta había 5921
43.15 y *e* del altar había cuatro cuernos
Zac 4.2 un depósito *e*, y... *e* del... *e* de él
Mt 21.7 pusieron... sus mantos; y él se sentó *e*
27.28 y echaron *e* un manto de escarlata *4060*
Mr 7.32 rogaron que le pusiera la mano *e*
8.23 puso las manos *e*, y le preguntó si veía algo
Lc 5.19 subieron *e* de la casa, y por el tejado
11.44 **hombres que andan *e* no lo saben** *1883*
19.35 sobre el pollino, subieron a Jesús *e* *1913*
23.26 pusieron *e* la cruz para que la llevase tras *2007*
Jn 11.38 era una cueva, y... puesta *e*
21.9 y un pez *e* de ellas, y pan *1945*
Hch 9.12 **pone las manos *e* para... la vista** *2007*
1 Co 3.10 puse... y otro edifica *e* *2026*
Ef 4.10 subió por *e* de... para llenarlo todo *5231*

ENCINA
Gn 35.4 Jacob los escondió debajo de una *e* 424
35.8 Débora... fue sepultada... debajo de una *e* 437
Jos 24.26 piedra, la levantó... debajo de la *e* 427
Jue 6.11 el ángel de... se sentó debajo de la *e* 424
6.19 se lo presentó debajo de aquella *e* 424
9.37 una tropa viene por el camino de la *e* 436
1 S 10.3 llegues a la *e* de Tabor, te saldrán 436
2 S 18.9 *e*... y se le enredó la cabeza en la *e* 424
18.10 he visto a Absalón colgado de una *e* 424
18.14 de Absalón... aún vivo en medio de la *e* 424
1 R 13.14 le halló sentado debajo de una *e*, y 424
1 Cr 10.12 enterraron sus huesos debajo de... *e* 424
Sal 29.9 voz de Jehová que desgaja las *e*, y
Is 1.29 os avergonzarán las *e* que amasteis 352
1.30 seréis como *e* a... que se le cae la hoja 424
2.13 los cedros... sobre todas las *e* de Basán 437
6.13 la *e*, que al ser cortados aún queda el 437
44.14 toma ciprés y *e*, que crecen entre los 437
Ez 6.13 sus muertos... debajo de toda *e* espesa 424
27.6 de *e* de Basán hicieron tus remos; tus 437
Os 4.13 incensaron... debajo de las *e*, álamos 437
Am 2.9 fuerte como una *e*; y destruí su fruto 437
Zac 11.2 aullad, *e* de Basán, porque el bosque 437

ENCINAR
Gn 13.18 Abram...vino y moró en el *e* de Mamre....... 436
14.13 habitaba en el *e* de Mamre el amorreo........ 436
18.1 le apareció Jehová en el *e* de Mamre........... 436
Dt 11.30 frente a Gilgal, junto al *e* de More............. 436

ENCINO
Gn 12.6 y pasó Abram por...hasta el *e* de More........ 436

ENCINTA
Gn 16.5 y viéndose *e*, me mira con desprecio.......... 2029
38.24 Tamar...*e* a causa de las fornicaciones...... 2030
38.25 varón cuyas son estas cosas, estoy *e*.......... 2030
1 S 4.19 su nuera...que estaba *e*, cercana al........... 2030
2 S 11.5 concibió...envió...diciendo: Estoy *e*........... 2030
2 R 8.12 abrirás...a sus mujeres que estén *e*........... 2030
15.16 abrió...todas sus mujeres que estaban *e*..... 2030
Ec 11.5 crecen...en el vientre de la mujer *e*........... 4392
Is 26.17 como la mujer *e* cuando se acerca el.......... 2030
Jer 31.8 la mujer que está *e* y la que dio a.............. 2030
Os 13.16 niños...sus mujeres *e* serán abiertas........ 2030
Am 1.13 abrieron a las mujeres...que estaban *e*....... 2030
Mt 24.19; Mr 13.17 **¡ay de las que estén *e*, y de**......... *1064*
Lc 2.5 desposada con él, la cual estaba *e*.............. *1471*
21.23 **¡ay de las que estén *e*, y de las que**........... *1064*
1 Ts 5.3 como los dolores a la mujer *e*, y no............ *1064*
Ap 12.2 y estando *e*, clamaba con dolores de.......... *1064*

ENCLAVAR
Jue 4.21 Jael...lo *enclavó* en la tierra, pues............ 6795
1 S 18.11 lanza...*Enclavaré* a David a la pared........ 5221
19.10 procuró *enclavar* a David con la lanza....... 5221
26.8 lo *enclavaré* en la tierra de un golpe........... 5221

ENCOGER
Gn 49.33 cuando acabó...*encogió* sus pies en la........ 622
Sal 10.10 se *encoge*, se agacha, y caen en sus.......... 1794

ENCOLERIZAR
2 Cr 16.10 *encolerizó* grandemente a causa de........ 2197
25.10 y volvieron a sus casas *encolerizados*......... 2734
Neh 4.7 oyendo Sanbalat y...se *encolerizaron*.......... 2734

ENCOMENDAR
Lv 6.2 negare a su prójimo lo *encomendado* o......... 8667
6.4 o el depósito que se le *encomendó*, o lo......... 6485
Nm 4.27 les *encomendaréis*...todos sus cargos........ 6485
32.28 *encomendó* Moisés al sacerdote Eleazar..... 6680
1 S 21.2 el rey me *encomendó* un asunto, y me......... 6680
21.2 nadie sepa...lo que te he *encomendado*....... 6680
1 R 11.28 *encomendó* todo el cargo de la casa......... 6485
2 Cr 34.16 han cumplido...les fue *encomendado*....... 5414
Job 5.8 buscaría...y *encomendaría* a él mi causa...... 7760
Sal 22.8 se *encomendó* a Jehová; líbrele él.............. 1556
31.5 en tu mano *encomiendo* mi espíritu; tú......... 6485
37.5 *encomienda* a Jehová tu camino, y confía..... 1556
Pr 16.3 *encomienda* a Jehová tus obras, y tus.......... 1556
Jer 20.12 porque a ti he *encomendado* mi causa....... 1540
40.7 le había *encomendado* los hombres y las...... 6485
Lc 23.46 **en tus manos *encomiendo* mi espíritu**......... *3908*
Hch 14.23 los *encomendaron* al Señor en quien........ *3908*
14.26 sido *encomendados* a la gracia de Dios....... *3860*
15.40 salió *encomendado* por los hermanos a...... *3860*
20.32 os *encomiendo* a Dios, y a la palabra......... *3908*
1 Co 9.17 la comisión me ha sido *encomendada*........ *4100*
Gá 2.7 vieron que me había sido *encomendado* el...... *4100*
1 Ti 1.11 el evangelio...me ha sido *encomendado*...... *4100*
6.20 guarda lo que se te ha *encomendado*........... *3872*
Tit 1.3 la predicación que me fue *encomendada*....... *4100*
1 P 2.23 sino *encomendaba* la causa al que juzga...... *3860*
4.19 *encomienden* sus almas al fiel Creador........ *3908*

ENCONAMIENTO
Ez 36.5 disputaron mi tierra, con *e* de ánimo.......... 7589

ENCONTRAR
Gn 27.20 Dios hizo que la *encontrase* delante........... 4672
32.17 si Esaú mi hermano te *encontrare*, y te........ 6298
33.8 todos estos grupos que he *encontrado*?........ 6298
Éx 3.18 Jehová el Dios de...nos ha *encontrado*........ 7136
4.27 fue, y lo *encontró* en el monte de Dios.......... 7125
5.3 el Dios de los hebreos nos ha *encontrado*....... 7122
5.20 y *encontrando* a Moisés y Aarón, que........... 6293
14.27 los egipcios...se *encontraban* con el mar..... 7125
23.4 si *encontrares* el buey de tu enemigo........... 6293
30.6 del propiciatorio...me *encontraré* contigo..... 3259
Nm 23.15 ponte...y yo iré a *encontrar* a Dios......... 7136
35.19 cuando lo *encontrare*, él lo matará........... 6293
35.21 matará al homicida cuando lo *encontrare*.... 6293
Dt 22.6 cuando *encuentres*...algún nido de ave........ 7122
Jos 2.16 que los que fueron...no os *encuentren*........ 6293
17.10 se *encuentra* con Aser al norte, y con.......... 6293
Jue 6.35 los cuales salieron a *encontrarles*............ 7125
17.8 a vivir donde pudiera *encontrar* lugar.......... 4672
17.9 voy a vivir donde pueda *encontrar* lugar...... 4672
Rt 2.22 y que no te *encuentren* en otro campo.......... 6293
1 S 4.1 *encontrar* en batalla a los filisteos............ 7125
9.4 pasaron luego por...y no las *encontraron*...... 4672
9.13 le *encontraréis* luego, antes que suba al....... 4672
10.5 *encontrarás* una compañía de profetas que... 6293
10.10 la compañía...venía a *encontrarse* con él..... 7125
15.12 madrugó...para ir a *encontrar* a Saúl por.... 7125
17.55 que salía a *encontrarse* con el filisteo......... 7125
25.32 te envió para que hoy me *encontrases*........ 7125
2 S 2.13 los *encontraron* junto al estanque de.......... 6298
10.5 a David, envió a *encontrarles*, porque......... 7125
10.10 lo alineó para *encontrar* a los amonitas....... 7125
17.13 que no se *encuentre* allí ni una piedra......... 4672
18.9 se *encontró* Absalón con los...de David......... 7122
1 R 11.29 le *encontró* en el...el profeta Ahías.......... 4672
18.7 yendo Abdías por...se *encontró* con Elías..... 7125
18.16 Abdías fue a *encontrarse* con Acab, y......... 7125
18.16 y Acab vino a *encontrarse* con Elías.......... 7125
20.36 de él, le *encontró* un león, y le mató........... 4672
20.37 se *encontró* con otro hombre, y le dijo........ 4672
21.18 desciende a *encontrarte* con Acab rey........ 7125
21.20 te he *encontrado*, porque te has vendido..... 4672
2 R 1.3 a *encontrarte* con los mensajeros del.......... 7125
1.6 *encontramos* a un varón que nos dijo: Id........ 7125
1.7 ¿cómo era aquel varón que *encontrasteis*....... 7125
4.29 si alguno te *encontrare*, no lo saludes.......... 4672
4.31 se había vuelto para encontrar a Eliseo....... 7125
9.21 salieron a *encontrar* a Jehú, al cual........... 4672
10.15 se *encontró* con Jonadab hijo de Recab....... 7125
16.10 rey Acaz a *encontrar* a Tiglat-pileser......... 7125
Neh 7.5 genealogía...y *encontré* en él escrito.......... 4672
13.10 *encontré*...que las porciones para los........ 3045
Sal 79.8 vengan...misericordias a *encontrarnos*........ 6923
85.10 la misericordia y la...se *encontraron*......... 6298
116.3 me *encontraron* las angustias del Seol........ 4672
Pr 7.15 por tanto, he salido a *encontrarte*............. 7125
17.12 mejor es *encontrarse* con una osa a la........ 6298
22.2 rico y el pobre se *encuentran*: a ambos........ 6298
29.13 el pobre y el usurero se *encuentran*.......... 6298
Ec 7.28 aún busca mi alma, y no lo *encuentra*......... 4672
Is 21.14 salid a *encontrar* al sediento...agua
34.14 *encontrarán* con las hienas, y la cabra....... 6298
Jer 41.6 cuando los *encontró*, les dijo: Venid.......... 6298
51.31 correo se *encontrará* con correo...al rey..... 7125
51.31 mensajero se *encontrará* con mensajero..... 7125
Os 13.8 osa que ha perdido...los *encontraré*........... 6298
Am 5.19 que huye...y se *encuentra* con el oso.......... 6293
Mt 18.13 **si...la *encuentra*, de cierto os digo**........... *2147*
Lc 9.12 para que vayan...*encuentren* alimentos....... *2147*
15.4 **va tras la que se...hasta *encontrarla*?**....... *2147*
15.5 **cuando la *encuentra*, la pone sobre sus**........ *2147*
15.6 **gozaos...porque he *encontrado* mi oveja**....... *2147*
15.8 **busca con diligencia hasta *encontrarla*?**....... *2147*
15.9 **cuando la *encuentra*, reúne a sus...amigas**... *2147*
15.9 ***encontrado* la dracma que había perdido**..... *2147*
Jn 11.20 salió a *encontrarle*; pero María se............ *5221*
11.30 lugar donde Marta le había *encontrado*....... *5221*
Hch 8.40 pero Felipe se *encontró* en Azoto............. *2147*
Ap 20.11 ningún lugar se *encontró* para ellos.......... *2147*

ENCORVAR
Gn 49.9 *encorvó*, se echó como león, así como......... 3766
Nm 24.9 se *encorvará* para echarse como león......... 3766
Jue 5.27 cayó *encorvado* entre sus pies...cayó *e*....... 3766
5.27 donde se *encorvó*, allí cayó muerto.......... 3766
Job 31.10 muela...sobre ella otros se *encorven*......... 3766
39.3 se *encorvan*, hacen salir sus hijos, pasan...... 3766
Sal 38.6 estoy *encorvado*, estoy humillado en.......... 7817
Ec 12.3 y se *encorvarán* los hombres fuertes.......... 5791
Is 60.14 las pisadas de tus pies se *encorvarán*......... 7812
Mr 1.7 no soy digno de desatar *encorvado* la.......... *2955*
Lc 13.11 allí una mujer...y andaba *encorvada*......... *4794*

ENCRESPAR
Sal 107.25 un viento...que *encrespa* sus ondas......... 7311

ENCRUCIJADA
Pr 8.2 junto...a las *e* de las veredas se para........... 1870
Is 51.20 estuvieron tendidos en las *e* de todos.......... 7218
Lm 4.1 las piedras...están esparcidas por las *e*....... 7218
Ez 21.21 el rey de...se ha detenido en una *e*........... 7218
Abd 14 haberte parado en las *e* para matar a........... 6563
Nah 3.10 sus pequeños...estrellados en las *e*........... 3605

ENCUBIERTAMENTE
Hab 3.14 regocijo...para devorar al pobre *e*.......... 4565
Hch 16.37 ahora nos echan *e*? No, por cierto.......... *2977*
2 P 2.1 introducirán *e* herejías destructoras........... *3919*
Jud 4 algunos hombres han entrado *e*, los que........ *3921*

ENCUBRIR
Gn 18.17 ¿*encubriré* yo a Abraham lo que voy........... 3680
37.26 que matemos a...y *encubramos* su muerte?... 3680
47.18 no *encubrimos* a nuestro señor que el......... 3582
Dt 13.8 no consentirás con...ni lo *encubrirás*......... 3680
Jos 7.19 declárame ahora...no me lo *encubras*......... 3582
3.17 te haga Dios...si me *encubrieres* palabra...... 3582
3.18 lo manifestó todo, sin *encubrirle* nada......... 3582
20.2 ¿por qué...ha de *encubrir* mi padre este....... 5641
2 S 14.18 te ruego que no me *encubras* nada........... 3582
2 R 4.27 y Jehová me ha *encubierto* el motivo.......... 5956
Job 5.21 azote de la lengua serás *encubierto*........... 2244
6.16 que están...y *encubiertas* por la nieve......... 5956
14.13 *encubrieses* hasta apaciguarse tu ira......... 6845
15.18 nos contaron de...y no lo *encubrieron*......... 3582
26.9 él *encubre* la faz de su trono, y sobre.......... 270
28.21 porque *encubierta* está a los ojos de........... 5956
31.33 *encubrí* como hombre mis transgresiones.... 3680
36.32 las nubes *encubre* la luz, y le manda.......... 3680
40.13 *encúbrelos*...en el polvo, encierra sus........ 2934
Sal 10.11 ha *encubierto* su rostro; nunca lo........... 5641
32.5 te declaré, y no *encubrí* mi iniquidad........... 3680
40.10 no *encubrí* tu justicia dentro de mi............ 3680
78.4 no las *encubriremos* a...contando a la.......... 3582
119.19 no *encubras* de mí tus mandamientos........ 5641
139.11 si dijere...las tinieblas me *encubrirán*...... 7779
139.12 aun las tinieblas no *encubren* de ti........... 2821
139.15 no fue *encubierto* de ti mi cuerpo........... 3582
Pr 10.18 que *encubre* el odio es de...mentirosos....... 3680
12.23 el hombre cuerdo *encubre* su saber; mas..... 3680
19.28 y la boca de los impíos *encubrirá* la.......... 1104
25.2 gloria de Dios es *encubrir* un asunto.......... 5641
28.13 que *encubre* sus pecados no prosperará...... 3680
Ec 12.14 toda cosa *encubierta*, sea buena o sea........ 5956
Is 26.21 no *encubrirá* ya mas a sus muertos........... 3680
29.15 se esconden de Jehová, *encubriendo* el....... 5641
45.15 tú eres Dios que te *encubres*, Dios de......... 5641
Jer 38.14 haré una pregunta; no me *encubras*......... 3582
38.25 no nos lo *encubras*, y no te mataremos....... 3582
50.2 anunciad en...publicad, y no *encubráis*........ 3582
Mt 10.26; Lc 12.2 **nada hay *encubierto*, que**........... *2572*
Lc 18.34 esta palabra les era *encubierta*, y no......... *2928*
19.42 **mas ahora está *encubierto* de tus ojos**........ *2928*
2 Co 4.3 si nuestro evangelio...aún *encubierto*......... *2572*
4.3 entre los que se pierden está *encubierto*........ *2572*
1 Ts 2.5 lisonjeras...ni *encubrimos* avaricia........... *4392*

ENCUENTRO
Gn 24.12 dame, te ruego, el tener hoy buen *e*.......... 7136
32.1 Jacob...le salieron al *e* ángeles de Dios........ 6293
33.4 pero Esaú corrió a su *e* y le abrazó, y.......... 7125
Éx 4.24 Jehová le salió al *e*, y quiso matarlo........... 6298
Nm 23.3 quizá Jehová me vendrá al *e*...Y se fue....... 7125
23.4 y vino Dios al *e* de Balaam, y éste le........... 7136
23.16 y Jehová salió al *e* de Balaam, y puso......... 7136
Dt 1.44 pero salió a vuestro *e* el amorreo, que........ 7125
2.32 salió Sehón al *e*, él y todo su pueblo........... 7125
3.1 salió al *e* Og rey de Basán para pelear......... 7125
25.18 de cómo te salió al *e* en el camino, y......... 7136
Jos 8.14 salieron al *e* de Israel para combatir......... 7125
8.22 los otros salieron de la ciudad a su *e*......... 7125
9.11 id al *e* de ellos, y decidles: Nosotros........... 7125
Jue 7.24 descended al *e* de los madianitas, y........... 7125
15.14 los filisteos salieron gritando a su *e*.......... 7125
20.31 salieron los hijos de Benjamín al *e*
1 S 10.3 saldrán al *e* tres hombres que suben.......... 4672
17.48 y echó a andar para ir al *e* de David.......... 7125
21.1 y se sorprendió Ahimelec de su *e*, y le......... 7125
25.20 he aquí David y...y ella les salió al *e*.......... 6298
25.34 que si no...dado prisa en venir a mi *e*........ 7125
2 S 15.32 he aquí Husai arquita le salió al *e*............ 7125
16.16 Husai arquita...vino al *e* de Absalón
20.8 salió Amasa al *e*. Y Joab estaba ceñido........ 6440
1 R 20.27 tomando provisiones fueron al *e* de......... 7121
2 R 8.9 fue a su *e*, y...se puso delante de él............ 7125
2 Cr 15.2 salió al *e* de Asa, y le dijo: Oídme........... 6440
19.2 le salió al *e* el vidente Jehú hijo de............ 6440
Job 39.21 y se alegra...sale al *e* de las armas.......... 7125
Sal 17.13 sal a su *e*, póstrales; libra mi alma............ 6923
21.3 has salido al *e* con bendiciones de bien........ 6923
59.4 despierta para venir a mi *e*, y mira............. 7125
Pr 7.10 una mujer le sale al *e*, con atavío de........... 7125
Is 7.3 sal ahora al *e* de Acaz, tú y...tu hijo............ 7125
64.5 saliste al *e* del que con alegría hacía.......... 6293
Jer 41.6 les salió al *e*, llorando, Ismael el.............. 7125
Am 4.12 prepárate para venir al *e* de tu Dios.......... 7125
Zac 2.3 salía aquel...otro ángel le salió al *e*.......... 7125
Mt 8.28 vinieron a su *e* dos endemoniados que salían.. *5221*
8.34 y toda la ciudad salió al *e* de Jesús............. *4877*
28.9 **Jesús les salió al *e*, diciendo: ¡ Salve!**.......... *528*
Mr 5.2 vino a su *e*...un hombre con un espíritu......... *528*
14.13 **y os saldrá al *e* un hombre que lleva**.......... *528*
Lc 9.37 día...una gran multitud les salió al *e*.......... *4876*
17.12 le salieron al *e* diez hombres leprosos.......... *528*
22.10 **os saldrá al *e* un hombre que lleva un**......... *4876*
Hch 16.16 salió al *e* una muchacha que tenía.......... *528*
He 7.10 padre cuando Melquisedec le salió al *e*......... *4876*

ENCUMBRADO
Job 22.12 lo *e* de las estrellas, cuán elevadas........... 7218
Ez 31.10 ya que por ser *e* en altura, y haber.......... 1361

ENCUMBRAR
Ez 31.4 *encumbró* el abismo; sus ríos corrían.......... 7311
31.5 se *encumbró*...sobre todos los árboles.......... 1361

ENDEBLE
Is 35.3 fortaleced las manos...las rodillas *e*............ 3782

ENDECHA
2 S 1.17 endechó David a Saúl y...con esta *e*.......... 7015
Is 22.12 llamó en este día a llanto y a *e*, a............... 4553
Jer 9.19 Sion fue oída voz de *e*: ¡Cómo hemos.......... 5092
9.20 enseñad *e* a vuestras hijas...a su amiga....... 5092
Ez 2.10 había escritas en él *e* y lamentaciones......... 7015
19.1 y tú, levanta *e* sobre los príncipes de.......... 7015
19.14 para cetro...*E* es esta, y de *e* servirá........ 7015
26.17 y levantarán sobre ti *e*, y te dirán............ 7015
27.2 hijo de hombre, levanta *e* sobre Tiro........... 7015
27.31 y endecharán...*e* amargas, con amargura... 4553
27.32 levantarán sobre ti *e*...lamentaciones........ 7015
28.12 levanta *e* sobre el rey de Tiro, y dile.......... 7015
32.2 levanta *e* sobre Faraón rey de Egipto........... 7015
32.16 es la *e*, y la cantarán; las hijas de............. 7015
Am 5.16 lloro, y a *e* a los que sepan endechar.......... 5092
Mi 2.4 y se hará *e* de lamentación, diciendo........... 5093

ENDECHADOR
Ec 12.5 los *e* andarán alrededor por las calles......... 5594

ENDECHAR
Gn 50.10 y *endecharon* allí con...lamentación......... 5594
Jue 11.40 a *endechar* a la hija de Jefté...días......... 8567
2 S 1.17 *endechó* David a Saúl y a Jonatán su.......... 6969
3.33 *endechando* el rey al mismo Abner, decía..... 6969
1 R 13.29 vino...para *endecharle* y enterrarle......... 5594
13.30 le *endecharon*, diciendo: ¡Ay, hermano....... 5594
14.13 Israel lo *endechará*, y le enterrarán.......... 5594
14.18 enterraron, y lo *endechó* todo Israel.......... 5594
2 Cr 35.25 y Jeremías *endechó* en memoria de........ 6969
35.25 las tomaron por norma para *endechar* en.... 6969
Ec 3.4 tiempo de *endechar*, y tiempo de bailar.......... 5594
Jer 4.8 vestíos de cilicio, *endechad* y aullad............ 5594
25.33 no se *endecharán* ni se recogerán ni.......... 5594
34.5 y te *endecharán*, diciendo, ¡Ay, señor!......... 5594
49.3 vestíos de cilicio, *endechad*, y rodead.......... 5594
Ez 8.14 mujeres...sentadas *endechando* a Tamuz..... 1058

24.16 no *endeches*, ni llores, ni corran tus ... 5594
24.23 no *endecharéis* ni lloraréis, sino que ... 5594
27.31 y *endecharán* por ti, endechas amargas ... 4553
27.32 y *endecharán* sobre ti, diciendo: ¿Quién ... 6969
32.16 *endecharán* sobre Egipto, y sobre toda ... 6969
32.18 *endecha* sobre la multitud de Egipto, y ... 5091
Am 5.16 y a endecha a los que sepan *endechar* ... 4553
Mt 11.17 **os *endechamos*, y no lamentasteis** ... *2354*
Lc 7.32 **dicen... os *endechamos*, y no llorasteis** ... *2354*

ENDEMONIADO
Mt 4.24 trajeron... *e*, lunáticos y paralíticos ... *1139*
8.16 trajeron... muchos *e*; y con la palabra ... *1139*
8.28 vinieron... *e* que salían de los sepulcros ... *1139*
8.33 contaron... lo que había pasado con los *e* ... *1139*
9.32 mientras salían... le trajeron un mudo, *e* ... *1139*
12.22 fue traído a él un *e*, ciego y mudo; y le ... *1139*
Mr 1.32 llegó la noche... le trajeron... a los *e* ... *1139*
5.18 el que había estado *e* le rogaba que le ... *1139*
Lc 8.27 vino a su encuentro un hombre de... *e* ... *2192,1140*
8.36 contaron cómo había sido salvado el *e* ... *1139*
Jn 10.21 estas palabras no son de *e*. ¿Puede ... *1139*

ENDEREZAR
1 R 13.4 se le secó, y no la pudo *enderezar* ... 7725
2 Cr 20.33 aún no había *enderezado* su corazón ... 3559
Job 4.4 que tropezaba *enderezaban* tus palabras ... 6965
Sal 5.8 en tu... *endereza* delante de mí tu camino ... 3474
40.2 pies sobre peña, y *enderezó* mis pasos ... 3559
Pr 3.6 reconócelo... él *enderezará* tus veredas ... 3474
11.5 la justicia del perfecto *enderezará* su ... 3474
15.21 el hombre entendido *endereza* sus pasos ... 3474
16.9 camino; mas Jehová *endereza* sus pasos ... 3559
23.19 oye... y *endereza* tu corazón al camino ... 833
Ec 1.15 lo torcido no se puede *enderezar*, y ... 8626
7.13 ¿quién podrá *enderezar*... que él torció? ... 8626
Is 40.3 *enderezad* calzada en la soledad... Dios ... 3474
40.4 lo torcido se *enderece*, y lo áspero se ... 4334
45.2 de ti, y *enderezaré* los lugares torcidos ... 3474
45.13 yo lo... y *enderezaré* todos sus caminos ... 3474
Mt 3.3; Mr 1.3 camino... *enderezad* sus sendas ... *4160,2117*
Mr 9.27 tomándole de la mano, le *enderezó* ... *1453*
Lc 3.4 camino del Señor; *enderezad* sus sendas ... *4160,2117*
3.5 los caminos torcidos serán *enderezados* ... *2117*
13.11 en ninguna manera se podía *enderezar* ... *352*
13.13 *enderezó* luego, y glorificaba a Dios ... *461*
Jn 1.23 la voz... *Enderezad* el camino del Señor ... *2116*
8.7 ***enderezó* y les dijo: El que... sin pecado** ... *352*
8.10 *enderezándose*... no viendo a nadie sino ... *352*

ENDEUDADO
1 S 22.2 los afligidos, y todo el que estaba *e* ... 5378

ENDOR *Ciudad en Manasés*
Jos 17.11 tuvo... a los moradores de *E* y sus ... 5874
1 S 28.7 una mujer en *E* que tiene espíritu de ... 5874
Sal 83.10 perecieron en *E*, fueron hechos como ... 5874

ENDULZAR
Éx 15.25 lo echó... y las aguas se *endulzaron* ... 4985
Job 20.12 si el mal se *endulzó* en su boca, si ... 4985
Jer 23.31 contra los profetas que *endulzan* sus ... 3947

ENDURECER
Éx 4.21 *endureceré* su corazón, de modo que no ... 2388
7.3 y yo *endureceré* el corazón de Faraón, y ... 7185
7.13,22 el corazón de Faraón se *endureció* ... 2388
7.14 el corazón de Faraón está *endurecido*, y ... 3515
8.15 *endureció* su corazón y no los escuchó ... 3513
8.19 mas el corazón de Faraón se *endureció* ... 2388
8.32 Faraón *endureció* aun esta vez su corazón ... 3513
9.7 el corazón de Faraón se *endureció* ... 3515
9.12 Jehová *endureció* el corazón de Faraón ... 2388
9.34 *endurecieron* su corazón él y sus siervos ... 3513
9.35 el corazón de Faraón se *endureció* ... 2388
10.1 he endurecido su corazón, y el corazón de ... 3513
10.20,27 *endureció* el corazón de Faraón, y ... 2388
11.10 Jehová había *endurecido* el corazón de ... 2388
13.15 *endureciéndose* Faraón para no dejarnos ... 7185
14.4 yo *endureceré* el corazón de Faraón para ... 2388
14.8 *endureció* Jehová el corazón de Faraón ... 2388
14.17 *endureceré* el corazón de los egipcios ... 2388
Dt 2.30 tu Dios había *endurecido* su espíritu ... 7185
10.16 y no *endurezcáis* más vuestra cerviz ... 7185
15.7 no *endurecerás* tu corazón, ni cerrarás ... 553
Jos 11.20 que *endurecía* el corazón de ellos ... 2388
Jue 4.24 la mano... de Israel fue *endureciéndose* ... 1980
1 S 6.6 ¿por qué *endurecéis* vuestro corazón ... 3513
6.6 los egipcios... *endurecieron* su corazón? ... 3513
2 R 17.14 antes *endurecieron* su cerviz, como ... 7185
2 Cr 30.8 no *endurezcáis*, pues, ahora vuestra ... 7185
36.13 y *endureció* su cerviz, y obstinó su ... 553
Neh 9.16 mas ellos y... *endurecieron* su cerviz ... 7185
9.17 antes *endurecieron* su cerviz, y en su ... 7185
9.29 *endurecieron* su cerviz... no escucharon ... 7185
Job 9.4 ¿quién se *endureció* contra él, y le fue ... 7185
38.30 aguas se *endurecen* a manera de piedra ... 2244
39.16 se *endurece* para con sus hijos, como ... 7188
41.23 flojas de su carne están *endurecidas* ... 1692
Sal 95.8 voz, no *endurezcáis* vuestro corazón ... 7185
Pr 21.29 el hombre impío *endurece* su rostro ... 5810
28.14 el que *endurece* su corazón caerá en el ... 7185
29.1 el hombre que reprendido *endurece* la ... 7185
Is 63.17 y *endureciste* nuestro corazón a tu ... 7188
Jer 5.3 *endurecieron* sus rostros más que la ... 2388
7.26 no... sino que *endurecieron* su cerviz, *e* ... 7185
17.23 *endurecieron* su cerviz para no oír, ni ... 7185
19.15 han *endurecido* su cerviz para no oír ... 7185
Dn 5.20 su espíritu se *endureció* en su orgullo ... 8631
Mr 6.52 estaban *endurecidos* sus corazones ... *4456*
8.17 **aún tenéis *endurecido* vuestro corazón?** ... *4456*
Jn 12.40 cegó los ojos... *endureció* su corazón ... *4456*
Hch 19.9 *endureciéndose* algunos y no creyendo ... *4645*
Ro 9.18 y al que quiere *endurecer*, *endurece* ... *4645*
11.7 alcanzado... los demás fueron *endurecidos* ... *4456*
He 3.8,15; 4.7 no *endurezcáis* vuestros corazones ... *4645*
3.13 ninguno de vosotros se *endurezca* por el ... *4645*

ENDURECIMIENTO
Lm 3.65 entrégalos al *e* de corazón... maldición ... 4044
Ro 11.25 ha acontecido a Israel *e* en parte ... *4457*

ENEAS *Cristiano en Lida*
Hch 9.33 halló allí a uno que se llamaba *E* ... *132*
9.34 *E*, Jesucristo te sana; levántate, y haz ... *132*

ENEBRO
1 R 19.4 fue... vino y se sentó debajo de un *e* ... 7574
19.5 echándose debajo del *e*, se quedó dormido ... 7574
Job 30.4 malvas... y raíces de *e* para calentarse ... 7574
Sal 120.4 saetas de valiente, con brasas de *e* ... 7574

EN-EGLAIM *Lugar en la costa del Mar Muerto*, Ez 47.10 ... 5882

ENELDO
Is 28.25 ¿no derrama el *e*, siembra el comino ... 7100
28.27 el *e* no se trilla con trillo, ni sobre ... 7100
28.27 que con un palo se sacude el *e*, y el ... 7100
Mt 23.23 **diezmáis... el *e* y el comino, y dejáis** ... *432*

ENEMIGO, A
Gn 14.20 Dios... que entregó tus *e* en tu mano ... *6862*
22.17 tu descendencia poseerá las puertas... *e* ... *341*
24.60 tus descendientes la puerta de sus *e* ... *8130*
49.8 Judá... tu mano en la cerviz de tus *e* ... *341*
Éx 1.10 él también se una a nuestros *e* y pelee ... 8130
15.6 diestra, oh Jehová, ha quebrantado al *e* ... 341
15.9 *e* dijo: Perseguiré, apresaré, repartiré ... 341
23.4 si encontrares el buey de tu *e* o su asno ... 341
23.22 pero si... oyeres su voz... seré *e* de tus *e* ... 340,341
23.27 yo... te daré la cerviz de todos tus *e* ... 341
32.25 permitido, para vergüenza entre sus *e* ... 6965
Lv 26.7 perseguiréis a vuestros *e*, y caerán ... 341
26.8 y vuestros *e* caerán a filo de espada ... 341
26.16 en vano... porque vuestros *e* la comerán ... 341
26.17 seréis heridos delante de vuestros *e* ... 341
26.25 espada... seréis entregados en mano del *e* ... 341
26.32 se pasmarán por ello vuestros *e* que en ... 341
26.34 estéis en la tierra de vuestros *e*; la ... 341
26.36 tal cobardía, en la tierra de sus *e* ... 341
26.37 y no podréis resistir delante de... *e* ... 341
26.38 la tierra de vuestros *e* os consumirá ... 341
26.39 decaerán en las tierras de vuestros *e* ... 341
26.41 habré hecho entrar en la tierra de sus *e* ... 341
26.44 estando ellos en tierra de sus *e*, yo ... 341
Nm 10.9 cuando saliereis... contra el *e* que os ... 341
10.9 tocaréis... seréis salvos de vuestros *e* ... 341
10.35 sean dispersados tus *e*, y huyan de tu ... 341
14.42 no seáis heridos delante de vuestros *e* ... 341
23.11 te he traído para que maldigas a mis *e* ... 341
24.8 devorará a las naciones *e*, desmenuzará ... 6862
24.10 para maldecir a mis *e* te he llamado, y ... 341
24.18 será también tomada Seir por sus *e* ... 341
32.21 haya echado a sus *e* de delante de sí ... 341
35.23 y él no era su *e*, ni procuraba su mal ... 341
Dt 1.42 que no seáis derrotados por vuestros *e* ... 341
6.19 él arroje a tus *e* de delante de ti, como ... 341
12.10 os dará reposo de... vuestros *e* alrededor ... 341
20.1 cuando salgas a la guerra contra tus *e* ... 341
20.3 juntáis... en batalla contra vuestros *e* ... 341
20.4 pelear por vosotros contra vuestros *e* ... 341
20.14 comerás del botín de tus *e*, los cuales ... 341
21.10 cuando salieres a... guerra contra tus *e* ... 341
23.9 cuando salieres a campaña contra tus *e* ... 341
23.14 y para entregar a tus *e* delante de ti ... 341
25.19 Jehová... te dé descanso de todos tus *e* ... 341
28.7 derrotará a... *e* que se levantaren contra ... 341
28.25 Jehová te entregará... delante de tus *e* ... 341
28.31 tus ovejas serán dadas a tus *e*, y no ... 341
28.48 servirás... a tus *e* que enviare Jehová ... 341
28.53 en el apuro con que te angustiará tu *e* ... 341
28.55,57 el apuro con que tu *e* te oprimirá ... 341
28.68 allí seréis vendidos a vuestros *e* por ... 341
30.7 pondrá... estas maldiciones sobre tus *e* ... 341
32.27 no haber temido la provocación del *e* ... 341
32.31 y aun nuestros *e* son de ello jueces ... 341
32.41 yo tomaré venganza de mis *e*, y daré la ... 6862
32.42 las cabezas de larga cabellera del *e* ... 341
32.43 él vengará... y tomará venganza de sus *e* ... 6862
33.7 de Judá... tú seas su ayuda contra sus *e* ... 6862
33.11 hiere los lomos de sus *e*, y de los que ... 6965
33.27 él echó de delante de ti al *e*, y dijo ... 341
33.29 tus *e* serán humillados, y tú hollarás ... 341
Jos 5.13 dijo: ¿Eres de los nuestros, o... *e*? ... 6862
7.8 ha vuelto la espalda delante de sus e? ... 341
7.12 Israel no podrán hacer frente a sus *e* ... 341
7.12 que delante de sus *e* volverán la espalda ... 341
7.13 Israel; no podrás hacer frente a tus *e* ... 341
10.13 que la gente se hubo vengado de sus *e* ... 341
10.19 no os detengáis... seguid a vuestros *e* ... 341
10.25 hará Jehová a todos vuestros *e* contra ... 341
21.44 ninguno de... sus *e* pudo hacerles frente ... 341
21.44 Jehová entregó en sus manos a... sus *e* ... 341
22.8 compartid con... el botín de vuestros *e* ... 341
23.1 diera reposo a Israel de todos sus *e* ... 341
Jue 2.14 Jehová... los vendió en mano de sus *e* ... 341
2.14 y no pudieron ya hacer frente a sus *e* ... 341
2.18 Jehová... los libraba de mano de los *e* ... 341
3.28 ha entregado a vuestros *e* los moabitas ... 341
5.31 así perezcan todos tus *e*, oh Jehová; mas ... 341
8.34 que los había librado de todos sus *e* en ... 341
11.36 que Jehová ha hecho venganza en tus *e* ... 341
16.23 nuestro dios entregó... Sansón nuestro *e* ... 341
16.24 nuestro dios entregó en... a nuestro *e* ... 341
1 S 2.1 mi boca se ensanchó sobre mis *e*, por ... 341
4.3 el arca... salve de la mano de nuestros *e* ... 341
11.10 los de Jabes dijeron a los *e*: Mañana
12.10 líbranos, pues... de mano de nuestros *e* ... 341
12.11 y os libró de mano de vuestros *e* en ... 341
14.24 antes que haya tomado venganza de mis *e* ... 341
14.30 comido... hoy del botín tomado de sus *e*? ... 341
14.47 hizo guerra a todos sus *e* en derredor ... 341
18.25 para que sea tomada venganza de los *e* ... 341
18.29 temor de David; y fue Saúl *e* de David ... 341
19.17 por qué... y has dejado escapar a mi *e*? ... 341
20.15 cuando Jehová haya cortado... *e* de David ... 341
20.16 requiéralo Jehová... de los *e* de David ... 341
24.4 he aquí que entrego a tu *e* en tu mano ... 341
24.19 ¿quién hallará a su *e*, y lo dejará ir ... 341
25.22 así haga Dios a los *e* de David y aun ... 341
25.26 sean, pues, como Nabal tus *e*, y todos ... 341
25.29 él arrojará la vida de tus *e* como de ... 341
26.8 hoy ha entregado Dios a tu *e* en tu mano ... 341
28.16 si Jehová se ha apartado... y es tu *e*? ... 6145
29.4 sea que en la batalla se nos vuelva *e* ... 7854
29.8 pelee contra los *e* de mi señor el rey? ... 341
30.26 presente... del botín de los *e* de Jehová ... 341
2 S 3.18 libraré a mi pueblo... de todos sus *e* ... 341
4.8 la cabeza de Is-boset hijo de Saúl tu *e* ... 341
5.20 quebrantó Jehová a mis *e* delante de mí ... 341
7.1 le había dado reposo de todos sus *e* en ... 341
7.9 he destruido a todos tus *e*, y te he dado ... 341
7.11 y a ti te daré descanso de todos tu *e* ... 341
8.10 envió Toi a Joram... era *e* de Hadad-ezer ... 4421
12.14 hiciste blasfemar a los *e* de Jehová ... 341
18.19 ha defendido su... de la mano de sus *e*? ... 341
18.32 como aquel joven sean los *e* de mi señor ... 341
19.9 rey nos ha librado de mano de nuestros *e* ... 341
22.1 le había librado de... todos sus *e*, y de ... 341
22.4 invocaré a Jehová... seré salvo de mis *e* ... 341
22.18 me libró de poderoso *e*, y de los que ... 341
22.38 perseguiré a mis *e*, y los destruiré ... 341
22.40 has humillado a mis *e* debajo de mí ... 6965
22.41 hecho que mis *e* me vuelvan las espaldas ... 341
22.49 el que me libra de *e*, y aun me exalta ... 341
24.13 ¿o que huyas tres meses... de tus *e* y que ... 6862
1 R 3.11 ni pediste la vida de tus *e*, sino que ... 341
5.3 puso sus *e* bajo las plantas de sus pies
8.33 Israel fuere derrotado delante de sus *e* ... 341
8.37 si sus *e* los sitiaren en la tierra en ... 341
8.44 si tu pueblo saliere en... contra sus *e* ... 341
8.46 airado... y los entregares delante del *e* ... 341
8.46 para que los cautive y lleve a tierra *e* ... 341
8.48 se convirtien... en la tierra de sus *e* ... 341
21.20 dijo a Elías: ¿Me has hallado, *e* mío? ... 341
2 R 17.39 librará de mano de todos vuestros *e* ... 341
21.14 heredad... entregaré en manos de sus *e* ... 341
1 Cr 12.17 mas si es para entregarme a mis *e* ... 341
14.11 Dios rompió mis *e* por mi mano, como se ... 341
17.8 cortado a todos tus *e* de delante de ti ... 341
17.10 mas humillaré a todos tus *e*. Te hago ... 341
21.12 ser derrotado delante de tus *e* con la ... 341
22.9 porque yo le daré paz de todos sus *e* ... 341
2 Cr 6.24 si... fuere derrotado delante del *e* ... 341
6.28 si los sitiaren sus *e* en la tierra en ... 341
6.34 si tu pueblo saliere a la... contra sus *e* ... 341
6.36 y los entregares delante de sus *e*, para ... 341
6.36 lleven cautivos a tierra de *e*, lejos o
20.27 había dado gozo librándolos de sus *e* ... 341
20.29 había peleado contra los *e* de Israel ... 341
25.8 así... Dios te hará caer delante de los *e* ... 341
25.20 los quería entregar en mano de sus *e*
26.13 fuertes, para ayudar al rey contra... e ... 341
Esd 4.1 oyendo los *e* de Judá y de Benjamín que ... 6862
8.22 que nos defendiesen del *e* en el camino ... 341
8.31 libró de mano del *e* y del asechador en ... 341
Neh 4.11 y nuestros *e* dijeron: No sepan, ni ... 6862
4.15 oyeron nuestros *e*... lo habíamos entendido ... 341
5.9 no ser oprobio de las naciones *e* nuestras ... 341
6.1 oyeron Sanbalat... los demás de nuestros *e* ... 341
6.16 cuando lo oyeron... nuestros *e*, temieron ... 341
9.27 entonces los entregaste en mano de sus *e* ... 6862
9.27 para que los salvasen de mano de sus *e* ... 341
9.28 los abandonaste en mano de sus *e* que los ... 341
Est 3.10 dio a Amán... agagueo, *e* de los judíos ... 6887
7.6 el *e* y adversario es este malvado Amán ... 341
8.1 a... Ester la casa de Amán *e* de los judíos ... 6887
8.13 preparados... día, para vengarse de sus *e* ... 341
9.1 el mismo día en que los *e* de los judíos ... 341
9.5 asolaron... todos sus *e* a filo de espada ... 341
9.5 judíos... hicieron con sus *e* como quisieron ... 8130
9.10 diez hijos de Amán hijo... *e* de los judíos ... 6887
9.16 descansaron de sus *e*, y mataron de sus ... 341
9.22 que los judíos tuvieron paz de sus *e* ... 341
9.24 Amán... *e* de... judíos, había ideado contra ... 6887
Job 13.24 escondes tu... y me cuentas por tu *e*? ... 341
16.9 crujió... contra mí aguzó sus ojos mi *e* ... 6862
19.11 furor, y me contó para sí entre sus *e* ... 6862
27.7 como el impío mi *e*, y como el inicuo ... 341
33.10 buscó reproches... y me tiene por su *e* ... 341
Sal 3.7 heriste a todos mis *e* en la mejilla ... 341
5.8 guíame, Jehová, en tu... a causa de mis *e* ... 341
6.10 se avergonzarán y se turbarán... mis *e* ... 341
7.4 he libertado al que sin causa era mi *e* ... 6887
7.5 si... persiga el *e* mi alma, y alcáncela ... 341
8.2 causa de tus *e*, para hacer callar al *e* ... 6887
9.3 *e* volvieron atrás... perecieron delante de ... 341
9.6 los *e* han perecido; han quedado desolados ... 341

13.2 ¿hasta cuándo será enaltecido mi e sobre 341
13.4 para que no diga mi e: Lo vencí. Mis 341
13.4 mis e se alegrarían, si yo resbalara 6862
17.9 me oprimen, de mis e que buscan mi vida 341
18 *tít.* libró Jehová de mano de todos sus e 341
18.3 invocaré a Jehová... seré salvo de mis e 341
18.17 me libró de mi poderoso e, y de los que 341
18.37 perseguí a mis e, y los alcancé, y no 341
18.39 pues... has humillado a mis e debajo de mí 6965
18.40 hecho que mis e me vuelvan las espaldas 341
18.48 que me libra de mis e, y aun me eleva 341
21.8 alcanzará tu mano a todos tus e; tu 341
25.2 en ti confío... no se alegren de mí mis e 341
25.19 mira mis e, cómo se han multiplicado 341
27.2 los malignos, mis angustiadores y mis e 6862
27.6 levantará mi cabeza sobre mis e que me 341
27.11 guíame por senda de... a causa de mis e 8324
27.12 no me entregues a la voluntad de mis e 6862
30.1 no permitiste que mis e se alegraran de 341
31.8 no me entregaste en mano del e; pusiste 341
31.11 de todos mis e soy objeto de oprobio 6887
31.15 líbrame de la mano de mis e y de mis 341
35.19 no se alegren de mí los que... son mis e 341
37.20 y los e de Jehová como la grasa de los 341
38.19 porque mis e están vivos y fuertes, y 341
41.2 y no le entregarás a la voluntad de... e 341
41.5 e dicen mal de mí, preguntando: ¿Cuándo 341
41.11 conoceré... que mi e no se huelgue de mí 341
42.9 andaré yo enlutado por la opresión... e? 341
42.10 mis e me afrentan, diciéndome cada día 6887
43.2 andaré enlutado por la opresión del e? 341
44.5 por medio de ti sacudiremos a nuestros e 6862
44.7 pues tú nos has guardado de nuestros e 6862
44.10 nos hiciste retroceder delante del e 6862
44.16 por la voz del que... por razón del e 341
45.5 penetrarán en el corazón de los e del 341
54.5 él devolverá el mal a mis e; córtalos 8324
54.7 mis ojos han visto la ruina de mis e 341
55.3 causa de la voz del e, por la opresión 341
55.12 no me afrentó un e, lo cual... soportado 341
56.2 todo el día mis e me pisotean; porque 8324
56.9 serán... vueltos atrás mis e, el día en 341
59.1 líbrame de mis e, oh Dios mío; ponme a 341
59.9 a causa del poder del e esperaré en ti
59.10 Dios hará que vea en mis e mi deseo 8324
60.11 danos socorro contra el e, porque vana 6862
60.12 en Dios haremos... hollará a nuestros e 6862
61.3 tú has sido... torre fuerte delante del e 341
64.1 oh Dios... guarda mi vida del temor del e 341
66.3 por... tu poder se someterán a ti tus e 341
68.1 levántese Dios, sean esparcidos sus e 341
68.21 herirá la cabeza de sus e, la testa 341
68.23 pie se enrojecerá de sangre de tus e 341
69.4 se han hecho poderosos mis e, los que 341
69.18 acércate a... líbrame a causa de mis e 341
71.10 mis e hablan de mí, y los que acechan 341
72.9 se postrarán... y sus e lamerán el polvo 341
74.3 mal que el e ha hecho en el santuario 341
74.4 e vociferan en medio de tus asambleas 6887
74.10 Dios... ¿ha de blasfemar el e... tu nombre? 341
74.18 el e ha afrentado a Jehová, y pueblo 341
74.23 no olvides las... de tus e; el alboroto 6887
78.53 los guió con... y el mar cubrió a sus e 341
78.61 entregó a... y su gloria en mano del e 6862
78.66 e hirió a sus e por detrás; les dio 6862
80.6 nuestros vecinos, y nuestros e se burlan 341
81.14 habría yo derribado a sus e, y vuelto 341
83.2 porque he aquí que rugen tus e, y los 341
89.10 tu brazo poderoso esparciste a tus e 341
89.22 no lo sorprenderá el e, ni hijo de 341
89.23 que quebrantaré delante de él a sus e 6862
89.42 has exaltado la diestra de sus e; has 341
89.51 tus e, oh Jehová... tus e han deshonrado 341
92.9 porque he aquí tus e, oh Jehová, porque 341
92.9 aquí perecerán tus e; serán esparcidos 341
92.11 mirarán mis ojos sobre mis e; oirán mis 7790
97.3 fuego irá... abrasará a sus e alrededor 6862
102.8 cada día me afrentan mis e... se enfurecen 341
105.24 pueblo... lo hizo más fuerte que sus e 6862
106.10 los salvó de mano del e, y los rescató 341
106.11 cubrieron... aguas a sus e; no quedó ni 6862
106.42 e los oprimieron... fueron quebrantados 341
107.2 los que ha redimido del poder del e 6862
108.13 haremos proezas... hollará a nuestros e 6862
110.1 ponga a tus e por estrado de tus pies 341
110.2 de tu poder; domina en medio de tus e 341
112.8 no temerá, hasta que vea en sus e su 6862
119.98 me has hecho más sabio que mis e con 341
119.139 mis e se olvidaron de tus palabras 6862
119.157 muchos son mis perseguidores y mis e 6862
127.5 cuando hablare con los e en la puerta 341
132.18 sus e vestiré de confusión, mas sobre 341
136.24 nos rescató de nuestros e, porque para 6862
138.7 contra la ira de mis e extenderás tu 341
139.20 porque... tus e toman en vano tu nombre 6145
139.21 ¿no odio... me enardezco contra tus e? 8618
139.22 los aborrezco por... los tengo por e 341
143.3 ha perseguido el e mi alma; ha postrado 341
143.9 líbrame de mis e, oh Jehová; en ti me 341
143.12 disiparás a mis e, y destruirás a todos 341
Pr 16.7 aun a sus e hace estar en paz con él 341
24.17 cuando cayere tu e, no te regocijes 341
Is 1.24 ea, tomaré satisfacción de mis e, me 341
9.11 levantará los e de... y juntará a sus e 341
11.13 Efraín, y los e de Judá serán destruidos 6887
17.14 antes de la mañana el e ya no existe
26.11 envidian... a tus e fuego los consumirá 6862
29.5 la muchedumbre de tus e será como polvo 2114
42.13 celo; voceará, se esforzará sobre sus e 341
59.18 para retribuir con ira a sus e, y dar 341
59.19 vendrá el e como río, mas el Espíritu 6862
62.8 jamás daré tu trigo por comida a tus e 341
63.10 por lo cual se les volvió e, y él mismo 341
63.18 nuestros e han hollado tu santuario 6862
64.2 hicieras notorio tu nombre a tus e, y 6862
66.6 voz de Jehová que da el pago a sus e 341
66.14 conocido, y se enojará contra sus e 341
Jer 6.25 porque espada de e y temor hay por 341
12.7 he entregado lo que... en mano de sus e 341
15.9 entregaré a la espada delante de sus e 341
15.11 no he suplicado ante ti en favor del e 341
15.14 te haré servir a tus e en tierra que no 341
15.15 véngame de mis e. No me reproches en 7291
17.4 te haré servir a tus e en tierra que no 341
18.17 como viento... los esparciré delante del e 341
19.7 les haré caer a espada delante de sus e 341
19.9 los estrecharán sus e y los que buscan 341
20.4 caerán por la espada de sus e, y tus ojos 341
20.5 todos los tesoros de... en manos de sus e 341
21.7 entregaré a... en mano de sus e y de los 341
30.14 como hiere un e te herí, con azote de 341
31.16 salario... y volverán de la tierra del e 341
34.20,21 los entregaré en mano de sus e y en 341
44.30 yo entrego a Faraón... en mano de sus e 341
44.30 de Babilonia, su e que buscaba su vida 341
46.10 ese día será... para vengarse de sus e 6862
46.22 vendrán los e, y con hachas vendrán e 2428
48.5 bajada... los e oyeron clamor de quebranto 6862
49.37 que Elam se intimide delante de sus e 341
50.7 decían sus e: No pecaremos, porque ellos 6862
Lm 1.2 amigos le faltaron, se le volvieron e 341
1.5 sus e han sido hechos príncipes, sus 341
1.5 sus hijos... en cautividad delante del e 6862
1.7 cayó su pueblo en mano del e y no hubo 6862
1.7 miraron los e, y se burlaron de su caída 6862
1.9 aflicción, porque el e se ha engrandecido 341
1.10 su mano el e a todas sus cosas preciosas 6862
1.16 son destruidos, porque el e prevaleció 341
1.17 mandamiento... sus vecinos fuesen sus e 6862
1.21 mis e han oído mi mal, se alegran de lo 341
2.3 retiró de él su diestra frente al e, y se 341
2.4 entesó su arco como e, afirmó su mano 341
2.5 el Señor llegó a ser como e, destruyó a 341
2.7 ha entregado en mano del e los muros de 341
2.16 todos tus e abrieron contra ti su boca 341
2.17 y ha hecho que el e se alegre sobre ti 341
2.22 los que crié y mantuve, mi e los acabó 341
3.46 nuestros e abrieron... nosotros su boca 341
3.52 e me dieron caza como a ave, sin haber 341
4.12 que el e y el adversario entrara por las 341
Ez 36.2 por cuanto el e dijo de vosotros: ¡Ea! 341
39.23 yo... los entregué en manos de sus e, y 6862
39.27 los reúna de la tierra de sus e, y sea 341
Dn 4.19 señor mío, el sueño sea para tus e 8131
11.22 las fuerzas e serán barridas delante
Os 8.3 Israel desechó el bien; e lo perseguirá 341
Am 3.11 e vendrá por todos lados de la tierra 6862
6.8 y entregaré al e la ciudad y cuanto hay
9.4 fueren en cautiverio delante de sus e 341
Mi 2.8 era mi pueblo, se ha levantado como e 341
4.10 te redimirá Jehová de la mano de tus e 341
5.9 tu mano se alzará sobre tus e, y todos 341
7.6 y los e del hombre son los de su casa 341
7.8 tú, e mía, no te alegres de mí, porque 341
7.10 y mi e lo verá, y la cubrirá vergüenza 341
Nah 1.2 Jehová es... y guarda enojo para sus e 341
1.8 mas con... tinieblas perseguirán a sus e 341
1.9 no tomará venganza dos veces de sus e
3.11 también buscarás refugio a causa del e 341
3.13 las puertas de tu tierra se abrirán... e 341
Sof 3.15 ha echado fuera tus e; Jehová es Rey 341
Zac 8.10 ni hubo paz para el... a causa del e 6862
10.5 huellan al e en el lodo de las calles 341
Mt 5.43 **amarás a tu prójimo, y aborrecerás... e** 2190
5.44 yo os digo: Amad a vuestros e, bendecid 2190
10.36 los e del hombre serán los de su casa 2190
13.25 mientras dormían... vino su e y sembró 2190
13.28 él les dijo: Un e ha hecho esto. Y los 2190
13.39 el e que la sembró es el diablo; la 2190
22.44; Mr 12.36 **ponga a tus e por estrado** 2190
Lc 1.71 salvación de nuestros e, y de la mano 2190
1.74 que librados de nuestros e, sin temor le 2190
6.27 amad a vuestros e, haced bien a los que 2190
6.35 amad, pues, a vuestros e, y haced bien 2190
10.19 doy potestad: Sobre toda fuerza del e 2190
19.27 a aquellos mis e que no querían que yo 2190
19.43 cuando tus e te rodearán con vallado, y 2190
20.43; Hch 2.35 **ponga a tus e por estrado** 2190
Hch 13.10 hijo del diablo, e de toda justicia! 2190
Ro 5.10 siendo e, fuimos reconciliados con 2190
11.28 así que en cuanto al evangelio, son e 2190
12.20 si tu e tuviere hambre, dale de comer 2190
1 Co 15.25 haya puesto a todos sus e debajo de 2190
15.26 el postrer e... destruido es la muerte 2190
Gá 4.16 me he hecho... e, por deciros la verdad 2190
Fil 3.18 digo... que son e de la cruz de Cristo 2190
Col 1.21 erais... extraños y e en vuestra mente 2190
2 Ts 3.15 mas no lo tengáis por e... amonestadle 2190
He 1.13 ponga a tus e por estrado de tus pies? 2190
10.13 que sus e sean puestos por estrado de 2190
Stg 4.4 quiera ser amigo del mundo... e de Dios 2190
Ap 11.5 sale fuego de la boca... devora a sus e 2190
11.12 subieron al cielo... y sus e los vieron 2190

ENEMISTAD
Gn 3.15 pondré e entre ti y la mujer, y entre 342
Nm 35.21 por e lo hirió con su mano, y murió 342
35.22 mas si casualmente lo empujó sin e, o 342
Dt 4.42 sin haber tenido e con él nunca antes 8130
19.4 que hiriere... sin haber tenido e con él 8130
19.6 por cuanto no tenía e con su prójimo 8130
Jos 20.5 hirió a... y no tuvo con él ninguna e 8130
Ez 25.15 vengaron... destruyendo por antiguas e 342
35.5 tuviste e perpetua, y entregaste a los 342
35.11 procediste, a causa de tus e con ellos 8135
Ro 8.7 los designios de la carne son e contra 2189
Gá 5.20 e, pleitos, celos, iras, contiendas 2189
Ef 2.15 aboliendo en su carne las e, la ley de 2189
2.16 un solo cuerpo, matando en ella las e 2189
Stg 4.4 la amistad del mundo es e contra Dios? 2189

ENEMISTADO
Lc 23.12 día; porque antes estaban e entre sí 2189

ENERVAR
Job 23.16 Dios ha *enervado* mi corazón, y me ha 7401

ENFERMAR
Dt 29.22 que Jehová la habrá hecho *enfermar* 2470
2 S 12.15 hirió al niño... y *enfermó* gravemente 605
13.2 angustiado hasta *enfermarse* por Tamar 2470
1 R 15.23 días de su vejez *enfermó* de los pies 2470
2 Cr 16.12 Asa *enfermó*... de los pies, y en su 2456
32.24 aquel tiempo Ezequías *enfermó* de muerte 2470
Sal 35.13 cuando ellos *enfermaron*, me vestí 2470
88.9 *enfermaron* a causa de mi aflicción; te 1669
Is 24.4 *enfermó*, cayó el mundo; *enfermaron* los 535
24.7 *enfermó* la vid, gimieron todos los que 535
33.9 se enlutó, *enfermó* la tierra; el Líbano 535
38.1 Ezequías *enfermó* de muerte. Y vino a él 2470
38.9 escritura de Ezequías... cuando *enfermó* 2470
Os 7.5 lo hicieron *enfermar* con copas de vino 2470
Hch 9.37 que en aquellos días *enfermó* y murió 770
2 Co 11.29 ¿quién *enferma*, y yo no *enfermo*? 770
Fil 2.26 habíais oído que había *enfermado* 770

ENFERMEDAD
Éx 15.26 e de las que envié a los egipcios 4245
23.25 y yo quitaré toda e de en medio de ti 4245
Dt 7.15 quitará Jehová de ti toda e; y todas 2483
28.59 tus plagas... y e malignas y duraderas 2483
28.61 toda e y... plaga que no está escrita en 2483
29.22 vieren... sus e de que Jehová la habrá 8463
1 R 8.37 pulgón... cualquier plaga o e que sea 4245
17.17 la e fue tan grave que no quedó en él 2483
2 R 1.2 consultad... he de sanar de esta mi e 2483
2.21 sané... y no habrá más en ellas muerte ni e 7921
8.8 y consulta por él a... ¿Sanaré de esta e? 2483
8.9 enviado a... diciendo: ¿Sanaré de esta e? 2483
13.14 estaba Eliseo enfermo de la e de que 2483
2 Cr 6.28 si hubiere... cualquiera plaga o e que 4245
16.12 y en su e no buscó a Jehová, sino a los 2483
21.15 y a ti con... e, con e de tus intestinos 4245
21.15 te salgan a causa de tu persistente e 2483
21.18 Jehová lo hirió con una e incurable en 2483
21.19 se le salieron por la e... e muy penosas 2483,8463
Job 18.13 la e roerá su piel, y a sus miembros
Sal 41.3 dolor; mullirás toda su cama en su e 2483
77.10 dije: *E* mía es ésta; traeré, pues, a la 2470
Pr 18.14 el ánimo del hombre soportará su e 4245
Is 38.9 Ezequías... cuando enfermó y sanó de su e 2483
38.12 me cortará con la e; me consumirás entre 1803
53.4 llevó él nuestras e, y sufrió nuestros 2483
Jer 6.7 ella; continuamente en mi presencia, e 2483
10.19 dije... e mía es esta, y debo sufrirla 2483
16.4 dolorosas e morirán; no serán plañidos 4463
Os 5.13 verá Efraín su e, y Judá su llaga; irá 2483
Mt 4.23 sanando toda e y toda dolencia en el 3554
4.24 afligidos por diversas e y tormentos 3554
8.17 tomó nuestras e, y llevó... dolencias 3554
9.35 y sanando toda e y toda dolencia en el 3554
10.1 dio... para sanar toda e y toda dolencia 3554
Mr 1.32 le trajeron todos los que tenían e 2560,2192
1.34 y sanó a... enfermos de diversas e, y echó 3554
3.15 y que tuviesen autoridad para sanar e 3554
Lc 4.40 enfermos de diversas e los traían a 3554
5.15 oírle, y... que les sanase de sus e 769
6.17 oírle, y para ser sanados de sus e 3554
7.21 en esa misma hora sanó a muchos de e y 3554
8.2 mujeres que habían sido sanadas de... de e 769
9.1 les dio poder y autoridad... para sanar e 3554
13.11 una mujer que... tenía espíritu de e, y 769
13.12 **y le dijo: Mujer, eres libre de tu e** 769
Jn 5.4 del agua, quedaba sano de cualquier e 3553
11.4 **esta e no es para muerte, sino para la** 769
Hch 19.12 e se iban de ellos, y los espíritus 3554
28.9 otros... tenían e, venían, y eran sanados 769
Gá 4.13 causa de una e del cuerpo os anuncié 769
1 Ti 5.23 por causa de... de tus frecuentes e 769

ENFERMO, A
Gn 48.1 tu padre está e. Y él tomó consigo a 2470
1 S 19.14 Saúl envió... ella respondió: Está e 2470
30.13 y me dejó mi amo... porque estaba yo e 2470
2 S 13.5 acuéstate en tu... y finge que estás e 2470
13.6 se acostó... Amnón, y fingió que estaba e 2470
1 R 14.1 tiempo Abías hijo de Jeroboam cayó e 2470
14.5 a consultarte por su hijo, que está e 2470
17.17 que cayó e el hijo del ama de la casa 2470
2 R 1.2 y estando e, envió mensajeros, y les 2470
8.7 Ben-adad rey de Siria estaba e, al cual 2470
8.29 visitar a Joram hijo... porque estaba e 2470
9.16 a Jezreel, porque Joram estaba allí e
13.14 estaba Eliseo e de la enfermedad de que 2470

20.1 en aquellos días Ezequías... *e* de muerte 2470
20.12 había oído que Ezequías había caído *e* 2470
2 Cr 22.6 visitar a Joram hijo de... estaba *e* 2470
Neh 2.2 ¿por qué está triste tu... no estás *e* 2470
Sal 6.2 ten misericordia de... porque estoy *e* 536
105.37 los sacó... y no hubo en sus tribus *e* 3782
Cnt 2.5 con manzanas, porque estoy *e* de amor 2470
5.8 que le hagáis saber que estoy *e* de amor 2470
Is 1.5 toda cabeza está *e*, y... corazón doliente 2483
33.24 no dirá el morador: Estoy *e*; al pueblo 2470
39.1 a Ezequías; porque supo que... estado *e* 2470
Jer 14.18 si entro en la ciudad... *e* de hambre 8463
Ez 34.4 no fortalecisteis... ni curasteis la *e* 2470
Dn 8.27 y yo Daniel... y estuve *e* algunos días 2470
Mal 1.8 cuando ofrecéis el cojo o el *e*, ¿no 2470
1.13 trajisteis... *e*, y presentasteis ofrenda 2470
Mt 8.16 y con la palabra... sanó a todos los *e* *2192,2560*
9.12 **tienen necesidad de médico, sino los *e*** *2192,2560*
9.20 he aquí una mujer *e* de flujo de sangre
10.8 **sanad *e*, limpiad leprosos, resucitad** *770*
14.14 y sanó a los que de ellos estaban *e* *732*
14.35 enviaron... y trajeron a él todos los *e* *2192,2560*
15.30 gente que traía consigo... otros muchos *e*
25.36 **estuve desnudo... *e*, y me visitasteis; en** *770*
25.39 **¿o cuándo te vimos *e*, o en la cárcel, y** *772*
25.43 **no me cubristeis; *e*, y en la cárcel, y no** *772*
25.44 ***e*, o en la cárcel, y no te servimos?** *772*
Mr 1.34 sanó a muchos que estaban *e* de diversas... *2192,2560*
2.17 **tienen necesidad de médico, sino los *e*** *2192,2560*
6.5 milagro, salvo que sanó a unos pocos *e* *732*
6.13 y ungían con aceite a muchos *e*, y los *732*
6.55 comenzaron a traer de todas partes *e* en... *2192,2560*
6.56 ponían en las calles a los que estaban *e* *770*
16.18 **daño; sobre los *e* pondrán sus manos, y** *732*
Lc 4.40 los que tenían *e* de... los traían a él *770*
5.31 **tienen necesidad de médico, sino los *e*** *2192,2560*
7.2 el siervo de un centurión... estaba *e* y a *2192,2560*
7.10 hallaron sano al... que había estado *e* *770*
9.2 los envió a predicar... y a sanar a los *e* *770*
10.9 **sanad a... *e* que en ella haya, y decidles** *772*
Jn 4.46 oficial del rey, cuyo hijo estaba *e* *770*
5.3 yacía una multitud de *e*, ciegos, cojos *770*
5.5 un hombre que hacía 38 años que estaba *e* *769*
5.7 respondió el *e*, no tengo quien me meta *770*
6.2 le... veían las señales que hacía en los *e* *770*
11.1 estaba entonces *e* uno llamado Lázaro *770*
11.2 María, cuyo hermano Lázaro estaba *e*, fue *770*
11.3 para decir... he aquí el que amas está *e* *770*
11.6 cuando oyó... que estaba *e*, se quedó dos *770*
Hch 4.9 del beneficio hecho a un hombre *e* *772*
5.15 que sacaban los *e* a las calles, y los *772*
5.16 trayendo *e* y atormentados de espíritus *772*
19.12 que aun se llevaban a los *e* los paños *770*
28.8 que el padre de Publio estaba en cama, *e* *4912*
1 Co 11.30 hay muchos *e* y debilitados entre *732*
Fil 2.27 en verdad estuvo *e*, a punto de morir *770*
2 Ti 4.20 quedó... y a Trófimo dejé en Mileto *e* *770*
Stg 5.14 alguno *e* entre vosotros? Llame a los *770*
5.15 y la oración de fe salvará al *e*, y el *2577*

ENFERVORIZAR
Is 57.5 que os *enfervorizáis* con los ídolos 2552

ENFILAR
Hch 27.40 de proa, *enfilaron* hacia la playa *2722*

ENFLAQUECER
2 S 13.4 de día en día vas *enflaqueciendo* así? 1800
Is 17.4 se *enflaquecerá* la grosura de su carne 7329
Mi 6.13 por eso yo también te hice *enflaquecer* 2470

ENFRENTAR
Dn 11.16 no habrá quien se le pueda *enfrentar* ... 5975,6440

ENFRENTE
Gn 15.10 y puso cada mitad una *e* de la 7125
21.16 se sentó *e*,... Y cuando ella se sentó *e* 5048
25.9 que está *e* de Mamre
25.18 que está *e* de Egipto viniendo a Asiria
Éx 25.20 sus rostros el uno *e* del otro
26.35 el candelero *e* de la mesa al lado sur 5227
37.9 sus rostros el uno *e* del otro miraban
40.24 puso el candelero... *e* de la mesa 5227
Dt 34.1 cumbre del Pisga, que está *e* de Jericó 6440
34.6 lo enterró en el valle,... de Moab, al *e* de 4136
Jos 13.25 la tierra de... que está *e* de Rabá
15.7 Gilgal, que está *e* de la subida de Adumín 5227
15.8 la cumbre del monte que está *e* del valle
17.7 que está *e* de Siquem; y va al sur,
18.18 y pasa al lado que está *e* del Arabá 4136
Jue 19.10 se fue, y llegó hasta *e* de Jebús 5227
20.43 hollaron desde Menúha hasta *e* de Gabaa.... 5227
2 S 5.23 vendrás a ellos *e* de las balsameras 4136
1 R 11.7 ídolo abominable... está *e* de Jerusalén
1 Cr 5.11 los hijos de Gad habitaron *e* de ellos 5048
8.32 habitaron con sus... *e* de ellos 5048
9.38 habitaban... con sus hermanos *e* 5048
2 Cr 18.34 el rey de Israel... *e* de los sirios 5227
Neh 3.25 *e* de la esquina y la torre alta 5048
3.26 restauraron hasta *e* de la puerta de las Aguas... 5048
3.27 *e* de la gran torre que sobresale, hasta 5048
3.28 cada uno *e* de su casa 5048
3.29 después de ellos restauró... *e* de su casa 5048
3.30 después de ellos restauró... *e* de su cámara 5048
3.31 *e* de la puerta del Juicio, y hasta 5921
Est 5.1 *e* del aposento del rey; y estaba 5227
Ez 40.23 la puerta del atrio interior estaba *e* 5048
42.1 la puerta del atrio interior estaba *e* 6440
42.3 *e* del enlosado... estaban las cámaras, *e* 5048
42.7 el muro que estaba afuera *e* de las cámaras 5980
42.10 *e* del espacio abierto, y delante del edificio ... 6440
42.12 había una puerta... *e* del muro al lado oriental 6440
46.9 sino que saldrá por la de *e* de ella 5227
47.20 será el límite hasta *e* de la entrada de Hamat
Mt 21.2 **id a la aldea que está *e* de vosotros** *561*
Mr 11.2 **id a la aldea que está *e* de vosotros** *2713*
Lc 19.30 **id a la aldea de *e*, y al entrar en ella** *2713*

ENFRIAR
Mt 24.12 **por... el amor de muchos se *enfriará*** *5594*

ENFURECER
Dt 19.6 el vengador de la sangre, *enfurecido* 3179
Neh 4.1 Sanbalat... se *enfureció* en gran manera 3707
Sal 102.8 los que contra mí se *enfurecen*, se 1984
Pr 20.2 que lo *enfurece* peca contra sí mismo 5674
Dn 11.11 *enfurecerá* el rey del sur, y saldrá 4843
Hch 5.33 ellos, oyendo esto, se *enfurecían* y *1282*
7.54 oyendo estas cosas, se *enfurecían* en sus *1282*
26.11 *enfurecido*... los perseguí hasta en las ... *1693,4057*

EN-GADI *Oasis en la costa occidental del Mar Muerto (=Hazezon-tamar)*
Jos 15.62 Nibsán, la Ciudad de la Sal y *E*; 6 5872
1 S 23.29 habitó en los lugares fuertes de *E* 5872
24.1 he aquí David está en el desierto de *E* 5872
2 Cr 20.2 están en Hazezon-tamar, que es *E* 5872
Cnt 1.14 de flores de alheña en las viñas de *E* 5872
Ez 47.10 *E* hasta En-eglaim será su tendedero 5872

ENGALANAR
Jer 4.30 te vistas de... en vano te *engalanas* 3302

EN-GANIM
1. Población en Judá, Jos 15.34 5873
2. Ciudad de los levitas en Isacar, Jos 19.21,29 5873

ENGAÑADOR
Sal 5.6 al... sanguinario y *e* abominará Jehová 4820
55.23 los hombres... *e* no llegarán a la mitad 4820
109.2 y boca de *e* se han abierto contra mí 4820
Is 9.16 los gobernadores de este pueblo son *e* 8582
Jer 6.13 el profeta... el sacerdote, todos son *e* 8267
9.6 por muy *e* no quisieron conocerme, dice 4820
Mt 27.63 aquel *e* dijo, viviendo aún: Después *4108*
2 Co 6.8 por buena fama; como *e*, pero veraces *4108*
1 Ti 4.1 escuchando a espíritus *e*... demonios *4108*
2 Ti 3.13 los *e* irán de mal en peor, engañando *1114*
Tit 1.10 muchos... habladores de vanidades y *e* *5423*
2 Jn 7 porque muchos *e* han salido por el mundo *4108*
7 quien esto hace es el *e* y el anticristo *4108*

ENGAÑAR
Gn 3.13 dijo la mujer: La serpiente me *engañó* 5377
29.25 ¿no... ¿Por qué, pues, me has *engañado*? 7411
31.7 vuestro padre me ha *engañado*, y me ha 2048
31.20 Jacob *engañó* a Labán, no... que se iba 1589
31.26 ¿qué has hecho, que me *engañaste*, y has 1589
31.27 me *engañaste*, y no me lo hiciste saber 1589
Éx 22.16 si alguno *engañare* a una doncella que 6601
22.21 y al extranjero no *engañarás*... porque 3238
Lv 19.11 no *engañaréis* ni mentiréis el uno al 3584
25.14 cuando vendiereis... no *engañe* ninguno a 3238
25.17 no *engañe* ninguno a su prójimo, sino 3238
Nm 25.18 *engañado* en lo tocante a Baal-peor 5230
Jos 9.22 Josué... ¿Por qué nos habéis *engañado* 7411
Jue 16.5 *engáñale* e infórmate en qué consiste 6601
16.10 a Sansón: He aquí tú me has *engañado* *2048*
16.13 ahora me *engañas*, y tratas... con mentiras *2048*
16.15 ya me has *engañado* tres veces, y no me *2048*
1 S 19.17 a Mical: ¿Por qué me has *engañado* así 7411
28.13 ¿por qué me has *engañado*?... tú eres Saúl ... 7411
2 S 3.25 no ha venido sino para *engañarte*, y 6601
19.26 rey señor mío, mi siervo me *engañó*; pues 7411
2 R 18.29 no os *engañe* Ezequías... no os podrá 5377
18.32 porque os *engaña* cuando dice: Jehová 5496
19.10 a Ezequías rey... no te *engañe* tu Dios en 5377
2 Cr 29.11 no os *engañéis*... porque Jehová os ha 7952
32.11 os *engaña* Ezequías para entregaros a 5496
32.15 no os *engañe* Ezequías, ni os persuada 5377
Job 31.9 si fue mi corazón *engañado* acerca de 6601
31.27 mi corazón se *engañó* en secreto, y mi 6601
Sal 73.15 la generación de tus hijos *engañaría* 898
Pr 1.10 si los pecadores te quisieren *engañar* 6601
26.19 el hombre que *engaña* a su amigo, y dice 7411
Is 3.12 los que te guían te *engañan*, y tuercen 8582
19.13 se han *engañado* los... *engañaron* a Egipto 5377,8582
36.14 os *engañe* Ezequías, porque no os podrá 5377
36.18 no os *engañe* Ezequías diciendo: Jehová 5496
37.10 te *engañe* tu Dios en quien tú confías 5377
44.20 su corazón *engañado* le desvía, para que 2048
47.10 sabiduría y tu... ciencia te *engañaron* 7725
Jer 4.10 y dije... has *engañado* a este pueblo 5377
9.4 porque todo hermano *engaña* con falacia 6117
9.5 cada uno *engaña* a su compañero, y ninguno ... 2048
20.10 se *engañará*, decían, y prevaleceremos 6601
22.3 y no *engañéis* ni robéis al extranjero 3238
29.8 no os *engañen* vuestros profetas que están 5377
37.9 os *engañéis* a vosotros mismos, diciendo 5377
38.22 han *engañado*, y han prevalecido contra 5496
49.16 tu arrogancia te *engañó*, y la soberbia 5377
Lm 1.19 di voces a... mas ellos me han *engañado* 7411
Ez 13.10 *engañaron* a mi pueblo, diciendo: Paz 2937
14.9 profeta fuere *engañado* y hablare palabra 6601
14.9 cuando... yo Jehová *engañe* al tal profeta 6601
Dn 11.23 *engañará* y subirá, y saldrá vencedor 4820
Abd 3 la soberbia de tu corazón te ha *engañado* 5377
7 todos tus aliados te han *engañado*; hasta 5377
Mal 1.14 maldito el que *engaña*... y sacrifica 5320
Mt 24.4 **les dijo: Mirad que nadie os *engañe*** *4105*
24.5 **yo soy el Cristo; y a muchos *engañarán*** *4105*
24.11 **profetas se levantarán, y *engañarán* a** *4105*
24.24 **de tal manera que *engañarán*, si fuere** *4105*
Mr 13.5 **a decir: Mirad que nadie os *engañe*** *4105*
13.6 **yo soy el Cristo; y *engañarán* a muchos** *4105*
13.22 **para *engañar*, si fuese posible, aun a** *635*
Lc 21.8 **mirad que no seáis *engañados*; porque** *4105*
Jn 7.12 decían: No, sino que *engaña* al pueblo *4105*
7.47 ¿también vosotros habéis sido *engañados*? *4105*
Hch 8.9 había *engañado* a la gente de Samaria *1839*
8.11 con sus artes mágicas les había *engañado* *1839*
Ro 3.13 es su garganta; con su lengua *engañan* *1387*
7.11 el pecado... me *engañó*, y por él me mató *1818*
16.18 *engañan* los corazones de los ingenuo *1818*
1 Co 3.18 nadie... *engañe* a sí mismo; si alguno *1818*
2 Co 7.2 corrompido, a nadie hemos *engañado* *4122*
11.3 como la serpiente con su... *engañó* a Eva *1818*
12.17 ¿acaso os he *engañado* por alguno de los *4122*
12.18 rogué a Tito... ¿Os *engañó* acaso Tito? *4122*
Gá 6.3 se cree ser algo, no siendo... se *engaña* *5422*
6.7 no os *engañéis*; Dios no puede ser burlado *4105*
Ef 4.14 que para *engañar* emplean con astucia *4106*
5.6 nadie os *engañe* con palabras vanas, porque *538*
Col 2.4 esto lo digo para que nadie os *engañe* *3884*
2.8 mirad que nadie os *engañe* por medio de *4812*
1 Ts 4.6 ninguno agravie ni *engañe* en nada *4122*
2 Ts 2.3 nadie os *engañe* en ninguna manera *1818*
1 Ti 2.14 Adán no fue *engañado*, sino que la *538*
2.14 la mujer, siendo *engañada*, incurrió en *538*
2 Ti 3.13 peor, *engañando* y siendo engañados *4105*
Stg 1.22 tan solamente oidores, *engañándoos* a *3884*
1.26 si... se cree religioso... *engaña* su corazón *538*
1 Jn 1.8 que no tenemos pecado, nos *engañamos* *4105*
2.26 os he escrito... sobre los que os *engañan* *4105*
3.7 nadie os *engañe*; el que hace justicia es *4105*
Ap 12.9 y Satanás, el cual *engaña* al mundo *4105*
13.14 y *engaña* a los moradores de la tierra *4105*
18.23 por... fueron *engañadas* todas las naciones.... *4105*
19.20 había *engañado* a los que recibieron la *4105*
20.3 para que no *engañase* más a las naciones *4105*
20.8 y saldrá a *engañar* a las naciones que *4105*
20.10 el diablo que los *engañaba* fue lanzado *4105*

ENGAÑO
Gn 27.35 y él dijo: Vino tu hermano con *e*, y 4820
Job 13.7 iniquidad... Dios? ¿Hablaréis por él *e*? 7423
15.35 iniquidad... y en sus entrañas traman *e* 4820
27.4 iniquidad, ni mi lengua pronunciará *e* 7426
31.5 si anduve... y si mi pie se apresuró a *e* 4820
Sal 7.14 el impío concibió maldad... dio a luz *e* 8267
10.7 llena está su boca de maldición, y de *e* 4820
17.1 oye... mi oración hecha de labios sin *e* 4820
24.4 su alma a cosas vanas, ni jurado con *e* 4820
32.2 el hombre... y en cuyo espíritu no hay *e* 7423
34.13 tu lengua del... y tus labios de hablar *e* 4820
50.19 tu boca... en mal, y tu lengua componía *e* 4820
52.2 tu lengua; como navaja afilada hace *e* 7423
55.11 fraude y el *e* no se apartan de... plazas 8496
72.14 de *e* y de violencia redimirá sus almas 8496
Pr 12.5 mas los consejos de los impíos, *e* 4820
12.17 justicia; mas el testigo mentiroso, *e* 4820
12.20 *e* hay en el... de los que piensan el mal 4820
14.8 mas la indiscreción de los necios es *e* 4820
26.24 labios; mas en su interior maquina *e* 4820
Is 53.9 aunque nunca hizo maldad, ni hubo *e* en 4820
Jer 5.27 así están sus casas llenas de *e*; así 4820
8.5 abrazaron el *e*, y no han querido volverse 8649
8.10 desde el profeta hasta el... todos hacen *e* 8267
9.6 su morada está en medio del *e*; por muy 4820
9.8 *e* habla; con su boca dice paz a su amigo 4820
14.14 vanidad y *e* de su corazón os profetizan 8649
23.26 y que profetizan el *e* de su corazón? 8649
Ez 45.20 para los que pecaron por error y por *e* 6612
Dn 8.25 hará prosperar el *e* en su mano; y en 4820
Os 7.1 porque hicieron *e*; y entra el ladrón 8267
11.12 me rodeó Efraín... casa de Israel de *e* 4820
Am 8.5 precio, y falsearemos con *e* la balanza 4820
Mi 1.14 casas de Aczib serán para *e* a... reyes 391
Sof 1.9 que llenan las casas... de robo y de *e* 4820
Mt 13.22 ***e* de las riquezas ahogan la palabra** *539*
26.4 tuvieron consejo para prender con *e* a *1388*
Mr 4.19 ***e* de las riquezas... ahogan la palabra** *539*
7.22 **maldades, el *e*, la lascivia, la envidia** *1388*
14.1 buscaban los... prenderle por *e* y matarle *1388*
Jn 1.47 **un verdadero israelita, en... no hay *e*** *1388*
Hch 13.10 lleno de todo *e* y de toda maldad *1388*
Ro 1.29 llenos de envidia... *e* y malignidades *1388*
2 Co 12.16 como soy astuto, os prendí por *e* *1388*
1 Ts 2.3 error ni de impureza, ni fue por *e* *1388*
2 Ts 2.10 y con todo *e* de iniquidad para los *539*
He 3.13 que... se endurezca por el *e* del pecado *539*
Stg 5.4 el cual por *e* no les ha sido pagado *650*
1 P 2.1 desechando, pues, toda malicia, todo *e* *1388*
2.22 no hizo pecado, ni se halló *e* en su boca *1388*
3.10 refrene su... y sus labios no hablen *e* *1388*

ENGAÑOSO, A
Gn 34.13 respondieron... a Siquem... palabras *e* 4820
Sal 35.20 contra... mansos... piensan palabras *e* 4820
43.1 líbrame de gente impía, y del hombre *e* 4820
52.4 amado toda suerte de palabras... *e* lengua 4820
78.57 se rebelaron... se volvieron como arco *e* 7423
120.3 ¿qué te dará, o qué te... oh lengua *e*? 7423
Pr 14.25 el testigo... mas el *e* hablará mentiras 4820
23.3 codicies sus manjares... porque es pan *e* 3577

31.30 *e* es la gracia, y vana la hermosura 8267
Jer 17.9 *e* es el corazón más que todas...cosas 6121
Os 7.16 como arco *e*; cayeron sus príncipes a 7423
Mi 6.11 por inocente al que...bolsa de pesas *e*? 4820
6.12 hablaron...y su lengua es *e* en su boca 7423
Sof 3.13 ni en boca de...se hallará lengua *e* 8649
Ef 4.22 está viciado conforme a los deseos *e* *539*
2 Ts 2.11 por esto Dios les envía un poder *e* *4106*

ENGASTAR
Éx 31.5 en artificio de piedras para *engastar* 4390
39.10 y *engastaron* en él cuatro hileras de 4390
Cnt 5.14 manos, como anillos de oro *engastados* 4390

ENGASTE
Éx 25.7 piedras de *e* para el efod y para el 4394
28.11 piedras...les harás alrededor *e* de oro 4142
28.13 harás, pues, los *e* de oro 4865
28.14 cordones de forma de trenza en los *e* 4142
28.20 todas estarán montadas en *e* de oro 4396
28.25 pondrás los...cordones sobre los dos *e* 4865
35.9 y piedras de *e* para el efod y para el 4394
35.27 las piedras de los *e* para el efod y el 4394
35.33 en la talla de piedras de *e*, y en toda 4390
39.6 las piedras de ónice montadas en *e* de oro 4865
39.13 todas montadas y encajadas en *e* de oro 4865
39.16 asimismo dos *e* y dos anillos de oro 4865
39.18 dos cordones...en los dos *e* que pusieron 4865

ENGENDRAR
Gn 4.18 Irad *engendró* a Mehujael, y Mehujael 3205
4.18 Mehujael *engendró* a...Metusael *e* a Lamec ... 3205
5.3 vivió Adán 130 años, y *engendró* un hijo 3205
5.4 Adán...*engendró* a Set...y *e* hijos e hijas 3205
5.6 vivió Set 105 años, y *engendró* a Enós 3205
5.7 Set...*engendró* a Enós...y *e* hijos e hijas 3205
5.9 vivió Enós 90 años, y *engendró* a Cainán 3205
5.10 vivió Enós...*engendró* a Cainán...y *e* hijos 3205
5.12 vivió Cainán...y *engendró* a Mahalaleel 3205
5.13 *engendró* a Mahalaleel...*e* hijos e hijas 3205
5.15 vivió Mahalaleel 65...y *engendró* a Jared 3205
5.16 Mahalaleel...*engendró* a Jared...y *e* hijos 3205
5.18 vivió Jared 160 años, y *engendró* a Enoc 3205
5.19 vivió Jared...*engendró* a Enoc...*e* hijos 3205
5.21 vivió Enoc 65...y *engendró* a Matusalén 3205
5.22 *engendró* a Matusalén...*e* hijos e hijas 3205
5.25 vivió Matusalén 187...y *engendró* a Lamec 3205
5.26 y vivió...después que *engendró* a Lamec 3205
5.28 vivió Lamec...años, y *engendró* un hijo 3205
5.30 Lamec...*engendró* a Noé...*e* hijos e hijas 3205
5.32 siendo Noé de 500 años, *engendró* a Sem 3205
6.4 se llegaron los...les *engendraron* hijos 3205
6.10 *engendró* Noé tres hijos: a Sem, a Cam 3205
10.8 Cus *engendró* a Nimrod, quien llegó a ser 3205
10.13 Mizraim *engendró* a Ludim, a Anamim 3205
10.15 Canaán *engendró* a Sidón su primogénito 3205
10.24 Arfaxad *engendró* a Sala, y Sala *e* a 3205
10.26 Joctán *engendró* a Almodad, Selef...Jera 3205
11.10 Sem...de cien años, *engendró* a Arfaxad 3205
11.11 Sem...que *engendró* a Arfaxad...y *e* hijos 3205
11.12 Arfaxad vivió...años, y *engendró* a Sala 3205
11.13 vivió Arfaxad...*engendró* a Sala...*e* hijos 3205
11.14 Sala vivió 30 años, y *engendró* a Heber 3205
11.15 Sala...que *engendró* a Heber...*e* hijos e 3205
11.16 Heber vivió...años, y *engendró* a Peleg 3205
11.17 vivió Heber...*engendró* a Peleg...*e* hijos 3205
11.18 Peleg vivió 30 años, y *engendró* a Reu 3205
11.19 Peleg...*engendró* a Reu...*e* hijos e hijas 3205
11.20 Reu vivió 32 años, y *engendró* a Serug 3205
11.21 Reu...*engendró* a Serug...*e* hijos e hijas 3205
11.22 Serug vivió...años, y *engendró* a Nacor 3205
11.23 Serug...que *engendró* a Nacor...*e* hijos *e* 3205
11.24 Nacor vivió 29 años, y *engendró* a Taré 3205
11.25 Nacor...que *engendró* a Taré...y *e* hijos 3205
11.26 Taré vivió 70 años, y *engendró* a Abram 3205
11.27 Taré *engendró* a...y a Harán; y Harán *e* 3205
17.20 doce príncipes *engendrará*, y haré de él 3205
25.3 y Jocsán *engendró* a Seba y a Dedán 3205
25.19 de Abraham: Abraham *engendró* a Isaac 3205
48.6 los que después de ellos has *engendrado* 3205
Lv 18.11 *engendrada* de tu padre, tu hermana 4138
Nm 11.12 ¿lo *engendré* yo, para que me digas 3205
26.29 Maquir *engendró* a Galaad: de Galaad, la 3205
26.58 de los levitas...Coat *engendró* a Amram 3205
Dt 4.25 hayáis *engendrado* hijos y nietos, y 3205
28.41 hijas *engendrarás*, y no serán para ti 3205
Rt 4.18 generaciones de Fares: Fares *engendró* 3205
4.19 Hezrón *engendró* a Ram...*e* a Aminadab 3205
4.20 Aminadab *engendró* a Naasón, y Naasón *e* 3205
4.21 Salmón *engendró* a Booz, y Booz *e* a Obed 3205
4.22 Obed *engendró* a Isaí, *e* Isaí *e* a David 3205
2 R 20.18 de tus hijos...que habrás *engendrado* 3205
1 Cr 1.10 Cus *engendró* a Nimrod; éste llegó a 3205
1.11 Mizraim *engendró* a Ludim...Naftuhim 3205
1.13 Canaán *engendró* a Sidón su primogénito 3205
1.18 Arfaxad *engendró* a Sela, y Sela *e* a 3205
1.20 Joctán *engendró* a Almodad, Selef...Jera 3205
1.34 Abraham *engendró* a Isaac, y los hijos 3205
2.10 Ram *engendró* a Aminadab, y Aminadab *e* 3205
2.11 Naasón *engendró* a Salmón, y...*e* a Booz 3205
2.12 Booz *engendró* a Obed, y Obed *e* a Isaí 3205
2.13 *e* Isaí *engendró* a Eliab su primogénito 3205
2.18 Caleb...*engendró* a Jeriot de su mujer 3205
2.20 Hur *engendró* a Uri, y Uri *e* a Bezaleel 3205
2.22 Segub *engendró* a Jair, el cual tuvo 23 3205
2.36 Atai *engendró* a Natán, y Natán *e* a 3205
2.37 Zabad *engendró* a Eflal, Eflal *e* a Obed 3205
2.38 Obed *engendró* a Jehú, Jehú *e* a Azarías 3205
2.39 Azarías *engendró* a Heles, Heles *e* a 3205
2.40 Elasa *engendró* a Sismai, Sismai *e* a 3205
2.41 *engendró* a Jecamías, y Jecamías *e* a 3205
2.44 Sema *engendró* a Raham...y Requem *e* a 3205
2.46 Harán...Y Harán *engendró* a Gazez 3205
4.2 Reaía...*engendró* a Jahat, y Jahat *e* a 3205
4.8 Cos *engendró* a Anub, a Zobeba, y la 3205
4.11 Quelub...*engendró* a Mehir, el cual fue 3205
4.12 Estón *engendró* a Bet-rafa, a Paseah 3205
4.14 Meonotai...*engendró* a Ofra...Seraías *e* 3205
4.17 Esdras...*engendró* a María, a Samai y a 2029
6.4 Eleazar *engendró* a Finees, Finees *e* a 3205
6.5 Abisúa *engendró* a Buqui, Buqui *e* a Uzi 3205
6.6 Uzi *engendró* a Zeraías, Zeraías *e* a 3205
6.7 Meraiot *engendró* a Amarías...*e* a Ahitob 3205
6.8 Ahitob *engendró* a Sadoc...*e* a Ahimaas 3205
6.9 Ahimaas *engendró* a Azarías, Azarías *e* 3205
6.10 y Johanán *engendró* a Azarías, el que 3205
6.11 Azarías *engendró* a Amarías, Amarías *e* 3205
6.12 Ahitob *engendró* a Sadoc, Sadoc *e* a 3205
6.13 Salum *engendró* a Hilcías, Hilcías *e* a 3205
6.14 Azarías *engendró* a Seraías, y...*e* a 3205
7.32 Heber *engendró* a Jaflet, Somer 3205
8.1 Benjamín *engendró* a Bela su...Asbel 3205
8.7 Gera...los transportó, y *engendró* a Uza 3205
8.8 Saharaim *engendró* hijos en la...de Moab 3205
8.9 *engendró*, pues, de Hodes su mujer a Obed 3205
8.11 de Husim *engendró* a Ahitob y a Elpaal 3205
8.32 Miclot *engendró* a Simea...en Jerusalén 3205
8.33 Ner *engendró* a Cis, Cis *e* a Saúl, y Saúl 3205
8.33 y Saúl *engendró* a Jonatán, Malquisúa 3205
8.34 hijo de...y Merib-baal *engendró* a Micaía 3205
8.36 Acaz *engendró* a Joada, Joada *e* a Alemet 3205
8.36 Azmavet y Zimri...Zimri *engendró* a Mosa 3205
8.37 Mosa *engendró* a Bina, hijo del cual fue 3205
9.38 Miclot *engendró* a Simeam...en Jerusalén 3205
9.39 Ner *engendró* a Cis, Cis *e* a Saúl, y 3205
9.39 y Saúl *engendró* a Jonatán, Malquisúa 3205
9.40 hijo de Jonatán fue...*engendró* a Micaía 3205
9.42 Acaz *engendró* a Jara, Jara *e* a Alemet 3205
9.42 Azmavet y Zimri, y Zimri *engendró* a 3205
9.43 y Mosa *engendró* a Bina, cuyo hijo fue 3205
14.3 tomó...y *engendró* David más hijos *e* hijas 3205
2 Cr 11.21 Roboam amó...*engendró* 28 hijos y 60 3205
13.21 Abías...y *engendró* 22 hijos y 16 hijas 3205
24.3 dos mujeres; y *engendró* hijos e hijas 3205
Neh 12.10 Jesúa *engendró* a Joiacim, y Joiacim 3205
12.10 *engendró* a Eliasib, y Eliasib *e* a 3205
12.11 *engendró* a Jonatán, y Jonatán *e* a 3205
Job 21.10 toros *engendran*, y no fallan; paren 5674
38.28 ¿o quién *engendró* las gotas del rocío? 3205
38.29 escarcha del cielo, ¿quién la *engendró*? 3205
Sal 2.7 mi hijo eres tú; yo te *engendré* hoy 3205
Pr 8.24 antes de los abismos fui *engendrada* 2342
8.25 antes de...ya había sido yo *engendrada* 2343
17.21 que *engendra* al...para su tristeza lo *e* 3205
23.22 a tu padre, a aquel que te *engendró* 3205
23.24 el que *engendra* sabio se gozará con él 3205
Ec 5.14 a los hijos que *engendraron*, nada les 3205
6.3 aunque...*engendrare* cien hijos, y viviere 3205
Is 39.7 de tus hijos...que habrás *engendrado* 3205
45.10 dice al padre: ¿Por qué *engendraste*? 3205
49.21 y dirás en...¿Quién me *engendró* éstos? 3205
66.9 hago *engendrar*, ¿impediré el nacimiento? 7665
Jer 2.27 mi padre eres tú...me has *engendrado* 3205
15.10 que me *engendraste* hombre de contienda 3205
16.3 padres que los *engendren* en esta tierra 3205
29.6 casaos, y *engendrad* hijos e hijas; dad 3205
Ez 18.10 *engendrare* hijo ladrón, derramador de 3205
18.14 si éste *engendrare* hijo, el cual viere 3205
47.22 que entre vosotros han *engendrado* hijos 3205
Os 5.7 porque han *engendrado* hijos extraños 3205
9.16 aunque *engendren*, yo mataré lo deseable 3205
Zac 13.3 le dirán su padre...que lo *engendraron* 3205
13.3 padre...que lo *engendraron* le traspasarán ... 3205
Mt 1.2 Abraham *engendró* a Isaac, Isaac a Jacob *1080*
1.3 Judá *engendró* de Tamar a Fares y a Zara *1080*
1.4 *engendró* a Aminadab, Aminadab a Naasón *1080*
1.5 Salmón *engendró* de Rahab a Booz, y Booz *1080*
1.5 Booz *engendró* de Rut a Obed, y Obed a *1080*
1.6 Isaí *engendró* al rey David, y...David *e* a *1080*
1.7 Salomón *engendró* a Roboam, Roboam a *1080*
1.8 Asa *engendró* a Josafat, Josafat a Joram *1080*
1.9 Uzías *engendró* a Jotam, Jotam a Acaz, y *1080*
1.10 Ezequías *engendró* a Manasés, Manasés a *1080*
1.11 Josías *engendró* a Jeconías y a sus *1080*
1.12 Jeconías *engendró* a Salatiel, y Salatiel *1080*
1.13 Zorobabel *engendró* a Abiud, Abiud a *1080*
1.14 Azor *engendró* a Sadoc, Sadoc a Aquim *1080*
1.15 Eliud *engendró* a Eleazar, Eleazar a *1080*
1.16 Jacob *engendró* a José, marido de María *1080*
1.20 porque lo que en ella es *engendrado*, del *1080*
Jn 1.13 cuales no son *engendrados* de sangre *1080*
Hch 7.8 y así Abraham *engendró* a Isaac, y le *1080*
7.29 de Madián, donde *engendró* dos hijos *1080*
13.33 mi hijo eres tú, yo te he *engendrado* *1080*
1 Co 4.15 en Cristo Jesús yo os *engendré* por *1080*
1 Ti 2.15 pero se salvará *engendrando* hijos *5042*
2 Ti 2.23 sabiendo que *engendran* contiendas *1080*
Flm 10 Onésimo, a...engendré en mis prisiones *1080*
He 1.5 mi Hijo eres tú, yo te he *engendrado* *1080*
5.5 tú eres mi Hijo, yo te he *engendrado* hoy *1080*
1 Jn 5.1 todo aquel que ama al que *engendró* *1080*
5.1 también al que ha sido *engendrado* por él *1080*
5.18 que fue *engendrado* por Dios le guarda *1080*

ENGOLFAR
Ez 27.26 en...aguas te *engolfaron* tus remeros 935

ENGORDADERO
Am 6.4 comen...los novillos de en medio del *e* 4770

ENGORDAR
Dt 31.20 comerán y se saciarán, y *engordarán* 1878
32.15 pero *engordó* Jesurún, y tiró coces 8080
32.15 *engordaste*, te cubriste de grasa 8080
1 S 2.29 *engordándoos* de lo...de las ofrendas 1254
15.9 a lo mejor...de los animales *engordados* 4932
28.24 tenía en su casa un ternero *engordado* 4770
2 S 6.13 sacrificó un buey y un...*engordado* 4806
Sal 66.15 holocaustos de animales *engordados* 4220
Pr 15.17 que de buey *engordado* donde hay odio 75
Jer 5.28 se *engordaron* y se pusieron lustrosos 8080
46.21 sus soldados...como becerros *engordados* ... 4770
Ez 34.3 os vestís de...la *engordada* degolláis 2459
34.16 a la *engordada* y a la fuerte destruiré 8082
34.20 yo juzgaré entre la oveja *engordada* y 1277
39.18 de bueyes y de toros, *engordados* todos 4806
45.15 cordera...de las *engordadas* de Israel 4945
Am 5.22 ofrendas de paz...animales *engordados* 4806
Hab 1.16 porque con ellas *engordó* su porción 8082
Mt 22.4 **animales *engordados* han sido muertos** *4619*
Stg 5.5 habéis *engordado* vuestros corazones *5142*

ENGRANDECER
Gn 9.27 *engrandezca* Dios a Jafet, y habite en 6601
12.2 haré de ti una...*engrandeceré* tu nombre 1431
19.19 *engrandecido* vuestra misericordia que 1431
24.35 ha bendecido...y él se ha *engrandecido* 1431
26.13 *engrandeció* hasta hacerse muy poderoso 1431
48.19 y será también *engrandecido*; pero su 1431
Éx 15.21 porque en extremo se ha *engrandecido* 1342
Nm 24.7 enaltecerá...su reino será *engrandecido* 5375
Dt 32.3 de Jehová...*Engrandeced* a nuestro Dios 1433
Jos 3.7 este día comenzaré a *engrandecerte* 1431
4.14 en aquel día Jehová *engrandeció* a Josué 1431
2 S 5.10 David iba...*engrandeciéndose*, y Jehová 1419
5.12 y que había *engrandecido* su reino por 5375
7.22 tú te has *engrandecido*, Jehová Dios; por 1431
7.26 sea *engrandecido* tu nombre para siempre 1431
22.36 y tu benignidad me ha *engrandecido* 7235
22.47 *engrandecido*...el Dios de mi salvación 7311
1 Cr 17.24 *engrandecido* tu nombre para siempre 1431
29.25 Jehová *engrandeció*...a Salomón a ojos 1431
2 Cr 1.1 Jehová...lo *engrandeció* sobremanera 1431
17.12 iba, pues, Josafat *engrandeciéndose* 1432
32.23 fue muy *engrandecido* delante...naciones 5375
Est 3.1 rey Asuero *engrandeció* a Amán hijo de 5375
5.11 con que el rey le había *engrandecido* 1431
9.4 Mardoqueo iba *engrandeciéndose* más y más ... 1419
10.2 grandeza...con que el rey le *engrandeció* 1431
Job 7.17 es el hombre, para que lo *engrandezcas* 1431
19.5 si vosotros os *engrandecéis* contra mí 1431
36.24 acuérdate de *engrandecer* su obra, la 7679
Sal 18.35 y tu benignidad me ha *engrandecido* 7235
21.13 *engrandécete*, oh Jehová, en tu poder 7311
34.3 *engrandeced* a Jehová conmigo...nombre 7311
35.26 y de confusión los que se *engrandecen* 1431
38.16 resbale, no se *engrandezcan* sobre mí 1431
70.4 y digan siempre...*Engrandecido* sea Dios 1431
94.2 *engrandécete*, oh Juez de la tierra; da 5375
103.11 *engrandeció* su misericordia sobre los 1396
104.1 Dios mío, mucho te has *engrandecido* 1431
117.2 ha *engrandecido* sobre...su misericordia 1396
138.2 porque has *engrandecido* tu nombre, y tu 1431
Pr 4.8 *engrandécela*, y ella te *engrandecerá* 5549
11.11 los rectos la ciudad será *engrandecida* 7311
14.34 la justicia *engrandece* a la nación; mas 7311
Ec 1.16 yo me he *engrandecido*, y he crecido en 1431
2.4 *engrandecí* mis obras, edifiqué para mí 1431
2.9 y fui *engrandecido* y aumentado más que 1431
Is 1.2 crié hijos, y los *engrandecí*, y ellos 7311
12.4 recordad que su nombre es *engrandecido* 7682
28.29 para hacer...*engrandecer* la sabiduría 1431
33.10 ahora seré exaltado...seré *engrandecido* 7311
42.21 en magnificar la ley y *engrandecerla* 1431
52.13 aquí que mi siervo...será *engrandecido* 7311
Jer 48.26 porque contra Jehová se *engrandeció* 1431
48.42 y Moab será destruido...se *engrandeció* 1431
Lm 1.9 porque el enemigo se ha *engrandecido* 1431
Ez 35.13 y os *engrandecisteis* contra mí con 1431
38.23 y seré *engrandecido* y santificado, y 1431
Dn 2.48 el rey *engrandeció* a Daniel, y le dio 7236
3.30 *engrandeció* a Sadrac, Mesac y Abed-nego 6744
4.37 alabo, *engrandezco* y glorifico al Rey 7313
5.19 *engrandecía* a quien quería, y a quien 7313
8.4 hacía...a su voluntad, y se *engrandecía* 1431
8.8 y el macho cabrío se *engrandeció*...pero 1431
8.10 y se *engrandeció* hasta el ejército del 1431
8.11 se *engrandeció* contra el príncipe de los 1431
8.25 y en su corazón se *engrandecerá*, y sin 1431
11.36 *engrandecerá* sobre todo dios; y contra 7311
11.37 dios...porque sobre todo se *engrandecerá* 1431
Mi 5.4 será *engrandecido* hasta los fines de 1431
Sof 2.8 se *engrandecieron* sobre su territorio 1431
2.10 se *engrandecieron* contra el pueblo de 1431
Zac 12.7 que la...no se *engrandezca* sobre Judá 1431
Mal 1.5 y diréis: Sea Jehová *engrandecido* más 1431
Lc 1.46 dijo: *Engrandece* mi alma al Señor *3170*
1.58 Dios había *engrandecido* para con ella *3170*
2 Co 10.15 seremos muy *engrandecidos* entre *3170*

ENGRASAR
Is 34.6 *engrasada* está de grosura, de sangre 1878
34.7 su tierra...polvo se *engrasará* de grosura 1878
Hab 1.16 porque con ellas...*engrasó* su comida 8082

ENGREIRSE
Jer 15.17 ni me *engreí* a causa de tu profecía 5937

ENGROSAR
Sal 119.70 se *engrosó* el corazón de ellos como 2954
Is 6.10 *engruesa* el corazón de este pueblo, y 8082
Mt 13.15; Hch 28.27 el corazón... ha *engrosado* *3975*

ENGULLIR
Abd 16 beberán, y *engullirán*, y serán como 3886

EN-HACORE *Manantial en Lehi*, Jue 15.19 5875

EN-HADA *Población en Isacar*, Jos 19.21 5876

EN-HAZOR *Población en Neftalí*, Jos 19.37 5877

ENHIESTO
Dn 7.4 y se puso *e* sobre los pies a manera de 5922
Nah 3.3 jinete *e*, y resplandor de espada, y 5927

ENIGMA
Jue 14.12 les dijo: Yo os propondré ahora un *e* 2420
14.13 ellos respondieron: Propón tu *e*, y lo 2420
14.14 y ellos no pudieron declararle el *e* en 2420
14.15 induce a tu... a que nos declare este *e* 2420
14.16 no me declaras el *e* que propusiste a 2420
14.18 si no... nunca hubierais descubierto mi *e* 2420
14.19 dio... a los que habían explicado el *e* 2420
Sal 49.4 mi oído; declararé con el arpa mi *e* 2420
Dn 5.12 para... y descifrar *e* y resolver dudas 280
8.23 se levantará un rey... y entendido en *e* 2420

ENJAMBRE
Jue 14.8 en el cuerpo... había un *e* de abejas 5712
Sal 78.45 envió entre ellos *e* de moscas que 6157
105.31 y vinieron *e* de moscas, y piojos en 6157

ENJUGAR
Is 25.8 *enjugará* Jehová el Señor toda lágrima 4229
Lc 7.38 pies, y los *enjugaba* con sus cabellos *1591*
7.44 ésta... los ha *enjugado* con sus cabellos *1591*
Jn 11.2 y le *enjugó* los pies con sus cabellos *1591*
12.3 de Jesús, y los *enjugó* con sus cabellos *1591*
13.5 *enjugarlos* con la toalla con que estaba *1591*
Ap 7.17; 21.4 *enjugará* Dios toda lágrima de *1813*

ENJUTO, A
Gn 41.3 vacas de feo aspecto y *e* de carne, y 1851
41.4 y que las vacas... *e* de carne devoraban 1851
Jue 16.7 ataren con siete mimbres... no estén *e* 2717
16.8 mimbres verdes que aún no estaban *e*, y 2717
Os 9.14 dales matriz que aborte, y pechos *e* 6784

ENLADRILLADO
Jer 43.9 cúbrelas de barro en el *e* que está a 4404

ENLAZAR
Éx 26.6 *enlazarás* las cortinas la una con la 2266
26.11 *enlazarás* las uniones para que se haga 2266
36.13 corchetes... con los cuales *enlazó* las 2266
36.18 corchetes de bronce... *enlazar* la tienda 2266
Job 8.17 *enlazándose* hasta un lugar pedregoso 5540
Sal 9.16 en la obra de sus manos fue *enlazado* 3369
Pr 6.2 te has *enlazado* con las palabras de tu 3369
6.21 átalos siempre en... *enlázalos* a tu cuello 6029
Ec 9.12 son *enlazados* los hijos de los hombres 3369
Is 28.13 sean quebrantados, *enlazados* y presos 3369
Ez 27.24 ropas... *enlazadas* con cordones, y en 2280

ENLOQUECER
Dt 28.34 *enloquecerás* a causa de lo que verás 7696
Pr 26.18 como el que *enloquece*, y echa llamas 3856
Ec 2.2 la risa dije: *Enloqueces*; y al placer 1984
Is 44.25 deshago... y *enloquezco* a los agoreros 1984
Jer 5.4 *enloquecido*... no conocen el camino de 2973
25.16 y *enloquecerán*, a causa de la espada 1984
Ez 23.11 y *enloqueció* de lujuria más que ella 7843
1 Co 1.20 ¿no ha *enloquecido* Dios la sabiduría *3471*

ENLOSADO
Ez 40.17 al atrio... estaba *e* todo en derredor 7531
40.18 el *e* a los lados de... era el *e* más bajo 7531
42.3 y enfrente del *e* que había en el atrio 7531
Jn 19.13 se sentó... en el lugar llamado *e* *3038*

ENLUTADO
Job 5.11 que pone... y a los *e* levanta a seguridad 6937
Is 57.18 sanaré... daré consuelo a él y a sus *e* 57
61.2 a proclamar... a consolar a todos los *e* 57
Ez 24.17 no hagas luto de... ni comas pan de *e*
Os 9.4 pan de *e* les serán a ellos; todos los 205

ENLUTAR
Gn 37.35 descenderé *enlutado* a mi hijo hasta 57
Nm 14.39 Moisés dijo... y el pueblo se *enlutó* 56
Sal 35.14 como el que... *enlutado* me humillaba 6937
38.6 humillado en... ando *enlutado* todo el día 6937
42.9; 43.2 ¿por qué andaré yo *enlutado* por la 6937
Is 3.26 puertas se entristecerán y *enlutarán* 56
33.9 se *enlutó*, enfermó la tierra; el Líbano 56
66.10 gozo, todos los que os *enlutáis* por ella 56
Jer 4.28 por esto se *enlutará* la tierra, y los 56
14.2 se *enlutó* Judá, y sus... se despoblaron 56
Ez 7.27 el rey se *enlutará*, y el príncipe se 56
Os 4.3 por lo cual se *enlutará* la tierra, y se 56
Jl 1.10 se *enlutó* la tierra; porque el trigo 56
Am 1.2 los campos de los pastores se *enlutarán* 56

ENMADERADO
Hab 2.11 clamará... la tabla del *e* le responderá 6086

ENMADERAMIENTO
Sof 2.14 porque su *e* de cedro será descubierto 731

ENMADERAR
Neh 2.8 dé madera para *enmaderar* las puertas 7136
3.3,6 *enmaderaron*, y levantaron sus puertas 7136
3.15 la *enmaderó* y levantó sus puertas, sus 2926

ENMENDAR
Ec 7.3 con la tristeza... *enmendará* el corazón 3190
Jer 35.15 volveos... y *enmendad* vuestras obras 3190

EN-MISPAT = *Cades*, Gn 14.7 5880

ENMOHECER
Stg 5.3 vuestro oro y plata están *enmohecidos* *2728*

ENMUDECER
Éx 15.16 a la grandeza de tu brazo *enmudezcan* 1826
Sal 31.18 *enmudezcan* los labios mentirosos que 481
39.2 *enmudecí* con silencio, me callé... lo bueno 481
39.9 *enmudecí*, no abrí mi boca, porque tú lo 481
Is 53.7 como oveja... *enmudeció*, y no abrió su 481
Dn 10.15 los ojos... en tierra, y *enmudecido* 481
Mt 22.12 **amigo, ¿cómo entraste... él *enmudeció*** *5392*
Mr 4.39 **dijo al mar: Calla, *enmudece*. Y cesó** *5392*

ENNEGRECER
Job 30.28 ando *ennegrecido*, y no por el sol 6937
30.30 mi piel se ha *ennegrecido* y se me cae 7835
Lm 4.1 ¡cómo se ha *ennegrecido* el oro! ¡Cómo 6004
5.10 se *ennegreció* como un horno a causa de 3648

ENOC
1. Hijo de Caín y padre de Irad
Gn 4.17 conoció Caín a su mujer... a luz a *E* 2585
4.17 Caín... llamó el nombre de la ciudad... *E* 2585
4.18 y a *E* le nació Irad, e Irad engendró 2585
2. Hijo de Jared y padre de Matusalén
Gn 5.18 vivió Jared 162 años, y engendró a *E* 2585
5.19 vivió Jared, después que engendró a *E* 2585
5.21 vivió *E*... años, y engendró a Matusalén 2585
5.22 caminó *E* con Dios, después que... 300 años 2585
5.23 y fueron todos los días de *E* 365 años 2585
5.24 caminó, pues, *E* con Dios... le llevó Dios 2585
1 Cr 1.3 *E*, Matusalén, Lamec 2585
Lc 3.37 Matusalén, hijo de *E*, hijo de Jared *1800*
He 11.5 por la fe *E* fue traspuesto para no ver *1802*
Jud 14 de éstos también profetizó *E*, séptimo *1802*
3. Hijo de Rubén (=Hanoc No. 2), Nm 26.5 2585

ENOJAR
Gn 18.30,32 no se *enoje* mi Señor, si hablare 2734
30.2 Jacob se *enojó* contra Raquel, y dijo 639
31.35 dijo... No se *enoje* mi señor, porque no 2734
31.36 Jacob se *enojó*, y riñó con Labán; y 2734
34.7 se *enojaron* mucho, porque hizo vileza 2734
40.2 *enojó* Faraón contra sus dos oficiales 7107
41.10 Faraón se *enojó* contra sus siervos, nos 7107
Éx 4.14 Jehová se *enojó* contra Moisés, y dijo 2734
11.8 y salió muy *enojado* de la presencia de 639
16.20 hedió; y se *enojó* contra ellos Moisés 7107
32.22 se *enoje* mi señor; tú conoces al pueblo 639
Lv 10.16 y Moisés... se *enojó* contra Eleazar e 7107
Nm 16.15 Moisés se *enojó* en gran manera, y 2734
22.27 y Balaam se *enojó* y azotó al asna con 639,2734
31.14 y se *enojó* Moisés contra los capitanes 7107
Dt 1.34 oyó Jehová la voz... y se *enojó*, y juró 7107
3.26 pero Jehová se había *enojado* contra mí 5674
4.21 Jehová se *enojó* contra mí por causa de 599
4.25 hiciereis lo malo ante... para *enojarlo* 3707
9.8 y se *enojó* Jehová contra vosotros para 599
9.18 pecado... haciendo el mal... para *enojarlo* 3707
9.19 de la ira con que Jehová estaba *enojado* 7107
9.20 contra Aarón también se *enojó* Jehová en 599
31.20 y me *enojarán*, e invalidarán mi pacto 5006
31.29 *enojándole*... la obra de vuestras manos 3707
1 S 1.6 y su rival la irritaba, *enojándola* y 3708
18.8 y se *enojó* Saúl en gran manera, y le 2734
20.7 mas si se *enojare*, sabe que la maldad 2734
29.4 los príncipes de... se *enojaron* contra él 7107
2 S 3.8 se *enojó* Abner en gran manera por las 2734
11.20 si el rey comenzare a *enojarse*, y te 2534
13.21 rey David oyó todo esto, se *enojó* mucho 2534
19.42 ¿por qué os *enojáis* vosotros de eso? 2534
1 R 11.9 se *enojó* Jehová contra Salomón, por 599
14.9 te hiciste dioses *ajenos*... para *enojarme* 3707
14.15 imágenes de Asera, *enojando* a Jehová 3707
14.22 y le *enojaron* más que todo lo que sus 7065
20.43 se fue a su casa triste y *enojado*, y sus 2198
21.4 vino Acab a su casa triste y *enojado*, por 2198
2 R 5.11 Naamán se fue *enojado*, diciendo: He 7107
5.12 ¿no son... Y se volvió, y se fue *enojado* 2534
13.19 el varón de Dios, *enojado* contra él, le 7107
2 Cr 6.36 pecaren... y te *enojares* contra ellos 599
16.10 *enojó* Asa contra el vidente y lo echó 3707
25.10 Efraín... ellos se *enojaron*... contra Judá .. 639,2734
Neh 4.1 oyó Sanbalat... edificábamos... se *enojó* 2734
5.6 y me *enojé* en gran... cuando oí su clamor 2734
Est 1.12 el rey se *enojó*... y se encendió en ira 7107
2.21 se *enojaron* Bigtán y Teres, dos eunucos 7107
Sal 2.12 honrad al Hijo, para que no se *enoje* 599
78.40 se rebelaron... lo *enojaron* en el yermo! 6087
78.56 tentaron y *enojaron* al Dios Altísimo 4784
78.58 le *enojaron* con sus lugares altos, y le 3707
78.59 oyó Dios y se *enojó*, y en gran manera 5674
85.5 ¿estarás *enojado* contra nosotros para 599
Pr 14.17 que fácilmente se *enoja* hará locuras 639
29.9 se *enoje* o que se ría, no tendrá reposo 7264
Ec 5.6 que Dios se *enoje* a causa de tu voz, y 7107
7.9 no te apresures... a *enojarte*; porque el 3707
Is 8.21 se *enojarán* y maldecirán a su rey y 7107
12.1 pues aunque te *enojaste* contra mí, tu 599
28.21 como en el valle de Gabaón se *enojará* 7264
41.11 que todos los que se *enojan* contra ti 2734
47.6 me *enojé* contra mi pueblo, profané mi 7107
54.9 he jurado que no me *enojaré* contra ti 7107
57.16 contenderé... ni para siempre me *enojaré* 7107
57.17 por la iniquidad de su codicia me *enojé* 7107
63.10 hicieron *enojar* su santo espíritu; por 6087
64.5 he aquí, tú te *enojaste* porque pecamos 7107
64.9 no te *enojes* sobremanera, Jehová, ni 7107
66.14 Jehová... se *enojará* contra sus enemigos 2194
Jer 32.32 la maldad... han hecho para *enojarme* 3707
44.3 la maldad que... cometieron para *enojarme* ... 3707
44.8 haciéndome *enojar* con las obras... manos 3707
Ez 16.26 aumentaste... fornicaciones... *enojarme* 3707
16.42 mi celo, y descansaré y no me *enojaré* 3707
Dn 11.30 y se *enojará* contra el pacto santo 2194
Jon 4.1 pero Jonás se apesadumbró... se *enojó* 2734
4.2 tú eres... tardo en *enojarte*, y de grande 639
4.4 dijo: ¿Haces tú bien en *enojarte* tanto? 2734
4.9 Dios... ¿Tanto te *enojas* por la calabacera? 2734
4.9 él respondió: Mucho me *enojo*, hasta la 2734
Zac 1.2 *enojó* Jehová... contra vuestros padres ... 7107,7110
1.15 cuando yo estaba *enojado* un poco, ellos . 7107,7110
Mt 2.16 Herodes... *enojó* mucho, y mandó matar *2373*
5.22 que se *enoje* contra su hermano, será *3710*
18.34 su señor, *enojado*, le entregó a los *3710*
20.24 cuando los diez oyeron... se *enojaron* *23*
22.7 al oírlo el rey, se *enojó*; y enviando *3710*
26.8 al ver esto, los discípulos se *enojaron* *23*
Mr 10.41 los diez, comenzaron a *enojarse* contra *23*
14.4 algunos que se *enojaron* dentro de sí *23*
Lc 13.14 *enojado* de que Jesús hubiese sanado *23*
14.21 *enojado* el padre de familia, dijo a su *3710*
15.28 se *enojó*, y no quería entrar. Salió por *3710*
Jn 7.23 **¿os *enojáis*... en el día de reposo sané** *5520*
Hch 12.20 Herodes estaba *enojado* contra los de *2371*

ENOJO
Gn 27.44 que el *e* de tu hermano se mitigue 2534
44.18 no se encienda tu *e* contra tu siervo 2534
Jue 8.3 *e* de ellos contra él se aplacó, luego 7307
14.19 encendido en *e* se volvió a la casa de 2734
1 R 15.30 con que provocó a *e* a Jehová los de 3707
16.13 provocando a *e* con sus vanidades Dios 3707
2 R 3.27 y hubo grande *e* contra Israel; y se 7110
2 Cr 28.9 *e* contra Judá, los ha entregado en 2534
Est 1.18 dirán... habrá mucho menosprecio y *e* 7110
Sal 6.1 Jehová, no me reprendas en tu *e*, ni 639
37.8 deja la ira, y desecha el *e*; no... lo malo 639
69.24 tu ira, y el furor de tu *e* los alcance 639
78.38 apartó... ira, y no despertó todo su *e* 639
78.49 envió... *e*, indignación y angustia, un 639
85.3 reprimiste todo tu *e*; te apartaste del 5678
102.10 a causa de tu *e* y de tu ira; pues me 2195
103.9 siempre, ni para siempre guardará el *e* 639
Pr 11.23 la esperanza de los impíos es el *e* 5678
14.35 mas su *e* contra el que lo avergüenza 5678
22.24 no... ni te acompañes con el hombre de *e* 639
24.18 que Jehová lo... aparte de sobre él su *e* 639
Ec 7.9 el *e* reposa en el seno de los necios 3708
11.10 quita... de tu corazón el *e*, y aparta 3708
Is 10.25 se acabará mi... *e*, para destrucción 639
27.4 no hay *e* en mí... ¿Quién pondrá contra mí 2534
Jer 3.5 ¿guardará su *e* para siempre... guardará?
3.12 porque... no guardaré para siempre el *e* 6440
10.25 derrama tu *e* sobre los pueblos que no 2534
15.15 me reproches en la prolongación de tu *e* .. 750,639
18.23 haz así con ellos en el tiempo de tu *e* 639
21.5 pelearé contra vosotros... con furor y *e* 7110
32.31 que para *e* mío y... ha sido esta ciudad 639
32.37 a las cuales los eché con... y con mi *e* 639
42.18 como se derramó mi *e* y mi ira sobre los 639
Lm 2.4 en la tienda... derramó como fuego su *e* 2534
3.1 ha visto aflicción bajo el látigo de su *e* 5678
4.11 cumplió Jehová su *e*, derramó el ardor de 2534
Ez 5.13 se cumplirá... y saciaré en ellos mi *e* 2534
5.13 y sabrán... cuando cumpla en ellos mi *e* 2534
6.12 morirá de hambre... cumpliré en ellos mi *e* 2534
13.13 piedras de granizo con *e* para consumir 2534
20.8 para cumplir mi *e* en ellos en medio de 639
20.21 cumplir mi *e* en ellos en el desierto 639
20.33 con... y *e* derramado, he de reinar sobre 2534
20.34 os sacaré... os reuniré... con... *e* derramado .. 2534
21.31 el fuego de mi *e* haré encender sobre ti 5678
22.22 habré derramado mi *e* sobre vosotros 2534
25.14 harán en Edom según mi *e* y conforme a 639
38.18 dijo Jehová el... subirá mi ira y mi *e* 2534
Dn 2.12 el rey... con gran *e* mandó que matasen 7108
3.13 dijo con ira y... *e* que trajesen a Sadrac 2528
Os 8.5 se encendió mi *e* contra ellos, hasta 639
Mi 7.18 no retuvo para siempre su *e*, porque 639
Nah 1.2 Jehová es... guarda *e* para sus enemigos
1.6 ¿y quién quedará en pie en el... de su *e*? 639
Sof 2.3 guardados en el día del *e* de Jehová 639
3.8 para derramar sobre ellos mi *e*, todo el 639
Zac 7.12 vino... gran *e* de parte de Jehová de 7110
10.3 contra... pastores se ha encendido mi *e* 639
Mr 3.5 mirándolos... con *e*, entristecido por la *3709*
Ro 2.8 pero ira y *e* a los que son contenciosos *3709*
Ef 4.26 no se ponga el sol sobre vuestro *e* *3950*
4.31 toda... *e*, ira, gritería y maledicencia *3709*
Col 3.8 dejad... estas cosas: ira, *e*, malicia *3709*

ENÓN *Lugar de manantiales donde Juan bautizaba*, Jn 3.23 .... *137*

ENOQUITA *Descendiente de Enoc No. 3*, Nm 26.5 .. 2599

ENORGULLECER
Dt 8.14 *enorgullezca* tu corazón, y te olvides 7311
Sal 75.4 a los impíos: No os *enorgullezcáis* 7311
Jer 51.3 al que se *enorgullece* de su coraza 5927
Hab 2.4 cuya alma no es recta, se *enorgullece* 6075

ENORME
Hch 18.14 si fuera...crimen *e*...yo os toleraría *4190*
Ap 16.21 cayó...un *e* granizo como del peso de *3173*

ENORMIDAD
Jer 13.22 *e* de tu maldad fueron descubiertas 7230

ENÓS *Hijo de Set y padre de Cainán*
Gn 4.26 nació un hijo, y llamó su nombre *E* 583
5.6 vivió Set 105 años, y engendró a *E* 583
5.7 vivió Set, después que engendró a *E*, 807 583
5.9 vivió *E* noventa años, y engendró a Cainán 583
5.10 y vivió *E*...815 años, y engendró hijos 583
5.11 y fueron todos los días de *E* 905 años 583
1 Cr 1.1 Adan, Set, *E* 583
Lc 3.38 hijo de *E*, hijo de Set, hijo de Adan *1800*

ENRAMADA
Job 27.18 edificó su...como *e* que hizo el guarda 5521
Is 1.8 queda la hija de Sión como *e* en viña 4412
Lm 2.6 quitó su tienda como *e* de huerto
Jon 4.5 salió Jonás de...y se hizo allí una *e* 5521
Mt 17.4; Mr 9.5; Lc 9.33 tres *e*, una para ti *4633*

ENREDAR
2 S 18.9 se le *enredó* la cabeza en la encina 2388
Pr 12.13 impío es *enredado* en...de sus labios 4170
17.14 deja...la contienda, antes que se *enrede* 1566
Ec 9.12 como las aves que se *enredan* en lazo 270
Is 8.15 muchos...se *enredarán* y serán apresados 3369
32.7 trama intrigas inicuas para *enredar* a 2254
Jon 2.5 abismo; el alga se *enredó* en mi cabeza 2280
2 Ti 2.4 que milita se *enreda* en ls negocios *1707*
2 P 2.20 *enredándose* otra vez en...son vencidos *1707*

ENREJADO
Éx 27.4 y le harás un *e* de bronce de obra de 4345
35.16 su *e* de bronce y sus varas, y todos sus 4345
38.4 e hizo para el altar un *e* de bronce de 4345
38.5 a los cuatro extremos del *e* de bronce 4345
38.30 y el altar de bronce y su *e* de bronce 4345
39.39 el altar de bronce con su *e* de bronce 4345

EN-RIMÓN = *Rimón No. 1*, Neh 11.29 5884

ENRIQUECER
Gn 14.23 que no digas: Yo *enriquecí* a Abram 6238
26.13 se *enriqueció* y fue prosperado, y se 1431
30.43 y se *enriqueció* el varón muchísimo, y 6555
Lv 25.47 si el...extranjero...se *enriqueciere* 5381
1 S 2.7 Jehová empobrece, y él *enriquece* 6238
17.25 rey le *enriquecerá* con grandes riquezas 6238
Sal 49.16 no temas cuando se *enriquece* alguno 6238
65.9 la riegas; en gran manera la *enriqueces* 6238
Pr 10.4 la mano de los diligentes *enriquece* 6238
10.22 la bendición de Jehová...que *enriquece* 6238
21.17 el que ama el vino...no se *enriquecerá* 6238
28.20 el que se apresura a *enriquecerse* no 6238
Ez 27.33 los reyes de la tierra *enriqueciste* 6238
Os 12.8 he *enriquecido* he hallado riquezas 6238
Zac 11.5 bendito sea Jehová...he *enriquecido* 6238
1 Co 1.5 fuisteis *enriquecidos* en él, en toda *4148*
2 Co 6.10 pobres, mas *enriqueciendo* a muchos *4148*
8.9 para que vosotros...fueseis *enriquecidos* *4147*
9.11 estéis *enriquecidos* en todo para toda *4148*
1 Ti 6.9 los que quieren *enriquecerse* caen en *4147*
Ap 3.17 **yo soy rico, y me he *enriquecido* y de** *4147*
18.3 se han *enriquecido* de la potencia de sus *4147*
18.15 los mercaderes...que se han *enriquecido* *4147*
18.19 se habían *enriquecido* de sus riquezas *4147*

ENROJECER
Sal 68.23 tu pie se *enrojecerá* de sangre de 4272
Nah 2.3 el escudo de sus...estará *enrojecido* 119

ENROLLAR
Is 34.4 *enrollarán* los cielos como un libro 1556
Lc 4.20 y *enrollando* el...lo dio al ministro *4428*
Jn 20.7 sudario...*enrollado* en un lugar aparte *1794*
Ap 6.14 como un pergamino que se *enrolla*; y *1507*

ENRONQUECER
Sal 69.3 mi garganta se ha *enronquecido*; han 2787

ENSANCHAR
Éx 34.24 *ensancharé* tu territorio; y ninguno 7337
Dt 12.20 cuando Jehová tu Dios *ensanchare* tu 7337
19.8 tu Dios *ensanchare* tu territorio, como 7337
33.20 bendito el que hizo *ensanchar* a Gad 7337
1 S 2.1 boca se *ensanchó* sobre mis enemigos 7337
2 S 22.37 *ensanchaste* mis pasos debajo de mí 7337
1 Cr 4.10 *ensancharas* mi territorio, y si tu 7235
Sal 4.1 en angustia, tú me hiciste *ensanchar* 7337
18.36 *ensanchaste* mis pasos debajo de mí, y 7337
35.21 *ensancharon* contra mí su boca; dijeron 7337
119.32 correré, cuando *ensanches* mi corazón 7337
Pr 18.16 la dádiva del hombre le *ensancha* el 7337
Is 5.14 por eso *ensanchó* su interior el Seol 7337
26.15 *ensanchaste* todos los confines de la 7368
54.2 *ensancha* el sitio de tu tienda, y las 7337
57.4 ¿contra quién *ensanchasteis* la boca, y 7337
57.8 a otro...subiste, y *ensanchaste* tu cama 7337
60.5 *ensanchará* tu corazón, porque se haya 7337
Jer 46.8 Egipto como río se *ensancha*, y las 5927
Am 1.13 para *ensanchar* sus tierras abrieron 7337
Hab 2.5 *ensanchó* como el Seol su alma, y es 7337
Mt 23.5 ***ensanchan* sus filacterias, y extienden** *3170*
2 Co 6.11 nuestro corazón se ha *ensanchado* *4115*
6.13 para corresponder...*ensanchaos* también *4115*

ENSAÑAR
Gn 4.5 se *ensañó* Caín en gran manera, y decayó 2734
4.6 ¿por qué te has *ensañado*, y por qué ha 2734

ENSAYAR
Sal 66.10 nos *ensayaste* como se afina la plata 6884
Mi 4.3 no...ni se *ensayarán* más para la guerra 3925

EN-SEMES *Manantial en la frontera de Judá y Benjamín*, Jos 15.7; 18.17 5885

ENSENADA
Hch 27.39 pero veían una *e* que tenía playa, en *2859*

ENSEÑA
Nm 2.2 bajo las *e* de las casas de sus padres 226
Hch 28.11 la cual tenía por *e* a Cástor y Pólux *3902*

ENSEÑADOR
Job 36.22 es excelso en...¿Qué *e* semejante a él? 3384
Sal 119.99 más que todos mis *e* he entendido 3925
Is 43.27 pecó, y tus *e* prevaricaron contra mí 3887

ENSEÑANZA
Dt 32.2 goteará como la lluvia mi *e*; destilará 3948
Pr 1.7 los insensatos desprecian la...y la *e* 4148
4.1 oíd, hijos, la *e* de un padre, y...atentos 4148
4.2 os doy buena *e*; no desamparéis mi ley 3948
6.20 de tu padre, no dejes la *e* de tu madre 8451
6.23 el mandamiento es lámpara, y la *e* es 8451
8.10 recibid mi *e*, y no plata; y ciencia 4148
15.33 el temor de Jehová es *e* de sabiduría 4148
19.27 cesa...de oír las *e* que te hacen divagar 4148
23.12 aplica tu corazón a la *e*, y tus oídos 4148
23.23 la sabiduría, la *e* y la inteligencia 4148
30.17 ojo que...menosprecia la *e* de la madre 3349
Jer 10.8 todos se...*E* de vanidades es el leño 4148
Hch 17.19 qué es está nueva *e* de que hablas? *1322*
Ro 12.7 en servir; o el que enseña, en la *e* *1319*
15.4 para nuestra *e* se escribieron, a fin de *1319*
2 Ts 3.6 y no según la *e* que recibisteis de *3862*
1 Ti 4.13 ocúpate en la...exhortación y la *e* *1319*
Tit 1.9 que también pueda exhortar con sana *e* *1319*
2.7 ejemplo de...en la *e* mostrando integridad *1319*

ENSEÑAR
Gn 3.11 ¿quién te *enseñó* que estabas desnudo? 5046
Éx 4.12 y te *enseñaré* lo que hayas de hablar 3384
4.15 yo...os *enseñaré* lo que hayáis de hacer 3384
18.20 y *enseña* a ellos las ordenanzas y las 2094
24.12 la ley, y mandamientos...para *enseñarles* 3384
35.34 ha puesto en su...el que pueda *enseñar* 3384
Lv 10.11 *enseñar* a los hijos de...los estatutos 3384
14.57 para *enseñar* cuándo es inmundo...limpio ... 3384
Dt 4.1 Israel, oye los estatutos...os *enseño* 3925
4.5 yo os he *enseñado* estatutos y decretos 3925
4.9 *enseñarás* a tus hijos, y a los hijos de 3045
4.10 les haga oír...las *enseñarán* a sus hijos 3925
4.14 me mandó...que os *enseñase* los estatutos 3925
4.36 cielos te hizo oír su voz, para *enseñarte* 3256
5.31 les *enseñarás*, a fin de que los pongan 3925
6.1 que Jehová...Dios mandó que os *enseñase* 3925
11.19 *enseñaréis* a vuestros hijos, hablando 3925
17.9 y ellos te *enseñarán* la sentencia del 5046
17.11 según la ley que te *enseñen*, y seguid 3384
20.18 para que no os *enseñen* a hacer según 3925
24.8 todo lo que os *enseñaren* los sacerdotes 3384
31.19 escribíos este cántico, y *enséñalo* a 3925
31.22 Moisés...*enseñó* a los hijos de Israel 3925
33.10 *enseñarán* tus juicios a Jacob, y tu ley 3384
Jue 3.2 para que la *enseñasen* a los que antes 3925
13.8 nos *enseñe* lo que hayamos de hacer con 3384
1 S 9.18 que me *enseñes* dónde está la casa del 5046
10.8 hasta que yo venga a ti y te *enseñe* lo 3045
16.3 y yo te *enseñaré* lo que has de hacer 3045
2 S 1.18 debía *enseñarse* a los hijos de Judá 3925
1 R 8.36 *enseñándoles* el buen camino en que 3384
2 R 17.27 les *enseñe* la ley del Dios del país 3384
17.28 *enseñó* cómo habían de temer a Jehová 3384
2 Cr 6.27 les *enseñarás* el buen camino para 3384
15.3 Israel...sin sacerdote que *enseñara*, y 3384
17.7 que *enseñasen* en las ciudades de Judá 3925
17.9 *enseñaron* en Judá...el libro de la ley 3925
17.9 recorrieron...Judá *enseñando* al pueblo 3925
35.3 dijo a los levitas que *enseñaban* a todo 4000
Esd 7.10 para *enseñar* en Israel sus estatutos 3925
7.25 y al que no las conoce, le *enseñarás* 3046
Neh 8.12 las palabras que les habían *enseñado* 3045
9.20 y enviaste tu Espíritu para *enseñarles* 7919
Job 4.3 *enseñabas* a muchos, y fortalecías las 3256
6.24 *enseñadme*, y...callaré; hacedme entender 3384
8.10 ¿no te *enseñarán* ellos, te hablarán, y 3384
12.7 pregunta ahora a...y ellas te *enseñarán* 3384
12.8 habla a la tierra, y ella te *enseñará* 3384
21.22 ¿*enseñará* alguien a Dios sabiduría 3925
27.11 os *enseñaré* en cuanto a la mano de Dios 3384
33.33 si no...calla, y te *enseñaré* sabiduría 502
34.32 *enséñame* tú lo que yo no veo; si hice 3384
35.11 nos *enseña* más que a las bestias de la 502
36.2 espérame un poco, y te *enseñaré*; porque 2331
42.4 ruego...te preguntaré, y tú me *enseñarás* 3045
Sal 16.7 en las noches me *enseña* mi conciencia 3256
25.4 Jehová, tus caminos; *enséñame* tus sendas 3925
25.5 encamíname en tu verdad, y *enséñame* 3925
25.8 él *enseñará* a los pecadores el camino 3384
25.9 y *enseñará* a los mansos su carrera 3925
25.12 le *enseñará* el camino que ha de escoger 3384
27.11 *enséñame*, oh Jehová...camino, y guíame 3384
32.8 te *enseñaré* el camino en que debes andar 3384
34.11 oídme; el temor de Jehová os *enseñaré* 3925
45.4 tu diestra te *enseñará* cosas terribles 3384
51.13 entonces *enseñaré* a los transgresores 3925
60 *tit*. Mictam de David, para *enseñar*, cuando 3925
71.17 Dios, me *enseñaste* desde mi juventud 3925
86.11 *enséñame*...Jehová, tu camino; caminaré 3384
90.12 *enséñanos*...modo a contar nuestros días 3045
94.10 ¿no sabrá el que *enseña* al hombre la 3925
105.22 y a sus ancianos *enseñara* sabiduría
119.12 bendito tú, oh...*enséñame* tus estatutos 3925
119.26 has respondido; *enséñame* tus estatutos 3925
119.33 *enséñame*...el camino de tus estatutos 3384
119.64 misericordia...*enséñame* tus estatutos 3925
119.66 *enséñame* buen sentido y sabiduría 3925
119.68 bueno eres tú...*enséñame* tus estatutos 3925
119.102 no me aparté de tus...tú me enseñaste 3384
119.108 te ruego...y me *enseñes* tus juicios 3925
119.124 tu siervo...y *enséñame* tus estatutos 3925
119.135 tu rostro...y *enséñame* tus estatutos 3925
119.171 cuando me *enseñes* tus estatutos 3925
132.12 y mi testimonio que yo les *enseñaré* 3925
143.10 *enséñame* a hacer tu voluntad, porque 3925
Pr 4.4 él me *enseñaba*, y me decía: Retenga tu 3384
5.13 los que me *enseñaban* no incliné mi oído 3925
9.9 *enseña* al justo, y aumentará su saber 3045
31.1 la profecía con que le *enseñó* su madre 3256
Ec 6.12 ¿quién *enseñará* al hombre qué será 5046
8.7 y el cuándo...ser, ¿quién se lo *enseñará*? 5046
12.9 cuanto más sabio...más *enseñó* sabiduría 3925
Cnt 8.2 tú me *enseñarías*, y yo te haría beber 3925
Is 2.3 subamos al...nos *enseñará* sus caminos 3384
8.11 *enseñó* que no caminase por el camino de 3256
9.15 profeta que *enseña* mentira, es la cola 3384
28.9 ¿a quién se *enseñará* ciencia, o a quién 3384
28.26 Dios le instruye, y le *enseña* lo recto 3384
29.13 mandamiento...que les ha sido *enseñado* 3925
40.13 quién enseñó...le aconsejó *enseñándole*? 3045
40.14 ¿quién le *enseñó* el camino...*e* ciencia 3925
40.21 ¿no habéis sido *enseñados* desde que la 5046
41.26 cierto, no hay quien anuncie...*enseñe* 5046
41.27 yo soy el primero que he *enseñado* estas
48.17 yo soy Jehová Dios tuyo, que te *enseña* 3925
54.13 tus hijos serán *enseñados* por Jehová 3928
Jer 2.33 a las malvadas *enseñaste* tus caminos 3925
9.14 baales, según les *enseñaron* sus padres 3925
9.20 *enseñad* endechas a vuestras hijas, y 3925
12.16 *enseñaron* a mi pueblo a jurar por Baal 3925
13.21 aquellos a quienes tú *enseñaste* a ser 3925
16.21 *enseñaré* esta vez, les haré conocer mi 3045
31.34 no *enseñará* más ninguno a su prójimo 3925
32.33 cuando los *enseñaba* desde temprano y 3925
33.3 te *enseñaré* cosas grandes y ocultas que 5046
42.3 tu Dios nos *enseñe* el camino por donde 5046
42.4 y todo lo que...respondiere, os *enseñaré* 5046
Ez 24.19 ¿no nos *enseñarás* qué significan para 5046
37.18 nos *enseñarás* qué te propones con eso? 5046
44.23 *enseñarán*...a hacer diferencia entre lo 3384
44.23 y les *enseñarán* a discernir entre lo 3384
Dn 1.4 *enseñados* en toda sabiduría, sabios en 3925
1.4 que les *enseñase* las letras y la lengua 3925
8.16 dijo: Gabriel, *enseña* a éste la visión 995
8.19 te *enseñaré* lo que ha de venir al fin de 3045
9.23 yo he venido para *enseñártela*, porque tú 5046
12.3 los que *enseñan* la justicia a la multitud
Os 7.15 yo los *enseñé* y fortalecí sus brazos 3256
10.12 hasta que venga y os *enseñe* justicia 3384
11.3 yo con...*enseñaba* a andar al mismo Efraín ... 8637
Am 7.7 me *enseñó* así: He aquí el Señor estaba 7200
Mi 3.11 sus sacerdotes *enseñan* por precio, y 3384
4.2 subamos...y nos *enseñará* en sus caminos 3384
Hab 2.18 ¿la estatua de...que *enseña* mentira 3384
2.19 ¿podrá él *enseñar*? He aquí está cubierto *3384*
Zac 1.9 dijo...Yo te *enseñaré* lo que son estos 7200
Mt 3.7 os *enseñó* a huir de la ira venidera? *5263*
4.23 *enseñando* en las sinagogas de ellos, y *1321*
5.2 abriendo su boca les *enseñaba*, diciendo *1321*
5.19 **quebrante...y así *enseñe* a los hombres** *1321*
5.19 **mas cualquiera que los haga y los *enseñe*** *1321*
7.29 *enseñaba* como quien tiene autoridad, y .. *2258,1321*
9.35 recorría...*enseñando* en las sinagogas de *1321*
11.1 se fue de allí a *enseñar* y a predicar en *1321*
13.54 les *enseñaba* en la sinagoga de ellos *1321*
15.9 ***enseñando* como doctrinas mandamientos** *1321*
21.23 se acercaron a él mientras *enseñaba* *1321*
22.16 *enseñas* con verdad el camino de Dios *1321*
26.55 **me sentaba...*enseñando* en el templo, y** *1321*
28.20 ***enseñándoles*...guarden todas las cosas** *1321*
Mr 1.21 entrando en la sinagoga, *enseñaba* *1321*
1.22 enseñaba como quien tiene autoridad, y *1321*
2.13 toda la gente venía a él, y les *enseñaba* *1321*
4.1 comenzó Jesús a *enseñar* junto al mar, y *1321*
4.2 les *enseñaba* por parábolas muchas cosas *1321*
6.2 reposo, comenzó a *enseñar* en la sinagoga *1321*
6.6 recorría...aldeas de alrededor, *enseñando* *1321*
6.30 contaron todo...y lo que habían *enseñado* *1321*
6.34 vio...y comenzó a *enseñarles* muchas cosas *1321*
7.7 ***enseñando* como doctrinas mandamientos de** .. *1321*
8.31 *enseñarles* que le era necesario al Hijo *1321*
9.31 *enseñaba* a sus discípulos, y les decía *1321*
10.1 él, y de nuevo les *enseñaba* como solía *1321*
11.17 **les *enseñaba*, diciendo: ¿No está escrito** *1321*
12.14 con verdad *enseñas* el camino de Dios *1321*
12.35 *enseñando* Jesús en el templo, decía *1321*
14.49 **con vosotros *enseñando* en el templo, y** *1321*
Lc 1.2 como nos lo *enseñaron* los que desde el *3860*
3.7 os *enseñó* a huir de la ira venidera? *5263*
4.15 *enseñaba* en las sinagogas de ellos, y *1321*
4.31 y les *enseñaba* en los días de reposo *2258,1321*
5.3 *enseñaba* desde la barca a la multitud *1321*
5.17 él estaba *enseñando*, y estaban sentados *1321*
6.6 que él entró en la sinagoga y *enseñaba* *1321*
11.1 *enseñanos* a orar, como...Juan enseñó a *1321*
12.5 **pero os *enseñaré* a quién debéis temer** *5263*

12.12 *enseñará* en... hora lo que debáis decir 1321
13.10 *enseñaba* Jesús en una sinagoga en el 1321
13.22 pasaba Jesús por... y aldeas, *enseñando* 1321
13.26 bebido, y en nuestras plazas *enseñaste* 1321
19.47 *enseñaba* cada día en el templo; pero 2258,1321
20.1 *enseñando* Jesús al pueblo en el templo 1321
20.21 sabemos que dices y *enseñas* rectamente 1321
20.21 *enseñas* el camino de Dios con verdad 1321
20.37 aun Moisés lo *enseñó* en el pasaje de 3377
21.37 y enseñaba de día en el templo; y de 1321
23.5 *enseñando* por toda Judea, comenzando 1321
Jn **6.45 serán todos *enseñados* por Dios. Así** 1318
6.59 cosas dijo en... *enseñando* en Capernaum 1321
7.14 mas... subió Jesús al templo, y *enseñaba* 1321
7.28 *enseñando* en el templo, alzó la voz y 1321
7.3 5 ¿se irá a los... *enseñará* a los griegos? 1321
8.2 vino a él; y sentado él, les *enseñaba* 1321
8.20 habló Jesús en... *enseñando* en el templo 1321
8.28 que según me *enseñó* el Padre, así hablo 1321
9.34 nos *enseñas* a nosotros? Y le expulsaron 1321
14.26 él os *enseñará* todas las cosas, y os 1321
18.20 siempre he *enseñado* en la sinagoga y 1321
Hch 1.1 que Jesús comenzó a hacer y a *enseñar* 1321
4.2 resentidos de que *enseñasen* al pueblo, y 1321
4.18 que... ni *enseñasen* en el nombre de Jesús 1321
5.21 entraron de mañana en el... y *enseñaban* 1321
5.25 los varones... en el templo, y *enseñan* 1321
5.28 ¿no os mandamos... que no *enseñaseis* en 1321
5.42 casas, no cesaban de *enseñar* y predicar 1321
7.22 *enseñado* Moisés en toda la sabiduría de 3811
8.31 cómo podré, si alguno no me *enseñare*? 3594
11.26 congregaron... *enseñaron* a mucha gente 1321
15.1 algunos que... *enseñaban* a los hermanos 1321
15.35 Pablo... *enseñando* la palabra del Señor 1321
16.21 y *enseñan* costumbres que no... es lícito 2605
18.11 año... enseñándoles la palabra de Dios 1321
18.25 y *enseñaba*... lo concerniente al Señor 1321
20.7 Pablo les *enseñaba*, habiendo de salir 1256
20.20 nada... fuese útil he rehuido... *enseñaros* 1321
20.35 os he *enseñado* que, trabajando así, se 5263
21.21 que *enseñas* a... a apostatar de Moisés 1321
21.28 este es el hombre que... *enseña* a todos 1321
28.31 *enseñando* acerca del Señor Jesucristo 1321
Ro 2.21 *enseñas* a otro, ¿no te *e* a ti mismo? 1321
12.7 o si... o el que *enseña*, en la enseñanza 1321
1 Co 2.13 hablamos, no con palabras *enseñadas* 1318
2.13 sino con las que *enseña* el Espíritu 1318
4.17 de la manera que *enseño* en todas partes 1321
11.14 os *enseña* que al varón le es deshonroso 1321
11.23 recibí... lo que también os he *enseñado* 3860
14.19 cinco palabras... para *enseñar*... a otros 2727
15.3 os he *enseñado* lo que asimismo recibí 3860
Gá 6.6 el que es *enseñado* en la palabra, haga 2727
Ef 4.21 oído, y habéis sido por él *enseñados* 1321
Fil 4.12 en todo y por todo estoy *enseñado* así 3453
Col 1.28 *enseñando* a todo hombre en... sabiduría 1321
2.7 confirmados... como habéis sido *enseñados* 1321
3.16 *enseñándoos*... unos a otros en... sabiduría 1321
1 Ti 1.3 mandases a... que no *enseñen* diferente 2085
2.12 porque no permito a la mujer *enseñar*, ni 1321
3.2 decoroso, hospedador, apto para *enseñar* 1317
4.6 si esto *enseñas* a los hermanos, serás 5294
4.11 esto manda y *enseña* 1321
5.17 los que trabajan en predicar y *enseñar* 1319
6.2 su buen servicio. Esto *enseña* y exhorta 1321
6.3 si alguno *enseña* otra cosa, y no se 2085
2 Ti 2.2 sean idóneos para *enseñar*... a otros 1321
2.24 amable... apto para *enseñar*, sufrido 1317
3.16 útil para *enseñar*, para redargüir, para 1319
Tit 1.9 la palabra... tal como ha sido *enseñada* 1322
1.11 *enseñando* por ganancia deshonesta lo que 1321
2.4 *enseñen* a las mujeres jóvenes a amar a 4994
2.12 *enseñándonos*... renunciando a la impiedad 3811
He 5.12 os vuelva a *enseñar*... los rudimentos 1321
8.11 y ninguno *enseñará* a su prójimo, ni 1321
1 Jn 2.27 no tenéis necesidad de... os *enseñe* 1321
2.27 unción misma os *enseña* todas las cosas 1321
2.27 no es mentira, según ella os ha *enseñado* 1321
Ap **2.14 que *enseñaba* a Balac a poner tropiezo** 1321
2.20 esa mujer Jezabel... *enseñe* y seduzca a 1321

ENSEÑOREAR

Gn 3.16 tu marido, y él se *enseñoreará* de ti 4910
4.7 a ti será su... y tú te *enseñorearás* de él 4910
Lv 25.43 no te *enseñorearás* de él con dureza 7287
25.46 no os *enseñorearéis*... sobre su hermano 7287
25.53 como... no se *enseñoreará* en él con rigor 7287
26.17 los que os aborrecen se *enseñorearán* de 7287
Nm 16.13 sino que... te *enseñorees* de nosotros 8323
Neh 5.15 criados se *enseñoreaban* del pueblo 7980
9.37 se *enseñorean* sobre nuestros cuerpos 4910
Est 9.1 que... esperaban *enseñorearse* de ellos 7980
9.1 los judíos se *enseñorearon* de los que los 7980
Sal 19.13 las soberbias; que no se *enseñoreen* 4910
49.14 y los rectos se *enseñorearán* de ellos 7287
106.41 se *enseñorearon* de ellos los que les 4910
119.133 y ninguna iniquidad se *enseñoree* de 7980
Pr 16.32 el que se *enseñorea* de su espíritu 4910
17.2 el siervo prudente se *enseñoreará* del 4910
22.7 el rico se *enseñorea* de los pobres, y 4910
Ec 2.19 sabio o necio el que se *enseñoreará* 7980
8.9 hombre se *enseñorea* del hombre para mal 7980
Is 3.12 mujeres se *enseñorearon* de él. Pueblo 4910
14.6 el que se *enseñoreaba* de las naciones 7287
19.4 y rey violento se *enseñoreará* de ellos 4910
26.13 otros... se han *enseñoreado* de nosotros 1166
41.2 entregó... y le hizo *enseñorear* de reyes 7287
52.5 que en él se *enseñorean*, lo hacen aullar 4910
63.19 como... de quienes nunca te *enseñoreaste* 4910
Lm 5.8 siervos se *enseñorearon* de nosotros; no 4910
Ez 34.4 que os habéis *enseñoreado* de ellas con 7287
Jl 2.17 que las naciones se *enseñoreen* de ella 4910
Mt **20.25 gobernantes... se *enseñorean* de ellas** 2634
Mr **10.42 se *enseñorean* de ellas, y sus grandes** 2634
Lc **22.25 los reyes de... se *enseñorean* de ellas** 2961
Ro 6.9 ya... la muerte no se *enseñorea* más de él 2961
6.14 el pecado no se *enseñoreará* de vosotros 2961
7.1 ¿acaso ignoráis... que la ley se *enseñorea* 2961
2 Co 1.24 no que nos *enseñoreemos* de vuestra 2961

ENSERES

Gn 31.37 ¿qué has hallado de todos los *e* de tu 3627
45.20 no os preocupéis por vuestros *e*, porque 3627
Nm 1.50 llevarán el tabernáculo y todos sus *e* 3605
3.36 del tabernáculo... sus basas y todos sus *e* 3605
Jos 7.11 anatema... lo han guardado entre sus *e* 3627
1 R 7.48 entonces hizo Salomón todos los *e* 3627
2 R 7.15 *e* que los sirios habían arrojado por 3627
2 Cr 4.16 de bronce muy fino hizo todos sus *e* 3627
4.18 hizo todos estos *e* en número tan grande 3627
Jer 46.19 *e* de cautiverio, moradora hija de 3627
Ez 12.3 prepárate *e* de marcha, y parte de día 3627
12.4 sacarás tus *e* de día... *e* de cautiverio 3627
12.7 saqué mis *e* de día, como *e* de cautiverio 3627
Jon 1.5 echaron al mar los *e* que había en la 3627

ENSILLAR

Jue 19.10 con su par de asnos *ensillados*, y su 2280
1 R 2.40 Simei... *ensilló* su asno y fue a Aquis 2280
13.13 ensilladme el asno. Y... le *ensillaron* el 2280
13.23 cuando había comido... *ensilló* el asno 2280
13.27 *ensilladme* un asno... se lo *ensillaron* 2280

ENSOBERBECER

Éx 9.17 te *ensoberbeces* contra mi pueblo, para 5549
18.11 en lo que se *ensoberbecieron* prevaleció 2102
21.14 se *ensoberbeciere* contra su prójimo y lo 2102
Dt 17.13 el pueblo oirá... y no se *ensoberbecerá* 2102
Est 7.5 que ha *ensoberbecido* su corazón para 4390
Sal 140.8 deseos... para que no se *ensoberbezca* 7311
Is 3.16 las hijas de Sion se *ensoberbecen*, y 1361
10.15 ¿se *ensoberbecerá* la sierra contra el 1431
Jer 50.29 porque contra Jehová se *ensoberbeció* 2102
Dn 5.20 cuando su corazón se *ensoberbeció*, y 7313
5.23 te has *ensoberbecido*, *e* hiciste traer 7313
11.36 el rey hará... y se *ensoberbecerá*, y se 7311
Os 13.6 repletos, se *ensoberbeció* su corazón 7311
Sof 3.11 y nunca más te *ensoberbecerás* en mi 1361
Ro 11.20 pie. No te *ensoberbezcas*, sino teme 5309

ENSORDECER

Mi 7.16 las naciones... *ensordecerán* sus oídos 2790

ENSUCIAR

Cnt 5.3 he lavado... ¿cómo los he de *ensuciar*? 2936

ENTABLADURA

2 Cr 34.11 madera... para la *e* de los edificios 7136

ENTALLADURA

1 R 6.18 tenía *e* de calabazas silvestres y 4734
7.31 había también sobre la boca *e* con sus 4734
7.36 hizo... *e* de querubines, de leones y de 6605
7.37 diez basas, fundidas... de una misma *e* 4165
Sal 74.6 con hachas... quebrado todas sus *e* 6603

ENTENDER

Gn 8.11 *entendió* Noé que las aguas... retirado 3045
11.7 para que ninguno *entienda* el habla de 8085
42.23 ellos no sabían que los *entendía* José 8085
47.6 *entiendes* que hay entre ellos hombres 3045
Éx 9.14 *entiendas* que no hay otro como yo en 3045
Lv 5.4 no lo *entendiere*... después lo *entiende* 3045
Dt 9.3 *entiende*... Jehová tu Dios el que pasa 3045
28.49 una nación... cuya lengua no *entiendas* 8085
29.4 no os ha dado corazón para *entender*, ni 3045
Jos 3.7 *entiendan* que como estuve con Moisés 3045
9.24 como fue dado a *entender* a tus siervos 5046
22.31 hemos *entendido* que Jehová está entre 3045
Jue 6.37 *entenderé* que salvarás a Israel por 3045
1 S 3.8 *entendió* Elí que Jehová llamaba al 995
20.33 *entendió*... estaba resuelto a matar a 3045
20.39 ninguna cosa *entendió* el muchacho 3045
20.39 David *entendían* de lo que se trataba 3045
23.9 *entendiendo* David... Saúl ideaba el mal 3045
23.10 tu siervo tiene *entendido* que Saúl 8085
24.20 como yo *entiendo* que tú has de reinar 3045
26.3 David... *entendió* que Saúl le seguía en 7200
26.12 no hubo nadie que viese, ni *entendiese* 3045
28.1 ten *entendido* que has de salir conmigo 3045
28.14 Saúl entonces *entendió* que era Samuel 3045
2 S 3.37 Israel *entendió*... no había procedido 3045
5.12 *entendió* David que Jehová le había... rey 3045
12.19 *entendió* que el niño había muerto; por 995
14.22 ha *entendido* tu siervo que he hallado 3045
1 R 8.43 *entiendan* que tu nombre es invocado 3045
20.7 *entended*, y ved... éste no busca sino mal 3045
2 R 4.9 *entiendo* que éste... es varón santo de 3045
18.26 que hables... en arameo... lo *entendemos* 8085
1 Cr 12.32 de Isacar, 200... *entendidos* en los 998
1 Cr 14.2 *entendió* David que Jehová lo había 3045
28.9 Jehová... *entiende* todo intento de los 995
28.19 me hizo *entender* todas las obras del 7919
Neh 4.15 cuando oyeron... lo habíamos *entendido* 3045
6.12 y *entendí* que Dios no lo había enviado 5234
8.2 la congregación... los que podían *entender* 995
8.3 en presencia de... los que podían *entender* 995
8.7 hacían *entender* al pueblo la ley; y el 995
8.8 leían... de modo que *entendiesen* la lectura 995
8.9 los levitas que hacían *entender* al pueblo 995
8.12 habían *entendido* las palabras que les 995
8.13 para *entender* las palabras de la ley 7919
Est 2.22 Mardoqueo *entendió* esto, lo denunció 3045
Job 6.24 hacedme *entender* en qué he errado 995
9.11 no lo veré; pasará, y no lo *entenderé* 995
10.2 hazme *entender*... qué contiendes conmigo 3045
12.9 *entiende* que la mano de Jehová la hizo? 3045
13.1 cosas han... oído y *entendido* mis oídos 995
13.23 hazme *entender* mi transgresión... pecado 3045
14.21 o serán humillados, y no *entenderá* de 995
15.9 ¿qué *entiendes* tú que no se halle en 995
18.2 palabras? *Entended*, y después hablemos 995
23.5 sabría... y *entendería* lo que me dijera 995
28.23 *entiende* el camino de ella, y conoce 995
29.16 la causa que no *entendía*, me informaba 3045
32.8 y el soplo del... le hace que *entienda* 995
32.9 no... ni los ancianos *entienden* el derecho 995
33.14 habla Dios; pero el hombre no *entiende* 7789
37.5 hace grandes cosas, que... no *entendemos* 3045
38.20 que... *entiendas* las sendas de su casa? 995
42.3 yo hablaba lo que no *entendía*; cosas 995
Sal 19.12 ¿quién podrá *entender* sus... errores? 995
32.8 haré *entender*, y te enseñaré el camino 7919
35.15 y yo no lo *entendía*; me despedazaban 3045
49.20 hombre que está en honra y no *entiende* 995
50.22 *entended*... los que os olvidáis de Dios 995
64.9 temerán todos... y *entenderán* sus hechos 7919
73.22 tan torpe era yo, que no *entendía*; era 3045
78.3 las cuales hemos oído y *entendido*; que 3045
81.5 de Egipto. Oí lenguaje que no *entendía* 3045
82.5 no saben, no *entienden*... en tinieblas 995
92.6 sabe, y el insensato no *entiende* esto 995
94.7 no verá... ni *entenderá* el Dios de Jacob 995
94.8 *entended*, necios del pueblo; y vosotros 995
101.2 *entenderé* el camino de la perfección 7919
106.7 padres en Egipto no *entendieron* tus 7919
107.43 ¿quién... *entenderá* las misericordias 995
109.27 y *entiendan* que esta es tu mano; que 3045
119.27 hazme *entender* el camino de tus 995
119.73 hazme *entender*, y... tus mandamientos 995
119.99 más que... mis enseñadores he *entendido* 7919
119.100 más que los viejos he *entendido* 995
119.130 alumbra; hace *entender* a los simples 995
119.152 he *entendido* tus testimonios, que 3045
139.2 *entendido* desde lejos mis pensamientos 3045
Pr 1.2 para *entender* sabiduría y doctrina, para 3045
1.6 para *entender* proverbio y declaración 995
2.5 entonces *entenderás* el temor de Jehová 995
2.9 entonces *entenderás* justicia, juicio y 995
8.5 *entended*, oh simples, discreción; y 995
8.9 todas ellas son rectas al que *entiende* 995
14.8 ciencia del prudente está en *entender* 995
16.20 el *entendido* en la palabra hallará el 7919
19.25 y corrigiendo al... *entenderá* ciencia 995
20.24 ¿cómo... *entenderá* el hombre su camino? 995
24.12 ¿acaso no lo *entenderá* el que pesa los 995
28.5 los hombres malos no *entienden* el juicio 995
28.5 mas los que buscan a Jehová *entienden* 995
29.7 conoce... el impío no *entiende* sabiduría 995
29.19 el siervo... *entiende*, mas no hace caso 995
Ec 1.17 también a *entender* las locuras y los 3045
2.14 *entendí*... un mismo suceso acontecerá al 3045
3.11 a *entender* la obra que ha hecho Dios 4672
3.14 he *entendido* que todo lo que Dios hace 3045
Is 1.3 Israel no *entiende*, mi pueblo no tiene 3045
6.9 y di... Oíd bien, y no *entendáis*; ved por 995
6.10 ni su corazón *entienda*, ni se convierta 995
11.3 le hará *entender* diligente en el temor 7306
28.9 a quién se hará *entender* doctrina? ¿A 995
28.19 y será... espanto el *entender* lo oído 995
29.16 ¿dirá la vasija de aquel... No *entendió*? 995
32.4 el corazón de los necios *entenderá* para 995
33.19 pueblo de lengua difícil de *entender* 998
36.11 arameo, porque nosotros lo *entendemos* 8085
41.20 que vean... adviertan y *entiendan* todos 7919
41.22 hacednos *entender* lo que ha de venir 8085
42.25 puso fuego por todas... pero no *entendió* 3045
43.10 creáis, y *entendáis* que yo mismo soy 995
44.9 de que los ídolos no ven ni *entienden* 3045
44.18 no saben ni *entienden*; porque cerrados 995
44.18 no ver, y su corazón para no *entender* 7919
52.15 y *entenderán* lo que jamás habían oído 995
56.11 los pastores mismos no saben *entender* 995
57.1 y no hay quien *entienda* que de delante 995
Jer 5.15 cuya lengua ignorarás, y no *entenderás* 8085
6.18 por tanto, oíd, naciones, y *entended* 3045
9.12 ¿quién es varón sabio que *entienda* esto? 995
9.24 alábese en... en *entenderme* y conocerme 7919
11.19 no *entendía* que maquinaban designios 3045
14.18 anduvieron vagando... y no *entendieron* 3045
23.20 en los postreros días lo *entenderéis* 995
26.21 *entendiendo* lo cual Urías, tuvo temor 8085
30.24 el fin de los días *entenderéis* esto 995
Ez 3.6 pueblos... cuyas palabras no *entiendas* 8085
11.5 las cosas que suben... las he *entendido* 3045
17.12 ¿no habéis *entendido* qué significan 3045
43.11 hazles *entender* el diseño de la casa 3045
Dn 2.30 para que *entiendas* los pensamientos 3046
4.9 he *entendido* que hay en ti espíritu de 3046
8.17 *entiende*, hijo... es para el tiempo del fin 995
8.27 pero estaba espantado... no la *entendía* 995
9.13 para convertirnos... *entender* tu verdad 7919
9.22 hizo *entender*, y habló conmigo, diciendo 998
9.23 *entiende*, pues, la orden, y *e* la visión 995
9.25 y *entiende*, que desde la salida de la 7919
10.12 tu corazón a *entender* y a humillarte 995
11.30 y se *entenderá* con los que abandonen 995
12.8 yo oí, mas no *entendí*. Y dije: Señor mío 995

12.10 ninguno de los impíos *entenderá*, pero 995
Os 14.9 ¿quién es sabio para que *entienda* esto 995
Mi 4.12 mas ellos... ni *entendieron* su consejo 995
Mt 13.13 ven, y oyendo no oyen, ni *entienden* *4920*
13.14 **dijo: De oído oiréis, y no *entenderéis*** *4920*
13.15 **oigan... y con el corazón *entiendan*, y se** *4920*
13.19 **oye la palabra... y no la *entiende*, viene** *4920*
13.23 **oye y *entiende* la palabra, y da fruto** *4920*
13.51 **¿habéis *entendido* todas estas cosas?** *4920*
15.10 **llamando a... les dijo: Oíd, y *entended*** *4920*
15.17 **¿no *entendéis* que todo lo que entra en** *3539*
16.8 ***entendiéndolo* Jesús, les dijo: ¿Por qué** *1097*
16.9 **¿no *entendéis* aún, ni os acordáis de los** *3539*
16.11 **no *entendéis* que no fue por el pan que** *3539*
16.12 *entendieron* que no les había dicho que *4920*
21.45 los fariseos, *entendieron* que hablaba de *1097*
24.15 **la abominación... (el que lee, *entienda*)** *3539*
24.39 **no *entendieron* hasta... vino el diluvio** *1097*
26.10 **y *entendiéndolo* Jesús, les dijo: ¿Por** *1097*
Mr 4.12 **y oyendo, oigan y no *entiendan*; para** *4920*
4.13 **¿cómo... *entenderéis* todas las parábolas?** *1097*
6.52 aún no habían *entendido* lo de los panes *4920*
7.14 **llamando a sí... Oídme todos, y *entended*** *4920*
7.18 **¿no *entendéis* que todo lo de fuera que** *801*
8.17 **y *entendiéndolo* Jesús, les dijo: ¿Qué** *1097*
8.17 **dijo... ¿No *entendéis* ni comprendéis?** *4920*
8.21 **y les dijo: ¿Cómo aún no *entendéis*?** *4920*
9.32 pero ellos no *entendían* esta palabra, y *50*
12.12 porque *entendían*... decía contra ellos *1097*
13.14 **la abominación... (el que lee, *entienda*)** *3539*
Lc 2.50 mas ellos no *entendieron* las palabras *4920*
8.10 **viendo no vean, y oyendo no *entiendan*** *4920*
9.45 mas ellos no *entendían* estas palabras *50*
9.45 veladas para que no las *entendiesen* *50*
18.34 ellos... no *entendían* lo que se les decía *4920*
Jn 4.1 Señor *entendió* que los fariseos habían *1097*
4.53 *entendió* que aquella era la hora en que *1097*
6.15 *entendiendo* Jesús que iban a venir para *1097*
8.27 pero no *entendieron* que les hablaba del *1097*
8.43 **¿por qué no *entendéis* mi lenguaje?** *1097*
10.6 no *entendieron* qué era lo que les decía *1097*
12.16 cosas no las *entendieron* sus discípulos *1097*
12.33 dando a *entender* de qué muerte iba a *4591*
12.40 que no vean... *entiendan* con el corazón *3539*
13.7 **lo que yo hago... lo *entenderás* después** *1097*
13.28 ninguno... *entendió* por qué le dijo esto *1097*
16.18 **un poco? No *entendemos* lo que habla** *1492*
16.30 *entendemos* que sabes todas las cosas *1492*
18.32 dando a *entender* de qué muerte iba a *4591*
19.4 *entendáis* que ningún delito hallo en él *1097*
20.9 aún no habían *entendido* la Escritura, que *1492*
21.19 dando a *entender* con qué muerte había *4591*
Hch 7.25 mas ellos no lo habían *entendido* así *4920*
8.30 y dijo: Pero ¿*entiendes* lo que lees? *1097*
11.28 daba a *entender* por el Espíritu, que *4591*
12.11 *entiendo*... el Señor ha enviado su ángel *1492*
21.34 como no podía *entender* nada de cierto *1097*
22.9 no *entendieron* la voz del que hablaba *191*
23.34 habiendo *entendido* que era de Cilicia *4441*
28.26 de oído oiréis, y no *entenderéis*; y *4920*
28.27 *entiendan* de corazón, y se conviertan *4920*
Ro 1.20 siendo *entendidas* por medio de las *3539*
1.32 habiendo *entendido* el juicio de Dios, que *1921*
3.11 no hay quien *entienda*, no hay quien *4920*
7.15 lo que hago, no lo *entiendo*; pues no *1097*
11.34 ¿quién *entendió* la mente del Señor? *1097*
15.21 que nunca han oído de él, *entenderán* *4920*
1 Co 2.14 son locura, y no las puede *entender* *1097*
13.2 *entendiese* todos los misterios y toda *1492*
14.2 pues nadie le *entiende*, aunque por el *191*
14.9 así... ¿cómo se *entenderá* lo que decís? *2154*
2 Co 1.13 otras cosas de las que... *entendéis* *1921*
1.13 espero que hasta el fin las *entenderéis* *1921*
1.14 *entendido* que somos vuestra gloria, así *1921*
Ef 3.4 leyendo lo cual podéis *entender* cuál *3539*
3.20 de lo que pedimos o *entendemos*, según el *3539*
1 Ti 1.7 sin *entender* ni lo que hablan ni lo *4920*
He 9.8 dando... a *entender*... que aún no se había *1213*
11.3 la fe *entendemos* haber sido constituido *3539*
11.14 dan a *entender* que buscaban una patria *1718*
2 P 1.20 *entendiendo*... que ninguna profecía de *1097*
2.12 hablando mal de cosas que no *entienden* *50*
3.16 hay algunas difíciles de *entender*, las *1425*

ENTENDIDO, A
Gn 41.39 pues que... no hay *e* ni sabio como tú 995
Dt 1.13 dadme... varones sabios y *e* y expertos 995
4.6 pueblo sabio y *e*, nación grande es esta 998
1 S 4.20 ella no respondió, ni se dio por *e* 7896
23.10 tu siervo tiene *e* que Saúl... contra Keila
28.1 ten *e* que has de salir conmigo a campaña, tú y ... 3045
2 S 14.22 hoy ha *e* tu siervo que... en tus ojos 3045
1 R 3.9 da... a tu siervo corazón *e* para juzgar 8085
3.12 aquí que te he dado corazón sabio y *e* 995
1 Cr 15.22 dirigir el canto, porque era *e* en ello 995
26.14 las suertes a Zacarías... consejero *e* 7922
2 Cr 2.12 dio al rey David un hijo sabio, *e* 3045
2.13 yo... te he enviado un hombre hábil y *e* 998
26.5 los días de Zacarías, *e* en visiones 995
34.12 levitas, todos los *e* en instrumentos 995
Esd 8.18 nos trajeron... varón *e*, de los hijos 7922
Job 11.12 el hombre vano se hará *e*, cuando un 3823
Sal 14.2; 53.2 para ver si había algún *e* que 7919
Pr 1.5 oirá el sabio... el *e* adquirirá consejo 995
10.5 el que recoge en el verano es hombre *e* 7919
14.6 mas al hombre *e* la sabiduría le es fácil 995
14.35 benevolencia del rey... con el servidor *e* 7919
15.14 el corazón *e* busca la sabiduría; mas la 995
15.21 mas el hombre *e* endereza sus pasos 8394
15.24 el camino de la... es hacia arriba al *e* 7919
17.10 la reprensión aprovecha al *e*, más que 995
17.24 en el rostro del *e* aparece la sabiduría 995
17.27 de espíritu prudente es el hombre *e* 8394
17.28 sabio; el que cierra sus labios es *e* 995
18.15 el corazón del *e* adquiere sabiduría, y 995
19.25 y corrigiendo al *e*, entenderá ciencia 995
20.5 del hombre; mas el hombre *e* lo alcanzará 8394
28.2 mas por el hombre *e*... permanece estable 995
28.11 opinión; mas el pobre *e* lo escudriña 995
Is 29.14 desvanecerá la inteligencia de sus *e* 995
58.3 ¿por qué, dicen... y no te diste por *e*? 3045
Jer 4.22 hijos ignorantes y no son *e*; sabios 995
Dn 2.21 da la sabiduría... y la ciencia a los *e* 999
8.23 un rey altivo de rostro y *e* en enigmas 995
12.3 los *e* resplandecerán como el resplandor 7919
12.10 ninguno de los... pero los *e* comprenderán ... 7919
Mt 11.25; Lc 10.21 **escondiste estas cosas... *e*** *4908*
1 Co 1.19 desecharé el entendimiento de los *e* *4908*
Ef 5.17 *e* de cuál sea la voluntad del Señor *4920*
Stg 3.13 ¿quién es sabio y *e* entre vosotros? *1990*
2 P 3.15 tened *e* que la paciencia del Señor es *2233*

ENTENDIMIENTO
Dt 32.28 nación privada de... no hay en ellos *e* 8394
1 S 25.3 Abigail. Era aquella mujer de buen *e* 7922
1 Cr 22.12 Jehová te dé *e* y prudencia, para 7922
Job 12.3 también tengo yo *e* como vosotros; no 3824
12.24 él quita el *e* a los jefes del pueblo 3820
26.12 y con su *e* hiere la arrogancia suya 8394
34.16 si... hay en ti *e*, oye esto; escucha la 998
34.35 que Job no... sus palabras no son con *e* 7919
42.3 ¿quién... que oscurece el consejo sin *e*? 1847
Sal 32.9 no seáis como el caballo, o... sin *e* 995
111.10 buen *e* tienen todos los que practican 7922
119.34 dame *e*, y guardaré tu ley... la cumpliré 995
119.125 tu siervo soy yo, dame *e* para conocer 995
119.144 son tus testimonios: dame *e*, y viviré 995
119.169 Jehová; dame *e* conforme a tu palabra 995
136.5 al que hizo los cielos con *e*, porque 8394
147.5 grande es el Señor... su *e* es infinito 8394
Pr 6.32 el que comete adulterio es falto de *e* 3820
7.7 consideré entre los... un joven falto de *e* 3820
10.21 mas los necios mueren por falta de *e* 3820
10.23 mas la sabiduría recrea al hombre de *e* 8394
11.12 carece de *e* menosprecia a su prójimo 8394
12.11 sigue a los vagabundos es falto de *e* 3820
13.15 el buen *e* da gracia; mas el camino de 7922
14.29 el que tarda en airarse es grande de *e* 8394
15.21 la necedad es alegría al falto de *e* 3820
15.32 el que escucha la corrección tiene *e* 3820
16.22 manantial de vida es el *e* al que lo 7922
17.16 de qué sirve el precio... no teniendo *e*? 2451
17.18 el hombre falto de *e* presta fianzas, y 3820
19.8 que posee *e* ama su alma; el que guarda 3820
24.30 junto a la viña del hombre falto de *e* 3820
28.16 el príncipe falto de *e* multiplicará la 8394
30.2 ciertamente más rudo soy yo... ni tengo *e* 998
Is 27.11 porque aquél no es pueblo de *e*; por 998
40.28 el Dios... su *e* no hay quien lo alcance 8394
44.19 ni *e* para decir: Parte de esto quemé 8394
Dn 1.4 muchachos... de buen *e*, e idóneos para 995
1.17 Daniel tuvo *e* en toda visión y sueños 995
5.12 fue hallado en él mayor espíritu... y *e* 7924
5.14 que en ti se halló... *e* y mayor sabiduría 7924
9.22 ahora he salido para darte sabiduría y *e* 998
Os 4.14 por tanto, el pueblo sin *e* caerá 995
7.11 Efraín fue como paloma incauta, sin *e* 3820
13.2 plata se han hecho según su *e* imágenes 8394
Abd 7 pusieron lazo debajo... no hay en ello *e* 8394
Mt 15.16; Mr 7.18 **¿también vosotros... sin *e*?** *801*
Mr 12.33 el amarle... con todo el *e*... es más que *4907*
Lc 24.45 entonces les abrió el *e*, para que *3563*
Ro 12.2 por medio de la renovación de vuestro *e* *3563*
1 Co 1.19 y desecharé el *e* de los entendidos *4907*
14.14 mi espíritu ora... mi *e* queda sin fruto *3563*
14.15 oraré con mi... oraré también con el *e* *3563*
14.15 cantaré con... cantaré también con el *e* *3563*
14.19 prefiero hablar cinco palabras con mi *e* *3563*
2 Co 3.14 pero el *e* de ellos se embotó; porque *3540*
4.4 cegó el *e* de los incrédulos, para que no *3540*
Ef 1.18 alumbrando los ojos de vuestro *e*, para *1271*
4.18 teniendo el *e* entenebrecido, ajenos de *1271*
Fil 4.7 la paz de Dios, que sobrepasa todo *e* *3563*
Col 2.2 todas las riquezas de pleno *e*, a fin *4907*
1 Ti 6.5 disputas... de hombres corruptos de *e* *3563*
2 Ti 2.7 considera... el Señor te dé *e* en todo *4907*
3.8 corruptos de *e*, réprobos en cuanto a la *3563*
1 P 1.13 tanto, ceñid los lomos de vuestro *e* *1271*
2 P 3.1 despierto con exhortación vuestro... *e* *1271*
1 Jn 5.20 nos ha dado *e* para conocer al que *1271*
Ap 13.18 el que tiene *e*, cuente el número de *3563*

ENTENEBRECER
Job 16.16 rostro... mis párpados *entenebrecidos* 6757
Jer 8.21 *entenebrecido* estoy, espanto me ha 6937
Lm 5.17 por esto se *entenebrecieron* nuestros 2821
Ez 32.7 haré *entenebrecer* sus estrellas; el 6937
32.8 *entenebrecer* todos los astros brillantes 6937
Mi 3.6 y el día se *entenebrecerá* sobre ellos 6937
Ro 1.21 y su necio corazón fue *entenebrecido* *4654*
Ef 4.18 el entendimiento *entenebrecido*, ajenos *4654*

ENTENEBRECIMIENTO
Sof 1.15 de oscuridad, día de nublado y de *e* 6205

ENTERAMENTE
Lv 6.23 ofrenda de sacerdote será *e* 3632
Nm 3.9 le son *e* dados de entre los
5.7 y compensará *e* el daño, y
8.16 porque *e* me son dedicados a mí
15.31 *e* será cortada esa persona; su
Dt 12.2 destruiréis *e* todos los lugares
2 R 11.18 asimismo despedazaron *e* sus 3190
2 Cr 4.2 *e* redondo; su altura era de
Job 27.12 os habéis hecho tan *e* vanos?
Sal 119.8 guardaré; No me dejes *e* 3966
Is 24.3 la tierra será *e* vaciada, y
24.19 *e* desmenuzada será la tierra
Jer 14.19 ¿has desechado *e* a Judá?
51.58 de Babilonia será derribado *e*
Ez 29.7 y les rompiste sus lomos *e* 5976
Hab 3.9 se descubrió *e* tu arco; los 6181
Zac 11.17 y su ojo derecho será *e*
1 Co 9.10 o lo dice *e* por nosotros? Pues *3843*
2 Ti 3.17 *e* preparado para toda buena *1822*

ENTERAR
2 S 3.25 para *enterarse* de tu salida y de tu 3045

ENTERNECER
2 R 22.19 tu corazón se *enterneció*... delante 7401

ENTERO, A
Lv 3.9 ofrecerá... la cola *e*, la cual quitará a 8549
6.5 lo restituirá por *e* a aquel a quien pertenece
25.30 no fuere rescatada dentro de un año *e* 8549
Nm 11.20 hasta un mes *e*, hasta que os salga 3117
11.21 les daré carne, y comerán un mes *e*! 3117
Dt 21.13 llorará a su padre... madre un mes *e* 3117
27.6 piedras *e* edificarás el altar de Jehová 8003
Jos 8.31 altar de piedras *e* sobre las cuales 8003
1 S 7.9 Samuel tomó un cordero... sacrificó *e* 3632
2 S 8.2 un cordel *e* para preservarles la vida 4393
Sal 73.4 no tienen congojas... su vigor está *e* 1277
Pr 1.12 los tragaremos... *e*, como los que caen 8549
Is 21.8 estoy... las noches *e* sobre mi guarda 3605
Ez 15.5 cuando estaba *e* no servía para obra 8549
41.8 cimientos, de una caña *e* de seis codos 4393
43.12 el recinto *e*, todo en... será santísimo 3605
Hch 17.6 estos que trastornan el mundo *e*... han
18.5 estaba entregado por *e* a la predicación
19.27 aquella a quien venera... y el mundo *e* *3650*
28.30 y Pablo permaneció dos años *e* en una *3650*
1 Jn 5.19 y el mundo *e* está bajo el maligno *3650*
Ap 3.10 **prueba... ha de venir sobre el mundo *e*** *3650*
12.9 y Satanás, el cual engaña al mundo *e* *3650*

ENTERRAR
Gn 23.6 te impedirá que *entierres* tu muerta 6912
23.15 tierra vale... *entierra*, pues, tu muerta 6912
47.29 te ruego que no me *entierres* en Egipto 6912
Nm 33.4 mientras *enterraban* los egipcios a los 6912
Dt 21.23 sin falta lo *enterrarás* el mismo día 6912
34.6 lo *enterró* en el valle, en la tierra de 6912
Jos 24.32 *enterraron* en Siquem los huesos de 6912
24.33 Eleazar... lo *enterraron* en el collado 6912
2 S 4.12 cabeza de Is-boset, y lo *enterraron* 6912
1 R 2.31 mátale y *entiérrale*, y quita de mí 6912
11.15 y subió Joab... a *enterrar* los muertos 6912
13.29 vino a la ciudad, para... y *enterrarle* 6912
13.31 y después que le hubieron *enterrado* 6912
13.31 *enterradme* en el sepulcro en que está 6912
14.13 Israel lo endechará, y le *enterrarán* 6912
14.18 *enterraron*, y lo endechó todo Israel 6912
1 Cr 10.12 y *enterraron* sus huesos debajo de 6912
Sal 79.3 sangre... no hubo quien los *enterrase* 6912
Jer 7.32 y serán *enterrados* en Tofet, por no 6912
8.2 no serán recogidos ni *enterrados*; serán 6912
14.16 y no habrá quien los *entierre* a ellos 6912
16.4 no serán plañidos ni *enterrados*; serán 6912
16.6 no se *enterrarán*, ni los plañiran, ni 6912
19.11 quebrantaré... y en Tofet se *enterrarán* 6912
19.11 porque no habrá otro lugar... *enterrar* 6912
20.6 y allí morirás, y allí serás *enterrado* 6912
22.19 en sepultura de asno será *enterrado* 6912
25.33 ni se recogerán ni serán *enterrados* 6912
Ez 39.11 pues allí *enterrarán* a Gog y a toda 6912
39.12 casa de Israel los estará *enterrando* 6912
39.13 los *enterrará*... el pueblo de la tierra 6912
39.14 para *enterrar* a los que queden sobre 6912
39.15 que los *entierren* los sepultureros en 6912
Os 9.6 Egipto los recogerá... los *enterrará* 6912
Mt 8.21 que vaya primero y *entierre* a mi padre *2290*
8.22 **que los muertos *entierren* a sus muertos** *2290*
14.12 tomaron el cuerpo y lo *enterraron*; y *2290*
Lc 7.12 que llevaban a *enterrar* a un difunto
9.59 que primero vaya y *entierre* a mi padre *2290*
9.60 **que los muertos *entierren* a sus muertos** *2290*
Hch 8.2 varones... llevaron a *enterrar* a Esteban

ENTESAR
2 R 9.24 Jehú *entesó* su arco, *e* hirió a Joram
1 Cr 5.18 hombres valientes... *entesaban* arco 1869
2 Cr 14.8 *entesaban* arcos... hombres diestros 1869
Sal 18.34 *entesar* con mis... el arco de bronce 5181
37.14 los impíos... espada y *entesan* su arco 1869
Is 5.28 saetas... y todos sus arcos *entesados* 1869
21.15 huye... ante el arco *entesado*, ante el 1869
33.23 no afirmaron su... ni *entesaron* la vela 6566
Jer 46.9 los de Lud que toman y *entesan* arco 1869
50.14 poneos en orden... los que *entesáis* arco 1869
50.29 juntar... a todos los que *entesan* arco 1869
51.3 diré al flechero que *entesa* su arco, y 1869
Lm 2.4 *entesó* su arco como enemigo, afirmó su 1869
3.12 *entesó* su arco, y me puso como blanco 1869
Zac 9.13 he *entesado* para mí a Judá como arco 1869

ENTONAR
Jue 5.12 despierta, Débora...*entona* cántico 1696
2 Cr 20.22 cuando comenzaron a *entonar* cantos...... 7440
Sal 27.6 y yo...cantaré y *entonaré* alabanzas a........ 2167
81.2 *entonad* canción, y tañed el pandero 5375
108.1 cantaré y *entonaré* salmos; esta es mi 2167

ENTONCES *Véase el Apéndice*

ENTONTECER
Job 12.17 hace andar...y *entontece* a los jueces........ 1984
Ec 7.7 la opresión hace *entontecer* al sabio, y.......... 1984
Is 28.7 el vino, y con sidra se *entontecieron* 8582
Jer 10.8 todos se infatuarán y *entontecerán* 3688
50.36 contra los adivinos, y se *entontecerán* 2973
50.38 es tierra de ídolos, y se *entontecen* 1984

ENTORPECER
2 S 15.31 *entorpece*...oh Jehová, el consejo de 5528
Sal 76.6 el carro y el caballo...*entorpecidos* 7290

ENTRADA
Gn 38.14 y se puso a la *e* de Enaim junto al............ 6607
43.19 José, y le hablaron a la *e* de la casa 6607
Éx 13.20 acamparon...Etam, a la *e* del desierto........ 7097
27.14 las cortinas a un lado de la *e* serán
35.15 la cortina de la puerta para la *e* del 6607
38.18 la cortina de la *e* del atrio era de 8179
39.38 la cortina para la *e* del tabernáculo 6607
39.40 la cortina para la *e* del atrio, sus 8179
40.5 pondrás la cortina delante a la *e* del........... 6607
40.6 pondrás el altar...delante de la *e* del 6607
40.8 pondrás...y la cortina a la *e* del atrio.......... 8179
40.28 puso asimismo la cortina a la *e* del........... 6607
40.29 colocó el altar del holocausto a la *e*........... 6607
40.33 y puso la cortina a la *e* del atrio 8179
Nm 34.8 del monte de Hor trazaréis a la *e* de........... 935
Jos 10.18 grandes piedras a la *e* de la cueva........... 6310
10.22 abrid la *e* de la cueva, y sacad de ella 6310
10.27 y pusieron grandes piedras a la *e* de la....... 6310
13.5 desde Baal-gad al...hasta la *e* de Hamat........ 935
19.51 las heredades...a la *e* del tabernáculo......... 6607
Jue 1.24 muéstranos ahora la *e* de la ciudad 3996
1.25 y él les mostró la *e* a la ciudad, y la 3996
9.35 Gaal...se puso a la *e* de la puerta de la......... 8179
9.40 heridos muchos hasta la *e* de la puerta.......... 6607
9.44 se detuvieron a la *e* de la puerta de la 6607
18.16 los 600 hombres...a la *e* de la puerta......... 6607
18.17 mientras estaba el sacerdote a la *e*........... 6607
1 S 29.6 me ha parecido bien tu salida y tu *e*........... 935
2 S 3.25 enterarse de tu salida y de tu *e*, y 4126
10.8 pusieron en orden...a la *e* de la puerta......... 6607
11.23 les hicimos retroceder hasta la *e* de 6607
18.4 y se puso el rey a la *e* de la puerta............. 8179
1 R 6.21 cerró la *e* del santuario con cadenas 5674
6.31 a la *e*...hizo puertas de madera de olivo......... 6607
22.10 estaban sentados...a la *e* de la puerta......... 6607
2 R 6.32 cerrad la puerta, e impedidle la *e*............. 1817
7.3 había a la *e* de...cuatro hombres leprosos...... 6607
7.5 llegando a la *e* del...no había allí nadie......... 7097
7.8 cuando...llegaron a la *e* del campamento 7097
7.17 lo atropelló el pueblo a la *e*, y murió.......... 8179
7.20 el pueblo le atropelló a la *e*, y murió 8179
10.8 ponedlas...a la *e* de la puerta hasta la......... 6607
14.25 él restauró los límites...la *e* de Hamat......... 935
19.27 he conocido...salida y tu *e*, y tu furor.......... 935
23.8 derribó los altares...la *e* de la puerta........... 6607
23.11 caballos...a la *e* del templo de Jehová 935
1 Cr 4.39 llegaron hasta la *e* de Gedor hasta 3996
5.9 habitó...oriente hasta la *e* del desierto 935
19.9 ordenaron la batalla a la *e* de la ciudad 6607
2 Cr 4.22 de oro...la *e* de la casa, sus puertas 6607
7.8 gran congregación, desde la *e* de Hamat 935
12.10 custodiaban la *e* de la casa del rey 6607
18.9 junto a la *e* de la puerta de Samaria........... 6607
23.13 vio al rey que estaba junto a...a la *e*........... 3996
23.15 que ella hubo pasado la *e* de la puerta 3996
33.14 edificó el muro...a la *e* de la puerta 935
Neh 3.21 la *e* de la casa de Eliasib hasta el 6607
12.25 eran porteros...a la *e* de las puertas 624
Sal 121.8 Jehová guardará tu salida y tu *e*.............. 935
Pr 1.21 en las *e* de las puertas de la ciudad............. 6607
8.3 en el lugar de las puertas, a la *e* de la........... 6310
Is 37.28 he conocido tu condición, tu...y tu *e*............ 935
Jer 1.15 pondrá cada uno su campamento a la *e* 6607
19.2 al valle...de Hinom, que está a la *e* de 6607
26.10 se sentaron en la *e* de la puerta nueva 6607
36.10 a la *e* de la puerta nueva de la casa 6607
38.14 en la tercera *e* de la casa de Jehová 3996
Lm 2.19 que desfallecen de hambre en las *e* de 7218
Ez 8.3 la *e* de la puerta de adentro que mira 6607
8.5 junto...puerta...imagen del celo en la *e* 872
8.7 me llevó a la *e* del atrio, y miré, y he 6607
8.14 me llevó a la *e* de la puerta de la casa 6607
8.16 aquí junto a la *e* del templo de Jehová 6607
8.16 entre la *e* y el altar, como 25 varones 197
10.19 se pararon a la *e* de la puerta oriental 6607
11.1 a la *e* de la puerta veinticinco hombres.......... 6607
40.8 midió asimismo la *e* de la puerta 197
40.9 midió luego la *e* del portal, de ocho 197
40.11 midió el ancho de la *e* de la puerta, de.......... 6607
40.15 puerta de la *e* hasta el frente de la *e*...... 2978,197
40.39 en la *e* de la puerta había dos mesas 197
40.40 había dos mesas...a la *e* de la puerta 197
41.3 y la anchura de la *e*, de siete codos 6607
41.25 un portal de madera por fuera a la *e* 197
42.9 y debajo de las cámaras estaba la *e* al........... 3996
42.11 conforme a sus puertas y conforme...*e* 6607
43.11 sus salidas y sus *e*, y todas sus formas........ 4126
44.5 y pon atención a las *e* de la casa, y a 3996
46.2 paz, y adorará junto a la *e* de la puerta........ 4670
46.3 adorará el pueblo...a la *e* de la puerta 6607
46.19 me trajo después por la *e* que estaba......... 3996
47.1 hizo volver luego a la *e* de la casa 6607
47.20 será el límite hasta enfrente de la *e* 5227
Jl 2.17 la *e* y el altar lloren los ministros 197
Am 6.14 os oprimirá desde la *e* de Hamat hasta 935
Mt 27.60 hacer rodar una gran piedra a la *e* 2374
Mr 14.68 él...salió a la *e*; y cantó el gallo 4259
15.46 rodar una piedra a la *e* del sepulcro.......... 2374
16.3 ¿quién nos removerá la piedra de la *e* 2374
Ro 5.2 tenemos *e* por la fe a esta gracia en 4318
Ef 2.18 por medio de él los unos...tenemos *e* 4318
2 P 1.11 será otorgada amplia...*e* en el reino 1529

ENTRANTE
Neh 3.24 hasta el ángulo *e* del muro, y hasta 4740

ENTRAÑA
Gn 25.23 pueblos serán divididos desde tus *e*.......... 4578
41.21 y éstas entraban en sus *e*, mas no se 7130
43.30 se conmovieron sus *e* a causa...hermano 7356
Éx 12.9 asada...su cabeza con sus pies y sus *e*......... 7130
Lv 1.13 y lavará las *e* y las piernas con agua 7130
3.3,9,14 la grosura que está sobre las *e* 7130
4.8 toda su grosura...la que está sobre las *e* 7130
Nm 5.22 estas aguas que dan...entren en tus *e*........ 4578
2 S 7.12 linaje, el cual procederá de tus *e*.............. 4578
16.11 mi hijo que ha salido de mis *e*, acecha........ 4578
20.10 lo hirió...y derramó sus *e* por tierra 4578
1 R 3.26 sus *e* se le conmovieron por su hijo 7358
Job 15.35 iniquidad, y en sus *e* traman engaño 990
19.17 aunque por los hijos de...*e* le rogaba........... 990
20.14 su comida se mudará en sus *e*; hiel de........ 4578
30.27 mis *e* se agitan, y no reposan; días de 4578
Sal 5.9 *e* son maldad, sepulcro abierto es su........... 7131
22.14 cera, derritiéndose en medio de mis *e* 4578
71.6 de las *e* de...tu fuiste el que me sacó 4578
109.18 como agua en sus *e*, y como aceite en 7130
139.13 tú formaste mis *e*; tú me hiciste en el 3629
Pr 18.8 bocados suaves, y penetran hasta...*e*......... 990
23.16 mis *e* también se alegrarán cuando tus......... 3629
26.22 bocados suaves, y penetran hasta las *e* 990
Is 16.11 mis *e* vibrarán como arpa por Moab, y......... 4578
48.19 tus *e* como los granos de arena; nunca 4578
49.1 desde las *e* de mi madre tuvo mi nombre 4578
63.15 la conmoción de tus *e* y tus piedades 4578
Jer 4.19 ¡mis *e*, mis *e*! Me duelen las fibras 4578
31.20 por eso mis *e* se conmovieron por él........... 4578
Lm 1.20 oh...estoy atribulada, mis *e* hierven 4578
2.11 ojos desfallecieron...se conmovieron mis *e*.... 4578
2.20 de comer las mujeres el fruto de sus *e*
3.13 hizo entrar en mis *e* las saetas de su.......... 3629
Ez 3.3 y llena tus *e* de...rollo que yo te doy 4578
7.19 no saciarán su alma, ni llenarán sus *e*......... 4578
Mi 6.7 ¿daré...el fruto de mis *e* por el pecado 990
Nah 2.10 dolor en las *e*, rostros demudados 4975
Hab 3.16 oí, y se conmovieron mis *e*; a la voz 990
Hch 1.18 y cayendo...todas sus *e* se derramaron 4698

ENTRAÑABLE
Lc 1.78 por la *e* misericordia de nuestro Dios.......... 4698
Fil 1.8 os amo...con el *e* amor de Jesucristo 4698
2.1 algún afecto *e*, si alguna misericordia 4698
Col 3.12 de *e* misericordia, de benignidad, de.......... 4698

ENTRAÑABLEMENTE
1 P 1.22 amaos unos a otros *e*, de corazón puro 1619

ENTRAR
Gn 6.18 *entrarás* en el arca tú, tus hijos, tu 935
6.20 dos de cada especie *entrarán* contigo........... 935
7.1 Noé: *Entra* tú y toda tu casa en el arca........... 935
7.7 por causa...del diluvio *entró* Noé al arca 935
7.9 de dos en dos *entraron* con Noé en el arca........ 935
7.13 *entraron* Noé, y Sem, Cam y Jafet hijos........... 935
8.9 tomándola, la hizo *entrar* consigo en el 935
12.11 que cuando estaba para *entrar* en Egipto 935
12.14 que cuando *entró* Abram en Egipto, los......... 935
19.3 y fueron con él, y *entraron* en su casa 935
19.31 y no queda varón...que *entre* a nosotras 935
19.33 *entró* la mayor, y durmió con su padre 935
19.34 a beber vino...y *entra* y duerme con él 935
23.10,18 los que *entraban* por la puerta de 935
31.33 *entró* Labán en la tienda de Jacob, en 935
31.33 Labán...y *entró* en la tienda de Raquel 935
39.11 *entró* él un día en casa para hacer su 935
41.21 y éstas *entraban* en sus entrañas, mas......... 935
41.21 mas no se conocía que hubiesen *entrado* 935
43.30 José...*entró* en su cámara, y lloró allí 935
46.8 hijos de Israel que *entraron* en Egipto 935
46.27 las personas...que *entraron* en Egipto.......... 935
49.6 en su consejo no *entre* mi alma, ni mi.......... 5475
Éx 1.1 *entraron* en Egipto...cada uno entró con 935
5.1 Moisés y Aarón *entraron* a la presencia de 935
6.11 *entra* y habla a Faraón rey de Egipto 935
8.1 *entra* a la presencia de Faraón y dile 935
8.3 *entrarán* en tu casa, en la cámara donde 935
9.1; 10.1 *entra* a la presencia de Faraón 935
12.23 Jehová...no dejará *entrar* al heridor en 935
12.25 cuando *entréis* en la tierra que...dará.......... 935
14.16 *entren* los...de Israel por en medio del 935
14.22 hijos de Israel *entraron* por en medio 935
14.23 y siguiéndolos los egipcios, *entraron*........... 935
14.28 ejército...que había *entrado* tras ellos.......... 935
15.19 Faraón *entró* cabalgando con sus carros 935
21.3 *entró* solo, solo saldrá; si tenía mujer 935
23.27 consternaré a todo pueblo donde *entres*........ 935
24.18 *entró* Moisés en medio...nube, y subió al 935
28.29 llevará...cuando *entre* en el santuario........... 935
28.30 Aarón cuando *entre* delante de Jehová 935
28.35 se oirá su sonido cuando él *entre* en el.......... 935
28.43 hijos cuando *entren* en el tabernáculo 935
30.20 *entren* en el tabernáculo...se lavarán 935
33.8 en pos de Moisés, hasta que él *entraba* 935
33.9 cuando Moisés *entraba* en el tabernáculo 935
34.12 de hacer alianza...donde has de *entrar* 935
34.35 hasta que *entraba* a hablar con Dios 935
40.32 *entraban* en el tabernáculo...se lavaban 935
40.35 no podía Moisés *entrar* en el tabernáculo 935
Lv 9.23 *entraron* Moisés y...en el tabernáculo........... 935
10.9 no beberéis vino...cuando *entréis* en el.......... 935
14.8 *entrará*...campamento, y morará fuera de 935
14.34 cuando hayáis *entrado* en la tierra de 935
14.36 desocupar la casa antes que *entre* a............ 935
14.35 casa...el sacerdote *entrará* a examinarla 935
14.44 sacerdote *entrará* y la examinará; y si.......... 935
14.46 cualquiera que *entrare*...será inmundo 935
14.48 si *entrare* el sacerdote y la examinare 935
16.2 no en todo tiempo *entre* en el santuario......... 935
16.3 con esto *entrará* Aarón en el santuario 935
16.17 cuando él *entró* a hacer la expiación 935
16.23 había vestido...*entrar* en el santuario 935
16.26 agua...después *entrará* en el campamento 935
16.28 y después podrá *entrar* en el campamento 935
19.23 cuando *entréis* en la tierra, y plantéis 935
21.11 ni *entrará* donde haya...persona muerta........ 935
23.10; 25.2 cuando hayáis *entrado*...la tierra 935
26.41 los habré hecho *entrar* en la tierra de 935
Nm 4.3 todos los que *entran* en compañía para 935
4.20 no *entrarán* para ver cuando cubran las 935
4.23,30,35,39,43 todos los que *entran* en............ 935
4.47 todos los que *entraban* para ministrar............ 935
5.22 y estas aguas...*entren* en tus entradas 935
5.24,27 agua...*entrarán* en ella para amargar....... 935
7.89 cuando *entraba* Moisés...oía la voz que le....... 935
8.24 *entrarán* a ejercer su ministerio en el 935
13.21 de Zin hasta Rehob, *entrando* en Hamat........ 935
14.24 yo le *entraré* en la tierra donde *entró*........... 935
14.30 no *entraréis* en la tierra, por la cual 935
15.2,18 cuando hayáis *entrado* en la tierra 935
19.7 y después entraréis en el campamento; y........ 935
20.24 Aarón...no *entrará* en la tierra que yo 935
27.17 y que *entre* delante de ellos, que los 935
27.21 por el dicho de él *entrarán* él y todos 935
31.24 y después *entraréis* en el campamento 935
33.51 pasado el Jordán *entrando* en la tierra......... 776
34.2 diles: Cuando hayáis *entrado* en...Canaán 935
35.12 no morirá...hasta que *entró* en juicio 5975
Dt 1.8 *entrad* y poseed la tierra que Jehová 935
1.37 se airó...y me dijo: Tampoco tú *entrarás*........ 935
1.38 Josué hijo de Nun...él *entrará*...animale 935
1.39 vuestros hijos que...ellos *entrarán* allá 935
2.24 comienza a...y *entra* en guerra con él.......... 1624
4.1 y *entréis* y poseáis la tierra que Jehová 935
4.5 la tierra en la cual *entráis* para tomar............ 935
4.21 ni *entraría* en la buena tierra que...da 935
6.18 y *entres* y poseas la buena tierra que 935
7.1 tierra en la cual entrarás para tomarla 935
8.1 *entréis* y poseáis la tierra que Jehová 935
9.1 para *entrar* a desposeer a naciones más.......... 935
9.5 ni por la rectitud de...*entras* a poseer la......... 935
9.7 de Egipto hasta que *entrasteis* en...lugar 935
10.11 que *entren* y posean la tierra que juré 935
11.8 y *entréis* y poseáis la tierra a la cual............ 935
11.10 la tierra a la cual *entras*...no es como 935
12.9 no habeis *entrado* al reposo y...heredad 935
17.14 hayas *entrado* en la tierra que Jehová.......... 935
18.9 cuando *entres* a la tierra que Jehová tu.......... 935
23.1,2,3 no *entrará* en la congregacion de 935
23.2 no *entrará* bastardo en la congregacion 935
23.3 no *entrará* amonita ni moabita en la 935
23.8 los hijos...*entrarán* en la congregación
de Jehová 935
23.10 saldrá fuera del campamento, y no *entrará* en él
23.11 noche...podra *entrar* en el campamento 935
23.24 cuando *entres* en la viña de tu projimo 935
23.25 cuando *entres* en la mies de tu projimo 935
24.10 no *entrarás* en su casa...tomarle prenda 935
26.1 cuando hayas *entrado* en la tierra que 935
26.3 declaro...que he *entrado* en la tierra que......... 935
27.3 hayas pasado para *entrar* en la tierra............ 935
28.6 bendito serás en tu *entrar*...en tu salir 935
28.19 maldito serás en tu *entrar*, y...tu salir 935
28.21 consuma de la tierra a la cual *entras* 935
28.63 de sobre la tierra a la cual *entráis*............. 935
29.12 para que *entres* en el pacto de Jehová........ 5674
30.16 la tierra a la cual *entras* para tomar 935
30.18 el Jordán, para *entrar* en posesión de 935
31.2 no puedo más salir ni *entrar*; además de 935
31.7 tú *entrarás* con este pueblo a la tierra 935
32.52 no *entraréis* allá, a la tierra que doy........... 935
Jos 1.11 días pasaréis el Jordán para *entrar* 935
1.15 la tierra...*entraréis* en posesión de ella......... 7725
2.1 y *entraron* en casa de una ramera que se......... 935
2.3 a los hombres que...han *entrado* a tu casa 935
2.18 cuando...*entremos* en la tierra...atarás 935
3.8 hayáis *entrado* hasta el borde del agua........... 935
3.15 llevaban el arca *entraron* en el Jordán 935
6.1 estaba cerrada...nadie *entraba* ni salía 935
6.19 el oro...*entren* en el tesoro de Jehová 935
6.22 *entrad* en casa de la mujer ramera, y........... 935
6.23 los espías *entraron* y sacaron a Rahab 935
10.19 sin dejarles *entrar* en sus ciudades 935
13.1 siendo Josué ya viejo, *entrado* en años, Jehová 935
14.11 es mi fuerza...para salir y para *entrar*......... 935

23.14 estoy para *entrar* hoy por el camino de 1980
Jue 3.22 la empuñadura *entró* también tras la 935
3.27 cuando había *entrado* tocó el cuerno en 935
4.22 él *entró* donde ella estaba, y he aquí 935
6.19 y *entrando* Gedeón, preparó un cabrito 935
8.15 *entrando* a los hombres de Sucot, dijo 935
9.27 y *entrando* en el templo de sus dioses........... 935
11.18 no *entró* en territorio de Moab; porque 935
15.1 *entraré* a mi mujer en el aposento. Mas......... 935
15.1 mas el padre de ella no lo dejó *entrar*........... 935
18.17 *entraron*... y tomaron la imagen de talla....... 935
18.18 *entrando* pues... en la casa de Micaía 935
19.3 le hizo *entrar* en la casa de su padre 935
19.15 para *entrar* a pasar allí la noche en 935
19.15 *entrando* se sentaron en la plaza de 935
19.22 saca al hombre que ha *entrado* en tu 935
19.23 que este hombre ha *entrado* en mi casa 935
19.25 y *entraron* a ella, y abusaron de ella.......... 3045
Rt 1.19 habiendo *entrado* en Belén... la ciudad 935
2.7 *entró* pues y está desde por la mañana 935
4.11 Jehová haga a la mujer que *entra* en tu......... 935
1 S 5.5 los que *entran* en el templo de Dagón 935
7.13 y no volvieron más a *entrar* en... Israel 935
9.13 cuando *entréis*... le encontraréis luego.......... 935
10.5 cuando *entres*... en la ciudad encontrarás 935
11.11 *entraron* en medio del campamento a la 935
12.8 cuando Jacob hubo *entrado* en Egipto, y......... 935
14.26 *entró* pues el pueblo en el bosque, y 935
16.12 envió pues, por él, y le hizo *entrar*............ 935
18.13 y salía y *entraba* delante del pueblo 935
18.16 él salía y *entraba* delante de ellos 935
19.16 mensajeros *entraron* he aquí la estatua 935
20.8 ya que has hecho *entrar* a tu siervo en.......... 935
20.42 se fue y Jonatán *entró* en la ciudad 935
21.15 ¿había de *entrar* éste en mi casa? 935
23.7 se ha encerrado *entrando* en ciudad con 935
24.3 *entró* Saúl en ella para cubrir sus pies.......... 935
26.15 uno del pueblo ha *entrado* a matar a tu 935
2 S 4.5 y *entraron* en el mayor calor del día 935
4.7 cuando *entraron*... la casa, Is-boset dormía 935
5.6 tú no *entrarás* acá, pues aun los ciegos 935
5.6 queriendo decir: David no puede *entrar*
5.8 se dijo: Ciego ni cojo no *entrará* en la........... 935
7.18 *entró* el rey David y se puso delante de Jehová,
11.11 ¿y había yo de *entrar* en mi casa para 935
12.16 y *entró* y pasó la noche acostado en 935
12.20 David se... y *entró* a la casa de Jehová.......... 935
14.3 *entrarás* al rey, y le hablarás de esta 935
14.4 *entró*... aquella mujer de Tecoa al rey, y
15.37 vino Husai... Absalón *entró* en Jerusalén 935
16.15 *entraron* en Jerusalén, y... él Ahitofel........... 935
18.9 y el mulo *entró* por debajo de las ramas 935
19.3 *entró*... como suele *entrar* a escondidas el 935
1 R 1.2 abrigue... y *entrará* en calor mi señor
1.13 *entra* al rey David, y dile: Rey señor 935
1.14 *entraré* tras ti y reafirmaré tus razones 935
1.15 Betsabé *entró* a la cámara del rey; y el 935
1.23 cuando *entró*... se postró delante del rey 935
1.28 y ella *entró* a la presencia del rey, y 935
1.32 y ellos *entraron* a la presencia del rey 935
1.42 al cual dijo Adonías: *Entra* porque tú 935
2.30 *entró* Benaía al tabernáculo de Jehová 935
3.7 soy joven, y no sé como *entrar* ni salir 935
7.31 la boca... *entraba* un codo en el remate
8.65 desde donde *entran* en Hamat hasta el río...... 935
13.22 no *entrará* tu cuerpo en el sepulcro de 935
14.6 Ahías oyó el sonido de... al *entrar* ella 935
14.6 Ahías... dijo *Entra*, mujer de Jeroboam 935
14.17 *entrando*... por el umbral... el niño murio 935
14.28 cuando el rey *entraba* en la casa de Jehová
15.17 para no dejar... salir ni *entrar* a Asa 935
17.12 *entrar* y prepararlo para mí y para mi 935
22.30 *entraré* en la batalla... y entró en la 935
2 R 4.4 *entra*... y enciérrate tú y tus hijos 935
4.33 *entrando* él... cerró la puerta tras ambos 935
4.34 él, y el cuerpo del niño *entró* en calor
4.36 *entrando* ella, él le dijo: Toma tu hijo 935
4.37 así que ella *entró*, se echó a sus pies 935
5.4 *entrando* Naamán a su señor, le relató 935
5.18 mi señor... *entrare* en el templo de Rimón 935
5.25 él *entró*, y se puso delante de su señor 935
7.4 si tratáremos de *entrar* en la ciudad, por 935
7.8 entraron en una tienda y comieron y 935
7.8 y vueltos, *entraron* en otra tienda, y de 935
7.9 *entremos* y demos la nueva en casa del rey 935
7.12 los tomaremos vivos, y *entraremos* en la......... 935
9.2 y *entrando*, haz que se levante de entre.......... 935
9.5 cuando él *entró*, he aquí los príncipes del 935
9.6 se levantó, y *entró* en casa; y el otro 935
9.31 cuando *entraba* Jehú por la puerta, ella 935
9.34 *entró*... después que comió y bebió, dijo.......... 935
10.21 y *entraron* en el templo de Baal, y el............ 935
10.23 *entró* Jehú con Jonadab... en el templo 935
10.24 ellos *entraron* para hacer sacrificios 935
10.25 *entrad*, y matadlos... no escape ninguno 935
11.8 y cualquiera que *entrare* en las filas 935
11.8 y estaréis con el rey... y cuando *entre*........... 935
11.9 los que *entraban* el día de reposo y los.......... 935
11.13 *entró* al pueblo en el templo de Jehová 935
11.16 por donde *entran* los de a caballo a la......... 3996
11.18 el pueblo... *entró* en el templo de Baal 935
12.9 así que se *entra* en el templo de Jehová......... 935
13.20 *entrado* el año, vinieron... moabitas a la 935
18.21 *entrará* por la mano y la traspasará............ 935
19.1 cilicio, y *entró* en la casa de Jehová............. 935
19.32 de Asiria: No *entrará* en esta ciudad........... 935
19.33 volverá, y no *entrará* en esta ciudad........... 935
1 Cr 2.21 *entró* Hezrón a la hija de Maquir 935

9.2 los primeros moradores que *entraron* en
11.5 Jebús dijeron a David: No *entrarás* acá......... 935
17.16 *entró* el rey David y estuvo delante de 935
19.15 Amón... huyeron... *entraron* en la ciudad...... 935
24.19 *entrasen* en la casa de Jehová, según.......... 935
25.8 *entrando* el pequeño con el grande, lo
27.1 de las divisiones que *entraban* y salían 935
2 Cr 7.2 no podían *entrar* los sacerdotes en 935
8.11 donde ha *entrado* el arca... son sagradas....... 935
15.5 no hubo paz, ni para el que *entraba* ni.......... 935
16.1 no dejar salir ni *entrar* a ninguno al............ 935
18.24 día, cuando *entres* de cámara en cámara...... 935
18.29 me disfrazaré para *entrar* en la batalla 935
18.29 se disfrazó el... y *entró* en la batalla 935
23.4 los que *entran* el día de reposo, estarán 935
23.6 ninguno *entre* en la casa de Jehová, sino 935
23.6 *entrarán*, porque están consagrados 935
23.7 cualquiera que *entre*... casa, que muera 935
23.7 con el rey cuando *entre* y cuando salga.......... 935
23.8 los que *entraban* el día de reposo, y los 935
23.17 *entró* todo el pueblo en el templo de 935
23.19 por ninguna vía *entrase* ningún inmundo...... 935
26.16 *entrando* en el templo de Jehová para.......... 935
26.17 y *entró* tras él el sacerdote Azarías............ 935
27.2 salvo que no *entró* en el santuario de............ 935
28.9 cuando *entraba* en Samaria, y les dijo 935
29.15 *entraron*, conforme al mandamiento del....... 935
29.16 *entrando* los sacerdotes dentro de la 935
31.16 los que *entraban* en la casa de Jehová.......... 935
32.21 *entrando* en el templo de su dios, allí 935
Esd 9.11 tierra a la cual *entráis* para poseerla.......... 935
Neh 2.15 *entré* por la puerta del Valle, y me 935
4.11 no sepan, ni vean, hasta que *entremos* 935
6.11 ¿y quién... *entraría* al templo... No *entraré*...... 935
9.15 dijiste que *entrasen* a poseer la tierra 935
9.23 dicho... que habían de *entrar* a poseerla 935
13.1 los amonitas y moabitas no debían *entrar* 935
Est 4.11 *entra* en el patio interior para ver 935
4.16 y entonces *entraré* a ver al rey, aunque......... 935
5.1 Ester... *entró* en el patio interior de la 5975
5.14 y *entra* alegre con el rey al banquete 935
6.5 he aquí Amán... Y el rey dijo: Que *entre*.......... 935
6.6 *entró*... Amán, y el rey le dijo: ¿Qué se 935
Job 13.16 no *entrará* en su presencia el impío 935
13.17 mi declaración *entre* en vuestros oídos
37.8 las bestias *entran* en su escondrijo, y 935
38.16 ¿has *entrado* tú hasta las fuentes del 935
38.22 ¿has *entrado* tú en los tesoros de la............ 935
41.16 se junta... viento no *entra* entre ellos 935
Sal 5.7 por... misericordia *entraré* en tu casa............ 935
24.7,9 alzaos... y *entrará* el Rey de gloria 935
26.4 hipócritas, ni *entré* con los que andan 935
37.15 su espada *entrará* en su mismo corazón....... 935
43.4 *entraré* al altar de Dios, al Dios de mi........... 935
45.15 gozo; *entrarán* en el palacio del rey 935
49.19 *entrará* en la generación de sus padres 935
66.13 *entraré* en tu casa con holocaustos; te 935
69.1 las aguas han *entrado* hasta el alma............ 935
69.27 su maldad, y no *entren* en tu justicia........... 935
73.17 *entrando* en... comprendí el fin de ellos 935
83.3 *entrado* en consejo contra tus protegidos
95.11 juré en... que no *entrarían* en mi reposo........ 935
100.4 *entrad* por sus... con acción de gracias 935
105.23 *entró* Israel en Egipto, y Jacob moró 935
109.18 *entró* como agua en sus entrañas, y 935
118.19 *entraré* por ellas, alabaré a JAH 935
118.20 puerta... por ella *entrarán* los justos.......... 935
132.3 no *entraré* en la morada de mi casa, ni......... 935
132.7 *entraremos* en su tabernáculo... estrado 935
143.2 y no *entres* en juicio con tu siervo.............. 935
Pr 2.10 la sabiduría *entrare* en tu corazón............. 935
4.14 no *entres* por la vereda de los impíos 935
8.5 y vosotros, necios, *entrad* en cordura
11.8 el justo... el impío *entra* en lugar suyo 935
23.10 ni *entres* en la heredad de... huérfanos 935
23.31 cuando resplandece... se *entra* suavemente .. 1980
25.8 no *entres* apresuradamente en pleito, no 3318
Cnt 7.9 el buen vino, que se *entra* a mi amado......... 1980
Is 13.2 que *entren* por puertas de príncipes............ 935
19.1 que Jehová monta... y *entrará* en Egipto......... 935
19.23 asirios *entrarán* en Egipto, y egipcios 935
22.15 vé, *entra* a este tesorero, a Sebna el 935
23.1 hasta no quedar casa, ni a donde *entrar*......... 935
24.10 se ha cerrado, para que no *entre* nadie........ 935
26.2 las puertas, y *entrará* la gente justa 935
26.20 anda... *entra* en tus aposentos, cierra 935
36.6 le *entrará* por la mano, y la atravesará.......... 935
37.33 no *entrará* en esta ciudad, ni arrojará.......... 935
37.34 volverá, y no *entrará* en esta ciudad 935
41.3 por donde sus pies nunca habían *entrado* 935
43.26 *entremos* en juicio juntamente; habla......... 8199
45.21 proclamad... y *entren* todos en consulta
47.5 *entra* en tinieblas, hija de los caldeos 935
57.2 *entrará* en la paz; descansarán en sus.......... 935
Jer 2.7 *entrasteis* y contaminasteis mi tierra............ 935
2.35 he aquí yo *entraré* en juicio contigo............ 8199
4.5 *entrémonos* en las ciudades fortificadas 935
4.29 *entraron* en... espesuras de los bosques 935
7.2 oíd... los que *entráis* por estas puertas........... 935
8.14 *entremos* en las ciudades fortificadas........... 935
9.21 muerte... ha *entrado* en nuestros palacios 935
14.18 y si *entro* en la ciudad, he aquí enfermos 935
16.5 no *entres* en casa de luto, ni vayas a 935
16.8 asimismo no *entres* en casa de banquete......... 935
17.19 ponte a la puerta... por la cual *entran* 935
17.20 los moradores de Jerusalén que *entráis* 935
17.25 *entrarán*... las puertas de esta ciudad 935
20.6 *entrarás* en Babilonia, y allí morirás............ 935

21.13 y quién *entrará* en nuestras moradas? 935
22.2 tu pueblo que *entra* por estas puertas 935
22.4 los reyes... *entrarán* montados en carros 935
28.4 a todos los... que *entraron* en Babilonia 935
32.23 y *entraron*, y la disfrutaron; pero no........... 935
34.3 tus ojos verán... y en Babilonia *entrarás* 935
36.5 se me ha prohibido *entrar* en la casa de 935
36.6 *entra* tú, pues, y lee de este rollo que............ 935
36.20 y *entraron* a donde estaba el rey, al 935
37.4 Jeremías *entraba* y salía en medio del 935
37.16 *entró*, pues, Jeremías en la casa de la 935
38.11 *entró* a la casa del rey debajo de la............ 935
39.3 y *entraron* todos los príncipes del rey........... 935
42.14 no, sino que *entraremos* en la tierra 935
42.15 para *entrar* en Egipto, y *entrareis* para 935
42.17 volvieren sus rostros para *entrar* en........... 935
42.18 se derramará mi ira... cuando *entrareis* 935
42.22 el lugar donde deseasteis *entrar* para 935
43.7 y *entraron* en tierra de Egipto, porque.......... 935
44.8 tierra de Egipto, adonde habéis *entrado* 935
44.14 del resto de los de Judá que *entraron*.......... 935
44.28 que ha *entrado* en Egipto a morar allí 935
Lm 1.10 ha visto *entrar* en su santuario a las 935
1.10 de las cuales mandaste que no *entrasen* 935
3.13 hizo *entrar* en mis entrañas las saetas........... 935
4.12 que el enemigo... *entrara* por las puertas 935
Ez 2.2 *entró* el Espíritu en mí y me afirmó 935
3.4 vé y *entra* a la casa de Israel, y habla 3212
3.11 vé y *entra* a los cautivos, a los hijos 3212
3.24 *entró* el Espíritu en mí y me afirmó............. 935
3.24 *entra*, y enciérrate dentro de tu casa 935
4.14 nunca en mi boca *entró* carne inmunda 935
7.22 *entrarán* en él invasores... profanarán 935
8.9 *entra*, y ve las malvadas abominaciones 935
8.10 *entré*... y miré; y he aquí toda forma de 935
9.2 *entrados*, se pararon junto al altar de............ 935
10.2 *entra* en medio de... Y entró a vista mía 935
10.3 mano derecha... cuando este varón *entró*....... 935
10.6 que... él *entró* y se paró entre las ruedas 935
16.8 y *entré* en pacto contigo, dice Jehová 935
17.20 allí *entraré* en juicio con él por su 8199
20.37 haré *entrar* en los vínculos del pacto 935
20.38 mas a la tierra de Israel no *entrarán* 935
23.39 *entraban* en mi santuario el mismo día......... 935
26.10 cuando *entre* por tus puertas como por......... 935
37.5 yo hago *entrar* espíritu en vosotros, y 935
37.10 y *entró* espíritu en ellos, y vivieron 935
41.6 *entraban* modillones en la pared de la.......... 935
42.9 *entrar* en él desde el atrio exterior.............. 935
42.12 sur... para quien *entraba* en las cámaras...... 935
42.14 los sacerdotes *entren*, no saldrán del 935
43.4 y la gloria de Jehová *entró* en la casa.......... 935
44.2 ni *entrará*... hombre, porque Jehová Dios 935
44.2 Jehová Dios de Israel *entró* por ella 935
44.3 por el vestíbulo de la puerta *entrará*............ 935
44.9 ningún hijo de extranjero... *entrará* en 935
44.16 ellos *entrarán* en mi santuario, y se 935
44.17 cuando *entren*... las puertas del atrio 935
44.21 ninguno... beberá vino... haya de *entrar*....... 935
44.27 día que *entre* al santuario, al atrio............. 935
46.2 el príncipe *entrará* por el camino del........... 935
46.8 cuando... *entrare*, *entrará* por el camino 935
46.9 pueblo de la tierra *entrare* delante de 935
46.9 el que *entrare* por la puerta del norte........... 935
46.9 y el que *entrare* por la puerta del sur 935
46.9 no volverá por... donde *entró*, sino que 935
46.10 cuando... *entraren*, *entrará* en medio de 935
47.1 hizo volver luego a la *entrada* de la casa 6607
47.8 y *entrarán* en el mar; y *entradas* en el 935
47.9 dondequiera que *entraren* estos dos ríos......... 935
47.9 por haber *entrado* allá estas aguas, y........... 935
47.9 vivirá todo lo que *entrare* en este río........... 935
Dn 2.16 y Daniel *entró* y pidió al rey que le 5954
4.8 hasta que *entró* delante de mi Daniel............ 5954
5.10 la reina... *entró* a la sala del banquete.......... 5954
6.10 *entró* en su casa, y abiertas... ventanas.......... 5954
10.3 ni *entró* en mi boca carne ni vino, ni............ 935
11.7 *entrará* en la fortaleza, y hará en ellos 935
11.9 así *entrará* en el reino el rey del sur 935
11.24 *entrará* y hará lo que no hicieron sus.......... 935
11.40 y *entrará* por las tierras, e inundará 935
11.41 *entrará* a la tierra gloriosa, y muchas 935
Os 4.15 y no *entréis* en Gilgal, ni subáis a............. 935
7.1 *entra* el ladrón, y el salteador despoja 935
9.4 ese pan no *entrará* en la casa de Jehová......... 935
11.9 Dios soy, y... y no *entraré* en la ciudad 935
Jl 2.9 *entrarán* por las ventanas a manera de 935
3.2 *entraré* en juicio con ellas a causa de 8199
Am 2.10 que *entraseis* en posesión de la tierra
5.5 y no busquéis a Bet-el, ni *entréis* en 935
5.19 o como si *entrare* en casa y apoyare su 935
Abd 5 si *entraran* a ti vendimiadores, ¿no 935
11 y extraños *entraban* por sus puertas, y 935
13 no debiste haber *entrado* por la puerta de 935
Jon 1.3 *entró*... para irse con ellos a Tarsis 3381
3.4 y comenzó Jonás a *entrar* por la ciudad 935
Nah 3.14 *entra* en el lodo... refuerza el horno 935
Hab 3.16 pudrición *entró* en mis huesos, y.............. 935
Zac 6.10 irás... y *entrarás* en casa de Josías 935
8.10 ni hubo paz... ni para el que *entraba*, a 935
Mt 2.11 *entrar*... vieron al niño con su madre.......... *2064*
5.20 no *entraréis* en el reino de los cielos *1525*
6.6 tú, cuando ores, *entra* en tu aposento, y *1525*
7.13 *entrad* por la puerta estrecha; porque *1525*
7.13 y muchos son los que *entran* por ella *1525*
7.21 no todo el... *entrará* en el reino de los *1525*
8.5 *entrando* Jesús en Capernaum, vino a él.......... *1525*
8.8 no soy digno de que *entres* bajo mi techo........ *1525*

8.23 *entrando* él en la barca, sus discípulos ... 1684
9.1 *entrando* Jesús en la barca, pasó al otro ... 1684
9.23 al *entrar* Jesús en la casa del principal ... 2064
9.25 *entró*, y tomó de la mano a la niña, y ... 1525
10.5 **y en ciudad de samaritanos no *entréis*** ... 1525
10.11 **donde *entréis*, informaos quién en ella** ... 1525
10.12 **y al *entrar* en la casa, saludadla** ... 1525
12.4 **cómo *entró* en la casa de Dios, y comió** ... 1525
12.29 **¿cómo puede alguno *entrar* en la casa** ... 1525
12.45 **y *entrados*, moran allí; y el postrer** ... 1525
13.2 y *entrando* él en la barca, se sentó, y ... 1684
13.36 *entró* Jesús en la casa; y acercándose ... 2064
14.22 Jesús hizo a sus discípulos *entrar* en ... 1684
15.11 **no lo que *entra* en la boca contamina al** ... 1525
15.17 **que todo lo que *entra* en la boca va al** ... 1531
15.39 *entró* en la barca, y vino a la región ... 1684
17.25 y al *entrar* él en casa, Jesús le habló ... 1525
18.3 **no *entraréis* en el reino de los cielos** ... 1525
18.8 **mejor te es *entrar* en la vida cojo o** ... 1525
18.9 **mejor te es *entrar* con un solo ojo en** ... 1525
19.17 **si quieres *entrar* en la vida, guarda** ... 1525
19.23 **que difícilmente *entrará* un rico en el** ... 1525
19.24 **que *entrar* un rico en el reino de Dios** ... 1525
21.10 cuando *entró* él en Jerusalén, toda la ... 1525
21.12 y *entró* Jesús en el templo de Dios, y ... 1525
22.11 ***entró* el rey para ver a los convidados** ... 1525
22.12 **¿cómo *entraste*...sin estar vestido de** ... 1525
23.13 **cerráis el reino...ni *entráis* vosotros** ... 1525
23.13 **ni dejáis *entrar* a los que...*entrando*** ... 1525
24.38 **hasta el día en que...*entró* en el arca** ... 1525
25.10 **las que estaban preparadas *entraron* con** ... 1525
25.21,23 pondré; *entra* en el gozo de tu señor ... 1525
26.41 **velad y orad, para que no *entréis* en** ... 1525
26.58 *entrando*, se sentó con los alguaciles ... 1525
27.1 *entraron* en consejo contra Jesús, para ... 2983
Mr 1.21 *entraron* en Capernaum; y los días de ... 1531
1.21 días...*entrando* en la sinagoga, enseñaba ... 1525
1.45 ya Jesús no podía *entrar*...en la ciudad ... 1525
2.1 *entró* Jesús otra vez en Capernaum...días ... 1525
2.26 **cómo *entró* en la casa de Dios, siendo** ... 1525
3.1 *entró* Jesús en la sinagoga; y había allí ... 1525
3.27 **ninguno puede *entrar* en la casa de un** ... 1525
4.1 *entrando* en una barca, se sentó en ella ... 1525
4.19 ***entran* y ahogan la palabra, y se hace** ... 1531
5.12 envíanos a los cerdos...que *entremos* en ... 1525
5.13 *entraron* en los cerdos, los cuales eran ... 1525
5.18 al *entrar* él en la barca, el que había ... 1684
5.39 ***entrando***...*dijo: ¿Por qué alborotáis y* ... 1525
5.40 tomó al...y *entró* donde estaba la niña ... 1531
6.10 **dijo: Dondequiera que *entréis* en una casa** ... 1525
6.22 *entrando* la hija de Herodías, danzó, y ... 1525
6.25 ella *entró*...al rey, y pidió diciendo ... 1525
6.45 *entrar* en la barca *e* ir delante de él ... 1684
6.56 y dondequiera que *entraba*, en aldeas ... 1525
7.15 **que *entre* en él, que le pueda contaminar** ... 1531
7.17 cuando...*entró* en casa, le preguntaron ... 1525
7.18 **lo de fuera que *entra* en el hombre, no** ... 1531
7.19 **porque no *entra* en su corazón, sino en** ... 1531
7.24 y *entrando* en una casa, no quiso que ... 1525
8.10 *entrando* en la barca...vino a la región ... 1684
8.13 volvió a *entrar* en la barca, y se fue ... 1684
8.26 **no *entres* en la aldea, ni lo digas a** ... 1525
9.25 **yo te mando, sal de él, y no *entres* más** ... 1525
9.28 cuando él *entró* en casa, sus discípulos ... 1525
9.43 **mejor te es *entrar* en la vida manco, que** ... 1525
9.45 **mejor te es *entrar* a la vida cojo, que** ... 1525
9.47 **mejor te es *entrar* en el reino de Dios** ... 1525
10.15 **no reciba el...como un niño, no *entrará*** ... 1525
10.23 **dijo...¡Cuán difícilmente *entrarán* en el** ... 1525
10.24 **¡cuán difícil les es *entrar* en el reino** ... 1525
10.25 **que *entrar* un rico en el reino de Dios** ... 1525
11.2 **luego que *entréis* en ella, hallaréis un** ... 1531
11.11 y *entró* Jesús en Jerusalén, y en el ... 1525
11.15 *entrando* Jesús en el templo, comenzó a ... 1525
13.15 **ni *entre* para tomar algo de su casa** ... 1525
14.14 **y donde *entrare*, decid al señor de la** ... 1525
14.16 *entraron* en la ciudad, y hallaron como ... 2064
14.38 **orad, para que no *entréis* en tentación** ... 1525
15.43 José...vino y *entró* osadamente a Pilato ... 1525
16.5 cuando *entraron* en el sepulcro, vieron ... 1525
Lc 1.9 el incienso, *entrando* en el santuario ... 1525
1.28 *entrando* el ángel en donde ella estaba ... 1525
1.40 *entró* en casa de Zacarías, y saludó a ... 1525
4.16 el día de reposo *entró* en la sinagoga ... 1525
4.38 Jesús...salió...y *entró* en casa de Simón ... 1525
5.3 *entrando* en una de aquellas barcas, la ... 1684
6.4 **cómo *entró* en la casa de Dios, y tomó los** ... 1525
6.6 que él *entró* en la sinagoga y enseñaba ... 1525
7.1 que hubo terminado...*entró* en Capernaum ... 1525
7.6 pues no soy digno de que *entres* bajo mi ... 1525
7.36 y habiendo *entrado* en casa del fariseo ... 1525
7.44 ***entré* en tu casa, y no me diste agua** ... 1525
7.45 **desde que *entré*, no ha cesado de besar** ... 1525
8.16 **la pone...que los que *entran* vean la luz** ... 1531
8.22 *entró* en una barca con sus discípulos ... 1684
8.30 muchos demonios habían *entrado* en él ... 1525
8.32 rogaron que los dejase *entrar* en ellos ... 1525
8.33 y los demonios...*entraron* en los cerdos ... 1525
8.37 Jesús, *entrando* en la barca, se volvió ... 1684
8.41 Jairo...le rogaba que *entrase* en su casa ... 1525
8.51 *entrando* en la casa, no dejó *entrar* a ... 1525
9.4 **casa donde *entréis*, quedad allí, y de allí** ... 1525
9.34 y tuvieron temor al *entrar* en la nube ... 1525
9.46 *entraron* en discusión sobre quién de ... 1525
9.52 fueron y *entraron* en una aldea de los ... 1525
10.5 **casa donde *entréis*...decid: Paz sea a** ... 1525
10.8 **donde *entréis*, y os reciban, comed lo** ... 1525
10.10 **ciudad donde *entréis*, y no os reciban** ... 1525
10.38 yendo de camino, *entró* en una aldea ... 1525
11.26 **y *entrados*, moran allí; y el postrer** ... 1525
11.33 **para que los que *entran* vean la luz** ... 1531
11.37 *entrando* Jesús en la casa, se sentó a ... 1525
11.52 **no *entrasteis*, y a los que entraban se** ... 1525
13.24 **esforzaos a *entrar*...la puerta angosta** ... 1525
13.24 **muchos procurarán *entrar*, y no podrán** ... 1525
14.1 habiendo *entrado* para comer en casa de ... 2064
14.23 **fuérzalos a *entrar*, para que se llene** ... 1525
15.28 **entonces se enojó, y no quería *entrar*** ... 1525
15.28 **su padre, y le rogaba que *entrase*** ... 1525
16.16 **y todos se esfuerzan por *entrar* en él** ... 1519
17.12 y al *entrar* en una aldea, le salieron ... 1525
17.27 **hasta el día en que *entró* Noé en el arca** ... 1525
18.17 **no recibe el...como un niño, no *entrará*** ... 1525
18.24 **cuán difícilmente *entrarán* en el reino** ... 1525
18.25 **que *entrar* un rico en el reino de Dios** ... 1525
19.1 habiendo *entrado* Jesús en Jericó, iba ... 1525
19.7 que había *entrado* a posar con un hombre ... 1525
19.30 **al *entrar* en ella hallaréis un pollino** ... 1531
19.45 *entrando* en el templo, comenzó a echar ... 1525
21.21 **estén en los campos, no *entren* en ella** ... 1525
22.3 y *entró* Satanás en Judas...el cual era ... 1525
22.10 **al *entrar* en la ciudad os saldrá al** ... 1525
22.10 **seguidle hasta la casa donde *entrare*** ... 1531
22.40 **dijo: Orad que no *entréis* en tentación** ... 1525
22.46 **orad para que no *entréis* en tentación** ... 1525
24.3 y *entrando*, no hallaron el cuerpo del ... 1525
24.26 **padeciera...que *entrara* en su gloria?** ... 1525
24.29 mas...*entró*, pues, a quedarse con ellos ... 1525
Jn 3.4 ¿puede acaso *entrar*...en el vientre de ... 1525
3.5 **no naciere...no puede *entrar* en el reino** ... 1525
4.38 **vosotros habéis *entrado* en sus labores** ... 1525
6.17 y *entrando* en una barca, iban cruzando ... 1684
6.22 que Jesús no había *entrado* en ella con ... 1684
6.24 *entraron* en las barcas y fueron a ... 1684
10.1 **que no *entra* por la puerta en el redil** ... 1525
10.2 **el que *entra* por la puerta, el pastor** ... 1535
10.9 **el que por mí *entrare*, será salvo; y** ... 1525
10.9 **y *entrará*, y saldrá, y hallará pastos** ... 1525
11.30 todavía no había *entrado* en la aldea ... 2064
13.27 después del bocado, Satanás *entró* en él ... 1525
18.1 había un huerto, en el cual *entró* con ... 1525
18.15 y *entró* con Jesús al patio del sumo ... 4897
18.16 y habló a la portera, e hizo *entrar* a ... 1521
18.28 ellos no *entraron* en el pretorio para ... 1525
18.33 Pilato volvió a *entrar* en el pretorio ... 1525
19.9 *entró* otra vez en el pretorio, y dijo ... 1525
20.5 vio los lienzos puestos...pero no *entró* ... 1525
20.6 llegó Simón Pedro...*entró* en el sepulcro ... 1525
20.8 entonces *entró*...el otro discípulo, que ... 1525
21.3 *entraron* en una barca; y aquella noche ... 305
Hch 1.13 *entrados*, subieron al aposento alto ... 1525
1.21 el tiempo que el Señor Jesús *entraba* y ... 1525,1831
3.2 que pidiese limosna de los que *entraban* ... 1531
3.3 iban a *entrar* en el templo, les rogaba ... 1524
3.8 *entró* con ellos en el templo, andando ... 1525
5.7 que *entró* su mujer, no sabiendo lo que ... 1525
5.10 expiró; y cuando *entraron* los jóvenes ... 1525
5.21 esto, *entraron* de mañana en el templo ... 1525
8.3 *entrando* casa por casa, arrastraba a ... 1531
9.6 **levántate y *entra* en la ciudad, y se te** ... 1525
9.12 **a un varón...*entra* y le pone las manos** ... 1525
9.17 *entró* en la casa, y poniendo sobre él ... 1525
9.28 y estaba con ellos...y *entraba* y salía ... 1531
10.3 que un ángel...*entraba* donde él estaba ... 1525
10.23 haciéndoles *entrar*, los hospedó. Y al ... 1528
Hch 10.24 *entraron* en Cesarea. Y Cornelio los ... 1525
10.25 cuando Pedro *entró*, salió Cornelio a ... 1525
10.27 *entró*, y halló a muchos que se habían ... 1525
11.3 diciendo: ¿Por qué has *entrado* en casa ... 1525
11.8 ninguna cosa común...*entró* jamás en mi ... 1525
11.12 fueron...*entramos* en casa de un varón ... 1525
11.20 cuales, cuando *entraron* en Antioquía ... 1525
13.14 y *entraron* en la sinagoga un día de ... 1525
14.1 *entraron* juntos en la sinagoga de los ... 1525
14.20 se levantó y *entró* en la ciudad; y al ... 1525
14.22 de muchas tribulaciones *entremos* en el ... 1525
16.15 nos rogó...*entrad* en mi casa, y posad ... 1525
16.40 la cárcel, *entraron* en casa de Lidia ... 1525
17.10 *entraron* en la sinagoga de los judíos ... 549
18.19 *entrando* en la sinagoga, discutía con ... 1525
19.8 y *entrando* Pablo en la sinagoga, habló ... 1525
20.18 desde el primer día que *entré* en Asia ... 1910
20.29 *entrarán* en medio de vosotros lobos ... 1525
21.8 y *entrando* en casa de Felipe...posamos ... 1525
21.18 Pablo *entró* con nosotros a ver a Jacobo ... 1524
21.26 *entró* en el templo, para anunciar el ... 1524
23.16 *entró* en la fortaleza, y dio aviso a ... 1525
25.23 y *entrando* en la audiencia con los ... 1525
28.8 *entró* Pablo a verle, y después de haber ... 1525
Ro 5.12 como el pecado *entró* en el mundo por ... 1525
11.25 hasta que haya *entrado* la plenitud de ... 1525
1 Co 14.23 *entran* indoctos o incrédulos, ¿no ... 1525
14.24 profetizan, y *entra* algún incrédulo o ... 1525
15.21 cuanto la muerte *entró* por un hombre
2 Co 10.16 sin *entrar* en la obra de otro para ... 1519
Gá 2.4 falsos hermanos...*entraban* para espiar ... 3922
He 3.11 juré en...ira: No *entrarán* en mi reposo ... 1525
3.18 juró que no *entrarían* en su reposo, sino ... 1525
3.19 vemos que no pudieron *entrar* a causa de ... 1525
4.1 aún la promesa de *entrar* en su reposo ... 1525
4.3 que hemos creído *entramos* en el reposo ... 1525
4.3 juré en mi ira, no *entrarán* en mi reposo ... 1525
4.5 otra vez aquí: No *entrarán* en mi reposo ... 1525
4.6 puesto que falta que algunos *entren* en él ... 1525
4.6 no *entraron* por causa de desobediencia ... 1525
4.10 porque el que ha *entrado* en su reposo ... 1525
4.11 procuremos, pues, *entrar* en aquel reposo ... 1525
6.20 Jesús *entró* por nosotros como precursor ... 1525
9.6 *entran* los sacerdotes continuamente para ... 1524
9.12 *entró* una vez para siempre en el lugar ... 1525
9.24 porque no *entró* Cristo en el santuario ... 1525
9.25 no...como *entra* el sumo sacerdote en el ... 1525
10.5 *entrando* en el mundo dice: Sacrificio y ... 1525
10.19 teniendo libertad para *entrar* en el ... 1529
Stg 2.2 si...*entra* un hombre con anillo de oro ... 1525
2.2 *entra* un pobre con vestido andrajoso ... 1525
5.4 los clamores de...han *entrado* en los oídos ... 1525
Jud 4 hombres han *entrado* encubiertamente, los ... 3921
Ap 3.20 **oye mi voz y abre la puerta, *entraré*** ... 1525
11.11 *entró* en ellos el espíritu de vida ... 1525
15.8 nadie podía *entrar* en el templo hasta ... 1525
21.27 no *entrará* en ella...ninguna cosa inmunda ... 1525
22.14 *entrar* por las puertas en la ciudad ... 1525

ENTRE *Véase el Apéndice*

ENTREGADOR
Hch 7.52 ahora habéis sido *e* y matadores ... 4273

ENTREGAR
Gn 9.2 todos...en vuestra mano son *entregados* ... 5414
14.20 que *entregó* tus enemigos en tu mano ... 4042
21.14 le *entregó* el muchacho, y la despidió ... 5414
27.17 *entregó* los guisados y el pan...Jacob ... 5414
32.16 lo *entregó* a sus siervos, cada manada ... 5414
39.4 *entregó* en su poder todo lo que tenía ... 5414
39.22 *entregó* en mano de José el cuidado de ... 5414
42.37 *entrégalo* en mi mano...lo devolveré a ti ... 5414
Éx 5.18 y habéis de *entregar* la misma tarea ... 5414
Lv 20.27 o se *entregare* a la adivinación, ha
26.25 seréis *entregadas* en mano del enemigo ... 5414
Nm 5.8 *entregándola* al sacerdote, además del
14.8 él...nos la *entregará*; tierra que fluye ... 5414
21.2 si...*entregares* este pueblo en mi mano ... 5414
21.3 y Jehová escuchó...y *entregó* al cananeo ... 5414
21.34 en tu mano lo he *entregado*, a él y a ... 5414
Dt 1.8 yo os he *entregado* la tierra; entrad y ... 5414
1.21 tu Dios te ha *entregado* la tierra; sube ... 5414
1.27 para *entregarnos* en manos del amorreo ... 5414
2.24 he *entregado* en tu mano a Sehón rey de ... 5414
2.30 su corazón para *entregarlo* en tu mano ... 5414
2.31 he comenzado a *entregar*...a Sehón y a su ... 5414
2.33 Dios lo *entregó* delante de nosotros; y ... 5414
2.36 *entregó* Jehová...Dios en nuestro poder ... 5414
3.2 he *entregado* a él y a todo su pueblo, con ... 5414
3.3 Dios *entregó*...en nuestra mano a Og rey ... 5414
7.2 tu Dios las haya *entregado* delante de ti ... 5414
7.23 Dios las *entregará* delante de ti, y él ... 5414
7.24 él *entregará* sus reyes en tu mano, y tú ... 5414
19.12 lo *entregarán* en mano del vengador de ... 5414
20.13 Jehová tu Dios la *entregue* en tu mano ... 5414
20.14 tus enemigos...Jehová tu Dios te *entregó* ... 5414
21.10 y Jehová tu Dios los *entregare* en tu ... 5414
23.14 *entregar* a tus enemigos delante de ti ... 5337
23.15 no *entregarás* a su señor el siervo que ... 5462
24.1 le escribirá carta...y se la *entregará* en ... 5414
24.3 le escribiere carta...y se la *entregare* ... 5414
24.10 *entregares* a tu prójimo alguna cosa ... 5383
28.25 Jehová te *entregará* derrotado delante ... 5414
28.32 hijas serán *entregados* a otro pueblo ... 5414
31.5 los *entregará* Jehová delante de vosotros ... 5414
32.30 si...y Jehová no los hubiera *entregado*? ... 5462
Jos 1.3 os he *entregado*, como lo había dicho ... 5414
2.24 Jehová ha *entregado* toda la tierra en ... 5414
6.2 yo he *entregado* en tu mano a Jericó y a ... 5414
6.16 porque Jehová os ha *entregado* la ciudad ... 5414
7.7 *entregarnos* en las manos de los amorreos ... 5414
8.1 yo he *entregado* en tu mano al rey de Hai ... 5414
8.7 vuestro Dios la *entregará* en vuestras ... 5414
8.18 Hai, porque yo la *entregaré* en tu mano ... 5414
10.8 porque yo los he *entregado* en tu mano ... 5414
10.12 día en que Jehová *entregó* al amorreo ... 5414
10.19 Dios los ha *entregado* en vuestra mano ... 5414
10.30 Jehová la *entregó*...en manos de Israel ... 5414
10.32 *entregó* a Laquis en mano de Israel, y ... 5414
11.6 mañana...yo *entregaré* a todos...muertos ... 5414
11.8 los *entregó* Jehová en manos de Israel ... 5414
11.23 la *entregó* Josué a los israelitas por ... 5414
19.51 heredades que...*entregaron* por suerte ... 5157
20.5 no *entregarán* en su mano al homicida ... 5462
21.44 Jehová *entregó* en sus manos a todos ... 5414
24.8,11 yo los *entregué* en vuestras manos ... 5414
Jue 1.2 he *entregado* la tierra en sus manos ... 5414
1.4 Jehová *entregó* en sus manos al cananeo ... 5414
2.14 los *entregó* en manos de robadores que ... 5414
2.23 dejó...y no las *entregó* en mano de Josué ... 5414
3.10 Jehová *entregó* en su...a Cusan-risataim ... 5414
3.17 *entregó* el presente a Eglón rey de Moab ... 7126
3.18 y luego que hubo *entregado* el presente ... 7126
3.28 Jehová ha *entregado*...en vuestras manos ... 5414
4.7 a Sísara...y lo *entregaré* en tus manos? ... 5414
4.14 día en que Jehová ha *entregado* a Sísara ... 5414
6.1 y Jehová los *entregó* en mano de Madián ... 5414
6.13 ahora Jehová...nos ha *entregado* en mano ... 5414
7.2 para que yo *entregue* a los madianitas ... 5414
7.7 *entregaré* a los madianitas en tus manos ... 5414
7.9 levántate...lo he *entregado* en tus manos ... 5414
7.14 Dios ha *entregado* en sus manos a los ... 5414
7.15 ha *entregado* el campamento de Madián en ... 5414
8.3 Dios ha *entregado* en...manos a Oreb y a ... 5414
8.7 Jehová haya *entregado* en mi mano a Zeba ... 5414
10.7 y los *entregó* en mano de los filisteos ... 4376
11.9 y Jehová los *entregare* delante de mí ... 5414
11.21 *entrego* a Sehón y a todo su pueblo en ... 5414
11.30 si *entregares*...amonitas en mis manos ... 5414

11.32 Amón...y Jehová los *entregó* en su mano 5414
12.3 contra...Amón, y Jehová me los *entregó* 5414
13.1 los *entregó* en mano de los filisteos por 5414
15.12 y *entregarte* en mano de los filisteos 5414
15.13 te *entregaremos* en sus manos; mas no 5414
16.23,24 dios *entregó* en nuestras manos a 5414
18.10 Dios la ha *entregado* en vuestras manos...... 5414
20.13 *entregad*...a aquellos hombres perversos 5414
20.28 subid, porque mañana...os los *entregaré* 5414
1 S 14.10 Jehová los ha *entregado* en nuestras......... 5414
14.12 los ha *entregado* en manos de Israel.......... 5414
14.37 ¿los *entregarás* en mano de Israel? 5414
17.46 Jehová te *entregará* hoy en mi mano, y 5462
17.47 y él os *entregará* en nuestras manos.......... 5414
18.27 prepucios y los *entregó* todos al rey 4390
23.4 *entregaré* en tus manos a los filisteos 5414
23.7 dijo...Dios lo ha *entregado* en mi mano........ 5234
23.11,12 ¿me *entregarán* los vecinos de Keila 5462
23.12 y Jehová respondió: Os *entregarán*........... 5462
23.14 pero Dios no lo *entregó* en sus manos 5414
23.20 lo *entregaremos* en la mano del rey........... 5462
24.4 aquí que *entrego* a tu enemigo en tu mano..... 5414
24.18 habiéndome *entregado* Jehová en tu mano ... 5462
26.8 hoy ha *entregado* Dios a tu enemigo en........ 5462
26.23 Jehová te había *entregado* hoy en mi 5414
28.19 *entregará* a Israel...e...al ejército de 5414
30.15 ni me *entregarás* en mano de mi amo......... 5462
30.23 y ha *entregado* en nuestra mano a los 5414
2 S 3.8 no te he *entregado* en mano de David 4672
5.19 consultó...¿Los *entregarás* en mi mano?....... 5414
5.19 vé...*entregaré* a los filisteos en tu mano 5414
10.10 *entregó* luego el resto del ejército en 5414
14.7 *entrega* al que mató a su hermano, para........ 5414
16.8 Jehová ha *entregado* el reino en mano de 5414
18.28 ha *entregado* a los hombres que habían 5462
20.21 *entregad* a ése...y me iré de la ciudad 5414
21.9 los *entregó* en manos de los gabaonitas......... 5414
1 R 8.46 y los *entregares* delante del enemigo 5414
9.7 la faz de la tierra que les he *entregado* 5414
11.11 el reino, y lo *entregaré* a tu siervo 5414
11.38 edificaré...y yo te *entregaré* a Israel.......... 5414
13.26 tanto, Jehová le ha *entregado* al león......... 5414
14.8 rompí el reino...y te lo *entregué* a ti 5414
14.16 *entregará* a Israel por los pecados de 5414
15.18 tesoros...los *entregó* a sus siervos, y.......... 5414
18.9 *entregues* a tu siervo en mano de Acab 5414
20.13 te la *entregaré* hoy en tu mano, para 5414
20.28 yo *entregaré* toda esta gran multitud 5414
22.6,12,15 Jehová la *entregará* en mano del rey..... 5414
2 R 3.3 se *entregó* a los pecados de Jeroboam 1692
3.10,13 *entregarlos* en manos de los moabitas 5414
3.18 *entregaré* también a los moabitas en 5414
12.15 en cuyas manos el dinero era *entregado*...... 5414
13.3 *entregó* en mano de Hazael rey de Siria 5414
17.17 se *entregaron* a hacer lo malo ante los 4376
17.20 y los *entregó* en manos de saqueadores 5414
18.30 esta ciudad no será *entregada* en mano 5414
19.10 decir: Jerusalén no será *entregada* en......... 5414
21.14 lo *entregaré* en manos de sus enemigos........ 5414
22.5 lo *entreguen* a los que hacen la obra de........ 5414
22.9 el dinero...han *entregado* en poder de los..... 5414
1 Cr 12.17 si es para *entregarme* a mis enemigos 7411
14.10 consulté a Dios...¿Los *entregarás* en mi 5414
14.10 porque yo los *entregaré* en tus manos 5414
22.18 él ha *entregado*...moradores de la tierra 5414
2 Cr 6.36 *entregares* delante de sus enemigos.......... 5414
12.10 los *entregó* a los jefes de la guardia........... 6485
13.16 huyeron...Dios los *entregó* en sus manos...... 5414
16.8 en Jehová, él los *entregó* en tus manos......... 5414
18.5 sube...Dios los *entregará* en mano del rey..... 5414
18.11 Jehová la *entregará* en mano del rey 5414
18.14 pues serán *entregados* en vuestras manos.... 5414
24.24 Jehová *entregó* en sus manos un ejército 5414
25.20 Dios...los quería *entregar* en manos de 5414
28.5 Dios lo *entregó* en mano del rey de los......... 5414
28.5 *entregado* en manos del rey de Israel.......... 5414
28.9 los ha *entregado* en vuestras manos; y......... 5414
29.8 la ira...y los ha *entregado* a turbación.......... 5414
30.7 rebelaron...él los *entregó* a desolación 5414
32.11 para *entregaros* a muerte, a hambre y a...... 5414
33.8 Israel de la tierra que yo *entregué* a 5975
34.10 *entregaron* en mano de los que hacían 5414
34.17 han *entregado* en mano de los encargados ... 5414
36.17 los caldeos...los *entregó* en sus manos 5414
Esd 5.12 los *entregó* en mano de Nabucodonosor 3052
5.14 fueron *entregados* a Sesbasar, a quien 3052
7.19 utensilios que te son *entregados* para el 8000
8.34 por cuenta y por peso se *entregó* todo
8.36 *entregaron* los despachos del rey a sus 5414
9.7 hemos sido *entregados* en manos de los......... 5414
Neh 4.4 *entrégalos* por despojo en la tierra............ 5414
9.24 los cuales *entregaste* en su mano, y a 5414
9.27 los *entregaste* en mano de sus enemigos 5414
9.30 los *entregaste* en mano de los pueblos 5414
9.35 tierra...que *entregaste* delante de ellos 5414
Job 9.24 tierra es *entregada* en manos...impíos 5414
16.11 me ha *entregado* Dios al mentiroso, y 5462
31.30 ni aun *entregué* al pecado mi lengua 5414
Sal 27.12 no me *entregues* a...de mis enemigos......... 5414
31.8 no me *entregaste* en mano del enemigo........ 5462
41.2 no lo *entregarás* a la...de sus enemigos........ 5414
44.11 nos *entregas* como ovejas al matadero 5414
74.19 no *entregues* a las fieras el alma de........... 5414
78.48 *entregó* al pedrisco sus bestias, y sus 5462
78.50 sino...*entregó* su vida a la mortandad......... 5462
78.61 y *entregó* a cautiverio su poderío, y........... 5414
78.62 *entregó* también su pueblo a la espada 5462
106.14 se *entregaron* a un deseo desordenado
106.41 los *entregó* en poder de las naciones 5414
118.18 JAH, mas no me *entregó* a la muerte 5414
Pr 4.9 dará...corona de hermosura te *entregará* 4042
6.31 pero...*entregará* todo el haber de su casa 5414
Cnt 8.11 una viña...la cual *entregó* a guardas 5414
Is 16.3 no *entregues* a los que andan errantes 1540
19.4 y *entregaré* a Egipto en manos de señor 5534
22.21 *entregaré* en sus manos tu potestad; y 5414
34.2 destruirá y las *entregará* al matadero 5414
36.15 no será *entregada* esta ciudad en manos 5414
37.10 Jerusalén no será *entregada* en mano del 5414
37.19 *entregaron* los dioses de ellos al fuego........ 5414
41.2 *entregó* delante de él naciones...reyes.......... 5414
41.2 los *entregó* a su espada como polvo, como 5414
42.24 y *entregó* a Israel a saqueadores? ¿No........ 5414
47.6 mi heredad, y los *entregué* en tu mano......... 5414
Jer 4.13 porque *entregados* somos a despojo!
12.7 *entregado* lo que amaba mi alma en mano..... 5414
15.4 los *entregaré* para terror a todos los........... 5414
15.9 lo que de ella quede, lo *entregaré* a la.......... 5414
15.13 tus tesoros *entregaré* a la rapiña sin.......... 5414
17.3 todos tus tesoros *entregaré* al pillaje........... 5414
18.21 por tanto, *entrega* sus hijos a hambre 5414
20.4 a todo Judá *entregaré* en manos del rey 5414
20.5 *entregaré*...la riqueza de esta ciudad........... 5414
21.7 *entregaré* a Sedequías rey de Judá, a sus 5414
21.10 en mano del rey de...será *entregada*, y......... 5414
22.25 te *entregaré* en mano de los que buscan 5414
25.31 *entregará* los impíos a espada, dice............ 5414
26.24 que no lo *entregasen* en las manos del 5414
29.21 *entrego* yo en mano de Nabucodonosor 5414
32.3 *entrego* esta ciudad en mano del rey de......... 5414
32.4 *entregado* en mano del rey de Babilonia......... 5414
32.24 la ciudad va a ser *entregada* en mano 5414
32.25 ciudad sea *entregada* en manos de los......... 5414
32.28 voy a *entregar* esta ciudad en mano de 5414
32.36 *entregada* será en mano del...a espada 5414
32.43 es *entregada* en mano de los caldeos 5414
34.2 aquí yo *entregaré* esta ciudad al rey de 5414
34.3 en su mano serás *entregado*; y tus ojos 5414
34.18 *entregaré* a...hombres que traspasaron 5414
34.20,21 *entregaré* en mano de sus enemigos 5414
37.17 en mano del rey de...serás *entregado* 5414
38.3 *entregada* esta ciudad en manos del rey 5414
38.16 ni te *entregaré* en mano de...varones 5414
38.17 si te *entregas*...a los príncipes del rey 3318
38.18 pero si no te *entregas*...será *entregada*.. 3318,5414
38.19 no sea que me *entreguen* en sus manos........ 5414
38.20 no te *entregarán*. Oye ahora la voz de 5414
38.21 si no quieres *entregarte*, esta es la 3318
39.14 tomaron a Jeremías...y lo *entregaron* a 5414
39.17 libraré...y no serás *entregado* en manos 5414
43.3 para *entregarnos* en manos de los caldeos...... 5414
44.30 *entrego* a Faraón Hofra rey de Egipto 5414
44.30 como *entregué* a Sedequías rey de Judá 5414
46.24 *entregada* será en manos del pueblo del...... 5414
46.26 *entregaré* en mano de los que buscan su...... 5414
Lm 1.14 me ha *entregado* el Señor en manos 5414
2.7 ha *entregado* en mano del enemigo...muros.... 5462
3.65 *entrégalos* al endurecimiento de corazón....... 5414
Ez 7.21 en mano de extraños la *entregué* para.......... 5414
11.9 y os *entregaré* en manos de extraños, y 5414
16.27 te *entregué* a la voluntad de las hijas 5414
16.39 y te *entregaré* en manos de ellos; y........... 5414
21.11 para *entregarla* en mano del matador......... 5414
21.24 cuanto...seréis *entregados* en su mano........ 8610
21.27 que venga aquel...y yo se lo *entregaré*......... 5414
21.31 y te *entregaré* en mano de...temerarios 5414
23.9 la *entregué* en mano de sus amantes, en......... 5414
23.28 yo te *entrego* en mano de aquellos que 5414
23.46 las *entregaré* a turbación y a rapiña........... 5414
25.4 te *entrego* por heredad a los orientales 5414
25.7 te *entregaré* a las...para ser saqueada 5414
25.10 la *entregaré* por heredad, para que no 5414
30.12 *entregaré* la tierra en manos de malos........ 4376
31.11 yo lo *entregaré* en manos del poderoso 5414
32.20 a la espada es *entregada*; traedlo a él 5414
33.27 *entregaré* a las fieras...que lo devoren 5414
35.5 y *entregaste* a los hijos de Israel al............. 5064
39.23 los *entregué* en manos de sus enemigos 5414
Dn 1.2 el Señor *entregó* en sus manos a Joacim 5414
2.38 él los ha *entregado* en tu mano, y te ha 3052
3.28 *entregaron* sus cuerpos antes que servir........ 3052
7.11 cuerpo fue...*entregado* para ser quemado 3052
7.25 serán *entregados* en su mano hasta tiempo.... 3052
8.12 le fue *entregado* el ejército junto con 5414
8.13 *entregando* el santuario y el ejército............ 5414
11.6 porque será *entregada* ella y los que la 5414
11.11 toda aquella multitud será *entregada* en...... 5414
Os 11.8 oh Efraín? ¿Te *entregaré* yo, Israel? 4042
Jl 2.17 y no *entregues* al oprobio tu heredad 5414
Am 1.6 llevó cautivo...para *entregarlo* a Edom 5462
1.9 *entregaron* a...un pueblo cautivo a Edom....... 5462
6.7 duelo de los que se *entregan* a...placeres 5628
6.8 *entregaré* al enemigo la ciudad y cuanto........ 5462
Abd 14 haber *entregado* a los que quedaban en 5462
Mi 6.14 lo que salvares, lo *entregaré* yo a la 6403
Zac 11.6 *entregaré* los hombres cada cual en 4672
Mt 5.25 **no sea que...te *entregue* al juez, y el** *3860*
10.4 y Judas Iscariote...también le *entregó* *3860*
10.17 **porque os *entregarán* a los concilios** *3860*
10.19 **cuando os *entreguen*, no os preocupéis** *3860*
10.21 **el hermano *entregará* a la muerte al** *3860*
11.27 **todas las cosas me fueron *entregadas*** *3860*
17.22 **el Hijo del Hombre será *entregado* en** *3860*
18.34 **le *entregó* a los verdugos, hasta que** *3860*
20.18 **y el Hijo del Hombre será *entregado* a**......... *3860*
20.19 **le *entregarán* a los gentiles para que** *3860*
24.9 ***entregarán* a tribulación, y os matarán**......... *3860*
24.10 **y se *entregarán* unos a otros, y unos** *3860*
25.14 **llamó a sus siervos y les *entregó* sus**.......... *3860*
25.20 **señor, cinco talentos me *entregaste***............ *3860*
25.22 **señor, dos talentos me *entregaste*; aquí** *3860*
26.2 **el Hijo del Hombre será *entregado* para** *3860*
26.15 me queréis dar, y yo os lo *entregaré*? *3860*
26.16 buscaba oportunidad para *entregarle* *3860*
26.21 **que uno de vosotros me va a *entregar*** *3860*
26.23 **el que mete la mano...me va a *entregar*** *3860*
26.24 **¡ay de aquél...por quien...es *entregado*!** *3860*
26.25 le *entregaba*, dijo: ¿Soy yo, Maestro?........... *3860*
26.45 **Hijo del Hombre es *entregado* en manos**....... *3860*
26.46 **vamos; ved, se acerca el que me *entrega*** *3860*
26.48 que le *entregaba* les había dado señal *3860*
26.59 falso testimonio...para *entregarle* a la.......... *2289*
27.1 contra Jesús, para *entregarle* a muerte *2289*
27.2 atado, y le *entregaron* a Poncio Pilato........... *3860*
27.3 Judas...que le había *entregado*, viendo *3860*
27.4 yo he pecado *entregando* sangre inocente *3860*
27.18 que por envidia le habían *entregado*............ *3860*
27.26 a Jesús...*entregó* para ser crucificado........... *3860*
27.50 clamado a gran voz, *entregó* el espíritu *863*
Mr 3.19 y Judas Iscariote, el que le *entregó* *3860*
9.31; 10.33 **el Hijo del Hombre será *entregado*** *3860*
10.33 **muerte, y le *entregarán* a los gentiles**........ *3860*
13.9 **porque os *entregarán* a los concilios, y** *3860*
13.11 **cuando os trajeren para *entregaros*, no** *3860*
13.12 **el hermano *entregará* a la...al hermano** *3860*
14.10 fue a los...sacerdotes para *entregárselo* *3860*
14.11 buscaba oportunidad para *entregarle* *1325*
14.18 **que uno de vosotros...me va a *entregar*** *3860*
14.21 **¡ay de aquel...por quien...es *entregado*!** *3860*
14.41 **aquí, el Hijo del Hombre es *entregado*** *3860*
14.42 **he aquí, se acerca el que me *entrega*** *3860*
14.44 y el que le *entregaba* les había dado *3860*
14.55 buscaban testimonio...para *entregarle* *2289*
15.1 a Jesús atado, y le *entregaron* a Pilato *3860*
15.10 que por envidia le habían *entregado*............. *3860*
15.15 *entregó* a Jesús, después de azotarle............ *3860*
Lc 4.6 porque a mí me ha sido *entregada*, y a *3860*
9.44 **que el Hijo del Hombre será *entregado*** *3860*
10.22 **las cosas me fueron *entregadas* por mí** *3860*
12.58 **el juez te *entregue* al alguacil, y el**............ *3860*
18.32 **pues será *entregado* a los gentiles, y** *3860*
20.20 para *entregarle* al poder y autoridad *3860*
21.12 **os *entregarán* a las sinagogas y a las** *3860*
21.16 ***entregados* aun por vuestros padres, y** *3860*
22.4 fue y habló...de cómo se lo *entregaría* *3860*
22.6 buscaba...oportunidad para *entregárselo* *3860*
22.21 **mano del que me *entrega* está conmigo** *3860*
22.22 **¡ay de aquel...por quien es *entregado*!** *3860*
22.48 **un beso *entregas* al Hijo del Hombre?** *3860*
23.25 *entregó* a Jesús a la voluntad de ellos........... *3860*
24.7 es necesario que el Hijo...sea *entregado*......... *3860*
24.20 y cómo le *entregaron* los principales............ *3860*
Jn 3.35 y todas las cosas ha *entregado* en su *1325*
6.64 Jesús sabía...quién le había de *entregar*......... *3860*
6.71 era el que le iba a *entregar*, y era uno *3860*
12.4 y dijo uno...el que le había de *entregar* *3860*
13.2 puesto en el corazón...que le *entregase*......... *3860*
13.11 sabía quién le iba a *entregar*, por eso........... *3860*
13.21 **que uno de vosotros me va a *entregar*** *3860*
18.2 que le *entregaba*, conocía aquel lugar *3860*
18.5 con ellos Judas, el que le *entregaba* *3860*
18.30 no fuera...no te lo habríamos *entregado* *3860*
18.35 te han *entregado* a mí...¿Qué has hecho?....... *3860*
18.36 **para que yo no fuera *entregado* a los**......... *3860*
19.11 **que me ha *entregado*, mayor pecado tiene**.... *3860*
19.16 entonces lo *entregó* a ellos para que *3860*
19.30 **consumado es. Y...*entregó* el espíritu** *3860*
21.20 ¿quién es el que te ha de *entregar*? *3860*
Hch 2.23 *entregado* por el determinado consejo *1560*
3.13 quien vosotros *entregasteis* y negasteis *3860*
7.42 y los *entregó* a que rindiesen culto al *3860*
8.3 a mujeres, y los *entregaba* en la cárcel........... *3860*
12.4 *entregándole* a cuatro grupos de cuatro *3860*
15.30 reuniendo a la...*entregaron* la carta *1929*
16.4 *entregaban* las ordenanzas que habían......... *3860*
17.16 enardecía viendo la ciudad *entregada*
18.5 Pablo estaba *entregado* por entero a la.......... *4912*
21.11 le *entregarán* en manos de los gentiles *3860*
22.4 y *entregando* en cárceles a hombres y *3860*
25.11 acusan, nadie puede *entregarme* a ellos *5483*
25.16 no es costumbre...*entregar* alguno a la.......... *5483*
27.1 *entregaron* a Pablo y a...a un centurión *3860*
28.16 Roma, el centurión *entregó* los presos *3860*
28.17 sido *entregado* preso desde Jerusalén *3860*
Ro 1.24 Dios los *entregó* a la inmundicia, en *3860*
1.26 Dios los *entregó* a pasiones vergonzosas......... *3860*
1.28 Dios los *entregó* a una mente reprobada......... *3860*
4.25 *entregado* por nuestras transgresiones *3860*
6.17 doctrina a la cual fuisteis *entregados* *3860*
8.32 no escatimó...Hijo, sino que lo *entregó*........... *3860*
15.28 cuando...les haya *entregado* este fruto *4972*
1 Co 5.5 el tal sea *entregado* a Satanás para.............. *3860*
11.2 instrucciones tal como os las *entregué* *3860*
11.23 la noche que fue *entregado*, tomó pan *3860*
13.3 *entregase* mi cuerpo para ser quemado *3860*
15.24 fin, cuando *entregue* el reino al Dios y *3860*
2 Co 4.11 *entregados* a muerte por causa de............. *3860*
Gá 2.20 me amó y se *entregó* a sí mismo por mí *3860*
Ef 4.19 *entregaron* a la lascivia para cometer............ *3860*
5.2 amó...y se *entregó* a sí mismo por nosotros....... *3860*
5.25 amó a...y se *entregó* a sí mismo por ella.......... *3860*
1 Ts 2.8 *entregaros* no sólo el evangelio de............. *3330*
1 Ti 1.20 a quienes *entregué* a Satanás para *3860*

5.6 pero la que se *entrega* a los placeres 4684
2 P 2.4 los *entregó* a prisiones de oscuridad 3860
Ap 3.9 **entrego... a los que se dicen ser judíos** 1325
11.2 porque ha sido *entregado* a los gentiles 1325
17.13 *entregarán* su poder y su... a la bestia 1239
20.13 el mar *entregó* los muertos que había 1325
20.13 y el Hades *entregaron* los muertos que 1325

ENTREMETER
Pr 14.10 y extraño no se *entremeterá* en su 6148
18.1 desvía, y se *entremete* en todo negocio 1566
20.19 no te *entremetas*, pues, con el suelto 6148
22.24 no te *entremetas* con el iracundo, ni 7462
24.19 no te *entremetas* con los malignos, ni 2734
24.21 no te *entremetas* con los veleidosos 6148
Col 2.18 *entremetiéndose* en lo que no ha visto 1687
2 Ts 3.11 sino *entremetiéndose* en lo ajeno
1 P 4.15 padezca... *entremeterse* en lo ajeno 244

ENTREMETIDA
1 Ti 5.13 y *e*, hablando lo que no debieran 4021

ENTRESACAR
2 S 10.9 *entresacó* de todos los escogidos de 977
Jer 15.19 *entresacares* lo precioso de lo vil 3318

ENTRETANTO
Gn 43.25 ellos prepararon el presente *e* que 5704
Éx 1.8 *e*, se levantó sobre Egipto un nuevo
Nm 10.21 y *e* que ellos llegaban, los 5704

ENTRETEJER
Job 8.17 se van *entretejiendo* sus raíces junto 5440
40.17 los nervios de sus... están *entretejidos* 8276
Sal 139.15 y *entretejido* en lo más profundo de 7551
Nah 1.10 aunque sean como espinos *entretejidos* 5440
Jn 19.2 *entretejieron* una corona de espinas 4120

ENTRETENER
Lm 1.11 cosas preciosas, para *entretener* la 7725
1.19 buscando comida... con que *entretener* su 7725
2 Ts 3.11 no... sino *entreteniéndose* en lo ajeno 4020

ENTRISTECER
Gn 34.7 se *entristecieron* los varones, y se 6087
45.5 pues, no os *entristezcáis*, ni os pese 6087
1 S 1.6 rival la irritaba... *entristeciéndola* 7481
20.3 no sepa esto... para que no se *entristezca* 6087
2 S 6.8 se *entristeció* David por haber herido 2734
1 R 1.6 su padre nunca le había *entristecido* 6087
Esd 10.6 se *entristeció* a causa del pecado de 56
Neh 8.9 día santo es a... no os *entristezcáis* 56
8.10 no os *entristezcáis*, porque el gozo de 6087
8.11 diciendo: Callad... no os *entristezcáis* 6087
Job 14.22 dolerá, y se *entristecerá* en él su 56
30.25 se *entristeció* sobre el menesteroso? 5701
Is 3.26 puertas se *entristecerán* y enlutarán 578
19.8 los pescadores... se *entristecerán*; harán 578
19.10 se *entristecerán* todos los que hacen 1792
Jer 15.5 ¿quién se *entristecerá* por tu causa 5110
31.25 y saciaré a toda alma *entristecida* 1669
Lm 3.33 aflije ni *entristece* voluntariamente 3013
5.17 esto fue *entristecido* nuestro corazón 1739
Ez 13.22 *entristecisteis*... corazón del justo 3512
13.22 corazón del... al cual yo no *entristecí* 3510
32.9 y *entristeceré* el corazón de... pueblos 3707
Mt 14.9 el rey se *entristeció*; pero a causa 3076
17.23 **ellos se entristecieron en gran manera** 3076
18.31 **consiervos... se entristecieron mucho, y** 3076
26.22 *entristecidos*... decirle: ¿Soy yo, Señor? 3076
26.37 comenzó a *entristecerse*... gran manera 3076
Mr 3.5 *entristecido* por la dureza... corazones 4818
6.26 y el rey se *entristeció* mucho; pero a 4036
14.19 ellos comenzaron a *entristecerse*, y a 3076
14.33 y a Juan, y comenzó a *entristecerse* y 85
Lc 18.24 **Jesús... se había entristecido mucho** 4036
Jn 21.17 **se entristeció de que le dijese la** 3076
2 Co 6.10 *entristecidos*, mas siempre gozosos 3076
1 Ts 4.13 no os *entristezcáis* como los otros 3076

ENTURBIAR
Ez 32.2 y *enturbiabas* las aguas con tus pies 1804
32.13 ni más las *enturbiará* pie de hombre 1804
32.13 ni pezuña de bestia las *enturbiará* 1804
34.18 *enturbiáis*... con vuestros pies las que 7515
34.19 y beben lo que con... habéis *enturbiado* 4833

ENUMERAR
Sal 40.5 y tus pensamientos... no... *enumerados* 5608
139.18 si los *enumero*, se multiplican más que 5608

ENVAINAR
Ez 21.5 saqué mi espada... no la *envainaré* más 7725

ENVANECER
Dt 32.27 que se *envanezcan* sus adversarios 5234
2 R 14.10 corazón se ha *envanecido*; glORíate 5375
Sal 62.10 no os *envanezcáis*; si se aumentan 1891
131.1 no se ha *envanecido* mi corazón, ni mis 1361
Jer 13.15 no os *envanezcáis*, pues Jehová ha 1361
Ro 1.21 se *envanecieron* en sus razonamientos 3154
1 Co 4.6 no... os *envanezcáis* unos contra otros 5448
4.18 algunos están *envanecidos*, como si yo 5448
4.19 el poder de los que andan *envanecidos* 5448
5.2 y vosotros... *envanecidos*. ¿No debierais 5448
8.1 el conocimiento *envanece*, pero el amor 5448
13.4 el amor no tiene envidia... no se *envanece* 5448
1 Ti 3.6 no sea que *envaneciéndose* caiga en 5187
6.4 está *envanecido*, nada sabe, y delira 5187

ENVEJECER
Gn 18.12 ¿después que he *envejecido*... deleite? 1086
27.1 aconteció que cuando Isaac *envejeció* 2204
Dt 4.25 y hayáis *envejecido* en la tierra, si 3462
8.4 tu vestido nunca se *envejeció* sobre ti 1086
29.5 vuestros vestidos no se han *envejecido* 1086
29.5 ni vuestro calzado se ha *envejecido* 1086
1 S 8.1 que habiendo Samuel *envejecido*, puso 2204
8.5 tú has *envejecido*, y tus hijos no andan 2204
2 Cr 24.15 Joiada *envejeció*, y murió lleno de 2204
Neh 9.21 sus vestidos no se *envejecieron*, ni 1086
Job 14.8 si se *envejeciere* en la tierra su raíz 2204
21.7 ¿por qué viven... impíos, y se *envejecen* 6275
Sal 6.7 se han *envejecido* a causa de todos mis 6275
32.3 callé, se *envejecieron* mis huesos en mi 1086
37.25 joven fui, y he *envejecido*, y no he 2204
102.26 como una vestidura se *envejecerán* 1086
Pr 23.22 cuando tu madre *envejeciere*, no la 2204
Is 50.9 se *envejecerán* como ropa de vestir 1086
51.6 y la tierra se *envejecerá* como ropa de 1086
Lm 3.4 hizo *envejecer* mi carne y mi piel 1086
Ez 23.43 dije... de la *envejecida* en adulterios 1087
Lc 12.33 **haceos bolsas que no se envejezcan** 3822
He 1.11 ellos se *envejecerán* como una vestidura 3822
8.13 se *envejece*, está próximo a desaparecer 1095

ENVIADO
Hag 1.13 entonces Hageo, *e* de Jehová, habló 4397
Jn 13.16 ni el *e* es mayor que el que le *envió* 652

ENVIAR
Gn 8.7 y *envió* un cuervo, el cual salió, y 7971
8.8 *envió* también de sí una paloma, para ver 7971
8.10 y volvió a *enviar* la paloma fuera del 7971
8.12 *envió* la paloma, la cual no volvió ya 7971
19.13 Jehová nos ha *enviado* para destruirlo 7971
19.29 y *envió* fuera a Lot de en medio de la 7971
20.2 y Abimelec rey de Gerar *envió* y tomó a 7971
24.7 él *enviará* su ángel delante de ti, y tú 7971
24.40 *enviará* su ángel contigo, y prosperará 7971
24.54 de mañana, dijo: *Enviadme* a mi señor 7971
25.6 y los *envió* lejos de Isaac... el oriente 7971
Gn 26.29 te hemos hecho bien, y te *enviamos* en 7971
27.42 y *envió* y llamó a Jacob su hijo menor 7971
27.45 *enviaré* entonces, y te traeré de allá 7971
28.5 así *envió* Isaac a Jacob, el cual fue a 7971
28.6 y le había *enviado* a Padan-aram, para 7971
30.25 dijo a Labán: *Envíame*, *e* iré a mi lugar 7971
31.4 *envió*, pues, Jacob, y llamó a Raquel y 7971
31.42 de cierto me *enviarías*... manos vacías 7971
32.3 *envió* Jacob mensajeros delante de sí a 7971
32.5 *envío* a decirlo a mi señor, para hallar 7971
32.18 es un presente... que *envía* a mi señor 7971
37.13 tus hermanos... ven, y te *enviaré* a ellos 7971
37.14 lo *envió* del valle de Hebrón, y llegó a 7971
37.32 y *enviaron* la túnica de colores y la 7971
38.17 yo te *enviaré* del ganado un cabrito de 7971
38.17 dame una prenda hasta que lo *envíes* 7971
38.20 y Judá *envió* el cabrito de las cabras 7971
38.23 yo he *enviado* este cabrito, y tú no la 7971
38.25 *envió* a decir a su suegro: Del varón 7971
41.8 *envió e* hizo llamar a todos los magos 7971
41.14 entonces Faraón *envió* y llamó a José 7971
42.4 Jacob no *envió* a Benjamín, hermano de 7971
42.16 *enviad* a uno de vosotros y traiga a 7971
43.4 *enviares* a nuestro hermano con nosotros 7971
43.5 pero si no le *enviares*, no descenderemos 7971
43.8 dijo a Israel... *Envía* al joven conmigo 7971
45.5 para preservación de vida me *envió* Dios 7971
45.7 Dios me *envió* delante de vosotros, para 7971
45.8 no me *enviasteis* acá vosotros, sino Dios 7971
45.23 a su padre *envió*... diez asnos cargados 7971
45.27 carros que José *enviaba* para llevarlo 7971
46.5 en los carros que Faraón había *enviado* 7971
46.28 y *envió* Jacob a Judá delante de sí a 7971
50.16 y *enviaron* a decir a José: Tu padre 6680
Éx 2.5 *envió* una criada suya a que la tomase 7971
3.10 ven, por tanto... y te *enviaré* a Faraón 7971
3.12 será por señal de que yo te he *enviado* 7971
3.13 Dios de vuestros padres me ha *enviado* 7971
3.14 así dirás... YO SOY me *envió* a vosotros 7971
3.15 Dios de Jacob, me ha *enviado* a vosotros 7971
4.13 *envía*... por medio del que debes *enviar* 7971
4.28 las palabras de Jehová que le *enviaba* 7971
5.22 y dijo: Señor... ¿para qué me *enviaste*? 7971
7.16 el Dios de los hebreos me ha *enviado* a ti 7971
8.21 *enviaré* sobre ti... toda clase de moscas 7971
9.7 Faraón *envió*, y he aquí que del ganado de 7971
9.14 yo *enviaré* esta vez todas mis plagas a 7971
9.19 *envía*... recoger tu ganado, y todo lo que 7971
9.27 entonces Faraón *envió* a llamar a Moisés 7971
11.10 no *envió* a los hijos de Israel fuera 7971
15.7 *enviaste* tu ira; los consumió como a 7971
15.26 ninguna enfermedad de las que *envié* a 7760
15.26 a los egipcios te *enviaré* a ti; porque 7760
18.2 tomó... Séfora... después que él la *envió* 7964
23.20 yo *envío* mi ángel delante... te guarde 7971
23.27 yo *enviaré* mi terror delante de ti, y 7971
23.28 *enviaré* delante de ti la avispa, que 7971
24.5 y *envió* jóvenes de los hijos de Israel 7971
33.2 y yo *enviaré* delante de ti el ángel, y 7971
33.12 no me has declarado a quién *enviarás* 7971
Lv 16.10 para *enviarlo* a Azazel al desierto 7971
16.21 lo *enviará* al desierto por mano de un 7971
25.21 os *enviaré* mi bendición el sexto año 6680
26.16 haré con... *enviaré* sobre vosotros terror 6485
26.22 *enviaré* también... bestias fieras que os 7971
26.25 yo *enviaré* pestilencia entre vosotros 7971
Nm 13.2 *envía* tú hombres que reconozcan la 7971
13.2 cada tribu de sus... *enviaréis* un varón 7971
13.3 Moisés los *envió* desde el desierto de 7971
13.16 los nombres de los... que Moisés *envió* 7971
13.17 los *envió*... Moisés a reconocer la tierra 7971
13.27 a la tierra a la cual nos *enviaste*, la 7971
14.36 que Moisés *envió* a reconocer la tierra 7971
16.12 *envió* Moisés a llamar a Datán y Abiram 7971
16.28 Jehová me ha *enviado* para que hiciese 7971
16.29 si como mueren... Jehová no me *envió* 7971
20.14 *envió* Moisés embajadores al... de Edom 7971
20.16 *envió* un ángel, y nos sacó de Egipto 7971
21.6 Jehová *envió* entre... serpientes ardientes 7971
21.21 *envió* Israel embajadores a Sehón rey 7971
21.32 *envió* Moisés a reconocer a Jazer; y 7971
22.5 *envió* mensajeros a Balaam hijo de Beor 7971
22.10 Balac... de Moab, ha *enviado* a decirme 7971
22.15 volvió Balac a *enviar*... más príncipes 7971
22.37 Balac, dijo... ¿No *envié* yo a llamarte? 7971
22.40 y Balac hizo matar bueyes... y *envió* a 7971
24.12 mensajeros que me *enviaste*, diciendo 7971
31.4 mil de cada tribu... de Israel, *enviaréis* 7971
31.6 Moisés los *envió*... mil de cada tribu *e* 7971
32.8 los *envié* desde Cades-barnea para que 7971
Dt 1.22 *enviemos*... nos reconozcan la tierra, y 7971
2.26 *envié* mensajeros desde el desierto de 7971
7.20 *enviará* Jehová tu... avispas sobre ellos 7971
9.23 y cuando... os *envió* desde Cades-barnea 7971
15.13 no le *enviarás* con las manos vacías 7971
15.18 no te parezca duro cuando le *enviares* 7971
19.12 los ancianos de su ciudad *enviarán* y lo 7971
28.8 Jehová te *enviará* su bendición sobre tus 6680
28.12 abrirá Jehová... el cielo, para *enviar* 5414
28.20 Jehová *enviará* contra ti la maldición 7971
28.48 servirás... enemigos que *enviare* Jehová 7971
28.61 toda plaga... la *enviará* sobre ti, hasta 5927
32.24 diente de fieras *enviaré* también sobre 7971
34.11 prodigios que Jehová le *envió* a hacer 7971
Jos 2.1 Josué... *envió* desde Sitim dos espías 7971
2.3 el rey de Jericó *envió* a decir a Rahab 7971
6.17 escondió a los mensajeros que *enviamos* 7971
6.25 los mensajeros que Josué había *enviado* 7971
7.2 Josué *envió* hombres desde Jericó a Hai 7971
7.22 Josué... *envió* mensajeros... a la tienda 7971
8.3 hombres fuertes... cuales *envió* de noche 7971
8.9 Josué los *envió*; y ellos se fueron a la 7971
10.3 Adonisedec rey de... *envió* a Hoham rey de 7971
10.6 de Gabaón *enviaron* a decir a Josué al 7971
11.1 cuando oyó esto Jabín rey... *envió* mensaje 7971
14.7 me *envió* de Cades-barnea a reconocer la 7971
14.11 fuerte como el día que Moisés me *envió* 7971
18.4 tres varones... para que yo los *envíe*, y 7971
22.7 de Manasés... *envió* Josué a sus tiendas 7971
22.13 *enviaron*... a Finees hijo del sacerdote 7971
24.5 *envié* a Moisés... Aarón, y herí a Egipto 7971
24.9 y *envió* a llamar a Balaam hijo de Beor 7971
24.12 *envié* delante de vosotros tábanos, los 7971
24.28 *envió* Josué al pueblo, cada uno a su 7971
Jue 3.15 *enviaron* con él un presente a Eglón 7971
4.6 y ella *envió* a llamar a Barac hijo de 7971
6.8 Jehová *envió*... un varón profeta, el cual 7971
6.14 salvarás a Israel de... ¿no te *envío* yo? 7971
6.35 y *envió*... por todo Manasés... e... a Aser, a 7971
7.8 *envió* a todos los israelitas... su tienda 7971
7.24 *envió* mensajeros por todo el monte de 7971
9.23 *envió* Dios un mal espíritu... Abimelec y 7971
9.31 *envió*... mensajeros a Abimelec, diciendo 7971
11.12 *envió* Jefté mensajeros al rey de los 7971
11.14 volvió a *enviar* otros mensajeros al rey 7971
11.17 Israel *envió* mensajeros al rey de Edom 7971
11.17 *envió*... al rey de Moab... tampoco quiso 7971
11.19 y envió Israel mensajeros a Sehón rey 7971
11.28 no atendió... razones que Jefté le *envió* 7971
13.8 aquel varón de Dios que *enviaste*, vuelva 7971
16.18 *envió* a llamar a los... de los filisteos 7971
18.2 *enviaron*... cinco hombres de entre ellos 7971
19.29 la *envió* por... el territorio de Israel 7971
20.6 la corté en... y la *envié* por todo... Israel 7971
20.12 las tribus de Israel *enviaron* varones 7971
21.10 la congregación *envió*... 12.000 hombres 7971
21.13 *envió*... hablar a los hijos de Benjamín 7971
1 S 4.4 y *envió* el pueblo a Silo, y trajeron 7971
5.10 *enviaron* el arca de Dios a Ecrón 7971
5.11 *enviaron*... los príncipes... *Enviad* el arca 7971
6.2 la hemos de volver a *enviar* a su lugar 7971
6.3 si *enviáis* el arca... no la *enviéis* vacía 7971
6.21 y *enviaron* mensajeros a los habitantes 7971
9.16 mañana... yo *enviaré* a ti un varón de la 7971
10.26 y *envió* Samuel a... cada uno a su casa 7971
11.3 para que *enviemos* mensajeros por todo 7971
11.7 y los *envió* por todo el territorio de 7971
12.8 padres clamaron... Jehová *envió* a Moisés 7971
12.11 Jehová *envió* a Jerobaal, a Barac, a 7971
13.2 *envió* al resto... cada uno a sus tiendas 7971
15.1 Jehová me *envió* a que te ungiese... rey 7971
15.18 Jehová te *envió* en misión y dijo: Vé 7971
15.20 y fui a la misión que Jehová me *envió* 7971
16.1 ven, te *enviaré* a Isaí de Belén, porque 7971
16.11 dijo Samuel... *Envía* por él, porque no 7971
16.12 *envió*, pues, por él, y le hizo entrar 7971
16.19 Saúl *envió* mensajeros a Isaí, diciendo 7971
16.19 *envíame* a David tu hijo, el que está 7971
16.20 y lo *envió* a Saúl por medio de David 7971
16.22 *envió* a decir a Isaí: Yo te ruego que 7971
18.5 salía... a dondequiera que Saúl le *enviaba* 7971
19.11 *envió* luego mensajeros a casa de David 7971
19.14 *envió* mensajeros para prender a David 7971
19.15 volvió Saúl a *enviar* mensajeros para 7971
19.20 Saúl *envió*... para que trajeran a David 7971
19.21 lo supo Saúl, *envió* otros mensajeros 7971
19.21 y Saúl volvió a *enviar*... por tercera vez 7971
20.12 día... *enviaré* a ti para hacértelo saber 7971
20.13 y te *enviare* para que te vayas en paz 7971

E

20.21 luego *enviaré* al criado, diciéndole: Vé 7971
20.22 si...vete, porque Jehová te ha *enviado* 7971
20.31 *envía*...y tráemelo, porque ha de morir 7971
21.2 nadie sepa...del asunto a que te *envío* 7971
22.11 el rey *envió* por el sacerdote Ahimelec 7971
25.5 *envió* David diez jóvenes y les dijo 7971
25.9 llegaron los jóvenes *enviados* por David
25.10 Nabal respondió a...*enviados* por David
25.12 los jóvenes que había *enviado* David se
25.14 David *envió* mensajeros del desierto que 7971
25.25 yo...no vi a los jóvenes que tú *enviaste* 7971
25.32 te *envió* para que hoy me encontrases 7971
25.39 *envió* David a hablar con Abigail, para 7971
25.40 David nos ha *enviado* a ti, para tomarte 7971
26.4 David, por tanto, *envió* espías, y supo 7971
26.12 sueño *enviado* por Jehová había caído
30.26 David...*envió* del botín a los ancianos 7971
30.27 lo *envió* a los que estaban en Bet-el
31.9 *enviaron* mensajeros por toda la tierra 7971
2 S 2.5 *envió* David mensajeros a los de Jabes 7971
3.12 *envió* Abner mensajeros a David de su 7971
3.14 *envió* David mensajeros a Is-boset hijo 7971
3.15 *envió* y se la quitó a su marido Paltiel 7971
3.26 Joab...*envió* mensajeros tras Abner, los 7971
5.11 Hiram rey de...*envió* embajadores a David 7971
8.10 *envió* Toi a Joram su hijo al rey David 7971
9.5 entonces *envió* el rey David, y le trajo 7971
10.2 y *envió* David...consolarlo por su padre 7971
10.3 por honrar...te ha *enviado* consoladores? 7971
10.3 ¿no ha *enviado* David sus...para reconocer 7971
10.5 saber esto a David, *envió* a encontrarles 7971
10.6 *enviaron*...y tomaron a sueldo a...sirios 7971
10.7 *envió* a Joab con todo el ejército de 7971
10.16 y *envió* Hadad-ezer *e* hizo salir a los 7971
11.1 *envió* a Joab, y con él a sus siervos y 7971
11.3 *envió* David a preguntar por aquella 7971
11.4 y *envió* David mensajeros, y la tomó 7971
11.5 concibió...*envió* a hacerlo saber a David 7971
11.6 entonces David *envió* a decir a Joab 7971
11.6 *envíame* a Urías heteo. Y Joab *envió* a 7971
11.8 le fue *enviado* presente de la mesa real 3318,310
11.14 carta, la cual *envió* por mano de Urías 7971
11.18 *envió* Joab *e* hizo saber a David todos 7971
11.22 aquello a que Joab le había *enviado* 7971
11.27 *envió* David y la trajo a su casa; y fue 7971
12.1 Jehová *envió* a Natán a David...le dijo 7971
12.25 y *envió* un mensaje por medio de Natán 7971
12.27 *envió* Joab mensajeros a David...Rabá 7971
13.7 David *envió* a Tamar a su casa, diciendo 7971
14.2 *envió* Joab a Tecoa, y tomó de allá una 7971
14.29 mandó...por Joab, para *enviarlo* al rey 7971
14.29 *envió* aun por segunda vez, y no quiso 7971
14.32 he *enviado*...diciendo que vinieses acá 7971
14.32 el fin de *enviarte* al rey para decirle 7971
15.10 *envió*...mensajeros por todas las tribus 7971
15.36 por medio de ellos me *enviaréis* aviso 7971
17.16 *enviad*...y dad aviso a David, diciendo 7971
18.2 *envió* David al pueblo...tercera parte 7971
18.29 cuando *envió* Joab al siervo del rey y 7971
19.11 David *envió* a los sacerdotes Sadoc y 7971
19.14 que *enviasen* a decir al rey: Vuelve tú 7971
22.15 *envió* sus saetas, y los dispersó; y 7971
22.17 *envió* desde lo alto y me tomó; me sacó 7971
24.13 qué responderé al que me ha *enviado* 7971
24.15 y Jehová *envió* la peste sobre Israel 5414
1 R 1.44 ha *enviado* con él al sacerdote Sadoc 7971
1.53 *envió* el rey...y lo trajeron del altar 7971
2.25 Salomón *envió* por mano de Benaía hijo 7971
2.29 *envió* Salomón a Benaía hijo de...diciendo 7971
2.36,42 *envió* el rey *e* hizo venir a Simei 7971
5.1 Hiram rey de Tiro *envió*...sus siervos a 7971
5.2 entonces Salomón *envió* a decir a Hiram 7971
5.8 *envió* Hiram a decir a Salomón: He oído 7971
5.9 y la *enviaré* en balsas por mar hasta el 7760
5.14 *enviaba* al Líbano de diez mil en diez 7971
7.13 *envió*...Salomón, *e* hizo venir...a Hiram 7971
9.14 había *enviado* al rey 120 talentos de oro 7971
9.27 *envió* Hiram en ellas a sus siervos 7971
12.3 *enviaron* a llamarle. Vino...Jeroboam, y 7971
12.18 rey Roboam *envió* a Adoram, que estaba 7971
12.20 *enviaron* a llamarle a la congregación 7971
14.6 yo soy *enviado* a ti con revelación dura 7971
15.18 los *envió* el rey Asa a Ben-adad hijo 7971
15.19 te *envío* un presente de plata y de oro 7971
15.20 *envió* los príncipes de los ejércitos 7971
18.10 adonde mi...no haya *enviado* a buscarte 7971
18.19 *envía*...y congrégame a todo Israel en 7971
19.2 *envió* Jezabel a Elías un mensajero 7971
20.2 *envió* mensajeros a la ciudad a Acab rey 7971
20.5 yo te *envié* a decir: Tu plata y tu oro 7971
20.6 mañana a...*enviaré* yo a ti mis siervos 7971
20.7 ha *enviado* a mí por mis mujeres y mis 7971
20.10 Ben-adad...*envió* a decir: Así me hagan 7971
20.17 y Ben-adad había *enviado* quien le dio 7971
21.8 cartas...y las *envió* a los ancianos y a 7971
21.11 las cartas que ella les había *enviado* 7971
21.14 *enviaron* a decir a Jezabel: Nabot ha 7971
2 R 1.2 enfermo, *envió* mensajeros, y les dijo 7971
1.6 volveos al rey que os *envió*, y decidle 7971
1.6 que tú *envías* a consultar a Baal-zebub 7971
1.9 *envió* a él un capitán de cincuenta con 7971
1.11 volvió el rey a *enviar* a...otro capitán 7971
1.13 *enviar* al tercer capitán de cincuenta 7971
1.16 cuanto *enviaste* mensajeros a consultar 7971
2.2,4,6 quédate aquí...Jehová me ha *enviado* a 7971
2.16 vayan ahora...Y él les dijo: No *enviéis* 7971
2.17 dijo: *Enviad*. Entonces ellos *enviaron* 7971
3.7 *envió* a decir a Josafat...El rey de Moab 7971
4.22 te ruego que *envíes* conmigo a alguno de 7971
5.5 vé, y yo *enviaré* cartas al rey de Israel 7971
5.6 sabe...que yo *envío* a ti mi siervo Naamán 7971
5.7 éste *envíe* a mí a que sane un hombre de 7971
5.8 Eliseo...*envió* a decir al rey: ¿Por qué 7971
5.10 Eliseo le *envió* un mensajero, diciendo 7971
5.22 mi señor me *envía* a decirte: He aquí 7971
6.9 el varón de Dios *envió* a decir al rey de 7971
6.10 el rey de Israel *envió* a aquel lugar que 7971
6.13 dónde...para que yo *envíe* a prenderlo 7971
6.14 *envió* el rey allá gente de a caballo 7971
6.23 *envió*, y ellos se volvieron a su señor 7971
6.32 el rey *envió* a él un hombre. Mas antes 7971
6.32 cómo este...*envía* a cortarme la cabeza? 7971
7.13 tomen ahora...*enviemos* y veamos qué ha 7971
7.14 *envió* el rey al campamento de los sirios 7971
8.9 Ben-adad...me ha *enviado* a ti, diciendo 7971
9.19 *envió* otro jinete, el cual llegando a 7971
10.1 Jehú escribió cartas...*envió* a Samaria 7971
10.5 *enviaron* a decir a Jehú: Siervos tuyos 7971
10.7 canastas, y se las *enviaron* a Jezreel 7971
10.21 *envió* Jehú por todo Israel, y vinieron 7971
11.4 *envió* Joiada y tomó jefes de centenas 7971
12.18 tomó...el oro...y lo *envió* a Hazael rey 7971
14.8 Amasías *envió* mensajeros a Joás hijo de 7971
14.9 Joás...*envió*...esta respuesta: El cardo 7971
14.9 cardo...*envió* a decir al cedro que está 7971
15.37 *enviar* contra Judá a Rezín rey de Siria 7971
16.7 *envió* embajadores a Tiglat-pileser rey 7971
16.8 Acaz...*envió* al rey de Asiria un presente 7971
16.10 *envió* al sacerdote Urías el diseño y 7971
16.11 conforme a todo...y Acaz había *enviado* 7971
17.4 había *enviado* embajadores a So, rey de 7971
17.13 y que os he *enviado* por medio de mis 7971
17.25 *envió* Jehová...leones que los mataban 7971
18.14 Ezequías rey...*envió* a decir al rey de 7971
18.17 el rey...*envió* contra el rey Ezequías 7971
18.27 ¿me ha *enviado* mi señor para decir estas 7971
19.2 y *envió* a Eliaquim mayordomo, a Sebna 7971
19.4 a quien el rey de los asirios...*enviado* 7971
19.9 *envió* embajadores a Ezequías, diciendo 7971
19.16 ha *enviado* a blasfemar al Dios viviente 7971
19.20 Isaías hijo...*envió* a decir a Ezequías 7971
20.12 Babilonia, *envió* mensajeros con cartas 7971
22.3 *envió* el rey a Safán hijo de Azalía, hijo 7971
22.15 dijo...Decid al varón que os *envió* a mí 7971
22.18 al rey de Judá que os ha *enviado* para 7971
23.16 Josías...*envió* y sacó los huesos de los 7971
24.2 *envió* contra Joacim tropas de caldeos 7971
24.2 *envió* contra Judá...que la destruyesen 7971
1 Cr 10.9 *enviaron* mensajeros por...la tierra 7971
13.2 *enviaremos*...por nuestros hermanos que 7971
14.1 Hiram rey de...*envió* a David embajadores 7971
18.10 *envió* a Adoram su hijo al rey David 7971
18.10 le *envió*...toda clase de utensilios de
19.2 David *envió* embajadores...lo consolasen 7971
19.3 padre, que te ha *enviado* consoladores? 7971
19.5 él *envió* a recibirlos, porque estaban 7971
19.6 Hanún...*enviaron* mil talentos de plata 7971
19.8 *envió* a Joab con todo el ejército de los 7971
19.16 *enviaron* embajadores y trajeron a los 7971
21.12 qué responderé al que me ha *enviado* 7971
21.14 así Jehová *envió* una peste en Israel 5414
21.15 *envió* Jehová el ángel a Jerusalén para 7971
2 Cr 2.3 *envió* a decir Salomón a Hiram rey de 7971
2.3 *enviándole* cedros para que edificara para 7971
2.7 *envíame*, pues...un hombre hábil que sepa 7971
2.8 *envíame*...madera del Líbano: cedro, ciprés 7971
2.11 Hiram...respondió por escrito que *envió* 7971
2.13 yo, pues, te he *enviado* un hombre hábil 7971
2.15 *envíe* mi señor a sus...el trigo y cebada 7971
6.34 saliere...el camino que tú les *enviares* 7971
7.10 y a los 23 días...*envió* al pueblo a sus 7971
7.13 o si *enviare* pestilencia a mi pueblo 7971
8.18 Hiram le había *enviado* naves por mano 7971
10.3 y *enviaron* y le llamaron. Vino, pues 7971
10.18 *envió* luego el rey Roboam a Adoram, que 7971
16.2 la plata...*envió* a Ben-adad rey de Siria 7971
16.3 yo te he *enviado* plata y oro, para que 7971
16.4 Ben-adad...*envió* los capitanes de sus 7971
17.7 al tercer año de su...*envió* sus príncipes 7971
24.19 *envió* profetas para que los volviesen 7971
24.23 *enviaron* todo el botín al rey a Damasco 7971
25.15 y *envió* a él un profeta, que le dijo 7971
25.17 Amasías...*envió* a decir a Joás...Ven, y 7971
25.18 Joás rey...*envió* a decir a Amasías rey 7971
25.18 el cardo...*envió* al cedro que estaba en 7971
25.27 *enviaron* tras él a Laquis, y allá lo 7971
28.16 *envió* a pedir el rey Acaz a...de Asiria 7971
30.1 *envió*...Ezequías por todo Israel y Judá 7971
32.9 *envió* sus siervos a Jerusalén para decir 7971
32.21 Jehová *envió* un ángel, el cual destruyó 7971
32.31 *enviaron* a él para saber del prodigio 7971
34.8 después...*envió* a Safán hijo de Azalía 7971
34.23 decid al varón que os ha *enviado* a mí 7971
34.26 rey...que os ha *enviado* a consultar a 7971
34.29 *envió* y reunió a todos los ancianos de 7971
35.21 y Necao le *envió* mensajeros, diciendo 7971
36.10 Nabucodonosor *envió* y lo hizo llevar a 7971
36.15 *envió*...palabra a ellos por medio de sus 7971
Esd 4.11 es la copia de la carta que *enviaron* 7972
4.14 hemos *enviado* a hacerlo saber al rey 7972,7971
4.17 *envió* esta respuesta: A Rehum canciller 7972
4.18 la carta que nos *enviasteis* fue leída 7972
5.6 carta que Tatnai...*enviaron* al rey Darío 7972
5.7 le *enviaron* carta, y así estaba escrito 7972
5.17 y se nos *envíe* a decir la voluntad del 7971
7.14 eres *enviado* a visitar a...a Jerusalén 7972
8.17 *envié* a Iddo, jefe en el lugar llamado 6680
Neh 2.5 *envíame* a Judá, a la ciudad...padres 7971
2.6 agradó al rey *enviarme*, después que yo 7971
2.9 y el rey *envió*...capitanes del ejército 7971
6.2 *enviaron* a decirme: Ven y reunámonos en 7971
6.3 les *envié* mensajeros, diciendo: Yo hago 7971
6.4 *enviaron* a mí...hasta cuatro veces, y yo 7971
6.5 Sanbalat *envió*...su criado para decir lo 7971
6.8 *envié* yo a decirle: No hay tal cosa como 7971
6.12 que Dios no lo había *enviado*, sino que 7971
6.19 *enviaba* Tobías cartas para atemorizarme 7971
8.10 y *enviad* porciones a los que no tienen 7971
9.20 *enviaste* tu...Espíritu para enseñarles 5414
9.27 les *enviaste* libertadores para que los 5414
Est 1.12,15 orden del rey *enviada* por medio
1.22 *envió* cartas a...las provincias del rey 7971
3.13 *enviadas* cartas por medio de correos a 7971
4.4 reina...*envió* vestidos para hacer vestir 7971
8.10 y *envió* cartas por medio de correos 7971
9.19 *enviar* porciones cada uno a su vecino 4916
9.20 y *envió* cartas a todos los judíos que 7971
9.22 días...para *enviar* porciones cada uno a 4916
9.30 y fueron *enviadas* cartas a...los judíos 7971
Job 1.4 *enviaban* a llamar a sus tres hermanas 7971
1.5 acontecía...Job *enviaba* y los santificaba 7971
5.10 da...y *envía* las aguas sobre los campos 7971
12.15 si él...las *envía*, destruyen la tierra 7971
20.23 *enviará* sobre él el ardor de su ira, y 7971
22.9 las viudas *enviaste* vacías, y los brazos 7971
38.35 ¿*enviarás* tú los relámpagos, para que 7971
Sal 18.14 *envió* sus saetas y los dispersó 7971
18.16 *envió* desde lo alto; me tomó, me sacó 7971
20.2 *envíe* ayuda desde el santuario, y desde 7971
43.3 *envía* tu luz y tu verdad...me guiarán 7971
57.3 *enviará* desde los cielos, y me salvará 7971
57.3 Dios *enviará* su misericordia y su verdad 7971
59 *tít.* *envió* Saúl, y vigilaron la casa para 7971
78.25 pan...les *envió* comida hasta saciarles 7971
78.45 *envió* entre ellos enjambres de moscas 7971
78.49 *envió* sobre ellos el ardor de su ira 4917
104.10 que *envía* las fuentes por los arroyos 7971
104.30 *envías* tu Espíritu, son creados, y 7971
105.17 *envió* un varón delante de ellos...José 7971
105.20 *envió* el rey, y le soltó; el señor de 7971
105.26 *envió* a su siervo Moisés, y a Aarón 7971
105.28 *envió* tinieblas que lo oscurecieron 7971
106.15 dio...mas *envió* mortandad sobre ellos 7971
107.20 *envió* su palabra, y los sanó, y los 7971
110.2 Jehová *enviará* desde Sion la vara de 7971
111.9 redención ha *enviado* a su pueblo; para 7971
133.3 *envía* Jehová bendición, y vida eterna 6680
135.9 *envió* señales y prodigios en...oh Egipto 7971
144.6 disípalos, *envía* tus saetas y túrbalos 7971
144.7 *envía* tu mano desde lo alto; redímeme 7971
147.15 él *envía* su palabra...corre su palabra 7971
147.18 *enviará* su palabra, y los derretirá 7971
Pr 9.3 *envió* sus criadas; sobre lo más alto de 7971
10.26 así es el perezoso a los que lo *envían* 7971
17.11 mensajero cruel será *enviado* contra él 7971
22.21 llevar palabras...a los que te *enviaron*? 7971
25.13 el mensajero fiel a los que lo *envían* 7971
26.6 es el que *envía* recado por mano...necio 7971
Is 6.8 decía: ¿A quién *enviaré*, y quién irá 7971
6.8 respondí yo: Heme aquí, *envíame* a mí 7971
9.8 el Señor *envió* palabra a Jacob, y cayó 7971
10.6 y sobre el pueblo de mi ira le *enviaré* 7971
10.16 el Señor, Jehová de...*enviará* debilidad 7971
16.1 *enviad* cordero al señor de la tierra 7971
18.2 que *envía* mensajeros por el mar, y en 7971
19.20 él les *enviará* salvador y príncipe que 7971
20.1 cuando lo *envió* Sargón rey de Asiria, y 7971
36.2 *envió* al Rabsaces con un gran ejército 7971
36.12 ¿acaso me *envió* mi señor a que dijese 7971
37.2 y *envió* a Eliaquim mayordomo, a Sebna 7971
37.4 su señor *envió*...blasfemar al Dios vivo 7971
37.9 *envió* embajadores a Ezequías, diciendo 7971
37.17 ha *enviado* a blasfemar al Dios viviente 7971
37.21 hijo de Amoz *envió* a decir a Ezequías 7971
39.1 *envió* cartas y presentes a Ezequías 7971
42.19 es sordo, como mi mensajero que *envié*? 7971
43.14 por vosotros *envié* a Babilonia, *e* hice 7971
48.16 *envió* Jehová el Señor, y su Espíritu 7971
55.11 prosperada en aquello para que la *envié* 7971
57.9 y *enviaste* tus embajadores lejos, y te 7971
61.1 me ha *enviado* a predicar buenas nuevas 7971
66.19 y *enviaré* de los escapados de ellos a 7971
Jer 1.7 todo lo que te *envíe* irás tú, y dirás 7971
2.10 mirad; y *enviad* a Cedar, y considerad 7971
7.25 os *envié* todos los profetas mis siervos 7971
7.25 *enviándolos* desde temprano y sin cesar 7971
8.17 que yo *envío* sobre vosotros serpientes 7971
9.16 *enviaré* espada en pos de ellos, hasta 7971
14.3 los nobles *enviaron* sus criados al agua 7971
14.14 profetas...no los *envié*, ni les mandé 7971
14.15 profetizan en mi nombre...yo no *envié* 7971
15.3 *enviaré* sobre ellos cuatro géneros de 6485
16.16 *envío*...pescadores...*enviaré*...cazadores 7971
19.14 volvió Jeremías de...adonde le *envió* 7971
21.1 rey Sedequías *envió* a él a Pasur hijo 7971
23.21 no *envié* yo aquellos profetas, pero 7971
23.32 yo no los *envié* ni les mandé; y ningún 7971
23.34 yo *enviaré* castigo sobre tal hombre y 6485
23.38 Jehová, habiendo yo *enviado* a deciros 7971
24.10 *enviaré* sobre ellos espada, hambre y 7971
25.4 *envió*...los profetas, *enviándoles* desde 7971
25.9 *enviaré* y tomaré a...las tribus del norte 7971
25.15 a todas las naciones a las...te *envío* 7971
25.16,27 a causa de la espada que yo *envío* 7971

25.17 naciones, a las cuales me *envió* Jehová ... 7971
26.5 siervos los profetas, que yo os *envío* ... 7971
26.12 Jehová me *envió* a profetizar contra ... 7971
26.15 Jehová me *envió*... que dijese todas estas ... 7971
26.22 el rey Joacim *envió* hombres a Egipto ... 7971
27.3 los *enviarás* al rey de Edom, y al rey ... 7971
27.15 no los *envié*... profetizan falsamente ... 7971
28.9 el profeta que Jehová en verdad *envió* ... 7971
28.15 Jehová no te *envió*, y tú has hecho ... 7971
29.1 la carta que el profeta Jeremías *envió* ... 7971
29.3 a quienes *envió* Sedequías rey de Judá ... 7971
29.9 falsamente os profetizan... no los *envié* ... 7971
29.17 *envío* yo contra ellos espada, hambre ... 7971
29.19 no oyeron mis palabras... que les *envié* ... 7971
29.20 oíd... todos los transportados que *envié* ... 7971
29.25 tú *enviaste* cartas en tu nombre a todo ... 7971
29.28 nos *envió* a decir en Babilonia: Largo ... 7971
29.31 *envía* a decir a todos los cautivos: Así ... 7971
29.31 os profetizó Semaías, y yo no lo *envié* ... 7971
34.14 servirá seis años, y lo *enviará* libre ... 7971
35.15 y *envié* a vosotros todos mis siervos ... 7971
36.14 *enviaron* todos los príncipes a Jehudí ... 7971
36.21 *envió* el rey a Jehudí a que tomase el ... 7971
37.3 *envió* el rey Sedequías a Jucal hijo de ... 7971
37.7 diréis así al rey de Judá que os *envió* ... 7971
37.17 Sedequías *envió* y le sacó... le preguntó ... 7971
38.14 *envió* el rey... e hizo traer al profeta ... 7971
39.13 *envió*, por tanto, Nabuzaradán capitán ... 7971
39.14 *enviaron*... tomaron a Jeremías del patio ... 7971
40.1 capitán de la guardia le *envió* desde ... 7971
40.14 ha *enviado* a Ismael hijo... para matarte? ... 7971
42.5 para lo cual Jehová tu Dios te *enviare* ... 7971
42.6 a la voz de... Dios al cual te *enviamos* ... 7971
42.9 me *enviasteis* para presentar... ruegos ... 7971
42.20 pues vosotros me *enviasteis* a Jehová ... 7971
42.21 ni... las cosas por las cuales me *envió* ... 7971
43.1 Jehová Dios... le había *enviado* a ellos ... 7971
43.2 no te ha *enviado* Jehová nuestro Dios para ... 7971
43.10 *enviaré* y tomaré a Nabucodonosor rey de ... 7971
44.4 *envié*... todos mis siervos los profetas ... 7971
47.7 Jehová te ha *enviado* contra Ascalón, y ... 6680
48.12 que yo le *enviaré* trasvasadores que le ... 7971
49.14 de Jehová había sido *enviado* mensajero ... 7971
49.37 *enviaré* en pos de ellos espada hasta ... 7971
51.2 y *enviaré* a Babilonia aventadores que ... 7971
51.59 palabra que *envió* el profeta Jeremías ... 6680
Lm 1.13 desde lo alto *envió* fuego que consume ... 7971
Ez 2.3 yo te *envío* a los hijos de Israel, a ... 7971
2.4 yo, pues, te *envío* a hijos de duro rostro ... 7971
3.5 porque no eres *enviado* a pueblo de habla ... 7971
3.6 y si a ellos te *enviara*, ellos te oyeran ... 7971
5.16 saetas... cuales *enviaré* para destruiros ... 7971
5.17 *enviaré*, pues, sobre vosotros hambre, y ... 7971
5.17 sangre pasarán... *enviaré* sobre ti espada ... 935
7.3 *enviaré* sobre ti mi furor, y te juzgaré ... 7971
13.6 ha dicho Jehová, y Jehová no los *envió* ... 7971
13.11 y *enviaré* piedras de granizo que la
14.13 y *enviare* en ella hambre, y cortare de ... 7971
14.19 si *enviare* pestilencia sobre esa tierra ... 7971
14.21 cuando yo *enviare* contra Jerusalén mis ... 7971
17.15 *enviando* embajadores a Egipto para que ... 7971
23.16 y les *envió* mensajeros a la tierra de ... 7971
23.40 *enviaron* por hombres que viniesen de ... 7971
23.40 cuales había sido *enviado* mensajero, y ... 7971
28.23 *enviaré* a ella pestilencia y sangre en ... 7971
31.4 y a todos los árboles del campo *enviaba* ... 7971
39.6 *enviaré* fuego sobre Magog, y sobre los ... 7971
Dn 3.2 *envió* el rey... a que se reuniesen los ... 7972
3.28 que *envió* su ángel y libró a sus siervos ... 7972
5.24 de su presencia fue *enviada* la mano que ... 7972
6.22 mi Dios *envió* su ángel, el cual cerró la ... 7972
10.11 pie; porque a ti he sido *enviado* ahora ... 7971
Os 5.13 y *enviará* al rey Jareb; mas él no os ... 7971
Jl 2.19 os *envío* pan, mosto y aceite, y seréis ... 7971
2.25 gran ejército que *envié* contra vosotros ... 7971
Am 4.10 *envié* contra vosotros mortandad tal ... 7971
7.10 Amasías... *envió* a decir a Jeroboam rey de ... 7971
8.11 días... en los cuales *enviaré* hambre a la ... 7971
Abd 1 mensajero ha sido *enviado* a... naciones ... 7971
Mi 6.4 *envié* delante de ti a Moisés, a Aarón ... 7971
Hag 1.12 como le había *enviado* Jehová su Dios ... 7971
1.13 Hageo, *enviado* de Jehová, habló por mandato
Zac 1.10 los que Jehová ha *enviado* a recorrer ... 7971
2.8 dicho... me *enviará* él a las naciones que ... 7971
2.9 y sabréis que Jehová de los... me *envió* ... 7971
2.11 conocerás que Jehová... ha *enviado* a ti ... 7971
4.9 conocerás que Jehová de los... me *envió* a ... 7971
6.15 conoceréis que Jehová... me ha *enviado* a ... 7971
7.2 cuando el pueblo de Bet-el había *enviado* ... 7971
7.12 palabras que... *enviaba* por su Espíritu ... 7971
14.13 habrá... gran pánico *enviado* por Jehová ... 7971
Mal 2.2 *enviaré* maldición sobre vosotros, y ... 7971
2.4 sabréis que yo os *envié* este mandamiento ... 7971
3.1 he aquí, yo *envío* mi mensajero, el cual ... 7971
4.5 yo os *envío* el profeta Elías, antes que ... 7971
Mt 2.8 y *enviándolos* a Belén, dijo: Id allá y ... *3992*
9.38 **al Señor... que *envíe* obreros a su mies** ... *1544*
10.5 a estos doce *envió* Jesús, y les dio ... *649*
10.16 **yo os *envío* como a ovejas en medio de** ... *649*
10.40 **me recibe a mí, recibe al que me *envió*** ... *649*
11.2 al oír Juan, *envió* dos de sus discípulos ... *3992*
11.10 ***envío* mi mensajero delante de tu faz** ... *649*
13.41 ***enviará* el Hijo del Hombre a... ángeles** ... *649*
14.35 *enviaron* noticia por... aquella tierra ... *649*
15.24 **no soy *enviado* sino a las ovejas perdidas de** ... *649*
15.32 ***enviarlos* en ayunas no quiero, no sea** ... *630*
20.2 **habiendo convenido... los *envió* a su viña** ... *649*
21.1 los Olivos, Jesús *envió* dos discípulos ... *649*
21.3 **el Señor los necesita; y... los *enviará*** ... *649*
21.34 ***envió* sus siervos a los labradores, para** ... *649*
21.36 ***envió* de nuevo otros siervos, más que** ... *649*
21.37 **les *envió* su hijo, diciendo: Tendrán** ... *649*
22.3 **y *envió* a sus siervos a llamar a los** ... *649*
22.4 **volvió a *enviar* otros siervos, diciendo** ... *649*
22.7 **rey... *enviando* sus ejércitos, destruyó a** ... *3992*
22.16 y le *enviaron* los discípulos de ellos ... *649*
23.34 **os *envío* profetas y sabios y escribas** ... *649*
23.37 **y apedreas a los que te son *enviados*!** ... *649*
24.31 **y *enviará* sus ángeles con gran voz de** ... *649*
Mr 1.2 he aquí yo *envío* mi mensajero delante ... *649*
3.14 estableció a doce... *enviarlos* a predicar ... *649*
3.31 quedándose afuera, *enviaron* a llamarle ... *649*
5.10 rogaba mucho que no los *enviase* fuera ... *649*
5.12 *envíanos* a los cerdos para que entremos ... *3992*
6.7 comenzó a *enviarlos* de dos en dos; y les ... *649*
6.17 Herodes había *enviado* y prendido a Juan ... *649*
6.27 *enviando* a uno de la guardia, mandó que ... *649*
8.3 **y si los *enviare* en ayunas a sus casas** ... *630*
8.26 **lo *envió* a su casa, diciendo: No entres** ... *649*
9.37 **no me recibe a mí sino al que me *envió*** ... *649*
11.1 monte... Jesús *envió* dos de sus discípulos ... *649*
12.2 ***envió* un siervo a los labradores, para** ... *649*
12.3 **ellos... le *enviaron* con las manos vacías** ... *649*
12.4 **volvió a *enviarles* otro siervo; pero** ... *649*
12.4 **le hirieron en la... le *enviaron* afrentado** ... *649*
12.5 **volvió a *enviar* otro, y a éste mataron** ... *649*
12.6 **teniendo aún un hijo... lo *envió* también** ... *649*
12.13 le *enviaron* algunos de los fariseos y ... *649*
13.27 ***enviará* a sus ángeles, y juntará a sus** ... *649*
14.13 y *envió* dos de sus discípulos, y les ... *649*
Lc 1.19 y he sido *enviado* a hablarte, y darte ... *649*
1.26 el ángel Gabriel fue *enviado* por Dios a ... *649*
1.53 de bienes, y a los ricos *envió* vacíos ... *1821*
4.18 **me ha *enviado* a sanar a los quebrantados** ... *649*
4.26 **pero a ninguna de ellas fue *enviado* Elías** ... *3992*
4.43 **él les dijo... para esto he sido *enviado*** ... *649*
7.3 le *envió* unos ancianos de los judíos ... *649*
7.6 pero... el centurión *envió* a él unos amigos ... *3992*
7.10 los que habían sido *enviados*, hallaron ... *3992*
7.19 y los *envió* a Jesús, para preguntarle ... *3992*
7.20 Juan el Bautista nos ha *enviado* a ti ... *649*
7.27 **he aquí *envío* mi mensajero delante de** ... *649*
9.2 y los *envió* a predicar el reino de Dios ... *649*
9.48 **me recibe a mí, recibe al que me *envió*** ... *649*
9.52 y *envió* mensajeros delante de él, los ... *649*
10.1 a quienes *envió* de dos en dos delante ... *649*
10.2 **rogad al... que *envíe* obreros a su mies** ... *1544*
10.3 **yo os *envío* como corderos en medio de** ... *649*
10.16 **desecha a mí, desecha al que me *envió*** ... *649*
11.49 **les *enviaré* profetas y apóstoles; y** ... *649*
13.34 **y apedreas a los que te son *enviados*!** ... *649*
14.17 ***envió* a su siervo a decir... Venid, que** ... *649*
14.32 **le *envía* una embajada y le pide... paz** ... *649*
15.15 **le *envió*... para que apacentase cerdos** ... *3992*
16.24 ***envía* a Lázaro... y refresque mi lengua** ... *3992*
16.27 **que le *envíes* a la casa de mi padre** ... *3992*
19.14 ***enviaron* tras él... embajada, diciendo** ... *649*
19.29 llegando... *envió* dos de sus discípulos ... *649*
19.32 fueron los que habían sido *enviados* ... *649*
20.10 ***envió* un siervo a los labradores, para** ... *649*
20.10,11 **y le *enviaron* con las manos vacías** ... *1821*
20.11 **volvió a *enviar* otro siervo; mas ellos** ... *3992*
20.12 **volvió a *enviar* un tercer siervo; mas** ... *3992*
20.13 **¿qué haré? *Enviaré* a mi hijo amado** ... *3992*
20.20 *enviaron* espías... se simulasen justos ... *649*
22.8 ***envió* a Pedro y a Juan, diciendo: Id** ... *649*
22.35 **cuando os *envié* sin bolsa, sin alforja** ... *649*
23.11 Herodes... volvió a *enviarle* a Pilato ... *375*
24.49 ***enviaré* la promesa de mi Padre sobre** ... *649*
Jn 1.6 un hombre *enviado* de Dios, el cual se ... *649*
1.19 judíos *enviaron*... sacerdotes y levitas ... *649*
1.22 demos respuesta a los que nos *enviaron* ... *3992*
1.24 los que... *enviados* eran de los fariseos ... *6499*
1.33 pero el que me *envió* a bautizar con agua ... *3992*
3.17 **no *envió* Dios a su Hijo al mundo para** ... *649*
3.28 no... sino que soy *enviado* delante de él ... *649*
3.34 Dios *envió*, las palabras de Dios habla ... *649*
4.34 **que haga la voluntad del que me *envió*** ... *3992*
4.38 **os he *enviado* a segar lo... no labrasteis** ... *649*
5.23 **al Hijo, no honra al Padre que le *envió*** ... *3992*
5.24 **cree al que me *envió*, tiene vida eterna** ... *3992*
5.30 **sino la voluntad del que me *envió*, la** ... *3992*
5.33 ***enviasteis* mensajeros a Juan, y él dio** ... *649*
5.36 **testimonio... el Padre que me ha *enviado*** ... *649*
5.37 **Padre que me *envió* ha dado testimonio** ... *3992*
5.38 **a quien él *envió*, vosotros no creéis** ... *649*
6.29 **obra... que creáis en el que él ha *enviado*** ... *649*
6.38 **no... sino la voluntad del que me *envió*** ... *3992*
6.39 **la voluntad del Padre, el que me *envió*** ... *3992*
6.40 **esta es la voluntad del que me ha *enviado*** ... *3992*
6.44 **si el Padre que me *envió* no le trajere** ... *3992*
6.57 **como me *envió* el Padre viviente, y yo** ... *649*
7.16 **mi doctrina... sino de aquel que me *envió*** ... *3992*
7.18 **el que busca la gloria del que le *envió*** ... *3992*
7.28 **el que me *envió* es verdadero, a quien** ... *3992*
7.29 **porque de él procedo, y él me *envió*** ... *649*
7.32 fariseos *enviaron* alguaciles para que ... *649*
7.33 **un poco de tiempo... iré al que me *envió*** ... *3992*
8.16 **yo... sino yo y el que me *envió*, el Padre** ... *3992*
8.18 **el Padre que me *envió* da testimonio de** ... *3992*
8.26 **el que me *envió* es verdadero; y yo, lo** ... *3992*
8.29 **el que me *envió*, conmigo está; no me ha** ... *3992*
8.42 **no he venido de... sino que él me *envió*** ... *649*
9.4 **hacer las obras del que me *envió*, entre** ... *3992*
9.7 **vé a... Siloé (que traducido es, *Enviado*)** ... *649*
10.36 **al que el Padre santificó y *envió* al** ... *649*
11.3 *enviaron*, pues, las hermanas para decir ... *649*
11.42 **para que crean que tú me has *enviado*** ... *649*
12.44 **no cree en mí, sino en el que me *envió*** ... *3992*
12.45 **y el que me ve, ve al que me *envió*** ... *3992*
12.49 **mi propia cuenta; el Padre que me *envió*** ... *3992*
13.16 **ni el *enviado* es mayor que... le *envió*** ... *652*
13.20 **recibe al que yo *enviare*, me recibe a** ... *3992*
13.20 **me recibe a mí, recibe al que me *envió*** ... *3992*
14.24 **no es mía, sino del Padre que me *envió*** ... *3992*
14.26 **a quien el Padre *enviará* en mi nombre** ... *3992*
15.21 **porque no conocen al que me ha *enviado*** ... *3992*
15.26 **Consolador, a quien yo os *enviaré* del** ... *3992*
16.5 **ahora voy al que me *envió*; y ninguno de** ... *3992*
16.7 **no vendría... si me fuere, os lo *enviaré*** ... *3992*
17.3 **y a Jesucristo, a quien has *enviado*** ... *649*
17.8 **y ellos... han creído que tú me *enviaste*** ... *649*
17.18 **como tú me enviaste... los he *enviado* al** ... *649*
17.21 **que el mundo crea que tú me *enviaste*** ... *649*
17.23 **que el mundo conozca que tú me *enviaste*** ... *649*
17.25 **éstos han conocido que tú me *enviaste*** ... *649*
18.24 Anás entonces le *envió* atado a Caifás ... *649*
20.21 **como me *envió* el Padre... yo os *envío*** ... *649,3992*
Hch 3.20 y él *envíe* a Jesucristo, que os fue ... *649*
3.26 lo *envió* para que os bendijese, a fin ... *649*
5.21 y *enviaron* a la cárcel para que fuesen ... *649*
7.12 *envió* a nuestros padres la primera vez ... *1821*
7.14 y *enviando* José, hizo venir a su padre ... *649*
7.34 ahora, pues, ven, te *enviaré* a Egipto ... *649*
7.35 a éste lo *envió* Dios como gobernante y ... *649*
8.14 oyeron... *enviaron* allá a Pedro y a Juan ... *649*
9.17 me ha *enviado* para que recibas la vista ... *649*
9.30 hasta Cesarea, y le *enviaron* a Tarso ... *1821*
9.38 le *enviaron* dos hombres, a rogarle: No ... *649*
10.5,32 *envía*... a Jope y haz venir a Simón ... *3992*
10.8 a los cuales *envió* a Jope, después de ... *649*
10.17 los hombres que... *enviados* por Cornelio ... *649*
10.20 no dudes de ir con... yo los he *enviado* ... *649*
10.21 a donde estaban los hombres... *enviados* ... *649*
10.33 *envié* por ti; y tú has hecho bien en ... *3992*
10.36 *envió* mensaje a los hijos de Israel ... *649*
11.11 llegaron... *enviados* a mí desde Cesarea ... *649*
11.13 *envía* hombres a Jope, y haz venir a ... *649*
11.22 y *enviaron* a Bernabé que fuese hasta ... *1821*
11.29 *enviar* socorro a los hermanos... en Judea ... *3992*
11.30 *enviándolo* a los ancianos por mano de ... *649*
12.11 el Señor ha *enviado* su ángel, y me ha ... *1821*
13.4 ellos... *enviados* por el Espíritu Santo ... *1599*
13.26 es *enviada* la palabra de esta salvación ... *649*
15.22 y *enviarlos* a Antioquía con Pablo y ... *3992*
15.25 y *enviarlos* a vosotros con... y Bernabé ... *3992*
15.27 *enviamos* a Judas y a Silas, los cuales ... *649*
15.30 los... *enviados* descendieron a Antioquía ... *630*
15.33 volver a aquellos que... habían *enviado* ... *630*
16.35 los magistrados *enviaron* alguaciles a ... *649*
17.10 *enviaron* de noche a Pablo y a Silas ... *1599*
17.14 *enviaron* a Pablo que fuese hacia el mar ... *1821*
19.22 *enviando* a Macedonia a dos de los que ... *649*
19.31 le *enviaron* recado, rogándole que no ... *3992*
20.17 *enviando*... hizo llamar a los ancianos de ... *3992*
22.21 **vé... yo te *enviaré* lejos a los gentiles** ... *1821*
23.30 al punto le he *enviado* a ti, intimando ... *3992*
25.21 mandé... hasta que le *enviara* yo a César ... *3992*
25.25 apeló a... he determinado *enviarle* a él ... *3992*
25.27 *enviar* un preso, y no informar de los ... *3992*
26.17 **los gentiles, a quienes ahora te *envío*** ... *649*
28.28 los gentiles es *enviada* esta salvación ... *649*
Ro 8.3 Dios, *enviando* a su Hijo en semejanza ... *3992*
10.15 cómo predicarán si no fueren *enviados*? ... *649*
1 Co 1.17 no me *envió* Cristo a bautizar, sino ... *649*
4.17 os he *enviado* a Timoteo, que es mi hijo ... *3992*
16.3 a éstos *enviaré* para que lleven vuestro ... *3992*
2 Co 8.18 *enviamos* juntamente con él al hermano ... *4842*
8.22 *enviamos* también con ellos a nuestro ... *4842*
9.3 pero he *enviado* a los hermanos, para que ... *3992*
12.17 he engañado por... los que he *enviado* a ... *649*
12.18 y *envié* con él al hermano. ¿Os engañó ... *4882*
Gá 4.4 Dios *envió* a su Hijo, nacido de mujer ... *1821*
4.6 Dios *envió*... el Espíritu de su Hijo, el ... *1821*
Ef 6.22 cual *envié* a vosotros para esto mismo ... *3992*
Fil 2.19 *enviaros* pronto a Timoteo, para que ... *3992*
2.23 éste espero *enviaros*, luego que yo vea ... *3992*
2.25 *enviaros* a Epafrodito, mi hermano y ... *3992*
2.28 le *envío* con mayor solicitud, para que ... *3992*
4.16 *enviasteis* una... vez para mis necesidades ... *3992*
4.18 habiendo recibido de... lo que *enviasteis*
Col 4.8 cual he *enviado* a vosotros para esto ... *3992*
1 Ts 3.2 *enviamos* a Timoteo... para confirmaros ... *3992*
3.5 *envié* para informarme de vuestra fe, no ... *375*
2 Ts 2.11 Dios les *envía* un poder engañoso ... *3992*
2 Ti 4.12 a Tíquico lo *envié* a Efeso ... *649*
Tit 3.12 cuando *envíe*... a Artemas o a Tíquico ... *3992*
Flm 12 vuelvo a *enviarte*; tú, pues, recíbele ... *628*
He 1.14 *enviados* para servicio a favor de los ... *649*
Stg 2.25 recibió... los *envió* por otro camino? ... *1524*
1 P 1.12 por el Espíritu... *enviado* del cielo ... *649*
2.14 como por él *enviados* para castigo de los ... *3992*
2 P 1.17 le fue *enviada*... voz que decía: Este ... *5342*
1.18 y nosotros oímos esta voz *enviada* del ... *5342*
1 Jn 4.9 en que Dios *envió* a su Hijo... al mundo ... *649*
4.10 y *envió* a su Hijo en propiciación por ... *649*
4.14 el Padre ha *enviado* al Hijo, el Salvador ... *649*
Ap 1.1 la declaró *enviándola* por medio de su ... *649*
1.11 **y *envíalo* a las siete iglesias que están** ... *3992*
5.6 espíritus de Dios *enviados* por... la tierra ... *649*
11.10 se *enviarán* regalos unos a otros; porque ... *3992*
11.11 el espíritu de vida *enviado* por Dios
22.6 y el Señor... ha *enviado* su ángel, para ... *649*
22.16 **yo Jesús he *enviado* mi ángel para daros** ... *3992*

E

ENVIDIA
Gn 26.14 tuvo...y los filisteos le tuvieron *e* 7065
30.1 tuvo *e* de su hermana, y decía a Jacob 7065
37.11 sus hermanos le tenían *e*, mas su padre 7065
Job 5.2 la ira, y al codicioso lo consume la *e* 7068
Sal 37.1 tengas *e* de los que hacen iniquidad 7065
73.3 porque tuve *e* de los arrogantes, viendo 7065
106.16 tuvieron *e* de Moisés en el campamento 7065
Pr 14.30 mas la *e* es carcoma de los huesos 7068
23.17 no tenga tu corazón *e* de los pecadores 7065
24.1 no tengas *e* de los hombres malos, ni 7065
24.19 los malignos, ni tengas *e* de los impíos 7065
27.4 quién podrá sostenerse delante de la *e*? 7068
Ec 4.4 excelencia...despierta la *e* del hombre 7068
9.6 su amor y su odio y su *e* fenecieron ya 7068
Is 11.13 y se disipará la *e* de Efraín, y los 7068
11.13 Efraín no tendrá *e* de Judá, ni Judá 7065
Ez 31.9 todos los árboles...tuvieron de él *e* 7065
Mt 20.15 **¿o tienes tú e, porque yo soy bueno?** *3788,4190*
27.18 sabía que por *e* le habían entregado *5355*
Mr 7.22 la *e*, la maledicencia, la soberbia, la *4190,3788*
15.10 conocía que por *e* le habían entregado *5355*
Hch 7.9 movidos por *e*, vendieron a José para *2206*
Ro 1.29 llenos de *e*, homicidios, contiendas *5355*
13.13 honestamente; no...no en contiendas y *e* *2205*
1 Co 13.4 el amor no tiene *e*, el amor no es *2206*
2 Co 12.20 que haya entre vosotros...*e*, iras *2205*
Gá 5.21 *e*, homicidios, borracheras, orgías *5355*
Fil 1.15 predican a Cristo por *e* y contienda *5355*
1 Ti 6.4 de palabras, de las cuales nacen *e* *5355*
Tit 3.3 insensatos...viviendo en malicia y *e* *5355*
Stg 4.2 y ardéis de *e*, y no podéis alcanzar *2206*
1 P 2.1 desechando, pues...todo engaño...*e*, y *5355*

ENVIDIAR
Pr 3.31 no *envidies* al hombre injusto, ni 7065
Is 26.11 se avergonzarán los que *envidian* a 7068
Gá 5.26 irritándonos, *envidiándonos* unos a *5354*

ENVILECER
Gn 49.4 te *envileciste*, subiendo a mi estrado 2490
Dt 24.4 no podrá...después que fue *envilecido* 2930
25.3 se sienta tu hermano *envilecido* delante 7034
Is 23.9 lo decretó, para *envilecer* la soberbia 7043

ENVIUDAR
Jer 51.5 Israel y Judá no han *enviudado* de su 488

ENVOLVENTE
Ez 1.4 gran nube, con un fuego *e*, y alrededor 3947

ENVOLVER
Éx 12.34 sus masas *envueltas* en sus sábanas 6887
1 S 21.9 *envuelta* en un velo detrás del efod 3874
Job 19.6 Dios me ha...me ha *envuelto* en su red 5362
Sal 17.10 *envueltos* están con su grosura; con 5462
Pr 20.3 todo insensato se *envolverá* en ella 1566
Is 25.7 y el velo que *envuelve* a...las naciones 5259
28.20 la manta estrecha para poder *envolverse* 3664
Ez 16.4 ni salada con...ni fuiste *envuelta* con 2853
16.22 cuando estabas *envuelta* en tu sangre 947
Mt 27.59 José...*envolvió* en una sábana limpia *1794*
Mr 15.46 lo *envolvió*...y lo puso en un sepulcro *1750*
Lc 2.7 lo *envolvió* en pañales, y lo acostó en *4683*
2.12 hallaréis al niño *envuelto* en pañales *4683*
23.53 quitándolo, lo *envolvió* en una sábana *1794*
Jn 11.44 y el rostro *envuelto* en un sudario *4019*
19.40 lo *envolvieron* en lienzos con especias *1210*
Hch 5.6 jóvenes, lo *envolvieron*, y sacándolo *4958*
12.8 ángel...le dijo: *Envuélvete* en tu manto *4024*
He 1.12 y como un vestido los *envolverás*, y *1667*
Ap 10.1 otro ángel fuerte, *envuelto* en una nube *4016*

EPAFRAS *Cristiano de Colosas*
Col 1.7 como lo habéis aprendido de *E*...amado *1889*
4.12 os saluda *E*, el cual es uno de vosotros *1889*
Flm 23 saludan *E*, mi compañero de prisiones *1889*

EPAFRODITO *Cristiano de Filipos*
Fil 2.25 mas tuve por necesario enviaros a *E* *1891*
4.18 habiendo recibido de *E* lo...enviasteis *1891*

EPENETO *Cristiano saludado por Pablo*, Ro 16.5 ... *1866*

EPICÚREO *Discípulo del filósofo Epicuro*, Hch 17.18 .... *1946*

EPÍSTOLA
Ro 16.22 Tercio, que escribí la *e*, os saludo *1992*
2 P 3.16 en todas sus *e*, hablando en ellas de *1992*

ÉPOCA
Jer 15.11 de aflicción y en *é* de angustia! 6256

EQUER *Descendiente de Jerameel*, 1 Cr 2.27 6134

EQUIDAD
2 S 8.15 y David administraba justicia y *e* a 6666
1 R 9.4 si tú anduvieres delante de mí...en *e* 3476
Sal 67.4 porque juzgarás los pueblos con *e*, y 4334
Pr 1.3 el consejo de...justicia, juicio y *e* 4339
2.9 entenderás justicia, juicio y *e*, y todo 4339
Is 1.21 de justicia, en ella habitó la *e*; pero 6664
11.4 sino que...argüirá con *e* por los mansos 4334
59.14 la verdad tropezó...la *e* no pudo venir 5229
Jer 22.13 ¡ay del que edifica su...salas sin *e* 4941
Hch 24.4 nos oigas brevemente conforme a tu *e* *1932*
He 1.8 cetro de *e* es el cetro de tu reino *2118*

EQUIPADO
Ez 38.4 caballos y jinetes, de todo en todo *e* 3847

EQUIVOCACIÓN
Gn 43.12 llevad...el dinero vuelto...quizá fue *e* 4870

ER
1. Primogénito de Judá
Gn 38.3 dio a luz un hijo, y llamó su nombre *E* 6147
38.6 Judá tomó mujer para su primogénito *E* 6147
38.7 *E*, el primogénito de Judá fue malo, y le 6147
46.12 los hijos de Judá: *E*, Onán, Sela, Fares 6147
46.12 mas *E* y Onán murieron en la tierra de 6147
Nm 26.19 los hijos de Judá: *E* y Onán; y *E* y 6147
1 Cr 2.3 los hijos de Judá: *E*, Onán y Sela 6147
2.3 *E*...fue malo delante de Jehová, quien lo 6147
2. Nieto de Judá, 1 Cr 4.21 6147
3. Ascendiente de Jesucristo, Lc 3.28 .... *2262*

ERA
Gn 50.10 y llegaron hasta la *e* de Atad, que 1637
50.11 viendo los...el llanto en la *e* de Atad 1637
Nm 15.20 como la ofrenda de la *e*...ofreceréis 1637
18.27 se os contará...como grano de la *e*, y 1637
18.30 será contado a...como producto de la *e* 1637
Dt 15.14 abastecerás...de tu *e* y de tu lagar 1637
16.13 hayas hecho la cosecha de tu *e* y de tu 1637
Jue 6.37 yo pondré un vellón de lana en la *e* 1637
Rt 3.3 vistiéndote tus vestidos, irás a la *e* 1637
3.6 descendió, pues, a la *e*, e hizo todo lo 1637
3.14 dijo: No se sepa que vino mujer a la *e* 1637
1 S 23.1 los filisteos combaten...roban las *e* 1637
2 S 6.6 cuando llegaron a la *e* de Nacón, Uza, ... 1637
24.16 el ángel...estaba junto a la *e* de Arauna 1637
24.18 y levanta un altar a Jehová en la *e* de 1637
24.21 comprar de ti la *e*, a fin de edificar 1637
24.24 David compró la *e* y los bueyes por 50 1637
1 Cr 13.9 cuando llegaron a la *e* de Quidón, Uza 1637
21.15 el ángel...estaba junto a la *e* de Ornán 1637
21.18 construyese un altar a Jehová en la *e* 1637
21.21 Ornán...saliendo de la *e*, se postró en 1637
21.22 dijo David a...Dame este lugar de la *e* 1637
21.28 Jehová le había oído en la *e* de Ornán 1637
2 Cr 3.1 el lugar...en la *e* de Ornán jebuseo 1637
Job 39.12 que recoja tu...y la junte en tu *e*? 1637
Cnt 5.13 sus mejillas, como una *e* de especias 6170
6.2 mi amado descendió a su huerto, a las *e* 6170
Jer 51.33 la hija de Babilonia es como una *e* 1637
Dn 2.35 fueron como tamo de las *e* del verano 147
Os 9.1 amaste salario de ramera en todas las *e* 1637
9.2 la *e* y el lagar no los mantendrán, y les 1637
13.3 el tamo que la tempestad arroja de la *e* 1637
Jl 2.24 *e* se llenarán de trigo, y los lagares 1637
Mi 4.12 cual los juntó como gavillas en la *e* 1637
Mt 3.12; Lc 3.17 limpiará su *e*, y recogerá el *257*

ERÁN *Nieto de Efraín*, Nm 26.36 6197

ERANITA *Descendiente de Erán*, Nm 26.36 6198

ERARIO
Esd 4.13 el *e* de los reyes será menoscabado 674

ERASTO
1. Compañero de Pablo, Hch 19.22; 2 Ti 4.20 .... *2037*
2. Tesorero de la ciudad de Corinto, Ro 16.23 .... *2037*

EREC *Ciudad en Mesopotamia*, Gn 10.10 751
Esd 4.9 756

ERGUIR
Lv 26.13 he hecho andar con el rostro *erguido* 6968
Nm 23.24 el pueblo que...como león se *erguirá* 5375
Job 15.26 corrió contra él con cuello *erguido*
Sal 75.5 poder; no habléis con cerviz *erguida* 6277
Is 2.13 los cedros del Líbano altos y *erguidos* 5375
3.16 hijas de Sion...andan con cuello *erguido* 5186
Mi 2.3 un mal del cual...ni andaréis *erguidos* 7317
Lc 21.28 **erguíos y levantad vuestra cabeza** *352*

ERI *Hijo de Gad No. 1*, Gn 46.16; Nm 26.16 6179

ERIGIR
Gn 19.9 vino...¿y habrá de *erigirse* en juez?
31.51 majano...que he *erigido* entre tú y yo 3384
33.20 y *erigió* allí un altar, y lo llamó 5324
35.14 y Jacob *erigió* una señal en el lugar 5324
Éx 40.17 en el día...el tabernáculo fue *erigido* 6965
40.33 finalmente *erigió* el atrio alrededor 6965
Nm 9.15 el día que el tabernáculo fue *erigido* 6965
Jos 4.20 Josué *erigió* en Gilgal las 12 piedras 6965
18.1 *erigieron* allí el tabernáculo de reunión 7931
2 S 18.18 Absalón había...*erigido* una columna 5324
1 R 7.21 estas columnas *erigió* en el pórtico 6965
2 Cr 33.19 altos y *erigió* imágenes de Asera 5975
Is 45.20 que *erigen* el madero de su ídolo, y 5375
He 8.5 cuando iba a *erigir* el tabernáculo *2005*

ERITA *Descendiente de Eri*, Nm 26.16 6180

ERIZAR
Job 4.15 que se *erizara* el pelo de mi cuerpo 5568
Jer 51.27 caballos como langostas *erizadas* 5375

ERIZO
Lv 11.30 el *e*, el cocodrilo, el...y el camaleón 604
Is 14.23 la convertiré en posesión de *e*, y en 7090
34.11 se adueñarán de ella el pelícano y el *e* 7090
Sof 2.14 pelícano...*e* dormirán en sus dinteles 7090

ERRANTE
Gn 4.12 *e* y extranjero serás en la tierra 5110
4.14 y seré *e* y extranjero en la tierra; y 5110
20.13 cuando Dios me hizo salir *e* de la casa 8582
21.14 ella salió y anduvo *e* por el desierto 8582
37.15 lo halló un hombre, andando él *e* por el 8582
Nm 32.13 andar *e* cuarenta años por el desierto 5128
Job 38.41 claman...andan *e* por falta de comida? 8582
Sal 59.15 anden ellos *e* para hallar qué comer 5128
119.176 anduve *e* como oveja extraviada; busca 8582
Cnt 1.7 pues ¿por qué había de estar yo como *e* 5844
Is 16.3 reúne...no entregues a los que andan *e* 5074
58.7 y a los pobres *e* albergues en casa; que 4788
Jer 31.22 ¿hasta cuándo andarás *e*, oh hija 2559
Ez 27.19 y el *e* Javán vinieron a tus ferias 235
34.5 *e* por falta de pastor, y son presa de 6327
Os 9.17 ellos...andarán *e* entre las naciones 5074
Am 8.12 irán *e* de mar a mar; desde el norte 5128
Jud 13 estrellas *e*, para las cuales está reservada *4107*

ERRAR
Lv 4.13 hubiere *errado*, y el yerro estuviere 7686
Nm 15.22 cuando *errareis*, y no hiciereis todos 7686
Dt 27.18 maldito el que hiciere *errar* al ciego 7686
Jue 20.16 tiraban...a un cabello, y no *erraban* 2398
1 S 26.21 yo he hecho neciamente, y he *errado* 7686
Job 6.24 hacedme entender en qué he *errado* 7686
12.16 es el que *yerro*, y el que hace *errar* 7686
12.25 sin luz, y los hace *errar* como borrachos 8582
19.4 siendo verdad que yo haya *errado*, sobre 7686
Pr 5.23 y *errará* por lo inmenso de su locura 7686
7.25 no se aparte...no *yerres* en sus veredas 8582
10.17 pero quien desecha la reprensión, *yerra* 8582
12.26 el camino de los impíos les hace *errar* 8582
14.22 ¿no *yerran* los que piensan el mal? 8582
20.1 vino...que por ellos *yerra* no es sabio 7686
28.10 el que hace *errar* a los rectos por el 7686
Is 19.14 hicieron *errar* a Egipto en...su obra 8582
28.7 pero también éstos *erraron* con el vino 7686
28.7 el sacerdote y el profeta *erraron* con 7686
28.7 *erraron* en la visión, tropezaron en el 7686
30.28 el freno estará en...haciéndoles *errar* 8582
63.17 ¿por qué...Jehová, nos has hecho *errar* 8582
Jer 23.13 Baal, e hicieron *errar* a mi pueblo 8582
23.32 los cuentan, y hacen *errar* a mi pueblo 8582
42.20 ¿por qué hicisteis *errar*...almas? Pues 8582
50.6 sus pastores las hicieron *errar*, por los 8582
Ez 48.11 no *erraron* cuando *e*...*e* los levitas 8582
Os 4.12 porque espíritu de...lo hizo *errar*, y 8582
Am 2.4 y les hicieron *errar* sus mentiras, en 8582
Mi 3.5 profetas que hacen *errar* a mi pueblo 8582
Mt 22.29 ***erráis*, ignorando las Escrituras** y *4105*
Mr 12.24 **¿no *erráis* por esto, porque ignoráis** *4105*
12.27 **vivos; así que vosotros mucho *erráis*** *4105*
1 Co 6.9 no *erréis*; ni los fornicarios, ni los *4105*
15.33 no *erréis*; las malas conversaciones *4105*
He 11.38 *errando* por los desiertos, por los *4105*
Stg 1.16 amados hermanos míos, no *erréis* *4105*

ERROR
Job 19.4 haya errado, sobre mí recaería mi *e* 4879
Sal 19.12 ¿quién podrá entender...propios *e*? 7691
Ec 7.25 conocer la maldad...el desvarío del *e* 1947
10.5 mal...a manera de *e* emanado del príncipe ... 7684
Ez 45.20 los que pecaron por *e* y por engaño 7686
Mt 27.64 será el postrer *e* peor que el primero *4106*
Ef 4.14 engañar emplean...las artimañas del *e* *4106*
1 Ts 2.3 nuestra exhortación no procedió de *e* *4106*
Stg 5.20 el que haga volver al pecador del *e* *4106*
2 P 2.13 mientras comen...se recrean en sus *e* *539*
2.18 que...habían huido de los que viven en *e* *4106*
3.17 no sea que arrastrados por el *e* de los *4106*
1 Jn 4.6 en esto conocemos...el espíritu de *e* *4106*
Jud 11 se lanzaron por lucro en el *e* de Balaam *4106*

ERUDICIÓN
Pr 16.22 mas la *e* de los necios es necedad 4148

ERUDITO
Esd 7.12 escriba *e* en la ley del Dios del cielo 5613

ERUPCIÓN
Lv 13.2 el hombre tuviere...*e*, o mancha blanca 5597
13.6 *e*; y lavará sus vestidos, y será limpio 4556
13.7 pero si se extendiere la *e* en la piel 4556
13.8 ve que la *e* se ha extendido en la piel 4556
14.56 acerca de la hinchazón, y de la *e*, y 5597

ES *Véase el Apéndice*

ESA *Véase el Apéndice*

ÉSA *Véase el Apéndice*

ESÁN *Aldea cerca de Hebrón*, Jos 15.52 824

ESAR-HADON *Rey de Asiria, hijo y sucesor de Senaquerib*, 2 R 19.37; Esd 4.2; Is 37.38 634

ESAÚ *Primogénito de Jacob, y a veces su descendencia*
Gn 25.25 todo velludo...y llamaron su nombre *E* 6215
25.26 trabada su mano al calcañar de *E*; y fue 6215
25.27 *E* fue diestro en la caza, hombre del 6215
25.28 amó Isaac a *E*, porque comía de su caza 6215
25.29 guisó Jacob...y volviendo *E* del campo 6215
25.32 dijo *E*: He aquí yo me voy a morir; ¿para 6215
25.34 Jacob dio a *E* pan y del guisado de las 6215
25.34 así menospreció *E* la primogenitura 6215
26.34 cuando *E* era de cuarenta años, tomó por 6215
27.1 llamó a *E* su hijo mayor, y le dijo: Hijo 6215
27.5 estaba oyendo, cuando hablaba Isaac a *E* 6215
27.5 se fue *E* al campo para buscar la caza 6215
27.6 he oído a tu padre que hablaba con *E* 6215
27.11 *E* mi hermano es hombre velloso, y yo 6215
27.15 tomó Rebeca los vestidos de *E* su hijo 6215
27.19 Jacob dijo a...Yo soy *E* tu primogénito 6215
27.21 te palparé...por si eres mi hijo *E* o no 6215
27.22 la voz...pero las manos, las manos de *E* 6215
27.23 sus manos eran vellosas como las...de *E* 6215
27.24 ¿eres tú mi hijo *E*? Y Jacob respondió 6215
27.30 luego...que *E* su hermano volvió de cazar 6215

27.32 él le dijo: Yo soy... tu primogénito, *E* 6215
27.34 cuando *E* oyó las palabras de su padre....... 6215
27.36 *E* respondió: Bien llamaron su nombre
27.37 Isaac respondió y dijo a *E*: He aquí yo 6215
27.38 y *E* respondió a su padre: ¿No tienes 6215
27.38 bendiceme... Y alzó *E* su voz, y lloró........ 6215
27.41 aborreció *E* a Jacob por la bendición 6215
27.42 dichas a Rebeca las palabras de *E* su 6215
27.42 *E* tu hermano se consuela acerca de ti 6215
28.5 Labán... hermano de Rebeca madre... de *E*.... 6215
28.6 vio *E* cómo Isaac había bendecido a Jacob 6215
28.8 vio... *E* que las... de Canaán parecían mal..... 6215
28.9 y se fue *E* a Ismael, y tomó para sí por......... 6215
32.3 envió Jacob mensajeros... a *E* su hermano 6215
32.4 diréis a mi señor *E*: Así dice tu siervo.......... 6215
32.6 vinimos a tu hermano *E*, y él también 6215
32.8 si viene *E* contra un campamento y lo 6215
32.11 líbrame... la mano de *E*, porque le temo 6215
32.13 tomó de... un presente para su hermano *E* ... 6215
32.17 mandó... Si *E* mi hermano te encontraré 6215
32.18 es un presente... que envía a mi señor *E*...... 6215
32.19 conforme a esto hablaréis a *E*, cuando 6215
33.1 alzando Jacob sus ojos, miró... venía *E* 6215
33.4 *E* corrió a su encuentro y le abrazó, y 6215
33.8 *E* dijo: ¿Qué te propones con todos estos
33.9 y dijo *E*: Suficiente tengo yo, hermano......... 6215
33.11 acepta... e insistió con él, y *E* lo tomó
33.12 *E* dijo: Anda, vamos; y yo iré delante
33.15 y *E* dijo: Dejaré ahora contigo de la 6215
33.16 así volvió *E* aquel día por su camino.......... 6215
35.1 apareció cuando huías de tu hermano *E* 6215
35.29 y lo sepultaron *E* y Jacob sus hijos 6215
36.1 las generaciones de *E*, el cual es Edom 6215
36.2 *E* tomó sus mujeres de... hijas de Canaán 6215
36.4 Ada dio a luz a *E* a Elifaz; y Basemat 6215
36.5 a Coré; estos son los hijos de *E*, que 6215
36.6 *E* tomó sus mujeres... hijos y sus hijas 6215
36.8 *E* habitó en el monte de Seir; *E* es Edom 6215
36.9 estos son los linajes de *E*, padre de 6215
36.10 estos son los nombres de los hijos de *E* 6215
36.10 de Ada mujer de E... Basemat mujer de *E* 6215
36.12 fue concubina de Elifaz hijo de *E*, y............ 6215
36.12 estos son los hijos de Ada, mujer de *E* 6215
36.13 son los hijos de Basemat mujer de *E*............ 6215
36.14 de Aholibama mujer de *E*, hija de Aná........ 6215
36.14 ella dio a luz a... y Coré, hijos de *E* 6215
36.15 son los jefes de entre los hijos de *E* 6215
36.15 de Elifaz, primogénito de *E*; los jefes 6215
36.17 hijos de Reuel, hijo de *E*; los jefes............. 6215
36.17 estos hijos vienen de Basemat mujer de *E* 6215
36.18 son los hijos de Aholibama mujer de *E* 6215
36.18 de Aholibama mujer de *E*, hija de Aná......... 6215
36.19 son los hijos de *E*, y sus jefes; él es............ 6215
36.40 los nombres de los jefes de *E* por sus......... 6215
36.43 es el mismo *E*, padre de los edomitas......... 6215
Dt 2.4 de vuestros hermanos los hijos de *E* 6215
2.5 he dado por heredad a *E* el monte de Seir...... 6215
2.8 de nuestros hermanos los hijos de *E*, que 6215
2.12 a los cuales echaron los hijos de *E*; y 6215
2.22 como hizo Jehová con los hijos de *E* que....... 6215
2.29 lo hicieron conmigo los hijos de *E* que 6215
Jos 24.4 a Isaac di Jacob y *E*. Y a *E* di el 6215
1 Cr 1.34 hijos de Isaac fueron *E* e Israel 6215
1.35 hijos de *E*: Elifaz, Reuel, Jeús... Coré.......... 6215
Jer 49.8 quebrantamiento de *E* traeré sobre él 6215
49.10 mas yo desnudaré a *E*, descubriré sus........ 6215
Abd 6 ¡cómo fueron escudriñadas las... de *E*!......... 6215
8 que perezcan... la prudencia del monte de *E*? 6215
9 todo hombre será cortado del monte de *E*......... 6215
18 la casa de *E* estopa, y los quemarán y los 6215
18 ni... resto quedará de la casa de *E*, porque 6215
19 y los del Neguev poseerán el monte de *E*......... 6215
21 subirán... para juzgar al monte de *E*; y el 6215
Mal 1.2 ¿no era *E* hermano de Jacob? dice 6215
1.3 y a *E* aborrecí, y convertí sus montes en 6215
Ro 9.13 está escrito: A Jacob amé, mas a *E* *2269*
He 11.20 por la fe bendijo Isaac a Jacob y a *E* *2269*
12.16 *E*, que por una sola comida vendió su *2269*

ES-BAAL = *Is-boset*, 1 Cr 8.33; 9.39 792

ESBÁN *Descendiente de Esaú*, Gn 36.26;1 Cr 1.41 ... 790

ESCABROSO
Dt 21.4 traerán la becerra a un valle *e*, que............. 386
Is 42.16 cambiaré las tinieblas... *e* en llanura.......... 4625

ESCALA
Hch 20.15 y habiendo hecho *e* en Trogilio, al *3306*

ESCALAR
Jer 5.10 *escalad* sus muros y destruid, pero 5927

ESCALERA
Gn 28.12 una *e* que estaba apoyada en tierra 5551
1 R 6.8 se subía por una *e* de caracol al de 3883
Ez 41.7 la *e* de caracol de la casa subía muy............ 4141

ESCALINATA
2 Cr 9.4 y la *e* por donde subía a la casa de............ 5944

ESCAMA
Lv 11.9 los que tienen aletas y *e*... comeréis 7193
11.10 que no tienen aletas ni *e* en el mar y 7193
11.12 que no tuviere aletas y *e* en las aguas 7193
Dt 14.9 podréis comer... lo que tiene aleta y *e* 7193
14.10 lo que no tiene aleta y *e*, no comeréis........ 7193
Ez 29.4 pegaré los peces de tus ríos a tus *e* 7193
29.4 los peces de... saldrán pegados a tus *e*......... 7193
Hch 9.18 al momento le cayeron de los ojos... *e* *3013*

ESCANDALIZAR
Mt 13.57 se *escandalizaban* de él. Pero Jesús *4624*
26.31 **os *escandalizaréis* de mí esta noche** *4624*
26.33 aunque todos se *escandalicen* de ti, yo........ *4624*
26.33 Pedro... dijo... yo nunca me *escandalizaré* *4624*
Mr 6.3 ¿no es éste... Y se *escandalizaban* de él......... *4624*
14.27 **os *escandalizaréis* de mí esta noche** *4624*
14.29 aunque todos se *escandalicen*, yo no.......... *4624*

ESCAPAR
Gn 14.13 vino uno de los que *escaparon*, y lo 6412
19.17 *escapa* por tu vida... *e* al monte, no sea 4422
19.19 no podré *escapar* al monte, no sea que 4422
19.20 es pequeña... dejadme *escapar* ahora allá 4422
19.22 date prisa, *escápate* allá; porque nada........ 4422
32.8 y lo ataca, el otro campamento *escapará* 6413
Éx 10.5 comerá lo que *escapó*, lo que os quedó.......... 6413
Dt 2.36 no hubo ciudad que *escapase* de... poder 7682
Jos 8.22 no quedó ninguno de ellos... *escapase*......... 6412
Jue 3.26 Aod *escapó*, y pasando los ídolos, se 4422
3.29 mataron... moabitas... no *escapó* ninguno 4422
9.21 y *escapó* Jotam y huyó, y se fue a Beer......... 1272
16.20 dijo: Esta vez saldré... y me *escaparé* 5287
21.17 tenga Benjamín herencia... han *escapado* 6413
1 S 4.16 vengo... he *escapado* hoy del combate 5127
19.10 y David huyó, y *escapó* aquella noche 4422
19.12 descolgó... y él se fue y huyó, y *escapó* 4422
19.17 y has dejado *escapar* a mi enemigo?........... 4422
19.18 huyó... *escapó*, y vino a Samuel en Ramá 4422
22.20 Abiatar, *escapó*, y huyó tras David 4422
23.13 que David se había *escapado* de Keila......... 4422
23.26 daba prisa David para *escapar* de Saúl........ 1980
27.1 que fugarme... y así *escaparé* de su mano 4422
30.17 no *escapó* de ellos ninguno, sino 400........... 4422
2 S 1.3 he *escapado* del campamento de Israel 4422
15.14 no podremos *escapar*... de Absalón; daos...... 6413
1 R 18.40 prended a los... que no *escape* ninguno 4422
19.17 el que *escapare* de la espada de Hazael....... 4422
19.17 el que *escapare* de la espada de Jehú.......... 4422
20.20 rey de Siria... se *escapó* en un caballo 4422
2 R 9.15 ninguno *escape* de la ciudad, para ir.......... 6412
10.25 entrad, y matadlos... no *escape* ninguno 4422
19.11 has oído lo que han... ¿y *escaparás* tú?......... 5337
19.30 hubiere *escapado*... de la casa de Judá 6413
2 Cr 16.7 de Siria ha *escapado* de tus manos 4422
20.24 muertos, pues ninguno había *escapado*........ 6413
36.20 los que *escaparon* de... fueron llevados........ 7611
Esd 9.14 sin que quedara... ni quien *escape*?............ 6413
9.15 un remanente que ha *escapado*... este día 6413
Neh 1.2 por los judíos que habían *escapado* 6413
Est 4.13 no pienses que *escaparás* en la casa 4422
Job 1.15,16,17,19 *escapé* yo... darte la noticia 4422
15.30 no *escapará* de las tinieblas; la llama........ 5493
19.20 he *escapado* con... la piel de mis dientes....... 4422
23.7 y yo *escaparía* para siempre de mi juez......... 6403
Sal 11.1 decís... que *escape* al monte cual ave? 5110
33.16 *escapa* el valiente por la mucha fuerza 5337
55.8 me apresuraría a *escapar* del viento............ 4655
124.7 nuestra alma *escapó* cual ave del lazo 4422
124.7 rompió el lazo, y *escapamos* nosotros 4422
Pr 6.5 *escápate* como gacela de... del cazador 5337
19.5 y el que habla mentiras no *escapará*........... 4422
Ec 7.26 el que agrada a Dios *escapará* de ella 4422
Is 15.9 traeré... leones a los que *escaparen* de 6413
20.6 Asiria; ¿y cómo *escaparemos* nosotros?......... 4422
37.11 que las destruyeron; ¿y *escaparás* tú? 5337
37.31 que hubiere *escapado*, volverá a echar 6413
46.2 no pudieron *escaparse* de la carga, sino 4422
66.19 enviaré de los *escapados* de ellos a las......... 6412
Jer 31.2 pueblo que *escapó* de la espada halló 8300
32.4 y Sedequías... no *escapará* de la mano de...... 4422
34.3 y no *escaparás* tú de su mano, sino que 4422
38.18,23 y tú no *escaparás* de sus manos........... 4422
41.15 Ismael... *escapó* delante de Johanán con 4422
42.17 no habrá... ni quien *escape* delante del 6412
44.14 no habrá quien *escape*, ni quien quede 6412
44.28 los que *escapen* de la espada volverán......... 6412
48.6 huya el ligero, ni el valiente *escape* 4422
48.8 destruidor... y ninguna ciudad *escapará*......... 4422
48.19 pregunta... a la que *escapó*; dile: ¿Qué........ 4422
50.28 voz de los que... *escapan* de la tierra 6412
50.29 contra ella... no *escape* de ella ninguno......... 6413
51.50 los que *escapasteis* de la espada, andad 6412
Lm 2.22 no hubo quien *escapase* ni quedase vivo 6412
Ez 6.8 que tengáis... que *escapen* de la espada......... 6412
6.9 y los que... *escaparen* se acordarán de mí....... 6412
7.16 que *escapen* de ellos huirán y estarán 6403
12.16 haré que unos pocos de ellos *escapen* 3498
15.7 aunque del fuego se *escaparon*, fuego los...... 3318
17.15 *escapará* el que estas cosas hizo? El 4422
17.15 el que rompió el pacto, ¿podrá *escapar*?....... 4422
17.18 ha hecho todas estas cosas, no *escapará*....... 4422
24.26 vendrá a ti uno que haya *escapado* para 6412
Dn 8.4 ni había quien *escapase* de su poder 5337
11.41 mas estas *escaparán* de su mano: Edom 4422
11.42 su mano... no *escapará* el país de Egipto...... 6413
Jl 2.3 ni tampoco habrá quien de él *escape* 6413
Am 2.15 ni *escapará* el ligero de pies, ni el............ 4422
3.12 así *escaparán* los hijos de Israel que............ 5337
4.11 fuisteis como tizón *escapado* del fuego 5337
9.1 no habrá de ellos quien huya, ni... *escape* 6412
Abd 14 para matar a los que de ellos *escapasen* 6412
Mi 5.8 el cual... arrebatare, no hay quien *escape* 5337
Hab 2.9 nido, para *escaparse* del poder del mal!......... 5337
Zac 2.7 oh Sion, la que moras con... *escápate*........... 4422
Mal 3.15 sino que tentaron a Dios y *escaparon* 4422
Mt 23.33 **¿cómo *escaparéis* de la condenación** *5343*
Lc 21.36 **por dignos de *escapar* de todas estas** *1628*
Jn 10.39 prenderle, pero él se *escapó* de sus *1831*
Hch 28.4 quien, *escapado* del mar, la justicia *1295*
Ro 2.3 que tú *escaparás* del juicio de Dios? *1628*
2 Co 11.33 descolgado... y *escapé* de sus manos......... *1628*
1 Ts 5.3 como los dolores a la... y no *escaparán* *1628*
2 Ti 2.26 *escapen* del lazo del diablo, en que............ *366*
He 2.3 ¿cómo *escaparemos*... si descuidamos una........ *1628*
12.25 si no *escaparon* aquellos que desecharon..... *5343*
2 P 2.20 si habiéndose ellos *escapado* de las *668*

ESCAPE
Jer 25.35 se acabará... el *e* de los mayorales 4498

ESCARBAR
Job 39.21 *escarba* la tierra, se alegra en su............ 2658
39.24 él con ímpetu y furor *escarba* la tierra 1572

ESCARCHA
Éx 16.14 menuda como una *e* sobre la tierra 3713
Job 38.29 la *e* del cielo, ¿quién la engendró?........... 3713
Sal 78.47 con granizo, y sus higuerales con *e* 2602
147.16 la nieve... y derrama la *e* como ceniza 3713

ESCARLATA
Nm 19.6 tomará... *e*, y lo echará en... del fuego... 8144,8438
2 S 1.24 quien os vestía de *e* con deleites 8144
Mt 27.28 le echaron encima un manto de *e* *2847*
He 9.19 tomó la sangre de... con agua, lana *e*........... *2847*
Ap 12.3 gran dragón *e*, que tenía siete cabezas4450
17.3 a una mujer sentada sobre una bestia *e* *2847*
17.4 la mujer estaba vestida de púrpura y *e* *2847*
18.12 mercadería de oro... *e*, de toda madera......... *2847*
18.16 vestida de lino... *e*, y estaba adornada........ *2847*

ESCARMENTAR
Ez 23.48 *escarmentarán* todas las mujeres, y no 3256

ESCARMIENTO
Nm 26.10 consumió el fuego... para servir de *e*........ 5251
Ez 5.15 y serás... *e* y espanto a las naciones 4148
14.8 pondré por señal y por *e*, y lo cortaré 4912
23.10 a ser famosa... pues en ella hicieron *e*......... 8196

ESCARNECEDOR
Job 17.2 hay conmigo sino *e*, en cuya amargura........ 2049
Sal 1.1 varón... ni en silla de *e* se ha sentado 3887
35.16 lisonjeros, *e* y truhanes, crujieron 3934
Pr 3.34 ciertamente él escarnecerá a los *e* 3887
9.7 el que corrige al *e*, se acarrea afrenta 3887
9.8 no reprendas al *e*, para... no te aborrezca......... 3887
9.12 lo serás; y si fueres *e*, pagarás tú solo 3887
14.6 busca el *e* la sabiduría y no la halla 3887
15.12 el *e* no ama al que le reprende, ni se 3887
19.25 hiere al *e*, y el simple se hará avisado 3887
19.29 preparados están juicios para los *e* 3887
20.1 el vino es *e*, la sidra alborotadora, y 3887
21.11 cuando el *e* es castigado, el simple se.......... 3887
21.24 *e* es el del soberbio y presuntuoso que......... 3887
22.10 echa fuera al *e*, y saldrá la contienda.......... 3887
24.9 necio... abominación a los hombres el *e* 3887
29.8 los hombres *e* ponen la ciudad en llamas 3944
Is 29.20 el violento... y el *e* será consumido 3887
Os 7.5 en el día... extendió su mano con los *e*........... 3945

ESCARNECER
1 S 31.4 no vengan estos... y me *escarnezcan* 1856
2 R 19.21 la virgen hija de Sion... te *escarnece* 3932
Job 12.4 el justo y perfecto es *escarnecido* 7814
21.3 y después que haya hablado, *escarneced*......... 3932
22.19 el inocente los *escarnecerá*, diciendo 3932
Sal 22.7 todos los que me ven me *escarnecen* 3932
79.4 somos... *escarnecidos* y burlados de los.......... 3933
Pr 3.34 él *escarnecerá* a los escarnecedores 3887
17.5 el que *escarnece* al pobre afrenta a su.......... 3932
30.17 que *escarnece* a su padre y menosprecia 3932
Is 37.22 de Sion... te menosprecia, te *escarnece* 3932
60.14 se encorvarán... los que te *escarnecían* 5006
Jer 20.7 cada día he sido *escarnecido*, cada............ 7814
38.19 que me entreguen en... y me *escarnezcan* 5953
Ez 23.32 de ti se mofarán... y te *escarnecerán*........... 3933
Hab 1.10 *escarnecerá* a los reyes, y hará burla 4890
Mt 20.19 **que le *escarnezcan*, le azoten, y le** *1702*
27.29 le *escarnecían*, diciendo: ¡Salve, Rey *1702*
27.31 después de... *escarnecido*, le pusieron *1702*
27.41 *escarneciéndole* con los escribas y los......... *1702*
Mr 10.34 ***escarnecerán*... azotarán, y escupirán** *1702*
15.20 de haberle *escarnecido*, le desnudaron *1702*
15.31 *escarneciendo*, se decían unos a otros *1702*
Lc 18.32 ***escarnecido*, y afrentado, y escupido** *1702*
23.11 Herodes... le menospreció y *escarneció*......... *1702*
23.36 los soldados también le *escarnecían* *1702*

ESCARNIO
Jue 16.27 que estaban mirando el *e* de Sansón 7832
1 Cr 10.4 no sea que vengan estos... y hagan *e* 5953
2 Cr 7.20 la pondré por burla y *e* de todos los 8148
29.8 y los ha entregado a... y a *e*, como veis 8322
36.16 ellos hacían *e* de los mensajeros de Dios 3931
Neh 2.19 Sanbalat... hicieron *e* de nosotros, y 3932
4.1 cuando oyó Sanbalat... hizo *e* de los judíos 3932
Job 11.3 ¿harás *e* y no... quien te avergüence? 3932
34.7 qué hombre hay como Job, que bebe el *e* 3933
Sal 39.8 no me pongas por *e* del insensato 2781
44.13 nos pones... por *e* y por burla de los que 3933

69.20 el *e* ha quebrantado mi corazón, y estoy...... 2781
80.6 nos pusiste por *e* a nuestros vecinos, y......... 3932
123.4 hastiada está...del *e* de los que están......... 3933
Is 32.6 el ruin...para hablar *e* contra Jehová.......... 8442
66.4 escogeré para ellos *e*, y traeré sobre 8586
Jer 20.8 la palabra de Jehová me ha sido...*e*.......... 7047
24.9 los daré por *e* y por mal a...los reinos......... 2189
25.9 los pondré por *e*...en desolación perpetua 8047
25.18 ponerlos en ruinas, en *e* y en burla y 8047
29.18 los daré por *e* a todos los reinos de la 2189
48.26 Moab...y sea también él por motivo de *e*..... 7814
48.27 ¿y no te fue...Israel por motivo de *e*.......... 7814
48.39 Moab objeto de *e* y de espanto a todos 7814
Lm 3.14 fui *e* a todo mi pueblo, burla de ellos.......... 7814
Ez 5.15 y serás...*e* y escarmiento y espanto a 1422
22.4 te he dado...y en *e* a todas las tierras 7048
36.4 que fueron puestas por botín y *e* de las........ 3933
Os 7.16 esto será su *e* en la tierra de Egipto 3933

ESCARPADO
Cnt 2.14 estás...en lo escondido de *e* parajes

ESCASA
Is 54.2 no seas *e*; alarga tus cuerdas...estacas......... 2820
Mi 6.10 ¿hay aún...medida *e* que es detestable?....... 7332

ESCASAMENTE
2 Co 9.6 el que siembra *e* también segará *e*............ *5340*

ESCASEAR
1 S 3.1 palabra de Jehová *escaseaba* en...días......... 3368
1 R 17.14 la harina de la tinaja no *escaseará*........... 3615
17.16 la harina de la tinaja no *escaseó*, ni........... 3615

ESCASEZ
Dt 8.9 en la cual no comerás el pan con *e*, ni 4544
2 Co 8.14 la abundancia vuestra supla la *e* de *5303*
Fil 4.11 no lo digo porque tenga *e*, pues he............. *5304*

ESCATIMAR
Jer 50.14 no *escatiméis* las saetas, porque pecó........ 2550
Ro 8.32 el que no *escatimó* ni a su propio Hijo *5339*

ESCEVA *Sacerdote judío en Efeso*, Hch 19.14 .... *4630*

ESCITA *Gente nómada conocida por su ferocidad*, Col 3.11 .... *4658*

ESCLARECER
Dt 33.2 vino de Sinaí, y de Seir les *esclareció* 2224
2 P 1.19 oscuro, hasta que el día *esclarezca* *1306*

ESCLARECIDA
Cnt 6.10 hermosa como la luna, *e* como el sol 1249

ESCLAVA *Véase también Esclavo*
Gn 15.13 morará en tierra ajena, y será *e* allí 5647
Lv 25.44 así tu esclavo como tu *e* que tuvieres 519
25.44 de ellos podréis comprar esclavos y *e* 519
Dt 21.14 ni la tratarás como *e*, por cuanto la 6014
28.68 seréis vendidos...por esclavos y por *e*........ 8198
Gá 4.22 Abraham tuvo dos hijos: uno de la *e*........... *3814*
4.23 el de la *e* nació según la carne; mas el *3814*
4.30 echa fuera a la *e* y a su hijo, porque no *3814*
4.30 no heredará el hijo de la *e* con el hijo *3814*
4.31 de manera...que no somos hijos de la *e*........ *3814*
Tit 2.3 porte...no *e* del vino, maestras del bien *1402*

ESCLAVITUD
Ro 8.15 no habéis recibido el espíritu de *e*............. *1397*
8.21 será libertada de la *e* de corrupción, a......... *1397*
Gá 2.4 nuestra libertad...para reducirnos a *e*......... *2615*
4.3 estábamos en *e* bajo los rudimentos del......... *1402*
4.24 del monte Sinaí, el cual da hijos para *e* *1397*
4.25 ésta, junto con sus hijos, está en *e*............. *1398*
5.1 no estéis otra vez sujetos al yugo de *e*.......... *1397*
1 Ti 6.1 todos los que están bajo el yugo de *e*........... *1401*

ESCLAVIZAR
Dt 24.7 y le hubiere *esclavizado*, o...vendido 6014
2 Co 11.20 pues toleráis si alguno os *esclaviza* *2615*
Gá 4.9 cuales os queréis volver a *esclavizar*? *1398*

ESCLAVO *Véase también Esclava*
Gn 15.3 será mi heredero un *e* nacido en mi casa
Lv 22.11 cuando...comprare algún *e* por dinero....... 5315
25.39 tu hermano...no le harás servir como *e*... 5656,5650
25.42 mis...no serán vendidos a manera de *e*... 4466,5650
25.44 *e* como tu esclava que tuvieres, serán 5650
25.44 de ellos podréis comprar *e* y esclavas 5650
Dt 28.68 seréis vendidos...por *e* y por esclavas........ 5650
Jer 2.14 ¿es Israel siervo? ¿es *e*? ¿Por qué
Jn 8.33 somos, y jamás hemos sido *e* de nadie *1398*
8.34 **aquel que hace pecado, *e* es del pecado** *1401*
8.35 **el *e* no queda en la casa para siempre**......... *1401*
Ro 6.16 os sometéis a alguien como *e*...sois *e*.......... *1401*
6.17 que aunque erais *e* del pecado, habéis......... *1401*
6.20 cuando erais *e* del pecado, erais libres *1401*
1 Co 7.21 fuiste llamado siendo *e*? No te dé............ *1401*
7.22 el que...fue llamado siendo *e*, liberto es *1401*
7.22 fue llamado siendo libre, *e* es de Cristo *1401*
7.23 comprados; no os hagáis *e* de los hombres..... *1401*
12.13 sean *e* o libres; y a todos se nos dio *1401*
Gá 3.28 hay judío ni griego; no hay *e* ni libre *1401*
4.1 heredero es niño, en nada difiere del *e* *1401*
4.7 que ya no eres *e*, sino hijo; y si hijo............. *1401*
Tit 3.3 también éramos...*e* de concupiscencias *1398*
Flm 16 no ya como *e*, sino como más que *e*, como...... *1401*
2 P 2.19 y son ellos mismos *e* de corrupción *1401*
2.19 el que es vencido...es hecho *e* del que lo....... *1402*
Ap 13.16 libres y *e*, se les pusiese una marca *1401*
18.13 ovejas, caballos y carros, y *e*, almas *4983*
19.18 para que comáis carnes de...libres y *e* *1401*

ESCOBA
Is 14.23 la barreré con *e* de destrucción, dice.......... 4292

ESCOGER
Gn 6.2 tomaron para sí mujeres, *escogiendo*............ 977
13.11 Lot *escogió* para sí toda la llanura del 977
Éx 17.9 Moisés a Josué: *Escógenos* varones, y.......... 977
18.21 *escoge*...de entre todo el pueblo varones 2372
18.25 *escogió* Moisés varones de virtud de........... 977
Nm 16.5 al que él *escogiere*, él lo acercará a 977
16.7 a quien Jehová *escogiere*...será el santo 977
17.5 y florecerá la vara del...que yo *escoja* 977
Dt 4.37 *escogió* a su descendencia después de 977
7.6 Jehová...Dios te ha *escogido* para serle 977
7.7 no por ser vosotros más...os ha *escogido* 977
10.15 y *escogió* su descendencia después de 977
12.5,11,21 el lugar que Jehová tu...*escogiere*......... 977
12.14 sino...en el lugar que Jehová *escogiere* 977
12.18,26 lugar que Jehová...hubiere *escogido* 977
14.2 ha *escogido* para que le seas un pueblo......... 977
14.23 comerás...en el lugar que él *escogiere*......... 977
14.24 lugar que...Dios hubiere *escogido* para 977
14.25 vendrás al lugar que...Dios *escogiere*.......... 977
15.20 comerás...el lugar que Jehová *escogiere*....... 977
16.2,6,15 el lugar que Jehová *escogiere* 977
16.7,11 el lugar que...Dios hubiese *escogido* 977
16.16 tu Dios en el lugar que él *escogiere* 977
17.8 recurrirás al lugar que...Dios *escogiere* 977
17.10 los del lugar que Jehová *escogiere*, y........... 977
17.15 rey sobre ti al que Jehová...*escogiere*.......... 977
18.5 ha *escogido* Jehová de entre todas tus 977
18.6 viniere...al lugar que Jehová *escogiere* 977
21.5 a ellos *escogió*...para que le sirvan, y........... 977
23.16 el lugar que *escogiere* en alguna de tus 977
26.2 al lugar que...Dios *escogiere* para hacer........ 977
30.19 *escoge*, pues, la vida, para que vivas 977
31.11 delante...en el lugar que él *escogiere* 977
33.21 *escoge* lo mejor de la tierra para sí 7200
Jos 8.3 *escogió* Josué 30.000 hombres fuertes 977
24.15 si mal os parece servir...*escogeos* hoy 977
Jue 5.8 cuando *escogían* nuevos dioses, la 977
8.33 Israel...*escogieron* por dios a Baal-berit 7760
20.15 fueron por cuenta 700 hombres *escogidos* 970
20.16 había 700 hombres *escogidos*...zurdos 970
20.34 vinieron...10.000 hombres *escogidos*, de 970
1 S 2.28 yo le *escogí* por mi sacerdote entre............. 977
13.2 *escogió*...a tres mil hombres de Israel 977
16.8 dijo: Tampoco a éste ha *escogido* Jehová......... 977
17.8 *escoged*, un hombre que venga contra mí...... 1262
17.40 *escogió* cinco piedras lisas del arroyo 977
24.2 tomando Saúl 3.000 hombres *escogidos* de 970
26.2 llevando consigo 3.000 hombres *escogidos* 970
2 S 6.1 volvió a reunir a todos los *escogidos*............ 970
10.9 Joab, entresacó de todos los *escogidos* 977
17.1 yo *escogeré* ahora doce mil hombres, y me...... 977
21.6 en Gabaa de Saúl, el *escogido* de Jehová........ 972
24.12 *escogerás* una de ellas, para que yo la 977
1 R 1.35 él he *escogido* para que sea príncipe.......... 6680
3.8 medio de tu pueblo al cual tú *escogiste* 977
8.16 no he *escogido* ciudad de todas las tribus 977
8.16 *escogí* a David para que presidiese en mí....... 977
12.21 180.000 hombres, guerreros *escogidos* 970
18.23 pues, dos bueyes, y *escojan* ellos uno 977
18.25 dijo...*Escogeos* un buey, y preparadlo 977
2 R 10.3 *escoged* al...más recto de los hijos 7200
21.7 Jerusalén, a la cual *escogí* de...Israel........... 977
23.27 desecharé...ciudad que había *escogido*......... 977
1 Cr 9.22 *escogidos* para guardas en...eran 200 1305
16.13 siervo, hijos de Jacob, sus *escogidos* 972
16.41 a Hamán, a Jedutún, y...otros *escogidos*...... 1305
19.10 *escogió* de los más aventajados que había 977
21.10 *escoge* de ellas una que yo haga contigo 977
21.12 *escoge* para ti: o tres años de hambre 6901
28.4 Judá *escogió* por caudillo, y de la casa.......... 977
28.6 éste he *escogido* por hijo, y yo le seré 977
2 Cr 6.5 ni he *escogido*...que fuese príncipe 977
11.1 reunió...a 180.000 hombres *escogidos* de 970
12.13 en Jerusalén, ciudad que *escogió* Jehová 977
13.3 un ejército de 400.000 hombres *escogidos* 970
13.3 Jeroboam...con 800.000 hombres *escogidos*..... 970
13.17 cayeron...de Israel 500.000...*escogidos*........ 970
25.5 fueron hallados 300.000 *escogidos* para......... 977
29.11 Jehová os ha *escogido* a vosotros para 970
Neh 1.9 y os traeré al lugar que *escogí* para............ 970
5.18 día era un buey y seis ovejas *escogidas* 1305
9.7 tú eres...el Dios que *escogiste* a Abram 977
Job 9.14 hablaré con él palabras *escogidas*?............ 977
15.5 has *escogido* el hablar de los astutos............ 977
34.4 *escojamos* para nosotros el juicio...bueno 977
36.21 pues ésta *escogiste* más bien que la 970
Sal 4.3 Jehová ha *escogido* al piadoso para sí 6395
25.12 le enseñará el camino que ha de *escoger*....... 977
33.12 el pueblo que él *escogió* como heredad 970
65.4 bienaventurado el que tú *escogieres* y.......... 977
78.31 y derribó a los *escogidos* de Israel 970
78.67 José, y no *escogió* la tribu de Efraín 977
78.68 *escogió* la tribu de Judá, el monte de.......... 977
84.10 *escogería* antes estar a la puerta de 977
89.3 hice pacto con mi *escogido*; juré a David........ 972
89.19 he exaltado a un *escogido* de mi pueblo........ 970
105.6 vosotros...hijos de Jacob, sus *escogidos* 972
105.26 envió a...y a Aarón, al cual *escogió*........... 977
105.43 sacó a su...con júbilo a sus *escogidos*......... 972
106.5 para que yo vea el bien de tus *escogidos* 972
106.23 haberse interpuesto Moisés su *escogido* 972
119.30 *escogí* el camino de la verdad...juicios 977
119.173 porque tus mandamientos he *escogido* 977
135.4 porque JAH ha *escogido* a Jacob para sí....... 977
Pr 1.29 sabiduría, y no *escogieron* el temor de 977
3.31 no envidies al...ni *escojas*...sus caminos........ 977
Cnt 6.9 única...*escogida* de la que dio a luz 1249
Is 1.29 y os afrentarán los...que *escogisteis*............ 977
5.2 cercado...y plantado de vides *escogidas* 8321
7.15 miel, hasta que sepa...*escoger* lo bueno......... 977
7.16 antes que el niño sepa...*escoger* lo bueno....... 977
14.1 y todavía *escogerá* a Israel, y lo hará 977
40.20 el pobre *escoge*, para ofrecerle, madera 977
41.8 mío eres; tú, Jacob, a quien yo *escogí* 977
41.9 mi siervo...te *escogí*, y no te deseché 977
41.24 aquí...abominación es el que os *escogió* 977
42.1 mi siervo, mi *escogido*, en quien mi alma........ 972
42.19 ¿quién es ciego como mi *escogido*...ciego 7999
43.10 y mi siervo que yo *escogí*, para que me 977
43.20 para que beba mi pueblo, mi *escogido* 972
44.1 Jacob...y tú, Israel, a quien yo *escogí* 977
44.2 no temas...tú, Jesurún, a quien yo *escogí* 977
45.4 por amor...Israel mi *escogido*, te llamé 972
48.10 te he *escogido* en horno de aflicción 977
49.7 fiel es el Santo de...el cual te *escogió* 977
56.4 guarden mis días de reposo, y *escojan* lo........ 977
58.5 ¿es tal el ayuno que yo *escogí*, que de 977
58.6 ¿no es más bien el ayuno que yo *escogí* 977
65.9 mis *escogidos* poseerán por heredad la......... 972
65.12 sino...*escogisteis* lo que me desagrada 977
65.15 nombre por maldición a mis *escogidos* 972
65.22 mis *escogidos* disfrutarán la obra de 972
66.3 porque *escogieron* sus propios caminos......... 977
66.4 *escogeré*...escarnios, y traeré sobre ellos 977
66.4 ojos, y *escogieron* lo que me desagrada 977
Jer 2.21 de vid *escogida*, simiente verdadera 8321
8.3 y *escogerá* la muerte antes que la vida 977
33.24 dos familias que Jehová *escogiera* ha.......... 977
49.19 y al que fuere *escogido* la encargaré 970
50.44 al que yo *escoja* la encargaré; porque 970
Ez 20.5 el día que *escogí* a Israel, y que alcé 977
24.4 sus piezas...llénala de huesos *escogidos* 4005
24.5 una oveja *escogida*...enciende los huesos...... 4005
Dn 11.15 sostenerse, ni sus tropas *escogidas*.......... 4005
Os 8.4 establecieron reyes, pero no *escogidos*
Hag 2.23 porque yo te *escogí*, dice Jehová de 977
Zac 1.17 Sion, y *escogerá* todavía a Jerusalén.......... 977
2.12 a Judá su...y *escogerá* aún a Jerusalén 977
3.2 que ha *escogido* a Jerusalén te reprenda 977
Mt 12.18 aquí mi siervo, a quien he *escogido*........... *140*
20.16; 22.14 **son llamados, y pocos *escogidos***....... *1588*
24.22 **por causa de los *escogidos*...acortados**...... *1588*
24.24 **que engañarán, si...aun a los *escogidos***..... *1588*
24.31 **sus ángeles...juntarán a sus *escogidos***....... *1588*
Mr 13.20 ***escogidos* que él** *escogió, acortará*........... *1586*
13.22 **para engañar, si...aun a los *escogidos*** *1588*
13.27 **sus ángeles, y juntará a sus *escogidos*** *1588*
Lc 6.13 *escogió* a doce de ellos, a los cuales *1586*
10.42 **y María ha *escogido* la buena parte, la** *1586*
14.7 como *escogían* los primeros asientos a la *1586*
18.7 **no hará justicia a sus *escogidos*, que** *1588*
23.35 si éste es el Cristo, el *escogido* de *1588*
Jn 6.70 **¿no os he *escogido* yo a vosotros los** *1586*
Hch 1.2 a los apóstoles que había *escogido* *1586*
1.24 muestra cuál de estos dos has *escogido* *1586*
9.15 **porque instrumento *escogido* me es éste**....... *1589*
13.17 el Dios de...*escogió* a nuestros padres........ *1586*
15.7 *escogió* que los gentiles oyesen por mí *1586*
15.40 y Pablo, *escogiendo* a Silas, salió............. *1951*
22.14 el Dios de...padres te ha *escogido* para...... *4400*
Ro 8.33 quién acusará a los *escogidos* de Dios? *1588*
11.5 ha quedado un remanente *escogido* por *1589*
11.7 pero los *escogidos* sí lo han alcanzado *1589*
16.13 saludad a Rufo, *escogido* en el Señor *1588*
1 Co 1.27 que lo necio del mundo *escogió* Dios *1586*
1.27 y lo débil del mundo *escogió* Dios, para *1586*
1.28 y lo vil del mundo y lo...*escogió* Dios.......... *1586*
Ef 1.4 nos *escogió* en él antes de la fundación.......... *1586*
Fil 1.22 la obra, no sé entonces qué *escoger* *138*
Col 3.12 vestíos pues, como *escogidos* de Dios *1588*
2 Ts 2.13 de que Dios os haya *escogido* desde *138*
1 Ti 5.21 delante...de sus ángeles *escogidos* *1588*
2 Ti 2.10 soporto por amor de los *escogidos*........... *1588*
Tit 1.1 conforme a la fe de los *escogidos* de *1588*
He 11.25 *escogiendo* antes ser maltratado con *138*
1 P 2.4 piedra...para Dios *escogida* y preciosa *1588*
2.6 la principal piedra del ángulo, *escogida*........ *1588*
2.9 sois linaje *escogido*, real sacerdocio............. *1588*

ESCOGIDO, A
Gn 24.10 tomando toda clase de regalos *e* de
Éx 14.7 tomó seiscientos carros *e*, y todos 977
Nm 18.12 todo lo más *e*...para ti las he dado 2459
Dt 12.11 llevaréis...y todo lo *e* de los votos 4005
33.14 con los más *e* frutos del sol, con el........... 4022
1 S 1.5 a Ana daba una parte *e*; porque amaba.......... 639
2 R 19.23 cortaré sus...sus cipreses más *e*; me 4004
1 Cr 7.40 *e*, esforzados, jefes de príncipes 1305
Job 33.23 algún elocuente mediador muy *e*, que
Pr 8.10 recibid...ciencia antes que el oro *e* 977
8.19 el oro...mi rédito mejor que la plata *e*.......... 6337
10.20 plata *e* es la lengua del justo...mas 977
Cnt 5.15 su aspecto como...*e* como los cedros 6337
Is 37.24 cortaré sus...cedros, sus cipreses *e* 4005
Jer 22.7 cortarán tus cedros *e* y los echarán........... 4005
48.15 jóvenes *e* descendieron al degolladero 4005
Ez 23.7 los más *e* de los hijos de los asirios 4005
31.16 los árboles *e* del Edén, y los mejores.......... 4005
Dn 11.15 no podrá sostenerse, ni sus tropas *e* 4005

ESCOL
1. Aliado de Abraham, Gn 14.13,24.................. 812

2. *Valle cerca de Hebrón*
Nm 13.23 llegaron hasta el arroyo de *E*, y de 812
13.24 y se llamó aquel lugar el Valle de *E*. 812
32.9 subieron hasta el torrente de *E*... vieron 812
Dt 1.24 monte, y llegaron hasta el valle de *E*. 812

ESCOLLO
Hch 27.29 temiendo dar en *e*, echaron cuatro *5138*

ESCOMBRO
Jos 8.28 quemó a Hai... redujo a un montón de *e* 8077
2 R 19.25 reducir las ciudades... montones de *e*. 5327
Neh 4.10 el *e* es mucho, y no podemos edificar 6083
Sal 79.1 profanado... redujeron a Jerusalén a *e* 5856
Is 37.26 serás para reducir las ciudades... a *e* 5327
61.4 restaurarán... los *e* de muchas generaciones .. 8074

ESCONDEDERO
2 S 22.12; Sal 18.11 puso tinieblas por su *e* 5521
Sal 119.114 mi *e* y mi escudo eres tú; en tu 5643
Is 4.6 para refugio y *e* contra el turbión y 4563
16.4 sé para... *e* de la presencia del devastador 5643
32.2 será aquel varón como *e* contra el viento 4224

ESCONDER
Gn 3.8 *escondieron* de la presencia de Jehová 2244
3.10 oí tu voz... y tuve miedo... y me *escondí* 2244
4.14 y de tu presencia me *esconderé*, y seré 5641
31.27 ¿por qué te *escondiste* para huir, y me 2244
35.4 Jacob los *escondió* debajo de una encina 2934
Éx 2.2 hermoso, le tuvo *escondido* tres meses 6845
2.12 mató al egipcio y lo *escondió* en la arena 2934
Dt 7.20 se hubieren *escondido* de delante de 5641
31.17 *esconderé* de ellos mi rostro, y serán 5641
31.18 *esconderé* mi rostro en aquel día, por 5641
32.20 y dijo: *Esconderé* de ellos mi rostro 5641
33.19 y los tesoros *escondidos* de la arena 2934
Jos 2.4 los dos hombres y los había *escondido* 6845
2.6 los había *escondido* entre los... de lino 2934
2.16 estad *escondidos* allí tres días, hasta 2247
6.17,25 por cuanto *escondió* a los mensajeros 2244
7.21 codicié... está *escondido* bajo tierra en 2934
7.22 he aquí estaba *escondido* en su tienda 2934
10.16 reyes... y se *escondieron* en una cueva 2244
10.17 reyes... hallados *escondidos* en una cueva 2244
10.27 echasen en... donde se habían *escondido* 2244
Jue 6.11 trigo... *esconderlo* de los madianitas 5127
9.5 quedó Jotam el hijo menor... se *escondió* 2244
1 S 10.22 él está *escondido* entre el bagaje 2244
13.6 se *escondieron* en cuevas, en fosos, en 2244
14.11 salen de las... donde se habían *escondido* 2244
14.22 que se habían *escondido* en el monte de 2244
19.2 y estate en lugar oculto y *escóndete* 2244
20.5 dejarás que me *esconda* en el campo hasta 5641
20.19 lugar donde estaba *escondido* el día que 5641
20.24 David, pues, se *escondió* en el campo 5641
23.19 ¿no está David *escondido* en... las peñas 5641
26.1 está David *escondido* en el collado de 5641
2 S 17.9 él estará... *escondido* en alguna cueva 2244
18.13 pues que al rey nada se le *esconde*, y 3582
1 R 17.3 *escóndete* en el arroyo de Querit, que 5641
18.4 Abdías tomó a cien profetas y... *escondió* 2244
18.13 *escondí* a cien varones de los profetas 2244
20.30 Ben-adad... y se *escondía* de aposento en
22.25 de aposento en aposento para *esconderte* 2247
2 R 6.29 tu hijo... ella ha *escondido* a su hijo 2244
7.8 (2) tomaron de... y fueron y lo *escondieron* 2934
7.12 se han *escondido* en el campo, diciendo 2247
11.3 estuvo con ella *escondido* en la casa de 2244
1 Cr 21.20 se *escondieron* cuatro hijos suyos 2244
2 Cr 18.24 de cámara en cámara para *esconderte* 2244
22.9 buscando a Ocozías... se había *escondido* 2244
22.11 *escondiéndolo*... guardó a él y a su ama 5641
22.11 así lo *escondió* Josabet, hija del rey 5641
22.12 *escondido* en la casa de Dios seis años 2244
Job 3.10 ni *escondió* de mis ojos la miseria 5641
3.16 ¿por qué no fui *escondido* como abortivo 2934
6.10 no he *escondido* las palabras del Santo 3582
6.16 que están *escondidas* por la helada, y 5956
13.20 entonces no me *esconderé* de tu rostro 5641
13.24 *escondes* tu rostro, y me cuentas por tu 5641
14.13 quién me diera que me *escondieses* en el 6845
15.20 y el número de sus años está *escondido* 6845
17.4 a éstos has *escondido* de su corazón la 6845
18.10 su cuerda está *escondida* en la tierra 2934
23.9 si... al sur se *esconderá*, y no lo veré 5848
24.4 todos los pobres de la tierra se *esconden* 2244
24.15 no me verá nadie; y *esconde* su rostro 5643
27.11 no *esconderé* lo que hay para con el 3582
28.11 ríos... e hizo salir a luz lo *escondido* 8587
29.8 los jóvenes me veían, y se *escondían* 2934
31.33 *escondiendo* en mi seno mi iniquidad 2934
34.22 donde se *escondan* los que hacen maldad 5641
34.29 si él... *escondiere* el rostro, ¿quién lo 5641
42.2 no hay pensamiento que se *esconda* de ti 1219
Sal 9.15 en la red que *escondieron* fue tomado 2934
10.1 te *escondes* en el tiempo de tribulación? 5956
13.1 hasta cuándo *esconderás* tu rostro de mí? 5641
17.8 *escóndeme* bajo la sombra de tus alas 5641
19.6 y nada hay que se *esconda* de su calor 5641
22.24 ni de él *escondió* su rostro; sino que 5641
27.5 él me *esconderá* en su tabernáculo en el 6845
27.9 oh Jehová; no *escondas* tu rostro de mí 5641
30.7 tú... *escondiste* tu rostro, fui turbado 5641
31.4 sácame de la red que han *escondido* para 2934
31.20 en lo secreto de tu... los *esconderás* 5641
35.7 *escondieron* para mí su red en un hoyo 2934
35.8 la red que él *escondió* lo prenda; con 2934
44.24 ¿por qué *escondes* tu rostro, y... olvidas 5641
51.9 *esconde* tu rostro de mis pecados 5641
54 *tít*. David *escondido* en nuestra tierra? 5641
55.1 escucha... no te *escondas* de mi súplica 5956
56.6 *esconden*, miran atentamente mis pasos 6845
64.2 *escóndeme* del consejo... de los malignos 5641
64.5 tratan de *esconder* los lazos, y dicen 2934
69.17 no *escondas* de tu siervo tu rostro 5641
74.11 ¿por qué *escondes* tu diestra en tu seno? 7725
78.2 hablaré cosas *escondidas* desde tiempos 2420
88.14 ¿por qué *escondes* de mí tu rostro? 5641
89.46 ¿te *esconderás* para siempre? ¿Arderá 5641
102.2 no *escondas* de mí tu rostro en el día 5641
104.29 *escondes* tu rostro, se turban; les 5641
140.5 *escondido* lazo y cuerdas los soberbios 2934
142.3 en el camino en... me *escondieron* lazo 2934
143.7 no *escondas* de mí tu rostro, no venga 5641
Pr 22.3; 27.12 avisado ve el mal y se *esconde* 5641
28.12 mas... tienen que *esconderse* los hombres 2664
28.28 los impíos son levantados se *esconde* el 5641
Cnt 2.14 en lo *escondido* de escarpados parajes 5643
Is 1.15 *esconderé* de vosotros mis ojos... no oiré 5956
2.10 métete en la peña, *escóndete* en el polvo 2934
8.17 a Jehová, el cual *escondió* su rostro de 5641
16.3 *esconde* a los desterrados, no entregues 5641
26.20 *escóndete* un poquito, por un momento 2247
28.15 y en la falsedad nos *esconderemos* 5641
29.15 ¡ay de los que se *esconden* de Jehová 5641
40.27 mi camino está *escondido* de Jehová, y 5641
42.22 atrapados en cavernas y *escondidos* en 2244
45.3 y te daré los tesoros *escondidos*, y los 4301
50.6 no *escondí* mi rostro de injurias y de 5641
53.3 y como que *escondimos* de él el rostro 4564
54.8 con un poco de ira *escondí* mi rostro de 5641
57.17 le herí, *escondí* mi rostro y me indigné 5641
58.7 cubras, y no te *escondas* de tu hermano? 5956
64.7 *escondiste* de nosotros tu rostro, y nos 5641
65.4 y en lugares *escondidos* pasan la noche 5341
Jer 13.4 y *escóndelo* allá en la hendidura de 2934
13.5 fui, pues, y lo *escondí* junto al Eufrates 2934
13.6 toma... cinto que te mandé *esconder* allá 2934
13.7 tomé el cinto... donde lo había *escondido* 2934
16.17 ni su maldad se *esconde* de la... mis ojos 6845
18.22 ellos... a mis pies han *escondido* lazos 2934
33.5 pues *escondí* mi rostro de esta ciudad 5641
36.19 a Baruc: Vé y *escóndete*, tú y Jeremías 5641
36.26 Baruc... Jeremías... Jehová los *escondió* 5641
43.10 sobre estas piedras que he *escondido* 2934
49.10 descubriré sus... y no podrá *esconderse* 2247
Lm 3.56 no *escondas* tu oído al clamor de mis 5956
Ez 39.23 yo *escondí* de ellos mi rostro, y los 5641
39.24 hice con ellos, y de ellos *escondí* mi 5641
39.29 ni *esconderé* más de ellos mi rostro 5641
Dn 2.22 él revela lo profundo y lo *escondido* 5642
4.9 que ningún misterio se te *esconde*... sueño 598
10.7 no la vieron... huyeron y se *escondieron* 2244
Os 13.14 compasión será *escondida* de mi vista 5641
Am 9.3 se *escondieren* en la cumbre del Carmelo 2244
9.3 aunque se *escondieren* de delante de mis 5641
Abd 6 sus tesoros *escondidos* fueron buscados 4710
Mi 3.4 antes *esconderá* de vosotros su rostro 5641
Hab 3.4 mano, y allí estaba *escondido* su poder 2253
Mt 5.14 **ciudad asentada... no se puede *esconder*** *2928*
11.25 ***escondiste* estas cosas de los sabios** *613*
13.33 **y *escondió* en tres medidas de harina** *1470*
13.35 declararé cosas *escondidas* desde la *2928*
13.44 **es semejante a un tesoro *escondido* en** *2928*
13.44 **un hombre halla, y lo *esconde* de nuevo** *2928*
25.18 **cavó... y *escondió* el dinero de su señor** *613*
25.25 **fui y *escondí* tu talento en la tierra** *2928*
Mr 4.22 **ni *escondido*, que no haya de salir a** *2927*
7.24 que nadie lo supiese... no pudo *esconderse* *2990*
Lc 8.17 **ni *escondido*... no haya de ser conocido** *2990*
10.21 ***escondiste* estas cosas de los sabios** *613*
13.21 **la levadura, que una mujer... *escondió* en** *1470*
Jn 8.59 Jesús se *escondió* y salió del templo *2928*
Ef 3.9 misterio *escondido* desde los siglos en *613*
Col 2.3 en quien están *escondidos* todos los *614*
3.3 y vuestra vida está *escondida* con Cristo *2928*
He 11.23 Moisés... fue *escondido* por sus padres *2928*
Ap 2.17 **daré a comer del maná *escondido*, y le** *2928*
6.15 se *escondieron* en las cuevas y entre las *2928*
6.16 y *escondednos* del rostro de aquel que *2928*

ESCONDIDAMENTE
2 S 19.3 entró... en la ciudad *e*. 1589

ESCONDIDAS *(m. adv.)*
2 S 19.3 entró... como suele entrar a *e* el pueblo 1589
Sal 64.4 asaetear a *e* al íntegro; de repente 4565
Gá 2.4 de los falsos hermanos introducidos a *e* *3922*

ESCONDIDO *Véase Esconder*

ESCONDITE
1 S 23.22 aseguraos... y ved el lugar de su *e* 7272
Sal 17.12 son como... leoncillo que está en su *e* 4565

ESCONDRIJO
1 S 23.23 informaos de todos los *e* donde se 4224
Job 37.8 las bestias entran en su *e*, y se están 695
Sal 10.8 acecho cerca... en *e* mata al inocente 4565
Is 28.17 la mentira, y aguas arrollarán el *e* 4268
Jer 23.24 ¿se ocultará alguno... en *e* que yo no 4565
49.10 descubriré sus *e*, y no podrá esconderse 4565
Lm 3.10 fue para mí como oso... como león en *e* 4565

ESCORIA
Sal 119.119 como *e* hiciste consumir a todos 5509
Pr 25.4 quita las *e* de la plata, y saldrá 5509
26.23 *e* de plata echada sobre el tiesto son 5509
Is 1.22 plata se ha convertido en *e*, tu vino 5509
1.25 y limpiaré hasta lo más puro tus *e*, y 5509
Jer 6.29 en vano fundió... *e* no se ha arrancado 7451
Ez 22.18 de Israel se me ha convertido en *e* 5509
22.18 todos... en *e* de plata se convirtieron 5509
22.19 por cuanto... os habéis convertido en *e* 5509
1 Co 4.13 venido a ser... como la *e* del mundo *4027*

ESCORPIÓN
Dt 8.15 lleno de serpientes ardientes, y de *e* 6137
1 R 12.11,14 azotes, mas yo os castigaré con *e* 6137
2 Cr 10.11,14 os castigó con azotes, y yo con *e* 6137
Ez 2.6 te hallas entre zarzas... y moras con *e* 6137
Lc 10.19 **doy potestad de hollar serpientes y *e*** *4651*
11.12 **¿o si le pide un huevo, le dará un *e*?** *4651*
Ap 9.3 como tienen poder los *e* de la tierra *4651*
9.5 su tormento era como... de *e* cuando hiere *4651*
9.10 colas como de *e*, y también aguijones *4651*

ESCRIBA
2 S 8.17 Sadoc hijo de Ahitob... Seraías era *e* 5608
20.25 Sева era *e*, y Sadoc y Abiatar, sacerdotes 5608
2 R 18.18 salió a ellos... Sebna *e*, y Joa hijo 5608
18.37 Sebna *e*, y Joa hijo de Asaf, canciller 5608
19.2 envió... a Sebna *e* y a los ancianos de los 5608
22.3 envió... a Safán hijo de Azalía... *e*, a la 5608
22.8 dijo el sumo sacerdote... al *e* Safán: He 5608
22.9 viniendo luego el *e* Safán al rey, dio 5608
22.10 el *e* Safán declaró al rey, diciendo: El 5608
22.12 luego el rey dio orden... al *e* Safán y a 5608
25.19 tomó un... y el principal *e* del ejército 5608
1 Cr 2.55 las familias de los *e* que moraban en 5608
24.6 el *e* Semaías hijo... escribió sus nombres 5608
27.32 Jonatán tío... era... varón prudente y *e* 5608
2 Cr 24.11 que había mucho dinero, venía el *e* 5608
26.11 la lista hecha por mano de Jeiel *e*, y 5608
34.13 de los levitas había *e*, gobernadores 5608
34.15 al *e* Safán: Yo he hallado el libro de 5608
34.18 declaró el *e* Safán al rey, diciendo: El 5608
34.20 y mandó... a Safán *e*, y a Asaías siervo 5608
Esd 7.6 era *e* diligente en la ley de Moisés 5608
7.11 la carta... al sacerdote Esdras, *e* versado 5608
7.12 Esdras, sacerdote y *e* erudito en la ley 5613
7.21 lo que os pida... Esdras, *e* de la ley del 5613
Neh 8.1 y dijeron a Esdras el *e* que trajese el 5608
8.4 el *e* Esdras estaba sobre un púlpito de 5608
8.9 el sacerdote Esdras, *e*, y los levitas que 5608
8.13 se reunieron los... levitas, a Esdras el *e* 5608
12.26 los días del... y del sacerdote Esdras, *e* 5608
12.36 sus hermanos... y el *e* Esdras delante de 5608
13.13 puse por mayordomos de... y al *e* Sadoc 5608
Is 33.18 ¿qué es del *e*? ¿qué del pesador del 5608
36.3 salió a él... Sebna, *e*, y Joa hijo de Asaf 5608
36.22 Sebna *e*, y Joa... canciller, vinieron a 5608
37.2 y envió a... Sebna *e* y a los ancianos de 5608
Jer 8.8 cambiado en mentira la pluma... de los *e* 5608
36.10 aposento de Gemarías hijo de Safán *e* 5608
36.23 rasgó el rey con un cortaplumas de *e* 5608
36.32 rollo... lo dio a Baruc hijo de Nerías *e* 5608
37.15 le pusieron en prisión en la casa del *e* 5608
37.20 oye... y no me hagas volver a casa del *e* 5608
Mt 2.4 convocados todos... y los *e* del pueblo *1122*
5.20 **justicia no fuere mayor que la de los *e*** *1122*
7.29 enseñaba como quien... y no como los *e* *1122*
8.19 vino un *e* y le dijo: Maestro, te seguiré *1122*
9.3 algunos de los *e* decían... Este blasfema *1122*
12.38 respondieron algunos de los *e* y de los *1122*
13.52 **todo *e* docto en el reino de los cielos** *1122*
15.1 acercaron a Jesús ciertos *e* y fariseos *1122*
16.21 padecer mucho... de los *e*; y ser muerto *1122*
17.10 ¿por qué... dicen los *e* que es necesario *1122*
20.18 **será entregado a... sacerdotes y a los *e*** *1122*
21.15 los *e*, viendo las maravillas que hacía *1122*
23.2 **en la cátedra de Moisés se sientan los *e*** *1122*
23.13,14,15,23,25,27,29 **¡ay de vosotros, *e* y fariseos, hipócritas!** *1122*
23.34 **envío... *e*; y de ellos a unos mataréis** *1122*
26.3 los *e*... ancianos del pueblo se reunieron *1122*
26.57 llevaron adonde estaban reunidos los *e* *1122*
27.41 *e* y los fariseos y los ancianos, decían *1122*
Mr 1.22 quien tiene autoridad, y no como los *e* *1122*
2.6 estaban allí sentados algunos de los *e* *1122*
2.16 los *e*... viéndole comer con los publicanos *1122*
3.22 *e* que habían venido de Jerusalén decían *1122*
7.1 se juntaron a Jesús... y algunos de los *e* *1122*
7.5 le preguntaron, pues... los *e*: ¿Por qué tus *1122*
8.31 ser desechado... por los *e*, y ser muerto *1122*
9.11 ¿por qué dicen los *e* que es necesario que *1122*
9.14 discípulos... y *e* que disputaban con ellos *1122*
10.33 **el Hijo del... será entregado... a los *e*** *1122*
11.18 y lo oyeron los *e* y los principales *1122*
11.27 vinieron a él los... los *e* y los ancianos *1122*
12.28 acercándose uno de los *e*... los había oído *1122*
12.32 el *e* le dijo: Bien, Maestro, verdad has *1122*
12.35 **¿cómo dicen los *e* que el Cristo es hijo** *1122*
12.38 **guardaos de los *e*, que gustan de andar** *1122*
14.1 buscaban... *e* cómo prenderle por engaño *1122*
14.43 Judas... y con él mucha gente... de los *e* *1122*
14.53 reunieron todos... los ancianos y los *e* *1122*
15.1 habiendo tenido consejo... con los *e* y con *1122*
15.31 decían... con los *e*: A otros salvó, a sí *1122*
Lc 5.21 los *e*... comenzaron a cavilar, diciendo *1122*
5.30 los *e* y los fariseos murmuraban contra *1122*
6.7 le acechaban los *e*... para ver si en el día *1122*
9.22 **que padezca... y sea desechado... por los *e*** *1122*
11.44 **de vosotros, *e* y fariseos, hipócritas!** *1122*
11.53 los *e* y los... comenzaron a estrecharle *1122*
15.2 los *e* murmuraban, diciendo: Este a los *1122*
19.47 *e* y los principales... procuraban matarle *1122*
20.1 llegaron los... y los *e*, con los ancianos *1122*

E

20.19 procuraban los...y los *e* echarle mano en *1122*
20.39 los *e*, dijeron: Maestro, bien has dicho *1122*
20.46 **guardaos de los *e*, que gustan de andar** *1122*
22.2 sacerdotes y...los *e* buscaban cómo matarle... *1122*
22.66 se juntaron los...los *e*, y le trajeron *1122*
23.10 los *e* acusándole con gran vehemencia *1122*
Jn 8.3 los *e*...trajeron una mujer sorprendida *1122*
Hch 4.5 que se reunieron en Jerusalén...los *e* *1122*
6.12 y soliviantaron al pueblo, a...y a los *e* *1122*
23.9 levantándose los *e* de la parte de los........... *1122*
1 Co 1.20 ¿dónde está el *e*? ¿Dónde está el............. *1122*

ESCRIBANO
Est 3.12; 8.9 fueron llamados los *e* del rey 5608
Ez 9.2 que traía a su cintura un tintero de *e* 5608
Ez 9.3 que tenía a su cintura el tintero de *e*............ 5608
Hch 19.35 el *e*, cuando había apaciguado a la *1122*

ESCRIBIENTE
Sal 45.1 mi lengua es pluma de *e* muy ligero 5608
Jer 36.26 para que prendiesen a Baruc el *e* y.......... 5608

ESCRIBIR
Éx 17.14 *escribe* esto para memoria en un libro........ 3789
24.4 Moisés *escribió* todas las palabras de 3789
24.12 y te daré...mandamientos que he *escrito* 3789
31.18 tablas...*escritas* con el dedo de Dios.......... 3789
32.15 las tablas *escritas* por ambos lados; de 3789
32.15 de uno y otro lado estaban *escritas* 3789
32.32 si no, ráeme...tu libro que has *escrito* 3789
34.1 *escribiré* sobre esas tablas las palabras 3789
34.27 dijo a Moisés: *Escribe* tú estas palabras 3789
34.28 y *escribió* en tablas las palabras del.......... 3789
39.30 *escribieron* en...como grabado de sello....... 3789
Nm 5.23 *escribirá* estas maldiciones en un libro 3789
17.2 *escribirás* el nombre de...sobre su vara 3789
17.3 *escribirás* el nombre de Aarón sobre la.......... 3789
33.2 Moisés *escribió* sus salidas conforme a 3789
Dt 4.13; 5.22 *escribió* en dos tablas de piedra 3789
6.9 las *escribirás* en los postes de tu casa........... 3789
9.10 tablas de...*escritas* con el dedo de Dios........ 3789
9.10 y en ellas estaba *escrito*...las palabras
10.2 y *escribiré* en...tablas las palabras que........ 3789
10.4 y *escribió* en las tablas conforme a la.......... 3789
11.20 las *escribirás* en los postes de tu casa......... 3789
17.18 *escribirá*...una copia de esta ley, del 3789
24.1 le *escribirá* carta de divorcio, y se la........... 3789
24.3 le *escribiere* carta de divorcio, y se la 3789
27.3,8 *escribirás*...las palabras de esta ley........... 3789
28.58 las palabras...*escritas* en este libro 3789
28.61 toda plaga que no está *escrita* en el 3789
29.20 sobre él toda maldición *escrita* en este 3789
29.21 maldiciones del pacto *escrito* en este 3789
29.27 las maldiciones *escritas* en este libro 3789
30.10 sus estatutos *escritos* en este libro 3789
31.9 y *escribió* Moisés esta ley, y la dio a............ 3789
31.19 *escribíos* este cántico, y enseñalo a 3789
31.22 Moisés *escribió* este cántico aquel día 3789
31.24 acabó Moisés de *escribir* las palabras 3789
Jos 1.8 hagas...todo lo que en él está *escrito* 3789
8.31 como está *escrito* en el libro de la ley 3789
8.32 *escribió*...una copia de la ley de Moisés 3789
8.32 *escribió* delante de los hijos de Israel 3789
8.34 leyó...lo que está *escrito* en el libro de......... 3789
10.13 está *escrito* esto en el libro de Jaser? 3789
23.6 todo lo que está *escrito* en...de la ley 3789
24.26 y *escribió* Josué estas palabras en el 3789
1 S 10.25 las leyes...las *escribió* en un libro........... 3789
21.13 *escribía* en las portadas de las puertas 8427
2 S 1.18 que está *escrito* en el libro de Jaser 3789
11.14 *escribió* David a Joab una carta...envió 3789
11.15 *escribió*...diciendo: Poned a Urías al 3789
1 R 2.3 la manera que está *escrito* en la ley............ 3789
11.41 está *escrito* en el libro de los hechos.......... 3789
14.19 *escrito* en el libro de las historias de.......... 3789
14.29 *escrito* en las crónicas de los reyes de 3789
15.7,23,31; 16.5,14,20,27; 22.39,45; 2 R 1.18; 8.23; 10.34;
12.19; 13.8,12; 14.15,18,28; 15.6,11,15,21,26,31,36;
16.19; 20.20; 21.17,25; 23.28; 24.5; 1 Cr 29.29
escrito en el libro de las crónicas 3789
1 R 21.8 *escribió* cartas en nombre de Acab 3789
21.9 y las cartas que *escribió* decían así 3789
21.11 conforme a lo *escrito* en las cartas que 3789
2 R 10.1 y Jehú *escribió* cartas y las envió a 3789
10.6 les *escribió* la segunda vez, diciendo........... 3789
14.6 conforme...*escrito* en el libro de la ley.......... 3789
22.13 conforme a todo lo que nos fue *escrito*........ 3789
23.3 las palabras...*escritas* en aquel libro 3789
23.21 conforme a lo que está *escrito* en el 3789
23.24 palabras...*escritas* en el libro que el........... 3789
1 Cr 4.41 han sido *escritos* por sus nombres 3789
9.1; 2 Cr 16.11; 25.26; 27.7; 28.26; 35.27; 36.8
escritos en el libro de los reyes de 3789
16.40 conforme a todo lo que está *escrito*.......... 3789
24.6 escriba Semaías...*escribió* sus nombres 3789
2 Cr 9.29 *escritos* en los libros del profeta 3789
12.15 están *escritas* en los libros del profeta........ 3789
13.22 están *escritos* en la historia de Iddo 3789
20.34 *escritos* en las palabras de Jehú hijo........... 3789
23.18 como está *escrito* en la ley de Moisés......... 3789
24.27 *escrito* en la historia del libro de los 3789
25.4 según lo que está *escrito* en la ley, en 3789
26.22 demás hechos de Uzías...fueron *escritos* 3789
30.1 Ezequías...*escribió* cartas a Efraín y a 3789
30.5 no...celebrado al modo que está *escrito* 3789
30.18 la pascua no conforme a lo...*escrito* 3789
31.3 como está *escrito* en la ley de Jehová.......... 3789
32.17 *escribió* cartas en que blasfemaba contra 3789
32.32 están *escritos* en la profecía...Isaías 3789
33.18 *escrito* en las actas de los reyes de
33.19 *escritas* en las palabras de...videntes 3789
34.21 conforme a todo lo que está *escrito* en......... 3789
34.24 las maldiciones...*escritas* en el libro........... 3789
34.31 las palabras...*escritas* en aquel libro 3789
35.12 según...*escrito* en el libro de Moisés.......... 3789
35.25 están *escritas* en el libro de Lamentos 3789
35.26 conforme a lo que está *escrito* en la 3789
Esd 3.2 como está *escrito* en la ley de Moisés 3789
3.4 celebraron...la fiesta...como está *escrito* 3789
4.6 *escribieron*...contra los habitantes de 3789
4.7 en días de Artajerjes *escribieron* Bislam 3789
4.8 *escribieron* una carta contra Jerusalén......... 3790
4.9 *escribieron* Rehum canciller y Simsai
5.7 así estaba *escrito* en ella: Al rey Darío 3690
5.10 *escribirte* los nombres de los hombres 3790
6.2 en el cual estaba *escrito* así: Memoria 3690
6.18 conforme a lo *escrito* en el...de Moisés 3792
Neh 6.6 en la cual estaba *escrito*: Se ha oído........... 3789
7.5 hallé el libro...y encontré en él *escrito*.......... 3789
8.14 y hallaron *escrito* en la ley que Jehová......... 3789
8.15 hacer tabernáculos, como está *escrito* 3789
9.38 hacemos fiel promesa, y la *escribimos* 3789
10.34 la ofrenda...como está *escrito* en la ley....... 3789
10.36 ganados, como está *escrito* en la ley 3789
13.1 hallado *escrito* en él que los amonitas 3789
Est 1.19 se *escriba* entre las leyes de Persia............ 3789
2.23 fue *escrito* el caso en el libro de las............ 3789
3.12 fue *escrito* conforme a todo lo que mandó 3789
3.12 en nombre del rey Asuero fue *escrito*.......... 3789
6.2 entonces hallaron *escrito* que Mardoqueo 3789
8.5 dé orden *escrita* para revocar las cartas........ 3789
8.5 que *escribió* para destruir a los judíos 3789
8.8 *escribid*, pues, vosotros a los judíos 3789
8.8 edicto que se *escribe* en nombre del rey......... 3789
8.9 se *escribió*...todo lo que mandó Mardoqueo 3789
8.10 y *escribió* en nombre del rey Asuero, y 3789
9.20 *escribió* Mardoqueo estas cosas, y envió 3789
9.23 hacer...lo que les *escribió* Mardoqueo.......... 3789
9.27 días según está *escrito* tocante a ellos 3791
10.2 *escrito* en el libro de las crónicas de 3789
Job 13.26 *escribes* contra mí amarguras, y me 3789
19.23 diese...mis palabras fuesen *escritas!* 3789
19.23 ¡quién diese que se *escribiesen* en un 2710
Sal 40.7 en el rollo del libro está *escrito* 3789
69.28 y no sean *escritos* entre los justos............. 3789
102.18 se *escribirá* esto para la generación.......... 3789
139.16 y en tu libro estaban *escritas* todas.......... 3789
Pr 3.3 *escríbelas* en la tabla de tu corazón............ 3789
7.3 *escríbelos* en la tabla de tu corazón............. 3789
22.20 ¿no te he *escrito* 3 veces en consejos.......... 3789
Ec 12.10 hallar palabras...*escribir* rectamente 3789
Is 8.1 *escribe* en ella con caracteres legibles 3789
30.8 vé...y *escribe* esta visión en una tabla 3789
44.5 otro *escribirá* con su mano: A Jehová, y.......... 3789
65.6 he aquí que *escrito* está delante de mí 3789
Jer 17.1 el pecado de Judá *escrito* está con 3789
17.13 los que se apartan...serán *escritos* en 3789
22.30 *escribid* lo que sucederá a este hombre........ 3789
25.13 todo lo que está *escrito* en este libro 3789
30.2 *escríbete* en un libro todas las palabras......... 3789
31.33 mi ley...y la *escribiré* en su corazón 3789
32.10 *escribí* la carta y la sellé, y la hice 3789
36.2 *escribe*...todas las palabras que te he 3789
36.4 *escribió* Baruc de boca de Jeremías, en.......... 3789
36.6 lee de este rollo que *escribiste* de mí 3789
36.17 cómo *escribiste* de boca de Jeremías 3789
36.18 él me dictaba...yo *escribía* con tinta.......... 3789
36.27 las palabras que Baruc había *escrito* 3789
36.28 *escribe* en él...las palabras primeras........... 3789
36.29 ¿por qué *escribiste* en él, diciendo 3789
36.32 y *escribió* en él de boca de Jeremías........... 3789
45.1 *escribía* en el libro estas palabras de 3789
51.60 *escribió*, pues, Jeremías en un libro 3789
51.60 todas las palabras que están *escritas*.......... 3789
Ez 2.10 estaba *escrito*...*escritas* en él...ayes 3789
24.2 *escribe* la fecha de este día; el rey de 3789
37.16 *escribe* en él: Para Judá...*e*...Para José 3789
37.20 los palos sobre que *escribas* estarán........... 3789
Dn 5.5 una mano...*escribía*...veía la mano que *e* 3790
6.25 rey Darío *escribió* a todos los pueblos 3790
7.1 *escribió* el sueño, y relató lo principal 3790
9.11 el juramento que está *escrito* en la ley 3789
9.13 está *escrito* en la ley de Moisés, todo............ 3789
10.21 te declararé lo que está *escrito* en el.......... 7559
12.1 los que se hallen *escritos* en el libro 3789
Os 8.12 le *escribí* las grandezas de mi ley, y 3789
Hab 2.2 *escribe* la visión, y declárala...tablas............ 3789
Mal 3.16 fue *escrito* libro de memoria delante 3789
Mt 2.5 Belén...así está *escrito* por el profeta *1125*
4.4 ***escrito* está: No sólo de pan vivirá el**.......... *1125*
4.6 *escrito*...A sus ángeles mandará acerca de *1125*
4.7 ***escrito* está...No tentarás al Señor tu** *1125*
4.10 ***escrito* está: Al Señor tu Dios adorarás** *1125*
11.10 **es de quien está *escrito*: He aquí, yo** *1125*
21.13 ***escrito* está: Mi casa, casa de oración** *1125*
26.24 **va, según está *escrito* de él, mas ¡ay** *1125*
26.31 **porque *escrito* está: Heriré al pastor** *1125*
27.37 pusieron...su cabeza su causa *escrita* *1125*
Mr 1.2 como está *escrito* en Isaías...He aquí............ *1125*
7.6 ***escrito*: Este pueblo de labios me honra**......... *1125*
9.12 **cómo está *escrito* del Hijo del Hombre** *1125*
9.13 **y le hicieron...como está *escrito* de él** *1125*
10.5 **por la dureza de...corazón os *escribió*** *1125*
11.17 **¿no está *escrito*: Mi casa será llamada** *1125*
12.19 Moisés nos *escribió* que si el hermano.......... *1125*
14.21 **va, según está *escrito* de él, mas ¡ay** *1125*
14.27 ***escrito* está: Heriré al pastor, y las** *1125*
15.26 el título *escrito*...era: El Rey de los............ *1125*
Lc 1.3 *escribírtelas* por orden, oh...Teófilo............. *1125*
1.63 *escribió*, diciendo: Juan es su nombre........... *1125*
2.23 como está *escrito* en la ley del Señor............ *1125*
3.4 como está *escrito* en el libro de...Isaías......... *1125*
4.4 ***escrito* está: No sólo de pan vivirá el**............ *1125*
4.8 ***escrito* está: Al Señor tu Dios adorarás** *1125*
4.10 *escrito* está: A sus ángeles mandará *1125*
4.17 halló el lugar donde estaba *escrito*............. *1125*
7.27 **éste es de quién está *escrito*: He aquí** *1125*
10.20 **nombres están *escritos* en los cielos** *1125*
10.26 **le dijo: ¿Qué está *escrito* en la ley?** *1125*
16.6 **siéntate pronto, y *escribe* cincuenta** *1125*
16.7 **dijo: Toma tu cuenta, y *escribe* ochenta** *1125*
18.31 **cosas *escritas* por los profetas acerca** *1125*
19.46 ***escrito* está: Mi casa es...de oración** *1125*
20.17 **es lo que está *escrito*: La piedra que** *1125*
20.28 Moisés nos *escribió*: Si el hermano de *1125*
21.22 **cumplan...las cosas que están *escritas*** *1125*
22.37 **que se cumpla...aquello que está *escrito*** *1125*
22.37 **lo...*escrito* de mí, tiene cumplimiento**
23.38 un título *escrito* con letras griegas............. *1125*
24.44 **que se cumpliese...lo que está *escrito*** *1125*
24.46 **así está *escrito*, y así fue necesario** *1125*
Jn 1.45 aquel de quien *escribió* Moisés en la *1125*
2.17 *escrito*: El celo de tu casa me consume.......... *1125*
5.46 **me creeríais...porque de mí *escribió* él**......... *1125*
6.31 comieron el maná en...como está *escrito* *1125*
6.45 ***escrito* está...Y serán todos enseñados** *1125*
8.6 inclinado...*escribía* en tierra con el dedo *1125*
8.8 inclinándose de nuevo...siguió *escribiendo* *1125*
8.17 **está *escrito* que el testimonio de dos** *1125*
10.34 **está *escrito* en vuestra ley: Yo dije**............ *1125*
12.14 y montó sobre él, como está *escrito* *1125*
12.16 estas cosas estaban *escritas* acerca de......... *1125*
15.25 **se cumpla la palabra que está *escrita*** *1125*
19.19 *escribió*...Pilato un título, que puso *1125*
19.20 y el título estaba *escrito* en hebreo............. *1125*
19.21 no *escribas*: Rey de los judíos; sino *1125*
19.22 respondió...Lo que he *escrito*, he *e* *1125*
20.30 cuales no están *escritas* en este libro *1125*
20.31 éstas se han *escrito* para que creáis *1125*
21.24 el discípulo que...*escribió* estas cosas *1125*
21.25 cosas...si se *escribieran* una por una *1125*
21.25 los libros que se habrían de *escribir* *1125*
Hch 1.20 porque está *escrito* en...los Salmos *1125*
7.42 está *escrito* en el libro de los profetas.......... *1125*
13.29 las cosas que de él estaban *escritas*............ *1125*
13.33 *escrito* también en el salmo segundo............. *1125*
15.15 las palabras de los...como está *escrito* *1125*
15.20 que se les *escriba* que se aparten de *1989*
15.23 y *escribir* por conducto de ellos: Los *1125*
18.27 y *escribieron* a los discípulos que le............ *1125*
21.25 hemos *escrito*...que no guarden nada de *1989*
23.5 pues *escrito* está: No maldecirás a un............ *1125*
23.25 *escribió* una carta en estos términos............ *1125*
24.14 las cosas que en la ley...están *escritas* *1125*
25.26 no tengo cosa...que *escribir* a mi señor......... *1125*
25.26 que después de...tenga yo qué *escribir* *1125*
Ro 1.17 está *escrito*: Mas el justo por la fe *1125*
2.15 obra de la ley *escrita* en sus corazones *1123*
2.24 como está *escrito*, el nombre de Dios es......... *1125*
3.4 está *escrito*: Para que seas justificado............ *1125*
3.10 como está *escrito*: No hay justo, ni aun......... *1125*
4.17 está *escrito*: Te he puesto por padre de *1125*
4.23 con respecto a él se *escribió* que le fue......... *1125*
8.36 *escrito*: Por causa de ti somos muertos........... *1125*
9.13 como está *escrito*: A Jacob amé, mas a.......... *1125*
9.33 *escrito*: He aquí pongo en Sion piedra de *1125*
10.5 Moisés *escribe* así: El hombre que haga......... *1125*
10.15 como está *escrito*: ¡Cuán hermosos son *1125*
11.8 está *escrito*: Dios les dio espíritu de *1125*
11.26 como está *escrito*: Vendrá de Sion el........... *1125*
12.19 *escrito* está: Mía es la venganza, yo............ *1125*
14.11 *escrito* está: Vivo yo, dice el Señor *1125*
15.3 está *escrito*: Los vituperios de los que *1125*
15.4 las cosas que se *escribieron* antes, para........ *4270*
15.4 para nuestra enseñanza se *escribieron* *4270*
15.9 está *escrito*: Por tanto, yo te confesaré.......... *1125*
15.15 he escrito...en parte con atrevimiento *1125*
15.21 como está *escrito*: Aquellos a quienes *1125*
16.22 yo Tercio, que *escribí* la epístola, os............ *1125*
1 Co 1.19 está *escrito*: Destruiré la sabiduría *1125*
1.31 *escrito*: El que se gloría, gloríese en............. *1125*
2.9 está *escrito*: Cosas que ojo no vio, ni *1125*
3.19 *escrito* está: El prende a los sabios en........... *1125*
4.6 a no pensar más de lo que está *escrito* *1125*
4.14 no *escriba* esto para avergonzaros, sino *1125*
5.9 he *escrito* por carta, que no os juntéis *1125*
5.11 os *escribí* que no os juntéis con ninguno *1125*
7.1 cuanto a las cosas de que me *escribisteis*........ *1125*
9.9 está *escrito*: No pondrás bozal al buey *1125*
9.10 por nosotros se *escribió*; porque con............ *1125*
9.15 ni tampoco he *escrito* esto para que se.......... *1125*
10.7 *escrito*: Se sentó el pueblo a comer y a *1125*
10.11 y están *escritas* para amonestarnos a *1125*
14.21 está *escrito*: En otras lenguas y con............ *1125*
14.37 reconozca que lo que os *escribo* son *1125*
15.45 está *escrito*: Fue hecho el primer hombre..... *1125*
15.54 cumplirá la palabra que está *escrita* *1125*
16.21 yo, Pablo, os *escribo*...salutación de
2 Co 1.13 no os *escribimos* otras cosas de las *1125*
2.3 mismo os *escribí*, para que cuando llegue........ *1125*
2.4 os *escribí* con muchas lágrimas, no para......... *1125*
2.9 os *escribí*, para tener la prueba de si *1125*
3.2 nuestras cartas sois vosotros, *escritas* *1449*
3.3 carta...*escrita* no con tinta, sino con el *1449*
4.13 está *escrito*: Creí, por lo cual hablé *1125*

7.12 aunque os *escribí*, no fue por causa del *1125*
8.15 está *escrito*: El que recogió mucho, no *1125*
9.1 santos, es por demás que yo os *escriba* *1125*
9.9 *escrito*: Repartió, dio a los pobres; su *1125*
13.2 lo *escribo* a los que antes pecaron, y a *1125*
13.10 por esto os *escribo* estando ausente *1125*
Gá 1.20 esto que os *escribo*, he aquí delante *1125*
3.10 *escrito* está: Maldito todo aquel que no *1125*
3.10 que no permaneciere en... cosas *escritas* *1125*
3.13 *escrito*: Maldito todo el que es colgado *1125*
4.22 *escrito* que Abraham tuvo dos hijos; uno *1125*
4.27 *escrito*: Regocíjate, oh estéril, tú que *1125*
6.11 con cuán grandes letras os *escribo* de mi *1125*
Ef 3.3 como antes lo he *escrito* brevemente *4270*
Fil 3.1 a mí no me es molesto el *escribiros* *1125*
1 Ts 4.9; 5.1 no tenéis necesidad... os *escriba* *1125*
2 Ts 3.17 el signo en... carta mía; así *escribo* *1125*
1 Ti 3.14 *escribo*, aunque tengo la esperanza *1125*
Flm 19 yo Pablo lo *escribo* de mi mano, yo lo *1125*
21 te he *escrito* confiando en tu obediencia *1125*
He 8.10 y sobre su corazón las *escribiré*; y *1924*
10.7 el rollo del libro está *escrito* de mí *1125*
10.16 leyes... y en sus mentes las *escribiré* *1924*
13.22 ruego... pues os he *escrito* brevemente *1989*
1 P 1.16 *escrito* está: Sed santos, porque yo *1125*
5.12 os he *escrito* brevemente, amonestándoos *1125*
2 P 3.1 es la segunda carta que os *escribo*, y *1125*
3.15 Pablo, según la sabiduría... ha *escrito* *1125*
1 Jn 1.4 os *escribimos*, para que vuestro gozo *1125*
2.1 cosas os *escribo* para que no pequéis *1125*
2.7 no os *escribo* mandamiento nuevo, sino el *1125*
2.8 os *escribo* un mandamiento nuevo, que es *1125*
2.12 os *escribo* a... porque vuestros pecados *1125*
2.13 os *escribo* a... padres, porque conocéis *1125*
2.13 os *escribo* a vosotros, jóvenes, porque *1125*
2.13 os *escribo* a vosotros, hijitos, porque *1125*
2.14 he *escrito* a vosotros, padres, porque *1125*
2.14 he *escrito* a vosotros, jóvenes, porque *1125*
2.21 no os he *escrito* como si ignoraseis la *1125*
2.26 os he *escrito*... sobre los que os engañan *1125*
5.13 os he *escrito* a vosotros que creéis en *1125*
2 Jn 5 ruego... no como *escribiéndote* un nuevo *1125*
12 tengo muchas cosas que *escribiros*, pero *1125*
3 Jn 9 *escrito* a la iglesia; pero Diótrefes *1125*
13 tenía muchas cosas que *escribirte*, pero *1125*
13 pero no quiero *escribirtelas* con tinta y *1125*
Jud 3 de *escribiros* acerca de nuestra común *1125*
3 *escribiros* exhortándoos que contendéis *1125*
Ap 1.3 y guardan las cosas en ella *escritas* *1125*
1.11 **que decía... *Escribe* en un libro lo que ves** *1125*
1.19 ***escribe* las cosas que has visto, y las** *1125*
2.1 ***escribe* al ángel de la iglesia en Efeso** *1125*
2.8 ***escribe* al ángel de la iglesia en Esmirna** *1125*
2.12 ***escribe* al ángel... la iglesia en Pérgamo** *1125*
2.17 **la piedrecita *escrito* un nombre nuevo** *1125*
2.18 ***escribe* al ángel... la iglesia en Tiatira** *1125*
3.1 ***escribe* al ángel de la iglesia en Sardis** *1125*
3.7 **escribe al ángel... iglesia en Filadelfia** *1125*
3.12 ***escribiré* sobre él el nombre de mi Dios** *1125*
3.14 **y *escribe* al ángel... iglesia en Laodicea** *1125*
5.1 un libro *escrito* por dentro y por fuera *1125*
10.4 yo iba a *escribir*; pero oí una voz del *1125*
10.4 sella las cosas que... y no las *escribas* *1125*
13.8 nombres no estaban *escritos* en el libro *1125*
14.1 el nombre de él y... *escrito* en la frente *1125*
14.13 que desde el cielo me decía: *Escribe* *1125*
17.5 y en su frente un nombre *escrito*, un *1125*
17.8 cuyos nombres no están *escritos* desde la *1125*
19.9 *escribe*: Bienaventurados los que son *1125*
19.12 un nombre *escrito* que ninguno conocía *1125*
19.16 *escrito* este nombre: REY DE REYES Y *1125*
20.12 por las cosas que estaban *escritas* en *1125*
21.5 dijo: *Escribe*... estas palabras son fieles *1125*
22.18 Dios... las plagas que están *escritas* *1125*
22.19 cosas que están *escritas*; en este libro *1125*

ESCRITO

Jue 8.14 y él le dio por *e* los nombres de los 3789
2 R 17.37 y derechos y ley... que os dio por *e* 3789
2 Cr 2.11 Hiram rey de Tiro respondió por *e* 3791
36.22 Ciro... hizo pregonar... y también por *e* 4385
Esd 1.1 pregonar de... por *e* por todo su reino 4385
Est 3.14 del *e* que se dio por mandamiento en 3791
Jn 5.47 **si no creéis a sus *e*, ¿cómo creeréis** *1121*

ESCRITURA

Éx 32.16 obra de Dios, y la *e* era *e* de Dios 4385
Dt 10.4 y escribió... conforme a la primera *e* 4385
Esd 4.7 la *e* y el lenguaje de la carta eran en 3791
Est 1.22 a cada provincia conforme a su *e*, y 3791
3.12; 8.9 cada provincia según su *e*, y a cada 3791
8.9 a los judíos también conforme a su *e* y a 3791
Is 38.9 *e* de Ezequías rey... de cuando enfermó 4385
Jer 32.44 harán *e* y la sellarán y... testigos 3789
Dn 5.7 cualquiera que lea esta *e* y me muestre 3792
5.8 no pudieron leer la *e* ni mostrar al rey 3792
5.15 para que leyesen esta *e* y me diesen su 3792
5.16 si ahora puedes leer esta *e* y darme su 3792
5.17 leeré la *e*... y le daré la interpretación 3792
5.24 fue enviada la mano que trazó esta *e* 3792
5.25 y la *e* que trazó es: MENE, MENE, TEKEL 3792
Mt 21.42 **¿nunca leísteis en las *E*: La piedra** *1124*
22.29 **erráis, ignorando las *E* y el poder de** *1124*
26.54 **cómo entonces se cumplirían las *E*, de** *1124*
26.56 **que se cumplan las *E* de los profetas** *1124*
Mr 12.10 **¿ni aun esta *e* habéis leído: La piedra** *1124*
12.24 **ignoráis las *E*, y el poder de Dios?** *1124*
14.49 **pero es así, para que se cumplan las *E*** *1124*
15.28 se cumplió la *E* que dice: Y fue contado *1124*
Lc 4.21 **hoy se ha cumplido esta *E* delante de** *1124*
24.27 declaraba en todas las *E* lo que de él *1124*
24.32 ardía nuestro corazón... nos abría las *E*? *1124*
24.45 les abrió... para que comprendiesen las *E* *1124*
Jn 2.22 creyeron la *E* y la palabra que Jesús *1124*
5.39 **escudriñad las *E*; porque a vosotros os** *1124*
7.38 **como dice la *E*, de su interior correrán** *1124*
7.42 ¿no dice la *E* que del linaje de David *1124*
10.35 **llamó... y la *E* no puede ser quebrantada** *1124*
13.18 **se cumpla la *E*: El que come pan conmigo** *1124*
17.12 **el hijo de perdición, para que la *E* se** *1124*
19.24 para que se cumpliese la *E*, que dice *1124*
19.28 **para que la *E* se cumpliese: Tengo sed** *1124*
19.36 cumpliese la *E*: No será quebrado hueso *1124*
19.37 otra *E* dice: Mirarán al que traspasaron *1124*
20.9 porque aún no habían entendido la *E*, que *1124*
Hch 1.16 se cumpliese la *E* en que el Espíritu *1124*
8.32 el pasaje de la *E* que leía era este *1124*
8.35 comenzando desde esta *e*, le anunció el *1124*
17.3 exponiendo por medio de las *E*, que era *1124*
17.11 escudriñando cada día las *E* para ver *1124*
18.24 Apolos... elocuente, poderoso en las *E* *1124*
18.28 demostrando por las *E* que Jesús era el *1124*
Ro 1.2 había prometido antes... en las santas *E* *1124*
4.3 ¿qué dice la *E*? Creyó Abraham a Dios, y *1124*
9.17 la *E* dice a Faraón: Para esto mismo te *1124*
10.11 *E* dice: Todo aquel que en él creyere *1124*
11.2 no sabéis qué dice de Elías la *E*, cómo *1124*
15.4 de que por... las *E*, tengamos esperanza *1124*
16.26 que por las *E*... se ha dado a conocer a *1124*
1 Co 15.3 que Cristo murió... conforme a las *E* *1124*
15.4 que resucitó al... día, conforme a las *E* *1124*
Gá 3.8 la *E*... dio de antemano la buena nueva a *1124*
3.22 la *E* lo encerró todo bajo pecado, para *1124*
4.30 ¿qué dice la *E*? Echa fuera a la esclava *1124*
1 Ti 5.18 la *E* dice: No pondrás bozal al buey *1124*
2 Ti 3.15 la niñez has sabido las Sagradas *E* *1121*
3.16 toda la *E* es inspirada por Dios, y útil *1124*
Stg 2.8 cumplís la ley real, conforme a la *E* *1124*
2.23 cumplió la *E* que dice: Abraham creyó a *1124*
4.5 ¿o pensáis que la *E* dice en vano: El *1124*
1 P 2.6 contiene la *E*: He aquí, pongo en Sion *1124*
2 P 1.20 ninguna profecía de la *E* es... privada *1124*
3.16 también las otras *E*, para su... perdición *1124*

ESCUADRÓN

Gn 50.9 subieron... y se hizo un *e* muy grande 4264
Jue 7.16 repartiendo los... hombres en tres *e* 7218
7.20 y los tres *e* tocaron las trompetas, y 7218
1 S 13.17 salieron... en tres *e*; un *e* marchaba 7218
13.18 otro *e* marchaba... el tercer *e* marchaba 7218
17.8 se paró y dio voces a los *e* de Israel 4634
17.26 provoque a los *e* del Dios viviente? 7218
17.45 en el nombre de... el Dios de los *e* de 7218
Job 1.17 dijo: Los caldeos hicieron tres *e*, y 7218

ESCUCHAR

Gn 4.23 mujeres de Lamec, *escuchad* mi dicho 8085
18.10 Sara *escuchaba* a la puerta de la tienda 8085
23.15 *escúchame*: la tierra vale 400 siclos 8085
39.10 y no *escuchándola* él para acostarse al 8085
42.21 nos rogaba, y no le *escuchamos*; por eso 8085
42.22 no pequéis contra... y no *escuchasteis*? 8085
49.2 oíd... y *escuchad* a vuestro padre Israel 8085
Éx 6.9 ellos no *escuchaban* a Moisés a causa 8085
6.12 no me *escuchan*... me *escuchará* Faraón 8085
7.13 endureció, y no los *escuchó*, como Jehová 8085
7.22 Faraón se endureció, y no los *escuchó* 8085
8.15 endureció su corazón y no los *escuchó* 8085
8.19 Faraón se endureció, y no los *escuchó* 8085
Nm 21.3 y Jehová *escuchó* la voz de Israel, y 8085
23.18 oye; *escucha* mis palabras, hijo de Zipor 238
Dt 1.45 pero Jehová no *escuchó* vuestra voz 8085
3.26 Jehová se había enojado... no me *escuchó* 8085
9.19 pero Jehová me *escuchó* aun esta vez 8085
10.10 y Jehová también me *escuchó* esta vez 8085
12.28 *escucha* todas estas palabras que yo te 8085
13.4 *escucharéis* su voz, a él serviréis, y a 8085
15.5 si *escuchares*... la voz de Jehová tu Dios 8085
26.17 has declarado... que *escucharás* su voz 8085
27.9 y *escucha*, oh Israel; hoy has venido a 8085
32.1 *escuchad*, cielos, y hablaré; y oiga la 8085
Jos 3.9 acercaos, y *escuchad* las palabras de 8085
24.10 yo no quise *escuchar* a Balaam, por lo 8085
Jue 5.3 *escuchad*, oh príncipes: yo cantaré a 8085
11.17 ruego... el rey de Edom no los *escuchó* 8085
1 S 19.6 y *escuchó* Saúl la voz de Jonatán, y 8085
25.24 y *escucha* las palabras de tu sierva 8085
30.24 ¿y quién os *escuchará* en este caso? 8085
1 R 8.30 oren en este lugar... *escucha* y perdona 8085
18.29 pero no hubo... voz, ni quien... *escuchase* 7182
2 R 14.11 pero Amasías no *escuchó*; por lo cual 8085
17.40 no *escucharon*; antes hicieron según su 8085
18.31 no *escuchéis* a Ezequías, porque así dice 8085
18.12 no las habían *escuchado*, ni puesto por 8085
21.9 mas ellos no *escucharon*; y Manasés los 8085
22.13 no *escucharon* las palabras de... libro 8085
2 Cr 10.15 no *escuchó* el rey al pueblo; porque 8085
24.19 profetas... mas ellos no los *escucharon* 238
33.10 habló Jehová... mas ellos no *escucharon* 7181
Neh 9.16 y no *escucharon* tus mandamientos 8085
9.29 les amonestaste a que... y no *escucharon* 8085
9.30 les testificaste con... pero no *escucharon* 238
Est 3.4 y no *escuchándolos* él, lo denunciaron 8085
Job 9.16 no creeré que haya *escuchado* mi voz 238
13.13 *escuchadme*, y hablaré... y que me venga 2790
15.17 *escúchame*; yo te mostraré, y te contaré 8085
32.10 *escuchadme*; declararé yo... mi sabiduría 8085
32.11 he *escuchado* vuestros argumentos, en 238
33.1 oye ahora... y *escucha* todas mis palabras 238
33.31 *escucha*, Job, y óyeme; calla... hablaré 8085
34.16 oye... *escucha* la voz de mis palabras 8085
37.14 *escucha*... Job; detente, y considera la 238
Sal 5.1 *escucha*, oh Jehová, mis palabras 238
17.1 *escucha* mi oración hecha de labios sin 8085
17.6 inclina a... tu oído, *escucha* mi palabra 8085
39.12 oye mi... oh Jehová, y *escucha* mi clamor 8085
49.1 *escuchad*, habitantes todos del mundo 8085
50.7 *escucha*, Israel, y testificaré contra 8085
54.2 oh Dios, oye mi oración; *escucha* las 8085
55.1 *escucha*, oh Dios, mi oración, y no te 238
64.1 *escucha*, oh Dios, la voz de mi queja 8085
66.18 si en... el Señor no me habría *escuchado* 8085
66.19 ciertamente me *escuchó* Dios; atendió 8085
69.13 la verdad de tu salvación, *escúchame* 6030
77.1 Dios, a Dios clamé, y él me *escuchará* 238
78.1 *escucha*, pueblo mío, mi ley; inclinad 238
80.1 oh Pastor de Israel, *escucha*; tú que 238
84.8 mi oración; *escucha*, oh Dios de Jacob 238
85.8 *escucharé* lo que hablará Jehová Dios 8085
86.1 oído, y *escúchame*, porque estoy afligido 6030
86.6 *escucha*, oh Jehová, mi oración, y está 238
102.1 Jehová, *escucha* mi oración, y llegue 8085
140.6 *escucha*, oh Jehová, la voz de... ruegos 238
141.1 a mí; *escucha* mi voz cuando te invocare 238
142.6 *escucha* mi clamor... estoy muy afligido 7181
143.1 oh Jehová, oye mi... *escucha* mis ruegos 8085
Pr 8.34 bienaventurado el hombre... me *escucha* 8085
13.1 el burlador no *escucha* las reprensiones 8085
15.31 el oído que *escucha* las amonestaciones 8085
15.32 mas el que *escucha* la corrección tiene 8085
17.4 mentiroso *escucha* la lengua detractora 238
19.20 *escucha* el consejo, y... la corrección 8085
Ec 9.16 sea... y no sean *escuchadas* sus palabras 8085
9.17 palabras del sabio *escuchadas* en quietud 8085
12.9 e hizo *escuchar*, e hizo escudriñar, y 239
Cnt 8.13 compañeros *escuchan* tu voz; házmela 7181
Is 1.2 oíd, cielos, y *escucha* tú, tierra; porque 8085
1.10 *escuchad* la ley de nuestro Dios, pueblo 8085
18.3 y cuando se toque trompeta, *escuchad* 8085
32.9 oíd... hijas confiadas, *escuchad* mi razón 8085
34.1 y vosotros, pueblos, *escuchad*. Oiga la 8085
36.16 no *escuchéis* a Ezequías, porque así dice 8085
41.1 *escuchadme*... y esfuércense los pueblos 2790
42.23 ¿quién atenderá y *escuchará* respecto al 8085
49.1 oídme, costas, y *escuchad*, pueblos 7181
Jer 3.25 no hemos *escuchado* la voz de Jehová 8085
6.10 son incircuncisos, y no pueden *escuchar* 7181
6.17 que dijesen: *Escuchad*... No *escucharemos* 7181
6.19 porque no *escucharon* mis palabras, y 8085
7.23 *escuchad* mi voz, y seré a vosotros por 8085
7.28 no *escuchó* la voz de Jehová su Dios, ni 8085
8.6 *escuché* y oí; no hablan rectamente, no 7181
11.10 no quisieron *escuchar* mis palabras, y 8085
13.11 fuesen... por honra; pero no *escucharon* 8085
13.15 *escuchad* y oíd; no os envanezcáis, pues 8085
23.16 dicho: No *escuchéis* las palabras de los 8085
25.4 ni inclinasteis vuestro oído... *escuchar* 8085
29.19 no oyeron mis... y no habéis *escuchado* 8085
31.18 *escuchando*, he oído a Efraín que se 8085
32.33 no *escucharon* para recibir corrección 8085
36.31 que les he anunciado y no *escucharon* 8085
37.14 él no lo *escuchó*, sino prendió Irías 8085
38.15 si te diere consejo, no me *escucharás* 8085
Ez 2.5 acaso ellos *escuchen*... si no *escucharen* 8085
2.7 hablarás... *escuchen* o dejen de *escuchar* 8085
3.11 ha dicho... *escuchen* o dejen de *escuchar* 8085
13.19 mintiendo a mi pueblo que *escucha* la 8085
Os 5.1 y casa del rey, *escuchad*; porque para 238
Jl 1.2 y *escuchad*, todos los moradores de la 238
Am 5.23 quita de... no *escucharé* las salmodias 8085
Sof 3.2 no *escuchó*... ni recibió la corrección 8085
Zac 1.4 no atendieron, ni me *escucharon*, dice 7181
3.8 *escucha* pues ahora, Josué sumo sacerdote 8085
7.11 no quisieron *escuchar*, antes volvieron 7181
7.13 que así como él clamó, y no *escucharon* 8085
7.13 ellos clamaron, y yo no *escuché*, dice 8085
Mal 3.16 Jehová *escuchó* y oyó, y fue escrito 7181
Mr 6.20 perplejo... le *escuchaba* de buena gana *191*
Jn 8.43 **porque no podéis *escuchar* mi palabra** *191*
Hch 8.6 *escuchaba* atentamente las cosas que *4337*
12.13 salió a *escuchar* una muchacha llamada *5219*
1 Ti 4.1 *escuchando* a espíritus engañadores y *4337*

ESCUDERO

Jue 9.54 llamó... su *e*... y su *e* le atravesó, y 5375,3627
1 S 17.7 su lanza... e iba su *e* delante de él 5375
17.41 el filisteo venía... y su *e* delante de él 5375
1 S 31.4 Saúl a su *e*: Saca tu espada, y... con ella 5375
31.4 su *e* no quería, porque tenía gran temor 5375
31.5 viendo su *e* a Saúl muerto, él también 5375
31.6 murió Saúl... con sus tres hijos, y su *e* 5375
2 S 18.15 diez... *e* de Joab rodearon e hirieron 5375
23.37 Naharai beerotita, *e* de Joab hijo de 5375
1 Cr 10.4 dijo Saúl a su *e*: Saca tu espada y 5375
10.4 pero su *e* no quiso... tenía mucho miedo 5375
10.5 su *e* vio a Saúl muerto, él también se 5375
11.39 Naharai beerotita, *e* de Joab hijo de 5375

ESCUDILLA

Nm 4.7 y pondrán sobre ella las *e*... cucharas 7086
Jer 52.19 candeleros, *e* y tazas; lo de oro por 3709

ESCUDO
Gn 15.1 diciendo: No temas, Abram; yo soy tu *e* 4043
Dt 33.29 salvo por Jehová, *e* de tu socorro, y........... 4043
Jue 5.8 ¿se veía *e* o...entre 40.000 en Israel?.......... 4043
2 S 1.21 fue desechado el *e* de...el *e* de Saúl........... 4043
8.7 los *e* de oro que traían los siervos de 7982
22.3 mi *e*, y el fuerte de mi salvación, mi............ 4043
22.31 *e* es a todos los que en él esperan 4043
22.36 me diste asimismo el *e* de tu salvación........ 4043
1 R 10.16 hizo...200 *e* grandes de oro batido 6793
10.16 seiscientos siclos de oro...en cada *e*.......... 6793
10.17 hizo 300 *e* de oro batido, en cada uno......... 4043
14.26 se llevó todos los *e* de oro que Salomón....... 4043
14.27 hizo el rey...*e* de bronce, y los dio a 4043
2 R 11.10 dio...los *e* que habían sido del rey........... 7982
19.32 ni vendrá delante de ella con *e*, ni 4043
1 Cr 5.18 hombres que traían *e* y espada, que 4043
12.8 muy valientes...diestros con *e* y pavés......... 6793
12.24 los hijos de Judá que traían *e* y lanza......... 6793
12.34 mil...y con ellos 37.000 con *e* y lanza 6793
18.7 tomó también David los *e* de oro que 7982
2 Cr 9.16 trescientos *e*...cada *e* 300 siclos 4043
11.12 en todas las ciudades puso *e* y lanzas 6793
12.9 y tomó los *e* de oro que Salomón había........ 4043
12.10 hizo el rey Roboam *e* de bronce, y los 4043
14.8 tuvo también Asa ejército que traía *e*.......... 6793
14.8 que traían *e* y entesaban arcos, todos 4043
17.17 y con él 200.000 armados de arco y *e* 4043
23.9 dio...los *e* que habían sido del rey David 4043
25.5 escogidos para salir...tenían lanza y *e* 6793
26.14 Uzías preparó para todo el ejército *e*......... 4043
32.5 Ezequías...hizo muchas espadas y *e*............ 4043
32.27 adquirió...oro...*e*, y toda clase de joyas 4043
Neh 4.16 otra mitad tenía lanzas, *e*, arcos y 4043
Job 15.26 corrió...la espesa barrera de sus *e*............ 4043
41.15 la gloria de su vestido son *e* fuertes 650,4043
Sal 3.3 tú, Jehová, eres *e* alrededor de mí 4043
5.12 como con un *e* lo rodearás de tu favor.......... 6793
7.10 *e* está en Dios, que salva a los rectos 4043
18.2 mi *e*, y la fuerza de mi salvación, mi........... 4043
18.30 *e* es a todos los que en él esperan 4043
18.35 diste...el *e* de tu salvación; tu diestra......... 4043
28.7 Jehová es mi fortaleza y mi *e*; en él............ 4043
33.20 a Jehová; nuestra ayuda y nuestro *e* es........ 4043
35.2 echa mano al *e* y al pavés, y levántate 4043
47.10 de Dios son los *e* de la tierra; él es........... 4043
59.11 dispérsalos con...oh Jehová, *e* nuestro 4043
76.3 el *e*, la espada y las armas de guerra 4043
84.9 mira, oh Dios, *e* nuestro, y pon los ojos 4043
84.11 porque sol y *e* es Jehová Dios; gracia......... 4043
89.18 Jehová es nuestro *e*, y nuestro rey es 4043
91.4 te cubrirá, y...*e* y adarga es su verdad 6793
115.9 confía en Jehová; él es tu ayuda y tu *e*........ 4043
115.10,11 él es vuestra ayuda y vuestro *e* 4043
119.114 mi escondedero y mi *e* eres tú............ 4043
144.2 *e* mío, en quien he confiado; el que 4043
Pr 2.7 él...es *e* a los que caminan rectamente 4043
30.5 Dios...él es *e* a los que en él esperan 4043
Ec 7.12 *e* es la ciencia, y *e* es el dinero; mas.......... 6738
Cnt 4.4 mil *e* están colgados...*e* de valientes.......... 4043
Is 21.5 ¡levantaos, oh príncipes, ungid el *e*! 4043
22.6 Elam tomó aljaba, con...y Kir sacó el *e*......... 4043
37.33 rey...no vendrá delante de ella con *e*.......... 4043
Jer 46.3 preparad *e* y pavés, y...a la guerra........... 4043
46.9 los de Put que toman *e*, y los de Lud que 4043
51.11 limpiad las saetas, embrazad los *e*; ha......... 7982
Ez 23.24 *e*, paveses y yelmos pondrán contra ti......... 4043
26.8 torres de sitio...y *e* afirmará contra ti.......... 6793
27.10 *e* y yelmos colgaron en ti...te dieron tu......... 4043
27.11 *e* colgaron sobre tus muros alrededor.......... 7982
38.4 gran multitud con paveses y *e*, teniendo 4043
38.5 Cus y Fut con ellos; todos ellos con *e*........... 4043
39.9 y quemarán...*e*, paveses, arcos y saetas 4043
Nah 2.3 *e* de sus valientes estará enrojecido 4043
Ef 6.16 el *e* de la fe, con que podáis apagar............ *2375*

ESCUDRIÑAR
1 Cr 28.9 Jehová *escudriña* los corazones de 1875
29.17 yo sé...que tú *escudriñas* los corazones 974
Job 13.9 ¿sería bueno que él os *escudriñase*?.......... 2713
38.16 y has andado *escudriñando* el abismo?........ 2714
Sal 26.2 *escudríñame*...pruébame; examina mis.......... 974
139.3 has *escudriñado* mi andar y mi reposo 2219
Pr 2.4 buscares...*escudriñares* como a tesoros 2664
20.27 *escudriña* lo más profundo del corazón 2664
25.2 Dios...pero honra del rey es *escudriñarlo* 2713
28.11 mas el pobre entendido lo *escudriña* 2713
Ec 12.9 e hizo *escudriñar*, y compuso muchos 2713
Jer 11.20 que *escudriñas* la mente y el corazón.......... 974
17.10 yo Jehová, que *escudriño* la mente, que......... 2713
Lm 3.40 *escudriñemos*...caminos, y busquemos, y 2713
Abd 6 ¡cómo fueron *escudriñadas* las cosas de 2664
Sof 1.12 *escudriñaré* a Jerusalén con linterna 2664
Jn 5.39 **escudriñad las Escrituras; porque a** *2045*
7.52 *escudriña* y ve que de Galilea nunca se *2045*
Hch 17.11 *escudriñando* cada día las Escrituras *350*
Ro 8.27 el que *escudriña* los corazones sabe............ *2045*
1 Co 2.10 el Espíritu todo lo *escudriña*, aun *2045*
1 P 1.11 *escudriñando* qué persona y qué tiempo *2045*
Ap 2.23 **que yo soy el que escudriña la mente**.......... *2045*

ESCUELA
Hch 19.9 discutiendo cada día en la *e* de uno *4981*

ESCULPIR
1 R 6.29 y *esculpió* todas las paredes de la............. 7049
2 Cr 2.7 que sepa *esculpir* con los maestros 6605
2.14 sabe *esculpir* toda clase de figuras, y 6605
3.7 cubrió la...con oro; y *esculpió* querubines 6605
24.18 sirvieron...a las imágenes *esculpidas*
Job 19.24 *esculpidas* en piedra para siempre! 2672
Is 22.16 *esculpe* para sí morada en una peña 2710
49.16 palmas de las manos te tengo *esculpida* 2710
Jer 17.1 *esculpido*...en la tabla de su corazón......... 2790
Hab 2.18 qué sirve la escultura que *esculpió*........... 6459

ESCULTURA
Lv 26.1 no haréis para vosotros ídolos, ni *e*............ 6459
Dt 4.16 no...hagáis para vosotros *e*, imagen de 6459
4.23 no os hagáis *e* o imagen de ninguna cosa....... 6459
4.25 hiciereis *e* o imagen de cualquier cosa 6459
5.8 no harás para ti *e*, ni imagen alguna de 6459
7.5 de Asera, y quemaréis sus *e* en el fuego 6456
7.25 las *e* de sus dioses quemarás en el fuego 6456
12.3 destruiréis...*e* de sus dioses, y raeréis 6456
27.15 maldito el...que hiciere *e* o imagen de......... 6459
2 Cr 34.3 limpiar a Judá...de...*e*, e imágenes 6456
34.4 despedazó...las *e* y estatuas fundidas 6456
34.7 desmenuzado las *e*, y destruido todos los 6456
Is 30.22 profanarás la cubierta de tus *e* de 6456
42.8 no daré mi gloria, ni mi alabanza a *e*.......... 6456
48.5 mi ídolo lo hizo, mis imágenes de *e* y 6459
Jer 50.2 destruidas son sus *e*, quebrados son 6091
51.17 se avergüenza todo artífice de su *e*........... 6459
Mi 5.13 y haré destruir tus *e* y tus, imágenes 6456
Nah 1.14 de la casa de tu dios destruiré *e* y............ 6459
Hab 2.18 ¿de qué sirve la *e* que esculpió el 6459
Zac 3.9 yo grabaré su *e*, dice Jehová de los............ 6603
Hch 17.29 sea semejante a oro, o...*e* de arte........... *5480*

ESCUPIR
Lv 15.8 tiene flujo *escupiere* sobre el limpio............ 7556
Nm 12.14 padre hubiera *escupido* en su rostro 3417
Dt 25.9 y le *escupirá* en el rostro, y hablará 3417
Mt 26.67 entonces le *escupieron* en el rostro *1716*
27.30 y *escupiéndole*, tomaban la caña y le *1716*
Mr 7.33 los dedos...*escupiendo*, tocó su lengua........ *4429*
8.23 y *escupiendo* en sus ojos, le puso las *4429*
10.34 **escupirán en él, y le matarán; mas al**......... *1716*
14.65 y algunos comenzaron a *escupirle*, y a......... *1716*
15.19 golpeaban en la cabeza...y le *escupían*........ *1716*
Lc 18.32 **escarnecido, y afrentado, y escupido** *5701*
Jn 9.6 *escupió* en tierra, e hizo lodo...y untó.......... *4427*

ESCURRIR
Is 64.1 tu presencia se *escurriesen* los montes 2151

ESDRAS
1. Descendiente de Judá, 1 Cr 4.17 5834
2. Sacerdote y escriba
Esd 7.1 *E* hijo de Seraías, hijo de Azarías.............. 5830
7.6 este *E* subió de Babilonia. Era escriba 5830
7.6 la mano de Jehová su Dios estaba sobre *E*
7.10 porque *E* había preparado su corazón para... 5830
7.11 carta que dio...al sacerdote *E*, escriba 5830
7.12 a *E*, sacerdote y escriba erudito en la.......... 5831
7.21 que todo lo que os pida el sacerdote *E*......... 5831
7.25 *E*, conforme a la sabiduría que tienes 5831
10.1 oraba *E* y hacía confesión, llorando y 5830
10.2 dijo a *E*: Nosotros hemos pecado contra........ 5830
10.5 se levantó *E* y juramentó a los príncipes....... 5830
10.6 se levantó...*E* de delante de la casa de 5830
10.10 y se levantó...*E* y les dijo: Vosotros.......... 5830
10.16 el sacerdote *E*...para inquirir sobre el 5830
Neh 8.1 dijeron a *E*...que trajese el libro de 5830
8.2 el sacerdote *E* trajo la ley delante de la......... 5830
8.4 *E* estaba sobre un púlpito de madera que....... 5830
8.5 abrió, pues, *E* el libro a ojos de todo el 5830
8.6 bendijo entonces *E* a Jehová...y adoraron...... 5830
8.9 el sacerdote *E*, escriba...dijeron a todo......... 5830
8.13 se reunieron...y levitas, a *E* el escriba 5830
8.18 y leyó *E* en el libro de la ley de Dios
12.26 en los días...del sacerdote *E*, escriba 5830
12.36 sus hermanos...y el escriba *E* delante de..... 5830
3. Sacerdote que acompañó a Zorobabel,
Neh 12.1,13 5830
4. Otro sacerdote en tiempo de Nehemías, Neh 12.33... 5830

ESE *Véase el Apéndice*

ÉSE *Véase el Apéndice*

ESEC *Descendiente de Saúl*, 1 Cr 8.39 6232

ESEK *Pozo que cavaron los siervos de Isaac*, Gn 26.20 6230

ESEM *Ciudad en Simeón (=Ezem)*, Jos 15.29 6107

ESFERA
2 Cr 4.12 dos redes para cubrir las dos *e* de........... 7639
4.13 granadas...para que cubriesen las dos *e* 7639

ESFORZADO
Jue 6.12 dijo: Jehová está contigo, varón *e*.............. 2428
11.1 Jefté galaadita era *e* y valeroso; era........... 2428
1 S 14.52 era hombre *e* y apto para combatir........... 2428
2 S 17.10 sabe...que los que están con él son *e* 2428
23.20 hijo de un varón *e*, grande en proezas........ 2428
1 R 11.28 Jeroboam era valiente y *e*; y viendo 2428
1 Cr 5.24 hombres valientes y *e*, varones de 2428
7.40 hijos de Aser...*e*, jefes de príncipes............ 2428
12.25 hombres valientes y *e* para la guerra 2428
12.28 Sadoc, joven valiente y *e*, con 22 de.......... 2428
26.6 hijos...porque eran varones valerosos y *e*..... 2428
26.7 hombres *e*; asimismo Eliú y Samaquías......... 2428
2 Cr 17.14 y con él 300.000 hombres muy *e* 2428
26.12 los Jefes de familia, valientes y *e* 2428
32.21 un ángel, el cual destruyó a todo...*e*.......... 2428
Pr 30.26 los conejos, pueblo nada *e*, y ponen............ 5794
Am 2.16 *e* de entre...huirá desnudo aquel día 3820

ESFORZAR
Gn 48.2 se *esforzó* Israel, y se sentó sobre la........... 2388
Nm 13.20 *esforzaos*, y tomad del fruto del país......... 2388
Dt 31.6 *esforzaos* y cobrad ánimo; no temáis 2388
31.7 Moisés...le dijo...*Esfuérzate* y anímate 2388
31.23 *esfuérzate* y anímate...tú introducirás......... 2388
Jos 1.6 *esfuérzate* y sé valiente; porque tú 2388
1.7 solamente *esfuérzate* y sé muy valiente 2388
1.9,18 que te *esfuerces* y seas valiente 2388
23.6 *esforzaos*, pues...en guardar y hacer todo..... 2388
Jue 7.11 entonces tus manos se *esforzarán*, y.......... 2388
1 S 4.9 *esforzaos*, oh filisteos, y sed hombres........... 2388
13.12 me *esforcé*, pues, y ofrecí holocausto 662
2 S 2.7 *esfuércense*...ahora vuestras manos, y 2388
3.6 Abner se *esforzaba* por la casa de Saúl.......... 2388
10.12 *esfuérzate*, y *esforcémonos* por...Dios 2388
13.28 no temáis...*esforzaos*...y sed valientes 2388
1 R 2.2 yo sigo el...*esfuérzate*, y sé hombre 2388
1 Cr 19.13 *esfuérzate*, y *esforcémonos* por.............. 2388
22.13 *esfuérzate*...y cobra ánimo; no temas, ni 2388
28.7 si él se *esforzare* a poner por obra mis 2388
28.10 que edifiques casa...*esfuérzate*, y hazla 2388
28.20 *esfuérzate*, y manos a la obra; no temas 2388
2 Cr 15.7 pero *esforzaos*...y no desfallezcan............ 2388
19.11 *esforzaos*, pues, para hacerlo, y Jehová....... 2388
25.8 si lo haces, y te *esfuerzas* para pelear.......... 2388
25.11 *esforzándose* entonces Amasías, sacó a....... 2388
32.7 *esforzaos* y animaos; no temáis, ni...miedo 2388
Esd 10.4 *esfuérzate*, y pon mano a la obra 2388
Neh 2.18 así *esforzaron* sus manos para bien.......... 2388
Job 4.4 y *esforzabas* las rodillas que decaían 553
9.27 si yo dijere: Olvidaré...y me *esforzaré* 1082
15.24 y se *esforzarán* contra él como un rey 8630
Sal 27.14 *esfuérzate*, y aliéntese tu corazón........... 2388
31.24 *esforzaos*...los que esperáis en Jehová 2388
Pr 31.17 ciñe de fuerza...*esfuerza* sus brazos............ 553
Is 35.4 decid a los de...*Esforzaos*, no temáis 2388
41.1 escuchadme...y *esfuércense* los pueblos 3581
41.6 vecino, y a su hermano dijo: *Esfuérzate* 2388
41.10 porque yo soy tu Dios que te *esfuerzo*.......... 553
42.13 voceará, se *esforzará* sobre...enemigos 1396
Ez 22.6 que...se *esfuerzan* en derramar sangre 2220
Dn 10.19 *esfuérzate* y aliéntate. Y mientras él.......... 2388
11.32 mas el pueblo...se *esforzará* y actuará 2388
Hag 2.4 *esfuérzate*, dice Jehová; *e* también 2388
Zac 8.9 *esfuércense* vuestras manos, los que 2388
8.13 no temáis...*esfuércense* vuestras manos 2388
Lc 13.24 **esforzaos a entrar...la puerta angosta** *75*
16.16 **y todos se esfuerzan por entrar en él** *971*
Hch 9.22 pero Saulo mucho más se *esforzaba*, y *1743*
Ro 15.20 me *esforcé* a predicar el evangelio *5389*
1 Co 16.13 portaos varonilmente, y *esforzaos* *2901*
2 Ti 2.1 hijo mío, *esfuérzate* en la gracia que *1743*

ESFUERZO
2 R 13.12 *e* con que guerreó...¿no está escrito.......... 1369
1 Cr 7.9 linajes...20.200 hombres de grande *e* 1368
22.14 yo con grandes *e* he preparado para la 6040
Is 40.29 él da *e* al cansado, y multiplica las 3581
Am 5.9 que da *e* al despojador sobre el fuerte 1082

ESLI *Ascendiente de Jesucristo*, Lc 3.25 .... *2069*

ESMERALDA
Éx 28.18; 39.11 la segunda hilera, una *e*, un 5306
Ez 28.13 *e* y oro; los primores de tus...flautas 5306
Ap 4.3 arco iris, semejante en aspecto a la *e*........... *4664*
21.19 el primer cimiento era...el cuarto, *e*........... *4665*

ESMERO
2 R 4.13 has estado solícita...con todo este *e* 2731

ESMIRNA *Ciudad en la provincia de Asia*
Ap 1.11 **envíalo a las...E, Pérgamo, Tiatira** *4667*
2.8 **y escribe al ángel de la iglesia en E** *4668*

ESO *Véase el Apéndice*

ESPACIO
Gn 32.16 pasad delante...poned *e* entre manada...... 7305
1 S 14.14 el *e* de una media yugada de tierra
2 S 14.28 y estuvo Absalón por *e* de dos años 8141
1 R 7.36 con proporción en el *e* de cada una
Ez 40.12 el *e* delante de las cámaras era de un 1366
41.9 igual al *e* que quedaba de las cámaras de 1004
41.11 de cada cámara salía al *e* que quedaba
41.11 y el ancho del *e* que quedaba era de 5 4725
41.12 y el edificio...delante del *e* abierto al......... 1508
41.13 y el *e* abierto...cien codos de longitud 1508
41.14 el ancho...del *e* abierto al oriente era 1508
41.15 la longitud del edificio...delante del *e* 1508
42.1 a la cámara...delante del *e* abierto que 1508
42.10 enfrente del *e* abierto, y delante del 1508
42.13 las cámaras del...delante del *e* abierto........ 1508
Dn 6.7 el *e* de treinta días demande petición
6.12 que en el *e* de treinta días pida a...dios
10.2 estuve afligido por *e* de tres semanas
Jon 4.10 en *e* de una noche nació, y en *e* de
Zac 1.12 has estado airado por *e* de 70 años?
Hch 19.8 habló con denuedo...*e* de tres meses......... *1909*
19.10 continuó por *e* de dos años, de manera *1909*

ESPACIOSO, A
Jue 18.10 llegaréis a...y a una tierra muy *e* 7342
2 S 22.20 me sacó a lugar *e*; me libró, porque.......... 4800
1 Cr 4.40 hallaron...tierra ancha y *e*, quieta............ 7342
Neh 7.4 porque la ciudad era *e* y grande, pero 7342
9.35 en la tierra *e* y fértil que entregaste 7342
Job 36.16 a lugar *e*, libre de todo apuro, y te........... 7338
Sal 18.19 me sacó a lugar *e*; me libró, porque........... 4800
31.8 del enemigo; pusiste mis pies en lugar *e* 4800

118.5 me respondió JAH, poniéndome en lugar *e*... 4800
Pr 21.9; 25.24 con mujer rencillosa en casa *e* 2267
Is 30.23 tus ganados... apacentados en *e* dehesas 7337
Jer 22.14 edificaré para mí casa *e*, y salas 4060
Os 4.16 ¿los apacentará... corderos en lugar *e*? 4800
Mt 7.13 ***e* el camino que lleva a la perdición** *2149*

ESPADA

Gn 3.24 puso... querubines, y una *e* encendida 2719
27.40 tu *e* vivirás, y a tu hermano servirás 2719
34.25 Simeón y Leví... tomaron cada uno su *e* 2719
34.26 a Hamor y a... los mataron a filo de *e* 2719
48.22 la cual tomé... mi *e* y con mi arco 2719
Éx 5.3 no venga sobre nosotros con peste... *e* 2719
5.21 poniéndoles la *e* en la mano para que nos 2719
15.9 dijo... sacaré mi *e*, los destruirá mi mano 2719
17.13 Josué deshizo a Amalec y... a filo de *e* 2719
18.4 el Dios de... me libró de la *e* de Faraón 2719
22.24 mi furor se encenderá, y os mataré a *e* 2719
32.27 poned cada uno su *e* sobre su muslo 2719
Lv 26.6 paz... la *e* no pasará por vuestro país 2719
26.7 vuestros enemigos, y caerán a *e* delante 2719
26.8 caerán a filo de *e* delante de vosotros 2719
26.25 traeré sobre vosotros *e* vengadora, en 2719
26.33 y desenvainaré *e* en pos de vosotros 2719
26.36 huirán como ante la *e*, y caerán sin que 2719
26.37 como si huyeran ante la *e*, aunque nadie 2719
Nm 14.3 por qué nos trae... para caer a *e*, y que 2719
14.43 caeréis a *e*... cuanto os habéis negado a 2719
19.16 que tocare algún muerto a *e* sobre la 2719
21.24 y lo hirió Israel a filo de *e*, y tomó 2719
22.23 el asna vio al ángel... con su *e* desnuda 2719
22.29 ¡ojalá tuviera *e* en... ahora te mataría! 2719
22.31 vio al ángel... su *e* desnuda en su mano 2719
31.8 también a Balaam... de Beor mataron a *e* 2719
Dt 13.15 herirás a filo de *e* a los moradores 2719
13.15 y también matarás sus ganados a... de *e* 2719
20.13 herirás a todo varón suyo a filo de *e* 2719
32.25 por fuera desolará la *e*, y dentro de 2719
32.41 afilare mi reluciente *e*, y echare mano 2719
32.42 mi *e* devorará carne; en la sangre de los 2719
33.29 Jehová, escudo de tu socorro, y *e* de tu 2719
Jos 5.13 un varón... tenía una *e* desenvainada en 2719
6.21 destruyeron a filo de *e* todo lo que en 2719
8.24 todos habían caído a filo de *e* hasta ser 2719
8.24 a Hai... también la hirieron a filo de *e* 2719
10.11 más... que los hijos de Israel mataron a *e* 2719
10.28 la hirió a filo de *e*, y mató a su rey 2719
10.30,32 la hirió a filo de *e*, con todo lo 2719
10.35 la tomaron... y la hirieron a filo de *e* 2719
10.37 la hirieron a filo de *e*, a su rey y a 2719
10.39 ciudades; y las hirieron a filo de *e* 2719
11.10 tomó en... a Hazor, y mató a *e* a su rey 2719
11.11 mataron a *e* todo cuanto en ella tenía 2719
11.12 los hirió a filo de *e*, y los destruyó 2719
11.14 los hombres hirieron a filo de *e* hasta 2719
13.22 mataron a *e*... Balaam el adivino, hijo de 2719
19.47 a Lesem, y... la hirieron a filo de *e* 2719
24.12 tábanos... no con tu *e*, ni con tu arco 2719
Jue 1.8 pasaron a sus habitantes a filo de *e* 2719
1.25 la hirieron a filo de *e*; pero dejaron ir 2719
4.15 quebrantó a... su ejército, a filo de *e* 2719
4.16 el ejército de Sísara cayó a filo de *e* 2719
7.14 no es otra cosa sino la *e* de Gedeón hijo 2719
7.20 y gritaron: ¡Por la *e* de Jehová y de 2719
7.22 Jehová puso la *e* de cada uno contra su 2719
8.10 caído 120.000 hombres que sacaban *e* 2719
8.20 y mátalos... el joven no desenvainó su *e* 2719
9.54 saca tu *e* y mátame... que no se diga de mí 2719
18.27 los hirieron a filo de *e*, y quemaron la 2719
20.2 de Dan, 400.000 hombres... que sacaban *e* 2719
20.15 veintiséis mil hombres que sacaban *e* 2719
20.17 Israel... 400.000 hombres que sacaban *e* 2719
20.25 otros 18.000... los cuales sacaban *e* 2719
20.35 y mataron... todos los cuales sacaban *e* 2719
20.37 hirieron a filo de *e* a toda la ciudad 2719
20.46 veinticinco mil hombres que sacaban *e* 2719
20.48 volvieron... y los hirieron a filo de *e* 2719
21.10 y herid a filo de *e* a los moradores de 2719
1 S 13.19 que los hebreos no hagan *e* o lanza 2719
13.22 no se halló *e*... en mano de ninguno del 2719
14.20 la *e* de cada uno estaba vuelta contra 2719
15.8 pero a todo el pueblo mató a filo de *e* 2719
15.33 como tu *e* dejó a las mujeres sin hijos 2719
17.39 y ciñó David su *e* sobre sus vestidos, y 2719
17.45 tú vienes a mí con *e* y lanza y jabalina 2719
17.47 sabrá toda... que Jehová no salva con *e* 2719
17.50 lo mató, sin tener David *e* en su mano 2719
17.51 tomando la *e* de él y sacándola de su 2719
18.4 dio... hasta su *e*, su arco y su talabarte 2719
21.8 ¿no tienes aquí a mano lanza o *e*? Porque 2719
21.8 no tomé en mi mano mi *e* ni mis armas 2719
21.9 la *e* de Goliat el filisteo... está aquí 2719
22.10 también le dio la *e* de Goliat el filisteo 2719
22.13 le diste pan y *e*, y consultaste por él 2719
22.19 y a Nob, ciudad de... hirió a filo de *e* 2719
22.19 asnos y ovejas... lo hirió a filo de *e* 2719
25.13 cíñase cada uno su *e*. Y se ciñó... su *e* 2719
25.13 David dijo... también David se ciñó su *e* 2719
31.4 saca tu *e*, y traspásame con ella, para 2719
31.4 tomó Saúl su propia *e* y se echó sobre 2719
31.5 él... se echó sobre su *e*, y murió con él 2719
2 S 1.12 lloraron... habían caído a filo de *e* 2719
1.22 el arco... ni la *e* de Saúl volvió vacía 2719
2.16 cada uno... metió su *e* en el costado de 2719
2.26 a Joab... ¿Consumirá la *e* perpetuamente? 2719
3.29 que nunca falte de la... quien muera a *e* 2719
11.25 porque la *e* consume, ora a uno, ora a 2719
12.9 Urías heteo heriste a *e*, y tomaste por 2719
12.9 él lo mataste con la *e* de los hijos de 2719
12.10 no se apartará jamás de tu casa la *e* 2719
15.14 no sea que... hiera la ciudad a filo de *e* 2719
18.8 y fueron más... que los que destruyó la *e* 2719
21.16 quien estaba ceñido con una *e* nueva
23.10 hirió... y quedó pegada su mano a la *e* 2719
24.9 de Israel 800.000 hombres... que sacaban *e* 2719
1 R 1.51 júreme... que no matará a *e* a su siervo 2719
2.8 le juré... diciendo: Yo no te mataré a *e* 2719
2.32 a los cuales mató a *e* sin que mi padre 2719
3.24 traedme una *e*. Y trajeron al rey una *e* 2719
19.1 había matado a *e* a todos los profetas 2719
19.10,14 y han matado a *e* a tus profetas 2719
19.17 escapare de la *e* de Hazael... *e* de Jehú 2719
2 R 3.23 dijeron: ¡Esto es sangre de *e*! Los
3.26 tomó... 700 hombres que manejaban *e* 2719
6.22 los que tomaste cautivos con tu *e* y con 2719
8.12 sus jóvenes matarás a *e*, y estrellarás 2719
10.25 los mataron a *e*, y los dejaron tendidos 2719
11.15 dijo... al que la siguiere, matadlo a *e* 2719
11.20 habiendo sido Atalía muerta a *e* junto a 2719
19.7 oirá... y haré que en su tierra caiga a *e* 2719
19.37 sus hijos lo hirieron a *e*, y huyeron a 2719
1 Cr 5.18 hombres que traían escudo y *e*, que 2719
10.4 saca tu *e*... tomó la *e*, y se echó sobre 2719
10.5 él también se echó sobre su *e* y se mató 2719
21.5 en todo Israel 1.100.000 que sacaban *e* 2719
21.5 y de Judá 470.000 hombres que sacaban *e* 2719
21.12 por tres meses ser derrotado... con la *e* 2719
21.12 por tres días la *e* de Jehová... la peste 2719
21.16 al ángel de Jehová... con una *e* desnuda 2719
21.27 al ángel, y éste volvió su *e* a la vaina 2719
21.30 atemorizado a causa de la *e* del ángel 2719
2 Cr 20.9 viniere... *e* de castigo, o pestilencia 2719
21.4 Joram... mató a *e* a todos sus hermanos 2719
23.10 puso... teniendo cada uno su *e* en la mano 7973
23.14 al que la siguiere, matadlo a filo de *e* 2719
23.21 después que mataron a Atalía a filo de *e* 2719
29.9 he aquí nuestros padres han caído a *e* 2719
32.5 a Milo... también hizo muchas *e* y escudos 7973
32.21 allí lo mataron a *e* sus propios hijos 2719
36.17 mató a *e* a sus jóvenes en la casa de 2719
36.20 que escaparon de la *e* fueron... cautivos 2719
Esd 9.7 sido entregados en... a *e*, a cautiverio 2719
Neh 4.13 puse al pueblo... con sus *e*, con sus 2719
4.17 con una mano... y en la otra tenían la *e* 7973
4.18 cada uno tenía su *e* ceñida a sus lomos 2719
Est 9.5 y asolaron... sus enemigos a filo de *e* 2719
Job 1.15,17 mataron a los criados a filo de *e* 2719
5.15 así libra de la *e* al pobre, de la boca 2719
5.20 te salvará de la... y del poder de la *e* 2719
15.22 no cree... y descubierto está para la *e* 2719
19.29 temed vosotros delante de la *e*; porque 2719
19.29 sobreviene el furor de la *e* a causa de 2719
27.14 si sus hijos fueren... serán para la *e* 2719
33.18 detendrá... su vida de que perezca a *e* 2973
36.12 pero si no oyeren, serán pasados a *e* 2973
39.22 no... ni vuelve el rostro delante de la *e* 2719
40.19 puede hacer que su *e* a él se acerque 2719
41.26 ni *e*, ni lanza, ni... ni coselete durará 2719
Sal 7.12 si no se arrepiente, él afilará su *e* 2719
17.13 libra mi alma de los malos con tu *e* 2719
22.20 libra de la *e* mi alma, del poder del 2719
37.14 los impíos desenvainan *e* y entesan su 2719
37.15 su *e* entrará en su mismo corazón, y su 2719
44.3 no se apoderaron de la tierra por su *e* 2719
44.6 no confiaré en... ni mi *e* me salvará 2719
45.3 ciñe tu *e* sobre el muslo, oh valiente 2719
55.21 suaviza sus palabras... son *e* desnudas 6609
57.4 dientes son lanzas... y su lengua *e* aguda 2719
59.7 *e* hay en sus labios... dicen: ¿Quién oye? 2719
63.10 destruirán a filo de *e*; serán porción 2719
64.3 que afilan como *e* su lengua; lanzan cual 2719
76.3 allí quebró... la *e* y las armas de guerra 2719
78.62 entregó también su pueblo a la *e*, y se 2719
78.64 sacerdotes cayeron a *e*, y sus viudas 2719
88.5 como los pasados a *e* que yacen en el
89.43 embotaste asimismo el filo de su *e*, y 2719
144.10 el que rescata de maligna *e* a David 2719
149.6 a Dios... y *e* de dos filos en sus manos 2719
Pr 5.4 es amargo... agudo como *e* de dos filos 2719
12.18 cuyas palabras son como golpes de *e* 2719
30.14 hay generación cuyos dientes son *e*, y 2719
Cnt 3.8 todos ellos tienen *e*, diestros en la 2719
3.8 cada uno con su *e* sobre su muslo, por los 2719
Is 1.20 seréis consumidos a *e*; porque la boca 2719
2.4 volverán sus *e* en rejas de arado, y sus 2719
2.4 no alzará *e* nación contra nación, ni se 2719
3.25 tus varones caerán a *e*, y tu fuerza en 2719
13.15 que por ellos sea tomado, caerá a *e* 2719
14.19 como vestido de muertos pasados a *e*, que 2719
21.15 ante la *e* huye, ante la *e* desnuda, ante 2719
22.2 muertos no son muertos a *e*, ni muertos 2719
27.1 Jehová castigará con su *e* dura, grande 2719
31.8 entonces caerá Asiria por *e* no de varón 2719
31.8 y la consumirá *e* no de hombre; y huirá 2719
31.8 Asiria... huirá de la presencia de la *e* 2719
34.5 en los cielos se embriagará mi *e*; he aquí 2719
34.6 llena está de sangre la *e* de Jehová 2719
37.7 oirá... haré que en su tierra perezca a *e* 2719
37.38 sus hijos... le mataron a *e*, y huyeron a 2719
41.2 los entregó a su *e* como polvo, como 2719
49.2 y puso mi boca como *e* aguda, me cubrió 2719
51.19 hambre y *e*. ¿Quién se dolerá de ti? 2719
65.12 también os destinaré a la *e*, y todos 2719
66.16 juzgará con... y con su *e* a todo hombre 2719
Jer 2.30 vuestra *e* devoró a vuestros profetas 2719
4.10 engañado... la *e* ha venido hasta el alma 2719
5.12 no vendrá mal... ni veremos *e* ni hambre 2719
5.17 y a *e* convertirá en nada tus ciudades 2719
6.25 porque *e* de enemigo y temor hay por el 2719
9.16 y enviaré *e* en pos de ellos, hasta que 2719
11.22 jóvenes morirán a *e*, sus hijos y sus 2719
12.12 porque la *e* de Jehová devorará desde un 2719
14.12 los consumiré con *e*, con hambre y con 2719
14.13 les dicen: No veréis *e*, ni habrá hambre 2719
14.15 que dicen: Ni *e* ni hambre habrá en esta 2719
14.15 con *e* y con hambre serán consumidos 2719
14.18 si salgo al campo, he aquí muertos a *e* 2719
15.2 así ha dicho Jehová: El que... a *e*, a *e* 2719
15.3 *e* para matar, y perros para despedazar 2719
15.9 entregaré a la *e* delante de... enemigos 2719
16.4 con *e* y con hambre serán consumidos, y 2719
18.21 hambre, dispérsalos por medio de la *e* 2719
18.21 sus jóvenes heridos a *e* en la guerra 2719
19.7 haré caer a *e* delante de sus enemigos 2719
20.4 caerán por la *e* de sus enemigos, y tus 2719
20.4 los llevará cautivos... y los matará a *e* 2719
21.7 al pueblo y a los que queden... de la *e* 2719
21.7 Nabucodonosor... los herirá a filo de *e* 2719
21.9 que quedare en esta ciudad morirá a *e* 2719
24.10 enviaré sobre ellos *e*... y pestilencia 2719
25.16,27 causa de la *e* que yo envío entre 2719
25.29 no seréis absueltos; porque *e* traigo 2719
25.31 entregará los impíos a *e*, dice Jehová 2719
26.23 lo mató a *e*, y echó su cuerpo en los 2719
27.8 castigaré a tal nación con *e* y... hambre 2719
27.13 ¿por qué moriréis tú y tu pueblo a *e* 2719
29.17 he aquí envío yo contra ellos *e*, hambre 2719
29.18 los perseguiré con *e*, con hambre y con 2719
31.2 pueblo que escapó de la *e* halló gracia 2719
32.24 de la *e*, del hambre y de la pestilencia 2719
32.36 entregada será en... a *e*, a hambre y a 2719
34.4 ha dicho Jehová... de ti: No morirás a *e* 2719
34.17 promulgo libertad, dice Jehová, a la *e* 2719
38.2 morirá a *e*, o de hambre, o... pestilencia 2719
39.18 no caerás a *e*, sino que tu vida te será 2719
41.2 hirieron a *e* a Gedalías hijo de Ahicam 2719
42.16 la *e* que teméis, os alcanzará allí en 2719
42.17 morirán a *e*, de hambre y... pestilencia 2719
42.22 sabed de cierto que a *e*, de hambre y de 2719
43.11 los que a muerte, a... los que a *e*, a *e* 2719
44.12 caerán a *e*... serán consumidos de hambre 2719
44.12 a *e* y de hambre morirán desde el menor 2719
44.13 como castigué a Jerusalén, con *e*, con 2719
44.18 mas... a *e* y de hambre somos consumidos 2719
44.27 consumidos a *e* y de hambre, hasta que 2719
44.28 y los que escapen de la *e* volverán de 2719
46.10 *e* devorará y se saciará... de la sangre 2719
46.14 en pie y prepárate, porque *e* devorará 2719
46.16 levántate... huyamos ante la *e* vencedora 2719
47.6 *e* de Jehová, ¿hasta cuándo reposarás? 2719
48.2 Madmena, serás cortada; *e* irá en pos de 2719
48.10 maldito... detuviere de la sangre su *e* 2719
49.37 y enviaré en pos de ellos *e* hasta que 2719
Jer 50.16 delante de la *e* destructora cada uno 2719
50.35 *e* contra los caldeos, dice Jehová, y 2719
50.36 *e* contra los adivinos, y... *e* contra sus 2719
50.37 *e* contra sus caballos... *e*... sus tesoros 2719
51.50 los que escapasteis de la *e*, andad, no 2719
Lm 1.20 fuera hizo estragos la *e*; por dentro 2719
2.21 mis vírgenes y mis jóvenes cayeron a *e* 2719
4.9 más dichosos fueron los muertos a *e* que 2719
5.9 peligro... traíamos nuestro pan ante la *e* 2719
Ez 5.2 cortarás con *e* alrededor de la ciudad 2719
5.2 al viento, y yo desenvainaré *e* en pos de 2719
5.12 tercera parte caerá a *e* alrededor de ti 2719
5.12 esparciré... y tras ellos desenvainaré *e* 2719
5.17 en medio de ti, y enviaré sobre ti *e* 2719
6.3 haré venir sobre vosotros *e*, y destruiré 2719
6.8 que tengáis... algunos que escapen de la *e* 2719
6.11 *e* y con hambre y con pestilencia caerán 2719
6.12 el que esté cerca caerá a *e*, y el que 2719
7.15 fuera *e*, de dentro pestilencia y hambre 2719
7.15 el que esté en el campo morirá a *e*, y al 2719
11.8 *e* habéis temido, y *e* traeré... vosotros 2719
11.10 a *e* caeréis; en los límites de Israel 2719
12.14 tropas... desenvainaré *e* en pos de ellos 2719
12.16 y haré que unos pocos... escapen de la *e* 2719
14.17 si yo trajere *e*... y dijere: *E*, pasa por 2719
14.21 mis cuatro juicios... *e*, hambre, fieras 2719
16.40 apedrearán, y te atravesarán con sus *e* 2719
17.21 todos sus fugitivos... caerán a *e*, y los 2719
21.3 sacaré mi *e* de su vaina, y cortaré de ti 2719
21.4 mi *e* saldrá... contra toda carne, desde el 2719
21.5 yo Jehová saqué mi *e* de su vaina; no la 2719
21.9 di: La *e*, la *e* está afilada, y también 2719
21.11 la *e* está afilada, y está pulida para 2719
21.12 caerán... a *e* juntamente con mi pueblo 2719
21.13 y qué, si la *e* desprecia aun al cetro?
21.14 triplíquese el furor de la *e* homicida 2719
21.14 esta es la *e* de la gran matanza que los 2719
21.15 todas las puertas... puesto espanto de *e* 2719
21.19 dos caminos por donde venga la *e* del 2719
21.20 donde venga la *e* a Rabá de los hijos de 2719
21.28 dirás... La *e*, la *e* está desenvainada 2719
23.10 tomaron sus hijos... a ella mataron a *e* 2719
23.25 quitarán... lo que te quedare caerá a *e* 2719
23.47 las turbas... las atravesarán con sus *e* 2719
24.21 vuestros hijos y... hijas que... caerán a *e* 2719
25.13 desde Temán hasta Dedán caerán a *e* 2719
26.6 sus hijas... el campo serán muertas a *e* 2719
26.8 matará a *e* a tus hijas que están en el 2719
26.11 a tu pueblo matará a filo de *e*, y tus 2719
28.7 fuertes... desenvainarán sus *e* contra la 2719

E

28.23 con *e* contra ella por todos lados; y 2719
29.8 yo traigo contra ti *e*, y cortaré de ti 2719
30.4 y vendrá *e* a Egipto, y habrá miedo en 2719
30.5 aliadas, caerán con ellos a filo de *e* 2719
30.6 caerán en él a filo de *e*, dice Jehová 2719
30.11 y desenvainarán sus *e* sobre Egipto, y 2719
30.17 jóvenes de Avén y... caerán a filo de *e* 2719
30.21 fortalecerlo... que pueda sostener la *e* 2719
30.22 haré que la *e* se le caiga de la mano 2719
30.24 y pondré mi *e* en su mano; mas quebraré 2719
30.25 cuando yo ponga mi *e* en la mano del rey 2719
31.17 ellos descendieron... con los muertos a *e* 2719
31.18 derribado... yacerás, con los muertos a *e* 2719
32.10 cuando haga resplandecer mi *e* delante 2719
32.11 *e* del rey de Babilonia vendrá sobre ti 2719
32.12 con *e* de fuertes haré caer tu pueblo 2719
32.20 *e* caerá; a la *e* es entregado; traedlo 2719
32.21 yacen con los incircuncisos muertos a *e* 2719
32.22,23,24 todos ellos cayeron muertos a *e* 2719
32.25,26 todos ellos incircuncisos, muertos a *e* 2719
32.27 y sus *e* puestas debajo de sus cabezas 2719
32.28 tú, pues... yacerás con los muertos a *e* 2719
32.29 allí Edom... puestos con los muertos a *e* 2719
32.30 yacen también... con los muertos a *e*, y 2719
32.31 Faraón muerto a *e*, y todo su ejército 2719
32.32 Faraón... yacerán... con los muertos a *e* 2719
33.2 cuando trajere yo *e* sobre la tierra, y 2719
33.3 él viere venir la *e* sobre la tierra, y 2719
33.4 viniendo la *e* lo hiriere, su sangre será 2719
33.6 el atalaya viere venir la *e* y no tocare 2719
33.6 y viniendo la *e*, hiriere de él a alguno 2719
33.26 estuvisteis sobre vuestras *e*, hicisteis 2719
33.27 en aquellos lugares asolados caerán a *e* 2719
35.5 entregaste a... Israel al poder de la *e* 2719
35.8 en tus valles y en... caerán muertos a *e* 2719
38.4 gran multitud... teniendo todos ellos *e* 2719
38.8 años vendrás a la tierra salvada de la *e* 2719
38.21 llamaré contra él la *e*, dice Jehová el 2719
38.21 *e* de cada cual será contra su hermano 2719
39.23 los entregué en... y cayeron todos a *e* 2719
Dn 11.33 por algunos días caerán a *e* y a fuego 2719
Os 1.7 no los salvaré con... *e*, ni con batalla 2719
2.18 quitaré de la tierra arco y *e* y guerra 2719
7.16 cayeron... príncipes a *e* por la soberbia 2719
11.6 caerá *e* sobre sus ciudades, y... aldeas 2719
13.16 caerán a *e*... sus niños serán estrellados 2719
Jl 2.8 y aun cayendo sobre la *e* no se herirán 7973
3.10 forjad *e* de vuestros azadones, lanzas 2719
Am 1.11 persiguió a *e* a su hermano, y violó 2719
4.10 Egipto; maté a *e* a vuestros jóvenes, con 2719
7.9 me levantaré con *e*... la casa de Jeroboam 2719
7.11 Jeroboam morirá a *e*, e Israel... llevado 2719
7.17 tus hijos y tus hijas caerán a *e*, y tu 2719
9.1 al postrero de ellos mataré a *e*; no habrá 2719
9.4 fueren en cautiverio... allí mandaré la *e* 2719
9.10 a *e* morirán todos los pecadores de mi 2719
Mi 4.3 martillarán sus *e* para azadones, y sus 2719
4.3 no alzará *e* nación contra nación, ni se 2719
5.6 devastarán... Asiria a *e*, y con sus *e* la 2719
6.14 lo que salvares, lo entregaré yo a la *e* 2719
Nah 2.13 *e* devorará tus leoncillos; y cortaré 2719
3.3 jinete enhiesto, y resplandor de *e*... lanza 2719
3.15 te consumirá el fuego, te talará la *e* 2719
Sof 2.12 de Etiopía seréis muertos con mi *e* 2719
Hag 2.22 vendrán abajo... cada cual por la *e* de 2719
Zac 9.13 porque... te pondré como *e* de valiente 2719
11.17 hiera la *e* su brazo, y su ojo derecho 2719
13.7 levántate, oh *e*, contra el pastor, y 2719
Mt 10.34 **no he venido para traer paz, sino *e*** *3162*
26.47 vino Judas... y con él mucha gente con *e* *3162*
26.51 sacó su *e*, e hiriendo a un siervo del *3162*
26.52 **Jesús le dijo: Vuelve tu *e* a su lugar** *3162*
26.52 **todos los que tomen *e*, a *e* perecerán** *3162*
26.55 **habéis salido con *e* y con palos para** *3162*
Mr 14.43 vino Judas... con él mucha gente con *e* *3162*
14.47 sacando la *e*, hirió al siervo del sumo *3162*
14.48 **habéis salido con *e* y con palos para** *3162*
Lc 2.35 una *e* traspasará tu misma alma), para *4501*
21.24 **y caerán a filo de *e*, y serán llevados** *3162*
22.36 **y el que no tiene *e*, venda su capa y** *3162*
22.38 ellos dijeron: Señor, aquí hay dos *e* *3162*
22.49 le dijeron: Señor, ¿heriremos a *e*? *3162*
22.52 **¿como... habéis salido con *e* y palos?** *3162*
Jn 18.10 tenía una *e*, la desenvainó, e hirió *3162*
18.11 **dijo a Pedro: Mete tu *e* en la vaina** *3162*
Hch 12.2 y mató a *e* a Jacobo, hermano de Juan *3162*
16.27 sacó la *e* y se iba a matar, pensando *3162*
Ro 8.35 o hambre, o desnudez, o peligro, o *e*? *3162*
13.4 no en vano lleva la *e*, pues es servidor *3162*
Ef 6.17 la *e* del Espíritu, que es la palabra *3162*
He 4.12 más cortante que toda *e* de dos filos *3162*
11.34 evitaron filo de *e*, sacaron fuerzas de *3162*
11.37 puestos a prueba, muertos a filo de *e* *3162*
Ap 1.16 de su boca salía una *e*... de dos filos *4501*
2.12 **el que tiene la *e* aguda de... dice esto** *4501*
2.16 **pelearé contra ellos con la *e* de mi boca** *4501*
6.4 que se matasen... y se le dio una gran *e* *3162*
6.8 le fue dada potestad... para matar con *e* *4501*
13.10 alguno mata a *e*, a *e* debe ser muerto *3162*
13.14 a la bestia que tiene la herida de *e* *3162*
19.15 de su boca sale una *e* aguda, para herir *4501*
19.21 los demás fueron muertos con la *e* que *4501*

ESPALDA

Gn 19.26 mujer de Lot miró atrás, a *e* de él 310
22.13 sus *e* un carnero trabado en un zarzal 310
Éx 14.19 la columna... apartó y se puso a sus *e* 310
26.12 la mitad... colgará a *e* del tabernáculo 268
33.23 apartaré mi mano, y verás mis *e*; mas 268
Nm 3.23 Gersón acamparán a *e* del tabernáculo 310
Jos 7.8 Israel ha vuelto la *e* delante de sus 6203
7.12 delante de sus enemigos volverán la *e* 6203
8.14 que estaba puesta emboscada a *e* de la 310
Jue 20.42 volvieron... *e* delante de Israel hacia
1 S 10.9 al volver él la *e* para apartarse de 7926
2 S 2.23 salió la lanza por la *e*, y cayó allí 310
13.34 gente que venía por el camino a sus *e* 310
22.41 y has hecho que mis... me vuelvan las *e* 6203
1 R 14.9 dioses... y a mí me echaste tras tus *e* 310
2 R 9.24 su arco, e hirió a Joram entre las *e*
2 Cr 13.13 hizo... para venir a ellos por la *e* 310
13.13 ellos, la emboscada estaba a *e* de Judá 310
13.14 que tenía batalla por delante y a las *e* 268
29.6 porque le dejaron... y le volvieron las *e* 5437
Neh 9.26 echaron tu ley tras sus *e*, y mataron 1458
Job 31.22 *e* se caiga de mi hombro, y... mi brazo 3802
Sal 18.40 que mis enemigos me vuelvan las *e* 6203
50.17 tú aborreces... echas a tu *e* mis palabras 310
78.9 volvieron las *e* en el día de la batalla 2015
129.3 sobre mis *e* araron los aradores... surcos 1354
Pr 10.13 la vara es para las *e* del falto de 1460
19.29 y azotes para las *e* de los necios 1460
26.3 látigo... y la vara para la *e* del necio 1460
Is 28.13 allá; hasta que vayan y caigan de *e* 268
30.21 oídos oirán a tus *e* palabra que diga 310
38.17 echaste tras tus *e* todos mis pecados 1460
Jer 18.17 les mostraré las *e* y no el rostro 6203
48.39 ¡cómo volvió la *e* Moab... avergonzado! 6203
Ez 8.16 sus *e* vueltas al templo de Jehová y 268
10.12 su cuerpo, sus *e*, sus manos, sus alas 1354
23.35 y me has echado tras tus *e*, por eso 1458
24.4 carne... todas buenas piezas, pierna y *e* 3802
29.18 toda *e* desollada; y ni para él ni para 3802
Dn 7.6 otra... con cuatro alas de ave en sus *e* 1355
Zac 7.11 volvieron la *e*, y taparon sus oídos 3802
Lc 22.6 buscaba... entregárselo a *e* del pueblo *817*
Ro 11.10 vean, y agóbiales la *e* para siempre *3577*

ESPALDILLA

Éx 29.22 tomarás del carnero... y la *e* derecha 7785
29.27 apartarás... la *e* de la ofrenda elevada 7785
Lv 7.32 daréis al sacerdote... la *e* derecha de 7785
7.33 recibirá la *e* derecha como porción suya 7785
7.34 he tomado de... la *e* elevada en ofrenda 7785
8.25 dos riñones y la grosura... la *e* derecha 7785
8.26 puso con la grosura y con la *e* derecha 7785
9.21 los pechos, con la *e* derecha, los meció 7785
10.14 comeréis... pecho mecido y la *e* elevada 7785
10.15 traerán la *e* que se ha de elevar y el 7785
Nm 6.19 tomará el sacerdote la *e* cocida del 2220
6.20 además del pecho... y de la *e* separada 7785
18.18 la carne... como la *e* derecha, será tuya 7785
Dt 18.3 darán al sacerdote la *e*, las quijadas 2220
1 S 9.24 entonces alzó el cocinero una *e*, con 7785

ESPANTAR

Gn 42.28 y *espantados* dijeron el uno al otro 2729
Lv 26.6 dormiréis, y no habrá quien os *espante* 2729
Dt 28.26 fiera... y no habrá quien las *espante* 2729
2 Cr 32.18 *espantarles*... a fin de poder tomar 3372
Job 3.25 temor que me *espantaba* me ha venido 6342
9.34 quite... vara, y su terror no me *espante* 1204
11.19 te acostarás, y no... quien te *espante* 2729
13.11 cierto su alteza os habría de *espantar* 1204
18.20 se *espantarán* los de occidente, y pavor 8074
21.5 miradme, y *espantaos*, y poned la mano 8074
23.15 yo me *espanto* en su presencia; cuando 926
26.11 del cielo... se *espantan* a su reprensión 8539
32.15 se *espantaron*, no respondieron más; se 2865
33.7 he aquí, mi terror no te *espantará*, ni 1204
41.14 las hileras de sus dientes *espantan* 367
Sal 64.8 se *espantarán* todos los que los vean 5074
Is 14.9 Seol abajo se *espantó* de ti; despertó 7264
16.2 cual ave *espantada* que huye de su nido 5074
17.2 dormirán... y no habrá quien los *espante* 2729
21.3 agobié oyendo, y al ver me he *espantado* 926
31.4 como el león... no lo *espantarán* sus voces 2865
41.5 los confines de la tierra se *espantaron* 2729
Jer 2.12 *espantaos*, cielos, sobre esto... dijo 8074
7.33 las aves... y no habrá quien las *espante* 2729
8.9 sabios se avergonzaron, se *espantaron* y 2865
23.2 mis ovejas... las *espantasteis*, y no las 6327
30.10 volverá... y no habrá quien le *espante* 2729
36.16 uno se volvió *espantado* a su compañero 6342
Ez 26.18 las islas... se *espantarán* a causa de 2729
30.9 mensajeros... para *espantar* a Etiopía la 2729
34.28 habitarán... no habrá quien los *espante* 2729
39.26 habiten en... y no haya quien los *espante* 2729
Dn 3.24 el rey Nabucodonosor se *espantó*, y se 8429
4.5 vi un sueño que me *espantó*, y tendido en 1763
8.27 estaba *espantado* a causa de la visión 8074
Nah 2.11 león, y no había quien los *espantase*? 2729
Mr 5.42 se levantó... se *espantaron* grandemente *1839*
9.6 no sabía lo que... pues estaban *espantados* *1630*
16.5 a un joven sentado al... y se *espantaron* *1568*
Lc 24.37 *espantados* y atemorizados, pensaban *4422*
Hch 22.9 vieron... la luz, y se *espantaron*; pero *1719*
24.25 Félix se *espantó*, y dijo: Ahora vete *1096,1719*
He 12.21 dijo: Estoy *espantado* y temblando *1510,1630*

ESPANTO

Éx 15.16 caiga sobre ellos temblor y *e*; a la 6343
Dt 2.25 poner tu temor y tu *e* sobre... pueblos 6343
26.8 nos sacó... con grande *e*, y con señales 4172
32.25 espada, y dentro de las cámaras el *e* 367
Jue 8.12 siguió... llenó de *e* a todo el ejército 2729
2 Cr 7.21 casa... será *e* de todo el que pasare 8074
Job 4.14 me sobrevino un *e* y un temblor, que 6343
18.14 tienda, y al rey de los *e* será conducido 1091
22.10 por tanto, hay... y te turba *e* repentino 6343
39.22 hace burla del *e*, y no teme, ni vuelve 6343
Sal 14.5 ellos temblaron de *e*; porque Dios está 6343
Is 19.17 la tierra de Judá será de *e* a Egipto 2283
21.4 la noche de mi deseo se me volvió en *e* 6427
28.19 será ciertamente *e* el entender lo oído 2113
32.10 de aquí a algo más de un año tendréis *e* 7264
33.14 en Sion; *e* sobrecogió a los hipócritas 7461
33.18 tu corazón imaginará el *e*, y dirá: ¿Qué 367
Jer 8.21 quebrantado estoy... *e* me ha arrebatado 8047
17.17 no me seas tú por *e*... mi refugio eres 4288
19.8 pondré a esta ciudad por *e* y burla; todo 8074
25.11 toda esta tierra será puesta... en *e*; y 8047
29.18 los daré... por maldición y por *e*, y por 8047
30.5 hemos oído voz de temblor; de *e* y no de 6343
42.18 seréis objeto de execración y de *e*, y 8047
44.12 serán objeto... de *e*, de maldición y de 8047
44.22 tierra fue puesta en... *e* y en maldición 8047
48.39 Moab objeto de escarnio y de *e* a todos 4288
49.5 aquí yo traigo sobre ti *e*, dice el Señor 6343
51.37 será Babilonia... *e* y burla, sin morador 8047
51.41 cómo vino a ser Babilonia objeto de *e* 8047
Ez 4.16 y beberán el agua por medida y con *e* 8078
4.17 miren unos a otros con *e*, y se consuman 8074
5.15 y serás oprobio y... *e* a las naciones que 4923
12.19 su pan comerán... y con *e* beberán su agua .. 8078
21.15 puertas de ellos he puesto *e* de espada 19
26.16 de *e* se vestirán... y estarán atónitos 2729
26.21 te convertiré en *e*, y dejarás de ser 1091
27.35 sus reyes temblarán de *e*; demudarán sus 8178
27.36 a ser *e*, y para siempre dejarás de ser 1091
28.19 *e* serás, y para siempre dejarás de ser 1091
30.9 y tendrán *e* como en el día de Egipto 2729
32.25 porque fue puesto su *e* en la tierra de 2851
Mr 16.8 porque les había tomado temblor y *e* *5399*
Hch 3.10 y se llenaron de asombro y *e* por lo *1611*

ESPANTOSO, A

Dt 8.15 caminar por un desierto grande y *e* 3372
Job 15.21 estruendos *e* hay en sus oídos; en la 6343
Is 29.14 excitaré... con un prodigio grande y *e* 6382
Jer 5.30 cosa *e* y fea es hecha en la tierra 8047
Ez 1.18 aros eran altos y *e*, y llenos de ojos 3374
Dn 7.7 he aquí la cuarta bestia, *e* y terrible 1763
7.19 *e* en gran manera, que tenía dientes de 1763
Jl 2.31 antes que venga el día... *e* de Jehová 3372

ESPAÑA

Ro 15.24 cuando vaya a *E*, iré a vosotros *4681*
15.28 fruto, pasaré entre vosotros rumbo a *E* *4681*

ESPARCIR

Gn 10.32 de éstos se *esparcieron* las naciones 6504
11.4 un nombre, por si fuéremos *esparcidos* 6327
11.8 los *esparció* Jehová desde allí sobre la 6327
11.9 los *esparció* sobre la faz de... la tierra 6327
49.7 los apartaré... y los *esparciré* en Israel 6327
Éx 5.12 pueblo se *esparció* por toda la tierra 6327
9.8 *esparcirá* Moisés hacia el cielo delante 2236
9.10 y la *esparció* Moisés hacia el cielo 2236
24.6 y *esparció* la otra mitad de la sangre 2236
32.20 que *esparció* sobre las aguas, y lo dio 2219
Lv 14.16 y *esparcirá* del aceite con su dedo 5137
16.14 *esparcirá* con su dedo siete veces de 5137
16.15 y la *esparcirá* sobre el propiciatorio 5137
16.19 y *esparcirá* sobre él de la sangre con 5137
17.6 el sacerdote *esparcirá* la sangre sobre 2236
26.33 y a... os *esparciré* entre las naciones 2210
Nm 11.8 el pueblo se *esparcía* y lo recogía, y
Dt 4.27 Jehová os *esparcirá* entre los pueblos 6327
22.19 *esparció* mala fama sobre una virgen de 3318
28.64 Jehová te *esparcirá* por... los pueblos 6327
30.3 los pueblos adonde te hubiere *esparcido* 6327
32.26 yo había dicho que los *esparciría* lejos 6284
1 S 14.34 dijo Saúl: *Esparcíos* por el pueblo 6327
2 S 13.19 tomó ceniza y la *esparció* sobre su 3947
16.13 Simei iba... delante... *esparciendo* polvo 6080
1 R 14.15 los *esparcirá* más allá del Éufrates 2219
22.17 yo vi a todo Israel *esparcido* por los 6327
2 R 4.41 la *esparció* en la olla, y dijo: Da 7993
16.13 *esparció* la sangre de sus sacrificios 2236
16.15 *esparcirás* sobre él toda la sangre del 2236
2 Cr 11.23 y *esparció* a todos sus hijos por 6555
29.22(3) *esparcieron*... sangre sobre el altar 2236
30.16 y los sacerdotes *esparcían* la sangre 2236
34.4 desmenuzó, y *esparció* el polvo sobre los 2236
35.11 y *esparcían*... la sangre recibida de los 2236
Est 3.8 hay un pueblo *esparcido* y distribuido 6340
Job 2.12 los tres *esparcieron* polvo sobre sus 2236
12.23 *esparce* a las naciones, y las vuelve 7849
18.15 azufre será *esparcida* sobre su morada 2219
20.28 serán *esparcidos* en el día de su furor 5064
37.11 nube, y con su luz *esparce* la niebla 6327
38.24 y se *esparce* el viento solano sobre la 6327
41.22 delante de él se *esparce* el desaliento 1750
Sal 44.11 los has *esparcido* entre las naciones 2219
53.5 porque Dios ha *esparcido* los huesos del 6340
68.1 sean *esparcidos* sus enemigos, y huyan 6327
68.9 abundante lluvia *esparciste*, oh Dios 5130
68.14 cuando *esparció*... los reyes allí, fue 6566
68.30 *esparciste* a los pueblos que se... la guerra 967
89.10 con tu brazo... *esparciste* a tus enemigos 6340
92.9 *esparcidos* todos los que hacen maldad 6504
106.27 humillar... *esparcirlos* por las tierras 2219

107.40 *esparce* menosprecio sobre... príncipes 8210
141.7 *esparcidos* nuestros huesos a la boca 6340
Pr 15.7 boca de los sabios *esparce* sabiduría 2219
Ec 3.5 tiempo de *esparcir* piedras, y tiempo de 7993
Is 11.12 y reunirá los *esparcidos* de Judá de 5310
24.1 trastorna su faz, y hace *esparcir* a sus 6327
27.13 sido *esparcidos* en la tierra de Asiria 6
33.3 naciones fueron *esparcidas* al levantarte 5310
41.16 los llevará el viento, y los *esparcirá* 6327
Jer 8.2 los *esparcirán* al sol y a la luna y a 7849
9.16 los *esparciré* entre naciones que ni ellos 6327
10.21 por tanto... todo su ganado se *esparció* 6327
13.24 los *esparciré* al viento del desierto 6327
18.17 los esparciré delante del enemigo, les 6327
25.34 para que seáis degollados y *esparcidos* 8600
30.11 las naciones entre las cuales te *esparcí* 6327
31.10 el que *esparció* a Israel lo reunirá y 2219
49.32 y los *esparciré* por todos los vientos 2219
Lm 4.1 piedras del santuario están *esparcidas* 8210
Ez 5.2 una tercera parte *esparcirás* al viento 2219
5.10 y *esparciré* a todos los vientos todo lo 2219
5.12 una tercera parte *esparciré* a todos los 2219
6.5 vuestros huesos *esparciré* en derredor de 2219
6.8 cuando seáis *esparcidos* por las tierras 2219
10.2 carbones... y *espárcelos* sobre la ciudad 2236
11.16 aunque... les he *esparcido* por las tierras 6327
11.17 y os congregaré de... estáis *esparcidos* 6327
12.14 a todas sus tropas, *esparciré* a todos 2219
12.15 y sabrán que yo... cuando los *esparciere* 6327
17.21 serán *esparcidos* a todos los vientos 6566
20.23 que los *esparciría* entre las naciones 6327
20.34,41 las tierras en que estáis *esparcidos* 6327
22.15 te *esparciré* por las tierras; y haré 6327
28.25 pueblos entre los cuales está *esparcida* 6327
29.12 *esparciré* a Egipto entre las naciones 6327
29.13 pueblos entre los cuales... *esparcidos* 6327
30.23,26 *esparciré* a los egipcios entre las 6327
34.6 fueron *esparcidas* mis ovejas, y no hubo 6327
34.12 está en medio de sus ovejas *esparcidos* 6566
34.12 los lugares en que fueron *esparcidas* 6327
36.19 les *esparcí* por las naciones, y fueron 6327
36.25 *esparciré* sobre vosotros agua limpia 2236
43.18 altar... y para *esparcir* sobre él sangre 2236
Jl 3.2 Israel... a quien ellas *esparcieron* entre 6327
Sof 3.10 la hija de mis *esparcidos* traerá mi 6327
Zac 2.6 por los cuatro vientos de... os *esparcí* 6566
7.14 que los *esparcí*... por todas las naciones 5590
10.9 bien que los *esparciré* entre los pueblos 2232
Mt 25.24 **siegas... recoges donde no *esparciste*** *1287*
25.26 **sabías que... y recojo donde no *esparcí*** *1287*
Lc 1.51 *esparció*... soberbios en el pensamiento *1287*
Jn 2.15 *esparció* las monedas de los cambistas *1632*
16.32 **la hora viene... en que seréis *esparcidos*** *4650*
Hch 8.1 fueron *esparcidos* por las tierras de *1289*
8.4 pero los que fueron *esparcidos* iban por *1289*
11.19 que habían sido *esparcidos* a causa de *1289*

ESPECIA
Éx 25.6 *e* para el aceite de la unción y para 1314
30.23 tomarás *e* finas: de mirra excelente 500 1314
30.34 *e* aromáticas, estacte y uña aromática 5561
35.8 *e* para el aceite de la unción y para el 1314
35.28 las *e* aromáticas, y el aceite para el 1314
1 R 10.2 vino a... con camellos cargados de *e* 1314
10.10 nunca vino tan gran cantidad de *e*, como 1314
10.15 sin... lo de la contratación de *e*, y lo 7402
10.25 le llevaban... *e* aromáticas, caballos y 1314
2 R 20.13 Ezequías... les mostró... *e*, y ungüentos 1314
1 Cr 9.29 ellos tenían el cargo de... de las *e* 1314
2 Cr 9.1 con camellos cargados de *e* aromáticas 1314
9.9 dio al rey... gran cantidad de *e* aromáticas 1314
9.9 nunca hubo tales *e* aromáticas como las 1314
16.14 cual llenaron de perfume y diversas *e*
Cnt 4.10 mejores... que todas las *e* aromáticas! 1314
4.14 con todas las principales *e* aromáticas 1314
5.13 mejillas, como una era de *e* aromáticas 1314
6.2 mi amado descendió... a las eras de las *e* 1314
Is 39.2 les mostró... plata y oro, *e*, ungüentos 1314
Jer 34.5 así como quemaron *e* por tus padres
Mr 16.1 compraron *e* aromáticas... ir a ungirlo *759*
Lc 23.56 prepararon *e* aromáticas y ungüentos *759*
24.1 al sepulcro, trayendo las *e* aromáticas *759*
Jn 19.40 y lo envolvieron en lienzos con *e* *759*
Ap 18.13 canela, *e* aromáticas, incienso, mirra *2368*

ESPECIAL
Éx 19.5 mi *e* tesoro sobre todos los pueblos 5459
Lv 27.2 cuando alguno hiciere *e* voto a Jehová 6381
Nm 15.3 *e* voto, o de vuestra voluntad, o para 6381
15.8 cuando ofrecieres novillo... por *e* voto 6381
Dt 7.6 te ha escogido para serle un pueblo *e* 5459
Est 2.9 siete doncellas *e* de la casa del rey 7200
Mal 3.17 y serán para mí *e* tesoro, ha dicho 5459

ESPECIALMENTE
Fil 4.22 y *e* los de la casa de César *3122*
3 Jn 5 *e* a los desconocidos

ESPECIE
Gn 1.21 creó Dios... toda ave alada según su *e* 4327
1.24 animales de la tierra según su *e*. Y fue 4327
1.25 todo animal que se arrastra... según su *e* 4327
6.19 dos de cada *e* meterás en el arca, para
6.20 las aves según su *e*... bestias según su *e* 4327
6.20 todo reptil... según su *e*, dos de cada *e* 4327
7.3 para conservar viva la *e* sobre la faz de 2233
7.14 los animales silvestres según sus *e*, y 4327
7.14 los animales domesticados según sus *e* 4327
7.14 todo reptil que se arrastra... según su *e* 4327
7.14 ave según su *e*, y todo pájaro de toda *e* 4327
8.19 y todo... según sus *e*, salieron del arca 4940
Lv 11.14 el gallinazo, el milano según su *e* 4327
11.15 todo cuervo según su *e* 4327
11.16 la gaviota, el gavilán según su *e* 4327
11.19 la garza según su *e*, la abubilla y el 4327
11.22 estos comeréis... la langosta según su *e* 4327
11.22 esto comeréis... el langostín según su *e* 4327
11.22 argol según su *e*... el hagab según su *e* 4327
11.29 inmundos... el ratón, la rana según su *e* 4327
19.19 no harás ayuntar tu ganado con... otra *e* 3610
Dt 14.13 el gallinazo, el milano según su *e* 4327
14.14 todo cuervo según su *e* 4327
14.15 la gaviota y el gavilán según su *e* 4327
14.18 inmundos... el ratón, la rana según su *e* 4327
Neh 13.20 los que vendían toda *e* de mercancía
Ez 17.23 habitarán debajo... las aves de toda *e* 3671
39.4 a aves de rapiña de toda *e*... te he dado 3671
39.17 di a las aves de toda *e*, y a... Juntaos 3671
47.10 por sus *e* serán los peces tan numerosos 4327
1 Ts 5.22 absteneos de toda *e* de mal *1491*

ESPECIERÍA
1 R 10.10 y dio ella... *e*, y piedras preciosas 1314
Ez 27.22 principal de toda *e*, y toda piedra 1314

ESPECTÁCULO
Lc 23.48 los que estaban presentes en este *e* *2335*
1 Co 4.9 pues hemos llegado a ser *e* al mundo *2302*
He 10.33 con vituperios y... fuisteis hechos *e* *2301*

ESPEJO
Éx 38.8 de los *e* de las mujeres que velaban a 4759
Job 37.18 los cielos, firmes como un *e* fundido? 7209
Is 3.23 los *e*, el lino fino, las gasas y los 1549
1 Co 13.12 ahora vemos por *e*, oscuramente; mas *2072*
2 Co 3.18 mirando... un *e* la gloria del Señor *2734*
Stg 1.23 considera en un *e* su rostro natural *2072*

ESPERA
2 P 3.14 amados, estando en *e* de estas cosas *4328*

ESPERANZA
Rt 1.12 dijese: *E* tengo, y... diese a luz hijos 8615
2 R 18.5 en Jehová Dios de Israel puso su *e* 982
Esd 10.2 pesar de esto, aún hay *e* para Israel 4723
Job 4.6 ¿no es tu *e* la integridad de... caminos? 8615
5.16 pues es *e* al menesteroso, y la iniquidad 5615
6.20 fueron avergonzados por su *e*; porque 982
7.6 mis días... más veloces... fenecieron sin *e* 8615
8.13 los caminos... y la *e* del impío perecerá 8615
8.14 porque su *e* será cortada, y su confianza 3689
11.18 tendrás confianza, porque hay *e* 8615
11.20 malos... su *e* será dar su último suspiro 8615
14.7 árbol fuere cortado, aún queda de él *e* 8615
14.19 de igual manera haces tú perecer la *e* 8615
17.15 ¿dónde... mi *e*? Y mi *e*, ¿quién la verá? 8615
19.10 hecho pasar mi *e* como árbol arrancado 8615
27.8 ¿cuál es la *e* del impío, por mucho que 8615
31.24 si puse en el oro mi *e*, y dije al oro 3689
41.9 aquí que la *e* acerca de él será burlada 8431
Sal 9.18 no... ni la *e* de los pobres perecerá 8615
14.6 del... se han burlado, pero Jehová es su *e* 4268
39.7 Señor, ¿qué esperaré? Mi *e* está en ti 8431
42.5 en Dios... reposa, porque de él es mi *e* 3176
65.5 *e* de todos los términos de la tierra 4009
71.5 porque tú, oh Señor Jehová, eres mi *e* 8615
73.28 he puesto en Jehová el Señor mi *e*, para 4268
91.2 diré yo a Jehová: *e* mía, y castillo mío 982
91.9 porque has puesto a Jehová, que es mi *e* 4268
119.116 y no quede yo avergonzado de mi *e* 3176
142.5 dije: Tú eres mi *e*, y mi porción en la 4268
146.5 aquel... cuya *e* está en Jehová su Dios 7664
Pr 10.28 la *e* de los justos es alegría; mas la 8431
10.28 alegría; mas la *e* de los impíos perecerá 8615
11.7 muere el hombre impío, perece su *e*, y la 8431
11.23 bien, mas la *e* de los impíos es el enojo 8615
13.12 *e* que se demora es tormento del corazón 8431
14.26 fuerte confianza; y *e* tendrán sus hijos 4009
14.32 impío, mas el justo en su muerte tiene *e* 2620
19.18 castiga a tu hijo en tanto que hay *e* 8615
23.18 porque... hay fin, y tu *e* no será cortada 8615
24.14 hallares... al fin tu *e* no será cortada 8615
26.9; 29.20 más *e* hay del necio que de él 8615
Ec 9.4 hay *e* para... que está entre los vivos 986
Is 20.5 y avergonzarán de Etiopía su *e*, y de 4007
20.6 mirad qué tal fue nuestra *e*, a donde nos 4007
30.2 para... poner su *e* en la sombra de Egipto 2620
31.1 su *e* ponen en carros, porque son muchos 982
51.5 a mí me esperan... en mi brazo ponen su *e* 3176
Jer 14.8 oh *e* de Israel, Guardador suyo en el 4723
17.13 ¡oh Jehová, *e* de Israel! todos los que 4723
23.16 os alimentan con vanas *e*; hablan visión 1891
31.17 *e* hay también para tu porvenir, dice 8615
50.7 pecaron... contra Jehová *e* de sus padres 4723
Lm 3.18 dije: Perecieron mis fuerzas, y mi *e* 8431
3.29 ponga su boca en el... por si aún hay *e* 8615
4.17 en nuestra *e* aguardamos a una nación que ... 6836
Ez 19.5 que se perdía su *e*, tomó otro de sus 8615
37.11 y pereció nuestra *e*, y somos del todo 8615
Os 2.15 daré... valle de Acor por puerta de *e* 8615
Jl 3.16 Jehová será la *e* de su pueblo, y la 4268
Zac 9.5 asimismo Ecrón... su *e* será confundida 4007
9.12 volveos a la fortaleza, oh prisioneros de *e* 8615
Jn 5.45 **hay... Moisés, en quien tenéis vuestra *e*** *1679*
Hch 2.26 gozó... aun mi carne descansará en *e* *1680*
16.19 que había salido la *e* de su ganancia *1680*
23.6 acerca de la *e*... los muertos se me juzga *1680*
24.15 teniendo *e* en Dios, la cual... abrigan *1680*
26.6 por la *e* de la promesa que hizo Dios a *1680*
26.7 por esta *e*... soy acusado por los judíos *1679*
27.20 habíamos perdido toda *e* de salvarnos *1680*
28.20 porque por la *e* de Israel estoy sujeto *1680*
Ro 4.18 él creyó en *e* contra *e*, para llegar a *1680*
5.2 y nos gloriamos en la *e* de la gloria de *1680*
5.4 y la paciencia, prueba; y la prueba, *e* *1680*
5.5 *e* no avergüenza; porque el amor de Dios *1680*
8.20 sino por causa del que la sujetó en *e* *1680*
8.24 en *e*... salvos... la *e* que se ve, no es *e* *1680*
12.12 en la *e*; sufridos en la tribulación *1680*
15.4 que por la paciencia y la... tengamos *e* *1680*
15.13 Dios de *e* os llene de todo gozo y paz *1680*
1 Co 9.10 porque con *e* debe arar el que ara *1680*
9.10 y el que trilla, con *e* de recibir del *1680*
13.13 ahora permanecen la fe, la *e* y el amor *1680*
2 Co 1.7 y nuestra *e*... de vosotros es firme *1680*
1.8 aun perdimos la *e* de conservar la vida *1820*
3.12 teniendo tal *e*, usamos de... franqueza *1680*
Gá 5.5 aguardamos por fe la *e* de la justicia *1680*
Ef 1.18 que sepáis cuál es la *e* a que él os *1680*
2.12 alejados... sin *e* y sin Dios en el mundo *1680*
4.4 llamados en una misma *e* de... vocación *1680*
Fil 1.20 conforme a mi anhelo y *e* de que en *1680*
Col 1.5 *e* que os está guardada en los cielos *1680*
1.23 si moveros de la *e* del evangelio que *1680*
1.27 es Cristo en vosotros, la *e* de gloria *1680*
1 Ts 1.3 y de vuestra constancia en la *e* en *1680*
2.19 ¿cuál es nuestra *e*, o gozo, o corona de *1680*
4.13 no os entristezcáis como... que no tienen *e* *1680*
5.8 amor, y con la *e* de salvación como yelmo *1680*
2 Ts 2.16 les dio consolación eterna y buena *e* *1680*
1 Ti 1.1 y del Señor Jesucristo nuestra *e* *1680*
3.14 aunque tengo la *e* de ir pronto a verte *1679*
6.17 pongan la *e* en las riquezas, las cuales *1679*
Tit 1.2 la *e* de la vida eterna, la cual Dios *1680*
2.13 aguardando la *e* bienaventurada y la *1680*
3.7 ser herederos conforme a la *e* de la vida *1680*
He 3.6 retenemos firme... el gloriarnos en la *e* *1680*
6.11 solicitud... para plena certeza de la *e* *1680*
6.18 para asirnos de la *e* puesta delante de *1680*
7.19 la introducción de una mejor *e*, por la *1680*
10.23 firme, sin fluctuar, la profesión de... *e* *1680*
1 P 1.3 los hizo renacer para una *e* viva, por *1680*
1.21 para que nuestra fe y *e* sean en Dios *1680*
3.15 que os demande razón de la *e* que hay en *1680*
1 Jn 3.3 que tiene esta *e* en él, se purifica *1680*

ESPERAR
Gn 8.10,12 *esperó*... otros siete días, y volvió 2342
22.5 *esperad* aquí con el asno, y yo y... iremos 3427
24.55 *espere* la doncella con nosotros a lo 3427
49.18 tu salvación *esperé*, oh Jehová 6960
Éx 24.12 *espera*... y te daré tablas de piedra 5414
24.14 *esperadnos* aquí hasta que volvamos a 3427
Nm 9.8 *esperad* y oiré lo que ordena Jehová 5975
11.16 tráelos a la puerta del... y *esperen* allí 3320
Dt 31.14 *esperad* en el tabernáculo de reunión 3320
31.14 fueron... y *esperaron* en el tabernáculo 3320
32.29 dieran cuenta del fin que los *espera!*
Jue 3.25 habiendo *esperado* hasta estar confusos 2342
6.18 él respondió... *esperaré* hasta que vuelvas 3427
Rt 1.13 ¿habíais vosotras de *esperarlos* hasta 7663
3.18 *espérame* hija mía, hasta que sepas cómo 3427
1 S 9.27 *espera* tú un poco para que te declare 5975
10.8 *espera* siete días, hasta que yo venga a 3176
12.16 *esperad* aún... mirad esta gran cosa que 3220
13.8 *esperó* siete días, conforme al plazo que 3176
14.9 *esperad* hasta que lleguemos a vosotros 1826
20.19 y *esperarás* junto a la piedra de Ezel 3427
2 S 22.31 escudo es a... los que en él *esperan* 2620
2 R 6.33 ¿para qué he de *esperar* más a Jehová? 3176
7.9 y si *esperamos*... alcanzará nuestra maldad 2442
9.3 abriendo la... echa a huir, y no *esperes* 2442
1 Cr 5.20 les fue favorable... *esperaron* en él 982
Est 9.1 los enemigos de los judíos *esperaban* 7663
Job 3.9 *espera* la luz, y no venga, ni vea los 6960
3.21 que *esperan* la muerte, y ella no llega 2442
6.11 ¿cuál es mi fuerza para *esperar* aún? 3176
6.19 caminantes de Sabá *esperaron* en unas 6960
7.2 como el jornalero *espera* el reposo de su 6960
13.15 aunque él me matara, en él *esperaré* 3176
14.14 *esperaré* hasta... venga mi liberación 3176
17.13 si yo *espero* el Seol es mi casa; haré 6960
29.21 y *esperaban* y callaban a mi consejo 3176
29.23 *esperaban* como a la lluvia, y abrían su 6176
30.26 cuando *esperaba* yo el bien, entonces 6960
30.26 cuando *esperaba* luz, vino la oscuridad 3176
32.4 Eliú había *esperado* a Job en la disputa 2442
32.11 aquí yo he *esperado* a vuestras razones 3176
32.16 yo, pues, he *esperado*, pero no hablaban 3176
36.2 *espérame* un poco, y yo te enseñaré 3803
Sal 5.3 presentaré delante de ti, y *esperaré* 6822
18.30 escudo es a todos los que en él *esperan* 2620
22.4 en ti *esperaron*... *e*, y tú los libraste 982
25.3 ninguno de cuantos *esperan* en ti será 6960
25.5 tú crees... en ti he *esperado* todo el día 6960
25.21 me guarden, porque en ti he *esperado* 6960
27.14 aguarda a Jehová... sí, *espera* a Jehová 6960
31.6 los que *esperan* en vanidades ilusorias 8104
31.6 vanidades... mas yo en Jehová he *esperado* 982
31.19 has mostrado a los que *esperan* en ti 2620
31.24 esforzaos... los que *esperáis* en Jehová 3176
32.10 al que *espera* en Jehová, le rodea la 982
33.18 sobre los que *esperan* en su misericordia 3176
33.20 nuestra alma *espera* a Jehová... ayuda 2442
33.22 tu misericordia... según *esperamos* en ti 3176
37.7 guarda silencio ante Jehová, y *espera* en 2342
37.9 los que *esperan* en Jehová... heredarán la 6960
37.34 *espera* en Jehová, y guarda su camino 6960

E

37.40 los salvará, por cuanto en el *esperaron* ... 2620
38.15 porque en ti, oh Jehová, he *esperado* ... 3176
39.7 y ahora, Señor, ¿qué *esperaré*? ... 6960
40.1 *esperé* a Jehová, y se inclinó a mí, y ... 6960
42.5,11;43.5 *espera* en Dios... he de alabarlo ... 3176
52.9 *esperaré* en tu nombre, porque es bueno ... 6960
59.9 a causa del... del enemigo *esperaré* en ti ... 8104
62.8 *esperad* en él en todo tiempo, oh pueblos ... 982
69.3 han desfallecido... *esperando* a mi Dios ... 3176
69.20 *esperé* quien se compadeciese de mí, y no ... 6960
71.14 mas yo *esperaré* siempre, y te alabaré ... 3176
104.27 todos ellos *esperan* en ti, para que ... 7663
106.13 olvidaron sus... no *esperaron* su consejo ... 2442
119.43 verdad, porque en tus juicios *espero* ... 3176
119.49 palabra... la cual me has hecho *esperar* ... 3176
119.74 porque en tu palabra he *esperado* ... 3176
119.81 desfallece... mas *espero* en tu palabra ... 3176
119.114 mi escudo... en tu palabra he *esperado* ... 3176
119.147 me anticipé al... *esperé* en tu palabra ... 3176
119.166 tu salvación he *esperado*, oh Jehová ... 7663
130.5 *esperé* yo a Jehová, *esperó* mi alma; en ... 6960
130.5 a Jehová... en su palabra he *esperado* ... 3176
130.6 mi alma *espera* a Jehová más que los
130.7 *espere* Israel a Jehová, porque en Jehová ... 3176
131.3 *espera*, oh Israel, en Jehová, desde ... 3176
145.15 los ojos de todos *esperan* en ti, y tú ... 7663
147.11 en los que *esperan* en su misericordia ... 3176
Pr 20.22 *espera* a Jehová, y él te salvará ... 6960
30.5 él es escudo a los que en él *esperan* ... 2620
Is 5.2 y *esperaba* que diese uvas, y dio uvas ... 6960
5.4 ¿cómo *esperando* yo que diese uvas, ha ... 6960
5.7 *esperaba* juicio, y he aquí vileza... clamor ... 6960
8.17 *esperaré* pues a Jehová... él confiaré ... 2442
25.9 éste es nuestro Dios, le hemos *esperado* ... 6960
25.9 éste es Jehová a quien hemos *esperado* ... 6960
26.8 oh Jehová, te hemos *esperado*; tu nombre ... 6960
30.18 Jehová *esperará* para tener piedad de ... 2442
33.2 oh Jehová... a ti hemos *esperado*; tú, brazo ... 6960
38.18 ni los que descienden al... *esperarán* tu ... 7663
40.31 pero los que *esperan* a Jehová tendrán ... 6960
42.4 justicia; y las costas *esperaron* su ley ... 3176
49.23 no se avergonzarán los que *esperan* en ... 6960
51.5 a mí me *esperan* los de la costa, y en mi ... 6960
59.9 *esperamos* luz, y he aquí tinieblas ... 6960
59.11 *esperamos* justicia, y no la hay... alejó ... 6960
60.9 a mí *esperarán* los de la costa, y las ... 6960
64.3 cosas terribles cuales nunca *esperábamos* ... 6960
64.4 ti, que hiciese por el que en él *espera* ... 2442
Jer 8.15 *esperamos* paz, y no hubo bien; día ... 6960
13.16 *esperéis* luz, y os la vuelva en sombra ... 6960
14.19 *esperamos* paz, y no hubo bien; tiempo ... 6960
14.22 en ti, pues, *esperamos*, pues tú hiciste ... 6960
29.11 de paz... para daros el fin que *esperáis* ... 8615
Lm 2.16 es el día que *esperábamos*; lo hemos ... 6960
3.21 recapacitaré en... por lo tanto *esperaré* ... 3176
3.24 mi porción es Jehová... en él *esperaré* ... 3176
3.25 bueno es Jehová a los que en él *esperan* ... 6960
3.26 bueno es *esperar*... salvación de Jehová ... 1748
4.17 desfallecido nuestros ojos *esperando* en ... 5833
Ez 13.6 *esperan* que él confirme la palabra de ... 3176
19.5 viendo ella que había *esperado* mucho ... 3176
Dn 12.12 bienaventurado el que *espere*... 1.335 ... 2442
Os 6.9 y como ladrones que *esperan* a... hombre ... 2442
Mi 5.7 lluvias... las cuales no *esperan* a varón ... 3176
7.7 mas yo... *esperaré* al Dios de mi salvación ... 3176
Hab 2.3 aunque tardara, *espéralo*, porque sin ... 2442
Sof 3.8 *esperadme*, dice Jehová, hasta el día ... 2442
Mt 11.3 ¿eres tú aquel... o *esperaremos* a otro? ... *4328*
12.21 y en su nombre *esperarán* los gentiles ... *1679*
24.50 vendrá el... en día que éste no *espera* ... *4328*
Mr 15.43 José de... *esperaba* el reino de Dios ... *4327*
Lc 1.21 el pueblo estaba *esperando* a Zacarías ... *4328*
2.25 y este hombre... *esperaba* la consolación ... *4327*
2.38 hablaba del niño a... los que *esperaban* ... *4327*
6.34 si prestáis a aquellos de quienes *esperáis* ... *1679*
6.35 prestad, no *esperando* de ello nada; y ... *560*
7.19,20 ¿eres tú el... o *esperaremos* a otro? ... *4328*
8.40 recibió la multitud... todos le *esperaban* ... *4328*
12.46 vendrá el... en día que éste no *espera* ... *4328*
23.8 él, y *esperaba* verle hacer alguna señal ... *1679*
23.51 que también *esperaba* el reino de Dios ... *4327*
24.21 *esperábamos* que él era el que había de ... *1679*
Jn 5.3 que *esperaban* el movimiento del agua ... *1551*
Hch 1.4 que *esperasen* la promesa del Padre, la ... *4037*
3.5 él les estuvo atento, *esperando* recibir ... *4328*
10.24 día... y Cornelio los estaba *esperando* ... *4328*
12.11 que el pueblo de los judíos *esperaba* ... *4329*
17.16 mientras Pablo los *esperaba* en Atenas ... *1551*
20.5 habiéndose adelantado, nos *esperaron* en ... *3306*
20.23 me *esperan* prisiones y tribulaciones ... *3306*
23.21 ahora están listos *esperando* tu promesa ... *4327*
24.26 *esperaba*... que Pablo le diera dinero ... *1679*
26.7 *esperan* que han de alcanzar nuestras 12 ... *1679*
28.6 estaban *esperando* que él se hinchase ... *4328*
28.6 habiendo *esperado* mucho, y viendo que ... *4328*
Ro 8.23 *esperando* la adopción, la redención ... *553*
8.24 lo que alguno ve, ¿a qué *esperarlo*? ... *1679*
8.25 pero si *esperamos* lo que no vemos, con ... *553*
15.12 a regir... los gentiles *esperarán* en él ... *1679*
1 Co 1.7 *esperando* la manifestación de... Señor ... *553*
11.33 cuando os reunís a comer, *esperaos* unos ... *1551*
13.7 lo cree, todo lo *espera*, todo lo soporta ... *1679*
15.19 esta vida solamente *esperamos* en Cristo ... *1679*
16.7 *espero* estar con vosotros algún tiempo ... *1679*
16.11 mí, porque le *espero* con los hermanos ... *1551*
2 Co 1.10 quien *esperamos* que aún nos librará ... *1679*
1.13 y *espero* que hasta el fin las entenderéis ... *1679*
5.11 *espero* que también lo sea a
vuestras conciencias ... *1679*
8.5 y no como lo *esperábamos*, sino que así ... *1679*
10.15 que *esperamos* que conforme crezca... fe ... *1680*
13.6 *espero* que conoceréis que nosotros no ... *1679*
Ef 1.12 los que primeramente *esperábamos* en ... *4276*
Fil 2.19 *espero* en... enviaros pronto a Timoteo ... *1679*
2.23 así que a éste *espero* enviaros, luego ... *1679*
3.20 de donde también *esperamos* al Salvador ... *553*
1 Ts 1.10 *esperar* de los cielos a su Hijo, al ... *362*
1 Ti 4.10 *esperamos* en el Dios viviente, que ... *1679*
5.5 sola, *espera* en Dios, y es diligente en ... *1679*
Flm 22 *espero* que por vuestras oraciones os ... *1679*
He 6.15 habiendo *esperado*... alcanzó la promesa ... *3114*
9.28 vez... para salvar a los que le *esperan* ... *553*
10.13 *esperando* hasta que sus enemigos sean ... *1551*
11.1 es la fe la certeza de lo que se *espera* ... *1679*
11.10 porque *esperaba* la ciudad que tiene ... *1551*
Stg 5.7 el labrador *espera* el precioso fruto ... *1551*
1 P 1.13 y *esperad* por completo en la gracia ... *1679*
3.5 las santas mujeres que *esperaban* en Dios ... *1679*
3.20 una vez *esperaba* la paciencia de Dios ... *1551*
2 P 3.12 *esperando*... la venida del día de Dios ... *4328*
3.13 *esperamos*, según sus promesas, cielos y ... *4328*
2 Jn 12 *espero* ir a vosotros y hablar cara a ... *1679*
3 Jn 14 *espero* verte en breve, y hablaremos ... *1679*
Jud 21 *esperando* la misericordia de... Señor ... *4327*

ESPESO, A

Éx 19.9 yo vengo a ti en una nube *e*, para que ... 5645
19.16 y *e* nube sobre el monte, y sonido de ... 3515
2 S 18.9 mulo entró por debajo de las ramas *e*
Job 15.26 corrió... la *e* barrera de sus escudos ... 5672
Is 9.18 y se encenderá en lo *e* del bosque, y ... 5442
Ez 6.13 sus muertos... debajo de toda encina *e* ... 5687
8.11 su mano; y subía una nube *e* de incienso ... 6282
Zac 11.2 aullad... el bosque *e* es derribado ... 1208

ESPESOR

Jer 52.21 columnas... su *e* era de cuatro dedos ... 5672
Ez 40.5 midió el *e* del muro, de una caña, y la

ESPESURA

Is 10.34 y cortará con hierro la *e* del bosque ... 5442
Jer 4.7 el león sube de la *e*, y el destruidor ... 5441
4.29 huyó... entraron en las *e* de los bosques ... 5645
12.5 y si... ¿cómo harás en la *e* del Jordán?
49.19; 50.44 león subirá de la *e* del Jordán
Ez 31.14 ni levanten su copa entre la *e*, ni ... 5688

ESPÍA

Gn 42.9 *e* sois; por ver lo descubierto del ... 7270
42.11 honrados; tus siervos nunca fueron *e* ... 7270
42.14 que os he dicho, afirmando que sois *e* ... 7270
42.16 si... y si no, vive Faraón, que sois *e* ... 7270
42.30 nos habló... y nos trató como a *e* de la ... 7270
42.31 somos hombres honrados, nunca fuimos *e* ... 7270
42.34 para que yo sepa que no sois *e*, sino ... 7270
Jos 2.1 Josué hijo... envió desde Sitim dos *e*
6.23 los *e* entraron y sacaron a Rahab, a su ... 7270
Jue 1.23 y la casa de José puso *e* en Bet-el
16.12 y los *e* estaban en el aposento. Mas
1 S 26.4 David... envió *e*, y supo con certeza ... 7270
Lc 20.20 enviaron *e* que simulasen justos ... *1455*
He 11.31 habiendo recibido a los *e* en paz ... *2685*

ESPIAR

Jos 2.2 han venido aquí... para *espiar* la tierra ... 2658
2.3 han venido para *espiar* toda la tierra ... 2658
Jue 1.24 los que *espiaban* vieron a un hombre ... 8104
1 Cr 19.3 ¿no vienen más bien... para *espiar* ... 2713
Gá 2.4 entraban para *espiar* nuestra libertad ... *2684*

ESPIGA

Gn 41.5 siete *e* llenas y hermosas crecían de ... 7641
41.6 después de ellas salían otras siete *e* ... 7641
41.7 y las siete *e* menudas devoraban a las ... 7641
41.7 devoraban a las siete *e* gruesas y llenas ... 7641
41.22 vi... que siete *e* crecían en una misma ... 7641
41.23 y que otras siete *e* menudas, marchitas ... 7641
41.24 las *e* menudas devoraban a... *e* hermosas ... 7641
41.26 son, y las *e* hermosas son siete años ... 7641
41.27 siete *e* menudas y marchitas del viento ... 7641
Éx 26.17 dos *e* tendrá cada tabla para unirlas ... 3027
26.19 de una tabla para sus dos *e* ... 3027
26.19 de otra tabla para sus dos *e* ... 3027
36.22 cada tabla tenía dos *e*, para unirlas ... 3027
36.24 dos basas... para sus dos *e*, y... sus dos *e* ... 3027
Lv 2.14 tostarás al fuego las *e* verdes, y el ... 24
23.14 no comeréis pan, ni grano... ni *e* fresca ... 3759
Dt 23.25 podrás arrancar *e* con tus manos; mas ... 4425
Jos 5.11 y en el mismo día *e* nuevas tostadas
Rt 2.2 y recogeré *e* en pos de aquel a cuyos ... 7641
2.15 que recoja tambien *e* entre las gavillas
2 R 4.42 trajo al varón... trigo nuevo en su *e* ... 6861
Job 24.24 serán... y cortados como cabezas de *e* ... 7641
Is 17.5 el segador... con su brazo siega las *e* ... 7641
17.5 el que recoje *e* en el valle de Refaim ... 7641
Os 8.7 ni su *e* hará harina; y si la hiciere
Mt 12.1 y comenzaron a arrancar *e* y a comer ... *4719*
Mr 2.23 discípulos... comenzaron a arrancar *e* ... *4719*
4.28 luego *e*, después grano lleno en la *e* ... *4719*
Lc 6.1 sus discípulos arrancaban *e* y comían ... *4719*

ESPIGADA

Éx 9.31 la cebada estaba ya *e*, y el lino en ... 24

ESPIGAR

Lv 19.9; 23.22 no segarás... ni *espigarás* tu ... 3950,3951
Rt 2.3 llegando, *espigó* en el campo en pos de ... 3950
2.8 no vayas a *espigar* a otro campo, ni pases ... 3950
2.15 luego se levantó para *espigar*. Y Booz ... 3950
2.17 *espigó*, pues, en el campo hasta la noche ... 3950
2.19 le dijo su suegra: ¿Dónde has *espigado* ... 3950
2.23 estuvo... *espigando*, hasta que se acabó ... 3950

ESPINA

Nm 33.55 ellos serán... *e* en vuestros costados ... 6796
Jos 23.13 por azote... por *e* para vuestros ojos ... 6796
Pr 26.9 *e* hincadas en mano del embriagado, tal ... 2336
Ez 28.24 nunca más será a la casa de Israel *e* ... 5544
Mt 27.29 en su cabeza una corona tejida de *e* ... *173*
Mr 15.17 y poniéndole una corona tejida de *e* ... *174*
Jn 19.2 soldados entretejieron una corona de *e* ... *173*
19.5 salió Jesús, llevando la corona de *e* ... *174*

ESPINAZO

Lv 3.9 la cola entera... quitará a raíz del *e* ... 6096

ESPINO

Gn 3.18 *e* y cardos te producirá, y comerás ... 6975
Éx 22.6 quemar *e* quemare mieses amontonadas ... 6975
Jue 8.7 trillaré vuestra carne con *e* y abrojos ... 6975
8.16 y tomó a los ancianos de... y *e* y abrojos ... 6975
2 S 23.6 los impíos serán... como *e* arrancados ... 6975
Job 5.5 su mies... la sacarán de entre los *e*, y ... 6791
30.7 las matas, y se reunían debajo de los *e* ... 2738
31.40 nacerán abrojos, y *e* en lugar de cebada ... 890
Sal 58.9 antes que... sientan la llama de los *e* ... 329
118.12 se enardecieron como fuego de *e*; mas ... 6975
Pr 15.19 camino del perezoso es como seto de *e* ... 2312
22.5 *e* y... hay en el camino del perverso; el ... 6791
24.31 que por toda ella habían crecido los *e* ... 7063
Ec 7.6 la risa... es como el estrépito de los *e* ... 5518
Cnt 2.2 como el lirio entre los *e*, así es mi ... 2336
Is 5.6 crecerán el cardo y los *e*; y aun a las ... 7898
7.23 que el lugar donde... será para *e* y cardos ... 7898
7.24 porque toda la tierra será *e* y cardos ... 7898
7.25 no llegarán allá por el temor de los *e* ... 7898
9.18 como fuego, cardos y *e* devorará; y se ... 7898
10.17 consumía en un día sus cardos y sus *e* ... 7898
27.4 ¿quién pondrá contra mí en batalla *e* y ... 7898
32.13 subirán *e* y cardos, y aun sobre todas ... 6975
33.12 como *e* cortados serán quemados... fuego ... 6975
34.13 en sus alcázares crecerán *e*, y ortigas ... 5518
Jer 4.3 arad campo para... no sembréis entre *e* ... 6975
12.13 sembraron trigo, y segaron *e*; tuvieron ... 6975
Ez 2.6 aunque te hallas entre zarzas y *e*, y ... 5544
Os 2.6 rodearé de *e* su camino, y la cercaré de ... 5518
9.6 la ortiga... y *e* crecerá en sus moradas ... 2336
10.8 crecerá sobre sus altares *e* y cardo ... 6975
Mi 7.4 el mejor de ellos es como el *e*; el más ... 2312
Nah 1.10 aunque sean como *e* entretejidos, y ... 5518
Mt 7.16 **¿acaso se recogen uvas de los *e*, o** ... *173*
13.7 **parte cayó entre *e*; y los *e* crecieron** ... *173*
13.22 **el que fue sembrado entre *e*, éste es** ... *173*
Mr 4.7 **parte cayó entre *e*; y los *e* crecieron** ... *173*
4.18 **Sson los que fueron sembrados entre *e*** ... *173*
Lc 6.44 **no se cosechan higos de los *e*, ni de** ... *173*
8.7 **cayó entre *e*, y los *e* que la ahogaron** ... *173*
8.14 **la que cayó entre *e*, éstos son los que** ... *173*
He 6.8 que produce *e* y abrojos es reprobada ... *173*

ESPÍRITU

Gn 1.2 el *E* de Dios se movía sobre la faz de ... 7307
6.3 no contenderá mi *e* con el hombre para ... 7307
6.17; 7.15 toda carne en que había *e* de vida ... 7307
7.22 todo lo que tenía aliento de *e*... murió ... 5375,7307
25.8 exhaló el *e*, y murió Abraham en buena ... 1478
25.17 y exhaló el *e* Ismael, y murió, y fue ... 1478
26.35 fueron amargura de *e* para Isaac y para ... 7307
35.29 y exhaló Isaac el *e*, y murió, y fue ... 1478
41.8 la mañana estaba agitado su *e*, y envió ... 7307
41.38 como éste, en quien esté el *e* de Dios ... 7307
45.27 viendo Jacob los carros... su *e* revivió ... 7307
49.6 alma, ni mi *e* se junte en su compañía
Éx 6.9 no escuchaban a Moisés... congoja de *e* ... 7307
28.3 he llenado de *e* de sabiduría, para que ... 7307
31.3 he llenado del *E* de Dios, en sabiduría ... 7307
35.21 todo aquel a quien su *e* le dio voluntad ... 7307
35.31 ha llenado de *E* de Dios, en sabiduría ... 7307
Lv 20.27 la mujer que evocare *e* de muertos o ... 178
Nm 5.14(2) sobre él *e* de celos, y tuviere celos ... 7307
5.30 marido sobre el cual pasare *e* de celos ... 7307
11.17 del *e* que está en ti, y pondré en ellos ... 7307
11.25 tomó del *e* que... posó sobre ellos el *e* ... 7307
11.26 sobre los cuales también reposó el *e* ... 7307
11.29 y que Jehová pusiera su *e* sobre ellos ... 7307
14.24 Caleb, por cuanto hubo en él otro *e* ... 7307
16.22 y dijeron... Dios de los *e* de toda carne ... 7307
24.2 vio a Israel... el *E* de Dios vino sobre él ... 7307
27.16 ponga Jehová, Dios de los *e* de toda ... 7307
27.18 varón en el cual hay *e*, y pondrás tu ... 7307
Dt 2.30 Jehová tu Dios había endurecido su *e* ... 7307
28.28 Jehová te herirá con... turbación de *e* ... 3824
34.9 Josué hijo... fue lleno del *e* de sabiduría ... 7307
Jue 3.10 el *E* de Jehová vino sobre él, y juzgó ... 7307
6.34 entonces el *E* de Jehová... sobre Gedeón ... 7307
9.23 envió Dios un mal *e* entre Abimelec y los ... 7307
11.29 y el *E* de Jehová vino sobre Jefté; y ... 7307
13.25 el *E* de Jehová comenzó a manifestarse ... 7307
14.6 el *E* de Jehová vino sobre Sansón, quien ... 7307
14.19; 15.14 el *E* de Jehová vino sobre él ... 7307
15.19 él bebió, y recobró su *e*, y se reanimó ... 7307
1 S 1.15 no... yo soy una mujer atribulada de *e* ... 7307
10.6 el *E* de Jehová vendrá sobre ti con poder ... 7307
10.10 el *E* de Dios vino sobre él... profetizó ... 7307
11.6 el *E* de Dios vino sobre él con poder ... 7307
16.13 lo ungió... *E* de Jehová vino sobre David ... 7307
16.14 el *E* de Jehová se apartó de Saúl, y le ... 7307
16.14 le atormentaba un *e* malo de parte de ... 7307
16.15 un *e* malo de parte de Dios te atormenta ... 7307

16.16 que cuando esté sobre ti el *e* malo de 7307
16.23 y cuando el *e* malo...venía sobre Saúl 7307
16.23 tocaba...y el *e* malo se apartaba de él 7307
18.10 un *e* malo de parte de Dios tomó a Saúl 7307
19.9 *e*...de parte de Jehová vino sobre Saúl 7307
19.20 vino el *E* de Dios sobre los mensajeros 7307
19.23 y también vino sobre él el *E* de Dios 7307
22.2 los que se hallaban en amargura de *e*
28.7 una mujer que tenga *e* de adivinación 178
28.7 hay una mujer en Endor que tiene *e* de 178
28.8 que me adivines por el *e* de adivinación 178
30.12 y luego que comió, volvió en él su *e* 7307
2 S 23.2 el *E* de Jehová ha hablado por mí, y 7307
1 R 18.12 el *E* de Jehová te llevará adonde yo 7307
21.5 ¿por qué está tan decaído tu *e*, y no 7307
22.21 salió un *e* y se puso delante...y dijo 7307
22.22 saldré, y seré *e* de mentira en boca de 7307
22.23 ha puesto *e* de mentira en la boca de 7307
22.24 ¿por dónde se fue de mí el *e* de Jehová? 7307
2 R 2.9 una doble porción de tu *e* sea sobre mí 7307
2.15 dijeron...*e* de Elías reposó sobre Eliseo 7307
2.16 quizá lo ha levantado el *E* de Jehová 7307
19.7 pondré yo en él un *e*, y oirá rumor, y 7307
1 Cr 5.26 Dios...excitó el *e* de Pul rey de los 7307
5.26 *e* de Tiglat-pileser rey de los asirios 7307
12.18 el *E* vino sobre Amasai, jefe de los 30 7307
2 Cr 15.1 vino el *E* de Dios sobre Azarías hijo 7307
18.20 un *e* que se puso delante de Jehová y 7307
18.21 saldré y seré *e* de mentira en la boca 7307
18.22 Jehová ha puesto *e* de mentira en la 7307
18.23 ¿por qué camino se fue de mí el *E* de 7307
20.14 sobre el cual vino el *E* de Jehová en 7307
24.20 el *E* de Dios vino sobre Zacarías hijo 7307
36.22 Jehová despertó el *e* de Ciro rey de 7307
Esd 1.1 despertó Jehová el *e* de Ciro rey de 7307
1.5 aquellos cuyo *e* despertó Dios para subir 7307
Neh 9.20 y enviaste tu buen *e* para enseñarles 7307
9.30 les testificaste con tu *e* por medio de 7307
Job 4.15 al pasar un *e* por delante de mí, hizo 7307
6.4 las saetas del...cuyo veneno bebe mi *e* 7307
7.11 mi boca; hablaré en la angustia de mi *e* 7307
10.12 concediste, y tu cuidado guardó mi *e* 7307
15.13 para que contra Dios vuelvas tu *e*, y 7307
20.3 hace responder el *e* de mi inteligencia 7307
21.4 ¿y por qué no se ha de angustiar mi *e*? 7307
26.4 y de quién es el *e* que de ti procede? 5397
26.13 su *e* adornó los cielos; su mano creó 7307
32.8 ciertamente *e* hay en el hombre, y el 7307
32.18 porque...me apremia el *e* dentro de mí 7307
33.4 el *e* de Dios me hizo, y el soplo del 7307
34.14 si...recogiese así su *e* y su aliento 7307
38.36 ¿quién puso...dio al *e* inteligencia? 7907
Sal 31.5 en tu mano encomiendo mi *e*; tú me 7307
32.2 el hombre...y en cuyo *e* no hay engaño 7307
34.18 cercano...y salva a los contritos de *e* 7307
51.10 crea...y renueva un *e* recto dentro de mí 7307
51.11 me eches...y no quites de mí tu santo *E* 7307
51.12 vuélveme el gozo...y *e* noble me sustente 7307
51.17 los sacrificios de Dios...*e* quebrantado 7307
76.12 cortará él el *e* de...príncipes; temible 7307
77.3 conmovía; me quejaba, y desmayaba mi *e* 7307
77.6 meditaba en mi corazón, y mi *e* inquiría 7307
78.8 que no...ni fue fiel para con Dios su *e* 7307
104.30 envías tu *E*, son creados, y renuevas 7307
106.33 hicieron rebelar a su *e* y...sus labios 7307
139.7 ¿a dondé me iré de tu *E*? ¿y a dónde 7307
142.3 cuando mi *e* se angustiaba dentro de mí 7307
143.4 y mi *e* se angustió dentro de mí, está 7307
143.7 respóndeme...porque desmaya mi *e* 7307
143.10 tu buen *e* me guíe a tierra de rectitud 7307
Pr 1.23 yo derramaré mi *e* sobre vosotros, y 7307
11.13 descubre...el de *e* fiel lo guarda todo 7307
14.29 el que es impaciente de *e* enaltece la 7307
15.4 la perversidad...es quebrantamiento de *e* 7307
15.13 por el dolor del corazón el *e* se abate 7307
16.2 son limpios en...pero Jehová pesa los *e* 7307
16.18 y antes de la caída la altivez de *e* 7307
16.19 mejor es humillar el *e* con...humildes 7307
16.32 mejor es...el que se enseñorea de su *e* 7307
17.22 remedio...el *e* triste seca los huesos 7307
17.27 de *e* prudente es el hombre entendido 7307
20.27 lámpara de Jehová es el *e* del hombre 5397
25.28 es el hombre cuyo *e* no tiene rienda 7307
29.23 pero al humilde de *e* sustenta la honra 7307
Ec 1.14 todo ello es vanidad y aflicción de *e* 7307
1.17 conocí que aun esto era aflicción de *e* 7307
2.11 todo era vanidad y aflicción de *e*, y sin 7307
2.17 cuanto todo es vanidad y aflicción de *e* 7307
2.26 también esto es vanidad y aflicción de *e* 7307
3.21 ¿quién sabe que el *e* de los...sube arriba 7307
3.21 que el *e* del animal desciende abajo a la 7307
4.4 también esto es vanidad y aflicción de *e* 7307
4.6 ambos puños llenos con...aflicción de *e* 7307
4.16; 6.9 esto es vanidad y aflicción de *e* 7307
7.8 mejor...el sufrido de *e* que el altivo de *e* 7307
7.9 no te apresures en tu *e* a enojarte; porque 7307
8.8 potestad sobre el *e* para retener el *e* 7307
10.4 el *e* del príncipe se exaltaré contra ti 7307
12.7 como era, y el *e* vuelva a Dios que lo dio 7307
Is 4.4 con *e* de juicio y con *e* de devastación 7307
11.2 reposará sobre él el *e* de Jehová, *e* de 7307
11.2 *e* de consejo y...*e* de conocimiento y de 7307
11.4 con el *e* de sus labios matará al impío 7307
11.15 levantará su mano con...*e* sobre el río 7307
19.3 el *e* de Egipto se desvanecerá en medio 7307
19.14 Jehová mezcló *e* de vértigo en medio de 7307
26.9 en tanto que me dure el *e* dentro de mi 7307
28.6 *e* de juicio al que se sienta en juicio 7307
29.10 Jehová derramó...*e* de sueño, y cerró los 7307
29.24 y los extraviados de *e*...inteligencia 7307
30.1 cobijarse con cubierta, y no de mi *e* 7307
31.3 y no Dios; y sus caballos carne, y no *e* 7307
32.15 que...sea derramado el *E* de lo alto, y 7307
34.16 su boca mandó, y los reunió su mismo *E* 7307
37.7 yo pondré en él un *e*, y oirá un rumor 7307
38.16 y en todas ellas está la vida de mi *e* 7307
40.13 ¿quién enseñó al *E* de Jehová, o le 7307
42.1 mi escogido, en...he puesto sobre él mi *e* 7307
42.5 el que da...y *e* a los que por ella andan 7307
44.3 mi *E* derramaré sobre tu generación, y 7307
48.16 ahora me envió Jehová el Señor, y su *E* 7307
54.6 como a mujer...triste de *e* te llamó Jehová 7307
57.15 para hacer vivir el *e* de los humildes 7307
57.16 decaería ante mí el *e* y las almas que 7307
59.19 mas el *E* de Jehová levantará bandera 7307
59.21 el *E* mío que...sobre ti, y mis palabras 7307
61.1 el *E* de Jehová el Señor está sobre mí 7307
61.3 de alegría en lugar del *e* angustiado 7307
63.10 hicieron enojar su santo *e*; por lo cual 7307
63.11 ¿dónde el que puso en medio...su santo *e* 7307
63.14 el *E* de Jehová los pastoreó, como a una 7307
65.14 por el quebrantamiento de *e* aullaréis 7307
66.2 a aquel que es pobre y humilde de *e*, y 7307
Jer 10.14 mentirosa es su...y no hay *e* en ella 7307
51.11 ha despertado Jehová el *e* de los reyes 7307
51.17 porque mentira es...su ídolo, no tiene *e* 7307
Ez 1.12 hacia donde el *e* les movía...andaban 7307
1.20 hacia donde el *e* les movía...movía el *e* 7307
1.20,21 *e* de los seres...estaba en las ruedas 7307
2.2 entró el *E* en mí y me afirmó sobre mis 7307
3.12 se levantó el *E*, y oí detrás de mí una 7307
3.14 me levantó, pues el *E*, y me tomó, y fui 7307
3.14 en amargura, en la indignación de mi *e* 7307
3.24 entró el *E* en mí y me afirmó sobre mis 7307
8.3 el *E* me alzó entre el cielo y la tierra 7307
10.17 el *e* de los seres vivientes estaba en 7307
11.1 el *E* me elevó, y me llevó por la puerta 7307
11.5 vino sobre mí el *E* de Jehová, y me dijo 7307
11.5 las cosas que suben a vuestro *e*, yo las 7307
11.19 daré un corazón, y un *e* nuevo pondré 7307
11.24 luego me levantó el *E*...en visión del *e* 7307
13.3 andan en pos de su propio *e*, y nada han 7307
18.31 y haceos un corazón nuevo y un *e* nuevo 7307
21.7 y se angustiará todo *e*, y toda rodilla 7307
36.26 y pondré *e* nuevo dentro de vosotros 7307
36.27 pondré dentro de vosotros mi *E*, y haré 7307
37.1 me llevó en el *E* de Jehová, y me puso en 7307
37.5 yo hago entrar *e* en vosotros, y viviréis 7307
37.6 y pondré en vosotros *e*, y viviréis; y 7307
37.8 carne subió...pero no había en ellos *e* 7307
37.9 profetiza al *e*...dí al *e*: Así ha dicho 7307
37.9 *E*, ven de los cuatro vientos, y sopla 7307
37.10 y profeticé como...y entró *e* en ellos 7307
37.14 y pondré mi *E* en vosotros, y viviréis 7307
39.29 habré derramado de mi *E* sobre la casa 7307
43.5 alzó el *E* y me llevó al atrio interior 7307
Dn 2.1 se perturbó su *e*, y se le fue el sueño 7307
2.3 y mi *e* se ha turbado por saber el sueño 7307
4.8 en quien mora el *e* de los dioses santos 7308
4.9 entendido que hay en ti *e* de los dioses 7308
4.18 mora en ti el *e* de los dioses santos 7308
5.11 un hombre en el cual mora el *e* de los 7308
5.12 fue hallado en él mayor *e* y ciencia y 7308
5.14 que el *e* de los dioses santos está en ti 7308
5.20 y su *e* se endureció en su orgullo, fue 7308
6.3 porque había en él un *e* superior; y el 7308
7.15 me turbó el *e* a mí, Daniel, en medio de 7308
Os 4.12 *e* de fornicaciones lo hizo errar, y 7307
5.4 *e* de fornicación está en medio de ellos 7307
9.7 insensato es el varón de *e*, a causa de 7307
Jl 2.28 esto derramaré mi *E* sobre toda carne 7307
2.29 y sobre las siervas derramaré mi *E* en 7307
Mi 2.7 Jacob, ¿se ha acortado el *E* de Jehová 7307
2.11 si alguno...con *e* de falsedad mintiera 7307
3.8 yo estoy lleno de poder del *E* de Jehová 7307
Hab 2.19 cubierto de oro...no hay *e* dentro de 7307
Hag 1.14 y despertó Jehová el *e* de Zorobabel 7307
1.14 el *e* de Josué...y el *e* de todo el...pueblo 7307
2.5 así mi *E* estará en medio de vosotros, no 7307
Zac 4.6 ni con fuerza, sino con mi *E*, ha dicho 7307
6.8 hicieron reposar mi *E* en la tierra del 7307
7.12 palabras que Jehová...enviaba por su *E* 7307
12.1 forma el *e* del hombre dentro de él, ha 7307
12.10 y derramaré...*e* de gracia y de oración 7307
13.2 también haré cortar...al *e* de inmundicia 7307
Mal 2.15 uno, habiendo en él abundancia de *e*? 7307
2.15,16 guardaos...*E*, y no seáis desleales 7307
Mt 1.18 halló que había concebido del *E* Santo *4151*
1.20 que en ella es engendrado, del *E* Santo es *4151*
3.11 yo; él os bautizará en *E* Santo y fuego *4151*
3.16 y vio al *E* de Dios que descendía como *4151*
4.1 Jesús fue llevado por el *E* al desierto *4151*
5.3 **bienaventurados los pobres en *e*, porque** *4151*
10.1 les dio autoridad sobre los *e* inmundos *4151*
10.20 **no sois vosotros...sino el *E*...que habla** *4151*
12.18 pondré mi *E* sobre él...anunciará juicio *4151*
12.28 **si yo por el *E* de Dios echo fuera los** *4151*
12.31 **la blasfemia contra el *E* no les será** *4151*
12.32 **al que hable contra el *E*...no le será** *4151*
12.43 **cuando el *e* inmundo sale del hombre** *4151*
12.45 **toma consigo otros siete *e* peores que** *4151*
22.43 **¿pues cómo David en el *E* le llama Señor** *4151*
26.41 **el *e* a la verdad está dispuesto, pero** *4151*
27.50 Jesús...clamado a gran voz, entregó el *e* *4151*
28.19 **del Padre, y del Hijo, y del *E* Santo** *4151*
Mr 1.8 agua; pero él os bautizará con *E* Santo *4151*
1.10 al *E* como paloma que descendía sobre él *4151*
1.12 y luego el *E* le impulsó al desierto *4151*
1.23 en la sinagoga...un hombre con *e* inmundo *4151*
1.26 el *e* inmundo, sacudiéndole con violencia *4151*
1.27 manda...a los *e* inmundos, y le obedecen *4151*
2.8 conociendo...Jesús en su *e* que cavilaban *4151*
3.11 *e* inmundos...se postraban delante de él *4151*
3.29 **que blasfeme contra el *E* Santo, no tiene** *4151*
3.30 ellos habían dicho: Tiene *e* inmundo *4151*
5.2 vino a su...un hombre con un *e* inmundo *4151*
5.8 **le decía: Sal de este hombre, *e* inmundo** *4151*
5.13 saliendo aquellos *e* inmundos, entraron *4151*
6.7 les dio autoridad sobre los *e* inmundos *4151*
7.25 una mujer, cuya hija tenía un *e* inmundo *4151*
8.12 **gimiendo en su *e*, dijo ¿Por qué pide** *4151*
9.17 traje a ti mi hijo, que tiene un *e* mudo *4151*
9.20 el *e* vio a Jesús, sacudió con violencia *4151*
9.25 Jesús...reprendió al *e* inmundo, diciéndole *4151*
9.25 ***e* mudo y sordo, yo te mando, sal de él** *4151*
9.26 el *e*, clamando y sacudiéndolo con...salió *4151*
12.36 **el mismo David dijo por el *E* Santo** *4151*
13.11 **no sois vosotros los...sino el *E* Santo** *4151*
14.38 **el *e* a la verdad está dispuesto, pero** *4151*
Lc 1.15 y será lleno del *E* Santo, aun desde *4151*
1.17 irá delante de él con el *e* y el poder *4151*
1.35 el *E* Santo vendrá sobre ti, y el poder *4151*
1.41 saltó...y Elisabet fue llena del *E* Santo *4151*
1.47 y mi *e* se regocija en Dios mi Salvador *4151*
1.67 Zacarías su padre fue lleno del *E* Santo *4151*
1.80 y el niño crecía, y se fortalecía en *e* *4151*
2.25 Simeón...y el *E* Santo estaba sobre él *4151*
2.26 y le había sido revelado por el *E* Santo *4151*
2.27 movido por el *E*, vino al templo. Y cuando *4151*
3.16 uno...él os bautizará en *E* Santo y fuego *4151*
3.22 descendió el *E* Santo sobre él en forma *4151*
4.1 Jesús, lleno del *E*...fue llevado por el *E* *4151*
4.14 Jesús volvió en el poder del *E* a Galilea *4151*
4.18 **el *E* del Señor está sobre mí, por cuanto** *4151*
4.33 un hombre que tenía un *e* de demonio *4151*
4.36 poder manda a los *e* inmundos, y salen? *4151*
6.18 atormentados de *e* inmundos eran sanados *4151*
7.21 sanó a muchos de...*e* malos, y a muchos *4151*
8.2 mujeres que habían sido sanadas de *e* *4151*
8.29 mandaba al *e*...que saliese del hombre *4151*
8.55 entonces su *e* volvió, e inmediatamente *4151*
9.39 que un *e* le toma, y de repente da voces *4151*
9.42 Jesús reprendió al *e* inmundo, y sanó al *4151*
9.55 **diciendo: Vosotros no sabéis de qué *e*** *4151*
10.20 **no os regocijéis de que los *e* se os** *4151*
10.21 **Jesús se regocijó en el *E*, y dijo: Yo** *4151*
11.13 **dará el *E* Santo a los que se lo pidan?** *4151*
11.24 **cuando el *e* inmundo sale del hombre** *4151*
11.26 **va, y toma otros siete *e* peores que él** *4151*
12.10 **que blasfemare contra el *E* Santo, no le** *4151*
12.12 **el *E* Santo os enseñará...debáis decir** *4151*
13.11 una mujer que...tenía *e* de enfermedad *4151*
23.46 **Padre, en tus manos encomiendo mi *e*** *4551*
24.37 y atemorizados, pensaban que veían *e* *4151*
24.39 **porque un *e* no tiene carne ni huesos** *4151*
Jn 1.32 vi al *E* que descendía del cielo como *4151*
1.33 sobre quien veas descender el *E* y que *4151*
1.33 ése es el que bautiza con el *E* Santo *4151*
3.5 **que no naciere de agua y del *E*, no puede** *4151*
3.6 **carne es; y lo que es nacido del *E*, *e* es** *4151*
3.8 **así es todo aquel que es nacido del *E*** *4151*
3.34 habla; pues Dios no da el *E* por medida *4151*
4.23 **mas...adorarán al Padre en *e* y en verdad** *4151*
4.24 **Dios es *E*; y los que le adoran, en *e* y** *4151*
6.63 **el *e* es el que da vida; la carne para** *4151*
6.63 **que yo os he hablado son *e* y son vida** *4151*
7.39 esto dijo del *E* que habían de recibir *4151*
7.39 pues aún no había venido el *E* Santo *4151*
11.33 Jesús...se estremeció en *e* y se conmovió *4151*
13.21 se conmovió en *e*, y declaró y dijo *4151*
14.17 ***E* de verdad, al cual el mundo no puede** *4151*
14.26 **el *E* Santo, a quien el Padre enviará en** *4151*
15.26 ***E* de verdad, el cual procede del Padre** *4151*
16.13 **pero cuando venga el *E* de verdad, él** *4151*
19.30 inclinando la cabeza, entregó el *E* *4151*
20.22 **sopló, y les dijo: Recibid el *E* Santo** *4151*
Hch 1.2 dado mandamientos por el *E* Santo a los *4151*
1.5 **seréis bautizados con el *E* Santo dentro** *4151*
1.8 **haya venido sobre vosotros el *E* Santo** *4151*
1.16 que el *E* Santo habló antes por boca de *4151*
2.4 y fueron todos llenos del *E* Santo, y *4151*
2.4 en otras lenguas, según el *E* les daba que *4151*
2.17 derramaré de mi *E* sobre toda carne, y *4151*
2.18 en aquellos días derramaré de mi *E*, y *4151*
2.33 recibido del Padre la promesa del *E* *4151*
2.38 bautícese...y recibiréis el don del *E* *4151*
4.8 lleno del *E* Santo, les dijo: Gobernantes *4151*
4.31 fueron llenos del *E* Santo, y hablaban *4151*
5.3 mintieses al *E* Santo, y sustrajeres del *4151*
5.9 convinisteis en tentar al *E* del Señor? *4151*
5.16 trayendo...atormentados de *e* inmundos *4151*
5.32 también el *E* Santo, el cual ha dado Dios *4151*
6.3 a siete varones...llenos del *E* Santo y de *4151*
6.5 a Esteban, varón lleno de...del *E* Santo *4151*
6.10 no podían resistir a...*E* con que hablaba *4151*
7.51 vosotros resistís siempre al *E* Santo *4151*
7.55 Esteban, lleno del *E* Santo, puestos los *4151*
7.59 él...decía: Señor Jesús, recibe mi *e* *4151*
8.7 de muchos que tenían *e* inmundos salían *4151*
8.15 oraron...para que recibiesen el *E* Santo *4151*
8.17 imponían las manos y recibían el *E* *4151*
8.18 se daba el *E* Santo, les ofreció dinero *4151*
8.19 a quien yo impusiera las...reciba el *E* *4151*
8.29 el *E* dijo a Felipe: Acércate y júntate *4151*

8.39 el *E* del Señor arrebató a Felipe; y el 4151
9.17 que recibas...y seas lleno del *E* Santo 4151
9.31 se acrecentaban fortalecidas por el *E* 4151
10.19 le dijo el *E*: He aquí, tres hombres te 4151
10.38 Dios ungió con el *E* Santo y...a Jesús 4151
10.44 *e* Santo cayó sobre todos los que oían 4151
10.45 los gentiles se derramase el don del *E* 4151
10.47 han recibido el *E* Santo también como 4151
11.12 el *E* me dijo que fuese con ellos sin 4151
11.15 cayó el *E* Santo sobre ellos también 4151
11.16 mas vosotros seréis bautizados con el *E* 4151
11.24 era varón bueno, y lleno del *E* Santo 4151
11.28 daba a entender por el *E*, que vendría 4151
13.2 dijo el *E* Santo: Apartadme a Bernabé y 4151
13.4 enviados por el *E* Santo, descendieron a 4151
13.9 Pablo, lleno del *E* Santo, fijando en él 4151
13.52 estaban llenos de gozo y del *E* Santo 4151
15.8 Dios...dándoles el *E* Santo lo mismo que a 4151
15.28 porque ha parecido bien al *E* Santo, y a 4151
16.6 fue prohibido por el *E* Santo hablar la 4151
16.7 a Bitinia, pero el *E* no se lo permitió 4151
16.16 una muchacha que tenía *e* de adivinación 4151
16.18 y dijo al *e*: Te mando en el nombre de 4151
17.16 su *e* se enardecía viendo la ciudad 4151
18.25 éste...siendo de *e* fervoroso, hablaba 4151
19.2 ¿recibisteis el *E*...cuando creísteis? 4151
19.2 ni siquiera hemos oído si hay *E* Santo 4151
19.6 vino sobre ellos el *E* Santo; y hablaban 4151
19.12 las enfermedades...y los *e* malos salían 4151
19.13 invocar...sobre los que tenían *e* malos 4151
19.15 el *e* malo, dijo: A Jesús conozco, y sé 4151
19.16 y el hombre en quien estaba el *e* malo 4151
19.21 Pablo se propuso en *e* ir a Jerusalén 4151
20.22 ligado yo en *e*, voy a Jerusalén, sin 4151
20.23 salvo que el *E* Santo...me da testimonio 4151
20.28 todo el rebaño en que el *E* Santo os ha 4151
21.4 decían a Pablo por el *E*...no subiese a 4151
21.11 dice el *E* Santo: Así atarán los judíos 4151
23.8 dicen que no hay...ni ángel, ni *e*; pero 4151
23.9 que si un *e* le ha hablado, o un ángel, no 4151
28.25 habló el *E* Santo por medio del profeta 4151
Ro 1.4 con poder, según el *E* de santidad, por 4151
1.9 testigo...es Dios, a quien sirvo en mi *e* 4151
2.29 la circuncisión es...en *e*, no en la letra 4151
5.5 derramado en...corazones por el *E* Santo 4151
7.6 bajo el régimen nuevo del *E* y no bajo el 4151
8.1 conforme a la carne, sino conforme al *E* 4151
8.2 la ley del *E*...me ha librado de la ley de 4151
8.4 no andamos...la carne, sino conforme al *E* 4151
8.5 pero los que son del *E*, en las cosas del *E* 4151
8.6 es muerte, pero el ocuparse del *E* es vida 4151
8.9 según el *E*, si es que el *E* de Dios mora 4151
8.9 y si alguno no tiene al *E* de...no es de él 4151
8.10 mas el *E* vive a causa de la justicia 4151
8.11 y si el *e* de aquel que levantó de los 4151
8.11 vivificará...cuerpos mortales por su *E* 4151
8.13 si por el *E* hacéis morir las obras de 4151
8.14 son guiados por el *E* de Dios, estos son 4151
8.15 no habéis recibido el *e* de esclavitud 4151
8.15 habéis recibido el *e* de adopción, por el 4151
8.16 el *E* mismo da testimonio a nuestro *e*, de 4151
8.23 que tenemos las primicias del *E*...gemimos 4151
8.26 *E* nos ayuda en nuestra debilidad; pues 4151
8.26 el *E* mismo intercede por nosotros con 4151
8.27 sabe cuál es la intención del *E*, porque 4151
9.1 y mi conciencia me da testimonio en el *E* 4151
11.8 Dios les dio *e* de estupor, ojos con que 4151
12.11 fervientes en *e*, sirviendo al Señor 4151
14.17 sino justicia, paz y gozo en el *E* Santo 4151
15.13 abundéis en...por el poder del *E* Santo 4151
15.16 sean ofrenda...santificada por el *E* Santo 4151
15.19 en el poder del *E* de Dios; de manera 4151
15.30 os ruego, hermanos...por el amor del *E* 4151
1 Co 2.4 con demostración del *E* y de poder 4151
2.10 Dios nos las reveló a nosotros por el *E* 4151
2.10 el *E* todo lo escudriña, aun lo profundo 4151
2.11 sino el *e* del hombre que está en él? 4151
2.11 nadie conoció...de Dios, sino el *e* de Dios 4151
2.12 no hemos recibido el *e* del mundo, sino 4151
2.12 sino el *E* que proviene de Dios, para que 4151
2.13 con las que enseña el *E*, acomodando lo 4151
2.14 no percibe las cosas que son del *E* de 4151
3.16 y que el *E* de Dios mora en vosotros? 4151
4.21 ¿iré a...con amor y *e* de mansedumbre? 4151
5.3 pero presente en *e*, ya como presente he 4151
5.4 reunidos vosotros y mi *e*, con el poder 4151
5.5 a fin de que el *e* sea salvo en el día de 4151
6.11 justificados en...Jesús, y por el *E* de 4151
6.17 el que se une al Señor, un *e* es con él 4151
6.19 que vuestro cuerpo es templo del *E* Santo 4151
6.20 glorificad, pues, a Dios en vuestro...*e* 4151
7.34 para ser santa así en cuerpo como en *e* 4151
7.40 y pienso que también yo tengo el *E* de 4151
12.3 nadie que hable por el *E* de Dios llama 4151
12.3 llamar a Jesús Señor, sino por el *E* 4151
12.4 hay diversidad de dones, pero el *E* es el 4151
12.7 le es dada la manifestación del *E* para 4151
12.8 porque a éste es dada por el *E* palabra 4151
12.8 palabra de ciencia según el mismo *E* 4151
12.9 a otro, fe por el mismo *E*; y a otro 4151
12.9 otro, dones de sanidades por el mismo *E* 4151
12.10 a otro, discernimiento de *e*; a otro 4151
12.11 todas estas cosas las hace...el mismo *E* 4151
12.13 por un solo *E* fuimos todos bautizados 4151
12.13 todos se nos dio a beber de un mismo *E* 4151
14.2 nadie...aunque por el *E* habla misterios 4151
14.14 si yo oro en lengua...mi *e* ora, pero 4151
14.15 oraré con el *e*, pero oraré también con 4151
14.15 cantaré con el *e*, pero cantaré también 4151
14.16 porque si bendices sólo con el *e*, el que 4151
14.32 los *e* de los profetas están sujetos a 4151
15.45 hecho...el postrer Adán, *e* vivificante 4151
16.18 porque confortaron mi *e* y el vuestro 4151
2 Co 1.22 ha dado las arras del *E* en nuestros 4151
2.13 no tuve reposo en mi *e*, por no haber 4151
3.3 con tinta, sino con el *E* del Dios vivo 4151
3.6 del *e*...la letra mata, mas el *e* vivifica 4151
3.8 ¿cómo no será más...el ministerio del *e*? 4151
3.17 el Señor es el *E*; y donde está el *E* del 4151
3.18 transformados...como por el *E* del Señor 4151
4.13 teniendo el mismo *e* de fe, conforme a 4151
5.5 Dios, quien nos ha dado las arras del *E* 4151
6.6 en bondad, en el *E* Santo, en amor sincero 4151
7.1 limpiémonos de toda contaminación...de *e* 4151
7.13 que haya sido confortado su *e* por todos 4151
11.4 o si recibís otro *e* que el que habéis 4151
12.18 sino hemos procedido con el mismo *e* y 4151
13.14 la comunión del *E* Santo sean con todos 4151
Gá 3.2 ¿recibisteis el *E* por las obras de la 4151
3.3 ¿habiendo comenzado por el *E*, ahora vais 4151
3.5 aquel, pues, que os suministra el *E*, y 4151
3.14 por la fe recibiésemos la promesa del *E* 4151
4.6 Dios envió a vuestros corazones el *E* de 4151
4.29 perseguía al que había nacido según el *E* 4151
5.5 por el *E* aguardamos por fe la esperanza 4151
5.16 digo...Andad en el *E*, y no satisfagáis los 4151
5.17 la carne es contra el *E*, y el del *E* es 4151
5.18 si sois guiados por el *E*, no estáis bajo 4151
5.22 mas el fruto del *E* es amor, gozo, paz 4151
5.25 si vivimos por el *E*, andemos...por el *E* 4151
6.1 falta...restauradle con *e* de mansedumbre 4151
6.8 el que siembra para el *E*, del *E* segará 4151
6.18 la gracia de...sea con vuestro *e*. Amén 4151
Ef 1.13 fuisteis sellados con el *E* Santo de 4151
1.17 que el Dios...os dé *e* de sabiduría y de 4151
2.2 *e*...opera en los hijos de desobediencia 4151
2.18 los otros tenemos entrada por un mismo *E* 4151
2.22 edificados para morada de Dios en el *E* 4151
3.5 ahora es revelado a...profetas por el *E* 4151
3.16 el ser fortalecidos con poder...por su *E* 4151
4.3 solícitos en guardar la unidad del *E* en 4151
4.4 un cuerpo, y un *E*, como fuisteis también 4151
4.23 y renovaos en el *e* de vuestra mente 4151
4.30 no contristéis al *E* Santo de Dios, con 4151
5.9 porque el fruto del *E* es en toda bondad 4151
5.18 con vino...antes bien sed llenos del *E* 4151
6.17 la espada del *E*, que es la palabra de 4151
6.18 con toda oración y súplica en el *E*, y 4151
Fil 1.19 suministración del *E* de Jesucristo 4151
1.27 en un mismo *E*, combatiendo unánimes por 4151
2.1 si alguna comunión del *E*, si algún afecto 4151
3.3 que en *e* servimos a Dios y nos gloriamos 4151
Col 1.8 nos ha declarado vuestro amor en el *E* 4151
2.5 en *e* estoy con vosotros, gozándome y 4151
1 Ts 1.5 sino también en poder, en el *E* Santo 4151
1.6 recibiendo la palabra en...con gozo del *E* 4151
4.8 a Dios, que también nos dio su *E* Santo 4151
5.19 no apaguéis al *E* 4151
5.23 todo vuestro ser, *e*, alma...sea guardado 4151
2 Ts 2.2 por *e*, ni por palabra, ni por carta 4151
2.8 a quien el Señor matará con el *e* de su 4151
2.13 mediante la santificación por el *E* y la 4151
1 Ti 3.16 justificado en el *E*, visto de los 4151
4.1 el *E* dice...que en los postreros tiempos 4151
4.1 escuchando a *e* engañadores y...demonios 4151
4.12 sé ejemplo de los creyentes en...*e*, fe 4151
4.22 el Señor Jesucristo esté con tu *e* 4151
2 Ti 1.7 no nos ha dado Dios *e* de cobardía 4151
1.14 guarda el buen depósito por el *E* santo 4151
Tit 3.5 y por la renovación en el *E* Santo 4151
Flm 25 la gracia de...sea con vuestro *e*. Amén 4151
He 1.7 el que hace a sus ángeles *e*, y a sus 4151
1.14 ¿no son todos *E* ministradores, enviados 4151
2.4 milagros y repartimiento del *E* Santo 4151
3.7 como dice el *E* Santo: Si oyereis hoy su 4151
4.12 y penetra hasta partir el alma y el *e* 4151
6.4 y fueron hechos partícipes del *E* Santo 4151
9.8 dando el *E* Santo a entender con esto que 4151
9.14 el cual mediante el *E* eterno se ofreció 4151
10.15 y nos atestigua lo mismo el *E* Santo 4151
10.29 que...hiciera afrenta al *E* de gracia? 4151
12.9 ¿por qué no obedeceremos...Padre de los *e* 4151
12.23 a los *e* de los justos hechos perfectos 4151
Stg 2.26 como el cuerpo sin *e* está muerto, así 4151
4.5 el *e* que él ha...nos anhela celosamente? 4151
1 P 1.2 en santificación del *E*, para obedecer 4151
1.11 indicaba el *E* de Cristo que estaba en 4151
1 P 1.12 los que os han predicado...el *E* Santo 4151
1.22 obediencia a la verdad, mediante el *E* 4151
3.4 ornato de un *e* afable y apacible, que es 4151
3.18 muerto en la carne, pero vivificado en *e* 4151
3.19 también fue y predicó a...*e* encarcelados 4151
4.6 juzgados en carne...vivan en *e* según Dios 4151
4.14 el...*E* de Dios reposa sobre vosotros 4151
2 P 1.21 hablaron...inspirados por el *E* Santo 4151
1 Jn 3.24 él permanece en nosotros, por el *E* 4151
4.1 no creáis a todo *e*, sino probad los *e* si 4151
4.2 en esto conoced el *E* de Dios: Todo *e* que 4151
4.3 *e* que no confiesa que...venido en carne 4151
4.3 y este es el *e* del anticristo, el cual
4.6 en esto conocemos el *e* de verdad y el *e* 4151
4.13 en nosotros, en que nos ha dado de su *E* 4151
5.6 y el *E* es el que da...el *E* es la verdad 4151
5.7 el Padre, el Verbo y el *E* Santo; y estos 4151
5.8 el *E*, el agua y la sangre; y estos tres 4151
Jud 19 son...los sensuales, que no tienen al *E* 4151
20 vosotros, amados...orando en el *E* Santo 4151
Ap 1.4 y de los siete *e* que están delante de 4151
1.10 yo estaba en el *e* en el día del Señor 4151
2.7,11,17,29; 3.6,13,22 oiga lo que el *E* dice
a las iglesias 4151
3.1 **el que tiene los siete *e* de Dios...dice** 4151
4.2 al instante yo estaba en el *E*; y he aquí 4151
4.5; 5.6 los cuales son los siete *e* de Dios 4151
11.11 entró en ellos el *e* de vida enviado por 4151
14.13 dice el *E*, descansarán de sus trabajos 4151
16.13 vi salir de la boca del dragón...tres *e* 4151
16.14 son *e* de demonios, que hacen señales 4151
17.3 me llevó en el *E* al desierto; y vi a una 4151
18.2 guarida de todo *e* inmundo, y albergue de 4151
19.10 el testimonio de Jesús es el *e* de la 4151
21.10 me llevó en el *E* a un monte grande y 4151
22.6 Señor, el Dios de los *e* de los profetas 40
22.17 el *E* y la Esposa dicen: Ven. Y el que 4151

ESPIRITUAL

Ro 1.11 comunicaros algún don *e*, a fin de que 4152
7.14 porque sabemos que la ley es *e*; mas yo 4152
15.27 hechos participantes de sus bienes *e* 4152
1 Co 2.13 hablamos...acomodando lo *e* a lo *e* 4152
2.15 el *e* juzga todas las cosas; pero él no 4152
3.1 no pude hablaros como a *e*, sino como a 4152
9.11 si...sembramos entre vosotros lo *e*, ¿es 4152
10.3 y todos comieron el mismo alimento *e* 4152
10.4 todos bebieron la misma bebida *e*; porque 4152
10.4 bebían de la roca *e* que los seguía, y la 4152
12.1 no...que ignoréis acerca de los dones *e* 4152
14.1 procurad los dones *e*, pero sobre todo 4152
14.12 que anheláis dones *e*, procurad abundar 4151
14.37 se cree profeta, o *e*, reconozca que lo 4152
15.44 se siembra cuerpo...resucitará cuerpo *e* 4152
15.44 hay cuerpo animal, y hay cuerpo *e* 4152
15.46 lo *e* no es primero, sino...luego lo *e* 4152
Gá 6.1 vosotros que sois *e*, restauradle con 4152
Ef 1.3 bendijo con toda bendición *e* en Cristo 4152
5.19 con salmos, con himnos y cánticos *e* 4152
6.12 huestes *e* de maldad en las...celestiales 4152
Col 1.9 en toda sabiduría e inteligencia *e* 4152
3.16 cantando con gracia...himnos y cánticos *e* 4152
1 P 2.2 como niños recién nacidos, la leche *e*
2.5 sed edificados como casa *e* y sacerdocio 4152
2.5 ofrecer sacrificios *e* aceptables a Dios 4152
Ap 11.8 ciudad...en sentido *e* se llama Sodoma 4153

ESPIRITUALMENTE

1 Co 2.14 no percibe...se han de discernir *e* 4153

ESPLENDENTE

Job 37.21 ya no se puede mirar la luz *e* de los 925

ESPLENDIDEZ

Lc 16.19 **rico...hacía cada día banquete con *e*** 2988

ESPLÉNDIDO, A

Is 32.5 el ruin...ni el tramposo será llamado *e* 7771
Lc 23.11 vistiéndole de una ropa *e*; y volvió a 2986
Stg 2.2 hombre con anillo de oro y con ropa *e* 2986
2.3 miráis con agrado al que trae la ropa *e* 2986
Ap 18.14 y todas las cosas...*e* te han faltado 2986

ESPLÉNDIDAMENTE

Is 23.18 coman hasta saciarse, y vistan *e* 6266

ESPLENDOR

Ez 27.10 tus hombres de guerra...dieron tu *e* 1926
28.7 que desenvainarán sus...mancharán tu *e* 3314
28.17 corrompiste tu sabiduría a causa de...*e* 3314

ESPONJA

Mt 27.48 tomó una *e*, y la empapó de vinagre 4699
Mr 15.36 corrió...empapando una *e* en vinagre 4699
Jn 19.29 ellos empaparon en vinagre una *e*, y 4699

ESPONTÁNEAMENTE

1 Cr 29.17 aquí ahora, ha dado para ti *e* 5068

ESPONTÁNEO

Esd 3.5 sacrificio *e*, toda ofrenda voluntaria 5068

ESPOSA *Véase también Esposo*

Éx 21.8 si no...por lo cual no la tomó por *e* 3259
Lv 21.13 tomará por *e* a una mujer virgen 802
1 R 11.19 le dio por mujer la hermana de su *e* 802
Pr 18.22 que halla *e* halla el bien, y alcanza 802
Cnt 4.8 ven conmigo desde el Líbano, oh *e* mía 3618
4.9 prendiste mi corazón, hermana, *e* mía; has 3618
4.10 ¡cuán hermosos son tus amores...*e* mía! 3618
4.11 como panal...destilan tus labios, oh *e* 3618
4.12 huerto cerrado eres, hermana mía, *e* mía 3618
5.1 yo vine a mi huerto, oh hermana, *e* mía 3618
Is 54.6 como a la *e* de la juventud...repudiada 802
62.5 como el gozo del esposo con la *e*, así 3618
Jer 3.20 pero como la *e* infiel abandona a su 802
7.34; 16.9 cesar...voz de esposo y...voz de la *e* 3618
Mr 12.19 muriere y dejare *e*, pero no dejare 1135
12.20 el primero tomó *e*, y murió sin dejar 1135
Lc 20.29 el primero tomó *e*, y murió sin hijos 1135
Jn 3.29 el que tiene la *e*, es el esposo; mas 3565
1 Co 7.29 los que tienen *e* sean como si no la 1135
1 Ts 4.4 cada uno de...sepa tener su propia *e* 4632
1 Ti 5.9 que haya sido *e* de un solo marido 1135
1 P 3.1 sin palabra por la conducta de sus *e* 1135
Ap 18.23 ni voz de esposo y de *e* se oirá más 3565
19.7 llegado las bodas del Cordero, y su *e* se 1135
21.2 la nueva Jerusalén...dispuesta como una *e* 3565
21.9 ven acá, yo te mostraré...*e* del Cordero 3565
22.17 el Espíritu y la *E* dicen: Ven. Y el 3565

ESPOSO *Véase también Esposa*

Éx 4.25 a la verdad tú me eres un *e* de sangre 2860

4.26 y ella dijo: *E* de sangre, a causa de la ... 2860
Sal 19.5 y éste, como *e* que sale de su tálamo ... 2860
Is 62.5 como el gozo del *e* con la esposa, así ... 2860
Jer 3.14 convertíos... porque yo soy vuestro *e* ... 1166
7.34; 16.9 cesar... voz de *e* y... voz de esposa ... 2860
Mt 9.15 **entre tanto que el *e* está con ellos?** ... *3566*
9.15 **vendrán días cuando el *e*... será quitado** ... *3566*
25.1 **vírgenes que... salieron a recibir al *e*** ... *3566*
25.5 **tardándose el *e*, cabecearon todas y se** ... *3566*
25.6 **¡aquí viene el *e*; salid a recibirle!** ... *3566*
25.10 **mientras... iban a comprar, vino el *e*** ... *3566*
Mr 2.19 **ayunar mientras está con ellos el *e*?** ... *3566*
2.19 **entre tanto que tienen consigo al *e*, no** ... *3566*
2.20 **vendrán días cuando el *e*... será quitado** ... *3566*
Lc 5.34 **entre tanto que el *e* está con ellos?** ... *3566*
5.35 **cuando el *e* les será quitado; entonces** ... *3566*
Jn 2.9 maestresala probó el agua... llamó al *e* ... *3566*
3.29 el que tiene la esposa, es el *e*; mas el ... *3566*
3.29 el amigo del *e*... se goza... de la voz del *e* ... *3566*
2 Co 11.2 pues os he desposado con un solo *e* ... *435*
Ap 18.23 ni voz de *e* y de esposa se oirá más ... *3566*

ESPUMA
Os 10.7 de Samaria fue cortado su rey como *e* ... 7110
Lc 9.39 y le hace echar *e*, y estropeándole ... *876*

ESPUMAR
Jud 13 ondas... que *espuman* su propia vergüenza ... *1890*

ESPUMARAJO
Mr 9.18 echa *e*, y cruje los dientes, y se va ... *875*
9.20 quien cayendo... se revolcaba, echando *e* ... *875*

ESPUTO
Is 50.6 no escondí mi rostro de injurias y... *e* ... 7536

ESQUIFE
Hch 27.16 con dificultad pudimos recoger el *e* ... *4627*
27.30 echando el *e* al mar, aparentaban como ... *4627*
27.32 los soldados cortaron las amarras del *e* ... *4627*

ESQUILADOR
1 S 25.7 he sabido que tienes *e*. Ahora, tus ... 1494
25.11 la carne que he preparado para mis *e* ... 1494
2 S 13.23 que Absalón tenía *e* en Baal-hazor ... 1494
13.24 tu siervo tiene ahora *e*; yo ruego que ... 1494

ESQUILAR
1 S 25.2 que estaba *esquilando* sus ovejas en ... 1494
25.4 oyó David... Nabal *esquilaba* sus ovejas ... 1494

ESQUILEO
2 R 10.12 llegó a una casa de *e* de pastores ... 1044
10.14 los degollaron junto... de la casa de *e* ... 1044

ESQUINA
Éx 25.12 anillos de... pondrás en sus cuatro *e* ... 6471
25.26 cuatro anillos de oro... en las cuatro *e* ... 6285
26.23 dos tablas para las *e* del tabernáculo ... 4742
26.24 con las otras dos; serán para las dos *e* ... 4740
27.2 y le harás cuernos en sus cuatro *e*; los ... 6438
27.4 cuatro anillos de bronce a sus cuatro *e* ... 7098
30.4 dos anillos... a sus dos *e* a ambos lados ... 6763
36.28 para las *e*... en los dos lados hizo dos ... 4742
36.29 hizo a la una y a la otra en las dos *e* ... 4740
37.3 cuatro anillos de oro a sus cuatro *e*; en ... 6471
37.13 cuatro anillos... los puso a las cuatro *e* ... 6285
37.27 debajo de la cornisa en las dos *e* a los ... 6763
38.2 e hizo sus cuernos a sus cuatro *e*, los ... 6438
1 R 6.31 umbral y los postes eran de cinco *e*
7.30 sus cuatro *e* había repisas de fundición ... 6471
7.34 repisas de las cuatro *e* de cada basa ... 6438
2 R 14.13 rompió el... hasta la puerta de la *e* ... 6438
2 Cr 26.9 y junto a las *e*; y las fortificó ... 6438
Neh 3.19 a la subida de la armería de la *e* ... 4740
3.20 restauró... desde la *e* hasta la puerta de ... 4740
3.24 restauró Binui... otro tramo... hasta la *e* ... 4740
3.25 Uzai, enfrente de la *e* y la torre alta ... 4740
3.31 restauró Malquías hijo... sala de la *e* ... 6438
3.32 y entre la sala de la *e* y la puerta de ... 6438
Job 1.19 las cuatro *e* de la casa, la cual cayó ... 6438
Sal 144.12 nuestras hijas como *e* labradas como ... 2106
Pr 7.8 cual pasaba por la calle, junto a la *e* ... 6438
7.12 en las plazas, acechando por todas las *e* ... 6438
Jer 31.40 la *e* de la puerta de los caballos ... 6438
51.26 nadie tomará de ti piedra para *e*, ni ... 6438
Ez 41.22 sus *e*, su superficie y sus... de madera ... 4740
43.20 en las cuatro *e* del descanso, y en el ... 6438
Mt 6.5 **aman el orar... en las *e* de las calles** ... *1137*

ESROM *Hijo de Fares (=Hezrón)*, Mt 1.3; Lc 3.33 ... *2074*

ESTA *Véase el Apéndice*

ÉSTA *Véase el Apéndice*

ESTABLE
1 S 24.20 que el reino de Israel ha de ser... *e* ... 6965
25.28 Jehová de cierto hará casa *e* a mi señor ... 539
2 S 7.16 reino... y tu trono será *e* eternamente ... 539
Pr 28.2 mas por el hombre... sabio permanece *e* ... 748
Is 28.16 una piedra... preciosa, de cimiento *e* ... 3245
Jer 15.18 ilusoria, como aguas que no son *e*? ... 539

ESTABLECER
Gn 6.18 *estableceré* mi pacto contigo... hijos ... 6965
9.9 que yo *establezco* mi pacto con vosotros ... 6965
9.11 *estableceré* mi pacto con vosotros, y no ... 6965
9.12 es la señal del pacto que yo *establezco* ... 5414
9.17 es la señal del pacto que he *establecido* ... 6965
11.2 una llanura en... y se *establecieron* allí ... 3427
17.7 *estableceré* mi pacto entre mí y ti, y tu ... 6965
17.21 yo *estableceré* mi pacto con Isaac, el ... 6965
Éx 6.4 también *establecí* mi pacto con ellos ... 6965
Lv 26.46 leyes que *estableció* Jehová entre sí ... 5414
Nm 25.12 yo *establezco* mi pacto de paz con él ... 5414
Dt 4.23 pacto, que él *estableció* con vosotros ... 3772
32.6 ¿no es él... El te hizo y te *estableció* ... 3559
32.8 *estableció* los límites de los pueblos ... 5324
1 S 25.30 y te *establezca* por príncipe sobre ... 6680
2 S 7.24 tú *estableciste* a tu pueblo Israel ... 3559
1 Cr 16.30 el mundo será aún *establecido*, para ... 3559
2 Cr 8.2 *estableció* en ellas a los hijos de ... 3427
36.4 *estableció* el rey de Egipto a Eliaquim ... 5493
Esd 3.1 ya *establecidos* en las ciudades, se
Est 9.27 los judíos *establecieron* y tomaron ... 6965
Job 38.10 y *establecí* sobre él mi decreto, le ... 7665
Sal 7.9 mas *establece* tú al justo; porque el ... 3559
74.16 día... tú *estableciste* la luna y el sol ... 3559
78.5 *estableció* testimonio en Jacob, y puso ... 6965
87.5 Sion... el Altísimo mismo la *establecerá* ... 3559
102.28 su descendencia será *establecida* ... 3559
103.19 *estableció* en los cielos su trono, y su ... 3559
104.3 que *establece* sus aposentos entre las ... 7760
105.10 la *estableció* a Jacob por decreto, a ... 5975
107.36 allí *establece* a los hambrientos, y ... 3427
119.152 que para siempre los has *establecido* ... 3245
Pr 8.29 cuando *establecía* los fundamentos de ... 4146
Is 42.4 que *establezca* en la tierra justicia ... 7760
44.7 desde que *establecí* el pueblo antiguo? ... 7760
Jer 5.24 los tiempos *establecidos* de la siega ... 2708
31.21 *establécete* señales, ponte majanos altos ... 5324
49.1 pueblo se ha *establecido* en... ciudades? ... 3427
Ez 14.3,4,7 *establecido* el tropiezo de su ... 5927
16.60 *estableceré* contigo... pacto sempiterno ... 6965
34.25 y *estableceré* con ellos pacto de paz ... 3427
37.26 los *estableceré* y los multiplicaré, y ... 5414
44.8 pues no habéis guardado lo *establecido* ... 7760
Os 8.4 *establecieron* reyes, pero no escogidos ... 4427
Am 5.15 y *estableced* la justicia en juicio ... 3322
9.6 y ha *establecido* su expansión sobre la ... 3245
Mi 4.1 será *establecido* por cabecera de montes ... 3559
6.9 prestad atención... a quien lo *establece* ... 3259
Mr 3.14 *estableció* a doce... estuviesen con él ... *4160*
Hch 17.31 ha *establecido* un día en el... juzgará ... *2476*
Ro 10.3 procurando *establecer* la suya propia ... *2476*
13.1 que hay, por Dios han sido *establecidas* ... *5021*
13.2 a lo *establecido* por Dios resiste; y los ... *1296*
Tit 1.5 *establecieses* ancianos en cada ciudad ... *2525*
He 8.6 *establecido* sobre mejores promesas ... *3549*
8.8 en que *estableceré* con la casa de Israel ... *4931*
9.27 está *establecido* para los hombres que ... *606*
10.9 lo primero, para *establecer* esto último ... *2476*
1 P 5.10 él mismo os perfeccione... y *establezca* ... *4741*
Ap 4.2 aquí, un trono *establecido* en el cielo ... *2749*
21.16 ciudad se halla *establecida* en cuadro ... *2749*

ESTABLO
2 Cr 32.28 hizo... *e* para toda clase de bestias ... 723

ESTACA
Éx 27.19 todas sus *e*, y todas las *e* del atrio ... 3489
35.18 las *e* del tabernáculo, y las *e* del atrio ... 3489
38.20 *e* del tabernáculo y del atrio... bronce ... 3489
38.31 las *e* del tabernáculo y las *e* del atrio ... 3489
39.40 sus cuerdas y sus *e*, y... los utensilios ... 3489
Nm 3.37; 4.32 sus basas, sus *e* y sus cuerdas ... 3489
Dt 23.13 tendrás también entre tus armas... *e* ... 3489
Jue 4.21 Jael... tomó una *e*... y le metió la *e* por ... 3489
4.22 Sisara yacía muerto con la *e* por la sien ... 3489
5.26 tendió su mano a la *e*, y su diestra al ... 3489
16.13 si tejieres... y las asegurares con la *e*
Jue 16.14 ella las aseguró con la *e*, y le dijo ... 3489
16.14 mas... arrancó la *e* del telar con la tela ... 3489
Is 33.20 tienda... ni serán arrancadas sus *e*, ni ... 3489
54.2 alarga tus cuerdas, y refuerza tus *e* ... 3489
Ez 15.3 ¿tomarán de ella una *e* para colgar en ... 3489

ESTACIÓN
Gn 1.14 y sirvan de señales para las *e*, para ... 4150
Zac 10.1 pedid a Jehová lluvia en la *e* tardía ... 6256

ESTACTE
Éx 30.34 toma... *e* y uña aromática y gálbano ... 5198

ESTADIO
Lc 24.13 una aldea a sesenta *e* de Jerusalén ... *4712*
Jn 6.19 cuando habían remado como... treinta *e* ... *4712*
11.18 Betania estaba cerca... como a quince *e* ... *4712*
1 Co 9.24 los que corren en el *e*, todos a la ... *4712*
Ap 14.20 del lagar salió sangre... por 1.600 *e* ... *4712*
21.16 él midió la ciudad con la... doce mil *e* ... *4712*

ESTADO
2 S 11.7 David le pregunto... el *e* de la guerra ... 7965
1 R 10.5 el *e* y los vestidos de los que le ... 4612
2 Cr 9.4 el *e* de sus criados y los vestidos ... 4612
Job 9.35 no le temeré... en este *e* no estoy en
42.12 y bendijo Jehová el postrer *e* de Job
Pr 27.23 sé diligente en conocer el *e* de tus ... 6440
Ez 16.55 tus hermanas... volverán a su primer *e* ... 6927
16.55 también... volveréis a vuestro primer *e* ... 6927
Mt 12.45; Lc 11.26 **postrer *e* de aquel hombre**
1 Co 7.20,24 uno en el *e* en que fue llamado ... *2821*
Fil 2.19 de buen animó al saber de vuestro *e* ... *5216*
2 P 2.20 su postrer *e* viene a ser peor que el ... *2078*

ESTAFADOR
1 Co 6.10 ni los *e*, heredarán el reino de Dios ... *727*

ESTANQUE
Éx 7.19 vara... sobre sus *e*, y sobre todos sus ... 98
8.5 arroyos y *e*, para que haga subir ramas ... 98
2 S 2.13 junto al *e* de Gabaón... un lado del *e* ... 1295
4.12 pies y los colgaron sobre el *e* en Hebrón ... 1295
1 R 22.38 lavaron el carro en el *e* de Samaria ... 1295
2 R 3.16 así ha dicho Jehová: Haced... muchos *e* ... 1356
18.17 acamparon junto al acueducto del *e* de ... 1295
20.20 cómo hizo el *e* y el conducto, y metió ... 1295
Neh 2.14 pasé luego a la puerta... al *e* del Rey ... 1295
3.15 levantó... el muro del *e* de Siloé hacia ... 1295
3.16 hasta el *e* labrado, y hasta la casa de ... 1295
Sal 84.6 fuente, cuando la lluvia llena los *e* ... 1293
107.35 vuelve el desierto en *e* de aguas, y ... 98
114.8 el cual cambió la peña en *e* de aguas ... 98
Ec 2.6 hice *e* de aguas, para regar de ellos ... 1295
Cnt 7.4 tus ojos, como los *e* de Hesbón junto ... 1295
Is 7.3 extremo del acueducto del *e* de arriba ... 1295
22.9 y recogisteis las aguas del *e* de abajo ... 1295
22.11 foso entre... para las aguas del *e* viejo ... 1295
35.7 el lugar seco se convertirá en *e*, y el ... 98
36.2 acampó junto al acueducto... *e* de arriba ... 1295
41.18 abriré en el desierto *e* de aguas, y ... 98
42.15 ríos tornaré en islas, y secaré los *e* ... 98
Jer 27.19 así ha dicho... del *e*, de las basas y ... 3220
41.12 lo hallaron junto al gran *e* que está
Nah 2.8 fue Nínive... antiguo como *e* de aguas ... 1295
Jn 5.2 hay... un *e*, llamado en hebreo Betesda ... *2861*
5.4 un ángel descendía... al *e*, y agitaba el ... *2861*
5.4 el que primero descendía al *e*... quedaba
5.7 no tengo quien me meta en el *e* cuando ... *2861*
9.7 **le dijo: Vé a lavarte en el *e* de Siloé** ... *2861*

ESTAÑO
Nm 31.22 plata, el bronce, hierro, *e* y plomo ... 913
Ez 22.18 todos ellos son bronce y *e* y hierro ... 913
22.20 como quien junta... *e* en medio del horno ... 913
27.12 con... *e* y plomo comerciaba en tus ferias ... 913

ESTAOL *Ciudad en Dan*
Jos 15.33 en las llanuras, *E*, Zora, Asena ... 847
19.41 fue el territorio... Zora, *E*, Ir-semes ... 847
Jue 13.25 campamentos de Dan, entre Zora y *E* ... 847
16.31 y le sepultaron entre Zora y *E*, ... 847
18.2 cinco hombres... valientes, de Zora y *E*, en el ... 847
18.8 volviendo... ellos a sus hermanos en... *E* ... 847
18.11 salieron de allí... y de *E*, 600 hombres ... 847

ESTAOLITA *Habitante de Estaol*, 1 Cr 2.53 ... 848

ESTAQUIS *Cristiano saludado por Pablo*, Ro 16.9 ... *4720*

ESTAR *Véanse todas sus formas en el Apéndice*

ESTATERO *Moneda del valor de cuatro dracmas*
Mt 17.27 **y al abrirle la boca, hallarás un *e*** ... *4715*

ESTATUA
Gn 19.26 la mujer de Lot... se volvió *e* de sal ... 5333
Éx 23.24 dioses... quebrarás totalmente sus *e* ... 4676
34.13 quebraréis sus *e*, y cortaréis... Asera ... 4676
Lv 26.1 ni os levantaréis *e*, ni pondréis en ... 4676
Dt 7.5 y quebraréis sus *e*, y destruiréis sus ... 4676
12.3 y quebraréis sus *e*, y sus imágenes de ... 4676
16.22 ni te levantarás *e*, lo cual aborrece ... 4676
1 S 19.13 tomó luego Mical una *e*, y la puso ... 8655
19.16 la *e* estaba en la cama, y una almohada ... 8655
1 R 14.23 se edificaron lugares altos, *e*, e ... 4676
2 R 3.2 las *e* de Baal que su padre había hecho ... 4676
10.26 y sacaron las *e* del templo de Baal, y ... 4676
10.27 quebraron la *e* de Baal, y derribaron ... 4676
17.10 y levantaron *e* e imágenes de Asera en ... 4676
23.14 quebró las *e*, y derribó las... de Asera ... 4676
2 Cr 31.1 quebraron las *e* y destruyeron las ... 4676
34.4 despedazó también... *e* fundidas, y las ... 2553
Jer 43.13 además quebrará las *e* de Bet-semes ... 4676
Dn 3.1 el rey Nabucodonosor hizo una *e* de oro ... 6755
3.2 que viniesen a la dedicación de la *e* que ... 6755
3.3 la dedicación de la *e* que el rey... había ... 6755
3.3 estaban en pie delante de la *e* que había ... 6755
3.5 al oír el son... os postréis y adoráis la *e* ... 6755
3.7 todos... se postraron y adoraron la *e* de oro ... 6755
3.10 al oír... se postre y adore la *e* de oro ... 6755
3.12 ni adoran la *e* de oro que has levantado ... 6755
3.14 ni adoráis la *e* de oro que he levantado? ... 6755
3.15 os postréis y adoréis la *e* que he hecho? ... 6755
3.18 ni... adoraremos la *e* que has levantado ... 6755
Os 3.4 sin rey... *e*, sin efod y sin terafines ... 4676
Mi 1.7 sus *e* serán despedazadas, y todos sus ... 6456
Nah 1.14 destruiré escultura y *e* de fundición ... 6459
Hab 2.18 ¿la *e* de fundición que enseña

ESTATURA
Nm 13.32 todo el pueblo... hombres de grande *e* ... 4060
1 S 16.7 no mires a... ni a lo grande de su *e* ... 6967
2 S 21.20 había un hombre de gran *e*, el cual ... 4055
23.21 mató él a un egipcio, hombre de gran *e* ... 4758
1 Cr 11.23 venció a un egipcio... 5 codos de *e* ... 4060
20.6 un hombre de grande *e*, el cual tenía 6 ... 4060
Cnt 7.7 tu *e* es semejante a la palmera, y tus ... 6967
Is 18.2,7 nación de elevada *e* y tez brillante
45.14 hombres de elevada *e*, se pasarán a ti ... 4060
Ez 19.11 se elevó su *e* por encima de las ramas ... 6967
Mt 6.27 **que se afane, añadir a su *e* un codo?** ... *2244*
Lc 2.52 Jesús crecía en sabiduría y en *e*, y ... *2244*
12.25 **quién... podrá... añadir a su *e* un codo?** ... *2244*
19.3 pero no podía... pues era pequeño de *e* ... *2244*
Ef 4.13 la medida de la *e* de la plenitud de ... *2244*

ESTATUTO
Gn 26.5 Abraham... guardo... mis *e* y mis layes ... 2708
Éx 12.14 fiesta... por *e* perpetuo lo celebraréis ... 2708
12.24 guardaréis esto por *e* para vosotros y ... 2706
15.25 dio *e* y ordenanzas, y allí los probo ... 2706
15.26 dieres oído... y guardares todos sus *e* ... 2708
27.21 *e* perpetuo de los hijos de Israel por ... 2708

28.43 e perpetuo para ¿él, y...su descendencia 2708
29.28 será...como e perpetuo para los hijos de 2706
30.21 y lo tendrán por e perpetuo él y su 2706
Lv 3.17 e perpetuo será por vuestras edades 2708
6.18 e perpetuo...para vuestras generaciones 2706
6.22 igual ofrenda. Es e perpetuo de Jehová 2706
7.34 he dado a Aarón...como e perpetuo para 2706
7.36 como e perpetuo en sus generaciones 2708
10.9 e perpetuo...para vuestras generaciones 2708
10.11 enseñar a los hijos de Israel...los e 2706
16.29 esto tendréis por e perpetuo: En el mes 2708
16.31 afligiréis vuestras almas...e perpetuo 2708
16.34 y esto tendréis como e perpetuo, para 2708
17.7 tendrán...por e perpetuo por sus edades 2708
18.3 ni haréis como...ni andaréis en sus e 2708
18.4 y mis e guardaréis, andando en ellos 2708
18.5 guardaréis mis e y mis ordenanzas, los 2708
18.26 guardad, pues...mis e y mis ordenanzas 2708
19.19 mis e guardarás. No harás ayuntar tu 2708
19.37 guardad, pues, todos mis e, y todas mis 2708
20.8 guardad mis e, y ponedlos por obra. Yo 2708
20.22 guardad...todos mis e y...mis ordenanzas ... 2708
23.14 e perpetuo es por vuestras edades en 2708
23.21,31,41 e perpetuo es por...generaciones 2708
24.3 es e perpetuo por vuestras generaciones 2708
24.22 un mismo e tendréis para el extranjero 4941
25.18 ejecutad, pues, mis e y guardad mis 2708
26.15 y vuestra alma menospreciare mis e, no 2708
26.43 cuanto...su alma tuvo fastidio de mis e 2708
26.46 los e...que estableció Jehová entre sí 2708
Nm 10.8 tendréis por e perpetuo por vuestras 2708
15.15 un mismo e tendréis...será e perpetuo 2708
18.8,11 he dado...a tus hijos, por e perpetuo 2706
18.19 las he dado para ti, y...por e perpetuo 2706
18.23 e perpetuo para vuestros descendientes 2708
19.10 e perpetuo para los hijos de Israel 2708
19.21 será e perpetuo; también el que rociare 2708
27.11 de Israel esto será por e de derecho 2708
36.13 estos son los...e que mandó Jehová por 4941
Dt 4.1 Israel, oye los e y...que yo os enseño 2706
4.5 os he enseñado e...como Jehová mi Dios me ... 2706
4.6 los cuales oirán todos estos e, y dirán 2706
4.8 y ¿qué nación grande hay que tenga e y 2706
4.14 mandó...que os enseñase los e y juicios 2706
4.40 y guarda sus e y sus mandamientos, los 2706
4.45 los e y los decretos que habló Moisés 2706
5.1 oye...los e y decretos que yo pronuncio 2706
5.31 e y decretos que les enseñarás, a fin 2706
6.1 e y decretos que Jehová...Dios mandó que 2706
6.2 para que temas a...guardando todos sus e 2706
6.17 guardad cuidadosamente...sus e que te ha 2706
6.20 ¿qué significan los testimonios y e y 2706
6.24 mandó...que cumplamos todos estos e, y 2706
7.11 guarda...e y decretos que yo te mando hoy 2706
8.11 para cumplir...sus e que yo te ordeno hoy 2708
10.13 guardes...sus e, que yo te prescribo hoy 2708
11.1 y guardarás...sus e, sus decretos y sus 2708
11.32 cuidaréis, pues, de cumplir todos los e 2706
12.1 los e...que cuidaréis de poner por obra 2706
16.12 tanto, guardarás y cumplirás estos e 2706
17.19 para guardar...estos e, para ponerlos 2706
26.16 Dios te manda hoy que cumplas estos e 2706
26.17 guardarás sus e, sus mandamientos y sus 2706
27.10 cumplirás sus mandamientos y sus e que 2706
28.15 procurar cumplir...e que yo te intimo 2708
28.45 no habrás atendido...para guardar...sus e .. 2708
30.10 guardar...sus e escritos en este libro 2708
30.16 y guardes...sus e y sus decretos, para 2708
Jos 24.25 Josué...les dio e y leyes en Siquem 2706
2 S 22.23 de mí, y no me he apartado de sus e 2708
1 R 2.3 observando sus e y mandamientos, sus 2708
3.3 amó...andando en los e de su padre David 2708
3.14 si anduvieres en...guardando mis e y mis 2706
6.12 si anduvieres en mis e e hicieres mis 2708
8.58 y guardemos sus...sus e y sus decretos 2706
8.61 andando en sus e y...sus mandamientos 2706
9.4 y si tú...guardando mis e y mis decretos 2706
9.6 no guardaréis...e que yo he puesto delante 2708
11.11 y no has guardado mi pacto mis e que yo 2708
11.33 mis e y mis decretos, como hizo David 2708
11.34 quien guardó mis mandamientos y mis e 2708
11.38 guardando mis e y...mandamientos, como ... 2708
2 R 17.8 anduvieron en los e de las naciones 2708
17.8 los e que hicieron los reyes de Israel
17.15 y desecharon sus e, y el pacto que él 2706
17.19 sino que anduvieron en los e de Israel 2708
17.34 ni guardan sus e ni sus ordenanzas, ni 2708
17.37 e y derechos...que os dio por escrito 2708
23.3 guardarían...sus e, con todo el corazón 2708
1 Cr 16.17 el cual confirmó a Jacob por e, y 2706
22.13 de poner por obra los e y decretos que 2706
29.19 para que guarde...testimonios y tus e 2706
2 Cr 7.17 si...guardares mis e y mis decretos 2708
7.19 y dejaréis mis e y mandamientos que he 2708
19.10 entre ley y precepto, e y decretos, les 2706
33.8 la ley, los e y los preceptos, por medio 2706
34.31 de guardar sus mandamientos...y sus e 2706
Esd 7.10 enseñar en Israel sus e y decretos 2706
7.11 escriba versado en...en sus e a Israel 2706
Neh 1.7 no hemos guardado los...e y preceptos 2706
9.13 diste juicios...e y mandamientos buenos 2706
9.14 prescribiste mandamientos, e y la ley 2706
10.29 y cumplirían todos los...y e de Jehová 2706
12.24 conforme al e de David varón de Dios 4687
12.45 conforme el e de David y de Salomón 4687
Sal 18.22 juicios...no me he apartado de sus e 2708
81.4 e es de Israel, ordenanza del Dios de 2706
89.31 si profanaren mis e, y no guardaren mis 2708
99.7 guardaban sus...y el e que les había dado 2706
105.45 que guardasen sus e y cumpliesen sus 2706
119.5 fuesen ordenados...para guardar tus e! 2706
119.8 tus e guardaré, no me dejes enteramente 2706
119.12 bendito tú, oh Jehová; enséñame tus e 2706
119.16 me regocijaré en tus e; no me olvidaré 2708
119.23 mi; mas tu siervo meditaba en tus e 2706
119.26 y me has respondido; enséñame tus e 2706
119.33 enséñame, oh Jehová, el camino de tus e 2706
119.48 alzaré...mis manos...meditaré en tus e 2706
119.54 cánticos fueron para mí tus e en la 2706
119.64 está llena la tierra; enséñame tus e 2706
119.68 eres tú, y bienhechor; enséñame tus e 2706
119.71 sido humillado, para que aprenda tus e 2706
119.80 sea mi corazón íntegro en tus e, para 2706
119.83 como el odre al...no he olvidado tus e 2706
119.112 mi corazón incliné a cumplir tus e 2706
119.117 y me regocijaré siempre en tus e 2706
119.118 a todos los que se desvían de tus e 2706
119.124 tu misericordia, y enséñame tus e 2706
119.135 rostro resplandezca...enséñame tus e 2706
119.145 respóndeme, Jehová, y guardaré tus e 2706
119.155 lejos está de...porque no buscan tus e 2706
119.171 rebosarán...cuando me enseñes tus e 2706
147.19 ha manifestado...sus e y sus juicios 2706
Pr 8.29 cuando ponía al mar su e 2706
Jer 44.10 han caminado en mi ley ni en mis e 2708
44.23 ni anduvisteis en su ley ni en sus e 2708
Ez 11.12 no habéis andado en mis e, ni habéis 2708
18.19 hijo...guardó todos mis e y los cumplió 2708
18.21 guardare todos mis e e hiciere según el 2708
20.11 les di mis e, y les hice conocer mis 2708
20.13 no anduvieron en mis e, y desecharon 2713
20.16 no anduvieron en mis e, y mis días de 2713
20.18 no andéis en los e de vuestros padres 2706
20.19 andad en mis e, y guardad mis preceptos 2708
20.21 no anduvieron en mis e, ni guardaron 2708
20.24 que desecharon mis e y profanaron mis 2708
20.25 yo también les di e que no eran buenos 2706
33.15 el impío...caminare en los e de la vida 2708
36.27 haré que andéis en mis e, y guardéis 2706
37.24 y mis e guardarán, y los pondrán por 2708
46.14 ofrenda para Jehová...por e perpetuo 2708

ESTE *(pron. dem.) Véase el Apéndice*

ESTE *Punto Cardinal*
Éx 27.13 el ancho...al e, habrá cincuenta codos 4217
38.13 del lado oriental, al e, cortinas de 4217
Nm 2.3 estos acamparán al oriente, al e: la
3.38 delante del tabernáculo de reunión al e 4217
Dt 3.27 alza tus ojos al oeste...al e, y mira 4217

ESTEBAN *Primer mártir cristiano*
Hch 6.5 eligieron a E, varón lleno de fe y del 4736
6.8 y E...hacía grandes prodigios y señales 4736
6.9 se levantaron unos de...disputando con E 4736
7.55 E, lleno del Espíritu Santo, puestos los 4736
7.59 apedreaban a E, mientras él invocaba y 4736
8.2 hombres piadosos llevaron a enterrar a E 4736
11.19 la persecución que hubo con motivo de E 4736
22.20 cuando se derramaba la sangre de E tu 4736

ESTÉFANAS *Cristiano en Corinto*
1 Co 1.16 también bauticé a la familia de E 4734
16.15 familia de E es las primicias de Acaya 4734
16.17 me regocijo con la venida de E, de 4734

ESTEMOA
1. Ciudad de los levitas en Judá,
Jos 15.50; 21.14; 1 S 30.28; 1 Cr 6.57 851
2. Descendiente de Caleb, 1 Cr 4.17, 19 851

ESTER *Esposa del rey Asuero*
Est 2.7 y había criado a Hadasa, es decir, E 635
2.8 E también fue llevada a la casa del rey 635
2.10 E no declaró cuál era su pueblo ni su 635
2.11 para saber cómo le iba a E, y cómo la 635
2.15 cuando le llegó a E, hija de Abihail tío 635
2.15 ganaba E el favor de...los que la veían 635
2.16 fue...E llevada al rey Asuero a su casa 635
2.17 rey amó a E más que a todas las otras 635
2.18 hizo luego el rey en...el banquete de E 635
2.20 y E, según le había mandado Mardoqueo 635
2.20 porque E hacía lo que decía Mardoqueo 635
2.22 lo denunció a la...E, y E lo dijo al rey 635
4.4 vinieron las doncellas de E...se lo dijeron 635
4.5 E llamó a Hatac...y lo mandó a Mardoqueo 635
4.8 de que la mostrase a E y se lo declarase 635
4.9 vino Hatac y contó a E las palabras de 635
4.10 entonces E dijo a Hatac que le dijese 635
4.12 dijeron a Mardoqueo las palabras de E 635
4.13 dijo...que respondiesen a E: No pienses 635
4.15 y E dijo que respondiesen a Mardoqueo 635
4.17 Mardoqueo fue, e hizo...que le mandó E 635
5.1 se vistió E su vestido real, y entró en 635
5.2 cuando vio a...E que estaba en el patio 635
5.2 el rey extendió a E el cetro de oro que 635
5.2 entonces...E y tocó la punta del cetro de 635
5.3 dijo el rey...¿Qué tienes, reina E, y cuál 635
5.4 y E dijo: Si place al rey, vengan hoy el 635
5.5 llamad a...para hacer lo que E ha dicho 635
5.5 vino...el rey...al banquete que E dispuso 635
5.6 dijo el rey a E en el banquete...¿Cuál es 635
5.7 respondió E y dijo: Mi petición y...es esta 635
5.12 reina E a ninguno hizo venir con el rey 635
6.14 llevar a Amán al banquete que E había 635
7.1 fue...el rey...al banquete de la reina E 635
7.2 rey a E: ¿Cuál es tu petición, reina E 635
7.3 reina E respondió...Oh rey, si he hallado 635
7.5 el rey...dijo a la reina E: ¿Quién es, y 635
7.6 E dijo: El enemigo y adversario es este 635
7.7 para suplicarle a la reina E por su vida 635
7.8 caído sobre el lecho en que estaba E 635
8.1 rey Asuero dio a la reina E la casa de 635
8.1 E le declaró lo que él era respecto de 635
8.2 y E puso a Mardoqueo sobre la casa de 635
8.3 volvió luego E a hablar delante del rey 635
8.4 el rey extendió a E el cetro de oro, y E 635
8.7 respondió el rey Asuero a la reina E y a 635
8.7 yo he dado a E la casa de Amán, y a él han 635
9.12 el rey a...E: En Susa capital del reino 635
9.13 respondió E: Si place al rey, concédanse 635
9.25 cuando E vino a la presencia del rey, él
9.29 la reina E hija de Abihail, y Mardoqueo 635
9.31 según les había ordenado...y la reina E 635
9.32 y el mandamiento de E confirmó estas 635

ESTERCOLERO
Lm 4.5 se criaron entre...se abrazaron a los e 830

ESTÉRIL
Gn 11.30 mas Sarai era e, y no tenía hijo 6135
16.2 ves que Jehová me ha hecho e; te ruego .. 6113,3205
25.21 y oró Isaac...por su mujer, que era e 6135
29.31 Lea...le dio hijos; pero Raquel era e 6135
Éx 23.26 no habrá mujer que aborte, ni e en tu 6135
Nm 13.20 cómo es el terreno, si es fértil o e 6135
Dt 7.14 no habrá en ti varón ni hembra e, ni 6135
Jue 13.2 se llamaba Manoa; y su mujer era e 6135
13.3 que tú eres e, y nunca has tenido hijos 6135
1 S 2.5 hasta la e ha dado a luz siete, y la 6135
2 R 2.19 las aguas son malas, y la tierra es e 7921
Job 24.21 la mujer e, que no concebía, afligió 6135
39.6 yo puse casa...y sus moradas en lugares e 4420
Sal 107.34 la tierra fructífera en e, por la 4420
113.9 él hace habitar en familia a la e, que 6135
Pr 30.16 el Seol, la matriz e, la tierra que 6115
Cnt 4.2 todas con crías gemelas, y ninguna...e 7909
6.6 con crías gemelas, y e no hay entre ellas 7909
Is 54.1 regocíjate, oh e, la que no daba a luz 6135
Mal 3.11 ni vuestra vid en el campo será e 7921
Lc 1.7 no tenían hijo, porque Elisabet era e 4723
1.36 sexto mes para ella, la que llamaban e 4723
23.29 **en que dirán: Bienaventuradas las e, y** 4723
Gá 4.27 regocíjate, oh e, tú que no das a luz 4723
He 11.11 Sara, siendo e, recibió fuerza para 4723

ESTERILIDAD
Ro 4.19 considerar...la e de la matriz de Sara 3500

ESTIÉRCOL
Éx 29.14 su e, los quemarás a fuego fuera del 6569
Lv 4.11 la piel del becerro...intestinos y su e 6569
8.17 su carne y su e, lo quemó al fuego fuera 6569
16.27 y quemarán en...su piel, su carne y su e 6569
Nm 19.5 y su sangre, con su e, hará quemar 6569
Jue 3.22 porque no sacó el puñal...salió el e 6574
1 R 14.10 como se barre el e, hasta que sea 1557
2 R 6.25 de e de palomas por cinco piezas de 2755
9.37 el cuerpo de Jezabel será como e sobre 1828
18.27 expuestos a comer su propio e y beber .. 2716,6675
Job 20.7 como su e, perecerá para siempre; los 1561
Sal 83.10 fueron hechos como e para la tierra 1828
Is 36.12 expuestos a comer su e y beber su 2716,6675
Jer 8.2 serán como e sobre la faz de la tierra 1828
9.22 caerán como e sobre la faz del campo 1828
16.4 serán como e sobre la faz de la tierra 1828
25.33 como e quedarán sobre la faz...tierra 1828
Ez 4.15 te permito usar e de bueyes en lugar 6832
Nah 3.6 y te afrentaré, y te pondré como e 7210
Sof 1.17 la sangre de ellos...su carne como e 1561
Mal 2.3 echaré al rostro el e, el e de vuestros 6569

ESTIMA
1 S 18.23 siendo yo un...pobre y de ninguna e? 7034
18.30 David tenía...hizo de mucha e su nombre 3365
1 R 9.8 esta casa, que estaba en e, cualquiera 5945
2 R 5.1 era varón grande...lo tenía en alta e 5375,6440
Est 1.17 ellas tendrán en poca e a sus maridos 959
Job 36.19 ¿hará él e de tus riquezas, del oro 6186
Sal 127.3 son...cosa de e el fruto del vientre 7939
Pr 22.1 de más e es el buen nombre que las 977
31.10 su e sobrepasa...las piedras preciosas 4377
Is 43.4 porque a mis ojos fuiste de gran e 3365
1 Co 6.4 ¿ponéis...a los que son de menor e en 1848
Fil 2.29 y tened en e a los que son como él 1784
1 Ts 5.13 y que los tengáis en mucha e y amor 2233
1 P 3.4 que es de grande e delante de Dios 4185

ESTIMACIÓN
Lv 5.15 conforme a tu e en siclos de plata del 6187
6.6 un carnero sin defecto...conforme a tu e 6187
27.2 la e de las personas que se hayan de 6187
27.8 pero si fuere muy pobre para pagar tu e 6187
27.12 conforme a la e del sacerdote, así será 6187
27.16 e será conforme a su siembra; un homer 6187
27.17 si dedicaré...conforme a tu e quedará 6187
27.18 hará la cuenta...y se rebajará de tu e 6187
27.19 añadirá a tu e la quinta parte...precio 6187
27.23 calculará...la suma de tu e hasta el año 6187
27.27 si fuere...lo rescatarán conforme a tu e 6187
27.27 y si no lo...se venderá conforme a tu e 6187
Nm 18.16 el rescate de ellos, conforme a tu e 6187
2 R 23.35 cada uno según la e de su hacienda 6187

ESTIMAR
Lv 5.18 según tú lo *estimes*, un carnero sin 6187
25.31 serán *estimadas* como los terrenos del 2803
27.2 se hayan de redimir, la *estimarás* así 6187
27.3 *estimarás* en cincuenta siclos de plata 6187
27.4 fuere mujer, la *estimarás* en 30 siclos 6187

27.5 al varón lo *estimarás* en 20 siclos, y a.......... 6187
27.6 *estimaron* al varón en cinco siclos de.......... 6187
27.7 al varón lo *estimarás* en quince siclos......... 6187
1 S 26.21 mi vida ha sido *estimada* preciosa a
26.24 como tu vida ha sido *estimada* preciosa...... 1431
2 S 13.13 *estimado* como uno de los perversos
2 R 1.14 sea *estimada* ahora mi vida delante de....... 3365
Est 10.3 *estimado* por la multitud de...hermanos...... 7521
Job 37.24 no *estima* a ninguno que cree...sabio....... 7200
41.27 *estima* como paja el hierro, y el bronce....... 2803
Sal 39.11 como polilla lo más *estimado* de él........... 2530
116.15 *estimada* es a los ojos de Jehová la.......... 3368
119.128 por eso *estimé* rectos...mandamientos
144.3 hijo de hombre, para que lo *estimes?*......... 2803
Pr 26.5 que no se *estime* sabio en su opinión........... 5869
Ec 10.1 locura, al que es *estimado* como sabio......... 3368
Is 2.22 dejaos del...¿de que es él *estimado*............. 2803
29.17 campo fértil será *estimado* por bosque....... 2803
32.15 el campo fértil sea *estimado* por bosque...... 2803
40.15 polvo en las balanzas le son *estimada*........ 2803
40.17 serán *estimadas* en menos que nada......... 2803
49.5 *estimado* seré en los ojos de Jehová, y........ 3513
53.3 fue menospreciado, y no lo *estimamos*......... 2803
Jer 22.28 ¿es un trasto que nadie *estima?* ¿Por........ 2626
Lm 4.2 hijos de Sión...*estimados* mas que el oro........ 5537
Os 8.8 Israel...como vasija que no se *estima*.......... 2656
Mt 6.24; Lc 16.13 **estimará al uno y...al otro**............ *472*
Hch 19.27 templo...Diana sea *estimado*
en nada,................................ *1519,3762,3049*
20.24 caso, ni *estimo* preciosa mi vida para mí..... *2192*
Ro 16.7 *estimados* entre los apóstoles, y que........... *1978*
Fil 2.3 *estimando* cada uno a los demás como.......... *2233*
2.6 no *estimó* el ser igual a Dios como cosa......... *2233*
3.7 las he *estimado* como pérdida por amor de..... *2233*
3.8 *estimo* todas las cosas como pérdida por....... *2233*
He 3.3 de tanto mayor gloria...*estimado* digno......... *515*

ESTIMULAR
Éx 35.21 varón a quien su corazón *estimuló*........... 5375
Pr 16.26 trabaja para sí...su boca le *estimula*.......... 404
1 Co 8.10 ¿no será *estimulada* a comer de lo.......... *3618*
2 Co 9.2 vuestro celo ha *estimulado*...mayoría........ *2042*
He 10.24 *estimularlos* al amor y a las...obras.......... *3948*

ESTIPULAR
2 R 12.4 el dinero del...según está *estipulado*......... 6187

ESTIRAR
Sal 22.7 *estiran* la boca, menean la cabeza............ 6358
Is 28.20 la cama será corta para...*estirarse*........... 8311

ESTIRPE
Gn 48.4 y te pondré por *e* de naciones; y daré......... 6951
2 R 25.25 vino Ismael hijo de...de la *e* real............. 2233
Sal 68.26 al Señor, vosotros de la *e* de Israel.......... 4726
Jer 13.13 y a los reyes de la *e* de David que........... 3678

ESTO *Véase el Apéndice*

ESTOICO *Discípulo del filósofo Zenón*, Hch 17.18 .. *4770*

ESTÓMAGO
Is 29.8 pero cuando despierta, su *e* está vacío......... 5315
1 Ti 5.23 un poco de vino por causa de tu *e*............ *4751*

ESTÓN *Descendiente de Judá*, 1 Cr 4.11,12....... 850

ESTOPA
Jue 16.9 una cuerda de *e* cuando toca el fuego........ 5296
Is 1.31 el fuerte será como *e*, y lo que hizo........... 5296
Abd 18 y la casa de Esaú *e*, y los quemarán y.......... 7179
Mal 4.1 y todos los que hacen maldad serán *e*......... 7179

ESTORBAR
1 S 3.13 han blasfemado...no los ha *estorbado*........ 3543
25.33 bendita tú, que me has *estorbado* hoy........ 3607
2 R 5.20 mi señor *estorbó* a este sirio Naamán......... 2820
Job 31.16 si *estorbé* el contento de los pobres......... 4513
Is 43.13 lo que hago yo, ¿quién lo *estorbará?*........... 7725
Jer 5.25 vuestras iniquidades han *estorbado*.......... 4513
Hch 11.17 ¿quién era yo que...*estorbar* a Dios?........ *2967*
Ro 1.13 pero hasta ahora he sido *estorbado*........... *2967*
Gá 5.7 ¿quién os *estorbó* para no obedecer a........... *348*
1 Ts 2.18 quisimos...pero Satanás nos *estorbó*......... *1465*
He 12.15 alguna raíz de amargura, os *estorbe*......... *1776*

ESTORBO
Ez 33.12 la impiedad del impío no le será *e*............ 3782
1 P 3.7 que vuestras oraciones no tengan *e*............ *1581*

ESTORNUDAR
2 R 4.35 niño *estornudó* siete veces, y abrió........... 2237

ESTORNUDO
Job 41.18 con sus *e* enciende lumbre, y sus ojos........ 5846

ESTRADO
Gn 49.4 lecho...te envileciste, subiendo a mi *e*......... 3326
1 Cr 28.2 y para el *e* de los pies de...Dios......... 1916,7272
2 Cr 6.13 Salomón había hecho un *e* de bronce......... 3595
9.18 el trono tenía 6 gradas, y un *e* de oro......... 3534
Sal 99.5 postraos ante el *e* de sus pies; él......... 1916,7272
110.1 ponga a tus enemigos por *e* de tus pies.. 1916,7272
132.3 casa, ni subiré sobre el lecho de mi *e*.... 6210,3326
132.7 nos postraremos ante el *e* de sus pies... 1916,7272
139.8 en el Seol hiciere mi *e*, he aquí, allí......... 3331
Is 66.1 es mi trono, y la tierra *e* de mis pies....... 1916,7272
Lm 2.1 no se acordó del *e* de sus pies en el....... 1916,7272
Ez 23.41 te sentaste sobre suntuoso *e*, y fue............ 4296
Mt 5.35 **ni por la tierra, porque es el *e* de sus**......... *5286*
22.44; Mr 12.36; Lc 20.43 ponga tus enemigos por
estrado de tus pies.............................. *5286*
Hch 2.35 **que ponga a tus enemigos por *e* de tus**
pies.. *5286*
7.49 trono, y la tierra el *e* de mis pies.............. *5286*
He 1.13 ponga a tus enemigos por *e*.................. *5286*
10.13 que sus enemigos sean puestos
por *e* de tus pies.................................. *5286*
Stg 2.3 al pobre...o siéntate aquí bajo mi *e*........... *5286*

ESTRAGO
Éx 19.22 para que Jehová no haga en ellos *e*......... 6555
19.24 traspasen...no sea que haga en ellos *e*...... 6555
Jue 11.33 los derrotó con muy grande *e*. Así.......... 4347
1 S 14.30 ¿no se habría hecho...mayor *e* entre........ 4347
19.8 salió David y...y los hirió con gran *e*......... 4347
1 R 20.21 deshizo...sirios causándoles gran *e*......... 4347
Lm 1.20 por fuera hizo *e* la espada; por dentro........ 7921
Ez 21.15 para que...los *e* se multipliquen; en......... 4383
Abd 9 todo hombre será cortado del...por el *e*........ 6993

ESTRANGULACIÓN
Job 7.15 mi alma tuvo por mejor la *e*, y quiso......... 4267

ESTRATAGEMA
Ef 4.14 *e* de hombres que para engañar emplean...... *2940*

ESTRECHAMENTE
Job 41.15 fuertes, cerrados entre sí *e*................. 6862

ESTRECHAR
Pr 4.12 anduvieres, no se *estrecharán*...pasos......... 3334
Is 63.15 y tus piedades...¿Se han *estrechado?*.......... 662
Jer 19.9 el apuro con que los *estrecharán* sus.......... 6693
Jl 2.8 ninguno *estrechará* a su compañero, cada....... 1766
Lc 11.53 escribas...comenzaron a *estrecharle*......... *1758*
19.43 **y por todas partes te *estrecharán***............ *4912*

ESTRECHEZ
2 Cr 28.20 rey de los asirios...lo redujo a *e*.......... 2388
Job 20.22 el colmo de su abundancia padeced *e*....... 5607
2 Co 8.13 para otros holgura, y...vosotros *e*........... *2347*

ESTRECHO, A
Jos 17.15 monte de Efraín es *e* para vosotros.......... 213
1 S 13.6 de Israel vieron que estaban en *e*............ 6887
1 R 6.4 hizo a la casa ventanas...*e* por fuera......... 331
2 R 6.1 lugar en que moramos contigo nos es *e*........ 6862
Is 28.20 y la manta *e* para poder envolverse........... 6887
49.19 será *e* por la multitud de...moradores........ 3334
49.20 *e* es para mí este lugar; apártate, para....... 6862
Ez 40.16 había ventanas *e* en las cámaras, y en......... 331
41.16 las ventanas *e* y las cámaras alrededor........ 331
41.26 había ventanas *e*, y palmeras de uno y........ 331
42.5 las cámaras más altas eran más *e*; porque.... 7114
42.6 eran más *e* que las de abajo y las de en........ 680
Mt 7.13 **entrad por la puerta *e*; porque ancha**......... *4728*
7.14 **e es la puerta, y angosto el camino que**....... *4728*
2 Co 6.12 no estáis *e* en...sois *e* en...corazón.......... *4729*
Fil 1.23 porque de ambas...estoy puesto en *e*.......... *4912*

ESTRECHURA
Lm 1.3 sus perseguidores la alcanzaron...las *e*........ 4712

ESTRELLA
Gn 1.16 hizo Dios lumbreras...también las *e*.......... 3556
15.5 mira ahora los cielos, y cuenta las *e*.......... 3556
22.17; 26.4 descendencia como las *e* del cielo....... 3556
37.9 y la luna y once *e* se inclinaban a mí........... 3556
Éx 32.13 multiplicaré...como las *e* del cielo........... 3556
Nm 24.17 saldrá *E* de Jacob, y se levantará........... 3556
Dt 1.10 vosotros sois como las *e* del cielo en........... 3556
4.19 viendo...las *e*, y todo el ejército del............ 3556
10.22 ahora Jehová te ha hecho como las *e* del...... 3556
28.62 en lugar de haber sido como las *e* del....... 3556
Jue 5.20 desde los cielos pelearon las *e*................. 3556
1 Cr 27.23 multiplicaría a Israel como las *e*.......... 3556
Neh 4.21 desde...alba hasta que salían las *e*........... 3556
9.23 multiplicaste sus hijos como las *e* del........ 3556
Job 3.9 oscurézcanse las *e* de su alba; espere........... 3556
9.7 manda al sol, y no sale; y sella las *e*.......... 3556
22.12 lo encumbrado de las *e*, cuán elevadas....... 3556
25.5 ni las *e* son limpias delante de sus ojos........ 3556
38.7 cuando alababan todas las *e* del alba, y........ 3556
Sal 8.3 veo...la luna y las *e* que tú formaste........... 3556
136.9 las *e* para que señoreasen en la noche........ 3556
147.4 él cuenta el número de las *e*; a todas......... 3556
148.3 alabadle, vosotras todas, lucientes *e*......... 3556
Ec 12.2 antes que se oscurezca el sol, y...*e*........... 3556
Is 13.10 las *e*...no darán su luz; y el sol se........... 3556
14.13 alto, junto a las *e*...levantaré mi trono........ 3556
47.13 los que observan las *e*, los que cuentan....... 3556
Jer 31.35 las leyes de la luna y de las *e* para.......... 3556
Ez 32.7 los cielos, y haré entenebrecer sus *e*........... 3556
Dn 8.10 parte del...de las *e* echó por tierra........... 3556
12.3 y los...como las *e* a perpetua eternidad....... 3556
Jl 2.10; 3.15 el sol...*e* retraerán su resplandor........ 3556
Am 5.26 *e* de vuestros dioses que os hicisteis.......... 3556
Abd 4 aunque entre las *e* pusieras tu nido, de......... 3556
Nah 3.16 mercaderes más que las *e* del cielo.......... 3556
Mt 2.2 porque su *e* hemos visto en el oriente............ *792*
2.7 indagó...el tiempo de la aparición de la *e*........ *792*
2.9 la *e* que habían visto en el oriente iba............ *792*
2.10 al ver la *e*, se regocijaron con...gozo........... *792*
24.29 **las *e* caerán del cielo, y las potencias**....... *792*
Mr 13.25 ***e* caerán del cielo, y las potencias**............ *792*
Lc 21.25 **habrá señales en el sol...y en las *e***........... *798*
Hch 7.43 la *e* de vuestro dios Renfán, figuras.......... *798*
27.20 no apareciendo sol ni *e* por muchos días...... *798*
1 Co 15.41 otra la gloria de las *e*, pues una *e*.......... *792*
He 11.12 de uno...salieron como las *e* del cielo......... *798*
Jud 13 *e* errantes...las cuales está reservada.......... *792*
Ap 1.16 tenía en su diestra siete *e*; de su boca......... *792*
1.20 **el misterio de las siete *e* que has visto**........ *792*
1.20 **las siete *e* son los siete ángeles de...iglesias**.... *792*
2.1 **el que tiene las siete *e* en su diestra**............ *792*
2.28 **y le daré la *e* de la mañana**..................... *792*
3.1 **el que tiene los...y las siete *e*, dice esto**.......... *792*
6.13 las *e* del cielo cayeron sobre la tierra........... *792*
8.10 y cayó del cielo una gran *e*, ardiendo........... *792*
8.11 y el nombre de la *e* es Ajenjo................... *792*
8.12 y la tercera parte de las *e*, para que............ *792*
9.1 vi una *e* que cayó del cielo a la tierra............ *792*
12.1 sobre su cabeza una corona de doce *e*.......... *792*
12.4 arrastraba la tercera parte de las *e*............ *792*
22.16 **soy...la *e* resplandeciente de la mañana**...... *792*

ESTRELLAR
2 R 8.12 *estrellarás* a sus niños, y abrirás.............. 7376
Job 40.23 un Jordán se *estrelle* contra su boca.......... 1518
Sal 137.9 dichoso el que...*estrellare* tus niños......... 5310
Is 13.16 sus niños serán *estrellados* delante............ 7376
Os 13.16 sus niños serán *estrellados*, y sus............ 7376
Nah 3.10 sus pequeños fueron *estrellados* en las...... 7376

ESTREMECER
Gn 27.33 y se *estremeció* Isaac grandemente.......... 2729
Éx 19.16 y se *estremeció* todo el pueblo que............ 2729
19.18 el monte se *estremecía* en gran manera...... 2729
Jue 7.3 quien tema y se *estremezca*, madrugue........ 2730
Rt 3.8 se *estremeció* aquel hombre, y se volvió.......... 2729
2 S 22.8 *estremecieron*, porque se indignó el........... 7493
1 R 1.49 se *estremecieron*, y se levantaron............. 2729
Job 4.14 temblor, que *estremeció*...mis huesos......... 7460
21.6 aun yo...el temblor *estremece* mi carne......... 6427
37.1 también se *estremece* mi corazón, y salta...... 2729
Sal 6.2 sáname, oh...mis huesos se *estremecen*.......... 926
18.7 se *estremecieron*, porque se indignó él......... 1607
77.16 los abismos también se *estremecieron*......... 7264
77.18 mundo; se *estremeció* y tembló la tierra...... 7264
97.4 el mundo; la tierra vio y se *estremeció*......... 2342
119.120 mi carne se ha *estremecido* por temor..... 5568
Is 5.25 y se *estremecieron* los montes, y sus........... 7264
6.4 los quiciales de las...se *estremecieron*.......... 5128
7.2 como se *estremecen* los árboles del monte...... 5128
13.13 haré *estremecer* los cielos, y la tierra......... 7264
Ez 26.15 ¿no se *estremecerán* las costas al............ 7493
26.18 *estremecerán* las islas en el día de tu......... 2729
Jl 2.10 se *estremecerán* los cielos; el sol y.............. 7493
Am 8.8 se *estremecerá* la tierra sobre esto?............ 7264
9.1 derriba el...y *estremézcanse* las puertas......... 7493
Hab 3.16 a la voz...dentro de mí me *estremecí*.......... 7264
Jn 11.33 Jesús...se *estremeció* en espíritu y se......... *1690*

ESTREMECIMIENTO
Ez 12.18 y bebe tu agua con *e* y con ansiedad.......... 7269

ESTRENAR
Dt 20.5 edificado casa...y no la ha *estrenado?*.......... 2596
20.5 no sea que muera...algún otro la *estrene*...... 2596

ESTRÉPITO
2 R 7.6 se oyese...y *e* de gran ejército; y se............ 6963
Job 37.2 oíd atentamente el *e* de su voz, y el........... 1899
Ec 7.6 la risa del necio es como el *e* de los............. 6963
Is 17.13 los pueblos harán *e* como de ruido de......... 7582
Jer 11.16 a la voz de recio *e* hizo encender........... 1999
Ez 26.13 haré cesar el *e* de tus canciones, y........... 1995
27.28 al *e* de las voces de tus marineros............ 6963
Am 2.2 morirá Moab...*e* y sonido de trompeta......... 8643
Zac 9.15 harán *e* como tomados de vino; y se.......... 1993

ESTREPITOSO
Job 36.29 nubes, y el sonido *e* de su morada?........... 8663

ESTRIBAR
Ez 41.6 sobre los que *estribasen* las cámaras........... 270
41.6 que no *estribasen* en la pared de la casa........ 270

ESTRICTAMENTE
Hch 5.28 no os mandamos *e* que no
22.3 *e* conforme a la ley de nuestros................. *195*

ESTROPEAR
Éx 22.10 animal...muriere o fuere *estropeado*......... 7665
22.14 prestada bestia...y fuere *estropeada*......... 7665
Nah 2.2 saquearon, y *estropearon* sus mugrones......... 7843
Lc 9.39 y *estropeándole*, a...penas se aparta.......... *4937*

ESTRUENDO
Éx 20.18 todo el pueblo observaba el *e* y los........... 6963
1 S 4.14 Elí oyó el *e*...dijo: ¿Qué *e*...es este?........... 6963
7.10 mas Jehová tronó aquel día con gran *e*........ 6963
1 R 1.41 ¿por qué se alborota la ciudad con *e*?......... 6963
1.45 con alegrías, y la ciudad está llena de *e*........ 1949
2 R 7.6 el campamento de los sirios se oyese *e*......... 6963
11.13 oyendo Atalía el *e* del pueblo que corría....... 6963
1 Cr 14.15 *e* por las copas de las balsameras.......... 6963
2 Cr 23.12 cuando Atalía oyó el *e* de la gente......... 6963
Job 15.21 *e* espantosos hay en sus oídos; en la......... 6963
Sal 65.7 el *e* de los mares...el *e* de sus ondas.......... 7588
93.4 es más poderoso que el *e* de las...aguas........ 6963
Is 10.34 cortará con...y el Líbano caerá con *e*.......... 117
13.4 *e* de multitud en los montes, como de.......... 6963
17.12 pueblos que harán ruido como *e* del mar...... 1993
24.8 acabó el *e* de los que se alegran, cesó.......... 7588
33.3 los pueblos huyeron a la voz del *e*; las......... 1995
Jer 4.29 al *e* de la gente de a caballo y de los........... 6963
6.23 su *e* brama como el mar, y montarán a........ 6963
25.31 llegará el *e* hasta el fin de la tierra.......... 7588
47.3 por el *e* de sus ruedas, los padres no.......... 1995
49.21 del *e* de la caída de ellos la tierra............. 6963
50.22 *e* de guerra en la tierra, y...grande........... 6963
Ez 3.12 una voz de gran *e* que decía: Bendita.......... 7494
3.13 sonido de las ruedas...sonido de gran *e*....... 7494
10.5 *e* de las alas de los querubines se oía......... 6963
19.7 tierra fue desolada...al *e* de sus rugidos....... 6963
26.10 el *e* de su caballería y de las ruedas......... 6963
26.15 ¿no se estremecerán...al *e* de tu caída........ 6963

E

31.16 del e de su caída hice temblar a las........... 6963
Dn 10.6 el sonido de sus palabras como el e de........ 6963
Jl 2.5 como e de carros saltarán sobre... montes 6963
Am 1.14 y consumirá sus palacios con e en el 8643
Mi 2.12 harán e por la multitud de hombres........... 1949
Nah 2.4 plazas, con e rodarán por las calles 1984
Zac 11.3 e de rugidos de cachorros de leones.......... 6963
Hch 2.2 de repente vino del cielo un e como 2279
2.6 y hecho este e, se juntó la multitud; y............ 5456
2 P 3.10 los cielos pasarán con grande e, y los 4500
Ap 1.15 pies... y su voz como e de muchas aguas 5456
9.9 el ruido de sus alas era como el e de............ 5456
14.2 y oí una voz...como e de muchas aguas 5456
19.6 como el e de muchas aguas, y como la voz..... 5456

ESTRUJAR
Ez 23.3 fueron *estrujados*... pechos virginales 6213

ESTUDIAR
Jn 7.15 ¿cómo... letras, sin haber *estudiado*? 3129

ESTUDIO
Ec 12.12 y el mucho e es fatiga de la carne 3854

ESTUPENDO
Sal 145.6 del poder de tus hechos e hablarán.......... 3372

ESTUPOR
Ro 11.8 escrito: Dios les dio espíritu de e 2659

ETAM
1. Primer lugar en donde acampó Israel al salir de Egipto, Éx 13.20; Nm 33.6,7,8.............. 864
2. Peña donde se escondió Sansón, Jue 15.8,11...... 5862
3. Descendiente de Judá, 1 Cr 4.3.................. 5862
4. Aldea en Simeón, 1 Cr 4.32 5862
5. Ciudad en Judá, 2 Cr 11.6 5862

ETÁN
1. Un sabio de la antigüedad, 1 R 4.31; Sal 89 *tít.* 387
2. Hijo de Zera y nieto de Judá, 1 Cr 2.6,8............ 387
3. Ascendiente del cantor Asaf, 1 Cr 6.42............. 387
4. Cantor del templo nombrado por David, 1 Cr 6.44; 15.17,19............................... 387

ETANIM *Séptimo mes en el calendario de los hebreos*, 1 R 8.2.......................... 388

ET-BAAL *Rey de los sidonios y padre de Jezabel*, 1 R 16.31......................... 856

ETER
1. Aldea en Judá, Jos 15.42......................... 6281
2. Aldea en Simeón, Jos 19.7 6281

ETERNAMENTE
Éx 15.18 Jehová reinará e y para siempre............. 5769
2 S 7.16 y tu reino... y tu trono será estable e 5769
1 Cr 17.12 casa, y yo confirmaré su trono e............ 5769
17.14 confirmaré en mi casa y en mi reino e 5769
Sal 9.5 borraste el nombre de ellos e y para.......... 5769
10.16 Jehová es Rey e y para siempre; de su........ 5769
21.4 vida... largura de días e y para siempre 5769
45.17 alabarán los pueblos e y para siempre 5769
48.14 porque este Dios es Dios nuestro e y 5769
52.8 en la misericordia de Dios confío e y 5769
92.7 y florecen... es para ser destruidos e 5703
93.2 es tu trono desde entonces; tú eres e........... 5769
111.8 afirmados e y para siempre, hechos en....... 5703
119.44 guardaré tu ley siempre, para... y e 5769
145.1 bendeciré tu nombre e y para siempre 5769
145.2 y alabaré tu nombre e y para siempre 5769
145.21 y todos bendigan su santo nombre e 5769
148.6 los hizo ser e y para siempre, les puso........ 5703
Pr 8.23 e tuve el principado... el principio 6927
Is 30.8 que quede hasta el día postrero, e y............ 5703
Jer 3.5 ¿guardará su enojo... ¿e lo guardará? 5769
31.36 para no ser nación delante de mí e...... 3605,3117
Dn 7.18 poseerán el reino... e y para siempre 5957
Mi 4.5 andaremos en el nombre de Jehová... e 5769
Jn 6.58 **el que come de este pan, vivirá e** 165
11.26 **aquel que vive y cree en mí, no morirá e** 165
Jud 13 está reservada e la oscuridad de las 165

ETERNIDAD
1 Cr 16.36 bendito sea Jehová... de e a e..... 5769,5704,5769
Neh 9.5 bendecid a Jehová... la e hasta la e 5769
Sal 103.17 desde la e y hasta la e sobre los............ 5769
106.48 bendito... desde la e y hasta la e; y........... 5769
Ec 3.11 y ha puesto e en el corazón de ellos 5769
Is 57.15 porque así dijo... el que habita la e 5703
Dn 12.3 los... como las estrellas a perpetua e 5703
Mi 5.2 sus salidas son... desde los días de la e 5769
2 P 3.18 él sea gloria... hasta el día de la e 165

ETERNO, A
Gn 21.33 e invocó allí el nombre de... Dios e 5769
49.26 hasta el término de los collados e 5769
Dt 33.15 con la abundancia de los collados e 5769
33.27 el e Dios es tu refugio, y... brazos e 6924
1 Cr 16.34 bueno; porque su misericordia es e.......... 5769
16.41 a Jehová, porque es e su misericordia........ 5769
Sal 24.7,9 alzad... alzaos vosotras, puertas e........... 5769
45.6 tu trono, oh Dios, es e y para siempre 5769
49.11 su pensamiento es que sus casas serán e..... 5769
74.3 dirige tus pasos a los asolamientos e 5331
112.6 no resbalará... memoria e será el justo 5769
119.142 tu justicia es justicia e, y tu ley 5769
119.144 justicia e son tus testimonios; dame 5769
119.160 y e es todo juicio de tu justicia............. 5769
133.3 allí envía Jehová bendición, y vida e..... 5704,5769
135.13 oh Jehová, e es tu nombre; tu memoria...... 5769
139.24 si hay en mí... y guíame en el camino e...... 5769
Ec 12.5 porque el hombre va a su morada e, y.......... 5769
Is 9.6 se llamará su nombre... Padre e, Príncipe 5703
33.14 ¿quién de... habitará con las llamas e? 5769
40.28 no has oído que el Dios e es Jehová........... 5769
45.17 será salvo en Jehová con salvación e......... 5769
54.8 con misericordia e tendrá compasión de 5769
55.3 venid a mí... haré con vosotros pacto e 5769
55.13 será a Jehová por nombre, por señal e 5769
60.15 haré que seas una gloria e, el gozo de 5769
Jer 5.22 ordenación e la cual no quebrantará? 5769
10.10 mas Jehová es... él es Dios vivo y Rey e....... 5769
23.40 pondré... e confusión que nunca borrará..... 5769
31.3 con amor e te he amado; por tanto, te 5769
32.40 y haré con ellos pacto e, que no me........... 5769
50.5 con pacto e que jamás se ponga en olvido 5769
51.39 duerman e sueño y no despierten, dice 5769
51.57 y dormirán sueño e y no despertarán 5769
Ez 36.2 las alturas e nos han sido dadas por........... 5769
Dn 7.14 su dominio es... e, que nunca pasará 5957
7.27 del Altísimo, cuyo reino es reino e, y........... 5957
12.2 despertados, unos para vida e, y otros.......... 5769
Hab 3.6 se levantó, y midió... sus caminos son e 5703
Mt 18.8 **teniendo dos... ser echado en el fuego e** 166
19.16 ¿qué bien haré para tener la vida e?........... 166
19.29 **cien veces más, y heredará la vida e** 166
25.41 **al fuego e preparado para el diablo y** 166
25.46 **al castigo e, y los justos a la vida e** 166
Mr 3.29 **perdón, sino que es reo de juicio e** 166
10.17 bueno, ¿qué haré para heredar la vida e? 166
10.30 **reciba... en el siglo venidero la vida e** 166
Lc 10.25 ¿haciendo qué... heredaré la vida e?.......... 166
16.9 **éstas falten, os reciban en las moradas e** 166
18.18 bueno, ¿qué haré para heredar la vida e? 166
18.30 **más... y en el siglo venidero la vida e** 166
Jn 3.15,16 **no se pierda, mas tenga vida e**.............. 166
3.36 el que cree en el Hijo tiene vida e; pero 166
4.14 **una fuente de agua que salte para vida e**....... 166
4.36 **y recoge fruto para vida e, para que el** 166
5.24 **y cree al que me envió, tiene vida e**............. 166
5.39 **os parece que en ellas tenéis la vida e** 166
6.27 **sino por la comida que a vida e permanece** 166
6.40 **ve al Hijo, y cree en él, tenga vida e** 166
6.47 **os digo: El que cree en mí, tiene vida e** 166
6.54 **come mi carne y bebe mi... tiene vida e**.......... 166
6.68 iremos? Tú tienes palabras de vida e 166
10.28 **yo les doy vida e; y no perecerán jamás** 166
12.25 **aborrece su vida... vida e la guardará** 166
12.50 **y sé que su mandamiento es vida e. Así** 166
17.2 **que dé vida e a todos los que le diste** 166
17.3 **esta es la vida e: que te conozcan a ti**........... 166
Hch 13.46 y no os juzgáis dignos de la vida e 166
13.48 los que estaban ordenados para vida e 166
Ro 1.20 cosas invisibles de él, su e poder y 126
2.7 vida e a los que, perseverando en bien............ 126
5.21 gracia reine por la justicia para vida e 166
6.22 la santificación, y como fin, la vida e............. 166
6.23 la dádiva de Dios es vida e en Cristo........... 166
16.25 del misterio... oculto desde tiempos e 166
16.26 según el mandamiento del Dios e, se ha 166
2 Co 4.17 cada vez más excelente y e peso de........... 166
4.18 son temporales... las que no se ven son e 166
5.1 un edificio, una casa... e, en los cielos 166
Gá 6.8 el Espíritu, del Espíritu segará vida e.............. 166
Ef 3.11 propósito e que hizo en Cristo Jesús 165
2 Ts 1.9 cuales sufrirán pena de e perdición.............. 166
2.16 nos dio consolación e y buena esperanza 166
1 Ti 1.16 habrían de creer en él para vida e 166
6.12 la fe, echa mano de la vida e, a la cual............ 166
6.19 por venir, que echen mano de la vida e 166
2 Ti 2.10 obtengan la salvación... con gloria e.............. 166
Tit 1.2 en la esperanza de la vida e, la cual 166
3.7 conforme a la esperanza de la vida e 166
He 5.9 vino a ser autor de e salvación para............... 166
6.2 de la resurrección de los... y del juicio e.......... 166
9.12 una vez... habiendo obtenido e redención.......... 166
9.14 mediante el Espíritu e se ofreció a sí............ 166
9.15 reciban la promesa de la herencia e 166
13.20 las ovejas, por la sangre del pacto e 166
1 P 5.10 el Dios... que nos llamó a su gloria e 166
2 P 1.11 otorgada amplia... entrada en el reino e 166
1 Jn 1.2 anunciamos la vida e, la cual estaba 166
2.25 es la promesa que él nos hizo, la vida e 166
3.15 que ningún homicida tiene vida e... en él.......... 166
5.11 que Dios nos ha dado vida e; y esta vida 166
5.13 que sepáis que tenéis vida e, y para que 166
5.20 éste es el verdadero Dios, y la vida e.............. 166
Jud 6 guardado bajo oscuridad, en prisiones e 126
7 ejemplo, sufriendo el castigo del fuego e........... 166
21 esperando la misericordia de... para vida e 166
Ap 14.6 otro ángel; que tenía el evangelio e............. 166

ETÍOPE *Habitante u originario de Etiopía*
2 S 18.21 y Joab dijo a un e: Ve tú, y di al 3569
18.21 e hizo reverencia ante Joab, y corrió.......... 3569
18.22 como fuere, yo correré ahora tras el e 3569
18.23 corrió... Ahimaas... y pasó delante del e....... 3569
18.31 luego vino el e, y dijo: Reciba nuevas 3569
18.32 el rey... dijo al e: ¿El joven Absalón 3569
18.32 el e respondió: Como aquel joven sean 3569
2 Cr 12.3 venía con él... libios, suquienos y e.......... 3569
14.9 contra ellos Zera e con un ejército de........... 3569
14.12 Jehová deshizo a los e... huyeron los e........ 3569
14.13 cayeron los e hasta no quedar en ellos 3569
16.8 los e y los libios, ¿no eran un ejército 3569
21.16 los árabes que estaban junto a los e........... 3569
Jer 13.23 ¿mudará el e su piel, y el leopardo........... 3569
38.7 oyendo Ebed-melec, hombre e, eunuco de 3569
38.10 mandó el rey al mismo e Ebed-melec 3569
38.12 dijo el e... a Jeremías: Pon... esos trapos...... 3569
39.16 ve y habla a Ebed-melec e, diciendo 3569
46.9 los e y los de Put que toman escudo, y 3569
Am 9.7 ¿no me sois vosotros como hijos de e 3569
Hch 8.27 que un e, eunuco... venido a Jerusalén 128
8.27 funcionario de Candace reina de los e.......... 128

ETIOPÍA *Parte de Africa al sur de Egipto*
2 R 19.9 que Tirhaca rey de E había salido para....... 3568
Est 1.1 el Asuero que reinó... la India hasta E 3568
8.9 las provincias... desde la India hasta E 3568
Job 28.19 no se igualará con ella topacio de E.......... 3568
Sal 68.31 E se apresurará a extender sus manos 3568
87.4 aquí Filistea y Tiro, con E; éste nació 3568
Is 11.11 su pueblo que aún quede en Asiria... E......... 3568
18.1 ¡ay de la tierra que... tras los ríos de E 3568
20.3 por señal y pronóstico sobre... y sobre E 3568
20.4 así llevará el rey... los deportados de E........ 3569
20.5 y se turbarán y avergonzarán de E su.......... 3568
37.9 mas oyendo decir de Tirhaca rey de E: He..... 3568
43.3 a Egipto he dado por tu rescate, a E y 3568
45.14 las mercaderías de E, y los sabeos............ 3568
Ez 29.10 desde Migdol... hasta el límite de E........... 3568
30.4 habrá miedo en E, cuando caigan heridos..... 3568
30.5 E, Fut, Lud, toda Arabia, Libia, y los 3568
30.9 saldrán mensajeros... para espantar a E 3569
Dn 11.43 y los de Libia y de E le seguirán............. 3569
Nah 3.9 E era su fortaleza, también Egipto............ 3568
Sof 2.12 vosotros los de E seréis muertos con.......... 3569
3.10 de la región más allá de los ríos de E 3568

ETNÁN *Descendiente de Judá*, 1 Cr 4.7 869

ETNI *Ascendiente de Asaf el cantor*, 1 Cr 6.41 867

EUBULO *Compañero de Pablo*, 2 Ti 4.21......... 2103

ÉUFRATES *Río principal de Asia occidental*
Gn 2.14 es Hidekel... y el cuarto río es el É 6578
15.18 a tu descendencia daré... hasta... el río É....... 6578
31.21 huyó pues... y se levantó y pasó el É.......... 5104
36.37 y reinó en... Saúl de Rehobot junto al É........ 5104
Éx 23.31 tus límites... el desierto hasta el É 5104
Dt 1.7 al Líbano, hasta el gran río, el río É............ 6578
11.24 desde el río É hasta el mar occidental......... 6578
Jos 1.4 el desierto y el Líbano hasta... río É............ 6578
2 S 8.3 éste a recuperar su territorio al río É.......... 6578
10.16 sirios que estaban al otro lado del É.......... 5104
1 R 4.21 Salomón señoreaba... desde el É hasta 5104
4.24 el señoreaba en toda la... al oeste del É......... 5104
4.24 sobre todos los reyes al oeste del É............ 5104
14.15 los esparcirá más allá del É por cuanto 5104
2 R 23.29 Necao rey de Egipto subió... al río É.......... 6578
24.7 lo que era suyo... Egipto hasta el río É......... 6578
1 Cr 1.48 Saúl de Rehobot, que está junto al É......... 5104
5.9 habitó también desde el... desde el río É 6578
18.3 éste a asegurar su dominio junto al río É...... 6578
19.16 sirios que estaban al otro lado del É.......... 5104
2 Cr 9.26 tuvo dominio... desde el É hasta la........... 5104
35.20 hacer guerra en Carquemis junto al É 6578
Is 27.12 trillará Jehová desde el río É hasta 5104
Jer 2.18 Asiria, para que bebas agua del É?............ 5104
13.4 cinto... y vete al É, y escóndelo allá en 6578
13.5 y lo escondí junto al É, como Jehová me 6578
13.6 levántate y vete al É, y toma de allí 6578
13.7 fui al É, y cavé, y tomé el cinto del 6578
46.2 estaba cerca del río É en Carquemis, a......... 6578
46.6 a la ribera del É tropezaron y cayeron 6578
46.10 sacrificio será para... junto al río É 6578
51.63 este libro... lo echarás en medio del É 6578
Ap 9.14 ángeles... atados junto al gran río É........... 2166
16.12 derramó su copa sobre el gran río É 2166

EUNICE *Madre de Timoteo*, 2 Ti 1.5.............. 2131

EUNUCO
2 R 9.32 se inclinaron hacia él dos o tres e............. 5631
20.18 tus hijos serán e en el palacio del............. 5631
23.11 junto a la cámara de Natán-melec e, el 5631
Est 1.10 siete e que servían delante del rey 5631
1.12,15 orden... enviada por medio de los e......... 5631
2.3 al cuidado de Hegai e del rey, guarda de 5631
2.14 la casa... al cargo de Saasgaz e del rey......... 5631
2.15 lo que dijo Hegai e del rey, guarda de 5631
2.21 se enojaron... e del rey, de la guardia........... 5631
2.23 los dos e fueron colgados en una horca
4.4 las doncellas... y sus e, y se lo dijeron 5631
4.5 Ester llamó a Hatac, uno de los e del rey........ 5631
6.2 denunciado el complot de... dos e del rey 5631
6.14 los e del rey llegaron apresurados, para........ 5631
7.9 Harbona, uno de los e que servían al rey 5631
Is 39.7 de tus hijos... tomarán, y serán e en 5631
56.3 ni diga el e: He aquí yo soy árbol seco 5631
56.4 así dijo Jehová: A los e que guarden mis 5631
Jer 38.7 oyendo Ebed-melec, e de la casa real 5631
41.16 hombres de guerra, mujeres, niños y e 5631
Dn 1.3 dijo el rey a Aspenaz, jefe de sus e 5631
1.7 a éstos el jefe de los e puso nombres............ 5631
1.8 al jefe de los e que no se le obligase............. 5631
1.9 en buena voluntad con el jefe de los e 5631
1.10 dijo el jefe de los e a Daniel: Temo a 5631
1.11 a Melsar... puesto por el jefe de los e 5631
1.18 el jefe de los e los trajo delante de 5631
Mt 19.12 **hay e que nacieron así del vientre de** 2135
19.12 **hay e que son hechos e por los hombres**....... 2134
19.12 **hay e que a sí mismos se hicieron e por** 2134
Hch 8.27 un etíope, e, funcionario de Candace.......... 2135
8.34 e, dijo a Felipe: Te ruego que me digas.......... 2135
8.36 dijo el e: Aquí hay agua; ¿qué impide que 2135
8.38 y descendieron ambos al... Felipe y el e........ 2135

8.39 el *e* no le vio más, y siguió gozoso su........... 2135

EUROCLIDÓN *«Viento huracanado»*, Hch 27.14.. 2148

EUTICO *Discípulo joven en Troas*, Hch 20.9..... 2161

EVA
Gn 3.20 y llamó Adán el nombre de su mujer, *E*....... 2332
4.1 conoció Adán a su mujer *E*...y dio a luz........ 2332
2 Co 11.3 como la serpiente con...engañó a *E*......... 2096
1 Ti 2.13 Adán fue formado primero, después *E*....... 2096

EVADIR
1 S 18.11 la lanza...David lo *evadió* dos veces......... 5437

EVANGELIO
Mt 4.23 recorrió...predicando el *e* del reino........... 2098
9.35 y predicando el *e* del reino, y sanando......... 2098
11.5 oyen...y a los pobres es anunciado el *e* 2097
24.14 y será predicado este *e* del reino en 2098
26.13 que dondequiera que se predique este *e* 2098
Mr 1.1 principio del *e* de Jesucristo, Hijo de 2098
1.14 Jesús vino...predicando el *e* del reino 2098
1.15 diciendo...arrepentíos, y creed en el *e*......... 2098
8.35 pierda su vida por causa de mí y del *e* 2098
10.29 haya dejado...por causa de mí y del *e* 2098
13.10 y es necesario que el *e* sea predicado 2098
14.9 que se predique este *e*...se contará lo 2098
16.15 id por todo el mundo y predicad el *e* 2098
Lc **4.43 también a otras ciudades anuncie el *e***
7.22 oyen...y a los pobres es anunciado el *e* 2097
8.1 predicando y anunciando el *e* del reino......... 2097
9.6 las aldeas, anunciando el *e* y sanando por...... 2097
20.1 enseñando Jesús al...y anunciando el *e* 2097
Hch 8.4 iban por todas partes anunciando el *e*........ 3056
8.12 creyeron a Felipe, que anunciaba el *e* del
8.25 en muchas poblaciones...anunciaron el *e*..... 2097
8.35 entonces Felipe...anunció el *e* de Jesús
8.40 anunciaba el *e* en todas las ciudades 2097
10.36 anunciando el *e* de la paz por medio de
11.20 los griegos, anunciando el *e* del Señor
13.32 os anunciamos el *e* de aquella promesa 2097
14.7 y allí predicaban el *e* 2097
14.21 de anunciar el *e* a aquella ciudad y de........ 2097
15.7 los gentiles oyesen...la palabra del *e* 2098
15.35 y anunciando el *e* con otros muchos.......... 3056
16.10 llamaba para que les anunciásemos el *e*...... 2097
17.18 porque les predicaba el *e* de Jesús, y
20.24 para dar testimonio del *e* de la gracia........ 2098
Ro 1.1 apóstol, apartado para el *e* de Dios............ 2098
1.9 a quien sirvo en mi espíritu en el *e* de.......... 2098
1.15 pronto estoy a anunciaros el *e* también........ 2097
1.16 no me avergüenzo del *e*, porque es poder...... 2098
1.17 en el *e* la justicia de Dios se revela por
2.16 día en que Dios juzgará...conforme a mi *e* 2098
10.16 no todos obedecieron al *e*; pues Isaías........ 2098
11.28 cuanto al *e*, son enemigos por causa de........ 2098
15.16 ministrando el *e* de Dios, para que los........ 2098
15.19 todo lo he llenado del *e* de Cristo 2098
15.20 me esforcé a predicar el *e*, no donde 2097
15.29 con abundancia de la bendición del *e*......... 2098
16.25 al que puede confirmaros según mi *e*......... 2098
1 Co 1.17 a predicar el *e*; no con sabiduría 2097
4.15 pues en...yo os engendré por medio del *e* 2098
9.12 por no poner ningún obstáculo al *e* de......... 2098
9.14 los que anuncian el *e*, que vivan del *e* 2098
9.16 porque...¡ay de mí si no anunciare el *e* 2097
9.18 que predicando el *e*...gratuitamente el *e* 2098
9.18 para no abusar de mi derecho en el *e* 2098
9.23 esto hago por causa del *e*, para hacerme 2098
15.1 os declaro...el *e* que os he predicado, el 2098
2 Co 2.12 llegué a Troas para predicar el *e*........... 2098
4.3 si nuestro *e* está aún encubierto, entre......... 2098
4.4 para que no les resplandezca la luz del *e* 2098
8.18 al hermano cuya alabanza en el *e* se oye 2098
9.13 por la obediencia que profesáis al *e* de 2098
10.14 primeros en llegar...con el *e* de Cristo 2098
10.16 y que anunciaremos el *e* en los lugares....... 2098
11.4 otro *e* que el que habéis aceptado, bien........ 2098
11.7 os he predicado el *e* de Dios de balde?......... 2098
Gá 1.6 alejado del...para seguir un *e* diferente 2098
1.7 algunos...quieren pervertir el *e* de Cristo 2098
1.8 un ángel del cielo, os anunciare otro *e* 2097
1.9 si alguno os predica diferente *e* del que......... 2097
1.11 que el *e* anunciado por mí, no es según 2098
2.2 expuse...*e* que predico entre los gentiles 2098
2.5 para que la verdad del *e* permaneciese con..... 2098
2.7 encomendado el *e* de la incircuncisión.......... 2098
2.14 no andaban...conforme a la verdad del *e* 2098
4.13 causa de...os anuncié el *e* al principio 2097
Ef 1.13 la palabra...el *e* de vuestra salvación.......... 2098
3.6 copartícipes de la promesa...medio del *e*....... 2098
3.8 anunciar entre los gentiles el *e* de las......... 2097
6.15 calzados los pies con el apresto del *e* 2098
6.19 para dar a conocer...el misterio del *e* 2098
Fil 1.5 por vuestra comunión en el *e*; desde el......... 2098
1.7 en la defensa y confirmación del *e*, todos 2098
1.12 han redundado...para el progreso del *e*....... 2098
1.17 que estoy puesto para la defensa del *e*......... 2098
1.27 que os comportéis como es digno del *e*.......... 2098
1.27 combatiendo unánimes por la fe del *e* 2098
2.22 como hijo...ha servido conmigo en el *e* 2098
4.3 éstas que combatieron...conmigo en el *e* 2098
4.15 que al principio de la predicaci6n del *e*........ 2098
Col 1.5 ya habéis oído por la palabra...del *e* 2098
1.23 sin moveros de la esperanza del *e* que......... 2098
1 Ts 1.5 pues nuestro *e* no llegó a vosotros en.......... 2098
2.2 denuedo...para anunciaros el *e* de Dios en 2098
2.4 que se nos confiase el *e*, así hablamos 2098
2.8 entregaros no sólo el *e* de Dios, sino 2098
2.9 trabajando...os predicamos el *e* de Dios........ 2098
3.2 a Timoteo...colaborador nuestro en el *e*........ 2098
2 Ts 1.8 ni obedecen al *e* de nuestro Señor............ 2098
2.14 a lo cual os llamó mediante nuestro *e*.......... 2098
1 Ti 1.11 el glorioso *e* del Dios bendito, que 2098
2 Ti 1.8 participa de las aflicciones por el *e*........... 2098
1.10 sacó a luz la...la inmortalidad por el *e* 2098
2.8 resucitado de los muertos conforme a...*e*....... 2098
Flm 13 me sirviese en mis prisiones por el *e*........... 2098
1 P 1.12 los que os han predicado el *e* por el.......... 2097
1.25 es la palabra que por el *e* os ha sido........... 2097
4.6 ha sido predicado el *e* a los muertos, para 2097
4.17 ¿cuál será el fin de...no obedecen al *e*......... 2098
Ap 14.6 a otro ángel, que tenía el *e* eterno............ 2098

EVANGELISTA
Hch 21.8 y entrando en casa de Felipe el *e*............ 2099
Ef 4.11 otros, *e*; a otros, pastores y maestros.......... 2099
2 Ti 4.5 haz obra de *e*, cumple tu ministerio 2099

EVI *Uno de los cinco reyes madianitas*,
Nm 31.8; Jos 13.21........................... 189

EVIDENCIA
Ef 5.13 cuando son puestas en *e* por la luz............ 5319

EVIDENTE
Gá 3.11 por la ley ninguno se justifica...es *e*.......... 1212

EVIL-MERODAC *Rey de Babilonia*,
2 R 25.27; Jer 52.31 192

EVITAR
Pr 16.14 la ira del hombre sabio la *evitará* 3722
Jer 11.15 sacrificios...*evitarte* el castigo?.............. 5674
1 Co 7.28 la carne, y yo os la quisiera *evitar* 5339
2 Co 8.20 *evitando* que nadie nos censure en 4724
1 Ti 6.20 *evitando* las profanas pláticas sobre 1624
2 Ti 2.16 *evita* profanas y vanas palabrerías........... 4026
3.5 apariencia de piedad, pero...éstos *evita* 665
Tit 3.9 pero *evita* las cuestiones necias, y............ 4026
He 11.34 *evitaron* filo de espada, sacaron 5343

EVOCADOR
1 S 28.9 cómo ha cortado de...a los *e*...adivinos........ 178
Is 19.3 preguntarán a sus...*e* y a sus adivinos 178

EVOCAR
Lv 20.27 que *evocare* espíritus de muertos o se 178

EVODIA *Cristiana en Filipos*
Fil 4.2 ruego a *E* y...sean de un mismo sentir.......... 2136

EXACTA
Dt 25.15 pesa *e* y justa tendrás; efa cabal y............ 8003
Sal 64.6 inquieren...una investigación *e*; y el..... 2664,2665

EXACTAMENTE
Hch 18.26 aparte y le expusieron más *e* 197

EXACTOR
Éx 3.7 y he oído su clamor a causa de sus *e*............ 5065

EXAGERAR
2 Co 2.5 (por no *exagerar*) a todos vosotros............ 1912

EXALTACIÓN
Stg 1.9 de humilde condición, gloríese en su *e* 5311

EXALTAR
Dt 26.19 fin de *exaltarte* sobre...las naciones..... 5414,5945
28.1 tu Dios te *exaltará* sobre...las naciones .. 5414,5945
1 S 2.1 mi poder se *exaltará* en Jehová; mi boca 7311
2.8 del muladar *exaltará* al menesteroso, para 7311
2.10 Rey, y *exaltará* el poderío de su Ungido 7311
20.34 se levantó Jonatán...con *exaltada* ira 2750
2 S 22.49 y aun me *exalta* sobre los que se............ 7311
1 Cr 14.2 que había *exaltado* su reino sobre su 5375
25.5 vidente del rey...para *exaltar* su poder........ 7311
Job 17.4 a éstos...por tanto, no los *exaltarás* 7311
24.24 *exaltados* un poco, mas desaparecen, y........ 7426
36.7 los pondrá en trono...y serán *exaltados* 1361
Sal 12.8 cuando la vileza es *exaltada* entre........... 7311
30.1 te glorificaré...porque me has *exaltado* 1802
34.3 conmigo, y *exaltemos* a una su nombre 7311
35.27 digan siempre: Sea *exaltado* Jehová, que..... 1431
37.34 él te *exaltará* para heredar la tierra........... 7311
46.10 yo...seré *exaltado* entre las naciones.......... 7311
47.10 porque de Dios son...el es muy *exaltado* 5927
57.5,11 *exaltado* seas sobre los cielos, oh 7311
66.17 mi boca, y fue *exaltado* con mi lengua......... 7318
68.4 *exaltad* al que cabalga sobre los cielos 5549
69.30 alabaré yo el...lo *exaltaré* con alabanza....... 1431
75.10 pero el poder del justo será *exaltado* 7311
89.13 fuerte es tu mano, *exaltada* tu diestra 7311
89.19 he *exaltado* a un escogido de mi pueblo 7311
89.24 y en mi nombre será *exaltado* su poder 7311
89.42 has *exaltado* la diestra de sus enemigos 7311
97.9 eres muy *exaltado* sobre todos los dioses 5927
99.2 Jehová...*exaltado* sobre todos los pueblos..... 7311
99.5,9 *exaltad* a Jehová...Dios, y postraos.......... 7311
107.32 *exáltenlo* en la congregación del pueblo..... 7311
108.5 *exaltado* seas sobre los cielos, oh Dios......... 7311
112.9 su poder será *exaltado* en gloria 7311
118.28 y te alabaré; Dios mío, te *exaltaré* 7311
145.1 *exaltaré*, mi Dios, mi Rey, y bendeciré 7311
147.6 *exalta* a los humildes, y humilla a los 5749
148.14 ha *exaltado* el poderío de su pueblo 7311
149.6 *exalten* a Dios con sus gargantas, y 7319
Pr 29.25 el que confía en Jehová será *exaltado* 7682
Ec 10.4 si el...príncipe se *exaltare* contra ti............ 5927
Is 2.2 el monte...*exaltado* sobre los collados............ 5375
2.11 y Jehová solo será *exaltado* en aquel día 7682
2.16,17 Jehová será *exaltado* en aquel día 7682
5.16 Jehová de los...será *exaltado* en juicio 1361
25.1 Jehová, tú eres mi Dios; te *exaltaré* 7311
26.5 humilló a la ciudad *exaltada*...hasta la........ 7682
30.18 será *exaltado* teniendo de...misericordia 7311
32.8 pero el...por generosidades será *exaltado* 6965
33.5 será *exaltado* Jehová, el cual mora en......... 7682
33.10 seré *exaltado*, ahora seré engrandecido...... 7311
38.18 el Seol no te *exaltará*, ni te alabará........... 3034
52.13 mi siervo...será engrandecido y *exaltado* 7311
Ez 21.26 sea *exaltado* lo bajo, y humillado lo........... 1361
31.14 no se *exalten* en su altura todos los........... 1361
Os 13.1 cuando Efraín hablaba...fue *exaltado* en 5375
Lc 1.52 los poderosos, y *exaltó* a los humildes........ 5312
Hch 2.33 que, *exaltado* por la diestra de Dios.......... 5312
5.31 a éste, Dios ha *exaltado* con su diestra......... 5312
2 Co 12.7 de las revelaciones no me *exaltase*........... 5229
Fil 2.9 Dios...le *exaltó* hasta lo sumo, y le.............. 5251
Stg 4.10 humillaos delante...y él os *exaltará*.......... 5312
1 P 5.6 que él os *exalte* cuando fuere tiempo........... 5312

EXAMINAR
Lv 14.3 saldrá fuera...y lo *examinará*; y si ve.......... 7200
14.36 casa...el sacerdote entrará a *examinarla* 7200
14.37 y *examinará* la plaga y si se vieren.......... 7200
14.39 volverá...y la *examinará*; y si la plaga....... 7200
14.44 sacerdote entrará y la *examinará*; y si 7200
14.48 y la examinarae, y viere que la plaga......... 7200
Job 28.3 y *examinan* todo a la perfección, las 2713
Sal 11.4 sus párpados *examinan* a los hijos de 2372
26.2 *examina* mis íntimos pensamientos y mi........ 974
139.1 oh Jehová...me has *examinado* y conocido... 2713
139.23 *examíname*...Dios, y conoce mi corazón 2713
Pr 4.26 *examina* la senda de tus pies, y todos.......... 6424
Ec 7.25 fijé mi corazón para saber y *examinar* 8446
Jer 6.27 conocerás...y *examinarás* el camino de 3045
Hch 22.24 ordenó...fuese *examinado* con azotes 426
25.26 para que después de *examinarla*, tenga 351
28.18 habiéndome *examinado*...querían soltar...... 350
1 Co 11.31 nos *examinásemos* a nosotros mismos...... 1252
2 Co 13.5 *examinaos* a vosotros mismos...la fe 3985
1 Ts 5.21 *examinadlo* todo; retened lo bueno........... 1381

EXASPERAR
Col 3.21 no *exasperéis* a vuestros hijos, para........... 2042

EXCEDER
Nm 3.46 para el rescate de los...que *exceden* a........ 5736
3.48 el dinero del rescate de los que *exceden* 5736
3.49 el dinero...de los que *excedían* en número 5736
1 R 10.23 *excedía* Salomón a todos los reyes........... 1431
2 Cr 9.22 y *excedió* el rey Salomón a todos los......... 1431
33.6 *excedió* en hacer lo malo ante los ojos......... 7235
Ec 7.12 la sabiduría *excede*, el que da vida a............ 3504
Ef 3.19 conocer el amor de Cristo, que *excede* 5235

EXCELENCIA
1 Cr 22.5 la casa...ha de ser magnífica por *e*.......... 4605
Ec 4.4 y toda *e* de obras despierta la envidia 3788
1 Co 2.1 no...con *e* de palabras o de sabiduría 5247
2 Co 4.7 para que la *e* del poder sea de Dios......... 5236
Fil 3.8 por la *e* del conocimiento de Cristo 5242
2 P 1.3 aquel que nos llamó por su gloria y *e*........... 703

EXCELENTE
Éx 30.23 de mirra *e* quinientos siclos, y de 1865
1 Cr 17.17 me has mirado como a un hombre *e*........ 4609
Sal 141.5 que me reprenda será un *e* bálsamo 7218
Pr 8.6 oíd, porque hablaré cosas *e*, y abriré 5057
Cnt 7.1 como joyas, obra de mano de *e* maestro 542
Is 3.3 el consejero, el artífice *e* y el hábil............ 2450
56.12 día de mañana como este,
o mucho más *e* 3499,1419
Ez 23.12 vestidos de ropas y armas *e*, jinetes 4358
1 Co 12.31 yo os muestro un camino aún más *e*........ 5236
2 Co 4.17 produce...*e* y eterno peso de gloria 5236
He 1.4 cuanto heredó más *e* nombre que ellos 1313
11.4 Abel ofreció a Dios más *e* sacrificio que 4119

EXCELENTÍSIMO
Lc 1.3 escribírtelas por orden, oh *e* Teófilo 2903
Hch 23.26 Lisias al *e* gobernador Félix: Salud.......... 2903
24.3 oh *e* Félix, lo recibimos en todo tiempo.......... 2903
26.25 no estoy loco, *e* Festo, sino que hablo 2903

EXCELSO, A
1 Cr 29.11 el reino, y tú eres *e* sobre todos............ 4984
2 Cr 7.21 esta casa que es tan *e*, será espanto 5945
Job 36.22 he aquí que Dios es *e* en su poder 7682
Sal 71.19 y tu justicia, oh Dios, hasta lo *e* 4791
89.27 por...el más *e* de los reyes de la tierra 5945
97.9 tú, Jehová, eres *e* sobre toda la tierra 5945
113.4 *e* sobre todas las naciones es Jehová......... 7311
138.6 Jehová es *e*, y atiende al humilde, mas......... 7311
Jer 17.12 trono de gloria, *e*...el principio, es.......... 4791

EXCEPCIÓN
Dt 4.12 mas a *excepción* de oír la voz, ninguna

EXCEPTO
Gn 14.24 *e*...lo que comieron los jóvenes 1107
47.26 *e* sólo la tierra de los sacerdotes 7535
Éx 12.16 *e*...que cada cual haya de comer............... 389
22.20 ofreciere sacrificio a dioses *e* solamente a ... 1115
Nm 32.12 *e* Caleb hijo de Jefone cenezeo
Dt 1.36 *e* Caleb hijo de Jefone............................ 2108
1 S 13.22 *e* Saúl y Jonatán su hijo
2 R 24.14 *e* los pobres del pueblo de la tierra 2108
1 Cr 18.4 *e* los de cien carros que dejó
Neh 2.12 *e* la única en que yo cabalgaba
Hch 26.29 fueseis hechos..., *e* estas cadenas!........... 3924

E

EXCEPTUAR
Nm 14.30 *exceptuando* a Caleb hijo de Jefone 3612
1 R 15.22 Asa convocó a...Judá, sin *exceptuar* 5355
1 Co 15.27 se *exceptúa* aquel que sujetó a él *1622*

EXCESIVA
Jos 19.9 la parte de los hijos de Judá era *e* 7227

EXCESO
Ec 7.16 no seas demasiado justo...sabio con *e* 3148

EXCITAR
Dt 32.11 como el águila que *excita* su nidada 5782
1 Cr 5.26 el Dios de Israel *excitó* el espíritu 5782
Sal 37.8 te *excites* en manera alguna a hacer 2734
78.65 un valiente que grita *excitado* del vino
Is 29.14 *excitaré* yo la admiración de...pueblo
Hch 14.2 *excitaron*...los ánimos de los gentiles *1892*

EXCLAMACIÓN
Gn 27.34 con una muy grande y muy amarga *e* 6818

EXCLAMAR
Job 3.2 y *exclamó* Job, y dijo 6030
Sal 26.7 para *exclamar* con voz de...gracias, y 8085
Lc 1.42 y exclamó a gran voz, y dijo: Bendita *400*
4.33 un espíritu...el cual *exclamó* a gran voz *349*
8.28 *exclamó* a gran voz: ¿Qué tienes conmigo *2036*

EXCLUIR
2 Cr 11.14 los *excluyeron* del ministerio de 2186
26.21 por...fue *excluido* de la casa de Jehová 1504
Esd 2.62 y fueron *excluidos* del sacerdocio 1351
10.8 el tal fuese *excluido* de la congregación 914
Neh 7.64 y fueron *excluidos* del sacerdocio 1351
Lc 13.28 **el reino...y vosotros estéis *excluidos*** *1544,1854*
Ro 3.27 queda *excluida*. ¿Por cual ley? ¿Por *1576*
2 Ts 1.9 *excluidos* de la presencia del Señor

EXCLUSIÓN
Ro 11.15 su *e* es la reconciliación del mundo *580*

EXCLUSIVA
Dt 26.18 *e* posesión, como te lo ha prometido 5459

EXCREMENTO
Dn 23.13 y luego al volverte cubrirás tu *e* 6627
Ez 4.12 lo cocerás a vista de...al fuego de *e* 1561
4.15 usar estiércol de bueyes en lugar de *e* 1561

EXCUSA
Jn 15.22 **pero ahora no tienen *e* por su pecado** *4392*
Ro 1.20 entendidas...de modo que no tienen *e* *379*

EXCUSAR
Lc 14.18 **todos a una comenzaron a *excusarse*** *3868*
14.18 **necesito ir...te ruego que me *excuses*** *3868*
14.19 **a probarlos; te ruego que me *excuses*** *3868*

EXECRABLE
Lv 20.17 viere su desnudez...suya, es cosa *e* 2617

EXECRACIÓN
Nm 5.21 Jehová te haga maldición y *e* en medio 7621
2 Cr 29.8 y los ha entregado a...*e* y a escarnio 8047
Jer 42.18 seréis objeto de *e* y de espanto, y 423
44.12 de Judá...serán objeto de *e*, de espanto 423

EXECRAR
Nm 23.7 maldíceme a Jacob, y...*execra* a Israel 2194
23.8 *execrar* al que Jehová no ha *execrado*? 2194

EXENTO
1 Cr 9.33 *e* de otros servicios, porque de día 6359
Job 41.33 le parezca; animal hecho *e* de temor 1097
Mt 17.26 **Jesús le dijo: Luego...hijos están *e*** *1658*

EXHALAR
Gn 25.8 *exhaló* el espíritu, y murió Abraham
25.17 y *exhaló* el espíritu Ismael, y murió
35.29 y *exhaló* Isaac el espíritu, y murió
Sal 45.8 áloe y casia *exhalan*...tus vestidos
Jl 2.20 *exhalará*...hedor, y subirá su pudrición 5927

EXHAUSTA
Sal 68.9 Dios; a tu heredad *e* tú la reanimaste 3811

EXHIBIR
Sal 37.6 *exhibirá* tu justicia como la luz, y 3318
1 Co 4.9 Dios nos ha *exhibido* a nosotros los *584*
Col 2.15 los *exhibió* públicamente, triunfando *1165*

EXHORTACIÓN
Lc 3.18 con...*e* anunciaba las buenas nuevas al *3870*
Hch 13.15 si tenéis alguna palabra de *e* para *3874*
Ro 12.8 que exhorta, en la *e*; el que reparte *3874*
1 Co 14.3 a los hombres para edificación, *e* *3874*
2 Co 8.17 pues a la verdad recibió la *e*; pero *3874*
1 Ts 2.3 nuestra *e* no procedió de error ni de *3874*
1 Ti 4.13 que voy, ocúpate en la lectura, la *e* *3874*
He 12.5 y habéis ya olvidado la *e* que como a *3874*
13.22 os ruego...que soportéis la palabra de *e*. *3874*
2 P 3.1 despierto con *e* vuestro...entendimiento *1722,5280*

EXHORTAR
Lc 3.18 con estas...*exhortaciones* anunciaba las *3879*
Hch 2.40 les exhortaba, diciendo: Sed salvos *3870*
11.23 *exhortó* a todos...permaneciesen fieles *3870*
14.22 *exhortándoles* a que permaneciesen en *3870*
20.1 y habiéndolos *exhortado* y...se despidió *4341*
20.2 después de recorrer...de *exhortarles* con *3056*
27.22 ahora os *exhorto* a tener buen ánimo *3867*
27 33 Pablo *exhortaba* a todos que comiesen *3870*
Ro 12.8 el que *exhorta*, en la exhortación *3870*
1 Co 14.31 aprendan, y todos sean *exhortados* *3870*
2 Co 6.1 *exhortamos*...que no recibáis en vano *3870*
8.6 de manera que *exhortamos* a Tito para que *3870*
9.5 por necesario *exhortar* a los hermanos que *3870*
Col 3.16 *exhortándoos* unos...en toda sabiduría *3560*
1 Ts 2.11 *exhortábamos*...a cada uno de vosotros *3870*
3.2 y enviamos a Timoteo...para...*exhortaros* *3870*
4.1 rogamos y *exhortamos* en el Señor Jesús *3870*
2 Ts 3.12 mandamos y *exhortamos* por nuestro *3870*
1 Ti 2.1 *exhorto* ante todo...hagan rogativas *3870*
5.1 sino *exhórtale* como a padre; a los más *3870*
6.2 su buen servicio. Esto enseña y *exhorta* *3870*
2 Ti 2.14 *exhortándoles* delante del Señor a *1263*
4.2 *exhorta* con toda paciencia y doctrina *3870*
Tit 1.9 pueda *exhortar* con sana enseñanza y *3870*
2.6 *exhorta* a...jóvenes a que sean prudentes *3870*
2.9 *exhorta* a los siervos a que se sujeten a *3870*
2.15 *exhorta* y reprende con toda autoridad *3870*
He 3.13 *exhortaos* los unos a los otros cada *3870*
10.25 no dejando de...sino *exhortándonos* *3870*
Jud 3 *exhortándoos* que contendáis...por la fe *3870*

EXIGENCIA
2 Co 9.5 como de generosidad, y no como de *e* *3870*

EXIGIR
Dt 23.19 no *exigiréis* de tu hermano interés de
23.20 del extraño podrás *exigir* interés, mas
23.20 de tu hermano no lo *exigirás*, para que
1 R 22.16 cuántas veces he de *exigirte* que no 7650
2 Cr 6.22 pecare...y se le *exigiera* juramento 5375
Neh 5.7 *exiges* interés...a vuestros hermanos? 5378
Sal 44.12 de balde; no *exigiste* ningún precio 7235
Pr 29.4 mas el que *exige* presentes la destruye
Lc 3.13 les dijo: No *exijáis* más de lo que os *4238*

EXIMIR
1 S 17.25 *eximirá* de tributos a la casa de su 6213,2670
Sal 78.50 no *eximió* la vida de...de la muerte 2820

EXISTIR
Job 7.21 me buscares de mañana, ya no *existiré*
10.19 fuera como si nunca hubiera *existido* 2986
Sal 33.9 porque él dijo, y...mandó, y *existió* 5975
37.10 pues de aquí a poco no *existirá* el malo
Is 17.14 antes de la...el enemigo ya no *existe*
23.13 este pueblo no *existía*; Asiria la fundó
Ez 13.15 diré: No *existe* la pared, ni los que
2 P 3.7 cielos y la tierra que *existen* ahora *3568*
Ap 4.11 y por tu voluntad *existen* y...creadas *1526*
21.1 tierra pasaron, y el mar ya no *existía* *2076*

ÉXITO
1 S 18.30 David tenía más *é* que todos...de Saúl 7919
1 R 22.13 tu palabra...anuncia también buen *é*. 2896
Neh 1.11 concede ahora buen *é* a tu siervo, y 6743
Dn 11.17 pero no permanecerá, ni tendrá *é*

EXORCISTA
Hch 19.13 algunos...*e* ambulantes, intentaron *1845*

EXPANSIÓN
Gn 1.6 dijo Dios: Haya *e* en medio de las aguas 7549
1.7 hizo Dios la *e*, y separó las aguas que 7549
1.7 que estaban debajo de la *e*...sobre la *e* 7549
1.8 llamó Dios a la *e* Cielos. Y fue la tarde 7549
1.14 haya lumbreras en la *e* de los cielos para 7549
1.15 sean por lumbreras en la *e* de los cielos 7549
1.17 las puso Dios en la *e* de los cielos para 7549
1.20 aves que...en la abierta *e* de los cielos 7549
Ez 1.22 una *e* a manera de cristal maravilloso 7549
1.23 y debajo de la *e* las alas de...derechas 7549
1.25 oía una voz de arriba de la *e* que había 7549
1.26 sobre la *e* que había sobre sus cabezas 7549
10.1 en la *e* que había sobre la cabeza de los 7549
Am 9.6 y ha establecido su *e* sobre la tierra 92

EXPATRIADO
1 P 1.1 Pedro...a los *e* de la dispersión en el *3927*

EXPECTACIÓN
Pr 11.7 muere...y la *e* de los malos perecerá 8615
Lc 21.26 **desfalleciendo...por...*e* de las cosas** *4329*
He 10.27 sino una horrenda *e* de juicio, y de *1561*

EXPECTATIVA
Lc 3.15 el pueblo estaba en *e*, preguntándose *4328*

EXPEDIR
2 Co 3.3 sois carta de Cristo *expedida* por *1247*

EXPENSAS *(m. adv.)*
1 Co 9.7 ¿quién fue...soldado a sus propias *e*? *3800*

EXPERIENCIA
2 Co 9.13 pues por la *e* de esta ministración *1382*

EXPERIMENTADO
Is 53.3 varón de dolores, *e* en quebranto; y como 3045

EXPERIMENTAR
Gn 30.27 he *experimentado* que Jehová me ha 5172
Ec 8.5 el que guarda...no *experimentará* mal 3045
Gá 4.15 esa satisfacción que *experimentabais*? *5216*
He 11.36 *experimentaron* vituperios y azotes *3984*

EXPERTO
Dt 1.13 dadme...varones...entendidos y *e*, para 3045
1.15 tomé a...varones sabios y *e*, y los puse 3045
1 Cr 22.15 tienes...todo hombre *e* en toda obra 2450
2 Cr 16.14 diversas especias...*e* perfumistas

EXPIACIÓN
Éx 29.33 aquellas cosas...las cuales se hizo *e* 3722
29.36 ofrecerás el becerro del...para las *e* 3725
29.36 y purificarás el altar cuando hagas *e* 3722
29.37 por siete días harás *e* por el altar, y 3722
30.10 sobre sus cuernos hará Aarón *e* una vez 3722
30.10 del sacrificio por el pecado para *e* 3725
30.10 una vez en el año hará *e* sobre él por 3722
30.15,16 para hacer *e* por vuestras personas 3722
30.16 tomarás...el dinero de las *e*, y lo darás 3725
Lv 1.4 pondrá su mano...será aceptado para *e* 3722
4.3 ofrecerá...un becerro sin defecto para *e* 2403
4.8 tomará del becerro para la *e*...su grosura 2403
4.14 congregación ofrecerá un becerro por *e* 2403
4.20 hará...como hizo con el becerro de la *e* 2403
4.20 así hará el sacerdote *e* por ellos, y 3722
4.21 quemará como...*e* es por la congregación 2403
4.24 lo degollará...delante de Jehová; es *e* 2403
4.25 sacerdote tomará de la sangre de la *e* 2403
4.26 así el sacerdote hará...*e* de su pecado 3722
4.29,33 pondrá su mano sobre la cabeza...*e* 2403
4.31 así hará el sacerdote *e* por él, y será 3722
4.33 y la degollará por *e* en el lugar donde 2403
4.34 sacerdote tomará de la sangre de la *e* 2403
4.35 y le hará el sacerdote *e* de su pecado 3722
5.6 para su *e* traerá a Jehová por su pecado 2403
5.6 una cordera o...cabra como ofrenda de *e* 2403
5.6 y el sacerdote le hará *e* por su pecado 3722
5.7 traerá...en *e* por su pecado que cometió 817
5.8 el uno para *e*, y el otro para holocausto 2403
5.8 ofrecerá primero el que es para *e*, y le 2403
5.9 y rociará de la sangre de la *e* sobre la 2403
5.10 así...hará *e* por el pecado de aquel que 3722
5.11 traerá un efa de flor de harina para *e* 2403
5.11 no pondrá sobre ella aceite, ni...es *e* 2403
5.12 la hará arder en el altar sobre...es *e* 2403
5.13 hará...*e* por él en cuanto al pecado que 2403
5.16 sacerdote hará *e* por él con el carnero 3722
5.18 para *e*, según tú lo estimes, un carnero 817
5.18 el sacerdote le hará *e* por el yerro que 3722
6.5 restituirá...y añadirá...en el día de su *e* 819
6.6 y para *e* de su culpa traerá a Jehová un 817
6.6 carnero...lo dará al sacerdote para la *e* 817
6.7 y el sacerdote hará *e* por él delante de 3722
6.30 ofrenda...para hacer *e* en el santuario 2403
7.5 lo hará arder sobre el...es *e* de la culpa 817
7.7 será del sacerdote que hiciere la *e* con 3722
8.2 toma...las vestiduras...el becerro de la *e* 2403
8.14 hizo traer el becerro de la *e*, y Aarón 2403
8.14 sus manos sobre la...del becerro de la *e* 2403
9.2 toma de la vacada un becerro para *e*, y un 2403
9.3 un macho cabrío para *e*, y un becerro y un 2403
9.7 acércate al...y haz tu *e* y tu holocausto 2403
9.8 degolló el becerro de la *e* que era por él 2403
9.10 hizo arder...grosura del hígado de la *e* 2403
9.15 tomó el macho cabrío que era para la *e* 2403
9.22 y después de hacer la *e*...paz, descendió 2403
10.16 preguntó por el macho cabrío de la *e* 2403
10.17 ¿por qué no comisteis la *e* en lugar 3722
10.19 hoy han ofrecido su *e* y su holocausto 2403
10.19 si...yo comido hoy del sacrificio de *e* 2403
12.6 traerá...una tórtola para *e* a la puerta 2403
12.7,8 hará *e* por ella, y será limpia 3722
12.8 uno para holocausto y otro para *e*, y el 2403
14.18 y hará el sacerdote *e* por él delante de 3722
14.19 hará *e* por el que se ha de purificar de 3722
14.20 el sacerdote *e* por él, y será limpio 3722
14.22 uno será para *e* por el pecado, y el otro 2403
14.24 tomará el cordero de la *e* por la culpa 817
14.31 uno en sacrificio de *e* por el pecado, y 2403
14.31 hará...*e* por el que se ha de purificar 3722
14.53 así hará *e* por la casa, y será limpia 3722
16.3 entrará Aarón en...con un becerro para *e* 2403
16.5 tomará dos machos cabríos para *e*, y un 2403
16.6 y hará traer Aarón el becerro de la *e* 3722
16.9 el macho cabrío sobre...lo ofrecerá en *e* 2403
16.11 hará traer...el becerro que era para *e* 2403
16.11 degollará en *e* el becerro que es suyo 3722
16.15 degollará...*e* por el pecado del pueblo 2403
16.17 él entre a hacer la *e* en el santuario 3722
16.17 y haya hecho la *e* por sí, por su casa 3722
16.24 y hará la *e* por sí y por el pueblo 3722
16.27 sangre fue llevada al...para hacer la *e* 3722
16.30 en este día se hará *e* por vosotros, y 3722
16.32 hará la *e* el sacerdote que fuere ungido 3722
16.33 y hará la *e* por el santuario santo, y 3722
16.33 también hará *e* por el altar, por los 3722
16.34 para hacer *e* una vez al año por todos 3722
17.11 la he dado para hacer *e* sobre el altar 3722
17.11 y la misma sangre hará *e* de la persona 3722
19.21 traerá a...un carnero en *e* por su culpa 817
19.22 con el carnero de la *e* lo reconciliará 3722
23.19 ofreceréis...un macho cabrío por *e*, y 2 2403
23.27 a los diez días de este mes...día de *e* 3725
23.28 porque es día de *e*, para reconciliaros 3725
25.9 el día de la *e* haréis tocar la trompeta 3725
Nm 5.8 del carnero de las *e*, con el cual hará *e* 3725
6.11 el sacerdote ofrecerá el uno en *e*, y el 3722
6.11 hará *e* de lo que pecó a causa del muerto 2403
6.12 traerá un cordero de...en *e* por la culpa 817
6.14 y ofrecerá...una cordera de un año...en *e* 2403
6.16 el sacerdote...hará su *e* y su holocausto 2403
7.16,22,28,34,40,46,52,58,64,70,76,82
un macho cabrío para *e* 2403
7.87 bueyes...doce los machos cabríos para *e* 2403
8.6 toma a los levitas de...y haz *e* por ellos 2891
8.7 así harás para *e*...Rocía...el agua de la *e* 2403
8.8 con aceite; y tomarás otro novillo para *e* 2403
8.12 y ofrecerás el uno por *e*, y el otro en 2403
8.12 a Jehová, para hacer *e* por los levitas 3722
8.21 e hizo...*e* por ellos para purificarlos 3722
15.24 con su ofrenda...un macho cabrío en *e* 2403
15.25 sacerdote hará *e* por...la congregación 3722
15.25 ellos traerán...sus *e* delante de Jehová 2403
15.27 si...ofrecerá una cabra de un año para *e* 2403

15.28 y el sacerdote hará *e* por la persona 3722
16.46 ve pronto...y haz *e* por ellos, porque 3722
16.47 puso incienso, *e* hizo *e* por el pueblo 3722
18.9 y toda *e* por el pecado...*e* por la culpa 2403
19.9 las guardará la congregación...es una *e* 2403
19.17 la ceniza de la vaca quemada de la *e* 2403
25.13 celo...*e* hizo *e* por los hijos de Israel 3722
28.15 y un macho cabrío en *e* se ofrecerá a 2403
28.22 macho cabrío por *e*, para reconciliaros 3722
28.30 macho cabrío para hacer *e* por vosotros 3722
29.5 macho cabrío por *e*, para reconciliaros 2403
29.11 y un macho cabrío por *e*; además de la 2403
29.11 de la ofrenda de las *e* por el pecado 3725
29.16,19,22,25,28,31,34,38 un macho cabrío por *e* 2403
31.50 para hacer *e* por nuestras almas delante 3722
Dt 32.43 y hará *e* por la tierra de su pueblo 3722
1 S 6.3 no la enviéis vacía, sino pagadle la *e* 817
6.4 ellos...¿Y qué será la *e* que le pagaremos? 817
6.17 que pagaron los filisteos en *e* a Jehová 817
1 Cr 6.49 hacían las *e* por Israel conforme a 3722
2 Cr 29.21 y siete machos cabríos para *e* por 2403
29.23 acercar...los machos cabríos para la *e* 2403
29.24 hicieron ofrenda de *e* con la sangre de 2403
29.24 por todo Israel mandó el rey hacer...*e* 3722
Esd 6.17 machos cabríos...en *e* por todo Israel 2403
8.35 ofrecieron...por *e*, todo en holocausto 2403
Neh 10.33 los sacrificios de *e* por el pecado 3722
12.45 habían cumplido...el servicio de la *e* 2893
Sal 40.6 has...holocausto y *e* no has demandado 2401
Is 53.10 puesto su vida en *e* por el pecado 817
Ez 40.39 para degollar...la *e* y el sacrificio 2403
42.13 pondrán...la *e* y el sacrificio por el 2403
43.19 darás un becerro de la vacada para *e* 2403
43.21 tomarás luego el becerro de la *e*, y lo 2403
43.22 ofrecerás un macho cabrío sin...para *e* 2403
43.25 sacrificarán un macho cabrío...día en *e* 2403
43.26 por siete días harán *e* por el altar 3722
44.27 el día que entre...ofrecerá su *e*, dice 2403
44.29 y la *e* y el sacrificio por el pecado 2403
45.15 para *e* por ellos, dice Jehová el Señor 3722
45.17 el príncipe...dispondrá la *e*, la ofrenda 2403
45.17 paz, para hacer *e* por la casa de Israel 3722
45.19 sacerdote tomará de la sangre de la *e* 2403
45.20 que pecaron por error y...*e* por la casa 3722
45.25 como en estos...días en cuanto a la *e* 2403
46.20 donde los sacerdotes y cocerán...la *e* 2403
He 10.6,8 *e* por el pecado no te agradaron, ni *4012*

EXPIAR
Lv 8.34 hoy...mandó hacer Jehová para *expiaros* 3722
16.18 saldrá el altar que está...y lo *expiará* 3722
16.20 hubiere acabado de *expiar* el santuario 3722
Nm 35.33 tierra no será *expiada* de la sangre 3722
1 S 3.14 iniquidad de...de Elí no será *expiada* 3722
Ez 43.23 cuando acabes de *expiar*, ofrecerás un 2398
Dn 9.24 y *expiar* la iniquidad, para traer la 3722
He 2.17 para *expiar* los pecados del pueblo *2433*

EXPIATORIO
Lv 6.25 esta es la ley del sacrificio *e*: en el 2403

EXPIRAR
Gn 49.33 encogió sus pies en la cama, y *expiró* 1478
Job 3.11 ¿por qué no morí yo...*expiré* al salir 1478
10.18 hubiera yo *expirado*, y ningún ojo me 1478
Mr 15.37 mas Jesús, dando una gran voz, *expiró* *1606*
15.39 viendo que...había *expirado* así, dijo *1606*
Lc 23.46 Jesús...habiendo dicho esto, *expiró* *1606*
Hch 5.5 al oír Ananías estas palabras...*expiró* *1634*
5.10 ella cayó a los pies de él, y *expiró* *1634*
12.23 le hirió...y *expiró* comido de gusanos *1634*

EXPLICAR
Jue 14.19 los que habían *explicado* el enigma 5046
Dn 2.2 hizo llamar...le *explicasen* sus sueños 5046
Mt 13.36 *explícanos* la parábola de la cizaña *5419*
15.15 Pedro...dijo: *Explícanos* esta parábola *5419*
He 5.11 y difícil de *explicar*, por cuanto os *3004*

EXPLORAR
Jue 18.2 para que...*explorasen* bien la tierra 2713
18.9 hemos *explorado* la región, y hemos visto 7200
Jer 31.37 *explorasen* abajo los fundamentos de 2713

EXPLOTAR
Am 8.4 los que *explotáis* a los menesterosos 7602

EXPONER
Éx 19.7 y *expuso* en presencia de ellos todas 7760
Jos 20.4 *expondrá* sus razones en oídos de los 1696
Jue 5.18 Zabulón *expuso* su vida a la muerte 2778
9.17 *expuso* su vida al peligro para libraros 7993
1 R 10.2 le *expuso* todo lo que en su corazón 1696
2 R 18.27 *expuestos* a comer...estiércol y beber
Job 13.18 si yo *expusiere* mi causa, sé que seré 6186
23.4 *expondría* mi causa delante de él, y 6186
Sal 142.2 delante de él *expondré* mi queja 8210
Is 36.12 muro *expuestos* a comer su estiércol
Jer 11.20 porque ante ti he *expuesto* mi causa 1540
Mt 5.22 **quedará *expuesto* al infierno de fuego** *1777*
Hch 7.19 que *expusiesen* a la muerte a sus niños *1570*
7.21 siendo *expuesto* a la muerte, la hija de *1620*
15.26 hombres que han *expuesto* su vida por *3860*
17.3 *exponiendo*...era necesario que el Cristo *3908*
18.26 le *expusieron* más exactamente el camino *1620*
25.14 Festo *expuso* al rey la causa de Pablo *394*
Ro 16.4 que *expusieron* su vida por mí; a los *5294*
Gá 2.2 *expuse*...el evangelio que predico entre *394*
Fil 2.30 *exponiendo* su vida para suplir lo que *3851*
He 6.6 crucificando...*exponiéndole* a vituperio *3856*

EXPOSICIÓN
Sal 119.130 la *e* de tus palabras alumbra; hace 6608

EXPRESAMENTE
Gn 43.7 aquel varón nos preguntó *e*
1 S 10.16 nos declaró *e* que las asnas 5046

EXPRESAR
1 R 8.56 todas sus promesas que *expresó* por Moisés
Sal 106.2 ¿quién *expresará* las poderosas obras de 4448
Ec 1.8 de lo que el hombre puede *expresar* 1696
Jer 36.7 es el furor y la ira que ha *expresado* 1696
2 Co 12.4 que no le es dado al hombre *expresar* *2980*
Ef 2.15 la ley de los mandamientos *expresados* en

EXPRESIÓN
Pr 15.26 mas las *e* de los limpios son limpias

EXPRIMIR
Gn 40.11 y las *exprimía* en la copa de Faraón 7818
Lv 1.15 sangre será *exprimida* sobre la pared 4680
5.9 lo que sobrare...lo *exprimirá* al pie del 4680
Jue 6.38 *exprimió* el vellón y sacó...el rocío 4680
Job 24.11 dentro...paredes *exprimen* el aceite

EXPUESTO *Véase Exponer*

EXPULSAR
Ez 36.5 que sus *expulsados* fuesen presa suya 1644
Jn 9.22 Jesús era el Mesías, fuera *expulsado* *1096*
9.34 nos enseñas a nosotros? Y le *expulsaron* *1544*
9.35 oyó Jesús que le habían *expulsado*...dijo *1544*
12.42 para no ser *expulsados* de la sinagoga *656*
16.2 **os *expulsarán* de las sinagogas; y aun** *656*
Hch 13.50 persecución contra...y los *expulsaron* *1544*
1 Ts 2.15 profetas, y a nosotros nos *expulsaron* *1559*
3 Jn 10 prohíbe, y los *expulsa* de la iglesia *1544*

EXQUISITA
Ap 18.14 y todas las cosas *e*...te han faltado *3045*

ÉXTASIS
Hch 10.10 pero mientras le...le sobrevino un *é* *1611*
11.5 y vi en *é* una visión; algo semejante a *1611*
22.17 orando en el templo me sobrevino un *é* *1611*

EXTENDER
Gn 8.9 él *extendió* su mano, y...la hizo entrar 7971
22.10 y *extendió* Abraham su mano y tomó 7971
22.12 y dijo: No *extiendas* tu mano sobre el 7971
28.14 te *extenderás* al occidente, al oriente 6555
39.21 Jehová...le *extendió* su misericordia, 5186
48.14 Israel *extendió* su mano derecha, y la 7971
49.22 sus vástagos se *extienden* sobre el muro 6805
Éx 3.20 *extenderé* mi mano, y heriré a Egipto 7971
4.4 *extiende* tu mano...y él *extendió* su mano 7971
6.6 os redimiré con brazo *extendido*, y con 5186
7.5 cuando *extienda* mi mano sobre Egipto, y 5186
7.19 y *extiende* tu mano sobre las aguas de 5186
8.5 *extiende* tu mano con tu vara sobre los 5186
8.6 Aarón *extendió* su mano sobre las aguas 5186
8.16 *extiende* tu vara y golpea el polvo de 5186
8.17 y Aarón *extendió* su mano con su vara 5186
9.15 *extenderé* mi mano para herirte a ti y a 7971
9.22 *extiende* tu mano hacia el cielo, para 5186
9.23 Moisés *extendió* su vara hacia el cielo 5186
9.29 *extenderé* mis manos...los truenos cesarán 6566
9.33 *extendió* sus manos a Jehová, y cesaron 6566
10.12 *extiende* tu mano...la tierra de Egipto 5186
10.13 y *extendió* Moisés su vara sobre...Egipto 5186
10.21 *extiende* tu mano hacia el cielo, para 5186
10.22 *extendió* Moisés su mano hacia el cielo 5186
14.16,26 y *extiende* tu mano sobre el mar 5186
14.21,27 *extendió* Moisés su mano sobre el mar 5186
15.12 *extendiste* tu diestra; la tierra los 5186
24.11 no *extendió* su mano sobre los príncipes 7971
25.20 los querubines *extenderán* por encima 6566
37.9 querubines *extendían* sus alas por encima 6566
40.21 puso el velo *extendido*, y ocultó el arca 4539
Lv 13.5 si...no habiéndose *extendido* en la piel 6581
13.7 si se *extendiere* la erupción en la piel 6581
13.8 si...ve que la erupción se ha *extendido* 6581
13.22 y si se fuere *extendiendo* por la piel 6581
13.23,28 la mancha...no se hubiere *extendido* 6581
13.27,35 hubiere ido *extendiendo* por la piel 6581
13.32 la tiña no pareciere haberse *extendido* 6581
13.51 si se hubiere *extendido*...en el vestido 6581
13.53 plaga se haya *extendido* en el vestido 6581
13.55 aunque no se haya *extendido* la plaga 6581
13.57 y si...*extendiéndose* en ellos, quemarás 6524
14.39 y si la plaga se hubiere *extendido* en 6581
14.44 si pareciere haberse *extendido* la plaga 6581
14.48 viera que la plaga no se ha *extendido* 6581
Nm 4.6 *extenderán* encima un paño todo de azul 6566
4.7 sobre la mesa...*extenderán* un paño azul 6566
4.8 y *extenderán* sobre ella un paño carmesí 6566
4.11 sobre el altar...*extenderán* un paño azul 6566
4.13 *extenderán* sobre él un paño de púrpura 6566
4.14 y *extenderán* sobre él la cubierta de 6566
24.6 como arroyos están *extendidas*...planta dos 5186
34.4 y se *extenderá* del sur a Cades-barnea 8444
Dt 4.34 brazo *extendido*, y hechos aterradores 5186
5.15 allá con mano fuerte y brazo *extendido* 5186
7.19 brazo *extendido* con que Jehová tu Dios 5186
9.29 sacaste con tu...y con tu brazo *extendido* 5186
11.2 su mano poderosa, y su brazo *extendido* 5186
22.17 *extenderán* la vestidura delante de los 6566
26.8 nos sacó de Egipto...con brazo *extendido* 5186
32.11 *extiende* sus alas, los toma, los lleva 6566
Jos 8.18 dijo a Josué: *Extiende* la lanza que 5186
8.18 Josué *extendió* hacia la ciudad la lanza 5186
8.26 no retiró su mano que había *extendido* 5186
Jue 6.21 *extendiendo* el ángel...el báculo que 7971
15.9 los filisteos...se *extendieron* por Lehi 5203
15.15 una quijada...*extendió* la mano y la tomó 7971
Rt 3.9 soy Rut...*extiende* el borde de tu capa 6566
1 S 22.17 no quisieron *extender* sus manos para 7971
24.6 *extienda* mi mano contra él; porque es el 7971
24.10 no *extenderé* mi mano contra mi señor 7971
26.9 no le mates ¿quien *extenderá* su mano 7971
26.11 guárdeme Jehová de *extender* mi mano 7971
26.23 yo no quise *extender* mi mano contra el 7971
2 S 1.14 no tuviste temor de *extender* tu mano 7971
5.18,22 filisteos...*extendieron* por el valle 5203
6.6 Uza *extendió* su mano al arca de Dios, y 7971
15.5 ¿él *extendía* la mano y lo tomaba, y lo 7971
17.19 una manta, la *extendió* sobre la boca 6566
18.8 la batalla se *extendió* por todo el país 6327
18.12 no *extendería* yo mi mano contra el hijo 7971
24.16 cuando el ángel *extendió* su mano sobre 7971
1 R 6.27 *extendían* sus alas, de modo que el 6566
8.7 los querubines tenían *extendidas* las alas 6566
8.22 puso...y *extendiendo* sus manos al cielo 6566
8.38 y *extendiera* sus manos a esta casa 6566
8.42 de tu gran nombre...de tu brazo *extendido* 5186
8.54 Salomón...sus manos *extendidas* al cielo 6566
13.4 *extendiendo* su mano...dijo: ¡Prendedle! 7971
13.4 la mano que había *extendido*...se le secó 7971
2 R 6.7 tómalo...*extendió* la mano, y lo tomó 7971
17.36 que os sacó de...con...brazo *extendido* 5186
19.14 las *extendió* Ezequías delante de Jehová 6566
21.13 y *extenderé* sobre Jerusalén el cordel 5186
1 Cr 13.9 Uza *extendió* su mano al arca para 7971
13.10 porque había *extendido* su mano al arca 7971
14.9,13 filisteos...*extendieron* por el valle 6584
21.16 una espada...*extendida* contra Jerusalén 5186
28.18 con las alas *extendidas* cubrían el arca 6566
2 Cr 3.13 las alas *extendidas* por veinte codos 6566
5.8 los querubines *extendían* las alas sobre 6566
6.12 delante del altar...y *extendió* sus manos 6566
6.13 se puso...y *extendió* sus manos al cielo 6566
6.29 si *extendiere* sus manos hacia esta casa 6566
6.32 venido...a causa de...tu brazo *extendido* 5186
26.15 su fama se *extendió* lejos, porque fue 3318
28.18 los filisteos se habían *extendido* por 6584
Esd 9.5 postré...y *extendí* mis manos a Jehová 6566
Est 4.11 a quien el rey *extendiere* el cetro de 3447
5.2; 8.4 el rey *extendió* a Ester el cetro de 3447
8.7 cuanto *extendió* su mano contra los judíos 7971
Job 1.11 *extiende* ahora tu mano y toca todo lo 7971
2.5 *extiende* ahora tu mano, y toca su hueso 7971
9.8 él solo *extendió* los cielos, y anda sobre 5186
11.13 corazón, y *extendiera* a él tus manos 6566
15.25 él *extendió* su mano contra Dios, y se 5186
15.29 ni *extenderá* por la tierra su hermosura 5186
26.7 *extiende* el norte sobre vacío, cuelga la 5186
26.9 de su trono, y sobre él *extiende* su nube 6576
30.24 mas él no *extenderá* la mano contra el 7971
36.30 sobre él *extiende* su luz, y cobija con 6566
37.18 ¿*extendiste* tú con él...cielos, firmes 7554
38.5 ¿o quién *extendió* sobre ella cordel? 5186
39.26 vuela...*extiende* hacia el sur sus alas? 6566
Sal 36.10 *extiende* tu misericordia a los que 4900
37.35 al impío...que se *extendía* como laurel 6168
55.20 *extendió* el inicuo sus manos contra los 7971
68.31 Etiopía se apresurará a *extender* sus 7323
80.11 *extendió* sus vástagos hasta el mar, y 7971
85.5 ¿*extenderás* tu ira de generación en 4900
88.9 cada día; he *extendido* a ti mis manos 7849
104.2 *extiende* los cielos como una cortina 5186
105.39 *extendió*...nube por cubierta, y fuego 6566
125.3 que *extiendan* los justos sus manos a la 7971
136.6 que *extendió* la tierra sobre las aguas 7554
136.12 con mano fuerte, y brazo *extendido* 5186
138.7 contra la ira de...*extenderás* tu mano 7971
143.6 *extendí* mis manos a ti, mi alma a ti 6566
Pr 1.24 *extendí* mi...y no hubo quien atendiese 5186
31.20 y *extiende* sus manos al menesteroso 6566
Is 1.15 cuando *extendáis* vuestras manos, yo 6566
5.14 el Seol, y sin medida *extendió* su boca 6473
5.25 *extendió* contra él su mano, y le hirió 5186
5.25; 9.12,17,21; 10.4 sino que todavía
su mano está *extendida* 5186
8.8 *extendiendo* sus alas, llenará la anchura 4298
11.8 el recién destetado *extenderá* su mano 1911
14.26 esta, la mano *extendida* sobre todas las 5186
14.27 su mano *extendida*...la hará retroceder? 5186
16.8 y se habían *extendido* por el desierto 8582
16.8 se *extendieron* sus plantas, pasaron el 5203
19.8 y desfallecerán los que *extienden* red 6566
21.5 la mesa, *extienden* tapices; comen, beben 6822
23.11 *extendió* su mano sobre el mar...temblar 5186
25.11 *extenderá* su mano por en medio de él 6566
25.11 como la *extiende* el nadador para nadar 6566
30.13 grieta...amenaza ruina, *extendiéndose* en 1158
31.3 que al *extender* Jehová su mano, caerá el 5186
34.11 y se *extenderá*...cordel de destrucción 5186
37.14 canas...las *extendió* delante de Jehová 6566
40.19 platero le *extiende* el oro y le funde 7554
40.22 *extiende* los cielos como una cortina 4969
42.5 que *extiende* la tierra y sus productos 7554
44.24 *extiendo*...los cielos, que *e* la tierra 7554
45.12 yo, mis manos, *extendieron* los cielos 5186
51.13 *extendió* los cielos y fundó la tierra 5186
51.16 *extendiendo* los cielos y echando los 5193
54.2 y las cortinas de tus...sean *extendidas* 5186
54.3 porque te *extenderás* a la mano derecha 6555
65.2 *extendí* mis manos todo el día a pueblo 6566

66.12 yo *extiendo* sobre ella paz como un río 5186
Jer 1.9 y *extendió* Jehová su mano y tocó mi 7971
4.31 lamenta y *extiende* sus manos, diciendo 6566
6.4 las sombras de la tarde se han *extendido* 5186
6.12 *extenderé* mi mano sobre los moradores 5186
10.12 y *extendió* los cielos con su sabiduría 5186
15.6 por tanto, yo *extenderé* sobre ti mi mano 5186
27.5 gran poder y con mi brazo *extendido*, y 5186
32.17 tu gran poder, y con tu brazo *extendido* 5186
32.21 con mano fuerte y brazo *extendido*, y con 5186
43.10 estas piedras... *extenderá* su pabellón 5186
48.40; 49.22 volará, y *extenderá* sus alas 6566
51.15 *extendió* los cielos con su inteligencia 5186
51.25 *extenderé* mi mano contra ti, y te haré 5186
Lm 1.10 *extendió* su mano el enemigo a todas 6566
1.13 ha *extendido* red a mis pies, me volvió 6566
1.17 Sión *extendió* sus manos; no tiene quien 6566
2.8 extendió el cordel, no retrajo su mano 5186
5.6 *extendimos* la mano, para saciarnos de pan 5414
Ez 1.11 tenían sus alas *extendidas* por encima 6504
1.22 de cristal maravilloso, *extendido* encima 5186
1.23 las alas... *extendiéndose* la una hacia la
2.9 una mano *extendida* hacia mí, y en ella 7971
2.10 *extendido*... y estaba escrito por delante 6566
6.14 y *extenderé* mi mano contra ellos, y 5186
8.3 y aquella figura *extendió* la mano, y me 7971
10.7 un querubín *extendió* su mano... al fuego 7971
12.13 yo *extenderé* mi red sobre él, y caerá 6566
14.9 *extenderé* mi mano... y lo destruiré de en 5186
14.13 y *extendiere* yo mi mano sobre ella, y 5186
16.8 *extendí* mi manto sobre ti, y cubrí tu 6566
16.27 *extendí* contra ti mi mano, y disminuí 5186
17.7 y *extendió* hacia ella sus ramas, para 7971
17.20 *extenderé* sobre él... red, y será preso 6566
19.8 y *extendieron* sobre él su red, y en el 6566
20.33 y brazo *extendido*, y enojo derramado 5186
20.34 os reuniré de las... con brazo *extendido* 5186
25.7 he aquí yo *extenderé* mi mano contra ti 5186
25.13 también *extenderé* mi mano sobre Edom 5186
25.16 *extiendo* mi mano contra los filisteos 5186
30.25 la *extienda* contra la tierra de Egipto 5186
32.3 *extenderé* sobre ti mi red con reunión de 6566
35.3 he aquí yo... *extenderé* mi mano contra ti 5186
Dn 11.42 *extenderá* su mano contra las tierras 7971
Os 7.5 *extendió* su mano con los escarnecedores 4900
14.5 y *extenderá* sus raíces como el Líbano 5221
14.6 *extenderán* sus ramas, y será su gloria 1980
Jl 2.2 que sobre los montes se *extiende* como 6566
Mi 7.11 en aquel día se *extenderán* los límites 7368
Sof 1.4 *extenderé* mi mano sobre Judá, y sobre 5186
2.13 y *extenderá* su mano sobre el norte, y 5186
Zac 12.1 que *extiende* los cielos y funda la 5186
Mt 8.3 **extendió la mano... diciendo: Quiero; sé** *1614*
12.13 **extiende tu mano. Y él la extendió, y** *1614*
12.49 **extendiendo su mano... dijo: He aquí mi** *1614*
14.31 *extendiendo* la mano, asió de él, y le *1614*
23.5 **y extienden los flecos de sus mantos** *3170*
26.51 *extendiendo* la mano, sacó su espada *1614*
Mr 1.41 *extendió* la mano y le tocó, y le dijo *1614*
3.5 **extiende tu mano. Y él la extendió, y la** *1614*
Lc 5.13 entonces... *extendiendo* él la mano, le *1614*
5.15 pero su fama se *extendía* más y más; y *1330*
6.10 **dijo al hombre: Extiende tu mano. Y él** *1614*
7.17 **extendió la fama de él por toda Judea** *1831*
22.53 **no extendisteis las manos contra mí** *1614*
Jn 21.18 **extenderás... manos, y te ceñirá otro** *1614*
21.23 dicho se *extendió*... entre los hermanos *1831*
Hch 4.30 mientras *extiendes* tu mano para que *1614*
26.1 Pablo... *extendiendo* la mano, comenzó así *1614*
Ro 10.21 todo el día *extendí* mis manos a un *1600*
Fil 3.13 *extendiéndome* a lo que está delante *1901*
1 Ts 1.8 vuestra fe en Dios se ha *extendido* *1831*
Ap 7.15 *extenderá* su tabernáculo sobre ellos *4637*

EXTENSA

Neh 4.19 la obra es grande y *e*... lejos unos de 7342
Job 11.9 su dimensión es más *e* que la tierra 752
Is 22.18 te echar a rodar con... por tierra *e* 7342

EXTENSIÓN

Gn 41.56 hambre estaba por toda la *e* del país 6440
Job 36.29 podrá comprender la *e* de las nubes, y 4666
Ez 31.7 hizo... hermoso... con la *e* de sus ramas 753
Am 6.2 ved si... si su *e* es mayor que la vuestra 1366

EXTENUACIÓN

Lv 26.16 enviaré sobre vosotros terror, *e* y 7829

EXTENUAR

Gn 41.19 tan *extenuadas*, que no he visto otras 1800
Os 4.3 se *extenuará* todo morador de ella, con 535

EXTERIOR

1 Cr 26.29 jueces sobre Israel en asuntos *e* 2435
2 Cr 33.14 edificó el muro *e* de la ciudad de 2435
Neh 11.16 capataces de la obra *e* de la casa 2435
Est 6.4 y Amán había venido al patio *e* de la 2435
Ez 40.17 me llevó luego al atrio *e*, y he aquí 2435
40.20 de la puerta... en el atrio *e*, midió su 2435
41.25 labrados... en la fachada del atrio al *e* 2351
42.1 me trajo... al atrio *e* hacia el norte, y 2435
42.3 del enlosado que había en el atrio *e* 2435
42.7 el muro... hacia el atrio *e* delante de las 2435
42.9 lado... para entrar en él desde el atrio *e* 2435
42.14 no saldrán... al atrio *e*, sino que allí 2435
44.1 me hizo volver hacia la puerta *e* de 2435
44.19 cuando salgan al atrio *e*, al atrio de 2435
46.2 entrará por el... portal de la puerta *e* 2351
46.20 cocerán la... para no sacarla al atrio *e* 2435
46.21 me sacó al atrio *e*, y me llevó por los 2435
47.2 me hizo dar la vuelta por el camino *e* 2351
2 Co 4.16 nuestro hombre *e* se va desgastando *1854*

EXTERIORMENTE

Ro 2.28 el que lo es *e*... la que se hace *e*

EXTERMINAR

Gn 9.11 no *exterminará* ya más toda carne con 3772
Dt 7.17 naciones... cómo las podré *exterminar*? 3423
Jos 13.6 sidonios; yo los *exterminaré* delante 3423
Jue 21.17 y no sea *exterminada* una tribu de 4229
2 S 21.5 para *exterminarnos* sin dejar nada de 8045
1 R 16.12 así *exterminó* Zimri a toda la casa 8045
2 R 10.17 mató... de Acab... hasta *exterminarlos* 8045
10.19 *exterminar* a los que honraban a Baal 6
10.28 así *exterminó* Jehú a Baal de Israel 8045
2 Cr 22.7 que *exterminara* la familia de Acab 3772
22.10 *exterminó* toda la descendencia real de 1696
Est 3.13 matar y *exterminar* a todos los judíos 6
7.4 sido vendidos... para ser... *exterminados* 6
Sal 101.8 *exterminar*... los que hagan iniquidad 3772
Jer 9.21 para *exterminar* a los niños de las 3772
24.10 sean *exterminados* de la tierra que les 8552
48.35 *exterminaré*... a quien sacrifique sobre 7673
Ez 20.13 derramaría... ira... para *exterminarlos* 3615
20.17 maté, ni los *exterminé* en el desierto 6213
25.7 *exterminaré*, y sabrás que yo soy Jehová 8045
30.15 y *exterminaré* a la multitud de Tebas 3772
Sof 1.4 y *exterminaré* de... los restos de Baal 3772

EXTERNO

1 P 3.3 vuestro atavío no... el *e* de peinados *1855*

EXTINGUIR

Nm 11.2 Moisés oró... y el fuego se *extinguió* 8257
Sal 37.38 posteridad de los... será *extinguida* 3772
Ez 32.7 y cuando te haya *extinguido*, cubriré 3518
Jl 1.12 por lo cual se *extinguió* el gozo de 3001

EXTORSIÓN

Pr 28.16 príncipe falto de... multiplicará la *e* 4642
Lc 3.14 no hagáis *e* a nadie, ni calumnieis *1286*

EXTRAER

Sal 73.10 aguas en abundancia serán *extraídas* 4680

EXTRALIMITAR

2 Co 10.14 no nos hemos *extralimitado*, como si *5239*

EXTRANJERO, A

Gn 4.12 fuerza; errante y *e* serás en la tierra 5110
4.14 me echas... seré errante y *e* en la tierra 5110
17.12 el comprado por dinero a cualquier *e* . . . 1121,5236
17.27 el siervo... comprado del *e* por dinero . . . 1121,5236
23.4 *e* y forastero soy entre vosotros; dadme 1616
Éx 12.19 comiere leudado, así *e* como natural 1616
12.45 el *e* y el jornalero no comerán de ella 8453
12.48 mas si algún *e* morare contigo, y quiere 1616
12.49 ley será para el natural, y para el *e* 1616
20.10 no hagas en él obra alguna... ni tu *e* que 1616
22.21 al *e* no... angustiarás, porque *e* fuisteis 1616
23.9 no angustiarás al *e*... ya que *e* fuisteis 1616
23.9 vosotros sabéis cómo es el alma del *e* 1616
23.12 y tome refrigerio... tu sierva, y el *e* 1616
Lv 16.29 ni el natural ni el *e* que mora entre 1616
17.8 de los *e* que moran entre vosotros, que 1616
17.10,13 o de los *e* que moran entre ellos 1616
17.12 ni el *e* que mora entre vosotros comerá 1616
17.15 así de los naturales como de los *e*, que 1616
18.26 natural ni el *e* que mora entre vosotros 1616
19.10 para el pobre y para el *e* lo dejarás 1616
19.33 cuando el *e* morare... en vuestra tierra 1616
19.34 un natural de vosotros tendréis al *e* 1616
19.34 porque *e* fuisteis en la tierra de Egipto 1616
20.2 de Israel, o de los *e* que moran en Israel 1616
22.18 cualquier varón... o de los *e* en Israel 1616
22.25 ni de mano de *e* tomarás estos animales 5236
23.22 para el pobre y para el *e* la dejarás 1616
24.16 el *e* como el natural, si blasfemare el 1616
24.22 un mismo estatuto tendréis para el *e* 1616
25.6 te dará para... tu *e* que morare contigo 8453
25.23 vosotros forasteros y *e* sois... conmigo 1616
25.35 empobreciera... como forastero y *e* vivirá 1616
25.40 como criado, como *e* estará contigo 8453
25.47 el *e* que está contigo se enriqueciere 8453
25.47 y se vendiere al... *e* que esta contigo 1616
25.47 vendiere... a alguno de la familia del *e* 1616
Nm 9.14 si morare con vosotros *e*, y celebrare 1616
9.14 un mismo rito... el *e* como el natural de 1616
11.4 la gente *e*... tuvo un vivo deseo, y los 628
15.14 y cuando habitare con vosotros *e*, o 1616
15.15 estatuto... de la congregación y el *e* que 1616
15.15 como vosotros... el *e* delante de Jehová 1616
15.16 un mismo decreto... vosotros y el *e* que 1616
15.26 será perdonado a... al *e* que mora entre 1616
15.29 nacido entre... y el *e* que habitare entre 1616
15.30 con soberbia, así el natural como el *e* 1616
19.10 estatuto perpetuo... para el *e* que mora 1616
35.15 serán de refugio... para el *e* y el que 1616
Dt 1.16 juzgad... hombre y su hermano, y el *e* 1616
5.14 ninguna obra harás tú... ni el *e* que está 1616
10.18 ama también al *e* dándole pan y vestido 1616
10.19 amaréis, pues, al *e*; porque *e* fuisteis 1616
14.21 al *e* que... la darás... o véndela a un *e* 1616
14.29 y el *e*... que hubiere en tus poblaciones 1616
15.3 del *e* demandarás el reintegro; pero lo que 5237
16.11 tú... y el *e*, el huérfano y la viuda que 1616
16.14 el *e*, el huérfano y la viuda que viven 1616
17.15 no podrás poner sobre ti a hombre *e* 376,5237
24.14 ya sea de tus hermanos o de los *e* que 1616
24.17 no torcerás el derecho del *e* ni del 1616
24.19 gavilla... para recogerla; será para el *e* 1616
24.20,21 será para el *e*, para el huérfano 1616
26.11 levita y el *e* que está en medio de ti 1616
26.12 darás... al *e*, al huérfano y a la viuda 1616
26.13 he dado... al *e*, al huérfano y a la viuda 1616
27.19 que pervirtiere el derecho del *e*, del 1616
28.43 el *e*... se elevará sobre ti muy alto, y 1616
29.11 y tus *e* que habitan en... tu campamento 1616
29.22 y el *e* que vendrá de lejanas tierras 5237
31.12 harás congregar... tus *e* que estuvieren 1616
Jos 8.33 Israel... así los *e* como los naturales 1616
8.35 delante de... los *e* que moraban entre ellos 1616
20.9 para el *e* que morase entre ellos, para 1616
Jue 19.12 no iremos a ninguna ciudad de *e*, que 5237
Rt 2.10 por qué he hallado gracia... siendo yo *e*? 5237
2 S 1.13 y él respondió: Yo soy hijo de un *e* 376,1616
15.19 tú eres *e*, y desterrado también de tu 5237
1 R 8.41 el *e*, que no es de tu pueblo Israel 5237
8.43 por lo cual el *e* hubiere clamado a ti 5237
11.1 el rey Salomón amó... a muchas mujeres *e* 5237
11.8 así hizo para todas sus mujeres *e*, las 5237
1 Cr 22.2 mandó David que se reuniese a los *e* 1616
29.15 *e* y advenedizos somos delante de ti 1616
2 Cr 2.17 contó Salomón todos los hombres *e* 582,1616
6.32 al *e* que no fuere de tu pueblo Israel 5237
6.33 por las cuales hubiere clamado a ti el *e* 5237
Esd 10.2 tomamos mujeres *e* de los pueblos de 5237
10.10 pecado, por cuanto tomasteis mujeres *e* 5237
10.11 apartaos de los pueblos... las mujeres *e* 5237
10.14 que... hayan tomado mujeres *e*, vengan en 5237
10.17 aquellos que habían tomado mujeres *e* 5237
10.18 sacerdotes que habían tomado mujeres *e* 5237
10.44 todos estos habían tomado mujeres *e* 5237
Neh 9.2 y se había apartado... de todo los *e* 1121,5236
13.3 separaron... a todos los mezclados con *e* 6154
13.26 a él le hicieron pecar las mujeres *e* 5237
13.27 prevaricar contra... tomando mujeres *e*? 5237
13.30 los limpié, pues, de todo *e*, y puse a 5236
Sal 94.6 viuda y al *e* matan, y a los huérfanos 1616
114.1 salió... la casa de Jacob del pueblo *e* 3937
119.54 cánticos... en la casa en donde fui *e* 4033
146.9 Jehová guarda a los *e*; al huérfano y a 1616
Is 1.7 vuestra tierra delante... comida por *e* 2114
2.6 están llenos de... y pactan con hijos de *e* 5237
14.1 y a ellos se unirán *e*, y se juntarán a 1616
56.3 y el *e* que sigue a Jehová no hable diciendo 5236
56.6 a los hijos de los *e* que sigan a Jehová 5236
60.10 y *e* edificarán tus muros, y sus reyes 5236
61.5 *e* apacentarán vuestras ovejas, y los 2114
Jer 7.6 no oprimiereis al *e*, al huérfano y a 1616
22.3 juicio... y no engañéis ni robéis al *e*, ni 1616
30.8 en *e* no lo volverán más a... en servidumbre 2114
51.51 vinieron *e* contra los santuarios de la 2114
Ez 14.7 de los *e* que moran en Israel, que se 1616
22.7 al *e* trataron con violencia en medio de 1616
22.29 violencia, y al *e* oprima sin derecho 1616
28.7 traigo sobre ti *e*, los fuertes de las 2114
28.10 morirás por mano de *e*... dice Jehová el 2114
30.12 y por mano de *e* destruiré la tierra 2114
31.12 lo destruirán *e*, los poderosos de las 2114
44.7 de traer *e*, incircuncisos de corazón *e* 1121,5236
44.8 que habéis puesto *e* como guardas de las
44.9 ningún hijo de *e*, incircunciso... entrará . . 1121,5236
44.9 de... los hijos de *e* que están entre los 1121,5236
47.22 y para los *e* que moran entre vosotros 1616
47.23 en la tribu en que morare el *e*, allí le 1616
Sof 1.8 castigaré... los que visten vestido *e* 5237
Zac 7.10 no oprimáis a la... al *e* ni al pobre 1616
9.6 habitará en Asdod un *e*, y pondré fin a 4464
Mal 3.5 contra... los que hacen injusticia al *e* 1616
Mt 27.7 el campo del... para sepultura de los *e* *3581*
Lc 17.18 **y diese gloria a Dios sino este e?** *241*
Hch 7.6 descendencia sería *e* en tierra ajena *3941*
7.29 Moisés huyó, y vivió como *e* en tierra *3941*
10.28 para un varón judío... acercarse a un *e* *246*
13.17 siendo ellos *e* en tierra de Egipto, y *3940*
17.21 los atenienses y los *e* residentes allí *3581*
26.11 los perseguí hasta en las ciudades *e* *1854*
1 Co 14.11 seré como *e* para el que habla, y él *915*
14.11 y el que habla será como *e* para mí *915*
Ef 2.19 que ya no sois *e* ni advenedizos, sino *3581*
He 11.9 por la fe habitó como *e* en la tierra *3939*
11.13 y confesando que eran *e* y peregrinos *3581*
11.34 fuertes... pusieron en fuga ejércitos *e* *245*
1 P 2.11 os ruego como a *e* y peregrinos, que *3941*

EXTRAÑAMIENTO

Job 31.3 hay... *e* para los que hacen iniquidad? 5235

EXTRAÑAR

Lc 1.21 se *extrañaba* de que él se demorase en *2296*
11.38 se *extrañó* de que no se hubiese lavado *2296*
1 Jn 3.13 no os *extrañéis*... mundo os aborrece *2296*

EXTRAÑO, A

Gn 19.9 vino... *e* para habitar entre nosotros
31.15 ¿no nos tiene ya como por *e*, pues que 5237
Éx 12.43 la pascua; ningún *e* comerá de ella 1121,5236
21.8 y no la podrá vender a pueblo *e* cuando 5237
29.33 el *e* no las comerá, porque son santas 2114
30.9 no ofreceréis sobre él incienso *e*, ni 2114
30.33 ungüento... y que pusiere de él sobre *e* 2114
Lv 10.1 ofrecieron delante de Jehová fuego *e* 2114
22.10 ningún *e* comerá... sagrada; el huésped 2114
22.12 la hija del... si se casare con varón *e* 376,2114
22.13 podrá comer... pero ningún *e* coma de él 2114
Nm 1.51 levitas... el *e* que se acercare morirá 2114
3.4 Abiú murieron... cuando ofrecieron fuego *e* 2114
3.10,38 y el *e* que se acercare, morirá 2114
16.40 que ningún *e*... se acerque para ofrecer 2114

18.4 ningún *e* se ha de acercar a vosotros 2114
18.7 servicio…el *e* que se acercare, morirá 2114
26.61 Abiú murieron cuando ofrecieron fuego *e* 2114
Dt 23.20 del *e* podrás exigir interés, mas de 5237
25.5 la mujer…no se casará…con hombre *e* 2114
32.12 solo le guió, y con él no hubo dios *e* 5236
Jos 24.2 vuestros padres…servían a dioses *e* 5236
2 S 22.45 los hijos de *e* se someterán a mí; al 1121,5236
22.46 *e* se debilitarán, y saldrán temblando 1121,5236
2 R 19.24 yo he cavado y bebido las aguas *e* 2114
2 Cr 14.3 quitó los altares del culto *e*, y los 5236
Job 15.19 y no pasó *e* por en medio de ellos 2114
19.13 mis conocidos como *e* se apartaron de 2114
19.15 criadas me tuvieron por *e*; forastero 2114
19.17 mi aliento vino a ser *e* a mi mujer 2114
Sal 18.44 los hijos de *e* se sometieron a mí 1121,5236
18.45 *e* se debilitaron y salieron temblando 1121,5236
54.3 porque *e* se han levantado contra mí, y 2114
69.8 *e* he sido para mis hermanos, y…madre 2114
81.9 dios ajeno, ni te inclinarás a dios *e* 2114
109.11 el acreedor se…y *e* saqueen su trabajo 2114
137.4 cantaremos…de Jehová en tierra de e? 5236
144.7 sácame…de la mano de los hombres *e* 5236
144.11 líbrame…de los hombres *e*, cuya boca 5236
Pr 2.16 serás librado de la mujer *e*…la ajena 2114
5.3 los labios de la mujer *e* destilan miel 2114
5.9 para que no des a los *e* tu honor, y tus 312
5.10 no sea que *e* se sacien de tu fuerza, y 2114
5.10 no sea…tus trabajos estén en casa del *e* 5236
5.17 para ti solo, y no para los *e* contigo 2114
5.20 ¿por qué…y abrazarás el seno de la *e*? 2114
6.1 hijo…si has empeñado tu palabra a un *e* 2114
6.24 la blandura de la lengua de la mujer *e* 5237
7.5 guarden de…la *e* que ablanda sus palabras 2114
11.15 el que sale por fiador de un *e*; mas el 2114
14.10 y *e* no se entremeterá en su alegría 2114
20.16 quítale al que salió por fiador del *e* 2114
20.16 prenda del que sale fiador por los *e* 5236
21.8 el camino del…perverso es torcido y *e* 2054
22.14 fosa profunda es la boca de la mujer *e* 2114
23.27 abismo profundo es…y pozo angosto la *e* 5237
23.33 tus ojos mirarán cosas *e*, y tu corazón 2114
27.2 alábate el *e*, y no tu propia boca; el 5237
27.13 quítale…al que salió fiador por el *e* 2114
27.13 ropa…al que fía a la *e*, tómale prenda 5237
Ec 6.2 no le da…sino que lo disfrutan los *e* 376,5237
Is 1.7 comida…asolada como asolamiento de *e* 2114
5.17 *e* devorarán los campos desolados de los 1481
17.10 sembrarás…y plantarás sarmiento *e* 2114
25.2 alcázar de los *e* para que no sea ciudad 2114
25.5 así humillarás el orgullo de los *e*; y 2114
28.11 y en *e* lengua hablará a este pueblo 312
28.21 para hacer…su *e* obra…su *e* operación 5237
61.5 *e* serán vuestros labradores y vuestros 2114
62.8 ni beberán los *e* el vino que es fruto 5236
Jer 1.16 me dejaron, e incensaron a dioses *e* 312
2.21 te me has vuelto sarmiento de vid *e*? 5237
2.25 no hay remedio…porque a *e* he amado, y 2114
3.13 y fornicaste con los *e* debajo de todo 2114
5.19 de…así serviréis a *e* en tierra ajena 5236
7.9 andando tras dioses *e* que no conocisteis 312
Lm 5.2 heredad ha pasado a *e*, nuestras casas 2114
Ez 7.21 en mano de *e* la entregué…ser saqueada 2114
11.9 entregaré en manos de *e*, y haré juicios 2114
Os 5.7 porque han engendrado hijos *e*; ahora 2114
7.9 devoraron *e* su fuerza, y él no lo supo 2114
8.7 ni…harina; y si la hiciere, *e* la comerán 2114
8.12 de mi ley, y fueron tenidas por cosa *e* 2114
Jl 3.17 Jerusalén será santa, y *e* no pasarán 2114
Abd 11 llevaban *e* cautivo su ejército, y *e* 2114
Mal 2.11 Judá ha…se casó con hija de dios *e* 5236
Mt 17.25 **cobran…¿de sus hijos, o de los *e*?** *245*
17.26 Pedro le respondió: De los *e*. Jesús le *245*
Jn 10.5 **mas al *e* no seguirán, sino huirán de** *245*
10.5 **él, porque no conocen la voz de los *e*** *245*
Hch 17.20 pues traes a nuestros oídos cosas *e* *3579*
1 Co 14.4 el que habla en lengua *e*, a sí mismo
14.13 por lo cual, el que habla en lengua *e*
14.27 si habla alguno en lengua *e*, sea esto
2 Co 11.15 no es *e* si también sus ministros se *3173*
Col 1.21 que erais en otro tiempo *e* y enemigos *526*
He 13.9 no os dejéis llevar de doctrinas…*e* *3581*
1 P 4.4 parece cosa *e* que vosotros no corráis *3579*
4.12 como si alguna cosa *e* os aconteciese *3579*

EXTRAORDINARIO
Hch 19.11 hacía Dios milagros *e* por mano de *3576,5177*

EXTRAVIAR
Éx 23.4 si encontrares…o su asno *extraviado* 8582
Dt 22.1 si vieres *extraviado* el buey de tu
30.17 se apartare y…y te dejares *extraviar* 5080
2 Cr 33.9 Manasés…hizo *extraviarse* a Judá y 8582
Sal 119.176 yo anduve…como oveja *extraviada* 8582
Is 29.24 *extraviados* de espíritu aprenderán 8582
35.8 el…por torpe que sea, no se *extraviará* 8582
1 Co 12.2 se os *extraviaba* llevándoos, como *8582*
2 Co 11.3 *extraviados* de la sincera fidelidad *5351*
1 Ti 6.10 codiciando…se *extraviaron* de la fe *635*
Tit 3.3 nosotros también éramos…*extraviados* *4105*
He 5.2 se muestre paciente con los…*extraviados* *4105*
Stg 5.19 si alguno…ha *extraviado* de la verdad *4105*
2 P 2.15 se han *extraviado* siguiendo…Balaam *4105*
2 Jn 9 que se *extravía*, y no persevera en la *3845*

EXTRAVÍO
Lm 2.14 que te predicaron vanas profecías y *e* 4065
Ro 1.27 recibiendo…retribución debida a su *e* *4106*

EXTREMADAMENTE
Ez 35.5 en el tiempo *e* malo

EXTREMIDAD
Nm 33.37 acamparon…en la *e* del país de Edom 7097
Jos 18.19 termina en…a la *e* sur del Jordán 7097

EXTREMO
Gn 18.20 el pecado…ha agravado en *e*
23.9 me dé la cueva de…al *e* de su heredad 7097
28.12 una escalera…su *e* tocaba en el cielo 7218
41.49 recogió José trigo…mucho en *e*
47.21 un *e* al otro del territorio de Egipto 7097
Éx 1.7 fueron aumentados y fortalecidos en *e*
15.21 cantad a Jehová, porque en *e* se ha engrandecido
19.19 el sonido de la bocina iba aumentando en *e*
25.18 dos querubines…labrados…los dos *e* 7098
25.19 un querubín en un *e*, y…en el otro *e* 7098
25.19 de una pieza…querubines en sus dos *e* 7098
26.28 la barra de…pasará…de un *e* al otro 7097
28.7 dos hombreras que se junten a sus dos *e* 7098
28.23,26 pondrás a los dos *e* del pectoral 7098
28.24 dos anillos a los dos *e* del pectoral 7098
28.25 pondrás los dos *e* de los dos cordones 7098
36.11,17 cortina…al *e* de la primera serie 7098
36.33 que la barra…pasase…de un *e* al otro 7097
37.7 querubines de oro…*e* del propiciatorio 7098
37.8 un querubín a un *e*, y otro…al otro *e* 7098
37.8 de una pieza…los querubines a sus dos *e* 7098
38.5 a los cuatro *e* del enrejado de bronce 7099
39.4 las hombreras…y se unían en sus dos *e* 7098
39.16 dos anillos de oro en los dos *e* del 7098
39.17 en…dos anillos a los *e* del pectoral 7098
39.18 fijaron…dos *e* de los dos cordones de 7098
39.19 dos anillos…en los dos *e* del pectoral 7098
Nm 11.1 consumió uno de los *e* del campamento 7097
22.36 ciudad de Moab…al *e* de su territorio 7097
34.3 el límite del sur al *e* del Mar Salado 7097
Dt 4.32 si desde un *e* del cielo…se ha hecho 7097
13.7 desde un *e* de…hasta el otro *e* de ella 7097
28.49 una nación de lejos, del *e* de la tierra 7097
28.64 desde un *e* de…hasta el otro *e*; y allí 7097
Jos 13.27 el Jordán y su límite hasta el *e* del 7097
15.1 teniendo el desierto de Zin al sur…e 7097
15.8 al *e* del valle de Refaim, por el lado 7097
15.21 y fueron las ciudades de…en el *e* sur 7097
18.15 el lado del sur es desde el *e*…y sale 7097
18.16 y desciende este límite al *e* del monte 7097
Jue 7.17 cuando yo llegue al *e* del campamento 7097
7.19 llegaron…Gedeón…al *e* del campamento 7097
1 S 9.27 descendiendo ellos al *e* de la ciudad 7097
14.2 Saúl se hallaba al *e* de Gabaa, debajo de 7097
2 S 10.5 ellos estaban en *e* avergonzados 3966
1 R 8.8 manera que sus *e* se dejaban ver desde 7218
2 R 9.25 échalo a un *e* de la heredad de Nabot 2513
10.21 y el templo de Baal se llenó de *e* a *e* 6310
21.16 sangre…llenar a Jerusalén de *e* a *e* 6310
1 Cr 7.5 siete mil hombres valientes en *e*
21.13 sus misericordias son muchas en *e*
29.25 Jehová engrandeció en *e* a Salomón 4605
Esd 9.3 y me senté angustiado en *e*
9.11 la han llenado de uno a otro *e* con su 6310
Neh 1.7 en *e* nos hemos corrompido contra ti
1.9 dispersión fuere hasta el *e* de…cielos 7097
2.10 les disgustó en *e* que viniese alguno 1419
3.21 la casa de Eliasib hasta el *e* de la casa 8503
Sal 19.4 y hasta el *e* del mundo sus palabras 7097
19.6 de un *e* de los cielos es su salida, y su 7097
135.7 subir las nubes de los *e* de la tierra 7097
139.9 si tomare…y habitare en el *e* del mar 319
Pr 17.24 los ojos del necio vagan hasta el *e* 7097
Is 5.26 y silbará al que está en el *e* de la 7097
7.3 *e* del acueducto del estanque de arriba 319
42.17 serán vueltos atrás y en *e* confundidos
Jer 12.12 la espada…devorará desde un *e* hasta 319
16.19 a ti vendrán naciones desde los *e* de la 657
25.33 muertos…*e* de la tierra hasta el otro 7097
50.26 contra ella desde el *e* de la tierra 7093
50.41 se levantarán de los *e* de la tierra 4480
Ez 7.2 el fin viene sobre los cuatro *e* de la 7093
15.4 sus dos *e* consumió el fuego, y la parte 7098
16.13 y fuiste hermoseada en *e* 3966
25.12 delinquieron en *e*, y se vengaron de ellos
37.10 sobre sus pies; un ejército grande en *e* 3966
45.7 el *e* occidental hasta el *e* oriental, y 4480
48.1 desde el *e* norte por la vía de Hetlón 7097
Jon 3.3 y era Nínive ciudad grande en *e* 430
4.1 Pero Jonás se apesadumbró en *e*, y se enojó 1419
Mt 24.31 **desde un *e* del cielo hasta el otro** *206*
Mr 13.27 ***e* de la tierra hasta el** *e del cielo* *206*
Lc 17.24 **al fulgurar resplandece desde un *e***
1 Ts 2.16 vino sobre ellos la ira hasta el *e* *5056*
He 11.21 adoró apoyado sobre el *e* de…bordón *206*

EZBAI *Padre de Naarai, uno de los 30 valientes de David*, 1 Cr 11.37 229

EZBÓN
1. Hijo de Gad No. 1 (=Ozni), Gn 46.16 675
2. Descendiente de Benjamín, 1 Cr 7.7 675

EZEL *Piedra donde David tuvo cita con Jonatán*, 1 S 20.19 237

EZEM *Ciudad en Simeón*, Jos 19.3; 1 Cr 4.29 6107

EZEQUÍAS *(=Esem)*
1. Rey de Judá, hijo y sucesor de Acaz
2 R 16.20 Acaz…reinó en su lugar su hijo *E* 2396
18.1 comenzó a reinar *E* hijo de Acaz rey de 2396
18.9 cuarto año del rey *E*…subió Salmanasar 2396
18.10 el año sexto de *E*, el cual era el año 2396
18.13 a los catorce años del rey *E*, subió 2396
18.14 *E* rey…envió a decir al rey de Asiria 2396
18.14 impuso a *E* rey…300 talentos de plata 2396
18.15 dio…*E* toda la plata que fue hallada en 2396
18.16 entonces *E* quitó el oro de las puertas 2396
18.16 los quiciales que…*E* había cubierto de 2396
18.17 el rey de Asiria envió contra el rey *E* 2396
18.19 decid ahora a *E*: Así dice el gran rey 2396
18.22 éste aquel cuyos…altares ha quitado *E* 2396
18.29 no os engañe *E*…no os podrá librar de 2396
18.30 os haga *E* confiar en Jehová, diciendo 2396
18.31 no escuchéis a *E*, porque así dice el 2396
18.32 no oigáis a *E*…os engaña cuando dice 2396
18.37 vinieron a *E*, rasgados sus vestidos, y 2396
19.1 cuando el rey *E* lo oyó, rasgó…vestidos 2396
19.3 ha dicho *E*: Este día es día de angustia 2396
19.5 vinieron, pues, los siervos del rey *E* 2396
19.9 volvió…envió embajadores a *E*, diciendo 2396
19.10 así diréis a *E*…No te engañe tu Dios 2396
19.14 y tomó *E* las cartas de los embajadores 2396
19.14 las cartas…extendió *E* delante de Jehová 2396
19.15 y oró *E* delante de Jehová, diciendo 2396
19.20 Isaías hijo de Amoz envió a decir a *E* 2396
19.29 esto te daré por señal, oh *E*: Este año
20.1 aquellos días *E* cayó enfermo de muerte 2396
20.3 te ruego, oh…Y lloró *E* con gran lloro 2396
20.5 y di a *E*…Así dice Jehová, el Dios de 2396
20.8 y *E* había dicho a Isaías: ¿Qué señal 2396
20.10 *E* respondió: Fácil cosa es que…decline 3169
20.12 rey de Babilonia, envió mensajeros…a *E* 3169
20.12 había oído que *E* había caído enfermo 3169
20.13 *E* los oyó, y les mostró toda la casa 3169
20.13 ninguna cosa quedó…*E* no les mostrase 3169
20.14 Isaías vino al rey *E*, y le dijo: ¿Qué 3169
20.14 y *E* le respondió: De lejanas tierras 3169
20.15 *E* respondió: Vieron todo lo que había 3169
20.16 entonces Isaías dijo a *E*: Oye palabra 3169
20.19 *E* dijo a Isaías: La palabra de Jehová 3169
20.20 demás hechos de *E*…¿no está escrito en 3169
20.21 durmió *E* con sus padres, y reinó en su 3169
21.3 los lugares altos que *E*…había derribado 3169
1 Cr 3.13 del que fue hijo *E*, cuyo hijo fue 3169
4.41 estos…vinieron en días de *E* rey de Judá 3169
2 Cr 28.27 durmió Acaz…y reinó en su lugar *E* su 3169
29.1 comenzó a reinar *E* siendo de 25 años, y 3169
29.18 entonces vinieron al rey *E* y le dijeron 2396
29.20 *E* reunió los principales de la ciudad 3169
29.27 mandó *E* sacrificar el holocausto en el 2396
29.30 *E* y los príncipes dijeron a los levitas 3169
29.31 *E*, dijo: Vosotros os habéis consagrado 3169
29.36 se alegró *E* con todo el pueblo, de que 3169
30.1 envió después *E* por todo Israel y Judá 3169
30.18 mas *E* oró por ellos, diciendo: Jehová 3169
30.20 y oyó Jehová a *E*, y sanó al pueblo 3169
30.22 habló *E* al corazón de todos los levitas 3169
30.24 porque *E* rey de Judá había dado a la 2396
31.2 y arregló *E* la distribución…sacerdotes 3169
31.8 *E* y los príncipes vinieron y vieron los 3169
31.9 y preguntó *E* a los sacerdotes y a los 3169
31.11 mandó *E* que preparasen cámaras en la 3169
31.13 por mandamiento del rey *E* y de Azarías 3169
31.20 de esta manera hizo *E* en todo Judá 3169
32.2 viendo…*E* la venida de Senaquerib, y su 3169
32.5 edificó *E* todos los muros caídos, e hizo
32.8 confianza en las palabras de *E* rey de 3169
32.9 envió…para decir a *E* rey de Judá, y a 3169
32.11 os engaña *E* para entregaros a muerte 3169
32.12 ¿no es *E* el mismo que ha quitado sus 3169
32.15 no os engañe *E*, ni os persuada de ese 2396
32.16 contra Jehová…y contra su siervo *E* 3169
32.17 tampoco el Dios de *E* librará al suyo 3169
32.20 el rey *E* y el profeta Isaías…oraron 3169
32.22 así salvó Jehová a *E* y a los moradores 3169
32.23 muchos trajeron…presentes a *E* rey de 3169
32.24 *E* enfermó de muerte; y oró a Jehová 3169
32.25 mas *E* no correspondió al bien que le 3169
32.26 pero *E*, después de haberse enaltecido su 3169
32.26 no vino sobre…la ira…en los días de *E* 3169
32.27 y tuvo *E* riquezas y gloria, muchas en 3169
32.30 *E* cubrió los manantiales de Gihón la 3169
32.30 fue prosperado *E* en todo lo que hizo 3169
32.32 los demás hechos de *E*…escritos en la 3169
32.33 durmió *E* con sus padres…lo sepultaron 3169
33.3 altos que *E* su padre había derribado 3169
Pr 25.1 los cuales copiaron los varones de *E* 2396
Is 1.1 vio…en días de Uzías, Jotam, Acaz y *E* 3169
36.1 aconteció en el año catorce del rey *E* 2396
36.2 envió al…a Jerusalén contra el rey *E* 2396
36.4 decid ahora a *E*: El gran rey, el rey de 2396
36.7 lugares altos y…altares hizo quitar *E* 2396
36.14 os engañe *E*, porque no os podrá librar 2396
36.15 os haga *E* confiar en Jehová, diciendo 2396
36.16 no escuchéis a *E*, porque así dice el rey 2396
36.18 que no os engañe *E* diciendo: Jehová nos 2396
36.22 vinieron a *E*, rasgados sus vestidos, y 2396
37.1 el rey *E* oyó esto, rasgó sus vestidos 2396
37.3 cuales le dijeron: Así ha dicho *E*: Día 2396
37.5 vinieron, pues, los siervos de *E* a Isaías 2396
37.9 oírlo, envió embajadores a *E*, diciendo 2396
37.10 diréis a *E* rey de Judá: No te engañe tu 2396
37.14 tomó *E* las cartas de…los embajadores 2396
37.15 entonces *E* oró a Jehová, diciendo 2396
37.21 Isaías hijo de Amoz envió a decir a *E* 2396
38.1 en aquellos días *E* enfermó de muerte 2396
38.2 entonces volvió *E* su rostro a la pared 2396
38.3 oh Jehová, te…Y lloró *E* con gran lloro 2396
38.5 di a *E*: Jehová Dios de David…dice así 2396

38.9 escritura de *E* rey de Judá, de cuando . . . 2396
38.22 había asimismo dicho *E*: ¿Qué señal . . . 2396
39.1 rey de Babilonia, envió... presentes a *E* . . . 2396
39.2 se regocijó con ellos *E*, y les mostró . . . 2396
39.2 no hubo cosa en... que *E* no les mostrase . . . 2396
39.3 profeta Isaías vino al rey *E*, y le dijo . . . 2396
39.3 y *E* respondió: De tierra... de Babilonia . . . 2396
39.4 dijo *E*: Todo lo que hay en mi casa han . . . 2396
39.5 entonces dijo Isaías a *E*: Oye palabra . . . 2396
39.8 dijo *E* a Isaías: La palabra de Jehová . . . 2396
Jer 15.4 a causa de Manasés hijo de *E*, rey de . . . 3169
26.18 profetizó en tiempo de *E* rey de Judá . . . 2396
26.19 lo mataron *E* rey de Judá y todo Judá? . . . 2396
Os 1.1 en días de...Acaz y *E*, reyes de Judá, y . . . 3169
Mi 1.1 palabra de Jehová... en días de... Acaz y *E* . . . 3169
Mt 1.9 engendró a...Jotam a Acaz, y Acaz a *E* . . . *1478*
1.10 *E* engendró a Manasés, Manasés a Amón . . . *1478*

2. Descendiente de Salomón, 1 Cr 3.23 . . . 2396
3. Jefe de Efraín durante el reinado de Acaz, 2 Cr 28.12 . . . 3169
4. Jefe de una familia que regresó con Nehemías de Babilonia (=Ater), Esd 2.16; . . . 3169
Neh 7.21; 10.17 . . . 2396
5. Ascendiente del profeta Sofonías, Sof 1.1 . . . 2396

EZEQUIEL *Profeta durante el cautiverio*
Ez 1.3 palabra de Jehová al sacerdote *E* hijo . . . 3168
24.24 *E*, pues, os será por señal; según todas . . . 3168

EZER
1. Hijo de Seir, Gn 36.21,27,30; 1 Cr 1.38,42 . . . 687
2. Descendiente de Judá, 1 Cr 4.4 . . . 5829
3. Descendiente de Efraín, 1 Cr 7.21 . . . 5827
4. Guerrero gadita que se juntó con David en Siclag, 1 Cr 12.9 . . . 5829
5. Levita que ayudó a reedificar el muro de Jerusalén, Neh 3.19 . . . 5829
6. Sacerdote en tiempo de Nehemías, Neh 12.42 . . . 5829

EZIÓN-GEBER *Puerto y fundición en el Mar Rojo*
Nm 33.35 salieron de Abrona y acamparon en *E* . . . 6100
33.36 salieron de *E* y acamparon en el...de Zin . . . 6100
Dt 2.8 por el camino del Arabá desde Elat y *E* . . . 6100
1 R 9.26 hizo... el rey Salomón naves en *E*, que . . . 6100
22.48 mas no fueron, porque se rompieron en *E* . . . 6100
2 Cr 8.17 entonces Salomón fue a *E* y a Elot . . . 6100
20.36 Tarsis; y construyeron las naves en *E* . . . 6100

EZNITA *Patronímico de Adino*, 2 S 23.8 . . . 6112

EZRAÍTA *Descendiente de Zera*, 1 R 4.31; Sal 88, 89 *títs.*, Masquil de... E . . . 250

EZRI *Oficial del rey David*, 1 Cr 27.26 . . . 5836

F

FABRICADOR
Is 45.16 irán con afrenta...los *f* de imágenes . . . 2796

FABRICAR
1 R 6.7 la *fabricaron* de piedras que traían . . . 1129
12.32 lugares altos que él había *fabricado* . . . 6213
Is 2.8 han... ante lo que *fabricaron* sus dedos . . . 6213
32.6 y su corazón *fabricará* iniquidad, para . . . 6213
44.15 un dios, y lo adora; *fabrica* un ídolo . . . 6213
Ez 27.5 Senir te *fabricaron* todo el maderaje . . . 1129

FÁBULA
1 Ti 1.4 presten atención a *f* y genealogías . . . *3454*
4.7 desecha las *f* profanas y de viejas . . . *3454*
2 Ti 4.4 apartarán de...y se volverán a las *f* . . . *3454*
1 Ti 1.14 no atendiendo a *f* judaicas, ni a . . . *3454*
2 P 1.16 no... siguiendo *f* artificiosas, sino . . . *3454*

FACHADA
Ez 41.25 como los que había en...la *f* del atrio . . . 6440
42.8 delante de la *f* del templo... cien codos . . . 6440
47.1 la *f* de la casa estaba al oriente, y . . . 6440

FÁCIL
Éx 4.10 nunca he sido hombre de *f* palabra, ni
2 R 20.10 *f* cosa es que la sombra decline diez . . . 7043
Pr 14.6 hombre entendido la sabiduría le es *f* . . . 7043
Mt 9.5 **¿qué es más *f*, decir: Los pecados te** . . . *7043*
11.30 **porque mi yugo es *f*, y ligera mi carga** . . . *5543*
19.24 **es más *f* pasar un camello por el ojo de** . . . *2123*
Mr 2.9 **¿qué es más *f*, decir al paralítico: Tus** . . . *2123*
10.25 **más *f* es pasar un camello por el ojo** . . . *2123*
Lc 5.23 **¿qué es más *f*, decir: Tus pecados te** . . . *2123*
16.17 **pero más *f* es que pasen el cielo y la** . . . *2123*
18.25 **es más *f* pasar un camello por el ojo de** . . . *2123*

FÁCILMENTE
Pr 14.17 el que *f* se enoja hará locuras
2 Ts 2.2 no os dejéis mover *f* de vuestro

FACULTAD
Lv 25.29 *f* de redimirla hasta el término de
Est 8.11 rey daba *f* a los judíos que estaban . . . 5414
Ec 5.19 da también *f* para que coma de ellas . . . 7980
6.2 pero Dios no le da *f* de disfrutar de ello . . . 7980
Ap 20.4 se sentaron... los que recibieron *f* de

FAENA
Ec 2.10 gozó... esta fue mi parte de toda mi *f* . . . 5999
8.16 a ver la *f* que se hace sobre la tierra . . . 6045

FAJA
Job 38.9 puse yo nubes... y por su *f* oscuridad . . . 2854
Ez 16.4 ni salada... ni fuiste envuelta con *f* . . . 2853
30.21 ni poniéndole *f* para ligarlo, a fin de . . . 2848

FALACIA
Job 11.3 ¿harán tus *f* callar a los hombres? . . . 907
21.34 viniendo a parar... respuestas en *f*? . . . 4604
Jer 9.4 porque todo hermano engaña con *f*, y . . . 6117

FALDA
Jos 11.17 Baal-gad... a la *f* del monte Hermón . . . 8478
2 R 4.39 llenó su *f* de calabazas silvestres . . . 899
Is 6.1 trono alto... sus *f* llenaban el templo . . . 7757
Jer 2.34 en tus *f* se halló la sangre de los . . . 3671
13.22 por tu maldad fueron descubiertas tus *f* . . . 7757
13.26 descubriré... tus *f* delante de tu rostro . . . 7757
Lm 1.9 inmundicia... en sus *f*, y no se acordó . . . 7757
Ez 5.3 unos pocos... atarás en la *f* de tu manto . . . 3671
Neh 3.5 contra...y descubriré tus *f* en tu rostro . . . 7757
Hag 2.12 si... llevare carne... en la *f* de su ropa . . . 3671

FALLAR
Job 21.10 toros engendran, y no *fallan*; paren . . . 1602
Sal 40.12 rodeado males... mi corazón me *falla* . . . 5800
Os 9.2 no los mantendrán, y... *fallará* el mosto . . . 3584
Ro 9.6 no que la palabra de Dios haya *fallado* . . . *1601*

FALLECER
Job 36.14 *fallecerá* el alma de... en su juventud . . . 4191
Is 26.14 han *fallecido*, no resucitarán; porque . . . 4191

FALSAMENTE
Lv 6.5 todo aquello sobre que hubiere jurado *f* . . . 8267
19.12 y no juraréis *f*... mi nombre, profanando . . . 8267
Dt 19.18 si... hubiere acusado *f* a su hermano . . . 8267
Jer 5.2 aunque digan: Vive Jehová, juran *f* . . . 8267
14.14 dijo... *F* profetizan los profetas en mi . . . 8267
27.15 profetizan *f* en mi nombre, para que yo . . . 8267
29.9 *f* os profetizan ellos en mi nombre; no . . . 8267
29.21 os profetizan *f* en mi nombre: He aquí . . . 8267
29.23 *f* hablaron en mi nombre palabra que no . . . 8267
Zac 5.3 todo aquel que jura *f*... será destruido
5.4 vendrá... a la casa del que jura *f* en mi . . . 8267
1 Ti 6.20 argumentos de la *f* llamada ciencia . . . *795*

FALSEAR
Sal 89.33 no quitaré... ni *falsearé* mi verdad . . . 8266
Is 24.5 traspasaron las leyes, *falsearon* el . . . 2498
Am 8.5 y *falsearemos* con engaño la balanza . . . 5791
Sof 3.4 profetas... sacerdotes... *falsearon* la ley . . . 2554

FALSEDAD
Sal 119.118 hollaste... porque su astucia es *f* . . . 8267
Is 28.15 nosotros... en la *f* nos esconderemos . . . 8267
Mi 2.11 si alguno... con espíritu de *f* mintiere . . . 8267

FALSIFICAR
2 Co 2.17 que medran *falsificando* la palabra . . . *2585*

FALSO, A
Éx 20.16 no hablarás contra tu... *f* testimonio . . . 8267
23.1 no admitirás *f* rumor. No... ser testigo *f* . . . 5375
Lv 6.3 hallado lo... lo negare, y jurare en *f* . . . 8267
Dt 5.20 no dirás *f* testimonio contra... prójimo . . . 7723
19.16 se levantare testigo *f* contra alguno . . . 2555
19.18 aquel testigo resultare *f*, y hubiere . . . 8267
Sal 27.12 han levantado contra mí testigos *f* . . . 8267
Pr 6.19 el testigo *f* que habla mentiras, y el . . . 8267
11.1 el peso *f* es abominación a Jehová; mas . . . 4820
11.18 impío hace obra *f*; mas el que siembra . . . 8267
14.5 mas el testigo *f* hablará mentiras . . . 8267
19.5,9 el testigo *f* no quedará sin castigo . . . 8267
20.10 pesa *f* y medida *f*... son abominación a
20.23 abominación son a Jehová las pesas *f*
20.23 las pesas... y la balanza *f* no es buena . . . 4820
25.14 así es... que se jacta de *f* liberalidad . . . 8267
25.18 es el hombre que habla... *f* testimonio . . . 8267
26.28 lengua *f* atormenta al que ha lastimado . . . 8267
Is 9.17 todos son *f* y malignos, y toda boca . . . 2611
Jer 5.23 este pueblo tiene corazón *f* y rebelde . . . 5637
7.9 jurando en *f*... Baal, y andando tras dioses . . . 8267
37.14 *f*, no me paso a los caldeos... Pero él . . . 8267
40.16 no hagas esto, porque es *f* lo que tú . . . 8267
Os 12.7 mercader que tiene en su mano peso *f* . . . 4820
Mi 6.11 por inocente al que tiene balanza *f* . . . 7562
Zac 8.17 piense mal... ni améis el juramento *f* . . . 8267
Mt 7.15 **guardaos de los *f* profetas, que vienen** . . . *5578*
15.19 **del corazón salen los... *f* testimonios** . . . *5577*
19.18 **no hurtarás. No dirás *f* testimonio** . . . *5576*
24.11 ***f* profetas se levantarán, y engañarán** . . . *5578*
24.24 **se levantarán *f* Cristos, y *f* profetas** . . . *5580,5578*
26.59 los... buscaban *f* testimonio contra Jesús . . . *5577*
26.60 aunque muchos testigos *f* se presentaban . . . *5575*
26.60 pero al fin vinieron dos testigos *f* . . . *5575*
Mr 10.19 **no hurtes. No digas *f* testimonio. No** . . . *5576*
13.22 **se levantarán *f* Cristos y *f* profetas** . . . *5580*
14.56 muchos decían *f* testimonio contra él . . . *5576*
14.57 dieron *f* testimonio contra él, diciendo . . . *5576*
Lc 6.26 **hacían sus padres con los *f* profetas** . . . *5578*
18.20 **no hurtarás; no dirás *f* testimonio** . . . *5576*
Hch 6.13 pusieron testigos *f* que decían: Este . . . *5571*
13.6 hallaron a cierto mago, *f* profeta, judío . . . *5578*
Ro 13.9 no hurtarás, no dirás *f* testimonio . . . *5576*
1 Co 15.15 somos hallados *f* testigos de Dios . . . *5575*
2 Co 11.13 *f* apóstoles, obreros fraudulentos . . . *5570*
11.26 en el mar, peligros entre *f* hermanos . . . *5569*
Gá 2.4 a pesar de los *f* hermanos introducidos . . . *5569*
2 P 2.1 hubo... *f* profetas... habrá... *f* maestros . . . *5578*
1 Jn 4.1 *f* profetas han salido por el mundo . . . *5578*
Ap 16.13 vi salir... de la boca del *f* profeta . . . *5578*
19.20 fue apresada, y con ella el *f* profeta . . . *5578*
20.10 donde estaban la bestia y el *f* profeta . . . *5578*

FALTA *Véase también Falto*
Gn 41.9 a Faraón... Me acuerdo hoy de mis *f* . . . 2399
Éx 28.38 y llevará Aarón las *f* cometidas en . . . 5771
Lv 5.15 cometiere *f*, y pecare por yerro en las . . . 4604
Nm 19.2 vaca... perfecta, en la cual no haya *f* . . . 3971
Dt 15.21 o cojo, o hubiere en él cualquier *f* . . . 3971
17.1 no ofrecerás... cordero en el cual haya *f* . . . 3971
22.14 y le atribuyere *f* que den que hablar . . . 5949
22.17 aquí, él le atribuye *f* que dan que hablar . . . 5949
28.48 desnudez, y con *f* de todas las cosas . . . 2640
Jue 18.10 lugar donde no hay *f* de cosa alguna . . . 4270
19.19 tenemos paja y... pan... no nos hace *f* nada . . . 4270
1 S 29.3 no he hallado *f* en él desde el día . . . 3972
2 S 3.29 nunca falte de... quien tenga *f* de pan . . . 2638
Job 4.11 el león viejo perece por *f* de presa . . . 1097
24.8 y abrazan las peñas por *f* de abrigo . . . 1097
38.41 cuervo... andan errantes por *f* de comida? . . . 1097
Sal 34.10 que buscan a Jehová no tendrán *f* de . . . 2637
59.3 contra mí... no por *f* mía, ni pecado mío . . . 6588
109.24 mi carne desfallece por *f* de gordura . . . 3584
Pr 5.23 morirá por *f* de corrección, y errará . . . 369
10.12 odio... pero el amor cubrirá todas las *f* . . . 6588
10.21 los necios mueren por *f* de entendimiento . . . 2638
13.23 hay... pan; mas se pierde por *f* de juicio . . . 3808
14.28 y en la *f* de pueblo la debilidad del . . . 657
17.9 el que cubre la *f* busca amistad; mas el . . . 6588
Jer 31.19 después que reconocí mi *f*, herí mi
Lm 4.9 murieron poco a poco... *f* de los frutos
Ez 34.5 andan errantes por *f* de pastor, y son . . . 1097
Dn 6.4 mas no podían hallar ocasión alguna o *f* . . . 7844
6.4 fiel, y ningún vicio ni *f* fue hallado en él . . . 7844
Am 4.6 hubo *f* de pan en todos vuestros pueblos . . . 2640
1 Co 6.7 es ya una *f* en vosotros que tengáis . . . *2275*
Gá 6.1 si alguno fuere sorprendido en alguna *f* . . . *3900*
Stg 1.5 si alguno de... tiene *f* de sabiduría . . . *3007*

FALTAR
Gn 18.28 quizá *faltarán* de cincuenta justos 5 . . . 2637
21.15 le *faltó* el agua del odre, y echó al . . . 3615
21.23 no *faltarás* a mí, ni a mi hijo ni a mi . . . 8266
Éx 8.29 que Faraón no *falte* más, no dejando ir . . . 2048
16.18 ni *faltó* al que había recogido poco . . . 2637
Lv 2.13 no harás que *falte*... la sal del pacto . . . 7673
Nm 31.49 tomado razón... y ninguno ha *faltado* . . . 6845
Dt 2.7 estos cuarenta años... nada te ha *faltado* . . . 2637
8.9 no comerás... con escasez, ni te *faltará* . . . 2637
15.11 no faltarán menesterosos en... la tierra . . . 2308
Jos 19.47 les *faltó* territorio a los... de Dan . . . 3318
21.45 no *faltó* palabra de todas las buenas . . . 5307
23.14 no ha *faltado* una palabra de todas las . . . 5307
23.14 todas... no ha *faltado* ninguna de ellas . . . 5307
Jue 21.3 que *falte* hoy de Israel una tribu? . . . 6485
Rt 4.14 hizo que no te *faltase* hoy pariente
1 S 14.17 *faltaba* Jonatán y su paje de armas . . . 369
18.8 a David... no le *falta* más que el reino
21.15 ¿acaso me *faltan* locos... hayáis traído . . . 2638
25.7 ni les *faltó* nada en todo el tiempo que . . . 6485
25.15 ni nos *faltó* nada en todo el tiempo que . . . 6485
25.21 sin que nada le haya *faltado* de todo . . . 6485
30.4 que les *faltaron* las fuerzas para llorar . . . 369
30.19 y no les *faltó* cosa alguna, chica ni . . . 5737
2 S 2.30 *faltaron* de los siervos... 19 hombres . . . 6485
3.29 *falte* de la casa de Joab quien padezca . . . 3772
17.22 ni siquiera *faltó* uno que no pasase el . . . 7537
1 R 2.4 jamás, dice, *faltará* a ti varón en el . . . 3772
4.27 uno un mes, y hacían que nada *faltase* . . . 5737
8.25 no te *faltará* varón delante de mí, que . . . 3772
8.56 ninguna palabra de todas sus... ha *faltado* . . . 5307
9.5 no *faltará* varón... en el trono de Israel . . . 3772
11.22 ¿qué te *falta* conmigo, que procuras irte . . . 2638
2 R 3.9 *faltó* agua para el ejército, y para . . . 3808
10.19 los profetas de Baal... que no *falte* uno . . . 6485
10.19 Baal; cualquiera que *faltare* no vivirá . . . 6485
2 Cr 6.16 no *faltará* de ti varón delante de . . . 3772
7.18 no te *faltará* varón... gobierne en Israel . . . 3772
Job 5.24 sabrás que hay paz... y nada te *faltará* . . . 3808
6.13 ¿no es... que todo auxilio me ha *faltado*? . . . 4480
14.7 retoñará aún, y sus renuevos no *faltarán* . . . 2308
Sal 23.1 Jehová es mi pastor; nada me *faltará* . . . 2637
34.9 pues nada *falta* a los que le temen . . . 4270
38.10 y aun la luz de mis ojos me *falta* ya . . . 369
44.17 de ti, y no hemos *faltado* a tu pacto . . . 8266
139.16 fueron luego formadas, sin *faltar* una . . . 3808
Pr 10.19 las muchas palabras no *falta* pecado . . . 2308
Ec 6.2 hombre a quien Dios da... nada le *falta* . . . 2638
9.8 y nunca *falte* ungüento sobre tu cabeza . . . 2637
10.3 le *falta* cordura, y va diciendo a todos . . . 2638
Cnt 7.2 como una taza... que no le *falta* bebida . . . 2637
Is 1.30 como huerto al que le *faltan* las aguas . . . 369

19.5 y las aguas del mar *faltarán*, y el río 5405
24.11 hay clamores por *falta* de vino en las
32.10 la vendimia *faltará*, y la... no vendrá 3615
34.16 inquirid en... si *faltó* alguno de ellos 5737
34.16 ninguno *faltó* con su compañera; porque 6485
40.26 llama por sus nombres; ninguna *faltará* 5737
44.12 tiene hambre, y le *faltan* las fuerzas 369
50.2 sus peces se pudren por *falta* de agua 369
51.14 en la mazmorra, ni le *faltará* su pan 2637
57.11 *faltado* a la fe, y no te has acordado 3576
58.11 manantial de... cuyas aguas nunca *faltan* 3576
59.21 no *faltarán* de tu boca, ni de la boca 4185
Jer 2.19 *faltar* mi temor en ti, dice... Jehová 3808
3.3 las aguas... detenidas, y *faltó* la lluvia 3808
10.14 se embrutece, y le *falta* ciencia; se
12.4 por la maldad de... *faltaron* los ganados 5595
18.14 ¿*faltará* la nieve del Líbano... del campo 5800
18.14 ¿*faltarán* las aguas frías que corren
18.18 porque la ley no *faltará* al sacerdote 3808
31.36 si *faltaren* estas leyes delante de mí 4185
31.36 la descendencia de Israel *faltará* para 7673
33.17 no *faltará* a David varón que se siente 3772
33.18 ni a los... y levitas *faltará* varón que 3772
35.19 no *faltará* de Jonadab hijo de... un varón 3772
44.18 nos *falta* todo, y a espada y de hambre 2637
48.33 de los lagares haré que *falte* el vino 7673
51.30 los *faltaron* las fuerzas, se volvieron 5405
Lm 1.2 sus amigos le *faltaron*, se le volvieron 898
Ez 4.17 al *faltarles* el pan... se consuman en 2637
47.12 sus hojas nunca caerán, ni *faltará* su 8552
Dn 10.17 me *faltó* la fuerza, y no me quedó 5975,3808
Os 4.6 fue destruido... le *faltó* conocimiento 1097
Mi 7.2 *faltó* el misericordioso de la tierra 6
Hab 3.17 aunque *falte* el producto del olivo 3584
Sof 3.5 sacará a luz su juicio, nunca *faltará* 5737
Mt 19.20 lo he guardado... ¿qué más me *falta*? *5302*
25.9 **que no nos *falte* a nosotras y a vosotras** ... *714,3756*
Mr 10.21 **una cosa te *falta*: anda, vende todo** *5302*
Lc 15.14 **una gran hambre... comenzó a *faltarle*** *5302*
16.9 **que cuando estas *falten*, os reciban en** *1587*
18.22 **te *falta* una cosa: vende todo lo que** *3007*
22.32 **he rogado por ti, que tu fe no *falte*** *1587*
22.35 **cuando os envié sin bolsa... *faltó* algo?** *5302*
Jn 2.3 y *faltando* el vino, la madre de Jesús *5302*
4.35 ***faltan* cuatro meses para que llegue la**
1 Co 1.7 tal... que nada os *falta* en ningún don *5302*
12.24 más abundante honor al que le *faltaba* *5302*
2 Co 9.12 lo que a los santos *falta*, sino que *5303*
11.9 pues lo que me *faltaba*, lo suplieron los *5302*
Fil 2.30 su vida para suplir lo que *faltaba* *5303*
4.10 solícitos, pero os *faltaba* la oportunidad *170*
4.19 Dios, pues, suplirá todo lo que os *falta* *5532*
Col 1.24 lo que *falta* de las aflicciones de *5303*
1 Ts 3.10 completemos lo que *falte* a vuestra *5303*
Tit 3.13 encamínales con... que nada les *falte* *3007*
He 4.6 puesto que *falta* que algunos entren en *620*
11.32 porque el tiempo me *faltaría* contando *1952*
Stg 1.4 cabales, sin que os *falte* cosa alguna *3007*
Ap 18.14 las cosas exquisitas... te han *faltado* *565*

FALTO *Véase también Falta*
Pr 6.32 comete adulterio es *f* de entendimiento 2638
7.7 consideré... a un joven *f* de entendimiento 2638
9.4,16 simple: Ven acá. A los *f* de cordura 2638
10.13 la vara es para las espaldas del *f* de 2638
12.11 el que sigue a los vagabundos es *f* de 2638
15.21 es alegría al *f* de entendimiento; mas 2638
17.18 el... *f* de entendimiento presta fianzas 2638
24.30 la viña del hombre *f* de entendimiento 2638
28.16 el... *f* de entendimiento multiplicará la 2638
Dn 5.27 pesado has sido... y fuiste hallado *f* 2627

FALÚ *Hijo de Rubén*, Gn 46.9; Éx 6.14; Nm
26.5,8; 1 Cr 5.3 6396

FALUITAS *Descendientes de Falú*, Nm 26.5 6384

FAMA
Gn 37.2 informaba José a... la mala *f* de ellos 1681
Nm 14.15 y las gentes que hubieren oído tu *f* 8088
Dt 2.25 los cuales oirán tu *f*, y temblarán y 8088
22.19 cuanto esparció mala *f* sobre una virgen 8034
26.19 de exaltarte... para loor y *f* y gloria 8034
Jos 9.9 hemos oído su *f*... que hizo en Egipto 8089
1 S 2.24 porque no es buena *f* la que yo oigo 8052
2 S 8.13 así ganó David *f*. Cuando regresaba 8034
1 R 4.34 había llegado la *f* de su sabiduría 8085
10.1 oyendo la reina de Sabá la *f*... Salomón 8088
10.7 es mayor tu sabiduría y bien, que la *f* 8052
1 Cr 14.17 *f* de David fue divulgada por todas 8034
2 Cr 9.1 oyendo la reina de... la *f* de Salomón 8088
9.6 porque tú superas la *f* que yo había oído 8052
26.9 divulgó su *f* hasta la frontera de Egipto 8034
26.15 y su *f* se extendió lejos, porque fue 8034
Est 9.4 y su *f* iba por todas las provincias 8089
Job 28.22 su *f* hemos oído con nuestros oídos 8088
Pr 22.1 la buena *f* más que la plata y el oro 8034
Ec 7.1 mejor... la buena *f* que el buen ungüento 8081
Jer 6.24 su *f* oímos, y nuestras manos se 8089
13.11 para que me fuesen por pueblo y por *f* 8034
Neh 3.19 los que oigan tu *f* batirán las manos 8088
Mt 4.24 se difundió su *f* por toda Siria; y le *189*
9.26 difundió la *f*... por toda aquella tierra *5345*
9.31 divulgaron la *f* de él por toda aquella *1310*
14.1 Herodes el tetrarca oyó la *f* de Jesús *189*
Mr 1.28 se difundió su *f* por toda la provincia *189*
6.14 oyó el rey Herodes la *f* de Jesús, porque
Lc 4.14 se difundió su *f* por toda la tierra de *5345*
4.37 su *f* se difundía por todos los lugares *2279*
5.15 pero su *f* se extendía más y más; y se *3056*
7.17 se extendió la *f* de él por toda Judea *3056*
2 Co 6.8 deshonra, por mala *f* y por buena *f* *1426*

FAMILIA
Gn 10.5 según su lengua, conforme a sus *f* en 4940
10.18 se dispersaron las *f* de los cananeos 4940
10.20 estos son los hijos de Caro por sus *f* 4940
10.31 fueron los hijos de Sem por sus *f*, por 4940
10.32 estas son las *f* de los hijos de Noé por 4940
12.3 benditas en ti todas las *f* de la tierra 4940
24.40 tomarás para mi hijo mujer de mi *f* y de 4940
24.41 libre de... cuando hayas llegado a mi *f* 4940
25.16 de Ismael... doce príncipes por sus *f* 523
28.14 las *f* de la tierra serán benditas en 4940
35.2 Jacob dijo a su *f* y a todos los que con 1004
37.2 esta es la historia de la *f* de Jacob 8435
43.7 preguntó... por nosotros, y por nuestra *f* 4138
45.18 tomad a vuestro padre y a vuestras *f* 1004
Éx 1.1 en Egipto con... cada uno entró con su *f* 1004
1.21 haber... temido a Dios, él prosperó sus *f* 1004
2.1 un varón de la *f* de Leví fue y tomó por 1004
6.14 son los jefes de las *f* de sus padres 1004
6.14 Falú, Hezrón y Carmi... son las *f* de Rubén 4940
6.15 Saúl hijo de... Estas son las *f* de Simeón 4940
6.17 los hijos de Gersón: Libni y... por sus *f* 4940
6.19 estas son las *f* de Leví por sus linajes 4940
6.24 Asir... Estas son las *f* de los coreítas 4940
6.25 son los padres de los levitas por sus *f* 4940
12.3 según las *f* de los... un cordero por *f* 1004
12.4 si la *f* fuere tan pequeña que no baste 1004
12.21 tomaos corderos por... *f* y sacrificad 4940
Lv 20.5 pondré mi rostro contra... contra su *f* 4940
25.10 de jubileo... cada cual volverá a su *f* 4940
25.41 volverá a su *f*, y a la posesión de sus 4940
25.45 de las *f* de... nacidos en vuestra tierra 4940
25.47 se vendiere al... o a alguno de la *f* del 4940
25.49 un pariente... de su *f* lo rescatará; o si 4940
Nm 1.2 tomad el censo de... de Israel por sus *f* 4940
1.18 fueron agrupados por *f*, según las casas 4940
1.20,22,24,26,28,30,32,34,36,38,40,42 por *f*,
según las casas de sus padres 4940
2.34 marcharon cada uno por sus *f*, según las 4940
3.15 cuenta los hijos de Leví según... sus *f* 4940
3.18 nombres de los hijos de Gersón por sus *f* 4940
3.19 los hijos de Coat por sus *f* son: Amram 4940
3.20 los hijos de Merari por sus *f*: Mahli y 4940
3.20 estas son las *f* de Leví, según las casas 4940
3.21 Gersón era la *f* de Libni y la de Simei 4940
3.21 la de Simei; estas son las *f* de Gersón 4940
3.23 las *f* de Gersón acamparán a espaldas del 4940
3.27 de Coat eran la *f* de los amramitas, la 4940
3.27 la *f* de los izharitas, la *f*... hebronitas 4940
3.27 *f* de los uzielitas... son las *f* coatitas 4940
3.29 las *f* de los hijos de Coat acamparán al 4940
3.30 el jefe... de las *f* de Coat, Elizafán hijo 4940
3.33 *f* de los mahlitas y la *f* de los musitas 4940
3.33 los musitas; estas son las *f* de Merari 4940
3.39 que Moisés y Aarón... contaron por sus *f* 4940
4.2 toma la cuenta... hijos de Leví, por sus *f* 4940
4.18 no haréis que perezca... de las *f* de Coat 4940
4.22 número de los hijos de Gersón... por sus *f* 4940
4.24 este será el oficio de las *f* de Gersón 4940
4.28 servicio de las *f* de los hijos de Gersón 4940
4.29 contarás los hijos de Merari por sus *f* 4940
4.33 servicio de las *f* de los hijos de Merari 4940
4.34 contaron a los hijos de Coat por sus *f* 4940
4.36 fueron los contados... por sus *f*, 2.750 4940
4.37 fueron los contados de las *f* de Coat 4940
4.38 de los hijos de Gersón por sus *f*, según 4940
4.40 contados... por sus *f*, según las casas de 4940
4.41 contados de las *f* de los hijos de Gersón 4940
4.42 los contados de las *f* de los hijos de 4940
4.42 de Merari, por sus *f*, según las casas de 4940
4.44 los contados de... por sus *f*, fueron 3.200 4940
4.45 contados de las *f* de los hijos de Merari 4940
4.46 Moisés y Aarón y los... contaron por sus *f* 4940
11.10 oyó... al pueblo, que lloraba por sus *f* 4940
17.3 porque cada jefe de *f*... tendrá una vara 1004
18.31 y lo comeréis en... vosotros y vuestra *f* 1004
20.29 hicieron duelo... todas las *f* de Israel 1004
25.14 jefe de una *f* de la tribu de Simeón 1004
25.15 Zur, príncipe de... padre de *f* en Madián 1004
26.5 Rubén: de Enoc, la *f* de los enoquitas 4940
26.5 de Rubén... de Falú, la *f* de los faluitas 4940
26.6 de Hezrón, la *f* de los hezronitas; de 4940
26.6 Hezrón... de Carmi, la *f* de los carmitas 4940
26.7 estas son las *f* de... rubenitas... 43.730 4940
26.12 de Simeón por sus *f*: de Nemuel, la *f* 4940
26.12 de Jamín, la *f*... de Jaquín, la *f* de los 4940
26.13 la *f* de... de Saúl, la *f* de los saulitas 4940
26.14 son las *f* de los simeonitas, 22.200 4940
26.15 de Gad por sus *f*: de Zefón, la *f* de los 4940
26.15 de Hagui, la *f* de... de Suni, la *f* de los 4940
26.16 de Ozni, la *f* de... de Eri, la *f* de los 4940
26.17 de Arod, la *f* de... de Areli, la *f* de los 4940
26.18 son las *f* de Gad; y fueron contados de 4940
26.20 de Judá por sus *f*: de Sela, la *f* de los 4940
26.20 de Fares, la *f* de... de Zera, la *f* de los 4940
26.21 de Hezrón, la *f* de... de Hamul, la *f* de 4940
26.22 son las *f* de Judá, y fueron contados de 4940
26.23 los hijos de Isacar por sus *f*; de Tola 4940
26.23 de Tola, la *f* de... de Fúa, la *f* de los 4940
26.24 de Jasub, la *f* de... de Simrón, la *f* de 4940
26.25 son las *f* de Isacar, y fueron contados 4940
26.26 de Zabulón por sus *f*: de Sered, la *f* de 4940
26.26 de Elón, la *f* de... de Jahleel, la *f* de 4940
26.27 son las *f* de los zabulonitas... 60.500 4940
26.28 los hijos de José por sus *f*: Manasés y 4940
26.29 de Maquir, la *f* de... de Galaad, la *f* de 4940
26.30 de Jezer, la *f* de... de Helec, la *f* de 4940
26.31 de Asriel, la *f* de... de Siquem, la *f* de 4940
26.32 de Semida, la *f* de... de Hefer, la *f* de 4940
26.34 estas son las *f* de Manasés; y fueron 4940
26.35 de Efraín por sus *f*: de Sutela, la *f* de 4940
26.35 de Bequer, la *f* de... de Tahan, la *f* de 4940
26.36 hijos de Sutela: de Erán, la *f* de los 4940
26.37 estas son las *f* de los hijos de Efraín 4940
26.37 estos son los hijos de José por sus *f* 4940
26.38 de Benjamín por sus *f*: de Bela, la *f* de 4940
26.38 de Asbel, la *f* de... de Ahiram, la *f* de 4940
26.39 de Sufam la *f* de... de Hufam, la *f* de los 4940
26.40 de Ard, la *f* de los... de Naamán, la *f* de 4940
26.41 son los hijos de Benjamín por sus *f* 4940
26.42 de Dan por sus *f*: de Súham, la *f* de los 4940
26.42 estas son las *f* de Dan por sus *f* 4940
26.43 las *f* de los suhamitas fueron... 64.400 4940
26.44 de Aser por sus *f*: de Imna, la *f* de los 4940
26.44 de Isúi, la *f* de los... de Bería, la *f* 4940
26.45 de Heber, la *f* de... de Malquiel, la *f* 4940
26.47 estas son las *f* de los hijos de Aser 4940
26.48 los hijos de Neftalí, por sus *f*: de 4940
26.48 de Jahzeel, la *f* de... de Guni, la *f* de 4940
26.49 de Jezer, la *f* de... de Silem, la *f* de 4940
26.50 estas son las *f* de Neftalí por sus *f* 4940
26.57 de los levitas por sus *f* son estos: de 4940
26.57 de Gersón, la *f* de los gersonitas; de 4940
26.57 de Coat, la *f* de... de Merari, la *f* de 4940
26.58 son las *f* de los levitas: la *f* de los 4940
26.58 la *f* de los hebronitas, la *f* de los 4940
26.58 *f* de los musitas, la *f* de los coreítas 4940
27.1 de las *f* de Manasés hijo de José, los 4940
27.4 será quitado el nombre de... de entre su *f* 4940
33.54 heredaréis... por sorteo por vuestras *f* 4940
36.1 llegaron... los padres de la *f* de Galaad 4940
36.1 las *f* de los hijos de José; y hablaron 4940
36.6 pero en la *f* de la tribu de... se casarán 4940
36.8 con alguno de la *f*... se casará, para que 4940
36.12 en la *f* de los hijos de Manasés, hijo 4940
36.12 quedó en la tribu de la *f* de su padre 4940
Dt 11.6 tragó con sus *f*, sus tiendas, y todo 1004
12.7 y os alegraréis, vosotros y vuestras *f* 1004
14.26 comerás allí... y te alegrarás tú y tu *f* 1004
15.20 los comerás... tú y tu *f*, en el lugar que 1004
29.18 sea que haya... o *f* o tribu, cuyo corazón 4940
Jos 2.18 reunirás en... a toda la *f* de tu padre 1004
7.14 por sus *f*; y la *f* que Jehová tomare, se 4940
7.17 de Judá, fue tomada la *f* de los de Zera 4940
7.17 haciendo... acercar a la *f* de los de Zera 4940
13.15 dio, pues, Moisés a... conforme a sus *f* 4940
13.23 la heredad... de Rubén... conforme a sus *f* 4940
13.24 dio... a la tribu de Gad... conforme a sus *f* 4940
13.28 heredad de los hijos de Gad por sus *f* 4940
13.29 heredad... de Manasés, conforme a sus *f* 4940
13.31 de los hijos de Maquir conforme a sus *f* 4940
15.1,12 los hijos de Judá, conforme a sus *f* 4940
15.20 heredad de... los hijos de Judá por sus *f* 4940
16.5 cuanto... de los hijos de Efraín por sus *f* 4940
17.2(2) hijos de Manasés conforme a sus *f* 4940
18.11,20 hijos de Benjamín conforme a sus *f* 4940
18.21 las ciudades... de Benjamín, por sus *f* 4940
18.28 heredad... de Benjamín conforme a sus *f* 4940
19.1,8 los hijos de Simeón conforme a sus *f* 4940
19.10,16 hijos de Zabulón conforme a sus *f* 4940
19.17,23 los hijos de Isacar conforme a sus *f* 4940
19.24,31 los hijos de Aser conforme a sus *f* 4940
19.32,39 hijos de Neftalí... conforme a sus *f* 4940
19.40,48 de los hijos de Dan conforme a sus *f* 4940
21.4 suerte cayó sobre las *f* de los coatitas 4940
21.5 diez ciudades de las *f* de la... de Efraín 4940
21.6 obtuvieron... las *f* de la tribu de Isacar 4940
21.7 los hijos de Merari según sus *f*... doce 4940
21.10 de las *f* de Coat, de los hijos de Leví 4940
21.20 mas las *f* de los hijos de Coat, levitas 4940
21.26 las ciudades para el resto de las *f* de 4940
21.27 a los hijos de... de las de los levitas 4940
21.33 las ciudades... por sus *f* fueron trece 4940
21.34 a las *f* de los hijos de Merari, levitas 4940
21.40 las ciudades de... de Merari por sus *f* 4940
21.40 que restaban de las *f* de los levitas 4940
Jue 1.25 dejaron ir a aquel hombre con... su *f* 4940
5.15,16 entre las *f* de Rubén hubo grandes 6390
6.15 que mi *f* es pobre en Manasés, y yo el 504
6.27 temiendo hacerlo... por la *f* de su padre 1004
9.1 Abimelec... habló... con toda la *f* de la casa 4940
18.11 salieron... 600 hombres de la *f* de Dan 4940
18.19 que seas... de una tribu y *f* de Israel? 4940
21.24 fueron... cada uno a su tribu y a su *f* 4940
Rt 2.1 un pariente... rico de la *f* de Elimelec 4940
2.3 de Booz, el cual era de la *f* de Elimelec 4940
1 S 1.21 subió el varón Elcana con toda su *f* 1004
9.21 mi *f*... es la más pequeña de todas las *f* 4940
10.21 llegar... por sus *f*... fue tomada la *f* de 4940
18.18 ¿quién soy yo... o la *f* de mi padre en 4940
20.6 su *f* celebran allá el sacrificio anual 4940
20.29 porque nuestra *f* celebra sacrificio en 4940
25.6 paz a tu *f*, y paz a todo cuanto tienes 1004
27.3 Gat, él y sus hombres, cada uno con su *f* 1004
2 S 2.3 a los hombres que... cada uno con su *f* 1004
9.12 la *f* de la casa de Siba eran siervos de 1004
14.7 la *f* se ha levantado contra tu sierva 4940
15.16 el rey entonces salió, con toda su *f* 1004
15.22 y pasó Itai... sus hombres, y toda su *f* 2945
16.2 asnos son para que monte la *f* del rey 1004
16.5 salía uno de la *f* de la casa de Saúl, el 4940
19.18 y cruzaron el vado para pasar a la *f* 1004

19.41 han hecho pasar...al rey y a su f, y a 1004
1 R 5.9 tú cumplirás...al dar de comer a mi f. 1004
5.11 coros de trigo para el sustento de su f. 1004
8.1 Salomón reunió...principales de las f de 1121
2 R 8.2 ella con su f, y vivió en tierra de 1004
1 Cr 2.53 y las f de Quiriat-jearim...itritas. 4940
2.55 y las f de los escribas que moraban en 4940
4.2 en Lahad. Estas son las f de los zoratitas 4940
4.8 Cos engendró a Anub...y la f de Aharhel 4940
4.21 de los que trabajan lino en Bet-asbea. 4940
4.27 ni multiplicaron toda su f como...de Judá 4940
4.38 son los principales entre sus f; y las 4940
5.7 hermanos por sus f, cuando eran contados 4940
5.13 sus hermanos, según las f de sus padres. 1004
6.19 las f de Leví, según sus descendencias 4940
6.54 de los hijos de Aarón por las f de los. 4940
6.66 a las f de...de Coat dieron...de Efraín. 4940
6.70 para los de las f de los hijos de Coat. 4940
7.2 de Tola...Jefes de las f de sus padres 1004
7.4 en sus linajes, por las f de sus padres. 1004
7.5 sus hermanos por todas las f de Isacar 4940
7.9 eran jefes de f resultaron 20.200 hombres 1004
7.11 todos...jefes de f, hombres muy valerosos
7.40 hijos de Aser, cabezas de f paternas. 1004
8.10 Jeúz...Estos son sus hijos, jefes de f
8.13 fueron jefes de las f de los...de Ajalón
8.28 estos fueron jefes principales de f por
9.9 estos hombres fueron jefes de f en sus. 1004
9.33 también había cantores, jefes de f de
9.34 estos eran jefes de f de los levitas por
13.14 el arca de Dios...con la f de Obed-edom. 1004
15.12 principales padres de las f de...levitas
16.28 tributad a Jehová, oh f de los pueblos 4940
23.9 estos fueron los jefes de...f de Laadán
23.11 por lo cual fueron contados como una f 1004
23.24 hijos de Leví en las f de sus padres 1004
23.24 los...Jefes de f según el censo de ellos
26.31 repartidos en sus linajes por sus f. 8435
26.32 jefes de f, los cuales el rey David
27.1 de Israel, jefes de f, jefes de millares
28.4 de la casa de Judá a la f de mi padre 1004
29.6 jefes de f...ofrecieron voluntariamente
2 Cr 1.2 convocó Salomón...Israel jefes de f
5.2 Salomón reunió...los jefes de las f de los 1121
12.15 están escritas en el registro de las f? 3187
19.8 puso...de los padres de f de Israel, para
21.13 has dado muerte a...a la f de tu padre 1004
22.7 Jehú...para que exterminara la f de Acab. 1004
23.2 reunieron...a los príncipes de las f de
25.5 con arreglo a las f les puso jefes de. 1004
26.12 el número de los jefes de f, valientes
35.4 preparaos según...f de vuestros padres. 1004
35.5(2) según la distribución de las f de 1004
35.12 conforme a los repartimientos de las f 1004
Neh 4.13 puse al pueblo por f...con sus arcos 4940
7.70 y algunos de los cabezas de f dieron
7.71 los cabezas de f dieron para el tesoro
8.13 reunieron los cabezas de las f de todo
11.13 sus hermanos, jefes de f, 242; y Amasai
12.12 los sacerdotes jefes de f fueron: de
12.22 los levitas...inscritos por jefes de f
12.23 de Leví, jefes de f, fueron inscritos
Est 9.28 celebrados por...las generaciones, f. 4940
Job 31.34 el menosprecio de las f me atemorizó 4940
32.2 Eliú hijo...de la f de Ram, se encendió. 4940
Sal 22.27 f de las naciones adorarán delante 4940
68.6 hace habitar en f a los desamparados 1004
96.7 tributad a Jehová, oh f le los pueblos 4940
107.41 hace multiplicar las f como rebaños de 4940
113.9 hace habitar en f a la estéril, que se 1004
Pr 31.15 comida a su f y ración a sus criados. 1004
31.21 no tiene temor de la nieve por su f 1004
31.21 toda su f está vestida de ropas dobles 1004
Is 3.6 a su hermano, de la f de su padre, y 1004
14.1 se unirán...se juntarán a la f de Jacob 1004
19.13 los que son la piedra angular de sus f 7626
Jer 1.15 convoco a todas las Y de los reinos 4940
2.4 Jacob, y todas las f de la casa de Israel 1004
3.14 tomaré...dos de cada f, y os introduciré 4940
31.1 seré por Dios a todas las f de Israel 4940
33.24 f que Jehová escogiera ha desechado? 4940
35.3 hijos, y a toda la f de los recabitas 1004
35.5 puse delante de...la f de los recabitas 1004
35.18 dijo Jeremías a la f de los recabitas 1004
Ez 20.32 seamos como...las demás f de la tierra 4940
Am 3.1 contra toda la f que hice subir de la 4940
3.2 he conocido de todas las f de la tierra 4940
Mi 2.3 pienso contra esta f un mal del cual 4940
5.2 pequeña para estar entre las f de Judá 505
Zac 14.17 las f...que no subieren a Jerusalén 4940
14.18 la f de Egipto no subiere y no viniere 4940
Mt 10.25 **si al padre de f llamaron Beelzebú** *3617*
13.27 **vinieron...los siervos del padre de f** *3617*
13.52 **escriba...es semejante a un padre de f** *3617*
20.1 **semejante a un hombre, padre de f, que** *3617*
20.11 **y al...murmuraban contra el padre de f** *3617*
21.33 **un hombre, padre de f, el cual plantó** *3617*
24.43 **si el padre de f supiese a qué hora el** *3617*
Lc 2.4 por cuanto era de la casa y f de David *3965*
12.39 **si supiese el padre de f a qué hora el** *3617*
12.52 **cinco en una f estarán divididos, tres** *3624*
13.25 **que el padre de f se haya levantado y** *3617*
14.21 **el padre de f, dijo a su siervo: Vé** *3617*
22.11 **y decid al padre de f de esa casa: El** *3617*
Hch 3.25 benditas todas las f de la tierra *3965*
4.6 todos los que eran de la f de los sumos. *1085*
16.15 cuando fue bautizada, y su f, nos rogó. *3624*
1 Co 1.16 bauticé a la f de Estéfanas; de los. *3624*
16.15 la f de Estéfanas es las primicias de *3614*
Gá 6.10 hagamos bien...a los de la f de la fe. *3609*
Ef 2.19 de los santos, y miembros de la f de *3609*
3.15 toma nombre toda f en los cielos y en. *3965*
1 Ti 5.4 a ser piadosos para con su propia f *3624*

FAMILIAR
2 R 10.11 mató...la casa de Acab...todos sus f. 3045
12.5 recíbanlo...cada uno de mano de sus f 4378
12.7 no toméis más el dinero de vuestros f 4378
Sal 55.13 sino tú...íntimo mío, mi guía, y mi f. 3045

FAMOSO, A
Ez 23.10 vino a ser f entre las mujeres, pues. 8034
Mt 27.16 tenían...un preso f llamado Barrabás. *1978*

FANTASMA
Job 4.16 paróse delante de mis ojos un f, cuyo 8544
Is 29.4 tu voz de la tierra como la de un f. 178
Mt 14.26 viéndole...turbaron, diciendo: ¡Un f! *5326*
Mr 6.49 pensaron que era un f, y gritaron. *5326*

FANUEL *Padre de Ana la profetiza*, Lc 2.36 ...... *5323*

FARAÓN
1. Rey de Egipto en tiempo de Abram
Gn 12.15 también la vieron los príncipes de F 6547
12.15 él; y fue llevada la mujer a casa de F 6547
12.17 mas Jehová hirió a F y a su casa con 6547
12.18 entonces F llamó a Abram, y le dijo 6547
12.20 F dio orden a...gente acerca de Abram 6547
2. Rey de Egipto en tiempo de José
Gn 37.36 a Potifar, oficial de F, capitán de 6547
39.1 Potifar oficial de F...lo compró de los 6547
40.2 y se enojó F contra sus dos oficiales 6547
40.7 él preguntó a aquellos oficiales de F. 6547
40.11 y que la copa de F estaba en mi mano 6547
40.11 en la copa de F...la copa en mano de F. 6547
40.13 tres días levantará F tu cabeza, y te 6547
40.13 y darás la copa a F en su mano, como 6547
40.14 hagas mención de mí a F, y me saques 6547
40.17 de toda clase de manjares de...para F 6547
40.19 quitará F tu cabeza de sobre ti, y te 6547
40.20 día, que era el día del cumpleaños de F. 6547
40.21 al jefe...dio éste la copa en mano de F 6547
41.1 que pasados dos años tuvo F un sueño 6547
41.4 las vacas...devoraban a las...Y despertó F 6547
41.7 y despertó F, y he aquí que era sueño 6547
41.8 contó F sus sueños, mas no había quien 6547
41.8 había quien los pudiese interpretar a F. 6547
41.9 jefe de los coperos habló a F, diciendo. 6547
41.10 cuando F se enojó contra sus siervos 6547
41.14 F envió y llamó a José. Y lo sacaron 6547
41.14 José...mudó sus vestidos, y vino a F 6547
41.15 y dijo F...Yo he tenido un sueño, y no 6547
41.16 respondió...a F, diciendo: No está en. 6547
41.16 será el que dé respuesta propicia a F. 6547
41.17 entonces F dijo a José: En mi sueño me 6547
41.25 respondió José a F: El sueño de F es 6547
41.25 Dios ha mostrado a F lo que va a hacer 6547
41.28 esto es lo que respondo a F. Lo que. 6547
41.28 Dios va a hacer, lo ha mostrado a F 6547
41.32 y el suceder el sueño a F dos veces 6547
41.33 provéase ahora F de un varón prudente 6547
41.34 haga esto F, y ponga gobernadores sobre 6547
41.35 recojan el trigo bajo la mano de F para 6547
41.37 asunto pareció bien a F y a sus siervos 6547
41.38 F a sus siervos: ¿Acaso hallaremos a 6547
41.39 y dijo F a José: Pues que Dios te ha 6547
41.41 dijo además F a José: He aquí yo te he. 6547
41.42 F quitó su anillo de su mano, y lo puso. 6547
41.44 y dijo F a José: Yo soy F; y sin ti. 6547
41.45 llamó F...José, Zafnat-panea; y le dio. 6547
41.46 años cuando fue presentado delante de F 6547
41.46 salió José de delante de F, y recorrió 6547
41.55 pueblo clamó a F. Y dijo F...id a José 6547
42.15 vive F, que no saldréis de aquí sino 6547
42.16 si...y si no, vive F, que sois espías 6547
44.18 no se encienda tu...pues tú eres como F. 6547
45.2 los egipcios, y oyó también la casa de F. 6547
45.8 que me ha puesto por padre de F y por. 6547
45.16 y se oyó la noticia en la casa de F 6547
45.16 esto agradó en los ojos de F y de sus 6547
45.17 y dijo F a José: Di a tus hermanos 6547
45.21 dio...carros conforme a la orden de F. 6547
46.5 en los carros que F había enviado para 6547
46.31 y lo haré saber a F, y le diré: Mis 6547
46.33 cuando F os llamare y dijere: ¿Cuál es. 6547
47.1 y lo hizo saber a F, y dijo: Mi padre. 6547
47.2 tomó cinco...y los presentó delante de F 6547
47.3 F dijo a sus hermanos: ¿Cuál es...oficio? 6547
47.3 respondieron a F: Pastores de ovejas. 6547
47.4 dijeron además a F: Para morar en esta. 6547
47.5 F habló a José, diciendo: Tu padre y tus 6547
47.7 lo presentó delante de F...bendijo a F 6547
47.8 dijo F a Jacob: ¿Cuántos son los días de 6547
47.9 y Jacob respondió a F: Los días de los 6547
47.10 Jacob bendijo a F...la presencia de F. 6547
47.11 en la tierra de Ramesés, como mandó F. 6547
47.14 y metió José el dinero en casa de Y. 6547
47.19 cómpranos a...y seremos...siervos de F. 6547
47.20 compró José...tierra de Egipto para F 6547
47.20 compró José...la tierra vino a ser de F 6547
47.22 los sacerdotes tenían ración de F, y 6547
47.22 ellos comían la ración que F les daba. 6547
47.23 os he comprado hoy...para F; ved aquí. 6547
47.24 de los frutos daréis el quinto a F, y 6547
47.25 nuestro señor, y seamos siervos de F. 6547
47.26 señalando para F el quinto, excepto. 6547
47.26 sólo la tierra de los...que no fue de F. 6547
50.4 luto, habló José a los de la casa de F. 6547
50.4 que habléis en oídos de F, diciendo 6547
50.6 F dijo: Vé, y sepulta a tu padre, como 6547
50.7 subieron con él todos los siervos de F. 6547
Hch 7.10 le dio gracia...delante de F rey de *5328*
7.13 fue manifestado a F el linaje de José. *5328*
3. Rey de Egipto en tiempo de la infancia de Moisés
Éx 1.11 y edificaron para F las ciudades de. 6547
1.19 las parteras respondieron a F: Porque 6547
1.22 F mandó a...su pueblo, diciendo: Echad al. 6547
2.5 la hija de F descendió a lavarse al río. 6547
2.7 entonces su hermana dijo a la hija de F. 6547
2.8 y la hija de F respondió: Vé. Entonces. 6547
2.9 dijo la hija de F: Lleva a este niño y 6547
2.10 ella lo trajo a la hija de F, la cual lo 6547
Hch 7.21 hija de F le recogió y le crió como. *5328*
He 11.24 rehusó llamarse hijo de la hija de F *5328*
4. Rey de Egipto cuando Moisés era hombre
Éx 2.15 oyendo F...pero Moisés huyó de...de F. 6547
5. Rey de Egipto cuando Moisés regresó de Madián
Éx 3.10 por tanto, ahora, y te enviaré a F. 6547
3.11 soy yo para que vaya a F, y saque de 6547
4.21 delante de F todas las maravillas que 6547
4.22 a F: Jehová ha dicho así: Israel es mi 6547
5.1 Moisés y...entraron a la presencia de F 6547
5.2 F respondió: ¿Quién es Jehová, para que 6547
5.5 dijo también F: He aquí el pueblo de la 6547
5.6 mandó F...a los cuadrilleros del pueblo 6547
5.10 diciendo...ha dicho F: Yo no os doy paja. 6547
5.14 que los cuadrilleros de F habían puesto 6547
5.15 y los capataces de...Israel vinieron a F. 6547
5.20 ellos cuando salían de la presencia de F. 6547
5.21 habéis hecho abominables delante de F 6547
5.23 desde que yo vine a F para hablarle en. 6547
6.1 ahora verás lo que yo haré a F; porque. 6547
6,11 habla a F rey de Egipto, que deje ir de. 6547
6.12 ¿cómo...escuchará F, siendo yo torpe de 6547
6.13 dio mandamiento...para F rey de Egipto 6547
6.27 éstos son los que hablaron a F rey de. 6547
6.29 di a F rey de Egipto todas las cosas. 6547
6.30 soy torpe...¿cómo, pues, me ha de oír F? 6547
7.1 mira, yo te he constituido dios para F. 6547
7.2 Aarón tu hermano hablará a F, Para que. 6547
7.3 endureceré el corazón de F, y...señales 6547
7.4 F no os oirá; mas yo pondré mi mano sobre 6547
7.7 Aarón de edad de 83, cuando hablaron a F 6547
7.9 si F os respondiere diciendo: Mostrad 6547
7.9 y échala delante de F, para que se haga 6547
7.10 vinieron, pues, Moisés y Aarón a F, e 6547
7.10 y echó Aarón su vara delante de F y de. 6547
7.11 llamó también F sabios y hechiceros 6547
7.13,22 el corazón de F se endureció, y no 6547
7.14 el corazón de F está endurecido, y no 6547
7.15 vé por la mañana a F, he aquí que él 6547
7.20 golpeó las aguas...en presencia de F y 6547
7.23 F se volvió y fue a su casa, y no dio 6547
8.1 dijo a...Entra a la presencia de F y dile. 6547
8.8 entonces F llamó a Moisés y Aarón, y les 6547
8.9 dijo Moisés a F: Dígnate indicarme cuándo 6547
8.12 salieron Moisés...de la presencia de F 6547
8.12 clamó...las ranas que había mandado a F. 6547
8.15 pero viendo F que le habían dado reposo. 6547
8.19 los hechiceros dijeron a F: Dedo de Dios. 6547
8.19 mas el corazón de F se endureció, y no 6547
8.20 levántate de mañana y...delante de F; he. 6547
8.24 moscas molestísimas sobre la casa de F 6547
8.25 entonces F llamó a Moisés y a Aarón, y. 6547
8.28 F: Yo os dejaré ir para que ofrezcáis 6547
8.29 diversas clases de moscas se vayan de F 6547
8.29 con tal que F no falte más, no dejando. 6547
8.30 Moisés salió de la presencia de F, y oró. 6547
8.31 y quitó todas aquellas moscas de F, de. 6547
8.32 mas F endureció aun esta vez su corazón 6547
9.1 dijo a Moisés: Entra a la presencia de F 6547
9.7 F envió, y he aquí que del ganado de los 6547
9.7 el corazón de F se endureció, y no dejó 6547
9.8 la esparcirá Moisés hacia...delante de F 6547
9.10 se pusieron delante de F, y la esparció 6547
9.12 pero Jehová endureció el corazón de F. 6547
9.13 levántate...y ponte delante de F, y dile 6547
9.20 de los siervos de F, el que tuvo temor. 6547
9.27 F envió a llamar a Moisés y a Aarón, y 6547
9.33 salido Moisés de la presencia de F, fuera 6547
9.34 y viendo F que la lluvia había cesado. 6547
9.35 el corazón de F se endureció, y no dejó 6547
10.1 entra a la presencia de F; porque yo he 6547
10.3 vinieron Moisés y Aarón a F, y le dijeron 6547
10.6 y se volvió y salió de delante de F. 6547
10.7 siervos de F le dijeron: ¿Hasta cuándo. 6547
10.8 y Aarón volvieron a ser llamados ante F. 6547
10.11 no...y los echaron de la presencia de F. 6547
10.16 F se apresuró a llamar a Moisés y a. 6547
10.18 salió Moisés de delante de F, y oró a 6547
10.20,27 Jehová endureció el corazón de F 6547
10.24 entonces F hizo llamar a Moisés, y dijo 6547
10.28 dijo F: Retírate de mí; guárdate que no 6547
11.1 una plaga traeré aún sobre F y sobre 6547
11.3 a los ojos de los siervos de F, y a los 6547
11.5 morirá...desde el primogénito de F que 6547
11.8 salió muy enojado de la presencia de F. 6547
11.9 F no os oirá, para que mis maravillas 6547
11.10 hicieron...estos prodigios delante de F. 6547
11.10 Jehová había endurecido el corazón de F 6547
12.29 primogénito de F que se sentaba sobre. 6547
12.30 se levantó aquella noche F, él y todos. 6547
13.15 endureciéndose F para no dejarnos ir. 6547
13.17 y luego que F dejó ir al pueblo, Dios 6547
14.3 F dirá...Encerrados están en la tierra. 6547

14.4 yo endureceré el corazón de F para que 6547
14.4 seré glorificado en F y en...su ejército 6547
14.5 corazón de F y de sus siervos se volvió 6547
14.8 endureció Jehová el corazón de F rey de 6547
14.9 con toda la caballería y carros de F, su 6547
14.10 cuando F se hubo acercado, los hijos de 6547
14.17 me glorificaré en F y en...su ejército 6547
14.18 sabrán...cuando me glorifique en F, en 6547
14.23 toda la caballería de F, sus carros y 6547
14.28 cubrieron...el ejército de F que había 6547
15.4 echó en el mar los carros de F y su 6547
15.19 F entró cabalgando con sus carros y su 6547
18.4 el Dios de...me libró de la espada de F 6547
18.8 Moisés contó a...Jehová había hecho a F 6547
18.10 Jehová, que os libró...de la mano de F 6547
Dt 6.21 siervos de F en Egipto, y Jehová nos 6547
6.22 Jehová hizo señales y...sobre F y sobre 6547
7.8 os ha rescatado...de la mano de F rey de 6547
7.18 de lo que hizo Jehová tu Dios con F y 6547
11.3 sus obras que hizo...a F rey de Egipto 6547
29.2 ha hecho...a F y a todos sus siervos, y a 6547
34.11 prodigios...a F y a todos sus siervos 6547
1 S 2.27 cuando estaban en Egipto...casa de F? 6547
6.6 los egipcios y F endurecieron su corazón? 6547
2 R 17.7 los sacó...de bajo la mano de F rey 6547
Neh 9.10 señales y maravillas contra F, contra 6547
Sal 135.9 señales y...contra F, y contra todos 6547
136.15 y arrojó a F y a su...en el Mar Rojo 6547
Ro 9.17 la Escritura dice a F: Para esto mismo *5328*

6. Rey de Egipto en tiempo de Salomón

1 R 3.1 parentezco con F...tomó la hija de F 6547
7.8 edificó...Salomón para la hija de F, que 6547
9.16 F el rey...había subido y tomado a Gezer 6547
9.24 y subió la hija de F de...a su casa que 6547
11.1 Salomón amó, además de la hija de F, a 6547
11.18 vinieron...a F rey de Egipto, el cual 6547
11.19 y halló Hadad gran favor delante de F 6547
11.20 al cual destetó Tahpenes en casa de F 6547
11.20 en casa de F entre los hijos de F 6547
11.21 Hadad dijo a F: Déjame ir a mi tierra 6547
11.22 F le respondió: ¿Por qué? ¿Qué te falta 6547
2 Cr 8.11 pasó...a la hija de F, de la ciudad 6547
Cnt 1.9 a yegua de los...de F te he comparado 6547

7. Rey de Egipto en tiempo de Ezequías

2 R 18.21 tal es F rey de Egipto para todos 6547
Is 19.11 el consejo de los...consejeros de F 6547
19.11 ¿cómo diréis a F: Yo soy hijo de los 6547
30.2 para fortalecerse con la fuerza de F 6547
30.3 pero la fuerza de F se os cambiará en 6547
36.6 tal es F rey de Egipto para con todos 6547

8. Faraón Necao, rey de Egipto en tiempo de Josías

2 R 23.29 F Necao rey de Egipto subió contra 6549
23.33 lo puso preso F Necao en Ribla en la 6549
23.34 F Necao puso por rey a Eliaquim hijo de 6549
23.35 Joacim pagó a F la plata y el oro; mas 6547
23.35 el dinero conforme al mandamiento de F 6547
23.35 sacando la plata...del pueblo...darlo a F 6549
Jer 25.19 a F rey de Egipto, a sus siervos, a 6547
37.5 el ejército de F había salido de Egipto 6547
37.7 que el ejército de F que había salido en 6547
37.11 se retiró...a causa del ejército de F 6547
43.9 a la puerta de la casa de F en Tafnes 6547
46.2 contra el ejército de F Necao rey de 6549
46.17 gritaron: F rey de Egipto es destruido 6547
46.25 yo castigo...a F...así a F como a los que 6547
47.1 los filisteos, antes que F destruyese a 6547
Ez 17.17 ni con mucha compañía hará F nada por 6547
29.2 pon tu rostro contra F rey de Egipto 6547
29.3 yo estoy contra ti, F rey de Egipto, el 6547
30.21 he quebrado el brazo de F rey de Egipto 6547
30.22 contra F rey de Egipto, y quebraré sus 6547
30.24 mas quebraré los brazos de F...gemirá 6547
30.25 los brazos de F caerán; y sabrán que 6547
31.2 di a F rey de Egipto, y a su pueblo: ¿A 6547
31.18 este es F y todo su pueblo, dice Jehová 6547
32.2 levanta endechas sobre F rey de Egipto 6547
32.31 a éstos verá F...F muerto a espada, y 6547
32.32 F y toda su multitud yacerán entre los 6547

9. Padre de Bitia, mujer de Mered, 1 Cr 4.18 6547

10. Faraón Hofra, rey de Egipto derrotado por Nabucodonosor, Jer 44.30 6548

FARES *Hijo de Judá por Tamar*

Gn 38.29 ¡qué brecha te...Y llamó su nombre F 6557
46.12 los hijos de Judá: Er, Onán, Sela, F 6557
46.12 los hijos de F fueron Hezrón y Hamul 6557
Nm 26.20 de F, la familia de los faresitas 6557
26.21 los hijos de F: de Hezrón, la familia 6557
Rt 4.12 y sea tu casa como la casa de F, el 6557
4.18 generaciones de F: F engendró a Hezrón 6557
1 Cr 2.4 y Tamar su nuera dio a luz a F y a 6557
2.5 los hijos de F: Hezrón y Hamul 6557
4.1 los hijos de Judá: F, Hezrón, Carmi, Hur 6557
9.4 de Bani, de los hijos de F hijo de Judá 6557
27.3 de los hijos de F, él fue jefe de todos 6557
Neh 11.4 hijo de Mahalaleel, de los hijos de F 6557
11.6 los hijos de F que moraron en Jerusalén 6557
Mt 1.3 Judá engendró de Tamar a F...F a Esrom *5329*
Lc 3.33 hijo de Esrom, hijo de F, hijo de Judá *5329*

FARESITAS *Descendientes de Fares*, Nm 26.20 6558

FARFAR *Río de Damasco*, 2 R 5.12 6554

FARISEO

Mt 3.7 al ver él que muchos de los f...venían *5330*
5.20 **justicia no fuere mayor que la de los...f** *5330*
9.11 cuando vieron esto los f, dijeron a los *5330*
9.14 ¿por qué nosotros y los f ayunamos *5330*
9.34 pero los f decían: Por el príncipe de *5330*
12.2 viéndolo los f, le dijeron: He aquí tus *5330*
12.14 salidos los f, tuvieron consejo contra *5330*
12.24 los f, al oírlo, decían: Este no echa *5330*
12.38 respondieron algunos de los escribas...f *5330*
15.1 se acercaron a Jesús...escribas y f de *5330*
15.12 ¿sabes que los f se ofendieron cuando *5330*
16.1 vinieron los f...saduceos para tentarle *5330*
16.6 **guardaos de la levadura de los f y de** *5330*
16.11 **os guardaseis de la levadura de los f** *5330*
16.12 sino de la doctrina de los f y de los *5330*
19.3 entonces vinieron...los f, tentándole y *5330*
21.45 los f, entendieron que hablaba de ellos *5330*
22.15 entonces se fueron los f y consultaron *5330*
22.34 los f, oyendo que había hecho callar a *5330*
22.41 estando juntos los f, Jesús...preguntó *5330*
23.2 **la cátedra de Moisés se sientan los...f** *5330*
23.13,14,15,23,25,27,29 **¡ay de vosotros, escribas y f, hipócritas!** *5330*
23.26 **¡f ciego! Limpia primero lo de dentro** *5330*
27.41 escribas y...f y los ancianos, decían
27.62 se reunieron los...y los f ante Pilato *5330*
Mr 2.16 los f, viéndole comer con...publicanos *5330*
2.18 los discípulos de Juan y...los f ayunaban *5330*
2.24 los f le dijeron: Mira, ¿por qué hacen *5330*
3.6 salidos los f, tomaron consejo con los *5330*
7.1 se juntaron a Jesús los f, y algunos de *5330*
7.3 los f...aferrándose a la tradición de los *5330*
7.5 le preguntaron, pues, los f...¿Por qué tus *5330*
8.11 vinieron...los f y comenzaron a discutir *5330*
8.15 **guardaos de la levadura de los f, y de** *5330*
10.2 y se acercaron los f y le preguntaron *5330*
12.13 le enviaron algunos de los f y de los *5330*
Lc 5.17 estaban sentados los f y doctores de *5330*
5.21 y los f comenzaron a cavilar, diciendo *5330*
5.30 los f murmuraban contra los discípulos *5330*
5.33 asimismo los de los f, pero los tuyos *5330*
6.2 algunos de los f les dijeron: ¿Por qué *5330*
7.30 los f...desecharon los designios de Dios *5330*
7.36 de los f rogó a Jesús que comiese con él *5330*
7.36 entrado en casa del f, se sentó a la mesa *5330*
7.37 al saber que Jesús estaba...en casa del f *5330*
7.39 cuando vio esto el f...dijo para sí: Este *5330*
11.37 luego...le rogó un f que comiese con él *5330*
11.38 el f, cuando lo vio, se extrañó de que *5330*
11.39 **vosotros los f limpiáis lo de fuera del** *5330*
11.42 **mas ¡ay de vosotros, f! que diezmáis la** *5330*
11.43 **¡ay de vosotros, f! que amáis...sillas** *5330*
11.44 **¡ay de vosotros, escribas y f...que sois** *5330*
11.53 los f comenzaron a estrecharle en gran *5330*
12.1 **guardaos de la levadura de los f, que es** *5330*
13.31 día llegaron unos f, diciéndole: Sal *5330*
14.1 en casa de un gobernante, que era f *5330*
14.3 entonces Jesús habló...a los f, diciendo *5330*
15.2 los f...murmuraban, diciendo: Este a los *5330*
16.14 oían también todas estas cosas los f *5330*
17.20 preguntado por los f, cuándo había de *5330*
18.10 **orar: uno era f, y el otro publicano** *5330*
18.11 **f, puesto en pie, oraba consigo mismo** *5330*
19.39 algunos de los f...le dijeron: Maestro *5330*
Jn 1.24 los que...sido enviados eran de los f *5330*
3.1 hombre de los f que se llamaba Nicodemo *5330*
4.1 el Señor entendió que los f habían oído *5330*
7.32 los f oyeron a la gente que murmuraba *5330*
7.32 los f enviaron alguaciles para que le *5330*
7.45 los alguaciles vinieron a...y a los f *5330*
7.47 f les respondieron: ¿También vosotros *5330*
7.48 ha creído en él alguno de...o de los f? *5330*
8.3 escribas y los f le trajeron una mujer *5330*
8.13 f le dijeron: Tú das testimonio acerca *5330*
9.13 llevaron ante los f...había sido ciego *5330*
9.15 preguntarle...los f cómo había recibido *5330*
9.16 algunos de los f decían: Ese hombre no *5330*
9.40 algunos de los f...al oír esto...dijeron *5330*
11.46 de ellos fueron a los f Y les dijeron *5330*
11.47 los f reunieron el concilio, y dijeron *5330*
11.57 f habían dado orden de que si alguno *5330*
12.19 f dijeron...veis que no conseguís nada *5330*
12.42 causa de los f no lo confesaban, para *5330*
18.3 Judas, pues, tomando...y de los f, fue *5330*
Hch 5.34 levantándose...un f llamado Gamaliel *5330*
15.5 pero algunos de la secta de los f, que *5330*
23.6 una parte era de saduceos y otra de f *5330*
23.6 varones hermanos, yo soy f, hijo de f *5330*
23.7 disensión entre los f y los saduceos *5330*
23.8 no hay...pero los f afirman estas cosas *5330*
23.9 la parte de los f, contendían, diciendo *5330*
26.5 conforme a...de nuestra religión, viví f *5330*
Fil 3.5 de hebreos; en cuanto a la ley, f *5330*

FAROS *Padre de Pedaías No.4*, Neh 3.25 6551

FASCINAR

Gá 3.1 ¿quién os *fascinó* para no obedecer a *940*

FASTIDIADO

Sof 3.18 reuniré a los f por causa del largo 3013

FASTIDIO

Gn 27.46 dijo Rebeca a Isaac: F tengo de mi 6973
Lv 26.43 y su alma tuvo f de mis estatutos 1602
Nm 21.5 alma tiene f de este pan tan liviano 6973
Mal 1.13 habéis...dicho: ¡Oh, que f es esto! 4972

FASTIDIOSA

Ec 2.17 que se hace debajo del sol me era f 7451

FATIGA

Ec 2.22 ¿qué tiene el...de la f de su corazón 7475
12.12 y el mucho estudio es f de la carne 3024
Mr 6.48 viéndoles remar con gran f, porque el *928*
2 Co 11.27 en trabajo y f, en muchos desvelos *3449*
1 Ts 2.9 os acordáis...de nuestro trabajo y f *3449*
2 Ts 3.8 trabajamos con afán y f día y noche *3449*

FATIGAR

Gn 19.11 que se *fatigaban* buscando la puerta 3811
33.13 las *fatigan*, en un día morirán todas 1849
Jos 7.3 no *fatigues* a todo el pueblo yendo allí 3021
2 S 16.14 llegaron *fatigados*, y descansaron 5889
Job 16.7 tú me has *fatigado*; has asolado toda 3811
Sal 121.6 el sol no te *fatigará* de día, ni la 5221
Pr 3.11 no...ni te *fatigues* de su corrección 6973
Ec 5.18 trabajo con que se *fatiga* debajo del 5998
10.15 el trabajo de los necios los *fatiga* 3021
Is 8.21 y pasarán por la tierra *fatigados* y 7185
40.28 desfallece, ni se *fatiga* con cansancio 3021
40.30 los muchachos se *fatigan* y se cansan 3021
40.31 los que...caminarán, y no se *fatigarán* 3021
43.23 no te...ni te hice *fatigar* con incienso 3021
43.24 pecados, me *fatigaste* con tus maldades 3021
47.12 tus hechizos, en los cuales te *fatigaste* 3021
47.13 te has *fatigado* en tus muchos consejos 3811
47.15 aquellos con quienes te *fatigaste*, los 3021
54.11 pobrecita, *fatigada* con tempestad, sin 6041
Jer 2.24 los que la buscaren no se *fatigarán* 3286
17.8 en el año de sequía no se *fatigará*, ni 1672
45.3 ¡ay de mí...*fatigado* estoy de gemir, y 3021
Lm 5.5 nos *fatigamos*, y no hay para...reposo 3021
Hab 2.13 y las naciones se *fatigarán* en vano 3286
1 Co 4.12 *fatigamos* trabajando con nuestras *2872*

FATIGOSA

Ec 1.8 todas las cosas son f más de lo que el 3023

FATUIDAD

Pr 18.13 al que responde...le es f y oprobio 200

FATUO, A

Job 2.10 como suele hablar...las mujeres f, has 5036
Sal 94.8 entended, necios del...y vosotros, f 3684
Pr 17.12 una osa...que con un f en su necedad 3684
19.1 mejor...que el de perversos labios y f 3684
Mt 5.22 **y cualquiera que le diga: F, quedará** *3474*

FAUSTO

Is 5.14 descenderá la gloria de ellos...y su f 7588

FAVOR

Gn 33.10 pues que con tanto f me has recibido 7521
Dt 33.23 Neftalí, saciado de f, y lleno de 7522
Jue 9.3 el corazón...se inclinó a f de Abimelec
1 S 13.12 y yo no he implorado el f de Jehová 2470
2 S 7.23 para hacer grandezas a su f, y obras 6213
1 R 11.19 y halló Hadad...f delante de Faraón 2580
2 Cr 16.9 para mostrar su poder a f de los que 5973
Est 2.15 ganaba Ester el f de todos los que la 2580
Job 11.19 te espante, y muchos suplicarán tu f 2470
13.8 ¿haréis acepción de personas a su f?
20.10 hijos solicitarán el f de los pobres 7521
29.4 el f de Dios velaba sobre mi tienda 5475
Sal 5.12 con un escudo lo rodearás de tu f 7522
7.6 álzate...y despierta en f mío el juicio 5375
30.5 será su ira, pero su f dura toda la vida 7522
30.7 con tu f me afirmaste como monte fuerte 7522
35.27 los que están a f de mi justa causa 2655
45.12 implorarán tu f los ricos del pueblo 6440
103.4 el que te corona de f y misericordias 2617
141.5 que el justo me castigue, será un f 2617
Pr 8.35 que me halle...alcanzará el f de Jehová 7522
11.27 el que procura el bien buscará f; mas 7522
12.2 el bueno alcanzará f de Jehová; mas él 7522
19.6 muchos buscan el f del generoso, y cada 6440
19.12 y su f como el rocío sobre la hierba 7522
21.10 mal; su prójimo no halla f en sus ojos 2603
29.26 muchos buscan el f del príncipe; mas de 6440
Ec 9.11 ni de los elocuentes el f; sino que 2580
Jer 15.11 si no he suplicado ante ti en f del 2896
26.24 Ahicam hijo de...estaba a f de Jeremías 854
Ez 22.30 y que se pusiese...a f de la tierra
Dn 2.6 el sueño...recibiréis de mí dones y f 5023
9.13 mal...no hemos implorado el f de Jehová 6440
Zac 7.2 enviado a...a implorar el f de Jehová 6440
8.21 dirán: Vamos a implorar el f de Jehová 6440
8.22 y vendrán...a implorar el f de Jehová de 6440
Mal 1.9 orad por el f de Dios, para que tenga 2603
Hch 2.47 alabando a Dios, y teniendo f con el *5485*
2 Co 1.11 cooperando...vosotros a f nuestro con *5228*
1.11 sean dadas gracias a f nuestro por el *5228*
Gá 1.10 ¿busco ahora el f de los hombres, o *3982*
Flm 14 tu f no fuese como de necesidad, sino *18*
He 1.14 o f de los que serán herederos de la *1223*
5.1 es constituido a f de los hombres en lo *5228*

FAVORABLE

1 Cr 5.20 porque clamaron a Dios...les fue f 982

FAVORECER

Lv 19.15 juicio, ni *favoreciendo* al pobre ni 5375
1 Cr 11.14 los *favoreció* con una gran victoria 3467
Job 10.3 *favorezcas* los designios de...impíos? 3313
Sal 57.2 clamaré al...al Dios que me *favorece* 1584
109.21 mío, *favoréceme* por amor de tu nombre 6213

FAVORECIDA

Lc 1.28 entrando el ángel...dijo: ¡Salve, muy f *5487*

FAZ

Gn 1.2 las tinieblas estaban sobre la f del 6440
1.2 de Dios se movía sobre la f de las aguas 6440
2.6 un vapor, el cual regaba toda la f de la 6440
6.1 a multiplicarse sobre la f de la tierra 6440

6.7 dijo... Raeré de sobre la f de la tierra a 6440
7.3 viva la especie sobre la f de la tierra 6440
7.4 raeré de sobre la f de la tierra a todo........... 6440
7.23 fue destruido todo ser... sobre la f de 6440
8.8 se habían retirado de sobre la f de la........... 6440
8.9 aguas estaban aún sobre la f de... tierra........ 6440
8.13 aquí que la f de la tierra estaba seca 6440
11.4 esparcidos sobre la f de toda la tierra 6440
11.8,9 los esparció sobre la f de... la tierra 6440
Éx 10.5 cubrirá la f de la tierra, de modo que.......... 5869
10.15 cubrió la f de... el país, y oscureció 5869
16.14 aquí sobre la f del desierto una cosa 6440
32.12 raerlos de sobre la f de la tierra?............ 6440
33.16 los pueblos que están sobre la f de la......... 6440
Lv 14.53 soltará la avecilla... sobre la f del 2351
Nm 11.31 dos codos sobre la f de la tierra............. 6440
19.16 tocare algún muerto a... sobre la f del........ 6440
22.5,11 un pueblo... cubre la f de la tierra 5869
1 R 8.40 días que vivan sobre la f de la tierra.......... 6440
9.7 cortaré a Israel de... la f de la tierra............ 6440
13.34 fue cortada... de sobre la f de la tierra 6440
17.14 haga llover sobre la f de la tierra 6440
18.1 yo haré llover sobre la f de la tierra........... 6440
2 R 9.37 será como estiércol sobre la f de la........... 6440
2 Cr 6.31 los días que vivieren sobre la f de 6440
Job 5.10 da la lluvia sobre la f de la tierra............. 6440
26.9 él encubre la f de su trono, y sobre él.......... 6440
33.26 verá su f con júbilo; y restaurará al 6440
37.12 para hacer sobre la f del mundo, en la 6440
38.30 piedra, y se congela la f del abismo 6440
Sal 104.30 son creados, y renuevas la f de la 6440
Pr 8.27 cuando trazaba el círculo sobre la f 6440
24.31 ortigas habían ya cubierto su f, y su.......... 6440
Is 14.21 ni llenen de ciudades la f del mundo 6440
23.17 fornicará con todos... sobre la f de la......... 6440
24.1 trastorna su f, y hace esparcir a sus........... 6440
27.6 Israel... la f del mundo llenará de fruto........ 6440
63.9 el ángel de su f los salvó; en su amor 6440
Jer 1.13 olla que hierve; y su f está hacia 6440
8.2; 9.22; 16.4 como estiércol sobre la f de........... 6440
25.26 los reinos del mundo... sobre la f de la 6440
25.33 como estiércol quedarán sobre la f de......... 6440
27.5 hice... bestias que están sobre la f de 6440
28.16 yo te quito de sobre la f de la tierra 6440
35.7 que viváis muchos días sobre la f de la 6440
Ez 16.5 fuiste arrojada sobre la f del campo........... 6440
29.5 sobre la f del campo caerás; no serás 6440
32.4 te echaré sobre la f del campo, y haré......... 6440
33.27 que está sobre la f del campo entregaré...... 6440
34.6 la f de la tierra fueron esparcidas mis......... 6440
37.2 que eran muchísimos sobre la f del campo 6440
38.20 los hombres... sobre la f de la tierra.......... 6440
39.5 sobre la f del campo caerás; porque yo........ 6440
39.14 enterrar a los que quedan sobre la f de 6440
Dn 8.5 poniente sobre la f de toda la tierra............ 6440
Jl 2.20 su f será hacia el mar oriental, y su 6440
Am 5.8 y las derrama sobre la f de la tierra 6440
9.6 y sobre la f de la tierra las derrama 6440
9.8 yo lo asolaré de la f de la tierra; mas 6440
Sof 1.2 destruiré... las cosas de sobre la f de 6440
1.3 raeré a los hombres de sobre la f de la 6440
Zac 5.3 la maldición que sale sobre la f de 6440
Mt 11.10; Mr 1.2; Lc 7.27 **envío mi mensajero delante de tu f** 4383
Lc 21.35 **los que habitan sobre la f de toda la**.......... 4383
Hch 17.26 para que habiten sobre toda la f de......... 4383
2 Co 4.6 gloria de Dios en la f de Jesucristo............ 4383

FE

Nm 35.30 un solo testigo no hará f contra una......... 6030
Is 57.11 que has faltado a la f, y no te has 3576
Hab 2.4 he aquí mas el justo por su f vivirá............. 530
Mt 6.30 **¿no hará mucho... hombres de poca f?**........ 3640
8.10 **que ni aun en Israel he hallado tanta f**........ 4102
8.26 **¿por qué teméis, hombres de poca f?**.......... 3640
9.2 y al ver Jesús la f de ellos, dijo al.............. 4102
9.22 **dijo: Ten ánimo, hija; tu f te ha salvado** 4102
9.29 **diciendo: Conforme a vuestra f os sea**......... 4102
14.31 **le dijo: ¡Hombre de poca f! ¿Por qué**.......... 3640
15.28 **mujer, grande es tu f; hágase contigo** 4102
16.8 **¿por qué pensáis... hombres de poca f, que** ... 3640
17.20 **por vuestra poca f... que si tuviereis f** 570,4102
21.21 **si tuviereis f, y no dudareis, no sólo** 4102
23.23 **dejáis lo más... la misericordia y la f**......... 4102
Mr 2.5 al ver Jesús la f... dijo al paralítico 4102
4.40 **así amedrentados? ¿Cómo no tenéis f?**......... 4102
5.34 **hija, tu f te ha hecho salva; vé en paz**.......... 4102
10.52 **dijo: Vete, tu f te ha salvado. Y en** 4102
11.22 **respondiendo... dijo: Tened f en Dios**......... 4102
Lc 5.20 **ver él la f de ellos, le dijo: Hombre**............ 4102
7.9 **que ni aun en Israel he hallado tanta f**......... 4102
7.50 **la mujer: Tu f te ha salvado, vé en paz**......... 4102
8.25 **y les dijo: ¿Dónde está vuestra f?**............. 4102
8.48 **dijo: Hija, tu f te ha salvado; vé en**............. 4102
12.28 **más a vosotros, hombres de poca f?**.......... 3640
17.5 dijeron los... al Señor: Auméntanos la f......... 4102
17.6 **si tuvierais f como un grano de mostaza** 4102
17.19 **levántate, vete; tu f te ha salvado**............. 4102
18.8 **cuando venga... ¿hallará f en la tierra?**....... 4102
18.42 **le dijo: Recíbela, tu f te ha salvado** 4102
22.32 **yo he rogado por ti, que tu f no falte** 4102
Hch 3.16 por la f en su nombre, a éste, que 4102
3.16 la f que es por él ha dado a éste esta.......... 4102
6.5 eligieron a Esteban, varón lleno de f y 4102
11.24 era varón bueno, y lleno del... y de f........... 4102
13.8 procurando apartar de la f al procónsul....... 4102
14.9 y viendo que tenía f para ser sanado 4102
14.22 exhortándoles a que permaneciesen... la f.... 4102
14.27 había abierto la puerta de la f a los 4102
15.9 ellos, purificando por la f sus corazones....... 4102
16.5 las iglesias eran confirmadas en la f........... 4102
17.31 dando f a todos con haberle levantado 4102
20.21 testificando... de la f en nuestro Señor 4102
24.24 viniendo Félix... le oyó acerca de la f 4102
26.18 **para que reciban, por la f que es en**.......... 4102
Ro 1.5 para la obediencia a la f en todas las........... 4102
1.8 vuestra f se divulga por todo el mundo 4102
1.12 confortados por la f que nos es común......... 4102
1.17 la justicia, se revela por f y para............... 4102
1.17 escrito: Mas el justo por la f vivirá............. 4102
3.22 justicia de Dios por medio de la f en 4102
3.25 como propiciación por medio de la f en........ 4102
3.26 y el que justifica al que es de la f de............ 4102
3.27 las obras? No, sino por la ley de la f 4102
3.28 el hombre es justificado por f sin las........... 4102
3.30 por la f a... y por medio de la f a los 4102
3.31 ¿luego por la f invalidamos la ley?............. 4102
4.5 cree en... su f le es contada por justicia......... 4102
4.9 que a Abraham le fue... la f por justicia......... 4102
4.11 sello de la justicia de la f que tuvo 4102
4.11 a fin de que... la f les sea contada por
4.12 pisadas de la f que tuvo nuestro padre 4102
4.13 no por la ley... por la justicia de la f 4102
4.14 vana resulta la f, y anulada la promesa........ 4102
4.16 por f, para que sea por gracia, a fin de 4102
4.16 la que es de la f de Abraham, el cual es........ 4102
4.19 y no se debilitó en la f al considerar 4102
4.20 se fortaleció en f, dando gloria a Dios 4102
4.22 por lo cual también su f le fue contada
5.1 justificados... por la f, tenemos paz para........ 4102
5.2 tenemos entrada por la f a esta gracia en 4102
9.30 es decir, la justicia que es por f................ 4102
9.32 iban tras ella no por f, sino como por.......... 4102
10.6 la justicia que es por la f dice así: No 4102
10.8 esta es la palabra de f que predicamos 4102
10.17 así que la f es por el oír, y el oír 4102
11.20 bien... pero tú por la f estás en pie 4102
12.3 la medida de f que Dios repartió a cada 4102
12.6 si... úsese conforme a la medida de la f........ 4102
14.1 recibid al débil en la f, pero no para........... 4102
14.22 ¿tienes tú f? Tenla para contigo delante 4102
14.23 es condenado, porque no lo hace con f 4102
14.23 todo lo que no proviene de f, es pecado....... 4102
16.26 a conocer... para que obedezcan a la f 4102
1 Co 2.5 que vuestra f no esté fundada en la............ 4102
12.9 otro, f por el mismo Espíritu; y a otro 4102
13.2 y si tuviese toda la f, de tal manera 4102
13.13 ahora permanecen la f, la esperanza y 4102
15.14 y si Cristo no resucitó... vana es.............. 4102
15.17 si Cristo no resucitó, vuestra f es 4102
16.13 velad, estad firmes en la f; portaos 4102
2 Co 1.24 que nos enseñoreemos de vuestra f.......... 4102
1.24 gozo; porque por la f estáis firmes............. 4102
4.13 pero teniendo el mismo espíritu de f.......... 4102
5.7 porque por f andamos, no por vista............ 4102
8.7 abundáis, en f, en palabra, en ciencia.......... 4102
10.15 conforme crezca vuestra f seremos muy 4102
13.5 examinaos a vosotros mismos... en la f 4102
Gá 1.23 nos perseguía, ahora predica la f que.......... 4102
2.16 no es justificado por las... sino por la f......... 4102
2.16 para ser justificados por la f de Cristo......... 4102
2.20 vivo en la f del hijo de Dios, el cual 4102
3.2,5 obras de la ley, o por el oír con f?............. 4102
3.7 sabed... que los que son de f, éstos son......... 4102
3.8 que Dios había de justificar por la f a.......... 4102
3.9 los de la f son bendecidos con... Abraham 4102
3.11 es evidente... El justo por la f vivirá........... 4102
3.12 y la ley no es de f, sino que dice: El............ 4102
3.14 de que por la f recibiésemos la promesa....... 4102
3.22 la promesa que es por la f en Jesucristo 4102
3.23 pero antes que viniese la f, estábamos......... 4102
3.23 bajo la ley, encerrados para aquella f 4102
3.24 de que fuésemos justificados por la f 4102
3.25 pero venida la f, ya no estamos bajo ayo...... 4102
3.26 pues todos sois hijos de Dios por la f.......... 4102
5.5 aguardamos por f la esperanza de la........... 4102
5.6 vale algo... sino la f que obra por el amor...... 4102
5.22 paz, paciencia, benignidad, bondad, f.......... 4102
6.10 mayormente a los de la familia de la f......... 4102
Ef 1.15 yo, habiendo oído de vuestra f en el........... 4102
2.8 por gracia sois salvos por medio de la f........ 4102
3.12 acceso con confianza por medio de la f........ 4102
3.17 que habite Cristo por la f en... corazones...... 4102
4.5 un Señor, una f, un bautismo 4102
4.13 que todos lleguemos a la unidad de la f........ 4102
6.16 escudo de la f, con que podáis apagar 4102
6.23 amor con f, de Dios Padre y del Señor 4102
Fil 1.25 quedaré... para vuestro... gozo de la f 4102
1.27 combatiendo... por la f del evangelio 4102
2.17 derramado en libación sobre... vuestra f 4102
3.9 sino la que es por la f de Cristo, la 4102
3.9 la justicia que es de Dios por la f.............. 4102
Col 1.4 habiendo oído de vuestra f en Cristo........... 4102
1.23 en verdad permanecéis... firmes en la f 4102
2.5 mirando... firmeza de vuestra f en Cristo....... 4102
2.7 y confirmados en la f, así como habéis.......... 4102
2.12 mediante la f en el poder de Dios que.......... 4102
1 Ts 1.3 acordándonos... la obra de vuestra f.......... 4102
1.8 lugar vuestra f en Dios se ha extendido 4102
3.2 para... y exhortaros respecto a vuestra f 4102
3.5 envié para informarme de vuestra f, no 4102
3.6 y nos dio buenas noticias de vuestra f 4102
3.7 consolados de... por medio de vuestra f......... 4102
3.10 completemos lo que falte a vuestra f?.......... 4102
5.8 vestido con la coraza de f y de amor, y.......... 4102
2 Ts 1.3 por cuanto vuestra f va creciendo............ 4102
1.4 nos gloriamos... por vuestra... f en todas 4102
1.11 de bondad y toda obra de f con su poder 4102
2.13 la santificación... y la f en la verdad 4102
3.2 librados de... porque no es de todos la f......... 4102
1 Ti 1.2 a Timoteo, verdadero hijo en la f 4102
1.4 bien que edificación de Dios que es por f 4102
1.5 nacido de... y de buena conciencia, y de f....... 4102
1.14 fue más abundante con la f y el amor que 4102
1.19 manteniendo la f y buena conciencia 4102
1.19 naufragaron en cuanto a la f algunos 4102
2.7 maestro de los gentiles en f y verdad 4102
2.15 se salvará... si permaneciere en f, amor 4102
3.9 guarden el misterio de la f con limpia 4102
3.13 confianza en la f que es en Cristo Jesús 4102
4.1 algunos apostatarán de la f, escuchando a...... 4102
4.6 nutrido con las palabras de la f y de la 4102
4.12 sino sé ejemplo de los creyentes en... f......... 4102
5.8 si alguno no provee para... ha negado la f...... 4102
5.12 así... por haber quebrantado su primera f..... 4102
6.10 cual codiciando... se extraviaron de la f 4102
6.11 y sigue la... la f, el amor, la paciencia.......... 4102
6.12 pelea la buena batalla de la f, echa 4102
6.21 cual profesando... se desviaron de la f......... 4102
2 Ti 1.5 trayendo a la memoria la f no fingida 4102
1.13 en la f y amor que es en Cristo Jesús 4102
2.18 desviaron... y trastornan la f de algunos....... 4102
2.22 sigue la justicia, la f, el amor y la 4102
3.8 corruptos de... réprobos en cuanto a la f 4102
3.10 tú has seguido mi doctrina, conducta... f....... 4102
3.15 hacer sabio para la salvación por la f 4102
4.7 he acabado la carrera, he guardado la f........ 4102
Tit 1.1 conforme la f de los escogidos de.............. 4102
1.4 a Tito, verdadero hijo en la común f 4102
1.13 repréndelos... para que sean sanos en la f..... 4102
2.2 sean... prudentes, sanos en la f, en el amor 4102
3.15 saluda a los que nos aman en la f.............. 4102
Flm 5 oigo del amor y de la f que tienes hacia 4102
6 que la participación de tu f sea eficaz en 4102
He 4.2 por no ir acompañada de f en los que 4102
6.1 echando otra vez el fundamento... de la f...... 4102
6.12 de aquellos que por la f... heredan las 4102
10.22 en plena certidumbre de f, purificados 4102
10.38 justo vivirá por f; y si retrocediere............ 4102
10.39 que tienen f para preservación del alma 4102
11.1 es, pues, la f la certeza de lo que se 4102
11.3 la f entendemos haber sido constituido 4102
11.4 la f Abel ofreció a Dios más excelente 4102
11.5 por la f Enoc fue traspuesto para no ver....... 4102
11.6 pero sin f es imposible agradar a Dios......... 4102
11.7 por la f Noé, cuando fue advertido por 4102
11.7 por esa f condenó al mundo, y fue hecho
11.7 heredero de la justicia que... por la f 4102
11.8 la f Abraham, siendo llamado, obedeció 4102
11.9 por la f habitó como extranjero en la 4102
11.11 por la f también la misma Sara, siendo...... 4102
11.13 conforme a la f murieron todos éstos......... 4102
11.17 por la f Abraham, cuando fue probado 4102
11.20 por la f bendijo Isaac a Jacob y a Esaú 4102
11.21 por la f Jacob, al morir, bendijo a cada 4102
11.22 por la f José, al morir, mencionó la.......... 4102
11.23 por la f Moisés: cuándo nació, fue 4102
11.24 la f Moisés, hecho ya grande, rehusó 4102
11.27 por la f dejó a Egipto, no temiendo la........ 4102
11.28 por la f celebró la pascua... para que el 4102
11.29 por la f pasaron el Mar Rojo como por 4102
11.30 por la f cayeron los muros de Jericó......... 4102
11.31 por la f Rahab la ramera no pereció 4102
11.33 por f conquistaron reinos, hicieron.......... 4102
11.39 alcanzaron buen testimonio... la f........... 4102
12.2 en Jesús, el autor y consumador de la f....... 4102
13.7 haya sido el resultado... e imitad su f 4102
Stg 1.3 que la prueba de... f produce paciencia........ 4102
1.6 pero pida con f, no dudando nada; porque...... 4102
2.1 que vuestra f en nuestro glorioso Señor 4102
2.5 que sean ricos en f y herederos del reino 4102
2.14 si alguno dice que tiene f, y no tiene 4102
2.14 no tiene obras? ¿Podrá la f salvarle? 4102
2.17 la f, si no tiene obras, es muerta en 4102
2.18 dirá: Tú tienes f, y yo tengo obras............ 4102
2.18 tu f sin tus obras... mi f por mis obras 4102
2.20 vano, que la f sin obras es muerta? 4102
2.22 ¿no ves que la f actuó... con sus obras 4102
2.22 que la f se perfeccionó por las obras? 4102
2.24 por las obras, y no solamente por la f......... 4102
2.26 así también la f sin obras está muerta 4102
5.15 la oración de f salvará al enfermo, y.......... 4102
1 P 1.5 por el poder de Dios mediante la f 4102
1.7 sometida a prueba vuestra f, mucho más 4102
1.9 obteniendo el fin de vuestra f, que es 4102
1.21 que vuestra f y esperanza sean en Dios......... 4102
5.9 al cual resistid firmes en la f, sabiendo 4102
2 P 1.1 f igualmente preciosa que la nuestra........... 4102
1.5 añadid a vuestra f virtud; a la virtud........... 4102
1 Jn 5.4 esta es la victoria que... nuestra f 4102
Jud 3 contendáis ardientemente por la f que 4102
20 edificándoos sobre vuestra santísima f.......... 4102
Ap 2.13 **pero retienes mi... y no has negado mi f** 4102
2.19 **yo conozco tus obras... y f, y servicio** 4102
13.10 está la paciencia y la f de los santos 4102
14.12 los que guardan los... y la f de Jesús........... 4102

FEALDAD

Gn 41.19 no he visto otras semejantes en f en 7455
Jer 18.13 gran f ha hecho la virgen de Israel 8186

FEBE *Diaconisa en Cencrea*, Ro 16.1 .... *5402*

FECHA
Esd 4.9 en tal *f* escribieron Rehum canciller
Ez 24.2 hijo de hombre, escribe la *f* de este 8034

FECUNDA
Nm 5.28 sino que...ella será libre, y será *f* 2233

FELICIDAD
Pr 24.25 los que lo reprendieren tendrán *f* 5276

FELIPE
1. Apóstol
Mt 10.3 *F*, Bartolomé...Jacobo hijo de Alfeo *5376*
Mr 3.18 a Andrés, *F*, Bartolomé, Mateo, Tomás *5376*
Lc 6.14 Simón...Jacobo y Juan, *F* y Bartolomé *5376*
Jn 1.43 **Jesús...halló a *F*, y le dijo: Sígueme** *5376*
1.44 *F* era de Betsaida, la ciudad de Andrés *5376*
1.45 *F* a Natanael, y le dijo: Hemos hallado a *5376*
1.46 ¿de Nazaret puede...Le dijo *F*: Ven y ve *5376*
1.48 **antes que *F* te llamara, cuando estabas** *5376*
6.5 **dijo a *F*: ¿De dónde compraremos pan para** *5376*
6.7 *F* le respondió: Doscientos denarios de *5376*
12.21 **se acercaron a *F*, que era de Betsaida** *5376*
12.22 *F* fue y se lo dijo a Andrés; entonces *5376*
12.22 entonces Andrés y *F*...lo dijeron a Jesús *5376*
14.8 *F* le dijo: Señor, muéstranos el Padre *5376*
14.9 **¿tanto tiempo...y no me has conocido, *F*?** *5376*
Hch 1.13 el aposento alto, donde moraban...*F* *5376*
2. Hermano de Herodes Antipas
Mt 14.3; Mr 6.17; Lc 3.19 causa de Herodías,
mujer de *F* su hermano *5376*
3. Otro hermano de Herodes Antipas
Lc 3.1 y su hermano *F* tetrarca de Iturea y de *5376*
4. Diácono y evangelista
Hch 6.5 eligieron a *F*, a Prócoro, a Nicanor *5376*
8.5 *F*, descendiendo a la ciudad de Samaria *5376*
8.6 gente...escuchaba...las cosas que decía *F* *5376*
8.12 cuando creyeron a *F*, que anunciaba el *5376*
8.13 creyó Simón mismo...estaba siempre con *F* ... *5376*
8.26 un ángel del Señor habló a *F*, diciendo *5376*
8.29 Espíritu dijo a *F*: Acércate y júntate *5376*
8.30 acudiendo *F* le oyó que leía al profeta *5376*
8.31 rogó a *F* que subiese y se sentara con él *5376*
8.34 dijo a *F*: Te ruego que me digas: ¿de sí *5376*
8.35 *F*, abriendo su...anunció el evangelio de *5376*
8.37 *F* dijo: Si crees de todo corazón, bien *5376*
8.38 descendieron ambos al...*F* y el eunuco, y *5376*
8.39 el Espíritu del Señor arrebató a *F*; y el *5376*
8.40 pero *F* se encontró en Azoto; y pasando *5376*
21.8 entrando en casa de *F* el evangelista *5376*

FÉLIX *Procurador de Judea*
Hch 23.24 llevasen en salvo a *F* el gobernador *5344*
23.26 Claudio Lisias al excelentísimo...*F* *5344*
24.3 oh excelentísimo *F*, lo recibimos en todo *5344*
24.22 entonces *F*, oídas estas cosas, estando *5344*
24.24 viniendo *F* con Drusila su mujer, que *5344*
24.25 *F* se espantó, y dijo: Ahora vete; pero *5344*
24.27 recibió *F* por sucesor a Porcio Festo *5344*
24.27 y queriendo *F* congraciarse con los *5344*
25.14 un hombre ha sido dejado preso por *F* *5344*

FELIZ
Ec 4.3 tuve por más *f*...al que no ha sido aún 2896

FENECER
Job 7.6 y mis días...*fenecieran* sin esperanza 3615
Sal 7.9 *fenezca* ahora la maldad de...inicuos 1584
Ec 9.6 amor y su odio y su envidia *fenecieron* 6
Is 16.4 el atormentador *fenecerá*...tendrá fin 656
43.17 *fenecen*, como pábilo quedan apagados 1846
Ez 22.15 y haré *fenecer* de ti tu inmundicia 8552

FENICE *Puerto de Creta*, Hch 27.12 .... *5405*

FENICIA *País en la costa del Mar Mediterráneo entre Palestina y Siria*
Hch 11.19 pasaron hasta *F*, Chipre y Antioquía *5403*
15.3 pasaron por *F*...contando la conversión *5403*
21.2 hallando un barco que pasaba a *F*, nos *5403*

FEO, A
Gn 41.3 subían del...siete vacas de *f* aspecto 7451
41.4 que las vacas de *f* aspecto y enjutas de 7415
41.19 siete vacas...flacas y de muy *f* aspecto 7415
41.20 las vacas flacas y *f* devoraban a las 7415
41.27 las siete vacas flacas y *f* que subían 7415
Jer 5.30 espantosa y *f* es hecha en la tierra 8186

FERAZ
2 R 19.23 alojaré en el bosque de sus *f* campos 3760
Is 37.24 llegaré...al bosque de sus *f* campos 3760

FÉRETRO
2 S 3.31 duelo...el rey David iba detrás del *f* 4296
Lc 7.14 **acercándose, tocó el *f*; y los que lo** *4673*

FEREZEO *Tribu antigua de Palestina*
Gn 13.7 el cananeo y el *f* habitaban entonces 6522
15.20 los heteos, los *f*, los refaítas 6522
34.30 hacerme abominable a...cananeo y el *f* 6522
Éx 3.8,17 del amorreo, del *f*, del heveo y del 6522
23.23 mi Ángel...te llevará a la tierra...del *f* 6522
33.2 echaré fuera al...heteo, al *f*, al heveo 6522
34.11 echo de delante de tu presencia...al *f* 6522
Dt 7.1 haya echado...al cananeo, al *f*, al heveo 6522
20.17 destruirás...al *f*, al heveo y al jebuseo 6522
Jos 3.10 echará...al *f*, al gergeseo, al amorreo 6522
9.1 oyeron...cananeos, *f*, heveos y jebuseos 6522
11.3 al *f*, al jebuseo en las montañas, y al 6522
12.8 el cananeo, el *f*, el heveo y el jebuseo 6522
17.15 desmontes allí en la tierra de los *f* 6522
24.11 pelearon contra vosotros...*f*, cananeos 6522
Jue 1.4 Jehová entregó en...al cananeo y al *f* 6522
1.5 pelearon...derrotaron al cananeo y al *f* 6522
3.5 habitaban entre los...*f*, heveos y jebuseos 6522
1 R 9.20 los pueblos...*f*, heveos y jebuseos 6522
2 Cr 8.7 amorreos, *f*...que no eran de Israel 6522
Esd 9.1 no se han separado de los...heteos, *f* 6522
Neh 9.8 con él para darle la tierra...del *f* 6522

FERIA
Ez 27.12 plata, hierro...comerciaba en tus *f* 5801
27.13 Javán, Tubal y...comerciaban en tus *f* 4627
27.16 con...linos finos...rubíes venía a tus *f* 5801
27.19 y el errante Javán vinieron a tus *f* 5801
27.22 toda piedra preciosa...vinieron a tus *f* 5801

FERMENTAR
Sal 75.8 y el vino está *fermentado*, lleno de 2560
Lc 13.21 **levadura...hasta que...hubo *fermentado*** *2220*

FEROZ
Ez 5.17 enviaré...sobre vosotros...bestias *f* 7451
14.15 hiciere pasar bestias *f* por la tierra 7451
Hab 1.8 serán...más *f* que lobos nocturnos, y 2300
Mt 8.28 dos endemoniados...*f* en gran manera *5467*

FÉRTIL
Nm 13.20 el terreno, si es *f* o estéril, si en 8082
2 R 3.19 destruiréis con piedras toda tierra *f* 2896
3.25 y en todas las tierras *f* echó cada uno 2896
2 Cr 26.10 en los montes como en los llanos *f* 4334
Neh 9.25 y tomaron ciudades...tierra *f*...casas 8082
9.35 en la tierra...*f* que entregaste delante 8082
Is 5.1 tenía mi amado...viña en una ladera *f* 8081
10.18 la gloria de su bosque y de su campo *f* 3759
16.10 quitado es el gozo y la...del campo *f* 3759
28.1,4 sobre la cabeza del valle *f* de los 8081
29.17 el campo *f* será estimado por bosque? 3759
32.12 los campos deleitosos, por la vid *f* 6509
32.15 en campo *f*, y el campo *f* sea...bosque 3759
32.16 y en el campo *f* morará la justicia 3759
Jer 4.26 he aquí el campo *f* era un desierto 3759
48.33 alegría y el regocijo de los campos *f* 3759
Mi 7.14 mora solo en la montaña, en campo *f* 3760

FERVIENTE
Ro 12.11 *f* en espíritu, sirviendo al Señor *2204*
1 P 4.8 tened entre vosotros *f* amor; porque *1618*

FERVIENTEMENTE
Stg 5.17 y oró *f* para que no lloviese *4335*

FERVOR
Neh 3.20 Baruc...con todo *f* restauró otro tramo 2734

FERVOROSO
Hch 18.25 y siendo de espíritu *f*, hablaba y *2204*

FESTIVIDAD
2 Cr 2.4 y *f* de Jehová nuestro Dios; lo cual 4150
Neh 10.33 las *f*, y para las cosas santificadas 4150
Os 2.11 haré cesar todo su gozo...todas sus *f* 4150

FESTIVA
Zac 8.19 se convertirán...y en *f* solemnidades 4150

FESTO *Procurador de Judea después de Félix*
Hch 24.27 recibió Félix...sucesor a Porcio *F* *5347*
25.1 llegado, pues, *F* a la provincia, subió *5347*
25.4 *F* respondió que Pablo estaba custodiado *5347*
25.9 *F*, queriendo congraciarse con...judíos *5347*
25.12 *F*...respondió: A César has apelado; a *5347*
25.13 vinieron a Cesarea para saludar a *F* *5347*
25.14 días, *F* expuso al rey la causa de Pablo *5347*
25.22 Agripa dijo a *F*: Yo también quisiera *5347*
25.23 día...por mandato de *F* fue traído Pablo *5347*
25.24 entonces *F* dijo: Rey Agripa, y todos *5347*
26.24 *F* a gran voz dijo: Estás loco, Pablo *5347*
26.25 no estoy loco, excelentísimo *F*, sino *5347*
26.32 y Agripa dijo a *F*: Podía este hombre *5347*

FESTÓN
1 R 7.30 repisas de...que sobresalían de los *f* 3595

FIADOR
Gn 44.32 salió por *f* del joven con mi padre 6148
Pr 6.1 hijo mío, si salieres *f* por tu amigo 6148
11.15 será afligido el que sale por *f* de un 6148
17.18 y sale por *f* en presencia de su amigo 6161
20.16 quítale su ropa al que salió por *f* del 6161
20.16 toma...del que sale *f* por los extraños
22.26 ni de los que salen por *f* de deudas 6148
27.13 quítale...al que salió *f* por el extraño 6148
He 7.22 Jesús es hecho *f* de un mejor pacto *1450*

FIANZA
Job 17.3 dame *f*, oh Dios; sea mi protección 6148
Pr 11.15 que aborreciere las *f* vivirá seguro 6148
17.18 el...falto de entendimiento presta *f* 6161
Hch 17.9 obtenida *f* de Jasón y...los soltaron *2425*

FIAR
Jue 11.20 mas Sehón no se *fio* de Israel para 539
Job 39.11 ¿confiarás tú...le *fiarás* tu labor? 982
39.12 ¿*fiarás* de él...que recoja tu semilla 539
Pr 3.5 *fíate* de Jehová de todo tu corazón, y 982
27.13 al que *fía* a la extraña, tómale prenda 6148
Jer 7.4 no *fiéis* en...mentira, diciendo: Templo 982
Jn 2.24 pero Jesús mismo no se *fiaba* de ellos *4100*

FIBRA
Jer 4.19 me duelen las *f* de mi corazón; mi 7023
Os 13.8 y desgarraré las *f* de su corazón, y 5458

FICOL *Nombre del capitán del ejército de Abimelec No.1 y No.2*, Gn 21.22,32; 26.26 6369

FIDELIDAD
2 S 15.20 Jehová...muestre amor permanente y *f* 571
2 Cr 31.15 para dar con *f* a sus hermanos sus 530
31.18 *f* se consagraban a las cosas santas 530
32.1 después de...y esta *f*, vino Senaquerib 571
34.12 y estos hombres procedían con *f* en la 530
Sal 33.4 recta...toda su obra es hecha con *f* 530
36.5 Jehová...tu *f* alcanza hasta las nubes 530
40.10 he publicado tu *f* y tu salvación; no 530
89.1 en generación haré notoria tu *f* con mi 530
89.8 poderoso eres, Jehová, y tu *f* te rodea 530
92.2 por la mañana tu...y tu *f* cada noche 530
117.2 porque...la *f* de Jehová es para siempre 571
119.75 y que conforme a tu *f* me afligiste 530
119.90 de generación en generación es tu *f* 530
138.2 y alabaré tu nombre por tu...y tu *f* 571
Is 11.5 lomos, y la *f* ceñidor de su cintura 530
Jer 2.2 me he acordado...la *f* de tu juventud 2617
Lm 3.23 nuevas...cada mañana; grande es tu *f* 530
Ez 48.11 los sacerdotes...que me guardaron *f* 8582,3808
Os 2.20 desposaré conmigo en *f*, y conocerás 530
Ro 3.3 incredulidad...hecho nula la *f* de Dios? *4102*
2 Co 11.3 sean...extraviados de la sincera *f* *572*

FIEBRE
Dt 28.22 Jehová te herirá de tisis, de *f*, de 6920
32.24 y devorados de *f* ardiente y de peste 7565
Mt 8.14 a la suegra de éste...en cama, con *f* *4445*
8.15 y tocó su mano, y la *f* la dejó; y ella *4446*
Mr 1.30 suegra de Simón estaba acostada con *f* *4445*
1.31 tomó...le dejó la *f*, y ella les servía *4446*
Lc 4.38 la suegra de Simón tenía una gran *f* *4446*
4.39 ella, reprendió a la *f*; y la *f* la dejó *4446*
Jn 4.52 hora...Ayer a las siete le dejó la *f* *4446*
Hch 28.8 el padre de Publio...enfermo de *f* y *4446*

FIEL
Nm 12.7 no así a mi siervo Moisés, que es *f* en 539
Dt 7.9 que Jehová tu Dios es Dios, Dios *f*, que 539
1 S 2.35 yo me suscitaré un sacerdote *f*, que 539
3.20 conoció...Samuel era *f* profeta de Jehová 539
22.14 ¿y quién...es tan *f* como David, yerno 539
2 S 20.19 soy de las pacíficas y *f* de Israel 539
1 Cr 12.29 se mantenían *f* a la casa de Saúl 4931
Neh 9.8 hallaste *f* su corazón delante de ti 539
13.13 eran tenidos por *f*, y ellos tenían que 539
Sal 12.1 han desaparecido los *f* de entre los 539
19.7 el testimonio de Jehová es *f*, que hace 539
31.23 a los *f* guarda Jehová...abundantemente 539
78.8 no...ni fue *f* para con Dios su espíritu 539
89.37 firme...como un testigo *f* en el cielo 539
101.6 mis ojos pondré en los *f* de la tierra 539
111.7 Juicio; *f* son todos sus mandamientos 539
119.138 tus testimonios...son rectos y muy *f* 539
Pr 11.13 mas el de espíritu *f* lo guarda todo 539
13.17 mal...mas el mensajero *f* acarrea salud 529
25.13 es el mensajero *f* a los que lo envían 539
27.6 *f* son las heridas del que ama; pero 539
Is 1.21 has convertido en ramera, oh ciudad *f*? 539
1.26 llamarán Ciudad de justicia, Ciudad *f* 539
8.2 junté conmigo por testigos *f* al...Urías 539
49.7 porque *f* es el Santo de Israel, el cual 539
Dn 2.45 Dios ha...y el sueño es verdadero, y *f* 540
6.4 él era *f*, y ningún vicio...hallado en él 540
Os 11.12 aún gobierna...y es *f* con los santos 539
Mt 24.45 **¿quién es...el siervo *f* y prudente, al** *4103*
25.21,23 **le dijo: Bien, buen siervo y *f*** *4103*
25.21,23 **has sido *f*, sobre mucho te pondré** *4103*
Lc 12.42 **¿quién es el mayordomo *f* y prudente** *4103*
16.10 **que es *f* en lo muy poco...en lo más es *f*** *4103*
16.11 **en las riquezas injustas no fuisteis *f*** *4103*
16.12 **si en lo ajeno no fuisteis *f*, ¿quién os** *4103*
19.17 **cuanto en lo poco has sido *f*, tendrás** *4103*
Hch 10.45 los *f* de la circuncisión que habían *4103*
11.23 exhortó a que...permaneciesen *f* al Señor *4357*
13.34 os daré las misericordias *f* de David *4103*
16.15 habéis juzgado que yo sea *f* al Señor *4103*
1 Co 1.9 *f* es Dios, por el cual fuisteis *4103*
4.2 se requiere...que cada uno sea hallado *f* *4103*
4.17 a Timoteo, que es mi hijo amado y *f* en *4103*
7.25 ha alcanzado misericordia...para ser *f* *4103*
10.13 pero *f* es Dios, que no os dejará ser *4103*
2 Co 1.18 como Dios es *f*, nuestra palabra a *4103*
Ef 1.1 a los santos y *f* en Cristo Jesús que *4103*
6.21 Tíquico, hermano amado y *f* ministro en *4103*
Fil 4.3 te ruego...compañero *f*, que ayudes a *1103*
Col 1.2 a los santos y *f* hermanos en Cristo *4103*
1.7 Epafras...que es un *f* ministro de Cristo *4103*
4.7 os lo hará saber Tíquico...*f* ministro y *4103*
4.9 con Onésimo, amado y *f* hermano, que es *4103*
1 Ts 5.24 *f* es el que os llama, el cual...hará *4103*
2 Ts 3.3 pero *f* es el Señor, que os afirmará *4103*
1 Ti 1.12 porque me tuvo por *f*, poniéndome en *4103*
1.15 palabra *f* y digna de ser recibida por *4103*
3.1 palabra *f*: Si alguno anhela obispado *4103*
3.11 las mujeres asimismo...sobrias, *f* en todo *4103*
4.9 palabra *f* es...y digna de ser recibida por *4103*
2 Ti 2.2 lo que has oído...encarga a hombres *f* *4103*
2.11 palabra *f* es esta: Si somos muertos con *4103*
2.13 si fuéremos infieles, él permanece *f* *4103*
Tit 1.9 retenedor de la palabra *f* tal como ha *4103*
2.10 no defraudando, sino mostrándose *f* en *4102*
3.8 palabra *f* es esta, y en estas cosas *4103*
He 2.17 ser misericordioso y *f* sumo sacerdote *4103*
3.2 el cual es *f* al que le constituyó, como *4103*
3.5 Moisés...fue *f* en toda la casa de Dios *4103*

10.23 firme, sin...porque *f* es el que prometió *4103*
11.11 porque creyó que era *f* quien lo había........ *4103*
1 P 4.19 encomienden sus almas al *f* Creador.......... *4103*
5.12 Silvano, a quien tengo por hermano *f* *4103*
1 Jn 1.9 es *f* y justo para perdonar nuestros *4103*
Ap 1.5 el testigo *f*, el primogénito de los *4103*
2.10 sé *f* hasta la muerte, y yo te daré la........... *4103*
2.13 en que Antipas mi testigo *f* fue muerto........ *4103*
3.14 aquí el Amén, el testigo *f* y verdadero......... *4103*
17.14 los que están con él son llamados y...*f*........ *4103*
19.11 que lo montaba se llamaba *F* y Verdadero.... *4103*
21.5; 22.6 estas palabras son *f* y verdaderas *4103*

FIELMENTE
Dt 1.36 Caleb...porque ha seguido *f* a Jehová......... 4390
15.5 si escuchares *f* la voz de Jehová tu Dios 8085
2 R 12.15 no se tomaba cuenta...hacían ellos *f* 530
2 Cr 31.12 depositaron las primicias y los...*f*........... 530
3 Jn 5 *f* te conduces cuando...algún servicio *4103*

FIERO, A
Gn 16.12 será hombre *f*; su mano será contra 6501
31.39 nunca te traje lo arrebatado por las *f* 2966
49.7 maldito su furor, que fue *f*; y su ira 5794
Éx 22.13 si le hubiere sido arrebatado por *f*
22.31 no comeréis carne destrozada por las *f* 2966
23.29 se aumenten contra ti las *f* del campo 2416
Lv 7.24 grosura del que fue despedazado por *f*........ 2966
17.15 que comiere animal...despedazado por *f*
22.8 ni despedazado por *f*...contaminándose en ... 2966
26.22 bestias *f*...os arrebaten vuestros hijos........ 2416
Dt 7.22 que las *f*...no se aumenten contra ti........... 2416
28.26 cadáveres servirán de comida a toda...*f* 929
28.50 *f* de rostro, que no tendrá respeto al 5794
32.24 diente de *f* enviaré...sobre ellos, con 929
2 S 21.10 no dejó que posase sobre ellos...*f*............ 2416
2 R 14.9 pasaron las *f* que están en el Líbano.......... 2416
2 Cr 25.18 *f* que estaban en el Líbano pasaron 2416
Job 5.22 te reirás, y no temerás de las *f* del............ 2416
5.23 las *f* del campo estarán en paz contigo 2416
28.8 nunca la pisaron animales *f*, ni león........... 7830
Sal 74.19 no entregues a las *f* el alma de tu............ 2416
Is 13.21 que dormirán allí las *f* del desierto............ 6728
34.14 las *f* del desierto se encontrarán con.......... 6728
35.9 ni *f* subirá por él, ni allí se hallará............. 2416
43.20 *f* del campo me honrarán, los chacales 2416
Jer 12.9 vosotras...las *f* del campo, venid a 2416
50.39 allí morarán *f* del desierto y chacales 6728
Ez 14.15 no haya quien pase a causa de las *f*.......... 2416
14.21 mis cuatro juicios...espada, hambre, *f* 2416
29.5 a las *f* de la tierra y...te he dado por 2416
32.4 y saciaré de ti a las *f* de...la tierra 2416
33.27 entregaré a las *f* para que lo devoren 2416
34.5 son presa de todas las *f* del campo, y 2416
34.8 mis ovejas fueron...presa de todas las *f* 2416
34.25 de paz, y quitaré de la tierra las *f* 2416
34.28 ni las *f* de la tierra las devorarán 2416
39.4 las *f* del campo, te he dado por comida 2416
39.17 a toda *f* del campo: Juntaos, y venid 2416
Os 13.8 devoraré...*f* del campo los despedazará 2416
Hab 2.17 destrucción de las *f* te quebrantará........... 929
Sof 2.15 ¡cómo...asolada, hecha guarida de *f*!.......... 2416
Mr 1.13 era tentado por Satanás, y...con las *f*.......... *2342*
Hch 11.6 vi...*f*, y reptiles, y aves del cielo *2342*
1 Co 15.32 si como...batallé en Efeso contra *f* *2341*
Jud 13 *f* ondas del mar, que espuman su propia *66*
Ap 6.8 para matar con espada...*f* de la tierra *2342*

FIESTA
Éx 5.1 deja ir a mi pueblo a celebrarme *f* en........... 2287
10.9 porque es nuestra *f* solemne para Jehová 2282
12.14 lo celebraréis...*f* solemne para Jehová....... 2282
12.17 y guardaréis la *f* de los panes sin
13.6 pan...y el séptimo día será *f* para Jehová 2282
23.14 tres veces en el año me celebraréis *f*.......... 2287
23.15 *f* de los panes sin levadura guardarás......... 2282
23.16 la *f* de la siega...la *f* de la cosecha........... 2282
32.5 Aarón...dijo: Mañana será *f* para Jehová 2282
34.18 *f* de los panes sin levadura guardarás......... 2282
34.22 la *f* de las semanas...*f* de la cosecha 2282
34.25 ni se dejará...del sacrificio de la *f*............. 2282
Lv 23.2 las *f* solemnes de Jehová, las cuales 4150
23.4 estas son las *f* solemnes de Jehová, las 2282
23.6 la *f* solemne de los panes sin levadura......... 2282
23.34 será la *f* solemne de los tabernáculos 2282
23.36 es *f*, ningún trabajo de siervos haréis 6116
23.37 estas son las *f* solemnes de Jehová, a.......... 4150
23.39 recogido el fruto...haréis *f* a Jehová 2282
23.41 y le haréis *f* a Jehová por siete días 2282
23.44 habló...sobre las *f* solemnes de Jehová........ 4150
Nm 15.3 para ofrecer en vuestras *f* solemnes 4150
28.17 quince días de este mes, la *f* solemne......... 2282
29.12 y celebraréis *f* solemne a Jehová por.......... 2282
29.39 estas cosas ofreceréis...en vuestras *f* 4150
Dt 16.8 séptimo día será *f* solemne a Jehová 6116
16.10 la *f* solemne de las semanas a Jehová 2282
16.13 la *f* solemne de los tabernáculos harás........ 2282
16.14 y te alegrarás en tus *f* solemnes, tú............ 2282
16.15 siete días celebrarás *f* solemne a Jehová 2287
16.16 en la *f*...de los panes sin levadura, y 2282
16.16 en la *f* solemne de las semanas, y en la 2282
16.16 y en la *f* solemne de los tabernáculos.......... 2282
31.10 al fin de...en la *f* de los tabernáculos.......... 2282
Jue 9.27 saliendo...pisaron la uva e hicieron *f* 1974
14.12 yo os daré 30...y treinta vestidos de *f*
14.13 vosotros me daréis...los vestidos de *f*
21.19 aquí cada año hay *f* solemne de Jehová 2282
1 S 30.16 comiendo y bebiendo y haciendo *f*............ 2287
1 R 8.2 se reunieron...el día de la *f* solemne 6950
8.65 Salomón hizo *f*, y con él todo Israel............ 2282
12.32 instituyó...*f*...conforme a la *f* solemne 2282
12.33 hizo *f* a los hijos de Israel, y subió 2282
1 Cr 23.31 días de reposo, lunas...*f* solemnes.......... 4150
2 Cr 5.3 se congregaron...para la *f* solemne del....... 6950
7.8 entonces hizo Salomón *f* siete días, y con 6950
7.9 y habían celebrado la *f*...por siete días.......... 2282
8.13 para que ofreciesen...en las *f* solemnes 4150
8.13 en la *f* de los panes sin levadura, en 2282
8.13 en la *f* de las semanas y en la *f* de los.......... 2282
30.13 gente para celebrar la *f* de los panes.......... 2282
30.21 celebraron la *f* solemne de los panes.......... 2282
30.22 y comieron de lo sacrificado en la *f* 4150
30.23 celebrasen la *f* por otros siete días 6951
31.3 y *f* solemnes, como está escrito en la 4150
35.17 celebraron...la *f* solemne de los panes 2282
Esd 3.4 celebraron...la *f*...de los tabernáculos 2282
3.5 además...todas las *f* solemnes de Jehová....... 4150
6.22 y celebraron...la *f* solemne de los panes 2282
Neh 8.14 en tabernáculos en la *f* solemne del.......... 2282
8.18 hicieron la *f* solemne por 7 días, y el........... 2282
12.27 para hacer la dedicación y la *f* con............ 8057
Sal 42.4 voces...de alabanza del pueblo en *f* 8426
81.3 tocad...en el día de nuestra *f* solemne......... 2282
Pr 11.10 mas cuando los impíos perecen hay *f*......... 7440
Is 1.13 son iniquidad vuestras *f* solemnes.............. 4744
1.14 vuestras *f*...las tiene aborrecidas mi alma 4150
29.1 añadid un año a otro, las *f* sigan su............ 2282
33.20 a Sion, ciudad de nuestras *f* solemnes 4150
Lm 1.4 no hay quien venga a las *f* solemnes 4150
2.6 Jehová ha hecho olvidar las *f* solemnes.......... 4150
2.7 resonar su voz en la...como en día de *f*.......... 4150
Ez 36.38 como las ovejas de Jerusalén en sus *f* 4150
44.24 mis decretos guardarán en todas mis *f*....... 4150
45.17 el dar...la libación en las *f* solemnes 2282
45.17 y en todas las *f* de la casa de Israel.......... 4150
45.21 tendréis la pascua, *f* de siete días; se 2282
45.23 y en los siete días de la *f*...ofrecerá 2282
45.25 en la *f*, hará como en estos siete días.......... 2282
46.9 entrare delante de Jehová en las *f*, el........... 4150
46.11 en las *f*...será la ofrenda un efa con 4150
Os 2.11 haré cesar...sus *f*, sus nuevas lunas.......... 2282
9.5 ¿qué haréis...el día de la *f* de Jehová?.......... 2282
12.9 en tiendas, como en los días de la *f*............ 4150
Am 8.10 cambiaré vuestras *f* en lloro, y todos 2282
Neh 1.15 celebra, oh Judá, tus *f*, cumple tus 2282
Zac 14.16 a celebrar la *f* de los tabernáculos 2282
14.18,19 que no subieren a celebrar la *f* de 2282
Mt 22.2 un rey que hizo *f* de bodas a su hijo
26.5 no durante la *f*, para que no se haga *1859*
26.17 día de la *f* de los panes sin levadura
27.15 bien, en el día de la *f* acostumbraba el......... *1859*
Mr 6.21 que Herodes, en la *f* de su cumpleaños........ *1077*
14.1 era...y la *f* de los panes sin levadura
14.2 no durante la *f*, para que no se haga *1859*
14.12 el primer día de la *f* de los panes sin
15.6 en el día de la *f* les soltaba un preso *1859*
Lc 2.41 iban...Jerusalén en la *f* de la pascua *1859*
2.42 subieron...conforme a...costumbre de la *f* *1859*
2.43 acabada la *f*, se quedó el niño Jesús en *2250*
15.23 gordo y matadlo, y comamos y, hagamos *f* ... *2165*
15.32 era necesario hacer *f*...porque este tu *2165*
22.1 cerca la *f* de los panes sin levadura............ *1859*
23.17 necesidad de soltarles uno en cada *f* *1859*
Jn 2.23 estando en Jerusalén, en la *f* de la *1859*
4.45 visto...cosas que había hecho en...la *f* *1859*
4.45 porque también ellos habían ido a la *f*......... *1859*
5.1 había una *f* de los judíos, y subió Jesús.......... *1859*
6.4 estaba cerca la pascua, la *f* de...judíos *1859*
7.2 estaba cerca la *f* de los judíos, la de............. *1859*
7.8 subid...la *f*; yo no subo todavía a esa *f* *1859*
7.10 también subió a la *f*...como en secreto *1859*
7.11 buscaban los judíos en la *f*, y decían *1859*
7.14 la mitad de la *f* subió Jesús al templo *1859*
7.37 en el último y gran día de la *f*, Jesús *1859*
10.22 en Jerusalén la *f* de la dedicación. Era......... *1456*
11.56 ¿qué os parece? ¿No vendrá a la *f*?.......... *1859*
12.12 habían venido a la *f*, al oír que Jesús *1859*
12.20 entre los que habían subido...en la *f* *1859*
13.1 antes de la *f* de la pascua, sabiendo *1859*
13.29 compra lo que necesitamos para la *f*; o........ *1859*
Hch 18.21 guarde en Jerusalén la *f* que viene.......... *1859*
1 Co 5.8 celebremos la *f*, no con la...levadura *1858*
Col 2.16 nadie os juzgue...cuanto a días de *f* *1859*

FIGELO *Discípulo en Asia que abandonó a Pablo*, 2 Ti 1.15........................... *5436*

FIGURA
Éx 37.19 tres copas en *f* de flor de almendro
37.20 cuatro copas en *f* de flor de almendro
Nm 12.8 cara a cara hablaré con él...no por *f* 2420
Dt 4.12 a excepción de oír...ninguna *f* visteis.......... 8544
4.15 ninguna *f* visteis el día...Jehová habló 8544
4.16 imagen de *f* alguna, efigie de varón o 5566
4.17 *f* de animal alguno...*f* de ave alguna que...... 8403
4.18 *f* de...animal que se arrastre...*f* de pez 8403
1 S 6.5 haréis, pues, *f* de vuestros tumores 6754
6.11 y la caja con...y las *f* de sus temores 6754
1 R 6.29 esculpió...diversas *f*, de querubines............ 4734
6.32 y talló en ellas *f* de querubines, de............ 4734
7.29 y sobre aquellos tableros...había *f* de 738
2 Cr 2.14 esculpir toda clase de *f*, y sacar 6603
4.3 debajo del mar había *f* de calabazas que 1823
Est 2.7 la joven era de hermosa *f* y de buen 8389
Pr 25.11 manzana de oro con *f* de plata es la.......... 4906
Is 44.13 da *f* con el compás, lo hace en forma.......... 8388
Ez 1.5 en medio de ella la *f* de cuatro seres............. 1823
1.26 se veía la *f* de un trono que parecía de 1823
1.26 sobre la *f* del trono...una semejanza que...... 1823
8.2 una *f* que parecía de hombre; desde sus 1823
8.3 y aquella *f* extendió la mano, y me tomó 8403
10.8 y apareció...la *f* de una mano de hombre 8403
10.21 y *f* de manos de hombre debajo de sus 1823
17.2 propón una *f*, y compón una parábola a la 2420
Hch 7.43 *f* que os hicisteis para adorarlas............. *5179*
Ro 5.14 el cual es *f* del que había de venir *5179*
He 8.5 sirven a lo que es *f* y sombra de las............ *5262*
9.23 fue, pues, necesario que las *f* de las........... *5262*
9.24 hecho de mano, *f* del verdadero, sino en *499*

FIGURADO
He 11.19 en sentido *f*, también le volvió a.............. *3850*

FIJAR
Gn 31.25 había *fijado* su tienda en el monte 8628
Éx 9.5 y Jehová *fijó* plazo, diciendo: Mañana 7760
23.31 *fijaré* tus límites desde el Mar Rojo 7896
28.14 *fijarás* los cordones de forma de trenza 5414
28.24 *fijarás* los dos cordones de oro en los......... 5414
28.25 los *fijarás* a las hombreras del efod 5414
28.27 anillos...*fijarás* en la parte delantera 5414
39.17 y *fijaron* los dos cordones de oro en.......... 5414
39.18 *fijaron*...los otros dos extremos de los........ 5414
Lv 27.8 *fijará* el precio...le *f*...el sacerdote 6186
Dt 19.14 no reducirás los límites...que *fijaron* 1379
2 S 7.10 yo *fijaré* lugar a mi pueblo Israel 7760
2 Cr 9.18 un estrado de oro *fijado* al trono 270
Job 7.8 *fijarás* en mí tus ojos, y dejaré de 7789
Sal 32.8 enseñaré...sobre ti *fijaré* mis ojos 3289,5921
74.17 tú *fijaste*...los términos de la tierra........... 5324
Ec 7.25 volví y *fijé* mi corazón para saber y 5437
Lc 22.56 se *fijó* en él, y dijo: También éste.............. *816*
Hch 3.4 Pedro...*fijando* en él los ojos, le dijo............ *816*
6.15 *fijar* los ojos en él, vieron su rostro *816*
11.6 cuando *fijé* en él los ojos, consideré *816*
13.9 entonces Saulo...*fijando* en él los ojos *816*
14.9 el cual, *fijando* en él sus ojos, y viendo *816*
Ro 16.17 *fijéis* en los que causan divisiones *4648*
2 Co 3.7 no pudieron *fijar* la vista en el rostro *816*
3.13 hijos de Israel no *fijarán* la vista en el........... *816*

FIJO, A
Lc 4.20 y los ojos de todos...estaban *f* en él *816*
1 Co 4.11 abofeteados, y no tenemos morada *f* *790*

FILA
1 S 17.23 Goliat...salió de entre las *f* de los............ 4633
1 R 7.24 que ceñían el mar alrededor en dos *f*......... 2905
2 R 11.8 que entrare en las *f*, sea muerto 7713
11.11 y los de la guardia se pusieron en *f*........... 5975

FILACTERIA
Mt 23.5 **pues ensanchan sus *f*, y extienden los**......... *5440*

FILADELFIA *Ciudad en la provincia de Asia*, Ap 1.11; 3.7................................. *5359*

FILEMÓN *Cristiano en Colosas*, Flm 1 .... *5371*

FILETO *Hereje mencionado por Pablo*, 2 Ti 2.17.. *5372*

FILIPENSES *Habitantes de Filipos*, Fil 4.15 ...... *5374*

FILIPO *Véase Cesarea de Filipo*

FILIPOS *Ciudad principal de Macedonia*
Hch 16.12 allí a *F*, que es la primera ciudad *5375*
20.6 navegamos de *F*, y en cinco días nos............. *5375*
Fil 1.1 a todos los santos en...que están en *F* *5375*
1 Ts 2.2 habiendo antes...sido ultrajados en *F* *5375*

FILISTEA *Región en la costa de Palestina habitada por los filisteos*
Sal 60.8 Moab, vasija...me regocijaré sobre *F*.......... 6429
87.4 *F* y Tiro, con Etiopía; éste nació allá 6429
108.9 Moab, la vasija...me regocijaré sobre *F*...... 6429
Is 14.29 no te alegres tú, *F* toda, por haberse 6429
14.31 disuelta estás toda tú, *F*, porque humo......... 6429
Jer 25.20 a todos los reyes de la tierra de *F*............. 6430
Jl 3.4 ¿qué tengo yo con...el territorio de *F*?............ 6429

FILISTEO *Raza antigua de Palestina*
Gn 10.14 a Casluhim, de donde salieron los *f*........... 6430
21.32 y Ficol...y volvieron a tierra de los *f*.......... 6430
21.34 moró Abraham en tierra de los *f*...días 6430
26.1 y se fue Isaac a Abimelec rey de los *f*.......... 6430
26.8 Abimelec, rey de los *f*, mirando por una 6430
26.14 tuvo hato...y los *f* le tuvieron envidia.......... 6430
26.15 los pozos...los *f* los habían cegado y 6430
26.18 que los *f* habían cegado después de la......... 6430
Éx 13.17 no los llevó por...la tierra de los *f* 6430
15.14 apoderará dolor de la tierra de los *f* 6429
23.31 desde el Mar Rojo hasta el mar de...*f* 6430
Jos 13.2 que queda...los territorios de los *f*............ 6430
13.3 los cinco príncipes de los *f*, el gazeo 6430
Jue 3.3 los cinco príncipes de los *f*, todos los.......... 6430
3.31 mató a seiscientos hombres de los *f* con 6430
10.6 sirvieron a...y a los dioses de los *f*; y 6430
10.7 Jehová...los entregó en mano de los *f* 6430
10.11 ¿no habéis sido oprimidos...de los *f*............ 6430
13.1 y Jehová los entregó en mano de los *f* 6430
13.5 él...a salvar a Israel de mano de los *f* 6430
14.1 vio...a una mujer de las hijas de los *f* 6430
14.2 he visto...mujer de las hijas de los *f* 6430
14.3 para que vayas tú a tomar mujer de los *f*....... 6430
14.4 ocasión contra los *f*...los *f* dominaban........... 6430
15.3 sin culpa seré esta vez respecto de...*f*........... 6430
15.5 soltó las zorras en los sembrados de...*f* 6430
15.6 dijeron los *f*: ¿Quién hizo esto? Y les............ 6430
15.6 vinieron los *f* y la quemaron a ella y a 6430
15.9 los *f* subieron y acamparon en Judá, y se 6430
15.11 ¿no sabes tú que los *f* dominan sobre......... 6430

15.12 prenderte y entregarte en mano de los *f* 6430
15.14 los *f* salieron gritando a su encuentro 6430
15.20 Juzgó a... en los días de los *f* 20 años 6430
16.5 vinieron a ella los príncipes de los *f* 6430
16.8 los príncipes de los *f* le trajeron siete 6430
16.9,12,14,20 ¡Sansón, los *f* contra ti! 6430
16.18 envió a llamar a los principales de... *f* 6430
16.18 y los principales de los *f* vinieron a 6430
16.21 los *f* le echaron mano, y le sacaron los 6430
16.23 *f* se juntaron para ofrecer sacrificio 6430
16.27 los principales de los *f* estaban allí 6430
16.28 tome venganza de los *f* por mis dos ojos...... 6430
16.30 y dijo Sansón: Muera yo con los *f* 6430
1 S 4.1 Israel a encontrar en batalla a los *f* 6430
4.1 salió Israel... y los *f* acamparon en Afec 6430
4.2 y los *f* presentaron la batalla a Israel 6430
4.2 Israel fue vencido delante de los *f*, los 6430
4.3 ha herido hoy Jehová delante de los *f*? 6430
4.6 los *f* oyeron la voz de júbilo, dijeron 6430
4.7 los *f* tuvieron miedo, porque decían: Ha 6430
4.9 esforzaos, oh *f*, y sed hombres, para que 6430
4.10 pelearon... los *f*, e Israel fue vencido 6430
4.17 Israel huyó delante de los *f*, y... él arca 6430
5.1 cuando los *f* capturaron el arca de Dios 6430
5.2 y tomaron los *f* el arca de Dios, y la 6430
5.8 convocaron... todos los príncipes de los *f* 6430
5.11 reunieron a todos los príncipes de los *f* 6430
6.1 el arca de Jehová en la tierra de los *f* 6430
6.2 *f*, llamando a los sacerdotes y adivinos 6430
6.4 conforme al... de los príncipes de los *f*, 5 6430
6.12 los príncipes de los *f* fueron tras ellas 6430
6.16 los cinco príncipes de los *f*, volvieron 6430
6.17 los tumores de oro que pagaron los *f* en 6430
6.18 el número de todas las ciudades de los *f* 6430
6.21 los *f* han devuelto el arca de Jehová 6430
7.3 servid, y os librará de la mano de los *f* 6430
7.7 oyeron los *f* que los hijos de Israel 6430
7.7 subieron... los *f*... tuvieron temor de los *f* 6430
7.8 para que nos guarde de la mano de los *f* 6430
7.10 los *f* llegaron para pelear con... Israel 6430
7.10 tronó... día con gran estruendo sobre los *f* 6430
7.11 siguieron a los *f*, hiriéndolos... Bet-car 6430
7.13 fueron sometidos los *f*, y no volvieron 6430
7.13 la mano de Jehová estuvo contra los *f* 6430
7.14 las ciudades que los *f* habían tomado a 6430
7.14 e Israel libró su territorio de... los *f* 6430
9.16 y salvará a mi pueblo de mano de los *f* 6430
10.5 al collado... está la guarnición de los *f* 6430
12.9 vendió... en mano de los *f*, y en mano de 6430
13.3 Jonatán atacó a... los *f*... lo oyeron los *f* 6430
13.4 Saúl ha atacado a la guarnición de los *f* 6430
13.4 que Israel se... hecho abominable a los *f* 6430
13.5 entonces los *f* se juntaron para pelear 6430
13.11 que los *f* estaban reunidos en Micmas 6430
13.12 descenderán los *f* contra mí a Gilgal 6430
13.16 pero los *f* habían acampado en Micmas 6430
13.17 merodeadores del campamento de los *f* 6430
13.19 *f* habían dicho: Para que los hebreos 6430
13.20 de Israel tenían que descender a los *f* 6430
13.23 y la guarnición de los *f* avanzó hasta 6430
14.1 ven y pasemos a la guarnición de los *f* 6430
14.4 procuraban pasar a la guarnición de... *f* 6430
14.11 la guarnición de los *f*, y los *f* dijeron 6430
14.19 el alboroto... de los *f* aumentaba, e iba 6430
14.21 los hebreos que habían estado con los *f* 6430
14.22 oyendo que los *f* huían, también ellos 6430
14.30 hecho ahora mayor estrago entre los *f*? 6430
14.31 e hirieron... a los *f* desde Micmas hasta 6430
14.36 Saúl: Descendamos de noche contra los *f* 6430
14.37 Saúl consultó... ¿Descenderé tras los *f*? 6430
14.46 dejó de seguir a los *f*... *f* se fueron a 6430
14.47 Saúl hizo guerra a... y contra los *f*; y 6430
14.52 hubo guerra encarnizada contra los *f* 6430
17.1 los *f* juntaron sus ejércitos para la 6430
17.2 se pusieron en orden de... contra los *f* 6430
17.3 los *f* estaban sobre un monte a un lado 6430
17.4 salió... campamento de los *f* un paladín 6430
17.8 ¿no soy yo el *f*, y vosotros... de Saúl? 6430
17.10 y añadió el *f*: Hoy yo he desafiado al 6430
17.11 oyendo Saúl y... estas palabras del *f* 6430
17.16 venía... *f* por la mañana y por la tarde 6430
17.19 Israel estaban... peleando contra los *f* 6430
17.21 en orden de batalla Israel y los *f* 6430
17.23 se llamaba Goliat, el *f* de Gat, salió 6430
17.23 de entre las filas de los *f* y habló las 6430
17.26 ¿qué harán al... que venciere a este *f* 6430
17.26 porque ¿quién es este *f* incircunciso 6430
17.32 tu siervo irá y peleará contra este *f* 6430
17.33 dijo... No podrás tú ir contra aquel *f* 6430
17.36 este *f* incircunciso será como uno de 6430
17.37 también me librará de la mano de este *f* 6430
17.40 y tomó su honda... y se fue hacia el *f* 6430
17.41 y el *f* venía... acercándose a David, y 6430
17.42 cuando el *f*... a David, le tuvo en poco 6430
17.43 dijo el *f* a David: ¿Soy yo perro, para 6430
17.44 dijo luego el *f* a David: Ven a mí, y 6430
17.45 David al *f*: Tú vienes a mí con espada 6430
17.46 daré... los cuerpos de los *f* a las aves 6430
17.48 cuando el *f* se levantó y echó a andar 6430
17.48 corrió a la línea de batalla contra... *f* 6430
17.49 tiró con la... e hirió al *f* en la frente 6430
17.50 así venció David al *f* con... e hirió al *f* 6430
17.51 corrió David y se puso sobre el *f* 6430
17.51 cuando... *f* vieron a su paladín muerto 6430
17.52 siguieron a los *f* hasta llegar al valle 6430
17.52 y cayeron los heridos de los *f* por el 6430
17.53 y volvieron los... de seguir tras los *f* 6430
17.54 David tomó la cabeza del *f* y la trajo 6430
17.55 David que salía a encontrarse con el *f* 6430
17.57 David volvía de matar al *f*, Abner lo 6430
17.57 teniendo David la cabeza del *f* en su 6430
18.6 David volvió de matar al *f*, salieron las 6430
18.17 sino... será contra él la mano de los *f* 6430
18.21 para que la mano de los *f* sea contra 6430
18.25 no desea la... sino cien prepucios de *f* 6430
18.25 hacer caer a David en manos de los *f* 6430
18.27 y mató a doscientos hombres de los *f* 6430
18.30 y salieron a... los príncipes de los *f* 6430
19.5 tomó su vida en su mano, y mató al *f* 6430
19.8 y salió David y peleó contra los *f*, y 6430
21.9 la espada de Goliat el *f*, al... está aquí 6430
22.10 también le dio la espada de Goliat el *f* 6430
23.1 los *f* combaten a Keila, y roban las eras 6430
23.2 a atacar a estos *f*?... Vé, ataca a los *f* 6430
23.3 si fuéremos a Keila contra el... de los *f*? 6430
23.4 pues yo entregaré en tus manos a los *f* 6430
23.5 fue, pues, David... y peleó contra los *f* 6430
23.27 porque los *f* han hecho una irrupción 6430
23.28 volvió... Saúl... y partió contra los *f* 6430
24.1 cuando Saúl volvió de perseguir a los *f* 6430
27.1 mejor que fugarme a la tierra de los *f* 6430
27.7 que David habitó en la tierra de los *f* 6430
27.11 tiempo que moró en la tierra de los *f* 6430
28.1 los *f* reunieron sus fuerzas para pelear 6430
28.4 se juntaron, pues, los *f*, y vinieron y 6430
28.5 cuando vio Saúl el campamento de los *f* 6430
28.15 los *f* pelean contra mí, y Dios se ha 6430
28.19 entregará a Israel... en manos de los *f* 6430
28.19 al ejército de Israel en mano de los *f* 6430
29.1 los *f* juntaron todas sus fuerzas en Afec 6430
29.2 los príncipes de los *f* pasaban revista 6430
29.3 y dijeron los príncipes de los *f*: ¿Qué 6430
29.3 respondió a los príncipes de los *f*: ¿No 6430
29.4 príncipes de los *f* se enojaron contra 6430
29.7 no desagradar a los príncipes de los *f* 6430
29.9 pero los príncipes de los *f* me han dicho 6430
29.11 irse y volver a la tierra de los *f*; y 6430
29.11 volver a la... y los *f* fueron a Jezreel 6430
30.16 gran botín que habían tomado... de los *f* 6430
31.1 los *f*, pues, pelearon contra Israel, y 6430
31.1 los de Israel huyeron delante de los *f* 6430
31.2 y siguiendo los *f* a Saúl y a sus hijos 6430
31.7 y los *f* vinieron y habitaron en ellas 6430
31.8 viniendo los *f* a despojar a los muertos 6430
31.9 mensajeros por toda la tierra de los *f* 6430
31.11 oyendo los... que los *f* hicieron a Saúl 6430
2 S 1.20 que no se alegren las hijas de los *f* 6430
3.14 desposé conmigo por cien prepucios de *f* 6430
3.18 libraré a mi pueblo Israel de... de los *f* 6430
5.17 oyendo los *f* que David... ungido por rey 6430
5.17 subieron... los *f* para buscar a David; y 6430
5.18 vinieron los *f*, y se extendieron por el 6430
5.19 a Jehová, diciendo: ¿Iré contra los *f*? 6430
5.19 vé, porque... entregaré a los *f* en tu mano 6430
5.22 *f* volvieron... se extendieron en el valle 6430
5.24 saldrá... a herir el campamento de los *f* 6430
5.25 hirió a los *f* desde Geba hasta... Gezer 6430
8.1 que David derrotó a los *f* y los sometió 6430
8.1 tomó David a Meteg-ama de mano de los *f* 6430
8.12 los amonitas, de los *f*, de los amalecitas 6430
19.9 el rey... no ha salvado de mano de los *f* 6430
21.12 donde los habían colgado los *f*, cuando 6430
21.12 cuando los *f* mataron a Saúl en Gilboa 6430
21.15 volvieron los *f*... y pelearon con los *f* 6430
21.17 Abisai hijo de... hirió al *f* y lo mató 6430
21.18 otra segunda guerra... en Gob contra los 6430
21.19 otra vez guerra en Gob contra los *f*, en 6430
23.9 desafiaron a los *f*... se habían reunido 6430
23.10 e hirió a los *f* hasta que su mano se 6430
23.11 los *f* se habían reunido en Lehi, donde 6430
23.11 el pueblo había huido delante de los *f* 6430
23.12 lo defendió, y mató a los *f*; y Jehová 6430
23.13 campamento de los *f* estaba en el valle 6430
23.14 había en Belén una guarnición de los *f* 6430
1 R 4.21 señoreaba... hasta la tierra de los *f* 6430
15.27 lo hirió... en Gibetón, que era de los *f* 6430
16.15 había acampado contra Gibetón... de los *f* ... 6430
2 R 8.2 y vivió en tierra de los *f* siete años 6430
8.3 la mujer volvió de la tierra de los *f* 6430
18.8 hirió... los *f* hasta Gaza y sus fronteras 6430
1 Cr 1.12 de... salieron los *f* y los caftoreos 6430
10.1 los *f* pelearon contra Israel; y huyeron 6430
10.2 y los *f* siguieron a Saúl y a sus hijos 6430
10.2 mataron los *f* a Jonatán, a Abinadab y a 6430
10.7 y vinieron los *f* y habitaron en ellas 6430
10.8 al venir los *f* a despojar a los muertos 6430
10.9 enviaron... por toda la tierra de los *f* 6430
10.11 oyendo... que los *f* habían hecho de Saúl 6430
11.13 estando allí juntos en batalla los *f* 6430
11.13 y huyendo el pueblo delante de los *f* 6430
11.14 y vencieron a los *f*, porque Jehová los 6430
11.15 el campamento de los *f* en el valle de 6430
11.16 y había... guarnición de los *f* en Belén 6430
11.18 rompieron por el campamento de los *f* 6430
12.19 cuando vino con los *f* a la batalla 6430
12.19 porque los jefes de los *f*... despidieron 6430
14.8 los *f* que David había sido ungido rey 6430
14.8 subieron todos los *f* en busca de David 6430
14.9 y vinieron los *f*, y se extendieron por 6430
14.10 David consultó... ¿Subiré contra los *f*? 6430
14.13 y volviendo los *f* a extenderse por el 6430
14.15 saldrá... y herirá el ejército de los *f* 6430
14.16 derrotaron al ejército de los *f* desde 6430
18.1 que David derrotó a los *f*, y los humilló 6430
18.1 David... tomó a Gat y... de mano de los *f* 6430
18.11 el oro que había tomado... de los *f* y de 6430
20.4 se levantó guerra en Gezer contra los *f* 6430
20.5 volvió a levantarse guerra contra los *f* 6430
2 Cr 9.26 dominio... hasta la tierra de los *f* 6430
17.11 y traían de los *f* presentes a Josafat 6430
21.16 despertó contra Jotam la ira de los *f* 6430
26.6 peleó contra los *f*, y rompió el muro de 6430
26.6 edificó... Asdod, y en la tierra de los *f* 6430
26.7 le dio ayuda contra los *f*, y contra los 6430
28.18 los *f* se habían extendido por... la Sefela 6430
Sal 56 *tít.* cuando los *f* le prendieron en Gat 6430
83.7 Gebal... los *f* y los habitantes de Tiro 6429
Is 2.6 están llenos... de agoreros, como los *f* 6430
9.12 del oriente los... y los *f* del poniente 6430
11.14 volarán sobre los hombros de los *f* al 6430
Jer 47.1 palabra de Jehová... acerca de los *f* 6430
47.4 viene para destrucción de los *f*, para 6430
47.4 Jehová destruirá a los *f*, al resto de 6430
Ez 16.27 te entregué a... de las hijas de los *f* 6430
16.57 afrenta... de todas las hijas de los *f* 6430
25.15 por lo que hicieron los *f* con venganza 6430
25.16 aquí yo extiendo mi mano contra los *f* 6430
Am 1.8 y el resto de los *f* perecerá, ha dicho 6430
6.2 descended luego a Gat de los *f*; ved si 6430
9.7 ¿no hice yo subir... los *f* de Caftor, y de 6430
Abd 19 poseerán el... los de la Sefela a los *f* 6430
Sof 2.5 es contra vosotros... tierra de los *f* 6430
Zac 9.6 y pondré fin a la soberbia de los *f* 6430

FILO

Gn 34.26 a Hamor... los mataron a *f* de espada 6310
Éx 17.13 Josué deshizo a Amalec... *f* de espada 6310
Lv 26.8 a *f* de espada delante de vosotros
Nm 21.24 y lo hirió Israel a *f* de espada, y 6310
Dt 13.15 herirás a *f* de espada a... moradores 6310
13.15 y también matarás sus ganados a *f* de 6310
20.13 herirás a todo varón suyo a *f* de espada 6310
Jos 6.21 y destruyeron a *f* de espada todo lo 6310
8.24 todos habían caído a *f* de espada hasta 6310
8.24 Hai, y también la hirieron a *f* de espada 6310
10.28 la hirió a *f* de espada, y mató a su rey 6310
10.30 y la hirió a *f* de espada, con todo lo 6310
10.32 a Laquis... la hirió a *f* de espada, con 6310
10.35 la hirieron a *f* de espada; y aquel día 6310
10.37 la hirieron a *f* de espada, a su rey y a 6310
10.39 ciudades; y las hirieron a *f* de espada 6310
11.12 los hirió a *f* de espada, y los destruyó 6310
11.14 los hombres hirieron a *f* de espada, sin 6310
19.47 a Lesem, y... la hirieron a *f* de espada 6310
Jue 1.8 pasaron a sus habitantes a *f* de espada 6310
1.25 la ciudad, y la hirieron a *f* de espada 6310
3.16 y Aod se había hecho un puñal de dos *f* 6366
4.15 quebrantó a... su ejército, a *f* de espada 6366
4.16 el ejército de Sísara cayó a *f* de espada 6366
18.27 a Lais... y los hirieron a *f* de espada, y 6366
20.37 hirieron a *f* de espada a toda la ciudad 6366
20.48 de Israel... los hirieron a *f* de espada 6366
21.10 herid a *f* de espada a los moradores de 6366
1 S 15.8 a todo el pueblo mató a *f* de espada 6366
22.19 a Nob ciudad de... hirió a *f* de espada 6366
22.19 ovejas, todo lo hirió a *f* de espada 6366
2 S 1.12 lloraron... habían caído a *f* de espada
15.14 mal... y hiera la ciudad a *f* de espada 6366
2 Cr 23.14 la siguiere, matadlo a *f* de espada 4191
23.21 que mataron a Atalía a *f* de espada
Est 9.5 asolaron... sus enemigos a *f* de espada 4397
Job 1.15,17 mataron a los criados a *f* de espada 6310
Sal 63.10 los destruirán a *f* de espada; serán
89.43 embotaste... el *f* de su espada, y no lo 6697
149.6 con... y espadas de dos *f* en sus manos 6374
Pr 5.4 es amargo... agudo como espada de dos *f* 6310
Ec 10.10 su *f* no fuere amolado, hay que añadir 6440
Jer 21.7 Nabucodonosor... herirá a *f* de espada 6310
Ez 26.11 a tu pueblo matará a *f* de espada, y
30.5 Libia, y... caerán con ellos a *f* de espada
30.6 hasta Sevene caerán en él a *f* de espada
30.17 Avén y de Pibeset caerán a *f* de espada
Lc 21.24 **caerán a *f* de espada, y... cautivos** *4750*
He 4.12 más cortante que toda espada de dos *f* *1366*
11.34 evitaron *f* de espada, sacaron fuerzas *4750*
11.37 puestos a prueba, muertos a *f* de espada
Ap 1.16 boca salía una espada aguda de dos *f* *1366*
2.12 **el que tiene la espada aguda de dos** *f* *1366*

FILÓLOGO *Cristiano saludado por Pablo,*
Ro 16.15 .... *5378*

FILOSOFÍA

Col 2.8 os engañe por medio de *f*... sutilezas *5385*

FILÓSOFO

Hch 17.18 *f* de los epicúreos y... disputaban con *5386*

FIN

Gn 6.13 a Noé: He decidido el *f* de todo ser 7093
49.19 Gad, ejército lo... mas él acometerá al *f* 6119
Nm 24.20 a Amalec... al *f* perecerá para siempre 319
Dt 11.12 desde el principio del año hasta el *f* 319
14.28 al *f* de cada tres años sacarás todo el 7097
17.16 a Egipto con el *f* de aumentar caballos 4616
31.10 al *f* de cada siete años, en el año de 7093
32.20 esconderé... rostro, veré cuál será su *f* 319
32.29 se dieran cuenta del *f* que les espera 319
33.17 acorneará a... hasta los *f* de la tierra 657
1 S 3.12 yo cumpliré contra Elí... hasta el *f* 3615
27.1 al *f* seré muerto algún día por... de Saúl
2 S 14.26 se cortaba el cabello... *f* de cada año 3117
Est 9.31 para conmemorar el *f* de los ayunos
Job 6.11 cuál mi *f*... que tenga aún paciencia? 7093
16.3 ¿tendrán *f* las palabras vacías? ¿O qué 7093

F

18.2 ¿cuándo pondréis *f* a las palabras? 7078
19.25 yo sé... al *f* se levantará sobre el polvo 314
22.5 tu malicia... y tus maldades no tienen *f* 7093
26.10 hasta el *f* de la luz y las tinieblas 8503
28.24 él mira hasta los *f* de la tierra, y ve 7098
37.3 cielos... y su luz hasta los *f* de la tierra 3671
38.13 para que ocupe los *f* de la tierra, y 3671
Sal 39.4 hazme saber, Jehová, mi *f*, y cuánta 7093
46.9 hace cesar las guerras hasta los *f* de la 7097
48.10 así es tu loor hasta los *f* de la tierra 7099
59.13 gobierna en... hasta los *f* de la tierra 657
65.8 habitantes de los *f* de la tierra temen 7098
73.17 entrando en el... comprendí el *f* de ellos 319
119.33 estatutos, y lo guardaré hasta el *f* 6118
119.96 a toda perfección he visto *f*; amplio 7093
119.112 cumplir tus estatutos... hasta el *f* 6118
Pr 5.4 su *f* es amargo como el ajenjo, agudo 319
14.12; 16.25 pero su *f* es camino de muerte 319
18.18 suerte pone *f* a los pleitos, y decide 7673
23.18 hay *f*, y tu esperanza no será cortada 319
23.32 al *f* como serpiente morderá, y como 319
24.14 y al *f* tu esperanza no será cortada 319
24.20 porque para el malo no habrá buen *f* 319
25.8 sea que no sepas qué hacer al *f*, después 319
29.11 su ira, mas el sabio al *f* la sosiega 268
Ec 3.11 a entender la... el principio hasta el *f* 5490
4.16 no tenía *f* la muchedumbre del pueblo que 7093
7.2 aquello es el *f* de todos los hombres, y 5490
7.8 mejor... el *f* del negocio que su principio 319
10.13 y el *f* de su charla, nocivo desvarío 319
12.12 no hay *f* de hacer muchos libros; y el 7093
12.13 el *f* de todo el discurso oído es este 5490
Is 2.7 de plata y oro, sus tesoros no tienen *f* 7097
7.18 la mosca que está en el *f* de los ríos de 7097
9.1 pues al *f* llenará de gloria el camino del 314
16.4 el devastador tendrá *f*, el pisoteador 656
23.17 acontecerá que al *f* de los setenta años 7093
26.11 verán al *f*, y se avergonzarán los que
42.10 alabanza desde el *f* de la tierra; los 7097
Jer 1.3 le vino... hasta el *f* del año undécimo 8552
5.31 ¿qué, pues, haréis cuando llegue el *f*? 319
12.4 porque dijeron: No verá Dios nuestro *f* 319
25.31 llegará el estruendo hasta el *f* de la 7097
25.32 tempestad se levantará de los *f* de la 3411
29.11 de paz... para daros el *f* que esperáis 319
30.24 en el *f* de los días entenderéis esto 319
31.8 y los reuniré de los *f* de la tierra, y 3411
51.13 venido tu *f*, la medida de tu codicia 7093
Lm 1.9 su inmundicia... y no se acordó de su *f* 319
4.18 se acercó nuestro *f*, se... llegó nuestro *f* 7093
Ez 7.2 *f*, el *f* viene sobre los... de la tierra 7093
7.3 será el *f* sobre ti, y enviaré sobre ti 7093
7.6 viene el *f*, el *f* viene; se ha despertado 7093
26.18 las islas... espantarán a causa de tu *f* 3318
29.13 al *f* de cuarenta años recogeré a Egipto 7093
Dn 5.26 contó Dios tu reino, y le ha puesto *f* 8000
6.26 Dios... y su dominio perdurará hasta el *f* 5491
7.26 que sea destruido y arruinado hasta el *f* 5491
7.28 fue el *f* de sus palabras. En cuanto a mí 5491
8.17 hijo... la visión es para el tiempo del *f* 7093
8.19 enseñaré lo que ha de venir al *f* de la 319
8.19 ira; porque eso es para el tiempo del *f* 7093
8.23 al *f* del reinado de éstos, cuando los 319
9.24 poner *f* al pecado, y expiar la iniquidad 2856
9.26 el santuario; y su *f* será con inundación 7093
9.26 y hasta el *f* de la guerra durarán las 7093
11.45 llegará a su *f*, y no tendrá quien le 7093
12.4 y sella el libro hasta el tiempo del *f* 7093
12.6 ¿cuándo será el *f* de estas maravillas? 7093
12.8 Señor... ¿cuál será el *f* de estas cosas? 319
12.9 están... selladas hasta el tiempo del *f* 7093
12.13 tú irás hasta el *f*, y reposarás, y te 7093
12.13 te levantarás para... al *f* de los días 7093
Os 3.5 temerán a Jehová... en el *f* de los días 319
Jl 2.20 y su *f* al mar occidental; y exhalará 314
Am 8.2 ha venido el *f* sobre mi pueblo Israel 7093
Mi 5.4 engrandecido hasta los *f* de la tierra 657
Neh 1.9 no hay *f* de las riquezas... de efectos 3617
3.3 sin *f*, y en sus cadáveres tropezarán 7097
Hab 2.3 se apresura hacia el *f*, y no mentirá 7093
Zac 9.6 pondré *f* a la soberbia de... filisteos 3772
9.10 desde el río hasta los *f* de la tierra 3772
Mt 10.22 **el que persevere hasta el *f*... salvo** 5056
12.42 **ella vino de los *f* de la tierra para** 4009
13.39 **el diablo; la siega es el *f* del siglo** 4930
13.40 **como... así será en el *f* de este siglo** 4930
13.49 **así será al *f* del siglo: saldrán los** 4930
24.3 qué señal habrá de... y del *f* del siglo? 4930
24.6 **que no os turbéis... pero aún no es el *f*** 5056
24.13 **el que persevere hasta el *f*, éste será** 5056
24.14 **será predicado... entonces vendrá el *f*** 5056
26.58 entrando, se sentó con... para ver el *f* 5056
26.60 pero al *f* vinieron dos testigos falsos 5305
28.20 **yo estoy con vosotros... hasta el *f* del** 4930
Mr 3.26 **no puede permanecer... ha llegado su *f*** 5056
13.7 **es necesario que suceda... aún no es el *f*** 5056
13.13 **mas el que persevere hasta el *f*, éste** 5056
Lc 1.33 reinará sobre... su reino no tendrá *f* 5056
11.31 **vino de los *f* de la tierra para oír la** 4009
21.9 **cosas... pero el *f* no será inmediatamente** 5056
Jn 13.1 como había amado a... los amó hasta el *f* 5056
Ro 1.10 que de alguna manera tenga al *f*... viaje 4218
6.21 cosas... Porque el *f* de ellas es muerte 5056
6.22 santificación, y como *f*, la vida eterna 5056
10.4 el *f* de la ley es Cristo, para justicia 5056
10.18 hasta los *f* de la tierra sus palabras 4009
1 Co 1.8 cual también os confirmará hasta el *f* 5056
10.11 a quienes han alcanzado los *f* de los 5056
15.24 luego el *f*, cuando entregue el reino 5056
2 Co 1.13 espero que hasta el *f*... entenderéis 5056
2.9 este *f* os escribí, para tener la prueba 5124
3.13 el *f* de aquello que había de ser abolido 5056
11.15 cuyo *f* será conforme a sus obras 5056
Fil 3.19 el *f* de los cuales será perdición 5056
4.10 al *f* habéis revivido vuestro cuidado de 4218
He 3.6 si retenemos... hasta el *f* la confianza 5056
3.14 con tal que retengamos firme hasta el *f* 5056
6.8 ser maldecida, y su *f* es el ser quemada 5056
6.11 muestre la misma solicitud hasta el *f* 5056
6.16 *f* de toda controversia es el juramento 4009
7.3 ni tiene principio de días, ni *f* de vida 5056
Stg 5.11 habéis visto el *f* del Señor, que el 5056
1 P 1.9 obteniendo el *f* de vuestra fe, que es 5056
4.7 el *f* de todas las cosas se acerca; sed 5056
4.17 será el *f* de aquellos que no obedecen 5056
Ap 1.8 **yo soy el... principio y *f*, dice el Señor** 5056
2.26 **y guardare mis obras hasta el *f*, yo le** 5056
21.6; 22.13 **soy el Alfa... el principio y el *f*** 5056

FINADO
Ec 4.2 alabé yo a los *f*, los que ya murieron 4191

FINAL
Éx 36.11,17 en la orilla de la cortina *f* de
2 S 2.26 ¿no sabes tú que el *f* será amargura? 314
1 R 6.16 hizo al *f* de la casa un edificio de 3411
Sal 37.37 un *f* dichoso para el hombre de paz 319
Pr 5.11 y gimas al *f*, cuando se consuma tu 319
20.21 los bienes... no serán al *f* bendecidos 319
1 Co 15.52 a la *f* trompeta; porque se tocará 2078

FINALMENTE
Éx 40.8 *f* pondrás el atrio alrededor
40.33 *f* erigió el atrio alrededor
Lv 5.17 *f* si una persona pecare
Nm 33.49 *f* acamparon junto al Jordán
Mt 21.37 ***f* les envió su hijo, diciendo**
Mr 16.14 *f* se apareció a los once mismos 5305
Lc 20.32 *f* murió también la mujer
1 P 3.8 *f*, sed todos de un mismo sentir 5056

FINEES
1. Sacerdote, hijo de Eleazar
Éx 6.25 tomó para sí mujer de... dio a luz a *F* 6372
Nm 25.7 lo vio *F*... tomó una lanza en su mano 6372
25.11 *F*... ha hecho apartar mi furor de... Israel 6372
31.6 *F* hijo... fue a la guerra con los vasos 6372
Jos 22.13 y enviaron... a *F* hijo del sacerdote 6372
22.30 oyendo *F* el sacerdote y los príncipes 6372
22.31 y dijo *F*... a los hijos de Rubén, a los 6372
22.32 y *F* hijo... dejaron a los hijos de Rubén 6372
24.33 Eleazar... enterraron en el collado de *F* 6372
Jue 20.28 *F* hijo... ministraba delante de ella 6372
1 Cr 6.4 Eleazar engendró a *F*, *F*... a Abisúa 6372
6.50 Eleazar su hijo, *F* su hijo, Abisúa su 6372
9.20 *F* hijo de... fue antes capitán sobre ellos 6372
Esd 7.5 de *F*, hijo de Eleazar, hijo de Aarón 6372
8.2 de los hijos de *F*, Gersón; de los hijos 6372
8.33 Meremot... con él Eleazar hijo de *F*; y con 6372
Sal 106.30 se levantó *F* e hizo juicio, y se 6372
2. Sacerdote, hijo de Elí
1 S 1.3 Silo, donde estaban... Elí, Ofni y *F* 6372
2.34 tus dos hijos, Ofni y *F*: ambos morirán 6372
4.4 Ofni y *F*, estaban allí con el arca del 6372
4.11 muertos los dos hijos de Elí, Ofni y *F* 6372
4.17 Ofni y *F*, fueron muertos, y el arca de 6372
4.19 nuera la mujer de *F*, que estaba encinta 6372
14.3 de *F*, hijo de Elí, sacerdote de Jehová 6372

FINGIDAMENTE
Jer 3.10 no se volvió a... sino *f*, dice Jehová 8267

FINGIDO *Véase Fingir*

FINGIMIENTO
Ro 12.9 amor sea sin *f*. Aborreced lo malo 505

FINGIR
Jos 8.15 Josué... Israel se *fingieron* vencidos
9.4 y se *fingieron* embajadores, y tomaron
1 S 21.13 cambió... se *fingió* loco entre ellos
2 S 13.5 y *finge* que estás enfermo; y cuando
13.6 y *fingió* que estaba enfermo; y vino el
14.2 yo te ruego que *finjas* estar de duelo
1 R 14.6 entra mujer de... ¿Por qué te *finges* 5234
1 Ti 1.5 es el amor nacido de... fe no *fingida* 505
2 Ti 1.5 a la memoria la fe no *fingida* que hay 505
1 P 1.22 para el amor fraternal no *fingido* 505
2 P 2.3 por avaricia... con palabras *fingidas* 4112

FINÍSIMO
Gn 41.42 y lo hizo vestir de ropas de lino *f*
2 Cr 4.21 las flores... se hicieron... de oro *f* 4357
Cnt 5.11 su cabeza como oro *f*, sus cabellos
Ap 19.14 vestidos de lino *f*, blanco y limpio

FINO, A
Éx 25.4 azul, púrpura, carmesí, lino *f*, pelo
25.17 harás un propiciatorio de oro *f*, cuya 2889
25.29 harás... sus platos... de oro *f* los harás 2889
25.39 de un talento de oro *f* lo harás, con 2889
28.14 y dos cordones de oro *f*, los cuales 2889
28.22 harás... cordones de... de trenza de oro *f* 2889
28.36 además una lámina de oro *f*, y grabarás 2889
30.23 tomarás especias *f*: de mirra excelente 7218
30.36 molerás parte de él en polvo *f*, y lo
35.6 azul, púrpura, carmesí, lino *f*, pelo de
35.23 todo hombre que tenía... lino *f*, pelo de
35.25 hilaban con... púrpura, carmesí o lino *f*
35.35 hagan toda obra de arte y... en lino *f*
37.16 también hizo los utensilios... de oro *f* 2889
38.23 Aholiab... recamador en azul... y lino *f*
39.27 hicieron las túnicas de lino *f* de obra
39.28 mitra de lino *f*... las tiaras de lino *f*
Dt 33.15 el fruto más *f* de los montes antiguos 7218
1 R 10.21 la vajilla de la casa... era de oro *f* 5462
1 Cr 15.27 y David iba vestido de lino *f*, y
2 Cr 1.16 los mercaderes... compraban... lienzos *f*
3.5 ciprés, la cual cubrió de oro *f*, e hizo 2896
3.8 y lo cubrió de oro *f* que ascendía a 600 2896
4.16 de bronce muy *f* hizo todos sus enseres 4838
5.12 los levitas cantores... vestidos de lino *f*
Job 28.17 ni se cambiará por alhajas de oro *f*
28.19 ella... no se podrá apreciar con oro *f* 2889
Sal 21.3 corona de oro *f* has puesto sobre su
Pr 3.14 es mejor... sus frutos más que el oro *f*
25.12 joyel de oro *f* es el que reprende al
31.22 ella... de lino *f* y púrpura es su vestido
Cnt 5.15 mármol fundadas sobre basas de oro *f*
Is 3.23 los espejos, el lino *f*, las gasas y
13.12 más precioso que el oro *f* al varón, y
19.9 los que labran lino *f* y los que tejer 8305
Ez 16.13 y tu vestido era de lino *f*, seda y
27.7 de lino *f*... era tu cortina, para que te
27.16 con... linos *f*, corales y rubíes venía a
Dn 2.32 la cabeza de esta imagen era de oro *f* 2869
Lc 16.19 **que se vestía de púrpura y de lino *f***
Ap 18.12 mercadería de... lino *f*, de púrpura, de
18.16 ciudad, que estaba vestida de lino *f*
19.8 le ha concedido que se vista de lino *f*
19.8 el lino *f* es las acciones justas de los

FIRMAMENTO
Sal 19.1 y el *f* anuncia la obra de sus manos 7549
150.1 alabadle en la magnificencia de su *f* 7549
Dn 12.3 resplandecerán... el resplandor del *f* 7549

FIRMAR
Neh 9.38 *firmada* por nuestros príncipes, por 2856,5921
10.1 los que *firmaron* fueron: Nehemías el 2856,5921
Dn 6.8 confirma el edicto y *fírmalo*, para que 7560
6.9 *firmó*, pues, el rey Darío el edicto y la 7560
6.10 supo que el edicto había sido *firmado* 7560

FIRME
Gn 41.32 que la cosa es *f* de parte de Dios 3559
Éx 14.13 *f*, y ved la salvación que Jehová hará 3320
Nm 30.4 los votos de ella serán *f*, y... *f* será 6965
30.5 mas si su padre le vedare... no serán *f* 6965
30.7 callare a ello... votos de ella serán *f* 6965
30.7 obligación con que ligó su alma, *f* será 6965
30.9 todo voto de viuda o repudiada... será *f* 6965
30.11 y no le vedó... todos sus votos serán *f* 6965
30.11 con que hubiere ligado su alma, *f* será 6965
Dt 12.23 que te mantengas *f* en no comer sangre 2388
Jos 3.17 en seco, *f* en medio del Jordán, hasta 3559
4.3 tomad... del lugar donde están *f* los pies 3559
Jue 7.21 estuvieron *f* cada uno en su puesto 5975
1 S 2.35 y yo le edificaré casa *f*, y andará 539
20.31 viviere... ni tú estarás *f*, ni tu reino 3559
24.20 que el reino... ha de ser en tu mano 6965
2 S 7.26 que la casa de tu siervo David sea *f* 3559
22.34 y me hace estar *f* sobre mis alturas 5975
1 R 2.12 sentó... su reino fue *f* en gran manera 3559
2.45 el trono de David será *f* perpetuamente 3559
11.38 estaré contigo y te edificaré casa *f* 539
1 Cr 17.14 lo confirmaré... y su trono será *f* 3559
17.23 la palabra que has... sea *f* para siempre 539
17.24 casa de tu siervo David *f* delante de ti 539
Esd 6.3 que sus paredes fuesen *f*, su altura 5446
Est 3.4 ver si... se mantendría *f* en su dicho 5975
Job 22.28 determinarás... una cosa, y te será *f* 6965
37.18 los cielos, *f* como un espejo fundido? 2389
41.23 carne... están en él *f*, y no se mueven 3332
41.24 corazón es *f* como una piedra, y fuerte 3332
Sal 18.33 me hace estar *f* sobre mis alturas 5975
78.37 con él, ni estuvieron *f* en su pacto 539
89.28 conservaré... y mi pacto será *f* con él 539
89.37 como la luna será *f* para siempre, y 3559
93.2 *f* es tu trono desde entonces; tú eres 3559
93.5 tus testimonios son muy *f*; la santidad 539
112.7 su corazón está *f*, confiado en Jehová 3559
140.11 el hombre deslenguado no será *f* en la 3559
Pr 11.18 siembra justicia tendrá galardón *f* 571
12.7 pero la casa de los justos permanecerá *f* 5975
29.14 que juzga con verdad... el trono será *f* 3559
Is 8.10 y no será *f*... Dios está con nosotros 6965
16.6 altivez; pero sus mentiras no serán *f* 3651
22.23 y lo hincaré como clavo en lugar *f* 539
22.25 clavo hincado en lugar *f* será quitado 539
55.3 pacto eterno, misericordias *f* a David 539
Jer 35.14 fue *f* la palabra de Jonadab hijo de 6965
35.16 tuvieron por *f* el mandamiento que les 6965
46.15 no pudo mantenerse *f*, porque Jehová la 5975
Ez 13.5 para que resista *f* en la batalla en
22.14 ¿estará *f* tu corazón? ¿Serán fuertes 5975
Dn 4.26 significa que tu reino te quedará *f* 7011
Ro 4.16 fin de que la promesa sea *f* para toda 949
5.2 la fe a esta gracia en la cual estamos *f* 2476
14.4 estará *f*, porque poderoso es el Señor 2476
14.4 poderoso es el Señor... hacerle estar *f* 2476
1 Co 7.37 pero el que está *f* en su corazón, sin 1476
10.12 que piensa estar *f*, mire que no caiga 2476
15.58 así que, hermanos míos amados, estad *f* 1476
16.13 estad *f* en la fe; portaos varonilmente 4739
2 Co 1.7 esperanza respecto de vosotros es *f* 949
1.24 vuestro gozo, porque por la fe estáis *f* 2476
Gá 5.1 estad... *f* en la libertad con que Cristo 4739
Ef 6.11 podáis estar *f* contra las asechanzas 2476
6.13 resistir... habiendo acabado todo estar *f* 2476

6.14 estad, pues' *f*, ceñidos vuestros lomos *2476*
Fil 1.27 oiga de vosotros que estáis *f* en un *4739*
4.1 hermanos míos...estad así *f* en el Señor *4739*
Col 1.23 si en verdad permanecéis...*f* en la fe *1476*
4.12 rogando...para que estéis *f*, perfectos *2476*
1 Ts 3.8 ahora vivimos, si vosotros estáis *f* *4739*
2 Ts 2.15 estad *f*, y retened la doctrina que *4739*
2 Ti 2.19 pero el fundamento de Dios está *f* *4731*
He 2.2 palabra dicha por...los ángeles fue *f* *949*
3.6 si retenemos *f* hasta el fin la confianza *949*
3.14 que retengamos *f* hasta el fin...confianza *949*
6.19 la cual tenemos como...*f* ancla del alma *949*
10.23 mantengamos *f*...la profesión de nuestra *2722*
1 P 5.9 al cual resistid *f* en la fe, sabiendo *4731*
2 P 1.10 procurad hacer *f* vuestra vocación *949*

FIRMEMENTE
Is 16.5 y sobre él se sentará *f*, en el

FIRMEZA
Éx 17.12 sus manos *f* hasta que se puso el sol 530
Is 25.1 tus consejos antiguos son verdad y *f* 530
Col 2.5 mirando...la *f* de vuestra fe en Cristo *4733*
Tit 3.8 estas cosas quiero que insistas con *f* *1226*
2 P 3.17 arrastrados...caigáis de vuestra *f* *4740*

FÍSICAMENTE
Ro 2.27 y el que *f* es incircunciso, pero

FLACA
Gn 41.19 siete vacas...*f* y de muy feo aspecto 7534
41.20 y las vacas *f* y feas devoraban a las 7534
41.21 la apariencia de las *f* era aún mala
41.27 siete vacas *f* y feas...son siete años 7534
Ez 34.20 juzgaré entre la...engordada y la...*f* 7330

FLACURA
Job 16.8 llenado de arrugas; testigo es mi *f* 3585

FLAMA
Sal 104.4 hace...las *f* de fuego sus ministros 3857

FLAQUEAR
Sal 20.8 ellos *flaquean* y caen, mas nosotros 3766
Is 40.30 cansan, los jóvenes *flaquean* y caen 3286

FLAQUEZA
Ro 15.1 debemos soportar las *f* de los débiles *771*

FLAUTA
Gn 4.21 padre de todos los que tocan arpa y *f* 5748
1 S 10.5 delante de ellos...pandero, *f* y arpa 2485
2 S 6.5 danzaban...con arpas...panderos, *f* y 4517
1 R 1.40 y cantaba la gente con *f*, y hacían 2485
Job 21.12 saltan, y se regocijan al son de la *f* 5748
30.31 en luto, y mi *f* en voz de lamentadores 5748
Sal 150.4 y danza; alabadle con cuerdas y *f* 5748
Is 5.12 en sus banquetes hay arpas...*f* y vino 2485
30.29 el que va con *f* para venir al monte de 2485
Jer 48.36 corazón resonará como *f* por causa 2485
48.36 resonará mi corazón a modo de *f* por los 2485
Ez 28.13 los primores de tus...y *f* estuvieron 5345
Dn 3.5,7,10,15 al oír el son de la...*f*, del 4953
Am 6.5 al son de la *f*, e inventan instrumentos 5035
Mt 9.23 a los que tocaban *f*, y la gente que *834*
11.17; Lc 7.32 os tocamos *f*, y no bailasteis *832*
1 Co 14.7 que producen sonidos, como la *f* o *836*
14.7 que se toca con la *f* o con la cítara? *832*

FLAUTISTA
Ap 18.22 voz...*f* y de trompeteros no se oirá *834*

FLECHA
Jer 50.9 sus *f* son como de valiente diestro 2671
Zac 9.13 Judá como arco, e hice a Efraín su *f*

FLECHERO
1 S 31.3 y le alcanzaron los *f*, y tuvo gran 3384
2 S 11.24 los *f* tiraron contra tus siervos 3384
1 Cr 8.40 y fueron los hijos de...*f* diestros 1869,7198
10.3 le alcanzaron los *f*...herido por los *f* 3384,7198
2 Cr 35.23 los *f* tiraron contra el rey Josías 3384
Job 16.13 me rodearon sus *f*, partió mis riñones 7229
Is 21.17 de los valientes *f*, hijos de Cedar 7198
Jer 4.29 al estruendo...de los *f* huyó...ciudad 7411,7198
50.29 haced juntar contra Babilonia *f*...arco 7228
51.3 diré al *f* que entesa su arco, y al que 1869

FLECO
Dt 22.12 harás *f* en las 4 puntas de tu manto 1434
Mt 23.5 **hacen...extienden los *f* de sus mantos** *2899*

FLEGONTE *Cristiano saludado por Pablo,*
Ro 16.14 .... *5393*

FLOJEDAD
Ec 10.18 la *f* de las manos se llueve la casa 8220

FLOJO, A
Job 41.23 las partes más *f* de su carne están 4651
Pr 24.10 si fueres *f* en el día de trabajo, tu 7503

FLOR
Gn 18.6 toma pronto 3 medidas de *f* de harina 5560
40.10 ella como que brotaba, y arrojaba su *f* 5322
Éx 25.31 manzanas y sus *f*, serán de lo mismo 6525
25.33(2) tres copas en forma de *f* de almendro 6525
25.33(2) en...brazo, una manzana y una *f* 6525
25.34 en forma de *f* de...sus manzanas y sus *f* 6525
29.2 panes...las harás de *f* de harina de trigo
29.40 décima parte de un efa de *f* de harina
37.17 el candelero...sus *f* eran de lo mismo 6525
37.19(2) en forma de *f*...una manzana y una 6525
37.20 en figura de *f*...sus manzanas y sus 6525
Lv 2.1 su ofrenda será *f* de harina, sobre la
2.2 puño lleno de la *f* de harina y del aceite
2.4 su ofrenda...será de tortas de *f* de harina
2.5 ofrenda...será de *f* de harina sin levadura
2.7 ofrenda...hará de *f* de harina con aceite
5.11 la décima parte de un efa de *f* de harina
6.15 tomará...un puñado de la *f* de harina de
6.20 la décima parte de un efa de *f* de harina
7.12 y *f* de harina frita en tortas amasadas
14.21 décima de efa de *f* de harina amasada
23.13,17 dos décimas de efa de *f* de harina
24.5 tomarás *f* de harina, y cocerás de ella
Nm 6.15 tortas...de *f* de harina amasadas con
7.13,19,25,31,37,43,49,55,61,67,73,79 llenos de *f* de harina amasada
8.4 su pie hasta sus *f* era labrado a martillo 6525
8.8 con su ofrenda de *f* de harina amasada con
15.4 la décima parte de un efa de *f* de harina
15.6 ofrenda de dos décimas de *f* de harina
15.9 ofrenda de tres décimas de *f* de harina
17.8 había...echado *f*, y arrojado renuevos 6525
28.5 la décima parte de un efa de *f* de harina
28.9,12 dos décimas de *f* de harina amasada
28.12 tres décimas de *f* de harina amasada con
28.13 una décima de *f* de harina amasada con
28.28 la ofrenda de...*f* de harina amasada con
29.3,9,14 *f* de harina amasada con aceite
1 R 4.22 era de treinta coros de *f* de harina
6.18 y tenía entalladuras...de botones de *f* 6731
6.29 y esculpió...botones de *f*, por dentro y 6731
6.32,35 talló en ellas...botones de *f*, y las 6731
7.26 el borde era labrado como...de *f* de lis 6525
7.49 con las *f*, las lámparas y tenazas de oro 6525
2 R 7.1 valdrá el seah de *f* de harina un siclo
7.16 vendido un seah de *f* de harina por un
7.18 seah de *f* de harina será vendido por un
1 Cr 23.29 la *f* de harina para el sacrificio
2 Cr 4.5 borde tenía la forma...una *f* de lis 6525
4.21 las *f*...y tenazas se hicieron de oro, de 6525
Job 14.2 sale como una *f* y es cortado, y huye 6731
15.33 la vid, y derramará su *f* como el olivo 5328
Sal 103.15 el hombre...florece como la *f* del 6731
Cnt 1.14 racimo de *f* de alheña en las viñas
1.16 tú eres hermoso...nuestro lecho es de *f* 7488
2.12 se han mostrado las *f* en la tierra, el 5339
4.13 son paraíso...de *f* de alheña y nardos
5.13 mejillas, como una era...como fragantes 4026
Is 5.24 *f* se desvanecerá como polvo; porque 6525
18.5 y pasada la *f* se maduren los frutos 5328
28.1,4 *f* caduca de la hermosura de su gloria 6731,6733
40.6 carne...toda su gloria como *f* del campo 6731
40.7 la hierba se seca, y la *f* se marchita 6731
40.8 sécase la hierba, marchítase la *f*; mas 6731
Ez 16.13 comiste *f* de harina de trigo, miel
16.19 la *f* de la harina, el aceite y la miel
46.14 aceite para mezclar con la *f* de harina
Mi 1.15 aun...la *f* de Israel huirá hasta Adulam 3519
Neh 1.4 mar...y la *f* del Líbano fue destruida 6525
Stg 1.10 el pasará como la *f* de la hierba *438*
1.11 su *f* se cae, y perece su...apariencia *438*
1 P 1.24 y toda la gloria del hombre como *f* *438*
1.24 como...la hierba se seca, y la *f* se cae *438*
Ap 18.13 *f* de harina, trigo, bestias, ovejas *4585*

FLORECER
Nm 17.5 *florecerá* la vara del...que yo escoja 6524
2 S 23.5 aunque todavía no haga él *florecer* 6779
Sal 72.7 *florecerá* en sus días justicia...paz 6524
72.16 y los de la ciudad *florecerán* como la 6692
90.6 la mañana *florece* y crece; a la tarde 6692
92.7 *florecen* todos los que hacen iniquidad 6692
92.12 el justo *florecerá* como la palmera 6524
92.13 los atrios de nuestro Dios *florecerán* 6524
103.15 como...*florece* como la flor del campo 6692
132.18 mas sobre él *florecerá* su corona 6692
Pr 14.11 *florecerá* la tienda de los rectos 6524
Ec 12.5 *florecerá* el almendro, y la langosta 5006
Cnt 6.11 para ver...si *florecían* los granados 6524
7.12 veamos...si han *florecido* los granados 6524
Is 27.6 *florecerá* y echará renuevos Israel 6692
35.1 el yermo se gozará y *florecerá* como la 6524
35.2 *florecerá* profusamente, y también se 6524
Ez 7.10 ha *florecido* la vara, ha reverdecido 6692
Os 10.4 el juicio *florecerá* como ajenjo en los 6524
14.5 *florecerá* como lirio, y extenderá sus 6524
14.7 y *florecerán* como la vid; su olor será 6524
Hab 3.17 aunque la higuera no *florezca*, ni en 6524
Hag 2.19 ni el...de olivo ha *florecido* todavía 5375

FLORECIENTE
Dn 4.4 yo...estaba tranquilo...*f* en mi palacio 7487

FLOTA
1 R 10.11 *f* de Hiram que había traído el oro 590
10.22 mar una *f* de naves...con la *f* de Hiram 590
10.22 vez cada tres años venía la *f* de Tarsis 590
2 Cr 9.21 la *f* del rey iba a Tarsis con los 591

FLOTAR
Gn 7.18 *flotaba* el arca sobre la superficie de 1980
2 R 6.6 lo echó allí; e hizo *flotar* el hierro 6687

FLUCTUANTE
Ef 4.14 que ya no seamos niños *f*, llevados por *2831*

FLUCTUAR
He 10.23 sin *fluctuar*, la profesión de nuestra *186*

FLUIR
Éx 3.8,17; 33.3 tierra que *fluye* leche y miel 2100
Lv 20.24 por heredad, tierra que *fluye* leche 2100
Nm 13.27 que ciertamente *fluye* leche y miel 2100
14.8 la entregará; tierra que *fluye* leche y 2100
16.14 tierra que *fluya* leche y miel, ni nos 2100
Dt 6.3 en la tierra que *fluye* leche y miel 2100
11.9 había de darla...tierra que *fluye* leche 2100
26.9 nos dio...tierra que *fluye* leche y miel 2100
26.15 ni tampoco nos...tierra que *fluye* leche 2100
27.3 *fluye* leche y miel, como Jehová el Dios 2100
31.20 en la tierra que...*fluye* leche y miel 2100
Jos 5.6 daría, tierra que *fluye* leche y miel 2100
Sal 105.41 abrió la peña, y *fluyeron* aguas 2100
147.18 soplará su viento, y *fluirán*...aguas 5140
Is 64.3 descendiste, *fluyeron*...montes delante 2151
Jer 11.5 les daría la tierra que *fluye* leche 2100
32.22 les diste...tierra que *fluye* leche y miel 2100
Lm 1.16 mis ojos *fluyen* aguas, porque se alejó 3381
Ez 20.6,15 la tierra...que *fluye* leche y miel 2100
Jl 3.18 mosto, y los collados *fluirán* leche 3212

FLUJO
Lv 12.7 ella, será limpia del *f* de su sangre 4726
15.2 varón, cuando tuviere *f* de semen, será 2100
15.3 su inmundicia en su *f*...a causa de su *f* 2101
15.3 o que deje de destilar a causa de su *f* 2101
15.4 cama en...se acostare el que tuviere *f* 2100
15.6 que se hubiere sentado el que tiene *f* 2100
15.7 el que tocare el cuerpo del que tiene *f* 2100
15.8 y si el que tiene *f* escupiere sobre el 2100
15.9 sobre que cabalgare el que tuviere *f* 2100
15.11 aquel a quien tocare el que tiene *f*, y 2100
15.12 la vasija...que tocare el que tiene *f* 2100
15.13 hubiere limpiado de su *f* el que tiene *f* 2100,2101
15.15 purificará de su *f* delante de Jehová 2101
15.19 tuviere *f* de sangre, y su *f* fuere en 2100,2101
15.25 cuando siguiere el *f* de su sangre por 2100
15.25 cuando tuviere *f*...todo el tiempo de su *f* 2101
15.26 en que durmiere todo el tiempo de su *f* 2101
15.28 fuere libre de su *f*, contará siete días 2101
15.30 la purificará el...del *f* de su impureza 2101
15.32 esta es la ley para el que tiene *f*, y 2100
15.33 y para el que tuviere *f*, sea varón o 2100
22.4 varón...que padeciere *f*, no comerá de las 2100
Nm 5.2 que echen...los que padecen *f* de semen 2100
2 S 3.29 nunca falte de...Joab quien padezca *f* 2100
Ez 23.20 lujuria...y cuyo *f* como *f* de caballos 2231
Mt 9.20 una mujer enferma de *f*...se le acercó *131*
Mr 5.25; Lc 8.43 una mujer que padecía de *f* *4511*
Lc 8.44 instante se detuvo el *f* de su sangre *4511*

FOGÓN
Ez 46.23 y abajo *f* alrededor de las paredes 4018

FOLLAJE
Dn 4.12 su *f* era hermoso y su fruto abundante 6074
4.14 así...quitadle el *f*, y dispersad su fruto 6074
4.21 cuyo *f* era hermoso, y su fruto abundante 6074

FONDO
1 R 22.35 sangre...corría por el *f* del carro 2436
Sal 75.8 hasta el *f* lo apurarán, y lo beberán 8105
Is 14.19 que descendieron al *f* de la sepultura 68
Ez 24.11 para que...se queme su *f*, y se funda 5178
Dn 6.24 aún no habían llegado al *f*...cuando los 773

FORASTERO
Gn 20.1 partió Abraham...habitó como *f* en 1481
23.4 extranjero y *f* soy entre vosotros; dadme 8453
26.3 habita como *f* en esta tierra, y estaré 1481
Éx 2.22 porque dijo: *F* soy en tierra ajena 1616
6.4 la tierra en que fueron *f*, y en la cual 1481
18.3 porque dijo: *F* he sido en tierra ajena 1616
Lv 25.23 pues vosotros *f* y extranjeros sois 1616
25.35 como *f* y extranjero vivirá contigo 1616
25.45 podréis comprar de los hijos de los *f* 8453
25.47 si el *f*...se enriqueciere, y tu hermano 1616
25.47 y se vendiere al *f* o...que está contigo 1616
Dt 23.7 egipcio, porque *f* fuiste en su tierra 1616
Jue 17.7 un joven de Belén...era levita, y *f* 1481
19.1 hubo un levita que moraba como *f* en la 1481
19.16 hombre viejo...moraba como *f* en Gabaa 1481
2 S 4.3 beerotitas...moran allí como *f* hasta 1481
1 Cr 16.19 pocos en número, pocos y *f* en ella 1481
2 Cr 15.9 reunió...y con ellos los *f* de Efraín 1481
30.25 los *f* que habían venido de la tierra 1616
Job 19.15 me tuvieron por...*f* fui yo a sus ojos 5237
31.32 *f* no pasaba fuera la noche; mis puertas 1616
Sal 39.12 porque *f* soy para ti, y advenedizo 1616
105.12 ellos eran pocos en número, y *f* en ella 1481
119.19 *f* soy yo en la tierra; no encubras de 1616
Jer 14.8 ¿por qué te has hecho como *f* en la 1616
Lm 5.2 pasado a extraños, nuestras casas a *f* 5237
Mt 25.35 **tuve hambre...fui *f*, y me recogisteis** *3581*
25.38 **¿y cuándo te vimos *f*, y te recogimos** *3581*
25.43 ***f*, y no me recogisteis; estuve desnudo** *3581*
25.44 ***f*, desnudo, enfermo, o en la cárcel, y** *3581*
Lc 24.18 ¿eres tú el único *f* en Jerusalén que *3939*

FORJAR
Job 21.27 imaginaciones que contra mí *forjáis* 2554
Sal 119.69 contra mí *forjaron* mentira los 2950
Is 54.17 ninguna arma *forjada*...prosperará, y 3335
Jl 3.10 *forjad* espadas de vuestros azadones 3807

FORMA
Éx 25.33(2) tres copas en *f* de flor de almendro 8246
25.34 cuatro copas en *f* de flor de almendro 8246
28.14 dos cordones de oro...en *f* de trenza 1383
28.14 fijarás los cordones de *f* de trenza en 4020
32.4 le dio *f* con buril, e hizo...un becerro 6696
37.19(2) tres copas en *f* de flor de almendro 8246
39.15 cordones de *f* de trenza, de oro puro 4639
1 S 28.14 ¿cuál es su *f*? Y ella respondió: Un 8389
1 R 7.18 de la misma *f* hizo en el otro capitel 6213

7.19 los capiteles que...tenían *f* de lirios 4639
7.22 tallado en *f* de lirios, y así se acabó 4639
7.33 la *f* de las ruedas era como la de las 4639
7.37 de esta *f* hizo diez basas, fundidas de
1 Cr 28.21 los voluntarios...toda *f* de servicio 3605
2 Cr 2.14 y sacar toda *f* de diseño que se le 3605
4.5 el borde tenía la *f*...de un cáliz, o de 4639
4.7 diez candeleros de oro según su *f*, los 4941
Job 10.9 acuérdate que como a barro me diste *f*
Sal 94.20 trono...hace agravio bajo *f* de ley? 3335
Is 44.12 le da *f* con los martillos, y trabaja 3335
44.13 lo hace en *f* de varón, a semejanza de 8403
Jer 30.18 el templo será asentado según su *f* 4941
Ez 8.10 *f* de reptiles y bestias abominables 8403
10.10 las cuatro eran de una misma *f*, como 1823
43.11 todas sus *f*, y todas sus descripciones 6699
43.11 para que guarden toda su *f* y todas sus 6699
Mr 16.12 después apareció en otra *f* a dos de *3444*
Ro 2.20 tienes en la ley la *f* de la ciencia *3446*
6.17 obedecido de corazón a...*f* de doctrina *5179*
Fil 2.6 siendo en *f* de Dios, no estimó el ser *3444*
2.7 despojó a sí mismo, tomando *f* de siervo *3444*

FORMADOR
Is 43.1 así dice Jehová, Creador...*F* tuyo, oh 3335
44.9 los *f* de imágenes de talla, todos ellos 3335
45.11 así dice...el Santo de Israel, y su *F* 3335
Jer 51.19 él es el *F* de todo, e Israel es el 3335

FORMAR
Gn 2.7 Dios *formó* al hombre del polvo de la 3335
2.8 y puso allí al hombre que había *formado* 3335
2.19 Dios *formó*...de la tierra toda bestia del 3335
48.19 y su descendencia *formará* multitud de 4393
Éx 26.6 enlazarás...se *formará* un tabernáculo 259
32.35 habían hecho el becerro que *formó* Aarón 6213
36.13 enlazó...quedó *formado* un tabernáculo 259
2 S 2.25 juntaron...*formando* un solo ejército 259
1 R 20.25 y tú *fórmate* otro ejército como el 4487
2 Cr 31.7 comenzaron a *formar*...montones, y 3245
Esd 4.15 *forman* en medio de ella rebeliones 5648
4.19 se rebela, y se *forma* en ella sedición
Job 10.8 tus manos me hicieron y me *formaron* 6213
15.7 fuiste *formado* antes que los collados? 2342
31.35 aunque mi adversario me *forme* proceso 3789
33.6 aquí...de barro fui yo también *formado* 7169
Sal 8.3 luna y las estrellas que tú *formaste* 3559
33.15 él *formó* el corazón de todos ellos 3335
51.5 he aquí, en maldad he sido *formado*, y 2342
74.17 verano y el invierno tú los *formaste* 3335
90.2 antes que...*formases* la tierra y el mundo 2342
94.9 no oirá? El que *formó* el ojo, ¿no verá? 3335
95.5 mar...y sus manos *formaron* la tierra seca 3335
119.73 tus manos me hicieron y me *formaron* 3559
139.13 porque tú *formaste* mis entrañas; tú me 7069
139.15 cuerpo, bien que en oculto fui *formado* 7551
139.16 cosas que fueron luego *formadas*, sin 3335
Pr 8.25 antes que los montes fuesen *formados* 2883
8.27 cuando *formaba* los cielos, allí estaba 3559
Is 27.11 ni se compadecerá...el que lo *formó* 3335
29.16 ¿dirá la vasija de...que la ha *formado* 6213
43.7 para gloria mía...los *formé* y los hice 3335
43.10 antes de mí no fue *formado* dios, ni lo 3335
44.2 dice...el que te *formó* desde el vientre 3335
44.10 ¿quién *formó* un dios, o quién fundió 3335
44.21 te *formé*, siervo mío eres tú; Israel 3335
44.24 Redentor, que te *formó* desde el vientre 3335
45.7 que *formo* la luz y creo las tinieblas 3335
45.18 él es Dios, el que *formó* la tierra, el 3335
49.5 el que me *formó* desde el vientre para 3335
64.8 nosotros barro, y tú el que nos *formaste* 3335
Jer 1.5 antes que te *formase* en el vientre te 3335
33.2 que hizo la tierra, Jehová que la *formó* 3335
Jer 49.30 contra vosotros ha *formado* un designio 2803
50.45 pensamientos que ha *formado* contra la 2803
Ez 16.7 pechos se habían *formado*, y tu pelo 3559
Dn 11.24 y contra las fortalezas *formará* sus 2803
Am 4.13 el que *forma* los montes, y crea el 3335
Zac 12.1 *forma* el espíritu del hombre dentro 3335
Ro 9.20 ¿dirá el vaso de barro al que lo *formó* *4111*
Gá 4.19 que Cristo sea *formado* en vosotros *3445*
1 Ti 2.13 Adán fue *formado* primero, después *4111*

FORMIDABLE
Job 39.20 como a...El resoplido de su nariz es *f* 367
Sal 89.7 *f* sobre...cuantos están alrededor de 3372
106.22 de Cam, cosas *f* sobre el Mar Rojo 3372
139.14 porque *f*, maravillosas son tus obras 3372
Is 2.21 por la presencia *f* de Jehová, y por 3068
Hab 1.7 *f* es y terrible; de...misma procede 366

FORNICACIÓN
Gn 38.24 Tamar...está encinta a causa de las *f* 2183
2 R 9.22 ¿qué paz, con las *f* de Jezabel tu 2183
Jer 3.2 con tus *f*...has contaminado la tierra 2184
3.9 que por juzgar ella cosa liviana su *f*, la 2184
13.27 la maldad de tu *f* sobre los collados 2184
Ez 16.15 derramaste tus *f* a cuantos pasaron 8457
16.20 sacrificaste a...¿Eran poca cosa tus *f*, 8457
16.22 y con todas...tus *f* no te has acordado 8457
16.25 te ofreciste a...y multiplicaste tus *f* 8457
16.26 con...y aumentaste tus *f* para enojarme 8457
16.29 multiplicaste...*f* en la tierra de Canaán 8457
16.33 para que de...se llegasen a ti en tus *f* 8457
16.34 ha sucedido...en tus *f*, lo contrario 2181
16.36 descubiertas tus desnudeces en tus *f* 8457
23.5 Ahola cometió *f* aun estando en mi poder 2181
23.8 y no dejó sus *f* de Egipto; porque con 8457
23.8 se echaron...derramaron sobre ella su *f* 8457
23.11 *f* fueron más que las *f* de su hermana 8457
23.14 y aumentó sus *f*...cuando vio a hombres 8457
23.18 así hizo patentes sus *f* y descubrió sus 8457
23.19 multiplicó sus *f*, trayendo en memoria 8457
23.27 y haré cesar de ti tu lujuria, y tu *f* 2184
23.29 se descubrirá la inmundicia de tus *f* 8457
23.35 lleva tú también tu lujuria y tus *f* 8457
23.43 ¿todavía cometerán *f* con ella, y ella 8457
43.7 con sus *f*, ni con los cuerpos muertos 2184
43.9 ahora arrojarán lejos de mí sus *f*, y 2184
Os 1.2 tómate una mujer...hijos de *f*; porque 2183
2.2 aparte, pues, sus *f* de su rostro, y sus 2183
4.11 *f*, vino y mosto quitan el juicio 2184
4.12 espíritu de *f* lo hizo errar, y dejaron 2183
5.4 espíritu de *f* está en medio de ellos, y 2183
Neh 3.4 de la multitud de las *f* de la ramera 2183
3.4 que seduce a las naciones con sus *f*, y 2183
Mt 5.32 **no ser por causa de *f*, hace que ella** *4202*
15.19 **los adulterios, las *f*, los hurtos, los** *4202*
19.9 **que repudia a su...salvo por causa de *f*** *4202*
Mr 7.21 **los adulterios, las *f*, los homicidios** *4202*
Jn 8.41 no somos nacidos de *f*...padre tenemos *4202*
Hch 15.20 de los ídolos, de *f*, de ahogado y de *4202*
15.29 que os abstengáis...de ahogado y de *f* *4202*
21.25 que se abstengan de...de ahogado y de *f* *4202*
Ro 1.29 estando atestados de...injusticia, *f* *4202*
1 Co 5.1 entre vosotros *f*, y tal *f* cual ni aun *4202*
6.13 el cuerpo no es para la *f*, sino para el *4202*
6.18 huid de la *f*. Cualquier otro pecado que *4202*
7.2 pero a causa de las *f*, cada uno tenga su *4202*
2 Co 12.21 y no se han arrepentido de la...*f* *4202*
Gá 5.19 adulterio, *f*, inmundicia, lascivia *4202*
Ef 5.3 pero *f*...o avaricia, ni aun se nombre *4202*
Col 3.5 *f*, impureza, pasiones desordenadas *4202*
1 Ts 4.3 santificación; que os apartéis de *f* *4202*
Ap 2.14 **enseñaba a los...de Israel...a cometer *f*** *4203*
2.21 **dado...pero no quiere arrepentirse de su *f*** *4202*
9.21 no se arrepintieron de sus...ni de su *f* *4202*

FORNICAR
Gn 38.24 a Judá, diciendo: Tamar...ha *fornicado* 2181
Éx 34.15 *fornicarán* en pos de sus dioses, y 2181
34.16 *fornicando* sus hijas en pos de...dioses 2181
34.16 harán *fornicar* también a tus hijos en 2181
Lv 17.7 demonios, tras...cuales han *fornicado* 2181
19.29 a tu hija haciéndola *fornicar*, para que 2181
20.5 todos los que *fornicaron* en pos de él 2181
21.9 la hija del...si comenzare a *fornicar*, a 2181
Nm 25.1 empezó a *fornicar* con...hijas de Moab 2181
Dt 22.21 hizo vileza...*fornicando* en casa de 2181
31.16 este pueblo...*fornicará* tras los dioses 2181
2 Cr 21.11 hizo que...*fornicasen* tras ellos, y 2181
21.13 que *fornicase* Judá...como *fornicó* Acab 2181
Is 23.17 *fornicará* con todos los reinos del 2181
Jer 3.1 has *fornicado* con muchos amigos mas 2181
3.6 debajo de todo árbol frondoso...*fornica* 2181
3.8 que por haber *fornicado* la rebelde Israel 5003
3.8 no...sino que también fue ella y *fornicó* 2181
3.13 *fornicaste* con los extraños debajo de 6340,1870
Ez 6.9 ojos que *fornicaron* tras sus ídolos 2181
16.16 diversos lugares altos, y *fornicaste* 2181
16.17 y te hiciste imágenes...y *fornicaste* 2181
16.26 y *fornicaste* con los hijos de Egipto 2181
16.28 *fornicaste* también con los asirios, por 2181
16.28 *fornicaste* con...y tampoco te saciaste 2181
16.34 ninguno te ha solicitado para *fornicar* 2181
20.30 y *fornicaste* tras sus abominaciones? 2181
23.3 *fornicaron* en Egipto; en su juventud *f* 2181
23.19 días de...en los cuales había *fornicado* 2181
23.30 porque *fornicaste* en pos de...naciones 2181
23.37 han *fornicado* con sus ídolos, y aun a 5003
Os 1.2 tierra fornica *apartándose* de Jehová 2181
3.3 no *fornicarás*, ni tomarás otro varón; lo 2181
4.10 *fornicarán*, mas no se multiplicarán 2181
4.12 errar, y dejaron a su Dios para *fornicar* 2181
4.13 vuestras hijas *fornicarán*...adulterarán 2181
4.14 no castigaré a...hijas cuando *forniquen* 2181
4.15 si *fornicas* tú, Israel...no peque Judá 2181
4.18 *fornicaron* sin cesar...lo que avergüenza 2181
6.10 *fornicó* Efraín, y se contaminó Israel 2184
9.1 pues has *fornicado* apartándote de tu Dios 2181
1 Co 6.18 que *fornica*, contra su propio cuerpo *4203*
10.8 ni forniquemos, como...ellos *fornicaron* *4203*
Jud 7 los cuales, habiendo *fornicado* e ido en *1608*
Ap 2.20 **enseñe...a mis siervos a *fornicar* y a** *4203*
17.2 con la cual han *fornicado* los reyes de *4203*
18.3 y los reyes de la tierra han *fornicado* *4203*
18.9 los reyes...que han *fornicado* con ella *4203*

FORNICARIO, A
Is 57.3 acá...generación del adúltero y de la *f* 2181
Ez 6.9 me quebranté a causa de su corazón *f* 2181
Os 1.2 dijo...Vé, tómate una mujer *f*, e hijos 2183
1 Co 5.9 carta, que no os juntéis con los *f* *4205*
5.10 no...con los *f* de este mundo, o con los *4205*
5.11 llamándose hermano, fuere *f*, o avaro *4205*
6.9 no erréis ni los *f*, ni los idólatras, ni *4205*
Ef 5.5 ningún *f*...tiene herencia en el reino *4205*
1 Ti 1.10 los *f*, para los sodomitas, para los *4205*
He 12.16 no sea que haya algún *f*, o profano *4205*
13.4 los *f* y a los adúlteros los juzgará Dios *4205*
Ap 21.8 *f* y hechiceros...tendrán su parte en el *4205*
22.15 estarán fuera...los *f*, los homicidas, los *4205*

FORO
Hch 16.19 trajeron al *f*, ante los magistrados *58*
28.15 salieron a recibirnos hasta el *F*...Apio *5410*

FORRAJE
Gn 24.25 hay en nuestra casa paja y mucho *f* 4554
24.32 les dio paja y *f*, y agua para lavar los 4554
Jue 19.19 tenemos...y *f* para nuestros asnos 4554

FORTALECER
Gn 27.40 y sucederá que cuando te *fortalezcas* 7300
49.24 brazos de sus manos se *fortalecieron* 6339
Éx 1.7 y fueron aumentados y *fortalecidos* en 6105,3966
1.20 el pueblo se multiplicó y se *fortaleció* 6105,3966
Dt 3.28 y *fortalécelo*; porque él ha de pasar 553
11.8 para que seáis *fortalecidos*, y entréis 2388
Jue 3.12 y Jehová *fortaleció* a Eglón rey de 2388
9.24 los hombres...que *fortalecieron* las manos 2388
16.28 acuérdate ahora de mí, y *fortaléceme* 2388
1 S 23.16 Jonatán...*fortaleció* su mano en Dios 2388
30.6 David se *fortaleció* en Jehová su Dios 2388
2 S 3.1 David se iba *fortaleciendo*, y la casa 2390
16.21 así se *fortalecerán* las manos de todos 2388
1 R 19.8 *fortalecido* con aquella comida caminó 3581
20.22 vé, *fortalécete*, y considera y mira lo 2388
2 Cr 11.17 así *fortalecieron* el reino de Judá 2388
12.13 *fortalecido*, pues, Roboam, reinó en 2388
28.20 redujo a estrechez, y no lo *fortaleció* 2388
Esd 6.22 *fortalecer* sus manos en la obra de 2388
7.28 yo, *fortalecido* por la mano de mi Dios 2388
Neh 6.9 ahora...oh Dios, *fortalece* tú mis manos 2388
Job 4.3 he aquí...*fortalecías* las manos débiles 2388
29.20 y mi arco se *fortalecía* en mi mano 2498
39.4 tus hijos se *fortalecen*, crecen con el 2492
Sal 9.19 Jehová: no se *fortalezca* el hombre 5810
89.21 con él también mi brazo se *fortalecerá* 553
138.3 me *fortaleciste* con vigor en mi alma 7292
Ec 7.19 la sabiduría *fortalece* al sabio más 5810
Is 30.2 *fortalecerse* con la fuerza de Faraón 5810
35.3 *fortaleced* las manos cansadas, afirmad 2388
38.14 Jehová, violencia padezco; *fortaléceme* 6149
47.12 quizá...mejorarte, quizá te *fortalecerás* 6206
Jer 9.3 y no se *fortalecieron* para la verdad 1396
23.14 y *fortalecían* las manos de los malos 2388
Ez 13.22 *fortalecisteis* las manos del impío 2388
16.49 y no *fortaleció* la mano del afligido 2388
30.21 a fin de *fortalecerlo* para que pueda 2388
30.24 y *fortaleceré* los brazos del rey de 2388
30.25 *fortaleceré*, pues, los brazos del rey 2388
34.4 no *fortalecisteis* las débiles...enferma 2388
34.16 perniquebrada, y *fortaleceré* la débil 2388
Dn 8.24 su poder se *fortalecerá*, mas no con 6105
10.18 me tocó otra vez, y me *fortaleció* 2388
10.19 habla mi señor...me has *fortalecido* 2388
11.1 yo...estuve para animarlo y *fortalecerlo* 4581
Os 7.15 aunque yo los...y *fortalecí* sus brazos 2388
Zac 10.6 porque yo *fortaleceré* la casa de Judá 1396
10.12 los *fortaleceré* en Jehová, y caminarán 1396
Lc 1.80 y el niño...se *fortalecía* en espíritu *2901*
2.40 y el niño crecía y se *fortalecía*, y se *2901*
22.43 un ángel del cielo para *fortalecerle* *1765*
Hch 9.31 *fortalecidas* por el Espíritu Santo *3618*
Ro 4.20 se *fortaleció* en fe, dando gloria a *1743*
Ef 3.16 os dé...el ser *fortalecidos* con poder *2901*
6.10 *fortaleceos* en el Señor, y en el poder *1743*
Fil 4.13 lo puedo en Cristo que me *fortalece* *1743*
Col 1.11 *fortalecidos* con todo poder, conforme *1412*
1 Ti 1.12 doy gracias al que me *fortaleció*, a *1743*
1 P 5.10 él mismo os...*fortaleza* y establezca *4599*

FORTALEZA
Gn 49.3 Rubén, tú eres...mi *f*...y el principio 202
Éx 15.2 Jehová es mi *f* y mi cántico, y ha sido 5797
Jue 9.46 se metieron en la *f* del templo...Berit 6877
9.49 junto a la *f*...prendieron fuego...a la *f* 6877
2 S 5.7 pero David tomó la *f* de Sión, la cual 4686
5.9 David moró en la *f*, y le puso por nombre 4686
5.17 cuando David lo oyó, descendió a la *f* 4686
22.2 Jehová es mi roca y mi *f*, y mi libertador 4686
22.3 *f* mía, en él confiaré; mi escudo, y el 4686
24.7 fueron...a la *f* de Tiro, y a todas las 4013
2 R 8.12 sus *f* pegarás fuego, a sus jóvenes 4013
1 Cr 11.5 mas David tomó la *f* de Sión, que es 4686
11.7 y David habitó en la *f*, y por esto la 4679
11.16 David...en la *f*, y...filisteos en Belén 4686
2 Cr 11.11 reforzó...las *f*, y puso...capitanes 4694
17.12 Josafat...edificó en Judá *f* y ciudades 1003
27.3 y sobre el muro de la *f* edificó mucho 6077
27.4 y construyó *f* y torres en los bosques 1003
Neh 7.2 Hananías, jefe de la *f* de Jerusalén 1002
Sal 8.2 la boca de los niños...fundaste la *f* 5797
18.1 te amo, oh Jehová, *f* mía 2391
18.2 *f* mía, en él confiaré; mi escudo, y la 4686
22.19 mas tú...*f* mía, apresúrate a socorrerme 360
27.1 Jehová es la *f* de mi vida, ¿de quién 4581
28.7 Jehová es mi *f* y mi escudo; en él confió 5797
28.8 Jehová es la *f* de su pueblo, y el refugio 5797
31.2 sé tú mi roca fuerte, y *f* para salvarme 4686
37.39 es su *f* en el tiempo de la angustia 4581
43.2 pues que tú eres el Dios de mi *f*, ¿por 4581
46.1 Dios es nuestro amparo y *f*...auxilio en 5797
52.7 el hombre que no puso a Dios por su *f* 4581
59.17 *f* mía, a ti cantaré; porque eres, oh 5797
60.7 y Efraín es la *f* de mi cabeza; Judá es 4581
71.3 roca de...porque tú eres mi roca y mi *f* 4686
81.1 cantad con gozo a Dios, *f* nuestra; al 5797
89.40 aportillaste todos...has destruido sus *f* 4013
90.10 con todo, su *f* es molestia y trabajo 7296
92.15 para anunciar que Jehová mi *f* es recto 6697
103.20 ángeles, poderosos en *f*, que ejecutáis 3581
108.8 Efraín es la *f* de mi cabeza; Judá es 4581
118.14 mi *f* y mi cántico es JAH, y él me ha 5797
144.2 *f* mía y mi libertador, escudo mío, en 4686
Pr 10.29 el camino de Jehová es *f* al perfecto 4581
Is 12.2 porque mi *f* y mi canción es...Jehová 5797

23.4 *f* del mar habló, diciendo: Nunca estuve 4581
23.11 Jehová mandó... que sus *f* sean destruidas ... 4581
23.13 levantaron sus *f*, edificaron... palacios 971
23.14 aullad... porque destruida es vuestra *f* 4581
25.4 fuiste *f* al pobre, *f* al menesteroso en 4581
25.12 y abatirá la *f* de tus altos muros la 4013
26.4 porque en Jehová el Señor está la *f* de 6697
27.5 forzará alguien mi *f*? Haga conmigo paz 4581
29.7 todos los que pelean contra ella y su *f* 4685
30.7 di voces, que su *f* sería estarse quietos 7293
30.15 en quietud y en confianza... vuestra *f* 1369
31.9 de miedo pasará su *f*, y sus príncipes con 5553
32.14 las torres y *f* se volverán cuevas para 6076
33.16 *f* de rocas será su lugar de refugio; se 4869
34.13 crecerán... y ortigas y cardos en sus *f* 4013
Jer 6.27 por *f* te he puesto en mi pueblo, por 4013
16.19 Jehová, *f* mía y fuerza mía, y refugio 5797
46.15 ¿por qué ha sido derribada tu *f*? No 47
48.18 el destruidor de Moab... destruyó tus *f* 4013
48.41 tomadas serán las ciudades, y... las *f* 4679
49.35 arco de Elam, parte principal de su *f* 1369
51.30 se encerraron en sus *f*, les faltaron 4679
Ez 4.2 edificarás contra ella *f*... campamento 1785
19.7 saqueó *f*, y asoló ciudades; y la tierra 759
19.9 lo pusieron en las *f*, para que su voz 4679
24.25 el día que yo arrebate a ellos su *f* 4581
30.15 derramaré... ira sobre Sin, *f* de Egipto 4581
33.27 están en las *f* y en las cuevas morirán 4679
Dn 11.7 entrará en la *f*, y hará en ellos a su 4581
11.10 volverá y llevará la guerra hasta su *f* 4581
11.19 volverá su rostro a las *f* de su tierra 4581
11.24 y contra las *f* formará sus designios 4013
11.31 que profanarán el santuario y la *f*, y 4581
11.38 honrará en su lugar al dios de las *f* 4581
11.39 con un dios ajeno se hará de las *f* más 4581
Os 10.14 todas tus *f* serán destruidas, como 4013
Jl 3.16 Jehová será... *f* de los hijos de Israel 4581
Am 3.11 derribará tu *f*, y tus palacios serán 5797
5.9 hace que el despojador venga sobre la *f* 4013
Mi 4.8 *f* de la hija de Sión, hasta ti vendrá 6076
5.11 de tu tierra, y arruinaré todas tus *f* 4013
Neh 1.7 Jehová es... *f* en el día de la angustia 4581
2.1 guarda la *f*, vigila el camino, ciñete los 4694
3.9 Etiopía era su *f*, también Egipto, y eso 6109
3.12 tus *f* serán cual higueras con brevas 4013
3.14 refuerza tus *f*; entra en el lodo, pisa 4013
Hab 1.10 reirá de... *f*, y levantará terraplén 4013
Hab 2.1 y sobre la *f* afirmaré el pie, y velaré 4692
3.19 Jehová el Señor es mi *f*, el cual hace 2428
Zac 9.3 Tiro se edificó *f*...y amontonó plata 4692
9.12 a la *f*, oh prisioneros de esperanza 1225
Hch 21.34 del alboroto, le... mandó llevar a la *f* *3925*
21.37 comenzaron a meter a Pablo en la *f* *3925*
22.24 mandó... le metiesen en la *f* y ordenó *3925*
23.10 le arrebatasen... y le llevasen a la *f* *3925*
23.16 y entró en la *f* y dio aviso a Pablo *3925*
23.32 y al día siguiente... volvieron a la *f* *3925*
2 Co 10.4 poderosas... para la destrucción de *f* *3794*
Ap 5.12 el Cordero... es digno de tomar... la *f* *2479*
7.12 el poder y la *f* sean a nuestro Dios por *2479*

FORTIFICAR
Nm 13.19 campamentos o plazas *fortificadas* 4013
13.28 ciudades muy grandes y *fortificadas* 1219
32.17 quedarán en ciudades *fortificadas* a 4013
32.36 Bet-nimra y Bet-harán... *fortificadas* 4013
Dt 3.5 eran ciudades *fortificadas* con muros 1219
28.52 caigan tus muros altos y *fortificados* 1219
Jos 10.20 se metieron... ciudades *fortificadas* 4013
14.12 hay ciudades grandes y *fortificadas* 1219
19.29 hasta la ciudad *fortificada* de Tiro 4013
19.35 las ciudades *fortificadas* son Sidim 4013
Jue 6.2 se hicieron... y lugares *fortificados* 4679
9.51 en medio... había una torre *fortificada* 5797
1 S 6.18 así las ciudades *fortificadas* como 4013
2 S 20.6 halle para sí ciudades *fortificadas* 1219
2 R 3.19 destruiréis toda ciudad *fortificada* 4013
10.2 que tienen la ciudad *fortificada* y las 4013
17.9 desde... hasta las ciudades *fortificadas* 4013
18.8 atalayas hasta la ciudad *fortificada* 4013
18.13 contra todas las ciudades *fortificadas* 1219
19.25 para reducir las ciudades *fortificadas* 1219
2 Cr 8.5 reedificó... las ciudades *fortificadas* 4692
11.5 edificó ciudades... *fortificar* a Judá 4692
11.10 eran ciudades *fortificadas* de Judá y 4694
11.12 las *fortificó* pues, en gran manera 2388
11.23 y por todas las ciudades *fortificadas* 4694
12.4 tomó las ciudades *fortificadas* de Judá 4694
14.6 edificó ciudades *fortificadas* en Judá 4694
16.1 subió Baasa... y *fortificó* a Ramá, para 1129
17.2 puso ejércitos en... ciudades *fortificadas* 1219
17.19 puesto en las ciudades *fortificadas* en 4013
19.5 puso jueces en... ciudades *fortificadas* 1219
21.3 les había dado... y ciudades *fortificadas* 4694
26.9 edificó... Uzías torres... y la *fortificó* 2388
32.1 acampó contra las ciudades *fortificadas* 1219
32.5 *fortificó* además a Milo en la ciudad de 2388
33.14 puso capitanes... ciudades *fortificadas* 1219
Neh 9.25 ciudades *fortificadas* y tierra fértil 1219
Sal 31.21 misericordia... en ciudad *fortificada* 4692
60.9; 108.10 ¿quién... a la ciudad *fortificada*? 4692
147.13 *fortificó* los cerrojos de tus puertas 2388
Pr 10.15 riquezas... son su ciudad *fortificada* 5797
18.11 las riquezas... son su ciudad *fortificada* 5797
Is 17.9 sus ciudades *fortificadas* serán como 4581
22.10 derribasteis casas para *fortificar* el 1219
25.2 montón, la ciudad *fortificada* en ruina 1219
27.10 la ciudad *fortificada* será desolada 1219
36.1 contra todas las ciudades *fortificadas* 1219
37.26 para reducir las ciudades *fortificadas* 1219
Jer 1.18 he puesto... como ciudad *fortificada* 4013
4.5 entrémonos en las ciudades *fortificadas* 4013
5.17 tus ciudades *fortificadas* en que confías 4013
8.14 entremos en las ciudades *fortificadas* 4013
10.17 la que moras en lugar *fortificado* 4693
15.20 yo te pondré... por muro *fortificado* de 1219
34.7 de las ciudades *fortificadas* de Judá 4013
50.44 espesura del Jordán a la... *fortificada* 386
51.53 suba... hasta el cielo, y se *fortifique* 1219
Ez 21.20 a judá contra Jerusalén... *fortificada* 1219
36.35 ciudades que eran estan *fortificadas* 1219
Os 8.14 Judá multiplicó ciudades *fortificadas* 1219
Mi 7.12 desde Asiria y... ciudades *fortificadas* 4693
7.12 las ciudades *fortificadas* hasta el río 4693
Sof 1.16 de trompeta... de ciudades *fortificadas* 1219

FORTÍSIMO
Éx 10.19 Jehová trajo un *f* viento occidental 3966,2389
He 6.18 tengamos un *f* consuelo los que hemos *2478*

FORTUNA
Is 65.11 ponéis mesa para la *F*... y... el Destino 1408

FORTUNATO *Ciudadano de Corinto*, 1 Co 16.17 . *5415*

FORZAR
Éx 22.2 el ladrón fuere hallado *forzando* una 4290
Dt 22.25 y la *forzare*... acostándose con ella 2388
2 S 13.14 que pudiendo más que ella, la *forzó* 6031
13.22 a Amnón, porque había *forzado* a Tamar 6031
13.32 el día en que Amnón *forzó* a Tamar su 6031
Is 27.5 ¿*forzará* alguien mi fortaleza? Haga 2388
Lc 14.23 **vé... y *fuérzalos* a entrar, para que** *315*
Hch 26.11 y muchas veces... *forcé* a blasfemar *315*

FOSA
Pr 22.14 *f* profunda... boca de la mujer extraña 7745
Ez 31.14 hijos... con los que descienden a la *f* 953
32.23 sus sepulcros... a los lados de la *f*, Y 953

FOSO
1 S 13.6 se escondieron... en *f* en peñascos 953
2 S 23.20; 1 Cr 11.22 mató a un león en... *f* 953
Pr 26.27 el que cava *f* caerá en él; y al que 7845
28.10 el que hace errar... caerá en su mismo *f* 7816
Is 19.6 ríos... secarán las corrientes de los *f* 4692
22.11 hicisteis *f* entre los dos muros para 4724
24.17 terror, *f* y red sobre ti, oh morador 6354
24.18 caerá en el *f*; y el que saliere... del *f* 6354
Ez 19.8 extendieron... y en el *f* fue apresado 7845
Dn 6.7,12 sea echado en el *f* de los leones 1358
6.16 mandó... le echaron en el *f* de los leones 1358
6.17 puesta sobre la puerta del *f* la cual 1358
6.19 el rey, pues... fue... al *f* de los leones 1358
6.20 acercándose al *f* llamó a voces a Daniel 1358
6.23 se alegró... mandó sacar a Daniel del *f* 1358
6.23 y fue Daniel sacado del *f* y ninguna 1358
6.24 y fueron echados en el *f* de los leones 1358
6.24 y aún no habían llegado al fondo del *f* 1358

FRACTURADO
Ez 30.22 quebraré sus brazos, el fuerte y el *f* 7665

FRAGANCIA
Lv 26.31 y no oleré la *f* de vuestro... perfume 7381

FRAGANTE
Cnt 5.13 mejillas, como una era de... *f* flores 4840
5.13 sus labios... lirios que destilan mirra *f* 5674
Ef 5.2 ofrenda y sacrificio a Dios en olor *f* *2175*
Fil 4.18 olor *f*, sacrificio acepto... a Dios *2175*

FRÁGIL
Sal 39.4 hazme saber... fin... sepa yo cuán *f* soy 2310
Is 36.6 confías en este báculo de caña *f* en 7533
Dn 2.42 reino será en parte fuerte... parte *f* 8406
1 P 3.7 honor a la mujer como a vaso más *f* *772*

FRAGOR
Neh 3.2 y *f* de ruedas, caballo atropellador 7494

FRAGUADOR
Job 13.4 sois *f* de mentira... médicos nulos 2950

FRAGUAR
Sal 21.11 contra ti; *fraguaron* maquinaciones 2803

FRANJA
Nm 15.38 hagan *f* en los bordes de... vestidos 6734
15.38 y pongan en cada *f*... un cordón de azul 6734
15.39 servirá de *f* para que cuando lo veáis 6734

FRANQUEAR
Neh 2.7 para que me *franqueen* el paso hasta 5674

FRANQUEZA
2 Co 3.12 teniendo tal esperanza, usamos... *f* *3954*
7.4 mucha *f* tengo con vosotros; mucho me *3954*

FRASCO
Lc 7.37 trajo un *f* de alabastro con perfume *211*

FRASE
He 12.27 *f*: Aún una vez, indica la remoción *3056*

FRATERNAL
Ro 12.10 amaos... unos a los otros con amor *f* *5360*
1 Ts 4.9 acerca del amor *f* no tenéis necesidad *5360*
He 13.1 permanezca el amor *f* *5360*
1 P 1.22 amor *f* no fingido, amaos unos a otros *5360*

FRATERNALMENTE
1 P 3.8 de un mismo sentir... amándoos *f*

FRAUDE
Éx 22.9 en toda clase de *f*, sobre buey, sobre 6588
Sal 10.7 llena está tu boca de maldición... *f* 8496
36.3 palabras de su boca son iniquidad y *f* 4820
38.12 iniquidades, y meditan *f* todo el día 4820
55.11 y el *f* y el engaño no se apartan de 8496
101.7 no habitará... de mi casa el que hace *f* 7423

FRAUDULENTO, A
Sal 120.2 libra mi alma, oh... de la lengua *f* 7423
2 Co 11.13 obreros *f*, que se disfrazan como *1386*

FRECUENCIA
1 S 3.1 escaseaba en... no había visión con *f* 6555

FRECUENTAR
Pr 29.3 *frecuenta* rameras perderá los bienes 7462
Ec 8.10 los que *frecuentaban* el lugar santo 935,1980

FRECUENTE
1 Ti 5.23 poco de vino por... tus *f* enfermedades *4437*

FREGAR
Lv 6.28 en vasija... *fregada* y lavada con agua 4838
2 R 21.13 se limpia un plato, que se *friega* 4229

FRENÉTICAMENTE
1 R 18.29 siguieron gritando *f* hasta

FRENO
2 R 19.28 pondré... *f* en tus labios, y te haré 4964
Job 41.13 ¿quién se acercará a él con... *f* doble? 7448
Sal 32.9 que me han de ser sujetados con... y con *f* 7448
39.1 guardaré mi boca con *f*, en tanto que 4269
Is 30.28 el *f* estará en las quijadas de los 7448
37.29 mi *f* en tus labios, y te haré volver 4964
Stg 3.3 ponemos *f* en la boca de los caballos *5469*
Ap 14.20 sangre hasta los *f* de los caballos *5469*

FRENTE
Gn 49.26 y sobre la *f* del que fue apartado de
Éx 26.9 doblarán la sexta cortina en el *f* del
28.38 estará sobre la *f* de Aarón, y llevará 4696
28.38 sobre su *f* estará continuamente, para 4696
39.34 la cubierta de pieles... el velo de *f*
Lv 8.9 sobre la mitra, en *f*, puso la lámina
13.41 si hacia su *f* se le cayere el cabello
Dt 7.24 nadie te hará *f*... que los destruyas
33.16 y sobre la *f* de aquel que es príncipe
Jos 1.5 nadie te podrá hacer *f* en todos los
7.12 Israel no podrán hacer *f* a sus enemigos
7.13 Israel; no podrás hacer *f* a tus enemigos
21.44 y ninguno de todos... pudo hacerles *f*
Jue 2.14 no pudieron... hacer *f* a sus enemigos
5.2 por haberse puesto al *f* los caudillos
1 S 17.49 hirió al... en la *f*... clavada en la *f* 4696
2 S 10.9 se le presentaba la batalla de *f* y a 6440
2 Cr 3.8 el ancho del *f* de la casa, y su anchura
26.19 Uzías... lepra le brotó en la *f*, delante 4696
26.20 he aquí la lepra estaba en su *f*, y le 4696
Is 48.4 conozco que eres duro... tu *f* de bronce 4696
Jer 3.3 has tenido *f* de ramera, y no quisiste 4696
Ez 3.7 toda la casa de Israel es dura de *f* y
3.8 yo he hecho tu... tu *f* fuerte contra sus *f* 4696
3.9 más fuerte que pedernal he hecho tu *f* 4696
9.4 señal en la *f* a los hombres que gimen y 4696
10.11 andaban, hacia los cuatro *f* andaban
40.15,19 desde el *f* de la puerta... hasta el *f* 6440
41.21 el *f* del santuario era como el otro *f* 6440
Ap 7.3 hasta que hayamos sellado en sus *f* a *3359*
9.4 que no tuviesen el sello de Dios en sus *f* *3359*
13.16 una marca en la mano derecha, o en la *f* *3359*
14.1 el nombre de él y de su Padre en la *f* *3359*
14.9 y recibe la marca en su *f* o en su mano *3359*
17.5 en su *f* un nombre escrito, un misterio *3359*
20.4 que no recibieron la marca en sus *f* ni *3359*
22.4 verán su rostro, y su nombre... en sus *f* *3359*

FRESCO, A
Lv 23.14 no comeréis pan... ni espiga *f*, hasta
Nm 6.3 uvas, ni tampoco comerá uvas *f* ni secas 3892
Jue 15.15 hallando una quijada de asno *f* aún 2961
Sal 92.10 fuerzas... seré ungido con aceite *f* 7488

FRIGIA *Región interior del Asia Menor*
Hch 2.10 en *F* y Panfilia, en Egipto y en las *5435*
16.6 atravesando *F*... la provincia de Galacia *5435*
18.23 recorriendo por orden la región de... *F* *5435*

FRÍO, A
Gn 8.22 no cesarán... la siega, el *f* y el calor 7120
Job 24.7 ropa, sin tener cobertura contra el *f* 7135
37.9 viene... y el *f* de los vientos del norte 7135
Sal 147.17 echa... ante su *f*, ¿Quién resistirá? 7135
Pr 25.13 como *f* de nieve... el mensajero fiel 6793
25.20 el que quita la ropa en tiempo de *f* 7135
25.25 como el agua *f* al alma sedienta, así 7119
Jer 18.14 ¿faltarán las aguas *f* que corren de 7119
Nah 3.17 se sientan en vallados en día de *f* 7135
Mt 10.42 **que dé... un vaso de agua *f* solamente** *5593*
Jn 18.18 hacía *f*, y se calentaban;y también *5592*
Hch 28.2 recibieron a todos, a causa... del *f* *5592*
2 Co 11.27 muchos ayunos, en *f* y en desnudez *5592*
Ap 3.15 **que ni eres *f* ni... ¡Ojalá fueses *f* o** *5593*
3.16 **cuanto eres tibio, y no *f* ni caliente** *5593*

FRITA
Lv 6.21 *f* la traerás, y los pedazos cocidos 7246
7.12 y flor de harina *f* en tortas amasadas 7246

FRONDOSO, A
Lv 23.40 ramas de árboles *f*, y sauces de los 1926
Dt 12.2 a sus dioses...debajo de todo árbol *f* 7488
1 R 14.23 imágenes de...debajo de todo árbol *f* 7488
2 R 16.4 incienso en...debajo de todo árbol *f* 7488
17.10 y levantaron...y debajo de todo árbol *f* 7488
2 Cr 28.4 sacrificó...debajo de todo árbol *f* 7488
Neh 8.15 y traed ramas de...y de todo árbol *f* 5687
Is 57.5 con los ídolos debajo de todo árbol *f* 7488
Jer 2.20 debajo de todo árbol *f* te echabas 7488
3.6 debajo de todo árbol *f*...y allí fornica 7488
3.13 fornicaste con...debajo de todo árbol *f* 7488
17.2 Asera que están junto a los árboles *f* 7488
Ez 6.13 debajo de todo árbol *f* y debajo de toda 7488
20.28 y miraron a...y a todo árbol *f*, y allí 5687
31.3 cedro en...de *f* ramaje y de grande altura 5688
Os 10.1 Israel es una *f* viña, que da...fruto 1238

FRONTAL
Dt 6.8 señal...estarán como *f* entre tus ojos 2903
11.18 señal...serán por *f* entre vuestros ojos 2903

FRONTERA
Nm 20.16 en Cades, ciudad cercana a tus *f* 1366
20.23 habló a...en la *f* de la tierra de Edom 1366
21.24 la *f* de los hijos de Amón era fuerte 1366
33.44 salieron...acamparon...en la *f* de Moab 1366
34.3 el lado del sur...Zin hasta la *f* de Edom 3027
Jos 15.1 de Judá...llegaba hasta la *f* de Edom 1366
15.21 las ciudades de la...hacia la *f* de Edom 1366
Jue 7.22 huyó...hasta la *f* de Abel-mehola en 8193
2 R 3.21 se juntaron...y se pusieron en la *f* 1366
10.32 y los derrotó Hazael por todas las *f* 1366
18.8 hirió...los filisteos hasta Gaza y sus *f* 1366
2 Cr 9.26 tuvo dominio...hasta la *f* de Egipto 1366
26.8 se divulgó su fama hasta la *f* de Egipto 935
Sal 78.54 trajo...a las *f* de su tierra santa 1366
Is 19.19 y monumento a Jehová junto a su *f* 1366
Ez 48.2 junto a la *f* de Dan, desde el lado 1366

FRUCTÍFERO, A
Gn 49.22 rama *f* es José, rama *f* junto a una 6509
Sal 107.34 tierra *f* en estéril, por la maldad 6529
Is 17.6 cinco en sus ramas más *f* dice Jehová 6509
29.17 ¿no se convertirá...Líbano en campo *f* 3759
Hch 14.17 dándonos lluvias del...y tiempos *f* *2593*

FRUCTIFICAR
Gn 1.22 los bendijo, diciendo: *fructificad* y 6509
1.28 y les dijo: *fructificad* y multiplicaos 6509
8.17 vayan...y *fructifiquen*...sobre la tierra 6509
9.1 *fructificad* y multiplicaos, y llenad la 6509
9.7 mas vosotros *fructificad* y multiplicaos 6509
17.20 a Ismael...le haré *fructificar*...mucho 6509
26.22 ahora...*fructificaremos* en la tierra 6509
28.3 Dios Omnipotente...te haga *fructificar* 6509
41.52 Dios me hizo *fructificar* en la tierra 6509
Éx 1.7 los hijos de Israel *fructificaron* y se 6509
10.5 comerá...todo árbol que os *fructifica* en 6779
Sal 92.14 en la vejez *fructificarán*; estarán 5107
Os 13.15 aunque él *fructifique* entre los 6500

FRUSTRAR
2 S 17.14 el acertado consejo...se *frustrara* 6565
Esd 4.5 sobornaron...*frustrar* sus propósitos 6565
Job 5.12 que *frustra* los pensamientos de los 6565
5.13 *frustra* los designios de los perversos 3920
Sal 33.10 y *frustra* las maquinaciones de los 5106
Pr 15.22 son *frustrados* donde no hay consejo 6565
Lc 16.17 **que se *frustre* una tilde de la ley** *4098*

FRUTA
Cnt 7.13 a nuestras puertas hay...de dulces *f*
Is 28.4 la *f* temprana, la primera del verano 1061
Os 9.10 como la *f* temprana de la higuera en 1063
Am 8.2 respondí: Un canastillo de *f* de verano 7019

FRUTAL
Lv 19.23 y plantéis toda clase de árboles *f* 3978
Neh 9.25 heredaron casas...y muchos árboles *f* 3978
Ez 47.12 crecerá toda clase de árboles *f*, sus 3978

FRUTO
Gn 1.11 árbol de *f* que dé *f* según su género 6529
1.12 produjo...la tierra...y árbol que da *f* 6529
1.29 árbol en que hay *f* y que da semilla 6529
3.2 del *f* de los árboles del...podemos comer 6529
3.3 del *f* del árbol...dijo Dios: No comeréis 6529
3.6 tomó de su *f* y comió; y dio a su marido 6529
4.3 Caín trajo del *f* de...una ofrenda a Jehová 6529
19.25 destruyó las ciudades...*f* de la tierra 6780
30.2 Dios, que te impidió el *f* de tu vientre? 6529
47.24 de los *f* daréis el quinto a faraón 8393
Éx 10.15 consumió todo el *f* de los árboles 6529
23.16 hayas recogido de los *f* de tus labores 1061
23.16 siega los primeros *f* de tus labores
23.19; 34.26 las primicias de los primeros *f* 1061
Lv 19.10 ni recogerás el *f* caído de tu viña 6528
19.23 como incircunciso lo primero de su *f* 6529
19.25 comeréis el *f*...que os haga crecer su *f* 6529,8393
23.10 primicia de los primeros *f* de vuestra 7225
23.39 mes...hayáis recogido el *f* de la tierra 8393
23.40 ramas con *f* de árbol hermoso, ramas de
25.3 años podarás tu viña y recogerás sus *f* 8393
25.7 la bestia...todo el *f* de ella para comer 8393
25.15 conforme al número de...años de los *f* 8393
25.19 la tierra dará su *f*, y comeréis hasta 6529
25.20 aquí...ni hemos de recoger nuestros *f* 8393
25.21 mi bendición...y ella hará que haya *f* 8393
25.22 y comeréis del *f* añejo; hasta el año 8393
25.22 que venga su *f*, comeréis del añejo 8393
26.4 yo daré...y el árbol del campo dará su *f* 6529
26.20 los árboles de la tierra no darán su *f* 6529
27.30 así de la simiente de la...como del *f* 6529
Nm 13.20 y esforzaos, y tomad del *f* del país 6529
13.26 y les mostraron el *f* de la tierra 6529
13.27 llegamos a la tierra...y este es el *f* 6529
Dt 1.25 tomaron en sus manos del *f* del país 6529
7.13 el *f* de tu vientre y el *f* de tu tierra 6529
11.17 no...ni la tierra dé su *f*, y perezcáis 2981
16.15 habrá bendecido...Dios en todos tus *f* 8393
20.20 árbol...no lleva *f* podrás destruirlo 3978
22.9 se pierda...tanto la semilla...como el *f* 8393
26.2 tomarás de las primicias de todos los *f* 6529
26.10 he traído las primicias del *f* de la 6529
26.12 de diezmar todo el diezmo de tus *f* en 8393
28.4 bendito el *f* de tu vientre, el *f* de tu 6529
28.4 bendito...el *f* de tus bestias, la cría 6529
28.11 sobreabundar en...en el *f* de tu vientre 6529
28.11 en el *f* de tu bestia, y en el *f* de tu 6529
28.18 maldito el *f* de tu vientre, el *f* de tu 6529
28.33 el *f*...comerá pueblo que no conociste 6529
28.42 y el *f* de tu tierra serán consumidos 6529
28.51 comerá el *f* de tu bestia y el *f* de tu 6529
28.53 comerás el *f* de tu vientre, la carne 6529
30.9 te hará...abundar...en el *f* de tu vientre 6529
30.9 *f* de tu bestia, y en el *f* de tu tierra 6529
32.13 lo hizo subir...y comió los *f* del campo 8570
32.22 arderá...devorará la tierra y sus *f* y 2981
33.14 con los más escogidos *f* del sol, con 8393
33.15 el *f* más fino de los montes antiguos 4022
Jos 5.11 al otro día de...comieron del *f* de la 5669
5.12 comenzaron a comer del *f* de la tierra 5669
5.12 sino que comieron de los *f* de la tierra 8393
Jue 6.4 destruían los *f* de la tierra, hasta 2981
9.11 ¿he de dejar...mi buen *f* para ir a ser 8570
2 S 9.10 almacenarás los *f*, para que el hijo
2 R 8.6 hazle devolver...los *f* de sus tierras 8393
19.29 plantaréis viñas, y comeréis el *f* de 6529
19.30 de la casa de Judá...llevará *f* arriba 6529
1 Cr 27.27 del *f* de las viñas para las bodegas
2 Cr 31.5 dieron...de todos los *f* de la tierra 8393
Neh 9.36 padres...que comiesen su *f* y su bien 6529
9.37 se multiplica su *f* para los reyes que 8393
10.35 y las primicias del *f* de todo árbol 6529
10.37 del *f* de todo árbol, y del vino y del 6529
Sal 1.3 su *f* en su tiempo, y su hoja no cae 6529
21.10 su *f* destruirás de la tierra, y su 6529
67.6 la tierra dará su *f*; nos bendecirá Dios 2981
72.16 su *f* hará ruido como el Líbano, y los 6529
78.46 dio también a la oruga sus *f*, y sus 2981
85.12 Jehová dará...nuestra tierra dará su *f* 2981
104.13 del *f* de sus obras se sacia la tierra 6529
105.35 hierba...y devoraron el *f* de su tierra 6529
107.37 plantan viñas, y rinden abundante *f* 6529
127.3 son...cosa de estima el *f* del vientre 6529
128.3 vid que lleva *f* a los lados de tu casa 6509
148.9 montes...árbol de *f* y todos los cedros 6529
Pr 1.31 comerán del *f* de su camino, y serán 6529
3.9 honra...con las primicias de todos tus *f* 8393
3.14 es mejor que...sus *f* más que el oro fino 8393
8.19 mejor es mi *f* que el oro, y que el oro 6529
10.16 vida; mas el *f* del impío es para pecado 8393
11.30 el *f* del justo es árbol de vida, y el 6529
12.12 red...mas la raíz de los justos dará *f*
12.14 será saciado de bien del *f* de su boca 6529
13.2 *f* de su boca el hombre comerá el bien 6529
14.23 en toda labor hay *f*; mas las vanas 4195
16.8 que la muchedumbre de *f* sin derecho 8393
18.20 *f* de la boca del hombre se llenará su 6529
18.21 lengua, y el que la ama comerá de sus *f* 6529
27.18 quien cuida la higuera comerá su *f*, y 6529
31.16 la compra, y planta viña del *f* de sus 6529
31.31 dadle del *f* de sus manos, y alábenla 6529
Ec 2.5 hice...planté en ellos árbol de todo *f* 6529
5.10 el que ama el mucho tener, no sacará *f* 8393
Cnt 2.3 senté, y su *f* fue dulce a mi paladar 6529
4.13 tus renuevos son paraíso...con *f* suaves 6529
4.16 venga mi amado a...y coma de su dulce *f* 6529
6.11 descendí a ver los *f* del valle, y para 3
8.11 traer mil monedas de plata por su *f* 6529
8.12 doscientas para los que guardan su *f* 6529
Is 3.10 porque comerá de los *f* de sus manos 6529
4.2 el *f* de la tierra para grandeza y honra 6529
10.12 castigaré el *f* de la soberbia...Asiria 6529
13.18 y no tendrán misericordia del *f* 6529
14.29 de la raíz de la...saldrá áspid y su *f* 6529
17.6 dos tres *f* en la punta de las ramas; 4 1620
17.9 como los *f* quedan en los renuevos
18.5 porque antes de la siega, cuando el *f* 6525
18.5 perfecto, y pasada la...se maduren los *f* 5328
27.6 Israel, y la faz del mundo llenará de *f* 8570
27.9 será todo el *f*, la remoción de su pecado 6529
30.23 y dará pan del *f* de la tierra, y será 8393
37.30 y plantaréis viñas, y comeréis su *f* 6529
37.31 volverá a echar raíz abajo, y dará *f* 6529
53.11 verá el *f* de la aflicción de su alma
57.19 produciré *f* de labios: Paz, paz al que 5108
62.8 ni beberán los extraños el vino que es *f*
65.21 plantarán viñas, y comerán el *f* de ellas 6529
Jer 2.3 era Israel...primicias de sus nuevos *f* 8393
2.7 os introduje en...para que comieseis su *f* 6529
6.19 yo traigo mal...el *f* de sus pensamientos 6529
7.20 que mi furor...sobre los *f* de la tierra 6529
11.16 olivo verde, hermoso en su *f* y en su 6529
11.19 diciendo: Destruyamos el árbol con su *f* 3899
12.2 crecieron y dieron *f*; cercano estás tú 6529
12.13 se avergonzarán de sus *f*, a causa de 8393
17.8 año...no se fatigará, ni dejará de dar *f* 6529
17.10 para dar a cada uno...el *f* de sus obras 6529
21.14 os castigaré conforme al *f* de...obras 6529
29.5,28 plantad huertos, y comed del *f* de 6529
32.19 dar a cada uno...según el *f* de sus obras 6529
40.10 el vino los *f* del verano y el aceite 7019
40.12 Judá...recogieron vino y abundantes *f* 7019
Lm 2.20 ¿han de comer...el *f* de sus entrañas 6529
4.9 murieron...por falta de los *f* de la tierra 8570
Ez 17.8 diese *f*, y para que fuese vid robusta 6529
17.9 ¿no...y destruirá su *f*, y se secará? 6529
17.23 y dará *f*, y se hará magnífico cedro 6529
19.10 dando *f* y echando vástagos a causa de 6509
19.12 el viento solano secó su *f*; sus ramas 6529
19.14 ha salido fuego...que ha consumido su *f* 6529
23.29 y tomarán todo el *f* de tu labor, y te
34.27 el árbol...dará su *f*, y la tierra...su *f* 6529
36.8 y llevaréis vuestro *f* para mi pueblo 6529
36.30 *f* de los árboles, y el *f* de los campos 6529
44.30 las primicias de todos los primeros *f* 1061
47.12 sus hojas nunca caerán, ni faltará su *f* 6529
47.12 su *f* será para comer, y su hoja para 6529
Dn 4.12 *f* abundante, y había en él alimento 4
4.14 quitadle el follaje, y dispersad su *f* 4
4.21 *f* abundante, y en que había alimento 4
Os 9.16 raíz está seca, no dará más *f*; aunque 6529
10.1 Israel es...da abundante *f* para sí mismo 6529
10.1 abundancia de su *f* multiplicó...altares 6529
10.13 arado impiedad...comeréis *f* de mentira 6529
14.8 oiré, y miraré...de mí será hallado tu *f* 6529
Jl 2.22 porque los árboles llevarán su *f*, la 6529
2.22 porque...la higuera y la vid darán sus *f* 6529
Am 2.9 destruí su *f* arriba y sus raíces abajo 6529
6.12 convertido...el *f* de justicia en ajenjo? 6529
8.1 mostrado...un canastillo de *f* de verano 7019
9.14 harán huertos, y comerán el *f* de ellos 6529
Mi 6.7 el *f* de mis entrañas por el pecado de 6529
7.1 como cuando han recogido...*f* del verano 7019
7.1 ¡ ay de mí...mi alma deseó los primeros *f* 1063
7.13 y será asolada...por el *f* de sus obras 6529
Hab 3.17 no florezca, ni en las vides haya *f* 2981
Hag 1.10 la lluvia, y la tierra detuvo sus *f* 2981
Zac 8.12 la vid dará su *f*, y dará su producto 6529
Mal 3.11 y no os destruirá el *f* de la tierra 6529
Mt 3.8 haced, pues, *f* dignos de arrepentimiento *2590*
3.10 todo árbol que no da buen *f* es cortado *2590*
7.16 **por sus *f* los conoceréis. ¿Acaso se** *2590*
7.17 **buen árbol da buenos *f*...malo da *f* malos** *2590*
7.18 **no puede el buen árbol dar malos *f*, ni** *2590*
7.18 **no puede...ni el árbol malo dar *f* buenos** *2590*
7.19 **todo árbol que no da buen *f*, es cortado** *2590*
7.20 **así que, por sus *f* los conoceréis** *2590*
12.33 **o haced el árbol bueno, y su *f* bueno** *2590*
12.33 **su *f* malo...por el *f* se conoce el árbol** *2590*
13.8 **pero parte cayó en buena tierra, y dio *f*** *2590*
13.23 **que oye y entiende la palabra, y da *f*** *2592*
13.26 **y dio *f*, entonces apareció...la cizaña** *2590*
21.19 **nunca jamás nazca de ti *f*. Y luego se** *2590*
21.34 **y cuando se acercó el tiempo de los *f*** *2590*
21.34 **envió sus...para que recibiesen sus *f*** *2590*
21.41 otros...que le paguen el *f* a su tiempo *2590*
21.43 **dado a gente que produzca los *f* de él** *2590*
26.29 **ahora no beberé más de este *f* de la vid** *1081*
Mr 4.7 **los espinos...la ahogaron, y no dio *f*** *2590*
4.8 **y dio *f*, pues brotó y creció, y produjo** *2590*
4.20 **dan *f* a treinta, a sesenta, y a ciento** *2592*
4.28 **suyo lleva *f* la tierra, primero hierba** *2592*
4.29 **cuando el *f* está maduro...se mete la hoz** *2590*
11.14 **dijo...Nunca jamás coma nadie *f* de ti** *2590*
12.2 **que recibiese de éstos del *f* de la viña** *2590*
14.25 **digo que no beberé más del *f* de la vid** *1081*
Lc 1.42 bendita...y bendito el *f* de tu vientre *2590*
3.8 haced, pues, *f* dignos de arrepentimiento *2590*
3.9 todo árbol que no da buen *f* se corta y *2590*
6.43 **no es buen árbol el que da malos *f*, ni** *2590*
6.43 **no es...ni árbol malo el que da buen *f*** *2590*
6.44 **cada árbol se conoce por su *f*; pues no** *2590*
8.8 **otra...nació y llevó *f* a ciento por uno** *2590*
8.14 **ahogados por los afanes...y no llevan *f*** *5052*
8.15 **retiene la...y dan *f* con perseverancia** *2592*
12.17 **porque no tengo donde guardar mis *f*** *2590*
12.18 **allí guardaré todos mis *f* y mis bienes** *1081*
13.6 **vino a buscar *f* en ella y no lo halló** *2590*
13.7 **vengo a buscar *f* en esa higuera, y no** *2590*
13.9 **si diere *f*, bien; y si no, la cortarás** *2590*
20.10 **envió...para que le diesen del *f* de la** *2590*
22.18 **digo que no beberé más del *f* de la vid** *1081*
Jn 4.36 **que siega...recoge *f* para vida eterna** *2590*
12.24 **queda solo; pero si muere, lleva...*f*** *2590*
15.2 **todo pámpano que en mí no lleva *f*, lo** *2590*
15.2 **lleva *f*, lo limpiará...que lleve más *f*** *2590*
15.4 **como el pámpano no puede llevar *f* por** *2590*
15.5 **el que permanece en mí...lleva mucho *f*** *2590*
15.8 **en que llevéis mucho *f*, y seáis así mis** *2590*
15.16 **y llevéis *f*, y vuestro *f* permanezca** *2590*
Ro 1.13 tener también entre vosotros algún *f* *2590*
6.21 ¿pero qué *f* teníais de aquellas cosas *2590*
6.22 tenéis por vuestro *f* la santificación *2590*
7.4 seáis...a fin de que llevemos *f* para Dios *2592*
7.5 las pasiones pecaminosas...*f* para muerte *2592*
15.28 cuando...haya entregado este *f*, pasaré *2590*
16.5 a Epeneto...que es el primer *f* de Acaya *536*
1 Co 9.7 ¿quién planta viña y no come de su *f*? *2590*
9.10 trilla, con esperanza de recibir del *f*

14.14 ora, pero mi entendimiento queda sin f. 175
2 Co 9.10 aumentará los f de vuestra justicia 1081
Gá 5.22 el f del Espíritu es amor, gozo, paz 2590
Ef 5.9 el f del Espíritu es en toda bondad 2590
Fil 1.11 llenos de f de justicia que son por. 2590
Fil 4.17 que busco f que abunde en vuestra cuenta. 2590
Col 1.6 lleva f y crece también en vosotros 2592
1.10 en todo, llevando f en toda buena obra 2592
2 Ti 2.6 el labrador, para participar de los f 2590
Tit 3.14 ocuparse en... para que no sean sin f. 175
He 12.11 después da f apacible de justicia a 2590
13.15 f de labios que confiesan su nombre. 2590
Stg 3.17 llena... de buenos f, sin incertidumbre 2590
3.18 el f de justicia se siembra en paz para 2590
5.7 el labrador espera el precioso f de la 2590
5.18 dio lluvia, y la tierra produjo su f 2590
2 P 1.8 no os dejarán estar ociosos ni sin f. 175
2 Jn 8 que no perdáis el f de vuestro trabajo 3739
Jud 12 árboles... sin f, dos veces muertos y 175
Ap 18.14 los f codiciados... se apartaron de ti. 3703
22.2 que produce doce f, dando cada mes su f 2590

FÚA

1. Hijo de Isaac, Gn 46.13; Nm 26.23; 1 Cr 7.1 6312
2. Partera de las hebreas en Egipto, Éx 1.15 6326
3. Padre de Tola, juez de Israel, Jue 10.1 6312

FUE *Véase el Apéndice*

FUEGO

Gn 11.3 hagamos ladrillo y cozámoslo con f. 8313
15.17 una antorcha de f que pasaba por entre. 784
19.24 hizo llover sobre Sodoma... azufre y f 784
22.6 él tomó en su mano el f y el cuchillo 784
22.7 Isaac... dijo: He aquí el f y la leña; mas. 784
Éx 3.2 una llama de f... que la zarza ardía en f 784
9.23 tronar... f se descargó sobre la tierra. 784
9.24 granizo, y f mezclado con el granizo. 784
12.8 comerán la carne asada al f, y panes sin 784
12.9 ni cocida en agua, sino asada al f; su 784
12.10 lo que quedare... lo quemaréis en el f. 784
13.21 en una columna de f para alumbrarlos. 784
13.22 nunca se apartó... noche la columna de f. 784
14.24 Jehová miró... desde la columna de f y 784
19.18 Jehová había descendido sobre él en f. 784
22.6 se prendiere f, y al quemar espinos. 784
22.6 el que encendió el f pagará lo quemado 1200
24.17 era como un f abrazador en la cumbre. 784
29.14 la carne... los quemarás a f fuera del. 784
29.34 quemarás al f lo que hubiere sobrado 784
32.20 y tomó el becerro... y lo quemó en el f 784
32.24 lo eché en el f, y salió este becerro 784
35.3 no encenderéis f en... vuestras moradas. 784
40.38 el f estaba de noche sobre él, a vista. 784
Lv 1.7 pondrán f sobre el altar... sobre el f 784
1.8,12 sobre la leña que está sobre el f que 784
1.17 la hará arder... sobre la leña... en el f 784
2.14 tostarás al f las espigas verdes, y el. 784
3.5 sobre la leña que habrá encima del f; es 784
4.12 becerro... lo quemará al f sobre la leña. 784
6.9 el holocausto estará sobre el f encendido 4169
6.9 la mañana el f del altar arderá en él. 784
6.10 el f hubiere consumido el holocausto 784
6.12 el f encendido... el altar no se apagará 784
6.13 el f arderá continuamente en el altar. 784
6.30 no se comerá ninguna... al f será quemada 784
7.17 lo que quedare de... será quemado en el f 784
7.19 carne... no se comerá; al f será quemada 784
8.17 lo quemó al f fuera del campamento, como 784
8.32 que sobre de la carne... quemaréis al f 784
9.11 piel las quemó al f fuera del campamento 784
9.24 salió f de delante de Jehová y consumió 784
10.1 pusieron en... f y ofrecieron... f extraño 784
10.2 salió f de delante de Jehová y los quemó. 784
13.24 quemadura de f...y... en lo sanado del f. 4348
13.52 lepra maligna es; al f será quemada. 784
13.55 plaga... la quemarás al f; es corrosión. 784
13.57 quemarás al f aquello en que estuviere. 784
16.12 un incensario lleno de brasas de f del 784
16.13 pondrá el perfume sobre el f delante 784
16.27 y quemarán en el f su piel, su carne 784
18.21 no des hijo tuyo para ofrecerlo por f
19.6 y lo que quedare... será quemado en el f. 784
20.14 quemarán con f a él y a ellas, para qué. 784
21.9 comenzare a fornicar... quemada será al f 784
Nm 3.4 murieron... cuando ofrecieron f extraño 784
6 18 los pondrá sobre el f que está debajo 784
9.15 una apariencia de f, hasta la mañana 784
9.16 de día, y de noche la apariencia de f. 784
11.1 ira, y se encendió en ellos f de Jehová 784
11.2 Moisés oró a Jehová... el f se extinguió 784
11.3 porque el f de Jehová se encendió en 784
14.14 de día ibas... de noche en columna de f. 784
16.7 y poned f en ellos, y poned... incienso. 784
16.18 pusieron en ellos f, y echaron en ellos 784
16.35 f de delante de Jehová, y consumió a 784
16.37 y derrame más allá el f; porque son 784
16.46 toma el incensario, y pon en él f del 784
18.9 de las cosas santas, reservadas del f. 784
19.6 lo echará en medio del f en que arde la. 8316
21.28 porque f salió de Hesbón, y llama de 784
26.10 cuando consumió el f a 250 varones 784
26.61 murieron cuando ofrecieron f extraño 784
31.23 lo que resiste el f, por f lo haréis. 784
31.23 por agua todo lo que no resiste el f 784
Dt 1.33 f de noche para mostraros el camino 784
4.11 el monte ardía en f hasta en medio de 784
4.12 habló Jehová... en medio del f; oísteis. 784
4.15 día que Jehová habló... en medio del f 784
4.24 tu Dios es f consumidor, Dios celoso 784
4.33 Dios, hablando de en medio del f, como. 784
4.36 y sobre la tierra te mostró su gran f. 784
4.36 has oído sus palabras de en medio del f 784
5.4 cara a cara habló Jehová... en medio del f. 784
5.5 tuvisteis temor del f, y no subisteis al 784
5.22 habló Jehová... de en medio del f, de la 784
5.23 voz... y visteis al monte que ardía en f 784
5.24 y hemos oído su voz de en medio del f 784
5.25 este gran f nos consumirá; si oyéremos. 784
5.26 del Dios... que habla de en medio del f. 784
7.5 Asera, y quemaréis sus esculturas en el f 784
7.25 esculturas de... dioses quemarás en el f 784
9.3 tu Dios el que pasa delante de ti como f. 784
9.10 que os habló Jehová... de en medio del f 784
9.15 descendí del monte, el cual ardía en f. 784
9.21 y tomé... el becerro... y lo quemé en el f. 784
10.4 Jehová os había hablado... en medio del f 784
12.3 sus imágenes de Asera consumiréis con f. 784
12.31 hijos y a sus hijas quemaban en el f 784
13.16 consumirás con f la ciudad y todo su 784
18.10 quien haga pasar a su hijo... por el f 784
18.16 ni vea yo más este gran f, para que no 784
32.22 porque f se ha encendido en mi ira, y. 784
33.2 vino... con la ley de f a su mano derecha. 799
Jos 6.24 consumieron con f la ciudad, y todo 784
8.8 cuando la hayáis tomado le prenderéis f. 784
8.19 la ciudad... se apresuraron a prenderle f. 784
1 R 19.12 tras el terremoto un f; pero Jehová 784
19.12 Jehová no estaba en el f. Y tras el f. 784
2 R 1.10,12 descienda f del cielo... descendió f 784
1.14 ha descendido f... y ha consumido a los. 784
2.11 un carro de f con caballos de f apartó a 784
6.17 y de carros de f alrededor de Eliseo 784
8.12 sé el mal... a sus fortalezas pegarás f. 784
16.3 aun hizo pasar por f a su hijo, según 784
17.17 hicieron pasar a sus hijos y a... por f 784
17.31 quemaban sus hijos en el f para adorar 784
19.18 echaron al f a sus dioses, por cuanto 784
21.6 y pasó a su hijo por f, y... fue agorero 784
23.10 ninguno pasase su hijo... por f a Moloc 784
23.11 quitó... y quemó al f los carros del sol 784
23.15 polvo, y puso f a la imagen de Asera 8313
25.9 las casas de los príncipes quemó a f. 784
1 Cr 21.26 invocó a Jehová... le respondió por f 784
2 Cr 7.1 de orar, descendió f de los cielos. 784
7.3 vieron todos... descender el f y la gloria 784
16.14 ataúd... e hicieron un gran f en su honor 8316
21.19 y no encendieron f en su honor, como 8316
28.3 hizo pasar a sus hijos por f, conforme 784
33.6 y pasó sus hijos por f en el valle del. 784
36.19 y consumieron a f todos sus palacios 784
Neh 1.3 derribado, y sus puertas quemadas a f. 784
2.3 ciudad... sus puertas consumidas por el f?. 784
2.13 puertas que estaban consumidas por el f 784
2.17 sus puertas consumidas por el f; venid 784
9.12 los guiaste... con columna de f de noche 784
9.19 no se apartó... de noche la columna de f. 784
Job 1.16 f de Dios cayó del cielo, que quemó. 784
15.34 y f consumirá las tiendas de soborno. 784
18.5 no resplandecerá la centella de su f 784
20.26 f no atizado los consumirá; devorará. 784
22.20 y el f consumió lo que de ellos quedó 784
28.5 y debajo de ella está... convertida en f. 784
31.12 es f que devoraría hasta el Abadón, y 784
41.19 salen hachones de f; centellas de f. 784
Sal 11.6 f, azufre... será la porción del cáliz 784
18.8 humo subió... y de su boca f consumidor. 784
18.13 dio su voz; granizo y carbones de f 784
21.9 pondrás como horno de f en el tiempo de. 784
21.9 Jehová los deshará en... f los consumirá. 784
29.7 voz de Jehová que derrama llamas de f 784
78.14 guió... toda la noche con resplandor de f 784
78.21 encendió el f contra Jacob, y el furor 784
78.63 f devoró a sus jóvenes, y sus vírgenes 784
79.5 ¿hasta cuándo...¿Arderá como f tu celo. 784
80.16 quemada a f está, asolada; perezcan por 784
83.14 f que quema el monte, como llama que 784
89.46 esconderá... ¿arderá tu ira como el f? 784
97.3 f irá delante de él, y abrasará a sus 784
104.4 hace a... las flamas de f sus ministros 784
105.32 les dio... y llamas de f en su tierra. 784
105.39 una nube... y f para alumbrar la noche. 784
106.18 se encendió f en su junta; la llama. 784
118.12 se enardecieron como f de espinos; mas. 784
140.10 echados en el f, en abismos profundos 784
148.8 el f y el granizo, la nieve y el vapor. 784
Pr 6.27 ¿tomará el hombre f en su seno sin que. 784
16.27 y en sus labios hay como llama de f 784
26.20 sin leña se apaga el l, y donde no hay 784
26.21 carbón para brasas, y la leña para el f 784
30.16 el Seol... el f que jamás dice: ¡ Basta!. 784
Cnt 8.6 sus brasas, brasas de f, fuerte llama. 784
Is 1.7 vuestras ciudades puestas a f, vuestra. 784
4.5 de noche resplandor de f que eche llamas 784
5.24 la lengua del f consume el rastrojo, y 784
9.5 todo manto... serán quemados, pasto del f 784
9.18 la maldad se encendió como f, cardos y 784
9.19 y será el pueblo como pasto del f; el 784
10.16 encenderá una hoguera como ardor de f. 784
10.17 y la luz de Israel será por f, y su 784
26.11 fin... y a tus enemigos f los consumirá 784
29.6 visitada con... y llama de f consumidor 784
30.14 no se halla tiesto para traer f del. 784
30.27 su rostro... con llamas de f devorador 1197
30.27 labios... su lengua como f que consume. 784
30.30 con furor de rostro y... de f consumidor 784
30.33 Tofet... cuya pira es de f, y mucha leña 784
31.9 dice Jehová, cuyo f está en Sión, y su 217
33.11 luz, el soplo de vuestro f os consumirá. 784
33.12 como espinos cortados... quemados con f. 784
33.14 ¿quién de... morará con el f consumidor?. 784
37.19 y entregaron los dioses de ellos al f. 784
40.16 ni el Líbano bastará para el f, ni 1197
42.25 f por todas partes, pero no entendió 3857
43.2 cuando pases por el f no te quemarás 784
44.16 del leño quema en el f, con parte de 784
44.16 ¡oh! me he calentado, he visto el f. 217
44.19 parte de esto quemé en el f, y sobre 784
47.14 f los quemará, no salvarán sus vidas 784
50.11 vosotros encendéis f, y os rodeáis de 784
50.11 andad a la luz de vuestro f, y de las. 784
54.16 al herrero que sopla las ascuas en el f. 784
64.2 como f abrazador de... f que hace hervir 784
64.11 la casa... fue consumida al f; y todas. 784
65.5 éstos son humo en mi furor, f que arde 784
66.15 que Jehová vendrá con f, y sus carros 784
66.16 juzgará con f y con su espada a todo 784
66.24 su... nunca morirá, ni su f se apagará 784
Jer 4.4 que mi ira salga como f Y se encienda 784
5.14 yo pongo mis palabras en tu boca por f 784
6.29 se quemó el fuelle, por el f... el plomo. 784
7.18 los padres encienden el f, y las mujeres. 784
7.31 quemar al f a sus hijos y a sus hijas. 784
11.16 hizo encender f sobre él, y quebraron 784
15.14 porque f se ha encendido en mi furor 784
17.4 f habéis encendido en mi furor, que para. 784
17.27 yo haré descender f en sus puertas, y 784
19.5 a Baal, para quemar con f a sus hijos. 784
20.9 había en mi corazón como un f ardiente. 784
21.10 en mano del rey de... y la quemará a f. 784
21.12 para que mi ira no salga como f, y se. 784
21.14 encender f en su bosque, y consumirá. 784
22.7 y cortarán tus cedros... echarán en el f. 784
23.29 ¿no es mi palabra como f, dice Jehová. 784
29.22 a quienes asó al f el rey de Babilonia 784
32.29 caldeos... la pondrán a f y la quemarán 784
32.35 hacer pasar por el f sus hijos... a Moloc 784
34.2 entregaré esta ciudad... la quemará con f 784
34.22 ciudad... tomarán, y la quemarán con f. 784
36.23 echó en el f... se consumió sobre el f. 784
36.32 que quemó en el f Joacim rey de Judá 784
37.8 volverán... la tomarán y la pondrán a f. 784
37.10 levantará... y pondrán esta ciudad a f. 784
38.17 ciudad no será puesta a f, y vivirás. 784
38.18 la pondrán a f, y tu no escaparás de. 784
38.23 serás apresado... esta ciudad quemará a f 784
39.8 los caldeos pusieron a f la casa del rey 784
43.12 pondrá f a los templos de los dioses 784
43.13 de los dioses de Egipto quemará a f 784
48.45 mas salió f de Hesbón, y llama de en 784
49.2 sus ciudades serán puestas a f, e Israel. 784
49.27 haré encender f en el muro de Damasco 784
50.32 encenderé f en sus ciudades... y quemaré 784
51.32 tomados, y los baluartes quemados a f 784
51.58 sus altas puertas serán quemadas a f 784
51.58 y las naciones se cansaron... para el f. 784
52.13 y destruyó con f fodo edificio grande. 784
Lm 1.13 lo alto envió f que consume mis huesos 784
2.3 y se encendió en Jacob como llama de f 784
2.4 en la tienda de... derramó como f su enojo. 784
4.11 y encendió en Sión f que consumió hasta 784
Ez 1.4 un f envolvente... y en medio del f algo 784
1.13 su aspecto... de carbones de f encendidos 784
1.13 el f resplandecía, y del f... relámpagos. 784
1.27 como apariencia de f dentro de ella en 784
1.27 parecía como f, y que tenía resplandor 784
4.12 lo cocerás... al f de excremento humano. 5746
5.2 parte quemarás a f en medio de la ciudad 217
5.4 los echarás en... f... en el f los quemarás. 784
5.4 de allí saldrá el f a... la casa de Israel. 784
8.2 una figura... desde sus lomos para abajo, f 784
10.6 toma f de entre las ruedas, de entre los. 784
10.7 un querubín extendió su mano... al f que 784
15.4 es puesta en el f para ser consumida 784
15.4 dos extremos consumió el f, y la parte 784
15.5 después que el f la hubiere consumido. 784
15.6 la cual di al f para que la consumiese. 784
15.7 del f se escaparon, f los consumirá 784
16.21 mis hijos... ofrenda que el f consumía? 784
16.41 quemarán tus casas a f, y harán en ti 784
19.12 sus ramas fuertes... las consumió el f. 784
19.14 y ha salido f de la vara de sus ramas 784
20.26 cuando hacían pasar por el f a todo. 784
20.31 haciendo pasar vuestros hijos por el f. 784
20.47 yo enciendo en ti f, el cual consumirá. 784
20.47 no se apagará la llama del f; y serán 3852
21.31 f de mi enojo haré encender sobre ti 784
21.32 pasto del f, se empapará la tierra de 784
22.20 para encender f en él para fundirlos 784
22.21 y soplaré... en el f de mi furor, y en. 784
23.25 tu remanente será consumido por el f. 784
23.37 a sus hijos... hicieron pasar por el f
23.47 matarán... y sus casas consumirán con f 784
24.10 encendiendo el f para consumir la carne 784
24.12 sólo en f será su herrumbre consumido 784
28.14 medio de las piedras de f te paseabas 784
28.16 te arrojé de entre las piedras del f. 784
28.18 saqué f de en medio de ti, el cual te. 784
30.8 sabrán que yo... cuando ponga f a Egipto. 784
30.14 y pondré f a Zoán, y haré juicios en 784
30.16 pondré f a Egipto; Sin tendrá... dolor. 784
36.5 he hablado... en el f de mi celo contra 784
38.19 he hablado... en el f de mi ira: Que en 784
38.22 llover sobre él... granizo, f y azufre. 784
39.6 enviaré f sobre Magog, y sobre los que 784

39.9 y los quemarán en el f por siete años 784
39.10 leña...sino quemarán las armas en el f 5135
Dn 3.6,11 sea echado dentro de un horno de f 3345
3.15 seréis echados en...horno de f ardiendo 3345
3.17 puede librarnos del horno de f ardiendo 3345
3.20 para echarlos en el horno de f ardiendo 3345
3.21 y fueron echados dentro del horno de f 3345
3.22 llama del f mató a aquellos que habían 5135
3.23 cayeron atados dentro del horno de f 3345
3.24 echaron a tres varones dentro del f? 5135
3.25 cuatro varones...pasean en medio del f 5135
3.26 se acercó a la puerta del horno de f 3345
3.26 y Abed-nego salieron de en medio del f 5135
3.27 cómo el f no había tenido poder alguno 5135
3.27 sus ropas...ni siquiera olor de f tenían 5135
7.9 su trono llama de f, y las ruedas del...f 7631
7.10 un río de f...y salía de delante de él
7.11 y entregado para ser quemado en el f 785
10.6 y sus ojos como antorchas de f, y sus 784
11.33 caerán a espada y a f, en cautividad 3852
Os 7.4 cesa de avivar el f después que está
7.6 a la mañana está encendido como...de f 784
8.14 mas yo meteré f en sus ciudades, el cual 784
Jl 1.19 f consumió los pastos del desierto 784
1.20 y f consumió las praderas del desierto 784
2.3 delante de él consumirá f, tras de él 784
2.5 como sonido de llama de f que consume 784
2.30 daré...sangre, y f, y columnas de humo 784
Am 1.4 f en la casa de Hazael, y consumirá los 784
1.7 prenderé f...el muro de Gaza, y consumirá 784
1.10 prenderé f...muro de Tiro, y consumirá 784
1.12 prenderé f en Temán, y consumirá...Bosra 784
1.14 encenderé f...muro de Rabá, y consumirá 784
2.2 prenderé f en Moab, y consumirá...Queriot 784
2.5 prenderé...f en Judá, el cual consumirá 784
4.11 fuisteis como tizón escapado del f; mas 8316
5.6 sea que acometa como f a la casa de José 784
7.4 Jehová el Señor llamaba para juzgar con f 784
Abd 18 la casa de Jacob será f, y la casa de 784
Mi 1.4 se hendirán como la cera delante del f 784
1.7 y todos sus dones serán quemados en f, y 784
Nah 1.6 su ira se derrama como f, y por él se 784
2.3 el carro como f de antorchas...el día que 784
3.13 las puertas...f consumirá tus cerrojos 784
3.15 te consumirá el f, te talará la espada 784
Hab 2.13 pueblos, pues, trabajarán para el f 784
Sof 1.18 la tierra será consumida con el f de 784
3.8 por el f de mi celo será consumida toda 784
Zac 2.5 seré para ella...muro de f en derredor 784
9.4 la empobrecerá...ella será consumida de f 784
11.1 Líbano, abre...y consuma el f tus cedros 784
12.6 los capitanes de Judá como brasero de f 784
13.9 meteré en el f a la tercera parte, y los 784
Mal 3.2 es como f purificador, y como jabón de 784
Mt 3.10 todo árbol...cortado y echado en el f 4442
3.11 él os bautizará en Espíritu Santo y f 4442
3.12 y quemará la paja en f que nunca se 4442
5.22 **diga: Fatuo...expuesto al infierno de f** 4442
7.19 **no da buen fruto, es cortado y...en el f** 4442
13.40 **arranca la cizaña, y se quema en el f** 4442
13.42,50 **los echarán en el horno de f; allí** 4442
17.15 muchas veces cae en el f, y muchas,en 4442
18.8 **teniendo dos manos...ser echado en el f** 4442
18.9 **teniendo dos ojos ser echado en...f** 4442
25.41 **al f eterno preparado para el diablo y** 4442
Mr 9.22 muchas veces le echa en el f y en el 4442
9.43,45 **al f que no puede ser apagado** 4442
9.44 **gusano...no muere, y el f nunca se apaga** 4442
9.46,48 **gusano...no muere...f nunca se apaga** 4442
9.49 **porque todos serán salados con f, y todo** 4442
14.54 estaba sentado con...calentándose al f 5457
Lc 3.9 todo árbol que no da...se echa en el f 4442
3.16 él os bautizará en Espíritu Santo y f 4442
3.17 quemará la...en f que nunca se apagará 4442
9.54 que mandemos que descienda f del cielo 4442
12.49 **f viene a echar en la tierra; ¿y qué** 4442
17.29 **llovió del cielo f y azufre...destruyó** 4442
22.55 ellos encendido f en medio del patio 4442
22.56 al verle sentado al f, se fijó en él 5457
Jn 15.6 **recogen, y los echan en el f, y arden** 4442
18.18 alguaciles que habían encendido un f 439
Hch 2.3 se les aparecieron lenguas...como de f 4442
2.19 en la tierra, sangre y f y vapor de humo 4442
7.30 apareció...en la llama de f de una zarza 4442
28.2 encendiendo un f, nos recibieron a todos 4443
28.3 las echó al f; y una víbora, huyendo del 4443
28.5 él, sacudiendo la víbora en el f, ningún 4442
Ro 12.20 ascuas de f amontonarás...su cabeza 4442
1 Co 3.13 por el f será revelada; y la obra 4442
3.13 de cada uno cuál sea, el f la probará 4442
3.15 el...será salvo, aunque así como por f 4442
Ef 6.16 todos los dardos de f del maligno 4448
2 Ts 1.8 en llama de f, para dar retribución 4442
2 Ti 1.6 que avives el f del don de Dios que
He 1.7 que hace...a sus ministros llama de f 4442
10.27 f que ha de devorar a los adversarios
11.34 apagaron f impetuosos, evitaron filo de 4442
12.18 que ardía en f, a la oscuridad, a las 4442
12.29 porque nuestro Dios es f consumidor 4442
Stg 3.5 ¡cuán grande...enciende un pequeño f! 4442
3.6 y la lengua es un f, un mundo de maldad 4442
5.3 devorará del todo vuestras carnes como f 4442
1 P 1.7 oro...aunque perecedero se prueba con f 4442
4.12 no os sorprendáis del f de prueba que
2 P 3.7 guardados para el f...día del juicio 4442
Jud 7 por ejemplo, sufriendo el castigo del f 4442
23 a otros salvad, arrebatándolos del f; y 4442
Ap 1.14 como nieve; sus ojos como llama de f 4442
2.18 **que tiene ojos como llama de f, y pies** 4442
3.18 **de mí compres oro refinado en f, para** 4442
4.5 delante del trono ardían...lámparas de f 4442
8.5 y lo llenó del f del altar, y lo arrojó 4442
8.7 tocó la trompeta, y hubo granizo y f 4442
8.8 como una gran montaña ardiendo en f fue 4442
9.17 cuales tenían corazas de f, de zafiro 4447
9.17 y de su boca salían f, humo y azufre 4442
9.18 muerta...por el f, el humo y el azufre 4442
10.1 otro ángel...sus pies como columnas de f 4442
11.5 si alguno quiere dañarlos, sale f de la 4442
13.13 hace descender f del cielo a la tierra 4442
14.10 atormentado con f y azufre delante de 4442
14.18 otro ángel, que tenía poder sobre el f 4442
15.2 como un mar de vidrio mezclado con f 4442
16.8 el sol, al cual fue dado quemar a...con f 4442
17.16 y devorarán sus...y la quemarán con f 4442
18.8 será quemada con f; porque poderoso es 4442
19.12 sus ojos eran como llama de f, y había 4442
19.20 lanzados vivos dentro de un lago de f 4442
20.9 descendió f del cielo, y los consumió 4442
20.10 el diablo...fue lanzado en el lago de f 4442
20.14 el Hades fueron lanzados al lago de f 4442
20.15 no se halló, fue lanzado al lago de f 4442
21.8 el lago que arde con f y azufre, que es 4442

FUELLE
Jer 6.29 se quemó el f, por el fuego...el plomo 4647

FUENTE
Gn 7.11 fueron rotas todas las f del...abismo 4599
8.2 y se cerraron las f del abismo y las 4599
16.7 halló el ángel...junto a una f de agua 5869
16.7 junto a la f que...en el camino de Shur 5869
21.19 Dios le abrió los ojos, y vio una f de 875
24.13,43 he aquí yo estoy junto a la f de 5869
24.16 descendió a la f, y llenó su cántaro 5869
24.29 corrió afuera hacia el hombre, a la f 5869
24.30 estaba con los camellos junto a la f 5869
24.42 llegué, pues...a la f, y dije: Jehová 5869
24.45 y descendió a la f, y sacó agua; y le 5869
49.22 es José, rama fructífera junto a una f 5869
Éx 15.27 llegaron a Elim...había 12 f de aguas 5869
30.18 harás...una f de bronce, con su base de 3595
30.28; 31.9 altar del holocausto...la f y su 3595
35.16 todos sus utensilios y la f con su base 3595
38.8 hizo la f de bronce y su base de bronce 3595
39.39 sus varas...utensilios, la f y su base 3595
40.7 luego pondrás la f entre el tabernáculo 3595
40.11 asimismo ungirás la f y su base, y la 3595
40.30 y puso la f entre el tabernáculo de 3595
Lv 8.11 ungió el altar...la f y su base, para 3595
11.36 la f...se recogen aguas serán limpias 4599
20.18 su f descubrió, y ella descubrió la f 4726
Nm 33.9 doce f de aguas y setenta palmeras 5869
Dt 8.7 tierra de arroyos, de aguas, de f y de 5869
33.28 la f de Jacob habitará sola en tierra 5869
Jos 15.7 pasa hasta...y sale a la f de Rogel
15.9 hasta la f de las aguas de Neftoa, y sale 4599
15.19 dame también f de aguas...y le dio las f 1543
18.15 sale al...a la f de las aguas de Neftoa 4599
18.16 y de allí desciende a la f de Rogel
Jue 1.15 me has dado...dame también f de aguas 1543
1.15 le dio las f de arriba y las f de abajo 1543
7.1 Gedeón...acamparon junto a la f de Harod 5878
1 S 29.1 Israel acampó junto a la f que está 5869
2 S 17.17 Jonatán y...estaban junto a la f de
1 R 1.9 la cual está cerca de la f de Rogel
7.30 basa...para venir a quedar debajo de la f 3595
7.31 la boca de la f entraba un codo en el
7.38 diez f de bronce; cada f contenía 40 3595
7.38 una f sobre cada una de las diez basas 3595
7.40 hizo Hiram f, y tenazas, y cuencos. Así 3595
7.43 diez basas, y...diez f sobre las basas 3595
18.5 vé...a todas las f de aguas, y a todos 4599
2 R 3.19 cegaréis...f de aguas, y destruiréis 4599
3.25 cegaron...todas las f de las aguas, y 4599
16.17 y cortó...las basas, y les quitó las f 3595
2 Cr 4.6 hizo...diez f, y puso 5 a la derecha 3595
4.14 las basas, sobre las cuales colocó las f 3595
32.3 consejo...para cegar las f de aguas que 5869
32.4 y cegaron todas las f, y el arroyo que 4599
Neh 2.13 de noche...hacia la f del Dragón y a 5869,5886
2.14 pasé luego a la puerta de la F, y al 5869
3.15 Salum hijo...restauró la puerta de la F 5869
12.37 la puerta de la F, en frente de ellos 5869
Job 8.17 entretejiendo sus raíces junto a una f
38.16 ¿has entrado tú hasta las f del mar, y 5033
Sal 74.15 abriste la f y el río; secaste ríos 4599
84.6 atravesando el valle de...lo cambian en f 4599
87.7 en ella dirán: Todas mis f están en ti 4599
104.10 tú eres el que envía las f por los 4599
114.8 el cual cambió...en f de aguas la roca 4599
Pr 5.16 ¿se derramarán tus f por las calles 4599
8.24 antes que fuesen las f de...muchas aguas 4599
8.28 cielos...cuando afirmaba las Y del abismo 5060
18.4 arroyo que rebosa, la f de la sabiduría 4726
25.26 como f turbia y manantial corrompido 4599
Ec 12.6 y el cántaro se quiebre junto a la f 4002
Cnt 4.12 mía, esposa mía; f cerrada, f sellada 4599
4.15 f de huertos, pozo de aguas vivas, que 4599
Is 12.3 sacaréis con gozo aguas de las f de 4599
41.18 f en medio de los valles; abriré en el 4599
Jer 2.13 me dejaron a mí, f de agua viva, y 4726
6.7 como la f nunca cesa de manar sus aguas 953
9.1 mis ojos f de lágrimas, para que llore 4726
Os 13.15 secará su manantial...se agotará su f 4599
Jl 3.18 saldrá una f de la casa de Jehová 4599
Mr 5.29 en seguida la f de su sangre se secó 4077
Jn 4.14 **el agua...será en él una f de agua que** 4077
1 Ti 6.5 toman la piedad como f de ganancia
Stg 3.11 ¿acaso alguna f echa...agua dulce y 4077
3.12 ninguna f puede dar agua salada y dulce 4077
2 P 2.17 son f sin agua, y nubes empujadas por 4077
Ap 7.17 y los guiará a f de aguas de vida; y 4077
8.10 cayó sobre...y...sobre las f de las aguas 4077
14.7 adorad a aquel que hizo...f de las aguas 4077
16.4 derramó su copa sobre...las f de las aguas 4077
21.6 yo le daré...de la f del agua de la vida 4077

FUERA *Véase el Apéndice*

FUERTE
Gn 18.18 de ser Abraham una nación grande y f 6099
25.23 un pueblo será más f que el otro, y el 553
30.41 las ovejas más f...Jacob ponía las varas 7194
30.42 las...para Labán, y las más f para Jacob 7194
49.14 Isacar, asno f que se recuesta entre 1634
49.24 brazos...por las manos del F de Jacob 6339
Éx 1.9 Israel es mayor y más f que nosotros 6099
3.19 el rey...no os dejará ir sino por mano f 2389
6.1 con mano f los dejará ir, y con mano f 2389
13.3 Jehová os ha sacado de aquí con mano f 2392
13.9 con mano f te sacó Jehová de Egipto 2389
13.14,16 Jehová nos sacó de Egipto con mano f 2392
19.16 espesa nube...y sonido de bocina muy f
20.5 yo soy Jehová tu Dios, f, celoso, que
32.11 tu pueblo, que tú sacaste...con mano f? 2389
32.18 no es voz de alaridos de f, ni voz de
34.6 Jehová...proclamó: ¡Jehová! ¡Jehová! f
Nm 13.18 observad...si es f o débil, si poco 2389
13.28 el pueblo que habita...tierra es f, y 5794
13.31 aquel pueblo...es más f que nosotros 2389
14.12 te pondré sobre gente...grande y más f 6099
20.20 y salió Edom contra él con...y mano f 2389
21.24 la frontera de los hijos de Amón era f 5794
22.6 maldíceme este pueblo, porque es más f 6099
24.21 f es tu habitación; pon en la peña tu 386
Dt 4.38 para echar...naciones grandes y más f 6099
5.9 soy Jehová tu Dios, f...celoso, que visito
5.15 te sacó...con mano f y brazo extendido 2389
9.14 yo te pondré sobre una nación f y mucho 6099
26.5 y llegó a ser una nación...f y numerosa 6099
26.8 y Jehová nos sacó de Egipto con mano f 2389
Jos 1.14 los valientes y f, pasaréis armados 1368
8.3 escogió Josué treinta mil hombres f, los 1368
10.2 gran ciudad...todos sus hombres eran f 1368
10.25 les dijo: No temáis...sed f y valientes 2388
14.11 tan f como el día que Moisés me envió 2389
17.13 f, hicieron tributario al cananeo, mas 2388
17.18 tú arrojarás al cananeo...aunque sea f 2389
23.9 pues ha arrojado...grandes y f naciones 6099
Jue 1.28 pero cuando Israel se sintió f hizo 2388
5.23 no...al socorro De Jehová contra los f 1368
14.14 del...salió comida, y del f salió dulzura 5794
14.18 miel? ¿y qué cosa mas f que el león? 5794
18.26 Micaía, viendo que eran más f que él 2389
1 S 2.4 los arcos de los f fueron quebrados 1368
2.9 porque nadie será f por su propia fuerza
22.4 tiempo que David estuvo en el lugar f
22.5 Gad dijo. No te estés en este lugar f
23.14 y David se quedó en el...en lugares f
23.29 David subió...habitó en los lugares f
24.22 David y...hombres subieron al lugar f
2 S 1.23 más ligeros eran...más f que leones 1396
22.3 el f de mi salvación, mi alto refugio
22.18 me libró de...aunque eran más f que yo 5794
23.14 David entonces estaba en el lugar f
24.9 fueron los de Israel 800.000 hombres f 2428
1 R 2.8 me maldijo con una maldición f el día 4834
8.42 oirán de...de tu mano f y de tu brazo 2389
2 R 2.16 aquí hay con tus siervos 50 varones f 2428
1 Cr 12.8 de Gad huyeron...a David, al lugar f 4679
12.16 y de Judá vinieron a David al lugar f 4679
19.12 si los sirios fueren más f que yo, tú 2388
19.12 si los amonitas fueren más f que tú, yo 2388
26.8 hombres robustos y f para el servicio 3581
26.31 fueron hallados entre ellos hombres f 1368
2 Cr 13.3 con 800.000 hombres...f y valerosos 1368
17.1 Josafat su hijo...se hizo f contra Israel 2388
20.19 para alabar a Jehová...con f y alta voz 1419
21.4 y luego que se hizo f, mató a espada a 2388
26.13 307.500 guerreros poderosos y f, para 2428
26.16 mas cuando ya era f, su corazón se 2394
27.6 que Jotam se hizo f, porque preparó sus 2388
Esd 4.20 hubo...reyes f que dominaron en todo 8624
9.12 para que seáis f y comáis el bien de la 2388
Neh 1.5 oh Jehová, Dios...f, grande y temible
9.32 Dios...f, temible, que guardas el pacto 1368
11.6 de Fares que moraron en...478 hombres f 2428
Job 9.19 si habláremos de su...por cierto es f 533
11.15 levantarás...y serás f, y nada temerás 3332
12.21 príncipes, y desata el cinto de los f 4206
14.20 para siempre serás más f que él, y él 8630
24.22 a los f adelantó con su poder; una voz 47
33.19 es castigado con dolor f en todos sus 386
34.24 él quebrantará a los f sin indagación 3524
40.18 sus huesos son f como bronce, y sus 650
41.15 la gloria de su vestido son escudos f 2368
41.24 su corazón es...f como la muela de abajo 3332
41.25 de su grandeza tienen temor los f, y a 410
Sal 10.10 caen en sus f garras...desdichados 6099
18.17 me libró de mi...pues eran más f que yo 553
22.12 toros; f toros de Basán me han cercado 47

24.8 ¿quién... Jehová el f y valiente, Jehová 5808
30.7 tú, Jehová... me afirmaste como monte f 5797
31.2 tú mi roca f, y fortaleza para salvarme 4581
35.10 que libras al afligido del más f que él 2389
38.19 porque mis enemigos están vivos y f y 6105
61.3 has sido... torre f delante del enemigo 5797
62.7 en Dios está mi roca f, y mi refugio 5797
71.7 como prodigio he sido... y tú mi refugio f 5797
76.5 los f de corazón fueron despojados 47
76.5 no hizo uso de... ninguno de los varones f 2428
89.13 tuyo... f es tu mano, exaltada tu diestra 5810
105.24 y lo hizo más f que sus enemigos 6105
132.2 de cómo juró... y prometió al F de Jacob 46
132.5 que halle... morada para el F de Jacob 46
136.12 con mano f, y brazo extendido, porque 2389
142.6 líbrame de los... porque son más f que yo 553
144.14 nuestros bueyes... f para el trabajo 5445
Pr 7.26 los más f han sido muertos por ella 6099
11.16 tendrá honra, y los f tendrán riquezas 6184
14.26 el temor de Jehová está la f confianza 5797
16.32 mejor es el que... en airarse que el f 1368
18.10 torre f es el nombre de Jehová; a él 5797
18.19 es más tenaz que una ciudad f, y las 5797
21.14 furor, y el don en el seno, la f ira 5794
21.22 tomó el sabio la ciudad de los f, y 5797
23.11 el defensor de ellos es el F, el cual 2389
24.5 hombre sabio es f, y de pujante vigor 5797
30.25 hormigas, pueblo no f, y en el verano 5794
30.30 el león, f entre todos los animales 1368
Ec 9.11 ni la guerra de los f, ni aun de los 1368
12.3 se encorvarán los hombres f, y cesarán 2428
Cnt 3.7 sesenta valientes... de los f de Israel 1368
8.6 f es como la muerte el amor; duros como 5794
8.6 sus brasas, brasas de fuego, f llama
Is 1.24 dice... el F de Israel: Ea... me vengaré 46
1.31 y el f será como estopa, y lo que hizo 2634
2.15 sobre toda torre alta, y sobre... muro f 1219
3.1 quita de Jerusalén y de Judá al... y al f 4938
5.22 que son... hombres f para mezclar bebida 2428
8.11 me dijo de esta manera con mano f, y me 2393
9.6 y se llamará su nombre Admirable... Dios f 1368
10.21 el remanente de Jacob volverá al Dios f 1368
13.11 cese la... y abatiré la altivez de los f 6184
18.2,7 gente f y conquistadora, cuya tierra 6978
25.3 por esto te dará gloria el pueblo f, te 5794
26.1 cantarán... F ciudad tenemos; salvación 5797
27.1 castigará con su espada... grande y f al 2389
28.2 Jehová tiene uno que es f y poderoso 533
29.5 la multitud de los f como tamo que pasa 6184
30.29 para venir al monte de Jehová, al F de 6697
33.21 allí será Jehová para con nosotros f 117
44.8 sino yo. No hay F; no conozco ninguno 6697
49.26 Salvador tuyo y Redentor... F de Jacob 46
53.12 grandes, y con los f repartirá despojos 7227
60.16 yo Jehová soy el Salvador... F de Jacob 46
60.22 el pequeño vendrá a ser mil... pueblo f 6099
Jer 8.18 a causa de mi f dolor, mi corazón
15.21 libraré... redimiré de la mano de los f 6184
20.7 más f fuiste que yo, y me venciste; cada 2388
21.5 pelearé contra vosotros... y con brazo f 2389
31.11 lo redimió de mano del más f que él 2389
32.21 mano f y brazo extendido, y con terror 2389
48.17 ¡cómo se quebró la vara f, el báculo 5797
50.34 el redentor de ellos es el F; Jehová 2389
51.57 embriagaré a sus príncipes... y a sus f 1368
Lm 1.15 el Señor ha hollado a... mis hombres f 47
Ez 3.8 yo he hecho tu rostro f... y tu frente f 2389
3.9 más f que pedernal he hecho tu frente 2389
19.11 ella tuvo varas f para cetros de reyes 5797
19.12 ramas f fueron quebradas y se secaron 5797
19.14 no ha quedado en ella vara f para cetro 5797
20.33 con mano f y brazo... he de reinar sobre 2389
20.34 os sacaré de entre... con mano f y brazo 2389
22.14 ¿serán f tus manos en los días en que 2388
26.11 matará a filo... y tus f columnas caerán 5797
26.17 ciudad... que era f en el mar, ella y sus 2389
28.7 traigo sobre ti... los f de las naciones 6184
30.11 más f de las naciones, serán traídos 6184
30.22 quebraré... brazos, el f y el fracturado 2389
32.12 con espadas de f haré caer tu pueblo 1368
32.21 hablarán a él los f de los f, con los 410,1368
32.27 no yacerán con los f de... incircuncisos 1368
32.27 fueron terror de f en la tierra de los 1368
34.16 mas a la engordada y a la f destruiré 2389
39.18 comeréis carne de f, y beberéis sangre 1368
39.20 os saciaréis... de jinetes f y de todos 1368
Dn 2.40 y el cuarto reino será f como hierro 8624
2.42 el reino será en parte f, y en... frágil 8624
4.11 se hacía f, y su copa llegaba hasta el 8631
4.20 el árbol que viste... crecía y se hacía f 8631
4.22 tú mismo... que creciste y te hiciste f 8631
7.7 la cuarta bestia... en gran manera f, la 8624
8.24 y destruirá a los f y al pueblo de los 6099
11.2 cuarto... al hacerse f con sus riquezas 2393
11.5 se hará f el rey del sur; mas uno de sus 2388
11.5 uno de sus príncipes será más f que él 2388
11.15 vendrá... el rey... y tomará la ciudad f 3581
11.25 empeñará... con grande y muy f ejército 6099
Jl 1.6 porque pueblo f e innumerable subió a 6099
2.2 vendrá un pueblo... f; semejante a él no 6099
2.5 como pueblo f dispuesto para la batalla 6099
2.11 f es el que ejecuta su orden; porque 6099
3.10 forjad espadas de... diga el débil: F soy 1368
3.11 venid... haz venir allí, oh Jehová, a tus f 1368
Am 2.9 f como una encina; y destruí su fruto 2634
2.14 y al f no le ayudará su fuerza, ni el 2389
5.9 que da esfuerzo al despojador sobre el f 5974
Mi 6.2 f cimientos de la tierra, el pleito de 386
Zac 8.22 f naciones a buscar a Jehová de los 6099
Mt 12.29 **en la casa del hombre f, y saquear** 2478
14.30 pero al ver el f viento, tuvo miedo 2478
Mr 3.27 **en la casa de un hombre f y saquear** 2478
Lc 11.21 **el hombre f armado guarda su palacio** 2478
11.22 **viene otro más f que él y le vence, le** 2478
Ro 15.1 los que somos f debemos soportar las 1415
1 Co 1.25 y lo débil de Dios es más f que los 2478
1.27 débil del mundo... para avergonzar a lo f 2478
4.10 somos... nosotros débiles, mas vosotros f 2478
10.22 provocaremos a...¿Somos más f que él? 2478
2 Co 10.10 las cartas son duras y f; mas la 2478
12.10 porque cuando soy débil, entonces soy f 1415
13.9 nos gozamos de que... vosotros estéis f 1415
He 11.34 se hicieron f en batallas, pusieron 1743
1 Jn 2.14 he escrito... Jóvenes, porque sois f 2478
Ap 5.2 a un ángel f que pregonaba a gran voz 2478
6.13 higos cuando es sacudida por un f viento 3173
10.1 vi... otro ángel f, envuelto en una nube 2478
18.10 ¡ay, ay, de la... Babilonia, la ciudad f 2478
19.18 para que comáis... carnes de f, carnes 2478

FUERTEMENTE

Lev 25.9 entonces harás tocar f la
Jue 8.1 Madián? Y le reconvinieron f 2394
16.11 si me ataren f con cuerdas
Is 40.9 levanta f tu voz, anunciadora 3581
Dan 4.14 y clamaba f y decía así 2429
Jon 3.8 animales, y clamen a Dios f 2393

FUERZA

Gn 4.12 la tierra, no te volverá a dar su f 3581
31.6 sabéis que con todas mis f he servido a 3581
31.31 que quizá me quitarías por f tus hijas 1497
Éx 14.27 el mar se volvió en toda su f, y los 386
Lv 26.20 vuestra f se consumirá en vano 3581
Nm 23.22 Dios los ha... tiene f como de búfalo 8443
24.8 Dios lo sacó de... tiene f como de búfalo 8443
Dt 6.5 y de toda tu alma, y con todas tus f 3966
8.17 poder y la f de mi mano me han traído 6108
28.32 ojos lo verán... no habrá f en tu mano 410
32.36 cuando viere que la f pereció, y que 3027
33.25 cerrojos, y como tus días serán tus f 1679
Jos 14.11 cual era mi f... tal es ahora mi f 3581
Jue 1.35 cuando la casa de José cobró f, lo 3513
5.31 sean como el sol cuando sale en su f 1369
6.14 vé con esta tu f, y salvarás a Israel 3581
16.5 e infórmate en qué consiste su gran f 3581
16.6 que me declares en qué consiste tu... f 3581
16.9 rompió... no se supo el secreto de su f 3581
16.15 no me has... en qué consiste tu gran f 3581
16.17 si fuere rapado, mi f se apartará de 3581
16.19 afligirlo, pues su f se apartó de él 3581
16.30 se inclinó con toda su f, y cayó la 3581
1 S 2.9 nadie será fuerte por su propia f 3581
2.16 no... de otra manera yo la tomaré por la f 2394
28.1 que los filisteos reunieron sus f para 4264
28.20 y estaba sin f... no había comido pan 3581
28.22 comas... que cobres f, y sigas tu camino 3581
29.1 filisteos juntaron todas sus f en Afec 4264
30.4 hasta que les faltaron las f para llorar 3581
2 S 6.14 David danzaba con toda su f delante 5797
22.33 Dios es el que me ciñe de f, y quien 4581
22.40 pues me ceñiste de f para la pelea; has 2428
2 R 18.20 consejo tengo y f para la guerra 1369
19.3 de nacer, y la que da a luz no tiene f 3581
23.25 que se convirtiese a... de todas su f 3966
1 Cr 13.8 Israel se regocijaban... todas sus f 5797
20.1 sacó las f del ejército, y destruyó la 2428
29.2 yo con todas mis f he preparado para la 3581
29.12 en tu mano está la f y el poder, y en 2388
2 Cr 13.15 los de Judá gritaron con f; y así
14.11 en dar ayuda al... o al que no tiene f! 3581
20.6 ¿no está en tu mano tal f y poder, que 3581
20.12 ¡oh Dios... en nosotros no hay f contra 3581
22.9 no tenía f para poder retener el reino 3581
32.9 rey de... sitiaba a Laquis con todas sus f 4475
Esd 2.69 según sus f dieron al tesorero de la 3581
Neh 4.10 dijo Judá: Las f de los acarreadores 3581
8.10 porque el gozo de Jehová es vuestra f 4581
Est 8.11 acabar con toda f armada del pueblo 2428
Job 3.17 y allí descansan los de agotadas f 3581
6.11 ¿cuál es mi f para esperar aún? ¿Y cuál 3581
6.12 ¿es mi f la de las piedras, o... bronce? 3581
9.4 el es sabio de corazón, y poderoso en f 3581
17.9 y el limpio de manos aumentará la f 555
18.12 serán gastadas de hambre sus f, y a su 202
23.6 ¿contendería conmigo con grandeza de f? 3581
26.2 ¿cómo has amparado al brazo sin f? 5797
30.2 la f de sus manos?... no tienen f alguna 3581
36.5 que Dios... es poderoso en f de sabiduría 3581
36.19 ¿hará él estima... o de todas las f del 3981
39.11 ¿confiarás tú en él... ser grande su f 3581
39.19 ¿diste tú al caballo la f? ¿Vestiste tú 1369
39.21 se alegra en su f, sale al encuentro de 3581
40.16 su f está en sus lomos, y su vigor en 3581
41.12 no guardaré silencio... ni sobre sus f 1369
41.22 en su cerviz está la f, y delante de 5797
Sal 6.6 me he consumido a f de gemir; todas
18.2 mi escudo, y la f de mi salvación, mi 6697
18.39 pues me ceñiste de f para la pelea; has 2428
31.10 agotan mis f a causa de mi iniquidad 3581
33.16 ni escapa el valiente por la mucha f 3581
33.17 grandeza de su f a nadie podrá librar 2428
39.13 déjame, y tomaré f, antes que vaya y 1082
68.28 tu Dios ha ordenado tu f; confirma, oh 5797
68.35 el Dios de Israel, él da f y vigor a 5797
71.9 cuando mi f se acabare, no me desampares ... 3581
78.51 las primicias de su f en las tiendas 202
84.5 hombre que tiene en ti sus f, en cuyo 5797
88.4 soy contado entre... soy como hombre sin f 353
92.10 aumentarás mis f como las del búfalo 7161
102.23 él debilitó mi f en el camino; acortó 3581
105.36 hirió de... las primicias de toda su f 202
147.10 no se deleita en la f del caballo, ni 1369
Pr 5.10 no sea que extraños se sacien de tu f 3581
14.4 por la f del buey hay abundancia de pan 3581
20.29 la gloria de los jóvenes es su f, y la 3581
21.22 y derribó la f en que ella confiaba 5797
24.10 si fueres flojo en... tu f será reducida 3581
31.3 no des a las mujeres tu f, ni... caminos 2428
31.17 ciñe de f sus lomos, y esfuerza sus 5797
31.25 f y honor son su vestidura; y se ríe 5797
Ec 4.1 f estaba en la mano de sus opresores 3581
9.10 lo que te viniere a... hazlo según tus f 3581
9.16 mejor es la sabiduría que la f, aunque 1369
10.10 hay que añadir entonces más f; pero la 2428
10.17 para reponer sus f y no para beber! 1369
Is 3.25 caerán a espada, y tu f en la guerra 1369
28.2 como torbellino... con f derriba a tierra 3027
28.6 por f a los que rechacen la batalla en 1369
30.2 para fortalecerse con la f de Faraón 4581
30.3 pero la f de Faraón se os cambiará en 4581
37.3 de nacer, y la que da a luz no tiene f 3581
40.26 la grandeza de su f, y el poder de su 202
40.29 da... y multiplica las f al que no tiene 6109
40.31 que esperan a Jehová tendrán nuevas f 3581
42.25 el ardor de su ira, y f de guerra; le 5807
43.17 que saca carro y caballo, ejército y f 5808
44.12 y trabaja en ello con la f de su brazo 3581
44.12 y le faltan las f; no bebe agua, y se 3581
45.24 en Jehová está la justicia y la f; a él 5797
47.9 en toda su f vendrán sobre ti, a pesar 8537
49.4 vano y sin provecho he consumido mis f 3581
49.5 estimado seré... y el Dios mío será mi f 5797
Jer 16.19 oh Jehová, fortaleza mía y f mía, y 5797
48.45 Hesbón se pararon sin f los que huían 3581
51.30 les faltaron las f, se volvieron como 1369
Lm 1.6 fueron... sin f delante del perseguidor 3581
1.14 ha debilitado mis f; me ha entregado el 3581
3.18 dije: Perecieron mis f, y mi esperanza 5331
Dn 2.23 me has dado sabiduría y f, y ahora me 1370
2.37 el Dios del cielo te ha dado... poder, f 8632
2.41 mas habrá en ella algo de la f del hierro 5326
4.30 que yo edifiqué... con la f de mi poder 8632
8.6 corrió contra él con la furia de su f 3581
8.7 carnero no tenía f para pararse delante 3581
8.8 estando en su mayor f, aquel gran cuerno 6105
8.22 se levantarán... aunque no con la f de él 3581
8.24 se fortalecerá, mas no con f propia 3581
10.8 no quedó f en mí, antes mi f se cambió 3581
10.16 sobrevenido dolores, y no me queda f 3581
10.17 me faltó la f, y no me quedó aliento 3581
10.19 recobré las f, y dije: Hable mi señor 2388
11.6 ella no podrá retener la f de su brazo 3581
11.15 y las f del sur no podrán sostenerse 2220
11.15 sur no podrán... no habrá f para resistir 3581
11.22 las f enemigas serán barridas delante 2220
11.25 despertará sus f... contra el rey del 3581
Os 7.9 devoraron extraños su f... él no lo supo 3581
Am 2.14 y al fuerte no le ayudará su f, ni el 3581
6.13 ¿no hemos adquirido poder con nuestra f? 2392
Mi 3.8 estoy lleno de... y de f, para denunciar 1369
Hab 1.11 ofenderá atribuyendo su f a su dios 3581
Hag 2.22 destruiré la f de los reinos de las 2392
Zac 4.6 no con ejército, ni con f, sino con mi 3581
12.5 tienen f los habitantes de Jerusalén en 556
Mr 12.30 **amarás al Señor tu... con todas tus f** 2479
12.33 y el amarle... con todas las f, y amar al 2479
Lc 10.19 **potestad... y sobre toda f del enemigo** 1411
10.27 amarás al Señor... Dios con todas tus f 2479
Hch 9.19 habiendo tomado alimento, recobró f 1765
2 Co 1.8 abrumados... más allá de nuestras f 1411
8.3 conforme a sus f, y... más allá de sus f 1411
Ef 1.19 según la operación del poder de su f 1411
6.10 fortaleceos en el... en el poder de su f 2479
2 Ti 4.17 Señor estuvo a mi lado, y me dio f 1743
He 11.11 misma Sara... recibió f para concebir 1411
11.34 sacaron f de debilidad, se hicieron 1743
1 P 5.2 no por f, sino voluntariamente; no 317
2 P 2.11 los ángeles, que son mayores en f y 2479
Ap 1.16 y su rostro era como el sol... en su f 1411
3.8 **aunque tienes poca f, has guardado mi** 1411

FUGA

Sal 21.12 tú los pondrás en f; en tus cuerdas 7926
He 11.34 en batalla, pusieron en f ejércitos 2827

FUGAR

1 S 27.1 nada... me será mejor que *fugarme* a la 4422
Hch 27.42 matar... para que ninguno se *fugase* 1309

FUGAZ

Pr 21.6 amontonar... en aliento f de aquellos 5086

FUGITIVO

Jue 12.4 vosotros sois f de Efraín, vosotros 6412
12.5 decían los f de Efraín: Quiero pasar 6412
Is 15.5 sus f huirán hasta Zoar, como novilla 1280
43.14 e hice descender como f a todos ellos
Jer 44.14 porque no volverán sino algunos f 6412
49.5 he aquí... no habrá quien recoja a los f 5074
49.36 no habrá nación a donde no vayan f de 5080
Ez 17.21 todos sus f... caerán a espada, y los 4015
24.27 se abrirá tu boca para hablar con el f 6412
33.21 vino a mí un f de Jerusalén, diciendo 6412
33.22 sobre mí la tarde antes de llegar el f 6412

F

FULANO
Rt 4.1 y le dijo: Eh, *f*, ven acá y siéntate 6423,492

FULGENTE
Hab 3.11 la luz... al resplandor de tu *f* lanza 1300

FULGOR
Ap 21.11 su *f* era semejante al de una piedra *5458*

FULGURAR
Lc 17.24 **como el relámpago que al *fulgurar*** *797*

FUNCIÓN
Ro 12.4 no todos... miembros tienen las misma *f* *4234*

FUNCIONARIO
Hch 8.27 un etiope... *f* de Candace reina de los *1413*

FUNDACIÓN
Mt 13.35 declararé cosas escondidas desde la *f* *2602*
25.34 **el reino preparado... desde la *f* del mundo** *2602*
Lc 11.50 **se ha derramado desde la *f* del mundo** *2602*
Jn 17.24 **me has amado desde antes de la *f* del** *2602*
Ef 1.4 escogió en él antes de la *f* del mundo *2602*
He 4.3 obras... acabadas desde la *f* del mundo *2602*
1 P 1.20 yo destinado... antes de la *f* del mundo *2602*
Ap 17.8 están escritos desde la *f* del mundo *2602*

FUNDAMENTO
Dt 32.22 fuego... abrasará los *f* de los montes 4146
Esd 4.12 levantan los muros y reparan los *f* 787
Job 22.16 cuyo *f* fue como un río derramado? 3247
Sal 11.3 si fueran destruidos los *f*, ¿qué ha 8356
Pr 8.29 cuando establecía los *f* de la tierra 4146
Is 28.16 he puesto en Sion por *f* una piedra 3248
Jer 31.37 explotarse abajo los *f* de la tierra 4146
Ez 30.4 vendrá espada... serán destruidos sus *f* 3247
Lc 6.48 **y ahondó y puso el *f* sobre la roca** *2310*
6.49 **que edificó su casa sobre tierra, sin *f*** *2310*
Ro 15.20 esforcé... no edificar sobre *f* ajeno *2310*
1 Co 3.10 yo como perito arquitecto puse el *f* *2310*
3.11 nadie puede poner otro *f* que el que está *2310*
3.12 y si sobre este *f* alguno edificare oro *2310*
Ef 2.20 edificados sobre el *f* de los apóstoles *2310*
1 Ti 6.19 atesorando para sí buen *f* para lo *2310*
2 Ti 2.19 el *f* de Dios está firme, teniendo *2310*
He 6.1 no echando... el *f* del arrepentimiento *2310*
11.10 Porque esperaba la ciudad que tiene *f* *2310*

FUNDAR
Éx 9.18 desde el día que se *fundó* hasta ahora 3245
Job 38.4 ¿dónde estabas tú cuando yo *fundaba* 3245
38.6 ¿Sobre qué están *fundadas* sus basas? 134
Sal 8.2 de la boca de... *fundaste* la fortaleza 3245
24.2 porque él la *fundó* sobre los mares, y 3245
89.11 el mundo y su plenitud, tú lo *fundaste* 3245
102.25 en el principio tú *fundaste* la tierra 3245
104.5 él *fundó* la tierra sobre sus cimientos 4349
104.8 valles, al lugar que tú les *fundaste* 3245
107.36 allí... y *fundan* ciudad en donde vivir 3559
Pr 3.19 Jehová con sabiduría *fundó* la tierra 3245
Cnt 5.15 columnas de mármol *fundadas* sobre 3245
Is 14.32 que Jehová *fundó* a Sion, y que a ella 3245
23.13 Asiria la *fundó* para los moradores del 3245
40.21 enseñados desde que la tierra se *fundó* 4146
44.28 edificada; y al templo: Serás *fundado* 3245
48.13 mi mano *fundó* también la tierra, y mi 3245
51.13 extendió los cielos y *fundó* la tierra 3245
54.11 cimentaré... y sobre zafiros te *fundaré* 3245
Hab 1.12 oh Roca, lo *fundaste* para castigar 3245
2.12 del que *funda* una ciudad con iniquidad! 3559
Zac 12.1 *funda* la tierra, y forma el espíritu 3248
Mt 7.25; Lc 6.48 estaba *fundada* sobre la roca *2311*
1 Co 2.5 fe no esté *fundada* en la sabiduría de *5600*
Col 1.23 si en verdad permanecéis *fundados* y *2311*
He 1.10 tú... en el principio *fundaste* la tierra *2311*

FUNDICIÓN
Éx 32.4 dio forma... hizo de ello un becerro de *f* 4541
32.8 se han hecho un becerro de *f*, y lo han 4541
34.17 no te harás dioses de *f* 4541
37.13 le hizo... de *f* cuatro anillos de oro 3332
Lv 19.4 ni haréis para vosotros dioses de *f* 4541
Nm 33.52 destruiréis... todas sus imágenes de *f* 4541
Dt 9.12 tu pueblo... han hecho una imagen de *f* 4541
9.16 miré... os habíais hecho un becerro de *f* 4541
27.15 maldito el... que hiciere... imagen de *f* 4541
Jue 17.3 hacer una imagen de talla y una de *f* 4541
17.4 hizo de... una imagen de talla y una de *f* 4541
18.14 efod... y una imagen de talla y una de *f* 4541
18.17,18 tomaron... terafines y la imagen de *f* 4541
1 R 7.16 hizo... dos capiteles de *f* de bronce 3332
7.30 había repisas de *f* que sobresalían de 3332
7.33 ejes, sus rayos... cubos... todo era de *f* 3332
14.9 te hiciste dioses ajenos e imágenes de *f* 4551
2 Cr 4.2 un mar de *f*, el cual tenía diez codos 3332
Neh 9.18 cuando hicieron para sí becerro de *f* 4551
Sal 106.19 se postraron ante una imagen de *f* 4551
Is 42.17 dicen a las imágenes de *f*: Vosotros 4551
48.5 imágenes de escultura y de *f* mandaron 5262
64.2 como fuego abrasador de *f*, fuego que 2003
Jer 10.14 porque mentirosa es su obra de *f* 5262
Os 13.2 se han hecho... imágenes de *f*, ídolos 4551
Neh 1.14 destruiré escultura y estatua de *f* 4551
Hab 2.18 la estatua de *f* que enseña mentira 4551

FUNDIDO *Véase Fundir*

FUNDIDOR
Jue 17.4 tomó 200 siclos de... y los dio al *f* 6884
Pr 25.4 quita... escorias... saldrá alhaja al *f* 6884
Jer 6.29 en vano fundió el *f*, pues la escoria 6884
10.9 obra del artífice, y de manos del *f*; los 6884
10.14 avergüenza de su ídolo todo *f*, porque 6884

FUNDIR
Éx 25.12 *fundirás* para ella cuatro anillos de 3332
26.37 y *fundirás* cinco basas de bronce para 3332
36.36 *fundió* para ellas cuatro basas de plata 3332
37.3 *fundió* para ella cuatro anillos de oro 3332
38.5 *fundió* cuatro anillos a los 4 extremos 3332
38.27 para *fundir* las basas del santuario y 3332
1 R 7.23 hizo *fundir*... un mar de diez codos de 3332
7.24 sido *fundidas* cuando el mar fue *fundido*. 3333,3332
7.37 diez basas, *fundidas* de... misma manera 4165
7.46 lo hizo *fundir* el rey en la llanura del 3332
2 R 17.16 hicieron imágenes *fundidas* de dos 4541
2 Cr 4.3 dos hileras de calabazas *fundidas* 3332
4.17 *fundió* el rey en los llanos del Jordán 3332
28.2 hizo imágenes *fundidas* a los baales 4541
33.7 imagen *fundida* que hizo, en la casa de
34.3 a limpiar a Judá de... imágenes *fundidas* 4541
34.4 despedazó también... y estatuas *fundidas* 4541
Job 28.2 saca... de la piedra se *funde* el cobre 6694
37.18 cielos, firmes como un espejo *fundido*? 3332
Is 30.22 profanarás la... tus imágenes *fundidas* 4541
40.19 el platero... le *funde* cadenas de plata 6884
41.29 viento y vanidad... sus imágenes *fundidas* 5262
44.10 quién *fundió* una imagen que para nada 5258
Jer 6.29 en vano *fundió*... pues la escoria no 6884
Ez 22.20 encender fuego en él para *fundirlos* 5413
22.20 juntaré... os pondré allí, y os *fundiré* 5413
22.21 yo os... en medio de él seréis *fundidos* 5413
22.22 se funde la plata... así seréis *fundidos* 2046
24.11 y se *funda* en ella su suciedad, y se 5413
Dn 11.8 a los dioses... sus imágenes *fundidas*
Zac 13.9 y los fundiré como se *funde* la plata 6884
2 P 3.12 los elementos... quemados se *fundirán*! *2741*

FUNITAS *Descendientes de Fúa No.1*, Nm 26.23 .. 6324

FURA *Criado de Gedeón*, Jue 7.10,11 6513

FURIA
Sal 7.6 ira; álzate en contra de la *f* de mis 5678
Dn 8.6 corrió contra él con la *f* de su fuerza 2534

FURIOSO, A
Pr 29.22 iracundo... y el *f* muchas veces peca 2534
Hch 27.18 combatidos por una *f* tempestad, al *4971*

FUROR
Gn 39.19 cuando oyó el amo... se encendió su *f* 639
49.6 Porque en su *f* mataron hombres, y en su 639
49.7 maldito su *f*, que fue fiero; y su ira 639
Éx 22.24 y mi *f* se encenderá, y os mataré a 639
32.11 ¿por qué se encenderá tu *f* contra tu 639
Nm 16.46 *f* ha salido de la presencia de Jehová 7110
25.3 el *f* de Jehová se encendió contra Israel 639
25.11 Finees... ha hecho apartar mi *f* de los 2534
Dt 6.15 no se inflame el *f* de Jehová... contra 639
7.4 el *f* de Jehová se encenderá sobre vosotros 639
9.19 temí a causa del *f* y de la ira con que 639
11.17 y se encienda el *f* de... sobre vosotros 639
29.23 las cuales Jehová destruyó en su *f* y 639
29.28 Jehová los desarraigó... con ira, con *f* 2534
31.17 encenderá mi *f* contra él en aquel día 639
Jue 2.14 se encendió... el *f* de Jehová, el cual 639
2 S 6.7 el *f* de Jehová se encendió contra Uza 639
12.5 se encendió el *f* de David en gran manera 639
2 R 13.3 y se encendió el *f* de Jehová contra 639
19.27 he conocido tu situación... *f* contra mí 7264
1 Cr 13.10 *f* de Jehová se encendió contra Uza 639
Esd 8.22 *f* contra todos los que le abandonan 639
Job 9.5 él arranca los montes con su *f*, y no 639
10.17 aumentas... tu *f* como tropas de relevo 3708
16.9 *f* me despedazó, y me ha sido contrario 639
18.4 oh tú, que te despedazas en tu *f*, ¿será 639
19.11 hizo arder contra mí su *f*, y me contó 639
19.29 sobreviene el *f* de la espada a causa 2534
20.28 los... serán esparcidos en el día de su *f* 639
39.24 y él con ímpetu y *f* escarba la tierra 7267
Sal 2.5 luego hablará a ellos en su *f*, y los 639
38.1 Jehová, no me reprendas en tu *f*, ni me 7110
55.3 sobre mí echaron... y con *f* me persiguen 639
56.7 Dios, y derriba en tu *f* a los Pueblos 639
59.13 acábalos con *f*, acábalos, para que no 2534
69.24 tu ira, y el *f* de tu enojo los alcance 639
74.1 ¿Por qué se ha encendido tu *f* contra las 639
78.21 fuego... el *f* subió también contra Israel 639
78.31 vino sobre ellos el *f* de Dios, e hizo 639
78.50 dispuso camino a su *f*; no eximió la 639
90.7 con tu *f* somos consumidos, y con tu ira 2534
95.11 juré en mi *f* que no entrarían en mi 639
106.40 se encendió... el *f* de Jehová sobre su 639
124.3 vivos... cuando se encendió su *f* contra 639
Pr 6.34 porque los celos son el *f* del hombre 2534
15.1 mas la palabra áspera hace subir el *f* 639
19.11 la cordura del hombre detiene su *f*, y 639
21.14 la dádiva en secreto calma el *f*, y el 639
27.4 cruel es la ira, e impetuoso el *f*; mas 639
Is 5.25 por esta causa se encendió el *f* de 639
5.25; 9.12,17,21; 10.4 no ha cesado su *f*, sino que 639
10.5 oh Asiria, vara y báculo de mi *f*, en su 639
10.25 poco tiempo se acabará mi *f* y mi enojo 639
14.6 el que hería a los pueblos con *f*, con 639
30.30 descenso de su brazo, con *f* de rostro 2197
37.28 he conocido... tu salida... tu *f* contra mí 7264
51.13 temiste... del *f* del que aflige, cuando 2534
51.13 en dónde está el *f* del que aflige? 2534
63.3 los hollé con mi *f*; y su sangre salpicó 639
63.6 y los embriagué en mi *f*, y derramé en 639
65.5 éstos son humo en mi *f*, fuego que arde 639
66.15 con fuego... para descargar su ira con *f* 639
Jer 7.20 *f* y mi ira se derramarán sobre este 639
10.24 no con tu *f*, para que no me aniquiles 639
15.14 porque fuego se ha encendido en mi *f* 639
17.4 porque fuego habéis encendido en mi *f* 639
21.5 Pelearé contra vosotros... con *f* y enojo 639
23.19 la tempestad de Jehová saldrá con *f* 2534
23.20 no se apartará el *f* de Jehová hasta que 639
25.15 de mi mano la copa del vino de este *f* 2534
25.38 asolada fue la tierra... por el *f* de su 2740
30.23 la tempestad de Jehová sale con *f*; la 2534
32.37 tierras a las cuales los eché con mi *f* 639
33.5 a los cuales herí yo con mi *f* y con mi 639
36.7 grande es el *f* y la ira... Jehová contra 639
44.6 derramó... mi ira y mi *f*, y se encendió 639
50.25 abrió... y sacó los instrumentos de su *f* 2195
Lm 1.12 angustiado en el día de su ardiente *f* 639
2.1 ¡cómo oscureció... su *f* a la hija de Sion! 639
2.1 no se acordó del estrado... el día de su *f* 639
2.2 destruyó en su *f*... las tiendas de Jacob 5678
2.21 mataste en el día de tu *f*; degollaste 639
2.22 en el día del *f*... no hubo quien escapase 639
3.66 persíguelos en tu *f*, y quebrántalos de 639
Ez 5.13 se cumplirá mi *f* y saciaré en ellos 639
5.15 haga en ti juicios con *f* e indignación 639
7.3 y enviaré sobre ti mi *f*, y te juzgaré 639
7.8 cumpliré en ti mi *f*, y te juzgaré según 639
7.19 oro... librarlos en el día del *f* de Jehová 5678
8.18 yo procederé con *f*; no perdonará mi ojo 2534
9.8 Israel derramando tu *f* sobre Jerusalén? 2534
13.13 y lluvia torrencial vendrá con mi *f* 639
13.15 cumpliré así mi *f* en la pared y en los 2534
21.14 triplíquese el *f* de la espada homicida
22.20 así os juntaré en mi *f* y en mi ira, y 639
22.21 y soplaré... en el fuego de mi *f*, y en 5678
22.24 ni rociada con lluvia en el día del *f* 2195
23.25 contra ti, y procederán contigo con *f* 2534
36.6 y en mi *f* he hablado, por cuanto habéis 2534
43.8 han contaminado mi... los consumí en mi *f* 639
Dn 9.16 apártese... y tu *f* de sobre tu ciudad 2534
Os 13.11 te di rey en mi *f*, y te lo quité en 639
Am 1.11 violó... y en su *f* le ha robado siempre 639
Jon 1.15 echaron... y el mar se aquietó de su *f* 2197
Mi 5.15 y con *f* haré venganza en las naciones 639
Hab 3.12 con ira... con *f* trillaste las naciones 639
Sof 2.2 venga sobre vosotros el *f* de la ira 639
Lc 6.11 y ellos se llenaron de *f*, y hablaban *454*
Ap 14.8 ha hecho beber... del vino del *f* de su *2372*
18.3 bebido del vino del *f* de su fornicación *2372*
19.15 él pisa el lagar del vino del *f* de *2372*

FURTIVAMENTE
2 R 11.2 tomó a Joás... y lo sacó *f* de entre los

FUT
1. Hijo de Cam, Gn 10.6; 1 Cr 1.8 6316
2. Región del África y sus habitantes
Is 66.19 y enviaré de los escapados de... a *F* 6322
Ez 27.10 los de Lud y *F* fueron en tu ejército 6316
30.5 *F*, Lud, toda Arabia, Libia, y los hijos 3552
38.5 y *F* con ellos; todos ellos con escudo 6316
Neh 3.9 *F* y Libia fueron sus ayudadores 6316

FUTIEL *Suegro de Eleazar No.1*, Éx 6.25 6317

FUTITAS *Familia de los descendientes de Judá*, 1 Cr 2.53 6336

G

GAAL *El que se rebeló contra Abimelec No. 3*
Jue 9.26 G hijo de Ebed vino con sus hermanos 1603
9.28 G...de Ebed dijo: ¿Quién es Abimelec, y 1603
9.30 Zebul...oyó las palabras de G hijo de 1603
9.31 G...y sus hermanos han venido a Siquem 1603
9.35 y G...salió, y se puso a la entrada de 1603
9.36 viendo G al pueblo, dijo a Zebul: He 1603
9.37 volvió G a hablar, y dijo: He allí gente 1603
9.39 y G salió delante de los de Siquem, y 1603
9.40 lo persiguió Abimelec, y G huyó delante
9.41 Zebul echó fuera a G y a sus hermanos 1603

GAAS *Monte y río en Efraín*
Jos 24.30; Jue 2.9 al norte del monte de G 1608
2 S 23.30 piratonita, Hidai del arroyo de G 1608
1 Cr 11.32 Hurai del río G, Abiel arbatita 1608

GABAA
1. Ciudad en Judá, Jos 15.57; 18.28 1394
2. Ciudad en Benjamín
Jue 19.12 no iremos...que pasaremos hasta G 1390
19.13 ven...para pasar la noche en G o en Ramá ... 1390
19.14 pasando...se les puso el sol junto a G 1390
19.15 para entrar a pasar allí la noche en G 1390
19.16 un hombre...moraba como forastero en G ... 1390
20.4 dijo: Yo llegué a G...con mi concubina 1390
20.5 levantándose...los de G, rodearon contra 1390
20.9 esto es ahora lo que haremos a G; contra 1390
20.10 que yendo a G...hagan conforme a toda 1387
20.13 entregad, pues...perversos que están en 1390
20.14 se juntaron de las ciudades en G, para 1390
20.15 contados...sin los que moraban en G 1390
20.19 levantaron...hijos de Israel...contra G 1390
20.20 ordenaron la batalla...ellos junto a G 1390
20.21 saliendo...de G los hijos de Benjamín 1390
20.25 saliendo Benjamín de G contra ellos 1390
20.29 puso Israel emboscadas alrededor de G 1390
20.30 día, ordenaron la batalla delante de G 1390
20.31 uno...Bet-el, y el otro a G en el campo 1390
20.33 salieron de su lugar...la pradera de G 1390
20.34 y vinieron contra G diez mil hombres 1390
20.36 en las emboscadas...puesto detrás de G 1390
20.37 los...de las emboscadas acometieron...a G .. 1390
20.43 hollaron...Menúha hasta enfrente de G 1390
1 S 10.26 Saúl también se fue a su casa en G 1390
11.4 llegando los...a G de Saúl, dijeron estas 1390
13.2 mil estaban con Jonatán en G de Benjamín 1390
13.15 Samuel, subió de Gilgal a G de Benjamín 1390
13.16 Saúl...quedaron en G de Benjamín; pero 1390
14.2 Saúl se hallaba al extremo de G, debajo 1390
14.5 uno...al norte...el otro al sur, hacia G 1390
14.16 los centinela de Saúl vieron desde G 1390
15.34 y Saúl subió a su casa en G de Saúl 1390
22.6 Saúl estaba sentado en G, debajo de un 1390
23.19 los de Zif para decirle a Saúl en G 1390
26.1 vinieron...zifeos a Saúl en G, diciendo 1390
2 S 21.6 los ahorquemos delante...en G de Saúl 1390
23.29; 1 Cr 11.31 Itai hijo de Ribai, de G 1390
2 Cr 13.2 su madre fue...hija de Uriel de G 1390
Is 10.29 en Geba; Ramá tembló; G de Saúl huyó 1390
Os 5.8 tocad bocina en G, trompeta en Ramá 1390
9.9 como en los días de G; ahora se acordará 1390
10.9 desde los días de G has pecado...Israel 1390
10.9 no los tomó la batalla en G contra los 1390

GABAATITA *Habitante de Gabaa*, 1 Cr 12.3 1395

GABAI *Benjamita en Jerusalén después del cautiverio*, Neh 11.8 1373

GABAÓN *Ciudad en Benjamín*
Jos 9.3 moradores de G...oyeron lo que Josué 1391
9.17 sus ciudades eran G, Cafira, Beerot y 1391
10.1 que los moradores de G habían hecho paz 1391
10.2 porque G era una gran ciudad, como una 1391
10.4 combatamos a G; porque ha hecho paz con ... 1391
10.5 acamparon cerca de G, y pelearon contra 1391
10.6 moradores de G enviaron a decir a Josué 1391
10.10 y los hirió con gran mortandad en G 1391
10.12 sol, detente en G; y tú, luna, en el 1391
10.41 los hirió...la tierra de Gosén hasta G 1391
11.19 salvo los heveos que moraban en G; todo 1391
18.25 G, Ramá, Beerot 1391
21.17 la tribu de Benjamín, G con sus ejidos 1391
2 S 2.12 Abner...salió de Mahanaim a G con los 1391
2.13 los encontraron junto al estanque de G 1391
2.16 fue...Helcat-hazurim, el cual está en G 1391
2.24 Gía, junto al camino del desierto de G 1391
3.30 Abner...él había dado muerte a Asael...G 1391
20.8 cerca de la piedra grande que está en G 1391
1 R 3.4 e iba el rey a G...era el lugar alto 1391
3.5 y se le apareció Jehová a Salomón en G 1391
9.2 apareció...como le había aparecido en G 1391
1 Cr 8.29 en G habitaron Abigabaón, la mujer 1391
9.35 en G habitaba Jehiel padre de G, el 1391,25
14.16 y derrotaron...filisteos desde G hasta 1391
16.39 Sadoc...el lugar alto que estaba en G 1391
21.29 el tabernáculo...en el lugar alto de G 1391
2 Cr 1.3 y fue Salomón...al lugar alto...en G 1391
1.13 y desde el lugar alto que estaba en G 1391
Neh 3.7 varones de G y de Mizpa, que estaban 1391
7.25 los hijos de G, noventa y cinco 1391
Is 28.21 como en el valle de G se enojará 1391
Jer 28.1 Hananías hijo de Azur...que era de G 1391
41.12 junto al gran estanque que está en G 1391
41.16 gente...que Johanán había traído de G 1391

GABAONITA *Habitante de Gabaón*
2 S 21.1 por causa...por cuanto mató a los g 1393
21.2 entonces el rey llamó a los g, y les 1393
21.2 g no eran de los hijos de Israel, sino 1393
21.3 dijo, pues, David a los g: ¿Qué haré 1393
21.4 y los g le respondieron: No tenemos 1393
21.9 los entregó en manos de los g, y ellos 1393
1 Cr 12.4 Ismaías g, valiente entre los 30, y 1393
Neh 3.7 junto a ellos restauró Melatías g y 1393

GABATA *Nombre hebreo del Enlosado*, Jn 19.13 . *1042*

GABRIEL *Un ángel principal*
Dn 8.16 y dijo: G, enseña a éste la visión 1403
9.21 el varón G...vino a mí como a la hora del 1403
Lc 1.19 yo soy G, que estoy delante de Dios *1043*
1.26 al sexto mes el ángel G fue enviado a *1043*

GACELA
Dt 12.15 la podrá comer, como la de g o de 6643
12.22 mismo que se come la g...podrás comer 6643
14.5 g, el corzo, la cabra montés, el íbice 6643
15.22 comerán...como de una g o de un ciervo 6643
2 S 2.18 Asael era ligero de pies como una g 6643
1 R 4.23 sin los ciervos, g, corzos y aves 6643
1 Cr 12.8 eran ligeros como las g sobre las 6643
Pr 5.19 como cierva amada y graciosa g. Sus 3280
6.5 escápate como g de la mano del cazador 6643
Cnt 4.5; 7.3 dos pechos, como gemelos de g 6646
Is 13.14 como g perseguida...mirará hacia su 6643

GAD
1. Hijo de Jacob y la tribu que formó su posteridad
Gn 30.11 dijo Lea: Vino y llamó su nombre G 1410
35.26 hijos de Zilpa, sierva de Lea: G y Aser 1410
46.16 hijos de G: Zifión, Hagui, Ezbón 1410
49.19 G, ejército lo acometerá; mas él 1410
Éx 1.4 Dan, Neftalí, G y Aser 1410
Nm 1.14 de G, Eliasaf hijo de Deuel 1410
1.24 de los hijos de G, por su descendencia 1410
1.25 los contados de la tribu de G fueron 1410
2.14 la tribu de G; y el jefe de los...de G 1410
7.42 Eliasaf hijo...príncipe de los hijos de G 1410
10.20 sobre...de los hijos de G, Eliasaf hijo 1410
13.15 la tribu de G, Geuel hijo de Maqui 1410
26.15 hijos de G por sus familias: de Zefón 1410
26.18 estas son las familias de G; y fueron 1410
32.1 los hijos de G tenían una muy inmensa 1410
32.2 vinieron, pues, los hijos de G...Rubén 1410
32.6 respondió Moisés a los hijos de G y a 1410
32.25 hablaron los hijos de G y los...a Moisés 1410
32.29 si los hijos de G y...pasan...el Jordán 1410
32.31 los hijos de G y...Rubén respondieron 1410
32.33 así Moisés dio a los hijos de G, a los 1410
32.34 los hijos de G edificaron Dibón, Atarot 1410
34.14 la tribu de los hijos de G según las 1410
Dt 27.13 estarán...el monte...Rubén, G, Aser 1410
29.8 y la dimos por heredad a Rubén y a G 1425
33.20 a G...bendito el que hizo ensanchar a G 1410
Jos 4.12 los hijos de G y la media tribu de 1410
13.24 dio...a la tribu de G, a los hijos de G 1410
13.28 esta es la heredad de los hijos de G 1410
18.7 G también...ya han recibido su heredad 1410
20.8 Rubén, Ramot en Galaad de la tribu de G 1410
21.7 obtuvieron...de la tribu de G...12 ciudades 1410
21.38 de la tribu de G, Ramot de Galaad con 1410
22.9 así los hijos de Rubén...G...se volvieron 1410
22.10 hijos de G...edificaron allí un altar 1410
22.11 hijos de G...habían edificado un altar 1410
22.13 y enviaron...a los hijos de G...a Finees 1410
22.15 fueron...a los hijos de G y a la media 1410
22.21 hijos de G...respondieron y dijeron a 1410
22.25 hijos de Rubén e hijos de G; no tenéis 1410
22.30 palabras que hablaron...los hijos de G 1410
22.31 dijo Finees...a los hijos de G y a los 1410
22.32 dejaron a...los hijos de G, y regresaron 1410
22.33 tierra...que habitaban...los hijos de G 1410
22.34 los hijos de G pusieron por nombre al 1410
1 S 13.7 pasaron el Jordán a la tierra de G 1410
2 S 24.5 ciudad...está en medio del valle de G 1410
2 R 10.33 tierra de Galaad, de G, de Rubén y 1425
1 Cr 2.2 José, Benjamín, Neftalí, G y Aser 1410
5.11 hijos de G habitaron enfrente de ellos 1410
5.18 hijos de Rubén y de G, y la media tribu 1425
6.63 los hijos de Merari...de la tribu de G 1410
6.80 y de la tribu de G, Ramot de Galaad con 1410
12.8 de los de G huyeron y fueron a David, al 1425
12.14 fueron capitanes del...de los hijos de G 1410
Jer 49.1 ¿por qué Milcom ha desposeído a G 1410
Ez 48.27 desde el...hasta el lado del mar, G 1410
48.28 junto al límite de G, al lado...al sur 1410
48.34 la puerta de G, una; la puerta de Aser 1410
Ap 7.5 de la tribu de G, doce mil sellados *1045*
2. Profeta en tiempo de David
1 S 22.5 profeta G dijo a David: No te estés 1410
2 S 24.11 vino palabra de Jehová al profeta G 1410
24.13 vino...G a David, y se lo hizo saber, y 1410
24.14 David...a G: En grande angustia estoy 1410
24.18 y G vino a David aquel día, y le dijo 1410
24.19 subió David, conforme al dicho de G 1410
1 Cr 21.9 habló Jehová a G, vidente de David 1410
21.11 y viniendo G a David, le dijo: Así ha 1410
21.13 David...a G: Estoy en grande angustia 1410
21.18 el ángel...ordenó a G que dijese a David 1410
21.19 palabra que G le había dicho en nombre 1410
29.29 escritas...en las crónicas de G vidente 1410
1 Cr 29.25 mandamiento de...G vidente del rey 1410

GADARENOS *Habitantes de Gadara, una ciudad al oriente del Mar de Galilea*
Mt 8.28 cuando llegó a...a la tierra de los g *1086*
Mr 5.1 otro lado del mar, a la región de los g *1046*
Lc 8.26 arribaron a la tierra de los g, que *1046*
8.37 la multitud de la región...de los g le *1046*

GADI
1. Uno de los doce espías enviados por Moisés, Nm 13.11 1426
2. Padre de Manahem, rey de Israel, 2 R 15.14,17 ... 1424

GADIEL *Uno de los doce espías enviados por Moisés*, Nm 13.10 1427

GADITA *Descendiente de Gad No. 1*
Dt 3.12 tierra...di a los rubenitas y a los g 1425
3.16 a los...g les di de Galaad hasta...Arnón 1425
4.43 Ramot en Galaad para los g, y Golán en 1425
Jos 1.12 habló Josué a los rubenitas y g y a 1425
12.6 dio aquella tierra...a los g y a la media 1425
13.8 g y...Manasés recibieron ya su heredad 1425
22.1 Josué llamó...los g, y a la media tribu 1425
2 S 23.36 Igal hijo de Natán, de Soba, Bani g 1425
1 Cr 5.26 transportó a los rubenitas y g y a 1425
12.37 rubenitas y g y de...Manasés, 120.000 1425
26.32 sobre los rubenitas, los g y la media 1425

GAHAM *Hijo de Nacor*, Gn 22.24 1514

GAHAR *Padre de una familia que regresó del cautiverio con Zorobabel*, Esd 2.47, Neh 7.49 . 1515

GALA
Is 3.22 las ropas de g, los mantoncillos, los 4254
3.24 lugar de ropa de g ceñimiento de cilicio 6614
Jer 2.32 se olvida...o la desposada de sus g? 7196
Zac 3.4 mira...te he hecho vestir de ropas de g 4254

GALAAD
1. Región montañosa al oriente del río Jordán
Gn 31.21 huyó, pues...y se dirigió al monte de G 1568
31.23 Labán...fue...le alcanzó en el monte de G ... 1568
31.25 Labán acampó con sus...en el monte de G ... 1568
31.47 y lo llamó Jacob, G 1567
31.48 por eso fue llamado su nombre G 1567
37.25 he aquí una compañía...que venía de G 1568
Nm 26.29 y Maquir engendró a G; de G 1568
26.30 estos son los hijos de G: de Jezer 1568
27.1 hijo de G, hijo de Maquir, hijo de 1568
32.1 vieron la tierra de Jazer y de G, y 1568
32.26 niños...estarán...en las ciudades de G 1568
32.29 les daréis la tierra de G en posesión 1568
32.39 los hijos de Maquir hijo...fueron a G 1568
32.40 dio G a Maquir hijo de Manasés, el cual 1568
36.1 la familia de G hijo de Maquir, hijo de 1568
Dt 2.36 desde Aroer...hasta G, no hubo ciudad 1568
3.10 todo G, y todo Basán hasta Salca y Edrei 1568
3.12 la mitad del monte de G con sus ciudades 1568
3.13 y el resto de G...lo di a la media tribu 1568
3.15 y G se lo di a Maquir 1568
3.16 a...les di de G hasta el arroyo de Arnón 1568
4.43 Ramot en G para los gaditas, y Golán en 1568
34.1 le mostró Jehová...tierra de G hasta Dan 1568
Jos 12.2 y la mitad de G, hasta el arroyo de 1568
12.5 la mitad de G, territorio de Sehón rey 1568
13.11 G, y los territorios de los gesureos 1568
13.25 todas las ciudades de G, y la mitad de 1568
13.31 y la mitad de G, y Astarot y Edrei 1568
17.1 fue hombre de guerra, tuvo G y Basán 1568
17.3 pero Zelofehad hijo de Hefer, hijo de G 1568
17.5 diez partes además de la tierra de G y 1568
17.6 de G fue de los otros hijos de Manasés 1568
20.8 Ramot en G de la tribu de Gad, y Golán 1568
21.38 tribu de Gad, Ramot de G con sus ejidos 1568
22.9 de Rubén y...de Gad...ir a la tierra de G 1568
22.13 y a la media tribu de...en tierra de G 1568
22.15 fueron a los...Rubén...en la tierra de G 1568
22.32 y regresaron de la tierra de G a la 1568
Jue 5.17 G se quedó al otro lado del Jordán 1568
7.3 tema...devuélvase desde el monte de G 1568
10.4 treinta ciudades...en la tierra de G 1568
10.8 la tierra del amorreo, que está en G 1568
10.17 los hijos de Amón, y acamparon en G 1568
10.18 el pueblo de G dijeron el uno al otro 1568
10.18 será caudillo sobre todos los...en G 1568
11.1 y el padre de Jefté era G 1568
11.2 pero la mujer de G le dio hijos 1568
11.5 ancianos de G fueron a traer a Jefté 1568
11.7 Jefté respondió a los ancianos de G 1568
11.8 los ancianos de G respondieron a Jefté 1568
11.8 caudillo de todos los que moramos en G 1568
11.9 dijo a los...de G: Si me hacéis volver 1568
11.10 los ancianos de G respondieron a Jefté 1568
11.11 Jefté vino con los ancianos de G, y el 1568
11.29 pasó por G...de allí pasó a Mizpa de G 1568
11.29 y de Mizpa de G pasó a los...de Amón 1568
12.4 reunió Jefté a todos los varones de G 1568
12.4 peleó...y los de G derrotaron a Efraín 1568
12.5 de G...preguntaban: ¿Eres tú efrateo? 1568
12.7 sepultado en una de las ciudades de G 1568
20.1 se reunió...desde Dan...y la tierra de G 1568
1 S 11.1 y acampó contra Jabes de G

11.9 así diréis a los de Jabes de G
13.7 pasaron... a la tierra de Gad y de G 1568
31.11 mas oyendo los de Jabes de G
2 S 2.5 envió David mensajeros a los de Jabes de G
2.9 lo hizo rey sobre G, sobre Gesuri 1568
17.26 acampó Israel con Absalón en... de G 1568
21.12 los huesos... de los hombres de Jabes de G
24.6 fueron a G y a la tierra baja de Hodsi 1568
1 R 4.13 las ciudades de Jair... estaban en G 1568
4.19 Geber hijo de Uri, en la tierra de G 1568
17.1 Elías... que era de los moradores de G 1568
22.3 ¿No sabéis que Ramot de G es nuestra 1568
22.4 ¿Quieres... pelear contra Ramot de G? 7433
22.6 ¿Iré a la guerra contra Ramot de G, o la dejaré? 7433
22.12 sube a Ramot de G, y serás prosperado 7433
22.15 ¿iremos a pelear contra Ramot de G, o 7433
22.20 para que suba y caiga en Ramot de G? 7433
22.29 subió,... con Josafat rey de Judá a Ramot de G 7433
2 R 8.28 Y fue a la guerra... a Ramot de G 7433
9.1 ciñe tus lomos,... y ve a Ramot de G 7433
9.4 fue, pues, el joven, el profeta, a Ramot de G 7433
9.14 (estaba entonces Joram guardando a Ramot de G 7433
10.33 tierra de G, de Gad, de Rubén y de 1568
10.33 desde Aroer... de Arnón, hasta G y Basán 1568
15.29 tomó a... G,Galilea, y toda la tierra de 1568
1 Cr 2.21 entró... la hija de Maquir padre de G 1568
2.22 Jair... tuvo 23 ciudades en la... de G 1568
2.23 fueron de los hijos de Maquir padre de G 1568
5.9 tenía mucho ganado en la tierra de G 1568
5.10 habitaron en... la región oriental de G 1568
5.14 hijo de Jaroa, hijo de G 1568
5.16 habitaron en G, en Basán y en sus aldeas 1568
6.80 la tribu de Gad, Ramot de G con sus ejidos 1568
7.14 también dio a luz a Maquir padre de G 1568
7.17 estos fueron los hijos de Galaad 1568
10.11 y oyendo todos los de Jabes de G
26.31 fuertes y vigorosos en Jazer de G 1568
27.21 de la otra media tribu de... en G, Iddo 1568
2 Cr 18.2 persuadió que fuese con él contra Ramot de G 7433
18.3 ¿quieres venir conmigo contra Ramot de G? ... 7433
18.5 ¿iremos a la guerra contra Ramot de G 7433
18.11 contra Ramot de G, y serás prosperado 7433
18.14 ¿iremos a pelear contra Ramot de G, o 7433
18.19 que suba y caiga en Ramot de G? 7433
18.28 subieron, pues,... a Ramot de G
22.5 fue a la guerra... contra... a Ramot de G 7433
Sal 60.7; 108.8 mío es G, y mío es Manasés 1568
Cnt 4.1; 6.5 se recuestan en las laderas de G 1568
Jer 8.22 no hay bálsamo en G? ¿No hay... médico 1568
22.6 como G eres tú para mí, y como la cima 1568
46.11 sube a G... virgen hija de Egipto; por 1568
50.19 el monte de Efraín y en G se saciará 1568
Ez 47.18 medio... de G y de la tierra de Israel 1568
Os 6.8 G, ciudad de hacedores de iniquidad 1568
12.11 ¿es G iniquidad? Ciertamente vanidad 1568
Am 1.3 porque trillaron a G con trillos de hierro 1568
1.13 abrieron a las mujeres de G... encintas 1568
Abd 19 poseerán el monte de... y Benjamín a G 1568
Mi 7.14 busque pasto en Basán y G, como en el 1568
Zac 10.10 los traeré a la tierra de G y del 1568
2. El majano de piedras que levantaron Jacob y Labán en el monte de Galaad
Gn 31.47 lo llamó Labán... y lo llamó Jacob, G 1567
31.48 es testigo... fue llamado su nombre G 1567
3. Hijo de Maquir y nieto de Manasés
Nm 26.29 Maquir engendró a G; de G, la familia 1568
26.30 estos son los hijos de G: de Jezer, la 1568
27.1 de G, hijo de Maquir, hijo de Manasés 1568
36.1 llegaron... los padres de la familia de G 1568
Jos 17.1 primogénito de Manasés y padre de G 1568
17.3 Hefer, hijo de G, hijo de Maquir, hijo 1568
1 Cr 2.21 hija de Maquir padre de G, la cual 1568
2.23 fueron... los hijos de Maquir padre de G 1568
7.14 también dio a luz a Maquir padre de G 1568
7.17 fueron los hijos de G, hijo de Maquir 1568
4. Padre de Jefté, Jue 11.1,2 1568
5. Descendiente de Gad, 1 Cr 5.14 1568

GALAADITA *Habitante de Galaad No. 1, o descendiente de Galaad No. 3*
Nm 26.29 hijos... de Galaad, la familia de los g 1569
Jue 10.3 tras él se levantó Jair g, el cual 1569
11.1 Jefté g era esforzado y valeroso; era 1569
11.40 endechar a la hija de Jefté g, 4 días 1568
12.4 vosotros los g, en medio de Efraín y de 1569
12.5 y los g tomaron los vados del Jordán 1569
12.7 murió Jefté g, y fue sepultado en una 1569
2 S 17.27 Maquir hijo... Barzilai g de Rogelim 1569
19.31 Barzilai g descendió de Rogelim, y pasó 1569
1 R 2.7 los hijos de Barzilai g... misericordia 1569
2 R 15.25 cincuenta hombres... hijos de los g 1569
Esd 2.61; Neh 7.63 las hijas de Barzilai g 1569

GALACIA *Provincia romana en Asia Menor*
Hch 16.6 atravesando Frigia... provincia de G *1054*
18.23 recorriendo por orden la región de G *1054*
1 Co 16.1 manera que ordené en... iglesias de G *1053*
Gá 1.2 hermanos... conmigo, a las iglesias de G *1053*
2 Ti 4.10 Crescente fue a G... Tito a Dalmacia *1053*
1 P 1.1 a los expatriados... G, Capadocia, Asia *1053*

GALAL
1. Levita entre aquellos que regresaron de Babilonia, 1 Cr 9.15 1559
2. Ascendiente de uno que regresó de Babilonia, 1 Cr 9.16; Neh 11.17 1559

GALARDÓN
Gn 15.1 no temas, yo soy tu escudo, y tu g 7939
Job 31.2 ¿qué g me daría de arriba Dios, y qué 2506
Sal 19.11 ellos; en guardarlos hay grande g 6118
58.11 g para el justo; ciertamente hay Dios 6529
Pr 11.18 mas el que siembra justicia tendrá g 7938
Mt 5.12 **vuestro g es grande en los cielos** *3408*
Lc 6.23 **aquí vuestro g es grande en los cielos** *3408*
6.35 **y será vuestro g grande, y seréis hijos** *3408*
1 Co 9.18 ¿cuál, pues, es mi g? Que predicando *3408*
He 10.35 vuestra confianza, que tiene grande g *3405*
11.26 porque tenía puesta la mirada en el g *3405*
2 P 2.13 recibiendo el g de su injusticia, ya *3408*
2 Jn 8 que no perdáis... que recibáis g completo *3408*
Ap 11.18 dar el g a tus siervos los profetas *3408*
22.12 **yo vengo pronto, y mi g conmigo, para** *3408*

GALARDONADOR
He 11.6 Dios... que es g de los que te buscan *3406*

GÁLATAS *Habitantes de Galacia*
Gá 3.1 g insensatos! ¿quién os fascinó para *1052*

GÁLBANO
Éx 30.34 toma... g aromático e incienso puro 2464

GALERA
Is 33.21 por el cual no andará g de remos, ni 590

GALERÍA
Ez 42.5 las g quitaban de ellas más que de las 862

GALILEA *Región en el norte de Palestina*
Jos 20.7 señalaron a Cedes en g, en el monte 1551
21.32 Cedes en G, con sus ejidos... ciudad de 1551
1 R 9.11 dio... veinte ciudades en tierra de G 1551
2 R 15.29 tomó a... G,y... la tierra de Neftalí 1551
1 Cr 6.76 Cedes en G con sus ejidos, Hamón con 1551
Is 9.1 llenará de gloria... en G de los gentiles 1551
Mt 2.22 pero avisado... se fue a la región de G *1056*
3.13 Jesús vino de G a Juan al Jordán, para *1056*
4.12 oyó que Juan estaba preso, volvió a G *1056*
4.15 camino del mar, al... G de los gentiles *1056*
4.18 andando Jesús junto al mar de G, vio a *1056*
4.23 recorrió Jesús toda G, enseñando en las *1056*
4.25 y le siguió mucha gente de G, de... Judea *1056*
15.29 pasó Jesús... y vino junto al mar de G *1056*
17.22 estando ellos en G, Jesús les dijo: El *1056*
19.1 se alejó de G, y fue a las regiones de *1056*
21.11 decía: Este es Jesús... de Nazaret de G *1056*
26.32 **después que haya resucitado, iré... a G** *1056*
27.55 cuales habían seguido a Jesús desde G *1056*
28.7 he aquí va delante de vosotros a G; allí *1056*
28.10 **para que vayan a G, y allí me verán** *1056*
28.16 pero los once discípulos se fueron a G *1056*
Mr 1.9 que Jesús vino de Nazaret de G, y fue *1056*
1.14 Jesús vino a G predicando el evangelio *1056*
1.16 andando junto al mar de G, vio a Simón *1056*
1.28 se difundió su fama por... alrededor de G *1056*
1.39 y predicaba... en toda G, y echaba fuera *1056*
3.7 se retiró... y le siguió gran multitud de G *1056*
6.21 daba una cena a... los principales de G *1056*
7.31 vino por Sidón al mar de G, pasando por *1056*
9.30 caminaron por G; y no quería que nadie *1056*
14.28 **después, iré delante de vosotros a G** *1056*
15.41 cuando él estaba en G, le seguían y le *1056*
16.7 id, decid... él va delante de vosotros a G *1056*
Lc 1.26 Gabriel fue enviado... una ciudad de G *1056*
2.4 José subió de G... a la ciudad de David *1056*
2.39 volvieron a G, a su ciudad de Nazaret *1056*
3.1 siendo... Herodes tetrarca de G, y... Felipe *1056*
4.14 volvió en el poder del Espíritu a G, y *1056*
4.31 descendió... a Capernaum, ciudad de G *1056*
4.44 y predicaba en las sinagogas de G *1056*
5.17 habían venido de todas las aldeas de G *1056*
8.26 los gadarenos... en la ribera opuesta a G *1056*
17.11 yendo Jesús... pasaba entre Samaria y G *1056*
23.5 por toda Judea, comenzando desde G hasta *1056*
23.6 oyendo decir, G, preguntó si el hombre *1056*
23.49 mujeres que le habían seguido desde G *1056*
23.55 las mujeres que habían venido... desde G *1056*
24.6 que os habló, cuando aún estaban en G *1056*
Jn 1.43 el siguiente día quiso Jesús ir a G *1056*
2.1 día se hicieron unas bodas en Caná de G *1056*
2.11 de señales hizo Jesús en Caná de G, y *1056*
4.3 salió de Judea, y se fue otra vez a G *1056*
4.43 días después, salió de allí y fue a G *1056*
4.45 vino a G, los galileos le recibieron *1056*
4.46 vino, pues, Jesús otra vez a Caná de G *1056*
4.47 oyó que Jesús había llegado de Judea a G *1056*
4.54 señal hizo Jesús, cuando fue de Judea a G *1056*
6.1 Jesús fue al otro lado del mar de G, el *1056*
7.1 andaba Jesús en G; pues no quería andar *1056*
7.9 habiéndoles dicho esto, se quedó en G *1056*
7.41 decían: ¿De G ha de venir el Cristo? *1056*
7.52 que de G nunca se ha levantado profeta *1056*
12.21 a Felipe, que era de Betsaida de G, y *1056*
21.2 estaban... Natanael el de Caná de G, los *1056*
Hch 9.31 las iglesias tenían paz... G y Samaria *1056*
10.37 divulgó por... Judea, comenzando desde G ... *1056*
13.31 a los que habían subido... con él de G *1056*

GALILEO *Habitante de Galilea*
Mt 26.69 tú también estabas con Jesús el g *1057*
Mr 14.70 porque eres g, y tu manera de hablar *1057*
Lc 13.1 que le contaban acerca de los g cuya *1057*
13.2 **g... eran más pecadores que todos los g?** *1057*
22.59 también éste estaba con él, porque es g *1057*
23.6 Pilato... preguntó si el hombre era g *1057*
Jn 4.45 g le recibieron, habiendo visto todas *1057*
7.52 ¿eres tú también g? Escudriña y ve que *1056*
Hch 1.11 varones g, ¿por qué estáis mirando *1056*
2.7 mirad, ¿no son g todos estos que hablan? *1057*
5.37 se levantó Judas el g, en los días del *1056*

GALIM *Ciudad de Benjamín*
1 S 25.44 Paltí hijo de Laís, que era de G 1554
Is 10.30 grita en alta voz, hija de G; haz 1554

GALIÓN *Procónsul romano de Acaya*
Hch 18.12 pero siendo G procónsul de Acaya *1058*
18.14 G dijo a los judíos: Si fuera algún *1058*
18.17 pero a G nada se le daba de ello *1058*

GALLINA
Mt 23.37; Lc 13.34 **la g junta sus polluelos** *3733*

GALLINAZO
Lv 11.14; Dt 14.13 el g, el milano según su 1676,7201

GALLO
Mt 26.34,75 **antes que el g cante, me negarás** *220*
26.74 no conozco al... Y en seguida cantó el g *220*
Mr 13.35 **si... o al canto del g, o a la mañana** *219*
14.30 **antes que el g haya cantado dos veces** *220*
14.68 negó... salió a la entrada; y cantó el g *220*
14.72 y el g cantó la segunda vez. Entonces *220*
14.72 **que el g cante dos veces, me negarás 3** *220*
Lc 22.34 **que el g no cantará hoy antes que tú** *220*
22.60 mientras él todavía hablaba, el g cantó *220*
22.61 **que el g cante, me negarás tres veces** *220*
Jn 13.38 **te digo: No cantará el g, sin que me** *220*
18.27 negó Pedro... y en seguida cantó el g *220*

GALOPAR
Jue 5.22 el *galopar*, por el g de sus valientes 1726

GAMADEOS *Habitantes de Gamad, lugar en Siria*
Ez 27.11 hijos de Arvad... los g en tus torres 1575

GAMALIEL
1. Jefe de la tribu de Manasés, Nm 1.10; 2.20; 7.54,59; 10.23 1583
2. Miembro honorable del concilio de los judíos
Hch 5.34 en el concilio un fariseo llamado G *1059*
22.3 soy judío... instruido a los pies de G *1059*

GAMUL *Jefe entre los levitas*, 1 Cr 24.17 1577

GANA *(m. adv.)*
Jue 8.25 ellos... De buena g te los daremos 5414
Pr 11.30 Y el que g almas es sabio
Mr 6.20 Herodes... pero le escuchaba de buena g *2234*
12.37 multitud del pueblo le oía de buena g *2234*
Lc 9.25 **aprovecha al hombre, si g todo el mundo** *2770*
2 Co 11.19 de buena g toleráis a los necios *2234*
12.9 de buena g gloriaré más bien en mis *3123*

GANADERÍA
Gn 46.34 diréis: Hombres de g han... tus siervos 4735

GANADERO
Gn 46.32 son pastores de ovejas... son hombres g 7462

GANADO
Gn 1.25 hizo Dios animales de la tierra... y g 929
2.20 puso Adán nombre a... todo g del campo 929
4.20 Jabal... fue padre de los que... crían g 4735
7.21 murió toda carne... de aves como de g y 929
12.5 todos sus bienes que habían g y las personas .. 7408
13.2 y Abram era riquísimo en g, en plata y 4735
13.7 los pastores del g de Abram... g de Lot 4735
27.9 vé ahora al g, y tráeme de allí 2 buenos 6629
29.2 porque de aquel pozo abrevaban los g 5739
29.7 no es tiempo todavía de recoger el g 4735
30.29 tú sabes... cómo ha estado tu g conmigo 4735
30.38 puso las varas... delante del g, en los 6629
31.9 quitó Dios el g de vuestro padre, y me lo 4735
31.18 en camino todo su g... g de su ganancia 4735
31.41 catorce años te serví... 6 años por tu g 6629
33.14 yo me iré poco a poco al paso del g que 4399
33.17 Jacob fue a... e hizo cabañas para su g 4735
34.5 estando sus hijos con su g en el campo 4735
34.23 g, sus bienes, y todas... serán nuestros 4735
36.6 y Esaú tomó... sus g, y todas sus bestias 4735
36.7 ni... los podía sostener a causa de sus g 4735
38.17 yo te enviaré del g un cabrito de las 6629
45.10 la tierra de Gosén... tu g y tus vacas 6629
46.6 tomaron sus g, y sus bienes que habían 4735
47.6 capaces, ponlos por mayorales del g mío 4735
47.16 dad vuestros g... os daré por vuestros g 4735
47.17 ellos trajeron sus g a José, y José les 4735
47.17 por el g de las ovejas... g de las vacas 4735
47.17 y les sustentó de pan por todos sus g 4735
47.18 también el g es ya de nuestro señor 4735,929
Éx 9.3 la mano de Jehová estará sobre tus g 4735
9.4 los g de Israel y los de Egipto, de modo 4735
9.6 murió... g de Egipto; mas del g de... Israel 4735
9.7 g de los hijos de Israel no había muerto 4735
9.19 a recoger tu g, y todo lo que tienes en 4735
9.20 hizo huir sus criados y su g a casa 4735
9.21 dejó sus criados y sus g en el campo 4735
10.26 nuestros g irán también con nosotros 4735
12.38 también subió... ovejas, y muchísimo g 4735
17.3 para matarnos de sed... y a nuestros g? 4735
34.19 de tu g todo primogénito de vaca o de 4735
Lv 1.2 de g vacuno u... haréis vuestra ofrenda 929
3.1 paz, si hubiere de ofrecerla de g vacuno 1241
19.19 no hará ayunar tu g con animales de 929
22.19 macho... de entre el g vacuno, de entre 1241
26.22 destruyan vuestro g, y os reduzcan en 929
Nm 20.19 si bebiéremos tus aguas yo y mis g 4735

31.9 Israel llevaron cautivas...todos sus *g* 929
32.1 Gad tenían...inmensa muchedumbre de *g* 4735
32.1 vieron...les pareció el país lugar de *g* 4735
32.4 es tierra de *g*, y tus siervos tienen *g* 4735
32.16 edificaremos...majadas para nuestro *g* 4735
32.26 nuestros *g*...en las ciudades de Galaad 929
35.3 los ejidos de ellas serán para...sus *g* 929
Dt 2.35 tomamos para nosotros los *g*, y los 929
3.7 tomamos para nosotros todo el *g*, y los 929
3.19 vuestros *g* (yo sé que tenéis mucho *g*) 4735
7.14 no habrá en ti...estéril, ni en tus *g* 929
11.6 los tragó con...todo su *g*, en medio de 3351
11.15 también hierba en tu campo para tus *g* 929
13.15 también matarás sus *g* a filo de espada 929
14.23 las primicias de tus manadas y de tus *g* 1241
Jos 1.14 vuestros *g* quedarán en la tierra que 4735
14.4 ciudades en...con los ejidos...para sus *g* 4735
21.2 dadas ciudades...ejidos para nuestros *g* 929
22.8 volved a...tiendas con mucho *g*, con plata 4735
Jue 6.5 subían ellos y sus *g*, y venían con sus 4735
18.21 pusieron...el *g* y el bagaje por delante 4735
1 S 15.9 perdonaron...lo mejor...del *g* mayor, de 1241
23.5 David...se llevó sus *g*, y les causó una 4735
25.16 estuvimos con ellos, apacentando los *g* 6629
30.20 ovejas y el *g* mayor; y trayéndolo todo 1241
2 R 3.4 Mesa...era propietario de *g*...y pagaba 5349
3.17 agua, y beberéis vosotros...y vuestros *g* 4735
1 Cr 4.39 valle, buscando pastos para sus *g* 6629
4.41 por cuanto había allí pastos para sus *g* 6629
5.9 tenía mucho *g* en la tierra de Galaad 4735
5.21 y tomaron sus *g*...y cien mil personas 4735
7.21 hijos de Gat...vinieron a tomarles sus *g* 4735
27.29 del *g* que pastaba en Sarón, Sitrai 1241
27.29 del *g* que estaba en los valles, Safat 1241
2 Cr 14.15 las cabañas de los que tenían *g* 4735
17.11 los árabes también le trajeron *g*, 7.000 6629
26.10 porque tuvo muchos *g*, así en la Sefela 4735
32.28 hizo...establos...y apriscos para los *g* 5739
Esd 1.4 con...bienes Y *g*, además de ofrendas 929
1.6 ayudaron con...*g*, y con cosas preciosas 929
Neh 9.37 enseñorean sobre...y sobre nuestros *g* 929
10.36 los primogénitos de...y de nuestros *g* 6629
Job 24.2 traspasan los linderos, roban los *g* 5739
30.1 desdeñara poner con los perros de mi *g* 6629
Sal 78.48 al...sus bestias, y sus *g* a los rayos 4735
107.38 se multiplican...y no disminuye su *g* 929
144.13 nuestros *g*...multipliquen a millares 6629
Is 7.25 que serán...para ser hollados de los *g* 7716
30.23 *g* en aquel tiempo serán apacentados en 4735
32.14 donde descansen asnos...*g* hagan majada 5739
60.7 todo el *g* de Cedar será juntado para ti 6629
Jer 9.10 hasta no quedar...oírse bramido de *g* 4735
10.21 los pastores...y todo su *g* se esparció 4830
12.4 por la maldad de los...faltaron los *g* y 929
31.12 al pan, al vino, al aceite, y el *g* de 6629
33.12 de pastores que hagan pastar sus *g* 6629
33.13 aún pasarán *g* por las manos del que los 6629
49.29 tiendas y sus *g* tomarán; sus cortinas 6629
49.32 serán...multitud de sus *g* por despojo 4735
Ez 36.11 multiplicaré...vosotros hombres y *g* 929
38.12 se hace de *g* y posesiones, que mora en 4735
38.13 para tomar *g* y posesiones, para tomar 4735
Am 7.15 Jehová me tomó de detrás del *g*, y me 6629
Sof 2.14 rebaños de *g* harán en ella majada 5739
Zac 2.4 a causa de la multitud de hombres...*g* 929
11.17 del pastor inútil que abandona el *g*! 6629
Mt 18.15 **si te oyere, has *g* a tu hermano** *2770*
25.20 **he *g* otros cinco talentos sobre ellos** *2770*
25.22 **he *g* otros dos talentos sobre ellos** *2770*
Lc 17.7 **un siervo que ara o apacienta *g*, al** *4165*
19.16 **Señor, tu mina ha *g* diez minas** *4333*
Jn 4.12 cual bebieron él, sus hijos y sus *g*? *2353*
1 P 3.1 sean *g* sin palabra por la conducta de *2770*

GANANCIA
Gn 31.18 el ganado de su *g* que había obtenido 7399
Lv 25.36 no tomarás de él usura ni *g*, sino 8636
25.37 tu dinero a usura, ni tus víveres a *g* 4768
Jue 5.19 mas no llevaron *g* alguna de dinero 1214
Pr 3.14 su *g* es mejor que la *g* de la plata 8393
15.6 justo...pero turbación en las *g* del impío 8393
22.16 que oprime al pobre para aumentar sus *g* 7235
31.11 en ella confiado, y no carecerá de *g* 7998
Is 23.18 sus negocios y *g* serán consagrados a 868
23.18 sus *g* serán para los que estuvieren 5504
33.15 el que aborrece la *g* de violencias, el 1215
Ez 22.27 como lobos...para obtener *g* injustas 1215
Hab 2.9 ¡ay del que codicia injusta *g* para su 1215
Hch 16.16 daba gran *g* a sus amos, adivinando *2039*
16.19 que había salido la esperanza de su *g* *2039*
19.24 Diana, daba no poca *g* a los artífices *2039*
Fil 1.21 el vivir es Cristo, y el morir es *g* *2771*
3.7 pero cuantas cosas eran para mi *g*, las *2771*
1 Ti 3.3,8 no codicioso de *g* deshonestas, sino *146*
6.5 que toman la piedad como fuente de *g* *4200*
6.6 pero gran *g* es la piedad acompañada e *4200*
Tit 1.7 obispo...no codicioso de *g* deshonestas *146*
1.11 enseñando por *g* deshonesta lo que no *2771*
1 P 5.2 cuidando de ella...no por *g* deshonesta *147*

GANAR
Gn 12.5 y todos sus bienes que habían *ganado* 7408
2 S 8.13 así *ganó* David fama. Cuando regresaba 6213
23.18 y Abisai...*ganó* renombre con los tres
23.22 *ganó* renombre con los tres valientes
1 Cr 11.20 Abisai...*ganó* renombre con los tres 8034
Est 2.15 y *ganaba* Ester el favor de todos los 5375
Sal 78.54 este monte que *ganó* su mano derecha 7069
Pr 11.30 vida; y el que *gana* almas es sabio 3947
Mt 16.26 **si *ganare* todo el mundo, y perdiere** *2770*
18.15 **si te oyere, has *ganado* a tu hermano** *2770*
25.16 **negoció con ellos, y *ganó* otros cinco** *4160*
25.17 **había recibido dos, *ganó* también otros** *2770*
25.20 **tienes, he *ganado* otros Cinco talentos** *2770*
25.22 ***ganado* otros dos talentos sobre ellos** *2770*
Mr 8.36 **¿qué aprovechará al hombre si *ganare*** *2770*
Lc 9.25 **¿qué aprovecha al hombre, si *gana* todo** *2770*
16.9 ***ganad* amigos por medio de las riquezas** *4160*
18.12 **ayuno...doy diezmos de todo lo que *gano*** *2932*
19.16 **señor, tu mina ha *ganado* diez minas** *4333*
21.19 **con...paciencia *ganaréis* vuestras almas** *2932*
Hch 20.28 la cual él *ganó* por su propia sangre *4046*
1 Co 9.19 hecho siervo de todos para *ganar* a *2770*
9.20 a los judíos como judío, para *ganar* a *2770*
9.20 para *ganar* a los que están sujetos a la *2770*
9.21 ley...para *ganar* a los que están sin ley *2770*
9.22 he hecho débil...para *ganar* a los débiles *2770*
2 Co 2.11 que Satanás no *gane* ventaja alguna *4122*
Fil 3.8 tengo por basura, para *ganar* a Cristo *2770*
1 Ti 3.13 *ganan* para sí un grado honroso, y *4046*
Stg 4.13 iremos...y traficaremos, y *ganaremos* *2770*
1 P 3.1 *ganados* sin palabra por la conducta de *2770*

GANCHO
Ez 40.43 y adentro, *g*, de un palmo menor 8240
Am 4.2 vienen...días en que os llevarán con *g* 6793

GANGRENA
2 Ti 2.17 y su palabra carcomerá como *g*; de *1044*

GARBANZO
2 S 17.28 trajeron a David y al...*g* tostados

GAREB
1. Uno de los 30 valientes de David, 2 S 23.38; 1 Cr 11.40 1619
2. Barrio de Jerusalén, Jer 31.39 1619

GARFIO
Éx 27.3 harás...tazones, sus *g* y sus braseros 4207
38.3 hizo...*g* y palas; todos sus utensilios 4207
Nm 4.14 8, los braseros y los tazones, todos 4207
1 S 2.13 venía...trayendo en su mano un *g* de 4207
2.14 todo lo que sacaba el *g*, el sacerdote 4207
2 R 19.28 mi *g* en tu nariz, y mi freno en tus 2397
1 Cr 28.17 también oro puro para los *g*, para 4207
2 Cr 4.16 y *g*; de bronce muy fino hizo todos 4207
Job 41.2 narices, y horadarás con *g* su quijada? 100
Is 37.29 pondré, pues, mi *g* en tu nariz, y mi 2397
Ez 29.4 pondré *g* en tus quijadas, y pegaré los 2397
38.4 y pondré *g* en tus quijadas, y te sacaré 2397

GARGANTA
Job 33.2 abriré mi...y mi lengua hablará en mi *g* 2441
Sal 5.9 sepulcro abierto es su *g*...su lengua 1627
69.3 cansado estoy...mi *g* se ha enronquecido 1627
115.7 pies, mas no andan; no hablan con su *g* 1627
149.6 exalten a Dios con sus *g*, y espadas de 1627
Pr 23.2 y pon cuchillo a tu *g*, si tienes gran 3930
Is 8.8 pasará adelante, y llegará hasta la *g* 6677
Jer 2.25 tus pies de andar descalzos, y tu *g* 1627
Ro 3.13 sepulcro abierto es su *g*...su lengua *2995*

GARGANTILLA
Cnt 4.9 has apresado...con una *g* de tu cuello 6060

GARMITA *Patronímico de Keila No. 2*
1 Cr 4.19 1636

GARRA
Lv 11.27 por inmundo a...que ande sobre sus *g* 3709
1 S 17.37 de las *g* de león y de las *g* del oso 3027
Sal 10.10 y caen en sus...*g* muchos desdichados 6099

GARZA
Lv 11.19; Dt 14.18 la *g* según su especie, la 601

GASA
Is 3.23 los espejos, el lino fino, las *g* y los 6797

GASMU = *Gesem,* Neh 6.6 1654

GASTAR
Dt 26.14 ni he *gastado*...estando yo inmundo, ni 1197
1 R 10.16 seiscientos siclos de oro *gastó* en 5927
10.17 en cada uno...*gastó* tres libras de oro 5927
2 R 12.11 *gastaban* en pagar a los carpinteros 3318
12.12 en todo lo que se *gastaba* en la casa 3318
2 Cr 24.7 habían *gastado* en los ídolos todas 6213
Job 13.28 y mi cuerpo se va *gastando* como de 1086
18.12 serán *gastadas* de hambre sus fuerzas 7457
Sal 6.7 mis ojos están *gastados* de sufrir; se 6244
31.10 mi vida se va *gastando* de dolor, y mis 3615
Is 55.2 ¿por qué *gastáis* el dinero en lo que 8254
Jer 20.18 que mis días se *gastasen* en afrenta? 3615
37.21 que todo el pan de la ciudad se *gastase* 8552
Mr 5.26 médicos, y *gastado* todo lo que tenía *1159*
Lc 8.43 había *gastado* en médicos todo cuanto *4321*
10.35 **lo que gastes de más, yo te lo *pagaré*** *4325*
2 Co 12.15 *gastaré* lo mío, y yo mismo me *g* *1550*
Stg 4.3 pedís mal, para *gastar* en...deleites *1159*

GASTO
Esd 6.4 el *g* sea pagado por el tesoro del rey 5313
6.8 sean dados...a esos varones los *g*, para 5313
Lc 14.28 **calcula los *g*, a ver si tiene lo que** *1160*
Hch 21.24 y paga sus *g* para que se rasuren la *1159*

GAT *Una de las cinco ciudades principales de los filisteos*
Jos 11.22 solamente quedaron en Gaza, en *G* y 1661
1 S 5.8 pásese el arca del Dios de Israel a *G* 1661
6.17 por Ascalón uno, por *G* uno, por Ecrón 1661
7.14 fueron restituidas...desde Ecrón hasta *G* 1661
17.4 el cual se llamaba Goliat, de *G*, y tenía 1661
17.23 el filisteo de *G*, salió de entre las 1661
17.52 cayeron los heridos...hasta *G* y Ecrón 1661
21.10 David...huyó...se fue a Aquis rey de *G* 1661
21.12 David...tuvo...temor de Aquis rey de *G* 1661
27.2 se pasó a Aquis hijo de Maoc, rey de *G* 1661
27.3 y moró David con Aquis en *G*, él y sus 1661
27.4 la nueva de que David había huido a *G* 1661
27.11 para que viniesen a *G*; diciendo: No 1661
2 S 1.20 no lo anunciéis en *G*, ni deis las 1661
15.18 hombres...habían venido 2 pie desde *G* 1661
21.20 después hubo otra guerra en *G*, donde 1661
21.22 los descendientes de los gigantes en *G* 1661
1 R 2.39 dos siervos...huyeron a Aquis...de *G* 1661
2.39 diciendo...que tus siervos están en *G* 1661
2.40 fue a...en *G*...y trajo sus siervos de *G* 1661
2.41 Simei había ido de Jerusalén hasta *G* 1661
2 R 12.17 Hazael...peleó contra *G*, y la tomó 1661
1 Cr 7.21 los hijos de *G*...los mataron, porque 1661
8.13 los cuales echaron a los moradores de *G* 1661
18.1 David...tomó a *G* y sus villas de mano de 1661
20.6 volvió a haber guerra en *G*, donde había 1661
20.8 descendientes de los gigantes en *G*, los 1661
2 Cr 11.8 *G*, Maresa, Zif 1661
26.6 y rompió el muro de *G*, y el...de Jabnia 1661
Sal 56 *tít.* cuando los filisteos le prendieron en *G* 1661
Am 6.2 descended luego a *G* de los filisteos 1661
Mi 1.10 no lo digáis en *G*, ni lloréis mucho 1661

GATAM *Descendiente de Esaú,* Gn 36.11,16; 1 Cr 1.36 1609

GAT-HEFER *Población de Zabulón,* Jos 19.13; 2 R 14.25 1662

GAT-RIMÓN
1. Ciudad de los levitas en Dan, Jos 19.45; 21.2;4 1667
2. Ciudad de los levitas en Manasés, Jos 21.25; 1 Cr 6.69 1667

GAVILÁN
Lv 11.16; Dt 14.15 el *g* según su especie 5322
Job 39.26 ¿vuela el *g* por tu sabiduría, y...alas? 5322

GAVILLA
Lv 23.10 traeréis...una *g* por primicias de los 6016
23.11 mecerá la *g* delante de Jehová, para que 6016
23.12 el día que ofrezcáis la *g*, ofreceréis 6016
23.15 desde el día en que ofrecisteis la *g* 6016
Dt 24.19 mies...olvides alguna *g* en el campo 6016
Rt 2.7 juntar tras los segadores entre las *g* 6016
2.15 que recoja también espigas entre las *g* 6016
Job 5.26 como la *g* de trigo que se recoge a su 1430
24.10 andar...y a los hambrientos quitan las *g* 6016
Sal 126.6 mas volverá a venir...trayendo sus *g* 485
129.7 no llenó...ni sus brazos el que hace *g* 6014
Am 2.13 como se aprieta el carro lleno de *g* 5995
Mi 4.12 por lo cual los juntó como *g* en la era 5995
Zac 12.6 leña, y...antorcha ardiendo entre *g* 5995

GAVIOTA
Lv 11.16; Dt 14.15 la *g* y...según sus especies 7828

GAYO
1. Cristiano de Macedonia, compañero de Pablo, Hch 19.29 .... *1050*
2. Cristiano de Derbe, compañero de Pablo, Hch 20.4 .... *1050*
3. Cristiano en Corinto
Ro 16.23 os saluda *G*...hospedador mío y de toda *1050*
1 Co 1.14 no he bautizado, sino a Crispo y a *G* *1050*
4. Cristiano a quien dirigió Juan su tercera epístola, 3 Jn 1 .... *1050*

GAZA
1. Ciudad de gran antigüedad en el sur de Palestina
Gn 10.19 en dirección a Gerar, hasta *G*; y en 5804
Dt 2.23 los aveos que habitaban en...hasta *G* 5804
Jos 10.41 hirió...desde Cades-barnea hasta *G* 5804
11.22 solamente quedaron en *G*, en Gat y en 5804
15.47 *G* con sus villas y sus aldeas hasta 5804
Jue 1.18 tomó...a *G* con su territorio, Ascalón 5804
16.1 fue Sansón a *G*, y vio allí a una mujer 5804
16.2 fue dicho a los de *G*: Sansón ha venido 5841
16.21 los filisteos...le llevaron a *G*; y le 5804
1 S 6.17 por *G* uno, por Ascalón uno, por Gat 5804
1 R 4.24 él señoreaba en...desde Tifsa hasta *G* 5804
2 R 18.8 hirió también a los filisteos hasta *G* 5804
Jer 25.20 a Filistea, a Ascalón, a *G*, a Ecrón 5804
47.1 vino...antes que Faraón destruyese a *G* 5804
47.5 *G* fue rapada, Ascalón ha perecido, y el 5804
Am 1.6 por tres pecados de *G*, y por el cuarto 5804
1.7 prenderé fuego...muro de *G*, y consumirá 5804
Sof 2.4 porque *G* será desamparada, y Ascalón 5804
Zac 9.5 *G* también, y se dolerá en gran manera 5804
9.5 perecerá el rey de *G*...y Ascalón no será 5804
Hch 8.26 por el camino que desciende de...a *G* *1048*
2. Población en Efraín
Jue 6.4 destruían...la tierra hasta llegar a *G* 5804
1 Cr 7.28 asimismo Siquem...*G* y sus aldeas 5804

GAZAM *Familia que regresó de Babilonia con Zorobabel,* Esd 2.48; Neh 7.51 1502

GAZEO *Habitante de Gaza No. 1,* Jos 13.3 5841

GAZEZ *Nombre de dos descendientes de Caleb,* 1 Cr 2.46(2) 1495

GEBA *Ciudad de los Gabaoitas en Benjamín*
Jos 18.24 y *G*; doce ciudades con sus aldeas 1387
21.17 tribu de Benjamín. . . *G* con sus ejidos 1387
2 S 5.25 hirió. . . desde *G* hasta llegar a Gezer 1387
1 R 15.22 edificó el rey Asa. . . a *G* de Benjamín 1387
2 R 23.8 profanó los lugares altos. . . desde *G*. 1387
1 Cr 6.60 *G* con sus ejidos, Alemet con sus 1387
8.6 son los hijos de Aod. . . que habitaron en *G* 1387
2 Cr 16.6 y con ellas edificó a *G* y a Mizpa 1387
Esd 2.26; Neh 7.30 los. . . de Ramá y de *G* 1387
Neh 11.31 habitaron desde *G*, en Micmas, en Aga 1387
12.29 la casa de Gilgal, y de los campos de *G* 1387
Is 10.29 se alojaron en *G*; Ramá tembló; Gabaa. 1387
Zac 14.10 como llanura desde *G* hasta Rimón al 1387

GEBAL
1. Ciudad de Fenicia
1 R 5.18 los hombres de *G*, cortaron. . . madera
Ez 27.9 los ancianos de *G* y sus más hábiles 1380
2. Región en los montes al sur del Mar Muerto, Sal 83.7 1381

GEBER
1. Padre de un oficial de Salomón, 1 R 4.13 1127
2. Un oficial de Salomón, 1 R 4.19 1398

GEBIM *Ciudad en Benjamín,* Is 10.31 1374

GEDALÍAS
1. Gobernador de Judá bajo Nabucodonosor
2 R 25.22 por gobernador a *G* hijo de Ahicam 1436
25.23 que. . . había puesto. . . a *G*, vinieron a él 1436
25.24 *G* les hizo juramento a ellos y a los 1436
25.25 vino Ismael. . . e hirieron a *G*, y murió. 1436
Jer 39.14 a Jeremías. . . lo entregaron a *G* hijo 1436
40.5 vuélvete a *G* hijo de Ahicam, hijo de 1436
40.6 se fue. . . Jeremías a *G*. . . y habitó con él 1436
40.7 el rey. . . había puesto a *G*. . . para gobernar 1436
40.8 vinieron luego a *G* en Mizpa; esto es 1436
40.9 juró *G*. . . No tengáis temor de servir a los 1436
40.11 que había puesto sobre ellos a *G* hijo 1436
40.12 y vinieron a tierra de Judá, a *G* en 1436
40.13 los príncipes. . . vinieron a *G* en Mizpa 1436
40.14 ¿no. . . Mas *G* hijo de Ahicam no les creyó 1436
40.15 Jonatán hijo de. . . habló a *G* en secreto 1436
40.16 pero *G*. . . dijo a Jonatán. . . No hagas esto 1436
41.1 vino Ismael hijo de. . . a *G* hijo de Ahicam 1436
41.2 e hirieron a espada a *G* hijo de Ahicam 1436
41.3 los judíos que estaban con *G* en Mizpa 1436
41.4 sucedió. . . un día después que mató a *G*. 1436
41.6 Isamel. . . dijo: Venid a *G* hijo de Ahicam 1436
41.9 de los hombres que mató a causa de *G* 1436
41.10 cual había encargado. . . *G* hijo de Ahicam 1436
41.16 después que mató a *G* hijo de Ahicam 1436
41.18 haber dado muerte Ismael. . . a *G* hijo de 1436
43.6 había dejado Nabuzaradán. . . con *G* hijo de . . . 1436
2. Músico en tiempo de David, 1 Cr 25.3,9 1436
3. Sacerdote en tiempo de Esdras, Esd 10.18 1436
4. Príncipe en Jerusalén, enemigo de Jeremías, Jer 38.1 1436
5. Ascendiente del profeta Sofonías, Sof 1.1 1436

GEDEÓN *Juez de Israel (=Jerobaal)*
Jue 6.11 su hijo *G* estaba sacudiendo el trigo 1439
6.13 *G* le respondió: Ah, señor mío, si Jehová 1439
6.19 entrando *G*, preparó un cabrito, y panes 1439
6.22 viendo. . . *G* que era el ángel de Jehová 1439
6.24 y edificó allí *G* altar a Jehová, y lo 1439
6.27 *G* tomó diez hombres de sus siervos, e. 1439
6.29 les dijeron: *G* hijo de Joás lo ha hecho 1439
6.32 aquel día *G* fue llamado Jerobaal, esto 1439
6.34 el Espíritu de Jehová vino sobre *G*, y 1439
6.36 y *G* dijo a Dios: Si has de salvar a 1439
6.39 mas *G* dijo a Dios: No se encienda tu ira. 1439
7.1 levantándose. . . Jerobaal, el cual es *G*, y 1439
7.2 y Jehová dijo a *G*: El pueblo. . . es mucho 1439
7.4 Jehová dijo a *G*: Aún es mucho el pueblo 1439
7.5 Jehová dijo a *G*: Cualquiera que lamiera 1439
7.7 Jehová dijo a *G*: Con estos los hombres. 1439
7.13 cuando llegó *G*, he aquí que un hombre 1439
7.14 esto no es. . . sino la espada de *G* hijo de. 1439
7.15 cuando *G* oyó el relato del sueño y su 1439
7.18 tocaréis. . . diréis: ¡Por Jehová y por *G!* 1439
7.19 llegaron, pues, *G* y los cien hombres que 1439
7.20 gritaron. . . la espada de Jehová y de *G!* 1439
7.24 *G*. . . envió mensajeros por todo el monte. 1439
7.25 trajeron las cabezas. . . *G* al otro lado 1439
8.4 y vino *G* al Jordán, y pasó él y los 300. 1439
8.7 *G* dijo: Cuando Jehová haya entregado en. 1439
8.11 subiendo, pues, *G* por el camino de los 1439
8.13 entonces *G* hijo de. . . volvió de la batalla 1439
8.21 *G* se levantó, y mató a Zeba y a Zalmuna 1439
8.22 y los israelitas dijeron a *G*: Sé. . . señor 1439
8.23 mas *G* respondió: No seré señor sobre 1439
8.24 les dijo *G*: Quiero haceros una petición. 1439
8.27 y *G* hizo de ellos un efod, el cual hdo 1439
8.27 efod. . . fue tropezadero a *G* y a su casa 1439
8.28 reposó la tierra 40. . . en los días de *G* 1439
8.30 tuvo *G* setenta hijos que constituyeron 1439
8.32 murió *G*. . . en buena vejez, y fue sepultado. 1439
8.33 que cuando murió *G*, los hijos de Israel. 1439
8.35 con la casa de Jerobaal, el cual es *G*. 1439
He 11.32 contando de *G*, de Barac, de Sansón *1066*

GEDEONI *Padre de Abidán, príncipe de Benjamín,* Nm 1.11; 2.22; 7.60,65; 10.24 1441

GEDER *Ciudad de los cananeos,* Jos 12.13 1445

GEDERA *Población en Judá,* Jos 15.36 1449

GEDERATITA *Habitante de otra Gedera, población en Benjamín,* 1 Cr 12.4. 1452

GEDERITA *Habitante de Geder,* 1 Cr 27.28 1451

GEDEROT *Ciudad en Judá,* Jos 15.41; 2 Cr 28.18 . 1450

GEDEROTAIM *Población en Judá,* Jos 15.36 1453

GEDOLIM *Padre de Zabdiel,* Neh 11.14. 1419

GEDOR
1. Ciudad en Judá, Jos 15.58; 1 Cr 12.7 1446
2. Nombre de descendientes de Judá, 1 Cr 4.4,18 1446
3. Ciudad en la frontera de Simeón (posiblemente =Gerar), 1 Cr 4.39 1446
4. Descendiente de Benjamín, 1 Cr 8.31; 9.37. 1446

GELILOT = *Gilgal,* Jos 18.17. 1553

GEMALI *Padre de Amfel No. 1,* Nm 13.12 1582

GEMARÍAS
1. Mensajero del rey Sedequías, Jer 29.3. 1587
2. Príncipe de Judá en tiempo del rey Sedequías, Jer 36.10,11,12,25 1587

GEMELO, A
Gn 25.24 para dar a luz. . . había *g* en su vientre 8380
38.27 al tiempo de dar a luz. . . *g* en su seno 8380
Cnt 4.2; 6.6 manadas de ovejas. . . con crías *g* 8382
4.5; 7.3 tus dos pechos, como *g* de gacela 8380

GEMIDO
Éx 2.24 oyó Dios el *g* de ellos, y se acordó 5009
6.5 yo he oído el *g* de los hijos de Israel. 5009
Jue 2.18 era movido a misericordia por sus *g* 5009
Job 3.24 mi suspiro, y mis *g* corren como aguas 7581
23.2 porque es más grave mi llaga que mi *g*. 585
Sal 12.5 por el *g* de los menesterosos, ahora. 603
79.11 llegue delante de ti el *g* de. . . presos. 603
102.5 por la voz de mi *g* mis huesos se han 585
102.20 oír el *g* de los presos, para soltar. 603
Is 21.2 sitiar, oh Media. Todo su *g* hice cesar 585
35.10 alegría, y huirán la tristeza y el *g*. 585
51.11 gozo y alegría. . . el dolor y el *g* huirán 585
Ez 30.24 gemirá con *g* de herido de muerte. 5009
Mt 2.18 oída. . . grande lamentación, lloro y *g* *3602*
Hch 7.34 y he oído su *g*, y he descendido para *4726*
Ro 8.26 el Espíritu mismo intercede por. . . con. *4726*

GEMIR
Éx 2.23 y los hijos de Israel *gemían* a causa 7775
Job 6.5 ¿*gime* el asno montés junto a la hierba? 5101
24.12 desde la ciudad *gimen* los moribundos 5008
Sal 5.1 escucha, oh Jehová. . . considera mi *gemir* 1901
6.6 me he consumido a fuerza de *gemir*; todas. 585
32.3 se. . . mis huesos en mi *gemir* todo el día. 7581
38.8 *gimo* a causa de la conmoción de mi 7580
Pr 5.11 *gimas* al final, cuando se consuma tu. 5098
29.2 cuando domina el impío, el pueblo *gime* 584
Is 16.7 *gemiréis* en gran manera abatidos, por 1897
24.7 *gimieron* todos los que eran alegres de 56
26.17 se acerca el alumbramiento *gime* y da 2199
38.14 *gemía* como la paloma; acaba en alto 1897
59.11 *gemimos* lastimeramente como palomas 1897
Jer 22.23 cómo *gemirás*. . . te vinieran dolores. 2603
45.3 a mi dolor; fatigado estoy de *gemir*, y. 585
48.31 sobre los hombres de Kir-hares *gemiré*. 1897
51.8 *gemid* sobre ella; tomad bálsamo para su 3213
51.52 en toda su tierra *gemirán* los heridos. 602
Lm 1.4 están asoladas, sus sacerdotes *gimen* 584
1.21 oyeron que *gemía*, mas no hay consolador. 584
Ez 7.16 *gimiendo*. . . cada uno por su iniquidad. 1993
9.4 una señal en la. . . a los hombres que *gimen* 584
21.6 *gime* con quebrantamiento de tus lomos. 584
21.6 y tú. . . *gime* delante de los ojos de ellos. 584
21.7 ¿por qué *gimes* tú. . . Por una noticia que 584
24.23 consumiréis. . . *gemiréis* unos con otros 5098
30.24 *gemía* con gemidos de herido de muerte 5009
Jl 1.5 Llorad; *gemid*, todos los que bebéis vino. 3213
1.11 *gemid*, viñedos por el trigo y la cebada 3213
1.13 sacerdotes; *gemid*, ministros del altar 3213
1.18 ¡cómo *gimieron* las bestias!. . . turbados 584
Am 8.3 y los cantores del templo *gemirán* en. 3213
Mi 4.10 *gime*, hija de Sion, como mujer que. 1518
Nah 2.7 sus criadas la llevarán *gimiendo* como 6963
Mr 7.34 ***gimió*, Y le dijo: Efata, es decir: Sé** *4727*
8.12 ***gimiendo* en su espíritu, dijo: ¿Por qué** *389*
Ro 8.22 sabemos que. . . la creación *gime* a una *4959*
8.23 *gemimos* dentro de nosotros mismos *4727*
2 Co 5.2 por esto también *gemimos*, deseando. *4727*
5.4 que estamos en este tabernáculo *gemimos*. *4727*

GENEALOGÍA
1 Cr 7.5 contados todos por sus *g*, eran 87.000. 3187
9.1 contado todo Israel por sus *g*, fueron 3187
Esd 2.62 éstos buscaron su registro de *g*, y no 3187
8.1 y la *g* de aquellos que subieron conmigo. 3187
Neh 7.5 que fuesen empadronados según sus *g* 3187
7.5 hallé el libro de la *g* de los que habían 3188
7.61 no pudieron mostrar la casa de. . . ni su *g* 2233
7.64 éstos buscaron su registro de *g*, y no 3187
Mt 1.1 libro de la *g* de Jesucristo, hijo de *1078*
1 Ti 1.4 ni presten atención a fábulas y *g* *1076*
Tit 3.9 pero evita las. . . *g*, y contenciones, y. *1076*
He 7.3 sin padre, sin madre, sin *g*; que ni *35*
7.6 pero aquel cuya *g* no es contada de entre. *1075*

GENERACIÓN
Gn 5.1 este es el libro de las *g* de Adán. 8435
6.9 son las *g* de Noé. . . varón perfecto en sus *g*. 8435
7.1 porque a ti he visto justo. . . en esta *g*. 1755
10.1 estas son las *g* de los hijos de Noé 8435
11.10 estas son las *g* de Sem: Sem, de edad 8435
11.27 estas son las *g* de Taré: Taré engendró 8435
15.16 y en la cuarta *g* volverán acá; porque 1755
17.7,9 descendencia después de ti en sus *g* 1755
17.12 circuncidado todo varón. . . por vuestras *g* 1755
36.1 estas son las *g* de Esaú, el cual es Edom 8435
50.23 vio José los hijos. . . hasta la tercera *g* 8029
Éx 1.6 murió. . . sus hermanos, y toda aquella *g* 1755
12.14 fiesta solemne para Jehová durante *g* 1755
12.17 guardaréis. . . mandamiento en vuestras *g* 1755
12.42 guardarla. . . los hijos de Israel en sus *g* 1755
17.16 tendrá guerra con Amelec de *g* en *g* 1755
20.5 visito la maldad de. . . hasta la. . . cuarta *g*. 7256
27.21 estatuto perpetuo de. . . Israel por sus *g* 1755
29.42 el holocausto continuo por vuestras *g* 1755
30.8 rito perpetuo delante de. . . por vuestras *g*. 1755
30.10 hará expiación sobre él por vuestras *g* 1755
30.21 lo tendrán por estatuto perpetuo. . . sus *g* 1755
30.31 este será mi aceite de. . . por vuestras *g* 1755
31.13 días de reposo. . . señal. . . por vuestras *g* 1755
31.16 celebrándolo por sus *g* por. . . perpetuo 1755
34.7 visita la. . . hasta la tercera y cuarta *g* 7256
40.15 les. . . por sacerdocio perpetuo, por sus *g*. 1755
Lv 6.18 estatuto perpetuo será para vuestras *g*. 1755
7.36 ungió. . . como estatuto perpetuo en sus *g* 1755
10.9 estatuto perpetuo será para vuestras *g*. 1755
21.17 ninguno de tus descendientes por sus *g* 1755
22.3 varón. . . en vuestras *g*, que se acercarse a 1755
23.21,31,41; 24.3; Nm 10.8; 15.15 estatuto perpetuo. . . por vuestras *g* 1755
Nm 15.14 extranjeros entre vosotros por. . . *g* 1755
15.21 daréis a Jehová ofrenda por vuestras *g* 1755
15.23 digo, que no pasará esta *g* hasta que 1755
15.38 diles que se hagan franjas. . . por sus *g*. 1755
32.13 hasta que fue acabada toda aquella *g* 1755
Dt 1.35 no verá hombre alguno. . . de esta mala *g* 1755
2.14 se acabó. . . la *g* de los hombres de guerra. 1755
5.9 visto. . . hasta la tercera y cuarta *g* de 7256
7.9 guarda. . . la misericordia a. . . hasta mil *g*. 1755
23.2 ni hasta la décima *g* no entrarán en la 1755
23.3 amonita. . . ni hasta la décima *g* de ellos. 1755
23.8 hijos. . . en la tercera *g* entrarán en la *g* 1755
29.22 dirán las *g* venideras, vuestros hijos. 1755
32.5 de sus hijos es la mancha, *g* torcida y. 1755
32.7 considera. . . años de muchas *g*, pregunta 1755
32.20 son una *g* perversa, hijos infieles 1755
Jos 22.28 que tal digan. . . a nuestras *g* en lo. 1755
Jue 2.10 aquella *g*. . . fue reunida a sus padres 1755
2.10 se levantó. . . *g* que no conocía a Jehová. 1755
Rt 4.18 son las *g* de Fares Fares engendró a. 8435
2 R 10.30 tus hijos se sentarán. . . la cuarta *g*. 7243
15.12 hijos hasta la cuarta *g* se sentarán en 7243
1 Cr 5.17 éstos fueron contados por sus *g* 3187
16.15 de la palabra que él mandó para mil *g* 1755
Est 9.28 serían. . . celebrados por todas las *g* 1755
Job 8.8 pregunta. . . a las *g* pasadas, y disponte 1755
42.16 y vio a sus hijos. . . hasta la cuarta *g*. 1755
Sal 12.7 esta *g* los preservarás para siempre. 1755
14.5 porque Dios está con la *g* de los justos. 1755
22.30 contado de Jehová hasta la postrera *g* 1755
24.6 tal es la *g* de los que le buscan, de los. 1755
33.11 los pensamientos de. . . por todas las *g* 1755
45.17 la memoria de tu nombre en todas las *g*. 1755
48.13 para que lo contéis a la *g* venidera 1755
49.11 sus casas. . . sus habitaciones para *g* y *g*. 1755
49.19 entrará en la *g* de sus padres, y nunca 1755
61.6 añadirás al. . . sus años serán como *g* y *g* 1755
72.5 temerán mientras duren el sol. . . de *g* en *g* 1755
73.15 he aquí, a la *g* de tus hijos engañaría 1755
78.4 contando a la *g* venidera las alabanzas 1755
78.6 que lo sepa la *g* venidera, y los hijos 1755
78.8 *g* contumaz. . . *g* que no dispuso su corazón 1755
79.13 de *g* en *g* cantaremos tus alabanzas. 1755
85.5 enojado. . . extenderás tu ira de *g* en *g*?. 1755
89.1 de *g* en *g* haré notoria tu fidelidad con 1755
89.4 y edificaré tu trono por todas las *g* 1755
90.1 Señor, tú has sido refugio de *g* en *g*. 1755
100.5 es bueno. . . y su verdad por todas las *g* 1755
102.12 permanecerás. . . y tu memoria de *g* en *g*. 1755
102.18 se escribirá esto para la *g* venidera 1755
102.24 no me cortes. . . por *g* de *g* son tus años 1755
105.8 pacto. . . la palabra que mandó para mil *g* 1755
106.31 le fue contado por justicia de *g* en *g*. 1755
109.13 en la segunda *g* sea borrado su nombre. 1755
112.2 tierra; la *g* de los rectos será bendita. 1755
119.90 *g* en *g* es tu fidelidad, tú afirmaste. 1755
135.13 tu memoria, oh Jehová, de *g* en *g*. 1755
145.4 *g* a *g* celebrará tus obras, y. . . hechos 1755
145.13 tu reino. . . tu señorío en todas las *g* 1755
146.10 tu Dios, oh Sion, de *g* en *g*. Aleluya 1755
Pr 27.24 ¿y será la corona para perpetuas *g*? 1755
30.11 hay *g* que maldice a su padre y a su. 1755
30.12 hay *g* limpia en su propia opinión, si 1755
30.13 hay *g* cuyos ojos son altivos y cuyos 1755
30.14 hay *g* cuyos dientes son espadas, y sus 1755
Ec 1.4 *g* va, y *g* viene; mas la tierra siempre 1755
Is 1.4 ¡oh. . . *g* de malignos, hijos depravados! 2233
13.20 nunca. . . ni se morará en ella de *g* en *g* 1755
34.10 de *g* en *g* será asolada, nunca. . . pasará 1755
34.17 para siempre. . . de *g* en *g* morarán allí 1755
41.4 ¿quién llama las *g* desde el principio? 1755
43.5 del oriente traeré tu *g*, y del occidente. 2233

44.3 mi Espíritu derramaré sobre tu *g*, y mi 2233
53.8 fue quitado; y su *g*, ¿quién la contará? 1755
57.3 acá... *g* del adúltero y de la fornicaria 2233
57.4 ¿no sois vosotros... rebeldes, *g* mentirosa 2233
58.12 los cimientos de *g* y *g* levantarás, y 1755
61.4 restaurarán... los escombros de muchas *g* 1755
Jer 2.31 ¡oh *g*! atended vosotros a la palabra 1755
7.15 os echaré... como eche a... la *g* de Efraín 2233
7.29 Jehová ha... dejado la *g* objeto de su ira 1755
8.3 todo el resto que quede de esta mala *g* 4940
22.28 ¿por qué fueron arrojados él y su *g*, y 2233
50.39 nunca... poblada ni se habitará por *g* y *g* 1755
Lm 5.19 tú permanecerás... tu trono de *g* en *g* 1755
Dn 4.3 sempiterno, y su señorío de *g* en *g* 1859
Jl 1.3 contaréis a... y sus hijos a la otra *g* 1755
2.2 ni después de él lo habrá en... muchas *g* 1755
3.20 Judá será habitada... Jerusalén por *g* y *g* 1755
Mt 1.17 todas las *g* desde Abraham hasta David *1074*
3.7 decía ¡*G* de víboras! ¿Quién os enseñó a *1081*
11.16 ¿a qué compararé esta *g*? Es semejante *1074*
12.34 ¡*g* de víboras! ¿Cómo podéis hablar lo *1081*
12.39;16.4 *g* mala y adúltera demanda señal *1074*
12.41 se levantarán en el juicio con esta *g* *1074*
12.42 reina del sur se levantará... con esta *g* *1074*
12.45 así también acontecerá a esta mala *g* *1074*
17.17 *g* incrédula y perversa! ¿Hasta cuándo *1074*
23.33 ¡serpientes, ¡g de víboras!... escaparéis *1081*
23.36 digo que todo esto vendrá sobre esta *g* *1074*
24.34 no pasará esta *g* hasta que todo esto *1074*
Mr 8.12 dijo: ¿Por qué pide señal esta *g*? *1074*
8.12 os digo que no se dará señal a esta *g* *1074*
8.38 avergonzare de mí... en esta *g* adúltera y *1074*
9.19 él, les dijo: ¡oh *g* incrédula! ¿Hasta *1074*
13.30 digo, que no pasará esta *g* hasta que *1074*
Lc 1.48 me dirán bienaventurada todas las *g* *1074*
1.50 su misericordia es de *g* en *g* a los que *1074*
11.50 que se demande de esta *g* la *1074*
Ef 3.5 que en otras *g* no se dio a conocer a *1074*
Fil 2.15 en medio de una *g* maligna y perversa *1074*
He 3.10 cual me disgusté contra esa *g*, y dije *1074*

GENERAL

1 Sa 14.50 el nombre del *g*... era Abner, hijo de 8269
17.55 dijo a Abner *g* del ejército: Abner, ¿de *8269*
26.5 y Abner hijo de Ner, *g* de su ejército *8269*
2 S 2.8 Abner hilo de Ner, *g* del ejército de 8269
8.16 Joab... era *g* de su ejército, y Josafat 5921
10.16 a Sobac, *g* del ejército de Hadadozer 8269
10.18 hirió también a Sobac *g* del ejército 8269
19.13 si no fueras *g* del ejército delante de 8269
24.2 dijo el rey a Joab, *g* del ejército que 8269
1 R 1.19 ha convidado... a Joab *g* del ejército 8269
2.5 Joab... lo que hizo a dos *g* del ejército de 8269
2.32 Abner... *g* del ejército de Israel... Amasa 8269
2.32 y a Amasa hijo... *g* del ejército de Judá 8269
11.15 Joab el *g* del ejército a enterrar los 8269
11.21 y que era muerto Joab *g* del ejército 8269
16.16 puso... por rey... a Omri, *g* del ejército 8269
2 R 4.13 que hable por ti... al *g* del ejércitos 8269
5.1 Naamán, *g* del ejército del rey de Siria 8269
1 Cr 18.15 y Joab hijo de... era *g* del ejército 5921
19.16 cuyo capitán era Sofac, *g* del ejército 8269
19.18 y David de... a Sofac *g* del ejército 8269
27.34 y Joab era el *g* del ejército del rey 8269
2 Cr 17.14 de los jefes... el *g* Adnas, y con él 8269
33.11 trajo contra ellos los *g* del ejército 8269

GÉNERO

Gn 1.11 árbol de fruto que dé... según su *g* 4327
1.12 cuya semilla está en él, según su *g* 4327
1.21 y creó... todo ser viviente... según su *g* 4327
1.24 produzca la tierra seres... según su *g* 4327
1.25 hizo... según su *g*, y ganado según su *g* 4327
Job 12.10 mano... el hálito de todo el *g* humano 1320
Jer 15.3 enviaré sobre ellos 4 *g* de castigo 4940
Mt 17.21 pero este *g* no sale sino con oración *1085*
Mr 9.29 este *g* con nada puede salir, sino con *1085*
1 Co 12.10 a otro, diversos *g* de lenguas; y a *1085*

GENEROSAMENTE

2 Co 9.6 el que siembra *g*, *g* también segará *2129*

GENEROSIDAD

Est 1.7 vino real, de acuerdo con la *g* del rey 3027
2.18 hizo y dio mercedes conforme a la *g* real 3027
Is 32.8 el generoso pensará *g*, Y por *g* será 5081
2 Co 8.2 que... abundaron en riquezas de su *g* *572*
9.5 fuesen... y preparasen primero vuestra *g* *2129*
9.5 que esté lista como de *g*, y no como de *2129*

GENEROSO, A

Éx 35.5 todo *g* de corazón la traerá a Jehová 5081
2 Cr 29.31 *g* de corazón trajeron holocaustos 5081
Pr 11.25 el alma *g* será prosperada y el que 1293
19.6 muchos buscan el favor del *g*, y cada uno 5081
Is 16.8 señores... pisotearon sus *g* sarmientos 8291
32.5 el ruin nunca más será llamado *g*, ni el 5081
32.8 pero el *g* pensara generosidades, y por 5081
1 Ti 6.18 hagan bien, que sean... dadivosos, *g* *2843*
2 P 1.11 será otorgada... *g* entrada en el reino *4146*

GENESARET

1. El valle fértil y fructífero al noroeste del Mar de Galilea

Mt 14.34 y terminada... vinieron a tierra de *G* *1082*
Mr 6.53 vinieron a tierra de G, y arribaron *1082*

2. El mar o lago de Galilea (=Cineret)

Lc 5.1 estando Jesús junto al lago de *G*, el *1082*

GENTE

Gn 12.20 Faraón dio... a su *g* acerca de Abram 582
14.16 recobró a... y a las mujeres y demás *g* 5971
17.4 pacto... y serás padre de muchedumbre de *g* .. 1471
17.5 porque te he puesto por padre de... de *g* 1471
33.15 dejaré ahora contigo de la *g* que viene 5971
50.9 subieron con él carros y *g* de a caballo 6571
Éx 12.38 subió... multitud de toda clase de *g* 6154
14.9 su *g* de a caballo, y todo su ejército 6571
14.18 me glorifique en... en su *g* de a caballo 6571
14.23 entraron... carros y su *g* de a caballo 6571
15.19 cabalgando con sus... y su *g* de a caballo 6571
14.18 me glorifique en... en su *g* de a caballo 6571
14.23 entraron... carros y su *g* de a caballo 6571
15.19 cabalgando con sus... y su *g* de a caballo 6571
15.19 cabalgando con sus... y su *g* de a caballo 6571
19.6 me seréis un reino de sacerdotes, y *g* 1471
33.13 ojos, y mira que esta *g* es pueblo tuyo 1471
Lv 25.44 tu esclavo... serán de las *g* que están 1471
Nm 11.4 la *g* extranjera... tuvo un vivo deseo 628
14.12 y a ti te pondré sobre *g* más grande y 1471
14.15 *g* que hubieran oído tu fama hablarán 1471
16.1 Coré hijo de Izhar... y Datán... tomaron *g*
21.35 hirieron a él... y a toda su *g*, sin que 5971
22.4 lamerá esta *g* todos nuestros contornos 3605
Dt 28.50 *g* fiera de rostro... no tendrá respeto 1471
Jos 4.1 la *g* hubo acabado de pasar el Jordán 1471
5.8 y cuando acabaron de circuncidar... la *g* 1471
8.1 toma contigo toda la *g* de guerra... a Hai 5971
8.3 se levantaron Josué y toda la *g* de guerra 5971
8.11 toda la *g* de guerra... subió y se acercó 5971
10.13 hasta que la *g* se hubo vengado de sus 1471
10.24 dijo a... *g* de guerra que habían venido 376
11.4 salieron... mucha *g*, como la arena que 5971
11.7 y Josué, y toda la *g* de guerra... vino de 5971
Jue 3.18 despidió a la *g* que lo había traído 5971
4.6 vé, Junta a tu *g* en el monte de Tabor 376
7.7 váyase... la demás *g* cada uno a su lugar 5971
7.11 los puestos avanzados de la *g* armada que 2571
8.5 os ruego que deis a la *g*... bocados de pan 5971
9.36 he allí *g* que desciende de las cumbres 5971
9.37 he allí *g* que desciende de en medio de 5971
9.43 tomando *g*, la repartió en 3 compañías 5971
9.48 Abimelec... y toda la *g* que con 61 estaba 5971
11.20 reuniendo Sehón toda su *g*, acampó en 5971
18.23 de Dan... ¿Qué tienes, que has juntado *g*? 2199
20.16 de toda aquella *g* había 700 hombres 5971
20.39 comenzaron a... matar a la *g* de Israel 376
Rt 3.11 la *g* de... sabe que eres mujer virtuosa 8179
1 S 8.11 los pondrá... y en su *g* de a caballo 6571
13.15 Saúl contó la *g* que se hallaba con él 5971
14.2 y la *g* que estaba con él era como 600 5971
14.15 hubo pánico en... la *g* de la guarnición 5971
18.5 lo puso Saúl sobre *g* de guerra, y era 5971
18.27 David y se fue con su *g*, y mató a 200 376
22.17 y dijo el rey a la *g* de su guardia que 7323
23.24 David y su *g* estaban en el desierto de 376
23.25 se fue Saúl con su *g* a buscarlo; pero 376
23.26 habían encerrado a David y a su *g* para 376
30.4 David y la *g*... alzaron su voz y lloraron 5971
30.15 júrame por Dios... yo te llevaré a esa *g* 1416
30.21 cuando David llegó a la *g*, les saludó 5971
2 S 1.6 venían tras él carros y *g* de a caballo 1167,6571
10.18 y David mató de... a la *g* de 700 carros
12.31 sacó además a la *g* que estaba en ella 5971
13.34 he aquí mucha *g* que venía por el camino 5971
15.23 pasó... toda la *g* el torrente de Cedrón 5971
16.15 Absalón... la *g*... entraron en Jerusalén 5971
17.24 Absalón pasó el Jordán con toda la *g* 376
24.2 haz un censo... yo sepa el número de la *g* 5971
1 R 1.5 se hizo de carros y de *g* de a caballo 6571
1.40 y cantaba la *g* con flautas, y hacían 5971
9.19 y las ciudades de la *g* de a caballo, y 6571
9.22 que eran... capitanes... o su *g* de a caballo 6571
10.26 juntó Salomón carros y *g* de a caballo 6571
11.2 *g* de las cuales Jehová había dicho a 1471
11.24 había juntado *g* contra él, y se había 376
20.20 se escapó... con alguna *g* de caballería 6571
20.21 salió... hirió la *g* de a caballo, y los
2 R 2.12 carro de Israel y su *g* de a caballo! 6571
4.41 dijo: Da de comer a la *g*. Y no hubo más 5971
4.42 trigo... él dijo: Da a la *g* para que coma 5971
4.43 da a la *g* para que coma, porque así ha 5971
6.14 envió el rey... *g* de a caballo, y carros
6.15 sitiada la... con *g* de a caballo y carros
6.17 el monte estaba lleno de *g* de a caballo
6.18 ruego que hieras con ceguera a esta *g* 1471
9.25 tú y yo íbamos juntos con la *g* de Acab
10.2 los que tienen carros y *g* de a caballo
11.4 envió Joiada y tomó... y *g* de la guardia
13.7 no le había quedado *g* a Joacaz, sino 50 5971
13.14 carro de Israel y su *g* de a caballo! 6571
17.24 trajo el rey... *g* de Babilonia, de Cuta
17.26 las *g* que tú trasladaste y pusiste en 1471
17.41 así temieron a Jehová aquellas *g*, y al 1471
18.24 confiado en Egipto... su *g* de a caballo? 6571
25.11 los que habían quedado de la *g* común 5971
25.19 llevaba el registro de la *g* del país 5971
25.23 oyendo todos los príncipes... ellos y su *g* 376
1 Cr 16.24 cantad entre las *g* su gloria, y en 1471
19.6 tomar a sueldo carros y *g* de a caballo 6571
19.11 puso luego el resto de la *g* en mano de 5971
2 Cr 1.14 juntó Salomón... y *g* de a caballo; y 6571
8.6 ciudades de... y las de la *g* de a caballo 6571
8.9 de los hijos de Israel... su *g* de a caballo 6571
8.10 los cuales mandaban sobre aquella *g* 5971
13.17 Abías y su *g* hicieron... una gran matanza 5971
15.6 una *g* destruía a otra, y una ciudad a la 1471
16.8 etíopes... carros y mucha *g* de a caballo? 6571
17.2 y colocó *g* de guarnición en tierra de 2428
18.2 bueyes para él y para la *g* que con él 5971
20.21 cantasen... mientras salía la *g* armada 5971
23.12 Atalía oyó el estruendo de la *g* que 5971
24.24 el... de Siria había venido con poca *g* 376
25.10 Amasías apartó... la *g* que había venido 1416
30.13 reunió... mucha *g* para celebrar la fiesta 5971
Esd 6.21 las inmundicias de las *g* de la tierra 1471
8.22 tuve vergüenza de pedir al rey tropa y *g* 6571
Neh 2.9 el rey envió conmigo... *g* de a caballo 6571
4.23 ni la *g* de guardia que me seguía, nos 376
7.3 aunque haya *g* allí, cerrad las puertas 1992
Job 30.5 arrojados de entre las *g*, y todos les
Sal 2.1 ¿por qué se amotinan las *g*... pueblos 1471
3.6 no temeré a diez millares de *g*... contra mí 5971
9.17 Seol, todas las *g* que se olvidan de Dios 1471
35.15 se juntaron contra mí *g* despreciables
43.1 líbrame de *g* impía... engañoso e inicuo 1471
68.30 reprime la reunión de *g* armadas, la 5971
79.10 dirán las *g*: ¿Dónde está su Dios? Sea 1471
79.10 notoria en las *g*, delante de nuestros 1471
115.2 han de decir las *g*: ¿Dónde está ahora 1471
Is 1.4 *g* pecadora, pueblo cargado de maldad 1471
9.3 multiplicaste la *g*, y aumentaste... alegría 1471
11.10 raíz de Isaí... será buscada por las *g* 1471
18.2,7 *g* fuerte y conquistadora, cuya tierra 5971
25.3 te dará... temerá la ciudad de *g* robustas 5971
26.2 abrid las puertas, y entrará la *g* justa 1471
36.9 confiado en Egipto... su *g* de a caballo? 6571
55.5 llamarás a *g* que no conociste, y *g* que 1471
58.2 como *g* que hubiese hecho justicia, y que 1471
62.2 verán las *g* tu justicia, y todos los 1471
65.1 a *g* que no invocaba mi nombre: Heme 1471
Jer 4.29 al estruendo de la *g* de a caballo y 6571
5.15 yo traigo sobre vosotros *g* de lejos, oh 1471
5.15 *g* robusta, *g* antigua, *g* cuya lengua 1471
5.29 ¿no... y de tal *g* no se vengará mi alma? 1471
18.9 y en un instante hablaré de la *g* y del 1471
22.8 y muchas *g* pasarán junto a esta ciudad 1471
40.13 todos los príncipes de la *g* de guerra 2428
41.11 oyeron... los príncipes de la *g* de guerra 2428
41.13,16 los capitanes de la *g* de guerra que 2428
42.1 vinieron todos los oficiales de la *g* 2428
42.8 llamó a... los oficiales de la *g* de guerra 2428
43.4 los oficiales de la *g* de guerra y todo 2428
43.5 tomó... los oficiales de la *g* de guerra 2428
52.15 la otra *g* del pueblo que había quedado 5971
Ez 2.3 te envío... a *g* rebelde que se rebelaron 1471
16.40 harán subir contra ti muchedumbre de *g* 6951
17.9 mucha *g* para arrancarla de sus raíces 5971
17.15 para que le diese caballos y mucha *g* 5971
19.8 arremetieron... las *g* de las provincias 1471
23.42 con los varones de la *g* común fueron 120
26.17 ¿cómo pereciste tú, poblada por *g* de
32.23 y su *g* está por los alrededores de su 6951
38.11 iré contra *g* tranquilas que habitan
Dn 11.23 subirá, y saldrá vencedor con poca *g* 1471
11.40 se levantará... carros y *g* de a caballo 6571
12.1 cual nunca fue desde que hubo *g* hasta 5971
Jl 2.4 aspecto... como *g* de a caballo correrán 6571
Hab 2.5 antes reunió para sí todas las *g*, y 5971
3.6 miró, e hizo temblar las *g*; los montes 1471
Hag 2.14 así es... esta *g* delante de mí, dice 1471
Mt 4.25 le siguió mucha *g* de Galilea... Judea *2992*
7.28 Jesús... la *g* se admiraba de su doctrina *3793*
8.1 cuando descendió Jesús... le seguía mucha *g* ... *3793*
8.18 viéndose Jesús rodeado de mucha *g*, mandó ... *3793*
9.8 la *g*, al verlo, se maravilló y glorificó *3793*
9.23 Jesús... viendo... la *g* que hacía alboroto *3793*
9.25 pero cuando la *g* había sido echada fuera *3793*
9.33 la *g* se maravillaba, y decía: Nunca se *3793*
11.7 comenzó Jesús a decir de Juan a la *g* *3793*
12.15 y le siguió mucha *g*, y sanaba a todos *3793*
12.23 y toda la *g* estaba atónita, y decía *3793*
12.46 mientras él aún hablaba a la *g*, he aquí *3793*
13.2 se le juntó mucha *g*; y entrando él en la *3793*
13.2 sentó; y toda la *g* estaba en la playa *3793*
13.34 esto habló Jesús por parábolas a la *g* *3793*
13.36 despedida la *g*, entró Jesús en la casa *3793*
14.13 y cuando la *g* lo oyó, le siguió a pie *3793*
14.19 entonces mandó a la *g* recostarse sobre *3793*
15.30 se le acercó mucha *g* que traía... cojos *3793*
15.32 tengo compasión de la *g*, porque ya hace *3793*
15.39 despedida la *g*, entró en la barca, y *3793*
20.31 la *g* les reprendió para que callasen *3793*
21.9 y la *g*... aclamaba, diciendo: ¡Hosanna al *3793*
21.11 la *g* decía: Este es Jesús el profeta *3793*
21.43 será dado a *g* que produzca los frutos *1484*
22.33 oyendo esto la *g*, se admiraba de su *3793*
23.1 habló Jesús a la *g* y a sus discípulos *3793*
24.9 seréis aborrecidos de todas las *g* por *1484*
26.47 y con él mucha *g* con espadas y palos *3793*
26.55 aquella hora dijo Jesús a la *g*: ¿Como *3793*
Mr 2.13 toda la *g* venía a él, y les enseñaba *3793*
3.20 y se agolpó de nuevo la *g*, de modo que *3793*
3.32 la *g*... le dijo: Tu madre y tus hermanos *3793*
4.1 se reunió alrededor de él mucha *g*, tanto *3793*
4.1 toda la *g* estaba en tierra junto al mar *3793*
6.54 saliendo... de la barca... la *g* le conoció
7.33 y tomándole aparte de la *g*, metió los *3793*
8.2 tengo compasión de la *g*... hace tres días *3793*
8.34 llamando a la *g* y a sus discípulos, les *3793*
9.15 la *g*, viéndole, se asombró, y corriendo *3793*
14.43 y con él mucha *g* con espadas y palos *3793*
Lc 3.10 y la *g* le preguntaba... ¿qué haremos? *3793*
4.42 *g* le buscaba, y llegando a donde estaba *3793*
5.15 y se reunía mucha *g* para oírle, y para *3793*
6.17 de una gran multitud de *g* de toda Judea *2992*
6.19 y toda la *g* procuraba tocarle, porque *3793*

G

7.9 **dijo a la *g* que le seguía: Os digo que ni** ... *3793*
7.12 y había con ella mucha *g* de la ciudad ... *3793*
9.11 y cuando la *g* lo supo, le siguió; y él ... *3793*
9.12 despide a la *g*, para que vayan a las ... *3793*
9.16 para que los pusiesen delante de la *g* ... *3793*
9.18 **diciendo: ¿Quién dice la *g* que soy yo?** ... *3793*
11.14 el mudo habló; y la *g* se maravilló ... *3793*
12.30 **todas estas cosas buscan...*g* del mundo** ... *1484*
13.14 dijo a la *g*: Seis días hay en que se ... *3793*
21.25 **habrá...en la tierra angustia de las *g*** ... *1484*
23 4 Pilato dijo a...y a la *g*: Ningún delito ... *3793*
Jn 5.13 Jesús se había apartado de la *g* que ... *3793*
6.10 **haced recostar la *g*. Y había...hierba** ... *444*
6.22 *g* que estaba al otro lado del mar vio ... *3793*
6.24 cuando vio...*g* que Jesús no estaba allí ... *3793*
7.32 los fariseos oyeron a la *g* que murmuraba ... *3793*
7.43 hubo...disensión entre la *g* a causa de él ... *3793*
7.49 esta *g* que no sabe la ley, maldita es ... *3793*
12.17 daba testimonio la *g* que estaba con él ... *3793*
12.18 había venido la *g* a recibirle, porque ... *3793*
12.34 le respondió la *g*: Nosotros hemos oído ... *3793*
Hch 4.25 ¿por qué se amotinan las *g*, y los ... *1484*
8.6 la *g*, unánime, escuchaba...las cosas que ... *3793*
8.9 Simón...había engañado a la *g* de Samaria ... *1484*
11.26 se congregaron...y enseñaron a mucha *g* ... *3793*
14.4 la *g* de la ciudad estaba dividida: unos ... *3793*
14.11 la *g*, visto lo que Pablo había hecho ... *3793*
14.16 ha dejado a todas las *g* andar en sus ... *1484*
19.26 ha apartado a muchas *g*...diciendo que ... *3793*
Ro 4.17 te he Puesto por padre de muchas *g* ... *1484*
4.18 llegar a ser padre de mucha *g*, conforme ... *1484*
16.26 se ha dado a conocer a todas las *g* para ... *1484*

GENTIL
Is 9.1 el camino del mar...en Galilea de los *g* ... 1471
Mt 4.15 tierra de Neftalí...Galilea de los *g* ... *1484*
5.47 **saludáis...¿no hacen también así los *g*?** ... *5057*
6.7 **no uséis vanas repeticiones, como los *g*** ... *1482*
6.32 **porque los *g* buscan todas estas cosas** ... *1484*
10.5 **por camino de *g* no vayáis, y en ciudad** ... *1484*
10.18 **mí, para testimonio a ellos y a los *g*** ... *1484*
12.18 sobre él, y a los *g* anunciará juicio ... *1484*
12.21 juicio, y en su nombre esperarán los *g* ... *1484*
18.17 **si no oyere a...tenle por *g* y publicano** ... *1482*
20.19 **y le entregarán a los *g* para que le** ... *1484*
Mr 10.33 a muerte, y le entregarán a los *g* ... *1484*
Lc 2.32 luz para revelación a los *g*, y gloria ... *1484*
18.32 **será entregado a los *g*, y...escarnecido** ... *1484*
21.24 **Jerusalén será hollada por los *g*, hasta** ... *1484*
21.24 **que los tiempos de los *g* se cumplan** ... *1484*
Hch 4.27 se unieron...con los *g* y el pueblo de ... *1484*
7.45 al tomar posesión de la tierra de los *g* ... *1484*
9.15 **llevar mi nombre en presencia de los *g*** ... *1484*
10.45 también sobre los *g* se derramase el don ... *1484*
11.1 los *g* habían recibido la palabra de Dios ... *1484*
11.18 a los *g* ha dado Dios arrepentimiento ... *1484*
13.42 los *g* les rogaron que el...les hablasen ... *1484*
13.46 dijeron...he aquí, nos volvemos a los *g* ... *1484*
13.47 diciendo: Te he puesto para luz de...*g* ... *1484*
13.48 los *g*...se regocijaban y glorificaban a ... *1484*
14.2 corrompieron los ánimos de los *g* contra ... *1484*
14.5 los judíos y los *g*, juntamente con sus ... *1484*
14.27 había abierto la puerta de la fe a los *g* ... *1484*
15.3 ellos...contando la conversión de los *g* ... *1484*
15.7 escogió que los *g* oyesen por mi boca ... *1484*
15.12 hecho Dios por medio de...entre los *g* ... *1484*
15.14 visitó...a los *g*, para tomar de ellos ... *1484*
15.17 los *g*, sobre los cuales es invocado mi ... *1484*
15.19 juzgo que no se inquiete a los *g* que ... *1484*
15.23 los hermanos de entre los *g* que están ... *1484*
18.6 yo, limpio; desde ahora me iré a los *g* ... *1484*
20.21 testificando a judíos y a *g* acerca del ... *1672*
21.11 así...y le entregarán en manos de los *g* ... *1484*
21.19 que Dios había hecho entre los *g* por su ... *1484*
21.21 todos los judíos que están entre los *g* ... *1484*
21.25 pero en cuanto a los *g* que han creído ... *1484*
22.21 **vé, porque yo te enviaré lejos a los *g*** ... *1484*
26.17 **librándote de tu pueblo, y de los *g*, a** ... *1484*
26.20 sino que anuncié...y a los *g*, que se ... *1484*
26.23 para anunciar luz al pueblo y a los *g* ... *1484*
28.28 a los *g* es enviada esta salvación de ... *1484*
Ro 1.13 algún fruto, como entre los demás *g* ... *1484*
2.14 cuando los *g* que no tienen ley, hacen ... *1484*
2.24 es blasfemado entre los *g* por causa de ... *1484*
3.9 pues ya hemos acusado a judíos y a *g*, que ... *1672*
3.29 es...Dios de los *g*?...también de los *g*? ... *1484*
9.24 no sólo de los judíos, sino...de los *g* ... *1484*
9.30 que los *g*, que no iban tras la justicia ... *1484*
11.11 pero por su...vino la salvación a los *g* ... *1484*
11.12 si...su defección la riqueza de los *g* ... *1484*
11.13 a vosotros hablo, *g*. Por cuanto yo soy ... *1484*
11.13 cuanto yo soy apóstol a los *g*, honro mi ... *1484*
11.25 que haya entrado la plenitud de los *g* ... *1484*
15.9 para que los *g* glorifiquen a Dios por ... *1484*
15.9 por tanto, yo te confesaré entre los *g* ... *1484*
15.10 y otra vez...Alegraos, *g* con su pueblo ... *1484*
15.11 otra vez...Alabad al Señor todos los *g* ... *1484*
15.12 a regir los *g*; los *g* esperarán en él ... *1484*
15.16 para ser ministro de Jesucristo a los *g* ... *1484*
15.16 que los *g* le sean ofrenda agradable ... *1484*
15.18 ha hecho...para la obediencia de los *g* ... *1484*
15.27 los *g* han sido hechos participantes de ... *1484*
16.4 sino también todas las iglesias de los *g* ... *1484*
1 Co 1.23 tropezadero, y para los *g* locura ... *1672*
5.1 ni aun se nombra entre los *g*; tanto que ... *1484*
10.20 antes digo que lo que los *g* sacrifican ... *1484*
10.32 no seáis tropiezo ni a judíos, ni a *g* ... *1484*
12.2 que cuando erais *g*, se os extraviaba ... *1484*
2 Co 11.26 peligros de los *g*, peligros en la ... *1484*
Gá 1.16 para que yo le predicase entre los *g* ... *1484*
2.2 el evangelio que predico entre los *g* ... *1484*
2.8 que actuó...también en mí para con los *g* ... *1484*
2.9 que nosotros fuésemos a los *g*, y ellos ... *1484*
2.12 antes...comía con los *g*; pero después que ... *1484*
2.14 si tú...vives como los *g* y no como judío ... *1483*
2.14 ¿por qué obligas a los *g* a judaizar? ... *1484*
2.15 judíos...y no pecadores de entre los *g* ... *1484*
3.8 Dios había de justificar por la fe a...*g* ... *1484*
3.14 la bendición de Abraham alcance a los *g* ... *1484*
Ef 2.11 de que en otro tiempo vosotros, los *g* ... *1484*
3.1 yo Pablo, prisionero...por vosotros los *g* ... *1484*
3.6 que los *g* son coherederos y miembros del ... *1484*
3.8 esta gracia de anunciar entre los *g* el ... *1484*
4.17 que ya no andéis como los otros *g*, que ... *1484*
Col 1.27 gloria de este misterio entre los *g* ... *1484*
1 Ts 2.16 impidiéndonos hablar a los *g* para ... *1484*
4.5 no en...concupiscencia, como los *g* que no ... *1484*
1 Ti 2.7 y maestro de los *g* en fe y verdad ... *1484*
3.16 predicado a los *g*, creído en el mundo ... *1484*
2 Ti 1.11 fui constituido...maestro de los *g* ... *1484*
4.17 que todos los *g* oyesen. Así fui librado ... *1484*
1 P 2.12 vuestra manera de vivir entre los *g* ... *1484*
1 P 4.3 para haber hecho lo que agrada a los *g* ... *1484*
3 Jn 7 salieron por...sin aceptar nada de los *g* ... *1484*
Ap 11.2 no lo midas...sido entregado a los *g* ... *1484*

GENTILEZA
Fil 4.5 vuestra *g* sea conocida de todos los ... *1933*

GENTÍO
Mt 17.14 cuando llegaron al *g*, vino a él un ... *3793*
Mr 3.9 siempre lista la barca, a causa del *g* ... *3793*
Lc 5.1 el *g* se agolpaba sobre él para oír la ... *3793*

GENUBAT *Hijo de Hadad No.* 2, 1 R 11.20(2) ... 1592

GERA *(n.)*
1. Hijo (o nieto) de Benjamín, Gn 46.21 1 Cr 8.3,5 ... 1617
2. Padre de Aod, juez de Israel, Jue 3.15 ... 1617
3. Padre de Simei No. 2, 2 S 16.5; 19.16,18; 1 R 2.8 ... 1617
4. Hijo de Aod, 1 Cr 8.7 ... 1617

GERA *(moneda)*
Éx 30.13 el siclo es de veinte *g*. La mitad de ... 1626
Lv 27.25 conforme al...el siclo tiene veinte *g* ... 1626
Nm 3.47 los tomarás. El siclo tiene veinte *g* ... 1626
18.16 conforme al siclo...que es de veinte *g* ... 1626
Ez 45.12 y el siclo será de veinte *g*. Veinte ... 1626

GERAR *Ciudad y distrito al sur de Canaán*
Gn 10.19 en dirección a *G*, hasta Gaza; y en ... 1642
20.1 Abraham a...y habitó como forastero en *G* ... 1642
20.2 Abimelec rey de *G* envió y tomó a Sara ... 1642
26.1 se fue Isaac a...de los filisteos, en *G* ... 1642
26.6 habitó, pues, Isaac en *G* ... 1642
26.17 se fue de...y acampó en el valle de *G* ... 1642
26.20 los pastores de *G* riñeron con...Isaac ... 1642
26.26 Abimelec vino a él desde *G*, y Ahuzat ... 1642
2 Cr 14.13 Asa, y...los persiguieron hasta *G* ... 1642
14.14 atacaron...las ciudades alrededor de *G* ... 1642

GERGESEO *Una de las tribus paganas que habitaba la tierra de Canaán*
Gn 10.16 al jebuseo, al amorreo, al *g* ... 1622
15.21 los amorreos, los cananeos, los *g* y los ... 1622
Dt 7.1 haya echado de...al *g*, al amorreo, al ... 1622
Jos 3.10 echará...al *g*, al amorreo y al jebuseo ... 1622
24.11 pelearon contra vosotros...*g*, heveos y ... 1622
1 Cr 1.14 al jebuseo, al amorreo, al *g* ... 1622
Neh 9.8 pacto con él para darle la tierra...*g* ... 1622

GERIZIM *Monte cerca de Siquem*
Dt 11.29 la bendición sobre el monte *G*, y la ... 1630
27.12 estarán sobre el monte *G* para bendecir ... 1630
Jos 8.33 la mitad de ellos...hacia el monte *G* ... 1630
Jue 9.7 se puso en la cumbre del monte de *G* ... 1630

GERMINAR
Is 55.10 riega...y la hace *germinar* y producir ... 6779

GERSÓN
1. Hijo de Leví y de la familia que formó su posteridad
Gn 46.11 los hijos de Leví: *G*, Coat y Merari ... 1648
Éx 6.16 los hijos de Leví por sus linajes: *G* ... 1648
6.17 los hijos de *G*: Libni y Simei, por sus ... 1648
Nm 3.17 los hijos de Leví fueron...*G*, Coat y ... 1648
3.18 los nombres de los hijos de *G* por sus ... 1648
3.21 de *G* era la familia de Libni y...Simei ... 1648
3.21 la de Simei; estas son las familias de *G* ... 1649
3.23 familias de *G* acamparán a espaldas del ... 1649
3.21 la de Simei; estas son las familias de *G* ... 1648
3.23 familias de *G* acamparán a espaldas del ... 1649
3.25 a cargo de los hijos de *G*...estarán el ... 1647
4.22 toma...el número de los hijos de *G* según ... 1648
4.24 este será el oficio de las familias de *G* ... 1649
4.27 todo el ministerio de los hijos de *G* en ... 1649
4.28 este es el servicio...de los hijos de *G* ... 1649
4.38,41 los contados de los hijos de *G* ... 1648
7.7 carros y 4 bueyes dio a los hijos de *G* ... 1648
10.17 se movieron los hijos de *G* y los hijos ... 1648
26.57 de *G*, la familia de los gersonitas; de ... 1648
Jos 21.6 hijos de *G* obtuvieron...trece ciudades ... 1648
21.27 de *G*, la familia de los gersonitas; de ... 1648
21.27 a los hijos de *G*...dieron de la media ... 1648
1 Cr 6.1,16 hijos de Leví: *G*, Coat y Merari ... 1648
6.17 los nombres de los hijos de *G*: Libni y ... 1648
6.20 *G*: Libni su hijo, Jahat su hijo, Zima ... 1648
6.43 hijo de Jahat, hijo de *G*, hijo de Leví ... 1648
6.62 a los hijos de *G*...dieron de la tribu de ... 1648
6.71 a los...de *G* dieron de la media tribu de ... 1648
15.7 de los hijos de *G*, Joel el principal, y ... 1648
23.6 conforme a los hijos de Leví: *G*, Coat ... 1648
23.7 los hijos de *G*: Laadán y Simei ... 1649
26.21 cuanto a los hijos de Laadán hijo de *G* ... 1649
2 Cr 29.12 los hijos de *G*, Joa hijo de Zima ... 1649
2. Hijo de Moisés
Éx 2.22 él le puso por nombre *G*, porque dijo ... 1648
18.3 se llamaba *G*, porque dijo: Forastero he ... 1648
Jue 18.30 Jonatán hijo de *G*, hijo de Moisés ... 1648
1 Cr 23.15 hijos de Moisés fueron *G* y Eliezer ... 1648
23.16 hijo de *G* fue Sebuel el jefe ... 1648
26.24 Sebuel hijo de *G*, hijo de Moisés, era ... 1648
3. Descendiente de Finees No. 1, Esd 8.2 ... 1648

GERSONITA *Descendiente de Gersón No. 1*
Nm 3.24 el jefe del linaje de los *g*, Eliasaf ... 1649
26.57 de Gersón, la familia de los *g*; de Coat ... 1649
Jos 21.33 ciudades de los *g* por sus familias ... 1649
1 Cr 26.21 de las casas paternas de Laadán *g* ... 1649
29.8 para el tesoro de...en mano de Jehiel *g* ... 1649

GERUT-QUIMAM *Mesón cerca de Belén*, Jer 41.17 ... 3643

GESAM *Descendiente de Caleb*, 1 Cr 2.47 ... 1529

GESEM *Uno de los tres enemigos de Nehemías*,
Neh 2.19 y *G* el árabe, hicieron escarnio de ... 1654
6.1 oyeron Sanbalat y Tobías y *G* el árabe ... 1654
6.2 Sanbalat y *G* enviaron a decirme: Ven y ... 1654

GESUR *Reino pequeño entre Basán y Siria*
Dt 3.14 tomó...hasta el límite con *G* y Maaca ... 1651
Jos 12.5 dominaba...hasta los límites de *G* y ... 1651
13.13 *G* y Maaca habitaron entre...israelitas ... 1650
2 S 3.3 hijo de Maaca, hija de Talmai rey de *G* ... 1650
13.37 Absalón huyó y se fue a Talmai...de *G* ... 1650
13.38 huyó Absalón y se fue a *G*, y estuvo ... 1650
14.23 se levantó...Joab y fue a *G*, y trajo a ... 1650
14.32 ¿para qué vine de *G*? Mejor me fuera ... 1650
15.8 hizo voto cuando estaba en *G* en Siria ... 1650
1 Cr 2.23 *G*...tomaron de ellos las ciudades de ... 1650
3.2 hijo de Maaca, hija de Talmai rey de *G* ... 1650

GESUREOS
1. Pueblo que vivía en el Neguev cerca de los filisteos (=Gesuritas), Jos 13.2 ... 1651
2. Habitantes de Gesur, Jos 13.11,13 ... 1651

GESURI *Posiblemente =Gesur*, 2 S 2.9 ... 805

GESURITAS = *Gesureos*, 1 S 27.8 ... 1651

GETEO *Habitante de Gat*
Jos 13.3 el *g* y el ecroneo, también los aveos ... 1663
2 S 6.10 hizo llevar...a casa de Obed-edom *g* ... 1663
6.11 estuvo el arca...en casa de Obed-edom *g* ... 1663
15.18 pasaban...y todos los *g*, 600 hombres que ... 1663
15.19 dijo el rey a Itai *g*: ¿Para qué vienes ... 1663
15.22 y pasó Itai *g*, y todos sus hombres, y ... 1663
18.2 y una tercera parte al mando de Itai *g* ... 1663
21.19 Elhanán...mató a Goliat *g*, el asta de ... 1663
1 Cr 13.13 el arca...llevó a casa de Obed-edom *g* ... 1663
20.5 Elhanán...mató a...hermano de Goliat *g* ... 1663

GETER *Hijo (o nieto) de Sem*, Gn 10.23; 1 Cr 1.17 ... 1666

GETSEMANÍ *Huerto en el Monte de los Olivos*
Mt 26.36; Mr 14.32 a un lugar que se llama *G* ... *1068*

GEUEL *Hombre de la tribu de Gad, uno de los doce espías*, Nm 13.15 ... 1345

GEZER *Ciudad en la llanura de Palestina entre Jerusalén y Jope*
Jos 10.33 rey de *G* subió en ayuda de Laquis ... 1507
12.12 rey de Eglón, otro; el rey de *G*, otro ... 1507
16.3 de Bet-horón...y hasta *G*; y sale al mar ... 1507
16.10 no arrojaron al cananeo...habitaba en *G* ... 1507
21.21 les dieron...además, *G* con sus ejidos ... 1507
Jue 1.29 habitaba en *G*...en medio de ellos en *G* ... 1507
2 S 5.25 hirió...desde Geba hasta llegar a *G* ... 1507
1 R 9.15 impuso para edificar...Meguido y *G* ... 1507
9.16 Faraón rey...había subido y tomado a *G* ... 1507
9.17 restauró...Salomón a *G* y a la...Bet-horón ... 1507
1 Cr 6.67 les dieron...además, *G* con sus ejidos ... 1507
7.28 la parte del occidente *G* y sus aldeas ... 1507
14.16 y derrotaron al...desde Gabaón hasta *G* ... 1507
20.4 que se levantó guerra en *G* contra los ... 1507

GEZRITAS *Pueblo que vivía al sur de los filisteos*
1 S 27.8 hacían incursiones contra los...los *g* ... 1511

GIA *Lugar no identificado*, 2 S 2.24 ... 1520

GIBAR = *Gabaón*, Esd 2.20 ... 1402

GIBEA *Nieto de Caleb*, 1 Cr 2.49 ... 1388

GIBETÓN *Población en el territorio de Dan*
Jos 19.44 Elteque, *G*, Baalat ... 1405
21.23 de la tribu de Dan...*G* con sus ejidos ... 1405
1 R 15.27 y lo hirió Baasa en *G*, que era de ... 1405
15.27 Nadab y todo Israel tenían sitiado a *G* ... 1405
16.15 y el pueblo había acampado contra *G* ... 1405
16.17 subió Omri de *G*, y con él todo Israel ... 1405

GIBLITAS *Habitantes de Gebal No.* 2, Jos 13.5 ... 1382

GIDALTI *Músico en tiempo de David*, 1 Cr 25.4,29 ... 1437

GIDEL
1. Padre de una familia de sirvientes del templo, Esd 2.47; Neh 7.49 ... 1435
2. Padre de una familia de los hijos de los siervos de Salomón, Esd 2.56; Neh 7.58 ... 1435

GIDGAD *Lugar donde acampó Israel (=Gudgoda)*, Nm 33.32,33 2735

GIDOM *Lugar en Benjamín*, Jue 20.45 1440

GIEZI *Criado del profeta Eliseo*
2 R 4.12 a *G* su criado: Llama a esta sunamita 1522
4.13 dijo él entonces a *G*: Dile: He aquí tú 1522
4.14 *G* respondió. . .ella no tiene hijo, y su 1522
4.25 la vio. . .dijo a. . .*G*: He aquí la sunamita 1522
4.27 acercó *G* para quitarla; pero el varón 1522
4.29 dijo él a *G*: Ciñe tus lomos, y toma mi 1522
4.31 *G* había ido delante de ellos, y había 1522
4.36 llamó él a *G*, y le dijo: Llama a esta 1522
5.20 entonces *G*. . .dijo. . .mi señor estorbó a este 1522
5.21 siguió *G* a Naamán; y cuando vio Naamán 1522
5.25 Eliseo le dijo: ¿De dónde vienes, *G*? 1522
8.4 había el rey hablado con *G*, criado del 1522
8.5 dijo *G* Rey señor mío, esta es la mujer 1522

GIGANTE
Gn 6.4 había *g* en la tierra en aquellos días 5303
Nm 13.33 también vimos allí *g*. . .raza de los *g* 5303
Dt 2.11 por *g* eran ellos tenidos también 7497
2.20 por tierra de *g*. . .habitaron en ella *g* en 7497
3.11 Og rey. . .había quedado del resto de los *g* 7497
3.13 Argob. . .que se llamaba la tierra de los *g* 7497
2 S 21.16 Isbi-benob. . .descendientes de los *g* 7498
21.18 a Saf. . .de los descendientes de los *g* 7498
21.20 un hombre. . .era descendiente de los *g* 7498
21.22 estos 4 eran descendientes de los *g* en 7498
1 Cr 20.4 Sipai, de los descendientes de los *g* 7497
20.6 grande estatura. . .descendiente de los *g* 7497
20.8 estos eran descendientes de los *g* en Gat 7497
Job 16.14 quebrantó. . .corrió contra mí como un *g* 1368
Sal 19.5 alegra cual *g* para correr el camino 1368
Is 42.13 Jehová saldrá como *g*, y como hombre 1368
Jer 20.11 Jehová está conmigo como poderoso *g* 1368

GIHÓN
1. Río en el huerto de Edén, Gn 2.13 1521
2. Manantial en Jerusalén
1 R 1.33 a Salomón mi hijo en. . .y llevadlo a *G* 1521
1.38 montaron a Salomón. . .y lo llevaron a *G* 1521
1.45 Sadoc y el. . .lo han ungido por rey en *G* 1521
2 Cr 32.30 cubrió los manantiales de *G* la de 1521
33.14 edificó el muro. . .al occidente de *G*, en 1521

GILALAI *Músico en tiempo de Nehemías*, Neh 12.36 1562

GILBOA *Monte en Manasés*
1 S 28.4 juntó a todo Israel. . .acamparon en *G* 1533
31.1 Israel. . .cayeron muertos en el monte de *G* 1533
31.8 hallaron a. . .tendidos en el monte de *G* 1533
2 S 1.6 vine al monte de *G*, y hallé a Saúl que 1533
1.21 montes de *G*, ni rocío ni lluvia caiga 1533
21.12 cuando. . .filisteos mataron a Saúl en *G* 1533
1 Cr 10.1 y cayeron heridos en el monte de *G* 1533
10.8 a Saúl y a. . .tendidos en el monte de *G* 1533

GILGAL
1. Lugar cerca de Jericó
Dt 11.30 que habita en el Arabá frente a *G* 1537
Jos 4.19 acamparon en *G*, al lado oriental de 1537
4.20 Josué erigió en *G* las doce piedras que 1537
5.9 el nombre de. . .fue llamado *G*, hasta hoy 1537
5.10 y los hijos de Israel acamparon en *G* 1537
9.6 vinieron a Josué al campamento en *G*, y le 1537
10.6 Gabaón. . .a Josué al campamento en *G* 1537
10.7 y subió Josué de *G*, y todo el pueblo de 1537
10.9 habiendo subido toda la noche desde *G* 1537
10.15,43 Josué. . .volvió al campamento en *G* 1537
14.6 los hijos de Judá vinieron a Josué en *G* 1537
15.7 al norte mira sobre *G*, que está enfrente 1537
Jue 2.1 el ángel de Jehová subió de *G* a Boguim 1537
3.19 volvió desde los ídolos que están en *G* 1537
1 S 7.16 daba vuelta a Bet-el, a *G* y a Mizpa 1537
10.8 bajarás delante de mí a *G*. . .descenderé 1537
11.14 vamos a *G*. . .que renovemos allí el reino 1537
11.15 fue todo el pueblo a *G*, e invistieron 1537
11.15 a Saúl por rey delante de Jehová en *G* 1537
13.4 se juntó el pueblo en pos de Saúl en *G* 1537
13.7 pero Saúl permanecía aún en *G*, y todo el 1537
13.8 pero Samuel no venía a *G*, y el pueblo se 1537
13.12 descenderán los filisteos contra mí a *G* 1537
13.15 y levantándose Samuel, subió de *G* a 1537
15.12 Saúl ha. . .pasó adelante y descendió a *G* 1537
15.21 para ofrecer sacrificios a Jehová. . .en *G* 1537
15.33 Samuel cortó en pedazos a Agag. . .en *G* 1537
2 S 19.15 Judá vino a *G* para recibir al rey 1537
19.40 el rey. . .pasó a *G*, y con él pasó Quimam 1537
Neh 12.29 de la casa de *G*, y de los campos de 1537,1019
Os 4.15 no entréis en *G*, ni subáis a Bet-avén 1537
9.15 toda la maldad de ellos fue en *G*; allí 1537
12.11 en *G* sacrificaron bueyes, y sus altares 1537
Am 4.4 aumentad en *G* la rebelión, y traed de 1537
5.5 ni entréis en *G*, ni paséis a Beerseba 1537
5.5 *G* será llevada en cautiverio, y Bet-el 1537
Mi 6.5 acuérdate ahora. . .desde Sitim hasta *G* 1537
2. Ciudad en los montes de Siria, Jos 12.23 1537
3. Collado alto al norte de Bet-el
2 R 2.1 al cielo, Elías venía con Eliseo de *G* 1537
4.38 Eliseo volvió a *G* cuando había. . .hambre 1537

GILO *Ciudad en Judá*, Jos 15.51; 2 S 15.12 1542

GILONITA *Habitante de Gilo*, 2 S 15.12; 23.34 1526

GIMZO *Ciudad en Judá*, 2 Cr 28.18 1579

GINAT *Padre de Tibni*, 1 R 16.21,22 1527

GINETO = *Ginetón No.* 2, Neh 12.4 1599

GINETÓN
1. Sacerdote en tiempo de Esdras, Neh 10.6 1599
2. Ascendiente de una familia de sacerdotes, Neh 12.16 1599

GIRAR
Jos 15.10 *gira* este límite desde Baala hacia 5437
19.12 *gira* de Sarid hacia el oriente, hacia 7725
19.14 al norte, el límite *gira* hacia Hanatón 5437
19.29 *gira* hacia Hosa, y sale al mar desde 7725
19.34 y *giraba* el límite hacia el occidente 7725
1 R 6.34 dos hojas. . .*giraban*. . .los otras dos. . .*g* 1550
Pr 26.14 como la puerta *gira*. . .así el perezoso 5437
Ec 1.6 va *girando* de continuo, y a sus giros 5437
Ez 41.24 en cada puerta. . .dos hojas que *giraban* 4142

GIRO
Ec 1.6 va girando. . .a sus *g* vuelve el viento 7725

GISPA *Jefe de los sirvientes del Templo*, Neh 11.21 1658

GITAIM *Lugar en Benjamín*, 2 S 4.3; Neh 11.33 . . . 1664

GITIT *Instrumento musical fabricado en Gat*, Sal 8,81,84 *títs* 1665

GIZONITA *Habitante de Gimzo*, 1 Cr 11.34 1493

GLOBO
1 R 7.20 doscientas granadas. . .encima de su *g* 3805

GLORIA
Gn 45.13 haréis. . .saber. . .toda mi *g* en Egipto 3519
Éx 16.7 y a la mañana veréis la *g* de Jehová 3519
16.10 aquí la *g* de Jehová apareció en la nube 3519
24.16 la *g* de Jehová reposó sobre el monte 3519
24.17 apariencia de la *g* de Jehová era como 3519
29.43 y el lugar será santificado con mi *g* 3519
33.18 dijo: Te ruego que me muestres tu *g* 3519
33.22 cuando pase mi *g*, yo te pondré en una 3519
40.34 y la *g* de Jehová llenó el tabernáculo 3519
40.35 tabernáculo. . .la *g* de Jehová lo llenaba 3519
Lv 9.6 hacedlo. . .la *g* de Jehová se os aparecerá 3519
9.23 y la *g* de Jehová se apareció a todo el 3519
Nm 14.10 pero la *g* de Jehová se mostró en el 3519
14.21 vivo yo, y mi *g* llena toda la tierra 3519
14.22 los que vieron mi *g* y mis señales que 3519
16.19 *g* de Jehová apareció. . .la congregación 3519
16.42 miraron. . .nube. . .apareció la *g* de Jehová 3519
20.6 y la *g* de Jehová apareció sobre ellos 3519
Dt 5.24 nos ha mostrado su *g* y su grandeza 3519
26.19 exaltarte sobre. . .para loor y fama y *g* 8597
33.17 como el primogénito de su toro es su *g* 1926
Jos 7.19 mío, da *g* a Jehová el Dios de Israel 3519
Jue 4.9 mas no será tuya la *g* de la jornada 8597
1 S 4.21,22 ¡traspasada es la *g* de Israel! 3519
6.5 figuras de. . .y daréis *g* al Dios de Israel 3519
15.29 el que es la *g* de Israel no mentirá, ni 5331
2 S 1.19 ¡ha perecido la *G* de Israel sobre tus 6643
1 R 3.13 aun también te he dado. . .riquezas y *g* 3519
8.11 la *g* de Jehová había llenado la casa de 3519
1 Cr 16.24 cantad entre las gentes su *g*, y en 3519
16.28 tributad a Jehová. . .a Jehová *g* y poder 3519
29.11 tuya es, oh Jehová. . .el poder, la *g*, la 8597
29.12 las riquezas y la *g* proceden de ti, y 3519
29.25 a Salomón. . .y le dio tal *g* en su reino 1935
29.28 murió en. . .vejez, lleno de días. . .y de *g* 3519
2 Cr 1.11 y no pediste riquezas, bienes o *g* 3519
1.12 también te daré riquezas, bienes y *g* 3519
5.14 la *g* de Jehová había llenado la casa de 3519
7.1 fuego de. . .y la *g* de Jehová llenó la casa 3519
7.2 porque la *g* de Jehová había llenado la 3519
7.3 el fuego y la *g* de Jehová sobre la casa 3519
17.5 Josafat. . .tuvo riquezas y *g* en abundancia 3519
18.1 tenía, pues, Josafat riquezas y *g* en 3519
26.18 y no te será para *g* delante de Jehová 3519
32.27 tuvo Ezequías riquezas, y *g*, muchas en 3519
Esd 10.11 *g* a Jehová Dios de vuestros padres 8426
Est 1.4 para mostrar. . .de la *g* de su reino, el 3519
5.11 les refirió Amán la *g* de sus riquezas 3519
Job 19.9 me ha despojado de mi *g*, y quitado la 3519
41.15 la *g* de su vestido son escudos fuertes 1346
Sal 3.3 eres. . .mi *g*, y el que levanta mi cabeza 3519
8.1 Señor. . .has puesto tu *g* sobre los cielos 1935
8.5 has *hecho*. . .*lo* coronaste de *g* y de honra 3519
19.1 los cielos cuentan la *g* de Dios, y el 3519
21.5 grande es su *g* en tu salvación; honra 3519
24.7,11 alzad, oh. . .y entrará el Rey de *g* 3519
24.8,10 ¿quién es este Rey de *g*? Jehová de 3519
24.10 Jehová de los. . .él es el Rey de la *g* 3519
26.8 casa. . .y el lugar de la morada de tu *g* 3519
29.1 tributad. . .dad a Jehová la *g* y el poder 3519
29.2 dad a Jehová la *g* debida a su nombre 3519
29.3 truena el Dios de *g*, Jehová sobre las 3519
29.4 voz de Jehová con. . .voz de Jehová con *g* 3519
29.9 voz de. . .en su templo todo proclama su *g* 3519
30.12 ti cantaré, *g* mía, y no estaré callado 3519
45.3 oh valiente, con tu *g* y con tu majestad 1935
45.4 en tu *g* sé prosperado; cabalga sobre 1926
49.16 temas. . .cuando aumenta la *g* de su casa 3519
49.17 no llevará, ni descenderá tras él su *g* 3519
57.5,11 Dios; sobre toda la tierra sea tu *g* 3519
62.7 Dios está mi salvación y mi *g*; en Dios 3519
63.2 para ver tu poder y tu *g*, así como te he 3519
66.2 cantad la *g* de su nombre; poned *g* en su 3519
71.8 sea llena mi boca. . .de tu *g* todo el día 8597
72.19 toda la tierra sea llena de su *g*. Amén 3519
73.24 has guiado. . .y después me recibirás en *g* 3519
78.61 entregó su. . .y su *g* en mano del enemigo 8597
79.9 ayúdanos, oh. . .por la *g* de tu nombre; y 3519
84.11 sol y escudo. . .gracia y *g* dará Jehová 3519
85.9 para que habite la *g* en nuestra tierra 3519
89.17 porque tú eres la *g* de su potencia, y 8597
89.44 hiciste cesar su *g*, y echaste su trono 2892
90.16 aparezca en tus. . .y tu *g* sobre sus hijos 1926
96.3 proclamad entre las naciones su *g*, en 3519
96.6 alabanza y. . .poder y *g* en su santuario 8597
96.7 tributad. . .dad a Jehová la *g* y el poder 3519
97.6 cielos. . .todos los pueblos vieron su *g* 3519
99.4 *g* del rey ama el juicio; tú confirmas 3519
102.15 y todos los reyes de la tierra tu *g* 3519
102.16 habrá edificado. . .en su *g* será visto 3519
104.1 te has vestido de *g* y de magnificencia 1935
104.31 la *g* de Jehová para siempre; alégrese 3519
106.20 así cambiaron su *g* por la imagen de 3519
108.1 cantaré y entonaré salmos; esta es mi *g* 3519
108.5 sobre. . .la tierra sea enaltecida tu *g* 3519
111.3 *g* y hermosura es su obra. . .su justicia 1935
112.9 siempre; su poder será exaltado en *g* 3519
113.4 excelso. . .Jehová sobre los cielos su *g* 3519
115.1 no a nosotros, sino a tu nombre da *g* 3519
138.5 cantarán de, la *g* de Jehová es grande 3519
145.5 hermosura de la *g* de tu magnificencia 1926
145.11 la *g* de tu reino digan, y hablen de 3519
145.12 para hacer saber. . .la *g*. . .de su reino 3519
148.13 Jehová. . .su *g* es sobre tierra y cielos 1935
149.5 regocíjense los santos por su *g*, y 3519
149.9 *g* será esto para. . .sus santos. Aleluya 1926
Pr 14.28 en la multitud de. . .está la *g* del rey 1927
20.29 la *g* de los jóvenes es su fuerza, y la 8597
25.2 *g* de Dios es encubrir un asunto; pero 3519
25.27 miel no. . .ni el buscar la propia *g* es *g* 3519
28.12 los justos se alegran, grande es la *g* 8597
Is 4.2 el renuevo de Jehová será para. . .*g*, y el 3519
4.5 nube. . .porque sobre toda *g* habrá un dosel 3519
5.13 su *g* pereció de hambre, y su multitud 3519
5.14 y allá descenderá la *g* de ellos, y su 1926
6.3 santo. . .toda la tierra está llena de su *g* 3519
9.1 al fin llenará de *g* el camino del mar 3513
10.3 ¿a quién. . .¿En dónde dejaréis vuestra *g*? 3519
10.12 fruto. . .la *g* de la altivez de sus ojos 8597
10.16 debajo de su *g* encenderá una hoguera 3519
10.18 la *g* de. . .de su campo fértil consumirá 3519
13.3 llamé. . .a los que se alegran con mi *g* 1346
16.14 será abatida la *g* de Moab, con toda su 3519
17.3 será como la *g* de los hijos de Israel 3519
17.4 aquel tiempo la *g* de Jacob se atenuará 3519
20.5 se avergonzarán de Etiopía. . .Egipto su *g* 8597
21.16 año. . .toda la *g* de Cedar será deshecha 3519
22.18 y allá estarán los carros de tu *g*, oh 3519
23.9 para envilecer la soberbia de toda *g* 6643
24.16 oímos cánticos: *g* al justo. Y yo dije 6643
25.3 por esto te dará *g* el pueblo fuerte, te 3513
28.1,4 flor caduca de la hermosura de su *g* 6643
28.5 Jehová. . .será por corona de *g* y diadema 6643
35.2 florecerá. . .la *g* del Líbano le será dada 3519
35.2 ellos verán la *g* de Jehová, la hermosura 3519
40.5 se manifestará la *g* de Jehová, y toda 3519
40.6 toda carne es. . .su *g* como flor del campo 2617
42.8 y a otro no daré mi *g*, ni mi alabanza 3519
42.12 den *g* a Jehová, y anuncien sus loores 3519
43.7 para *g* mía los he creado, los formé y 3519
46.13 y pondré salvación en Sion, y mi *g* en 8597
58.8 ti, y la *g* de Jehová será tu retaguardia 3519
59.19 y desde el nacimiento del sol su *g* 3519
60.1 luz, y la *g* de Jehová ha nacido sobre ti 3519
60.2 amanecerá. . .y sobre ti será vista su *g* 3519
60.7 mi altar, y glorificaré la casa de mi *g* 8597
60.13 la *g* del Líbano vendrá a ti, cipreses 3519
60.15 haré que seas una *g* eterna, el gozo de 1347
60.19 será por luz. . .y el Dios tuyo por tu *g* 8597
61.3 que a los afligidos de Sion se les dé *g* 6287
61.3 y serán. . .plantío de Jehová, para *g* suya 6286
61.6 las naciones, y con su *g* seréis sublimes 3519
62.2 verán las gentes. . .todos los reyes tu *g* 3519
62.3 serás corona de *g* en la mano de Jehová 8597
63.12 los guió por la. . .con el brazo de su *g* 8597
64.11 la casa de nuestro santuario y de. . .*g* 8597
66.11 os deleitéis con el resplandor de su *g* 3519
66.12 la *g* de las naciones como torrente que 3519
66.18 las naciones y. . .vendrán, y verán mi *g* 3519
66.19 las costas lejanas que. . .ni vieron mi *g* 3519
66.19 y publicarán mi *g* entre las naciones 3519
Jer 2.11 trocado su *g* por lo que no aprovecha 3519
13.16 dad *g* a Jehová Dios vuestro, antes que 3519
13.18 porque la corona de vuestra *g* ha caído 3519
17.12 trono de *g*, excelso desde el principio 3519
33.9 me será a mí por nombre de gozo. . .y de *g* 8597
48.18 desciende de la *g*, siéntate en tierra 3519
Ez 1.28 esta fue la visión. . .de la *g* de Jehová 3519
3.12 bendita. . .la *g* de Jehová desde su lugar 3519
3.23 estaba la *g*. . .como la *g* que había visto 3519
7.20 cuanto convirtieron la *g* de. . .en soberbia 6643
8.4 estaba la *g* del Dios de Israel, como la 3519
9.3 *g* del Dios de Israel se elevó de encima 3519
10.4,18 la *g* de Jehová se elevó de encima 3519
10.4 y el atrio se llenó. . .de la *g* de Jehová 3519
10.19 la *g* del Dios de Israel. . .sobre ellos 3519
11.22 la *g* del Dios de Israel estaba sobre 3519
11.23 la *g* de Jehová se elevó de en medio de 3519
24.21 la *g* de vuestro poderío, el deseo de 1347

G

24.25 el gozo de su g, el deleite de sus ojos 8597
26.20 y daré g en la tierra de los vivientes 6643
31.18 ¿a quién te has comparado así en g y 3519
39.21 pondré mi g entre las naciones, y todas 3519
43.2 y he aquí la g del Dios de Israel, que 3519
43.2 la tierra resplandecía a causa de su g 3519
43.4 la g de Jehová entró en la casa por la 3519
43.5 he aquí...la g de Jehová llenó la casa 3519
44.4 aquí la g de Jehová había llenado la casa 3519
Dn 2.31 cuya g era muy sublime, estaba en pie 2122
4.30 que yo edifiqué...para g de mi majestad? 3367
5.18 dio a...la grandeza, la g y la majestad 3367
5.20 fue depuesto del...y despojado de su g 3367
7.14 le fue dado dominio, g y reino, para que 3367
11.20 pasar un cobrador...por la g del reino 1925
Os 9.11 g de Efraín volará cual ave, de modo 3519
10.5 en él se regocijaban por su g, la cual 3519
14.6 sus ramas, y será su g como la del olivo 1935
Am 8.7 juró por la g de Jacob: No me olvidaré 1347
Nah 2.2 restaurará la g de Jacob como la g de 1347
Hab 2.14 tierra será llena...de la g de Jehová 3519
2.16 el cáliz...y vómito de afrenta sobre tu g 3519
3.3 su g cubrió los cielos, y la tierra se 1935
Hag 2.3 haya visto esta casa en su g primera 3519
2.7 llenaré de g esta casa, ha dicho Jehová 3519
2.9 la g postrera de esta casa será mayor que 3519
Zac 2.5 muro...para g estaré en medio de ella 3519
2.8 tras la g me enviará él a las naciones 3519
6.13 él llevará g, y se sentará y dominará 1935
11.3 voz...porque la g del Jordán es destruida 155
12.7 para que la g de la casa de David y del 8597
Mal 2.2 decidís de corazón dar g a mi nombre 3519
Mt 4.8 le mostró...los reinos del mundo y la g 1391
6.13 tuyo es el reino, y el poder, y la g 1391
6.29 ni aún Salomón con toda su g se vistió 1391
16.27 el Hijo del Hombre vendrá en la g de su 1391
19.28 el Hijo...se siente en el trono de su g 1391
24.30 viniendo sobre las...con poder y gran g 1391
25.31 cuando el Hijo...venga en su g, y todos 1391
25.31 entonces se sentará en su trono de g 1391
Mr **8.38 cuando venga en la g de su Padre con** 1391
10.37 concédenos que en tu g nos sentemos 1391
13.26 vendrá en las nubes con gran poder y g 1391
Lc 2.9 la g del Señor los rodeó de resplandor 1391
2.14 ¡g a Dios en las alturas, y en la tierra 1391
2.32 los gentiles, y g de tu pueblo Israel 1391
4.6 a ti te daré toda esta potestad, y la g 1391
9.26 cuando venga en su g, y en la del Padre 1391
9.31 aparecieron rodeados de g, y hablaban 1391
9.32 vieron la g de Jesús, y...dos varones 1391
12.27 que ni aun Salomón con toda su g se 1391
14.10 entonces tendrás g delante de los que 1391
17.18 quien volviese y diese g a Dios sino 1391
19.38 paz en el cielo, y g en las alturas! 1391
21.27 vendrá en una nube con poder y gran g 1391
23.47 dio g a Dios, diciendo: Verdaderamente 1392
24.26 Cristo padeciera...y entrara en su g? 1391
Jn 1.14 vimos su g, g como del unigénito del 1391
2.11 y manifestó su G; y sus discípulos 1391
5.41 g de los hombres no recibo 1391
5.44 pues recibís g los unos de los otros 1391
5.44 y no buscáis la g que viene del Dios 1391
7.18 el que habla por su...su propia g busca 1391
7.18 pero el que busca la g del que le envió 1391
8.50 yo no busco mi G; hay quien la busca, y 1391
8.54 glorifico a mí mismo, mi g nada es 1391
9.24 da g a Dios; nosotros sabemos que ese 1391
11.4 sino para la g de Dios, para que el 1391
11.40 que si crees, verás la g de Dios? 1391
12.41 Isaías dijo esto cuando vio su g, y 1391
12.43 amaban más la g de...que la g de Dios 1391
17.5 glorifícame...con aquella g que tuve al 1391
17.22 g que me diste, yo les he dado, para 1391
17.24 para que vean mi g que me has dado 1391
Hch **7.2 Dios de la g apareció a nuestro padre** 1391
7.55 vio la g de Dios, y a Jesús que estaba 1391
12.23 hirió, por cuanto no dio la g a Dios 1391
22.11 yo no veía a causa de la g de la luz 1391
Ro 1.23 cambiaron la g del Dios incorruptible 1391
2.7 hacer, buscan g y honra e inmortalidad 1391
2.10 pero g y...a todo el que hace lo bueno 1391
3.7 si...la verdad de Dios abundó para su g 1391
3.23 y están destituidos de la g de Dios 1391
4.20 que se fortaleció en fe, dando g a Dios 1391
5.2 y nos gloriamos en la...de la g de Dios 1391
6.4 Cristo resucitó de los muertos por la g 1391
8.18 no son comparables con la g venidera 1391
9.4 de los cuales son...la g, el pacto, la 1391
9.23 hacer notorias las riquezas de su g 1391
9.23 como los vasos...que él preparó...para g 1391
11.36 a él sea la g por los siglos. Amén 1391
15.7 también Cristo nos recibió, para g de 1391
16.27 sabio Dios, sea g mediante Jesucristo 1391
1 Co 2.7 antes de los siglos para nuestra g 1391
2.8 nunca habrían crucificado al Señor de R 1391
9.15 antes que nadie desvanezca esta mi g 2745
10.31 cosa, hacedlo todo para la g de Dios 1391
11.7 porque el varón...es imagen y g de Dios 1391
11.7 de Dios; pero la mujer es g del varón 1391
15.31 la g que de vosotros tengo en nuestro 2746
15.40 pero una es la g de los celestiales 1391
15.41 una es la g del sol, otra la g de la 1391
15.41 otra la g de las estrellas, pues una 1391
15.41 una estrella es diferente de otra en g 1391
15.43 siembra en deshonra, resucitará en g 1391
2 Co 1.12 nuestra g es esta: el testimonio de 2746
1.14 habéis entendido que somos vuestra g 2745
1.20 en él sí, y...Amén, para la g de Dios 1391
3.7 si el misterio de muerte...fue con g 1391
3.7 a causa de la g de su rostro, la cual 1391
3.8 ¿cómo no será...con g el ministerio del 1391
3.9 el ministerio de condenación fue con g 1391
3.9 mucho más abundará en g el ministerio 1391
3.10 en comparación con la g más eminente 1391
3.11 si lo que perece tuvo g, mucho más 1391
3.18 mirando...en un espejo la g del Señor 1391
3.18 somos transformados de g en g en la 1391
4.4 no les resplandezca...de la g de Cristo 1391
4.6 conocimiento de la g de Dios en la faz 1391
4.15 la acción de gracias...para g de Dios 1391
4.17 vez más excelente y eterno peso de g 1391
8.19 que es administrado...para g del Señor 1391
8.23 son mensajeros de las...y g de Cristo 1391
11.10 no se me impedirá esta mi g en las 2746
Gá 1.5 a quien sea la g por los siglos de los 1391
Ef 1.6 para alabanza de la g de su gracia 1391
1.12 de que seamos para alabanza de su g 1391
1.14 de la posesión...para alabanza de su g 1391
1.17 que el...Padre de g, os dé espíritu de 1391
1.18 las riquezas de la g de su herencia en 1391
3.13 tribulaciones...las cuales son vuestra g 1391
3.16 os dé, conforme a las riquezas de su g 1391
3.21 él sea g en la iglesia en Cristo Jesús 1391
Fil 1.11 llenos de frutos...para g y alabanza 1391
1.26 que abunde vuestra g de mí en Cristo 2745
2.11 que Jesucristo es el Señor, para g de 1391
3.19 es el vientre, y cuya g es su vergüenza 1391
3.21 sea semejante al cuerpo de la g suya 1391
4.19 suplirá...conforme a sus riquezas en g 1391
4.20 al Dios y Padre nuestro sea g por los 1391
Col 1.11 conforme a la potencia de su g, para 1391
1.27 dar a conocer las riquezas de la g de 1391
1.27 Cristo en vosotros, la esperanza de g 1391
3.4 también seréis manifestados con él en g 1391
1 Ts 2.6 ni buscamos g de los hombres; ni de 1391
2.12 de Dios, que os llamó a su reino y g 1391
2.20 vosotros sois nuestra g y gozo 1391
2 Ts 1.9 excluidos de...y de la g de su poder 1391
2.14 para alcanzar la g de nuestro Señor 1391
1 Ti 1.17 sea honor y g por los siglos de los 1391
3.16 creído...mundo; recibido arriba en g 1391
2 Ti 2.10 salvación que es en...con g eterna 1391
4.18 a él sea g por los siglos de los siglos 1391
He 1.3 el cual, siendo el resplandor de su g 1391
2.7 coronaste de g y de honra, y le pusiste 1391
2.9 vemos...Jesús, coronado de g y de honra 1391
2.10 habiendo de llevar muchos hijos a la g 1391
3.3 porque de tanto mayor g que Moisés es 1391
9.5 sobre ella...querubines de g que cubrían 1391
13.21 al cual sea la g por los siglos de los 1391
1 P 1.7 vuestra fe...sea hallada en...g y honra 1391
1.11 el cual anunciaba...las g que vendrían 1391
1.21 quien le resucitó de...y le ha dado g 1391
1.24 toda la g del hombre como flor de la 1391
2.20 ¿qué g...si pecando sois abofeteados 2811
4.11 a quien pertenecen la g y el imperio 1391
4.13 en la revelación de su g os gocéis con 1391
5.1 participante de la g que será revelada 1391
5.4 recibiréis la corona de g incorruptible 1391
5.10 mas el Dios de...que nos llamó a su g 1391
5.11 él sea la g y el imperio por los siglos 1391
2 P 1.3 que nos llamó por su g Y excelencia 1391
1.17 cuando él recibió de Dios Padre...g, le 1391
1.17 le fue enviada desde la...g una voz que 1391
3.18 a él sea g ahora y hasta el día de la 1391
Jud 24 presentaros sin mancha delante de su g 1391
25 al único y sabio Dios...sea g y majestad 1391
Ap 1.6 a él sea g e imperio por los siglos de 1391
4.9 aquellos seres vivientes dan g y honra 1391
4.11 digno eres de recibir la g y la honra 1391
5.12 es digno de tomar...la g y la alabanza 1391
5.13 al Cordero, sea...la g y el poder, por 1391
7.12 g...sean a nuestro Dios por los siglos 1391
11.13 los demás...dieron g al Dios del cielo 1391
14.7 temed a Dios, y dadle g, porque la hora 1391
15.8 el templo se llenó de humo por la g de 1391
16.9 y no se arrepintieron para darle g 1391
18.1 ángel...la tierra fue alumbrada con su g 1391
19.1 y g y poder son del Señor Dios nuestro 1391
19.7 démosle g...han llegado las bodas del 1391
21.11 teniendo la g de Dios. Y su fulgor 1391
21.23 la g de Dios la ilumina, y el Cordero 1391
21.24 los reyes...traerán su g y honor a ella 1391
21.26 y llevarán la g y la honra de...a ella 1391

GLORIARSE

2 R 14.10 gloríate...mas quédate en tu casa 3513
1 Cr 16.10 gloriaos en su santo nombre 1984
16.35 que...nos gloriemos en tus alabanzas 7623
2 Cr 25.19 corazón se enaltece para gloriarte 3513
Sal 34.2 en Jehová se gloriará mi alma; lo 1984
44.8 en Dios nos gloriaremos todo el tiempo 1984
64.10 gloriarán todos los rectos de corazón 1984
97.7 todos...los que se glorían en los ídolos 1984
105.3 gloriaos en su santo nombre alégrese 1984
106.5 me goce...y me glorie con tu heredad 1984
106.47 que nos gloriemos en tus alabanzas 7623
Is 10.15 ¿se gloriará el hacha contra el que 6286
41.16 te gloriarás en el Santo de Israel 1984
43.14 los caldeos...naves de que se gloriaban 7440
45.25 gloriará...la descendencia de Israel 1984
49.3 oh Israel, porque en ti me gloriaré 6286
Jer 4.2 serán benditas...y en él se gloriarán 1984
11.15 ¿crees que...¿Puedes gloriarte de eso? 5937
49.4 ¿por qué te glorías de los valles? Tu 1984
Ro 2.17 te apoyas en la ley, y te glorías en 2744
4.2 por las obras, tiene de que gloriarse 2745
5.2 y nos gloriamos en la esperanza de la 2744
5.3 que...nos gloriamos en las tribulaciones 2744
5.11 gloriamos en Dios por el Señor nuestro 2744
15.17 tengo...de qué gloriarme en Cristo 2746
1 Co 1.31 el que se gloría, gloríese en el 2744
3.21 que, ninguno se glorie en los hombres 2744
4.7 y si...¿por qué te glorías como si no 2744
9.16 no tengo por qué gloriarme; porque me 2745
2 Co 5.12 sino os damos ocasión de gloriaros 2745
5.12 responder a los que se glorían en las 2744
7.4 mucho me glorío con respecto de vosotros 2746
7.14 pues si de algo me he gloriado con él 2744
7.14 gloriarnos con Tito resultó verdad 2746
8.24 y de nuestro gloriarnos respecto de 2746
9.2 de la cual yo me glorío entre los de 2744
9.3 que nuestro gloriarnos...no sea vano en 2745
10.8 aunque me glorie...no me avergonzaré 2744
10.13 no nos gloriaremos desmedidamente 2744
10.15 no nos gloriamos desmedidamente en 2744
10.16 para gloriarnos en lo que ya estaba 2744
10.17 que se gloría, gloríese en el Señor 2744
11.12 de que en aquello en que se glorían 2744
11.16 que yo también me glorie un poquito 2744
11.17 locura...esta confianza de gloriarme 2746
11.18 que muchos se glorían...yo me gloriaré 2744
11.30 es necesario gloriarse, me gloriaré 2744
12.1 no me conviene gloriarme; pero vendré 2744
12.5 de tal hombre me gloriaré; pero de mí 2744
12.5 pero de mí mismo en nada me gloriaré 2744
12.6 sin embargo, si quisiera gloriarme 2744
12.9 gloriaré más bien en mis debilidades 2744
12.11 me he hecho un necio al gloriarme 2744
Gá 6.4 motivo de gloriarse sólo respecto de 2745
6.13 que...os circuncidéis, para gloriarse en 2744
6.14 lejos esté de mí gloriarme sino en la 2744
Ef 2.9 no por obras, para que nadie se glorie 2744
Fil 2.16 pueda gloriarme de que no he corrido 2745
3.3 a Dios y nos gloriamos en Cristo Jesús 2744
1 Ts 2.19 ¿cuál es...corona de que me glorie? 2746
2 Ts 1.4 mismos nos gloriamos de vosotros 2744
He 3.6 si retenemos firme...el gloriarnos en 2745
Stg 1.9 humilde,gloríese en su exaltación 2744

GLORIFICAR

Éx 14.4 seré glorificado en Faraón y en todo 3513
14.17 me glorificaré en Faraón y en todo su 3513
14.18 cuando me glorifique en Faraón, en su 3513
Lv 10.3 presencia de todo...seré glorificado 3513
1 Cr 16.41 para glorificar a Jehová, porque 3034
17.18 pidiendo de ti para glorificar a tu 3519
2 Cr 20.21 que dijesen: Glorificad a Jehová 3034
30.21 siete días...y glorificaban a Jehová 1984
Sal 22.23 glorificadle, descendencia toda de 1984
30.1 te glorificaré, oh Jehová, porque me 7311
86.9 las naciones...glorificarán tu nombre 3513
86.12 y glorificaré tu nombre para siempre 3513
91.15 estaré...lo libraré y le glorificaré 3513
Is 24.15 glorificad por esto a Jehová: en los 3513
44.23 a Jacob, y en Israel será glorificado 6286
60.7 y glorificaré la casa de mi gloria 6286
60.9 Santo de Israel, que te ha glorificado 6286
60.21 obra de mis manos, para glorificarme 6286
66.5 dijeron: Jehová sea glorificado. Pero 3513
Ez 28.22 en medio de ti seré glorificado; Y 3513
39.13 el día en que yo sea glorificado, dice 3513
Dn 4.34 y glorifiqué al que vive para siempre 1922
4.37 engrandezco y glorifico al Rey del cielo 7313
Hag 1.8 reedificad la casa...seré glorificado 3513
Mt **5.16 glorifiquen a vuestro Padre que está** 1392
9.8 la gente...maravilló y glorificó a Dios 1392
15.31 viendo...glorificaban al Dios de Israel 1392
Mr 2.12 glorificaron a Dios, diciendo: Nunca 1392
Lc 2.20 volvieron...glorificando y alabando a 1392
4.15 enseñaba...y era glorificado por todos 1392
5.25 se fue a su casa, glorificando a Dios 1392
5.26 glorificaban a Dios; y llenos de temor 1392
7.16 glorificaban a Dios, diciendo: Un gran 1392
13.13 ella se enderezó...glorificaba a Dios 1392
17.15 volvió, glorificando a Dios a gran voz 1392
18.43 vio, y le seguía, glorificando a Dios 1392
Jn 7.39 Jesús no había sido aún glorificado 1392
8.54 me glorifico a mí mismo, mi gloria 1392
8.54 Padre es el que me glorifica, el que 1392
11.4 Hijo de Dios sea glorificado por ella 1391
12.16 Jesús fue glorificado...se acordaron 1392
12.23 que el Hijo del Hombre sea glorificado 1392
12.28 Padre, glorifica tu nombre. Entonces 1392
12.28 lo he glorificado, y lo glorificaré 1392
13.31 es glorificado el...y Dios es g en él 1392
13.32 si Dios es glorificado en él, Dios 1392
13.32 le glorificará en sí mismo, y...le g 1392
14.13 el Padre sea glorificado en el Hijo 1392
15.8 en esto es glorificado mi Padre, en que 1392
16.14 él me glorificará; porque tomará de 1392
17.1 glorifica a tu Hijo...te glorifique a ti 1392
17.4 yo te he glorificado en la tierra; he 1392
17.5 glorifícame tú al lado tuyo, con aquella 1392
17.10 tuyo...y he sido glorificado en ellos 1392
21.19 con qué muerte había de glorificar a 1392
Hch 3.13 Dios...glorificado a su Hijo Jesús 1392
4.21 todos glorificaban a Dios por lo que 1392
11.18 y glorificaron a Dios, diciendo: ¡De 1392
13.48 los gentiles...glorificaban la palabra 1392
21.20 glorificaron a Dios, y le dijeron 1392
Ro 1.21 no le glorificaron como a Dios, ni le 1392
8.17 juntamente con él seamos glorificados 4888
8.30 justificó, a éstos también glorificó 1392

15.6 para que...*glorifiquéis* al Dios y Padre *1392*
15.9 los gentiles *glorifiquen* a Dios por su *1392*
1 Co 6.20 *glorificad*...a Dios en vuestro cuerpo *1392*
2 Co 9.13 *glorifican* a Dios por la obediencia *1392*
Gá 1.24 y *glorificaban* a Dios en mí *1392*
2 Ts 1.10 cuando venga...para ser *glorificado* *1740*
1.12 el nombre de...Jesucristo sea *glorificado* *1740*
3.1 la palabra del Señor...sea *glorificada* *1392*
He 5.5 tampoco Cristo se *glorificó* a sí mismo *1392*
1 P 2.12 *glorifiquen* a Dios en el día de la *1392*
4.11 para que en todo sea Dios *glorificado* *1392*
4.14 pero por vosotros es *glorificado* *1392*
4.16 si alguno padece...*glorifique* a Dios *1392*
Ap 15.4 ¿quién no te...y *glorificará* tu nombre?........ *1392*
18.7 ella se ha *glorificado* y ha vivido en *1392*

GLORIOSAMENTE
2 S 22.51 él salva *g* a su rey...misericordia 4024

GLORIOSO, A
Dt 28.58 temiendo este nombre *g* y temible 3513
1 Cr 29.13 Dios nuestro...loamos tu *g* nombre 8597
Esd 4.10 el grande y *g* Asnapar transportó 3358
Neh 9.5 el nombre tuyo, *g* y alto sobre toda 3519
Sal 8.1 *g* es tu nombre en toda la tierra! 1935
45.13 *g* es la hija del rey en su morada 3520
72.19 bendito su nombre *g* para siempre, y......... 3519
76.4 *g* eres tú, poderoso más que los montes......... 215
87.3 cosas *g* se han dicho de ti, ciudad de........... 3513
Is 11.10 será buscada...su habitación será *g* 3519
24.23 reine...delante de sus ancianos sea *g* 3519
26.15 te hiciste *g*, ensanchaste todos los 3513
58.13 llamares delicia, santo, *g* de Jehová 3513
63.14 a tu pueblo, para hacerte nombre *g* 8597
63.15 y contempla desde tu santa y *g* morada 8597
Jer 14.21 deseches, ni deshonres tu *g* trono............ 3519
Dn 8.9 creció mucho al...y hacia la tierra *g* 6643
11.16 y estará en la tierra *g*, la cual será 6643
2 Co 3.10 lo que fue *g*, no es *g* en...respecto *1392*
3.11 si...mucho más *g* será lo que permanece *1391*
Ef 5.27 una iglesia *g*, que no tuviese mancha *1741*
1 Ti 1.11 el *g* evangelio del Dios bendito *1391*
Tit 2.13 manifestación *g* de nuestro gran Dios *3107*
Stg 2.1 fe en nuestro *g* Señor Jesucristo sea *1391*
1 P 1.8 os alegráis con gozo inefable y *g* *1392*
4.14 el *g* Espíritu de Dios reposa sobre *1392*

GLOTÓN
Dt 21.20 este nuestro hijo...es *g* y borracho 2151
Pr 28.27 compañero de *g* avergüenza a su padre
Tit 1.12 cretenses...malas bestias, *g* ociosos *1064*

GLOTONERÍA
Lc 21.34 **vuestros corazones no se carguen de *g*** *2897*
Ro 13.13 honestamente; no en *g* y borracheras *2970*

GNIDO *Ciudad en la costa de Asia Menor,* Hch 27.7.................................... *2834*

GOA *Barrio de Jerusalén,* Jer 31.39.............. 1601

GOB *Lugar donde David hizo dos batallas contra los filisteos, (=Gezer),* 2 S 21.18,19..... 1359

GOBERNADOR
Gn 41.34 Ponga *g* sobre el país, y quinte la 6496
45.8 y por *g* en toda la tierra de Egipto 4910
Dt 1.15 los puse Por...*g* de vuestras tribus 7860
Jue 9.30 Zebul *g* de la ciudad oyó...palabras 8269
1 R 4.5 Azarías hijo de Natán, sobre los *g* 5324
4.7 tensa Salomón doce *g* sobre todo Israel 5324
4.19 éste era el único *g* en aquella tierra 5333
4.27 y estos *g* mantengan al rey Salomón, y 5324
22.26 toma a Micaías, y llévalo a Amón *g* de......... 8269
22.47 no había...rey en Edom; había *g* en 5324
2 R 10.5 el *g* de la ciudad, los ancianos y............. 5921
23.8 de la puerta de Josué, *g* de la ciudad 8269
25.22 al pueblo...puso por *g* a Gedalías hijo......... 6485
25.23 el rey...había puesto por *g* a Gedalías 6485
1 Cr 23.4 de estos...seis mil para *g* y jueces 7860
26.29 Quenanías y sus hijos eran *g* y jueces 7860
2 Cr 8.10 y tenía Salomón 250 *g* principal 5324
9.14 los *g* de la tierra traían oro y plata 6346
18.25 llevadlo a Amón *g* de la ciudad, y a 8269
26.11 la lista hecha por mano de...Maasías *g* 7860
34.8 envió...a Maasías *g* de la ciudad, y a 8269
34.13 y de los levitas habla...*g* y porteros 7860
Esd 2.63 el *g* les dijo que no comiesen de las 8660
4.9 *g* y oficiales, y los de Persia, de Erec 1169
5.3 vino...Tatnai *g* del otro lado del río, y 6347
5.6 la carta que Tatnai *g* del otro lado del 6347
5.6 y sus compañeros los *g* que estaban al.......... 6347
5.14 a Sesbasar, a quien habla puesto por *g*......... 6347
6.6 Tatnai *g*...y vuestros compañeros los *g*......... 6347
6.7 que el *g* de los judíos y sus ancianos 6347
6.13 entonces Tatnai *g* del otro lado del río.......... 6347
7.25 pon...*g* que gobiernen a todo el pueblo.......... 1782
9.2 la mano...de los *g* ha sido la primera en........ 8269
Neh 2.7 cartas para los *g* al otro lado del............... 6346
2.9 vine luego a los *g* del otro lado del 6346
3.7 bajo el dominio del *g* del otro lado del 6346
3.9 Refaías...*g* de la mitad de la región de 8269
3.12 Salum...*g* de la mitad de la región de 8269
3.14 Malquías...*g* de la provincia...reedificó 8269
3.15 Salum hijo de Colhoze, *g* de la región........... 8269
3.16 *g* de la mitad de la región de Bet-sur........... 8269
3.17,18 *g* de la mitad de la región de Keila........... 8269
3.19 Ezer hijo de Jesúa *g* de Mizpa, otro............. 8269
5.14 fuese *g* de ellos en la tierra de Judá 6346
5.14 ni mis hermanos comimos el pan del *g* 6346
5.15 *g* que fueron antes de mí abrumaron al 6346
5.18 nunca requerí el pan del *g*, porque la........... 6346
7.65 les dijo el *g* que no comiesen de las 8660
7.70 el *g* dio para el tesoro mil dracmas de 7218
8.9 y Nehemías el *g*, y el sacerdote Esdras.......... 8660
10.1 los que firmaron...Nehemías el *g*, hijo.......... 8660
12.26 y en los días del *g* Nehemías y del 6346
Est 1.3 teniendo delante de él...*g* y príncipes 6579
Sal 105.21 lo puso...*g* de todas sus posesiones......... 4910
Pr 6.7 la cual no teniendo capitán, ni *g*, ni 7860
8.16 por mí...todos los *g* juzgan la tierra 8269
Is 9.16 los *g* de este pueblo son engañadores 833
Ez 23.6 *g* y capitanes, jóvenes codiciables 5461
23.12 *g* y capitanes, vestidos de ropas y 5461
23.23 *g* y capitanes, nobles y varones de............ 5461
Dn 2.48 *g* de toda la provincia de Babilonia 7981
3.2 se reuniesen los...*g* de las provincias........... 7984
3.3 reunidos...los *g* de las provincias, a la.......... 7984
3.27 se juntaron...los *g*, los capitanes y los 5460
4.36 y mis *g* y mis consejeros me buscaron 7261
6.2 sobre ellos tres *g*, de los cuales Daniel 5632
6.3 Daniel mismo era superior a estos...*g*.......... 5632
6.4 los *g*...buscan la ocasión para acusar 5632
6.6 estos *g*...se juntaron delante del rey, y.......... 5632
6.7 *g* del reino...han acordado por consejo 5632
Am 1.5 destruiré...Avén, y los *g* de Bet-edón 8551,7626
1.8 destruiré *g* los...y a los *g* de Ascalón....... 8551,7626
Hag 1.1 vino palabra...a Zorobabel...*g* de Judá 6346
1.14 despertó Jehová...Zorobabel...*g* de Judá 6346
2.2 hijo de Salatiel, *g* de Judá, y a Josué 6346
2.21 habla a Zorobabel *g* de Judá, diciendo 6346
Mt 10.18 **aun ante *g* y reyes seréis llevados**.......... *2232*
27.2 lo entregaron a Poncio Pilato, el *g*.............. *2232*
27.11 Jesús...estaba en pie delante del *g* *2232*
27.14 manera que el *g* se maravillaba mucho........ *2232*
27.15 acostumbraba el *g* soltar...un preso *2232*
27.21 respondiendo el *g*, les dijo: ¿A cuál *2232*
27.23 *g* les dijo: Pues ¿qué mal ha hecho?............ *2232*
27.27 los soldados del *g* llevaron a Jesús............ *2232*
28.14 y si esto lo oyere el *g* nosotros le............... *2232*
Mr 13.9 **delante de *g* y de reyes os llevarán** *2232*
Lc 2.2 primer censo se hizo siendo Cirenio *g* *2230*
3.1 año...siendo *g* de Judea Poncio Pilato *2230*
20.20 entregarle al poder y autoridad del *g*........... *2232*
21.12 **reyes y ante *g* por causa de mi nombre** *2232*
Hch 7.10 Faraón...lo puso por *g* sobre Egipto *2233*
23.24 le lleva en salvo a Félix el *g*.................. *2232*
23.26 Claudio Lisias al excelentísimo *g* *2232*
23.33 y dieron la carta al *g*, presentaron *2232*
23.34 el *g*...preguntó de qué provincia era *2232*
24.1 y comparecieron ante el *g* contra Pablo *2232*
24.10 habiéndole hecho igual el *g* a Pablo *2232*
26.30 se levantó el rey, y el *g*, y Berenice............ *2232*
2 Co 11.32 el *g* de la provincia...guardaba la........... *1481*
Ef 6.12 contra los *g* de las tinieblas de e te *2888*
1 P 2.14 a los *g*, como por él enviados para *2232*

GOBERNANTE
Pr 29.12 si un *g* atiende la palabra mentirosa 4910
Mt 20.25 **los *g* de las naciones se enseñorean**........... *758*
Mr 10.42 **sabéis que los que son tenidos por *g*** *757*
Lc 14.1 entrado para comer en casa de un *g*............ *758*
23.13 Pilato, convocando...los *g*, y al pueblo........... *758*
23.35 aun los *g* se burlaban de él, diciendo *758*
24.20 le entregaron...nuestros *g* a sentencia *758*
Jn 7.26 ¿habrán reconocido...los *g* que éste es *758*
7.48 ¿acaso ha creído en él alguno de los *g* *758*
12.42 aun de los *g*, muchos creyeron en él........... *758*
Hch 3.17 por ignorancia...también vuestros *g*.......... *758*
4.5 se reunieron en Jerusalén los *g* los *758*
4.8 dijo: *G* del pueblo, y ancianos de Israel.......... *758*
7.27,35 ¿quién te ha puesto por *g* y juez............. *758*
7.35 éste lo envió Dios como *g* y libertador *758*
13.27 los habitantes de Jerusalén y su *g* *758*
14.5 los judíos...con sus *g*, se lanzaron a *758*
Tit 3.1 recuérdales que se sujeten a los *g* y............ *746*

GOBERNAR
Gn 24.2 el que *gobernaba* en todo lo que tenía......... 4910
41.40 por tu palabra se *gobernará* todo mi 5401
Jue 4.4 *gobernaba*...a Israel una mujer, Débora....... 8199
9.2 *gobiernen* 70...*gobierne* un solo hombre?....... 4910
Rt 1.1 en los días que *gobernaban* los jueces........... 8199
1 S 8.20 nuestro rey nos *gobernará* y saldrá........... 8199
9.17 éste es el...éste *gobernará* a mi pueblo 6113
2 S 23.3 justo que *gobierne* entre los hombres 4910
23.3 un...que *gobierne* en el temor de Dios.......... 4910
1 R 3.9 ¿quién podrá *gobernar* a...tu pueblo 8199
2 R 11.15 mandó a...que *gobernaban* el ejército......... 6485
15.5 tenía el cargo...*gobernando* al pueblo........... 8199
23.22 tal pascua desde...jueces *gobernaban*......... 8199
1 Cr 22.12 cuando *gobiernes* a Israel, guardes 6680
26.30 *gobernaban* a Israel al otro lado del........... 6486
2 Cr 1.10 ¿quién podrá *gobernar* a...tu pueblo 8199
1.11 has pedido...ciencia para *gobernar* a mi 8199
7.18 no te faltará...que *gobierne* en Israel........... 4910
23.20 los que *gobernaban* el pueblo y a todo......... 4910
26.21 Jotam su...*gobernando* al pueblo de la......... 5921
Esd 7.25 jueces...que *gobiernen* a...pueblo....... 1934,1778
Job 34.17 ¿*gobernará* el que aborrece juicio?......... 2280
Sal 59.13 y sépase que Dios *gobierna* en Jacob 4910
112.5 bien...*gobierna* sus asuntos con juicio......... 3557
Is 9.16 engañadores, y...*gobernados* se pierden 833
28.14 varones burladores que *gobernáis* a........... 4910
40.23 y a los que *gobiernan* la tierra hace 8199
Jer 40.7 habla puesto a Gedalías...*gobernar* 6485
41.2,18 puesto para *gobernar* la tierra 6485
Dn 4.17 que el Altísimo *gobierna* el reino de.......... 7990
4.26 que reconozcas que el cielo *gobierna* 7990
6.1 sátrapas...*gobernasen* en todo el reino 3606
9.12 y contra nuestros...que nos *gobernaron*....... 8199
Os 11.12 Judá aún *gobierna* con Dios y es 7300
Hab 1.14 que no tienen quien los *gobierne*?............ 4910
Zac 3.7 *gobernarás* mi casa, también guardarás....... 1777
Hch 24.2 y muchas cosas son bien *gobernadas* *1096*
Col 3.15 la paz de Dios *gobierne*...corazones *1018*
1 Ti 3.4 que *gobierne* bien su casa, que tenga *4291*
3.5 el que no sabe *gobernar* su propia casa......... *4291*
3.12 *gobiernen* bien sus hijos y sus casas *4291*
5.14 casen, críen hijos, *gobiernen* su casa........... *3616*
5.17 los ancianos que *gobiernan* bien, sean......... *4291*
Stg 3.4 son *gobernadas* con un...pequeño timón....... *3329*
3.4 por donde el que las *gobierna* quiere *2116*

GOFER
Gn 6.14 hazte un arca de madera de *g*; harás 1613

GOG
1. Descendiente de Rubén, 1 Cr 5.4................. 1463
2. Príncipe de Mesec y Tubal
Ez 38.2 pon tu rostro contra *G* en tierra de............ 1463
38.3 di...yo estoy contra ti, oh *G*, príncipe........... 1463
38.14 di a *G*: Así ha dicho Jehová el Señor.......... 1463
38.16 cuando sea santificado en ti, oh *G*............ 1463
38.18 cuando venga *G* contra la tierra de 1463
39.1 profetiza contra *G*, y di: Así ha dicho 1463
39.1 aquí yo estoy contra ti, oh *G*, príncipe 1463
39.11 daré a *G* lugar para sepultura allí en.......... 1463
39.11 pues allí enterrarán a *G* y a toda su 1463
Ap 20.8 a *G* y a Magog, a fin de reunirlos............. *1136*

GOIM
1. Una tribu, posiblemente de los heteos, Gn 14.1,9.. 1471
2. Una tribu, posiblemente de los filisteos, Jos 12.23 1471

GOLÁN *Ciudad levítica en Basán,* Dt 4.43; Jos 20.8; 21.27; 1 Cr 6.71 1474

GÓLGOTA *«Calavera»*
Mt 27.33 cuando llegaron a un lugar llamado *G* *1115*
Mr 15.22 y le llevaron a un lugar llamado *G*........... *1115*
Jn 19.17 llamado...la Calavera, y en hebreo, *G*........ *1115*

GOLIAT *Gigante filisteo*
1 S 17.4 un paladín, el cual se llamaba *G*, de........... 1555
17.23 que se llamaba *G*, el filisteo de Gat........... 1555
21.9 la espada de *G*...está aquí envuelta en 1555
22.10 le dio la espada de *G* el filisteo 1555
2 S 21.19 en la cual Elhanan...mató a *G* geteo......... 1555
1 Cr 20.5 Elhanán...mató a Lahmi, hermano de *G*..... 1555

GOLONDRINA
Sal 84.3 la *g* nido para sí, donde ponga sus............ 6833
Pr 26.2 como la *g* en su vuelo...la maldición........... 1866
Is 38.14 como la grulla y...la *g* me quejaba............ 5693
Jer 8.7 la *g* guardan el tiempo de su venida 5693

GOLPE
Gn 4.23 un varón mataré...y un joven por mi *g* 2250
Éx 21.25 quemadura por quemadura...*g* por *g* 6482
Dt 19.5 al dar...el *g* con el hacha para cortar 5080
1 S 26.8 lo enclavaré en la tierra de un *g*, y........... 5221
26.8 lo enclavaré...y no le daré segundo *g* 5221
2 S 20.10 cayó muerto sin darle un segundo *g* 8138
1 R 20.37 hombre le dio un *g*, y le hizo una 5221
2 R 13.19 al dar le *g*...hubieras derrotado a........... 5221
Job 36.18 no sea que en su ira te quite con *g*........... 5607
Sal 39.10 consumido bajo los *g* de tu mano 8409
Pr 12.18 cuyas palabras son como *g* de espada........ 4094
Is 30.32 y cada *g* de la vara justiciera que
Ez 24.16 te quito de *g* el deleite de tus ojos............ 4046

GOLPEAR
Éx 2.11 un egipcio que *golpeaba* a uno de los 5221
2.13 dijo...¿Por qué *golpeas* a tu prójimo?,5221
7.17 *golpeará* con la vara que tengo en mi.......... 5221
7.20 *golpeó* las aguas que habla en el río 5221
8.16 *golpea* el polvo de la tierra, para que........... 5221
8.17 *golpeó* el polvo de la tierra, el cual 5221
17.5 toma...tu vara con que *golpeaste* el río 5221
17.6 *golpearás* la peña, y saldrán de...aguas 5221
Nm 20.11 *golpeó* la peña con su vara dos veces......... 5221
Jue 5.26 Y *golpeó* a Sísara; hirió su cabeza 1986
7.13 y la *golpeó* de tal manera que cayó, y.......... 5221
19.22 rodearon la casa, *golpeando* a la puerta 1849
1 R 22.24 Sedequías...*golpeó* a Micaías en la........... 5221
2 R 2.8 Ellas...*golpeó* las aguas...se apartaron........... 5221
2.14 *golpeó* las aguas, y dijo: ¿Dónde está 5221
2.14 hubo *golpeado*...las aguas, se apartaron....... 5221
13.18 *golpea* la tierra. Y él la golpeó tres 5221
2 Cr 18.23 Sedequías...*golpeó* a Micaías en la......... 5221
Cnt 5.7 *guardas*...me golpearon, me hirieron 5221
Is 32.12 *golpeándose* el pecho lamentarán por......... 5594
Ez 6.11 palmotea...y *golpea* con tu pie, y di.......... 7554
25.6 *golpeaste* con tu pie, y te gozaste en 7554
Nah 2.7 como palomas, *golpeándose* sus pechos........ 8608
Mt 7.25 **Y *golpearon* contra aquella casa; y no** *4363*
21.35 **tomando a los siervos, a uno *golpearon*** *1194*
24.49 **comenzare a *golpear* a sus consiervos**......... *5180*
26.68 profetízanos, Cristo, quién...te *golpeó*......... *3817*
27.30 escupiéndole...*golpeaban* en la cabeza........ *5180*
Mr 12.3 le *golpearon*, y le enviaron con las *1194*
12.5 **y a otros muchos, *golpeando* a unos y** *1194*
15.19 le *golpeaban* en la cabeza con una caña...... *5180*
Lc 12.45 **y comenzare a *golpear* a los criados**.......... *5180*
18.13 **se *golpeaba* el pecho, diciendo: Dios**.......... *5180*
20.10 **pero los labradores le *golpearon*, y le** *1194*
20.11 ***golpeado* y afrentado, le enviaron con**......... *1194*
22.63 se burlaban de él y le *golpeaban*.............. *1194*
22.64 y vendándole...le *golpeaban* el rostro *5180*
22.64 profetiza, ¿quién es el que te *golpeó*?......... *3817*

23.48 viendo...volvían *golpeándose* el pecho........ 5180
Jn 18.23 **mal; y si bien, ¿por qué me *golpeas*?** 1194
Hch 18.17 le *golpeaban* delante del tribunal 5180
21.32 vieron al...dejaron de *golpear* a Pablo 5180
23.2 ordenó...que le *golpeasen* en la boca.......... 5180
23.3 Pablo le dijo: ¡Dios te *golpeará* a ti............ 5180
23.3 quebrantando la ley me mandas a *golpear*..... 5180
1 Co 9.26 peleo, no como quien *golpea* el aire.......... 1194
9.27 sino que *golpeo* mi cuerpo, y lo pongo 5299

GOMER *(n.)*
1. Hijo de Jafet, Gn 10.2,3; 1 Cr 1.5,6................ 1586
2. Una tribu descendiente de No. 1, Ez 38.6......... 1586
3. Mujer del profeta Oseas, Os 1.3.................. 1586

GOMER *(medida)*
Éx 16.16 un *g* por cabeza, conforme el número........ 6016
16.18 y lo medían por *g*, Y no sobró al que.......... 6016
16.22 recogieron doble...dos *g* para cada uno........ 6016
16.32 llenad un *g* de él, y guardadlo para........... 6016
16.33 una vasija y pon en ella un *g* de maná........ 6016
16.36 y un *g* es la décima parte de un efa........... 6016

GOMORRA *Ciudad vecina de Sodoma*
Gn 10.19 en dirección de Sodoma, *G*, Adma y......... 6017
13.10 que destruyes Jehová a Sodoma y a *G*........ 6017
14.2 contra Birsa rey de *G*, contra Sinab........... 6017
14.8 salieron el rey de Sodoma, el rey de *G*......... 6017
14.10 huyeron el rey de Sodoma y el de *G*........... 6017
14.11 tomaron...la riqueza de Sodoma y de *G*...... 6017
18.20 el clamor contra...*G* se aumenta más y...... 6017
19.24 llover sobre Sodoma y sobre *G* azufre......... 6017
19.28 miró hacia Sodoma y *G*, y hacia toda......... 6017
Dt 29.23 como sucedió en la destrucción...*G*.......... 6017
32.32 la vid de ellos, y de los campos de *G*.......... 6017
Is 1.9 Sodoma fuéramos, y semejantes a *G*............ 6017
1.10 escuchad la ley de...Dios, pueblo de *G*........ 6017
13.19 y Babilonia...será como Sodoma y *G*......... 6017
Jer 23.14 me fueron...sus moradores como *G*......... 6017
49.18 como sucedió en la destrucción de...*G*....... 6017
50.40 destrucción que Dios hizo de...y de *G*........ 6017
Am 4.11 os trastorné como trastornó a...*G*............ 6017
Sof 2.9 Moab será...los hijos de Amón como *G*........ 6017
Mt 10.15; Mr 6.11 **más tolerable...para...*G*** 1116
Ro 9.29 como Sodoma...*G* seríamos semejantes....... 1116
2 P 2.6 condenó...ciudades de Sodoma y de *G*......... 1116
Jud 7 como Sodoma y *G* y las ciudades vecinas........ 1116

GORDO, A
Gn 4.4 trajo...ovejas, de lo más *g* de ellas.............. 2459
41.2 siete vacas hermosas...muy *g*, y pacían....... 1320
41.4 devoraban a las siete vacas...y muy *g*......... 1277
41.20 devoraban a...siete primeras vacas *g*......... 1277
1 R 1.9 matando Adonías...animales *g* junto a......... 4806
1.19,25 matado...animales *g* y muchas ovejas...... 4806
4.23 diez bueyes *g*, veinte bueyes de pasto.......... 1277
4.23 los ciervos, gacelas, corzos y aves *g*.............. 75
Is 1.11 hastiado estoy...de sebo de animales *g*......... 2459
Zac 11.16 sino que comerá la carne de la *g*............. 1277
Lc 15.23 **y traed el becerro *g* y matadlo, y** 4618
15.27 **tu padre ha hecho matar el becerro *g*** 4618
15.30 **has hecho matar para él el becerro *g*** 4618

GORDURA
Jue 3.22 la *g* cubrió la hoja, porque no sacó 2459
Job 15.27 *g* cubrió su rostro, e hizo pliegues........... 6371
Sal 73.7 los ojos se les saltan de *g*; logran............ 2459
109.24 mi carne desfallece por falta de *g*........... 8081

GORJEAR
Am 6.5 *gorjean* al...de la flauta, e inventan............ 6527

GORRIÓN
Sal 84.3 aun el *g* halla casa, y la golondrina.......... 6833
Pr 26.2 como el *g* en su vagar, y...golondrina.......... 6833

GOSÉN
1. Región fértil en el noroeste del delta del río Nilo
Gn 45.10 habitarás en la tierra de *G*...cerca.......... 1657
46.28 le viniese a ver en *G*...la tierra de *G*......... 1657
46.29 José...vino a recibir a...su padre en *G*....... 1657
46.34 a fin de que moréis en la tierra de *G*......... 1657
47.1 mi padre y...están en la tierra de *G*........... 1657
47.4 habiten tus siervos en la tierra de *G*.......... 1657
47.6 en lo mejor...habiten en la tierra de *G*........ 1657
47.27 así habitó Israel...en la tierra de *G*.......... 1657
50.8 dejaron en la tierra de *G* sus niños........... 1657
Éx 8.22 aquel día yo apartaré la tierra de *G*............ 1657
9.26 solamente en la tierra de *G*...no hubo........ 1657
2. Región entre Hebrón y el Neguev, Jos 10.41; 11.16... 1657
3. Ciudad principal de No. 2, Jos 15.51 1657

GOTA
Dt 32.2 goteará...como las *g* sobre la hierba.......... 8164
Job 36.27 atrae las *g* de las aguas...en lluvia.......... 5198
38.28 ¿o quién engendró las *g* del rocío?............ 96
Cnt 5.2 nena...cabellos de las *g* de la noche........... 7447
Is 40.15 naciones le son como la *g* de agua........... 4752
Lc 22.44 su sudor como grandes *g* de sangre 2361

GOTEAR
Dt 32.2 *gotearás* como la lluvia mi enseñanza......... 6201
Jue 5.4 tierra tembló...nubes *gotearon* aguas.......... 5197
Job 36.28 *goteando* en abundancia...los hombres..... 5140
Cnt 5.5 manos *gotearon* mirra y mis dedos............ 5197

GOTERA
Pr 19.13 y *g* continua las contiendas de la............. 1812
27.15 *g* continua en...y la mujer rencillosa.......... 1812

GOZÁN *Ciudad y distrito cerca del río Éufrates*
2 R 17.6; 18.11 los puso...junto al río de *G*............. 1470
19.12 mis padres destruyeron, esto es, *G*........... 1470
1 Cr 5.26 y los llevó...al río *G*, hasta hoy.............. 1470
Is 37.12 ¿acaso libraron sus dioses a...a *G*............ 1470

GOZAR
Lv 26.34 tierra *gozará*...*g* sus días de reposo.......... 7521
26.43 la tierra...*gozará* sus días de reposo......... 7521
Dt 28.63 Jehová se *gozaba* en haceros bien............ 7797
28.63 así se *gozará* Jehová en arruinaros y......... 7797
30.9 Jehová volverá a *gozarse* sobre ti para........ 7797
30.9 la manera que se *gozó* sobre tus padres....... 7797
Jue 9.19 que *gocéis* de Abimelec, y él *goce* de 8055
1 Cr 16.31 alégrense los cielos, y *gócese* la........... 1523
2 Cr 24.10 jefe y todo el pueblo se *gozaron* 8055
36.21 que la tierra hubo *gozado* de reposo 7521
Neh 8.12 el pueblo se fue a comer...y a *gozar* 8057
Job 3.22 y se *gozan* cuando hallan el sepulcro?........ 8056
20.18 restituirá...no los tragará ni *gozará*.......... 5965
22.19 verán los justos y se *gozarán*; y el 8055
Sal 9.14 cuente yo...me *goce* en tu salvación 1523
14.7 se *gozará* Jacob, y se alegrará Israel 1523
16.9 se alegró...corazón, y se gozó mi alma 1523
21.1 el rey...en tu salvación, ¡ cómo se *goza*! 1523
25.13 *gozará*...bienestar, y su descendencia......... 3885
28.7 por lo que se gozó mi corazón, y con 5937
31.7 *gozaré* y alegraré en tu misericordia 8055
32.11 alegraos en Jehová y *gozaos*, justos; y 1523
40.16 *gócense*...en ti todos los que te buscan 7797
48.11 se *gozarán* las hijas de Judá por tus 1523
53.6 se *gozará* Jacob, y se alegrará Israel 1523
67.4 alégrense y *gócense*...naciones, porque 7787
68.3 los justos...se *gozarán* delante de Dios 5970
69.32 lo verán los oprimidos, y se *gozarán*.......... 8055
70.4 *gócense*...en ti todos los que te buscan......... 7797
92.4 en las obras de tus manos me *gozo* 8055
94.3 ¿hasta cuando...se *gozarán* los impíos? 5937
96.11 alégrense...cielos, y *gócese* la tierra 1523
97.8 las hijas...se *gozaron* por tus juicios........... 1523
106.5 me *goce* en la alegría de tu nación........... 8055
113.9 la estéril, que se *goza* en ser madre 8056
118.24 nos *gozaremos* y alegraremos en él 1523
119.14 me he *gozado* en...de tus testimonios 7797
149.2 los hijos de Sión se *gocen* en su Rey 1523
Pr 23.24 que engendra sabio se *gozará* con él 8055
23.25 tu padre...*gócese* la que te dio a luz 1523
Ec 2.1 te probaré con alegría, y *gozarás* de........... 7200
2.10 mi corazón *gozó* de todo mi trabajo; y......... 8056
3.13 que todo hombre...*goce* el bien de toda........ 7200
5.18 lo bueno es comer y beber, y *gozar* uno........ 7200
5.19 *goce* de su trabajo, esto es don de Dios 8055
7.14 en el día del bien *goza* del bien; y en.......... 2896
9.9 *goza* de la vida con la mujer que amas........... 7200
Cnt 1.4 nos *gozaremos* y alegraremos en ti............ 1523
Is 9.3 como se *gozan* cuando reparten despojos 1523
25.9 nos *gozaremos* y nos...en su salvación 8055
29.19 los más pobres...se *gozarán* en el Santo 1523
35.1 el yermo se *gozará* y florecerá como la....... 1523
61.10 en gran manera me *gozaré* en Jehová.......... 7797
62.5 así se *gozará* contigo el Dios tuyo............ 7797
65.18 os *gozaréis* y os alegraréis...siempre......... 7797
65.19 me *gozaré* con mi pueblo; y nunca más 7797
66.10 alegraos con Jerusalén, y *gozaos* con 1523
Jer 50.11 *gozasteis* destruyendo mi heredad........... 5937
Lm 4.21 *gózate* y alégrate, hija de Edom, la........... 7797
Ez 25.6 y te *gozaste* en el alma con todo tu............ 8055
Jl 2.21 alégrate y *gózate*, porque Jehová hará 8055
2.23 de Sión, alegraos y *gozaos* en Jehová......... 8055
Hab 3.18 *gozaré* en el Dios de mi salvación............ 1523
Sof 3.14 *gózate* y regocíjate de todo corazón 8055
3.17 se *gozará* sobre ti con alegría, callará 7797
Zac 10.7 verán...corazón se *gozará* en Jehová 1523
Mt 5.12; Lc 6.23 ***gozaos*... galardón es grande** 5463
Lc 15.6 ***gozaos* conmigo...he encontrado mi oveja**........ 4796
15.9 ***gozaos* conmigo...he encontrado la dracma**... 4796
15.29 **cabrito para *gozarme* con mis amigos**........ 2165
19.37 *gozándose*, comenzó a alabar a Dios a......... 5463
Jn 3.29 el amigo...*goza* grandemente de la voz......... 5463
4.36 **el que siembra *goce* juntamente con él** 5463
8.56 **Abraham...se *gozó* de...y lo vio, y se *g*** 21,5463
16.22 **se *gozará* vuestro corazón, y nadie os** 5463
Hch 2.26 y se gozó mi lengua, y aun mi carne............ 21
24.2 como debido a ti *gozamos* de gran paz 5177
Ro 12.15 *gozaos* con los que se *gozan*; llorad.......... 5463
15.24 una vez que haya *gozado* con vosotros 1705
16.19 que gozo de vosotros; pero quiero que......... 5463
1 Co 12.26 todos los miembros con él se *gozan*......... 4796
13.6 no se *goza* de la...mas se *g* de la verdad.. 5463,4796
2 Co 2.3 tristeza...quienes me debiera *gozar* 5463
7.9 ahora me *gozo*, no porque...contristados 5463
7.13 nos *gozamos* por el gozo de Tito, que 5463
7.16 *gozo* de que en todo tengo confianza en 5463
12.10 por lo cual, por amor a Cristo me *gozo* 2106
13.9 nos *gozamos* de que seamos...débiles 5463
Fil 1.18 y en esto me *gozo*, y me gozaré aún............ 5463
2.17 me gozo y regocijo con todos vosotros 4796
2.18 y asimismo *gozaos* y...vosotros conmigo 5463
2.28 para que al verle de nuevo, os *gocéis* 5463
3.1 lo demás, hermanos, *gozaos* en el Señor 5463
4.10 me *gocé* en el Señor de que ya al fin 5463
Col 1.24 *gozo* en lo que padezco por vosotros 5463
2.5 *gozándome* y mirando vuestro buen orden 5463
1 Ts 3.9 todo el gozo con que nos gozamos a............ 5463
He 11.25 *gozar* de los deleites...del pecado 619
1 P 4.13 *gozaos* por cuanto sois participantes.......... 5463
4.13 en la revelación de su gloria...*gocéis* 5463
2 P 2.13 por delicia el *gozar* de deleites................. 5172
Ap 19.7 *gocémonos*...han llegado las bodas del......... 5463

GOZNE
Éx 26.24 se juntarán por su alto con un *g*............... 2885
36.29 se unían...arriba se ajustaban con un *g*...... 2885

GOZO
Dt 28.47 no serviste a...Dios con *g* de corazón 2898
2 S 1.20 que no salten de *g* las hijas de los 5937
1 Cr 29.22 y comieron y bebieron...con gran *g*........ 8057
2 Cr 20.27 les había dado *g* librándolos de 8055
23.18 para ofrecer...con *g* y con cánticos 8057
30.21 celebraron la fiesta...con grande *g* 8057
Esd 6.16 hicieron la dedicación de...con *g*............ 2305
Neh 8.10 el *g* de Jehová es vuestra fuerza............. 2304
12.44 era grande el *g* de Judá con respecto 8057
Est 8.16 los judíos tuvieron luz...*g* y honra 8057
8.17 judíos tuvieron alegría y *g*, banquete 8342
9.22 los hiciesen días de banquete y de *g*........... 8057
Job 8.19 será el *g* de su camino; y del polvo............ 4885
20.5 breve, y el *g* del impío por un momento......... 8057
Sal 16.11 en tu presencia hay plenitud de *g*............ 8057
43.4 al Dios de mi alegría y de mi *g*; y te............ 1524
45.15 traídas con alegría y *g*; entrarán en 1524
48.2 el *g* de toda la tierra, es el...de Sión 4885
51.8 hazme oír *g* y alegría, y se recrearán........... 8342
51.12 vuélveme el *g* de tu salvación, y 8342
81.1 cantad con *g* a Dios, fortaleza nuestra 7321
92.4 en las obras de tus manos me *g* 7442
105.43 sacó a su pueblo con *g*, con júbilo a 8342
119.111 testimonios...son el *g* de mi corazón 8342
Pr 15.8 mas la oración de los rectos es su *g*............ 7522
Ec 2.26 hombre que le agrada, Dios le da...*g*........... 8057
9.7 come tu pan con *g*, y bebe tu vino con 8057
11.8 muchos años, y en todos ellos tenga *g* 8055
Cnt 3.11 le coronó...día del *g* de su corazón............ 8057
Is 12.3 sacaréis con *g* aguas de las fuentes 8342
16.10 quitado es el *g* y la alegría del campo 8057
22.13 he aquí *g* y alegría, matando vacas y 8342
24.11 *g* se oscureció, se desterró la alegría 8057
35.10 y *g* perpetuo será sobre sus cabezas 8342
35.10 *g* y alegría, y huirán la tristeza y 8342
51.3 hallará en ella alegría y *g*, alabanza........... 8057
51.11 *g* perpetuo...tendrán *g* y alegría, y el.......... 8057
60.15 haré que seas...*g* de todos los siglos.......... 4885
61.3 leo de *g* en lugar de luto, manto de 8342
61.7 doble honra, y tendrán perpetuo *g* 8057
62.5 y como el *g* del esposo con la esposa 4885
65.18 a Jerusalén alegría, y a su pueblo *g* 4885
66.10 llenaos con ella de *g*, todos los que 4885
Jer 7.34 haré cesar...la voz de *g* y la voz de........... 8342
15.16 tu palabra me fue por *g* y por alegría 8057
16.9 haré cesar...toda voz de *g*...de alegría......... 8342
25.10 desaparezca...la voz de *g* y la voz de.......... 8342
31.12 vendrán con gritos de *g* en lo alto de 7442
31.13 cambiaré su lloro en *g*, y...consolaré.......... 8342
33.9 me será...por nombre de *g*, de alabanza 8342
33.11 ha de oírse aún voz de *g* y de alegría 8342
49.25 dejaron a la ciudad...ciudad de mi *g*! 4885
51.48 tierra...cantarán de *g* sobre Babilonia 7442
Lm 2.15 ¿es esta la...el *g* de toda la tierra?............ 4885
5.15 cesó el *g* de nuestro corazón; nuestra 4885
Ez 24.25 el *g* de su gloria; el deleite de sus 4885
Os 2.11 haré cesar todo su *g*, sus fiestas............... 4885
9.1 hasta saltar de *g* como los pueblos, pues........ 1524
Jl 1.12 se extinguió el *g* de los hijos de los............ 8342
Zac 8.19 para la casa de Judá en *g* y alegría 8342
Mt 2.10 al ver...regocijaron con muy grande *g*......... 5479
13.20 **que oye la palabra...la recibe con *g*** 5479
25.21,23 **bien...entra en el *g* de tu señor**........... 5479
28.8 saliendo del sepulcro con temor y...*g*.......... 5479
Mr 4.16 **han oído la palabra...la reciben con *g*** 5479
Lc 1.14 y tendrás *g*...y muchos se regocijarán 5479
2.10 porque he aquí os doy nuevas de gran *g* 5479
8.13 **habiendo oído, reciben la palabra con *g*** 5479
8.40 le recibió la multitud con *g* porque
10.17 volvieron los setenta con *g* diciendo 5479
15.7 **habrá más *g* en el cielo por un pecador** 5479
15.10 **que hay *g* delante de los ángeles de** 5479
24.41 ellos, de *g*, no lo creían, y estaban 5479
24.52 volvieron a Jerusalén con gran *g*.............. 5479
Jn 3.29 así pues, este mi *g* está cumplido 5479
15.11 **mi *g* esté en vosotros...*g* sea cumplido** 5479
16.20 **vuestra tristeza se convertirá en *g*** 5479
16.21 **por el *g* de que haya nacido un hombre** 5479
16.22 ***gozará*...y nadie os quitará vuestro *g*** 5479
16.24 **pedid...para que vuestro *g* sea cumplido** 5479
17.13 **que tengan mi *g* cumplido en sí mismos** 5479
Hch 2.28 me llenarás de *g* con tu presencia 2167
8.8 así que había gran *g* en aquella ciudad 5479
12.14 reconoció la voz de Pedro, de *g* no............ 5479
13.52 discípulos estaban llenos de *g* y del......... 5479
15.3 causaban gran *g* a todos los hermanos 5479
20.24 con tal que acabe mi carrera con *g*............ 5479
21.17 los hermanos nos recibieron con *g* 780
Ro 14.17 sino...paz y *g* en el Espíritu Santo............ 5479
15.13 os llene de todo *g* y paz en el creer 5479
15.32 para que con *g* llegue a vosotros por 5479
16.19 así que me *g* de vosotros 5463
2 Co 1.24 sino que colaboramos para vuestro *g*......... 5479
2.3 todos que mi *g* es el de todos vosotros........... 5479
7.4 sobreabunde de *g* en todas...tribulaciones 5479
7.9 ahora me *g*, no porque hayáis sido contristados 5463
7.13 más nos gozamos por el *g* de Tito, que.......... 5479
7.16 me *g* de que en todo tengo confianza en 5463
8.2 en grande prueba...la abundancia de su *g* 5479
12.10 por amor a Cristo me *g* en las debilidades..... 2106
13.11 por lo demás, hermanos, tened *g*...paz......... 5463
Gá 5.22 el fruto del Espíritu es amor, *g*, paz 5479
Fil 1.4 rogando con *g* por todos vosotros 5479

1.18 Cristo es anunciado; y en esto me *g* *5463*
1.25 quedaré... para vuestro provecho y *g* de *5479*
2.2 completad mi *g*, sintiendo... mismo amor *5479*
2.17 me *g* y regocijo con todos vosotros *5463*
2.29 recibidle, pues... con todo *g*, y tened *5479*
4.1 así que, hermanos míos... *g* y corona mía *5479*
Col 1.12 con *g* dando gracias al Padre que nos *5479*
1.24 me *g* en lo que padezco por vosotros *5463*
1 Ts 1.6 recibiendo la palabra en... con *g* del *5479*
2.19 porque ¿cuál es nuestra esperanza, o *g* *5479*
2.20 vosotros sois nuestra gloria y *g* *5479*
3.9 todo el *g* con que nos gozamos a causa *5479*
2 Ti 1.4 deseando verte... para llenarme de *g* *5479*
Flm 1.7 tenemos... *g* y consolación en tu amor *5485*
He 10.34 despojo de... bienes sufristeis con *g* *5479*
12.2 por el *g* puesto delante de él sufrió *5479*
12.11 ninguna disciplina... ser causa de *g* *5479*
Stg 1.2 tened por sumo *g* cuando os halléis en *5479*
4.9 se convierta en... vuestro *g* en tristeza *5479*
1 P 1.8 alegráis con *g* inefable y glorioso *5479*
1 Jn 1.4 escribimos, para que vuestro *g* sea *5479*
2 Jn 12 ir... para que nuestro *g* sea cumplido *5479*
3 Jn 4 no tengo yo mayor *g* que este, el oír *5479*

GOZOSO
Jue 19.4 el padre de la... salió a recibirle *g* 8055
19.22 cuando estaban *g*... hombres perversos . 3190,3820
1 R 8.66 se fueron a... alegres y *g* de corazón 8056
2 Cr 7.10 pueblo a sus hogares, alegres y *g* 2896
20.27 volvieron para regresar a Jerusalén *g* 8057
Is 24.14 cantarán *g* por la grandeza de Jehová
Mt 13.44 **y *g* por ello va y vende todo lo que** *5479*
Lc 15.5 **la encuentra, la pone... sus hombros *g*** *5463*
19.6 él descendió aprisa, y le recibió *g* *5463*
Hch 5.41 *g* de haber sido tenidos por dignos *5463*
8.39 el eunuco no le vio más y siguió *g* su *5463*
Ro 12.12 *g* en la esperanza... en la tribulación *5463*
2 Co 6.10 como entristecidos, mas siempre *g* *5463*
1 Ts 5.16 estad siempre *g* *5463*

GRABADO *Véase también Grabar*
Éx 39.30 escribieron en ella como *g* de sello 6603

GRABADOR
Éx 28.11 de obra de *g* en piedra, como... sello 2796

GRABADURA
Éx 28.11 como *g* de sello, harás grabar las 6603
28.21 *g* de sello cada una con su nombre 6603
28.36 y grabarás en ella como *g* de sello 6603
39.6 con *g* de sello con los nombres de los 6603
39.14 *g* de sello, cada una con su nombre 6603

GRABAR
Éx 28.9 *grabarás* en ellas los nombres de los 6605
28.11 harás *grabar* las dos piedras con los 6605
28.36 y *grabarás* en ella como grabadura de 6605
32.16 escritura de Dios *grabada* sobre las 2801
Zac 3.9 he aquí yo *grabaré* su escultura, dice 6605
14.20 estará *grabado* sobre las campanillas
2 Co 3.7 si el ministerio de muerte *grabado* *1795*

GRACIA
Gn 6.8 Noé halló *g* ante los ojos de Jehová 2580
18.3 Señor... ahora he hallado *g* en tus ojos 2580
19.19 ha hallado vuestro siervo *g* en... ojos 2580
30.27 halle yo... *g* en tus ojos, y quédate 2580
32.5 a mi señor, para hallar *g* en tus ojos 2580
33.8 y Jacob respondió: El hallar *g* en los 2580
33.10 si he hallado... *g* en tus ojos, acepta 2580
33.15 halle yo *g* en los ojos de mi señor 2580
34.11 halle yo *g* en vuestros ojos, y daré 2580
39.4 halló José *g* en sus ojos, y le servía 2580
39.21 Jehová estaba con José... te dio *g* en 2580
47.25 hallemos *g* en ojos de nuestro señor 2580
47.29 si he hallado ahora *g* en tus ojos, te 2580
50.4 si he hallado... *g* en vuestros ojos, os 2580
Éx 3.21 daré a este pueblo *g* en los ojos de 2580
11.3 Jehová dio *g* al pueblo en los ojos de 2580
12.36 Jehová dio *g* al pueblo delante de los 2580
21.11 si ninguna... hiciere, ella saldrá de *g* 2600
28.38 para que obtengan *g* delante de Jehová 7522
33.12 y has hallado también *g* en mis ojos 2580
33.13 si he hallado *g* en tus ojos, te ruego 2580
33.13 que te conozca, y halle *g* en tus ojos 2580
33.16 en qué se conocerá... que he hallado *g* 2580
33.17 por cuanto has hallado *g* en mis ojos 2580
34.9 he hallado *g* en tus ojos, vaya ahora 2580
Lv 7.12 se ofreciere en acción de *g*, ofrecerá 8426
7.12 ofrecerá por sacrificio de acción de *g* 8426
7.13 el sacrificio de acciones de *g* de paz 8426
7.15 la carne... en acción de *g* se comerá en 8426
22.29 ofreciereis sacrificio de acción de *g* 8426
Nm 11.11 por qué no he hallado *g* en tus ojos 2580
11.15 me des muerte, si he hallado *g* en tus 2580
32.5 si hallamos *g* en tus ojos, dése esta 2580
Dt 33.16 *g* del que habitó en la zarza vengan 7522
Jue 6.17 si he hallado *g* delante de ti, me 2580
Rt 2.2 pos de aquel a cuyos ojos hallare *g* 2580
2.10 ¿por qué he hallado *g* en tus ojos para 2580
2.13 ella dijo: Señor mío, halle yo *g*... ojos 2580
1 S 1.18 halle tu sierva *g* delante de tus 2580
16.22 conmigo, pues ha hallado *g* en mi ojos 2580
20.3 yo he hallado *g* delante de tus ojos 2580
20.29 por lo tanto, si he hallado *g* en tus 2580
25.8 hallen... estos jóvenes *g* en tus ojos 2580
27.5 Aquis: Si he hallado *g* ante tus ojos 2580
29.4 ¿con qué cosa volvería mejor a la *g* de 7521
2 S 14.22 he hallado *g* en tus ojos, rey señor 2580
15.25 yo hallare *g* ante los ojos de Jehová 2580
16.4 rey señor mío, halle yo *g* delante de 2580
1 Cr 23.30 asistir... todos los días a dar *g* 3034
2 Cr 5.13 cantaban... alabar y dar *g* a Jehová 3034
30.22 de paz, y dando *g* a Jehová el Dios de 3034
31.2 para que diesen *g* y alabasen dentro de 3034
Esd 3.11 y cantaban, alabando y dando *g* a 3034
Neh 1.11 éxito a tu siervo, y dale *g* delante 7356
2.5 y tu siervo ha hallado *g* delante de ti 3190
11.17 empezaba las alabanzas y acción de *g* 3034
12.24 dar *g*, conforme el estatuto de David 3034
12.46 para los cánticos... acción de *g* a Dios 3034
Est 2.9 y halló *g* delante de él, por lo que 2617
2.17 halló... *g* y benevolencia delante de él 2580
5.2 cuando vio a la reina Ester, obtuvo *g* 2580
5.8 si he hallado *g* ante los ojos del rey 2580
7.3 si he hallado *g* en tus ojos, y si al rey 2580
8.5 si he hallado *g* delante de él, y si le 2580
Job 41.12 ni sobre... y la *g* de su disposición 2433
Sal 26.7 para exclamar con voz de acción de *g* 8426
45.2 *g* se derramó en tus labios; por tanto 2580
75.1 *g* te damos, oh Dios, *g* te damos, pues 3034
84.11 sol y escudo... *g* y gloria dará Jehová 2580
100.4 entrad... sus puertas con acción de *g* 8426
Pr 1.9 porque adorno de *g* serán a tu cabeza 2580
3.4 hallarás *g* y buena opinión ante los ojos 2580
3.22 serán vida a tu alma, y *g* a tu cuello 2580
3.34 escarnecerá a... y a los humildes dará *g* 2580
4.9 adorno de *g* dará a tu cabeza; corona de 2580
13.15 el buen entendimiento da *g*; mas el 2580
16.23 hace prudente su boca, y añade *g* a sus 3948
22.11 la *g* de sus labios tendrá la amistad 2580
28.23 que reprende... hallará después mayor *g* 2580
31.30 engañosa es la *g*, y vana la hermosura 2580
Ec 10.12 palabras... del sabio son llenas de *g* 2580
Jer 30.19 saldrá de ellos acción de *g*, y voz 8426
31.2 el pueblo que... halló *g* en el desierto 2580
33.11 traigan ofrendas de acción de *g* a la 8426
Dn 1.9 puso Dios a Daniel en *g*... con el jefe 2617
2.23 a ti, oh Dios de mis padres, te doy *g* 3029
6.10 y daba *g* delante de Dios, como lo 3029
Os 14.4 los amaré de pura *g*; porque mi ira 5071
Nah 3.4 causa de... de la ramera de hermosa *g* 2580
Zac 4.7 piedra con aclamaciones de: *G*, *g* a ella 2580
11.7 al uno puse por nombre *G*, y al otro 5278
11.10 tomé luego mi cayado *G*, y lo quebré 5278
12.10 derramaré... espíritu de *g* y de oración 2580
Mt 10.8 **sanad... de *g* recibisteis, dad de *g*** *1432*
15.36 los peces, dio *g*, los partió y dio a *2168*
26.27 habiendo dado *g*, les dio, diciendo *2168*
Mr 8.6 habiendo dado *g*, los partió, y dio a *2168*
14.23 y tomando la copa, y habiendo dado *g* *2168*
Lc 1.30 porque has hallado *g* delante de Dios *5485*
2.38 *g* a Dios, y hablaba del niño a todos *437*
2.40 crecía y... y la *g* de Dios era sobre él *5485*
2.52 Jesús crecía... en *g* para con Dios y los *5485*
4.22 palabras de *g* que salían de su boca, y *5485*
17.9 **¿acaso da *g* al siervo porque hizo lo** *5485*
17.16 postró... a sus pies, dándole *g*; y éste *2168*
18.11 **Dios, te doy *g* porque no soy como los** *2168*
22.17 habiendo tomado la copa, dio *g*, y dijo *2168*
22.19 y tomó el pan y dio *g*, y lo partió y *2168*
Jn 1.14 y vimos su gloria... lleno de *g* y de *5485*
1.16 su plenitud tomamos todos, y *g* sobre *g* *5485*
1.17 *g* y la verdad vinieron por... Jesucristo *5485*
6.11 y habiendo dado *g*, los repartió entre *2168*
6.23 el pan después de haber dado *g* el Señor *2168*
11.41 **Padre, *g* te doy por haberme oído** *2168*
Hch 4.33 abundante *g* era sobre todos ellos *5485*
6.8 Esteban, lleno de *g* y de poder, hacía *4102*
7.10 le dio *g* y sabiduría delante de Faraón *5485*
7.46 éste halló *g* delante de Dios, y pidió *5485*
11.23 cuando llegó, y vio la *g* de Dios, se *5485*
13.43 a que perseverasen en la *g* de Dios *5485*
14.3 daba testimonio a la palabra de su *g* *5485*
14.26 encomendados a la *g* de Dios para la *5485*
15.11 por *g* del Señor Jesús seremos salvos *5485*
15.40 salió encomendado... a la *g* del Señor *5485*
18.27 de gran provecho a los que por la *g* *5485*
20.24 para dar testimonio... de la *g* de Dios *5485*
20.32 os encomiendo... a la palabra de su *g* *5485*
25.3 pidiendo... como *g*, que le hiciese traer *5485*
27.35 dicho esto, tomó el pan y dio *g* a Dios *2168*
28.15 Pablo dio *g* a Dios y cobró aliento *2168*
Ro 1.5 quien recibimos la *g* y el apostolado *5485*
1.7 *g* y paz a vosotros, de Dios... Padre y del *5485*
1.8 doy *g* a mi Dios mediante Jesucristo con *2168*
1.21 no le glorificaron... ni le dieron *g* *2168*
3.24 justificados gratuitamente por su *g* *5485*
4.4 no se le cuenta el salario como *g*, sino *5485*
4.16 por fe, para que sea por *g*, a fin de *5485*
5.2 tenemos entrada por la fe a esta *g* en *5485*
5.15 abundaron... la *g* y el don de Dios por *5485*
5.15 por la *g* de un hombre, Jesucristo *5485*
5.17 reinarán en vida... los que reciben... la *g* *5485*
5.20 el pecado abundó, sobreabundó la *g* *5485*
5.21 así también la *g* reine por la justicia *5485*
6.1 ¿perseveraremos... para que la *g* abunde? *5485*
6.14,15 no... bajo la ley, sino bajo la *g* *5485*
6.17 *g* a Dios, que aunque erais esclavos del *5485*
7.25 *g* doy a Dios, por Jesucristo Señor *2168*
11.5 ha quedado un remanente escogido por *g* *5485*
11.6 si por *g*, ya no es por obras; de otra *5485*
11.6 de otra manera la *g* ya no es *g*. Y si *5485*
11.6 Y si por obras, ya no es *g*; de otra *5485*
12.3 por la *g* que me es dada, a cada cual *5485*
12.6 diferentes dones, según la *g* que nos *5485*
14.6 para el Señor come, porque da *g* a Dios *2168*
14.6 para el Señor no come, y da *g* a Dios *2168*
15.15 recordar, por la *g* que de Dios me es *5485*
16.4 a los cuales no sólo yo doy *g*, sino *2168*
16.20 *g* de nuestro Señor... sea con vosotros *5485*
16.24 la *g* de nuestro Señor... sea con todos *5485*
1 Co 1.3 *g* y paz a vosotros, de Dios... Padre *5485*
1.4 *g* doy a mi Dios siempre por vosotros *2168*
1.4 la *g* de Dios que os fue dada en Cristo *5485*
1.14 *g* a Dios de que a ninguno de vosotros *2168*
3.10 conforme a la *g* de Dios que me ha sido *5485*
10.30 censurado por aquello de que doy *g*? *2168*
11.24 y habiendo dado *g*, lo partió, y dijo *2168*
14.16 ¿cómo dirá el Amén a tu acción de *g*? *2169*
14.17 tú, a la verdad bien das *g*; pero el *2168*
14.18 doy *g* a Dios que hablo en lenguas más *2168*
15.10 pero por la *g* de Dios soy lo que soy *5485*
15.10 su *g* no ha sido en vano para conmigo *5485*
15.10 pero no yo, sino la *g* de Dios conmigo *5485*
15.57 *g*... a Dios, que nos da la victoria por *5485*
16.23 la *g* del Señor Jesucristo esté con *5485*
2 Co 1.2 *g* y paz a vosotros, de Dios nuestro *5485*
1.11 sean dadas *g* a favor nuestro por el *2168*
1.12 con la *g* de Dios, nos hemos conducido *5485*
1.15 ir... para que tuvieseis una segunda *g* *5485*
2.14 a Dios *g*, el cual nos lleva siempre en *5485*
4.15 abundando la *g* por medio de muchos, la *5485*
4.15 acción de *g* sobreabunde para gloria de *5485*
6.1 a que no recibáis en vano la *g* de Dios *5485*
8.1 os hacemos saber la *g* de Dios que se *5485*
8.6 acabe... entre vosotros esta obra de *g* *5485*
8.7 como en todo... abundad también en esta *g* *5485*
8.9 porque ya conocéis la *g* de nuestro Señor *5485*
8.16 pero *g* a Dios que puso en el corazón *5485*
9.8 hacer que abunde entre vosotros toda *g* *5485*
9.11 la cual produce... acción de *g* a Dios *2169*
9.12 abunda en muchas acciones de *g* a Dios *2169*
9.14 a causa de... la superabundante *g* de Dios *5485*
9.15 ¡*g* a Dios por su don inefable! *5485*
12.9 **y me ha dicho: Bástate mi *g*; porque** *5485*
13.14 la *g* del Señor Jesucristo, el amor de *5485*
Gá 1.3 *g* y paz sean a vosotros, de Dios el *5485*
1.6 que os llamó por la *g* de Cristo, para *5485*
1.15 agradó a Dios, que... me llamó por su *g* *5485*
2.9 y reconociendo la *g* que me había sido *5485*
2.21 no desecho la *g* de Dios; pues si por *5485*
5.4 os desligasteis... de la *g* habéis caído *5485*
6.18 la *g* de nuestro Señor Jesucristo sea *5485*
Ef 1.2 *g* y paz a vosotros, de Dios... Padre y *5485*
1.6 para alabanza de la gloria de su *g*, con *5485*
1.7 perdón de... según las riquezas de su *g* *5485*
1.16 no ceso de dar *g*... haciendo memoria de *2168*
2.5 dio vida... con Cristo (por *g* sois salvos) *5485*
2.7 las abundantes riquezas de su *g* en su *5485*
2.8 por *g* sois salvos por medio de la fe *5485*
3.2 si... oído de la administración de la *g* *5485*
3.7 yo fui hecho ministro por... la *g* de Dios *5485*
3.8 fue dada esta *g* de anunciar entre los *5485*
4.7 a cada uno... fue dada la *g* conforme a la *5485*
4.29 sea buena... fin de dar *g* a los oyentes *5485*
5.4 no convienen... antes bien acciones de *g* *2169*
5.20 dando siempre *g* por todo al Dios y *2168*
6.24 *g* sea con todos los que aman a nuestro *5485*
Fil 1.2 *g* y paz a vosotros, de Dios nuestro *5485*
1.3 doy *g* a mi Dios siempre que me acuerdo *2168*
1.7 sois participantes conmigo de la *g* *5485*
4.6 toda oración y ruego, con acción de *g* *2169*
4.23 la *g* de nuestro Señor... sea con todos *5485*
Col 1.2 *g* y paz... a vosotros, de Dios nuestro *5485*
1.3 damos *g* a Dios, Padre de... Jesucristo *2168*
1.6 que oísteis y conocisteis la *g* de Dios *5485*
1.12 dando *g* al Padre que nos hizo aptos *2168*
2.7 enseñados, abundando en acción de *g* *2169*
3.16 cantando con *g* en vuestros corazones *5485*
3.17 dando *g* a Dios Padre por medio de él *2168*
4.2 oración, velando en ella con acción de *g* *2169*
4.6 sea vuestra palabra siempre con *g*... sal *5485*
4.18 la salutación... La *g* sea con vosotros *5485*
1 Ts 1.1 *g* y paz sean con vosotros, de Dios *5485*
1.2 siempre *g* a Dios por todos vosotros *2168*
2.13 por lo cual... sin cesar damos *g* a Dios *2168*
3.9 ¿qué acción de *g* podremos dar a Dios *2169*
5.18 dad *g* en todo... esta es la voluntad de *2168*
5.28 la *g* de nuestro Señor Jesucristo sea *5485*
2 Ts 1.2 *g* y paz a vosotros, de Dios nuestro *5485*
1.3 debemos... dar *g* a Dios por vosotros *2168*
1.12 glorificado... por la *g* de nuestro Dios *5485*
2.13 dar siempre *g* a Dios respecto a vosotros *2168*
2.16 amó y nos dio... buena esperanza por *g* *5485*
3.18 la *g* de... sea con todos vosotros. Amén *5485*
1 Ti 1.2 *g*, misericordia y paz, de Dios *5485*
1.12 doy *g* al que me fortaleció, a Cristo *2192,5485*
1.14 *g* de nuestro Señor fue más abundante *5485*
2.1 acciones de *g*, por todos los hombres *2169*
4.3 para que con acción de *g* participasen *2169*
4.4 es bueno... si se toma con acción de *g* *2169*
6.21 desviaron de la fe. La *g* sea contigo *5485*
2 Ti 1.2 *g*, misericordia y paz, de Dios Padre *5485*
1.3 doy *g* a Dios, al cual sirvo desde mis *2192,5485*
1.9 según... la *g* que nos fue dada en Cristo *5485*
2.1 tú esfuérzate en la *g* que es en Cristo *5485*
4.22 cité con... La *g* sea con vosotros. Amén *5485*
Tit 1.4 *g*, misericordia y paz, de Dios Padre *5485*
2.11 porque la *g* de Dios... para salvación *5485*
3.7 justificados por su *g*, viniésemos a ser *5485*
3.15 la *g* sea con todos vosotros. Amén *5485*
Flm 1.3 *g* y paz a vosotros, de Dios nuestro *5485*
1.4 doy *g* a mi Dios, haciendo... memoria de *5485*
1.25 la *g* de... sea con vuestro espíritu. Amén *5485*
He 2.9 por la *g* de Dios gustase la muerte por *5485*

G

4.16 acerquémonos, pues... al trono de la *g* *5485*
4.16 y hallar *g* para el oportuno socorro *5485*
10.29 e hiciere afrenta al Espíritu de *g*? *5485*
12.15 alguno deje de alcanzar la *g* de Dios *5485*
13.9 es afirmar el corazón con la *g*, no con *5485*
13.25 la *g* sea con todos vosotros. Amén *5485*
Stg 4.6 pero él da mayor *g*. Por esto dice *5485*
4.6 Dios resiste a... y da *g* a los humildes *5485*
1 P 1.2 *g* y paz os sean multiplicadas *5485*
1.10 que profetizaron de la *g* destinada a *5485*
1.13 y esperad por completo en la *g* que se *5485*
3.7 como a coherederas de la *g* de la vida *5485*
4.10 buenos administradores de... *g* de Dios *5485*
5.5 Dios resiste a... y da *g* a los humildes *5485*
5.10 el Dios de toda *g*, que nos llamó a su *5485*
5.12 esta es la verdadera *g* de Dios, en la *5485*
2 P 1.2 *g* y paz os sean multiplicadas, en el *5485*
3.18 creced en la *g* y el... de nuestro Señor *5485*
2 Jn 3 sea con vosotros *g*, misericordia y paz *5485*
Jud 4 convierten en libertinaje la *g* de... Dios *5485*
Ap 1.4 *g* y paz a vosotros, de*l* que es y que *5485*
4.9 dan gloria y honra y acción de *g* al que *2169*
7.12 y la acción de *g*... sean a nuestro Dios *2169*
11.17 te damos *g*, Señor Dios Todopoderoso, el *2168*
22.21 la *g* de nuestro Señor... sea con todos *5485*

GRACIOSA
Pr 5.19 como sierva amada y *g* gacela 2580

GRADA
Éx 20.26 no subirás por *g* a mi altar, para que 4609
1 R 10.19 seis *g* tenía el trono, y la parte 4609
10.20 leones puestos allí sobre las seis *g* 4609
2 Cr 9.11 la madera de sándalo el rey hizo *g* 4546
9.18 el trono tenía seis *g*, y un estrado de 4609
9.19 doce leones sobre las seis *g*, a uno y 4609
Neh 3.15 la reedificó... las *g* que descienden 4609
9.4 se levantaron sobre la *g* de los levitas 4608
12.37 por las *g* de la ciudad de David, por la 4609
Ez 40.6 subió por sus *g*, y midió un poste de 4609
40.22 se subía a ella por siete *g*, y delante 4609
40.26 sus *g* eran de siete peldaños, con sus 4609
40.31,34,37 y sus *g* eran de ocho peldaños 4609
40.40 por fuera de las *g*... había dos mesas 5927
40.49 al cual subían por *g*; y había columnas 4609
43.17 el descanso... sus *g* estaban al oriente 4609
Hch 21.35 al llegar a las *g*, aconteció que *304*
21.40 Pablo, estando en pie en las *g*, hizo *304*

GRADO
2 R 20.9 ¿sombra diez *g*, o retrocederá diez *g*? 4609
20.10 fácil... es que la sombra decline 10 *g* 4609
20.10 no que la sombra vuelva atrás diez *g* 4609
20.11 hizo volver la sombra por los *g* que 4609
20.11 la sombra... en el reloj de Acaz, diez *g* 4609
Is 38.8 por los *g* que ha descendido... diez *g* 4609
38.8 y volvió el sol diez *g* atrás, por los 4609
1 Ti 3.13 ganan para sí un *g* honroso, y mucha *898*

GRADUAL
Sal 120, 121, 122, 123, 124, 125, 126, 127, 128, 129,
130, 131, 132, 133, 134 *títs.* cántico *g* 4609

GRADUALMENTE
Gn 8.3 y las aguas decrecían *g* de

GRAMA
Nm 22.4 lamerá... como lame el buey la *g* del 3418
Dt 32.2 como la llovizna sobre la *g*, y como 1877
Pr 27.25 saldrá la *g*, aparecerá la hierba, y 2682

GRAN *Véase el Apéndice*

GRANA
Gn 38.28 tomó y ató a su mano un hilo de *g* 8144
38.30 el que tenía en su mano el hilo de *g* 8144
Lv 14.4 tomen... madera de cedro, *g* e hisopo 8144,8438
14.6 tomará... el cedro, la *g* y el hisopo, y 8144,8438
14.49 tomará... madera de cedro, *g* e hisopo . 8144,8438
14.51 tomará... la *g* y la avecilla viva, y los 8144,8438
14.52 purificará la casa con... hisopo y la *g* 8144,8438
Jos 2.18 atarás este cordón de *g* a la ventana 8144
2.21 y ella ató el cordón de *g* a la ventana 8144
2 Cr 2.7 que sepa trabajar en... *g* y en azul, y 3758
Cnt 3.10 hizo sus columnas... su asiento de *g* 713
4.3 tus labios como hilo de *g*, y tu habla 8144
Is 1.18 si vuestros pecados fueren como la *g* 8144
Jer 4.30 aunque te vistas de *g*... adornes con 8144
Nah 2.3 varones de su ejército vestidos de *g* 8529

GRANADA
Éx 28.33 sus orlas harás *g* de azul, púrpura 8438,8144
28.34 campanilla de oro y una *g*... y otra *g* 7416
39.24 en las orillas del manto *g* de azul 7416
39.25 y pusieron campanillas entre las *g* en 7416
39.25 en las orillas del manto... entre las *g* 7416
39.26 una campanilla y una *g*, otra... y otra *g* 7416
Nm 13.23 cortaron... de las *g* y de los higos 7416
20.5 no es lugar de... *g*, ni aun de agua para 7416
1 R 7.18 hizo... dos hileras de *g* alrededor de
7.18 para cubrir los capiteles... con las *g* 7416
7.20 tenían... doscientas *g* en dos hileras 7416
7.42 cuatrocientas *g* para las dos redes, dos 7416
7.42 hileras de *g* en cada red, para cubrir 7416
2 R 25.17 sobre el capitel había una red y *g* 7416
2 Cr 3.16 hizo cien *g*, las cuales puso en las 7416
4.13 cuatrocientas *g* en... dos hileras de *g* 7416
Cnt 4.3 mejillas, como cachos de *g* detrás de 7416
6.7 cachos de *g* son tus mejillas detrás de 7416
8.2 a beber vino adobado del mosto de mis *g* 7416
Jer 52.22 red y *g*... segunda columna con sus *g* 7416
52.23 había noventa y seis *g* en cada hilera 7416

GRANADO
Dt 8.8 tierra de trigo... vides, higueras y *g* 7416
1 S 14.2 se hallaba... debajo de un *g* que 7416
Cnt 4.13 tus renuevos son paraíso de *g*, con 7416
6.11 descendí a ver los... si florecían los *g* 7416
7.12 veamos... si han florecido los *g*; allí 7416
Jl 1.12 pereció la higuera; el *g* también, la 7416
Hag 2.19 ni el *g*, ni el... olivo ha florecido 7416

GRANDE *Véase también el Apéndice*
Éx 18.11 Jehová es más *g* que todos los dioses 1419
Lv 19.15 favoreciendo... ni complaciendo al *g* 1419
Nm 22.18 no puedo... para hacer cosa chica ni *g* 1419
26.56 repartida su heredad entre el *g* y el 7227
34.6 y el límite occidental será el Mar *G* 1419
34.7 desde el Mar *G* trazaréis al monte de 1419
Dt 1.17 así al pequeño como al *g* oiréis; no 1419
Jos 9.1 en toda la costa del Mar *G* delante 1419
15.12 el límite del occidente es el Mar *G* 1419
15.47 el río de Egipto, y el Mar *G* con sus 1419
23.4 os he repartido... Jordán hasta el Mar *G* 1419
1 S 5.9 y afligió... desde el chico hasta el *g* 1419
30.19 no les faltó cosa alguna, chica ni *g* 1419
2 S 3.38 que un príncipe y *g* ha caído hoy en 1419
7.9 nombre *g*, como el nombre de los *g* que 1419
1 R 1.8 los *g* de David, no seguían a Adonías 1368
1.10 no convidó... ni a los *g*, ni a Salomón 1368
22.31 peleéis ni con *g* ni con chico, sino 1419
2 R 23.2 desde el más chico hasta el más *g* 1419
1 Cr 16.25 *g* es Jehová, y digno de... alabanza 1419
25.8 turnos, entrando el pequeño con el *g* 1419
26.13 el pequeño con el *g*, según sus casas 1419
2 Cr 2.5 ha de ser *g*... el Dios nuestro es *g* 1419
15.13 que no buscase a... Dios... muriese, *g* o 1419
18.30 no peleéis con chico ni con *g*, sino 1419
Neh 1.5 Jehová Dios de los cielos, fuerte, *g* 1419
3.5 pero sus *g* no se prestaron para ayudar 117
4.14 acordaos del Señor, *g* y temible, y 1419
9.32 Dios *g*, fuerte... que guardas el pacto 1419
Job 3.19 el chico y el *g*, y el siervo libre de 1419
35.9 y se lamentan por el poderío de los *g* 7227
36.5 Dios es *g*, pero no desestima a nadie 3524
36.26 Dios es *g*, y nosotros no le conocemos 7689
Sal 48.1 *g* es Jehová, y digno de ser... alabado 1419
77.13 ¿qué dios es *g* como nuestro Dios? 1419
86.10 tú eres *g*, y hacedor de maravillas 1419
95.3 Jehová es Dios *g*, y Rey *g* sobre... dioses 1419
96.4 *g* es Jehová, y digno de... alabanza 1419
105.22 para que reprimiera a sus *g* como él 8269
115.13 bendecirá a los que... pequeños y a *g* 1419
135.5 sé que Jehová es *g*, y el Señor nuestro 1419
147.5 *g* es el Señor nuestro, y de mucho poder 1419
Pr 25.6 no te... ni estés en el lugar de los *g* 1419
Is 12.6 porque *g* es en medio de ti el Santo 1419
34.12 sus príncipes... todos sus *g* serán nada 8269
53.12 yo le daré parte con los *g*, y con los 7227
Jer 5.5 iré a los *g*, y les hablaré; porque 1419
6.13 el más chico de ellos hasta el más *g* 1419
8.10 el más pequeño hasta el más *g* sigue la 1419
10.6 *g* eres tú, y *g* tu nombre en poderío 1419
16.6 morirán en esta tierra *g* y pequeños; no 1419
26.21 oyeron sus palabras el rey y... sus *g* 1368
31.34 todos me conocerán... hasta el más *g* 1419
32.18 *g*, poderoso, Jehová de los ejércitos 1419
Lm 3.23 son cada mañana; *g* es tu fidelidad 7227
Ez 47.10 numerosos como los peces del Mar *G* 1419
47.15 desde el Mar *G*, camino de Hetlón 1419
47.19;48.28 y el arroyo hasta el Mar *G* 1419
47.20 del occidente el Mar *G* será el límite 1419
Dn 5.2 que bebiesen en ellos el rey y sus *g* 7261
5.23 y tú y tus *g*... bebisteis vino en ellos 7261
Jon 3.7 mandato del rey y de sus *g*, diciendo 1419
Mi 7.3 el *g* habla el antojo de su alma, y lo 1419
Nah 3.10 todos sus *g* fueron aprisionados con 1419
3.17 tus *g* como nubes de langostas que se 2951
Mal 1.11 es *g* mi nombre entre las naciones; y 1419
Mt 5.11 **vuestro galardón es *g* en los cielos** *4183*
5.19 éste será llamado *g* en el reino de los *3173*
20.25 que son *g* ejercen sobre ellas potestad *3171*
20.26 el que quiera hacerse *g* entre vosotros *3173*
Mr 10.42 **y sus *g* ejercen sobre ellas potestad** *3173*
10.43 el que quiera hacerse *g* entre vosotros *3173*
Lc 1.15 será *g* delante de Dios. No beberá vino *3173*
1.32 éste será *g*, y será llamado Hijo del *3173*
9.48 el que es más pequeño... ése es el más *g* *3173*
Hch 8.9 Simón... haciéndose pasar por algún *g* *3173*
8.10 a éste oían... hasta el más *g*, diciendo *3173*
26.22 dando testimonio a pequeños y a *g*, no *3173*
Ap 6.15 los reyes de la tierra, y los *g*, lo *3173*
11.18 el galardón... a los pequeños y a los *g* *3173*
13.16 pequeños y *g*... se les pusiese una marca *3173*
18.23 tus mercaderes eran los *g* de la tierra *3175*
19.5 alabad a nuestro Dios... pequeños como *g* *3173*
19.18 comáis... carnes de todos... pequeños y *g* *3173*

GRANDEMENTE
Gn 27.33 y se estremeció Isaac *g* 1419
Éx 15.1 porque se ha magnificado *g*
2 Cr 16.10 porque se encolerizó *g* a causa 1984
25.10 y ellos se enojaron *g* contra 3966
33.12 humillado *g* en la presencia del 3966
Jon 4.6 y Jonás se alegró *g* por la
Mi 2.10 está contaminado, corrompido *g*
Mr 5.42 doce años. Y se espantaron *g* *3173*
Jn 3.29 se goza *g* de la voz del esposo *5479*
Hch 5.13 mas el pueblo los alababa *g* *3170*
6.7 discípulos se multiplicaban *g* *4970*

20.12 y fueron *g* consolados
He 6.14 abundancia y te multiplicaré *g*

GRANDEZA
Éx 15.7 con la *g* de tu poder has derribado a 7230
15.16 a la *g* de tu brazo enmudezcan como 1419
Nm 14.19 perdona ahora... *g* de tu misericordia 1433
Dt 3.24 comenzado a mostrar a tu siervo tu *g* 1433
5.24 Dios nos ha mostrado su gloria y su *g* 1433
9.26 a tu heredad que has redimido con tu *g* 1433
11.2 ni visto... su *g*, su mano poderosa, y su 1433
33.26 cabalga... y sobre las nubes con su *g* 1433
1 S 2.3 no multipliquéis palabras de *g* y 1364
2 S 7.21 estas *g* has hecho por tu palabra y 1420
7.23 hacer *g* a su favor, y obras terribles 1420
1 Cr 17.19 por amor de tu siervo... toda esta *g* 1420
17.19 has... para hacer notorias todas tus *g* 1420
17.21 hacerte nombre con *g* y maravillas 1420
2 Cr 9.6 ni aun la mitad de la *g*... sabiduría 4768
Neh 13.22 perdóname según la *g*... misericordia 7230
Est 10.2 y el relato sobre la *g* de Mardoqueo 1420
Job 23.6 ¿contendería conmigo con *g* de fuerza? 7230
41.25 de su *g* tienen temor los fuertes, y a 410
Sal 33.17 la *g* de su fuerza a nadie... librar 7230
62.4 consultan para arrojarle de su *g* 7613
66.3 por la *g* de tu poder se someterán a ti 7230
71.21 aumentarás mi *g*, y... a consolarme 1420
79.11 conforme a la *g* de tu brazo preserva 1433
106.21 al Dios... que había hecho *g* en Egipto 1419
131.1 Jehová... ni anduve en *g*, ni en cosas 1419
145.3 grande es Jehová... *g* es inescrutable 1420
145.6 del poder de tus... y yo publicaré tu *g* 1420
150.2 conforme a la muchedumbre de su *g* 1433
Is 4.2 el fruto de la tierra para *g* y honra 1347
13.19 y Babilonia... ornamento de la *g* de los 1347
24.14 cantarán gozosos por la *g* de Jehová 1347
40.26 tal es la *g* de su fuerza, y el poder 7230
63.1 éste... que marcha en la *g* de su poder? 7230
63.7 la *g* de sus beneficios hacia la casa 7227
Jer 22.18 ni lo lamentarán... ¡Ay... ¡Ay, su *g*! 1935
30.15 porque por la *g* de tu iniquidad y por 7230
45.5 tú buscas para ti *g*? No las busques 1419
Ez 28.5 con la *g* de tu sabiduría, riquezas 7230
31.2 di a... ¿A quién te comparaste en tu *g*? 1433
31.18 ¿a quién te has comparado... en *g* entre 1433
Dn 4.22 creció tu *g* y ha llegado hasta el 7238
4.36 mi dignidad y mi *g* volvieron a mí, y 2122
4.36 en mi reino, y mayor *g* me fue añadida 7238
5.18 dio a... tu padre el reino y la *g*, la 7238
5.19 por la *g* que le dio, todos los pueblos 7238
Os 4.7 conforme a su *g*, así pecaron contra 7231
8.12 le escribí las *g* de mi ley, y fueron 7230
Am 6.8 abomino la *g* de Jacob, y aborrezco sus 1347
Mi 5.4 con *g* del nombre de Jehová su Dios; y 1347
Lc 9.43 todos se admiraban de la *g* de Dios *3168*
2 Co 12.7 para que la *g* de las revelaciones *5236*
Ef 1.19 cuál la supereminente *g* de su poder *3174*

GRANDIOSO
Dt 34.12 gran poder y en los hechos *g* y 1419

GRANDÍSIMAS
2 P 1.4 nos ha dado preciosas y *g* *3176*

GRANERO
Gn 41.56 entonces abrió José todo *g*... y vendía 7666
Dt 28.8 te enviará su bendición sobre tus *g* 618
2 R 6.27 ¿de dónde te... yo? ¿Del *g*, o del lagar? 1637
Sal 144.13 nuestros *g* llenos, provistos de 4200
Pr 3.10 y serán llenos tus *g* con abundancia 618
14.4 sin bueyes el *g* está vacío; mas por 18
Jl 1.17 los *g* fueron asolados, los alfolíes 214
Am 8.5 abriremos los *g* del pan, y achicaremos
Hag 2.19 ¿no está aún la simiente en el *g*? 4035
Mat 3.12 limpiará... recogerá su trigo en el *g* *596*
6.26 **aves... ni recogen en *g*; y vuestro Padre** *596*
13.30 **cizaña... pero recoged el trigo en mi *g*** *596*
Lc 3.17 recogerá el trigo en su *g*, y quemará *596*
12.18 **haré; derribaré mis *g*, y los edificaré** *596*
12.24 **los cuervos... ni tienen despensa, ni *g*** *596*

GRANILLO
Nm 6.4 los *g* hasta el hollejo, no comerá 2785

GRANITO
Am 9.9 zarandea... y no cae un *g* en la tierra 6872

GRANIZAR
Éx 9.23 Jehová hizo tronar y *granizar*, y el 1259

GRANIZO
Éx 9.18 haré llover *g* muy pesado, cual nunca 1259
9.19 a casa, el *g* caerá sobre él, y morirá 1259
9.22 para que venga *g* en toda la tierra de 1259
9.23 Jehová hizo llover *g* sobre la tierra 1259
9.24 hubo, pues, *g*, y fuego mezclado con el *g* 1259
9.25 *g* hirió en toda la tierra de Egipto 1259
9.25 destrozó el *g* toda la hierba del campo 1259
9.26 estaban los hijos de Israel, no hubo *g* 1259
9.28 que cesen los truenos de Dios y el *g* 1259
9.29 los truenos cesarán, y no habrá más *g* 1259
9.33 cesaron los truenos y el *g*, y la lluvia 1259
9.34 la lluvia había cesado, y el *g* y los 1259
10.5 y ella comerá... lo que os quedó del *g* 1259
10.12 la langosta... consuma todo lo que el *g* 1259
10.15 todo el fruto... que había dejado el *g* 1259
Jos 10.11 que murieron por las piedras del *g* 1259
Job 38.22 nieve, o has visto los tesoros del *g* 1259
Sal 18.12 sus nubes... *g* y carbones ardientes 1259
18.13 dio su voz; *g* y carbones de fuego 1259
78.47 sus viñas destruyó con *g*, Y... escarcha 1259
105.32 les dio *g* por lluvia, y llamas de 1259

148.8 el fuego y el g, la nieve y el vapor 1259
Is 28.2 como turbión de g y como torbellino 1259
28.17 y g barrerá el refugio de la mentira 1259
30.30 torbellino, tempestad y piedra de g 1259
32.19 y cuando caiga g, caerá en los montes 1258
Ez 13.11 enviaré piedras de g...hagan caer 417
13.13 piedras de g con enojo para consumir 417
38.22 llover...piedras de g, fuego y azufre 417
Hag 2.17 os herí con...tizoncillo y con g en 1259
Ap 8.7 hubo g y fuego mezclados con sangre 5464
11.19 relámpagos, voces, truenos...y grande g 5464
16.21 cayó...g como del peso de un talento 5464
16.21 blasfemaron...Dios por la plaga del g 5464

GRANO

Lv 2.14 el g desmenuzado ofrecerás...ofrenda 24
2.16 parte del g desmenuzado y del aceite 1643
23.14 no comeréis pan...g tostado, ni espiga 7039
23.16 entonces ofreceréis el...g a Jehová 4503
Nm 18.27 y se os contará...como g de la era 1715
Dt 7.13 bendecirá...tu g, tu mosto, tu aceite 1715
11.14 y recogerás tu g tu vino y tu aceite 1715
12.17 ni comerás en tus...el diezmo de tu g 1715
14.22 diezmarás todo el producto del g que 2233
14.23 el diezmo de tu g, de tu vino y de tu 1715
18.4 las primicias de tu g, de tu vino y de 1715
28.51 no te dejará g, ni mosto, ni aceite 1715
33.28 Israel habitará...en tierra de g y de 1715
1 S 8.15 diezmará vuestro g y vuestras viñas 2233
17.17 toma ahora...un efa de este g tostado 7039
25.18 tomó...cinco medidas de g tostado, cien 7039
2 S 17.19 y tendió sobre ella el g trillado 7383
17.28 trajeron...g tostado, habas, lentejas 7039
1 R 18.32 en que cupieran dos medidas de g 2233
2 R 18.32 tierra de g y de vino, tierra de 1715
2 Cr 2.10 he dado 20.000 coros de trigo en g 2406
31.5 dieron...primicias de g, vino, aceite 1715
32.28 hizo depósitos para las rentas del g 1715
Neh 5.2 hemos pedido prestado g para comer 1715
5.3 hemos empeñado nuestras...para comprar g 1715
5.10 también...les hemos prestado dinero y g 1715
5.11 la centésima parte...del g, del vino y 1715
10.39 han de llenar...la ofrenda del g, del 1715
13.5 guardaban...el diezmo del g, del vino 1715
13.12 Judá trajo el diezmo del g, del vino 1715
Sal 4.7 la de ellos cuando abundaba su g y su 1715
65.9 preparas el g de ellos...cuando así la 1715
65.13 los valles se cubren de g; dan voces 1250
72.16 echado un puñado de g en la tierra 1250
144.13 llenos, provistos de toda suerte de g 2177
Pr 11.26 acapara el g el pueblo lo maldecirá 1250
27.22 males al necio en un...entre g de trigo 7383
Is 28.28 el g se trilla; pero no lo trillará 3899
30.24 comerán g limpio, aventado con pala y 1098
36.17 tierra de g y de vino, tierra de pan 1715
48.19 de tus entrañas como los g de arena 2233
Jl 1.17 el g se pudrió debajo de los terrones 6507
Am 9.9 como se zarandea el g en una criba 6872
Mt 13.31 **el reino...semejante al g de mostaza** 2848
17.20 **si tuviereis fe como un g de mostaza** 2848
Mr 4.28 **hierba...después g lleno en la espiga** 4621
4.31 **es como el g de mostaza, que cuando se** 2848
Lc 13.19 **es semejante al g de mostaza, que** 2848
17.6 **si tuvierais fe como un g de mostaza** 2848
Jn 12.24 **si el g de trigo no cae en la tierra** 2848
1 Co 15.37 el g desnudo...de trigo o de otro g 2848

GRASA

Dt 32.15 (engordaste, te cubriste de g)
Sal 37.20 como la g de los...serán consumidos 3368

GRATÍSIMO

Lv 23.13 ofrenda encendida a Jehová en olor g 5207
Nm 15.24 un novillo por holocausto en olor g 5207
18.17 ofrenda encendida en olor g a Jehová 5207
28.2 mis ofrendas encendidas en olor g a mí 5207
28.6 es holocausto continuo...para olor g 5207
28.8 ofrenda encendida en olor g a Jehová 5207
28.13 holocausto de olor g, ofrenda encendida 5207
28.24 ofrenda encendida en olor g a Jehová 5207
28.27; 29.2 ofreceréis...en olor g a Jehová 5207
29.6 ofrenda encendida a Jehová en olor g 5207
29.8 y ofreceréis...en olor g, un becerro de 5207
29.13 ofreceréis...a Jehová en olor g, trece 5207
29.36 ofrenda encendida de olor g a Jehová 5207
Sal 19.14 sean g los dichos de mi boca y la 7522
Pr 2.10 cuando...la ciencia fuera g a tu alma 5276
3.24 que te acostarás, y tu sueño será g 6149
Os 9.4 ni sus sacrificios le serán g, como 6149
Mal 3.4 y será g a Jehová la ofrenda de Judá 6149
2 Co 2.15 para Dios somos g olor de Cristo 2175

GRATITUD

Hch 24.3 y en todo lugar con toda g 2169
He 12.28 reino inconmovible, tengamos g 5485

GRATO, A

Gn 8.21 y percibió Jehová olor g 5207
Éx 29.18 es holocausto de olor g para 5207
29.25 por olor g delante de Jehová 5207
29.41 a su libación, en olor g 5207
Lv 1.9 ofrenda encendida de olor g 5207
1.13,17; 2.9 ofrenda encendida de olor g 5207
2.2 de olor g a Jehová 5207
2.12 sobre el altar en olor g 5207
3.5 es ofrenda de olor g para 5207
3.16 ofrenda que se quema en olor g 5207
4.31 arder sobre el altar en olor g 5207
6.15 altar por memorial en olor g a 5207
6.21 ofrenda ofrecerás en olor g a 5207
8.21 el altar; holocausto de olor g 5207
8.28 las consagraciones en olor g 5207
10.19 sería esto g a Jehová?
17.6 y quemará la grosura en olor g 5207
23.18 ofrenda encendida de olor g 5207
Nm 15.3 fiestas solemnes olor g a 5207
15.7 en olor g a Jehová 5207
15.10,13,14; 29.36 en ofrenda encendida de olor g ... 5207
15.24 por holocausto en olor g a 5207
18.17; 28.8,24 ofrenda encendida en olor g a 5207
28.2 ofrendas encendidas en olor g 5207
28.6 en el monte Sinaí para olor g 5207
28.13 cordero; holocausto de olor g 5207
28.27 en olor g a Jehová, dos 5207
29.2 holocausto en olor g a Jehová 5207
29.6,13 encendida a Jehová en olor g 5207
29.8 holocausto a Jehová en olor g 5207
Sal 19.14 sean g los dichos de mi boca y 7522
Pr 2.10 y la ciencia fuere g a tu alma 5276
3.24 acostarás, y tu sueño será g 6148
Os 9.4 ni sus sacrificios le serán g 6148
Mal 3.4 y será g a Jehová la ofrenda 6148
2 Co 2.15 porque para Dios somos g olor de 2175

GRATUITAMENTE

Ro 3.24 siendo justificados g por su gracia 1432
1 Co 9.18 presente g el evangelio de Cristo 77
Ap 21.6 al que tuviere sed, yo le daré g de 1432
22.17 y el que quiera, tome del agua de la vida g 1432

GRAVAMEN

Neh 5.10 prestado...quitémosles ahora este g 4855

GRAVAR

1 Ti 5.16 no sea *gravada* la iglesia, a fin de 916

GRAVE

Gn 21.11 pareció g en gran manera a Abraham 7489
21.12 no te parezca g a causa del muchacho 7489
47.4 el hambre es g en la tierra de Canaán 3515
47.13 no había pan...y el hambre era muy g 3515
Éx 18.22 y todo asunto g lo traerán a ti, y 1419
Lv 20.12 cometieron g perversión; su sangre
1 R 17.17 enfermedad fue tan g que no quedó 2389
18.2 a Acab. Y el hambre era g en Samaria 2389
Neh 5.18 la servidumbre de este pueblo era g 3513
Job 23.2 porque es más g mi llaga que mi gemido 3513
Hch 25.7 presentando...muchas y g acusaciones 926

GRAVEMENTE

Éx 14.25 sus carros, y los trastornó g 3517
2 S 12.15 a su casa. David, y enfermó g
24.10 yo he pecado g por haber hecho 3966
1 Cr 21.8 he pecado g al hacer esto; te 3966
2 Cr 16.12 Asa enfermó g de los pies, y
28.19 y había prevaricado g contra
35.23 porque estoy g herido
Sal 118.18 me castigó g JAH, Mas no me
Mt 8.6 g atormentado 1171
15.22 mi hija es g atormentada por un 2560
Fil 2.26 y g se angustió porque 85

GRAVÍSIMA

Gn 41.31 siguiente la cual será g 3515
Éx 9.3 vacas y ovejas, con plaga g 3515

GRAVOSO

2 S 13.25 no vamos todos...que no te seamos g 3513
Is 1.14 son g; cansado estoy de soportarlos 2960
2 Co 11.9 me guardé y me guardaré de seros g 4
12.14 y no os seré g, porque no busco lo 2655
1 Ts 2.9 trabajando de noche...para no ser g 1912
2 Ts 3.8 trabajamos...para no ser g a ninguno 1912
1 Jn 5.3 guardemos...mandamientos no son g 926

GRAZNAR

Is 10.14 no hubo...ni abriese boca y *graznase* 6850

GREBA

1 S 17.6 sobre sus piernas traía g de bronce 4697

GRECIA

Dn 8.21 el macho cabrío es el rey de G...y el 3120
10.20 al terminar...el príncipe de G vendrá 3120
11.2 levantará a todos contra el reino de G 3120
Zac 9.13 despertaré...contra tus hijos oh G 3120
Hch 20.2 exhortarles con...palabras, llegó a G 1671

GREY

Sal 68.10 que son de tu g han morado en ella 2416
Jer 13.20 ¿dónde está el rebaño...hermosa g? 6629
1 P 5.2 la g de Dios que está entre vosotros 4168
5.3 no como...sino siendo ejemplos de la g 4168

GRIEGO, A

1. Habitante de Grecia
Jl 3.6 vendisteis los...a los hijos de los g 3125
2. De habla griega; frecuentemente =Gentil
Mr 7.26 mujer era g, y sirofenicia de nación 1674
Jn 7.35 irá...entre los g, y enseñará a los g? 1672
12.20 ciertos g entre los que habían subido 1672
Hch 6.1 hubo murmuración de los g contra los 1675
9.29 hablaba...y disputaba con los g; pero 1675
11.20 los cuales...hablaron también a los g 1675
14.1 creyó una gran multitud de judíos...g 1672
16.1 hijo de una mujer judía...de padre g 1672
16.3 porque todos sabían que su padre era g 1672
17.4 los g piadosos gran número, y mujeres 1672
17.12 creyeron...mujeres g de distinción, y 1674
18.4 discutía...y persuadía a judíos y a g 1672
18.17 todos los g, apoderándose de Sóstenes 1672
19.10 Asia, judíos y g, oyeron la palabra 1672
19.17 fue notorio a todos...así judíos como g 1672
21.28 además...ha metido a g en el templo, y 1672
Ro 1.14 a g y a no g, a sabios y a no sabios 1672
1.16; 2.10 judío primeramente, y también al g 1672
2.9 el judío primeramente y también el g 1672
10.12 no hay diferencia entre judío y g 1672
1 Co 1.22 señales, y los g buscan sabiduría 1672
1.24 así judíos como g, Cristo poder de Dios 1672
12.13 judíos o g, sean esclavos o libres 1672
Gá 2.3 mas ni aun Tito...con todo y ser g, fue 1672
3.28 ya no hay judío ni g; no hay esclavo 1672
Col 3.11 no hay g ni judío, circuncisión ni 1672
3. El idioma de Grecia, que en el tiempo del Nuevo Testamento se hablaba en todo el Imperio Romano
Lc 23.38 título escrito con letras g, latinas 1673
Jn 19.20 título estaba escrito en hebreo, en g 1676
Hch 21.37 decide algo? Y él dijo: ¿Sabes g? 1676
Ap 9.11 en hebreo es Abadón, y en g, Apolión 1673

GRIETA

2 R 12.5 reparen...dondequiera que se hallen g 919
12.6 no habían reparado...las g del templo 919
12.7 ¿por qué no reparáis las g del templo? 919
12.7 dadlo para reparar las g del templo 919
12.8 ni tener el cargo de reparar las g del 919
12.12 reparar las g de la casa de Jehová 919
22.5 la obra de...reparar las g de la casa 919
Is 30.13 sería este pecado como g que amenazó 6556

GRILLO

2 S 3.34 atadas, ni tus pies ligados con g 5178
2 Cr 33.11 aprisionaron con g a Manasés, y 5178
Job 36.8 si estuvieran...en g, y aprisionados 2131
Sal 105.18 afligieron sus pies con g; en 3525
149.8 para aprisionar a sus reyes con g, y 3525
Is 45.14 irán en pos de ti, pasarán con g 2131
Jer 39.7 sacó los ojos...y le aprisionó con g 5178
52.11 sacó los ojos a Sedequías...ató con g 5178
Ez 19.4 llevaron con g a la tierra de Egipto 2397
Nah 3.10 grandes fueron aprisionados con g 2131
Mr 5.4 había sido atado con g y cadenas, mas 3976
5.4 cadenas habían sido...desmenuzados los g 3976
Lc 8.29 le ataban con...g, pero rompiendo las 3976

GRITAR

Gn 39.15 viendo que yo...*gritaba*, dejó...ropa 7121
39.18 y cuando yo alcé mi voz y *grité*...huyó 7121
Éx 32.17 oyó...clamor del pueblo que *gritaba* 7452
Nm 14.1 la congregación *gritó*, y dio voces 5375
Jos 6.5 todo el pueblo *gritará* a gran voz, y 7321
6.10 no *gritaréis*, ni se oirá vuestra voz 7321
6.10 yo os diga: *Gritad*; entonces gritaréis 7321
6.16 Josué dijo...*Gritad*, porque Jehová os ha 7321
6.20 pueblo *gritó*, y los sacerdotes tocaron 7321
6.20 el pueblo...*gritó* con gran vocerío, y el 7321
Jue 7.20 *gritaron*: ¡Por la espada de Jehová 7121
15.14 los filisteos salieron *gritando* a su 7321
1 S 4.5 Israel *gritó* con tan gran júbilo que 7321
4.13 dadas las nuevas, toda la ciudad *gritó* 2199
17.52 *gritaron*, y siguieron a los filisteos 7321
20.38 y volvió a *gritar*...tras el muchacho 7121
26.14 ¿quién eres tú que *gritas* al rey? 7121
2 S 13.19 sobre su cabeza, se fue *gritando* 2199
1 R 18.27 *gritad* en alta voz, porque dios es 7121
18.29 siguieron *gritando* frenéticamente 5012
22.32 éste es el rey...el rey Josafat *gritó* 2199
2 R 4.40 *gritaron*...hay muerte en esa olla! 6817
6.5 y *gritó* diciendo: ¡Ah, señor mío, era 6817
6.26 una mujer le *gritó*...Salva, rey señor 6817
7.10 *gritaron* a los guardas de la puerta de 7121
7.11 los porteros *gritaron*, y lo anunciaron 7121
2 Cr 13.15 los de Judá *gritaron* con fuerza; y 7321
Sal 78.65 como un valiente que *grita* excitado 7442
Is 10.30 *grita* en alta voz, hija de Calim 6963
15.4 Hesbón y Eleale *gritarán*, hasta Jahaza 2199
21.8 y *gritó* como un león: Señor, sobre la 7121
34.14 cabra salvaje *gritará* a su compañero 7121
36.13 y *gritó* a gran voz en lengua de Judá 6963
42.2 no *gritará*, ni alzará su voz, ni la 6817
42.13 *gritará*, voceará...sobre sus enemigos 7321
44.23 *gritad* con júbilo, profundidades de 7321
46.7 *gritan*, y tampoco responde, ni libra 6817
Jer 20.8 cuantas veces hablo...voces, *grito* 7121
22.20 clama, y en Basán da tu voz, y *grita* 6817

GRITERÍA

1 S 4.14 cuando él oyó el estruendo de la g 6818
Jer 25.36 voz de la g de los pastores, y 6818
51.14 te llenaré de...levantarán contra ti g 1959
Ef 4.31 quítense...ira, g y maledicencia, y 2906

GRITO

Gn 45.2 e dio a llorar a g; Y oyeron los 6963
Nm 16.34 todo Israel...huyeron al g de ellos 6963
Jue 7.21 el ejército echó a correr dando g y 7321
1 S 17.20 el ejército...daba el g de combate 7321
2 Cr 13.15 ello alzaron el g, Dios desbarató 7321
Esd 3.12 otros daban grandes g de alegría 6963
3.13 no podía distinguir...el clamor de los g 6963
Job 2.12 no lo conocieron, y lloraron a g; y 6963
30.5 todos les daban g como tras el ladrón 7321
39.25 el g de los capitanes, y el vocerío 8643
Sal 144.14 ni g de alarma en nuestras plazas 6682
Is 15.5 mi corazón dará g por Moab...huirán 2199
15.5 levantarán g de quebrantamiento por el 2201
16.9 y sobre tu siega caerá el g de guerra 1959
16.10 gozo...he hecho cesar el g del lagareño 1959
26.17 gime y da g en sus dolores, así hemos 2199
Jer 12.6 tus hermanos...dieron g en pos de ti 7121
20.16 oiga g de mañana, y voces a mediodía 2201
31.12 vendrán con gozo en lo alto de 7442

G

49.21 el *g* de su voz se oirá en el Mar Rojo 6818
50.46 al *g* de la toma de Babilonia...tembló 6963
Ez 21.22 para levantar la voz en *g* de guerra 8643
Lc 8.28 lanzó un gran *g*, y postrándose a sus *5456*

GROSURA

Gn 27.28 Dios, pues, te dé...*g* de la tierra 4924
27.39 será tu habitación en *g* de la tierra 4924
Éx 23.18 ni la *g* de mi víctima quedará de la 2459
29.13 tomarás...la *g*...*g* de sobre el hígado 2459
29.13 riñones, y la *g* que está sobre ellos 2459
29.22 la *g*...y la *g* que cubre los intestinos 2459
29.22 *g* del hígado...dos riñones, y la *g* que 2459
Lv 1.8,12 cabeza y la *g* de los intestinos, sobre 6309
3.3,14 la *g* que cubre los intestinos...la *g* 2459
3.4 riñón y la *g*...la *g* de los intestinos 2459
3.9 ofrecerá...la *g*...la *g* que cubre todos los 2459
3.10,15 riñones y la *g*...*g* de...el hígado 2459
3.16 hará arder...toda la *g* es de Jehová 2459
3.17 ninguna *g* ni ninguna sangre comeréis 2459
4.8 y tomará del becerro...toda su *g*, la que 2459
4.9 dos riñones sobre él las *g* de...sacrificios 2459
4.19 le quitará toda la *g* y la hará arder 2459
4.26 quemará toda su *g* sobre el altar, como la *g* 2459
4.31 quitará toda su *g*, de...que fue quitada la *g*
4.35 le quitará toda su *g*,como...la *g* del sacrificio 2459
6.12 quemará sobre él las *g* de los sacrificios de paz 2459
7.3 ofrecerá toda su *g*, la cola, y la *g* que 2459
7.4 dos riñones, la *g*...*g* de sobre el hígado 2459
7.23 *g* de buey ni de cordero ni...comeréis 2459
7.24 la *g* de animal muerto, y la *g* del que 2459
7.25 cualquiera que comiere *g* de animal, del 2459
7.30 sus manos traerá la *g* con el pecho; el 2459
7.31 la *g* la hará arder el sacerdote en el 2459
7.33 ofreciere la sangre...y la *g*, recibirá 2459
8.16 la *g* que estaba sobre los intestinos 2459
8.16 tomó...la *g* del hígado...riñones, y la *g* 2459
8.20 Moisés hizo arder...los trozos, y la *g* 6309
8.25 después tomó la *g*, la cola, toda la *g* 2459
8.25 la *g* del hígado, los dos riñones y la *g* 2459
8.26 una hojaldre, y lo puso con la *g* y con 2459
9.10 arder...la *g* con los riñones y la *g* del 2459
9.19 y las *g* del buey y...la *g* que cubre los 2459
9.19 cola, la *g* que cubre...y la *g* del hígado 2459
9.20 pusieron las *g* sobre los pechos, y él 2459
9.24 consumió el holocausto con las *g* sobre 2459
10.15 con las ofrendas de las *g*...traerán la 2459
16.25 quemará...la *g* del sacrificio por el 2459
17.6 quemará la *g* en olor grato a Jehová 2459
Nm 18.17 y quemarás la *g* de ellos, ofrenda 2459
Dt 32.14 leche de ovejas, con *g* de corderos 2459
32.38 que comían la *g* de sus sacrificios, y 2459
1 S 2.15 de quemar la *g*, venía el criado del 2459
2.16 quemen la *g* primero, y después toma 2459
15.22 el prestar atención que la *g* de los 2459
2 S 1.22 sin sangre de...sin *g* de los valientes 2459
1 R 8.64 y no cabían...la *g* de los sacrificios 2459
2 Cr 7.7 ofrecido allí...la *g* de las ofrendas 2459
7.7 en el altar de...no podían caber...las *g* 2459
29.35 abundancia de holocaustos, con *g* de 2459
35.14 en el...de los holocaustos y de las *g* 2459
Neh 8.10 id, comed *g*, y bebed vino dulce, y 4924
Job 36.16 libre...y te preparará mesa llena de *g* 1880
Sal 17.10 envueltos están con su *g*; con su 2459
36.8 saciados de la *g* de tu casa, y tú los 1880
63.5 como de...y de *g* será saciada mi alma 1880
65.11 tus bienes, y tus nubes destilan *g* 1880
Is 17.4 Jacob...enflaquecerá la *g* de su carne 4924
34.6 engrasada está de *g*...de *g* de riñones 2459
34.7 sangre, y u polvo se engrasará de *g* 2459
43.24 ni me saciaste con la *g*...sacrificios 2459
55.2 oídme...se deleitará vuestra alma con *g* 1880
Ez 34.3 coméis la *g*, y os vestid de la lana 2459
39.19 comeréis *g* hasta saciaros, y beberéis 2459
44.7 de ofrecer mi pan, la grosura y la sangre, y 2459
44.15 ante mí...estarán para ofrecerme la *g* 2459

GRUESO, A

Gn 41.7 devoraban a las siete espigas *g* y 1277
41.18 del río subían siete vacas de *g* carnes 1277,1320
Jue 3.17 Eglón rey...era Eglón hombre muy *g* 1277
1 R 7.26 el *g* del mar era de un palmo menor 5672
12.10 menor dedo de los míos es más *g* que 5666
1 Cr 4.40 y hallaron *g* y buenos pastos, y 8082
2 Cr 4.5 y tenía de *g* un palmo menor, y el 5672
10.10 mi dedo más pequeño es más *g* que los 5666
Is 25.6 banquete de...*g* tuétanos y de vinos 8081
Ez 16.26 fornicaste con los...de Egipto...*g* de 1432
41.12 pared...de cinco codos de *g* alrededor 7341

GRULLA

Is 38.14 como la *g*...me quejaba; gemía como 5483
Jer 8.7 *g* y la golondrina guardan el tiempo 5483

GRUÑIR

Is 59.11 *gruñimos* como osos todos nosotros 1993
Jer 51.38 como cachorros de leones *gruñirán* 5286

GRUPO

Gn 33.8 ¿qué te propones con todos estos *g* 4264
Nm 26.9 se rebelaron...con el *g* de Coré 5712
26.10 cuando aquel *g* murió, cuando consumió el fuego 5712
27.3 se juntaron contra Jehová en el *g* de Coré 5712
1 Cr 23.6 los repartió David en *g* conforme a 4256
24.1 los hijos de Aarón...distribuidos en *g* 4256
28.13 para los *g* de los sacerdotes y de los 4256
28.21 he aquí los *g* de los sacerdotes y de 4256
2 Cr 31.15 dar...porciones conforme a sus *g* 4256
31.16 desempeñar su ministerio según sus...*g* 4256
31.17 levitas...conforme a sus oficios y *g* 4256
Neh 13.30 puse a los...levitas por sus *g*, a 4931
Mr 6.39 hiciesen recostar a todos por *g* sobre *4849*
6.40 recostaron por *g*, de ciento en ciento *4237*
Lc 9.14 **hacedlos sentar en *g*, de cincuenta en** *2828*
Hch 12.4 entregándole a 4 *g* de 4 soldados *5069*

GUARDA

Gn 4.9 no sé...¿Soy yo acaso *g* de mi hermano? 8104
Nm 1.53 levitas tendrán la *g* del tabernáculo 4931
3.28 varones...que tenían la *g* del santuario 4931
3.32 Eleazar...jefe de los que tienen la *g* 4931
3.38 Aarón y...teniendo la *g* del santuario 4931
4.27 les encomendaréis en *g* todos sus cargos 4931
31.30 tienen la *g* del tabernáculo de Jehová 4931
31.47 dio a los levitas, que tenían la *g* 4931
1 S 17.20 dejando las ovejas al cuidado...un *g* 8104
28.2 te constituiré *g* de mi persona durante 8104
1 R 2.3 *G* los preceptos de Jehová tu Dios 8104
20.39 trajo un hombre, diciéndome:*G* a este hombre 8104
2 R 7.10 gritaron a los *g* de la puerta de la 7778
22.14 mujer de Salum...*g* de las vestiduras 8104
25.18 tomó entonces...tres *g* de la vajilla 8104
1 Cr 9.22 escogidos para *g* en las puertas 7778
23.32 que tuviesen la *g* del tabernáculo de 4931
23.32 la *g* del santuario, bajo las órdenes 4931
2 Cr 31.14 de Imna, *g* de la puerta oriental 7778
34.22 Hulda...*g* de las vestiduras, la cual 8104
Neh 2.8 carta para Asaf *g* del bosque del rey 8104
3.29 restauró Semalas hijo...*g* de la puerta 8104
4.9 pusimos *g* contra ellos de día y de noche 4929
7.3 señalé *g* de los moradores de Jerusalén 4931
11.19 *g* en las puertas, ciento setenta y dos 8104
12.25 Talmón y Acub, *g*, eran porteros para
Est 2.3,8 Hegai eunuco...*g* de las mujeres 8104
2.14 Saasgaz eunuco...*g* de las concubinas 8104
2.15 lo que dijo Hegal...*g* de las mujeres 8104
Job 7.12 ¿soy yo el mar...para que me pongas *g*? 4929
7.20 qué puedo hacerte a ti, oh *G* de los 5341
27.18 su casa...como enramada que hizo el *g* 5341
Sal 141.3 ponga a mi boca, oh Jehová; guarda 8108
Cnt 3.3; 5.7 me hallaron los *g* que rondan la 8104
5.7 me quitaron mi manto de encima los *g* 8104
8.11 tuvo una viga en...la cual entre *g* a *g* 5201
Is 21.8 día, y las noches enteras sobre mi *g* 4931
21.11 dan voces de Seir: *G*...*G*,¿qué de la 8104
21.12 el *g* respondió: La mañana viene, y 8104
62.6 tus muros, oh Jerusalén, he puesto *g* 8104
Jer 4.16 *g* vienen de la tierra lejana, y 5341
4.17 como *g* de campo estuvieron en derredor 8104
5.24 y nos *g* los tiempos establecidos de la siega 8104
31.6 habrá día en que clamarán los *g* en el 5341
35.4 Muslos hijo de Salum, *g* de la puerta 8104
52.24 tomó...a Sofonías...y tres *g* del atrio 8104
Ez 38.7 prepárate y apercíbete...sé tu su *g* 4929
44.8 que habéis puesto extanjeros como *g* 8104
44.14 les pondré, pues, por *g* encargados de 8104
Hab 2.1 mi *g* estará, y sobre la fortaleza 4931
Zac 9.8 acampó alrededor...como un *g*, para 4675
Mat 28.4 de miedo de él; los *g* temblaron y se 5083
Mr 6.28 el *g* fue, le decapitó en la cárcel
Hch 5.23 los *g* afuera de pie ante las puertas *5441*
12.6 los *g* delante de la puerta custodiaban *5441*
12.19 después de interrogar a los *g*, ordenó *5441*

GUARDADO *Véase Guardar*

GUARDADOR

Sal 121.5 Jehová tu *g*; Jehová es tu sombra 8104
Is 26.2 entrará la gente justa, *g* de verdad 8104
Jer 14.8 oh esperanza de Israel, *G* suyo en el 3467

GUARDAR

Gn 2.15 para que lo labrara y lo *guardase* 8104
3.24 *guardar* el camino del árbol de la vida 8104
17.9 en cuanto a ti, *guardarás* mi pacto, te 8104
17.10 es mi pacto, que *guardaréis* entre mi 8104
18.19 mandará...*guarden* el camino da Jehová 8104
24.6 *guárdate* que no vuelvas mi hijo allá 8104
26.5 cuanto oyó Abraham mi voz, y *guardó* mi 8104
27.36 ¿no has *guardado* bendición para mi? 680
28.15 yo estoy contigo, y te *guardaré* por 8104
28.20 me *guardaré* en «tu rdó alimento en las ciudades 8104
31.24,29 *guárdate* que no hables a Jacob 8104
37.34 *guardó* luto por su hijo muchos días
41.35 y recojan el trigo bajo...y *guárdenlo* 8104
41.48 y *guardó* alimento en las ciudades
Éx 10.28 *guárdate* que no veas más mi rostro 8104
12.6 lo *guardaréis* hasta el día 14 de este 4931
12.17 *guardaréis* la fiesta de los panes sin 8104
12.17 por tanto, guardaréis este mandamiento 8104
12.24 *guardarás* esto por estatuto...siempre 8104
12.25 cuando entréis...*guardaréis* este rito 8104
12.42 es noche de *guardar* para Jehová, por 8107
12.42 esta noche deben *guardarla* para Jehová 8107
13.10 *guardarás* este rito en su tiempo de 8104
15.26 oyeres...*guardarás* todos sus estatutos 8104
16.5 prepararán para *guardar* el doble de lo
16.23 que os sobrara, *guardadlo* para mañana 4931
16.24 lo *guardaron* hasta la mañana...y no se 5117
16.28 no querréis *guardar* mis mandamientos 8104
16.32 *guardadlo* para vuestros descendientes 4931
16.33 que sea *guardado* para...descendientes 4931
16.34 delante del Testimonio para *guardarlo* 4931
19.5 y *guardaréis* mi pacto, vosotros seréis 8104
19.12 diciendo: *Guardaos*, no subáis al monte 8104
20.6 que me aman y *guardan* mis mandamientos 8104
21.29 acorneador...y no lo hubiere *guardado* 8104
21.36 buey...su dueño no lo hubiere *guardado* 8104
22.7 diere a su...a *guardar*, y fuere hurtado 8104
22.10 otro animal a *guardar*, y éste muriere 8104
23.13 y todo lo que os he dicho, *guardadlo* 8104
23.15 la fiesta de los panes sin...*guardarás* 8104
23.20 para que te *guarde* en el camino, y te 8104
23.21 *guárdate* delante de él, y oye su voz 8104
31.13 *guardaréis* mis días de reposo; porque 8104
31.14 *guardaréis* el día de reposo...tanto 8104
31.16 *guardarán*, pues, el día de reposo los 8104
34.7 que *guarda* misericordia a millares 5341
34.11 *guarda* lo que yo te mando hoy; he aquí 8104
34.12 *guárdate* de hacer alianza...moradores 8104
34.18 la fiesta de los panes sin...*guardarte* 8104
Lv 8.35 y *guardaréis* la ordenanza delante de 8104
18.4 estatutos *guardaréis*, andando en ellos 8104
18.5 *guardaréis* mis estatutos y...ordenanzas 8104
18.26 *guardad*...estatutos y mis ordenanzas 8104
18.30 *guardad*...mi ordenanza, no haciendo *g* 8104
19 3 temerá...mis días de reposo *guardaréis* 8104
19 18 ni *guardarás* rencor a los hijos de tu 5201
19.19 estatuto *guardarás*. No harás ayuntar 8104
19.30 mis días de reposo *guardaréis*, y mi 8104
19.37 *guardad*, pues, todos mis estatutos y 8104
20.8 *guardad* mis estaturos y ponedlos por 8104
20.22 *guardad*, pues todos mis estatutos y ponedlos por 8104
22.31 *guardad*...mandamientos y cumplidlos 8104
23.32 de tarde a tarde *guardaréis*...reposo 7673
25.2 la tierra *guardará* reposo para Jehová 7673
25.18 *guardad* mis ordenanzas, y ponedlos por 8104
26.2 *guardad* mis días de reposo, y tened en 8104
26.3 y *guardaréis* mis mandamientos, y los 8104
26.10 fuera lo añejo para *guardar* lo nuevo 6440
Nm 3.8 *guarden*...utensilios del tabernáculo 8104
6.24 Jehová te bendiga, y te *guarde* 8104
9.19 los...de Israel *guardaban* la ordenanza 8104
9.23 *guardando* la ordenanza de Jehová como 8104
17.10 se *guarde* por señal a los...rebeldes 4931
18.3 *guardarán* lo que tú ordenes, y el cargo 4931
18.7 *guardaréis* vuestro sacerdocio en todo 8104
19.9 las *guardará* la congregación de...Israel 4931
28.2 *guardaréis*, ofreciéndomelo a su tiempo 8104
Dt 2.4 tendrán miedo...mas vosotros *guardaos* 8104
4.2 que *guardes* los mandamientos de Jehová 8104
4.6 *guardadlos*, pues, y ponedlos por obra 8104
4.9 *guárdate* y guarda tu alma con diligencia 8104
4.15 *guardad*, pues, mucho vuestras almas 8104
5.10 que me aman y *guardan* mis mandamientos 8104
5.12 *guardarás* el día de reposo...como Jehová 8104
5.15 ha mandado que *guardes* el día de reposo 6213
5.29 me temiesen y *guardasen* todos los días 8104
6.2 temas...*guardando* todos sus estatutos y 8104
6.17 *guardad*...los mandamientos de Jehová 8104
7.8 y quiso *guardar* el Juramento que juró a 8104
7.9 *guarda* el pacto...a los que...guardan sus 8104
7.11 *guarda*...los mandamientos...yo te mando 8104
7.12 y haberlos *guardado* y puesto por obra 8104
7.12 Jehová...*guardará* contigo el pacto y la 8104
8.2 hablas de *guardar* o no tus mandamientos 8104
8.6 *guardarás*...los mandamientos de Jehová tu 8104
10.13 que *guardes* los mandamientos de Jehová 8104
11.1 *guardarás* sus ordenanzas, sus estatutos 8104
11.8 *guardad*...mandamientos que...prescribo 8104
11.16 *guardaos*, pues, que vuestro corazón no 8104
11.22 *guardaréis* cuidadosamente todos estos 8104
12.28 *guarda* y escucha todas tus palabras 8104
12.30 *guárdate* que no tropieces yendo en pos 8104
13.4 temeréis, *guardaréis* sus mandamientos 8104
Dt 13.18 *guardando* todos sus mandamientos que 8104
14.25 lo venderás y *guardaréis* el dinero en 6696
14.28 diezmo...lo *guardarás* en tus ciudades 5117
15.5 si escuchares...para *guardar* y cumplir 8104
1 S.9 *guárdate* de tener...pensamiento perverso 8104
16.1 *guardarás* el mes de...harás pascua 8104
16.12 *guardarás* y cumplirás estos estatutos 8104
17.19 *guardar* todas las palabras de esta ley 8104
19.9 siempre y cuando *guardares* todos estos 8104
23.9 salieres...*guardarás* de toda cosa mala 8104
23.23 salido de tus labios, lo *guardarás* y 8104
26.17 que andarás...*guardarás* sus estatutos 8104
26.18 que *guardes* todos sus mandamientos 8104
27.1 guardaréis todos los mandamientos que 8104
27.9 *guarda* silencio y escucha, oh Israel 5535
28.1 para *guardar* y poner por obra todos sus 8104
28.9 cuando *guardares* los mandamientos de 8104
28.13 mandamientos...para que los *guardes* 8104
28.45 para *guardar* sus mandamientos y sus 8104
29.9 *guardaréis*...las palabras de este pacto 8104
30.10 para *guardar* sus mandamientos y sus 8104
30.16 andes en...y *guardes* sus mandamientos 8104
32.10 lo *guardó* como a la niña de su ojo 5341
32.34 ¿no tengo yo esto *guardado* conmigo 3647
33.9 *guardaron* tus palabras, y cumplieron 8104
Jos 1.8 que *guardes* y hagas conforme a todo 8104
6.18 pero vosotros *guardaos* del anatema; ni 8104
7.11 anatema, y...*guardado* entre sus enseres 7760
10.18 poned hombres...para que los *guarden* 8104
22.2 vosotros habéis *guardado* todo lo que 8104
22.3 cuidado de *guardar* los mandamientos de 8104
22.5 *guardéis* sus mandamientos, y le sigáis 8104
23.6 *guardar* y hacer...lo que está escrito 8104
23.11 *guardad*...diligencia vuestras almas 8104
24.17 y nos ha *guardado* por todo el camino 8104
Jue 8.27 un efod...hizo *guardar* en su ciudad 3322
13.13 mujer se *guardará* de todas las cosas 8104
13.14 no tomará...*guardará*...10 que le mandé 8104

21.14 dieron... las que habían *guardado* vivas 2421
1 S 2.9 *guarda* los pies de sus santos, mas 8104
7.1 hijo para que *guardase* el arca de Jehová 8104
7.8 nos *guarde* de la mano de los filisteos 3467
9.23 la cual te dije que *guardases* aparte 7760
9.24 para esta ocasión se te *guardó*, cuando 8104
10.19 desechado hoy a... Dios, que os *guarda* 3467
10.25 un libro... *guardó* delante de Jehová 5117
13.13 no *guardaste* el mandamiento de Jehová 8104
13.14 no has *guardado* lo que Jehová te mandó 8104
17.22 en mano del que *guardaba* el bagaje, y 8104
21.4 lo daré si... se han *guardado* a lo menos 8104
24.6 me *guarde* de hacer tal cosa contra mi 2486
25.21 en vano he *guardado* todo lo que éste 8104
25.31 *guárdese*... mi señor, y cuando Jehová 3467
26.11 *guárdeme* Jehová de extender mi mano 2486
26.15 ¿por qué, pues, no has *guardado* al rey 8104
26.16 no habéis *guardado* a vuestro señor, al 8104
30.23 dado Jehová, quien nos ha *guardado*, y 8104
2 S 15.16 diez mujeres... que *guardasen* la casa 8104
16.21 que él dejó para *guardar* la casa; y 8104
19.19 no los *guarde* el rey en su corazón 7760
20.3 que había dejado para *guardar* la casa 8104
22.22 yo he *guardado* los caminos de Jehová 8104
22.24 fui recto... he *guardado* de mi maldad 8104
22.44 me *guardase* para que fuese cabeza de 6403
23.5 será *guardado*, aunque todavía no haga 8104
1 R 2.3 *guarda* los preceptos de Jehová tu 8104
2.4 tus hijos *guardaren* mi camino, andando 8104
2.43 ¿por qué... no *guardaste* el juramento 8104
3.14 si anduvieres... *guardando* mis estatutos 8104
6.12 *guardares*... mis mandamientos andando 8104
8.23 que *guardas* el pacto y la misericordia 8104
8.25 tal que tus hijos *guarden* mi camino y 8104
8.58 para que... *guardemos* sus mandamientos 8104
8.61 *guardando* sus mandamientos, como en el 8104
9.4 *guardando* mis estatutos y mis decretos 8104
9.6 y no *guardaréis* mis mandamientos y mis 8104
11.10 él no *guardó* lo que le mandó Jehová 8104
11.ll no has *guardado* mi pacto... estatutos 8104
11.34 quien *guardó* mis mandamientos y mis 8104
11.38 de mis ojos, *guardando* mis estatutos 8104
13.21 y no *guardaste* el mandamiento que 8104
14.8 David... que *guardó* mis mandamientos y 8104
20.39 *guarda* a este hombre, y si llegare a 8104
21.3 *guárdeme* Jehová de que yo te dé a ti la 2486
2 R 5.24 él lo tomó... y lo *guardó* en la casa 6485
9.14 Joram *guardando* a Ramot de Galaad con 8104
11.6 así *guardaréis* la casa... no sea allanada 4931
12.9 los sacerdotes que *guardaban* la puerta 8104
12.10 y contaban el dinero... y lo *guardaban* 6696
17.13 volveos... y *guardad* mis mandamientos 8104
17.19 ni aun Judá *guardó* los mandamientos 8104
17.34 ni temen a... ni *guardan* sus estatutos 6213
18.6 que *guardó* los mandamientos que Jehová 8104
21.8 con tal que *guarden*... las cosas que yo 8104
23.3 pacto... y *guardarían* sus mandamientos 8104
1 Cr 9.19 coreítas... *guardando* las puertas 8104
9.19 como sus padres *guardaron* la entrada 8104
9.27 porque tenían el cargo de *guardarla* y
10.13 palabra de Jehová, la cual no *guardó* 8104
11.19 *guárdeme* mi Dios... de beber la sangre 2486
22.12 *gobiernes* a Israel, guardes la ley de 8104
28.8 *guardad*... todos los preceptos de Jehová 8104
29.3 *guardo* en mi tesoro... oro y plata que 3426
29.19 para que *guarde* tus mandamientos, tus 8104
2 Cr 5.ll sacerdotes... no *guardaban* sus turnos 8104
6.14 que *guardas* el pacto y la misericordia 8104
6.15 que has *guardado* a tu siervo David mi 8104
6.16 tal que tus hijos *guarden* su camino 8104
7.17 y *guardares* mis estatutos y... decretos 8104
13.11 *guardamos* la ordenanza de Jehová 8104
22.11 le *guardó* a él y a su ama en uno de 5414
33.8 condición de que *guarden* y hagan todas 8104
34.9 que los levitas que *guardaban* la puerta 8104
34.21 no *guardaron* la palabra de Jehová 8104
34.31 pacto... de *guardar* sus mandamientos 8104
Esd 6.1 la casa... donde *guardaban* los tesoros 5182
8.29 vigilad y *guardadlos*... que los peséis 8104
Neh 1.5 *guarda* el pacto y la misericordia a 8104
1.5 que le aman y *guardan* sus mandamientos 8104
1.7 y no hemos *guardado* los mandamientos 8104
1.9 os volviereis a mí, y *guardaréis* mis 8104
9.32 que *guardas* el pacto y la misericordia 8104
10.29 y que *guardarían* y cumplirían todos 8104
12.24 para alabar y dar... *guardando* su turno 5980
13.5 la cual *guardaban* antes las ofrendas 5414
13.22 viniesen a *guardar* las puertas, para 8104
Est 3.8 y no *guardan* las leyes del rey, y al 6213
9.28 no dejarían de ser *guardados* por los 6213
Job 2.6 él está en tu mano; mas *guarda* su vida 8104
10 12 vida... y tu cuidado *guardó* mi espíritu 8104
10.13 cosas tienes *guardadas* en tu corazón 6845
21.19 Dios *guardará* para los hijos de ellos 6845
21.30 *guardado* será en el día de la ira 2820
23.11 pies... *guardé* su camino, y no me aparté 8104
23.12 *guardé* las palabras de su boca más que 6845
29.2 en los días en que Dios me *guardaba* 8104
36.21 *guárdate*, no te vuelvas a la iniquidad 8104
41.12 no *guardaré* silencio... sus miembros 2790
Sal 12.7 tú, Jehová los *guardarás*; de esta 8104
16.1 *guárdame*... porque en ti he confiado 8104
17.4 me he *guardado* de las sendas de los 8104
17.8 *guárdame* como a la niña de tus ojos 8104
18.21 yo he *guardado* los caminos de Jehová 8104
18.23 fui recto... he *guardado* de mi maldad 8104
19.11 en *guardarlos* hay grande galardón 8104
25.10 para los que *guardan* su pacto y sus 5341
25.20 *guarda* mi alma, y líbrame; no sea yo 8104
25.21 integridad y rectitud me *guarden* 5341
31.19 tu bondad, que has *guardado* para los 6845
31.23 a los fieles *guarda* Jehová, y paga 5341
32.7 refugio; me *guardarás* de la angustia 5341
34.13 *guarda* tu lengua del mal, y tus labios 5341
34.20 él *guarda* todos sus huesos ni uno de 8104
37.7 *guarda* silencio ante Jehová y espera 1826
37.28 para siempre serán *guardados*: mas la 8104
37.34 espera en Jehová, y *guarda* su camino 8104
39.1 *guardaré* mi boca con freno, en tanto 8104
40.11 tu misericordia... me *guarden* siempre 5341
41.2 Jehová lo *guardará*, y le dará vida 8104
44.7 nos has *guardado* de nuestros enemigos 3467
64.1 *guarda* mi vida del temor del enemigo 5341
78.7 no... olviden... *guarden* sus mandamientos 5341
78.10 no *guardaron* el pacto de Dios, ni 8104
78.56 ellos... no *guardaron* sus testimonios 8104
83.1 Dios, no *guardes* silencio; no calles
86.2 *guarda* mi alma, porque soy piadoso 8104
86.16 mírame... y *guarda* al hijo de tu sierva 3467
89.31 si... y no *guardaren* mis mandamientos 8104
91.11 que te *guarden* en todos tus caminos 8104
97.10 él *guarda* las almas de sus santos; de 8104
99.7 *guardaban*... testimonios, y el estatuto 8104
103.9 no... ni para siempre *guardará* el enojo 5201
103.18 sobre los que *guardan* su pacto, y los 8104
105.45 para que *guardasen* sus estatutos, y 8104
106.3 dichosos los que *guardan* juicio, los 8104
107.43 ¿quién es sabio y *guardará*... cosas 8104
116.6 Jehová *guarda* a los sencillos, estaba 8104
119.2 bienaventurados los que *guardan* sus 5341
119.4 sean muy *guardados* tus mandamientos 8104
119.5 ordenados mis caminos para *guardar* 8104
119.8 tus estatutos *guardaré*: no me dejes 8104
119.9 su camino? Con *guardar* tu palabra 8104
119.11 en mi corazón he *guardado* tus dichos 6845
119.17 tu siervo... viva... y *guarde* tu Palabra 8104
119.22 porque tus testimonios he *guardado* 5341
119.33 camino... y lo *guardaré* hasta el fin 5341
119.34 dame entendimiento, y *guardaré* tu 8104
119.44 *guardaré* tu ley siempre... eternamente 8104
119.55 me acordé... Jehová, y *guardé* tu ley 8104
119.56 estas bendiciones tuve porque *guardé* 5341
119.57 he dicho que *guardaré* tus palabras 8104
119.60 apresuré y no me retardé en *guardar* 8104
119.63 te temen y *guardan* tus mandamientos 8104
119.67 andaba; mas ahora *guardo* tu palabra 8104
119.69 mas yo *guardaré*... tus mandamientos 5341
119.88 *guardaré* los testimonios de tu boca 8104
119.100 porque he *guardado* tus mandamientos 5341
119.101 mis pies, para *guardar* tu palabra 8104
119.106 juré... *guardaré* tus justos juicios 8104
119.115 yo *guardaré* los mandamientos de mi 5341
119.129 por tanto, los ha *guardado* mi alma 5341
119.134 líbrame... *guardaré* tus mandamientos 8104
119.136 ríos de... porque no *guardaban* tu ley 8104
119.145 respóndeme... *guardaré* tus estatutos 5341
119.146 sálvame, y *guardaré* tus testimonios 8104
119.158 porque no *guardaban* tus palabras 8104
119.167 mi alma ha *guardado* tus testimonios 8104
119.168 he *guardado* tus mandamientos y tus 8104
121.3 dará... ni se dormirá el que te *guarda* 8104
121.4 no... ni dormirá el que *guarda* a Israel 8104
121.7 te *guardará* de todo mal; él *g* tu alma 8104
121.8 Jehová *guardará* tu salida y tu entrada 8104
127.1 si Jehová no *guardare* la ciudad, en 8104
132.12 si tus hijos *guardaren* mi pacto, y 8104
140.1 Jehová... *guárdame* de hombres violentos 5341
140.4 *guárdame*... Jehová, de manos del impío 8104
141.3 boca... *guarda* la puerta de mis labios 5341
141.9 *guárdame* de los lazos... han tendido 8104
145.20 Jehová *guarda* a todos... que le aman 8104
146.6 hay; que *guarda* verdad para siempre 8104
146.9 Jehová *guarda* a los extranjeros; al 8104
Pr 2.1 mandamientos *guardares* dentro de ti 6845
2.8 es el que *guarda* las veredas del juicio 5341
2.11 discreción te *guardará*; te preservará 5341
3.1 y tu corazón *guarde* mis mandamientos 5341
3.21 hijo mío... *guarda* la ley y el consejo 5341
4.4 *guarda* mis mandamientos, y vivirás 8104
4.6 no la dejes, y ella te *guardará*; ámala 8104
4.13 retén... *guárdalo*, porque eso es tu vida 5341
4.21 ojos; *guárdalas* en medio de tu corazón 8104
4.23 toda cosa *guardada*, guarda tu corazón 5341
5.2 para que *guardes* consejo, y tus labios 5341
6.20 *guarda*... el mandamiento de tu padre, y 5341
6.22 cuando duermas te *guardarán*; hablarán 8104
6.24 para que te *guarden* de la mala mujer 8104
7.1 hijo mío, *guarda* mis razones, y atesora 8104
7.2 *guarda* mis mandamientos y vivirás, y mi 8104
7.5 para que te *guarden* de la mujer ajena 8104
8.32 bienaventurados los que *guardan* mis 8104
10.14 los sabios *guardan* la sabiduría; mas 6845
10.17 a la vida es *guardar* la instrucción 8104
11.13 mas el de espíritu fiel lo *guarda* todo 3680
13.3 el que *guarda* su boca *g* su alma; mas 5341
13.6 justicia *guarda* al de perfecto camino 5341
13.18 *guarda* la corrección recibirá honra 8104
13.22 la riqueza del pecador está *guardada* 6845
14 3 los labios de los sabios los *guardarán* 8104
15.5 que *guarda* la corrección vendrá a ser 8104
16.17 su vida *guarda* el que *g* su camino 5341
19.8 *guarda* la inteligencia hallará el bien 8104
19.16 que *guarda* el mandamiento *g* su alma 8104
20.28 misericordia y verdad *guardan* al rey 5341
21.23 el que *guarda* su boca... su alma *g* de 8104
22.5 que *guarda* su alma se alejará de ellos 8104
22.18 deliciosa, si las *guardares* dentro de 8104
28.4 mas los que la *guardan* contenderán con 8104
28.7 el que *guarda* la ley es hijo prudente 5341
29.18 el que *guarda* la ley es bienaventurado 8104
Ec 3.6 tiempo de perder; tiempo de *guardar* 8104
5.1 *guarda* tu pie; y acércate más para oír 8104
5.13 riquezas *guardadas* por sus dueños para 8104
8.2 te aconsejo que *guardes* el mandamiento 8104
8.5 *guarda* el mandamiento no experimentará 8104
12.13 teme a Dios, y *guarda*... mandamientos 8104
Cnt 1.6 me pusieron a *guardar* las viñas 5201
1.6 y mi viña, que era mía, no *guardé* 5201
7.13 dulces frutas... que para ti... *guardado* 6845
8.12 y doscientas para los que *guardan* su 5201
Is 7.4 y dile: *Guarda*, y repósate; no temas 8104
23.18 no se *guardarán* ni se atesorarán 2630
26.3 *guardarás* en completa paz a aquel cuyo 5341
27.3 yo Jehová la *guardo*... guardaré de noche 5341
42.6 te *guardaré* y te pondré por pacto al 5341
42.14 he *guardado* silencio, y me he detenido 2814
46.4 hice... llevaré, yo soportaré y *guardaré* 4422
49.2 me puso por saeta bruñida, me *guardó* 5641
49.8 *guardaré*, y te daré por pacto al pueblo 5341
56.1 *guardad* derecho, y... justicia; porque 8104
56.2 el hombre... que *guarda* el día de reposo 8104
56.2 y que *guarda* su mano de hacer todo mal 8104
56.4 eunucos que *guarden* mis días de reposo 8104
56.6 todos los que *guarden* el día de reposo 8104
57.11 ¿no he *guardado* silencio desde tiempos 2814
Jer 2.25 *guarda* tus pies de andar descalzos 4513
3 5 ¿*guardará* su enojo... eternamente lo *g*? 8104
3.12 soy... no *guardaré* para siempre el enojo 5201
5.24 y nos *guarda* los tiempos... de la siega 8104
8.7 grulla... *guardan* el tiempo de su venida 8104
9.4 *guárdese* cada uno de su compañero, y en 8104
15.20 contigo para *guardarte* y... defenderte 3467
16.11 me dejaron a mí y no *guardaron* mi ley 8104
17.21 *guardaos* por vuestra vida de llevar 8104
31.10 lo reunirá y *guardará*, como el pastor 8104
35.18 y *guardasteis* todos sus mandamientos 8104
Ez 5.7 andado... ni habéis *guardado* mis leyes? 6213
11.20 y *guarden* mis decretos y los cumplan 8104
17.14 que *guardando* el pacto, permaneciese 8104
18.9 y *guardare* mis decretos para hacer 8104
18.17 *guardare* mis decretos y anduviere en 6213
18.19 *guardó*... mis estatutos y los cumplió 8104
18.21 *guardare* todos mis estatutos e hiciere 8104
20.18 no andéis en... ni *guardéis* sus leyes 8104
20.19 *guardad* mis preceptos, y ponedlos por 8104
20.21 estatutos, ni *guardaron* mis decretos 8104
33.8 no hablares para que se *guarde* el impío 2094
36.27 y haré que... *guardéis* mis preceptos, y 8104
36.29 os *guardaré* de todas... inmundicias, y 3467
37.24 mis estatutos *guardarán*,y por obra 8104
43.11 que *guarden* toda su forma y todas sus 8104
44.8 pues no habéis *guardado* lo establecido 8104
44.15 Sadoc, que *guardaron* el ordenamiento 8104
Ez 44.16 entrarán... y *guardarán* mis ordenanzas 8104
44.24 leyes... *guardarán* en todas mis fiestas 8104
48.11 de Sadoc que me *guardaron* fidelidad 8104
Dn 7.28 pero *guardé* el asunto en mi corazón 5202
8.26 y tú *guarda* la visión, porque es para 5640
9.4 que *guardas* el pacto y la misericordia 8104
9.4 que te aman y *guardan* tus mandamientos 8104
Os 12.6 *guarda* misericordia y juicio, y en tu 8104
12.13 Israel... por un profeta fue *guardado* 8104
13.10 ¿dónde está tu rey, para que te *guarde* 3467
13.12 atada está... su pecado está *guardado* 6845
Am 1.11 perpetuamente ha *guardado* el rencor 8104
2.4 y no *guardaron* sus ordenanzas, y les 8104
Mi 6.16 mandamientos de Omri se han *guardado* 8104
Nah 1.2 Dios... *guarda* enojo para sus enemigos 5201
2.1 *guarda* la fortaleza, vigila el camino 5341
Sof 2.3 quizás seréis *guardados* en el día del 5641
Zac 3.7 si *guardares* mi ordenanza, también 8104
3.7 también *guardarás* mis atrios, y entre 8104
10.6 *guardaré* la casa de José, y los haré 3467
Mal 2.7 labios del sacerdote han de *guardar* 8104
2.9 vosotros no habéis *guardado* mis caminos 8104
2.15,16 *guardaos* pues, en vuestro espíritu 8104
3.7 habéis apartado... y no las *guardasteis* 8104
3.14 ¿qué aprovecha que *guardemos* su ley 8104
Mt 6.1 ***guardaos* de hacer vuestra justicia** *4337*
7.15 ***guardaos* de los falsos profetas, que** *4337*
10.17 **y *guardaos* de los hombres, porque os** *4337*
16.6 ***guardaos* de la levadura de los fariseos** *4337*
16.11 **dije que os *guardaseis* de la levadura** *4337*
16.12 se *guardasen* de la levadura del pan *4337*
19.17 **en la vida, *guarda* los mandamientos** *5083*
19.20 esto lo he *guardado* desde mi juventud *5442*
23.3 **que os digan que *guardéis* guardadlo y** *5083*
27.36 y sentados le *guardaban* allí *5083*
27.54 que estaban con él *guardando* a Jesús *5083*
28.20 **que *guarden* todas las cosas que os he** *5083*
Mr 6.20 temía a Juan... y le *guardaba* a salvo *4933*
7.4 muchas cosas... que tomaron para *guardar* *2902*
7.9 **de Dios para *guardar* vuestra tradición** *5083*
8.15 ***guardaos* de la levadura de los fariseos** *991*
9.10 *guardaron* la palabra... discutiendo qué *2902*
10.20 esto lo he *guardado* desde mi juventud *5442*
12.38 **y les decía... *Guardaos* de los escribas** *991*
Lc 1.66 las *guardaban* en su corazón, diciendo *5087*
2.8 pastores... *guardaban* las vigilias de la *5442*
2.19 pero María *guardaba* todas estas cosas *4933*
2.51 su madre *guardaba* todas estas cosas en *1301*
4.10 a sus ángeles mandará... que te *guarden* *1314*
11.21 **el hombre... armado *guarda* su palacio** *5442*
11.28 **oyen la palabra de Dios, y la *guardan*** *5442*

G

12.1 guardaos de la levadura de los fariseos 4337
12.15 mirad, y guardaos de toda avaricia 5442
12.17 no tengo dónde guardar mis frutos? 4863
12.18 allí guardaré todos mis frutos y mis 4863
12.19 alma muchos bienes tienes guardados 2749
18.21 esto lo he guardado desde mi juventud 5442
19.20 mina... he tenido guardada en un pañuelo 606
20.46 guardaos de los escribas, que gustan 4337
Jn 8.51 guarda mi palabra, nunca verá muerte 5083
8.52 el que guarda mi palabra, nunca sufrirá 5083
8.55 pero le conozco, y guardo su palabra 5083
9.16 no... porque no guarda el día de reposo 5083
12.7 día de mi sepultura ha guardado esto 5083
12.25 el que... para vida eterna la guardará 5442
12.47 oye... y no las guarda yo no le juzgo 4100
14.15 si me amáis, guardad mis mandamientos 5083
14.21 tiene mis mandamientos, y los guarda 5083
14.23 el que me ama, mi palabra guardará 5083
14.24 que no me ama, no guarda mis palabras 5083
15.10 si guardareis mis mandamientos... amor 5083
15.10 como yo he guardado los mandamientos 5083
15.20 si han guardado mi palabra... guardarán 5083
17.6 me los diste, y han guardado tu palabra 5083
17.11 me has dado, guárdalos en tu nombre 5083
17.12 los guardaba en tu nombre; a los que 5083
17.12 a los que me diste, yo los guardé y 5442
17.15 del mundo, sino que los guardes del mal 5083
Hch 7.53 recibisteis la... y no la guardasteis 5442
9.24 guardaban las puertas de día y de noche 3906
15.5 mandarles que guarden la ley de Moisés 5083
15.24 mandando circuncidaros y guardar la 5083
15.29 de las cuales cosas si os guardareis 1301
16.4 las ordenanzas... para que las guardasen 5442
16.23 mandando... los guardase con seguridad 5083
18.21 yo guarde en Jerusalén la fiesta que 4160
21.24 andas ordenadamente, guardando la ley 5442
21.25 que no guarden nada de esto; solamente 5442
22.2 y al oír... que guardaron más silencio 3930
22.20 guardaba... ropas de los que le mataban 5442
Ro 2.25 aprovecha, si guardas la ley, pero si 4238
2.26 si pues, el incircunciso guardare las 5442
2.27 pero guarda perfectamente la ley 5442
1 Co 7.19 sino el guardar los mandamientos de 5084
7.37 ha resuelto... guardar a su hija virgen 5083
13.5 lo suyo, no se irrita, no guarda rencor 3049
16.2 ponga aparte algo... guardándolo, para
2 Co 11.9 me guardé y me guardaré de seros 5083
11.32 guardaba la ciudad de los damascenos 5432
Gá 4.10 guardáis los días, los meses... años 3906
5.3 que está obligado a guardar toda la ley 4160
6.13 ni... que se circuncidan guardan la ley 5442
Ef 4.3 guardar la unidad del Espíritu en el 5083
Fil 3.2 guardaos de los perros, g de los 991
3.2 guardaos de los mutiladores del cuerpo 991
4.7 la paz de... guardará vuestros corazones 5432
Col 1.5 de la esperanza que os está guardada 606
1 Ts 5.23 espíritu, alma y cuerpo... guardado 5083
2 Ts 3.3 fiel es el Señor, que os... guardará 5442
1 Ti 3.9 que guarden el misterio de la fe con 2192
5.21 te encarezco... que guardes estas cosas 5442
6.14 que guardes el mandamiento sin mácula 5083
6.20 guarda lo que se te ha encomendado 5442
2 Ti 1.12 poderoso para guardar mi depósito 5442
1.14 guarda... depósito por el Espíritu Santo 5442
4.7 acabado la carrera, he guardado la fe 5083
4.8 me está guardada la corona de justicia 606
4.15 guárdate tú también de él, pues en 5442
Stg 1.27 y guardarse sin mancha del mundo 5083
2.10 cualquiera que guardare toda la ley 5083
1 P 1.5 sois guardados por el poder de Dios 5432
2 P 2.5 si no perdonó... sino que guardó a Noé 5442
3.7 guardados para el fuego en el día del 2343
3.17 guardaos, no sea que arrastrados por 5442
1 Jn 2.3 esto... si guardamos sus mandamientos 5083
2.4 el que dice: Yo le conozco, y no guarda 5083
2.5 pero el que guarda su palabra, en éste 5083
3.22 guardamos sus mandamientos, y hacemos 5083
3.24 que guarda sus mandamientos, permanece 5083
5.2 amamos a... y guardamos sus mandamientos ... 5083
5.3 que guardemos sus mandamientos; y sus 5083
5.18 le guarda, y el maligno no le toca 5083
5.21 hijitos, guardaos de los ídolos. Amén 5442
Jud 1 santificados... y guardados en Jesucristo 5083
6 los ángeles que no guardaron su dignidad 5083
6 ha guardado bajo oscuridad, en prisiones 5083
24 aquel que es poderoso para guardaros sin 5442
Ap 1.3 y guardan las cosas en ella escritas 5083
2.26 al que venciere y guardare mis obras 5083
3.3 acuérdate... y guárdalo, y arrepiéntete 5083
3.8 has guardado mi palabra, y no has negado 5083
3.10 has guardado la palabra de mi paciencia 5083
3.10 te guardaré de la hora de la prueba 5083
12.17; 14.12 guardan los mandamientos de Dios 5083
16.15 bienaventurado el que vela, y guarda 5083
22.7 bienaventurado el que guarda... palabras 5083
22.9 que guardan las palabras de este libro 5083

GUARDIA
Gn 37.36 Potifar, oficial... capitán de la g 2876
39.1 Potifar... capitán de la g, varón egipcio 2876
40.3 prisión en la casa del capitán de la g 2876
40.4 el capitán de la g encargó de ellos a 2876
41.10 echó a la prisión... de la g a mí y al 2876
41.12 hebreo, siervo del capitán de la g 2876
Nm 8.26 para hacer la g, pero no servirán en 4931
Jue 7.19 principio de la g de la medianoche 821
8.11 atacó el... el ejército no estaba en g 983
1 S 22.17 el rey a la gente de su g: Matad 7323
2 S 23.23 y lo puso David como jefe de su g 4928
1 R 14.27 dio a los capitanes de los de la g 7323
14.28 rey entraba... los de la g los llevaban 7323
14.28 ponían en la cámara de los de la g 7323
2 R 10.25 Jehú dijo a los de su g... Entrad, y 7323
10.25 y los dejaron tendidos los de la g y 7323
11.4 envió Joiada y tomó... gente de la g, y 7323
11.5 tendrá la g de la casa del rey el día 4931
11.6 otra... a la puerta del postigo de la g 7323
11.7 la g de la casa de Jehová junto al rey 4931
11.11 de la g se pusieron en fila, teniendo 7323
11.19 tomó a... la g y todo el pueblo de la 7323
11.19 por el camino de la puerta de la g a 7323
25.8 vino a... Nabuzaradán, capitán de la g 2876
25.10 el capitán de la g, derribó los muros 2876
25.11 los llevó cautivos... capitán de la g 2876
25.12 dejó Nabuzaradán, capitán de la g 2876
25.15 plata... lo llevó el capitán de la g 2876
25.18 tomó... capitán de la g al... sacerdote 2876
25.20 tomó Nabuzaradán, capitán de la g, y 2876
1 Cr 11.25 éste puso David en su g personal 4928
26.12 alternando... en la g con sus hermanos 4931
26.16 la subida, correspondiéndose g con g 4929
2 Cr 12.10 y los entregó a los jefes de la g 7323
12.11 venían los de la g y los llevaban, y 7323
12.11 después... volvían a la cámara de la g 7323
23.6 todo el pueblo hará g delante de Jehová 4931
Neh 4.23 yo... ni la gente de g que me seguía 4929
12.25 porteros para la g a las entradas de 4929
Est 2.21; 6.2 eunucos... de la g de la puerta 8104
Sal 127.1 Jehová no guardare... vano vela la g 8104
Jer 39.9 capitán de la g los transportó a 2876
39.10 capitán de la g hizo quedar en tierra 2876
39.11 ordenado a... capitán de la g acerca de 2876
39.13 envió... Nabuzaradán capitán de la g, y 2876
40.1 después que... capitán de la g le envió 2876
40.2 tomó... el capitán de la g a Jeremías y 2876
40.5 le dio el capitán de la g provisiones 2876
41.10 encargado... capitán de la g a Gedalías 2876
43.6 dejado... capitán de la g con Gedalías 2876
51.12 levantad bandera sobre... reforzad la g 4929
52.12 vino a Jerusalén... capitán de la g, que 2876
52.14 el ejército... con el capitán de la g 2876
52.15 hizo transportar... capitán de la g a 2876
52.16 dejó Nabuzaradán capitán de la g para 2876
52.19 lo de plata... llevó el capitán de la g 2876
52.24 tomó... el capitán de la g a Seraías el 2876
52.26 los tomó... Nabuzaradán capitán... g 2876
52.30 capitán de la g llevó cautivas a 745 2876
Ez 40.45 es de los sacerdotes que hacen la g 4931
40.46 sacerdotes que hacen la g del altar 4931
Dn 2.14 habló... a Arioc, capitán de la g del 2877
Mt 27.65 tenéis una g; id, aseguradlo como 2892
27.66 sellando la piedra y poniendo la g 2892
28.11 aquí unos de la g fueron a la ciudad 2892
Mr 6.27 el rey, enviando a uno de la g, mandó 4688
Lc 22.4 fue y habló... con los jefes de la g 4755
22.52 dijo... a los jefes de la g del templo 4755
Hch 4.1 vinieron... el jefe de la g del templo 4755
5.24 cuando oyeron... jefe de la g del templo 4755
5.26 fue el jefe de la g con los alguaciles 4755
12.10 pasado la... y la segunda g llegaron a 5438

GUARDIAN, A
2 R 22.4 el dinero... que han recogido... los g 8104
23.4 mandó el rey al... a los g de la puerta 8104
Hch 19.35 que la ciudad... es g del templo de 3511

GUARIDA
Job 38.40 o se están en sus g para acechar? 4585
Cnt 4.8 desde las g de los leones, desde la 4585
Is 35.7 en su g, será lugar de cañas y juncos 5116
Jer 25.38 cual leoncillo su g; pues asolada 5520
Am 3.4 el leoncillo su rugido desde su g, si 4585
Nah 2.11 ¿qué es de la g de los leones, y de 4583
2.12 llenaba de presa sus... y de robo sus g 4585
Sof 2.15 cómo... asolada, hecha g de fieras! 4769
Mt 8.20, Lc 9.58 zorras tienen g, y las aves 5454
Ap 18.2 ha hecho... g de todo espíritu inmundo 5438

GUARNECER
Cnt 8.9 la guarneceremos con tablas de cedro 6696

GUARNICIÓN
1 S 10.5 donde está la g de los filisteos 5333
13.3 y Jonatán atacó a la g de los filisteos 5333
13.4 Saúl ha atacado a la g de los filisteos 5333
13.23 la g de los filisteos avanzó hasta el 4673
14.1 ven y pasemos a la g de los filisteos 4673
14.4 Jonatán... pasar a la g de los filisteos 4673
14.6 pasemos a la g de estos incircuncisos 4673
14.11 se mostraron... a la g de los filisteos 4673
14.12 los... de la g respondieron a Jonatán 4675
14.15 pánico... entre toda la gente de la g 4673
2 S 8.6 puso... David g en Siria de Damasco, y 5333
8.14 puso g en Edom; por todo Edom puso g 5333
23.14 habla en Belén una g de los filisteos 4673
2 R 11.18 el sacerdote puso g sobre la casa 6486
1 Cr 11.16 habla entonces g de los filisteos 5333
18.6 y puso David g en Siria de Damasco, y
18.13 g en Edom, y... fueron siervos de David 5333
2 Cr 17.2 colocó gente de g en tierra de Judá 5333

GUDGODA *Lugar donde acampó Israel (=Gidgad)*, Dt 10.7 1412

GUEDEJA
Jue 16.13 tejieres siete g de mi cabeza con 4253
16.19 rapó las siete g de su cabeza; y ella 4253
Cnt 4.1 tus ojos entre tus g como de paloma 6777
Is 47.2 descubre tus g, descalza tus pies 6777
Ez 8.3 figura... me tomó por las g de mi cabeza 6734

GUERRA
Gn 14.2 éstos hicieron g contra Bera rey 4421
31.26 a mis hijas como prisioneras de g? 2719
Éx 1.10 que viniendo g, él también se una a 4421
13.17 se arrepienta... cuando vea la g, y se 4421
15.3 Jehová es varón de g; Jehová es su 4421
17.16 tendrá g con Amalec de generación en 4421
Nm 1.3,20,22,24,26,28,30,32,34,36,38,40,42,45 todos
los que podían salir a la g 6635
10.9 saliereis a la g en vuestra tierra 4421
21.26 tenido g antes con el rey de Moab, y 3898
26.2 censo de... los que pueden salir a la g 6635
31.3 armaos algunos de... para la g y vayan 6635
31.4 mil de cada tribu de... enviaréis a la g 6635
31.5 fueron dados... doce mil en pie de g 6635
31.6 Moisés los envió a la g; mil de cada 6635
31.6 Finees hijo... fue a la g con los vasos 6635
31.14 contra los jefes... que volvían de la g 4421
31.21 a los hombres de g que venían de la g 6635
31.27 botín que tomaron los hombres de g 4421
31.28 los hombres de g que salieron a la g 4421
31.32 botín que tomaron los hombres de g 6635
31.36 parte de los que habían salido a la g 6635
31.42 apartó... de los... que habían ido a la g 6633
31.49 tomado razón de los hombres de g que 4421
32.6 ¿irán vuestros hermanos a la g 4421
32.20 disponéis para ir delante de Jehová a la g 4421
32.27 armados todos para la g, pasarán... a la g 6635
32.29 Rubén pasan... armados todos para la g 4421
Dt 1.41 os armasteis cada uno... armas de g 4421
2.9 ni te empeñes con ellos en g, porque no 4421
2.14 acabó... generación de los hombres de g 4421
2.16 después que murieron... los hombres de g 4421
2.24 comienza a tomar posesión... entra en g 4421
4.34 g, y mano poderosa y brazo extendido 4421
20.1 cuando salgas a la g contra tus enemigos 4421
20.12 no hiciere... y emprendiere g contigo 4421
20.20 contra la ciudad que te hace la g 4421
Dt 21.10 salieres a la g contra tus enemigos 4421
24.5 fuere recién casado, no saldrá a la g 6635
Jos 4.13 cuarenta mil... listos para la g 6635
5.4 todos los hombres de g, habían muerto 4421
5.6 los hombres de g que... fueron consumidos 4421
6.2 he entregado... Jericó... sus varones de g 2428
6.3 rodearéis... la ciudad... los hombres de g 4421
8.1 toma contigo toda la gente de g... a Hai 4421
8.3 la gente de g, para subir contra Hai; y 4421
8.11 toda la gente de g... subió y se acercó 4421
10.7 y subió Josué... el pueblo de g con él 4421
10.24 dijo a... gente de g que habían venido 4421
11.4 con muchísimos caballos y carros de g 4264
11.7 Josué, y toda la gente de g... vino de 4421
11.18 mucho tiempo tuvo g Josué con... reyes 4421
11.19 salvo los heveos... todo lo tomaron en g 4421
11.20 para que resistiesen con g a Israel 4421
11.23 tribus; y la tierra descansó de la g 4421
14.11 tal es ahora mi fuerza para la g, y 4421
14.15 Arba... Y la tierra descansó de la g 4421
17.1 Maquir... fue hombre de g, tuvo Galaad 4421
22.33 no hablaron más de... contra ellos en g 6635
Jue 3.1 no habían conocido... las g de Canaán 4421
3.2 que el linaje de... Israel conociese la g 4421
3.29 todos valientes y todos hombres de g 2428
5.8 escogían nuevos dioses, la g estaba a 3901
8.1 no... cuando ibas a la g contra Madián? 3898
10.9 pasaron el Jordán... g contra Judá 3898
11.4,5 de Amón hicieron g contra Israel 3898
12.1 ¿por qué fuiste a hacer g contra 3898
11.12 has venido... hacer g contra mi tierra? 3898
11.25 contra Israel, o hizo g contra ellos? 3898
12.3 ¿por qué fuiste a hacer g contra los 3898
18.11 salieron... Dan, armados de armas de g 4421
18.16 estaban armados de sus armas de g a 4421
18.17 con los 600... armados de armas de g 4421
20.17 los varones de Israel... 400.000... de g 4421
20.18 ¿quién subirá de... el primero en la g 4421
20.44 dieciocho mil, todos... hombres de g 2428
20.46 veinticinco mil... todos... hombres de g 2428
21.22 en la g no tomamos mujeres para todos 4421
1 S 8.12 pondrá... a que hagan sus armas de g 4421
8.20 rey nos gobernará... y hará nuestras g 4421
10.26 fueron con él los hombres de g cuyos 2428
12.9 en mano de... los cuales les hicieron g 3898
14.47 Saúl hizo g a todos sus enemigos en 3898
14.52 hubo g... contra los filisteos todo el 4421
15.18 vé... y hazles g hasta que los acabes 3898
16.18 es valiente y vigoroso y hombre de g 4421
17.1 los filisteos juntaron sus... para la g 4421
17.13 habían ido para seguir a Saúl a la g 4421
17.13 sus tres hijos que habían ido a la g 4421
17.33 él un hombre de g desde su juventud 4421
18.5 y lo puso Saúl sobre gente de g, y era 4421
19.8 hubo de nuevo g; y salió David y peleó 4421
2 S 1.27 ¡cómo... han perecido las armas de g! 4421
3.1 hubo larga g entre la casa de Saúl y la 4421
3.6 como había g entre la casa de Saúl y la 4421
5.2 eras tú quien sacabas a Israel a la g
11.1 el tiempo que salen los reyes a la g
11.7 David le preguntó... el estado de la g 4421
11.18 hizo saber... todos los asuntos de la g 4421
11.19 acabes de contar... los asuntos de la g 4421
17.8 tu padre es hombre de g, y no pasará 4421
21.15 los filisteos a hacer la g a Israel 4421

21.18 otra segunda g hubo después en Gob 4421
21.19 otra vez g en Gob contra... filisteos 4421
21.20 hubo otra g en Gat, donde había un 4421
1 R 2.5 sangre de g, y poniendo sangre de g 4421
5.3 por las g que le rodearon, hasta que 4421
9.22 que eran hombres de g, o sus criados 4421
12.21 el fin de hacer g a la casa de Israel 3898
14.19 las g que hizo, y cómo reinó, todo 3898
14.30;15.6 hubo g entre Roboam y Jeroboam 4421
15.7 y hubo g entre Abiam y Jeroboam 4421
15.16,32 g entre Asa y Baasa rey de Israel 4421
22.1 tres años... sin g entre los sirios e 4421
22.6 ¿iré a la g contra Ramot de Galaad, o 4421
22.45 y las g que hizo, ¿no están escritos 3898
2 R 3.7 ¿irás tú conmigo a la g contra Moab? 4421
6.8 tenía el rey de Siria g contra Israel 3898
8.28 fue a la g con Joram... contra Hazael 4421
13.25 ciudades que éste había tomado en g 4421
14.28 las g que hizo, y cómo restituyó al 3898
16.5 para hacer g y sitiar a Acaz- mas no 4421
18.20 consejo tengo y fuerzas para la g 4421
19.9 de Etiopía había salido para hacerle g 3898
24.16 todos los hombres de g... llevó cautivos 2428
24.16 todos los valientes para hacer la g 4421
25.4 huyeron de noche... hombres de g por el 4421
25.19 que tenía a su cargo los hombres de g 4421
1 Cr 5.10 hicieron g contra los agoreros los 4421
5.18 hombres valientes... y diestros en la g 4421
5.19 éstos tuvieron g contra los agarenos 4421
5.20 porque clamaron a Dios en la g, y les 4421
5.22 y cayeron muchos... la g era de Dios 4421
7.4 habla con ellos... 36.000 hombres de g 4421
7.11 todos... que salían a combatir en la g 6635
11.2 tú eras quien sacaba a la g a Israel
12.1 los valientes que le ayudaron en la g 4421
12.8 hombres de g... valientes para pelear 6635
12.23 estaban listos para la g, y vinieron a 6635
12.24 de Judá... 6.800, listos para la g 6635
12.25 de Simeón, 7.100... esforzados para la g 6635
12.33 la g, con toda clase de armas de g 6635
12.36 Aser, dispuestos para la g... 40.000 6635
12.37 de Manasés... toda clase de armas de g 4421
12.38 hombres de g... poner a David por rey 4421
18.10 porque Toi tenga g contra Hadad-ezer 4421
19.7 se juntaron... Amón... y vinieron a la g 4421
20.1 en que suelen los reyes salir a la g
20.4 que se levantó g en Gezer contra los 4421
20.5 a levantarse g contra los filisteos 4421
20.6 volvió a haber g en Gat, donde había 4421
22.8 y has hecho grandes g; no edificarás 4421
26.27 de lo que habían consagrado de las g 4421
28.3 no edificarás casa... eres hombre de g 4421
2 Cr 6.34 si tu pueblo saliere a la g contra 4421
8.9 eran hombres de g, y sus oficiales y 4421
11.1 a 180.000 hombres escogidos de g 4421
12.15 y entre Roboam y Jeroboam hubo g 4421
13.2 años... Y hubo g entre Abías y Jeroboam 4421
13.3 un ejército de 400.000 hombres de g 4421
14.6 no había g... Jehová le había dado paz 4421
15.19 no hubo más g hasta los 35 años del 4421
16.9 de aquí en adelante habrá más g contra 4421
17.10 y no osaron hacer g contra Josafat 3898
17.13 tuvo... hombres de g muy valientes en 4421
17.18 con él 180.000 dispuestos para la g 6635
18.3 y él respondió... iremos contigo a la g 4421
18.5 ¿iremos a la g contra Ramot de Galaad 4421
20.1 amonitas, vinieron contra Josafat... g 4421
20.15 porque no es vuestra la g... de Dios 4421
22.5 y fue a la g con Joram hijo de Acab 4421
25.5 hallados 300.000... para salir a la g 6635
25.13 para que no fuesen con él a la g 4421
26.11 los cuales salían a la g en divisiones 6635
26.13 bajo... éstos estaba el ejército de g 4421
27.5 tuvo él g con el rey de los hijos de 3898
27.7 demás hechos de Jotam, y todas sus g 4421
28.12 Amasa... contra los que venían de la g 6635
32.6 y puso capitanes de g sobre el pueblo 4421
35.20 Necao rey de Egipto subió... hacer g 3898
35.21 sino contra la casa que me hace g; y 4421
Job 5.20 salvará... poder de la espada en la g 4421
38.23 reservados... para el día de la g y de 4421
Sal 27.3 aunque contra mí se levante g, Y 4421
46.9 hace cesar las g hasta los fines de la 4421
55.18 él redimirá en paz mi alma de la g 7128
55.21 pero g hay en su corazón; suaviza 7128
60 *tít.* cuando tuvo g contra Aram-Naharaim 5327
68.30 esparce a... que se complacen en la g 7128
76.3 quebró las saetas... y las armas de g 4421
120.7 mas ellos, así que hablo, me hacen g 4421
144.1 quien adiestra... mis dedos para la g 4421
Pr 20.18 y con dirección sabia se hace la g 4421
24.6 porque con ingenio harás la g, y en la 4421
Ec 3.8 tiempo... tiempo de g, y tiempo de paz 4421
8.8 no valen armas en tal g, ni la impiedad 4421
9.11 ni la g de los fuertes, ni aun de los 4421
9.18 mejor es la sabiduría que... armas de g 7128
Cnt 3.8 todos ellos... diestros en la g, cada 4421
Is 2.4 no... ni se adiestrarán más para la g 4421
3.2 el valiente y el hombre de g, el juez 4421
3.25 tus varones caerán... tu fuerza en la g 4421
16.9 y sobre tu siega caerá el grito de g
22.2 muertos no son muertos a espada... en g 4421
36.5 que el consejo y poderío para la g 4421
37.9 he aquí que ha salido para hacerte g 3898
41.12 como nada... aquellos que te hacen la g 4421
42.13 y como hombre de g despertará celo 4421
42.25 el ardor de su ira, y fuerza de g; le 4421
Jer 4.19 has oído, oh alma mía, pregón de g 4421
6.4 anunciad g contra ella; levantaos y 4421
6.23 hombres dispuestos para la g, contra ti 4421
18.21 sus jóvenes heridos a espada en la g 4421
21.2 Nabucodonosor... hace g contra nosotros 3898
21.4 vuelvo atrás las armas de g que están 4421
28.8 profetas que fueron... profetizaron g 4421
38.4 desmayar las manos de... hombres de g 4421
39.4 viéndolos... los hombres de g, huyeron 4421
40.13 todos los príncipes de la gente de g 2428
41.11 oyeron... príncipes de la gente de g 2428
41.13,16 los capitanes de la gente de g 2428
41.16 hombres de g, mujeres, niños y eunucos 2428
42.1 vinieron... oficiales de la gente de g 2428
42.8 llamó a... los oficiales de la gente de g 2428
42.14 de Egipto, en la cual no veremos g 4421
43.4 los oficiales de la gente de g y todo 2428
43.5 tomó... los oficiales de la gente de g 2428
46.3 preparad escudo y pavés, y venid a la g 4421
48.14 diréis: Somos... robustos para la g? 4421
49.2 haré oír clamor de g en Raba de Amón 4421
49.26 los hombres de B morirán en aquel día 4421
50.22 estruendo de g en la tierra... grande 4421
50.30 sus hombres de g serán destruidos en 4421
51.20 martillo me sois, y armas de g- y por 4421
51.32 y se consternaron los hombres de g 4421
52.7 los hombres de g huyeron, y salieron 4421
52.25 tomó a... capitán de los hombres de g 4421
52.25 pasaba revista al pueblo... para la g
Ez 21.22 para levantar la voz en grito de g 8643
27.10 Lud y Fut fueron... tus hombres de g 4421
27.14 con caballos y corceles de g y mulos 6571
27.27 hombres de g que hay en ti... caerán en 4421
32.27 descendieron al Seol con... armas de g 4421
39.20 saciaréis... de todos los hombres de g 4421
Dn 7.21 este cuerno hacía g contra los santos 7129
9.26 fin de la g durarán las devastaciones 4421
11.10 mas... llevará la g hasta su fortaleza 1624
11.25 se empeñará en la g con grande y muy 4421
Os 2.18 quitaré de la tierra... y espada y g 4421
Jl 2.7 como hombres de g subirán el muro 4421
3.9 proclamad g... vengan... los hombres de g 4421
Mi 2.8 quitasteis las... como adversarios de g 4421
3.5 al que no les da... proclaman g contra él 4421
4.3 nación, ni se ensayarán más para la g 4421
Zac 9.10 y los arcos de g serán quebrados; y 4421
10.3 los pondrá como su caballo de... en la g 4421
10.4 de él saldrá la piedra... el arco de g 4421
Mt 24.6; Mr 13.7 **oiréis de g y rumores de g** *4171*
Lc 14.31 **qué rey, al marchar a la g contra** *4171*
21.9 **cuando oigáis de g y de sediciones, no** *4171*
Stg 4.1 ¿de dónde vienen las g y los pleitos *4171*
Ap 9.7 a caballos preparados para la g, en *4171*
11.7 la bestia... hará g contra ellos, y los *4171*
12.17 fue a hacer g contra... la descendencia *4171*
13.7 le permitió hacer g contra los santos *4171*

GUERREAR
2 R 13.12 el esfuerzo con que *guerreó* contra 3898
1 Cr 12.38 dispuestos para *guerrear* vinieron 4421
Ap 19.19 para *guerrear* contra el que montaba *4171*

GUERRERO
1 R 12.21 reunió a... 180.000... g escogidos 3898
2 Cr 26.11 tuvo... Uzías un ejército de g los 4421
26.13 el ejército... de 307.500 g poderosos 2428
Is 9.5 porque todo calzado que lleva el g en 5431
15.4 por lo que aullarán los g de Moab, se 2502
Mi 5.1 rodéate... de muros, hija de g; nos han 1416
Hab 3.14 horadaste con... las cabezas de sus g 6518

GUÍA
Job 31.18 desde el vientre... fui g de la viuda 5148
Sal 55.13 íntimo mío, mi g, y mi familiar 441
Pr 12.26 el justo sirve de g a su prójimo 8446
Mt 15.14 **son ciegos g de ciegos; y si el ciego** *3595*
23.16 **¡ay de vosotros, g ciegos! que decís** *3595*
23.24 **¡g ciegos, que coláis el mosquito, y** *3595*
Hch 1.16 fue g de los que prendieron a Jesús *3595*
Ro 2.19 confías en que eres g de los ciegos *3595*

GUIADOR
Jer 3.4 ¿no me llamarás a... g de mi juventud? 441
Mt 2.6 de ti saldrá un g que apacentará a *2233*

GUIAR
Gn 24.27 *guiándome* Jehová en el camino a 5148
24.48 me había *guiado* por camino de verdad 5148
Éx 13.21 una columna de nube para *guiarlos* 5148
Dt 32.12 Jehová solo le *guió* y con él no 5148
Jue 16.26 dijo al joven que le *guiaba* de la 2388
2 S 6.3 Uza y Ahío... *guiaban* el carro nuevo 5090
2 R 4.24 *guía* y anda y no me hagas detener 5090
6.19 yo os guiaré al... Y los *guió* a Samaria 1980
1 Cr 13.7 arca... Uza y Ahío *guiaban* el carro 5090
Neh 9.12 columna de nube los *guiaste* de día 5148
9.19 nube no se apartó... para *guiarlos* por el 5148
Job 38.32 o *guiarás* a la Osa Mayor con sus 5148
Sal 5.8 *guíame* Jehová, en tu justicia, a 5148
23.3 me *guiará* por sendas de justicia por 5148
27.11 *guíame* por senda de rectitud a causa 5148
31.3 tú eres mi... por tu nombre me *guiarás* 5148
43.3 envía tu luz y tu verdad... me *guiarán* 5148
48.14 nos *guiarás* aun más allá de la muerte 5090
73.24 me has *guiado* según tu consejo, y 5148
78.14 les *guió* de día con nube, y toda la 5148
78.53 los *guió* con seguridad, de modo que 5148
107.30 así los *guía* al puerto que deseaban 5148
108.10 ¿quién me *guiará*... me g hasta Edom? 5148
119.35 *guíame* por la senda de... mandamientos 1869
139.10 allí me *guiará* tu mano, y me asirá 5148
139.24 ve si... y *guíame* en el camino eterno 5148
143.10 tu buen espíritu me *guíe* a tierra de 5148
Pr 6.22 *guiarán* cuando andes; cuando duermas 5148
8.20 por vereda de justicia *guiaré*, por en 1980
Is 3.12 pueblo... los que te *guían* te engañan 833
42.16 *guiaré* a los ciegos por camino que no 1980
49.10 el que tiene... misericordia los *guiará* 5090
51.18 todos los hijos... no hay quien la *guíe* 5095
63.12 que los *guió* por la diestra de Moisés 1980
Lm 3.2 me *guió* y me llevó en tinieblas, y no 5090
Mt 15.14 **si el ciego guiare al ciego... caerán** *3595*
Lc 6.39 **¿acaso puede un ciego guiar a otro** *3594*
Jn 16.13 **el Espíritu de verdad, él os guiará** *3594*
Ro 2.4 ignorando que su benignidad te *guía* al *71*
8.14 los que son *guiados* por el Espíritu de *71*
Gá 5.18 pero si sois *guiados* por el Espíritu *71*
Ap 7.17 Cordero... *guiará* a fuentes de aguas *3594*

GUIÑAR
Job 15.12 tu corazón... por qué *guiñan* tus ojos 7335
Sal 35.19 ni los que me aborrecen... *guiñen* el 7169
Pr 6.13 que *guiña* los ojos, que habla con los 7169
10.10 el que *guiña* el ojo acarrea tristeza 7169

GUIRNALDA
Hch 14.13 sacerdote... trajo toros y g delante *4725*

GUISADO
Gn 25.34 Jacob dio a Esaú pan y del g de las 5138
27.4 y hazme un g como a mí me gusta, y 4303
27.7 tráeme caza y hazme un g, para que coma 4303
27.14 hizo g, como a su padre le gustaba 4303
27.17 entregó los g en las manos de Jacob 4303
27.31 hizo él también g, y trajo a su padre 4303
1 S 25.18 tomó... ovejas g, cinco medidas de 6213
2 R 4.40 comiendo ellos de aquel gritaron 5138

GUISAR
Gn 25.29 *guisó* Jacob un potaje; y volviendo 2102
Éx 23.19 no *guisarás* el cabrito en la leche 1310
2 S 11.4 tomar de su ovejas... para *guisar* 6213

GUISO
Gn 25.30 ruego que me des a comer de ese g

GUNI
1. Hijo de Neftalí, Gn 46.24; Nm 26.48; 1 Cr 7.13 1476
2. Descendiente de Gad No. 1, 1 Cr 5.15 1476

GUNITA *Descendiente de Gad No. 1*
Nm 26.48 1477

GUR *Lugar cerca de Libia*, 2 R 9.27 1483

GUR-BAAL *Lugar desierto que habitaban los árabes*, 2 Cr 26.7 1485

GUSANO
Éx 16.20 dejaron de ellos... y crió g, y hedió 8438
Dt 28.39 ni recogerás uvas... g se las comerá 8438
Job 7.5 carne está vestida de g, y de costras 7415
17.14 dicho... a los g mi madre y mi hermana 7415
21.26 igualmente yacerán... y g los cubrirán 7415
24.20 ellos mentirán los g dulzura; nunca 7415
25.6 un g, Y el hijo de hombre, también g? 7415
Sal 22.6 yo soy g, y no hombre; oprobio de 8438
Is 14.11 g serán tu cama, y g te cubrirán 7415
41.14 g de Jacob oh vosotros los pocos de 8438
51.8 polilla, como a lana los comerá g; pero 5580
66.24 porque su g nunca morirá, ni su fuego 8438
Jon 4.7 Dios preparó un g el cual hirió la 8438
Mr 9.44,46,48 **donde el g de ellos no muere** *4663*
Hch 12.23 ángel... hirió... y expiró comido de g *4662*

GUSTAR
Gn 27.4 hazme un guisado como a mí me *gusta* 157
27.9 viandas... tu padre, como a él le *gusta* 157
27.14 guisados, como a su padre le *gustaba* 157
1 S 14.29 haber *gustado* un poco de esta miel 2938
14.43 *gusté* un poco de miel con la punta de 2938
2 S 3.35 antes que se ponga el sol *gustaré* 2938
1 R 9.12 ver las ciudades... y no le *gustaron* 5869
Job 12.11 oído... el paladar *gusta* las viandas 2938
34.3 como el paladar *gusta* lo que g o come 2938
Sal 34.8 *gustad* y ved que es bueno Jehová 2938
Ec 6.6 viviera mil años... en *gustar* del bien 7200
Os 10.11 es novilla... que le *gusta* trillar 157
Jon 3.7 no *gusten* cosa alguna; no se les dé 7462
Mt 16.28; Mr 9.1 **no gustarán la muerte hasta** *1089*
Mr 12.38 **que gustan de andar con largas ropas** *2309*
Lc 9.27 **no gustarán la muerte hasta que vean** *1089*
14.24 **ninguno de aquellos... gustará mi cena** *1089*
20.46 **que gustan de andar con ropas largas** *2309*
Hch 23.14 a no *gustar* nada hasta que hayamos *1089*
Col 2.21 no manejes, ni *gustes*, ni aun toques *1089*
He 2.9 por la gracia de... *gustase* la muerte *1089*
6.4 y *gustaron* del don celestial, y fueron *1089*
6.5 *gustaron* de la buena palabra de Dios y *1089*
1 P 2.3 que habéis *gustado* la benignidad del *1089*
3 Jn 9 Diótrefes... le *gusta* tener el primer *5383*

GUSTO
2 S 19.35 ¿tomará g... tu siervo en lo que coma 2938
Job 6.6 sal? ¿Habrá g en la clara del huevo? 2940
21.25 morirá... sin haber comido jamás con g 2896
Sal 78.18 tentaron... pidiendo comida a su g 5315
Is 58.3 buscáis vuestro propio g, y oprimís 2656
Dn 5.2 Belsasar, con el g del vino, mandó 2942
Mal 2.13 para aceptarla con g de vuestra mano 7522
Jn 6.21 con g le recibieron en la barca, la *2309*

H

HABA
2 S 17.28 trajeron a David...grano tostado, h. 6321
Ez 4.9 tú toma...trigo, cebada, *h*, lentejas 6321

HABACUC *Profeta*
Hab 1.1 la profecía que vio el profeta *H*. 2265
3.1 oración del profeta *H*, sobre Sigionot. 2265

HABAÍA *Descendiente de una familia de sacerdotes*
Esd 2.61; Neh 7.63. 2252

HABASINÍAS *Ascendiente de los recabitas*, Jer 35.3 2262

HABER *(s.)*
Pr 6.31 si es...entregará todo el *h* de su casa. 1952
12.27 *h* precioso del hombre es la diligencia. 1952

HABER *(v.) Véanse todas sus formas en el Apéndice*

HÁBIL
2 Cr 2.7 un hombre *h* que sepa trabajar en oro 2450
2.13 te he enviado un hombre *h* y entendido 2450
Sal 58.5 no oye...por más *h* que el encantador 2449
Is 3.3 el artífice excelente y el *h* orador 2450
Jer 9.17 llenad plañideras...buscad a las *h* en. 2450
Ez 27.9 *h* obreros calafateaban tus junturas. 2450

HABITABLE
Sal 107.7 los dirigió...que viniesen a ciudad *h*. 4186
Pr 8.31 regocijo en la parte *h* de su tierra 8398

HABITACIÓN
Gn 27.39 será tu *h* en grosuras de la tierra. 4186
Éx 10.23 hijos de Israel tenían luz en sus *h* 4186
12.20 todas...*h* comeréis panes sin levadura 4186
Lv 23.17 de vuestras *h* traeréis dos panes para. 4186
25.29 el varón que vendiere casa de *h* en. 4186
Nm 15.2 entrado en la tierra de vuestra *h* que 4186
24.5 ¡cuán hermosas son...tus *h*, oh Israel! 4908
24.21 fuente es tu *h*...pon en la peña tu nido 4186
31.10 e incendiaron todas sus...aldeas y *h* 2918
35.29 serán por ordenanza...todas vuestras *h* 4186
Dt 12.5 para poner allí su nombre para su *h* 7933
16.7 la ranas regresarás y volverás a tu *h*. 168
1 R 10.5 las *h* de sus oficiales, el estado y. 4186
1 Cr 4.33 fue su *h*, y esta su descendencia 4186
6.54 son sus *h*, conforme a sus domicilios y. 4186
7.28 *h* de ellos fue Bet-el con sus aldeas 4186
2 Cr 6.2 y una *h* en que mores para siempre 1004
8.11 mi mujer no morará en *h*...son sagradas 1004
9.4 las *h* de sus oficiales, el estado de sus. 4186
30.27 levitas...y su oración llegó a la *h* de. 4583
36.15 él tenía misericordia de...y de su *h*. 4583
Job 5.3 necio...en la misma hora maldije su *h*. 5116
8.22 confusión...la *h* de los impíos perecerá 168
38.19 dónde va el camino a la *h* de la luz. 7931
Sal 26.8 *h* de tu casa he amado, y el lugar. 4583
49.11 y sus *h* para generación y generación. 4908
74.20 mira...están llenos de *h* de violencia 4999
76.2 Salem...su tabernáculo, y su *h* en Sion 4585
91.9 porque has puesto a...Altísimo por tu *h*. 4583
132.13 ha elegido a...la quiso por *h* para sí 4186
Is 11.10 será buscada...y su *h* será gloriosa 4496
32.18 y mi pueblo habitará...paz, en *h* seguras. 4908
54.2 y las cortinas de tus *h* sean extendidas 4908
65.10 Sarón para *h* de ovejas, y el valle de 5116
Ez 8.3 estaba la *h* de la imagen del celo, la 4186
25.5 pondré a Rabá por *h* de camellos, y a los. 5116
48.15 serán profanas...para *h* y para ello. 4186
Dn 4.32 y con las bestias del campo será tu *h* 4070
Sof 3.6 sus *h* están asoladas; hice desiertas 6438
Hch 1.20 sea hecha desierta su *h*, y no haya. *1886*
17.26 les ha prefijado...los límites de su *h*. *2733*
2 Co 5.2 revestidos de...nuestra *h* celestial. *3613*
Ap 18.2 se ha hecho *h* de demonios y guarida *2732*

HABITADO *Véase Habitar*

HABITANTE
Nm 14.14 lo dirán a los *h* de esta tierra, los 3427
Jue 1.8 y pasaron a sus *h* a filo de espada y
1.27 ni a los *h* de Ibleam y sus aldeas, ni a. 3427
1 S 6.21 a los *h* de Quiriat-jearim, diciendo 3427
1 Cr 4.14 Joab, padre de los *h* del valle de
2 Cr 15.5 sino muchas aflicciones sobre...los *h*. 3427
22.1 los *h*...hicieron rey en lugar de Joram 3427
34.9 habían recogido...de los *h* de Jerusalén. 7611
Esd 4.6 escribieron...contra los *h* de Judá y. 3427
Sal 33.8 teman delante de él...los *h* del mundo. 3427
49.1 pueblos...escuchad, *h* todos del mundo. 3427
65.8 los *h* de los...temen de tus maravillas 3427
83.7 y Amalec; los filisteos y los *h* de Tiro. 3427
100.1 cantad alegres a...*h* de toda la tierra
Is 18.3 y *h* de la tierra...se levante bandera. 3427
24.6 fueron consumidos los *h* de la tierra 3427
Ez 26.17 ella y sus *h*, que infundían terror. 3427
Dn 4.35 los *h* de la tierra son...como nada 1753
4.35 su voluntad en...en los *h* de la tierra 1753
Am 8.8 ¿no llorará todo *h* de ella? Subirá 3427
Sof 1.4 extenderé mi mano...*h* de Jerusalén 3427
1.11 aullad, *h* de Mactes...el pueblo mercader 3427
1.18 destrucción...hará de todos los *h* de la 3427
3.6 sus ciudades...asoladas...hasta no quedar *h* . . . 3427
Zac 8.20 aún vendrán...*h* de muchas ciudades 3427
8.21 y vendrán los *h* de una ciudad a otra. 3427
12.5 tienen fuerza los *h* de Jerusalén en. 3427
12.7 *h* de Jerusalén no se engrandezca sobre 3427
13.1 un manantial...para los *h* de Jerusalén 3427
Hch 1.19 notorio a todos los *h* de Jerusalén. *2730*
13.27 los *h* de Jerusalén...no conociendo a. *2730*

HABITAR
Gn 4.16 salió...Caín...y *habitad* en tierra de. 3427
4.20 fue padre de los que *habitan* en tiendas 3427
9.27 a Jafet, y *habite* en las tiendas de Sem. 7931
10.30 la tierra en que *habitaron* fue desde 4186
13.6 no era suficiente para que *habitasen*. 3427
13.7 el cananeo y...*habitaban* entonces en la 3427
13.12 que Lot *habitó* en las ciudades de la. 3427
14.7 amorreo que *habitaba* en Hazezon-tamar 3427
14.13 que *habitaba* en el encinar de Mamre el 7931
16.3 diez años que había *habitado* Abram en 3427
16.12 delante de todos sus hermanos *habitará* 7931
19.9 vino este...para *habitar* entre nosotros 1481
19.30 *habitó* en una cueva él y sus dos hijas 3427
20.1 Shur, y *habitó* como forastero en Gerar. 3427
20.15 tierra...*habita* donde bien te parezca 3427
21.20 creció, y *habitó* en el desierto, y fue 3427
21.21 *habitó* en el desierto de Parán; y su 3427
22.19 fueron...y *habitó* Abraham en Beerseba 3427
24.3 los cananeos, entre los cuales yo *habito* 3427
24.37 de los cananeos, en cuya tierra *habito* 3427
24.62 venía Isaac...él *habitaba* en el Neguev 3427
25.11 y *habitó* Isaac junto el pozo del. 3427
25.18 *habitaron* desde Havila hasta Shur, que. 7931
25.27 varón quieto, que *habitaba* en tiendas. 3427
26.2 *habita* en la tierra que yo te diré 7931
26.3 *habita* como forastero en esta tierra, y. 1481
26.6 *habitó* pues, Isaac en Gerar. 3427
26.17 en el valle de Gerar, y *habitó* allí. 3427
34.10 *habitad* con nosotros, porque la tierra 3427
34.16 *habitaremos* con vosotros, y seremos un. 3427
34.21 estos varones...*habitarán* en el país 3427
34.22 consentirán...en *habitar* con nosotros 3427
34.23 convengamos...y *habitarán* con nosotros 3427
35.27 Arba...donde *habitaron* Abraham e Isaac . . . 1481
36.7 no podían *habitar* juntos, ni la tierra 3427
36.8 Esaú *habitó* en el monte de Seir; Esaú 3427
37.1 *habitó* Jacob en la tierra donde había. 3427
45.10 *habitarás* en la tierra de Gosén, y 3427
47.4 que *habiten* tus siervos en la tierra. 3427
47.6 haz *habitar* a tu padre...*habiten* 3427
47.11 José hizo *habitar* a su padre y a sus. 3427
47.27 *habitó* Israel en tierra de Egipto 3427
49.13 Zabulón en puertos de mar *habitará* 7931
50.22 *habitó* José en Egipto, él y la casa de 3427
Éx 2.15 huyó...y *habitó* en tierra de Madián. 3427
6.4 darles la tierra...en la cual *habitaron* 4033
8.22 de Gosén, en la cual *habita* mi pueblo 5975
9.24 cual nunca hubo...desde que fue *habitada* 1471
12.40 tiempo que...hijos de Israel *habitaron* 4186
12.49 ley...y para el extranjero que *habitare* 1481
16.35 hasta que llegaron a tierra *habitada*. 3427
23.33 en tu tierra no *habitarán*, no sea que. 3427
25.8 harán un santuario...y *habitaré* en medio. 7931
29.45 *habitaré* entre los hijos de Israel, y 7931
29.46 saqué...para *habitar* en medio de ellos 7931
Lv 3.17 estatuto...dondequiera que *habitéis*. 4186
7.26 ninguna sangre comeréis...donde *habitéis* 4186
13.46 y *habitará* solo; fuera del campamento. 3427
18.28 vomitó a la nación que la *habitó* antes
20.22 os introduzco para que *habitéis* en ella. 3427
23.3 día de reposo...dondequiera que *habitéis* 4186
23.14,21 estatuto...dondequiera que *habitéis*. 4186
23.31 vuestras...dondequiera que *habitéis* 4186
23.42 en tabernáculos *habitaréis* siete días. 3427
23.42 todo natural...*habitará* en tabernáculos 3427
23.43 en tabernáculos hice yo *habitar* a los. 3427
25.18 ejecutad...y *habitaréis* en la tierra 3427
25.19 dará...y *habitaréis* en ella con seguridad. 3427
26.5 y *habitaréis* seguros en vuestra tierra 3427
26.35 los días de...cuando *habitabais* en ella 3427
Nm 5.3 no contaminen el campamento...*habito*. 7931
13.18 observad...el pueblo que la *habita*, si 3427
13.19 cómo es la tierra *habitada*, si es buena. 3427
13.19 y cómo son las ciudades *habitadas*, si 3427
13.28 el pueblo que *habita*...tierra es fuerte. 3427
13.29 Amalec *habita* el Neguev, y el heteo, el 3427
13.29 heteo...y el amorreo *habitan* en el monte 3427
13.29 el cananeo *habita* junto al mar, y a la 3427
14.25 el amalecita y el cananeo *habitan* en. 3427
14.30 cual...juré que os haría *habitar* en ella. 7931
14.45 el cananeo que *habitaban* en aquel monte. . . . 3427
15.14 cuando *habitare* con vosotros extranjero. 1481
15.29 el extranjero que *habitare* entre ellos 1481
21.1 cananeo...que *habitaba* en el Neguev, oyó 3427
21.25 y *habitó* Israel en todas las ciudades 3427
21.31 *habitó* Israel en la tierra del amorreo 3427
21.34 de Sehón rey...que *habitaba* en Hesbón. 3427
22.5 pueblo ha salido...*habita* delante de mí 3427
23.9 he aquí un pueblo que *habitará* confiado 7931
32.40 Moisés dio Galaad a Maquir...*habitó* en 3427
33.40 el cananeo...que *habitaba* en el Neguev 3427
33.53 echaréis a los...y *habitaréis* en ella 3427
33.55 la tierra en que vosotros *habitaréis* 3427
35.2 a los levitas...ciudades en que *habiten* 3427
35.3 tendrán ellos las ciudades para *habitar* 3427
35.28 en su ciudad de...deberá aquél *habitar* 3427
35.34 la tierra donde habitáis...yo *habito* 7931
35.34 yo Jehová *habito* en medio...de Israel. 7931
Dt 1.4 Sehón rey de los...*habitaba* en Hesbón. 3427
1.4 a Og...que *habitaba* en Astarot en Edrei 3427
1.44 amorreo, que *habitaba* en aquel monte. 3427
2.4 vuestros hermanos...que *habitan* en Seir 3427
2.8 nuestros hermanos...que *habitaban* en Seir. . . . 3427
2.10 emitas *habitaron* en ella antes, pueblo 3427
2.12 y en Seir *habitaron* antes los horeos. 3427
2.12 *habitaron* en lugar de ellos, como hizo 3427
2.20 *habitaron* en ella gigantes en...tiempo 3427
2.21 sucedieron a...y *habitaron* en su lugar 3427
2.22,29 hijos de Esaú que *habitaban* en Seir 3427
2.22 Esaú...y *habitaron* en su lugar hasta hoy. 3427
2.23 y a los aveos que *habitaban* en aldeas. 3427
2.23 destruyeron, y *habitaron* en su lugar 3427
2.29 los moabitas que *habitaban* en Ar; hasta 3427
3.2 con Sehón rey...que *habitaba* en Hesbón. 3427
4.46 Sehón rey de...que *habitaba* en Hesbón. 3427
8.12 edifiques buenas casas en que *habites*. 3427
11.30 que *habita* en el rabá frente a Gilgal 3427
11.31 ir...la tomaréis, y *habitaréis* en ella 3427
12.10 *habitaréis* en la tierra que Jehová os 3427
12.10 él os dará reposo...*habitaréis* seguros 3427
12.12,18 el levita que *habite* en...poblaciones
12.29 las heredes, y *habites* en su tierra 3427
14.27 no desampararás al levita que *habitare*
16.2,6 lugar...para que *habite* allí su nombre 7931
16.11 el levita que *habitare* en tus ciudades
17.14 y tomes posesión de ella y la *habites*. 3427
19.1 cuando...*habites* en sus ciudades, y en 3427
24.14 extranjeros que *habitan* en tu tierra
25.5 hermanos *habitaren* juntos, y muriere. 3427
26.1 y tomes posesión de ella y la *habites*. 3427
26.2 al lugar...hacer *habitar* allí su nombre. 7931
26.5 cual descendió a Egipto y *habitó* allí. 1481
28.30 edificarás...y no *habitarás* en ella 3427
29.11 extranjeros que *habitan* en medio de tu
29.16 sabéis cómo *habitamos* en la...de Egipto 3427
30.20 que *habites* sobre la tierra que juró 3427
33.12 el amado de Jehová *habitará* confiado 7931
33.16 la gracia del que *habitó* en la zarza 7931
33.28 Israel *habitará* confiado...*h* sola en 7931
Jos 6.25 Rahab...*habitó*...entre los israelitas 3427
9.7 quizás *habitáis* en medio de nosotros. 3427
9.16 vecinos, y...*habitaban* en medio de ellos 3427
9.22 diciendo: *Habitamos*...lejos de vosotros 3427
10.6 amorreos que *habitan* en las montañas 3427
12.2 Sehón rey de...que *habitaba* en Sehón 3427
12.4 Og rey...*habitaba* en Astarot y en Edrei. 3427
13.6 todos los que *habitan* en las montañas 3427
13.13 Maaca *habitaron* entre los israelitas 3427
13.21 príncipes de Sehón que *habitaban* en 3427
15.63 los jebuseos que *habitaban* en Jerusalén 3427
16.10 no arrojaron al cananeo que *habitaba* 3427
17.7 va al...hasta los que *habitan* en Tapúa. 3427
17.12 y el cananeo persistió en *habitar* en. 3427
17.16 los cananeos que *habitan* la tierra de 3427
19.47 tomaron posesión...y *habitaron* en ella 3427
19.50 reedificó la ciudad y *habitó* en ella. 3427
20.4 darán lugar para que *habite* con ellos. 3427
21.2 nos fuesen dadas ciudades donde *habitar* 3427
21.43 dio...la poseyeron y *habitaron* en ella. 3427
22.33 la tierra en que *habitaban* los...de Gad 3427
24.2 vuestros padres *habitaron*...al otro lado 3427
24.8 que *habitaban* al otro lado del Jordán. 3427
24.15 los dioses de...en cuya tierra *habitas* 3427
24.18 y al amorreo que *habitaba* en la tierra 3427
Jue 1.9 contra el cananeo que *habitaba* en las. 3427
1.10 Judá contra el cananeo que *habitaba* en 3427
1.11 de allí fue a los que *habitaban* en Seir. 3427
1.16 los hijos del ceneo...fueron y *habitaron* 3427
1.17 al cananeo que *habitaba* en Sefat, y la 3427
1.19 no pudo arrojar a los que *habitaban* en 3427
1.21 al jebuseo que *habitaba* en Jerusalén no 3427
1.21 el jebuseo *habitó* con los...de Benjamín 3427
1.27 a los que *habitan* en Meguido y en sus 3427
1.27 persistía en *habitar* en aquella tierra. 3427
1.29 cananeo que *habitaba*...habitó...en Gezer. 3427
1.30 tampoco...arrojó a los que *habitaban* en 3427
1.30 ni a los que *habitaban* en Naalal, sino 3427
1.30 el cananeo *habitó* en medio de él, y le 3427
1.31 tampoco Aser...los que *habitaban* en Aco 3427
1.31 los que *habitaban* en Sidón, en Ablab 3427
1.32 Aser entre los cananeos que *habitaban* 3427
1.33 tampoco...arrojó a los que *habitaban* en. 3427
1.33 ni a los que *habitaban* en Bet-anat. 3427
1.33 moró entre los cananeos que *habitaban*. 3427
1.35 y el amorreo persistió en *habitar*...Heres 3427
3.3 y los heveos que *habitaban* en el monte 3427
3.5 los hijos de Israel *habitaban* entre los 3427
4.2 Sísara, el cual *habitaba* en Haroset-goim 3427
6.10 los amorreos, en cuya tierra *habitáis*. 3427
8.11 camino de los que *habitaban* en tiendas. 7931
8.29 Jerobaal hijo...fue y *habitó* en su casa 3427
10.1 Zola...*habitaba* en Samir en el monte de. 3427
10.18 será caudillo sobre...los que *habitan*. 3427
11.3 huyó...Jefté...y *habitó* en tierra de Tob 3427
11.21 amorreos que *habitaban* en aquel país. 3427
11.26 Israel ha estado *habitando*...300 años 3427
15.8 *habitó* en la cueva de la peña de Etam. 3427
18.1 de Dan buscaba posesión...donde *habitar* 3427
18.7 el pueblo que *habitaba*...estaba seguro 3427
18.22 *habitaban*...cercanas a...casa de Micaía
18.28 reedificaron la ciudad, y *habitaron* en 3427

21.23 reedificaron las... y *habitaron* en ellas 3427
Rt 1.4 cuales... *habitaron* allá unos diez años 3427
1 S 12.8 y los hicieron *habitar* en este lugar 3427
12.11 Jehová... os libró... *habitasteis* seguros 3427
22.4 *habitaron*... el tiempo que David estuvo 3427
23.14 *habitaba* en un monte en el desierto de 3427
23.29 David... *habitó* en los lugares fuertes 3427
27.5 séame dado lugar... para que *habite* allí 3427
27.7 los días que David *habitó* en la tierra 3427
27.8 éstos *habitaban*... largo tiempo la tierra 3427
31.7 y los filisteos vinieron y *habitaron* 3427
2 S 7.1 cuando ya el rey *habitaba* en su casa 3427
7.2 mira ahora, yo *habito* en casa de cedro 3427
7.6 no he *habitado* en casas desde el día en 3427
7.10 que *habite* en su lugar y nunca más sea 7931
1 R 2.38 y *habitó* Simei en Jerusalén muchos 3427
6.13 *habitaré* en ella en medio de los hijos 7931
8.12 dicho que él *habitaría* en la oscuridad 7931
8.13 sitio en que tú *habites* para siempre 2073
8.37 sitiaren en la tierra en donde *habiten* 8179
9.16 dio muerte a... cananeos que *habitaban* 3427
11.16 porque seis meses *habitó* allí Joab, y 3427
11.24 fueron a Damasco y *habitaron* allí, y 3427
12.2 había huido de... y *habitaba* en Egipto 3427
12.25 reedificó... a Siquem... y *habitó* en ella 3427
13.25 la ciudad donde el... profeta *habitaba* 3427
2 R 4.13 ella respondió: Yo *habito* en medio 3427
6.2 y hagamos allí lugar en que *habitemos* 3427
13.5 *habitaron*... en sus tiendas, como antes 3427
15.5 *habitó* en casa separada, y Jotam hijo 3427
16.6 y los de Edom... *habitaron* allí hasta hoy 3427
17.24 a Samaria, y *habitaron* en sus ciudades 3427
17.25 cuando comenzaron a *habitar* allí, que 3427
17.27 *habite* allí, y les enseñe la ley del Dios 3427
17.28 vino... y *habitó* en Bet-el, y les enseñó 3427
17.29 cada nación en su ciudad donde *habitaba* 3427
25.24 *habitad* en la tierra, y servid al rey 3427
1 Cr 4.28 y *habitaron* en Beerseba... Hazar-sual 3427
4.40 porque los de Cam la *habitaron* antes 3427
4.41 destruyeron, y *habitaron* allí en lugar 3427
4.43 destruyeron a... Amalec, y *habitaron* allí 3427
5.8 Bela hijo de... *habitó* en Aroer hasta Nebo 3427
5.9 *habitó*... el oriente hasta... del desierto 3427
5.10 ellos *habitaron* en sus tiendas en toda 3427
5.11 los hijos de Gad *habitaron* enfrente de 3427
5.16 *habitaron* en Galaad, en Basán y en sus 3427
5.22 y *habitaron* en sus lugares hasta el 3427
5.23 Manasés... *habitaron* en la tierra desde 3427
7.29 en... lugares *habitaron* los hijos de José 3427
8.6 los hijos de Aod... que *habitaron* en Geba 3427
8.28 sus linajes, y *habitaron* en Jerusalén 3427
8.29 en Gabaón *habitaron* Abigabaón... Maaca 3427
8.32 éstos también *habitaron*... en Jerusalén 3427
9.3 *habitaron* en Jerusalén, de los hijos de 3427
9.16 Elcana, el cual *habitó* en las aldeas de 3427
9.34 los levitas... que *habitaban* en Jerusalén 3427
9.35 Gabaón *habitaba* Jehiel padre de Gabaón 3427
9.38 estos *habitaban* también en Jerusalén 3427
10.7 viendo... los que *habitaban* en el valle 3427
10.7 vinieron los filisteos y *habitaron* en 3427
11.4 jebuseos *habitaban* en aquella tierra 3427
11.7 y David *habitó* en la fortaleza, y por 3427
17.1 yo *habito* en casa de cedro, y el arca 3427
17.4 tú no me edificarás casa en que *habite* 3427
17.5 no he *habitado* en casa alguna desde el 3427
17.9 y lo he plantado para que *habite* en él 7931
23.25 él *habitará* en Jerusalén para siempre 7931
2 Cr 6.1 dicho... él *habitaría* en la oscuridad 7931
6.18 mas ¿es verdad que Dios *habitará* con el 3427
6.41 levántate... para *habitar* en tu reposo
10.17 sobre los... que *habitaban* en... de Judá 3427
11.5 *habitó* Roboam en Jerusalén, y edificó 3427
19.4 *habitó*... Josafat en Jerusalén... y salía 3427
19.10 hermanos que *habitan* en las ciudades 3427
20.8 ellos han *habitado* en ella, y te han 3427
26.7 los árabes que *habitaban* en Gur-baal 3427
26.21 *habitó* leproso en una casa apartada 3427
28.18 los filisteos... y *habitaban* en ellas 3427
30.25 Israel, y los que *habitaban* en Judá 3427
31.4 al pueblo que *habitaba* en Jerusalén 3427
31.6 de Israel y de Judá, que *habitaban* en 3427
Esd 2.70 *habitaron* los sacerdotes... ciudades 3427
4.10 hizo *habitar* en... ciudades de Samaria 3488
4.17 a los demás... que *habitan* en Samaria 3488
6.12 Dios que hizo *habitar* allí su nombre 7932
Neh 1.9 para hacer *habitar* allí mi nombre 7931
3.26 los sirvientes... que *habitaban* en el 3427
4.12 venían los judíos que *habitaban* entre 3427
7.73 *habitaron* los sacerdotes, los levitas 3427
8.14 que *habitasen*... en tabernáculos en la 3427
8.17 en tabernáculos *habitó*; porque desde 3427
11.1 *habitaron* los jefes... en Jerusalén; mas 3427
11.3 Judá *habitaron* cada uno en su posesión 3427
11.4 en Jerusalén, pues, *habitaron* algunos 3427
11.21 los sirvientes del... *habitaban* en Ofel 3427
11.25 algunos de... *habitaron* en Quiriat-arba 3427
11.30 y *habitaron* desde Beerseba hasta el 2583
11.31 de Benjamín *habitaron* desde Geba, en
Est 9.19 los judíos... que *habitan* en las villas 3427
Job 4.19 en los que *habitan* en casas de barro 7931
15.28 *habitó* las ciudades asoladas... casas 7931
22.8 tierra, y *habitó* en ella el distinguido 3427
28.4 abren minas lejos de lo *habitado*, en 1481
30.6 *habitaban* en las barrancas de... arroyos 7931
39.28 ella *habita* y mora en la peña, en la 7931
Sal 5.4 maldad; el malo no *habitará* junto a 1481
9.11 cantad a Jehová, que *habita* en Sion 3427
15.1 ¿quién *habitará* en tu tabernáculo? 1481
22.3 tú que *habitas* entre las alabanzas de 3427
24.1 el mundo, y los que en él *habitan* 3427
37.3 haz el bien; y *habitarás* en la tierra 7931
61.4 yo *habitaré* en tu tabernáculo... siempre 1481
65.4 a ti, para que *habite* en tus atrios 7931
68.6 Dios hace *habitar* en familia a los 3427
68.6 mas los rebeldes *habitan* en tierra seca 7931
68.16 Jehová *habitará* en él para siempre 7931
68.18 para que *habite* entre ellos JAH Dios 7931
69.35 Judá; y *habitarán* allí, y la poseerán 3427
69.36 los que aman su nombre *habitarán* en 7931
74.2 este monte de Sion, donde has *habitado* 7931
78.55 e hizo *habitar* en sus moradas a las 7931
78.60 dejó... la tienda en que *habitó* entre 7931
84.4 bienaventurados los que *habitan* en tu 3427
84.10 que *habitar* en las moradas de maldad 1752
85.9 que *habite* la gloria en nuestra tierra 7931
91.1 el que *habita* al abrigo del Altísimo 3427
98.7 mar... el mundo y los que en él *habitan* 3427
101.7 no *habitará* dentro de mi casa el que 3427
102.28 los hijos de tus... *habitarán* seguros 7931
104.12 sus orillas *habitan* las aves de los 7931
107.34 por la maldad de los que la *habitan* 3427
113.9 hace *habitar* en familia a la estéril 3427
120.5 y *habito* entre las tiendas de Cedar! 7931
123.1 alcé... a ti que *habitas* en los cielos 3427
132.14 aquí *habitaré*, porque la he querido 3427
133.1 cuán delicioso es *habitar*... en armonía! 3427
139.9 alba y *habitare* en el extremo del mar 7931
143.3 me ha hecho *habitar* en tinieblas como 3427
Pr 1.33 que me oyere, *habitará* confiadamente 7931
2.21 porque los rectos *habitarán* la tierra 7931
3.29 prójimo que *habita* confiado junto a ti 3427
8.12 yo, la sabiduría, *habito* con la cordura 7931
10.30 pero los impíos no *habitarán* la tierra 7931
Cnt 8.13 oh, tú que *habitas* en los huertos 3427
Is 1.21 en ella *habitó* la equidad; pero ahora 3885
5.8 ¿*habitaréis* vosotros solos en medio de la 3427
6.5 *habitando* en medio de pueblo que tiene 3427
7.20 con los que *habitan* al otro lado del río
13.20 nunca más será *habitada* ni el 3427
13.21 de hurones; allí *habitarán* avestruces 7931
27.10 la ciudad *habitada* será abandonada y 5116
29.1 de Ariel, ciudad donde *habitó* David! 2583
32.16 *habitará* el juicio en el desierto, y en 7931
32.18 y mi pueblo *habitará* en morada de paz 3427
33.14 quién... *habitará* con las llamas eternas? 1481
33.16 éste *habitará* en las alturas; fortaleza 7931
42.11 las aldeas donde *habita* Cedar; canten 3427
44.26 que dice a Jerusalén: Serás *habitada* 3427
45.18 Dios... para que fuese *habitada* la creó 3427
54.3 tu descendencia... *habitará* las ciudades 3427
57.15 así dijo el... el que *habita* la eternidad 7931
57.15 yo *habito* en la altura y la santidad 7931
58.12 restaurador de calzadas para *habitar* 3427
65.9 poseerán... y mis siervos *habitarán* allí 7931
65.22 no edificarán para que otro *habite*, ni 3427
Jer 2.6 pasó varón, ni allí *habitó* hombre? 3427
17.25 esta ciudad será *habitada* para siempre 3427
22.23 *habitaste* en el Líbano, hiciste... nido 3427
23.6 Israel *habitará* confiado y este será 7931
23.8 que hizo subir... *habitarán* en su tierra 3427
25.24 de pueblos mezclados que *habitan* en el 7931
29.5,28 edificad casas, y *habitadlas*... comed 3427
Jer 31.24 *habitará* allí Judá, y también en todas 3427
32.37 haré volver... haré *habitar* seguramente 3427
33.16 y Jerusalén *habitará* segura, y se le 7931
35.7 obre la faz... donde vosotros *habitáis* 3427
40.6 *habitó* con él en medio del pueblo que 3427
40.9 *habitad* en la tierra, y servid al rey 3427
40.10 *habito* en Mizpa, para estar delante de 3427
41.17 y fueron y *habitaron* en Gerut-quimam 3427
44.14 entraron en... Egipto para *habitar* allí 1481
44.14 la cual suspiran ellos para *habitar* allí 3427
44.15 todo el pueblo que *habitaba* en tierra 3427
44.26 Judá que *habitáis* en tierra de Egipto 3427
46.26 será *habitado* como en los días pasados 7931
48.28 *habitad* en peñascos, oh moradores de 7931
49.8 huid... *habitad* en lugares profundos, oh 3427
49.16 tú que *habitas* en cavernas de peñas 7931
49.18 nadie, ni la *habitará* hijo de hombre 1481
49.30 huid, idos... lejos, *habitad* en lugares 3427
49.33 ninguno morará allí, ni la *habitará* 4583
50.13 por la ira de Jehová no será *habitada* 3427
50.39 ni se *habitará* por generaciones y 3427
50.40 no morará allí hombre... ni... la *habitará* 3427
Lm 1.3 *habitó* entre las naciones, y no halló 3427
4.12 ni todos los que *habitan* en el mundo 3427
4.21 alégrate... que *habitas* en tierra de luz 3427
Ez 6.6 dondequiera... *habites*, serán decenas 4186
6.14 dondequiera que *habiten* haré la tierra 4186
12.2 tu *habitas* en medio de gente rebelde, los 3427
12.20 ciudades *habitadas* quedarán desiertas 3427
16.46 sus hijas, que *habitan* al norte de ti 3427
16.46 sus hijas, la cual *habita* al sur de ti 3427
17.16 donde *habita* el rey que le hizo reinar
17.23 *habitarán* debajo de él todas las aves 7931
17.23 a la sombra de sus ramas *habitarán* 7931
26.19 como las ciudades que no se *habitan* 3427
28.25 *habitarán* en su tierra, la cual di a 3427
28.26 *habitarán* en ella seguros... plantarán 3427
29.11 ni será *habitada*, por cuarenta años 3427
31.6 a su sombra *habitaran* muchas naciones 3427
31.13 sobre su ruina *habitarán*... las aves del 7931
33.24 que *habitan* aquellos lugares asolados 3427
34.13 las apacentaré en... lugares *habitados* 4186
34.25 *habitarán* en el desierto con seguridad 3427
34.28 *habitarán* con seguridad, y no habrá 3427
36.10 haré... y las ciudades serán *habitadas* 3427
36.28 *habitaréis* en la tierra que di... padres 3427
36.33 haré... que sean *habitadas* las ciudades 3427
36.35 ciudades... están fortificadas y *habitadas* 3427
37.25 *habitarán*... la tierra... la cual habitaron 3427
37.25 ella *habitarán* ellos, sus hijos y los 3427
38.11 contra gentes... *habitan* confiadamente 3427
38.11 ellas *habitan* sin muros, y no tienen 3427
38.14 mi pueblo Israel *habitó* con seguridad 3427
39.26 *habiten* en su tierra con seguridad, y 3427
43.7 en el cual *habitaré* entre los hijos de 7931
43.9 y *habitaré* en medio de ellos... siempre 7931
Dn 2.38 dondequiera... *habitan* hijos de hombres 1753
6.25 escribió a todos... que *habitan* en toda 1753
Os 11.11 los haré *habitar* en sus casas, dice 3427
Jl 3.17 que yo soy Jehová... que *habito* en Sion 7931
3.20 pero Judá será *habitada* para siempre 3427
Am 5.11 edificasteis casas... no las *habitaréis* 3427
9.14 edificarán ellos las... y las *habitarán* 3427
Nah 1.5 mundo, y todos los que en él *habitan* 3427
Hab 2.8 de las ciudades y... los que *habitan* en 3427
2.17 ciudad y... los que en ellas *habitaban* 3427
Sof 1.13 edificarán casas... no las *habitarán* 3427
Hag 1.4 ¿es... tiempo... de *habitar* en vuestras 3427
Zac 2.4 será *habitada* Jerusalén, a causa de 3427
7.7 Jerusalén estaba *habitada* y tranquila 3427
7.7 y la Sefela estaban también *habitados*? 3427
8.8 y los traeré, y *habitarán* en... Jerusalén 7931
9.5 perecerá el... y Ascalón no será *habitada* 3427
9.6 *habitará* en Asdod un extranjero, y... fin 3427
12.6 Jerusalén será otra vez *habitada* en su 3427
14.10 esta será... *habitada* en su lugar desde 3427
14.11 Jerusalén será *habitada* confiadamente 3427
Mt 2.23 y *habitó* en la... que se llama Nazaret *2730*
4.13 y *habitó* en Capernaún, ciudad marítima *2730*
23.21 **por el templo... y por el que lo *habita*** *2730*
Lc 1.79 dar luz a los que *habitan* en tinieblas *2521*
13.4 **los hombres que *habitan* en Jerusalén?** *2730*
21.35 **sobre todos los que *habitan* sobre la** *2521*
Jn 1.14 hecho carne, y *habitó* entre nosotros *4637*
Hch 2.9 y los que *habitamos* en Mesopotamia *2730*
2.14 y todos los que *habitáis* en Jerusalén *2730*
7.4 *habitó* en Harán; y de allí... le traslado *2730*
7.4 esta tierra, en la cual vosotros *habitáis* *2730*
7.48 no *habita* en templos hechos de mano *2730*
9.32 vino... a los santos que *habitaban* en Lida *2730*
9.35 vieron todos los que *habitaban* en Lida *2730*
11.28 gran hambre en toda la tierra *habitada*
11.29 socorro los... que *habitaban* en Judea *2730*
17.24 no *habita* en templos hechos por manos *2730*
17.26 para que *habiten* la faz de la tierra *2730*
19.10 todos los que *habitaban* en Asia, judíos y *2730*
19.17 notorio a... los que *habitaban* en Efeso *2730*
2 Co 6.16 *habitaré* y andaré entre ellos, y *1774*
Ef 3.17 para que *habite* Cristo por la fe en *2730*
Col 1.19 agradó al Padre que en él *habitase* *2730*
2.9 en él *habita* corporalmente... la plenitud *2730*
1 Ti 6.16 *habita* en luz inaccesible; a quien *3611*
2 Ti 1.5 la cual *habitó* primero en tu abuela *1774*
He 11.9 por la fe *habitó* como extranjero en *2730*

HABITUAR

Jer 13.23 bien, estando *habituados* a hacer mal? 3928
1 Co 8.7 *habituados* hasta aquí a los ídolos *4893*
2 P 2.14 el corazón *habituado* a la codicia *1128*

HABLA

Gn 11.7 ninguno entienda el *h* de su compañero 8193
Éx 4.10 tardo en el *h* y torpe de lengua 6310
Job 12.20 priva del *h* a los que dicen verdad 8193
Cnt 4.3 *h* hermosa; tus mejillas, como cachos 4057
Is 29.4 *h* saldrá del polvo... y tu *h* susurrará 565
Ez 3.5 no eres enviado a pueblo de *h* profunda 8193
3.6 no a muchos pueblos de *h* profunda ni de 8193

HABLADOR

Ez 36.3 y se os ha hecho caer en boca de *h* y 3956
Tit 1.10 muchos... *h* de vanidades y engañadores *3151*

HABLAR

Gn 8.15 entonces *habló* Dios a Noé, diciendo 1696
9.8 y *habló* Dios a Noé y a sus hijos con él 559
16.13 nombre de Jehová que con ella *hablaba* 1696
17.3 se postró sobre su rostro, y Dios *habló* 1696
17.22 acabó de *hablar* con él, y subió Dios 1696
18.19 haga venir Jehová... lo que ha *hablado* 1696
18.27 que he comenzado a *hablar* a mi Señor 1696
18.29 a *hablarle*, y dijo: Quizá se hallarán 1696
18.30,32 se enoje ahora mi Señor, si *hablara* 1696
18.31 aquí... he emprendido el *hablar* a mi Señor .. 1696
18.33 luego que acabó de *hablar* a Abraham 1696
19.14 salió Lot y *habló* a sus yernos, los que 1696
19.21 y no destruiré la... de que has *hablado* 1696
21.1 hizo Jehová... Sara como había *hablado* 1696
21.22 que *habló* Abimelec, y Ficol príncipe 559
22.7 *habló* Isaac a Abraham su padre, y dijo 559
23.3 se levantó... y *habló* a los hijos de Het 1696
23.8 y *habló* con ellos, diciendo: Si tenéis 559
24.7 Jehová... me *habló* y me juró, diciendo 1696
24.15 que antes que él acabase de *hablar*, he 1696
24.30 que decía: Así me *habló* aquel hombre 1696
24.33 dicho mi mensaje. Y él le dijo: *habla* 1696
24.45 que acabase de *hablar* en mi corazón, he 1696
24.50 esto; no podemos *hablarte* malo ni bueno 1696
27.5 oyendo, cuando *hablaba* Isaac a Esaú su 1696
27.6 entonces Rebeca *habló* a Jacob su hijo 559
27.6 he oído a tu padre que *hablaba* con Esaú 1696
27.39 Isaac su padre *habló* y le dijo: He aquí 559
29.9 él aún *hablaba* con ellos, Raquel vino 1696
31.24,29 no *hables* a Jacob descomedidamente 1696

H

31.29 mas el Dios de tu padre me *habló* anoche 559
32.19 conforme a...*hablaréis* a Esaú, cuando....... 1696
34.3 apegó a Dina...*habló* al corazón de ella....... 1696
34.4 *habló* Siquem a Hamor su padre, diciendo 559
34.6 se dirigió Hamor...a Jacob, para *hablar* 1696
34.8 y Hamor *habló* con ellos, diciendo: El........... 559
34.20 vinieron...y *hablaron* a los varones de 1696
35.13,14 lugar en donde había *hablado* con él...... 1696
35.15 lugar donde Dios había *hablado* con él....... 1696
37.4 y no podían *hablarle* pacíficamente 1696
39.10 *hablando* ella a José cada día, y no........... 1696
39.14 llamó a los de...y les *habló* diciendo........... 559
39.17 le *habló*...las mismas palabras, diciendo..... 1696
39.19 las palabras que su mujer le *hablaba*......... 1696
41.9 el jefe de los coperos *habló* a Faraón.......... 1696
42.7 José...les *habló* ásperamente, y les dijo 1696
42.22 os *hablé* yo y dije: No pequéis contra 559
42.24 después volvió a ellos, y les *habló* 1696
42.30 nos *habló* ásperamente, y nos trató como 1696
42.37 Rubén *habló* a su padre, diciendo: Harás 559
43.19 y le *hablaron* a la entrada de la casa......... 1696
43.29 hermano menor, de quien me *hablasteis*? 559
44.16 dijo...¿Qué *hablaremos*, o con qué nos 1696
44.18 que *hable* tu siervo una palabra...y no....... 1696
45.12 vuestros ojos ven...que mi boca os *habla*...... 1696
45.15 después sus hermanos *hablaron* con él....... 1696
45.27 las palabras...que él les había *hablado* 1696
46.2 *habló* Dios a Israel en visiones de noche 559
47.5 entonces Faraón *habló* a José, diciendo 559
50.4 *habló* José a los de la casa de Faraón 1696
50.4 os ruego que *habléis* en oídos de Faraón 1696
50.17 y José lloró mientras *hablaban*............... 1696
50.21 así los consoló, y les *habló* al corazón 1696
Éx 1.15 *habló* el rey de Egipto a las parteras 559
4.10 ni antes ni desde que tu hablas a tu 1696
4.12 yo...te enseñaré lo que hayas de *hablar*....... 1696
4.14 a tu hermano Aarón...que él *habla* bien? 1696
4.15 tu, *hablarás* a él y pondrás en su boca......... 1696
4.16 *hablará* por ti al pueblo; él te será a........... 1696
4.30 y *habló* Aarón acerca de todas las cosas 1696
5.10 *hablaron* al pueblo, diciendo: Así ha............ 559
5.23 desde que yo vine a Faraón para *hablarle*..... 1696
6.2 *habló* todavía Dios dijo: Yo soy Jehová.......... 1696
6.9 de esta manera *habló* Moisés a...de Israel 1696
6.10,29; 13.1; 14.1; 16.11; 25.1; 30.11, 17,22; 31.1,12; 40.1; Lv 4.1; 5.14; 6.1,8, 19,24; 7.22,28; 8.1; 12.1; 14.1 17.1, 18.1; 19.1; 20.1; 21.16; 22.1,17,26; 23.1,9,23,26,33; 24.1,13; 25.1; 27.1; Nm 1.1,48; 3.5,11,14,44; 4.21; 5.1,5,11; 6.1,22; 7.4; 8.1,5,23; 9.1,9; 10.1; 13.1; 15.1,17,37; 16.23,36,44; 17.1; 18.25; 20.7; 25.10,16; 26.52; 28.1; 31.1,25; 33.50; 34.1,16; 35.1,9 *habló* Jehová a Moisés, diciendo........... 1696
Éx 6.11 entra y *habla* a Faraón rey de Egipto........... 1696
6.13; 7.8; 12.1; Lv 11.1; 13.1; 14.33; 15.1; Nm 2.1; 4.1,17; 14.26; 16.20; 19.1; 20.23 Jehová *habló* a Moisés y a Aarón 1696
Éx 6.27 son los que *hablaron* a Faraón rey de 1696
6.28 Jehová *habló* a Moisés en la tierra de 1696
7.2 Aarón tu hermano *hablará* a Faraón, para 1696
7.7 de edad de 80...cuando *hablaron* a Faraón...... 1696
11.2 *habla* ahora al pueblo, y que cada uno 1696
12.3 *hablad* a toda la congregación de Israel....... 1696
14.12 no es...lo que te *hablamos* en Egipto 1696
16.10 *hablando* Aarón a toda la congregación 1696
16.12 *háblales*, diciendo: Al caer la tarde 1696
19.9 pueblo oiga mientras yo *hablo* contigo 1696
19.19 Moisés *hablaba*, y Dios le respondía.......... 1696
20.1 *habló* Dios...estas palabras, diciendo 1696
20.16 no *hablaréis* contra tu...falso testimonio 6030
20.19 *habla* tú con nosotros...no hable Dios......... 1696
20.22 he *hablado* desde el cielo con vosotros 1696
25.22 me declararé a ti, y *hablaré* contigo 1696
28.3 *hablarás* a todos los sabios de corazón 1696
29.42 me reuniré con vosotros, para *hablaros* 1696
30.31; 31.13; Lv 1.2; 4.2; 7.23,29; 9.3; 11.2; 12.2; 15.2; 18.2; 23.2,10,24,34; 24.15; 25.2; 27.2; Nm 5.12; 6.2; 9.10; 15.2,18,38; 27.8,33.51; 35.10 *habla* a los hijos de Israel y diles 1696
31.18 acabó de *hablar* con él en el monte de........ 1696
32.12 ¿por qué han de *hablar* los egipcios 3615
32.13 daré a...esta tierra de que he *hablado* 1696
33.9 entraba en...y Jehová *hablaba* con Moisés..... 1696
33.11 y *hablaba* Jehová a Moisés cara a cara 1696
33.11 como *habla* cualquiera a su compañero 1696
34.29 piel...después que hubo *hablado* con Dios 1696
34.31 volvieron a él, y Moisés les *habló*.............. 1696
34.33 cuando acabó Moisés de *hablar*...un velo 1696
34.34 cuando venía Moisés...para *hablar* con él ... 1696
34.35 hasta que entraba a *hablar* con Dios......... 1696
35.4 y *habló* Moisés a toda la congregación 559
36.5 *hablaron* a Moisés, diciendo: El pueblo 559
Lv 1.1 llamó Jehová a Moisés, y *habló* con él 1696
6.25 *habla* a Aarón y a sus hijos, y diles 559
10.3 esto es lo que *habló* Jehová, diciendo 1696
10.8 y Jehová *habló* a Aarón, diciendo 1696
16.1 *habló* Jehová a Moisés después de la........... 1696
17.2 *habla* a Aarón y a sus hijos, y a todos.......... 1696
19.2 *habla* a toda la congregación de...Israel 1696
21.1 *habla* a los sacerdotes hijos de Aarón 559
21.17 *habla* a Aarón y dile: Ninguno de tus......... 1696
21.24 y Moisés *habló* esto a Aarón, y a sus 1696
22.18 *habla* a Aarón y a sus hijos, y a todos........ 1696
23.44 así *habló* Moisés a los hijos de Israel 1696
24.23 y *habló* Moisés a los hijos de Israel........... 1696
Nm 3.1 el día en que Jehová *habló* a Moisés............ 1696
6.23 *habla* a Aarón y a sus hijos y diles: Así 1696
7.89 cuando entraba...para *hablar* con Dios......... 1696
7.89 oía la voz que le *hablaba* de encima del 1696
7.89 entre los dos querubines; y *hablaba* con....... 1696
8.2 *habla* a Aarón y dile: Cuando enciendas........ 1696
9.4 *habló* Moisés a los hijos de Israel para 1696
11.17 yo descenderé y *hablaré* allí contigo.......... 1696
11.25 Jehová descendió en la nube y le *habló*....... 1696
12.1 María y Aarón *hablaron* contra Moisés a 1696
12.2 ¿solamente...Moisés ha *hablado* Jehová? 1696
12.2 ¿no ha *hablado* también por nosotros?......... 1696
12.6 le apareceré...en sueños *hablaré* con él....... 1696
12.8 cara a cara *hablaré* con él...y no por.......... 1696
12.8 no...de *hablar* contra mi siervo Moisés? 1696
13.32 *hablaron* mal entre los hijos de Israel 1681
14.7 *hablaron* a toda la congregación de los......... 559
14.10 toda la multitud *habló* de apedrearlos......... 559
14.15 las...que hubieren oído tu fama *hablarán* 559
14.17 yo te ruego que sea...como lo *hablaste* 1696
14.28 que según habéis *hablado* a mis oídos......... 1696
14.35 yo Jehová he *hablado*; así haré a toda........ 1696
14.37 varones que han *hablado* mal de la 1681
14.40 al lugar del cual ha *hablado* Jehová............ 559
16.5 *habló* a Coré y a...su séquito, diciendo 1696
16.24 *habla* a la congregación...Apartaos de........ 1696
16.26 y él *habló* a la congregación, diciendo 1696
16.31 cesó él de *hablar* todas estas palabras 1696
17.2 *habla* a los hijos de Israel, y toma de 1696
17.6 y Moisés *habló* a los hijos de Israel............ 1696
17.12 de Israel *hablaron* a Moisés, diciendo 559
18.26 así *hablarás* a los levitas, y les dirás.......... 1696
20.3 *habló* el pueblo contra Moisés, diciendo 559
20.8 y *hablad* a la peña a vista de ellos............. 1696
21.5 *habló* el pueblo contra Dios y...Moisés......... 1696
21.7 pecado por haber *hablado* contra Jehová 1696
22.8 daré respuesta según Jehová me *hablara* 1696
22.35 palabra que yo te diga, esa *hablarás* 1696
22.38 mas ¿podré ahora *hablar* alguna cosa? 1696
22.38 la palabra que Dios pusiere...*hablaré*......... 1696
23.19 no hará? *Habló*, ¿y no lo ejecutará? 1696
24.13 mas lo que *hable* Jehová, eso diré yo? 1696
26.1 que Jehová *habló* a Moisés, y a Eleazar......... 559
26.3 *hablaron* con ellos en...campos de Moab....... 1696
30.1 *habló* Moisés a los príncipes de las............ 1696
31.3 Moisés *habló* al pueblo, diciendo: Armaos 1696
32.2,25 los hijos de Gad...*hablaron* a Moisés 559
36.1 llegaron...y *hablaron* delante de Moisés 1696
36.5 la tribu de...de José *habla* rectamente 1696
Dt 1.1 las palabras que *habló* Moisés a todo........... 1696
1.3 *habló* a los hijos de Israel conforme a 1696
1.6 Jehová nuestro Dios nos *habló* en Horeb 1696
1.9 en aquel tiempo yo os *hablé* diciendo: Yo 559
1.43 y os hablé, y no disteis oído; antes 1696
2.2,17 Jehová me *habló*, diciendo 559
3.26 basta, no me *hables* más de este asunto 1696
4.12 y *habló* Jehová...de en medio del fuego 1696
4.15 ninguna figura...el día que Jehová *habló* 1696
4.33 la voz...*hablando* de en medio del fuego 1696
4.45 que *habló* Moisés a los hijos de Israel 1696
5.4 cara a cara *habló* Jehová con vosotros 1696
5.22 estas palabras *habló* Jehová a toda 1696
5.24 hemos visto que Jehová *habla* al hombre....... 1696
5.26 Dios...que *habla* de en medio del fuego 1696
5.28 oyó Jehová la voz...cuando me *hablabas* 1696
5.28 he oído la voz de...ellos te han *hablado* 1696
6.7 y *hablarás* de ellas estando en tu casa......... 1696
9.10 las palabras que os *habló* Jehová en el 1696
9.13 *habló* Jehová, diciendo: He observado 559
10.4 que Jehová os había *hablado* en el monte 1696
11.2 no *hablo* con vuestros hijos que no han
11.19 *hablando* de ellas cuando te sientas en........ 1696
18.17 han *hablado* bien en lo que han dicho 1696
18.18 pondré mis palabras en...él les *hablará*....... 1696
18.19 no oyere mis palabras que él *hablará* 1696
18.20 la presunción de *hablar*...en mi nombre 1696
18.20 le haya mandado *hablar*, o que *hablará* 1696
18.21 la palabra que Jehová no ha *hablado*? 1696
18.22 *hablare* en nombre de Jehová, y no se......... 1696
18.22 es palabra que Jehová no ha *hablado* 1696
18.22 con presunción la *habló* el tal profeta 1696
20.2 se pondrá en pie...y *hablará* al pueblo 1696
20.5 oficiales *hablarán* al pueblo, diciendo 1696
20.8 volverán...a *hablar* al pueblo, y dirán......... 1696
20.9 los oficiales acaben de *hablar* al pueblo 1696
22.14 le atribuyera faltas que den que *hablar* 1697
22.17 le atribuye faltas que dan que *hablar* 1697
25.8 los ancianos...*hablarán* con él; y si él 1696
25.9 *hablará* y dirá: Así será hecho al varón......... 6030
26.5 *hablarás* y dirás delante de Jehová tu 6030
27.9 Moisés...*habló* a todo Israel, diciendo 1696
27.14 y *hablarán* los levitas, y dirán a todo 6030
31.1 fue Moisés y *habló* estas palabras a todo....... 1696
31.28 y *hablaré* en sus oídos estas palabras 1696
31.30 *habló* Moisés a oídos de...congregación 1696
32.1 escuchad, cielos, y *hablaré*; y oiga la........... 1696
32.48 *habló* Jehová a Moisés aquel mismo día....... 1696
Jos 1.1 que Jehová *habló* a Josué hijo de Nun 559
1.12 *habló* Josué a los rubenitas y gaditas y 559
3.6 *habló* Josué a los sacerdotes, diciendo........... 559
4.1 acabado de pasar...Jehová *habló* a Josué 559
4.15 luego Jehová *habló* a Josué, diciendo........... 559
4.21 *habló* a los hijos de Israel, diciendo............ 559
6.8 así que Josué hubo *hablado* al pueblo, los 559
7.2 Josué envió hombres...les *habló* diciendo 559
9.22 les *habló*...¿Por qué nos habéis engañado 1696
10.12 Josué *habló* a Jehová el día en que 1696
14.10 el tiempo que Jehová *habló*...palabras........ 1696
14.12 monte, del cual *habló* Jehová aquel día....... 1696
17.14 y los hijos de José *hablaron* a Josué 1696
20.1 *habló* Jehová a Josué, diciendo.................. 1696
20.2 *habla* a los hijos de Israel y diles 1696
20.2 las ciudades...de las cuales yo os *hablé* 1696
21.2 *hablaron* en Silo en la tierra de Canaán....... 1696
22.8 les *habló* diciendo: Volved a vuestras............ 559
22.15 fueron a los...de Rubén...les *hablaron*....... 1696
22.30 oyendo...que *hablaron* los hijos de Rubén.... 1696
22.33 no *hablaron* más de subir contra ellos......... 559
24.27 ella ha oído...que Jehová nos ha *hablado* 1696
Jue 2.4 el ángel de...*habló* estas palabras a 1696
5.10 y vosotros los que viajáis, *hablad* 7878
6.17 des señal de que tú has *hablado* conmigo...... 1696
6.39 no se encienda tu ira...si aun *hablare*......... 1696
7.11 oirás lo que *hablan*; y...tus manos se.......... 1696
8.3 el enojo...se aplacó, luego que él *habló* 1696
8.9 *habló* también a los de Peniel, diciendo.......... 1696
9.1 Abimelec...*habló* con ellos, y con toda la 1696
9.3 *hablaron* por él los hermanos de su madre 1696
9.37 volvió Gaal a *hablar* y dijo: He allí............ 1696
11.11 Jefté *habló*...sus palabras delante de 1696
13.11 ¿eres tú...varón que *habló* a la mujer?....... 1696
14.7 descendió...y *habló* a la mujer; y ella......... 1696
15.17 acabando de *hablar*, arrojó...la quijada...... 1696
17.2 siclos de plata...los cuales me *hablaste*......... 559
19.3 la siguió, para *hablarle* amorosamente 1696
19.22 *hablaron* al anciano, dueño de la casa......... 559
19.30 considerad...tomad consejo, y *hablad*......... 1696
21.13 envió...*hablar* a los hijos de Benjamín 1696
Rt 2.13 has *hablado* al corazón de tu sierva 1696
4.1 pariente de quien Booz había *hablado* 1696
1 S 1.13 *hablaba* en su corazón, y...no se oía.......... 1696
1.16 por...aflicción he *hablado* hasta ahora........ 1696
3.9 dirás: *Habla*, Jehová, porque tu siervo 1696
3.10 Samuel dijo: *Habla*, porque tu siervo 1696
3.17 dijo: ¿Qué es la palabra que te *habló* 1696
3.17 si me encubrieres...lo que *habló* contigo 1696
4.1 y Samuel *habló* a todo Israel. Por aquel 1697
7.3 *habló* Samuel a toda la casa de Israel 559
9.17 he aquí...es el varón del cual te *hablé* 559
9.25 descendido...*habló* con Saúl en el terrado 1696
10.16 reino, de que Samuel le había *hablado* 559
14.19 aún *hablaba* Saúl con el sacerdote, el 1696
14.28 entonces *habló* uno del pueblo, diciendo 6030
17.23 mientras él *hablaba*...aquel paladín que 1696
17.23 Goliat...*habló* las mismas palabras, y......... 1696
17.26 *habló* David a los que estaban junto a.......... 559
17.28 oyéndole *hablar* Eliab su hermano mayor 1696
17.29 qué he hecho...¿No es esto mero *hablar*?
18.1 hubo acabado de *hablar* con Saúl, el alma..... 1696
18.22 *hablad* en secreto a David, diciéndole 559
18.23 los criados...*hablaron* estas palabras a 1696
19.1 *habló* Saúl a Jonatán su hijo, y...siervos...... 1696
19.3 yo...*hablaré* de ti a mi padre, y te haré......... 1696
19.4 Jonatán *habló* bien de David a Saúl su 1696
20.23 al asunto de que tú y yo hemos *hablado* 1696
25.17 hombre...que no hay quien pueda *hablar*..... 1696
25.24 permitas...tu sierva *hable* a tus oídos 1696
25.30 a todo el bien que ha *hablado* de ti 1696
25.39 envió David a *hablar* con Abigail, para........ 1696
25.40 vinieron a Abigail...*hablaron* con ella......... 1696
28.12 *habló* aquella mujer a Saúl, diciendo 559
30.6 el pueblo *hablaba* de apedrearlo, pues 559
2 S 2.27 que si no hubieses *hablado*, el pueblo......... 1696
3.17 *habló* Abner con los ancianos de Israel........ 1697
3.18 Jehová ha *hablado* a David, diciendo............ 559
3.19 *habló* también Abner a los de Benjamín 1696
3.27 Joab lo llevó aparte...para *hablar* con 1696
5.1 todas las tribus de...a David...y *hablaron* 559
5.6 *hablaron* a David...Tú no entrarás acá........... 559
6.22 seré honrado delante de las...has *hablado* 559
7.7 ¿he *hablado* yo...a alguna de las tribus.......... 1696
7.17 estas palabras...así *habló* Natán a David 1696
7.19 has *hablado* de la casa de tu siervo en......... 1696
7.20 ¿y qué más puede añadir David *hablando*..... 1696
7.25 confirma...la palabra que has *hablado* 1696
12.18 le *hablábamos*, y no quería oír nuestra........ 1696
12.19 David, viendo a sus siervos *hablar* 3907
13.13 que *hables* al rey, que él no me negará 1696
13.22 Absalón no *habló* con Amnón ni malo ni 1696
13.32 Jonadab...*habló*...No diga mi señor que..... 6030
13.36 cuando él acabó de *hablar*...vinieron 1696
4.3 entrarás...y le *hablarás* de esta manera......... 1696
14.10 al que *hablare* contra ti, tráelo a mí 1696
14.12 *hable* una palabra a...Y él dijo: *Habla* 1696
14.13 *hablando* el rey esta palabra, se hace 1696
14.15 *hablaré* ahora al rey; quizá él hará lo 1696
14.18 la mujer dijo: *Hable* mi señor el rey 1696
14.19 todo lo que mi señor el rey ha *hablado* 1696
17.6 *habló* Absalón, diciendo: Así ha dicho 559
19.7 pues...vé afuera y *habla*...a tus siervos 1696
19.11 envió...*Hablad* a los ancianos de Judá 1696
19.43 ¿no *hablamos* nosotros los primeros 1697
20.16 que venga acá, para que yo *hable* con él 1696
20.18 entonces volvió ella a *hablar*, diciendo 559
21.2 rey llamó a los gabaonitas, y les *habló*.......... 559
22.1 *habló* David a Jehová las palabras de 1696
23.2 el Espíritu de Jehová ha *hablado* por mí....... 1696
23.3 me *habló* la Roca de Israel: Habrá un 1696
1 R 1.11 entonces *habló* Natán a Betsabé madre 559
1.14 estando tú aún *hablando* con el rey, yo......... 1696
1.22 mientras aún *hablaba* ella con el rey 1696
1.42 mientras él aún *hablaba*...vino Jonatán....... 1696
2.4 confirme Jehová la palabra que me *habló* 1696
2.16 hago una petición...ella le dijo: *Habla* 1696
2.17 yo te ruego que *hables* al rey Salomón.......... 559
2.18 dijo: Bien; yo *hablaré* por ti al rey 1696
2.19 Betsabé al rey...*hablarle* por Adonías............ 1696
2.23 que contra su vida ha *hablado* Adonías 1696
3.22 la otra...así *hablaban* delante del rey 1696
3.26 la mujer de quien era el...*habló* al rey........... 559
5.5 según...que Jehová *habló* a David mi padre 559

6.12 cumpliré...mi palabra que *hablé* a David 1696
8.15 bendito sea Jehová...que *habló* a David 1696
9.5 como *hablé* a David tu padre, diciendo 1696
12.3 vino, pues...Israel, y *hablaron* a Roboam 1696
12.7 le *hablaron* diciendo: Si tú fueres hoy 1696
12.7 respondiéndoles...palabras les *hablares* 1696
12.9 que me ha *hablado* diciendo: Disminuye 1696
12.10 así *hablarás* a este pueblo que te ha 1696
12.10 así les *hablarás*: El menor dedo de los 559
12.14 les *habló* conforme al consejo de los 1696
12.15 palabra que Jehová había *hablado* por 1697
12.23 *habla* a Roboam hijo de Salomón, rey de 559
13.3 esta es la señal de que Jehová ha *hablado* 1696
13.11 las palabras que había *hablado* al rey 1696
13.18 soy profeta...y un ángel me ha *hablado* 1696
13.27 *habló* a sus hijos...Ensilladme un asno 1696
13.31 *habló* a sus hijos, diciendo: Cuando yo 559
14.18 la cual él había *hablado* por su...Ahías 1696
15.29 que Jehová *habló* por su siervo Ahías 1696
16 34 palabra que había *hablado* por Josué 1696
20.28 el varón de Dios...y le *habló* diciendo 559
21.2 Acab *habló* a Nabot...Dame tu viña para 1696
21.6 *hablé* con Nabot de Jezreel, y le dije 1696
21.19 y le *hablarás* diciendo...¿No mataste, y 1696
21.19 volverás a *hablarle*, diciendo: Así ha 1696
21.23 de Jezabel también ha *hablado* Jehová 1696
22.8 y Josafat dijo: No *hable* el rey así 559
22.13 a Micaías, le *habló* diciendo: He aquí 1696
22.14 que lo que Jehová me *hablare*, eso diré 559
22.24 se fue de mí el...para *hablarte* a ti? 1696
22.28 volver en paz, Jehová no ha *hablado* por 1696
22.38 la palabra que Jehová había *hablado* 1696
2 R 1.3 ángel de Jehová *habló* a Elías tisbita 1696
1.11 le *habló* y dijo: Varón de Dios, el rey 6030
1.17 la palabra de Jehová, que había *hablado* 1696
2.11 que yendo ellos y *hablando*...un carro de 1696
2.22 conforme a la palabra que *habló* Eliseo 1696
4.13 ¿necesitas que *hable* por ti al rey, o 1696
5.13 mas sus criados...le *hablaron* diciendo 1696
6.12 declara...las palabras que tú *hablas* en 1696
6.33 aún estaba él *hablando* con ellos, y he 1696
7.18 el varón de Dios había *hablado* al rey 1696
8.1 *habló* Eliseo a aquella mujer a cuyo hijo 1696
8.4 y había el rey *hablado* con Giezi, criado 1696
9.12 me *habló*, diciendo: Así ha dicho Jehová 559
9.36 la cual él *habló* por medio de su siervo 1696
10.10 que Jehová *habló* sobre la casa de Acab 1696
10.17 palabra...que había *hablado* por Elías 1696
14.25 él había *hablado* por su siervo Jonás 1696
15.12 la palabra...que había *hablado* a Jehú 1696
18.26 te rogamos que *hables* a tus siervos 1696
18.26 no *hables*...en lengua de Judá a oídos 1696
18.28 el Rabsaces...*habló* diciendo: Oíd la 1696
20.19 la palabra...que has *hablado*, es buena 1696
21.10 *habló*...Jehová por medio de...profetas 1696
22.14 la profetisa Hulda...*hablaron* con ella 1696
22.16 todo el mal de que *habla* este libro 1697
24.2 palabra...había *hablado* por...profetas 1696
25.28 le *habló* con benevolencia, y puso su 1696
1 Cr 12.17 David...*habló* diciendo: Si habéis 6030
16.9 cantad a él...*hablad* de...sus maravillas 7878
17.6 ¿*hablé* una palabra...una casa de cedro? 1696
17.15 conforme a todas...*habló* Natán a David 1696
17.17 que has *hablado* de la casa de tu siervo 1696
17.23 la palabra que has *hablado*...sea firme 1696
17.26 el Dios que has *hablado* de tu siervo 1696
21.9 y *habló* Jehová a Gad, vidente de David 1696
21.10 *habla* a David, y dile: Así ha dicho 1696
21.27 Jehová *habló* al ángel, y éste volvió 559
2 Cr 9.1 *habló* con...lo que en su corazón tenía 1696
10.3 Jeroboam, y todo...y *hablaron* a Roboam 1696
10.7 les *hablares*, buenas palabras, ellos te 1696
10.9 me ha *hablado*, diciendo: Alivia algo de 1696
10.10 así dirás al pueblo que te ha *hablado* 1696
10.14 les *habló* conforme al consejo de los 1696
10.15 la palabra que había *hablado* por Ahías 1696
11.3 *habla* a Roboam hijo de Salomón rey de 559
18.7 respondió Josafat: No *hable* así el rey 559
18.12 a llamar a Micaías, le *habló* diciendo 1696
18.12 yo, pues, te ruego...que *hables* bien 559
18.13 lo que mi Dios me dijere, eso *hablaré* 1696
18.15 te...que no me *hables* sino la verdad? 1696
18.22 pues Jehová ha *hablado* el mal contra ti 1696
18.23 se fue de mí el...para *hablarte* a ti? 1696
18.27 en paz, Jehová no ha *hablado* por mí 1696
25.16 *hablándole* el profeta...él le respondió 1696
25.16 cuando terminó de *hablar*, el profeta 559
30.22 *habló* Ezequías al corazón de todos los 1696
32.6 y *habló* al corazón de ellos, diciendo 1696
32.16 otras cosas más *hablaron* sus siervos 1696
32.17 blasfemaba contra Jehová...y *hablaba* 559
32.19 *hablaron* contra el Dios de Jerusalén 1696
33.10 *habló* Jehová a Manasés y a su pueblo 1696
33.18 videntes que le *hablaron* en nombre de 1696
36.12 Jeremías, que le *hablaba* de parte de
Esd 8.17 las palabras que habían de *hablar* a 1696
8.22 habíamos *hablado* al rey, diciendo: La 559
Neh 4.2 *habló* delante de sus hermanos y del 559
6.12 que *hablaba* aquella profecía contra mí 1696
9.13 *hablaste* con ellos desde el cielo, y les 1696
13.24 la mitad...*hablaban* la lengua de Asdod 1696
13.24 porque no sabían *hablar* judaico, sino 1696
13.24 *hablaban* conforme a la lengua de cada
Est 3.4 *hablándole* cada día de esta manera 559
6.4 venido al patio...para *hablarle* al rey 559
6.14 estaban ellos *hablando* con él, cuando 1696
7.9 el cual había *hablado* bien por el rey 1696
8.3 volvió...Ester a *hablar* delante del rey 1696
10.3 porque...*habló* paz para todo su linaje 1696
Job 1.16,17,18 estaba éste *hablando*...vino otro 1696
2.10 dijo: Como suele *hablar* cualquiera de 559
2.10 como...las mujeres fatuas, has *hablado* 1696
2.13 y ninguno le *hablaba* palabra, porque 1696
4.2 probáramos a *hablarte*, te será molesto 1697
7.11 *hablaré* en la angustia de mi espíritu 1696
8.2 ¿hasta cuándo *hablarás* tales cosas, y las 4448
8.10 te *hablarán*, y de su corazón sacarán 559
9.14 yo, y *hablaré* con él palabras escogidas? 6030
9.19 si *habláramos* de su potencia...es fuerte
9.35 *hablaré*, y no le temeré; porque en este 1696
10.1 queja; *hablaré* con amargura de mi alma 1696
11.2 el hombre que *habla*...será justificado? 8193
11.5 mas ¡oh quién diera que Dios *hablara* 1696
12.8 *habla* a la tierra, y ella te enseñará 7878
13.3 mas yo *hablaría* con el Todopoderoso, y 1696
13.7 *hablaréis* iniquidad...*h* por él egaño? 1696
13.13 *hablaré* yo, y que me venga después lo 1696
13.22 llama...o yo *hablaré*, y respóndeme tú 1696
15.5 has escogido el *hablar* de los astutos 3956
16.4 también yo podría *hablar* como vosotros 1696
16.6 si *hablo*, mi dolor no cesa; y si dejo 1696
16.6 si dejo de *hablar*, no se aparta de mí 2308
18.2 ¿cuándo...Entended, y después *hablemos* 1696
19.18 aun...al levantarme, *hablaban* contra mí 1696
21.3 yo *hablaré*; y después que haya *hablado* 1696
23.2 también *hablaré* con amargura; porque 7879
27.4 mis labios no *hablarán* iniquidad, ni mi 1696
32.7 los días *hablarán*, y la muchedumbre de 1696
32.16 yo, pues, he esperado, pero no *hablaban* 1696
32.20 *hablaré*...respiraré; abriré mis labios 1696
32.22 porque no sé *hablar* lisonjas; de otra 3655
33.2 boca, y mi lengua *hablará* en mi garganta 1696
33.3 mis labios, lo *hablarán* con sinceridad 4448
33.12 en esto no has *hablado* justamente
33.14 una o en dos maneras *habla* Dios; pero 1696
33.31 escucha, Job, y óyeme...y yo *hablaré* 1696
33.32 *habla*, porque yo te quiero justificar 1696
34.35 que Job no *habla* con sabiduría, y que 1696
37.20 preciso contarle cuando yo *hablaré*? 1696
40.5 una vez *hablé*, mas no responderé; aun 1696
40.5 aun dos veces, mas no volveré a *hablar*
41.3 para contigo? ¿Te *hablará* él lisonjas? 1696
42.3 yo *hablaba* lo que no entendía; cosas
42.4 oye, te ruego, y *hablaré*; te preguntaré 1696
42.7 que *habló* Jehová estas palabras a Job 1696
42.7 no habéis *hablado* de mí lo recto, como 1696
42.8 no habéis *hablado* de mí con rectitud 1696
Sal 2.5 *hablará* a ellos en su furor, y...ira 1696
5.6 destruirás a los que *hablan* mentira; al 1696
5.9 maldad...con su lengua *hablan* lisonjas
12.2 *habla* mentira cada uno con su prójimo 1696
12.2 *hablan* con labios lisonjeros, y...doblez 1696
12.3 destruirá...que *habla* jactanciosamente 1696
15.2 justicia, y *habla* verdad en su corazón 1696
17.10 con su boca *hablan* arrogantemente 1696
28.3 los cuales *hablan* paz con sus prójimos 1696
31.18 que *hablan* contra el justo cosas duras 1696
34.13 guarda...tus labios de *hablar* engaño 1696
35.20 no *hablan* paz; y contra los mansos de 1696
35.28 mi lengua *hablará* de tu justicia y de 1897
37.30 del justo *habla* sabiduría...*h* justicia 1897
38.12 que procuran mi mal *hablan* iniquidades 1696
40.5 si yo anunciare y *hablare* de ellos, no 1696
41.6 si vienen a verme, *hablan* mentira; su 1696
49.3 mi boca *hablará* sabiduría...inteligencia 1696
50.1 el Dios de dioses, Jehová, ha *hablado* 1696
50.7 oye, pueblo mío, y *hablaré*; escucha 1696
50.16 ¿qué tienes...que *hablar* de mis leyes 5608
50.20 *hablabas* contra tu hermano; contra el 1696
58.3 se descarriaron *hablando* mentira desde 1696
62.11 una vez *habló* Dios; dos veces he oído 1696
63.11 la boca de los que *hablan* mentira será 1696
66.14 que pronunciaron mis labios y *habló* 1696
69.12 *hablaban* contra mí los...a la puerta 7878
71.10 mis enemigos *hablan* de mí, y los que 559
71.24 mi lengua *hablará*...de tu justicia todo 1897
73.8 *hablan* con maldad de...*h* con altanería 1696
73.15 si dijera yo: *Hablaré* como ellos, he 5608
75.5 alarde...no *habléis* con cerviz erguida 1696
77.4 estaba yo quebrantado, y no *hablaba* 1696
77.12 meditaré en...y *hablaré* de tus hechos 7878
78.2 abriré mi boca...*hablaré* cosas escondidas 5042
78.19 *hablaron* contra Dios, diciendo: ¿Podrá 1696
85.8 escucharé lo que *hablará* Jehová Dios 1696
85.8 *hablará* paz a su pueblo y a sus santos 1696
89.19 entonces *hablaste* en visión a tu santo 1696
94.4 ¿hasta cuándo...*hablarán* cosas duras, y 1696
99.7 en columna de nube *hablaba* con ellos 1696
101.7 el que *habla* mentiras no se afirmará 1696
105.2 cantadle...*hablad* de...sus maravillas 7878
105.31 *habló*, y vinieron enjambres de moscas 559
105.34 *habló*, y vinieron langostas, y pulgón 559
106.33 *habló* precipitadamente con sus labios 981
107.25 porque *habló* e hizo levantar...viento 559
109.2 han *hablado* de mí con lengua mentirosa 1696
109.20 a los que *hablan* mal contra mi alma 1696
115.5 tienen boca, mas no *hablan*; tienen 1696
115.7 no andan; no *hablan* con su garganta 1897
116.10 creí; por tanto *hablé*...afligido en 1696
119.23 príncipes también...*hablaron* contra mí 1696
119.46 *hablaré* de tus testimonios delante de 1696
119.172 *hablará* mi lengua tus dichos, porque 6030
120.7 ellos, así que *hablo*, me hacen guerra 1696
127.5 no será avergonzado cuando *hablare* con 1696
135.16 tienen boca, y no *hablan*; tienen ojos 1696
144.8,11 cuya boca *habla* vanidad...mentira 1696
145.6 de tus hechos...*hablarán* los hombres 559
145.11 gloria...digan, y *hablen* de tu poder 559
Pr 2.12 los hombres que *hablan* perversidades 1696
6.13 que *habla* con los pies, que hace señas 4448
6.19 el testigo falso que *habla* mentiras 6315
6.22 te...*hablarán* contigo cuando despiertes 7878
8.6 oíd, porque *hablaré* cosas excelentes, y 1696
8.7 porque mi boca *hablará* verdad...mis labios ... 1897
10.32 labios del justo saben *hablar* lo que
10.32 boca de los impíos *habla* perversidades
12.17 el que *habla* verdad declara justicia 6315
14.5 mas el testigo falso *hablará* mentiras 6315
14.25 el testigo...engañoso *hablará* mentiras 6315
15.2 la boca de los necios *hablará* sandeces 5042
16.13 los reyes...aman al que *habla* lo recto 1696
18.23 el pobre *habla* con ruegos, mas el rico 1696
19.5 y el que *habla* mentiras no escapará 6315
19.9 falso...el que *habla* mentiras perecerá 6315
23.9 no *hables* a oídos del necio, porque 1696
23.16 cuando...labios *hablaren* cosas rectas 1696
23.33 y tu corazón *hablará* perversidades 1696
24.2 en robar, o iniquidad *hablan* sus labios 1696
25.18 el hombre que *habla* contra su prójimo 6030
26.25 *hablare* amigablemente, no le creas 6963
Ec 1.16 *hablé* yo en mi corazón, diciendo: He 1696
3.7 tiempo de callar, y tiempo de *hablar* 1696
7.21 cosas que se *hablan*, para que no oigas 1696
Cnt 2.10 mi amado *habló*, y me dijo: Levántate 6030
5.6 tras su *hablar* salió mi alma...lo busqué 1696
7.9 y hace *hablar* los labios de los viejos 1680
8.8 ¿qué haremos...cuando de ella se *hablare*? 1696
Is 1.2 oíd, cielos...*habla* Jehová: Crie hijos 1696
7.10 *habló* también Jehová a Acaz, diciendo 1696
8.5 vez volvió Jehová a *hablarme*, diciendo 1696
8.19 a los adivinos, que susurran *hablando* 1897
9.17 falsos...toda boca *habla* despropósitos 1696
16.14 Jehová ha *hablado*, diciendo: Dentro de 1696
19.18 que *hablen* la lengua de Canaán, y que 1696
20.2 en aquel tiempo *habló* Jehová por medio 1696
21.9 después *habló* y dijo: Cayó...Babilonia 6030
22.25 echará a perder; porque Jehová *habló* 1696
23.4 el mar...*habló*, diciendo: Nunca estuve 559
28.11 extraña lengua *hablará* a este pueblo 1696
29.4 *hablarás* desde la tierra, y tu habla 1696
32.4 lengua de los tartamudos *hablará* rápida 1696
32.6 porque el ruin *hablará* ruindades, y su 1696
32.6 para cometer impiedad...*hablar* escarnio 1696
32.7 para *hablar* en juicio contra el pobre 1696
33.15 camina en justicia y *habla* lo recto 1696
36.5 el consejo y...poderío de que tú *hablas*
36.11 que *hables* a...en arameo...y no *h* con 1696
37.22 las palabras que Jehová *habló* contra 1696
39.8 la palabra de Jehová que has *hablado* es 1696
40.2 *hablad* al corazón de Jerusalén; decidle 1696
40.5 porque la boca de Jehová ha *hablado* 1696
40.27 ¿por qué dices, oh Jacob, y *hablas* tú 1696
41.1 acérquense, y entonces *hablen*; estemos 1696
43.26 juntamente; *habla* tú para justificarte 5608
45.19 no *hablé* en secreto...un lugar oscuro 1696
45.19 yo soy Jehová que *hablo* justicia, que 1696
46.11 *hablé*, y lo haré venir; lo he pensado 1696
48.15 yo, yo *hablé*, y le llamé y te traje 1696
48.16 desde el principio no *hablé* en secreto 1696
50.4 para saber *hablar* palabras al cansado 5790
52.6 mismo que *hablo*...aquí estaré presente 1696
56.3 y el extranjero que...no *hable* diciendo 559
58.9 el dedo amenazador, y el *hablar* vanidad 1696
58.13 tu voluntad, ni *hablando* tus...palabras 1696
58.14 porque la boca de Jehová lo ha *hablado* 1696
59.3 mentira, *habla* maldad vuestra lengua 1696
59.4 confían en vanidad, y *hablan* vanidades 1696
59.13 mentir...el *hablar* calumnia y rebelión 1696
63.1 el que *hablo* en justicia, grande para 1696
65.12 por cuanto llamé...*hablé*, y no oísteis 1696
65.24 mientras aún *hablan*, yo habré oído 1696
66.4 *hablé*, y no oyeron, sino que hicieron 1696
Jer 1.6 yo dije...no sé *hablar*, porque soy niño 1696
1.17 ciñe tus lomos, levántate, y *háblales* 1696
3.5 que has *hablado* y hecho cuantas maldades 1696
4.28 *hablé*, lo pensé, y no me arrepentí, ni 1696
5.5 iré a los grandes, y les *hablaré*; porque 1696
5.15 lengua...y no entenderás lo que *hablare* 1696
6.10 ¿a quién *hablaré* y amonestaré, para que 1696
7.13 os *hablé*...no oísteis, y os llamé, y no 1696
7.22 porque no *hablé* yo con vuestros padres 1696
8.6 no *hablan* rectamente, no hay hombre que 1696
9.5 cada uno engaña...y ninguno *habla* verdad 1696
9.5 acostumbraron...lengua a *hablar* mentira 1696
9.8 engaño *habla*; con su boca dice paz a su 1696
9.12 a quién *habló* la boca de Jehová, para 1696
9.22 *habla*: Así ha dicho Jehová: Los cuerpos 1696
10.1 la palabra que Jehová ha *hablado* sobre 1696
10.5 derechos...como palmera, y no *hablan*; son ... 1696
11.2 oíd las palabras de...pacto, y *hablad* a 1696
12.6 no los creas cuando bien te *hablen* 1696
13.15 escuchad y oíd...pues Jehová ha *hablado* 1696
14.14 no...envié, ni les mandé, ni les *hablé* 1696
18.7 en un instante *hablaré* contra pueblos 1696
18.8 de su maldad contra la cual *hablé*, yo 1696
18.9 en un instante *hablaré* de la gente y del 1696
18.11 *habla* luego a todo hombre de Judá y a 559
18.20 me puse delante de ti para *hablar* bien 1696
19.2 allí las palabras que yo te *hablaré* 1696
19.5 cosa que no les mandé, ni *hablé*, ni me 1696
19.15 traigo...todo el mal que *hablé* contra 1696
20.8 cuantas veces *hablo*, doy voces, grito 1696
20.9 dije: No...ni *hablaré* más en su nombre 1696
22.1 desciende a...y *habla* allí esta palabra 1696

H

22.21 te he *hablado* en tus prosperidades, mas 1696
23.16 *hablan* visión de su propio corazón, no 1696
23.21 no les *hablé*, mas ellos profetizaban 1696
23.35 ¿qué ha respondido... qué *habló* Jehová? 1696
23.37 ¿qué te respondió... y qué *habló* Jehová? 1696
25.2 la cual *habló* el profeta Jeremías a todo 1696
25.3 he *hablado* desde temprano y sin cesar 1696
25.13 y traeré... mis palabras que he *hablado* 1696
26.2 *habla*... palabras que... te mandé *hablarles* 1696
26.7 oyeron a Jeremías *hablar* estas palabras 1696
26.8 cuando terminó de *hablar* Jeremías todo 1696
26.8 Jehová le había mandado que *hablase* a 1696
26.11 *hablaron* los sacerdotes y los profetas 559
26.12 *habló* Jeremías a todos los príncipes 559
26.13 se arrepentirá... del mal que ha *hablado* 1696
26.16 nombre de Jehová... Dios nos ha *hablado* 1696
26.17 ancianos... *hablaron* a toda la reunión 559
26.18 Miqueas de... *habló* a todo el pueblo de 559
26.19 arrepintió del mal que había *hablado* 1696
27.9 *hablan* diciendo: No serviréis al rey de 559
27.12 *hablé* también a Sedequías rey de Judá 1696
27.14 los profetas que os *hablan* diciendo: No 559
27.16 a todo este pueblo *hablé*... No oigáis las 1696
28.1 Hananías... *habló* en la casa de Jehová 559
28.2 así *habló* Jehová... Quebranté el yugo del 559
28.7 oye ahora esta palabra que yo *hablo* en 1696
28.11 y *habló* Hananías en presencia de todo 559
28.13 vé y *habla* a Hananías, diciendo: Así 559
28.16 morirás en... porque *hablaste* rebelión 1696
29.23 y falsamente *hablaron* en mi nombre 1696
29.24 a Semaías de Nehelam *hablarás*, diciendo 559
29.25 así *habló* Jehová... Tu enviaste cartas en 559
29.32 contra Jehová ha *hablado* rebelión 1696
30.2 *habló* Jehová Dios de Israel, diciendo 559
30.2 escríbete... palabras que te he *hablado* 1696
30.4 las palabras que *habló* Jehová acerca de 1696
31.20 desde que *hablé* de él, me he acordado 1696
32.4 *hablará* con él boca a boca, y sus ojos 1696
32.42 todo el bien que acerca de ellos *hablo* 1696
33.14 la buena palabra que he *hablado* a la 1696
33.24 ver lo que *habla* este pueblo, diciendo 1696
34.2 vé y *habla* a Sedequías rey de Judá, y 559
34.3 te *hablará* boca a boca, y en Babilonia 1696
34.5 porque yo he *hablado* la palabra, dice 1696
34.6 *habló* el profeta Jeremías a Sedequías 1696
35.2 *habla* con ellos, e introdúcelos en la 1696
35.14 yo os he *hablado*... temprano y sin cesar 1696
35.17 mal que... he *hablado*; porque les hablé 1696
36.2 las palabras que te he *hablado* contra 1696
36.2 el día que comencé a *hablarte*... hasta hoy 1696
36.4 las palabras que Jehová le había *hablado* 1696
38.1 palabras que Jeremías *hablaba* a todo el 1696
38.4 hace desmayar las... *hablándoles*... palabras 1696
38.8 Ebed-melec salió de la casa del rey y *habló* 1696
38.20 oye... la voz de Jehová que yo te *hablo* 1696
38.25 he *hablado*... Decláranos ahora qué hablaste 1696
39.16 y *habla* a Ebed-melec etíope, diciendo 559
40.2 le dijo: Jehová tu Dios *habló* este mal 1696
40.15 Johanán... *habló* a Gedalías en secreto 559
42.19 Jehová *habló* sobre vosotros, oh... Judá 1696
43.1 Jeremías acabó de *hablar* a... el pueblo 1696
44.16 palabra que nos has *hablado* en nombre 1696
44.20 y *habló* Jeremías a todo el pueblo, a 559
44.25 *hablado* Jehová... Vosotros... *hablasteis* 1696
45.1 palabra que *habló* el profeta Jeremías 1696
46.13 que *habló* Jehová al profeta Jeremías 1696
48.27 cuando de él *hablaste*... te has burlado 1697
50.1 palabra... *habló* Jehová contra Babilonia 1696
52.32 y *habló* con él amigablemente, e hizo 1696
Ez 1.28 postré... oí la voz de uno que *hablaba* 1696
2.1 ponte sobre tus pies, y *hablaré* contigo 1696
2.2 luego que me *habló*, entró el Espíritu en 1696
2.2 sobre mis pies, y oí al que me *hablaba* 1696
2.7 *hablarás*, pues, mis palabras, escuchen o 1696
2.8 oye lo que yo te *hablo*; no seas rebelde 1696
3.1 come este rollo, y vé y *habla* a la casa 1696
3.4 entra a la casa de Israel, y *habla* a ellos 1696
3.10 todas mis palabras que yo te *hablaré* 1696
3.11 vé y entra a los cautivos... y *háblales* 1696
3.18 no le amonestares ni le *hablares*, para 1696
3.22 y sal al campo, y allí *hablaré* contigo 1696
3.24 *habló*, y me dijo: Entra, y enciérrate 1696
3.27 cuando yo te hubiere *hablado*, abriré tu 1696
5.13 sabrán que yo Jehová he *hablado* en mi 1696
5.15 serás oprobio y... Yo Jehová he *hablado* 1696
5.17 enviaré sobre ti... Yo Jehová he *hablado* 1696
10.2 y *habló* al varón vestido de lino, y le 559
10.5 la voz del Dios Omnipotente cuando *habla* 1696
11.5 así habéis *hablado*, oh casa de Israel 559
11.25 *hablé* a los cautivos todas las cosas 1696
12.25 *hablaré*, y se cumplirá la... que yo hable 1696
12.25 *hablaré* palabra y la cumpliré, dice 1696
12.28 que la palabra que yo *hable* se cumplirá 1696
13.7 que decís: Dijo... no habiendo yo *hablado*? 559
13.8 cuanto vosotros habéis *hablado* vanidad 1696
14.4 *háblales*... y diles: Así ha dicho Jehová 1696
14.9 el profeta fuere engañado y *hablare* 1696
17.21 y sabréis que yo Jehová he *hablado* 1696
20.3 hijo de... *habla* a los ancianos de Israel 1696
20.27 *habla* a la casa de Israel, y diles: Así 1696
21.17 reposar mi ira. Yo Jehová he *hablado* 1696
21.32 pasto del fuego... yo Jehová he *hablado* 1696
22.14 ti? Yo Jehová he *hablado*, y lo haré 1696
22.28 ha dicho... y Jehová no había *hablado* 1696
23.34 yo he *hablado*, dice Jehová el Señor 1696
24.3 *habla* por parábola a la casa rebelde 4911
24.14 yo Jehová he *hablado*; vendrá, y yo lo 1696
24.18 *hablé* al pueblo por la mañana, y a la 1696
24.27 se abrirá tu boca para *hablar* con el
24.27 *hablarás*, y no estarás más mudo; y les 1696
26.5,14 yo he *hablado*, dice Jehová el Señor 1696
28.9 ¿*hablarás* delante del que te mate 559
28.10 yo he *hablado*, dice Jehová el Señor 1696
29.3 *habla* y di... ha dicho Jehová el Señor 1696
30.12 secaré los ríos... Yo Jehová he *hablado* 1696
32.21 de en medio del Seol *hablarán* a él los 1696
33.2 hijo de... *habla* a los hijos de tu pueblo 1696
33.8 si tú no *hablares* para que se guarde el 1696
33.10 vosotros habéis *hablado* así, diciendo 559
33.24 *hablan* diciendo: Abraham era uno, y 559
33.30 *habla* el uno con el otro, cada uno con 1696
34.24 les seré por Dios... Yo Jehová he *hablado* 1696
36.5 he *hablado* por... en el fuego de mi celo 1696
36.6 he *hablado*, por cuanto habéis llevado 1696
36.36 que... yo Jehová he *hablado*, y lo haré 1696
37.14 sabréis que yo Jehová *hablé*, y lo hice 1696
38.17 ¿no eres tú aquel de quien *hablé* yo en 1696
38.19 he *hablado* en mi celo, y en el fuego 1696
39.5 yo he *hablado*, dice Jehová el Señor 1696
39.8 viene, y... es el día del cual he *hablado* 1696
40.4 me *habló* aquel varón, diciendo: Hijo de 1696
43.6 y oí uno que me *hablaba* desde la casa 1696
44.5 oye con tus oídos todo lo que yo *hablo* 1696
Dn 1.19 el rey *habló* con ellos, y no fueron 1696
2.4 *hablaron* los caldeos al rey en... arameo 1696
2.14 Daniel *habló* sabia y prudentemente a 8421
2.15 *habló* y dijo a Arioc capitán del rey 6032
2.20 y Daniel *habló* y dijo: Sea bendito el 6032
2.47 rey *habló* a Daniel... Ciertamente el Dios 6032
3.9 *hablaron* y dijeron al rey Nabucodonosor 560
3.14 *habló* Nabucodonosor... dijo: ¿Es verdad 6032
4.19 el rey *habló* y dijo: Beltsasar, no te 6032
4.30 *habló* el rey y dijo: ¿No es ésta la gran 6032
6.12 y le *hablaron* del edicto real: ¿No has 560
7.8,20 una boca que *hablaba* grandes cosas 4449
7.11 grandes palabras que *hablaba* el cuerno 4449
7.16 me *habló*, y me hizo conocer... las cosas 560
7.25 y *hablará* palabras contra el Altísimo 4449
8.13 oí a un santo que *hablaba*; y otro de 559
8.13 preguntó a aquel que *hablaba*: ¿Hasta 1696
8.18 *hablaba* conmigo, caí dormido en tierra 1696
9.2 número de los años de que *habló* Jehová 1697
9.6 en tu nombre *hablaron* a nuestros reyes 1696
9.12 y él ha cumplido la palabra que *habló* 1696
9.20 estaba *hablando* y orando, y confesando 1696
9.21 aún estaba hablando en oración, cuando 1696
9.22 *habló* conmigo, diciendo: Daniel, ahora 1696
10.11 atento a las palabras que te *hablaré* 1696
10.11 mientras *hablaba* esto, me puse en pie 1696
10.16 y *hablé*, y dije al que estaba delante 1696
10.17 ¿cómo... podrá el... *hablar* con mi señor? 1696
10.19 y mientras él me *hablaba*, recobré las 1696
10.19 *habla* mi señor... me has fortalecido 1696
11.27 y en una misma mesa *hablarán* mentira 1696
11.36 contra el Dios de los dioses *hablará* 1696
Os 2.14 la llevaré... y *hablaré* a su corazón 1696
7.13 y ellos *hablaron* mentiras contra mí 1696
10.4 han *hablado* palabras jurando en vano 1696
12.4 en Bet-el le halló, y allí *habló* con 1696
12.10 he *hablado* a los profetas, y aumenté 1696
13.1 cuando Efraín *hablaba*, hubo temor; fue 1696
Jl 3.8 los venderán... porque Jehová ha *hablado* 1696
Am 3.1 oíd esta palabra que ha *hablado* Jehová 1696
3.8 si *habla* Jehová el Señor... no profetizará? 1696
5.10 y al que *hablaba* lo recto abominaron 1696
7.16 no... ni *hables* contra la casa de Isaac 5197
Mi 4.4 la boca de Jehová de los... lo ha *hablado* 1696
6.12 sus moradores *hablaron* mentira, y su 1696
7.3 y el grande *habla* el antojo de su alma 1696
Hag 1.2 ha *hablado* Jehová... Este pueblo dice 559
1.13 Hageo... *habló* por mandato de Jehová al 559
2.2 *habla* ahora Zorobabel hijo de Salatiel 559
2.21 *habla* a Zorobabel gobernador de Judá 559
Zac 1.9 me dijo el ángel que *hablaba* conmigo 1696
1.11 ellos *hablaron* a aquel ángel de Jehová 6030
1.13 Jehová respondió... al ángel que *hablaba* 1696
1.14 y me dijo el ángel que *hablaba*... Clama 1696
1.19 al ángel que *hablaba*... ¿qué son éstos? 1696
2.3 salía aquel ángel que *hablaba* conmigo 1696
2.4 dijo: Corre, *habla* a este joven, diciendo 1696
3.4 y *habló* el ángel... Quitadle esas... viles 6030
4.1 volvió el ángel que *hablaba* conmigo, y me 1696
4.4 *hablé*, diciendo... ¿Qué es esto, señor mío? 6030
4.4 diciendo a aquel ángel... *hablaba* conmigo 1696
4.5 ángel que *hablaba*... me dijo: ¿No sabes qué 1696
4.6 *habló* diciendo: Esta es palabra de Jehová 6030
4.11,12 *habla*... y le dije: ¿Qué significan 6030
5.5 y salió aquel ángel que *hablaba* conmigo 1696
5.10 dije al ángel que *hablaba* conmigo 1696
6.4 y dije al ángel que *hablaba* conmigo 1696
6.8 me llamó, y me *habló* diciendo: Mira, los 1696
6.12 le *hablarás*, diciendo: Así ha *hablado* 559
7.3 a *hablar* a los sacerdotes que estaban en 559
7.5 *habla* a todo el pueblo del país, y a los 559
7.9 así *habló* Jehová... Juzgad conforme a la 559
8.16 *hablad* verdad cada cual con su prójimo 1696
9.10 *hablará* paz a... naciones, y su señor 1696
10.2 han *hablado* sueños vanos, y vano es su 1696
13.3 no vivirás... has *hablado* mentira en el 1696
Mal 3.13 dijisteis: ¿Qué... *hablado* contra ti? 1696
3.16 los... *hablaron* cada uno a su compañero 1696
Mt 3.3 aquel de quien *habló* el profeta Isaías *4483*
5.37 **pero sea nuestro *hablar*: Sí, sí; no, no** *3056*
9.33 echado fuera el demonio, el mudo *habló* *2980*
10.19 **no os preocupéis por cómo... *hablaréis*** *2980*
10.19 **os será dado lo que habéis de *hablar*** *2980*
10.20 **no sois vosotros los que *habláis*, sino** *2980*
10.20 **dio el Espíritu... que *habla* en vosotros** *2980*
12.22 tal manera que el... mudo vela y *hablaba* *2980*
12.32 **al que *habla* contra el Espíritu Santo** *2036*
12.34 **¿como podéis *hablar* lo bueno, siendo** *2980*
12.34 **la abundancia del corazón *habla* la boca** *2980*
12.36 **palabra ociosa que *hablen* los hombres** *2980*
12.46 mientras él aún *hablaba* a la gente, he *2980*
12.46 madre y sus hermanos... querían *hablar* *2980*
12.47 madre y tus hermanos... quieren *hablar* *2980*
13.3 y les *habló* muchas cosas por parábolas *2980*
13.10 ¿por qué les *hablas* por parábolas? *2980*
13.13 por eso les *hablo* por parábolas; porque *2980*
13.34 todo esto *habló* Jesús por parábolas a *2980*
13.34 Jesús... sin parábolas no les *hablaba* *2980*
14.27 **Jesús les *habló*... ¡Tened ánimo; yo soy** *2980*
15.31 viendo a los mudos *hablar*... los mancos *2980*
17.3 aparecieron Moisés y... *hablando* con él *4814*
17 5 aún *hablaba* una nube de luz los cubrió *2980*
17.13 les había *hablado* de Juan el Bautista *2036*
17.25 ***habló* primero... ¿Qué te parece, Simón?** *3004*
21.45 los... entendieron que *hablaba* de ellos *3004*
22.1 volvió a *hablar* por parábolas, diciendo *2036*
23.1 *habló* Jesús a la gente y a... discípulos *2980*
24.15 **la abominación... de que *habló* el profeta** *4483*
26.47 mientras todavía *hablaba*, vino Judas *2980*
26.73 aun tu manera de *hablar* te descubre *2981*
28.18 **les *habló* diciendo: Toda potestad me** *2980*
Mr 1.30 suegra... en seguida le *hablaron* de ella *3004*
1.34 no dejaba *hablar* a los demonios, porque *2980*
1.42 así que él hubo *hablado*... lepra se fue *2036*
2.7 ¿por qué *habla* éste así? Blasfemias dice *2980*
4.33 muchas parábolas como estas les *hablaba* *2980*
4.34 sin parábolas no les *hablaba*; aunque a *2980*
5.27 cuando oyó *hablar* de Jesús, vino por
5.35 mientras él aún *hablaba*, vinieron de *2980*
6.50 ***habló* con ellos, y les dijo: ¡Tened** *2980*
7.35 se desató la ligadura de su lengua,
y *hablaba* bien *2980*
7.37 los sordos oír, y a los mudos *hablar* *2980*
9.4 apareció Elías con Moisés, que *hablaban* *4814*
9.6 no sabía lo que *hablaba*, pues estaban *2980*
12.26 le *habló* Dios en la zarza, diciendo *2036*
13.11 eso *hablad*... no sois... los que *habláis* *2980*
13.14 abominación... de que *habló* el profeta *4483*
14.43 *hablando* él aún, vino Judas, que era *2980*
14.70 tu manera de *hablar* es semejante a la *2981*
14.71 jurar: No conozco a... de quien *habláis* *3004*
16.17 **en mi nombre... *hablarán* nuevas lenguas** *2980*
16.19 después que les *habló*, fue recibido *2980*
Lc 1.19 he sido enviado a *hablarte*, y darte *2980*
1.20 no podrás *hablar* hasta el día en que *2980*
1.22 pero cuando salió, no les podía *hablar* *2980*
1.22 les *hablaba* por señas, y permaneció mudo *2980*
1.55 la cual *habló* a nuestros padres, para *2980*
1.64 su lengua, y *habló* bendiciendo a Dios *2980*
1.70 *habló* por boca de sus santos profetas *2980*
2.38 *hablaba* del niño a... los que esperaban *2980*
2.50 no entendieron las palabras que... *habló* *2980*
4.36 y *hablaban*... diciendo: ¿Qué palabra es *4814*
4.41 los reprendí y no les dejaba *hablar* *2980*
5.4 cuando terminó de *hablar*, dijo a Simón *2980*
5.21 ¿quién es éste que *habla* blasfemias? *2980*
6.11 y *hablaban*... podrían hacer contra Jesús *1255*
6.26 **los hombres *hablen* bien de vosotros!** *2036*
6.45 **la abundancia del corazón *habla* la boca** *2980*
7.3 cuando el centurión oyó *hablar* de Jesús
7.15 se incorporó el que... y comenzó a *hablar* *2980*
8.8 *hablando* estas cosas, decía a gran voz *3004*
8.49 estaba *hablando* aún, cuando vino uno de *2980*
9.11 *hablaba* del reino de Dios, y sanaba a *2980*
9.30 he aquí dos varones que *hablaban* con él *4814*
9.31 *hablaban* de su partida, que iba Jesús a *3004*
11.14 que salido el demonio, el mudo *habló* *2980*
11.37 que hubo *hablado*, le rogó un fariseo *2980*
11.53 a provocarle a que *hablase* de muchas *653*
12.3 y lo que habéis *hablado* al oído en los *2980*
14.3 Jesús *habló* a los intérpretes de la ley *2036*
20.2 le *hablaron* diciendo: Dinos: ¿con qué *2036*
21.5 que *hablaban* de que el templo estaba *3004*
22.4 y *habló* con los principales sacerdotes *4814*
22.47 mientras él aún *hablaba*, se presentó *2980*
22.60 mientras él... *hablaba*, el gallo cantó *2980*
23.20 les *habló* otra vez Pilato, queriendo *4377*
24.6 acordaos de lo que os *habló*, cuando aún *2980*
24.14 *hablando* entre sí de todas aquellas *3656*
24.15 mientras *hablaban* y discutían entre sí *3656*
24.32 ¿no... mientras nos *hablaba* en el camino *2980*
24.36 aún *hablaban*... Jesús se puso en medio *2980*
24.44 **estas son las palabras que os *hablé*** *2980*
Jn 1.37 le oyeron *hablar* los dos discípulos *2980*
2.21 mas él *hablaba* del templo de su cuerpo *3004*
3.11 **lo que sabemos *hablamos*, y lo que hemos** *2980*
3.31 es terrenal, y cosas terrenales *habla* *2980*
3.34 Dios envió, las palabras de Dios *habla* *2980*
4.26 **le dijo: Yo soy, el que *habla* contigo** *2980*
4.27 se maravillaron de que *hablaba* con una *2980*
4.27 que preguntas? o, ¿Qué *hablas* con ella? *2980*
6.63 **las palabras que yo os he *hablado* son** *2980*
6.71 *hablaba* de Judas Iscariote... de Simón *3004*
7.13 pero ninguno *hablaba* abiertamente de él *2980*
7.17 **Dios, o si yo *hablo* por mi propia cuenta** *2980*
7.18 **el que *habla* por su propia cuenta, su** *2980*
7.26 *habla* públicamente, y no le dicen nada *2980*
7.46 jamás hombre alguno ha *hablado* como *2980*
8.12 **les *habló*, diciendo: Yo soy la puerta del** *2980*
8.20 estas palabras *habló* Jesús en el lugar *2980*
8.26 **yo, lo que he oído de él... *hablo* al mundo** *2980*

8.27 no entendieron que les *hablaba* del Padre *3004*
8.28 **que según me enseñó el Padre, así *hablo*** *2980*
8.30 *hablando* él estas cosas, muchos creyeron *2980*
8.38 ***hablo* lo que he visto cerca del Padre** *2980*
8.40 **hombre que os he *hablado* la verdad, la** *2980*
8.44 **cuando *habla* mentira, de suyo *h*; porque** *2980*
9.21 edad tiene, preguntadle a él; él *hablad* *2980*
9.29 sabemos que Dios ha *hablado* a Moisés *2980*
9.37 **le has visto, y el que *habla* contigo** *2980*
11.13 pensaron que *hablaba* del reposar del *3004*
12.29 otros decían: Un ángel le ha *hablado* *2980*
12.36 estas cosas *habló* Jesús, y se fue y se *2980*
12.41 Isaías dijo esto... *habló* acerca de él *2980*
12.48 **la palabra que he *hablado*... le juzgará** *2980*
12.49 **yo no he *hablado* por mi propia cuenta** *2980*
12.49 **mandamiento de... de lo que he de *hablar*** *2980*
12.50 **lo que yo *hablo*, lo *h* como el Padre me** *2980*
13.18 **no *hablo* de todos vosotros; yo sé a** *3004*
13.22 se miraban... dudando de quién *hablaba* *3004*
13.24 para que preguntase... de quién *hablaba* *3004*
14.10 **las palabras que yo os *hablo*, no las *h*** *2980*
14.30 **no *hablaré* ya mucho con vosotros** *2980*
15.3 **limpios por la palabra... os he *hablado*** *2980*
15.11 **cosas os he *hablado*, para que mi gozo** *2980*
15.22 **yo no... venido, ni les hubiera *hablado*** *2980*
16.1 **estas cosas os he *hablado*, para que no** *2980*
16.13 **no *hablará* por su propia cuenta, sino** *2980*
16.18 un poco? No entendemos lo que *habla* *2980*
16.25 **he *hablado* en alegorías; la hora viene** *2980*
16.25 **cuando ya no os *hablaré* por alegorías** *2980*
16.29 *hablas* claramente, y ninguna alegoría *2980*
16.33 **he *hablado* para que en mí tengáis paz** *2980*
17.1 estas cosas *habló* Jesús, y levantando *2980*
17.13 **voy a ti; y *hablo* esto en el mundo, para** *2980*
18.16 y *habló* a la portera, e hizo entrar a *2036*
18.20 ***hablado* al mundo... nada he *h* en oculto** *2980*
18.21 **pregunta... qué les haya yo *hablado*** *191*
18.23 **si he *hablado* mal testifica en qué** *2980*
19.10 dijo Pilato: ¿A mí no me *hablas*? ¿No *2980*
Hch 1.1 *hablé* acerca de todas las cosas que
1.3 y *hablándoles* acerca del reino de Dios *3004*
1.16 el Espíritu Santo *habló* antes por boca *4277*
2.4 y comenzaron a *hablar* en otras lenguas *2980*
2.4 según el Espíritu les daba que *hablasen* *669*
2.6 uno les oía *hablar* en su propia lengua *2980*
2.7 no son galileos todos estos que *hablan*? *2980*
2.8 les oímos nosotros *hablar* cada uno en
2.11 les oímos *hablar* en nuestras lenguas las *2980*
2.14 Pedro... *habló* diciendo: Varones judíos *669*
2.31 *habló* de la resurrección de Cristo, que *2980*
3.21 que *habló* Dios por boca de sus santos *2980*
3.22 oiréis en todas las cosas que os *hable* *2980*
3.24 han *hablado*... han anunciado estos días *2980*
4.1 *hablando* ellos al pueblo, vinieron sobre *2980*
4.17 no *hablen* de aquí en adelante a hombre *2980*
4.18 en ninguna manera *hablasen* ni enseñasen *5350*
4.29 que con todo denuedo *hablen* tu palabra *2980*
4.31 *hablaban* con denuedo la palabra de Dios *2980*
5.40 que no *hablasen* en el nombre de Jesús *2980*
6.10 resistir... al Espíritu con que *hablaba* *2980*
6.11 le habían oído *hablar* palabras blasfemas *2980*
6.13 este hombre no cesa de *hablar* palabras *2980*
7.38 ángel que le *hablaba* en el monte Sinaí *2980*
8.25 habiendo... y *hablado* la palabra de Dios *2980*
8.26 ángel del Señor *habló* a Felipe, diciendo *2980*
9.27 al Señor, el cual le había *hablado*, y *2980*
9.27 en Damasco había *hablado* valerosamente *3955*
9.29 *hablaba* denodadamente en el nombre del *3955*
10.7 ido el ángel que *hablaba* con Cornelio *2980*
10.27 y *hablando* con él, entró y halló a *4926*
10.32 a Simón... cuando llegue él te *hablará* *2980*
10.44 aún *hablaba* Pedro estas palabras, el *2980*
10.46 los oían que *hablaban* en lenguas, y que *2980*
11.14 él te *hablará* palabras por las cuales *2980*
11.15 comencé a *hablar*, cayó el Espíritu *2980*
11.19 no *hablando* a nadie la palabra, sino *2980*
11.20 unos... *hablaron* también a los griegos *2980*
13.15 alguna palabra de exhortación... *hablad* *3004*
13.42 rogaron... les *hablasen* de estas cosas *2980*
13.43 quienes *hablándoles*, les persuadían a *4354*
13.46 Pablo y Bernabé, *hablando* con denuedo *3955*
13.46 que se os *hablase* primero la palabra de *2980*
14.1 y *hablaron* de tal manera que creyó una *2980*
14.3 *hablando* con denuedo, confiados en el *3955*
14.9 oyó *hablar* a Pablo, el cual, fijando en *2980*
16.6 les fue prohibido... *hablar* la palabra en *2980*
16.13 *hablamos* a las mujeres que se habían *2980*
16.32 le *hablaron* la palabra del Señor a él *2980*
17.19 esta nueva enseñanza de que *hablas*? *2980*
18.9 **dijo... No temas, sino *habla*, y no calles** *2980*
18.14 comenzar Pablo a *hablar*, Galión dijo *455*
18.25 *hablaba* y enseñaba diligentemente lo *2980*
18.26 a *hablar* con denuedo en la sinagoga *3955*
19.6 y *hablaban* en lenguas, y profetizaban *2980*
19.8 *habló* con denuedo por espacio de tres *3955*
19.33 a Alejandro... *hablar* en su defensa ante *626*
20.11 *habló* largamente hasta el alba; y así *3656*
20.30 hombres que *hablen* cosas perversas *2980*
21.39 ruego que me permitas *hablar* al pueblo *2980*
21.40 *habló* en lengua hebrea, diciendo *4377*
22.2 al oír que les *hablaba* en lengua hebrea *4377*
22.9 no entendieron la voz del que *hablaba* *2980*
23.9 si un espíritu le ha *hablado*, o un ángel *2980*
23.16 el hijo de... oyendo *hablar* de la celada *191*
23.18 este joven, que tiene algo que *hablarte* *2980*
24.10 señal... a Pablo para que *hablase*, éste *3004*
24.26 muchas veces lo hacía venir y *hablaba* *3656*
25.12 Festo, habiendo *hablado* con el consejo *4814*
26.1 dijo... Se te permite *hablar* por ti mismo *3004*
26.14 oí una voz que me *hablaba*, y decía en *2080*
26.25 no estoy loco... sino que *hablo* palabras *669*
26.26 el rey... delante de quien también *hablo* *2980*
26.31 *hablaban* entre sí, diciendo: Ninguna *2980*
28.20 os he llamado para veros y *hablaros* *4354*
28.21 denunciado o *hablado* algún mal de ti *2980*
28.22 en todas partes se *habla* contra ella *483*
28.25 *habló* el Espíritu Santo por medio del *2980*
Ro 3.5 será injusto Dios... (*Hablo* como hombre *3004*
4.6 David *habla* de la bienaventuranza del *3004*
6.19 *hablo* como humano, por vuestra humana *3004*
7.1 pues *hablo* con los que conocen la ley *2980*
11.13 porque a vosotros *hablo*, gentiles. Por *3004*
15.18 *hablar* sino de lo que Cristo ha hecho *2980*
1 Co 1.10 que *habléis* todos una misma cosa, y *3004*
2.6 sin embargo, *hablamos* sabiduría entre los *2980*
2.7 *hablamos* sabiduría de Dios en misterio *2980*
2.13 *hablamos*, no con palabras enseñadas por *2980*
3.1 yo... no pude *hablaros* como a espirituales *2980*
10.15 como a sensatos os *hablo*, juzgad vosotros lo . *3004*
12.3 que nadie que *hable* por el Espíritu de *2980*
12.30 ¿*hablan* todos lenguas? ¿interpretan *2980*
13.1 yo *hablase* lenguas humanas y angélicas *2980*
13.11 cuando yo era niño, *hablaba* como niño *2980*
14.2 que *habla* en lenguas no *h* a los hombres *2980*
14.2 aunque por el Espíritu *habla* misterios *2980*
14.3 que profetiza *habla* a los hombres para *2980*
14.4 que *habla* en lengua extraña, a sí mismo *2980*
14.5 quisiera que todos... *hablasen* en lenguas *2980*
14.5 mayor es el... que el que *habla* en lenguas *2980*
14.6 si yo voy a vosotros *hablando* en lenguas *2980*
14.6 si no os *hablara* con revelación, o con *2980*
14.9 lo que decís? Porque *hablaréis* al aire *2980*
14.11 seré como extranjero para el que *habla* *2980*
14.11 el que *habla* será como extranjero para *2980*
14.13 el que *habla* en lengua extraña, pida en *2980*
14.18 gracias a Dios que *hablo* en lenguas más *2980*
14.19 pero en la iglesia prefiero *hablar* cinco *2980*
14.21 con otros labios *hablaré* a este pueblo *2980*
14.23 *hablan* en lenguas, y entran indoctos o *2980*
14.27 si *habla* alguno en lengua extraña, sea *2980*
14.28 calle... y *hable* para sí mismo y para Dios *2980*
14.29 los profetas *hablen* dos o tres, y los *2980*
14.34 mujeres... no les es permitido *hablar* *2980*
14.35 es indecoroso que una mujer *hable* en la *2980*
14.39 así que... no impidáis el *hablar* lenguas *2980*
2 Co 2.17 de parte de Dios... *hablamos* en Cristo *2980*
4.13 creí, por lo cual *hablé*... también *hablamos* *2980*
6.13 del mismo modo (como a hijos *hablo*) *3004*
7.14 en todo os hemos *hablado* con verdad *2980*
8.8 no *hablo* como quien manda, sino para *3004*
11.17 lo que *hablo*, no lo *h* según el Señor *2980*
11.21 (*hablo* con locura) yo tengo osadía *3004*
11.23 ¿son... (Como si estuviera loco *hablo*.) *2980*
12.19 delante de Dios en Cristo *hablamos* *2980*
13.3 una prueba de que *habla* Cristo en mí *2980*
Gá 3.15 *hablo* en términos humanos: Un pacto *3004*
3.16 las simientes, como si *hablase* de muchos *3004*
Ef 4.25 desechando la mentira, *hablad* verdad *2980*
5.12 porque vergonzoso es aun *hablar* de lo *3004*
5.19 *hablando* entre vosotros con salmos, con *2980*
6.20 denuedo *hable* de él, como debo hablar *3955*
Fil 1.14 más a *hablar* la palabra sin temor *2980*
Col 4.4 que lo manifieste como debo *hablar* *2980*
1 Ts 1.8 no tenemos necesidad de *hablar* nada *2980*
2.4 según fuimos aprobados por... así *hablamos* *2980*
2.16 impidiéndonos *hablar* a los gentiles para *2980*
1 Ti 1.7 sin entender ni lo que *hablan* ni lo que *3004*
5.13 ociosas... *hablando* lo que no debieran *2980*
Tit 2.1 tú *habla* lo que está de acuerdo con *2980*
2.15 *habla*... y reprende con toda autoridad *2980*
He 1.1 Dios, habiendo *hablado* muchas veces *2980*
1.2 días nos ha *hablado* por el Hijo, a quien *2980*
2.5 mundo... acerca del cual estamos *hablando* *2980*
4.8 reposo, no *hablaría* después de otro día *2980*
6.9 de cosas mejores... aunque *hablamos* así *2980*
7.14 de Judá, de la cual nada *habló* Moisés *2980*
9.5 de las cuales... no se puede ahora *hablar* *3004*
11.4 por la fe... muerto, aún *habla* por ella *2980*
12.19 a la voz que *hablaba*, la cual los que
12.19 oyeron rogaron que no se les *hablase* *4369*
12.24 la sangre rociada que *habla* mejor que *2980*
12.25 mirad que no desechéis al que *habla* *2980*
13.7 pastores, que os *hablaron* la palabra *2980*
Stg 1.19 pronto para oír, tardo para *hablar* *2980*
2.12 así *hablad*, y tal haced, como los que *2980*
5.10 a los profetas que *hablaron* en nombre *2980*
1 P 3.10 mal, y sus labios no *hablen* engaño *2980*
4.11 si alguno *habla*, *hable* conforme a las *2980*
2 P 1.21 *hablaron* siendo inspirados por el *2980*
2.12 *hablando* mal de cosas que no entienden *987*
2.16 de carga, *hablando* con voz de hombre *5350*
2.18 *hablando* palabras infladas y... seducen *5350*
3.16 *hablando* en ellas de estas cosas; entre *2980*
1 Jn 4.5 por eso *hablan* del mundo, y el mundo *2980*
2 Jn 12 espero ir a vosotros y *hablar* cara a cara *2980*
3 Jn 14 espero verte... *hablaremos* cara a cara *2980*
Jud 15 cosas duras que los... impíos han *hablado* *2980*
16 cuya boca *habla* cosas infladas, adulando *2980*
Ap 1.12 me volví para ver la voz que *hablaba* *2980*
4.1 la primera voz... *hablando* conmigo, dijo *2980*
7.13 uno de los ancianos *habló*, diciéndome *3004*
10.8 la voz que oí... *habló* otra vez conmigo *2980*
13.5 se le dio boca que *hablaba* grandes cosas *2980*
13.11 un cordero, pero *hablaba* como dragón *2980*
13.15 que la imagen *hablase* e hiciese matar *2980*
17.1 *habló* conmigo diciéndome: Ven acá, y te *3004*
21.9 *habló* conmigo, diciendo: Ven acá, yo te *2980*
21.15 que *hablaba*... tenía una caña de medir *2980*

HABOR *Región de Mesopotamia,*
2 R 17.6; 18.11; 1 Cr 5.26 2249

HACALÍAS *Padre de Nehemías*, Neh 1.1, 10.1 2446

HACATÁN *Padre de Johanán No. 10*, Esd 8.12 . . . 6997

HACEDOR
Éx 15.11 terrible en... hazañas, *h* de prodigios 6213
Job 32.22 de otra manera... mi *H* me consumiría 6213
35.10 ninguno dice: ¿Dónde está Dios mi *H*? 6213
36.3 tomaré mi... y atribuiré justicia a mi *H* 6466
Sal 6.8 apartaos de mí... los *h* de iniquidad 6466
36.12 allí cayeron... *h* de iniquidad; fueron 6466
86.10 eres grande, y *h* de maravillas; sólo tú 6213
95.6 adoremos... delante de Jehová nuestro *H* 6213
149.2 alégrese Israel en su *H*; los hijos de 6213
Pr 14.31 el que oprime al pobre afrenta a su *H* 6213
17.4 el que escarnece al pobre afrenta a su *H* 7489
Is 17.7 mirará el hombre a su *H*, y sus ojos 6213
27.11 su *H* no tendrá de él misericordia, ni 6213
29.16 ¿acaso la obra dirá de su *h*: No me hizo? 6213
44.2 dice Jehová, *H* tuyo, y el que te formó 6213
45.9 ¡ay del que pleitea con su *H*! ¡el tiesto 3335
51.13 ya te has olvidado de Jehová tu *H*, que 6213
54.5 porque tu marido es tu *H*; Jehová de los 6213
Jer 10.16 él es el *H* de todo, e Israel es la 3335
Os 6.8 Galaad... *h* de iniquidad, manchada con 6166
8.14 olvidó, pues, Israel a su *H*, y edificó 6213
Hab 2.18 haciendo imágenes mudas confíe el *h* 3335
Mt 7.23 **os conocí; apartaos de mí, *h* de maldad** *2038*
Lc 13.27 **apartaos de mí... vosotros, *h* de maldad** *2040*
Ro 2.13 sino los *h* de la ley serán justificados *4163*
Stg 1.22 pero sed *h* de la palabra, y no tan *4163*
1.23 si alguno es oidor... pero no *h* de ella *4163*
1.25 *h* de la obra, éste será bienaventurado *4163*
4.11 tú juzgas a la ley, no eres *h* de la ley *4163*

HACER
Gn 1.7 *hizo* Dios la expansión, y separó las 6213
1.16 e *hizo* Dios las dos grandes lumbreras 6213
1.16 lumbreras... *hizo* también las estrellas 6213
1.25 e *hizo* Dios animales... según su género 6213
1.26 *hagamos* al hombre a nuestra imagen 6213
1.31 vio Dios todo lo que había *hecho*, y he 6213
2.2 Dios... reposó... de toda la obra que *hizo* 6213
2.3 reposó de toda la obra que había *hecho* 6213
2.4 el día que Jehová Dios *hizo* la tierra y 6213
2.5 porque Jehová Dios aún no había *hecho* llover
2.9 Jehová Dios *hizo* nacer de la tierra todo árbol
2.18 dijo Jehová... *haré* ayuda idónea para él 6213
2.21 *hizo* caer sueño profundo sobre Adán
2.22 y de la costilla... *hizo* una mujer, y la 1129
3.1 los animales... que Jehová Dios había *hecho* 6213
3.7 cosieron hojas... se *hicieron* delantales 6213
3.13 Dios dijo a... ¿Qué es lo que has *hecho*? 6213
3.14 por cuanto esto *hiciste*, maldita serás 6213
3.21 Dios *hizo* al hombre... túnicas de pieles 6213
4.7 si bien *hicieres*, ¿no serás enaltecido? 3190
4.7 si no *hicieres* bien, el pecado está a la 3190
4.10 él le dijo: ¿Qué has *hecho*? La voz de tu 6213
5.1 al hombre, a semejanza de Dios lo *hizo* 6213
6.6 arrepintió Jehová de haber *hecho* hombre 6213
6.7 traeré... me arrepiento de haberlos *hecho* 6213
6.14 hazte un arca de... *harás* aposentos en el 6213
6.15 de esta manera la *harás*: de 300 codos 6213
6.16 ventana *harás* al arca, y la acabarás a 6213
6.16 le *harás* piso bajo, segundo y tercero 6213
6.22 lo *hizo* así Noé; *h* conforme a todo lo 6213
7.4 y raeré de... a todo ser viviente que *hice* 6213
7.5 e *hizo* Noé... todo lo que le mandó Jehová 6213
8.1 e *hizo* pasar Dios un viento sobre la tierra
8.6 y abrió Noé la ventana... que había *hecho* 6213
8.9 la *hizo* entrar consigo en el arca
8.21 ni volveré... a destruir... como he *hecho* 6213
9.6 a imagen de Dios es *hecho* el hombre 6213
9.14 que cuando *haga* venir nubes sobre la tierra
9.24 lo que le había *hecho* su hijo más joven 6213
11.3 *hagamos* ladrillo y cozámoslo con fuego 3835
11.4 y *hagámonos* un nombre, por si fuéremos 6213
11.6 hará desistir... lo que han pensado *hacer* 6213
12.2 y *haré* de ti una nación grande, y te 6213
12.16 e *hizo* bien a Abram por causa de ella 3190
12.18 ¿qué es esto que has *hecho* conmigo? 6213
13.4 al lugar del altar que había *hecho* allí 6213
13.16 *haré* tu descendencia como el polvo de 7760
14.2 éstos *hicieron* guerra contra Bera rey de 6213
15.18 en aquel día *hizo* Jehová un pacto con 3772
16.2 ya ves que Jehová me ha *hecho* estéril 6113
16.6 haz con ella lo que bien te parezca 6213
17.6 te multiplicaré... y *haré* naciones de ti 5414
17.20 a Ismael... y *haré* de él una gran nación 5414
18.5 ellos dijeron: *Haz* así como has dicho 6213
18.6 *haz* panes cocidos debajo del rescoldo 6213
18.17 ¿encubriré yo a Abraham lo que voy a *hacer* . 6213
18.19 *haciendo* justicia y juicio, para que 6213
18.25 lejos de ti *hacer* tal... que hagas morir 6213
18.25 justo... como el impío; nunca tal *hagas* 2486
18.25 juez... ¿no ha de *hacer* lo que es justo? 6213
18.29 y dijo... No te *haré* por... amor a los 40 6213
18.30 no lo *haré* si hallare allí treinta 6213
19.3 y les *hizo* banquete, y coció panes sin 6213
19.7 dijo: Os ruego... que no *hagáis* tal maldad 7489
19.8 *haced* de ellas como bien os pareciere 6213
19.8 a estos varones no *hagáis* nada, pues que 6213
19.9 ahora te *haremos* más mal que a ellos 7489
19.9 y *hacían* gran violencia al varón, a Lot . . . 6484,3966

19.19 misericordia que habéis *hecho* conmigo 6213
19.22 porque nada podré *hacer* hasta que hayas 6213
19.24 Jehová *hizo* llover sobre Sodoma y sobre
20.5 con limpieza de mis manos he *hecho* esto 6213
20.6 sé que con integridad de... has *hecho* esto 6213
20.9 dijo: ¿Qué nos has *hecho*? ¿En qué pequé 6213
20.9 lo que no debiste *hacer* has *hecho* 6213
20.10 ¿qué pensabas, para que *hicieses* esto? 6213
20.13 esta es la merced que tú *harás* conmigo 6213
21.1 *hizo* Jehová con Sara como había hablado 6213
21.6 dijo Sara: Dios me ha *hecho* reír
21.8 *hizo* Abraham gran banquete el día que 6213
21.13 del *hijo* de la sierva haré una nación 7760
21.18 porque yo *haré* de él una gran nación 7760
21.22 Dios está contigo en todo cuanto *haces* 6213
21.23 la bondad que yo hice contigo, *harás* 6213
21.26 Abimelec: No se quien haya *hecho* esto 6213
21.27 tomó Abraham... e *hicieron* ambos pacto 3772
21.32 así *hicieron* pacto en Beerseba; y se 3772
22.12 no extiendas tu mano... ni le *hagas* nada 6213
22.16 por cuanto has *hecho* esto, y no me *has* 6213
23.2 y vino Abraham a *hacer* duelo por Sara 5594
24.11 *hizo* arrodillar los camellos fuera de la ciudad
24.12 *haz* misericordia con mi señor Abraham 6440
24.14 que habrás *hecho* misericordia con mi 6213
24.28 *hizo* saber en casa de su madre estas cosas
24.37 y mi amo me *hizo* jurar, diciendo
24.49 si... *hacéis* misericordia y verdad con 6213
24.66 contó a Isaac todo lo que había *hecho* 6213
26.3 y confirmaré el juramento que *hice* a 7650
26.10 dijo: ¿Por qué nos *has hecho* esto? Por 6213
26.13 engrandeció hasta *hacerse*... poderoso 1431
26.16 mucho más poderoso que... te has *hecho* 6105
26.28 juramento entre... *haremos* pacto contigo 3772
26.29 que no nos *hagas* mal, como nosotros 6213
26.29 como solamente te hemos *hecho* bien, y 6213
26.30 les *hizo* banquete, y comieron y bebieron 6213
27.4 *hazme* un guisado como a mí me gusta, y 6213
27.7 tráeme caza y *hazme* un guisado, para que 6213
27.9 y *haré* de ellos viandas para tu padre 6213
27.14 su madre *hizo* guisados, como a su padre 6213
27.19 yo soy Esaú... he *hecho* como me dijiste 6213
27.20 Jehová tu Dios *hizo* que la encontrase 7136
27.31 *hizo* él también guisados, y trajo a su 6213
27.37 ¿qué, pues, te *haré* a ti ahora, hijo 6213
27.45 hasta que... olvide lo que le has *hecho* 6213
28.3 y te *haga* fructificar y te multiplique
28.15 hasta que haya *hecho*... que te he dicho 6213
28.20 e *hizo* Jacob voto, diciendo: Si fuere 5087
29.22 Labán juntó a todos... e *hizo* banquete 6213
29.25 dijo a... ¿Qué es esto que me has *hecho*? 6213
29.26 no se *hace* así en nuestro lugar, que se 6213
29.27 servicio que *hagas* conmigo otros 7 años 5647
29.28 *hizo* Jacob así, y cumplió la semana de 6213
30.26 tú sabes los servicios que te he *hecho* 5647
30.31 no me des nada si *hicieres* por mí esto 6213
31.7 no le ha permitido que me *hiciese* mal 7489
31.12 he visto todo lo que Labán te ha *hecho* 6213
31.13 de Bet-el... y donde me *hiciste* un voto 5087
31.16 pues, haz todo lo que Dios te ha *dicho* 6213
31.20 engañó a Labán el... no *haciéndole* saber 5046
31.26 ¿qué has *hecho*, que me engañaste, y has 6213
31.27 no me lo *hiciste* saber para que yo te 5046
31.28 ni aun me... ahora, locamente has *hecho* 5528
31.29 poder hay en mi mano para *haceros* mal 6213
31.43 ¿qué puedo yo *hacer* hoy a estas mis 6213
31.44 ven, pues, ahora, y *hagamos* pacto tú y 3772
31.46 e *hicieron* un majano, y comieron allí 6213
32.9 dijiste: Vuélvete a... y yo te *haré* bien 3190
32.12 yo te *haré* bien, y tu descendencia será 3190
32.23 los tomó, pues, e *hizo* pasar el arroyo
33.11 Dios me ha *hecho* merced, y todo lo que 2603
33.17 y Jacob... *hizo* cabañas para su ganado 6213
34.7 enojaron... porque *hizo* vileza en Israel 6213
34.7 vileza... lo que no se debía haber *hecho* 6213
34.14 no podemos *hacer* esto de dar nuestra 6213
34.19 y no tardó el joven en *hacer* aquello 6213
34.30 Jacob... me habéis turbado con *hacerme* 887
35.1 *haz*... un altar al Dios que te apareció 6213
35.3 a Bet-el, y *haré* allí altar al Dios que 6213
37.3 le *hizo* una túnica de diversos colores 6213
37.22 para *hacerlo* volver a su padre
38.10 desagradó en ojos de... lo que *hacía*, y 6213
39.3 lo que él hacía, Jehová lo *hizo* prosperar 6213
39.4 le *hizo* mayordomo de su casa y entregó 6485
39.9 ¿cómo, pues, *haría* yo este grande mal 6213
39.11 entró él un día... para *hacer* su oficio 6213
39.14 un hebreo para que *hiciese* burla de 6711
39.22 todo lo que se *hacía* allí, él lo *h* 6213
39.23 lo que él *hacía*, Jehová lo prosperaba 6213
40.13 solías *hacerlo* cuando eras su copero 4941
40.14 y *hagas* mención de mí a Faraón, y me 2142
40.15 fui hurtado... y tampoco he *hecho* aquí por 6213
40.19 y te *hará* colgar en la horca, y
40.20 *hizo* banquete a todos sus sirvientes 6213
40.21 *hizo* volver a su oficio al jefe de los coperos
40.22 mas *hizo* ahorcar al jefe de los panaderos
41.8 envió e *hizo* llamar a todos los magos de Egipto
41.25 Dios ha mostrado a... lo que va a *hacer* 6213
41.28 lo que Dios va a *hacer*, lo ha mostrado 6213
41.32 es firme... Dios se apresura a *hacerlo* 6213
41.34 *haga* esto Faraón... y quinte la tierra 6213
41.39 Dios te ha *hecho* saber todo esto
41.42 lo *hizo* vestir de ropas de lino finísimo
41.43 y lo *hizo* subir en su segundo carro
41.51 Dios me *hizo* olvidar todo mi trabajo
41.52 me *hizo* fructificar en la tierra de mi aflicción
41.55 id a José, y *haced* lo que él os dijere 6213
42.7 José... mas hizo como que 5234
42.18 *haced* esto, y vivid: Yo temo a Dios 6213
42.20 pero traeréis... Y ellos lo *hicieron* así 6213
42.25 mandó José que... y así se *hizo* con ellos 6213
42.28 ¿qué es esto que nos ha *hecho* Dios? 6213
42.37 *H* morir a mis dos hijos
42.38 *haréis* descender mis canas con dolor al Seol
43.6 dijo... ¿Por qué me *hicisteis* tanto mal 7489
43.7 diría: *Haced* venir a vuestro hermano?
43.11 les respondió: Pues que así es, *haced* o 6213
43.17 *hizo* el hombre como José dijo, y llevó 6213
43.28 se inclinaron, e *hicieron* reverencia 7812
44.2 pondrás mi copa... él *hizo* como dijo José 6213
44.5 habéis *hecho* mal en lo que *hicisteis* 7489
44.7 ¿por qué... Nunca tal *hagan* tus siervos 6213
44.15 ¿qué acción es esta que habéis *hecho*? 6213
44.17 José respondió: Nunca yo tal *haga*. El 6213
44.29 *haréis* descender mis canas con dolor al Seol
44.31 tus siervos *harán* descender las canas de
45.1 y clamó: *Haced* salir de mi presencia a todos
45.13 *Haréis*, pues, saber a mi padre toda mi gloria
45.17 *haced* esto: cargad vuestras bestias, e 6213
45.19 manda: *Haced* esto: tomaos de la tierra 6213
45.21 y lo *hicieron* así los hijos de Israel 6213
46.3 porque allí... *haré* de ti una gran nación 7760
46.4 y yo también te *haré* volver
46.31 subiré y lo *haré* saber a Faraón
47.1 vino José y lo *hizo* saber a Faraón
47.6 *haz* habitar a tu padre y a tus hermanos
47.11 José *hizo* habitar a su padre y a sus hermanos
47.21 y al pueblo lo *hizo* pasar a las ciudades
47.29 y *harás* conmigo misericordia y verdad 6213
47.30 y José respondió: *Haré* como tú dices 6213
48.2 y se le *hizo* saber a Jacob, diciendo
48.4 y me dijo: He aquí yo te *haré* crecer
48.10 les *hizo*, pues, acercarse a él, y él les besó
48.11 Dios me ha *hecho* ver también a tu descendencia
48.20 diciendo: *Hágate* Dios como a Efraín y 7760
48.21 os *hará* volver a la tierra de vuestros padres
49.17 y *hace* caer hacia atrás al jinete
50.5 mi padre me *hizo* jurar, diciendo
50.6 sepulta a tu padre, como él te *hizo* jurar
50.9 gente... y se *hizo* un escuadrón muy grande 3966
50.10 *hizo* a su padre duelo por siete días 6213
50.24 os *hará* subir... a la tierra que juró a Abraham
50.25 *hizo* jurar José a los hijos de Israel
50.12 *hicieron*, pues, sus hijos con él según 6213
50.15 el pago de todo el mal que le *hicimos* 1580
50.20 bien, para *hacer* lo que vemos hoy, para 6213
Éx 1.14 *hacer* barro y ladrillo, y en toda
1.13 *hicieron* servir a los hijos de Israel con dureza
1.17 no *hicieron* como les mandó el rey, sino 6213
1.18 y les dijo: ¿Por qué habéis *hecho* esto 6213
1.20 y Dios *hizo* bien a las parteras, y el 3190
3.16 y he visto lo que se os *hace* en Egipto 6213
3.20 con todas mis maravillas que *haré* en él 6213
4.3 la echó en tierra, se *hizo* una culebra 5175
4.9 las aguas... se *harán* sangre en la tierra 1818
4.11 ¿quién *hizo* al mudo y al sordo, al que 7760
4.15 y os enseñaré lo que *hayáis* de hacer 6213
4.17 esta vara, con la cual *harás* las señales 6213
4.21 mira que *hagas* delante de Faraón todas 6213
4.30 *hizo* las señales delante de los ojos de 6213
5.4 ¿qué *hacéis* cesar al pueblo de su trabajo?
5.5 vosotros les *hacéis* cesar de sus tareas
5.7 no daréis paja al... para *hacer* ladrillo 3835
5.8 la misma tarea de ladrillo que *hacían* 6213
5.15 ¿por qué lo *haces* así con tus siervos? 6213
5.16 con todo nos dicen: *Haced* el ladrillo 6213
5.21 los habéis *hecho* abominables delante de 887
6.1 verás lo que yo *haré* a Faraón, porque 6213
6.5 quienes *hacen* servir los egipcios
7.6 *hizo*... como Jehová les mandó... lo *hicieron* 6213
7.9 toma tu vara, y échala... se *haga* culebra 8577
7.10 *hicieron* como Jehová lo había mandado 6213
7.10 echó Aarón su vara... y se *hizo* culebra 1961
7.11,22 *hicieron*... lo mismo los hechiceros 6213
7.20 y Aarón *hicieron* como Jehová lo mandó 6213
7.24 *hicieron* pozos alrededor del río para 2658
8.5 que *haga* subir ranas sobre la tierra de Egipto
8.7 y los hechiceros *hicieron* lo mismo con 6213
8.10 se *hará* conforme a tu palabra, para que
8.13 e *hizo* Jehová conforme a la palabra de 6213
8.17 *hicieron* así; y Aarón extendió su vara 6213
8.18 y los hechiceros *hicieron* así también 6213
8.24 y Jehová lo *hizo* así, y vino... de moscas 6213
8.26 respondió: No conviene que *hagamos* así 6213
8.31 y Jehová *hizo* conforme a la palabra de 6213
9.4 Jehová *hará* separación entre los ganados 6395
9.5 diciendo: Mañana *hará* Jehová esta cosa 6213
9.6 al día siguiente Jehová *hizo* aquello, y 6213
9.18 mañana a estas horas yo *haré* llover granizo
9.20 Jehová *hizo* huir sus criados y su ganado a casa
9.23 Jehová *hizo* tronar y granizar
10.2 cuentes... las cosas que yo *hice* en Egipto 5953
10.2 señales que *hice* entre ellos, para que 7760
10.24 entonces Faraón *hizo* llamar a Moisés
11.7 sepáis que Jehová *hace* diferencia entre 6395
11.10 Moisés y Aarón *hicieron* estos prodigios 6213
12.4 comer... *haréis* la cuenta sobre el cordero 3699
12.15 el primer día *haréis* que no haya levadura
12.16 ninguna obra se *hará* en ellos, excepto 6213
12.28 *hicieron*... como Jehová había mandado 6213
12.31 *hizo* llamar a Moisés y a Aarón de noche
12.35 e *hicieron*... conforme al mandamiento de 6213
12.47 toda la congregación de Israel lo *hará* 6213
12.50 *hicieron* todos los hijos de... así lo *h* 6213
13.5 miel, *harás* esta celebración en este mes 5647
13.8 se *hace* esto con motivo de lo que... *hizo* 6213
13.15 *hizo* morir en la... a todo primogénito
13.18 *hizo* Dios que el pueblo rodease por el 5437
13.19 *haréis* subir mis huesos de aquí con vosotros
14.4 sabrán los egipcios... ellos lo *hicieron* 6213
14.5 ¿cómo hemos *hecho* esto de haber dejado 6213
14.11 ¿por qué has *hecho* así con nosotros 6213
14.13 ved la salvación que Jehová *hará* hoy 6213
14.21 *hizo* Jehová que el mar se retirase por
15.19 *hizo* volver las aguas del mar sobre ellos
15.22 e *hizo* Moisés que partiese Israel del 5265
15.26 *hicieres* lo recto delante de sus ojos 6213
16.4 yo os *haré* llover pan del cielo
16.17 y los hijos de Israel lo *hicieron* así 6213
16.22 vinieron y se lo *hicieron* saber a Moisés
17.3 ¿Por qué nos *hiciste* subir de Egipto
17.4 clamó Moisés... ¿Qué *haré* con este pueblo? 6213
17.6 Moisés lo *hizo* así en presencia de los 6213
17.10 e *hizo* Josué... peleando contra Amalec 6213
18.1 las cosas que Dios había *hecho* con Moisés 6213
18.8 todas las cosas que Jehová había *hecho* 6213
18.9 el bien que Jehová había *hecho* a Israel 6213
18.14 viendo el suegro de Moisés... qué él *hacía* 6213
18.17 suegro... dijo: No está bien lo que *haces* 6213
18.18 el trabajo... no podrás *hacerlo* tú solo 6213
18.20 muéstrales el... y lo que han de *hacer* 6213
18.23 si esto *hicieres*, y Dios te lo mandare 6213
18.24 oyó Moisés... e *hizo* todo lo que le dijo 6213
19.4 visteis lo que *hice* a los egipcios, y 6213
19.8 todo lo que Jehová ha dicho, *haremos* 6213
19.22 para que Jehová no *haga* en ellos estrago 6555
19.24 vé... no sea que *haga* en ellos estrago 6555
20.4 no te *harás* imagen, ni ninguna semejanza 6213
20.6 *hago* misericordia a millares,a los que 6213
20.9 seis días trabajarás, y *harás*... tu obra 6213
20.10 no *hagas* en él obra alguna, tú, ni tu 6213
20.11 en seis días *hizo* Jehová los cielos 6213
20.23 no *hagáis* conmigo dioses de plata, ni 6213
20.23 ni dioses de oro os *haréis* 6213
20.24 altar de tierra *harás*... y sacrificarás 6213
20.24 yo *hiciere* que esté la memoria de mi 2142
20.25 si me *hicieras* altar de piedras, no las 6213
21.6 le *hará* estar junto a la puerta o al poste
21.9 *hará*:según la costumbre de las hijas 6213
21.11 si ninguna de estas tres cosas *hiciere* 6213
21.12 *hiciere*... *haciéndole* morir... morirá 4191
21.19 lo satisfará por... y *hará* que le curen 7495
21.27 y si *hiciere* saltar un diente de su siervo
21.31 acorneado a hijo... este juicio se *hará* 6213
22.3 el ladrón *hará* completa restitución; si 7999
22.5 si alguno *hiciere* pastar en campo o viña 1197
22.30 lo mismo *harás* con el de tu buey y de 6213
23.2 ni responderás en... para *hacer* agravios 5186
23.11 así *harás* con tu viña y con tu olivar 6213
23.22 *hicieses*... yo te dijere, será enemigo 6213
23.23 a los cuales yo *haré* destruir
23.24 sus dioses... ni *harás* como ellos *hacen* 6213
23.32 no *haréis* alianza con ellos, ni con sus 3772
23.33 te *hagan* pecar contra mí sirviendo a sus
24.3 *haremos*... palabras que Jehová ha dicho 6213
24.7 *haremos* todas las cosas que Jehová ha 6213
24.8 ha *hecho* con vosotros sobre todas estas cosas 3772
25.8 *harán* un santuario para mí, y habitaré 6213
25.9 y te muestre, el diseño... así lo *haréis* 6213
25.10 *harán*... arca de madera de acacia, cuya 6213
25.11 y *harás* sobre ella una cornisa de oro 6213
25.13 *harás* unas varas de madera de acacia 6213
25.17 y *harás* un propiciatorio de oro fino 6213
25.18 *harás* también dos querubines de oro 6213
25.18 labrados a martillo los *harás* en los 6213
25.19 *harás*, pues un querubín en un extremo 6213
25.19 de una pieza... *harás* los querubines en 6213
25.23 *harás*... una mesa de madera de acacia 6213
25.24 le *harás* una cornisa de oro alrededor 6213
25.25 le *harás* también una moldura alrededor 6213
25.25 *harás* a la moldura una cornisa de oro 6213
25.26 y le *harás* cuatro anillos de oro, los 6213
25.28 *harás* las varas de madera de acacia 6213
25.29 *harás*... sus platos... de oro fino los *h* 6213
25.31 *harás* además un candelero de oro puro 6213
25.31 a martillo se *hará* el candelero; su 6213
25.37 le *harás* siete lamparillas... encenderás 6213
25.39 de un talento de oro fino lo *harás*, con 6213
25.40 mira y *hazlos* conforme al modelo que 6213
26.1 *harás* el tabernáculo de diez cortinas 6213
26.1 diez cortinas... lo *harás* con querubines 6213
26.4 *harás* lazadas de azul en la orilla de la 6213
26.4 mismo *harás* en la orilla de la cortina 6213
26.5 cincuenta lazadas *harás*... 50 lazadas *h* 6213
26.6 *harás* 50 corchetes de oro... enlazarás 6213
26.7 *harás*... cortinas de pelo de cabra para 6213
26.7 para una cubierta... once cortinas *harás* 6213
26.10 *harás* 50 lazadas... orilla de la cortina 6213
26.11 y *harás*... cincuenta corchetes de bronce 6213
26.11 enlazarás... se *haga* una sola cubierta 6213
26.14 *harás* también a la tienda una cubierta 6213
26.15 y *harás* para el tabernáculo tablas de 6213
26.17,18 *harás*... las tablas del tabernáculo 6213
26.19 *harás* 40 basas de plata debajo de las 6213
26.22 lado... al occidente, *harás* tres tablas 6213
26.23 *harás*... dos tablas para las esquinas del 6213
26.26 *harás* también cinco barras de madera 6213
26.29 y *harás* sus anillos de oro para meter 6213
26.31 *harás* un velo de azul, púrpura... lino 6213
26.31 un velo... será *hecho* de obra primorosa 6213
26.33 *hará* separación entre el lugar santo 914
26.36 *harás* para la puerta... cortina de azul 6213
26.37 *harás* para la cortina cinco columnas 6213

27.1 *harás*...un altar de madera de acacia de 6213
27.2 le *harás* cuernos en sus cuatro esquinas 6213
27.3 *haréis*...calderos para recoger la ceniza 6213
27.3 *harás* todos sus utensilios de bronce 6213
27.4 le *harás* un enrejado...*h* cuatro anillos 6213
27.6 *harás*...varas para el altar...de madera de ... 6213
27.8 lo *harás* hueco, de tablas...así lo *h* 6213
27.9 *harás* el atrio del tabernáculo. Al lado 6213
27.20 para *hacer* arder continuamente las lámparas
28.1 *Harás* llegar delante de ti a Aarón tu hermano
28.2 *harás* vestiduras sagradas a Aarón tu 6213
28.3 sabios...para que *hagan* las vestiduras 6213
28.4 las vestiduras que *harán* son...el efod 6213
28.4 *hagan*...vestiduras sagradas para Aarón 6213
28.6 y *harán* el efod de oro, azul, púrpura 6213
28.11 les *harás* alrededor engastes de oro 6213
28.13 *harás*, pues, los engastes de oro 6213
28.14 dos cordones de oro...*harás* en forma de 6213
28.15 *harás*...el pectoral del juicio de obra 6213
28.15 lo *haréis* conforme a la obra del efod 6213
28.22 *harás* también en el pectoral cordones 6213
28.23 *harás* en el pectoral dos anillos de oro 6213
28.26 *harás*...dos anillos de oro, los cuales 6213
28.27 *harás*...dos anillos de oro...fijarás en 6213
28.31 *harás* el manto del efod todo de azul 6213
28.33 y en sus orlas *harás* granadas de azul 6213
28.36 *harás* además una lámina de oro fino, y 6213
28.39 *harás* una mitra de...*h* también un cinto 6213
28.40 para los hijos de Aarón *harás* túnicas 6213
28.40 les *harás* cintos, y les *h* tiaras para 6213
28.42 *harás* calzoncillos de lino para cubrir 6213
29.1 es lo que les *harás* para consagrarlos 6213
29.2 las *harás* de flor de harina de trigo 6213
29.8 *harás* que se acerquen sus hijos, y les
29.25 lo tomarás de sus manos y lo *harás* arder
29.33 cosas con las cuales se *hizo* expiación 3722
29.35 así, pues, *harás* a Aarón y a sus hijos 6213
29.36 purificarás el altar...*hagas* expiación 3722
29.37 por siete días *harás* expiación por el 3722
29.41 *haciendo* conforme a la ofrenda de la 6213
30.1 *harás*...un altar...madera de acacia lo *h* 6213
30.3 le *harás* en derredor una cornisa de oro 6213
30.4 le *harás*...dos anillos de oro debajo de 6213
30.5 *harás* las varas de madera de acacia, y 6213
30.10 sobre sus cuernos *hará* Aarón expiación 3722
30.10 una vez en el año *hará* expiación sobre 3722
30.15 ofrenda a Jehová para *hacer* expiación 3722
30.16 *hacer* expiación por vuestras personas 3722
30.18 *harás*...fuente de bronce, con su base 6213
30.25 y *harás*...el aceite de la santa unción 6213
30.32 ni *haréis* otro semejante, conforme a 6213
30.35 *harás* de ello el incienso, un perfume 6213
30.37 este incienso que *harás*, no os *haréis* 6213
30.38 cualquiera que *hiciere* otro como este 6213
31.6 para que *hagan* todo lo que te he mandado 6213
31.11 *harán* conforme a...lo que te he mandado ... 6213
31.14 cualquiera que *hiciere* obra alguna en 6213
31.17 en seis días *hizo* Jehová los cielos y 6213
32.1,23 *haznos* dioses que vayan delante de 6213
32.4 e *hizo* de ello un becerro de fundición 6213
32.8 se han *hecho* un becerro de fundición 6213
32.10 los consuma; y de ti yo *haré* una nación 6213
32.14 se arrepintió del mal...habia de *hacer* 6213
32.20 tomó el becerro que habían *hecho*, y lo 6213
32.21 ¿qué te ha *hecho* este pueblo, que has 6213
32.28 los hijos de Leví lo *hicieron* conforme 6213
32.31 un gran pecado...*hicieron* dioses de oro 6213
32.35 habían *hecho*...becerro que formó Aarón 6213
33.5 para que yo sepa lo que te he de *hacer* 6213
33.17 *haré* esto que has dicho, por cuanto has 6213
33.19 *haré* pasar todo mi bien delante de tu rostro
34.10 yo *hago* pacto delante de todo tu pueblo 3772
34.10 *haré* maravillas que no han sido *hechas* 6213
34.10 cosa tremenda la que yo *haré* contigo 6213
34.12 guárdate de *hacer* alianza...los moradores .. 3772
34.15 no *harás* alianza con los moradores de 3772
34.16 *harán* fornicar también a tus hijos en pos de
34.17 no te *harás* dioses de fundición 6213
34.27 he *hecho* pacto contigo y con Israel 3772
35.1 que Jehová ha mandado que sean *hechas* 6213
35.2 que en él *hiciere* trabajo alguno, morirá 6213
35.10 *hará*...las cosas que Jehová ha mandado 6213
35.29 obra, que...había mandado...que *hiciesen* ... 6213
35.35 de sabiduría...para que *hagan* toda obra 6213
35.35 para que *hagan* toda labor, e inventen 6213
36.1 inteligencia para saber *hacer*...la obra 6213
36.1 *harán* las cosas que ha mandado Jehová
36.3 la obra...del santuario, a fin de *hacerla* 6213
36.4 los maestros que *hacían* toda la obra del 6213
36.4 vinieron todos los...de la obra que *hacía* 6213
36.5 obra que Jehová ha mandado que se *haga* 6213
36.6 hombre ni...*haga* más para la ofrenda del 6213
36.7 material abundante para *hacer* toda la 6213
36.8 todos los sabios de...que *hacían* la obra 6213
36.8 *hicieron* el tabernáculo de 10 cortinas 6213
36.8 cortinas...las *hicieron* con querubines 6213
36.11 *hizo* lazadas de azul en la orilla de 6213
36.11 *hizo* lo mismo en...la cortina final de 6213
36.12 cincuenta lazadas *hizo* en la primera 6213
36.13 *hizo* también 50 corchetes de oro, con 6213
36.14 *hizo*...cortinas de pelo de cabra para 6213
36.14 de pelo de cabra...once cortinas *hizo* 6213
36.17 *hizo*...cincuenta lazadas en la orilla de 6213
36.18 *hizo* también 50 corchetes de bronce 6213
36.19 e *hizo* para la tienda una cubierta de 6213
36.20 *hizo* para el tabernáculo las tablas de 6213
36.22 *hizo* todas las tablas del tabernáculo 6213
36.23 *hizo*...las tablas para el tabernáculo 6213
36.24 *hizo*...cuarenta basas de plata debajo 6213
36.25 al lado norte, *hizo* otras veinte tablas 6213
36.27 el lado occidental...*hizo* seis tablas 6213
36.28 las esquinas...dos lados *hizo* dos tablas 6213
36.29 así *hizo* a la una y a la otra en las 6213
36.31 *hizo*...las barras de madera de acacia 6213
36.33 *hizo* que la barra de en medio pasase 6213
36.34 *hizo* de oro los anillos de ellas, por 6213
36.35 *hizo*...el velo de azul, púrpura...y lino 6213
36.35 *hizo* con querubines de obra primorosa 6213
36.36 él *hizo* cuatro columnas de madera de 6213
36.37 *hizo* también el velo para la puerta del 6213
36.38 oro...e *hizo* de bronce sus cinco basas
37.1 *hizo* también Bezaleel el arca de madera 6213
37.2 le *hizo* una cornisa de oro en derredor 6213
37.4,15,28 *hizo*...varas de madera de acacia 6213
37.6 *hizo*...el propiciatorio de oro puro; su 6213
37.7 *hizo* también los dos querubines de oro 6213
37.8 *hizo* los querubines a sus dos extremos 6213
37.10 *hizo*...la mesa de madera de acacia; su 6213
37.11 le *hizo* una cornisa de oro alrededor 6213
37.12 le *hizo*...una moldura de un palmo menor ... 6213
37.12 e *hizo* en derredor de la moldura una 6213
37.13 *hizo*...de fundición cuatro anillos de 6213
37.16 *hizo* los utensilios que...sobre la mesa 6213
37.17 *hizo*...candelero de oro puro, labrado 6213
37.23 *hizo*...siete lamparillas...de oro puro 6213
37.24 de un talento de oro puro lo *hizo*, con 6213
37.25 *hizo* también el altar del incienso, de 6213
37.26 cubrió...y le *hizo* una cornisa de oro 6213
37.27 le *hizo*...dos anillos de oro debajo de 6213
37.29 *hizo*...el aceite santo de la unción, y 6213
38.1 *hizo* de madera...el altar del holocausto 6213
38.2 *hizo* sus cuernos a sus cuatro esquinas 6213
38.3 *hizo*...todos los utensilios del altar 6213
38.3 todos sus utensilios los *hizo* de bronce 6213
38.4 *hizo* para el altar un enrejado de bronce 6213
38.6 *hizo* las varas de madera de acacia, y 6213
38.7 los anillos...hueco lo *hizo* de tablas 6213
38.8 *hizo* la fuente de bronce y su base de 6213
38.9 *hizo* asimismo el atrio; del lado sur, al 6213
38.22 *hizo* todas las cosas que Jehová mandó 6213
38.21 se *hicieron* por orden de Moisés por obra
38.28 de los 1.775 siclos *hizo* los capiteles 6213
38.30 del cual fueron *hechas* las basas de la 6213
39.1 del azul...*hicieron* las vestiduras del 6213
39.1 *hicieron* las vestiduras sagradas para 6213
39.2 *hizo* también el efod de oro, de azul 6213
39.4 *hicieron* las hombreras...que se juntasen 6213
39.8 *hizo*...pectoral de obra primorosa como 6213
39.9 era cuadrado; doble *hicieron* el pectoral 6213
39.15 *hicieron*...el pectoral los cordones de 6213
39.16 *hicieron*...dos engastes y dos anillos 6213
39.19 *hicieron* otros dos anillos de oro que 6213
39.20 *hicieron* además dos anillos de oro que 6213
39.22 *hizo* también el manto del efod de obra 6213
39.24 *hicieron* en...del manto granadas de azul 6213
39.25 *hicieron* también campanillas de oro 6213
39.27 *hicieron* las túnicas de lino fino de 6213
39.30 *hicieron*...lámina de la diadema santa 6213
39.32 e *hicieron* los hijos de Israel como 6213
39.32 había mandado a Moisés...lo *hicieron* 6213
39.42 *hicieron* los hijos de Israel toda la 6213
39.43 la habían *hecho* como Jehová...mandado 6213
40.2 *harás* levantar...tabernáculo de reunión 6965
40.13 *harás* vestir a Aarón las vestiduras sagradas
40.14 *harás* que se acerquen sus hijos, y les vestirás
40.16 *hizo*...lo que Jehová le mandó; así lo *h* 6213
40.18 Moisés *hizo* levantar el tabernáculo, y
Lv 1.2 vacuno u ovejuno *haréis* vuestra ofrenda
1.9 el sacerdote *hará* arder todo sobre el altar
1.13 y lo *hará* arder sobre el altar; holocausto es
1.15 y *hará* que arda en el altar
1.17 y el sacerdote la *hará* arder sobre el altar
2.2 lo *hará* arder sobre el altar para memorial
2.7 se *hará* de flor de harina con aceite 6213
2.8 traerás...la ofrenda que se *hará* de estas 6213
2.9 y lo *hará* arder sobre el altar
2.13 no *harás* que falte jamás de tu ofrenda la sal
2.16 el sacerdote *hará* arder el memorial de él
3.5 los hijos de Aarón *harán* arder esto en el altar
3.11 el sacerdote *hará* arder esto sobre el altar
3.16 el sacerdote *hará* arder esto sobre el altar
4.2 que no se han de *hacer*, e *hiciere* alguna 6213
4.10 la hará arder sobre el altar del holocausto
4.13 y hubieren *hecho* algo contra alguno de 6213
4.13 errado...en cosas que no se han de *hacer* 6213
4.19 y la *hará* arder sobre el altar
4.20 *hará* de aquel becerro como *hizo* con el 6213
4.20 mismo *hará*...así *h* el sacerdote expiación 6213
4.22 pecare un jefe, e *hiciere* por yerro algo 6213
4.22 cosas que no se han de *hacer*, y pecare 6213
4.26 el sacerdote *hará* por él la expiación 3722
4.27 pecare...*haciendo* algo contra alguno de 6213
4.27 pecare...en cosas que no se han de *hacer* 6213
4.31 así *hará* el sacerdote expiación por él 3722
4.35 y le *hará* el sacerdote expiación de su 3722
5.4 jurare a la ligera...*hacer* mal o *h* bien 7489,3190
5.6,10,13,16,18 el sacerdote *hará* expiación 3722
5.10 otro *hará* holocausto conforme al rito 3722
5.12 *hará* arder en el altar sobre las ofrendas
5.17 *hiciere* alguna de...que no se han de *hacer* 6213
5.17 aun sin *hacerlo* a sabiendas, es culpable 6213
6.2 persona pecare e *hiciere* prevaricación 4603
6.7 sacerdote *hará* expiación por él delante 3722
6.15 lo *hará* arder sobre el altar por memorial
6.22 sacerdote...ungido...*hará* igual ofrenda 6213
6.30 para *hacer* expiación en el santuario; al 3722
7.5 el sacerdote lo *hará* arder sobre el altar
7.7 del sacerdote que *hiciere* la expiación 3722
7.31 la grosura la *hará* arder el sacerdote en el altar
8.4 *hizo*, pues, Moisés como Jehová le mandó 6213
8.5 esto es lo que Jehová ha mandado *hacer* 6213
8.6 Moisés *hizo* acercarse a Aarón y a sus hijos
8.13 *hizo* acercarse los hijos de Aarón, y les vistió
8.14 luego *hizo* traer el becerro de la expiación
8.16 y lo hizo arder Moisés sobre el altar
8.18 *hizo* que trajeran el carnero del holocausto
8.20 *hizo* arder la cabeza, y los trozos, y la grosura
8.22 después *hizo* que trajeran el otro carnero
8.24 *Hizo* acercarse luego los hijos de Aarón
8.27 *hizo* mecerlo como ofrenda mecida delante de
8.28 y las *hizo* arder en el altar sobre el holocausto
8.34 manera que hoy se ha *hecho*, mandó *hacer* 6213
8.36 y Aarón y sus hijos *hicieron* todas las 6213
9.6 *hacedlo*, y la gloria de Jehová...aparecerá 6213
9.7 *haz* tu expiación...y *h* la reconciliación 3722
9.7 *haz*...la ofrenda...y *h* la reconciliación 3722
9.10 *hizo* arder sobre el altar la grosura
9.13 y lo *hizo* quemar sobre el altar
9.16 ofreció el holocausto, e *hizo* según el 6213
9.17 Ofreció...y la *hizo* quemar sobre el altar
9.22 de *hacer* la expiación, el holocausto y 6213
10.6 por el incendio que Jehová ha *hecho* 8313
10.7 ellos *hicieron* conforme al dicho de Moisés 6213
11.43 no *hagáis* abominables vuestras personas 8262
11.45 que os *hago* subir de la tierra de Egipto
11.47 para *hacer* diferencia entre lo inmundo y lo
12.7 *hará* expiación por ella, y será limpia 3722
12.8 el sacerdote *hará* expiación por ella 3722
13.33 entonces le *hará* que se rasure, pero 1548
13.51 cualquiera obra que se *hace* de cuero 6213
14.18,20 *hará* el sacerdote expiación por él 3722
14.19,31 *hará* expiación por el que se ha de 3722
14.43 *hizo* arrancar las piedras y raspar la casa
14.53 así *hará* expiación por la casa, y será 3722
15.15,30 el sacerdote *hará* del uno ofrenda 6213
16.6 *hará* la reconciliación por sí y por su 3722
16.9 *hará* traer Aarón el macho cabrío
16.10 para *hacer* la reconciliación sobre él 3722
16.11 y *hará* la reconciliación por sí y por 3722
16.15 y *hará* de la sangre como hizo con la 6213
16.16 *hará* también al tabernáculo de reunión 6213
16.17 cuando él entre a *hacer* la expiación 3722
16.17 y haya *hecho* la expiación por sí, por 3722
16.20 *hará* traer el macho cabrío vivo
16.24 *hará* su holocausto...y *h* la expiación 6213
16.27 cuya sangre...para *hacer* la expiación 3722
16.29 ninguna obra *haréis*, ni el natural ni 6213
16.30 porque en este día se *hará* expiación 3722
16.32 *hará* la expiación el sacerdote...ungido 3722
16.33 y *hará* la expiación por el santuario 3722
16.33 *hará* expiación por el altar, por los 3722
16.34 para *hacer* expiación una vez al año por 3722
16.34 y Moisés lo *hizo* como Jehová le mandó 6213
17.9 no lo trajere a...para *hacerlo* a Jehová 6213
17.11 yo os la he dado para *hacer* expiación 3722
17.11 sangre *hará* expiación de la persona 3722
18.3 no *haréis*...*hacen* en la tierra de Egipto 6213
18.3 ni *haréis* como *hacen*...Canaán, a la cual 6213
18.5 los cuales *haciendo* el hombre, vivirá 6213
18.18 no tomarás mujer, para *hacerla* su rival 6887
18.26 y no *hagáis* ninguna de...abominaciones 6213
18.27 abominaciones *hicieron* los hombres de 6213
18.29 cualquiera que *hiciere* alguna de todas 6213
18.29 las *hicieren* serán cortadas de entre su 6213
18.30 no *haciendo* las costumbres abominables 6213
19.4 ídolos, ni os *haréis* para vosotros dioses 6213
19.15 no *harás* injusticia en el juicio, ni 6213
19.19 no *harás* ayuntar tu ganado con animales
19.25 para que os *haga* crecer su fruto
19.27 no *haréis* tonsura en vuestras cabezas 5362
19.28 no *haréis* rasguños en vuestro cuerpo 5414
19.29 no contaminarás a tu hija *haciéndola* fornicar
19.35 no *hagas* injusticia en juicio...medida 6213
20.13 con varón como...abominación *hicieron* 6213
20.23 ellos *hicieron* todas estas cosas, y los 6213
20.25 *haréis* diferencia entre animal limpio 8262
21.4 no se contaminará...*haciéndose* inmundo 2490
21.5 no *harán* tonsura en su cabeza...su barba 7139
21.5 su barba, ni en su carne *harán* rasguños 8295
22.16 les *harían* llevar la iniquidad del pecado
23.3 ningún trabajo *haréis*, día de reposo es 6213
23.7,8,21,25,35,36 trabajo de siervos *haréis* 6213
23.28 ningún trabajo *haréis*...este día; porque 6213
23.30 que *hiciere* trabajo alguno en este día 6213
23.31 ningún trabajo *haréis*; estatuto...es por 6213
23.39,41 *haréis* fiesta a Jehová por 7 días 2287
23.41 *haréis* fiesta...en el mes séptimo la *h* 2287
23.43 en tabernáculos *hice* yo habitar a los 3427
24.2 para *hacer* arder las lámparas continuamente
24.19 lesión...según *hizo*, así le sea *hecho* 6213
24.20 la lesión que haya *hecho*...se *hará* a él 6414
24.23 *hicieron* según Jehová había mandado 6213
25.9 *harás* tocar fuertemente la trompeta
25.21 ella *hará* que haya fruto por tres años
25.39 no le *harás* servir como esclavo
25.50 *hará* la cuenta con el que lo compró 2803
25.52 *hará* un cálculo...devolverá su rescate 2803
25.53 como con el tomado a salario...*hará* con
26.1 no *haréis*...ídolos, ni escultura, ni os 6213
26.6 *haré* quitar de vuestra tierra las malas bestias
26.9 y os *haré* crecer, y os multiplicaré
26.13 os he *hecho* andar con el rostro erguido
26.14 ni *hiciereis*...estos mis mandamientos 6213
26.16 *haré* con vosotros esto: enviaré sobre 6213

H

26.19 y *haré* vuestro cielo como hierro, y 5414
26.31 *haré* desiertas vuestras ciudades, y 5414
26.41 los habré *hecho* entrar en la tierra de
26.42 acordaré, y *haré* memoria de la tierra 2142
27.2 alguno *hiciere* especial voto a Jehová 6381
27.8 a la posibilidad del que *hizo* el voto 5087
27.18 el sacerdote *hará* la cuenta del dinero 2803
Nm 1.54 *hicieron* los hijos de Israel conforme 6213
1.54 mandó Jehová a Moisés; así lo *hicieron* 6213
2.34 *hicieron*... conforme a todas las cosas 6213
3.6 *haz* que se acerque la tribu de Leví, y 7126
3.6 *hazla* estar delante del sacerdote Aarón 5975
3.13 yo *hice* morir a todos los primogénitos
4.12 todos los utensilios... de que *hacen* uso 8334
4.18 no *haréis* que perezca la tribu de las
4.19 vivan, y no mueran, *haréis* con ellos 6213
4.26 todo lo que será *hecho* para ellos; así 6213
5.4 lo *hicieron* así los hijos de... así lo *h* 6213
5.8 carnero... con el cual *hará* expiación por 3722
5.16 el sacerdote *hará* que ella se acerque y
5.18 *hará*... estar en pie a la mujer delante 5975
5.21 Jehová te *haga* maldición y execración 5414
5.21 *haciendo* Jehová que tu muslo caiga y 5414
5.22 *hagan* hinchar tu vientre y caer tu muslo
6.2 que se apartare *haciendo* voto de nazareo 5087
6.4 de todo lo que se *hace* de la vid, desde 6213
6.11 *hará* expiación de lo que pecó a causa 6213
6.16 y *hará* su expiación y su holocausto 6213
6.21 es la ley del nazareo que *hiciere* voto 5087
6.21 el voto que *hiciere*, así *hará*, conforme 5087
6.25 Jehová *haga* resplandecer su rostro sobre ti
8.3 y Aarón lo *hizo* así; encendió hacia la 6213
8.4 conforme al modelo... así *hizo* el candelero 6213
8.6 a los levitas... *haz* expiación por ellos 2891
8.7 así *harás* para expiación por ellos: Rocía 6213
8.9 *harás* que los levitas se acerquen delante del
8.12 para *hacer* expiación por los levitas 3722
8.20 *hicieron* con los levitas conforme a 6213
8.20 *hicieron* con ellos los hijos de Israel 6213
8.21 e *hizo* Aarón expiación por ellos para 3722
8.22 de la manera que mandó... así *hicieron* 6213
8.26 servirán... para *hacer* la guardia, pero 8104
8.26 así *harás* con los levitas en cuanto a su 6213
9.5 mandó... así *hicieron* los hijos de Israel 6213
10.2 *hazte* dos trompetas de plata; de obra 6213
10.2 obra de martillo las *harás*, las cuales 6213
10.29 ven con nosotros, y te *haremos* bien 3190
10.32 el bien que Jehová nos ha de *hacer* 3190
10.32 vienes con nosotros... te *haremos* bien 3190
11.8 cocía en caldera o *hacía* de él tortas 6213
11.ll ¿por qué has *hecho* mal a tu siervo? 7489
11.15 si así lo *haces*... te ruego que me 6213
11.24 os *hizo* estar alrededor del tabernáculo
13.30 Caleb *hizo* callar al pueblo delante de Moisés
14.11 con todas las señales que he *hecho* en 6213
14.15 *has* hecho morir a este pueblo como a
14.22 y mis señales que he *hecho* en Egipto 6213
14.28 que según habéis hablado... así *haré* yo 6213
14.30 y juré que os *haría* habitar en ella
14.35 así *haré* a toda esta multitud perversa 6213
14.36 habían *hecho* murmurar contra él a toda la
15.3 y *hagáis* ofrenda encendida a Jehová 6213
15.6 *harás* ofrenda de dos décimas de... harina 6213
15.11 así se *hará* con cada buey, o carnero 6213
15.12 *haréis* con cada uno, según el número 6213
15.13 todo natural *haga* estas cosas así, para 6213
15.14 si *hiciere* ofrenda encendida de olor 6213
15.14 como vosotros *hiciereis*, así hará él 6213
15.22 no *hiciereis* todos estos mandamientos 6213
15.24 si el pecado fue *hecho* por yerro con 6213
15.25 *hará* expiación por... la congregación 3722
15.28 *hará* expiación por la persona que haya 3722
15.29 ley... para el que *hiciere* algo por yerro 6213
15.30 persona que *hiciere* algo con soberbia 6213
15.34 no estaba declarado qué se le había de *hacer* 6213
15.38 se *hagan* franjas en los bordes de sus 6213
15.40 que os acordéis, y *hagáis* todos mis 6213
16.5 y *hará* que se acerque a él
16.6 *haced* esto: Tomaos incensarios, Coré y 6213
16.10 y que te *hizo* acercar a ti, y a todos tus
16.13 ¿es poco que nos *hayas* hecho venir de
16.15 ni a ninguno de ellos he *hecho* mal 7489
16.19 Coré había *hecho* juntar contra ellos toda la
16.28 Jehová me ha enviado para que *hiciese* 6213
16.28 que no las *hice* por mi propia voluntad
16.30 mas si Jehová *hiciere* algo nuevo, y la 1254
16.38 *harán* de ellos planchas batidas para 6213
16.46 ve pronto... y *haz* expiación por ellos 3722
16.47 puso... e *hizo* expiación por el pueblo 3722
17.5 *haré* cesar de delante de mí las quejas
17.10 *harás* cesar sus quejas de delante de mí
17.11 *hizo* Moisés como le mandó... así lo *h* 6213
18.2 *haz* que se acerquen a ti y se junten contigo
18.15 *harás* que se redima el primogénito del hombre
18.16 *harás* efectuar el rescate de ellos
18.23 mas los levitas *harán* el servicio del 5647
19.3 la *hará* degollar en su presencia
19.5 *hará* quemar la vaca... *hará* quemar
20.4 Por qué *hiciste* venir la congregación de
20.5 por qué nos has *hecho* subir de Egipto
20.10 hemos de *hacer* salir aguas de esta peña?
20.25 y *hazlos* subir al monte de Hor
20.27 y Moisés *hizo* como Jehová le mandó 6213
20.29 *hicieron* duelo por treinta días todas 1058
21.2 Israel *hizo* voto a Jehová, y dijo: Si 5087
21.5 ¿por qué nos *hiciste* subir de Egipto
21.8 *hazte* una serpiente ardiente, y ponla 6213
21.9 y Moisés *hizo* una serpiente de bronce 6213
21.14 lo que *hizo* en el mar Rojo, y en los 2052
21.34 *harás* de él como *hiciste* de Sehón rey 6213
22.2 vio Balac... lo que Israel había *hecho* 6213
22.17 *haré* todo lo que me digas; ven, pues 6213
22.18 traspasar la palabra... para *hacer* cosa 6213
22.20 vete con... pero *harás* lo que yo te diga 6213
22.23 azotó Balaam al asna para *hacerla* volver
22.28 ¡qué te he *hecho*, que me has azotado 6213
22.30 ¿he acostumbrado *hacerlo* así contigo? 6213
22.31 Balaam *hizo* reverencia, y se inclinó 6915
23.2 *hizo* como le dijo Balaam; y ofrecieron 6213
23.11 ¿qué me has *hecho*? Te he traído para 6213
23.19 él dijo, ¿y no *hará*? Habló, ¿y no lo 6213
23.23 será dicho de... ¡Lo que ha *hecho* Dios! 6466
23.26 Jehová me diga, eso tengo que *hacer*? 6213
23.30 *hizo* como Balaam le dijo; y ofreció un 6213
24.13 yo no podré... *hacer* cosa buena ni mala 6213
24.14 que este pueblo ha de *hacer* a tu pueblo 6213
24.23 ¡ay! ¿quién vivirá cuando *hiciere* Dios 7760
25.11 ha *hecho* apartar mi furor de los hijos de
25.13 *hizo* expiación por los hijos de Israel 3722
27.22 y Moisés *hizo*... Jehová le había mandado 6213
28.18,25,26 ninguna obra de siervos *haréis* 6213
28.30 y un macho cabrío para *hacer* expiación 3722
29.1,12,35 ninguna obra de siervos *haréis* 6213
29.7 el diez de este mes... ninguna obra *haréis* 6213
30.2 *hiciere* voto a Jehová, no juramento 5087
30.2 *hará* conforme... lo que salió de su boca 6213
30.3 la mujer, cuando *hiciere* voto a Jehová 5087
30.6 pero si fuere casada e *hiciere* votos, o 5088
30.8 entonces el voto que... *hizo*... será nulo 5088
30.10 hubiere *hecho* voto en casa de su marido 5087
31.2 *haz* la venganza de los hijos de Israel 5358
31.3 *hagan* la venganza de Jehová en Madián 5414
31.23 por fuego lo *haréis* pasar, y será limpio 5674
31.23 *haréis* pasar por agua todo lo que no resiste 5674
31.26 la cuenta del botín que se ha *hecho* 7628
31.31 e *hicieron* Moisés y... como Jehová mandó 6213
31.50 para *hacer* expiación por nuestras almas 3722
32.5 y no nos *hagas* pasar el Jordán
32.8 así *hicieron* vuestros padres, cuando los 6213
32.13 aquella generación que había *hecho* mal 6213
32.20 lo *hacéis* así, si os disponéis para ir 6213
32.23 mas si así no lo *hacéis*... habréis pecado 6213
32.24 *haced* lo que ha declarado vuestra boca 6213
32.25 siervos *harán* como mi señor ha mandado 6213
32.31 *haremos* lo que Jehová ha dicho a tus 6213
32.36 *hicieron* también majadas para ovejas
33.4 *hecho* Jehová juicios contra sus dioses 6213
33.56 *haré*... como yo pensé *hacerles* a ellos 6213
34.29 mandó... que *hiciesen* la repartición de 5157
35.23 sin verlo *hizo* caer sobre él alguna piedra
35.25 la congregación lo *hará* volver a su ciudad
35.30 mas un solo testigo no *hará* fé contra 6030
36.10 así *hicieron* las hijas de Zelofehad
Dt 1.11 Dios... os *haga* mil veces más de lo que
1.14 dijisteis: Bueno es *hacer*... que has dicho 6213
1.17 no *hagáis* distinción de persona en el 5230
1.18 os mandé... todo lo que habíais de *hacer* 6213
1.30 todas las cosas que *hizo* por vosotros 6213
1.38 porque él la *hará* heredar a Israel
1.44 os persiguieron como *hacen* las avispas 6213
2.12 como *hizo* Israel en la tierra que les 6213
2.22 como *hizo* Jehová con los hijos de Esaú 6213
2.29 lo *hicieron* conmigo los hijos de Esaú 6213
3.2 *harás* con él como *hiciste* con Sehón rey 6213
3.6 destruimos, como *hicimos* a Sehón rey de 6213
3.21 lo que... Dios ha *hecho*... así hará Jehová 6213
3.24 ¿qué dios hay... que *haga* obras y proezas 6213
3.28 él les *hará* heredar la tierra que verás
4.3 que *hizo* Jehová con motivo de Baal-peor 6213
4.5 que *hagáis* así en medio de la tierra en 6213
4.10 para que yo les *haga* oír mis palabras
4.16 para que no... *hagáis*... escultura, imagen 6213
4.23 no os *hagáis* escultura... de ninguna cosa 3772
4.25 *hiciereis* escultura... e *h* lo malo ante los 6213
4.28 serviréis... a dioses *hechos* de manos de 4639
4.32 si... se ha *hecho* cosa semejante a esta
4.34 todo lo que *hizo* con vosotros Jehová 6213
4.36 desde los cielos te *hizo* oír su voz, para 8085
5.2 Dios *hizo* pacto con nosotros en Horeb 3772
5.3 no con nuestros padres *hizo*... este pacto 3772
5.8 no *harás* para ti escultura, ni imagen 6213
5.10 para que yo les *haga* oír mis palabras
5.13 seis días trabajarás, y *harás* toda tu 6213
5.14 ninguna obra *harás* tú, ni tu hijo, ni 6213
5.27 nos dirás... y nosotros oiremos y *haremos* 6213
5.32 que *hagáis* como Jehová... os ha mandado 6213
6.18 *haz* lo recto... ante los ojos de Jehová 6213
6.22 Jehová *hizo* señales y milagros grandes 5414
7.2 no *harás* con ellas alianza, ni tendrás 3772
7.5 *habéis* de *hacer* con ellos: sus altares 6213
7.18 acuérdate bien de lo que *hizo* Jehová tu 6213
7.19 así *hará* Jehová... con todos los pueblos 6213
7.24 nadie te *hará* frente hasta... destruyas 3320
8.3 y te afligió, y te *hizo* tener hambre
8.3 para *hacerte* saber que no sólo de pan vivirá
8.15 te *hizo* caminar por un desierto grande y
8.16 probándote... para a la postre *hacerte* bien 3190
8.18 te da el poder para *hacer* las riquezas 6213
9.9 del pacto que Jehová *hizo* con vosotros 3772
9.12 se han *hecho* una imagen de fundición 6213
9.16 habíais *hecho* un becerro de fundición 6213
9.18 *haciendo* el mal ante los ojos de Jehová 6213
9.21 tomé el... el becerro que habíais *hecho* 6213
10.1 sube a mí al... y *hazte* un arca de madera 6213
10.3 e *hice* un arca de madera de acacia, y 6213
10.5 las tablas en el arca que había *hecho* 6213
10.17 Dios... no *hace* acepción de personas, ni 5375
10.18 que *hace* justicia al huérfano y a la viuda
10.21 ha *hecho* contigo estas cosas grandes 6213
10.22 Jehová te ha *hecho* como las estrellas 7760
11.3 sus obras que *hizo* en medio de Egipto 6213
11.4 y lo que *hizo* al ejército de Egipto, a 6213
11.5 lo que ha *hecho*... en el desierto, hasta 6213
11.6 lo que *hizo* con Datán y Abiram, hijos 6213
11.7 las grandes hombres que Jehová ha *hecho* 6213
12.4 no *haréis* así a Jehová vuestro Dios 6213
12.8 no *haréis* como... *hacemos* nosotros aquí 6213
12.10 que Jehová vuestro Dios os *hace* heredar
12.14 y allí *harás* todo lo que yo te mando 6213
12.25 cuando *hicieres* lo recto ante... Jehová 6213
12.28 *haciendo* lo bueno y lo recto ante los 6213
12.31 no harás así a Jehová tu Dios; porque 6213
12.31 aborrece, *hicieron* ellos a sus dioses 6213
12.32 cuidarás de *hacer*... lo que yo te mando 6213
13.11 y no vuelva a *hacer* en... cosa semejante 6213
13.14 que tal abominación se *hizo* en medio de 6213
13.18 para *hacer* lo recto ante los ojos de 6213
14.29 bendiga... obra que tus manos *hicieren* 6213
15.1 cada siete años *harás* remisión 6213
15.2 perdonará... aquel que *hizo* empréstito de 5383
15.17 horadarás... también *harás* a tu criada 6213
15.18 te bendecirá en todo cuanto *hicieres* 6213
16.1 *harás* pascua a Jehová tu Dios; porque 6213
16.10 *harás* la fiesta solemne de... semanas 6213
16.13 fiesta solemne... *harás* por siete días 6213
16.13 cuando hayas *hecho* la cosecha de tu 622
16.19 *hagas* acepción de personas, ni tomes 5234
16.21 cerca del altar... tú te habrás *hecho* 6213
17.2 cuando se hallare... que haya *hecho* mal 6213
17.4 tal abominación ha sido *hecha* en Israel 6213
17.5 sacarás a... que hubiere *hecho* esta mala 6213
17.10 y *harás*... la sentencia que te indiquen 6213
17.10 cuidarás de *hacer* según todo lo que 6213
17.11 y según el juicio que te digan, *harás* 6213
17.16 ni *hará* volver al pueblo a Egipto
18.9 no aprenderás a *hacer*... las abominaciones 6213
18.10 quien *haga* pasar a su... por el fuego
18.12 es abominación... que *hace* estas cosas 6213
19.19 *haréis* a él como él pensó *hacer* a su 6213
19.20 y no volverán a *hacer* más una maldad 6213
20.12 si no *hiciere* paz contigo... la sitiarás 7999
20.15 *harás* a todas las ciudades que estén 6213
20.18 os enseñen a *hacer*... sus abominaciones 6213
20.18 que ellos han *hecho* para sus dioses 6213
20.20 contra la ciudad que te *hace* la guerra 6213
21.9 cuando *hicieres* lo que es recto ante los 6213
21.16 en el día que *hiciere* heredar a sus hijos
21.22 lo *hiciereis* morir, y lo colgareis en un madero
22.3 así *harás* con su asno, así *h* también con 6213
22.3 mismo *harás* con toda cosa de tu hermano 6213
22.5 abominación es... cualquiera que esto *hace* 6213
22.8 *harás* pretil a tu terrado, para que no 6213
22.12 te *harás* flecos en las cuatro puntas de 6213
22.21 *hizo* vileza en Israel fornicando en 6213
22.26 a la joven no le *harás* nada; no hay en 6213
23.21 cuando *haces* voto a Jehová tu Dios, no 5087
24.8 *hacer* según todo lo que os enseñaren los 6213
24.8 les he mandado, así cuidaréis de *hacer* 6213
24.9 de lo que *hizo* Jehová tu Dios a María 6213
24.18,22 tanto, yo te mando que *hagas* esto 6213
25.2 le *hará* echar en tierra, y le *hará* azotar
25.5 su cuñado se... *hará* con ella parentesco 2992
25.8 los ancianos de aquella ciudad lo *harán* venir
25.9 así será *hecho* al varón que no quiere 6213
25.16 abominación es a... que *hace* injusticia 6213
25.17 acuérdate... lo que *hizo* Amalec contigo 6213
26.2 escogiere para *hacer* habitar allí su nombre
26.14 he *hecho*... todo lo que me has mandado 6213
26.19 de exaltarte sobre... naciones que *hizo* 6213
27.15 maldito el... que *hiciere* escultura o 6213
27.18 maldito el que *hiciere* errar al ciego 7686
27.26 no confirmare... esta ley para *hacerlas* 6213
28.11 y te *hará* Jehová sobreabundar en bienes
28.20 quebranto y asombro en todo... *hicieres* 6213
28.63 como Jehová se gozaba en *haceros* bien 3190
28.68 Jehová te *hará* volver a Egipto en naves
29.2 habéis visto todo lo que Jehová ha *hecho* 6213
29.9 que prosperéis en todo lo que *hiciereis* 6213
29.14 y no... con vosotros *hago* yo este pacto 3772
29.22 de que Jehová la habrá *hecho* enfermar 2470
29.24 ¿por qué *hizo* esto Jehová a... tierra? 6213
30.3 Jehová *hará* volver a tus cautivos
30.5 te *hará* bien, y te multiplicará más que 3190
30.9 te *hará* Jehová... abundar en toda obra de 3498
30.12 y nos lo *hará* oír para que lo cumplamos?
30.13 para que nos lo traiga y nos lo *haga* oír
31.4 *hará* Jehová... como *hizo* con Sehón y con 6213
31.5 *haréis* con ellos... lo que os he mandado 6213
31.7 y tú se la *harás* heredar
31.12 *Harás* congregar al pueblo, varones y mujeres
31.18 por todo el mal que ellos habrán *hecho* 6213
31.29 haber *hecho* mal ante... ojos de Jehová 6213
32.6 ¿no es él... El te *hizo* y te estableció 6213
32.8 Cuando el Altísimo *hizo* heredar a las naciones
32.8 Cuando hizo dividir a los hijos de los hombres
32.13 e *hizo* que chupase miel de la peña, y 3243
32.15 entonces abandonó al Dios que lo *hizo* 6213
32.26 que *haría* cesar de entre los hombres la
32.27 nuestra mano... ha *hecho* todo esto, y no 6466
32.30 y dos *hacer* huir a diez mil
32.39 yo *hago* morir, y yo *hago* vivir
32.43 y *hará* expiación por la tierra de su 3722
32.47 por medio de esta ley *haréis* prolongar
33.11 bendice, oh Jehová, lo que *hicieren* 2428

33.20 bendito el que *hizo* ensanchar a Gad
34.9 e *hicieron* como Jehová mandó a Moisés 6213
34.11 Jehová le envió a *hacer* en tierra de Egipto ... 6213
34.12 Moisés *hizo* a la vista de todo Israel 6213
Jos 1.5 nadie te podrá *hacer* frente en todos 3320
1.7 cuidar de *hacer* conforme a toda la ley 6213
1.8 y *hagas*... todo lo que en él está escrito 6213
1.16 *haremos*... las cosas que nos has mandado 6213
2.6 ella los había *hecho* subir al terrado
2.10 lo que habéis *hecho* a los dos reyes de 6213
2.12 os ruego... que como he *hecho* misericordia ... 6213
2.12 así la *haréis*... con la casa de mi padre 6213
2.14 *haremos* contigo misericordia y verdad 6213
2.15 ella los *hizo* descender con una cuerda
3.5 porque Jehová *hará* mañana maravillas 6213
4.8 los hijos de Israel lo *hicieron* así como 6213
4.10 hasta que se *hizo* todo lo que Jehová
4.23 la manera... había *hecho* en el Mar Rojo 6213
5.2 *hazte* cuchillos afilados, y vuelve a 6213
5.3 y Josué se *hizo* cuchillos afilados, y 6213
5.7 que él había *hecho* suceder en su lugar
5.15 quita el calzado de... Josué así lo *hizo* 6213
6.3 una vez; y esto *haréis* durante seis días 6213
6.11 él *hizo* que el arca... diera una vuelta
6.14 esta manera *hicieron* durante seis días 6213
6.18 guardaos... no sea que *hagáis* anatema el 2763
6.22 *haced* salir de allí a la mujer y a todo 3318
6.26 en aquel tiempo *hizo* Josué un juramento 7650
7.7 ¿por qué *hiciste* pasar a este pueblo el Jordán
7.9 y... ¿qué *harás* tú a tu grande nombre? 6213
7.12 no podrán *hacer* frente a sus enemigos 6965
7.13 no podrás *hacer* frente a tus enemigos
7.16 *hizo* acercar a Israel por sus tribus; y fue
7.17 y *haciendo* acercar a la tribu de Judá
7.17 *haciendo* luego acercar a la familia de
7.18 *Hizo* acercar su casa por los varones, y fue
7.19 declárame ahora lo que has *hecho*; no me 6213
7.20 yo he pecado contra... así y así he *hecho* 6213
8.2 *harás* a Hai... como *hiciste* a Jericó y a 6213
8.5 cuando salgan ellos... como *hicieron* antes
8.8 *haréis* conforme a la palabra de Jehová 6213
8.35 que Josué no *hiciese* leer delante de toda
9.3 que Josué había *hecho* a Jericó y a Hai 6213
9.6 *haced*, pues, ahora alianza con nosotros 3772
9.7 podremos *hacer* alianza con vosotros? 3772
9.9 y todo lo que *hizo* en Egipto 6213
9.10 todo lo que *hizo* a los dos reyes
de los amorreos 6213
9.11 *haced* ahora alianza con nosotros 3772
9.15 y Josué *hizo* paz con ellos, y celebró 6213
9.16 tres días después que *hicieron*
alianza con ellos 3772
9.20 esto *haremos* con ellos: les dejaremos vivir 6213
9.20 causa del juramento que les hemos *hecho*
9.24 e *hicimos* esto 6213
9.25 lo que te pareciere bueno y recto *hacer* 6213
9.26 él lo *hizo* así con ellos; pues los libró 6213
10.1 (como había *hecho* a Jericó y a su rey 6213
10.1 Gabaón habían *hecho* paz con los israelitas ... 6213
10.4 porque ha *hecho* paz con Josué y con los
10.23 lo *hicieron* así, y sacaron de la cueva 6213
10.25 así *hará* Jehová a todos vuestros enemigos ... 6213
10.26 y los *hizo* colgar en cinco maderos
10.28 como había *hecho* al rey de Jericó 6213
10.30 *hizo*... como había *hecho* al rey de Jericó 6213
10.32 así como había *hecho* en Libna 6213
10.35 como había *hecho* en Laquis 6213
10.37 como había *hecho* a Eglón 6213
10.39 como había *hecho* a Hebrón 6213
10.39 y como había *hecho* a Libna 6213
10.39 a su rey, así *hizo* a Debir y a su rey 6213
11.9 *hizo* con... como Jehová le había mandado 6213
11.15 así Josué lo *hizo*, sin quitar palabra 6213
11.19 no hubo ciudad que *hiciese* paz con los 7999
11.20 y que no les fuese *hecha* misericordia 1961
14.5 así lo *hicieron* los hijos de Israel en 6213
14.8 *hicieron* desfallecer el corazón del pueblo
14.10 Jehová me ha *hecho* vivir
17.13 *hicieron* tributario al cananeo, mas no 5414
17.15 *haceos* desmontes allí en la tierra de 1254
21.44 ninguno... pudo *hacerles* frente, porque 5975
21.45 buenas promesas que Jehová había *hecho* ... 1696
22.22 él sabe, y *hace* saber a Israel
22.24 lo *hicimos* más bien por temor de que 6213
22.25 vuestros hijos *harían* que nuestros hijos
22.27 que podemos *hacer* el servicio de Jehová 5647
22.28 altar... el cual *hicieron* nuestros padres 6213
23.3 Jehová... *hecho* con todas estas naciones 6213
23.6 en guardar y *hacer*... lo que está escrito 6213
23.7 ni *hagas* mención ni juréis... sus dioses 2142
23.8 seguiréis, como habéis *hecho* hasta hoy 6213
24.5 conforme a lo que *hice* en medio de él 6213
24.7 vuestros ojos vieron... que *hice* en Egipto 6213
24.17 el que ha *hecho* estas grandes señales 6213
24.20 os *hará* mal, y os consumirá, después 7489
24.20 volverá... después que os ha *hecho* bien 3190
24.25 Josué *hizo* pacto con el pueblo el... día 3772
24.31 obras... Jehová había *hecho* por Israel 6213
Jue 1.7 como yo *hice*, así me ha pagado Dios 6213
1.24 ciudad, y *haremos* contigo misericordia 6213
1.28 *hizo* al cananeo tributario, mas no lo 7760
1.35 José cobró fuerzas, lo hizo tributario 1961
2.2 no *hagáis* pacto con los moradores de esta 3772
2.2 a mi voz... ¿Por qué habéis *hecho* esto? 6213
2.7 obras de... que él había *hecho* por Israel 6213
2.10 la obra que él había *hecho* por Israel 6213
2.11 hijos de Israel *hicieron* lo malo ante 6213
2.14 no pudieron ya *hacer* frente a... enemigos 5975
2.17 anduvieron sus padres... no *hicieron* así 6213
3.7 *hicieron*... los hijos de Israel lo malo 6213
3.12 volvieron... a *hacer* lo malo ante los ojos 6213
3.12 *hecho* lo malo ante los ojos de Jehová 6213
3.16 Aod... había *hecho* un puñal de dos filos 6213
4.1 volvieron a *hacer* lo malo ante los ojos 6213
6.1 los hijos de Israel *hicieron* lo malo ante 6213
6.2 Israel... se *hicieron* cuevas en los montes 6213
6.8 yo os *hice* salir de Egipto
6.20 y vierte el caldo. Y él lo *hizo* así 6213
6.27 Gedeón tomó... e *hizo* como Jehová le dijo 6213
6.27 temiendo hacerlo de día... *hizo* de noche 6213
6.29 ¿quién ha *hecho* esto? Gedeón... lo ha *h* 6213
6.40 aquella noche lo *hizo* Dios así; sólo el 6213
7.3 *haz* pregonar en oídos del pueblo
7.17 dijo: Miradme a mí, y *haced* como *hago* 6213
7.17 yo llegue... *haréis* vosotros como *hago* yo 6213
8.1 ¿qué es esto que has *hecho* con nosotros 6213
8.2 ¿qué he *hecho* yo... comparado con vosotros 6213
8.3 ¿y qué he podido yo *hacer* comparado con 6213
8.24 dijo Gedeón: Quiero *haceros* una petición 7592
8.27 Gedeón *hizo* de ellos un efod, el cual 6213
8.35 conforme a... el bien que él había *hecho* 6213
9.16 habéis procedido en *hacer* rey a Abimelec 6213
9.24 la violencia *hecha* a los setenta hijos 2555
9.27 y pisaron la uva e *hicieron* fiesta; y 6213
9.33 tú *harás* con él según se presente la 6213
9.48 habéis visto hacer... a *hacerlo* como yo 6213
9.56 así pagó Dios... el mal que *hizo* contra 6213
9.57 el mal... lo *hizo* Dios volver sobre sus 7725
10.6 volvieron a *hacer* lo malo ante... Jehová 6213
10.9 para *hacer* también guerra contra Judá 3898
10.15 *haz* tú... como bien te parezca, sólo te 6213
11.4,5 de Amón *hicieron* guerra contra Israel 3898
11.9 si me *hacéis* volver para que pelee contra
11.10 testigo... si no *hiciéramos* como tú dices 6213
11.12 que has venido a mí para *hacer* guerra 3898
11.24 lo que te *hiciere* poseer Quemos tu dios
11.25 ¿tuvo él... o *hizo* guerra contra ellos? 3898
11.27 *haces* mal conmigo peleando contra mí 6213
11.30 y Jefté *hizo* voto a Jehová, diciendo 5087
11.36 *haz* de mí conforme a lo que prometiste 6213
11.36 ya que Jehová ha *hecho* venganza en tus 6213
11.39 *hizo* de ella conforme al voto... *hecho* 6213
11.40 y se *hizo* costumbre en Israel, que de
12.1 ¿por qué fuiste a *hacer* guerra... de Amón 3898
13.1 Israel volvieron a *hacer* lo malo ante 6213
13.8 lo que hayamos de *hacer* con el niño que 6213
13.12 del niño, y qué debemos *hacer* con él? 4639
13.16 si quieres *hacer* holocausto, ofrécelo 6213
13.19 el ángel *hizo* milagro ante... de Manoa 6213
14.6 Sansón... no declaró... lo que había *hecho* 6213
14.10 *hizo* allí banquete... así solían *hacer* 6213
15.3 sin culpa seré esta... si mal les *hiciere* 6213
15.6 dijeron los filisteos: ¿Quién *hizo* esto? 6213
15.7 Sansón... dijo; Ya que así habéis *hecho* 6213
15.10 a Sansón... *hacerle* como él nos ha *hecho* 6213
15.11 ¿por qué nos has *hecho* esto? Y les 6213
15.11 yo les he *hecho* como ellos me *hicieron* 6213
15.13 le *hicieron* venir de la peña
16.19 *hizo* que él se durmiese sobre sus rodillas
16.26 acércame, y *hazme* palpar las columnas
17.3 para *hacer* una imagen de talla y una de 6213
17.4 *hizo* de ellos una imagen de talla y una 6213
17.5 *hizo* efod y terafines, y consagró a uno 6213
17.6 cada uno *hacía* lo que bien le parecía 6213
18.3 ¿quién te ha traído acá, y qué *haces* 6213
18.4 de esta manera ha *hecho* conmigo Micaía 6213
18.5 ha de prosperar este viaje que *hacemos* 1980
18.9 ¿y vosotros no haréis nada? No seáis 2814
18.14 mirad, por tanto... que habéis de *hacer* 6213
18.18 y el... les dijo: ¿Qué *hacéis* vosotros? 6213
18.24 tomasteis mis dioses que yo *hice* y al 6213
18.27 ellos, llevando las cosas que había *hecho* 6213
18.31 la imagen de... que Micaía había *hecho* 6213
19.3 hablarle amorosamente y *hacerla* volver
19.3 ella le *hizo* entrar en la casa de su padre
19.19 tenemos paja y... no nos *hace* falta nada 4270
19.23 os ruego que no... no *hagáis* esta maldad 7489
19.24 *haced* con ellas como os parezca, y no 6213
19.24 no *hagáis* a este hombre cosa tan infame 6213
19.30 jamás se ha *hecho* ni visto tal cosa 1961
20.6 por cuanto han *hecho* maldad y crimen en 6213
20.9 mas esto es ahora lo que *haremos* a Gabaa 6213
20.10 *hagan* conforme a toda la abominación 6213
20.12 ¿qué maldad es esta que ha sido *hecha* 1961
20.38 *hiciesen* subir una gran humareda de la
21.2 y alzando su voz *hicieron* gran llanto 5375
21.5 se había *hecho* gran juramento contra el
21.7,16 ¿qué *haremos* en cuanto a mujeres para 6213
21.11 pero *haréis* de esta manera: mataréis a 6213
21.22 *hacednos* la merced de concedérnoslas 2603
21.23 los hijos de Benjamín lo *hicieron* así 6213
21.25 cada uno *hacía* lo que bien le parecía 6213
Rt 1.8 Jehová *haga* con vosotras misericordia 6213
1.8 como la habéis *hecho* con los muertos y 6213
1.17 así me *haga* Jehová, y aun me añada, si 6213
1.17 que sólo la muerte *hará* separación entre 6504
2.11 he sabido... que has *hecho* con tu suegra 6213
3.4 irás... él te dirá lo que hayas de *hacer* 6213
3.5 ella respondió: *Haré* todo lo que tú me 6213
3.6 *hizo*... lo que su suegra le había mandado 6213
3.10 has *hecho* mejor tu postrera bondad que 3190
3.11 no temas... *haré* contigo lo que tú digas 6213
4.4 y yo decidí *hacértelo* saber
4.7 había ya desde *hacía* tiempo esta costumbre
4.11 Jehová *haga* a la mujer que entra en tu 6213
4.14 loado sea Jehová... *hizo* que no te faltase 7673
1 S 1.7 así *hacía* cada año; cuando subía a la 6213
1.11 e *hizo* voto, diciendo: Jehová de los 5087
1.17 te otorgue la petición que le has *hecho* 7592
1.23 *haz* lo que bien te parezca, quédate 6213
2.6 él *hace* descender al Seol, y hace subir
2.8 para *hacerle* sentarse con príncipes y heredar
2.14 *hacían* con todo israelita que venía a 6213
2.19 y le *hacía* su madre una túnica pequeña 6213
2.22 y oía de todo lo que sus hijos *hacían* 6213
2.23 dijo: ¿Por qué *hacéis* cosas semejantes? 6213
2.24 pues *hacéis* pecar al pueblo de Jehová
2.25 porque Jehová había resuelto *hacerlos* morir
2.30 nunca yo tal *haga* porque yo honraré a
2.35 un sacerdote fiel, que *haga* conforme a 6213
3.11 he aquí *haré* yo una cosa en Israel, que 6213
3.17 así te *haga* Dios y aun te añada, si me 6213
3.18 Jehová es; *haga* lo que bien le pareciere 6213
4.10 fue *hecha* muy grande mortandad... cayeron .. 3966
4.17 fue *hecha* gran mortandad en el pueblo 1419
4.18 *hizo* mención del arca de Dios, Elí cayó 2142
5.8 ¿qué *haremos*... arca del Dios de Israel? 6213
6.2 ¿qué *haremos* del arca de Jehová?... saber 6213
6.5 *haréis* pues, figuras de vuestros tumores 6213
6.7 *haced*... un carro nuevo, y tomad luego dos 6213
6.9 él nos ha *hecho* este mal tan grande; y 6213
6.10 lo *hicieron* así; tomando dos vacas que 6213
6.19 Dios *hizo* morir a los hombres de Bet-semes
6.19 *hizo* morir del pueblo a
8.8 conforme... obras que han *hecho*... así *hacen* ... 6213
8.11 *hará* el rey que reinará sobre vosotros 4941
8.12 a que *hagan* sus armas de guerra y los 6213
8.16 siervos... y con ellos *hará* sus obras 6213
8.20 saldrá delante... y *hará* nuestras guerras 3898
9.20 asnas que se te perdieron *hace* ya... días 3117
10.2 diciendo: ¿Qué *haré* acerca de mi hijo? 6213
10.7 *haz* lo que te viniere a la mano, porque 6213
10.8 venga... y te enseñe lo que has de *hacer* 6213
10.12 *hizo* proverbio: ¿También Saúl entre los 4912
10.20 *haciendo* Samuel que se acercasen todas 7126
10.21 *hizo* llegar la tribu de Benjamín
11.1 *haz* alianza con nosotros... te serviremos 3772
11.2 Nahas... Con esta condición *haré* alianza 3772
11.7 así se *hará* con los bueyes del que no 6213
11.10 *hagáis*... todo lo que bien os pareciere 6213
12.7 que Jehová ha *hecho* con vosotros y con 6213
12.8 y los *hicieron* habitar en este lugar
12.9 de Moab, los cuales les *hicieron* guerra 3898
12.14 si... servís... vuestro Dios, *haréis* bien
12.16 Jehová *hará* delante de vuestros ojos 6213
12.17 maldad que habéis *hecho* ante los ojos 6213
12.20 vosotros habéis *hecho* todo este mal 6213
12.22 Jehová ha querido *haceros* pueblo suyo 6213
12.24 grandes cosas ha *hecho* por vosotros 1431
12.25 mas si perseverareis en *hacer* mal 7489
13.3 *hizo* Saúl tocar trompeta por todo el 8628
13.4 Israel se había *hecho* abominable a los 887
13.11 Samuel dijo: ¿Qué has *hecho*? Y Saúl 6213
13.13 Samuel... a Saúl: Locamente has *hecho* 5528
13.19 los hebreos no *hagan* espada o lanza 6213
14.1 y no lo *hizo* saber a su padre
14.6 quizá *haga* algo Jehová por nosotros 6213
14.7 *haz* todo lo que tienes en tu corazón vé 6213
14.12 subid a nosotros, y os *haremos* saber una cosa
14.14 matanza que *hicieron* Jonatán y su paje 5221
14.26 quien *hiciera* llegar su mano a su boca
14.28 tu padre ha *hecho* jurar solemnemente al pueblo
14.30 no se habría *hecho* ahora mayor estrago 7235
14.36,40 *haz* lo que bien te pareciere 6213
14.43 a Jonatán: Declárame lo que has *hecho* 6213
14.44 así me *haga* Dios y aun me añada, que 6213
14.45 ¿Ha de morir Jonatán, el que ha *hecho*
14.47 Saúl *hizo* guerra a todos sus enemigos 3898
15.2 castigaré lo que *hizo* Amalec a Israel 6213
15.17 ¿no has sido *hecho* jefe de las tribus
15.18 y *hazles* guerra hasta que los acabes 3898
15.19 *hecho* lo malo ante los ojos de Jehová? 6213
16.3 yo te enseñaré lo que has de *hacer*; y me 6213
16.4 *hizo* pues Samuel como le dijo Jehová 6213
16.8 y lo *hizo* pasar delante de Samuel
16.9 *Hizo* luego pasar Isaí a Sama
16.10 *hizo* pasar Isaí siete hijos suyos delante
16.12 le *hizo* entrar; y era rubio, hermoso de ojos
16.21 él le amó... y le *hizo* su paje de armas
17.16 y así lo *hizo* durante cuarenta días 3320
17.26 ¿qué *harán* al hombre que venciere a 6213
17.27 así se *hará* al hombre que le venciere 6213
17.29 David respondió: ¿Qué he *hecho* yo ahora 6213
17.31 y él lo *hizo* venir
17.39 y probó a... nunca había *hecho* la prueba 5254
18.3 *hicieron* pacto Jonatán y David, porque 3772
18.13 lo alejó de sí, y le *hizo* jefe de mil 7760
18.25 pensaba *hacer* caer a David en manos de
18.27 al rey, a fin de *hacerse* yerno del rey 2859
18.30 David... *hizo* de mucha estima su nombre 3365
19.3 y te *haré* saber lo que haya
19.18 le dijo todo lo que Saúl había *hecho* 6213
20.1 ¿qué he *hecho* yo? ¿Cuál es mi maldad, o 6213
20.2 mi padre ninguna cosa *hará*, grande 6213
20.4 dijo... Lo que deseare tu alma, *haré* por ti 6213
20.6 tu padre *hiciere* mención de mí dirás
20.8 *harás* misericordia con tu siervo 6213
20.12 enviaré a ti para *hacértelo* saber
20.13 pero si mi padre intentare *hacerte* mal 7451
20.13 Jehová *haga* así a Jonatán, y aun le 6213
20.14 y si yo viviera, *haré*... misericordia 6213
20.16 así *hizo* Jonatán pacto con la casa de 3772
20.17 Jonatán *hizo* jurar a David otra vez

20.32 dado: ¿Por qué *hacéis* lo que has *hecho*? 6213
21.15 éste que *hiciese* de loco delante de mí? 7696
22.2 se juntaron... y fue *hecho* jefe de ellos
22.3 hasta que sepa lo que Dios *hará* de mí 6213
22.7 os *hará* jefes de millares y jefes de 7760
22.8 mi hijo ha *hecho* alianza con el hijo de 3772
22.8 que me aceche, tal como lo *hace* hoy?
22.13 y me acechase, como lo *hace* hoy día?
22.22 él lo había de *hacer* saber a Saúl
23.18 ambos *hicieron* pacto delante de Jehová 3772
23.27 han *hecho* una irrupción en el país
24.4 mano, y *harás* con él como le pareciere 6213
24.6 Jehová me guarde de *hacer* tal cosa 6213
24.8 inclinó su rostro a... e *hizo* reverencia 7812
24.18 has mostrado hoy que has *hecho* conmigo 6213
24.19 lo que en este día has *hecho* conmigo 6213
25.17 reflexiona y ve lo que has de *hacer* 6213
25.22 así *haga* Dios a los enemigos de David 6213
25.25 no *haga* caso ahora mi Señor de ese 7760
25.28 Jehová... *hará* casa estable a mi nombre 6213
25.30 Jehová *haga* con mi señor conforme a 6213
25.31 y cuando Jehová *haga* bien a mi señor 3190
25.34 que me ha defendido de *hacerte* mal 7489
26.16 esto que has *hecho* no está bien. Vive 6213
26.18 que he *hecho*? ¿Qué mal hay en mi mano? 6213
26.21 vuélvete... que ningún mal te *haré* más 7489
26.21 yo he *hecho* ociosamente, y he errado 5528
27.8 *hacían* incursiones contra los 6584
27.11 dio aviso de... y digan: esto *hizo* David 6213
27.12 él se ha *hecho* admirable a su pueblo
28.2 bien, tu sabrás lo que *hará* tu siervo 6213
28.8 y me *hagas* subir a quien yo te dijere
28.9 tú sabes lo que Saúl ha *hecho* cómo ha 6213
28.11 ¿a quién te *haré* venir? Y él respondió
28.14 rostro a tierra, *hizo* gran reverencia 7812
28.15 que me declares lo que tengo que *hacer* 6213
28.17 te ha *hecho* como dijo por medio de mí 6213
28.18 por eso Jehová: te ha *hecho* esto hoy 6213
29.3 y dijeron... ¿qué *hacen* estos hebreos?
29.8 David reunió a Aquis:¿Qué he *hecho*? 6213
30.13 y me dejó mi amo hoy *hace* tres días
30.14 *hicimos* una reunión a... del Neguev 6584
30.16 comiendo y bebiendo y *haciendo* fiesta 2287
30.21 habían *hecho* quedar en el torrente de
30.23 David dijo: No *hagáis* eso, hermanos 6213
31.11 oyendo los de Jabes... *hicieron* a Saúl 6213
2 S 1.2 se postró en tierra e *hizo* reverencia 7812
1.11 rasgó; y lo mismo *hicieron* los hombres
2.5 que hayamos *hecho* esta misericordia con 6213
2.6 Jehová *haga* con vosotros misericordia y 6213
2.6 os *hará* bien por esto que habéis *hecho* 6213
2.9 *hizo* el rey sobre Galaad, sobre Gesuri 4427
2.25 *hicieron* alto en la cumbre del collado 5975
3.8 he *hecho* hoy misericordia con la casa de 6213
3.8 tú me *haces* hoy cargo del pecado de 6485
3.9 así *haga* Dios a Abner y aun le añada, si 6213
3.9 si como ha jurado... no *haga* yo así con él 6213
3.12 *haz* pacto conmigo... mano estará contigo 3772
3.13 bien; *haré* pacto contigo, mas una cosa 3772
3.17 *hace* ya tiempo procurabais que David
3.18 ahora, pues, *hacedlo*; porque Jehová ha 6213
3.20 y David *hizo* banquete a Abner y a los 6213
3.21 que *hagan* conmigo pacto, y tú reines 3772
3.24 Joab vino... y le dijo:¿Qué has *hecho*? 6213
3.25 ha venido... para saber... lo que tú *haces* 6213
3.26 le *hicieron* volver desde el pozo de Sira
3.31 rasgad... y *haced* duelo delante de Abner 5594
3.35 me *haga* Dios y aun me acaba, si antes 6213
3.36 pues vio lo que el rey *haría* agradaba 6213
3.39 de el pago al que mal *hará* conforme a 6213
5.3 el rey David *hizo* pacto con ellos en Hebrón 3772
5.25 y David lo *hizo* así como Jehová se lo 6213
6.2 para *hacer* pasar de allí el arca de Dios
6.10 la *hizo* llevar David a casa de
6.22 y aun me haré mas... que esta vez, y 7043
7.3 anda, y *haz* lo que está en tu corazón 6213
7.11 Jehová te *hace* saciar... él te *hará* casa 6213
7.14 Y si él *hiciere* mal, yo le castigaré 5753
7.15 anda, y *haz* conforme a lo que has dicho 6213
7.21 cosas grandes has *hecho* por tu palabra 6213
7.23 para *hacer* grandes a su favor, y obras 6213
7.25 y *haz* conforme a lo que has dicho 6213
7.27 valor para *hacer* delante de ti esta súplica
8.2 con cordel, *haciéndolos* tender por tierra
8.2 midió dos cordeles para *hacerlos* morir
8.6 los sirios fueron *hechos* siervos de David
9.1 a quien *haga* yo misericordia por amor
9.3 a quien *haga* yo misericordia de Dios?
9.6 se postró sobre su rostro e *hizo* reverencia
9.7 la verdad *haré* contigo misericordia por amor
9.11 así lo *hará* tu siervo 6213
10.2 yo *haré* misericordia con Hanún... *hizo* conmigo
10.5 cuando se le *hizo* saber esto a David, envió a
10.6 que se habían *hecho* odiosos a David
10.12 *haga* Jehová lo que bien le pareciere 6213
10.16 envió Hadad-ezer e *hizo* salir a los sirios
10.19 *hicieron* paz con Israel y le sirvieron
11.5 y envió a *hacerlo* saber a David
11.10 *hicieron* saber esto a David, diciendo
11.11 por vida tuya... que yo no *haré* tal cosa 6213
11.18 envió Joab e *hizo* saber a David todos los asuntos
11.23 nosotros les *hicimos* retroceder hasta la entrada
11.26 *hizo* duelo por su marido
11.27 esto que David había *hecho*,
fue desagradable 6213
12.5 el que tal *hizo* es digno de muerte 6213
12.6 *hizo* tal cosa, y no tuvo misericordia 6213
12.9 *haciendo* lo malo delante de sus ojos? 6213
12.11 he aquí yo *haré* levantar el mal sobre ti
12.12 lo *hiciste* en secreto; mas yo *haré* esto delante ... 6213
12.14 *hiciste* blasfemar a los enemigos de Jehová
12.17 y fueron a él para *hacerlo* levantar
12.18 y temían los siervos de David *hacerle* saber
12.21 ¿qué es esto que has *hecho*? 6213
12.23 ¿Podré yo *hacerle* volver?
12.31 los *hizo* trabajar... y lo mismo *hizo* a todas ... 6213
13.2 parecía a Amnón que sería difícil *hacerle*
13.6 y *haga* delante de mí dos hojuelas 3823
13.7 y *hazle* de comer 6213
13.8 *hizo* hojuelas delante de él y las coció 3835
13.12 no, hermano mío, no me *hagas* violencia 6213
13.12 no se debe *hacer*... no *hagas* tal vileza 6213
13.16 mayor mal es... que el que me has *hecho* 6213
13.29 *hicieron*... Absalón les había mandado 6213
14.4 postrándose en tierra... *hizo* reverencia 7812
14.7 para que le *hagamos* morir por la vida
14.13 hablando el rey... se *hace* culpable él 818
14.15 que él *hará* lo que su sierva diga 6213
14.20 Joab tu siervo ha *hecho* esto; pero mi 6213
14.21 yo *hago* esto; ve y *haz* volver al joven 6213
14.22 Joab se postró en... e *hizo* reverencia 7812
14.22 *hecho* el rey lo que su siervo ha dicho 6213
14.26 se cortaba el cabello, lo cual *hacía*
14.33 Vino, pues, Joab al rey, y se lo *hizo* saber
15.1 que Absalón se *hizo* de carros y caballos 6213
15.4 que viniesen a mí... les *haría* justicia! 6663
15.6 manera *hacía* con todos los israelitas 6213
15.8 tu siervo *hizo* voto... en Gesur en Siria 5087
15.12 y la conspiración se ha *hecho* poderosa, y 533
15.20 ¿y he de hacer hoy que te muevas para
15.25 él *hará* que vuelva, y me dejará verla
15.26 *haga* de mí lo que bien le pareciere 6213
15.34 tú *harás* nulo el consejo de Ahitofel 6565
16.10 ¿Quién... dirá: ¿Por qué lo *harás* así? 6213
16.20 dad... consejo sobre lo que debemos *hacer* ... 6213
16.21 te has *hecho* aborrecible a tu padre 887
17.3 *haré* volver a ti todo el pueblo
17.14 Jehová *hiciese* venir el mal sobre Absalón
17.17 y se lo *hicieron* saber al rey David
17.18 el cual lo *hizo* saber a Absalón
18.3 si... huyéramos, no *harán* caso de vosotros 7760
18.3 aunque la mitad... muera, no *harán* caso 7760
18.4 les dijo: Yo *haré* lo que bien os parezca 6213
18.7 se *hizo*... una gran matanza de veinte mil 1419
18.13 habría yo *hecho* traición contra mi vida 6213
18.21 y el etíope *hizo* reverencia ante Joab 7812
18.25 dio luego voces, y lo *hizo* saber al rey
19.1 el rey llora, y *hace* duelo por Absalón 56
19.6 hoy me has *hecho* ver claramente
19.10 estáis callados respecto de *hacer* volver
19.11 los postreros en *hacer* volver el rey
19.12 seréis vosotros los postreros en *hacer*
19.13 así me *haga* Dios, y aun me añada, si 6213
19.15 para *hacerle* pasar el Jordán
19.18 y para *hacer* lo que a él le pareciera 6213
19.19 males que tu siervo *hizo* el día en que
19.27 mi señor... *haz*... lo que bien te parezca 6213
19.37 rey, y *haz* a él lo que bien te pareciere 6213
19.38 y yo *haré* con él como bien te parezca 6213
19.38 lo que tú pidiereis de mí, yo lo *haré* 6213
19.41 han *hecho* pasar el Jordán al rey y a su
19.43 respecto de *hacer* volver a nuestro rey?
20.6 Seba... *hará* ahora más daño que Absalón 3415
21.2 a los cuales los... habían *hecho* juramento 7650
21.3 aquí *haré*... vosotros, o que satisfacción 6213
21.4 les dijo: Lo que vosotros dijereis, *haré* 6213
21.11 fue dicho a David lo que *haría* Rizpa 6213
21.13 *hizo* llevar de allí los huesos de Saúl y los
21.14 *hicieron* todo lo que el rey... mandado 6213
21.15 los Filisteos a *hacer* la guerra a Israel
22.34 quien *hace* mis pies como de ciervas, y 7737
22.41 has *hecho* que mis enemigos vuelvan las 5414
23.4 como la lluvia que *hace* brotar la hierba
23.5 sin embargo él ha *hecho* conmigo pacto 7760
23.17 lejos sea de mí, oh... que yo *haga* esto 6213
23.17 los tres valientes *hicieron* esto 6213
23.22 esto *hizo* Benaía hijo de Joiada, y ganó 6213
24.1 ve, *haz* un censo de Israel y de Judá 4487
24.2 *haz* un censo del pueblo, para que yo 6485
24.4 salió, pues, Joab... para *hacer* el censo 6485
24.10 he pasado... por haber *hecho* esto; mas 6213
24.10 que quites el... he *hecho* muy neciamente 5528
24.12 escogerás una de... para que yo la *haga* 6213
24.13 vino, pues, Gad a David, y se lo *hizo* saber
24.17 yo pequé... ¿Qué *hicieron* estas ovejas? 213
1 R 1.5 y se *hizo* de carros y de gente de a 6213
1.6 su padre... decide: ¿Por qué *haces* así? 6213
1.16 y Belsaía se inclinó, e *hizo* reverencia 7812
1.30 como yo te he jurado... así lo *haré* hoy 6213
1.31 *haciendo* reverencia al rey, dijo: Viva 7812
1.37 y *haga* mayor su trono que el trono de 1431
1.40 y *hacían* grandes alegrías, que parecía 8056
1.43 el rey David ha *hecho* rey a Salomón 4427
1.47 Dios *haga* bueno el nombre de Salomón
1.47 Dios... *haga* mayor su trono que el tuyo
1.51 y se lo *hicieron* saber a Salomón, diciendo
2.3 para que prosperes en todo lo que *hagas* 6213
2.5 sabes tú lo que me ha *hecho* Joab hijo de 6213
2.5 lo que *hizo* a dos generales del ejército 6213
2.6 tú, pues, *harás* conforme a tu sabiduría 6213
2.7 los hijos de Barzilai... *harás* misericordia 6213
2.9 sabes cómo debes *hacer* con él y *harás* 6213
2.16 te *hago* una petición; no me la niegues 7592
2.19 e *hizo* traer una silla para su madre
2.23 así me *haga* Dios y aun me acaba, que 6213
2.24 me ha *hecho* casa, como me había dicho 6213
2.29 le *hizo* saber a Salomón que Joab había
2.31 le dijo: *Haz* como él ha dicho; mátale 6213
2.32 Jehová *hará* volver su sangre sobre su
2.36 envió el rey e *hizo* venir a Simei
2.38 señor ha dicho, así lo *hará* tu siervo 6213
2.42 el rey envió e *hizo* venir a Simei
2.44 ha *hecho* volver el mal sobre tu cabeza
3.1 Salomón *hizo* parentesco con faraón rey
3.6 *haz* tu gran misericordia a tu siervo 6213
3.12 aquí lo he *hecho* conforme a tus palabras 6213
3.15 *hizo* también banquete a... sus siervos 6213
4.27 uno un mes, y *hacían* que nada faltase 5737
4.28 *hacían* también traer cebada y paja para 935
5.8 yo *haré*... te plazca acerca de la madera 6213
5.12 hubo paz... e *hicieron* pacto entre ambos 3772
5.16 tenían a cargo el pueblo que *hacía* la 6213
6.4 *hizo* a la casa ventanas anchas... dentro 6213
6.5 casa... e *hizo* cámaras laterales alrededor 6213
6.6 por fuera había *hecho* disminuciones a la 5414
6.12 e *hicieres* mis decretos, y guardares 6213
6.16 *hizo* al final de la casa un edificio de 1129
6.16 *hizo* en la casa un aposento que es el 1129
6.23 *hizo*... el lugar santísimo dos querubines 6213
6.31 *hizo* puertas de madera de olivo, y el 6213
6.33 *hizo* a la puerta... postes cuadrados de 6213
7.6 *hizo* un pórtico de columnas, que tenía 6213
7.7 *hizo* asimismo el pórtico del trono en que 6213
7.14 éste... vino al rey... e *hizo* toda su obra 6213
7.16 *hizo*... capiteles de fundición de bronce 6213
7.18 *hizo* también dos hileras de granadas 6213
7.18 la misma forma *hizo* en el otro capitel 6213
7.23 *Hizo* fundir asimismo un mar de diez 6213
7.27 *hizo*... diez basas de bronce, siendo la 6213
7.36 e *hizo* en las tablas... entalladuras de 6605
7.37 de esta forma *hizo* diez basas, fundidas 6213
7.38 *hizo* también 10 fuentes de bronce, cada 6213
7.40 *hizo*... fuentes, y tenazas, y cuencos 6213
7.40 terminó toda la obra que *hizo* a Salomón 6213
7.45 los utensilios que Hiram *hizo* al rey 6213
7.46 lo *hizo* fundir el rey en la llanura del
7.48 *hizo* Salomón todos los enseres que 6213
7.51 obra que dispuso *hacer* el rey Salomón 6213
8.9 donde Jehová *hizo* pacto con los hijos 3772
8.18 casa... bien has *hecho* en tener tal deseo
8.21 pacto... que él *hizo* con nuestros padres 3772
8.28 oración que tu siervo *hace* hoy delante 6419
8.29 oigas la oración que tu siervo *haga* en 6419
8.31 y le tomaren juramento *haciéndole* jurar
8.32 *haciendo* recaer su proceder sobre su
8.38 súplica que *hiciere* cualquier hombre
8.43 *harás* conforme a... aquello por lo cual 6213
8.45,49 tú oirás en... y les *harás* justicia 6213
8.47 *hecho* lo malo, hemos cometido impiedad
8.49 oirás... su súplica, y les *harás* justicia 6213
8.50 *harás* que tengan de ellos misericordia
8.54 acabó... de *hacer* a Jehová... esta oración 3615
8.65 Salomón *hizo* fiesta, y con él... Israel 6213
8.66 beneficios... Jehová había *hecho* a David 6213
9.1 acabado la obra... que Salomón quiso *hacer* ... 6213
9.3 tu oración y tu ruego que has *hecho* en 2063
9.4 *haciendo*... cosas que yo te he mandado, y 6213
9.8 por qué ha *hecho* así Jehová a esta tierra 6213
9.21 *hizo* Salomón que sirviesen con tributo
9.23 Salomón había *hecho* jefes y vigilantes 6213
9.26 *hizo*... rey Salomón naves en Ezión-geber 6213
10.9 rey, para que *hagas* derecho y justicia 6213
10.12 de la madera... *hizo* el rey balaustres 6213
10.16 *hizo*... rey Salomón doscientos escudos 6213
10.17 *hizo* 300 escudos de oro batido, en
10.18 *hizo*... el rey un gran trono de marfil 6213
10.20 en ningún reino se había *hecho* trono 6213
10.27 *hizo* el rey que en Jerusalén la plata 5414
11.2 *harán* inclinar vuestros corazones tras sus dioses
11.6 *hizo* Salomón lo malo ante los... de Jehová 6213
11.8 así *hizo* para... sus mujeres extranjeras 6213
11.12 no lo *haré* en tus días, por amor a 6213
11.24 se había *hecho* capitán de una compañía 8269
11.24 fueron... y le *hicieron* rey en Damasco 4427
11.33 para *hacer* lo recto delante de mis ojos 6213
11.33 mis decretos, como *hizo* David su padre
11.38 *hicieres* lo recto delante de mis ojos 6213
11.38 como *hizo* David mi siervo, yo estaré 6213
11.41 todo lo que *hizo*, y su sabiduría, ¿no 6213
12.1 había venido a Siquem para *hacerle* rey 4427
12.20 y le *hicieron* rey sobre todo Israel 4427
12.21 con el fin de *hacer* guerra a la casa 3898
12.24 volveos... porque esto lo he *hecho* yo 4480
12.28 *hizo* el rey dos becerros de oro, y dijo 6213
12.31 *hizo*... lugares altos, e *h* sacerdotes de 6213
12.32 *hizo*... a los becerros que había hecho 6213
12.33 sobre el altar que él había *hecho* en 6213
12.33 e *hizo* fiesta a los hijos de Israel 6213
13.11 lo que el varón de Dios había *hecho* 6213
13.20 palabra de... que le había *hecho* volver
13.23 el que le había *hecho* volver le ensilló el asno
13.26 el profeta que le había *hecho* volver
13.33 Jeroboam... volvió a *hacer* sacerdotes de 6213
14.4 la mujer de Jeroboam lo *hizo* así; y se 6213
14.7 te *hice* príncipe sobre mi pueblo Israel 5414
14.8 *haciendo*... lo recto delante de mis ojos 6213
14.9 *hiciere* lo malo sobre todos los que han 6213
14.9 y te *hiciste* dioses ajenos e imágenes 6213
14.14 destruirá la casa... lo *hará* ahora mismo
14.15 por cuanto han *hecho* sus imágenes de 6213
14.16 y ha *hecho* pecar a Israel
14.19 Jeroboam, las guerras que *hizo*, y cómo 3898

14.22; 15.26,34; 16.25; 22.52; 2 R 3.2; 8.18,27;
13.2,11; 14.24; 15.18,24,28; 17.2; 21.2; 23.32,37;
24.9,19 *hizo* lo malo ante los ojos de Jehová 6213
14.22 todo lo que sus padres *habían* hecho 6213
14.24 *hicieron*. . . todas las abominaciones de 6213
14 26 los escudos. . . que Salomón había *hecho* 6213
14.27 y en lugar de ellos *hizo*. . . escudos de 6213
14.29 todo lo que *hizo*, ¿no está escrito en 6213
15.5 había *hecho* lo recto ante los ojos de. 6213
15.7,31; 16.14; 2 R 8.23; 10.34; 12.19; 13.8,12;
15.6,21,26,31,36; 23.28; 24.5 todo lo que *hizo*. . .
está escrito 6213
15.11; 2 R 12.2; 14.3; 15.3,34; 22.2 *hizo* lo recto
ante. . . los ojos de Jehová 6213
15.12 quitó todos los ídolos. . . habían *hecho*. 6213
15.13 porque había *hecho* un ídolo de Asera. 6213
15.23 todo lo que *hizo* y las ciudades que 6213
15.30 y con los cuales *hizo* pecar a Israel
16.2 y has *hecho* pecar a mi pueblo Israel
16.5 las cosas que *hizo*, y su poderío, ¿no. 6213
16.7 de todo lo malo que *hizo* ante. . . Jehová. 6213
16.7 fuese *hecha* como la casa de Jeroboam. 6213
16.13 por los cuales ellos pecaron e *hicieron*
16.19 *haciendo* lo malo ante. . . ojos de Jehová 2398
16.20 de Zimri, y la conspiración que *hizo*. 7194
16.21 seguía a Tibni. . . para *hacerlo* rey, y 4427
16.25 Omri. . . *hizo* peor que todos. . . antes de él. 6213
16.26 el pecado con el cual *hizo* pecar a Israel
16.27 todo lo que *hizo*, y las valentías que 6213
16.30 *hizo* lo malo ante los ojos de Jehová. 6213
16.32 e *hizo* altar a Baal, en el templo de. 6965
16.33 *hizo* también Acab una imagen de Asera. 6213
16.33 *haciendo* así Acab más que todos los 6213
17.5 e *hizo* conforme a la palabra de Jehová. 6213
17.13 *haz* como has dicho; pero *hazme* a mí 6213
17.13 después *harás* para ti y para tu hijo 6213
17.14 Jehová *haga* llover sobre la faz de la tierra
17.15 ella fue e *hizo* como le dijo Elías. 6213
17.18 y para *hacer* morir a mi hijo?
17.20 *haciéndole* morir su hijo?
17.21 ruego que *hagas* volver el alma de este niño
18.10 él ha *hecho* jurar que no te han hallado
18.13 lo que *hice*, cuando Jezabel mataba a 6213
18.26 ellos. . . cerca del altar que habían *hecho*. 6213
18.32 *hizo* una zanja alrededor del altar, en. 6213
18.34 dijo: *Hacedlo* otra vez; y. . . lo *hicieron*
18.34 *hacedlo* la tercera vez; y lo *hicieron*
18.36 por mandato tuyo he *hecho* todas estas 6213
19.1 nueva de todo lo que Elías había *hecho*. 6213
19.2 me *hagan* los dioses, y aun me añadan, si 6213
19.9 el cual le dijo: ¿Qué *haces* aquí, Elías?
19.13 voz, diciendo: ¿Qué *haces* aquí, Elías?
19.18 y yo *haré* que queden en Israel 7.000 7604
19.20 dijo: Vé, vuelve; ¿qué te he *hecho* yo? 6213
20.8 no le obedezcas, ni *hagas* lo que te pide. 14
20.9 *haré* todo. . . mas esto no lo puedo *hacer*. 6213
20.10 me *hagan* los dioses, y aun me añadan 6213
20.22 considera y mira lo que *hagas*; porque 6213
20.24 *haz*, pues, así: Saca a los reyes cada. 6213
20.25 vencemos. Y él les dio oído, y lo *hizo*. 6213
20.33 y él le *hizo* subir en un carro
20.34 *haz* plazas en. . . como mi padre las *hizo* 7760
20.34 *hizo*, pues, pacto con él y le dejó ir 7760
20.37 le dio un golpe, y le *hizo* una herida 6481
21.11 los. . . *hicieron* como Jezabel les mandó 6213
21.20 porque te has vendido a *hacer* lo malo 6213
21.22 y con que has *hecho* pecar a Israel
21.25 que se vendió para *hacer* lo malo ante
21.26 conforme a. . . que *hicieron* los amorreos 6213
22.3 nosotros no *hemos* hecho nada para tomarla
22.11 Sedequías. . . se había *hecho* unos cuernos 6213
22.22 le inducirás. . . vé, pues, y *hazlo* así. 6213
22.39 lo que *hizo*, y la casa de marfil que 6213
22.43 *haciendo* lo recto ante los. . . de Jehová 6213
22.44 Josafat *hizo* paz con el rey de Israel. 7999
22.45 y sus hazañas, y las guerras que *hizo* 3898
22.48 Josafat había *hecho* naves de Tarsis 6213
22.52 las cosas que había *hecho* su padre 6213
2 R 2.9 pide lo que quieras que *haga* por ti 6213
2.10 si me vieres. . . te será *hecho* así; mas si
3.2 las estatuas. . . que su padre había *hecho*. 6213
3.3 *hizo* pecar a Israel, y no se apartó de ellos
3.16 *haced* en este valle muchos estanques 6213
4.2 Eliseo le dijo: ¿Qué te *haré* yo?. . . Y ella 6213
4.10 ruego que *hagamos* un pequeño aposento 6213
4.13 tú has. . . ¿qué quieres que *haga* por ti?. 6213
4.14 él dijo: ¿Qué, pues, *haremos* por ella?. 6213
4.16 no, señor. . . no *hagas* burla de tu sierva. 3576
4.24 *hizo* enalbardar el asna, y dijo al criado
4.38 *haz* potaje para los hijos de. . . profetas 1310
5.13 mandara alguna gran cosa, no la *harías*? 6213
5.18 cuando *haga* tal, Jehová perdone en esto
6.2 y *hagamos* allí lugar en que habitemos 6213
6.6 lo echó allí; e *hizo* flotar el hierro
6.10 y así lo *hizo*. . . con el fin de cuidarse
6.15 le dijo: ¡ Ah, señor mío! ¿qué *haremos*?. 6213
6.31 así me *haga* Dios, y aun me añada, si la 6213
7.2,19 Jehová *hiciese*. . . ventanas en el cielo. 6213
7.6 Jehová había *hecho* que. . . oyese estruendo
7.9 no estamos *haciendo* bien. Hoy es día de 6213
7.12 os declararé lo que nos han *hecho* los 6213
7.15 volvieron. . . y lo hicieron saber al rey
8.1 a cuyo hijo él había *hecho* vivir
8.2 *hizo* como el varón de Dios le dijo; y se 6213
8.4 todas las maravillas que ha *hecho* Eliseo 6213
8.5 cómo había *hecho* vivir a un muerto
8.5 este es su hijo, al cual Eliseo *hizo* vivir
8.6 *hazle* devolver todas las cosas que eran suyas
8.11 y estuvo así hasta *hacerlo* ruborizarse
8.12 el mal que *harás* a los hijos de Israel 6213
8.13 perro, para que *haga* tan grandes cosas? 6213
8.18 anduvo en el. . . como *hizo* la casa de Acab 6213
8.29 las heridas que los sirios le *hicieron* 5221
9.2 *haz* que se levante de entre sus hermanos 6965
9.15 heridas que los sirios le habían *hecho* 5221
10.5 y *haremos* todo lo que nos mandes; no. 6213
10.5 a ninguno; *haz* lo que bien te parezca 4427
10.10 y que Jehová ha *hecho* lo que dijo por 6213
10.15 lo *hizo* subir consigo en el carro
10.19 *hacía* Jehú con astucia. . . exterminar a 6213
10.24 ellos entraron para *hacer* sacrificios 6213
10.25 acabaron ellos de *hacer* el holocausto 6213
10.29 que *hizo* pecar a Israel
10.30 por cuanto has *hecho* bien. . . e *hiciste*. 2895
10.31 el que había *hecho* pecar a Israel
10.34 todo lo que *hizo*, y toda su valentía 6213
11.4 *hizo* con ellos alianza, juramentándolos 3772
11.5 mandó. . . Esto es lo que habéis de *hacer* 6213
11.9 *hicieron* todo como el. . . Joiada les mandó 6213
11.12 le *hicieron* rey ungiéndole, y batiendo 4427
11.17 Joiada *hizo* pacto entre Jehová y el 3772
12.9 Joiada tomó un arca e *hizo* en la tapa 5344
12.11 el dinero. . . a los que *hacían* la obra 6213
12.13 dinero. . . no se *hacen* tablas de plata ni. 6213
12.13 ningún otro utensilio. . . se *hacía* para
12.14 lo daban a los que *hacían* la obra, y 6213
12.15 ellos lo diesen a los que *hacían* la obra 6213
12.15 obra; porque lo *hacían* ellos fielmente. 6213
13.6 Jeroboam, el que *hizo* pecar a Israel
14.3 *hizo*. . . las cosas que había *hecho* Joás su 6213
14.21 tomó a Azarías. . . y lo *hicieron* rey en. 4427
14.28 lo que *hizo*. . . todas las guerras que *h*. 6213
15.3,34 *hizo* lo recto ante. . . ojos de Jehová. 6213
15.3 cosas que que su padre Amasías había *hecho*. 6213
15.9 *hizo* lo malo. . . habían *hecho* sus padres 6213
15.34 *hizo*. . . que había *hecho* su padre Uzías 6213
16.2 no *hizo* lo recto ante. . . ojos de Jehová 6213
16.3 *hizo* pasar por fuego a su hijo
16.5 subieron a Jerusalén para *hacer* guerra y
16.11 así lo *hizo* el sacerdote Urías. 6213
16.14 *hizo* acercar el altar de bronce
16.16 *hizo* el sacerdote Urías conforme a 6213
17.3 Oseas fue *hecho* su siervo, y le pagaba 5650
17.4 no pagaba tributo. . . como lo *hacía* cada
17.8 los estatutos que *hicieron* los reyes de 6213
17.9 *hicieron* secretamente cosas no rectas 2644
17.11 *hicieron* cosas. . . para provocar a ira a 6213
17.12 dicho: Vosotros no habéis de *hacer* esto 6213
17.15 desecharon. . . pacto que él había *hecho*. 3772
17.15 se *hicieron* vanos, y fueron en pos de
17.15 que no *hiciesen* a la manera de ellas 6213
17.16 se *hicieron* imágenes. . . de dos becerros 6213
17.17 y se entregaron a *hacer* lo malo ante 6213
17.19 en los estatutos. . . habían ellos *hecho* 6213
17.21 *hicieron* rey a Jeroboam hijo de Nabat 4427
17.22 los pecados de Jeroboam que él *hizo* 6213
17.29 cada nación se *hizo* sus dioses, y los. 6213
17.29 lugares altos que habían *hecho* los de 6213
17.30 los de Babilonia *hicieron* a Sucot-benot. 6213
17.30 de Cuta *hicieron* a Nergal. . . *h* a Asima 6213
17.31 los aveos *hicieron* a Nibhaz y a Tartac 6213
17.32 e *hicieron* del bajo pueblo sacerdotes 6213
17.34 hasta hoy *hacen* como antes: ni temen. 6213
17.34 ni guardan sus. . . ni *hacen* según la ley 6213
17.35 con los cuales Jehová había *hecho* pacto 3772
17.35 serviréis, ni les *haréis* sacrificios 2076
17.36 a Jehová. . . y a éste *haréis* sacrificio 2076
17.38 no olvidaréis el pacto que *hice* con 3772
17.40 *hicieron* según su costumbre antigua. 6213
17.41 como *hicieron* sus padres, así *hacen*. 6213
18.3 *hizo*. . . las cosas que había *hecho* David. 6213
18.4 *hizo* pedazos la serpiente de bronce que 3807
18.4 la serpiente de. . . que había *hecho* Moisés 6213
18.14 *haré* todo lo que me impongas. Y el rey. 5375
18.30 no os *haga* Ezequías confiar en Jehová. 982
18.31 *haced* conmigo paz, y salid a mí, y. 6213
19.7 y *haré* que en su tierra caiga a espada
19.9 que. . . había salido para *hacerle* guerra. 3898
19.11 lo que han *hecho* los reyes de Asiria. 6213
19.15 Dios. . . tú *hiciste* el cielo y la tierra. 6213
19.25 que desde tiempos antiguos yo lo *hice* 6213
19.25 tú serás para *hacer* desolaciones, para. 6213
19.28 te *haré* volver por el camino por donde
19.31 celo de Jehová de los ejércitos *hará* 6213
20.3 te ruego que *hagas* memoria de que he. 2142
20.3 que he *hecho* las cosas que te agradan 6213
20.9 señal. . . de que *hará* Jehová esto que ha 6213
20.11 *hizo* volver la sombra por los grados
20.20 y cómo *hizo* el estanque y el conducto 6213
21.3 *hizo* una imagen. . . como había *hecho* Acab. 6965
21.6 multiplicando así el *hacer* lo malo ante 6213
21.7 una imagen de Asera que él había *hecho* 6213
21.8 no volveré a *hacer* que el pie de Israel
21.8 que guarden y *hagan*. . . las cosas que yo 6213
21.9 los indujo a que *hiciesen* más mal que 6213
21.11 Manasés. . . ha *hecho* estas abominaciones. . . . 6213
21.11 *hecho* más mal. . . *hicieron* los amorreos 7489
21.15 por cuanto han *hecho* lo malo ante mis. 6213
21.16 *hizo* pecar a Judá. . . que *hiciese* lo malo 6213
21.17 de Manasés. . . lo que *hizo*,y el pecado. 6213
21.20 *hizo* lo malo. . . *hecho* Manasés su padre 6213
22.5 lo pongan en manos de los que *hacen* la. 6213
22.5 lo entreguen a los que *hacen* la obra 6213
22.9 en poder de los que *hacen* la obra, que 6213
22.13 *hacer* conforme a. . . que nos fue escrito. 6213
23.3 el rey. . . *hizo* pacto delante de Jehová. 3772
23.4 los utensilios. . . sido *hechos* para Baal 6213
23.6 *hizo* también sacar la imagen de Asera
23.8 *hizo* venir todos los sacerdotes de las
23.12 altares. . . que los reyes. . . habían *hecho* 6213
23.12 y los altares que había *hecho* Manasés 6213
23.15 el lugar alto que había *hecho* Jeroboam. 6213
23.15 altar. . . lo *hizo* polvo,y puso fuego a. 1854
23.17 profetizó estas cosas que tú has *hecho* 6213
23.19 las cuales habían *hecho* los reyes de 6213
23.19 *hizo* de ellas. . . había *hecho* en Bet-el. 6213
23.21 *haced* la pascua a Jehová vuestro Dios 6213
23.22 no había sido *hecha* tal pascua desde 6213
23.23 fue *hecha* aquella pascua a Jehová en. 6213
23.32,37 cosas que sus padres habían *hecho*. 6213
23.35 *hizo* avaluar la tierra para dar el dinero
24.3 los pecados de Manasés. . . lo que él *hizo* 6213
24.9 todas las cosas que había *hecho* su padre 6213
24.13 utensilios. . . que había *hecho* Salomón. 6213
24.16 los valientes para *hacer* la guerra. 6213
24.19 *hizo* lo malo ante los ojos de Jehová. 6213
24.19 lo que había *hecho* Joacim 6213
25.16 basas que Salomón había *hecho* para la. 6213
25.24 Gedalías les *hizo* juramento a ellos y. 7650
1 Cr 5.10 *hicieron* guerra contra los agarenos. 6213
6.49 y *hacían* las expiaciones por Israel. 3772
7.22 Efraín su padre *hizo* duelo por muchos. 56
9.30 algunos. . . sacerdotes *hacían* los perfumes. 7543
9.31 a su cargo las cosas que se *hacían* en 4639
10.4 que vengan estos. . . y *hagan* escarnio de mí. . . . 5953
10.11 que los filisteos habían *hecho* de Saúl 6213
11.3 David hizo con ellos pacto delante de 3772
11.6 Joab hijo de Sarvia. . . y fue *hecho* jefe 7218
11.10 le ayudaron. . . *hacerle* rey sobre Israel 4427
11.19 guárdeme mi Dios de *hacer* esto. . . beber 6213
11.19 esto *hicieron* aquellos tres valientes 6213
11.24 esto *hizo* Benaía hijo de Joiada, y fue. 6213
12.15 *hicieron* huir a todos los de los valles
12.22 hasta *hacerse* un gran ejército, como
12.32 que sabían lo que Israel debía *hacer* 6213
13.3 el arca de. . . no hemos *hecho* caso de ella 1875
13.4 y dijo toda la asamblea que se *hiciese* 6213
14.16 *hizo*, pues, David como Dios le mandó. 6213
15.1 *hizo* David también casas para sí en la. 6213
15.13 por no haberlo *hecho* así vosotros la
16.12 *haced* memoria de las. . . que ha *hecho*, de. 6213
16.15 *hace* memoria de su pacto perpetuamente
16.16 *hizo*. . . Urías conforme a todas las cosas. 3772
16.22 ni *hagáis* mal a mis profetas
16.26 son ídolos, mas Jehová *hizo* los Cielos. 6213
17.2 dijo a David: *Haz* todo lo que está en tu. 6213
17.8 te *haré* gran nombre, como el nombre. 6213
17.10 *hago* saber. . . Jehová te edificará casa
17.19 por amor de tu siervo. . . has *hecho* toda 6213
17.19 para *hacer* notorias todas tus grandezas 6213
17.21 para *hacerte* nombre con grandezas y 7760
17.23 palabra. . . sea firme. . . *haz* como has dicho 6213
18.6 los sirios fueron *hechos* siervos de David 1732
18.8 bronce, con el que Salomón *hizo* el mar 6213
19.6 que se habían *hecho* odiosos a David 887
19.13 y *haga* Jehová lo que bien le parezca. 6213
20.3 mismo *hizo* David a todas las ciudades. 6213
21.1 incitó. . . a que *hiciese* censo de Israel 4487
21.2 *haced* censo de Israel desde Beerseba. 5608
21.8 he pecado gravemente al *hacer* esto; te. 6213
21.8 siervo, porque he *hecho* muy locamente 5528
21.10 escoge de ellas. . . que yo *haga* contigo 6213
21.12 el ángel de Jehová *haga* destrucción en 7843
21.17 he *hecho* mal, pero estas. . . ¿qué han *h*? 7489
21.23 *haga* mi señor el rey lo que bien le 6213
21.29 el tabernáculo. . . que Moisés había *hecho*. 6213
22.5 antes de su muerte *hizo* preparativos 3559
22.8 has *hecho* grandes guerras; no edificarás 6213
23.1 *hizo* a Salomón su hijo rey sobre Israel. 4427
23.5 con los instrumentos que he *hecho* para. 6213
23.27 *hizo* la cuenta de los hijos de Leví 4557
26.12 entre éstos se *hizo* la distribución de
28.10 que edifiques casa. . . esfuérzate, y *hazlo*. 6213
28.19 me *hizo* entender todas las obras del diseño
29.5 ¿y quién quiere *hacer* hoy ofrenda 3027
29.12 y en tu mano el *hacer* grande y el dar
29.19 *haga* todas las cosas, y te edifique la 6213
29.19 para la cual yo he *hecho* preparativos. 3359
2 Cr 1.3 Moisés. . . había *hecho* en el desierto 6213
1.5 altar. . . que había *hecho* Bezaleel hijo de. 6213
2.3 *haz* conmigo como hiciste con David mi 6213
2.12 que *hizo* los cielos y la tierra, y que. 6213
2.16 tú la *harás* llevar hasta Jerusalén
2.18 capataces para *hacer* trabajar al pueblo
3.5 *hizo* realzar en ella palmeras y cadenas. 5927
3.8 *hizo* asimismo el lugar santísimo, cuya 6213
3.10 dentro. . . *hizo* dos querubines de madera 6213
3.14 *hizo* también el velo de azul, púrpura 6213
3.15 delante de la casa *hizo* dos columnas. 6213
3.16 *hizo*. . . cadenas en el. . . e *h* cien granadas 6213
4.1 *hizo*. . . un altar de bronce de veinte codos 6213
4.2 *hizo* un mar de fundición, el cual tenía 6213
4.6 *hizo* también diez fuentes, y puso cinco. 6213
4.7 *hizo*. . . diez candeleros de oro según su 6213
4.8 igualmente *hizo* cien tazones de oro. 6213
4.9 *hizo* el atrio de los sacerdotes, y el. 6213
4.11 Hiram también *hizo* calderos, y palas, y. 6213
4.11 y acabó Hiram la obra que *hacía* al rey 6213
4.14 *hizo*. . . basas, sobre las cuales colocó las. 6213
4.16 bronce muy fino *hizo* todos sus enseres 6213
4.18 Salomón *hizo*. . . estos enseres en número 6213
4.19 *hizo*. . . utensilios para la casa de Dios 6213
4.21 las flores. . . y tenazas se *hicieron* de oro
5.1 acabada toda la obra que *hizo* Salomón. 6213

H

5.9 *hicieron* salir las barras
5.10 las dos tablas...Jehová había *hecho* pacto 3772
6.8 bien has *hecho* en haber tenido esto en 2895
6.13 Salomón...*hecho* un estrado de bronce de 6213
6.21 cuando en este lugar *hicieren* oración 6419
6.23 *haciendo* recaer su proceder sobre su cabeza
6.25 les *harás* volver a la tierra que diste
6.29 todo ruego que *hiciere* cualquier hombre 120
6.33 tú oirás...y *harás* conforme a todas las 6213
6.37 *hecho* inicuamente, impíamente hemos *h* 5753
7.6 instrumentos...había *hecho* el rey David 6213
7.7 en el altar de...que Salomón había *hecho* 6213
7.8 entonces *hizo* Salomón fiesta siete días 6213
7.9 al octavo día *hicieron* solemne asamblea 6213
7.9 habían *hecho* la dedicación del altar en 6213
7.10 los beneficios que Jehová había *hecho* 6213
7.11 todo lo que Salomón se propuso *hacer* en 6213
7.17 *hicieres*...las cosas que yo te he mandado 6213
7.21 qué ha *hecho* así Jehová a esta tierra 6213
8.8 los hijos de...*hizo* Salomón tributarios
9.8 por rey...para que *hagas* juicio y justicia 6213
9.11 la madera de sándalo el rey *hizo* gradas 6213
9.15 *hizo*...el rey Salomón 200 paveses de oro 6213
9.17 *hizo*...el rey un gran trono de marfil 6213
9.19 jamás fue *hecho* trono semejante en reino 6213
10.1 había reunido...Israel para *hacerlo* rey 4427
10.14 padre *hizo* pesado vuestro yugo, pero yo 3513
11.1 y *hacer* volver el reino a Roboam
11.4 no subáis, ni...porque yo he *hecho* esto 1961
11.15 para los becerros que él había *hecho* 6213
11.22 a Abías hijo de...quería *hacerle* rey 4427
12.9 escudos de oro que Salomón había *hecho* 6213
12.10 *hizo* el rey Roboam escudos de bronce 6213
12.14 e *hizo* lo malo, porque no dispuso su 6213
13.8 los becerros de oro que Jeroboam os *hizo* 6213
13.13 pero Jeroboam *hizo* tender una emboscada
13.17 *hicieron* en ellos una gran matanza 6213
13.21 pero Abías se *hizo* más poderoso. Tomó 2388
14.2 *hizo* Asa lo bueno...los ojos de Jehová 6213
15.16 había *hecho* una imagen de Asera: y Asa 6213
16.9 locamente has *hecho* en esto; porque de 5528
16.14 en los sepulcros que él había *hecho* 3738
16.14 e *hicieron* un gran fuego en su honor 8313
17.1 Josafat...se *hizo* fuerte contra Israel 2388
17.10 no osaron *hacer* guerra contra Josafat 3898
18.8 *haz* venir luego a Micaías hijo de Imla
18.10 Sedequías...se había *hecho* cuernos de 6213
18.21 tú le inducirás, y...anda, y *hazlo* así 6213
19.6 dijo a los jueces: Mirad lo que *hacéis* 6213
19.7 mirad lo que *hacéis* porque con Jehová 6213
19.10 no pequen...*Haciendo* así, no pecaréis 6213
19.11 esforzaos...*hacerlo*, Jehová estará con 6213
20.3 e *hizo* pregonar ayuno a todo Judá
20.12 contra nosotros; no sabemos qué *hacer* 6213
20.32 *haciendo* lo recto ante los...de Jehová 6213
20.34 del cual se *hace* mención en el libro de 5927
20.36 e *hizo* con él compañía para construir 6213
20.37 cuanto has *hecho* compañía con Ocozías 2266
21.4 luego que se *hizo* fuerte, mató a espada 2388
21.6 anduvo en el...como *hizo* la casa de Acab 6213
21.6; 22.4; 33.2,22; 36.5,9,12 *hizo* lo malo ante
los ojos de Jehová 6213
21.7 a causa del pacto que había *hecho* con 3772
21.11 *hizo* lugares altos en los montes de 6213
21.11 e *hizo* que los...fornicasen tras ellos
21.13 y has *hecho* que fornicase Judá y los
21.19 no...como lo habían *hecho* con sus padres 6213
22.1 *hicieron* rey en lugar de Joram...su hijo 4427
22.4 *hizo*, pues, lo malo ante los ojos de Jehová 6213
22.6 las heridas que le habían *hecho* en Ramot 5221
22.8 *haciendo* juicio Jehú contra la casa de 8199
23.3 toda la multitud *hizo* pacto con el rey 3772
23.4 ahora *haced* esto: una tercera parte de 6213
23.6 y todo el pueblo *hará* guardia delante 8104
23.8 *hicieron* todo como lo había mandado el 6213
23.16 Joiada *hizo* pacto entre sí y todo el 3772
23.17 de Baal...*hicieron* pedazos sus imágenes 5422
24.2; 25.2; 26.4; 27.2; 29.2; 34.2 *hizo* lo recto
ante los ojos de Jehová 6213
24.8 mandó...el rey que *hiciesen* un arca, la 6213
24.9 *hicieron* pregonar en Judá y en Jerusalén 5414
24.11 así lo *hacían* de día en día, y recogían 6213
24.12 lo daban a los que *hacían* el trabajo 6213
24.13 *hacían*, pues, los artesanos la obra, y 6213
24.14 *hicieron* de él utensilios para la casa 6213
24.16 por cuanto había *hecho* bien con Israel 6213
24.21 ellos *hicieron* conspiración contra él 7194
24.22 misericordia que Joiada...había *hecho* 6213
24.27 multiplicación que *hizo* de las rentas
25.8 así, si lo *haces*, y te esfuerzas para 6213
25.9 ¿qué...se *hará* de los cien talentos que 6213
25.12 los despeñaron...se *hicieron* pedazos 1234
25.16 destruirte, porque has *hecho* esto, y 6213
26.4 cosas que había *hecho* Amasías su padre 6213
26.8 porque se había *hecho* altamente poderoso 2388
26.11 con la lista *hecha* por mano de Jeiel
26.15 *hizo* en Jerusalén máquinas inventadas 6213
26.15 fue ayudado...hasta *hacerse* poderoso 2388
26.20 *hicieron* salir apresuradamente de aquel lugar
27.2 conforme a...había *hecho* Uzías su padre 6213
27.6 Jotam se *hizo* fuerte, porque preparó sus 2388
28.1 Acaz...no *hizo* lo recto ante...de Jehová 6213
28.2 *hizo* imágenes fundidas a los baales 6213
28.3 *hizo* pasar a sus hijos por fuego
28.24 Acaz...se *hizo* altares en Jerusalén en 6213
28.25 *hizo*...lugares altos en...las ciudades 6213
29.2 las cosas que había *hecho* David su padre 6213
29.4 *hizo* venir a los sacerdotes y levitas
29.6 han *hecho* lo malo ante los...de Jehová 6213
29.10 he determinado *hacer* pacto con...Dios 3772
29.23 *hicieron* acercar delante del rey y de
29.24 e *hicieron* ofrenda de expiación con 2398
29.24 mandó el rey *hacer* el holocausto y la 3722
29.36 porque la cosa fue *hecha* rápidamente
30.5 determinaron *hacer* pasar pregón por todo
31.1 *hechas* todas estas cosas, todos los de 3615
31.20 de esta manera *hizo* Ezequías en todo 6213
31.21 todo cuanto...lo *hizo* de todo corazón 6213
32.5 también *hizo* muchas espadas y escudos 6213
32.6 los *hizo* reunir en la plaza de la puerta
32.13 lo que yo y mis padres hemos *hecho* a 6213
32.25 al bien que le había sido *hecho*, sino
32.28 *hizo* depósitos para las rentas del
32.30 fue prosperado...en todo lo que *hizo* 4639
32.31 *hacer* conocer todo lo que estaba en su
33.2 *hizo* lo malo ante los ojos de Jehová 6213
33.3 *hizo* imágenes de Asera, y adoró a todo 6213
33.6 excedió en *hacer* lo malo ante los ojos 6213
33.7 puso una imagen fundida que *hizo*, en la 6213
33.8 guarden y *hagan* todas las cosas que yo 6213
33.9 Manasés...*hizo* extraviarse a Judá y a
33.9 para *hacer* más mal que las naciones que 6213
33.17 aunque lo *hacía* para Jehová su Dios
33.22 lo malo...había *hecho* Manasés su padre 6213
33.22 los ídolos que su padre...había *hecho* 6213
34.2 *hizo* lo recto ante los ojos de Jehová 6213
34.4 *hizo* pedazos las imágenes del sol, que 7665
34.6 mismo *hizo* en las ciudades de...Efraín
34.10 en mano de los que *hacían* la obra, que 6213
34.10 lo daban a los que *hacían* la obra y 6213
34.17 y en mano de los que *hacen* la obra 6213
34.21 *hacer* conforme...lo que está escrito 6213
34.31 el rey...*hizo* delante de Jehová pacto 3772
34.32 *hizo* que se obligaran a ello todos los
34.32 *hicieron* conforme al pacto de Dios 6213
34.33 *hizo* que todos los...sirviesen a Jehová
35.6 *hacían* conforme a la palabra de Jehová 6213
35.20 Necao rey de...subió para *hacer* guerra 3898
35.21 contra la casa que me *hace* guerra; y
35.24 todo Judá...*hicieron* duelo por Josías 56
36.1 el pueblo...tomó a Joacaz...lo *hizo* rey 4427
36.5 *hizo* lo malo ante los ojos de Jehová su Dios 6213
36.8 de Joacim, y las abominaciones que *hizo* 6213
36.9 *hizo* lo malo ante los ojos de Jehová 6213
36.10 envió y lo *hizo* llevar a Babilonia
36.16 *hacían* escarnio de los mensajeros de 3931
36.22 *hizo* pregonar de palabra y también por
Esd 1.1 *hizo* pregonar de palabra y también
1.11 los *hizo* llevar Sesbasar
2.68 *hicieron* ofrendas voluntarias para 5068
3.9 para activar a los que *hacían* la obra en 6213
4.2 y a él ofrecemos...que nos *hizo* venir aquí
4.10 *hizo* habitar en las ciudades de Samaria 3488
4.14 hemos enviado a *hacerlo* saber al rey
4.16 *hacemos* saber al rey...la región...no será tuya
5.4 nombres de los...que *hacen* este edificio? 1124
5.5 y no les *hicieron* cesar
5.8 la obra se *hace* de prisa, y prospera en 5648
5.10 preguntamos sus nombres para *hacértelo* saber
6.7 dejad que se *haga* la obra de esa casa de 5673
6.8 es dada orden de lo que habéis de *hacer* 5648
6.11 su casa sea *hecha* muladar por esto 5648
6.12 el Dios que hizo *habitar* allí su nombre
6.13 *hicieron*...el rey Darío había ordenado 5648
6.16 *hicieron* la dedicación de esta casa de 5648
7.18 os parezca *hacer* de la...plata...*hacedlo* 5648
7.23 lo que es mandado por el Dios...sea *hecho* 5648
7.24 os *hacemos* saber...los sacerdotes y levitas
9.1 y *hacen* conforme a sus abominaciones
9.8 para *hacer* que nos quedase un remanente 5414
10.1 mientras...*hacía* confesión, llorando y 3034
10.3 *hagamos* pacto...*hágase* conforme a la ley 3772
10.5 juramentó...que *harían* conforme a esto 6213
10.7 *hicieron* pregonar en Judá y en Jerusalén
10.11 gloria a Jehová...y *haced* su voluntad 6213
10.12 voz: Así se *haga* conforme a tu palabra 6213
10.16 así *hicieron* los hijos del cautiverio 6213
Neh 1.4 *hice* duelo por algunos días, y ayuné 56
1.6 la oración...que *hago* ahora delante de ti 6419
1.9 escogí para *hacer* habitar allí mi nombre 7931
2.12 había puesto en mi corazón que *hiciese* 6213
2.16 no sabían los oficiales...que había *hecho* 6213
2.16 ni...ni a los demás que *hacían* la obra 6213
2.19 Tobías...*hicieron* escarnio de nosotros 3932
2.19 ¿qué es esto que *hacéis* vosotros? ¿Os 6213
4.1 oyó Sanbalat...*hizo* escarnio de los judíos
4.2 ¿qué *hacen* estos débiles judíos? ¿Se les 6213
4.8 conspiraron...para venir...y *hacerle* daño 6213
4.11 y *hagamos* cesar la obra
5.9 no es bueno lo que *hacéis*. ¿No andaréis 6213
5.12 devolveremos...*haremos* así como tú dices 6213
5.12 les *hice* jurar que harían conforme a 6213
5.13 así...y el pueblo *hizo* conforme a esto 6213
5.15 no *hice* así, a causa del temor de Dios 6213
5.19 y de todo lo que *hice* por este pueblo 6213
6.2 mas ellos habían pensado *hacerme* mal 6213
6.3 yo *hago* una gran obra, y no puedo ir 6213
6.13 fue sobornado para *hacerme* temer así
6.14 conforme a estas cosas que *hicieron* 4639
6.16 Dios había sido *hecha* esta obra
8.4 un púlpito de...que había *hecho* para ello 6213
8.7 *hacían* entender al pueblo la ley
8.9 y los levitas que *hacían* entender al pueblo
8.11 *hacían* callar a todo el pueblo, diciendo
8.15 y traed ramas...para *hacer* tabernáculos 6213
8.16 *hicieron* tabernáculos, cada uno sobre 6213
8.17 toda la congregación...*hizo* tabernáculos 6213
8.17 no habían *hecho* así los hijos de Israel 6213
8.18 e *hicieron* la fiesta...por siete días 6213
9.6 tú *hiciste* los cielos, y los cielos de 6213
9.8 e *hiciste* con él pacto para darle la 3772
9.10 *hiciste* señales...contra Faraón, contra 5414
9.10 te *hiciste* nombre grande, como en este 6213
9.17 maravillas que habías *hecho* con ellos 6213
9.18 *hicieron* para sí becerro de fundición 6213
9.24 que *hiciesen* de ellos como quisieran 6213
9.25 heredaron casas...cisternas *hechas*, viñas 2672
9.26 a ti, e *hicieron* grandes abominaciones 6213
9.28 volvían a hacer lo malo delante de tí 6213
9.29 si el hombre *hiciere*, en ellos vivirá 6213
9.33 rectamente has *hecho*...hemos *h* lo malo 6213
9.38 *hacemos* fiel promesa, y la escribimos 3772
11.12 los que *hacían* la obra de la casa, 822 6213
12.27 para *hacer* la dedicación y la fiesta 6213
12.31 *Hice* luego subir a los príncipes de Judá
13.5 le había *hecho* una gran cámara, en la 6213
13.7 supe del mal que había *hecho* Eliasib 6213
13.7 *haciendo* para él una cámara en los 6213
13.9 *hice* volver allí los utensilios
13.10 los levitas...que *hacían* el servicio 6213
13.14 no borres mis misericordias que *hice* 6213
13.17 ¿qué mala cosa es...*hacéis*, profanando 6213
13.18 ¿no *hicieron* así vuestros padres, y 6213
13.21 si lo *hacéis* otra vez, os echaré mano 8138
13.25 les arranqué los cabellos, y les *hice* jurar
13.26 a él le *hicieron* pecar las mujeres extranjeras
Est 1.3 en el tercer año de su...*hizo* banquete 6213
1.5 *hizo* el rey otro banquete por 7 días en 6213
1.8 se *hiciese* según la voluntad de cada uno 6213
1.9 Vasti *hizo* banquete para las mujeres, en 6213
1.15 se había de hacer con la reina Vasti 6213
1.19 el rey *haga* reina a otra que sea mejor 5414
1.21 e *hizo* el rey conforme al...de Memucán 6213
2.1 de Vasti y de lo que ella había *hecho* 6213
2.4 esto agradó a...ojos del rey, y lo *hizo* 6213
2.6 *hizo* transportar Nabucodonosor rey de
2.9 *hizo* darle prontamente atavíos y alimentos
2.17 y la *hizo* reina en lugar de Vasti
2.18 *hizo* luego el rey un gran banquete a 6213
2.18 e *hizo* y dio mercedes conforme a la 6213
2.20 Ester *hacía* lo que decía Mardoqueo, como 6213
2.23 se *hizo* investigación del asunto, y fue 1245
3.11 que *hagas* de él lo que bien te pareciere 6213
4.1 supo Mardoqueo todo lo que se había *hecho* 6213
4.4 *hacer* vestir a Mardoqueo, y *hacerle* quitar el
4.17 Mardoqueo...*hizo*...lo que le mandó Ester 6213
5.5 prisa...para *hacer* lo que Ester ha dicho 6213
5.8 *haré* conforme a lo que el rey ha mandado 6213
5.12 *hizo* venir con el rey al banquete
5.14 *hagan* una horca de 50 codos de altura 6213
6.3 qué distinción se *hizo* a Mardoqueo por 6213
6.3 respondieron los...Nada se ha *hecho* con él 6213
6.4 al rey para que *hiciese* colgar a Mardoqueo
6.6,9,11 se *hará* al hombre cuya honra desea 6213
6.10 *hazlo* así con el judío Mardoqueo, que 6213
7.5 que ha ensoberbecido...para *hacer* esto? 6213
7.9 la horca...que *hizo* Amán para Mardoqueo 6213
7.10 que él había *hecho* preparar para Mardoqueo
8.3 rogándole que *hiciese* nula la maldad de 5674
8.17 muchos de...los pueblos se *hacían* judíos 3054
9.5 *hicieron* con sus enemigos como quisieron 6213
9.12 ¿qué habrán *hecho* en...provincias del rey? 6213
9.12 ¿o qué más es tu demanda? y será *hecha* 6213
9.13 que *hagan* conforme a la ley de hoy; y 6213
9.14 y mandó el rey que se *hiciese* así. Se 6213
9.17,18 y lo *hicieron* día de banquete y de 6213
9.19 *hacen* a los 14 del mes de Adar el día de 6213
9.22 que los *hiciesen* días de banquete y de 6213
9.23 los judíos aceptaron *hacer*...les escribió 6213
Job 1.4 iban sus hijos y *hacían* banquetes en 6213
1.5 Job...de esta manera *hacía* todos los días 6213
1.17 los caldeos *hicieron* tres escuadrones 7760
3.5 sobre él nublado que lo *hacía* horrible
4.15 *hizo* que se erizara el pelo de mi cuerpo 5568
4.17 el varón más limpio que el que lo *hizo*? 6213
5.9 cual *hace* cosas grandes e inescrutables 6213
5.12 que frustra...que sus manos no *hagan* nada 6213
5.18 porque él es quien *hace* la llaga, y él 3510
6.24 *hacedme* entender en qué he errado 995
7.20 ¿qué puedo *hacerte* a ti, oh Guarda de 6466
8.6 *hará* próspera la morada de tu justicia
9.6 y *hace* temblar sus columnas
9.9 él *hizo* la Osa, el Orión y las Pléyades 6213
9.10 *hace* cosas grandes e incomprensibles 6213
9.12 he aquí...¿Quién le dirá: ¿Qué *haces*? 6213
9.20 si me dijere perfecto, esto me *haría* inicuo
9.21 si fuese íntegro, no *haría* caso de mi mismo
10.2 *hazme* entender por qué contiendes conmigo
10.8 tus manos me *hicieron* y me formaron; ¿y 6087
10.16 tú...vuelves a *hacer* en mí maravillas 6381
11.3 ¿*harán* tus falacias callar a los hombres?
11.3 ¿*harás* escarnio y no habrá quien te avergüence?
11.8 es más alta que los cielos; ¿qué *harás*? 6466
11.11 ve asimismo la iniquidad, ¿y no *hará* caso?
11.12 el hombre vano se *hará* entendido
12.9 no entiende...la mano de Jehová la *hizo*? 6213
12.16 suyo es el que yerra, y el que *hace* errar
12.17 el *hace* andar despojados de consejo
12.24 los *hace* vagar como por un yermo sin camino
12.25 Y los *hace* errar como borrachos
13.8 ¿*haréis* acepción de personas a su favor?
13.10 si solapadamente *hacéis* acepción de
13.20 a lo menos dos cosas no *hagas* conmigo 6213
13 23 *hazme* entender mi transgresión y mi 3045

13.26 y me *haces* cargo de los pecados de mi 3423
14.4 ¿quién *hará* limpio a lo inmundo? Nadie 5414
14.9 el agua...y *hará* copa como planta nueva 6213
14.19 *hace*...perecer la esperanza fiel hombre
15.27 su rostro, e *hizo* pliegues...sus ijares 6213
16.11 y en las manos de los impíos me *hizo* caer
17.13 el Seol...*haré* mi cama en las tinieblas 7502
18.11 y le *harán* huir desconcertado
19.10 ha *hecho* pasar mi esperanza como árbol
19.11 *hizo* arder contra mí su furor
19.13 *hizo* alejar de mí a mis hermanos
20.2 por cierto mis pensamientos me *hacen* responder
20.3 me *hace* responder el espíritu de mi inteligencia
20.23 y la *hará* llover sobre él y sobre su comida
21.31 de lo que él *hizo*, ¿quién le dará el............ 6213
22.3 provecho de que tú *hagas* perfectos tus 8552
22.17 ¿y qué les *había* hecho el Omnipotente?...... 6466
23.13 él determina...¿quién lo *hará* cambiar?
23.13 si él determina...su alma deseó, e *hizo* 6213
24.4 *hacen* apartar del camino a los menesterosos
24.7 al desnudo *hacen* dormir sin ropa
24.10 al desnudo *hacen* andar sin vestido
24.21 afligió, y a la viuda nunca *hizo* bien
25.2 están con él; él *hace* paz en sus alturas 6213
27.12 ¿por qué, pues, os habéis *hecho*...vanos?
27.18 casa...como enramada que *hizo* el guarda... 6213
27.22 sobre él...*hará* él por huir de su mano
28.11 *hizo* salir a luz lo escondido
28.18 no se *hará* mención de coral...perlas 2142
29.3 cuando *hacía* resplandecer sobre mi cabeza
29.7 y en la plaza *hacía* preparar mi asiento
29.17 de sus dientes *hacía* soltar la presa
30.22 me *hiciste* cabalgar en él, y disolviste
31.1 *hice* pacto con mis ojos; ¿cómo, pues 3772
31.3 extrañamiento para...*hacen* iniquidad?....... 6466
31.14 *haría* yo cuando Dios se levantase? 6213
31.15 el que...me *hizo* a mí, ¿no lo *h* a él? 6213
31.16 *hice* desfallecer los ojos de la viuda
32.8 y el soplo del...le *hace* que entienda 995
32.21 no *haré* ahora acepción de personas
33.4 Espíritu de Dios me *hizo*, y el soplo 6213
33.20 le *hace* que su vida aborrezca el pan
33.29 estas cosas *hace*...dos y tres veces con 6466
34.6 herida sin haber *hecho* yo transgresión
34.8 en compañía con los que *hacen* iniquidad 6466
34.12 sí, por cierto, Dios no *hará* iniquidad 7561
34.19 aquel que no *hace* acepción de personas
34.22 donde se escondan los que *hacen* maldad 6466
34.24 sin...y *hará* estar a otros en su lugar......... 5975
34.25 él *hará* notorias las obras de ellos............ 5234
34.28 *haciendo* venir delante de él el clamor del
34.30 *haciendo* que no reine el hombre impío
34.32 enséñame...si *hice* mal, no lo *haré* más....... 6466
35.6 si...se multiplicaren, ¿qué le *harás* tú? 6466
35.11 y nos *hace* sabios más que a las aves 2449
35.14 cuando dices que no *haces* caso de él?........ 7789
36.19 ¿*hará* él estima de tus riquezas, del 6186
36.23 ¿y quién le dirá: Has *hecho* mal? 6466
37.5 Dios...*hace* grandes cosas, que nosotros 6213
37.7 así *hace* retirarse a todo hombre
37.12 para *hacer* sobre la faz del mundo, en........ 6466
37.13 otras por misericordia las *hará* venir
37.15 *hace* resplandecer la luz de su nube?
38.4 *házmelo* saber, si tienes inteligencia
38.26 *haciendo* llover sobre la tierra deshabitada
38.27 para *hacer* brotar la tierna hierba?
38.37 los odres...¿quién los *hace* inclinar
39.3 se encorvan, *hacen* salir sus hijos
39.22 *hace* burla del espanto, y no teme, ni 7832
40.15 ahora behemot, el cual *hice* como a ti 6213
40.19 que lo *hizo*, puede *hacer* que su espada....... 6213
41.4 ¿*hará* pacto contigo para que lo tomes 3772
41.6 ¿*harán* de él banquete los compañeros?....... 3738
41.25 a causa de su...*hacen* por purificarse 2398
41.28 Saeta no le *hace* huir
41.31 *hace* hervir como una olla el mar profundo
41.32 en pos de sí *hace* resplandecer la senda
41.33 parezca, animal *hecho* exento de temor 6213
42.9 fueron...e *hicieron* como Jehová les dijo 6213
Sal 1.3 no cae; y todo lo que *hace* prosperará 6213
4.1 en angustia, tú me *hiciste* ensanchar
4.8 solo tú, Jehová, me *haces* vivir confiado
5.5 aborreces a todos...que *hacen* iniquidad 6466
7.3 si yo he *hecho* esto, si hay en mis manos 6213
7.15 ha cavado...y en el hoyo que *hizo* caerá....... 6466
8.2 para *hacer* callar al enemigo y al vengativo
8.5 le has *hecho* poco menor que los ángeles
8.6 *hiciste* señorear sobre las obras de tus manos
9.15 se hundieron...en el hoyo que *hicieron* 6213
9.16 Jehová se ha *hecho* conocer en el juicio 6213
10.17 tú dispones su...y *haces* atento tu oído
10.18 que no vuelva más a *hacer* violencia el 6206
11.3 destruidos...qué ha de *hacer* el justo? 6466
11.6 sobre los malos *hará* llover calamidades
13.6 cantaré a Jehová...me ha *hecho* bien 1580
14.1 han corrompido, *hacen* obras abominables.... 8581
14.1 abominables, no hay quien *haga* el bien 6213
14.3 no hay quien *haga* lo bueno, no hay ni 6213
14.4 todos los que *hacen* iniquidad
14.7 Jehová *hiciere* volver a los cautivos de su pueblo
15.2 que anda en integridad y *hace* justicia.......... 6466
15.3 no calumnia...ni *hace* mal a su prójimo 6213
15.5 el que *hace* estas cosas, no resbalará.......... 6213
17.1 escucha mi oración *hecha* de labios sin engaño
17.3 resuelto...mi boca no *haga* transgresión 5674
17.12 son como león que desea *hacer* presa 3700
18.32 Dios es...quien *hace* perfecto mi camino 5414
18.33 quien *hace* mis pies como de ciervas, y 7737
18.33 me *hace* estar firme sobre mis alturas........ 5975
18.40 has *hecho* que mis...vuelvan las espaldas 5414
18.43 me has *hecho* cabeza de las naciones 7760
18.50 su rey, y *hace* misericordia a su ungido....... 6213
19.7 el testimonio de Jehová es...*hace* sabio........ 2449
20.3 *haga* memoria de todas tus ofrendas, y......... 2142
22.9 el que me *hizo* estar confiado desde que........ 982
22.31 a pueblo...anunciarán que él *hizo* esto....... 6213
23.2 en lugares de delicados pastos me *hará* descansar
23.3 con los que *hacen* iniquidad, los cuales 6466
25.14 y a ellos *hará* conocer su pacto
29.6 los *hizo* saltar como becerros
29.8 voz de Jehová que *hace* temblar el desierto
29.8 *Hace* temblar Jehová el desierto de Cades
30.3 Jehová, *hiciste* subir mi alma del Seol
31.16 *Haz* resplandecer tu rostro sobre tu siervo
31.21 ha *hecho* maravillosa su misericordia 6381
32.8 te *haré* entender, y te enseñaré el camino
33.3 cantadle...*hacedlo*...tañendo con júbilo
33.4 y toda su obra es *hecha* con fidelidad
33.6 la palabra...fueron *hechos* los cielos 6213
33.9 porque él dijo, y fue *hecho*; él mandó
33.10 Jehová *hace* nulo el consejo de las naciones
34.14 apártate del mal, y *haz* el bien...paz 6213
34.16 ira de Jehová contra los que *hacen* mal 6213
35.23 despierta para *hacerme* justicia, Dios 4941
36.3 ha dejado de ser cuerdo y de *hacer* el 3190
37.1 ni...envidia de los que *hacen* iniquidad........ 6213
37.3 confía en Jehová, y *haz* el bien, y.............. 6213
37.5 encomienda...y confía en él y él *hará* 6213
37.7 no te...por el hombre que *hace* maldades 6213
37.8 la ira...no te excites...a *hacer* lo malo......... 7489
37.27 apártate del mal, y *haz* el bien, y 6213
39.4 *hazle* saber, Jehová, mi fin, y cuánta 3045
39.9 no abrí mi boca, porque tú lo *hiciste*........... 6213
40.2 me *hizo* sacar del pozo de la desesperación
40.8 el *hacer* tu voluntad...me ha agradado........ 6213
41.10 ten misericordia de mí, y *hazme* levantar
41.12 me has *hecho* estar delante de ti para 5324
44.1 nos han contado, la obra que *hiciere* en 6466
44.9 nos has desechado, y nos has *hecho* avergonzar
44.10 nos *hiciste* retroceder delante del enemigo
45.16 a quienes *harás* príncipes en toda la tierra
45.17 *haré* perpetua la memoria de tu nombre
46.9 *hace* cesar...hasta los fines de la tierra
50.5 *hicieron* conmigo pacto con sacrificio 3772
50.21 estas cosas *hiciste*, y yo he callado........... 6213
51.4 y he *hecho* lo malo delante de tus ojos 6213
51.6 tú...me has *hecho* comprender sabiduría 3045
51.8 *hazme* oír gozo...se recrearán los huesos 8085
51.18 *haz* bien con tu benevolencia a Sion.......... 3190
52.2 tu lengua...navaja afilada *hace* engaño 6213
52.9 te alabaré...porque lo has *hecho* así 6213
53.1 se han corrompido, e *hicieron*...maldad....... 8581
53.1 corrompido...no hay quien *haga* el bien....... 6213
53.3 no hay quien *haga* lo bueno, no hay ni......... 6213
53.4 los que *hacen* iniquidad, que devoran a........ 6466
53.6 *hiciere* volver de la cautividad a su pueblo
55.23 *harás* descender aquéllos al pozo de perdición
56.4,11 Dios...¿qué puede *hacerme* el hombre?..... 6213
58.2 *hacéis* pesar la violencia de vuestras manos
58.7 disparen...saetas, sean *hechas* pedazos 4135
59.10 Dios *hará* que vea en mis enemigos mi 6923
60.2 *hiciste* temblar la tierra, la has hendido
60.3 *has hecho* ver a tu pueblo cosas duras
60.3 nos *hiciste* beber vino de aturdimiento
60.12 en Dios *haremos* proezas, y él hollará........ 6213
64.2 conspiración de los que *hacen* iniquidad 6466
64.6 inquieren...*hacen*...investigación exacta...... 8552
64.8 sus propias lenguas los *harán* caer
65.8 tú *haces* alegrar las salidas de la mañana y
65.10 *haces* que se empapen sus surcos
65.10 *haces* descender sus canales; la ablandas
66.8 *haced* oír la voz de su alabanza
66.12 *hiciste* cabalgar hombres sobre nuestra cabeza
66.16 oíd...contaré lo que ha *hecho* a mi alma...... 6213
67.1 *haga* resplandecer su rostro sobre nosotros
68.6 *hace* habitar en familia a los desamparados
68.22 De Basán te *haré* volver; te *haré* volver
68.28 confirma, oh Dios, lo que has *hecho* 6466
69.2 hundido en cieno...no puedo *hacer* pie 4613
69.4 se han *hecho* poderosos mis enemigos, los
69.23 *haz* temblar continuamente sus lomos
70.3 en pago de su afrenta *hecha* los que
71.16 *haré* memoria de tu justicia, de la tuya 2142
71.19 tú has *hecho* grandes cosas; oh Dios.......... 6213
71.20 me has *hecho* ver muchas angustias y males
72.16 su fruto *hará* ruido como el Líbano, y 7493
72.18 bendito...el único que *hace* maravillas 6213
73.8 hablan con maldad de *hacer* violencia
73.10 Dios *hará* volver a su pueblo aquí
73.18 en asolamientos los *harás* caer
74.2 que redimiste para *hacerla* la tribu de
74.3 el mal que el enemigo ha *hecho* en el
75.5 no *hagáis* alarde de vuestro poder; no......... 7311
76.5 no *hizo* uso de sus manos ninguno de los...... 4672
76.8 desde los cielos *hiciste* oír juicio
77.11 sí, *haré* yo memoria de tus maravillas......... 4142
77.14 tú eres el Dios que *hace* maravillas.......... 6213
77.14 *hiciste* notorio en...pueblos tu poder......... 3045
78.4 su potencia, y las maravillas que *hizo* 6213
78.12 delante de sus padres *hizo* maravillas........ 6213
78.13 dividió el mar y los *hizo* pasar
78.16 *hizo* descender aguas como ríos
78.24 *hizo* llover sobre ellos maná
78.27 *hizo* llover sobre ellos carne como polvo
78.31 *hizo* morir a los más robustos de ellos
78.34 si los *hacía* morir, entonces buscaban a Dios
78.51 *hizo* morir a todo primogénito en Egipto
78.52 *hizo* salir a su pueblo como ovejas
78.55 *hizo* habitar en sus moradas a las tribus
78.64 y sus viudas no *hicieron* lamentación......... 1058
80.3 *haz* resplandecer tu rostro, y seremos salvos
80.7 *haz* resplandecer tu rostro, y seremos salvos
80.8 *hiciste* venir una vid de Egipto
80.9 *hiciste* arraigar sus raíces, y llenó la tierra
80.19 *Haz* resplandecer tu rostro, y seremos salvos
81.10 que te *hice* subir de la tierra de Egipto
82.3 defended al...*haced* justicia al afligido 6663
83.5 porque se...contra ti han *hecho* alianza .. 1285,3772
83.9 *hazles* como a Madián, como a Sísara......... 6213
83.10 fueron *hechos* como estiércol para la
85.4 *haz* cesar tu ira de sobre nosotros
86.9 todas las naciones que *hiciste* vendrán 6213
86.17 *haz* conmigo señal para bien, y véanla 6213
89.1 *haré* notoria tu fidelidad con mi boca
89.3 *hice* pacto con mi escogido...a David mi....... 3772
89.44 *hiciste* cesar su gloria
92.7 florecen todos los que *hacen* iniquidad 6466
92.9 esparcidos todos los que *hacen* maldad........ 6466
94.4 se vanagloriarán...que *hacen* iniquidad?...... 6466
94.9 el que *hizo* el oído, no oirá? El que............. 5193
94.13 para *hacerle* descansar en los días
94.16 por mí contra los que *hacen* iniquidad 7489
94.20 que *hace* agravio bajo forma de ley? 3335
94.23 él *hará* volver sobre ellos su iniquidad
95.5 suyo también el mar, pues él lo *hizo*........... 6213
96.5 son ídolos; pero Jehová *hizo* los cielos......... 6213
98.1 cantad a Jehová...ha *hecho* maravillas........ 6213
98.2 Jehová ha *hecho* notoria su salvación 3045
98.8 batán...los montes todos *hagan* regocijo 7442
99.4 tú has *hecho* en Jacob juicio y justicia 6213
100.3 él nos *hizo*, y no nosotros a nosotros 6213
101.7 dentro de mi casa el que *hace* fraude......... 6213
101.8 exterminar...los que *hagan* iniquidad......... 6466
103.6 el que *hace* justicia y derecho a todos 6213
103.10 no ha *hecho* con nosotros conforme a....... 6213
103.12 *hizo* alejar de nosotros nuestras rebeliones
103.21 ministros suyos...*hacéis* su voluntad 6213
104.4 que *hace* a los vientos sus mensajeros 6213
104.14 *hace* producir el heno para las bestias
104.15 el aceite que *hace* brillar el rostro
104.17 en las hayas *hace* su casa la cigüeña
104.19 *hizo* la luna para los tiempos; el sol 6213
104.24 *hiciste* todas ellas con sabiduría............ 6213
104.26 leviatán que *hiciste* para que jugase......... 3335
105.5 de las maravillas que él ha *hecho* de 6213
105.15 toqueis...ni *hagáis* mal a mis profetas 7489
105.24 lo *hizo* más fuerte que sus enemigos 6105
105.40 pidieron, e *hizo* venir codornices
106.3 dichosos...los que *hacen* justicia en 6213
106.6 padres; *hicimos* iniquidad, *h* impiedad 5753
106.8 los salvó...para *hacer* notorio su poder 3045
106.9 les *hizo* ir por el abismo como por un
106.19 *hicieron* becerro en Horeb...una imagen ... 6213
106.21 al Dios...que había *hecho* grandezas en..... 6213
106.30 se levantó Finees e *hizo* juicio, y se......... 6419
106.33 porque *hicieron* rebelar a su espíritu
106.46 *hizo*...tuviesen de ellos misericordia........ 5414
107.23 y *hacen* negocio en las muchas aguas 6213
107.25 *hizo* levantar un viento tempestuoso
107.40 les *hace* andar perdidos, vagabundo
107.41 *hace* multiplicar las familias como rebaños . 7760
108.13 en Dios *haremos* proezas, y él hollará....... 6213
109.12 no tenga quien le *haga* misericordia 4900
109.16 no se acordó de *hacer* misericordia 6213
109.27 entiendan...tú, Jehová, has *hecho* esto 6213
111.4 ha *hecho* memorables sus maravillas 6213
111.8 siempre, *hechos* en verdad y en rectitud...... 6213
113.8 para *hacerlos* sentar con los príncipes
113.9 él *hace* habitar en familia a la estéril
115.3 nuestro Dios...lo que quiso ha *hecho* 6213
115.8 semejantes a ellos...los que los *hacen* 6213
115.15 Jehová...*hizo* los cielos y la tierra........... 6213
116.7 oh alma mía...Jehová te ha *hecho* bien....... 1580
118.6 no temeré lo que...pueda *hacer* el hombre ... 6213
118.15 la diestra de Jehová *hace* proezas........... 6213
118.16 la diestra de Jehová *hace* valentías........... 6213
118.24 este es el día que *hizo* Jehová, nos 6213
118.25 que nos *hagas* prosperar ahora
119.3 no *hacen* iniquidad los que andan en......... 6466
119.17 *haz* bien a tu siervo; que viva
119.27 *hazme* entender el camino de tus mandamientos
119.49 en la cual me has *hecho* esperar
119.65 bien has *hecho*...tu siervo, oh Jehová 6213
119.73 tus manos me *hicieron* y me formaron 6213
119.84 ¿cuándo *harás* juicio contra los que......... 6213
119.98 has *hecho* más sabio que mis enemigos 2449
119.119 *hiciste* consumir a todos los impíos
119.121 juicio y justicia he *hecho*; no me 6213
119.124 *haz* con tu siervo...tu misericordia 6213
119.130 *hace* entender a los simples
119.135 *haz* que tu rostro resplandezca sobre....... 6440
119.152 *hace* ya mucho que he entendido tus 3045
120.7 ellos, así que hablo, me *hacen* guerra
121.2 viene de Jehová, que *hizo* los cielos 6213
124.8 Jehová, que *hizo* el cielo y la tierra.......... 6213
125.4 *haz* bien, oh Jehová, a los buenos
125.5 los llevará con los que *hacen* iniquidad
126.1 Jehová *hiciere* volver la cautividad de Sion
126.2 grandes cosas ha *hecho* Jehová con éstos 6213
126.3 grandes cosas ha *hecho* Jehová con nosotros ... 6213
126.4 *haz* volver nuestra cautividad, oh Jehová
129.3 *hicieron* largos surcos
129.7 ni sus brazos el que *hace* gavillas
132.17 allí *haré* retoñar el poder de David.......... 6213

134.3 el cual ha *hecho* los cielos y la tierra 6213
135.6 todo lo que Jehová quiere, lo *hace* 6213
135.7 *hace* subir las nubes de los extremos
135.7 *hace* los relámpagos para la lluvia 6213
135.8 es quien *hizo* morir a los primogénitos
135.18 Semejantes a ellos son los que los *hacen* 6213
136.4 único que *hace* grandes maravillas........... 6213
136.5 al que *hizo* los cielos con entendimiento...... 6213
136.7 al que *hizo* las grandes lumbreras 6213
136.14 *hizo* pasar a Israel por en medio de él
137.8 de lo que tú nos *hiciste*
139.8 y si en el Seol *hiciere* mi estrado.............. 3331
139.13 tú me *hiciste* en el vientre de mi madre
139.19 oh Dios, *harás* morir al impío
141.4 a *hacer* obras impías... que *hacen* iniquidad
141.9 las trampas de los que *hacen* iniquidad
141.10 que *hizo* cuando estaba en la cueva
143.3 me ha *hecho* habitar en tinieblas
143.8 *hazme* oír por la mañana tu misericordia
143.8 *hazme* saber el camino por donde ande
143.10 enséñame a *hacer* tu voluntad 6213
144.14 no tengamos asalto, ni que *hacer* salida
145.12 para *hacer* saber a los hijos de los hombres
146.6 el cual *hizo* los cielos y la tierra 6213
146.7 que *hace* justicia a los agraviados 6213
147.8 el que *hace* a los montes producir hierba
147.14 te *hará* saciar con lo mejor del trigo
147.20 no ha *hecho* así con ninguna otra de 6213
148.6 los *hizo* ser... para siempre; les puso 5975
Pr 1.23 y os *haré* saber mis palabras
2.2 *haciendo* estar atento tu oído a la sabiduría
2.14 que se alegran *haciendo* el mal, que 6213
3.27 no... cuando tuvieres poder para *hacerlo*...... 6213
3.30 pleito con... si no te han *hecho* agravio 1580
4.11 por veredas derechas te he *hecho* andar
4.16 no duermen ellos si no han *hecho* mal......... 7489
6.3 *haz* esto ahora, hijo mío, y líbrate, ya........... 6213
6.13 los pies, que *hace* señas con los dedos 3384
6.32 mas... corrompe su alma el que tal *hace*....... 6213
7.26 a muchos ha *hecho* caer heridos
8.21 para *hacer* que los que me aman tengan
8.26 no había aún *hecho* la tierra, ni los............ 6213
10.23 *hacer* maldad es como una diversión al 6213
10.29 es destrucción a los que *hacen* maldad 6466
11.17 *hace* bien el hombre misericordioso.......... 1580
11.18 el impío *hace* obra falsa; mas el que.......... 6213
11.19 que sigue el mal lo *hace* para su muerte
12.16 el que no *hace* caso de la injuria es
12.22 los que *hacen* verdad... contentamiento 6213
12.26 el camino de los impíos les *hace* errar
13.5 mas el impío se *hace* odioso e infame
14.17 que fácilmente se enoja *hará* locuras......... 6213
15.1 la palabra áspera *hace* subir el furor
16.4 todas las cosas ha *hecho* Jehová para 6466
16.7 sus enemigos *hace* estar en paz con él......... 7999
16.12 abominación es... reyes *hacer* impiedad...... 6213
16.23 el corazón del sabio *hace* prudente su........ 7919
16.29 le *hace* andar por camino no bueno
17.26 herir a los nobles que *hacen* lo recto
19.15 la pereza *hace* caer en profundo sueño
19.17 el bien que ha *hecho*, se lo volverá a.......... 1576
19.22 contentamiento es... *hacer* misericordia...... 2617
19.25 y el simple se *hará* avisado
19.27 te *hacen* divagar de las razones de sabiduría
20.12 el oído que... y el ojo... ha *hecho* Jehová 6213
20.18 con dirección sabia se *hace* la guerra 6213
20.25 lazo es... *hacer* apresuradamente voto de 3216
20.26 sobre ellos *hace* rodar la rueda
20.25 voto... después de *hacerlo*, reflexionar 1239
21.3 *hacer* justicia y juicio es a Jehová más......... 6213
21.7 por cuanto no quisieron *hacer* juicio........... 6213
21.11 es castigado, el simple se *hace* sabio 2449
21.15 alegría... para el justo el *hacer* juicio 6213
21.15 destrucción a los que *hacen* iniquidad........ 6466
22.2 rico y el pobre... ambos los *hizo* Jehová 6213
22.19 las he *hecho* saber hoy a ti también
22.21 para *hacerte* saber la certidumbre de las
23.4 no te afanes por *hacerte* rico... desiste
23.5 se *harán* alas como... de águila, y volarán..... 6213
23.21 el sueño *hará* vestir vestidos rotos
24.6 porque con ingenio *harás* la guerra, y.......... 6213
24.8 al que piensa *hacer* el mal, le llamarán........ 7489
24.23 *hacer* acepción de personas en... juicio
24.29 no digas: Como me *hizo*, así le *haré* 6213
25.8 no sea que no sepas qué *hacer* al fin............ 6213
26.8 como... así *hace* el que da honra al necio
26.19 y dice: Ciertamente lo *hice* por broma........ 7832
26.28 la boca lisonjera *hace* resbalar
28.10 que *hace* errar a los rectos por el mal camino
28.21 *hacer* acepción de personas no es bueno 5234
29.19 el siervo... entiende, mas no *hace* caso
30.20 así: Come... y dice: les he *hecho* maldad 6466
30.32 si has pensado *hacer* mal, pon el dedo........ 2161
31.22 ella se *hace* tapices; de lino fino y 6213
31.24 *hace* telas, y vende, y da cintas al............. 6213
31.29 muchas mujeres *hicieron* el bien... mas 6213
Ec 1.9 que ha sido *hecho*? Lo mismo que se *hará* 6213
1.13 todo lo que se *hace* debajo del cielo............ 6213
1.14 las obras que se *hacen* debajo del sol.......... 6213
2.5 me *hice* huertos y jardines, y planté en 6213
2.6 me *hice* estanques de aguas, para regar........ 6213
2.8 me *hice* de cantores y cantoras, de los 6213
2.11 miré... obras que habían *hecho* mis manos 6213
2.11 el trabajo que tomó para *hacerlas*; y he........ 6213
2.12 ¿qué podrá hacer el... ya ha sido *hecho*......... 6213
2.15 he trabajado... por *hacerme* más sabio?
2.17 la obra que se *hace*... me era fastidiosa........ 6213
2.18 aborrecí... mi trabajo que había *hecho* 6001
3.11 todo lo *hizo* hermoso en su tiempo... y ha...... 6213
3.11 a entender la obra que ha *hecho* Dios 6213
3.12 cosa mejor que... *hacer* bien en su vida........ 6213
3.14 que todo lo que Dios *hace* será perpetuo 6213
3.14 y lo *hace* Dios, para que delante de él 6213
3.17 hay un tiempo... para todo lo que se *hace*...... 4639
3.20 todo es *hecho* de polvo, y todo volverá 1961
4.1 vi... las violencias que se *hacen* debajo 6213
4.3 malas obras que debajo del sol se *hacen*........ 6213
5.1 los necios; porque no saben que *hacen* mal...... 6213
5.4 cuando a Dios *haces* promesa, no tardes 5087
5.6 ¿por qué *harás* que Dios se enoje a causa
7.7 la opresión *hace* entontecer al sabio
7.14 Dios *hizo* tanto lo uno como lo otro, a 6213
7.17 no *hagas* mucho mal, ni seas insensato 7561
7.20 no hay... que *haga* el bien y nunca peque...... 6213
7.29 Dios *hizo* al hombre recto, pero ellos.......... 6213
8.3 no te... porque él *hará* todo lo que quiere....... 6213
8.4 potestad ¿y quién le dirá: ¿Qué *haces*?.......... 6213
8.9 en todo lo que debajo del sol se *hace*............ 6213
8.11 el corazón... dispuesto para *hacer* el mal...... 6213
8.12 aunque el pecador *haga* mal cien veces 6213
8.14 hay vanidad que se *hace* sobre la tierra 6213
8.14 como si *hicieran* obras de impíos, y hay
8 14 hay... como si *hicieran* obras de justos
8 16 ver la faena que se *hace* sobre la tierra 6213
8.17 la obra que debajo del sol se *hace*; por......... 6213
9.3 este mal hay entre todo lo que se *hace*.......... 6213
9.6 en todo lo que se *hace* debajo del sol............ 6213
9.10 lo que te viniere a... para *hacer*, *hazlo* 6213
10.1 las moscas muertas *hacen* heder y dar mal olor
10.4 la mansedumbre *hará* cesar grandes ofensas
10.8 el que *hiciere* hoyo caerá en él; y el............ 2658
10.19 por el placer se *hace* el banquete, y 6213
10.20 las que tienen alas *harán* saber la palabra
11.5 de Dios, el cual *hace* todas las cosas 6213
12.9 *hizo* escuchar, e *hizo* escudriñar 239
12.12 no hay fin de *hacer* muchos libros; y.......... 6213
Cnt 1.7 *hazme* saber, oh tú a quien ama mi alma
1.11 zarcillos... te *haremos*, tachonados de 6213
2.7 no despertéis ni *hagáis* velar al amor
2.14 *hazme* oír tu voz
3.5 no despertéis ni *hagáis* velar al amor
3.9 el rey... se *hizo* una carroza de madera 6213
3.10 *hizo* sus columnas de plata, su... de oro........ 6213
5.8 le *hagáis* saber que estoy enferma de amor
7.9 *hace* hablar los labios de los viejos
8.2 yo te *haría* beber vino
8.4 no despertéis ni *hagáis* velar al amor
8.8 ¿qué *haremos* a nuestra hermana cuando de ... 6213
8.13 compañeros escuchan tu voz; *házmela* oír..... 8085
Is 1.16 la iniquidad... dejad de *hacer* lo malo 7489
1.17 aprended a *hacer* el bien; buscad el 3190
1.17 *haced* justicia al huérfano, amparad a......... 8199
1.23 soborno... no *hacen* justicia al huérfano....... 8199
1.31 estopa, y lo que *hizo* como centella; y.......... 6467
2.20 ídolos... que le *hicieron* para que adorase 6213
3.5 el pueblo se *hará* violencia unos a otros 5065
3.7 jurará... no me *hagáis* príncipe del pueblo...... 7760
3.16 danzando, y *haciendo* son con los pies......... 5913
5.2 torre, y *hecho* también en ella un lagar......... 2672
5.4 *hacer* a mi viña, que yo no haya *hecho* 6213
5.5 mostraré... ahora lo que *haré* yo a mi viña 6213
5.6 *haré* que quede desierta; no será podada 7896
5.20 que *hacen* de la luz tinieblas
6.11 hasta que... tierra esté *hecha* un desierto
7.17 Jehová *hará* venir sobre ti, sobre tu pueblo
8.7 el Señor *hace* subir sobre ellos aguas de ríos
9.7 el celo de Jehová de los ejércitos *hará*......... 6213
10.3 ¿y qué *haréis* en el día del castigo? 6213
10.11 como *hice* a Samaria y a sus ídolos, ¿no 6213
10.11 *haré* también así a Jerusalén y a sus 6213
10.13 con el poder de mi mano lo he *hecho* 6213
10.23 el Señor, Jehová... *hará* consumación ya 6213
10.26 alzará su vara... como *hizo* por la vía de
10.30 *haz* que se oiga hacia Lais, pobrecilla 7181
11.3 le *hará* entender diligente en el temor de Jehová
11.9 no *harán* mal ni dañarán en todo mi santo 7489
11.15 y *hará* que pasen por él con sandalias
12.4 *haced* célebres en los pueblos sus obras
12.5 cantad salmos a Jehová... ha *hecho* cosas 6213
13.11 y *haré* que cese la arrogancia de los.......... 7673
13.12 *haré* más precioso que el oro fino al
13.13 porque *haré* estremecer los cielos
14.1 y lo *hará* reposar en su tierra
14.3 la dura servidumbre en que te *hicieron* servir
14.9 *hizo* levantar de sus sillas a todos los príncipes
14.16 aquel varón que *hacía* temblar la tierra
14.24 se *hará* de la manera que lo he pensado
14.27 ¿quién la *hará* retroceder?
14.30 mas yo *haré* morir de hambre tu raíz
16.3 *haz* juicio, pon tu sombra en medio del 6213
16.10 he *hecho* cesar el grito del lagarero
17.8 no mirará a los altares que *hicieron* sus....... 4639
17.8 ni mirará a lo que *hicieron* sus dedos.......... 6213
17.11 las *harás* crecer, y *h* que su simiente
17.12 pueblos que *harán* ruido... *h* alboroto ... 1993,7582
17.13 los pueblos *harán* estrépito como de 7582
18.1 ¡ay de la tierra que *hace* sombra con las
19.8 *harán* duelo todos los que echan anzuelo 578
19.10 se entristecerán todos los que *hacen* 6213
19.12 te *hagan* saber qué... ha determinado sobre Egipto
19.14 *hicieron* errar a Egipto en toda su obra
19.15 cosa que *haga* la cabeza o la cola, la 6213
19.21 *harán* sacrificio y oblación; y *h* votos.......... 5087
20.2 lo *hizo* así, andando desnudo y descalzo....... 6213
21.2 todo su gemido *hice* cesar
21.6 pon centinela que *haga* saber lo que vea
22.11 *hicisteis* foso entre los dos muros para 6213
22.11 y no tuvisteis respeto al que lo *hizo*........... 6213
23.11 *hizo* temblar los reinos
23.16 *haz* buena melodía, reitera la canción........ 3190
24.1 y *hace* esparcir a sus moradores
25.1 te alabaré... porque has *hecho* maravillas..... 6213
25.5 como calor debajo de nube *harás* marchitar
25.6 Jehová de... *hará*: en este monte... banquete... 6213
26.10 en tierra de rectitud *hará* iniquidad
26.12 *hiciste* en nosotros... nuestras obras.......... 6466
26.15 aumentaste el pueblo... *hiciste* glorioso
26.18 ninguna liberación *hicimos* en... tierra....... 6213
27.5 *haga* conmigo paz; sí, *h* paz conmigo.......... 6213
27.9 *haga* todas las piedras del altar como 7760
28.9 a quién se *hará* entender doctrina?
28.15 pacto tenemos *hecho* con la muerte, e........ 3772
28.15 *hicimos* convenio con el Seol; cuando 6213
28.21 para *hacer* su obra... *h* su operación, su...... 6213
28.29 para *hacer* maravilloso el consejo y
29.16 la obra dirá de su *hacedor*: No me *hizo*?...... 6213
29.20 que se desvelan para *hacer* iniquidad
29.21 los que *hacen* pecar al hombre en palabra
30.14 que sin misericordia lo *hacen* pedazos
30.28 quijadas de los pueblos, *haciéndoles* errar
30.30 Jehová *hará* oír su potente voz, y *hará*
31.2 el auxilio de los que *hacen* iniquidad 6466
31.7 ídolos... *hecho* vuestras manos pecadoras..... 6213
32.14 descansen asnos... ganados *hagan* majada
33.1 *haces* deslealtad, bien que nadie... *hizo* 898
33.1 de *hacer* deslealtad, se *hará* contra ti........... 898
33.13 los que estáis lejos, lo que he *hecho*........... 6213
36.7 y cuyos altares *hizo* quitar Ezequías
36.15 ni os *haga* Ezequías confiar en Jehová 982
36.16 dice... *Haced* conmigo paz, y salid a mí....... 6213
37.7 *haré* que en su tierra perezca a espada
37.9 ha salido para *hacerte* guerra; al oírlo......... 3898
37.11 tú oíste lo que han *hecho* los reyes de......... 6213
37.16 eres... *hiciste* los cielos y la tierra 6213
37.26 ¿no has oído decir que... yo lo *hice*, que....... 6213
37.29 te *haré* volver por el camino por donde viniste
37.32 el celo de Jehová de los ejércitos *hará*........ 6213
37.37 Senaquerib... *hizo* su morada en Nínive...... 3427
38.2 volvió Ezequías... *hizo* oración a Jehová....... 6419
38.3 que he *hecho* lo que ha sido agradable 6213
38.7 Jehová *hará* esto que ha dicho 6213
38.8 yo *haré* volver la sombra por los grados
38.15 que me lo dijo, el mismo lo ha *hecho*.......... 6213
38.16 tú me restablecerás, y *harás* que viva
38.19 el padre *hará* notoria tu verdad a los hijos
40.15 *hace* desaparecer las islas como polvo
40.18 ¿a qué, pues, *haréis* semejante a Dios
40.20 le *haga* una imagen de talla que no se........ 3559
40.23 y a los que gobiernan la tierra *hace* 6213
40.25 me *haréis* semejante o me compararéis?
41.2 y le *hizo* enseñorear de reyes
41.4 ¿quién *hizo* y realizó esto? ¿Quién llama 6213
41.12 serán como nada... que te *hacen* la guerra
41.20 que la mano de Jehová *hace* esto............. 6213
41.22 *hacednos* entender lo que ha de venir
41.23 *haced* bien, o mal, para que tengamos... 3190,7489
42.2 ni la *hará* oír en las calles
42.9 antes que salgan a... os las *haré* notorias...... 5046
42.15 *haré* secar toda su hierba..................... 7760
42.16 cosas les *haré*, y no los desampararé......... 6213
42.25 fuego... le consumió, mas no *hizo* caso 3045
43.7 para gloria mía... los formé y los *hice* 6213
43.9 y que nos *haga* oír las cosas primeras?
43.12 anuncié, y salvé, e *hice* oír
43.13 lo que *hago* yo, ¿quién lo estorbará?.......... 6466
43.14 *hice* descender como fugitivos a todos ellos
43.19 he aquí que yo *hago* cosa nueva: pronto 6213
43.23 no te *hice* servir... ni te *hice* fatigar
43.26 *hazme* recordar
44.7 *hago* yo desde que establecí el pueblo
44.8 ¿no te lo *hice* oír desde la antigüedad
44.13 lo *hace* en forma de varón 6213
44.15 cuece panes; *hace* además un dios, y lo....... 6466
44.17 y *hace* del sobrante un dios, un ídolo 6213
44.19 ¿*haré* del resto de él una abominación? 6213
44.23 cantad loores... porque Jehová lo *hizo* 6213
44.24 que lo *hago* todo, que extiendo solo los 6213
44.25 *hago* volver atrás a los sabios
44.27 secaos, y tus ríos *haré* secar
45.2 cerrojos de hierro *haré* pedazos
45.7 que *hago* la paz... soy el que *h* todo esto 6213
45.8 *háganse* brotar juntamente
45.9 el barro al que lo labra: ¿Qué *haces*? 6213
45.12 yo *hice* la tierra, y creé sobre ella al.......... 6213
45.14 te *harán* reverencia y te suplicarán
45.18 el que formó la tierra, el que la *hizo*......... 6213
45.21 proclamad, y *hacedlos* acercarse
45.21 ¿quién *hizo* oír esto desde el principio
45.23 por mí mismo *hice* juramento
46.4 yo; yo *hice*, yo llevaré, yo soportaré............ 6213
46.6 alquilan un platero para *hacer* un dios 6213
46.10 que anuncio... lo que aún no era *hecho*........ 6213
46.11 yo... lo he pensado, y también lo *haré* 6213
46.13 *haré* que se acerque mi justicia
47.3 *haré* retribución, y no se librará hombre alguno
48.1 *hacen* memoria del Dios de Israel, mas........ 2142
48.3 lo dije... lo *hice* pronto, y fue realidad 6213
48.5 para que no dijeras: Mi ídolo lo *hizo*........... 6213
48.6 te he *hecho* oír cosas nuevas y ocultas
48.11 por amor de mí mismo lo *haré* 6213
48.16 desde que eso se *hizo*, allí estaba yo
48.21 les *hizo* brotar agua de la piedra
49.5 para *hacer* volver a él a Jacob y

49.26 *haré* comer sus propias carnes
50.2 con mi reprensión *hago* secar el mar
50.3 cielos, y *hago* como cilicio su cubierta 7760
51.15 que agito el mar y *hago* rugir sus ondas...... 1993
52.5 qué *hago* aquí, dice Jehová, ya que mi
53.9 nunca *hizo* maldad, ni hubo engaño en su 6414
54.15 conspirare contra ti, lo *hará* sin mí
54.16 *hice* al herrero que sopla las ascuas.......... 1254
55.3 y *haré* con vosotros pacto eterno, las 3772
55.10 y la *hace* germinar y producir
55.11 mi palabra que... *hará* lo que yo quiero 6213
56.1 así... Guardad derecho, y *haced* justicia 6213
56.2 bienaventurado el hombre que *hace* esto 6213
56.2 y que guarda su mano de *hacer* todo mal...... 6213
57.7 allí también subiste a *hacer* sacrificio 2076
57.8 *hiciste* con ellos pacto; amaste su cama........ 3772
57.15 para *hacer* vivir el espíritu de los humildes
58.2 como gente que hubiese *hecho* justicia 6213
58.3 qué, dicen, ayunamos, y no *hiciste* caso........ 3045
58.5 que... *haga* cama de cilicio y de ceniza? 3331
58.13 si retrajeres del... de *hacer* tu voluntad....... 6213
58.14 yo te *haré* subir sobre las alturas
59.2 iniquidades han *hecho* división entre
60.22 *haré* que esto sea cumplido pronto
60.15 *haré* que seas una gloria eterna, el........... 7760
61.8 su obra, y *haré* con ellos pacto perpetuo....... 3772
61.11 el huerto *hace* brotar su semilla
61.11 Jehová el Señor *hará* brotar justicia
62.11 Jehová *hizo* oír hasta lo último de la tierra
63.7 las misericordias de Jehová *haré* memoria.... 2142
63.7 que les ha *hecho* según sus misericordias 1580
63.10 *hicieron* enojar su santo espíritu
63.11 ¿dónde está el que les *hizo* subir del mar
63.12 ellos, *haciéndose* así nombre perpetuo 6213
63.14 pastoreaste... *hacerte* nombre glorioso 6213
63.17 nos has *hecho* errar de tus caminos
64.2 para que *hicieras* notorio tu nombre a 3045
64.3 *haciendo* cosas terribles cuales nunca......... 6213
64.4 ti, que *hiciese* por el que en él espera 6213
64.5 al encuentro del que con... *hacía* justicia 6213
65.8 así *haré* yo por mis siervos 6213
65.12 sino que *hicisteis* lo malo delante de.......... 6213
65.25 ni *harán* mal en todo mi santo monte 7489
66.2 mi mano *hizo* todas estas cosas, y así.......... 6213
66.3 el que *hace* ofrenda, como si ofreciese......... 5927
66.4 que *hicieron* lo malo delante de mis ojos....... 6213
66.9 yo que *hago* dar a luz, ¿no *haré* nacer?........ 7665
66.22 nueva tierra que yo *hago* permanecerán..... 6213
Jer 1.17 no te *haga* yo quebrantar
2.5 tras la vanidad y se *hicieron* vanos 1891
2.6 que nos *hizo* subir de la tierra de Egipto
2.7 pero... e *hicisteis* abominable mi heredad 7760
2.10 y ved si se ha *hecho* cosa semejante a
2.13 porque dos males ha *hecho* mi pueblo; me..... 6213
2.23 conoce lo que has *hecho*, dromedario.......... 6213
2.28 ¿y dónde están tus dioses que *hiciste* 6213
3.5 he aquí que has hablado y *hecho* cuantas....... 6213
3.6 ¿has visto lo que ha *hecho* la rebelde 6213
3.7 después de *hacer* todo esto, se volverá.......... 6213
3.12 no *haré* caer mi ira sobre ti
3.16 ni la echarán de menos, ni se *hará* otra 6213
3.18 la tierra que *hice* heredar a vuestros padres
4.6 porque yo *hago* venir mal del norte
4.15 *hace* oír la calamidad desde el monte de Efraín
4.16 he aquí, *haced* oír sobre Jerusalén
4.18 tu camino y tus obras te *hicieron* esto 6213
4.22 sabios para *hacer* el mal pero *h* el bien... 7489,3190
4.30 y tú, destruida, ¿qué *harás*? Aunque te 6213
5.1 a ver... si hay alguno que *haga* justicia 6213
5.13 no hay en ellos palabra; así se *hará* 6213
5.19 ¿por qué Jehová el Dios nuestro *hizo*.......... 6213
5.20 *haced* que... se oiga en Judá, diciendo 5046
5.27 de engaño... se *hicieron* grandes y ricos....... 1431
5.28 con todo, se *hicieron* prósperos, y la........... 6746
5.30 espantosa y fea es *hecha* en la tierra 1961
5.31 ¿qué, pues, *haréis* cuando llegue el fin?........ 6213
6.15 ¿se han avergonzado de haber *hecho* 6213
7.3 y os *haré* morar en este lugar
7.5 si con verdad *hiciereis* justicia entre............. 6213
7.7 os *haré* morar en este lugar, en la tierra que di
7.10 librados somos; para seguir *haciendo* 6213
7.12 ved lo que le *hice* por la maldad de mi.......... 6213
7.13 habéis *hecho* todas estas obras, dice........... 6213
7.14 *haré*... a esta casa... como *hice* a Silo 6213
7.17 ¿no ves lo que éstos *hacen* en... Juda y 6213
7.18 para *hacer* tortas a la reina del cielo 6213
7.18 y para *hacer* ofrendas a dioses ajenos......... 5258
7.26 cervo e *hicieron* peor que sus padres 7489
7.30 de Judá han *hecho* lo malo antes mis ojos 6213
7.34 *haré* cesar de las ciudades de Judá
8.6 se arrepienta... diciendo: ¿Qué he *hecho*?....... 6213
8.10 hasta el sacerdote todos *hacen* engaño........ 6213
8.12 se ha avergonzado... *hecho* abominación?..... 6213
8.19 me *hicieron* airar con sus imágenes de talla
9.1 ¡oh, si mi cabeza se *hiciese* aguas, y mis 5414
9.3 *hicieron* que su lengua lanzara mentira
9.7 ¿qué más he de *hacer* por la hija de mi 6213
9.24 yo soy Jehová, que *hago* misericordia 6213
10.5 ni pueden *hacer* mal, ni para *h* bien 7489,3190
10.11 dioses que no *hicieron* los cielos ni la......... 5648
10.12 el que *hizo* la tierra con su poder, el.......... 6213
10.13 *hace* los relámpagos con la lluvia, y 6213
11.5 para que confirme el juramento que *hice*...... 7650
11.7 el día que les *hice* subir de la tierra de Egipto
11.15 habiendo *hecho* muchas abominaciones?..... 6213
11.16 estrépito *hizo* encender fuego sobre él
11.17 casa de Judá han *hecho* provocándome 6213
11.18 Jehová me lo *hizo* saber... *hiciste* ver sus obras
12.5 ¿cómo *harás* en la espesura del Jordán? 6213
12.14 la heredad que *hice* poseer a mi pueblo Israel
12.15 los *haré* volver cada uno a su heredad
13.9 así *haré* podrir la soberbia de Judá
13.11 así *hice* juntar a mí toda la casa de Israel
13.16 antes que *haga* venir tinieblas
13.17 el rebaño de Jehová fue *hecho* cautivo 7617
13.23 *hacer* bien, estando habituados a *hacer* mal?
14.8 ¿por qué te has *hecho* como forastero en...... 1616
14.19 nos *hiciste* herir sin que haya remedio?
14.22 Jehová... tú *hiciste* todas estas cosas 6213
15.4 Manasés... rey de Judá, por lo que *hizo*........ 6213
15.8 *hice* que de repente cayesen terrores
15.14 te *haré* servir a tus enemigos en tierra
16.9 aquí que yo *haré* cesar en este lugar
16.12 habéis *hecho* peor que vuestros padres 6213
16.14 *hizo* subir a... de tierra de Egipto
16.15 que *hizo* subir a... de la tierra del norte
16.20 ¿*hará* acaso el hombre dioses para sí? 6213
16.21 les *haré* conocer mi mano y mi poder
17.4 y te *haré* servir a tus enemigos
17.4 porque fuego *habéis* encendido en mi furor
17 22 ni *hagáis* trabajo... sino santificad el 6213
17.24 día... no *haciendo* en él ningún trabajo....... 6213
17.27 *haré* descender fuego en sus puertas
18.2 y allí te *haré* oír mis palabras
18.4 y la vasija de barro que él *hacía* se 6213
18.4 volvió y la *hizo* otra vasija, según le 6213
18.4 vasija, según le pareció mejor *hacerla* 6213
18.6 ¿no podré yo *hacer* de vosotros como este...... 6213
18.8 me... del mal que había pensado *hacerles*...... 6213
18.10 si *hiciere* lo malo delante de mis ojos 6213
18.10 del bien que había determinado *hacerle*
18.12 y *haremos* cada uno el pensamiento de....... 6213
18.13 fealdad ha *hecho* la virgen de Israel.......... 6213
18.23 *haz* así con ellos en el tiempo de tu.......... 6213
19.7 les *haré* caer a espada delante de sus enemigos
19.9 les *haré* comer la carne de sus hijos y 398
19.12 así *haré* a este lugar, dice Jehová, y a 6213
20.4 *haré* que seas un terror a ti mismo y a......... 5414
20.15 te ha nacido, *haciéndole* alegrarse así........ 8055
21.2 Nabucodonosor rey... *hace* guerra contra 3898
21.2 quizá Jehová *hará* con nosotros según 6213
21.12 así dijo Jehová: *Haced* de mañana juicio...... 4611
21.14 *haré* encender fuego en su bosque
22.3 dicho Jehová: *Haced* juicio y justicia........... 6213
22.8 ¿por qué *hizo* así Jehová con esta gran........ 6213
22.15 tu padre, e *hizo* juicio y justicia............... 6213
22.17 y para opresión y para *hacer* agravio 6213
22.23 Líbano, *hiciste* tu nido en los cedros.......... 7077
22.26 *haré* llevar cautivo a ti y a tu madre.......... 2904
23.3 y las *haré* volver a sus moradas
23.5 y *hará* juicio y justicia en la tierra............. 6213
23.7 que *hizo* subir a... de la tierra de Egipto
23.8 *hizo* subir y trajo la... de tierra del norte
23.13 e *hicieron* errar a mi pueblo de Israel
23.15 *hago* comer ajenjos, y las *haré* beber
23.20 hasta que lo haya *hecho* y hasta que 6213
23.22 habrían *hecho* oír... y lo habrían *hecho* volver
23.27 ¿no piensan cómo *hacen* que mi pueblo
23.32 ningún provecho *hicieron* a este pueblo
25.6 no vayáis en pos de... y no os *haré* mal 3707
25.10 y *haré* que desaparezca de entre ellos 6
25.29 a la ciudad... yo comienzo a *hacer* mal 7489
26.3 mal que pienso *hacerles* por la maldad 6213
26.14 *haced* de mí como mejor y más recto os 6213
26.19 ¿*haremos* pues, nosotros tan gran mal 6213
27.2 *hazte* coyundas y yugos, y ponlos sobre......... 6213
27.5 *hice* la tierra, el hombre y las bestias 6213
27.10 para *haceros* alejar de vuestra tierra
28.3 *haré* volver a este lugar todos los utensilios
28.4 *haré* volver a este lugar a Jeconías
28.6 dijo... Jeremías: Amén, así lo *haga* Jehová..... 6213
28.13 en vez de ellos *harás* yugos de hierro......... 6213
28.15 tú has *hecho* confiar en mentira a este pueblo
29.4 que *hice* transportar de Jerusalén a Babilonia
29.7 la paz de la ciudad a la cual os *hice* transportar
29.10 para *haceros* volver a este lugar
29.14 y *haré* volver vuestra cautividad
29.14 *haré* volver al lugar de donde os hice llevar
29.22 *harán* de ellos una maldición, diciendo
29.23 porque *hicieron* maldad en Israel, y.......... 6213
29.31 os *hizo* confiar en mentira
29.32 ni verá el bien... *haré* yo a mi pueblo 6213
30.3 *haré* volver a los cautivos de mi pueblo Israel
30.15 por tus muchos pecados te he *hecho* esto..... 6213
30.16 a todos los que *hicieron* presa de ti........... 398
30.17 yo *haré* venir sanidad para ti, y sanaré
30.18 *hago* volver los cautivos de las tiendas de Jacob
30.21 y le *haré* llegar cerca, y él
30.24 no se calmará el... hasta que haya *hecho*..... 6213
31.3 se manifestó a mí *hace* ya mucho tiempo
31.7 *haced* oír, alabad, y decid
31.8 yo los *hago* volver de la tierra del norte
31.9 los *haré* volver, y los *haré* andar
31.10 *hacedlo* saber en las costas que están lejos
31.23 cuando yo *haga* volver sus cautivos
31.31 *haré* nuevo pacto con la casa de Israel 3772
31.32 como el pacto que *hice* con sus padres 3772
31.33 este es el pacto que *haré* con la casa 3772
31.37 yo desecharé... por todo lo que *hicieron* 6213
32.5 *hará* llevar a Sedequías a Babilonia
32.10 la *hice* certificar con testigos
32.17 *hiciste* el cielo y la tierra con tu gran poder .. 6213
32.18 *haces* misericordia a millares
32.20 *hiciste* señales... y te has *hecho* nombre 7760
32.23 nada *hicieron* de... les mandaste *hacer* 6213
32.30 no han *hecho* sino lo malo delante de......... 6213
32.30 no han *hecho* más que provocarme a ira 3707
32.31 para que la *haga* quitar de mi presencia
32.32 la maldad... que han *hecho* para enojarme ... 6213
32.35 ni me vino al pensamiento que *hiciesen* 6213
32.37 los haré volver... los haré habitar seguramente
32.40 y *haré* con ellos pacto eterno, que no 3772
32.40 no me volveré atrás de *hacerles* bien 3190
32.41 me alegraré con ellos *haciéndoles* bien....... 2895
32.44 *harán* escritura... yo *haré* regresar sus
33.2 así ha dicho Jehová que *hizo* la tierra 6213
33.7 *haré* volver los cautivos de Judá y los
33.9 habrán oído todo el bien que yo les *hago* 6213
33.9 el bien y toda la paz que yo les *haré* 6213
33.12 aún habrá... que *hagan* pastar sus ganados
33.15 días... *haré* brotar a David un Renuevo 6779
33.15 y *hará* juicio y justicia en la tierra............ 6213
33.18 y que *haga* sacrificio todos los días.......... 5927
33.26 *haré*... y tendré de ellos misericordia
34.8 después que Sedequías *hizo* pacto con 3772
34.11 *hicieron* volver a los siervos y a las siervas
34.13 *hice* pacto con vuestros padres el día......... 3772
34.15 *hecho* lo recto... y habíais *h* pacto en 6213
34.22 los *haré* volver a esta ciudad, y pelearán
35.10 y hemos obedecido y *hecho* conforme a 6213
35.18 *hicisteis* conforme a todas las cosas 6213
36.3 oiga... todo el mal que pienso *hacerles*......... 6213
36.8 Baruc... *hizo* conforme a todas las cosas 6213
36.29 *hará* que... ni hombres ni animales?
37.20 no me *hagas* volver a casa del escriba Jonatán
37.21 *haciéndole* dar una torta de pan al día
38.4 de esta manera *hace* desmayar las manos
38.5 el rey nada puede *hacer* contra vosotros
38.6 lo *hicieron* echar en la cisterna de Malquías
38.9 mal *hicieron*... en todo lo que han *hecho* 6213
38.10 *haz* sacar al profeta Jeremías de la cisterna
38.12 y lo *hizo* así Jeremías 6213
38.14 *hizo* traer al profeta Jeremías a su presencia
38.16 vive Jehová que nos *hizo* esta alma
38.26 que no me *hiciese* volver a casa de Jonatán
39.5 le *hicieron* subir a Ribla en tierra de Hamat
39.6 *haciendo* asimismo degollar el rey de Babilonia
39.10 *hizo* quedar en tierra de Judá a los pobres
39.12 no le *hagas* mal alguno, sino que harás con él... 6213
40.3 y *hecho* Jehová según lo había dicho 6213
40.16 no *hagas* esto, porque es falso lo que 6213
41.9 era la misma que había *hecho* el rey Asa 6213
41.11 el mal que había *hecho* Ismael hijo de 6213
42.3 tu Dios nos enseñe... que hemos de *hacer*....... 6213
42.5 no *hiciéramos* conforme a todo aquello........ 6213
42.10 arrepentido del mal que os he *hecho* 6213
42.12 y os *hará* regresar a vuestra tierra
42.20 ¿por qué *hicisteis* errar vuestras almas?
42.20 que... nuestro Dios dijere, y lo *haremos*....... 6213
43.3 para matarnos y *hacernos* transportar a...... 1540
44.4 no *hagáis* esta cosa abominable que yo........ 6213
44.7 ¿por qué *hacéis* tan grande mal contra......... 6213
44.8 *haciéndome* enojar con las obras de........... 3707
44.9 maldades... que *hicieron* en la tierra de 6213
44.17 como hemos *hecho* nosotros y nuestros 6213
44.19 ¿acaso le *hicimos* nosotras tortas para 6213
44.22 las abominaciones que habíais *hecho* 6213
44.25 cumpliremos... nuestros votos que *hicimos*... 6213
46.14 *haced* saber en Migdol; *haced* saber también
46.19 *hazte* enseres de cautiverio, moradora 6213
47.2 suben aguas del norte... se *harán* torrente
48.4 *hicieron* que se oyese el clamor de sus pequeños
48.10 maldito el que *hiciere* indolentemente 6213
48.28 sed como la paloma que *hace* nido en la...... 7077
48.31 sobre todo Moab *haré* clamor, y sobre 3213
48.33 de los lagares *haré* que falte el vino
48.36 perecieron... riquezas que habían *hecho* 6213
48.47 *haré* volver a los cautivos de Moab
49.2 *haré* oír clamor de guerra en Rabá
49.6 *haré* volver a los cautivos de los hijos de
49.15 te *haré* pequeño entre las naciones........... 5414
49.16 de allí te *haré* descender
49.19 porque muy pronto le *haré* huir de ella
49.27 *haré* encender fuego en el muro de Damasco
49.37 y *haré* que Elam se intimide delante de....... 2865
49.39 *haré* volver a los cautivos de Elam, dice Jehová
50.2 anunciad en las naciones, y *haced* saber 8085
50.6 sus pastores las *hicieron* errar
50.9 *hago* subir contra Babilonia reunión de grandes
50.15 gritad... *haced* con ella como ella *hizo*........ 6213
50.21 y *haz* conforme a todo lo que yo te he 6213
50.29 conforme a todo lo que ella *hizo*, *haced* 6213
50.34 para *hacer* reposar la tierra, y turbar
50.40 como en la destrucción que Dios *hizo*
50.44 muy pronto le *haré* huir de ella
51.15 es el que *hizo* la tierra con su poder.......... 6213
51.16 *hace* relámpagos con la lluvia, y saca 6213
51.24 todo el mal que ellos *hicieron* en Sión 6213
51.25 y te *haré* rodar de las peñas, y te reduciré...... 5414
51.27 *haced* subir caballos como langostas erizadas
51.35 la violencia *hecha* a mí y a mi carne.......... 6213
51.36 yo... *haré* tu venganza; y secaré su mar
51.36 y *haré* que su corriente quede seca........... 2717
51.39 y *haré* que se embriaguen, para que se........ 7896
51.40 los *haré* traer como corderos al matadero
52.2 *hizo* lo malo... conforme a... que *h* Ioacim 6213
52.9 y le *hicieron* venir al rey de Babilonia
52.11 y lo *hizo* llevar a Babilonia
52.15 *hizo* transportar... a los pobres del pueblo, y a
52.20 de las basas, que había *hecho* el rey.......... 6213
52.32 *hizo* poner su trono sobre los tronos de
52.33 le *hizo* mudar también los vestidos de
Lm 1.1 la señora de... ha sido *hecha* tributaria 4522
1.5 sus enemigos han sido *hechos* príncipes

1.20 por fuera *hizo* estragos la espada; por
1.21 enemigos... alegran de lo que tú *hiciste* 6213
1.22 *haz* con ellos como *hiciste* conmigo por 5953
2.6 Jehová ha *hecho* olvidar las fiestas solemnes
2.7 *hicieron* resonar su voz en la casa de Jehová ... 5414
2.8 *hizo*... que se lamentara el antemuro y el
2.13 o a quién te *haré* semejante, hija de 1918
2.17 Jehová ha *hecho* lo que tenía determinado 6213
2.17 ha *hecho* que el enemigo se alegre sobre 8065
2.20 mira... y considera a quién has *hecho* así 5953
3.4 *hizo* envejecer mi carne y mi piel
3.7 cercó... ha *hecho* más pesadas mis cadenas
3.13 *hizo* entrar en mis entrañas las
4.22 nunca más te *hará* llevar cautiva
Ez 3.2 me *hizo* comer aquel rollo
3.8 he *hecho* tu rostro fuerte contra los 5414
3.9 fuerte que pedernal he *hecho* tu frente 5414
3.20 si el justo... *hiciere* maldad, y pusiere 6213
3.20 justicias que había *hecho* no vendrán en 6213
3.26 *haré* que se pegue tu lengua a tu paladar
4.9 y ponlos en una vasija, y *hazte* pan de 6213
5.1 *hazla* pasar sobre tu cabeza y tu barba
5.8 *haré* juicios en medio de ti ante... ojos 6213
5.9 *haré*... lo que nunca *hice*, ni jamás *haré* 6213
5.10 *haré* en ti juicios, y esparciré a todos 6213
5.15 cuando yo *haga* en ti juicios con furor 6213
6.3 yo *haré* venir sobre vosotros espada
6.4 *haré* que caigan vuestros muertos
6.6 que sean asolados y se *hagan* desiertos
6.9 causa de los males que *hicieron* en todas 6213
6.10 no en vano dije que les había de *hacer* 6213
6.14 *haré* la tierra más asolada y devastada 5414
7.20 *hicieron* de ello las imágenes de ídolos 6213
7.23 *haz* una cadena, porque la tierra está 6213
7.24 *haré* cesar la soberbia de los poderosos
7.27 según su camino *haré* con ellos, y con 6213
8.6 ¿no ves lo que éstos *hacen*, las grandes 6213
8.6 abominaciones... *hace* aquí para alejarme 7368
8.9 ve las malvadas abominaciones que *hacen* 6213
8.12 que los ancianos de... *hacen* en tinieblas 6213
8.13 abominaciones mayores que *hacen* éstos 6213
8.17 es cosa liviana... *hacer*... que *hacen* aquí? 6213
9.4 todas las abominaciones que se *hacen* en 6213
9.10 así, pues, *haré* yo; mi ojo no perdonará
9.11 he *hecho* conforme a... lo que me mandaste ... 6213
11.9 os entregaré en manos... y *haré* juicios 6213
11.12 según las costumbres de... habéis *hecho* 6213
12.7 yo *hice* así como me fue mandado; saqué 6213
12.9 ¿no te ha dicho la casa de... ¿Qué *haces*? 6213
12.11 como yo *hice*, así se hará con vosotros 6213
12.13 y *haré* llevarlo a Babilonia, a
12.16 *haré* que unos pocos de ellos escapen de 3498
12.23 *haré* cesar este refrán, y no repetirán
13.11 enviaré piedras de granizo que la *hagan* caer
13.13 *Haré* que la rompa viento tempestuoso
13.18 *hacen* velos mágicos para la cabeza de 6213
14.15 si *hiciere* pasar bestias feroces por la tierra
14.17 *hiciere* cortar de ella hombres y bestias
14.22 del mal que *hice* venir sobre Jerusalén
14.23 no sin causa *hice* todo lo que he *hecho* 6213
15.3 tomarán de ella madera para *hacer*... obra? .. 6213
15.6 así *haré* a los moradores de Jerusalén 5414
16.5 se compadeciese de ti para *hacerte* algo 6213
16.7 te *hice*... y creciste y te *hiciste* grande 5414
16.16 y te *hiciste* diversos lugares altos 6213
16.17 *hiciste* imágenes de hombre y fornicaste 6213
16.24 te *hiciste* altar en todas las plazas 6213
16.25 *hiciste* abominable tu hermosura, y te
16.30 habiendo *hecho*... estas cosas, obras de 6213
16.31 *haciendo* tus altares en... las plazas! 6213
16.40 *harán* subir contra ti muchedumbre de gente
16.41 y *harán* en ti juicios en presencia de 6213
16.41 así *haré* que dejes de ser ramera, y que
16.47 ni *hiciste* según sus abominaciones 6213
16.48 no han *hecho* como *hiciste* tú y tus 6213
16.50 e *hicieron* abominación delante de mí 6213
16.51 con... las abominaciones que tú *hiciste* 6213
16.52 tu vergüenza en los pecados... tú *hiciste* 8581
16.53 *haré* volver a sus... y *haré* volver los cautivos
16.54 te avergüences de todo lo que has *hecho* 6213
16.59 ¿*haré* yo contigo como tú *hiciste*, que 6213
16.63 cuando yo perdone todo lo que *hiciste* 6213
17.6 y brotó, y se *hizo* una vid de... ramaje 1612
17.6 así se *hizo* una vid, y arrojó sarmientos 6213
17.8 para que *hiciese* ramas y diese fruto 6213
17.13 descendencia real e *hizo* pacto con él 3772
17.13 le *hizo* prestar juramento; y se llevó
17.15 escapará el que estas cosas *hizo*? El 6213
17.16 el rey... cuyo pacto *hecho* con él rompió
17.17 ni con... compañía *hará*, Faraón nada por 6213
17.18 ha *hecho* todas estas cosas, no escapará 6213
17.20 y lo *haré* venir a Babilonia
17.23 y se *hará* magnífico cedro... y habitarán 117
17.24 seco... Yo Jehová lo he dicho, y lo *haré* 6213
18.5,21 *hiciere*... el derecho y la justicia 6213
18.8 *hiciere* juicio verdadero entre hombre y 6213
18.9 y guardare mis... para *hacer* rectamente 6213
18.10 hijo... o que *haga* alguna cosa de estas 6213
18.11 que no *haga* las otras, sino que comiere 6213
18.12 cometiere robos... e *hiciere* abominación 6213
18.13 abominaciones *hizo*, de cierto morirá 6213
18.14 viere... los pecados que su padre *hizo* 6213
18.14 si... viéndolos no *hiciere* según ellos 6213
18.18 *hizo* agravio, despojó violentamente al
18.18 *hizo* en... su pueblo lo que no es bueno 6213
18.19 porque el hijo *hizo* según el derecho 6213
18.21 apartare de todos sus pecados que *hizo* 6213
18.22 no le... en su justicia que *hizo* vivirá 6213
18.24 *hiciere* conforme a... que el impío *hizo* 6213
18.24 ninguna de las justicias que *hizo* le 6213
18.26 *haciendo* iniquidad, él morirá por ello 6213
18.26 justo... por la iniquidad que *hizo*, morirá 6213
18.27 su impiedad que *hizo*, y *haciendo* según 6213
18.31 *haceos* un corazón nuevo y un espíritu 6213
19.3 *hizo* subir uno de sus cachorros
19.6 se *hizo* leoncillo, aprendió a arrebatar 3715
20.4 hazles conocer las abominaciones de sus padres
20.11 y les *hice* conocer mis decretos
20.26 *hacían*... y *hacerles* saber que yo soy Jehová
20.31 *haciendo* pasar vuestros hijos por el fuego
20.37 *haré* pasar bajo la vara, y os *haré* entrar
20.44 cuando *haga* con vosotros por amor de mi ... 6213
21.7 he aquí que viene, y se *hará*, dice Jehová 1961
21.17 y *haré* reposar mi ira
21.23 ya que les ha *hecho* solemnes juramentos 7650
21.24 habéis *hecho* traer a la memoria vuestras
21.31 el fuego de mi enojo *haré* encender sobre ti
22.3 y que *hizo* ídolos contra sí misma para 6213
22.4 contaminado en tus ídolos que *hiciste* 6213
22.9 *hicieron* en medio de ti perversidades 6213
22.10 *hicieron* violencia a la... inmunda por su
22.11 cada uno *hizo* abominación con la mujer 6213
22.14 días... Yo Jehová he hablado, y lo *haré* 6213
22.15 y *haré* fenecer de ti tu inmundicia
22.26 lo santo y lo... no *hicieron* diferencia
22.29 al afligido... *hacía* violencia... oprimía
22.30 busqué... hombre que *hiciese* vallado y 1443
22.31 *hice* volver el camino de ellos sobre
23.10 famosa... en ella *hicieron* escarmiento 6213
23.18 así *hizo* patentes sus fornicaciones y 1540
23.22 y les *haré* venir contra ti en derredor
23.27 y *haré* cesar de ti tu lujuria
23.30 se *harán* contigo porque fornicaste en pos ... 6213
23.37 *hicieron* pasar por el fuego, quemándolos
23.38 esto más me *hicieron*: contaminaron mi 6213
23.39 he aquí, así *hicieron* en medio de mi 6213
23.46 *haré* subir contra ellas tropas
23.48 no *harán* según vuestras perversidades 6213
24.5 *haz* que hierva bien
24.8 *hecho* subir la ira para *hacer* venganza 5358
24.9 ¡ay... Pues también *haré* yo gran hoguera
24.10 para consumir la carne y *hacer* la salsa
24.14 vendrá, y yo lo *haré*. No me volveré 6213
24.17 no *hagas* luto de mortuorios; ata tu 6213
24.18 a la mañana *hice* como me fue mandado 6213
24.19 qué significan... estas cosas que *haces*? 6213
24.22 *haréis* de la manera que yo *hice*; no os 6213
24.24 según... las cosas que él *hizo*, *haréis* 6213
25.11 en Moab *haré* juicios, y sabrán que yo 6213
25.12 por lo que *hizo* Edom, tomando venganza 6213
25.14 *harán* en Edom según mi enojo... mi ira 6213
25.15 por lo que *hicieron* los filisteos con 6213
25.17 *haré* en ellos grandes venganzas... de ira 6213
25.17 ira... cuando *haga* mi venganza en ellos 5414
26.3 *haré* subir contra ti muchas naciones
26.13 *haré* cesar el estrépito de tus canciones
26.15 cuando se *haga* la matanza en medio de 2026
26.19 *haré* subir sobre ti el abismo, y
26.20 te *haré* descender con los que descienden
27.5 tomaron cedros... para *hacerte* el mástil 6213
27.6 de encinas de Basán *hicieron* tus remos 6213
27.30 *harán* oír su voz sobre ti, y gritarán
28.8 al sepulcro te *harán* descender
28.22 cuando *haga* en ella juicios, y en ella 6213
28.26 cuando yo *haga* juicios en todos los que 6213
29.3,9 dijo: Mío es el Nilo, pues yo lo *hice* 6213
29.16 que les *haga* recordar el pecado
29.18 *hizo* a su ejército prestar... servicio
29.21 *haré* retoñar el poder de la casa de Israel
30.14 fuego a Zoán, y *haré* juicios en Tebas 6213
30.19 *haré*... juicios en Egipto, y sabrán que 6213
30.22 *haré* que la espada... le caiga de la mano
31.4 las aguas lo *hicieron* crecer
31.6 en sus ramas *hacían* nido todas las aves 7077
31.7 se *hizo*, pues, hermoso en su grandeza 3302
31.9 lo *hice* hermoso con la multitud de sus 6213
31.15 *hice hacer* luto, *hice* cubrir por él el
31.16 *hice* temblar... cuando las *hice* descender
32.3 y te harán subir con mi red
32.4 *haré* posar sobre ti todas las aves
32.7 y *haré* entenebrecer sus estrellas
32.7 y la luna no *hará* resplandecer su luz
32.8 *haré* entenebrecer todos los astros
32.10 cuando *haga* resplandecer mi espada
32.12 con espadas de fuertes *haré* caer tu pueblo
32.14 *haré* asentarse sus aguas, y *haré* correr
33.13 él confiado en su... *hiciere* iniquidad 6213
33.13 que morirá por su iniquidad que *hizo* 6213
33.14,19 *hiciere*... el derecho y la justicia 6213
33.15 la vida, no *haciendo* iniquidad, vivirá 6213
33.16 *hizo* según el derecho y la justicia 6213
33.18 e *hiciere* iniquidad, morirá por ello 6213
33.26 *hicisteis* abominación... cada cual a la 6213
33.29 todas las abominaciones que han *hecho* 6213
33.31 antes *hacen* halagos con sus bocas, y el 6213
34.10 les *haré* dejar de apacentar las ovejas
34.16 y *haré* volver al redil la descarriada
34.26 *haré* descender la lluvia en su tiempo
35.11 *haré* conforme a tu ira, y conforme a tu 6213
35.14 ha dicho Jehová... te *haré* una desolación 6213
35.15 porque fue asolada, así te *haré* a ti 6213
36.3 os ha *hecho* caer en boca de habladores
36.10 y *haré* multiplicar sobre vosotros hombres
36.11 y os *haré* mayor bien que en vuestros 3190
36.12 *haré* andar hombres sobre vosotros
36.15 te *haré* oír injuria de naciones
36.15 ni *harás* más morir a los hijos de tu nación
36.22 no lo *hago* por vosotros, oh casa de 6213
36.27 y *haré* que andéis en mis estatutos
36.32 no lo *hago* por vosotros, dice Jehová el 6213
36.33 haré... que sean habitadas las ciudades 3427
36.36 que... yo Jehová he hablado, y lo *haré* 6213
36.37 aún seré solicitado... para *hacerles* esto 6213
37.2 me *hizo* pasar cerca de ellos por todo
37.5 yo *hago* entrar espíritu en vosotros
37.6 y *haré* subir sobre vosotros carne
37.12 y os *haré* subir de vuestras sepulturas
37.14 que yo Jehová hablé, y lo *hice*, dice 6213
37.19 los *haré* un solo palo, y serán uno en 6213
37.22 y los *haré* una nación en la tierra, en 6213
37.26 y *haré* con ellos pacto de paz, pacto 3772
38.12 que se *hace* de ganado y posesiones, que 6213
38.22 y *haré* llover sobre él... fuego y azufre
39.2 y te *haré* subir de las partes del norte
39.7 *haré* notorio mi santo nombre en medio 3045
39.14 al cabo de 7... *harán* el reconocimiento 2713
39.21 verán mi juicio que habré *hecho*, y mi 6213
39.24 y conforme a sus rebeliones *hice* con 6213
40.45,46 los sacerdotes que *hacen* la guardia 8104
42.20 un muro... para *hacer* separación entre 914
43.8 con sus abominaciones que *hicieron*; por 6213
43.11 se avergonzaran de... lo que han *hecho* 6213
43.18 altar el día en que sea *hecho*, para 6213
43.26 por siete días *harán* expiación por el 3722
44.1 me *hizo* volver hacia la puerta exterior
44.13 llevarán... abominaciones que *hicieron* 6213
44.14 todo lo que en ella haya de *hacerse* 6213
44.18 no se ceñirán cosa que los *haga* sudar
44.23 enseñarán... *hacer* diferencia entre lo
45.9 oh príncipes... *Haced* juicio y justicia 6213
45.14 diez batos *harán* un homer
45.17 *hacer* expiación por la casa de Israel 3722
45.20 así *harás* el séptimo día... *h* expiación 6213
45.25 fiesta, *hará* como en estos siete días 6213
46.7 y *hará* ofrenda de un efa con el becerro 6213
46.12 cuando el príncipe... *hiciere* holocausto 6213
46.12 *hará* su holocausto y sus ofrendas de 6213
46.12 de paz, como *hace* en el día de reposo 6213
46.14 *harás* todas las mañanas ofrenda de la 6213
47.1 me *hizo* volver luego a la entrada de la casa
47.2 y me *hizo* dar la vuelta por el camino exterior
47.3 me *hizo* pasar por las aguas hasta los tobillos
47.4 me *hizo* pasar por las aguas hasta las rodillas
47.4 y me *hizo* pasar por las aguas hasta los lomos
Dn 1.12 te ruego que *hagas* la prueba con tus 5254
1.13 *haz* después con tus siervos según veas 6213
2.2 *izo* llamar el rey a magos, astrólogos
2.5 seréis *hechos* pedazos, y vuestras casas 3809
2.15 Arioc *hizo* saber a Daniel lo que había
2.17 fue Daniel... *hizo* saber lo que había a Ananías
2.26 ¿odrás tú *hacerme* conocer el sueño que vi
2.28 y él ha *hecho* saber al rey Nabucodonosor
2.35 mas la piedra... fue *hecha* un gran monte 1934
2.48 le *hizo* gobernador de toda la provincia 7981
3.1 el rey Nabucodonosor *hizo* una estatua de 5648
3.15 al oír... adoréis la estatua que he *hecho*? 5648
4.2 señales... que el Dios Altísimo ha *hecho* 5648
4.11 se *hacía* fuerte, y su copa llegaba hasta 8631
4.12 en sus ramas *hacían* morada las aves del 1753
4.20 el árbol que... crecía y se *hacía* fuerte 8631
4.22 rey, que creciste y te *hiciste* fuerte 8631
4.27 pecados redime... *haciendo* misericordias 2604
4.35 él *hace* según su voluntad en el ejército 5648
4.35 y no hay quien... y le diga: ¿Qué *haces*? 5648
5.1 Belsasar *hizo* un gran banquete a mil de 5648
5.7 gritó en alta voz que *hiciesen* venir magos
5.21 su mente se *hizo* semejante a... bestias 7739
5.23 *hiciste* traer delante de ti los vasos de su casa
6.10 daba gracias... como lo solía *hacer* antes 5648
6.13 que tres veces al día *hace* su petición 1156
6.22 los leones, para que no me *hiciesen* daño
6.22 de ti, oh rey, yo no he *hecho* nada malo 5648
6.27 y *hace* señales y maravillas en el cielo 5648
7.13 y le *hicieron* acercarse delante de él
7.16 me *hizo* conocer la interpretación de las cosas
7.21 cuerno *hacía* guerra contra los santos 5648
8.4 el carnero... *hacía* conforme a su voluntad 6213
8.12 echó... e *hizo* cuanto quiso, y prosperó 6213
8.18 y él me tocó, y me *hizo* estar en pie 5975
8.24 *hará* arbitrariamente, y destruirá a los 6213
8.25 su sagacidad *hará* prosperar el engaño
9.4 e *hice* confesión diciendo: Ahora, Señor 3034
9.5,15 hemos pecado... hemos *hecho* impíamente ... 7561
9.12 nunca fue *hecho*... ha *h* contra Jerusalén 6213
9.14 justo... en todas sus obras que ha *hecho* 6213
9.15 te *hiciste* renombre cual lo tienes hoy 6213
9.17 *haz* que tu rostro resplandezca sobre tu 215
9.19 presta oído, Señor, y *hazlo*; no tardes 6213
9.22 y me *hizo* entender, y habló conmigo
9.27 *hará* cesar el sacrificio y la ofrenda
10.10 *hizo* que me pusiese sobre mis rodillas 5128
10.14 para *hacerte* saber lo que ha de venir
11.2 y el cuarto se *hará* de grandes riquezas
11.2 y al *hacerse* fuerte con sus riquezas
11.3 el cual dominará con... y *hará* su voluntad 6213
11.5 se *hará* fuerte el rey del sur; mas uno 2388
11.5 más fuerte que él, y se *hará* poderoso 2388
11.6 al cabo de años *harán* alianza, y la hija 2266
11.6 vendrá al rey del... para *hacer* la paz 6213
11.7 entrará... y *hará* en ellos a su arbitrio 6213
11.16 que vendrá contra él *hará* su voluntad 6213
11.17 y *hará* con aquél convenios, y le dará 6213
11.18 *hará* cesar su afrenta... *hará*... su oprobio
11.20 *hará* pasar un cobrador de tributos

11.24 y hará lo que no hicieron sus padres 6213
11.25 mas no prevalecerá... le harán traición 2803
11.27 el corazón de estos dos... para hacer mal
11.28 hará su voluntad, y volverá a... tierra 6213
11.30 hará según su voluntad; volverá, pues 6213
11.36 hará su voluntad, y se ensoberbecerá 6213
11.37 del Dios de sus padres no hará caso, ni
11.39 con un dios... se hará de las fortalezas 6213
Os 1.4 haré cesar el reino de la casa de Israel
2.3 la haga como un desierto, la deje como 7760
2.11 aré cesar todo su gozo, sus fiestas, sus
2.12 haré talar sus vides y sus higueras
2.18 haré para ti pacto con las bestias del 3772
3.3 no fornicarás... lo mismo haré yo contigo
4.12 espíritu de fornicaciones lo hizo errar
5.2 haciendo víctimas han bajado hasta lo más
5.9 en las tribus de Israel hice conocer la verdad
6.4 ¿qué haré a ti, Efraín? ¿Qué h a ti, oh 6213
6.11 yo haga volver el cautiverio de mi pueblo
7.1 hicieron engaño; y entra el ladrón, y el 6466
7.4 cesa de... después que está hecha la masa
7.5 príncipes lo hicieron enfermar con copas de vino
7.12 les haré caer como aves del cielo
8.4 de su plata y... hicieron ídolos para sí 6213
8.5 oh Samaria, te hizo alejarte
8.6 artífice lo hizo, no es Dios, por lo que 6213
8.7 no tendrán mies, ni su espiga hará harina 6213
8.7 ni... y si la hiciere, extraños la comerán 6213
9.4 no harán libaciones a Jehová, ni sus 5258
9.5 ¿qué haréis en el día de la solemnidad 6213
9.10 se hicieron abominables como aquello que 157
10.3 dirán... ¿y qué haría el rey por nosotros? 6213
10.4 palabras jurando en vano al hacer pacto 3772
10.11 haré llevar yugo a Efraín; arará Judá
10.12 haced para vosotros barbecho; porque es 2232
10.15 así hará a vosotros Bet-el, por causa 6213
11.8 ¿cómo podré yo hacerte como Adma, o 5414
11.11 los haré habitar en sus casas, dice Jehová
12.1 porque hicieron pacto con los asirios 3772
12.9 aún te haré morar en tiendas
12.13 por un profeta Jehová hizo subir a Israel
12.14 hará recaer sobre él la sangre que ha
13.2 de su plata se han hecho... imágenes de 6213
13.13 hace tiempo que no debiera detenerse
Jl 2.20 pudrición, porque hizo grandes cosas 6213
2.21 porque Jehová hará grandes cosas 6213
2.23 hará descender sobre vosotros lluvia temprana
2.26 el cual hizo maravillas con vosotros 6213
3.1 haré volver la cautividad de Judá y de Jerusalén
3.2 y las haré descender al valle de Josafat
3.4 haré yo recaer la paga sobre vuestra cabeza
3.11 haz venir allí, oh Jehová, a tus fuertes
3.19 por la injuria hecha a los hijos de Judá
Am 2.4 les hicieron errar sus mentiras
2.10 os hice subir de la tierra de Egipto
3.1 la familia que hice subir de la tierra de Egipto
3.6 mal en... el cual Jehová no haya hecho? 6213
3.7 porque no hará nada Jehová el Señor 6213
3.10 no saben hacer lo recto, dice Jehová 6213
4.6 os hice estar a diente limpio en todas 5414
4.7 e hice llover sobre una ciudad
4.7 y sobre otra ciudad no hice llover
4.10 e hice subir el hedor de vuestros campamentos
4.12 de esta manera te haré a ti, oh Israel 6213
4.12 porque te he de hacer esto, prepárate 6213
4.13 que hace de las tinieblas mañana, y pasa 6213
5.8 buscad al que hace las Pléyades, y vuelve 6213
5.9 y hace que el despojador venga sobre la
5.12 hacéis perder su causa a los pobres
5.26 la estrella de... dioses que os hicisteis 6213
5.27 os haré, pues, transportar más allá de
7.7 el Señor estaba sobre un muro hecho a
8.9 haré que se ponga el sol a mediodía, y 935
8.10 y haré poner cilicio sobre todo lomo
9.1 hazlos pedazos sobre la cabeza de todos
9.2 de allá los haré descender
9.7 ¿no hice yo subir a Israel de la tierra de
9.9 haré que la casa de Israel... zarandeada
9.12 posean el... dice Jehová que hace esto 6213
9.14 y harán huertos, y comerán el fruto de 6213
Abd 2 pequeño te he hecho entre las naciones 5414
7 hasta los confines te hicieron llegar
8 ¿no haré que perezcan en aquel día
15 porque... como tú hiciste se hará contigo 6213
Jon 1.4 Jehová hizo levantar un gran viento
1.9 temo a Jehová... que hizo el mar y la 6213
1.10 le dijeron: ¿Por qué has hecho esto? 6213
1.11 ¿qué haremos contigo para que el mar se 6213
1.13 trabajaron para hacer volver la nave a tierra
1.14 tú, Jehová, has hecho como has querido 6213
1.16 ofrecieron sacrificio... hicieron votos 5087
3.7 hizo proclamar y anunciar en Nínive
3.10 vio Dios lo que hicieron... convirtieron 4639
3.10 del mal que... les haría, y no lo hizo 6213
4.4 dijo: ¿Haces tú bien en enojarte tanto?
4.5 se hizo allí una enramada, y se sentó 6213
4.6 creció... para que hiciese sombra sobre su 6738
4.10 en la cual no trabajaste, ni tú la hiciste
Mi 1.6 haré... de Samaria montones de ruinas 7760
1.8 haré aullido como de chacales, y lamento 6213
1.16 y trasquílate... hazte calvo como águila 7139
2.4 se hará endecha de lamentación, diciendo 5091
2.7 ¿no hacen... bien al que camina rectamente? ... 3190
2.12 harán estruendo... la multitud de hombres 1949
3.4 antes... por cuanto hicisteis malvadas obras 7489
3.5 los profetas que hacen errar a mi pueblo
3.6 la profecía se os hará noche, y oscuridad
4.13 porque haré tu cuerno como de hierro, y 7760
5.10 haré matar tus caballos... y haré destruir tus
5.11 haré también destruir las ciudades de 3772
5.13 haré destruir tus esculturas y tus imágenes
5.15 con ira y con furor haré venganza en las 6213
6.3 ¿qué te he hecho, o en qué... he molestado? 6213
6.8 que pide Jehová... solamente hacer justicia 6213
6.13 te hice enflaquecer hiriéndote, asolándote
7.9 que juzgue mi causa y haga mi justicia 6213
Nah 1.4 amenaza al mar, y lo hace secar
1.9 hará consumación; no tomará venganza 6213
3.16 cielo; la langosta hizo presa, y voló
Hab 1.3 haces ver iniquidad, y haces que vea
1.5 haré una obra en vuestros días, que 6466
1.10 de los príncipes hará burla; se reirá
1.14 y haces que sean los hombres como los 6213
1.16 por esto hará sacrificios a su red, y 2076
2.7 se despertarán los que te harán temblar
2.18 escultura que esculpió el que la hizo? 3335
2.18 que haciendo imágenes mudas confíe el 6213
3.2 en medio de los tiempos hazla conocer
3.6 miró, e hizo temblar las gentes
3.19 el cual hace mis pies como de ciervas 7760
Sof 1.12 Jehová ni hará bien ni h mal 3190,7489
1.18 destrucción... hará de... los habitantes de 6213
2.5 te haré destruir hasta no dejar morador
2.14 rebaños de ganado harán en ella majada
2.15 fue asolada, hecha guarida de fieras!
3.5 Jehová en... es justo, no hará iniquidad 6213
3.6 hice desiertas... calles, hasta no quedar 2717
3.13 remanente de Israel no hará injusticia 6213
Hag 2.5 según el pacto que hice con vosotros
2.6 yo haré temblar los cielos y la tierra 7493
2.7 y haré temblar a todas las naciones, y 7493
2.21 haré temblar los cielos y la tierra
Zac 1.6 como... pensó tratarnos... así lo hizo 6213
1.21 y yo dije: ¿Qué vienen éstos a hacer? 6213
3.4 te he hecho vestir de ropas de gala
5.4 yo la he hecho salir, dice Jehová
6.8 hicieron reposar mi Espíritu en la tierra
6.11 oro, y harás coronas, y las pondrás en 6213
7.3 ¿haremos abstinencia como hemos hecho ya 6213
7.9 haced misericordia y piedad cada cual con 6213
8.11 mas ahora no lo haré con el remanente de
8.12 y los cielos darán su rocío; y haré
8.14 haceros mal cuando vuestros padres me 7489
8.15 he pensado hacer bien a Jerusalén y a 3190
8.16 las cosas que habéis de hacer: Hablad 6213
9.13 hice a Efraín su flecha, y despertaré a 4390
9.15 harán estrépito como tomados de vino 1993
10.1 Jehová hará relámpagos... os dará lluvia 6213
10.6 los haré volver; porque de ellos tendré piedad
12.2 que hará temblar a todos los pueblos de
13.2 haré cortar de la tierra a los profetas y al
13.7 haré volver mi mano contra los pequeñitos
14.4 se partirá... haciendo un valle muy grande
Mal 1.9 ¿cómo podéis agradarle, si hacéis
2.6 a muchos hizo apartar de la iniquidad
2.8 habéis apartado del camino; habéis hecho
2.9 también os he hecho viles y bajos ante 5414
2.12 cortará de... al hombre que hiciere esto 6213
2.13 haréis cubrir el altar de Jehová de lágrimas ... 6213
2.15 ¿no hizo el uno, habiendo... de espíritu? 6213
2.17 decís: Cualquiera que hace mal agrada 6213
3.5 los que hacen injusticia al extranjero
3.15 y los que hacen impiedad no solo son 6213
4.1 todos los que hacen maldad serán estopa 6213
4.6 hará volver el corazón de los padres hacia los
Mt 1.24 hizo como el ángel... le había mandado 4160
2.8 cuando le halléis, hacédmelo saber, para
3.8 haced... frutos dignos de arrepentimiento 4160
4.19 y os haré pescadores de hombres 4160
5.19 mas cualquiera que los haga y los enseñe 4160
5.32 el que repudia... hace que ella adultere 4160
5.36 no puedes hacer blanco... un solo cabello 4160
5.44 haced bien a los que os aborrecen, y 4160
5.45 que hace salir su sol... y que hace llover 393
5.46 ¿no hacen... lo mismo los publicanos? 4160
5.47 ¿qué hacéis de más? ¿No hacen también 4160
6.1 guardaos de hacer... para ser vistos de 4160
6.2 tocar... como hacen los hipócritas en las 4160
6.3 sepa tu izquierda lo que hace tu derecha 4160
6.8 no os hagáis, pues, semejantes a ellos 3666
6.10 hágase tu voluntad, como en el cielo, así 1096
6.19 no os hagáis tesoros en la tierra, donde 2343
6.20 sino haceos tesoros en el cielo, donde 2343
6.30 ¿no hará mucho más a vosotros, hombres
7.12 hagan con vosotros, así... haced... con ellos ... 4160
7.21 el que hace la voluntad de mi Padre que 4160
7.22 y en tu nombre hicimos muchos milagros? 4160
7.24 que me oye estas palabras, y las hace 4160
7.26 me oye... y no las hace, le compararé a un 4160
8.9 digo... a mi siervo: Haz esto, y lo hace 4160
8.13 dijo... Vé, y como creíste, te sea hecho 1096
8.26 reprendió... al mar... hizo grande bonanza 1096
9.16 y se hace peor la rotura 1096
9.20 una mujer enferma... desde hacía doce años
9.23 viendo a... la gente que hacía alboroto 2350
9.28 ¿creéis que puedo hacer esto? 4160
9.29 tocó... conforme a vuestra fe os sea hecho 1096
10.21 y los harán morir 2289
11.4 haced saber a Juan las cosas que oís y veis
11.20 en las cuales había hecho... sus milagros 1096
11.21,23 si... se hubieran hecho los milagros 1096
11.21,23 los milagros que han sido hechos en 1096
11.28 venid a mí... y yo os haré descansar
12.2 hacen lo que no es lícito hacer en el día 4160
12.3 dijo: ¿No habéis leído lo que hizo David 4160
12.12 es lícito hacer el bien en los días de 4160
12.33 haced el árbol bueno, y su fruto bueno 4160
12.33 o haced el árbol malo, y su fruto malo 4160
12.50 aquel que hace la voluntad de mi Padre 4160
13.22 ahogan la palabra... se hace infructuosa 1096
13.28 él les dijo: Un enemigo ha hecho esto 4160
13.32 se hace árbol, de tal manera que vienen 1096
13.32 vienen las aves... y hacen nidos en sus 2681
13.41 recogerán... a los que hacen iniquidad 4160
13.58 no hizo allí muchos milagros, a causa 4160
14.22 Jesús hizo a sus discípulos entrar en 315
15.28 es tu fe; hágase contigo como quieres 1096
15.32 ya hace tres días que están conmigo, y
17.2 sus vestidos se hicieron blancos como 1096
17.4 hagamos aquí tres enramadas: una para 4160
17.12 hicieron con él todo lo que quisieron 4160
18.3 si no os volvéis y os hacéis como niños 1096
18.6 cualquiera que haga tropezar a alguno de
18.19 será hecho por mi Padre que está en los 1096
18.23 un rey que quiso hacer cuentas con sus 4868
18.24 y comenzando a hacer cuentas, le fue
18.35 así también mi Padre celestial hará con 4160
19.4 el que los hizo... varón y hembra los h 4160
19.12 eunucos que son hechos eunucos por los 2134
19.12 hay eunucos que a sí mismos se hicieron 2134
19.16 bien haré para tener la vida eterna? 4160
20.5 salió otra vez cerca... e hizo lo mismo 4160
20.12 los has hecho iguales a nosotros, que 4160
20.13 dijo a uno... Amigo, no te hago agravio 91
20.15 ¿no me es lícito hacer lo que quiero 4160
20.26 quiera hacerse grande entre vosotros 1096
20.32 y les dijo: ¿Qué queréis que os haga? 4160
21.6 fueron, e hicieron como Jesús les mandó 4160
21.13 mas vosotros la habéis hecho cueva de 4160
21.15 viendo las maravillas que hacía, y a 4160
21.21 no sólo haréis esto de la higuera, sino 4160
21.21 quítate y échate en el mar, será hecho 1096
21.23 ¿con qué autoridad haces estas cosas? 4160
21.24 yo también os haré una pregunta, y si 2065
21.24,27 con qué autoridad hago estas cosas 4160
21.31 ¿cuál de los dos hizo la voluntad de su 4160
21.36 hicieron con ellos de la misma manera 4160
21.40 viña, ¿qué hará a aquellos labradores? 4160
21.42 el Señor ha hecho esto, y es cosa 1096
22.2 es semejante a un rey que hizo fiesta 4160
22.5 ellos, sin hacer caso, se fueron, uno a 272
22.34 oyendo que había hecho callar a los saduceos
23.3 lo que os digan que guardéis... hacedlo 4160
23.3 mas no hagáis... porque dicen, y no hacen 4160
23.5 hacen todas sus obras para ser vistos de 4160
23.14 como pretexto hacéis largas oraciones 4336
23.15 mar y tierra para hacer un prosélito 4160
23.15 hecho, le hacéis dos veces más hijo del 4160
23.23 necesario hacer, sin dejar de h aquello 4160
24.24 harán grandes señales y prodigios, de 1325
24.46 su señor venga, le halle haciendo así 4160
25.40 os digo que en cuanto lo hicisteis a 4160
25.40 a uno de estos mis... a mí lo hicisteis 4160
25.45 cuanto no lo hicisteis a uno de estos 4160
25.45 más pequeños, tampoco a mí lo hicisteis 4160
26.5 que no se haga alboroto en el pueblo 1096
26.10 pues ha hecho conmigo una buena obra 2038
26.12 lo ha hecho a fin de prepararme para 4160
26.13 se contará lo que ésta ha hecho, para 4160
26.19 hicieron como... mandó, y prepararon la 4160
26.42 si no puede pasar... hágase tu voluntad 1096
26.54 de que es necesario que así se haga? 1096
27.22 les dijo: ¿Qué, pues, haré de Jesús 4160
27.23 les dijo: Pues ¿qué mal ha hecho? Pero 4160
27.24 que se hacía más alboroto, tomó agua 1096
27.54 visto... las cosas que habían sido hechas 1096
27.60 y después de hacer rodar una gran piedra
28.15 hicieron como se les había instruido 4160
28.19 haced discípulos a todas las naciones 3100
Mr 1.17 haré que seáis pescadores de hombres 4160
2.4 haciendo una abertura, bajaron el lecho
2.21 nuevo tira de lo viejo, y se hace peor 1096
2.24 ¿por qué hacen en el día de reposo lo 4160
2.25 lo que hizo David cuando tuvo necesidad 4160
2.27 el día... fue hecho por causa del hombre 1096
3.4 días de reposo hacer bien, o hacer mal 15,2554
3.8 Simón, oyendo cuán grandes cosas hacía 4160
3.35 que hace la voluntad de Dios, ése es mi 4160
4.19 ahogan la palabra, y se hace infructuosa 1096
4.30 qué haremos semejante el reino de Dios 3666
4.32 crece, y se hace la mayor de todas las 1096
4.39 cesó el viento y se hizo grande bonanza 1096
5.4 las cadenas habían sido hechas pedazos 1288
5.19 grandes cosas el Señor ha hecho contigo 4160
5.20 grandes cosas había hecho Jesús con él 4160
5.25 mujer que desde hacía doce años padecía
5.32 miraba... para ver quién había hecho esto 4160
5.33 sabiendo lo que en ella había sido hecho 1096
5.34 hija, tu fe te ha hecho salva; ve en paz 4982
6.2 milagros que por sus manos son hechos? 1096
6.5 no pudo hacer allí ningún milagro, salvo 4160
6.14 porque su nombre se había hecho notorio
6.30 y le contaron todo lo que habían hecho 4160
6.39 mandó que hiciesen recostar a todos 347
6.45 hizo a sus discípulos entrar en la barca 315
7.8 y hacéis otras muchas cosas semejantes 4160
7.12 no le dejáis hacer más por su padre o 4160
7.13 y muchas cosas hacéis semejantes a estas 4160
7.19 haciendo limpios todos los alimentos 2511
7.37 lo ha hecho todo; hace a los sordos oír 4160
8.2 que ya hace tres días que están conmigo
8.25 le hizo que mirase; y fue establecido 4160
9.3 ningún lavador... puede hacer tan blancos
9.5 hagamos tres enramadas, una para ti, una 4160

9.7 vino una nube que les *hizo* sombra, y ... 1982
9.13 **vino, y le *hicieron* todo lo que quisieron** ... 4160
9.21 **¿cuánto tiempo *hace* que le sucede esto?**
9.22 pero si puedes *hacer* algo... y ayúdanos ... 1410
9.39 **porque ninguno hay que *haga* milagro en** ... 4160
9.42 **cualquiera que *haga* tropezar a uno de**
9.50 **si la sal se *hace* insípida, ¿con qué la** ... 1096
10.6 **creación, varón y hembra los *hizo* Dios** ... 4160
10.17 ¿qué *haré* para heredar la vida eterna? ... 4160
10.35 querríamos... nos *hagas* lo que pidiéramos ... 4160
10.36 **él les dijo: ¿Qué queréis que os *haga*?** ... 4160
10.43 **que el que quiera *hacerse* grande entre** ... 1096
10.51 **¿qué quieres que te *haga*? Y el ciego** ... 4160
11.3 **os dijere: ¿Por qué *hacéis* eso? decid** ... 4160
11.5 ¿qué *hacéis* desatando el pollino? ... 4160
11.17 **mi casa... habéis *hecho* cueva de ladrones** ... 4160
11.23 **creyere que será *hecho* lo que dice, lo**
11.23 **creyere... lo que diga le será *hecho*** ... 1096
11.28 ¿con qué autoridad *haces* estas cosas? ... 4160
11.28 y quién te dio autoridad para *hacer* ... 4160
11.29 **os *haré*... una pregunta; respondedme** ... 1905
11.29,33 **con qué autoridad *hago* estas cosas** ... 4160
12.9 **¿qué, pues... *hará* el señor de la viña?** ... 4160
12.11 **el Señor ha *hecho* esto, y es cosa** ... 1096
12.40 **y por pretexto *hacen* largas oraciones** ... 4336
13.22 **y falsos profetas, y *harán*... prodigios** ... 1325
14.2 para que no se *haga* alboroto del pueblo ... 2071
14.4 ¿para qué se ha *hecho* este desperdicio ... 1096
14.6 **dijo: Dejadla... Buena obra me ha *hecho*** ... 2038
14.7 **y cuando queráis les podréis *hacer* bien** ... 4160
14.8 **ésta ha *hecho* lo que podía; porque se** ... 4160
14.9 **se contará lo que ésta ha *hecho*, para** ... 4160
14.58 yo derribaré este templo *hecho* a mano ... 5499
14.58 en tres días edificaré otro *hecho* sin ... 886
15.8 que *hiciese* como siempre les había *hecho* ... 4160
15.12 *haga* del que llamáis Rey de los judíos ... 4160
15.14 les decía: ¿Pues qué mal ha *hecho*? Pero ... 4160
15.19 de rodillas le *hacían* reverencias
15.44 y *haciendo* venir al centurión, le preguntó
15.46 *hizo* rodar una piedra a la entrada del sepulcro
16.10 lo *hizo* saber a los que habían estado con él
16.13 lo *hicieron* saber a los otros; y ni aun
16.18 **y si bebieren cosa... no les *hará* daño**
Lc 1.16 *hará* que... se conviertan al Señor
1.17 *hacer* volver los corazones de los padres a
1.20 mudo... hasta el día en que esto se *haga* ... 1096
1.25 ha *hecho* conmigo el Señor en los días ... 4160
1.38 *hágase* conmigo conforme a tu palabra ... 1096
1.49 me ha *hecho* grandes cosas el Poderoso ... 4160
1.51 *hizo* proezas con su brazo; esparció a ... 4160
1.72 *hacer* misericordia con nuestros padres ... 4160
1.73 del juramento que *hizo* a Abraham nuestro ... 3660
2.2 *hizo* siendo Cirenio gobernador de Siria ... 1096
2.27 para *hacer*... conforme al rito de la ley ... 4160
2.37 era viuda *hacía* ochenta y cuatro años
2.48 dijo... Hijo, ¿por qué nos has *hecho* así? ... 4160
3.8 *haced*... frutos dignos de arrepentimiento ... 4160
3.10 le preguntaba, diciendo... ¿qué *haremos*? ... 4160
3.11 y el que tiene qué comer, *haga* lo mismo
3.12 y le dijeron: Maestro, ¿qué *haremos*? ... 4160
3.14 unos soldados... Y nosotros, ¿qué *haremos*? ... 4160
3.14 les dijo: No *hagáis* extorsión a nadie ... 1286
3.19 las maldades que Herodes había *hecho* ... 4160
4.23 **cosas que hemos oído que se han *hecho*** ... 1096
4.23 **cosas... *haz* también aquí en tu tierra** ... 4160
4.35 salió de él, y no le *hizo* daño alguno
5.6 habiéndolo *hecho*, encerraron... de peces ... 4160
5.7 entonces *hicieron* señas a los compañeros ... 2656
5.9 por la pesca que habían *hecho*, el temor ... 4815
5.19 no hallando cómo *hacerlo* a causa de la ... 1533
5.29 Leví le *hizo* gran banquete en su casa ... 4160
5.33 ayunan muchas veces y *hacen* oraciones ... 4160
5.34 **¿podéis acaso *hacer* que los que están de** ... 4160
5.36 **si lo *hace*, no solamente rompe el nuevo** ... 1490
6.2 *hacéis* lo que no es lícito *hacer* en los ... 4160
6.3 **lo que *hizo* David cuando tuvo hambre él** ... 4160
6.9 **¿es lícito en día... *hacer* bien, o *h* mal?** ... 15
6.10 **extiende tu mano... Y él lo *hizo* así, y** ... 4160
6.11 entre sí qué podían *hacer* contra Jesús ... 4160
6.23 **así *hacían* sus padres con los profetas** ... 4160
6.26 **así *hacían* sus padres con los falsos** ... 4160
6.27 **amad... *haced* bien a los que os aborrecen** ... 4160
6.31 **como queréis que *hagan*, también *haced*** ... 4160
6.33 **si *hacéis* bien a los que os *hacen* bien** ... 15
6.33 **también los pecadores *hacen* lo mismo** ... 4160
6.35 **y *haced* bien, y prestad, no esperando** ... 15
6.46 **me llamáis... y no *hacéis* lo que yo digo?** ... 4160
6.47 **viene a... y oye mis palabras y las *hace*** ... 4160
6.49 **el que oyó y no *hizo*, semejante es al** ... 4160
7.8 digo... a mi siervo: *Haz* esto, y lo *hace* ... 4160
7.22 ***haced* saber a Juan lo que habéis visto**
8.21 **que oyen la palabra de Dios, y la *hacen*** ... 4160
8.24 las olas; y cesaron, y se *hizo* bonanza ... 1096
8.27 endemoniado desde *hacía* mucho tiempo
8.29 *hacía* mucho tiempo que se había apoderado de él
8.39 **cuenta cuán grandes cosas ha *hecho* Dios** ... 4160
8.39 grandes cosas había *hecho* Jesús con él ... 4160
8.43 que padecía de flujo... *hacía* doce años
8.52 y *hacían* lamentación por ella. Pero él ... 2875
9.7 oyó de todas las cosas que *hacía* Jesús ... 1096
9.9 a Juan yo le *hice* decapitar
9.10 le contaron todo lo que habían *hecho* ... 4160
9.14 ***Hacedlos* sentar en grupos** ... 2625
9.15 así lo *hicieron*, *haciéndolos* sentar a ... 4160
9.29 la apariencia de su rostro se *hizo* otra ... 2087
9.33 *hagamos* tres enramadas, una para ti, una ... 4160
9.39 y le *hace* echar espuma, y estropeándole
9.43 maravillándose... de las cosas que *hacía* ... 4160
9.44 ***haced* que os penetren bien en los oídos**
9.52 en una aldea... para *hacerle* preparativos ... 2090
9.54 que descienda fuego del... como *hizo* Elías ... 4160
10.13 ***hecho* los milagros que... *h* en vosotros** ... 1096
10.25 ¿*haciendo* qué cosa heredaré la vida ... 4160
10.28 **le dijo: Bien has respondido;*haz* esto** ... 4160
10.37 **Jesús le dijo: Ve, y *haz* tú lo mismo** ... 4160
11.2 ***hágase* tu voluntad, como en el cielo** ... 1096
11.40 **el que *hizo* lo de fuera, no *h* también** ... 4160
11.42 **era necesario *hacer*, sin dejar aquello** ... 4160
12.4 **matan... y después nada más pueden *hacer*** ... 4160
12.17 **¿qué *haré*... no tengo donde guardar mis** ... 4160
12.18 **esto *haré*: derribaré mis graneros y** ... 4160
12.21 **así es el que *hace* para sí tesoro, y no** ... 2343
12.33 ***haceos* bolsas que no se envejezcan** ... 4160
12.37 ***hará* que se sienten a la mesa, y vendrá** ... 347
12.43 **su señor venga, le halle *haciendo* así** ... 4160
12.47 **siervo... ni *hizo* conforme a su voluntad** ... 4160
12.48 **que sin conocerla *hizo* cosas dignas de** ... 4160
12.55 **sopla el... decís: *Hará* calor; y lo *hace*** ... 1096
13.7 ***hace* tres años que vengo a buscar fruto**
13.11 una mujer que desde *hacía* 18 años tenía
13.17 regocijaba por todas las cosas... *hechas* ... 1096
13.19 ***hizo* árbol grande, y las aves del cielo** ... 1096
13.32 **y *hago* curaciones hoy y mañana, y al** ... 2005
14.12 **cuando *hagas* comida o cena, no llames a** ... 4160
14.13 **mas cuando *hagas* banquete, llama a los** ... 4160
14.16 **un hombre *hizo* una gran cena, y convidó** ... 4160
14.21 ***hizo* saber estas cosas a su señor**
14.22 **Señor, se ha *hecho* como mandaste, y aún** ... 1096
14.29 **que lo vean comiencen a *hacer* burla de él**
14.31 **si puede *hacer* frente con diez mil al** ... 528
14.34 **si la sal se *hiciera* insípida, ¿con qué** ... 3471
15.19 ***hazme* como a uno de tus jornaleros** ... 4160
15.23 **y matadlo, y comamos y *hagamos* fiesta** ... 2165
15.27 **tu padre ha *hecho* matar el becerro gordo**
15.30 **has *hecho* matar para él el becerro gordo**
15.32 **necesario *hacer* fiesta y regocijarnos** ... 2165
16.3 **¿qué *haré*? Porque mi amo me quita la** ... 4160
16.4 **ya sé lo que *haré* para que cuando se me** ... 4160
16.8 **alabó el amo... por haber *hecho* sagazmente** ... 4160
16.19 ***hacía* cada día banquete, con esplendidez** ... 2165
17.2 **que *hacer* tropezar a uno de... pequeñitos** ... 4624
17.9 **porque *hizo* lo que se le había mandado** ... 4160
17.10 **cuando hayáis *hecho* todo lo que os ha** ... 4160
17.10 **pues lo que debíamos *hacer*, hicimos** ... 4160
18.3 **diciendo: *Hazme* justicia de... adversario** ... 1556
18.5 **le *haré* justicia, no sea que viniendo** ... 1556
18.7 **¿Y acaso Dios no *hará* justicia**
18.8 **os digo que pronto les *hará* justicia**
18.18 ¿qué *haré* para heredar la vida eterna? ... 4160
18.41 **diciendo: ¿Qué quieres que te *haga*?** ... 4160
19.46 **mi casa... habéis *hecho* cueva de ladrones** ... 4160
19.48 no hallaban nada que pudieran *hacerle* ... 4160
20.2 ¿con qué autoridad *haces* estas cosas? ... 4160
20.3 **dijo: Os *haré* yo también una pregunta**
20.8 **diré con qué autoridad *hago* estas cosas** ... 4160
20.13 **¿qué *haré*? Enviaré a mi hijo amado** ... 4160
20.15 **¿qué pues, les *hará* el señor de la viña?** ... 4160
20.21 que no *haces* acepción de persona, sino
20.47 **y por pretexto *hacen* largas oraciones** ... 4336
22.19 **mi cuerpo... *haced* esto en memoria de mí** ... 4160
22.23 de ellos sería el que había de *hacer* ... 3195
22.42 **no se *haga* mi voluntad, sino la tuya** ... 1096
23.8 él, y esperaba verle *hacer* alguna señal ... 1096
23.9 le *hacía* muchas preguntas, pero él nada
23.12 y se *hicieron* amigos Pilato y Herodes ... 1096
23.15 he aquí, nada digno de muerte ha *hecho* ... 4238
23.22 dijo... ¿Pues qué mal ha *hecho* éste? ... 4160
23.24 que se *hiciese* lo que ellos pedían ... 1096
23.27 lloraban y *hacían* lamentación por él ... 2354
23.31 **si en el árbol verde *hacen* estas cosas** ... 4160
23.31 **cosas, ¿en el seco, qué no se *hará*?** ... 1096
23.34 **Padre, perdónalos... no saben lo que *hacen*** ... 4160
23.41 justamente... mas éste ningún mal *hizo* ... 4238
24.28 iban, y él *hizo* como que iba más lejos ... 4364
24.29 quédate... porque se *hace* tarde, y el día
Jn 1.3 todas las cosas por él fueron *hechas* ... 1096
1.3 él nada de lo que ha sido *hecho*, fue *h* ... 1096
1.10 el mundo por él fue *hecho*; pero el mundo ... 1096
1.12 dio potestad de ser *hechos* hijos de Dios ... 1096
1.14 aquel Verbo fue *hecho* carne, y habitó ... 1096
2.1 *hicieron* unas bodas en Caná de Galilea ... 1096
2.5 madre dijo... *Haced* todo lo que os dijere ... 4160
2.9 el maestresala probó el agua *hecha* vino ... 1096
2.11 este principio de señales *hizo* Jesús en ... 4160
2.15 y *haciendo* un azote de cuerdas, echó ... 4160
2.16 **no *hagáis* de la casa de mi Padre casa de** ... 4160
2.18 señal nos muestras, ya que *haces* esto? ... 4160
2.23 creyeron... viendo las señales que *hacía* ... 4160
3.2 nadie puede hacer... señales que tú *haces* ... 4160
3.9 y le dijo: ¿Cómo puede *hacerse* esto? ... 1096
3.20 **aquel que *hace* lo malo, aborrece la luz** ... 4238
3.21 **manifiesto que sus obras son *hechas* en** ... 4160
4.1 Jesús *hace* y bautiza más discípulos que ... 4160
4.29 que me ha dicho todo cuanto he *hecho* ... 4160
4.34 **mi comida es que *haga* la voluntad del** ... 4160
4.39 diciendo: Me dijo todo lo que he *hecho* ... 4160
4.45 visto todas las cosas que había *hecho* ... 4160
4.54 esta segunda señal *hizo* Jesús, cuando ... 4160
5.5 un hombre que *hacía* treinta y ocho años
5.16 *hacía* estas cosas en el día de reposo ... 4160
5.18 Dios era su... *haciéndose* igual a Dios ... 4160
5.19 **puede el Hijo *hacer* nada por sí mismo** ... 4160
5.19 **lo que ve *hacer* al Padre; porque todo lo** ... 4160
5.19 **todo lo que el Padre *hace*... lo *h* el Hijo** ... 4160
5.20 **le muestra todas las cosas que él *hace*** ... 4160
5.27 **también le dio autoridad de *hacer* juicio** ... 4160
5.29 **y los que *hicieron* lo bueno, saldrán a** ... 4160
5.29 **los que *hicieron* lo malo, a resurrección** ... 4238
5.30 **no puedo yo *hacer* nada por mí mismo** ... 4160
5.36 **las... obras que yo *hago*, dan testimonio** ... 4160
6.2 veían... señales que *hacía* en los enfermos ... 4160
6.6 porque él sabía lo que había de *hacer* ... 4160
6.10 **Jesús dijo: *Haced* recostar la gente**
6.14 viendo la señal que Jesús había *hecho* ... 4160
6.15 apoderarse de él y *hacerle* rey, volvió a ... 4160
6.28 ¿qué debemos *hacer*... las obras de Dios? ... 4160
6.30 ¿qué señal, pues, *haces* tú, para que ... 4160
6.30 para que... te creamos? ¿Qué obra *haces*? ... 4160
6.38 **he descendido... no para *hacer* mi voluntad** ... 4160
7.3 tus discípulos vean las obras que *haces* ... 4160
7.4 que procura darse a conocer *hace* algo en ... 4160
7.4 estas cosas *haces*, manifiéstate al mundo ... 4160
7.17 **el que quiera *hacer* la voluntad de Dios** ... 4160
7.21 **una obra *hice*, y todos os maravilláis** ... 4160
7.31 ¿*hará* más señales que... que éste *hace*? ... 4160
7.51 si... no le oye, y sabe lo que ha *hecho*? ... 4160
8.28 **nada *hago* por mí mismo, sino que según** ... 4160
8.29 **porque yo *hago* siempre lo que le agrada** ... 4160
8.32 **conoceréis... y la verdad os *hará* libres** ... 1659
8.34 **todo aquel que *hace* pecado, esclavo es** ... 4160
8.38 **vosotros *hacéis* lo que habéis oído cerca** ... 4160
8.39 **fueseis hijos... obras de Abraham *haríais*** ... 4160
8.40 **procuráis matarme... no *hizo* esto Abraham** ... 4160
8.41 **vosotros *hacéis* las... de vuestro padre** ... 4160
8.44 **deseos de vuestro padre queréis *hacer*** ... 4160
8.53 mayor que... ¿Quién te *haces* a ti mismo? ... 4160
9.4 **me es necesario *hacer* las obras del que** ... 2038
9.6 *hizo* lodo con la saliva, y untó con el lodo ... 4160
9.11 Jesús *hizo* lodo, me untó los ojos, y ... 4160
9.14 era día de reposo... había *hecho* el lodo ... 4160
9.16 puede un... pecador *hacer* estas señales? ... 4160
9.26 ¿que te *hizo*? ¿Cómo te abrió los ojos? ... 4160
9.27 también vosotros *haceros*... discípulos? ... 1096
9.31 es temeroso de Dios, y *hace* su voluntad ... 4160
9.33 no viniera de Dios, nada podría *hacer* ... 4160
10.25 **las obras que yo *hago* en nombre de mi** ... 4160
10.33 porque... siendo hombre, te *haces* Dios ... 4160
10.37 **si no *hago* las obras de mi Padre, no** ... 4160
10.38 **si las *hago*, aunque no me creáis a mí** ... 4160
10.41 Juan, a la verdad, ninguna señal *hizo* ... 4160
11.17 *hacía* ya cuatro días que Lázaro estaba
11.37 haber *hecho*... que Lázaro no muriera? ... 4160
11.45 vieron lo que *hizo* Jesús, creyeron en ... 4160
11.46 les dijeron lo que Jesús había *hecho* ... 4160
11.47 ¿qué *haremos*? Porque este hombre dice ... 4160
12.2 *hicieron* allí una cena; Marta servía, y ... 4160
12.16 estaban escritas... se las habían *hecho* ... 4160
12.18 había oído... él había *hecho* esta señal ... 4160
12.37 a pesar de que había *hecho*... señales ... 4160
13.7 **que yo *hago*, tú no lo comprendes ahora** ... 4160
13.12 **les dijo: ¿Sabéis lo que os he *hecho*?** ... 4160
13.15 **como yo os he *hecho*... también *hagáis*** ... 4160
13.17 **bienaventurados seréis si las *hiciereis*** ... 4160
13.24 a éste, pues, *hizo* señas Simón Pedro
13.27 lo que vas a *hacer*, *hazlo* más pronto ... 4160
14.9 **le dijo: ¿Tanto tiempo *hace* que estoy**
14.10 **sino que el Padre... él *hace* las obras** ... 4160
14.12 **las obras que yo *hago*, él las *hará*** ... 4160
14.12 **mayores *hará*, porque yo voy al Padre** ... 4160
14.13 **todo lo que pidiereis al Padre... *haré*** ... 4160
14.14 **algo pidiereis en mi nombre, yo lo *haré*** ... 4160
14.23 **vendremos a él, y *haremos* morada con** ... 4160
14.31 **y como el Padre me mandó, así *hago*** ... 4160
15.5 **porque separados de mí nada podéis *hacer*** ... 4160
15.7 **pedid... lo que queréis, y os será *hecho*** ... 1096
15.14 **amigos, si *hacéis* lo que yo os mando** ... 4160
15.15 **el siervo no sabe lo que *hace* su señor** ... 4160
15.21 **esto os *harán* por causa de mi nombre** ... 4160
15.24 **yo no hubiese *hecho*... ningún otro ha *h*** ... 4160
16.3 ***harán* esto porque no conocen al Padre ni** ... 4160
16.13 ***hará* saber las cosas que habrán de venir**
16.14 **y os lo *hará* saber**
16.15 **tomará de lo mío, y os lo *hará* saber**
17.4 **he acabado la... que me diste que *hiciese*** ... 4160
18.18 porque *hacía* frío, y se calentaban ... 2258
18.35 te han entregado a mí... ¿Qué has *hecho*? ... 4160
19.7 porque se *hizo* a sí mismo Hijo de Dios ... 4160
19.12 el que se *hace* rey, a César se opone ... 4160
19.23 *hicieron* cuatro partes, una para cada ... 4160
19.24 suertes... así lo *hicieron* los soldados ... 4160
20.30 *hizo*... Jesús muchas otras señales en ... 4160
21.25 otras muchas cosas que *hizo* Jesús, las ... 4160
Hch 1.1 que Jesús comenzó a *hacer* y a enseñar ... 4160
1.20 sea *hecha* desierta su habitación, y no
1.22 uno sea *hecho* testigo con nosotros, de ... 1096
2.6 *hecho*... estruendo, se juntó la multitud ... 1096
2.22 y señales que Dios *hizo* entre vosotros ... 4160
2.28 me *hiciste* conocer los caminos de la vida ... 1107
2.36 este... Dios le ha *hecho* Señor y Cristo ... 4160
2.37 al oír... Varones hermanos, ¿qué *haremos*? ... 4160
2.43 señales eran *hechas* por los apóstoles ... 1096
3.12 como si por nuestro... hubiésemos
hecho andar ... 4160
3.17 sé que por ignorancia lo habéis *hecho* ... 4238
3.25 y del pacto que Dios *hizo* con nuestros ... 1303
4.7 qué nombre, habéis *hecho* vosotros esto? ... 4160
4.9 acerca del beneficio *hecho* a un hombre ... 2108
4.16 ¿qué *haremos* con estos hombres? Porque ... 4160
4.16 cierto, señal manifiesta ha sido *hecha* ... 1096
4.21 glorificaban a Dios por lo que... *hecho* ... 1096
4.22 en quien se había *hecho* este milagro de ... 1096
4.24 eres el Dios que *hiciste* el cielo y la ... 4160
4.28 para *hacer* cuanto tu mano y tu consejo ... 1096
4.30 para que se *hagan* sanidades y señales ... 1096

5.12 por la mano de los apóstoles se *hacían* 1096
5.35 mirad…lo que vais a *hacer* respecto a 4238
6.8 Esteban, lleno…*hacía* grandes prodigios 4160
7.14 José, *hizo* venir a su padre Jacob, y a toda 3333
7.36 éste los sacó, habiendo *hecho* prodigios 4160
7.40 Aarón: *Haznos* dioses que vayan delante 4160
7.41 *hicieron* un becerro y ofrecieron 3447
7.43 figuras que os *hicieseis* para adorarlas 4160
7.44 que lo *hiciese* conforme al modelo que 4160
7.48 no habita en templos *hechos* de mano 5499
7.50 ¿no *hizo* mi mano todas estas cosas? 4160
8.2 a Esteban, e *hicieron* gran llanto sobre 4160
8.6 oyendo y viendo las señales que *hacía* 4160
8.9 *haciéndose* pasar por algún grande
8.13 y viendo las señales y…que se *harían* 1096
8.33 en su humillación no se le *hizo* justicia
9.6 dijo: Señor, ¿qué quieres que yo *haga*? 4160
9.6 **entra…y se te dirá lo que debes *hacer*** 4160
9.13 cuántos males ha *hecho* a tus santos en 4160
9.33 que *hacía* ocho años que estaba en cama
9.34 dijo…Eneas…levántate, y *haz* tu cama 4766
9.36 abundaba en buenas obras y…que *hacía* 4160
9.39 túnicas…que Dorcas *hacía* cuando estaba 4160
10.2 y que *hacía* muchas limosnas al pueblo 4160
10.5 *haz* venir a Simón, el que tiene por
10.6 te dirá lo que es necesario que *hagas* 4160
10.16 esto se *hizo* tres veces; y aquel lienzo 1096
10.22 *hacerte* venir a su casa para oír tus palabras
10.23 *haciéndoles* entrar, los hospedó
10.29 ¿por qué causa me habéis *hecho* venir?
10.30 *hace* cuatro días que a esta hora yo 575
10.32 envía, pues, a Jope, y *haz* venir a Simón 3333
10.33 envié…y tú has *hecho* bien en venir 4160
10.34 que Dios no *hace* acepción de personas
10.35 se agrada del que le…y *hace* justicia 2038
10.38 éste anduvo *haciendo* bienes y sanando 2109
10.39 las cosas que Jesús *hizo* en la tierra 4160
10.40 a éste levantó…*hizo* que se manifestase 1096
11.10 se *hizo* tres veces, y volvió todo a ser 1096
11.30 *hicieron*, enviándolo a los ancianos por 4160
12.5 iglesia *hacía* sin cesar oración a Dios 1096
12.8 y átate las sandalias. Y lo *hizo* así 4160
12.9 no sabía que era verdad lo que *hacía* el ángel 1096
12.17 él, *haciéndoles*…señal de que callasen 2678
13.16 Pablo…*hecha* señal de silencio con la 2678
13.22 David…quien *hará* todo lo que yo quiero 4160
13.32 aquella promesa *hecha* a nuestros padres 1096
13.41 *hago* una obra en vuestros días, obra 2038
14.3 que se *hiciesen* por las manos de ellos 1096
14.11 gente, visto lo que Pablo había *hecho* 4160
14.15 ¿por qué *hacéis* esto?…somos hombres 4160
14.15 convirtáis al Dios…que *hizo* el cielo 4160
14.17 *haciendo* bien, dándonos lluvias del 15
14.21 después de…de *hacer* muchos discípulos 3100
14.27 cuán grandes cosas había *hecho* Dios con 4160
15.4 las cosas que Dios había *hecho* con ellos 4160
15.7 ya *hace* algún tiempo que Dios escogió 744
15.9 ninguna diferencia *hizo* entre nosotros 1252
15.12 cuán grandes señales…había *hecho* Dios 4160
15.18 *hace* conocer todo esto desde tiempos antiguos
15.27 de palabra os *harán* saber lo mismo
15.29 cosas si os guardareis, bien *haréis* 4238
16.13 al río, donde solía *hacerse* la oración 1511
16.18 y esto lo *hacía* por muchos días; mas 4160
16.21 que no nos es lícito recibir ni *hacer* 4160
16.28 no te *hagas* ningún mal, pues todos 4238
16.30 dijo…¿qué debo *hacer* para ser salvo? 4160
16.36 el carcelero *hizo* saber estas palabras a Pablo
16.38 *hicieron* saber estas palabras a los magistrados
17.24 el Dios que *hizo* el mundo y todas las 4160
17.24 no habita en templos *hechos* por manos 5499
17.26 de una sangre ha *hecho* todo el linaje 4160
18.3 el oficio de ellos era *hacer* tiendas 4635
18.10 **ninguno pondrá…mano para *hacerte***
mal 2559,4571
18.18 rapado la cabeza en…tenía *hecho* voto
19.11 *hacía* Dios milagros…por mano de Pablo 4160
19.14 hijos de un tal Esceva…que *hacían* esto 4160
19.19 *hecha* la cuenta de su precio…50.000
19.24 *hacía* de plata templecillos de Diana 4160
19.26 no son dioses los que se *hacen* con las 1096
19.36 y que nada *hagáis* precipitadamente 4238
20.15 habiendo *hecho* escala en Trogilio, al
20.17 *hizo* llamar a los ancianos de la iglesia 3333
20.24 de ninguna cosa *hago* caso, ni estimo 4160
21.13 ¿qué *hacéis* llorando y quebrantándome 4160
21.14 diciendo: *Hágase* la voluntad del Señor 1096
21.15 *hechos* ya los preparativos, subimos a
21.19 las cosas que Dios había *hecho* entre 4160
21.23 *haz*, pues, esto que te decimos: Hay 4160
21.33 preguntó quién era y qué había *hecho* 4160
21.40 Pablo…*hizo* señal con la mano al pueblo 2678
21.40 *hecho* gran silencio, habló en lengua 1096
22.10 **dirá…lo que está ordenado que *hagas*** 4160
22.26 ¿qué vas a *hacer*? Porque este hombre 4160
23.13 eran más de 40 los que habían *hecho* 4160
24.10 habiéndole *hecho* señal el gobernador 3506
24.10 que desde *hace* muchos años eres juez 1537
24.10 juez…con buen ánimo *haré* mi defensa
24.11 no *hace* más de doce días que subí a 1526
24.17 vine a *hacer* limosnas a mi nación y 4160
24.20 hallaron en mí alguna cosa mal *hecha* 92
24.26 lo *hacía* venir y hablaba con él
25.3 pidiendo…que le *hiciese* traer a Jerusalén
25.10 a los judíos no les he *hecho*…agravio 91
25.11 cosa alguna digna de muerte he *hecho* 4238
25.25 ninguna cosa digna de muerte ha *hecho* 4238
26.6 de la promesa que *hizo* Dios a nuestros 1096
26.9 *hacer* muchas cosas contra el nombre de 4238
26.10 lo cual también *hice* en Jerusalén. Yo 4160
26.20 *haciendo*…dignas de arrepentimiento 4238
26.26 no se ha *hecho* esto en algún rincón 4238
26.29 fueseis *hechos*…cual yo soy, excepto
26.31 ninguna cosa…ha *hecho* este hombre 4238
27.4 y *haciéndonos* a la vela…navegamos a 321
27.21 *hacía* ya mucho que no comíamos
27.29 popa, y ansiaban que se *hiciese* de día
27.39 cuando se *hizo* de día, no reconocían 1096
27.41 *hicieron* encallar la nave; y la proa, hincada
28.9 *hecho* esto…otros que en la isla tenían 1096
28.11 tres meses, nos *hicimos* a la vela en una 321
28.17 no habiendo *hecho* nada contra el pueblo 4160
Ro 1.9 que sin cesar *hago* mención de vosotros 4160
1.20 se *hacen* claramente visibles desde la
1.20 entendidas por medio de las cosas *hechas* 4161
1.22 profesando…sabios, se *hicieron* necios 3471
1.28 Dios los entregó…para *hacer* cosas que 4160
1.32 no sólo las *hacen*, sino…se complacen 4160
2.1 condenas…tú que juzgas *haces* lo mismo 4238
2.3 a los que tal *hacen*, y *haces* lo mismo 4238
2.7 que, perseverando en bien *hacer*, buscan 2041
2.9 angustia sobre todo ser…que *hace* lo malo 2716
2.10 honra y paz…todo el que *hace* lo bueno 2038
2.14 los gentiles…*hacen* por naturaleza lo 4160
2.28 ni es la circuncisión la que se *hace*
3.3 habrá *hecho* nula la fidelidad de Dios? 2673
3.5 nuestra injusticia *hace* resaltar la justicia
3.8 *hagamos* males para que vengan bienes? 4160
3.12 desviaron, a una se *hicieron* inútiles 889
3.12 no hay quien *haga* lo bueno, no hay ni 4160
4.21 para *hacer* todo lo que había prometido 4160
6.22 libertados del pecado y *hechos* siervos de Dios
7.15 porque lo que *hago*…no *h* lo que quiero 4238
7.15 quiero, sino lo que aborrezco, eso *hago* 4160
7.16 si lo que no quiero, esto *hago*, apruebo 4160
7.17 ya no soy yo quien *hace* aquello, sino el 2716
7.18 querer…está en mí, pero no el *hacerlo* 2716
7.19 no *hago* el bien que…sino el mal…eso *h* 4160
7.20 y si *hago* lo que no quiero…no lo *h* yo 4160
7.21 queriendo yo *hacer* el bien, hallo esta 4160
8.13 si por el Espíritu *hacéis*…de la carne, viviréis
8.29 fuesen *hechos* conformes a la imagen de
9.11 ni habían *hecho* aún ni bien ni mal, para 4238
9.20 ¿dirá el vaso de…¿Por qué me has *hecho* 4160
9.21 para *hacer* de la misma masa un vaso para 4160
9.22 y *hacer* notorio su poder, soportó con 1107
9.23 y para *hacer* notorias las riquezas de 1107
10.5 el hombre que *haga* estas cosas, vivirá 4160
10.7 para *hacer* subir a Cristo de entre los muertos)
11.14 y *hacer* salvos a algunos de ellos
11.17 has sido *hecho* participante de la raíz 4791
12.8 el que *hace* misericordia, con alegría
12.20 pues *haciendo* esto, ascuas de fuego 4160
13.3 *Haz* lo bueno, y tendréis alabanza de ella 4160
13.4 pero si *haces* lo malo, teme; porque no 4160
13.4 vengador para castigar al que *hace* lo 4238
13.10 el amor no *hace* mal al prójimo; así que 2038
14.4 poderoso es…para *hacerle* estar firme 2476
14.5 uno *hace* diferencia entre día y día
14.6 *hace* caso del día, lo *h* para el Señor 5426
14.6 que no *hace* caso…para el Señor no lo *h* 5426
14.15 no *hagas* que por la comida tuya se
14.20 *haga* tropezar a otros con lo que come
14.23 es condenado, porque no lo *hace* con fe
15.8 para confirmar las promesas *hechas* a los
15.15 como para *haceros* recordar
15.18 lo que Cristo ha *hecho* por medio de mí 2716
15.23 deseando desde *hace* muchos años ir a
15.26 *hacer* una ofrenda para los pobres que 4160
15.27 han sido *hechos* participantes de sus 2841
1 Co 1.17 para que no se *haga* vana la cruz de 2758
1.30 nos ha sido *hecho* por Dios sabiduría 1096
3.13 la obra de cada uno se *hará* manifiesta 1096
3.18 *hágase* ignorante, para que llegue a ser 1096
5.3 ya he juzgado al que tal cosa ha *hecho* 2716
6.15 y los *haré* miembros de una ramera? De 4160
7.16 si quizá *harás* salvo a tu marido?
7.16 si quizá *harás* salva a tu mujer?
7.17 como Dios llamó a cada uno, así *haga* 4043
7.21 si puedes *hacerte* libre, procúralo más 1096
7.23 no os *hagáis* esclavos de los hombres 1096
7.26 *hará* bien el hombre en quedarse como
7.36 *haga* lo que quiera, no peca; que se case 4160
7.37 guardar a su hija virgen, bien *hace* 4160
7.38 que el que la da en casamiento *hace* bien 4160
7.38 que no la da en casamiento *hace* mejor 4160
8.8 vianda no nos *hace* mas aceptos ante Dios
9.15 he escrito…para que se *haga* así conmigo 1096
9.17 si lo *hago* de buena voluntad, recompensa 4238
9.19 me he *hecho* siervo de todos para ganar 1402
9.20 he *hecho* a los judíos como judío, para 1096
9.22 me he *hecho* débil a los débiles, para 1096
9.22 a todos me he *hecho* de todo, para que 1096
9.23 esto hago…para *hacerme* copartícipe de 4160,1096
10.20 os *hagáis* partícipes con los demonios
10.31 si, pues, coméis…o *hacéis* otra cosa 4160
10.31 *hacedlo* todo para la gloria de Dios 4160
11.19 que se *hagan* manifiestos…los que son 1096
11.24 **partido; *haced* esto en memoria de mí** 4160
11.25 ***haced* esto todas las veces que la** 4160
12.3 os *hago* saber que nadie que hable por el
12.6 Dios que *hace* todas las cosas en todos 1754
12.10 a otro, el *hacer* milagros…profecía 1755
12.11 todas estas cosas las *hace*…Espíritu 1754
12.28 luego los que *hacen* milagros, después
12.29 todos maestros? ¿*hacen* todos milagros?
13.5 no *hace* nada indebido; no busca lo suyo
14.25 lo oculto de su corazón se *hace* manifiesto
14.26 cada uno…*Hágase* todo para edificación 1096
14.40 *hágase* todo decentemente y con orden 1096
15.20 primicias de…que durmieron es *hecho* 1096
15.29 ¿qué *harán* los que se bautizan por los 4160
15.45 fue *hecho* el primer hombre Adán alma 1096
16.1 *haced*…de la manera que ordené en las 4160
16.10 él *hace* la obra del Señor así como yo 2038
16.14 vuestras cosas sean *hechas* con amor 1096
2 Co 1.17 lo que pienso *hacer*, lo pienso según
2.6 basta…esta reprensión *hecha* por muchos
2.10 por vosotros lo he *hecho* en presencia de
3.6 nos *hizo* ministros…de un nuevo pacto 2427
5.1 una casa no *hecha* de manos, eterna, en 886
5.5 el que nos *hizo* para esto mismo es Dios 2716
5.10 cada uno reciba según lo que haya *hecho* 4238
5.17 cosas viejas…todas son *hechas* nuevas 1096
5.21 por nosotros lo *hizo* pecado, para que 4160
5.21 fuésemos *hechos* justicia de Dios en él 1096
7.7 *haciéndonos* saber vuestro gran afecto
7.12 que se os *hiciese* manifiesta nuestra 5319
8.1 os *hacemos* saber la gracia de Dios 1107
8.9 que por amor a vosotros se *hizo* pobre 4433
8.10 no sólo a *hacerlo*…también a quererlo 4160
8.11 llevad también a cabo el *hacerlo*, para 4160
8.21 procurando *hacer* las cosas honradamente
9.8 poderoso es Dios para *hacer* que abunde 4052
11.12 lo que *hago*, lo *haré* aún, para quitar 4160
11.29 ¿a quién se le *hace* tropezar, y yo
12.2 *hace* catorce años…fue arrebatado hasta
12.11 me he *hecho* un necio al gloriarme 1096
12.12 las señales de apóstol han sido *hechas* 2716
13.7 oramos a…que ninguna cosa mala *hagáis* 4160
13.7 sino para que vosotros *hagáis* lo bueno 4160
Gá 1.11 *hago* saber, hermanos, que el evangelio
2.6 pero…Dios no *hace* acepción de personas
2.10 lo cual…procuré con diligencia *hacer* 4160
2.18 vuelvo a edificar, transgresor me *haga* 4921
3.5 *hace* maravillas…¿lo *h* por las obras de 1754
3.10 escritas en el libro de…para *hacerlas* 4160
3.12 el que *hiciere* estas cosas vivirá por 4160
3.13 redimió…*hecho* por nosotros maldición 1096
3.16 a Abraham fueron *hechas* las promesas, y 4483
3.19 la simiente a quien fue *hecha* la promesa 1861
4.12 ruego, hermanos, que os *hagáis* como yo 1096
4.12 porque yo también me *hice* como vosotros
4.12 ruego…Ningún agravio me habéis *hecho*
4.16 ¿me he *hecho*, pues, vuestro enemigo, por 1096
5.1 libertad con que Cristo nos *hizo* libres 1659
5.17 para que no *hagáis* lo que quisierais 4160
5.26 nos *hagamos* vanagloriosos, irritándonos 1096
6.6 *haga* partícipe de toda…al que lo instruye
6.9 no nos cansemos, pues, de *hacer* bien 4160
6.10 *hagamos* bien a todos, y mayormente a los 2038
Ef 1.6 la cual nos *hizo* aceptos en el Amado 5487
1.8 *hizo* sobreabundar…toda sabiduría e
1.11 propósito del que *hace* todas las cosas 1754
1.16 *haciendo* memoria de vosotros en mis 4160
2.3 *haciendo* la voluntad de la carne y de los 4160
2.6 nos *hizo* sentar…con Cristo Jesús 4776
2.11 la llamada circuncisión *hecha* con mano 5499
2.13 *hechos* cercanos por la sangre de Cristo 1096
2.14 de ambos pueblos *hizo* uno, derribando la 4160
2.15 un solo y nuevo hombre, *haciendo* la paz 2936
3.7 del cual yo fui *hecho* ministro por el 1096
3.11 al propósito eterno que *hizo* en Cristo 4160
3.20 Aquel que es poderoso para *hacer* todas 4160
4.28 *haciendo* con sus manos lo que es bueno 2038
5.12 vergonzoso es aun hablar…ellos *hacen* 1096
5.13 todas las cosas…son *hechas* manifiestas 5319
6.6 de corazón *haciendo* la voluntad de Dios 4160
6.8 que el bien que…*hiciere*, ése recibirá 4160
6.9 amos, *haced* con ellos lo mismo, dejando 4160
6.21 lo que *hago*…os lo *hará* saber Tíquico 4238
Fil 1.13 mis prisiones se han *hecho* patentes 5318
2.3 nada *hagáis* por contienda o…vanagloria
2.7 de siervo, *hecho* semejante a los hombres 2758
2.8 *haciéndose* obediente hasta la muerte, y 1096
2.13 produce así el querer como el *hacer*, por 1754
2.14 *haced*…sin murmuraciones y contiendas 4160
3.13 cosa *hago*; olvidando…lo que queda atrás
4.9 que…oísteis y visteis en mí, esto *haced* 4238
4.14 bien *hicisteis* en participar conmigo en 4160
Col 1.12 que nos *hizo* aptos para participar de 2427
1.20 *haciendo* la paz mediante la sangre de su 1517
1.21 erais…enemigos…*haciendo* malas obras
1.23 del cual yo Pablo fui *hecho* ministro 1096
1.25 de la cual fui *hecho* ministro, según la 1096
2.11 circuncisión no *hecha* a mano, al echar 886
3.5 *Haced* morir, pues, lo terrenal en vosotros
3.13 Cristo os perdonó, así también *hacedlo*
3.17 todo lo que *hacéis*, sea de palabra o de 4160
3.17 *hacedlo* todo en el nombre del Señor 4160
3.23 todo lo que *hagáis*, *hacedlo* de corazón 4160
3.25 mas el que *hace* injusticia recibirá la 91
3.25 recibirá la injusticia que *hiciere* 91
4.1 amos, *haced* lo que es justo y recto con 3930
4.7 lo *hará* saber Tíquico, amado hermano y fiel
4.9 todo lo que acá pasa, os lo *harán* saber
4.16 *haced* que también se lea en la iglesia 4160
1 Ts 1.2 gracias…*haciendo* memoria de vosotros 4160
3.12 el Señor os *haga* crecer y abundar en 4121
3.12 lo *hacemos* nosotros para con vosotros
4.10 lo *hacéis* así con todos los hermanos que 4160
5.11 animaos unos a otros…así como lo *hacéis* 4160
5.24 fiel es el que…el cual también lo *hará* 4160
2 Ts 2.4 *haciéndose* pasar por Dios

H

3.4 que *hacéis* y *haréis* lo que os hemos 4160
3.13 hermanos, no os canséis de *hacer* bien 2569
1 Ti 1.13 porque lo *hice* por ignorancia, en 4160
1.18 a las profecías que se *hicieron* antes 4254
2.1 exhorto... se *hagan* rogativas, oraciones 4160
4.16 *haciendo* esto, te salvarás a ti mismo y a 4160
5.21 cosas... no *haciendo* nada con parcialidad 4160
5.24 se *hacen* patentes antes que ellos vengan 4271
5.25 se *hacen* manifiestas las buenas obras 4271
6.12 *hecho* la buena profesión delante de 3670
6.18 que *hagan* bien, que sean ricos en buenas 14
2 Ti 3.15 *hacer* sabio para la salvación por la 4679
4.5 pero tú... *haz* obra de evangelista, cumple 4160
Tit 3.5 no por obras... que... hubiéramos *hecho* 4160
Flm 4 *haciendo* siempre memoria de ti en mis 4160
14 nada quise *hacer* sin tu consentimiento 4160
21 sabiendo que *harás* aun más de lo que te 4160
He 1.2 por quien asimismo *hizo* el universo 4160
1.4 *hecho*... superior a los ángeles, cuanto 1096
1.7 el que *hace* a sus ángeles espíritus, y a 4160
2.7 le *hiciste* un poco menor que los ángeles 1642
2.9 vemos a aquel que fue *hecho*... menor que 1642
3.3 mayor honra que la casa el que la *hizo* 2680
3.4 toda casa es *hecha* por alguno, pero el 2680
3.4 pero el que *hizo* todas las cosas es Dios 2680
3.14 somos *hechos* participantes de Cristo 1096
5.5 sí mismo *haciéndose* sumo sacerdote, sino 1096
5.11 cuanto os habéis *hecho* tardos para oír 1096
6.3 *haremos*, si Dios en verdad lo permite 4160
6.4 y fueron *hechos* partícipes del Espíritu 1096
6.12 fin de que no os *hagáis* perezosos, sino 1096
6.13 cuando Dios *hizo* la promesa a Abraham 1861
6.20 *hecho* sumo sacerdote para siempre según 1096
7.3 sino *hecho* semejante al Hijo de Dios 871
7.20 y esto no fue *hecho* sin juramento
7.21 sin juramento fueron *hechos* sacerdotes 1096
7.22 por tanto, Jesús es *hecho* fiador de un 1096
7.26 santo... *hecho* más sublime que los cielos 1096
7.27 porque esto lo *hizo* una vez para siempre 4160
7.28 al Hijo, *hecho* perfecto para siempre 2525
8.5 *haz* todas las cosas conforme al modelo 4160
8.9 no como el pacto que *hice* con sus padres 4160
8.10 este es el pacto que *haré* con la casa de 1303
9.9 que no pueden *hacer* perfecto, en cuanto 5048
9.11 más perfecto tabernáculo, no *hecho* de 5499
9.22 sin derramamiento... no se *hace* remisión 1096
9.24 no entró Cristo en el santuario *hecho* 5499
10.1 *hacer* perfectos a los que se acercan a 5048
10.3 cada año se *hace* memoria de los pecados
10.7,9 vengo... Dios, para *hacer* tu voluntad 4160
10.10 ofrenda... *hecha* una vez para siempre
10.14 *hizo* perfectos para... a los santificados 5048
10.16 este es el pacto que *haré* con ellos 1303
10.29 *hiciere* afrenta al Espíritu de gracia? 1796
10.33 una parte... fuisteis *hechos* espectáculo 2301
10.36 que habiendo *hecho* la voluntad de Dios 4160
11.3 lo que se ve fue *hecho* de lo que no se 1096
11.7 fue *hecho* heredero de la justicia que 1096
11.24 *hecho* ya grande, rehusó llamarse hijo
11.29 intentando... *hacer* lo mismo, fueron
11.33 *hicieron* justicia, alcanzaron promesas 2038
11.34 *hicieron* fuertes en batalla, pusieron 1096
12.13 y *haced* sendas derechas para vuestros 4160
12.23 a los... de los justos *hechos* perfectos 5048
12.27 la remoción de las... como cosas *hechas* 4160
13.6 no temeré lo que... pueda *hacer* el hombre 4160
13.16 de *hacer* bien y de la ayuda mutua no os 2140
13.17 lo *hagan* con alegría, y no quejándose 4160
13.19 ruego que lo *hagáis* así, para que yo os 4160
13.21 os *haga* aptos... que *hagáis* su voluntad 2675
13.21 *haciendo* él en vosotros lo... agradable 4160
Stg 1.7 no piense, pues, quien tal *haga*, que
1.8 nos *hizo* nacer por la palabra de verdad
1.25 éste será bienaventurado en lo que *hace* 4162
2.4 ¿no *hacéis* distinciones entre vosotros 1252
2.8 si en verdad cumplís la ley... bien *hacéis* 4160
2.9 si *hacéis* acepción de personas, cometéis 4380
2.10 en un punto, se *hace* culpable de todos 1096
2.11 matas, ya te has *hecho* transgresor de la 1096
2.12 así *haced*, como los que habéis de ser 4160
2.13 juicio... se *hará* con aquel que no *hiciera* 4160
2.19 tú crees que Dios es uno; bien *haces* 4160
3.1 hermanos... no os *hagáis* maestros muchos 1096
3.9 que están *hechos* a la semejanza de Dios 1096
3.18 en paz para aquellos que *hacen* la paz 4160
4.5 ha *hecho* morar en nosotros nos anhela
4.15 si el Señor quiere, viviremos y *haremos* 4160
4.17 al que sabe *hacer* lo bueno, y no lo *hace* 4160
5.6 al justo, y él no os *hace* resistencia 498
5.13 ¿está alguno... afligido? *Haga* oración 4336
5.19 se ha extraviado de la verdad, y alguno le *hace*
5.20 el que *haga* volver al pecador del error
1 P 1.3 nos *hizo* renacer para una esperanza viva
2.8 piedra de tropiezo, y roca que *hace* caer
2.14 para... alabanza de los que *hacen* bien 17
2.15 que haciendo bien, *hagan* callar la 15
2.16 no... como pretexto para *hacer* lo malo
2.20 mas si *haciendo* lo bueno sufrís, y lo 15
2.22 no *hizo* pecado, ni se halló engaño en 4160
3.6 si *hacéis* el bien, sin temer... amenaza 15
3.11 apártese del mal, y *haga* el bien... la paz 4160
3.12 está contra aquellos que *hacen* el mal 4160
3.13 ¿y quién es... que os podrá *hacer* daño, si 2559
3.17 padezcáis *haciendo* el bien... que *h* el mal 2554
4.3 haber *hecho* lo que agrada a los gentiles 2716
4.19 encomienden sus almas al... *hagan* el bien 16
2 P 1.10 procurad *hacer* firme vuestra vocación 4160
1.10 *haciendo* estas cosas, no caeréis jamás 4160
1.19 a la cual *hacéis* bien en estar atentos 4160
2.3 por avaricia *harán* mercadería de vosotros 1710
2.19 el que es vencido... es *hecho* esclavo del 1402
3.5 fueron *hechos*... los cielos, y... la tierra
1 Jn 1.10 le *hacemos*... mentiroso, y su palabra 4160
2.17 que *hace* la voluntad de Dios permanece 4160
2.25 esta es la promesa que él nos *hizo*, la 1861
2.29 todo el que *hace* justicia es nacido de él 4160
3.7 el que *hace* justicia es justo, como él es 4160
3.10 que no *hace* justicia, y... no es de Dios 4160
3.22 *hacemos* las cosas que son agradables 4160
5.10 no cree, a Dios le ha *hecho* mentiroso 4160
5.15 tenemos las peticiones... hayamos *hecho* 154
2 Jn 7 quien esto *hace* es el engañador y el
12 no he querido *hacerlo* por... papel y tinta
3 Jn 6 y *harás* bien en encaminarlos como es 4160
10 obras que *hace* parloteando con palabras 4160
11 el que *hace* lo bueno es de Dios; pero el 15
11 el que *hace* lo malo, no ha visto a Dios 2554
Jud 15 para *hacer* juicio contra todos, y dejar 4160
15 sus obras impías que han *hecho* impíamente 764
Ap 1.6 nos *hizo* reyes y sacerdotes para Dios 4160
1.7 los linajes de la tierra *harán* lamentación
2.5 **arrepiéntete, y *haz* las primeras obras** 4160
3.9 ***haré* que vengan y se postren a tus pies** 1325
3.12 **al que venciere, yo lo *haré* columna en** 4160
5.10 nos has *hecho* para nuestro Dios reyes 4160
7.2 dado el poder de *hacer* daño a la tierra 91
7.3 no *hagáis* daño a la tierra, ni al mar 91
8.1 se *hizo* silencio en... como por media hora 1096
8.11 esas aguas, porque se *hicieron* amargas 1096
11.5 y si alguno quiere *hacerles* daño, debe 91
11.7 la bestia... *hará* guerra contra ellos 4160
12.17 fue a *hacer* guerra contra el resto de 4160
13.7 se le permitió *hacer* guerra contra los 4160
13.12 *hace* que la tierra y los... adoren a la 4160
13.13 *hace* grandes señales, de tal manera que 4160
13.14 señales que se le ha permitido *hacer* 4160
13.14 le *hagan* imagen a la bestia que tiene 4160
13.15 la imagen hablase e *hiciese* matar
13.16 *hacía* que a todos... se les pusiese una 4160
14.7 adorad a aquel que *hizo* el cielo y la 4160
14.8 ha *hecho* beber a todas las naciones del vino 4222
16.14 espíritus... que *hacen* señales, y van a 4160
16.17 una gran voz del... diciendo: *Hecho* está 1096
18.2 y se ha *hecho* habitación de demonios y 1096
18.9 *harán* lamentación sobre ella, cuando
18.11 los mercaderes de... *hacen* lamentación
18.20 Dios os ha *hecho* justicia en ella 2917,2919
19.10 no lo *hagas*; yo soy consiervo tuyo, y
19.20 profeta que había *hecho*... las señales 4160
21.5 *hago* nuevas todas las cosas. Y me dijo 4160
21.6 me dijo: *Hecho* está. Yo soy el Alfa y 1096
21.27 que *hace* abominación y mentira, sino
22.9 él me dijo: Mira, no lo *hagas*; porque yo
22.15 y todo aquel que ama y *hace* mentira 4160

HACHA
Dt 19.5 al dar... el golpe con el *h* para cortar 1631
20.19 no destruirás sus árboles metiendo *h* 1631
Jue 9.48 tomó Abimelec un *h* en su mano y cortó 7134
1 S 13.20 afilar cada uno su... azadón, su *h* o 7134
13.21 tercera parte... siclo por afilar las *h* 7134
2 S 12.31 los puso a trabajar con... *h* de hierro 4037
1R 6.7 martillos ni *h* se oyeron en la casa 1631
2R 6.5 se le cayó el *h* en el agua; y gritó 1270
1 Cr 20.3 puso a trabajar con sierras... con *h* 4050
Sal 74.5 que levantan el *h* en... tupido bosque 7134
74.6 con *h* y martillos han quebrado todas sus 3781
Is 10.15 ¿se gloriará el *h* contra el que con 1631
Jer 33.4 Judá, derribadas con arietes y con *h* 2719
46.22 con *h* vendrán a ella como cortadores 7134
Ez 26.9 muros, y tus torres destruirá con *h* 2719
Mt 3.10; Lc 3.9 el *h* está puesta a la raíz de 513

HACHÓN
Job 41.19 su boca salen *h* de fuego; centellas 3590
Ez 1.13 visión de *h* encendidos que andaban 1513

HACIA *Véase el Apéndice*

HACIENDA
1 S 25.2 un hombre que tenía su *h* en Carmel 4639
2 R 23.35 cada uno según la estimación de su *h*
1 Cr 27.31 eran administradores de la *h* del 7399
28.1 reunió... los administradores de toda la *h* 7399
29.6 con los administradores de la *h* del rey 4399
2 Cr 31.3 el rey contribuyó de su propia *h* 7399
35.7 que se hallaron presentes; esto de la *h* del rey. 7399
Esd 6.8 de la *h* del rey... sean dados... gastos 5232
10.8 el que no viniera... perdiese toda su *h* 7399
Est 3.9 los que manejan la *h*, para que sean 4399
Job 1.3 su *h* era 7.000 ovejas, 3.000 camellos 4735
5.5 la sacarán... los sedientos beberán su *h* 2428
6.22 ¿os he dicho... pagad por mí de vuestra *h* 3581
31.12 porque es fuego... consumiría toda mi *h* 8393
Ec 2.21 haya de dar su *h* a hombre que nunca 2506
Ez 22.25 tomaron *h* y honra, multiplicaron sus 2633
Lc 14.18 **he comprado una *h*, y necesito ir a** 68
15.15 **le envió a su *h*... que apacentase cerdos** 68

HACMONI
1. Padre de Jasobeam, valiente de David, 1 Cr 11.11 .. 2453
2. Padre de Jehiel, *valiente de David*, 1 Cr 27.32 2453

HACUFA *Padre de una familia de sirvientes del templo*, Esd 2.51; Neh 7.53 2709

HADAD
1. Rey de Edom, Gn 36.35,36; 1 Cr 1.46,47 1908
2. Edomita que se rebeló contra Salomón
1 R 11.14 suscitó un adversario... *H* edomita 1908
11.17 *H* huyó... fue a Egipo; era... *H* muchacho . 111,1908
11.19 halló *H* gran favor delante de Faraón 1908
11.21 oyendo *H*... que David había dormido con 1908
11.21 *H* dijo a Faraón: déjame ir a mi... tierra 1908
11.25 adversario... y fue otro mal con el de *H* 1908
3. Hijo de Ismael (=Hadar No. 1) 1 Cr 1.30 2301
4. Otro rey de Edom, 1 Cr 1.50,51 1908

HADAD-EZER *Rey de Soba, derrotado por David*
2 S 8.3 derrotó David a *H* hijo de Rehob, rey 1909
8.5 los sirios de Damasco para dar ayuda a *H* 1909
8.7 tomó... los escudos de... los siervos de *H* 1909
8.8 de Beta y... ciudades de *H*, tomó... de bronce 1909
8.9 David había derrotado a... ejército de *H* 1909
8.10 Toi era enemigo de *H*. Y Joram llevaba 1909
8.12 y del botín de *H* hijo de Rehob, rey de 1909
10.16 envió *H* e hizo salir a los sirios que 1928
10.16 jefe a Sobac, general del ejército de *H* 1928
10.19 viendo, pues... reyes que ayudaban a *H* 1928
1 R 11.23 el cual había huido de su amo *H*, rey 1909
1 Cr 18.3 derrotó... a *H* rey de Soba, en Hamat 1928
18.5 los sirios de... en ayuda de *H* rey de Soba 1928
18.7 tomó... David los escudos de oro que... de *H* 1928
18.8 de *H*, tomó David muchísimo bronce 1928
18.9 David había deshecho... el ejército de *H* 1928
18.10 y bendecirle por haber peleado con *H* 1928
18.10 Toi tenía guerra contra *H*. Le envió 1928
19.16 era Sofac, general del ejército de *H* 1928
19.19 viendo los sirios de *H* que habían caído 1928

HADAD-RIMÓN *Dios de los amorreos*, Zac 12.11 . 1910

HADAR
1. Hijo de Ismael (=Hadad No. 3), Gn 25.15 2316
2. Rey de Edom, Gn 36.39 1924

HADASA
1. Aldea en Judá, Jos 15.37 2322
2. Nombre hebreo de la reina Ester, Est 2.7 1919

HADES
Mt 11.23 **Capernaum... hasta el *H* serás abatida** 86
16.18 **puertas del *H* no prevalecerán contra** 86
Lc 10.15 **capernaum... hasta el *H* serás abatida** 86
16.23 **y en el *H* alzó sus ojos, estando en** 86
Hch 2.27 porque no dejarás mi alma en el *H*, ni 86
2.31 que su alma no fue dejada en el *H*, ni 86
Ap 1.18 **tengo las llaves de la muerte... y del *h*** 86
6.8 tenía por nombre Muerte, y el *H* la seguía 86
20.13 el *H* entregaron los muertos que había 86
20.14 muerte y el *H* fueron lanzados al lago 86

HADID *Población en Benjamín*, Esd 2.33; Neh 7.37; 11.34 2307

HADLAI *Padre de Amasa No. 2*, 2 Cr 28.12 2311

HADRAC *Población en el Líbano*, Zac 9.1 2317

HAFARAIM *Población en Isacar*, Jos 19.19 2663

HAGAB
Lv 11.22 comeréis... el *h* según su especie 2284

HAGAB *Padre de una familia de sirvientes del templo*, Esd 2.46 2285

HAGABA *Padre de una familia de sirvientes del templo*, Esd 2.45; Neh 7.48 2286

HAGEO *Profeta*
Esd 5.1 profetizaron *H* y Zacarías hijo de Iddo 2292
6.14 conforme a la profecía del profeta *H* 2292
Hag 1.13 palabra de... por medio del profeta *H* 2292
1.12 oyó... las palabras del profeta *H*, como 2292
1.13 entonces *H*, enviado de Jehová, habló por 2292
2.1,10 vino palabra... por,medio del profeta *H* 2292
2.13 dijo *H*: Si un inmundo a causa de cuerpo 2292
2.14 respondió *H* y dijo: Así es este pueblo 2292
2.20 vino... palabra de Jehová a *H*, a los 24 2292

HAGRAI *Padre de Mibhar, valiente de David*, 1 Cr 11.38 1905

HAGUI *Hijo de Cad*, Gn 46.16; Nm 26.15 2291

HAGUÍA *Levita, descendiente de Merari*, 1 Cr 6.30 . 2293

HAGUIT *Mujer de David y madre de Adonías*, 2 S 3.4; 1 R 1.5,11; 2.13; 1 Cr 3.2 2294

HAGUITA *Descendiente de Hagui*, Nm 26.15 2291

HAI *Ciudad cerca de Be-tel*
Gn 12.8 teniendo a... *H* al oriente; y edificó 5857
13.3 estado antes su tienda entre Bet-el y *H* 5857
Jos 7.2 Josué envió hombres desde Jericó a *H* 5857
7.2 subid... ellos subieron y reconocieron a *H* 5857
7.3 suban... dos mil o tres mil... y tomarán a *H* 5857
7.4 como 3.000... huyeron delante de los de *H*, ... 5857
7.5 los de *H* mataron de... a unos 36 hombres 5857
8.1 yo he entregado en tu mano al rey de *H* 5857
8.1 toma... toda la gente de guerra... y sube a *H* 5857
8.2 y harás a *H* y a su rey como hiciste a 5857
8.3 levantaron Josué y... para subir contra *H* 5857
8.9 entre Bet-el y *H*, al occidente de *H*; y 5857
8.10 subió él, con los ancianos de... contra *H* 5857
8.11 al norte de *H*; y el valle... entre él y *H* 5857
8.12 cinco mil... los puso... entre Bet-el y *H* 5857
8.14 que viéndolo el rey de *H*, él y su pueblo 5857
8.16 el pueblo que estaba en *H* se juntó para 5857
8.17 y no quedó hombre en *H*... que no saliera 5857
8.18 a Josué: Extiende la lanza que... hacia *H* 5857
8.20 y los hombres de *H* volvieron el rostro 5857
8.21 humo... se volvieron y atacaron a los de *H* 5857

8.23 tomaron vivo al rey de *H*, y lo trajeron 5857
8.24 acabaron de matar a...los moradores de *H* ... 5857
8.24 todos los israelitas volvieron a *H*, y 5857
8.25 cayeron aquel día...doce mil...los de *H* 5857
8.26 destruido...a todos los moradores de *H* 5857
8.28 quemó a *H* y la redujo a un montón de 5857
8.29 al rey de *H* lo colgó de un madero hasta 5857
9.3 lo que Josué había hecho a Jericó y a *H* 5857
10.1 Adonisedec...oyó que Josué...tomado a *H* 5857
10.1 como...a Jericó...así hizo a *H* y a su rey 5857
10.2 porque Gabaón era...ciudad...mayor que *H* .. 5857
12.9 rey de *H*...está al lado de Bet-el, otro 5857
Esd 2.28 los varones de Bet-el y *H*, 223 5857
Neh 7.32 los varones de Bet-el y de *H*, 123 5857
Jer 49.3 lamenta, oh Hesbón...destruida es *H* 5857

HALAC *Monte en el sur de Palestina*,
Jos 11.17; 12.7 2510

HALAGAR
Pr 2.16 la ajena que *halaga* con sus palabras 2505

HALAGO
Ez 33.31 hacen *h* con sus bocas, y el corazón 5690
Dn 11.21 vendrá sin...y tomará el reino con *h* 2519

HALAGÜEÑAS
Is 30.10 no nos...lo recto, decidnos cosas *h* 2513

HALAH *Región en Mesopotamia*, 2 R 17.6;
18.11; 1 Cr 5.26 2477

HALHUL *Ciudad en Judá*, Jos 15.58 2478

HALÍ *Población en la frontera de Aser*, Jos 19.25 ... 2482

HÁLITO
Job 12.10 alma...el *h* de todo el género humano 7307
27.3 en mí, y haya *h* de Dios en mis narices 5397
Sal 104.29 les quitas el *h*, dejan de ser, y 7307

HALLAR
Gn 2.20 mas para Adán no se *halló* ayuda idónea 4672
4.14 y cualquiera que me *hallare*, me matará 4672
4.15 no lo matase cualquiera que le *hallara* 4672
6.8 Noé *halló* gracia ante los ojos de Jehová 4672
8.9 no *halló* la paloma donde sentar...su pie 4672
11.2 *hallaron*...llanura en la tierra de Sinar 4672
16.7 la *halló* el ángel de Jehová junto a la 4672
18.3 si ahora he *hallado* gracia en tus ojos 4672
18.26 si *hallare* en Sodoma cincuenta justos 4672
18.28 no la destruiré, si *hallare* allí 45 4672
18.29 quizá se *hallarán* allí 40. Y respondió 4672
18.30 dijo...quizá se *hallarán* allí treinta 4672
18.30 no lo haré si *hallare* allí treinta 4672
18.31 y dijo...quizá se *hallarán* allí veinte 4672
18.32 una vez; quizá se *hallarán* allí diez 4672
19.15 toma...tus dos hijas que se *hallan* aquí 4672
19.19 ha *hallado* vuestro siervo gracia en 4672
26.19 *hallaron* allí un pozo de aguas vivas 4672
26.32 pozo...le dijeron: Hemos *hallado* agua 4672
27.20 ¿cómo es que la *hallaste* tan pronto 4672
30.14 fue Rubén...y *halló* mandrágoras en el 4672
30.27 *hallo* yo ahora gracia en tus ojos, y 4672
30.41 cuantas veces se *hallaban* en celo las
31.32 en cuyo poder *hallares* tus dioses, no 4672
31.33 entró Labán en la tienda...no las *halló* 4672
31.34 buscó Labán...la tienda, y no los *halló* 4672
31.35 y él buscó, pero no *halló* los ídolos 4672
31.37 ¿qué has *hallado* de todos los enseres 4672
32.5 envío a...para *hallar* gracia en tus ojos 4672
32.19 *hablaréis* a Esaú, cuando le *hallaréis* 4672
33.8 *hallar* gracia en los ojos de mi señor 4672
33.10 no...si he *hallado*...gracia en tus ojos 4672
33.15 y Jacob dijo...*Halle* yo gracia en los 4672
34.11 *halle* yo gracia en vuestros ojos, y 4672
37.15 lo *halló* un hombre, andando él errante 4672
37.17 José fue tras de...y los *halló* en Dotán 4672
37.29 Rubén volvió...y no *halló* a José dentro
37.32 esto hemos *hallado*, reconoce ahora si 4672
38.20 recibiese la prenda...pero no la *halló* 4672
38.22 dijo: No la he *hallado*; y también los 4672
38.23 he enviado este...y tú no la *hallaste* 4672
39.4 así *halló* José gracia en sus ojos, y le 4672
41.38 ¿acaso *hallaremos* a otro hombre como 4672
44.8 el dinero que *hallamos* en la boca de 4672
44.9 aquel...en quien fuere *hallada* la copa 4672
44.10 en quien se *hallare* será mi siervo, y 4672
44.12 y la copa fue *hallada* en el costal de 4672
44.16 ha *hallado* la maldad de tus siervos 4672
44.16,17 en cuyo poder fue *hallada* la copa 4672
47.25 *hallemos* gracia en ojos de nuestro 4672
47.29 si he *hallado* ahora gracia en tus ojos 4672
50.4 si he *hallado* ahora gracia en vuestros 4672
Éx 5.11 id...recoged la paja donde la *halléis* 4672
9.19 todo...animal que se *halle* en el campo 4672
12.19 no se *hallará* levadura...vuestras casas 4672
15.22 anduvieron tres días...sin *hallar* agua 4672
16.25 hoy es día de reposo...no *hallaréis* en 4672
16.26 es día de reposo; en él no se *hallará*
16.27 salieron en...a recoger, y no *hallaron* 4672
21.16 si fuere *hallada* en sus manos, morirá 4672
22.2 ladrón fuere *hallado* forzando una casa 4672
22.4 fuere *hallado* con el hurto en la mano 4672
22.7 si el ladrón fuere *hallado*, pagará el 4672
22.8 si el ladrón no fuere *hallado*; entonces 4672
33.12 has *hallado* también gracia en mis ojos 4672
33.13 si he *hallado* gracia en tus ojos, te 4672
33.13 te conozca, y *halle* gracia en tus ojos 4672
33.16 ¿y en qué se conocerá...*hallado* gracia 4672
33.17 cuanto has *hallado* gracia en mis ojos 4672
34.9 si...he *hallado* gracia en tus ojos, vaya 4672
Lv 6.3 habiendo *hallado* lo perdido...lo negare 4672
6.4 depósito que se le encomendó...que halló 4672
10.16 se *halló* que había sido quemado; y se
Nm 11.11 ¿y por qué no he *hallado* gracia en 4672
11.15 me des muerte, si he *hallado* gracia en 4672
15.32 *hallaron* a un hombre que recogía leña 4672
15.33 *hallaron* recogiendo leña, lo trajeron 4672
31.50 hemos ofrecido...de lo que ha *hallado* 4672
32.5 si *hallamos* gracia en tus ojos, dese 4672
35.27 y el vengador de la sangre le *hallare* 4672
Dt 4.29 si desde allí buscare...lo *hallarás* 4672
17.2 cuando se *hallare*...hombre o mujer que 4672
18.10 no sea *hallado* en ti quien haga pasar 4672
20.11 el pueblo...*hallado* te será tributario 4672
21.1 fuere *hallado* alguien muerto, tendido 4672
21.3,6 lugar donde fuere *hallado* el muerto
22.3 cosa...se le perdiere y tú la *hallares* 4672
22.14 a esta mujer tomé...no la *hallé* virgen 4672
22.17 diciendo: No he *hallado* virgen a tu hija 4672
22.20 que no se *halló* virginidad en la joven 4672
22.23 alguno la *hallare*...se acostare con ella 4672
22.25 si un hombre *hallare* en el campo a la 4672
22.27 él la *halló* en el campo; dio voces la 4672
22.28 hombre *hallare* a una joven virgen que 4672
24.1 si no le agradare por haber *hallado* en 4672
24.7 fuere *hallado* alguno que hubiere hurtado 4672
32.10 le *hallo* en tierra de desierto, y en 4672
Jos 2.22 buscaron por todo...no los *hallaron* 4672
10.17 los cinco reyes habían sido *hallados* 4672
Jue 1.5 *hallaron* a Adoni-bezec en...pelearon 4672
5.30 ¿no han *hallado* botín, y...repartiendo? 4672
6.17 que si he *hallado* gracia delante de ti 4672
15.15 y *hallando* una quijada de asno fresca 4672
20.2 los jefes...se *hallaron* presentes en la 3320
20.48 hirieron a...y todo lo que fue *hallado* 4672
20.48 fuego a todas las ciudades que *hallaban* 4672
21.8 y *hallaron* que ninguno de Jabes-galaad
21.12 *hallaron*...400 doncellas que no habían 4672
Rt 1.9 os conceda Jehová que *halléis* descanso 4672
2.2 pos de aquel a cuyos ojos *hallare* gracia 4672
2.10 ¿por qué he *hallado* gracia en tus ojos 4672
2.13 mío, *halle* yo gracia delante de tus ojos 4672
1 S 1.18 *halle* tu sierva gracia delante de tus 4672
9.4 él pasó el monte de...y no las *hallaron* 4672
9.8 se *halla* en mi mano la cuarta parte de 4672
9.11 *hallaron* unas doncellas que salían por 4672
9.13 subid, pues...porque ahora le *hallaréis* 4672
9.20 pierde cuidado...porque se han *hallado* 4672
10.2 *hallarás* dos hombres junto al sepulcro 4672
10.2 las asnas...se han *hallado*; tu padre ha 4672
10.16 declaró...las asnas habían sido *halladas* 4672
10.21 Saúl...le buscaron, pero no fue *hallado* 4672
12.5 no habéis *hallado* cosa alguna en mi mano 4672
13.15 contó la gente que se *hallaba* con él 4672
13.16 y el pueblo que con ellos se *hallaba* 4672
13.19 en toda...Israel no se *hallaba* herrero 4672
13.22 no se *halló* espada...en mano de ninguno 4672
14.2 y Saúl se *hallaba* al extremo de Gabaa 3427
16.22 David...ha *hallado* gracia en mis ojos 4672
20.3 tu padre sabe...que yo he *hallado* gracia 4672
20.29 si he *hallado* gracia en tus ojos...ir 4672
22.2 todos lo que se *hallaban* en amargura de
23.17 no te *hallará* la mano de Saúl mi padre 4672
24.19 porque ¿quién *hallará* a su enemigo, y 4672
25.8 *hallen*...estos jóvenes gracia en tus ojos 4672
25.28 mal no se ha *hallado* en ti en tus días 4672
27.5 dijo...Si he *hallado* gracia ante tus ojos 4672
29.3 no he *hallado* falta en él desde el día 4672
29.6 que ninguna cosa mala he *hallado* en ti 4672
29.8 ¿qué has *hallado* en tu siervo desde el 4672
30.11 *hallaron* en el campo a...hombre egipcio 4672
31.8 *hallaron* a Saúl y...tres hijos tendidos 4672
2 S 1.6 *hallé* a Saúl que se apoyaba sobre su
7.27 ha *hallado*...valor para hacer...súplica 4672
14.22 ha entendido...que he *hallado* gracia en 4672
15.25 si yo *hallare* gracia ante...Jehová, él 4672
16.4 rey señor mío, *halle* yo gracia delante 4672
17.12 le acometeremos...en donde se *hallare* 4672
17.20 ellos los buscaron y no los *hallaron* 4672
20.1 se *hallaba* allí un hombre perverso que
20.4 convócame a...y *hállate* tú aquí presente
20.6 que *halle* para sí ciudades fortificadas 4672
1 R 1.3 *hallaron* a Abisag...la trajeron al rey 4672
1.52 si...mas si se *hallare* mal en él, morirá 4672
11.19 *halló* Hadad...favor delante de Faraón 6965
13.14 le *halló* sentado debajo de una encina 4672
13.28 él fue, y *halló* el cuerpo tendido en el 4672
14.13 se ha *hallado* en él alguna cosa buena 4672
18.5 a ver si acaso *hallaremos* hierba con que 4672
18.10 ha hecho jurar que no te han *hallado* 4672
18.12 a Acab, al no *hallarte* él, me matará 4672
19.19 partiendo él de allí, *halló* a Eliseo 4672
21.20 dijo a...¿Me has *hallado*, enemigo mío? 4672
2 R 2.17 buscaron tres días...no lo *hallaron* 4672
4.39 *halló* una como parra montés, y de ella 4672
6.20 y miraron, y se *hallaban* en...de Samaria
9.21 al cual *hallaron* en la heredad de Nabot 4672
9.35 no *hallaron* de ella mas que la calavera 4672
10.13 y *halló* allí a los hermanos de Ocozías 4672
12.5 reparen los...dondequiera que se *hallen* 4672
12.10 contaban el dinero que *hallaban* en el 4672
12.18 el oro que se *halló* en los tesoros de 4672
14.14 los utensilios que fueron *hallados* en 4672
16.8 tomando Acaz...el oro que se *halló* en la 4672
18.15 dio...toda la plata que fue *hallada* en 4672
19.8 *halló* al rey de Asiria combatiendo contra 4672
22.8 *hallado* el libro de la ley en la casa de 4672
22.9 han recogido el dinero que se *halló* en 4672
22.13 acerca de...este libro que se ha *hallado* 4672
23.2 libro del pacto que había sido *hallado* 4672
23.24 el libro que el...Hilcías había *hallado* 4672
1 Cr 4.40 y *hallaron* gruesos y buenos pastos 4672
4.41 desbarataron...cabañas que allí *hallaron* 4672
10.8 *hallaron* a Saúl y a sus hijos tendidos 4672
17.25 ha *hallado* tu siervo motivo para orar 4672
20.2 corona...la *halló* de peso de un talento 4672
26.31 *hallados* entre ellos hombres fuertes y 4672
28.9 si tú le buscares, lo *hallarás*, mas si 4672
2 Cr 2.17 hombres extranjeros...fueron *hallados* 4672
5.11 todos los sacerdotes que se *hallaron* 4672
15.2 le buscareis, será *hallado* de vosotros 4672
15.4 y le buscaron, él fue *hallado* de ellos 4672
15.15 lo buscaban, y fue *hallado* de ellos 4672
19.3 pero se han *hallado* en ti buenas cosas 4672
20.16 ellos...los *hallaréis* junto al arroyo 4672
20.25 *hallaron* entre los cadáveres...riquezas 4672
21.17 bienes que *hallaron* en la casa del rey 4672
22.8 *halló* a los príncipes de Judá, y a los 4672
22.9 lo *hallaron* y lo trajeron a Jehu, y le 3920
25.5 fueron *hallados* 300.000 escogidos para 4672
25.24 los utensilios que se *hallaron* en
la casa de Dios 4672
29.16 sacaron toda la inmundicia que *hallaron* 4672
30.9 *hallarán* misericordia delante de los que
32.4 ¿por qué han de *hallar* los...muchas aguas 4672
34.14 Hilcías *halló* el libro de la ley de la 4672
34.15 yo he *hallado* el libro de la ley en la 4672
34.17 han reunido el dinero que se *halló* en 4672
34.21 palabras del libro que se ha *hallado* 4672
34.30 del libro...que había sido *hallado* en 4672
34.33 todos los que se *hallaban* en Israel 4672
35.7 para todos los que se *hallaron* presentes 4672
35.18 celebró pascua tal...los que se *hallaron* 4672
36.8 hechos de Joacim...lo que en él se *halló* 4672
Esd 2.62 éstos buscaron su...y no fue *hallado* 4672
4.15 *hallarás* en el libro de las memorias 7912
4.19 *hallaron*...se levanta contra los reyes 7912
6.2 fue *hallado* en Acmeta, en el palacio que 7912
7.16 el oro que *halles* en toda la provincia 7912
8.15 reuní...no *hallé* allí de los hijos de Leví 4672
10.18 fueron *hallados* estos: De los hijos de 4672
Neh 2.5 tu siervo ha *hallado* gracia delante de 3190
7.5 *hallé* el libro de la genealogía de los 4672
7.64 buscaron su registro de...y no se *halló* 4672
8.14 *hallaron* escrito en la ley que Jehová 4672
9.8 y *hallaste* fiel su corazón delante de ti 4672
13.1 fue *hallado* escrito...que los amonitas 4672
Est 2.9 y *halló* gracia delante de él, por lo 5375
2.17 y *halló* ella gracia...delante de él más 5375
2.23 hizo investigación...fue *hallado* cierto 4672
4.16 reúne a...judíos que se *hallan* en Susa 4672
5.8 he *hallado* gracia ante los ojos del rey 4672
6.2 entonces *hallaron* escrito que Mardoqueo 4672
7.3 si he *hallado* gracia en tus ojos, y si al 4672
8.5 si he *hallado* gracia delante de él, y si 4672
Job 3.22 se gozan cuando *hallan* el sepulcro? 4672
6.20 vinieron hasta...y se *hallaron* confusos
15.9 ¿qué entiendes tú que no se *halle* en
17.10 venid...no *hallaré* entre vosotros sabios 4672
19.28 que la raíz del asunto se *halla* en mí 4672
20.8 como sueño volará, y no será *hallado* 4672
23.3 ¡quién me diera...dónde *hallar* a Dios! 4672
23.8 iré al oriente, y no lo *hallaré*; y al
28.12 mas ¿dónde se *hallará* la sabiduría? 4672
28.13 no conoce su valor...ni se *halla* en la 4672
31.25 alegré...de que mi mano *hallase* mucho 4672
31.29 si...me regocijé cuando le *halló* el mal 4672
32.3 tres amigos...no *hallaban* qué responder 4672
32.13 nosotros hemos *hallado* sabiduría; lo 4672
33.24 que lo libró de...que *halló* redención 4672
Sal 10.15 persigue la...que no *halles* ninguna 4672
17.3 puesto a prueba, y nada inicuo *hallaste* 4672
32.6 en el tiempo en que puedas ser *hallado* 4672
36.2 de que su iniquidad no será *hallada* y 4672
37.36 él pasó, y...lo busqué, y no fue *hallado* 4672
59.15 anden...errantes para *hallar* qué comer
69.20 esperé...consoladores, y ninguno *hallé* 4672
84.3 el gorrión *halla* casa, y la golondrina 4672
89.20 *hallé* a David mi siervo; lo ungí con 4672
107.4 perdidos...sin *hallar* ciudad en donde 4672
116.3 Seol; angustia y dolor había yo *hallado* 4672
119.162 como el que *halla* muchos despojos 4672
132.5 *halle* lugar para Jehová, morada para 4672
132.6 lo *hallamos* en los campos del bosque 4672
Pr 1.13 *hallaremos* riquezas de toda clase 4672
1.28 me buscarán de mañana, y no me *hallarán* 4672
2.5 y *hallarás* el conocimiento de Dios 4672
3.4 y *hallarás* gracia y buena opinión ante 4672
3.13 bienaventurado el hombre que *halla* la 4672
4.22 porque son vida a los que las *hallan* 4672
6.33 heridas y vergüenza *hallará*, y...afrenta 4672
7.15 buscando...tu rostro, y te ha *hallado* 4672
8.9 rectas...a los que han *hallado* sabiduría 4672
8.12 yo, la...*hallo* la ciencia de los consejos 4672
8.17 y me *hallan* los que temprano me buscan 4672
8.35 porque el que me *halle*, *hallará* la vida 4672
10.13 en los labios del prudente se *halla* 4672
13.2 el alma de los prevaricadores *hallará*
14.6 busca...la sabiduría y no la *halla*; mas 4672
14.7 en él no *hallarás* labios de ciencia 3045
16.20 el entendido en la palabra *hallará* el 4672
16.31 honra es la vejez que se *halla* en el 4672
17.8 el que lo practica...*halla* prosperidad
17.20 el perverso de...nunca *hallará* el bien 4672
18.22 que *halla* esposa *h* el bien, y alcanza 4672

19.7 buscará la palabra, y no la *hallará* 3808
19.8 guarda la inteligencia *hallará* el bien 4672
20.4 pedirá, pues, en la siega, y no *hallará*
20.6 hombre de verdad, ¿quién lo *hallará*? 4672
21.10 su prójimo no *halla* favor en sus ojos
21.21 que sigue la justicia... *hallará* la vida 4672
24.14 si la *hallares* tendrás recompensa, y 4672
25.16 ¿*hallaste* miel? Come lo que te basta 4672
28.23 el que reprende... *hallará*... mayor gracia 4672
30.6 te reprenda, y seas *hallado* mentiroso 3576
31.10 mujer virtuosa, ¿quién la *hallará*? 4672
Ec 7.14 que el hombre nada *halle* después de él 4672
7.24 y lo muy profundo, ¿quién lo *hallará*? 4672
7.26 he *hallado* más amarga que la muerte a 4672
7.27 que esto he *hallado*, dice el Predicador 4672
7.27 pesando las cosas... para *hallar* la razón 4672
7.28 hombre... he *hallado*... mujer... nunca *hallé* 4672
7.29 *hallado*: que Dios hizo al hombre recto 4672
8.17 por mucho que trabaje el... no la *hallará* 4672
9.15 se *halla* en ella un hombre pobre, sabio 4672
11.1 aún después de muchos días lo *hallarás* 4672
12.10 procuró... *hallar* palabras agradables, y 4672
Cnt 3.1,2 al que ama... busqué, y no lo *hallé* 4672
3.3 *hallaron* los guardas que rondan la ciudad 4672
3.4 *hallé* luego al que ama mi alma; lo así 4672
5.6 lo busqué, y no lo *hallé*; lo llamé, y no 4672
5.7 *hallaron* los guardas que rondan la ciudad 4672
5.8 *halléis* a mi amado... que le hagáis saber 4672
8.1 entonces, *hallándole* fuera, te besaría 4672
8.10 fui en sus ojos como la que *halla* paz 4672
Is 10.10 *halló* mi mano los reinos de... ídolos 4672
10.14 *halló* mi mano como nido las riquezas 4672
13.15 cualquiera que sea *hallado*... alanceado 4672
22.3 todos los que en ti se *hallaron*, fueron 4672
29.8 cuando despierta, se *halla* cansado y sediento
30.14 entre los pedazos no se *halla* tiesto 4672
34.14 la lechuza... y *hallará* para sí reposo 4672
35.9 ni allí se *hallará*, para que caminen los 4672
37.8 *halló* al rey de Asiria que combatía 4672
39.2 todo lo que se *hallaba* en sus tesoros 4672
41.12 que tienen contienda... no los *hallarás* 4672
50.2 no *hallé* a nadie, y cuando llamé, nadie
51.3 se *hallará* en ella alegría y... alabanza 4672
55.6 buscad a Jehová mientras puede... *hallado* 4672
57.10 *hallaste* nuevo vigor en tu mano, por 4672
65.1 fui *hallado* por los que no me buscaban 4672
65.8 si alguno *hallase* mosto en un racimo 4672
Jer 2.5 ¿qué maldad *hallaron* en mí vuestros 4672
2.24 en el tiempo de su celo la *hallarán* 4672
2.33 qué adornas tu camino para *hallar* amor? 1245
2.34 no los *hallaste* en ningún delito; sin 4672
2.34 aun en tus faldas se *halló* la sangre de 4672
5.1 buscad... a ver si *halláis* hombre, si hay 4672
5.26 fueron *hallados* en mi pueblo impíos 4672
6.16 y *hallaréis* descanso para vuestra alma 4672
11.9 conspiración se ha *hallado* entre... de Judá 4672
14.3 no *hallaron* agua; volvieron con... vacías 4672
15.16 fueron *halladas* tus palabras... las comí 4672
23.11 aun en mi casa *hallé* su maldad, dice 4672
29.13 me buscaréis y me *hallaréis*, porque me 4672
29.14 seré *hallado* por vosotros, dice Jehová 4672
31.2 el pueblo... *halló* gracia en el desierto 4672
41.8 fueron *hallados* diez hombres que dijeron 4672
41.12 lo *hallaron* junto al gran estanque que 4672
45.3 fatigado estoy... no he *hallado* descanso 4672
50.7 los que los *hallaban*, los devoraban 4672
50.20 los pecados de Judá, y no se *hallarán* 4672
50.24 fuiste *hallada*, y aun presa, porque 4672
52.25 hombres del pueblo... se *hallaron* dentro 4672
Lm 1.3 ella habitó entre... y no *halló* descanso 4672
1.6 fueron como ciervos que no *hallan* pasto 4672
2.9 sus profetas tampoco *hallaron* visión de 4672
2.16 día... lo hemos *hallado*, lo hemos visto 4672
Ez 2.6 aunque te *hallas* entre zarzas y espinos
3.1 hijo de hombre, come lo que *hallas*; come 4672
22.30 busqué entre ellos hombre... no lo *hallé* 4672
26.21 serás buscada, y nunca... serás *hallada* 4672
27.27 compañía que en medio de ti se *halla*
28.15 eras... hasta que se *halló* en ti maldad 4672
Dn 1.19 no fueron *hallados*... otros como Daniel 4672
1.20 los *halló* diez veces mejores que todos 4672
2.25 he *hallado* un varón de los deportados de 7912
5.11 se *halló* en él luz e inteligencia y 7912
5.12 *hallado* en él mayor espíritu y ciencia 7912
5.14 que en ti se *halló* luz, entendimiento y 7912
5.27 pesado has sido... y fuiste *hallado* falto 7912
6.4 no podían *hallar* ocasión alguna o falta 7912
6.4 ningún vicio ni falta fue *hallado* en él 7912
6.5 no *hallaremos* contra este Daniel ocasión 7912
6.5 si no la *hallamos*... en relación con la ley 7912
6.11 y *hallaron* a Daniel orando y rogando en 7912
6.22 porque ante él fui *hallado* inocente 7912
6.23 ninguna lesión se *halló* en él, porque 7912
11.19 tropezará y caerá, y no será *hallado* 4672
12.1 los que se *hallen* escritos en el libro 4672
Os 2.6 la cercaré... y no *hallará* sus caminos 4672
2.7 seguirá a sus amantes... y no los *hallará* 4672
5.6 buscando a Jehová, y no le *hallarán*; se 4672
9.10 como uvas en el desierto *hallé* a Israel 4672
10.2 ahora serán *hallados* culpables; Jehová 816
12.4 en Bet-el le *halló*, y allí habló con 4672
12.8 Efraín dijo... he *hallado* riquezas para mí 4672
12.8 nadie *hallará* iniquidad en mí, ni pecado 4672
14.8 seré a él... de mí será *hallado* tu fruto 4672
Am 8.12 buscando palabra de... no la *hallarán* 4672
Jon 1.3 *halló* una nave que partía para Tarsis 4672
Mi 1.13 se *hallaron* las rebeliones de Israel 4672

5.12 destruiré... no se *hallarán* en ti agoreros
Sof 3.13 ni en boca... *hallará* lengua engañosa 4672
Hag 1.9 buscáis... y *halláis* poco; y encerráis
Mal 2.6 iniquidad no fue *hallada* en sus labios 4672
Mt 1.18 *halló* que había concebido del Espíritu *2147*
2.8 cuando le *halléis*, hacédmelo saber, para *2147*
7.7 **pedid, y se os dará; buscad, y *hallaréis*** *2147*
7.8 **el que busca, *halla*; y al que llama, se** *2147*
7.14 **la vida, y pocos son los que la *hallan*** *2147*
8.10 **que ni aun en Israel he *hallado* tanta fe** *2147*
10.39 **el que *halla* su vida, la perderá; y el** *2147*
10.39 **el que pierde su vida por... la *hallará*** *2147*
11.6 **bienaventurado el que no *halle* tropiezo**
11.29 ***hallaréis* descanso para vuestras almas** *2147*
12.43 **anda... buscando reposo, y no lo *halla*** *2147*
12.44 **y cuando llega, la *halla* desocupada** *2147*
13.44 **el cual un hombre *halla*, y lo esconde** *2147*
13.46 **que habiendo *hallado* una perla... fue y** *2147*
16.25 **el que pierda su vida por... la *hallará*** *2147*
17.27 ***hallarás* un estantero; tómalo, y dáselo** *2147*
18.28 **halló a uno de sus consiervos, que le** *2147*
20.6 ***halló* a otros que estaban desocupados** *2147*
21.2 **hallaréis una asna atada, y un pollino o** *2147*
21.19 **y no *halló* nada en ella, sino hojas** *2147*
22.9 **id... llamad a las bodas a cuantos *halléis*** *2147*
22.10 **juntaron a todos los que *hallaron*** *2147*
24.46 **su señor venga, le *halle* haciendo así** *2147*
26.40 y los *halló* durmiendo, y dijo a Pedro *2147*
26.43 vino otra vez y los *halló* durmiendo *2147*
26.60 no lo *hallaron*, aunque muchos testigos *2147*
27.32 *hallaron* a un hombre de Cirene que se *2147*
Mr 1.37 y *hallándole*, le dijeron: Todos te *2147*
7.30 *halló* que el demonio había salido, y a *2147*
11.2 ***hallaréis* un pollino atado, en el cual** *2147*
11.4 *hallaron* el pollino atado afuera a la *2147*
11.13 a ver si tal vez *hallaba* en ella algo *2147*
11.13 cuando llegó a ella, nada *halló* sino *2147*
13.36 que cuando venga... no os *halle* durmiendo *2147*
14.16 fueron... *hallaron* como les había dicho *2147*
14.37 vino luego y los *halló* durmiendo; y dijo *2147*
14.40 los *halló* durmiendo, porque los ojos de *2147*
14.55 buscaban testimonio... no lo *hallaban* *2147*
Lc 1.30 has *hallado* gracia delante de Dios *2147*
2.12 *hallaréis* al niño envuelto en pañales *2147*
2.16 vinieron... y *hallaron* a María y a José, y *429*
2.45 no le *hallaron*, volvieron a Jerusalén *2147*
2.46 días después le *hallaron* en el templo *2147*
4.17 *halló* el lugar donde estaba escrito *2147*
5.19 no *hallando* cómo hacerlo a causa de la *2147*
6.7 sanaría, a fin de *hallar* de que acusarle *2147*
7.9 **que ni aun en Israel he *hallado* tanta fe** *2147*
7.10 *hallaron* sano al siervo... estado enfermo *2147*
7.23 **es aquel que no *halle* tropiezo en mí**
8.35 *hallaron* al hombre de quien... salido los *2147*
9.36 cuando cesó la... Jesús fue *hallado* solo *2147*
11.9 **buscad, y *hallaréis*; llamad, y se os** *2147*
11.10 **y el que busca, *halla*: y al que llama** *2147*
11.24 **buscando reposo; y no *hallándolo*, dice** *2147*
11.25 **y cuando llega, la *halla* barrida y** *2147*
12.37 **a los cuales su señor... *halle* velando** *2147*
12.38 **si los *hallare* así, bienaventurados** *2147*
12.43 **su señor venga, le *halle* haciendo así** *2147*
13.6 **vino a buscar fruto en... y no lo *halló*** *2147*
13.7 **que vengo a buscar fruto... no lo *hallo*** *2147*
15.24 **hijo... se había perdido, y es *hallado*** *2147*
15.32 **este... se había perdido, y es *hallado*** *2147*
18.8 **cuando venga... ¿*hallará* fe en la tierra** *2147*
19.30 **al entrar... *hallaréis* un pollino atado** *2147*
19.32 fueron los... y *hallaron* como les dijo *2147*
19.48 no *hallaban* nada que pudieran hacerle *2147*
22.13 fueron... *hallaron* como les había dicho *2147*
22.45 a sus discípulos, los *halló* durmiendo *2147*
23.2 a éste hemos *hallado* que pervierte a la *2147*
23.4 dijo... Ningún delito *hallo* en este hombre *2147*
23.14 no he *hallado* en este hombre delito *2147*
23.22 ningún delito digno... he *hallado* en él *2147*
24.2 *hallaron* removida la piedra del sepulcro *2147*
24.3 no *hallaron* el cuerpo del Señor Jesús *2147*
24.23 como no *hallaron* su cuerpo, vinieron *2147*
24.24 *hallaron* así como las mujeres habían *2147*
24.33 *hallaron* a los once reunidos, y a los *2147*
Jn 1.41 éste *halló* primero a su hermano Simón *2147*
1.41 le dijo: Hemos *hallado* al Mesías (que *2147*
1.43 **y *halló* a Felipe, y le dijo: Sígueme** *2147*
1.45 Felipe *halló* a Natanael, y le dijo *2147*
1.45 hemos *hallado* a aquel de quien escribió *2147*
2.14 y *halló* en el templo a los que vendían *2147*
5.14 después le *halló* Jesús en el templo, y *2147*
6.25 *hallándole*... le dijeron: Rabí, ¿cuándo *2147*
7.34,36 me buscaréis, y no me *hallaréis*; y a *2147*
7.35 ¿adónde se irá éste... no le *hallemos*? *2147*
8.37 **mi palabra no *halla* cabida en vosotros** 5562
9.35 **y *hallándole*, le dijo: ¿Crees tú en el** *2147*
10.9 **y entrará, y saldrá, y *hallará* pastos** *2147*
11.17 y *halló* que hacía ya cuatro días que *2147*
12.14 *halló* Jesús un asnillo, y montó sobre *2147*
18.38 dijo: Yo no *hallo* en él ningún delito *2147*
19.4 entendáis que ningún delito *hallo* en él *2147*
19.6 tomadle... porque yo no *hallo* delito en él *2147*
21.6 **les dijo: Echad la red a la... y *hallaréis*** *2147*
Hch 4.21 *hallando* ningún modo de castigarles *2147*
5.10 entraron los jóvenes, la *hallaron* muerta *2147*
5.22 alguaciles, no los *hallaron* en la cárcel *2147*
5.23 la cárcel hemos *hallado* cerrada con toda *2147*
5.23 cuando abrimos, a nadie *hallamos* dentro *2147*
5.39 no seáis tal vez *hallados* luchando contra Dios *2147*
7.11 nuestros padres no *hallaban* alimentos *2147*
7.46 *halló* gracia delante de Dios, y pidió *2147*

9.2 si *hallase* algunos hombres o mujeres de *2147*
9.33 *halló* allí a uno que se llamaba Eneas *2147*
10.27 *halló* a muchos que se habían reunido *2147*
11.25 y *hallándole*, le trajo a Antioquía *2147*
12.19 mas... habiéndole buscado sin *hallarle* *2147*
13.6 *hallaron* a cierto mago, falso profeta *2147*
13.22 he *hallado* a David hijo de Isaí, varón *2147*
13.28 sin *hallar* en él causa digna de muerte *2147*
17.6 pero no *hallándolos*, trajeron a Jasón *2147*
17.23 *hallé*... un altar en el cual estaba esta *2147*
17.27 busquen a... palpando, puedan *hallarle* *2147*
18.2 *hallo* a un judío llamado Aquila... Ponto *2147*
19.1 vino... y *hallando* a ciertos discípulos *2147*
19.19 *hallaron* que era cincuenta mil piezas *2147*
21.2 *hallando* un barco que pasaba a Fenicia *2147*
21.4 *hallados* los discípulos, nos quedamos *429*
21.18 y se *hallaban* reunidos todos los ancianos
23.9 ningún mal *hallamos* en este hombre; que *2147*
23.29 *hallé* que le acusaban por cuestiones de
24.5 hemos *hallado* que este hombre es una *2147*
24.12 no me *hallaron* disputando con ninguno *2147*
24.18 me *hallaron* purificado en el templo, no *2147*
24.20 digan... si *hallaron* en mí alguna cosa *2147*
25.25 yo, *hallando* que ninguna cosa digna de *2638*
27.6 y *hallando* allí el centurión una nave *2147*
27.28 *hallaron* veinte brazas; y... *h* quince *2147*
28.14 habiendo *hallado* hermanos, nos rogaron *2147*
Ro 4.1 qué diremos que *halló* Abraham nuestro *2147*
7.10 *hallé* que el mismo mandamiento que era *2147*
7.21 queriendo yo hacer el bien, *hallo* esta *2147*
10.20 fui *hallado* de los que no me buscaban *2147*
1 Co 4.2 requiere... cada uno sea *hallado* fiel *2147*
15.15 y somos *hallados* falsos testigos de *2147*
2 Co 2.13 por no haber *hallado* a mi hermano *2147*
5.3 pues así seremos *hallados* vestidos, y no *2147*
9.4 macedonios, y os *hallaren* desprevenidos *2147*
11.12 sean *hallados* semejantes a nosotros *2147*
12.20 me temo... no os *halle* tales como quiero *2147*
12.20 sea *hallado* de vosotros cual no queréis *2147*
Gá 2.17 si buscando... somos *hallados* pecadores *2147*
Fil 3.9 y ser *hallado* en él, no teniendo mi *2147*
2 Ti 1.17 me buscó solícitamente y me *halló* *2147*
1.18 concédale... que *halle* misericordia cerca *2147*
He 4.16 *hallar* gracia para el oportuno socorro *2147*
He 11.5 no fue *hallado* porque lo traspuso Dios *2147*
Stg 1.2 tened por sumo gozo cuando os *halléis* *4045*
1 P 1.7 vuestra fe... sea *hallada* en alabanza *2147*
2.22 pecado, ni se *halló* engaño en su boca *2147*
2 P 3.14 ser *hallados* por él sin mancha e *2147*
2 Jn 4 *hallado* a algunos de tus hijos andando *2147*
Ap 2.2 **se dicen... y los has *hallado* mentirosos** *2147*
3.2 **porque no he *hallado* tus obras perfectas** *2147*
5.4 no se había *hallado* a ninguno digno de *2147*
9.6 buscarán la muerte, pero no la *hallarán* *2147*
12.8 ni se *halle* ya lugar para ellos en el *2147*
14.5 y en sus bocas no fue *hallada* mentira *2147*
16.20 huyó, y los montes no fueron *hallados* *2147*
18.14 han faltado, y nunca más las *hallarás* *2147*
18.21 será derribada... nunca más será *hallada* *2147*
18.22 ningún artífice... se *hallará* más en ti *2147*
18.24 en ella se *halló* la sangre de... santos *2147*
20.15 el que no se *halló* inscrito en el libro *2147*
21.16 la ciudad se *halla* establecida en cuadro *2749*

HALOHES
1. Padre de Salum No. 11, Neh 3.12 3873
2. Firmante del pacto de Nehemías, Neh 10.24 3873

HAM *Ciudad de los zuzitas al oriente del Jordán*, Gn 14.5 1990

HAMAT
1. Ciudad importante en Siria
Nm 13.21 de Zin hasta Rehob, entrando en *H* 2574
34.8 trazaréis a la entrada de *H*, y seguirá 2574
Jos 13.5 monte Hermón, hasta la entrada de *H* 2574
Jue 3.3 desde... Baal-hermón hasta llegar a *H* 2574
1 R 8.65 desde donde entran en *H* hasta el río 2574
2 R 14.25 desde la entrada de *H* hasta el mar 2574
14.28 Damasco y *H*, que habían pertenecido a 2574
17.24 gente de Babilonia... *H* y de Sefarvaim 2574
17.30 a Nergal, y los de *H* hicieron a Asima 2574
18.34 ¿dónde está el dios de *H* y de Arfad? 2574
19.13 ¿dónde está el rey de *H*, el... de Arfad 2574
23.33 y lo puso preso... en la provincia de *H* 2574
25.21 hirió y mató en Ribla, en tierra de *H* 2574
1 Cr 13.5 desde Sihor de Egipto hasta la... de *H* 2574
2 Cr 7.8 la entrada de *H* hasta el arroyo de 2574
Is 10.9 ¿no es... *H* como Arfad, y Samaria como 2574
11.11 su pueblo que aun quede en Asiria... y *H* 2574
36.19 ¿dónde está el dios de *H* y de Arfad? 2574
37.13 ¿dónde está el rey de *H*... de Arfad 2574
Jer 39.5 hicieron subir a Ribla en tierra de *H* 2574
49.23 confundieron *H* y Arfad, porque oyeron 2574
52.9 a Ribla en tierra de *H*, donde pronunció 2574
52.27 rey... los mató en Ribla en tierra de *H* 2574
Ez 47.16 *H*, Berota, Sibraim, que está entre 2574
47.16 el límite de Damasco y el límite de *H* 2574
47.17 y al límite de *H* al lado del norte 2574
47.20 hasta enfrente de la entrada de *H*; este 2574
48.1 norte por la vía de Hebrón viniendo a *H* 2574
48.1 al norte, hacia *H*, tendrá Dan una parte 2574
Am 6.2 de allí id a la gran *H*; descended luego 2579
6.14 os oprimirá desde la entrada de *H* hasta 2574
Zac 9.2 *H* será comprendida en el territorio de 2574
2. Ciudad fortificada en Neftalí (=Hamón No. 2 y Hamo-dor), Jos 19.35 2575

3. Otra ciudad en Siria (=Soba)
2 S 8.9 oyendo Toi rey de *H*, que David había 2574
1 Cr 18.3 derrotó David a Hadad-ezer rey... *H* 2574
18.9 y oyendo Toi rey de *H* que David había 2574
2 Cr 8.3 después vino Salomón a *H* de Soba, y 2578
8.4 las ciudades de aprovisionamiento... en *H* 2574
4. Padre de Recab No. 2, 1 Cr 2.55 2575

HAMATEO *Habitante de Hamat No. 1*,
Gn 10.18; 1 Cr 1.16 2577

HAMBRE
Gn 12.10 hubo... *h* en la tierra... era grande el *h* 7458
26.1 *h* en la tierra, además de la primera *h* 7458
41.27 las siete vacas... siete años serán de *h* 7458
41.30 y tras ellos seguirán siete años de *h* 7458
41.30 de Egipto, y el *h* consumirá la tierra 7458
41.31 no se echará de ver, a causa del *h* 7458
41.36 los siete años de *h*... no perecerá de *h* 7458
41.50 antes que viniese el primer año de *h* 7458
41.54 comenzaron... siete años del *h*... y hubo *h* 7458
41.55 se sintió el *h* en... la tierra de Egipto 7456
41.56 el *h* estaba por toda la extensión del 7458
41.56 porque había crecido el *h* en la tierra 7458
41.57 por toda la tierra había crecido el *h* 7458
42.5 porque había *h* en la tierra de Canaán 7458
42.19 llevad alimento para el *h* de vuestra 7459
42.33 tomad para el *h* de vuestras casas, y 7459
43.1 el *h* era grande en la tierra 7458
45.6 ya ha habido dos años de *h* en medio de 7458
45.11 pues aún quedan cinco años de *h*, para 7458
47.4 pues el *h* es grave en la tierra de Canaán 7458
47.13 no había pan en... y el *h* era muy grave 7458
47.13 desfalleció de *h* la tierra de Egipto 7458
47.20 porque se agravó el *h* sobre ellos; y 7458
Éx 16.3 para matar de *h* a toda esta multitud 7458
Dt 8.3 hizo tener *h*, y te sustentó con maná 7456
28.48 con *h* y con sed y con desnudez, y con 7458
32.24 consumidos serán de *h*, y devorados de 7458
Rt 1.1 aconteció en... que hubo *h* en la tierra 7458
1 S 2.5 los hambrientos dejaron de tener *h* 7457
2 S 21.1 *h* en los días de David por tres años 7458
24.13 vengan siete años de *h* en tu tierra? 7458
1 R 8.37 en la tierra hubiere *h*, pestilencia 7458
18.2 fue, pues... Y el *h* era grave en Samaria 7458
2 R 4.38 volvió a Gilgal cuando había una... *h* 7458
6.25 hubo gran *h* en Samaria, a consecuencia 7458
7.4 trataremos de entrar... por el *h* que hay 7458
7.12 ellos saben que tenemos *h*, y han salido 7457
8.1 Jehová ha llamado el *h*... por siete años 7458
25.3 prevaleció el *h* en la ciudad, hasta que 7458
1 Cr 21.12 escoge para ti: o tres años de *h* 7458
2 Cr 6.28 si hubiere *h* en la tierra o plaga 7458
20.9 si... o *h*, nos presentaremos delante de 7458
32.11 para entregaros a muerte, a *h* y a sed 7458
Neh 5.3 hemos empeñado... casas... a causa del *h* 7458
9.15 les diste pan del cielo en su *h*, y en 7458
Job 5.20 en el *h* te salvará de la muerte, y del 7458
5.22 de la destrucción y del *h* te reirás, y 3720
18.12 serán gastadas de *h* sus fuerzas, y a su 7457
30.3 por causa... del *h* andaban solos; huían a 3720
38.39 león? ¿Saciarás el *h* de los leoncillos 2416
Sal 33.19 para darles vida en tiempo de *h* 7458
34.10 los leoncillos necesitan, y tienen *h* 7456
37.19 mal... y en los días de *h* serán saciados 7459
50.12 si yo tuviese *h*, no te lo diría a ti 7456
105.16 trajo *h* sobre la tierra, y quebrantó 7458
Pr 6.30 hurta para saciar su apetito... tiene *h* 7456
10.3 Jehová no dejará padecer *h* al justo; mas 7456
19.15 hace... y el alma negligente padecerá *h* 7456
25.21 si el que te aborrece tuviere *h*, dale 7457
Is 5.13 pereció de *h*, y su multitud de sed 7458
8.21 acontecerá que teniendo *h*, se enojarán 7456
9.20 hurtará a la mano derecha, y tendrá *h* 7456
14.30 haré morir de *h* tu raíz, y destruiré 7458
29.8 les sucederá como el que tiene *h* y sueña 7457
44.12 luego tiene *h*, y le faltan las fuerzas 7456
49.10 no tendrán *h* ni sed, ni el calor ni el 7456
51.19 *h* y espada. ¿Quién se dolerá de ti? 7458
65.13 siervos comerán, y vosotros tendréis *h* 7456
Jer 5.12 no vendrá mal... ni veremos espada ni *h* 7458
11.22 sus hijos y sus hijas morirán de *h* 7458
14.12 los consumiré... con *h* y con pestilencia 7458
14.13 les dicen: No veréis espada, ni habrá *h* 7458
14.15 que dicen: Ni espada ni *h* habrá en esta 7458
14.15 con *h* serán consumidos esos profetas 7458
14.16 echado en las calles de Jerusalén por *h* 7458
14.18 en la ciudad, he aquí enfermos de *h* 7458
15.2 el que a *h*, a *h*; y el que a cautiverio 7458
16.4 con espada y con *h* serán consumidos, y 7458
18.21 entrega sus hijos a *h*, dispérsalos por 7458
21.7 entregaré... a los que queden... del *h* en 7458
21.9 que quedare en esta ciudad morirá... de *h* 7458
24.10 enviaré sobre ellos... *h* y pestilencia 7458
27.8 castigaré a... nación con espada y con *h* 7458
27.13 ¿por qué moriréis tú y tu pueblo... de *h* 7458
29.17 contra ellos espada, *h* y pestilencia 7458
29.18 los perseguiré... con *h* y con pestilencia 7458
32.24 a causa de... del *h* y de la pestilencia 7458
32.36 entregada será en mano... a espada, a *h* 7458
34.17 yo promulgo libertad... a la espada... al *h* 7458
38.2 morirá a espada,o... *h*, o de pestilencia 7458
38.9 morirá de *h*, pues no hay más pan en la 7458
42.14 no... ni padeceremos *h*, y allá moraremos 7456
42.16 el *h* de que tenéis temor... perseguirá 7458
42.17 morirán a espada, de *h* y... pestilencia 7458
42.22 de *h* y de pestilencia moriréis en el 7458
44.12 consumidos de *h*... de *h* morirán desde el 7458
44.13 castigaré a... con *h* y con pestilencia 7458
44.18 y a espada y de *h* somos consumidos 7458
44.27 consumidos a espada y de *h*, hasta que 7458
52.6 en el mes cuarto... prevaleció el *h* en la 7458
Lm 2.19 desfallecen de *h* en... todas las calles 7458
4.9 más dichosos... que los muertos por el *h* 7458
5.10 se ennegreció... a causa del ardor del *h* 7458
Ez 5.12 y será consumida de *h* en medio de ti 7458
5.16 sobre ellos las perniciosas saetas del *h* 7458
5.17 sobre vosotros *h*, y bestias feroces 7458
6.11 con espada y con *h* y con pestilencia caerán .. 7458
6.12 y el que quede y sea asediado morirá de *h* 7458
7.15 de fuera espada, de dentro pestilencia y *h* 7458
12.16 ellos escapen de la espada, del *h* y 7458
14.13 el sustento del pan, y enviare en ella *h* 7458
14.21 mis cuatro... espada, *h*, fieras y pestilencia ... 7458
34.29 no serán ya más consumidos de *h* en la tierra ... 7457
36.29 llamaré al trigo... y no os daré *h* 7458
36.30 recibáis oprobio de *h* entre las naciones 7458
Am 8.11 vienen días... en los cuales enviaré *h* 7458
8.11 no *h* de pan... sino de oír la palabra de 7458
Mt 4.2 después de haber ayunado... días tuvo *h* *3983*
5.6 bienaventurados los que tienen *h* y sed *3983*
12.1 sus discípulos tuvieron *h*, y comenzaron *3983*
12.3 hizo David, cuando él y los... tuvieron *h* *3983*
21.18 mañana, volviendo a la ciudad, tuvo *h* *3983*
24.7 y habrá pestes, y *h*, y terremotos en *3042*
25.35 tuve *h*, y me disteis de comer; tuve *3983*
25.42 tuve *h*, y no me disteis de comer; tuve *3983*
Mr 2.25 **lo que hizo David cuando... sintió *h*** *3983*
11.12 día... cuando salieron de Betania, tuvo *h* *3983*
13.8 *h* y alborotos; principios de dolores son *3042*
Lc 4.2 no comió... pasados los cuales, tuvo *h* *3983*
4.25 y hubo una gran *h* en toda la tierra *3042*
6.3 lo que hizo David cuando tuvo *h* él, y los *3983*
6.21 bienaventurados los que ahora tenéis *h* *3983*
6.25 ¡ay de vosotros los... porque tendréis *h* *3983*
15.14 vino una gran *h* en aquella provincia *3042*
15.17 abundancia de pan, y yo... perezco de *h*! *3042*
21.11 en diferentes lugares *h* y pestilencia *3042*
Jn 6.35 **el que a mí viene, nunca tendrá *h*; y** *3983*
Hch 7.11 vino entonces *h* en toda la tierra *3042*
10.10 gran *h*, y quiso comer; pero mientras *4361*
11.28 vendría una gran *h* en toda la tierra *3042*
Ro 8.35 o *h*, o desnudez, o peligro, o espada? *3042*
12.20 si tu enemigo tuviere *h*, dale de comer *3983*
1 Co 4.11 esta hora padecemos *h*, tenemos sed *3983*
11.21 cena; y uno tiene *h*, y otro se embriaga *3983*
11.34 si alguno tuviere *h*, coma en su casa *3983*
2 Co 11.27 en *h* y sed, en muchos ayunos, en *3042*
Fil 4.12 para estar saciado como para tener *h* *3983*
Ap 6.8 fue dada potestad... para matar... con *h* *3042*
7.16 no tendrán *h* ni sed, y el sol no caerá *3983*
18.8 en un solo día vendrán sus... llanto y *h* *3042*

HAMBRIENTO, A
1 S 2.5 pan, y los *h* dejaron de tener hambre 7457
2 S 17.29 pueblo está *h* y cansado y sediento 7457
Job 5.5 su mies comerán los *h*, y la sacarán de 7457
22.7 no diste... agua al... detuviste el pan al *h* 7457
24.10 vestido, y a los *h* quitan las gavillas 7457
Sal 107.5 *h* y sedientos, su alma desfallecía 7457
107.9 porque sacia... y llena de bien al alma *h* 7457
107.36 allí establece a los *h*, y fundan ciudad 7457
146.7 que hace justicia... que da pan a los *h* 7457
Pr 27.7 pero al *h* todo lo amargo es dulce 7457
28.15 y oso *h* es el príncipe impío sobre el 8264
Is 8.21 pasarán por la tierra fatigados y *h* 7456
32.6 dejando vacía el alma *h*, y quitando la 7457
58.7 ¿no es que partas tu pan con el *h*, y a 7457
58.10 si dieres tu pan al *h*, y saciares al 7457
Ez 18.7 que diere de su pan al *h* y cubriere al 7457
18.16 al *h* diere de su pan, y cubriere con 7457
Mt 25.37,44 ¿cuándo te vimos *h*... sediento *3983*
Lc 1.53 a los *h* colmó de bienes, y a los ricos *3983*

HAMEA *Torre en el muro de Jerusalén*,
Neh 3.1; 12.39 3968

HAMEDATA *Padre de Amán*, Est 3.1,10;
8.5; 9.10,24 4099

HAMELEC *Miembro de la familia del rey
Joacim*, Jer 36.26; 38.6 4429

HAMOLEQUET *Hermana de Galaad y ascendiente
de varias familias de Manasés*, 1 Cr 7.18 4447

HAMÓN
1. Población en la frontera de Aser, Jos 19.28 2540
*2. Ciudad de los levitas en Neftalí (=Hamat No. 2 y
Hamotodor)*, 1 Cr 6.76 2540

HAMONA *«Multitud»*, Ez 39.16 1997

HAMÓN-GOG *«La multitud de Gog»*, Ez 39.11,15 . 1996

HAMOR *Padre de Siquem No. 2*
Gn 33.19 de mano de los hijos de *H* padre de 2544
34.2 la vio Siquem hijo de *H* y la tomó, y se 2544
34.4 y habló Siquem a *H* su padre, diciendo 2544
34.6 y se dirigió *H* padre de Siquem a Jacob 2544
34.8 *H* habló con ellos, diciendo: El alma de 2544
34.13 los hijos de Jacob a Siquem y a *H* con 2544
34.18 parecieron bien... a Siquem, hijo de *H* 2544
34.20 entonces *H* y Siquem su hijo vinieron a 2544
34.24 y obedecieron a *H* y a Siquem su hijo 2544
34.26 a *H* y a Siquem su hijo los mataron a 2544
Jos 24.32 que Jacob compró de los hijos de *H* 2544
Jue 9.28 servid a los varones de *H* padre de 2544
Hch 7.16 compró Abraham de los hijos de *H* en *1697*

HAMOT-DOR *Ciudad de los levitas en Neftalí
(=Hamat No. 2 y Hamón No. 2)*, Jos 21.32 2576

HAMUEL *Descendiente de Simeón*, 1 Cr 4.26 2536

HAMUL *Hijo de Fares y nieto de Judá*,
Gn 46.12; Nm 26.21; 1Cr 2.5 2538

HAMULITA *Descendiente de Hamul*, Nm 26.21 ... 2539

HAMUTAL *Mujer del rey Josías y madre de los reyes
Joacaz y Sedequías*, 2 R 23.31; 24.18; Jer 52.1 2537

HANAMEEL *Pariente del profeta Jeremías*
Jer 32.7 *H* hijo de Salum tu tío viene a ti 2601
32.8 vino a mí *H*... conforme a la palabra de 2601
32.9 compré la heredad de *H*, hijo de mi tío 2601
32.12 di la carta... delante de *H* el hijo de 2601

HANÁN
1. Descendiente de Benjamín, 1 Cr 8.23 2605
2. Ascendiente del rey Saúl, 1 Cr 8.38; 9.44 2605
3. Uno de los descendientes de David, 1 Cr 11.43 ... 2605
4. Padre de una familia de sirvientes del templo,
Esd 2.46; Neh 7.49 2605
*5. Levita que ayudó a Esdras en la lectura de
la ley*, Neh 8.7 2605
*6. Nombre de tres firmantes del pacto de
Nehemías*, Neh 10.10,22,26 2605
7. Ayudante de los tesoreros del templo, Neh 13.13 ... 2605
*8. Padre de unos que tenían aposento en
el templo*, Jer 35.4 2605

HANANEEL *Torre en el muro de Jerusalén*
Neh 3.1 ellos... edificaron hasta la torre de *H* 2606
12.39 torre de *H* y la torre de Hamea, hasta 2606
Jer 31.38 será edificada... desde la torre de *H* 2606
Zac 14.10 desde la torre de *H* hasta... lagares 2606

HANANI
1. Padre del profeta Jehú, 1 R 16.1,7; 2 Cr 19.2; 20.34 .. 2607
2. Levita, cantor en el templo, 1 Cr 25.4,25 2607
3. Vidente en tiempo del rey Asa, 2 Cr 16.7 2607
*4. Uno de los que se casaron con mujeres
extranjeras en tiempo de Esdras*, Esd 10.20 2607
5. Hermano de Nehemías, Neh 1.2; 7.2 2607
*6. Eunuco en la dedicación del muro
de Jerusalén*, Neh 12.36 2607

HANANÍAS
1. Hijo de Zorobabel, 1 Cr 3.19,21 2608
2. Descendiente de Benjamín, 1 Cr 8.24 2608
3. Cantor, descendiente de Hemán, 1 Cr 25.4,23 2608
4. Oficial del ejército del rey Uzías, 2 Cr 26.11 2608
*5. Uno de los que se casaron con extranjeras
en tiempo de Esdras*, Esd 10.28 2608
*6. Nombre de dos sacerdotes que ayudaron en la
restauración del muro de Jerusalén*, Neh 3.8,30 2608
7. Gobernante en Jerusalén bajo Nehemías, Neh 7.2 ... 2608
8. Firmante del pacto de Nehemías, Neh 10.23 2608
9. Sacerdote en tiempo de Nehemías, Neh 12.12,41 .. 2608
10. Profeta que se opuso al profeta Jeremías
Jer 28.1 hijo de Azur, profeta que era de 2608
28.5 respondió el... Jeremías al profeta *H* 2608
28.10 *H* quitó el yugo del cuello... y lo quebró 2608
28.11 habló *H* en presencia de todo el pueblo 2608
28.12 después... *H* rompió el yugo del cuello 2608
28.13 ve y habla a *H* diciendo: Así ha dicho 2608
28.15 Jeremías al profeta *H*: Ahora oye, *H* 2608
28.17 mismo año murió *H*, en el mes séptimo 2608
11. Ascendiente de Irías, Jer 37.13 2608

HANATÓN *Población en la frontera de
Zabulón*, Jos 19.14 2615

HANES *Ciudad en Egipto*, Is 30.4 2609

HANIEL
1. Príncipe de la tribu de Manasés, Nm 34.23 2592
2. Guerrero de la tribu de Aser, 1 Cr 7.39 2592

HANOC
1. Hijo de Madián, Gn 25.4; 1 Cr 1.33 2585
2. Hijo de Rubén, Gn 46.9; Éx 6,14; 1 Cr 5.3 2585

HANÚN
1. Rey de los amonitas
2 S 10.1 murió... reinó en lugar suyo *H* su hijo 2586
10.2 haré misericordia con *H* hijo de Nahas 2586
10.3 los príncipes de... dijeron a *H* su señor 2586
10.4 *H* tomó los siervos... les rapó la... barba 2586
1 Cr 19.2 dijo... Manifestaré misericordia con *H* 2586
19.2 cuando llegaron... a *H*, para consolarle 2586
19.3 príncipes... hijos de Amón dijeron a *H* 2586
19.4 *H* tomó los siervos de David y los rapó 2586
19.6 *H* y los... enviaron mil talentos de plata 2586
*2. Nombre de dos varones que ayudaron en la
restauración del muro de Jerusalén*, Neh 3.13,30. 2586

HAQUILA *Collado cerca de Hebrón*
1 S 23.19 David escondido... en el collado de *H* 2444
26.1 ¡no está David... en el collado de *H*, al 2444
26.3 y acampó Saúl en el collado de *H*, que 2444

HARA *Región en Mesopotamia*, 1 Cr 5.26 2024

HARADA *Lugar donde acampó Israel*,
Nm 33.24,25 2732

HARÁN
1. Hermano de Abraham
Gn 11.26 y engendró a Abram, a Nacor y a *H* 2039
11.27 Taré engendró a... y a *H*; y *H* engendró 2039
11.28 y murió *H* antes que su padre Taré en 2039
11.29 hija de *H*, padre de Milca y de Isca 2039
11.31 tomó... a Lot hijo de *H*, hijo de su hijo 2039

2. Ciudad en Mesopotamia
Gn 11.31 vinieron hasta *H*, y se quedaron allí 2771
11.32 y fueron... 205 años; y murió Taré en *H* 2771
12.4 era Abram de... 75 años cuando salió de *H* 2771
12.5 las personas que habían adquirido en *H* 2771
27.43 huye a casa de Labán mi hermano en *H* 2771
28.10 salió... Jacob de Beerseba, y fue a *H* 2771
29.4 dónde... ellos respondieron: De *H* somos 2771
2 R 19.12 Gozán, *H*, Resef, y los hijos de Edén 2771
Is 37.12 ¡acaso libraron sus dioses a las... H 2771
Ez 27.23 *H*, Cane, Edén, y... mercaderes de Sabá 2771
Hch 7.2 padre Abraham... antes que morase en *H* *5488*
7.4 salió de la tierra de los... y habitó en *H* *5488*
3. Hijo de Caleb, 1 Cr 2.46 2771
4. Levita, hijo de Simei No. 9, 1 Cr 23.9 2039

HARBONA *Eunuco que servía al rey Asuero*, Est 1.10; 7.9 2726

HAREF *Descendiente de Judá*, 1 Cr 2.51 2780

HARET *Bosque donde se escondió David*, 1 S 22.5 .. 2802

HARHAÍA *Padre de Uziel No. 6*, Neh 3.8 2736

HARHAS *Ascendiente de Salum No. 2*, 2 R 22.14; 2 Cr 34.22 2745,2641

HARHUR *Ascendiente de una familia de sirvientes del templo*, Esd 2.51; Neh 7.53 ... 2744

HARIF
1. Ascendiente de algunos que regresaron del cautiverio con Zorobabel, Neh 7.24 2756
2. Firmante del pacto de Nehemías, Neh 10.19 2756

HARIM
1. Padre de una familia de sacerdotes, 1 Cr 24.8; Esd 2.39; 10.21; Neh 3.11; 7.42; 12.15 2766
2. Ascendiente de algunos que regresaron del cautiverio con Zorobabel, Esd 2.32; 10.31; Neh 7.35 2766
3. Nombre de dos firmantes del pacto de Nehemías, Neh 10.5,27 2766

HARINA
Gn 18.6 toma pronto tres medidas de flor de *h* 7058
Éx 29.2 aceite; las harás de flor de *h* de trigo 5560
29.40 una décima parte de un efa de flor de *h* 5560
Lv 2.1 ofrenda será flor de *h*, sobre la cual 5560
2.2 su puño lleno de flor de *h* y del aceite 5560
2.4 ofrenda cocida... de tortas de flor de *h* 5560
2.5 ofrenda... será de flor de *h* sin levadura 5560
2.7 ofrenda... se hará de flor de *h* con aceite 5560
5.11 la décima parte de un efa de flor de *h* 5560
6.15 tomará... un puñado de la flor de *h* de la 5560
6.20 la decima parte de un efa de flor de *h* 5560
7.12 flor de *h* frita en tortas amasadas con 5560
14.10 tres decimas de efa de flor de *h* para 5560
14.21 de flor de *h* amasada con aceite para 5560
23.13 ofrenda... flor de *h* amasada con aceite 5560
23.17 dos décimas de efa de flor de *h*, cocidos con ... 5560
24.5 tomaras flor de *h*, y cocerás... tortas 5560
Nm 5.15 la décima parte de un efa de *h* de 7058
6.15 tortas... flor de *h* amasadas con aceite 5560
7.13,19,25,31,37,43,49,55,61,67,73,79 llenos de 5560
8.8 ofrenda de flor de *h* amasada con aceite 5560
15.4 la décima parte de un efa de flor de *h* 5560
15.6 dos décimas de flor de *h*, amasada con la 5560
15.9 tres décimas de flor de *h*, amasada con 5560
28.5 la décima parte de un efa de flor de *h* 5560
28.9,12 dos décimas de flor de *h* amasada 5560
28.12 tres décimas de flor de *h* amasada con 5560
28.13 una décima de flor de *h* amasada con 5560
28.20 y su ofrenda de *h* amasada con aceite 5560
28.28 ofrenda... flor de *h* amasada con aceite 5560
29.3,9,14 de flor de *h* amasada con aceite 5560
Jue 6.19 y panes sin levadura de un efa de *h* 7058
1 S 1.24 un efa de *h*, y una vasija de vino 7058
28.24 y tomó *h* y la amasó, y coció de ella 7058
2 S 13.8 y tomó *h*, y amasó, e hizo hojuelas 1217
17.28 trajeron a David *h*, grano tostado 7058
1 R 4.22 era de treinta coros de flor de *h* 5560
4.22 la provisión... era... sesenta coros de *h* 7058
17.12 un puñado de *h* tengo en la tinaja, y 7058
17.14 la *h* de la tinaja no escaseará, ni el 7058
17.16 y la *h* de la tinaja no escaseó, ni el 7058
2 R 4.41 traed *h*. Y la esparció en la olla 7058
7.1 así... valdrá el seah de flor de *h* un siclo 5560
7.16,18 un seah de flor de *h* por un siclo 5560
1 Cr 9.29 tenían el cargo... de la *h*, del vino 5560
12.40 trajeron los... provisión de *h*, tortas de 7058
23.29 para la flor de *h* para el sacrificio 5560
Is 47.2 toma el molino y muele *h*; descubre tus 7058
Ez 16.13 comiste flor de *h* de trigo, miel y 5560
16.19 la flor de la *h*, el aceite y la miel 5560
46.14 aceite para mezclar con la flor de *h* 5560
Os 8.7 ni su espiga hará *h*; y si la hiciere 7058
Mt 13.33; Lc 13.21 **escondió en 3 medidas de *h*** *224*
Ap 18.13 flor de *h*, trigo, bestias, ovejas *4585*

HARNEFER *Descendiente de Aser*, 1 Cr 7.36 2774

HAROD *Fuente en la falda del monte Gilboa*, Jue 7.1 5878

HARODITA *Habitante de Harod, posiblemente una población cerca de la fuente de Harod*, 2 S 23.25; 1 Cr 11.27 2733,2033

HAROE *Descendiente de Judá*, 1 Cr 2.52 7204

HAROSET-GOIM *Ciudad cananea*
Jue 4.2 llamaba Sisara, el cual habitaba en *H* 2674
4.13 pueblo... desde *H* hasta el arroyo de Cisón 2800
4.16 mas Barac siguió... el ejército hasta *H* 2800

HARSA *Padre de una familia de sirvientes del templo que regresó del cautiverio con Zorobabel*, Esd 2.52; Neh 7.54 2797

HARUFITA *Habitante de un lugar desconocido*, 1 Cr 12.5 2741

HARUM *Padre de una familia de Judá*, 1 Cr 4.8 .. 2037

HARUMAF *Padre de Jedaías No. 3*, Neh 3.10 2739

HARUZ *Abuelo del rey Amón*, 2 R 21.19 2743

HASABÍAS
1. Levita, descendiente de Merari, 1 Cr 6.45 2811
2. Levita, ascendiente de Semaías No. 5, 1 Cr 9.14; Neh 11.15 2811
3. Levita, cantor en el templo, 1 Cr 25.3,19 2811
4. Hebronita, funcionario del rey David, 1 Cr 26.30 ... 2811
5. Jefe de los levitas bajo el rey David, 1 Cr 27.17 ... 2811
6. Jefe de los levitas bajo el rey Josías, 2 Cr 35.9 2811
7. Levita que regresó del cautiverio con Esdras, Esd 8.19 2811
8. Sacerdote que regresó del cautiverio con Esdras, Esd 8.24 2811
9. Funcionario que ayudó en la restauración del muro de Jerusalén, Neh 3.17 2811
10. Firmante del pacto de Nehemías, Neh 10.11 2811
11. Levita en días de Nehemías, Neh 11.15 2811
12. Levita, descendiente de Asaf, Neh 11.22 2811
13. Sacerdote en tiempo de Joiacim, Neh 12.21 2811
14. Principal levita en tiempo de Nehemías, Neh 12.24 2811

HASABNA *Firmante del pacto de Nehemías*, Neh 10.25 2812

HASABNÍAS
1. Padre de Hatús No. 2, Neh 3.10 2813
2. Levita en tiempo de Esdras, Neh 9.5 2813

HASADÍAS *Hijo de Zorobabel*, 1 Cr 3.20 2619

HASAR-ADAR *Ciudad fortificada en la frontera sur de Judá*, Nm 34.4 2692

HASBADANA *Levita que ayudó a Esdras lectura de la ley*, Neh 8.4 2806

HASEM *Uno de los 30 valientes de David*, 1 Cr 11.34 2044

HASMONA *Lugar donde acampó Israel*, Nm 33.29,30 2832

HASTA *Véase el Apéndice*

HASTIAR
Job 10.1 está mi alma *hastiada* de mi vida; daré 5354
10.15 estando *hastiado* de deshonra... afligido 7649
14.1 corto de días, y *hastiado* de sinsabores 7649
Sal 88.3 porque mi alma está *hastiada* de males 7646
123.3 estamos muy *hastiados* de menosprecio 7646
123.4 *hastiada* está nuestra alma del escarnio 7646
Pr 1.31 y serán *hastiados* de sus... consejos 7646
Pr 14.14 de sus caminos será *hastiado* el necio 7646
25.16 no sea que *hastiado* de ella la vomites 7646
25.17 no sea que *hastiado* de ti te aborrezca 7646
Is 1.11 *hastiado*... de holocaustos de carneros 7646
Ez 23.17 contaminó... su alma se *hastió* de ellos 3363
23.18 por lo cual mi alma se *hastió* de ella 3363
23.18 como se había ya *hastiado* mi alma de 5361
23.22 de los cuales se *hastió* tu alma, y les 5361
23.28 de aquellos de los cuales se *hastió* tu 5361

HASUB
1. Padre de Semaías No. 5, 1 Cr 9.14; Neh 11.15 2815
2. Nombre de dos varones que ayudaron en la restauración del muro de Jerusalén, Neh 3.11,23 . 2815
3. Firmante del pacto de Nehemías, Neh 10.23 2815

HASUBA *Hijo de Zorobabel*, 1 Cr 3.20 2807

HASUFA *Padre de una familia de sirvientes del templo que regresó del cautiverio con Zorobabel*, Esd 2.43; Neh 7.46 2817

HASUM
1. Padre de una familia que regresó del cautiverio, Esd 2.19; 10.33; Neh 7.22 2828
2. Levita que ayudó a Esdras en la lectura de la ley, Neh 8.4 2828
3. Firmante del pacto de Nehemías, Neh 10.18 2828

HATAC *Eunuco del rey Asuero*
Est 4.5 Ester llamó a *H*, uno de los eunucos 2047
4.6 salió... *H* a ver a Mardoqueo, a la plaza 2047
4.9 vino *H* y contó a Ester las palabras de 2047
4.10 Ester dijo a *H* que... dijese a Mardoqueo 2047

HATAT *Hijo de Otoniel*, 1 Cr 4.13 2867

HATIFA *Padre de una familia de sirvientes del templo que regresó del cautiverio con Zorobabel*, Esd 2.54; Neh 7.56 2412

HATIL *Padre de una familia de siervos de Salomón que regresó del cautiverio con Zorobabel*, Esd 2.57; Neh 7.59 2411

HATITA *Padre de una familia de porteros que regresó del cautiverio con Zorobabel*, Esd 2.42; Neh 7.45 2410

HATO
Gn 26.14 y tuvo *h* de ovejas, y *h* de vacas, y 1241
30.40 todo lo que era oscuro del *h* de Labán 6629
30.40 ponía su *h* aparte, y no lo ponía con 6629
Jue 6.25 toma un toro del *h* de tu padre, el
2 Cr 32.29 adquirió... *h* de ovejas y de vacas 1241
Jl 1.18 ¡cuán turbados anduvieron los *h* de 5739
Mt 8.30 estaba paciendo... un *h* de muchos cerdos *34*
8.31 si... permítenos ir a aquel *h* de cerdos *34*
8.32 **fueron a aquel *h* de cerdos; y he aquí** *34*
8.32 **el *h* de cerdos se precipitó en el mar** *34*
Mr 5.11 estaba... un gran *h* de cerdos paciendo *34*
5.13 y el *h* se precipitó en el mar por un *34*
Lc 8.32 un *h* de muchos cerdos que pacían en *34*
8.33 y el *h* se precipitó por un despeñadero *34*

HATÚS
1. Descendiente de David, 1 Cr 3.22; Esd 8.2 2407
2. Varón que ayudó en la restauración del muro de Jerusalén, Neh 3.10 2407
3. Firmante del pacto de Nehemías, Neh 10.4 2407
4. Sacerdote que regresó del cautiverio con Zorobabel, Neh 12.2 2407

HAURÁN *Región al oriente de Basán*, Ez 47.16,18 ... 2362

HAVILA
1. Región en Arabia
Gn 2.11 Pisón... que rodea toda la tierra de *H* 2341
25.18 habitaron desde *H* hasta hur, que está 2341
1 S 15.7 derrotó... desde *H* hasta llegar a hur 2341
2. Hijo de Cus No. 2, Gn 10.7; 1 Cr 1.9 2341
3. Hijo de Joctán, Gn 10.29; 1 Cr 1.23 2341

HAVOT-JAIR *Grupo de aldeas en Galaad*, Nm 32.41 2334

HAYA
2 S 6.5 clase de instrumentos de madera de *h* 1265
Sal 104.17 en las *h* hace su casa la cigüeña 1265
Ez 27.5 *h* del monte Senir te fabricaron todo 1265
31.8 las *h* no fueron semejantes a sus ramas 1265
Os 14.8 yo seré a él como la *h* verde; de mí 1265
Nah 2.3 el día que se prepare, temblarán las *h* 1265

HAZ
1 S 25.29 será ligada en el *h* de los que viven 6872
Neh 13.15 en Judá... acarreaban *h*, y cargaban 6194

HAZAEL *Rey de Damasco*
1 R 19.15 vé... y ungirás a *H* por rey de Siria 2371
19.17 y el que escapare de la espada de *H* 2371
2 R 8.8 el rey dijo a *H*: Toma en tu mano un 2371
8.9 tomó, pues, *H* en su mano un presente de 2371
8.12 dijo *H*: ¿Por qué llora mi señor? Y él 2371
8.13 *H* dijo: Pues, ¿que es tu siervo, este 2371
8.14 *H* se fue, y vino a su señor, el cual le
8.15 Ben-adad... murió; y reinó *H* en su lugar 2371
8.28 fue a la guerra... contra *H* rey de Siria 2371
8.29 las heridas que... cuando peleó contra *H* 2371
9.14 a Ramot de Galaad... por causa de *H* rey 2371
9.15 heridas... peleando contra *H* rey de Siria 2371
10.32 los derrotó *H* por todas las fronteras 2371
12.17 subió *H*... peleó contra Gat, y la tomó 2371
12.17 y se propuso *H* subir contra Jerusalén 2371
12.18 tomó Joás... y lo envió a *H* rey de Siria 2371
13.3 los entregó en mano de *H* rey de Siria 2371
13.3 entregó... en mano de Ben-adad hijo de *H* 2371
13.22 *H*... afligió a Israel todo el tiempo de 2371
13.24 y murió *H* rey de Siria, y reinó en su 2371
13.25 tomó de mano de Ben-adad hijo de *H* las 2371
2 Cr 22.5 a la guerra... contra *H* rey de Siria 2371
22.6 Ramot, peleando contra *H* rey de Siria 2371
Am 1.4 fuego en la casa de *H*, y consumirá los 2371

HAZAÍAS *Ascendiente de Maasías No. 11*, Neh 11.5 2382

HAZAÑA
Éx 15.11 terrible en maravillosas *h*, hacedor
1 R 22.45 sus *h*, y las guerras que hizo, ¿no 1369
2 R 14.15 sus *h*, y cómo peleó contra Amasías 1369

HAZAR-ENÁN *Ciudad al pie del monte Hermón*, Nm 34.9,10; Ez 47.17; 48.1 2703

HAZAR-GADA *Ciudad en el sur de Judá*, Jos 15.27 2693

HAZAR-HATICÓN *Probablemente =Hazar-enán*, Ez 47.16 2694

HAZAR-MAVET *Hijo de Joctán*, Gn 10.26; 1 Cr 1.20 2700

HAZAR-SUAL *Población en Simeón*, Jos 15.28; 19.3; 1 Cr 4.28; Neh 11.27 2705

HAZAR-SUSA, **HAZAR-SUSIM** *Ciudad en Simeón*, Jos 19.5; 1 Cr 4.31 2701

HAZE-LELPONI *Hermana de Jezreel*, Isma e Ibdas, 1 Cr 4.3 6753

HAZEROT *Lugar donde acampó Israel*, Nm 11.35(2); 12.16; 33.17,18; Dt 1.1 2698

HAZEZON-TAMAR *Ciudad de los amorreos (=En-gadi)*, Gn 14.7; 2 Cr 20.2 2688

HAZIEL *Levita, descendiente de Gersón*, 1 Cr 23.9 2381

HAZO *Hijo de Nacor*, Gn 22.22 2375

HAZOR
1. Ciudad importante de los cananeos
Jos 11.1 cuando oyó esto Jabín rey de *H*, envió 2674
11.10 tomo... a *H*... *H* había sido antes cabeza de ... 2674
11.11 mataron a espada... y a *H* pusieron fuego 2674
11.13 ciudades... únicamente a *H* quemó Josué 2674

12.19 rey de Madón, otro; el rey de *H*, otro ... 2674
19.36 Adama, Ramá, *H* ... 2674
Jue 4.2 Jabín...de Canaán, el cual reinó en *H* ... 2674
4.17 había paz entre Jabín rey de *H* y la casa ... 2674
1 S 12.9 mano de Sísara jefe del ejército de *H* ... 2674
1 R 9.15 para edificar...*H*, Meguido y Gezer ... 2674
2 R 15.29 Tiglat-pileser...tomó a...Cedes, *H* ... 2674
2. Ciudad en el Neguev de Judá, Jos 15.23 ... 2674
3. Ciudad en el Neguev de Judá (=Hezrón No. 3), Jos 15.25 ... 2674
4. Ciudad al norte de Jerusalén, Neh 11.33 ... 2674
5. Lugar en Arabia al oriente de Palestina
Jer 49.28 los reinos de *H*, los cuales asoló ... 2674
49.30 en lugares profundos...moradores de *H* ... 2674
49.33 *H* será morada de chacales, soledad para ... 2674

HAZOR-HADATA *Aldea en el Neguev de Judá*, Jos 15.25 ... 2674,2675

HEBER
1. Hijo de Sala (Sela) y bisnieto de Sem, Gn 10.21, 24,25; 11.14,15,16,17; 1 Cr 1.18,19,25; Lc 3.35 ... 5677
2. Hijo de Bería y nieto de Aser, Gn 46.17; Nm 26.45; 1 Cr 7.31,32 ... 2268
3. Voz poética que significa la posteridad de Sem, Nm 24.24 ... 5677
4. Ceneo, marido de Jael
Jue 4.11 y *H* ceneo...se había apartado de los ... 2268
4.17 huyó...a la tienda de Jael mujer de *H* ... 2268
4.17 había paz entre Jabín...y la casa de *H* ... 2268
4.21 Jael mujer de *H* tomó una estaca de la ... 2268
5.24 bendita sea...Jael, mujer de *H* ceneo ... 2268
5. Descendiente de Judá, 1 Cr 4.18 ... 2268
6. Descendiente de Gad, 1 Cr 5.13 ... 5677
7. Nombre de tres descendientes de Benjamín, 1 Cr 8.12,17,22 ... 5677

HEBERITA *Descendiente de Heber No. 2*, Nm 26.45 ... 2277

HEBREO, A *Posteridad de Heber No. 1, y su idioma*
Gn 14.13 vino uno...y lo anunció a Abram el *h* ... 5680
39.14 mirad, nos ha traído un *h* para...burla ... 5680
39.17 el siervo *h* que nos trajiste, vino a mí ... 5680
40.15 porque fui hurtado de la tierra de los *h* ... 5680
41.12 estaba allí con nosotros un joven *h* ... 5680
43.32 los egipcios no pueden comer...con los *h* ... 5680
Éx 1.15 habló el rey...a las parteras de las *h* ... 5680
1.16 cuando asistáis a las *h* en sus partos ... 5680
1.19 las mujeres *h* no son como las egipcias ... 5680
2.6 él, dijo: De los niños de los *h* es éste ... 5680
2.7 iré a llamarte una nodriza de las *h* ... 5680
2.11 un egipcio que golpeaba a uno de los *h* ... 5680
2.13 vio a dos *h* que reñían; entonces dijo ... 5680
3.18 le diréis: Jehová el Dios de los *h* nos ... 5680
5.3 Dios de los *h* nos ha encontrado, iremos ... 5680
7.16 Jehová el Dios de los *h* me ha enviado a ... 5680
9.1,13 el Dios de los *h*, dice así: Deja ir a ... 5680
10.3 Jehová el Dios de los *h* ha dicho así ... 5680
21.2 si comprares siervo *h*, seis años servirá ... 5680
Dt 15.12 si se vendiere a ti tu hermano *h* o *h* ... 5680
1 S 4.6 ¿qué voz...en el campamento de los *h*? ... 5680
4.9 esforzaos...para que no sirváis a los *h* ... 5680
13.3 tocar trompeta...diciendo: Oigan los *h* ... 5680
13.7 y algunos de los *h* pasaron el Jordán a ... 5680
13.19 para que los *h* no hagan espada o lanza ... 5680
14.11 aquí los *h*, que salen de las cavernas ... 5680
14.21 *h* que habían estado con los filisteos ... 5680
29.3 ¿qué hacen aquí estos *h*? Y Aquis ... 5680
Jer 34.9 dejase libre a su siervo y a...*h* y *h* ... 5680
34.14 dejará cada uno a su hermano *h* que le ... 5680
Jon 1.9 soy *h* y temo a Jehová, Dios de los ... 5680
Lc 23.38 escrito...letras griegas, latinas y *h* ... *1444*
Jn 5.2 un estanque, llamado en *h* Betesda, el ... *1447*
19.13 llamado el Enlosado, y en *h* Gabata ... *1447*
19.17 llamado de la Calavera, y en *h*, Gólgota ... *1447*
19.20 título estaba escrito en *h*, en griego ... *1447*
Hch 6.1 murmuración...los griegos contra los *h* ... *1445*
21.40 silencio, habló en lengua *h*, diciendo ... *1446*
22.2 y al oír que les hablaba en lengua *h* ... *1446*
26.14 **oí una voz que me...decía en lengua *h*** ... *1446*
2 Co 11.22 son *h*? Yo también...¿Son israelitas? ... *1445*
Fil 3.5 de la tribu de Benjamín, *h* de *h* ... *1445*
Ap 9.11 el ángel...cuyo nombre en *h* es Abadón ... *1447*
16.16 el lugar que en *h* se llama Armagedón ... *1447*

HEBRÓN
1. Ciudad importante en Judá
Gn 13.18 el encinar de Mamre, que está en *H* ... 2275
23.2 murió Sara en Quiriat-arba, que es *H* ... 2275
23.19 al oriente de Mamre, que es *H*, en la ... 2275
35.27 a la ciudad de Arba, que es *H*, donde ... 2275
37.14 y lo envió del valle de *H*, y llegó a ... 2275
Nm 13.22 subieron al Neguev y vinieron hasta *H* ... 2275
13.22 *H* fue edificada siete años antes de ... 2275
Jos 10.3 envió a Hoham rey de *H*, a Piream rey ... 2275
10.5,23 el rey de *H*, el rey de Jarmut, el rey ... 2275
10.36 subió luego Josué...de Eglón a *H*, y la ... 2275
10.39 como había hecho a *H*...así hizo a Debir ... 2275
11.21 Josué...y destruyó a los cananeos de...*H* ... 2275
12.10 el rey de Jerusalén...el rey de *H*, otro ... 2275
14.13 y dio a Caleb hijo de Jefone a *H* por ... 2275
14.14 *H* vino a ser heredad de Caleb hijo de ... 2275
14.15 el nombre de *H* fue antes Quiriat-arba ... 2275
15.13 ciudad de Quiriat-arba padre...que es *H* ... 2275
15.54 Quiriat-arba (la cual es *H*), y Sior, 9 ... 2275
20.7 señalaron a...y Quiriat-arba (que es *H*) ... 2275
21.11 les dieron Quiriat-arba...la cual es *H* ... 2275
21.13 dieron *H* con sus ejidos como ciudad de ... 2275
Jue 1.10 cananeo que habitaba en *H*, la cual ... 2275
1.20 y dieron *H* a Caleb, como Moisés había ... 2275
16.3 las subió a...monte que está delante de *H* ... 2275
1 S 30.31 en *H*, y en todos los lugares donde ... 2275
2 S 2.1 ¿a dónde subiré? Y él le dijo: A *H* ... 2275
2.3 los cuales moraron en las ciudades de *H* ... 2275
2.11 que David reinó en *H*...7 años y 6 meses ... 2275
2.32 caminaron toda...noche...amaneció en *H* ... 2275
3.2 y nacieron hijos a David en *H*...fue Amnón ... 2275
3.5 el sexto...Estos le nacieron a David en *H* ... 2275
3.19 fue...Abner a *H* a decir a David todo lo ... 2275
3.20 a David en *H*, y con él veinte hombres ... 2275
3.22 Abner no estaba con David en *H*, pues ya ... 2275
3.27 cuando Abner volvió a *H*. Joab lo llevó ... 2275
3.32 sepultaron a Abner en *H*; y alzando el ... 2275
4.1 oyó...que Abner había sido muerto en *H* ... 2275
2 S 4.8 trajeron la cabeza de Is-boset a...en *H* ... 2275
4.12 y los colgaron sobre el estanque en *H* ... 2275
4.12 le enterraron en el sepulcro de...en *H* ... 2275
5.1 vinieron todas las tribus...a David en *H* ... 2275
5.3 vinieron...los ancianos de...al rey en *H* ... 2275
5.3 el rey David hizo pacto con ellos en *H* ... 2275
5.5 en *H* reinó sobre Judá 7 años y 6 meses ... 2275
5.13 tomó...mujeres...después que vino de *H* ... 2275
15.7 yo te ruego me permitas que vaya a *H*, a ... 2275
15.9 ve en paz. Y él se levantó, y fue a *H* ... 2275
15.10 la trompeta diréis: Absalón reina en *H* ... 2275
1 R 2.11 siete años reinó en *H*, y 33 años ... 2275
1 Cr 3.1 hijos de David que le nacieron en *H* ... 2275
3.4 estos seis le nacieron en *H*, donde reinó ... 2275
6.55 les dieron, pues, *H* en tierra de Judá ... 2275
6.57 de Judá dieron a...*H*; además Libna con ... 2275
11.1 Israel se juntó a David en *H*, diciendo ... 2275
11.3 vinieron...los ancianos de...al rey en *H* ... 2275
12.23 número de los...vinieron a David en *H* ... 2275
12.38 a *H*, para poner a David por rey sobre ... 2275
29.27 siete años reinó en *H*, y 33 reinó en ... 2275
2 Cr 11.10 Zora, Ajalón y *H*...ciudades...Judá ... 2275
2. Población en Aser, Jos 19.28 ... 5683
3. Hijo de Coat, Éx 6.18; Nm 3.19; 1 Cr 6.2,18; 15.9; 23.12,19; 24.23 ... 2275
4. Descendiente de Caleb, 1 Cr 2.42,43 ... 2275

HEBRONITA *Descendiente de Hebrón No. 3*, Nm 3.27; 26.58; 1 Cr 26.23,30,31 ... 2276

HECHICERÍA
2 R 9.22 ¿qué paz, con...Jezabel...sus muchas *h*? ... 3785
Mi 5.12 asimismo destruiré de tu mano las *h* ... 3785
Gá 5.20 *h*, enemistades, pleitos, celos iras ... *5331*
Ap 9.21 ni de sus *h*, ni de su fornicación, ni ... *5331*
18.23 por tus *h* fueron engañadas todas las ... *5331*

HECHICERO, A
Éx 7.11 llamó también Faraón sabios y *h*, e ... 3784
7.11 e hicieron...lo mismo los *h* de Egipto ... 2748
7.22 y los *h* de Egipto hicieron lo mismo con ... 2748
8.7 *h* hicieron lo mismo con...encantamientos ... 2748
8.18 los *h* hicieron así también, para sacar ... 2748
8.19 los *h* dijeron a Faraón: Dedo de Dios es ... 2748
9.11 los *h* no podían estar delante de Moisés ... 2748
9.11 hubo sarpullido en los *h* y en todos los ... 2748
22.18 a la *h* no dejarás que viva ... 3748
Dt 18.10 no sea hallado en ti...sortílego, ni *h* ... 5172
Is 19.3 preguntarán a sus imágenes, a sus *h* ... 328
57.3 mas vosotros llegaos acá, hijos de la *h* ... 6049
Mal 3.5 y seré pronto testigo contra los *h* y ... 3784
Ap 21.8 y *h*...tendrán su parte en el lago que ... *5332*
22.15 mas los perros estarán fuera, y los *h* ... *5333*

HECHIZO
Is 47.9 a pesar de la multitud de tus *h*, y de ... 3785
47.12 en la multitud de tus *h*, en los cuales ... 3785
Nah 3.4 ramera de hermosa gracia, maestra...*h* ... 3785
3.4 que seduce a...y a los pueblos con sus *h* ... 3785

HECHO *Véase también Hacer*
Éx 2.15 oyendo Faraón...de este *h*, procuró ... 1697
14.31 vio Israel aquel grande *h* que Jehová ... 3027
Dt 4.34 *h* aterradores como todo lo que hizo ... 4172
15.10 te bendecirá Jehová tu...en todos tus *h* ... 4639
34.12 en los *h* grandiosos...que Moisés hizo
1 S 12.7 acerca de todos los *h* de salvación
1 R 11.41 *h* de Salomón...en el libro de los *h* ... 1697
14.19 los demás *h* de Jeroboam, las guerras ... 1697
14.29 demás *h* de Roboam, y todo lo que hizo ... 1697
15.7 demás *h* de Abiam...¿no está escrito en ... 1697
15.23 los demás *h* de Asa, y todo su poderío ... 1697
15.31 demás *h* de Nadab, y todo lo que hizo ... 1697
16.5 los demás *h* de Baasa, y las cosas que ... 1697
16.14 los demás *h* de Ela, y todo lo que hizo ... 1697
16.20 el resto de los *h* de Zimri...que hizo ... 1697
16.27 los demás *h* de Omri, y todo lo que hizo ... 1697
22.39 el resto de los *h* de Acab, y todo lo ... 1697
22.45 los demás *h* de Josafat, y sus hazañas ... 1697
2 R 1.18 los demás *h* de Ocozías, ¿no están ... 1697
8.23 los demás *h* de Joram...¿no están escritos ... 1697
10.34 los demás *h* de Jehú...¿no está escrito ... 1697
12.19 demás *h* de Joás...¿no está escrito en el ... 1697
13.8 los *h* de Joacaz...¿no está escrito en el ... 1697
13.12 demás *h* de Joás...¿no está escrito en el ... 1697
14.15 los demás *h* que ejecutó Joás, y sus ... 1697
14.18 demás *h* de Amasías, ¿no están escritos ... 1697
14.28 los demás *h* de Jeroboam, y todo lo que ... 1697
15.6 los demás *h* de Azarías...¿no está escrito ... 1697
15.11 los demás *h* de Zacarías...están escritos ... 1697
15.15 los demás *h* de Salum, y la conspiración ... 1697
15.21 demás *h* de Manahem...¿no está escrito ... 1697
15.26 los demás *h* de Pekaía...está escrito en ... 1697
15.31 los demás *h* de Peka...está escrito en ... 1697
15.36 los demás *h* de Jotam...¿no está escrito ... 1697
16.19 los demás *h* que...Acaz...¿no están todos ... 1697
20.20 demás *h* de Ezequías...¿no está escrito ... 1697
21.17 demás *h* de Manasés...esta todo escrito ... 1697
21.25 los demás *h* de Amón, ¿no están todos ... 1697
23.28 los demás *h* de Josías...¿no está todo ... 1697
24.5 los demás *h* de Joacim...¿no está escrito ... 1697
1 Cr 11.22 Benaía hijo de Joiada...de grandes *h* ... 6467
29.29 y los *h* del rey David...están escritos ... 1697
2 Cr 9.29 los demás *h* de Salomón...¿no están ... 1697
13.22 los demás *h* de Abías, sus caminos y sus ... 1697
16.11 *h* de Asa...están escritos en el libro ... 1697
20.34 los demás *h* de Josafat...escritos en el ... 1697
25.26 los demás *h* de Amasías...escritos en el ... 1697
26.22 los demás *h* de Uzías...fueron escritos ... 1697
27.7 los demás *h* de Jotam...están escritos en ... 1697
28.26 los demás de sus *h*, y todos sus caminos ... 1697
32.32 los demás *h* de Ezequías...están escritos ... 1697
33.18 los demás *h* de Manasés...está escrito ... 1697
35.26 los demás *h* de Josías, y sus obras ... 1697
35.27 y sus *h*, primeros y postreros, he aquí ... 1697
36.8 los demás *h* de Joacim, y las...que hizo ... 1697
Est 1.17 este *h* de la reina llegará a oídos de ... 1697
1.18 señoras de...que oigan el *h* de la reina ... 1697
10.2 los *h* de su poder...¿no está escrito en ... 4639
Sal 28.4 dales conforme a su obra...de sus *h* ... 6467
28.5 no atendieron a los *h* de Jehová, ni a ... 6468
64.9 anunciarán la obra...y entenderán sus *h* ... 6467
66.5 temible en *h* sobre los hijos de los ... 4659
71.15 mi boca...tus *h* de salvación todo el día ... 8668
71.16 vendré a los *h* poderosos de Jehová el ... 1369
77.12 meditaré en...obras, y hablaré de tus *h* ... 6467
106.39 obras, y se prostituyeron con sus *h* ... 4639
145.4 celebrará...anunciará tus poderosos *h* ... 4639
145.5 en...y en tus *h* maravillosos meditaré ... 1697
145.6 poder de tus *h*...hablarán los hombres ... 3372
145.12 para hacer saber a...sus poderosos *h* ... 1369
Pr 20.11 aun el muchacho es conocido por sus *h* ... 4611
21.8 perverso...los *h* del limpio son rectos ... 6467
31.31 dadle...alábenla en las puertas sus *h* ... 4639
Jer 5.28 y sobrepasaron los *h* del malo, no ... 1697
25.14 les pagaré conforme a sus *h*, y...obra ... 6467
32.19 grande en consejo, y magnífico en *h* ... 5950
Ez 14.22 veréis su camino y sus *h*, y seréis ... 5949
14.23 viereis su camino...*h*, y conoceréis que ... 5949
20.43 y allí os acordaréis...todos vuestros *h* ... 5949
Sof 3.7 apresuraron a corromper todos sus *h* ... 5949
Mt 11.2 al oír Juan...los *h* de Cristo, le envió ... *2041*
Mr 1.45 comenzó a publicarlo...a divulgar el *h* ... *3056*
Lc 11.48 **y consentidores de los *h* de...padres** ... *2041*
23.41 recibimos lo que merecieron nuestros *h* ... *4238*
23.51 no había consentido...en los *h* de ellos ... *4234*
Hch 19.18 confesando y dando cuenta de sus *h* ... *4234*
Ro 1.27 cometiendo *h* vergonzosos hombres con ... *2716*
2 Co 10.11 lo seremos...en *h*, estando presentes ... *2041*
Col 3.9 despojado del viejo hombre con sus *h* ... *4234*
3.17 todo lo que hacéis, sea de palabra o de *h* ... *2041*
2 Ti 4.14 el Señor le pague conforme a sus *h* ... *2041*
Tit 1.16 con los *h* niegan, siendo abominables ... *2041*
2 P 2.8 justo...oyendo los *h* inicuos de ellos ... *2041*
1 Jn 3.18 no amemos de palabra ni...sino de *h* ... *2041*

HECHURA
Éx 28.22 cordones de *h* de trenzas de oro fino ... 1383
Nm 8.4 y esta era la *h* del candelero, de oro ... 4639
1 R 6.25 ambos querubines eran...una misma *h* ... 7095
7.8 edificó...una casa de *h* semejante a la del ... 4639
7.31 era redonda, de la misma *h* del remate ... 4639
2 R 16.10 el...del altar, conforme a toda su *h* ... 4639
Job 14.15 tendrás afecto a la *h* de tus manos ... 4639
Ef 2.10 *h* suya, creados en Cristo Jesús para ... *4161*

HEDER
Éx 7.18 *hederá* el río...egipcios tendrán asco ... 887
16.20 dejaron de ello...crió gusanos, y *hedió* ... 887
16.24 guardaron...y no se agusanó ni *hedió* ... 887
Sal 38.5 *hieden* y supuran mis llagas a causa ... 887
Ec 10.1 las moscas muertas hacen *heder* y dar ... 887
Jn 11.39 ***hiede* ya, porque es de cuatro días** ... *3605*

HEDIONDEZ
Is 3.24 y en lugar de los perfumes...vendrá *h* ... 4716

HEDOR
Is 34.3 de sus cadáveres; se levantará *h*; y los ... 889
Jl 2.20 exhalará su *h*, y subirá su pudrición ... 889
Am 4.10 subir el *h* de vuestros campamentos ... 889

HEFER
1. Descendiente de Calaad y padre de Zelofehad, Nm 26.32,33; 27.1; Jos 17.2,3 ... 2660
2. Ciudad cananea; luego fue parte de un distrito administrativo de Salomón, Jos 12.17; 1 R 4.10 ... 2660
3. Descendiente de Judá, 1 Cr 4.6 ... 2660
4. Uno de los valientes de David, 1 Cr 11.36 ... 2660

HEFERITA *Descendiente de Hefer No. 1*
Nm 26.32 ... 2662

HEFZI-BÁ *«Mi deleite está en ella», voz poética*, Is 62.4 ... 2657

HEGAI *Eunuco del rey Asuero*
Est 2.3 cuidado de *H* eunuco del rey, guarda ... 1896
2.8 a cargo de *H*, Ester también fue llevada ... 1896
2.8 al cuidado de *H* guarda de las mujeres ... 1896
2.15 lo que dijo *H* eunuco del rey, guarda de ... 1896

HELA *Mujer de Asur No. 2*, 1 Cr 4.5,7 ... 2458

HELADA
Gn 31.40 consumía el calor, y de noche la *h* ... 7140
Job 6.16 escondidas por la *h*, y encubiertas por ... 7140

HELAM *Ciudad en Calaad*
2 S 10.16 vinieron a *H*, llevando por jefe a 2431
10.17 reunió...y pasando el Jordán vino a *H* 2431

HELBA *Población en Aser*, Jue 1.31 2462

HELBÓN *Población en Siria*, Ez 27.18 2463

HELCAI *Sacerdote en tiempo de Joacim*, Neh 12.15 2517

HELCAT *Población en la frontera de Aser*, Jos 19.25; 21.31 2520

HELCAT-HAZURIM *«Campo de filos de espada»*, 2 S 2.16 2521

HELDAI
1. Funcionario del rey David (=Heled), 1 Cr 27.15 ... 2469
2. Uno que volvió del cautiverio (=Helem), Zac 6.10 ... 2469

HELEB *Uno de los 30 valientes de David (=Heldai; No. 1 y Heleb)*, 2 S 23.29 2460

HELEC *Descendiente de Manasés*, Nm 26.30; Jos 17.2 2507

HELED *Uno de los 30 valientes de David (=Heldai; No. 1 y Heled)*, 1 Cr 11.30 2466

HELEF *Población en la frontera de Neftalí*, Jos 19.33 2501

HELEM
1. Descendiente de Aser, 1 Cr 7.35 1987
2. =Heled y Heldai No. 2, Zac 6.14 2494

HELEQUITA *Descendiente de Helec*, Nm 26.30 ... 2516

HELES
1. Uno de los valientes de David, 2 S 23.26; 1 Cr 11.27; 27.10 2503
2. Descendiente de Judá, 1 Cr 2.39 2503

HELÓN *Padre de Eliab, jefe de Zabulón*, Nm 1.9; 2.7; 7.24, 29; 10.16 2497

HEMAM *Horeo, hijo de Lotán (=Homam)*, Gn 36.22 1967

HEMÁN
1. Hijo de Zera, notable por su sabiduría, 1 R 4.31; 1 Cr 2.6 1968
2. Jefe de cantores en el templo
1 Cr 6.33 de los hijos de Coat, el cantor *H* 1968
15.17 los levitas designaron a *H* hijo de Joel 1968
15.19 así *H*, Asaf y Etán, que eran cantores 1968
16.41 con ellos a *H*, a Jedutún y a los otros 1968
16.42 con ellos a *H* y a Jedutún con trompetas 1968
25.1 apartaron...a los hijos de Asaf, de *H* 1968
25.4 de los hijos de *H*: Buquías, Matanías 1968
25.5 *H*...Dios dio a *H* 14 hijos y tres hijas 1968
25.6 Asaf...*H* estaban por disposición del rey 1968
2 Cr 5.12 cantores...los de *H* y los de Jedutún 1968
29.14 de los hijos de *H*, Jehiel y Simei; y de 1968
35.15 conforme al mandamiento de...Asaf y *H* 1968
Sal 88 *tít.* Masquil de *H* ezraíta 1968

HEMBRA
Gn 1.27 creó Dios al hombre a...varón y *h* los 5347
5.2 varón y *h* los creó; y los bendijo, y 5347
6.19 que tengan vida contigo, macho y *h* serán 5347
7.2 tomarás siete parejas, macho y su *h*; mas 802
7.2 no...limpios, una pareja, el macho y su *h* 802
7.3 de las aves de...siete parejas, macho y *h* 5347
7.9 dos...macho y *h*, como mandó Dios a Noé 5347
7.16 macho y *h* de toda carne vinieron, como 5347
31.10 los machos que cubrían a las *h* eran 6629
31.12 machos que cubren las *h* son listados 6629
Lv 3.1 de ganado...sea macho o *h*, sin defecto 5347
3.6 sea macho o *h*, lo ofrecerá sin defecto 5347
4.32 trajere cordero, *h* sin defecto traerá 5347
5.6 traerá...*h* de los rebaños, una cordera o 5347
Dt 4.16 que no os...hagáis...efigie de varón o *h* 5347
7.14 no habrá en ti varón ni *h* estéril, ni 6135
Mt 19.4 **el que los hizo...varón y *h* los hizo** *2338*
Mr 10.6 **al principio...varón y *h* los hizo Dios** *2338*

HEMDÁN *Horeo, hijo de Disón (=Amram No. 2)*, Gn 36.26 2533

HEN *Hijo de Sofonías No. 4 (=Josías No. 2)*, Zac 6.14 2581

HENA *Pueblo conquistado por Senaquerib*, 2 R 18.34; 19.13; Is 37.13 2012

HENADAD *Padre de una familia de sacerdotes*, Esd 3.9; Neh 3.18,24; 10.9 2582

HENDER
Lv 1.17 la *henderá* por sus alas, pero no la 8156
11.3 todo el que tiene pezuña *hendida* y que 8156
11.4 camello...pero no tiene pezuña *hendida* 6536
11.7 el cerdo, porque es de pezuñas *hendidas* 6536
11.26 animal de...que no tiene pezuña *hendida* 8156,8157
Dt 14.7 entre los que tienen pezuña *hendida* 6536
14.7 rumian, mas no tienen pezuña *hendida* 6536
14.8 ni cerdo, porque tiene pezuña *hendida* 6536
Job 7.5 mi carne...mi piel *hendida* y abominable 7280
Sal 60.2 temblar la tierra, la has *hendido* 6480
78.15 *hendió* las peñas en el desierto, y les 1234
141.7 como quien *hiende* y rompe la tierra 1234
Mi 1.4 y los valles se *hendirán* como la cera 1234
Nah 1.6 fuego, y por él se *hienden* las peñas 5422
Hab 3.9 tu arco...*hendiste* la tierra con ríos 1234

HENDIDURA
Éx 33.22 yo te pondré en una *h* de la peña 5366
Dt 14.6 todo animal...que tiene *h* de dos uñas 8156
Is 2.21 se meterá en las *h* de las rocas y en 5366
Jer 13.4 y escóndelo allá en la *h* de una peña 5357
Am 6.11 Jehová...herirá con *h* la casa mayor 7447
Abd 1.3 tú que moras en las *h* de las peñas, en 2288

HENO
2 R 19.26 vinieron a ser...*h* de los terrados 2682
Sal 104.14 hace producir el *h* para las bestias 2682
Is 37.27 como hierba del...*h* de los terrados 2682
51.12 y del hijo del hombre, que es como *h*? 2682
Am 7.1 cuando comenzaba a crecer el *h* tardío 3954
7.1 era el *h* tardío después de las siegas del 3954
1 Co 3.12 edificare...piedras preciosas...*h* *5528*

HEPSIBA *Madre del rey Manasés*, 2 R 21.1 2657

HERALDO
1 Co 9.27 que habiendo sido *h* para otros, yo *2784*

HEREDAD
Gn 17.8 toda la tierra de Canaán en *h* perpetua 272
23.9 me dé la cueva de...al extremo de su *h* 272
23.11 te doy la *h*, y te doy también la cueva 7704
23.13 yo daré el precio de la *h*; tómalo de 7704
23.17 la *h* de Efrón que estaba en Macpela al 7704
23.17 la *h* con la cueva que estaba en ella 7704
23.17 todos los árboles que había en la *h* 7704
23.19 sepultó Abraham...en la cueva de la *h* 7704
23.20 y quedó la *h* y la cueva que en ella, de 7704
25.9 Macpela, en la *h* de Efrón hijo de Zohar 7704
25.10 *h* que compró Abraham de los hijos de 7704
31.14 ¿tenemos acaso parte o *h* en la casa de 5159
48.4 daré esta tierra a tu...por *h* perpetua 272
48.6 por el nombre...serán llamados en sus *h* 5159
49.30 compró Abraham...para *h* de sepultura 272
50.13 comprado Abraham...para *h* de sepultura 272
Éx 6.8 la tierra...os la daré por *h*. Yo Jehová 4181
15.17 los plantarás en el monte de tu *h*, en 5159
32.13 tierra...la tomarán por *h* para siempre 5157
34.9 y perdona nuestra...y tómanos por tu *h* 5157
Lv 20.24 os la daré para que la poseáis por *h*
Nm 16.14 ni nos has dado *h* de tierras y viñas 5159
18.20 no tendrás *h*...yo soy tu parte y tu *h* 5157,5159
18.21 yo he dado...todos los diezmos...por *h* 5159
18.23 no poseerán *h* entre...hijos de Israel 5159
18.24 entre los hijos de Israel no poseerán *h* 5159
18.24 los levitas he dado por *h* los diezmos 5159
18.26 los diezmos que os he dado de ellos...*h* 5159
26.53 a estos se repartirá la tierra en *h* 5159
26.54 a los más darás mayor *h*, y a los menos 5159
26.54 le dará su *h* conforme a sus contados 5159
26.56 conforme...suene será repartida su *h* 5159
26.62 no les había de ser dada *h* entre los 5159
27.4 *h* entre los hermanos de nuestro padre 272
27.7 les darás...*h* entre los hermanos de su 5159
27.7 y traspasarás la *h* de su padre a ellas 5159
32.5 dése esta tierra a tus siervos en *h* y 272
32.18 hijos de...Israel posean cada uno su *h* 5159
32.19 no tomaremos *h*...al otro lado del Jordán 5157
32.19 tendremos ya nuestra *h* a este otro lado 5159
32.22 esta tierra será vuestra en *h* delante 272
32.32 posesión de nuestra *h* será a este lado 5159
34.13 la tierra que se os repartirá en *h* por 5157
34.14 la tribu de...de Rubén...han tomado su *h* 5159
34.15 dos tribus y media tomaron su *h* a este 5159
34.29 que hiciesen la repartición de las *h* 5157
35.2 a los levitas de la posesión de su *h* 5159
35.8 las ciudades que dieres de la *h* de los 5159
36.3 será quitada de la porción de nuestra *h* 5159
36.4 la *h* de ellas será añadida a la *h* de la 5159
36.4 así la *h* de ellas será quitada de la *h* 5159
36.7 *h*...no sea traspasada de tribu en tribu 5159
36.7 cada uno de...estará ligado a la *h* de la 5159
36.8 hija que tenga *h* en las tribus de los 5159
36.8 sino...posean cada uno la *h* de sus padres 5159
36.9 ande la *h* rodando de una tribu a otra 5159
36.9 tribus...de Israel estará ligada a su *h* 5159
36.12 la *h* de ellas quedó en la tribu de la 5159
Dt 2.5 he dado por *h* a Esaú el monte de Seir 3425
2.9 yo he dado a Ar por *h* a los hijos de Lot 3425
2.19 pues a los hijos de Lot la he dado por *h* 3425
3.18 Jehová...que os ha dado esta tierra por *h* 3423
3.20 volveréis cada uno a la *h* que yo os he 3423
4.20 seáis el pueblo de su *h* como en este día 5159
4.21 la buena tierra que Jehová...te da por *h* 5159
4.38 introducirte y darte su tierra por *h* 5159
9.26 Oh Señor Jehová, no destruyas...a tu *h* 5159
9.29 son tu pueblo y tu *h*, que sacaste con 5159
10.9 Leví no tuvo parte ni *h*...Jehová es su *h* 5159
12.9 hasta ahora no habéis entrado...a la *h* 5159
12.12 por cuanto no tiene...ni *h* con vosotros 5159
14.27 al levita...no tiene parte ni *h* contigo 5159
14.29 el levita, que no tiene...ni *h* contigo 5159
15.4 la tierra que Jehová tu Dios te da por *h* 5159
18.1 de Leví, no tendrán parte ni *h* en Israel 5159
18.1 las ofrendas...y de la *h* de él comerán 5159
18.2 no tendrán...*h* entre sus...Jehová es su *h* 5159
19.3 tierra que Jehová tu Dios te dará en *h* 5157
19.10; 21.23; 24.4; 25.19 la tierra que...te dará por *h* ... 5159
19.14 en la *h*...no reducirás los límites de 5159
20.16 ciudades...Jehová tu Dios te da por *h* 5159
29.8 la dimos por *h* a Rubén y a Gad y a la 5159
32.9 es su pueblo; Jacob la *h* que le tocó 5159
32.49 de Canaán, que yo doy por *h* a...Israel 272
33.4 ley, como *h* a la congregación de Jacob 4181
Jos 1.6 tú repartirás a este pueblo por *h* la 5157
13.6 repartirás tu...a los israelitas por *h* 5159
13.7 reparte, pues...en *h* a las nueve tribus 5159
13.8 rubenitas y gaditas...recibieron ya su *h* 5159
13.14 no dio *h*; los sacrificios de...son su *h* 5159
13.23 esta fue la *h* de los hijos de Rubén 5159
13.28 esta es la *h* de los hijos de Gad por 5159
13.29 dio Moisés *h* a la media...de Manasés
13.32 esto es lo que Moisés repartió en *h* en 5157
13.33 mas a la tribu de Leví no dio Moisés *h* 5159
13.33 Jehová Dios de Israel es la *h* de ellos 5159
14.1 los hijos de Israel tomaron por *h*...de Canaán. 5157
14.2 por suerte se les dio su *h*, como Jehová 5159
14.3 les había dado Moisés *h* al otro lado del 5159
14.3 a los levitas no les dio *h* entre ellos 5159
14.13 Josué...dio a Caleb hijo...Hebrón por *h* 5159
14.14 Hebrón vino a ser *h* de Caleb hijo de 5159
15.20 la *h* de la tribu de los hijos de Judá 5159
16.4 recibieron, pues, su *h* los hijos de José 5157
16.5 el límite de su *h*...fue desde Atarot-adar 5159
16.8 esta es la *h* de la tribu de...de Efraín 5159
16.9 ciudades...en medio de la *h* de...Manasés 5159
17.4 Jehová mandó a Moisés que nos diese *h* 5159
17.4 les dio *h* entre los hermanos del padre 5159
17.6 las hijas de Manasés tuvieron *h* entre 5157,5159
17.14 ¿por qué nos has dado por *h* una sola 5159
18.4 describan conforme a sus *h*, y vuelvan a 5159
18.7 el sacerdocio de Jehová es la *h* de ellos 5159
18.7 ya han recibido su *h* al otro lado del 5159
18.20,28 es la *h* de los hijos de Benjamín 5159
19.1 su *h* fue en medio de la *h* de los hijos 5159
19.2 y tuvieron en su *h* a Beerseba, Seba 5159
19.8 esta es la *h*...de los hijos de Simeón 5159
19.9 fue sacada la *h* de los hijos de Simeón 5159
19.10 y el territorio de su *h* fue hasta Sarid 5159
19.9 tuvieron *h* en medio de la de Judá 5159
19.16 esta es la *h* de los hijos de Zabulón 5159
19.23 esta es la *h*...de los hijos de Isacar 5159
19.31 esta es la *h* de...de los hijos de Aser 5159
19.39 esta es la *h*...de los hijos de Neftalí 5159
19.41 fue el territorio de su *h*, Zora, Estaol 5159
19.48 esta es la *h* de...de los hijos de Dan 5159
19.49 que acabaron de repartir la tierra en *h* 5157
19.49 dieron...Israel *h* a Josué hijo de Nun 5159
19.51 las *h* que el sacerdote Eleazar, y Josué 5157
22.7 dio...*h* entre sus hermanos a este lado
24.30 le sepultaron en su *h* en Timnat-sera 5159
Jue 2.6 Israel se habían ido cada uno a su *h* 5159
2.9 y lo sepultaron en su *h* en Timnat-sera 5159
21.23 y volvieron a su *h*, y reedificaron las 5159
21.24 Israel...saliendo de allí cada uno a su *h* 5159
Rt 4.6 no puedo redimir...no sea que dañe mi *h* 5159
4.10 para restaurar el nombre del...sobre su *h* 5159
1 S 26.19 que no tenga parte en la *h* de Jehová 5159
2 S 14.16 me quiere destruir...de la *h* de Dios 5159
20.1 no tenemos...ni *h* con el hijo de Isaí 5159
20.19 ¿por qué destruyes la *h* de Jehová? 5159
21.3 daré para que bendigáis la *h* de Jehová? 5159
1 R 2.26 vete...a tus *h*...eres digno de muerte 7704
8.36 darás lluvias...diste a tu pueblo por *h* 5159
8.51 porque ellos son tu pueblo y tu *h* el 5159
8.53 tú los apartaste para ti como *h* tuya 5159
12.16 David? No tenemos *h* en el hijo de Isaí 5159
21.3 que yo te dé a ti la *h* de mis padres 5159
21.4 Nabot...No te daré la *h* de mis padres 5159
2 R 9.21 al cual hallaron en la *h* de Nabot 2513
9.25 y échalo a un extremo de la *h* de Nabot 2513
9.26 te daré la paga en esta *h*, dijo Jehová 2513
9.26 tómalo, pues...échalo en la *h* de Nabot 2513
9.36 en la *h* de Jezreel comerán los perros 2506
9.37 Jezabel será como...en la *h* de Jezreel 2506
18.17 acamparon...el camino de la *h* de Lavador .. 7704
21.14 y desampararé el resto de mi *h* y lo 5159
1 Cr 7.28 la *h*...de ellos fue Bet-el con sus 272
16.18 a ti daré...de Canaán porción de tu *h* 5159
2 Cr 6.27 tu tierra...diste por *h* a tu pueblo 5159
20.11 viniendo a arrojarnos de la *h* que tú 3425
Esd 9.12 y la dejéis por *h* a vuestros hijos 3423
Neh 5.16 restauré mi parte, y no compramos *h* 7704
11.20 el resto de Israel...cada uno en su *h* 5159
13.10 levitas...habían huido cada uno a su *h* 7704
Job 20.29 *h* que Dios le señala por su palabra 5159
31.2 qué *h* el Omnipotente desde las alturas? 5159
Sal 16.6 y es hermosa la *h* que me ha tocado 5159
28.9 salva a tu pueblo, y bendice a tu *h* 5159
33.12 pueblo que él escogió como *h* para sí 5159
37.18 y la *h* de ellos será para siempre 5159
47.4 él nos elegirá nuestras *h*; la hermosura 5159
61.5 me has dado la *h* de los que temen tu 3425
68.9 Dios; a tu *h* exhausta tú la reanimaste 5159
78.55 con cuerdas repartió sus tierras en *h* 5159
78.62 a la espada, y se irritó contra su *h* 5159
78.71 para que apacentase a...a Israel su *h* 5159
79.1 oh Dios vinieron las naciones a tu *h* 5159
94.5 tu pueblo...quebrantan, y a tu *h* afligen 5159
94.14 no...a su pueblo, ni desamparará su *h* 5159
105.11 de Canaán como porción de vuestra *h* 5159
106.5 que me goce en...y me glorie con tu *h* 5159
106.40 furor de Jehová sobre...abominó su *h* 5159
111.6 pueblo, dándole la *h* de las naciones 5159
119.111 por *h* he tomado tus testimonios para 5157
125.3 no reposará la vara de...sobre la *h* de 1486
135.12 y dio la tierra...en *h*, en *h* a Israel 5159
136.21 dio la tierra de ellos en *h*, porque 5159
136.22 en *h* a Israel su siervo, porque para 5159
Pr 8.21 hacer que los que me aman tengan su *h* 5157
15.25 Jehová...pero afirmará la *h* de la viuda 1366
23.10 no...ni entres en la *h* de los huérfanos 7704

31.16 considera la *h*, y la compra, y planta 7704
Is 5.8 y añaden *h* a *h* hasta ocuparlo todo! 7704
7.3 Acaz... en el camino de la *h* del Lavador 7704
19.25 bendito el pueblo mío... e Israel mi *h* 5159
34.17 cordel; para siempre la tendrán por *h* 3423
36.2 acampó... en el camino de la *h* del Lavador 7704
47.6 profané mi *h*, y los entregué en tu mano 5159
49.8 y te daré... para que heredes asoladas *h* 5159
57.13 que en mi confía tendrá la tierra por *h* 5157
58.14 te daré a comer la *h* de Jacob tu padre 5159
61.7 lugar de... deshonra, os alabarán en sus *h* 2506
63.17 vuélvete por... por las tribus de tu *h* 5159
65.9 mis escogidos poseerán por *h* la tierra 3423
Jer 2.7 tierra, e hicisteis abominable mi *h* 5159
3.19 y os daré... la rica *h* de las naciones? 5159
6.12 a otros, sus *h* y también sus mujeres 7704
10.16 el Hacedor... e Israel es la vara de su *h* 5159
12.7 he dejado mi casa, desampararé mi *h* he 5159
12.8 mi *h* fue para mí como león en la selva 5159
12.9 ¿es mi *h* para mí como ave de rapiña de 5159
12.10 han destruido mi viña, hollaron mi *h* 2513
12.10 convirtieron en desierto... *h* preciosa 2513
12.13 tuvieron la *h*, mas no aprovecharon nada 2470
12.14 la *h* que hice poseer a mi pueblo Israel 5159
12.15 haré volver cada uno a su *h* y... tierra 5159
16.18 y de sus abominaciones llenaron mi *h* 5159
17.4 perderás la *h* que yo te di, y te haré 5159
32.7 cómprame mi *h* que está en Anatot; porque 7704
32.8 compra ahora mi *h*, que está en Anatot 3425
32.9 compré la *h* de Hanameel, hijo de mi tío 7704
32.15 aún se comprarán casas, *h* y viñas en 7704
32.25 me has dicho: Cómprate la *h* por dinero 7704
32.43 poseerán *h* en esta tierra de la cual 7704
32.44 *h* comprarán por... y harán escritura y 7704
35.9 y de no tener viña, ni *h*, ni sementera 7704
39.10 a los pobres del... les dio viñas y *h* 3010
49.2 tomará por *h* a los que... tomaron a ellos 3423
50.11 porque os gozasteis destruyendo mi *h* 5159
Lm 5.2 nuestra *h* ha pasado a extraños... casas 5159
Ez 25.4 yo te entrego por *h* a los orientales 4181
25.10 la entregaré por *h*, para que no haya 4181
35.15 te alegraste sobre la *h* de la casa de 5159
36.2 las alturas... nos han sido dadas por *h* 4181
36.3 para que fueseis *h* de las otras naciones 4181
36.5 que se disputaron mi tierra por *h* con 4181
36.12 serás por *h*, y nunca más les matarás 5159
44.28 habrá para ellos *h* yo seré su *h*, pero 5159
45.1 repartáis por suertes la tierra en *h* 5159
46.16 si el... diere parte de su *h* a sus hijos 5159
46.17 mas si de su *h* diere parte a alguno de 5159
47.13 repartiréis la tierra por *h* entre las 5157
47.14 tanto, esta será la tierra de vuestra *h* 5159
47.22 echaréis... suertes por *h* para vosotros 5159
47.22 echarán suertes... para tener *h* entre las 5159
47.23 allí le daréis su *h*, ha dicho Jehová 5159
48.29 la tierra que repartiréis... en *h* a las 5159
Dn 12.13 te levantarás para recibir tu *h* al 1486
Os 5.7 un solo mes... consumidos ellos y sus *h* 2506
Jl 2.17 no entregues al oprobio tu *h*, para que 5159
3.2 a causa de mi pueblo, y de Israel mi *h* 5159
Mi 2.2 codician las *h*, y las roban; y casas 7704
2.2 oprimen al hombre y... al hombre y a su *h* 5159
2.5 no habrá quien a suerte reparta *h* en la 1486
7.14 apacienta... el rebaño de tu *h*, que mora 5159
7.18 olvida el pecado del remanente de su *h*? 5159
Zac 2.12 y Jehová poseerá a Judá su *h* en la 2506
Mal 1.3 abandoné su *h* para los chacales del 5159
Mt 5.5 **porque ellos recibirán la tierra por *h*** *2816*
21.38 **matémosle, y apoderémonos de su *h*** *2817*
25.34 **benditos de mi Padre, *h* el reino preparado** *2816*
Mr 12.7 **venid, matémosle, y la *h* será nuestra** *2817*
Lc 12.16 ***h* de un hombre rico había producido** *5561*
20.14 **matémosle, para que la *h* sea nuestra** *2817*
Jn 4.5 Sicar, junto a la *h* que Jacob dio a su *5564*
Hch 4.34 todos los que poseían *h*... las vendían *5564*
4.37 como tenía una *h*, la vendió y trajo el *68*
5.1 Ananías... Safira su mujer, vendió una *h* *2933*
5.3 Santo, y sustrajeses del precio de la *h*? *5564*
5.8 ¿vendisteis en tanto la *h*? Y ella dijo *5564*

HEREDAR

Gn 15.4 no te *heredará* éste... hijo tuyo te *h* 3423
15.7 de Ur... para darte a *heredar* esta tierra 3423
15.8 en qué conoceré que la he de heredar? 3423
21.10 el hijo de... sierva no ha de *heredar* 3423
28.4 para que *heredes* la tierra en que moras 3423
Nm 26.55 los nombres de las tribus... *heredarán* 5157
33.54 y *heredaréis* la tierra por sorteo por 5157
33.54 por las tribus de... padres *heredaréis* 5157
35.8 dará... según la posesión que *heredará* 5159
Dt 1.38 Josué hijo... la hará *heredar* a Israel 5157
1.39 a ellos la daré, y ellos la *heredarán* 3423
2.31 tomar posesión de... para que la *heredes* 3423
3.12 esta tierra que *heredamos*... la di a los 3423
3.20 *hereden*... también la tierra que Jehová 3423
3.28 él les hará *heredar* la tierra que verás 5157
12.2 las naciones que... *heredaréis* sirvieron 3423
12.10 en la tierra que... Dios os hace *heredar* 5157
12.29 y las *heredes*, y habites en su tierra 3423
16.20 y *heredes* la tierra que Jehová... te da 3423
18.14 naciones que vas a *heredar*, a agoreros 3423
19.1 tu Dios te da a ti, y tú las *heredes* 3423
21.16 el día que hiciere *heredar* a sus hijos 5157
30.5 a la tierra que *heredaron* tus padres 3423
31.3 destruirá a estas naciones... *heredarás* 3423
31.7 entrarás con... y tú se la harás *heredar* 5157
32.8 el Altísimo hizo *heredar* a las naciones 5157
Jue 11.2 no *heredarás* en la casa de nuestro 5157
1 S 2.8 hacerle... *heredar* un sitio de honor 5157
Neh 9.25 *heredaron* casas llenas de todo bien 3423
Sal 25.13 su descendencia *heredará* la tierra 3423
37.9 los que esperan en... *heredarán* la tierra 3423
37.11 pero los mansos *heredarán* la tierra 3423
37.22 los benditos de él *heredarán* la tierra 3423
37.29 justos *heredarán* la tierra, y vivirán 3423
37.34 él te exaltará para *heredar* la tierra 3423
69.36 la descendencia de sus... la *heredará* 5157
82.8 porque tú *heredarás* todas las naciones 5157
83.12 han dicho: *Heredemos* para nosotros las
105.44 las labores de los pueblos *heredaron* 3423
Pr 3.35 los sabios *heredarán* honra, mas los 5157
11.29 el que turba su casa *heredará* viento 5157
14.18 los simples *heredarán* necedad; mas los 5157
28.10 mas los perfectos *heredarán* el bien 5157
30.23 la sierva cuando *hereda* a su señora 3423
Is 49.8 para que *heredes* asoladas *heredades* 5157
54.3 tu descendencia *heredará* naciones, y 3423
60.21 ellos... para siempre *heredarán* la tierra 3423
Jer 3.18 tierra que hice *heredar* a vuestros 5157
Ez 47.14 la *heredaréis* así los unos como los 3423
Sof 2.9 remanente de mi pueblo los *heredará* 5157
Mt 19.29 **recibirá... y *heredará* la vida eterna** *2816*
25.34 **venid... *heredad* el reino preparado para** *2816*
Mr 10.17 qué haré para *heredar* la vida eterna? *2816*
Lc 10.25 ¿haciendo qué cosa *heredaré* la vida *2816*
18.18 ¿qué haré para *heredar* la vida eterna? *2816*
1 Co 6.9 los injustos no *heredarán* el reino de *2816*
6.10 ni los ladrones... *heredarán* el reino de *2816*
15.50 no pueden *heredar* el reino de Dios, ni *2816*
15.50 ni la corrupción *hereda* la incorrupción *2816*
Gá 4.30 no *heredará* el hijo de la esclava con *2816*
5.21 que practican tales cosas no *heredarán* *2816*
He 1.4 *heredó* más excelente nombre que ellos *2820*
6.12 que por la fe y la... *heredan* las promesas *2816*
12.17 después, deseando *heredar* la bendición *2816*
1 P 3.9 llamados para que *heredaseis* bendición *2816*
Ap 21.7 que venciere *heredará* todas las cosas *2816*

HEREDERO

Gn 15.3 dijo también... que será mi *h* un esclavo 3423
2 S 14.7 entrega al... y matemos también al *h* 3423
Pr 13.22 el bueno dejará *h* a los hijos de sus 5157
29.21 siervo mimado... a la postre será su *h* 4497
Is 65.9 descendencia de Judá *h* de mis montes 3423
Jer 49.1 ¿no tiene hijos Israel? ¿No tiene *h*? 3423
Mt 21.38; Mr 12.7; Lc 20.14 **éste es el *h*; venid,**
matémosle *2818*
Ro 4.13 la promesa de que sería *h* del mundo *2818*
4.14 si los que son de la ley son los *h*, vana *2818*
8.17 y si hijos, también *h*; *h* de Dios y *2818*
Gá 3.29 linaje de Abraham sois, y *h* según la *2818*
4.1 *h* es niño, en nada difiere del esclavo *2818*
4.7 si hijo... *h* de Dios por medio de Cristo *2818*
Tit 3.7 justificados por... viniésemos a ser *h* *2818*
He 1.2 el Hijo, a quien constituyó *h* de todo *2818*
1.14 servicio a favor de los que serán *h* de *2816*
6.17 mostrar más abundantemente a los *h* de *2818*
11.7 *h* de la justicia que viene por la fe *2818*
Stg 2.5 *h* del reino que ha prometido a los *2818*

HEREDITARIA

Lv 25.46 los podréis dejar... como posesión *h* 5157

HEREJÍA

Hch 24.14 según el Camino que ellos llaman *h* *139*
Gá 5.20 celos, iras, contiendas, disensiones, *h* *139*
2 P 2.1 que introducirán encubiertamente *h* *139*

HERENCIA

Lv 25.46 los podréis dejar en *h* para... hijos 5157
27.22 tierra... que no era de la tierra de su *h* 272
27.24 a aquél de... cuya es la *h* de la tierra 272
Nm 27.8 sin hijos, traspasaréis su *h* a su hija 5159
27.9 no tuviere... daréis su *h* a sus hermanos 5159
27.10 daréis su *h* a los hermanos de su padre 5159
27.11 daréis su *h* a su pariente más cercano 5159
33.54 a los muchos daréis mucho por *h*, y a 5157
33.54 a los pocos daréis menos por *h*; donde 5157
34.2 esto es, la tierra que os ha de caer en *h* 5159
36.3 la *h* de ellas será así quitada de la *h* 5159
36.3 será añadida a la *h* de la tribu a que 5159
Dt 26.1 tierra que Jehová tu Dios te da por *h* 5159
Jos 1.15 volveréis... a la tierra de vuestra *h* 3423
11.23 entregó Josué a los israelitas por *h* 5159
14.9 para ti, y para tus hijos en *h* perpetua 5159
21.3 dieron de su propia *h* a los levitas 5159
23.4 por suerte, en *h* para vuestras tribus 5159
Jue 21.17 tenga... *h* en los que han escapado 3423
1 Cr 28.8 dejéis en *h* a vuestros hijos después 5157
2 Cr 10.16 no tenemos *h* en el hijo de Isaí 5159
Job 27.13 *h* que los violentos han de recibir 5159
42.15 les dio su padre *h* entre sus hermanos 5159
Sal 2.8 pídeme, y te daré por *h* las naciones 5159
16.5 Jehová es la porción de mi *h* y de mi 2506
74.2 redimiste para hacerla la tribu de tu *h* 5159
127.3 he aquí, *h* de Jehová son los hijos 5159
Pr 17.2 y con los hermanos compartirá la *h* 5159
19.14 la casa y las... son *h* de los padres 5159
Ec 7.11 buena es... ciencia con *h*; y provechosa 5159
Is 54.17 esta es la *h* de los siervos de Jehová 5159
Jer 32.8 porque tuyo es el derecho de la *h* 3425
51.19 Formador... Israel es el cetro de su *h* 5159
Ez 46.16 diere... posesión de ellos será por *h* 5159
46.17 volverá al... mas su *h* será de sus hijos 5159
46.18 y el príncipe no tomará nada de la *h* 5159
46.18 de lo que él posee dará *h* a sus hijos 5159
Lc 12.13 a mi hermano que parta conmigo la *h* *2817*
Hch 7.5 no le dio *h* en ella... asentar un pie *2817*
13.19 de Canaán, les dio en *h* su territorio
20.32 y daros *h* con todos los santificados *2817*
26.18 **que reciban... *h* entre los santificados** *2819*
Gá 3.18 si la *h* es por la ley, ya no es por *2817*
Ef 1.11 en él asimismo tuvimos *h*, habiendo *2820*
1.14 que es las arras de nuestra *h* hasta la *2817*
1.18 las riquezas de la gloria de su *h* en los *2817*
5.5 que ningún... avaro... tiene *h* en el reino *2817*
Col 1.12 participar de la *h* de los santos en *2819*
3.24 Señor recibiréis la recompensa de la *h* *2817*
He 9.15 reciban la promesa de la *h* eterna *2817*
10.34 una mejor y perdurable *h* en los cielos *5223*
11.8 al lugar que había de recibir como *h* *2817*
1 P 1.4 para una *h* incorruptible... en los cielos *2817*

HERES

1. Monte cerca de Ajalón No. 1, Jue 1.35 2776
2. Levita que regresó del cautiverio, 1 Cr 9.15 2792

HEREZ *«Ciudad del sol»*, Is 19.18 2041

HERIDA

Gn 4.23 un varón mataré por mi *h*, y un joven 6482
Éx 21.25 quemadura por quemadura, *h* por *h* 6482
Dt 17.8 juicio... entre una clase de *h* y otra 5061
1 R 20.37 hiéreme... y el hombre... le hizo una *h* 6481
22.35 la sangre de la *h* corría por el fondo 4347
2 R 8.29; 9.15 para curarse de las *h* que los 4347
2 Cr 22.6 volvió para curarse... de las *h* que 4347
Job 9.17 me ha... ha aumentado mis *h* sin causa 6482
34.6 dolorosa es mi *h* sin haber hecho yo 2671
Sal 147.3 sana a los quebrantados... venda sus *h* 6094
Pr 6.33 *h* y vergüenza hallará, y su afrenta 5061
23.29 las quejas? ¿para quién las *h* en balde? 6482
27.6 fieles son las *h* del que ama; pero 6482
Is 1.6 cabeza no hay en él cosa sana, sino *h* 6482
30.26 que vendare Jehová la *h* de su pueblo 7667
Jer 6.7 robo... en mi presencia, enfermedad y *h* 4347
6.14 curan la *h* de mi pueblo con liviandad 7667
8.11 curaron la *h* de la hija de mi pueblo con 7667
15.18 mi *h* desahuciada no admitió curación? 4347
30.17 para ti, y sanaré tus *h*, dice Jehová 4347
Nah 3.19 no hay medicina... tu *h* es incurable 4347
Zac 13.6 ¿qué *h* son estas en tus manos? Y él 4347
Lc 10.34 **vendó sus *h*, echándoles aceite y vino** *5134*
Hch 16.33 él, tomándolos en... les lavó las *h* *4127*
1 P 2.24 llevó... y por cuya *h* fuisteis sanados *3468*
Ap 8.12 y fue *h* la tercera parte del sol *4141*
13.3 muerte, pero su *h* mortal fue sanada *4127*
13.12 la... bestia, cuya *h* mortal fue sanada *4127*
13.14 la imagen a la bestia que tiene la *h* de *4127*

HERIDO *Véase también Herir*

1 S 17.52 cayeron los *h* de los filisteos por 2491
Jer 51.52 y en toda su tierra gemirán los *h* 2491
Lm 2.12 desfallecían como *h* en las calles de 2491
Ez 26.15 cuando griten los *h*, cuando se haga 2491

HERIDOR

Éx 12.23 no dejará entrar al *h* en vuestras 7843
Nm 35.21 por enemistad lo hirió... el *h* morirá 5221
Is 50.6 di mi cuerpo a los *h*, y mis mejillas 5221

HERIR

Gn 3.15 te *herirá* en la cabeza, y tú le herirás 7779
12.17 Jehová *hirió* a Faraón y a su casa con 5060
19.11 y a los hombres... *hirieron* con ceguera 5221
32.11 Esaú... me *hiera* la madre con los hijos 5221
Éx 3.20 *heriré* a Egipto con... mis maravillas 5221
7.25 siete días después que Jehová *hirió* el 5221
9.15 yo extenderé mi mano para *herirte* a ti 5221
9.25 aquel granizo *hirió* en toda la tierra 5221
12.12 *heriré* a todo primogénito en la tierra 5221
12.13 veré... cuando *hiera* la tierra de Egipto 5221
12.23 Jehová pasará *hiriendo* a los egipcios 5062
12.23 no dejará entrar al *heridor*... para *herir* 5062
12.27 *hirió* a los egipcios, y libró... casas 5062
12.29 Jehová *hirió* a todo primogénito en la 5221
21.12 que *hiriere* a alguno, haciéndole así 5221
21.13 el que no pretendía *herirlo*, sino que 6658
21.15 el que *hiriere* a su padre o a su madre 5221
21.18 uno *hiriere* a su prójimo con piedra o 5221
21.19 entonces será absuelto el que lo *hirió* 5221
21.20 si alguno *hiriere* a su siervo... con palo 5221
21.22 si... *hirieren* a mujer embarazada, y ésta 5062
21.26 si alguno *hiriere* el ojo de su siervo 5221
21.35 el buey de alguno *hiriere* al buey de su 5062
22.2 si el ladrón... fuere *herido* y muriere 5221
22.2 el que lo *hirió* no será culpado de su
32.35 Jehová *hirió* al pueblo, porque habían 5062
Lv 22.24 no ofreceréis... animal con... *heridos* 4600
24.17 hombre que *hiere* de muerte a... persona 5221
24.18,21 que *hiere*... animal ha de restituirlo 5221
24.21 *hiere* de muerte a un hombre, que muera 5221
26.17 *heridos* delante de vuestros enemigos 5062
26.24 os *heriré* aún siete veces por... pecados 5221
Nm 8.17 el día que yo *herí* a todo primogénito 5221
11.33 *hirió* Jehová al pueblo con una plaga 5221
14.12 los *heriré* de mortandad y los destruiré 5221
14.42 no seáis *heridos* delante de... enemigos 5062
14.45 descendieron el amalecita y... *hirieron* 5221
21.24 *hirió* Israel a filo de espada, y tomó 5221
21.35 *hirieron* a él y a sus hijos, y a toda 5221
22.6 quizá yo pueda *herirlo* y echarlo de la 5221
24.17 *herirá* las sienes de Moab, y destruirá 4272
25.17 hostigad a los madianitas, y *heridlos* 5221
32.4 la tierra que Jehová *hirió* delante de la 5221
33.4 enterraban... los que Jehová había *herido* 5221

H

35.11 huya el homicida que *hiriere* a alguno 5221
35.15 *hiriere* de muerte a otro sin intención 5221
35.16,17,18 si con. . . lo *hiriere* y muriere 5221
35.21 o por enemistad lo *hirió* con su mano 5221
Dt 13.15 *herirás* a filo de espada. . . moradores 5221
19.4 que *hiriere* a su prójimo sin intención 5221
19.6 que el vengador de la sangre. . . le *hiera* 5221
19.11 y lo acechare. . . y lo *hiriere* de muerte 5221
20.13 *herirás* a todo varón. . . filo de espada 5221
25.3 si lo *hirieren* con muchos azotes más que 5221
25.11 a su marido de mano del que le *hiere* 5221
27.24 el que *hiere* a su prójimo ocultamente 5221
28.22 Jehová te *herirá* de tisis, de fiebre 5221
28.27 te *herirá* con la úlcera de Egipto, con 5221
28.28 Jehová te *herirá* con locura, ceguera 5221
28.35 te *herirá* Jehová con maligna pústula 5221
32.39 yo *hiero*, y yo sano; y no hay quien 4772
33.11 *hiere* los lomos de sus enemigos, y de 4772
Jos 8.22 *hirieron* hasta que no quedó ninguno 5221
8.24 a Hai, y. . . la *hirieron* a filo de espada 5221
10.10 los *hirió* con gran mortandad en Gabaón 5221
10.10 siguió. . . los *hirió* hasta Azeca y Maceda 5221
10.19 seguid a vuestros enemigos y *heridles* 2179
10.20 acabaron de *herirlos* con gran mortandad . . . 5221
10.26 *hirió* y los mató, y los hizo colgar en 5221
10.28 tomó. . . a Maceda. . . *hirió* a filo de espada 5221
10.30 y la *hirió* a filo de espada, con todo 5221
10.32 a Laquis. . . y la *hirió* a filo de espada 5221
10.35 tomaron. . . la *hirieron* a filo de espada 5221
10.37 la *hirieron* a filo de espada, a su rey 5221
10.39 sus ciudades. . . *hirieron* a filo de espada 5221
10.40 *hirió*, pues, Josué toda la región de 5221
10.41 y los *hirió* Josué desde Cades-barnea 5221
11.8 los *hirieron* y los siguieron hasta Sidón 5221
11.8 *hiriéndolos* hasta que no les dejaron 5221
11.12 *hirió* a filo de espada, y los destruyó 5221
11.14 a todos los hombres *hirieron* a filo de 5221
11.17 a todos sus reyes, y los *hirió* y mató 5221
19.47 a Lesem. . . la *hirieron* a filo de espada 5221
20.5 por cuanto *hirió*. . . por accidente, y no 5221
20.9 se acogiese. . . cualquiera que *hiriese* a 5221
24.5 envié a Moisés. . . Aarón, y *herí* a Egipto 5062
Jue 1.4 *hirieron* de ellos en Bezec a diez mil 5221
1.10 *hirieron* a Sesai, a Ahimán y a Talmai 5221
1.25 ciudad, y la *hirieron* a filo de espada 5221
3.13 *hirió* a Israel, y tomó la ciudad de las 5221
5.26 golpeó a Sísara, *hirió* su cabeza, y le 4277
9.40 cayeron *heridos*. . . hasta la entrada de la 2491
15.8 *hirió* cadera y muslo con gran mortandad 5221
18.27 a Lais. . . los *hirieron* a filo de espada 5221
20.31 comenzaron a *herir* a algunos. . . pueblo 5221
20.37 *hirieron* a filo de espada. . . la ciudad 5221
20.39 comenzaron a *herir*. . . la gente de Israel 5221
20.48 volvieron. . . *hirieron* a filo de espada 5221
21.10 *herid* a filo de espada. . . Jabes-galaad 5221
1 S 4.2 *hirieron* en la batalla. . . 4.000 hombres 5221
4.3 nos ha *herido* hoy Jehová delante de los 5062
4.8 son los dioses que *hirieron* a Egipto con 5221
5.6 los destruyó. . . *hirió* con tumores en Asdod 5221
5.12 que no morían, eran *heridos* de tumores 5221
6.9 que no es su mano la que nos ha *herido* 5060
6.19 porque Jehová lo había *herido* con tan 5221
7.11 filisteos, *hiriéndolos* hasta abajo de 5221
11.11 *hirieron* a los amonitas hasta que el 5221
14.31 *hirieron*. . . a los filisteos desde Micmas 5221
15.3 vé, pues, y *hiere* a Amalec, y destruye 5221
17.35 y lo *hería*, y lo libraba de su boca 5221
17.35 le echaba mano. . . lo *hería* y lo mataba 5221
17.49 tiró. . . e *hirió* al filisteo en la frente 5221
17.50 *hirió* al filisteo y lo mató, sin tener 5221
18.7 Saúl *hirió* a sus miles, y David a sus 5221
19.8 David. . . los *hirió* con grande estrago, y 5221
19.10 el cual *hirió* con la lanza en la pared 5221
20.33 Saúl le arrojó una lanza para *herirlo* 5221
21.11 *hirió* Saúl sus miles y David a sus 5221
22.19 Nob. . . *hirió*. . . todo lo *h* a filo de espada 5221
25.38 días después, Jehová *hirió* a Nabal, y 5062
26.8 déjame que le *hiera* con la lanza, y lo 5221
26.10 que si Jehová no lo *hiriere*, o su día 5062
29.5 Saúl *hirió* a sus miles, y David a sus 5221
30.17 los *hirió* David desde aquella mañana 5221
2 S 1.15 vé y mátalo. Y él lo *hirió*, y murió 5221
2.22 ¿por qué he de *herirte* hasta derribarte? 5221
2.23 *hirió* Abner con el regatón de la lanza 5221
2.31 *hirieron* de los de Benjamín y de los de 5221
3.27 en venganza de la muerte de. . . le *hirió* 5221
4.7 Is-boset. . . lo *hirieron* y lo mataron, y le 5221
5.8 todo el que *hiera* a los jebuseos, suba 5221
5.8 *hiera* a los cojos y ciegos aborrecidos 5221
5.24 Jehová saldrá. . . a *herir* el campamento de 5221
5.25 *hirió* a los filisteos desde Geba hasta 5221
6.7 lo *hirió* allí Dios por aquella temeridad 5221
6.8 y se entristeció David por haber *herido* 6556
8.5 David *hirió* de. . . sirios a 22.000 hombres 5221
10.18 *hirió*. . . a Sobac general del ejército 5221
11.15 a Urías. . . para que sea *herido* y muera 5221
11.21 ¿quién *hirió* a Abimelec. . . de Jerobaal? 5221
12.9 Urías. . . *heriste* a espada, y tomaste por 5221
12.15 Jehová *hirió* al niño que la mujer de 5062
13.28 y al decir yo: *Herid* a Amnón. . . matadle 5221
14.6 tenía dos hijos. . . *hirió* el uno al otro 5221
15.14 y *hiera* a la ciudad a filo de espada 5221
18.15 y diez jóvenes. . . *hirieron* a Absalón, y 5221
20.10 éste le *hirió*. . . en la quinta costilla 5221
21.17 Abisai. . . *hirió* al filisteo y lo mató 5221
22.39 los *herí*, de modo que no se levanten 4272
23.10 e *hirió* a los filisteos hasta que su 5221
1 R 2.46 Benaía. . . salió y lo *hirió*, y murió 6293

15.27 conspiró contra él, y lo *hirió* Baasa 5221
16.10 vino Zimri y lo *hirió* y lo mató, en el 5221
20.21 salió. . . e *hirió* la gente de a caballo 5221
20.35 *hiéreme* ahora. . . otro no quiso *herirle* 5221
20.36 cuando te apartes. . . te *herirá* un león 5221
20.37 le dijo: *Hiéreme* ahora. Y el hombre le 5221
22.34 *hirió* al rey. . . por entre las junturas 5221
22.34 sácame del campo, pues estoy *herido* 2470
2 R 6.18 que *hieras* con ceguera. . . y los *hirió* 5221
8.28 guerra. . . y los sirios *hirieron* a Jotam 5221
9.7 *herirás* la casa de Acab tu señor, para 5221
9.24 Jehú. . . *hirió* a Jotam entre las espaldas 5221
9.27 lo siguió Jehú, diciendo: *Herid*. . . a éste 5221
9.27 le *hirieron* a la subida de Gur, junto a
12.21 sus siervos, le *hirieron*, y murió 5221
13.17 porque *herirás* a los sirios en Afec 5221
15.5 Jehová *hirió* al rey con lepra, y estuvo 5221
15.10 y lo *hirió* en presencia de su pueblo 5221
15.14 Manahem. . . *hirió* a Salum hijo de Jabes 5221
15.25 y lo *hirió* en Samaria, en el palacio 5221
15.30 *hirió* y lo mató, y reinó en su lugar 5221
18.8 *hirió* también a. . . filisteos hasta Gaza 5221
19.37 en el templo. . . sus hijos lo *hirieron* a 5221
25.21 el rey de Babilonia los *hirió* y mató 5221
25.25 vino. . . e *hirieron* a Gedalías, y murió 5221
1 Cr 10.1 y cayeron *heridos* en el monte de 2491
10.3 Saúl. . . y fue *herido* por los flecheros 2342
13.10 *hirió*, porque había extendido su mano 5221
14.15 y *herirá* el ejército de los filisteos 5221
18.5 David *hirió* de ellos 22.000 hombres 5221
21.7 esto desagradó a Dios, e *hirió* a Israel 5221
2 Cr 13.17 cayeron *heridos* de Israel 500.000 2491
13.20 Jeroboam. . . y Jehová lo *hirió*, y murió 5062
18.33 a la ventura, *hirió* el rey de Israel 5221
18.33 sácame del campo. . . estoy mal *herido* 2470
21.14 Jehová *herirá* a tu pueblo de. . . plaga 5062
21.18 lo *hirió* con una enfermedad incurable 5062
22.5 a Ramot de. . . los sirios *hirieron* a Jotam 5221
24.25 y lo *hirieron* en su cama, y murió 2026
26.20 salir, porque Jehová lo había *herido* 5060
35.23 quitadme de. . . estoy gravemente *herido* 2470
Neh 13.25 maldije, y *herí* a algunos de ellos 5221
Job 2.7 e *hirió* a Job con una sarna maligna 5221
5.18 la vendará; él *hiere*, y sus manos curan 4272
16.10 boca; *hirieron* mis mejillas con afrenta 5221
24.12 las almas de los *heridos* de muerte 2491
26.12 agita el mar. . . *hiere* la arrogancia suya 4272
34.26 los *herirá* en lugar donde sean vistos 5606
Sal 3.7 tú *heriste* a todos mis enemigos en la 5221
18.38 los *herí* de modo que no se levantasen 4272
42.10 como quien *hiere* mis huesos. . . afrentan 7524
64.7 Dios los *herirá* con saeta; de repente 4347
68.21 Dios *herirá* la cabeza de sus enemigos 4272
69.26 porque persiguieron al que tú *heriste* 2491
78.20 ha *herido* la peña, y brotaron aguas 5221
78.66 e *hirió* a sus enemigos por detrás; les 5221
89.10 quebrantaste a Rahab como a *herido* de 2491
89.23 sino que. . . *herirá* a los que le aborrecen 5062
102.4 mi corazón está *herido*, y seco como la 5221
105.36 *hirió* de muerte a. . . los primogénitos 5221
109.22 mi corazón está *herido* dentro de mí 2490
136.10 Al que *hirió* a Egipto en sus primogénitos 5221
136.17 al que *hirió* a grandes reyes, porque 5221
141.5 un. . . bálsamo que no me *herirá* la cabeza 5106
Pr 7.26 muchos ha hecho caer *heridos*, y aun 2491
17.26 *herir* a los nobles que hacen lo recto 5221
19.25 *hiere* al escarnecedor, y el simple se 5221
20.30 azotes que *hieren* son medicina para el 6482
23.35 dirás: Me *hirieron*, mas no me dolió 5221
26.10 como arquero que a todos *hiere*, es el 2342
Ec 10.9 quien corta piedras, se *hiere* con 6087
Cnt 5.7 me *hirieron*; me quitaron mi manto de 6481
Is 5.25 y extendió contra él su. . . y le *hirió* 5221
10.20 nunca. . . se apoyarán en el que los *hirió* 5221
10.24 *herirá*, y contra ti se alzará su palo 5221
11.4 *herirá* la tierra con la vara de su boca 5221
11.15 lo *herirá* en sus siete brazos, y hará 5221
14.6 que *hería* a los pueblos con furor, con 5221
14.29 por haberse quebrado la vara. . . te *hería* 5221
19.22 y *herirá* Jehová a Egipto; *h* y sanará 5062
27.7 ha sido *herido* como quien lo *hirió*, o 5221
30.31 Asiria que *hirió* con vara, con la voz 5221
51.9 ¿no eres tú el. . . el que *hirió* al dragón? 2490
53.4 tuvimos por. . . *herido* de Dios y abatido 5221
53.5 él *herido* fue por nuestras rebeliones 2490
53.8 por la rebelión de mi pueblo fue *herido* 5061
57.17 *herí*, escondí mi rostro y me indigné 5221
58.4 y para *herir* con el puño inicuamente 5221
Jer 14.19 ¿por qué nos hiciste *herir* sin que 5221
18.18 *hirámoslo* de lengua, y no atendamos a 5221
18.21 y sus jóvenes *heridos* a espada en la 5221
21.6 y *heriré* a los moradores de esta ciudad 5221
21.7 Nabucodonosor. . . *herirá* a filo de espada 5221
30.14 porque como *hiere* un enemigo te *herí* 5221
31.19 que reconocí mi falta, *herí* mi muslo 5606
33.5 de hombres muertos, a los cuales *herí* yo 5221
37.10 aun cuando *hirieseis* a todo el ejército 5221
37.10 y quedasen. . . solamente hombres *heridos* 1856
41.2 *hirieron* a espada a Gedalías hijo de 5221
52.27 el rey. . . los *hirió*, y los mató en Ribla 5221
Lm 3.30 dé la mejilla al que le *hiere*, y sea 5221
Ez 21.12 caerán ellos. . . *hiere*, pues, tu muslo 5606
21.16 *hiere* a la izquierda, adonde quiera que
30.4 miedo. . . cuando caigan *heridos* en Egipto 2491
30.24 aquél gemirá con gemidos de *herido* de 2491
33.4 oyere. . . y viniendo la espada lo *hiriere* 3947
33.6 y viniendo la espada, *hiriere* de él a 3947
Dn 2.34 una piedra. . . *hirió* a la imagen en sus 4223

2.35 mas la piedra que *hirió* a la imagen fue 4223
8.4 vi que el carnero *hería* con los cuernos 5221
8.7 y se levantó contra él y lo *hirió*, y le 5221
Os 6.1 él arrebató, y. . . *hirió*, y nos vendará 5221
9.16 Efraín fue *herido*, su raíz está seca, no 5221
Jl 2.8 cayendo sobre la espada no se *herirán* 1214
Am 3.15 y *heriré* la casa de invierno con la 5221
4.9 os *herí* con viento solano y con oruga 5221
6.11 *herirá* con hendiduras la casa mayor, y 5221
Jon 4.7 cual *hirió* la calabacera, y se secó 5221
4.8 el sol *hirió* a Jonás en la cabeza, y se 5221
Mi 5.1 con vara *herirán* en la mejilla al juez 5221
6.13 también te hice enflaquecer *hiriéndole* 5221
Hag 2.17 os *herí* con viento. . . con tizoncillo 5221
Zac 9.4 *herirá* en el mar su poderío, y ella 5221
10.11 por el mar, y *herirá* en el mar las ondas 5221
11.17 *hiera* la espada su brazo, y su ojo 5921
12.4 *heriré* con pánico a todo caballo, y con 5221
12.4 todo caballo de los. . . *heriré* con ceguera 5221
13.6 ellas fui *herido* en casa de mis amigos 5221
13.7 *hiere* al pastor, y serán dispersadas las 5221
14.12,18 la plaga con que *herirá* Jehová 5062
Mal 4.6 no sea que yo venga y *hiera* la tierra 5221
Mt 5.39 **que te *hiera* en la mejilla derecha** *4474*
26.31 **escrito está: *Heriré* al pastor, y las** *3960*
26.51 e *hiriendo* a un siervo del. . . sacerdote *851*
Mr 5.5 los sepulcros, e *hiriéndose* con piedras *2629*
12.4 y apedreándole, le *hirieron* en la cabeza *2775*
14.27 **escrito está: *Heriré* al pastor, y las** *3960*
14.47 *hirió* al siervo del sumo sacerdote *3817*
Lc 6.29 **te *hiera* en una mejilla, preséntale** *5180*
10.30 **le despojaron; e *hiriéndole*, se fueron** . . . *4127,2007*
20.12 **también a éste echaron fuera, *herido*** *5135*
22.49 dijeron: Señor, ¿*heriremos* a espada? *3960*
22.50 y uno de ellos *hirió* a un siervo del *3960*
Jn 18.10 *hirió* al siervo del sumo sacerdote *3817*
Hch 7.24 lo defendió, e *hiriendo* al egipcio *3960*
12.23 ángel del Señor le *hirió*, por cuanto *3960*
19.16 huyeron de. . . casa desnudos y *heridos* *5135*
1 Co 8.12 *hiriendo* su débil conciencia, contra *5180*
Ap 2.23 **sus hijos *heriré* de muerte, y todas** *615*
8.12 y fue *herida* la tercera parte del sol *4141*
9.5 como tormento de escorpión cuando *hiere* *3817*
11.6 poder. . . para *herir* la tierra con. . . plaga *3960*
13.3 una de sus cabezas como *herida* de muerte *4969*
19.15 espada. . . *herir* con ella a las naciones *3960*

HERMANA *Véase también Hermano*
Gn 4.22 Zila. . . y la *h* de Tubal-caín fue Naama 269
12.13 ahora, pues, di que eres mi *h*, para 269
12.19 ¿por qué dijiste: Es mi *h*, poniéndome 269
20.2 dijo Abraham de Sara su mujer: Es mi *h* 269
20.5 dijo él: Mi *h* es; y ella también dijo 269
20.12 mi *h*, hija de mi padre, mas no hija de 269
24.30 y los brazaletes en las manos de su *h* 269
24.59 entonces dejaron ir a Rebeca su *h*, y a 269
24.60 *h* nuestra, sé madre de millares de 269
25.20 por mujer a Rebeca. . . *h* de Labán arameo 269
26.7 respondió: Es mi *h*; porque tuvo miedo 269
26.9 tu mujer. ¿Cómo, pues, dijiste: Es mi *h*? 269
28.9 tomó por mujer a Mahalat. . . *h* de Nebaiot 269
29.13 oyó. . . las nuevas de Jacob, hijo de su *h* 269
30.1 tuvo envidia de su *h*, y decía a Jacob 269
30.8 he contendido con mi *h*, y he vencido 269
34.13 cuanto había amancillado a Dina su *h* 269
34.14 no podemos hacer esto de dar nuestra *h* 269
34.27 por cuanto habían amancillado a su *h* 269
34.31 ¿había él de tratar a nuestra *h* como a 269
36.3 a Basemat hija de Ismael, *h* de Nebaiot 269
36.22 hijos de Lotán. . . Timna fue *h* de Lotán 269
46.17 los hijos de Aser. . . y Sera *h* de ellos 269
Éx 2.4 *h* suyo se puso a lo lejos, para ver lo 269
2.7 entonces su *h* dijo a la hija de Faraón 269
6.23 tomó Aarón por. . . a Elisabet. . . *h* de Naasón 269
15.20 María. . . *h* de Aarón, tomó un pandero en 269
Lv 18.9 la desnudez de tu *h*. . . no descubrirás 269
18.11 hija. . . engendrada de tu padre, tu *h* es 269
18.12 la desnudez de la *h* de tu padre no 269
18.13 la desnudez de la *h* de tu madre no 269
18.18 no tomarás mujer juntamente con su *h* 269
20.17 alguno tomare a su *h*, hija de su padre 269
20.17 viere su. . . descubrió la desnudez de su *h* 269
20.19 la *h* de tu madre, o de la *h* de tu padre 269
21.3 por su *h* virgen, a él cercana, la cual 269
Nm 6.7 ni por su *h*, podrá contaminarse cuando 269
25.18 su *h*, la cual fue muerta el día de la 269
26.59 dio a luz de. . . a Moisés, y a María su *h* 269
Dt 27.22 maldito el que se acostare con su *h* 269
Jos 2.13 salvaréis la vida. . . a mis. . . *h*, y a todo 269
Jue 15.2 *h* menor, ¿no es más hermosa que ella? 269
2 S 13.1 teniendo Absalón. . . un *h* hermosa que 269
13.2 angustiado. . . por Tamar su *h*, pues por ser 269
13.4 amo a Tamar la *h* de Absalón mi hermano 269
13.5,6 te ruego que venga mi *h* Tamar 269
13.11 le dijo: Ven, *h* mía, acuéstate conmigo 269
13.20 pues calle ahora, *h* mía; tu hermano es 269
13.22 Amnón, porque había forzado a Tamar su 269
13.32 el día en que Amnón forzó a Tamar su *h* 269
17.25 a Abigail. . . *h* de Sarvia madre de Joab 269
1 R 11.19 le dio. . . la *h* de su esposa, la *h* de 269
11.20 la *h* de Tahpenes le dio a luz su hijo 269
2 R 11.2 Josaba. . . *h* de Ocozías, tomó a Joás 269
1 Cr 1.39 hijos de Lotán. . . Timna fue *h* de Lotán 269
2.16 de los cuales Sarvia y Abigail fueron *h* 269
3.9 hijos de David. . . Y Tamar fue *h* de ellos 269
3.19 los hijos de Zorobabel. . . y Selomit su *h* 269
4.3 y el nombre de su *h* fue Haze-lelponi 269
4.19 los hijos de la mujer de Hodías, *h* de 269

7.15 y Supim, cuya *h* tuvo por nombre Maaca 269
7.18 y su *h* Hamolequet dio a luz a...Abiezer 269
7.30 los hijos de Aser...Bería, y su *h* Sera 269
7.32 y Heber engendró a...y Súa *h* de ellos 269
2 Cr 22.11 Josabet, hija del...era *h* de Ocozías 269
Job 1.4 y enviaban a llamar a sus tres *h* para 269
17.14 dicho...a los gusanos: Mi madre y mi *h* 269
42.11 vinieron a él...hermanos y todas sus *h* 269
Pr 7.4 di a la sabiduría: Tú eres mi *h*, y a la 269
Cnt 4.9 prendiste mi corazón, *h*, esposa mía 269
4.10 hermosos son tus amores, *h*, esposa mía 269
4.12 huerto cerrado eres, *h* mía, esposa mía 269
5.1 yo vine a mi huerto, oh *h*, esposa mía 269
5.2 ábreme, *h* mía, amiga mía, paloma mía 269
8.8 tenemos una pequeña *h*...no tiene pechos 269
8.8 ¿qué haremos a nuestra *h* cuando de ella 269
Jer 3.7 no se volvió...lo vio su *h* la rebelde 269
3.8 pero no tuvo temor la rebelde Judá su *h* 269
3.10 su *h* la rebelde Judá no se volvió a mí 269
22.18 diciendo: ¡Ay, hermano mío! y ¡Ay, *h!* 269
Ez 16.45 *h* eres tú de tus *h*, que desecharon 269
16.46 *h* mayor es Samaria, ella y sus hijas 269
16.46 y tu *h* menor es Sodoma con sus hijas 269
16.48 Sodoma tu *h* y sus hijas no han hecho 269
16.49 que esta fue la maldad de Sodoma tu *h* 269
16.51 has justificado a tus *h* con todas las 269
16.52 juzgaste a tus *h*, lleva tu vergüenza 269
16.52 por cuanto has justificado a tus *h* 269
16.55 y tus *h*...volverán a su primer estado 269
16.56 no era tu *h* Sodoma digna de mención en 269
16.61 cuando recibas a tus *h*, las mayores que 269
22.11 violó en ti a su *h*, hija de su padre 269
23.4 y su *h*, Aholiba, las cuales llegaron a 269
23.11 y lo vio su *h* Aholiba, y enloqueció de 269
23.11 sus fornicaciones...más que las...de su *h* 269
23.18 se había ya hastiado mi alma de su *h* 269
23.31 el camino de tu *h* anduviste; yo, pues 269
Ez 23.32 el hondo y ancho cáliz de tu *h*, que es 269
23.33 llena de...por el cáliz de tu *h* Samaria 269
44.25 por padre...o *h*...podrán contaminarse 269
Os 2.1 decid a...Ammi; y a vuestras *h:* Ruhama 269
Mt 12.50 **hace la voluntad de mi...ese es...mi *h*** *79*
13.56 ¿no están todas sus *h* con nosotros? *79*
19.29 **que haya dejado...hermanos, o *h*, o padre** *79*
Mr 3.35 **ése es mi hermano, y mi *h*, y mi madre** *79*
6.3 están también aquí con nosotros sus *h* *79*
10.29 **que haya dejado...hermanos, o *h*, o padre** *79*
10.30 **hermanos, *h*, madres, hijos, y tierras** *79*
Lc 10.39 tenía una *h* que se llamaba María, la *79*
10.40 mi *h* me deje servir sola? Dile, pues *79*
14.26 **no aborrece a su padre...hermanos, y *h*** *79*
Jn 11.1 de...la aldea de María y de Marta su *h* *79*
11.3 enviaron, pues, las *h* para decir a Jesús *79*
11.5 amaba Jesús a Marta, a su *h* y a Lázaro *79*
11.28 a María su *h*, diciéndole en secreto: El *79*
11.39 **Marta, la *h* del que había muerto, le** *79*
19.25 junto a la cruz...*h* de su madre, María *79*
Hch 23.16 mas el hijo de la *h* de Pablo, oyendo *79*
Ro 16.1 os recomiendo además nuestra *h* Febe *79*
16.15 saludad a Nereo y a su *h*, a Olimpas y *79*
1 Co 7.15 no está el hermano o la *h* sujeto a *79*
9.5 derecho de traer con nosotros una *h* por *79*
1 Ti 5.2 las jovencitas, como a *h*, con toda *79*
Flm 2 a la amada *h* Apia, y a Arquipo nuestro
Stg 2.15 si un hermano o una *h* están desnudos *79*
2 Jn 13 los hijos de tu *h*...te saludan. Amén *79*

HERMANDAD
Zac 11.14 para romper la *h* entre Judá e Israel 264

HERMANO *Véase también Hermana*
Gn 4.2 después dio a luz a su *h* Abel. Y Abel 251
4.8 dijo Caín a su *h* Abel: Salgamos al campo 251
4.8 se levantó contra su *h* Abel, y lo mató 251
4.9 Jehová dijo a Caín: ¿Dónde...Abel tu *h?* 251
4.9 él...No sé. ¿Soy yo acaso guarda de mi *h?* 251
4.10 la voz de la sangre de tu *h* clama a mí 251
4.11 recibir de tu mano la sangre de tu *h* 251
4.21 el nombre de su *h* fue Jubal, el cual fue 251
9.5 de mano del varón su *h* demandaré la vida 251
9.22 lo dijo a sus dos *h* que estaban afuera 251
9.25 Canaán; siervo de siervos será a sus *h* 251
10.21 Sem, padre...Heber, y *h* mayor de Jafet 251
10.25 fue Peleg...y el nombre de su *h*, Joctán 251
12.5 tomé...a Sarai su...y a Lot hijo de su *h* 251
13.8 no haya ahora altercado entre...somos *h* 251
14.12 a Lot, hijo del *h* de Abram, que moraba 251
14.13 *h* de Escol y *h* de Aner, los cuales eran 251
16.12 él, y delante de todos sus *h* habitará 251
19.7 ruego, *h* míos, que no hagáis tal maldad 251
20.5 ¿no dijo él...y ella...dijo: Es mi *h?* 251
20.13 adonde lleguemos, digas de mí: Mi *h* es 251
20.16 he dado mil monedas de plata a tu *h* 251
22.20 Milca ha dado a luz hijos a Nacor tu *h* 251
22.21 Uz su...Buz su *h*, Kemuel padre de Aram 251
22.23 dio a luz Milca, de Nacor *h* de Abraham 251
24.15 de Milca mujer de Nacor *h* de Abraham 251
24.27 guiándome...a casa de los *h* de mi amo 251
24.29 y Rebeca tenía un *h* se llamaba Labán 251
24.48 para tomar la hija del *h* de mi señor 251
24.53 también dio cosas preciosas a su *h* y a 251
24.55 respondieron su *h* y su madre: Espero 251
25.18 y murió en presencia de todos sus *h* 251
25.26 después salió su *h*, trabada su mano al 251
27.6 yo he oído a...que hablaba con Esaú tu *h* 251
27.11 he aquí, Esaú mi *h* es hombre velloso 251
27.29 sé señor de tus *h*, y se inclinen a ti 251
27.30 padre, que Esaú su *h* volvió de cazar 251
27.35 dijo: Vino tu *h* con engaño, y tomó tu 251
27.37 le he dado por siervos a todos sus *h* 251
27.40 por...espada vivirás, y a tu *h* servirás 251
27.41 Esaú...dijo en...yo mataré a mi *h* Jacob 251
27.42 tu *h* se consuela acerca de ti...matarte 251
27.43 levántate y huye a casa de Labán mi *h* 251
27.44 hasta que el enojo de tu *h* se mitigue 251
27.45 hasta que se aplaque la ira de tu *h* 251
28.2 de las hijas de Labán, *h* de tu madre 251
28.5 a Labán...*h* de Rebeca madre de Jacob 251
29.4 les dijo Jacob: *H* míos, ¿de dónde sois? 251
29.10 a Raquel, hija de Labán *h* de su madre 251
29.10 las ovejas de Labán el *h* de su madre 251
29.10 Jacob...abrevó el rebaño de Labán *h* de 251
29.12 Jacob dijo...que él era *h* de su padre 251
29.15 por ser tú mi *h*, me servirás de balde? 251
31.32 delante de nuestros *h* reconoce lo que 251
31.37 ponlo aquí delante de mis *h* y de los 251
31.46 y dijo Jacob a sus *h:* Recoged piedras 251
31.54 Inmoló...y llamó a sus *h* a comer pan 251
32.3 y envió Jacob mensajeros...a su *h* Esaú 251
32.6 vinimos a tu *h* Esaú, y él también viene 251
32.11 líbrame ahora de la mano de mi *h*, de 251
32.13 tomó de lo que...un presente para su *h* 251
32.17 diciendo: Si Esaú mi *h* te encontrare 251
33.3 y se inclinó a...hasta que llegó a su *h* 251
33.9 suficiente tengo yo, *h* mío; sea para ti 251
34.11 Siquem también dijo...y a los *h* de ella 251
34.25 *h* de Dina, tomaron cada uno su espada 251
35.1 te apareció cuando huías de tu *h* Esaú 251
35.7 allí...apareció Dios, cuando huía de su *h* 251
36.6 otra tierra, separándose de Jacob su *h* 251
37.2 José...apacentaba las ovejas con sus *h* 251
37.4 viendo sus *h* que su padre lo amaba más 251
37.4 su padre lo amaba más que a todos sus *h* 251
37.5 soñó José un sueño, y lo contó a sus *h* 251
37.8 respondieron sus *h:* ¿Reinarás tú sobre 251
37.9 soñó aun otro sueño, y lo contó a sus *h* 251
37.10 contó a su padre y a sus *h;* y su padre 251
37.10 vendremos yo y tu...tus *h* a postrarnos 251
37.11 sus *h* le tenían envidia, mas su padre 251
37.12 fueron sus *h* a apacentar las ovejas de 251
37.13 tus *h* apacientan las ovejas en Siquem 251
37.14 dijo: Vé ahora, mira como están tus *h* 251
37.16 respondió: Busco a mis *h;* te ruego que 251
37.17 José fue tras de sus *h*, y los halló en 251
37.23 que cuando llegó José a sus *h*, ellos 251
37.26 Judá dijo a sus *h:* ¿Qué provecho hay en 251
37.26 ¿qué provecho...que matemos a nuestro *h* 251
37.27 es nuestro *h*...sus *h* convinieron con él 251
37.30 y volvió a sus *h*, y dijo: El joven no 251
38.1 Judá se apartó de sus *h*, y se fue a un 251
38.8 Judá dijo...Llégate a la mujer de tu *h* 251
38.8 dijo a Onán...levanta descendencia a tu *h* 251
38.9 que cuando se llegaba a la mujer de su *h* 251
38.9 vertía...por no dar descendencia a su *h* 251
38.11 no sea que muera él también como sus *h* 251
38.29 salió su *h;* y ella dijo: ¡Qué brecha te 251
38.30 después salió su *h*, el que tenía en su 251
42.3 descendieron los 10 *h* de José a comprar 251
42.4 Jacob no envió a Benjamín, *h* de José 251
42.6 llegaron los *h* de José, y se inclinaron 251
42.7 José, cuando vio a sus *h*, los conoció 251
42.8 José, pues, conoció a sus *h;* pero ellos 251
42.13 tus siervos somos doce *h*, hijos de un 251
42.15 no...sino cuando vuestro *h* menor viniere 251
42.16 traiga a vuestro *h*, y vosotros quedad 251
42.19 quede preso en la...uno de vuestros *h* 251
42.20 traeréis a vuestro *h* menor, y serán 251
42.21 hemos pecado contra nuestro *h*, pues 251
42.28 a sus *h:* Mi dinero se me ha devuelto 251
42.32 somos doce *h*, hijos de nuestro padre 251
42.33 esto...dejad conmigo uno de vuestros *h* 251
42.34 y traedme a vuestro *h* el menor, para 251
42.34 os daré a vuestro *h*, y negociaréis en 251
42.38 pues su *h* está muerto, y él solo ha 251
43.3 si no traéis a vuestro *h* con vosotros 251
43.4 si enviares a nuestro *h* con nosotros 251
43.5 no veréis mi...si no traéis a vuestro *h* 251
43.6 declarando al varón que teníais otro *h* 251
43.7 varón nos preguntó...¿Tenéis otro *h?* Y 251
43.7 él nos diría: Haced venir a vuestro *h?* 251
43.13 tomad también a vuestro *h*, y levantaos 251
43.14 os suelte al otro vuestro *h*, y a este 251
43.29 José...vio a Benjamín su *h*, hijo de su 251
43.29 ¿es éste vuestro *h* menor, de quien me 251
43.30 se conmovieron sus...a causa de su *h* 251
44.14 vino Judá con sus *h* a casa de José, que 251
44.19 mi señor preguntó...¿Tenéis padre o *h?* 251
44.20 tenemos un padre anciano, y un *h* joven
44.20 y un *h* suyo murió, y él solo quedó de 251
44.23 si vuestro *h* menor no desciende con 251
44.26 no podemos ir; si nuestro *h* va...iremos 251
44.26 si no está con nosotros nuestro *h* menor 251
44.33 que quede...que el joven vaya con sus *h* 251
45.1 con él, al darse a conocer José a sus *h* 251
45.3 y dijo José a sus *h:* Yo soy José; ¿vive 251
45.3 dijo...Y sus *h* no pudieron responderle 251
45.4 dijo José a sus *h:* Acercaos ahora a mí 251
45.4 él dijo: Yo soy José vuestro *h*, el que 251
45.12 ojos ven, y los ojos de mi *h* Benjamín 251
45.14 echó sobre el cuello de Benjamín su *h* 251
45.15 besó a...sus *h*...sus *h* hablaron con él 251
45.16 oyó...diciendo: Los *h* de José han venido 251
45.17 dijo...Dí a tus *h:* Haced esto: Cargad 251
45.24 y despidió a sus *h*, y ellos se fueron 251
46.31 José dijo a sus *h*, y a la casa de su 251
46.31 mis *h* y la casa de mi padre...han venido 251
47.1 padre y mis *h*, y sus ovejas y sus vacas 251
47.2 y de los postreros de sus *h* tomó cinco 251
47.3 Faraón dijo a sus *h:* ¿Cuál es vuestro 251
47.5 diciendo: Tu padre y tus *h* han venido 251
47.6 en lo...haz habitar a tu padre y a tus *h* 251
47.11 así hizo habitar a su padre y a sus *h* 251
47.12 alimentaba José a su padre y a sus *h* 251
48.6 por el nombre de sus *h* serán llamados 251
48.19 pero su *h* menor será más grande que él 251
48.22 dado a ti una parte más que a tus *h* 251
49.5 Simeón y...son *h;* armas de iniquidad sus 251
49.8 Judá, te alabarán tus *h;* tu mano en la 251
49.26 del que fue apartado de entre sus *h* 251
50.8 José, y sus *h*, y la casa de su padre 251
50.14 y volvió José a Egipto, él y sus *h*, y 251
50.15 viendo los *h* de José que su padre era 251
50.17 que perdones ahora la maldad de tus *h* 251
50.18 vinieron...*h*, y se postraron delante de 251
50.24 y José dijo a sus *h:* Yo voy a morir 251
Éx 1.6 y murió José, y todos sus *h*, y toda 251
2.11 crecido ya Moisés, salió a sus *h*, y los 251
2.11 un egipcio que golpeaba a uno de...sus *h* 251
4.14 ¿no conozco yo a tu *h* Aarón, levita, y 251
4.18 iré...volveré a mis *h* que están en Egipto 251
7.1 yo te he...y tu *h* Aarón será tu profeta 251
7.2 y Aarón tu *h* hablará a Faraón, para que 251
28.1 harás llegar delante de ti a Aarón tu *h* 251
28.2 harás vestiduras sagradas a Aarón tu *h* 251
28.4 las vestiduras sagradas para Aarón tu *h* 251
28.41 con ellos vestirás a Aarón tu *h*, y a sus 251
32.27 y matad cada uno a su *h*, y a su amigo 251
32.29 cada uno se ha consagrado en...en su *h* 251
Lv 10.4 y sacad a vuestros *h* de delante del 251
10.6 vuestros *h*...lamentarán por el incendio 251
16.2 dí a Aarón tu *h*, que no en todo tiempo 251
18.14 la desnudez del *h* de tu padre no 251
18.14 su mujer; es mujer del *h* de tu padre 251
18.16 la desnudez de la mujer de tu *h* no 251
18.16 no descubrirás; es la desnudez de tu *h* 251
19.17 no aborrecerás a tu *h* en tu corazón 251
20.20 que durmiere con la mujer del *h* de su 1733
20.20 desnudez del *h* de su padre descubrió 1730
20.21 el que tomare la mujer de su *h*, comete 251
20.21 desnudez de su *h* descubrió; sin hijos 251
21.2 por su padre, o por su hijo o por su *h* 251
21.10 el sumo sacerdote entre sus *h*, sobre 251
25.14 compraréis...no engañe ninguno a su *h* 251
25.25,35,39 cuando tu *h* empobreciere 251
25.25 rescatará lo que su *h* hubiere vendido 251
25.36 tendrás temor de...y tu *h* vivirá contigo 251
25.46 pero en vuestros *h*...no os enseñoreareis 251
25.46 no os...cada uno sobre su *h* con dureza 251
25.47 tu *h*...empobreciere, y se vendiere al 251
25.48 rescatado; uno de sus *h* lo rescatará 251
Nm 6.7 ni por su *h* ni por su hermana, podrá 251
8.26 servirán con sus *h* en el tabernáculo 251
16.10 hizo acercar...a todos tus *h* los hijos 251
18.2 a tus *h*...haz que se acerquen a ti y se 251
18.6 he tomado a vuestros *h* los levitas de 251
20.3 cuando perecieron nuestros *h* delante de 251
20.8 toma la vara...y Aarón tu *h*, y hablad a 251
20.14 dice Israel tu *h:* Tú has sabido todo 251
25.6 trajo una madianita a sus *h*, a ojos de 251
27.4 heredad entre los *h* de nuestro padre 251
27.7 de una heredad entre los *h* de su padre 251
27.9 no tuviere hija...su herencia a sus *h* 251
27.10 y si no tuviere *h*, daréis su herencia 251
27.10 daréis su herencia a los *h* de su padre 251
27.11 si...no tuviere *h*, daréis su herencia a 251
27.13 tu pueblo, como fue reunido tu *h* Aarón 251
32.6 de Rubén: ¿Irán vuestros *h* a la guerra 251
36.2 dé la posesión de Zelofehad nuestro *h* 251
Dt 1.16 entre vuestros *h*, y juzgad justamente 251
1.16 oíd...y juzgad...entre el hombre y su *h* 251
1.28 nuestros *h* han atemorizado...diciendo 251
2.4 el territorio de vuestros *h* los hijos de 251
2.8 nos alejamos del territorio de nuestros *h* 251
3.18 iréis armados...delante de vuestros *h* los 251
3.20 hasta que Jehová dé reposo a vuestros *h* 251
10.9 Leví no tuvo parte ni heredad con sus *h* 251
13.6 te incitare tu *h*...diciendo en secreto 251
15.2 no lo demandará más a su...*h*, porque es 251
15.3 lo que tu *h* tuviere tuyo, lo perdonará 251
15.7 cuando haya...menesteroso...de tus *h* en 251
15.7 ni cerrarás tu mano contra tu *h* pobre 251
15.9 con malos ojos a tu *h* menesteroso para 251
15.11 abrirás tu mano a tu *h*, al pobre y al 251
15.12 se vendiere a ti tu *h* hebreo o hebrea 251
17.15 de entre tus *h* pondrás rey sobre ti 251
17.15 rey...no podrás poner...que no sea tu *h* 251
17.20 que no se eleve su corazón sobre sus *h* 251
18.2 no tendrán, pues, heredad entre sus *h* 251
18.7 ministrará...como todos sus *h* los levitas 251
18.15 profeta de en medio de ti, de tus *h* 251
18.18 profeta les levantaré de en...de sus *h* 251
19.18 si...hubiere acusado falsamente a su *h* 251
19.19 haréis a él como él pensó hacer a su *h* 251
20.8 vaya...y no apoque el corazón de sus *h* 251
22.1 el buey de tu *h*, o...lo volverás a tu *h* 251
22.2 y si tu *h* no fuere tu vecino, o no lo 251
22.2 contigo hasta que tu *h* lo busque, y se 251
22.3 lo mismo harás con toda cosa de tu *h* 251
22.4 si vieres el asno de tu *h*, o su buey 251
23.7 no aborrecerás al edomita...es tu *h;* no 251
23.19 no exigirás de tu *h* interés de dinero 251
23.20 mas de tu *h* no lo exigirás, para que 251
24.7 que hubiere hurtado a uno de su *h* los 251
24.14 no oprimirás...sea de tus *h* o de los 251
25.3 se sienta tu *h* envilecido delante de tus 251

H

25.5 *h* habitaren juntos, y muriere alguno de 251
25.6 sucederá en el nombre de su *h* muerto 251
25.7 cuñado no quiere suscitar nombre…a su *h* 251
25.9 que no quiere edificar la casa de su *h* 251
28.54 mirará con malos ojos a su *h*, y a la 251
32.50 como murió Aarón tu *h* en el monte Hor 251
33.9 y no reconoció a sus *h*, ni a sus hijos 251
33.16 de aquel que es príncipe entre sus *h* 251
33.24 sea el amado de su *h*, y moje en aceite 251
Jos 1.14 pasaréis armados delante…vuestros *h* 251
1.15 que Jehová haya dado reposo a vuestros *h* 251
2.13 y que salvaréis la vida…a mis *h* y mis 251
2.18 reunirás en…a tus *h* y a toda la familia 251
6.23 sacaron a Rahab…a sus *h* y todo lo que 251
14.8 mis *h*…hicieron desfallecer el corazón 251
15.17 y la tomó Otoniel, hijo de…*h* de Caleb 251
17.4 que nos diese heredad entre nuestros *h* 251
17.4 les dio heredad entre los *h* del padre 251
22.3 no habéis dejado a vuestros *h* en este 251
22.4 Dios ha dado reposo a vuestro *h*, como 251
22.7 dio…heredad entre sus *h* a este lado 251
22.8 compartid con vuestros *h* el botín de 251
Jue 1.3 dijo a Simeón su *h*: Sube conmigo al 251
1.13 la tomó Otoniel hijo…*h* menor de Caleb 251
1.17 fue Judá con su *h* Simeón, y derrotaron 251
3.9 Otoniel hijo de Cenaz, *h* menor de Caleb 251
8.19 él dijo: Mis *h* eran, hijos de mi madre 251
9.1 Abimelec…a los *h* de su madre, y habló 251
9.3 los *h* de su madre…decían: Nuestro *h* es 251
9.5 mató a sus *h* los hijos de Jerobaal, 70 251
9.18 Abimelec hijo…por cuanto es vuestro *h* 251
9.21 se estuvo por miedo de Abimelec su *h* 251
9.24 la sangre…recayera sobre Abimelec su *h* 251
9.24 fortalecieron las…para matar a sus *h* 251
9.26 vino con sus *h* y se pasaron a Siquem 251
9.31 que Gaal…y sus *h* han venido a Siquem 251
9.41 Zebul echó fuera a Gaal y a sus *h*, para 251
9.56 mal que hizo…matando a sus setenta *h* 251
11.3 huyó, pues, Jefté de sus *h*, y habitó en 251
14.3 ¿no hay mujer entre las hijas de tus *h* 251
16.31 descendieron sus *h* y toda la casa de 251
18.8 volviendo…a sus *h*…sus *h* les dijeron 251
18.14 aquellos cinco hombres…dijeron a sus *h* 251
19.23 no, *h* míos, os ruego que no cometáis 251
20.13 no quisieron oír la voz de sus *h* los 251
20.23 ¿volveremos a pelear con…nuestros *h*? 251
20.28 volveremos a salir contra…nuestros *h* 251
21.6 Israel se arrepintieron a causa…su *h* 251
21.22 y si vinieren…sus *h* a demandárnoslas 251
Rt 4.3 vende…las tierras que tuvo nuestro *h* 251
4.10 el nombre…no se borre de entre sus *h* 251
1 S 14.3 *h* de Icabod, hijo de Finees, hijo de 251
16.13 y Samuel…lo ungió en medio de sus *h* 251
17.17 toma ahora para tus *h* un efa de este 251
17.17 llévalo pronto al campamento a tus *h* 251
17.18 y mira si tus *h* están buenos, y toma 251
17.22 preguntó por sus *h*, si estaban bien 251
17.28 oyéndole hablar Eliab su *h* mayor con 251
20.29 que me dejes ir…mi *h* me lo ha mandado 251
20.29 permíteme ir…para visitar a mis *h* 251
22.1 cuando sus *h*…supieron, vinieron allí 251
26.6 y a Abisai hijo de Sarvia, *h* de Joab 251
30.23 y David dijo: No hagáis eso, *h* míos 251
2 S 1.26 angustia tengo por ti, *h* mío Jonatán 251
2.22 ¿cómo levantaría…delante de Joab tu *h*? 251
2.26 que se vuelva de perseguir a sus *h*? 251
2.27 hubiera dejado de seguir a sus *h* desde 251
3.8 yo he hecho hoy misericordia…con sus *h* 251
3.27 en venganza de la muerte de Asael su *h* 251
3.30 Joab…y Abisai su *h*, mataron a Abner 251
3.30 había dado muerte a Asael *h* de ellos 251
4.6 Baana su *h* se introdujeron en la casa 251
4.9 David respondió a Recab y a su *h* Baana 251
10.10 del ejército en mano de Abisai su *h* 251
13.3 Jonadab, hijo de Simea, *h* de David; y 251
13.4 yo amo a Tamar la hermana de…mi *h* 251
13.7 vé…a casa de Amnón tu *h*, y hazle de 251
13.8 y fue Tamar a casa de su *h* Amnón, el 251
13.10 las llevó a su *h* Amnón a la alcoba 251
13.12 le respondió: No, *h* mío, no me hagas 251
13.20 su *h* Absalón: ¿Ha estado contigo tu *h* 251
13.20 pues calla ahora, hermana mía; tu *h* es 251
13.20 quedó Tamar…en casa de Absalón su *h* 251
13.26 si no, te ruego que venga…Amnón mi *h* 251
13.32 pero Jonadab, hijo de Simea *h* de David 251
14.7 entrega al que mató a su *h*, para que le 251
14.7 le hagamos morir por la vida de su *h* 251
15.20 tú vuélvete, y haz volver a tus *h* 251
18.2 el mando de Abisai hijo de Sarvia, *h* de 251
19.12 vosotros sois mis *h*; mis huesos y mi 251
19.41 ¿por qué…nuestros *h*, te han llevado 251
20.9 Joab dijo a Amasa: ¿Te va bien, *h* mío? 251
20.10 Joab y su *h*…fueron en persecución de 251
21.21 y lo mató Jonatán, hijo de Simea *h* de 251
23.18 Abisai *h* de Joab…fue el principal de 251
23.24 Asael *h* de Joab fue de los treinta 251
1 R 1.9 convidó a…sus *h* los hijos del rey 251
1.10 pero no convidó al…ni a Salomón su *h* 251
2.7 mí, cuando iba huyendo de Absalón tu *h* 251
2.15 el reino…vino a ser de mi *h*, porque 251
2.21 dese Abisag…por mujer a tu *h* Adonías 251
2.22 es mi *h* mayor, y ya tiene también al 251
9.13 ¿qué ciudades son…que me has dado, *h*? 251
12.24 vayáis, ni peleéis contra vuestros *h* 251
13.30 le endecharon, diciendo: ¡Ay, *h* mío! 251
20.32 respondió: Si él vive aún, mi *h* es 251
20.33 y dijeron: Tu *h* Ben-adad vive. Y él 251
2 R 9.2 haz que se levante de entre sus *h* 251
10.13 halló allí a los *h* de Ocozías rey de 251
10.13 y ellos dijeron: Somos *h* de Ocozías 251
23.9 comían panes sin levadura entre sus *h* 251
1 Cr 1.19 Peleg…el nombre de su *h* fue Joctán 251
2.32 los hijos de Jada *h* de Samai: Jeter y 251
2.42 los hijos de Caleb *h* de Jerameel fueron 251
4.9 Jabes fue más ilustre que sus *h*, al cual 251
4.11 Quelub *h* de Súa engendró a Mehir, el 251
4.27 pero sus *h* no tuvieron muchos hijos, ni 251
5.2 Judá llegó a ser el mayor sobre sus *h* 251
5.7 sus *h*…tenían por príncipes a Jeiel y a 251
5.13 sus *h*, según las familias de sus padres 251
6.39 y su *h* Asaf, el cual estaba a su mano 251
6.44 a la mano izquierda estaban sus *h* los 251
6.48 sus *h* los levitas fueron puestos sobre 251
7.5 sus *h*, de Isacar…eran 87.000 hombres 251
7.16 su *h* fue Seres, cuyos hijos fueron Ulam 251
7.22 Efraín…y vinieron sus *h* a consolarlo 251
7.35 los hijos de Helem su *h*: Zofa, Imna 251
8.32 éstos también habitaron con sus *h* en 251
8.39 y los hijos de Esec su *h*: Ulam…Jehús 251
9.6 los hijos de Zera, Jeuel y sus *h*, 690 251
9.9 sus *h* por sus linajes fueron 956. Todos 251
9.13 y sus *h*…en número de 1.760, hombres 251
9.17 los porteros…Talmón, Ahimán y sus *h* 251
9.19 hijo de Coré, y sus *h* los coreítas por 251
9.25 sus *h*…venían cada siete días según su 251
9.32 los hijos de Coat, y de sus *h*, tenían 251
9.38 estos habitaban…en Jerusalén con sus *h* 251
11.20 Abisai, *h* de Joab, era jefe de los 30 251
11.26 y los valientes de los…Asael *h* de Joab 251
11.38 Joel *h* de Natán, Mibhar hijo de Hagrai 251
11.45 Jediael hijo de…y Joha su *h*, tizita 251
12.2 con arco…De los *h* de Saúl de Benjamín 251
12.29 los hijos de Benjamín *h* de Saúl, 3.000 251
12.32 sabían…cuyo dicho seguían todos sus *h* 251
12.39 porque sus *h* habían preparado para ellos 251
13.2 enviaremos a todas partes por nuestros *h* 251
15.5 Coat, Uriel el principal, y sus *h*, 120 251
15.6 de Merari, Asaías el principal, y sus *h* 251
15.7 los hijos de Gersón, Joel…y sus *h*, 130 251
15.8 de Elizafán, Semaías el principal, y sus *h* 251
15.9 de Hebrón, Eliel el principal, y sus *h* 251
15.10 Aminadab el principal, y sus *h*, 112 251
15.12 santificaos, vosotros y vuestros *h* 251
15.16 que designasen de sus *h* a cantores con 251
15.17 Hemán hijo de Joel; y de sus *h*, a Asaf 251
15.17 de los hijos de Merari y de sus *h*; y de 251
15.18 y con ellos a sus *h* del segundo orden 251
16.7 a aclamar a Jehová por mano de…sus *h* 251
16.37 delante del arca de…a Asaf y a sus *h* 251
16.38 a Obed-edom y a sus 68 *h*…porteros; y a 251
16.39 y a los sacerdotes sus *h*, delante del 251
19.11 el resto de la…en mano de Abisai su *h* 251
19.15 huyeron…ellos delante de Abisai su *h* 251
20.5 Elhanán hijo…mató a Lahmi, *h* de Goliat 251
20.7 mató Jonatán, hijo de Simea *h* de David 251
23.32 las órdenes de los hijos de Aarón sus *h* 251
24.25 *h* de Micaía, Isías; e hijo de Isías 1730
24.31 también echaron suertes, como sus *h* 251
24.31 el…igualmente que el menor de sus *h* 251
25.7 el número de ellos con sus *h*…fue 288 251
25.9 para Gedalías, quien con sus *h* e hijos 251
25.10 Zacur, con sus hijos y sus *h*, doce 251
25.11 para Izri, con sus hijos y sus *h*, doce 251
25.12 Netanías, con sus hijos y sus *h*, doce 251
25.13 Buquías, con sus hijos y sus *h*, doce 251
25.14 Jesarela, con sus hijos y sus *h*, doce 251
25.15 Jesahías, con sus hijos y sus *h*, doce 251
25.16 Matanías, con sus hijos y sus *h*, doce 251
25.17 para Simei, con sus hijos y sus *h*, doce 251
25.18 Azareel, con sus hijos y sus *h*, doce 251
25.19 Hasabías, con sus hijos y sus *h*, doce 251
25.20 Subael, con sus hijos y sus *h*, doce 251
25.21 Matatías, con sus hijos y sus *h*, doce 251
25.22 Jeremot, con sus hijos y sus *h*, doce 251
25.23 Hananías, con sus hijos y sus *h*, doce 251
25.24 Josbecasa, con sus hijos y sus *h*, doce 251
25.25 Hanani, con sus hijos y sus *h*, doce 251
25.26 Maloti, con sus hijos y sus *h*, doce 251
25.27 Eliata, con sus hijos y sus *h*, doce 251
25.28 Hotir, con sus hijos y sus *h*, doce 251
25.29 Gidalti, con sus hijos y sus *h*, doce 251
25.30 Mahaziot, con sus hijos y sus *h*, doce 251
25.31 Romanti-ezer, con sus hijos y sus *h* 251
26.7 los hijos de Semaías…Elzabad, y sus *h* 251
26.8 ellos con sus hijos y sus *h*, hombres 251
26.9 y los hijos de Meselemías y sus *h*, 18 251
26.11 los hijos de Hosa y sus *h* fueron 13 251
26.12 alternando…en la guardia con sus *h* 251
26.22 hijos de Jehieli, Zetam y Joel su *h* 251
26.25 en cuanto a su *h* Eliezer, hijo de éste 251
26.26 este Selomit y sus *h* tenían a su cargo 251
26.28 estaba a cargo de Selomit y de sus *h* 251
26.30 de los hebronitas, Hasabías y sus *h* 251
26.32 sus *h*, hombres valientes, eran 2.700 251
27.7 para el cuarto mes era Asael *h* de Joab 251
27.18 de Judá, Eliú, uno de los *h* de David 251
28.2 en pie dijo: Oídme, *h* míos, y pueblo 251
2 Cr 5.12 levitas cantores…sus hijos y sus *h* 251
11.4 no subáis, ni peleéis contra vuestros *h* 251
11.22 Abías hijo…Jefe y príncipe de sus *h* 251
19.10 causa que viniere a…de vuestros *h* que 251
19.10 que no venga ira sobre vosotros y…*h* 251
21.2 quien tuvo por *h*, hijos de Josafat, a 251
21.4 Joram…mató a espada a todos sus *h*, y 251
21.13 además has dado muerte a tus *h*, a la 251
22.8 halló…a los hijos de los *h* de Ocozías 251
28.8 tomaron cautivos de sus *h* a 200.000 251
28.11 los cautivos…tomados de vuestros *h* 251
28.15 y los llevaron hasta…cerca de sus *h* 251
29.15 reunieron a sus *h*, y se santificaron 251
29.34 sus *h* los levitas les ayudaron hasta 251
30.7 no seáis como vuestros padres y como…*h* 251
30.9 vuestros *h* y vuestros hijos hallarán 251
31.12 al levita Conanías…y Simei su *h* fue 251
31.13 mayordomos al servicio de…Simei su *h* 251
31.15 dar con fidelidad a sus *h* sus porciones 251
35.5 de las familias de vuestros *h* los hijos 251
35.6 preparad a vuestros *h* para que hagan 251
35.9 Semaías y Natanael sus *h*…dieron a los 251
35.15 sus *h* los levitas preparaban para ellos 251
36.4 Eliaquim *h* de Joacaz por rey sobre Judá 251
36.4 a Joacaz su *h* tomó…y lo llevó a Egipto 251
36.10 y constituyó a Sedequías su *h* por rey 251
Esd 3.2 se levantaron Jesús hijo de…y sus *h* 251
3.2 y Zorobabel hijo de Salatiel y sus *h* 251
3.8 comenzaron Zorobabel…y los otros sus *h* 251
3.9 Jesúa también, sus hijos y sus *h*, Cadmiel 251
3.9 los hijos de Henadad, sus hijos y sus *h* 251
6.20 sacrificaron la pascua…por sus *h* los 251
7.18 lo que a ti y a tus *h* os parezca hacer 252
8.17 que habían de hablar a Iddo, y a sus *h* 251
8.18 a Serebías con sus hijos y sus *h*, 18 251
8.19 a Jesaías…sus *h* y a sus hijos, veinte 251
8.24 aparté luego…y con ellos diez de sus *h* 251
10.18 los hijos de Jesúa…y de sus *h*: Maasías 251
Neh 1.2 que vino Hanani, uno de mis *h*, con 251
3.1 entonces se levantó…Eliasib con sus *h* 251
3.18 después de él restauraron sus *h*, Bavai 251
4.2 habló delante de sus *h* y del ejército 251
4.14 y pelead por vuestros *h*, por vuestros 251
4.23 ni yo ni mis *h*, ni mis jóvenes, ni la 251
5.1 hubo gran clamor del…contra sus *h* judíos 251
5.5 carne es como la carne de nuestros *h* 251
5.7 ¿exigís interés cada uno a vuestros *h*? 251
5.8 rescatamos a nuestros *h* judíos que han 251
5.8 ¿y vosotros vendéis aun a vuestro *h*, y 251
5.10 mis *h* y mis criados les hemos prestado 251
5.14 ni mis *h* comimos el pan del gobernador 251
7.2 mandé a mi *h* Hanani, y a Hananías, jefe 251
10.10 *h* Sebanías, Hodías, Kelita, Pelaías 251
10.29 reunieron con sus *h* y sus principales 251
11.12 y sus *h*, los que hacían la obra de la 251
11.13 sus *h*, jefes de familias, 242; y Amasai 251
11.14 y sus *h*, hombres de gran vigor, 128 251
11.17 Bacbuquías el segundo de entre sus *h* 251
11.19 porteros Acub, Talmón y sus *h*, guardas 251
12.7 estos eran los príncipes de…y sus *h* en 251
12.8 que con sus *h* oficiaba en los cantos de 251
12.9 Bacbuquías y Uni, sus *h*, cada cual en 251
12.24 Jesúa hijo…y sus *h* delante de ellos 251
12.36 y sus *h* Semaías, Azarael, Milalai 251
13.13 y ellos tenían que repartir a sus *h* 251
Est 10.3 y estimado por la multitud de sus *h* 251
Job 1.13 comían y bebían vino en casa de su *h* 251
1.18 estaban…bebiendo…en casa de su *h* el 251
6.15 mis *h* me traicionaron como un torrente 251
19.13 alejar de mí a mis *h*, y mis conocidos 251
22.6 porque sacaste prenda a tus *h* sin causa 251
30.29 venido a ser *h* de chacales, y compañero 251
42.11 vinieron a él todos sus *h* y…hermanas 251
42.15 les dio su padre herencia entre sus *h* 251
Sal 22.22 anunciaré tu nombre a mis *h*; en 251
35.14 como por mi *h* andaba; como el que trae 251
49.7 ninguno de ellos podrá…redimir al *h* 251
50.20 hablabas contra tu *h*; contra el hijo 251
69.8 extraño he sido para mis *h*, y…hijos 251
122.8 por amor de mis *h* y mis compañeros diré 251
133.1 mirad cuán bueno y…es habitar los *h* 251
Pr 6.19 el que siembra discordia entre los *h* 251
17.2 y con los *h* compartirá la herencia 251
17.17 y es como un *h* en tiempo de angustia 251
18.9 negligente…es *h* del hombre disipador 251
18.19 *h* ofendido es más tenaz que una ciudad 251
18.19 contiendas de los *h* son como cerrojos
18.24 amigo; y amigo hay más unido que un *h* 251
19.7 los *h* del pobre le aborrecen; ¡cuánto 251
27.10 ni vayas a la casa de tu *h* en el día 251
27.10 mejor…el vecino cerca que el *h* lejos 251
Ec 4.8 un hombre solo y…no tiene hijo ni *h* 251
Cnt 8.1 ¡oh, si tú fueras como un *h* mío que 251
Is 3.6 alguno tomare de la mano a su *h*, de la 251
9.19 ira…el hombre no tendrá piedad de su *h* 251
19.2 y cada uno peleará contra su *h*, cada 251
41.6 a su vecino, y a su *h* dijo: Esfuérzate 251
58.7 lo cubras, y no te escondas de tu *h*? 1320
66.5 vuestros *h* que os aborrecen, y os echan 251
66.20 y traerán a todos vuestros *h* de entre 251
Jer 7.15 como eché a todos vuestros *h*, a toda 251
9.4 ningún *h* tenga confianza…todo *h* engaña 251
12.6 tus *h* y la casa de tu padre…contra ti 251
22.18 no lo llorarán, diciendo: ¡Ay, *h* mío! 251
23.35 así diréis…cada cual a su *h*: ¿Qué ha 251
29.16 dicho…de vuestros *h* que no salieron 251
31.34 no enseñará…ninguno a su *h*, diciendo 251
34.9 usase a los judíos, sus *h*, como siervos 251
34.14 dejará cada uno a su *h* hebreo que le 251
34.17 promulgar cada uno libertad a su *h*, y 251
35.3 a sus *h*, a todos sus hijos, y a toda la 251
41.8 y los dejó, y no los mató entre sus *h* 251
49.10 será destruida…sus *h* y sus vecinos 251
Ez 11.15 *h*, tus *h*, los hombres…tu parentesco 251
18.18 despojó violentamente al *h*, e hizo en 251
33.30 y habla…cada uno con su *h*, diciendo 251
38.21 espada de cada cual será contra su *h* 251

44.25 por padre o... *h*... podrán contaminarse 251
Os 2.1 decid a vuestros *h*: Ammi; y a vuestras 251
12.3 tomó por el calcañar a su *h*, y con su 251
13.15 aunque él fructifique entre los *h*. 251
Am 1.9 Edom, y no se acordaron del pacto de *h* 251
1.11 persiguió a espada a su *h*, y violó todo 251
Abd 10 por la injuria a tu *h* Jacob te cubrirá 251
12 mirando en el día de tu *h*, en el día de 251
Mi 5.3 y el resto de sus *h* se volverá con los 251
7.2 por sangre; cada cual arma red a su *h*. 251
Hag 2.22 vendrán abajo... por la espada de su *h*. 251
Zac 7.9 misericordia y... cada cual con su *h* 251
7.10 piense mal en su corazón contra su *h* 251
Mal 1.2 ¿no era Esaú *h* de Jacob? dice Jehová 251
Mt 1.2 Isaac a Jacob, y Jacob a Judá y a... *h* *80*
1.11 Josías engendró a Jeconías y a sus *h* *80*
4.18 a dos *h*, Simón Pedro, y Andrés su *h* *80*
4.21 vio a otros dos *h*, Jacobo... y Juan su *h* *80*
5.22 **que cualquiera que se enoje contra su *h*** *80*
5.22 **y cualquiera que diga: Necio, a su *h*** *80*
5.23 **acuerdas de que tu *h* tiene algo contra** *80*
5.24 **y anda, reconcíliate primero con tu *h*** *80*
5.47 **si saludáis a vuestros *h* solamente, ¿qué** *80*
7.3 **por que miras la paja... en el ojo de tu *h*** *80*
7.4 **cómo dirás a tu *h*: Déjame sacar la paja** *80*
7.5 **ojo... para sacar la paja del ojo de tu *h*** *80*
10.2 Simón, llamado Pedro, y Andrés su *h* *80*
10.2 Jacobo hijo de Zebedeo, y Juan su *h* *80*
10.21 **el *h* entregará a la muerte al *h*, y el** *80*
12.46 su madre y sus *h* estaban afuera, y le *80*
12.47 he aquí tu madre y tus *h* están afuera *80*
12.48 **¿quién es mi madre, y quiénes... mis *h*?** *80*
12.49 **mano... dijo: He aquí mi madre y mis *h*** *80*
12.50 **hace la voluntad de mi Padre... es mi *h*** *80*
13.55 y sus *h*, Jacobo, José, Simón y Judas *80*
14.3 por causa de Herodías, mujer de... su *h* *80*
17.1 Jesús tomó a... a Jacobo y a Juan su *h* *80*
18.15 **tu *h* peca contra ti, vé y repréndele** *80*
18.15 **vé y... si te oyere, has ganado a tu *h*** *80*
18.21 ¿cuántas veces perdonaré a mi *h* que *80*
18.35 **si no perdonáis... cada uno a su *h* sus** *80*
19.29 **que haya dejado casas, o *h*, o hermanas** *80*
20.24 oyeron esto, se enojaron contra los... *h* *80*
22.24 su *h*... y levantará descendencia a su *h* *80*
22.25 hubo, pues, entre nosotros siete *h*; el *80*
22.25 primero murió... dejó su mujer a su *h* *80*
23.8 **uno es vuestro... todos vosotros sois *h*** *80*
25.40 **lo hicisteis a uno de estos mis *h* más** *80*
28.10 **id, dad las nuevas a mis *h*, para que** *80*
Mr 1.16 andando... vio a Simón y a Andrés su *h* *80*
1.19 Jacobo hijo de Zebedeo, y a Juan su *h* *80*
3.17 a Juan *h* de Jacobo; a quienes apellidó *80*
3.31 vienen... sus *h* y su madre, y quedándose *80*
3.32 le dijo: Tu madre y tus *h* están afuera *80*
3.33 **respondió... ¿Quién es mi madre y mis *h*?** *80*
3.34 **de él, dijo: He aquí mi madre y mis *h*** *80*
3.35 **ése es mi *h*, y mi hermana, y mi madre** *80*
5.37 que le siguiese nadie sino... Juan *h* de *80*
6.3 ¿no es éste el... *h* de Jacobo, de José, de *80*
6.17 por causa de Herodías, mujer de... su *h* *80*
6.18 no te es lícito tener la mujer de tu *h* *80*
10.29 **haya dejado... o *h*, o hermanas, o padre** *80*
10.30 **casas, *h*, hermanas, madres, hijos, y** *80*
12.19 el *h* de alguno muriere y dejare esposa *80*
12.19 que su *h*... levante descendencia a su *h* *80*
12.20 hubo siete *h*; el primero tomó esposa *80*
13.12 el *h* entregará a la muerte al *h*, y el *80*
Lc 3.1 y su *h* Felipe tetrarca de Iturea y de *80*
3.19 a causa de Herodías, mujer de... su *h* *80*
6.14 a Andrés su *h*, Jacobo y Juan, Felipe *80*
6.16 Judas *h* de Jacobo, y Judas Iscariote *80*
6.41 **miras la paja... está en el ojo de tu *h*** *80*
6.42 **¿o cómo puedes decir a tu *h*: *H*, déjame** *80*
6.42 **sacar la paja que... en el ojo de tu *h*** *80*
8.19 su madre y sus *h* vinieron a él; pero no *80*
8.20 tu madre y tus *h* están fuera y quieren *80*
8.21 ***h* son los que oyen la palabra de Dios** *80*
12.13 a mi *h* que parta conmigo la herencia *80*
14.12 **no llames... a tus *h*, ni a tus parientes** *80*
14.26 **no aborrece a su... *h*, y hermanas, y aun** *80*
15.27 **le dijo: Tu *h* ha venido; y tu padre ha** *80*
15.32 **este tu *h* era muerto, y ha revivido** *80*
16.28 **tengo cinco *h*, para que les testifique** *80*
17.3 **si tu *h* pecare contra ti, repréndele** *80*
18.29 **que haya dejado... *h*, o mujer, o hijos** *80*
20.28 el *h* de alguno muriere teniendo mujer *80*
20.28 que su *h*... levante descendencia a su *h* *80*
20.29 hubo, pues, siete *h*; y el primero tomó *80*
21.16 **entregados... por vuestros padres, y *h*** *80*
22.32 **tú, una vez vuelto, confirma a tus *h*** *80*
Jn 1.40 Andrés, *h* de Simón Pedro, era uno de *80*
1.41 halló primero a su *h* Simón, y le dijo *80*
2.12 descendieron... sus *h* y sus discípulos *80*
6.8 uno... Andrés, *h* de Simón Pedro, le dijo *80*
7.3 le dijeron sus *h*: Sal de aquí, y vete a *80*
7.5 porque ni aun sus *h* creían en él *80*
7.10 pero después que sus *h* habían subido *80*
11.2 María, cuyo *h* Lázaro estaba enfermo, fue *80*
11.19 habían venido a... consolarlas por su *h* *80*
11.21,32 estado aquí, mi *h* no habría muerto *80*
11.23 **Jesús le dijo: Tu *h* resucitará** *80*
20.17 **vé a mis *h*, y diles: Subo a mi Padre** *80*
21.23 este dicho se extendió... entre los *h* *80*
Hch 1.13 donde moraban... y Judas *h* de Jacobo
1.14 María la madre de Jesús, y con sus *h* *80*
1.15 días Pedro se levantó en medio de los *h* *3101*
1.16 *h*, era necesario que se cumpliese la *80*
2.29 varones *h*, se os puede decir libremente *80*
2.37 y dijeron a... Varones *h*, ¿qué haremos? *80*
3.17 mas ahora, *h*, sé que por ignorancia lo *80*
3.22 levantará profeta de entre vuestros *h* *80*
6.3 buscad, pues, *h*... siete varones de buen *80*
7.2 *h* y padres, oíd: El Dios de la gloria *80*
7.13 José se dio a conocer a sus *h*, y fue *80*
7.23 le vino al corazón el visitar a sus *h* *80*
7.25 él pensaba que sus *h* comprendían que *80*
7.26 *h* sois, ¿por qué os maltratáis el uno *80*
7.37 profeta os levantará el... de vuestros *h* *80*
9.17 le dijo: *H* Saulo, el Señor Jesús, que *80*
9.30 supieron esto los *h*, le llevaron hasta *80*
10.23 le acompañaron algunos de los *h* de Jope *80*
11.1 oyeron los... los *h* que estaban en Judea *80*
11.12 fueron también conmigo estos seis *h* *80*
11.29 determinaron enviar socorro a los *h* *80*
12.2 y mató a espada a Jacobo, *h* de Juan *80*
12.17 haced saber esto a Jacobo y a los *h* *80*
13.15 *h*, si tenéis... palabra de exhortación *80*
13.26 *h*, hijos del linaje de Abraham, y los *80*
13.38 sabed, pues, esto, varones *h*: que por *80*
14.2 corrompieron los ánimos... contra los *h* *80*
15.1 venían de Judea enseñaban a los *h*: Si no *80*
15.3 y causaban gran gozo a todos los *h* *80*
15.7 *h*, vosotros sabéis cómo ya hace algún *80*
15.13 respondió diciendo: Varones *h*, oídme *80*
15.22 Silas, varones principales entre los *h* *80*
15.23 y los *h*, a los *h* de entre los gentiles *80*
15.32 confirmaron a los *h* con... de palabras *80*
15.33 fueron despedidos en paz por los *h* *80*
15.36 volvamos a visitar a los *h* en todas las *80*
15.40 encomendado por los *h* a la gracia del *80*
16.2 daban buen testimonio de él los *h* que *80*
16.40 habiendo visto a los *h*, los consolaron *80*
17.6 trajeron a Jasón y a algunos *h* ante las *80*
17.10 *h* enviaron de noche a Pablo y a Silas *80*
17.14 los *h* enviaron a Pablo que fuese hacia *80*
18.18 se despidió de los *h* y navegó a Siria *80*
18.27 los *h* le animaron, y escribieron a los *80*
20.32 ahora, *h*, os encomiendo a Dios, y a la *80*
21.7 habiendo saludado a los *h*, nos quedamos *80*
21.17 llegamos... los *h* nos recibieron con gozo *80*
21.20 ya ves, *h*, cuántos millares de judíos *80*
22.1 varones *h* y padres, oíd... mi defensa ante *80*
22.5 de quienes... recibí cartas para los *h* *80*
22.13 me dijo: *H* Saulo, recibe la vista *80*
23.1 varones *h*, yo con toda buena conciencia *80*
23.5 no sabía, *h*, que era el sumo sacerdote *80*
23.6 *h*, yo soy fariseo, hijo de fariseo *80*
28.14 habiendo hallado *h*, nos rogaron que nos *80*
28.15 oyendo de nosotros los *h*, salieron a *80*
28.17 yo, varones *h*, no habiendo hecho nada *80*
28.21 ni ha venido alguno de los *h* que haya *80*
Ro 1.13 no quiero, *h*, que ignoréis que muchas *80*
7.1 ignoráis, *h*... que la ley se enseñorea del *80*
7.4 *h* míos, habéis muerto a la ley mediante *80*
8.12 *h*, deudores somos, no a la carne, para *80*
8.29 que él sea el primogénito entre muchos *h* *80*
9.3 ser... separado de Cristo, por amor a mis *h* *80*
10.1 *h*, ciertamente el anhelo de mi corazón *80*
11.25 no quiero, *h*... ignoréis este misterio *80*
12.1 *h*, os ruego por las misericordias de *80*
14.10 pero tú, ¿por qué juzgas a tu *h*? 0 tú *80*
14.10 también, ¿por qué menosprecias a tu *h*? *80*
14.13 poner tropiezo u ocasión de caer al *h* *80*
14.15 si por... la comida tu *h* es contristado *80*
14.21 vino, ni nada en que tu *h* tropiece, o *80*
15.14 estoy seguro... *h* míos, de que vosotros *80*
15.15 escrito, *h*, en parte con atrevimiento *80*
15.30 ruego, *h*... que me ayudéis orando por mí *80*
16.14 saludad a... a los *h* que están con ellos *80*
16.17 os ruego, *h*, que os fijéis en los que *80*
16.23 os saluda Gayo... Erasto... y el *h* Cuarto *80*
1 Co 1.1 Pablo... apóstol de... y el *h* Sóstenes *80*
1.10 os ruego... *h*, por el nombre de nuestro *80*
1.11 he sido informado... *h* míos, por los de *80*
1.26 mirad, *h*, vuestra vocación, que no sois *80*
2.1 así que, *h*, cuando fui a vosotros para *80*
3.1 *h*, no pude hablaros como a espirituales *80*
4.6 esto, *h*, lo he presentado como ejemplo *80*
5.11 que, llamándose *h*, fuere fornicario, o *80*
6.5 ni aun uno, que pueda juzgar entre sus *h* *80*
6.6 que el *h* con el *h* pleitea en juicio, y *80*
6.8 pero vosotros... defraudáis, y esto a los *h* *80*
7.12 algún *h* tiene mujer que no sea creyente *80*
7.15 pues no está el *h* o la hermana sujeto *80*
7.24 cada uno, *h*, en el estado en que fue *80*
7.29 esto digo, *h*: que el tiempo es corto *80*
8.11 se perderá el *h* débil por quien Cristo *80*
8.12 pues, pecando contra los *h* e hiriendo *80*
8.13 la comida le es a mi *h* ocasión de caer *80*
8.13 jamás, para no poner tropiezo a mi *h* *80*
9.5 apóstoles, y los *h* del Señor, y Cefas? *80*
10.1 porque no quiero, *h*, que ignoréis que *80*
11.2 os alabo, *h*, porque en todo os acordáis *80*
11.33 que, *h* míos, cuando os reunís a comer *80*
12.1 no quiero, *h*, que ignoréis acerca de los *80*
14.6 pues, *h*, si yo voy a vosotros hablando *80*
14.20 *h*, no seáis niños en el modo de pensar *80*
14.26 ¿qué hay, pues, *h*? Cuando os reunís, cada *80*
14.39 así que, *h*, procurad profetizar, y no *80*
15.1 además os declaro, *h*, el evangelio que *80*
15.6 después apareció a más de quinientos *h* *80*
15.31 os aseguro, *h*, por... que cada día muero
15.50 esto digo, *h*: que la carne y la sangre *80*
15.58 así que, *h* míos amados, estad firmes y *80*
16.11 venga a mí, porque le espero con los *h* *80*
16.12 acerca del *h* Apolos, mucho le rogué que *80*
16.12 le rogué que fuese a vosotros con los *h* *80*
16.15 *h*, ya sabéis... la familia de Estéfanas *80*
16.20 os saludan todos los *h*. Saludaos los *80*
2 Co 1.1 Pablo... y el *h* Timoteo, a la iglesia *80*
1.8 *h*, no queremos que ignoréis acerca de *80*
2.13 por no haber hallado a mi *h* Tito; así *80*
8.1 *h*, os hacemos saber la gracia de Dios que *80*
8.18 enviamos... con él al *h* cuya alabanza en *80*
8.22 enviamos... con ellos a nuestro *h*, cuya *80*
8.23 cuanto a nuestros *h*, son mensajeros de *80*
9.3 pero he enviado a los *h*, para que nuestro *80*
9.5 tuve por necesario exhortar a los *h* que *80*
11.9 lo suplieron los *h* que... de Macedonia *80*
11.26 en el mar, peligros entre falsos *h* *5569*
12.18 rogué a Tito, y envié con él al *h*. ¿Os *80*
13.11 lo demás, *h*, tened gozo, perfeccionaos *80*
Gá 1.2 todos los *h* que están conmigo, a las *80*
1.11 hago saber *h*, que el evangelio anunciado *80*
1.19 no vi a... sino a Jacobo el *h* del Señor *80*
2.4 los falsos *h* introducidos a escondidas *5569*
3.15 *h*, hablo en términos humanos: Un pacto *80*
4.12 ruego, *h*, que os hagáis como yo, porque *80*
4.28 *h*, nosotros, como Isaac, somos hijos de *80*
4.31 de manera, *h*, que no somos hijos de la *80*
5.11 yo, *h*, si aún predico la circuncisión *80*
5.13 porque vosotros, *h*, a libertad fuisteis *80*
6.1 *h*, si alguno fuere sorprendido en... falta *80*
6.18 *h*, la gracia de nuestro Señor... sea con *80*
Ef 6.10 *h* míos, fortaleceos en el Señor, y en *80*
6.21 Tíquico, *h* amado y fiel ministro en el *80*
6.23 paz sea a los *h*, y amor con fe, de Dios *80*
Fil 1.12 quiero que sepáis, *h*, que las cosas *80*
1.14 la mayoría de los *h*... atreven mucho más *80*
2.25 necesario enviaros a Epafrodito, mi *h* y *80*
3.1 por lo demás, *h*, gozaos en el Señor *80*
3.13 *h*, yo mismo no pretendo... ya alcanzado *80*
3.17 *h*, sed imitadores de mí, y mirad a los *80*
4.1 *h* míos amados... gozo y corona mía, estad *80*
4.8 *h*, todo lo que es verdadero... lo honesto *80*
4.21 los *h* que están conmigo os saludan *80*
Col 1.1 Pablo, apóstol de... Dios, y el *h* Timoteo *80*
1.2 a los santos y fieles *h* en Cristo que *80*
4.7 os lo hará saber Tíquico, amado *h* y fiel *80*
4.9 Onésimo... fiel *h*, que es uno de vosotros *80*
4.15 saludad a los *h* que están en Laodicea *80*
1 Ts 1.4 conocemos, *h* amados de Dios, vuestra *80*
2.1 mismos sabéis, *h*, que nuestra visita a *80*
2.9 porque os acordáis, *h*, de nuestro trabajo *80*
2.14 *h*, vinisteis a ser imitadores de las *80*
2.17 *h*, separados de vosotros por un poco de *80*
3.2 enviamos a Timoteo nuestro *h*, servidor *80*
3.7 *h*, en medio de toda nuestra necesidad y *80*
4.1 *h*, os rogamos y exhortamos en el Señor *80*
4.6 que ninguno agravie ni... en nada a su *h* *80*
4.10 lo hacéis así con todos los *h* que están *80*
4.10 os rogamos, *h*, que abundéis en ello más *80*
4.13 tampoco queremos, *h*, que ignoréis acerca *80*
5.1 no tenéis necesidad, *h*... que yo os escriba *80*
5.4 mas vosotros, *h*, no estáis en tinieblas *80*
5.12 os rogamos, *h*, que reconozcáis a los *80*
5.14 también os rogamos, *h*, que amonestéis *80*
5.25 *h*, orad por nosotros *80*
5.26 saludad a todos los *h* con ósculo santo *80*
5.27 esta carta se lea a todos los santos *h* *80*
2 Ts 1.3 dar gracias a Dios por vosotros, *h* *80*
2.1 respecto a la venida de... os rogamos, *h* *80*
2.13 gracias a Dios... *h* amados por el Señor *80*
2.15 *h*, estad firmes, y retened la doctrina *80*
3.1 por lo demás, *h*, orad por nosotros, para *80*
3.6 os ordenamos, *h*... que os apartéis de todo *80*
3.6 todo *h* que anda desordenadamente, y no *80*
3.13 vosotros, *h*, no os canséis de hacer bien *80*
3.15 por enemigo, sino amonestadle como a *h* *80*
1 Ti 4.6 si esto enseñas a los *h*, serás buen *80*
5.1 a padre; a los más jóvenes, como a *h* *80*
6.2 no los tengan en menos por ser *h*, sino *80*
2 Ti 4.21 te saluda... Claudia y todos los *h* *80*
Flm 1 Pablo... y el *h* Timoteo, al amado Filemón *80*
7 porque por ti, oh *h*, han sido confortados *80*
16 no ya como esclavo, sino... como *h* amado *80*
20 sí, *h*, tenga yo algún provecho de ti en *80*
He 2.11 cual no se avergüenza de llamarlos *h* *80*
2.12 diciendo: Anunciaré a mis *h* tu nombre *80*
2.17 debía ser en todo semejante a sus *h* *80*
3.1 *h*... considerad al apóstol y... sacerdote de *80*
3.12 mirad, *h*, que no haya en ninguno de *80*
7.5 tomar... los diezmos... es decir, de sus *h* *80*
8.11 y ninguno enseñará a... a su *h*, diciendo *80*
10.19 *h*, teniendo libertad para entrar en el *80*
13.22 os ruego, *h*, que soportéis la palabra *80*
13.23 que está en libertad nuestro *h* Timoteo *80*
Stg 1.2 *h* míos, tened por sumo gozo cuando os *80*
1.9 *h* que es de humilde condición, gloríese *80*
1.16 amados *h* míos, no erréis *80*
1.19 amados *h*, todo hombre sea pronto para *80*
2.1 *h*... vuestra fe en nuestro glorioso Señor *80*
2.5 *h* míos amados, oíd: ¿No ha elegido Dios *80*
2.14 *h* míos, ¿de qué aprovechará si alguno *80*
2.15 y si un *h* o una hermana están desnudos *80*
3.1 *h* míos, no os hagáis maestros muchos de *80*
3.10 misma boca... *H* míos, esto no debe ser así *80*
3.12 *h* míos, ¿puede acaso la higuera producir *80*
4.11 *h*, no murmuréis los unos de los otros *80*
4.11 el que murmura del *h* y juzga a su *h* *80*
5.7 *h*, tened paciencia hasta la venida del *80*
5.9 *h*, no os quejéis unos contra otros, par *80*
5.10 *h* míos, tomad como ejemplo de aflicción *80*
5.12 *h* míos, no juréis, ni por el cielo, ni *80*

5.19 *h*, si alguno de entre vosotros se ha *80*
1 P 2.17 amad a los *h*. Temed a Dios. Honrad *81*
5.9 se van cumpliendo en vuestros *h* en todo *81*
5.12 de Silvano, a quien tengo por *h* fiel, os *80*
2 P 1.10 *h*, tanto más procurad hacer firme *80*
3.15 nuestro amado *h* Pablo. . . os ha escrito *80*
1 Jn 2,7 *h*, no os escribo mandamiento nuevo *80*
2.9 y aborrece a su *h*, está. . . en tinieblas *80*
2.10 el que ama a su *h*, permanece en la luz *80*
2.11 que aborrece a su *h* está en tinieblas *80*
3.10 no. . . y que no ama a su *h*, no es de Dios *80*
3.12 como Caín, que era del, y mató a su *h* *80*
3.12 obras eran malas, y las de su *h* justas *80*
3.13 *h* míos, no os extrañéis si el mundo os *80*
3.14 amamos a los *h*. El que no ama a su *h* *80*
3.15 aquel que aborrece a su *h* es homicida *80*
3.16 debemos poner nuestras vidas por los *h* *80*
3.17 bienes de. . . y ve a su *h* tener necesidad *80*
4.20 dice: Yo amo a Dios, y aborrece a su *h* *80*
4.20 el que no ama a su *h* a quien ha visto *80*
4.21 el que ama a Dios, ame también a su *h* *80*
5.16 si alguno viere a su *h* cometer pecado *80*
3 Jn 3 vinieron los *h* y dieron testimonio de *80*
5 cuando prestas algún servicio a los *h*. *80*
10 no recibe a los *h*, y a los que quieren *80*
Jud 1 Judas, siervo de Jesucristo, y *h* de *80*
Ap 1.9 Juan, vuestro *h*, y copartícipe vuestro *80*
6.11 que se completara el número de sus. . . *h* *80*
12.10 sido lanzado. . . el acusador de nuestros *h* *80*
19.10 yo soy consiervo tuyo, y de tus *h* que. *80*
22.9 dijo. . . yo soy consiervo tuyo, de tus *h*. *80*

HERMAS *Cristiano saludado por Pablo*, Ro 16.14 . . *2057*

HERMES *Cristiano saludado por Pablo*, Ro 16.14 . . *2060*

HERMÓGENES *Uno que abandonó a Pablo*, 2 Ti 1.15 . . . . *2061*

HERMÓN *Monte muy elevado al norte de Palestina*
Dt 3.8 el arroyo de Arnón hasta el monte de *H* 2768
3.9 los sidonios llaman a *H*, Sirión; y los 2768
4.48 Arnón, hasta el monte de Sion, que es *H*. 2768
Jos 11.3 y al heveo al pie de *H* en tierra de 2768
11.17 el monte Halac. . . a la falda del monte *H*. 2768
12.1 desde el arroyo. . . Arnón hasta el monte *H*. 2768
12.5 y dominaba en el monte *H*, en Salca, en 2768
13.5 Baal-gad al pie del monte *H*, hasta la 2768
13.11 todo el monte *H*, y toda la tierra de. 2768
1 Cr 5.23 habitaron. . . Basán. . . y el monte de *H* 2768
Sal 89.12 Tabor y el *H* cantarán en tu nombre. 2768
133.3 como el rocío de *H*, que desciende sobre 2768
Cnt 4.8 mira desde la cumbre. . . Senir y de *H*. 2768

HERMONITA *Habitante de la región del monte Hermón*, Sal 42.6. 2769

HERMOSEAR
Sal 149.4 Jehová. . . *hermoseará* a los humildes. 6286
Pr 15.13 el corazón alegre *hermosea* el rostro
Ez 16.13 *hermoseada* en extremo, prosperaste 3303

HERMOSO, A
Gn 6.2 que las hijas de los hombres eran *h*. 6286
12.11 conozco que eres mujer de *h* aspecto. 3303
12.14 los egipcios vieron que la mujer era *h*
24.16 y la doncella era de aspecto muy *h*. 2896
26.7 de Rebeca, pues ella era de *h* aspecto 2896
29.17 Raquel era de lindo y de *h* parecer
39.6 José de *h* semblante y bella presencia
41.2 que del río subían siete vacas, *h* a la
41.3 se pararon cerca de las vacas *h* a la
41.4 devoraban a las siete vacas *h* y muy
41.5 que siete espigas llenas y *h* crecían de. 2896
41.18 subían siete vacas de. . . *h* apariencia
41.22 crecían en una misma caña, llenas y *h* 2896
41.24 devoraban a las siete espigas *h*; y lo. 2896
41.26 las siete vacas *h* siete años son; y. 2896
41.26 espigas *h* son siete años; el sueño es. 2896
49.21 cierva suelta. . . pronunciará dichos *h*. 8233
Éx 2.2 viéndole que era *h*, le tuvo escondido 2896
Lv 23.40 ramas con fruto de árbol *h*, ramas 1926
Nm 24.5 ¡cuán *h* son tus tiendas, oh Jacob! 2896
Dt 21.11 entre los cautivos a alguna mujer *h*
Jue 15.2 su hermana. . . ¿no es más *h* que ella 2896
1 S 9.2 hijo que se llamaba Saúl, joven y *h*. 2896
9.2 entre. . . Israel no había otro más *h* que 2896
16.12 rubio, *h* de ojos, y de buen parecer
16.18 es valiente. . . *h*, y Jehová está con él 8389
17.42 era muchacho, y rubio, y de *h* parecer 3303
25.3 era aquella mujer de. . . y de *h* apariencia 3303
2 S 11.2 se estaba bañando, la cual era muy *h*. 2896
13.1 teniendo Absalón. . . una hermana *h* que se 3303
14.27 una hija. . . Tamar. . . mujer de *h* semblante 3303
1 R 1.3 buscaron una joven *h* por toda. . . Israel 3303
1.4 y la joven era *h*; y ella abrigaba al rey 3303
1.6 éste era de muy *h* parecer; y había nacido. 2896
20.3 oro. . . tus mujeres y tus hijos *h* son míos 2896
2 R 3.19 destruiréis toda ciudad. . . toda villa *h*
Est 1.11 para mostrar. . . belleza; porque era *h*. 2896
2.7 joven era de *h* figura y de buen parecer 3303
Job 31.26 si he mirado. . . a la luna cuando iba *h*
39.13 ¿diste tú *h* alas al pavo real, o alas 7443
42.15 no había mujeres tan *h* como las hijas. 3303
Sal 16.6 y es *h* la heredad que me ha tocado 8231
33.1 justos. . . en los íntegros es *h* la alabanza 5000
45.2 eres el más *h* de los hijos de los hombres 3302
48.2 *h* provincia, el gozo de toda la tierra 3303
147.1 Dios; porque suave y *h* es la alabanza 5000
Pr 11.22 es la mujer *h* y apartada de razón. 3303
30.29 tres cosas hay de *h* andar, y la cuarta
Ec 3.11 lo hizo *h* en su tiempo; y ha puesto 3303
Cnt 1.8 si tú no lo sabes, oh *h* entre las 3303
1.10 *h* son tus mejillas entre los pendientes. 4998
1.15 he aquí que tú eres *h*, amiga mía; he aquí 3302
1.16 aquí que tú eres *h*, amado mío, y dulce 3302
2.10,13 levántate, oh amiga mía, *h* mía, y ven. 3302
2.14 dulce es la voz tuya, y *h* tu aspecto 5000
4.1 he aquí que tú eres *h*, amiga. . . eres *h*. 3302
4.3 tu habla *h*; tus mejillas, como cachos 5000
4.7 toda tú eres *h*, amiga mía, y en ti no 3302
4.10 ¡cuán *h* son tus amores, hermana. . . mía! 3302
5.9; 6.1 oh la más *h* de todas las mujeres? 3303
6.4 *h* eres tú, oh amiga mía, como Tirsa 3303
6.10 *h* como la luna, esclarecida como el sol. 3303
7.1 cuán *h* son tus pies en las sandalias, *h*. 3303
7.6 *h* eres, y cuán suave, oh amor deleitoso. 3302
Is 5.9 asoladas, sin morador las grandes y *h* 2896
17.10 por tanto, sembrarás plantas *h*, y 2532
22.7 tus *h* valles fueron llenos de carros
44.13 lo hace en forma de varón. . . de hombre *h* 8597
52.1 tu ropa *h*, ob Jerusalén, ciudad santa. 8597
52.7 ¡cuán *h* son sobre los montes los pies. 4998
63.1 ¿éste *h* en su vestido, que marcha en la
Jer 11.16 olivo verde, *h* en su fruto y en su 3303
13.20 el rebaño que te fue dado, tu *h* grey? 8597
46.20 becerra *h* es Egipto. . . viene destrucción 3304
48.17 ¡cómo se quebró la vara. . . el báculo *h*! 8597
Lm 2.4 entesó su arco. . . destruyó cuanto era *h*
4.7 más rubios. . . su talle más *h* que el zafiro
Ez 16.7 y llegaste a ser muy *h*; tus pechos se
16.12 puse joyas en. . . *h* diadema en tu cabeza. 8597
16.17 tomaste asimismo tus *h* alhajas de oro 8597
16.39 llevarán tus *h* alhajas, y te dejarán. 8597
20.6,15 cual es la más *h* de todas las tierras
31.3 cedro en. . . de *h* ramas, de frondoso ramaje . . . 3303
31.7 se hizo, pues, *h* en su grandeza con la. 3302
31.9 lo hice *h* con la multitud de sus ramas. 3303
32.19 porque eres tan *h*, desciende, y yace 5276
33.32 cantor de. . . *h* de voz y que canta bien
Dn 4.12,21 follaje era *h* y su fruto abundante. 8209
Jl 3.5 mis cosas preciosas y *h* metisteis en
Am 5.11 plantasteis *h* viñas, mas no beberéis
8.13 las doncellas *h* y los jóvenes desmayarán. 3303
Nah 3.4 a causa de. . . de la ramera de *h* gracia
Zac 11.13 ¡*h* precio con que me han apreciado!. 145
Mt 23.27 **por fuera, a la verdad, se muestran *h***. *5611*
Lc 21.5 el templo estaba adornado de *h* piedras *2573*
Hch 3.2 la puerta del templo que se llama la *H* *5611*
3.10 a pedir. . . a la puerta del templo, la *H*. *5611*
Ro 10.15 está escrito: ¡Cuán *h* son los pies *5611*
He 11.23 escondido. . . porque le vieron niño *h*
Stg 1.11 flor se cae, y perece su *h* apariencia *2143*

HERMOSURA
Éx 28.2 vestiduras sagradas a. . . para honra y *h*. 8597
28.40 les harás cintos. . . tiaras para honra y *h*. 8597
2 S 14.25 tan alabado por su *h* como Absalón 3308
1 Cr 16.29 postraos delante de Jehová en la *h*. 1927
Job 4.21 su *h*, ¿no se pierde con ellos mismos?
15.29 no. . . ni extenderá por la tierra su *h* 4512
21.23 éste morirá en el vigor de su *h*, todo
40.10 de alteza, y vístete de honra y de *h*. 1926
Sal 27.4 para contemplar la *h* de Jehová, y. 5278
29.2 adorad a Jehová en la *h* de la santidad 1927
45.11 deseará el rey tu *h*; e inclínate a él 3308
47.4 nos elegirá. . . la *h* de Jacob, al cual amó
50.2 de Sion, perfección de *h*, Dios ha 3308
96.9 adorad a Jehová en la *h* de la santidad. 1927
110.3 tu pueblo se. . . en la *h* de la santidad. 1926
111.3 gloria y *h* es su obra, y su justicia
145.5 la *h* de la gloria de tu magnificencia
Pr 4.9 a tu cabeza; corona de *h* te entregará
6.25 no codicies su *h* en tu corazón, ni ella 3308
20.29 y la *h* de los ancianos es su vejez 1926
31.30 engañosa es la gracia, y vana la *h*; la. 3308
Is 3.24 en lugar de. . . y quemadura en vez de *h* 3308
4.2 renuevo de Jeboyá será para *h* y gloria 6643
13.19 Babilonia, *h* de reinos y ornamento de
28.1,4 la flor caduca de la *h* de su gloria. 8597
28.5 por corona de gloria y diadema de *h* al. 8597
33.17 tus ojos verán al rey en su *h*; verán. 3308
35.2 será dada, la *h* del Carmelo y de Sarón
35.2 verán la gloria. . . la *h* del Dios nuestro
52.14 fue desfigurado. . . y su *h* más que la de
53.2 no hay parecer en él, ni *h*; te veremos 1926
Lm 1.6 desapareció de la hija de Sion. . . su *h* 1926
2.1 derribó del cielo. . . tierra la *h* de Israel 8597
2.15 ¿es ésta la ciudad que. . . de perfecta h 3308
Ez 16.14 salió tu renombre. . . a causa de tu *h* 3308
16.14 mi *h* que yo puse sobre ti, dice Jehová. 1926
16.15 confiaste en tu *h*, y te prostituiste 3308
16.25 lugar alto, e hiciste abominable tu *h*. 3308
23.26 arrebatarán todos los adornos de tu *h* 8597
27.3 Tiro, tú has dicho. . . soy de perfecta *h*. 3308
27.11 sus escudos colgaron, completaron tu *h* 3308
28.7 desenvainarán sus espadas contra la *h* 3308
28.12 tú. . . lleno de sabiduría, y acabado de *h*. 3308
28.17 enalteció tu corazón a causa de tu *h* 3308
31.8 ningún árbol en. . . semejante a él en su *h* 3308
Zac 9.17 ¡cuánta es su bondad, y cuánta su *h* 3308

HERODES
1. Herodes el Grande
Mt 2.1 cuando Jesús nació. . . en días del rey *H*. *2264*
2.3 rey *H* se turbó, y toda Jerusalén con él. *2264*
2.7 *H*, llamando en secreto a. . . magos, indagó *2264*
2.12 siendo avisados. . . que no volviesen a *H*. *2264*
2.13 porque. . . *H* buscará el niño para matarlo *2264*
2.15 estuvo allá hasta la muerte de *H*; para. *2264*
2.16 *H*. . . cuando se vio burlado por los magos *2264*
2.19 después de muerto *H*, he aquí un ángel *2264*
2.22 que Arquelao reinaba. . . en lugar de *H* su *2264*
Lc 1.5 hubo en los días de *H* rey. . . sacerdote. *2264*
2. Herodes Antipas, hijo de No. 1
Mt 14.1 en aquel tiempo *H*. . . la fama de Jesús *2264*
14.3 porque *H* había prendido a Juan, y le. *2264*
14.5 *H* quería matarle, pero temía al pueblo
14.6 cuando se celebraba el cumpleaños de *H*. *2264*
14.6 la hija de Herodías danzó. . . agradó a *H* *2264*
Mr 6.14 oyó el rey *H* la fama de Jesús. . . dijo *2264*
6.16 al oír esto *H*, dijo: Este es Juan, el. *2264*
6.17 *H* había enviado y prendido a Juan, y le *2264*
6.18 Juan decía a *H*. . . No te es lícito tener *2264*
6.20 *H* temía a Juan, sabiendo que era varón. *2264*
6.21 un día oportuno, en que *H*, en la fiesta. *2264*
6.22 hija de Herodías danzó, y agradó a *H*. *2264*
8.15 **mirad, guardaos. . . y de la levadura de *H***. *2264*
Lc 3.1 siendo. . . *H* tetrarca de Galilea. . . Felipe *2264*
3.19 *H*. . . siendo reprendido por Juan a causa *2264*
3.19 de todas las maldades que *H* había hecho *2264*
8.3 Juatia, mujer de Chuza intendente de *H* *2264*
9.7 *H* el tetrarca oyó. . . cosas que hacía Jesús. *2264*
9.9 y dijo *H*: A Juan yo le hice decapitar *2264*
13.31 sal, y vete de aquí. . . *H* te quiere matar. *2264*
23.7 saber que era de la jurisdicción de *H* *2264*
23.7 le remitió a *H*, que en aquellos días *2264*
23.8 *H*, viendo a Jesús, se alegró mucho *2264*
23.11 *H* con sus soldados le menospreció y *2264*
23.12 hicieron amigos Pilato y *H* aquel día *2264*
23.15 y ni aun *H*, porque os remití a él; y *2264*
Hch 4.27 se unieron, *H* y Poncio Pilato, con. *2264*
13.1 Manaén. . . se había criado junto con *H* *2264*
3. Herodes Agripa I, nieto de No. 1
Hch 12.1 el rey *H* echó mano a algunos de la *2264*
12.6 *H* le iba a sacar, aquella misma noche. *2264*
12.11 me ha librado de las manos de *H*, y de. *2264*
12.19 mas *H*, habiéndole buscado sin hallarle *2264*
12.20 *H* estaba enojado contra los de Tiro *2264*
12.21 *H*, vestido de ropas reales, se sentó. *2264*
23.35 que le custodiasen en el pretorio de *H* *2264*

HERODIANO *Partidario político de la dinastía de los Herodes*
Mt 22.16 los discípulos de ellos con los *h*. *2265*
Mr 3.6 tomaron consejo con los *h* contra él. *2265*
12.13 enviaron algunos de los. . . y de los *h* *2265*

HERODÍAS *Mujer de Herodes No. 2*
Mt 14.3 en la cárcel, por causa de *H*, mujer. *2266*
14.6 la hija de *H* danzó en medio, y agradó. *2266*
Mr 6.17 en la cárcel por causa de *H*, mujer de. *2266*
6.19 Pero *H* le acechaba, y deseaba matarle. *2266*
6.22 la hija de *H*, danzó, y agradó a Herodes *2266*
Lc 3.19 reprendido por Juan a causa de *H*. *2266*

HERODIÓN *Cristiano saludado por Pablo*, Ro 16.11 . . . . *2267*

HERRADO
Jos 17.16 todos los cananeos. . . tienen carros *h* 1270
17.18 aunque tenga carros *h*, y. . . sea fuerte 1270
Jue 1.19 mas no pudo arrojar. . . tenían carros *h*. 1270
4.3 tenía 900 carros *h*, y había oprimido con 1270
4.13 reunió Sísara. . . 900 carros *h*, con todo el 1270

HERRAMIENTA
Éx 20.25 si alzares *h* sobre él, lo profanarás. 2719
Is 54.16 herrero que. . . saca la *h* para su obra

HERRERO
1 S 13.19 la tierra de Israel no se hallaba *h*. 2796
2 R 24.14 llevó en cautiverio. . . a todos los. . . *h*. 4525
24.16 los artesanos y a los *h*. . . llevó cautivos 4525
Is 44.12 el *h* toma la tenaza, trabaja en las
54.16 que yo hice al *h* que sopla las ascuas 2796
Jer 24.1 de haber transportado. . . artesanos y *h* 4525

HERRUMBRE
Ez 24.11 se funda en ella su. . . y se consuma su *h* 2457
24.12 se cansó, y no salió de ella su mucha *h* 2457
24.12 ella. . . sólo en fuego será su *h* consumida 2457

HERRUMBROSA
Ez 24.6 ¡ay de la. . . olla *h* cuya herrumbre no 2457

HERVIR
Lv 8.31 *Hervid* la carne a. . . tabernáculo. 1310
Job 41.20 sale humo, como. . . caldero que *hierve* 5301
41.31 hace *hervir*. . . una olla el mar profundo. 7570
Is 64.2 fuego que hace *hervir* las aguas, para. 1158
Jer 1.13 una olla que *hierve*; y su faz está. 5301
Lm 1.20 estoy atribulado. . . mis entrañas *hierven* 2560
Ez 24.5 haz que *hierva* bien; cuece también sus. 7570

HERVOR
He 10.27 *h* de fuego que ha de devorar a los. *2205*

HESBÓN *Ciudad importante de los amorreos*
Nm 21.25 habitó. . . en *H* y en todas sus aldeas 2809
21.26 porque *H* era la ciudad de Sehón rey de. 2809
21.27 tanto dicen los proverbistas: Venid a *H*. 2809
21.28 porque fuego salió de *H*, y llama de la. 2809
21.30 pereció *H* hasta Dibón, y destruimos 2809
21.34 como hiciste de Sehón. . . habitaba en *H* 2809
32.3 Nimra, *H*, Eleale, Sebam, Nebo y Beón 2809
32.37 los hijos de Rubén edificaron *H*, Eleale 2809
Dt 1.4 derrotó a Sehón. . . el cual habitaba en *H*. 2809
2.24 entregado en tu mano a Sehón rey de *H*. 2809
2.26 envié mensajeros. . . a Sehón rey de *H* con 2809
2.30 Sehón rey de *H* no quiso que pasásemos 2809
3.2 hiciste con Sehón rey. . . que habitaba en *H* 2809

3.6 como hicimos a Sehón rey de *H*, matando 2809
4.46 de Sehón rey de los...que habitaba en *H* 2809
29.7 y salieron Sehón rey de *H* y Og rey de 2809
Jos 9.10 lo que hizo...a Sehón rey de *H*, y a 2809
12.2 Sehón rey de los...que habitaba en *H*, y 2809
12.5 de Galaad, territorio de Sehón rey de *H* 2809
13.10 ciudades de Sehón...el cual reinó en *H* 2809
13.17 *H*, con todas sus ciudades que están en 2809
13.21 el reino de Sehón rey...que reinó en *H* 2809
13.26 desde *H* hasta Ramat-mizpa, y Betonim 2809
13.27 resto del reino de Sehón rey de *H*; el 2809
21.39 *H* con sus ejidos y Jazer con...ejidos 2809
Jue 11.19 envió...mensajeros a Sehón rey...de *H* 2809
11.26 habitando...300 años a *H* y sus aldeas 2809
1 Cr 6.81 *H* con sus ejidos y Jazer con...ejidos 2809
Neh 9.22 poseyeron...la tierra del rey de *H* 2809
Cnt 7.4 ojos, como los estanques de *H* junto 2809
Is 15.4 *H* y Eleale gritarán, hasta Jahaza se 2809
16.8 los campos de *H* fueron talados, y las 2809
16.9 regaré con mis lágrimas, oh *H* y Eleale 2809
Jer 48.2 Moab; en *H* maquinaron mal contra 2809
48.34 clamor de *H* llega hasta Eleale; hasta 2809
48.45 a la sombra de *H*...mas salió fuego de *H* 2809
49.3 lamenta, oh *H*, porque destruida es Hai 2809

HESED *Padre de un funcionario de Salomón*, 1 R 4.10 2618

HESMÓN *Población en Judá*, Jos 15.27 2829

HET *Hijo de Canaán y nieto de Cam (hijos de Het =heteos)*
Gn 10.15 y Canaán engendró a Sidón su...a *H* 2845
23.3 y se levantó...y hablé a los hijos de *H* 2845
23.5 respondieron los hijos de *H* a Abraham 2845
23.7 se inclinó al pueblo...a los hijos de *H* 2845
23.10 este Efrón estaba entre los hijos de *H* 2845
23.10,16,18 en presencia de los hijos de *H* 2845
23.20 posesión...recibida de los hijos de *H* 2845
25.10 que compró Abraham de los hijos de *H* 2845
27.46 de mi vida, a causa de las hijas de *H* 2845
27.46 si Jacob toma mujer de las hijas de *H* 2845
49.32 la compra del...fue de los hijos de *H* 2845
1 Cr 1.13 Canaán engendró a Sidón su...y a *H* 2845

HETE
2 S 16.8 y *h* aquí sorprendido en tu

HETEO, A *Descendiente de Het*
Gn 15.20 los *h*, los ferezeos, los refaítas 2850
23.10 de Het; y respondió Efrón *h* a Abraham 2850
25.9 en la heredad de Efrón hijo de Zoar *h* 2850
26.34 Esaú...tomó...a Judit hija de Beeri *h* 2850
26.34 por mujer...a Basemat hija de Elón *h* 2850
36.2 Esaú tomó...a Ada, hija de Elón *h*, y a 2850
49.29 que está en el campo de Efrón el *h* 2850
49.30 con el mismo campo de Efrón el *h*, para 2850
50.13 la que había comprado...de Efrón el *h* 2850
Éx 3.8,17 del *h*, del amorreo, del ferezeo 2850
13.5 te hubiere metido en la tierra...del *h* 2850
23.23 mi Angel...te llevará a la tierra...del *h* 2850
23.28 yo enviaré...la avispa, que eche...al *h* 2850
33.2 ángel, y echaré fuera al...*h*, al ferezeo 2850
34.11 echo de delante de tu presencia...al *h* 2850
Nm 13.29 *h*, el jebuseo y el amorreo habitan 2850
Dt 7.1 y haya echado de delante de ti...al *h* 2850
20.17 destruirás...*h*, al amorreo, al cananeo 2850
Jos 1.4 la tierra de los *h* hasta el gran mar 2850
3.10 61 echará...al *h*, al heveo, al ferezeo 2850
9.1 cuando oyeron...los reyes...los *h*, amorreos 2850
11.3 al cananeo...al *h*, al ferezeo, al jebuseo 2850
12.8 *h*, el amorreo, el cananeo, el ferezeo 2850
24.11 pelearon contra vosotros...cananeos, *h* 2850
Jue 1.26 fue el hombre a la tierra de los *h* 2850
3.5 los hijos de Israel habitaban entre...*h* 2850
1 S 26.6 David dijo a Ahimelec *h* y a Abisai 2850
2 S 11.3 es Betsabé hija de...mujer de Urías *h* 2850
11.6 envíame a Urías *h*...Joab envió a Urías 2850
11.17 cayeron algunos...murió también Urías *h* 2850
11.21 también tu siervo Urías *h* es muerto 2850
11.24 rey; y murió también tu siervo Urías *h* 2850
12.9 a Urías *h* heriste a espada, y tomaste 2850
12.10 tomaste la mujer de Urías *h* para que 2850
23.39 Urías *h*; treinta y siete por todos 2850
1 R 9.20 quedaron de los amorreos, *h*, ferezeos 2850
10.29 así los adquirían...los reyes de los *h* 2850
11.1 Salomón amó...a las de Sidón, y a las *h* 2850
15.5 su vida, salvó en lo tocante a Urías *h* 2850
2 R 7.6 tomado a sueldo...los reyes de los *h* 2850
1 Cr 11.41 Urías *h*, Zabad hijo de Ahlai 2850
2 Cr 1.17 así compraban...los reyes de los *h* 2850
8.7 todo el pueblo que había quedado de los *h* 2850
Esd 9.1 no se han separado de...los *h*, ferezeos 2850
Neh 9.8 pacto con él para darle la tierra...*h* 2850
Ez 16.3 tu padre fue amorreo, y tu madre *h* 2850
16.45 vuestra madre fue *h*, y vuestro padre 2850

HETLÓN *Lugar en el límite norte de Israel*, Ez 47.15; 48.1 2855

HEVEO *Pueblo antiguo en Palestina*
Gn 10.17 al *h*, al araceo, al sineo 2340
34.2 la vio Siquem hijo de Hamor *h*...la tomó 2340
36.2 tomó...hija de Aná, hijo de Zibeón el *h* 2340
Éx 3.8,17 del ferezeo, del *h* y del Jebuseo 2340
13.5 te hubiere metido en la tierra del...*h* 2340
23.23 mi ángel...te llevará a la tierra del...*h* 2340
23.28 de ti la avispa, que eche fuera al *h* 2340
33.2 y echaré fuera al...al *h* y al Jebuseo 2340
34.11 echo de delante de tu presencia...al *h* 2340
Dt 7.1 echado...al ferezeo, al *h* y al jebuseo 2340
20.17 los destruirás...al ferezeo, al *h* y al 2340
Jos 3.10 echará de delante...al *h*, al ferezeo 2340
9.1 cuando oyeron...los reyes...*h* y jebuseos 2340
9.7 y los de Israel respondieron a los *h* 2340
11.3 al *h* al pie de Hermón en tierra de Mizpa 2340
11.19 ciudad que hiciese paz con...salvo los *h* 2340
12.8 cananeo, el ferezeo, el *h* y el jebuseo 2340
24.11 pelearon contra vosotros...*h* y jebuseos 2340
Jue 3.3 los *h* que habitaban en el monte Líbano 2340
3.5 habitaban entre...ferezeos, *h* y jebuseos 2340
2 S 24.7 todas las ciudades de los *h* y de los 2340
1 R 9.20 los *h* y jebuseos, que no eran de los 2340
1 Cr 1.15 al *h*, al araceo, al sineo 2340
2 Cr 8.7 *h* y jebuseos, que no eran de Israel 2340

HEZEQUIEL *Sacerdote en tiempo de David*, 1 Cr 24.16 3168

HEZIÓN *Ascendiente de Ben-adad No. 1*
1 R 15.18 2383

HEZIR
1. Sacerdote en tiempo de David, 1 Cr 24.15 2387
2. Firmante del pacto de Nehemías, Neh 10.20 2387

HEZRAI, HEZRO *Uno de los 30 valientes de David*, 2 S 23.35; 1 Cr 11.37 2695

HEZRÓN
1. Hijo de Rubén, Gn 46.9; Éx 6.14; 1 Cr 5.3 2696
2. Hijo de Fares y nieto de Judá, Gn 46.12; Nm 26.6,21; Rt 4.18,19; 1 Cr 2.5,9,18, 21,24,25; 4.1 ... 2696
3. Ciudad en la frontera sur de Canaán, Jos 15.3,25 2696

HEZRONITA *Descendiente de Hezrón No. 2*, Nm 26.6,21 2697

HIDAI *Uno de los valientes de David*, 2 S 23.30 .. 1914

HIDEKEL *Nombre hebreo del río Tigris*
Gn 2.14 y el nombre del tercer río es *H*; éste 2313
Dn 10.4 estaba yo a la orilla del gran río *H* 2313

HIDRÓPICO
Lc 14.2 aquí estaba delante de él un hombre *h* *5203*

HIEL *Varón de Bet-el que reedificó a Jericó*, 1 R 16.34 2419

HIEL *(s.)*
Dt 29.18 haya...raíz que produzca *h* y ajenjo 7219
Job 16.13 no perdonó; mi *h* derramó por tierra 4845
20.14 mudará...*h* de áspides será dentro de él 4846
Sal 69.21 me pusieron además *h* por comida, y 7219
Jer 8.14 y nos ha dado a beber aguas de *h* 7219
9.15 a este pueblo...daré a beber aguas de...*h* 7219
23.15 y les haré beber agua de *h*; porque de 7219
Lm 3.19 acuérdate de mi aflicción...y de la *h* 7219
Hab 2.15 ¡ay de ti, que le acercas tu *h*, y le 2573
Mt 27.34 dieron a beber vinagre mezclado con *h* *5521*
Hch 8.23 en *h* de amargura y en...veo que estás *5521*

HIELO
Job 37.10 por el soplo de Dios se da el *h*, y 7140
38.29 ¿de qué vientre salió el *h*?...escarcha 7140
Sal 147.17 echa su *h* como pedazos; ante su 7140
Jer 36.30 será echado al calor del día y al *h* 7140

HIENA
Is 13.22 sus palacios aullarán *h*, y chacales 338
34.14 se encontrarán con las *h*, y las cabras 338

HIERÁPOLIS *Ciudad en la provincia de Asia*, Col 4.13 .... *2404*

HIERBA
Gn 1.11 produzca la tierra *h* verde, *h* que dé 1877
1.12 produjo, pues...*h* verde, *h* que da semilla 1877
2.5 y toda *h* del campo antes que naciese 6212
Éx 9.22 granizo...sobre toda la *h* del campo 6212
9.25 destrozó el granizo toda la *h* del campo 6212
10.15 consumió toda la *h* de la tierra, y todo 6212
10.15 no quedó cosa verde en árboles ni en *h* 6212
12.8 la carne asada...con *h* amargas lo comerán
Nm 9.11 panes sin levadura y con *h* amargas la
Dt 11.15 daré también *h* en tu campo para tus 6212
29.23 no será sembrada...ni crecerá en ella *h* 6212
32.2 la llovizna...y como las gotas sobre la *h* 1877
2 S 23.4 como la lluvia que hace brotar la *h* 1877
1 R 18.5 a ver si acaso hallaremos *h* con que 2682
2 R 4.39 salió...al campo a recoger *h*, y halló 219
19.26 vinieron a ser como la *h* del campo, y 6212
Job 5.25 y tu prole como la *h* de la tierra 6212
6.5 ¿acaso gime el asno montés junto a...*h*? 1877
8.12 con todo, se seca primero que toda *h* 2682
38.27 saciar la...hacer brotar la tierna *h*? 1877
40.15 aquí ahora behemot...*h* come como buey 2682
40.20 los montes producen *h* para él; y toda 944
Sal 37.2 porque como *h* serán pronto cortados 2682
37.2 cortados, y como la *h* verde se secarán 1877
72.6 descenderá como la lluvia sobre la *h* 1488
72.16 los de la ciudad florecerán como la *h* 6212
90.5 son como...la *h* que crece en la mañana 2682
92.7 cuando brotan los impíos como la *h*, y 6212
102.4 corazón está herido, y seco como la *h* 6212
102.11 como sombra que...he secado como la *h* 6212
103.15 el hombre, como la *h* son sus días 2682
104.14 y la *h* para el servicio del hombre 6213
105.35 y comieron toda la *h* de su país, y 6212
106.20 por la imagen de un buey que come *h* 6212
129.6 serán como la *h* de los tejados, que 2682
147.8 el que hace a los montes producir *h* 2682
Pr 19.12 su favor como el rocío sobre la *h* 6212
27.25 saldrá la grama, aparecerá la *h*, y se 1877
27.25 grama...se segarán las *h* de los montes 6212
Is 15.6 se secará la *h*, se marchitarán los 1877
37.27 fueron como *h* de campo y hortaliza 6212
40.6 que toda carne es *h*, y...flor del campo 2682
40.7 la *h* se seca, y la...como *h* es el pueblo 2682
40.8 sécase la *h*, marchítase la flor; mas la 2682
42.15 haré secar toda su *h*; los ríos tornaré 6212
44.4 brotarán entre *h*, como sauces junto a 2682
66.14 vuestros huesos reverdecerán como la *h* 1877
Jer 12.4 y marchita la *h* de todo el campo? 6212
14.5 y dejaban la cría, porque no había *h* 1877
14.6 sus ojos se ofuscaron porque no había *h* 6212
50.11 os llenasteis como novilla sobre la *h* 1877
Ez 16.7 hice multiplicar como la *h* del campo 6780
Dn 4.15,23 con atadura...de bronce entre la *h* 1883
4.15 sea su parte entre la *h* de la tierra 6211
4.25 con *h* del campo te apacentarán como al 6211
4.33 comía *h* como los bueyes, y su cuerpo se 6211
5.21 *h* le hicieron comer como a buey, y su 6211
Am 7.2 que cuando acabó de comer la *h* de la 6212
Mi 5.7 será en...como las lluvias sobre la *h* 6212
Zac 10.1 os dará lluvia...*h* verde en el campo 6212
Mt 6.30 **si la *h* del campo...Dios la viste así** *5528*
13.26 **cuando salió la *h* y dio fruto...cizaña** *5528*
14.19 entonces mandó...recostarse sobre la *h* *5528*
Mr 4.28 **primero *h*, luego espiga, después grano** *5528*
6.39 recostar a todas por grupos sobre la *h* *5528*
Lc 12.28 **si así viste Dios la *h* que hoy está** *5528*
Jn 6.10 **y había mucha *h* en aquel lugar; y se** *5528*
He 6.7 produce *h* provechosa a aquellos por los *1008*
Stg 1.10 porque...pasará como la flor de la *h* *5528*
1.11 cuando sale el sol con calor...*h* se seca *5528*
1 P 1.24 porque: Toda carne es como *h*, y toda *5528*
1.24 como flor de la *h*. La *h* se seca, y la *5528*
Ap 8.7 ángel tocó...y se quemó toda la *h* verde *5528*
9.4 y se les mandó que no dañasen a la *h* de *5528*

HIERRO
Gn 4.22 Tubal-caín, artífice de toda obra...*h* 1270
Lv 26.19 haré vuestro cielo como *h*, y...bronce 1270
Nm 31.22 plata, el bronce, *h*, estaño, y plomo 1270
35.16 si con instrumento de *h* lo hiriere y 1270
Dt 3.11 su cama...de *h*, ¿no está en Rabá de los 1270
4.20 os ha sacado del horno de *h*, de Egipto 1270
8.9 cuyas piedras son *h*, y de...sacarás cobre 1270
19.5 saltare el *h* del cabo, y diere contra su 1270
27.5 no alzarás sobre ellas instrumento de *h* 1270
28.23 la tierra que está debajo de ti, de *h* 1270
28.48 pondrá yugo de *h* sobre tu cuello, hasta 1270
33.25 *h* y bronce serán tus cerrojos, y como 1270
Jos 6.19 los utensilios de bronce y de *h*, sean 1270
6.24 en el tesoro...los utensilios de...y de *h* 1270
8.31 piedras...sobre las cuales nadie alzó *h* 1270
1 S 17.7 el *h* de su lanza 600 siclos de *h* 1270
2 S 12.31 trabajar...trillos de *h* y hachas de *h* 1270
23.7 se arma de *h* y de asta de lanza, y son 1270
1 R 6.7 hachas...ningún otro instrumento de *h* 1270
8.51 tú sacaste...de en medio del horno de *h* 1270
22.11 había hecho unos cuernos de *h*, y dijo 1270
2 R 6.6 cortó él un palo...e hizo flotar el *h* 1270
1 Cr 20.3 puso a trabajar...con trillos de *h* 1270
22.3 preparó David...*h* para la clavazón de 1270
22.14 y bronce y *h* sin medida, porque es 1270
22.16 del oro...bronce y del *h*, no hay cuenta 1270
29.2 *h* para las de *h*, y madera para las de 1270
29.7 de bronce, y cinco mil talentos de *h* 1270
2 Cr 2.7,14 sabe trabajar en oro...bronce y *h* 1270
18.10 Sedequías...había hecho cuernos de *h* 1270
24.12 canteros...y artífices en *h* y bronce 1270
Job 19.24 que con cincel de *h* con plomo fuesen 1270
20.24 huirá de las armas de *h*, y el arco de 1270
28.2 el *h* se saca del polvo, y de la piedra 1270
39.23 contra él suenan...el *h* de la lanza y 3851
40.18 huesos...sus miembros como barras de *h* 1270
41.27 estima como paja el *h*, y el bronce 1270
Sal 2.9 los quebrantarás con vara de *h*; como 1270
107.10 aprisionados en aflicción y en *h* 1270
107.16 porque...desmenuzó los cerrojos de *h* 1270
149.8 reyes...a sus nobles con cadenas de *h* 1270
Pr 27.17 *h* con *h* se aguza; y así el hombre 1270
Ec 10.10 si se embotare el *h*, y su filo no 1270
Is 10.34 cortará...*h* la espesura del bosque 1270
45.2 quebrantaré puertas...de *h* haré pedazos 1270
48.4 que eres duro, y barra de *h* tu cerviz 1270
60.17 por *h* plata...y en lugar de piedras *h* 1270
Jer 1.18 yo te he puesto...como columna de *h* 1270
6.28 son bronce y *h*...ellos son corruptores 1270
11.4 el día que los saqué...del horno de *h* 1270
15.12 ¿puede alguno quebrar el *h*, el *h* del 1270
17.1 pecado...escrito está con cincel de *h* 1270
28.13 mas en vez de ellos harás yugos de *h* 1270
28.14 yugo de *h* puse sobre el cuello de todas 1270
Ez 4.3 una plancha de *h*...en lugar de muro de *h* 1270
22.18 todos ellos son bronce y...y *h* y plomo 1270
22.20 como quien junta...*h* y plomo y estaño 1270
27.12 plata, *h*, estaño y plomo comerciaba en 1270
27.19 negociar en tu mercado con *h* labrado 1270
Dn 2.33 piernas, de *h*...pies, en parte de *h* 6523
2.34 hirió a la imagen en sus pies de *h* y de 6523
2.35 entonces fueron desmenuzados...el *h*, el 6523
2.40 el cuarto reino será fuerte como *h*; y 6523
2.40 como el *h* desmenuza y rompe todas las 6523
2.41 en parte de *h*, será un reino dividido 6523
2.41 habrá en él algo de la fuerza del *h* 6523
2.41 como viste *h* mezclado con barro cocido 6523
2.42 los dedos de los pies en parte de *h* y 6523
2.43 así como viste el *h* mezclado con barro 6523
2.43 no...como el *h* no se mezcla con el barro 6523

H

2.45 la cual desmenuzó el *h*, el bronce, el 6523
4.15,23 atadura de *h*... en la hierba del campo 6523
5.4 alabaron a los dioses de... *h*, de madera 6523
5.23 diste alabanza a dioses de plata... de *h* 6523
7.7 la cual tenía unos dientes grandes de *h* 6523
7.19 que tenía dientes de *h* y uñas de bronce 6523
Am 1.3 trillaron a Galaad con trillos de *h* 1270
Mi 4.13 haré tu cuerno como de *h*, y tus uñas 1270
Hch 12.10 llegaron a la puerta de *h* que daba *4603*
Ap 2.27 **y las regirá con vara de *h*, y serán** *4603*
9.9 corazas como corazas de *h*; el ruido de *4603*
12.5 hijo varón, que regirá con vara de *h* a *4603*
18.12 todo objeto... cobre, de *h* y de mármol *4604*
19.15 las regirá con vara de *h*; y él pisa el *4603*

HÍGADO
Éx 29.13,22 la grosura de sobre el *h*... riñones 3516
Lv 3.4,10,15 quitará la grosura... sobre el *h* 3516
4.9; 7.4 quitará la grosura de sobre el *h* 3516
8.16,25 la grosura del *h*, y los dos riñones 3516
9.10 arder sobre el altar la grosura del *h* 3516
9.19 la cola... los riñones, y la grosura del *h* 3516
Lm 2.11 mi *h* se derramó por tierra a causa del 3516
Ez 21.21 ha... consultó a sus ídolos, miró el *h* 3516

HIGAION *Voz hebrea que significa «meditación»*, Sal 9.16 1902

HIGO
Nm 13.23 cortaron... de las granadas y de los *h* 8384
1 S 25.18 Abigail tomó... 200 panes de *h* secos 1690
30.12 le dieron... un pedazo de masa de *h* secos 1690
2 S 16.1 cien panes de *h* secos, y un cuero de 7019
2 R 20.7 dijo Isaías: Tomad masa de *h*... y sanó 8384
1 Cr 12.40 harina, tortas de *h*, pasas, vino 1690
Neh 13.15 cargaban asnos... *h* y toda suerte de 8384
Cnt 2.13 higuera ha echado sus *h*... y las vides 6291
Is 38.21 tomen masa de *h*, y pónganla en la 8384
Jer 8.13 no quedarán uvas... ni *h* en la higuera 8384
24.1 mostró Jehová dos cestas de *h* puestas 8384
24.2 tenía *h* muy buenos... tenía *h* muy malos 8384
24.3 dije: *H*; *h* buenos, muy buenos; y malos 8384
24.5 como a estos *h* buenos, así miraré a los 8384
24.8 y como los *h* malos, que de malos no se 8384
29.17 pondré como los *h* malos, que de malos 8384
Am 7.14 que soy boyero, y recojo *h* silvestres 8256
Mt 7.16 **¿acaso se recogen... *h* de los abrojos?** *4810*
Mr 11.13 nada halló... pues no era tiempo de *h* *4810*
Lc 6.44 **pues no se cosechan *h* de los espinos** *4810*
Stg 3.12 ¿puede... higuera producir... la vid *h*? *4810*
Ap 6.13 la higuera deja caer sus *h* cuando es *3653*

HIGUERA
Gn 3.7 cosieron hojas de *h*, y se hicieron 8384
Nm 20.5 no es lugar de sementera, de *h*, de 8384
Dt 8.8 tierra de trigo y cebada, de vides, *h* 8384
Jue 9.10 dijeron los árboles a la *h*: Anda tú 8384,6086
9.11 respondió la *h*: ¿He de dejar mi dulzura .. *8384,6086*
1 R 4.25 debajo de su parra y debajo de su *h* 8384
2 R 18.31 coma cada uno de su vid y de su *h* 8384
Sal 105.33 destrozó... *h*, y quebró los árboles 8384,6086
Pr 27.18 quien cuida la *h* comerá su fruto, y 8384
Cnt 2.13 la *h* ha echado sus higos, y las vides 8384,6086
Is 34.4 caerá todo su... como se cae la de la *h* 8384
36.16 cada uno de su *h*, y beba cada cual de 8384
Jer 5.17 tus vacas, comerá tus viñas y tus *h* 8384
8.13 no quedarán... higos en la *h*, y se caerá 8384
Os 2.12 haré talar sus vides y sus *h*, de las 8384
9.10 como la fruta temprana de la *h* en su 8384
Jl 1.7 asoló mi vid, y descortezó mi *h*; del 8384
1.12 y pereció la *h*; el granado también, la 8384
2.22 su fruto, la *h* la vid darán sus frutos 8384,6086
Mi 4.4 y se sentará cada uno debajo de su... *h* 8384
Nah 3.12 fortalezas serán cual *h* con brevas 8384
Hab 3.17 aunque la *h* no florezca, ni en las 8384
Hag 2.19 ni la *h*, ni el granado... ha florecido 8384
Zac 3.10 debajo de su vid y debajo de su *h* 8384
Mt 21.19 viendo una *h* cerca del camino, vino *4808*
21.19 **jamás nazca de ti... luego se secó la *h*** *4808*
21.20 ¿cómo es que se secó en seguida la *h*? *4808*
21.21 **no sólo haréis esto de la *h*, sino que** *4808*
24.32 **de la *h* aprended la parábola: Cuando** *4808*
Mr 11.13 viendo... una *h* que tenía hojas, fue *4808*
11.14 **dijo a la *h*: Nunca jamás coma nadie** *846*
11.20 vieron que la *h* se había secado desde *4808*
11.21 mira, la *h* que maldijiste se ha secado *4808*
13.28 **de la *h* aprended la parábola: Cuando** *4808*
Lc 13.6 **tenía un hombre una *h* plantada en su** *4808*
13.7 **que vengo a buscar fruto en esta *h*, y** *4808*
21.29 **dijo: Mirad la *h* y todos los árboles** *4808*
Jn 1.48 **cuando estabas debajo de la *h*, te vi** *4808*
1.50 **te dije: Te vi debajo de la *h*, crees?** *4808*
Stg 3.12 acaso la *h* producir aceitunas, o la *4808*
Ap 6.13 como la *h* deja caer sus higos cuando *4808*

HIGUERAL
1 Cr 27.28 de los olivares e *h* de la Sefela 8256
Sal 78.47 viñas destruyó... sus *h* con escarcha 8256
Am 4.9 langosta devoró... viñas, y vuestros *h* 8384

HIJA *Véase también Hijo*
Gn 5.4 Adán... 800 años, y engendró hijos e *h* 1121
5.7,10,13,16,19.22,26,30 engendró hijos e *h* 1121
6.1 aconteció que cuando... y les nacieron *h* 1121
6.2 que las *h* de los hombres eran hermosas 1121
6.4 se llegaron los hijos de Dios a las *h* de 1121
11.11,13,15,17,19,21,23,25 engendró hijos e *h* 1121
11.29 Milca, *h* de Harán, padre de Milca y de 1323
19.8 tengo dos *h* que no han conocido varón 1121
19.12 *h*, y todo lo que tienes en la ciudad 1121
19.14 yernos, los que habían de tomar sus *h* 1121
19.15 mujer, y tus dos *h* que se hallan aquí 1121
19.16 asieron de... de las manos de sus dos *h* 1121
19.30 Lot... moró en el monte, y sus dos *h* con 1121
19.30 y habitó en una cueva él y sus dos *h* 1121
19.36 dos *h* de Lot concibieron de su padre 1121
20.12 *h* de mi padre, mas no *h* de mi madre 1323
24.3,37 no tomarás... mujer de las *h* de los 1121
24.13 las *h*... de esta ciudad salen por agua 1121
24.23 dijo: ¿De quién eres *h*? Te ruego que 1323
24.24 soy *h* de Betuel hijo de Milca, el cual 1323
24.47 le pregunté, y dije: ¿De quién eres *h*? 1323
24.47 respondió: *H* de Betuel hijo de Nacor 1323
24.48 para tomar la *h* del hermano de mi señor 1323
25.20 tomó por mujer a Rebeca, *h* de Betuel 1323
26.34 tomó por mujer a Judit *h* de Beeri, y a 1323
26.34 Esaú... tomó... a Basemat *h* de Elón heteo 1323
27.46 fastidio tengo... a causa de las *h* de Het 1121
27.46 si Jacob toma mujer de las *h* de Het 1121
27.46 si... como éstas, de las *h* de esta tierra 1121
28.1,6 no tomes mujer de las *h* de Canaán 1121
28.2 y toma allí mujer de las *h* de Labán 1121
28.8 Esaú que las *h* de Canaán parecían mal 1121
28.9 a Mahalat, *h* de Ismael hijo de Abraham 1323
29.6 aquí Raquel su *h* viene con las ovejas 1323
29.10 Jacob vio a Raquel, *h* de Labán hermano 1323
29.16 y Labán tenía dos *h*: el nombre de la 1121
29.18 yo te serviré... por Raquel tu *h* menor 1323
29.23 tomó a Lea su *h*, y se la trajo; y él 1323
29.24 dio Labán su sierva Zilpa a su *h* Lea 1323
29.28 y él le dio a Raquel su *h* por mujer 1323
29.29 dio Labán a Raquel su *h* su sierva por 1323
30.21 después dio a luz una *h*, y llamó su 1323
31.26 has traído a mis *h* como prisioneras de 1121
31.28 ni... me dejaste besar a mis hijos y mis *h* 1121
31.31 pensé... me quitarías por fuerza tus *h* 1121
31.41 catorce años te serví por tus dos *h*, y 1121
31.43 *h* son *h* mías, y los hijos, hijos míos 1121
31.43 ¿qué puedo yo hacer hoy a estas mis *h* 1121
31.50 afligieres a mis *h*, o... además de mis *h* 1121
31.55 levantó Labán... y besó sus hijos y sus *h* 1121
34.1 salió Dina la *h*... a ver a las *h* del país 1323,1121
34.3 su alma se apegó a Dina la *h* de Lea, y 1323
34.5 que Siquem había amancillado a Dina su *h* 1323
34.7 acostándose con la *h* de Jacob, lo que 1323
34.8 mi hijo Siquem se ha apegado a vuestra *h* 1323
34.9 dadnos vuestras *h*, y tomad vosotros las 1121
34.16 os daremos nuestras *h*, y tomaremos 1121
34.17 si no... tomaremos nuestra *h* y nos iremos 1323
34.19 la *h* de Jacob le había agradado; y él 1323
34.21 nosotros tomaremos sus *h* por mujeres, y 1121
36.2 Esaú tomó... mujeres de las *h* de Canaán 1121
36.2 Ada, *h* de Elón heteo... Aholibama, *h* de 1323
36.3 Basemat *h* de Ismael, hermana de Nebaiot 1323
36.6 Esaú tomó sus mujeres, sus hijos y sus *h* 1121
36.14,18 de Aholibama mujer de Esaú, *h* de Aná 1323
36.25 los hijos de Aná... Aholibama *h* de Aná 1323
36.39 Mehetabel *h* de Matred, *h* de Mezaab 1323
37.35 levantaron... todas sus *h* para consolarlo 1121
38.2 vio allí Judá la *h* de un hombre cananeo 1323
38.12 y murió la *h* de Súa, mujer de Judá 1323
41.45 y le dio por mujer a Asenat, *h* de Potifera 1323
41.50 le dio a luz Asenat, *h* de Potifera 1323
46.7 sus *h*, y las *h* de sus hijos, y a toda 1121
46.15 y además su *h* Dina; treinta y tres las 1323
46.15 las personas todas de sus hijos e *h* 1121
46.18 de Zilpa, la que Labán dio a su *h* Lea 1323
46.20 que le dio a luz Asenat, *h* de Potifera 1323
46.25 Bilha, la que dio Labán a Raquel su *h* 1323
Éx 1.16 si es hijo, matadlo; y si es *h*... viva 1323
1.22 al río a todo hijo... a toda *h* preservad 1323
2.1 un... fue y tomó por mujer a una *h* de Leví 1323
2.5 la *h* de Faraón descendió a lavarse al río 1323
2.7 su hermana dijo a la *h* de Faraón: ¿Iré 1323
2.8 la *h* de Faraón respondió: Vé. Entonces 1323
2.9 dijo la *h* de Faraón: Lleva a este niño 1323
2.10 lo trajo a la *h* de Faraón, la cual lo 1323
2.16 al pozo, siete *h* que tenía el sacerdote 1121
2.20 y dijo a sus *h*: ¿Dónde está? ¿Por qué 1121
2.21 él dio su *h* Séfora por mujer a Moisés 1323
3.22 los cuales pondréis... sobre vuestras *h* 1121
6.23 tomó Aarón... a Elisabet *h* de Aminadab 1323
6.25 Eleazar... tomó para sí mujer de las *h* de 1121
10.9 con nuestras *h*; con nuestras ovejas y 1121
20.10 no hagas en él obra... tu hijo, ni tu *h* 1323
21.4 su amo... y ella le diere hijos o *h* 1121
21.7 cuando alguno vendiere su *h* por sierva 1323
21.9 hará con ella según la costumbre de las *h* 1121
32.2 zarcillos... de vuestras *h*, y traédmelos 1121
34.16 o tomando de sus *h* para sus hijos, y 1121
34.16 fornicando sus *h* en pos de sus dioses 1121
Lv 10.14 comeréis... tus hijos y tus *h* contigo 1121
12.5 diere a luz *h*, será inmunda dos semanas
12.6 los días... cumplidos, por hijo o por *h* 1323
12.7 la ley para la que diere a luz hijo o *h*
18.9 *h* de tu padre o *h* de tu madre, nacida en 1323
18.10 la desnudez de la *h*... o de la *h* de tu *h* 1323
18.11 a desnudez de la *h* de la mujer de tu 1323
18.17 la desnudez de la mujer y de su *h* no 1323
18.17 la *h* de su hijo, ni la *h* de su *h*, para 1323
19.29 no contaminarás... *h* haciéndola fornicar 1323
20.17 hermana, *h* de su padre o *h* de su madre 1323
21.9 *h* del sacerdote, si comenzare a fornicar 1323
21.31 o haya acorneado a *h*, conforme... hará con él
22.12 la *h* del sacerdote, si se casare con 1323
22.13 pero si la *h* del sacerdote fuere viuda 1323
24.11 Selomit, *h* de Dibri, de la tribu de Dan 1323
26.29 y comeréis la carne de vuestras *h* 1121
Nm 18.11,19 dado a ti y a... tus *h*... por estatuto 1121
21.29 sus *h* en cautividad, por Sehón rey de 1121
25.1 empezó a fornicar con las *h* de Moab 1121
25.15 era Cozbi *h* de Zur, príncipe de pueblos 1323
25.18 lo tocante a Cozbi *h* del príncipe de 1323
26.33 Zelofehad hijo... no tuvo hijos sino *h* 1121
26.33 nombres de las *h* de Zelofehad fueron 1121
26.46 y el nombre de la *h* de Aser fue Sera 1323
26.59 Jocabed, *h* de Leví, que le nació a Leví 1323
27.1 vinieron las *h* de Zelofehad hijo de 1121
27.7 bien dicen las *h* de Zelofehad; les darás 1121
27.8 traspasaréis su herencia a su *h* 1323
27.9 no tuviere *h*, daréis su herencia a sus 1323
30.16 las ordenanzas... entre el padre y su *h* 1323
36.2 que dé la posesión de Zelofehad... a sus *h* 1121
36.6 ha mandado... acerca de las *h* de Zelofehad.... 1121
36.8 *h* que tenga heredad en las tribus de los 1323
36.10 como... así hicieron las *h* de Zelofehad 1121
36.11 *h* de Zelofehad, se casaron con hijos 1121
Dt 5.14 ninguna obra harás tú... ni tu *h*, ni tu 1323
7.3 no darás tu *h*... ni tomarás a su *h* para tu 1323
12.12 y os alegraréis... vosotros... vuestras *h* 1121
12.18 las comerás... tu *h*, tu siervo, tu sierva 1323
12.31 a sus hijos y... *h* quemaban en el fuego 1121
13.6 hijo, tu *h*, tu mujer o tu amigo íntimo 1323
16.11,14 alegrarás... tu hijo, tu *h*, tu siervo 1323
18.10 pasar a su hijo o a su *h* por el fuego 1323
22.16 di mi *h* a este hombre por mujer, y él 1323
22.17 diciendo: No he hallado virgen a tu *h* 1323
22.17 las señales de la virginidad de mi *h* 1323
23.17 no haya ramera entre las *h* de Israel 1121
27.22 con su hermana, *h* de su padre, o *h* de 1323
28.32 y tus *h* serán entregadas a otro pueblo 1121
28.41 hijos e *h* engendrarás, y no serán para 1121
28.53 la carne de tus hijos y de tus *h* que 1121
28.56 mirará con malos ojos... su hijo, a su *h* 1323
32.19 el menosprecio de sus hijos y de sus *h* 1121
Jos 7.24 tomaron a Acán... sus hijos, sus *h*, sus 1121
15.16 al que atacare... yo le daré mi *h* Acsa 1323
15.17 Caleb; y él le dio su *h* Acsa por mujer 1323
17.3 Zelofehad hijo de... no tuvo hijos sino *h* 1121
17.6 las *h* de Manasés tuvieron heredad entre 1121
Jue 1.12 dijo Caleb... daré Acsa mi *h* por mujer 1323
1.13 Caleb; y él le dio Acsa su *h* por mujer 1323
3.6 sus *h* por mujeres, y dieron sus *h* a los 1121
11.34 he aquí a su *h* que salía a recibirle 1323
11.34 *h* única; no tenía fuera de ella... ni *h* 1323
11.35 ¡ay, *h* mía! en verdad me has abatido 1323
11.40 fueran las... a endechar a la *h* de Jefté 1323
12.9 el cual tuvo treinta hijos y treinta *h* 1121
12.9 tomó de fuera treinta *h* para sus hijos 1121
14.1 a una mujer de las *h* de los filisteos 1121
14.2 he visto... a una mujer de las *h* de los 1121
14.3 ¿no hay mujer... las *h* de tus hermanos, ni 1121
19.24 mi *h* virgen, y la concubina... las sacaré 1323
21.1 ninguno de... dará su *h* a los de Benjamín 1323
21.7 que no les daremos nuestras *h* por mujeres ... 1121
21.18 nosotros no les podemos dar... nuestras *h* 1121
21.21 a las *h* de Silo... arrebatad... *h* de Silo 1121
Rt 1.11 volveos, *h* mías; ¿para qué habéis de 1121
1.12 volveos, *h* mías, e idos; porque yo ya 1121
1.13 no, *h* mías; que mayor amargura tengo que ... 1121
2.2 dejes ir... Y ella le respondió: Vé, *h* mía 1323
2.8 *h* mía, no vayas a espigar a otro campo 1323
2.22 respondió a Rut su nuera: Mejor es, *h* 1323
3.1 *h* mía, ¿no he de buscar hogar para ti 1323
3.10 dijo: Bendita seas tú de Jehová, *h* mía 1323
3.11 *h* mía; yo haré contigo lo que tú digas 1323
3.16 suegra, ésta le dijo: ¿Qué hay, *h* mía? 1323
3.18 espérate, *h* mía, hasta que sepas cómo 1323
1 S 1.4 y a todas sus *h*, a cada uno su parte 1121
2.21 a Ana... y dio a luz tres hijos y dos *h* 1121
8.13 tomará... a vuestras *h* para... perfumadoras .. 1121
14.49 los nombres de sus dos *h* eran, el de la 1121
14.50 mujer de Saúl... Ahinoam, *h* de Ahimaas 1323
17.25 le dará su *h*, y eximirá de tributos a 1323
18.17 yo te daré Merab mi *h* mayor por mujer 1323
18.19 que Merab *h* de Saúl se había de dar a 1323
18.20 Mical la otra *h* de Saúl amaba a David 1323
18.27 y Saúl le dio su *h* Mical por mujer 1323
18.28 Saúl, viendo... que su *h* Mical lo amaba 1323
25.44 había dado a su *h* Mical... a Palti hijo 1323
30.3 hijos e *h* habían sido llevados cautivos 1121
30.6 en amargura de alma, cada uno por... sus *h* 1121
30.19 no les faltó... así de hijos como de *h* 1121
2 S 1.20 para que no se alegren las *h* de los filisteos 1121
1.20 para que no salten de gozo las *h* de los 1121
1.24 *h* de Israel, llorad por Saúl, quien os 1121
3.3 Absalón hijo de Maaca, *h* de Talmai rey 1323
3.7 concubina... se llamaba Rizpa, *h* de Aja 1323
3.13 que primero traigas a Mical la *h* de Saúl 1323
5.13 tomó David... y le nacieron más hijos e *h* 1121
6.16 Mical *h* de Saúl miró desde una ventana 1323
6.23 Mical *h* de Saúl nunca tuvo hijos hasta 1323
11.3 es Betsabé *h* de Eliam, mujer de Urías 1323
12.3 sola corderita... y la tenía como a una *h* 1323
13.18 traje que vestían las *h* vírgenes de los 1121
14.27 nacieron a Absalón... y una *h* que... Tamar 1323
17.25 se había llegado a Abigail *h* de Nahas 1323
19.5 que hoy han librado... la vida... de tus *h* 1121
21.8 dos hijos de Rizpa *h* de Aja, los cuales 1323
21.8 tomó el rey a... a cinco hijos de Mical *h* 1323
21.10 Rizpa *h* de Aja tomó una tela de cilicio 1323
21.11 fue dicho a David lo que hacía Rizpa *h* 1323
1 R 3.1 tomó la *h* de Faraón, y la trajo a la 1323
4.11 tenía por mujer a Tafat *h* de Salomón 1323
4.15 tomó... por mujer a Basemat *h* de Salomón 1323
7.8 edificó... Salomón para la *h* de Faraón, que 1323
9.16 dio en dote a su *h* la mujer de Salomón 1323

9.24 subió la *h* de Faraón de...a su casa que 1323
11.1 Salomón amó, además de la *h* de Faraón, a ... 1323
15.2,10 su madre fue Maaca, *h* de Abisalom 1323
16.31 por mujer a Jezabel, *h* de Et-baal rey de 1323
22.42 el...de su madre fue Azuba *h* de Silhi 1323
2 R 8.18 una *h* de Acab fue su mujer; e hizo lo 1323
8.26 su madre fue Atalía, *h* de Omri rey de 1323
9.34 id ahora...sepultadla, pues es *h* de rey 1323
11.2 pero Josaba *h* del Joram...tomó a Joás 1323
14.9 al cedro...Da tu *h* por mujer a mi hijo 1323
15.33 el nombre de su madre fue Jerusa *h* de 1323
17.17 hicieron pasar a...y a sus *h* por fuego 1121
18.2 el nombre de su madre...Abi *h* de Zacarías ... 1323
19.21 la virgen *h* de Sion te menosprecia, te 1323
19.21 de ti mueve su cabeza la *h* de Jerusalén 1323
21.19 Amón...madre fue Mesulemet *h* de Haruz ... 1323
22.1 Josías...su madre fue Jedida *h* de Adaía 1323
23.10 que ninguno pasase su...o su *h* por fuego 1323
23.31 su madre fue Hamutal *h* de Jeremías, de 1323
23.36 de su madre fue Zebuda *h* de Pedaías, de 1323
24.8 el nombre de su madre fue Nehusta *h* de 1323
24.18 el nombre de su madre fue Hamutal *h* de 1323
1 Cr 1.50 Mehetabel *h* de Matred, *h* de Mezaab 1323
2.3 tres le nacieron de la *h* de Súa, cananea 1323
2.21 entró Hezrón a la *h* de Maquir padre de 1323
2.34 Sesán no tuvo hijos, sino *h*; pero tenía 1121
2.35 a éste Sesán dio su *h* por mujer, y ella 1323
2.49 dio a luz a Saaf...Acsa fue *h* de Caleb 1323
3.2 Absalón hijo de Maaca, *h* de Talmai rey 1323
3.5 y Salomón hijo de Bet-súa *h* de Amiel 1323
4.18 hijos de Bitia *h* de Faraón, con la cual 1323
4.27 los hijos de Simei fueron 16, y seis *h* 1121
7.15 segundo...Zelofehad. Y Zelofehad tuvo *h* 1121
7.24 y su *h* fue Seera, la cual edificó a 1323
14.3 tomó...y engendró David más hijos e *h* 1121
15.29 Mical, *h* de Saúl...vio al rey David que 1323
23.22 murió Eleazar sin hijos; pero tuvo *h* 1121
25.5 Dios dio a Hemán catorce hijos y tres *h* 1121
2 Cr 2.14 hijo de una mujer de las *h* de Dan 1121
8.11 pasó Salomón a la *h* de Faraón, de la 1323
11.18 Mahalat *h* de Jerimot...Abihail *h* de Isaí 1323
11.20 tomó a Maaca *h* de Absalón, la cual le 1323
11.21 pero Roboam amó a Maaca *h* de Absalón 1323
11.21 Roboam amó...engendró 28 hijos y 60 *h* 1121
13.2 madre fue Micaías *h* de Uriel de Gabaa 1323
13.21 Abías...Tomó...engendró 22 hijos y 16 *h* 1121
20.31 Josafat...su madre fue Azuba, *h* de Silhi 1323
21.6 porque tenía por mujer a la *h* de Acab 1323
22.2 el nombre de su madre fue Atalía, *h* de 1323
22.11 Josabet, *h* del rey, tomó a Joás hijo 1323
22.11 lo escondió Josabet, *h* del rey Joram 1323
24.3 tomó...dos mujeres; y engendró hijos e *h* 1121
25.18 al cedro...Da tu *h* a mi hijo por mujer 1323
27.1 Jotam...su madre fue Jerusa, *h* de Sadoc 1323
29.1 el nombre de su madre fue Abías, *h* de 1323
29.9 nuestras *h*...fueron llevados cautivos por 1121
31.18 eran inscritos con todos...sus hijos e *h* 1121
Esd 2.61 tomó mujer de las *h* de Barzilai, y 1121
9.2 porque han tomado de las *h* de ellos para 1121
9.12 no daréis vuestras *h*...ni sus *h* tomaréis 1121
Neh 3.12 restauró Salum...gobernador...sus *h* 1121
4.14 pelead por...y por vuestras hijas 1121
5.2 nosotros...y nuestras *h*, somos muchos 1121
5.5 dimos nuestros hijos y...*h* a servidumbre 1121
5.5 algunas de nuestras *h* lo están ya, y no 1121
6.18 tomado por mujer a la *h* de Mesulam hijo 1121
7.63 el cual tomó mujer de las *h* de Barzilai 1121
10.28 con sus mujeres, sus hijos e *h*, todo 1121
10.30 no daríamos nuestras *h* a los pueblos 1121
10.30 ni tomaríamos...*h* para nuestros hijos 1121
13.25 no daréis vuestras *h* a sus hijos, y no 1121
13.25 no tomaréis de...*h* para vuestros hijos 1121
Est 2.7 y había criado a...Ester, *h* de su tío 1323
2.7 Ester...Mardoqueo la adoptó como *h* suya 1323
2.15 a Ester, *h* de Abihail tío de Mardoqueo 1323
2.15 Mardoqueo, quien la había tomado por *h* 1323
9.29 la reina Ester *h* de Abihail, y Mardoqueo 1323
Job 1.2 y le nacieron siete hijos y tres *h* 1121
1.13 sus hijos e *h* comían y bebían vino en 1121
1.18 tus hijos y tus *h* estaban comiendo y 1121
42.13 y tuvo siete hijos y tres *h* 1121
42.15 y no había mujeres...como las *h* de Job 1121
Sal 9.14 cuente...en las puertas de la *h* de Sion 1323
45.9 *h* de reyes están entre tus ilustres 1121
45.10 oye, *h*, y mira, e inclina tu oído 1323
45.12 y las *h* de Tiro vendrán con presentes 1323
45.13 gloriosa es la *h* del rey en su morada 1323
48.11 gozarán las *h* de Judá por tus juicios 1121
97.8 las *h* de Judá...gozaron por tus juicios 1121
106.37 sacrificaron sus hijos y sus *h* a los 1121
106.38 derramaron la sangre inocente...sus *h* 1121
137.8 *h* de Babilonia...bienaventurado el que 1323
144.12 nuestras *h* como esquinas labradas como ... 1121
Pr 30.15 la sanguijuela tiene dos *h* que dicen 1121
Ec 12.4 todas las *h* del canto serán abatidas 1121
Cnt 1.5 morena soy, oh *h* de Jerusalén, pero 1121
7.1 hermosos son tus pies...oh *h* de príncipe 1323
Is 1.8 y queda la *h* de Sion como enramada en 1323
3.16 por cuanto las *h* de Sion se ensoberbecen 1121
3.17 Señor raerá la cabeza de las *h* de Sion 1121
4.4 el Señor lave las inmundicias de las *h* de 1121
10.30 grita en alta voz, *h* de Galim; haz que 1323
10.32 alzará su mano al monte de la *h* de Sion 1004
16.1 enviad cordero...al monte de la *h* de Sion 1323
16.2 así serán las *h* de Moab en los vados de 1121
22.4 de la destrucción de la *h* de mi pueblo 1323
23.10 cual río de tu tierra, oh *h* de Tarsis 1323
23.12 no te alegrarás más, oh...virgen *h* de 1323
32.9 oíd mi...*h* confiadas, escuchad mi razón 1121
37.22 la virgen *h* de Sion te menosprecia, te 1323
37.22 de ti mueve su cabeza la *h* de Jerusalén 1323
43.6 trae de lejos mis hijos, y mis *h* de los 1121
47.1 y siéntate en el polvo...*h* de Babilonia 1323
47.5 y entra en tinieblas, *h* de los caldeos 1323
49.22 traerán en brazos a tus hijos, y tus *h* 1121
52.2 suelta las ataduras...cautiva *h* de Sion 1323
56.5 daré lugar...y nombre mejor que el de...*h* 1121
60.4 lejos, y tus *h* serán llevadas en brazos 1121
62.11 decid a la *h* de Sion: He aquí viene tu 1323
Jer 3.24 consumió el trabajo de...y sus *h* 1121
4.11 viento seco...vino a la *h* de mi pueblo 1323
4.31 oí una voz...de la *h* de Sion que lamenta 1323
5.17 comerá a tus hijos y a tus *h*; comerá tus 1121
6.2 destruiré a la bella y delicada *h* de Sion 1323
6.23 dispuestos para la guerra...oh *h* de Sion 1323
6.26 *h* de mi pueblo...revuélcate en ceniza 1323
7.31 quemar al fuego a sus hijos y a sus *h* 1121
8.11 curaron la herida de la *h* de mi pueblo 1323
8.19 la voz del clamor de la *h* de mi pueblo 1323
8.21 quebrantado estoy por...la *h* de mi pueblo 1323
8.22 no hubo medicina para la *h* de mi pueblo? 1323
9.1 llore...los muertos de la *h* de mi pueblo 1323
9.7 más he de hacer por la *h* de mi pueblo? 1323
9.20 enseñad endechas a vuestras *h*...su amiga 1121
11.22 sus hijos y sus *h* morirán de hambre 1121
14.16 quien los entierre...sus hijos y a sus *h* 1121
14.17 quebrantada la virgen *h* de mi pueblo 1323
16.2 no...ni tendrás hijos ni *h* en este lugar 1121
16.3 así ha dicho Jehová acerca de...de las *h* 1121
19.9 haré comer la carne de sus hijos y...*h* 1121
29.6 y engendrad hijos e *h*; dad mujeres a 1121
29.6 a vuestras *h*, para que tengan hijos e *h* 1121
31.22 ¿hasta cuándo andarás errante, oh *h* 1323
32.35 hacer pasar por el fuego...sus *h* a Moloc 1121
35.8 no beber...nuestros hijos ni nuestras *h* 1121
41.10 llevó Ismael cautivo...a las *h* del rey 1121
43.6 y a las *h* del rey y a toda persona que 1121
46.11 toma bálsamo, virgen *h* de Egipto; por 1323
46.19 hazte enseres de...moradora *h* de Egipto 1323
46.24 avergonzará la *h* de Egipto; entregada 1323
48.18 siéntate en tierra seca, moradora *h* de 1323
48.46 hijos fueron...y tus *h* para cautiverio 1121
49.3 clamad, *h* de Rabá, vestíos de cilicio 1121
49.4 tu valle se deshizo, oh *h* contumaz, la 1323
50.42 prepararán contra ti...*h* de Babilonia 1323
51.33 *h* de Babilonia es como una era cuando 1323
52.1 madre...Hamutal, *h* de Jeremías de Libna 1323
Lm 1.6 desapareció de la *h* de...su hermosura 1323
1.15 hollado el Señor a la virgen *h* de Judá 1323
2.1 oscureció el Señor en su furor a la *h* de 1323
2.2 echó por tierra las fortalezas de la *h* de 1323
2.4 en la tienda de la *h* de Sion derramó como 1323
2.5 multiplicó en la *h* de Judá la tristeza 1323
2.8 Jehová determinó destruir el muro de la *h* 1323
2.10 callaron los ancianos de la *h* de Sion 1323
2.11 a causa del quebrantamiento de la *h* de 1323
2.13 a quién te...semejante, *h* de Jerusalén? 1323
2.13 para consolarte, oh virgen *h* de Sion? 1323
2.15 sus cabezas sobre la *h* de Jerusalén 1323
2.18 oh *h* de Sion, echa lágrimas cual arroyo 1323
3.48 el quebrantamiento de la *h* de mi pueblo 1323
3.51 contristaron mi alma por todas las *h* de 1121
4.3 *h* de mi pueblo es cruel como...avestruces 1323
4.6 porque se aumentó la iniquidad de la *h* de 1323
4.10 en el día del quebrantamiento de la *h* de 1323
4.21 *h* de Edom...que habitas en tierra de Uz 1323
4.22 se ha cumplido tu castigo, oh *h* de Sion 1323
4.22 castigará tu iniquidad, oh *h* de Edom 1323
Ez 13.17 pon tu rostro contra las *h* de tu pueblo 1121
14.16,18,20 sus hijos ni a sus *h* librarían 1121
14.22 quedará en ella un remanente, hijos e *h* 1121
16.20 tus hijos y tus *h* que habías dado a luz 1121
16.27 te entregué a...las *h* de los filisteos 1121
16.44 a ti el refrán...Cual la madre, tal la *h* 1323
16.45 *h* eres tú de tu madre, que desechó a 1323
16.46 ella y sus *h*, que habitan al norte de 1121
16.46 con sus *h*, la cual habita al sur de ti 1121
16.48 Sodoma tu hermana y sus *h* no ha hecho 1121
16.48 no han hecho como hiciste tú y tus *h* 1121
16.49 abundancia de ociosidad...ella y sus *h* 1121
16.53 los cautivos de Sodoma y de sus *h*, y los 1121
16.53 y los cautivos de Samaria y de sus *h* 1121
16.55 Sodoma con sus *h*, y Samaria con sus *h* 1121
16.55 tú también y tus *h* volveréis a vuestro 1121
16.57 llevas tu la afrenta de las *h* de Siria 1121
16.57 y de todas las *h* de los filisteos, las 1121
16.61 las cuales yo te daré por *h*, mas no por 1121
22.11 cada uno violó...hermana, *h* de su padre 1323
23.2 hijo de hombre, hubo dos mujeres, *h* de 1121
23.4 dieron a luz hijos e *h*. Y se llamaron 1121
23.10 tomaron sus hijos y sus *h*, y a ella 1121
23.25 ellos tomarán a tus hijos y a tus *h* 1121
23.47 matarán a sus hijos y a sus *h*, y sus 1121
24.21 hijos...*h* que dejasteis caerán a espada 1121
24.25 el día que yo arrebate...hijos y sus *h* 1121
26.6 sus *h*...serán muertas a espada; y sabrán 1121
26.8 matará a espada tus *h* que están en el 1121
32.16 endecha...*h* de las naciones la cantarán 1121
32.18 a las *h* de las naciones poderosas, a lo 1121
44.25 por...hijo o *h*...sí podrán contaminarse 1323
Dn 11.6 la *h* del rey del sur vendrá al rey del 1323
11.17 dará una *h* de mujeres para destruirle 1323
Os 1.3 fue...tomó a Gomer *h* de Diblaim, la cual 1323
1.6 concibió...y dio a luz una *h*. Y le dijo 1323
4.13 vuestras *h* fornicarán, y adulterarán 1121
4.14 no castigaré a...*h* cuando forniquen, ni 1121
Jl 2.28 y profetizarán...vuestras *h*; vuestros 1121
3.8 venderé vuestros hijos y vuestras *h* a los 1121
Am 7.17 y tus hijos y tus *h* caerán a espada 1121
Mi 1.13 fuisteis principio de pecado a la *h* de 1323
4.8 tú, oh torre...fortaleza de la *h* de Sion 1323
4.8 vendrá el...el reino de la *h* de Jerusalén 1323
4.10 gime, *h* de Sion, como mujer que está de 1323
4.13 levántate y trilla, *h* de Sion, porque 1323
5.1 rodéate ahora de muros, *h* de guerreros 1323
7.6 hijo deshonra al padre, la *h* se levanta 1323
Sof 3.10 *h* de mis esparcidos traerá mi ofrenda 1323
3.14 canta, oh *h* de Sion; da voces de júbilo 1323
3.14 regocíjate de...corazón, *h* de Jerusalén 1323
Zac 2.7 la que moras con la *h* de Babilonia 1323
2.10 canta y alégrate, *h* de Sion, porque he 1323
9.9 alégrate mucho, *h* de Sion, da voces de 1323
9.9 de júbilo, *h* de Jerusalén; he aquí tu rey 1323
Mal 2.11 Judá...se casó con *h* de dios extraño 1323
Mt 9.18 *h* acaba de morir...ven y pon tu mano *2364*
9.22 ten ánimo, *h*; tu fe te ha salvado *2364*
10.35 *h* contra su madre, y a la nuera contra *2364*
10.37 el que ama a hijo o a *h* más que a mí *2364*
14.6 la *h* de Herodías danzó en medio, y agradó *2364*
15.22 mi *h* es gravemente atormentada por un *2364*
15.28 y su *h* fue sanada desde aquella hora *2364*
21.5 decid a la *h* de Sion: He aquí, tu Rey *2364*
Mr 5.23 diciendo: Mi *h* está agonizando; ven y *2365*
5.34 *h*, tu fe te ha hecho salva; vé en paz *2364*
5.35 tu *h* ha muerto; ¿para qué molestas más *2364*
6.22 entrando la *h*...Herodías, danzó, y agradó *2364*
7.25 mujer, cuya *h* tenía un espíritu inmundo *2365*
7.26 le rogaba que echase fuera de su *h* al *2364*
7.29 dijo...vé; el demonio ha salido de tu *h* *2364*
7.30 halló que el...a la *h* acostada en la cama *2364*
Lc 1.5 su mujer era de las *h* de Aarón, y se *2364*
2.36 también allí Ana, profetiza, *h* de Fanuel *2364*
8.42 tenía una *h* única, como de doce años, que *2364*
8.48 dijo: *H*, tu fe te ha salvado, vé en paz *2364*
8.49 a decirle: Tu *h* ha muerto; no molestes *2364*
12.53 la madre contra la *h*, y la *h* contra la *2364*
13.16 a esta *h* de Abraham...¿no se le debía *2364*
23.28 *h* de Jerusalén, no lloréis por mí, sino *2364*
Jn 12.15 **no temas, *h* de Sion; he aquí tu Rey** *2364*
Hch 2.17 dice Dios...vuestras *h* profetizarán *2364*
7.21 *h* de Faraón le recogió y le crio como *2364*
21.9 cuatro *h* doncellas que profetizaban *2364*
1 Co 7.36 impropio para su *h* virgen que pase
7.37 y ha resuelto...guardar a su *h* virgen
2 Co 6.18 vosotros me seréis hijos e *h*, dice *2364*
He 11.24 rehusó llamarse...de la *h* de Faraón *2364*
1 P 3.6 de la cual...habéis venido a ser *h*, si *5043*

HIJITO

Jn 13.33 ***h*, aún estaré con vosotros un poco** *5040*
21.5 y les dijo: *H*, ¿tenéis algo de comer? *3813*
Gá 4.19 *h* míos, por quienes vuelvo a sufrir *5040*
1 Jn 2.1 *h* míos, estas cosas os escribo para *5040*
2.12 os escribo...*h*, porque vuestros pecados *5040*
2.13 os escribo a...*h*, porque habéis conocido *3495*
2.18 *h*, ya es el último tiempo; y...anticristo *3813*
2.28 *h*, permaneced en él, para que cuando *5040*
3.7 *h*, nadie os engañe; el que hace justicia *5040*
3.18 *h* míos, no amemos de palabra ni de lengua ... *5040*
4.4 *h*, vosotros sois de Dios, y los habéis *5040*
5.21 *h*, guardaos de los ídolos. Amén *5040*

HIJO *Véase también Hija*

Gn 3.16 con dolor darás a luz...*h*; y tu deseo 1121
4.17 llamó...ciudad del nombre de su *h*, Enoc 1121
4.25 dio a luz un *h*, y llamó su nombre Set 1121
4.25 me ha sustituido otro *h* en lugar de Abel 2233
4.26 y a Set...le nació un *h*...su nombre Enós 1121
5.3 vivió Adán 130 años, y engendró un *h* a su 1121
5.4,7,10,13,16,19,22,26,30 engendró *h* e hijas 1121
5.28 vivió Lamec...182 años, y engendró un *h* 1121
6.2 viendo los *h* de Dios que las hijas de los 1121
6.4 se llegaron los *h* de Dios a las hijas de 1121
6.4 hijas de los hombres, y les engendraron *h* 1121
6.10 y engendró Noé tres *h*: a Sem, a Cam y a 1121
6.18 entrarás...tus *h*...las mujeres de tus *h* 1121
7.7 entró Noé...sus *h*...las mujeres de sus *h* 1121
7.13 entraron Noé...Sem, Cam y Jafet *h* de Noé ... 1121
7.13 las mujeres de sus *h*, con él en el arca 1121
8.16 sal del...y tus *h*, y las mujeres de tus *h* 1121
8.18 salió Noé, y sus *h*...las mujeres de sus *h* 1121
9.1 bendijo Dios a Noé y a sus *h*, y les dijo 1121
9.8 y habló Dios a Noé y a sus *h* con él 1121
9.18 *h* de Noé que salieron del arca fueron 1121
9.19 estos tres son los *h* de Noé, y de ellos 1121
9.24 Noé...supo lo que le había hecho su *h* más 1121
10.1 las generaciones de los *h* de Noé: Sem 1121
10.1 a quienes nacieron *h* después del diluvio 1121
10.2 *h* de Jafet: Gomer, Magog, Madai, Javán 1121
10.3 los *h* de Gomer: Askenaz, Rifat y Togarma 1121
10.4 los *h* de Javán: Elisa, Tarsis, Quitim 1121
10.6 los *h* de Cam: Cus, Mizraim, Fut y Canaán 1121
10.7 y los *h* de Cus: Seba, Havila, Sabta y 1121
10.7 Sabteca. Y los *h* de Raama: Seba y Dedán 1121
10.20 estos son los *h* de Cam por sus familias 1121
10.21 le nacieron *h* a Sem, padre...*h* de Heber 1121
10.22 los *h* de Sem fueron Elam, Asur, Arfaxad 1121
10.23 y los *h* de Aram: Uz, Hul, Geter y Mas 1121
10.25 a Heber nacieron dos *h*: el nombre del 1121
10.29 Havila y Jobab...fueron *h* de Joctán 1121
10.31 fueron los *h* de Sem por sus familias 1121
10.32 estas son las familias de los *h* de Noé 1121
11.5 ver...que edificaban los *h* de los hombres 1121
11.11,13,15,17,19,21,23,25 engendró *h* e hijas 1121

11.30 mas Sarai era estéril, y no tenía *h*........ 2056
11.31 y tomó Taré a Abram su *h*, y a Lot........ 1121
11.31 tomó Taré... a Lot *h* de Harán, *h* de su *h*...... 1121
11.31 a Sarai su nuera, mujer de Abram su *h*...... 1121
12.5 tomó, pues, Abram... Lot *h* de su hermano...... 1121
14.12 tomaron... a Lot, *h* del hermano de Abram... 1121
15.2 ¿qué me darás, siendo así que ando sin *h*...... 6185
15.4 sino un *h* tuyo será el que te heredará........ 4578
16.1 Sarai mujer de Abram no le daba *h*; y ella..... 3205
16.2 llegues a mi sierva; quizá tendré *h* de........ 1129
16.11 darás a luz un *h*, y llamarás... Ismael........ 1121
16.15 y Agar dio a luz un *h* a Abram, y llamó....... 1121
16.15 llamó Abram el nombre del *h* que le dio...... 1121
17.16 te daré de ella *h*... madre de naciones........ 1121
17.17 ¿a hombre de cien años ha de nacer *h*?...... 1121
17.19 Sara tu mujer te dará a luz un *h*, y.......... 1121
17.23 tomó Abraham a Ismael su *h*, y a todos....... 1121
17.25 Ismael su *h* era de trece años, cuando........ 1121
17.26 circuncidados Abraham e Ismael su *h*........ 1121
18.10 he aquí que Sara tu mujer tendrá un *h*....... 1121
18.14 según el tiempo de... Sara tendrá un *h*....... 1121
18.19 yo sé que mandará a sus *h* y a su casa....... 1121
19.12 *h* y tus hijas, y todo lo que tienes en........ 1121
19.37 dio a luz la mayor un *h*, y llamó... Moab...... 1121
19.38 menor también dio a luz un *h*, y llamó........ 1121
20.17 Dios sanó... sus siervas, y tuvieron *h*
21.2 Sara concibió y dio a Abraham un *h* en....... 1121
21.3 llamó Abraham el nombre de su *h* que le....... 1121
21.4 circuncidó Abraham a su *h* Isaac de 8 días.... 1121
21.5 de cien años cuando nació Isaac su *h*......... 1121
21.7 que Sara habría de dar de mamar a *h*?........ 1121
21.7 a Abraham... le he dado un *h* en su vejez...... 1121
21.9 que el *h* de Agar la... se burlaba de su *h*...... 1121
21.10 echa a esta sierva y a su *h*, porque el........ 1121
21.10 el *h* de... no ha de heredar con... mi *h*........ 1121
21.11 dicho pareció grave a... a causa de su *h*....... 1121
21.13 del *h* de la sierva haré una nación........... 1121
21.23 no faltarás a... ni a mi *h* ni a mi nieto....... 1121
22.2 dijo: Toma ahora tu *h*, tu único, Isaac......... 1121
22.3 tomó consigo dos siervos y a Isaac su *h*........ 1121
22.6 la leña del... la puso sobre Isaac su *h*......... 1121
22.7 padre... Y él respondió: Heme aquí, mi *h*...... 1121
22.8 Dios se proveerá de cordero para... *h* mío...... 1121
22.9 ató a Isaac su *h*, y lo puso en el altar........ 1121
22.10 tomó el cuchillo para degollar a su *h*......... 1121
22.12 por cuanto no me rehusaste tu *h*... único..... 1121
22.13 carnero, y lo ofreció... en lugar de su *h*....... 1121
22.16 y no me has rehusado tu *h*, tu único *h*....... 1121
22.20 Milca ha dado a... *h* a Nacor tu hermano..... 1121
22.23 son los ocho *h* que dio a luz Milca, de
23.3 levantó Abraham... y habló a los *h* de Het..... 1121
23.5 y respondieron los *h* de Het a Abraham....... 1121
23.7 se inclinó al pueblo de... a los *h* de Het....... 1121
23.8 interceded por mí con Efrón *h* de Zohar........ 1121
23.10 este Efrón estaba entre los *h* de Het.......... 1121
23.10,16,18 en presencia de los *h* de Het.......... 1121
23.11 en presencia de los *h* de mi pueblo te........ 1121
23.20 para sepultura, recibida de los *h* de Het...... 1121
24.3 no tomarás para mi *h* mujer de las hijas...... 1121
24.4 irás a... y tomarás mujer para mi *h* Isaac...... 1121
24.5 ¿volveré pues, tu *h* a la tierra de donde........ 1121
24.6 guárdate que no vuelvas a mi *h* allá.......... 1121
24.7 y tú traerás de allá mujer para mi *h*.......... 1121
24.8 solamente que no vuelvas allá a mi *h*.......... 1121
24.15 *h* de Milca mujer de Nacor hermano de....... 1121
24.24 *h* de Milca, el cual ella dio a luz a.......... 1121
24.36 y Sara... dio a luz en su vejez un *h* a........ 1121
24.37 no tomarás para mi *h* mujer de las hijas...... 1121
24.38 que irás a... y tomarás mujer para mi *h*....... 1121
24.40 para mi *h* mujer de mi familia y de la........ 1121
24.44 la mujer que destinó Jehová para el *h*........ 1121
24.47 respondió: Hija de Betuel *h* de Nacor......... 1121
24.48 tomar la hija del hermano... para su *h*........ 1121
24.51 sea mujer del *h* de tu señor, como lo ha...... 1121
25.3 e *h* de Dedán fueron Asurim, Letusim y........ 1121
25.4 e *h* de Madián: Efa, Efer, Hanoc, Abida........ 1121
25.4 y Elda. Todos estos fueron *h* de Cetura........ 1121
25.6 pero a los *h* de sus concubinas dio... dones.... 1121
25.6 los envió lejos de Isaac su *h*... oriente........ 1121
25.9 lo sepultaron Isaac e Ismael sus *h* en......... 1121
25.9 en la heredad de Efrón *h* de Zoar heteo....... 1121
25.10 heredad que compró Abraham de los *h* de... 1121
25.11 que Dios bendijo a Isaac su *h*; y habitó....... 1121
25.12 son los descendientes de Ismael *h* de......... 1121
25.13 son los nombres de los *h* de Ismael.......... 1121
25.16 estos son los *h* de Ismael, y estos sus........ 1121
25.19 los descendientes de Isaac *h* de Abraham..... 1121
25.22 los *h* luchaban dentro de ella; y dijo......... 1121
27.1 llamó a Esaú su *h* mayor, y le dijo: *H*
27.5 cuando hablaba Isaac a Esaú su *h*; y se....... 1121
27.6 Rebeca habló a Jacob su *h*, diciendo: He...... 1121
27.8 *h* mío, obedece a mi voz en lo que te.......... 1121
27.13 madre... *H* mío, sea sobre mí tu maldición.... 1121
27.15 tomó... los vestidos de Esaú su *h* mayor...... 1121
27.15 tomó Rebeca... vistió a Jacob su *h* menor..... 1121
27.17 y entregó los... en manos de Jacob su *h*...... 1121
27.18 Isaac respondió... ¿quién eres, *h* mío?....... 1121
27.20 Isaac dijo a su *h*: ¿Cómo es que... *h* mío?..... 1121
27.21 y te palparé, *h* mío, por si eres mi *h*......... 1121
27.24 y dijo: ¿Eres tú mi *h* Esaú? Y Jacob.......... 1121
27.25 comeré de la caza de mi *h*, para que yo....... 1121
27.26 dijo... Acércate ahora, y bésame, *h* mío....... 1121
27.27 mira, el olor de mi *h*, como el olor.......... 1121
27.29 se inclinen ante ti los *h* de tu madre......... 1121
27.31 coma de la caza de su *h*, para que me........ 1121
27.32 dijo: Yo soy tu *h*, tu primogénito, Esaú....... 1121
27.37 ¿qué pues, te haré a ti ahora, *h* mío?......... 1121
27.42 dichas... las palabras de Esaú su *h* mayor.... 1121
27.42 y llamó a Jacob su *h* menor, y le dijo........ 1121
27.43 *h* mío, obedece a mi voz; levántate y......... 1121
28.5 fue a Padan-aram, a Labán *h* de Betuel........ 1121
28.9 a Mahalat, hija de Ismael *h* de Abraham...... 1121
29.5 dijo: ¿Conocéis a Labán *h* de Nacor?.......... 1121
29.12 dijo a Raquel que él... era *h* de Rebeca....... 1121
29.13 oyó Labán las nuevas de Jacob, *h* de su...... 1121
29.31 que Lea era menospreciada, y le dio *h*.. 6605,7358
29.32,33,34,35 concibió... y dio a luz un *h*........ 1121
29.34 porque le he dado a luz tres *h*; por.......... 1121
30.1 viendo Raquel que no daba *h* a Jacob, tuvo.... 3205
30.1 decía a Jacob: Dame *h*, o si no, me muero..... 1121
30.3 Bilha... y yo también tendré *h* de ella......... 1129
30.5 y concibió Bilha, y dio a luz un *h* a.......... 1121
30.6 Dios... también oyó mi voz, y me dio un *h*...... 1121
30.7 Bilha... dio a luz un segundo *h* a Jacob........ 1121
30.10 Zilpa sierva de Lea dio a luz un *h* a.......... 1121
30.12 sierva de Lea dio a luz otro *h* a Jacob........ 1121
30.14 que me des de las mandrágoras de tu *h*...... 1121
30.15 has de llevar las mandrágoras de mi *h*?...... 1121
30.15 dormirá... por las mandrágoras de tu *h*...... 1121
30.16 alquilado por las mandrágoras de mi *h*...... 1121
30.17 Lea... y dio a luz el quinto *h* a Jacob......... 1121
30.19 Lea... y dio a luz el sexto *h* de Jacob......... 1121
30.20 dado a luz seis *h*; y llamó su nombre........ 1121
30.22 acordó Dios de Raquel... y le concedió *h*... 6605,7358
30.23 y concibió, y dio a luz un *h*, y dijo.......... 1121
30.24 José, diciendo: Añádame Jehová otro *h*....... 1121
30.26 dame... mujeres y mis *h*, por las cuales...... 3206
30.35 Labán apartó... y puso en mano de sus *h*..... 1121
31.1 oía Jacob... palabras de los *h* de Labán........ 1121
31.16 la riqueza... nuestra es y de nuestros *h*....... 1121
31.17 sus *h* y sus mujeres sobre los camellos........ 1121
31.28 pues ni aun me dejaste besar a mis *h*......... 1121
31.43 los *h*, *h* míos son, y las ovejas son mis........ 1121
31.43 o a sus *h* que ellas han dado a luz?.......... 1121
31.55 Labán... besó sus *h* y sus hijas, y los......... 1121
32.11 Esaú... y me hiera la madre con los *h*........ 1121
32.22 tomó... once *h*, y pasó el vado de Jaboc....... 3206
32.32 no comen los *h* de Israel, hasta hoy día....... 1121
33.19 mano de los *h* de Hamor padre de Siquem... 1121
34.2 y la vio Siquem *h* de Hamor... y la tomó........ 1121
34.5 estando sus *h* con su ganado en el campo...... 1121
34.7 los *h* de Jacob vinieron del campo cuando..... 1121
34.8 mi *h* Siquem se ha apegado a vuestra hija..... 1121
34.13 respondieron los *h* de Jacob a Siquem........ 1121
34.18 sus palabras a Hamor, y a Siquem *h* de...... 1121
34.20 entonces Hamor y Siquem su *h* vinieron...... 1121
34.24 y obedecieron a Hamor y a Siquem su *h*...... 1121
34.25 dos de los *h* de Jacob, Simeón y Leví........ 1121
34.26 a Hamor y a Siquem su *h* los mataron a...... 1121
34.27 los *h* de Jacob vinieron a los muertos........ 1121
35.5 y no persiguieron a los *h* de Jacob............ 1121
35.17 no temas, que también tendrás este *h*........ 1121
35.22 ahora bien los *h* de Israel fueron doce........ 1121
35.23 los *h* de Lea: Rubén el primogénito de........ 1121
35.24 los *h* de Raquel: José y Benjamín............ 1121
35.25 los *h* de Bilha, sierva de Raquel: Dan........ 1121
35.26 *h* de Zilpa, sierva de Lea: Gad y Aser........ 1121
35.26 estos fueron los *h* de Jacob, que le.......... 1121
35.29 y lo sepultaron Esaú y Jacob sus *h*.......... 1121
36.2 a Aholibama, hija de Aná, *h* de Zibeón........ 1323
36.5 a Coré; estos son los *h* de Esaú, que le........ 1121
36.6 tomó sus mujeres, sus *h* y sus hijas, y......... 1121
36.10 los *h* de Esaú: Elifaz, *h* de Ada mujer........ 1121
36.10 Reuel, *h* de Basemat mujer de Esaú.......... 1121
36.11 *h* de Elifaz fueron Temán, Omar, Zefo........ 1121
36.12 Timna fue concubina de Elifaz *h* de Esaú...... 1121
36.12 estos son los *h* de Ada, mujer de Esaú........ 1121
36.13 *h* de Reuel fueron Nahat, Zera, Sama y........ 1121
36.13,17 son los *h* de Basemat mujer de Esaú........ 1121
36.14,18 son los *h* de Aholibama mujer de Esaú...... 1121
36.14 hija de Aná, que fue *h* de Zibeón; ella....... 1323
36.14 dio a luz a... Jalaam y Coré, *h* de Esaú
36.15 los jefes de entre los *h* de Esaú: de.......... 1121
36.16 Coré, Gatam y... estos fueron los *h* de Ada... 1121
36.17 y estos son los *h* de Reuel, *h* de Esaú........ 1121
36.19 son los *h* de Esaú, y sus jefes; él es.......... 1121
36.20 *h* de Seir horeo, moradores de aquella....... 1121
36.21 son... *h* de Seir, en la tierra de Edom........ 1121
36.22 *h* de Lotán... Hori y Heman; y Timna......... 1121
36.23 los *h* de Sobal fueron Alván, Manahat........ 1121
36.24 los *h* de Zibeón fueron Aja y Aná. Este....... 1121
36.25 los *h* de Aná fueron Disón, y Aholibama...... 1121
36.26 fueron los *h* de Disón: Hemdán, Esbán........ 1121
36.27 y estos fueron los *h* de Ezer: Bilhán......... 1121
36.28 estos fueron los *h* de Disán: Uz y Arán....... 1121
36.31 antes que... rey sobre los *h* de Israel......... 1121
36.32 Bela *h* de Beor reinó en Edom; y el.......... 1121
36.33 reinó en su lugar Jobab *h* de Zera, de........ 1121
36.38 murió... y reinó Baal-hanán *h* de Acbor....... 1121
36.39 y murió Baal-hanán *h* de Acor, y reinó....... 1121
37.2 estaba con los *h* de Bilha y con los *h* de....... 1121
37.3 y amaba... a José más que a todos sus *h*........ 1121
37.32 reconoce ahora si es la túnica de tu *h*........ 1121
37.33 y dijo: La túnica de mi *h* es; alguna.......... 1121
37.34 y guardó luto por su *h* muchos días.......... 1121
37.35 se levantaron todos sus *h* y todas sus........ 1121
37.35 descenderé enlutado a mi *h* hasta el......... 1121
38.3 y ella concibió, y dio a luz un *h*... Er.......... 1121
38.4 dio a luz un *h*, y llamó su nombre Onán........ 1121
38.5 dio a luz un *h*, y llamó su nombre Sela......... 1121
38.11 quédate... hasta que crezca Sela mi *h*......... 1121
38.26 por cuanto no la he dado a Sela mi *h*......... 1121
41.50 y nacieron a José dos *h* antes... hambre...... 1121
42.1 a sus *h*: ¿Por qué os estáis mirando?.......... 1121
42.5 vinieron los *h* de Israel a comprar entre....... 1121
42.11 todos nosotros somos *h* de un varón.......... 1121
42.13 hermanos, *h* de un varón en la tierra......... 1121
42.32 somos doce hermanos, *h* de nuestro padre... 1121
42.36 me habéis privado de mis *h*: José no
42.37 harás morir a mis dos *h*, si no te lo.......... 1121
42.38 no descenderá mi *h* con vosotros, pues....... 1121
43.14 y si he de ser privado de mis *h*, séalo
43.29 vio a Benjamín... *h* de su madre, y dijo....... 1121
43.29 Dios tenga misericordia de ti, *h* mío.......... 1121
44.20 y él solo quedó de los *h* de su madre.......... 3206
44.27 vosotros sabéis que dos *h* me dio a luz
45.9 así dice tu *h* José: Dios me ha puesto.......... 1121
45.10 cerca de mí... tus *h*, y los *h* de tus *h*.......... 1121
45.21 lo hicieron así los *h* de Israel; y les.......... 1121
45.28 José mi *h* vive todavía; iré, y le veré.......... 1121
46.5 tomaron los *h* de Israel a su padre, y a........ 1121
46.7 sus *h*, y los *h* de sus *h* consigo; sus........... 1121
46.7 hijas, y las hijas de sus *h*, y a toda........... 1121
46.8 los *h* de Israel... Jacob y sus *h*: Rubén.......... 1121
46.9 y los *h* de Rubén: Hanoc, Falú, Hezrón.......... 1121
46.10 los *h* de Simeón... Saúl *h* de la cananea...... 1121
46.11 los *h* de Leví: Gersón, Coat y Merari.......... 1121
46.12 los *h* de Judá: Er, Onán, Sela, Fares.......... 1121
46.12 los *h* de Fares fueron Hezrón y Hamul....... 1121
46.13 *h* de Isacar: Tola, Fúa, Job y Simrón.......... 1121
46.14 *h* de Zabulón: Sered, Elón y Jahleel.......... 1121
46.15 los *h* de Lea... treinta y tres... *h* e hijas....... 1121
46.16 *h* de Gad: Zifión, Hagui, Ezbón, Suni......... 1121
46.17 *h* de Aser: Imna, Isúa, Isúi, Bería y.......... 1121
46.17 los *h* de Bería: Heber y Malquiel............. 1121
46.18 éstos fueron los *h* de Zilpa, la que........... 1121
46.19 los *h* de Raquel, mujer de Jacob: José........ 1121
46.21 los *h* de Benjamín fueron Bela, Bequer....... 1121
46.22 fueron los *h* de Raquel, que nacieron........ 1121
46.23 los *h* de Dan: Husim........................ 1121
46.24 los *h* de Neftalí: Jahzeel, Guni, Jezer y........ 1121
46.25 éstos fueron los *h* de Bilha, la que........... 1121
46.26 sin las mujeres de los *h* de Jacob... 66........ 1121
46.27 *h* de José, que le nacieron en Egipto......... 1121
47.12 alimentaba... según el número de los *h*....... 2945
47.29 llamó a José su *h*, y le dijo: Si he............ 1121
48.1 consigo a sus dos *h*, Manasés y Efraín......... 1121
48.2 se le hizo saber... tu *h* José viene a ti......... 1121
48.5 *h* Efraín y Manasés, que te nacieron en....... 1121
48.8 vio Israel los *h* de José, y... ¿Quiénes son...... 1121
48.9 respondió José... Son mis *h*, que Dios me...... 1121
48.19 padre no quiso, y dijo: Lo sé, *h* mío........ 1121
49.1 llamó Jacob a sus *h*, y dijo: Juntaos.......... 1121
49.2 juntaos y oíd, *h* de Jacob, y escuchad........ 1121
49.8 los *h* de tu padre se inclinarán a ti........... 1121
49.9 león, Judá; de la presa subiste, *h* mío........ 1121
49.11 atando a la... a la cepa el *h* de su asna....... 1121
49.32 la compra del campo... de los *h* de Het....... 1121
49.33 acabó... de dar mandamientos a sus *h*....... 1121
50.12 hicieron, pues, sus *h* con él según les........ 1121
50.13 pues lo llevaron sus *h* a la tierra de......... 1121
50.21 sustentaré a vosotros y a vuestros *h*......... 2945
50.23 y vio José los *h* de Efraín hasta la........... 1121
50.23 también los *h* de Maquir *h* de Manasés...... 1121
50.25 e hizo jurar José a los *h* de Israel........... 1121
Éx 1.1 son los nombres de los *h* de Israel que...... 1121
1.7 y los *h* de Israel fructificaron y se............ 1121
1.9 el pueblo de los *h* de Israel es mayor y........ 1121
1.12 los egipcios temían a los *h* de Israel......... 1121
1.13 los egipcios hicieron servir a los *h* de........ 1121
1.16 si es *h*, matadlo; y si es hija, que viva........ 1121
1.22 al río a todo *h*... a toda hija preservad........ 1121
2.2 a luz un *h*; y viéndolo que era hermoso....... 1121
2.22 y ella le dio a luz un *h*; y él le puso.......... 1121
2.23 los *h* de Israel gemían a causa de la.......... 1121
2.25 y miró Dios a los *h* de Israel, y los.......... 1121
3.9 el clamor, pues, de los *h* de Israel ha......... 1121
3.10 saques de... a mi pueblo, los *h* de Israel....... 1121
3.11 y saque de Egipto a los *h* de Israel?.......... 1121
3.13 llego yo a los *h* de Israel, y les digo.......... 1121
3.14 así dirás a los *h* de Israel: Yo soy............ 1121
3.15 así dirás a los *h* de Israel: Jehová, el......... 1121
3.22 alhajas de... pondréis sobre vuestros *h* y...... 1121
4.20 entonces Moisés tomó su mujer y sus *h*........ 1121
4.22 Jehová ha dicho así: Israel es mi *h*, mi........ 1121
4.23 dejes ir a mi *h*... yo voy a matar a tu *h*........ 1121
4.25 cortó el prepucio de su *h*, y lo echó a........ 1121
4.29 reunieron a... los ancianos de los *h* de......... 1121
4.31 Jehová había visitado a los *h* de Israel....... 1121
5.14 y azotaban a los capataces de los *h* de....... 1121
5.15 capataces de los *h* de Israel vinieron........ 1121
5.19 capataces de los *h* de Israel se vieron....... 1121
6.5 yo he oído el gemido de los *h* de Israel........ 1121
6.6 por tanto, dirás a los *h* de Israel: Yo.......... 1121
6.9 de esta manera habló Moisés a los *h* de........ 1121
6.11 deje ir de su tierra a los *h* de Israel.......... 1121
6.12 los *h* de Israel no me escuchan; ¿cómo........ 1121
6.13 dio mandamiento para los *h* de Israel........ 1121
6.13 para que sacasen a los *h* de Israel de......... 1121
6.14 *h* de Rubén, el primogénito de Israel......... 1121
6.15 los *h* de Simeón: Jemuel, Jamín, Ohad......... 1121
6.15 Jaquín, Zohar, y Saúl *h* de una cananea...... 1121
6.16 estos son los nombres de los *h* de Leví....... 1121
6.17 los *h* de Gersón: Libni y Simei, por sus........ 1121
6.18 y los *h* de Coat: Amram, Izhar, Hebrón......... 1121
6.19 y los *h* de Merari: Mahli y Musi. Estas........ 1121
6.21 los *h* de Izhar: Coré, Nefeg y Zicri............ 1121
6.22 y los *h* de Uziel: Misael, Elzafán y Sitri....... 1121
6.24 los *h* de Coré: Asir, Elcana y Abiasaf......... 1121
6.25 Eleazar *h* de Aarón tomó para sí mujer de.... 1121
6.26 sacad a los *h* de Israel de la tierra de......... 1121
6.27 para sacar de Egipto a los *h* de Israel........ 1121
7.2 deje ir de su tierra a los *h* de Israel.......... 1121
7.4 sacaré a... los *h* de Israel, de la tierra......... 1121

7.5 y saque a los *h* de Israel de en medio de 1121
9.4 nada muera de todo lo de los *h* de Israel 1121
9.6 del ganado de los *h* de Israel no murió 1121
9.7 del ganado de los *h* de Israel no había
9.26 de Gosén, donde estaban los *h* de Israel 1121
9.35 y no dejó ir a los *h* de Israel, como 1121
10.2 que cuentes a tus *h* y a tus nietos las 1121
10.9 hemos de ir con... nuestros *h* y... hijas 1121
10.20 Faraón... no dejó ir a los *h* de Israel 1121
10.23 mas todos los *h* de Israel tenían luz 1121
11.7 contra todos los *h* de Israel, desde el 1121
11.10 y no envió a los *h* de Israel fuera de 1121
12.24 estatuto para vosotros y... vuestros *h* 1121
12.26 dijeren vuestros *h:* ¿Qué es este rito 1121
12.27 pasó... las casas de los *h* de Israel en 1121
12.28 los *h* de Israel fueron e hicieron... así 1121
12.31 salid de... vosotros y los *h* de Israel 1121
12.35 hicieron los *h* de Israel conforme al 1121
12.37 partieron los *h* de Israel de Ramesés a 1121
12.40 el tiempo que los *h* de Israel habitaron 1121
12.42 noche deben guardarla... los *h* de Israel 1121
12.50 así lo hicieron todos los *h* de Israel 1121
12.51 sacó Jehová a los *h* de Israel... de Egipto 1121
13.2 todo primogénito... entre los *h* de Israel 1121
13.8 contarás en aquel día a tu *h*, diciendo 1121
13.13 también redimirás al primogénito de... *h* 1121
13.14 pregunte tu *h*, diciendo: ¿Qué es esto? 1121
13.15 yo... redimo al primogénito de mis *h* 1121
13.18 subieron los *h* de Israel de... armados 1121
13.19 juramentado a los *h* de Israel, diciendo 1121
14.2 di a los *h* de Israel que den la vuelta y 1121
14.3 de los *h* de Israel: Encerrados están en 1121
14.8 Faraón rey de... siguió a los *h* de Israel 1121
14.8 pero los *h* de Israel habían salido con 1121
14.10 los *h* de Israel alzaron sus ojos, y he 1121
14.10 egipcios venían... *h* de Israel temieron 1121
14.15 a mí? Di a los *h* de Israel que marchen 1121
14.16 entren los *h* de Israel por en medio del 1121
14.22 los *h* de Israel entraron por en medio 1121
14.29 los *h* de Israel fueron por en medio del 1121
15.1 entonces cantó Moisés y los *h* de Israel 1121
15.19 los *h* de Israel pasaron en seco por en 1121
16.1 partió luego de Elim... los *h* de Israel 1121
16.2 congregación de los *h* de Israel murmuró 1121
16.3 decían los *h* de Israel: Ojalá... muerto 1121
16.6 dijeron... Aarón a todos los *h* de Israel 1121
16.9 di a toda la congregación de los *h* de 1121
16.10 hablando Aarón a... de los *h* de Israel 1121
16.12 he oído las murmuraciones de los *h* de 1121
16.15 y viéndolo los *h* de Israel, se dijeron 1121
16.17 y los *h* de Israel lo hicieron así; y 1121
16.35 comieron los *h* de Israel maná 40 años 1121
17.1 congregación de los *h* de Israel partió 1121
17.3 para matarnos de sed... a nuestros *h* y a 1121
17.7 por la rencilla de los *h* de Israel, y 1121
18.3 a sus dos *h*; el uno se llamaba Gersón 1121
18.5 suegro de... con los *h* y la mujer de éste 1121
18.6 yo... vengo a ti con tu mujer, y sus dos *h* 1121
19.1 el mes tercero de la salida de los *h* de 1121
19.3 así dirás... anunciarás a los *h* de Israel 1121
19.6 las palabras que dirás a los *h* de Israel 1121
20.5 maldad de los padres sobre los *h* hasta 1121
20.10 no hagas en él obra... tu *h*, ni tu hija 1121
20.22 así dirás a los *h* de Israel: Vosotros 1121
21.4 le hubiere dado mujer, y ella le diere *h* 1121
21.4 la mujer y sus *h* serán de su amo, y él 3206
21.5 yo amo a mi señor, a mi mujer y a mis *h* 1121
21.9 si la hubiere desposado con su *h*, hará 1121
21.31 acorneado a *h*, o haya acorneado a hija 1121
22.24 serán viudas, y huérfanos vuestros *h* 1121
22.29 lagar. Me darás el primogénito de tus *h* 1121
23.12 tome refrigerio el *h* de tu sierva, y 1121
24.5 envió jóvenes de los *h* de Israel, los 1121
24.11 sobre los príncipes de los *h* de Israel 1121
24.17 como un fuego... a los ojos de los *h* de 1121
25.2 di a los *h* de Israel que tomen... ofrenda 1121
25.22 que yo te mandare para los *h* de Israel 1121
27.20 los *h* de Israel que te traigan aceite 1121
27.21 las pondrá en orden Aarón y sus *h* para 1121
27.21 estatuto perpetuo de los *h* de Israel 1121
28.1 Aarón... sus *h*... de entre los *h* de Israel 1121
28.1 y a Nadab, Abiú, Eleazar e Itamar *h* de 1121
28.4 para sus *h*, para que sean mis sacerdotes 1121
28.9 grabarás en ellas los nombres de los *h* 1121
28.11 grabar... los nombres de los *h* de Israel 1121
28.12 piedras memoriales a los *h* de Israel 1121
28.21 según los nombres de los *h* de Israel 1121
28.29 llevará Aarón los nombres de los *h* de 1121
28.30 llevará... el juicio de los *h* de Israel 1121
28.38 que los *h* de Israel hubieren consagrado 1121
28.40 y para los *h* de Aarón harás túnicas 1121
28.41 vestirás a Aarón tu hermano, y a sus *h* 1121
28.43 y estarán sobre Aarón y... sus *h* cuando 1121
29.4 llevarás a Aarón y a sus *h* a la puerta 1121
29.8 que se acerquen sus *h*, y les vestirás las 1121
29.9 les ceñirás el cinto a Aarón y a sus *h* 1121
29.9 así consagrarías a Aarón y a sus *h* 1121
29.10,15,19 Aarón y sus *h* pondrán sus manos 1121
29.20 sobre el lóbulo de la oreja de sus *h* 1121
29.21 rociarás sobre Aarón... sobre sus *h*, y 1121
29.21 sus *h*, y las vestiduras de sus *h* con él 1121
29.24 en las manos de Aarón... manos de sus *h* 1121
29.27 las consagraciones de Aarón y de sus *h* 1121
29.28 para Aarón y para sus *h* como estatuto 1121
29.28 perpetuo para los *h* de Israel, porque 1121
29.28 una ofrenda elevada de los *h* de Israel 1121
29.29 vestiduras... de Aarón, serán de sus *h* 1121
29.30 vestirá el que de sus *h* tome su lugar 1121
29.32 y Aarón y sus *h* comerán la carne del 1121
29.35 harás a Aarón y a sus *h*... te he mandado 1121
29.43 allí me reuniré con los *h* de Israel 1121
29.44 santificaré... a Aarón y a sus *h*, para 1121
29.45 habitaré entre los *h* de Israel, y seré 1121
30.12 cuando tomes el número de... *h* de Israel 1121
30.16 tomarás de los *h* de Israel el dinero 1121
30.16 y será por memorial a los *h* de Israel 1121
30.19 lavarán Aarón y sus *h* las manos y los 1121
30.30 ungirás también a Aarón y a sus *h*, y 1121
30.31; 31.13; Lv 1.2; 4.2; 7.23,29; 9.3; 11.2; 12.2; 15.2; 18.2; 23.2,10,24,34; 24.15; 25.2; 27.2; Nm 5.12; 6.2; 9.10; 15.2,18,38; 27.8; 33.51; 35.10 habla a los *h* de Israel, y diles 1121
31.2 llamado... a Bezaleel *h* de Uri, *h* de Hur 1121
31.6 puesto con él a Aholiab *h* de Ahisamac 1121
31.10 vestiduras de sus *h* para que ejerzan 1121
31.16 guardarán... el día de reposo los *h* de 1121
31.17 señal es... entre mí y los *h* de Israel 1121
32.2 zarcillos... en las orejas de... vuestros *h* 1121
32.20 polvo... lo dio a beber a los *h* de Israel 1121
32.26 se juntaron con él todos los *h* de Leví 1121
32.28 los *h* de Leví lo hicieron conforme al 1121
32.29 cada uno se ha consagrado en su *h* y en 1121
33.5 di a los *h* de Israel... de dura cerviz 1121
33.6 los *h* de Israel se despojaron... Atavíos 1121
33.11 el joven Josué *h* de Nun, su servidor 1121
34.7 sobre los *h* y sobre los *h* de los *h*, hasta 1121
34.16 o tomando de sus hijas para tus *h*, y 1121
34.16 fornicar... tus *h* en pos de los dioses 1121
34.20 redimirás todo primogénito de tus *h* 1121
34.30 Aarón y todos los *h* de Israel miraron 1121
34.32 se acercaron todos los *h* de Israel, a 1121
34.34 decía a los *h* de Israel... le era mandado 1121
34.35 al mirar los *h* de Israel el rostro de 1121
35.1 convocó a... la congregación de los *h* de 1121
35.4 habló Moisés a toda... de los *h* de Israel 1121
35.19 las vestiduras de sus *h* para servir en 1121
35.20 salió toda la congregación de los *h* de 1121
35.29 de los *h* de Israel, así hombres como 1121
35.30 dijo Moisés a los *h* de Israel: Mirad 1121
35.30 a Bezaleel *h* de Uri, *h* de Hur, de la 1121
35.34 Aholiab *h* de Ahisamac, de la tribu de 1121
36.3 la ofrenda que los *h* de Israel habían 1121
38.21 bajo la dirección de Itamar *h*... Aarón 1121
38.22 y Bezaleel *h* de Uri, *h* de Hur, de la 1121
38.23 y con él estaba Aholiab *h* de Ahisamac 1121
39.6 grabaduras... con los nombres de los *h* de 1121
39.7 piedras memoriales para los *h* de Israel 1121
39.14 conforme a... nombres de los *h* de Israel 1121
39.27 las túnicas... para Aarón y para sus *h* 1121
39.32 hicieron los *h* de Israel como Jehová 1121
39.41 vestiduras de sus *h*, para ministrar en 1121
39.42 hicieron los *h* de Israel toda la obra 1121
40.12 llevarás a Aarón y a sus *h* a la puerta 1121
40.14 harás que se acerquen sus *h*... vestirás 1121
40.31 Moisés y Aarón y sus *h* lavaban en ella 1121
40.36 los *h* de Israel se movían en todas sus 1121
Lv 1.5 los sacerdotes *h* de Aarón ofrecerán 1121
1.7 los *h* del sacerdote Aarón pondrán fuego 1121
1.8 los... *h* de Aarón acomodarán las piezas 1121
1.11 *h* de Aarón rociarán su sangre sobre el 1121
2.2 la traerá a los sacerdotes, *h* de Aarón 1121
2.3,10 que resta... será de Aarón y de sus *h* 1121
3.2 sacerdotes *h* de Aarón rociarán su sangre 1121
3.5 *h* de Aarón harán arder esto en el altar 1121
3.8,13 *h* de Aarón rociarán su sangre sobre 1121
6.9 manda a Aarón y a sus *h*, y diles: Esta 1121
6.14 la ofrecerán los *h* de Aarón delante de 1121
6.16 el sobrante... lo comerán Aarón y sus *h* 1121
6.18 los varones... *h* de Aarón comerán de ella 1121
6.20 esta es la ofrenda de Aarón y de sus *h* 1121
6.22 sacerdote... fuere ungido de entre sus *h* 1121
6.25 habla a Aarón y a sus *h*, y diles: Esta 1121
7.10 ofrenda... será de todos los *h* de Aarón 1121
7.31 mas el pecho será de Aarón y de sus *h* 1121
7.33 el que de los *h* de Aarón ofreciere la 1121
7.34 de los sacrificios de paz de los *h* de 1121
7.34 dado a Aarón... y a sus *h*, como estatuto 1121
7.34 estatuto perpetuo para los *h* de Israel 1121
7.35 esta es la porción de Aarón... de sus *h* 1121
7.36 él los ungió de entre los *h* de Israel 1121
7.38 el día que mandó a los *h* de Israel que 1121
8.2 toma a Aarón y a sus *h* con él, y las 1121
8.6 hizo acercarse a Aarón y a sus *h*, y los 1121
8.13 acercarse los *h* de Aarón, y les vistió 1121
8.14,18,22 Aarón y sus *h* pusieron sus manos 1121
8.24 hizo acercarse luego los *h* de Aarón, y 1121
8.27 y lo puso todo... en las manos de sus *h* 1121
8.30 sobre sus *h*... las vestiduras de sus *h* 1121
8.30 santificó... *h* y las vestiduras de sus *h* 1121
8.31 y dijo Moisés a Aarón y a sus *h:* Comed 1121
8.31 he mandado... Aarón y sus *h* la comerán 1121
8.36 Aarón y sus *h* hicieron todas las cosas 1121
9.1 Moisés llamó a Aarón y a sus *h*, y a los 1121
9.9 y los *h* de Aarón le trajeron la sangre 1121
9.12,18 *h* de Aarón le presentaron la sangre 1121
10.1 *h* de Aarón, tomaron cada uno... incensario 1121
10.4 llamó Moisés... *h* de Uziel tío de Aarón 1121
10.6,12 Moisés dijo a Aarón, y a... sus *h* 1121
10.9 tú, y tus *h* contigo, no beberéis vino 1121
10.11 enseñar a los *h* de Israel... estatutos 1121
10.13 porque esto es para ti y para tus *h*, de 1121
10.14 comeréis... tus *h* y tus hijas contigo 1121
10.14 derecho son tuyos y de tus *h*, dados de 1121
10.14 sacrificios de paz de los *h* de Israel 1121
10.15 por derecho perpetuo tuyo y de tus *h* 1121
10.16 Moisés... enojó contra... los *h*... de Aarón 1121
12.6 los días de su... fueren cumplidos, por *h* 1121
12.7 esta es la ley para la que diere a luz *h* 2145
13.2 será traído a Aarón... o a uno de sus *h* 1121
15.31 apartaréis de sus impurezas a los *h* 1121
16.1 después de la muerte de los dos *h* de 1121
16.5 de la congregación de los *h* de Israel 1121
16.16 de las impurezas de los *h* de Israel 1121
16.19 de las inmundicias de los *h* de Israel 1121
16.21 confesará... las iniquidades de los *h* de 1121
17.2 a Aarón y a sus *h*, y a todos los *h* de 1121
17.5 fin de que traigan los *h* de Israel sus 1121
17.12 por tanto, he dicho a los *h* de Israel 1121
17.13 cualquier varón de los *h* de Israel, o 1121
17.14 dicho a: los *h* de Israel: No comeréis 1121
18.10 la desnudez de la hija de tu *h*, o de 1121
18.15 mujer es de tu *h*, no descubrirás su 1121
18.17 no tomarás la hija de sus *h*, ni la hija 1121
18.21 no des *h* tuyo para ofrecerlo por fuego 2233
19.2 habla a toda la congregación de los *h* 1121
19.18 ni guardarás rencor a... *h* de tu pueblo 1121
20.2 a los *h* de Israel: Cualquier varón de 1121
20.2 *h* de Israel... que ofreciere... *h* a Moloc ... 1121,2233
20.3 dio de sus *h* a Moloc, contaminando mi 2233
20.4 varón que hubiere dado de sus *h* a Moloc 2233
20.17 muertos a ojos de los *h* de su pueblo 1121
20.20 su pecado llevarán; morirán sin *h* 6185
20.21 desnudez de su... descubrió; sin *h* serán 6185
21.1 habla a los sacerdotes *h* de Aarón, y 1121
21.2 su padre, o por su *h* o por su hermano 1121
21.24 a Aarón, y a sus *h*, y a todos los *h* de 1121
22.2 di a Aarón y a sus *h* que se abstengan 1121
22.2 cosas santas que los *h* de Israel me han 1121
22.3 cosas... que los *h* de Israel consagran a 1121
22.15 las cosas santas de los *h* de Israel 1121
22.18 a Aarón y a su *h*, y a todos los *h* de 1121
22.28 no degollaréis en un... a ella y a su *h* 1121
22.32 sea santificado en medio de los *h* de 1121
23.43 tabernáculos hice yo habitar a los *h* 1121
23.44 habló Moisés a los *h* de Israel sobre 1121
24.2 manda a los *h* de Israel que te traigan 1121
24.8 en orden... en nombre de los *h* de Israel 1121
24.9 será de Aarón y de sus *h*, los cuales lo 1121
24.10 el *h* de una mujer israelita, el cual era 1121
24.10 *h* de un egipcio... entre los *h* de Israel 1121
24.10 el *h* de la israelita y un hombre... riñeron 1121
24.11 y el *h* de la mujer... blasfemó el Nombre 1121
24.23 habló Moisés a los *h* de Israel, y ellos 1121
24.23 los *h* de Israel hicieron según Jehová 1121
25.33 son la posesión de ellos entre los *h* de 1121
25.41 saldrá libre de tu... él y sus *h* consigo 1121
25.45 comprar de los *h* de los forasteros que 1121
25.46 los podréis dejar en... para vuestros *h* 1121
25.46 en... los *h* de Israel no os enseñorearéis 1121
25.49 su tío o el *h* de su tío lo rescatará 1121
25.54 el año del jubileo saldrá, él y sus *h* 1121
25.55 porque mis siervos son los *h* de Israel 1121
26.22 fieras que os arrebaten vuestros *h*, y 7921
26.29 comeréis la carne de vuestros *h*... hijas 1121
26.46 estatutos... entre sí y los *h* de Israel 1121
27.34 los mandamientos... para los *h* de Israel 1121
Nm 1.2 tomad el censo de... de los *h* de Israel 1121
1.5 de la tribu de Rubén, Elisur *h* de Sedeur 1121
1.6 de Simeón, Selumiel *h* de Zurisadai 1121
1.7 de Judá, Naasón *h* de Aminadab 1121
1.8 de Isacar, Natanael *h* de Zuar 1121
1.9 de Zabulón, Eliab *h* de Helón 1121
1.10 los *h* de José: de Efraín, Elisama *h* 1121
1.10 de Manasés, Gamaliel *h* de Pedasur 1121
1.11 de Benjamín, Abidán *h* de Gedeoni 1121
1.12 de Dan, Ahiezer *h* de Amisadai 1121
1.13 de Aser, Pagiel *h* de Ocrán 1121
1.14 de Gad, Eliasaf *h* de Deuel 1121
1.15 de Neftalí, Ahira *h* de Enán 1121
1.20 los *h* de Rubén, primogénito de Israel 1121
1.22 de los *h* de Simeón, por su descendencia 1121
1.24 de los *h* de Gad, por su descendencia 1121
1.26 de los *h* de Judá, por su descendencia 1121
1.28 de los *h* de Isacar, por su descendencia 1121
1.30 los *h* de Zabulón, por su descendencia 1121
1.32 de los *h* de José: de los *h* de Efraín 1121
1.34 los *h* de Manasés, por su descendencia 1121
1.36 los *h* de Benjamín, por su descendencia 1121
1.38 de los *h* de Dan, por su descendencia 1121
1.40 de los *h* de Aser, por su descendencia 1121
1.42 los *h* de Neftalí, por su descendencia 1121
1.45 todos los contados de los *h* de Israel 1121
1.49 ni tomarás la cuenta de... entre los *h* de 1121
1.52 los *h* de Israel acamparán cada uno en su 1121
1.53 que no haya ira sobre... los *h* de Israel 1121
1.54 e hicieron los *h* de Israel conforme a 1121
2.2 *h* de Israel acamparán cada uno junto a 1121
2.3 y el jefe de los *h* de Judá, Naasón *h* de 1121
2.5 jefe de los *h* de Isacar, Natanael *h* de 1121
2.7 el jefe de los *h* de Zabulón, Eliab *h* de 1121
2.10 y el jefe de los *h* de Rubén, Elisur *h* 1121
2.12 el Jefe de los *h* de Simeón, Selumiel *h* 1121
2.14 el jefe de los *h* de Gad, Eliasaf *h* de 1121
2.18 el Jefe de los *h* de Efraín, Elisama *h* 1121
2.20 el jefe de los *h* de Manasés, Gamaliel *h* 1121
2.22 jefe de los *h* de Benjamín, Abidán *h* de 1121
2.25 el jefe de los *h* de Dan, Ahiezer *h* de 1121
2.27 el jefe de los *h* de Aser, Pagiel *h* de 1121
2.29 el jefe de los *h* de Neftalí, Ahira *h* de 1121
2.32 estos son los contados de los *h* de Israel 1121
2.33 levitas no fueron contados entre los *h* 1121
2.34 e hicieron los *h* de Israel conforme a 1121
3.2,3 estos son los nombres de los *h* de Aarón 1121
3.4 Nadab y Abiú murieron... y no tuvieron *h* 1121

3.8 lo encargado a ellos por los *h* de Israel ... 1121
3.9 y darás los levitas a Aarón y a sus *h* ... 1121
3.9 le son...dados de entre los *h* de Israel ... 1121
3.10 a Aarón y a sus *h* para que ejerzan su ... 1121
3.12 he tomado a los levitas de...*h* de Israel ... 1121
3.12 primeros nacidos entre los *h* de Israel ... 1121
3.15 cuenta los *h* de Leví según las casas ... 1121
3.17 *h* de Leví fueron estos por sus nombres ... 1121
3.18 los nombres de los *h* de Gersón por sus ... 1121
3.19 *h* de Coat por sus familias son: Amram ... 1121
3.20 los *h* de Merari por sus familias: Mahli ... 1121
3.24 jefe...de los gersonitas, Eliasaf *h* de ... 1121
3.25 a cargo de los *h* de Gersón...estarán el ... 1121
3.29 familias de los *h* de Coat acamparán al ... 1121
3.30 el jefe...de Coat, Elisafán *h* de Uziel ... 1121
3.32 principal de los Jefes...será Eleazar *h* ... 1121
3.35 el jefe...de Merari, Zuriel *h* de Abihail ... 1121
3.36 a cargo de los *h* de Merari estará la ... 1121
3.38 serán Moisés y Aarón y sus *h*, teniendo ... 1121
3.38 la guarda...en lugar de los *h* de Israel ... 1121
3.40 cuenta...primogénitos varones de los *h* de ... 1121
3.41,42,45,46 primogénitos de los *h* de Israel ... 1121
3.41 de los animales de los *h* de Israel. Yo ... 1121
3.48 darás a Aarón y a sus *h* el dinero del ... 1121
3.50 recibió...de los *h* de Israel, en dinero ... 1121
3.51 Moisés dio el dinero...a Aarón y a sus *h* ... 1121
4.2 de los *h* de Coat de entre los *h* de Leví ... 1121
4.4 el oficio de los *h* de Coat en...será este ... 1121
4.5 vendrán Aarón y sus *h* y desarmarán el ... 1121
4.15 cuando acaben Aarón y sus *h* de cubrir el ... 1121
4.15 vendrán después de ello los *h* de Coat ... 1121
4.15 estas serán las cargas de los *h* de Coat ... 1121
4.16 pero a cargo de Eleazar *h* del sacerdote ... 1121
4.19 Aarón y sus *h*...pondrán a cada uno en su ... 1121
4.22 toma también el número de los *h* de Gersón ... 1121
4.27 según la orden de Aarón y de sus *h* será ... 1121
4.27 todo el ministerio de los *h* de Gersón en ... 1121
4.28 este es el servicio...de los *h* de Gersón ... 1121
4.28 bajo la...de Itamar *h* del sacerdote Aarón ... 1121
4.29 contarás los *h* de Merari por...familias ... 1121
4.33 será el servicio de...de los *h* de Merari ... 1121
4.34 contaron a los *h* de Coat por...familias ... 1121
4.38,41 los contados de los *h* de Gersón ... 1121
4.42,45 los contados...de los *h* de Merari ... 1121
5.2 manda a los *h* de Israel que echen del ... 1121
5.4 lo hicieron así los *h* de Israel, y los ... 1121
5.4 los echaron...lo hicieron los *h* de Israel ... 1121
5.6 a los *h* de Israel: El hombre o la mujer ... 1121
5.9 ofrenda...que los *h* de Israel presentaren ... 1121
6.23 habla a Aarón y a sus *h* y diles: Así ... 1121
6.23 bendeciréis a los *h* de Israel, diciéndoles ... 1121
6.27 pondrán mi nombre sobre los *h* de Israel ... 1121
7.7 y cuatro bueyes dio a los *h* de Gersón ... 1121
7.8 a los *h* de Merari dio cuatro carros y ... 1121
7.8 la mano de Itamar *h* del sacerdote Aarón ... 1121
7.9 pero a los *h* de Coat no les dio, porque ... 1121
7.12 fue Naasón *h* de Aminadab, de la tribu ... 1121
7.17,23,29,35,41,47,53,59,65,71,77,83 esta
fue la ofrenda de...*h* de ... 1121
7.18 ofreció Natanael *h* de Zuar, príncipe de ... 1121
7.24 Eliab *h* de Helón, príncipe de los *h* de ... 1121
7.30 Elisur *h* de Sedeur, príncipe de los *h* ... 1121
7.36 Selumiel *h* de Zurisadai...los *h* de Simeón ... 1121
7.42 Eliasaf *h* de...príncipe de los *h* de Gad ... 1121
7.48 príncipe de los *h* de Efraín, Elisama *h* ... 1121
7.54 los *h* de Manasés, Gamaliel *h* de Pedasur ... 1121
7.60 príncipe de los *h* de Benjamín, Abidán *h* ... 1121
7.66 príncipe de los *h* de Dan, Ahiezer *h* de ... 1121
7.72 príncipe de los *h* de Aser, Pagiel *h* de ... 1121
7.78 príncipe de los *h* de Neftalí, Ahira *h* ... 1121
8.6 a los levitas de entre los *h* de Israel ... 1121
8.9 toda la congregación de los *h* de Israel ... 1121
8.10 pondrán los *h* de Israel sus manos sobre ... 1121
8.11 ofrecerá...en ofrenda de los *h* de Israel ... 1121
8.13 delante de Aarón, y delante de sus *h* ... 1121
8.14 así apartarás...de entre los *h* de Israel ... 1121
8.16 dedicados...los levitas de entre los *h* ... 1121
8.16 primogénitos de todos los *h* de Israel ... 1121
8.17 mío es todo primogénito de...*h* de Israel ... 1121
8.18 en lugar de...los primogénitos de los *h* ... 1121
8.19 y yo he dado en don...a Aarón y a sus *h* ... 1121
8.19 los levitas...de entre los *h* de Israel ... 1121
8.19 ejerzan el ministerio de...*h* de Israel ... 1121
8.19 y reconcilien a los *h* de Israel; para ... 1121
8.19 que no haya plaga en los *h* de Israel, al ... 1121
8.19 acercarse los *h* de Israel al santuario ... 1121
8.20 toda la congregación de los *h* de Israel ... 1121
8.20 así hicieron con ellos los *h* de Israel ... 1121
8.22 delante de Aarón y delante de sus *h* ... 1121
9.2 *h* de Israel celebrarán la pascua a su ... 1121
9.4 habló Moisés a los *h* de Israel para que ... 1121
9.5 mandó Jehová a...hicieron los *h* de Israel ... 1121
9.7 ofrecer ofrenda...entre los *h* de Israel? ... 1121
9.17 se alzaba la nube...*h* de Israel partían ... 1121
9.17 paraba, allí acampaban los *h* de Israel ... 1121
9.18 al mandato de Jehová los *h* de...partían ... 1121
9.19 los *h* de Israel guardaban la ordenanza ... 1121
9.22 detenía...*h* de Israel seguían acampados ... 1121
10.8 los *h* de Aarón...tocarán las trompetas ... 1121
10.12 partieron los *h* de Israel del desierto ... 1121
10.14 la bandera...de los *h* de Judá comenzó a ... 1121
10.14 Naasón *h* de Aminadab estaba sobre su ... 1121
10.15 sobre...los *h* de Isacar, Natanael *h* de ... 1121
10.16 sobre...*h* de Zabulón, Eliab *h* de Helón ... 1121
10.17 se movieron los *h* de Gersón y los *h* de ... 1121
10.18 Elisur *h* de Sedeur...sobre su...ejército ... 1121
10.19 sobre...los *h* de Simeón, Selumiel *h* de ... 1121
10.20 sobre...los *h* de Gad, Eliasaf *h* de Deuel ... 1121
10.22 marchar la bandera...de los *h* de Efraín ... 121
10.22 Elisama *h* de Amiud...sobre su...ejército ... 1121
10.23 sobre...de los *h* de Manasés, Gamaliel *h* ... 1121
10.24 sobre...los *h* de Benjamín, Abidán *h* de ... 1121
10.25 a marchar la bandera...de los *h* de Dan ... 1121
10.25 Ahiezer *h* de Amisadai estaba sobre su ... 1121
10.26 sobre...los *h* de Aser, Pagiel *h* de Ocrán ... 1121
10.27 sobre...*h* de Neftalí, Ahira *h* de Enán ... 1121
10.28 el orden de marcha de los *h* de Israel ... 1121
10.29 Moisés a Hobab, *h* de Ragüel...su suegro ... 1121
11.4 y los *h* de Israel...volvieron a llorar y ... 1121
11.28 respondió Josué *h* de Nun, ayudante de ... 1121
13.2 Canaán, la cual yo doy a los *h* de Israel ... 1121
13.3 todos...eran príncipes de los *h* de Israel ... 1121
13.4 de la tribu de Rubén, Samúa *h* de Zacur ... 1121
13.5 de la tribu de Simeón, Safat *h* de Horí ... 1121
13.6 de la tribu de Judá, Caleb *h* de Jefone ... 1121
13.7 de la tribu de Isacar, Igal *h* de José ... 1121
13.8 de la tribu de Efraín, Oseas *h* de Nun ... 1121
13.9 la tribu de Benjamín, Palti *h* de Rafú ... 1121
13.10 la tribu de Zabulón, Gadiel *h* de Sodi ... 1121
13.11 de la tribu de Manasés, Gadi *h* de Susi ... 1121
13.12 de la tribu de Dan, Amiel *h* de Gemali ... 1121
13.13 de la tribu de Aser, Setur *h* de Micael ... 1121
13.14 la tribu de Neftalí, Nahbi *h* de Vapsi ... 1121
13.15 de la tribu de Gad, Geuel *h* de Maqui ... 1121
13.16 y a Oseas *h* de Nun le puso Moisés el ... 1121
13.22 allí estaban Ahimán, Sesai...*h* de Anac ... 3206
13.24 racimo que cortaron...los *h* de Israel ... 1121
13.26 vinieron a Moisés y a...los *h* de Israel ... 1121
13.28 y también vimos allí a los *h* de Anac ... 3206
13.32 y hablaron mal entre los *h* de Israel ... 1121
13.33 también vimos allí gigantes, *h* de Anac ... 1121
14.2 y se quejaron...todos los *h* de Israel ... 1121
14.5 postraron...delante de...los *h* de Israel ... 1121
14.6 Josué *h* de Nun y Caleb *h* de Jefone, que ... 1121
14.7 hablaron a...los *h* de Israel, diciendo ... 1121
14.10 la gloria...se mostró...a todos los *h* de ... 1121
14.18 visita la maldad de los...sobre los *h* ... 1121
14.27 las querellas de los *h* de Israel, que ... 1121
14.30 exceptuando a Caleb *h* de...y Josué *h* ... 1121
14.33 vuestros *h* andarán pastoreando en el ... 1121
14.38 pero Josué *h* de Nun y Caleb *h*...con vida ... 1121
14.39 Moisés dijo estas cosas a...*h* de Israel ... 1121
15.25 hará expiación por...de los *h* de Israel ... 1121
15.26 será perdonado a...de los *h* de Israel ... 1121
15.29 el nacido entre los *h* de Israel, y el ... 1121
15.32 estando los *h* de Israel en el desierto ... 1121
16.1 Coré *h* de Izhar, *h* de Coat, *h* de Leví ... 1121
16.1 Datán y Abiram, *h* de Eliab, y On *h* de ... 1121
16.1 Pelet, de los *h* de Rubén, tomaron gente ... 1121
16.2 levantaron...con 250...de los *h* de Israel ... 1121
16.7 poned fuego...esto os baste, *h* de Leví ... 1121
16.8 dijo más Moisés...Oíd ahora, *h* de Leví ... 1121
16.10 hizo acercar...los *h* de Leví contigo? ... 1121
16.12 envió Moisés a llamar a...*h* de Eliab ... 1121
16.27 se pusieron...con sus mujeres, sus *h* y ... 1121
16.37 dí a Eleazar *h* del sacerdote Aarón, que ... 1121
16.38 y serán como señal a los *h* de Israel ... 1121
16.40 recuerdo para los *h* de Israel, de que ... 1121
16.41 los *h* de Israel murmuró contra Moisés ... 1121
17.2 habla a...*h* de Israel, y toma de ellos ... 1121
17.5 haré cesar...quejas de los *h* de Israel ... 1121
17.6 Moisés habló a los *h* de Israel, y todos ... 1121
17.9 sacó...las varas...a todos los *h* de Israel ... 1121
17.10 se guarde por señal a los *h* rebeldes ... 1121
17.12 los *h* de Israel hablaron a Moisés ... 1121
18.1 (2) tú y tus *h*...llevaréis el pecado de ... 1121
18.2 tú y tus *h* contigo serviréis delante ... 1121
18.5 no venga...la ira sobre los *h* de Israel ... 1121
18.6 tomado...levitas de entre...*h* de Israel ... 1121
18.7 y tus *h*...guardaréis vuestro sacerdocio ... 1121
18.8 las cosas consagradas de los *h* de Israel ... 1121
18.8 he dado...a tus *h* por estatuto perpetuo ... 1121
18.9 será cosa muy santa para ti y para tus *h* ... 1121
18.11 las ofrendas mecidas de los *h* de Israel ... 1121
18.11 he dado a ti y a tus *h* y a tus hijas ... 1121
18.19 ofrendas...los *h* de Israel ofrecieren ... 1121
18.19 he dado para ti, y para tus *h* y para ... 1121
18.20 yo soy tu parte...en medio de los *h* de ... 1121
18.21 dado a los *h* de Leví todos los diezmos ... 1121
18.22 y no se acercarán más los *h* de Israel ... 1121
18.23 y no poseerán heredad entre los *h* de ... 1121
18.24 dado...los diezmos de los *h* de Israel ... 1121
18.24 entre...*h* de Israel no poseerán heredad ... 1121
18.26 toméis de los *h* de Israel los diezmos ... 1121
18.28 diezmos que recibáis de los *h* de Israel ... 1121
18.32 las cosas santas de los *h* de Israel ... 1121
19.2 di a los *h* de Israel que te traigan una ... 1121
19.9 las guardará la congregación de los *h* ... 1121
19.10 estatuto perpetuo para los *h* de Israel ... 1121
20.1 llegaron los *h* de Israel...al desierto de ... 1121
20.12 para santificarme delante de los *h* de ... 1121
20.13 aguas de...contendieron los *h* de Israel ... 1121
20.19 los *h* de Israel dijeron: Por el camino ... 1121
20.22 y partiendo de Cades los *h* de Israel ... 1121
20.24 la tierra que yo di a los *h* de Israel ... 1121
20.25 toma...a Eleazar su *h*, y hazlos subir al ... 1121
20.26 viste con ellas a Eleazar su *h*, porque ... 1121
20.28 se las vistió a Eleazar su *h*; y Aarón ... 1121
21.10 después partieron los *h* de Israel, y ... 1121
21.24 y tomó su tierra...hasta los *h* de Amón ... 1121
21.24 frontera de los *h* de Amón era fuerte ... 1121
21.29 *h* en huida, y sus hijas en cautividad ... 1121
21.35 hirieron a él y a sus *h*, y a toda su ... 1121
22.1 partieron los *h* de Israel, y acamparon ... 1121
22.2 y vio Balac *h* de Zipor...lo que Israel ... 1121
22.3 se angustió Moab a causa de los *h* de ... 1121
22.4 y Balac *h* de Zipor era...rey de Moab ... 1121
22.5 envió mensajeros a Balaam *h* de Beor, en ... 1121
22.5 junto al río en la tierra de los *h* de ... 1121
22.10 y Balaam respondió a Dios: Balac *h* de ... 1121
22.16 así dice Balac, *h* de Zipor: Te ruego ... 1121
23.18 oye; escucha mis palabras, *h* de Zipor ... 1121
23.19 ni *h* de hombre para que se arrepienta ... 1121
24.3,15 dijo Balaam *h* de Beor, dijo el varón ... 1121
24.17 Moab, y destruirá a todos los *h* de Set ... 1121
25.6 varón de los *h* de Israel vino y trajo ... 1121
25.6 ojos de...toda la congregación de los *h* ... 1121
25.7,11 Finees *h* de...*h* del sacerdote Aarón ... 1121
25.8 y cesó la mortandad de los *h* de Israel ... 1121
25.11 apartar mi furor de los *h* de Israel ... 1121
25.11 yo no he consumido...a los *h* de Israel ... 1121
25.13 e hizo expiación por los *h* de Israel ... 1121
25.14 Zimri *h* de Salu, jefe de una familia ... 1121
26.1 habló...a Eleazar *h* del sacerdote Aarón ... 1121
26.2 toma el censo...de los *h* de Israel, de ... 1121
26.4 como mandó Jehová a...a los *h* de Israel ... 1121
26.5 los *h* de Rubén: de Enoc, la familia de ... 1121
26.8 los *h* de Falú: Eliab ... 1121
26.9 los *h* de Eliab: Nemuel, Datán y Abiram ... 1121
26.11 mas los *h* de Coré no murieron ... 1121
26.12 los *h* de Simeón por sus familias: de ... 1121
26.15 *h* de Gad por sus familias: de Zefón ... 1121
26.19 los *h* de Judá: Er y Onán; y Er y Onán ... 1121
26.20 fueron los *h* de Judá por sus familias ... 1121
26.21 los *h* de Fares: de Hezrón, la familia ... 1121
26.23 los *h* de Isacar por sus familias; de ... 1121
26.26 los *h* de Zabulón por sus familias: de ... 1121
26.28 los *h* de José por sus familias: Manasés ... 1121
26.29 *h* de Manasés: de Maquir, la familia de ... 1121
26.30 estos son los *h* de Galaad: de Jezer, la ... 1121
26.33 Zelofehad *h* de Hefer no tuvo *h* sino ... 1121
26.35 son los *h* de Efraín por sus familias ... 1121
26.36 y estos son los *h* de Sutela: de Erán ... 1121
26.37 son las familias de los *h* de Efraín por ... 1121
26.37 estos son...*h* de José por sus familias ... 1121
26.38 los *h* de Benjamín por sus familias: de ... 1121
26.40 y los *h* de Bela fueron Ard y Naamán ... 1121
26.41 son los *h* de Benjamín por sus familias ... 1121
26.42 son los *h* de Dan por sus familias: de ... 1121
26.44 los *h* de Aser por sus familias: de Imna ... 1121
26.45 los *h* de Bería: de Heber, la familia ... 1121
26.47 estas son...familias de los *h* de Aser ... 1121
26.48 los *h* de Neftalí, por sus familias: la ... 1121
26.51 son los contados de los *h* de Israel ... 1121
26.62 no fueron contados entre...*h* de Israel ... 1121
26.62 no...dada heredad entre los *h* de Israel ... 1121
26.63 los cuales contaron los *h* de Israel en ... 1121
26.64 quienes contaron a los *h* de Israel en ... 1121
26.65 no quedó...sino Caleb *h*...y Josué *h* de ... 1121
27.1 vinieron...hijas de Zelofehad *h* de Hefer ... 1121
27.1 *h* de Galaad, *h* de Maquir, *h* de Manasés ... 1121
27.1 de las familias de Manasés *h* de José ... 1121
27.3 en su propio pecado murió, y no tuvo *h* ... 1121
27.4 será quitado el...por no haber tenido *h*? ... 1121
27.8 alguno muriere sin *h*, traspasaréis su ... 1121
27.11 *h* de Israel esto será por estatuto de ... 1121
27.12 tierra que he dado a los *h* de Israel ... 1121
27.18 a Josué *h* de Nun, varón en el cual hay ... 1121
27.20 congregación...*h* de Israel te obedezca ... 1121
27.21 entrarán, él y todos los *h* de Israel ... 1121
28.2 a los *h* de Israel, y diles: Mi ofrenda ... 1121
29.40 dijo a los *h* de Israel conforme a todo ... 1121
30.1 a los príncipes de...de los *h* de Israel ... 1121
31.2 la venganza de los *h* de Israel contra ... 1121
31.4 mil de cada tribu...de los *h* de Israel ... 4294
31.6 y Finees *h* del sacerdote Eleazar fue a ... 1121
31.8 a Balaam *h* de Beor mataron a espada ... 1121
31.9 los *h* de Israel llevaron cautivas a las ... 1121
31.12 trajeron a...los *h* de Israel...cautivos ... 1121
31.16 *h* de Israel prevaricasen contra Jehová ... 1121
31.30 mitad perteneciente a los *h* de Israel ... 1121
31.42 de la mitad para los *h* de Israel, que ... 1121
31.47 la mitad, pues, para los *h* de Israel ... 1121
31.54 memoria de los *h* de Israel delante de ... 1121
32.1 los *h* de Rubén y los *h* de Gad tenían una ... 1121
32.2 vinieron...los *h* de Gad y los *h* de Rubén ... 1121
32.6 Moisés a los *h* de Gad y a...*h* de Rubén ... 1121
32.7 ¿por qué desanimáis a los *h* de Israel ... 1121
32.9 desalentaron a los *h* de Israel para que ... 1121
32.12 excepto Caleb *h* de...y Josué *h* de Nun ... 1121
32.17 e iremos...delante de los *h* de Israel ... 1121
32.18 no volveremos...los *h* de Israel posean ... 1121
32.25 hablaron los *h* de Gad y los *h* de Rubén ... 1121
32.28 les encomendó...a Josué *h* de Nun, y a ... 1121
32.28 y a los príncipes...de los *h* de Israel ... 1121
32.29 si los *h* de Gad y los *h* de Rubén pasan ... 1121
32.31 *h* de Gad y los *h* de Rubén respondieron ... 1121
32.33 Moisés dio a los *h* de Gad, a los *h* de ... 1121
32.33 a la media tribu de Manasés *h* de José ... 1121
32.34 los *h* de Gad edificaron Dibón, Atarot ... 1121
32.37 *h* de Rubén edificaron Hesbón, Eleale ... 1121
32.39 los *h* de Maquir *h* de Manasés fueron a ... 1121
32.40 dio Galaad a Maquir *h* de Manasés, el ... 1121
32.41 Jair *h* de Manasés...tomó sus aldeas, y ... 1121
33.1 son las jornadas de las *h* de Israel, que ... 1121
33.3 segundo día...salieron los *h* de Israel ... 1121
33.5 salieron...los *h* de Israel de Ramesés, y ... 1121
33.38 a los 40 años de la salida de los *h* de ... 1121
33.40 oyó que habían venido los *h* de Israel ... 1121
34.2 manda a los *h* de Israel y diles: Cuando ... 1121
34.13 Moisés a los *h* de Israel, diciendo ... 1121
34.14 los *h* de Rubén...los *h* de Gad según las ... 1121
34.17 repartirán la tierra...Josué *h* de Nun ... 1121
34.19 de la tribu de Judá, Caleb *h* de Jefone ... 1121

34.20 tribu de los *h* de Simeón, Semuel *h* de 1121
34.21 tribu de Benjamín, Elidad *h* de Quislón 1121
34.22 de los *h* de Dan, el príncipe Buqui *h* 1121
34.23 de los *h* de José: De la tribu de los 1121
34.23 *h* de Manasés, el príncipe Haniel *h* de 1121
34.24 tribu de los *h* de Efraín...Kemuel *h* de 1121
34.25 los *h* de Zabulón...Elizafán *h* de Parnac 1121
34.26 de los *h* de Isacar...Paltiel *h* de Azán 1121
34.27 de los *h* de Aser...Ahiud *h* de Selomi 1121
34.28 de los *h* de Neftalí, Pedael *h* de Amiud 1121
34.29 la repartición de...a los *h* de Israel 1121
35.2 los *h* de Israel que den a los levitas 1121
35.8 diereis de la heredad de...*h* de Israel 1121
35.15 serán de refugio para los *h* de Israel 1121
35.34 yo Jehová habito en medio de los *h* de 1121
36.1 los padres de la familia de Galaad *h* de 1121
36.1 Maquir, *h* de Manasés...de los *h* de José 1121
36.1 las casas paternas de los *h* de Israel 1121
36.2 sorteo diese la tierra a los *h* de Israel 1121
36.3 ellas se casaren con algunos de los *h* 1121
36.3 de las otras tribus de los *h* de Israel 1121
36.4 viniere el jubileo de los *h* de Israel 1121
36.5 mandó a los *h* de Israel por mandato de 1121
36.5 tribu de los *h* de José habla rectamente 1121
36.7 que la heredad de los *h* de Israel no sea 1121
36.7 cada uno de los *h*...ligado a la heredad 1121
36.8 tenga heredad en las tribus de los *h* de 1121
36.8 que los *h* de Israel posean cada uno la 1121
36.9 de los *h* de Israel estará ligada a su 1121
36.11 Maala...casaron con los *h* de sus tíos 1121
36.12 en la familia de las *h* de Manasés, *h* 1121
36.13 por medio de Moisés a los *h* de Israel 1121
Dt 1.3 habló a los *h* de Israel conforme a 1121
1.28 y también vimos allí a los *h* de Anac 1121
1.31 ha traído, como trae el hombre a su *h* 1121
1.36 excepto Caleb *h* de Jefone; él la verá 1121
1.36 le daré la tierra que pisó, y a sus *h* 1121
1.38 Josué *h* de Nun...entrará allá; anímale 1121
1.39 vuestros *h* que no saben hoy lo bueno ni 1121
2.4,8 de vuestros hermanos los *h* de Esaú 1121
2.9 he dado a Ar por heredad a los *h* de Lot 1121
2.10,21 pueblo grande...como los *h* de Anac 6062
2.11 gigantes eran ellos...como los *h* de Anac 6062
2.12 a los cuales echaron los *h* de Esaú; y 1121
2.19 cuando te acerques a los *h* de Amón, no 1121
2.19 no te daré...la tierra de los *h* de Amón 1121
2.19 a los *h* de Lot la he dado por heredad 1121
2.21 pueblo grande...alto, como los *h* de Anac 6062
2.22 como hizo Jehová con los *h* de Esaú que 1121
2.29 como lo hicieron conmigo los *h* de Esaú 1121
2.33 lo derrotamos a él y a sus *h*, y a todo 1121
2.37 la tierra de los *h* de Amón no llegamos 1121
3.11 su cama...¿no está en Rabá de los *h* de 1121
3.14 Jair *h* de Manasés tomó toda la tierra 1121
3.16 de Jaboc...es límite de los *h* de Amón 1121
3.18 iréis armados...delante de...*h* de Israel 1121
3.19 vuestros *h* y...quedarán en las ciudades 2945
4.9 las enseñarás a tus *h*, y a los *h* de tus *h* 1121
4.10 les haga oír...y las enseñarán a sus *h* 1121
4.25 cuando hayáis engendrado *h* y nietos, y 1121
4.40 para que te vaya bien a ti y a tus *h* 1121
4.44 la ley...puso delante de los *h* de Israel 1121
4.45 los decretos que habló Moisés a los *h* 1121
4.46 cual derrotó Moisés con los *h* de Israel 1121
5.9 visito la maldad de...padres sobre los *h* 1121
5.14 ninguna obra harás tú, ni tu *h*, ni tu 1121
5.29 y a sus *h* les fuese bien para siempre 1121
6.2 guardando...tu *h*, y el *h* de tu *h*, todos 1121
6.7 repetirás a tus *h*, y hablarás de ellas 1121
6.20 cuando te preguntare a tu *h*, diciendo 1121
6.21 dirás a tu *h*: Nosotros éramos siervos 1121
7.3 a su *h*, ni tomarás a su hija para tu *h* 1121
7.4 porque desviará a tu *h* de en pos de mí 1121
8.5 como castiga el hombre a su *h*...Jehová 1121
9.2 pueblo grande y alto, *h* de los anaceos 1121
9.2 ¿quién se sostendrá delante...*h* de Anac? 1121
10.6 salieron los *h* de Israel de...a Mosera 1121
10.6 murió...tuvo el sacerdocio su *h* Eleazar 1121
11.2 no hablo...*h* que no han sabido ni visto 1121
11.6 Datán y Abiram, *h* de Eliab *h* de Rubén 1121
11.19 las enseñaréis a vuestros *h*, hablando 1121
11.21 para que sean...los días de vuestros *h* 1121
12.12 alegraréis...vuestros *h*, vuestras hijas 1121
12.18 comerás...tú, tu *h*, tu hija, tu siervo 1121
12.25,28 para que te vaya bien a ti y a tus *h* 1121
12.31 *h* y a sus hijas quemaban en el fuego 1121
13.6 te incitare tu hermano, *h* de tu madre 1121
13.6 o tu *h*, tu hija, tu mujer o tu amigo 1121
14.1 *h* sois de Jehová vuestro Dios; no os 1121
16.11,14 y te alegrarás...tú, tu *h*, tu hija 1121
17.20 de que prolongue sus días...él y sus *h* 1121
18.5 que esté para administrar...él y sus *h* 1121
18.10 pasar a su *h* o a su hija por el fuego 1121
21.5 vendrán...sacerdotes *h* de Leví, porque 1121
21.15 le hubieren dado *h*, y el *h* primogénito 1121
21.16 en el día que hiciere heredar a sus *h* 1121
21.16 no podrá dar el derecho de...al *h* de la 1121
21.16 con preferencia al *h* de la aborrecida 1121
21.17 al *h* de la aborrecida reconocerá como 1121
21.18 tuviere un *h* contumaz y rebelde, que 1121
21.20 y dirán a...Este nuestro *h* es contumaz 1121
22.6 nido de...no tomarás la madre con los *h* 1121
23.4 porque alquilaron contra ti a Baalam *h* 1121
23.8 *h* que nacieren de ellos, en la tercera 1121
23.17 ni haya sodomita de...los *h* de Israel 1121
24.7 hurtado a uno de sus...los *h* de Israel 1121
24.16 padres no morirán por los *h*, ni los *h* 1121
25.5 no tuviere *h*, la mujer del muerto no se 1121

28.32 tus *h* y tus hijas serán entregados a 1121
28.41 *h* e...engendrarás, y no serán para ti 1121
28.53 comerás el...la carne de tus *h* y de tus 1121
28.54 y al resto de sus *h* que le quedaren 1121
28.55 no dar a alguno...de la carne de sus *h* 1121
28.56 mirará con malos ojos al...a su *h*...hija 1121
28.57 a sus *h* que diere a luz...los comerá 1121
29.1 que celebrase con los *h* de Israel en la 1121
29.22 vuestros *h* que se levanten después de 1121
29.29 mas las reveladas son...para nuestros *h* 1121
30.2 obedecieres a su voz...tú y tus *h*, con 1121
31.9 la dio a los sacerdotes *h* de Leví, que 1121
31.13 y los *h* de ellos...oigan, y aprendan a 1121
31.19 cántico, y enséñalo a los *h* de Israel 1121
31.19 sea por testigo contra los *h* de Israel 1121
31.22 Moisés...lo enseñó a los *h* de Israel 1121
31.23 y dio orden a Josué *h* de Nun, y dijo 1121
31.23 tú introducirás a los *h* de Israel en 1121
32.5 la corrupción no es suya: de sus *h* es 1121
32.8 hizo dividir a los *h* de los hombres 1121
32.8 los límites...según el número de los *h* 1121
32.19 el menosprecio de su *h* y de sus hijas 1121
32.20 una generación perversa, *h* infieles 1121
32.44 vino Moisés y recitó...Josué *h* de Nun 1121
32.46 para que las mandéis a vuestros *h*, a 1121
32.49 yo doy por heredad a los *h* de Israel 1121
32.51 pecasteis...en medio de los *h* de Israel 1121
32.51 no me santificasteis en medio de los *h* 1121
32.52 a la tierra que doy a los *h* de Israel 1121
33.1 bendijo Moisés varón...a los *h* de Israel 1121
33.9 no reconoció a sus...ni a sus *h* conoció 1121
33.24 bendito sobre los *h* sea Aser: sea el 1121
34.8 lloraron los *h* de Israel a Moisés en 1121
34.9 Josué *h* de Nun fue lleno del espíritu 1121
34.9 *h* de Israel le obedecieron, e hicieron 1121
Jos 1.1 que Jehová habló a Josué *h* de Nun 1121
1.2 tierra que yo les doy a los *h* de Israel 1121
2.1 Josué *h* de Nun envió desde Sitim...espías 1121
2.2 hombres de los *h* de Israel han venido 1121
2.23 los dos hombres...vinieron a Josué *h* de 1121
3.1 él y todos los *h* de Israel partieron de 1121
3.9 Josué dijo a los *h* de Israel: Acercaos 1121
4.4 doce hombres...de entre los *h* de Israel 1121
4.5,8 conforme...tribus de los *h* de Israel 1121
4.6 para que...cuando vuestros *h* preguntaren 1121
4.7 piedras servirán de...a los *h* de Israel 1121
4.8 *h* de Israel lo hicieron así como Josué 1121
4.12 también los *h* de Rubén y los *h* de Gad 1121
4.12 Pasaron armados delante de los *h* de 1121
4.21 y habló a los *h* de Israel, diciendo 1121
4.21 preguntaren vuestros *h* a sus padres 1121
4.22 declararéis a vuestros *h*...Israel pasó 1121
5.1 secado...aguas del Jordán delante de los *h* 1121
5.1 no...aliento en ellos delante de los *h* de 1121
5.2 vuelve a circuncidar...a los *h* de Israel 1121
5.3 Josué...circuncidó a los *h* de Israel en 1121
5.6 *h* de Israel anduvieron por el desierto 1121
5.7 a los *h* de ellos...Josué los circuncidó 1121
5.10 y los *h* de Israel acamparon en Gilgal 1121
5.12 los *h* de Israel nunca más tuvieron maná 1121
6.1 bien cerrada, a causa de los *h* de Israel 1121
6.6 llamando, pues, Josué *h*...los sacerdotes 1121
6.26 y sobre su *h* menor asiente sus puertas 1121
7.1 *h* de Israel cometieron una prevaricación 1121
7.1,18 Acán *h* de Carmi, *h* de Zabdi, *h* de 1121
7.1 ira de Jehová se encendió contra los *h* 1121
7.12 *h* de Israel no podrán hacer frente a 1121
7.19 *h* mío, da gloria a Jehová el Dios de 1121
7.23 lo trajeron a Josué y a...los *h* de Israel 1121
7.24 tomaron a Acán *h* de Zera...sus *h*, sus 1121
8.31 Moisés...había mandado a...*h* de Israel 1121
8.32 cual escribió delante de los *h* de Israel 1121
9.17 salieron los *h* de Israel, y al tercer 1121
9.18 y no los mataron los *h* de Israel, por 1121
9.26 los libró de la mano de los *h* de Israel 1121
10.4 Gabaón...ha hecho paz con...*h* de Israel 1121
10.11 que los *h* de Israel mataron a espada 1121
10.12 entregó al amorreo delante de los *h* de 1121
10.20 los *h* de Israel acabaron de herirlos 1121
10.21 moviese su lengua contra...*h* de Israel 1121
11.14 los *h* de Israel tomaron...todo el botín 1121
11.19 hiciese paz con los *h* de Israel, salvo 1121
11.22 quedó en la tierra de los *h* de Israel 1121
12.1 reyes...que los *h* de Israel derrotaron 1121
12.2 del arroyo de Jaboc, término de los *h* de 1121
12.6 derrotaron Moisés...y los *h* de Israel 1121
12.7 que derrotaron Josué y los *h* de Israel 1121
13.6 yo los exterminaré delante de los *h* de 1121
13.10 hasta los límites de los *h* de Amón 1121
13.13 a los maacateos no los echaron los *h* 1121
13.15 Moisés a la tribu de los *h* de Rubén 1121
13.22 mataron...los *h* de Israel a Balaam el 1121
13.22 a Balaam el adivino, *h* de Beor, entre 1121
13.23 el límite del territorio de los *h* de 1121
13.23 esta fue la heredad de los *h* de Rubén 1121
13.24 dio...Moisés a los *h* de Gad, conforme a 1121
13.25 la mitad de la tierra de los *h* de Amón 1121
13.28 esta es la heredad de los *h* de Gad por 1121
13.29 heredad a...tribu de los *h* de Manasés 1121
13.31 ciudades...para los *h* de Maquir *h* de 1121
13.31 la mitad de los *h* de Maquir conforme a 1121
14.1 lo de los *h* de Israel tomaron por heredad en 1121
14.1 repartieron...Eleazar, Josué *h* de Nun, y 1121
14.1 cabezas de las tribus de los *h* de Israel 1121
14.4 los *h* de José fueron dos tribus, Manasés 1121
14.5 así lo hicieron los *h* de Israel en el 1121
14.6 los *h* de Judá vinieron a Josué en Gilgal 1121
14.6 y Caleb, *h* de Jefone cenezeo, le dijo 1121

14.9 será para ti, y para tus *h* en herencia 1121
14.13 dio a Caleb *h* de Jefone a Hebrón por 1121
14.14 Hebrón vino a ser heredad de Caleb *h* 1121
15.1 que tocó...a la tribu de los *h* de Judá 1121
15.6 sube a la piedra de Bohán *h* de Rubén 1121
15.8 y sube...por el valle del *h* de Hinom al 1121
15.12 este fue el límite de los *h* de Judá 1121
15.13 mas a Caleb *h* de Jefone dio su parte 1121
15.13 parte entre los *h* de Judá, conforme al 1121
15.14 y Caleb echó de allí a los tres *h* de 1121
15.14 a Sesai, Ahimán y Talmai, *h* de Anac 1121
15.17 y la tomó Otoniel, *h* de Cenez hermano 1121
15.20 heredad de la tribu de los *h* de Judá 1121
15.21 fueron las ciudades...de los *h* de Judá 1121
15.63 los *h* de Judá no pudieron arrojarlos 1121
15.63 ha quedado...con los *h* de Judá hasta hoy 1121
16.1 tocó en suerte a los *h* de José desde el 1121
16.4 recibieron...su heredad los *h* de José 1121
16.5 cuanto al territorio de los *h* de Efraín 1121
16.8 esta es la heredad de...los *h* de Efraín 1121
16.9 hubo...ciudades...para los *h* de Efraín en 1121
16.9 medio de la heredad de los *h* de Manasés 1121
17.2 para los otros *h* de Manasés conforme a 1121
17.2 los *h* de Abiezer, los *h* de Helec, los 1121
17.2 los *h* de Asriel, los *h* de Siquem, los 1121
17.2 los *h* de Hefer y los *h* de Semida; éstos 1121
17.2 éstos fueron los *h* varones de Manasés *h* 1121
17.3 pero Zelofehad *h* de Hefer, *h* de Galaad 1121
17.3 *h* de Maquir, *h* de Manasés, no tuvo *h* 1121
17.4 vinieron delante de...de Josué *h* de Nun 1121
17.6 hijas de...tuvieron heredad entre sus *h* 1121
17.6 de Galaad fue de los otros *h* de Manasés 1121
17.8 pero Tapúa misma...es de los *h* de Efraín 1121
17.12 los *h* de Manasés no pudieron arrojar 1121
17.13 los *h* de Israel...hicieron tributario 1121
17.14 *h* de José hablaron a Josué, diciendo 1121
17.16 los *h* de José dijeron: No nos bastará 1121
18.1 la congregación de los *h* de Israel se 1121
18.2 pero habían quedado de los *h* de Israel 1121
18.3 Josué dijo a los *h* de Israel: ¿Hasta 1121
18.11 se sacó la suerte...de los *h* de Benjamín 1121
18.11 entre los *h* de Judá y los *h* de José 1121
18.14 ciudad de los *h* de Judá. Este es el 1121
18.16 está delante del valle del *h* de Hinom 1121
18.17 y desciende a la piedra de Bohán *h* de 1121
18.20,28 es la heredad de los *h* de Benjamín 1121
18.21 las ciudades de...de los *h* de Benjamín 1121
19.1 la tribu de los *h* de Simeón conforme a 1121
19.1 heredad fue en medio...de los *h* de Judá 1121
19.8 esta es la heredad...de los *h* de Simeón 1121
19.9 de la suerte de...*h* de Judá fue sacada 1121
19.9 fue sacada la heredad de los *h* de Simeón 1121
19.9 la parte de los *h* de Judá era excesiva 1121
19.9 los *h* de Simeón tuvieron su heredad en 1121
19.10 tercera suerte tocó a los *h* de Zabulón 1121
19.16 esta es la heredad de los *h* Zabulón 1121
19.17 la cuarta suerte...a los *h* de Isacar 1121
19.23 esta es la heredad...de los *h* de Isacar 1121
19.24 quinta suerte...tribu de los *h* de Aser 1121
19.31 esta es la heredad...de los *h* de Aser 1121
19.32 la sexta suerte...a los *h* de Neftalí 1121
19.39 esta es la heredad...los *h* de Neftalí 1121
19.40 suerte correspondió a...los *h* de Dan 1121
19.47 les faltó territorio a los *h* de Dan 1121
19.47 subieron los *h* de Dan y combatieron a 1121
19.48 esta es la heredad de...de los *h* de Dan 1121
19.49 dieron los *h* de Israel heredad a Josué 1121
19.49 heredad a Josué *h* de Nun en medio de 1121
19.51 las heredades que...Josué *h*...entregaron 1121
19.51 por suerte...en posesión...*h* de Israel 1121
20.2 a los *h* de Israel, y diles: Señalaos 1121
20.9 señaladas para todos los *h* de Israel 1121
21.1 los levitas vinieron...a Josué *h* de Nun 1121
21.1 cabezas de...tribus de los *h* de Israel 1121
21.3 los *h* de Israel dieron...a los levitas 1121
21.4 los *h* de Aarón...obtuvieron por suerte 1121
21.5 y los otros *h* de Coat...diez ciudades de 1121
21.6 los *h* de Gersón obtuvieron...13 ciudades 1121
21.7 *h* de Merari...obtuvieron de la tribu de 1121
21.8 dieron...los *h* de Israel a los levitas 1121
21.9 de los *h* de Judá, y de...los *h* de Simeón 1121
21.10 obtuvieron los *h* de Aarón...*h* de Leví 1121
21.12 el campo...dieron a Caleb *h* de Jefone 1121
21.13 y a los *h* del sacerdote Aarón dieron 1121
21.19 ciudades de los...*h* de Aarón son trece 1121
21.20 los *h* de Coat...recibieron por suerte 1121
21.20 mas...los que quedaban de los *h* de Coat 1121
21.26 ciudades para...*h* de Coat fueron diez 1121
21.27 a los *h* de Gersón...de la media tribu 1121
21.34 y a las familias de los *h* de Merari 1121
21.40 todas las ciudades de los *h* de Merari 1121
21.41 en medio de la posesión de los *h* de 1121
22.9 así los *h* de Rubén y los *h* de Gad y la 1121
22.9 separándose de los *h* de Israel, desde 1121
22.10,11,13,15,30,31,32,34 los *h* de Rubén
y los *h* de Gad 1121
22.11 los *h* de Israel oyeron decir que los 1121
22.11 un altar...del lado de los *h* de Israel 1121
22.12 cuando oyeron esto los *h* de Israel, se 1121
22.12 se juntó...de los *h* de Israel en Silo 1121
22.13 enviaron los *h* de Israel a...de Rubén 1121
22.13 a Finees *h* del sacerdote Eleazar 1121
22.20 cometió Acán *h* de Zera prevaricación 1121
22.21 *h* de Rubén y...*h* de Gad...respondieron 1121
22.24 vuestros *h* digan a nuestros *h*: ¿Qué 1121
22.25 oh *h* de Rubén e *h* de Gad; no tenéis 1121
22.25 así vuestros *h* harían que nuestros *h* 1121
22.27 y no digan...vuestros *h* a los nuestros 1121

H

22.30 palabras que hablaron los *h* de Rubén y 1121
22.31 dijo Finees *h* del sacerdote Eleazar a 1121
22.31 y dijo... a los *h* de Manasés: Hoy hemos 1121
22.31 habéis librado a los *h* de Israel de la 1121
22.32 Finees *h* del sacerdote Eleazar, y los 1121
22.32 regresaron... a los *h* de Israel, a los 1121
22.33 asunto pareció bien a los *h* de Israel 1121
22.33 bendijeron a Dios los *h* de Israel, y no 1121
22.33 habitaban los *h* de Rubén y... *h* de Gad 1121
24.4 pero Jacob y sus *h* descendieron a Egipto 1121
24.9 después se levantó Balac *h* de Zipor, rey 1121
24.9 envió a llamar a Balaam *h* de Beor, para 1121
24.29 después de estas cosas murió Josué *h* 1121
24.32 los huesos... *h* de Israel habían traído 1121
24.32 Jacob compró de los *h* de Hamor padre 1121
24.32 campo... fue posesión de los *h* de José 1121
24.33 también murió Eleazar *h* de Aarón, y lo 1121
24.33 en el collado de Finees su *h*, que le 1121
Jue 1.1 los *h* de Israel consultaron a Jehová 1121
1.8 combatieron los *h* de Judá a Jerusalén 1121
1.9 los *h* de Judá descendieron para pelear 1121
1.13 tomó Otoniel *h* de Cenaz, hermano menor 1121
1.16 los *h* del ceneo... con los *h* de Judá al 1121
1.20 él arrojó de allí a los tres *h* de Anac 1121
1.21 no los arrojaron los *h* de Benjamín, y 1121
1.21 el jebuseo habitó con los *h* de Benjamín 1121
1.34 amorreos acosaron a los *h* de Dan hasta 1121
2.4 estas palabras a todos los *h* de Israel 1121
2.6 *h* de Israel se habían ido... a su heredad 1121
2.8 pero murió Josué *h* de Nun... de 110 años 1121
2.11 los *h* de Israel hicieron lo malo ante 1121
3.2 el linaje de los *h* de Israel conociese la 1121
3.5 así los *h* de Israel habitaban entre los 1121
3.6 por mujeres, y dieron sus hijas a los *h* 1121
3.7 hicieron, pues, los *h* de Israel lo malo 1121
3.8 sirvieron los *h* de Israel a... ocho años 1121
3.9,15 clamaron los *h* de Israel a Jehová 1121
3.9 levantó un libertador a los *h* de Israel 1121
3.9 a Otoniel *h* de Cenaz, hermano menor de 1121
3.11 reposó la... y murió Otoniel *h* de Cenaz 1121
3.12 volvieron los *h* de Israel a hacer lo malo 1121
3.13 consigo a los *h* de Amón y de Amalec 1121
3.14 sirvieron los *h* de Israel a Eglón rey 1121
3.15 Jehová les levantó un... a Aod *h* de Gera 1121
3.15 *h* de Israel enviaron... presente a Eglón 1121
3.27 y los *h* de Israel descendieron con él 1121
3.31 después de él fue Samgar *h* de Anat, el 1121
4.1 *h* de Israel volvieron a hacer lo malo 1121
4.3 los *h* de Israel clamaron a Jehová, porque 1121
4.3 había oprimido... *h* de Israel por 20 años 1121
4.5 los *h* de Israel subían a ella a juicio 1121
4.6 envió a llamar a Barac *h* de Abinoam, de 1121
4.11 Heber ceneo, de los *h* de Hobab suegro 1121
4.12 que Barac, *h* de Abinoam había subido al 1121
4.23 así abatió... delante de los *h* de Israel 1121
4.24 la mano de los *h* de... fue endureciéndose 1121
5.1 día cantó Débora con Barac *h* de Abinoam 1121
5.6 en los días de Samgar *h* de Anat, en los 1121
5.12 y lleva tus cautivos, *h* de Abinoam 1121
6.1 los *h* de Israel hicieron lo mato ante los 1121
6.2 los *h* de Israel... se hicieron cuevas en 1121
6.3 subían... los *h* del oriente contra ellos 1121
6.6,7 los *h* de Israel clamaron a Jehová 1121
6.8 envió a los *h* de Israel un varón profeta 1121
6.11 su *h* Gedeón estaba sacudiendo el trigo 1121
6.29 dijeron: Gedeón *h* de Joás lo ha hecho 1121
6.30 saca a tu *h* para que muera, porque ha 1121
7.12 los *h* del oriente estaban tendidos en 1121
7.14 la espada de Gedeón *h* de Joás, varón de 1121
8.10 todo el ejército de los *h* del oriente 1121
8.13 Gedeón *h* de Joás volvió de la batalla 1121
8.18 eran ellos; cada uno parecía *h* de rey 1121
8.19 dijo: Mis hermanos eran, *h* de mi madre 1121
8.22 sé nuestro señor, tú, y tu *h*, y tu nieto 1121
8.23 ni mi *h* os señoreará: Jehová señoreará 1121
8.28 subyugado Madián delante... *h* de Israel 1121
8.29 Jerobaal *h* de Joás fue y habitó en su 1121
8.30 tuvo Gedeón 70 *h* que constituyeron su 1121
8.31 su concubina... en Siquem le dio un *h*, y 1121
8.32 murió Gedeón *h* de Joás en buena vejez 1121
8.33 que cuando murió Gedeón, los *h* de Israel 1121
8.34 no se acordaron los *h* de Israel... Dios 1121
9.1 Abimelec *h* de Jerobaal fue a Siquem, a 1121
9.2 os gobiernen 70... todos los *h* de Jerobaal 1121
9.5 mató a sus hermanos los *h* de Jerobaal 1121
9.5 quedó Jotam el *h* menor de Jerobaal, que 1121
9.18 habéis matado a sus *h*, setenta varones 1121
9.18 puesto por rey... Abimelec *h* de su criada 1121
9.24 violencia hecha a los 70 *h* de Jerobaal 1121
9.26 Gaal *h* de Ebed vino con sus hermanos y 1121
9.28 y Gaal *h* de... dijo: ¿Quién es Abimelec 1121
9.28 ¿no es *h* de Jerobaal, y no es Zebul 1121
9.30 Zebul... oyó las palabras de Gaal *h* de 1121
9.31 Gaal *h* de Ebed y... hermanos han venido 1121
9.35 Gaal *h* de Ebed salió, y se puso a la 1121
9.57 vino... maldición de Jotam *h* de Jerobaal 1121
10.1 se levantó... Tola *h* de Fúa, *h* de Dodo 1121
10.4 tuvo treinta *h*, que cabalgaban sobre 30 1121
10.6 *h* de Israel volvieron a hacer lo malo 1121
10.6 a los dioses de los *h* de Amón y a los 1121
10.7 los entregó... en mano de los *h* de Amón 121
10.8 y quebrantaron a los *h* de Israel en 1121
10.8 los *h* de Israel que estaban al otro lado 1121
10.9 *h* de Amón pasaron el Jordán para hacer 1121
10.10 los *h* de Israel clamaron a Jehová 1121
10.11 y Jehová respondió a los *h* de Israel 1121
10.15 los *h* de Israel respondieron a Jehová 1121
10.17 se juntaron los *h* de Amón... *h* de Israel 1121
10.18 comenzará la batalla contra los *h* de 1121
11.1 Jefté... era *h* de una mujer ramera, y el 121
11.2 pero la mujer de Galaad le dio *h*, los 1121
11.2 no heredarás en la... eres *h* de otra mujer 1121
11.4,5 los *h* de Amón hicieron guerra contra 1121
11.6 para que peleemos contra los *h* de Amón 1121
11.8 vengas... y pelees contra los *h* de Amón 1121
11.9 si... para que pelee contra los *h* de Amón 1121
11.15 no tomó... ni tierra de los *h* de Amón 1121
11.25 ¿eres tú... mejor... que Balac *h* de Zipor 1121
11.27 entre los *h* de Israel y los *h* de Amón 1121
11.28 el rey de los *h* de Amón no atendió a 1121
11.29 y de Mizpa de Galaad pasó a los *h* de 1121
11.32 y fue Jefté hacia los *h* de Amón para 1121
11.33 fueron sometidos... por los *h* de Israel 1121
11.34 hija única; no tenía fuera de ella *h* 1121
11.36 ha hecho venganza en... los *h* de Amón 1121
12.1 fuiste a hacer guerra contra los *h* de 1121
12.2 teníamos... contienda con los *h* de Amón 1121
12.3 arriesgué... y pasé contra los *h* de Amón 1121
12.9 el cual tuvo treinta *h* y treinta hijas 1121
12.9 tomó de fuera treinta hijas para sus *h* 1121
12.13 después de él juzgó a Israel Abdón *h* 1121
12.14 éste tuvo cuarenta *h* y treinta nietos 1121
12.15 murió Abdón *h* de Hilel... fue sepultado 1121
13.1 *h* de Israel volvieron a hacer lo malo 1121
13.2 su mujer era... y nunca había tenido *h* 3205
13.3 nunca has tenido *h*... y darás a luz un *h* 3205
13.5 y darás a luz un *h*; y navaja no pasará 1121
13.7 que tú concebirás, y darás a luz un *h* 1121
13.24 dio a luz un *h*, y le puso por nombre 1121
14.16 que propusiste a los *h* de mi pueblo 1121
14.17 ella lo declaró a los *h* de su pueblo 1121
17.2 madre dijo: Bendito seas de Jehová, *h* 1121
17.3 he dedicado el dinero a Jehová por mi *h* 1121
17.5 Micaía... consagró a uno de sus *h* para que ... 1121
17.11 el levita... para él como uno de sus *h* 1121
18.2 *h* de Dan enviaron... cinco hombres de 1121
18.16 y los 600... que eran de los *h* de Dan 1121
18.22 se juntaron y siguieron a los *h* de Dan 1121
18.25 los *h* de Dan le dijeron: No des voces 1121
18.26 y prosiguieron los *h* de Dan su camino 1121
18.29 al nombre de Dan su padre, *h* de Israel 3205
18.30 los *h* de Dan levantaron... la imagen de 1121
18.30 Jonatán *h* de Gersón, *h* de Moisés, él y 1121
18.30 y sus *h* fueron sacerdotes en la tribu 1121
19.12 ciudad... que no sea de los *h* de Israel 1121
19.16 los moradores de... eran *h* de Benjamín 1121
19.30 tiempo en que los *h* de Israel subieron 1121
20.1 salieron todos los *h* de Israel, y se 1121
20.3 los *h* de Benjamín oyeron que los *h* de 1121
20.3 dijeron los *h* de Israel: Decid cómo fue 1121
20.7 *h* de Israel; dad aquí vuestro parecer 1121
20.13 no quisieron oír la voz de... *h* de Israel 1121
20.14 salir a pelear contra los *h* de Israel 1121
20.18 luego se levantaron los *h* de Israel, y 1121
20.18 en la guerra contra los *h* de Benjamín? 1121
20.19 se levantaron, pues, los *h* de Israel 1121
20.20 y salieron los *h* de Israel a combatir
20.21 *h* de Benjamín, derribaron por tierra 1121
20.21 aquel día 22.000... de los *h* de Israel
20.23 *h* de Israel subieron y lloraron delante 1121
20.23 ¿volveremos a pelear con los *h* de 1121
20.24 *h* de Israel contra los *h* de Benjamín 1121
20.25 derribaron... otros 18.000... *h* de Israel 1121
20.26 *h* de Israel... vinieron a la casa de Dios 1121
20.27 los *h* de Israel preguntaron a Jehová 1121
20.28 Finees *h* de Eleazar, *h* de... ministraba 1121
20.28 aún a salir contra los *h* de Benjamín 1121
20.30 subiendo entonces... *h* de Israel contra 1121
20.30 contra los *h* de Benjamín el tercer día 1121
20.31 salieron... *h* de Benjamín al encuentro 1121
20.32 los *h* de Benjamín decían: Vencidos son 1121
20.32 los *h* de Israel decían: Huiremos, y los 1121
20.35 mataron los *h* de Israel... día a 25.100 1121
20.36 y vieron los *h* de Benjamín que eran 1121
20.36 y los *h* de Israel cedieron campo a los 376
20.48 volvieron sobre los *h* de Benjamín, y 1121
21.5 y dijeron los *h* de Israel: ¿Quién de 1121
21.6 *h* de Israel se arrepintieron a causa de 1121
21.13 envió... hablar a los *h* de Benjamín que 1121
21.18 los *h* de Israel han jurado diciendo 1121
21.20 a los *h* de Benjamín, diciendo: Id, y 1121
21.23 los *h* de Benjamín lo hicieron así 1121
21.24 los *h* de Israel se fueron también de 1121
Rt 1.1 fue a morar en... Moab... y dos *h* suyos 1121
1.2 nombres de sus *h* eran Mahlón y Quelión 1121
1.3 y murió... y se quedó ella con sus dos *h* 1121
1.5 quedando así... desamparada de sus dos *h* 3206
1.11 volveos... ¿Tengo yo más *h* en el vientre 1121
1.12 estuviere con marido, y... diese a luz *h* 1121
4.13 Jehová le dio que... y diese a luz un *h* 1121
4.15 es de más valor para ti que siete *h* 1121
4.16 tomando... el *h*, lo puso en su regazo, y 3206
4.17 ha nacido un *h* a Noemí... llamaron Obed 1121
1 S 1.1 que se llamaba Elcana *h* de Jeroham 1121
1.1 *h* de Eliú, *h* de Tohu, *h* de Zif, efrateo 1121
1.2 y Penina tenía *h*, mas Ana no los tenía 3206
1.3 Silo, donde... dos *h* de Elí, Ofni y Finees 1121
1.4 daba a... a todos sus *h* y a todas sus hijas 1121
1.5,6 Jehová no le había concedido tener *h*
1.8 dijo... ¿No te soy yo mejor que diez *h*? 1121
1.11 que dieres a tu sierva un *h* varón, yo 2233
1.20 Ana dio a luz un *h*, y le puso... Samuel 1121
1.23 y crió a su *h* hasta que lo destetó 1121
2.5 y la que tenía muchos *h* languidece 1121
2.12 los *h* de Elí eran hombres impíos, y no 1121
2.20 Jehová te dé *h* de esta mujer en lugar 2233
2.21 Ana... concibió, y dio a luz tres *h* y dos 1121
2.22 lo que sus *h* hacían con todo Israel 1121
2.24 no, *h*... no es buena fama la que yo oigo 1121
2.28 todas las ofrendas de los *h* de Israel 1121
2.29 y has honrado a tus *h* más que a mí 1121
2.34 a tus dos *h*... ambos morirán en un día 1121
3.6 dijo: *H* mío, yo no he llamado; vuelve y 1121
3.13 porque sus *h* han blasfemado a Dios, y 1121
3.16 *h* mío, Samuel. Y él respondió: Heme aquí 1121
4.4 dos *h* de Elí... estaban allí con el arca 1121
4.11 el arca de... y muertos los dos *h* de Elí 1121
4.16 Elí dijo: ¿Qué ha acontecido, *h* mío? 1121
4.17 tus dos *h*... fueron muertos, y el arca de 1121
4.20 no... temor, porque has dado a luz un *h* 1121
7.1 el arca... y santificaron a Eleazar su *h* 1121
7.4 los *h* de Israel quitaron a los baales 1121
7.6 juzgó Samuel a los *h* de Israel en Mizpa 1121
7.7 oyeron los filisteos que los *h* de Israel 1121
7.7 al oír esto los *h* de Israel, tuvieron 1121
7.8 dijeron los *h* de Israel a... No ceses de 1121
7.10 filisteos llegaron para pelear con los *h*
7.11 y saliendo los *h* de Israel de Mizpa 376
7.14 fueron restituidas a los *h* de Israel
8.1 Samuel... puso a sus *h* por jueces sobre 1121
8.2 el nombre de su *h* primogénito fue Joel 1121
8.3 no anduvieron los *h* por los caminos de 1121
8.5 dijeron... tus *h* no andan en tus caminos 1121
8.11 tomará... *h*, y los pondrá en sus carros 1121
9.1 se llamaba Cis, *h* de Abiel, *h* de Zeror 1121
9.1 *h* de Becorat, *h* de Afía, *h*... benjamita 1121
9.2 tenía él un *h* que se llamaba Saúl, joven 1121
9.2 entre los *h* de Israel no había otro más 1121
9.3 dijo Cis a Saúl su *h*: Toma ahora alguno 1121
9.21 Saúl... dijo: ¿No soy yo *h* de Benjamín 1121
10.2 diciendo: ¿Qué haré acerca de mi *h*? 1121
10.11 ¿qué le ha sucedido al *h* de Cis? ¿Saúl 1121
10.18 dijo a los *h* de Israel: Así ha dicho 1121
10.21 de ella fue tomado Saúl *h* de Cis. Y le 1121
11.8 fueron los *h* de Israel trescientos mil 1121
12.2 pero mis *h* están con vosotros, y yo he 1121
12.12 que Nahas rey de los *h* de Amón venía 1121
13.16 Saúl... y Jonatán su *h*, y el pueblo que 1121
13.22 Saúl y Jonatán su *h*, que las tenían 1121
14.1 que Jonatán *h* de Saúl dijo a su criado 1121
14.3 Ahías *h* de Ahitob... *h* de Finees, *h* de Elí 1121
14.18 el arca... estaba... con los *h* de Israel 1121
14.39 aunque fuere en Jonatán mi *h*... morirá 1121
14.40 y yo y Jonatán mi *h* estaremos al otro 1121
14.42 dijo: Echad suertes entre mí y... mi *h* 1121
14.47 Saúl hizo guerra... contra los *h* de Amón 1121
14.49 los *h* de Saúl fueron Jonatán, Isúi y 1121
14.50 general... Abner, *h* de Ner tío de Saúl 1121
14.51 porque Cis... y Ner... fueron *h* de Abiel 1121
15.6 misericordia a todos los *h* de Israel 1121
15.6 se apartaron... de entre los *h* de Amalec 6003
15.33 las mujeres sin *h*... tu madre será sin *h* 7921
16.1 porque de sus *h* me he provisto de rey 1121
16.5 santificando él a Isaí y a sus *h*, los llamó 1121
16.10 hizo pasar Isaí siete *h* suyos delante 1121
16.11 dijo Samuel... ¿Son éstos todos tus *h*? 5288
16.18 he visto a un *h* de Isaí de Belén, que 1121
16.19 envíame a David tu *h*, el que está con 1121
16.20 envió a Saúl por medio de David su *h* 1121
17.12 era *h* de... Isaí, el cual tenía ocho *h* 1121
17.13 los tres *h* mayores de Isaí habían ido 1121
17.13 sus tres *h* que habían ido a la guerra 1121
17.17 y dijo Isaí a David su *h*: Toma ahora 1121
17.53 volvieron los *h* de Israel de seguir tras 1121
17.55 dijo... Abner, ¿de quién es *h* ese joven? 1121
17.56 dijo: Pregunta de quién es *h* ese joven 1121
17.58 dijo Saúl: Muchacho, ¿de quién eres *h*? 1121
17.58 respondió: Yo soy *h* de tu siervo Isaí 1121
19.1 habló Saúl a Jonatán su *h*, y a todos 1121
19.1 pero Jonatán *h* de Saúl amaba a David en 1121
20.27 Saúl dijo a Jonatán su *h*: ¿Por qué no 1121
20.27 no ha venido a comer el *h* de Isaí hoy 1121
20.30 *h* de la perversa y rebelde, ¿acaso no 1121
20.30 sé yo que tú has elegido al *h* de Isaí 1121
20.31 todo el tiempo que el *h* de Isaí viviere 1121
22.7 *h* de Benjamín: ¿Os dará... el *h* de Isaí 1121
22.8 mi *h* ha hecho alianza con el *h* de Isaí 1121
22.8 mi *h* ha levantado a mi siervo contra mí 1121
22.9 dijo: Yo vi al *h* de Isaí que vino a Nob 1121
22.9 que vino a Nob, a Ahimelec *h* de Ahitob 1121
22.11 el rey envió por... Ahimelec *h* de Ahitob 1121
22.12 Saúl le dijo: Oye ahora, *h* de Ahitob 1121
22.13 habéis conspirado... tú y el *h* de Isaí 1121
22.20 uno de los *h* de Ahimelec *h* de Ahitob 1121
23.6 que cuando Abiatar *h* de Ahimelec huyó 1121
23.16 se levantó Jonatán *h* de Saúl y vino a 1121
24.16 ¿no es esta la voz tuya, *h* mío David 1121
25.8 que des lo que tuvieres... a tu *h* David 1121
25.10 Nabal... dijo: ¿Quién es... el *h* de Isaí? 1121
25.44 había dado a su hija Mical... a Palti *h* 1121
26.5 donde dormían Saúl y Abner *h* de Ner 1121
26.6 David dijo a... y a Abisai *h* de Sarvia 1121
26.14 dio voces David al... y a Abner *h* de Ner 1121
26.17 dijo: ¿No es esta tu voz, *h* mío, David? 1121
26.19 si fueren *h* de hombres, malditos sean 1121
26.21 he pecado; vuélvete, *h* mío David, que 1121
26.25 dijo a David: Bendito eres tú, *h* mío 1121
27.2 se pasó a Aquis *h* de Maoc, rey de Gat 1121
28.19 mañana estaréis conmigo, tú y tus *h* 1121
30.3 y sus *h* e hijas habían sido llevados 1121
30.6 en amargura de alma, cada uno por sus *h* 1121
30.7 dijo David al sacerdote Abiatar *h* de 1121
30.19 así de *h* como de hijas, del robo, y 1121
30.22 daremos... a cada uno su mujer y sus *h* 1121

31.2 siguiendo...filisteos a Saúl y a sus *h* 1121
31.2 mataron a Jonatán...y a Malquisúa, *h* de 1121
31.6 murió...con sus tres *h*, y su escudero 1121
31.7 que Saúl y sus *h* habían sido muertos 1121
31.8 hallaron a Saúl y a sus tres *h* tendidos 1121
31.12 quitaron el cuerpo de Saúl y...de sus *h* 1121
2 S 1.4 también Saúl y Jonatán su *h* murieron 1121
1.5 ¿cómo sabes que han muerto Saúl y su *h*? 1121
1.12 ayunaron...por Saúl y por Jonatán su *h* 1121
1.13 yo soy *h* de un extranjero, amalecita 1121
1.17 endechó David a Saúl y a Jonatán su *h* 1121
1.18 dijo que debía enseñarse a los *h* de Judá 1121
2.8 pero Abner *h* de Ner...tomó a Is-boset *h* de 1121
2.10 de cuarenta años era Is-boset *h* de Saúl 1121
2.12 Abner *h* de Ner salió de Mahanaim a 1121
2.12 con los siervos de Is-boset *h* de Saúl 1121
2.13 Joab *h* de Sarvia y los siervos de David 1121
2.15 doce...de Is-boset *h* de Saúl, y doce de 1121
2.18 estaban allí los tres *h* de Sarvia: Joab 1121
2.25 se juntaron los *h* de Benjamín en pos de 1121
3.2 nacieron *h* a David...su primogénito fue 1121
3.3 Absalón *h* de Maaca, hija de Talmai rey 1121
3.4 cuarto, Adonías *h* de Haguit; el quinto 1121
3.4 Adonías...el quinto, Sefatías *h* de Abital 1121
3.14 envió David mensajeros a Is-boset *h* de 1121
3.15 la quitó a su marido Paltiel *h* de Lais 1121
3.23 Abner *h* de Ner ha venido al rey, y él 1121
3.25 conoces a Abner *h* de Ner. No ha venido 1121
3.28 inocente soy...de la sangre de Abner *h* 1121
3.37 no...del rey el matar a Abner *h* de Ner 1121
3.39 los *h* de Sarvia son muy duros para mí 1121
4.1 oyó el *h* de Saúl que Abner había sido 1121
4.2 y el *h* de Saúl tenía dos...capitanes de 1121
4.2 Baana, y...Recab, *h* de Rimón beerotita 1121
4.2 de los *h* de Benjamín (porque Beerot era 1121
4.4 Jonatán *h* de Saúl tenía un *h* lisiado de 1121
4.5 los *h*, pues, de Rimón...fueron y entraron 1121
4.8 he aquí la cabeza de Is-boset *h* de Saúl 1121
4.9 David respondió a Recab y a...*h* de Rimón 1121
5.13 tomó David...y le nacieron más *h* e hijas 1121
6.3 Uza y...*h* de Abinadab, guiaban el carro 1121
6.23 Mical hija de Saúl nunca tuvo *h* hasta 3206
7.6 en que saqué a los *h* de Israel de Egipto 1121
7.7 cuanto he andado con...los *h* de Israel 1121
7.14 le seré a él padre, y él me será a mí *h* 1121
7.14 castigaré, con azotes de *h* de hombres 1121
8.3 derrotó David a Hadad-ezer *h* de Rehob 1121
8.10 envió Toi a Joram su *h* al rey David 1121
8.12 y del botín de Hadad-ezer *h* de Rehob 1121
8.16 *h* de Sarvia era general de su ejército 1121
8.16 y Josafat *h* de Ahilud era cronista 1121
8.17 *h* de Ahitob y Ahimelec *h* de Abiatar eran 1121
8.18 Benaía *h* de Joiada...sobre los cereteos 1121
8.18 y los *h* de David eran los príncipes 1121
9.3 aún ha quedado un *h* de Jonatán, lisiado 1121
9.4 aquí, está en casa de Maquir *h* de Amiel 1121
9.5 le trajo de la casa de Maquir *h* de Amiel 1121
9.6 vino Mefi-boset, *h* de Jonatán *h* de Saúl 1121
9.9 que fue de Saúl...he dado al *h* de tu señor 1121
9.10 le labrarás las tierras, tú con tus *h* 1121
9.10 el *h* de tu señor tenga pan para comer 1121
9.10 Mefi-boset el *h* de tu señor...a mi mesa 1121
9.10 y tenía Siba quince *h* y veinte siervos 1121
9.11 a mi mesa, como uno de los *h* del rey 1121
9.12 tenía Mefi-boset un *h* pequeño...Micaía 1121
10.1 murió el rey de los *h* de Amón, y reinó 1121
10.1 murió...y reinó en lugar suyo Hanún su *h* 1121
10.2 haré misericordia con Hanún *h* de Nahas 1121
10.2 llegados...a la tierra de los *h* de Amón 1121
10.3 los príncipes de los *h* de Amón dijeron 1121
10.6 viendo los *h* de Amón que se habían hecho 1121
10.6 *h* de Amón y tomaron a sueldo a...sirios 1121
10.8 saliendo los *h* de Amón, se pusieron en 1121
10.11 si los *h* de Amón pudieren más que tú 1121
10.14 los *h* de Amón, viendo que los sirios 1121
10.14 Joab de luchar contra los *h* de Amón 1121
10.19 temieron ayudar más a los *h* de Amón 1121
11.21 ¿quién hirió a...*h* de Jerobaal? ¿No echó 1121
11.27 fue ella su mujer, y le dio a luz un *h* 1121
12.3 que había crecido con él y con sus *h* 1121
12.9 mataste con la espada de los *h* de Amón 1121
12.14 *h* que te ha nacido ciertamente morirá 1121
12.24 le dio a luz un *h*, y llamó su nombre 1121
12.26 peleaba contra Rabá de los *h* de Amón 1121
12.31 a todas las ciudades de los *h* de Amón 1121
13.1 teniendo Absalón *h* de David...hermana 1121
13.1 se enamoró de ella Amnón *h* de David 1121
13.3 un amigo...Jonadab *h* de Simea, hermano 1121
13.4 *h* del rey, ¿por qué de día en día vas 1121
13.23 convidó Absalón a todos los *h* del rey 1121
13.25 no, *h* mío, no vamos todos, para que 1121
13.27 dejó ir con él...a todos los *h* del rey 1121
13.29 se levantaron todos los *h* del rey, y 1121
13.30 ha dado muerte a todos los *h* del rey 1121
13.32 Jonadab, *h* de Simea...habló y dijo: No 1121
13.32 no diga...han dado muerte a...*h* del rey 1121
13.33 todos los *h* del rey han sido muertos 1121
13.35 he allí los *h* del rey que vienen; es 1121
13.36 he aquí los *h* del rey que vinieron, y 1121
13.37 Absalón...y se fue a Talmai *h* de Amiud 1121
13.37 David lloraba por su *h* todos los días 1121
14.1 conociendo Joab *h* de Sarvia que el 1121
14.6 tu sierva tenía dos *h*, y los dos riñeron 1121
14.11 el vengador de la...no destruya a mi *h* 1121
14.11 no caerá ni un cabello de la...de tu *h* 1121
14.16 que me quiere destruir a mí y a mi *h* 1121
14.27 nacieron a Absalón tres *h*, y una hija 1121
15.27 vuelve...y con vosotros vuestros dos *h* 1121
15.27 Ahimaas tu *h*, y Jonatán *h* de Abiatar 1121
15.36 están con ellos sus dos *h*, Ahimaas el 1121
16.3 y dijo...¿Dónde está el *h* de tu señor? 1121
16.5 salía uno...se llamaba Simei, *h* de Gera 1121
16.8 ha entregado el reino en mano de tu *h* 1121
16.9 Abisai *h* de Sarvia dijo al rey: ¿Por qué 1121
16.10 tengo yo con vosotros, *h* de Sarvia? 1121
16.11 mi *h* que ha salido de...acecha mi vida 1121
16.11 ¿cuánto más ahora un *h* de Benjamín? 1121
16.19 ¿no es a su *h*? Como he servido delante 1121
17.25 Amasa era *h* de un varón de Israel...Itra 1121
17.27 Sobi *h* de Nahas, de Rabá de los *h* de 1121
17.27 Sobi...Maquir *h* de Amiel, de Lodebar 1121
18.2 bajo el mando de Abisai *h* de Sarvia 1121
18.12 extendería mi mano contra el *h* del rey 1121
18.18 no tengo *h* que conserve...mi nombre 1121
18.19 Ahimaas *h* de Sadoc dijo: ¿Correré ahora 1121
18.20 nueva, porque el *h* del rey ha muerto 1121
18.22 Ahimaas *h* de Sadoc volvió a decir a 1121
18.22 *h* mío, ¿para qué has de correr tú, si 1121
18.27 como el correr de Ahimaas *h* de Sadoc 1121
18.33 decía...¡*h* mío Absalón, *h* mío, *h* mío 1121
18.33 que muriera yo...Absalón, *h* mío, *h* mío! 1121
19.2 oyó...que el rey tenía dolor por su *h* 1121
19.4 *h* mío Absalón, Absalón, *h* mío, *h* mío! 1121
19.5 han librado tu vida, y la vida de tus *h* 1121
19.16 y Simei *h* de Gera, *h* de Benjamín, que 1121
19.17 venían...Siba...con sus quince *h* y sus 1121
19.18 Simei *h* de Gera se postró delante del 1121
19.21 respondió Abisai *h* de Sarvia y dijo 1121
19.22 qué tengo yo con vosotros, *h* de Sarvia 1121
19.24 también Mefi-boset *h* de Saúl descendió 1121
20.1 se llamaba Seba *h* de Bicri, hombre de 1121
20.1 no tenemos...heredad con el *h* de Isaí 1121
20.2 a David, siguiendo a Seba *h* de Bicri 1121
20.6 Seba *h* de Bicri nos hará ahora...daño 1121
20.7 salieron...para ir tras Seba *h* de Bicri 1121
20.10 fueron en persecución de Seba *h* de 1121
20.13 pasaron...para ir tras Seba *h* de Bicri 1121
20.21 Seba *h* de Bicri, ha levantado su mano 1121
20.22 cortaron la cabeza a Seba *h* de Bicri 1121
20.23 Benaía *h* de Joiada sobre los cereteos 1121
20.24 y Josafat *h* de Ahilud era el cronista 1121
21.2 gabaonitas no eran de los *h* de Israel 1121
21.2 los cuales los *h* de Israel habían hecho 1121
21.2 matarlos en su celo por los *h* de Israel 1121
21.6 dénsenos siete varones de sus *h*, para 1121
21.7 perdonó el rey...*h* de Jonatán, *h* de Saúl 1121
21.7 el juramento...entre David y Jonatán *h* de 1121
21.8 pero tomó el rey a dos *h* de Rizpa hija 1121
21.8 y a 5 *h* de Mical hija de Saúl, los cuales 1121
21.8 ella había tenido de Adriel *h* de Barzilai 1121
21.12 fue y tomó...los huesos de Jonatán su *h* 1121
21.13 hizo llevar...los huesos de Jonatán su *h* 1121
21.14 sepultaron los...de Saúl y los de su *h* 1121
21.17 Abisai *h* de Sarvia llegó en su ayuda 1121
21.19 Elhanán, *h* de Jaare-oregim de Belén 1121
21.21 lo mató Jonatán, *h* de Simea hermano de 1121
22.45 los *h* de extraños se someterán a mí 1121
23.1 dijo David *h* de Isaí, dijo aquel varón 1121
23.9 Eleazar *h* de Dodo, ahohita, uno de los 1121
23.11 después de...fue Sama *h* de Age, ararita 1121
23.18 Abisai hermano de Joab, *h* de Sarvia 1121
23.20 después, Benaía *h* de Joiada, *h* de un 1121
23.22 esto hizo Benaía *h* de Joiada, y ganó 1121
23.24 Asael...Elhanán *h* de Dodo de Belén 1121
23.26 Heles paltita, Ira *h* de Iques, tecoíta 1121
23.29 Heleb *h* de Baana, netofatita, Itai *h* 1121
23.29 Ribai, de Gabaa de los *h* de Benjamín 1121
23.32 Eliaba saalbonita, Jonatán de los *h* 1121
23.33 ararita, Ahiam *h* de Sarar, ararita 1121
23.34 Elifelet *h* de Ahasbai, *h* de Maaca 1121
23.34 Eliam *h* de Ahitofel, gilonita 1121
23.36 Igal *h* de Natán, de Soba, Bani gadita 1121
23.37 Naharai...escudero de Joab *h* de Sarvia 1121
1 R 1.5 Adonías *h* de Haguit se rebeló, diciendo 1121
1.7 puesto de acuerdo con Joab *h* de Sarvia 1121
1.8 Benaía *h* de Joiada, y el profeta Natán 1121
1.9 convidó a todos sus...los *h* del rey, y a 1121
1.11 has oído que reina Adonías *h* de Haguit 1121
1.12 conserves tu vida, y la de tu *h* Salomón 1121
1.13,17 Salomón tu *h* reinará después de mí 1121
1.19,25 ha convidado a todos los *h* del rey 1121
1.21 yo y mi *h* Salomón seremos tenidos por 1121
1.26 ni a Benaía *h* de Joiada, ni a Salomón 1121
1.30 tu *h* Salomón reinará después de mí, y 1121
1.32 profeta Natán, y a Benaía *h* de Joiada 1121
1.33 y montad a Salomón mi *h* en mi mula 1121
1.36 Benaía *h* de Joiada respondió al rey y 1121
1.38 y descendieron...Benaía *h* de Joiada, y 1121
1.42 vino Jonatán *h* del sacerdote Abiatar 1121
1.44 el rey ha enviado...a Benaía *h* de Joiada 1121
2.1 David...ordenó a Salomón su *h*, diciendo 1121
2.4 si tus *h* guardaren mi camino, andando 1121
2.5 que me ha hecho Joab *h* de Sarvia, lo 1121
2.5 a Abner *h* de Ner y a Amasa *h* de Jeter 1121
2.7 a los *h* de Barzilai...harás misericordia 1121
2.8 tienes contigo a Simei *h* de Gera, *h* de 1121
2.13 Adonías *h* de Haguit vino a Betsabé 1121
2.22 y ya tiene también...a Joab *h* de Sarvia 1121
2.25 envió por mano de Benaía *h* de Joiada 1121
2.29 entonces envió Salomón a Benaía *h* de 1121
2.32 mató a...a Abner *h* de Ner...a Amasa *h* de 1121
2.34 Benaía *h* de Joiada subió y arremetió 1121
2.35 rey puso...a Benaía *h* de Joiada sobre el 1121
2.39 dos siervos...huyeron a Aquis *h* de Maaca 1121
2.46 Benaía *h* de Joiada...salió y lo hirió 1121
3.6 que le diste *h* que se sentase en su trono 1121
3.19 y una noche el *h* de esta mujer murió 1121
3.20 tomó a mi *h* de junto a mí, estando yo 1121
3.20 su lado, y puso al lado mío su *h* muerto 1121
3.21 yo me levanté...para dar el pecho a mi *h* 1121
3.21 pero lo observé...y vi que no era mi *h* 1121
3.22,23 mi *h* es el que vive, y tu *h* es el 1121
3.22,23 tu *h* es el muerto, y mi *h* es el que 1121
3.26 la mujer de quien era el *h* vivo, habló 1121
3.26 sus entrañas se le conmovieron por su *h* 1121
3.27 respondió...Dad a aquélla el *h* vivo, y 3206
4.2 los jefes...Azarías *h* del sacerdote Sadoc 1121
4.3 Elihoref y Ahías, *h* de Sisa, secretarios 1121
4.3 y Ahías. Josafat *h* de Ahilud, canciller 1121
4.4 Benaía *h* de Joiada sobre el ejército 1121
4.5 Azarías *h* de...sobre los gobernadores 1121
4.5 Zabud *h* de Natán, ministro principal y 1121
4.6 y Adoniram *h* de Abda, sobre el tributo 1121
4.8 son...el *h* de Hur en el monte de Efraín 1133
4.9 el *h* de Decar en Macaz, en Saalbim, en 1128
4.10 el *h* de Hesed en Arubot; éste tenía por 1136
4.11 el *h* de Abinadab en...territorios de Dor 1125
4.12 Baana *h* de Ahilud en Taanac y Meguido 1121
4.13 el *h* de Geber en Ramot de Galaad; éste 1127
4.13 tenía...ciudades de Jair *h* de Manasés 1121
4.14 Ahinadab *h* de Iddo en Mahanaim 1121
4.16 Baana *h* de Husai, en Aser y en A lot 1121
4.17 Josafat *h* de Parúa, en Isacar 1121
4.18 Simei *h* de Ela, en Benjamín 1121
4.19 Geber *h* de Uri, en la tierra de Galaad 1121
4.31 fue más sabio que...Darda, *h* de Mahol 1121
5.5 tu *h*...él edificará casa a mi nombre 1121
5.7 bendito sea hoy...que dio *h* sabio a David 1121
6.1 después que los *h* de Israel salieron de 1121
6.13 habitaré...en medio de los *h* de Israel 1121
7.14 *h* de una viuda de la tribu de Neftalí 1121
8.1 a los principales de...de los *h* de Israel 1121
8.9 Jehová hizo pacto con los *h* de Israel 1121
8.19 tú no edificarás la casa, sino tu *h* que 1121
8.25 con tal que tus *h* guarden mi camino y 1121
8.39 conoces el corazón de todos los *h* de 1121
8.63 dedicaron...todos los de Israel la casa 1121
9.6 apartareis de mí vosotros y vuestros *h* 1121
9.20 todos...que no eran de los *h* de Israel 1121
9.21 *h* que quedaron en la tierra después de 1121
9.21 que los *h* de Israel no pudieron acabar 1121
9.22 mas a ninguno de los *h* de Israel impuso 1121
11.2 Jehová había dicho a los *h* de Israel 1121
11.7 a Moloc, ídolo abominable de los *h* de 1121
11.12 padre; lo romperé de la mano de tu *h* 1121
11.13 una tribu a tu *h*, por amor a David mi 1121
11.20 le dio a luz su *h* Genubat, al cual 1121
11.20 estaba Genubat...entre los *h* de Faraón 1121
11.23 contra Salomón a Rezón *h* de Eliada 1121
11.26 también Jeroboam *h* de Nabat, efrateo 1121
11.33 Moloc dios de los *h* de Amón; y no han 1121
11.35 quitaré el reino de la mano de su *h* 1121
11.36 y a su *h* daré una tribu, para que mi 1121
11.43 durmió...y reinó en su lugar Roboam su *h* 1121
12.2 que cuando lo oyó Jeroboam *h* de Nabat 1121
12.15 había hablado...a Jeroboam *h* de Nabat 1121
12.16 no tenemos heredad en el *h* de Isaí 1121
12.17 reinó Roboam sobre los *h* de Israel que 1121
12.21 volver el reino a Roboam *h* de Salomón 1121
12.23 habla a Roboam *h* de Salomón, rey de 1121
12.24 no vayáis, ni peleéis...los *h* de Israel 1121
12.31 sacerdotes...no eran de los *h* de Leví 1121
12.33 hizo fiesta a los *h* de Israel, y subió 1121
13.2 a la casa de David nacerá un *h*...Josías 1121
13.11 al cual vino su *h* y le contó todo lo 1121
13.12 sus *h* le mostraron el camino por donde 1121
13.13 él dijo a sus *h*: Ensilladme el asno 1121
13.27 y habló a sus *h*, y...Ensilladme un asno 1121
13.31 habló a...*h*, diciendo: Cuando yo muera 1121
14.1 en...Abías *h* de Jeroboam cayó enfermo 1121
14.5 consultarte por su *h*, que está enfermo 1121
14.20 padres, reinó en su lugar Nadab su *h* 1121
14.21 Roboam *h* de Salomón reinó en Judá. De 1121
14.24 Jehová había echado delante de los *h* 1121
14.31 Roboam...reinó en su lugar Abiam su *h* 1121
15.1 el año 18 del rey Jeroboam *h* de Nabat 1121
15.4 David...levantando a su *h* después de él 1121
15.8 y durmió...y reinó Asa su *h* en su lugar 1121
15.18 a Ben-adad *h* de Tabrimón, *h* de Hezión 1121
15.24 Asa...y reinó en su lugar Josafat su *h* 1121
15.25 Nadab *h* de Jeroboam comenzó a reinar 1121
15.27 Baasa *h* de Abías...conspiró contra él 1121
15.33 comenzó a reinar Baasa *h* de Ahías sobre 1121
16.1 palabra de Jehová a Jehú *h* de Hanani 1121
16.3 su casa como la...de Jeroboam *h* de Nabat 1121
16.6 durmió...y reinó en su lugar Ela su *h* 1121
16.7 pero la palabra...por el profeta Jehú *h* 1121
16.8 comenzó a reinar Ela *h* de Baasa sobre 1121
16.13 los pecados de Baasa y...de Ela su *h* 1121
16.21 la mitad del pueblo seguía a Tibni *h* 1121
16.22 que el que seguía a Tibni *h* de Ginat 1121
16.26 en...los caminos de Jeroboam *h* de Nabat 1121
16.28 Omri...y reinó en lugar suyo Acab su *h* 1121
16.29 comenzó a reinar Acab *h* de Omri sobre 1121
16.30 reinó Acab *h* de Omri sobre Israel en 1121
16.30 Acab *h* de Omri hizo lo malo ante los 1121
16.31 en los pecados de Jeroboam *h* de Nabat 1121
16.34 a precio de...Segub su *h* menor puso sus 1121
16.34 que Jehová había hablado por Josué *h* 1121
17.12 prepararlo para mí y para mi *h*, para 1121
17.13 y después harás para ti y para tu *h* 1121
17.17 cayó enfermo el *h* del ama de la casa 1121
17.18 ¿has venido...para hacer morir a mi *h*? 1121
17.19 te dijo: Dame acá tu *h*. Entonces él lo 1121

17.20 has afligido, haciéndole morir su *h*? 1121
17.23 dio... y le dijo Elías: Mira, tu *h* vive 1121
18.20 Acab convocó a todos los *h* de Israel 1121
18.31 número de las tribus de los *h* de Jacob 1121
19.10,14 los *h* de Israel han dejado tu pacto 1121
19.16 Jehú *h* de Nimsi ungirás por rey sobre 1121
19.16 y a Eliseo *h* de Safat, de Abel-mehola 1121
19.19 halló a Eliseo *h* de Safat, que araba 1121
20.3 y tus mujeres y tus *h* hermosos son míos 1121
20.5 tu oro, y tus mujeres y tus *h* me darás 1121
20.7 ha enviado a...por mis mujeres y mis *h* 1121
20.15 pasó revista a...todos los *h* de Israel 1121
20.27 los *h* de Israel fueron...inspeccionados 1121
20.27 acamparon los *h* de Israel delante de 1121
20.29 los *h* de Israel mataron de los sirios 1121
20.35 varón de los *h* de los profetas dijo a 1121
21.22 tu casa como la...de Jeroboam *h* de Nabat 1121
21.22 como la casa de Baasa *h* de Ahías, por 1121
21.26 lanzó...de delante de los *h* de Israel 1121
21.29 los días de su *h* traeré el mal sobre 1121
22.8 un varón por el cual...Micaías *h* de Imla 1121
22.9 dijo: Trae pronto a Micaías *h* de Imla 1121
22.11 Sedequías *h* de Quenaana se había hecho 1121
22.24 acercó Sedequías *h* de Quenaana y golpeó 1121
22.26 a Micaías y llévalo...a Joás *h* del rey 1121
22.40 Acab...y reinó en su lugar Ocozías su *h* 1121
22.41 Josafat *h* de Asa comenzó a reinar sobre 1121
22.49 Ocozías *h* de Acab dijo a Josafat: Vayan 1121
22.50 durmió...y en su lugar reinó Joram su *h* 1121
22.51 Ocozías *h* de Acab comenzó a reinar 1121
22.52 y en el camino de Jeroboam *h* de Nabat 1121
2 R 1.17 el segundo año de Joram *h* de Josafat 1121
1.17 reinó en su lugar...Ocozías no tenía *h* 1121
2.3 saliendo a Eliseo los *h* de los profetas 1121
2.5 acercaron a Eliseo los *h* de los profetas 1121
2.7 vinieron 50...de los *h* de los profetas 1121
2.15 viéndole...*h* de los profetas que estaban 1121
3.1 Joram *h* de...comenzó a reinar en Samaria 1121
3.3 se entregó a los pecados de Jeroboam *h* 1121
3.11 Eliseo *h* de Safat, que servía a Elías 1121
4.1 de las mujeres de los *h* de los profetas 1121
4.1 ha venido el acreedor para tomarse dos *h* 1121
4.4 entra luego, y enciérrate tú y tus *h* 1121
4.5 y cerró la...encerrándose ella y sus *h* 1121
4.6 a un *h* suyo: Tráeme aún otras vasijas 1121
4.7 paga...tú y tus *h* vivid de lo que quede 1121
4.14 ella no tiene *h*, y su marido es viejo 1121
4.16 dijo...por este tiempo, abrazarás un *h* 1121
4.17 la mujer concibió, y dio a luz un *h* 1121
4.26 ¿te...¿Le va bien a tu marido, y a tu *h*? 3206
4.28 ella dijo: ¿Pedí yo *h* a mi señor? ¿No 1121
4.36 y entrando ella, él le dijo: Toma tu *h* 1121
4.37 entró...y después tomó a su *h*, y salió 1121
4.38 y los *h* de los profetas estaban con él 1121
4.38 haz potaje para los *h* de los profetas 1121
5.22 vinieron...dos jóvenes de los *h* de los 1121
6.1 los *h* de los profetas dijeron a Eliseo 1121
6.28 me dijo: Da acá tu *h*, y comámoslo hoy 1121
6.29 cocimos, pues, a mi *h*, y lo comimos 1121
6.29 da acá tu *h*...ella ha escondido a su *h* 1121
6.31 si la cabeza de Eliseo *h* de Safat queda 1121
6.32 visto cómo este *h* de homicida envía a 1121
8.1,5 mujer a cuyo *h* él había hecho vivir 1121
8.5 dijo...esta es la mujer, y este es su *h* 1121
8.9 tu *h* Ben-adad rey...me ha enviado a ti 1121
8.12 sé el mal que harás a los *h* de Israel 1121
8.16 el quinto año de Joram *h* de Acab, rey 1121
8.16 comenzó a reinar Joram *h* de Josafat, rey 1121
8.19 darle lámpara...y a sus *h* perpetuamente 1121
8.24 y reinó en lugar suyo Ocozías, su *h* 1121
8.25 en el año doce de Joram *h* de Acab, rey 1121
8.25 comenzó a reinar Ocozías *h* de Joram 1121
8.28 fue a la guerra con Joram *h* de Acab a 1121
8.29 y descendió Ocozías *h* de Joram rey de 1121
8.29 descendió...a visitar a Joram *h* de Acab 1121
9.1 profeta Eliseo llamó a uno de los *h* de 1121
9.2 allá, verás allí a Jehú *h* de Josafat *h* de 1121
9.9 Acab como la casa de Jeroboam *h* de Nabat 1121
9.9 pondré...como la casa de Baasa *h* de Ahías 1121
9.14 así conspiró Jehú *h* de Josafat, *h* de 1121
9.20 es como el marchar de Jehú *h* de Nimsi 1121
9.26 sangre de Nabot, y la sangre de sus *h* 1121
9.29 en el undécimo año de Joram *h* de Acab 1121
10.1 tenía Acab en Samaria setenta *h*; y Jehú 1121
10.2 los que tenéis a los *h* de vuestro señor 1121
10.3 al más recto de los *h* de vuestro señor 1121
10.6 tomad las cabezas de los *h* varones de 1121
10.6 *h* del rey...estaban con los principales 1121
10.7 tomaron a los *h* del rey, y degollaron 1121
10.8 han traído las cabezas del los *h* del rey 1121
10.13 a saludar a los *h* del rey, y a los *h* 1121
10.15 allí, se encontró con Jonadab *h* de Recab 1121
10.23 entró Jehú con Jonadab *h* de Recab en 1121
10.29 de los pecados de Jeroboam *h* de Nabat 1121
10.30 tus *h* se sentarán sobre el trono de 1121
10.35 Jehú...reinó en su lugar Joacaz su *h* 1121
11.1 Atalía madre...vio que su *h* era muerto 1121
11.2 a Joás *h*...sacó...de entre los *h* del rey 1121
11.4 los metió...y les mostró el *h* del rey 1121
11.12 sacando luego Joiada al *h* del rey, le 1121
12.21 Josacar *h*...y Jozabad *h* de...le hirieron 1121
12.21 murió...reinó en su lugar Amasías su *h* 1121
13.1 en el año 23 de Joás *h* de Ocozías rey 1121
13.1 comenzó a reinar Joacaz *h* de Jehú sobre 1121
13.2,11 los pecados de Jeroboam *h* de Nabat 1121
13.3 entregó...mano de Ben-adad *h* de Hazael 1121
13.5 habitaron...*h* de Israel en sus tiendas 1121
13.9 durmió...y reinó en su lugar Joás su *h* 1121
13.10 comenzó a reinar Joás *h* de Joacaz sobre 1121
13.24 rey...y reinó en su lugar Ben-adad su *h* 1121
13.25 y volvió Joás *h* de Joacaz y tomó de 1121
13.25 de Ben-adad *h* de Hazael las ciudades 1121
14.1 en el año segundo de Joás *h* de Joacaz 1121
14.1 comenzó a reinar Amasías *h* de Joás rey 1121
14.6 no mató a los *h* de los que le dieron 1121
14.6 no matarán a los padres por los *h*, ni 1121
14.6 los *h* por los padres, sino que cada uno 1121
14.8 a Joás *h* de Joacaz, *h* de Jehú, rey de 1121
14.9 a decir...Da tu hija por mujer a mi *h* 1121
14.13 a Amasías rey...*h* de Joás, *h* de Ocozías 1121
14.14 y a los *h* tomó en rehenes, y volvió a 1121
14.16 Joás...reinó en su lugar Jeroboam su *h* 1121
14.17 Amasías *h* de Joás...vivió después de la 1121
14.23 el año quince de Amasías *h* de Joás rey 1121
14.23 comenzó a reinar Jeroboam *h* de Joás 1121
14.24 los pecados de Jeroboam *h* de Nabat, el 1121
14.25 había hablado por...Jonás *h* de Amitai 1121
14.27 salvó por mano de Jeroboam *h* de Joás 1121
14.29 durmió...reinó en su lugar Zacarías su *h* 1121
15.1 comenzó a reinar Azarías *h* de Amasías 1121
15.5 y Jotam *h* del rey tenía el cargo del 1121
15.7 durmió...y reinó en su lugar Jotam su *h* 1121
15.8 año 38...reinó Zacarías *h* de Jeroboam 1121
15.9,18,24,28 los pecados de Jeroboam *h* de 1121
15.10 contra él conspiró Salum *h* de Jabes, y 1121
15.12 tus *h*...sentarán en el trono de Israel 1121
15.13 Salum *h* de Jabes comenzó a reinar en 1121
15.14 Manahem *h* de Gadí subió de Tirsa y vio 1121
15.14 e hirió a Salum *h* de Jabes en Samaria 1121
15.17 en el año 39...reinó Manahem *h* de Gadí 1121
15.22 durmió...reinó en su lugar Pekaía su *h* 1121
15.23 el año 50...reinó Pekaía *h* de Manahem 1121
15.25 conspiró contra él Peka *h* de Remalías 1121
15.25 y de 50 hombres de los *h*...gataaditas 1121
15.27 en el año 52...reinó Peka *h* de Remalías 1121
15.30 Oseas *h* de Ela conspiró contra Peka *h* 1121
15.30 a los veinte años de Jotam *h* de Uzías 1121
15.32 el segundo año de Peka *h* de Remalías 1121
15.32 a reinar Jotam *h* de Uzías rey de Judá 1121
15.37 a enviar contra Judá a...y a Peka *h* de 1121
15.38 durmió...y reinó en su lugar Acaz su *h* 1121
16.1 año 17 de Peka *h* de Remalías, comenzó a 1121
16.1 a reinar Acaz *h* de Jotam rey de Judá 1121
16.3 aun hizo pasar por fuego a su *h*, según 1121
16.3 que Jehová echó de delante de los *h* de 1121
16.5 Rezín rey de Siria y Peka *h*...subieron 1121
16.7 diciendo: Yo soy tu siervo y tu *h*; sube 1121
16.20 Acaz...reinó en su lugar su *h* Ezequías 1121
17.1 el año...comenzó a reinar Oseas *h* de Ela 1121
17.7 los *h* de Israel pecaron contra Jehová 1121
17.8 lanzado de delante de los *h* de Israel 1121
17.9 *h* de Israel hicieron...cosas no rectas 1121
17.17 pasar a sus *h* y a sus hijas por fuego 1121
17.21 ellos hicieron rey a Jeroboam *h* de Nabat 1121
17.22 los *h* de Israel anduvieron en...pecados 1121
17.24 puso en...en lugar de los *h* de Israel 1121
17.31 los de Sefarvaim quemaban sus *h* en el 1121
17.34 que prescribió Jehová a los *h* de Jacob 1121
17.41 y también sus *h*...así hacen hasta hoy 1121
18.1 el tercer año de Oseas *h* de Ela, rey de 1121
18.1 comenzó a reinar Ezequías *h* de Acaz rey 1121
18.4 le quemaban incienso los *h* de Israel 1121
18.9 que era el año séptimo de Oseas *h* de Ela 1121
18.18 y salió a ellos Eliaquim *h* de Hilcías 1121
18.18 mayordomo, y Sebna escriba, y Joa *h* de 1121
18.26,37 Eliquim *h* de Hilcías, y Sebna 1121
18.37 y Jos *h* de Asaf, canciller, vinieron a 1121
19.2 y envió a...al profeta Isaías *h* de Amoz 1121
19.3 los *h* están a punto de nacer, y la que 1121
19.12 los *h* de Edén que estaban en Telasar? 1121
19.20 Isaías *h* de Amoz envió a...a Ezequías 1121
19.37 sus *h* lo hirieron a espada, y huyeron 1121
19.37 y reinó en su lugar Esar-hadón su *h* 1121
20.1 vino a él el profeta Isaías *h* de Amoz 1121
20.12 Merodac-baladán *h* de Baladán,
rey de Babilonia 1121
20.18 de tus *h* que saldrán de ti, que habrás 1121
20.21 durmió Ezequías...y reinó...Manasés su *h* 1121
21.2 Jehová había echado de delante de los *h* 1121
21.6 y pasó a su *h* por fuego, y se dio a 1121
21.7 había dicho a David y a Salomón su *h* 1121
21.9 que Jehová destruyó delante de los *h* de 1121
21.18 durmió Manasés...y reinó en...Amón su *h* 1121
21.24 y puso...rey en su lugar a Josías su *h* 1121
21.26 fue sepultado en...y reinó...Josías su *h* 1121
22.3 envió el rey a Safán *h* de Azalía, *h* de 1121
22.12 el rey dio orden...a Ahicam *h* de Safán 1121
22.12 a Acbor *h* de Micaías, al escriba Safán 1121
22.14 Hulda, mujer de Salum *h* de Ticva, *h* de 1121
23.6 polvo sobre los sepulcros de los *h* del 1121
23.10 profanó a Tofet...en el valle del *h* de 1121
23.10 para que ninguno pasase su *h*...por fuego 1121
23.13 a Milcom ídolo abominable de los *h* de 1121
23.15 lugar alto que había hecho Jeroboam *h* 1121
23.30 tomó a Joacaz *h* de Josías...por rey en 1121
23.34 puso por rey a Eliaquim *h* de Josías, en 1121
24.6 Joacim...reinó en su lugar Joaquín su *h* 1121
25.7 degollaron a los *h* de Sedequías en 1121
25.22 gobernador a Gedalías *h* de Ahicam, *h* 1121
25.23 vinieron a él en...Ismael *h* de Netanías 1121
25.23 vinieron a...Mizpa...Johanán *h* de Carea 1121
25.23 Seraías *h* de Tanhumet...y Jaazanías *h* de 1121
25.25 Ismael *h* de Netanías, *h* de Elisama, de 1121
1 Cr 1.5 los *h* de Jafet: Gomer, Magog, Madai 1121
1.6 los *h* de Gomer: Askenaz, Rifat y Togarma 1121
1.7 los *h* de Javán: Elisa, Tarsis, Quitim 1121
1.8 *h* de Cam: Cus, Mizraim, Fut y Canaán 1121
1.9 los *h* de Cus: Seba, Havila, Sabta, Raama 1121
1.9 y los *h* de Raama: Seba y Dedán 1121
1.17 los *h* de Sem: Elam, Asur, Arfaxad, Lud 1121
1.19 a Heber nacieron dos *h*; el nombre del 1121
1.23 Ofir, Havila y Jobab; todos *h* de Joctán 1121
1.28 los *h* de Abraham: Isaac e Ismael 1121
1.31 Jetur, Nafis y Cedema...los *h* de Ismael 1121
1.32 y Súa. Los *h* de Jocsán: Seba y Dedán 1121
1.33 *h* de Madián: Efa, Efer, Hanoc, Abida 1121
1.33 Elda; todos éstos fueron *h* de Cetura 1121
1.34 y los *h* de Isaac fueron Esaú e Israel 1121
1.35 *h* de Esaú: Elifaz, Reuel, Jeús, Jaalam 1121
1.36 *h* de Elifaz: Temán, Omar, Zefo, Gatam 1121
1.37 *h* de Reuel: Nahat, Zera, Sama y Miza 1121
1.38 los *h* de Seir: Lotán, Sobal, Zibeón, Aná 1121
1.39 *h* de Lotán: Hori y Homam; y Timna fue 1121
1.40 *h* de Sobal: Alván, Manahat, Ebal, Sefo 1121
1.40 Sefo y Onam. Los *h* de Zibeón: Aja y Aná 1121
1.41 Disón fue *h* de Aná; y los *h* de Disón 1121
1.42 *h* de Ezer...los *h* de Disán: Uz y Arán 1121
1.43 que reinase rey sobre los *h* de Israel 1121
1.43 en la tierra de Edom...Bela *h* de Beor 1121
1.44 muerto Bela, reinó en...Jobab *h* de Zera 1121
1.46 reinó en su lugar Hadad *h* de Bedad, el 1121
1.49 reinó en su lugar Baal-hanán *h* de Acbor 1121
2.1 son los *h* de Israel: Rubén, Simeón, Leví 1121
2.3 los *h* de Judá: Er, Onán y Sela. Estos 3 1121
2.4 Zera. Todos los *h* de Judá fueron cinco 1121
2.5 los *h* de Fares: Hezrón y Hamul 1121
2.6 *h* de Zera: Zimri, Etán, Hemán, Calcol 1121
2.7 *h* de Carmi fue Acán, el que perturbó a 1121
2.8 Azarías fue *h* de Etán 1121
2.9 *h* que nacieron a Hezrón: Jerameel, Ram 1121
2.10 engendró a Naasón, príncipe de los *h* de 1121
2.16 *h* de Sarvia fueron tres: Abisai, Joab 1121
2.18 Caleb *h* de Hezrón engendró a Jeriot de 1121
2.18 *h* de ella fueron Jeser, Sobab y Ardón 1121
2.23 todos éstos fueron de los *h* de Maquir 1121
2.25 los *h* de Jerameel...fueron Ram...Orén 1121
2.27 *h* de Ram...fueron Maaz, Jamín y Equer 1121
2.28 los *h* de Onam...los *h* de Samai: Nadab 1121
2.30 *h* de Nadab: Seled. Y Seled murió sin *h* 1121
2.31 fue *h* de Apaim, y Sesán *h* de Isi, e *h* de 1121
2.32 *h* de Jada...Jeter...Y murió Jeter sin *h* 1121
2.33 *h* de Jonatán...fueron los *h* de Jerameel 1121
2.34 Sesán no tuvo *h*, sino hijas; pero tenía 1121
2.42 *h* de Caleb hermano de Jerameel fueron 1121
2.42 Zif; y los *h* de Maresa padre de Hebrón 1121
2.43 los *h* de Hebrón: Coré, Tapúa, Requem y 1121
2.45 Maón fue *h* de Samai, y Maón padre de 1121
2.47 los *h* de Jahdai: Regem, Jotam, Gesam 1121
2.50 estos fueron...*h* de Caleb. Los *h* de Hur 1121
2.52 los *h* de Sobal padre de...fueron Haroe 1121
2.54 los *h* de Salma: Belén, y los netofatitas 1121
3.1 los *h* de David que le nacieron en Hebrón 1121
3.2 Absalón *h* de Maaca, hija de Talmai rey 1121
3.2 de Gesur; el cuarto, Adonías *h* de Haguit 1121
3.5 y Salomón *h* de Bet-súa hija de Amiel 3205
3.9 *h* de David, sin los *h* de las concubinas 1121
3.10 *h* de Salomón fue Roboam, cuyo *h*...Abías 1121
3.10 Abías, del cual fue *h* Asa, cuyo *h* fue 1121
3.11 de quien fue *h* Joram, cuyo *h* fue 1121
3.11 fue Ocozías, *h* del cual fue Joás 1121
3.12 del cual fue *h* Amasías, cuyo *h* fue 1121
3.12 fue Azarías, o *h* de éste, Jotam 1121
3.13 *h* de éste fue Acaz, del que fue *h* 1121
3.13 fue...Ezequías, cuyo *h* fue Manasés 1121
3.14 del cual fue *h* Amón, cuyo *h* fue Josías 1121
3.15 los *h* de Josías: Johanán...Joacim...Salum 1121
3.16 *h* de Joacim: Jeconías su *h*, *h* del cual 1121
3.17 y los *h* de Jeconías: Asir, Salatiel 1121
3.19 los *h* de Pedaías...Y los *h* de Zorobabel 1121
3.21 *h* de Hananías...Jesaías; su *h*, Refaías 1121
3.21 *h*, Arnán; su *h*, Abdías; su *h*, Secanías 1121
3.22 *h* de Secanías fue Semaías; y los *h* de 1121
3.23 *h* de Nearías fueron estos 3: Elioenai 1121
3.24 *h* de Elioenai fueron estos 7: Hodavías 1121
4.1 los *h* de Judá: Fares, Hezrón, Carmi, Hur 1121
4.2 Reaía *h* de Sobal engendró a Jahat, y 1121
4.4 éstos fueron los *h* de Hur...de Efrata 1121
4.6 Ahastari. Estos fueron los *h* de Naara 1121
4.7 los *h* de Hela: Zeret, Jezoar y Emán 1121
4.8 Anub...y la familia de Aharhel *h* de Harum 1121
4.13 *h* de Cenaz: Otoniel...los *h* de Otoniel 1121
4.15 los *h* de Caleb *h* de Jefone...e *h* de Ela 1121
4.16 los *h* de Jehalelel: Zif, Zifa, Tirías 1121
4.17 los *h* de Esdras: Jeter, Mered, Efer y 1121
4.18 fueron los *h* de Bitia hija de Faraón 1121
4.19 los *h* de la mujer de Hodías, hermana de 1121
4.20 *h* de Simón: Amnón...los *h* de Isi: Zohet 1121
4.21 *h* de Sela *h* de Judá: Er padre de Leca 1121
4.24 los *h* de Simeón: Nemuel, Jamín, Jarib 1121
4.25 Salum su *h*, Mibsam, su *h* y Misma su *h* 1121
4.26 los *h* de Misma: Hamuel su *h*, Zacur 1121
4.26 de Misma...Zacur su *h*, y Simei su *h* 1121
4.27 los *h* de Simei fueron 16, y seis hijas 1121
4.27 pero sus hermanos no tuvieron muchos *h* 1121
4.27 ni multiplicaron...como los *h* de Judá 1121
4.34 Mesobab, Jamlec, Josías *h* de Amasías 1121
4.35 Jehú *h* de Josibías, *h* de Seraías, *h* de 1121
4.37 y Ziza *h* de Sifi, *h* de Alón, *h* de 1121
4.37 Jedaías, *h* de Simri, *h* de Semaías 1121
4.42 hombres de ellos, de los *h* de Simeón 1121
4.42 capitanes a...Refaías y Uziel, *h* de Isi 1121
5.1 los *h* de Rubén primogénito de Israel 1121
5.1 dados a los *h* de José, *h* de Israel, y no 1121
5.3 los *h* de Rubén...Hanoc, Falú, Hezrón y 1121

5.4 los *h* de Joel: Semaías su *h*, Gog su 1121
5.4 de Joel... Gog su *h*, Simei su *h* 1121
5.5 Micaía su *h*, Reaía su *h*, Baal su *h* 1121
5.6 Beera su *h*, el cual fue transportado por 1121
5.8 y Bela *h* de Azaz, *h* de Sema, *h* de Joel 1121
5.11 y los *h* de Gad habitaron enfrente de 1121
5.14 estos fueron los *h* de Abihail *h* de Huri 1121
5.14 *h* de Jaroa, *h* de Galaad, *h* de Micael 1121
5.14 *h* de Jesisai, *h* de Jahdo, *h* de Buz 1121
5.15 también Ahí *h* de Abdiel, *h* de Guni, fue 1121
5.18 *h* de Rubén y de Gad, y la media tribu 1121
5.23 los *h* de la media tribu de Manasés 1121
6.1,16 los *h* de Leví: Gersón, Coat y Merari 1121
6.2,18 *h* de Coat: Amram, Izhar, Hebrón 1121
6.3 los *h* de Amram: Aarón, Moisés y María 1121
6.3 los *h* de Aarón: Nadab, Abiú, Eleazar e 1121
6.17 los nombres de los *h* de Gersón: Libni 1121
6.19 los *h* de Merari: Mahli y Musi. Estas 1121
6.20 Libni su *h*, Jahat su *h*, Zima su *h* 1121
6.21 *h*, Iddo su *h*, Zera su *h*, Jeatrai su... *h* 1121
6.22 los *h* de Coat: Aminadab su *h* 1121
6.22 de Coat... Coré su *h*, Asir su *h* 1121
6.23 Elcana su *h*, Ebiasaf su *h*, Asir su *h* 1121
6.24 Tahat su *h*, Uriel su *h* 1121
6.24 Uzías su *h*, y Saúl su *h* 1121
6.25 los *h* de Elcana: Amasai y Ahimot 1121
6.26 Elcana su *h*, Zofai su *h*. Nahat su *h* 1121
6.27 Eliab su *h*, Jeroham su *h*, Elcana su *h* 1121
6.28 los *h* de Samuel: El primogénito Vasni 1121
6.29 los *h* de Merari: Mahli, Libni 1121
6.29 Libni su *h*, Simei su *h*, Uza su *h* 1121
6.30 Simea su *h*, Haguía su *h*, Asaías su *h* 1121
6.33 éstos, pues, con sus *h*, ayudaban: de 1121
6.33 los *h* de Coat... Hemán *h* de Joel, *h* de 1121
6.34 *h* de Elcana, *h* de... *h* de Eliel, *h* de Toa 1121
6.35 *h* de Zuf, *h* de Elcana, *h* de Mahat, *h* de 1121
6.36 *h* de Elcana, *h* de Joel, *h* de Azarías 1121
6.36 de Elcana... de Azarías, *h* de Sofonías 1121
6.37 *h* de Tahat, *h* de Asir, *h* de... *h* de Coré 1121
6.38 *h* de Izhar, *h* de Coat, *h* de Leví 1121
6.38 de Izhar... Leví, *h* de Israel 1121
6.39 Asaf, *h* de Berequías, *h* de Simea 1121
6.40 *h* de Micael, *h* de Baasías, *h* de Malquías 1121
6.41 *h* de Etni, *h* de Zera, *h* de Adaía 1121
6.42 *h* de Etán, *h* de Zima, *h* de Simei 1121
6.43 *h* de Jahat, *h* de Gersón, *h* de Leví 1121
6.44 a la mano izquierda... los *h* de Merari 1121
6.44 Etán *h* de Quisi, *h* de Abdi, *h* de Maluc 1121
6.45 *h* de Hasabías, *h* de Amasías, *h* de 1121
6.46 *h* de Amsi, *h* de Bani, *h* de Semer 1121
6.47 *h* de Mahli, *h* de Musi, *h* de... *h* de Leví 1121
6.49 Aarón y sus *h* ofrecían... sobre el altar 1121
6.50 los *h* de Aarón son estos: Eleazar su 1121
6.50 Eleazar su *h*, Finees su *h*, Abisúa su *h* 1121
6.51 Buqui su *h*, Uzi su *h*, Zeraías su *h* 1121
6.52 su *h*, Amarías su *h*, Ahitob su *h* 1121
6.53 Sadoc su *h*, Ahimaas su *h* 1121
6.54 de los *h* de Aarón por las familias de 1121
6.56 aldeas se dieron a Caleb, *h*... de Jefone 1121
6.57 dieron a los *h* de Aarón la ciudad de 1121
6.61 a los *h* de Coat... dieron por suerte 10 1121
6.62 a los *h* de Gersón... dieron de la tribu 1121
6.63 a los *h* de Merari... dieron por suerte 1121
6.64 los *h* de Israel dieron a los levitas 1121
6.65 dieron... de la tribu de los *h*, de Judá 1121
6.65 de los *h* de Simeón... los *h* de Benjamín 1121
6.66 a... los *h* de Coat dieron ciudades con 1121
6.70 los de los *h* de Coat que habían quedado 1121
6.71 a los *h* de Gersón dieron de... de Manasés 1121
6.77 a los *h* de Merari... dieron de la tribu 1121
7.1 los *h* de Isacar fueron cuatro: Tola, Fúa 1121
7.2 los *h* de Tola: Uzi, Refaías, Jeriel 1121
7.3 *h* de Uzi fue Israhías... *h* de Izrahías 1121
7.4 había... porque tuvieron muchas mujeres e *h* ... 1121
7.6 *h* de Benjamín fueron tres: Bela, Bequer 1121
7.7 *h* de Bela: Ezbón, Uzi, Uziel, Jerimot 1121
7.8 los *h* de Bequer: Zemira, Joás, Eliezer 1121
7.8 Alamet; todos éstos fueron *h* de Bequer 1121
7.10 *h* de Jediael fue Bilhán; y los *h* de 1121
7.11 todos éstos fueron *h* de Jedaiel, jefes 1121
7.12 Supim y Hupin... *h* de Hir; y Husim, *h* de 1121
7.13 los *h* de Neftalí... Salúm, *h* de Bilha 1121
7.14 los *h* de Manasés: Asriel, al cual dio a 1121
7.16 Maaca... dio a luz un *h*, y lo llamó Peres 1121
7.16 fue Seres, cuyos *h* fueron Ulam y Requem 1121
7.17 *h* de Ulam fue Bedán. Estos fueron los 1121
7.17 *h* de Galaad, *h* de Maquir, *h* de Manasés 1121
7.19 y los *h* de Semida fueron Ahián, Siquem 1121
7.20 los *h* de Efraín: Sutela, Bered su *h* 1121
7.20 Tahat su *h*, Elada su *h*, Tahat su *h* 1121
7.21 Zabad su *h*, Sutela su *h*, Ezer y Elad 1121
7.21 los *h* de Gat, naturales de... los mataron
7.23 ella concibió y dio a luz un *h*... Bería 1121
7.25 *h* de este Bería fue Reía, y Resef, y 1121
7.25 fue Resef, y Telah su *h*, y Tahán su *h* 1121
7.26 Ladaán su *h*, Amiud su *h*, Elisama su *h* 1121
7.27 Nun su *h*, Josué su *h* 1121
7.29 junto al territorio de los *h* de Manasés 1121
7.29 habitaron los *h* de José *h* de Israel 1121
7.30 los *h* de Aser: Imna, Isúa, Isúi, Bería 1121
7.31 los *h* de Bería: Heber, y Malquiel, el 1121
7.33 los *h* de Jaflet: Pasac... los *h* de Jaflet 1121
7.34 *h* de Semer: Ahí, Rohga, Jehúba y Aram 1121
7.35 los *h* de Helem su hermano: Zofa, Imna 1121
7.36 *h* de Zofa: Súa, Harnefer, Súal, Beri 1121
7.38 los *h* de Jeter: Jefone, Pispa y Ara 1121
7.39 y los *h* de Ula: Ara, Haniel y Rezia 1121
7.40 todos éstos fueron *h* de Aser, cabezas 1121

8.3 los *h* de Bela fueron Adar, Gera, Ahiud 1121
8.6 y estos son los *h* de Aod... los jefes de 1121
8.8 Saharaim engendró *h* en la provincia de 1121
8.10 estos son sus *h*, jefes de familias 1121
8.12 los *h* de Elpaal: Heber, Misam y Semed 1121
8.16 Micael, Ispa y Joha, *h* de Bería 1121
8.18 Ismerai, Jezlías y Jobab, *h* de Elpaal 1121
8.21 Adaías, Beraías y Simrat, *h* de Simei 1121
8.25 Ifdaías y Peniel, *h* de Sasac 1121
8.27 Jaresías, Elías y Zicri, *h* de Jeroham 1121
8.30 y su *h* primogénito Abdón, y Zur, Cis 1121
8.34 *h* de Jonatán fue Merib-baal... a Micaía 1121
8.35 los *h* de Micaía: Pitón, Melec, Tarea 1121
8.37 engendró a Dina, *h* del cual fue Rafa 1121
8.37 *h* del cuál fue Elasa, cuyo *h* fue Azel 1121
8.38 *h* de Azel fueron seis, cuyos nombres 1121
8.38 y Hanán; todos éstos fueron *h* de Azel 1121
8.39 los *h* de Esec su hermano: Ulam... Jehús 1121
8.40 los *h* de Ulam... valientes y vigorosos 1121
8.40 todos éstos fueron de los *h* de Benjamín 1121
9.3 habitaron en Jerusalén, de los *h* de Judá 1121
9.3 los *h* de Benjamín... *h* de Efraín y Manasés 1121
9.4 Utai *h* de Amiud, *h* de Omri, *h* de Imri 1121
9.4 *h* de Bani, de los *h* de Fares *h* de Judá 1121
9.5 y de los silonitas, Asaías el... y sus *h* 1121
9.6 de los *h* de Zera, Jeuel y sus hermanos 1121
9.7 de los *h* de Benjamín: Salú *h* de Mesulam 1121
9.7 de Mesulam, *h* de Hodavías, *h* de Asenúa 1121
9.8 *h* de Jeroham, Ela *h* de Uzi, *h* de Micri 1121
9.8 *h* de Sefatías, *h* de Reuel, *h* de Ibnías 1121
9.11 Azarías *h* de Hilcías, *h* de Mesulam 1121
9.11 *h* de Sadoc, *h* de Meraiot, *h* de Ahitob 1121
9.12 Adaía *h* de Jeroham, *h* de Pasur, *h* de 1121
9.12 Masai *h* de Adiel, *h* de Jazera, *h* de 1121
9.12 Mesulam, *h* de Mesilemit, *h* de Imer 1121
9.14 los levitas: Semaías *h* de Hasub, *h* de 1121
9.14 Azricam, *h* de Hasabías, de los *h* de 1121
9.15 *h* de Micaía, *h* de Zicri, *h* de Asaf 1121
9.16 Obadías *h* de Semaías, *h* de Galal, *h* de 1121
9.16 y Berequías *h* de Asa, *h* de Elcana, el 1121
9.18 *h* de Leví han sido estos los porteros 1121
9.19 Salum *h* de Coré, *h* de Ebiasaf, *h* de 1121
9.20 Finees *h* de Eleazar fue antes capitán 1121
9.21 y Zacarías *h* de Meselemías era portero 1121
9.23 así ellos y sus *h* eran porteros por sus 1121
9.30 *h* de los sacerdotes hacían los perfumes 1121
9.32 algunos de los *h* de Coat... tenían a su 1121
9.36 su primogénito Abdón, luego Zur, Cis 1121
9.40 *h* de Jonatán fue Merib-baal... engendró 1121
9.41 los *h* de Micaía: Pitón, Melec, Tarea y 1121
9.43 engendró a Bina, cuyo *h* fue Refaías 1121
9.43 del que fue *h* Elasa, cuyo *h* fue Azel 1121
9.44 Azel tuvo seis *h*... fueron los *h* de Azel 1121
10.2 los filisteos siguieron a Saúl y a sus *h* 1121
10.2 y mataron los filisteos a... *h* de Saúl 1121
10.6 así murieron Saúl y sus tres *h*... con él 1121
10.7 viendo... que Saúl y sus *h* eran muertos 1121
10.8 hallaron a Saúl y a sus *h* tendidos en 1121
10.12 tomaron el cuerpo... los cuerpos de sus *h* 1121
10.14 y traspasó el reino a David *h* de Isaí 1121
11.6 Joab *h* de Sarvia subió el primero, y fue 1121
11.11 Jasobeam *h* de Hacmoni, caudillo de los 1121
11.12 Eleazar *h* de Dodo, ahohita, el cual era 1121
11.22 Benaía *h* de Joiada, *h* de un... valiente 1121
11.24 esto hizo Benaía *h* de Joiada, y fue 1121
11.26 valientes... Elhanan *h* de Dodo de Belén 1121
11.28 Ira *h* de Iques tecoíta, Abiezer 1121
11.30 Maharai netofatita, Heled *h* de Baana 1121
11.31 Itai *h* de Ribai, de Gabaa de los *h* de 1121
11.34 los *h* de Hasem gizonita, Jonatán *h* de 1121
11.35 Ahiam *h* de Sacar ararita, Elifal *h* de 1121
11.37 Hezro carmelita, Naarai *h* de Ezbai 1121
11.38 Joel hermano de Natán, Mibhar *h* de 1121
11.39 Naharai... escudero de Joab *h* de... Sarvia 1121
11.41 Urías heteo, Zabad *h* de Ahlai 1121
11.42 Adina *h* de Siza rubenita, príncipe de 1121
11.43 Hanán *h* de Maaca, Josafat mitnita 1121
11.44 Sama y Jehiel *h* de Hotam aroerita 1121
11.45 Jediael *h* de Simri, y Joha su hermano 1121
11.46 Jerebai y Josavía *h* de Elnaan, Itma 1121
12.1 encerrado por causa de Saúl *h* de Cis 1121
12.3 Abiezer... Joás, *h* de Semaa gabaatita 1121
12.3 Jeziel y Pelet *h* de Azmavet, Beraca 1121
12.7 Joela y Zebadías *h* de Jeroham de Gedor 1121
12.14 éstos fueron capitanes... los *h* de Gad 1121
12.16 de los *h* de Benjamín... vinieron a David 1121
12.18 ti, oh David, y contigo, oh *h* de Isaí 1121
12.24 de los *h* de Judá... 6.800, listos para 1121
12.25 *h* de Simeón, 7.100 hombres, valientes 1121
12.26 los *h* de Leví, cuatro mil seiscientos 1121
12.29 de los *h* de Benjamín... tres mil; porque 1121
12.30 los *h* de Efraín, 20.800, muy valientes 1121
12.32 de los *h* de Isacar, 200 principales 1121
14.3 tomó... y engendró David más *h* e hijas 1121
15.4 reunió... David a los *h* de Aarón y a los 1121
15.5 de los *h* de Coat, Uriel el principal 1121
15.6 los *h* de Merari, Asaías el principal 1121
15.7 de los *h* de Gersón, Joel el Principal 1121
15.8 de los *h* de Elizafán, Semaías el... 200 1121
15.9 de los *h* de Hebrón, Eliel el principal 1121
15.10 los *h* de Uziel, Aminadab el principal 1121
15.15 los *h* de los levitas trajeron el arca de 1121
15.17 Hemán *h* de Joel... Asaf *h* de Berequías 1121
15.17 los *h* de Merari... a Etán *h* de Cusaías 1121
16.13 oh vosotros, *h* de Israel... *h* de Jacob 1121
16.38 y a Obed-edom *h* de Jedutún y a Hosa 1121
16.42 y a los *h* de Jedutún para porteros 1121
17.5 el día que saqué a los *h* de Israel hasta 1121

17.9 ni los *h* de iniquidad lo consumirán más 1121
17.11 descendencia... a uno de entre tus *h* 1121
17.13 él me será por *h*; y no quitaré de él 1121
18.10 envió a Adoram su *h* al rey David, para 1121
18.11 oro... de Moab, de los *h* de Amón, de los 1121
18.12 Abisai *h* de Sarvia destrozó en el valle 1121
18.15 y Joab *h* de Sarvia era general del 1121
18.15 y Josafat *h* de Ahilud, canciller 1121
18.16 Sadoc *h* de Ahitob y Abimelec *h* de 1121
18.17 y Benaía *h* de Joiada estaba sobre los 1121
18.17 y los *h* de David eran los príncipes 1121
19.1 que murió Nahas rey de los *h* de Amón 1121
19.1 murió Nahas... y reinó en su lugar su *h* 1121
19.2 manifestaré misericordia con Hanún *h* 1121
19.2 llegaron... a la tierra de los *h* de Amón 1121
19.3 los príncipes de los *h* de Amón dijeron 1121
19.6 y viendo los *h* de Amón que se habían 1121
19.6 los *h* de Amón enviaron mil talentos de 1121
19.7 y se juntaron también los *h* de Amón de 1121
19.9 los *h* de Amón salieron, y ordenaron la 1121
19.15 los *h* de Amón, viendo que los sirios 1121
19.19 nunca más quiso ayudar a los *h* de Amón 1121
20.1 y destruyó la tierra de los *h* de Amón 1121
20.3 a todas las ciudades de los *h* de Amón 1121
20.5 Elhanán *h* de Jair mató a Lahmi, hermano 1121
20.7 lo mató Jonatán, *h* de Simea hermano de 1121
21.6 no fueron contados... los *h* de Benjamín 1121
21.20 por lo que se escondieron cuatro *h* 1121
22.5 Salomón mi *h* es muchacho y de tierna 1121
22.6 llamó entonces David a Salomón su *h* 1121
22.7 *h* mío, en mi corazón tuve el edificar 1121
22.9 te nacerá un *h*, el cual será varón de 1121
22.10 él me será a mí por *h*, y yo... por padre 1121
22.11 ahora pues, *h* mío, Jehová esté contigo 1121
22.17 mandó... que ayudasen a Salomón su *h* 1121
23.1 hizo a Salomón su *h* rey sobre Israel 1121
23.6 en grupos conforme a los *h* de Leví 1121
23.7 los *h* de Gersón: Laadán y Simei 1121
23.8 *h* de Laadán, tres; Jehiel el primero 1121
23.9 los *h* de Simei, tres: Selomit, Haziel 1121
23.10 *h* de Simei: Jahat, Zina, Jeús y Bería 1121
23.10 caos cuatro fueron los *h* de Simei 1121
23.11 pero Jeús y Bería no tuvieron muchos *h* 1121
23.12 los *h* de Coat: Amram, Izhar, Hebrón 1121
23.13 *h* de Amram: Aarón y Moisés. Y Aarón 1121
23.13 Aarón fue apartado... él y sus *h* para 1121
23.14 los *h* de Moisés varón de Dios fueron 1121
23.15 *h* de Moisés fueron Gersón y Eliezer 1121
23.16 *h* de Gersón fue Sebuel el Jefe 1121
23.17 e *h* de Eliezer fue Rehabías el jefe 1121
23.17 Eliezer no tuvo otros *h*; mas los *h* de 1121
23.18 *h* de Izhar fue Selomit el jefe 1121
23.19 *h* de Hebrón: Jerías el Jefe, Amarías 1121
23.20 *h* de Uziel: Micaía el jefe, e Islas el 1121
23.21 *h* de Merari: Mahli y Musi. Los *h* de 1121
23.22 murió Eleazar sin *h*; pero tuvo hijas 1121
23.22 los *h* de Cis... las tomaron por mujeres 1121
23.23 los *h* de Musi: Mahli, Edar y Jeremot 1121
23.24 son los *h* de Leví en las familias de 1121
23.27 se hizo la cuenta de los *h* de Leví de 1121
23.28,32 bajo las órdenes de los *h* de Aarón 1121
24.1 los *h* de Aarón fueron distribuidos en 1121
24.1 los *h* de Aarón: Nadab, Abiú, Eleazar 1121
24.2 Nadab y Abiú murieron... no tuvieron *h* 1121
24.3 y David, con Sadoc de los *h* de Eleazar 1121
24.3 con Sadoc... y Ahimelec de los *h* de Itamar 1121
24.4 de los *h* de Eleazar había más varones 1121
24.4 principales que de los *h* de Itamar; y 1121
24.4 los *h* de Eleazar, 16 cabezas de casas 1121
24.4 *h* de Itamar, por su casas paternas, 8 1121
24.5 los *h* de Eleazar y de los *h* de Itamar 1121
24.6 escriba Semaías *h* de Natanael... escribió 1121
24.6 delante de... Ahimelec *h* de Abiatar y de 1121
24.20 de los *h* de Leví que quedaron: Subael 1121
24.20 los *h* de Amram; y de los *h* de Subael 1121
24.21 de los *h* de Rehabías, Islas el jefe 1121
24.22 los izharitas... e *h* de Selomot, Jahat 1121
24.23 de los *h* de Hebrón: Jerías el jefe, el 1121
24.24 *h* de Uziel, Micaía; e *h* de Micaía 1121
24.25 de Micaía, Islas; e *h* de Islas, Zacarías 1121
24.26 los *h* de Merari: Mahli y... *h* de Joazías 1121
24.27 *h* de Merari por Jaazías: Beno, Soham 1121
24.28 y de Mahli, Eleazar, quien no tuvo *h* 1121
24.29 *h* de Cis, Jerameel 1121
24.30 los *h* de Musi: Mahli, Edar y Jerimot 1121
24.30 fueron los *h* de los levitas conforme a 1121
24.31 suertes, como sus hermanos los *h* de 1121
25.1 apartaron... a los *h* de Asaf, de Hemán y 1121
25.2 los *h* de Asaf: Zacur, José... *h* de Asaf 1121
25.3 *h* de Jedutún: Gedalías, Zeri, Jesaías 1121
25.4 de los *h* de Hemán: Buquías, Matanías 1121
25.5 éstos fueron *h* de Hemán, vidente del rey 1121
25.5 y Dios dio a Hemán 14 *h* y tres hijas 1121
25.9 Gedalías, quien con sus hermanos e *h* 1121
25.10,11,12,13,14,15,16,17,18,19,20,21,22,23,24,
25,26,27,28,29,30,31 con sus *h* y sus hermanos, doce. 1121
26.1 Meslemías *h* de Coré, de los *h* de Asaf 1121
26.2 los *h* de Meselemías: Zacarías... Jedaiel 1121
26.4 los *h* de Obed-edom: Semaías... Jozabad el 1121
26.6 también de Semaías su *h* nacieron *h* que 1121
26.7 los *h* de Semaías: Otni, Rafael, Obed 1121
26.8 todos éstos de los *h* de Obed-edom; ellos 1121
26.8 sus *h* y sus hermanos, hombres robustos 1121
26.9 los *h* de Meselemías y sus hermanos, 18 1121
26.10 de Hosa, de los *h* de Merari: Simri el 1121
26.11 todos los *h* de Hosa y sus hermanos... 13 1121
26.14 metieron en las suertes a Zacarías su *h* 1121
26.15 y a sus *h* la casa de provisiones del 1121

26.19 *h* de los coreítas y de los *h* de Merari 1121
26.21 cuanto a los *h* de Laadán *h* de Gersón 1121
26.22 *h* de Jehieli, Zetam y Joel su hermano 1121
26.24 Sebuel *h* de Gersón, *h* de Moisés, era 1121
26.25 Eliezer, *h* de éste era Rehabías, *h* de 1121
26.25 de éste Jesaías, *h* de éste Joram, *h* de 1121
26.25 de éste Zicri, del que fue *h* Selomit 1121
26.28 que había consagrado...Saúl *h* de Cis 1121
26.28 Abner *h* de Ner y Joab *h* de Sarvia, y 1121
26.29 Quenanías y sus *h* eran gobernadores 1121
27.1 son los principales de los *h* de Israel 1121
27.2 Jasobeam *h* de Zabdiel; y había en su 1121
27.3 de los *h* de Fares, él fue jefe de todos 1121
27.5 era Benaía, *h* del sumo sacerdote Joiada 1121
27.6 y en su división estaba Amisabad su *h* 1121
27.7 y después de él Zebadías su *h*; y en su 1121
27.9 para el sexto mes era Ira *h* de Iques, de 1121
27.10 era Heles pelonita, de los *h* de Efraín 1121
27.14 Benaía piratonita, de los *h* de Efraín 1121
27.16 el jefe de los rubenitas era Eliezer *h* 1121
27.16 los simeonitas, Sefatías, *h* de Maaca 1121
27.17 de los levitas, Hasabías *h* de Kemuel 1121
27.18 de los de Isacar, Omri *h* de Micael 1121
27.19 de los de Zabulón, Ismaías *h* de Abdías 1121
27.19 de los de Neftalí, Jerimot *h* de Azriel 1121
27.20 de los *h* de Efraín, Oseas *h* de Azozías 1121
27.20 la tribu de Manasés, Joel *h* de Pedaías 1121
27.21 la otra media tribu de Manasés...Iddo *h* 1121
27.21 de los de Benjamín, Jaasiel *h* de Abner 1121
27.22 y de Dan, Azareel *h* de Jeroham. Estos 1121
27.24 Joab *h* de Sarvia había comenzado a 1121
27.25 Azmavet *h* de Adiel tenía a su cargo los 1121
27.25 Jonatán *h* de Uzías los tesoros de los 1121
27.26 que trabajaban en la labranza, Ezri *h* 1121
27.29 ganado...en los valles, Safat *h* de Adlai 1121
27.32 y Jehiel *h* de...estaba con los *h* del rey 1121
27.34 después de...estaba Joiada *h* de Benaía 1121
28.1 hacienda y posesión del rey y de sus *h* 1121
28.4 entre los *h* de mi padre se agradó de mí 1121
28.5 de entre...mis *h*...eligió a mi *h* Salomón 1121
28.5 porque Jehová me ha dado muchos *h* 1121
28.6 Salomón tu *h*...a éste he escogido por *h* 1121
28.8 y la dejéis en herencia a vuestros *h* 1121
28.9 Salomón, *h* mío, reconoce al Dios de tu 1121
28.11 David dio a Salomón su *h* el plano del 1121
28.20 dijo...David a Salomón su *h*: Anímate y 1121
29.1 a Salomón mi *h* ha elegido Dios; él es 1121
29.19 da a mi *h* Salomón corazón perfecto 1121
29.22 la investidura...a Salomón *h* de David 1121
29.24 los *h* del rey...homenaje al rey Salomón 1121
29.26 así reinó David *h* de Isaí sobre todo 1121
29.28 murió...reinó en su lugar Salomón su *h* 1121
2 Cr 1.1 Salomón *h* de David fue afirmado en 1121
1.5 había hecho Bezaleel *h* de Uri, *h* de Hur 1121
2.12 dio al rey David un *h* sabio, entendido 1121
2.14 *h* de una mujer de las hijas de Dan, mas 1121
5.2 los jefes de las familias de los *h* de 1121
5.10 Jehová había hecho pacto con los *h* de 1121
5.12 levitas cantores...sus *h* y sus hermanos 1121
6.9 tú no...sino tu *h* que saldrá de tus lomos 1121
6.11 el pacto de Jehová...con los *h* de Israel 1121
6.16 con tal que tus *h* guarden su camino 1121
6.30 tú conoces el corazón de los *h* de los 1121
7.3 vieron todos los *h* de Israel descender 1121
8.2 y estableció en ellas a los *h* de Israel 1121
8.8 *h* de los que habían quedado en la tierra 1121
8.8 los cuales los *h* de Israel no destruyeron 1121
8.9 *h* de Israel no puso Salomón siervos en 1121
9.29 la profecía...contra Jeroboam *h* de Nabat 1121
8.31 durmió...reinó en su lugar Roboam su *h* 1121
10.2 y cuando lo oyó Jeroboam *h* de Nabat, el 1121
10.15 había hablado...a Jeroboam *h* de Nabat 1121
10.16 no tenemos herencia en el *h* de Isaí 1121
10.17 reinó Roboam sobre los *h* de Israel que 1121
10.18 lo apedrearon los *h* de Israel, y murió 1121
11.3 habla a Roboam *h* de Salomón, rey de 1121
11.14 Jeroboam y sus *h* los excluyeron del 1121
11.17 y confirmaron a Roboam *h* de Salomón 1121
11.18 Jerimot, *h* de David y de Abihail hija 1121
11.18 de Abihail hija de Eliab, *h* de Isaí 1121
11.19 la cual le dio a luz estos *h*: Jeús 1121
11.21 Roboam amó...y engendró 28 *h* y 60 hijas 1121
11.22 y puso Roboam a Abías *h* de Maaca por 1121
11.23 y esparció a todos sus *h* por todas las 1121
12.16 durmió...y reinó en su lugar Abías su *h* 1121
13.5 Jehová dio el reino a David...y a sus *h* 1121
13.6 Jeroboam *h* de...siervo de Salomón *h* de 1121
13.7 y pudieron más que Roboam *h* de Salomón 1121
13.8 al reino de...en mano de los *h* de David 1121
13.9 ¿no habéis arrojado...a los *h* de Aarón 1121
13.10 y los sacerdotes...son los *h* de Aarón 1121
13.12 *h* de Israel, no peleéis contra...Dios 1121
13.16 y huyeron los *h* de Israel delante de 1121
13.18 así fueron humillados los *h* de Israel 1121
13.18 los *h* de Judá prevalecieron, porque se 1121
13.21 Abías...tomó...engendró 22 *h* y 16 hijas 1121
14.1 durmió...y reinó en su lugar su *h* Asa 1121
15.1 el Espíritu de Dios sobre Azarías *h* de 1121
15.8 oyó Asa las...la profecía del...Azarías *h* 1121
17.1 reinó en su lugar Josafat su *h*, el cual 1121
17.16 tras éste, Amasías *h* de Zicri, el cual 1121
18.7 aún hay aquí un...es Micaías *h* de Imla 1121
18.8 haz venir luego a Micaías *h* de Imla 1121
18.10 Sedequías *h* de Quenaana se había hecho 1121
18.23 Sedequías *h* de Quenaana se le acercó 1121
18.25 y llevadlo a Amón...y a Joás *h* del rey 1121
19.2 le salió al...el vidente Jehú *h* de Hanani 1121
19.11 que os presida...Zebadías *h* de Ismael 1121
20.1 los *h* de Moab, y de Amón, y con ellos 1121
20.10 he aquí los *h* de Amón y de Moab, y los 1121
20.13 con sus niños y sus mujeres y sus *h* 1121
20.14 Jahaziel *h* de Zacarías, *h* de Benaía 1121
20.14 *h* de Jeiel, *h* de Matanías, levita de 1121
20.14 de los *h* de Asaf, sobre el cual vino 1121
20.19 de los *h* de Coat y de los *h* de Coré 1121
20.22 Jehová puso contra los *h* de Amón, de 1121
20.23 los *h* de Amón y...se levantaron contra 1121
20.34 en las palabras de Jehú *h* de Hanani 1121
20.37 Eliezer *h* de Dodava...profetizó contra 1121
21.1 Josafat, reinó en su lugar Joram su *h* 1121
21.2 quien tuvo por hermanos, *h* de Josafat 1121
21.2 todos estos fueron *h* de Josafat rey de 1121
21.7 que le daría lámpara a él y a sus *h* 1121
21.14 herirá a tu pueblo...y a tus *h* y a tus 1121
21.17 tomaron...a sus *h* y a sus mujeres; y no 1121
21.17 no le quedó más *h* sino...menor de sus *h* 1121
22.1 en lugar de Joram a Ocozías su *h* menor 1121
22.1 reinó Ocozías, *h* de Joram rey de Judá 1121
22.5 fue a la guerra con Joram *h* de Acab, rey 1121
22.6 y descendió Ocozías *h* de...a Joram *h* de 1121
22.7 salió...contra Jehú *h* de Nimsi, al cual 1121
22.8 halló a...*h* de los hermanos de Ocozías 1121
22.9 *h* de Josafat, quien de todo su corazón 1121
22.10 Atalía...viendo que su *h* era muerto, se 1121
22.11 Josabet, hija del rey, tomó a Joás *h* 1121
22.11 escondiéndolo de entre los demás *h* del 1121
23.1 tomó...en alianza a...Azarías *h* de Jeroham 1121
23.1 Ismael *h* de Johanán, Azarías *h* de Obed 1121
23.1 Maasías *h* de Adaía, y Elisafat *h* de 1121
23.3 he aquí el *h* del rey, el cual reinará 1121
23.3 como...ha dicho respecto a los *h* de David 1121
23.11 *h* del rey...Joiada y sus *h* lo ungieron 1121
24.3 tomó...dos mujeres; y engendró *h* e hijas 1121
24.7 la impía Atalía y sus *h* habían destruido 1121
24.20 Espíritu de Dios vino sobre Zacarías *h* 1121
24.22 antes mató a su *h*, quien dijo al morir 1121
24.25 causa de la sangre de los *h* de Joiada 1121
24.26 que conspiraron contra él...Zabad *h* de 1121
24.26 Simeat amonita, y Josabad *h* de Simrit 1121
24.27 cuanto a los *h* de Joás...está escrito 1121
24.27 Joás...reinó en su lugar Amasías su *h* 1121
25.4 pero no mató a los *h* de ellos, según lo 1121
25.4 no morirán...por los *h* ni los *h* por los 1121
25.7 Jehová no está...ni con los *h* de Efraín 1121
25.11 Sal, y mató de los *h* de Seir diez mil 1121
25.12 los *h* de Judá tomaron vivos a...10.000 1121
25.14 consigo los dioses de los *h* de Seir 1121
25.17 a decir a Joás *h* de Joacaz, *h* de Jehú 1121
25.18 da tu hija a mi *h* por mujer. Y he aquí 1121
25.23 apresó...a Amasías rey...*h* de Joás, *h* de 1121
25.24 tomó todo el oro...los *h* de los nobles 1121
25.25 vivió Amasías *h* de Joás, rey de Judá 1121
25.25 años después de la muerte de Joás *h* 1121
26.18 no...sino a los sacerdotes *h* de Aarón 1121
26.21 Jotam su *h* tuvo cargo de la casa real 1121
26.22 escritos por el profeta Isaías, *h* de 1121
26.23 Uzías...reinó Jotam su *h* en lugar suyo 1121
27.5 él guerra con el rey de los *h* de Amón 1121
27.5 le dieron los *h* de Amón en aquel año 1121
27.5 dieron los *h* de Amón, y lo mismo en el 1121
27.9 Jotam...y reinó en su lugar Acaz su *h* 1121
28.3 incienso en el valle de los *h* de Hinom 1121
28.3 hizo pasar a sus *h* por fuego, conforme 1121
28.3 había arrojado de...de los *h* de Israel 1121
28.6 *h* de Remalías mató en un día 120.000 1121
28.7 mató a Maasías *h* del rey, a Azricam su 1121
28.8 los *h* de Israel tomaron cautivos de sus 1121
28.12 levantaron algunos...de los *h* de Efraín 1121
28.12 Azarías *h* de Johanán, Berequías *h* de 1121
28.12 Ezequías *h* de Salum, y Amasa *h* de 1121
28.27 Acaz...reinó en su lugar Ezequías su *h* 1121
29.9 y nuestros *h*...fueron llevados cautivos 1121
29.11 *h* míos, no os engañéis ahora, porque 1121
29.12 Mahat *h* de Amasai y Joel *h* de Azarías 1121
29.12 de los *h* de Coat; y de los *h* de Merari 1121
29.12 Cis *h* de Abdi y Azarías *h* de Jehalelel 1121
29.12 *h* de Gersón, Joa *h* de Zima y Edén *h* de 1121
29.13 de los *h* de Elizafán...de los *h* de Asaf 1121
29.14 los *h* de Hemán...y de los *h* de Jedutún 1121
29.21 dijo a los sacerdotes *h* de Aarón que 1121
30.6 *h* de Israel, volveos a Jehová el Dios 1121
30.9 vuestros *h* hallarán misericordia delante 1121
30.21 los *h* de Israel...celebraron la fiesta 1121
30.26 desde los días de Salomón *h* de David 1121
31.1 se volvieron todos los *h* de Israel a sus 1121
31.5 los *h* de Israel dieron muchas primicias 1121
31.6 *h* de Israel y de Judá, que habitaban en 1121
31.14 Coré *h* de Imna, guarda de la puerta 1121
31.18 eran inscritos con...sus *h* e hijas, toda 1121
31.19 del mismo modo para los *h* de Aarón 1121
32.20 y el profeta Isaías *h* de Amoz oraron 1121
32.21 allí lo mataron a espada sus propios *h* 3318
32.32 en la profecía del...Isaías *h* de Amoz 1121
32.33 de los sepulcros de los *h* de David 1121
32.33 durmió Ezequías...su lugar Manasés su *h* 1121
33.2 Jehová había echado de delante de los *h* 1121
33.6 y pasó sus *h* por fuego en el valle del 1121
33.7 dicho Dios a David y a Salomón su *h* 1121
33.9 que Jehová destruyó delante de los *h* de 1121
33.20 durmió...y reinó en su lugar Amón su *h* 1121
33.25 el pueblo...puso por rey...a Josías su *h* 1121
34.8 envió a Safán *h* de Azalía, a Maasías 1121
34.8 y a Joa *h* de Joacaz, canciller, para que 1121
34.12 de los *h* de Merari y...de los *h* de Coat 1121
34.20 y mandó a Hilcías a Ahicam *h* de Safán 1121
34.20 Abdón *h* de Micaía, y a Safán escriba 1121
34.22 Salum *h* de Ticva, *h* de Harhas, guarda 1121
34.33 las abominaciones...de los *h* de Israel 1121
35.3 la casa que edificó Salomón *h* de David 1121
35.4 lo ordenaron David rey...y Salomón su *h* 1121
35.5 de vuestros hermanos los *h* del pueblo 1121
35.14 los...*h* de Aarón, estuvieron ocupados 1121
35.14 prepararon para...para los...*h* de Aarón 1121
35.15 los cantores *h* de Asaf estaban en su 1121
35.17 los *h* de Israel...celebraron la pascua 1121
36.1 a Joacaz *h* de Josías, y lo hizo rey en 1121
36.8 Joacim...reinó en su lugar Joaquín su *h* 1121
36.20 fueron siervos de él y de sus *h*, hasta 1121
Esd 2.1 los *h* de la provincia que subieron del 1121
2.3 los *h* de Paros, 2.172 1121
2.4 los *h* de Sefatías, 372 1121
2.5 los *h* de Ara, 775 1121
2.6 los *h* de Pahat-moab, de los *h* de Jesúa 1121
2.7 los *h* de Elam, 1.254 1121
2.8 los *h* de Zatu, 945 1121
2.9 los *h* de Zacai, 770 1121
2.10 los *h* de Bani, 642 1121
2.11 los *h* de Bebai, 623 1121
2.12 los *h* de Azgad, 1.222 1121
2.13 los *h* de Adonicam, 666 1121
2.14 los *h* de Bigvai, 2.056 1121
2.15 los *h* de Adín, 454 1121
2.16 los *h* de Ater, de Ezequías, 98 1121
2.17 los *h* de Bezai, 323 1121
2.18 los *h* de Jora, 102 1121
2.19 los *h* de Hasum, 223 1121
2.20 los *h* de Gibar, 95 1121
2.21 los *h* de Belén, 123 1121
2.24 los *h* de Azmavet, 42 1121
2.25 los *h* de Quiriat-jearim, Cafira y...743 1121
2.26 los *h* de Ramá y Geba, 621 1121
2.29 los *h* de Nebo, 52 1121
2.30 los *h* de Magbis, 156 1121
2.31 los *h* del otro Elam, 1.254 1121
2.32 los *h* de Harim, 320 1121
2.33 los *h* de Lod, Hadid y Ono, 725 1121
2.34 los *h* de Jericó, 345 1121
2.35 los *h* de Senaa, 3.630 1121
2.36 los *h* de Jedaías, de la casa de Jesúa 1121
2.37 los *h* de Imer, 1.052 1121
2.38 los *h* de Pasur, 1.247 1121
2.39 los *h* de Harim, 1.017 1121
2.40 los *h* de Jesúa y de Cadmiel 1121
2.40 de los *h* de Hodavías, 74 1121
2.41 los cantores: los *h* de Asaf, 128 1121
2.42 los *h* de los porteros: los *h* de Salum 1121
2.42 los *h* de Ater, los *h* de Talmón, los 1121
2.42 los *h* de Acub, los *h* de Hatita 1121
2.42 los *h* de Sobai; por todos, 139 1121
2.43 *h* de Ziha, los *h* de Hasufa, los *h* de 1121
2.44 *h* de Queros, los *h* de Siaha, los *h* de 1121
2.45 *h* de Lebana, los *h* de Hagaba, los *h* de 1121
2.46 *h* de Hagab, los *h* de Salmai, los *h* de 1121
2.47 los *h* de Gidel, los *h* de Gahar, los *h* 1121
2.48 los *h* de Rezín, los *h* de Necoda, los *h* 1121
2.49 los *h* de Uza, los *h* de Paseah, los *h* de 1121
2.50 *h* de Asena, los *h* de Menumin, los *h* de 1121
2.51 *h* de Bacbuc, los *h* de Hacufa, los *h* de 1121
2.52 *h* de Bazlut, los *h* de Mehída, los *h* de 1121
2.53 *h* de Barcos, los *h* de Sísara, los *h* de 1121
2.54 los *h* de Nezía, los *h* de Hatita 1121
2.55 los *h* de los siervos de Salomón: los *h* 1121
2.55 los *h* de Soferet, los *h* de Peruda 1121
2.56 *h* de Jaala, los *h* de Darcón, los *h* de 1121
2.57 los *h* de Sefatías, los *h* de Hatil 1121
2.57 los *h* de Poqueret-hazebaim, los *h* de Ami 1121
2.58 todos...*h* de los siervos de Salomón, 392 1121
2.60 *h* de Delaía, los *h* de Tobías, los *h* de 1121
2.61 *h* de los sacerdotes: los *h* de Habaía 1121
2.61 los *h* de Cos, los *h* de Barzilai, el cual 1121
3.1 estando los *h* de Israel ya establecidos 1121
3.2 se levantaron Jesúa *h* de Josadac y sus 1121
3.2 Zorobabel *h* de Salatiel y sus hermanos 1121
3.8 Zorobabel *h* de Salatiel, Jesúa *h* de 1121
3.9 Jesúa también, sus *h* y sus hermanos 1121
3.9 Cadmiel y sus *h*, *h* de Judá, como un solo 1121
3.9 los *h* de Henadad, sus *h* y sus hermanos 1121
3.10 a los levitas *h* de Asaf con címbalos 1121
5.1 profetizaron Hageo y Zacarías *h* de Iddo 1247
5.2 Zorobabel *h* de Salatiel y Jesúa *h* de 1247
6.10 oren por la vida del rey y por sus *h* 1123
6.14 profeta Hageo y de Zacarías *h* de Iddo 1247
6.16 los *h* de Israel, los sacerdotes, los 1121
6.19 los *h* de la cautividad celebraron la 1121
6.20 sacrificaron la pascua por...los *h* de 1121
6.21 los *h* de Israel que habían vuelto del 1121
7.1 Esdras *h* de Seraías, *h* de Azarías, *h* de 1121
7.2 *h* de Salum, *h* de Sadoc, *h* de Ahitob 1121
7.3 *h* de Amarías, *h* de Azarías, *h* de Meraiot 1121
7.4 *h* de Zeraías, *h* de Uzi, *h* de Buqui 1121
7.5 *h* de Abisúa, *h* de Finees, *h* de Eleazar 1121
7.5 Eleazar, *h* de Aarón, primer sacerdote 1121
7.7 y con él subieron...de los *h* de Israel 1121
7.23 contra el reino del rey y de sus *h*? 1123
8.2 de los *h* de Finees, Gersón; de los *h* de 1121
8.2 de Itamar, Daniel; de los *h* de David 1121
8.3 los *h* de Secanías y de los *h* de Paros 1121
8.4 de los *h* de Pahat-moab, Elioenai *h* de 1121
8.5 de los *h* de Secanías, el *h* de Jahaziel 1121
8.6 de los *h* de Adín, Ebed *h* de Jonatán, y 1121
8.7 de los *h* de Elam, Jesaías *h* de Atalías 1121
8.8 los *h* de Sefatías, Zebadías *h* de Micael 1121
8.9 de los *h* de Joab, Obadías *h* de Jehiel 1121
8.10 de los *h* de Selomit, el *h* de Josifías 1121

8.11 de los *h* de Bebai, Zacarías *h* de Bebai 1121
8.12 de los *h* de Azgad, Johanán *h* de Hacatán 1121
8.13 los *h* de Adonicam, los postreros, cuyos 1121
8.14 *h* de Bigvai, Utai y Zabud, y con ellos 1121
8.15 buscando... no hallé allí de los *h* de Leví 1121
8.18 un varón... de los *h* de Mahli *h* de Leví 1121
8.18 *h* de Israel; a Serebías con sus *h*... 18 1121
8.19 Jesaías de los *h* de Merari... sus *h*, 20 1121
8.33 Meremot *h* de Urías, y con él Eleazar *h* 1121
8.33 con ellos Jozabad *h* de Jesúa y Noadías *h* 1121
8.35 los *h* de la cautividad... holocaustos al 1121
9.2 las hijas de ellos para sí y para sus *h* 1121
9.12 no daréis vuestras hijas a los *h* de 1121
9.12 ni sus hijas tomaréis para vuestros *h* 1121
9.12 y la dejéis por heredad a vuestros *h* 1121
10.2 Secanías *h* de Jehiel, de los *h* de Elam 1121
10.6 fue a la cámara de Johanán *h* de Eliasib 1121
10.7 todos los *h* del cautiverio se reuniesen 1121
10.15 Jonatán *h* de Asael y Jahazías *h* de 1121
10.16 así hicieron los *h* del cautiverio 1121
10.18 *h* de los sacerdotes que habían tomado 1121
10.18 de los *h* de Jesúa *h* de Josadac, y de 1121
10.20 de los *h* de Imer: Hanani y Zebadías 1121
10.21 de los *h* de Harim: Maasías, Elías 1121
10.22 de los *h* de Pasur; Elioenai, Maasías 1121
10.23 los *h* de los levitas: Jozabad, Simei 3881
10.25 de los *h* de Paros: Ramía, Jezías 1121
10.26 de los *h* de Elam: Matanías, Zacarías 1121
10.27 de los *h* de Zatu: Elioenai, Eliasib 1121
10.28 de los *h* de Bebai: Johanán, Hananías 1121
10.29 los *h* de Bani: Mesulam, Maluc, Adaía 1121
10.30 de los *h* de Pahat-moab: Adna, Quelal 1121
10.31 de los *h* de Harim: Eliezer, Islas 1121
10.33 de los *h* de Hasum: Matenai, Matata 1121
10.34 de los *h* de Bani: Madai, Amram, Uel 1121
10.43 y de los *h* de Nebo: Jeiel, Matatías 1121
10.44 mujeres de ellos... habían dado a luz *h* 1121
Neh 1.1 palabras de Nehemías *h* de Hacalías 1121
1.6 la oración... los *h* de Israel tus siervos 1121
1.6 confieso los pecados de los *h* de Israel 1121
2.10 para procurar el bien de los *h* de Israel 1121
3.2 junto a... luego edificó Zacur *h* de Imri 1121
3.3 los *h* de Sanaa edificaron la puerta del 1121
3.4 restauró Meremot *h* de Urías, *h* de Cos 1121
3.4 Mesulam *h* de Berequías, *h* de Mesezabeel 1121
3.4 junto a ellos restauró Sadoc *h* de Baana 1121
3.6 por Joiada *h* de... y Mesulam *h* de Besodías 1121
3.8 junto a ellos restauró Uziel *h* de Harhaía 1121
3.8 restauró... Hananías, *h* de un perfumero 1121
3.9 restauró... Refaías *h* de Hur, gobernador de 1121
3.10 frente a su casa, Jedaías *h* de Harumaf 1121
3.10 junto a... restauró Hatús *h* de Hasabnías 1121
3.11 Malquías *h* de... y Hasub *h* de Pahat-moab . . . 1121
3.12 junto a ellos restauró Salum *h* de Halohes 1121
3.14 reedificó la puerta del... Malquías *h* de 1121
3.15 Salum *h* de Colhoze, gobernador de la 1121
3.16 después... restauró Nehemías *h* de Azbuc 1121
3.17 restauraron... Rehum *h* de Bani, y junto 1121
3.18 de él restauraron... Bavai *h* de Henadad 1121
3.19 junto a él restauró Ezer *h* de Jesúa 1121
3.20 después de él Baruc *h* de Zabai con todo 1121
3.21 restauró Meremot *h* de Urías *h* de Cos 1121
3.23 restauró Azarías *h* de Maasías, *h* de 1121
3.24 restauró Binúi *h* de Henadad otro tramo 1121
3.25 *h* de Uzai, enfrente de la esquina y la 1121
3.25 después de él, Pedaías *h* de Faros 1121
3.29 después de ellos restauró Sadoc *h* de 1121
3.29 y después de él restauró Semaías *h* de 1121
3.30 Hananías *h* de Selemías y Hanún *h* sexto 1121
3.30 Mesulam *h* de Berequías, enfrente de su 1121
3.31 después de él... Malquías *h* del platero 1121
4.14 y pelead por... vuestros *h* y por vuestras 1121
5.2 nosotros, nuestros *h* y nuestras hijas 1121
5.5 nuestros *h* como sus *h*; y he aquí que 1121
5.5 dimos nuestros *h* y... hijas a servidumbre 1121
6.10 vine... a casa de Semaías *h* de Delaía, *h* 1121
6.18 porque era yerno de Secanías *h* de Ara 1121
6.18 Johanán su *h* había tomado por mujer a 1121
6.18 tomado por mujer a la hija de Mesulam *h* 1121
7.6 son los *h* de la provincia que subieron 1121
7.8 los *h* de Paros, 2.172 1121
7.9 los *h* de Sefatías, 372 1121
7.10 los *h* de Ara, 652 1121
7.11 los *h* de Pahat-moab, de los *h* de Jesúa 1121
7.12 los *h* de Elam, 1.254 1121
7.13 los *h* de Zatu, 845 1121
7.14 los *h* de Zacai, 760 1121
7.15 los *h* de Binúi, 648 1121
7.16 los *h* de Bebai, 628 1121
7.17 los *h* de Azgad, 2.622 1121
7.18 los *h* de Adonicam, 667 1121
7.19 los *h* de Bigvai, 2.067 1121
7.20 los *h* de Adín, 655 1121
7.21 los *h* de Ater, de Ezequías, 98 1121
7.22 los *h* de Hasum, 328 1121
7.23 los *h* de Bezai, 324 1121
7.24 los *h* de Harif, 112 1121
7.25 los *h* de Gabaón, 95 1121
7.34 los *h* del otro Elam, 1.254 1121
7.35 los *h* de Harim, 320 1121
7.36 los *h* de Jericó, 345 1121
7.37 los *h* de Lod, Hadid y Ono, 721 1121
7.38 los *h* de Sanaa, 3.930 1121
7.39 sacerdotes: los *h* de Jedaía, de la 1121
7.40 los *h* de Imer, 1.052 1121
7.41 los *h* de Pasur, 1.247 1121
7.42 los *h* de Harim, 1.017 1121
7.43 levitas: los *h* de Jesúa, de Cadmiel 1121
7.43 levitas... de los *h* de Hodavías, 74 1121
7.44 cantores: los *h* de Asaf, 148 1121
7.45 los *h* de Salum, los *h* de Ater, los *h* 1121
7.45 los *h* de Acub, los *h* de Hatita y los *h* 1121
7.46 los *h* de Ziha, los *h* de Hasufa, los *h* 1121
7.47 los *h* de Queros, los *h* de Siaha, los *h* 1121
7.48 los *h* de Lebana, los *h* de Hagaba, los *h* 1121
7.49 los *h* de Hanán, los *h* de Gidel, los *h* 1121
7.50 los *h* de Reaía, los *h* de Rezín, los *h* 1121
7.51 los *h* de Gazam, los *h* de Uza, los *h* de 1121
7.52 *h* de Besai, los *h* de Mehunim, los *h* de 1121
7.53 *h* de Bacbuc, los *h* de Hacufa, los *h* de 1121
7.54 *h* de Bazlut, los *h* de Mehída, los *h* de 1121
7.55 los *h* de Barcos, los *h* de Sisara, los *h* 1121
7.56 los *h* de Nezía, y los *h* de Hatifa 1121
7.57 los *h* de los siervos de Salomón: los 1121
7.57 los *h* de Sotai, los *h* de Soferet, los *h* 1121
7.58 los *h* de Jaala, los *h* de Darcón, los *h* 1121
7.59 los *h* de Sefatías, los *h* de Hatil, los 1121
7.59 *h* de Poqueret-hazebaim, los *h* de Amón 1121
7.60 e *h* de los siervos de Salomón, 392 1121
7.62 *h* de Delaía, los *h* de Tobías y los *h* 1121
7.63 los *h* de Habaía, los *h* de Cos y los *h* 1121
7.73 los *h* de Israel estaban en sus ciudades 1121
8.14 los *h* de Israel en tabernáculos en la 1121
8.17 días de Josué *h* de Nun hasta aquel día 1121
8.17 no habían hecho así los *h* de Israel 1121
9.1 se reunieron los *h* de Israel en ayuno 1121
9.23 multiplicaste sus *h* como las estrellas 1121
9.24 y los *h* vinieron y poseyeron la tierra 1121
10.1 firmaron... Nehemías el... *h* de Hacalías 1121
10.9 y los levitas: Jesúa *h* de Azanías 1121
10.9 Binúi de los *h* de Henadad, Cadmiel 1121
10.28 con sus... *h* e hijas todo el que tenía 1121
10.30 ni tomaríamos sus hijas... nuestro *h* 1121
10.36 los primogénitos de nuestros *h* y de 1121
10.38 estaría el sacerdote *h* de Aarón con 1121
10.39 los *h* de Israel y los *h* de Leví la 1121
11.3 y los *h* de los siervos de Salomón 1121
11.4 habitaron... *h* de Judá y... *h* de Benjamín 1121
11.4 de los *h* de Judá: Ataías *h* de Uzías 1121
11.4 *h* de Zacarías, *h* de Amarías, *h* de 1121
11.4 *h* de Mahalaleel, de los *h* de Fares 1121
11.5 y Maasías *h* de Baruc, *h* de Colhoze 1121
11.5 *h* de Hazaías, *h* de Adaías, *h* de Joiarib 1121
11.5 Joiarib, *h* de Zacarías, *h* de Siloni 1121
11.6 los *h* de Fares que moraron en Jerusalén 1121
11.7 *h* de Benjamín: Salú *h* de Mesulam, *h* de 1121
11.7 Joed, *h* de Pedaías, *h* de Colaías, *h* de 1121
11.7 de Maasías, *h* de Itiel, *h* de Jesaías 1121
11.9 y Joel *h* de Zicri era el prefecto de 1121
11.9 Judá *h* de Senúa el segundo en la ciudad 1121
11.10 los sacerdotes: Jedaías *h* de Joiarib 1121
11.11 Seraías *h* de Hilcías, *h* de Mesulam 1121
11.11 *h* de Sadoc, *h* de Meraiot, *h* de Ahitob 1121
11.12 y Adaías *h* de Jeroham, *h* de Pelalías 1121
11.12 *h* de Amsi, *h* de Zacarías 1121
11.12 *h* de Pasur, *h* de Malquías 1121
11.13 y Amasai *h* de Azareel, *h* de Azai 1121
11.13 Azai, *h* de Mesilemot, *h* de Imer 1121
11.14 el jefe de... era Zabdiel *h* de Gedolim 1121
11.15 de los levitas: Semaías *h* de Hasub 1121
11.15 *h* de Azricam, *h* de Hasabías, *h* de Buni 1121
11.17 y Matanías *h* de Micaía, *h* de Zabdi 1121
11.17 *h* de Asaf... que empezaba las alabanzas 1121
11.17 y Abda *h* de Samúa, *h* de Galal, *h* de 1121
11.22 el jefe... Uzi *h* de Bani, *h* de Hasabías 1121
11.22 *h* de Matanías, *h* de Micaía... *h* de Asaf 1121
11.24 Petaías *h* de Mesezabeel, de los *h* de 1121
11.24 de Zera *h* de Judá, estaba al servicio 1121
11.25 los *h* de Judá habitaron en Quiriat-arba 1121
11.31 los *h* de Benjamín habitaron desde Geba 1121
12.1 que subieron con Zorobabel *h* de Salatiel 1121
12.23 los *h* de Leví... fueron inscritos en el 1121
12.23 hasta los días de Johanán *h* de Eliasib 1121
12.24 levitas... Serebías, Jesúa *h* de Cadmiel 1121
12.26 de Joiacim *h* de Jesúa, *h* de Josadac 1121
12.28 fueron reunidos los *h* de los cantores 1121
12.35 y de los *h* de los sacerdotes iban con 1121
12.35 con trompetas Zacarías *h* de Jonatán 1121
12.35 *h* de Semaías, *h* de Matanías 1121
12.35 *h* de Micaías, *h* de Zacur, *h* de Asaf 1121
12.45 al estatuto de David y de Salomón su *h* 1121
12.47 consagraban parte a los *h* de Aarón 1121
13.2 no salieron a recibir a los *h* de Israel 1121
13.13 puse... a Hanán *h* de Zacur, *h* de Matanías 1121
13.16 y vendían en día de... a los *h* de Judá 1121
13.24 mitad de sus *h* hablaban la lengua de 1121
13.25 no daréis vuestras hijas a sus *h*, y no 1121
13.25 no tomaréis... sus hijas para vuestros *h* 1121
13.28 y uno de los *h* de Joiada *h* del sumo 1121
Est 2.5 Mardoqueo *h* de Jair, *h* de Simei, *h* de 1121
3.1 el rey Asuero engrandeció a Amán *h* de 1121
3.10 y lo dio a Amán *h* de Hamedata agagueo 1121
5.11 les refirió Amán... la multitud de sus *h* 1121
8.5 cartas que autorizan la trama de Amán *h* 1121
9.10 diez *h* de Amán *h* de Hamedata, enemigo 1121
9.12 los judíos han matado... a diez *h* de Amán 1121
9.13 cuelguen en la horca a los diez *h* de 1121
9.14 mandó... y colgaron a los diez *h* de Amán 1121
9.24 Amán *h*... había ideado contra los judíos 1121
9.25 que colgaran a él y a sus *h* en la horca 1121
Job 1.2 y le nacieron siete *h* y tres hijas 1121
1.4 sus *h* y hacían banquetes en sus casas 1121
1.5 decía Job: Quizá habrán pecado mis *h*, y 1121
1.6 presentarse delante de Jehová los *h* de 1121
1.13 aconteció que sus *h* e hijas comían y 1121
1.18 tus *h* y tus hijas estaban comiendo y 1121
2.1 que otro día vinieron los *h* de Dios para 1121
4.11 león... los *h* de la leona se dispersan 1121
5.4 sus *h* estarán lejos de la seguridad 1121
8.4 si tus *h* pecaron contra él, él los echó 1121
14.21 sus *h* tendrán honores, pero él no lo 1121
17.5 presa, los ojos de sus *h* desfallecerán 1121
18.19 no tendrá *h* ni nieto en su pueblo, ni 5209
19.17 por los *h* de mis entrañas lo rogaba 1121
20.10 *h* solicitarán el favor de los pobres 1121
21.11 como manada, y sus *h* andan saltando 3206
21.19 Dios guardará para los *h* de ellos su 1121
24.5 el desierto es mantenimiento de sus *h* 5288
25.6 menos... el *h* de hombre, también gusano? 1121
27.14 si sus *h* fueren multiplicados, serán 1121
29.5 estaba conmigo... y mis *h* alrededor de mí 5288
30.8 *h* de viles, y hombres sin nombre, más 1121
32.2 entonces Eliú *h* de Baraquel buzita, de 1121
32.6 respondió Eliú *h* de Baraquel buzita, y 1121
35.8 al *h* de hombre aprovechará tu justicia 1121
38.7 y se regocijaban todos los *h* de Dios? 1121
38.32 o guiarás a la Osa Mayor con sus *h*? 1121
39.3 hacen salir sus *h*, pasan sus dolores 3206
39.4 *h* se fortalecen, crecen con el pasto 3206
39.16 se endurece para con sus *h*, como si no 1121
42.13 y tuvo siete *h* y tres hijas 1121
42.16 a sus *h*, y a los *h* de su *h*, hasta la 1121
Sal 2.7 Jehová me ha dicho: Mi *h* eres tú; yo 1121
2.12 honrad al *H*, para que no se enoje, y 1148
3 *tít.* huía de delante de Absalón su *h* 1121
4.2 *h* de los hombres... mi honra en infamia? 1121
7 *tít.* acerca de las palabras de Cus *h* de 1121
8.4 el *h* del hombre, para que lo visites? 1121
11.4 ojos... examinan a los *h* de los hombres 1121
12.1 desaparecido los fieles de entre los *h* 1121
12.8 vileza es exaltada entre los *h* de los 1121
14.2 Jehová miró... sobre los *h* de los hombres 1121
17.14 sacian a su *h*, y aun sobra para sus 1121
18.44 los *h* de extraños se sometieron a mí 1121
21.10 su descendencia de entre los *h* de los 1121
29.1 tributad a Jehová, oh *h* de... poderosos 1121
29.6 saltar... al Líbano... como *h* de búfalos 1121
31.19 has mostrado... delante de los *h* de los 1121
33.13 miró... vio a todos los *h* de los hombres 1121
34.11 venid, *h*, oídme; el temor de Jehová os 1121
36.7 los *h* de los hombres se amparan bajo la 1121
42,44,45 *tits.* Masquil de los *h* de Coré 1121
45.2 el más hermoso de los *h* de los hombres 1121
45.16 en lugar de tus padres serán tus *h*, a 1121
46 *tít.* al músico principal; de los *h* de Coré 1121
47,48,49 *tits.* Salmo de los *h* de Coré 1121
50.20 contra el *h* de tu madre ponías infamia 1121
53.2 Dios... miró sobre los *h* de los hombres 1121
57.4 entre *h* de hombres que vomitan llamas 1121
58.1 ¿juzgáis rectamente, *h* de los hombres? 1121
62.9 cierto, vanidad son los *h* de... hombres 1121
62.9 mentira los *h* de varón; pesándolos a 1121
66.5 temible en hechos sobre los *h* de los 1121
69.8 y desconocido para los *h* de mi madre 1121
72.1 oh Dios, da... tu justicia al *h* del rey 1121
72.4 salvará a los *h* del menesteroso, y 1121
72.20 terminan las oraciones de David, *h* de 1121
73.15 si... a la generación de tus *h* engañaría 1121
77.15 redimiste... a los *h* de Jacob y de José 1121
78.4 no las encubriremos a sus *h*, contando 1121
78.5 la cual mandó... la notificasen a sus *h* 1121
78.6 para que lo sepa... y los *h* que nacerán 1121
78.6 que se levantarán lo cuenten a sus *h* 1121
78.9 los *h* de Efraín... volvieron las espaldas 1121
80.17 el *h* del hombre que para ti afirmaste 1121
82.6 sois... y todos vosotros *h* del Altísimo 1121
83.8 ellos; sirven de brazo a los *h* de Lot 1121
84,85,88 *tits.* Salmo para los *h* de Coré 1121
86.16 da tu poder... guarda al *h* de tu sierva 1121
87 *tít.* A los *h* de Coré. Salmo. Cántico 1121
89.6 semejante a Jehová entre los *h* de los 1121
89.22 no... ni *h* de iniquidad lo quebrantará 1121
89.30 si dejaren sus *h* mi ley, y... mis juicios 1121
89.47 creado en vano a todo *h* de hombre? 1121
90.3 y dices: Convertíos, *h* de los hombres 1121
90.16 aparezca en... y tu gloria sobre sus *h* 1121
102.28 los *h* de tus siervos habitarán seguros 1121
103.7 Moisés, y a los *h* de Israel sus obras 1121
103.13 como el padre se compadece de los *h* 1121
103.17 y su justicia sobre los *h* de los *h* 1121
105.6 oh vosotros... *h* de Jacob, sus escogidos 1121
106.37 sacrificaron sus *h* y sus hijas a los 1121
106.38 derramaron... la sangre de sus *h* y de 1121
107.8,15,21,31 maravillas para con los *h* de 1121
109.9 sean sus *h* huérfanos, y su mujer viuda 1121
109.10 anden sus *h* vagabundos, y mendiguen 1121
113.9 estéril, que se goza en ser madre de *h* 1121
115.14 aumentará Jehová bendición sobre, *h* 1121
115.16 y ha dado la tierra a los *h* de los 1121
116.16 siervo tuyo soy, *h* de tu sierva; tú 1121
127.3 he aquí, herencia de Jehová son los *h* 1121
127.4 así son los *h* habidos en la juventud 1121
128.3 tus *h* como plantas de olivo alrededor 1121
128.6 veas a los *h* de tus *h*. Paz sea sobre 1121
132.12 si tus *h* guardaren mi pacto, y mi 1121
132.12 también se sentarán sobre tu trono 1121
137.7 recuerda contra los *h* de Edom el día 1121
144.3 el *h* de hombre, para que lo estimes? 1121
144.12 nuestros *h* como plantas crecidas en 1121
145.12 hacer saber a los *h* de los hombres 1121
146.3 no confiéis... ni en *h* de hombre, porque 1121
147.9 da... a los *h* de los cuervos que claman 1121
147.13 porque... bendijo a tus *h* dentro de ti 1121
148.14 alábenle... sus santos, los *h* de Israel 1121

149.2 los *h* de Sion se gocen en su rey 1121
Pr 1.1 los proverbios de Salomón, *h* de David 1121
1.8 oye, *h* mío, la instrucción de tu padre 1121
1.10 *h* mío, si los pecadores te quisieren 1121
1.15 *h* mío, no andes en camino con ellos 1121
2.1 *h* mío, si recibieres mis palabras, y mis 1121
3.1 *h* mío, no te olvides de mi ley...guarde 1121
3.11 no menosprecies, *h* mío, el castigo de 1121
3.12 ama...como el padre al *h* a quien quiere 1121
3.21 *h* mío, no se aparten estas cosas de tus 1121
4.1 oíd, *h*, la enseñanza de un padre, y estad 1121
4.3 yo también fui *h* de mi padre, delicado 1121
4.10 oye, *h* mío, y recibe mis razones, y se 1121
4.20 *h* mío, está atento a mis palabras 1121
5.1 *h* mío, está atento a mi sabiduría, y a 1121
5.7 *h*, oídme, y no os apartéis de...razones 1121
5.20 ¿y por qué, *h* mío, andarás ciego con 1121
6.1 *h* mío, si salieres fiador por tu amigo 1121
6.3 haz esto ahora, *h* mío, y líbrate, ya que 1121
6.20 guarda, *h* mío, el mandamiento de tu 1121
7.1 *h* mío, guarda mis razones, y atesora 1121
7.24 ahora pues, *h*, oídme, y estad atentos 1121
8.4 dirijo mi voz a los *h* de los hombres 1121
8.31 delicias son con los *h* de los hombres 1121
8.32 ahora...*h*, oídme, y bienaventurados los 1121
10.1 el *h* sabio alegra...*h* necio es tristeza 1121
10.5 el que duerme en...es *h* que avergüenza 1121
13.1 el *h* sabio recibe el consejo del padre 1121
13.22 dejará herederos a los *h* de sus *h*; pero 1121
13.24 que detiene el castigo, a su *h* aborrece 1121
14.26 confianza; y esperanza tendrán sus *h* 1121
15.20 el *h* sabio alegra al padre; mas el 1121
17.2 se enseñoreará del *h* que deshonra, y 1121
17.6 corona...la honra de los *h*, sus padres 1121
17.25 el *h* necio es pesadumbre de su padre 1121
19.13 dolor es para su padre el *h* necio, y 1121
19.18 castiga a tu *h* en tanto hay esperanza 1121
19.26 el que roba...es *h* que causa vergüenza 1121
19.27 cesa, *h* mío, de oír las enseñanzas que 1121
20.7 justo; sus *h* son dichosos después de él 1121
23.15 *h* mío, si tu corazón fuere sabio 1121
23.19 oye, *h* mío, y sé sabio, y endereza tu 1121
23.26 dame, *h* mío, tu corazón, y miren tus 1121
24.13 come, *h* mío, de la miel...es buena, y el 1121
24.21 teme a Jehová, *h* mío, y al rey; no te 1121
27.11 sé sabio, *h* mío, y alegra mi corazón 1121
28.7 el que guarda la ley es *h* prudente; mas 1121
29.17 corrige a tu *h*, y te dará descanso, y 1121
30.1 palabras de Agur, *h* de Jaqué...y a Ucal 1121
30.4 ¿cuál es...el nombre de su *h*, si sabes? 1121
30.17 saquen, y lo devoren los *h* del águila 1121
31.2 ¿qué, *h* mío? ¿y qué, *h* de mi vientre? 1248
31.2 de mi vientre? ¿y qué, *h* de mis deseos? 1248
31.28 sus *h*...la llaman bienaventurada; y su 1121
Ec 1.1 palabras del Predicador, *h* de David 1121
1.13 dio Dios a los *h* de los hombres, para 1121
2.3 fuese el bien de los *h* de los hombres 1121
2.8 de los deleites de los *h* de los hombres 1121
3.10 el trabajo que Dios ha dado a los *h* de 1121
3.18 así, por causa de los *h* de los hombres 1121
3.19 lo que sucede a los *h* de los hombres 1121
3.21 espíritu de los *h* de los hombres sube 1121
4.8 un hombre solo y...no tiene *h* ni hermano 1121
5.14 a los *h* que...nada les queda en la mano 1121
6.3 el hombre engendrare cien *h*, y viviere 1121
8.11 el corazón de los *h*...para hacer el mal 1121
9.3 el corazón de los *h*...está lleno de mal 1121
9.12 así son enlazados los *h* de los hombres 1121
10.17 cuando tu rey es *h* de nobles, y tus 1121
12.12 *h* mío, a más de esto, sé amonestado 1121
Cnt 1.6 *h* de mi madre se airaron contra mí 1121
Is 1.1 visión de Isaías *h* de Amoz, la cual 1121
1.2 crie *h*, y los engrandecí, y...se rebelaron 1121
1.4 pueblo cargado de maldad...*h* depravados! 1121
2.1 que vio Isaías *h* de Amoz acerca de Judá 1121
2.6 tu pueblo...pactan con *h* de extranjeros 3206
7.1 los días de Acaz *h* de Jotam, *h* de Uzías 1121
7.1 Rezín rey de Siria y Peka *h* de Remalías 1121
7.3 sal...tú, y Sear-jasub tu *h*, al extremo 1121
7.4 la ira de Rezín y de...y del *h* de Remalías 1121
7.5 sitio, con Efraín y con el *h* de Remalías 1121
7.6 en medio de ella por rey al *h* de Tabeel 1121
7.9 y la cabeza de Samaria el *h* de Remalías 1121
7.14 la virgen concebirá, y dará a luz un *h* 1121
8.2 Urías y a Zacarías *h* de Jeberequías 1121
8.3 la profetisa...concibió, y dio a luz un *h* 1121
8.6 y se regocijó con Rezín y con el *h* de 1121
8.18 yo y los *h* que me dio Jehová somos por 3206
9.6 *h* nos es dado, y el principado sobre su 1121
11.14 Edom y Moab les servirán, y los *h* de 1121
13.1 profecía...revelada a Isaías *h* de Amoz 1121
13.18 vientre, ni su ojo perdonará a los *h* 1121
14.12 ¡cómo caíste...Lucero, *h* de la mañana! 1121
14.22 raeré de Babilonia el...*h* y nieto, dice 5209
17.3 será como la gloria de los *h* de Israel 1121
17.9 dejados a causa de los *h* de Israel; y 1121
19.11 soy *h* de los sabios, e *h* de los reyes 1121
20.2 Isaías *h* de Amoz, diciendo: Vé y quita 1121
21.17 de los valientes flecheros, *h* de Cedar 1121
22.24 la honra de la casa...los *h* y los nietos 6631
27.12 vosotros, *h* de Israel, seréis reunidos 1121
29.23 porque verá a sus *h*, obra de mis manos 3206
30.1 ¡ay de los *h* que se apartan, dice Jehová 1121
30.9 *h* mentirosos, *h* que no quisieron oír la 1121
31.6 rebelaron profundamente los *h* de Israel 1121
36.3 y salió a él...*h* de Hilcías, mayordomo 1121
36.3 Sebna, escriba, y Joa *h* de...canciller 1121
36.22 Eliaquim *h* de Hilcías...Joa *h* de Asaf 1121
37.2 y envió a...al profeta Isaías *h* de Amoz 1121
37.3 *h* han llegado hasta el punto de nacer, y 1121
37.12 libraron sus dioses...a los *h* de Edén 1121
37.21 Isaías *h* de...envió a decir a Ezequías 1121
37.38 sus *h*...le mataron a espada, y huyeron 1121
37.38 y reinó en su lugar Ezar-hadón su *h* 1121
38.1 vino a él el profeta Isaías *h* de Amoz 1121
38.19 el padre hará notoria tu verdad a los *h* 1121
39.1 Merodac-baladán *h* de Baladán, rey de 1121
39.7 tus *h* que saldrán de ti, y que habrás 1121
43.6 trae de lejos mis *h*, y mis hijas de los 1121
45.11 mandadme acerca de mis *h*, y acerca de 1121
49.15 olvidará la mujer...*h* de su vientre? 1121
49.20 aun los *h* de tu orfandad dirán a tus 1121
49.21 yo había sido privada de *h* y estaba 1121
49.22 en brazos a tus *h*, y tus hijas serán 1121
49.25 yo lo defenderé, y yo salvaré a tus *h* 1121
51.12 y de *h* de hombre, que es como heno? 1121
51.18 todos los *h* que dio a luz...*h* que crio 1121
51.20 tus *h* desmayaron, estuvieron tendidos 1121
52.14 desfigurado...más que la de los *h* de 1121
54.1 más son los *h* de la desamparada que los 1121
54.13 y se multiplicará la paz de tus *h* 1121
56.2 esto, y el *h* de hombre que lo abraza 1121
56.5 daré...nombre mejor que el de *h* e hijas 1121
56.6 los *h* de los extranjeros que sigan a 1121
57.3 vosotros llegaos acá, *h* de la hechicera 1121
57.4 sois vosotros *h* rebeldes, generación 3206
57.5 sacrificáis los *h* en los valles, debajo 3206
59.21 de la boca de tus *h*...de los *h* de tus *h* 2233
60.4 tus *h* vendrán de lejos, y tus hijas 1121
60.9 para traer tus *h* de lejos, su plata y 1121
60.14 vendrán a ti humillados los *h* de los 1121
62.5 se desposarán contigo tus *h*; y como el 1121
63.8 mi pueblo son, *h* que no mienten; y fue 1121
66.7 que le viniesen dolores, dio a luz *h* 2145
66.8 Sion estuvo de parto, dio a luz sus *h* 1121
66.20 al modo que los *h* de Israel traen la 1121
Jer 1.1 las palabras de Jeremías *h* de Hilcías 1121
1.2 le vino en los días de Josías *h* de Amón 1121
1.3 le vino...en días de Joacim *h* de Josías 1121
1.3 de Sedequías *h* de Josías, rey de Judá 1121
2.9 y con los *h* de vuestros *h* pleitearé 1121
2.16 aun los *h* de Menfis y de Tafnes te 1121
2.30 en vano he azotado a vuestros *h*; no han 1121
3.14 convertíos, *h* rebeldes, dice Jehová 1121
3.19 ¿cómo os pondré por *h*, y os daré la 1121
3.21 llanto de los ruegos de los *h* de Israel 1121
3.22 convertíos, *h* rebeldes, y sanaré vuestras 1121
3.24 consumió...sus vacas, sus *h* y sus hijas 1121
4.22 son *h* ignorantes y no son entendidos 1121
5.7 sus *h* me dejaron, y juraron por lo que 1121
5.17 comerá a tus *h* y a tus hijas; comerá tus 1121
6.1 huid, *h* de Benjamín, de en...de Jerusalén 1121
6.21 y caerán en ellos los padres y los *h* 1121
6.26 ponte luto como por *h* único, llanto de 3173
7.18 *h* recogen la leña, los padres encienden 1121
7.30 los *h* de Judá han hecho lo malo ante mis 1121
7.31 altos de Tofet...el valle del *h* de Hinom 1121
7.31 quemar al fuego a sus *h* y a sus hijas 1121
7.32 no se diga más...ni valle del *h* de Hinom 1121
9.26 a Judá, a Edom y a los *h* de Amón y de 1121
10.20 mis *h* me han abandonado y perecieron 1121
11.22 sus *h* y sus hijas morirán de hambre 1121
13.14 los quebrantaré...los padres con los *h* 1121
14.16 los entierre...a sus *h* y a sus hijas 1121
15.4 a causa de Manasés *h* de Ezequías, rey 1121
15.7 dejé sin *h* a mi pueblo y lo desbaraté 1121
15.8 contra ellos destruidor...sobre los *h* 970
16.2 no...ni tendrás *h* ni hijas en este lugar 1121
16.3 así ha dicho Jehová acerca de los *h* y 1121
16.14,15 que hizo subir a los *h* de Israel de 1121
17.2 sus *h* se acuerdan de sus altares y de 1121
17.19 y vé y ponte a la puerta de los *h* del 1121
18.21 entrega sus *h* a hambre, dispérsalos por 1121
18.21 queden sus mujeres sin *h*, y viudas 1121
19.2 y saldrás al valle del *h* de Hinom, que 1121
19.5 para quemar con fuego a sus *h* al...Baal 1121
19.6 no se llamará...más valle del *h* de Hinom 1121
19.9 les haré comer la carne de sus *h*...hijas 1121
20.1 el sacerdote Pasur *h* de Imer, que...oyó 1121
20.15 nuevas a mi padre, diciendo: *H* varón te 1121
21.1 a Pasur *h* de Malquías y...Sofonías *h* de 1121
22.11 ha dicho Jehová acerca de Salum *h* de 1121
22.18 acerca de Joacim *h* de Josías, rey de 1121
22.24 que si Conías *h* de Joacim rey de Judá 1121
23.7 que hizo subir a los *h* de Israel de la 1121
24.1 transportado...a Jeconías *h* de Joacim 1121
25.1 en el año cuarto de Joacim *h* de Josías 1121
25.3 año cuarto de Josías *h* de Amón, rey de 1121
25.21 a Edom, a Moab y a los *h* de Amón 1121
26.1 del reinado de Joacim *h* de Josías, rey 1121
26.20 Urías *h* de Semaías, de Quiriat-jearim 1121
26.22 rey Joacim envió...a Elnatán *h* de Acbor 1121
26.24 la mano de Ahicam *h* de Safán estaba a 1121
27.1 del reinado de Joacim *h* de Josías, rey 1121
27.3 rey de los *h* de Amón, y al rey de Tiro 1121
27.7 servirán a él, a su *h*, y al *h* de su *h* 1121
27.20 transportó de...a Jeconías *h* de Joacim 1121
28.1 Hananías *h* de Azur, profeta...me habló 1121
28.4 yo haré volver...a Jeconías *h* de Joacim 1121
29.3 de Elasa *h* de Safán y de Gemarías *h* de 1121
29.6 engendrad *h*...dad mujeres a vuestros *h* 1121
29.6 dad maridos...para que tengan *h* e hijas 1121
29.21 de Acab *h* de Colaías, y...Sedequías *h* 1121
29.25 al sacerdote Sofonías *h* de Maasías, y a 1121
30.20 sus *h* como antes, y su congregación 1121
31.15 llanto...Raquel que lamenta por sus *h* 1121
31.15 no quiso ser consolada acerca de sus *h* 1121
31.17 y los *h* volverán a su propia tierra 1121
31.20 ¿no es Efraín *h* precioso para mí? ¿no 1121
31.29 los dientes de los *h* tienen la dentera 1121
32.7 Hanameel *h* de Salum tu tío viene a ti 1121
32.8 vino...Hanameel *h* de mi tío, conforme a 1121
32.9 y compré la heredad de Hanameel, *h* de 1121
32.12 di la carta...a Baruc *h* de Nerías, *h* de 1121
32.12 di...delante de Hanameel el *h* de mi tío 1121
32.16 después que di la...a Baruc *h* de Nerías 1121
32.18 y castigas la maldad de los...en sus *h* 1121
32.19 sobre todos los caminos de los *h* de 1121
32.30 los *h* de Israel y los *h* de Judá no han 1121
32.30 los *h* de Israel no han hecho más que 1121
32.32 maldad de los *h* de Israel...*h* de Judá 1121
32.35 cuales están en el valle del *h* de Hinom 1121
32.35 pasar por el fuego sus *h* y sus hijas 1121
32.39 para que tengan bien ellos, y sus *h* 1121
33.21 de tener *h* que reine sobre su trono 1121
35.1 vino a Jeremías en días de Joacim *h* de 1121
35.3 a Jaazanías *h* de Jeremías, *h* de...sus *h* 1121
35.4 llevé...al aposento de los *h* de Hanán *h* 1121
35.4 estaba sobre el aposento de Maasías *h* 1121
35.5 puse delante de los *h* de los recabitas 1121
35.6 Jonadab *h* de Recab...nos ordenó diciendo 1121
35.6 no beberéis jamás vino...ni vuestros *h* 1121
35.8 hemos obedecido a...Jonadab *h* de Recab 1121
35.8 no beber vino...nuestros *h* ni nuestras 1121
35.14 la palabra de Jonadab *h* de Recab, el 1121
35.14 mandó a sus *h* que no bebiesen vino, y 1121
35.16 los *h* de Jonadab *h* de Recab tuvieron 1121
35.19 no faltará de Jonadab *h* de Recab un 1121
36.1 en el cuarto año de Joacim *h* de Josías 1121
36.4 llamó...a Baruc *h* de Nerías, y escribió 1121
36.8 Baruc *h* de Nerías hizo conforme a todas 1121
36.9 en el año quinto de Joacim *h* de Josías 1121
36.10 en el aposento de Gemarías *h* de Safán 1121
36.11 y Micaías *h* de Gemarías, *h* de Safán 1121
36.12 Delaía *h* de Semaías, Elnatán *h* de 1121
36.12 Gemarías *h* de Safán, Sedequías *h* de 1121
36.14 a Jehudí *h* de Netanías, *h* de Selemías 1121
36.14 *h* de Cusi...Y Baruc *h* de Nerías tomó el 1121
36.26 mandó el rey a Jerameel *h* de Hamelec 1121
36.26 a Seraías *h* de Azriel y a Selemías *h* 1121
36.32 tomó...otro rollo y lo dio a Baruc *h* de 1121
37.1 en lugar de Conías *h* de...Sedequías *h* de 1121
37.3 a Jucal *h* de Selemías, y...Sofonías *h* de 1121
37.13 Irías *h* de Selemías, *h* de Hananías, el 1121
38.1 oyeron Sefatías *h*...Gedalías *h* de Pasur 1121
38.1 oyeron...Jucal *h* de Selemías, y Pasur *h* 1121
38.6 en la cisterna de Malquías *h* de Hamelec 1121
38.23 sacarán, pues...tus mujeres y tus *h* a 1121
39.6 y degolló el rey...a los *h* de Sedequías 1121
39.14 a Gedalías *h* de...*h* de Safán, para que 1121
40.5 vuélvete a Gedalías *h* de Ahicam, *h* de 1121
40.6 se fue...Jeremías a Gedalías *h* de Ahicam 1121
40.7 Gedalías *h* de Ahicam para gobernar la 1121
40.8 esto es, Ismael *h*...y Jonatán *h* de Carea 1121
40.8 Seraías *h* de Tanhumet, los *h* de Efai 1121
40.8 Jezanías *h* de un maacateo, ellos y sus 1121
40.9 juró Gedalías *h* de Ahicam, *h* de Safán 1121
40.11 sobre ellos a Gedalías *h* de Ahicam, *h* 1121
40.11 todos los judíos...entre los *h* de Amón 1121
40.13 Johanán *h* de Carea y...los príncipes de 1121
40.14 ¿no sabes que Baalis rey de los *h* de 1121
40.14 ha enviado a Ismael *h*...para matarte? 1121
40.14 mas Gedalías *h* de Ahicam no les creyó 1121
40.15 Johanán *h* de Carea habló a Gedalías en 1121
40.15 yo iré...mataré a Ismael *h* de Netanías 1121
40.16 Gedalías *h* de Ahicam dijo a Johanán *h* 1121
41.1 vino Ismael *h* de Netanías, *h* de Elisama 1121
41.1 vino...a Gedalías *h* de Ahicam en Mizpa 1121
41.2 levantó Ismael *h* de Netanías y los diez 1121
41.2 e hirieron...a Gedalías *h* de Ahicam, *h* de 1121
41.6 les salió al encuentro...Ismael el *h* de 1121
41.6 les dijo: Venid a Gedalías *h* de Ahicam 1121
41.7 Ismael *h* de Netanías los degolló, y los 1121
41.9 cisterna...Ismael *h*...la llenó de muertos 1121
41.10 encargado Nabuzaradán...a Gedalías *h* de 1121
41.10 y se fue para pasarse a los *h* de Amón 1121
41.11 oyeron Johanán *h* de Carea y todos los 1121
41.11 todo el mal que había hecho Ismael *h* de 1121
41.12 a pelear contra Ismael *h* de Netanías 1121
41.13 el pueblo...vio a Johanán *h* de Carea y a 1121
41.14 el pueblo...fue con Johanán *h* de Carea 1121
41.15 pero Ismael *h* de...fue a los *h* de Amón 1121
41.16 Johanán *h*...y todos los capitanes de la 1121
41.16 pueblo que había recobrado de Ismael *h* 1121
41.16 de Mizpa después que mató a Gedalías *h* 1121
41.18 dado muerte Ismael *h*...a Gedalías *h* de 1121
42.1 vinieron...Johanán *h* de...Jezanías *h* de 1121
42.8 llamó a Johanán *h* de Carea y a todos los 1121
43.2 dijo Azarías *h* de Osaías y Johanán *h* de 1121
43.3 que Baruc *h* de Nerías te incita contra 1121
43.4 no obedeció, pues, Johanán *h* de Carea 1121
43.5 tomó Johanán *h* de Carea y...los oficiales 1121
43.6 con Gedalías *h* de Ahicam, *h* de Safán 1121
43.6 y al profeta Jeremías y a Baruc *h* de 1121
45.1 que habló...Jeremías a Baruc *h* de Nerías 1121
45.1; 46.2 año cuarto de Joacim *h* de Josías 1121
47.3 los padres no cuidaron a los *h* por la 1121
48.45 quemó...coronilla de los *h* de revoltosos 1121
48.46 *h* fueron puestos presos para cautividad 1121
49.1 de los *h* de Amón...¿No tiene *h* Israel? 1121
49.2 oír clamor de guerra en Rabá de los *h* de 1121
49.6 volver a los cautivos de los *h* de Amón 1121
49.18,33 no morará...la habitará *h* de hombre 1121
49.28 subid...y destruid a los *h* del oriente 1121

50.4 vendrán los *h* de Israel... los *h* de Judá 1121
50.33 oprimidos... *h* de Israel y los *h* de Judá 1121
51.43 nadie, ni pasará por ella *h* de hombre 1121
51.59 a Seraías *h* de Nerías, *h* de Maasías 1121
52.10 degolló... a los *h* de Sedequías delante 1121
Lm 1.5 sus *h* fueron en cautividad delante del 5768
1.16 mis *h* son destruidos, porque el enemigo 1121
3.33 ni entristece... a los *h* de los hombres 1121
4.2 *h* de Sion, preciados y estimados más que 1121
4.10 cocieron a sus *h*; sus propios *h*... comida 3206
Ez 1.3 al sacerdote Ezequiel *h* de Buzi, en la 1121
2.1 dijo: *H* de hombre, ponte sobre tus pies 1121
2.3 dijo: *H* de hombre, yo te envío a los *h* 1121
2.4 te envío a *h* de duro rostro y... corazón 1121
2.6 tú, *h* de hombre, no les temas, ni tengas 1121
2.8 tú, *h* de hombre, oye lo que yo te hablo 1121
3.1 me dijo: *H* de hombre, come lo que hallas 1121
3.3 dijo: *H* de hombre, alimenta tu vientre 1121
3.4 dijo: *H* de hombre, vé y entra a la casa 1121
3.10 dijo: *H* de hombre, toma en tu corazón 1121
3.11 entra... a los *h* de tu pueblo, y háblales 1121
3.17 *h* de hombre, yo te he puesto... atalaya 1121
3.25 *h* de hombre... pondrán sobre ti cuerdas 1121
4.1 tú, *h* de hombre, tómate un adobe, y ponlo 1121
4.13 comerán los *h* de Israel su pan inmundo 1121
4.16 *h* de hombre... quebrantaré el sustento del 1121
5.1 *h* de hombre, tómate un cuchillo agudo 1121
5.10 los padres comerán a los *h*... *h* comerán a 1121
6.2 *h* de hombre, pon tu rostro hacia los 1121
6.5 los cuerpos muertos de los *h* de Israel 1121
7.2 tú, *h* de hombre, así ha dicho Jehová el 1121
8.5 *h* de hombre, alza ahora tus ojos hacia el 1121
8.6 *h* de hombre, ¿no ves lo que éstos hacen 1121
8.8 dijo: *H* de hombre, cava ahora en la pared 1121
8.11 y Jaazanías *h* de Safán en medio de ellos 1121
8.12 *h* de hombre, ¿has visto las cosas que 1121
8.15 ¿no ves, *h* de hombre? Vuélvete... verás 1121
8.17 ¿no has visto, *h* de hombre? ¿Es cosa 1121
11.1 vi a Jaazanías *h* de Azur y a Pelatías *h* 1121
11.2 *h* de hombre, estos son los hombres que 1121
11.4 profetiza contra ellos; profetiza, *h* de 1121
11.13 Pelatías *h* de Benaía murió. Entonces 1121
11.15 *h* de hombre... dijeron los moradores de 1121
12.2 *h* de hombre, tú habitas en medio de casa 1121
12.3 tú, *h* de hombre, prepárate enseres de 1121
12.9 *h* de hombre, ¿no te ha dicho la casa de 1121
12.18 *h* de hombre, come tu pan con temblor 1121
12.22 *h* de hombre, ¿qué refrán es este que 1121
12.27 *h* de hombre... la casa de Israel dicen 1121
13.2 *h* de hombre, profetiza contra... profetas 1121
13.17 *h* de hombre... tu rostro contra las hijas 1121
14.3 *h* de hombre... han puesto sus ídolos en su 1121
14.13 *h* de hombre, cuando la tierra pecare 1121
14.16,18,20 ni a sus *h* ni a sus... librarían 1121
14.22 quedará en ella un remanente, *h* e hijas 1121
15.2 *h* de hombre, ¿qué es la madera de la vid 1121
16.2 *h* de hombre, notifica a Jerusalén sus 1121
16.20 tus *h* y tus hijas... sacrificaste a ellas 1121
16.21 para que degollases también a mis *h* y 1121
16.26 y fornicaste con los *h* de Egipto, tus 1121
16.36 en la sangre de tus *h*, los cuales les 1121
16.45 tu madre... desechó a su marido y a sus *h* 1121
16.45 que desecharon a sus maridos y a sus *h* 1121
17.2 *h* de hombre, propón una figura, y compón ... 1121
18.2 los dientes de los *h* tienen la dentera? 1121
18.4 como el alma del padre... el alma del *h* 1121
18.10 si engendrare *h* ladrón, derramador de 1121
18.14 éste engendrare *h*, el cual viere todos 1121
18.19 ¿por qué el *h* no llevará el pecado de 1121
18.19 *h* hizo según el derecho y la justicia 1121
18.20 el *h* no llevará el pecado del padre, ni 1121
18.20 ni el padre llevará el pecado del *h* 1121
20.3 *h* de hombre, habla a los ancianos de 1121
20.4 ¿los quieres juzgar tú, *h* de hombre? 1121
20.18 a sus *h*: No andéis en los estatutos de 1121
20.21 mas los *h* se rebelaron contra mí; no 1121
20.27 *h* de hombre, habla a la casa de Israel 1121
20.31 haciendo pasar vuestros *h* por el fuego 1121
20.46 *h* de hombre, pon tu rostro hacia el sur 1121
21.2 *h* de hombre, pon tu rostro... Jerusalén 1121
21.6 *h* de hombre, gime con quebrantamiento 1121
21.9 *h* de hombre, profetiza, y di: Así ha 1121
21.10 al cetro de mi *h* ha despreciado como 1121
21.12 clama... *h* de hombre; porque ésta será 1121
21.14 pues, *h* de hombre, profetiza, y bate 1121
21.19 tú, *h* de hombre, traza dos caminos por 1121
21.20 venga la espada a Rabá de los *h* de Amón 1121
21.28 tú, *h* de hombre, profetiza, y di: Así 1121
21.28 así ha dicho... acerca de los *h* de Amón 1121
22.2 *h* de hombre, ¿no juzgarás... a la ciudad 1121
22.18 *h* de hombre, la casa de Israel se me 1121
22.24 *h* de hombre, di... no eres tierra limpia 1121
23.2 *h* de hombre, hubo dos mujeres, hijas de 1121
23.4 y dieron a luz *h* e hijas. Y se llamaron 1121
23.7 más escogidos de los *h* de los asirios 1121
23.9 entregué en mano de... *h* de los asirios 1121
23.10 tomaron sus *h* y sus hijas, y a ella 1121
23.12 se enamoró de los *h* de los asirios sus 1121
23.25 ellos tomarán a tus *h* y a tus hijas 1121
23.36 *h* de hombre, ¿no juzgarás tú a Ahola y 1121
23.37 a sus *h* que habían dado a luz para mí 1121
23.39 habiendo sacrificado sus *h* a sus ídolos 1121
23.47 matarán a sus *h* y a sus hijas, y sus 1121
24.2 *h* de hombre, escribe la fecha de este 1121
24.16 *h* de hombre, he aquí que yo te quito 1121
24.21 vuestros *h* y... hijas... caerán a espada 1121
24.25 *h* de hombre, el día que yo arrebate a 1121
24.25 yo arrebate... también sus *h* y sus hijas 1121

25.2 *h* de... pon tu rostro hacia los *h* de Amón 1121
25.3 dirás a los *h* de Amón: Oíd palabra de 1121
25.5 a los *h* de Amón por majada de ovejas 1121
25.10 a los *h* del oriente contra los *h* de 1121
25.10 no haya más memoria de los *h* de Amón 1121
26.2 *h* de hombre, por cuanto dijo Tiro contra 1121
27.2 *h* de hombre, levanta endecha sobre Tiro 1121
27.11 los *h* de Arvad... estuvieron sobre tus 1121
27.15 *h* de Dedán traficaban contigo; muchas 1121
28.2 *h* de hombre, dí al príncipe de Tiro: Así 1121
28.12 *h* de hombre, levanta endechas sobre el 1121
28.21 *h* de hombre, pon tu rostro hacia Sidón 1121
29.2 *h* de hombre... tu rostro contra Faraón 1121
29.18 *h* de hombre, Nabucodonosor rey... hizo 1121
30.2 *h* de hombre, profetiza, y di: Así ha 1121
30.5 y los *h* de las tierras aliadas, caerán 1121
30.21 *h* de hombre, he quebrado el brazo de 1121
31.2 *h* de hombre, di a Faraón rey de Egipto 1121
31.14 entre los *h* de los hombres, con los 1121
32.2 *h* de hombre, levanta endechas... Faraón 1121
32.18 *h* de hombre, endecha sobre... de Egipto 1121
33.2 *h* de hombre, habla a los *h* de tu pueblo 1121
33.7 *h* de hombre, te he puesto por atalaya 1121
33.10 *h* de hombre, dí a la casa de Israel 1121
33.12 *h* de hombre, di a los *h* de tu pueblo 1121
33.17 dirán los *h* de tu pueblo: No es recto 1121
33.24 *h* de hombre, los que habitan aquellos 1121
33.30 y tú, *h* de hombre, los *h* de tu pueblo 1121
34.2 *h* de hombre, profetiza contra... pastores 1121
35.2 *h* de hombre, pon tu rostro hacia... Seir 1121
35.5 entregaste a los *h* de Israel al poder de 1121
36.1 *h* de hombre, profetiza a los montes de 1121
36.12 y haré... y nunca más les matarás los *h* 7921
36.13 y matadora de los *h* de tu nación has 7921
36.14 nunca más matarás a los *h* de tu nación 3782
36.15 ni harás... morir a los *h* de tu nación 3782
36.17 *h* de hombre, mientras la casa de Israel 1121
37.3 *h* de hombre, ¿vivirán estos huesos? 1121
37.9 profetiza, *h* de hombre, y di al espíritu 1121
37.11 *h* de hombre, todos estos huesos son la 1121
37.16 *h* de hombre, toma... un palo, y escribe 1121
37.16 escribe en él: Para Judá... *h* de Israel 1121
37.18 cuando te pregunten los *h* de tu pueblo 1121
37.21 yo tomo a los *h* de Israel de entre las 1121
37.25 sus *h* y los *h* de sus *h* para siempre 1121
38.2 *h* de hombre, pon tu rostro contra Gog 1121
38.14 profetiza, *h* de hombre, y di a Gog: Así 1121
39.1 tú... *h* de hombre, profetiza contra Gog 1121
39.17 tú, *h* de hombre, así ha dicho Jehová 1121
40.4 *h* de hombre, mira con tus ojos, y oye 1121
40.46 estos son los *h* de Sadoc, los cuales 1121
40.46 cuales son llamados de los *h* de Leví 1121
43.7 dijo: *H* de hombre, este es el lugar de 1121
43.7 el cual habitaré entre los *h* de Israel 1121
43.10 tú, *h* de hombre, muestra a la casa de 1121
43.18 *h* de hombre, así ha dicho Jehová el 1121
44.5 *h* de hombre, pon atención, y mira con 1121
44.9 ningún *h* de extranjero, incircunciso de 1121
44.9 *h* de extranjeros que están entre los *h* de 1121
44.15 mas los sacerdotes levitas *h* de Sadoc 1121
44.15 cuando los *h* de Israel se apartaron de 1121
44.25 pero por... *h* o hija... podrán contaminarse ... 1121
46.16 el... diere, parte de su heredad a sus *h* 1121
46.17 de él... mas su herencia será de sus *h* 1121
46.18 lo que él posee dará herencia a sus *h* 1121
47.6 y me dijo: ¿Has visto, *h* de hombre? 1121
47.22 que entre vosotros han engendrado *h* 1121
47.22 como naturales entre los *h* de Israel 1121
48.11 los sacerdotes... de los *h* de Sadoc que 1121
48.11 cuando erraron los *h* de Israel, como 1121
Dn 1.3 trajese de los *h* de Israel, del linaje 1121
1.6 entre éstos estaban... de los *h* de Judá 1121
2.38 dondequiera que habitan *h* de hombres 1123
3.25 cuarto es semejante a *h* de los dioses 1247
5.13 ¿eres tú aquel Daniel de los *h* de la 1123
5.21 fue echado de entre los *h* de los hombres 1123
5.22 y tú, su *h* Belsasar, no has humillado 1247
6.13 Daniel, que es de los *h* de los cautivos 1123
6.24 echados en el foso... ellos, sus *h* y sus 1123
7.13 venía uno como un *h* de hombre, que vino 1247
8.17 dijo: Entiende, *h* de hombre, porque la 1121
9.1 en el año primero de Darío *h* de Asuero 1121
10.16 uno con semejanza de *h* de hombre tocó 1121
11.6 su *h*, y los que estaban de parte de ella 3206
11.10 los *h* de aquél se airarán, y reunirán 1121
11.41 escaparán... la mayoría de los *h* de Amón 1121
12.1 que está de parte de los *h* de tu pueblo 1121
Os 1.1 palabra de Jehová... a Oseas *h* de Beeri 1121
1.1 y en días de Jeroboam *h* de Joás, rey de 1121
1.2 vé, tómate una mujer... e *h* de fornicación 3206
1.3 Gomer hija... concibió y le dio a luz un *h* 1121
1.8 después de... concibió y dio a luz un *h* 1121
1.10 será el número de los *h* de Israel como 1121
1.10 les será dicho: Sois *h* del Dios viviente 1121
1.11 se congregarán los *h* de Judá y de Israel 1121
2.4 de sus *h*, porque son *h* de prostitución 1121
3.1 amor de Jehová para con los *h* de Israel 1121
3.4 porque... estarán los *h* de Israel sin rey 1121
3.5 volverán los *h* de Israel, y buscarán a 1121
4.1 oíd palabra de Jehová, *h* de Israel, porque 1121
4.6 olvidaste la ley... yo me olvidaré de tus *h* 1121
5.7 han engendrado *h* extraños; ahora en un 1121
9.12 si llegaren a grandes sus *h*, les quitaré 1121
9.13 pero Efraín sacará sus *h* a la matanza 1121
10.14 cuando la madre fue destrozada con... *h* 1121
11.1 yo lo amé, y de Egipto llamé a mi *h* 1121
11.10 rugirá, y los *h* vendrán temblando desde 1121
13.8 como osa que ha perdido... *h* los encontraré .. 7921

13.13 dolores... le vendrán; es un *h* no sabio 1121
Jl 1.1 palabra de Jehová... a Joel *h* de Petuel 1121
1.3 contaréis a... *h*, y vuestros *h* a sus *h* 1121
1.3 contaréis... y sus *h* a la otra generación 1121
1.12 por lo cual se extinguió el gozo de los *h* 1121
2.23 vosotros también, *h* de Sion, alegraos 1121
2.28 y profetizarán vuestros *h* y vuestras 1121
3.6 y vendisteis los *h* de Judá y los *h* de 1121
3.6 vendisteis los... a los *h* de los griegos 1121
3.8 venderé... *h* y vuestras hijas a los *h* de 1121
3.16 será... la fortaleza de los *h* de Israel 1121
3.19 por la injuria hecha a los *h* de Judá 1121
Am 1.1 en días de Jeroboam *h* de Joás, rey de 1121
1.13 por tres pecados de los *h* de Amón, y por 1121
2.7 *h* y su padre se llegan a la misma joven 376
2.11 y levanté de vuestros *h* para profetas 1121
2.11 es esto así, dice Jehová, *h* de Israel? 1121
3.1 ha hablado Jehová contra... *h* de Israel 1121
3.12 escaparán los *h* de Israel que moran en 1121
4.5 así lo queréis, *h* de Israel, dice Jehová 1121
7.14 ni soy *h* de profeta, sino... soy boyero 1121
7.17 tus *h* y tus hijas caerán a espada, y tu 1121
9.7 *h* de Israel, ¿no me sois... *h* de etíopes 1121
Abd 12 no... haberte alegrado de los *h* de Judá 1121
20 los cautivos... de los *h* de Israel poseerán 1121
Jon 1.1 palabra de Jehová a Jonás *h* de Amitai 1121
Mi 1.16 trasquílate por los *h* de tus delicias 1121
5.3 el resto... se volverá con los *h* de Israel 1121
5.7 las lluvias... ni aguardan a *h* de hombres 1121
6.5 qué le respondió Balaam *h* de Beor, desde 1121
7.6 *h* deshonra al padre, la hija se levanta 1121
Sof 1.1 palabra... que vino a Sofonías *h* de Cusi 1121
1.1 Cusi, *h* de Gedalías, *h* de Amarías, *h* de 1121
1.1 en días de Josías *h* de Amón, rey de Judá 1121
1.8 castigaré... a los *h* del rey, y a todos los 1121
2.8 los denuestos de los *h* de Amón con que 1121
2.9 Sodoma, y los *h* de Amón como Gomorra 1121
Hag 1.1 palabra de... a Zorobabel *h* de Salatiel 1121
1.1,14 Josué *h* de Josadac, sumo sacerdote 1121
1.12 oyó Zorobabel *h* de Salatiel, y Josué *h* 1121
1.14 despertó... el espíritu de Zorobabel *h* de 1121
2.2 habla ahora a Zorobabel *h* de Salatiel 1121
2.2 y a Josué *h* de Josadac, sumo sacerdote 1121
2.4 esfuérzate también, Josué *h* de Josadac 1121
2.23 te tomaré, oh Zorobabel *h* de Salatiel 1121
Zac 1.1,7 Zacarías *h* de Berequías, *h* de Iddo 1121
6.10 irás... y entrarás en casa de Josías *h* de 1121
6.11 en la cabeza del sumo sacerdote Josué *h* 1121
6.14 coronas servirán... a Hen *h* de Sofonías 1121
9.9 cabalgando... sobre un pollino *h* de asna 1121
9.13 tus *h*, oh Sion, contra tus *h*, oh Grecia 1121
10.7 sus *h* también verán, y se alegrarán; su 1121
10.9 de mí; y vivirán con sus *h*, y volverán 1121
12.10 llorarán como se llora por *h* unigénito 1121
Mal 1.6 el *h* honra al padre, y el siervo a su 1121
3.3 limpiará a los *h* de Leví, los afinará 1121
3.6 *h* de Jacob, no habéis sido consumidos 1121
3.17 como el hombre que perdona a su *h* que 1121
4.6 hará volver el corazón de... hacia los *h* 1121
4.6 y el corazón de los *h* hacia los padres 1121
Mt 1.1 Jesucristo, *h* de David, *h* de Abraham *5207*
1.20 *h* de David, no temas recibir a María tu *5207*
1.21 dará a luz un *h*, y llamarás su nombre *5207*
1.23 una virgen concebirá y dará a luz un *h* *5207*
1.25 hasta que dio a luz a su *h* primogénito *5207*
2.15 cuando dijo: De Egipto llamé a mi *H* *5207*
2.18 Raquel que llora a sus *h*, y no quiso ser *5043*
3.9 Dios puede levantar *h* a Abraham aun de *5043*
3.17 que decía: Este es mi *H* amado, en quien *5207*
4.3 si eres *H* de Dios, di que estas piedras *5207*
4.6 si eres *H* de Dios, échate abajo; porque *5207*
4.21 vio a... Jacobo *h* de Zebedeo, y Juan su *5207*
5.9 **porque ellos serán llamados *h* de Dios** *5207*
5.45 **para que seáis *h* de vuestro Padre que** *5207*
7.9 **si su *h* le pide pan, le dará una piedra?** *5207*
7.11 **sabéis dar buenas dádivas a vuestros *h*** *5043*
8.12 **mas los *h* del reino serán echados a los** *5207*
8.20 **el *H* de Hombre no tiene donde recostar** *5207*
8.29 tienes con nosotros, Jesús *H* de Dios? *5207*
9.2 **dijo al... Ten ánimo, *h*; tus pecados te son** *5043*
9.6 **para que sepáis que el *H* del Hombre tiene** *5207*
9.27 misericordia de nosotros, *H* de David! *5207*
10.2 Jacobo *h* de Zebedeo, y Juan su hermano *5207*
10.3 Mateo el publicano, Jacobo *h* de Alfeo *5207*
10.21 **entregará a la muerte... el padre al *h*** *5043*
10.21 **los *h* se levantarán contra los padres** *5043*
10.23 **no acabaréis de... antes que venga el *H*** *5207*
10.37 **el que ama a *h* o hija más que a mí, no** *5207*
11.19 **vino el *H* del Hombre, que come y bebe** *5207*
11.19 **la sabiduría es justificada por sus *h*** *5043*
11.27 **nadie conoce al *H*, sino el Padre, ni** *5207*
11.27 **el *H*, y aquel a quien el *H* lo quiera** *5207*
12.8 ***H* del Hombre es Señor del día de reposo** *5207*
12.23 y decía: ¿Será éste aquel *H* de David? *5207*
12.27 **los demonios... por quién los echan... *h*?** *5207*
12.32 **dijere alguna palabra contra el *H* del** *5207*
12.40 **estará el *H*... en el corazón de la tierra** *5207*
13.37 **el que siembra la buena semilla es el *H*** *5207*
13.38 **la buena semilla son los *h* del reino** *5207*
13.38 **reino, y la cizaña son los *h* del malo** *5207*
13.41 **enviará el *H* del Hombre a sus ángeles** *5207*
13.55 ¿no es éste el *h* del carpintero? ¿No se *5207*
14.33 diciendo: Verdaderamente eres *H* de Dios *5207*
15.22 ¡Señor, *H* de David, ten misericordia *5207*
15.26 **no está bien tomar el pan de los *h*, y** *5043*
16.13 **¿quién dicen... que es el *H* del Hombre?** *5207*
16.16 eres el Cristo, el *H* del Dios viviente *5207*
16.17 **bienaventurado eres, Simón, *h* de Jonás** *920*

H

16.27 **el H del Hombre vendrá en la gloria de** 5207
16.28 **hasta que hayan visto al H del Hombre** 5207
17.5 que decía: Este es mi H amado, en quien 5207
17.9 **hasta que el H del Hombre resucite de** 5207
17.12 **así también el H del Hombre padecerá de** 5207
17.15 misericordia de mi h, que es lunático 5207
17.22 **dijo: El H del Hombre será entregado** 5207
17.25 **cobran...de sus h, o de los extraños?** 5207
17.26 **le dijo: Luego los h están exentos** 5207
18.11 **el H del Hombre ha venido para salvar** 5207
18.25 **ordenó su...venderle, y a su mujer e h** 5043
19.28 **cuando el H del Hombre se siente en el** 5207
19.29 **dejado...h, o tierras, por mi nombre** 5043
20.18 **y el H del Hombre será entregado a los** 5207
20.20 la madre de los h de Zebedeo con sus h 5207
20.21 se sienten estos dos h míos, el uno a 5207
20.28 **H del Hombre no vino para ser servido** 5207
20.30,31 H de David, ten misericordia de 5207
21.5 sobre un pollino, h de animal de carga 5207
21.9,15 diciendo: ¡Hosanna al H de David! 5207
21.28 **tenía dos h, y acercándose al primero** 5043
21.28 **dijo: H, vé hoy a trabajar en mi viña** 5043
21.37 **les envió su h...Tendrán respeto a mi h** 5207
21.38 **cuando vieron al h, dijeron entre sí** 5207
22.2 **un rey que hizo fiesta de bodas a su h** 5207
22.24 si alguno muriere sin h, su hermano se 5043
22.42 **¿de quién es h? Le dijeron: De David** 5207
22.45 **si David le llama Señor, ¿cómo es su h?** 5207
23.15 **le hacéis dos veces más h del infierno** 5207
23.31 **dais testimonio...que sois h de aquellos** 5207
23.35 **la sangre de Zacarías h de Berequías** 5207
23.37 **¡cuántas veces quise juntar a tus h** 5043
24.27,37,39 será la venida del H del Hombre 5207
24.30 **aparecerá la señal del H del Hombre en** 5207
24.30 **verán al H del Hombre viniendo sobre** 5207
24.44 **el H del Hombre vendrá a la hora que** 5207
25.13 **ni la hora en que el H del hombre ha de** 5207
25.31 **cuando el H del Hombre venga en su** 5207
26.2 **el H del Hombre será entregado para ser** 5207
26.24 **el H del Hombre va, según está escrito** 5207
26.24 **¡ay de aquel hombre por quien el H del** 5207
26.37 tomando a Pedro, y...dos h de Zebedeo 5207
26.45 **el H del Hombre es entregado en manos** 5207
26.63 si eres tú el Cristo, el H de Dios 5207
26.64 **que desde ahora veréis al H del Hombre** 5207
27.9 según precio puesto por los h de Israel 5207
27.25 sangre sea sobre...y sobre nuestros h 5043
27.40 eres H de Dios, desciende de la cruz 5207
27.43 líbrele ahora...ha dicho: Soy H de Dios 5207
27.54 verdaderamente éste era H de Dios 5207
27.56 estaban...la madre de los h de Zebedeo 5207
28.19 **en el nombre del Padre, y del H, y del** 5207
Mr 1.1 del evangelio de Jesucristo, H de Dios 5207
1.11 decía: Tú eres mi H amado; en ti tengo 5207
1.19 vio a Jacobo h de Zebedeo, y a Juan su 5207
2.5 **dijo...H, tus pecados te son perdonados** 5043
2.10 **que sepáis que el H del Hombre tiene** 5207
2.14 a Leví h de Alfeo, sentado al banco de
2.28 el H del Hombre es Señor aun del día de 5207
3.11 voces, diciendo: Tú eres el H de Dios 5207
3.17 a Jacobo h de Zebedeo, y a Juan hermano
3.17 apellidó Boanerges, esto es, H...trueno 5207
3.18 Tomás, Jacobo h de Alfeo, Tadeo, Simón
3.28 **serán perdonados a los h de los hombres** 5207
5.7 ¿qué tienes conmigo, Jesús, H del Dios 5207
6.3 ¿no es éste el carpintero, h de María 5207
7.27 **dijo: Deja primero que se sacien los h** 5043
7.27 **no está bien tomar el pan de los h y** 5043
7.28 perrillos...comen de las migajas de los h 3813
8.31 le era necesario al H del Hombre padecer 5207
8.38 **el H del Hombre se avergonzará...de él** 5207
9.7 que decía: Este es mi H amado; a él oíd 5207
9.9 que a nadie...sino cuando el H del Hombre 5207
9.12 **¿y cómo está escrito del H del Hombre** 5207
9.17 traje a ti mi h, que tiene un espíritu 5207
9.31 **el H del Hombre será entregado en manos** 5207
10.24 **h, ¡cuán difícil les es entrar en el** 5043
10.29 **dejado...h, o tierras, por causa de mí** 5043
10.30 **h, y tierras, con persecuciones; y en** 5043
10.33 **y el H del Hombre será entregado a los** 5207
10.35 entonces Jacobo y Juan, h de Zebedeo 5207
10.45 **H del Hombre no vino para ser servido** 5207
10.46 Bartimeo, el ciego, h de Timeo, estaba 5207
10.47,48 H de David, ten misericordia de mí! 5207
12.6 **h suyo, amado**...*Tendrán respeto a mi h* 5207
12.19 **y dejare esposa, pero no dejare h, que** 5043
12.35 **¿cómo dicen...el Cristo es h de David?** 5207
12.37 **le llama Señor; ¿cómo, pues, es su h?** 5207
13.12 **y el padre al h; y se levantarán los h** 5043
13.26 **verán al H del Hombre que vendrá en las** 5207
13.32 **nadie sabe, ni...ni el H, sino el Padre** 5207
14.21 **el H del Hombre va, según está escrito** 5207
14.21 **por quien el H del Hombre es entregado** 5207
14.41 **el H del Hombre es entregado en manos** 5207
14.61 ¿eres tú el Cristo, el H del Bendito? 5207
14.62 **y veréis al H del Hombre sentado a la** 5207
15.39 centurión...este hombre era H de Dios 5207
Lc 1.7 pero no tenían h, porque Elisabet era 5043
1.13 y tu mujer Elisabet te dará a luz un h 5207
1.16 hará que muchos de los h de Israel se 5207
1.17 los corazones de los padres a los h, y 5043
1.31 darás a luz un h, y llamarás su nombre 5207
1.32 grande, y será llamado H del Altísimo 5207
1.35 el Santo Ser que...será llamado H de Dios 5207
1.36 Elisabet...ha concebido h en su vejez 5207
1.57 se le cumplió el tiempo...dio a luz un h 5207
2.7 dio a luz a su h primogénito...envolvió 5207
2.48 madre: H, ¿por qué nos has hecho así? 5043
3.2 palabra de Dios a Juan, h de Zacarías, en 5207
3.8 Dios puede levantar h...de estas piedras 5043
3.22 mi H amado; en ti tengo complacencia 5207
3.23 h, según se creía, de José, h de Elí 5207
3.24 h de Matat, h de Leví, h de Melqui
3.24 Leví...de Melqui, h de Jana, h de José
3.25 h de Matatías, h de Amós, h de Nahum
3.25 de Matatías...h de Esli, h de Nagai
3.26 h de Maat, h de Matatías, h de Semei
3.26 Maat...de Semei, h de José, h de Judá
3.27 h de Joana, h de Resa, h de Zorobabel
3.27 de Zorobabel, h de Salatiel, h de Neri
3.28 h de Melqui, h de Adi, h de Cosam...Er
3.28 Adi...de Cosam, h de Elmodam, h de Er
3.29 h de Josué, h de Eliezer, h de Jorim
3.29 Josué...Eliezer...de Jorim, h de Matat
3.30 h de levi, h de Simeón, h de Judá...José
3.30 h de José, h de Jonán, h de Eliaquim
3.31 h de Metes, h de Mainán, h...h de Natán
3.32 h de David, h de Isaí, h de Obed...Booz
3.32 h de Booz, h de Salmón, h de Naasón
3.33 h de Aminadab, h de Aram, h de Esrom
3.33 Aram...de Esrom, h de Fares, h de Judá
3.34 h de Jacob, h de Isaac, h de Abraham
3.34 de Abraham, h de Taré, h de Nacor
3.35 h de Serug, h de Ragau, h de Peleg
3.35 de Peleg, h de Heber, h de Sala
3.36 h de Cainán, h de Arfaxad, h de Sem
3.36 Arfaxad...de Sem, h de Noé, h de Lamec
3.37 h de Matusalén, h de Enoc, h de Jared
3.37 de Jared, h de Mahalaleel, h de Cainán
3.38 h de Enós, h de Set, h de Adán, h de
4.3 si eres H de Dios, di a estas piedras que 5207
4.9 si eres H de Dios, échate de aquí abajo 5207
4.22 y decían: ¿No es éste el h de José? 5207
4.41 voces y diciendo: Tú eres el H de Dios 5207
5.10 Jacobo y Juan, h de Zebedeo, que eran 5207
5.24 **que sepáis que el H del Hombre tiene** 5207
6.5 **el H del Hombre es Señor aun del día de** 5207
6.15 Mateo, Tomás, Jacobo h de Alfeo, Simón
6.22 **y desechen...por causa del H del Hombre** 5207
6.35 **y seréis h del Altísimo; porque él es** 5207
7.12 h único de su madre, la cual era viuda 5207
7.34 **vino el H del Hombre, que come y bebe** 5207
7.35 **la sabiduría es justificada por...sus h** 5043
8.28 ¿qué tienes conmigo, Jesús, H del Dios 5207
9.22 **es necesario que el H del Hombre padezca** 5207
9.26 **de éste se avergonzará el H del Hombre** 5207
9.35 que decía: Este es mi H amado; a él oíd 5207
9.38 ruego que veas a mi h, pues es el único 5207
9.41 **¿hasta cuándo he de...Trae acá a tu h** 5207
9.44 **el H del Hombre será entregado en manos** 5207
9.56 **el H del Hombre no ha venido para perder** 5207
9.58 **H del Hombre no tiene dónde recostar la** 5207
10.6 **si hubiere allí algún h de paz, vuestra** 5207
10.22 **y nadie conoce quién es el H sino el** 5207
10.22 **Padre; ni quien es el Padre, sino el H** 5207
10.22 **y aquel a quien el H lo quiera revelar** 5207
11.11 **su h le pide pan, le dará una piedra** 5207
11.13 **sabéis dar buenas dádivas a vuestros h** 5043
11.19 **si yo...¿vuestros h por quien los echan?** 5207
11.30 **será el H del Hombre a esta generación** 5207
12.8 **el H del Hombre le confesará delante de** 5207
12.10 **dijere alguna palabra contra el H del** 5207
12.40 **que no penséis, el H del Hombre vendrá** 5207
12.53 **el padre contra el h, y el h contra el** 5207
13.34 **quise juntar a tus h, como la gallina** 5043
14.26 **no aborrece a su...h, y hermanos, y aun** 5043
15.11 **también dijo: Un hombre tenía dos h** 5207
15.13 **juntándolo todo el h menor, se fue** 5207
15.19 **ya no soy digno de ser llamado tu h** 5207
15.21 **el h le dijo: Padre, he pecado contra** 5207
15.21 **ya no soy digno de ser llamado tu h** 5207
15.24 **este mi h muerto era, y ha revivido** 5207
15.25 **h mayor estaba en el campo; y cuando** 5207
15.30 **vino este tu h, que ha consumido tus** 5207
15.31 **h, tú siempre estás conmigo, y todas** 5043
16.8 **h de...son más sagaces que los h de luz** 5207
16.25 **h, acuérdate que recibiste tus bienes** 5043
17.22 **ver uno de los días del H del Hombre** 5207
17.24 **así también será el H del Hombre en su** 5207
17.26 **así...será en los días del H del Hombre** 5207
17.30 **en que el H del Hombre se manifieste** 5207
18.8 **cuando venga el H del Hombre, ¿hallará** 5207
18.29 **haya dejado...h, por el reino de Dios** 5043
18.31 **las cosas escritas...del H del Hombre** 5207
18.38,39 H de David ten misericordia de mí 5207
19.9 **por cuanto él también es h de Abraham** 5207
19.10 **el H del Hombre vino a buscar y salvar** 5207
19.44 **y a tus h dentro de ti, y no dejarán** 5043
20.13 **dijo: ¿Qué haré? Enviaré a mi h amado** 5207
20.28 muriere teniendo mujer, y no dejare h 815
20.29 el primero tomó esposa, y murió sin h 815
20.30 el segundo, el cual también murió sin h 815
20.34 **los h de este siglo se casan, y se dan** 5207
20.36 **y son h de Dios...h de la resurrección** 5207
20.41 **cómo dicen que el Cristo es h de David?** 5207
20.44 **le llama Señor; ¿cómo entonces es su h?** 5207
21.27 **al H del Hombre que vendrá en una nube** 5207
21.36 **estar en pie delante del H del Hombre** 5207
22.22 **a la verdad el H del Hombre va, según** 5207
22.48 **¿con un beso entregas al H del Hombre?** 5207
22.69 **ahora el H del Hombre se sentará a la** 5207
22.70 ¿luego eres tú el H de Dios? Y él les 5207
23.28 **llorad por vosotras...y por vuestros h** 5043
24.7 es necesario que el H del Hombre sea 5207
Jn 1.12 dio potestad de ser hechos h de Dios 5043
1.18 el unigénito H, que está en el seno del 5207
1.34 testimonio de que éste es el H de Dios 5207
1.42 **tú eres Simón, h de Jonás; tu serás** 5207
1.45 hemos hallado a...a Jesús, el h de José 5207
1.49 Rabí, tú eres el H de Dios; tú eres el 5207
1.51 **que suben y descienden sobre el H del** 5207
3.13 **sino el que descendió del cielo; el H** 5207
3.14 **que el H del Hombre sea levantado** 5207
3.16 **que ha dado a su H unigénito, para que** 5207
3.17 **porque no envió Dios a su H al mundo** 5207
3.18 **no ha creído en el nombre del...H de Dios** 5207
3.35 el Padre ama al H, y todas las cosas ha 5207
3.36 el que cree en el H tiene vida eterna 5207
3.36 rehúsa creer en el H no verá la vida 5207
4.5 a la heredad que Jacob dio a su h José 5207
4.12 cual bebieron él, sus h y sus ganados? 5207
4.46 oficial del rey, cuyo h estaba enfermo 5207
4.47 le rogó que descendiese y sanase a su h 5207
4.49 Señor, desciende antes que mi h muera 3813
4.50 **dijo: Vé, tu h vive. Y el hombre creyó** 5207
4.51 le dieron nuevas, diciendo: Tu h vive 3816
4.53 **en que Jesús le había dicho: Tu h vive** 5207
5.19 **no puede el H hacer nada por sí mismo** 5207
5.19 **todo lo que el Padre hace...lo hace el H** 5207
5.20 **el Padre ama al H, y le muestra todas** 5207
5.21 **también el H a los que quiere da vida** 5207
5.22 **juzga, sino que todo el juicio dio al H** 5207
5.23 **todos honren al H como honran al Padre** 5207
5.23 **el que no honra al H, no honra al Padre** 5207
5.25 **los muertos oirán la voz del H de Dios** 5207
5.26 **así también ha dado al H el tener vida** 5207
5.27 **juicio, por cuanto es el H del Hombre** 5207
6.27 **por la comida...el H del Hombre os dará** 5207
6.40 **aquel que ve al H y cree en él, tenga** 5207
6.42 ¿no es éste Jesús, el h de José, cuyo 5207
6.53 **si no coméis la carne del H del Hombre** 5207
6.62 **viereis al H del Hombre subir adonde** 5207
6.69 que tú eres el Cristo, el H del Dios 5207
6.71 hablaba de Judas Iscariote, h de Simón
8.28 **cuando hayáis levantado al H del Hombre** 5207
8.35 **el esclavo no queda en...el h sí queda** 5207
8.36 **si el H os libertare, seréis...libres** 5207
8.39 **si fueseis h de Abraham, las obras de** 5043
9.19 ¿es éste vuestro h...que nació ciego? 5207
9.20 sabemos que éste es nuestro h, y que 5207
9.35 **le dijo: ¿Crees tú en el H de Dios?** 5207
10.36 **blasfemas, porque dije: H de Dios soy?** 5207
11.4 **para que el H de Dios sea glorificado** 5207
11.27 yo he creído que tú eres...el H de Dios 5207
11.52 para congregar en uno a los h de Dios 5043
12.4 dijo uno de...Judas Iscariote h de Simón
12.23 **que el H del Hombre sea glorificado** 5207
12.34 **es necesario que el H del Hombre sea** 5207
12.34 levantado? ¿Quién es este H del Hombre? 5207
12.36 **creed en la luz, para que seáis h de** 5207
13.2 de Judas...h de Simón, que le entregase
13.26 lo dio a Judas Iscariote h de Simón
13.31 ahora es glorificado el H del Hombre 5207
14.13 **que el Padre sea glorificado en el H** 5207
17.1 **glorifica a tu H...H te glorifique a ti** 5207
17.12 **de ellos se perdió...el h de perdición** 5207
19.7 porque se hizo a sí mismo H de Dios 5207
19.26 **dijo a su madre: Mujer, he ahí tu h** 5207
20.31 que Jesús es el Cristo, el H de Dios 5207
21.2 estaban...los h de Zebedeo, y otros dos
21.15,16,17 **Simón, h de Jonás, ¿me amas?**
Hch 1.13 donde moraban...Jacobo h de Alfeo
2.17 vuestros h y vuestras hijas profetizarán 5207
2.39 la promesa, y para vuestros h, y para 5043
3.13 el Dios de...ha glorificado a su H Jesús 3816
3.25 vosotros sois los h de los profetas, y 5207
3.26 habiendo levantado a su H, lo envió para 3816
4.27 se unieron en...contra tu santo H Jesús 3816
4.30 mediante el nombre de tu santo H Jesús 3816
4.36 que traducido es, H de consolación 5207
5.21 todos los ancianos de los h de Israel 5207
7.5 le prometió que...cuando él aún no tenía h 5043
7.16 que...compró Abraham de los h de Hamor 5207
7.21 la hija de Faraón...le crio como h suyo 5207
7.23 visitar a sus hermanos los h de Israel 5207
7.29 tierra de Madián donde engendró dos h 5207
7.37 el que dijo a los h de Israel: Profeta 5207
7.56 al H del Hombre que está a la diestra 5207
8.37 creo que Jesucristo es el H de Dios 5207
9.15 **en presencia de...y de los h de Israel** 5207
9.20 diciendo que éste era el H de Dios 5207
10.36 Dios envió mensaje a los h de Israel 5207
13.10 h del diablo, enemigo de toda justicia! 5207
13.21 y Dios les dio a Saúl h de Cis, varón 5207
13.22 diciendo: He hallado a David h de Isaí
13.26 h del linaje de Abraham, y los que 5207
13.33 cual Dios ha cumplido a los h de ellos 5043
13.33 mi h eres tú, yo te he engendrado hoy 5207
16.1 Timoteo, h de una mujer judía creyente 5207
19.14 había siete h de un tal Esceva, judío 5207
21.5 acompañándonos todos, con...mujeres e h 5043
21.21 no circunciden a sus h, ni observen las 5043
23.6 yo soy fariseo, h de fariseo; acerca de 5207
23.16 el h de la hermana de Pablo, oyendo 5207
Ro 1.3 de su H, nuestro Señor Jesucristo, que 5207
1.4 que fue declarado H de Dios con poder 5207
1.9 a quien sirvo...en el evangelio de su H 5207
5.10 reconciliados...por la muerte de su H 5207
8.3 enviando a su H en semejanza de carne 5207
8.14 guiados por el Espíritu...son h de Dios 5207
8.16 da testimonio...de que somos h de Dios 5043
8.17 si h, también herederos; herederos de 5043
8.19 aguardar la manifestación de los h de 5207
8.21 a la libertad gloriosa de los h de Dios 5043

8.29 hechos conformes a la imagen de su *H* 5207
8.32 que no escatimó ni a su propio *H*, sino 5207
9.7 ni por ser descendientes de... son todos *h* 5043
9.8 no los que... *h* según la carne son los *h* 5043
9.8 sino que los que son *h* según la promesa 5043
9.9 este tiempo vendré, y Sara tendrá un *h* 5207
9.26 allí serán llamados *h* del Dios viviente 5207
9.27 si fuere el número de los *h* de Israel 5207
1 Co 1.9 llamados a la comunión con su *H* 5207
4.14 sino para amonestaros como a *h* míos 5043
4.17 a Timoteo, que es mi *h* amado y fiel 5043
7.14 otra manera vuestros *h* serían inmundos 5043
15.28 también el *H* mismo se sujetará al que 5207
2 Co 1.19 *H* de Dios... que... ha sido predicado 5207
3.7 *h* de Israel no pudieron fijar la vista 5207
3.13 los *h* de Israel no fijaran la vista en 5207
6.13 para corresponder del... (como a *h* hablo) 5043
6.18 vosotros me seréis *h* e hijas, dice el 5207
12.14 pues no deben atesorar los *h* para los 5043
12.14 los padres, sino los padres para los *h* 5043
Gá 1.16 revelar a su *H* en mí, para que yo le 5207
2.20 lo vivo en la fe del *H* de Dios, el cual 5207
3.7 los que son de fe, éstos son *h* de Abraham 5207
3.26 pues todos sois *h* de Dios por la fe en 5207
4.4 envió a su *H*, nacido de mujer y nacido 5207
4.5 fin de que recibiésemos la adopción de *h* 5206
4.6 por cuanto sois *h*, Dios envió a vuestros 5207
4.6 corazones el Espíritu de su *H*, el cual 5207
4.7 que ya no eres esclavo, sino *h*; y si *h* 5207
4.22 escrito que Abraham tuvo dos *h*; uno de 5207
4.24 el cual da *h* para esclavitud... es Agar 1080
4.25 junto con sus *h*, está en esclavitud 5043
4.27 más son los *h* de la desolada, que de la 5043
4.28 así... como Isaac, somos *h* de la promesa 5043
4.30 dice... Echa fuera a la esclava y a su *h* 5207
4.30 no heredará el *h* de la esclava con el *h* 5207
4.31 de manera... que no somos *h* de la esclava 5043
Ef 1.5 para ser adoptados *h* suyos por medio 5207
2.2 el espíritu que ahora opera en los *h* de 5207
2.3 y éramos por naturaleza *h* de la ira, lo 5043
3.5 se dio a conocer a los *h* de los hombres 5207
4.13 y del conocimiento del *H* de Dios, a un 5207
5.1 sed... imitadores de Dios como *h* amados 5043
5.6 ira de Dios sobre los *h* de desobediencia 5207
5.8 sois luz en el Señor; andad como *h* de luz 5043
6.1 *h*, obedeced en... a vuestros padres, porque 5043
6.4 padres, no provoquéis a ira a vuestros *h* 5043
Fil 2.15 *h* de Dios sin mancha en medio de una 5043
2.22 como *h* a padre ha servido conmigo en el 5043
Col 1.13 y trasladado al reino de su amado *H* 5207
3.6 cuales la ira de Dios viene sobre los *h* 5207
3.20 *h*, obedeced a vuestros padres en todo 5043
3.21 no exasperéis a vuestros *h*, para que no 5043
1 Ts 1.10 y esperar de los cielos a su *H*, al 5207
2.7 como la nodriza que cuida... sus propios *h* 5043
2.11 como el padre a sus *h*, exhortábamos y 5043
5.5 vosotros sois *h* de luz o *h* del día; no 5207
2 Ts 2.3 y se manifieste... el *h* de perdición 5207
1 Ti 1.2 a Timoteo, verdadero *h* en la fe 5043
1.18 este mandamiento, *h*... te encargo, para 5043
2.15 salvará engendrando *h*, si permaneciere 5042
3.4 que tenga a sus *h* en sujeción con toda 5043
3.12 que gobiernen bien sus *h* y sus casas 5043
5.4 pero si alguna viuda tiene *h*, o nietos 5043
5.10 si ha criado *h*; si ha practicado la 5044
5.14 se casen, críen *h*, gobiernen su casa 5044
2 Ti 1.2 amado *h*: Gracia, misericordia y paz 5043
2.1 *h* mío, esfuérzate en la gracia que es en 5043
Tit 1.4 a Tito, verdadero *h* en la común fe 5043
1.6 *h* creyentes, que no estén acusados de 5043
2.4 enseñen... a amar a sus maridos y a sus *h* 5388
Flm 10 por mi *h* Onésimo, a quien engendré en 5043
He 1.2 hablado por el *H*, a quien constituyó 5207
1.5 mi *H* eres tú, yo te he engendrado hoy 5207
1.5 seré a él Padre, y él me será a mi *h*? 5207
1.8 mas del *H* dice: Tu trono, oh Dios, por 5207
2.6 el *h* del hombre, para que le visites? 5207
2.10 habiendo de llevar muchos *h* a la gloria 5207
2.13 he aquí, yo y los *h* que Dios me dio 3813
2.14 por cuanto los *h* participaron de carne 3813
3.6 pero Cristo como *h* sobre su casa, la cual 5207
4.14 un gran sumo sacerdote... el *H* de Dios 5207
5.5 tú eres mi *H*, yo te he engendrado hoy 5207
5.8 y aunque era *H*... aprendió la obediencia 5207
6.6 crucificando de nuevo para... al *H* de Dios 5207
7.3 hecho semejante al *H* de Dios, permanece 5207
7.5 los que de entre los *h* de Leví reciben 5207
7.28 pero la palabra del Juramento... al *H* 5207
10.29 merecerá el que pisoteare al *H* de Dios 5207
11.21 bendijo a cada uno de los *h* de José 5207
11.22 mencionó la salida de los *h* de Israel 5207
11.24 por la fe Moisés... rehusó llamarse *h* de 5207
12.5 la exhortación que como a *h* se os dirige 5207
12.5 *h* mío, no menosprecies la disciplina del 5207
12.6 ama... y azota a todo el que recibe por *h* 5207
12.7 Dios os trata como a *h*; porque ¿qué *h* 5207
12.8 si se os deja... sois bastardos, y no *h* 5207
Stg 2.21 ofreció a su *h* Isaac sobre el altar 5207
1 P 1.14 como *h* obedientes, no os conforméis 5043
5.13 la iglesia... y Marcos mi *h*, os saludan 5207
2 P 1.17 este es mi *H* amado, en el cual tengo 5207
2.14 no se sacian de... y son *h* de maldición 5043
2.15 siguiendo el camino de Balaam *h* de Beor 5207
1 Jn 1.3 comunión... con el Padre, y con su *H* 5207
1.7 la sangre de Jesucristo su *H* nos limpia 5207
2.22 anticristo el que niega al Padre y al *H* 5207
2.23 que niega al *H*, tampoco tiene al Padre 5207
2.23 el que confiesa al *H*, tiene... al Padre 5207
2.24 permaneceréis en el *H* y en el Padre 5207
3.1 cuál amor... que seamos llamados *h* de Dios 5043
3.2 amados, ahora somos *h* de Dios, y aún no 5043
3.8 para esto apareció el *H* de Dios, para 5207
3.10 manifiestan los *h* de Dios y los *h* del 5043
3.23 creamos en el nombre de su *H* Jesucristo 5207
4.9 que Dios envió a su *H* unigénito al mundo 5207
4.10 nos amó... y envió a su *H* en propiciación 5207
4.14 el Padre ha enviado al *H*, el Salvador 5207
4.15 que confiese que Jesús es el *H* de Dios 5207
5.2 en esto conocemos que amamos a los *h* de 5043
5.5 el que cree que Jesús es el *H* de Dios? 5207
5.9 con que Dios ha testificado... de su *H* 5207
5.10 el que cree en el *H* de Dios, tiene el 5207
5.10 en el testimonio... dado acerca de su *H* 5207
5.11 ha dado vida... esta vida está en su *H* 5207
5.12 el que tiene al *H*, tiene la vida; el 5207
5.12 el que no tiene al *H*... no tiene la vida 5207
5.13 a vosotros que creéis en el... *H* de Dios 5207
5.13 que creáis en el nombre del *H* de Dios 5207
5.20 sabemos que el *H* de Dios ha venido, y 5207
5.20 y estamos en el verdadero, en su *H* 5207
2 Jn 1 anciano a la señora elegida y a sus *h* 5043
3 paz... y del Señor Jesucristo, *H* del Padre 5207
4 he hallado algunos de tus *h* andando en la 5043
9 persevera... ése sí tiene al Padre y al *H* 5207
13 *h* de tu hermana, la elegida, te saludan 5043
3 Jn 4 el oír que mis *h* andan en la verdad 5043
Ap 1.13 en medio... semejante al *H* del Hombre 5207
2.14 a poner tropiezo ante los *h* de Israel 5207
2.18 el *H* de Dios, el que tiene ojos como 5207
2.23 a sus *h* heriré de muerte, y todas las 5043
7.4 de todas las tribus de los *h* de Israel 5207
12.4 devorar a su *h* tan pronto como naciese 5043
12.5 dio a luz un *h*... y su *h* fue arrebatado 5207
12.13 mujer que había dado a luz al *h* varón 730
14.14 uno sentado semejante al *H* del Hombre 5207
21.7 cosas, y yo seré su Dios, y él será mi *h* 5207
21.12 de las doce tribus de los *h* de Israel 5207

HILAR
Éx 35.25 mujeres... *hilaban*... traían lo... hilado... 2901,4299
35.26 las mujeres cuyo... *hilaron* pelo de cabra 2901
Mt 6.28 **lirios... crecen: no trabajan ni *hilan*** 3514
Lc 12.27 **no trabajan, ni *hilan*; mas os digo** 3514

HILCÍAS
1. Padre de Eliaquim No. 1, 2 R 18.18,26,37;
Is 22.20; 36.3,22 2518
2. Sumo sacerdote en tiempo del rey Josías
2 R 22.4 vé al sumo sacerdote *H*, y dile que 2518
22.8 el sumo sacerdote *H* al escriba Safán 2518
22.8 e *H* dio el libro a Safán, y lo leyó 2518
22.10 el sacerdote *H* me ha dado un libro 2518
22.12 luego el rey dio orden al sacerdote *H* 2518
22.14 fueron... *H*, y Ahicam, Acbor, Safán y 2518
23.4 mandó el rey al sumo sacerdote *H*, a los 2518
23.24 en el libro que... *H* había hallado en 2518
1 Cr 6.13 Salum engendró a *H*, *H*... a Azarías 2518
9.11 Azarías hijo de *H*, hijo de Mesulam, hijo 2518
2 Cr 34.9 vinieron éstos al sumo sacerdote *H* 2518
34.14 *H* halló el libro de la ley de Jehová 2518
34.15 dando cuenta *H*... dio *H* el libro a Safán 2518
34.18 *H* me dio un libro. Y leyó Safán en él 2518
34.20 y mandó a *H* y a Ahicam hijo de Safán 2518
34.22 *H* y los del... fueron a Hulda profetisa 2518
35.8 *H*, Zacarías y... oficiales de la casa de 2518
Esd 7.1 Esdras hijo de Seraías... hijo de *H* 2518
3. Levita, descendiente de Merari, 1 Cr 6.45 2518
4. Levita en tiempo del rey David, 1 Cr 26.11 2518
5. Uno que ayudó a Esdras en la lectura de la ley, Neh 8.4 2518
6. Padre de Seraías No. 8, Neh 11.11 2518
7. Sacerdote que regresó del cautiverio con Zorobabel, Neh 12.7 2518
8. Sacerdote en tiempo de Joiacim, Neh 12.21 2518
9. Padre del profeta Jeremías, Jer 1.1 2518
10. Padre de Gemarías No. 1, Jer 29.3 2518

HILEL *Padre de Abdón, Juez de Israel,*
Jue 12.13,15 1985

HILÉN *Aldea levítica en Judá,* 1 Cr 6.58 2432

HILERA
Éx 28.17 lo llenarás de pedrería en cuatro *h* 2905
28.17 una *h* de una piedra sárdica, un topacio 2905
28.18 la segunda *h*, una esmeralda, un zafiro 2905
28.19 la tercera *h*, un jacinto, una ágata y 2905
28.20 la cuarta *h*, un berilo, un ónice y un 2905
39.10 engastaron en él cuatro *h* de piedras 2905
39.10 la primera *h* era... esta era la primera *h* 2905
39.11 la segunda *h*, una esmeralda, un zafiro 2905
39.12 la tercera *h*, un jacinto, una ágata y 2905
39.13 la cuarta *h*, un berilo, un ónice y un 2905
Lv 24.6 las pondrás en dos *h*, seis en cada *h* 4635
24.7 pondrás también sobre cada *h* incienso 4635
1 R 6.36 tres *h* de piedras... y una *h* de vigas 2905
7.2 sobre cuatro *h* de columnas de cedro, con 2905
7.3 las vigas... cada *h* tenía quince columnas 2905
7.4 había tres *h* de ventanas, una... en tres *h* 2905
7.5 estaban frente a las otras en tres *h* 2905
7.12 el gran atrio... había tres *h* de piedras 2905
7.18 dos *h* de granadas alrededor de la red 2905
7.20 tenían... doscientas granadas en dos *h* 2905
7.42 *h* de granadas en cada red, para cubrir 2905
2 Cr 4.3 dos *h* de calabazas fundidas... el mar 2905
4.13 dos *h* de granadas en cada red, para que 2905
Esd 6.4 tres *h* de piedras grandes, y una de 5073
Job 41.14 abrirá... las *h* de sus dientes espantan 5439
Is 28.25 pone el trigo en *h*, y la cebada en 7795
Jer 52.23 noventa y seis granadas en cada *h* 7307

HILO
Gn 14.23 que desde un *h* hasta una correa de 2339
38.28 ató a su mano un *h* de grana, diciendo 2339
38.30 el que tenía en su mano el *h* de grana 2339
Éx 39.3 y cortaron *h* para tejerlos entre el 6616
Lv 19.19 no te pondrás vestidos... mezcla de *h* 8162
Jue 16.12 las rompió de sus brazos como un *h* 2339
1 R 7.15 y rodeaba a una y otra un *h* de doce 2338
Cnt 4.3 tus labios como *h* de grana, y tu habla 2339

HILVANAR
Job 16.4 *hilvanar* contra vosotros palabras 4405

HIMENEO *Cristiano apóstata*
1 Ti 1.20 de los cuales son *H* y Alejandro 5211
2 Ti 2.17 de los cuales son *H* y Fileto 5211

HIMNO
Mt 26.30; Mr 14.26 hubieron cantado el *h* 5214
Hch 16.25 cantaban *h* a Dios; y los presos los 5214
Ef 5.19 entre vosotros con salmos, con *h* y 5215
Col 3.16 cantando... al Señor con salmos e *h* y 5215

HIN
Éx 29.40 la cuarta parte de un *h* de aceite 1969
29.40 la libación, la cuarta parte de un *h* 1969
30.24 de casia... y de aceite de olivas un *h* 1969
Lv 23.13 será de vino, la cuarta parte de un *h* 1969
Nm 15.4 con la cuarta parte de un *h* de aceite 1969
15.5 vino... ofrecerás la cuarta parte de un *h* 1969
15.6 amasada con la tercera parte de un *h* 1969
15.7 de vino... la tercera parte de un *h*, en 1969
15.9 amasada con la mitad de un *h* de aceite 1969
15.10 de vino... la mitad de un *h*, en ofrenda 1969
28.5 amasada con un cuarto de un *h* de aceite 1969
28.7 la cuarta parte de un *h* con cada cordero 1969
28.14 libaciones... medio *h* con cada becerro 1969
28.14 tercera parte de un *h* con cada carnero 1969
28.14 cuarta parte de un *h* con cada cordero 1969
Ez 4.11 beberás el agua... sexta parte de un *h* 1969
45.24 ofrecerá... por cada efa un *h* de aceite 1969
46.5,7,11 y un *h* de aceite con cada efa 1969
46.14 y la tercera parte de un *h* de aceite 1969

HINCAR
Pr 26.9 espinas *hincadas*... mano del embriagado 2336
Ec 12.11 como clavos *hincados* son las de los 5193
Is 22.23 lo *hincaré* como clavo en lugar firme 8628
22.25 el clavo *hincado* en lugar firme será 8628
Mt 27.29 *hincando* la rodilla... le escarnecían
Mr 1.40 leproso... *hincada* la rodilla, le dijo 1120
10.17 *hincando* la rodilla delante de él, le 1120
Hch 27.41 la proa, *hincada*, quedó inmóvil, y 2043

HINCHAR
Nm 5.21 tu muslo caiga... tu vientre se *hinche* 6639
5.22 y hagan *hinchar* tu vientre y caer tu 6638
5.27 su vientre se *hinchará* y caerá su muslo 6638
Dt 8.4 ni el pie se te ha *hinchado* en estos 1216
Neh 9.21 envejecieron, ni se *hincharon* sus 1216
Hch 28.6 estaban esperando que él se *hinchase* 4092
Col 2.18 *hinchado* por su propia mente carnal 5448

HINCHAZÓN
Lv 13.2 cuando el hombre tuviere en... cuerpo *h* 7613
13.19 en el lugar del divieso hubiere una *h* 7613
13.43 si pareciere la *h* de la llaga blanca 7613
14.56 acerca de la *h*, y de la erupción, y de 7613
Is 1.6 herida, *h* y podrida llaga; no están 2250

HINOM *Valle al sur de Jerusalén*
Jos 15.8 sube... por el valle del hijo de *H* al 2011
15.8 sube... enfrente del valle de *H* hacia el 2011
18.16 está delante del valle del hijo de *H* 2011
18.16 desciende luego al valle de *H*, al lado 2011
2 R 23.10 a Tofet... en el valle del hijo de *H* 2011
2 Cr 28.3 quemó... incienso en el valle de... de *H* 2011
33.6 sus hijos por fuego en el valle... de *H* 2011
Neh 11.30 desde Beer-seba hasta el valle de *H* 2011
Jer 7.31 de Tofet... en el valle del hijo de *H* 2011
7.32 no se diga más, Tofet, ni valle... de *H* 2011
19.2 saldrás al valle del hijo de *H*, que está 2011
19.6 no se llamará más... valle del hijo de *H* 2011
32.35 cuales están en el valle del hijo de *H* 2011

HIPOCRESÍA
Jer 23.15 de los profetas... salió la *h* sobre 2613
Mt 23.28 **pero por dentro estáis llenos de *h*** 5272
Mr 12.15 percibiendo la *h* de ellos, les dijo 5272
Lc 12.1 **levadura de los fariseos, que es la *h*** 5272
Gá 2.13 Bernabé... arrastrado por la *h* de ellos 5272
1 Ti 4.2 por la *h* de mentirosos que, teniendo 5272
Stg 3.17 buenos frutos, sin incertidumbre ni *h* 505
1 P 2.1 *h*, envidias, y todas las detracciones 5272

HIPÓCRITA
Job 36.13 *h* de corazón atesoran para sí la ira 2611
Sal 26.4 no me he sentado con hombres *h*, ni 7723
119.113 aborrezco a los hombres *h*; mas amo 5588
Pr 11.9 el *h* con la boca daña a su prójimo 2611
Is 33.14 espanto sobrecogió a los *h*. ¿Quién 2611
Mt 6.2 **como hacen los *h* en las sinagogas y** 5273
6.5 cuando ores, no seas como los *h*; porque 5273
6.16 ayunéis, no seáis austeros, como los *h* 5273
7.5 ¡*h*! saca primero la viga de tu... ojo, y 5273
15.7 *h*, bien profetizó de vosotros Isaías 5273
16.3 ¡*h*! que sabéis distinguir el aspecto del 5273

H

22.18 **Jesús... dijo: ¿Por qué me tentáis, *h*?** *5273*
23.13,14,15,23,25,27,29 ¡ay de vosotros escribas y fariseos, *h*! *5273*
24.51 **castigará... pondrá su parte con los *h*** *5273*
Mr 7.6 *h*, bien profetizó de vosotros Isaías *5273*
Lc 6.42 ***h*, saca primero la viga de tu... ojo** *5273*
11.44 **de vosotros, escribas y fariseos, *h*!** *5273*
12.56 **¡*h*! Sabéis distinguir el aspecto del** *5273*
13.15 ***h*... ¿no desata en el día de reposo su** *5273*

HIR *Descendiente de Benjamín*, 1 Cr 7.12 5893

HIRA *Amigo de Judá No. 1*
Gn 38.1 un varón adulamita que se llamaba *H* 2437
38.12 Judá... subía... Timnat, él y su amigo *H* 2437

HIRAM
1. Rey de Tiro en tiempo de David y Salomón
2 S 5.11 *H* rey de... envió embajadores a David 2438
1 R 5.1 *H* rey de Tiro envió también... siervos 2438
5.1 porque *H* siempre había amado a David 2438
5.2 entonces Salomón envió a decir a *H* 2438
5.7 cuando *H* oyó las palabras de Salomón, se 2438
5.8 envió *H* a decir a Salomón: He oído lo que 2438
5.10 dio, pues, *H* a Salomón madera de cedro 2438
5.11 Salomón daba a *H* 20.000 coros de trigo 2438
5.11 trigo... esto daba Salomón a *H* cada año 2438
5.12 hubo paz entre *H* y Salomón, e hicieron 2438
5.18 los albañiles de... *H* prepararon la madera 2438
9.11 para las cuales *H* rey de... había traído 2438
9.11 el rey Salomón dio a *H* veinte ciudades 2438
9.12 salió *H* de Tiro para ver las ciudades 2438
9.14 e *H* había enviado... 120 talentos de oro 2438
9.27 y envió *H* en... a sus siervos, marineros 2438
10.11 la flota de *H* que había traído el oro 2438
10.22 tenía... una flota... con la flota de *H* 2438
1 Cr 14.1 *H* rey de... envió a David embajadores 2438
2 Cr 2.3 y envió a decir Salomón a *H* rey de 2361
2.11 *H* rey de Tiro respondió por escrito que 2438
2.12 además decía *H*: Bendito sea Jehová el 2361
8.2 reedificó Salomón las ciudades que *H* le 2438
8.18 *H* le había enviado naves por mano de sus 2438
9.10 los siervos de *H*... habían traído el oro 2438
9.21 la flota del rey... con los siervos de *H* 2438
2. Arquitecto del templo de Salomón (=Hiram-abi)
1 R 7.13 Salomón, e hizo venir de Tiro a *H* 2438
7.14 *H* era lleno de sabiduría, inteligencia
7.40 hizo *H* fuentes, y tenazas, y cuencos 2438
7.45 y todos los utensilios que *H* hizo al 2438
2 Cr 4.11 *H*... hizo calderos... acabó *H* la obra 2361
3. Descendiente de Benjamín, 1 Cr 8.5 2361

HIRAM-ABI = *Hiram No. 2*
2 Cr 2.13 te he enviado un hombre hábil... *H* 2361
4.16 de bronce muy fino hizo... enseres... *H* 2361

HISOPO
Éx 12.22 tomad un manojo de *h*, y mojadlo en 231
Lv 14.4,6,49,51,52 madera de cedro... e *h* 231
Nm 19.6 tomará... *h*, y escarlata, y lo echará 231
19.18 un hombre limpio tomará *h*, y lo mojará 231
1 R 4.33 el cedro... el *h* que nace en la pared 231
Sal 51.7 purifícame con *h*, y seré limpio 231
Jn 19.29 poniéndola en un *h*, se la acercaron *5301*
He 9.19 sangre... e *h*, y roció el mismo libro *5301*

HISTORIA
Gn 37.2 esta es la *h* de la familia de Jacob 8435
1 R 14.19 está escrito en el libro de las *h* 1697
2 Cr 13.22 escritos en la *h* de Iddo profeta 4097
24.27 escrito en la *h* del libro de los reyes 4097
Lc 1.1 han tratado de poner en orden la *h* de *1335*

HIZQUI *Descendiente de Benjamín*, 1 Cr 8.17 2395

HOBA *Región alrededor de Damasco*, Gn 14.15 . 2327

HOBAB *Suegro (o cuñado) de Moisés*, Nm 10.29; Jue 4.11 2246

HOCES
Is 2.4 sus lanzas en *h*; no alzará espada nación
Jl 3.10 lanzas de vuestras *h*; diga... Fuerte soy
Mi 4.3 espadas para azadones, y sus lanzas para *h*

HOCICO
Pr 11.22 como zarcillo de oro en el *h* de un 639

HOD *Descendiente de Aser*, 1 Cr 7.37 1936

HODAVÍAS
1. Descendiente del rey David, 1 Cr 3.24 1939
2. Jefe de la tribu de Manasés, 1 Cr 5.24 1939
3. Descendiente de Benjamín, 1 Cr 9.7 1938
4. Padre de una familia de levitas que regresaron del cautiverio con Zorobabel, Esd 2.40; Neh 7.43 ... 1938,1937

HODES *Mujer de Saharaim*, 1 Cr 8.9 2321

HODÍAS
1. Descendiente de Benjamín, 1 Cr 4.19 1940
2. Levita que ayudó a Esdras en la lectura de la ley, Neh 8.7; 9.5 1940
3. Nombre de tres firmantes del pacto de Nehemías (uno de ellos =No. 2), Neh 10.10,13,18 1940

HODSI *Lugar en la frontera norte de Palestina*, 2 S 24.6 8483

HOFRA
Jer 44.30 entrego a Faraón *H* rey de Egipto 6548

HOGAR
Rt 3.1 ¿no he de buscar *h* para ti, para que 4494
2 Cr 7.10 envió al pueblo a sus *h*, alegres y 168
Sal 109.10 y procuren su pan lejos de sus... *h* 2723
Is 30.14 halla tiesto para traer fuego del *h* 3344

HOGLA *Segunda hija de Zelofehad*, Nm 26.33; 27.1; 36.11; Jos 17.3 2295

HOGUERA
Is 10.16 encenderá una *h* como ardor de fuego 3350
Ez 24.9 ¡ay de la ciudad de... haré yo gran *h* 4071

HOHAM *Rey amorreo de Hebrón*, Jos 10.3 1944

HOJA
Gn 3.7 cosieron *h* de higuera, y se hicieron 5929
8.11 paloma... traía una *h* de olivo en el pico 5929
Lv 26.36 de una *h* que se mueva los perseguirá 5929
Jue 3.22 tras la *h*, y la gordura cubrió la *h* 3851
1 R 6.34 dos *h* de... giraban, y las otras dos *h* 6763
Neh 6.1 no había puesto las *h* en las puertas 1817
Job 13.25 ¿a la *h* arrebatada has de quebrantar 5929
Sal 1.3 que da su fruto en su... y su *h* no cae 5929
Is 1.30 como encina a la que se le cae la *h* 5929
34.4 ejército, como se cae la *h* de la parra 5929
64.6 y caímos todos nosotros como la *h*, y 5929
Jer 8.13 no quedarán uvas en... y se caerá la *h* 5929
17.8 *h* estará verde; y en el año de sequía 5929
Ez 17.9 todas sus *h* lozanas se secarán; y eso 2964
41.24 cada puerta... dos *h*, dos *h* que giraban 1817
41.24 dos *h* en una puerta, y otras dos en la 1817
47.12 sus *h* nunca caerán, ni faltará su fruto 5929
47.12 fruto será para... y su *h* para medicina 5929
Mt 21.19 **vino... no halló nada en ella, sino *h*** *5444*
24.32 **y brotan las *h*, sabéis que el verano** *5444*
Mr 11.13 de lejos una higuera que tenía *h*, fue *5444*
11.13 cuando llegó a ella, nada halló sino *h* *5444*
13.28 **y brotan las *h*, sabéis que el verano** *5444*
Ap 22.2 las *h* del árbol eran para la sanidad *5444*

HOJALDRE
Éx 29.2 y *h* sin levadura untadas con aceite 7550
29.23 una *h* del canastillo de los panes sin 7550
Lv 2.4 y *h* sin levadura untadas con aceite 7550
7.12 ofrecerá... *h* sin levadura untadas con 7550
8.26 tomó... una *h*, y lo puso con la grosura 7550
Nm 6.15 y *h* sin levadura untadas con aceite 7550
6.19 tomará... una *h* sin levadura, y las pondrá 7550

HOJARASCA
Éx 15.7 enviaste tu ira... consumió como a *h* 7179
Job 41.29 tiene toda arma por *h*, y del blandir 7179
Sal 83.13 ponlos... como *h* delante del viento 7179
Is 33.11 concebisteis *h*, rastrojo daréis a luz 7179
40.24 secan, y el torbellino los lleva como *h* 7179
41.2 como polvo... como *h* que su arco arrebata? ... 7179
Jl 2.5 como sonido de llama... que consume *h* 7179
Nah 1.10 empapados... serán consumidos como *h* 7179
1 Co 3.12 alguno edificare... madera, heno, *h* *2562*

HOJUELA
Éx 16.31 blanco, y su sabor como de *h* con miel 6838
2 S 13.6 venga... y haga delante de mí dos *h* 3834
13.8 Tamar... hizo *h* delante de él y las coció 3823
13.10 tomando Tamar las *h*... las llevó a su 3834
1 Cr 23.29 para las *h* sin levadura, para lo 7550

HOLGAR
Sal 41.11 que mi enemigo no se *huelgue* de mí 7321
Pr 2.14 que se *huelguen* en las perversidades 1523

HOLGURA
Sal 123.4 del escarnio de los que están en *h* 7600
2 Co 8.13 haya para otros *h*, y para vosotros *425*

HOLLAR
Dt 33.29 así... tú *hollarás* sobre tus alturas 1869
Jos 14.9 tierra que *holló* tu pie será para ti 1869
Jue 20.43 *hollaron* desde Menúha hasta... Gaba 1869
1 S 2.29 habéis *hollado* mis sacrificios y mis 1163
2 R 13.7 había puesto como el polvo para *hollar* 1758
14.9; 2 Cr 25.18 fieras... *hollaron* el cardo 7429
Sal 7.5 *huelle* en tierra mi vida, y mi honra 7429
44.5 en tu nombre *hollaremos*... adversarios 947
60.12 Dios... él *hollará* a nuestros enemigos 947
91.13 *hollarás* al cachorro del león y al 7429
108.13 Dios... él *hollará* a nuestros enemigos 947
119.118 *hollaste* a todos los que se desvían 5541
Is 1.12 delante de mí para *hollar* mis atrios? 7429
5.5 aportillaré su cerca, y será *hollada* 4823
7.25 serán... para ser *hollados* de los ganados 4823
10.6 lo ponga para ser *hollado* como lodo de 7429
14.19 tú echado... como cuerpo muerto *hollado* 947
14.25 y en mis montes lo *hollaré*; y su yugo 947
25.10 Moab será *hollado*... como es *h* la paja 1758
26.6 la *hollará* pie, los pies del afligido 7429
27.4 y cardos? Yo los *hollaré*, los quemaré 6702
63.3 y los *hollé* con mi furor; y su sangre 7429
63.6 ira *hollé* los pueblos, y los embriagué 947
63.18 enemigos han *hollado* tu santuario 947
Jer 12.10 han destruido mi viña, *hollaron* mi 947
30.16 *hollados* serán los que te *hollaron*, y 7601
Lm 1.15 Señor ha *hollado* a todos mis hombres 5541
1.15 como lagar ha *hollado* el Señor a... Judá 1869
Ez 26.11 *hollará* todas tus calles; a tu pueblo 7429
32.2 y enturbiabas... y *hollabas* sus riberas 7515
34.18 sino... *holláis* con vuestros pies lo que 7429
34.19 mis ovejas comen lo *hollado* de... pies 7429
Dn 7.7,19 y las sobras *hollaba* con sus pies 7512
Mi 1.3 sale... *hollará* las alturas de la tierra 1869
5.5 asirio... cuando *hollare* nuestros palacios 1869
5.6 viniere... y *hollare* nuestros confines 1869
5.8 del león... el cual si pasare, y *hollare* 7429
7.10 será *hollada* como lodo de las calles 4823
Hab 3.12 con ira *hollaste* la tierra, con furor 6805
Zac 9.15 *hollarán* las piedras de la honda, y 3533
10.5 *huellan* al enemigo en el lodo de las 947
Mal 4.3 *hollaréis* a los malos, los cuales serán 6072
Mt 5.13 **para ser... y *hollada* por los hombres** *2662*
Lc 8.5 **fue *hollada*, y las aves... la comieron** *2662*
10.19 **os doy potestad de *hollar* serpientes** *3961*
21.24 **Jerusalén será *hollada* por los gentiles** *3961*
Ap 11.2 ellos *hollarán* la ciudad santa 42 meses *3961*

HOLLEJO
Nm 6.4 los granillos hasta el *h*, no comerá 2085

HOLOCAUSTO
Gn 8.20 edificó Noé... y ofreció *h* en el altar 5930
22.2 y ofrécelo allí en *h* sobre uno de los 5930
22.3 y cortó leña para el *h*, y se levantó 5930
22.6 tomó Abraham la leña del *h*, y la puso 5930
22.7 mas ¿dónde está el cordero para el *h*? 5930
22.8 Dios se proveerá de cordero para el *h* 5930
22.13 lo ofreció en *h* en lugar de su hijo 5930
Éx 10.25 tú también nos darás sacrificios y *h* 5930
18.12 tomó Jetro, suegro de... *h* y sacrificios 5930
20.24 y sacrificarás sobre él tus *h* y tus 5930
24.5 envió jóvenes... ofrecieron *h* y becerros 5930
29.18 altar; es *h* de olor grato para Jehová 5930
29.25 en el altar, sobre el *h*, por olor grato 5930
29.42 *h* continuo por vuestras generaciones 5930
30.9 no ofreceréis sobre él... *h*, ni ofrenda 5930
30.28 altar del *h* con todos sus utensilios 5930
31.9 el altar del *h* y todos sus utensilios 5930
32.6 ofrecieron *h*, y presentaron ofrendas 5930
35.16 el altar del *h*, su enrejado de bronce 5930
38.1 hizo de madera de acacia el altar del *h* 5930
40.6 pondrás el altar del *h* delante de la 5930
40.10 ungirás... altar del *h* y... sus utensilios 5930
40.29 colocó el altar del *h* a la entrada del 5930
40.29 sacrificó sobre él *h* y ofrenda, como 5930
Lv 1.3 si su ofrenda fuere *h* vacuno, macho sin 5930
1.4 y pondrá su mano sobre la cabeza del *h* 5930
1.6 y desollará el *h*, y lo dividirá en sus 5930
1.9,13,17 *h* es, ofrenda encendida de olor 5930
1.10 si su ofrenda para *h* fuere del rebaño 5930
1.14 la ofrenda para Jehová fuere *h* de aves 5930
3.5 el *h* que estará sobre la leña encima del 5930
4.7,18,25 sangre... al pie del altar del *h* 5930
4.10 la hará arder sobre el altar del *h* 5930
4.24,29,33 el lugar donde se degüella el *h* 5930
4.25,30,34 sobre los cuernos del altar del *h* 5930
5.7 el uno para expiación, y el otro para *h* 5930
5.10 y del otro hará *h* conforme al rito; así 5930
6.9 la ley del *h*: El *h* estará sobre el fuego 5930
6.10 cuando el fuego hubiere consumido el *h* 5930
6.12 y acomodará el *h* sobre él, y quemará 5930
6.25 en el lugar donde se degüella el *h* será 5930
7.2 el lugar donde degüellan el *h*, degollarán 5930
7.8 sacerdote que ofreciere *h*... piel del *h* 5930
7.37 esta es la ley del *h*, de la ofrenda, del 5930
8.18 hizo que trajeran el cordero del *h*, y 5930
8.21 *h* de olor grato, ofrenda encendida para 5930
8.28 las hizo arder en el altar sobre el *h* 5930
9.2 toma... y un carnero para *h*, sin defecto 5930
9.3 cordero de un año, sin defecto, para *h* 5930
9.7 acércate al... y haz tu expiación y tu *h* 5930
9.12 degolló asimismo el *h*... sobre el altar 5930
9.13 le presentaron el *h* pieza por pieza, y 5930
9.14 lavó... los quemó sobre el *h* en el altar 5930
9.16 y ofreció el *h*, e hizo según el rito 5930
9.17 hizo quemar... además del *h* de la mañana 6999,5930
9.22 después de hacer... el *h* y el sacrificio 5930
9.24 salió fuego de... y consumió el *h* con las 5930
10.19 hoy han ofrecido... *h* delante de Jehová 5930
12.6 traerá un cordero de un año para *h*, y 5930
12.8 o dos palominos, uno para *h* y otro para 5930
14.13 se degüella el sacrificio por... y el *h* 5930
14.19 el sacrificio... después degollará el *h* 5930
14.20 subir... el *h* y la ofrenda sobre el altar 5930
14.22 será para expiación... y el otro para *h* 5930
14.31 y el otro en *h*, además de la ofrenda 5930
15.15,30 el sacerdote hará del... y del otro *h* 5930
16.3 entrará Aarón... con, y un carnero para *h* 5930
16.5 tomará dos machos... y un carnero para *h* 5930
16.24 saldrá, y hará su *h*, y el *h* del pueblo 5930
17.8 varón de... que ofreciere *h* o sacrificio 5930
22.18 ofrendas voluntarias ofrecidas en *h* a 5930
23.12 ofreceréis un cordero... en *h* a Jehová 5930
23.18 serán *h* a Jehová, con su ofrenda y sus 5930
23.37 *h* y ofrenda, sacrificio y libaciones 5930
Nm 6.11 el sacerdote ofrecerá... el otro en *h* 5930
6.14 ofrecerá su... un cordero de un año... en *h* 5930
6.16 el sacerdote... hará su expiación y su *h* 5930
7.15,21,27,33,39,45,51,57,63,69,75,81 un cordero de un año para *h* 5930
7.87 todos los bueyes para *h*, doce becerros 5930
8.12 ofrecerás... el otro en *h* a Jehová, para 5930
10.10 tocaréis... trompetas sobre vuestros *h* 5930
15.3 *h*, o sacrificio, por especial voto, o 5930
15.5 de vino... además del *h*... por cada cordero 5930
15.8 ofrecieres novillo en *h* o sacrificio 5930
15.24 ofrecerá un novillo por *h* en olor grato 5930
23.3,15 ponte junto a tu *h*, y yo iré... Jehová 5930
23.6,17 a él, y he aquí estaba él junto a su *h* 5930
28.3 dos corderos... día, será el *h* continuo 5930
28.6 es *h* continuo, que fue ordenado en el 5930
28.10 *h* de cada día... además del *h* continuo 5930
28.11 ofreceréis en *h* a Jehová dos becerros 5930
28.13 *h* de olor grato, ofrenda encendida a 5930
28.14 el *h* de cada mes por todos los meses 5930
28.15,24,31 además del *h* continuo con su 5930
28.19 ofreceréis... *h* a Jehová, dos becerros 5930

28.23 además del h de la mañana...h continuo.....5930
28.27 ofreceréis en h...dos becerros de la..........5930
29.2 ofreceréis h en olor grato a Jehová, un........5930
29.6 además del h del mes...y el h continuo........5930
29.8 ofreceréis en h...becerro de la vacada........5930
29.11 y del h continuo y de sus ofrendas y..........5930
29.13 ofreceréis en h...trece becerros de la........5930
29.16,19,22,25,28,31,34,38 además del h continuo, su ofrenda y su libación........................5930
29.36 ofreceréis en h, en ofrenda encendida de olor
29.39 ofrendas voluntarias, para vuestros h........5930
Dt 12.6,11 allí llevaréis vuestros h, vuestros...........5930
12.13 de no ofrecer tus h en cualquier lugar.......5930
12.14 allí ofrecerás tus h, y allí harás todo.........5930
12.27 ofrecerás tus h, la carne y la sangre.........3632
13.16 su botín, todo ello, como h a Jehová..........5930
27.6 ofrecerás sobre él h a Jehová tu Dios.........3632
33.10 pondrán el incienso...h sobre tu altar........5930
Jos 8.31 y ofrecieron sobre él h a Jehová..............5930
22.23 altar para...para sacrificar h u ofrenda.....5930
22.26 un altar, no para h ni para sacrificio.........5930
22.27 el servicio de Jehová...con nuestros h........5930
22.28 no para h o sacrificios, sino para que........5930
22.29 edificando altar para h, para ofrenda........5930
Jue 6.26 el segundo toro, sacrifícalo en h..............5930
6.28 ofrecido en h sobre el altar edificado...........5930
11.31 será de Jehová, y lo ofreceré en h............5930
13.16 si quieres hacer h, ofrécelo a Jehová.........5930
13.23 no aceptaría de nuestras manos el h.........5930
20.26 ofrecieron h y ofrendas de paz delante.......5930
21.4 altar, y ofrecieron h y ofrendas de paz........5930
1 S 6.14 ofrecieron las vacas en h a Jehová............5930
6.15 sacrificaron h y dedicaron sacrificios.........5930
7.9 un cordero...lo sacrificó entero en h...........5930
7.10 mientras Samuel sacrificaba el h, los..........5930
10.8 descenderé yo a ti para ofrecer h y...........5930
13.9 dijo Saúl: Traedme h...y ofreció el h...........5930
13.10 y cuando él acababa de ofrecer el h..........5930
13.12 no he...Me esforcé, pues, y ofrecí h..........5930
15.22 ¿se complace Jehová tanto en los h y.........5930
2 S 6.17 sacrificó David h y ofrendas de paz...........5930
6.18 David había acabado de ofrecer los h..........5930
24.22 he aquí bueyes para el h, y...la leña..........5930
24.24 no ofreceré...h que no me cuesten nada......5930
24.25 David...sacrificó h y ofrendas de paz........5930
1 R 3.4 mil h sacrificaba Salomón sobre aquel.........5930
3.15 sacrificó h y ofreció sacrificios de paz.........5930
8.64 ofreció allí los h, las ofrendas y la.............5930
8.64 no cabían en él los h, las ofrendas y...........5930
9.25 ofrecía Salomón tres veces cada año h.........5930
10.5 subía h que ofrecía en la casa de Jehová......5930
18.34 derramadla sobre el h y sobre la leña.........5930
18.36 cuando llegó la hora de ofrecerse el h........4503
18.38 y consumió el h, la leña, las piedras..........5930
2 R 3.27 y lo sacrificó en h sobre el muro..............5930
5.17 tu siervo no sacrificará h ni ofrecerá..........5930
10.24 y cuando ellos entraron para hacer...h.......5930
10.25 acabaron ellos de hacer el h, Jehú puso.......5930
16.13 encendió su h y su ofrenda, y derramó.......5930
16.15 en el gran altar encenderás el h de la........5930
16.15 el h del rey y...el h de todo el pueblo........5930
16.15 y esparcirás sobre él...la sangre del h.......5930
1 Cr 6.49 Aarón y sus hijos...el altar del h...............5930
16.1 trajeron el arca de Dios...y ofrecieron h......5930
16.2 cuando David acabó de ofrecer el h y los......5930
16.40 y tarde, h a Jehová en el altar del h..........5930
21.23 aun los bueyes daré para el h, y los..........5930
21.24 no...ni sacrificaré h que nada me cueste.....5930
21.26 en el que ofreció h y ofrendas de paz........5930
21.26 por fuego...el cielo en el altar del h..........5930
21.29 y el altar del h, estaban...en Gabaón.........5930
22.1 aquí estará...el altar del h para Israel........5930
23.31 para ofrecer...h a Jehová los días de........5930
29.21 ofrecieron a Jehová h...de todo Israel........5930
2 Cr 1.6 Salomón...y ofreció sobre él mil h.............5930
2.4 y para h a mañana y tarde, en los días..........5930
4.6 lavar...en ellas lo que se ofrecía en h...........5930
7.1 fuego...y consumió el h y las víctimas..........5930
7.7 por cuanto había ofrecido allí los h, y la........5930
7.7 en el altar de...no podían caber los h..........5930
8.12 ofreció Salomón h a Jehová sobre el..........5930
13.11 queman...los h cada mañana y cada tarde...5930
23.18 para ofrecer a Jehová los h, como está........5930
24.14 y sacrificaban h continuamente en la........5930
29.7 ni sacrificaron h en el santuario al............5930
29.18 ya hemos limpiado...el altar del h, y..........5930
29.24 por...Israel mandó el rey hacer el h...........5930
29.27 mandó Ezequías sacrificar el h en el.........5930
29.27 cuando comenzó el h, comenzó...cántico.....5930
29.28 todo esto duró hasta consumirse el h.........5930
29.31 los generosos de corazón trajeron h..........5930
29.32 h que trajo la congregación, setenta.........5930
29.32 corderos, todo para el h de Jehová...........5930
29.34 no bastaban para desollar los h; y así........5930
29.35 hubo abundancia de h, con grosura de.......5930
29.35 las ofrendas...y libaciones para cada h......5930
30.15 y trajeron los h a la casa de Jehová.........5930
31.2 y los levitas para ofrecer el h y las............5930
31.3 el rey contribuyó...para los h a mañana......5930
31.3 h de los días de reposo, nuevas lunas........5930
35.12 tomaron luego del h, para dar conforme......5930
35.14 ocupados...en el sacrificio de los h y..........5930
35.16 para sacrificar los h sobre el altar............5930
Esd 3.2 ofrecer sobre él h, como está escrito..........5930
3.3 ofrecieron sobre él h a Jehová, h por la........5930
3.4 y h cada día por orden conforme al rito........5930
3.5 además...el h continuo, las nuevas lunas.......5930
3.6 comenzaron a ofrecer h a Jehová; pero los.....5930
6.9 h al Dios del cielo, trigo, sal, vino y.............5928
8.35 ofrecieron h al Dios de...en h a Jehová.......5930
Neh 10.33 el h continuo, los días de reposo............5930
Job 1.5 ofrecía h conforme al número de todos........5930
42.8 y ofreced h por vosotros, y mi siervo..........5930
Sal 20.3 memoria de...ofrendas, y acepte tu h.........5930
40.6 oídos; h y expiación no has demandado.......5930
50.8 no te reprenderé por tus...ni por tus h.........5930
51.16 sacrificio...yo lo daría; no quieres h...........5930
51.19 entonces te agradarán...el h u ofrenda......5930
66.13 entraré en tu casa con h; te pagaré mis......5930
66.15 h de animales engordados te ofreceré.......5930
Is 1.11 hastiado estoy de h de carneros y de...........5930
43.23 no me trajiste...los animales de tus h........5930
56.7 sus h y...serán aceptos sobre mi altar..........5930
61.8 aborrecedor del latrocinio para h; por........5930
Jer 6.20 vuestros h no son aceptables, ni..............5930
7.21 añadid vuestros h sobre...sacrificios..........5930
7.22 no hablé...ni nada les mandé acerca de h.....5930
14.12 ofrezcan h y ofrenda no lo aceptaré.........5930
17.26 trayendo h y sacrificio, y ofrenda e...........5930
19.5 quemar a sus hijos...en h al mismo Baal.......5930
33.18 que delante de mí ofrezca h y encienda......5930
Ez 40.38 había allí una cámara...lavarán el h..........5930
40.39 mesas...para degollar sobre ellas el h........5930
40.42 cuatro mesas para el h eran de piedra.......5930
40.42 los utensilios con que degollarán el h........5930
43.18 para ofrecer h sobre él y para esparcir......5930
43.24 sacerdotes...los ofrecerán en h a Jehová....5930
43.27 sacrificarán sobre el altar vuestros h........5930
44.11 ellos matarán el h y la víctima para..........5930
45.15 para h y para ofrendas de paz, para..........5930
45.17 al príncipe corresponderá el dar el h.........5930
45.17 él dispondrá...el h y las ofrendas de.........5930
45.23 los siete días de...ofrecerá h a Jehová.......5930
45.25 en estos siete días en cuanto a...al h.........5930
46.2 mientras los sacerdotes ofrezcan su h.........5930
46.4 el h que el príncipe ofrecerá a Jehová.........5930
46.12 libremente hiciere h u ofrendas de paz.......5930
46.12 hará su h y sus ofrendas de paz, como.......5930
46.13 ofrecerás...en h un cordero de un año........5930
46.15 ofrecerán...las mañanas en h continuo......5930
Os 6.6 no...y conocimiento de Dios más que h.........5930
Am 5.22 me ofreciereis vuestros h y vuestras.........5930
Mi 6.6 me presentaré ante él con h...de un año?......5930
Mr 12.33 y el amarle...es más que todos los h.........*3646*
He 10.6,8 h y expiaciones por el pecado no............*3646*

HOLÓN

1. Ciudad levítica en Judá, Jos 15.51; 21.15.........2473
2. Población en Moab, Jer 48.21.......................2473

HOMAM *Hijo de Lotán horeo*, 1 Cr 1.39.........1950

HOMBRE

Gn 1.26 entonces dijo Dios: Hagamos al h a............120
1.27 creó Dios al h a su imagen, a imagen de........120
2.5 ni había h para que labrase la tierra..........120
2.7 Dios formó al h del polvo de la tierra............120
2.7 sopló en su...y fue el h un ser viviente..........120
2.8 Dios...puso allí al h que había formado..........120
2.15 tomó...Jehová Dios al h, y lo puso en el.........120
2.16 y mandó Jehová Dios al h, diciendo: De.........120
2.18 Dios: No es bueno que el h esté solo............120
2.22 del h, hizo una mujer, y la trajo al h.............120
2.24 dejará el h a su padre y a su madre, y..........120
3.8 el h y su mujer se escondieron de...Dios.........120
3.9 mas Jehová Dios llamó al h, y le dijo.............120
3.12 el h respondió: La mujer...me dio del..........120
3.17 al h dijo: Por cuanto obedeciste a la............120
3.21 Dios hizo al h y a su mujer túnicas de...........120
3.22 he aquí el h es como uno de nosotros...........120
3.24 echó, pues, fuera al h...del huerto de...........120
4.26 entonces los h comenzaron a invocar el.......2490
5.1 día en que creó Dios al h, a semejanza..........120
6.1 comenzaron los h a multiplicarse sobre..........120
6.2 viendo...las hijas de los h eran hermosas.........120
6.3 no contenderá mi espíritu con el h para..........120
6.4 los hijos de Dios a las hijas de los h..............120
6.5 que la maldad de los h era mucha en la..........120
6.6 se arrepintió Jehová de haber hecho h...........120
6.7 raeré de...a los h...el h hasta la bestia...........120
7.21 murió toda carne...la tierra, y todo h............120
7.23 destruido...desde el h hasta la bestia...........120
8.21 a maldecir la tierra por causa del h..............120
8.21 el intento del corazón del h es malo.............120
9.5 la sangre...la demandaré...de mano del h........120
9.5 de su hermano demandaré la vida del h..........120
9.6 el que derramare sangre de h, por el h..........120
9.6 porque a imagen de Dios es hecho el h..........120
11.5 torre que edificaban los hijos de...h...........120
13.13 los h de Sodoma eran malos y pecadores......582
16.12 él será h fiero; su mano contra todos..........120
17.17 ¿a h de cien años ha de nacer hijo?............582
19.4 rodearon la casa los h de la ciudad..............582
19.11 a los h que estaban a la puerta de la..........582
20.8 dijo...y temieron los h en gran manera..........582
24.21 y el h estaba maravillado de...callando........376
24.22 le dio el h un pendiente de oro que............376
24.26 el h...se inclinó, y adoró a Jehová..............376
24.29 corrió afuera hacia el h, a la fuente...........376
24.30 que decía: Así me habló aquel h, vino..........376
24.32 el h vino a casa, y Labán desató los............376
24.32 y los pies de los h que con él venían...........376
24.59 ir...al criado de Abraham y a sus h...............582
24.61 Rebeca y...montaron...y siguieron al h.........376
25.27 Esaú fue diestro en la caza, h de campo.......376
26.7 y los h de aquel lugar le preguntaron...........376
26.7 los h del lugar lo matarían por...Rebeca.......376
26.11 el que tocare a este h o a su mujer............376
27.11 mi hermano es h velloso, y yo lampiño........376
29.19 la dé a ti, y no que la dé a otro h...............376
32.6 Esaú...viene...y cuatrocientos h con él.........376
32.28 has luchado con Dios y con los h, y has........376
33.1 he aquí venía Esaú, y los 400 h con él...........376
34.14 dar nuestra hermana a h incircunciso........376
34.22 consentirán estos h en habitar con............376
34.30 teniendo yo pocos h, se juntarán contra......4962
37.15 lo halló un h, andando él errante por..........376
37.15 y le preguntó aquel h, diciendo: ¿Qué..........376
37.17 aquel h respondió: Ya se han ido de...........376
38.2 vio allí Judá la hija de un h cananeo............376
38.21 y preguntó a los h de aquel lugar..............376
38.22 también los h del lugar dijeron: Aquí..........376
41.38 ¿acaso hallaremos a otro h como éste.........376
42.11 somos h honrados; tus siervos nunca
42.19 si sois h honrados, quede preso en la
42.31 somos h honrados, nunca fuimos espías
42.33 en esto conoceré que sois h honrados
42.34 que no sois espías, sino h honrados...........376
43.16 lleva a casa a esos h, y degüella una..........376
43.16 estos h comerán conmigo al mediodía.........376
43.17 e hizo el h como José dijo, y llevó a............376
43.17 hizo...y llevó a los h a casa de José.............376
43.18 entonces aquellos h tuvieron temor...........376
43.24 y llevó...varón a los h a casa de José..........376
43.33 estaban aquellos h atónitos mirándose........376
44.3 los h fueron despedidos con sus asnos..........376
44.4 dijo José a...Levántate y sigue a esos h.........376
44.15 sabéis que un h como yo sabe adivinar?.......376
46.32 los h son pastores...son h ganaderos..........376
46.34 diréis: H de ganadería han sido tus............376
47.6 entiendes que hay entre ellos h capaces........376
49.6 porque en su furor mataron h, y en su..........376
Éx 2.20 dijo...¿Por qué habéis dejado a ese h?.........376
4.10 nunca he sido h de fácil palabra, ni.............376
4.11 le respondió: ¿Quién dio la boca al h?..........120
8.17,18 piojos...los h como en las bestias..........120
9.9 sarpullido con úlceras en los h como en.........120
9.10 produjo úlceras tanto en los h como en.........120
9.19 todo h o animal que se halle en el campo.......120
9.22 para que venga granizo en...sobre los h........120
9.25 y aquel granizo hirió...h como bestias...........120
10.7 ¿hasta cuándo será este h un lazo para.........120
10.7 deja ir a estos h...que sirvan a Jehová..........376
11.7 de Israel, desde el h hasta la bestia.............376
12.4 conforme al comer de cada h, haréis la.........376
12.12 heriré...de los h como de las bestias...........120
12.37 partieron...seiscientos mil h de a pie........1397
13.2 de los h como de los animales, mío es..........120
19.13 tocará...sea animal o sea h, no vivirá..........120
21.28 si un buey acorneare a h o a mujer, y..........376
21.29 fuere acorneador...matare a h o mujer........376
22.7 y fuere hurtado de la casa de aquel h...........376
30.32 sobre carne de h no será derramado, ni.......120
32.28 cayeron...en aquel día como tres mil h.........376
33.20 no podrás ver...no me verá h, y vivirá..........120
34.3 no suba h contigo, ni parezca alguno en........376
35.22 vinieron así h como mujeres, todos los.........376
35.23 todo h que tenía azul, púrpura, carmesí........376
35.29 h como mujeres...que tuvieron corazón.......376
36.1 h sabio de corazón, a quien Jehová dio..........376
36.2 h a quien su corazón le movió a venir..........376
36.6 ningún hombre ni mujer haga más para.......376
Lv 5.3 tocare inmundicia de h...será culpable..........120
5.4 cosa que el h profiere con juramento............120
6.3 aquellas cosas en que suele pecar el h..........120
7.21 la persona que tocare...inmundicia de h........120
13.2 cuando el h tuviere en la piel de su.............120
13.9 cuando hubiere llaga de lepra en el h...........120
13.29 h...que le saliere llaga en la cabeza...........376
13.38 el h...tuviere en la piel de su cuerpo..........376
13.40 el h, cuando se le cayere el cabello............376
15.16 cuando el h tuviere emisión de semen.........376
15.18 y cuando un h yaciere con una mujer..........376
15.33 el h que durmiere con mujer inmunda........2145
16.17 ningún h estará en el tabernáculo de..........120
16.21 por mano de un h destinado para esto.........376
18.5 cuales haciendo el h, vivirá en ellos............120
18.27 estas abominaciones hicieron los h de.........376
19.20 un h yaciere con una mujer que fuere.........376
20.9 todo h que maldijere a su padre o a su..........376
20.10 h cometiere adulterio con la mujer de.........376
20.27 el h...que evocare espíritus de muertos........376
21.4 no se contaminará como cualquier h de........1167
22.5 u h por el cual venga a ser inmundo............120
24.10 el hijo de...y un h de Israel riñeron en.........376
24.17 el h que hiere de muerte a cualquiera.........120
24.21 que hiere de muerte a un h, que muera........120
25.26 cuando el h no tuviere rescatador, y...........376
27.28 de h y de animales, y de las tierras............120
Nm 3.13 así de h como de animales, míos serán........120
5.3 así a h como a mujeres echaréis; fuera.........2145
5.6 el h o la mujer que cometiere alguno de.........376
5.6 de los pecados con que los h prevarican........376
5.8 si aquel h no tuviere pariente al cual............376
5.31 el h será libre de iniquidad, y la mujer.........376
6.2 el h...que se apartare haciendo voto de.........376
8.17 primogénito...así de h como de animales.......120
9.7 le dijeron aquellos h: Nosotros estamos.........120
9.13 no ofreció...el tal h llevará su pecado...........376
12.3 era muy manso, más que todos los h que.......376
13.2 envía tú h que reconozcan la tierra de..........376
13.32 el pueblo que...son h de grande estatura......582
14.15 que has hecho morir a...como un solo h.........376
14.38 de entre aquellos h que habían ido a...........582
15.32 hallaron a un h que recogía leña en día........376

15.35 y Jehová dijo a Moisés...muera aquel *h* 376
16.14 ¿sacarás los ojos de...*h*? No subiremos 582
16.22 ¿no es un solo *h* el que pecó? ¿Por qué 376
16.26 apartaos...de las tiendas de estos *h* 582
16.29 si como mueren todos los *h* murieren 120
16.29 o si...siguen la suerte de todos los *h* 120
16.30 si...conoceréis que estos *h* irritaron a 582
16.32 y los tragó a...a todos los *h* de Coré 120
16.35 consumió a los 250 *h* que ofrecían al 376
18.15 así de *h* como de animales, será tuyo 120
18.15 harás...se redima el primogénito del *h* 120
19.9 un *h* limpio recogerá las cenizas de la 376
19.18 un *h* limpio tomará hisopo, y lo mojará 376
22.20 dijo: Si vinieron...llamarte estos *h* 582
22.35 vé con esos *h*; pero la palabra que yo 582
23.19 no es *h*, para que mienta, ni hijo de *h* 582
31.11 tomaron...todo el botín, así de *h* como 120
31.21 dijo a los *h* de guerra que venían de la 120
31.28 apartarás...tributo de los *h* de guerra 582
31.32 del botín que tomaron los *h* de guerra 4971
31.42 apartó...de los *h* que habían ido a la 582
31.49 han tomado razón de los *h* de guerra 376
31.53 los *h* del...habían tomado botín cada uno 376
32.14 prole de *h* pecadores, para añadir aún 582
Dt 1.16 y juzgad...entre el *h* y su hermano, y 376
1.31 te ha traído, como trae el *h* a su hijo 376
1.35 no verá *h*...de esta mala generación, la 582
2.14 toda la generación de los *h* de guerra 582
2.16 que murieron todos los *h* de guerra de 582
2.34 y destruimos todas...*h*, mujeres y niños 4962
3.6 matando en...ciudad a *h*, mujeres y niños 4962
3.11 de cuatro codos, según el codo de un *h* 376
4.3 que a todo *h* que fue en pos de Baal-peor 376
4.28 serviréis allí a dioses...de manos de *h* 120
4.32 día que creó Dios al *h* sobre la tierra 120
5.24 hoy hemos visto que Jehová habla al *h* 120
5.26 ¿qué es el *h*...que oiga la voz del Dios 1320
8.3 no sólo de pan vivirá el *h*, mas de todo 120
8.3 que sale de la boca de Jehová vivirá el *h* 120
8.5 como castiga el *h* a su hijo, así Jehová 376
13.13 salido...*h* impíos que han instigado a 582
17.2 *h* o mujer que haya hecho mal ante los 376
17.5 al *h*...que hubiere hecho esta mala cosa 376
17.5 sacarás a...*h* o mujer, y los apedrearás 376
17.12 el *h* que procediere con soberbia, no 376
17.15 no podrás poner...a *h* extranjero, que 376
20.8 ¿quién es *h* medroso y pusilánime? Vaya 376
20.19 el árbol...no es *h* para venir contra ti 120
21.15 si un *h* tuviere dos mujeres, la una 376
21.21 todos los *h* de su ciudad lo apedrearán 582
22.5 no vestirá la mujer traje de *h*, ni el 1397
22.5 ni el *h* vestirá ropa de mujer; porque 1397
22.16 yo di mi hija a este *h* por mujer, y él 376
22.18 ancianos...tomarán al *h* y le castigarán 376
22.21 la apedrearán los *h* de su ciudad, y 582
22.22 el *h* que se acostó con la mujer, y la 376
22.24 y el *h* porque humilló a la mujer de su 376
22.25 si un *h* hallare en el campo a la joven 376
22.25 y la forzare aquel *h*, acostándose con 376
22.25 morirá...el *h* que se acostó con ella 376
22.28 algún *h* hallare a una joven virgen que 376
22.29 el *h* que...dará al padre de la joven 30 376
24.2 salida...podrá ir y casarse con otro *h* 376
24.3 si hubiere muerto el postrer *h* que la 376
24.6 sería tomar en prenda la vida del *h* 376
24.11 el *h* a quien prestaste te sacará la 376
24.12 si el *h* fuere pobre, no te acostarás 376
25.5 no se casará fuera con *h* extraño; su 376
25.7 si el *h* no quisiere tomar a su cuñada 376
26.5 descendió a...y habitó allí con pocos *h* 4932
27.15 maldito el *h* que hiciere escultura o 376
28.54 el *h* tierno...mirará con malos ojos a 376
29.20 humeará...su celo sobre el tal *h*, y se 376
32.8 cuando hizo dividir a los hijos de los *h* 120
32.25 así...al niño de pecho como al *h* cano 376
32.26 haría cesar de entre los *h* la memoria 582
Jos 2.2 *h* de los hijos de Israel han venido 582
2.3 saca a los *h* que han venido a ti, y han 582
2.4 pero la mujer había tomado a los dos *h* 582
2.4 verdad que unos *h* vinieron a mí, pero 582
2.5 *h* se salieron, y no sé a donde han ido 582
2.7 los *h* fueron tras ellos por el camino 582
2.11 ni ha quedado más aliento en *h* alguno 376
2.23 volvieron los dos *h*; descendieron del 582
3.12 tomad...doce *h* de las tribus de Israel 376
4.2 tomad del pueblo 12 *h*, uno de cada tribu 376
4.4 Josué llamó a los doce *h* a los cuales él 376
4.13 cuarenta mil *h* armados, listos para la 2502
5.4 todos los *h* de guerra, habían muerto en 582
5.6 los *h*...salido de Egipto fueron consumido 582
6.3 rodeaéis, pues, la ciudad todos los *h* 582
6.9 *h* armados iban delante de los sacerdotes 582
6.13 los *h* armados iban delante de ellos, y la 582
6.21 destruyeron a...*h* y mujeres, jóvenes y 376
6.22 a los dos *h* que habían reconocido la 582
6.26 maldito...*h* que...reedificare esta ciudad 376
7.2 después Josué envió *h* desde Jericó a Hai 582
7.3 dos mil o tres mil *h*, y tomarán a Hai 376
7.4 subieron allá del pueblo como tres mil *h* 376
7.5 los de Hai mataron de ellos a unos 36 *h* 582
8.3 y escogió Josué treinta mil *h* fuertes 582
8.12 cinco mil *h*, y los puso en emboscada 376
8.14 los *h*...salieron al encuentro de Israel 582
8.17 no quedó *h* en Hai...que no saliera tras 376
8.20 los *h* de Hai volvieron el rostro, y al 582
8.25 los que cayeron...*h* y mujeres...de Hai 376
9.14 *h* de Israel tomaron de las provisiones 582
10.2 era una gran ciudad...sus *h* eran fuertes 582
10.7 subió Josué de...y todos los *h* valientes 1397
10.14 habiendo atendido Jehová a la...de un *h* 376
10.18 poned *h* junto a...para que los guarden 582
11.14 todos los *h* hirieron a filo de espada 120
14.15 Arba fue un *h* grande entre los anaceos 120
17.1 Maquir...fue *h* de guerra, tuvo Galaad y 376
22.20 aquel *h* no pereció solo en su iniquidad 376
Jue 1.4 hirieron de ellos en Bezec a diez mil *h* 376
1.24 vieron a un *h* que salía de la ciudad 376
1.25 dejaron ir a aquel *h* con toda su familia 376
1.26 se fue el *h* a la tierra de los heteos 376
3.17 rey de Moab; y era Eglón *h* muy grueso 376
3.29 como a diez mil *h*...y todos *h* de guerra 376
3.31 mató a seiscientos *h* de los filisteos 376
4.6 toma...diez mil *h* de la tribu de Neftalí 376
4.10 Barac...subió con diez mil *h* a su mando 376
4.14 descendió Barac...10.000 *h* en pos de él 376
6.16 derrotarás a los madianitas como a...*h* 376
6.27 Gedeón tomó 10 *h* de sus siervos, e hizo 582
6.27 temiendo hacerlo...por los *h* de la ciudad 582
6.29 entonces los *h* de la ciudad dijeron a 376
7.6 fue el número de los que lamieron...300 *h* 376
7.7 con estos 300 *h* que lamieron el agua os 376
7.8 envió a todos...retuvo a aquellos 300 *h* 376
7.13 un *h* estaba contando a su compañero un 376
7.16 repartiendo los 300 *h* en 3 escuadrones 376
7.19 Gedeón y los cien *h* que llevaba consigo 376
7.24 los *h* de Efraín, tomaron los vados de 376
8.1 los *h* de Efraín lo dijeron: ¿Qué es esto 376
8.4 pasó él y los 300 *h* que traía consigo 376
8.10 y con ellos su ejército...de 15.000 *h* 582
8.10 habían caído 120.000 *h*...sacaban espada 376
8.14 tomó a un joven de los *h* de Sucot, y le 582
8.15 entrando a los *h* de Sucot, dijo: He aquí 582
8.15 que demos nosotros pan a tus *h* cansados? 582
8.18 a Zeba...¿Qué aspecto tenían aquellos *h* 582
9.2 os gobiernen 70 *h*...os gobierne un solo *h*? 376
9.4 Abimelec alquiló *h* ociosos y vagabundos 376
9.9 con el cual...se honra a Dios y a los *h* 376
9.13 mi mosto, que alegra a Dios y a los *h* 376
9.23 mal espíritu entre Abimelec y los *h* de 1167
9.24 sobre Abimelec...y sobre los *h* de Siquem 1167
9.36 ves la sombra de los...como si fueran *h* 582
9.47 reunidos...los *h* de la torre de Siquem 1167
9.49 murieron, como unos mil *h* y mujeres 376
9.51 a la cual se retiraron todos los *h* y las 582
9.57 el mal de los *h* de...lo hizo Dios volver 582
11.3 Jefté...y se juntaron con él *h* ociosos 582
13.2 había un *h* de Zora, de la tribu de Dan 376
14.19 descendió a Ascalón y mató a 30 *h* de 376
15.11 vinieron tres mil *h* de Judá a...de Etam 376
15.15 una quijada de...y mató con ella a mil *h* 376
15.16 con la quijada de un asno maté a mil *h* 376
16.7,11,17 seré como cualquiera de los *h* 120
16.9 ella tenía *h* en acecho en el aposento
16.19 llamó a un *h*, quien le rapó las siete 376
16.27 y la casa estaba llena de *h* y mujeres 582
16.27 en el piso alto había como 3.000 *h* y 376
17.1 hubo un *h* del monte de Efraín...Micaía 376
17.5 *h* Micaía tuvo casa de dioses, e hizo efod 376
17.8 este *h* partió de...Belén de Judá para ir 376
17.11 agradó...al levita morar con aquel *h*, y 376
18.2 enviaron...cinco *h*...*h* valientes, de Zora 582,1121
18.7 aquellos cinco *h* salieron, y vinieron a 582
18.11 salieron...600 *h* de la familia de Dan 376
18.14 aquellos 5 *h*...dijeron a sus hermanos 582
18.16 y los 600 *h*...estaban armados de sus 376
18.17 y subiendo los cinco *h*...entraron allá 582
18.17 estaba el sacerdote a la...con los 600 *h* 376
18.19 seas tú sacerdote en casa de un solo *h* 376
18.22 los *h* que...cercanas a la casa de Micaía 582
19.10 mas el *h* no quiso pasar allí la noche 376
19.16 un *h* viejo que venía de su trabajo del 376
19.20 y el *h* anciano dijo: Paz sea contigo 376
19.22 los *h*...*h* perversos, rodearon la casa 376
19.22 saca al *h* que ha entrado en tu casa 376
19.23 ya que este *h* ha entrado en mi casa, no 376
19.24 y no hagáis a este *h* cosa tan infame 376
19.25 aquellos *h* no lo quisieron oír; por lo 376
19.25 tomando aquel *h* a su concubina, la sacó 376
19.26 cayó delante de...de la casa de aquel *h* 376
20.1 se reunió la...como un solo *h*, desde Dan 376
20.2 se hallaron presentes...400.000 *h* de a 376
20.8 el pueblo, como un solo *h*, se levantó 376
20.10 tomaremos diez *h* de cada ciento por 582
20.11 juntaron todos los *h*...como un solo *h* 376
20.13 entregad...a aquellos *h* perversos que 582
20.15 contados...26.000 *h* que sacaban espada 376
20.15 en Gabaa...por cuenta 700 *h* escogidos 376
20.16 había 700 *h* escogidos, que eran zurdos 376
20.17 de Israel...400.000 *h* que...*h* de guerra 376
20.21 derribaron...22.000 *h* de los hijos de 376
20.25 derribaron...18.000 *h* de los hijos de 376
20.31 Benjamín...mataron unos 30 *h* de Israel 376
20.34 contra Gabaa diez mil *h* escogidos de 376
20.35 mataron...25.100 *h* de Benjamín, todos 376
20.37 los *h* de las emboscadas acometieron
20.38 la señal...entre los *h* de Israel y las 376
20.39 a herir y matar...de Israel como 30 *h* 376
20.41 entonces se volvieron los *h* de Israel 376
20.44 y cayeron...dieciocho mil *h*...*h* de guerra 376
20.45 abatidos cinco mil *h* en los caminos 376
20.45 hasta...y mataron de ellos a dos mil *h* 376
20.46 murieron...25.000 *h*...todos *h* de guerra 376
20.47 huyeron al...a la peña de Rimón 600 *h* 376
20.48 y los *h* de Israel volvieron sobre los 376
20.48 hirieron...a los *h* de cada ciudad como 4974
21.10 la congregación envió allá a 12.000 *h* 376
Rt 2.1 tenía Noemí un pariente...*h* rico de la 376
3.8 que...se estremeció aquel *h*, y se volvió 376
3.14 se levantó antes que los *h* pudieran 376
3.18 *h* no descansará hasta que concluya el 376
1 S 2.12 los hijos de Elí eran *h* impíos, y no 1121
2.16 si el *h* le respondía: Quemen la grosura 376
2.17 *h* menospreciaban las ofrendas de Jehová 582
2.25 si pecare el *h* contra el *h*, los jueces 376
2.26 Samuel...acepto delante de Dios...de los *h* 582
4.2 hirieron en la batalla...como a 4.000 *h* 376
4.9 esforzaos, oh...y sed *h*...sed *h*, y pelead 582
4.10 pues cayeron de Israel 30.000 *h* de a pie 7242
4.12 corriendo...un *h* de Benjamín, llegó el 376
4.13 llegado, pues, aquel *h* a la ciudad, y 376
4.14 *h* vino aprisa y dio las nuevas a Elí 376
4.16 dijo, pues, aquel *h* a Elí: Yo vengo de 376
4.18 Elí cayó...porque era *h* viejo y pesado 376
5.9 afligió a los *h* de aquella ciudad desde 582
6.10 y aquellos *h* lo hicieron así; tomando 582
6.15 *h* de Bet-semes sacrificaron...a Jehová 582
6.19 Dios hizo morir a los *h* de...a 50.070 *h* 376
9.1 había un varón de Benjamín, *h* valeroso 376
9.6 hay...un varón de Dios, que es *h* insigne 376
9.22 los convidados, que eran unos treinta *h* 376
10.2 hallarás dos *h* junto al sepulcro de 582
10.3 saldrán al encuentro tres *h* que suben 582
10.6 profetizarás...y serás mudado en otro *h* 376
10.26 y fueron con él los *h* de guerra cuyos 2428
11.5 contaron las palabras de los *h* de Jabes 582
11.7 cayó temor...y salieron como un solo *h* 376
11.8 de Israel...y treinta mil los *h* de Judá 376
11.12 dijo...dadnos esos *h*, y los mataremos 582
12.4 ni has tomado algo de mano de ningún *h* 376
13.2 escogió luego a 3.000 *h* de Israel, de
13.5 los filisteos...seis mil *h* de a caballo 6571
13.6 los *h* de Israel vieron que estaban en 376
13.15 Saúl contó la gente que...como 600 *h* 376
14.2 gente que estaba con él era como 600 *h* 376
14.8 dijo...Jonatán: Vamos a pasar a esos *h* 582
14.12 los *h*...respondieron a Jonatán y a su 582
14.14 matanza que hicieron...como veinte *h* 376
14.24 *h* de Israel fueron puestos en apuro 376
14.28 maldito...el *h* que tome hoy alimento 376
14.52 el que Saúl veía que era *h* esforzado 376
15.3 mata a *h*, mujeres, niños, y aun los de 376
15.4 Saúl...pasé revista...10.000 *h* de Judá 376
15.29 porque no es *h* para que se arrepienta 120
16.7 Jehová no mira lo que mira el *h*; pues 120
16.7 el *h* mira lo que está delante de sus 120
16.18 es valiente y vigoroso y *h* de guerra 376
17.2 Saúl y los *h* de Israel se juntaron, y 376
17.8 entre vosotros un *h* que venga contra mí 376
17.10 añadió...dadme un *h* que pelee conmigo 376
17.12 David era hijo de aquel *h* efrateo de 376
17.12 en el tiempo de Saúl este *h* era viejo 376
17.12 era viejo y de gran edad entre los *h* 376
17.24 varones de Israel que veían aquel *h* 376
17.25 habéis visto aquel *h* que ha salido? 376
17.26 ¿qué harán al *h* que venciere a este 376
17.27 así se hará al *h* que le venciere 376
17.28 oyéndole hablar Eliab...con aquellos *h* 582
17.33 él un *h* de guerra desde su juventud 376
18.17 daré...con tal que me seas *h* valiente 1121
18.23 siendo...*h* pobre y de ninguna estima 376
18.27 fue...y mató a 200 *h* de los filisteos 582
21.14 he aquí, veis que este *h* es demente 376
22.2 hecho jefe...y tuvo consigo como 400 *h* 376
22.19 hirió...así a *h* como a mujeres, niños 376
23.5 fue, pues, David con sus *h* a Keila, y 582
23.8 Keila, y poner sitio a David y a sus *h* 582
23.12 ¿me entregarán los...a mí y a mis *h* en 1167
23.13 David entonces se levantó con sus *h* 582
23.26 David con sus *h* por el otro lado del 582
23.26 Saúl y sus *h* habían encerrado a David 582
24.2 tomando Saúl 3.000 *h* escogidos de todo 376
24.2 Saúl...fue en busca de David y de sus *h* 582
24.3 David y sus *h* estaban sentados en los 582
24.4 *h* de David le dijeron: He aquí el día 582
24.6 a sus *h*: Jehová me guarde de hacer tal 582
24.7 así reprimió David a sus *h* con palabras 582
24.22 David y sus *h* subieron al lugar fuerte 582
25.2 un *h* que tenía su hacienda en Carmel, el 376
25.3 el *h* era duro y de malas obras; y era 376
25.11 y darla a *h* que no sé de dónde son? 582
25.13 David dijo a sus *h*: Cíñase...su espada 582
25.13 ciñó...subieron tras David como 400 *h* 376
25.15 *h* han sido muy buenos con nosotros 582
25.17 es un *h* tan perverso, que no hay quien 1121
25.20 David y sus *h* venían frente a ella, y 582
25.25 no haga caso ahora mi Señor de ese *h* 582
25.27 sea dado a los *h* que siguen a mi señor 376
26.2 llevando consigo tres mil *h* escogidos 376
26.15 dijo David a Abner: ¿No eres tú un *h*? 376
26.19 mas si fueren hijos de *h*, malditos sean 120
27.2 con los 600 *h* que tenía...se pasó a Aquis 376
27.3 moró David con Aquis en Gat, él y sus *h* 582
27.8 y subía David con sus *h*...incursiones 582
27.9 David...y no dejaba con vida *h* ni mujer 376
27.11 *h* ni mujer dejaba David con vida para 376
28.1 que has de salir...a campaña, tú y tus *h* 582
28.8 con dos *h*, y vinieron a aquella mujer 582
28.14 *h* anciano viene, cubierto de un manto 376
29.2 sus compañías de a ciento y de a mil *h* 376
29.2 David y sus *h* iban en la retaguardia con 582
29.4 despide a este *h*, para que se vuelva al 120
29.4 volvería...con las cabezas de estos *h*? 582
29.11 se levantó David...y sus *h*, para irse 582

30.1 cuando David y sus *h* vinieron a Siclag 582
30.9 partió, pues, David, él y los 600 *h* que 376
30.10 David siguió adelante con 400 *h*; porque 376
30.11 y hallaron en el campo a un *h* egipcio 376
30.21 y vino David a los 200 *h* que habían 582
30.31 donde David había estado con sus *h* 582
31.12 todos los *h* valientes se levantaron 376
2 S 1.11 lo mismo hicieron los *h* que estaban 582
1.15 llamó David a uno de sus *h*, y le dijo 582
2.3 llevó... a los *h* que con él habían estado 582
2.17 Abner y los *h*... fueron vencidos por los 582
2.21 echa mano de alguno de los *h*, y toma 582
2.30 faltaron de los... de David diecinueve *h* 376
2.31 hirieron... a 360 *h*, los cuales murieron 376
2.32 caminaron... aquella noche Joab y sus *h* 582
3.20 vino, pues, Abner a... y con él veinte *h* 582
3.34 como los que caen delante de malos *h* 1121
3.39 *h*, los hijos de Sarvia, son muy duros 582
4.2 el hijo de Saúl tenía dos *h*, capitanes 582
4.11 los malos *h* que mataron a un *h* justo 582
5.6 marchó el rey con sus *h* a Jerusalén 582
5.21 sus ídolos, y David y sus *h* los quemaron 582
6.19 repartió... así a *h* como a mujeres... pan 376
7.14 vara de *h*, y con azotes de hijos de *h* 582
7.19 es así como procede el *h*, Señor Jehová? 120
8.4 1.700 *h* de a caballo, y 20.000 *h* de a pie 376
8.5 y David hirió de los sirios a 22.000 *h* 376
10.6 y tomaron a sueldo... 20.000 *h* de a pie 376
10.6 de Maaca mil *h*, y de Is-tob doce mil *h* 376
10.18 David mató de... a 40.000 *h* de a caballo 6571
11.16 sabía que estaban los *h* más valientes 582
11.23 prevalecieron... *h* que salieron contra 582
12.1 había dos *h*... uno rico, y el otro pobre 582
12.4 y vino uno de camino al *h* rico; y éste 376
12.4 sino que tomó la oveja de aquel *h* pobre 376
12.5 se encendió el furor de... contra aquel *h* 376
12.7 dijo Natán a David: Tú eres aquel *h* 376
13.3 un amigo... y Jonadab era *h* muy astuto 376
14.16 librar a su sierva de mano del *h* que 376
15.1 Absalón se hizo de... 50 *h* que corriesen 376
15.11 fueron con Absalón 200 *h* de Jerusalén 376
15.18 y todos los geteos, 600 *h* que habían 376
15.22 y pasó Itai... y todos sus *h*, y toda su 582
16.6 los *h* valientes estaban a su derecha y a 1397
16.7 decía... ¡fuera, fuera, *h* sanguinario y 376
16.8 en tu maldad, porque eres *h* sanguinario 376
16.15 Absalón y... los *h* de Israel, entraron en 376
17.1 escogeré ahora 12.000 *h*, y me levantaré 376
17.3 pues tú buscas solamente la vida de un *h* 376
17.8 sabes que tu padre y... son *h* valientes 582
17.8 tu padre es *h* de guerra, y no pasará la 376
17.10 el *h* valiente, cuyo corazón sea como 1121
17.10 Israel sabe que tu padre es *h* valiente 1397
17.18 llegaron a casa de un *h* en Bahurim, que 376
18.7 se hizo... una gran matanza de 20.000 *h*
18.11 y Joab respondió al *h* que le daba la 376
18.12 el *h* dijo a Joab: Aunque me pesaras mil 376
18.26 dio voces... aquí otro *h* que corre solo 376
18.27 es *h* de bien, y viene con buenas nuevas 376
18.28 que ha entregado a los *h* que habían 582
19.7 no quedará ni un *h* contigo esta noche 376
19.14 corazón de todos... como el de un solo *h* 376
19.16 con los *h* de Judá a recibir al rey David 376
19.17 con él venían mil *h* de Benjamín... Siba 376
19.32 era Barzilai muy anciano... era *h* muy rico 376
19.41 todos los *h* de Israel vinieron al rey 376
19.41 por qué los *h* de Judá... te han llevado 376
19.42 los *h* de Judá respondieron a todos los 376
19.43 los *h* de Israel, y dijeron a los de Judá 376
19.43 y las palabras de los *h* de Judá fueron 376
19.43 más violentas que... de los *h* de Israel 376
20.1 allí un *h* perverso... Seba... *h* de Benjamín 376
20.2 todos los *h* de Israel abandonaron a David 376
20.4 convócame a los *h* de Judá para dentro 376
20.7 salieron en pos de él los *h* de Joab, y los 582
20.11 uno de los *h* de Joab se paró junto a él 376
20.12 viendo aquel *h* que... el pueblo se paraba 376
20.21 un *h* del monte de Efraín... Seba hijo de 376
21.4 no... ni queremos que muera *h* de Israel 376
21.5 aquel *h* que nos destruyó, y que maquinó 376
21.12 los huesos... de los *h* de Jabes de Galaad 1167
21.17 los *h* de David le juraron, diciendo 582
21.20 había un *h* de gran estatura, el cual 376
22.26 mostrarás... recto para con el *h* íntegro 1397
23.3 un justo que gobierne entre los *h*, que 120
23.8 Adino el... mató a 800 *h* en una ocasión
23.9 y se habían alejado los *h* de Israel 376
23.21 mató él... egipcio, *h* de gran estatura 376
24.9 fueron los de Israel 800.000 *h* fuertes 376
24.9 el censo... fueron... los de Judá 500.000 *h* 376
24.14 dijo a Gad... no caiga yo en manos de *h* 120
24.15 murieron del pueblo, desde... 70.000 *h* 376
1 R 1.5 de 50 *h* que corriesen delante de él 376
1.42 eres *h* valiente, y traerás buenas nuevas 376
1.52 fuere *h* de bien, ni uno de sus cabellos 1121
2.2 yo sigo el camino de... esfuérzate, y sé *h* 376
2.9 *h* sabio eres, y sabes cómo debes hacer 376
4.31 fue más sabio que todos los *h*, más que 120
5.13 decretó... la leva fue de treinta mil *h* 376
5.18 los *h* de Gebal, cortaron y prepararon
8.38 y toda súplica que hiciere cualquier *h* 120
8.39 conoces el corazón de... hijos de los *h* 120
8.46 pecaren... porque no hay *h* que no peque 120
9.22 sino que eran *h* de guerra, o sus criados 582
10.8 bienaventurados tus *h*, dichosos estos 582
11.18 tomando consigo *h* de Parán, vinieron 582
11.28 viendo Salomón... que era *h* activo, le 376
12.21 Judá... 180.000 *h*, guerreros escogidos
13.2 altar... sobre ti quemarán huesos de *h* 120
18.22 mas de los profetas de Baal hay 450 *h* 376
18.44 nube como la palma de la mano de un *h* 376
20.17 le dio aviso... Han salido *h* de Samaria 582
20.29 mataron de los sirios... cien mil *h* de a 7272
20.30 muro cayó sobre 27.000 *h* que habían 376
20.33 tomaron aquellos *h* por buen augurio 582
20.37 luego se encontró con otro *h*, y le dijo 376
20.37 el *h* le dio un golpe, y le hizo una 376
20.39 me trajo un *h*... Guarda a este *h*, y su 376
20.40 estaba ocupado en... el *h* desapareció 369
20.42 por cuanto soltaste... el *h* de mi anatema 376
21.10 poned a dos *h* perversos delante de él 582
21.13 vinieron entonces dos *h* perversos, y 582
21.13 aquellos *h*... atestiguaron contra Nabot 582
22.6 rey... reunió a los profetas, como 400 *h* 376
22.34 *h* disparó su arco a la ventura e hirió 376
2 R 2.17 cincuenta *h*, los cuales lo buscaron 376
2.19 y los *h* de la ciudad dijeron a Eliseo 582
3.26 tomó... 700 *h* que manejaban espada, para 376
4.40 después sirvió para que comieran los *h* 582
4.42 vino entonces un *h* de Baal-salisa, el 376
4.43 ¿cómo pondré esto delante de cien *h*? 376
5.1 este *h* valeroso en extremo, pero leproso 376
5.7 envíe a mí a que sane un *h* de su lepra? 376
5.24 él lo tomó... mandó a los *h* que se fuesen 582
5.26 el *h* volvió de su carro a recibirte? 376
6.19 seguidme... yo os guiaré al *h* que buscáis 376
6.32 el rey envió a él un *h*. Mas antes que el 376
7.3 había a la entrada de... cuatro *h* leprosos 582
7.10 que no había allí nadie, ni voz de *h* 120
9.11 vosotros conocéis al *h* y sus palabras 376
10.24 Jehú puso fuera a 80 *h*, y les dijo 376
10.24 dejare vivo a alguno de aquellos *h* que 582
12.15 no se tomaba cuenta a los *h* en cuyas 582
13.7 no le había quedado... sino cincuenta *h* 6571
13.7 a caballo... carros, y diez mil *h* de a pie 7272
13.21 aconteció que al sepultar unos a un *h* 582
15.25 de 50 *h* de los hijos de los galaaditas 376
16.6 y echó de Elat a los *h* de Judá; y los
18.27 y no a los *h* que están sobre el muro 582
19.18 no... dioses, sino obra de manos de *h* 120
23.14 llenó el lugar de ellos de huesos de *h* 120
23.20 mató... quemó sobre ellos huesos de *h* 120
24.14 en cautiverio... a todos los *h* valientes 1397
24.16 todos los *h* de guerra... llevó cautivos 582
25.4 huyeron de noche todos los *h* de guerra 582
25.19 que tenía a su cargo los *h* de guerra 582
1 Cr 4.42 quinientos *h* de... al monte de Seir 582
5.18 Gad... *h* valientes, *h* que traían escudo 582
5.24 estos fueron los jefes... *h* valientes y 582
7.2 fueron contados... 22.600 *h* muy valerosos 1397
7.4 había con ellos en... 36.000 *h* de guerra 1397
7.5 familias de Isacar... 87.000 *h* valientes 1397
7.7 los hijos de Bela: Ezbón... *h* de gran valor 1397
7.9 por sus linajes... resultaron 20.200 *h* de 1397
7.11 *h* muy valerosos, 17.200 que salían a 1397
7.40 Aser... el número de ellos fue 26.000 *h* 582
8.40 fueron los hijos de Ulam *h* valientes y 582
9.9 todos estos *h* fueron jefes de familia 582
9.13 *h*... eficaces en la obra del ministerio 1368
10.12 se levantaron todos los *h* valientes 376
11.23 venció a un egipcio, *h* de cinco codos 376
12.8 *h* de guerra muy valientes para pelear 582
12.14 el menor tenía cargo de cien *h*, y el
12.21 eran *h* valientes, y fueron capitanes 1397
12.25 los hijos de Simeón, 7.100 *h*, valientes 1397
12.38 *h* de guerra... para poner a David por rey 582
16.3 así a *h* como a mujeres... una torta de pan 376
17.17 me has mirado como a un *h* excelente 120
18 4 le tomó David mil... y 20.000 *h* de a pie 376
18.5 los sirios... David hirió de ellos 22.000 *h* 376
19.8 con todo el ejército de los *h* valientes 1397
19.18 mató David de los sirios a 7.000 *h* de 7393
19.18 de los carros, y 40.000 *h* de a pie 7272
20.6 en Gat... había un *h* de grande estatura 376
20.7 este *h* injurió a Israel, pero lo mató
21.5 y de Judá 470.000 *h* que sacaban espada 376
21.13 dijo a Gad... que no caiga en manos de *h* 120
21.14 peste... y murieron en Israel 70.000 *h* 376
22.15 tú tienes... todo *h* experto en toda obra 2450
25.1 el número de ellos, *h* idóneos para la 376
26.7 los hijos de Semaías: Otni... *h* esforzados 1121
26.8 *h* robustos y fuertes para el servicio 376
26.9 y los hijos de Meselemías y sus... 18 *h* 1121
26.30 de los hebronitas... *h* de vigor, 1.700 1121
26.31 fueron hallados entre ellos *h* fuertes 1397
26.32 sus hermanos, *h* valientes, eran 2.700 1121
28.1 los más poderosos y valientes de sus *h* 1397
28.3 tú no edificarás casa... eres *h* de guerra 376
29.1 la casa no es para *h*, sino para Jehová 120
2 Cr 2.2 designó Salomón 70.000 *h* que llevasen 376
2.2 y 80.000 *h* que cortasen en los montes 376
2.7 un *h* hábil que sepa trabajar en oro, en 376
2.13 te he enviado un *h* hábil y entendido 376
2.14 que sabe trabajar... con tus *h* peritos 376
2.17 contó Salomón todos los *h* extranjeros 376
6.18 Dios habitará con el *h* en la tierra? 120
6.29 y todo ruego que hiciere cualquier *h* 120
6.30 sólo tú conoces el corazón... de los *h* 120
6.36 pecaren... (pues no hay *h* que no peque) 120
8.9 eran *h* de guerra, y sus oficiales y sus 582
9.7 bienaventurados tus *h*, y dichosos estos 582
11.1 Roboam... reunió... a 180.000 *h* escogidos 970
12.3 60.000 *h* de a caballo; mas el pueblo 6571
13.3 con un ejército de 40.000 *h* de guerra 376
13.3 ordenó batalla... con 800.000 *h* escogidos 376
13.7 se juntaron con él *h* vanos y perversos 582
13.17 cayeron heridos... 500.000 *h* escogidos 376
14.8 tuvo también Asa ejército... *h* diestros 1397
14.9 ejército de un millón de *h* y 300 carros 2428
14.11 eres Dios; no prevalezca contra ti el *h* 582
15.13 que no buscase a Jehová... muriese... *h* o 376
17.13 *h* de guerra muy valientes en Jerusalén 582
17.14 el general Adnas, y con él 300.000 *h* 1397
17.16 Amasías... con él 200.000 *h* valientes 1397
17.17 Eliada, *h* muy valeroso, y con él 200.000 1397
18.7 aquí un *h* por el cual podemos preguntar 376
19.6 porque no juzgáis en lugar de *h*, sino 120
25.6 tomó a sueldo... a cien mil *h* valientes 1397
28.6 Peka... Mató... un día 120.000 *h* valientes 120
28.7 Zicri, *h* poderoso... mató a Maasías hijo 1397
30.11 algunos *h* de Aser, de... se humillaron 1121
32.3 tuvo consejo con... con sus *h* valientes 1397
32.19 los dioses... que son obra de manos de *h* 120
34.12 *h* procedían con fidelidad en la obra 582
Esd 1.4 ayúdenle los *h* de su lugar con plata 582
2.64 la congregación, unida como un solo *h*
3.1 se juntó el pueblo como un solo *h* en 376
3.9 como un solo *h* asistían para activar a
4.21 ahora... dad orden que cesen aquellos *h* 1400
5.4 ¿cuáles son... *h* que hacen este edificio? 1400
5.10 para escribirte los nombres de los *h* 1400
8.16 despaché a... *h* principales, asimismo 1400
8.16 despaché... Joiarib y a Elnatán, *h* doctos 4000
10.1 se juntó a él una... *h*, mujeres y niños 582
10.9 así todos los *h* de Judá... se reunieron 582
Neh 2.12 no declaré a *h* alguno lo que Dios 582
5.13 sacuda Dios de su casa... a todo *h* que 376
6.11 ¿un *h* como yo ha de huir? ¿Y quién, que 376
8.1 se juntó todo el pueblo como un solo *h* 376
8.2 ley delante de la congregación, así de *h* 376
8.3 leyó... en presencia de *h* y mujeres y de 582
9.29 los cuales si el *h* hiciere, en ellos 120
11.6 de Fares que... en Jerusalén fueron 478 *h* 582
11.14 y sus hermanos, *h* de gran vigor, 128 1397
Est 1.22 que todo *h* afirmase su autoridad en 376
4.11 que cualquier *h* o mujer que entra en el 376
6.6 ¿qué se hará al *h* cuya honra desea el rey? 376
9.6 y destruyeron los judíos a quinientos *h* 376
9.12 los judíos han matado a quinientos *h*, y a 376
9.15 mataron en Susa a trescientos *h*; pero 376
Job 1.1 era este *h* perfecto y recto, temeroso 376
2.4 todo lo que el *h* tiene dará por su vida 376
3.23 se da vida al *h* que no sabe por donde 1397
4.13 visiones... cuando el sueño cae sobre... *h* 582
4.17 ¿será el *h* más justo que Dios? ¿Será 582
5.7 chispas... así el *h* nace para la aflicción 120
5.17 bienaventurado... *h* a quien Dios castiga 582
7.1 ¿no es acaso brega la vida del *h* sobre 582
7.17 ¿qué es el *h*, para que lo engrandezcas 582
7.20 ¿qué puedo hacerte... oh Guarda de los *h*? 120
9.2 ¿y cómo se justificará el *h* con Dios? 582
9.32 porque no es *h* como yo, para que yo le 376
10.4 ¿tienes tú... ojos... ¿ves tú como ve el *h*? 582
10.5 ¿son tus días como los días del *h*, o 582
11.2 el *h* que habla mucho será justificado? 376
11.3 ¿harán tus falacias callar a los *h*? 4962
11.11 él conoce a los *h* vanos; ve asimismo 4962
11.12 el *h* vano se hará entendido, cuando 376
11.12 cuando un pollino de asno... nazca *h* 120
12.14 encerrará al *h*, y no habrá quien le 376
13.9 ¿os burlaréis de él como... de algún *h*? 582
14.1 el *h* nacido de mujer, corto de días, y 120
14.10 el *h* morirá, y será cortado; perecerá 1397
14.10 mas... perecerá el *h*, ¿y dónde estará él? 120
14.12 así el *h* yace y no vuelve a levantarse 376
14.14 si el *h* muriere, ¿volverá a vivir? 1397
14.19 haces tú perecer la esperanza del *h* 582
15.10 y *h* muy ancianos hay entre nosotros
15.14 ¿qué cosa es el *h* para que sea limpio 582
15.16 ¿cuánto menos el *h* abominable y vil 376
16.21 ¡ojalá pudiese disputar el *h* con Dios 1397
20.4 que fue puesto el *h* sobre la tierra 120
20.29 porción que Dios prepara al *h* impío 120
21.4 ¿acaso me quejo yo de algún *h*? ¿Y por 120
21.33 tras de él será llevado todo *h*, y antes 120
22.2 el *h* provecho a Dios? Al contrario, para 1397
22.2 para sí mismo es provechoso el *h* sabio 4905
22.8 el *h* pudiente tuvo la tierra, y habitó 376
22.15 la senda... que pisaron los *h* perversos 4692
25.4 ¿cómo, pues, se justificará el *h* para 582
25.6 ¿cuánto menos el *h*, que es un gusano 582
25.6 menos... el hijo de *h*, también gusano? 120
27.13 para con Dios la porción del *h* impío 120
28.4 son... balanceados, lejos de los demás *h* 582
28.13 no conoce su valor el *h*, ni se halla 582
28.28 al *h*: He aquí que el temor del Señor 120
30.8 hijos de viles, y *h* sin nombre... bajos 1121
31.33 si encubrí como *h* mis transgresiones 120
32.8 espíritu hay en el *h*, y el soplo del 582
32.13 que no digáis... lo vence Dios, no... el *h* 376
33.12 responderé que mayor es Dios que el *h* 582
33.14 habla Dios; pero el *h* no entiende
33.15 en visión... el sueño cae sobre los *h* 582
33.16 revela al oído de los *h*, y les señala 582
33.17 quitar al *h* de su obra, y apartar del 120
33.23 escogido, que anuncie al *h* su deber 120
33.26 júbilo, y restaurará al *h* su justicia 582
33.27 él mira sobre los *h*; y al que dijere 582
33.29 todas estas cosas hace Dios... con el *h* 1397
34.7 *h* hay como Job, que bebe el escarnio 1397
34.8 va en compañía... anda con los *h* malos? 582
34.9 de nada servirá al *h* el conformar su 1397
34.11 porque él pagará al *h* según su obra 120
34.14 si él pusiese sobre el *h* su corazón

H

34.15 perecería...y el *h* volvería al polvo ... 120
34.21 ojos están sobre los caminos del *h* ... 376
34.23 no carga, pues, él al *h* más de lo justo ... 376
34.29 sobre una nación, y lo mismo sobre un...*h* ... 120
34.30 haciendo que no reine el *h* impío para ... 120
34.34 los *h* inteligentes dirán conmigo, y ... 1397
34.34 dirán conmigo, y el *h* sabio que me oiga ... 582
34.36 respuestas semejantes a...los *h* inicuos ... 582
35.8 al *h* como tú dañará tu impiedad, y al ... 376
35.8 al hijo de *h* aprovechará tu justicia ... 120
36.24 su obra, la cual contemplan los *h* ... 582
36.25 *h* todos la ven; la mira el *h* de lejos ... 120
36.28 goteando en abundancia sobre los *h* ... 120
37.7 así hace retirarse a todo *h*, para que ... 120
37.7 para que los *h* todos reconozcan su obra ... 376
37.20 por más que el *h* razone, quedará como ... 376
37.24 temerán por tanto los *h*; él no estima ... 582
38.26 llover sobre...desierto, donde no hay *h* ... 120
Sal 4.2 hijos de los *h*...mi honra en infamia? ... 376
5.6 al *h* sanguinario y engañador abominará ... 376
8.4 ¿qué es el *h*...y el hijo del *h*, para que ... 582
9.19 oh Jehová, no se fortalezca el *h*; sean ... 582
9.20 conozcan las naciones que no son sino *h* ... 582
10.18 a hacer violencia el *h* de la tierra ... 582
11.4 párpados examinan a los hijos de los *h* ... 120
11.7 es justo...el *h* recto mirará su rostro ... 3477
12.1 los fieles de entre los hijos de los *h* ... 120
12.8 cuando la vileza es exaltada entre...*h* ... 120
14.2 Jehová miró...sobre los hijos de los *h* ... 120
17.14 de los *h* con tu mano...los *h* mundanos ... 4962
18.25 mostrarás...recto para con el *h* íntegro ... 1397
21.10 y su descendencia de entre...de los *h* ... 120
22.6 soy gusano, y no *h*; oprobio de los *h* ... 376
25.12 ¿quién es el *h* que teme a Jehová? Él ... 376
26.4 no me he sentado con *h* hipócritas, ni ... 4962
26.9 mi alma, ni mi vida con *h* sanguinarios ... 582
31.19 bondad...delante de los hijos de los *h* ... 120
31.20 los esconderás de la conspiración del *h* ... 376
32.2 bienaventurado el *h* a quien Jehová no ... 120
33.13 miró...vio a todos los hijos de los *h* ... 120
34.8 Jehová; dichoso el *h* que confía en él ... 1397
34.12 ¿quién es el *h* que desea vida...días ... 376
36.6 oh Jehová, al *h* y al animal conservas ... 120
36.7 los hijos de los *h* se amparan bajo la ... 120
37.7 te alteres...por el *h* que hace maldades ... 376
37.23 por Jehová...ordenados los pasos del *h* ... 1397
37.24 *h* cayere, no quedará postrado, porque
37.37 hay un final dichoso para el *h* de paz ... 376
38.14 soy...como un *h* que no oye, y en cuya ... 376
39.5 es completa vanidad todo *h* que vive ... 120
39.6 una sombra es el *h*...en vano se afana ... 376
39.11 castigos por el pecado corriges al *h* ... 376
39.11 de él; ciertamente vanidad es todo *h* ... 120
40.4 bienaventurado el *h* que puso en Jehová ... 1397
41.9 el *h* de mi paz, en quien yo confiaba ... 376
43.1 líbrame de...y del *h* engañoso e inicuo ... 376
45.2 el más hermoso de los hijos de los *h* ... 120
49.12 mas el *h* no permanecerá en honra; es ... 120
49.20 el *h* que está en honra y no entiende ... 120
52.7 he aquí el *h* que no puso a Dios por su ... 1397
53.2 Dios...miró sobre los hijos de los *h* ... 120
54.3 y *h* violentos buscan mi vida; no han ... 6184
55.13 *h*...íntimo mío, mi guía, y mi familiar ... 582
55.23 los *h* sanguinarios...no llegarán a la ... 582
56.1 misericordia...porque me devoraría el *h* ... 582
56.4,11 no temeré; ¿qué puede hacerme el *h*? ... 120
57.4 entre hijos de *h* que vomitan llamas ... 120
58.1 ¿juzgáis rectamente, hijos de los *h*? ... 120
58.11 dirá el *h*: Ciertamente hay galardón ... 120
59.2 líbrame...y sálvame de *h* sanguinarios ... 582
60.11 danos socorro...vana es la ayuda de los *h* ... 120
62.3 ¿hasta cuándo maquinaréis contra un *h* ... 376
62.9 cierto, vanidad son los hijos de los *h* ... 376
64.9 temerán todos los *h*, y anunciarán la ... 120
66.5 temible en hechos sobre los hijos...*h* ... 120
66.12 hiciste cabalgar *h* sobre nuestra cabeza ... 582
68.18 tomaste dones para los *h*, y también ... 120
73.5 no...ni son azotados como los demás *h* ... 582
75.1 nombre; los *h* cuentan tus maravillas
76.10 ciertamente la ira del *h* te alabará ... 120
78.25 pan de nobles comió el *h*; les envió ... 376
78.60 la tienda en que habitó entre los *h* ... 120
80.17 el hijo del *h* que para ti afirmaste ... 120
82.7 como *h* moriréis, y como cualquiera de ... 120
84.5 Bienaventurado el *h* que tiene en ti sus fuerzas. 120
84.12 Jehová...dichoso el *h* que en ti confía ... 120
88.4 soy contado entre...como *h* sin fuerza ... 1397
89.47 habrás creado en vano a...hijo de *h*? ... 1121,120
89.48 ¿qué *h* vivirá y no verá muerte...Seol? ... 1397
90.3 vuelves al *h* hasta ser quebrantado, y ... 582
90.3 y dices: Convertíos, hijos de los *h* ... 120
92.6 el *h* necio no sabe, y el insensato no ... 376
94.10 sabrá el que enseña al *h* la ciencia? ... 120
94.11 conoce los pensamientos de los *h*, que ... 120
94.12 bienaventurado el *h* a quien tú, JAH ... 1397
103.15 el *h*, como la hierba son sus días ... 582
104.14 y la hierba para el servicio del *h* ... 120
104.15 el vino que alegra el corazón del *h* ... 582
104.15 y el pan que sustenta la vida del *h* ... 582
104.23 sale el *h* a su labor, y...labranza ... 120
107.8,15,21,31 sus maravillas para con los
hijos de los *h* ... 120
108.12 danos socorro...vana es la ayuda del *h* ... 120
109.16 por cuanto...persiguió al *h* afligido ... 376
112.1 bienaventurado el *h* que teme a Jehová ... 376
112.5 *h* de bien tiene misericordia, y presta ... 376
115.4 los ídolos de ellos son...de manos de *h* ... 120
115.16 dado la tierra a los hijos de los *h* ... 120
116.11 y dije en mi...Todo *h* es mentiroso ... 120
118.6 no temeré lo que me pueda hacer el *h* ... 120
118.8 mejor es confiar en Jehová que...el *h* ... 120
119.113 aborrezco a los *h* hipócritas; mas amo ... 5588
119.134 líbrame de la violencia de los *h*, y ... 120
124.2 se levantaron contra nosotros los *h* ... 120
127.5 bienaventurado el *h*...llenó su aljaba ... 1397
128.4 será bendecido el *h* que teme a Jehová ... 1397
135.8 quien hizo morir...el *h* hasta la bestia ... 120
135.15 los ídolos de...son obra de manos de *h* ... 120
139.19 apartaos pues, de mí, *h* sanguinarios ... 582
140.1 líbrame...del *h* malo...de *h* violentos ... 120,376
140.4 *h* injuriosos, que han pensado trastornar ... 376
140.11 el *h* deslenguado no será firme en la ... 376
140.11 cazará al *h* injusto para derribarlo ... 376
144.3 ¿qué es el *h*...el hijo de *h*, para que ... 120
144.4 *h* es semejante a la vanidad; sus días ... 120
144.7 sácame...de la mano de los *h* extraños ... 1121
144.11 líbrame de la mano de los *h* extraños ... 1121
145.6 del poder de tus hechos...hablarán los *h*
145.12 hacer saber a los hijos de los *h* sus ... 120
146.3 no confiéis...en hijo de *h*, porque no ... 120
147.10 ni se complace en la agilidad del *h* ... 376
Pr 2.12 librarte...*h* que hablan perversidades ... 376
3.4 hallarás gracia y buena opinión...los *h* ... 120
3.13 bienaventurado el *h* que...la sabiduría ... 120
3.31 no envidies al *h* injusto, ni escojas ... 376
5.21 los caminos del *h* están ante...Jehová ... 376
6.11 tu necesidad...tu pobreza como *h* armado ... 376
6.12 el *h* malo, el *h* depravado, es el que ... 376
6.26 el *h* es reducido a un bocado de pan, y la ... 376
6.27 ¿tomará el *h* fuego en su seno sin que ... 376
6.28 ¿andará el *h* sobre brasas sin que sus ... 376
6.34 porque los celos son el furor del *h* ... 1397
8.4 oh *h*, a vosotros clamo...hijos de los *h* ... 120
8.31 delicias son con los hijos de los *h* ... 120
8.34 bienaventurado el *h* que me escucha ... 120
10.5 que recoge en el verano es *h* entendido ... 1121
10.23 sabiduría recrea al *h* de entendimiento ... 376
11.7 muere el *h* impío, perece su esperanza ... 120
11.12 menosprecia a...mas el *h* prudente calla ... 376
11.17 su alma hace bien el *h* misericordioso ... 376
12.2 él condenará al *h* de malos pensamientos ... 376
12.3 el *h* no se afirmará por...de la impiedad ... 120
12.8 según su sabiduría es alabado el *h*; mas ... 376
12.14 el *h* será saciado de bien del fruto de ... 376
12.18 hay *h* cuyas palabras son como golpes de
12.23 el *h* cuerdo encubre su saber; mas el ... 120
12.25 la congoja en el corazón del *h* lo abate ... 376
12.27 haber precioso del *h* es la diligencia ... 120
13.2 del fruto de su boca el *h* comerá el bien ... 376
13.8 el rescate de la vida del *h* está en sus ... 376
13.16 todo *h* prudente procede con sabiduría ... 6175
14.6 al *h* entendido la sabiduría le es fácil
14.7 vete de delante del *h* necio, porque en ... 376
14.12 hay camino que al *h* le parece derecho ... 376
14.14 el *h* de bien estará contento del suyo ... 376
14.17 enoja...el *h* perverso será aborrecido ... 376
15.11 ¡cuánto más los corazones de los *h*! ... 120
15.18 el *h* iracundo promueve contiendas; mas ... 376
15.20 mas el *h* necio menosprecia a su madre ... 120
15.21 mas el *h* entendido endereza sus pasos ... 376
15.23 el *h* se alegra con la respuesta de su ... 376
16.1 del *h* son las disposiciones del corazón ... 120
16.2 caminos del *h* son limpios en su propia ... 376
16.6 con el temor...los *h* se apartan del mal
16.7 caminos del *h* son agradables a Jehová ... 376
16.9 el corazón del *h* piensa su camino; mas ... 120
16.14 la ira del rey...el *h* sabio la evitará ... 376
16.25 hay camino que parece derecho al *h*, pero ... 376
16.27 el *h* perverso cava en busca del mal ... 376
16.28 el *h* perverso levanta contienda, y el ... 376
16.29 el *h* malo lisonjea a su prójimo, y le ... 376
17.18 el *h* falto de entendimiento presta ... 120
17.27 de espíritu prudente es el *h* entendido ... 376
18.4 aguas profundas son las palabras, del *h* ... 376
18.9 negligente...es hermano del *h* disipador
18.12 antes del...se eleva el corazón del *h* ... 376
18.14 el ánimo del *h* soportará su enfermedad ... 376
18.16 la dádiva del *h* le ensancha el camino ... 120
18.20 del fruto de la boca del *h* se llenará ... 376
18.24 el *h* que tiene amigos ha de mostrarse ... 376
19.3 la insensatez del *h* tuerce su camino ... 120
19.6 buscan...cada uno es amigo del *h* que da ... 376
19.11 la cordura del *h* detiene su furor, y ... 120
19.21 pensamientos hay en el corazón del *h* ... 376
19.22 contentamiento...*h* hacer misericordia ... 120
19.23 y con él vivirá lleno de reposo el *h*
20.3 honra es del *h* dejar la contienda; mas ... 376
20.5 aguas...el consejo en el corazón del *h* ... 376
20.5 el consejo...el *h* entendido lo alcanzará ... 376
20.6 *h* proclaman cada uno su propia bondad ... 120
20.6 pero *h* de verdad, ¿quién lo hallará? ... 376
20.17 sabroso es al *h* el pan de mentira; pero ... 376
20.24 de Jehová son los pasos del *h*; ¿cómo ... 1397
20.24 ¿cómo, pues, entenderá el *h* su camino? ... 120
20.25 lazo es al *h* hacer apresuradamente voto ... 120
20.27 lámpara de Jehová es el espíritu del *h* ... 120
21.2 todo camino del *h* es recto en su propia ... 376
21.8 el camino del *h* perverso es torcido y ... 376
21.16 el *h* que se aparta del camino de la ... 120
21.17 *h* necesitado será el que ama el deleite ... 376
21.20 sabio...el *h* insensato todo lo disipa ... 120
21.28 el *h* que oye, permanecerá en su dicho ... 376
21.29 el *h* impío endurece su rostro; mas el ... 376
22.24 no...ni te acompañes con el *h* de enojos ... 376
22.29 ¿has visto *h* solícito en su trabajo? ... 376
23.28 acecha, y multiplica entre los *h* los ... 120
24.1 no tengas envidia de los *h* malos, ni ... 582
24.5 *h* sabio es fuerte, y de pujante vigor ... 1397
24.5 fuerte, y de pujante vigor el *h* docto ... 376
24.8 mal, le llamarán *h* de malos pensamientos ... 1167
24.9 y abominación a los *h* el escarnecedor ... 120
24.12 conocerá, y dará al *h* según sus obras ... 120
24.29 haré; daré el pago al *h* según su obra a ... 376
24.30 campo del *h* perezoso...del *h* falto de ... 120
24.34 así vendrá...tu pobreza como *h* armado ... 376
25.14 el *h* que se jacta de falsa liberalidad ... 376
25.18 saeta aguda es el *h* que habla contra ... 376
25.28 es el *h* cuyo espíritu no tiene rienda ... 376
26.12 has visto *h* sabio en su propia opinión? ... 376
26.19 tal es el *h* que engaña a su amigo, y ... 376
26.21 *h* rencilloso para encender contienda ... 376
27.7 el *h* saciado desprecia el panal de miel ... 5315
27.8 cual ave...es el *h* que se va de su lugar ... 376
27.9 y el cordial consejo del amigo, al *h*
27.17 así el *h* aguza el rostro de su amigo ... 376
27.19 rostro, así el corazón del *h* al del *h* ... 120
27.20 los ojos del *h* nunca están satisfechos ... 120
27.21 prueba...al *h* la boca del que lo alaba ... 376
28.2 mas por el *h* entendido y sabio permanece ... 120
28.3 el *h* pobre y robador de los pobres es ... 1397
28.5 los *h* malos no entienden el juicio; mas ... 582
28.11 el *h* rico es sabio en su propia opinión ... 376
28.12 los impíos, tienen que esconderse los *h* ... 120
28.14 bienaventurado el *h* que...teme a Dios ... 120
28.17 *h* cargado de la sangre de alguno huirá ... 120
28.20 *h* de verdad tendrá muchas bendiciones ... 376
28.21 por un bocado de pan prevaricará el *h* ... 1397
28.23 el que reprende al *h*, hallará después ... 120
28.24 roba a...compañero es del *h* destruidor ... 376
28.28 impíos son levantados se esconde el *h* ... 120
29.1 el *h* que reprendido endurece la cerviz ... 376
29.3 el *h* que ama la sabiduría alegra a su ... 376
29.5 el *h* que lisonjea...red tiende delante ... 1397
29.6 en la transgresión del *h* malo hay lazo ... 376
29.8 los *h* escarnecedores ponen la ciudad en ... 582
29.9 si el *h* sabio contendiere con el necio ... 376
29.10 *h* sanguinarios aborrecen al perfecto ... 376
29.20 ¿has visto *h* ligero en sus palabras? ... 376
29.22 el *h* iracundo levanta contiendas, y el ... 1167
29.23 la soberbia del *h* le abate; pero al ... 120
29.25 el temor del *h* pondrá lazo; mas el que ... 120
29.27 abominación es a los justos el *h* inicuo ... 376
30.2 más rudo...ni tengo entendimiento de *h* ... 120
30.14 devorar...menesterosos de entre los *h* ... 120
30.19 mar; y el rastro del *h* en la doncella ... 1397
Ec 1.3 ¿qué provecho tiene el *h* de...su trabajo ... 120
1.8 son fatigosas más de lo que el *h* puede ... 376
1.13 trabajo dio Dios a los hijos de los *h* ... 120
2.3 fuese el bien de los hijos de los *h*, en ... 120
2.8 de los deleites de los hijos de los *h* ... 120
2.12 qué podrá hacer el *h* que venga después ... 120
2.21 ¡que el *h* trabaje con sabiduría, y con ... 120
2.21 y que haya de dar su hacienda a *h* que ... 120
2.22 ¿qué tiene el *h* de todo su trabajo, y ... 120
2.24 no hay cosa mejor para el *h* sino que ... 120
2.26 *h* que le agrada, Dios le da sabiduría ... 120
3.10 trabajo que Dios ha dado a los...*h* para ... 120
3.11 sin que alcance el *h* a entender la obra ... 120
3.13 es don de Dios que todo *h* coma y beba ... 120
3.14 Dios, para que delante de él teman los *h* ... 582
3.18 es así, por causa de los hijos de los *h* ... 120
3.19 lo que sucede a los hijos de los *h*, y ... 120
3.19 todos; ni tiene más el *h* que la bestia ... 120
3.21 que el espíritu de...los *h* sube arriba ... 120
3.22 cosa mejor para el *h* que alegrarse en ... 120
4.4 todo trabajo...despierta la envidia del *h* ... 376
4.8 *h* solo y sin sucesor, que no tiene hijo
5.19 todo *h* a quien Dios da riquezas y bienes ... 120
6.1 un mal que he visto...común entre los *h* ... 120
6.2 del *h* a quien Dios da riquezas y bienes ... 376
6.3 el *h* engendrare cien hijos, y viviere ... 376
6.7 todo el trabajo del *h* es para su boca ... 120
6.10 sabe que es *h* y que no puede contender ... 120
6.11 las muchas palabras...¿Qué más tiene el *h* ... 120
6.12 ¿quién sabe cuál es el bien del *h* en la ... 120
6.12 ¿quién enseñará al *h* qué será después ... 120
7.2 porque aquello es el fin de todos los *h* ... 120
7.14 a fin de que el *h* nada halle después de ... 120
7.20 no hay *h* justo en la tierra, que haga ... 120
7.28 un *h* entre mil he hallado, pero mujer ... 120
7.29 que Dios hizo al *h* recto, pero ellos ... 120
8.1 la sabiduría del *h* ilumina su rostro, y la ... 120
8.6 porque el mal del *h* es grande sobre él ... 120
8.8 *h* que tenga potestad sobre el espíritu ... 120
8.9 hay tiempo en que el *h* se enseñorea del *h* ... 120
8.11 el corazón...*h* está en ellos dispuesto ... 120
8.15 no tiene el *h* bien debajo del sol, sino ... 120
8.17 que el *h* no puede alcanzar la obra que ... 120
8.17 por mucho que trabaje el *h* buscándola ... 120
9.1 amor o que sea odio, no lo saben los *h* ... 120
9.3 el corazón de...los *h* está lleno de mal ... 120
9.12 el *h* tampoco conoce su tiempo; como los ... 120
9.12 así son enlazados los hijos de los *h* en ... 120
9.14 una pequeña ciudad, y pocos *h* en ella ... 582
9.15 se halla en ella un *h* pobre, sabio, el ... 120
9.15 y nadie se acordaba de aquel *h* pobre ... 376
11.8 un *h* viva muchos años, y en todos ellos ... 120
12.3 se encorvarán los *h* fuertes, y cesarán ... 582
12.5 porque el *h* va a su morada eterna, y los ... 120
12.13 teme a...porque esto es el todo del *h* ... 120
Cnt 8.7 si diese el *h* todos los bienes de su ... 376
Is 2.9 se ha inclinado el *h*...se ha humillado ... 120
2.11 altivez de los ojos del *h* será abatida ... 120
2.11,17 la soberbia de los *h* será humillada ... 120

2.17 la altivez del *h* será abatida, y la 120
2.20 arrojará el *h* a los topos...sus ídolos............ 120
2.22 dejaos del *h*, cuyo aliento está en su 120
3.2 el valiente y el *h* de guerra, el juez y............. 376
3.3 *h* de respeto, el consejero, el artífice
4.1 echarán mano de un *h* siete mujeres en 376
5.7 y los *h* de Judá planta deliciosa suya 376
5.15 el *h* será humillado, y el varón será............. 120
5.22 que son...*h* fuertes para mezclar bebida....... 582
6.5 siendo *h* inmundo de labios, y habitando 376
6.11 y no haya *h* en las casas, y la tierra............. 120
6.12 que Jehová haya echado lejos a los *h*........... 120
7.13 ¿os es poco el ser molestos a los *h* 582
7.21 que criará un *h* una vaca y dos ovejas.......... 376
9.19 el *h* no tendrá piedad de su hermano............. 376
13.7 mano...y desfallecerá todo corazón de *h*....... 1397
13.12 más precioso...que el oro de Ofir al *h*......... 582
17.7 en aquel día mirará el *h* a su Hacedor.......... 120
19.17 todo *h* que de ella se acordare temerá
21.7,9 *h* montados, jinetes de dos en dos............. 376
24.6 fueron consumidos...disminuyeron los *h* 582
29.13 no es más que un mandamiento de *h* que...... 582
29.19 aun los más pobres de los *h* se gozarán 120
29.21 los que hacen pecar al *h* en palabra........... 120
31.3 y los egipcios *h* son, y no Dios; y sus 120
31.7 arrojará el *h* sus ídolos de plata...oro 376
31.8 y la consumirá espada no de *h*; y huirá.......... 376
33.8 anulado el pacto...tuvo en nada a los *h*......... 582
36.12 y no a los *h* que están sobre el muro............ 582
37.19 no eran dioses, sino obra de manos de *h* 120
38.11 no veré más *h* con los moradores del mundo .. 120
38.16 por todas estas cosas los *h* vivirán
39.3 dijo: ¿Qué dicen estos *h*, y de dónde han........ 582
42.13 Jehová saldrá como...como *h* de guerra 376
43.4 daré...*h* por ti, y naciones por tu vida 120
44.11 he aquí que...los artífices mismos son *h*....... 120
44.13 lo hace en forma de...a semejanza de *h*....... 376
44.15 de él se sirve luego el *h* para quemar.......... 120
45.12 hice la tierra, y creé sobre ella al *h*............ 120
45.14 *h* de elevada estatura, se pasarán a ti 582
47.3 retribución, y no se librará *h* alguno 120
49.26 y conocerá todo *h* que yo Jehová soy......... 1320
51.7 no temáis afrenta de *h*, ni desmayéis por...... 582
51.12 tengas temor del *h*...y del hijo del *h* 582,120
52.14 fue desfigurado de los *h* su parecer 120
52.14 hermosura más que...los hijos de los *h*........ 376
53.3 despreciado y desechado entre los *h* 376
55.7 deje el impío su camino, y el *h* inicuo 376
56.2 bienaventurado el *h* que hace esto, y el........ 582
56.2 el hijo del *h* que lo abraza; que guarda 120
58.5 de día aflija el *h* su alma, que incline 120
59.16 vio que no había *h*, y se maravilló que.......... 376
66.3 sacrifica buey es como si matase un *h*.......... 376
66.16 Jehová juzgará con fuego y...a todo *h* 1320
66.24 y verán los cadáveres de los *h* que se.......... 582
66.24 gusano...y serán abominables a todo *h* 1320
Jer 2.6 cual no pasó varón, ni allí habitó *h*? 376
3.1 yéndose ésta de él se juntare a otro *h*............ 376
4.25 miré, y no había *h*, y todas las aves del 120
5.1 ver si halláis *h*, si hay alguno que haga 376
5.26 impíos...pusieron trampas para cazar *h* 582
6.23 *h* dispuestos para la guerra, contra ti 376
7.5 si...hiciereis justicia entre el *h* y su............ 376
7.20 mi furor y mi ira se derramarán...los *h* 120
8.6 no hay *h* que se arrepienta de su mal............ 376
9.22 cuerpos de los *h* muertos caerán como 120
10.14 todo *h* se embrutece, y le falta ciencia.......... 120
10.23 conozco...el *h* no es señor de su camino....... 120
10.23 ni del *h* que camina es el ordenar sus 120
12.11 fue asolada...no hubo *h* que reflexionase 376
13.11 el cinto se junta a los lomos del *h*, así.......... 376
14.9 ¿por qué eres como *h* atónito, y como 376
15.10 madre mía...engendraste *h* de contienda 3769
16.20 ¿hará acaso el *h* dioses para sí? Mas.......... 120
17.5 maldito el varón que confía en el *h*............ 1397
18.11 habla luego a todo *h* de Judá y a los........... 376
20.15 maldito el *h* que dio nuevas a mi padre......... 376
20.16 el tal *h* como las ciudades que asoló........... 376
21.6 *h* y las bestias morirán de pestilencia 120
22.28 ¿es...*h* Conías una vasija despreciada 376
22.30 a este *h*...*h* a quien nada próspero....... 376,1397
23.9 ebrio, y como *h* a quien dominó el vino 1397
23.34 enviaré castigo sobre tal *h* y sobre su 376
26.11 en pena de muerte ha incurrido este *h* 376
26.16 no ha incurrido...*h* en pena de muerte........ 376
26.20 hubo...un *h* que profetizaba en nombre....... 376
26.22 envió *h* a Egipto...y a otros *h* con él........... 582
27.5 yo hice la tierra, el *h* y las bestias.............. 120
29.26 para que te encargues...de todo *h* loco........ 376
30.6 visto que todo *h* tenía las manos sobre 1397
31.27 que sembraré...simiente de *h*...de animal 120
31.30 los dientes de todo *h* que comiere las........... 120
32.19 todos los caminos de los hijos de los *h* 120
32.20 señales y portentos en...y entre los *h*.......... 120
32.43 está desierta, sin *h* y sin animales 120
33.5 para llenarlas de cuerpos de *h* muertos 120
33.10 que está desierto sin *h* y sin animales 120
33.10 que están asoladas, sin *h* y sin morador 120
33.12 este lugar desierto, sin *h* y sin animal 120
34.18 entregaré a los *h* que traspasaron mi 582
36.29 hará que no queden...ni *h* ni animales 120
37.10 quedasen de ellos solamente *h* heridos 376
38.4 dijeron los...al rey: Muera ahora este *h* 376
38.4 desmayar las manos de los *h* de guerra 582
38.4 este *h* no busca la paz de este pueblo........... 376
38.7 oyendo Ebed-melec, *h* etíope, eunuco de 376
38.10 treinta *h* de...y haz sacar al profeta 582
38.11 y tomó Ebed-melec en su poder a los *h* 582
39.4 los *h* de guerra, huyeron y salieron de.......... 582
40.7 sus *h*, oyeron...había puesto a Gedalías........ 582
40.7 había encomendado los *h* y las mujeres 582
40.8 vinieron luego a Gedalías...ellos y sus *h*........ 582
40.9 y les juró Gedalías...a ellos y a sus *h* 582
40.15 mataré a Ismael...y ningún *h* lo sabrá 376
41.1 Ismael...y algunos príncipes y diez *h*........... 582
41.2 diez *h* que con él estaban...hirieron a.......... 582
41.5 que venían unos *h*...ochenta *h*, raída la 376
41.7 los degolló, y los echó...él y los *h* que.......... 582
41.8 hallados diez *h* que dijeron a Ismael............ 582
41.9 los cuerpos de los *h* que mató a causa de 582
41.12 tomaron...los *h* y fueron a pelear contra...... 582
41.15 Ismael...escapó...con ocho *h*, y se fue......... 582
41.16 *h* de guerra, mujeres, niños y eunucos......... 582
42.17 los *h* que volvieren sus rostros para........... 582
43.6 a *h* y mujeres y niños, y a las hijas............. 1397
43.9 cúbrelas de...a vista de los *h* de Judá........... 582
44.7 para ser destruidos el *h* y la mujer, el 376
44.20 habló Jeremías...a los *h* y a las mujeres...... 1397
44.26 no será invocado más...boca de ningún *h* 376
44.27 los *h* de Judá que están en tierra de 376
44.28 volverán...a la tierra de Judá pocos *h*........ 4962
47.2 *h* clamarán, y lamentará todo morador de 120
48.14 ¿cómo, pues, diréis: Somos *h* valientes......... 582
48.31 Moab...sobre los *h* de Kir-hares gemiré....... 582
48.36 resonará mi corazón...*h* de Kir-hares.......... 582
49.15 te haré...y menospreciado entre los *h*......... 120
49.18,33 no morará...ni la habitará hijo de *h*........ 120
49.26 los *h* de guerra morirán en aquel día........... 582
50.3 no habrá ni *h* ni animal que en ella more....... 120
50.13 todo *h* que pasare por Babilonia se
50.30 *h* de guerra serán destruidos en aquel 582
50.40 así no morará allí *h*, ni hijo de *h* la 376,120
50.42 se prepararán contra ti como *h* a la............. 376
51.14 yo te llenaré de *h* como de langostas 120
51.17 *h* se ha infatuado, y no tiene ciencia............ 120
51.22 por tu medio quebrantaré *h* y mujeres 376
51.32 y se consternaron los *h* de guerra............. 582
51.43 tierra...ni pasará por ella hijo de *h* 120
51.62 hasta no quedar en él...ni *h* ni animal.......... 120
52.7 los *h* de guerra huyeron, y salieron de.......... 582
52.25 un oficial que era capitán de los *h*............. 582
52.25 siete *h* de los consejeros íntimos del 582
52.25 y sesenta *h* del pueblo que se hallaron 376
52.28 llevó cautivo...año...a 3.023 *h* de Judá 5971
52.30 llevó cautivas a 745 personas de los *h* 5315
Lm 1.15 el Señor ha hollado a...mis *h* fuertes
3.1 yo soy el *h* que ha visto aflicción bajo.......... 1397
3.27 bueno le es al *h* llevar el yugo desde........... 1397
3.33 no...ni entristece...a los hijos de los *h*......... 376
3.35 torcer el derecho del *h* delante de la 1397
3.36 trastornar al *h* en su causa, el Señor 120
3.39 lamenta el *h*...laméntese el *h*...su pecado . 120,1397
Ez 1.5 seres...Había en ellos semejanza de *h*........... 120
1.8 a sus cuatro lados, tenían manos de *h* 120
1.10 el aspecto de sus caras era cara de *h*............ 120
1.26 una semejanza que parecía de *h* sentado....... 120
2.1 me dijo: Hijo de *h*, ponte sobre tus pies 120
2.3 hijo de *h*, yo te envío a los hijos de 120
2.6 tú, hijo de *h*, no les temas, ni tengas............. 120
2.8 mas tú, hijo de *h*, oye lo que yo te hablo......... 120
3.1 me dijo: Hijo de *h*, come lo que hallas 120
3.3 hijo de *h*, alimenta tu vientre, y llena 120
3.4 hijo de *h*, vé y entra a...casa de Israel 120
3.10 hijo de *h*, toma en tu corazón todas mis........ 120
3.17 hijo de *h*, yo te he puesto por atalaya.......... 120
3.25 oh hijo de *h*...pondrán sobre ti cuerdas 120
4.1 tú, hijo de *h*, tómate un adobe, y ponlo 120
4.16 hijo de *h*...quebrantaré el sustento del 120
5.1 tú, hijo de *h*, tómate un cuchillo agudo........... 120
6.2 hijo de *h*, pon tu rostro hacia...montes 120
7.2 hijo de *h*, así ha dicho Jehová el Señor.......... 120
8.2 una figura que parecía de *h*; desde sus
8.5 hijo de *h*, alza ahora tus ojos hacia el............ 120
8.6 hijo de *h*, ¿no ves lo que éstos hacen 120
8.8 dijo: Hijo de *h*, cava ahora en la pared........... 120
8.12 dijo: Hijo de *h*, ¿has visto las cosas............ 120
8.15 dijo: ¿No ves, hijo de *h*? Vuélvete aún.......... 120
8.17 me dijo: ¿No has visto, hijo de *h*? ¿Es 120
9.4 ponles una señal...a los *h* que gimen y que 582
10.8 apareció en...la figura de una mano de *h* 120
10.14 la segunda, de *h*; la tercera, cara de 120
10.21 figuras de mano de *h* debajo de sus alas....... 120
11.1 a la entrada de la puerta veinticinco *h* 376
11.2 hijo de *h*, estos son los *h* que maquinan........ 120
11.4 tanto profetiza contra ellos, hijo de *h*.......... 120
11.15 hijo de *h*...*h* de tu parentesco y toda la....... 120
12.2 hijo de *h*, tú habitas en medio de casa 120
12.3 hijo de *h*, prepárate enseres de marcha 120
12.9 hijo de *h*, ¿no te ha dicho la casa de 120
12.18 hijo de *h*, come tu pan con temblor, y.......... 120
12.22 hijo de *h*, ¿qué refrán es este que............. 120
12.27 hijo de *h*...de la casa de Israel dicen 120
13.2 hijo de *h*, profetiza contra los profetas 120
13.17 hijo de *h*, pon tu rostro contra las 120
14.3 hijo de *h*, estos *h* han puesto sus ídolos 120
14.4 cualquier *h* de la casa de Israel que 376
14.7 cualquier *h* de la casa de Israel, y de 376
14.8 pondré mi rostro contra aquel *h*, y le........... 376
14.13 hijo de *h*, cuando la tierra pecare 120
14.13 hambre, y cortare de ella *h* y bestias 120
14.17,19,21 para cortar de ella *h* y bestias 120
15.2 hijo de *h*, ¿qué es la madera de la vid........... 120
16.2 hijo de *h*, notifica a Jerusalén sus............... 120
16.17 te hiciste imágenes de *h* y fornicaste 2145
17.2 hijo de *h*, propón una figura, y compón........ 120
18.5 el *h* que fuere justo, e hiciere según 376
18.8 e hiciere juicio verdadero entre *h* y *h*.......... 376
19.3 y aprendió a arrebatar...y a devorar *h*......... 120
19.6 aprendió a arrebatar la presa, devoró *h* 120
20.3 hijo de *h*, habla a...ancianos de Israel.......... 120
20.4 los quieres juzgar tú, hijo de *h*? Hazles 120
20.11,13,21 el *h* que los cumpliere vivirá............ 120
20.27 hijo de *h*, habla a la casa de Israel............ 120
20.46 hijo de *h*, pon tu rostro hacia el sur............ 120
21.2 hijo de *h*...tu rostro contra Jerusalén 120
21.6 hijo de *h*, gime con quebrantamiento de........ 120
21.9 hijo de *h*, profetiza, y di: Así ha dicho 120
21.12 clama...oh hijo de *h*; porque ésta será 120
21.14 tú, pues, hijo de *h*, profetiza, y bate............ 120
21.19 hijo de *h*, traza dos caminos por donde........ 120
21.28 y tú, hijo de *h*, profetiza, y di: Así 120
21.31 y te entregaré en mano de *h* temerarios....... 582
22.2 hijo de *h*, ¿no juzgarás tú a la ciudad 120
22.18 hijo de *h*, la casa de Israel se me ha 120
22.24 hijo de *h*, di a ella...no eres tierra 120
22.30 busqué entre ellos *h*...hiciese vallado 376
23.2 hijo de *h*, hubo dos mujeres, hijas de........... 120
23.14 a *h* pintados en la pared, imágenes de......... 582
23.15 a la manera de los *h* de Babilonia, de 1121
23.17 se llegaron a ella los *h* de Babilonia.......... 1121
23.36 hijo de *h*, ¿no juzgarás tú a Ahola y............ 120
23.40 enviaron por *h* que viniesen de lejos 582
23.45 *h* justos las juzgarán por la ley de las.......... 582
24.2 hijo de *h*, escribe la fecha de este día 120
24.16 hijo de *h*, he aquí que yo te quito de 120
24.22 rebozo, ni comeréis pan de *h* en luto 582
24.25 tú, hijo de *h*, el día que yo arrebate a 120
25.2 hijo de *h*, pon tu rostro hacia...de Amón 120
25.13 cortaré de ella *h* y bestias...asolaré 120
26.2 hijo de *h*...dijo Tiro contra Jerusalén............ 120
27.2 hijo de *h*, levanta endechas sobre Tiro.......... 120
27.10 fueron en tu ejército tus *h* de guerra 582
27.13 con *h* y con utensilios...comerciaban en....... 120
27.27 tus *h* de guerra que hay en ti...caerán 582
28.2 hijo de *h*, di al príncipe de Tiro: Así 120
28.2 yo soy un dios...siendo tú *h* y no Dios 120
28.9 tú, *h* eres, y no Dios, en la mano de 120
28.12 hijo de *h*, levanta endechas sobre el 120
28.21 hijo de *h*, pon tu rostro hacia Sidón 120
29.2 hijo de *h*, pon tu rostro contra Faraón.......... 120
29.8 he aquí que...cortaré de ti *h* y bestias 120
29.11 no pasará por ella pie de *h*, ni pie 120
29.18 hijo de *h*, Nabucodonosor rey de...hizo 120
30.2 hijo de *h*, profetiza, y di: Así ha dicho 120
30.21 de *h*, he quebrado el brazo de Faraón.......... 120
31.2 hijo de *h*, di a Faraón rey de Egipto............. 120
31.14 entre los hijos de los *h*, con los que 120
32.2 hijo de *h*, levanta endechas sobre Faraón 120
32.13 las enturbiará pie de *h*, ni pezuña de........... 120
32.18 hijo de *h*, endecha sobre la multitud de......... 120
33.2 hijo de *h*, habla a...hijos de tu pueblo........... 120
33.2 el pueblo...tomare un *h* de su territorio 376
33.7 A ti, pues, hijo de *h* 120
33.10 tu...hijo de *h*, di a la casa de Israel 120
33.12 hijo de *h*, di a los hijos de tu pueblo........... 120
33.24 hijo de *h*, los que habitan aquellos............. 120
33.30 tú, hijo de *h*, los hijos de tu pueblo............ 120
34.2 hijo de *h*, profetiza contra los pastores 120
34.31 ovejas de...*h* sois, y yo vuestro Dios 120
35.2 hijo de *h*, pon tu rostro hacia...de Seir 120
36.1 tú, hijo de *h*, profetiza a los montes de.......... 120
36.10 multiplicar sobre vosotros *h*, a toda la.......... 120
36.11 multiplicaré sobre vosotros *h* y ganado 120
36.12 haré andar *h* sobre vosotros, a mi pueblo 120
36.13 comedora de *h*, y matadora de...tu nación 120
36.14 por tanto, no devorarás más *h*, y nunca 120
36.17 hijo de *h*, mientras la casa de Israel............ 120
36.37 multiplicaré los *h* como se...los rebaños 120
36.38 desiertas serán llenas de rebaños de *h* 120
37.3 dijo: Hijo de *h*, ¿vivirán estos huesos?........... 120
37.9 profetiza, hijo de *h*, y di al espíritu............. 120
37.11 hijo de *h*, todos estos huesos son la............ 120
37.16 hijo de *h*, toma...un palo, y escribe en......... 120
38.2 hijo de *h*, pon tu rostro contra Gog en.......... 120
38.14 profetiza, hijo de *h*, y di a Gog: Así 120
38.20 los *h* que...temblarán ante mi presencia 120
39.1 hijo de *h*, profetiza contra Gog, y di 120
39.14 tomarán *h* a jornal que vayan por el país...... 582
39.15 que vea los huesos de algún *h* pondrá......... 120
39.17 y tú, hijo de *h*, así ha dicho Jehová............. 120
39.20 de todos los *h* de guerra, dice Jehová.......... 376
40.4 hijo de *h*, mira con tus ojos, y oye con.......... 120
41.19 un rostro de *h* hacia la palmera del un 120
43.7 hijo de *h*, este es el lugar de mi trono 120
43.10 hijo de *h*, muestra a la casa de Israel.......... 120
43.18 hijo de *h*, así ha dicho Jehová el Señor 120
44.2 no se abrirá, ni entrará por ella *h* 376
44.5 hijo de *h*, pon atención, y mira con tus.......... 120
44.25 no se acercarán a *h* muerto...pero por......... 120
47.6 dijo: ¿Has visto, hijo de *h*? Después me 120
Dn 2.10 no hay *h*...que pueda declarar el asunto 606
2.38 y dondequiera que habitan hijos de *h*........... 606
3.10 que todo *h*, al oír el son de la bocina............ 606
3.20 mandó a *h* muy vigorosos...que atasen a...... 1400
4.16 su corazón de *h* sea cambiado, y le sea......... 120
4.17 el Altísimo gobierna el reino de los *h* 606
4.17 constituye sobre él al más bajo de los *h*......... 606
4.25 que te echarán de entre los *h*, y con las......... 606
4.25 tiene dominio en el reino de los *h*, y 606
4.32 de entre los *h* te arrojarán, y con las 606
4.32 tiene el dominio en el reino de los *h* 606
4.33 echado de entre los *h*; y comía hierba 606
5.5 aparecieron los dedos de una mano de *h* 582
5.11 un *h* en el cual mora el espíritu de los 1400

H

5.21 fue echado de entre los hijos de los h 606
5.21 tiene dominio sobre el reino de los h 606
6.5 dijeron aquellos h: No hallaremos contra 1400
6.7 petición de cualquier dios u h fuera de 606
6.11 se juntaron aquellos h, y hallaron a 1400
6.12 pida a cualquier dios u h fuera de ti 606
6.15 aquellos h rodearon al rey y lo dijeron 1400
6.24 traídos aquellos h que habían acusado a 1400
7.4 manera de h, y le fue dado corazón de h 606
7.8 este cuerno tenía ojos como de h, y una 606
7.13 venía uno como un hijo de h, que vino 606
8.15 delante de mí uno con apariencia de h 1397
8.16 oí una voz de h entre las riberas deÁ 120
8.17 entiende, hijo de h, porque la visión 120
9.7 como en el día de hoy lleva todo h de Judá 376
10.7 no la vieron los h que estaban conmigo 582
10.16 uno con semejanza de hijo de h tocó mis 120
10.18 tenía semejanza de h me tocó otra vez 120
11.14 y h turbulentos de tu...se levantarán 1121
11.21 sucederá en su lugar un h despreciable
Os 4.4 h no contienda ni reprenda a h, porque 376
6.9 como ladrones que esperan a algún h, así 376
9.12 los quitaré de entre los h, porque ¡ay 120
11.9 Dios soy, y no h, el Santo en medio de 376
13.2 dicen a los h que sacrifican, que besen 120
Jl 1.12 extinguió el gozo de los...de los h 120
2.7 como h de guerra subirán el muro; cada 582
3.9 acérquense, vengan todos los h de guerra 582
Am 4.13 el que...anuncia al h su pensamiento 120
6.9 si diez h quedaren en una casa, morirán 582
Abd 9 todo h será cortado del monte de Esaú 376
Jon 1.10 aquellos h temieron sobremanera, y 582
1.13 h trabajaron para hacer volver la nave 582
1.14 no perezcamos...por la vida de este h 376
1.16 temieron aquellos h a Jehová con gran 582
3.5 y los h de Nínive creyeron a Dios, y 376
3.7 h y animales...no gusten cosa alguna; no 120
3.8 cúbranse de cilicio h y animales, y clamen 120
Mi 2.2 oprimen al h y a su casa, al h y a su 1397,376
2.12 harán estruendo por la multitud de h 120
5.5 siete pastores, y ocho h principales 120
5.7 no esperan a...ni aguardan a hijos de h 376
6.8 oh h, él te ha declarado lo que es bueno 120
7.2 y ninguno hay recto entre los h; todos 376
7.6 y los enemigos del h son los de su casa 582
Hab 1.14 que sean los h como los peces del mar 120
2.5 el que es...h soberbio, que no permanecerá 1397
2.8,17 a causa de la sangre de los h, y de 120
Sof 1.3 destruiré los h y las bestias...aves 120
1.3 raeré a los h de sobre...la tierra, dice 120
1.12 y castigaré a los h que reposan...como 582
1.17 atribularé a...h, y andarán como ciegos 120
3.4 profetas son livianos, h prevaricadores 376
3.6 sus ciudades...asoladas hasta no quedar h 376
Hag 1.11 sobre los h y sobre las bestias, y 120
Zac 2.4 causa de la multitud de h y de ganado 120
4.1 como un h que es despertado de su sueño 376
7.2 había enviado...con Regem-melec y sus h 582
8.10 no ha habido paga de h ni...de bestia 120
8.10 yo dejé a todos los h cada cual contra 120
8.23 diez h de...tomarán del manto a un judío 582
9.1 a Jehová deben mirar los ojos de los h 120
11.6 entregare los h cada cual en mano de su 120
12.1 y forma el espíritu del h dentro de él 120
13.7 levántate...contra el h compañero mío 1397
Mal 2.12 Jehová cortará...al h que hiciere esto 376
3.8 ¿robará el h a Dios? Pues vosotros me 120
3.17 los perdonaré, como el h que perdona a 376
Mt 4.4 **no sólo de pan vivirá el h, sino de** 444
4.19 **en pos de mí, y os haré pescadores de h** 444
5.13 **ser echada fuera y hollada por los h** 444
5.16 **así alumbre vuestra luz delante de los h** 444
5.19 **quebrante uno de...y así enseñe a los h** 444
6.1 **hacer vuestra justicia delante de los h** 444
6.2 **las calles, para ser alabados por los h** 444
6.5 **el orar en pie...para ser vistos de los h** 444
6.14 **porque si perdonáis a los h sus ofensas** 444
6.15 **mas si no perdonáis a los h sus ofensas** 444
6.16 **rostros para mostrar a los h que ayunan** 444
6.18 **no mostrar a los h que ayunas, sino a** 444
6.30 **hará mucho más a vosotros, h de poca fe?** 3640
7.9 **¿qué h hay...que si su hijo le pide pan** 444
7.12 **las cosas que queráis que los h hagan** 444
7.24 **compararé a un h prudente, que edificó** 435
7.26 **compararé a un h insensato, que edificó** 435
8.9 soy h bajo autoridad, y tengo bajo mis 444
8.20 **el Hijo del H no tiene dónde recostar su** 444
8.26 **les dijo: ¿Por qué teméis, h de poca fe?** 3640
8.27 h se maravillaron, diciendo: ¿Qué h es 444
9.6 **sepáis que el Hijo del H tiene potestad** 444
9.8 a Dios...había dado tal potestad a los h 444
9.9 un h llamado Mateo, que estaba sentado al 444
9.18 vino un h principal y se postró ante él 758
10.17 **guardaos de los h, porque...os azotarán** 444
10.23 **Israel, antes que venga el Hijo del H** 444
10.32 **que me confiese delante de los h, yo** 444
10.33 **me niegue delante de los h...le negaré** 444
10.35 **para poner en disensión al h contra su** 444
10.36 **los enemigos del h serán los de su casa** 444
11.8 **a un h cubierto de vestiduras delicadas?** 444
11.19 **vino el Hijo del H, que come y bebe, y** 444
11.19 **dicen: He aquí un h comilón, y bebedor** 444
12.8 **el Hijo del H es Señor del día de reposo** 444
12.11 **¿qué h habrá de vosotros, que tenga una** 444
12.12 **¿cuánto más vale un h que una oveja?** 444
12.13 **dijo a aquel h: Extiende tu mano. Y él** 444
12.29 **¿cómo...entrar en la casa del h fuerte** 2478
12.31 **todo pecado...será perdonado a los h** 444
12.32 **dijere...palabra contra el Hijo del H** 444
12.35 **el h bueno, del buen tesoro del corazón** 444
12.35 **el h malo, del mal tesoro saca malas** 444
12.36 **de toda palabra ociosa que hablen los h** 444
12.40 **estará el Hijo del H en el corazón de** 444
12.41 **h de Nínive se levantarán en el juicio** 435
12.43 **cuando el espíritu inmundo sale del h** 444
12.45 **y el postrer estado de aquel h viene a** 444
13.24 **reino...es semejante a un h que sembró** 444
13.25 **mientras dormían...h, vino su enemigo** 444
13.31 **al grano de mostaza que un h tomó y** 444
13.37 **el que siembra la...es el Hijo del H** 444
13.41 **enviará el Hijo del H a sus ángeles** 444
13.44 **el cual un h halla, y lo esconde de** 444
14.21 los que comieron fueron...cinco mil h 435
14.31 **asió de él, y le dijo: H de poca fe!** 3640
14.35 cuando le conocieron los h de aquel 435
15.9 **enseñando...doctrinas, mandamientos de h** 444
15.11 **no lo que entra...boca contamina al h** 444
15.11,18 **que sale de la boca...contamina al h** 444
15.20 **estas cosas...contaminan al h; pero el** 444
15.20 **las manos sin lavar no contamina al h** 444
15.38 los que habían comido, cuatro mil h 435
16.8 **¿por qué pensáis...h de poca fe, que no** 3640
16.9 **de los cinco panes entre cinco mil h**
16.13 **¿quién dicen los h...es el Hijo del H?** 444
16.23 **en las cosas de Dios, sino...de los h** 444
16.26 **¿qué aprovechará al h, si ganare todo** 444
16.26 **¿qué recompensa dará el h por su alma** 444
16.27 **el Hijo del H vendrá en la gloria de** 444
16.28 **hayan visto al Hijo del H viniendo en** 444
17.9 **hasta que el Hijo del H resucite de los** 444
17.12 **así...el Hijo del H padecerá de ellos** 444
17.14 vino...h que se arrodilló delante de él 444
17.22 **el Hijo del H será entregado en...de h** 444
18.7 **pero ¡ay de aquel h por quien viene el** 444
18.11 **el Hijo del H ha venido para salvar lo** 444
18.12 **un h tiene cien ovejas, y se descarría** 444
19.3 ¿es lícito al h repudiar a su mujer por 444
19.5 **el h dejará padre y madre, y se unirá a** 444
19.6 **lo que Dios juntó, no lo separe el h** 444
19.10 si así es la condición del h con su 444
19.12 **hay eunucos que son hechos...por los h** 444
19.26 **los h esto es imposible; mas para Dios** 444
19.28 **el Hijo del H se siente en el trono de** 444
20.1 **el reino...es semejante a un h, padre de** 444
20.18 **y el Hijo del H será entregado a los** 444
20.28 **el Hijo del H no vino para ser servido** 444
21.25 **el bautismo...¿del cielo, o de los h?** 444
21.26 si decimos, de los h, tememos al pueblo 444
21.28 **un h tenía dos hijos, y acercándose al** 444
21.33 **hubo un h...el cual plantó una viña, la** 444
22.11 **vio...a un h que no estaba vestido de** 444
22.16 porque no miras la apariencia de los h 3762
23.4 **las ponen sobre los hombros de los h** 444
23.5 **hacen...obras para ser vistos por los h** 444
23.7 **y que los h los llamen: Rabí, Rabí** 444
23.13 **cerráis el reino de...delante de los h** 444
23.28 **la verdad, os mostráis justos a los h** 444
24.27 **será también la venida del Hijo del H** 444
24.30 **aparecerá la señal del Hijo del H en** 444
24.30 **y verán al Hijo del H viniendo sobre** 444
24.37,39 **así será la venida del Hijo del H** 444
24.44 **el Hijo del H vendrá a la hora que no** 444
25.13 **hora en que el Hijo del H ha de venir** 444
25.14 **reino...es como un h que yéndose lejos** 444
25.24 **te conocía que eres h duro, que siegas** 444
25.31 **cuando el Hijo del H venga en su gloria** 444
26.2 **el Hijo del H será entregado para ser** 444
26.18 **id...a cierto h, y decidle: El Maestro** 1170
26.24 **a la verdad el Hijo del H va, según** 444
26.24 **¡ay de aquel h por quien el Hijo del H** 444
26.24 **bueno le fuera a...h no haber nacido** 444
26.45 **y el Hijo del H es entregado en manos** 444
26.64 **ahora veréis al Hijo del H sentado a** 444
26.72 él negó otra vez con...No conozco al h 444
26.74 no conozco al h. Y en seguida cantó el 444
27.32 a un h de Cirene que se llamaba Simón 444
27.57 un h rico de Arimatea, llamado José 444
Mr 1.17 **mí, y haré que seáis pescadores de h** 444
1.23 había en la...un h con espíritu inmundo 444
2.10 **sepáis que el Hijo del H tiene potestad** 444
2.27 **por causa del h, y no el h por causa del** 444
2.28 **el Hijo del H es Señor aun del día de** 444
3.1 había allí un h que tenía seca una mano 444
3.3 **al h que tenía la mano seca: Levántate** 444
3.5 **al h: Extiende tu mano. Y él la extendió** 444
3.27 **puede entrar en la casa de un h fuerte** 2478
3.28 **serán perdonados a los hijos de los h** 444
4.26 **cuando un h echa semilla en la tierra** 444
5.2 vino a su encuentro...h con un espíritu 444
5.8 **decía: Sal de este h, espíritu inmundo** 444
6.12 predicaban que los h se arrepintiesen
6.44 y los que comieron eran cinco mil h 435
7.7 **enseñando...doctrinas, mandamientos de h** 444
7.8 **os aferráis a la tradición de los h: los** 444
7.11 **basta que diga un h al padre...Es Corbán** 444
7.15 **nada hay fuera del h que entre en él, que** 444
7.15 **lo que sale de él, eso...contamina al h** 444
7.18 **todo lo de fuera que entra en el h, no** 444
7.20 **lo que del h sale, eso contamina al h** 444
7.21 **del corazón de los h, salen los malos** 444
7.23 **todas...de dentro salen, y contaminan al h** 444
8.24 veo los h como árboles, pero los veo que 444
8.27 **preguntó...¿Quién dicen los h que soy yo?** 444
8.31 le era necesario al Hijo del H padecer 444
8.33 **no pones la mira...sino en las de los h** 444
8.36 **¿qué aprovechará al h si ganare todo el** 444
8.37 **o qué recompensa dará el h por su alma?** 444
8.38 **el Hijo del H se avergonzará también de** 444
9.9 **cuando el Hijo del H hubiese resucitado** 444
9.12 **cómo está escrito del Hijo del H, que** 444
9.31 **el Hijo del H será entregado en...de h** 444
10.7 **por esto dejará el h a su padre y a su** 444
10.9 **lo que Dios juntó, no lo separe el h** 444
10.27 **los h es imposible, mas para Dios, no** 444
10.33 **y el Hijo del H será entregado a los** 444
10.45 **el Hijo del H no vino para ser servido** 444
11.2 **un pollino...el cual ningún h ha montado** 444
11.30 **de Juan, ¿era del cielo, o de los h?** 444
11.32 ¿y si decimos, de los h...? Pero temían 444
12.1 **h plantó una viña, la cercó de vallado** 444
12.14 Maestro, sabemos que eres h veraz, y 444
12.14 no miras la apariencia de los h, sino 444
13.26 **verán al Hijo del h que vendrá en las** 444
13.34 **es como el h que yéndose lejos, dejó** 444
14.13 **os saldrá...un h que lleva un cántaro** 444
14.21 **a la verdad el Hijo del H va, según** 444
14.21 **¡ay de...h por quien el Hijo del H es** 444
14.21 **bueno le fuera a ese h no haber nacido** 444
14.41 **el Hijo del H es entregado en manos de** 444
14.62 **al Hijo del H sentado a la diestra del** 444
14.71 no conozco a este h de quien habláis 444
15.39 verdaderamente este h era Hijo de Dios 444
Lc 1.25 dignó quitar mi afrenta entre los h 444
2.14 y en la tierra paz...para con los h! 444
2.25 un h llamado Simeón, y este h, justo y 444
2.52 y Jesús crecía...en gracia para...los h 444
4.4 **escrito está: No sólo de pan vivirá el h** 444
4.33 un h que tenía un espíritu de demonio 444
5.8 apártate de mí...porque soy h pecador 435
5.10 **dijo...desde ahora serás pescador de h** 444
5.12 se presentó un h lleno de lepra, el cual 435
5.18 unos h que traían...a un h...paralítico 444
5.20 **dijo: H, tus pecados te son perdonados** 444
5.24 **que el Hijo del H tiene potestad en la** 444
6.5 **el Hijo del H es Señor aun del día de** 444
6.6 estaba allí un h que tenía seca la mano 444
6.8 **mas...dijo al h que tenía la mano seca** 444
6.10 **dijo al h: Extiende tu mano. Y él lo** 444
6.22 **cuando los h os aborrezcan, y cuando** 444
6.22 **y desechen...por causa del Hijo del H** 444
6.26 **todos los h hablen bien de vosotros!** 444
6.31 **y como queréis que hagan los h...haced** 444
6.45 **el h bueno, del buen tesoro...lo bueno** 444
6.45 **h malo, del mal tesoro de su corazón** 444
6.48 **semejante es al h que al edificar una** 444
6.49 **semejante es al h que edificó su casa** 444
7.8 yo soy h puesto bajo autoridad, y tengo 444
7.20 cuando...los h vinieron a él, dijeron 435
7.25 **un h cubierto de vestiduras delicadas?** 444
7.31 **¿a qué, pues, compararé los h de esta** 444
7.34 **vino el Hijo del H, que come y bebe, y** 444
7.34 **este es un h comilón y bebedor de vino** 444
8.27 vino a su encuentro un h de la ciudad 435
8.29 al espíritu inmundo que saliese del h 444
8.33 los demonios, salidos del h, entraron 444
8.35 hallaron al h de quien habían salido los 444
8.38 h de quien habían salido los demonios 435
9.14 **y eran como cinco mil h. Entonces dijo** 435
9.22 **es necesario que el Hijo del H padezca** 444
9.25 **¿qué aprovecha al h, si gana todo el** 444
9.26 **de éste se avergonzará el Hijo del H** 444
9.38 un h...clamó diciendo: Maestro, te ruego 435
9.44 **el Hijo del H será entregado en...de h** 444
9.56 **el Hijo del H no ha venido para perder** 444
9.56 **no...para perder las almas de los h, sino** 444
9.58 **el Hijo del H no tiene dónde recostar su** 444
10.30 **un h descendía de Jerusalén a Jericó** 444
11.21 **el h fuerte armado guarda su palacio** 2478
11.24 **cuando el espíritu inmundo sale del h** 444
11.26 **el postrer estado de aquel h viene a** 444
11.30 **también lo será el Hijo del H a esta** 444
11.31 **se levantará en el juicio con los h de** 435
11.32 **h de Nínive se levantarán en el juicio** 435
11.44 **y los h que andan encima no lo saben** 444
11.46 **porque cargáis a los h con cargas que** 444
12.8 **me confesare delante de los h, también** 444
12.8 **el Hijo del H le confesará delante de** 444
12.9 **mas el que me negare delante de los h** 444
12.10 **dijere...palabra contra el Hijo del H** 444
12.14 **h, ¿quién me ha puesto sobre vosotros** 444
12.15 **porque la vida del h no consiste en la** 5100
12.16 **la heredad de un h rico había producido** 444
12.28 **¿cuánto más a vosotros, h de poca fe?** 3640
12.36 **semejantes a h que aguardan a que su** 444
12.40 **estad preparados...el Hijo del H vendrá** 444
13.4 **eran más culpables que todos los h de** 444
13.6 **tenía un h una higuera plantada en su** 5100
13.19 **mostaza, que un h tomó y sembró en su** 444
14.2 aquí estaba delante de él un h hidrópico 444
14.16 **un h hizo una gran cena, y convidó a** 444
14.24 **que ninguno de aquellos h que fueron** 435
14.30 **este h comenzó a edificar, y no pudo** 444
15.4 **h de vosotros, teniendo cien ovejas, si** 444
15.11 **también dijo: Un h tenía dos hijos** 444
16.1 **había un h rico que tenía un mayordomo** 444
16.15 **que os justificáis...delante de los h** 444
16.15 **h tienen por sublime...es abominación** 444
16.19 **un h rico, que se vestía de púrpura** 444
17.12 salieron al encuentro diez h leprosos 435
17.22 **ver uno de los días del Hijo del H, y** 444
17.24 **también será el Hijo del H en su día** 444
17.26 **así...será en los días del Hijo del H** 444
17.30 **así será el día en que el Hijo del H** 444
18.2 **que ni temía a Dios, ni respetaba a h** 444

18.4 ni temo a Dios, ni tengo respeto a h ... 444
18.8 cuando venga el Hijo del H, ¿hallará ... 444
18.10 dos h subieron al templo a orar: Uno ... 444
18.11 gracias porque no soy como los otros h ... 444
18.18 un h...le preguntó, diciendo: Maestro ... 846
18.27 que es imposible para los h, es posible ... 444
18.31 cosas escritas...acerca del Hijo del H ... 444
19.7 había entrado a posar con un h pecador ... 435
19.10 el Hijo del H vino a buscar y a salvar ... 444
19.12 h noble se fue a un país lejano, para ... 444
19.21 por cuanto eres h severo, que tomas lo ... 444
19.22 sabías que yo era h severo, que tomo ... 444
19.30 en el cual ningún h ha montado jamás ... 444
20.4 bautismo...¿era del cielo, o de los h? ... 444
20.6 si decimos, de los h, todo el pueblo ... 444
20.9 un h plantó una viña, la arrendó a ... 444
21.26 desfalleciendo los h por el temor y ... 444
21.27 verán al Hijo del H, que vendrá en una ... 444
21.36 estar en pie delante del Hijo del H ... 444
22.10 os saldrá...un h que lleva un cántaro ... 444
22.22 el Hijo del H va, según lo que está ... 444
22.22 ¡ay de aquel h por quien es entregado ... 444
22.48 ¿con un beso entregas al Hijo del H? ... 444
22.58 eres de...Y Pedro dijo: H, no lo soy ... 444
22.60 y Pedro dijo: H, no sé lo que dices ... 444
22.63 h que custodiaban a Jesús se burlaban ... 435
22.69 el Hijo del H se sentará a la diestra ... 444
23.4 Pilato...Ningún delito hallo en este h ... 444
23.6 Pilato...preguntó si el h era galileo ... 444
23.14 éste como un h que perturba al pueblo ... 444
23.14 no he hallado en este h delito alguno ... 444
23.15 nada digno de muerte ha hecho este h ... 846
23.47 diciendo: Verdaderamente...h era justo ... 444
24.7 es necesario que el Hijo del H sea ... 444
24.7 sea entregado en manos de h pecadores ... 444
Jn 1.4 la vida, y la vida era la luz de los h ... 444
1.6 hubo un h enviado de Dios, el cual se ... 444
1.9 la luz verdadera, que alumbra a todo h ... 444
1.51 suben y descienden sobre el Hijo del H ... 444
2.10 todo h sirve primero el buen vino, y ... 444
2.25 testimonio del h...lo que había en el h ... 444
3.1 un h de los fariseos...se llamaba Nicodemo ... 444
3.4 ¿cómo puede un h nacer siendo viejo? ... 444
3.13 sino el que descendió...el Hijo del H ... 444
3.14 es necesario...Hijo del H sea levantado ... 444
3.19 h amaron más las tinieblas que la luz ... 444
3.27 no puede el h recibir nada, si no le ... 444
4.28 mujer...fue a la ciudad, y dijo a los h ... 444
4.29 venid, ved a un h que me ha dicho todo ... 444
4.50 el h creyó la palabra que Jesús le dijo ... 444
5.5 h que hacía 38 años que estaba enfermo ... 444
5.9 aquel h fue sanado, y tomó su lecho, y ... 444
5.15 el h se fue, y dio aviso a los judíos ... 444
5.27 autoridad...por cuanto es el Hijo del H ... 444
5.34 no recibo testimonio de h alguno; mas ... 444
5.41 gloria de los h no recibo ... 444
6.14 aquellos h...viendo la señal que Jesús ... 444
6.27 comida...la cual el Hijo del H os dará ... 444
6.53 si no coméis la carne del Hijo del H ... 444
6.62 si vieres al Hijo del H subir adonde ... 444
7.22 en el día de reposo circuncidáis al h ... 444
7.23 recibe el h la circuncisión en el día ... 444
7.23 de reposo sané completamente a un h? ... 444
7.46 jamás h alguno ha hablado como este h ... 444
7.51 ¿juzga...nuestra ley a un h si primero ... 444
8.17 que el testimonio de dos h es verdadero ... 444
8.28 cuando hayáis levantado al Hijo del H ... 444
8.40 h que os he hablado la verdad, la cual ... 444
9.1 Jesús, vio a un h ciego de nacimiento ... 444
9.11 aquel h que se llama Jesús hizo lodo ... 444
9.16 h no procede de Dios, porque no guarda ... 444
9.16 puede un h pecador hacer estas señales? ... 444
9.24 a llamar al h que había sido ciego, y ... 444
9.24 nosotros sabemos que ese h es pecador ... 444
9.30 respondió el h...esto es lo maravilloso ... 444
10.33 porque tú, siendo h, te haces Dios ... 444
11.47 ¿qué...Porque este h hace muchas señales ... 444
11.50 conviene que un h muera por el pueblo ... 444
12.23 para que el Hijo del H sea glorificado ... 444
12.34 ¿cómo...que el Hijo del H sea levantado? ... 444
12.34 dices tú...¿Quién es este Hijo del H? ... 444
12.43 amaban más la gloria de los h que la ... 444
13.31 ahora es glorificado el Hijo del H ... 444
16.21 por el gozo de que haya nacido un h en ... 444
17.6 he manifestado tu nombre a los h que del ... 444
18.14 que un solo h muriese por el pueblo ... 444
18.17 no eres...de los discípulos de este h? ... 444
18.29 ¿qué acusación traéis contra este h? ... 444
19.5 salió...Y Pilato les dijo: ¡He aquí el h! ... 444
Hch 1.21 que de estos h que han estado juntos ... 435
3.2 y era traído un h cojo de nacimiento ... 435
4.9 acerca del beneficio...a un h enfermo, de ... 444
4.10 este h está en vuestra presencia sano ... 3778
4.12 dado a los h, en que podamos ser salvos ... 444
4.13 sabiendo que eran h sin letras y del ... 444
4.14 viendo al h que había sido sanado, que ... 444
4.16 diciendo: ¿Qué haremos con estos h? ... 444
4.17 no hablen de...a h alguno en este nombre ... 444
4.22 que el h en quien se había hecho este ... 444
5.1 cierto h llamado Ananías, con Safira su ... 435
5.4 no has mentido a los h, sino a Dios ... 444
5.14 gran número así de h como de mujeres ... 435
5.28 echar sobre nosotros la sangre de...h ... 444
5.29 es necesario obedecer a Dios antes que...h ... 444
5.35 lo que vais a hacer respecto a estos h ... 444
5.36 a éste se unió un número como de 400 h ... 435
5.38 digo: Apartaos de estos h, y dejadlos ... 444
5.38 esta obra es de los h, se desvanecerá ... 444
6.13 que decían: Este h no cesa de hablar ... 444
7.56 al Hijo del H que está a la diestra de ... 444
8.2 h piadosos llevaron a enterrar a Esteban ... 435
8.3 arrastraba a h y a mujeres...en la cárcel ... 435
8.9 pero había un h llamado Simón, que antes ... 435
8.12 cuando creyeron...bautizaban h y mujeres ... 435
9.2 si hallase...h o mujeres de este Camino ... 435
9.7 y los h que iban con Saulo se pararon ... 435
9.13 Señor, he oído de muchos acerca de...h ... 435
9.38 enviaron dos h, a rogarle: No tardes en ... 435
10.1 había en Cesarea un h llamado Cornelio ... 435
10.5 envía...h a Jope, y haz venir a Simón ... 435
10.17 h...enviados por Cornelio, los cuales ... 435
10.19 le dijo el...He aquí tres h te buscan ... 435
10.21 descendiendo a donde estaban los h que ... 435
10.26 levántate, pues yo mismo también soy h ... 444
10.28 que a ningún h llame común o inmundo ... 444
11.3 has entrado en casa de h incircuncisos ... 435
11.11 luego llegaron tres h a la casa donde ... 435
11.13 envía h a Jope, y haz venir a Simón ... 435
12.22 gritando: ¡Voz de Dios, y no de h! ... 444
14.8 cierto h de Listra estaba sentado...cojo ... 435
14.11 diciendo...Dioses bajo la semejanza de h ... 444
14.15 somos h semejantes a vosotros, que os ... 444
15.17 que el resto de los h busque al Señor ... 444
15.26 h...han expuesto su vida por el nombre ... 444
16.17 estos h son siervos del Dios Altísimo ... 444
16.20 estos h, siendo judíos, alborotan...ciudad ... 444
16.35 enviaron...decir: Suelta a aquellos h ... 444
17.5 tomaron consigo a...ociosos, h malos ... 435
17.12 creyeron muchos de ellos...no pocos h ... 435
17.25 ni es honrado por manos de h, como si ... 444
17.26 de una sangre...todo el linaje de los h ... 444
17.29 escultura de...y de imaginación de h ... 444
17.30 ahora manda a todos los h en todo lugar ... 444
18.13 éste persuade a los h a honrar a Dios ... 444
19.7 eran por todos unos doce h ... 435
19.16 el h en quien estaba el espíritu malo ... 444
19.35 ¿y quién es el h que no sabe que la ... 444
19.37 porque habéis traído a estos h, sin ser ... 435
20.30 levantarán h que hablen cosas perversas ... 435
21.23 hay entre nosotros cuatro h que tienen ... 435
21.26 Pablo tomó consigo a aquellos h, y al ... 435
21.28 es el h que por todas partes enseña a ... 444
21.39 dijo...Yo de cierto soy h judío de Tarso ... 444
22.4 entregando en cárceles a h y mujeres ... 435
22.15 serás testigo suyo a todos los h, de ... 444
22.22 quita de la tierra a tal h, porque no
22.26 ¿qué vas a...este h es ciudadano romano ... 444
23.9 ningún mal hallamos en este h; que si ... 444
23.21 más de cuarenta h de ellos le acechan ... 435
23.27 a este h, aprehendido por los judíos ... 435
23.30 de asechanzas...tendido contra este h ... 435
24.5 que este h es una plaga, y promotor de ... 435
24.16 una conciencia sin ofensa ante...los h ... 444
25.5 si hay algún crimen en este h, acúsenle ... 435
25.14 un h ha sido dejado preso por Félix ... 435
25.17 así...al día siguiente...mandé traer al h ... 435
25.22 yo...quisiera oír a ese h. Y él le dijo ... 444
25.23 entrando...con los...principales h de la ... 435
25.24 aquí tenéis a este h, respecto del cual ... 435
26.31 ninguna cosa digna de...ha hecho este h ... 444
26.32 podía este h ser puesto en libertad, si ... 444
28.4 este h es homicida, a quien, escapado ... 444
28.7 había propiedades del h principal de la
Ro 1.18 toda impiedad e injusticia de los h ... 444
1.23 en semejanza de imagen de h corruptible ... 444
1.27 de igual modo también los h, dejando el ... 730
1.27 cometiendo hechos vergonzosos h con h ... 730
2.1 eres inexcusable, oh h, quienquiera que ... 444
2.3 ¿y piensas esto, oh h, tú que juzgas a ... 444
2.16 en que Dios juzgará...secretos de los h ... 444
2.29 la alabanza del cual no viene de los h ... 444
3.4 bien sea Dios veraz, y todo h mentiroso ... 444
3.5 ¿será injusto Dios que...(Hablo como h) ... 444
3.28 concluimos...el h es justificado por fe ... 444
4.6 David habla de la bienaventuranza del h ... 444
5.12 el pecado entró en el mundo por un h ... 444
5.12 la muerte pasó a todos los h, por cuanto ... 444
5.15 y el don de Dios por la gracia de un h ... 444
5.18 vino la condenación a todos los h, de ... 444
5.18 vino a todos los h la justificación de ... 444
5.19 así como por la desobediencia de un h ... 444
6.6 nuestro viejo h fue crucificado...con él ... 444
7.1 la ley se enseñorea del h entre tanto que ... 444
7.22 según el h interior, me deleito en la ... 444
9.20 h, ¿quién eres tú, para que alterques ... 444
10.5 el h que haga estas cosas, vivirá por ... 444
11.4 me he reservado siete mil h, que no han ... 435
12.17 procurad lo bueno delante de todos...h ... 444
12.18 si es posible...en paz con todos los h ... 444
14.18 agrada a Dios, y es aprobado por los h ... 444
14.20 es malo que el h haga tropezar a otros ... 444
1 Co 1.25 lo insensato...más sabio que los h ... 444
1.25 débil de Dios es más fuerte que los h ... 444
2.5 no esté fundada en la sabiduría de los h ... 444
2.9 oído oyó, ni han subido en corazón de h ... 444
2.11 ¿quién de los h sabe las cosas del h ... 444
2.11 sino el espíritu del h que está en él? ... 444
2.14 el h natural no percibe las cosas que ... 444
3.3 aún...¿no sois carnales, y andáis como h? ... 444
3.21 así que, ninguno se glorie en los h ... 3367
4.1 ténganos los h por servidores de Cristo ... 444
4.9 espectáculo al...a los ángeles y a los h ... 444
6.18 pecado que el h cometa, está fuera del ... 444
7.1 bueno le sería al h no tocar mujer ... 444
7.7 quisiera...que todos los h fuesen como yo ... 444
7.23 precio...no os hagáis esclavos de los h ... 444
7.26 hará bien el h en quedarse como está ... 444
9.8 ¿digo esto sólo como h? ¿No dice...la ley? ... 444
13.11 cuando ya fui h, dejé lo que era de ... 435
14.2 que habla en lenguas no habla a los h ... 3762
14.3 pero el que profetiza habla a los h para ... 444
15.19 somos los más dignos de...de todos los h ... 444
15.21 por cuanto la muerte entró por un h ... 444
15.21 también por un h la resurrección de ... 444
15.32 como h batallé en Efeso contra fieras ... 444
15.39 una carne es la de los h, otra carne la ... 444
15.45 hecho el primer h Adán alma viviente ... 444
15.47 el primer h es de la tierra, terrenal ... 444
15.47 el segundo h, que es el Señor, es del ... 444
2 Co 3.2 conocidas y leídas por todos los h ... 444
4.16 nuestro h exterior se va desgastando ... 444
5.11 conociendo...persuadimos a los h; pero ... 444
5.19 no tomándoles en cuenta a los h sus ... 846
8.21 honradamente...también delante de los h ... 444
12.2 conozco a un h en Cristo, que hace 14 ... 444
12.3 conozco al tal h (si en el cuerpo, o ... 444
12.4 oyó...que no le es dado al h expresar ... 444
12.5 de tal h me gloriaré; pero de mí mismo ... 5108
Gá 1.1 Pablo, apóstol (no de h ni por h, sino ... 444
1.10 ¿busco ahora el favor de los h, o el de ... 444
1.10 ¿o trato de agradar a los h? Pues si ... 444
1.10 si todavía agradara a los h, no sería ... 444
1.11 el evangelio anunciado...no es según h ... 444
1.12 ni lo recibí ni lo aprendí de h alguno ... 444
2.16 sabiendo que el h no es justificado por ... 444
3.15 hermanos...un pacto, aunque sea de h, una ... 444
5.3 vez testifico a todo h que se circuncida ... 444
6.7 todo lo que el h sembrare, eso...segará ... 444
Ef 2.15 crear en sí mismo un solo y nuevo h ... 444
3.5 no se dio a conocer a los hijos de los h ... 444
3.16 el ser fortalecidos...en el h interior ... 444
4.8 llevó cautiva la...y dio dones a los h ... 444
4.14 por estratagema de h que para engañar ... 444
4.22 despojados del viejo h, que está viciado ... 444
4.24 vestíos del nuevo h, creado según Dios ... 444
5.31 por esto dejará el h a su padre y a su ... 444
6.6 no...como los que quieren agradar a los h ... 444
6.7 sirviendo...como al Señor y no a los h ... 444
Fil 2.7 se despojó...hecho semejante a los h ... 444
2.8 estando en la condición de h, se humilló ... 444
4.5 vuestra gentileza sea conocida de...los h ... 444
Col 1.28 anunciamos, amonestando a todo h, y ... 444
1.28 y enseñando a todo h en toda sabiduría ... 444
1.28 a fin de presentar perfecto...a todo h ... 444
2.8 nadie os engañe...tradiciones de los h ... 444
2.22 en conformidad a mandamientos y...de h ... 444
3.9 habiéndoos despojado del viejo h con sus ... 444
3.22 como los que quieren agradar a los h ... 444
3.23 todo...como para el Señor y no para los h ... 444
1 Ts 2.4 no como para agradar a los h, sino ... 444
2.6 ni buscamos gloria de los h; ni de otros ... 444
2.13 recibisteis no como palabra de h, sino ... 444
2.15 no agradan...y se oponen a todos los h ... 444
4.8 el que desecha esto, no desecha a h, sino ... 444
2 Ts 2.3 se manifieste el h de pecado, el hijo ... 444
3.2 seamos librados de h perversos y malos ... 444
1 Ti 2.1 acciones de gracias, por todos los h ... 444
2.4 cual quiere que todos los h sean salvos ... 444
2.5 mediador entre Dios y...h, Jesucristo h ... 444
2.8 quiero pues, que los h oren en todo lugar ... 435
2.12 ejercer dominio sobre el h, sino estar ... 435
4.10 el Dios...es Salvador de todos los h ... 444
5.24 pecados de algunos h se hacen patentes ... 444
6.5 disputas necias de h corruptos de ... 444
6.9 hunden a los h en destrucción y perdición ... 444
6.11 tú, oh h de Dios, huye de estas cosas ... 444
6.16 a quien ninguno de los h ha visto ni ... 444
2 Ti 2.2 encarga a h fieles que sean idóneos ... 444
3.2 habrá h amadores de sí mismos, avaros ... 444
3.8 h corruptos de entendimiento, réprobos ... 444
3.13 mas los malos h...irán de mal en peor ... 444
3.17 a fin de que el h de Dios sea perfecto ... 444
Tit 1.14 a mandamientos de h que se apartan ... 444
2.11 gracia...para salvación a todos los h ... 444
3.2 toda mansedumbre para con todos los h ... 444
3.4 se manifestó la...su amor para con los h ... 5363
3.8 estas cosas son buenas y útiles a los h ... 444
3.10 al h que cause divisiones...deséchalo ... 444
He 2.6 ¿qué es el h...o el hijo del h, para que ... 444
5.1 todo sumo sacerdote tomado de entre los h ... 444
5.1 es constituido a favor de los h en lo que ... 444
6.16 los h...juran por uno mayor que ellos ... 444
7.8 y aquí...reciben los diezmos h mortales ... 444
7.28 ley constituye...sacerdotes a débiles h ... 444
8.2 tabernáculo...levantó el Señor y no el h ... 444
9.27 está establecido para los h que mueran ... 444
13.6 no temeré lo que me pueda hacer el h ... 444
Stg 1.8 el h de doble ánimo es inconstante en ... 435
1.19 todo h sea pronto para oír, tardo para ... 444
1.20 ira del h no obra la justicia de Dios ... 435
1.23 es semejante al h que considera en un ... 435
2.2 entra un h con anillo de oro y con ropa ... 435
2.20 quieres saber, h vano, que la fe sin ... 444
2.24 que el h es justificado por las obras ... 444
3.8 ningún h puede domar la lengua, que es ... 444
3.9 con ella maldecimos a los h, que están ... 444
5.17 Elías era h sujeto a pasiones...y oró ... 444
1 P 1.24 gloria del h como flor de la hierba ... 444
2.4 él, piedra viva, desechada...por los h ... 444
2.15 hagáis callar la ignorancia de los h ... 444
4.2 no vivir...las concupiscencias de los h ... 444
4.6 que sean juzgados en carne según los h ... 444
2 P 1.21 los santos h de Dios hablaron siendo ... 444
2.16 bestia de carga, hablando con voz de h ... 444

3.7 día del juicio y de la... de los *h* impíos *444*
1 Jn 5.9 si recibimos el testimonio de los *h* *444*
Jud 4 algunos *h* han entrado encubiertamente *444*
4 *h* impíos, que convierten en libertinaje la
Ap 1.13 uno semejante al Hijo del *H*, vestido *444*
4.7 el tercero tenía rostro como de *h*; y el *444*
8.11 muchos *h* murieron a causa de esas aguas *444*
9.4 los *h* que no tuviesen el sello de Dios *444*
9.5 tormento de escorpión cuando hiere al *h* *444*
9.6 aquellos días los *h* buscarán la muerte *444*
9.10 para dañar a los *h* durante cinco meses *444*
9.15 fin de matar a la tercera parte de los *h* *444*
9.18 fue muerta la tercera parte de los *h* *444*
9.20 y los otros *h* que no fueron muertos con *444*
11.13 murieron en número de siete mil *h*; y *444*
13.13 descender fuego del... delante de los *h* *444*
13.18 el número de la bestia... es número de *h* *444*
14.4 redimidos de entre los *h* como primicias *444*
14.14 uno sentado semejante al Hijo del *H* *444*
16.2 vino una úlcera maligna... sobre los *h* que *444*
16.8 cual fue dado quemar a los *h* con fuego *444*
16.9 y los *h* se quemaron con el gran calor *444*
16.18 no... desde que los *h* han estado sobre la *444*
16.21 cayó... sobre los *h* un enorme granizo *444*
16.21 los *h* blasfemaron contra Dios por la *444*
18.13 ovejas, caballos... esclavos, almas de *h* *444*
21.3 aquí el tabernáculo de Dios con los *h* *444*
21.17 de medida de *h*, la cual es de ángel *444*

HOMBRERA
Éx 28.7 dos *h* que se junten a sus dos extremos 3802
28.12 las dos piedras sobre las *h* del efod 3802
28.25 y los fijarás a las *h* del efod en su 3802
28.27 parte delantera de las dos *h* del efod 3802
39.4 hicieron las *h* para que se juntasen, y 3802
39.7 puso sobre las *h* del efod, por piedras 3802
39.18 los dos engastes... sobre las *h* del efod 3802
39.20 parte delantera de las dos *h* del efod 3802

HOMBRO
Gn 9.23 Sem... la pusieron sobre sus propios *h* 7926
21.14 lo dio a Agar, poniéndolo sobre su *h* 7926
24.15,45 cual salía con su cántaro sobre su *h* 7926
49.15 y bajó su *h* para llevar, y sirvió en 7926
Éx 12.34 envueltas en sus sábanas sobre sus *h* 7926
28.12 llevará los nombres... sobre sus dos *h* 3802
Nm 7.9 llevaban sobre sí en los *h* el servicio 3802
Dt 33.12 lo cubrirá siempre, y entre sus *h* 3802
Jos 4.5 cada uno... tome una piedra sobre su *h* 7926
Jue 9.48 cortó una rama... la puso sobre sus *h* 7926
16.3 las puertas... se las echó al *h*, y se fue 3802
1 S 9.2 de *h* arriba sobrepasaba a cualquiera 7926
10.23 desde los *h* arriba era más alto que 7926
17.6 traía... jabalina de bronce entre sus *h* 3802
1 Cr 15.15 trajeron el arca de... sobre sus *h* 3802
2 Cr 35.3 que no la carguéis más sobre los *h* 3802
Job 31.22 mi espalda se caiga de mi *h*, y... brazo 7929
31.36 ciertamente yo lo llevaría sobre mi *h* 7926
Sal 81.6 aparté su *h* de debajo de la carga 7926
Is 9.4 quebraste... la vara de su *h*, y el cetro 7926
9.6 nos es dado, y el principado sobre su *h* 7926
10.27 su carga será quitada de tu *h*, y su 7926
11.14 volarán sobre los *h* de los filisteos 3802
14.25 yugo... y su carga será quitada de su *h* 7926
22.22 llave de la casa de David sobre su *h* 7926
46.7 se lo echan sobre los *h*, lo llevan, y lo 3802
49.22 hijos, y tus hijas serán traídas en *h* 3802
Ez 12.6 los llevarás sobre tus *h*, de noche los 3802
12.7 los lleve sobre los *h* a vista de ellos 3802
29.7 te quebraste, y les rompiste todo el *h* 3802
34.21 empujasteis... con el *h*, y acorneasteis 3802
Mt 23.4 **las ponen sobre los *h* de los hombres** *5606*
Lc 15.5 **encuentra, la pone sobre sus *h* gozoso** *5606*

HOMENAJE
1 Cr 29.24 todos... prestaron *h* al rey Salomón 3027

HOMER
Lv 27.16 *h* de siembra de cebada se valorará 2563
Is 5.10 y un *h* de semilla producirá un efa 2563
Ez 45.11 el bato tenga la décima parte del *h* 2563
45.11 bato tenga... décima parte del *h* el efa 2563
45.11 la medida de ellos será según el *h* 2563
45.13 cada *h* del trigo... cada *h* de la cebada 2563
45.14 diez batos harán un *h*... batos son un *h* 2563
Os 3.2 la compré... por... un *h* y medio de cebada 2563

HOMICIDA
Nm 35.6 daréis para que el *h* se refugie allá 7523
35.11 donde huya el *h* que hiriere a alguno 7523
35.12 y no morirá el *h* hasta que entre en 7523
35.16,17,18 y muriere, *h* es; el *h* morirá 7523
35.19 el vengador de la... él dará muerte al *h* 7523
35.21 lo hirió con... el heridor morirá; es *h* 7523
35.21 el vengador de la sangre matará al *h* 7523
35.25 la congregación librará al *h* de mano 7523
35.26 si el *h* saliere fuera de los límites 7523
35.27 y el vengador... matare al *h*, no se le 7523
35.28 después... el *h* volverá a la tierra de 7523
35.30 por dicho de testigos morirá el *h*; mas 7523
35.31 no tomaréis precio por la vida del *h* 7523
Dt 4.42 que huyese allí el *h* que matase a su 7523
19.3 arreglarás... para que todo *h* huya allí 7523
19.4 este es el caso del *h* que huirá allí 7523
19.6 el vengador de la sangre... persiga al *h* 7523
Jos 20.3 que se acoja allí el *h* que matare a 7523
20.5 siguiere, no entregarán en su mano al *h* 7523
20.6 entonces el *h* podrá volver a su ciudad 7523
21.13,21,27,32,38 ciudad de refugio... los *h* 7523
2 R 6.32 este hijo de *h* envía a cortarme la 7523
Is 1.21 habitó la equidad; pero ahora, los *h* 7523
Ez 21.14 triplíquese el furor de la espada *h* 2491
Mt 22.7 **destruyó a aquellos *h*... quemó su ciudad** *5406*
Jn 8.44 **él ha sido *h* desde el principio, y no** *443*
Hch 3.14 justo, y pedisteis... se os diese un *h* *5406*
28.4 ciertamente este hombre es *h*, a quien *5406*
1 Ti 1.9 la ley no fue dada... sino... para los *h* *409*
1 P 4.15 ninguno de vosotros padezca como *h* *5406*
1 Jn 3.15 aquel que aborrece a... hermano es *h* *443*
3.15 que ningún *h* tiene vida eterna... en él *443*
Ap 21.8 *h*... tendrán su parte en el lago que *5406*
22.15 estarán fuera... los *h*, los idólatras *5406*

HOMICIDIO
Éx 22.3 el autor de la muerte será reo de *h* 1818
Dt 17.8 entre una clase de *h* y otra, entre una 1818
Sal 51.14 líbrame de *h*, oh Dios, Dios de mi 1818
Os 4.2 perjurar, mentir... *h* tras *h* se suceden 7523
Mt 15.19 **del corazón salen... *h*, los adulterios** *5408*
Mr 7.21 **adulterios, las fornicaciones, los *h*** *5408*
15.7 que habían cometido *h* en una revuelta *5408*
Lc 23.19,25 echado en la cárcel... por un *h* *5408*
Ro 1.29 llenos de envidia, *h*, contiendas *5408*
Gá 5.21 envidias, *h*, borracheras, orgías, y *5408*
Ap 9.21 y no se arrepintieron de sus *h*, ni de *5408*

HONDA
Jue 20.16 tiraban una piedra con la *h* a un 7049
1 S 17.40 y tomó su *h* en su mano, y se fue 7050
17.49 la tiró con la *h*, e hirió al filisteo 7049
17.50 así venció David al filisteo con *h* y 7050
25.29 como de en medio de la palma de una *h* 7049
1 Cr 12.2 ambas manos para tirar piedras con *h* 68
2 Cr 26.14 Uzías preparó... *h* para tirar piedras 7050
Job 41.28 las piedras de *h* le son como paja 7050
Pr 26.8 como quien liga la piedra en la *h*, así 4773
Jer 10.18 arrojaré con *h* los moradores de la 7049
Zac 9.15 ellos... hollarán las piedras de la *h* 7050

HONDERO
2 R 3.25 los *h* la rodearon y la destruyeron 7051

HONDO
Ez 23.32 beberás el *h*... cáliz de tu hermana 6013
Jn 4.11 no tienes con qué sacarla... pozo es *h* *901*

HONDURA
Zac 1.8 entre los mirtos que había en la *h* 4699

HONESTAMENTE
Ro 13.13 como de día, *h*; no en glotonerías *2156*

HONESTIDAD
1 Ti 2.2 para que vivamos... toda piedad y *h* *4587*
3.4 tenga a sus hijos en sujeción con toda *h* *4587*

HONESTO, A
1 Co 7.35 sino para lo *h* y decente, y para *4586*
Fil 4.8 lo *h*, todo lo justo, todo lo puro *4586*
1 Ti 3.8 los diáconos asimismo deben ser *h*, sin *4586*
3.11 las mujeres... sean *h*, no calumniadoras *4586*

HONOR
1 S 2.8 para hacerle... heredar un sitio de *h* 3519
1 Cr 29.11 tuya... gloria, la victoria y el *h* 1935
2 Cr 16.14 hicieron un gran fuego en su *h*
21.19 no encendieron fuego en su *h*, como lo
Job 14.21 sus hijos tendrán *h*, pero él no lo 3513
30.15 combatieron como viento mi *h*, y mi 5082
Pr 5.9 para que no des a los extraños tu *h* 1935
31.25 fuerza y *h* son su vestidura; y se ríe 1926
Dn 2.48 le dio muchos *h* y grandes dones, y le 7251
11.39 colmará de *h* a los que le reconozcan 3519
Zac 10.3 los pondrá como su caballo de *h* en la 1935
1 Co 12.24 más abundante *h* al que le faltaba *5092*
1 Ts 4.4 tener su propia esposa en santidad y *h* *5092*
1 Ti 1.17 al Rey... *h* y gloria por los siglos *5092*
5.17 ancianos... tenidos por dignos de doble *h* *5092*
6.1 tengan a sus amos por dignos de todo *h* *5092*
1 P 3.7 *h* a la mujer como a vaso más frágil *5092*
Ap 21.24 reyes... traerán su gloria y *h* a ella *5092*

HONORABLE
Nm 22.15 enviar... más príncipes, y más *h* que 3513
Ec 10.1 así... al que es estimado como sabio y... *h* 3519
Is 43.4 de gran estima, fuiste *h*, y yo te amé 3513
1 Co 4.10 vosotros *h*... nosotros despreciados *1741*

HONRA
Éx 28.2 vestiduras sagradas... *h* y hermosura 3519
28.40 y les harás tiaras para *h* y hermosura 3519
Nm 24.11 aquí que Jehová te ha privado de *h* 3519
1 Cr 16.29 Dad a Jehová la *h* debida 3519
22.5 casa... ha de ser... para renombre y *h* 8597
Est 1.20 las mujeres darán *h* a sus maridos 3366
6.3 ¿qué *h* o... se hizo a Mardoqueo por esto? 3366
6.6 ¿qué se hará al hombre cuya *h* desea el 3366
6.7,9(2),11 el varón cuya *h* desea el rey 3366
8.16 y los judíos tuvieron luz... y gozo y *h* 3366
Job 29.20 mi *h* se renovaba en mí, y mi arco se 3519
40.10 adórnate... vístete de *h* y de hermosura 1935
Sal 4.2 hasta cuándo volveréis... *h* en infamia 3519
7.5 huelle... vida, y mi *h* ponga en el polvo 3519
8.5 le has... y lo coronaste de gloria y de *h* 1926
21.5 gloria... *h* y majestad has puesto sobre él 1935
49.12 mas el hombre no permanecerá en *h*; es 3366
49.20 el hombre que está en *h* y no entiende 3366
96.8 dad a Jehová la *h* debida a su nombre 3519
Pr 3.16 su derecha... izquierda, riquezas y *h* 3519
3.35 los sabios heredarán *h*, mas los necios 3519
8.18 riquezas y la *h* están conmigo; riquezas 3519
11.16 la mujer agraciada tendrá *h*, y los 3519
13.18 que guarda la corrección recibirá *h* 3513
15.33 temor... y a la *h* procede la humildad 3519
16.31 corona de *h* es la vejez que se halla 8597
17.6 corona... la *h* de los hijos, sus padres 8597
18.12 eleva... antes de la *h* es el abatimiento 3519
19.11 y su *h* es pasar por alto la ofensa 8597
20.3 *h* es del hombre dejar la contienda; mas 3519
21.21 hallará la vida, la justicia y la *h* 3519
22.4 riquezas, *h* y vida son la remuneración 3519
25.2 asunto, pero *h* del rey es escudriñarlo 3519
26.1 la siega, así no conviene al necio la *h* 3519
26.8 la honda, así hace el que da *h* al necio 3519
27.18 mira por los intereses de su... tendrá *h* 3513
29.23 al humilde de espíritu sustenta la *h* 3519
Ec 6.2 hombre a quien Dios da riquezas y... *h* 3519
8.10 he visto a los inicuos sepultados con *h* 6918
Is 4.2 el fruto de la tierra para grandeza y *h* 8597
14.18 todos ellos yacen con *h* cada uno en su 3519
22.23 será por asiento de *h* a la casa de su 3519
22.24 colgarán de él toda la *h* de la casa de 3519
42.8 mi nombre, y mi *h* no la daré a otro 3519
49.18 como de vestidura de *h*, serás vestida 5716
61.7 poseerán doble *h*, y tendrán perpetuo
Jer 13.11 fuesen... fama, por alabanza y por *h* 8597
Ez 22.25 tomaron haciendas y *h*, multiplicaron 3366
Dn 2.6 recibiréis de mí dones y favores y... *h* 3367
11.21 al cual no darán la *h* del reino; pero 1935
Os 4.7 también yo cambiaré su *h* en afrenta 3519
Hab 2.16 has llenado de deshonra más que de *h* 3519
Mal 1.6 si... soy yo padre, ¿dónde está mi *h*? 3519
Mt 13.57; Mr 6.4 **no hay profeta sin *h*, sino** *820*
Jn 4.44 el profeta no tiene *h* en su... tierra *5092*
Ro 2.7 que... buscan gloria y *h* e inmortalidad *5092*
2.10 gloria y *h* y paz a todo el que hace lo *5092*
9.21 hacer de la misma masa un vaso para *h* *5092*
12.10 cuanto a *h*, prefiriéndose los unos a *5092*
13.7 pagad a todos lo que debéis... al que *h*, *h* *5092*
1 Co 12.26 si un miembro recibe *h*, todos los *1392*
2 Co 6.8 por *h* y por deshonra, por mala fama *1391*
1 Ti 6.16 ver, al cual sea la *h* y el imperio *5092*
2 Ti 2.21 será instrumento para *h*, santificado *5092*
He 2.7 le coronaste de gloria y de *h*, y le *5092*
2.9 vemos... Jesús, coronado de gloria y de *h* *5092*
3.3 tiene mayor *h* que la casa el que la hizo *5092*
5.4 nadie toma para sí esta *h*, sino el que *5092*
1 P 1.7 sea hallada en alabanza, gloria y *h* *5092*
2 P 1.17 cuando él recibió... *h* y gloria, le fue *5092*
Ap 4.9 dan gloria y *h* y acción de gracias al *5092*
4.11 digno eres de recibir la gloria y la *h* *5092*
5.12 es digno de tomar... la *h*, la gloria y la *5092*
5.13 al Cordero, sea la... *h*, la gloria y el *5092*
7.12 la *h*... fortaleza, sean a nuestro Dios *5092*
19.1 *h* y gloria y poder son del Señor Dios *5092*
21.26 llevarán la gloria y la *h* de... a ella *5092*

HONRADAMENTE
2 Co 8.21 procurando hacer las cosas *h*, no *2570*
1 Ts 4.12 conduzcáis *h* para con los de afuera *2156*

HONRADEZ
Gn 30.33 así responderá por mí mi *h* mañana 6666
2 R 22.7 cuenta... porque ellos proceden con *h* 530

HONRADO
Gn 42.11 somos hombres *h*; tus siervos nunca 3651
42.19 si sois hombres *h*, quede preso en la 3651
42.31 somos hombres *h*, nunca fuimos espías 3651
42.33 en esto conoceré que sois hombres *h* 3651
42.34 sepa que no sois espías, sino hombres *h* 3651
2 S 6.20 dijo: Cuán *h* ha quedado hoy el rey 3513

HONRAR
Éx 20.5 no te inclinarás a... ni las *honrarás* 5647
20.12 *honra* a tu padre y a tu madre, para 3513
Lv 19.32 y *honrarás* el rostro del anciano, y 1921
Nm 22.17 te *honraré* mucho, y haré todo lo que 3513
22.37 y Balac dijo... ¿No puedo yo *honrarte*? 3513
24.11 yo dije que te *honraría*, mas he aquí 3513
Dt 5.16 *honra* a tu padre y a tu madre, como 3513
Jos 23.16 yendo y *honrando* a dioses ajenos, e 5647
Jue 9.9 con el cual en mí se *honra* a Dios y 3513
13.17 que cuando se cumpla tu... te *honremos*? 3513
1 S 2.29 y has *honrado* a tus hijos más que a 3513
2.30 porque yo *honraré* a los que me *honran* 3513
15.30 me *honres* delante de los ancianos de 3513
2 S 6.22 seré *honrado* delante de las criadas 3513
10.3 parece que por *honrar* David a tu padre 3513
2 R 10.19 exterminar a los que *honraban* a Baal 5647
17.33 temían a Jehová, y *honraban* a... dioses 5647
1 Cr 19.3 ¿a tu parecer *honra* David a tu padre 3513
2 Cr 32.33 *honrándole* en su muerte todo Judá 3519
Esd 7.27 *honrar* la casa de Jehová que está en 6286
Est 3.1 lo *honró*, y puso su silla sobre todos 5375
5.11 cosas... con que le había *honrado* sobre 5375
6.6 ¿a quién deseará... *honrar* más que a mí? 3366
Sal 2.12 *honrad* al Hijo, para que no se enoje 5401
15.4 vil... pero *honra* a los que temen a Jehová 3513
50.15 invócame... te libraré, y tú me *honrarás* 3513
50.23 el que sacrifica alabanza me *honrará* 3513
Pr 3.9 *honra* a Jehová con tus bienes, y con 3513
4.8 te *honrará*, cuando tú la hayas abrazado 3513
14.31 tiene misericordia del pobre, lo *honra* 3513
Is 29.13 y con sus labios me *honra*, pero su 3513
43.20 las fieras del campo me *honrarán* los 3513
43.23 ni... me *honraste* con tus sacrificios 3513
55.5 del Santo de Israel que te ha *honrado* 6286

60.13 y yo honraré el lugar de mis pies ... 3513
Jer 44.3 ofrecer incienso, honrando a dioses ... 5647
Lm 1.8 que la honraban la han menospreciado ... 3513
Dn 3.14 ¿es verdad...que vosotros no honráis ... 6399
5.23 Dios en cuya mano está...nunca honraste ... 1922
11.38 honrará en...al dios de las fortalezas ... 3513
11.38 al dios de...lo honrará con oro y plata ... 3513
Mal 1.6 el hijo honra al padre, y el siervo a ... 3513
Mt 15.4 **diciendo: Honra a tu padre y...madre** ... 5091
15.6 no ha de honrar a su padre o a su madre ... 5661
15.8 este pueblo de labios me honra, mas su ... 5091
15.9 pues en vano me honran, enseñando como ... 4576
19.19 honra a tu padre y...madre; y, Amarás ... 5091
Mr 7.6 **este pueblo de labios me honra, mas su** ... 5091
7.7 pues en vano me honran, enseñando como ... 4576
7.10 Moisés dijo: Honra a tu padre y a tu ... 5091
10.19 no mates...honra a tu padre y...madre ... 5091
Lc 18.20 **sabes...honra a tu padre y a tu madre** ... 5091
Jn 5.23 **honren al Hijo como honran al Padre** ... 5091
5.23 el que no honra al Hijo, no h al Padre ... 5091
8.49 yo no tengo demonio...honro a mi Padre ... 5091
12.26 si alguno me sirviere...Padre le honrará ... 5091
Hch 17.25 ni es honrado por manos de hombres ... 2323
18.13 persuade...honrar a Dios contra la ley ... 4576
28.10 nos honraron con muchas atenciones ... 5092
Ro 1.25 honrando...a las criaturas antes que ... 4573
11.13 soy apóstol a los...honro mi ministerio ... 1392
Ef 6.2 honra a tu padre y a tu madre, que es ... 5091
1 Ti 5.3 honra a las viudas que en verdad lo ... 5091
1 P 2.17 honrad a todos. Amad a los...H al rey ... 5091

HONROSO
1 Co 11.15 dejarse crecer el cabello le es h ... 1391
1 Ti 3.13 ganan para sí un grado h, y mucha ... 2570
2 Ti 2.20 unos son para usos h, y otros para ... 5092
He 13.4 h sea en todos el matrimonio, y el ... 5093

HOR
1. Monte en la frontera de Edom
Nm 20.22 y partiendo de Cades...al monte de H ... 2023
20.23 Jehová habló...a Aarón en el monte de H ... 2023
20.25 a Aarón y...hazlos subir al monte de H ... 2023
20.27 subieron al monte de H a la vista de ... 2023
21.4 partieron del monte de H, camino del ... 2023
33.37 acamparon en el monte de H, en...Edom ... 2023
33.38 subió...Aarón al monte de H, conforme ... 2023
33.39 Aarón...cuando murió en el monte de H ... 2023
33.41 salieron del monte de H y acamparon ... 2023
Dt 32.50 como murió Aarón tu...en el monte H ... 2023
2. Monte que marcó el límite norte de la herencia de Israel, Nm 34.7,8 ... 2023

HORA
Gn 8.11 la paloma volvió...a la h de la tarde ... 6256
24.11 a la h de la tarde, la h en que salen ... 6256
24.63 había salido Isaac...a la h de la tarde ... 6153
Éx 9.18 a estas h yo haré llover granizo muy ... 6256
Dt 16.6 pascua...a la h que saliste de Egipto ... 4150
Jos 11.6 a esta h yo entregaré a todos ellos ... 6256
Rt 2.14 y Booz le dijo a la h de comer: Ven ... 6256
1 S 9.16 mañana a esta misma h yo enviaré a ... 6256
20.12 le haya preguntado...mañana a esta h ... 6256
1 R 18.29 gritando...hasta la h de ofrecerse
18.36 llegó la h de ofrecerse el holocausto
19.2 si mañana a estas h yo no he puesto tu ... 6256
20.6 mañana a estas h enviaré yo a ti mis ... 6256
2 R 5.22 vinieron a mí en esta h del monte de ... 935
7.1 mañana a estas h valdrá el seah de flor ... 6256
7.18 vendido por un siclo mañana a estas h ... 6256
10.6 venid a mí mañana a esta h, a Jezreel ... 6256
Esd 9.4 estuve muy angustiado hasta la h del
9.5 a la h del sacrificio de la...me levanté
Est 4.14 ¿y quién sabe si para esta h...reino? ... 6256
Job 5.3 y en la misma h maldije su habitación ... 6597
Sal 105.19 la h que se cumplió su palabra, el ... 6256
Ec 3.1 y todo lo que se quiere...tiene su h ... 6256
10.17 príncipes comen a su h, para reponer ... 6256
Ez 22.3 para que venga su h, y que hizo ídolos ... 6256
Dn 3.15 en la misma h seréis echados en medio ... 8160
4.19 Daniel, cuyo...quedó atónito casi una h ... 8160
4.33 la misma h se cumplió la palabra sobre ... 8160
5.5 en aquella misma h aparecieron los dedos ... 8160
9.21 vino a mí como a la h del sacrificio de ... 6256
Mt 8.13 criado fue sanado en aquella misma h ... 5610
9.22 y la mujer fue salva desde aquella h ... 5610
10.19 aquella h os será dado lo que...hablar ... 5610
14.15 la h ya pasada; despide a la multitud ... 5610
15.28 y su hija fue sanada desde aquella h ... 5610
17.18 muchacho...quedó sano desde aquella h ... 5610
20.3 saliendo cerca de la h tercera del día ... 5610
20.5 salió...cerca de las h sexta y novena, e ... 5610
20.6 saliendo cerca de la h undécima, halló ... 5610
20.9 que habían ido cerca de la h undécima ... 5610
20.12 estos postreros han trabajado una...h ... 5610
24.36 del día y la h nadie sabe, ni aun los ... 5610
24.42 no sabéis a qué h ha de venir...Señor ... 5610
24.43 supiese a...h el ladrón había de venir ... 5438
24.44 el Hijo...vendrá a la h que no pensáis ... 5610
24.50 vendrá el señor de...a la h que no sabe ... 5610
25.13 porque no sabéis el día ni la h en que ... 5610
26.40 no habéis podido velar conmigo una h? ... 5610
26.45 ha llegado la h, y el Hijo del Hombre ... 5610
26.55 en aquella h dijo Jesús a la gente ... 5610
27.45 desde la h sexta...hasta la h novena ... 5610
27.46 cerca de la h novena, Jesús clamó a ... 5610
Mr 6.35 cuando ya era muy avanzada la h, sus ... 5610
6.35 el...es desierto, y la h ya muy avanzada ... 5610
13.11 lo que os fuere dado en aquella h, eso ... 5610
13.32 de aquel día y de la h nadie sabe, ni ... 5610
14.35 fuese posible, pasase de él aquella h ... 5610
14.37 duermes? ¿No has podido velar una h? ... 5610
14.41 dijo: Dormid ya...Basta, la h ha venido ... 5610
15.25 era la h tercera cuando le crucificaron ... 5610
15.33 cuando vino la h sexta, hubo tinieblas ... 5610
15.33 sobre toda la tierra hasta la h novena ... 5610
15.34 a la h novena Jesús clamó a gran voz ... 5610
Lc 1.10 pueblo estaba fuera orando a la h del ... 5610
2.38 ésta, presentándose en la misma h, daba ... 5610
7.21 misma h sanó a muchos de enfermedades ... 5610
10.21 en aquella...h Jesús se regocijó en el ... 5610
12.12 el Espíritu...os enseñará en la misma h ... 5610
12.39 si supiese...a qué h el ladrón había de ... 5610
12.40 la h que no penséis, el Hijo...vendrá ... 5610
12.46 vendrá el señor de...a la h que no sabe ... 5610
14.17 a la h de la cena envió a su siervo a ... 5610
20.19 los escribas echarle mano en aquella h ... 5610
22.14 cuando era la h, se sentó a la mesa ... 5610
22.53 esta es vuestra h, y la potestad de las ... 5610
22.59 una h después, otro afirmaba, diciendo ... 5610
23.44 como la h sexta, hubo tinieblas sobre ... 5610
23.44 sobre toda la tierra hasta la h novena ... 5610
24.33 levantándose en la misma h, volvieron ... 5610
Jn 1.39 quedaron con él...era como la h décima ... 5610
2.4 conmigo, mujer? Aún no ha venido mi h ... 5610
4.6 se sentó así junto al pozo...la h sexta ... 5610
4.21 la h viene cuando ni en este monte ni ... 5610
4.23 mas la h viene...cuando los verdaderos ... 5610
4.52 a qué h había comenzado a estar mejor ... 5610
4.53 aquella era la h en que Jesús le había ... 5610
5.25 viene la h...cuando los muertos oirán ... 5610
5.28 vendrá h cuando todos los que están en ... 5610
7.30; 8.20 porque aún no había llegado su h ... 5610
11.9 ¿no tiene el día doce h? El que anda de ... 5610
12.23 ha llegado la h para que el Hijo del ... 5610
12.27 qué diré? ¿Padre, sálvame de esta h? ... 5610
12.27 qué...Mas para esto he llegado a esta h ... 5610
13.1 sabiendo Jesús que su h había llegado ... 5610
16.2 viene la h cuando cualquiera que os mate ... 5610
16.4 cuando llegue la h, os acordéis de que ... 5610
16.21 tiene dolor, porque ha llegado su h ... 5610
16.25 la h viene cuando ya no os hablaré por ... 5610
16.32 he aquí la h viene, y ha venido ya, en ... 5610
17.1 Padre, la h ha llegado; glorifica a tu ... 5610
19.14 era la víspera de...y como la h sexta ... 5610
19.27 aquella h el discípulo la recibió en su ... 5610
Hch 2.15 puesto que es la h tercera del día ... 5610
3.1 subían...a la h novena, la de la oración ... 5610
5.7 pasado un lapso como de tres h, sucedió ... 5610
10.3 una visión, como a la h novena del día ... 5610
10.9 Pedro subió a la...cerca de la h sexta ... 5610
10.30 a esta h yo estaba en ayunas; y a la ... 5610
10.30 la h novena, mientras oraba en mi casa ... 5610
16.18 salgas de...y salió en aquella misma h ... 5610
16.33 tomándolos en aquella...h de la noche ... 5610
19.34 gritaron casi por dos h: ¡Grande es ... 5610
22.13 yo en aquella misma h recobré la vista ... 5610
23.23 que preparasen para la h tercera de la ... 5610
Ro 13.11 que es ya h de levantarnos del sueño ... 5610
1 Co 4.11 hasta esta h padecemos hambre...sed ... 5610
15.30 por qué nosotros peligramos a toda h? ... 5610
Ap 3.3 **y no sabrás a qué h vendré sobre ti** ... 5610
3.10 te guardaré de la h de la prueba que ha ... 5610
8.1 hizo silencio en el cielo como por media h ... 2256
9.15 estaban preparados para la h, día, mes y ... 5610
11.13 en aquella h hubo gran terremoto, y la ... 5610
14.7 la h de su juicio ha llegado; y adorad a ... 5610
14.15 la h de segar ha llegado, pues la mies ... 5610
17.12 por una h recibirán autoridad como reyes ... 5610
18.10 ¡ay...porque en una h vino tu juicio! ... 5610
18.17 en una h han sido consumidas tantas ... 5610
18.19 ¡ay de...pues en una h ha sido desolada! ... 5610

HORADAR
Éx 21.6 su amo le horadará la oreja con lesna ... 7527
Dt 15.17 horadarás su oreja contra la puerta ... 5414
Jue 5.26 y le horadó, y atravesó sus sienes ... 4272
Job 40.24 tomará alguno...y horadará su nariz? ... 5344
41.2 y horadarás con garfio su quijada? ... 5344
Sal 22.16 han...horadaron mis manos y mis pies ... 3738
Hab 3.14 horadaste con...dardos las cabezas ... 5344

HORAM *Rey de Gezer*, Jos 10.33 ... 2036

HORCA
Gn 40.19 y te hará colgar en la h, y las aves ... 8518
Est 2.23 dos eunucos fueron colgados en una h ... 8518
5.14 hagan una h de 50 codos de altura, y ... 6086
5.14 agradó esto...Amán, hizo preparar la h ... 6086
Est 6.4 hiciese colgar a Mardoqueo en la h que ... 6086
7.9 he aquí...la h de 50 codos de altura que ... 6086
7.10 así colgaron a Amán en la h que él había ... 6086
8.7 y a él han colgado en la h, por cuanto ... 6086
9.13 que cuelguen en la h a los diez hijos ... 6086
9.25 que colgaran a él y a sus hijos en la h ... 6086

HOREB *Monte en la península de Sinaí (=Monte Sinaí)*
Éx 3.1 Moisés...llevó las ovejas a...hasta H ... 2722
17.6 delante de ti allí sobre la peña en H ... 2722
33.6 despojaron de sus atavíos...monte de H ... 2722
Dt 1.2 once jornadas hay desde H, camino del ... 2722
1.6 nuestro Dios nos habló en H, diciendo ... 2722
1.19 y salidos de H, anduvimos todo aquel ... 2722
4.10 que estuviste delante de Jehová...en H ... 2722
5.2 nuestro Dios hizo pacto con nosotros en H ... 2722
9.8 en H provocasteis a ira a Jehová, y se ... 2722
18.16 lo que pediste a Jehová tu Dios en H ... 2722
29.1 del pacto que concertó con ellos en H ... 2722
1 R 8.9 dos tablas...había puesto Moisés en H ... 2722
19.8 caminó 40 días y 40 noches hasta H, el ... 2722
2 Cr 5.10 tablas que Moisés había puesto en H ... 2722
Sal 106.19 hicieron becerro en H...una imagen ... 2722
Mal 4.4 de Moisés mi...encargué en H ordenanzas ... 2722

HOREM *Ciudad fortificada en Neftalí*, Jos 19.38 ... 2765

HOREO *Tribu antigua en la tierra de Seir (Edom)*
Gn 14.6 a los h en el monte de Seir, hasta la ... 2752
36.20 son los hijos de Seir h, moradores de ... 2752
36.21 son los jefes de los h, hijos de Seir ... 2752
36.29,30 estos fueron los jefes de los h ... 2752,2753
Dt 2.12 en Seir habitaron antes los h, a los ... 2752
2.22 delante de los cuales destruyó a los h ... 2752

HORES *Lugar en el desierto de Zif*
1 S 23.15 David...estuvo en H, en el desierto ... 2793
23.16 se levantó Jonatán...y vino a David a H ... 2793
23.18 y David se quedó en H, y Jonatán se ... 2793
23.19 David escondido en...en las peñas de H ... 2793

HORI
1. Hijo de Lotán horeo, Gn 36.22; 1 Cr 1.39 ... 2753

HORÍ
1. Padre de Safat No. 1, Nm 13.5 ... 2753

HORMA *Ciudad de Simeón cerca de Siclag*
Nm 14.45 derrotaron, persiguiéndolos hasta H ... 2767
21.3 y llamó el nombre de aquel lugar H ... 2767
Dt 1.44 pero...os derrotaron en Seir, hasta H ... 2767
Jos 12.14 el rey de H, otro; el rey de Arad ... 2767
15.30 Eltolad, Quesil, H ... 2767
19.4 Eltolad, Betul, H ... 2767
Jue 1.17 pusieron por nombre a la ciudad, H ... 2767
1 S 30.30 en H, en Corasán, en Atac ... 2767
1 Cr 4.30 Betuel, H, Siclag ... 2767

HORMIGA
Pr 6.6 a la h, oh perezoso, mira sus caminos ... 5244
30.25 las h, pueblo no fuerte, y en el verano ... 5244

HORNAZA
Pr 17.3 el crisol para la plata, y la h para ... 3564
27.21 crisol prueba la plata, y la h el oro ... 3564

HORNERO
Os 7.4 son como horno encendido por el h, que ... 644
7.6 toda la noche duerme su h; a la mañana ... 644

HORNILLO
Lv 11.35 horno u h se derribarán; son inmundos ... 3600

HORNO
Gn 15.17 se veía un h humeando, y una antorcha ... 8574
19.28 el humo subía...como el humo de un h ... 3536
Éx 8.3 criará ranas...tus h y en tus artesas ... 8574
9.8 tomad puñados de ceniza de un h, y la ... 3536
9.10 y tomaron ceniza del h, y se pusieron ... 3536
19.18 y el humo subía como el humo de un h ... 3536
Lv 2.4 cuando ofrecieres ofrenda cocida en h ... 8574
7.9 ofrenda que se cociere en h, y todo lo ... 8574
11.35 el h u hornillos se derribarán; son ... 8574
26.26 cocerán 10 mujeres vuestro pan en un h ... 8574
Dt 4.20 tomó, y os ha sacado del h de hierro ... 3564
2 S 12.31 los hizo trabajar en...h de ladrillos ... 4404
1 R 8.51 sacaste...de en medio del h de hierro ... 3564
Neh 3.11 restauraron otro...la torre de los H ... 8574
12.38 desde la torre de los H hasta el muro ... 8574
Sal 12.6 limpias, como plata refinada en h ... 5948
21.9 los pondrás como h de fuego en el tiempo ... 8574
Is 31.9 cuyo fuego está...y su h en Jerusalén ... 8574
44.15 enciende también el h, y cuece panes
48.10 plata; te he escogido en h de aflicción ... 3564
Jer 11.4 día que los saqué...del h de hierro ... 3564
Lm 5.10 nuestra piel se ennegreció como un h ... 8574
Ez 22.18 son...hierro y plomo en medio del h ... 3564
22.20 quien junta...y estaño en medio del h ... 3564
22.22 como se funde la plata en medio del h ... 3564
Dn 3.6,11,15 echado dentro de un h de fuego ... 861
3.17 puede librarnos del h de fuego ardiendo ... 861
3.19 que el h se calentase siete veces más ... 861
3.20 para echarlos en el h de fuego ardiendo ... 861
3.21 y fueron echados dentro del h de fuego ... 861
3.23 cayeron atados dentro del h de fuego ... 861
3.26 se acercó a la puerta del h de fuego ... 861
Os 7.4 son como h encendido por el hornero, que ... 8574
7.6 aplicaron su corazón, semejante a un h ... 8574
7.7 todos ellos arden como un h, y devoraron ... 8574
Nah 3.14 el lodo, pisa el barro, refuerza el h ... 4404
Mal 4.1 aquí, viene el día ardiente como un h, y ... 8574
Mt 6.30 **que hoy es, y mañana se echa en el h** ... 2823
13.42,50 los echarán en el h de fuego; allí ... 2575
Lc 12.28 **la hierba que...mañana es echada al h** ... 2823
Ap 1.15 y sus pies...refulgente como en un h ... 2575
9.2 subió humo del pozo como...de un gran h ... 2575

HORONAIM *Población en Moab*
Is 15.5 levantarán grito...por el camino de H ... 2773
Jer 48.3 ¡voz de clamor de H, destrucción y ... 2773
48.5 bajada de H los enemigos oyeron clamor ... 2773
48.34 desde Zoar hasta H, becerra de 3 años ... 2773

HORONITA *Sobrenombre de Sanbalat*, Neh 2.10,19; 13.28 ... 2772

HORRENDA
Is 21.1 así viene del desierto, de la tierra h ... 3772
He 10.27 sino una h expectación de juicio, y ... 5398
10.31 ¡h cosa es caer en manos del Dios vivo! ... 5398

HORRIBLE
Dt 32.10 y en yermo de h soledad; lo trajo ... 3214
Job 3.5 repose sobre él nublado que lo haga h ... 1204

HORROR
Dt 28.37 y serás motivo de *h*, y servirás de 8047
Sal 31.11 y el *h* de mis conocidos; los que me 6343
119.53 *h* se apoderó de mí a causa...inicuos 2152
Is 21.4 el *h* me ha intimidado; la noche de mi 1204
Ez 32.10 y sus reyes tendrán *h*...a causa de ti 8178

HORRORIZAR
Jer 2.12 espantaos, cielos, y *horrorizaos* 8175

HORTALIZA
Dt 11.10 regabas con tu pie, como huerto de *h* 3419
2 R 19.26 vinieron a ser...como *h* verde, como 3419
Is 26.19 porque tu rocío es cual rocío de *h* 219
37.27 fueron como hierba del campo y *h* verde 3419
Mt 13.32 **cuando ha crecido, es la mayor de...*h*** *3001*
Mr 4.32 **crece, y se hace la mayor de todas...*h*** *3001*
Lc 11.42 **diezmáis...toda *h*, y pasáis por alto** *3001*

HORTELANO
Jn 20.15 **ella, pensando que era el *h*, le dijo** *2780*

HOSA
1. Población en la frontera de Aser, Jos 19.29 2621
2. Levita, padre de una familia de porteros del templo, 1 Cr 16.38; 26.10,11,16 2621

HOSAMA *Hijo del rey Jeconías*, 1 Cr 3.18 1953

HOSANNA
Mt 21.9 ¡*h* al Hijo de David...*h* en las alturas! *5614*
21.15 ¡*h* al Hijo de David! se indignaron *5614*
Mr 11.9 diciendo: ¡*H*! Bendito el que viene en *5614*
11.10 ¡bendito el reino...¡*H* en las alturas! *5614*
Jn 12.13 clamaban: ¡*H*! ¡Bendito el que viene *5614*

HOSPEDADO *Véase Hospedar*

HOSPEDADOR
Ro 16.23 os saluda Gayo, *h* mío y de toda la *3581*
1 Ti 3.2 el obispo sea...h, apto para enseñar *5382*
Tit 1.8 sino *h*, amante de lo bueno, sobrio *5382*

HOSPEDAR
Gn 19.2 os ruego que vengáis...y os *hospedéis* 3885
1 R 17.20 viuda en cuya casa estoy *hospedado* 1481
Hch 10.23 haciéndolos entrar, los *hospedó* *3579*
21.16 Mnasón...con quien nos *hospedaríamos* *3579*
28.7 Publio, quien nos recibió y *hospedó* *3579*
He 13.2 algunos, sin saberlo, *hospedaron* ángeles *3579*
1 P 4.9 *hospedaos* los unos a los otros sin *5382*

HOSPITALIDAD
Ro 12.13 compartiendo para...practicando la *h* *5381*
1 Ti 5.10 si ha practicado la *h*; si ha lavado *3580*
He 13.2 no os olvidéis de la *h*, porque por ella *5381*

HOSTIGAR
Nm 25.17 hostigad a los madianitas, y heridlos 6887

HOTAM
1. Descendiente de Aser, 1 Cr 7.32 2369
2. Padre de Sama y Jehiel, valientes de David, 1 Cr 11.44 2369

HOTIR *Cantor, hijo de Hemán*, 1 Cr 25.4,28 1956

HOY
Gn 4.14 he aquí me echas *h* de la tierra, y de 3117
19.37 Moab...es padre de los moabitas hasta *h* 3117
19.38 cual es padre de los amonitas hasta *h* 3117
21.26 no sé quién...ni yo lo he oído hasta *h* 3117
22.14 tanto se dice *h*: En el monte de Jehová 3117
24.12 te ruego, el tener *h* buen encuentro 3117
24.42 llegué, pues, *h* a la fuente, y dije 3117
30.32 pasaré *h* por todo tu rebaño, poniendo 3117
31.43 puedo yo hacer *h* a estas mis hijas, o 3117
31.48 este majano es testigo *h* entre nosotros 3117
32.32 hasta *h* día, del tendón que se contrajo
35.20 es la señal de la sepultura...hasta *h* 3117
40.7 ¿por qué parecen *h* mal...semblantes? 3117
41.9 diciendo: Me acuerdo *h* de mis faltas 3117
42.13,32 el menor está *h* con nuestro padre 3117
47.23 he aquí os he comprado *h*, a vosotros y 3117
47.26 puso por ley hasta *h* sobre la tierra 3117
50.20 lo encaminó...para hacer lo que vemos *h* 3117
Éx 2.18 ¿por qué habéis venido *h* tan pronto? 3117
5.14 no habéis cumplido...tarea...ni ayer ni *h* 3117
10.6 desde...fueron sobre la tierra hasta *h* 3117
13.4 vosotros salís *h* en el mes de Abib 3117
14.13 y ved la salvación que Jehová hará *h* 3117
14.13 porque los egipcios que *h* habéis visto 3117
16.23 lo que habéis de cocer, cocedlo *h*
16.25 comedlo *h*, porque *h* es día de reposo
16.25 *h* no hallaréis en el campo
19.10 al pueblo, y santifícalos *h* y mañana 3117
32.29 *H* os habéis...que él dé bendición *h* sobre
34.11 guarda lo que yo te mando *h*; he aquí 3117
Lv 8.34 de la manera que *h* se ha hecho, mandó 3117
9.4 porque Jehová se aparecerá *h* a vosotros 3117
10.19 he aquí *h* han ofrecido su expiación y 3117
10.19 si hubiera yo comido *h* del sacrificio 3117
Dt 1.10 he aquí *h*...las estrellas del cielo
1.39 hijos que no saben *h* lo bueno ni lo malo
2.18 pasarás *h* el territorio de Moab, a Ar 3117
2.22 éstos, y habitaron en su lugar hasta *h* 3117
2.25 *H* comenzaré a poner tu temor y tu espanto
2.30 para entregarlo en tu mano, como hasta *h* 3117
3.14 y la llamó...Basán-havot-jair, hasta *h* 3117
4.4 que seguisteis a Jehová...estáis vivos *h* 3117
4.8 ley que yo pongo *h* delante de vosotros? 3117
4.26 pongo *h* por testigos al cielo y a la 3117
4.38 y darte su tierra por heredad, como *h* 3117
4.39 aprende...*h*, y reflexiona en tu corazón 3117
4.40 estatutos y...los cuales yo te mando *h* 3117
5.1 decretos que yo pronuncio *h* en vuestros 3117
5.3 con nosotros...que estamos aquí *h* vivos 3117
5.24 *h* hemos visto...Jehová habla al hombre 3117
6.6 palabras que yo te mando *h*, estarán sobre 3117
6.24 que nos conserve la vida, como hasta *h* 3117
7.11 guarda decretos que yo te mando *h* que 3117
8.1 mandamiento que yo os ordeno *h*, para que 3117
8.11 cumplir...estatutos que yo te ordeno *h* 3117
8.19 lo afirmo *h*...que de cierto pereceréis 3117
9.1 tú vas *h* a pasar el Jordán, para entrar 3117
9.3 entiende...*h*, que es Jehová...el que pasa 3117
10.8 y para bendecir en su nombre, hasta *h* 3117
10.13 sus estatutos, que yo te prescribo *h* 3117
11.2 comprended *h*, porque no hablo con...hijos 3117
11.4 Egipto...y Jehová los destruyó hasta *h* 3117
11.8,13,27 mandamientos que yo os prescribo *h* 3117
11.26 pongo *h* delante de vosotros la bendición y
11.28 apartareis del camino...yo os ordeno *h* 3117
11.32 y decretos que yo presento *h* delante 3117
13.18 mandamientos que yo te mando *h*, para 3117
15.5 estos mandamientos que yo te ordeno *h* 3117
15.15 rescató; por tanto yo te mando esto *h* 3117
19.9 estos mandamientos que yo te prescribo *h* 3117
20.3 os juntáis *h* en batalla contra vuestros 3117
26.3 declaro *h*...que he entrado en la tierra 3117
26.16 te manda *h* que cumplas estos estatutos 3117
26.17 has declarado...*h* que Jehová es tu Dios 3117
26.18 ha declarado *h* que tú eres pueblo suyo 3117
27.1 los mandamientos que yo os prescribo *h* 3117
27.4 levantarás estas piedras que...mando *h* 3117
27.9 *h* has venido a ser pueblo de Jehová tu 3117
27.10 y sus estatutos, que yo te ordeno *h* 3117
28.1 sus mandamientos que yo te prescribo *h* 3117
28.13 los mandamientos...que yo te ordeno *h* 3117
28.14 todas las palabras que yo te mando *h* 3117
28.15 sus estatutos que yo te intimo *h*, que 3117
29.4 hasta *h* Jehová no os ha dado corazón para 3117
29.10 todos estáis *h* en presencia de Jehová 3117
29.12 en el pacto...Dios concierta *h* contigo 3117
29.13 para confirmarte *h* como su pueblo, y 3117
29.15 sino con los que están aquí presentes *h* 3426,3117
29.15 los que no están aquí *h* con nosotros 3117
29.18 corazón se aparte *h* de Jehová nuestro 3117
29.28 los arrojó a otra tierra, como *h* se ve 3117
30.2 obedecieres...todo lo que yo te mando *h* 3117
30.8 sus mandamientos que yo te ordeno *h* 3117
30.11 este mandamiento que yo te ordeno *h* 3117
30.15 yo he puesto delante de ti *h* la vida 3117
30.16 te mando *h* que ames a Jehová tu Dios 3117
30.18 os protesto *h* que de cierto pereceréis 3117
30.19 a los cielos y a...llamó por testigos *h* 3117
31.27 aún viviendo yo con vosotros *h*, sois 3117
32.46 las palabras que yo os testifico *h* 3117
34.6 y ninguno conoce...su sepultura hasta *h* 3117
Jos 4.9 doce piedras...han estado allí hasta *h* 3117
5.9 *h* he quitado de...el oprobio de Egipto 3117
5.9 el nombre...fue llamado Gilgal, hasta *h* 3117
6.25 habitó...entre los israelitas hasta *h* 3117
7.26 montón de piedras que permanece hasta *h* 3117
7.26 lugar se llama el Valle de Acor, hasta *h* 3117
8.28 escombros, asolada para siempre hasta *h* 3117
8.29 montón de piedras que permanece hasta *h* 3117
9.27 leñadores y aguadores...que son hasta *h* 3117
10.27 piedras...las cuales permanecen hasta *h* 6106
13.13 habitaron entre los israelitas hasta *h* 3117
14.10 ahora, he aquí, *h* soy de edad de 85 años 3117
14.14 Hebrón...ser heredad de Caleb...hasta *h* 3117
15.63 ha quedado el jebuseo en la...hasta *h* 3117
16.10 quedó el cananeo en medio de...hasta *h* 3117
22.3 no habéis dejado a...hasta el día de *h* 3117
22.16 para apartaros *h* de seguir a Jehová 3117
22.18 os apartéis *h* de seguir a Jehová? 3117
22.18 vosotros os rebeláis *h* contra Jehová 3117
22.22 si fue por rebelión...no nos salves *h* 3117
22.29 que nos apartemos *h* de seguir a Jehová 3117
22.31 *h* hemos entendido que Jehová está entre 3117
23.8 seguiréis, como habéis hecho hasta *h* 3117
23.9 pues...hasta *h* nadie ha podido resistir 3117
23.14 estoy para entrar *h* por el camino de 3117
24.15 escogeos *h* a quien sirváis; si a los 3117
Jue 1.21 el jebuseo habitó...Jerusalén hasta *h* 3117
1.26 llamó Luz; y este es su nombre hasta *h* 3117
6.24 el cual permanece hasta *h* en Ofra de los 3117
9.18 os habéis levantado *h* contra la casa de 3117
9.19 si con verdad y...habéis procedido *h* con 3117
10.4 se llaman las ciudades de Jair hasta *h* 3117
11.27 Jehová...juzgue *h* entre los...de Israel 3117
12.3 ¿por qué, pues, habéis subido *h* contra 3117
15.19 En-hacore, el cual está en Lehi hasta *h* 3117
18.12 llamaron...campamento de Dan, hasta *h* 3117
19.30 desde que...subieron...de Egipto hasta *h* 3117
21.3 ¿por qué...falte *h* de Israel una tribu? 3117
21.6 y dijeron: Cortada es *h* de Israel una 3117
Rt 2.19 dijo su suegra: ¿Dónde has espigado *h*? 3117
2.19 varón con quien *h* he trabajado es Booz 3117
3.18 no descansará...que concluya el asunto *h* 3117
4.9 sois testigos *h*, de que he adquirido de 3117
4.10 tomo...a Rut...vosotros sois testigos *h* 3117
4.14 que hizo que no te faltase *h* pariente 3117
1 S 4.3 dijeron: ¿Por qué nos ha herido *h* 3117
4.16 a Elí: Yo...he escapado *h* del combate 3117
5.5 no pisan el umbral de Dagón en...hasta *h* 3117
6.18 está en el campo de Josué de...hasta *h* 3117
8.8 el día que los saqué de Egipto hasta *h* 3117
9.9 al que *h* se llama profeta, entonces se le 3117
9.12 *h* ha venido a...tiene *h* un sacrificio en 3117
9.19 alto, y come *h* conmigo, y por la mañana 3117
10.2 *h*, después que te hayas apartado de mí 3117
10.19 habéis desechado *h* a vuestro Dios, que 3117
11.13 no morirá *h* ninguno, porque *h* Jehová 3117
14.28 maldito...el hombre que tome *h* alimento 3117
14.30 el pueblo hubiera comido *h* del botín 3117
14.38 ved en qué ha consistido este pecado *h* 3117
14.45 Jonatán...pues que ha actuado *h* con Dios 3117
15.28 ha rasgado *h* de ti el reino de Israel 3117
17.10 *h* yo he desafiado al campamento de 3117
17.46 Jehová te entregará *h* en mi mano, y 3117
17.46 daré *h* los cuerpos de los filisteos a 3117
18.21 dijo, pues, Saúl...Tú serás mi yerno *h* 3117
20.27 no ha venido...el hijo de Isaí *h* ni ayer 3117
21.5 ¿cuánto más no serán santos *h*...vasos? 3117
22.8 para que me aceche, tal como lo hace *h*? 3117
22.13 y me acechase, como lo hace *h* día? 3117
22.15 ¿he comenzado yo desde *h* a consultar 3117
24.10 han visto *h* tus ojos cómo Jehová te 3117
24.10 ha puesto *h* en mis manos en la cueva 3117
24.18 has mostrado *h* que has hecho conmigo 3117
25.10 muchos siervos hay *h* que huyen de sus 3117
25.32 que te envió para que *h* me encontrases 3117
25.33 bendita tú, que me has estorbado *h* de 3117
26.8 *h* ha entregado Dios a tu enemigo en tu 3117
26.19 han arrojado *h* para que no tenga parte 3117
26.21 mi vida ha sido estimada preciosa *h* a 3117
26.23 te había entregado *h* en mi mano, mas 3117
26.24 tu vida ha sido estimada preciosa *h* a 3117
27.6 Siclag vino a ser de...de Judá hasta *h* 3117
27.10 decía Aquis: ¿Dónde habéis merodeado 3117
28.18 tú...por eso Jehová te ha hecho esto *h* 3117
29.3 desde el día que se pasó a mí hasta *h*? 3117
29.6 desde el día que viniste a mí hasta *h* 3117
29.8 desde el día que estoy contigo hasta *h* 3117
30.13 soy...y me dejó mi amo *h* hace tres días 3117
30.25 fue esto por ley y...en Israel hasta *h* 3117
2 S 3.8 he hecho *h* misericordia con la casa 3117
3.8 ¿y tú me haces *h* cargo del pecado de esta 3117
3.38 que un príncipe...ha caído *h* en Israel? 3117
3.39 y yo soy débil *h*, aunque ungido rey 3117
4.3 los beerotitas...moran...forasteros hasta *h* 3117
4.8 Jehová ha vengado *h* a mi señor el rey, de 3117
6.8 llamado aquel lugar Pérez-uza, hasta *h* 3117
6.20 ¡cuán honrado ha quedado *h* el rey de 3117
6.20 descubriéndose *h* delante de las criadas 3117
7.6 el día en que saqué a...Israel...hasta *h* 3117
11.12 David dijo a Urías: Quédate aquí aún *h* 3117
14.22 dijo: *H* ha entendido tu siervo que he 3117
15.20 ¿y he de hacer *h* que te muevas para ir 3117
16.3 *h* me devolverá la...el reino de mi padre 3117
16.12 me dará...bien por sus maldiciones de *h* 3117
18.18 ha llamado Columna de Absalón, hasta *h* 3117
18.20 *h* no llevarás las...no darás *h* la nueva 3117
18.31 *h* Jehová ha defendido tu causa de la 3117
19.5 *h* has avergonzado el rostro de todos tus 3117
19.5 tus siervos, que *h* han librado tu vida 3117
19.6 *h* has declarado que nada te importan tus 3117
19.6 *h* me has hecho ver....si Absalón viviera 3117
19.20 he venido *h*...recibir a mi señor el rey 3117
19.22 ¿qué...para que *h* me seáis adversarios? 3117
19.22 ¿ha de morir *h* alguno en Israel? ¿Pues 3117
19.22 no sé yo que *h* soy rey sobre Israel? 3117
1 R 1.25 *h* ha descendido, y ha matado bueyes 3117
1.30 que como yo te he jurado...así lo haré *h* 3117
1.48 ha dado *h* quien se siente en mi trono 3117
1.51 júreme *h* el rey Salomón que no matará 3117
2.24 vive Jehová quien me...Adonías morirá *h* 3117
2.26 no te mataré *h*, por cuanto has llevado 3117
5.7 bendito sea *h* Jehová, que dio hijo sabio 3117
8.8 sacaron las varas...así quedaron hasta *h* 3117
8.28 oyendo...la oración que tu siervo hace *h* 3117
8.61 sus mandamientos, como en el día de *h* 3117
9.13 puso...Cabul, nombre que tienen hasta *h* 3117
9.21 hizo...que sirviesen con tributo hasta *h* 3117
10.12 nunca...sándalo, ni se ha visto hasta *h* 3117
12.7 si tú fueres *h* siervo de este pueblo 3117
12.19 se apartó Israel de...de David hasta *h* 3117
18.15 vive Jehová de...que *h* me mostraré a él 3117
18.36 sea *h* manifiesto que tú eres Dios en 3117
20.13 yo te la entregaré *h* en tu mano, para 3117
22.5 que consultes *h* la palabra de Jehová 3117
2 R 2.3,5 que Jehová te quitará *h* a tu señor 3117
2.22 sanas las aguas hasta *h*, conforme a la 3117
4.23 él dijo: ¿Para qué vas a verle *h*? No es 3117
6.28 me dijo: Da acá tu hijo, y comámoslo *h* 3117
6.31 la cabeza de Eliseo...queda sobre él *h* 3117
7.9 *h* es día de buena nueva, y...callamos 3117
8.22 Edom se libertó del dominio de...hasta *h* 3117
10.27 lo convirtieron en letrinas hasta *h* 3117
13.23 Jehová...no quiso destruirlos...hasta *h* 5704
14.7 tomó a Sela...la llamó Jocteel, hasta *h* 3117
16.6 y los de Edom...habitaron allí hasta *h* 3117
17.23 Israel fue llevado cautivo...hasta *h* 3117
17.34 hasta *h* hacen como antes: ni temen a 3117
17.41 como hicieron sus padres, así...hasta *h* 3117
20.17 que tus padres han atesorado hasta *h* 3117
21.15 el día que salieron de Egipto hasta *h* 3117
1 Cr 4.41 los destruyeron hasta *h*, y habitaron 3117
4.43 destruyeron...y habitaron allí hasta *h* 3117
5.26 los llevó a Halah, a Habor, a...hasta *h* 3117
13.11 llamó aquel lugar Pérez-uza, hasta *h* 3117
17.5 el día que saqué a los...Israel hasta *h* 3117
29.5 quién quiere hacer *h* ofrenda voluntaria
2 Cr 5.9 barras del arca...allí están hasta *h* 3117
8.8 hijos...hizo Salomón tributarios hasta *h* 3117
10.19 se apartó Israel de...de David hasta *h* 3117
18.4 te ruego que consultes *h* la palabra de 3117
20.26 llamaron...el valle de Beraca, hasta *h* 3117

21.10 Edom se libertó del... de Judá hasta *h* 3117
35.21 no vengo contra ti *h*, sino contra la 3117
35.25 recitan esas lamentaciones... hasta *h* 3117
Esd 9.7 entregados... a vergüenza... como *h* día 3117
Neh 5.11 que les devolváis *h* sus tierras, sus 3117
9.36 *h* somos siervos; henos aquí siervos en 3117
Est 5.4 vengan *h* el rey y Amán al banquete que 3117
9.13 Susa, que hagan conforme a la ley de *h* 3117
Job 23.2 dijo: *H* también hablaré con amargura 3117
Sal 2.7 mi hijo eres tú; yo te engendré *h* 3117
95.7,8 si oyeres *h* su voz, no endurezcáis 3117
119.91 subsisten todas las cosas hasta *h* 3117
Pr 7.14 sacrificios de... *h* he pagado mis votos 3117
22.19 te las he hecho saber *h* a ti también 3117
Jer 7.25 padres salieron de... Egipto hasta *h* 3117
11.7 y sin cesar hasta el día de *h*
25.18 para ponerlos en ruinas... como hasta *h* 3117
32.20 has hecho nombre, como se ve... día de 3117
32.31 desde el día que la edificaron hasta *h* 3117
34.15 habíais *h* convertido, y hecho lo recto 3117
35.14 no lo han bebido hasta *h*, por obedecer 3117
36.2 el día que comencé a hablarte... hasta *h* 3117
40.4 yo te he soltado *h* de las cadenas que 3117
42.19 sabed ciertamente que os lo aviso *h*
42.21 y os lo he declarado *h*, y no habéis
44.2 ellas están el día de *h* asoladas; no hay 3117
44.6 puestas en soledad y en... como están *h* 3117
44.10 no se han humillado hasta... *h*, ni han 3117
44.22 hasta quedar sin morador, como está *h* 3117
44.23 sobre vosotros este mal; como hasta *h* 3117
Ez 20.29 fue llamado... Bama hasta el día de *h* 3117
20.31 contaminado con todos... ídolos hasta 3117
Dn 9.7 el día de *h* lleva todo hombre de Judá 3117
9.15 y te hiciste renombre cual lo tienes *h* 3117
Zac 9.12 *h*... anuncio que os restauraré el doble 3117
Mt 6.11 **el pan nuestro de cada día, dánoslo *h*** *4594*
6.30 **la hierba... que *h* es, y mañana se echa** *4594*
11.23 **habría permanecido hasta el día de *h*** *4594*
16.3 **y por la mañana: *H* habrá tempestad**
21.28 **le dijo: Hijo, vé *h* a trabajar en mi** *4594*
27.8 se llama hasta... de *h*: Campo de sangre *4594*
27.19 *h* he padecido mucho... por causa de él *4594*
28.15 ha divulgado entre... hasta el día de *h* *4594*
Mr 14.30 **h... antes que el gallo haya cantado** *4594*
Lc 2.11 os ha nacido *h*... un Salvador, que es *4594*
4.21 ***h* se ha cumplido esta Escritura delante** *4594*
5.26 todos... decían: *H* hemos visto maravillas *4594*
11.3 **el pan nuestro de cada día, dánoslo *h*** *2596,2250*
12.28 **viste... la hierba que *h* está en el campo** *4594*
13.32 **hago curaciones *h* y mañana, y al tercer** *4594*
13.33 **es necesario que *h* y... siga mi camino** *4594*
19.5 ***h* es necesario que pose yo en tu casa** *4594*
19.9 ***h* ha venido la salvación a esta casa** *4594*
22.34 **que el gallo no cantará *h* antes que** *4594*
23.43 **que *h* estarás conmigo en el paraíso** *4594*
24.21 además... *h* es ya el tercer día que esto *4594*
Hch 2.29 su sepulcro está... hasta el día de *h* *2250*
4.9 puesto que *h* se nos interroga acerca del *4594*
13.33 mi hijo eres tú, yo te he engendrado *h* *4594*
19.40 que seamos acusados de... por esto de *h* *4594*
20.26 os protesto en el día de *h*, que estoy *2250*
22.3 celoso de Dios, como *h* los sois todos *4594*
23.1 yo... delante de Dios hasta el día de *h* *2250*
24.21 acerca de... soy juzgado *h* por vosotros *4594*
26.2 que haya de defenderme *h* delante de ti *4594*
26.22 auxilio de... persevero hasta el día de *h* *2250*
26.29 sino también todos los que *h* me oyen *4594*
Ro 11.8 con que no oigan, hasta el día de *h* *2250*
2 Co 3.14 el día de *h*, cuando leen el antiguo *4594*
3.15 el día de *h*, cuando se lee a Moisés, el *4594*
He 1.5 mi hijo eres tú, yo te he engendrado *h* *4594*
3.7,15 si oyereis *h* su voz, no endurezcáis *4594*
3.13 cada día, entre tanto que se dice: *H*; para *4594*
4.7 otra vez determina un día: *H*, diciendo *4594*
4.7 dijo: Si oyereis *h* su voz, no endurezcáis *4594*
5.5 tu eres mi Hijo, yo te he engendrado *h* *4594*
13.8 Jesucristo es el mismo ayer, y *h*, y por *4594*
Stg 4.13 decís: *H* y mañana iremos a tal ciudad *4594*

HOYO
2 S 18.17 a Absalón, le echaron en un gran *h* 6354
Job 6.27 os... y caváis un *h* para vuestro amigo
9.31 aún me hundirás en el *h*, y mis propios 7845
Sal 7.15 ha cavado... y en el *h* que hizo caerá 953
9.15 se hundieron las naciones en el *h* que 7845
35.7 escondieron para mí su red en un *h*; sin 7845
35.7 sin causa cavaron *h* para mi alma
57.6 *h* han cavado delante de mí; en medio de 7882
88.6 puesto en el *h* profundo, en tinieblas 953
94.13 tanto que para el impío se cave el *h* 7845
103.4 el que rescata del *h* tu vida, el que 7845
119.85 los soberbios me han cavado *h*; mas 7882
Ec 10.8 el que hiciere *h* caerá en él; y al que 1475
Is 38.17 a ti agradó librar mi vida del *h* de 7845
Jer 18.20 para que hayan cavado *h* a mi alma? 7745
18.22 porque cavaron *h* para prenderme, y a 7745
48.43 miedo y *h* y... contra ti, oh morador de 6354
48.44 caerá en el *h*, y el que saliere del *h* 6354
Mt 12.11 **ésta cayere en un *h* en día de reposo** *999*
15.14 **si el ciego guiare al... caerán en el *h*** *999*
Lc 6.39 **un ciego... ¿no caerán ambos en el *h*?** *999*

HOZ
Dt 16.9 desde que comenzare a meter la *h* en 2770
23.25 no aplicarás *h* a la mies de tu prójimo 2770
1 S 13.20 afilar... su azadón, su hacha o su *h* 4281
Is 2.4 volverán sus espadas... sus lanzas en *h* 4211
Jer 50.16 destruid... al que mete *h* en tiempo de 4038
Jl 3.10 forjad espadas... lanzas de vuestras *h* 4211
3.13 echad la *h*... la mies está ya madura 4038
Mi 4.3 sus espadas para... y sus lanzas para *h* 4211
Mr 4.29 y cuando el fruto está... se mete la *h* *1407*
Ap 14.14 que tenía... y en la mano una *h* aguda *1407*
14.15 mete tu *h*, y siega, porque la hora de *1407*
14.16 metió su *h* en la tierra, y la tierra *1407*
14.17 salió otro ángel... teniendo... una *h* aguda *1407*
14.18 llamó a... voz al que tenía la *h* aguda *1407*
14.18 mete tu *h*... y vendimia los racimos de *1407*
14.19 y el ángel arrojó su *h* en la tierra *1407*

HUCOC
1. Población en la frontera de Neftalí, Jos 19.34 2712
2. Población de los levitas en Aser, 1 Cr 6.75 2712

HUECO
Éx 27.8 lo harás *h*, de tablas: de la manera 5014
38.7 lados del altar... *h* lo hizo, de tablas 5014
Is 40.12 ¿quién midió las aguas con el *h* de 8168
51.1 mirad a la piedra... al *h* de la cantera 4718
Jer 52.21 en cuanto a las columnas... eran *h* 5014
Col 2.8 os engañe por medio de... *h* sutilezas *2756*

HUELLA
Job 36.26 ni se puede seguir la *h* de sus años 4557
Cnt 1.8 sigue las *h* del rebaño, y apacienta 6119

HUELLAN
Zac 10.5 valientes que en la batalla *h* al enemigo 947

HUELLE
Sal 7.5 *H* en tierra mi vida 7429

HUÉRFANO, A
Éx 22.22 a ninguna viuda ni *h* afligiréis 3490
22.24 mujeres... viudas, y *h* vuestros hijos 3490
Dt 10.18 que hace justicia al *h* y a la viuda 3490
14.29 vendrá... el *h* y la viuda que hubiere en 3490
16.11 el *h* y la viuda que estuvieren en medio 3490
16.14 extranjero, el *h* y la viuda que viven 3490
24.17 no torcerás el derecho... ni del *h*, ni 3490
24.19,20,21 será... para el *h* y para la viuda 3490
26.12 darás... al *h* y a la viuda; y comerán en 3490
26.13 también lo he dado... al *h* y a la viuda 3490
27.19 el que pervirtiere el derecho... del *h* 3490
Est 2.7 había criado a... Ester... porque era *h* 369,1,517
Job 6.27 os arrojáis sobre el *h*, y caváis un 3490
22.9 los brazos de los *h* fueron quebrados 3490
24.3 se llevan el asno de los *h*, y toman en 3490
24.9 quitan el pecho a los *h*, y de sobre el 3490
29.12 libraba... al *h* que carecía de ayudador 3490
31.17 si comí... solo, y no comió de él el *h* 3490
31.21 si alcé contra el *h* mi mano, aunque 3490
Sal 10.14 se acoge el... tú eres el amparo del *h* 3490
10.18 para juzgar al *h* y al oprimido, a fin 3490
68.5 padre de *h* y defensor de viudas es Dios 3490
82.3 defended al débil y al *h*... al afligido 3490
94.6 a la viuda... y a los *h* quitan la vida 3490
109.9 sean sus hijos *h*, y su mujer viuda 3490
109.12 ni haya quien tenga compasión de sus *h* 3490
146.9 guarda a... al *h* y a la viuda sostiene 3490
Pr 23.10 no... ni entres en la heredad de los *h* 3490
Is 1.17 haced justicia al *h*, amparad... viuda 3490
1.23 no hacen justicia al *h*, ni... de la viuda 3490
9.17 ni de... *h* y viudas tendrán misericordia 3490
10.2 despojar a las viudas, y robar a los *h* 3490
Jer 5.28 no juzgaron... causa del *h*; con todo 3490
7.6 no oprimiereis al extranjero, al *h* y a 3490
22.3 no engañéis ni robéis... *h* ni a la viuda 3490
49.11 deja tus *h*, yo los criaré; y en mí 3490
Lm 5.3 *h* somos sin padre; nuestras madres son 3490
Ez 22.7 al *h* y a la viuda despojaron en ti 3490
Os 14.3 en ti el *h* alcanzará misericordia 3490
Zac 7.10 no oprimáis... al *h*, al extranjero ni 3490
Mal 3.5 los que defraudan... a la viuda y al *h* 3490
Jn 14.18 **no os dejaré *h*; vendré a vosotros** *3737*
Stg 1.27 visitar a los *h* y a las viudas en sus *3737*

HUERTO
Gn 2.8 y Jehová Dios plantó un *h* en Edén, al 1588
2.9 el árbol de vida en medio del *h*, y el 1588
2.10 salía de Edén un río para regar el *h* 1588
2.15 tomó... Dios al hombre, y lo puso en el *h* 1588
2.16 mandó... De todo árbol del *h* podrás comer ... 1588
3.1 ha dicho: No comáis de todo árbol del *h*? 1588
3.2 del fruto de los árboles del *h* podemos 1588
3.3 del árbol que está en medio del *h* dijo 1588
3.8 voz de Jehová Dios que se paseaba en el *h* 1588
3.8 se escondieron... entre los árboles del *h* 1588
3.10 él respondió: Oí tu voz en el *h*, y tuve 1588
3.23 y lo sacó Jehová del *h* del Edén, para 1588
3.24 y puso al oriente del *h* de... querubines 1588
13.10 como el *h* de Jehová, como la tierra de 1588
Nm 24.6 *h* junto al río, como áloes plantados 1593
Dt 11.10 regabas con tu pie... *h* de hortaliza 1588
1 R 21.2 dame tu viña para un *h* de legumbres 1588
2 R 9.27 huyó por el camino de la casa del *h* 1588
21.18 fue sepultado en el *h*... en el *h* de Uza 1588
21.26 fue sepultado en su... en el *h* de Uza 1588
25.4 entre los dos muros, junto a los *h* del 1588
Neh 3.15 levantó... el muro... hacia el *h* del rey 1588
Est 1.5 banquete... siete días en el patio del *h* 1594
7.7 luego el rey se... se fue al *h* del palacio 1594
7.8 después el rey volvió del *h* del palacio 1594
Job 8.16 árbol... sus renuevos salen sobre su *h* 1593
Ec 2.5 hice *h* y jardines, y planté en ellos 1593
Cnt 4.12 *h* cerrado eres, hermana mía, esposa 1588
4.15 fuente de *h*, pozo de aguas vivas, que 1588
4.16 soplad en mi *h*, despréndanse sus aromas 1588
4.16 venga mi amado a su *h*, y coma de su 1588
5.1 yo vine a mi *h*, oh hermana, esposa mía 1588
6.2 mi amado descendió a su *h*, a las eras de 1588
6.2 para apacentar en los *h*, y para recoger 1588
6.11 al *h* de los nogales descendí a ver los 1594
8.13 oh, tú que habitas en los *h*... tu voz 1588
Is 1.29 os afrentarán los *h* que escogisteis 1593
1.30 hoja, y como *h* al que le faltan las aguas 1593
51.3 cambiará su... su soledad en *h* de Jehová 1588
58.11 serás como *h* de riego, y como manantial 1588
61.11 como el *h* hace brotar su semilla, así 1593
65.3 sacrificando en *h*, y quemando incienso 1593
66.17 y los que se purifican en los *h*, unos 1593
Jer 29.5,28 plantad *h*, y comed del fruto de 1593
31.12 su alma será como *h* de riego, y nunca 1588
39.4 salieron... por el camino del *h* del rey 1588
Lm 2.6 quitó su tienda como enramada de *h* 1588
Ez 28.13 en Edén, en el *h* de Dios estuviste 1588
31.8 cedros no lo cubrieron en el *h* de Dios 1588
31.8 ningún árbol en el *h*... fue semejante a 1588
31.9 los árboles... que estaban en el *h* de Dios 1588
36.35 esta... ha venido a ser como *h* del Edén 1588
Jl 2.3 el *h* del Edén será la tierra delante 1588
Am 4.9 la langosta devoró vuestros muchos *h* 1593
9.14 harán *h*, y comerán del fruto de ellos 1593
Lc 13.19 **que un hombre tomó y sembró en su *h*** *2779*
Jn 18.1 había un *h*, en el cual entró con sus *2779*
18.26 le dijo: ¿No te vi yo en el *h* con él? *2779*
19.41 un *h*, y en el *h* un sepulcro nuevo, en *2779*

HUESO
Gn 2.23 dijo... Adán: Esto es ahora *h* de mis *h* 6106
29.14 ciertamente *h* mío y carne mía eres 6106
50.25 hizo jurar... haréis llevar de aquí mis *h* 6106
Éx 12.46 no llevarás... fuera... ni quebraréis *h* 6106
13.19 tomó... consigo Moisés los *h* de José, el 6106
13.19 haréis subir mis *h* de aquí con vosotros 6106
Nm 9.12 no dejarán del... ni quebrarán *h* de él 6106
19.16 tocare... *h* humano... 7 días será inmundo 6106
19.18 y sobre aquel que hubiere tocado el *h* 6106
24.8 desmenuzará sus *h*, y las traspasará con 6106
Jos 24.32 enterraron en Siquem los *h* de José 6106
Jue 9.2 que yo soy *h* vuestro, y carne vuestra 6106
19.29 y la partió por sus *h* en doce partes 6106
1 S 31.13 tomando sus *h*, los sepultaron debajo 6106
2 S 5.1 henos aquí, *h* tuyo y carne tuya somos 6106
19.12 mis hermanos; mis *h* y mi carne sois 6106
19.13 Amasa: ¿no eres... *h* mío y carne mía? 6106
21.12 tomó los *h* de Saúl y los *h* de Jonatán 6106
21.13 llevar de allí los *h* de Saúl y los *h* 6106
21.13 y recogieron... los *h* de los ahorcados 6106
21.14 sepultaron los *h* de Saúl y de su 6106
1 R 13.2 altar, altar... sobre ti quemarán *h* de 6106
13.31 muera... poned mis *h* junto a los suyos 6106
2 R 13.21 a tocar el muerto los *h* de Eliseo 6106
23.14 y llenó el lugar de... de *h* de hombres 6106
23.16 sacó los *h*... los quemó sobre el altar 6106
23.18 él dijo: Dejadlo; ninguno mueva sus *h* 6106
23.18 fueron preservados sus *h*, y los *h* del 6106
23.20 mató... quemó sobre ellos *h* de hombres 6106
1 Cr 10.12 y enterraron sus *h* debajo de una 6106
11.1 he aquí nosotros somos tu *h* y tu carne 6106
2 Cr 34.5 quemó... los *h* de los sacerdotes sobre 6106
Job 2.5 y toca su *h* y su carne, y verás si no 6106
4.14 un temblor, que estremeció todos mis *h* 6106
7.15 mi alma... quiso la muerte más que mis *h* 6106
10.11 y carne, y me tejiste con *h* y nervios 6106
19.20 mi piel y mi carne se pegaron a mis *h* 6106
20.11 sus *h* están llenos de su juventud, mas 6106
21.24 leche, y sus *h* serán regados de tuétano 6106
30.17 la noche taladra mis *h*, y los dolores 6106
30.30 mi piel se ha... y mis *h* arden de calor 6106
31.22 caiga... el *h* de mi brazo sea quebrado 7070
33.19 castigado con dolor fuerte en... sus *h* 6106
33.21 sus *h*, que antes no se veían, aparecen 6106
40.18 sus *h* son fuertes como bronce, y sus 6106
Sal 6.2 sáname, oh Jehová... mis *h* se estremecen 6106
22.14 aguas, y todos mis *h* se descoyuntaron 6106
22.17 contar puedo todos mis *h*... ellos me miran ... 6106
31.10 se agotan mis... y mis *h* se han consumido 6106
32.3 mientras callé, se envejecieron mis *h* 6106
34.20 él guarda todos sus *h*; ni uno de ellos 6106
35.10 todos mis *h* dirán: Jehová, ¿quién como 6106
38.3 ni hay paz en mis *h*, a causa de... pecado 6106
42.10 como quien hiere mis *h*, mis enemigos 6106
51.8 y se recrearán los *h* que has abatido 6106
53.5 porque Dios ha esparcido los *h* del que 6106
102.3 humo, y mis *h* cual tizón están quemados 6106
102.5 por la... mis *h* se han pegado a mi carne 6106
109.18 entró como agua... como aceite en sus *h* 6106
141.7 esparcidos nuestros *h* a la boca del 6106
Pr 3.8 será medicina... y refrigerio para tus *h* 6106
12.4 la mujer... mala, como carcoma en sus *h* 6106
14.30 es vida... la envidia es carcoma de los *h* 6106
15.30 luz... y la buena nueva conforta los *h* 6106
16.24 suavidad al alma y medicina para los *h* 6106
17.22 mas el espíritu triste seca los *h* 1634
25.15 y la lengua blanda quebranta los *h* 1634
Ec 11.5 cómo crecen los *h* en el vientre de 6106
Is 38.13 como un león molió todos mis *h*; de 6106
58.11 saciará tu alma, y dará vigor a tus *h* 6106
66.14 vuestros *h* reverdecerán como la hierba 6106
Jer 8.1 sacarán los *h* de los reyes de Judá 6106
8.1 *h* de sus príncipes... *h* de los sacerdotes 6106
8.1 *h* de los profetas, y los *h* de... moradores 6106
20.9 como un fuego ardiente metido en mis *h* 6106
23.9 a causa de los profetas... mis *h* tiemblan 6106
Lm 1.13 desde... envió fuego que consume mis *h* 6106
3.4 hizo envejecer... mi piel; quebrantó mis *h* 6106

H

4.8 su piel está pegada a sus *h*, seca como 6106
Ez 6.5 vuestros *h* esparciré en derredor de 6106
24.4 piezas de carne... llénala de *h* escogidos 6106
24.5 también enciende los *h* debajo de ella 6106
24.5 bien; cuece también sus *h* dentro de ella 6106
24.10 hacer la salsa; y los *h* serán quemados 6106
32.27 sus pecados estarán sobre sus *h*, por 6106
37.1 me llevó... valle que estaba lleno de *h* 6106
37.3 ¿vivirán estos *h*? Y dije: Señor Jehová 6106
37.4 profetiza sobre estos *h*, y diles: *H* 6106
37.5 así ha dicho Jehová el Señor a estos *h* 6106
37.7 y los *h* se juntaron cada *h* con su *h* 6106
37.11 todos estos *h* son la casa de Israel 6106
37.11 *h* se secaron, y pereció... esperanza, y 6106
39.15 que vea los *h* de algún hombre pondrá 6106
Dn 6.24 los leones se... quebraron todos sus *h* 1635
Am 2.1 porque quemó los *h* del rey de Edom 6106
6.10 y lo quemará para sacar los *h* de casa 6106
Mi 3.2 que les quitáis su piel... de sobre los *h* 6106
3.3 les quebrantáis los *h* y los rompéis como 6106
Hab 3.16 pudrición entró en mis *h*, y dentro de 6106
Sof 3.3 sus jueces, lobos... no dejan *h* para la 1633
Mt 23.27 **mas por dentro están llenos de *h* de** *3747*
Lc 24.39 **espíritu no tiene carne ni *h*, como** *3747*
Jn 19.36 la Escritura: No será quebrado *h* suyo *3747*
Ef 5.30 somos miembros... su carne y de sus *h* *3747*
He 11.22 y dio mandamiento acerca de sus *h* *3747*

HUÉSPED
Éx 3.22 pedirá... a su vecina y a su *h* alhajas 1481,1004
Lv 22.10 el *h* del sacerdote... no comerán cosa 8453

HUESTE
Éx 12.17 saqué vuestras *h*... tierra de Egipto 6635
12.41 todas las *h* de Jehová salieron de la 6635
Lc 2.13 con el ángel una multitud de las *h* *4756*
Ef 6.12 lucha... contra *h* espirituales de maldad

HUEVO
Dt 22.6 encuentres... algún nido... pollos o *h* 1000
22.6 echada sobre los pollos o sobre los *h* 1000
Job 6.6 sal? ¿Habrá gusto en la clara del *h*? 2495
39.14 el cual desampara en la tierra sus *h* 1000
Is 10.14 y como se recogen los *h* abandonados 1000
34.15 pondrá sus *h*, y sacará sus pollos, y
59.5 incuban *h* de áspides, y tejen telas de 1000
59.5 el que comiere de sus *h*, morirá; y si 1000
Lc 11.12 **le pide un *h*, le dará un escorpión?** *5609*

HUFAM *Hijo de Benjamín (=Hupim)*, Nm 26.39 2349

HUFAMITA *Descendiente de Hufam*, Nm 26.39 2350

HUIDA
Nm 21.29 fueron puestos sus hijos en *h*, y sus 6412
Sal 56.8 *h* tú has contado; pon mis lágrimas 5112
Jer 25.35 se acabará la *h* de los pastores, y 6
Mt 24.20; Mr 13.18 **que vuestra *h* no sea en** *5437*

HUIR
Gn 14.10 *huyeron* el rey... los demás *h* al monte 5127
16.6 como Sarai la afligía, ella *huyó* de su 1272
16.8 ella... *Huyo* de delante de Sarai mi señora 1272
19.20 esta ciudad está cerca para *huir* allá 5127
27.43 levántate y *huye* a casa de Labán mi 1272
31.21 *huyó*, pues, con todo lo que tenía; y se 1272
31.22 fue dicho a Labán que Jacob había *huido* 1272
31.27 ¿por qué te escondiste para *huir*, y me 1272
31.40 de noche la helada, y el sueño *huía* de 5074
35.1 al Dios que te apareció cuando *huías* de 1272
35.7 le había aparecido... *huía* de su hermano 1272
39.12 su ropa en las manos de ella, y *huyó* 5127
39.13 había dejado su ropa... y había *huido* 5127
39.15 dejó junto a mí su ropa, y *huyó* y salió 5127
39.18 dejó su ropa junto a mí y *huyó* fuera 5127
Éx 2.15 Moisés *huyó* de delante de Faraón, y 1272
4.3 hizo una culebra; y Moisés *huía* de ella 5127
9.20 hizo *huir* sus criados y su ganado a casa 5127
14.5 dado aviso al rey... que el pueblo *huía* 1272
14.25 dijeron: *Huyamos* de delante de Israel 5127
14.27 los egipcios al *huir* se encontraban con 5127
21.13 te señalaré lugar al cual ha de *huir* 5127
Lv 26.17 *huiréis* sin que haya quien os persiga 5127
26.36 *huirán* como ante la espada, y caerán 5127
26.37 tropezarán... si *huyeran* ante la espada
Nm 10.35 y *huyan* de tu presencia los que te 5127
16.34 todo Israel... *huyeron* al grito de ellos 5127
24.11 ahora *huye* a tu lugar; yo dije que te 1272
35.11 ciudades... donde *huya* el homicida que 5127
35.15 que *huya* allá cualquiera que hiriere de 5127
35.32 ni... del que *huyó* a su ciudad de refugio 5127
Dt 4.42 que *huyese* allí el homicida que matase 5127
4.42 *huyendo* a una de estas ciudades salvase 5127
19.3 y será para que todo homicida *huya* allí 5127
19.4 este es el caso del homicida que *huirá* 5127
19.5 aquél *huirá* a una de estas ciudades, y 5127
19.11 si *huyere* a alguna de estas ciudades 5127
23.15 no entregarás a... siervo que se *huyere* 5337
28.7 por siete caminos *huirán* de delante de 5127
28.25 siete caminos *huirás* delante de ellos 5127
32.30 dos hacer *huir* a diez mil, si su Roca 5127
Jos 7.4 cuales *huyeron* delante de los de Hai 5127
8.5 cuando salgan... *huiremos* delante de ellos 5127
8.6 dirán: *Huyen* de nosotros... *Huiremos*, pues 5127
8.15 *huyeron* delante de... camino del desierto 5127
8.20 no pudieron *huir* ni a una parte ni a otra 5127
8.20 pueblo que iba *huyendo* hacia el desierto 5127
10.11 mientras iban *huyendo* de los israelitas 5127
10.16 cinco reyes *huyeron*, y se escondieron 5127
20.6 podrá volver a... la ciudad de donde *huyó* 5127
Jue 1.6 mas Adoni-bezec *huyó*; y le siguieron 5127
4.15 Sísara descendió del carro, y *huyó* a pie 5127
4.17 Sísara *huyó* a pie a la tienda de Jael 5127
7.21 ejército echó a correr dando... y *huyendo* 5127
7.22 y el ejército *huyó* hasta Bet-sita, en 5127
8.12 *huyendo* Zeba y Zalmuna, él los siguió 5127
9.21 y escapó Jotam y *huyó*, y se fue a Beer 5127
9.40 y Gaal *huyó* delante de él; y cayeron 5127
11.3 *huyó*... Jefté de sus hermanos, y habitó en 1272
20.32 *huiremos*, y los alejaremos de la ciudad 5127
20.45 *huyeron* hacia el desierto, a la peña de 5127
20.47 *huyeron* al desierto a la peña de Rimón 5127
1 S 4.10 *huyeron* cada cual a sus tiendas; y fue 5127
4.17 Israel *huyó* delante de los filisteos 5127
14.22 Efraín, oyendo que los filisteos *huían* 5127
17.24 los varones de... huían de su presencia 5127
17.51 vieron a su paladín muerto, *huyeron* 5127
19.8 los filisteos... y *huyeron* delante de él 5127
19.10 y David *huyó*, y escapó aquella noche 5127
19.12 descolgó Mical... se fue y *huyó*, y escapó 1272
19.18 *huyó*, pues, David, y escapó, y vino a 1272
20.1 después David *huyó* de Naiot en Ramá, y 1272
21.10 David, *huyó* de la presencia de Saúl 1272
22.1 luego David... *huyó* a la cueva de Adulam 4422
22.17 sabiendo... *huía*, no me lo descubrieron 1272
22.20 se llamaba Abiatar, escapó, y *huyó* tras 1272
23.6 cuando Abiatar... *huyó* siguiendo a David 1272
25.10 muchos siervos hay hoy que *huyen* de sus 6555
27.4 la nueva de que David había *huido* a Gat 1272
30.17 montaron sobre los camellos y *huyeron* 5127
31.1 Israel *huyeron* delante de los filisteos 5127
31.7 viendo que Israel había *huido* y... Saúl 5127
31.7 dejaron las ciudades y *huyeron*; y los 5127
2 S 1.4 y él respondió: El pueblo *huyó* de la 5127
4.3 los beerotitas habían *huido* a Gitaim, y 1272
4.4 su nodriza le tomó y *huyó*; y mientras iba 5127
4.4 mientras iba *huyendo*... se le cayó el niño 5127
10.13 los sirios... ellos *huyeron* delante de él 5127
10.14 que los sirios habían *huido*, huyeron 5127
10.18 mas los sirios *huyeron* delante de Israel 5127
13.29 montaron cada uno en su mula, y *huyeron* 5127
13.34 y Absalón *huyó*. Entre tanto, alzando 1272
13.37 Absalón *huyó* y se fue a Talmai hijo 1272
13.38 así *huyó* Absalón y se fue a Gesur, y 1272
15.14 David dijo a sus... Levantaos y *huyamos* 1272
17.2 el pueblo... *huirá*, y mataré al rey solo 5127
18.3 si nosotros *huyéremos*, no harán caso de 5127
18.17 todo Israel *huyó*, cada uno a su tienda 5127
19.3 el pueblo... que ha *huido* de la batalla 5127
19.8 Israel había *huido* cada uno a su tienda 5127
19.9 ha *huido* del país por miedo de Absalón 1272
23.11 el pueblo había *huido*... de los filisteos 5127
24.13 o que *huyas* tres meses delante de tus 5127
1 R 2.7 vinieron... a mí, cuando iba *huyendo* de 1272
2.28 *huyó* Joab al tabernáculo de Jehová, y se 5127
2.29 se le hizo saber... que Joab había *huido* 5127
2.39 que dos siervos de Simei *huyeron* a Aquis 1272
11.17 Hadad *huyó*, y con él algunos varones 1272
11.23 Rezón... el cual había *huido* de su amo 1272
11.40 Jeroboam se levantó y *huyó* a Egipto, a 1272
12.2 estaba en Egipto, adonde había *huido* de 1272
12.18 el rey Roboam se apresuró a... *huir* a 5127
20.20 *huyeron* los sirios, siguiéndoles los de 5127
20.30 los demás *huyeron* a Afec, a la ciudad 5127
20.30 Ben-adad vino *huyendo* a la ciudad, y se 5127
20.39 y si llegare a *huir*, tu vida será por 6485
2 R 3.24 los cuales *huyeron* de delante de ellos 5127
7.7 *huyeron* al anochecer, abandonando sus 5127
7.7 así... habían *huido* para salvar sus vidas 5127
8.21 atacó... y el pueblo *huyó* a sus tiendas 5127
9.3 y abriendo la puerta, echa a *huir*, y no 5127
9.10 en seguida abrió la puerta, y... a *huir* 5127
9.23 Joram... *huyó*, y dijo... Traición, Ocozías 5127
9.27 Ocozías rey de Judá *huyó*... *h* a Meguido 5127
14.12 y Judá... *huyeron* cada uno a su tienda 5127
14.19 conspiraron contra él... *huyó* a Laquis 5127
19.37 hijos lo hirieron a espada, y *huyeron* 4422
25.4 abierta ya... la ciudad, *huyeron* de noche
1 Cr 10.1 y *huyeron*... los israelitas, y cayeron 5127
10.7 y viendo... que habían *huido*, y que Saúl 5127
10.7 Israel... dejaron sus ciudades y *huyeron* 5127
11.13 y *huyendo* el pueblo... de los filisteos 5127
12.8 de los de Gad *huyeron* y fueron a David 914
12.15 hicieron *huir* a... los de los valles al 1272
19.14 sirios; mas ellos *huyeron* delante de 5127
19.15 los sirios habían *huido*, *huyeron* también 5127
19.18 el pueblo sirio *huyó* delante de Israel 5127
2 Cr 10.2 había *huido* a causa del rey Salomón 1272
10.18 se apresuró el rey... *huyó* a Jerusalén 5127
13.16 y *huyeron* los hijos de Israel... de Judá 5127
14.12 delante de Asa... y *huyeron* los etíopes 5127
25.22 cayó Judá... y *huyó* cada uno a su casa 5127
25.27 que Amasías... habiendo él *huido* a Laquis 5127
Neh 6.11 dije: ¿Un hombre como yo ha de *huir*? 1272
13.10 los levitas... habían *huido* cada uno a 1272
Job 9.25 mis días... *huyeron*, y no vieron el bien 1272
14.2 y *huye* como la sombra y no permanece 1272
18.11 temores, y le harán *huir* desconcertado 6362
20.24 *huirá* de las armas de hierro, y el arco 1272
24.18 *huyan* ligeros como corrientes de aguas 1272
27.22 no perdonará; hará él por *huir* de su 1272
30.3 *huían* a la soledad, a lugar tenebroso 6207
41.28 saeta no le hace *huir*; las piedras de 1272
Sal 3 *tít.* horror... *huía* de delante de Absalón 1272
31.11 los que me ven fuera *huyen* de mí 5074
48.5 y viéndola ellos... se apresuraron a *huir* 2648
55.7 ciertamente *huiría* lejos; moraría en el 5074
57 *tít.* cuando *huyó* de delante de Saúl a la 1272
68.1 *huyan* de su presencia... que le aborrecen 5127
68.12 *huyeron*, *h* reyes de ejércitos, y las 5074
104.7 a tu reprensión *huyeron*; al sonido de 5127
114.3 mar lo vio, y *huyó*; el Jordán se volvió 5127
114.5 ¿qué tuviste, oh mar, que *huiste*? ¿Y tú 5127
139.7 ¿y a dónde *huiré* de tu presencia? 1272
Pr 28.1 *huye* el impío sin que nadie lo persiga 5127
28.17 *huirá* hasta el sepulcro, y nadie le 5127
Cnt 2.17; 4.6 hasta que... y *huyan* las sombras 5127
Is 10.29 Ramá tembló; Gabaa de Saúl *huyó* 5127
10.31 alborotó; los moradores de Gebim *huyen* 5756
13.14 mirará... y cada uno *huirá* a su tierra 5127
15.5 sus fugitivos *huirán* hasta Zoar, como
16.2 cual ave espantada que *huye* de su nido 7971
17.13 Dios los reprenderá, y *huirán* lejos 5127
21.14 de Tema; socorred con pan al que *huye* 5074
21.15 porque ante la espada *huye*, ante el 5074
22.3 tus príncipes juntos *huyeron* del arco 5074
22.3 atados juntamente, aunque habían *huido* 1272
24.18 que el que *huyere* de la voz del terror 5127
30.16 no, antes *huiremos*... por tanto... *huiréis* 5127
30.17 un millar *huirá* a la amenaza de uno; a 5127
30.17 amenaza de cinco *huiréis* vosotros todos 5127
31.8 *huirá* de la presencia de la espada, y sus 5127
33.3 pueblos *huyeron* a la voz del estruendo 5074
35.10 gozo... y *huirán* la tristeza y el gemido 5127
37.38 sus hijos... le mataron... y *huyeron* a la 4422
48.20 *huid* de entre los caldeos; dad nuevas 1272
51.11 alegría, y el dolor y el gemido *huirán* 5127
52.12 no... ni iréis *huyendo*; porque Jehová irá 4499
Jer 4.6 *huid*, no os detengáis; porque yo hago 5756
4.29 al estruendo de... de los flecheros *huyó* 1272
6.1 *huid*, hijos de Benjamín, de... Jerusalén 5756
9.10 hasta las bestias de la tierra *huyeron* 5074
26.21 cual Urías, tuvo temor, y *huyó* a Egipto 1272
39.4 *huyeron* y salieron de noche de la ciudad 1272
46.5 *huyeron* sin volver a mirar atrás; miedo 5127
46.6 no *huya* el ligero ni el valiente escape 5127
46.16 cayó... *huyamos* ante la espada vencedora 7725
46.21 sus soldados... *huyeron* todos sin pararse 5127
48.6 *huid*, salvad vuestra vida, y sed como 5127
48.19 pregunta a la que va *huyendo*, y a la 5127
48.44 que *huyere* del miedo caerá en el hoyo 5127,5211
48.45 se pararon sin fuerzas los que *huían* 5127
49.8 *huid*, volveos atrás, habitad en lugares 5127
49.19 porqué muy pronto le haré *huir* de ella 7323
49.24 se volvió para *huir*, y le tomó temblor 5127
49.30 *huid*, idos muy lejos... oh moradores de 5127
50.3 que en ella more; *huyeron*, y se fueron 5110
50.8 *huid* de en medio de Babilonia, y salid 5110
50.16 volverá el rostro... *huirá* hacia su tierra 5127
50.28 voz de los que *huyen* y escapan de la 5127
50.44 muy pronto le haré *huir* de ella, y al 7323
51.6 *huid* de en medio de Babilonia, y librad 5127
52.7 todos los hombres de guerra *huyeron*, y 1272
Lm 4.15 *huyeron* y fueron dispersados; se dijo 5132
Ez 7.16 que escapen de ellos *huirán* y estarán 6412
Dn 10.7 gran temor, y *huyeron* y se escondieron 1272
Os 12.12 Jacob *huyó* a tierra de Aram, Israel 1272
Am 2.14 el ligero no podrá *huir*, y al fuerte 4498
2.16 el esforzado... *huirá* desnudo aquel día 5127
5.19 como el que *huye* de delante del león, y 5127
7.12 *huye* a tierra de Judá, y come allá tu 1272
9.1 no habrá de ellos quien *huya*, ni quien 5127
Jon 1.3 se levantó para *huir* de la presencia 1272
1.10 ellos sabían que *huía* de... Jehová, pues 1272
4.2 por eso me apresuré a *huir* a Tarsis 1272
Mi 1.15 la flor de Israel *huirá* hasta Adulam 935
Nah 2.8 *huyen*. Dicen: ¡Deteneos, deteneos! 5127
Zac 2.6 eh, *huid* de la tierra del norte, dice 5127
14.5 *huiréis* al valle de los montes, porque 5127
14.5 *huiréis* de la manera que huisteis por 5127
Mt 2.13 levántate, y toma al niño... y *huye* a *5343*
3.7 quién... enseñó a *huir* de la ira venidera? *5343*
8.33 que los apacentaban *huyeron*, y viniendo *5343*
10.23 **cuando os persigan en... *huid* a la otra** *5343*
24.16 **que estén en Judea, *huyan* a los montes** *5343*
26.56 **todos los discípulos, dejándole, *huyeron*** *5343*
Mr 5.14 los que apacentaban los cerdos *huyeron* *5343*
13.14 **que están en Judea *huyan* a los montes** *5343*
14.50 todos los discípulos, dejándole, *huyeron* *5343*
14.52 mas él, dejando la sábana, *huyó* desnudo *5343*
16.8 y ellas se fueron *huyendo* del sepulcro *5343*
Lc 3.7 decía... ¿Quién os enseñó a *huir* de la *5343*
8.34 los que apacentaban los cerdos... *huyeron* *5343*
21.21 **que estén en Judea, *huyan* a los montes** *5343*
Jn 10.5 ***huirán* de él, porque no conocen la voz** *5343*
10.12 ***huye*, y el lobo arrebata las ovejas y** *5343*
10.13 **el asalariado *huye*... no le importan las** *5343*
Hch 7.29 al oír esta palabra, Moisés *huyó*, y *5343*
14.6 habiéndolo sabido, *huyeron* a Listra y *2703*
16.27 pensando que los presos habían *huido* *1628*
19.16 *huyeron* de... casa desnudos y heridos *1628*
27.30 los marineros procuraron *huir* de la nave *5343*
28.3 víbora, *huyendo* del calor, se le prendió *1537*
1 Co 6.18 *huid* de la fornicación. Cualquier *5343*
10.14 tanto, amados míos, *huid* de la idolatría *5343*
1 Ti 6.11 hombre de Dios, *huye* de estas cosas *5343*
2 Ti 2.22 *huye* también de... pasiones juveniles *5343*
Stg 4.7 resistid al diablo, y *huirá* de vosotros *5343*
2 P 1.4 habiendo *huido* de la corrupción que *668*
2.18 seducen... a los que... habían *huido* de los *668*
Ap 9.6 ansiarán morir, pero la muerte *huirá* *5343*
12.6 la mujer *huyó* al desierto, donde tiene *5343*
16.20 Y toda isla *huyó*, y los montes *5343*
20.11 de delante del cual *huyeron* la tierra *5343*

HUL *Hijo (o nieto) de Sem*, Gn 10.23; 1 Cr 1.17 . . . 2343

HULDA *Profetisa en tiempo de Josías*
2 R 22.14 fueron . . . a la profetisa *H*, mujer de 2468
2 Cr 34.22 fueron a *H* profetisa, mujer de 2468

HUMANAMENTE
2 Cr 10.7 si te condujeres *h* con este pueblo 2896
Hch 27.3 tratando *h* a Pablo, le permitió que *5364*

HUMANIDAD
Hch 28.2 los naturales . . . trataron con no poca *h* *5363*

HUMANO, A
Éx 12.44 siervo *h* comprado por dinero comerá 376
13.15 desde el primogénito *h* hasta . . . la bestia 120
Nm 19.16 que tocare . . . algún cadáver, o hueso *h* 120
Job 10.5 días . . . o tus años como los tiempos *h* 582
12.10 en su mano . . . hálito de todo el género *h* 376
Sal 17.4 cuanto a las obras *h*, por la palabra 120
143.2 no se justificará delante de ti . . . ser *h* 2416
Ez 4.12 lo cocerás . . . al fuego de excremento *h* 120
4.15 estiércol de . . . en lugar de excremento *h* 120
Dn 2.43 se mezclarán por medio de alianzas *h* 606
8.25 será quebrantado, aunque no por mano *h*
Os 11.4 con cuerdas *h* los atraje, con cuerdas 120
Hch 17.24 no habita en templos hechos por . . . *h*
Ro 2.9 tribulación . . . todo ser *h* que hace lo malo *444*
3.20 de la ley ningún ser *h* será justificado *4561*
6.19 hablo como *h*, por vuestra *h* debilidad *442*
1 Co 2.4 palabras persuasivas de *h* sabiduría *442*
2.13 con palabras enseñadas por sabiduría *h* *442*
4.3 juzgado por vosotros, o por tribunal *h* *442*
10.13 ninguna tentación que no sea *h*; pero *442*
13.1 si yo hablase lenguas *h* y angélicas, y *444*
2 Co 1.12 con sabiduría *h*, sino con la gracia *4559*
4.2 por . . . recomendándonos a toda conciencia *h* *444*
Gá 3.15 hablo en términos *h*: Un pacto, aunque *444*
Stg 3.7 ha sido domada por la naturaleza *h* *5449,442*
1 P 2.13 someteos a toda institución *h*, ya sea *442*
2 P 1.21 nunca la . . . fue traída por voluntad *h* *444*
Ap 9.7 langostas . . . sus caras eran como caras *h* *444*

HUMAREDA
Jue 20.38 que hiciesen subir una gran *h* de la 4864

HUMEAR
Gn 15.17 un horno *humeando*, y una antorcha 6227
Éx 19.18 todo el monte Sinaí *humeaba*, porque 6225
20.18 pueblo observaba . . . el monte
que *humeaba* 6226
Dt 29.20 *humeará* la ira de Jehová y su celo 6225
Sal 104.32 mira a . . . toca los montes, y *humean* 6225
144.5 desciende; toca los montes, y *humeen* 6225
Is 7.4 de estos dos cabos de tizón que *humean* 6226
42.3 ni apagará el pábilo que *humeare*; por 3544
Mt 12.20 el pábilo que *humea* no apagará, hasta *5188*

HUMEDAD
Lc 8.6 **y nacida, se secó, porque no tenía *h*** *2429*

HÚMEDO
Job 40.21 se echará debajo de . . . de los lugares *h* 1207

HUMILDAD
Sal 45.4 cabalga sobre palabra de verdad . . . *h* 6037
Pr 15.33 el temor . . . y a la honra precede la *h* 6038
22.4 vida son la remuneración de la *h* y del 6038
Hch 20.19 sirviendo al Señor con toda *h*, y con *5012*
Ef 4.2 con toda *h* . . . soportándoos con paciencia *5012*
Fil 2.3 antes bien con *h*, estimando cada uno *5012*
Col 2.18 afectando *h* y culto a los ángeles *5012*
2.23 en *h* y en duro trato del cuerpo; pero *5012*
3.12 vestíos, pues . . . de *h*, de mansedumbre, de *5012*
1 P 5.5 revestíos de *h*; porque: Dios resiste *5012*

HUMILDE
Job 5.11 que pone a los *h* en altura, y a los 8217
22.29 habrá; y Dios salvará al *h* de ojos 7807
Sal 10.17 el deseo de los *h* oíste, oh Jehová 6035
22.26 comerán los *h*, y . . . saciados; alabarán a 6035
25.9 encaminará a los *h* por el juicio, y 6035
138.6 Jehová es excelso, y atiende al *h*, mas 8217
147.6 Jehová exalta a los *h*, y humilla a los 6035
149.4 hermoseará a los *h* con la salvación 6035
Pr 3.34 él escarnecerá . . . a los *h* dará gracia 6035
11.2 soberbia . . . con los *h* está la sabiduría 6800
16.19 mejor es humillar el . . . con los *h*, que 6035
29.23 pero al *h* de espíritu sustenta la honra 8217
Is 29.19 los *h* crecerán en alegría en Jehová 6035
57.15 yo habito . . . con el quebrantado y *h* de 8217
57.15 para hacer vivir el espíritu de los *h* 8217
66.2 pero miraré a aquel que es pobre y *h* de 5223
Ez 29.15 en comparación con los . . . reinos será *h* 8217
Am 2.7 tuercen el camino de los *h*; y el hijo 6035
Sof 2.3 buscad a Jehová . . . los *h* de la tierra 6035
3.12 dejaré en medio de ti . . . pueblo *h* y pobre 6041
Zac 9.9 tu rey . . . *h*, y cabalgando sobre un asno 6041
Mt 11.29 **y aprended de mí . . . soy manso y *h* de** *5011*
Lc 1.52 quitó . . . los poderosos, y exaltó a los *h* *5011*
Ro 12.16 no altivos, sino asociándolos con . . . *h* *5011*
2 Co 7.6 pero Dios, que consuela a los *h*, nos *5011*
10.1 estando presente . . . soy *h* entre vosotros *5011*
Stg 1.9 que es de *h* condición, gloríese en su *5011*
4.6; 1 P 5.5 resiste a . . . y da gracia a los *h* *5011*

HUMILDEMENTE
Is 38.15 andaré *h* todos mis años, a causa de 1718
Fil 4.12 sé vivir *h*, y sé tener abundancia; en *5013*

HUMILLACIÓN
Hch 8.33 en su *h* no se le hizo justicia; mas *5014*
Fil 3.21 cual transformará el cuerpo de la *h* *5014*
Stg 1.10 el que es rico, en su *h*; porque él *5014*

HUMILLAR
Éx 10.3 no querrás *humillarte* delante de mí? 6031
Lv 26.41 se *humillará* su corazón incircunciso 3665
Dt 9.3 destruirá y *humillará* delante de ti 3665
21.14 en libertad . . . por cuanto la *humillaste* 6031
22.24 el hombre porque *humilló* a la mujer de 6031
22.29 será su mujer, por cuanto la *humilló* 6031
33.29 así que tus enemigos serán *humillados* 3584
Jue 19.24 *humilladlas* y haced con ellas como 6031
20.5 la *humillaron* de tal manera que murió 6031
1 S 2.32 verás tu casa *humillada*, mientras Dios 6862
28.14 Saúl . . . y *humillando* su rostro a tierra 6915
2 S 22.40 has *humillado* a mis enemigos debajo 3766
1 R 21.27 y durmió en cilicio, y . . . *humillado* 328
21.29 no has visto cómo Acab se ha *humillado* 3665
21.29 por cuanto se ha *humillado* . . . no traeré 3665
2 R 22.19 y te *humillaste* delante de Jehová 3665
1 Cr 17.10 mas *humillaré* a todos tus enemigos 3665
18.1 derrotó a los filisteos, y los *humilló* 3665
20.4 mató a Sipai, de . . . y fueron *humillados* 3665
2 Cr 7.14 si se *humillare* mi pueblo, sobre el 3665
12.6 los príncipes . . . y el rey se *humillaron* 3665
12.7 Jehová vio que se habían *humillado*, vino 3665
12.7 se han *humillado*; no los destruiré; antes 3665
12.12 se *humilló*, la ira de Jehová se apartó 3665
13.18 fueron *humillados* los hijos de Israel 3665
20.3 Josafat *humilló* su rostro . . . consultar a 5414
28.19 porque Jehová había *humillado* a Judá 3665
30.11 algunos hombres de Aser . . . se *humillaron* . . . 3665
32.26 Ezequías, después . . . se *humilló*, él y los 3665
33.12 oró . . . *humillado* . . . la presencia del Dios 3665
33.19 sus pecados . . . antes que se *humillase* 3665
33.23 nunca se *humilló* . . . como se *h* Manasés 3665
34.27 te *humillaste* delante de Dios al oír 3665
34.27 al oír . . . te *humillaste* delante de mí 3665
36.12 no se *humilló* delante del . . . Jeremías 3665
Neh 6.16 sintieron *humillados*, y conocieron 5307
8.6 amén . . . y se *humillaron* y adoraron a Jehová . . . 6915
9.24 *humillaste* delante de ellos . . . moradores 3665
Est 3.2 pero Mardoqueo ni se . . . ni se *humillaba* 7812
3.5 Mardoqueo ni . . . se *humillaba* delante de él 7812
Job 14.21 serán *humillados*, y no entenderá de 6819
40.12 mira a todo soberbio, y *humíllalo*, y 3665
Sal 18.27 porque . . . *humillarás* los ojos altivos 8213
18.39 has *humillado* a mis enemigos debajo de 3766
35.14 como el que trae . . . enlutado me *humillaba* 7817
38.6 *humillado* en gran manera, ando enlutado 7817
51.17 al corazón . . . *humillado* no despreciarás 7665
75.7 Dios . . . a éste *humilla*, y a aquél enaltece 8213
106.27 *humillar* su pueblo entre las naciones 5307
106.43 ellos . . . fueron *humillados* por su maldad 4355
113.6 se *humilla* a mirar en el cielo y en la 8213
119.67 antes que . . . yo *humillado*, descarriado 6031
119.71 bueno me es haber sido *humillado*, para 6031
147.6 *humilla* a los impíos hasta la tierra 8213
Pr 6.3 vé, *humíllate*, y asegúrate de tu amigo 7511
16.19 mejor es *humillar* el espíritu con los 8217
25.7 que seas *humillado* delante del príncipe 8213
Is 2.9 el hombre, y el varón se ha *humillado* 8213
2.11,17 soberbia de los hombres . . . *humillada* 8213
5.15 y el hombre será *humillado*, y el varón 8213
10.33 y los árboles . . . altos serán *humillados* 8213
25.5 *humillarás* el orgullo de los extraños 3665
25.12 *humillará* y la echará a tierra, hasta 8213
26.5 *humilló* a la ciudad . . . *h* hasta la tierra 8213
29.4 *humillada*, hablarás desde la tierra, y 8213
46.2 fueron *humillados* . . . abatidos juntamente 7164
58.3 *humillamos* nuestras almas, y no te diste 6031
60.14 y vendrán a ti *humillados* los hijos de 6031
Jer 13.18 *humillaos*, sentaos en tierra, porque 8213
44.10 no se han *humillado* hasta el día de 1792
Lm 2.2 echó . . . *humilló* al reino y a sus príncipes 2490
Ez 21.26 sea exaltado lo bajo, y *humillado* lo 8213
Dn 2.46 Nabucodonosor . . . se *humilló* ante Daniel 5457
4.37 *humillar* a los que andan con soberbia 8214
5.19 engrandecía . . . a quien quería *humillaba* 1934
5.22 no has *humillado* tu corazón, sabiendo 8214
10.12 *humillarte* en la presencia de tu Dios 6031
Mi 6.8 hacer justicia . . . *humillarte* ante tu Dios 6800
Hab 3.6 los collados antiguos, se *humillaron* 7817
Mal 2.5 delante de mi nombre estuvo *humillado* 2864
Mt 18.4 **cualquiera que se *humille* como este** *5013*
23.12; Lc 14.11; 18.14 **que se enaltece,**
será *humillado*; y el que se *humilla* será *5013*
2 Co 11.7 ¿pequé yo *humillándome* a mí mismo *5013*
12.21 cuando vuelva, me *humille* Dios entre *5013*
Fil 2.8 *humilló* . . . haciéndose obediente hasta *5013*
Stg 4.10 *humillaos* delante del Señor, y él os *5013*
1 P 5.6 *humillaos*, pues, bajo la poderosa mano *5013*

HUMO
Gn 19.28 que el *h* subía . . . como el *h* de un horno 7008
Éx 19.18 el *h* subía como el *h* de un horno, y 6225
Jos 8.20 el *h* de la ciudad subía al cielo, y 6227
8.21 viendo . . . y que el *h* de la ciudad subía 6227
Jue 20.40 la columna de *h* . . . el *h* de la ciudad 6227
2 S 22.9 *h* subió de su nariz, y de su boca 6227
Job 41.20 de sus narices sale *h*, como de una 6227
Sal 18.8 *h* subió de su nariz, y de su boca 6227
37.20 los enemigos . . . se disiparán como el *h* 6227
68.2 como es lanzado el *h*, los lanzarás; como 6227
102.3 porque mis días se han consumido como *h* . . . 6227
119.83 estoy como el odre al *h*; pero no he 7008
Pr 10.26 como el vinagre a . . . el *h* a los ojos 6227
Cnt 3.6 sube del desierto como columna de *h* 6227
Is 6.4 que clamaba, y la casa se llenó de *h* 6227
9.18 y serán alzados como remolinos de *h* 6227
14.31 porque *h* vendrá del norte, no quedará 6227
34.10 ni de día, perpetuamente subirá su *h* 6227
51.6 los cielos serán deshechos como *h*, y la 6227
65.5 *h* en mi furor, fuego que arde todo el 6227
Jer 6.1 alzad por señal *h* sobre Bet-haquerem
Os 13.3 y como el *h* que sale de la chimenea 6227
Jl 2.30 prodigios . . . y fuego, y columnas de *h* 6227
Nah 2.13 encenderé y reduciré a *h* tus carros 6227
Hch 2.19 señales . . . sangre y fuego y vapor de *h* *2586*
Ap 8.4 subió a . . . Dios el *h* del incienso con las *2586*
9.2 subió *h* del pozo como *h* de un gran horno *2586*
9.2 se oscureció el sol . . . por el *h* del pozo *2586*
9.3 del *h* salieron langostas sobre la tierra *2586*
9.17 y de su boca salía fuego, *h* y azufre *2586*
9.18 el *h* y el azufre que salían de su boca *2586*
14.11 el *h* de su tormento sube por los siglos *2586*
15.8 el templo se llenó de *h* por la gloria del *2586*
18.9 llorarán . . . sobre ella, cuando vean el *h* *2586*
18.18 y viendo el *h* de su incendio, dieron *2586*
19.3 el *h* de ella sube por los siglos de los *2586*

HUMTA *Aldea en Judá*, Jos 15.54 2547

HUNDIR
Éx 15.4 capitanes . . . fueron *hundidos* en el Mar 3384
15.10 se *hundieron* como plomo en las . . . aguas 6749
1 R 1.40 que parecía que la tierra se *hundía* 1234
Job 9.31 me *hundirás* en el hoyo, y mis propios 2881
Sal 9.15 se *hundieron* las naciones en el hoyo 2883
69.2 estoy *hundido* en cieno profundo, donde 2883
Jer 38.6 había . . . cieno, y se *hundió* Jeremías en 2883
38.22 amigos; *hundieron* en el cieno tus pies 2883
51.64 dirás: Así se *hundirá* Babilonia, y no 8257
Mt 14.30 y comenzando a *hundirse*, dio voces *2670*
18.6 **se le *hundiese* en lo profundo del mar** *2670*
Lc 5.7 llenaron de tal manera que se *hundían* *1036*
1 Ti 6.9 dañosas, que *hunden* a los hombres en *1036*

HUPA *Sacerdote en tiempo de David*, 1 Cr 24.13 . . 2647

HUPIM *Hijo de Benjamín (=Hufam)*,
Gn 46.21; 1 Cr 7.12,15 2650

HUR
1. Ayudante de Moisés
Éx 17.10 Moisés y Aarón y *H* subieron . . . cumbre 2354
17.12 Aarón y *H* sostenían sus manos, el uno 2354
24.14 Aarón y *H* están con vosotros; el que 2354
2. Abuelo de Bezaleel, Éx 31.2; 35.30; 38.22;
1 Cr 2.19,20; 2 Cr 1.5 2354
3. Rey de Madián, Nm 31.8; Jos 13.21 2354
4. Padre de un funcionario del rey
Salomón, 1 R 4.8 1133
5. Primogénito de Efrata, 1 Cr 2.50; 4.4 2354
6. Hijo de Judá, 1 Cr 4.1 2354
7. Padre de Refaías No. 5, Neh 3.9 2354

HURACÁN
Hab 1.11 luego pasará como el *h*, y ofenderá 5674

HURACANADO
Hch 27.14 pero . . . dio contra la nave un viento *h* *5189*

HURAI *Uno de los valientes de David*, 1 Cr 11.32 . . . 2360

HURI *Descendiente de Gad*, 1 Cr 5.14 2359

HURÓN
Is 13.21 fieras . . . sus casas se llenarán de *h* 255

HURTAR
Gn 31.19 Raquel *hurtó* los ídolos de su padre 1589
31.30 iba . . . ¿por qué me *hurtaste* mis dioses? 1589
31.32 no sabía que Raquel los había *hurtado* 1589
31.39 lo *hurtado* así de día como de noche, a 1589
40.15 porque fui *hurtado* de la tierra de los 1589
44.8 ¿cómo, pues, habíamos de *hurtar* . . . plata 1589
Éx 20.15 no *hurtarás* 1589
22.1 cuando alguno *hurtare* buey u oveja, y lo 1589
22.7 alguno diere . . . y fuere *hurtado* de la casa 1589
22.12 si le hubiere sido *hurtado*, resarcirá 1589
Lv 19.11 no *hurtaréis*, y no engañaréis . . . uno al 1589
Dt 5.19 no *hurtarás* 1589
24.7 hubiere hurtado a uno de sus hermanos 1589
Jos 7.11 Israel . . . han *hurtado*, han mentido, y 1589
Jue 17.2 mil cien siclos . . . te fueron *hurtados* 3947
2 S 21.12 que los habían *hurtado* de la plaza 1589
Pr 6.30 *hurta* para saciar su apetito cuando 1589
9.17 las aguas *hurtadas* son dulces, y el pan 1589
30.9 que siendo pobre, *hurte*, y blasfeme el 1589
Is 9.20 cada uno *hurtará* a la mano derecha, y 1504
Jer 7.9 *hurtando*, matando . . . jurando en falso 1589
23.30 que *hurtan* mis palabras cada uno de su 1589
Os 4.2 matar, *hurtar* y adulterar prevalecen 1589
Abd 1.5 ¿no *hurtarían* lo que les bastase? Si 1589
Zac 5.3 todo aquel que *hurta* . . . será destruido 1589
Mal 1.13 y trajisteis lo *hurtado*, o cojo, o 1497
Mt 6.19 **en la tierra . . . ladrones minan y *hurtan*** *2813*
6.20 **y donde ladrones no minan ni *hurtan*** *2813*
19.18 **no *hurtarás*. No dirás falso testimonio** *2813*
27.64 vengan sus discípulos de . . . y lo *hurten* *2813*
28.13 sus discípulos vinieron . . . y lo *hurtaron* *2813*
Mr 10.19 **no adulteres. No mates. No *hurtes*** *2813*
Lc 18.20 **no *hurtarás*; no . . . falso testimonio** *2813*
Jn 10.10 **el ladrón no viene sino para *hurtar*** *2813*
Ro 2.21 tú . . . que no se ha de *hurtar*, ¿*hurtas*? *2813*
13.9 no *hurtarás*, no dirás falso testimonio *2813*
Ef 4.28 el que *hurtaba*, no *hurte* más, sino *2813*

H

HURTO
Gn 30.33 ovejas, se me ha de tener como de *h* 1589
Éx 22.3 si no tuviere... será vendido por su *h* 1591
22.4 si fuere hallado con el *h* en la mano 1591
Mt 15.19 **salen... los *h*, los falsos testimonios** *2829*
Mr 7.22 **los *h*, las avaricias, las maldades** *2829*
Ap 9.21 no se arrepintieron de... ni de sus *h* *2809*

HUSA *Descendiente de Judá*, 1 Cr 4.4 2364

HUSAI *Amigo del rey David*
2 S 15.32 *H* arquita que le salió al encuentro 2365
15.37 vino *H*... a la ciudad; y Absalón entró 2365
16.16 cuando *H*... vino... dijo *H*: ¡Viva el rey 2365
16.17 dijo a *H*: ¿Es este tu agradecimiento 2365
16.18 y *H* respondió... No, sino que de aquel 2365
17.5 llamad también ahora a *H* arquita, para 2365
17.6 cuando *H* vino a Absalón... habló Absalón 2365
17.7 entonces *H* dijo a Absalón: El consejo 2365
17.8 añadió *H*: Tú sabes que tu padre y los 2365
17.14 el consejo de *H* arquita es mejor que 2365
17.15 dijo luego *H* a los sacerdotes Sadoc y 2365
1 R 4.16 Baana hijo de *H*, en Aser y en Alot 2365
1 Cr 27.33 Ahitofel... *H* arquita amigo del rey 2365

HUSAM *Rey de Edom*, Gn 36.34,35; 1 Cr 1.45,46 2367

HUSATITA *Sobrenombre de Sibecai (o Mebunai)* uno de los valientes de David, 2 S 21.18; 23.27; 1 Cr 11.29; 20.4; 27.11 2843

HUSIM
1. Hijo de Dan, Gn 46.23 2366
2. Descendiente de Benjamín, 1 Cr 7.12 2650
3. Mujer de Saharaim, 1 Cr 8.8,11 2366

HUSO
Pr 31.19 aplica su mano al *h*, y sus manos a 3601

I

IBDAS *Descendiente de Judá*, 1 Cr 4.3 3031

IBHAR *Hijo de David*, 2 S 5.15; 1 Cr 3.6; 14.5 2984

ÍBICE
Dt 14.5 el *i*, el antílope y el carnero montés 689

IBIS
Lv 11.17 el buho, el somormujo, el *i* 3244
Dt 14.16 el buho, el *i*, el calamón 3244

IBLEAM *Ciudad en Isacar*, Jos 17.11; Jue 1.27; 2 R 9.27 2991

IBNEÍAS *Benjamita que regresó del cautiverio*, 1 Cr 9.8 2997

IBNÍAS *Ascendiente de Mesulam No. 5*, 1 Cr 9.8 . 2998

IBRI *Levita en tiempo de David*, 1 Cr 24.27 5681

IBZÁN *Juez de Israel*, Jue 12.8,10 78

ICABOD *Hijo de Finees No. 2*
1 S 4.21 *I*, diciendo: ¡Traspasada es la gloria 350
14.3 hermano de *I*, hijo de Finees, hijo de 350

ICONIO *Ciudad en Asia Menor*
Hch 13.51 sacudiendo el polvo... llegaron a *I* *2430*
14.1 aconteció en *I* que entraron juntos en *2430*
14.19 vinieron... Judíos de Antioquía y de *I* *2430*
14.21 volvieron a Listra, a *I* y a Antioquía *2430*
16.2 daban buen testimonio de... en Listra y en *I* *2430*
2 Ti 3.11 como los que me sobrevinieron... *I* *2430*

IDALA *Población en Zabulón*, Jos 19.15 3030

IDDO
1. Padre de Ahinadab, 1 R 4.14 5714
2. Levita, descendiente de Gersón, 1 Cr 6.21 5714
3. Funcionario del rey David, 1 Cr 27.21 3035
4. Vidente, 2 Cr 9.29; 12.15; 13.22 3260
5. Abuelo del profeta Zacarías, Esd 5.1, 6.14, 8.17(2); Zac 1.1,7 5714
6. Jefe de un grupo de sirvientes del templo
Esd 8.17 envié a *I*, jefe en el lugar llamado 112
8.17 las palabras que habían de hablar a *I* 112
7. Sacerdote que regresó del cautiverio, Neh 12.4 ... 5714
8. Sacerdote en tiempo de Joiacim, Neh 12.16 5714

IDEA
Gn 27.42 Esaú... se consuela... la *i* de matarte
Jue 20.5 rodearon... la casa... con *i* de matarme 1819
Job 37.19 no podemos ordenar las *i* a causa de

IDEAR
1 S 23.9 entendiendo David que Saúl *ideaba* el 2790
2 R 19.25 desde los días de... lo tengo *ideado*? 3335
Est 9.24 Amán... había *ideado* contra los judíos 2803
Sal 10.2 atrapado... artificios que ha *ideado* 2803
31.13 consultan... e *idean* quitarme la vida 2161
Is 37.26 desde... la antigüedad lo tengo *ideado*? 3335

IDIOMA
1 Co 14.10 tantas clases de *i* hay... en el mundo *5456*

IDÓLATRA
2 R 23.5 quitó a los sacerdotes *i* que habían 3649
Sof 1.4 y el nombre de los ministros *i* con 3649
1 Co 5.10 o con los ladrones, o con los *i* *1496*
5.11 llamándose hermano, fuere... avaro, o *i* *1496*
6.9 no erréis... ni los *i*, ni los adúlteros *1496*
10.7 ni seáis *i*, como algunos de ellos, según *1496*
Ef 5.5 que es *i*, tiene herencia en el reino *1496*
Ap 21.8 los *i*... tendrán su parte en el lago que *1496*
22.15 estarán fuera... los homicidas, los *i*, y *1496*

IDOLATRÍA
1 S 15.23 y como ídolos e *i* la obstinación 8655
Ez 11.18 quitarán de ella todas sus *i* y todas 8441
11.21 anda tras el deseo de sus *i* y de sus 8441
23.49 y pagaréis los pecados de vuestra *i* 1544
Hch 17.16 viendo la ciudad entregada a la *i* *2712*
1 Co 10.14 tanto, amados míos, huid de la *i* *1495*
Gá 5.20 *i*, hechicerías, enemistades, pleitos *1495*
Col 3.5 malos deseos y avaricia, que es *i* *1495*
1 P 4.3 andando en lascivias... abominables *i* *1495*

IDOLÁTRICA
2 R 23.7 derribó... lugares de prostitución *i* 6945

ÍDOLO
Gn 31.19 ido... y Raquel hurtó los *í* de su padre 8655
31.34 tomó Raquel los *í* y los puso en una 8655
31.35 dijo... Y él buscó, pero no halló los *í* 8655
Lv 19.4 no os volveréis a los *í*, ni haréis 457
26.1 no haréis para vosotros *í*, ni escultura 457
26.30 sobre... cuerpos muertos de vuestros *í* 1544
Nm 33.52 y destruiréis todos sus *í* de piedra 4906
Dt 29.17 habéis visto... *í* de madera y piedra 1544
32.21 ellos... me provocaron a ira con sus *í* 1892
Jue 3.19 él se volvió desde los *í* que están 6456
3.26 Aod... y pasando los *í*, se puso a salvo 6456
1 S 15.23 como *í* e idolatría la obstinación 205
31.9 llevaran las... nuevas al templo de sus *í* 6091
2 S 5.21 dejaron allí sus *í*, y... los quemaron 6440
1 R 11.5 siguió... Milcom, *í*... de los amonitas 8251
11.7 alto a Quemos, *í* abominable de Moab 8251
11.7 y a Moloc, *í* abominable de los... de Amón 8251
15.12 quitó todos los *í* que sus padres habían 1544
15.13 había hecho un *í*... deshizo Asa el *í* de 4656
16.26 provocando a ira a Jehová... con sus *í* 1892
21.26 abominable, caminando en pos de los *í* 1544
2 R 17.12 y servían a los *í*, de los cuales 1544
17.41 y al mismo tiempo sirvieron a sus *í* 6456
21.11 Manasés... hecho pecar a Judá con sus *í* 1544
21.21 y sirvió a los *í* a los cuales había 1544
23.13 a Astoret *í*... a Quemos *í*... y a Milcom *í* 8251
1 Cr 10.9 dar las nuevas a sus *í* y al pueblo 6091
16.26 los dioses de los pueblos son *í*, mas 457
2 Cr 24.7 habían gastado en los *í* todas las 1168
33.15 quitó los... y el *í* de la casa de Jehová 5566
33.19 lugares... e *í*, antes que se humillase 6456
33.22 y sirvió a todos los *í* que su padre 6456
34.7 destruidos... los *í*... volvió a Jerusalén 2553
Sal 96.5 todos los dioses de... pueblos son *í* 457
97.7 de talla, los que se glorían en los *í* 457
106.36 sirvieron a sus *í*, los cuales fueron 6091
106.38 que ofrecieron... a los *í* de Canaán, y 6091
115.4 los *í* de ellos son plata y oro, obra 6091
135.15 los *í* de las naciones son plata y oro 6091
Is 2.8 además su tierra está llena de *í*, y se 457
2.18 y quitará totalmente los *í* 457
2.20 arrojará... sus *í* de plata y sus *í* de oro 457
10.10 como halló mi mano los reinos de los *í* 457
10.11 como hice a Samaria y a sus *í*, ¿no haré 457
10.11 haré también así a Jerusalén y a sus *í*? 6091
19.1 los *í* de Egipto temblarán delante de él 457
21.9 todos los *í* de sus dioses quebrantó en 6456
31.7 arrojará... sus *í* de plata y sus *í* de oro 457
42.17 serán... confundidos los que confían en *í* 6459
44.9 testigos... que sus *í* no ven ni entienden 6459
44.15 fabrica un *í*, y se arrodilla delante 410
44.17 hace del sobrante un dios, un *í* suyo 6459
45.20 aquellos que erigen el madero de su *í* 6459
48.5 no dijeras: Mi *í* lo hizo, mis imágenes 6090
57.5 que os enfervorizáis con los *í* debajo de 410
57.13 cuando clames, que te libren tus *í* 6899
66.3 quema incienso, como si bendijese a un *í* 205
Jer 10.14 se avergüenza de su *í* todo fundidor 6459
14.22 *í* de las naciones quien haga llover? 1892
16.18 con los cadáveres de sus *í*, y de sus 8251
18.12 en pos de nuestros *í* iremos, y haremos 4284
50.2 destruidas son sus... quebrados son sus *í* 6091
50.38 es tierra de *í*, y se entontecen con 6456
51.17 mentira es su *í*, no tiene espíritu 5262
51.47 destruiré los *í* de Babilonia, y toda su 6456
51.52 yo destruiré sus *í*, y en toda su tierra 6456
Ez 6.4 caigan... muertos delante de vuestros *í* 1544
6.5 pondré los... muertos... delante de sus *í* 1544
6.6 y vuestros *í* serán quebrados y acabarán 1544
6.9 de sus ojos que fornicaron tras sus *í* 1544
6.13 sus muertos estén en medio de sus *í*, en 1544
6.13 donde ofrecieron incienso a todos sus *í* 1544
7.20 hicieron de ello las imágenes de sus... *í* 8441
8.10 y todos los *í* de la casa de Israel, que 1544
14.3 hombres han puesto sus *í* en su corazón 1544
14.4,7 hubiere puesto sus *í* en su corazón 1544
14.4 responderé... conforme a la multitud de... *í* 1544
14.5 ya que se han apartado de mí... por sus *í* 1544
14.6 volveos de... *í*, y apartad vuestro rostro 1544
16.36 y a los *í* de tus abominaciones, y en 1544
18.6,12,15 alzare sus ojos a los *í* 1544
20.7 no os contaminéis con los *í* de Egipto 1544
20.8 ni dejaron los *í* de Egipto; y dije que 1544
20.16 profanaron... tras sus *í* iba su corazón 1544
20.18 no andéis... ni os contaminéis con sus *í* 1544
20.24 y tras los *í*... se les fueron los ojos 1544
20.31 os habéis contaminado con... vuestros *í* 1544
20.39 andad cada uno tras sus *í*, y servidles 1544
20.39 pero no profanéis más... con vuestros *í* 1544
21.21 rey... consultó a sus *í*, miró el hígado 8655
22.3 que hizo *í* contra sí... para contaminarse! 1544
22.4 te has contaminado en tus *í* que hiciste 1544
23.7 se contaminó con todos los *í* de ellos 1544
23.30 con las cuales te contaminaste en sus *í* 1544
23.37 han fornicado con sus *í*; y aun a sus 1544
23.39 habiendo sacrificado sus hijos a sus *í* 1544
30.13 destruiré los *í* de Menfis; y no habrá 1544
33.25 y a vuestros *í* alzaréis vuestros ojos 1544
36.18 ira... porque con sus *í* la contaminaron 1544
36.25 agua... de todos vuestros *í* os limpiaré 1544
37.23 ni se contaminarán ya más con sus *í* 1544
44.10 que se apartaron... yéndose tras sus *I* 1544
44.12 cuanto les sirvieron delante de sus *í* 1544
Os 4.12 mi pueblo a su *í* de madera pregunta 6086
4.17 Efraín es dado a *í*; déjalo 6091
8.4 de su plata y de su oro hicieron *í* para 6091
10.1 conforme a la bondad... aumentaron sus *í* 4676
10.2 demolerá sus altares, destruirá sus *í* 4676
11.2 los baales... a los *í* ofrecían sahumerios 6456
13.2 se han hecho... *í*, toda obra de artífices 6091
14.8 dirá: ¿Qué más tendré ya con los *í*? Yo 6091
Am 5.26 el tabernáculo de... Moloc... *í* vuestros 6754
Mi 1.7 quemados en fuego, y asolaré... sus *í* 6091
Hch 7.41 le ofrecieron sacrificio al *í*, y en *1497*
15.20 que se aparten... de los *í*... y de sangre *1497*
15.29 que os abstengáis de lo sacrificado a *í* *1494*
21.25 de lo sacrificado a los *í*, de sangre *1494*
Ro 2.22 ¿adulteras? Tú que abominas de los *í* *1497*
1 Co 8.1 lo sacrificado a los *í*, sabemos que *1494*
8.4 que se sacrifican a los *í*... un *í* nada es *1494*
8.7 algunos, habituados hasta aquí a los *í* *1497*
8.7 algunos... comen como sacrificado a *í* y su *1494*
8.10 ve... sentado a la mesa en un lugar de *í* *1493*
8.10 ¿no... a comer de lo sacrificado a los *í*? *1494*
10.19 ¿qué digo pues? ¿Que el *í* es algo, o *1497*
10.19 que sea algo lo que se sacrifica a los *í*? *1494*
10.28 os dijere: Esto fue sacrificado a los *í* *1494*
12.2 llevándoos, como se os llevaba, a los *í* *1497*
2 Co 6.16 entre el templo de Dios y los *í*? *1497*
1 Ts 1.9 cómo os convertisteis de los *í* a Dios *1497*
1 Jn 5.21 hijitos, guardaos de los *í*. Amén *1497*
Ap 2.14, 20 comer... cosas sacrificadas a los *í* *1497*

IDÓNEO, A
Gn 2.18 no es bueno... le haré ayuda *i* para él 5828
2.20 para Adán no se halló ayuda *i* para él 5828
1 Cr 25.1 el número de ellos, hombres *i* para 5656
Dn 1.4 muchachos... *i* para estar en el palacio 3581
2 Ti 2.2 encarga a hombres fieles que sean *i* *2425*

IDUMEA *Tierra de Edom*, Mr 3.8 ..... *2401*

IFDAÍAS *Descendiente de Benjamín*, 1 Cr 8.25 ... 3301

IGAL
1. Uno de los doce espías, Nm 13.7 3008
2. Uno de los valientes de David, 2 S 23.36 3008
3. Descendiente del rey David, 1 Cr 3.22 3008

IGDALÍAS *Padre de Hanán No. 8*, Jer 35.4 3012

IGLESIA
Mt 16.18 **eres... y sobre esta roca edificaré mi *i*** *1577*
18.17 **la *i*; y si no oyere a la *i*, tenle por** *1577*
Hch 2.47 el Señor añadía cada día a la *i* los *1577*
5.11 temor sobre toda la *i*, y sobre todos los *1577*
8.1 día hubo una gran persecución contra la *I* *1577*
8.3 Saulo asolaba la *i*, y entrando casa por *1577*
9.31 las *i* tenían paz por toda Judea, Galilea *1577*
11.22 llegó... a oídos de la *i* que estaba en *1577*
11.26 se congregaron allí... un año con la *i* *1577*
12.1 Herodes echó mano a algunos de la *i* para *1577*
12.5 pero la *i* hacía sin cesar oración a Dios *1577*
13.1 había... en la *i* que estaba en Antioquía *1577*
14.23 y constituyeron ancianos en cada *i*, y *1577*
14.27 llegado, y reunido a la *i*, refirieron *1577*
15.3 ellos... habiendo sido encaminados por la *i* *1577*
15.4 llegados a... fueron recibidos por la *i* *1577*
15.22 pareció bien a... la *i*, elegir de entre *1577*
15.41 pasó por Siria y... confirmando a las *i* *1577*
16.5 así que las *i* eran confirmadas en la fe *1577*
18.22 Cesarea, subió para saludar a la *i*, y *1577*
20.17 hizo llamar a los ancianos de la *i* *1577*
20.28 para apacentar la *i* del Señor, la cual *1577*
Ro 16.1 Febe, la cual es diaconisa de la *i* en *1577*
16.4 sino también todas las *i* de los gentiles *1577*
16.5 saludad también a la *i* de su casa *1577*
16.16 os saludan todas las *i* de Cristo *1577*
16.23 saluda Gayo, hospedador mío y de... la *i* *1577*
1 Co 1.2 a la *i* de Dios que está en Corinto *1577*
4.17 de la manera que enseño... en todas las *i* *1577*
6.4 a los que son de menor estima en la *i*? *1577*
7.17 así haga; esto ordeno en todas las *i* *1577*
10.32 no seáis tropiezo ni... ni a la *i* de Dios *1577*

11.16 no tenemos tal costumbre, ni las *i* de *1577*
11.18 cuando os reunís como *i*, oigo que hay *1577*
11.22 pues qué...¿0 menospreciáis la *i* de Dios *1577*
12.28 y a unos puso Dios en la *i*...apóstoles *1577*
14.4 pero el que profetiza, edifica a la *i* *1577*
14.5 que las interprete para que la *i* reciba......... *1577*
14.12 abundar en...para edificación de la *i* *1577*
14.19 en la *i* prefiero hablar cinco palabras........ *1577*
14.23 si...toda la *i* se reúne en un solo lugar........ *1577*
14.28 y si no hay intérprete, calle en la *i*............ *1577*
14.33 como en todas las *i* de los santos *1577*
15.9 no soy digno...perseguí a la *i* de Dios *1577*
16.1 la manera que ordené en las *i* de Galacia *1577*
16.19 las *i* de Asia os saludan. Aquila y *1577*
16.19 Priscila, con la *i* que está en su casa.......... *1577*
2 Co 1.1 a la *i* de Dios que está en Corinto............. *1577*
8.1 la gracia de Dios que se ha dado a las *i*......... *1577*
8.18 cuya alabanza...se oye por todas las *i*......... *1577*
8.19 designado por las *i* como compañero de....... *1577*
8.23 son mensajeros de las *i*, y gloria de............ *1577*
8.24 mostrad, pues...ante las *i* la prueba de........ *1577*
11.8 despojado a otras *i*, recibiendo salario *1577*
11.28 día, la preocupación por todas las *i* *1577*
12.13 ¿en qué habéis sido menos que las...*i* *1577*
Gá 1.2 hermanos...conmigo, a las *i* de Galacia........ *1577*
1.13 perseguía sobremanera a la *i* de Dios *1577*
1.22 no era conocido...a las *i* de Judea, que *1577*
Ef 1.22 cabeza sobre todas las cosas a la *i*............. *1577*
3.10 sea...dada a conocer por medio de la *i*........ *1577*
3.21 él sea gloria en la *i* en Cristo Jesús *1577*
5.23 como Cristo es cabeza de la *i*, la cual *1577*
5.24 así que, como la *i* está sujeta a Cristo.......... *1577*
5.25 amad...así como Cristo amó a la *i*, y se........ *1577*
5.27 una *i* gloriosa, que no tuviese mancha......... *1577*
5.29 y la cuida, como también Cristo a la *i*.......... *1577*
5.32 digo esto respecto de Cristo y de la *i*........... *1577*
Fil 3.6 cuanto a celo, perseguidor de la *i*............... *1577*
4.15 ninguna *i* participó conmigo en razón de...... *1577*
Col 1.18 es la cabeza del cuerpo que es la *i*............ *1577*
1.24 de las aflicciones...por su cuerpo...la *i*........ *1577*
4.15 saludad...a Ninfas y a la *i* que está en *1577*
4.16 haced que también se lea en la *i* de los *1577*
1 Ts 1.1 Pablo...a la *i* de los tesalonicenses............ *1577*
2.14 imitadores de las *i* de Dios en Cristo............ *1577*
2 Ts 1.1 Pablo...a la *i* de los tesalonicenses............ *1577*
1.4 nos gloriamos de vosotros en las *i* de Dios...... *1577*
1 Ti 3.5 casa, ¿cómo cuidará de la *i* de Dios?........... *1577*
3.15 la casa...que es la *i* del Dios viviente *1577*
5.16 no sea gravada la *i*, a fin de que haya *1577*
Flm 2 Arquipo...y a la *i* que está en tu casa *1577*
Stg 5.14 llame a los ancianos de la *i*, y oren............ *1577*
1 P 5.13 *i* que está en Babilonia...os saludan *1577*
3 Jn 6 dado ante la *i* testimonio de tu amor............ *1577*
9 yo he escrito a la *i*; pero Diótrefes, al............ *1577*
10 se lo prohíbe, y los expulsa de la *i*.............. *1577*
Ap 1.4 Juan, a las siete *i* que están en Asia *1577*
1.11 **envíalo a las siete *i* que están en Asia** *1577*
1.20 **estrellas son los ángeles de las siete *i*** *1577*
1.20 **y los siete candeleros...son las siete *i*** *1577*
2.1 **escribe al ángel de la *i* en Efeso: El que**......... *1577*
2.7,11,17,29 **lo que el Espíritu dice a las *i*** *1577*
2.8 **escribe al ángel de la *i* en Esmirna: El**.......... *1577*
2.12 **escribe al ángel de la *i* en Pérgamo: El** *1577*
2.18 **escribe al ángel de la *i* en Tiatira: El** *1577*
2.23 **y todas las *i* sabrán que yo soy el que** *1577*
3.1 **escribe al ángel de la *i* en Sardis: El que**......... *1577*
3.6,13,22 **lo que el Espíritu dice a las *i*** *1577*
3.7 **escribe al ángel de la *i* en Filadelfia** *1577*
3.14 **y escribe al ángel de la *i* en Laodicea**........... *1577*
22.16 **ángel para daros testimonio...en las *i*** *1577*

IGNOMINIA
Sal 109.29 vestidos de *i* los que me calumnian......... 3639
Pr 3.35 los sabios...mas los necios llevarán *i*.......... 7036
Jer 11.13 pusiste los altares de *i*, altares............... 1322
13.26 yo...descubriré...y se manifestará tu *i*........ 7036

IGNORANCIA
Lv 5.18 que cometió por *i*, y será perdonado 7684
Nm 15.24 fue hecho, con *i* de la congregación......... 7684
Ec 5.6 ni digas delante del ángel, que fue *i* 7684
Hch 3.17 por *i* lo habéis hecho, como también *52*
17.30 pasado por alto los tiempos de esta *i* *52*
Ef 4.18 ajenos de...por la *i* que en ellos hay.............. *52*
1 Ti 1.13 yo...lo hice por *i*, en incredulidad *50*
He 9.7 la cual ofrece por...los pecados de *i*................ *51*
1 P 1.14 deseos que antes teníais...vuestra *i*............. *52*
2.15 callar la *i* de los hombres insensatos............. *56*

IGNORANTE
Dt 32.6 así pagáis a Jehová, pueblo loco e *i*?...... 3808,2450
Pr 1.32 porque el desvío de los *i* los matará 6612
9.13 la mujer insensata es...es simple e *i*...... 3045,1077
12.1 mas el que aborrece la reprensión es *i* 1198
Is 56.10 atalayas son ciegos, todos ellos *i*........... 3808,3045
Jer 4.22 necio...hijos *i* y no son entendidos............ 5530
1 Co 3.18 se cree sabio...hágase *i*, para que........... *3474*
He 5.2 para que se muestre paciente con los *i*........... *50*

IGNORAR
Ec 11.5 así *ignoras* la obra de Dios, el cual 3045,3808
Is 63.16 si bien Abraham nos *ignora*, e Israel..... 3045,3808
Jer 5.15 gente cuya lengua *ignorarás*, y no 3045,3808
Mt 22.29 **erráis, *ignorando* las Escrituras y**....... *3361,1492*
Mr 12.24 ***ignoráis* las Escrituras, y el poder** *3361,1492*
Hch 26.26 no pienso que *ignora* nada de esto........... *2990*
Ro 1.13 que *ignoréis* que...me he propuesto ir........... *50*
2.4 *ignorando* que su benignidad te guía al........... *50*
7.1 ¿acaso *ignoráis*, hermanos...que la ley se......... *50*
10.3 porque *ignorando* la justicia de Dios, y *50*
11.25 no quiero...que *ignoréis* este misterio *50*
1 Co 6.19 ¿o *ignoráis* que vuestro cuerpo es *3756,1492*
10.1 que *ignoréis* que nuestros padres todos.......... *50*
12.1 no quiero...que *ignoréis* acerca de los.......... *50*
14.11 si yo *ignoro* el valor de las palabras *3361,1492*
14.38 mas el que *ignora*, *ignore*...................... *50*
2 Co 1.8 no queremos que *ignoréis* acerca de *50*
2.11 pues no *ignoramos* sus maquinaciones *50*
1 Ts 4.13 *ignoréis* acerca de los que duermen............ *50*
2 P 3.5 estos *ignoran*...en el tiempo antiguo *2990*
3.8 no *ignoréis* esto: que para con el Señor *2990*
1 Jn 2.21 como si *ignoraseis* la verdad, sino....... *3756,1492*

IGUAL
Éx 30.34 incienso puro; de todo en *i* peso 905
Lv 6.22 el sacerdote que en...hará *i* ofrenda
Mt 20.12 **los has hecho *i* a nosotros, que hemos** *2470*
Lc 20.36 **son *i* a los ángeles, y son hijos de**............. *2465*
Jn 5.18 su propio padre, haciéndose *i* a Dios *2470*
Ro 14.5 otro juzga *i* todos los días. Cada uno
Fil 2.6 no estimó el ser *i* a Dios como cosa a *2470*
Ap 21.16 su longitud es *i* a su anchura; y él............ *5118*
21.16 la altura y la anchura de ella son *i* *2470*

IGUALAR
2 S 23.19,23; 1 Cr 11.21,25 pero no *igualó* a los tres
primeros 935
Job 28.17 oro no se le *igualará*, ni el diamante 6186
28.19 no se *igualará* con ella topacio de............ 6186
Sal 86.8 Señor...ni obras que *igualen* tus obras
89.6 ¿quién en los...se *igualará* a Jehová? 1819
Is 28.25 cuando ha *igualado* su superficie, ¿no 7737
46.5 ¿a quién me...*igualáis*, y me comparáis 7737

IGUALDAD
2 Co 8.14 con *i*, la abundancia vuestra supla *2471*
8.14 la escasez de ellos...para que haya *i* *2471*

IGUALMENTE
Éx 21.17 *i* el que maldijere a su padre o
38.1 *i* hizo de madera de acacia el
39.27 *i* hicieron las túnicas de lino
Lv 17.9 el tal varón será *i* cortado
1 S 19.24 y profetizó *i* delante de 1571
1 R 6.33 *i* hizo a la puerta del templo
2 R 23.15 *i* el altar que estaba en Bet-el
1 Cr 24.31 el principal de los padres *i*
2 Cr 4.8 *i* hizo cien tazones de oro
Est 4.16 con mis doncellas ayunaré *i* 3651
Job 6.2 y se alzasen *i* en balanza!
21.26 *i* yacerán ellos en el polvo, y
Sal 62.9 pesándolos a todos *i* en la 3162
Pr 17.15 ambos son *i* abominación a 1571
20.12 ambas cosas *i* ha hecho Jehová 1571
Ec 11.6 o si lo uno y lo otro es *i* 259
Jer 6.11 la reunión de los jóvenes *i* 3162
13.14 los padres con los hijos *i*
Lc 13.3,5 antes si no os...todos pereceréis *i*....... *5615,3668*
Jn 5.19 **también lo hace el Hijo *i*** *3668*
1 P 3.7 vosotros, maridos, *i*, vivid *3668*
5.5 *i*, jóvenes, estad sujetos a *3668*
2 P 1.1 una fe *i* preciosa que la *2472*

IIM *Ciudad en Judá,* Jos 15.29 5864

IJAR
Lv 3.4,10,15; 4.9; 7.4 la grosura que está...sobre los *i*... 3689
Job 15.27 la gordura...hizo pliegues sobre sus *i*....... 3689

IJE-ABARIM *Lugar donde acampó Israel,*
Nm 21.11; 33.44,45 5863,5864

IJÓN *Ciudad en el norte de Palestina*
1 R 15.20 conquistó *I*, Dan, Abel-bet-maaca.............. 5859
2 R 15.29 vino Tiglat-pileser...y tomó a *I* 5859
2 Cr 16.4 conquistaron *I*, Dan, Abel-maim y 5859

ILAI *Uno de los valientes de David,* 1 Cr 11.29... 5866

ILÍRICO *Provincia romana en Asia Menor*
Ro 15.19 hasta *I*...lo he llenado del evangelio *2437*

ILUMINACIÓN
2 Co 4.6 *i* del conocimiento de la gloria de.............. *5462*

ILUMINAR
Job 33.30 y para *iluminarlo* con la luz de los 215
Ec 8.1 sabiduría del hombre *ilumina* su rostro 215
He 6.4 una vez fueron *iluminados* y gustaron *5461*
10.32 después de haber sido *iluminados*.......... *5461*
Ap 21.23 porque la gloria de Dios la *ilumina* *5461*
22.5 sol, porque Dios el Señor los *iluminará*........ *5461*

ILUSO
Job 15.31 no confíe el *i* en la vanidad, porque 8582

ILUSORIA
Sal 31.6 a los que esperan en vanidades *i*; mas........ 7723
Jer 15.18 ¿serás para mí como cosa *i*, como 391
Jon 2.8 siguen vanidades *i*, su misericordia 7723

ILUSTRE
Rt 4.11 seas *i* en Efrata, y seas de renombre 2428
1 S 22.14 fiel como David...es *i* en tu casa?............ 3513
1 Cr 4.9 y Jabes fue más *i* que sus hermanos 3513
11.21 el más *i* de los treinta, y fue el jefe........... 3513
12.30 varones *i* en las casas de sus padres 8034
Sal 45.9 hijas de reyes están entre tus *i*, está 3368
Is 23.9 para abatir a todos los *i* de la tierra............ 3513

IMAGEN
Gn 1.26 dijo...Hagamos al hombre a nuestra *i* 6754
1.27 y creó...al hombre a su *i*, a *i* de Dios 6754
5.3 Adán...engendró un hijo...conforme a su *i*..... 6754
9.6 porque a *i* de Dios es hecho el hombre 6754
Éx 20.4 no te harás *i*, ni ninguna semejanza........... 6754
34.13 estatuas, y cortaréis sus *i* de Asera........... 4676
Lv 26.30 lugares altos, y derribaré vuestras *i*.......... 2553
Nm 33.52 destruiréis...todas sus *i* de fundición 6754
Dt 4.16 *i* de figura alguna, efigie de varón............. 6459
4.23 no os hagáis...o *i* de ninguna cosa que 6459
4.25 e hiciereis escultura o *i* de cualquier 6459
5.8 no harás para ti escultura, ni *i* alguna.......... 6459
7.5 destruiréis sus *i* de Asera, y quemaréis 4676
9.12 pueblo...se han hecho una *i* de fundición 4541
12.3 y sus *i* de Asera consumiréis con fuego......... 6456
27.15 maldito el hombre que hiciere...*i* de 6459
Jue 3.7 sirvieron a los baales y a las *i* de 842
6.25 corta también la *i* de Asera que está............ 842
6.26 en holocausto con la madera de la *i* de 842
6.28 cortada la *i* de Asera que estaba junto.......... 842
6.30 y ha cortado la *i* de Asera que estaba 842
17.3 hacer una *i* de talla y una de fundición.......... 6459
17.4 quien hizo de ellos una *i* de talla y una 6459
18.14 hay...una *i* de talla y una de fundición 6459
18.17,18 tomaron la *i* de talla...*i* de fundición 6459
18.20 tomó...*i*, y se fue en medio del pueblo 6459
18.30 Dan levantaron para sí la *i* de talla 6459
18.31 así tuvieron levantada...la *i* de talla 6459
1 R 14.9 te hiciste dioses...e *i* de fundición 4541
14.15 por cuanto han hecho sus *i* de Asera 842
14.23 e *i* de Asera, en todo collado alto y 4676
16.3 3 hizo...Acab una *i* de Asera, haciendo así 842
2 R 11.18 despedazaron...sus altares y sus *i* 6754
13.6 la *i* de Asera permaneció en Samaria 842
17.10 levantaron estatuas e *i* de Asera en 4676
17.16 se hicieron *i* fundidas de dos becerros 4541
17.16 se hicieron...*i* de Asera, y adoraron a.......... 842
18.4 quebró las *i*, y cortó los símbolos de 4676
21.3 hizo una *i* de Asera, como había hecho......... 842
21.7 puso una *i* de Asera...en la casa de la........... 6459
23.6 sacar la *i* de Asera fuera de la casa de 842
23.14 quebró las...y derribó las *i* de Asera 4676
23.15 lo hizo polvo, y puso fuego a la *i* de............ 842
2 Cr 14.3 quebró las *i*, y destruyó...de Asera 4676
14.5 quitó...Judá los lugares altos y las *i* 2553
15.16 porque había hecho una *i* de Asera 842
15.16 Asa destruyó la *i*, y la desmenuzó, y la......... 4656
17.6 quitó...*i* de Asera de en medio de Judá.......... 842
19.3 quitado de la tierra las *i* de Asera, y............. 842
23.17 templo de Baal...e hicieron pedazos sus *i* 6754
24.18 sirvieron...Asera y a las *i* esculpidas........... 842
28.2 y además hizo *i* fundidas a los baales 4541
31.1 estatuas y destruyeron las *i* de Asera........... 842
33.3 e hizo *i* de Asera, y adoró a todo el 842
33.7 puso una *i* fundida...en la casa de Dios 6459
33.19 los sitios donde...erigió *i* de Asera e 6456
34.3 limpiar a Judá...*i* de Asera...*i* fundidas ... 842,4541
34.4 los baales, e hizo pedazos las *i* del sol 2553
34.4 despedazó también las *i* de Asera, las 2553
34.7 cuando hubo derribado...las *i* de Asera 6456
Sal 78.58 le provocaron a celo con sus *i* de 6456
97.7 todos los que sirven a las *i* de talla 6459
106.19 se postraron ante una *i* de fundición 4541
106.20 por la *i* de un buey que come hierba 8403
Is 10.10 siendo sus *i* más que...de Jerusalén........... 6456
17.8 no mirará a...Asera, ni a la *i* del sol............ 2553
19.3 preguntarán a sus *i*, a sus hechiceros 457
27.9 no se levanten...Asera ni las *i* de sol 2553
30.22 la vestidura de tus *i* fundidas de oro 6459
40.18 semejante a...o qué *i* le compondréis? 1823
40.19 el artífice prepara la *i* de talla, el 6459
40.20 le haga una *i* de talla que no se mueva 6459
41.29 viento y vanidad son sus *i* fundidas 5262
42.17 y dicen a las *i* de fundición: Vosotros.......... 6459
44.9 los formadores de *i*...ellos son vanidad 6459
44.10 o quien fundió una *i* que para nada es 6459
45.16 irán con afrenta...los fabricadores de *i*...... 6736
46.1 Bel...sus *i* fueron puestas sobre bestias 6091
48.5 mi ídolo lo hizo, mis *i* de escultura y 6459
Jer 8.19 me hicieron airar con sus *i* de talla 6456
17.2 hijos se acuerdan de...de sus *i* de Asera.......... 842
50.38 es tierra de ídolos...entontecen con *i*......... 6456
Ez 6.4 y vuestras *i* del sol serán quebradas.............. 2553
6.6 vuestras *i* del sol serán destruidas, y 2553
7.20 hicieron de ello las *i* de sus...ídolos 6754
8.3 estaba la habitación de la *i* del celo, la.......... 5566
8.5 junto a la puerta...aquella *i* del celo en.......... 5566
8.12 cada uno en sus cámaras pintadas de *i*?....... 4906
16.17 te hiciste *i* de hombres y fornicaste 6754
16.21 ofrecieras a aquellas *i* como ofrenda
23.14 vio a...*i* de caldeos pintadas de color 6754
30.13 destruiré también las *i*, y...los ídolos 457
Dn 2.31 veías, y he aquí una gran *i*. Esta *i* 6755
2.32 la cabeza de esta *i* era de oro fino.............. 6755
2.34 hirió a la *i* en sus pies de hierro y de 6755
2.35 la piedra que hirió a la *i* fue hecha un 6755
11.8 a los dioses de ellos, y sus *i* fundidas........... 5257
Os 13.2 se han hecho...*i* de fundición, ídolos 4551
Mi 5.13 haré destruir...tus *i* en medio de ti............ 6456
5.14 arrancaré tus *i* de Asera de en medio de 842
Hab 2.18 haciendo *i* mudas confíe el hacedor 6459
Zac 13.2 quitaré de la tierra los nombres...*i* 6091
Mt 22.20; Mr 12.16 **¿de quién es esta *i*, y la** *1504*
Lc 20.24 **¿de quién tiene la *i* y la inscripción?** *1504*
Hch 19.35 guardiana...la *i* venida de Júpiter?
Ro 1.23 semejanza de *i* de hombre corruptible *1504*
8.29 que fuesen hechos conformes a la *i* de su...... *1504*
1 Co 11.7 el varón...él es *i* y gloria de Dios *1504*
15.49 así como hemos traído la *i* del terrenal....... *1504*
15.49 traeremos también la *i* del celestial *1504*
2 Co 3.18 de gloria en gloria en la misma *i* *1504*
4.4 la gloria de Cristo, el cual es la *i* de.............. *1504*
Col 1.15 él es la *i* del Dios invisible, el *1504*

I

3.10 el cual conforme a la *i* del que lo creó 1504
He 1.3 y la *i* misma de su sustancia, y quien 5481
10.1 no la *i* misma de las cosas, nunca puede 1504
Ap 9.20 ni dejaron de adorar... a las *i* de oro 1497
13.14 que le hagan *i* a la bestia que tiene 1504
13.15 infundir aliento a la *i* de la bestia 1504
13.15 para que la *i* hablase e hiciese matar 1504
14.9 si alguno adora a la bestia y a su *i* 1504
14.11 los que adoran a la bestia y a su *i* 1504
15.2 victoria sobre la bestia y su *i*, y su 1504
16.2 úlcera... sobre los... que adoraban su *i* 1504
19.20 habían adorado su *i*. Estos dos fueron 1504
20.4 no habían adorado a la bestia ni a su *i* 1504

IMAGINACIÓN

Job 4.13 en *i* de visiones nocturnas, cuando el 5587
21.27 conozco... las *i* que contra mí forjáis 4209
Pr 18.11 riquezas... como un muro alto en su *i* 4906
Jer 9.14; 11.8 fueron tras la *i* de su corazón 8307
13.10 que anda en las *i* de su corazón, y que 8307
16.12 vosotros camináis cada uno tras la *i* de 8307
Dn 4.5 *i* y visiones de mi cabeza me turbaron 2031
Hch 17.29 escultura de arte y de *i* de hombres 1761

IMAGINAR

2 S 4.10 *imaginándose* que traía buenas nuevas
Is 10.7 ni su corazón lo *imaginara* de esta 2803
33.18 tu corazón *imaginará* el espanto, y dirá 1897
Nah 1.11 el que *imaginó* mal contra Jehová, un 2803
1 Co 8.2 y si alguno se *imagina* que sabe algo 1380

IMER

1. Sacerdote contemporáneo de David,
1 Cr 9.12; 24.14; Esd 2.37; 10.20; Neh 7.40; 11.13 564
2. Lugar en Babilonia, Esd 2.59; Neh 7.61 564
3. Padre de Sadoc No. 5 (posiblemente =No 1),
Neh 3.29 564
4. Padre de Pasur No. 4 (posiblemente =No 1),
Jer 20.1 564

IMITADOR

1 Co 11.1 sed *i* de mí, así como yo de Cristo 3402
Ef 5.1 sed, pues, *i* de Dios como hijos amados 3402
Fil 3.17 hermanos, sed *i* de mí, y mirad a los 4831
1 Ts 1.6 vinisteis a ser *i* de nosotros y del 3402
2.14 vinisteis a ser *i* de las iglesias de 3402
He 6.12 sino *i* de aquellos que por la fe y la 3402

IMITAR

1 Co 4.16 por tanto, os ruego que me *imitéis* 3402
2 Ts 3.7 sabéis... qué manera debéis *imitarnos* 3401
3.9 caros... un ejemplo para que nos *imitaseis* 3401
He 13.7 de vuestros pastores... e *imitad* su fe 3401
3 Jn 11 amado, no *imites* lo malo, sino... bueno 3401

IMLA *Padre del profeta Micaías*, 1 R 22.8,9; 2 Cr 18.7,8 3229

IMNA

1. Primogénito de Aser, Gn 46.17; Nm 26.44;
1 Cr 7.30 3232
2. Descendiente de Aser, 1 Cr 7.35 3232
3. Padre de Coré No. 6, 2 Cr 31.14 3232

IMNITA *Descendiente de Imna No. 1*
Nm 26.44 3232

IMPACIENTAR

Sal 37.1 *impacientes* a causa de los malignos 2734
Zac 11.8 mi alma se *impacientó* contra ellos 7114

IMPACIENTE

Pr 14.29 el que es *i* de espíritu enaltece la 7116

IMPEDIMENTO

Hch 28.31 enseñando acerca del Señor... sin *i* 563
1 Co 7.35 para que sin *i* os acerquéis al Señor 563

IMPEDIR

Gn 23.6 ninguno... te *impedirá* que entierres tu 3607
30.2 que te *impidió* el fruto de tu vientre? 4513
Éx 36.6 se le *impidió* al pueblo ofrecer más 3607
Nm 9.7 seremos *impedidos* de ofrecer ofrenda 1639
11.28 y dijo: Señor mío Moisés, *impídelos* 3607
1 S 25.26 que Jehová te ha *impedido* el venir 4513
2 R 6.32 la puerta, e *impedidle* la entrada 3905
Is 14.27 determinado, ¿y quién le *impedirá*? 6565
66.9 ¿*impediré* al nacimiento? dice tu Dios 6113
Lm 2.14 tu pecado para *impedir* tu cautiverio 7725
Mt 19.14; Mr 10.14 **dejad... y no se lo *impidáis*** 2967
Lc 11.52 **a los que entraban se lo *impedisteis*** 2967
18.16 **no se lo *impidáis*; porque de los tales** 2967
Hch 8.36 ¿qué *impide* que yo sea bautizado? 2967
10.47 ¿puede acaso alguno *impedir* el agua 2967
14.18 lograron *impedir* que la multitud les 2664
24.23 no *impidiese* a... servirle o venir a él 2967
27.7 nos *impedía* el viento, navegamos 3361,4330
27.43 el centurión... les *impidió* este intento 2967
Ro 15.22 he visto *impedido*... de ir a vosotros 1465
1 Co 14.39 y no *impidáis* el hablar lenguas 2967
2 Co 11.10 no se me *impedirá* esta mi gloria 4972,5420
1 Ts 2.16 *impidiéndonos* hablar a los gentiles 2967

IMPELIR

2 Cr 21.11 fornicasen... a ello *impelió* a Judá 5080
Lc 8.29 era *impelido* por el demonio a los 1643

IMPENETRABLE

Jer 46.23 cortarán sus bosques... aunque sean *i* .. 3808,2713

IMPERIO

Is 9.7 su *i* y la paz no tendrán límite, sobre 4951
Lc 3.1 en el año decimoquinto del *i* de Tiberio 2231
1 Ti 6.16 al cual sea la... y el *i* sempiterno 2904
He 2.14 al que tenía el *i* de la muerte, esto 2904
1 P 4.11 a quien pertenecen la gloria y el *i* 2904
5.11 a él sea la gloria y el *i* por los siglos 2904
Jud 25 gloria y majestad, *i* y potencia, ahora 2904
Ap 1.6 a él sea gloria e *i* por los siglos de 2904

IMPERIOSAMENTE

Nm 16.13 también te enseñorees de nosotros *i*? 8323

ÍMPETU

Jue 9.44 acometieron con *i*, y se detuvieron 6584
Job 39.24 y él con *i* y furor escarba la tierra 7494
Is 22.18 te echará a rodar con *i*, como a bola 6801
25.4 el *i* de los violentos es como turbión 7307
28.2 como *i* de recias aguas que inundan, con 2230
Jer 8.6 como caballo que arremete con *i* a la
Mt 7.27 **y dieron con *i* contra aquella casa** 4350
Lc 6.48 **el río dio con *i* contra aquella casa** 4366
6.49 **casa... contra la cual el río dio con *i*** 4366
Ap 18.21 el mismo *i* será derribada Babilonia 3731

IMPETUOSAMENTE

2 R 9.20 el marchar de Jehú... porque viene *i* 7697

IMPETUOSO, A

Gn 49.4 *i* como... aguas, no serás el principal 6349
Éx 15.10 hundieron como plomo en las *i* aguas 117
2 S 5.20 quebrantó Jehová... como corriente *i* 6556
Job 6.15 traicionaron... pasan como corrientes *i* 650
8.2 palabras de tu boca serán como viento *i*? 3524
14.19 las piedras se desgastan con el agua *i*
Sal 74.15 abriste la fuente... secaste ríos *i* 386
124.5 pasado sobre nuestra alma las aguas *i* 2121
Pr 27.4 cruel es la ira, e *i* el furor... envidia 7858
Is 8.7 aguas de ríos, *i* y muchas, esto es, al 6099
43.16 abre camino en el mar... en las aguas *i* 5794
Ez 38.22 haré llover... *i* lluvia, y piedras de 7857
Am 5.24 pero corra... la justicia como *i* arroyo 386
Nah 1.8 inundación *i* consumirá a sus enemigos 5674
2 Ti 3.4 *i*, infatuados, amadores de... deleites 4312
He 11.34 apagaron fuegos *i*, evitaron filo de 1411
Stg 3.4 las naves... llevadas de *i* vientos, son 4642

IMPÍAMENTE

2 S 22.22 porque... no me aparté *i* de mi Dios 7561
2 Cr 6.37 y dijeren: Pecamos... *i* hemos hecho 7561
22.3 madre le aconsejaba a que actuase *i* 7561
Sal 18.21 porque... no me aparté *i* de mi Dios 7561
Dn 9.5,15 hemos pecado... hemos hecho *i* 7561
12.10 los impíos procederán *i*, y ninguno de 7561
2 P 2.6 ejemplo a los que habían de vivir *i* 764
Jud 15 sus obras impías que han hecho *i*, y 764

IMPIEDAD

Dt 9.4,5 por la *i* de estas naciones Jehová 7564
9.27 no mires a la... ni a su *i* ni a su pecado 7562
1 S 24.13 de los impíos saldrá la *i*; así que 7562
1 R 8.47 hemos hecho lo malo, hemos cometido *i* 7561
2 Cr 20.35 Ocozías... el cual era dado a la *i* 7561
Job 34.10 oidme: Lejos esté de Dios la *i* 7562
35.8 al hombre como tú dañará tu *i*, y al hijo 7562
Sal 106.6 padres; hicimos iniquidad, hicimos *i* 7561
125.3 no reposará la vara de la *i* sobre la 7562
Pr 8.7 hablará verdad... *i* abominan mis labios 7562
11.5 justicia... mas el impío por su *i* caerá 7564
12.3 el hombre no se afirmará por medio... *i* 7562
13.6 guarda... mas la *i* trastornará al pecador 7564
16.12 abominación es a los reyes hacer *i* 7562
Ec 3.16 lugar del juicio, allí *i*; y en lugar 7562
8.8 guerra, ni la *i* librará al que la posee 7562
Is 32.6 fabricará iniquidad, para cometer *i* 2612
58.6 desatar las ligaduras de *i*, soltar las 7562
Jer 14.20 reconocemos, oh Jehová, nuestra *i* 7562
Ez 3.19 y él no se convirtiere de su *i* y de 7562
5.6 ella cambió mis decretos... en *i* más que 7564
18.20 justo... y la *i* del impío será sobre él 7564
18.27 apartándose el impío de su *i* que hizo 7564
33.12 *i* del impío no le será estorbo el día 7564
33.12 el día que volviere de su *i*; y el justo 7562
33.19 el impío se apartare de su *i*, e hiciere 7564
Os 10.13 habéis arado *i*, y segasteis iniquidad 7562
Mi 6.10 ¿hay... en casa del impío tesoros de *i* 7562
Mal 1.4 les llamarán territorio de *i*, y pueblo 7564
3.15 los que hacen *i* no sólo son prosperados 7564
Ro 1.18 se revela... contra toda *i* e injusticia 763
11.26 Libertador, que apartará de Jacob la *i* 763
2 Ti 2.16 porque conducirán más y más a la *i* 763
Tit 2.12 que renunciando a la *i* y a los deseos 763

IMPÍO, A

Gn 18.23 ¿destruirás también al... con el *i*? 7563
18.25 tal, que hagas morir al justo con el *i* 7563
18.25 y que sea el justo tratado como el *i* 7563
Éx 9.27 Jehová es justo, y yo y mi pueblo *i* 7563
23.1 no te concertarás con el *i*... ser testigo 7563
23.7 y no matarás al... yo no justificaré al *i* 7563
Nm 16.26 apartaos ahora... de estos hombres *i* 7563
Dt 13.13 salido de en medio de ti hombres *i*
1 S 1.16 no tengas a tu sierva por... mujer *i* 1100
2.9 santos, mas los *i* perecen en tinieblas 7563
2.12 los hijos de Elí eran hombres *i*, y no 1100
24.13 de los *i* saldrá la impiedad; así que 7563
2 S 23.6 los *i* serán... como espinos arrancados 1100
1 R 8.32 condenando al *i* y haciendo recaer su 7563
2 Cr 6.23 dando la paga al *i*, haciendo recaer 7563
19.2 al rey... ¿Al *i* das ayuda, y amas a los 7563
24.7 la *i* Atalía y... habían destruido la casa 4849
Job 3.17 allí los *i* dejan de perturbar, y allí 7563
5.15 así libra... al pobre, de la boca de los *i* 2389
8.13 a Dios; y la esperanza del *i* perecerá 2611
8.22 serán... y la habitación de los *i* perecerá 7563
9.22 diga: Al perfecto y al *i* él los consume 7563
9.24 la tierra es entregada en manos de los *i* 7563
9.29 yo soy *i*; ¿para qué trabajaré en vano? 7561
10.3 que favorezcas los designios de los *i*? 7563
10.7 aunque tú sabes que no soy *i*, y que no 7561
13.16 porque no entrará en su presencia el *i* 2611
15.20 todos sus días, el *i* es atormentado de 7563
15.34 la congregación de los *i* será asolada 2611
16.11 y en las manos de los *i* me hizo caer 7563
17.8 y el inocente se levantará contra el *i* 2611
18.5 ciertamente la luz de los *i* será apagada 7563
18.21 tales son las moradas del *i*, y este 5767
20.5 breve, y el gozo del *i* por un momento? 7563
20.29 porción que Dios prepara al hombre *i* 7563
21.7 ¿por qué viven los *i*, y se envejecen 7563
21.16 el consejo de los *i* lejos esté de mí 7563
21.17 veces la lámpara de los *i* es apagada 7563
21.28 y qué de la tienda... moradas de los *i*? 7563
24.6 siegan... los *i* vendimian la viña ajena 7563
24.20 como un árbol los *i* serán quebrantados 5766
27.7 como el *i* mi enemigo, y como el inicuo 7563
27.8 ¿cuál es la esperanza del *i*, por mucho 2611
27.13 para con Dios la porción del hombre *i* 7563
31.3 ¿no hay quebrantamiento para el *i*, y 5767
34.18 al rey: Perverso; y a los príncipes: *I*? 1100
34.30 haciendo que no reine el hombre *i* para 2611
36.6 no otorgará vida al *i*, pero a... afligidos 7563
36.17 tú has llenado el juicio del *i*, en vez 7563
38.13 para que sean sacudidos de ella los *i*? 7563
38.15 mas la luz de los *i* es quitada de ellos 7563
40.12 mira... y quebranta a los *i* en su sitio 7563
Sal 7.11 Dios está airado contra el *i* todos 7563
7.14 he aquí, el *i* concibió maldad, se preñó
26.5 aborrecí la... con los *i* nunca me senté 7563
31.17 sean avergonzados los *i*, estén mudos 7563
32.10 muchos dolores habrá para el *i*; mas al 7563
36.1 la iniquidad del *i* me dice al corazón 7563
36.11 no venga pie... y mano de *i* no me mueva 7563
37.12 maquina el *i* contra el justo, y cruje 7563
37.14 *i* desenvainan espada y entesan su arco 7563
37.17 los brazos de los *i* serán quebrados; mas 7563
37.20 mas los *i* perecerán, y los enemigos de 7563
37.21 el *i* toma prestado, y no paga; mas el 7563
37.28 la descendencia de los *i* será destruida 7563
37.32 acecha... *i* al justo, y procura matarlo 7563
37.35 vi yo al *i* sumamente enaltecido, y que 7563
37.38 la posteridad de los *i* será extinguida 7563
37.40 los libertará de los *i*, y los salvará 7563
39.1 en tanto que el *i* esté delante de mí 7563
43.1 de gente *i*, y... hombre engañoso 3808,2623
55.3 voz del enemigo, por la opresión del *i* 7563
58.3 se apartaron los *i* desde la matriz; se 7563
58.10 sus pies lavará en la sangre del *i* 7563
68.2 así perecerán los *i* delante de Dios 7563
71.4 líbrame de la mano del *i*, de la mano del 7563
73.3 tuve envidia... la prosperidad de los *i* 7563
73.12 he aquí estos *i*, sin ser turbados del 7563
75.4 dije a... a los *i*: No os enorgullezcáis 7563
75.8 y lo beberán todos los *i* de la tierra 7563
82.2 y aceptaréis las personas de los *i*? 7563
82.4 necesitado; libradlo de mano de los *i* 7563
91.8 mirarás y verás la recompensa de los *i* 7563
92.7 cuando brotan los *i* como la hierba, y 7563
94.3 ¿hasta cuándo los *i*... se gozarán los *i*? 7563
94.13 tanto que para el *i* se cava el hoyo 7563
97.10 él guarda... de mano de los *i* los libra 7563
101.8 destruiré a todos los *i* de la tierra 7563
104.35 sean consumidos... los *i* dejen de ser 7563
106.18 se encendió... la llama quemó a los *i* 7563
109.2 boca de *i* y... se han abierto contra mí 7563
109.6 pon sobre él al *i*, y Satanás esté a su 7563
112.10 verá el *i*... deseo de los *i* perecerá 7563
119.61 compañías de *i* me han rodeado, mas 7563
119.95 *i* me han aguardado para destruirme 7563
119.110 me pusieron lazo los *i*, pero yo no 7563
119.119 hiciste consumir a todos los *i* de 7563
119.155 lejos está de los *i* la salvación 7563
129.4 es justo; cortó las coyundas de los *i* 7563
139.19 de cierto, oh Dios, harás morir al *i* 7563
140.4 guárdame, oh Jehová, de manos del *i* 7563
140.8 no concedas... Jehová, al *i* sus deseos 7563
141.4 obras *i* con los que hacen iniquidad 7562
141.10 caigan los *i* a una en... redes, mientras 7563
145.20 guarda a... mas destruirá a todos los *i* 7563
146.9 Jehová... el camino de los *i* trastorna 7563
147.6 exalta... humilla a los *i* hasta la tierra 7563
Pr 2.22 los *i* serán cortados de la tierra, y 7563
3.25 ni de la ruina de los *i* cuando viniere 7563
3.33 maldición de Jehová... en la casa del *i* 7563
4.14 no entres por la vereda de los *i*, ni 7563
4.19 el camino de los *i* es como la oscuridad 7563
5.22 prenderán al *i* sus propias iniquidades 7563
9.7 el que reprende al *i*, se atrae mancha 7563
10.3 justo; mas la iniquidad lanzará a los *i* 7563
10.6,11 violencia cubrirá la boca de los *i* 7563
10.7 el justo... el nombre de los *i* se pudrirá 7563
10.16 vida; mas el fruto del *i* es para pecado 7563
10.20 mas el corazón de los *i* es como nada 7563
10.24 lo que el *i* teme, eso le vendrá; pero 7563
10.27 mas los años de los *i* serán acortados 7563
10.28 justos... la esperanza de los *i* perecerá 7563
10.30 el justo... los *i* no habitarán la tierra 7563
10.32 la boca de los *i* habla perversidades 7563

11.5 camino; mas el *i* por su impiedad caerá 7563
11.7 muere el hombre *i*, perece su esperanza 7563
11.8 el justo... mas el *i* entra en lugar suyo 7563
11.10 mas cuando los *i* perecen hay fiesta.......... 7563
11.11 por la boca de los *i* será trastornada......... 7563
11.18 *i* hace obra falsa; mas el que siembra 7563
11.23 mas la esperanza de los *i* es el enojo 7563
11.31 justo... ¡cuánto más el *i* y el pecador! 7563
12.5 son rectitud... consejos de los *i*, engaño........ 7563
12.6 palabras de los *i* son asechanzas para 7563
12.7 Dios trastornará a los *i*, y no serán más....... 7563
12.10 justo... mas el corazón de los *i* es cruel 7563
12.12 codicia el *i* la red de los malvados.............. 7563
12.13 el *i* es enredado en la prevaricación de 7451
12.21 al justo... los *i* serán colmados de males...... 7563
12.26 mas el camino de los *i* les hace errar......... 7563
13.5 justo... mas el *i* se hace odioso e infame 7563
13.9 luz... mas se apagará la lámpara de los *i*...... 7563
13.25 el vientre de los *i* tendrá necesidad........... 7563
14.11 la casa de los *i* será asolada; pero............ 7563
14.19 inclinarán... *i* a las puertas del justo 7563
14.32 por su maldad será lanzado el *i*; mas......... 7563
15.6 pero turbación en las ganancias del *i* 7563
15.8 el sacrificio de los *i* es abominación 7563
15.9 abominación es a Jehová el camino del *i* 7563
15.28 la boca de los *i* derrama malas cosas 7451
15.29 Jehová está lejos de los *i*; pero él oye......... 7563
16.4 ha hecho... y aun al *i* para el día malo......... 7563
17.15 que justifica al *i*, y el que condena al 7563
17.23 el *i* toma soborno... para pervertir las........ 7563
18.3 cuando viene el *i*, viene también el 7563
18.5 tener respeto a... *i*, para pervertir el 7563
19.28 la boca de los *i* encubrirá la iniquidad 7563
20.26 el rey sabio avienta a los *i*, y sobre 7563
21.4 orgullo... pensamientos de *i*, son pecado 7563
21.7 la rapiña de los *i* los destruirá, por 7563
21.10 el alma del *i* desea el mal; su prójimo 7563
21.12 considera el justo la casa del *i*, cómo 7563
21.12 cómo los *i* son trastornados por el mal 7563
21.18 rescate del justo es el *i*, y por los 7563
21.27 el sacrificio de los *i* es abominación........... 7563
21.29 el hombre *i* endurece su rostro; mas el....... 7563
24.15 oh *i*, no aceches la tienda del justo 7563
24.16 el justo... mas los *i* caerán en el mal 7563
24.19 malignos, ni tengas envidia de los *i*........... 7563
24.20 fin, y la lámpara de los *i* será apagada....... 7563
25.5 aparta al *i* de la presencia del rey, y........... 7563
25.26 como... es el justo que cae delante del *i*....... 7563
28.1 huye el *i* sin que nadie lo persiga; mas......... 7563
28.4 los que dejan la ley alaban a los *i*; mas 7563
28.12 cuando se levantan los *i*, tienen que 7563
28.15 león... es el príncipe *i* sobre el pueblo 7563
28.28 *i* son levantados se esconde el hombre 7563
29.2 mas cuando domina el *i*, el pueblo gime 7563
29.7 conoce... mas el *i* no entiende sabiduría....... 7563
29.12 atiende... todos sus servidores serán *i*......... 7563
29.16 cuando los *i* son muchos, mucha es la 7563
29.27 y abominación es al *i*... caminos rectos....... 7563
Ec 3.17 dije... Al justo y al *i* juzgará Dios 7563
7.15 hay *i* que por su maldad alarga sus días....... 7563
8.13 y que no le irá bien al *i*, ni le serán 7563
8.14 como si hicieran obras de *i*, y hay *i* a 7563
9.2 un mismo suceso ocurre al justo y al *i* 7563
Is 3.11 ¡ay del *i*! Mal le irá, porque según 7563
5.23 los que justifican al *i* mediante cohecho 7563
11.4 el espíritu de sus labios matará al *i*............ 7563
13.11 castigaré... y a los *i* por su iniquidad 7563
14.5 quebrantó Jehová el báculo de los *i*, el 7563
53.9 se dispuso con los *i* su sepultura, mas 7563
55.7 deje el *i* su camino, y el hombre inicuo 7563
57.20 los *i* son como el mar en tempestad, que 7563
57.21 no hay paz, dijo mi Dios, para los *i* 7563
Jer 5.26 porque fueron hallados en mi pueblo *i* 7563
12.1 por qué es prosperado el camino de los *i*....... 7563
23.11 el profeta como el sacerdote son *i*; aun....... 2610
25.31 entregará los *i* a espada, dice Jehová 7563
30.23 la tempestad... sobre la cabeza de los *i*....... 7563
Ez 3.18 dijere al *i*: De cierto morirás; y tú............ 7563
3.18 para que el *i* sea apercibido de su mal 7563
3.18 *i* morirá por su maldad, pero su sangre 7563
3.19 pero si tú amonestares al *i*, y él no se.......... 7563
7.21 será presa de los *i* de la tierra, y la............ 7563
13.22 fortalecisteis las manos del *i*, para 7563
18.20 él, y la impiedad del *i* será sobre él........... 7563
18.21 el *i*, si se apartare de... sus pecados 7563
18.23 ¿quiero yo la muerte del *i*? dice Jehová 7563
18.24 abominaciones que el *i* hizo, ¿vivirá.......... 7563
18.27 y apartándose el *i* de su impiedad que 7563
21.3 espada... cortaré de ti al justo y al *i* 7563
21.4 he de cortar de ti al justo y al *i*, por........... 7563
21.25 y tú... *i* príncipe de Israel, cuyo día 7563
33.8 dijere al *i*: *i*, de cierto morirás 7563
33.8 guarde el *i* de su camino, el *i* morirá 7563
33.9 si tú avisares al *i* de su camino para 7563
33.11 no quiero la muerte del *i*, sino que se.......... 7563
33.11 vuelva el *i* de su camino, y que viva 7563
33.12 la impiedad del *i* no le será estorbo 7563
33.14 yo dijere al *i*; De cierto morirás; si........... 7563
33.15 si el *i* restituyere la prenda... vivirá 7563
33.19 cuando el *i* se apartare de su impiedad 7563
Dn 12.10 *i* procederán impíamente, y ninguno 7563
12.10 ninguno de los *i* entenderá, pero los.......... 7563
Mi 6.10 ¿hay aún en casa del *i* tesoros de 7563
Hab 1.4 por cuanto el *i* asedia al justo, por............ 7563
1.13 y callas cuando destruye el *i* al más 7563
3.13 traspasaste la cabeza de la casa del *i* 7563
Sof 1.3 destruiré... cortaré a los *i*; y raeré............. 7563
Ro 4.5 sino cree en aquel que justifica al *i* *765*
5.6 porque Cristo... su tiempo murió por los *i* *765*
1 Ti 1.9 para los *i* y pecadores... y profanos *765*
2 Ti 3.2 porque habrá hombres... ingratos, *i* *763*
1 P 4.18 en dónde aparecerá el *i* y el pecador? *765*
2 P 2.5 trayendo el diluvio sobre... de los *i* *765*
3.7 en el día del juicio... de los hombres *i* *765*
Jud 4 *i*, que convierten en libertinaje la *765*
15 dejar convictos a... los *i* de... sus obras *i*.......... *765*
15 las cosas duras que los... *i* han hablado *765*

IMPLACABLE
Ro 1.31 desleales, sin afecto natural... *i*, sin............ *786*
2 Ti 3.3 sin afecto natural, *i*, calumniadores *786*

IMPLANTADA
Stg 1.21 recibid con mansedumbre la palabra *i* *1721*

IMPLORAR
1 S 13.12 no he *implorado* el favor de Jehová 2470
2 R 8.3,5 para *implorar* al rey por su casa............. 6817
Sal 45.12 *implorarán* tu favor los ricos del 2470
Lm 2.19 alza tus manos... *implorando* la vida de 5921
Dn 9.13 no hemos *implorado* el favor de Jehová 2470
Zac 7.2 enviado... *implorar* el favor de Jehová 2470
8.21 vamos a *implorar* el favor de Jehová, y......... 2470
8.22 vendrán... a *implorar* el favor de Jehová 2470

IMPONENTE
Cnt 6.4,10 hermosa... *i* como ejércitos en orden 366

IMPONER
Éx 5.8 *impondréis* la misma tarea de ladrillo 7760
21.22 penados conforme... *impusiere* el marido 7896
21.30 si le fuere *impuesto* precio de rescate 7896
21.30 dará por el rescate... le fuere *impuesto*........ 7896
22.25 el cómo logrero, ni le *impondrás* usura....... 7760
1 R 2.43 y el mandamiento que yo te *impuse*? 6680
9.15 la leva que el rey Salomón *impuso* para 5927
9.22 a ninguno de... *impuso* Salomón servicio 5414
2 R 15.20 e *impuso*... este dinero sobre Israel.......... 3318
18.14 a decir... haré todo lo que me *impongas* 5414
18.14 *impuso* a Ezequías rey... 300 talentos de....... 7760
23.33 *impuso*... una multa de cien talentos de 5414
2 Cr 24.6 ofrenda que Moisés siervo... *impuso*
24.9 la ofrenda que Moisés... había *impuesto*
Esd 7.24 ninguno podrá *imponerles* tributo............ 7412
Neh 10.32 nos *impusimos*... cargo de contribuir....... 5414
Est 10.1 rey Asuero *impuso* tributo sobre la........... 7760
Lm 3.28 porque es Dios quien se lo *impuso*............ 5190
Hch 6.6 quienes, orando, les *impusieron* las *2007*
8.17 les *imponían* las manos, y recibían el.......... *2007*
8.19 a quien yo *impusiere* las manos reciba *2007*
13.3 *impusieron* las manos y los despidieron *2007*
15.28 *imponeros* ninguna carga más que estas *2007*
19.6 habiéndoles *impuesto* Pablo las manos *2007*
28.8 Pablo... le *impuso* las manos, y le sanó......... *2007*
1 Co 9.16 me es *impuesta* necesidad; y ¡ay de *1945*
1 Ti 5.22 no *impongas* con ligereza las manos *2007*
He 9.10 *impuestas* hasta el tiempo de reformar *1945*
Ap 2.24 **yo os digo: No os *impondré* otra carga** *906,1909*

IMPORTANTE
2 R 4.8 y había... una mujer *i*, que le invitaba........... 2388
Mt 23.23 **comino, y dejáis lo más *i* de la ley**........... *926*

IMPORTAR
2 S 19.6 que nada te *importan* tus príncipes y
Job 39.24 *importarle* el sonido de la trompeta 539
Mt 27.4 ¿qué nos *importa* a nosotros? ¡Allá tú!
Jn 10.13 **es asalariado, y no le *importan* las** *3199*
Gá 2.6 lo que hayan sido en... nada me *importa* .. *1308,5719*

IMPORTUNAR
Jue 16.16 presionándole ella... *importunándole* 509
2 S 13.27 como Absalón le *importunaba*, dejó.......... 6555
2 R 2.17 mas ellos le *importunaron*, hasta que......... 6484

IMPORTUNIDAD
Lc 11.8 **por su *i* se levantará y le dará todo** *335*

IMPORTUNO
Pr 27.6 ama; pero *i* los besos del que aborrece 6280

IMPOSIBILITADO
Hch 14.8 cierto hombre de Listra... *i* de los pies *102*

IMPOSIBLE
Mt 17.20 **pásate... se pasará; y nada os será *i*** *101*
19.26 **para los hombres esto es *i*; mas para**......... *102*
Mr 10.27 **para los hombres es *i*, mas para Dios**......... *102*
Lc 1.37 porque nada hay *i* para Dios *101*
17.1 ***i* es que no vengan tropiezos; mas ¡ay** *418*
18.27 **que es *i* para los hombres, es posible**.......... *102*
Ro 8.3 lo que era *i* para la ley, por cuanto *102*
He 6.4 es *i* que los que una vez... iluminados............ *102*
6.18 dos... en las cuales es *i* que Dios mienta *102*
11.6 sin fe es *i* agradar a Dios; porque es............. *102*

IMPOSICIÓN
Ez 45.9 quitad vuestras *i* de sobre mi pueblo 1646
Hch 8.18 *i* de las manos... se daba el Espíritu........... *1936*
1 Ti 4.14 te fue dado... con la *i* de las manos *1936*
2 Ti 1.6 que está en ti por la *i* de mis manos *1936*
He 6.2 de la *i* de manos, de la resurrección de.......... *1936*

IMPRECACIÓN
Pr 29.24 el cómplice... oye la *i* y no dice nada........... 423

IMPRIMIR
Lv 19.28 *imprimiréis* en vosotros señal alguna 5414
Job 41.30 debajo... *imprime* su agudez en el suelo..... 7502

IMPROPIO
1 Co 7.36 alguno piensa que es *i* para su hija........... *807*

IMPÚDICAMENTE
Jud 12 que comiendo *i* con vosotros se

IMPUESTO *Véase también Imponer*
Esd 4.13 no pagarán tributo, *i* y rentas, y el 1093
4.20 que se les pagaba tributo, *i* y rentas........... 1093
Mt 17.25 **¿de quiénes cobran los tributos... *i*?** *2778*
Ro 13.7 pagad a... al que *i*, *i*; al que respeto............ *5056*

IMPULSAR
Éx 35.26 mujeres cuyo corazón las *impulsó* en 5375
Dt 4.19 seas *impulsado*, y te inclines a ellos 5080
Mr 1.12 el Espíritu le *impulsó* al desierto.............. *1544*
1 Ti 5.11 cuando, *impulsadas* por sus deseos *2691*

IMPUNE
Pr 6.29 no quedará *i* ninguno que la tocare 5352
16.5 todo altivo de corazón... no quedará *i* 5352

IMPUREZA
Lv 15.26 inmundo, como la *i* de su costumbre 2932
15.30 y la purificará el... del flujo de su *i* 2932
15.31 apartaréis de sus *i* a los... de Israel 2932
15.31 a fin de que no mueran por sus *i* por.......... 2932
16.16 purificará el... a causa de las *i* de los......... 2932
16.16 reside entre ellos en medio de sus *i* 2932
18.19 y no... mientras esté en su *i* menstrual 2932
Dt 23.10 por razón de alguna *i* acontecida de 7137
Is 1.25 limpiaré hasta... y quitaré toda tu *i*.............. 913
Ef 4.19 cometer con avidez toda clase de *i*............ *167*
Col 3.5 fornicación, *i*, pasiones desordenadas *167*
1 Ts 2.3 no procedió de error ni de *i*, ni fue *167*

IMPURO
Lv 13.46 estará *i*, y habitará solo; fuera del............ 2931

IMRA *Descendiente de Aser*, 1 Cr 7.36 3236

IMRI
1. Ascendiente de Utai No. 1, 1 Cr 9.4 566
2. Padre de Zacur No. 5, Neh 3.2 566

INACCESIBLE
2 R 19.23 he subido... a lo más *i* del Líbano 3411
1 Ti 6.16 habita en luz *i*; a quien ninguno *676*

INALTERABLE
Ef 6.24 que aman a nuestro Señor... con amor *i* *861*

INANIMADA
1 Co 14.7 cosas *i* que producen sonidos, como *895*

INCALCULABLE
Jer 52.20 peso del bronce de todo esto era *i* 3808,4948

INCAUTA
Os 7.11 Efraín, paloma *i*, sin entendimiento 6601

INCENDIAR
Nm 31.10 *incendiaron* todas sus ciudades, aldeas 8313
Jer 51.30 *incendiadas* están sus casas, rotos........... 3341

INCENDIO
Lv 10.6 sí lamentarán por el *i* que Jehová ha 8316
Nm 16.37 tome... incensarios de en medio del *i*........ 8316
Zac 3.2 ¿no es éste un tizón arrebatado del *i*? 784
Ap 18.9 llorarán... cuando vean el humo de su *i* *4451*
18.18 viendo el humo de su *i*, dieron voces.......... *4451*

INCENSAR
Jer 1.16 *incensaron* a dioses extraños, y la 6999
7.9 *incensando* a Baal, y andando tras dioses 6999
11.17 provocándome a ira con *incensar* a Baal..... 6999
18.15 *incensando* a lo que es vanidad, y ha......... 6999
Os 2.13 los días en que *incensaba* a los baales.......... 6999
4.13 *incensaron* sobre los collados, debajo de 6999

INCENSARIO
Lv 10.1 Nadab y Abiú... tomaron cada uno su *i*.......... 4289
16.12 tomará un *i* lleno de brasas de fuego.......... 4289
Nm 16.6 esto: tomaos *i*, Coré y todo su séquito 4289
16.17 tomad cada uno su *i*, y poned incienso 4289
16.17 y acercaos... cada uno con su *i*, 250 *i* 4289
16.17 tú también, y Aarón, cada uno con su *i*........ 4289
16.18 tomó cada uno su *i*, y pusieron... fuego......... 4289
16.37 que tome los *i* de en medio del incendio 4289
16.38 los *i* de estos que pecaron contra sus.......... 4289
16.39 y el sacerdote Eleazar tomó los *i* de 4289
16.46 toma el *i*, y pon en él fuego del altar.......... 4289
16.47 tomó Aarón el *i*, como Moisés dijo, y
1 R 7.50 cucharillas e *i*, de oro purísimo 4289
2 R 25.15 *i*, cuencos, los que de oro, en oro 4289
2 Cr 4.22 cucharas y los *i* eran de oro puro............ 4289
26.19 en la mano un *i* para ofrecer incienso........ 4730
Jer 52.19 los *i*, tazones, copas, ollas... llevó 4289
Ez 8.11 ellos, cada uno con su *i* en su mano 4730
He 9.4 el cual tenía un *i* de oro y el arca del *2369*
Ap 8.3 otro ángel vino... con un *i* de oro; y se *3031*
8.5 tomó el *i*, y lo llenó del fuego del altar *3031*

INCERTIDUMBRE
Stg 3.17 amable, benigna... sin *i* ni hipocresía *87*

INCIENSO
Éx 25.6 para el aceite... y para el *i* aromático 7004
30.1 un altar para quemar el *i*; de madera de 7004
30.7 y Aarón quemará *i* aromático sobre él 7004
30.8 cuando Aarón encienda las... quemará el *i* 6999
30.9 no ofreceréis sobre él *i* extraño, ni 7004
30.27 la mesa... el candelero... el altar del *i* 7004
30.34 toma especias aromáticas... e *i* puro; de....... 3828
30.35 harás de ello el *i*, un perfume según el 7004
30.37 como este *i* que harás, no os haréis otro....... 7004
31.8 el candelero limpio, y... el altar del *i*............ 7004
31.11 aceite... *i* aromático para el santuario 7004
35.8,28 el aceite de la unción, y para el *i*............. 7004

35.15 el altar del i y sus varas, el aceite 7004
35.15 el i aromático, la cortina de la puerta 7004
37.25 el altar del i, de madera de acacia; de 7004
37.29 el i puro, aromático, según el arte del 7004
39.38 el altar...el i aromático, la cortina 7004
40.5 el altar de oro para el i delante del 7004
40.27 y quemó sobre él i aromático, como 7004
Lv 2.1 echará aceite, y pondrá sobre ella i 3828
2.2 de harina y del aceite, con todo el i 3828
2.15 y pondrás sobre ella i; es ofrenda 3828
2.16 arder...parte del grano...con todo el i 3828
4.7 sobre los cuernos del altar del i, que 7004
5.11 ni sobre ella pondrá i...es expiación 3828
6.15 tomará...el i que está sobre la ofrenda 3828
10.1 sobre el cual pusieron i, y ofrecieron 7004
24.7 pondrás también sobre cada hilera i 3828
Nm 4.16 el i aromático, la ofrenda continua 7004
5.15 ni pondrá sobre ella i...es ofrenda de 3828
7.14,20,26,32,38,44,50,56,62,68,74,80 una cuchara de oro...llena de i 7004
7.86 las doce cucharas de oro llenas de i, de 7004
16.7 y poned en ellos i delante de Jehová 7004
16.17 poned i...y acercaos delante de Jehová 7004
16.18 y echaron en ellos i, y se pusieron 7004
16.35 consumió a los...hombres que ofrecían i 7004
16.40 se acerque para ofrecer i delante de 7004
16.46 toma...y sobre él pon i, y vé pronto a 7004
16.47 puso i, e hizo expiación por el pueblo 7004
Dt 33.10 ellos...pondrán el i delante de ti, y 6988
1 S 2.28 que ofreciese...y quemase i, y llevase 7004
1 R 3.3 Salomón...quemaba i en, lugares altos 6999
9.25 quemaba i sobre el que estaba delante 6999
11.8 las cuales quemaba i y...a sus dioses 6999
12.33 hizo...y subió al altar para quemar i 6999
13.1 Jeroboam junto al altar para quemar i 6999
13.2 los sacerdotes...que queman sobre ti i 6999
22.43 porque el pueblo...quemaba i en ellos 6999
2 R 12.3 el pueblo...quemaba i en los lugares 6999
14.4 el pueblo aún...quemaba i en esos lugares 6999
15.4,35 aún...quemaba i en los lugares altos 6999
16.4 quemó i en los lugares altos, y sobre 6999
17.11 y quemaron allí i en todos los lugares 6999
18.4 hasta entonces le quemaban i los hijos 6999
22.17 me dejaron a mí, y quemaron i a dioses 6999
23.5 para que quemasen i en los lugares altos 6999
23.5 los que quemaban i a Baal, al sol y a 6999
23.8 profanó los lugares...donde...quemaban i 6999
1 Cr 6.49 el altar del perfume quemaban i, y 7004
9.29 tenían el cargo...del i y de las especias 3828
23.13 para que quemasen i delante de Jehová 6999
28.18 oro puro en peso para el altar del i 7004
2 Cr 2.4 para quemar i aromático delante de 7004
2.6 sino tan sólo para quemar i delante de él?
13.11 queman para Jehová...y el i aromático 7004
25.14 dioses de los hijos de Seir...quemó i 6999
26.16 para quemar i en el altar del i 6999,7004
26.18 no te corresponde a ti, oh...el quemar i 6999
26.19 Uzías...un incensario para ofrecer i 6999
26.19 lepra le brotó...junto al altar del i 7004
28.3 quemó...i en el valle de los hijos de 6999
28.4 quemó i en los lugares altos, en los 6999
28.25 hizo...para quemar i a los dioses ajenos 6999
29.7 no quemaron i, ni sacrificaron...en el 7004
29.11 seáis sus ministros, y le queméis i 6999
30.14 quitaron...todos los altares de i, y los 6999
32.12 este solo altar...sobre él quemaréis i? 6999
Neh 13.5 gran cámara, en la cual guardaban...i 3828
13.9 hice volver allí...las ofrendas y el i 3828
Sal 141.2 mi oración delante de ti como el i 7004
Cnt 3.6 sube...sahumada de mirra y de i y de 3828
4.6 me iré al monte de...y al collado del i 3828
4.14 todos los árboles de i; mirra y áloes 3828
Is 1.13 el i me es abominación; luna nueva y 7004
43.23 no te hice servir con ofrenda, ni...i 3828
60.6 traerán oro e i, y publicarán alabanzas 3828
65.3 me provoca...quemando i sobre ladrillos 6999
65.7 los cuales quemaron i sobre los montes 6999
66.3 el que quema i, como si bendijese a un 3828
Jer 6.20 ¿para qué a mí este i de Sabá, y la 3828
11.12 a los dioses a quienes queman ellos i 6999
11.13 pusiste los altares...ofrecer i a Baal 6999
17.26 trayendo holocausto...y ofrenda e i, y 3828
19.4 ofrecieron en él i a dioses ajenos, los 6999
19.13 sobre cuyos tejados ofrecieron i a todo 6999
32.29 sobre cuyas azoteas ofrecieron i a Baal 6999
41.5 ofrenda e i para llevar a la casa de 3828
44.3 ofrecer i, honrando a dioses ajenos que 6999
44.5 para dejar de ofrecer i a dioses ajenos 6999
44.8 enojar...ofreciendo i a dioses ajenos en 6999
44.15 sus mujeres habían ofrecido i a dioses 6999
44.17 para ofrecer i a la reina del cielo 6999
44.18 que dejamos de ofrecer i a la reina del 6999
44.19 ofrecimos i a la reina del cielo, y 6999
44.21 y no ha venido a su memoria el i que 7002
44.23 ofrecisteis i y pecasteis contra Jehová 6999
44.25 de ofrecer i a la reina del cielo y 6999
48.35 exterminaré...a quien ofrezca i a sus 6999
Ez 6.13 donde ofrecieron i a todos sus ídolos 5207,7381
8.11 setenta...y subía una nube espesa de i 7004
16.18 aceite y mi i pusiste delante de ellas 7004
20.28 allí pusieron también su i agradable 5207,7381
20.41 como i agradable os aceptaré, cuando 5207,7381
23.41 y sobre ella pusiste mi i y mi aceite 7004
Dn 2.46 mandó que le ofreciesen presentes e i 5208
Mal 1.11 en todo lugar se ofrece a mi nombre i 6999
Mt 2.11 ofrecieron presentes: oro, i y mirra *3030*
Lc 1.9 tocó en suerte ofrecer el i, entrando *2370*
1.10 estaba fuera orando a la hora del i *2368*
1.11 un ángel...a la derecha del altar del i *2368*
Ap 5.8 copas de oro llenas de i, que son las *2368*
8.3 se le dio mucho i para añadirlo a las *2368*
8.4 a la presencia de Dios el humo del i con *2368*
18.13 i, mirra, olíbano, vino, aceite, flor *3030*

INCIERTO, A

1 Co 14.8 la trompeta diere sonido i, ¿quién *82*
1 Ti 6.17 en las riquezas, las cuales son i *83*

INCIRCUNCISIÓN

Ro 2.25 eres...tu circuncisión viene a ser i *203*
2.26 ¿no será tenida su i como circuncisión? *203*
3.30 fe...y por medio de la fe a los de la i *203*
4.9 ¿es, pues...o también para los de la i? *203*
4.10 ¿estando en la circuncisión, o en la i? *203*
4.10 no en la circuncisión, sino en la i *203*
1 Co 7.19 y la i nada es, sino el guardar los *203*
Gá 2.7 sido encomendado el evangelio de la i *203*
5.6 ni la i, sino la fe que obra por el amor *203*
6.15 nada, ni la i, sino una nueva creación *203*
Ef 2.11 erais llamados i por la...circuncisión *203*
Col 2.13 muertos...en la i de vuestra carne *203*
3.11 hay griego ni judío, circuncisión ni i *203*

INCIRCUNCISO

Gn 17.14 i, el que no hubiere circuncidado la 6189
34.14 esto de dar nuestra hermana a hombre i 6190
Éx 12.48 extranjero...ningún i comerá de ella 6189
Lv 19.23 consideraréis como i lo primero de 6189
19.23 tres años os será i; su fruto no se 6189
26.41 y entonces se humillará su corazón i 6189
Jos 5.7 los circuncidó; pues eran i, porque no 6189
Jue 14.3 tú a tomar mujer de los filisteos i? 6189
15.18 moriré yo...y caeré en mano de los i? 6189
1 S 14.6 pasemos a la guarnición de estos i 6189
17.26 ¿quién es este filisteo i, para que 6189
17.36 este filisteo i será como uno de ellos 6189
31.4 no vengan estos i y me traspasen, y me 6189
2 S 1.20 no salten de gozo las hijas de los i 6189
1 Cr 10.4 no sea que vengan estos i y hagan 6189
Is 52.1 nunca más vendrá a ti i ni inmundo 6189
Jer 6.10 sus oídos son i, y no pueden escuchar 6189
9.25 castigaré a todo circuncidado, y a...i 6190
9.26 porque todas las naciones son i, y toda 6189
9.26 toda la casa de Israel es i de corazón 6189
Ez 28.10 de muerte de i morirás por mano de 6189
31.18 entre los i yacerás, con los muertos a 6189
32.19 hermoso, desciende, y yace con los i 6189
32.21 y yacen con los i muertos a espada 6189
32.24 descendieron i a lo más profundo de la 6189
32.25,26 todos ellos i, muertos a espada 6189
32.27 y no yacerán con los fuertes de los i 6189
32.28 tú, pues, serás quebrantado entre los i 6189
32.29 ellos yacerán con los i, y con los que 6189
32.30 también i con los muertos a espada, y 6189
32.32 yacerán entre los i con los muertos a 6189
44.7 extranjeros, i de corazón e i de carne 6189
44.9 ningún hijo...i de corazón e i de carne 6189
Hch 7.51 cerviz, e i de corazón y de oídos! *564*
11.3 ¿por qué has entrado en casa de...i, y *203,2192*
Ro 2.26 el i guardare las ordenanzas de la ley *203*
2.27 y el que físicamente es i, pero guarda *203*
4.11 sello...de la fe que tuvo estando aún i *203*
1 Co 7.18 ¿fue llamado alguno siendo i? No se *203*

INCITAR

Dt 13.6 si te incitare tu hermano, hijo de tu 5496
1 S 26.19 Jehová te incita contra mí, acepte 5496
2 S 24.1 Jehová...incitó a David contra ellos 5496
1 R 21.25 Acab...Jezabel su mujer lo incitaba 5496
1 Cr 21.1 incitó a David a que hiciese censo 5496
Job 2.3 aun cuando tú me incitaste contra él 5496
Jer 17.16 yo no he ido...incitarte a su castigo 183
43.3 Baruc hijo de...te incita contra nosotros 5496
Mr 15.11 los principales sacerdotes incitaron *383*

INCLINAR

Gn 19.1 Lot, se...y se inclinó hacia el suelo 7812
23.7 y Abraham se levantó, y se inclinó al 7812
23.12 Abraham se inclinó delante del pueblo 7812
24.26 hombre entonces se inclinó, y adoró a 6915
24.48 incliné y adoré a Jehová, y bendije a 6915
24.52 oyó sus palabras, se inclinó en tierra
27.29 pueblos, y naciones se inclinen a ti 7812
27.29 y se inclinen ante ti los hijos de tu 7812
33.3 se inclinó a tierra siete veces, hasta 7812
33.6 vinieron las siervas...y se inclinaron 7812
33.7 vino Lea con sus niños, y se inclinaron 7812
33.7 José y Raquel, y también se inclinaron 7812
37.7 vuestros manojos...se inclinaban al mío 7812
37.9 que el sol y la luna...se inclinaban a mí 7812
42.6 y se inclinaron a él rostro a tierra 7812
43.26 se inclinaron ante él hasta la tierra 7812
43.28 y se inclinaron, e hicieron reverencia 6915
47.31 Israel se inclinó sobre la cabecera de 7812
48.12 José los sacó...y se inclinó a tierra 7812
49.8 los hijos de tu padre se inclinarán a ti 7812
Éx 4.31 oyendo que...se inclinaron y adoraron 6915
11.8 e inclinados delante de mí dirán: Vete 7812
12.27 entonces el pueblo se inclinó y adoró 6915
18.7 Moisés salió a...y se inclinó, y lo besó 7812
20.5 no te inclinarás a ellas, ni las honrarás 7812
23.2 inclinándote a los más...hacer agravios 5186
23.24 no te inclinarás a sus dioses, ni los 7812
24.1 sube ante...os inclinaréis desde lejos 7812
32.22 conoces al pueblo, que es inclinado a
34.14 no te has de inclinar a ningún otro dios 7812
Lv 26.1 piedra pintada para inclinaros a ella 7812
Nm 22.31 Balaam...se inclinó sobre su rostro 6915
25.2 pueblo comió, y se inclinó a sus dioses 7812
Dt 4.19 viendo...inclines a ellos y les sirvas 7812
5.9 no te inclinarás a ellas ni las servirás 7812
8.19 y les sirvieres y a ellos te inclinares 7812
11.16 sirváis a dioses...os inclinéis a ellos 7812
17.3 dioses ajenos, y se hubiere inclinado a 7812
29.26 a dioses ajenos, y se inclinaron a ellos 7812
30.17 y te inclinares a dioses ajenos y les 7812
Jos 18.17 se inclina hacia el norte y sale a 8388
23.7 ni los sirváis, ni os inclinéis a ellos 7812
23.16 honrando a dioses...inclinándoos a ellos 7812
24.23 inclinad vuestro corazón a Jehová Dios 5186
Jue 2.19 inclinándose delante de ellos; y no 7812
9.3 corazón...se inclinó a favor de Abimelec 5186
16.30 se inclinó con toda su fuerza, y cayó 5186
Rt 2.10 bajando su rostro se inclinó a tierra 7812
1 S 4.19 y su nuera...se inclinó y dio a luz 3766
20.41 y se inclinó tres veces postrándose 7812
24.8 David inclinó su rostro a tierra, e hizo 6915
25.23 Abigail vio a David...inclinó a tierra 7812
25.41 ella se levantó e inclinó su rostro a 7812
2 S 9.8 él inclinándose, dijo: ¿Quién es tu 7812
14.1 que el corazón del rey se inclinaba por 5921
14.33 inclinó su rostro a tierra delante del 7812
15.5 alguno se acercaba para inclinarse a él 7812
16.4 respondió Siba inclinándose: Rey señor 7812
18.28 y se inclinó a tierra delante del rey 7812
19.14 inclinó el corazón de todos los varones 5186
22.10 e inclinó los cielos, y descendió; y 5186
24.20 Arauna, se inclinó delante del rey 7812
1 R 1.16 Betsabé se inclinó, e hizo reverencia 6915
1.23 se postró...inclinando su rostro a tierra 7812
1.31 Betsabé se inclinó ante el rey, con su 6915
1.53 vino, y se inclinó ante el rey Salomón 7812
2.19 el rey...se inclinó ante ella, y volvió 7812
8.58 incline nuestro corazón hacia él, para 5186
11.2 harán inclinar vuestros corazones tras 5186
11.4 sus mujeres inclinaron su corazón tras 5186
2 R 4.37 se inclinó a tierra; y después tomó 7812
5.18 yo...me inclinare en el templo de Rimón 7812
9.32 inclinaron hacia él dos o tres eunucos 8259
19.16 inclina, oh Jehová, tu oído, y oye; abre 5186
1 Cr 29.20 e inclinándose adoraron delante de 6915
2 Cr 20.18 Josafat se inclinó rostro a tierra 6915
29.29 inclinó el rey, y todos los que con él 3766
29.30 alabaron...y se inclinaron y adoraron 6915
Esd 7.28 e inclinó hacia mí su misericordia 5186
9.9 inclinó sobre nosotros su misericordia 5186
Neh 8.6 adoraron a Jehová inclinados a tierra 6915
Est 3.2 los siervos...se inclinaban ante Amán 3766
Job 38.37 los odres...¿quién los hace inclinar 7901
Sal 17.6 Dios; inclina a mí tu oído, escucha 5186
18.9 inclinó los cielos, y descendió; y había 5186
31.2 inclina a mí tu oído, líbrame pronto 5186
40.1 y se inclinó a mí, y oyó mi clamor 5186
45.10 inclina tu oído; olvida tu pueblo, y 5186
45.11 inclínate a él, porque él es tu señor 7812
49.4 inclinaré al proverbio mi oído...arpa 5186
71.2 socórreme...inclina tu oído y sálvame 5186
78.1 inclinad vuestro oído a las palabras 5186
81.9 ajeno, ni te inclinarás a dios extraño 7812
86.1 inclina...Jehová, tu oído, y escúchame 5186
88.2 presencia; inclina tu oído a mi clamor 5186
102.2 inclina a mí tu oído; apresúrate a 5186
116.2 ha inclinado a mí su oído; por tanto 5186
119.36 inclina mi corazón a tus testimonios 5186
119.112 mi corazón incliné a cumplir tus 5186
141.4 no dejes que se incline mi corazón a 5186
144.5 inclina tus cielos y desciende; toca 5186
Pr 2.2 inclinares tu corazón a la prudencia 5186
2.18 casa está inclinada a la muerte, y sus 7743
4.20 hijo mío...inclina tu oído a mis razones 5186
5.1 hijo...a mi inteligencia inclina tu oído 5186
5.13 los que me enseñaban no incliné mi oído! 5186
14.19 los malos se inclinarán delante de los 7817
21.1 Jehová; a todo lo que quiere lo inclina 5186
22.17 inclina tu oído y oye las palabras de 5186
Is 2.9 se ha inclinado el hombre, y el varón 7817
10.4 sin mí se inclinarán entre los presos 3766
14.16 se inclinarán hacia ti los que te vean 7688
37.17 inclina, oh Jehová, tu oído, y oye; abre 5186
49.23 rostro inclinado a tierra te adorarán 7812
51.23 inclínate, y pasaremos por encima de 7812
55.3 inclinad vuestro oído, y venid a mí; oíd 5186
58.5 que incline su cabeza como junco, y haga 3721
Jer 7.24,26 no oyeron ni inclinaron su oído 5186
11.8; 17.23 no oyeron, ni inclinaron su oído 5186
25.4 no oísteis, ni inclinasteis vuestro oído 5186
34.14 no me oyeron, ni inclinaron su oído 5186
35.15 mas no inclinasteis vuestro oído, ni me 5186
44.5 no oyeron ni inclinaron su oído para 5186
Dn 9.18 inclina, oh Dios mío, tu oído, y oye 5186
Mi 5.13 nunca más te inclinarás a la obra de 7812
Sof 2.11 se inclinarán a él todas las tierras 7812
Lc 4.39 inclinándose hacia ella, reprendió a *2186*
Jn 8.6 inclinado hacia el suelo, escribía en *2955*
8.8 e inclinándose de...siguió escribiendo en *2955*
19.30 y habiendo inclinado la cabeza, entregó *2827*
20.11 inclinó para mirar dentro del sepulcro *3879*

INCÓMODO

Hch 27.12 siendo incómodo el puerto para invernar *428*

INCOMPLETO

Ec 1.15 lo torcido...y lo i no puede contarse 2642

INCOMPRENSIBLE

Job 9.10 él hace cosas grandes e i...sin número 369,2714

INCONMOVIBLE
He 12.27 la remoción de... que queden las *i* *4531,3361*
12.28 así que, recibiendo nosotros un reino *i* *761*

INCONSTANTE
Ez 16.30 ¡cuán *i* es tu corazón, dice Jehová 535
Stg 1.8 hombre de doble ánimo es *i* en todos *182*
2 P 2.14 seducen a las almas *i*, tienen el *793*
3.16 las cuales los indoctos e *i* tuercen............... *793*

INCONTAMINADA
1 P 1.4 para una herencia... *i* e inmarcesible *283*

INCONTINENCIA
1 Co 7.5 tiente Satanás a causa de vuestra *i* *192*

INCORPORAR
Lc 7.15 se *incorporó* el que había muerto, y............. *339*
Hch 9.40 ella... al ver a Pedro, se *incorporó*............. *339*

INCORRUPCIÓN
1 Co 15.42 se... en corrupción, resucitará en *i* *861*
15.50 la carne... ni la corrupción hereda la *i*......... *861*
15.53 que esto corruptible se vista de *i*, y *861*
15.54 esto corruptible se haya vestido de *i*........... *861*

INCORRUPTIBLE
Ro 1.23 y cambiaron la gloria del Dios *i* en............ *862*
1 Co 9.25 corruptible, pero nosotros una *i*.............. *862*
15.52 y los muertos serán resucitados *i*, y........... *862*
1 P 1.4 para una herencia *i*, incontaminada e *862*
1.23 no de simiente corruptible, sino de *i* *862*
3.4 en el *i* ornato de un espíritu afable y............ *862*
5.4 vosotros recibiréis la corona *i* de gloria *262*

INCREDULIDAD
Mt 13.58 no hizo... milagros, a causa de la *i* *570*
Mr 6.6 y estaba asombrado de la *i* de ellos *570*
9.24 padre... clamó y dijo: Creo; ayuda mi *i*.......... *570*
16.14 les reprochó su *i* y dureza de corazón *570*
Ro 3.3 ¿su *i* habrá hecho nula la fidelidad de *570*
4.20 tampoco dudó, por *i*, de la promesa de *570*
11.20 bien; por su *i* fueron desgajadas, pero......... *570*
11.23 y aun ellos, si no permanecieren en *i* *570*
1 Ti 1.13 porque lo hice por ignorancia, en *i* *570*
He 3.12 no haya en ninguno... corazón malo de *i* *570*
3.19 vemos... no pudieron entrar a causa de *i* *570*

INCRÉDULO, A
Mt 17.17 **¡oh generación *i* y perversa! ¿Hasta** *571*
Mr 9.19 ¡oh generación *i*! ¿Hasta cuándo he............ *571*
Lc 9.41 **¡oh generación *i* y perversa! ¿Hasta**............ *571*
Jn 20.27 **costado; y no seas *i*, sino creyente**............ *571*
Ro 3.3 pues qué, si algunos de ellos han sido *i*? *570*
1 Co 6.6 pleitea en juicio, y esto ante los *i*............... *571*
7.14 porque el marido *i* es santificado en la *571*
7.14 en la mujer, y la mujer *i* en el marido *571*
7.15 pero si el *i* se separa, sepárese; pues *571*
10.27 si algún *i* os invita, y queréis ir, de............. *571*
14.22 señal, no a los creyentes, sino a... *i* *571*
14.22 pero la profecía, no a los *i*, sino a.............. *571*
14.23 toda la iglesia se reúne... y entran... *i*......... *571*
14.24 entra algún *i*... por todos es convencido *571*
2 Co 4.4 cegó el entendimiento de los *i*, para *571*
6.14 no os unáis en yugo desigual con los *i* *571*
6.15 qué... ¿o qué parte el creyente con el *i* *571*
1 Ti 5.8 ha negado la fe, y es peor que un *i*.............. *571*
Tit 1.15 los corrompidos e *i* nada les es puro *571*
Ap 21.8 e *i*... tendrán su parte en el lago que *571*

INCREÍBLE
Hch 26.8 *i* que Dios resucite a los muertos?............. *571*

INCRUSTAR
Ez 27.6 bancos de pino... *incrustados* de marfil

INCUBAR
Is 59.5 *incuban* huevos de áspides, y tejen............. 1234

INCULPAR
Ro 4.8 a quien el Señor no *inculpa* de pecado *3049*
5.13 pero donde no hay ley, no se *inculpa* de *1677*
9.19 pero me dirás: ¿Por qué, pues, *inculpa*? *3201*

INCULTA
Job 38.27 para saciar la tierra desierta e *i*

INCURABLE
2 Cr 21.18 Jehová lo hirió con... enfermedad *i*..... 369,4832
Jer 30.12 *i* es tu quebrantamiento, y dolorosa 605
30.15 *i* es tu dolor, porque por la grandeza.......... 605
Nah 3.19 no hay medicina para... tu herida es *i* 2470

INCURRIR
Jer 26.11 en pena de muerte ha *incurrido* este 4941
26.16 no ha *incurrido* este hombre en pena 4941
1 Ti 2.14 engañada, *incurrió* en transgresión
5.12 *incurriendo* así en condenación, por........... *2192*

INCURSIÓN
1 S 27.8 y subía David... hombres, y hacían *i* 6584
30.14 hicimos una *i* a la parte del Neguev.......... 6584

INDAGACIÓN
Job 34.24 él quebrantará a los fuertes sin *i*............ 2714

INDAGAR
Dt 17.4 hubieres *indagado*... la cosa pareciere 1875
Mt 2.7 llamando... a los magos, *indagó* de ellos......... *198*
Hch 23.15 *indagar* alguna cosa... acerca de él......... *1231*
1 P 1.10 los profetas... inquirieron... *indagaron*........ *1830*

INDEBIDO
1 Co 13.5 no hace nada *i*, no busca lo suyo.............. *807*

INDECENTE
Dt 24.1 haber hallado en ella alguna cosa *i*............ 6172

INDECIBLE
Ro 8.26 intercede por nosotros con gemidos *i* *215*

INDECOROSO
1 Co 14.35 porque es *i* que una mujer hable en *149*

INDEFECTIBLEMENTE
Lv 20.10 el adúltero y la adúltera *i* serán
20.16 morirán *i*; su sangre será sobre ellos
27.29 ninguna... podrá ser rescatada; *i* ha de ser
Nm 35.31 porque está... muerte; *i* morirá
Dt 14.22 *i* diezmarás... el producto del grano

INDEFENSA
Ez 38.11 y dirás: Subiré contra una tierra *i*............ 6519

INDEMNIZACIÓN
Nm 5.8 dará la *i*... a Jehová, entregándola al.......... 7725

INDESTRUCTIBLE
He 7.16 no... sino según el poder de una vida *i*.......... *179*

INDIA
Est 1.1 el Asuero que reinó desde la *I* hasta 1912
8.9 provincias que había desde la *I* hasta 1912

INDICAR
Éx 8.9 dígnate *indicarme* cuando debo orar por
Nm 24.14 te *indicaré* lo que este pueblo ha de 3289
Dt 17.10 según la sentencia que te *indiquen*........... 5046
Ez 21.19 señal... que *indique* la ciudad adonde
Lc 6.47 **hace, os *indicaré* a quién es semejante** *5263*
He 12.27 aún una vez, *indica* la remoción de *1213*
1 P 1.11 y qué tiempo *indicaba* el Espíritu de *1213*

INDICIO
1 S 9.6 dará algún *i* acerca del objeto por el............ 5046
Fil 1.28 para ellos... es *i* de perdición, mas............. *1732*

INDIGENTE
Pr 22.9 bendito, porque dio de su pan al *i* 1800

INDIGNACIÓN
Dt 29.28 grande *i*, y los arrojó a otra tierra............ 6110
Job 36.33 trueno declara su *i*, y la tempestad
Sal 78.49 envió sobre ellos el... *i* y angustia............ 2195
80.4 ¿hasta cuándo mostrarás tu *i* contra la........ 6225
90.11 ira, y tu *i* según que debes ser temido? 5678
106.23 a fin de apartar su *i* para que no los 2534
Is 12.1 tu *i* se apartó, y me has consolado............... 639
13.9 de *i* y ardor de ira, para convertir la 5678
13.13 tierra se moverá de su lugar, en la *i*.......... 5678
26.20 escóndete un... en tanto que pasa la *i* 2195
51.20 llenos de la *i* de Jehová, de la ira del 2534
Jer 10.10 las naciones no pueden sufrir su *i*........... 2195
15.17 me senté solo, porque me llenaste de *i* 2195
32.37 los eché con... con mi enojo e *i* grande 7110
Ez 3.14 y fui... en la *i* de mi espíritu, pero............ 2534
5.15 cuando yo haga en ti juicios... furor e *i* 2534
Nah 1.2 Dios celoso... es vengador y lleno de *i*
2 Co 7.11 qué *i*, qué temor, qué ardiente afecto *24*

INDIGNADO *Véase Indignar*

INDIGNAMENTE
1 Co 11.27 bebiere esta copa del Señor *i*, será *371*
11.29 el que come y bebe *i*, sin discernir el........... *371*

INDIGNAR
2 S 22.8 estremecieron, porque se *indignó* él 2734
Esd 9.14 ¿no te *indignarías* contra nosotros 599
Sal 18.7 estremecieron, porque se *indignó* él........... 2734
78.21 por tanto, oyó Jehová, y se *indignó* 5674
Is 34.2 Jehová está airado... *indignado* contra 2534
57.17 herí, escondí mi rostro y me *indigné* 7107
Mal 1.4 contra el cual Jehová está *indignado* 2194
Mt 21.15 los escribas, viendo... se *indignaron*............ *23*
Mr 10.14 viéndolo Jesús, se *indignó*, y les................ *23*
2 Co 11.29 hace tropezar, y yo no me *indigno*? *4448*

INDIGNO
1 Co 6.2 ¿sois *i* de juzgar cosas muy pequeñas?........... *370*

INDISCRECIÓN
Pr 14.8 mas la *i* de los necios es engaño 200

INDISCUTIBLEMENTE
1 Ti 3.16 e *i*, grande es el misterio de *3672*

INDOCTO
Ro 2.20 instructor de los *i*, maestro de niños............ *878*
1 Co 14.23 la iglesia se reúne en... y entran *i* *2399*
14.24 si todos profetizan, y entra algún... *i* *2399*
2 P 3.16 cuales los *i* e inconstantes tuercen *261*

INDOLENTE
Pr 12.27 el *i* ni aun asará lo que ha cazado........... 7423
Is 32.9 mujeres *i*, levantaos, oíd mi voz 7600
32.11 temblad, oh *i*; turbaos, oh confiadas........... 982

INDOLENTEMENTE
Jer 48.10 maldito el que hiciere *i* la obra de 7423

INDÓMITO, A
Jer 31.18 azotaste... castigado como novillo *i*..... 3808,3925
Os 4.16 porque como novilla *i* se apartó Israel 5637

INDUBITABLE
Hch 1.3 se presentó vivo con muchas pruebas *i* *5039*

INDUCIR
Jue 14.15 *induce* a tu marido a que... declare.......... 6601
1 R 22.20 ¿quién *inducirá* a Acab... que suba y 6601
22.21 y dijo: Yo le *induciré*. Y Jehová le............ 6601
22.22 le *inducirás*, y aun lo conseguirás; vé......... 6601
2 R 21.9 Manasés los *indujo* a que hiciesen............ 8582
2 Cr 18.19 ¿quién *inducirá* a Acab... para que.......... 6601
18.20 y dijo: Yo le *induciré*. Y Jehová le............ 6601
18.21 tú le *inducirás*, y lo lograrás; anda 6601

INDULGENTE
2 Co 1.23 por ser *i*... no he pasado todavía a........... *5339*
13.2 he dicho... si voy otra vez, no seré *i*............ *5339*

INEFABLE
2 Co 9.15 ¡gracias a Dios por su don *i*!.................. *411*
12.4 palabras *i* que no le es dado al hombre......... *731*
1 P 1.8 os alegráis con gozo *i* y glorioso *412*

INEFICACIA
He 7.18 abrogado... causa de su debilidad e *i*........... *512*

INESCRUTABLE
Job 5.9 hace cosas grandes e *i*, y maravillas....... 369,2714
Sal 145.3 grande es Jehová... su grandeza es *i* 369,2714
Ro 11.33 cuán insondables... e *i* sus caminos!........... *419*
Ef 3.8 evangelio de las *i* riquezas de Cristo............. *421*

INESTABLE
Pr 5.6 sus caminos son *i*; no los conocerás............. 5128

INEXCUSABLE
Ro 2.1 lo cual eres *i*, oh hombre, quienquiera........... *379*

INEXPERTO
He 5.13 *i* en la palabra de justicia, porque es *552*

INEXPUGNABLE
Dn 11.39 con... se hará de las fortalezas más *i* 4581

INFAMAR
Neh 6.13 mal nombre con que fuera yo *infamado* 2778
Sal 101.5 al que... *infama* a su prójimo, yo lo 3960
Ez 20.9 que no se *infamase* ante los ojos de........... 2490
20.14,22 que no se *infamase* a la vista de las........ 2490
Mt 1.19 José su marido... no quería *infamarla*......... *3856*

INFAME
Lv 21.7 con mujer ramera o *i* no se casarán........... 2491
21.14 no tomará... *i* ni ramera, sino tomará de 2491
Jue 19.24 no hagáis a este hombre cosa tan *i*.......... 5039
Pr 13.5 el justo... el impío se hace odioso e *i* 2659

INFAMIA
Sal 4.2 ¿hasta cuándo volveréis mi honra en *i*......... 3639
50.20 contra el hijo de tu madre ponías *i* 1848
57.3 y me salvará de la *i* del que me acosa 2778
79.12 de su *i*, con que te han deshonrado, oh 2781
Pr 25.10 no sea que... tu *i* no pueda repararse......... 1681
Jer 24.9 por *i*, por ejemplo, por refrán y por 2781

INFATUACIÓN
Pr 14.24 pero la insensatez de los necios es *i* 200

INFATUAR
Dt 11.16 que vuestro corazón no se *infatúe*............ 6601
Sal 75.4 a los insensatos: No os *infatuéis* 1984
Jer 10.8 todos se *infatuarán* Y entontecerán 1197
10.21 porque los pastores se *infatuaron*, y 1197
51.17 se ha *infatuado*, y no tiene ciencia 1197
2 Ti 3.4 traidores, impetuosos, *infatuados* *5187*

INFERIOR
Ez 41.7 piso *i* se podía subir al de en medio 8481
Dn 2.39 se levantará otro reino *i* al tuyo................ 772
Jn 2.10 cuando ya han bebido... entonces el *i*.......... *1640*
2 Co 11.5 que en nada he sido *i* a... apóstoles *5302*

INFIDELIDAD
Nm 5.29 la mujer cometiere *i* contra su marido 7847
2 Cr 29.19 que en su *i* había desechado... Acaz 4604

INFIEL
Nm 5.12 diles: Si la mujer de alguno... fuere *i* 4604
5.27 hubiere sido *i* a su marido, las aguas 4604
Dt 32.20 son una generación perversa, hijos *i* 3808,529
Jue 19.2 su concubina le fue *i*, y se fue de él 2181
Jer 3.20 la esposa *i* abandona a su compañero 898
Lc 12.46 **le castigará... y le pondrá con los *i***......... *571*
2 Ti 2.13 si fuéremos *i*, él permanece fiel; él............ *569*

INFIERNO
Mt 5.22 **fatuo, quedará expuesto al *i* de fuego** *1067*
5.29,30 que todo tu cuerpo sea echado al *i*.......... *1067*
10.28 **destruir el alma y el cuerpo en el *i*** *1067*
18.9 **teniendo dos ojos ser echado en el *i* de** *1067*
23.15 **le hacéis dos veces más hijo del *i* que** *1067*
23.33 **escaparéis de la condenación del *i*?** *1067*
Mr 9.43 **teniendo dos manos ir al *i*, al fuego**.......... *1067*
9.45 **que teniendo dos pies ser echado en el *i*** *1067*
9.47 **que teniendo dos ojos ser echado al *i*** *1067*
Lc 12.5 **temed... tiene poder de echar en el *i***.......... *1067*
Stg 3.6 y ella misma es inflamada por el *i* *1067*
2 P 2.4 que arrojándolos al *i* los entregó a.............. *1067*

INFINITO
Sal 147.5 grande es... y su entendimiento es *i*...... 369,4557

INFLAMACIÓN
Dt 28.22 Jehová te herirá... de *i* y de ardor 1816

INFLAMAR
Dt 6.15 no se *inflame* el furor de... contra ti 2734
Job 16.16 rostro está *inflamado* con el lloro........... 2560
Sal 2.12 pues se *inflama* de pronto su ira 1197
Os 11.8 de mí, se *inflama* toda mi compasión.......... 3648
Stg 3.6 la lengua en... *inflama* la rueda de la.......... *5394*
3.6 ella misma es *inflamada* por el infierno *5394*

INFLAR
2 P 2.18 hablando palabras *i* y vanas, seducen *5246*
Jud 16 cuya boca habla cosas *i*, adulando a las......... *5246*

INFLUYENTE
Hch 25.2 más *i* de los judíos se presentaron *4413*

INFORMACIÓN
Nm 13.26 vinieron...y dieron la *i* a ellos y a 1697
1 S 23.23 volved a mí con *i* segura, y yo iré

INFORMAR
Gn 37.2 e *informaba* José a su padre la mala 935
Jue 16.5 e *infórmate* en qué consiste su gran 7200
1 S 23.23 *informaos* de todos los escondrijos 3045
1 Cr 21.2 *informadme* sobre el número de ellos 935
Job 29.16 causa que no entendía, me *informaba* 2713
Jer 5.1 mirad ahora, e *informaos*; buscad en 6045
Mt 10.11 ***informaos* quién en ella sea digno** *1833*
Mr 15.45 *informado* por el centurión, dio el *1097*
Hch 21.21 se les ha *informado*...que enseñas a *2727*
21.24 no hay nada de lo que se les *informó* *2727*
24.8 podrás *informarte* de todas estas cosas *1921*
24.22 estando bien *informado* de este Camino *1492*
25.27 no *informar* de los cargos que haya en *4591*
1 Co 1.11 he sido *informado* acerca de vosotros *1213*
1 Ts 3.5 envié para *informarme* de vuestra fe *1097*

INFORTUNIO
Sal 10.6 no...movido...nunca me alcanzará el *i* 7451
Abd 12 estado mirando en...en el día de su *i* 6

INFRACCIÓN
Lv 5.19 es *i*, y ciertamente delinquió contra 817
1 R 8.50 *i* con que se hayan rebelado contra 6588
Ro 2.23 ¿con *i* de la ley deshonras a Dios? *3847*
1 Jn 3.4 ley, pues el pecado es *i* de la ley *458*

INFRINGIR
Esd 9.14 volver a *infringir* tus mandamientos 6565
1 Jn 3.4 comete pecado, *infringe* también la ley *458*

INFRUCTUOSA
Mt 13.22; Mr 4.19 **ahogan la palabra...hace *i*** *175*
Ef 5.11 no participéis en las obras *i* de las *175*

INFUNDIR
Lv 26.36 *infundiré* en sus corazones...cobardía 935
Neh 6.14 otros...procuraban *infundirme* miedo
Sal 23.4 vara y tu cayado me *infundirán* aliento
Ez 13.22 no se apartase...*infundiéndole* ánimo 2421
26.17 que *infundían* terror a todos los que 5414
Ro 13.3 no están para *infundir* temor al que
Ap 13.15 se le permitió *infundir* aliento a la *1325*

INGENIERO
2 Cr 26.15 máquinas inventadas por *i*, para que 2803
Jer 29.2 los artífices y los *i* de Jerusalén 4525

INGENIO
Pr 24.6 porque con *i* harás la guerra, y en la 8458

INGENIOSA
Éx 35.33 talla...para trabajar en toda labor *i* 4284

INGENUO
Ro 16.18 con...engañan los corazones de los *i* *172*
16.19 sabios para el bien, e *i* para el mal *185*

INGRATO
Lc 6.35 **él es benigno para con los *i* y malos** *884*
2 Ti 3.2 amadores de sí mismos...*i*, impíos *884*

INHABITADA
Lv 16.22 llevará...las iniquidades...a tierra *i* 1509
Job 15.28 las casas *i*, que estaban en ruinas 3808,3427
Jer 6.8 te convierta en desierto, en tierra *i* 3808,3427

INICUAMENTE
2 Cr 6.37 pecamos, hemos hecho *i*, impíamente 5753
Is 58.4 para herir con el puño *i*; no ayunéis 7562

INICUO, A
2 S 7.10 nunca...removido, ni los *i* le aflijan 5766
Job 6.30 no puede mi...discernir las cosas *i*? 5766
9.20 si me dijere perfecto, esto me haría *i* 6140
27.7 sea como el impío...el *i* mi adversario 5767
29.17 quebrantaba los colmillos del *i*, y de 5767
34.36 respuestas semejantes a las de los...*i* 205
Sal 7.9 fenezca ahora la maldad de los *i*, mas 7563
10.15 quebranta tú el brazo del *i*...persigue 7563
17.3 has puesto a prueba, y nada *i* hallaste
43.1 líbrame de...y del hombre engañoso e *i* 5766
55.20 extendió el *i* sus manos contra los que
64.5 obstinados en su *i* designio, tratan de 7451
119.53 horror...a causa de los *i* que dejan tu 7563
Pr 6.18 el corazón que maquina pensamientos *i* 205
17.4 el malo está atento al labio *i*; y el 205
29.27 abominación es a...justos el hombre *i* 5766
Ec 8.10 he visto a los *i* sepultados con honra 7563
Is 32.7 intrigas *i* para enredar a los simples 2154
55.7 deje el...y el hombre *i* sus pensamientos 205
Os 10.9 no los tomó la batalla...contra los *i* 5932
Mr 15.28 se cumplió...y fue contado con los *i* *459*
Lc 22.37 **está escrito: Y fue contado con los *i*** *459*
Hch 2.23 matasteis por...de *i*, crucificándole *459*
2 Ts 2.8 y entonces se manifestará aquel *i*, a *459*
2.9 *i* cuyo advenimiento es...obra de Satanás
2 P 2.8 viendo y oyendo los hechos *i* de ellos *459*
3.17 que arrastrados por el error de los *i* *113*

INIQUIDAD
Gn 49.5 Simeón y Leví...armas de *i* sus armas 2555
Éx 34.7 perdona la *i*, la rebelión y el pecado 5771
34.7 que visita la *i* de los padres sobre los 5771
34.9 perdona nuestra *i* y...pecado, y tómanos 5771
Lv 10.17 para llevar la *i* de la congregación 5771
16.21 confesará...las *i* de los hijos de Israel 5771
16.22 macho cabrío llevará sobre sí...las *i* 5771
17.16 si...ni lavare su cuerpo, llevará su *i* 5771
20.19 descubrir la desnudez de...su *i* llevarán 5771
22.16 pues les harían llevar la *i* del pecado 5771
24.15 que maldijere a su Dios, llevará su *i* 5771
26.39 decaerán...por su *i*...la *i* de sus padres 5771
26.40 confesarán su *i*, y la *i* de sus padres 5771
26.43 se someterán al castigo de sus *i*; por 5771
Nm 5.31 el hombre será libre de *i*, y la mujer 5771
14.18 que perdona la *i* y la rebelión, aunque 5771
14.19 perdona...la *i* de este pueblo según la 5771
14.34 llevaréis vuestras *i* 40 años, un año 5771
15.31 será cortada esa...su *i* caerá sobre ella 5771
18.23 los levitas harán...ellos llevarán su *i* 5771
23.21 no ha notado *i* en Jacob, ni ha visto 205
Dt 32.4 Dios de verdad, y sin ninguna *i* en él 5766
Jos 22.20 Acán hijo...no pereció solo en su *i* 5771
1 S 3.13 yo juzgaré su casa...la *i* que él sabe 5771
3.14 la *i* de la casa de Elí no será expiada 5771
2 S 19.19 al rey: No me culpe mi señor de *i* 5771
1 R 17.18 para traer a memoria mis *i*, y para 5771
1 Cr 12.17 sin haber *i* en mis manos, véalo el 2555
17.9 ni los hijos de *i* lo consumirán más 5766
21.8 te ruego que quites la *i* de tu siervo 5771
2 Cr 36.14 aumentaron la *i*, siguiendo todas 4603
Esd 9.6 nuestras *i* se han multiplicado sobre 5771
9.7 por nuestras *i*...hemos sido entregados en 5771
9.13 no nos has castigado de acuerdo con...*i* 5771
Neh 4.5 no cubras su *i*, ni su pecado...borrado 5771
9.2 en pie, confesaron...las *i* de sus padres 5771
Job 4.8 yo he visto, los que aran *i* y siembran 205
5.16 es esperanza al...la *i* cerrará su boca 5766
6.29 volved ahora, y no haya *i*; volved aún 5766
6.30 ¿hay *i* en mi lengua? ¿Acaso no puede mi 5766
7.21 ¿y por qué no quitas...y perdonas mi *i*? 5771
10.6 para que inquieras mi *i*, y busques mi 5771
10.14 has...y no me tendrás por limpio de mi *i* 5771
11.11 él...ve asimismo la *i*, ¿y no hará caso? 205
11.14 si alguna *i* hubiere en tu mano, y la 205
13.7 ¿hablaréis *i* por Dios? ¿Hablaréis por 5766
13.23 ¿cuántas *i* y pecados tengo yo? Hazme 5771
14.17 tienes sellada...y tienes cosida mi *i* 5771
15.5 porque tu boca declaró tu *i*, pues has 5771
15.16 el hombre...que bebe la *i* como agua? 5766
15.35 concibieron dolor, dieron a luz *i*, y 4820
16.17 a pesar de no haber *i* en mis manos, y 2555
20.27 cielos descubrirán su *i*, y la tierra 5771
27.4 mis labios no hablarán *i*, ni mi lengua 5766
31.3 y extrañamiento para los que hacen *i*? 205
31.11 es...*i* que han de castigar los jueces 5771
31.33 encubrí...escondiendo en mi seno mi *i* 5771
34.8 y va en compañía con los que hacen *i* 205
34.10 lejos esté de Dios...Omnipotente la *i* 5766
36.10 y les dice que se conviertan de la *i* 205
36.21 guárdate, no te vuelvas a la *i*; pues 205
36.33 tempestad proclama su ira contra la *i*
Sal 5.5 aborreces a todos los que hacen *i* 205
6.8 apartaos de mí, todos los hacedores de *i* 205
7.3 si...he hecho esto, si hay en mis manos *i* 5766
7.14 aquí...se preñó de *i*, y dio a luz engaño 205
7.16 *i* volverá sobre su cabeza, y su agravio 5999
14.4 ¿no tienen discernimiento...que hacen *i* 205
28.3 que hacen *i*, los cuales hablan paz con 205
31.10 se agotan mis fuerzas a causa de mi *i* 5771
32.2 el hombre a quien Jehová no culpa de *i* 5771
32.5 mi pecado te declaré, y no encubrí mi *i* 5771
36.1 la *i* del impío me dice al corazón: No 6588
36.2 que su *i* no será hallada y aborrecida 5771
36.3 las palabras de su boca son *i* y fraude 205
36.12 allí cayeron los hacedores de *i*; fueron 205
37.1 ni tengas envidia de los que hacen *i* 5766
38.4 mis *i* se han agravado sobre mi cabeza 5771
38.12 los que procuran mi mal hablan *i*, y los 1942
41.6 su corazón recoge para sí *i*, y al salir 205
49.5 he de temer...cuando la *i*...me rodeare? 5771
53.4 ¿no tienen conocimiento...los que hacen *i* 205
55.3 porque sobre mí echaron *i*, y con furor 205
55.10 e *i* y trabajo hay en medio de ella 205
56.7 pésalos según su *i*, oh Dios, y derriba 205
58.2 en el corazón maquináis *i*; hacéis pesar 5766
59.2 líbrame de los que cometen *i*, y sálvame 205
59.5 no...de todos los que se rebelan con *i* 205
64.2 de la conspiración de los que hacen *i* 205
64.6 inquieren *i*, hacen una investigación 5766
65.3 las *i* prevalecen contra mí; mas nuestras 5771
66.18 en mi corazón hubiese yo mirado a la *i* 205
79.8 no recuerdes contra nosotros las *i* de 5771
85.2 perdonaste la *i* de tu pueblo; todos los 5771
89.22 enemigo, ni hijo de *i* lo quebrantará 5766
89.32 castigaré con vara...con azotes sus *i* 5771
92.7 brotan...florecen todos los que hacen *i* 205
94.4 se vanagloriarán todos los que hacen *i*? 205
94.16 estará por mí contra los que hacen *i*? 205
94.20 ¿se juntará contigo el trono de *i* que 1942
94.23 hará volver sobre ellos su *i*, y los 205
101.8 exterminar de...todos los que hagan *i* 205
103.3 él es quien perdona todas tus *i*, el 5771
103.10 no ha hecho...conforme a nuestras *i* 5771
106.6 pecamos...hicimos *i*, hicimos impiedad 5753
119.3 pues no hacen *i* los que andan en sus 5766
119.133 pasos...y ninguna *i* se enseñoree de mí 205
125.3 no sea que extiendan sus manos a la *i* 5766
125.5 Jehová los llevará con los que hacen *i* 205
141.4 hacen obras impías con los que hacen *i* 205
141.9 y de las trampas de los que hacen *i* 205
Pr 4.24 aparta...aleja de ti la *i* de los labios 3891
5.22 prenderán al impío sus...*i*, y retenido 5771
10.3 al justo; mas la *i* lanzará a los impíos 1942
19.28 la boca de los impíos encubrirá la *i* 205
21.15 mas destrucción a los que hacen *i* 205
22.8 el que sembrare *i*, *i* segará, y la vara 5766
24.2 piensa en robar, e *i* hablan sus labios 5999
Ec 3.16 vi...en lugar de la justicia, allí *i* 7562
Is 1.13 luna...son *i* vuestras fiestas solemnes 205
1.16 lavaos...quitad la *i* de vuestras obras 7455
5.18 ¡ay de los que traen la *i* con cuerdas 5771
13.11 y castigaré al mundo...impíos por su *i* 5771
26.10 en tierra de rectitud hará *i*, y no 5765
27.9 esta manera será perdonada la *i* de Jacob 5771
29.20 todos los que se desvelan para hacer *i* 205
30.12 confiasteis en violencia y en *i*, y en 3868
31.2 y contra el auxilio de los que hacen *i* 205
32.6 el ruin hablará ruindades...fabricará *i* 205
33.24 pueblo que more...será perdonada la *i* 5771
53.11 justificará, y llevará las *i* de ellos 5771
57.17 por la *i* de su codicia me enojé, y le 5771
59.2 pero vuestras *i* han hecho división entre 5771
59.3 vuestras manos están contaminadas...de *i* 5771
59.4 hablan...conciben maldades, y dan a luz *i* 205
59.6 obras son obras de *i*, y obra de rapiña 205
59.7 sus pensamientos, pensamientos de *i* 205
59.12 porque con nosotros están nuestras *i* 6588
59.20 los que se volvieren de la *i* en Jacob 6588
64.9 ni tengas perpetua memoria de la *i*; he 5771
65.7 por vuestras *i*...las *i* de vuestros padres 5771
Jer 4.14 en medio de ti los pensamientos de *i*? 205
5.25 vuestras *i* han estorbado estas cosas, y 5771
14.7 nuestras *i* testifican contra nosotros 5771
14.20 reconocemos, la *i* de nuestros padres 5771
16.18 pero primero pagaré al doble su *i* y su 5771
30.15 por la grandeza de tu *i* y...pecados te 5771
Lm 4.6 aumentó la *i* de la hija de mi pueblo 5771
4.22 castigará tu *i*, oh...de Edom; descubrirá 5771
Ez 7.13 causa de su *i* ninguno podrá amparar 5771
7.16 estarán...gimiendo...cada uno por su *i* 5771
18.26 haciendo *i*, él morirá...la *i* que hizo 5766
18.30 apartaos...y no os será la *i* causa de 5771
28.16 fuiste lleno de *i*, y pecaste; por lo 2555
28.18 y con la *i*...profanaste tu santuario 5766
33.13 confiado...hiciere *i*...morirá por su *i* 5766
33.15 caminare en los...no haciendo *i*, vivirá 5766
33.18 se apartare de su...e hiciere *i*, morirá 5766
36.31 os avergonzaréis de...por vuestras *i* 5771
36.32 y cubríos de confusión por vuestras *i*
36.33 día que os limpie de todas vuestras *i* 5771
44.10 que se apartaron de mí...llevarán su *i* 5771
44.12 dice Jehová...que ellos llevarán su *i* 5771
Dn 4.27 y tus *i* haciendo misericordias para 5758
9.5 hemos pecado, hemos cometido *i*, hemos 5753
9.24 y expiar la *i*, para traer la justicia 5771
Os 6.8 ciudad de hacedores de *i*, manchada de 205
7.1 a Israel, se descubrió la *i* de Efraín 5771
9.13; 9.9 se acordará de su *i*, y castigará 5771
10.13 habéis arado impiedad, y segasteis *i* 5766
12.8 nadie hallará *i* en mí, ni pecado en todos 5771
12.11 ¿es Galaad *i*? Ciertamente vanidad han 205
14.2 quita toda *i*, y acepta el bien, y te 5771
Am 6.3 vosotros que...acercáis la silla de *i* 2555
Mi 2.1 ¡ay de los que en sus camas piensan *i* 205
7.19 él...sepultará nuestras *i*, y echará en lo 5771
Hab 1.3 ¿por qué me haces ver *i*...y molestia? 205
2.12 ¡ay del que...que funda una ciudad con *i*! 5766
Sof 3.5 Jehová en medio...es justo, no hará *i* 5766
Zac 5.6 esta es la *i* de ellos en toda la tierra 5869
Mal 2.6 e *i* no fue hallada en sus labios; en 5766
2.6 anduvo...y a muchos hizo apartar de la *i* 5771
2.16 aborrece...al que cubre de *i* su vestido 2555
Mt 13.41 **recogerán...a todos...los que hacen *i*** *458*
23.28 **pero por dentro estáis llenos de...e *i*** *458*
Hch 1.18 con el salario de su *i* adquirió un *93*
Ro 4.7 *i* son perdonadas, y cuyos pecados son *458*
6.13 vuestros miembros...instrumentos de *i* *93*
6.19 así como para *i* presentasteis...miembros *458*
6.19 para servir a la inmundicia y a la *i*, así *458*
2 Ts 2.7 está en acción el misterio de la *i* *458*
2.10 y con todo engaño de *i* para los que se *93*
2 Ti 2.19 apártese de *i* todo aquel que invoca *93*
Tit 2.14 se dio a...para redimirnos de toda *i* *458*
He 8.12 nunca más me acordaré de...y de sus *i* *93*
2 P 2.16 y fue reprendido por su *i*; pues una *3892*

INJERTAR
Ro 11.17 has sido *injertado* en lugar de ellas *1461*
11.19 desgajadas para que yo fuese *injertado* *1461*
11.23 serán *injertados*, pues poderoso es Dios *1461*
11.23 poderoso es...para volverlos a *injertar* *1461*
11.24 si...fuiste *injertado* en el buen olivo *1461*
11.24 serán *injertados* en su propio olivo? *1461*

INJURIA
Job 4.8 aran iniquidad y siembran *i*, la siegan 5999
Pr 12.16 mas el que no hace caso de la *i* es
Is 50.6 no escondí mi rostro de *i* y...esputos 3639
Ez 35.12 que proferiste contra los montes 5007
36.15 y nunca más te haré oír *i* de naciones 3639
Jl 3.19 por la *i* hecha a los hijos de Judá 2555
Abd 10 por la *i* a tu hermano...serás cortado 2555

INJURIADOR
1 Ti 1.13 habiendo yo sido...perseguidor e *i* *5197*

INJURIAR
Éx 22.28 no *injuriarás* a los jueces...príncipe 7043
1 Cr 20.7 este hombre *injurió* a Israel, pero 2778
Job 19.3 ¿no os avergonzáis de *injuriarme*? 1970
Sal 74.22 el insensato te *injuria* cada día 2781
Mt 27.39 que pasaban le *injuriaban*, meneando *987*
27.44 lo mismo le *injuriaban*...los ladrones *3679,846*
Mr 15.29 que pasaban le *injuriaban*, meneando *987*
15.32 los...crucificados con él le *injuriaban* *3679*
Lc 22.65 y decían otras...cosas *injuriándole* *987*

23.39 uno de los malhechores...le *injuriaba* *987*
Jn 9.28 le *injuriaron*, y dijeron: Tú eres su *3058*
Hch 23.4 ¿al sumo sacerdote de Dios *injurias?* *3058*

INJURIOSO
Sal 140.4 guárdame de...líbrame de hombres *i* 2555
Ro 1.30 aborrecedores de Dios, *i*, soberbios *5197*

INJUSTAMENTE
Sal 82.2 cuándo juzgaréis *i*, y aceptaréis las 5766
Is 52.5 hago...ya que mi pueblo es llevado *i*? 2600
1 P 2.19 alguno...sufre molestias padeciendo *i* *95*

INJUSTICIA
Lv 19.15 no harás *i* en el juicio...al pobre 5766
19.35 no hagáis *i* en juicio, en medida de 5766
Dt 25.16 abominación...cualquiera que hace *i* 5766
2 Cr 19.7 con Jehová nuestro Dios no hay *i*. 5766
Job 11.14 y no consintieres...en tu casa la *i* 205
19.29 sobreviene el furor...a causa de las *i*
34.12 Dios no hará *i*, y el Omnipotente no 7561
Sal 92.15 Jehová...recto, y que en él no hay *i*. 5766
Jer 6.7 su maldad; *i* y robo se oyen en ella. 2555
Mi 3.10 edificáis a Sion...a Jerusalén con *i*. 5766
Sof 3.13 el remanente de Israel no hará *i* ni 5766
Mal 3.5 contra, los que hacen *i* al extranjero 5186
Mt 23.25 **dentro estáis llenos de robo y de *i*** *192*
Jn 7.18 **éste es verdadero, y no hay en él *i*** *93*
Ro 1.18 ira...contra toda impiedad e *i* de los *93*
1.18 los hombres que detienen con *i* la verdad *93*
1.29 atestados de...*i*, fornicación, perversidad *93*
2.8 ira y enojo a los...que obedecen a la *i*. *93*
3.5 si nuestra *i* hace resaltar la justicia *93*
9.14 qué, pues, diremos? ¿Que hay *i* en Dios? *93*
1 Co 13.6 no se goza de la *i*, mas se goza de *93*
2 Co 6.14 ¿qué...tiene la justicia con la *i*? *93*
Col 3.25 mas el que hace *i*, recibirá la *i* que *91*
2 Ts 2.12 no...sino que se complacieron en la *i* *93*
He 8.12 porque seré propicio a sus *i*, y nunca *93*
2 P 2.13 recibiendo el galardón de su *i*, ya *93*
1 Jn 5.17 toda *i* es pecado; pero hay pecado no *93*
S@MINOR HEADING = **INJUSTO, A**
Sal 101.3 no pondré delante de...ojos cosa *i*. 1100
140.11 cazará al hombre *i* para derribarlo 2555
Pr 3.31 no envidies al hombre *i*, ni escojas 2555
Is 10.1 los que dictan leyes *i*, y prescriben 205
Ez 22.27 derramando sangre, para...ganancias *i* 1215
Hab 2.9 ¡ay del que codicia *i* ganancia para 7451
Mt 5.45 **y que hace llover sobre justos e *i*** *94*
Lc 16.9 **amigos por medio de las riquezas *i*** *93*
16.10 **que en lo muy poco es *i*...en lo más es *i*** *94*
16.11 **si en las riquezas *i* no fuisteis fieles** *94*
18.6 **y dijo el...Oíd lo que dijo el juez *i*** *93*
18.11 **ladrones, *i*, adúlteros, ni aun como** *94*
Hch 24.15 resurrección...de justos como de *i* *94*
Ro 3.5 ¿será *i* Dios que da castigo? (Hablo *94*
1 Co 6.1 ir a juicio delante de los *i*, y no *94*
6.9 que los *i* no heredarán el reino de Dios? *94*
He 6.10 Dios no es *i* para olvidar vuestra obra *94*
1 P 3.18 el justo por los *i*, para llevarnos a *94*
2 P 2.9 reservar a los *i* para ser castigados *94*
Ap 22.11 el que es *i*, sea *i* todavía; y el que *91*

INMARCESIBLE
1 P 1.4 para una herencia...i, reservada en los *263*

INMEDIATAMENTE
2 S 17.16 enviad *i* y dad aviso a David 4120
2 R10.2 *i* que lleguen estas cartas a
Dn 3.6 *i* será echado dentro de un
Mt 24.29 **e *i* después de la tribulación** *2112*
Mr 1.31 e *i* le dejó la fiebre, y ella *2112*
2.2 e *i* se juntaron muchos, de *2112*
9.24 e *i* el padre del muchacho clamó *2112*
Lc 8.55 e *i* se levantó; y él mandó *3916*
14.5 **en un pozo, no lo sacará *i*** *2112*
19.11 de Dios se manifestaría *i*. *3916*
21.9 **primero; pero el fin no será *i***
Hch 13.11 e *i* cayeron sobre él oscuridad *3916*
17.10 *i*, los hermanos enviaron de noche *2112*
17.14 pero *i* los hermanos enviaron a *2112*
21.30 e *i* cerraron las puertas *2112*

INMEDIATO
Éx 12.4 entonces él y su vecino *i*...tomarán 7138

INMENSO, A
Nm 32.1 tenían...muy *i* muchedumbre de ganado 6099
Sal 145.7 memoria de tu *i* bondad, y cantarán 5042
Pr 5.23 morirá...errará por lo *i* de su locura 7230

INMOLAR
Gn 31.54 Jacob *inmoló* víctimas en el monte 2077
Éx 12.6 lo *inmolará* toda la congregación del 7819
Lv 9.4 buey...que *inmoléis* delante de Jehová 2046
16.27 macho cabrío *immolados* por el pecado
Ap 5.6 en pie un Cordero como *inmolado*, que *4969*
5.9 tú fuiste *inmolado*, y con tu sangre nos *4969*
5.12 el Cordero que fue *inmolado* es digno *4969*
13.8 del Cordero que fue *inmolado* desde el *4969*

INMORTAL
1 Ti 1.17 al Rey de los siglos, *i*, invisible *862*

INMORTALIDAD
Ro 2.7 bien hacer, buscan gloria y honra e *i* *861*
1 Co 15.53 es necesario...mortal se vista de *i* *861*
15.54 mortal se haya vestido de *i*, entonces *861*
1 Ti 6.16 el único que tiene *i*, que habita en *110*
2 Ti 1.10 el cual...sacó a luz la vida y la *i* *861*

INMÓVIL
Hch 27.41 la proa, hincada, quedó *i*, y la popa *761*

INMUNDICIA
Lv 5.3 tocare *i* de hombre, cualquiera *i* suya 2932
7.21 que tocare alguna...*i* de hombre, o animal 2932
14.19 por el que se ha de purificar de su *i* 2932
15.3 y esta será su *i* en su flujo; sea que 2932
16.19 santificará de las *i* de los hijos de 2932
20.21 el que tomare la mujer de su...comete *i* 5079
22.3 se acercare a las...teniendo *i* sobre sí 2932
22.5 inmundo, conforme a cualquiera *i* suya 2930
Nm 5.19 no te has apartado de tu marido a *i* 2932
19.13 inmundo será, y su *i* será sobre él 2932
2 S 11.4 se purificó de su *i*, y se volvió a 2932
2 Cr 29.5 la casa...y sacad del santuario la *i* 5079
29.16 toda la *i* que hallaron en el templo de 2932
Esd 6.21 se habían apartado de las *i*, de las 2932
9.11 a causa de la *i* de los pueblos de los 5079
9.11 la han llenado de uno a otro...con su *i* 2932
Pr 30.12 si bien no se han limpiado de su *i* 6675
Is 4.4 Señor lave las *i* de las hijas de Sion 6675
64.6 y nuestras justicias como trapo de *i*; y 5708
Lm 1.9 su *i* está en sus faldas, y no se acordó 2932
Ez 22.15 te esparciré...haré fenecer de ti tu *i* 2932
23.29 descubrirá la *i* de tus fornicaciones 2154
24.13 tú no te limpiaste de tu *i*; nunca más 2932
36.17 *i* de menstruosa fue su camino delante 2932
36.25 seréis limpiados de todas vuestras *i* 2932
36.29 y os guardaré de todas vuestras *i* 2932
39.24 conforme a su *i*...hice con ellos, y de 2932
Os 6.10 en la casa de Israel he visto *i*; allí 8186
Nah 3.6 echaré sobre ti *i*, y te afrentaré 8251
Zac 13.1 la purificación del pecado y de la *i* 5079
13.2 también haré cortar...al espíritu de *i* 2932
Mt 23.27 **por dentro están llenos...de toda *i*** *167*
Ro 1.24 también Dios los entregó a la *i*, en *167*
6.19 vuestros miembros para servir a la *i* *167*
2 Co 12.21 y no se han arrepentido de la *i* y *167*
Gá 5.19 adulterio, fornicación, *i*, lascivia *167*
Ef 5.3 fornicación y toda *i*, o avaricia, ni *167*
1 Ts 4.7 no nos ha llamado Dios a *i*, sino a *167*
Stg 1.21 desechando toda *i* y abundancia de *4507*
1 P 3.21 no quitando las *i* de la carne, sino *4509*
2 P 2.10 que, siguiendo la carne, andan en...*i* *3394*
2.13 éstos son *i* y manchas, quienes aun *4695*
Ap 17.4 un cáliz de oro lleno de...la *i* de su *168*

INMUNDO, A
Lv 5.2 que hubiere tocado...cosa *i*...será *i* 2931
5.2 sea cadáver de bestia *i*, o...de animal *i* 2931
5.2 de reptil *i*, bien que no lo supiere 2931
5.3 con que fuere *i*, y no lo echare de ver 2930
7.19 que tocare alguna cosa *i*, no se comerá 2931
7.20 la persona que comiere la...estando *i* 2932
7.21 tocare alguna cosa *i*...será cortada de 2932
7.21 que tocare...animal *i*, o...abominación *i* 2931
10.10 discernir...y entre lo *i* y lo limpio 2931
11.4 camello, porque rumia...lo tendréis por *i* 2931
11.5 el conejo...no tiene...lo tendréis por *i* 2931
11.6 liebre, porque rumia...la tendréis por *i* 2931
11.7 el cerdo...no rumia, lo tendréis por *i* 2931
11.8 de ellos no comeréis...tendréis por *i* 2931
11.24 por estas cosas seréis *i*...que tocare 2930
11.24 cuerpos muertos será *i* hasta la noche 2930
11.25 lavará sus vestidos, y será *i* hasta la 2930
11.26 que no tiene pezuña...tendréis por *i* 2931
11.26 y cualquiera que los tocare será *i* 2930
11.27 tendréis por *i* a cualquiera que ande 2931
11.27 tocare sus cadáveres será *i* hasta la 2930
11.28 *i* hasta la noche; los tendréis por *i*. 2930
11.29 tendréis por *i* a estos animales que 2931
11.31 tendréis por *i* de entre los animales 2931
11.31 que los tocare...será *i* hasta la noche 2930
11.32 algo de ellos después de muertos, será *i* 2930
11.32 sea metido en agua, y quedará *i* hasta 2930
11.33 vasija...será *i*...y quebraréis la vasija 2930
11.34 sobre el cual cayere el agua...será *i* 2930
11.34 y toda bebida en esas vasijas será *i* 2930
11.35 cayere algo del cadáver de ellos será *i* 2930
11.35 el horno...son *i*, y por *i* los tendréis 2931
11.36 hubiere tocado en los cadáveres será *i* 2930
11.38 cayere algo de los...la tendréis por *i* 2931
11.39 el que tocare su cadáver será *i* hasta 2930
11.40(2) lavará sus vestidos y será *i* hasta 2930
11.43 ni os contaminéis...ni seáis *i* por ellos 2930
11.47 diferencia entre lo *i* y lo limpio, y 2931
12.2 conciba y dé a luz varón, será *i* 7 días 2930
12.2 conforme a...de su menstruación será *i* 2930
12.5 si diere a luz hija, será *i* dos semanas 2930
13.3 y el...le reconocerá, y le declarará *i*. 2930
13.8 el sacerdote...lo declarará *i*: es lepra 2930
13.11 declarará *i* el sacerdote...porque es *i* 2931
13.14 apareciere en él la carne viva, será *i* 2930
13.15 lo declarará *i*...Es *i* la carne viva; es 2930
13.20,22 sacerdote lo declarará *i*; es llaga 2930
13.25 lo declarará *i*, por ser llaga de lepra 2930
13.27 el...lo declarará *i*; es llaga de lepra 2930
13.30 el sacerdote le declarará *i*; es tiña 2930
13.36 no busque el sacerdote el pelo...es *i*. 2931
13.44 es *i*, y el sacerdote lo declarará...i 2931
13.45 leproso...embozado pregonará: *¡I! ¡I!* 2931
13.46 que la llaga estuviere en él, será *i* 2931
13.51 el cuero...lepra maligna es la plaga; *i*. 2931
13.55 se haya extendido...*i* es; la quemarás 2931
13.59 ley para que sea declarada limpia o *i* 2930
14.40 echarán fuera de la ciudad en lugar *i* 2931
14.41 derramarán fuera...en lugar *i* el barro 2931
14.44 casa, es lepra maligna en la casa; *i* es 2931
14.45 sacarán...fuera de la ciudad a lugar *i*. 2931
14.46 que entrare en...será *i* hasta la noche 2930
14.57 enseñar cuándo es *i*, y cuándo limpio 2931
15.2 cuando tuviere flujo de semen, será *i*. 2931
15.3 que deje de destilar...flujo él será *i*. 2932
15.4 toda cama en que se acostare...será *i*. 2930
15.4 toda cosa sobre que se sentare, *i* será 2930
15.5,6,7,8,11,16,17,18,22,27 se lavará...y será *i* hasta la noche 2930
15.9 montura sobre que cabalgare el...será *i* 2930
15.10,19,23 tocare...será *i* hasta la noche 2930
15.20 aquello sobre que ella se acostare...i. 2930
15.20 todo aquello sobre que se sentare será *i*. 2930
15.21 después de lavarse...*i* hasta la noche 2930
15.24 durmiere con ella...será *i*...siete días 2930
15.24 toda cama sobre que durmiere, será *i*. 2930
15.25 será *i* como en los días de su costumbre 2931
15.26 mueble sobre que se sentare, será *i* 2931
15.27 que tocare esas cosas será *i*; y lavará 2930
15.32 ley...viniendo a ser *i* a causa de ello 2930
15.33 para el hombre que durmiere con mujer *i*. 2931
17.15 será *i* hasta la noche; entonces será 2931
20.25 haréis diferencia...animal limpio e *i* 2931
20.25 haréis diferencia...entre ave *i* y limpia 2931
20.25 animales...cuales os he apartado por *i*. 2930
21.4 no se contaminará como...haciéndose *i*. 2490
22.5 tocado cualquier reptil por el cual...*i* 2931
22.5 por el cual venga a ser *i*, conforme a 2930
22.6 la persona que lo tocare será *i* hasta 2930
27.11 si fuere algún animal *i*, de que no se 2931
27.27 fuere de los animales *i*, lo rescatarán 2931
Nm 5.27 si fuere *i* y hubiere sido infiel a su 2930
5.28 si la mujer se fuere *i*, sino...limpia 2930
9.6 algunos que estaban *i* a causa de muerto 2931
9.7 nosotros estamos *i* por causa de muerto 2931
9.10 que estuviere *i* por causa de muerto o 2931
18.15 harás redimir el primogénito de animal *i* 2931
19.7 y será *i* el sacerdote hasta la noche 2930
19.8,10 lavará sus...y será *i* hasta la noche 2930
19.11 que tocare cadáver...será *i* siete días 2930
19.13 *i* será, y su inmundicia será sobre él 2931
19.14 el que esté en ella, será *i* siete días 2930
19.15 vasija...no esté bien ajustada, será *i* 2931
19.16 tocare algún muerto...siete días será *i* 2930
19.17 para el *i* tomarán de la ceniza de la 2931
19.19 limpio rociará sobre el *i* al tercero 2931
19.20 el que fuere *i*, y no se purificare, la 2930
19.20 no fue rociada sobre él el agua...es *i*. 2931
19.21 tocare el agua...será *i* hasta la noche 2930
19.22 y todo lo que el *i* tocare, será *i*; y 2931
19.22 la persona que lo tocare será *i* hasta 2930
Dt 12.15 el *i* y el limpio la podrá comer, como 2931
12.22 el *i* y el limpio podrán comer también 2931
14.7 mas no tienen pezuña hendida, serán *i*. 2931
14.8 tiene pezuña...mas no rumia; os será *i* 2931
14.10 todo lo que no tiene aleta y...*i* será 2931
14.19 todo insecto alado será *i*; no se comerá 2931
15.22 el *i* lo mismo que el limpio comerán de 2931
23.14 para que él no vea en ti cosa *i*, y se 6172
26.14 ni he gastado de ello estando yo *i*, ni 2931
Jos 22.19 si os parece que la tierra de...es *i* 2931
Jue 13.4,7 no...vino ni sidra, ni comas cosa *i* 2931
13.14 no comerá cosa *i*; guardará todo lo que 2932
2 Cr 23.19 que por ninguna vía entrase ningún *i* 2931
Esd 9.11 tierra *i* es a causa de la inmundicia 5079
Job 14.4 ¿quién hará limpio a lo *i*? Nadie. 2931
Is 6.5 siendo hombre *i* de labios, y habitando 2931
6.5 en medio de pueblo que tiene labios *i*. 2931
35.8 no pasará *i* por él, sino que él mismo 2931
52.1 nunca más vendrá a ti incircunciso ni *i*. 2931
52.11 salid de ahí, no toquéis cosa *i*; salid 2931
65.4 cerdo, y en sus ollas...caldo de cosas *i* 6292
Jer 2.23 decir: No soy *i*, nunca anduve tras 2930
19.13 y las casas de...serán como...Tofet, *i* 2931
Lm 4.15 *¡i!* les gritaban; ¡Apartaos, apartaos 2931
Ez 4.13 comerán los hijos de Israel su pan *i* 2931
4.14 que mi alma no es *i*, ni nunca desde mi 2930
4.14 y dije...nunca en mi boca entró carne *i* 6292
22.10 hicieron violencia a la que estaba *i*. 2931
22.26 ni distinguieron entre *i* y limpio; y 2931
24.13 en tu *i* lujuria padecerás, porque te 2932
Os 9.3 volverá Efraín...donde comerán vianda *i* 2931
9.4 pan...todos los que coman de él serán *i* 2930
Am 7.17 tú morirás en tierra *i*, e Israel será 2931
Hag 2.13 si un *i*...tocare alguna cosa...¿será *i*? 2931
2.13 y respondieron los sacerdotes...*I* será 2930
2.14 obra...y todo lo que aquí ofrecen es *i* 2930
Mal 1.7 en que ofrecéis sobre mi altar pan *i*. 1351
1.12 cuando decís: *I* es la mesa de Jehová 2490
Mt 10.1 dio autoridad sobre los espíritus *i* *169*
12.43 **cuando el espíritu *i* sale del hombre** *169*
Mr 1.23 hombre con espíritu *i*, que dio voces *169*
1.26 espíritu *i*, sacudiéndole con violencia *169*
1.27 manda...los espíritus *i*, y le obedecen? *169*
3.11 espíritus *i*...se postraban delante de él *169*
3.30 ellos habían dicho: Tiene espíritu *i*. *169*
5.2 vino a su...un hombre con un espíritu *i* *169*
5.8 **le decía: Sal de este hombre, espíritu *i*** *169*
5.13 saliendo aquellos espíritus *i*, entraron *169*
6.7 les dio autoridad sobre los espíritus *i* *169*
7.2 comer...con manos *i*, esto es, no lavadas *2839*
7.5 tus discípulos...comen pan con manos *i*? *449*
7.25 una mujer, cuya hija tenía un espíritu *i* *169*
9.25 vio...reprendió al espíritu *i*, diciéndole *169*
Lc 4.33 que tenía un espíritu de demonio *i* *169*
4.36 poder manda a los espíritus *i*, y salen? *169*
6.18 los...atormentados de espíritus *i* eran *169*
8.29 mandaba al espíritu *i* que saliese del *169*
9.42 Jesús reprendió al espíritu *i*, y sanó *169*

11.24 cuando el espíritu *i* sale del hombre ... *169*
Hch 5.16 muchos...atormentados de espíritus *i* ... *169*
8.7 de muchos que tenían espíritus *i*, salían ... *169*
10.14 ninguna cosa común o *i* he comido jamás ... *169*
10.28 que a ningún hombre llame común o *i* ... *169*
11.8 ninguna cosa común o *i* entró jamás en ... *169*
Ro 14.14 sé...que nada es *i* en sí mismo; mas ... *2839*
14.14 que piensa que algo es *i*, para él lo es ... *2839*
1 Co 7.14 otra manera vuestros hijos serían *i* ... *169*
2 Co 6.17 y no toquéis lo *i*; y yo os recibiré ... *169*
Ef 5.5 ningún...*i*, o avaro...tiene herencia ... *169*
He 9.13 sangre...rociadas a los *i*, santifican ... *2840*
10.29 y tuviere por *i* la sangre del pacto en ... *2839*
Ap 16.13 de la boca del dragón...3 espíritus *i* ... *169*
18.2 guarida de todo espíritu *i*...toda ave *i* ... *169*
21.27 no entrará en ella ninguna cosa *i*, o ... *2840*
22.11 el que es *i*, sea *i* todavía; y el que es ... *4510*

INMUTABLE
He 6.18 por dos cosas *i*, en las cuales Dios ... *276*
7.24 permanece para...tiene un sacerdocio *i* ... *531*

INMUTABILIDAD
He 6.17 queriendo...mostrar...*i* de su consejo ... *276*

INMUTAR
Job 40.23 sale de madre el río...no se *inmuta* ... 2648

INNUMERABLE
Jue 6.5 subían...ellos y sus camellos eran *i* ... 4557
7.12 sus camellos eran *i* como la arena que ... 369,4557
Job 21.33 tras de él...y antes de él han ido *i* ... 369,4557
Sal 104.24 ¡cuán *i* son tus obras, oh Jehová! ... 7231
104.25 en donde se mueven seres *i*...pequeños y ... 369,4557
Is 2.7 llena de caballos, y sus carros son *i* ... 369,7097
Jer 2.32 mi pueblo se ha olvidado...por *i* días ... 369,4557
Jl 1.6 pueblo fuerte e *i* subió a mi tierra ... 369,4557
He 11.12 como la arena *i* que está a la orilla ... *382*

INOCENCIA
Sal 26.6 lavaré en *i* mis manos, y así andaré ... 5356
73.13 en vano he...y lavado mis manos en *i* ... 5356

INOCENTE
Gn 20.4 y dijo: Señor, ¿matarás también al *i*? ... 6662
Éx 20.7 no dará por *i* Jehová al que tomare su ... 5352
23.7 no matarás al *i* y justo; porque yo no ... 5355
34.7 de ningún modo tendrá por *i* al malvado ... 5352
Nm 14.18 aunque de ningún modo tendrá por *i* al ... 5352
Dt 5.11 no dará por *i* al que tome su nombre en ... 5352
19.10 para que no sea derramada sangre *i* en ... 5355
19.13 y quitarás de Israel la sangre *i*, y te ... 5355
21.8 no culpes de sangre *i* a tu pueblo Israel ... 5355
21.9 quitarás la culpa de la sangre *i* de en ... 5355
27.25 recibiere soborno...quitar la vida al *i* ... 5355
1 S 19.5 ¿por qué...pecarás contra la sangre *i* ... 5355
26.9 contra el ungido de Jehová, y será *i*? ... 5352
2 S 3.28 dijo: *I* soy yo y mi reino, delante de ... 5355
2 R 21.16 derramó Manasés mucha sangre *i* en ... 5355
24.4 asimismo por la sangre *i* que derramó ... 5355
24.4 derramó...llenó a Jerusalén de sangre *i* ... 5355
Job 4.7 recapacita ahora, ¿qué *i* se ha perdido? ... 5355
9.23 mata...se ríe del sufrimiento de los *i* ... 5355
9.28 me turban...sé que no me tendrás por *i* ... 5352
17.8 y el *i* se levantará contra el impío ... 5355
22.19 y se gozarán; y el *i* los escarnecerá ... 5355
22.30 él libertará al *i*, y por la limpieza ... 5355
27.17 se vestirá, y el *i* repartirá la plata ... 5355
33.9 yo soy limpio...*i*, y no hay maldad en mí ... 2643
Sal 10.8 en acecho...en escondrijos mata al *i* ... 5355
15.5 usura, ni contra el *i* admitió cohecho ... 5355
94.21 juntan contra...y condenan la sangre *i* ... 5355
106.38 derramaron la sangre *i*, la sangre de ... 5355
Pr 1.11 si dijeren...acechemos sin motivo al *i* ... 5355
6.17 los ojos...manos derramadoras de sangre *i* ... 5355
Is 59.7 se apresuran para derramar la sangre *i* ... 5355
Jer 2.34 hallé la sangre de los pobres, de...*i* ... 5355
2.35 soy *i*, de cierto su ira se apartó de mí ... 5352
7.6 derramareis la sangre *i*, ni anduviereis ... 5355
11.19 y yo era como cordero *i* que llevan a
19.4 y llenaron este lugar de sangre de *i* ... 5355
22.3 no...ni derraméis sangre *i* en este lugar ... 5355
22.17 no son sino...para derramar sangre *i* ... 5355
26.15 si...sangre *i* echaréis sobre vosotros ... 5355
Dn 6.22 envió su ángel...ante él fui hallado *i* ... 2136
Jl 3.19 derramaron en su tierra sangre *i* ... 5355
Jon 1.14 ni pongas sobre nosotros la sangre *i* ... 5355
Mi 6.11 no...por *i* al que tiene balanza falsa ... 2135
Nah 1.3 Jehová...no tendrá por *i* al culpable ... 5352
Mt 12.7 **si supieseis...no condenaríais a los *i*** ... *338*
27.4 yo he pecado entregando sangre *i*. Mas ... *121*
27.24 *i* soy yo de la sangre de este justo ... *121*
He 7.26 santo, *i*, sin mancha, apartado de los ... *172*

INQUIETAR
1 S 10.2 tu padre ha dejado ya de *inquietarse* ... 1697
28.15 dijo a Saúl: ¿Por qué me has *inquietado* ... 7264
Job 34.29 él diere reposo, ¿quién *inquietará*? ... 7561
Hch 15.19 que no se *inquiete* a los gentiles ... *3926*
15.24 algunos...os han *inquietado* con palabras ... *5015*
1 Ts 3.3 nadie se *inquiete* por...tribulaciones ... *4525*

INQUIETUD
Job 7.4 la noche es larga, y estoy lleno de *i* ... 5076
Lc 12.29 **preocupéis...ni estéis en ansiosa *i*** ... *3349*

INQUIRIR
Dt 13.14 *inquirirás*, y buscarás y preguntarás ... 1875
19.18 los jueces *inquirirán* bien; y si aquel ... 1875
Jue 6.29 *inquiriendo*, les dijeron: Gedeón hijo ... 1875
1 R 7.47 no *inquirió* Salomón el peso...bronce ... 2713
1 Cr 19.3 ¿no vienen más bien...para...*inquirir* ... 2015
28.8 *inquirid* todos los preceptos de Jehová ... 1875
Esd 7.10 preparado su corazón para *inquirir* la ... 1875
10.16 se sentaron...*inquirir* sobre el asunto ... 1875
Job 5.27 lo que hemos *inquirido*, lo cual es así ... 2713
8.8 disponte para inquirir a los padres de ... 2714
10.6 que *inquieras* mi iniquidad, y busques mi ... 1245
35.15 ira no castiga, ni *inquiere* con rigor ... 3045
Sal 10.13 en su...ha dicho: Tú no lo *inquirirás* ... 1875
27.4 en la casa...para *inquirir* en su templo ... 1239
64.6 *inquieren* iniquidades...una investigación ... 2664
77.6 en mi corazón, y mi espíritu *inquiría* ... 2664
Ec 1.13 y di mi corazón a *inquirir* y a buscar ... 1875
7.25 fijé mi corazón para saber...e *inquirir* ... 1245
Is 34.16 *inquirid* en el libro de Jehová, y ... 1875
Jer 30.6 *inquirid* ahora, y mirad si el varón ... 7592
Mt 2.16 al tiempo que había *inquirido* de los ... *198*
Hch 23.20 como que van a *inquirir* alguna cosa ... *4441*
1 P 1.10 los profetas...*inquirieron*...indagaron ... *1567*

INSACIABLE
Is 56.11 Y esos perros comilones son *i*; y los . 3808,3045,7654

INSCRIBIR
Nm 11.26 estaban éstos entre los *inscritos* ... 3789
2 Cr 31.18 eran *inscritos* con todos sus niños ... 3187
Neh 12.22 levitas...fueron *inscritos* por jefes ... 3789
12.23 *inscritos* en el libro de las crónicas ... 3789
Sal 87.6 Jehová contará al *inscribir*...pueblos ... 3789
Ez 13.9 ni serán *inscritos* en el libro de la ... 3789
He 12.23 que están *inscritos* en los cielos, a ... *583*
Ap 20.15 no se halló *inscrito* en el libro de ... *1125*
21.12 en las puertas...nombres *inscritos*, que ... *1924*
21.27 solamente los que están *inscritos* en el ... *1125*

INSCRIPCIÓN
Mt 22.20; Mr 12.16; Lc 20.24 ¿de quién es esta imagen y la *i*? ... *1923*
Hch 17.23 un altar en el cual estaba esta *i* ... *1924*

INSCRITO *Véase Inscribir*

INSECTO
Lv 11.20 todo *i* alado...tendréis en abominación ... 8318
11.21 pero esto comeréis de todo *i* alado que ... 8318
11.23 todo *i* alado que tenga cuatro patas ... 8318
Dt 14.19 *i* alado será inmundo; no se comerá ... 8318

INSENSATEZ
1 S 25.25 se llama Nabal, y la *i* está con él ... 5039
Sal 69.5 tú conoces mi *i*, y mis pecados no te ... 200
Pr 14.24 la *i* de los necios es infatuación ... 200
19.3 *i* del hombre tuerce su camino, y luego ... 200
Ec 7.25 para conocer la maldad de la *i* y el ... 3689
9.3 el corazón...está lleno de mal y de *i* en ... 1947
Mr 7.22 la maledicencia, la soberbia, la *i* ... *877*
1 Co 3.19 la sabiduría de...es *i* para con Dios ... *3472*
2 Ti 3.9 porque su *i* será manifiesta a todos ... *454*

INSENSATO, A
Dt 32.21 los provocaré a ira con una nación *i* ... 5036
Sal 5.5 los *i* no estarán delante de tus ojos ... 1984
39.8 líbrame...no me pongas por escarnio del *i* ... 5036
49.10 perecen del mismo modo que el *i* y el ... 3684
74.18 que...pueblo *i* ha blasfemado tu nombre ... 5036
74.22 acuérdate de cómo el *i* te injuria cada ... 5036
75.4 dije a los *i*: No os infatuéis; y a los ... 1984
92.6 necio no sabe, y el *i* no entiende esto ... 3684
107.17 fueron afligidos los *i*, a causa del ... 191
Pr 1.7 *i* desprecian la sabiduría...enseñanza ... 191
1.22 burlar, y los *i* aborrecerán la ciencia? ... 3684
9.13 la mujer *i* es alborotadora; es simple ... 3687
10.23 el hacer maldad es...una diversión al *i* ... 3684
14.16 el *i* se muestra insolente y confiado ... 3684
17.21 el que engendra al *i*, para su tristeza ... 3684
20.3 dejar...mas todo *i* se envolverá en ella ... 191
21.20 sabio; mas el hombre *i* todo lo disipa ... 3684
24.7 alta está para el *i* la sabiduría; en la ... 191
26.10 es el que toma a sueldo *i* y vagabundos ... 3684
Ec 5.4 él no se complace en los *i*. Cumple lo ... 3684
7.4 el corazón de los *i*, en...que hay alegría ... 3684
7.17 no hagas mucho mal, ni seas *i*; ¿por qué ... 5530
Jer 17.11 dejará, y en su postrimería será *i* ... 5036
Ez 13.3 ¡ay de los profetas *i*, que andan en ... 5036
Os 9.7 *i* es el varón de espíritu, a causa de ... 191
Zac 11.15 toma aún los aperos de un pastor *i* ... 196
Mt 7.26 **no...hace, le compararé a un hombre *i*** ... *3474*
23.17 **¡*i* y ciegos! porque ¿cuál es mayor, el** ... *3474*
25.2 **cinco de ellas eran prudentes y cinco *i*** ... *3474*
25.3 **las *i*, tomando sus lámparas, no tomaron** ... *3474*
25.8 **las *i* dijeron a las prudentes: Dadnos** ... *3474*
Lc 24.25 **oh *i*, y tardos de corazón para creer** ... *453*
Ro 10.19 yo...con pueblo *i* os provocaré a ira ... *801*
1 Co 1.25 lo *i* de Dios es más sabio que los ... *3474*
4.10 nosotros somos *i* por amor de Cristo ... *3474*
2 Co 12.6 si quisiera gloriarme, no sería *i* ... *878*
Gá 3.1 ¡oh gálatas *i*! ¿quién os fascinó para ... *453*
Ef 5.17 no seáis *i*, sino entendidos de cuál ... *878*
2 Ti 2.23 desecha las cuestiones necias e *i* ... *521*
Tit 3.3 nosotros también éramos en...tiempo *i* ... *453*
1 P 2.15 hagáis callar la ignorancia de los...*i* ... *878*

INSEPARABLE
2 S 1.23 *i* en su vida, tampoco en su muerte ... 6504

INSIGNE
1 S 9.6 hay...un varón de Dios, que es hombre *i* ... 3513
Is 33.18 que pone en lista las casas más *i*?

INSIGNIFICANTE
Dt 7.7 erais el más *i* de todos los pueblos ... 4592
Hch 21.39 soy...ciudadano de una ciudad no *i* ... *767*

INSÍPIDA
Mr 9.50; Lc 14.34 la sal se hace *i*, ¿con qué ... *358*

INSISTENCIA
Mr 14.31 mas él con mayor *i* decía: Si me fuere ... *1537,4053*
1 Ts 3.10 orando de noche y de día con gran *i* ... *5228,1537,4053*

INSISTENTEMENTE
2 R 4.8 que le invitaba *i* a que comiese ... 2388

INSISTIR
Gn 33.11 e *insistió* con él, y Esaú lo tomó ... 6484
Jue 19.7 pero *insistió* su suegro, y volvió a ... 6484
2 R 5.23 le *insistió*, y ató dos talentos de ... 6555
Jn 8.7 **como *insistieran*...enderezó y les dijo** ... *1961*
Tit 3.8 y en estas cosas quiero que *insistas* ... *1226*

INSOLENCIA
Pr 21.24 que obra en la *i* de su presunción ... 5678
22.8 segará, y la vara de su *i* se quebrará ... 7281

INSOLENTE
Pr 14.16 el insensato se muestra *i* y confiado ... 5674

INSONDABLE
Ro 11.33 *i* son sus juicios, e inescrutables ... *419*

INSPECCIONAR
2 S 10.3 ¿no ha enviado David...*inspeccionar* ... 7270
1 R 20.27 de Israel...también *inspeccionados* ... 6485

INSPIRAR
2 Ti 3.16 la Escritura es *inspirada* por Dios ... *2315*
2 P 1.21 hablaron siendo *inspirados* por el ... *5342*

INSTANTE
Jer 18.7 un *i* hablaré contra pueblos y contra ... 7281
18.9 en un *i* hablaré de la gente y del reino ... 7281
Dn 3.13 al *i* fueron traídos estos varones ... 116
10.17 porque al *i* me faltó la fuerza, y no ... 6258
Mt 4.20 dejando al *i* las redes, le siguieron ... *2112*
4.22 dejando al *i* la barca y a su padre, le ... *2112*
8.3 sé limpio. Y al *i* su lepra desapareció ... *2112*
27.48 y al *i*, corriendo uno de ellos, tomó ... *2112*
Mr 1.42 *i* la lepra se fue de aquél, y quedó ... *2112*
Lc 4.39 y levantándose ella al *i*, les servía ... *3916*
5.13 sé limpio. Y al *i* la lepra se fue de él ... *2112*
5.25 al *i*, levantándose en presencia de ellos ... *3916*
8.44 y al *i* se detuvo el flujo de su sangre ... *3916*
8.47 declaró...cómo al *i* había sido sanada ... *3916*
Jn 5.9 al *i* aquel hombre fue sanado, y tomó ... *2112*
19.34 le abrió...y al *i* salió sangre y agua ... *2117*
Hch 5.10 al *i* ella cayó a los pies de él, y ... *3916*
9.18 recibió al *i* la vista; y levantándose ... *2112*
16.26 al *i* se abrieron todas las puertas, y ... *3916*
Ap 4.2 y al *i* yo estaba en el Espíritu; y he ... *2112*

INSTAR
2 R 5.16 le *instaba* que aceptara alguna cosa ... 6484
Lc 23.23 mas ellos *instaban* a grandes voces ... *1945*
2 Ti 4.2 que *instes* a tiempo y fuera de tiempo ... *2186*

INSTIGAR
Dt 13.13 han *instigado* a los moradores de su ... 5080
Hch 13.50 pero los judíos *instigaron* a mujeres ... *3951*

INSTITUCIÓN
1 P 2.13 someteos a toda *i* humana, ya sea al ... *2937*

INSTITUIR
1 R 12.32 *instituyó* Jeroboam fiesta solemne ... 6213
2 R 21.6 e *instituyó* encantadores y adivinos
He 9.18 ni...pacto fue *instituido* sin sangre ... *1457*

INSTRUCCIÓN
Pr 1.8 oye, hijo mío, la *i* de tu padre, y no ... 4148
10.17 camino a la vida es guardar la *i*; pero ... 4148
12.1 el que ama la *i* ama la sabiduría; mas ... 4148
Mt 10.5 **estos doce envió Jesús, y les dio *i*** ... *3853*
11.1 Jesús terminó de dar *i* a sus discípulos ... *1299*
Hch 10.22 ha recibido *i* de un santo ángel, de ... *5537*
1 Co 11.2 y retenéis las *i* tal como os las ... *3862*
1 Ts 4.2 sabéis qué *i* os dimos por el Señor ... *3852*

INSTRUCTOR
Ro 2.20 *i* de los indoctos, maestro de niños ... *3810*

INSTRUIR
Dt 32.10 lo trajo alrededor, lo *instruyó*, lo ... 995
1 S 12.23 os *instruiré* en el camino bueno y ... 3384
1 Cr 25.7 con sus hermanos, *instruidos* en el ... 3925
Sal 94.12 corriges, Y en tu ley lo *instruyes* ... 3925
Pr 5.13 no oí la voz de los que me *instruían* ... 3925
6.23 y camino de vida las...que te *instruyen* ... 4148
22.6 *instruye* al niño en su camino, y aun ... 2596
Is 28.26 su Dios le *instruye*, y le enseña lo ... 3256
Dn 11.33 los sabios del pueblo *instruirán* a ... 995
Mt 14.8 ella, *instruida* primero por su madre ... *4264*
28.15 hicieron como se les había *instruido* ... *1321*
Lc 1.4 cosas en las cuales has sido *instruido* ... *2727*
Hch 18.25 había sido *instruido* en el camino ... *2727*
22.3 soy...*instruido* a los pies de Gamaliel ... *397*
Ro 2.18 e *instruido* por la ley apruebas lo ... *2727*
1 Co 2.16 del Señor? ¿Quién le *instruirá*? Mas ... *4822*
Gá 6.6 haga partícipe de...al que lo *instruye* ... *2727*
2 Ti 3.16 y útil para...*instruir* en justicia ... *3809*

INSTRUMENTO
Lv 11.32 *i* con que se trabaja, será metido en ... 3627
Nm 4.14 sobre él todos sus *i* de que se sirve ... 3627
4.26 y todos los *i* de su servicio y todo lo ... 3627

4.32 con todos sus i y todo su servicio; y 3627
35.16,18 con i de... lo hiriere y muriere 3627
35.22 si... sobre él cualquier i sin asechanzas 3627
Dt 27.5 no alzarás sobre ellas i de hierro
1 S 18.6 salieron las mujeres... con i de música 7991
2 S 6.5 delante de Jehová con toda clase de i
1 R 6.7 martillos... ni ningún otro i de hierro 3627
1 Cr 15.16 que designasen... cantores con i de 3627
16.5 y Jeiel, con sus i de salterios y arpas
16.42 y con otros i de música de Dios; y a 3627
23.5 i que he hecho para tributar alabanza 3627
2 Cr 5.13 i de música, y alababan a Jehová 3627
7.6 levitas, con los i de música de Jehová 3627
23.13 cantores con i de música dirigían la 3627
29.18 hemos limpiado... altar... y todos sus i 3627
29.26 los levitas estaban con los i de David 3627
29.27 con las trompetas y los i de David rey 3627
30.21 sacerdotes, cantando con i resonantes 3627
34.12 y de los levitas... los entendidos en i 3627
Neh 12.36 sus hermanos... con los i musicales 3627
Sal 71.22 te alabaré con i de salterio, oh
Ec 2.8 me hice de... toda clase de i de música 7705
Is 13.5 vienen de... Jehová y los i de su ira 3627
Jer 50.25 abrió... su tesoro, y sacó los i de 3627
Ez 9.1,2 trae en su mano su i para destruir 3627
Dn 3.5,7,10,15 el son de... de todo i de música 2178
6.18 ni i de música fueron traídos delante 1761
Am 5.23 no escucharé las salmodias de tus i 5035
6.5 son de la flauta, e inventan i musicales 5035
Hch 9.15 **i escogido me es éste, para llevar** *4632*
Ro 6.13 miembros al pecado... i de iniquidad *3696*
6.13 vuestros miembros... como i de justicia *3696*
2 Ti 2.21 si alguno se limpia... i para honra *4632*

INTACTO, A
2 R 7.10 caballos atados... y el campamento i 1992
Dn 3.27 ropas estaban i, y ni siquiera olor 8133

INTEGRIDAD
Gn 20.6 sé que con i de tu corazón has hecho 8537
Jos 24.14 temed a Jehová, y servidle con i y 8549
Jue 9.16,19 verdad y con i habéis procedido 8549
1 R 9.4 y si tú anduvieres... en i de corazón 8537
Job 2.3 todavía retiene su i, aun cuando tú me 8538
2.9 le dijo su mujer: ¿aún retienes tu i? 8538
4.6 ¿no es tu esperanza la i de tus caminos? 8537
27.5 hasta que muera, no quitaré de mí mi i 8538
31.6 péseme Dios en balanzas... conocerá mi i 8538
Sal 7.8 júzgame, oh Jehová... conforme a mi i 8537
15.2 que anda en i y hace justicia, y habla 8549
25.21 i y rectitud me guarden, porque en ti 8537
26.1 júzgame, oh... porque yo en mi i he andado ... 8537
26.11 mas yo andaré en mi i; redímeme, y ten 8537
41.12 cuanto a mí, en mi i me has sustentado 8537
78.72 y los apacentó conforme a la i de su 8537
84.11 no quitará el bien a... que andan en i 8549
101.2 en la i de mi corazón andaré en medio 8537
Pr 10.9 el que camina en i anda confiado; mas 8537
11.3 la i de los rectos los encaminará; pero 8538
19.1 mejor es el pobre que camina en i que 8537
20.7 camina en su i el justo; sus hijos son 8537
28.6 mejor es el pobre que camina en su i que 8537
28.18 el que en i camina será salvo; mas el 8549
Tit 2.7 ejemplo... en la enseñanza mostrando i *90*

ÍNTEGRO
2 S 22.26 te mostrarás, recto para con el... i 8549
2 R 20.3 he andado... en verdad y con i corazón 8003
2 Cr 19.9 procederéis... con temor... corazón i 8003
Job 9.21 si fuese i, no haría caso de mi mismo 8535
36.4 contigo está el que... i en sus conceptos 8549
Sal 16.3 para los i, es toda mi complacencia 117
18.25 mostrarás... recto para con el hombre i 8549
19.13 entonces seré i, y estaré limpio de 8552
33.1 justos... en los i es hermosa la alabanza 3477
37.37 considera al i, y mira al justo... paz 3477
64.4 asaetear a escondidas al i; de repente 8535
119.80 sea mi corazón i en tus estatutos 8549
Is 38.3 andado delante de ti... con i corazón 8003

INTELIGENCIA
Éx 31.3 llenado del Espíritu... i, en ciencia 8394
35.31 sabiduría, en i, en ciencia y en todo 8394
36.1 a quien Jehová dio sabiduría e i para 8394
Dt 4.6 esta es... vuestra i ante los ojos de los 998
1 R 3.11 demandaste para ti i para oír juicio 995
7.14 Hiram, era lleno de... i y ciencia en toda 8394
1 Cr 28.21 e i para toda forma de servicio 2451
2 Cr 30.22 buena i en el servicio de Jehová 7922
Job 12.12 la ciencia, y en la larga edad la i 8394
12.13 y el poder; suyo es el consejo y la i 8394
17.4 éstos has escondido de su corazón la i 7922
20.3 me hace responder el espíritu de mi i 998
26.3 qué plenitud de i has dado a conocer? 8454
28.12,20 ¿dónde está el lugar de la i 998
28.28 el temor... y el apartarse del mal, la i 998
34.10 varones de i, oídme: Lejos esté de Dios 3824
38.4 la tierra? Házmelo saber, si tienes i 998
38.36 quién puso... quién dio al espíritu i? 998
39.17 porque le privó Dios de... y no le dio i 998
Sal 47.7 porque Dios es el Rey... cantad con i 7919
49.3 boca... y el pensamiento de mi corazón i 8394
119.104 de tus mandamientos he adquirido i 995
Pr 1.4 para dar... y a los jóvenes i y cordura 1847
2.3 clamares a la i, y a la prudencia dieres 8394
2.6 de su boca viene el conocimiento y la i 8394
2.11 la... te guardará; te preservará la i 8394
3.13 bienaventurado el... y que obtiene la i 8394
3.19 con sabiduría... afirmó los cielos con i 8394
4.5 adquiere sabiduría, adquiere i; no te 998
4.7 sobre todas tus posesiones adquiere i 998
5.1 está atento a... y a mi i inclina tu oído 8394
7.4 a la sabiduría... y a la i llama parienta 998
8.1 ¿no clama la sabiduría, y da su voz la i? 8394
8.14 buen juicio; yo soy la i; mío es el poder 998
9.6 y vivid, y andad por el camino de la i 998
9.10 el conocimiento del Santísimo es la i 998
16.16 oro... y adquirir i vale más que la plata 998
18.2 no toma placer el necio en la i, sino 8394
19.8 alma; el que guarda la i hallará el bien 8394
21.30 no hay sabiduría, ni i... contra Jehová 8394
23.23 compra la verdad... la enseñanza y la i 998
Is 11.2 reposará sobre él el Espíritu... de i 998
29.14 se desvanecerá la i de sus entendidos 998
29.24 extraviados de espíritu aprenderán i 998
Jer 3.15 os apacienten con ciencia y con i 7919
51.15 el que... extendió los cielos con su i 8394
Dn 1.17 Dios les dio... i en todas las letras 995
1.20 asunto de... i que el rey les consultó 998
5.11 halló en él luz e i y sabiduría, como 7924
10.1 él comprendió la... y tuvo i en la visión 998
Lc 2.47 todos... se maravillaban de su i y de *4907*
Ef 1.8 hizo sobreabundar... toda sabiduría e i *5428*
Col 1.9 llenos... toda sabiduría e i espiritual *4907*

INTELIGENTE
Job 34.34 hombres i dirán conmigo, y el hombre 3824

INTEMPERANTE
2 Ti 3.3 i, crueles, aborrecedores de lo bueno *193*

INTENCIÓN
Nm 35.11 homicida que hiriere... muerte sin i 7684
35.15 huya... hiriere de muerte a otro sin i 7684
Dt 4.42 matase a su prójimo sin i, sin haber 1097,1847
19.4 hiriere a su prójimo sin i y sin haber 1097,1847
2 Cr 32.1 acampó... con la i de conquistarlas 5921
32.2 viendo, pues... i de combatir a Jerusalén 6440
Ro 8.27 sabe cual es la i del Espíritu, porque *5427*
1 Co 4.5 manifestará las i de los corazones *1012*
He 4.12 y discierne los... y las i del corazón *1771*

INTENDENTE
Lc 8.3 Juana, mujer de Chuza i de Herodes, y *2012*

INTENSAMENTE
Lc 22.44 estando en agonía, oraba más i *1617*

INTENTAR
Dt 4.34 ha *intentado* Dios venir a tomar para 5254
28.56 nunca la planta de... *intentaría* sentar 5254
Jos 22.31 no habéis *intentado* esta traición 4603
1 S 20.13 si mi padre *intentare* hacerte mal
Sal 21.11 porque *intentaron* el mal contra ti 5186
35.4 avergonzados los que mi mal *intentan* 2803
Pr 3.29 no *intentes* mal contra tu prójimo que 2790
Hch 16.7 Misia, *intentaron* ir a Bitinia, pero *3985*
19.13 *intentaron* invocar el nombre del Señor *2021*
24.6 *intentó* también profanar el templo; y *3985*
26.21 prendiéndome en el... *intentaron* matarme ... *3987*
He 11.29 e *intentando* los egipcios hacer lo *2983,3984*

INTENTO
Gn 8.21 el i del corazón del hombre es malo 3336
1 Cr 28.9 entiende todo i de los pensamientos 3336
Hch 27.43 pero el centurión... impidió este i *1013*

INTERCEDER
Gn 23.8 *interceded* por mí con Efrón hijo de 6293
Est 4.8 que fuese... *interceder* delante de él 1245
Ro 8.26 *intercede* por nosotros con gemidos *5241*
8.27 conforme a la... *intercede* por los santos *1793*
8.34 el que también *intercede* por nosotros *1793*
He 7.25 viviendo siempre para *interceder* por *1793*

INTERÉS
Dt 23.19 no exigirás de... i de dinero, ni i de 5392
23.19 ni de cosa... de que se suele exigir i 5392
23.20 del extraño podrás exigir i, mas de 5391
Neh 5.7 ¿exigís i... uno a vuestros hermanos? 5380
5.11 aceite, que demandáis de ellos como i 5383
Pr 27.18 que mira por los i de... tendrá honra 8104
28.8 que aumenta sus riquezas con... crecido i 5392
Ez 18.8 que no prestare a i ni tomare usura 5392
18.13 prestare a i y tomare usura; ¿vivirá 5392
18.17 i y usura no recibiere; guardare mis 5392
22.12 i y usura tomaste, y a tus... defraudaste 5392
Mt 25.27 **recibido lo que es mío con los i** *5110*
Lc 19.23 **yo, lo hubiera recibido con los i?** *5110*

INTERESAR
Hch 17.21 en ninguna otra cosa se *interesaban* *2119*
Fil 2.20 que tan sinceramente se *interese* por *3309*

INTERIOR
1 R 6.36 edificó el atrio i de tres hileras de 6442
7.12 también el atrio i de la casa de Jehová 6442
2 Cr 4.22 de oro... sus puertas i para el lugar 6442
Est 4.11 entra en el patio i para ver al rey 6442
5.1 entró en el patio i de la casa del rey 6442
Pr 26.24 labios, mas en su i maquina engaño 7130
Cnt 3.10 i recamado de amor por las doncellas 8432
Is 5.14 por eso ensanchó su i el Seol, y sin 5315
Ez 40.15 hasta el frente... de la puerta i, 50 6442
40.19 hasta el frente del atrio i por fuera 6442
40.23 la puerta del atrio i estaba enfrente 6442
40.32 me llevó al atrio i hacia el oriente 6442
40.44 fuera de la puerta i, en el atrio de 6442
41.3 y pasó al i, y midió cada poste de la 6441
42.3 frente a los veinte codos... en el atrio i 6442
43.5 alzó el Espíritu y me llevó al atrio i 6442
44.17 entren por las puertas del atrio i, se 6442
44.17 ministren en las puertas del atrio i 6442
44.21 cuando haya de entrar en el atrio i 6442
44.27 y el día que entre... al atrio i, para 6442
45.19 pondrá sobre... las puertas del atrio i 6442
46.1 puerta del atrio i que mira al oriente 6442
Jon 1.5 pero Jonás había bajado al i de la nave 3411
Jn 7.38 **de su i correrán ríos de agua viva** *2836*
Ro 2.29 que es judío el que lo es en lo i, y *1722,2927*
7.22 según el hombre i, me deleito en la ley *2080*
2 Co 4.16 i no obstante se renueva de día en *2081*
Ef 3.16 fortalecidos con poder en el hombre i *2080*

INTERIORMENTE
2 R 6.30 y el pueblo vio... que traía i sobre 1004

INTERMEDIO
Ef 2.14 derribando la pared i de separación *3320*

INTERMINABLE
1 Ti 1.4 ni presten atención a... genealogías i *562*

INTERNO
1 P 3.4 el i, el del corazón... incorruptible *2927*

INTERPONER
Job 36.32 les manda no brillar, *interponiendo* 6293
Sal 106.23 de no haberse *interpuesto* Moisés 5975,6440
Is 59.16 que no hubiera quien se *interpusiese* 6293
He 6.17 por lo cual Dios... *interpuso* juramento *3315*

INTERPRETACIÓN
Gn 40.8 les dijo José: ¿No son de Dios las i? 6623
40.12 esta es su i: Los tres sarmientos son 6623
40.18 esta es su i: Los tres canastillos tres 6623
Jue 7.15 Gedeón oyó el relato... sueño y su i 7667
Dn 2.4 di el sueño a... y te mostraremos la i 6591
2.5 rey... si no me mostráis el sueño y su i 6591
2.6 mostrareis el sueño y su i, recibiréis 6591
2.6 favores... Decidme, pues, el sueño y su i 6591
2.7 diga el rey el sueño... mostraremos la i 6591
2.9 para que yo sepa que me podéis dar su i 6591
2.16 Daniel... y que él mostraría la i al rey 6591
2.24 llévame a... rey, y yo le mostraré la i 6591
2.25 un varón de... el cual dará al rey la i 6591
2.26 hacerme conocer el sueño que vi, y su i? 6591
2.30 sino para que se dé a conocer al rey la i 6591
2.36 la i de él diremos en presencia del rey 6591
2.45 y el sueño es verdadero, y fiel su i 6591
4.6 mandé... que me mostrasen la i del sueño 6591
4.7 sueño, pero no me pudieron mostrar su i 6591
4.9 Beltsasar... declárame las visiones... su i 6591
4.18 tú, pues, Beltsasar, dirás la i de él 6591
4.18 los sabios... no han podido mostrarme su i 6591
4.19 dijo... no te turben ni el sueño ni su i 6591
4.19 sea... su i para los que mal te quieren 6591
4.24 esta es la i, oh rey, y la sentencia del 6591
5.7 me muestre su i, será vestido de púrpura 6591
5.8 pero no pudieron... mostrar al rey su i 6591
5.12 llámese... a Daniel, y él te dará la i 6591
5.15 y astrólogos para que... me diesen su i 6591
5.15 no han podido mostrarme la i del asunto 6591
5.16 que puedes dar i y resolver dificultades 6591
5.16 y darme su i, serás vestido de púrpura 6591
5.17 leeré la escritura al rey... le daré la i 6591
5.26 es la i del asunto: MENE: Contó Dios tu 6591
7.16 y me hizo conocer la i de las cosas 6591
1 Co 12.10 de lenguas; y a otro, i de lenguas *2058*
14.26 tiene i. Hágase todo para edificación *2058*
2 P 1.20 que ninguna profecía... es de i privada *1955*

INTERPRETAR
Gn 40.8 sueño, y no hay quien lo *interprete* 6623
40.16 viendo... había *interpretado* para bien 6623
40.22 hizo... como lo había *interpretado* José 6622
41.8 no había quien los pudiese *interpretar* 6622
41.12 y él nos *interpretó* nuestros sueños 6622
41.13 que como él nos los *interpretó*, así fue 6622
41.15 y no hay quien lo *interprete*; mas he 6622
41.15 tú, que oyes sueños para *interpretarlos* 6622
41.24 magos... no hay quien me lo *interprete* 5046
Dn 5.12 para *interpretar* sueños y descifrar 6591
1 Co 12.30 hablan todos lenguas? ¿*interpretan* *1329*
14.5 *interprete* para que la iglesia reciba *1329*
14.13 pida en oración poder *interpretarla* *1329*
14.27 dos, o a lo más tres, y uno *interprete* *1329*

INTÉRPRETE
Gn 42.23 ellos no sabían... había i entre ellos 3887
Mt 22.35 uno de ellos, i de la ley, preguntó *3544*
Lc 7.30 i de la ley desecharon los designios *3544*
10.25 aquí un i de la ley se levantó y dijo *3544*
11.45 respondiendo uno de los i de la ley *3544*
11.46 **¡ay de vosotros también, i de la ley!** *3544*
11.52 **¡ay de vosotros, i de la ley! porque** *3544*
14.3 Jesús habló a los i de la ley y a los *3544*
1 Co 14.28 si no hay i, calle en la iglesia *1328*
Tit 3.13 a Zenas i de la ley, y... encamínales *3544*

INTERROGAR
Lc 23.14 habiéndole *interrogado* yo delante de *350*
Hch 4.9 se nos *interroga* acerca del beneficio *350*
12.19 después de *interrogar* a los guardas *350*

INTERVENIR
Hch 24.7 pero *interviniendo* el tribuno Lisias *3928*
He 9.15 *interviniendo* muerte para la remisión *1096*
9.16 es necesario que *intervenga* muerte del

INTESTINO
Éx 29.13,22 tomarás... grosura que cubre los i 7130
29.17 y lavarás sus i y sus piernas, y las 7130
Lv 1.8 la grosura de los i, sobre la leña que 5409
1.9 lavará con agua los i y las piernas, y el 7130
1.12 con su cabeza y la grosura de los i; y el 5409

I

3.3 ofrecerá del...la grosura que cubre los *i* 7130
3.4 la grosura de los *i* que está sobre el 3508
3.9,14 grosura que cubre...los *i*, y toda la 7130
4.8 tomará...su grosura, la que cubre los *i* 7130
4.11 con...sus piernas, sus *i* y su estiércol 7130
7.3 ofrecerá...y la grosura que cubre los *i* 7130
8.16 tomó...la grosura que estaba sobre los *i* 7130
8.21 lavó luego con agua los *i* y las piernas 7130
8.25 toda la grosura que estaba sobre los *i* 7130
9.14 luego lavó los *i* y las piernas, y los 7130
9.19 la grosura que cubre los *i*, los riñones 7130
2 Cr 21.15 con enfermedad de tus *i*, hasta que 4578
21.18 lo hirió con una enfermedad...en los *i* 4578
21.19 los *i* se le salieron por la enfermedad 4578

INTIMAR

Dt 20.10 te acerques a...le *intimarás* la paz 7121
28.15 cumplir...estatutos que yo te *intimo* 6680
Hch 4.18 les *intimaron* que en ninguna manera *3853*
5.40 *intimaron* que no hablasen en el nombre *3853*
23.30 *intimando*...los acusadores que traten *3853*

INTIMIDAR

Dt 31.8 Jehová va...no temas ni te *intimides* 2865
Esd 4.4 el pueblo...*intimidó* al pueblo de Judá 7503
Job 39.20 ¿le *intimidarás* tú como a langosta? 7493
Is 21.4 el horror me ha *intimidado*; la noche 1204
Jer 49.37 haré que Elam se *intimide* delante 2865
Fil 1.28 en nada *intimidados* por los que se *4426,3361*

ÍNTIMO, A

Dt 13.6 si te incitare...tu amigo *í*, diciendo 5315
Job 19.19 todos mis *í* amigos me aborrecieron 5475
Sal 25.14 la comunión *í* de Jehová es con los 5475
26.2 examina mis *í* pensamientos y...corazón
49.11 su *í* pensamiento es que sus casas serán 7130
51.6 he aquí, tú amas la verdad en lo *í*, y en 2910
55.13 tú, hombre, al parecer *í* mío, mi guía 6187
64.6 el *í* pensamiento...así como su corazón 7130
Pr 3.32 mas su comunión *í* es con los justos 5475
Jer 52.25 siete hombres de los consejeros *í* 7200
Hch 10.24 habiendo convocado a...amigos más *í* *316*

INTRIGA

Is 32.7 *i* inicuas para enredar a los simples 3289

INTRODUCCIÓN

He 7.19 la *i* de una mejor esperanza, por la *1898*

INTRODUCIR

Gn 47.7 José *introdujo* a Jacob su padre, y 935
Éx 15.17 los *introducirás*...los plantarás en 935
23.20 te *introduzca* en el lugar...preparado 935
Lv 20.22 tierra en la cual yo os *introduzco* 935
Nm 14.31 vuestros niños...yo los *introduciré* 935
27.17 los saque y los *introduzca*, para que 935
Dt 4.38 para *introducirte* y darte su tierra 935
6.10; 7.1 te haya *introducido* en la tierra 935
8.7 tu Dios te *introduce* en la buena tierra 935
9.28 no pudo...*introducirlos* en la tierra que 935
11.29 te haya *introducido* en la tierra a la 935
31.20 les *introduciré* en la tierra que juré 935
31.21 antes que los *introduzca* en la tierra 935
31.23 tú *introducirás* a los hijos de Israel 935
Jos 24.8; Jue 2.1 os *introduje* en la tierra 935
1 S 9.22 Samuel...los *introdujo* a la sala, y 935
2 S 4.6 Recab y Baana...se *introdujeron* en la 5221
Neh 13.19 día de reposo no *introdujeran* carga 935
Jer 2.7 os *introduje* en tierra de abundancia 935
3.14 dos de cada familia, y os *introduciré* 935
35.2 *introdúceles* en la casa de Jehová, en 935
Ez 41.1 *introdujo* luego en el templo, y midió 935
Dn 5.8 *introducidos* todos los sabios del rey 5954
Hch 7.45 lo *introdujeron* con Josué al tomar *1521*
Ro 5.20 la ley se *introdujo* para que el pecado *3922*
Gá 2.4 de los falsos hermanos *introducidos* a *3920*
He 1.6 *introduce* al Primogénito en el mundo *1521*
13.11 sangre...es *introducida* en el santuario *1533*
2 P 2.1 *introducirán*...herejías destructoras *3918*

INUNDACIÓN

Sal 32.6 en la *i* de muchas aguas no llegarán 7858
77.17 las nubes echaron *i* de aguas; tronaron
Dn 9.26 y su fin será con *i*, y hasta el fin 7858
11.22 serán barridas...como con *i* de aguas 7858
Nah 1.8 mas con *i* impetuosa consumirá a sus 7858
Hab 3.10 pasó la *i* de las aguas; el abismo 2230
Lc 6.48 **una *i*, el río dio con ímpetu contra** *4132*

INUNDAR

Sal 6.6 todas las noches *inundo* de llanto mi 4529
78.20 aguas, y torrentes *inundaron* la tierra 7857
124.4 nos habrían *inundado* las aguas; sobre 7857
Is 8.8 *inundará* y pasará adelante, y llegará 7857
28.2 como ímpetu de recias aguas que *inundan* 7857
30.28 su aliento, cual torrente que *inunda* 7857
Jer 47.2 *inundarán* la tierra y su plenitud, la 7857
Dn 11.10 *inundará*, y pasará adelante; luego 7857
11.40 entrará por las tierras, e *inundará* 7857

INÚTIL

Job 15.3 palabras *i*, y con razones sin provecho? . 3808,3276
Sal 107.27 como ebrios, y toda su ciencia es *i*
Pr 26.7 las piernas del cojo penden *i*; así es 1809
Zac 11.17 ¡ay del pastor *i* que abandona el 457
Mt 25.30 **al siervo *i* echadle en las tinieblas** *888*
Lc 17.10 **decid: Siervos *i* somos, pues lo que** *888*
Ro 3.12 se desviaron, a una se hicieron *i*; no *889*
Flm 11 el cual en otro tiempo te fue *i*, pero *890*

INUTILIZAR

Lc 13.7 **¿para qué *inutiliza* también la tierra?** *2673*

INÚTILMENTE

Is 30.7 Egipto en vano e *i* dará ayuda

INVADIR

1 S 30.1 de Amalec habían *invadido* el Neguev 6584
2 R 17.5 rey de Asiria *invadió* todo el país 5927
2 Cr 21.17 e *invadieron* la tierra, y tomaron 5927
25.13 *invadieron* las ciudades de Judá, desde 6584
32.1 vino Senaquerib rey...e *invadió* a Judá 935
Hab 3.16 cuando suba...el que lo *invadirá* con 1464

INVALIDAR

Lv 26.15 no ejecutando...*invalidando* mi pacto 6565
26.44 no los desecharé...*invalidando* mi pacto 6565
Dt 31.16 me dejará, e *invalidará* mi pacto que 6565
31.20 y me enojarán, e *invalidarán* mi pacto 6565
Jue 2.1 diciendo: No *invalidaré*...mi pacto con 6565
Job 40.8 ¿*invalidarás* tú también mi juicio? 6565
Sal 119.126 tiempo es...han *invalidado* tu ley 6565
Jer 11.10 casa de Judá...*invalidaron* mi pacto 6565
14.21 por...no *invalides* tu pacto con nosotros 6565
31.32 ellos *invalidaron* mi pacto, aunque fui 6565
33.20 si pudiereis *invalidar* mi pacto con el 6565
33.21 podrá también *invalidarse* mi pacto con 6565
Ez 16.59 juramento para *invalidar* el pacto? 6565
44.7 de ofrecer mi pan...*invalidar* mi pacto 6565
Mt 15.6 **así habéis *invalidado* el mandamiento** *208*
Mr 7.9 *invalidáis* el mandamiento de Dios con *114*
7.13 *invalidando* la palabra de Dios con *208*
Ro 3.31 ¿luego por la fe *invalidamos* la ley? *2673*
Gá 3.15 pacto...nadie lo *invalida*, ni le añade *114*
3.17 la ley...no lo abroga, para *invalidar* la *208*

INVASOR

Ez 7.22 entrarán en él *i* y lo profanarán 935

INVENCIÓN

Éx 35.35 que hagan toda obra de arte y de *i* 2796

INVENTAR

Éx 31.4 para *inventar* diseños, para trabajar 2803
35.35 que hagan toda labor, e *inventen* todo 2803
1 R 12.33 el mes que él había *inventado* de su 908
2 Cr 26.15 máquinas *inventadas* por ingenieros 4284
Neh 6.8 sino que de tu corazón tú lo *inventas* 908
Am 6.5 *inventan* instrumentos musicales, como 2803

INVENTOR

Ro 1.30 aborrecedores de Dios...*i* de males *2182*

INVERNAR

Is 18.6 *invernarán*...las bestias de la tierra 2778
Hch 27.12 incómodo el puerto para *invernar* *3915*
27.12 pudiesen arribar a Fenice...e *invernar* *3914*
28.11 una nave...había *invernado* en la isla *3914*

INVESTIDURA

1 Cr 29.22 dieron...la *i* del reino a Salomón 4427

INVESTIGACIÓN

Est 2.23 se hizo *i* del asunto, y fue hallado 1245
Sal 64.6 inquieren iniquidades, hacen una *i* 2665,2664
Pr 25.3 para el corazón de los reyes, no hay *i* 2714

INVESTIGAR

Lc 1.3 de haber *investigado* con diligencia *3877*

INVESTIR

1 S 11.15 e *invistieron* allí a Saúl por rey 4427
Lc 24.49 **hasta que seáis *investidos* de poder** *1746*

INVIERNO

Gn 8.22 no cesarán...calor, el verano y el *i* 2779
Sal 74.17 el verano y el *i* tú los formaste 2779
Pr 20.4 perezoso no ara a causa del *i*; pedirá
Cnt 2.11 he aquí ha pasado el *i*, se ha mudado 5638
Jer 36.22 y el rey estaba en la casa de *i* en 2779
Am 3.15 heriré la casa de *i* con la casa de 2779
Zac 14.8 saldrán...aguas vivas...verano y en *i* 2778
Mt 24.20; Mr 13.18 **vuestra huida no sea en *i*** *5494*
Jn 10.22 celebrábase...la fiesta de la...Era *i* *5494*
1 Co 16.6 podrá ser que me quede, pase el *i* *3914*
2 Ti 4.21 procura venir antes del *i*. Eubulo *5494*
Tit 3.12 porque allí he determinado pasar el *i* *5914*

INVISIBLE

Ro 1.20 las cosas *i* de él...se hacen...visibles *517*
Col 1.15 la imagen del Dios *i*, el primogénito *517*
1.16 visibles e *i*; sean tronos, sean dominios *517*
1 Ti 1.17 al Rey de los siglos, inmortal, *i* *517*
He 11.27 porque se sostuvo como viendo al *i* *517*

INVITAR

Éx 34.15 sus dioses, y te *invitarán*, y comerás 7121
Nm 25.2 *invitaban* al pueblo a los sacrificios 7121
2 R 4.8 una mujer...le *invitaba*...a que comiese 2388
Jn 2.2 fueron...*invitados* a las bodas Jesús y *2564*
1 Co 10.27 incrédulo os *invita*, y queréis ir *2564*

INVOCAR

Gn 4.26 comenzaron a *invocar* el nombre de 7121
12.8 edificó...e *invocó* el nombre de Jehová 7121
13.4 e *invocó* allí Abram el nombre de Jehová 7121
21.33 *invocó* allí el nombre de Jehová Dios 7121
26.25 un altar, e *invocó* el nombre de Jehová 7121
Dt 28.10 que el nombre de Jehová es *invocado* 7121
2 S 6.2 sobre la cual era *invocado* el nombre 7121
22.4 *invocaré* a Jehová, quien es digno de ser 7121
22.7 mi angustia *invoqué* a Jehová, y clamé a 7121
1 R 8.43 nombre es *invocado* sobre esta casa 7121
8.52 para oírlos en todo aquello...*invocaren* 7121
18.24,25 *invocad*...nombre de vuestros dioses 7121
18.24 yo *invocaré* el nombre de Jehová; y el 7121
18.26 *invocaron* el nombre de Baal desde la 7121
2 R 5.11 *invocará* el nombre de Jehová su Dios 7121
1 Cr 4.10 e *invocó* Jabes al Dios de Israel 7121
13.6 sobre la cual su nombre es *invocado* 7121
16.8 *invocad* su nombre, dad a conocer en los 7121
21.26 *invocó* a Jehová, quien le respondió por 7121
2 Cr 6.33 que tu nombre es *invocado* sobre esta 7121
7.14 sobre el cual mi nombre es *invocado* 7121
Job 9.16 yo le *invocara*, y él me respondiese 7121
12.4 soy...que *invoca* a Dios, y él le responde 7121
27.10 ¿se...¿Invocará a Dios en todo tiempo? 7121
Sal 14.4 que devoran...y a Jehová no *invocan*? 7121
17.6 te he *invocado*, por cuanto tú me oirás 7121
18.3 *invocaré* a Jehová, quien es digno de ser 7121
18.6 mi angustia *invoqué* a Jehová, y clamé a 7121
20.9 nos oiga en el día que lo *invoquemos* 7121
31.17 yo avergonzado...ya que te he *invocado* 7121
50.15 *invócame* en el día de la angustia; te 7121
53.4 que devoran a mi...y a Dios no *invocan*? 7121
79.6 los reinos que no *invocan* tu nombre 7121
80.18 vida...darás, e *invocaremos* tu nombre 7121
86.5 grande...con todos los que te *invocan* 7121
91.15 me *invocará*, y yo le responderé; con 7121
99.6 y Samuel entre los que *invocaron* su 7121
99.6 *invocaban* a Jehová, y él les respondía 7121
102.2 a responderme el día que te *invocare* 7121
105.1 alabad a Jehová, *invocad* su nombre; dad 7121
116.2 tanto, le *invocaré* en todos mis días 7121
116.4 *invoqué* el nombre de Jehová, diciendo 7121
116.13,17 e *invocaré* el nombre de Jehová 7121
118.5 desde la angustia *invoqué* a JAH, y me 7121
141.1 escucha mi voz cuando te *invocare* 7121
145.18 cercano está Jehová a...que le *invocan* 7121
145.18 a todos los que le *invocan* de veras 7121
Is 41.25 del nacimiento del sol *invocará* mi 7121
43.22 y no me *invocaste* a mí, oh Jacob, sino 7121
58.9 entonces *invocarás*, y te oirá Jehová 7121
64.7 nadie hay que *invoque* tu nombre, que 7121
65.1 dije a gente que no *invocaba* mi nombre 7121
Jer 7.10,11,14,30 sobre la cual es *invocado* 7121
10.25 sobre las naciones que no *invocan* tu 7121
14.9 sobre nosotros es *invocado* tu nombre 7121
15.16 porque tu nombre se *invocó* sobre mí 7121
25.29 a la ciudad en la cual es *invocado* mi 7121
29.12 me *invocaréis*, y vendréis y oraréis a 7121
32.34; 34.15 casa en la cual es *invocado* mi 7121
44.26 no será *invocado* más en...Egipto por 7121
Lm 3.55 *invoqué* tu nombre...desde la cárcel 7121
3.57 te acercaste el día que te *invoqué* 7121
Dn 9.18 la ciudad sobre la cual es *invocado* 7121
9.19 tu nombre es *invocado* sobre tu ciudad 7121
Jl 2.32 todo aquel que *invocare* el nombre de 7121
Am 9.12 aquellos sobre los cuales es *invocado* 7121
Jon 2.2 *invoqué* en mi angustia a Jehová, y él 7121
Sof 3.9 todos *invoquen* el nombre de Jehová 7121
Zac 13.9 el *invocará* mi nombre, y yo le oiré 7121
Hch 2.21 todo aquel que *invocare* el nombre *1941*
7.59 *invocaba* y decía: Señor Jesús, recibe *1941*
9.14 prender a...los que *invocan* tu nombre *1941*
9.21 asolaba...los que *invocaban* este nombre *1941*
15.17 gentiles, sobre los cuales es *invocado* *1941*
19.13 intentaron *invocar* el nombre del *3687*
22.16 lava tus pecados, *invocando* su nombre *1941*
Ro 10.12 para con todos los que le *invocan* *1941*
10.13 todo aquel que *invocare* el nombre del *1941*
10.14 ¿Cómo...*invocarán* a aquel en el cual *1941*
11.2 *invoca* a Dios contra Israel, diciendo *1793*
1 Co 1.2 en cualquier lugar *invocan* el nombre *2822*
2 Co 1.23 yo *invoco* a Dios por testigo sobre *1941*
2 Ti 2.19 apártese de iniquidad...que *invoca* *1941*
2.22 que de corazón limpio *invocan* al Señor *1941*
Stg 2.7 buen nombre que fue *invocado* sobre *1941*
1 P 1.17 si *invocáis* por Padre a aquel que *1941*

IQUES *Padre de Ira No.* 2, 2 S 23.26;
1 Cr 11.28; 27.9 6142

IR

Gn 2.14 Hidekel...que *va* al oriente de Asiria 1980
8.7 cuervo...estuvo *yendo* y volviendo hasta 3318
8.17 y *vayan* por la tierra, y fructifiquen 8317
11.3 *vamos*, hagamos ladrillo y cozámoslo con 3051
11.4 *vamos*, edifiquémonos una ciudad y una 3051
11.31 salió...para *ir* a la tierra de Canaán 3212
12.1 Jehová había dicho...*Vete* de tu tierra 1980
12.4 *fue* Abram, como Jehová...y Lot *f* con él 3212
12.5 y salieron para *ir* a tierra de Canaán 3212
12.9 Abram partió...y *yendo* hacia el Neguev 1980
12.13 para que me *vaya* bien por causa tuya 3190
12.19 pues, he aquí tu mujer; tómala, y *vete* 3212
13.9 si fueres a la mano izquierda, yo *iré* a 3212
13.9 tú a la derecha, yo *iré* a la izquierda 3212
13.11 escogió...y se *fue* Lot hacia el oriente 5365
13.17 *vé* por la tierra a lo largo de ella y 1980
14.11 y todas sus provisiones, y se *fueron* 1980
14.12 tomaron también a Lot, hijo...se *fueron* 1980
14.24 y la parte de los varones que *fueron* 1980
16.8 ¿de dónde *vienes* tú, y a dónde *vas*? 3212
18.6 Abraham *fue* de prisa a la tienda a Sara 4116
18.16 Abraham *iba* con ellos acompañándolos 1980
18.17 A Abraham lo que *voy* a hacer 6213
18.22 se apartaron de...y *fueron* hacia Sodoma 3212
18.33 y Jehová se *fue*, luego que acabó de 3212
19.3 mas él porfió...mucho, y *fueron* con él 5493
21.16 *fue* y se sentó enfrente, a distancia 3212
21.19 *fue* y llenó el odre de agua, y dio de 3212
22.2 y *vete* a tierra de Moriah, y ofrécelo 1980
22.3 Abraham...*fue* al lugar que Dios le dijo 3212
22.5 y yo y el muchacho *iremos* hasta allí y 3212

22.6 tomó Abraham la...y *fueron* ambos juntos 3212
22.8 respondió Abraham: Dios...E *iban* juntos 3212
22.13 y *fue* Abraham y tomó el carnero, y lo 3212
22.19 y se levantaron y se *fueron* juntos a 3212
24.4 que *irás* a mi tierra y a mi parentela 3212
24.10 se *fue*, tomando toda clase de regalos 3212
24.38 sino que *irás* a la casa de mi padre y 3212
24.49 me *iré* a la diestra o a la siniestra 6437
24.51 he ahí Rebeca...tómala y *vete*, y sea 3212
24.55 espere la doncella con...y después *irá* 3212
24.56 despachadme...que me *vaya* a mi señor 3212
24.58 ¿*irás* tú con este varón? Y ella...*iré* 3212
24.59 dejaron *ir* a Rebeca su hermana, y a su 7971
24.61 y el criado tomó a Rebeca, y se *fue* 3212
25.22 luchaban...y *fue* a consultar a Jehová 3212
25.32 he aquí yo me *voy* a morir
25.34 comió y bebió, y se levantó y se *fue* 3212
26.1 se *fue* Isaac a Abimelec rey...filisteos 3212
26.17 Isaac se *fue*...y acampó en el valle de 1980
27.5 *fue* Esaú al campo para buscar la caza 3212
27.9 *vé* ahora al ganado, y tráeme de allí dos 3212
27.13 hijo...obedece a mi voz y *vé* y tráemelos 3212
27.14 *fue* y los tomó, y los trajo a su madre 3212
27.18 éste *fue* a su padre y dijo: Padre mío 935
28.2 *vé* a Padam-aram, a casa de Betuel, padre 3212
28.5 Jacob...*fue* a Padam-aram, a Labán hijo 3212
28.7 y que Jacob, se había *ido* a Padam-aram 1980
28.9 se *fue* Esaú a Ismael, y tomó para sí por 3212
28.10 salió, pues, Jacob de...y *fue* a Harán 3318
28.15 te guardaré por dondequiera que *fueres* 1980
28.20 me guardaré en este viaje en que *voy* 3212
29.1 Jacob...*fue* a la tierra de los orientales 7272
29.7 abrevad las ovejas, e *id* a apacentarlas 3212
30.14 *fue* Rubén en tiempo de la siega de los 3212
30.25 envíame, e *iré* a mi lugar, y a...tierra 3212
31.19 pero Labán había *ido* a trasquilar sus 1980
31.20 Jacob...no haciéndole saber que se *iba* 1272
31.23 *fue* tras Jacob camino de siete días, y 7291
31.30 ya que te *ibas*, porque tenías deseo de 1980
32.17 ¿y adónde *vas*? ¿y para quién es esto que 1980
32.19 y a todos los que *iban* tras...manadas 1980
32.20 con el presente que *va* delante de mí 1980
33.12 dijo: Anda, vamos; y yo *iré* delante de 3212
33.14 *iré*...al paso del ganado que *va* delante
33.17 Jacob *fue* a Sucot, y edificó allí casa 5265
34.17 tomaremos nuestra hija y nos *iremos* 1980
34.26 tomaron a Dina de casa de...y se *fueron* 3318
35.13 se *fue* de él Dios, del lugar en donde 5927
35.22 *fue* Rubén y durmió con...la concubina 3212
36.6 y se *fue* a otra tierra, separándose de 3212
37.12 después *fueron* sus hermanos a apacentar 3212
37.14 *vé* ahora, mira cómo están tus hermanos 3212
37.17 se han *ido*...les oí decir: *Vamos* a Dotán 5265
37.17 entonces José *fue* tras de sus hermanos 1980
37.30 el joven no parece; y yo, ¿a dónde *iré* 935
38.1 Judá se apartó de...y se *fue* a un varón 3381
38.11 se *fue* Tamar, y estuvo en casa de su 3212
38.19 se levantó y se *fue*, y se quitó el velo 3212
41.55 *id* a José, y haced lo que él os dijere 3212
42.19 vosotros *id* y llevad el alimento para 3212
42.26 pusieron su trigo...y se *fueron* de allí 1980
42.38 desastre en el camino por donde *vais* 1980
43.8 e *iremos*, a fin...vivamos y no muramos 3212
44.17 vosotros *id* en paz a vuestro padre 5927
44.26 no podemos *ir*; si...hermano va...*iremos* 3381
44.30 si el joven no *va* conmigo, como su vida
44.33 y que el joven *vaya* con sus hermanos 5927
45.9 *id* a mi padre y decidle: Así dice tu hijo 5927
45.17 e *id*, volved a la tierra de Canaán 3212
45.24 despidió a sus hermanos, y...se *fueron* 1980
45.28 dijo...*iré*, y le veré antes que yo muera 3212
49.29 yo *voy* a ser reunido con mi
50.5 he aquí que *voy* a morir, en el
50.5 que *vaya* yo ahora y sepulte a mi padre 5927
50.6 dijo: *Vé*, y sepulta a tu padre, como él 5927
50.24 yo *voy* a morir, mas Dios ciertamente
Éx 1.10 pelee contra nosotros, y se *vaya* de la 5927
2.7 ¿*iré* a llamarte una nodriza de...hebreas 3212
2.8 respondió: *Vé*. Entonces *fue* la doncella 3212
3.3 *iré* yo ahora y veré esta grande visión 5493
3.11 ¿quién soy yo para que *vaya* a Faraón, y 3212
3.12 *vé*, porque yo estaré contigo; y esto te
3.16 *vé*, y reúne los ancianos de Israel, y 3212
3.18 *irás* tú, y los ancianos de Israel, al 1980
3.18 *iremos* ahora camino de tres días por el 1980
3.19 el rey de Egipto no os dejará *ir* sino 1980
3.20 heriré a Egipto...entonces os dejará *ir* 7971
3.21 salgáis, no *vayáis* con las manos vacías 3212
4.12 ahora pues, *vé*, y yo estaré con tu boca 3212
4.18 se *fue* Moisés, y volviendo a su suegro 3212
4.18 *iré* ahora, y...Y Jetro dijo...*Vé* en paz 3212
4.19 dijo...*Vé* y vuélvete a Egipto, porque han 3212
4.21 yo...de modo que no dejará *ir* al pueblo 7971
4.23 dejes *ir*...*mas* no has querido dejarlo *i* 7971
4.23 he aquí yo *voy* a matar a tu hijo
4.26 le dejó luego *ir*. Y ella dijo: Esposo 7503
4.27 *vé* a recibir a Moisés al desierto...*fue* 3212
4.29 *fueron* Moisés y Aarón, y reunieron a 3212
5.1 deja *ir* a mi pueblo a celebrarme fiesta 7971
5.2 deje *ir* a Israel? No...tampoco dejaré *i* a 7971
5.3 *iremos*, pues, ahora, camino de tres días 3212
5.7 *vayan*...y recojan por sí mismos la paja 3212
5.8 *vamos* y ofrezcamos sacrificios a...Dios 3212
5.11 *id* vosotros y recoged la paja donde la 3212
5.17 decís: *Vamos* y ofrezcamos sacrificios a 3212
5.18 *id* pues, ahora, y trabajad. No se os dará 3212
6.1 con mano fuerte los dejará *ir*, y con mano 7971
6.11 que deje *ir* de su tierra a los hijos de 935

7.2 para que deje *ir* de su tierra a...Israel 7971
7.15 *vé* por la mañana a Faraón, he aquí que 1980
7.16 deja *ir* a mi pueblo, para que me sirva 7971
7.23 Faraón se volvió y *fue* a su casa, y no 935
8.1,20 deja *ir* a...pueblo, para que me sirva 7971
8.2 si no lo quisieres dejar *ir*, he aquí yo 7971
8.8 quite las ranas...dejaré *ir* a tu pueblo 7971
8.11 las ranas se *irán* de ti, y de tus casas 5493
8.21 si no dejas *ir* a mi pueblo, he aquí yo 7971
8.27 camino de tres días *iremos*...el desierto 3212
8.28 dijo...Yo os dejaré *ir* para que ofrezcáis 7971
8.28 tal que no *vayáis* más lejos; orad por mí 3212
8.29 las...moscas se *vayan* de Faraón, y de sus 3318
8.29 que Faraón no falte más, no dejando *ir* 7971
8.32 Faraón endureció...no dejó *ir* al pueblo 7971
9.1,13 deja *ir* a...pueblo, para que me sirva 7971
9.2 si no lo quieres dejar *ir*, y lo detienes 7971
9.7 mas...se endureció, y no dejó *ir* al pueblo 7971
9.17 contra mi pueblo, para no dejarlo *ir*? 7971
9.28 y yo os dejaré *ir*, y no os detendréis 7971
9.35 Faraón...no dejó *ir* a los hijos de Israel 7971
10.3 deja *ir* a mi pueblo, para que me sirva 7971
10.4 si aún rehúsas dejarlo *ir*, he aquí que 7971
10.7 ¿hasta cuándo...Deja *ir* a estos hombres 7971
10.8 andad...¿Quiénes son los que han de *ir*? 1980
10.9 hemos de *ir* con nuestros niños y con 1980
10.9 con nuestras vacas hemos de *ir*, porque 1980
10.10 ¿Cómo os *voy* a dejar *ir* a vosotros
10.11 *id* ahora vosotros los varones, y servid 3212
10.20 y éste no dejó *ir* a los hijos de Israel 7971
10.24 *id*, servid a Jehová; solamente queden 1980
10.24 *vayan*...vuestros niños con vosotros 1980
10.26 nuestros ganados *irán*...con nosotros; no 3212
10.27 el corazón de Faraón, y no...dejarlos *ir* 7971
11.1 después de la cual él os dejará *ir* de 7971
11.8 dirán: *Vete*, tú y todo el pueblo que está 3318
12.28 *fueron* e hicieron...como Jehová había 1980
12.31 *id*, servid a Jehová, como habéis dicho 3212
12.32 tomad también...vuestras vacas...e *idos* 1980
13.15 endureciéndose Faraón...no dejarnos *ir* 7971
13.17 Faraón dejó *ir* al pueblo, Dios no los 7971
13.21 Jehová *iba* delante de ellos de día en 3212
14.5 haber dejado *ir* a Israel, para que no 7971
14.19 ángel...que *iba* delante del campamento 1980
14.19 el ángel...se apartó e *iba* en pos de ellos 1980
14.19 la columna de nube que *iba* delante de 5265
14.20 *iba* entre el...de los egipcios y...Israel 935
14.29 los hijos de Israel *fueron* por en medio 1980
17.5 toma también en tu mano tu vara...y *vé* 1980
18.23 todo este pueblo *irá* en paz a su lugar 935
18.27 despidió Moisés a su suegro, y...se *fue* 1980
19.10 *vé* al pueblo, y santifícalos...y laven 3212
19.24 *vé*, desciende, y subirás tú, y Aarón 1980
21.27 y si...por su diente le dejará *ir* libre 7971
23.23 Ángel *irá* delante de ti, y te llevará 3212
32.1,23 haznos dioses que *vayan* delante de 3212
32.34 *vé*...*lleva* a este pueblo a donde te he 3212
32.34 he aquí mi ángel *irá* delante de ti; pero 3212
33.14 él dijo: Mi presencia *irá* contigo, y te 3212
33.15 si tu presencia no ha de *ir* conmigo, no 1980
34.9 *vaya* ahora el Señor en medio de nosotros 3212
Lv 16.22 dejará *ir* el...cabrío por el desierto 7971
Nm 2.17 luego *irá* el tabernáculo de reunión 5265
2.24 contados...de Efraín...*irán* los terceros 5265
2.31 el campamento de Dan...*irán* los últimos 5265
10.30 él le respondió: Yo no *iré*, sino que 3212
10.33 arca del pacto...*fue* delante de ellos 5265
10.34 nube de Jehová *iba* sobre ellos de día 5265
11.18 ¡ciertamente mejor nos *iba* en Egipto!
12.9 la ira de Jehová se encendió...y se *fue* 1980
14.14 y que de día *ibas* delante de ellos en 1980
14.24 siervo Caleb...decidió *ir* en pos de mí 935
14.38 hombres que habían *ido* a reconocer la 1980
16.12 mas ellos respondieron: No *iremos* allá 5927
16.25 Moisés se levantó y *fue* a Datán y a 1980
16.25 los ancianos de Israel *fueron* en pos de 1980
16.46 y *vé* pronto a la congregación, y haz 3212
20.6 se *fueron* Moisés y Aarón de delante de 935
20.17 el camino real *iremos*, sin apartarnos 3212
20.19 por el camino principal *iremos*; y si 3212
21.22 no nos *iremos* por los sembrados, ni por 3808
21.22 por el camino real *iremos*, hasta que 1980
22.7 *fueron* los ancianos de Moab y...de Madián 1980
22.12 Dios a Balaam: No *vayas* con ellos, ni 3212
22.13 porque Jehová no me quiere dejar *ir* con 1980
22.20 *vete* con ellos; pero harás lo que yo te 3212
22.21 Balaam...*fue* con los príncipes de Moab 1980
22.22 ira de Dios se encendió porque él *iba* 1980
22.22 *iba*, pues, él montado sobre su asna, y 1980
22.23 se apartó el asna...e *iba* por el campo 5186
22.35 el ángel de...dijo...*Vé* con esos hombres 1980
22.35 Balaam *fue* con los príncipes de Balac 1980
22.39 y *fue* Balaam con Balac, y vinieron a 1980
23.3 yo *iré*...Y se *fue* a un monte descubierto 3212
23.15 ponte...yo *iré* a encontrar a Dios allí 7136
24.1 no *fue*...en busca de agüero, sino que 1980
24.14 yo me *voy* ahora a mi pueblo; por tanto 1980
24.25 se levantó Balaam y se *fue*...Balac se *f* 1980
31.3 armaos...y *vayan* contra Madián y hagan 1961
31.6 Finees...*fue* a la guerra con los vasos
31.42 apartó Moisés de los...que habían *ido* 6633
32.6 ¿*irán* vuestros hermanos a la guerra, y 935
32.17 *iremos*...delante de los hijos de Israel 935
32.20 si os disponéis para *ir*...*a* la guerra 935
32.39 los hijos de Maquir...*fueron* a Galaad 3212
32.41 Jair hijo de...*fue* y tomó sus aldeas 1980
32.42 Noba *fue* y tomó Kenat y sus aldeas, y 1980
Dt 1.7 volveos e *id* al monte del amorreo y a 935

1.30 Jehová...el cual *va* delante de vosotros 1980
1.33 *iba* delante de vosotros por el camino 3212
1.40 volveos e *id* al desierto, camino del Mar 5265
2.27 por el camino *iré*, sin apartarme ni a 3212
3.18 pero *iréis* armados todos los valientes 5676
4.3 todo hombre que *fue* en pos de Baal-peor 1980
4.22 así que yo *voy* a morir en esta tierra
4.40 te *vaya* bien a ti y a tus hijos después 3190
5.16 para que te *vaya* bien sobre la tierra 3190
5.30 *vé* y diles: Volveos a vuestras tiendas 3212
6.24 para que nos *vaya* bien todos los días
11.28 para *ir* en pos de dioses ajenos que no 3212
11.29 la tierra a la cual *vas* para tomarla 935
11.31 pasáis el Jordán para *ir* a poseer la 935
12.5 el lugar que...Dios escogiere...allá *iréis* 935
12.29 destruido...las naciones adonde tú *vas* 935
12.30 que no tropieces *yendo* en pos de ellas 310
13.2 *vamos* en pos de dioses ajenos, que no 3212
13.6,13 *vamos* y sirvamos a dioses ajenos, que 3212
17.3 hubiere *ido* y servido a dioses ajenos 1980
19.5 el que *fuere* con...al monte a cortar leña 935
20.4 vuestro Dios *va* con vosotros, para pelear 1980
20.5,6,7,8 *vaya*, y vuélvase a su casa, no sea 3212
22.7 dejarás *ir* a la madre, y tomarás los 7971
23.20 que te bendiga...la tierra donde *vas* 935
24.2 casa, podrá *ir* y casarse con otro hombre 1980
25.7 no quisiere...*irá* entonces su cuñada a 5927
25.18 la retaguardia...que *iban* detrás de ti 2826
26.2 *irás* al lugar que Jehová tu...escogiere 1980
28.14 no te apartares...para *ir* tras dioses 3212
28.41 no serán para ti...*irán* en cautiverio 3212
29.18 aparte...para *ir* a servir a los dioses 3212
30.18 no prolongaréis...días...adonde *vais* 935
31.6 Jehová tu Dios es el que *va* contigo; no 1980
31.8 y Jehová *va* delante de ti; él estará 1980
31.13 viviereis sobre la tierra adonde *vais* 5674
31.14 *fueron*...Moisés y Josué, y esperaron en 1980
31.16 dioses ajenos de la tierra adonde *va* 2181
32.47 sobre la tierra adonde *vais*, pasando 5674
Jos 1.9 Dios...contigo en dondequiera que *vayas* 1980
1.16 e *iremos* adondequiera que nos mandes 3212
2.1 ellos *fueron*, y entraron en casa de una 3212
2.5 se salieron, y no sé a dónde han *ido* 1980
2.7 y los hombres *fueron* tras ellos por el 3318
2.16 los que *fueron* tras...no os encuentren 2247
2.16 y después os *iréis* por vuestro camino 1980
2.21 los despidió, y se *fueron*; y ella ató 1980
3.4 sepáis el camino por donde habéis de *ir* 1980
3.6 ellos tomaron el arca del pacto y *fueron* 1980
5.13 Josué, *yendo* hacia él, le dijo: ¿Eres 1980
6.3 *yendo* alrededor de la ciudad una vez 5362
6.9,13 los hombres armados *iban* delante de 1980
6.9,13 y la retaguardia *iba* tras el arca 1980
6.13 sacerdotes...*fueron* delante del arca de 1980
7.3 no fatigues a todo el pueblo *yendo* allí 5927
8.9 se *fueron* a la emboscada, y se pusieron 1980
9.4 pues *fueron* y se fingieron embajadores 1980
9.11 e *id* al encuentro de ellos, y decidles 1980
17.7 y *va* al sur, hasta los que habitan en 1980
18.8 levantándose...aquellos varones, *fueron* 1980
18.8 a los que *iban* para delinear la tierra 1980
18.8 *id*, recorred la tierra y delineadla, y 1980
18.9 *fueron*...aquellos varones y recorrieron 1980
22.9 *ir* a la tierra de Galaad, a la tierra 1980
23.16 si...*yendo* y honrando a dioses ajenos 1980
Jue 1.3 yo *iré* contigo al tuyo...y Simeón fue 1980
1.11 *fue* a los que habitaban en Debir, que 3212
1.14 cuando ella se *iba* con él, la persuadió 935
1.16 ceneo...*fueron* y habitaron con el pueblo 3212
1.25 dejaron *ir* a aquel hombre con toda su 7971
1.26 y se *fue* el hombre a la tierra de los 3212
2.6 y los hijos de Israel se habían *ido* cada 7971
2.12 dejaron...y se *fueron* tras otros dioses 1980
2.17 sino que *fueron* tras dioses ajenos, a 2181
3.27 descendieron...él *iba* delante de ellos 3381
4.6 *vé*, junta a tu gente en el monte de Tabor 3212
4.8 le respondió: Si tú *fueres* conmigo, yo 1980
4.8 *iré*; pero si no *fueres* conmigo, no iré 3808,1980
4.9 *iré* contigo; mas no será tuya la gloria 1980
5.15 caudillos...de Isacar *fueron* con Débora
6.14 dijo: *Vé* con esta tu fuerza, y salvarás 1980
6.18 ruego que no te *vayas* de aquí hasta que 5117
7.4 te diga: *Vaya* éste contigo, irá contigo 1980
7.4 diga: Este no *vaya* contigo, el tal no irá 1980
7.7 *váyase* toda la demás gente...a su lugar 3212
8.1 no llamándonos cuando *ibas* a la guerra 1980
8.29 Jerobaal hijo...*fue* y habitó en su casa 3212
8.33 a prostituirse *yendo* tras los baales 3212
9.1 Abimelec...*fue* a Siquem, a los hermanos 3212
9.6 *fueron* y eligieron a Abimelec por rey 3212
9.7 *fue* y se puso en la cumbre del monte de 3212
9.8 *fueron* una vez los árboles a elegir rey 1980
9.9,11,13 *ir* a ser grande sobre los árboles 1980
9.21 y escapó Jotam y huyó, y se *fue* a Beer 3212
9.50 Abimelec se *fue* a Tebes, y puso sitio a 3212
9.55 vieron muerto a Abimelec, se *fueron* cada 1980
11.5 los ancianos de, *fueron* a traer a Jefté 3212
11.18 *yendo* por el desierto, rodeó la...Edom 3212
11.32 *fue* Jefté hacia los hijos de Amón para 5674
11.37 déjame...que *vaya* y descienda por los 3212
11.38 dijo: Vé...ella *fue* con sus compañeras 3212
11.40 *fueran*...a endechar a la hija de Jefté 3212
12.1 ¿por qué *fuiste* a hacer guerra contra los 3212
12.1 no nos llamaste...que *fuéramos* contigo? 3212
14.3 para que *vayas* tú a tomar mujer de los 1980
14.9 tomándolo en...manos, se *fue* comiéndolo 3212
16.1 *fue* Sansón a Gaza, y vio...a una mujer 3212
16.3 las puertas...echó al hombro, y se *fue* 5265

17.8 ciudad de Belén...para *ir* a vivir donde 1481
17.9 y *voy* a vivir donde pueda encontrar 1980
18.2 les dijeron: *Id* y reconoced la tierra 3212
18.6 respondió: *Id* en paz; delante de Jehová 3212
18.9 para *ir* a tomar posesión de la tierra 3212
18.10 cuando *vayáis*, llegaréis a un pueblo 935
18.12 *fueron* y acamparon en Quiriat-jearim 5927
18.14,17 que habían *ido* a reconocer la tierra 1980
18.20 tomó el efod...*fue* en medio del pueblo 935
18.24 tomasteis mis dioses que yo...y os *vais* 1980
19.2 su concubina...se *fue* de él a casa de su 1980
19.5 se levantó también el levita para *irse* 1980
19.5 conforta tu corazón...después os *iréis* 1980
19.7 y se levantó el varón para *irse*, pero 1980
19.8 levantándose...para *irse*, le dijo el padre 1980
19.9 luego se levantó el varón para *irse*, él 1980
19.9 os levantaréis temprano...y te *irás* a tu 1980
19.10 levantó y se *fue*, y llegó hasta...Jebús 1980
19.11 *vámonos* a esta ciudad de los jebuseos 1980
19.12 no *iremos* a...ciudad de extranjeros, que 5493
19.17 dijo: ¿A dónde *vas*, y de dónde *vienes*? 1980
19.18 había *ido* a Belén...mas ahora *voy* a la 1980
19.28 le dijo: Levántate, y *vámonos*; pero ella 1980
19.28 varón...se levantó y se *fue* a su lugar 1980
20.8 ninguno de nosotros *irá* a su tienda, ni 1980
20.10 que *yendo* a Gabaa de Benjamín le hagan 935
21.10 diciendo: *Id* y herid a filo de espada 1980
21.20 *id*, y poned emboscadas en las viñas 1980
21.21 arrebatad...*idos* a tierra de Benjamín 1980
21.23 y se *fueron*, y volvieron a su heredad 1980
21.24 los hijos de Israel se *fueron* también 1980
Rt 1.1 un varón de Belén de Judá *fue* a morar 3212
1.10 nosotras *iremos* contigo a tu pueblo 7725
1.11 hijas...¿para qué habéis de *ir* conmigo? 3212
1.12 volveos, hijas mías, e *idos*...soy vieja 3212
1.16 a dondequiera que tú fueres, *iré* yo, y 3212
1.18 que estaba tan resuelta a *ir* con ella 3212
1.21 me *fui* llena, pero Jehová me ha vuelto 1980
2.2 que me dejes ir al campo... *Vé*, hija mía 3212
2.3 *fue*...y llegando, espigó en el campo en 3212
2.8 no *vayas* a espigar a otro campo, ni pases 3212
2.9 y cuando tengas sed, *vé* a las vasijas 1980
2.18 lo tomó, y se *fue*...y su suegra vio lo 935
3.1 hogar para ti, para que te *vaya* bien?
3.3 vistiéndote tus vestidos, *irás* a la era 3381
3.4 e *irás* y descubrirás sus pies...acostarás 935
3.10 no *yendo* en busca de los jóvenes, sean 1980
3.15 puso encima; y ella se *fue* a la ciudad 935
3.17 a fin de que no *vayas* a tu suegra con 935
1 S 1.17 dijo: *Vé* en paz, y el Dios de Israel 3212
1.18 se *fue* la mujer por su camino, y comió 3212
1.19 y volvieron y *fueron* a su casa en Ramá 935
3.9 *vé* y acuéstate; y si te llamare, dirás 1980
3.9 se *fue* Samuel, y se acostó en su lugar 1980
6.6 así, ¿no los dejaron *ir*, y se *fueron*? 7971
6.8 el arca de Jehová, dejaréis que se *vaya* 1980
6.12 los príncipes...*fueron* tras ellas hasta 1980
7.16 *iba* y daba vuelta a Bet-el, a Gilgal y 1980
8.22 Samuel...*idos* cada uno a vuestra ciudad 3212
9.3 y levántate, y *vé* a buscar las asnas 3212
9.6 *vamos*...allá; quizá nos dará algún indicio 3212
9.7 respondió Saúl... *Vamos* ahora; pero ¿qué 3212
9.9 consultar a Dios, decía...*vamos* al vidente 3212
9.10 anda, *vamos*...Y *fueron* a la ciudad donde 3212
10.2 las asnas que habías *ido* a buscar se han 1980
10.14 ¿a dónde *fuisteis*?...fuimos a Samuel 1980
10.26 y *fueron* con él los hombres de guerra 3212
11.14 *vamos* a...que renovemos allí el reino 5674
11.15 *fue*...el pueblo a Gilgal, e invistieron 3212
12.2 aquí vuestro rey *va* delante de vosotros 1980
13.7 Saúl...el pueblo *iba* tras él temblando 5674
14.3 no sabía...que Jonatán se hubiese *ido* 1980
14.7 *vé*... *aquí* estoy contigo a tu voluntad 5186
14.8 Jonatán: *Vamos* a pasar a esos hombres 5674
14.13 su paje...que *iba* tras él los mataba
14.15 los que habían *ido* a merodear, también
14.16 *iba* de un lado a otro y era deshecha 3212
14.17 ved quién se haya *ido* de los nuestros 1980
14.46 y los filisteos se *fueron* a su lugar 1980
15.3 *vé*, pues, y hiere a Amalec, y destruye 3212
15.6 dijo Saúl a los ceneos: *Idos*, apartaos 3212
15.12 madrugó...para *ir* a encontrar a Saúl por
15.18 dijo: *Vé*, destruye a los pecadores de 3212
15.20 y *fui* a la misión que Jehová me envió 1980
15.27 volviéndose...para *irse*, él se asió de 3212
15.34 *fue* luego Samuel a Ramá, y Saúl subió 1980
16.2 dijo...¿Cómo *iré*? Si Saúl lo supiera, me 3212
17.7 lanza...e *iba* su escudero delante de él 1980
17.13 tres hijos mayores de Isaí habían *ido* 1980
17.15 pero David había *ido* y vuelto, dejando 1980
17.20 se *fue* con su carga como Isaí le había 1980
17.32 tu siervo *irá* y peleará contra este 3212
17.33 no podrás tú *ir* contra aquel filisteo 3212
17.37 dijo Saúl... *Vé*, y Jehová esté contigo 3212
17.40 tomó su honda...se *fue* hacia el filisteo 5066
17.48 a andar para *ir* al encuentro de David
18.27 se levantó David y se *fue* con su gente 1980
19.12 descolgó Mical a David...se *fue* y huyó 1980
19.17 dijo: Déjame *ir*; si no, yo te mataré 7971
19.18 y él y Samuel se *fueron* y moraron en 3212
19.22 *fue* a Ramá; y llegando al gran pozo 3212
19.23 y *fue* a Naiot en Ramá; y también vino 3212
20.6 me rogó...lo dejase *ir* corriendo a Belén 7323
20.13 y te enviare para que te *vayas* en paz 1980
20.21 *vé* busca las saetas. Y si dijere al 3212
20.22 si yo dijere...*vete*, porque Jehová te 3212
20.28 David me pidió...le dejase *ir* a Belén 7971
20.29 ruego que me dejes *ir*, porque nuestra 7971
20.29 permíteme *ir* ahora para visitar a mis 4422
20.36 cuando el muchacho *iba* corriendo, él 7323
20.40 y le dijo: *Vete* y llévalas a la ciudad 1980
20.41 luego que el muchacho se hubo *ido*, se 935
20.42 dijo... *Vete* en paz, porque ambos hemos 1980
20.42 él se levantó y se *fue*; y Jonatán entró 1980
21.10 David...huyó...se *fue* a Aquis rey de Gat 935
22.1 *yéndose* luego David...huyó a la cueva de 1980
22.3 y se *fue* David de allí a Mizpa de Moab 1980
22.5 Gad dijo, anda y *vete* a tierra de Judá 935
22.5 David se *fue*, y vino al bosque de Haret 1980
23.2 ¿*iré* a atacar a estos filisteos?... Vé 1980
23.3 ¿cuánto más si *fuéremos* a Keila contra 3212
23.5 *fue*, pues, David con sus hombres a Keila 1980
23.22 *id*, pues...aseguraos más, conoced y ved 1980
23.23 *iré* con vosotros, y si él estuviere en 1980
23.24 ellos se levantaron, y se *fueron* a Zif 1980
23.25 y se *fue* Saúl con su gente a buscarlo 1980
23.26 Saúl *iba* por un lado...y David...el otro 1980
24.2 *fue* en busca de David y de sus hombres 1980
24.19 enemigo, y lo dejará *ir* sano y salvo? 7971
24.22 se *fue* Saúl a su casa, y David y sus 1980
25.1 levantó David...*fue* al desierto de Parán 3381
25.5 e *id* a Nabal, y saludadle en mi nombre 5827
25.19 dijo a sus criados: *Id* delante de mí 5674
25.33 estorbado hoy de *ir* a derramar sangre 935
26.7 David, pues, y Abisai *fueron* de noche 935
26.11 toma...y la vasija de agua, y *vámonos* 1980
26.12 se llevó...David la lanza...y se *fueron* 1980
26.19 diciendo: *Vé* y sirve a dioses ajenos 1980
26.25 David se *fue* por su camino, y Saúl se 1980
27.8 como quien *va* a Shur hasta...de Egipto 935
28.7 *vaya* a ella y por medio de ella pregunte 1980
28.8 y se *fue* con dos hombres, y vinieron a 1980
28.25 levantaron, y se *fueron* aquella noche 1980
29.2 David y sus...*iban* en la retaguardia con 5674
29.7 *vete* en paz, para no desagradar a los 1980
29.8 para que yo no *vaya* y pelee contra los 1980
29.11 se levantó David de mañana...para *irse* 5927
29.11 y los filisteos *fueron* a Jezreel 5927
30.22 perversos de entre los que habían *ido* 1980
30.22 no *fueron*...no les daremos del botín 1980
30.22 su mujer y...que los tomen y se *vayan* 1980
2 S 1.15 *vé* y mátalo. Y él lo hirió, y murió 5066
2.23 y no queriendo él *irse*, lo hirió Abner 5493
3.19 y *fue*...Abner a Hebrón a decir a David 1980
3.21 *iré*, y juntaré a mi señor...todo Israel 1980
3.22 Abner no estaba...él se había *ido* en paz 1980
3.23 y él le ha despedido, y se *fue* en paz 1980
3.24 ¿por qué, pues, le dejaste que se *fuese*? 1980
3.31 y el rey David *iba* detrás del féretro 310
4.5 *fueron* y entraron en el mayor calor del 1980
5.19 diciendo: ¿*Iré* contra los filisteos? 5927
5.19 *vé*, porque...entregaré a los filisteos en 5927
6.4 lo llevaban...Ahío *iba* delante del arca 1980
6.12 David *fue*, y llevó...el arca de Dios de 1980
6.19 se *fue*...el pueblo, cada uno a su casa 1980
7.5 *vé* y di a mi siervo David: Así ha dicho 1980
8.3 al *ir* éste a recuperar su territorio al 1980
8.6,14 dio la victoria...dondequiera que *fue* 1980
11.22 *fue* el mensajero, y llegando, contó a 1980
12.17 *fueron* a él para hacerlo levantar de
12.23 yo *voy* a él, mas él no volverá a mí 1980
12.29 *fue* contra Rabá, y combatió contra ella 1980
13.7 *vé* ahora a casa de Amnón tu hermano 1980
13.8 y *fue* Tamar a casa de su hermano Amnón 1980
13.13 ¿adónde *iría* yo con mi deshonra? Y aun 1980
13.15 luego...dijo Amnón: Levántate, y *vete* 1980
13.19 mano sobre su cabeza, se *fue* gritando 1980
13.25 no *vamos* todos...no te seamos gravosos 1980
13.25 y aunque porfió con él, no quiso *ir* 1980
13.26 respondió: ¿Para qué ha de *ir* contigo? 1980
13.27 dejó *ir* con él a Amnón y a...los hijos 7971
13.37 Absalón huyó y se *fue* a Talmai hijo de 1980
13.38 así huyó Absalón y se *fue* a Gesur, y 1980
14.8 el rey dijo a la mujer: *Vete* a tu casa 1980
14.21 esto: *vé*, y haz volver al joven Absalón 1980
14.23 se levantó luego Joab y *fue* a Gesur 1980
14.24 *váyase* a su casa, y no vea mi rostro 5437
14.30 *id* y prendedle fuego. Y los siervos de 1980
15.7 te ruego me permitas que *vaya* a Hebrón 1980
15.9 dijo: *Vé* en paz. Y él se levantó, y *fue* 1980
15.11 *fueron* con Absalón doscientos hombres 1980
15.11 los cuales *iban* en su sencillez, sin 1980
15.13 diciendo...Israel se *va* tras Absalón 1961
15.18 los geteos, 600 hombres...*iban* delante 935
15.20 que te muevas para *ir* con nosotros? 1980
15.20 yo *iré* a donde pueda *ir*, tú vuélvete 1980
15.23 rey...pasó al camino que *va* al desierto 5674
15.24 *iba* Sadoc, y con él todos los levitas
15.30 pueblo...*iban* llorando mientras subían 5927
16.13 David y los suyos *iban*...Simei iba por 1980
16.17 dijo...¿por qué no *fuiste* con tu amigo? 1980
17.11 que tú en persona *vayas* a la batalla 1980
17.17 y *fue* una criada y les avisó, porque 1980
17.17 *fueron* y se lo hicieron saber al rey 1980
17.21 después que se hubieron *ido*, aquéllos 1980
17.21 aquéllos salieron del pozo y se *fueron* 1980
17.23 Ahitofel...se levantó y se *fue* a su casa 1980
18.9 e *iba* Absalón sobre un mulo, y el mulo 7392
18.9 Absalón quedó...el mulo en que *iba* pasó 935
18.21 *vé* tú, y di al rey lo que has visto 1980
18.24 el atalaya había *ido* al terrado sobre 1980
18.33 *yendo*, decía así: ¡Hijo mío Absalón 1980
19.7 *vé* afuera y habla...a tus siervos; porque 3318
19.25 le dijo...¿por qué no *fuiste* conmigo? 1980
19.26 un asno, y montaré en él, e *iré* al rey 1980
20.5 *fue*...Amasa para convocar a los de Judá 1980
20.6 y *vé* tras él, no sea que halle para sí 7291
20.7 salieron de...para *ir* tras Seba hijo de 3318
20.9 dijo a Amasa: ¿Te *va* bien, hermano mío?
20.10 *fueron* en persecución de Seba hijo de 7291
20.11 que ame a Joab y...*vaya* en pos de Joab
20.13 pasaron...*ir* tras Seba hijo de Bicri 7291
20.21 entregad a ése...y me *iré* de la ciudad 1980
20.22 la mujer *fue* luego a todo el pueblo con 935
21.12 David *fue* y tomó los huesos de Saúl 1980
24.1 *vé*, haz un censo de Israel y de Judá 1980
24.6 después *fueron* a Galaad y a la tierra 935
24.7 *fueron* luego a la fortaleza de Tiro, y 935
24.12 *vé* y di a David: Así ha dicho Jehová 1980
1 R 1.13 *vé* y entra al rey David, y dile: Rey 1980
1.35 *iréis* vosotros detrás de él, y vendrá 5927
1.49 entonces...se *fue* cada uno por su camino 1980
1.50 Adonías...levantó y se *fue*, y se asió de 1980
1.53 vino...y Salomón le dijo: *Vete* a tu casa 1980
2.8 me maldijo...el día que yo *iba* a Mahanaim 1980
2.26 dijo... *Vete* a Anatot, a tus heredades 1980
2.29 envió Salomón... *Vé*, y arremete contra 1980
2.40 *fue* a Aquis...*f*, pues, Simei, y trajo 1980
2.41 dicho...que Simei había *ido* de Jerusalén 1980
2.42 el día que salieres y *fueres* acá o allá 1980
3.4 *iba* el rey a Gabaón, porque aquél era 1980
8.66 ellos...se *fueron* a sus moradas alegres 1980
9.28 *fueron* a Ofir y tomaron de allí oro, 420 935
10.13 ella...*fue* a su tierra con sus criados 1980
11.17 Hadad huyó, y con él...se *fue* a Egipto 935
11.21 dijo a Faraón: Déjame *ir* a mi tierra 1980
11.22 te falta...procuras *irte* a tu tierra? 1980
11.22 nada; con todo, te ruego...me dejes *ir* 1980
11.24 después *fueron* a Damasco y habitaron 1980
12.1 Roboam *fue* a Siquem...para hacerle rey 1980
12.5 él les dijo: *Idos*...Y el pueblo se fue 1980
12.16 entonces Israel se *fue* a sus tiendas 1980
12.24 no *vayáis*, ni...y volvieron y se *fueron* 1980
12.30 el pueblo *iba* a adorar delante de uno 1980
13.8 me dieras...no *iría* contigo, ni comería 5973
13.9,17 ni regreses por el camino que *fueres* 1980
13.12 padre les dijo: ¿Por qué camino se *fue*? 1980
13.14 *yendo* tras el varón de Dios, le halló 1980
13.16 ni *iré* contigo, ni tampoco comeré pan 935
13.24 *yéndose*, le topó un león en el camino 1980
13.28 él *fue*, y halló el cuerpo tendido en 1980
14.2 dijo Jeroboam...Levántate...y *vé* a Silo 1980
14.3 y *vé* a él, para que te declare lo que 935
14.4 la mujer de...se levantó y *fue* a Silo 1980
14.7 *vé* y di a Jeroboam: Así dijo Jehová 1980
14.12 y tú levántate y *vete* a tu casa; y al 1980
15.19 *vé*, y rompe tu pacto con Baasa rey de 1980
17.5 y él *fue* e hizo conforme a la palabra 1980
17.5 *fue* y vivió junto al arroyo de Querit 1980
17.9 *vete* a Sarepta de Sidón, y mora allí; he 1980
17.10 entonces él se levantó...*fue* a Sarepta 1980
17.11 *yendo* ella para...él la volvió a llamar 1980
17.13 *vé*, haz como has dicho; pero hazme a 935
17.15 ella *fue* e hizo como le dijo Elías; y 1980
18.1 *vé*, muéstrate a Acab, y yo haré llover 1980
18.2 *fue*, pues, Elías a mostrarse a Acab 1980
18.5 *vé* por el país a todas las fuentes de 1980
18.6 Acab *fue* por un camino, y Abdías *f*...otro 1980
18.7 *yendo* Abdías por el camino, se encontró 1961
18.8,11,14 *vé*, di a tu amo: Aquí está Elías 1980
18.12 luego que yo me haya *ido*, el Espíritu 1980
18.16 Abdías *fue* a encontrarse con Acab, y le 1980
18.21 si Jehová...y si Baal, *id* en pos de él 1980
18.27 quizá...o *va* de camino; tal vez duerme 7873
18.44 dijo: *Vé*, y di a Acab: Unce tu carro 5927
19.3 se levantó y se *fue* para salvar su vida 1980
19.4 se *fue* por el desierto un día de camino 1980
19.15 dijo... *Vé*, vuélvete por tu camino, por 1980
19.20 le dijo: *Vé*, vuelve; ¿qué te he hecho 1980
19.21 después se levantó y *fue* tras Elías, y 1980
20.9 los embajadores *fueron*, y le dieron la 1980
20.22 *vé*, fortalécete, y considera y mira lo 1980
20.33 dijo: *Id* y traedle. Ben-adad entonces 935
20.34 hizo, pues, pacto con él, y le dejó *ir* 7971
20.38 y el profeta se *fue*, y se puso delante 1980
20.43 rey de Israel se *fue* a su casa triste 1980
22.6 dijo: ¿*Iré* a la guerra contra Ramot de 1980
22.13 el...que había *ido* a llamar a Micaías 1980
22.15 Micaías, ¿*iremos* a pelear contra Ramot 1980
22.22 le inducirás, y...*vé*, pues, y hazlo así 3318
22.24 ¿por dónde se *fue* de mí el Espíritu de 5674
22.48 habían de *ir* a Ofir por oro...no *fueron* 1980
22.49 *vayan* mis siervos con los tuyos en las 1980
2 R 1.2 *id* y consultad a Baal-zebub dios de 1980
1.3 que *vais* a consultar a Baal-zebub dios de 1980
1.4 que ciertamente morirás. Y Elías se *fue* 1980
1.6 dijo: *Id*, y volveos al rey que os envió 1980
2.6 que no te dejaré. *Fueron*, pues, ambos 1980
2.11 que *yendo* ellos y hablando, he aquí un 1980
2.16 *vayan* ahora y busquen a tu señor; quizá 1980
2.18 les dijo: ¿No os dije yo que no *fueseis*? 1980
2.25 de allí *fue* al monte Carmelo, y de allí 1980
3.7 ¿*irás* tú conmigo a...guerra contra Moab? 1980
3.7 *iré*, porque yo soy como tú; mi pueblo 5927
3.8 ¿por qué camino *iremos*? Y él respondió 5927
3.13 *vé* a los profetas de tu padre, y a los 1980
4.5 y se *fue* la mujer, y cerró la puerta 1980
4.7 dijo: *Vé* y vende el aceite, y paga a tus 1980
4.23 dijo: ¿Para qué *vas* a verle hoy? No es 1980
4.26 que *vayas* ahora corriendo a recibirla 7323
4.26 le digas: ¿Te *va* bien a ti? ¿Le v bien
4.29 ciñe...toma mi báculo en tu mano, y *vé* 1980
4.31 y Giezi había *ido* delante de ellos, y 7725
5.5 *vé*, y yo enviaré cartas al rey de Israel 1980

5.10 *vé* y lávate siete veces en el Jordán, y 1980
5.11 y Naamán se *fue* enojado, diciendo: He 1980
5.12 limpio? Y se volvió, y se *fue* enojado 1980
5.19 *vé* en paz. Se fue, pues, y caminó como 1980
5.21 bajó del carro...y dijo: ¿*Va* todo bien?
5.24 luego mandó a los hombres que se *fuesen* 7971
5.25 él...Tu siervo no ha *ido* a ninguna parte........ 935
6.2 *vamos* ahora al Jordán, y tomemos...viga 1980
6.3 que vengas con...y él respondió: Yo *iré* 1980
6.4 *fue*, pues, con ellos; y cuando llegaron 1980
6.9 no pases por...porque los sirios *van* allí 5185
6.13 dijo: *Id*, y mirad dónde está, para que 1980
7.4 *vamos*, pues...y pasemos al campamento de ... 1980
7.5 se levantaron...para *ir* al campamento de 2421
7.8(2) tomaron...y *fueron* y lo escondieron 935
7.9 *vamos*, pues...entremos y demos la nueva 1980
7.10 *fuimos* al campamento de los sirios, y 935
7.14 y envió el rey al...diciendo: *Id* y ved 1980
7.15 ellos *fueron*, y los siguieron hasta el 1980
8.1 levántate, *vete* tú...a vivir donde puedas........ 1980
8.2 se *fue* ella con su familia, y vivió en 1980
8.7 Eliseo se *fue*...Damasco; y Ben-adad rey 935
8.8 toma en...y *vé* a recibir al varón de Dios 1980
8.9 *fue* a su encuentro, y llegando se puso 1980
8.10 le dijo: *Vé*, dile: Seguramente sanarás 1980
8.14 y Hazael se *fue*, y vino a su señor, el 1980
8.28 *fue* a la guerra con Joram hijo de Acab 1980
9.1 ciñe tus lomos...y *vé* a Ramot de Galaad 1980
9.4 *fue*, pues, el joven...a Ramot de Galaad 1980
9.15 para *ir* a dar las nuevas en Jezreel 1980
9.16 Jehú...*fue* a Jezreel...Joram estaba allí 1980
9.17 ordena...jinete que *vaya* a reconocerlos 7971
9.18 *fue*...el jinete a reconocerlos, y dijo 3212
9.25 tú y yo *íbamos*...con la gente de Acab 7392
9.34 dijo: *Id* ahora a ver a aquella maldita 6485
9.35 cuando *fueron*...no hallaron de ella más 3212
10.12 se levantó de allí para *ir* a Samaria 1980
10.15 *yéndose*...se encontró con Jonadab hijo 1980
10.25 *fueron* hasta el lugar santo...de Baal 3212
16.10 después *fue* el rey Acaz a encontrar a 3212
17.15 y *fueron* en pos de las naciones que 3212
17.27 y *vaya* y habite allí, y les enseñe la 3212
19.8 porque oyó que se había *ido* de Laquis 5265
19.36 Senaquerib...se *fue*, y volvió a Nínive 3212
22.4 *vé* al sumo sacerdote Hilcías, y dile que 5927
22.13 *id* y preguntad a Jehová por mí, y por 3212
22.14 entonces *fueron*...a la profetisa Hulda 3212
23.3 pacto...de que *irían* en pos de Jehová 1980
25.4 el rey se *fue* por el camino del Arabá 3212
25.24 no temáis...servid al rey...os *irá* bien 3190
25.26 se *fueron* a Egipto, por temor...caldeos 935
1 Cr 11.4 *fue* David con...Israel a Jerusalén 3212
12.8 de Gad...*fueron* a David, al lugar fuerte 914
15.25 *fueron* a traer el arca del pacto de 1980
15.27 y David *iba* vestido de lino fino, y 3736
16.43 todo el pueblo se *fue* cada uno a su casa 1980
17.4 *vé* y di a David mi siervo: Así ha dicho 3212
17.11 sean cumplidos para *irte* con tus padres 3212
17.21 Dios *fuese* y se redimiese un pueblo 1980
18.3 *yendo* éste a asegurar su dominio junto 3212
18.6 daba la victoria...dondequiera que *iba* 3212
18.13 daba el triunfo...dondequiera que *iba* 3212
19.5 *fueron* luego, y cuando llegó a David 3212
21.2 dijo David...*Id*, haced censo de Israel 3212
21.10 *vé* y habla a David, y dile: Así ha 3212
21.30 David no pudo *ir* allá a consultar a 3318
2 Cr 1.3 *fue* Salomón...al lugar alto...Gabaón 3212
1.5 altar...al cual *fue* a consultar Salomón
2.8 he aquí, mis siervos *irán* con los tuyos
8.18 *fueron*...los siervos de Salomón a Ofir 935
9.12 la reina de Sabá...se *fue* a su tierra 3212
9.21 la flota del rey *iba* a Tarsis con los 1980
10.1 Roboam *fue* a Siquem...se había reunido 3212
10.5 dijo: Volved a mí...Y el pueblo se *fue* 1980
10.16 así se *fue* todo Israel a sus tiendas 3212
11.4 oyeron la...y no *fueron* contra Jeroboam 5927
12.11 cuando el rey *iba* a la casa de Jehová 1961
12.12 también en Judá las cosas *fueron* bien 1961
18.2 persuadió que *fuese* con él contra Ramot 5927
18.3 soy como tú...*iremos* contigo a la guerra
18.5 el rey...¿*Iremos* a la guerra contra Ramot 3212
18.12 el...que había *ido* a llamar a Micaías 1980
18.14 ¿*iremos* a pelear contra Ramot de Galaad ... 3212
20.36 construir naves que *fuesen* a Tarsis; y 3212
20.37 las naves se...y no pudieron *ir* a Tarsis 3212
22.5 *fue* a la guerra con Joram hijo de Acab 3212
24.25 cuando se *fueron* los sirios...dolencias 1980
25.7 no *vaya* contigo el ejército de Israel 935
25.8 si *vas* así, si lo haces, y te esfuerzas 935
25.10 apartó...para que se *fuesen* a sus casas 3212
25.13 para que no *fuesen* con él a la guerra 3212
30.6 *fueron*...correos con cartas de mano del 3212
34.22 y los del rey *fueron* a Hulda profetisa 3212
Esd 5.8 *fuimos* a la provincia de Judea, a la 236
5.15 *vé*, y llévalos al templo que está en 236
6.5 y *vayan* a su lugar, al templo que está 1946
7.13 que quiera ir contigo a Jerusalén, *vaya* 1946
8.31 partimos del río...para *ir* a Jerusalén 3212
10.6 se *fue* a la cámara de Johanán hijo de 3212
10.6 e *ido* allá, no comió pan ni bebió agua 1980
Neh 2.14 pasase la cabalgadura en que *iba*
2.16 no sabían...dónde yo había *ido*, ni qué 1980
6.3 yo hago una gran obra, y no puedo *ir* 3381
6.3 cesaría la obra, dejándola yo para *ir* a 3381
6.17 *iban* muchas cartas...de Judá a Tobías 935
8.10 *id*, comed grosuras, y bebed vino dulce 3212
8.12 el pueblo se *fue* a comer y a beber, y 3212
9.12 para alumbrarles...donde habían de *ir* 3212
9.19 guiarlos por el camino...habían de *ir* 3212
12.32 *iba* tras de ellos Osaías con la mitad 8418
12.35 de los...sacerdotes *iban* con trompetas
12.38 el segundo coro *iba* del lado opuesto 1980
13.6 en el año 32 de Artajerjes...*fui* al rey 935
Est 2.11 para saber cómo le *iba* a Ester, y 7965
4.1 *fue* por la ciudad clamando con...clamor 3318
4.8 que *fuese* ante el rey a suplicarle y a 935
4.16 *vé* y reúne a todos los judíos que se 935
4.17 Mardoqueo *fue*, e hizo...le mandó Ester 5674
6.1 misma noche se le *fue* el sueño al rey
6.12 Amán se dio prisa para *irse* a su casa
7.1 *fue*, pues, el rey con Amán al banquete 935
7.7 el rey se levantó...y se *fue* al huerto 3318
9.4 y su fama *iba* por todas las provincias 3318
Job 1.4 *iban* sus hijos y hacían banquete en 1980
3.23 hombre que no sabe por donde ha de *ir*
7.9 como la nube se desvanece y se *va*, así 1980
10.21 que *vaya* para no volver, a la tierra de 3318
12.25 *van* a tientas, como en tinieblas y sin 4959
14.11 como las aguas se *van* del mar, y el río 235
14.20 serás más fuerte que él, y él se *va* 1980
16.22 *iré* por el camino de donde no volveré 1980
21.33 y antes de él han *ido* innumerables
23.3 hallar a Dios! Yo *iría* hasta su silla 935
23.8 yo *iré* al oriente, y no lo hallaré; y al 1980
27.21 eleva el solano, y se *va*; y tempestad 1980
31.7 si mi corazón se *fue* tras mis ojos, y si 1980
31.26 mirado...a la luna cuando *iba* hermosa 1980
32.15 más; se les *fueron* los razonamientos 6275
34.8 *va* en compañía con...que hacen iniquidad 732
34.23 justo, para que *vaya* con Dios a juicio 1980
38.19 por dónde *va* el camino a la habitación
38.35 los relámpagos, para que ellos *vayan*? 3212
42.8 tomaos...*id* a mi siervo Job, y ofreced 3212
42.9 *fueron*...Elifaz temanita, Bildad suhita 1980
Sal 34 *tít.* Abimelec, y él lo echó, y se *fue* 1980
39.13 fuerzas, antes que *vaya* y perezca 1980
45.14 *irán* en pos de ella, compañeras suyas 310
59.10 el Dios...*irá* delante de mí; Dios hará
68.25 los cantores *iban* delante, los músicos 6923
84.7 *irán* de poder en poder; verán a Dios 3212
85.13 la justicia *irá* delante de él, y sus 3212
89.14 misericordia y verdad *van* delante de 6923
94.15 en pos de ella *irán* todos los rectos 310
97.3 fuego *irá* delante de él, y abrasará a 1980
102.11 mis días son como sombra que se *va* 5186
104.10 por los arroyos; *van* entre los montes 1980
105.20 envió el rey, y le...le dejó *ir* libre 1980
106.9 les hizo *ir* por el abismo como por un 1980
106.32 le *fue* mal a Moisés por causa de ellos 1980
109.23 me *voy* como la sombra cuando declina 1980
122.1 me decían: A la casa de Jehová *iremos* 3212
126.6 *irá* andando y llorando el que lleva la 1980
127.2 demás es que...*vayáis* tarde a reposar
128.2 bienaventurado serás, y te *irá* bien
139.7 ¿a dónde me *iré* de tu Espíritu? ¿Y a 3212
Pr 1.16 y *van* presurosos a derramar sangre 7323
4.14 no...ni *vayas* por el camino de los malos 833
4.18 que *va* en aumento hasta que el día es 1980
6.3 *vé*, humíllate, y asegúrate de tu amigo 3212
7.8 el cual...*iba* camino a la casa de ella 6805
7.19 el marido...se ha *ido* a un largo viaje 1980
7.22 marchó...como *va* el buey al degolladero 1980
9.15 los...que *van* por sus caminos derechos 3474
14.7 *vete* de delante del...necio, porque en 3212
21.5 todo el que se apresura...*va* a la pobreza
23.30 para los que *van* buscando la mistura 935
27.8 cual ave que se *va* de su nido, tal es 5074
27.8 tal es el hombre que se *va* de su lugar 5074
27.10 ni *vayas* a la casa de tu hermano en el 935
31.18 que *van* bien sus negocios; su lámpara 3808
Ec 1.4 generación *va*, y...viene; mas la tierra 1980
1.6 el viento...*va* girando de continuo, y a sus 1980
1.7 los ríos todos *van* al mar, y el mar no se 1980
3.20 todo *va* a un mismo lugar; todo es hecho 1980
5.1 cuando *fueres* a la casa de Dios, guarda 1980
5.15 *yéndose* tal como vino; y nada tiene de 3212
6.4 a las tinieblas *va*, y con tinieblas su 1980
6.6 viviere...¿no *van* todos al mismo lugar? 1980
7.2 mejor es *ir* a la casa del luto que a la 1980
8.3 no te apresures a *irte* de su presencia 3212
8.12 que les *irá* bien a los que a Dios temen
8.13 no le *irá* bien al impío, ni le serán
9.3 y después de esto se *van* a los muertos 3212
9.10 porque en el sepulcro, adonde *vas*, no 1980
10.3 *va* el necio por el camino...y diciendo 1980
10.15 porque no saben por dónde *ir* a la ciudad 3212
12.5 el hombre *va* a su morada eterna, y los 5497
Cnt 1.8 *vé*, sigue las huellas del rebaño, y 3318
2.11 porque...se ha mudado, la lluvia se *fue* 1980
4.6 *iré* al monte de la mirra, y al collado 1980
5.6 abrí yo a...pero mi amado se había *ido* 5674
6.1 ¿a dónde se ha *ido* tu amado, oh la más 1980
Is 1.23 todos aman el soborno, *van* tras las 7291
3.10 decid al justo que le *irá* bien, porque
3.11 mal le *irá*, porque según las obras de
6.8 ¿a quién enviaré, y...*irá* por nosotros? 3212
7.6 *vamos* contra Judá, y aterroricémosla, y 5927
7.24 con saetas y arco *irán* allá, porque toda 935
20.2 *vé* y quita el cilicio de tus lomos, y 3212
21.6 *vé*, pon centinela que haga saber lo que 3212
22.15 *vé*, entra a este tesorero, a Sebna el 3212
28.13 hasta que *vayan* y caigan de espaldas 3212
30.8 *vé*...y escribe esta visión en una tabla 935
30.29 alegría de corazón, como el que *va* con 1980
37.37 Senaquerib...se *fue*, e hizo su morada 3212
38.5 *vé* y di a Ezequías: Jehová Dios de...dice 1980
38.10 a la mitad de mis días *iré* a...del Seol 3212
45.2 yo *iré* delante de ti, y enderezaré los 3212
45.14 *irán* en pos de ti, pasarán con grillos 5674
45.16 *irán* con...los fabricadores de imágenes 1980
47.15 cada uno *irá* por su camino, no habrá 8582
52.12 ni *iréis* huyendo...Jehová irá delante de 3318
58.8 e *irá* tu justicia delante de ti, y l 1980
59.8 que por ellas *fuere*, no conocerá paz 1869
Jer 1.7 porque a todo lo que te envíe *irás* tú 3212
2.5 se *fueron* tras la vanidad y se hicieron 1980
2.25 a extraños he...y tras ellos he de *ir* 3212
3.1 y *yéndose* ésta de él se juntare a otro 1980
3.6 se *va* sobre todo monte alto y debajo de 1980
3.8 Judá...sino que también *fue* ella y fornicó 3212
3.12 *vé* y clama...palabras hacia el norte, y 1980
3.18 *irán* de la casa de Judá a la casa de 1980
4.25 todas las aves del cielo se habían *ido* 5074
5.5 *iré* a los grandes, y les hablaré; porque 1980
5.23 este pueblo...se apartaron y se *fueron* 1980
7.23 andad...os mande, para que os *vaya* bien 1980
7.24 *fueron* hacia atrás y no hacia adelante 1961
9.10 hasta las bestias...huyeron, y se *fueron* 1980
9.14 antes se *fueron* tras la imaginación de 1980
11.8 se *fueron* cada uno tras la imaginación 1980
11.10 y se *fueron* tras dioses ajenos para 1980
11.12 *irán* las ciudades de Judá...a los dioses 1980
13.1 dijo Jehová: *Vé* y cómprate un cinto de 1980
13.4 el cinto...y levántate y *vete* al Éufrates 3212
13.5 *fui* pues, y lo escondí junto al Éufrates 3212
13.6 levántate y *vete* al Éufrates, y toma de 3212
13.7 *fui* al Éufrates, y cavé, y tomé el cinto 3212
13.10 y que *va* en pos de dioses ajenos para 1980
16.5 no entres en casa de luto, ni *vayas* a 3212
17.16 no he *ido* en pos de ti para incitarte 310
17.19 dicho Jehová: *Vé* y ponte a la puerta 1980
18.2 levántate y *vete* a casa del alfarero 3381
18.12 porque en pos de nuestros ídolos *iremos* 1980
19.1 dijo Jehová: *Vé* y compra una vasija de 1980
19.10 ante los ojos de los varones que *van* 1980
20.6 y todos los...de tu casa *iréis* cautivos 3212
21.2 quizá...aquél se *irá* de sobre nosotros 5927
22.10 llorad amargamente por el que se *va* 1980
22.22 y tus enamorados *irán* en cautiverio 3212
25.6 y no *vayáis* en pos de dioses ajenos 3212
25.32 que el mal *irá* de nación en nación, y 3318
27.18 los utensilios...no *vayan* a Babilonia 935
28.13 *vé* y habla a Hananías, diciendo: Así 1980
30.16 adversarios, todos *irán* en cautiverio 3212
31.2 cuando Israel *iba* en busca de reposo 1980
31.9 *irán* con lloro, mas con misericordia los 935
31.21 vuélvete...por donde *fuiste*, virgen de 1980
31.24 habitará allí...los que *van* con rebaño 5265
32.5 y si peleareis contra...no os *irá* bien
32.28 he aquí *voy* a entregar esta ciudad
34.2 *vé* y habla a Sedequías rey de Judá, y 1980
34.21 en mano del ejército...*ido* de vosotros 5927
35.2 *vé* a casa de los recabitas y habla con 1980
35.13 *vé* y di a los varones de Judá, y a los 1980
35.15 y no *vayáis* tras dioses ajenos para 3212
36.19 Baruc: *Vé* y escóndete, tu y Jeremías 3212
37.12 salía Jeremías...para *irse* a tierra de 3212
38.20 oye...la voz...y te *irá* bien y vivirás 3190
39.16 *vé* y habla a Ebed-melec etíope...Así ha 1980
40.1 cautivos...de Judá que *iban* deportados 1540
40.4 *vé* a donde...más cómodo te parezca ir 3212
40.9 servid al rey de Babilonia, y os *irá* 3190
40.15 yo *iré* ahora y mataré a Ismael hijo 1980
41.10 *fue* para pasarse a los hijos de Amón 5674
41.12 *fueron* a pelear contra Ismael hijo de 3212
41.15 escapó...y se *fue* a los hijos de Amón 3212
41.17 *fueron* y habitaron en...a fin de ir y 1980
42.3 enseñe el camino por donde *vayamos*, y 3212
42.4 he aquí que *voy* a orar a Jehová
42.6 obedeciendo a...Jehová...nos *vaya* bien 3190
42.19 no *vayáis* a Egipto; sabed ciertamente 935
43.2 decir: No *vayáis* a Egipto para morar allí 935
44.3 *yendo* a ofrecer incienso, honrando a 3212
44.12 volvieron sus rostros para *ir* a tierra 935
45.5 te daré tu vida...lugares adonde *fueres* 1980
48.2 serás cortada; espada *irá* en pos de ti 1980
48.9 alas a Moab, para que se *vaya* volando 5323
49.30 huid, *idos* muy lejos...oh moradores de 5110
49.36 y no habrá nación a donde no *vayan* 935
50.3 hombre ni animal...huyeron, y se *fueron* 1980
50.8 los machos cabríos que *van* delante del 1961
50.27 matad a todos sus novillos; que *vayan* 3381
51.9 dejadla, y *vámonos* cada uno a su tierra 3212
51.59 cuando *iba* con Sedequías rey de Judá 3212
52.7 rey, y se *fueron* por el camino del Arabá 3318
Lm 1.3 Judá ha *ido* en cautiverio a causa de 1540
1.5 sus hijos *fueron* en cautividad delante 1980
Ez 3.1 este rollo, y *vé* y habla a la casa de 3212
3.4 *vé* y entra a la casa de Israel, y habla 3212
3.11 y *vé* y entra a los cautivos, a los hijos 3212
7.14 no habrá quien *vaya* a la batalla; porque 1980
10.11 volvía la primera, en pos de ella *iban* 3212
12.22 se *van* prolongando los días, y...visión? 748
20.16 porque tras sus ídolos *iba* su corazón 1980
20.24 tras los ídolos...les *fueron* los ojos 310
20.29 ¿qué es ese lugar alto adonde...*vais*? 935
21.19 señal...que indique la ciudad adonde *va*
23.6,12 todos...jinetes que *iban* a caballo 7392
30.17 Avén...las mujeres *irán* en cautiverio 3212
30.18 los moradores de...*irán* en cautiverio 3212
31.12 se *irán* de su sombra todos los pueblos 3381
34.11 yo, yo mismo *iré* a buscar mis ovejas, y 1239
35.7 y cortaré de él al que *vaya* y al que 5674
36.20 adonde *fueron*, profanaron mi...nombre 935

I

36.21 profanado por... naciones adonde *fueron* 935
37.21 entre las naciones a las cuales *fueron* 1980
38.11 subiré... *iré* contra gentes tranquilas 5927
39.14 *vayan* por el país con los que viajan 5674
39.15 pasarán los que *irán* por el país, y el 5674
44.10 se apartaron... *yéndose* tras sus ídolos 8582
Dn 2.1 tuvo Nabucodonosor... se le *fue* el sueño 1961
2.8 porque veis que el asunto se me ha *ido* 230
2.17 se *fue* Daniel a su casa e hizo saber lo 236
2.24 después de esto *fue* Daniel a Arioc, al 236
4.14 *váyanse* las bestias que están debajo de 5111
6.12 *fueron*... ante el rey y le hablaron del 5127
6.18 luego el rey se *fue* a su palacio, y se 236
6.18 se acostó ayuno... y se le *fue* el sueño 5075
6.19 el rey... *fue* apresuradamente al foso de 236
12.13 tú *irás* hasta el fin, y reposarás, y 3212
Os 1.2 *vé*, tómate una mujer fornicaria, e 3212
1.3 *fue*, pues, y tomó a Gomer hija de Diblaim 3212
2.5 *iré* tras mis amantes, que me dan mi pan 3212
2.7 dirá: *Iré* y me volveré a mi primer marido 3212
2.7 porque mejor me *iba* entonces que ahora 3212
2.13 se *iba* tras sus amantes y se olvidaba 1980
3.1 me dijo... *Vé*, ama a una mujer amada de su 1980
4.14 ellos mismos se *van* con rameras, y con 6504
5.13 *irá*... Efraín a Asiria, y enviará al rey 1980
5.14 yo arrebataré, y me *iré*; tomaré, y no 1980
9.6 *fueron* ellos a causa de la destrucción 1980
Jl 2.8 uno *irá* por su carrera; y aun cayendo 1980
2.9 *irán* por la ciudad, correrán por el muro 8264
Am 1.15 su rey *irá* en cautiverio, él y todos 1980
4.4 *id* a Bet-el, y prevaricad; aumentad en 935
6.2 de allí *id* a la gran Hamat; descended 1980
6.7 ahora *irán* a la cabeza de los que van a 1540
7.12 vidente, *vete*, huye a tierra de Judá 1980
7.15 y me dijo: *Vé* y profetiza a mi pueblo 1980
8.12 e *irán* errantes de mar a mar; desde el 7751
Jon 1.2 y *vé* a Nínive, aquella gran ciudad 1980
1.3 entró en... Para *irse* con ellos a Tarsis 935
3.2 y *vé* a Nínive, aquella gran ciudad, y 1980
3.3 *fue* a Nínive conforme a la palabra de 1980
Mi 1.16 porque en cautiverio se *fueron* de ti 1540
Nah 3.17 salido el sol se *van*, y no se conoce 5074
Hab 1.9 terror *va* delante de ella, y recogerá
3.5 delante de su rostro *iba* mortandad, y a 1980
Zac 2.2 dije: ¿A dónde *vas*? Y él me respondió 1980
6.7 se afanaron por *ir* a recorrer la tierra 1980
6.7 *id*, recorred la tierra. Y recorrieron la 1980
6.10 e *irás* tú... y entrarás en casa de Josías 935
7.14 sin quedar quien *fuese* ni viniese; pues 5674
8.21 dirán: *Vamos* a implorar... Yo también iré 1980
8.23 *iremos* con vosotros, porque hemos oído 1980
9.8 guarda, para que ninguno *vaya* ni venga 5674
9.14 trompeta, e *irá* entre torbellinos del 1980
14.2 la mitad de la ciudad *irá* en cautiverio 3318
Mt 2.8 *id* allá y averiguad... acerca del niño *4198*
2.8 hacédmelo saber... que yo también *vaya* y *2064*
2.9 ellos, habiendo oído al rey, se *fueron* *4198*
2.14 tomó de noche al niño... se *fue* a Egipto *402*
2.20 y *vete* a tierra de Israel, porque han *4198*
2.22 tuvo temor de *ir* allá; pero avisado por *565*
2.22 avisado... se *fue* a la región de Galilea *402*
4.10 ***vete*, Satanás, porque escrito está: Al** *5217*
5.24 **y *anda*, reconcíliate... con tu hermano** *5217*
5.41 **te obligue a llevar carga... *vé* con él dos** *5217*
8.4 ***vé*, muéstrate al sacerdote, y presenta** *5217*
8.7 **y Jesús le dijo: Yo *iré* y le sanaré** *2064*
8.9 digo a éste: *Vé* y *va*; y al otro: *Ven*, y *4198*
8.13 **dijo... *Vé*, y como creíste, te sea hecho** *5217*
8.19 dijo... te seguiré adondequiera que *vayas* *565*
8.21 que *vaya* primero y entierre a mi padre *565*
8.31 si... permítenos *ir* a aquel hato de cerdos *565*
8.32 **él les dijo: *Id*. Y ellos salieron, y se** *5217*
8.32 se *fueron* a aquel hato de cerdos; y he *565*
8.34 le rogaron que se *fuera* de sus contornos *3327*
9.6 **levántate, toma tu cama, y *vete* a tu casa** *5217*
9.7 entonces él se levantó y se *fue* a su casa *565*
9.13 ***id*, pues, y aprended lo que significa** *4198*
10.5 **por camino de gentiles no *vayáis*, y en** *565*
10.6 **sino *id* antes a las ovejas perdidas de** *4198*
10.7 **y *yendo*, predicad, diciendo: El reino** *4198*
11.1 se *fue* de allí a enseñar y a predicar *3327*
11.4 ***id*, y haced saber a Juan las cosas que** *4198*
11.7 mientras ellos se *iban*, comenzó Jesús a *4198*
12.1 *iba* Jesús por los sembrados en un día *4198*
12.45 ***va*, y toma consigo otros 7 espíritus** *4198*
13.25 **vino su enemigo y sembró cizaña... *fue*** *2064*
13.28 **¿quieres... *vayamos* y la arranquemos?** *565*
13.44 **gozoso... *va* y vende todo lo que tiene** *5217*
13.46 ***fue* y vendió todo lo que tenía, y la** *565*
13.53 cuando terminó Jesús... se *fue* de allí *3332*
14.12 y *fueron* y dieron las nuevas a Jesús *4334*
14.15 que *vayan* por las aldeas y compren de *565*
14.16 **no tienen necesidad de *irse*; dadles** *565*
14.22 e *ir* delante de él a la otra ribera *4254*
14.28 manda que yo *vaya* a ti sobre las aguas *2064*
14.29 andaba sobre las aguas para *ir* a Jesús *2064*
15.17 **lo que entra en la boca *va* al vientre** *5562*
15.21 se *fue* a la región de Tiro y de Sidón *1831*
16.4 **no le será dada... Y dejándolos, se *fue*** *565*
16.21 que le *era* necesario ir a Jerusalén y *565*
17.27 ***vé* al mar, y echa el anzuelo, y el... pez** *4198*
18.12 ***va* por los montes a buscar la que se** *4198*
18.15 ***vé* y repréndele estando tú y él solos** *5217*
18.30 ***fue* y le echó en la cárcel, hasta que** *565*
18.31 ***fueron* y refirieron a su señor todo lo** *2064*
19.1 y *fue* a las regiones de Judea al otro *2064*
19.15 puesto sobre ellos las manos, se *fue* *4198*
19.22 oyendo el joven esta palabra, se *fue* *565*
20.4 ***id*... *vosotros* a mi viña... Y ellos *fueron*** *5217*
20.7 ***id*... *vosotros* a la viña, y recibiréis lo** *5217*
20.9 **que habían *ido* cerca de la hora undécima** *2064*
20.14 **toma lo que es tuyo, y *vete*... quiero dar** *5217*
21.2 ***id* a la aldea que... enfrente de vosotros** *4198*
21.6 *fueron*, e hicieron como Jesús les mandó *4198*
21.9 gente que *iba* delante y la que *i* detrás *4254*
21.28 **hijo, *vé* hoy a trabajar en mi viña** *5217*
21.29 **no quiero... después, arrepentido, *fue*** *565*
21.30 **él, dijo: Sí, señor, voy. Y no *fue*** *565*
21.31 **las rameras *van* delante de... al reino** *4254*
21.33 **una viña... la arrendó... y se *fue* lejos** *589*
22.5 **ellos, sin hacer caso, se *fueron*, uno** *565*
22.9 ***id*, pues, a las salidas de los caminos** *4198*
22.15 se *fueron* los fariseos y consultaron *4198*
22.22 maravillaron, y dejándole, se *fueron* *565*
24.1 cuando Jesús salió del templo y se *iba* *1831*
25.9 ***id* más bien a los que venden, y comprad** *4198*
25.10 **mientras ellas *iban* a... vino el esposo** *565*
25.14 **es como un hombre que *yéndose* lejos** *589*
25.15 **dio... a cada uno... y luego se *fue* lejos** *589*
25.16 ***fue* y negoció con ellos, y ganó otros** *4198*
25.25 ***fui* y escondí tu talento en la tierra** *565*
25.46 **e *irán* éstos al castigo eterno, y los** *565*
26.14 Judas... *fue* a... principales sacerdotes *4198*
26.18 **dijo: *Id* a la ciudad a cierto hombre** *5217*
26.23 **al que mete la mano... me *va* a entregar**
26.24 **Hijo del Hombre *va*, según está escrito** *5217*
26.32 **pero... *iré* delante de vosotros a Galilea** *4254*
26.36 **aquí, entre tanto que *voy* allí y oro** *565*
26.39 *yendo*... adelante, se postró sobre su *4281*
26.42 *fue*, y oró por segunda vez, diciendo *565*
26.44 *fue* de nuevo, y oró por tercera vez *565*
26.46 **levantaos, *vamos*; ved, se acerca el que** *71*
27.5 arrojando las piezas... *fue* y se ahorcó *565*
27.60 hacer rodar una gran piedra... se *fue* *565*
27.65 les dijo... *id*, aseguradlo como sabéis *5217*
27.66 ellos *fueron* y aseguraron el sepulcro *4198*
28.7 *id* pronto y decid a sus discípulos que *4198*
28.7 aquí *va* delante de vosotros a Galilea *4254*
28.8 *fueron* corriendo a dar las nuevas a sus *1831*
28.8 y mientras *iban* a dar las nuevas a los *4198*
28.10 ***id*, dad las nuevas a mis hermanos, para** *5217*
28.10 **que *vayan* a Galilea, y allí me verán** *565*
28.11 mientras ellas *iban*, he aquí, unos de *4198*
28.11 unos de la guardia *fueron* a la ciudad *2064*
28.16 los once... *fueron* a Galilea, al lugar *4198*
28.19 ***id*, y haced discípulos... las naciones** *4198*
Mr 1.35 *fue* a un lugar desierto, y allí oraba *565*
1.38 ***vamos* a los lugares vecinos, para que** *71*
1.42 al instante la lepra se *fue* de aquél, y *565*
1.44 ***vé*, muéstrate al sacerdote, y ofrece por** *5217*
1.45 pero *ido* él, comenzó a publicarlo mucho *1831*
2.11 **digo... toma tu lecho, y *vete* a tu casa** *5217*
5.17 comenzaron a rogarle que se *fuera* de sus *565*
5.19 ***vete* a**... *y cuéntales cuán grandes cosas* *5217*
5.20 *fue*, y comenzó a publicar en Decápolis *565*
5.24 *fue*, pues, con él; y le seguía una gran *565*
5.26 y nada había aprovechado... le *iba* peor *2064*
5.34 ***vé* en paz, y queda sana de tu azote** *5217*
6.28 el guarda *fue*, le decapitó en la cárcel *565*
6.31 eran muchos los que *iban* y venían, de *5217*
6.32 y se *fueron* solos... a un lugar desierto *565*
6.33 muchos... los vieron *ir*, y le reconocieron *5217*
6.33 *fueron* allá a pie desde las ciudades *4936*
6.36 para que *vayan* a los campos y aldeas *565*
6.37 *vayamos* y compremos pan... y les demos *565*
6.38 **dijo: ¿Cuántos panes tenéis? *Id* y vedlo** *5217*
6.45 hizo a sus discípulos... *ir* delante de él *4254*
6.46 y después que... se *fue* al monte a orar *565*
7.24 se *fue* a la región de Tiro y de Sidón *565*
7.29 **por... *vé*; el demonio ha salido de tu hija** *5217*
8.13 y dejándolos... se *fue* a la otra ribera *565*
9.43 **que teniendo dos manos *ir* al infierno** *565*
10.22 él, afligido por esta palabra, se *fue* *565*
10.32 iban por el camino... Jesús *iba* delante *4254*
10.52 **dijo: *Vete*, tu fe te ha salvado. Y en** *5217*
11.2 **dijo: *Id* a la aldea que está enfrente** *5217*
11.4 *fueron*, y hallaron el pollino atado *565*
11.9 los que *iban* delante y los... daban voces *4254*
11.11 Jesús... se *fue* a Betania con los doce *1831*
11.13 *fue* a ver si tal vez hallaba en ella *2064*
12.1 **la arrendó a unos labradores, y se *fue*** *589*
12.12 temían a la... y dejándole, se *fueron* *565*
13.34 **es como el hombre que *yéndose* lejos** *590*
14.10 *fue* a los... sacerdotes para entregárselo *565*
14.12 *vayamos* a preparar para... la pascua? *565*
14.13 ***id* a la ciudad, y os saldrá**... *un hombre* *5217*
14.16 *fueron* sus discípulos y entraron en la *1831*
14.21 **la verdad el Hijo del Hombre *va*, según** *5217*
14.28 **pero... *iré* delante de vosotros a Galilea** *4254*
14.35 *yéndose* un poco adelante, se postró *4281*
14.39 otra vez *fue* y oró... las mismas palabras *565*
14.42 **levantaos, *vamos*; he aquí, se acerca** *71*
16.1 compraron especias... para *ir* a ungirle *2064*
16.7 id, decid a... él *va* delante de vosotros *5217*
16.8 y ellas se *fueron* huyendo del sepulcro *1831*
16.10 *yendo* ella, lo hizo saber a los que *4198*
16.12 dos... que *iban* de camino, yendo al campo *4198*
16.13 *fueron* y lo hicieron saber a los otros *565*
16.15 **dijo: *Id* por todo el mundo y predicad** *4198*
Lc 1.17 *irá* delante de él con el espíritu y *4281*
1.23 y cumplidos los días... se *fue* a su casa *565*
1.38 María... el ángel se *fue* de su presencia *565*
1.39 María, *fue* de prisa a la montaña, a una *4198*
1.76 *irás* delante de la presencia del Señor *4313*
2.3 *iban* todos para ser empadronados, cada *4198*
2.15 cuando los ángeles se *fueron* de ellos *1330*
2.41 *iban* sus padres... los años a Jerusalén *4198*
3.3 él *fue* por... la región contigua al Jordán *2064*
4.8 ***vete* de mí, Satanás, porque escrito está** *5217*
4.30 él pasó por en medio de ellos, y se *fue* *4198*
4.42 salió y se *fue* a un lugar desierto; y *4198*
4.42 detenían para que no se *fuera* de ellos *4198*
5.13 **sé limpio. Y al instante la lepra se *fue*** *565*
5.14 ***vé*, le dijo, muéstrate al sacerdote, y** *565*
5.24 **digo... toma tu lecho, y *vete* a tu casa** *4198*
5.25 se *fue* a su casa, glorificando a Dios *565*
6.12 él *fue* al monte a orar, y pasó la noche *1831*
7.6 Jesús *fue* con ellos. Pero cuando ya no *4198*
7.8 digo a éste: *Vé*, y *va*; y al otro: *Ven*, y *4198*
7.11 que él iba a la ciudad que se llama Naín *4198*
7.11 e *iban* con él muchos de sus discípulos *4848*
7.22 **les dijo: *Id*, haced saber a Juan lo que** *4198*
7.24 cuando se *fueron* los mensajeros de Juan *1831*
7.50 **él dijo... Tu fe te ha salvado, *vé* en paz** *4198*
8.1 que Jesús *iba* por todas las ciudades y *1353*
8.14 ***yéndose*, son ahogados por los afanes y** *4198*
8.31 y le rogaban que no los mandase *ir* al *565*
8.34 *yendo* dieron aviso en la ciudad y por *565*
8.39 se *fue*, publicando por toda la ciudad *565*
8.42 y mientras *iba*, la multitud le oprimía *5217*
8.48 **hija, tu fe te ha salvado; *vé* en paz** *4198*
9.12 para que *vayan* a las aldeas y campos de *565*
9.13 que *vayamos* nosotros a comprar alimentos *4198*
9.51 afirmó su rostro para *ir* a Jerusalén *4198*
9.52 *fueron* y entraron en una aldea de los *4198*
9.53 su aspecto era como de *ir* a Jerusalén *4198*
9.56 **para salvarlas. Y se *fueron* a otra aldea** *4198*
9.57 *yendo* ellos, uno le dijo en el camino *4198*
9.57 Señor, te seguiré adondequiera... *vayas* *565*
9.59 déjame que... *vaya* y entierre a mi padre *565*
9.60 **y tú *vé*, y anuncia el reino de Dios** *565*
10.1 a toda ciudad... adonde él había de *ir* *2064*
10.3 ***id*; he aquí yo os envío como corderos** *4198*
10.30 **hiriéndole, se *fueron*, dejándole medio** *565*
10.33 **pero un samaritano, que *iba* de camino** *3593*
10.37 **Jesús le dijo: *Vé*, y haz tú lo mismo** *4198*
10.38 que *yendo* de camino, entró en una aldea *4198*
11.5 ***va* a él a medianoche y le dice: Amigo** *4198*
11.26 ***va*, y toma... siete espíritus peores que** *4198*
12.58 ***vayas* al magistrado con tu adversario** *5217*
13.31 sal, y *vete* de aquí, porque Herodes te *4198*
13.32 ***id*, y decid a aquella zorra: He aquí** *4198*
14.10 ***vé* y siéntate en el último lugar, para** *4198*
14.18 **una hacienda, y necesito *ir* a verla** *1831*
14.19 **bueyes, y *voy* a probarlos; te ruego que** *4198*
14.20 **acabo de casarme, y por... no puedo *ir*** *2064*
14.21 ***vé*... por las plazas y las calles de la** *1831*
14.23 ***vé* por los caminos... fuérzalos a entrar** *1831*
14.25 *iban* con él; y volviéndose, les dijo *4848*
15.4 **deja las 99... y *va* tras la que se perdió** *4198*
15.13 **se *fue* lejos a una provincia apartada** *589*
15.18 **me levantaré e *iré* a mi padre, y le** *4198*
16.30 **si alguno *fuere* a ellos de entre los** *4198*
17.11 *yendo* Jesús a Jerusalén, pasaba entre *4198*
17.14 **les dijo: *Id*, mostraos a los sacerdotes** *4198*
17.14 que mientras *iban*, fueron limpiados *5217*
17.19 **levántate, *vete*; tu fe te ha salvado** *4198*
17.23 **o helo allí. No *vayáis*, ni los sigáis** *565*
18.39 y los que *iban* delante le reprendían *4254*
19.1 entrado Jesús en Jericó, *iba* pasando por
19.12 **hombre noble se *fue* a un país lejano** *4198*
19.28 esto, *iba* delante subiendo a Jerusalén *4198*
19.30 ***id* a la aldea de enfrente, y al entrar** *5217*
19.32 *fueron* los que habían sido enviados, y *565*
21.8 **vendrán... Mas no *vayáis* en pos de ellos** *4198*
21.21 **y los que en medio de ella, *váyanse*** *1633*
22.4 y éste *fue* y habló con los principales *565*
22.8 ***id*, preparadnos la pascua para que la** *4198*
22.13 *fueron*... hallaron como les había dicho *565*
22.22 **Hijo del Hombre *va*, según lo que está** *4198*
22.33 dispuesto estoy a *ir* contigo no sólo *4198*
22.39 saliendo, se *fue*... monte de los Olivos *4198*
22.47 Judas, uno de... *iba* al frente de ellos *4281*
23.52 *fue* a Pilato, y pidió el cuerpo de *4334*
24.12 y se *fue* a casa maravillándose de lo *565*
24.13 *iban* el mismo día a una aldea llamada *4198*
24.14 *iban* hablando... de todas aquellas cosas
24.24 y *fueron*... de los nuestros al sepulcro *565*
24.28 llegaron a la aldea adonde *iban*, y él *4198*
24.28 y él hizo como que *iba* más lejos *4198*
Jn 1.39 *fueron*, y vieron donde moraba, y se *2064*
1.43 siguiente día quiso Jesús *ir* a Galilea *1831*
3.8 **ni sabes de dónde *viene*, ni a dónde *va*** *5217*
4.3 salió de Judea... *fue* otra vez a Galilea *565*
4.8 sus discípulos habían *ido* a la ciudad a *565*
4.16 **dijo: *Vé*, llama a tu marido, y *ven* acá** *5217*
4.28 la mujer... *fue* a la ciudad, y dijo a los *565*
4.43 después, salió de allí y *fue* a Galilea *565*
4.45 también ellos habían *ido* a la fiesta *2064*
4.50 le dijo: *Vé*, tu hijo vive. Y el hombre *4198*
4.50 y el hombre creyó la palabra... y se *fue* *4198*
4.54 señal hizo Jesús, cuando *fue* de Judea a *2064*
5.7 entre tanto que yo *voy*, otro desciende *2064*
5.15 hombre se *fue*, y dio aviso a los judíos *565*
5.45 **no penséis que yo *voy* a acusaros**
6.1 *fue* al otro lado del mar de Galilea, el *565*
6.21 la cual llegó... a la tierra adonde *iban* *5217*
6.22 no... sino que éstos se habían *ido* solos *4897*
6.24 y *fueron* a Capernaum, buscando a Jesús *2064*
6.67 **¿queréis acaso *iros* también vosotros?** *5217*
6.68 le respondió... Señor, ¿a quién *iremos*? *565*
6.71 éste era el que le *iba* a entregar, y *3195*
7.3 y *vete* a Judea, para que también tus *5217*
7.33 **poco de tiempo... e *iré* al que me envió** *5217*

7.35 ¿adónde se *irá* éste, que no le hallemos? 4198
7.35 ¿*Irá* a los dispersos entre los griegos 4198
7.53 cada uno se *fue* a su casa 4198
8.1 y Jesús se *fue* al monte de los Olivos 4198
8.11 **ni yo te condeno; *vete*, y no peques más** 4198
8.14 **sé de dónde he venido y a dónde *voy*; pero** 5217
8.14 **vosotros no sabéis de... ni a dónde *voy*** 5217
8.21 **yo me *voy*... a donde yo *v*... no podéis venir** . . . 5217
8.22 **donde yo *voy*, vosotros no podéis venir?** 5217
8.59 y atravesando por en medio de... se *fue* 1831
9.7 ***vé* a lavarte en el estanque de Siloé** 5217
9.7 ***fue* entonces, y se lavó, y regresó viendo** 565
9.11 **y me dijo: *Vé* al Siloé... fui, y me lavé** 5217,565
10.4 ***va* delante de ellas; y las ovejas le** 4198
10.40 *fue* de nuevo al otro lado del Jordán 565
11.7 **los discípulos: *Vamos* a Judea otra vez** 71
11.8 los judíos apedrearte, ¿y otra vez *vas* 5217
11.11 **Lázaro duerme... *voy* para despertarle** 4198
11.15 **allí, para que creáis; mas *vamos* a él** 71
11.16 dijo... Tomás... *Vamos* también nosotros 71
11.28 dicho... *fue* y llamó a María su hermana 565
11.31 diciendo: *Va* al sepulcro a llorar allí 5217
11.44 **Jesús les dijo: Desatadle, y dejadle *ir*** 5217
11.46 algunos de ellos *fueron* a los fariseos 565
12.19 ya veis... Mirad, el mundo se *va* tras él 565
12.22 *fue* y se lo dijo a Andrés; entonces 2064
12.35 **anda en tinieblas, no sabe a dónde *va*** 5217
12.36 estas cosas habló Jesús, y se *fue* y se 565
13.3 que había salido de Dios, y a Dios *iba* 5217
13.11 porque sabía quien le *iba* a entregar
13.33 **a donde yo *voy*, vosotros no podéis *ir*** 5217
13.36 dijo Simón Pedro: Señor, ¿a dónde *vas*? 5217
13.36 **donde yo *voy*, no me puedes seguir ahora** 5217
14.2 ***voy*, pues, a preparar lugar para vosotros** 4198
14.3 **si me *fuere* y os preparare lugar, vendré** 4198
14.4 **sabéis a dónde *voy*, y sabéis el camino** 5217
14.5 Señor, no sabemos a dónde *vas*; ¿cómo 5217
14.12 **mayores hará, porque yo *voy* al Padre** 4198
14.28 **os he dicho: *Voy*, y vengo a vosotros** 5217
14.28 **he dicho que *voy* al Padre; porque el** 4198
14.31 **mas para que... Levantaos, *vamos* de aquí** 71
15.16 **puesto para que *vayáis* y llevéis fruto** 5217
16.5 **ahora *voy* al que me envió; y ninguno de** 5217
16.5 **de vosotros me pregunta: ¿A dónde *vas*?** 5217
16.7 **yo os digo... os conviene que yo me *vaya*** 565
16.7 **no me *fuere*, el Consolador no vendría a** 565
16.7 **Consolador... si me *fuere*, os lo enviaré** 565
16.10 **de justicia, por cuanto *voy* al Padre** 5217
16.16 **y me veréis; porque yo *voy* al Padre** 5217
16.17 **me veréis; y, porque yo *voy* al Padre?** 5217
16.28 **otra vez dejo el mundo, y *voy* al Padre** 4198
17.11 **éstos están en el mundo, y yo *voy* a ti** 2064
17.13 **pero ahora *voy* a ti; y hablo esto en** 2064
18.3 *fue* allí con linternas y antorchas, y 2064
18.8 **si me buscáis a mí, dejad *ir* a éstos** 5217
20.1 María Magdalena *fue* de mañana, siendo 2064
20.2 *fue* a Simón Pedro y al otro discípulo 2064
20.3 salieron Pedro y... y *fueron* al sepulcro 1831
20.17 ***vé* a mis hermanos, y diles: Subo a mi** 4198
20.18 *fue*... María Magdalena para dar a los 2064
21.3 les dijo: *Voy* a pescar... *Vamos*... fueron . . 5217,1831
21.18 **te ceñías, e *ibas* donde querías; mas** 4043
Hch 1.4 mandó que no se *fueran* de Jerusalén 5563
1.10 entre tanto que él se *iba*, he aquí se 4198
1.11 vendrá como le habéis visto *ir* al cielo 4198
1.25 cayó Judas... para *irse* a su propio lugar 4198
3.3 y a Juan que *iban* a entrar en el templo 1524
5.20 *id*, y... en pie en el templo, anunciad al 4198
5.26 *fue* el jefe... y los trajo sin violencia 565
7.40 dioses que *vayan* delante de nosotros 4313
8.4 fueron esparcidos *iban* por todas partes 1330
8.26 y *vé* hacia el sur, por el camino que 4198
8.27 Él se levantó y *fue*. Y sucedió que un 4198
8.36 *yendo* por el camino, llegaron a... agua 4198
9.3 mas *yendo* por el camino, aconteció que al 4198
9.7 hombres que *iban* con Saulo se pararon 4922
9.11 **y *vé* a la calle que se llama Derecha, y** 4198
9.15 ***vé*, porque instrumento escogido me es** 4198
9.17 *fue* entonces Ananías y entró en la casa 565
9.39 levantándose... Pedro, *fue* con ellos; y 4905
10.7 *ido* el ángel que hablaba con Cornelio 565
10.9 mientras ellos *iban* por el camino y se 3596
10.20 desciende, y no dudes de *ir* con ellos 4198
10.23 levantándose, se *fue* con ellos; y le 1831
11.12 el Espíritu me dijo que *fuese* con ellos 4905
11.12 *fueron*... conmigo estos seis hermanos 4905
11.22 a Bernabé que *fuese* hasta Antioquía 1330
11.25 *fue* Bernabé a Tarso para buscar a Saulo 1831
12.17 contó... Y salió, y se *fue* a otro lugar 4198
15.38 y no había *ido* con ellos a la obra 4905
16.3 quiso Pablo que éste *fuese* con él; y 1831
16.7 a Misia, intentaron *ir* a Bitinia, pero 4198
16.16 que mientras *íbamos* a la oración, nos 4198
16.40 hermanos, los consolaron, y se *fueron* 1831
17.2 Pablo, como acostumbraba, *fue* a ellos 1525
17.13 *fueron* allá, y también alborotaron a 2064
17.14 enviaron a Pablo... *fuese* hacia el mar 4198
18.1 Pablo salió de Atenas y *fue* a Corinto 2064
18.2 los judíos saliesen de Roma. *Fue* a ellos 4334
18.6 yo... desde ahora me *iré* a los gentiles 4198
18.7 se *fue* a la casa de uno llamado Justo 2064
20.1 se despidió y salió para *ir* a Macedonia 4198
20.13 a Pablo... queriendo él *ir* por tierra 3978
20.22 *voy* a Jerusalén, sin saber lo que allá 4198
21.1 y *fuimos* con rumbo directo a Cos, y al 2064
21.8 saliendo Pablo y los... *fuimos* a Cesarea 2064
22.5 y *fui* a Damasco para traer presos a 4198
22.6 *yendo* yo, al llegar cerca de Damasco 4198
22.10 ***vé* a Damasco, y allí se te dirá todo** 4198
22.21 ***vé*, porque yo te enviaré lejos a los** 4198
22.26 *fue* y dio aviso al tribuno, diciendo 4334
23.14 *fueron* a los principales sacerdotes y 4334
23.16 la celada, *fue* y entró en la fortaleza 3854
23.23 preparasen... que *fuesen* hasta Cesarea 4198
23.32 dejando a los jinetes que *fuesen* con 4198
24.25 Félix se espantó, y dijo: Ahora *vete* 4198
25.12 a César has apelado; a César *irás* 4198
25.15 cuando *fui* a Jerusalén... me presentaron
25.20 le pregunté si quería *ir* a Jerusalén 4198
26.12 ocupado en esto, *iba* yo a Damasco con 4198
26.13 *yendo* por el camino, vi una luz del
26.13 me rodeó a mí y a los que *iban* conmigo 4198
27.3 permitió que *fuese* a los amigos, para 4198
28.14 nos quedásemos... y luego *fuimos* a Roma 2064
28.26 *vé* a este pueblo, y diles: De oído 4198
28.29 los judíos se *fueron*, teniendo gran 565
Ro 1.10 un próspero viaje para *ir* a vosotros 2064
1.13 muchas veces... propuesto *ir* a vosotros 2064
9.30 gentiles, que no *iban* tras la justicia 1377
9.31 Israel, que *iba* tras una ley de justicia 1377
9.32 porque *iban* tras ella no por fe, sino 2212
15.22 me he visto impedido... de *ir* a vosotros 2064
15.23 deseando desde hace muchos años *ir* a 2064
15.24 cuando vaya a España, *iré* a vosotros 2064
15.25 ahora *voy* a Jerusalén para ministrar 4198
15.29 cuando *vaya*... llegaré con abundancia de 2064
1 Co 2.1 cuando *fui* a vosotros para anunciaros 2064
2.1 no *fui* con excelencia de palabras o de 2064
4.18 si yo nunca hubiese de *ir* a vosotros 2064
4.19 pero *iré* pronto a vosotros, si el Señor 2064
4.21 ¿*iré* a vosotros con vara, o con amor y 2064
6.1 *ir* a juicio delante de los injustos, y
11.34 las pondré en orden cuando yo *fuere* 4905
14.6 yo *voy* a vosotros hablando en lenguas 2064
16.4 fuere propio que yo también *vaya*, irán 4198
16.5 *iré* a vosotros, cuando haya pasado por 2064
16.6 que... me encaminéis a donde haya de *ir* 4198
16.12 Apolos... le rogué que *fuese* a vosotros 2064
16.12 de ninguna manera tuvo voluntad de *ir* 2064
16.12 ahora; pero *irá* cuando tenga oportunidad . . . 2064
2 Co 1.15 esta confianza quise *ir* primero a 2064
2.1 no *ir* otra vez a vosotros con tristeza 2064
8.17 por su propia voluntad partió para *ir* 1831
12.14 tercera vez estoy preparado para *ir* a 2064
13.1 es la tercera vez que *voy* a vosotros 2064
13.2 que si *voy* otra vez, no seré indulgente 2064
Gá 1.17 que *fui* a Arabia, y volví de nuevo a 565
1.21 después *fui* a las regiones de Siria y 2064
Ef 6.3 te *vaya* bien, y seas de larga vida en 1096
Fil 1.27 para que o sea que *vaya* a veros, o 2064
2.23 luego que yo vea cómo *van* mis asuntos
2.24 confío en el Señor que yo... *iré* pronto 2064
1 Ts 2.18 por lo cual quisimos *ir* a vosotros 2064
1 Ti 1.3 te quedases... cuando *fui* a Macedonia 4198
3.14 tengo la esperanza de *ir* pronto a verte 2064
4.13 tanto que *voy*, ocúpate en la lectura, la 2064
2 Ti 3.9 mas no *irán* más adelante; porque su 4298
3.13 y los engañadores *irán* de mal en peor 4298
4.10 Demas me ha desamparado... y se ha *ido* a 4198
4.10 Crescente *fue* a Galacia, y... a Dalmacia
He 6.1 *vamos*... a la perfección; no echando 5342
11.8 salir al... y salió sin saber a dónde *iba* 1831
13.23 con el cual, si viniere pronto, *iré* a 2064
Stg 1.24 él se considera a sí mismo, y se *va* 565
2.16 les dice: *Id* en paz, calentaos y saciaos 5217
4.13 ¡*vamos* ahora!... que decís: Hoy y mañana 33
4.13 *iremos* a tal ciudad, y estaremos allá 4198
5.1 ¡*vamos* ahora, ricos! Llorad y aullad por 33
1 P 3.19 en el... *fue* y predicó a los espíritus 4198
1 Jn 2.11 en tinieblas, y no sabe a donde *va* 5217
2 Jn 12 pues espero *ir*... y hablar cara a cara 2064
Jud 7 *ido* en pos de vicios contra naturaleza 565
Ap 10.8 *vé* y toma el librito que está abierto 5217
10.9 *fui* al ángel, diciéndole que me diese 565
13.10 lleva en cautividad, *va* en cautividad 5217
14.4 siguen al Cordero... dondequiera que *va* 5217
16.1 *id* y derramad sobre la tierra las siete 5217
16.2 *fue* el primero, y derramó su copa sobre 565
16.14 *van* a los reyes de la tierra en todo 1607
17.8 está para subir del... e *ir* a perdición 5217
17.11 de entre los siete, y *va* a la perdición 5217

IRA *(n.)*

1. Sacerdote del rey David, 2 S 20.26 5896
2. Uno de los valientes de David, 2 S 23.26; 1 Cr 11.28; 27.9 5896
3. Uno de los 30 valientes de David, 2 S 23.38; 1 Cr 11.40 5896

IRA *(s.)*

Gn 27.45 aplaque la *i* de tu hermano contra ti 639
32.20 apaciguaré su *i* con el presente que
49.7 maldito su furor... Y Su *i*, que fue dura 5678
Éx 15.7 enviaste tu *i*; los consumió como a 2740
32.10 déjame que se encienda mi *i* en ellos 639
32.12 vuélvete del ardor de tu *i*... de este mal 639
32.19 ardió la *i* de Moisés, y arrojó las 639
34.6 tardo... la *i*, y grande en misericordia 639
Lv 10.6 se levante la *i* sobre... congregación 7107
26.28 yo procederé en contra de... con *i*, y os 2534
Nm 1.53 que no haya *i* sobre la congregación 7110
11.1 ardió su *i*, y se encendió en ellos fuego 639
11.10 y la *i* de Jehová se encendió en gran 639
11.33 la *i* de Jehová se encendió en el pueblo 639
12.9 la *i* de Jehová se encendió contra ellos 639
14.18 Jehová, tardo para la *i*... que perdona 639
18.5 no venga más la *i* sobre los... de Israel 7110
22.22 la *i* de Dios se encendió porque él iba 639
24.10 encendió la *i* de Balac contra Balaam 639
25.4 de la *i* de Jehová se apartará de Israel 639
32.10 y la *i* de Jehová se encendió... y juró 639
32.13 *i* de Jehová se encendió contra Israel 639
32.14 para añadir aún a la *i* de Jehová contra 639
Dt 9.7 has provocado la *i* de Jehová tu Dios 7107
9.8 en Horeb provocasteis a *i* a Jehová, y se 7107
9.19 temí... la *i* con que Jehová estaba enojado 639
9.22 en Tabera, en... provocasteis a *i* a Jehová 7107
13.17 Jehová se aparte del ardor de su *i*, y 639
29.20 humeará la *i* de Jehová... sobre el tal 639
29.23 las cuales Jehová destruyó en su... su *i* 639
29.24 qué significa el ardor de esta gran *i*? 639
29.27 encendió la *i* de Jehová contra esta 639
29.28 los desarraigó de su tierra con *i*, con 2354
32.16 lo provocaron a *i* con abominaciones 3707
32.19 y lo vio Jehová, y se encendió en *i* 5006
32.21 me provocaron a *i* con sus ídolos; yo 3707
32.21 provocaré a *i* con una nación insensata 3707
32.22 porque fuego se ha encendido en mi *i* 639
Jos 7.1 la *i* de Jehová se encendió contra los 639
7.26 y Jehová se volvió del ardor de su *i* 639
9.20 para que no venga *i* sobre nosotros por 7110
22.20 vino *i* sobre toda la congregación de 7110
23.16 entonces la *i* de Jehová se encenderá 639
Jue 2.12 adoraron; y provocaron a *i* a Jehová 3707
2.20 *i* de Jehová se encendió contra Israel 639
3.8 *i* de Jehová se encendió contra Israel 639
6.39 no se encienda tu *i* contra mí, si aún 639
9.30 cuando Zebul... oyó las... se encendió en *i* 639
10.7 encendió la *i* de Jehová contra Israel 639
1 S 11.6 él se encendió en *i* en gran manera 639
17.28 se encendió en *i* contra David y dijo 639
20.30 encendió la *i* de Saúl contra Jonatán 639
20.34 se levantó Jonatán de... con exaltada *i* 639
28.18 ni cumpliste el ardor de su *i* contra 639
2 S 24.1 volvió a encenderse la *i* de Jehová 639
1 R 16.2 provocándome a *i* con tus pecados 3707
16.7 provocándole a *i* con las obras de sus 3707
16.26 provocando a *i* a Jehová... con sus ídolos 3707
16.33 para provocar la *i* de Jehová Dios de 3707
21.22 la rebelión con que me provocaste a *i* 3707
22.53 y provocó a *i* a Jehová Dios de Israel 3707
2 R 17.11 malas para provocar a *i* a Jehová 3707
17.17 hacer lo malo ante... provocándole a *i* 3707
21.6 el hacer lo malo... para provocarlo a *i* 3707
21.15 y me han provocado a *i*, desde el día 3707
22.13 grande es la *i* de... que se ha encendido 2534
22.17 provocándome a *i* con toda la obra de 3707
22.17 mi *i* se ha encendido contra este lugar 2534
23.19 los lugares altos... para provocar a *i* 3707
23.26 con que su gran *i* se había encendido 639
24.20 vino... la *i* de Jehová contra Jerusalén 639
2 Cr 12.7 los salvaré... no se derramará mi *i* 2534
12.12 la *i* de Jehová se apartó de él, para 639
19.2 ha salido... Jehová *i* contra ti por esto 7110
19.10 para que no venga *i* sobre vosotros y 7110
21.16 contra Joram la *i* de los filisteos y 7307
24.18 la *i* de Dios vino sobre Judá por este 7110
25.15 encendió la *i* de Jehová contra Amasías 639
26.19 Uzías... se llenó de *i*; y en su *i* contra 2196
28.9 vosotros los habéis matado con *i* que ha 2534
28.13 grande... el ardor de la *i* contra Israel 639
28.25 provocando así a *i* a Jehová el Dios de 3707
29.8 la *i* de Jehová ha venido sobre Judá y 7110
29.10 aparte de nosotros el ardor de su *i* 639
30.8 ardor de su *i* se apartará de vosotros 639
32.25 vino la *i* contra él, y contra Judá y 7110
32.26 no vino sobre ellos la *i* de Jehová en 7110
33.6 excedió en hacer... hasta encender su *i* 3707
34.21 porque grande es la *i* de Jehová que ha 2534
34.25 provocándome a *i* con... derramará mi *i* 2534
36.16 hasta que subió la *i* de Jehová contra 2534
Esd 5.12 provocaron a *i* al Dios de los cielos 7265
7.23 ¿por qué habría de ser su *i* contra el 7109
10.14 apartemos... el ardor de la *i* de... Dios 639
Neh 9.17 piadoso, tardo para la *i*, y grande 639
9.26 pero te provocaron a *i*, y se rebelaron 5007
13.18 añadís *i* sobre Israel profanando el día 2740
Est 1.12 el rey se enojó... y se encendió en *i* 2534
2.1 sosegada... la *i* del rey Asuero, se acordó 2534
3.5 vio Amán que Mardoqueo... y se llenó de *i* 2534
5.9 salió Amán... llenó de *i* contra Mardoqueo 2534
7.7 luego el rey se levantó... encendido en *i* 2534
7.10 colgaron a... y se apaciguó la *i* del rey 2534
Job 4.9 y por el soplo de su *i* son consumidos 639
5.2 es cierto que al necio lo mata la *i*, y 3708
9.13 Dios no volverá atrás su *i*, y debajo de 639
14.13 me encubrieses hasta apaciguarse tu *i* 639
20.23 Dios enviará sobre él el ardor de su *i* 639
21.17 y Dios en su *i* les reparte dolores! 639
21.20 verán... beberá de la *i* del Todopoderoso 2534
21.30 malo... guardado será en el día de la *i* 5678
32.2 encendió en *i* contra Job... *i*, por cuanto 639
32.3 se encendió en *i* Contra sus tres amigos 639
32.5 pero viendo Eliú que... se encendió en *i* 639
35.15 mas ahora, porque en su *i* no castiga 639
36.13 los hipócritas... atesoran para sí la *i* 639
36.18 no sea que en su *i* te quite con golpe 2534
36.33 la tempestad proclama su *i* contra la
40.11 derrama el ardor de tu *i*; mira a todo 639
42.7 mi *i* se encendió contra ti y tus dos 639
Sal 2.5 en su furor, y los turbará con su *i* 2740
2.12 enoje... pues se inflama de pronto su *i* 639
6.1 Jehová, no me... ni me castigues con tu *i* 2534
7.6 levántate, oh Jehová, en tu *i*; álzate 639
21.9 horno de fuego en el tiempo de tu *i* 6440

I

21.9 Jehová los deshará en su *i*, y fuego los.......... 639
27.9 no apartes con *i* a tu siervo; mi ayuda.......... 639
30.5 por un momento será su *i*, pero su favor....... 639
34.16 *i* de Jehová contra los que hacen mal........ 6440
37.8 deja la *i*, y desecha el enojo; no te.............. 639
38.1 me reprendas...ni me castigues en tu *i*........ 7110
38.3 nada hay sano en mi...a causa de tu *i*......... 2195
69.24 derrama sobre ellos tu *i*, y el furor de......... 639
76.7 estar en pie...cuando se encienda tu *i*?......... 639
76.10 ciertamente la *i* del hombre te alabará....... 2534
76.10 tú reprimirás el resto de las *i*................ 2534
77.9 Dios...ha encerrado con *i* sus piedades?....... 639
78.38 apartó muchas veces su *i*, y...su enojo....... 639
78.49 envió sobre ellos el ardor de su *i*............. 639
79.6 derrama tu *i* sobre las naciones que no....... 2534
85.3 enojo; te apartaste del ardor de tu *i*........... 639
85.4 Dios...haz cesar tu *i* de sobre nosotros........ 3708
85.5 ¿extenderás tu *i* de generación en............. 639
86.15 mas tú, Señor, Dios...lento para la *i*.......... 639
88.7 sobre mí reposa tu *i*, y me has afligido........ 2534
88.16 sobre mí han pasado tus *i*...tus terrores..... 2740
89.46 siempre? ¿arderá tu *i* como el fuego?........ 2534
90.7 con tu furor...con tu *i* somos turbados......... 639
90.9 nuestros días declinan a causa de tu *i*........ 5678
90.11 ¿quién conoce el poder de tu *i*, y tu........... 639
102.10 a causa de tu enojo y de tu *i*; pues.......... 7110
103.8 Jehová, lento para la *i*, y grande en.......... 639
106.29 provocaron la *i* de Dios con sus obras....... 3707
110.5 quebrantará...reyes en el día de su *i*.......... 639
138.7 contra la *i* de mis enemigos...tu mano........ 639
145.8 Jehová, lento para la *i*, y grande en.......... 639
Pr 11.4 no aprovecharán las...en el día de la *i*........ 5678
12.16 el necio al punto da a conocer su *i*........... 3708
15.1 la blanda respuesta quita la *i*; mas la.......... 639
16.14 la *i* del rey es mensajero de muerte.......... 2534
19.12 como rugido de...león es la *i* del rey......... 2197
19.19 el de grande *i* llevará la pena; y si............ 2534
21.14 calma...el don en el seno, la fuerte *i*.......... 639
26.17 se deja llevar de la *i* en pleito ajeno
27.3 la *i* del necio es más pesada que ambas....... 3708
27.4 cruel es la *i*, e impetuoso el furor; mas.......... 639
29.8 en llamas; mas los sabios apartan la *i*.......... 639
29.11 el necio da rienda suelta a toda su *i*.......... 7307
30.33 el que provoca la *i* causará contienda......... 639
Is 1.4 provocaron a *i* al Santo de Israel, se............ 5006
7.4 por el ardor de la *i* de Rezín y de Siria........... 639
9.19 la *i* de Jehová...se oscureció la tierra......... 5678
10.5 oh Asiria...en su mano he puesto mi *i*.......... 639
10.6 sobre el pueblo de mi *i* le enviaré, para....... 5678
13.3 llamé a mis valientes para mi *i*, a los........... 639
13.5 Jehová y los instrumentos de su *i*, para........ 2195
13.9 y ardor de *i*, para convertir la tierra........... 639
13.13 la tierra se moverá...el día...de su *i*.......... 639
14.6 que se enseñoreaba de las naciones con *i*...... 639
30.27 labios llenos de *i*, y su lengua como........... 639
42.25 derramó sobre él el ardor de su *i*, y........... 639
48.9 por amor de mi nombre diferiré mi *i*........... 639
51.17 de la mano de Jehová el cáliz de su *i*......... 2534
51.20 llenos de la indignación...*i* del Dios.......... 2534
51.22 he quitado de tu mano...cáliz de mi *i*......... 2534
54.8 con un poco de *i* escondí mi rostro de......... 7110
59.18 para retribuir con *i* a sus enemigos.......... 2534
60.10 en mi *i* te castigué, mas en mi buena......... 7110
63.3 pisé con mi *i*, y los hollé con mi furor........... 639
63.5 y me salvó mi brazo, y me sostuvo mi *i*........ 2534
63.6 mi *i* hollé los pueblos, y los embriagué.......... 639
65.3 en mi rostro me provoca de continuo a *i*...... 3707
66.15 vendrá...para descargar su *i* con furor....... 639
Jer 2.35 soy inocente...su *i* se apartó de mí............ 639
3.12 vuélvete...no haré caer mi *i* sobre ti.......... 6440
4.4 no sea que mi *i* salga como fuego, y se.......... 2534
4.8 porque la *i* de Jehová no se ha apartado......... 639
4.26 eran asoladas...delante del ardor de su *i*....... 639
6.11 tanto, estoy lleno de la *i* de Jehová........... 2534
7.18 a dioses ajenos, para provocarme a *i*.......... 3707
7.19 me provocarán ellos a *i*? dice Jehová.......... 3707
7.20 que mi furor y mi *i* se derramarán sobre....... 639
7.29 y dejado la generación objeto de su *i*.......... 5678
10.10 a su *i* tiembla la tierra, y...naciones.......... 7110
11.17 provocándome a *i* con incensar a Baal....... 3707
12.13 a causa de la ardiente *i* de Jehová............. 639
18.20 me puse delante...apartar de ellos tu *i*....... 2534
21.5 pelearé...con furor y enojo e *i* grande......... 7110
21.12 para que mi *i* no salga como fuego, y.......... 2534
25.6 ni me provoquéis a *i* con la obra de........... 3707
25.7 provocarme a *i* con la obra de...manos....... 3707
25.37 serán destruidos por el ardor de la *i*.......... 639
25.38 asolada fue la...por la *i* del opresor.......... 639
30.24 no se calmará el...de la *i* de Jehová.......... 639
32.29 libaciones a dioses, para provocarme a *i*..... 3707
32.30 no han hecho más que provocarme a *i*....... 3707
32.31 y para *i* mía me ha sido esta ciudad........... 639
33.5 a los cuales herí yo con mi furor y...*i*........... 639
36.7 grande es el furor y la *i* que...Jehová.......... 639
42.18 se derramó mi enojo y mi *i* sobre los.......... 639
42.18 así se derramará mi *i* sobre vosotros......... 2534
44.6 se derramó, por tanto, mi *i* y mi furor.......... 639
49.37 traeré sobre ellos...el ardor de mi *i*........... 639
50.13 por la *i* de Jehová no será habitada.......... 7110
51.45 salvad...su vida del ardor de la *i* de........... 639
52.3 a causa de la *i* de Jehová contra...Judá........ 639
Lm 2.3 cortó con el ardor de su *i*...el poderío.......... 639
2.6 en el ardor de su *i* ha desechado al rey.......... 639
3.43 desplegaste la *i* y nos perseguiste.............. 639
4.11 cumplió...enojo, derramó el ardor de su *i*...... 639
4.16 *i* de Jehová los apartó, no los mirará.......... 6440
Ez 5.15 cuando yo haga en ti juicios con...*i*............ 639
7.8 ahora pronto derramaré mi *i* sobre ti, y......... 639
7.12,14 la *i* está sobre toda la multitud.............. 2740
13.13 haré que la rompa viento...con mi *i*, y......... 639
14.19 derramare mi *i* sobre ellas en sangre........ 2534
16.38 traeré sobre ti sangre de *i* y de celos......... 2534
16.42 saciaré mi *i* sobre ti, y se apartará........... 2534
16.43 me provocaste a *i* en todo esto, por eso....... 7264
19.12 pero fue arrancada con *i*, derribada en...... 2534
20.8,13,21 que derramaría mi *i* sobre ellos.......... 639
21.17 batiré mi mano...y haré reposar mi *i*........ 2534
21.31 derramaré sobre ti mi *i*; el fuego de.......... 5678
22.20 así os juntaré en mi furor y en mi *i*............ 639
22.31 por tanto, derramé sobre ellos mi *i*........... 2195
22.31 con el ardor de mi *i* los consumí; hice........ 5678
24.8 hecho subir la *i* para hacer venganza.......... 2534
24.13 nunca...hasta que yo sacie mi *i* sobre ti...... 2534
25.14 harán en Edom según...conforme a mi *i*...... 639
25.17 haré...venganzas con reprensiones de *i*..... 2534
30.15 y derramaré mi *i* sobre Sin, fortaleza........ 2534
35.11 haré conforme a tu *i*, y conforme a tu......... 639
36.18 derramé mi *i* sobre ellos por la sangre....... 2534
38.18 dijo Jehová...subirá mi *i* y mi enojo.......... 2534
38.19 he hablado en...y en el fuego de mi *i*......... 5678
Dn 2.12 rey con *i*...mandó que matasen a todos....... 1149
3.13 Nabucodonosor dijo con *i*...que trajesen...... 7266
3.19 entonces Nabucodonosor se llenó de *i*......... 2528
8.19 que ha de venir al fin de la *i*; porque.......... 2195
9.16 apártese ahora tu *i* y tu furor de sobre......... 639
11.20 será quebrantado, aunque no en *i*, ni.......... 639
11.36 prosperará, hasta...sea consumada la *i*...... 2195
11.44 saldrá con gran *i* para destruir y matar...... 2534
Os 5.10 derramaré sobre ellos como agua mi *i*........ 5678
11.9 no ejecutaré el ardor de...i, ni volveré.......... 639
13.11 te di rey en mi furor...quité en mi *i*............ 639
14.4 amaré...porque mi *i* se apartó de ellos......... 639
Jl 2.13 Jehová vuestro Dios...tardo para la *i*........... 639
Jon 3.9 se apartará del ardor de su *i*, y no............. 639
Mi 5.15 con *i* y con furor haré venganza en............ 639
7.9 la *i* de Jehová soportaré, porque pequé......... 2197
Nah 1.3 es tardo para la *i* y grande en poder........... 639
1.6 ¿quién permanecerá delante de su *i*? ¿y........ 639
1.6 su *i* se derrama como fuego, y por él se......... 2534
Hab 3.2 en la *i* acuérdate de la misericordia.......... 7267
3.8 ¿fue tu *i* contra el mar cuando montaste......... 639
3.12 con *i* hollaste la tierra, con furor.............. 639
Sof 1.15 día de *i* aquel día, día de angustia........... 5678
1.18 ni su oro...librarlos en el día de la *i*........... 5678
2.2 venga sobre vosotros el furor de la *i* de.......... 639
2.2 antes que el día de la *i* de Jehová venga........ 639
3.8 para derramar sobre ellos mi enojo...*i*........... 639
Zac 8.2 celé a Sion con...con gran *i* la celé........... 2534
8.14 haceros mal cuando...me provocaron a *i*..... 7107
Mt 3.7; Lc 3.7 huir de la *i* venidera?................ *3709*
Lc 4.28 todos en la sinagoga se llenaron de *i*......... *2372*
21.23 **gran calamidad...e *i* sobre este pueblo**..... *3709*
Jn 3.36 sino que la *i* de Dios está sobre él............ *3709*
Hch 19.28 llenaron de *i*, y gritaron, diciendo.......... *2372*
Ro 1.18 la *i* de Dios se revela desde el cielo.......... *3709*
2.5 atesoras para ti...*i* para el día de la *i*.......... *3709*
2.8 *i* y enojo a los que son contenciosos y......... *3709*
4.15 ley produce *i*; pero donde no hay ley......... *3709*
5.9 sangre, por él seremos salvos de la *i*........... *3709*
9.22 mostrar su *i*...soportó...los vasos de *i*........ *3709*
10.19 con pueblo insensato os provocaré a *i*....... *3949*
12.19 no...sino dejad lugar a la *i* de Dios........... *3709*
2 Co 12.20 haya entre vosotros...envidias, *i*......... *2372*
Gá 5.20 *i*, contiendas, disensiones, herejías........... *2372*
Ef 2.3 éramos por naturaleza hijos de *i*, lo............ *3709*
4.31 quítense de vosotros toda amargura, *i*......... *3709*
5.6 por estas cosas viene la *i* de Dios sobre......... *3709*
6.4 no provoquéis a *i* a vuestros hijos, sino......... *3949*
Col 3.6 las cuales la *i* de Dios viene sobre............ *3709*
3.8 dejad...vosotros todas estas cosas: *i*............ *3709*
1 Ts 1.10 a Jesús, quien nos libra de la *i*............. *3709*
2.16 vino sobre ellos la *i* hasta el extremo......... *3709*
5.9 no nos ha puesto Dios para *i*, sino para........ *3709*
1 Ti 2.8 levantando manos santas, sin *i* ni............. *3709*
He 3.11; 4.3 juré en mi *i*: No entrarán en mi.......... *3709*
11.27 dejó a Egipto, no temiendo la *i* del........... *2372*
Stg 1.20 la *i* del hombre no obra la justicia........... *3709*
Ap 6.16 escondednos del...de la *i* del Cordero........ *3709*
6.17 gran día de su *i* ha llegado; ¿y quién.......... *3709*
11.18 tu *i* ha venido, y el tiempo de juzgar.......... *3709*
12.12 el diablo ha descendido a...con gran *i*....... *2372*
12.17 dragón se llenó de *i* contra la mujer.......... *3710*
14.10 beberá del vino de la *i* de Dios, que.......... *2372*
14.10 sido vaciado puro en el cáliz de su *i*.......... *2372*
14.19 uvas en el gran lagar de la *i* de Dios.......... *2372*
15.1 en ellas se consumaba la *i* de Dios............ *2372*
15.7 siete copas de...llenas de la *i* de Dios......... *2372*
16.1 derramad...siete copas de la *i* de Dios........ *2372*
16.19 el cáliz del vino del ardor de su *i*............ *3709*
19.15 y él pisa el lagar...de la *i* del Dios........... *3709*

IRACUNDO, A

Pr 15.18 hombre *i* promueve contiendas; mas......... 2534
21.19 morar...con la mujer rencillosa e *i*........... 3708
22.24 entremetas con el *i*, ni te acompañes.......... 639
29.22 el hombre *i* levanta contiendas, y el........... 639
Tit 1.7 no *i*, no dado al vino, no pendenciero.......... *3711*

IRAD *Hijo de Enoc No. 1 y nieto de Caín*, Gn 4.18 ... 5897

IRAM *Jefe de Edom*, Gn 36.43; 1 Cr 1.54......... 5902

IRI *Descendiente de Benjamín*, 1 Cr 7.7......... 5901

IRÍAS *Capitán que prendió al profeta Jeremías*, Jer 37.13,14................................ 3414

IRIS

Ez 1.28 como parece el arco *i* que está en el.......... 7198
Ap 4.3 había alrededor del trono un arco *i*........... *2463*
10.1 ángel...con el arco *i* sobre su cabeza

IRÓN *Ciudad fortificada en Neftalí*, Jos 19.38 ... 3375

IRPEEL *Población en Benjamín*, Jos 18.27....... 3416

IRRACIONAL

2 P 2.12 como animales *i*, nacidos para presa.......... *249*
Jud 10 éstos...se corrompen como animales *i*.......... *249*

IRREMISIBLEMENTE

Nm 15.35 Jehová dijo a Moisés: *I* muera
Dt 13.15 *i* herirás a filo de espada a
Mt 15.4 **al padre o a la madre, muera *i***
Mr 7.10 que maldiga al padre...muera *i*
He 10.28 el que viola...muere *i*

IRREPARABLE

Est 7.4 pero nuestra muerte sería...un daño *i*......... 7737

IRREPRENSIBLE

Lc 1.6 andaban *i* en todos los mandamientos y......... *273*
1 Co 1.8 seáis *i* en el día de nuestro Señor............. *410*
Fil 1.10 que seáis...*i* para el día de Cristo............. *677*
2.15 para que seáis *i* y sencillos, hijos de............ *273*
3.6 cuanto a la justicia que es en la ley, *i*............ *273*
Col 1.22 para presentaros...*i* delante de él............ *410*
1 Ts 3.13 corazones, *i* en santidad delante de........... *273*
5.23 guardado *i* para la venida de nuestro.......... *274*
1 Ti 3.2 pero es necesario que el obispo sea *i*.......... *423*
3.10 entonces ejerzan el diaconado, si son *i*......... *410*
5.7 manda también estas cosas...que sean *i*......... *423*
Tit 1.6 que fuere *i*, marido de una sola mujer........... *410*
1.7 es necesario que el obispo sea *i*, como.......... *410*
2 P 3.14 ser hallados por él sin mancha e *i*............. *298*

IRREPRENSIBLEMENTE

1 Ts 2.10 cuán *i* nos comportamos con vosotros........ *274*

IRREPROCHABLE

Tit 2.8 sana e *i*, de modo que el adversario............ *176*

IRREVERENTE

1 Ti 1.9 para los *i* y profanos...los parricidas.......... *462*

IRREVOCABLE

Ro 11.29 porque *i* son los dones y el...de Dios.......... *278*

IRRITAR

Nm 14.11 ¿hasta cuándo me ha de *irritar* este........ 5006
14.23 ninguno...que me han *irritado* la verá....... 5006
16.30 que estos hombres *irritaron* a Jehová....... 5006
1 S 1.6 y su rival la *irritaba*, enojándola y............ 3707
1.7 cuando subía a la casa...la *irritaba* así......... 3707
2 R 23.26 con que Manasés le había *irritado*.......... 3707
Sal 78.62 entregó...*irritó* contra su heredad........... 5674
106.32 le *irritaron* en las aguas de Meriba......... 7107
112.10 verá el impío y se *irritará*; crujirá.......... 3707
Pr 19.3 contra Jehová se *irrita* su corazón............ 2196
Is 3.8 para *irritar* los ojos de su majestad............ 4784
Jer 23.17 dicen...a los que me *irritan*...Paz............ 5006
Ez 8.17 se volvieron a mí para *irritarme*; y............ 3707
20.28 presentaron ofrendas que me *irritan*......... 3708
1 Co 13.5 no se *irrita*, no guarda rencor.............. *3947*
Gá 5.26 *irritándonos* unos a...envidiándonos.......... *4292*

IRRUMPIR

2 S 23.16 *irrumpieron* por el campamento de.......... 1234

IRRUPCIÓN

1 S 23.27 los filisteos han hecho una *i* en el........... 6584

IR-SEMES *Ciudad en Dan*, Jos 19.41............ 5905

IRU *Hijo de Caleb*, 1 Cr 4.15.................. 5900

ISAAC *Hijo de Abraham*

Gn 17.19 llamarás su nombre *I*; y confirmaré......... 3327
17.21 yo estableceré mi pacto con *I*, el que......... 3327
21.3 llamó Abraham el nombre de su hijo...*I*....... 3327
21.4 circuncidó Abraham a...*I* de ocho días........ 3327
21.5 era Abraham de cien años cuando nació *I*..... 3327
21.8 gran banquete el día que fue destetado *I*...... 3327
21.9 el hijo de Agar...se burlaba de su hijo *I*
21.10 el hijo...no ha de heredar con *I* mi hijo....... 3327
21.12 porque en *I*...será llamada descendencia.... 3327
22.2 toma ahora tu hijo, tu...*I*, a quien amas....... 3327
22.3 tomó consigo dos siervos suyos, y a *I*......... 3327
22.6 la leña...la puso sobre *I* su hijo, y él.......... 3327
22.7 entonces habló *I* a Abraham su padre, y...... 3327
22.9 ató a *I* su hijo, y lo puso en el altar.......... 3327
24.4 irás...y tomarás mujer para mi hijo *I*.......... 3327
24.14 que tú has destinado para tu siervo *I*........ 3327
24.62 venía *I* del pozo...porque él habitaba........ 3327
24.63 había salido *I* a meditar al campo, a......... 3327
24.64 Rebeca...alzó sus ojos, y vio a *I*, y........... 3327
24.66 el criado contó a *I* todo lo que había......... 3327
24.67 y la trajo *I* a la tienda de su madre.......... 3327
24.67 consoló *I*...de la muerte de su madre........ 3327
25.5 y Abraham dio todo cuanto tenía a *I*.......... 3327
25.6 los envió lejos de *I* su hijo, mientras......... 3327
25.9 lo sepultaron *I* e Ismael sus hijos en......... 3327
25.11 muerto Abraham, que Dios bendijo a *I*....... 3327
25.11 habitó *I* junto al pozo del Viviente.......... 3327
25.19 estos son...de *I*...Abraham engendró a *I*..... 3327

25.20 era *I* de cuarenta años cuando tomó 3327
25.21 oró *I* a Jehová por su mujer, que era 3327
25.26 era *I* de edad de sesenta años cuando 3327
25.28 amó *I* a Esaú, porque comía de su caza 3327
26.1 fue *I* a Abimelec rey de los filisteos 3327
26.6 habitó, pues, *I* en Gerar 3327
26.8 a *I* que acariciaba a Rebeca su mujer 3327
26.9 y llamó Abimelec a *I*, y dijo: He aquí 3327
26.9 e *I* le respondió: Porque dije: Quizá 3327
26.12 sembró *I* en aquella tierra, y cosechó 3327
26.16 entonces dijo Abimelec a *I:* Apártate 3327
26.17 *I* se fue de allí, y acampó en el valle 3327
26.18 y volvió a abrir *I* los pozos de agua 3327
26.19 cuando los siervos de *I* cavaron en 3327
26.20 Gerar riñeron con los pastores de *I* 3327
26.25 y abrieron... los siervos de *I* un pozo 3327
26.27 les dijo *I:* ¿Por qué venís a mí, pues 3327
26.31 e *I* los despidió, y ellos se... en paz 3327
26.32 que vinieron los criados de *I*, y le 3327
26.35 fueron amargura de espíritu para *I* y 3327
27.1 aconteció que cuando *I* envejeció, y sus 3327
27.5 oyendo, cuando hablaba *I* a Esaú su hijo 3327
27.18 *I* respondió: Heme aquí; ¿quién eres
27.20 entonces *I* dijo a su hijo ¿Cómo es 3327
27.21 *I* dijo a Jacob: Acércate ahora, y te 3327
27.22 se acercó Jacob a su padre *I*... palpó 3327
27.25 y Jacob se la acercó, e *I* comió; le
27.26 le dijo *I* su padre: Acércate ahora, y 3327
27.27 olió *I* el olor de sus vestidos, y le
27.30 luego que *I* acabó de bendecir a Jacob 3327
27.30 había salido Jacob de delante de *I* 3327
27.32 entonces *I* su padre le dijo: ¿Quién 3327
27.33 se estremeció *I* grandemente, y dijo 3327
27.37 *I* respondió y dijo a Esaú: He aquí yo 3327
27.39 entonces *I* su padre habló y le dijo 3327
27.46 dijo Rebeca a *I:* Fastidio tengo de mi 3327
28.1 entonces *I* llamó a Jacob, y lo bendijo 3327
28.5 así envió *I* a Jacob, el cual fue a 3327
28.6 y vio Esaú cómo *I* había bendecido a 3327
28.8 las hijas de Canaán parecían mal a *I* 3327
28.13 soy... el Dios de *I*; la tierra en que 3327
31.18 volverse a *I* su padre en la tierra de 3327
31.42 temor de *I*, no estuviera conmigo, de 3327
31.53 Jacob juró por aquel a quien temía *I* 3327
32.9 y Dios de mi padre *I*, Jehová, que me 3327
35.12 la tierra que he dado a Abraham y a *I* 3327
35.27 vino Jacob a *I* su padre a Mamre, a la 3327
35.27 Hebrón, donde habitaron Abraham e *I* 3327
35.28 y fueron los días de *I* 180 años 3327
35.29 exhaló *I* el espíritu, y murió, y fue 3327
46.1 sacrificios al Dios de su padre *I* 3327
48.15 el Dios en... anduvieron, Abraham e *I* 3327
48.16 el nombre de mis padres Abraham e *I* 3327
49.31 sepultaron a *I* y a Rebeca su mujer 3327
50.24 la tierra que juró a Abraham, a *I* y a 3327
Éx 2.24 se acordó de su pacto con... *I* y Jacob 3327
3.6 Dios de Abraham, Dios de *I*, y Dios de 3327
3.15 Dios de *I* y Dios de Jacob... enviado a 3327
3.16 el Dios de... *I* y de Jacob, me apareció 3327
4.5 creerán que... ha aparecido... Dios de *I* 3327
6.3 y aparecí a... *I*... como Dios Omnipotente 3327
6.8 jurando que la daría a... a *I* y a Jacob 3327
32.13 acuérdate de Abraham, de *I*... Israel 3327
33.1 tierra de la cual juré a Abraham, *I* y 3327
Lv 26.42 yo me acordaré... de mi pacto con *I*, y 3327
Nm 32.11 tierra que prometí con juramento... *I* 3327
Dt 1.8 tierra que Jehová juró a... *I* y Jacob 3327
6.10 juró a tus padres Abraham, *I* y Jacob 3327
9.5 la palabra que Jehová juró a... *I* y Jacob 3327
9.27 acuérdate de tus siervos Abraham, *I* y 3327
29.13 y como lo juró a... Abraham, *I* y Jacob 3327
30.20 tierra que juró Jehová a... *I* y Jacob 3327
34.4 esta es la tierra de que juré a... *I* y a 3327
Jos 24.3 aumenté su descendencia, y le di *I* 3327
24.4 a *I* di Jacob y Esaú. Y a Esaú di el 3327
1 R 18.36 Dios de Abraham, de *I* y de Israel 3327
2 R 13.23 miró, a causa de su pacto con... *I* 3327
1 Cr 1.28 los hijos de Abraham: *I* e Ismael 3327
1.34 engendró a *I*, y los hijos de *I* fueron 3327
16.16 con Abraham, y de su juramento a *I* 3327
29.18 Jehová, Dios de Abraham, de *I*... conserva 3327
2 Cr 30.6 volveos a... Dios de Abraham, de *I* 3327
Sal 105.9 la cual concertó con Abraham... a *I* 3446
Jer 33.26 sobre la posteridad... *I* y de Jacob 3446
Am 7.9 lugares altos de *I* serán destruidos 3446
7.16 dices... ni hables contra la casa de *I* 3446
Mt 1.2 Abraham engendró a *I*, *I* a Jacob, y *2464*
8.11 **se sentarán con Abraham e *I* y Jacob en** *2464*
22.32; Mr 12.26 **yo soy el Dios... de *I* y el** *2464*
Lc 3.34 hijo de *I*, hijo de Abraham... de Taré *2464*
13.28 **cuando veáis... a *I*, a Jacob y a todos** *2464*
20.37 **llama al Señor... Dios de *I* y Dios de** *2464*
Hch 3.13 el Dios de... *I*... ha glorificado a su *2464*
7.8 y así Abraham engendró a *I*... e *I* a Jacob *2464*
7.32 soy el Dios, de *I*, y el Dios de Jacob *2464*
Ro 9.7 en *I* te será llamada descendencia *2464*
9.10 cuando Rebeca concibió de uno, de *I* *2464*
Gá 4.28 nosotros, como *I*, somos hijos de la *2464*
He 11.9 fe... morando en tiendas con *I* y Jacob *2464*
11.17 cuando fue probado, ofreció a *I*; y el *2464*
11.18 en *I* te será llamada descendencia *2464*
11.20 por la fe bendijo *I* a Jacob y a Esaú *2464*
Stg 2.21 ofreció a su hijo *I* sobre el altar? *2464*

ISACAR
1.Hijo de Jacob y la tribu que formó su posteridad
Gn 30.18 marido; por eso llamó su nombre *I* 3485
35.23 los hijos de Lea... Judá, *I* y Zabulón 3485
46.13 los hijos de *I:* Tola, Fúa, Job y 3485
49.14 *I*, asno fuerte que se recuesta entre 3485
Éx 1.3 *I*, Zabulón, Benjamín 3485
Nm 1.8 de *I*, Natanael hijo de Zuar 3485
1.28 de los hijos de *I*, por su descendencia 3485
1.29 los contados de la tribu de *I* fueron 3485
2.5 junto... acamparán los de la tribu de *I* 3485
2.5 jefe de los hijos de *I*, Natanael hijo 3485
7.18 Natanael hijo de Zuar, príncipe de *I* 3485
10.15 sobre... los hijos de *I*, Natanael hijo 3485
13.7 de la tribu de *I*, Igal hijo de José 3485
26.23 hijos de *I* por sus familias: de Tola 3485
26.25 estas son las familias de *I*, y fueron 3485
34.26 la tribu de... *I*, el príncipe Paltiel 3485
Dt 27.12 sobre el monte de Gerizim... *I*, José 3485
33.18 alégrate, Zabulón... *I*, en tus tiendas 3485
Jos 17.10 y se encuentra... con *I* al oriente 3485
17.11 tuvo también Manasés en *I*... a Bet-seán 3485
19.17 correspondió a *I*, a los hijos de *I* 3485
19.23 esta es la heredad... de los hijos de *I* 3485
21.6 de las familias... de *I*... trece ciudades 3485
21.28 la tribu de *I*, Cisón con sus ejidos 3485
Jue 5.15 caudillos... de *I* fueron con Débora 3485
5.15 como Barac... *I* se precipitó a pie en el 3485
10.1 Tola... varón de *I*... habitaba en Samir en 3485
1 R 4.17 Josafat hijo de Parúa, en *I* 3485
15.27 Baasa... era de la casa de *I*, conspiró 3485
1 Cr 2.1 los hijos de Israel... Leví, Judá, *I* 3485
6.62 dieron de la tribu de *I*, de la tribu 3485
6.72 de la tribu de *I*, Cedes con sus ejidos 3485
7.1 los hijos de *I* fueron cuatro: Tola... y 3485
7.5 las familias de *I*... eran 87.000 hombres 3485
12.32 los hijos de *I*, doscientos principales 3485
27.18 de los de *I*, Omri hijo de Micael 3485
2 Cr 30.18 y de *I* y... no se habían purificado 3485
Ez 48.25 desde el... hasta el lado del mar, *I* 3485
48.26 junto al límite de *I*, desde el lado 3485
48.33 la puerta de *I*, otra; la puerta de 3485
Ap 7.7 de la tribu de *I*, doce mil sellados *2466*
2. *Levita, portero en tiempo de David*, 1 Cr 26.5 3485

ISAÍ *Padre del rey David*
Rt 4.17 Obed... es padre de *I*, padre de David 3448
4.22 Obed engendró a *I*, e *I* engendró a David 3448
1 S 16.1 te enviaré a *I* de Belén, porque de 3448
16.3 y llama a *I* al sacrificio... te enseñaré 3448
16.5 santificando él a *I* y a sus hijos, los 3448
16.8 llamó *I* a Abinadab, y lo hizo pasar 3448
16.9 hizo luego pasar *I* a Sama. Y él dijo 3448
16.10 hizo pasar *I* siete hijos suyos delante 3448
16.10 Samuel dijo a *I:* Jehová no ha elegido 3448
16.11 dijo Samuel a *I:* ¿Son éstos todos 3448
16.11 Samuel a *I:* Envía por él, porque no 3448
16.18 un hijo de *I* de Belén, que sabe tocar 3448
16.19 y Saúl envió mensajeros a *I*, diciendo 3448
16.20 y tomó *I* un asno cargado de pan, una 3448
16.22 Saúl envió a decir a *I:* Yo te ruego 3448
17.12 cuyo nombre era *I*, el cual tenía ocho 3448
17.13 los tres hijos mayores de *I* habían ido 3448
17.17 y dijo *I* a David su hijo: Toma ahora 3448
17.20 fue con su, como *I* le había mandado 3448
17.58 yo soy hijo de tu siervo *I* de Belén 3448
20.27 no ha venido a comer el hijo de *I* hoy 3448
20.30 que tú has elegido al hijo de *I* para 3448
20.31 tiempo que el hijo de *I* viviere sobre 3448
22.7 ¿os dará... el hijo de *I* tierras y viñas 3448
22.8 hijo ha hecho alianza con el hijo de *I* 3448
22.9 yo vi al hijo de *I* que vino a Nob, a 3448
22.13 habéis conspirado... tú y el hijo de *I* 3448
25.10 Nabal... dijo: ¿Quién es el hijo de *I*? 3448
2 S 20.1 no tenemos... heredad con el hijo de *I* 3448
23.1 dijo David hijo de *I*, dijo aquel varón 3448
1 R 12.16 no tenemos heredad en el hijo de *I* 3448
1 Cr 2.12 Booz engendró a Obed, y Obed... a *I* 3448
2.13 *I* engendró a Eliab su primogénito, el 3448
10.14 traspasó el reino a David hijo de *I* 3448
12.18 por ti, oh, y contigo, oh hijo de *I* 3448
29.26 así reinó David hijo de *I* sobre todo 3448
2 Cr 10.16 no tenemos herencia en el... de *I* 3448
11.18 de Abihail hija de Eliab, hijo de *I* 3448
Sal 72.20 terminan las... de David, hijo de *I* 3448
Is 11.1 saldrá una vara del tronco de *I*, y 3448
11.10 la raíz de *I*... buscada por las gentes 3448
Mt 1.5 engendró de Rut a Obed, y Obed a *I* *2421*
1.6 *I* engendró al rey David, y el rey David *2421*
Lc 3.32 hijo de *I*, hijo de Obed, hijo de Booz *2421*
Hch 13.22 he hallado a David hijo de *I*, varón *2421*
Ro 15.12 dice Isaías: Estará la raíz de *I* *2421*

ISAÍAS *Profeta*
2 R 19.2 envió a Eliaquim... al profeta *I* hijo 3470
19.5 vinieron... siervos del rey Ezequías a *I* 3470
19.6 *I* les respondió: Así diréis a vuestro 3470
19.20 *I*... envió a decir a Ezequías: Así ha 3470
20.1 Ezequías cayó enfermo... vino... profeta *I* 3470
20.4 y antes que *I* saliese hasta... del patio 3470
20.4 vino palabra de Jehová a *I*, diciendo 3470
20.7 y dijo *I:* Tomad masa de higos... y sanó 3470
20.8 Ezequías había dicho a *I:* ¿Qué señal 3470
20.9 respondió *I:* Esta señal tendrás de 3470
20.11 *I* clamó a Jehová; e hizo volver la 3470
20.14 el profeta *I* vino al rey Ezequías, y 3470
20.16 *I* dijo a Ezequías... palabra de Jehová 3470
20.19 Ezequías dijo a *I:* La palabra... buena 3470
2 Cr 26.22 fueron escritos por el profeta *I* 3470
32.20 Ezequías y el profeta *I* hijo de Amoz 3470
32.32 están escritos en la profecía del... *I* 3470
Is 1.1 visión de *I* hijo de Amoz, la cual vio 3470
2.1 que vio *I* hijo de Amoz acerca de Judá 3470
7.3 dijo Jehová a *I:* Sal ahora al encuentro 3470
7.13 dijo... *I:* Oíd ahora, casa de David. ¿Os
13.1 profecía sobre Babilonia, revelada a *I* 3470
20.2 habló Jehová por medio de *I* hijo de 3470
20.3 de la manera que anduvo mi siervo *I* 3470
37.2 envió a Eliaquim... al profeta *I* hijo de 3470
37.5 vinieron... los siervos de Ezequías a *I* 3470
37.6 les dijo *I:* Diréis así a vuestro señor 3470
37.21 entonces *I* hijo de Amoz envió a decir 3470
38.1 y vino a él el profeta *I* hijo de Amoz 3470
38.4 entonces vino palabra de Jehová a *I* 3470
38.21 había dicho *I:* Tomen masa de higos, y 3470
39.3 el profeta *I* vino al rey Ezequías, y le 3470
39.5 *I* a Ezequías: Oye palabra de Jehová de 3470
39.8 dijo Ezequías a *I:* La palabra... buena 3470
Mt 3.3 es aquel de quien habló el profeta *I* *2268*
4.14; 8.17; 12.17 lo dicho por el profeta *I* *2268*
13.14 **se cumple en ellos la profecía de *I*** *2268*
15.7 **bien profetizó de vosotros *I*, cuando** *2268*
Mr 1.2 está escrito en *I*... He aquí yo envío
7.6 bien profetizó de vosotros *I*, como está *2268*
Lc 3.4 está escrito en el libro... profeta *I* *2268*
4.17 y se le dio el libro del profeta *I*; y *2268*
Jn 1.23 yo soy la voz... como dijo el profeta *I* *2268*
12.38 se cumpliese la palabra del profeta *I* *2268*
12.39 por esto no podían creer... dijo *I* *2268*
12.41 *I* dijo esto cuando vio su gloria, y *2268*
Hch 8.28 en su carro, y leyendo al profeta *I* *2268*
8.30 le oyó que leía al profeta *I*, y dijo *2268*
28.25 bien habló... por medio del profeta *I* *2268*
Ro 9.27 *I* clama tocante a Israel: Si fuere *2268*
9.29 dijo *I:* Si el Señor de los ejércitos *2268*
10.16 pues *I* dice: Señor, ¿quién ha creído *2268*
10.20 *I* dice resueltamente: Fui hallado de *2268*
15.12 dice *I:* Estará la raíz de Isaí, y el *2268*

ISBA *Descendiente de Judá*, 1 Cr 4.17 3431

ISBAC *Hijo de Abraham y Cetura*, Gn 25.2;
1 Cr 1.32 3435

ISBI-BENOB *Gigante filisteo*
2 S 21.16 *I*, uno de... trató de matar a David 3430

IS-BOSET *Hijo y sucesor del rey Saúl*
2 S 2.8 pero Abner... tomó a *I* hijo de Saúl, y 378
2.10 de 40 años era *I* hijo de Saúl cuando 378
2.12 Abner... salió de... con los siervos de *I* 378
2.15 doce de Benjamín por parte de *I* hijo de 378
3.7 dijo *I* a Abner: ¿Por qué te has llegado
3.8 se enojó Abner... por las palabras de *I* 378
3.14 envió David mensajeros a *I* hijo de Saúl 378
3.15 *I* envió y se la quitó a... Paltiel hijo 378
4.5 entraron... en casa de *I*, el cual estaba 378
4.7 *I* dormía sobre su lecho en su cámara
4.8 y trajeron la cabeza de *I* a David en 378
4.8 dijeron al rey: He aquí la cabeza de *I* 378
4.12 tomaron la cabeza de *I*, y la enterraron 378

ISCA *Hija de Harán y hermana de Milca*,
Gn 11.29 3252

ISCARIOTE *Sobrenombre de Judas el traidor*
Mt 10.4 y Judas *I*, el que también le entregó *2469*
26.14 uno de... judas *I*, fue a los principales *2469*
Mr 3.19 y Judas *I*, el que le entregó *2469*
14.10 entonces Judas *I*, uno de los doce, fue *2469*
Lc 6.16 y Judas *I*, que llegó a ser el traidor *2469*
22.3 Judas, por sobrenombre *I*, el cual era *2469*
Jn 6.71 hablaba de Judas *I*, hijo de Simón *2469*
12.4 dijo... Judas *I* hijo de Simón, el que le *2469*
13.2 había puesto en el corazón de Judas *I* *2469*
13.26 mojando el pan, lo dio a Judas *I* hijo *2469*
14.22 dijo Judas (no el I): Señor, ¿cómo es *2469*

ISHI «*Mi marido*»
Os 2.16 me llamarás *I*, y nunca más... Baali 376

ISI
1. *Nombre de dos descendientes de Judá*,
1 Cr 2.31; 4.20 3469
2. *Descendiente de Simeón*, 1 Cr 4.42 3469
3. *Jefe de Manasés*, 1 Cr 5.24 3469

ISÍAS
1. *Descendiente de Isacar*, 1 Cr 7.3 3449
2. *Uno de los valientes de David*, 1 Cr 12.6 3449
3. *Nombre de tres levitas contemporáneos de David*, 1 Cr 23.20; 24.21,25 3449
4. *Uno de los que se casaron con mujeres extranjeras en tiempo de Esdras*, Esd 10.31 3449

ISLA
Is 40.15 hace desaparecer las *i* como polvo 339
42.15 los ríos tornaré en *i*, y secaré los 339
Ez 26.18 estremecerán las *i*... sí, las *i* que 339
Hch 13.6 habiendo atravesado toda la *i* hasta *3520*
27.16 corrido a sotavento de una pequeña *i* *3519*
27.26 es necesario que demos en alguna *i* *3520*
28.1 ya... supimos que la *i* se llamaba Malta *3520*
28.7 propiedades del hombre principal de la *i* *3520*
28.9 otros que en la *i* tenían enfermedades *3520*
28.11 una nave... que había invernado en la *i* *3520*
Ap 1.9 yo Juan... estaba en la *i* llamada Patmos *3520*
6.14 monte y toda *i* se removió de su lugar *3520*
16.20 toda *i* huyó, y los montes no fueron *3520*

ISMA *Descendiente de Judá*, 1 Cr 4.3 3457

ISMAEL
1. *Hijo de Abraham y Agar*
Gn 16.11 darás a luz... y llamarás su nombre *I* 3458
16.15 llamó Abram el nombre del hijo que... *I* 3458
16.16 de 86 años, cuando Agar dio a luz a *I* 3458

17.18 dijo...a Dios: Ojalá *I* viva delante de ti ... 3458
17.20 en cuanto a *I*, también te he oído: he ... 3458
17.23 tomó Abraham a *I* su hijo, y a todos los ... 3458
17.25 *I* su hijo era de trece años, cuando fue ... 3458
17.26 el mismo día fueron circuncidados...e *I* ... 3458
25.9 lo sepultaron Isaac e *I* sus hijos en la ... 3458
25.12 los descendientes de *I* hijo de Abraham ... 3458
25.13 pues, son los nombres de los hijos de *I* ... 3458
25.13 el primogénito de *I*, Nebaiot; luego ... 3458
25.16 estos son los hijos de *I*, y estos sus ... 3458
25.17 fueron los años de la vida de *I*, 137 ... 3458
25.17 exhaló el espíritu *I*, y murió, y fue ... 3458
28.9 y se fue Esaú a *I*, y tomó para sí por ... 3458
28.9 por mujer a Mahalat, hija de *I* hijo de ... 3458
36.3 Basemat hija de *I*, hermana de Nebaiot ... 3458
1 Cr 1.28 los hijos de Abraham: Isaac e *I* ... 3458
1.29 el primogénito de *I*, Nebaiot; después ... 3458
1.31 Nafis y Cedema...son los hijos de *I* ... 3458
2. Judío que mató al gobernador Gedalías
2 R 25.23 vinieron a él...*I* hijo de Netanías ... 3458
25.25 el mes séptimo vino *I* hijo de Netanías ... 3458
Jer 40.8 esto es, *I* hijo de Netanías, Johanán ... 3458
40.14 ha enviado a *I* hijo de...para matarte? ... 3458
40.15 mataré a *I*...y ningún hombre lo sabrá ... 3458
40.16 porque es falso lo que tú dices de *I* ... 3458
4 1.1 Vino *I* hijo de Netanías...a Gedalías en ... 3458
41.2 *I*...hirieron a espada a Gedalías hijo de ... 3458
41.3 mató *I* a todos los judíos que estaban ... 3458
41.6 les salió al encuentro, llorando, *I* el ... 3458
41.7 *I*...los degolló, y los echó dentro de una ... 3458
41.8 hombres que dijeron a *I*: No nos mates ... 3458
41.9 la cisterna en que echó *I*...los cuerpos ... 3458
41.9 *I* hijo de Netanías la llenó de muertos ... 3458
41.10 llevó *I*...llevó, pues, cautivos *I* hijo ... 3458
41.11 oyeron...todo el mal que había hecho *I* ... 3458
41.12 a pelear contra *I* hijo de Netanías ... 3458
41.13 todo el pueblo que estaba con *I* vio a ... 3458
41.14 el pueblo que *I* había traído cautivo ... 3458
41.15 pero *I*...escapó delante de Johanán con ... 3458
41.16 pueblo que había recobrado de *I* hijo ... 3458
41.18 por haber dado muerte *I*...a Gedalías ... 3458
3. Descendiente del rey Saúl, 1 Cr 8.38; 9.44 ... 3458
4. Padre de Zebadías No. 6, 2 Cr 19.11 ... 3458
5. Oficial del ejército, aliado con el sacerdote Joiada, 2 Cr 23.1 ... 3458
6. Uno de los que se casaron con mujeres extranjeras en tiempo de Esdras, Esd 10.22 ... 3458

ISMAELITA *Descendiente de Ismael No. 1*
Gn 37.25 una compañía de *i* que venía de Galaad ... 3459
37.27 venid, y vendámosle a los *i*, y no sea ... 3459
37.28 vendieron a los *i* Por veinte piezas de ... 3459
39.1 Potifar oficial de...lo compró de los *i* ... 3459
Jue 8.24 traían zarcillos de...porque eran *i* ... 3459
1 Cr 2.17 luz a Amasa, cuyo padre fue Jeter *i* ... 3459
27.30 de los camellos, Obil *i*; de las asnas ... 3459
Sal 83.6 tiendas...los *i*, Moab y los agarenos ... 3459

ISMAÍAS
1. Uno de los 30 valientes de David, 1 Cr 12.4 ... 3460
2. Oficial de Zabulón bajo David, 1 Cr 27.19 ... 3460

ISMAQUÍAS *Mayordomo del templo bajo el rey Ezequías*, 2 Cr 31.13 ... 3253

ISMERAI *Descendiente de Benjamín*, 1 Cr 8.18 ... 3461

ISOD *Descendiente de Manasés*, 1 Cr 7.18 ... 379

ISPA *Descendiente de Benjamín*, 1 Cr 8.16 ... 3472

ISPÁN *Descendiente de Benjamín*, 1 Cr 8.22 ... 3473

ISRAEL = *Jacob No. 1*
Gn 32.28 no se dirá...tu nombre Jacob, sino *I* ... 3478
32.32 no comen los hijos de *I*, hasta hoy ... 3478
34.7 se enojaron...porque hizo vileza en *I* ... 3478
35.10 *I*...tu nombre; y llamó su nombre *I* ... 3478
35.21 salió *I*, y plantó su tienda más allá ... 3478
35.22 que cuando moraba *I* en aquella tierra ... 3478
35.22 durmió con...lo cual llegó a saber *I* ... 3478
35.22 ahora bien, los hijos de *I* fueron 12 ... 3290
36.31 que reinase rey sobre los hijos de *I* ... 3478
37.3 y amaba *I* a José más que a todos sus ... 3478
37.13 *I* a José: Tus hermanos apacientan ... 3478
37.14 *I* le dijo: Vé ahora, mira cómo están
42.5 vinieron los hijos de *I* a comprar entre ... 3478
43.6 dijo...*I*: ¿Por qué me hiciste tanto mal ... 3478
43.8 Judá dijo a *I* su padre: Envía al joven ... 3478
43.11 *I* su padre les respondió: Pues que ... 3478
45.21 lo hicieron así los hijos de *I*; y les ... 3478
45.28 *I*: Basta; José mi hijo vive todavía ... 3478
46.1 salió *I* con todo lo que tenía, y vino ... 3478
46.2 y habló Dios a *I* en visiones de noche ... 3478
46.5 y tomaron los hijos de *I* a su padre ... 3478
46.8 son los nombres de los hijos de *I*, que ... 3478
46.29 José...vino a recibir a *I* su padre en ... 3478
46.30 *I* dijo a José: Muera yo ahora, ya que ... 3478
47.27 así habitó *I* en la tierra de Egipto ... 3478
47.29 y llegaron los días de *I* para morir ... 3478
47.31 e *I* dijo: Júramelo. Y José le juró
47.31 *I* se inclinó sobre la cabecera de la ... 3478
48.2 esforzó *I*, y se sentó sobre la cama ... 3478
48.8 y vio *I* los hijos de José, y dijo ... 3478
48.10 los ojos de *I* estaban tan agravados ... 3478
48.11 dijo *I* a José: No pensaba yo ver tu ... 3478
48.13 ambos, Efraín...a la izquierda de *I* ... 3478
48.13 y Manasés a su...a la derecha de *I* ... 3478
48.14 *I* extendió su mano derecha, y la puso ... 3478
48.20 en ti bendecirá *I*, diciendo: Hágate ... 3478
48.21 dijo *I* a José: He aquí yo muero; pero ... 3478
49.2 de Jacob, y escuchad a vuestro padre *I* ... 3478
49.7 los apartaré en...y los esparciré en *I* ... 3478
49.16 pueblo, como una de las tribus de *I* ... 3478
49.24 el nombre del Pastor, la Roca de *I* ... 3478
49.28 éstos fueron las doce tribus de *I*, y ... 3478
50.2 José...y los médicos embalsamaron a *I* ... 3478
50.25 e hizo jurar José a los hijos de *I* ... 3478
Éx 1.1 son los nombres de los hijos de *I* que ... 3478
1.7 y los hijos de *I* fructificaron y se ... 3478
1.9 el pueblo de los hijos de *I* es mayor y ... 3478
1.12 los egipcios temían a los hijos de *I* ... 3478
1.13 hicieron servir a los hijos de *I* con ... 3478
2.23 los hijos de *I* gemían a causa de la ... 3478
2.25 y miró Dios a los hijos de *I*, y los ... 3478
3.9 el clamor, pues, de los hijos de *I* ha ... 3478
3.10 saques de...mi pueblo, los hijos de *I* ... 3478
3.11 yo...saque de Egipto a los hijos de *I*? ... 3478
3.13 llego yo a los hijos de *I*, y les digo ... 3478
3.14 así dirás a los hijos de *I*: Yo Soy me ... 3478
3.15 así dirás a los hijos de *I*: Jehová, el ... 3478
3.16 y reúne a los ancianos de *I*, y diles ... 3478
3.18 e irás tú, y los ancianos de *I*, al rey ... 3478
4.22 ha dicho...*I* es mi hijo, mi primogénito ... 3478
4.29 todos los ancianos de los hijos de *I* ... 3478
4.31 Jehová había visitado a los hijos de *I* ... 3478
5.1 Jehová el Dios de *I* dice así: Deja ir ... 3478
5.2 deje ir a *I*? Yo...tampoco dejaré ir a *I* ... 3478
5.14 azotaban a los capataces de los...de *I* ... 3478
5.15 capataces de los hijos de *I* vinieron ... 3478
5.19 capataces de los hijos de *I* se vieron ... 3478
6.5 yo he oído el gemido de los hijos de *I* ... 3478
6.6 por tanto, dirás a los hijos de *I*: Yo ... 3478
6.9 manera habló Moisés a los hijos de *I* ... 3478
6.11 deje ir de su tierra a los hijos de *I* ... 3478
6.12 los hijos de *I* no me escuchan; ¿cómo ... 3478
6.13 les dio mandamiento para los hijos de *I* ... 3478
6.13 para que sacasen a los hijos de *I* de ... 3478
6.14 los hijos de Rubén, el primogénito de *I* ... 3478
6.26 sacad a los hijos de *I* de la tierra de ... 3478
6.27 para sacar de Egipto a los hijos de *I* ... 3478
7.2 deje ir de su tierra a los hijos de *I* ... 3478
7.4 sacaré a...los hijos de *I*, de la tierra ... 3478
7.5 saque a los hijos de *I* de en medio de ... 3478
9.4 separación entre los ganados de *I* y los ... 3478
9.4 nada muera de todo lo de los hijos de *I* ... 3478
9.6 del ganado de los hijos de *I* no murió ... 3478
9.7 del ganado de los hijos de *I* no había ... 3478
9.26 de Gosén, donde estaban los hijos de *I* ... 3478
9.35; 10.20 no dejó ir a los hijos de *I* ... 3478
10.23 todos los hijos de *I* tenían luz en sus ... 3478
11.7 contra todos los hijos de *I*, desde el ... 3478
11.10 no envió a los hijos de *I* fuera de su ... 3478
12.3 a toda la congregación de *I*, diciendo ... 3478
12.6 inmolará...congregación del pueblo de *I* ... 3478
12.15 que comiere leudado...será cortado de *I* ... 3478
12.19 será cortado de la congregación de *I* ... 3478
12.21 Moisés convocó a...los ancianos de *I* ... 3478
12.27 pasó por...las casas de los hijos de *I* ... 3478
12.28 los hijos de *I* fueron e hicieron...así ... 3478
12.31 salid de en...vosotros y los hijos de *I* ... 3478
12.35 e hicieron los hijos de *I* conforme al ... 3478
12.37 partieron los hijos de *I* de Ramesés a ... 3478
12.40 el tiempo que los hijos de *I* habitaron ... 3478
12.42 noche deben guardarla...los hijos de *I* ... 3478
12.47 toda la congregación de *I* lo hará ... 3478
12.50 así lo hicieron todos los hijos de *I* ... 3478
12.51 día sacó Jehová a los hijos de *I* de ... 3478
13.2 todo primogénito...entre los hijos de *I* ... 3478
13.18 y subieron los hijos de *I* de...armados ... 3478
13.19 había juramentado a los hijos de *I* ... 3478
14.2 di a los hijos de *I* que den la vuelta ... 3478
14.3 Faraón dirá de...*I*: Encerrados están en ... 3478
14.5 dejado ir a *I*, para que no nos sirva? ... 3478
14.8 Faraón rey...él siguió a los hijos de *I* ... 3478
14.8 pero los hijos de *I* habían salido con ... 3478
14.10 los hijos de *I* alzaron sus ojos, y he ... 3478
14.10 egipcios venían...hijos de *I* temieron ... 3478
14.15 mí? Di a los hijos de *I* que marchen ... 3478
14.16 y entren los hijos de *I* por en medio ... 3478
14.19 que iba delante del campamento de *I* ... 3478
14.20 entre el campamento de...y el...de *I* ... 3478
14.20 y alumbraba a *I* de noche, y en toda
14.22 los...de *I* entraron por en medio del ... 3478
14.25 huyamos...de *I*, porque Jehová pelea ... 3478
14.29 hijos de *I* fueron por en medio del ... 3478
14.30 así salvó Jehová aquel día a *I* ... 3478
14.30 *I* vio a los egipcios muertos...orilla ... 3478
14.31 vio *I* aquel grande hecho que Jehová ... 3478
15.1 cantó Moisés y los...de *I* este cántico ... 3478
15.19 los hijos de *I* pasaron en seco por en ... 3478
15.22 e hizo Moisés que partiese *I* del Mar ... 3478
16.1 partió luego de Elim...los hijos de *I* ... 3478
16.2 los hijos de *I* murmuró contra Moisés ... 3478
16.3 decían los hijos de *I*: Ojalá...muerto ... 3478
16.6 dijeron...a todos los hijos de *I*: En la ... 3478
16.9 di a...la congregación de los hijos de *I* ... 3478
16.10 hablando Aarón a toda...los hijos de *I* ... 3478
16.12 oído las murmuraciones de los...de *I* ... 3478
16.15 viéndolo los hijos de *I*, se dijeron ... 3478
16.17 *I* lo hicieron así; y recogieron unos ... 3478
16.31 casa de *I* lo llamó Maná; y era como ... 3478
16.35 comieron los hijos de *I* maná 40 años ... 3478
17.1 congregación de los hijos de *I* partió ... 3478
17.5 toma contigo de los ancianos de *I*; y ... 3478
17.6 así en presencia de los ancianos de *I* ... 3478
17.7 Meriba...la rencilla de los hijos de *I* ... 3478
17.8 entonces vino Amalec y peleó contra *I* ... 3478
17.11 alzaba Moisés su mano, *I* prevalecía ... 3478
18.1 oyó...cosas que Dios había hecho con...*I* ... 3478
18.1 cómo Jehová había sacado a *I* de Egipto ... 3478
18.8 que Jehová había hecho...por amor de *I* ... 3478
18.9 el bien que Jehová había hecho a *I*, al ... 3478
18.12 vino Aarón y todos los ancianos de *I* ... 3478
18.25 varones de virtud de entre todo *I*, y ... 3478
19.1 mes tercero de la salida de los...de *I* ... 3478
19.2 Sinaí...acampó allí *I* delante del monte ... 3478
19.3 dirás...y anunciarás a los hijos de *I* ... 3478
19.6 las palabras que dirás a los hijos de *I* ... 3478
20.22 así dirás a los hijos de *I*: Vosotros ... 3478
24.1 sube...y setenta de los ancianos de *I* ... 3478
24.4 columnas, según las doce tribus de *I* ... 3478
24.5 envió jóvenes de los hijos de *I*, los ... 3478
24.9 subieron...setenta de los ancianos de *I* ... 3478
24.10 vieron al Dios de *I*; y había debajo ... 3478
24.11 sobre los príncipes de los hijos de *I* ... 3478
24.17 fuego...a los ojos de los hijos de *I* ... 3478
25.2 a los...de *I* que tomen para mí ofrenda ... 3478
25.22 que yo te mandare para los hijos de *I* ... 3478
27.20 los hijos de *I* que te traigan aceite ... 3478
27.21 estatuto perpetuo de los hijos de *I* ... 3478
28.1 Aarón...hijos...de entre los hijos de *I* ... 3478
28.9 y grabarás...nombres de los hijos de *I* ... 3478
28.11 grabar...los nombres de los hijos de *I* ... 3478
28.12 piedras memoriales a los hijos de *I* ... 3478
28.21 según los nombres de los hijos de *I* ... 3478
28.29 llevará...nombres de los hijos de *I* ... 3478
28.30 llevará...Aarón el juicio de los...*I* ... 3478
28.38 los hijos de *I* hubieren consagrado en ... 3478
29.28 estatuto perpetuo para los hijos de *I* ... 3478
29.28 una ofrenda elevada de los hijos de *I* ... 3478
29.43 allí me reuniré con los hijos de *I*; y ... 3478
29.45 habitaré entre los hijos de *I*, y seré ... 3478
30.12 cuando tomes el número de...hijos de *I* ... 3478
30.16 tomarás de los hijos de *I* el dinero ... 3478
30.16 y será por memorial a los hijos de *I* ... 3478
30.31; 31.13; Lv 1.2; 4.2; 7.23,29; 9.3; 11.2; 12.2; 15.2; 18.2; 19.2; 22.18; 23.2,10,24,34; 25.2; 27.2; Nm 5.12; 6.2; 9.10; 15.2,18,38; 27.8; 33.51; 35.10 habla a los hijos de *I*, y diles ... 3478
31.16 guardarán...día de reposo...hijos de *I* ... 3478
31.17 señal es...entre mí y los hijos de *I* ... 3478
32.4,8 *I*, estos son tus dioses, que te ... 3478
32.13 acuérdate...Isaac y de *I* tus siervos ... 3478
32.20 polvo...dio a beber a los hijos de *I* ... 3478
32.27 ha dicho Jehová, el Dios de *I*: Poned ... 3478
33.5 di a los hijos de *I*...sois...de dura cerviz ... 3478
33.6 los hijos de *I* se despojaron...atavíos ... 3478
34.23 delante del Señoreador Jehová, Dios de *I* ... 3478
34.27 dijo...he hecho pacto contigo y con *I* ... 3478
34.30 Aarón y...hijos de *I* miraron a Moisés ... 3478
34.32 acercaron todos los hijos de *I*, a los ... 3478
34.34 decía a los hijos de *I* lo que le era ... 3478
34.35 al mirar los hijos de *I* el rostro de ... 3478
35.1 Moisés convocó a toda...los hijos de *I* ... 3478
35.4 habló Moisés a toda...de los hijos de *I* ... 3478
35.20 salió toda, de *I* de delante de Moisés ... 3478
35.29 hijos de *I*, así hombres como mujeres ... 3478
35.30 dijo Moisés a los hijos de *I*: Mirad ... 3478
36.3 la ofrenda que los, de *I* habían traído ... 3478
39.6 grabaduras...nombres de los hijos de *I* ... 3478
39.7 piedras memoriales para los hijos de *I* ... 3478
39.14 conforme a...nombres de los hijos de *I* ... 3478
39.32 e hicieron los hijos de *I* como Jehová ... 3478
39.42 hicieron los hijos de *I* toda la obra ... 3478
40.36 los hijos de *I* se movían en todas sus ... 3478
40.38 la nube...a vista de toda la casa de *I* ... 3478
Lv 4.13 la congregación de *I* hubiere errado ... 3478
7.34 he tomado de los sacrificios...de *I* el ... 3478
7.34 estatuto perpetuo para los hijos de *I* ... 3478
7.36 él los ungió de entre los hijos de *I* ... 3478
7.38 mandó a los hijos de *I* que ofreciesen ... 3478
9.1 Moisés llamó a...y a los ancianos de *I* ... 3478
10.6 toda la casa de *I*, sí lamentarán por ... 3478
10.11 enseñar a los hijos de *I*...estatutos ... 3478
10.14 sacrificios de paz de los hijos de *I* ... 3478
15.31 así apartaréis de sus impurezas a...*I* ... 3478
16.5 de los hijos de *I* tomará dos machos ... 3478
16.16 de las impurezas de los hijos de *I* ... 3478
16.17 expiación por...la congregación de *I* ... 3478
16.19 de las inmundicias de los hijos de *I* ... 3478
16.21 todas las iniquidades de...hijos de *I* ... 3478
16.34 expiación...todos los pecados de *I* ... 3478
17.2 habla...a todos los hijos de *I*, y diles ... 3478
17.3 de la casa de *I* que degollare buey o ... 3478
17.5 traigan los hijos de *I* sus sacrificios ... 3478
17.8,10,13 cualquier varón de la casa de *I* ... 3478
17.12,14 tanto, he dicho a los hijos de *I* ... 3478
20.2 dirás asimismo a los...de *I*: Cualquier ... 3478
20.2 varón de los hijos de *I*...que ofreciere ... 3478
20.2 o de los extranjeros que moran en *I* ... 3478
21.24 Moisés habló esto a...los hijos de *I* ... 3478
22.3 que los hijos de *I* consagran a Jehová ... 3478
22.15 las cosas santas de los hijos de *I* ... 3478
22.18 casa de *I*, o de los extranjeros en *I* ... 3478
22.32 yo sea santificado en medio de...de *I* ... 3478
23.42 natural de *I* habitará en tabernáculos ... 3478
23.43 en...hice yo habitar a los hijos de *I* ... 3478
23.44 habló Moisés a los hijos de *I* sobre ... 3478
24.2 manda a los hijos de *I* que te traigan ... 3478
24.8 nombre de los hijos de *I*, como pacto ... 3478
24.10 salió entre los hijos de *I*; y el hijo ... 3478
24.10 el hijo de...y un hombre de *I* riñeron ... 3481
24.15 y a los hijos de *I* hablarás, diciendo ... 3478
24.23 habló Moisés a los hijos de *I*, y ellos ... 3478
24.23 los hijos de *I* hicieron según Jehová ... 3478
25.33 son la posesión, entre los hijos de *I* ... 3478
25.46 hijos de *I* no os enseñoreareis cada ... 3478

25.55 porque mis siervos son los hijos de *I* 3478
26.46 estableció...entre sí y los hijos de *I* 3478
27.34 mandamientos...para los hijos de *I* 3478
Nm 1.2 tomad el censo de...de los hijos de *I* 3478
1.3 los que pueden salir a la guerra en *I* 3478
1.16 eran...capitanes de los millares de *I* 3478
1.20 los hijos de Rubén, primogénito de *I* 3478
1.44 contaron...con los príncipes de *I*, doce 3478
1.45 los contados de los hijos de *I* por las 3478
1.45 los que podían salir a la guerra en *I* 3478
1.49 la cuenta de ellos entre los hijos de *I* 3478
1.52 los hijos de *I* acamparán cada uno en 3478
1.53 que no haya ira sobre...los hijos de *I* 3478
1.54 hicieron los...de *I* conforme a todas las 3478
2.2 los hijos de *I* acamparán cada uno junto 3478
2.32 los contados de los hijos de *I*, según 3478
2.33 levitas no fueron contados entre...de *I* 3478
2.34 hicieron los hijos de *I*...las cosas que 3478
3.8 lo encargado a ellos por los hijos de *I* 3478
3.9 le son...dados de entre los hijos de *I* 3478
3.12 he tomado a los levitas de...hijos de *I* 3478
3.12 primeros nacidos de...los hijos de *I* 3478
3.13 santifiqué...los primogénitos en *I*, así 3478
3.38 la guarda...en lugar de los hijos de *I* 3478
3.40 cuenta...varones de los hijos de *I* de 3478
3.41,42,45,46 primogénitos de los hijos de *I* 3478
3.41 lugar de...animales de los hijos de *I* 3478
3.50 recibió...de los hijos de *I*, en dinero 3478
4.46 jefes de *I* contaron por sus familias 3478
5.2 manda a...*I* que echen del campamento a 3478
5.4 lo hicieron así los hijos de *I*, y los 3478
5.4 echaron...así lo hicieron los hijos de *I* 3478
5.6 a los hijos de *I*: El hombre o la mujer 3478
5.9 ofrenda...que los hijos de *I* presentaren 3478
6.23 diles: Así bendeciréis a los hijos de *I* 3478
6.27 pondrán mi nombre sobre los hijos de *I* 3478
7.2 príncipes de *I*, los jefes de las casas 3478
7.84 que los príncipes de *I* ofrecieron para 3478
8.6 toma a...levitas de entre los hijos de *I* 3478
8.9 toda la congregación de los hijos de *I* 3478
8.10 pondrán los hijos de *I* sus manos sobre 3478
8.11 levitas...en ofrenda de los hijos de *I* 3478
8.14 así apartarás a los levitas de...de *I* 3478
8.16 son dedicados...de entre los hijos de *I* 3478
8.16 primogénitos de todos los hijos de *I* 3478
8.17 mío es todo primogénito de...hijos de *I* 3478
8.18 en lugar de...primogénitos de los...de *I* 3478
8.19 los levitas...de entre los hijos de *I* 3478
8.19 que ejerzan el ministerio de los...de *I* 3478
8.19 reconcilien a los hijos de *I*; para que 3478
8.19 que no haya plaga en los hijos de *I* 3478
8.19 al acercarse...hijos de *I* al santuario 3478
8.20 toda la congregación de los hijos de *I* 3478
8.20 así hicieron con ellos los hijos de *I* 3478
9.2 los hijos de *I* celebrarán la pascua a 3478
9.4 habló Moisés a los hijos de *I* para que 3478
9.5 mandó Jehová...hicieron los hijos de *I* 3478
9.7 ofrecer ofrenda...entre los hijos de *I*? 3478
9.17 se alzaba la nube...hijos de *I* partían 3478
9.17 paraba, allí acampaban los hijos de *I* 3478
9.18 al mandato...los hijos de *I* partían, y 3478
9.19 los hijos de *I* guardaban la ordenanza 3478
9.22 los hijos de *I* seguían acampados, y no 3478
10.4 congregarán...jefes de...millares de *I* 3478
10.12 partieron los hijos de *I* del desierto 3478
10.28 el orden de marcha de los hijos de *I* 3478
10.29 porque Jehová ha prometido el bien a *I* 3478
10.36 vuelve, oh Jehová, a...millares de *I* 3478
11.4 y los hijos de *I*...volvieron a llorar 3478
11.16 reúneme 70 varones de...ancianos de *I* 3478
11.30 Moisés volvió...él y los ancianos de *I* 3478
13.2 Canaán, la cual yo doy a...hijos de *I* 3478
13.3 todos...príncipes de los hijos de *I* 3478
13.24 racimo que cortaron...los hijos de *I* 3478
13.26 vinieron a Moisés y a...los hijos de *I* 3478
13.32 y hablaron mal entre los hijos de *I* 3478
14.2 quejaron contra Moisés...los hijos de *I* 3478
14.5 postraron...delante de...los hijos de *I* 3478
14.7 y hablaron a...los hijos de *I*, diciendo 3478
14.10 se mostró en...a todos los hijos de *I* 3478
14.27 los hijos de *I*, que de mí se quejan? 3478
14.39 Moisés dijo estas cosas a...hijos de *I* 3478
15.25 hará expiación por...de los hijos de *I* 3478
15.26 será perdonado a toda...los hijos de *I* 3478
1 5.29 el nacido entre los hijos de *I*, y el 3478
15.32 estando los hijos de *I* en el desierto 3478
16.2 se levantaron...con 250...los hijos de *I* 3478
16.9 ¿os es Poco que el Dios de *I* os haya 3478
16.9 haya apartado de la congregación de *I* 3478
16.25 los ancianos de *I* fueron en pos de él 3478
16.34 y todo *I*...huyeron al grito de ellos 3478
16.38 y serán como señal a los hijos de *I* 3478
16.40 recuerdo para los hijos de *I*, de que 3478
16.41 la congregación de...*I* murmuró contra 3478
17.2 habla a los hijos de *I*, y toma de ellos 3478
17.5 y haré cesar...quejas de los hijos de *I* 3478
17.6 Moisés habló a los hijos de *I*, y todos 3478
17.9 sacó...las varas...todos los hijos de *I* 3478
17.12 los...de *I* hablaron a Moisés, diciendo 3478
18.5 no venga...la ira sobre los hijos de *I* 3478
18.6 levitas de entre los hijos de *I*, dados 3478
18.8 las cosas consagradas de los hijos de *I* 3478
18.11 las ofrendas mecidas de los hijos de *I* 3478
18.14 lo consagrado por voto en *I* será tuyo 3478
18.19 que los hijos de *I* ofrecieron a Jehová 3478
18.20 tu parte...en medio de los hijos de *I* 3478
18.21 he dado...los diezmos en *I* por heredad 3478
18.22 y no se acercarán más los hijos de *I* 3478
18.23 y no Poseerán heredad entre los...de *I* 3478
18.24 he dado...los diezmos de los hijos de *I* 3478
18.24 entre los...de *I* no poseerán heredad 3478
18.26 toméis de los hijos de *I* los diezmos 3478
18.28 diezmos que recibáis de los hijos de *I* 3478
18.32 no...las cosas santas de los hijos de *I* 3478
19.2 di a los hijos de *I* que te traigan una 3478
19.9 las guardará...hijos de *I* para el agua de 3478
19.10 estatuto perpetuo para los hijos de *I* 3478
19.13 y aquella persona será cortada de *I* 3478
20.1 llegaron los hijos de *I*...al desierto de 3478
20.12 santificarme delante de los hijos de *I* 3478
20.13 contendieron los hijos de *I* con Jehová 3478
20.14 así dice *I* tu hermano: Tú has sabido 3478
20.19 los hijos de *I* dijeron: Por el camino 3478
20.21 no quiso, dejar pasar a *I*...se desvió *I* 3478
20.22 y partiendo de Cades los hijos de *I* 3478
20.24 la tierra que yo di a los hijos de *I* 3478
20.29 le hicieron duelo...las familias de *I* 3478
21.1 oyó que venía *I* por el camino de Atarim 3478
21.1 peleó contra *I*, Y tomó...prisioneros 3478
21.2 entonces *I* hizo voto a Jehová, y dijo 3478
21.3 Jehová escuchó la voz de *I*, y entregó 3478
21.6 mordían al...y murió mucho pueblo de *I* 3478
21.10 partieron los hijos de *I* y acamparon 3478
21.17 cantó *I* este cántico: Sube, oh pozo 3478
21.21 entonces envió *I* embajadores a Sehón 3478
21.23 Sehón no dejó pasar a *I*...su territorio 3478
21.23 salió contra *I* en el...y peleó contra *I* 3478
21.24 lo hirió *I* a filo de espada, y tomó su 3478
21.25 tomó *I*...ciudades, y habitó *I* en todas 3478
21.31 así habitó *I* en la tierra del amorreo 3478
22.1 partieron los hijos de *I*, y acamparon 3478
22.2 y vio Balac...todo lo que *I* había hecho 3478
22.3 se angustió...a causa de los hijos de *I* 3478
23.7 maldíceme a Jacob, y ven, execra a *I* 3478
23.10 o el número de la cuarta parte de *I*? 3478
23.21 en Jacob, ni ha visto perversidad en *I* 3478
23.23 no hay agüero, ni adivinación contra *I* 3478
23.23 será dicho de Jacob y de *I*: Lo que ha 3478
24.1 que parecía bien...que él bendijese a *I* 3478
24.2 sus ojos, vio a *I* alojado por sus tribus 3478
24.5 ¡cuán hermosas...tus habitaciones, oh *I*! 3478
24.17 se levantará cetro de *I*, y herirá las 3478
24.18 será tomada...*I* se portará varonilmente 3478
25.1 moraba *I* en Sitim; y el pueblo empezó 3478
25.3 el furor de Jehová se encendió contra *I* 3478
25.4 de la ira de Jehová se apartará de *I* 3478
25.5 entonces Moisés dijo a los jueces de *I* 3478
25.6 un varón de los hijos de *I* vino y trajo 3478
25.6 a ojos de...la congregación de los...de *I* 3478
25.8 fue tras el varón de *I* a la tienda, y 3478
25.8 los alanceó...al varón de *I*, y a la mujer 3478
25.8 y cesó la mortandad de los hijos de *I* 3478
25.11 apartar mi furor de los hijos de *I* 3478
25.11 yo no he consumido...a los hijos de *I* 3478
25.13 e hizo expiación por los hijos de *I* 3478
26.2 tomad el censo...de los hijos de *I*, de 3478
26.2 los que pueden salir a la guerra en *I* 3478
26.4 como mandó Jehová a...y a los hijos de *I* 3478
26.5 Rubén, primogénito de *I*...hijos de Rubén 3478
26.51 los contados de los hijos de *I*, 601.730 3478
26.62 levitas...no fueron contados entre...*I* 3478
26.62 no, dada heredad entre los hijos de *I* 3478
26.63 contaron los hijos de *I* en los campos 3478
26.64 contaron a los...de *I* en el desierto 3478
27.11 para los...de *I* esto será por estatuto 3478
27.12 la tierra que he dado a los hijos de *I* 3478
27.20 toda la congregación...de *I* le obedezca 3478
27.21 entrarán, él y...los hijos de *I* con él 3478
28.2 manda a los hijos de *I*, y diles: Mi 3478
29.40 Moisés dijo a los hijos de *I* conforme 3478
30.1 habló Moisés a los príncipes de...de *I* 3478
31.2 haz la venganza de los hijos de *I* contra 3478
31.4 mil de cada tribu...de *I*, enviaréis a la 3478
31.5 fueron dados de los millares de *I*, mil 3478
31.9 los hijos de *I* llevaron cautivas a las 3478
31.12 trajeron a...hijos de *I*, los cautivos 3478
31.16 fueron causa de que...de *I* prevaricasen 3478
31.30 mitad perteneciente a los hijos de *I* 3478
31.42,47 de la mitad para los hijos de *I* 3478
31.54 Por memoria de los hijos de *I* delante 3478
32.4 tierra que Jehová hirió delante de...*I* 3478
32.7 ¿Y por qué desanimáis a los hijos de *I* 3478
32.9 desalentaron a los hijos de *I* para que 3478
32.13 la ira de Jehová se encendió contra *I* 3478
32.14 añadir aún a la ira de Jehová contra *I* 3478
32.17 iremos con...delante de los hijos de *I* 3478
32.18 hasta que los hijos de *I* posean cada 3478
32.22 y seréis libres de culpa...para con *I* 3478
32.28 y a los príncipes...de los hijos de *I* 3478
33.1 son las jornadas de los hijos de *I*, que 3478
33.3 el segundo día...salieron los hijos de *I* 3478
33.5 salieron...los hijos de *I* de Ramesés, y 3478
33.38 a los 40 años de la salida de los...*I* 3478
33.40 oyó que habían venido los hijos de *I* 3478
34.2 manda a los hijos de *I* y diles: Cuando 3478
34.13 a los hijos de *I*,diciendo: Esta es la 3478
34.29 repartición de las...a los hijos de *I* 3478
35.2 manda a los...de *I* que den a los levitas 3478
35.8 diereis de la heredad de los hijos de *I* 3478
35.15 serán de refugio para los hijos de *I* 3478
35.34 yo...habito en medio de los hijos de *I* 3478
36.1 de las casas paternas de los hijos de *I* 3478
36.2 la tierra a los hijos de *I* en posesión 3478
36.3 de las otras tribus de los hijos de *I* 3478
36.4 viniere el jubileo de los hijos de *I* 3478
36.5 Moisés mandó a los hijos de *I*...diciendo 3478
36.7 la heredad de...*I* no sea traspasada de 3478
36.7 hijos de *I* estará ligado a la heredad 3478
36.8 heredad en las tribus de los hijos de *I* 3478
36.8 los hijos de *I* Posean cada uno heredad 3478
36.9 las tribus de los...de *I* estará ligada a 3478
36.13 que mandó Jehová por...a los hijos de *I* 3478
Dt 1.1 las palabras que habló Moisés a todo *I* 3478
1.3 Moisés habló a los hijos de *I* conforme a 3478
1.38 anímale, porque él la hará heredar a *I* 3478
2.12 hizo *I* en la tierra que les dio Jehová 3478
3.18 iréis armados...delante de...hijos de *I* 3478
4.1 oh *I*, oye los estatutos...que yo os enseño 3478
4.44 ley que...puso delante de los hijos de *I* 3478
4.45 decretos que habló Moisés a los...de *I* 3478
4.46 cual derrotó Moisés con los hijos de *I* 3478
5.1 llamó Moisés a todo *I* y les dijo: Oye, *I* 3478
6.3 oye...oh *I*, y cuida de ponerlos por obra 3478
6.4 *I*: Jehová nuestro Dios; Jehová uno es 3478
9.1 oye, *I*: tú vas hoy a pasar el Jordán para 3478
10.6 salieron los hijos de *I*...a Mosera; allí 3478
10.12 *I*, ¿qué pide Jehová tu Dios de ti, sino 3478
11.6 tierra...los tragó...en medio de todo *I* 3478
13.11 *I* oiga, y tema, y no vuelva a hacer 3478
17.4 que tal abominación ha sido hecha en *I* 3478
17.12 y quitarás el mal de en medio de *I* 3478
17.20 que prolongue sus días...en medio de *I* 3478
18.1 Leví, no tendrán parte ni heredad en *I* 3478
18.6 alguna de tus ciudades de entre todo *I* 3478
19.13, quitarás de *I* la sangre inocente, y 3478
20.3 dirá: Oye, *I*, vosotros os juntáis hoy en 3478
21.8 perdona...tu pueblo *I*, al cual redimiste 3478
21.8 y no culpes de sangre inocente a tu...*I* 3478
21.21 así quitarás el mal...*I* oirá, y temerá 3478
22.19 mala fama sobre una virgen de *I*; y la 3478
22.21 hizo vileza en *I* fornicando en casa de 3478
22.22 ambos morirán...así quitarás el mal de *I* 3478
23.17 no haya ramera de entre...hijas de *I* 3478
23.17 ni haya sodomita de entre los...de *I* 3478
24.7 hubiere hurtado a uno de...los hijos de *I* 3478
25.6 el nombre de éste no sea borrado de *I* 3478
25.7 cuñado no quiere suscitar nombre en *I* 3478
25.10 se le dará este nombre en *I*: La casa 3478
26.15 mira desde...y bendice a tu pueblo *I* 3478
27.1 ordenó Moisés, con los ancianos de *I* 3478
27.9 Moisés, con...levitas, habló a todo *I* 3478
27.9 y escucha, oh *I*; hoy has venido a ser 3478
27.14 y dirán a todo varón de *I* en alta voz 3478
29.1 mandó...celebrase con los hijos de *I* en 3478
29.2 llamó a todo *I*, y les dijo: Vosotros 3478
29.10 y vuestros oficiales...los varones de *I* 3478
29.21 lo apartará...de todas las tribus de *I* 3478
31.1 Moisés y habló estas palabras a todo *I* 3478
31.7 Josué, y le dijo en presencia de todo *I* 3478
31.9 la dio a los...todos los ancianos de *I* 3478
31.11 cuando viniere...*I* a presentarse delante 3478
31.11 leerás esta ley delante de todo *I* a 3478
31.19 cántico, y enséñalo a los hijos de *I* 3478
31.19 sea por testigo contra los hijos de *I* 3478
31.22 y Moisés...lo enseñó a los hijos de *I* 3478
31.23 tú introducirás a los hijos de *I* en la 3478
31.30 habló Moisés a oídos...*I* las palabras 3478
32.8 límites...según el número de los...de *I* 3478
32.45 y acabó Moisés de recitar...a todo *I* 3478
32.49 Canaán, que yo doy...a los hijos de *I* 3478
32.51 pecasteis...en medio de los hijos de *I* 3478
32.51 no me santificasteis en medio de...de *I* 3478
32.52 a la tierra que doy a los hijos de *I* 3478
33.1 con la cual bendijo...a los hijos de *I* 3478
33.5 se congregaron los...con las tribus de *I* 3478
33.10 ellos enseñarán...a Jacob, y tu ley a *I* 3478
33.21 con *I* ejecutó los mandatos y los justos 3478
33.28 e *I* habitará confiado, la fuente de 3478
33.29 bienaventurado tú, oh *I*, ¿quién como 3478
34.8 y lloraron los hijos de *I* a Moisés en 3478
34.9 los hijos de *I* le obedecieron, e hicieron 3478
34.10 nunca...se levantó profeta en *I* como 3478
34.12 que Moisés hizo a la vista de todo *I* 3478
Jos 1.2 tierra que yo...doy a los hijos de *I* 3478
2.2 hombres de los hijos de *I* han venido aquí 3478
3.1 él y todos los hijos de *I* partieron de 3478
3.7 engrandecerte delante de los ojos...de *I* 3478
3.9 y Josué dijo a los hijos de *I*: Acercaos 3478
3.12 tomad...doce hombres de las tribus de *I* 3478
3.17 pasar el Jordán; y todo *I* pasó en seco 3478
4.4 los doce hombres...de entre los hijos de *I* 3478
4.5 conforme...las tribus de los hijos de *I* 3478
4.7 servirán de monumento...a los hijos de *I* 3478
4.8 los hijos de *I* lo hicieron así como Josué 3478
4.8 número de las tribus de los hijos de *I* 3478
4.12 Gad...armados delante de los hijos de *I* 3478
4.14 engrandeció a Josué a los ojos de...*I* 3478
4.21 y habló a los hijos de *I*, diciendo 3478
4.22 hijos...*I* pasó en seco por este Jordán 3478
5.1 había secado...delante de los hijos de *I* 3478
5.1 no hubo más aliento...delante de los...*I* 3478
5.2 vuelve a circuncidar...a los hijos de *I* 3478
5.3 Josué se...y circuncidó a los hijos de *I* 3478
5.6 hijos de *I* anduvieron por el desierto 40 3478
5.10 y los hijos de *I* acamparon en Gilgal 3478
5.12 los hijos de *I* nunca más tuvieron maná 3478
6.1 bien cerrada, a causa de los hijos de *I* 3478
6.18 no...hagáis anatema el campamento de *I* 3478
6.23 los pusieron fuera del campamento de *I* 3478
7.1 hijos de *I* cometieron una prevaricación 3478
7.1 ira...se encendió contra los hijos de *I* 3478
7.6 Josué...se postró...él y los ancianos de *I* 3478
7.8 ¿qué diré, ya que *I* ha vuelto la espalda 3478
7.11 *I* ha pecado...han quebrantado mi pacto 3478

7.12 los hijos de *I* no podrán hacer frente a 3478
7.13 porque el Dios de *I* dice así: Anatema 3478
7.13 anatema hay en medio de ti, *I*; no podrás 3478
7.15 será quemado...ha cometido maldad en *I* 3478
7.16 Josué...hizo acercar a *I* por sus tribus 3478
7.19 a Acán...da gloria a Jehová el Dios de *I* 3478
7.20 yo he pecado contra Jehová el Dios de *I* 3478
7.23 lo trajeron a Josué y a...los hijos de *I* 3478
7.24 Josué, y todo *I* con él, tomaron a Acán 3478
8.10 Josué...subió él, con los ancianos de *I* 3478
8.14 de la ciudad salieron al encuentro de *I* 3478
8.15 Josué y todo *I* se fingieron vencidos y 3478
8.17 no quedó hombre...que no saliera tras *I* 3478
8.17 por seguir a *I* dejaron la ciudad abierta 3478
8.21 todo *I*, viendo que los de la emboscada 3478
8.22 y así fueron encerrados en medio de *I* 3478
8.30 Josué edificó un altar a...Dios de *I* en 3478
8.31 Moisés...había mandado a los hijos de *I* 3478
8.32 cual escribió delante de los hijos de *I* 3478
8.33 todo *I*...estaba de pie a uno y otro lado 3478
8.33 para que bendijesen...al pueblo de *I* 3478
8.35 que Josué no hiciese leer delante...de *I* 3478
9.2 se concertaron para pelear contra...e *I* 3478
9.6 vinieron...y le dijeron a él y a los de *I* 3478
9.7 y los de *I* respondieron a los heveos 3478
9.14 y los...de *I* tomaron de las provisiones 3478
9.17 salieron los hijos de *I*, y al tercer día 3478
9.18 y no los mataron los hijos de *I*, por 3478
9.18 habían jurado por Jehová el Dios de *I* 3478
9.19 les hemos jurado por Jehová Dios de *I* 3478
9.26 los libró de la mano de los hijos de *I* 3478
10.4 ha hecho paz con Josué y con los...de *I* 3478
10.10 los llenó de consternación delante de *I* 3478
10.11 que los que los hijos de *I* mataron a 3478
10.12 entregó al amorreo delante de los...de *I* 3478
10.14 día como aquel...Jehová peleaba por *I* 3478
10.15 todo *I* con él, volvió al campamento en 3478
10.20 los hijos de *I* acabaron de herirlos con 3478
10.21 moviese su lengua contra...hijos de *I* 3478
10.24 llamó Josué a todos los varones de *I* 3478
10.29 pasó Josué, y todo *I* con él, a Libna 3478
10.30 Jehová la entregó...rey en manos de *I* 3478
10.31 Josué, y todo *I* con él, pasó de Libna 3478
10.32 entregó a Laquis en mano de *I*, y la 3478
10.34 pasó Josué, y todo *I* con él, a Eglón 3478
10.36 luego Josué, y todo *I* con él, de Eglón 3478
10.38 volvió...y todo *I* con él, sobre Debir 3478
10.40 Jehová Dios de *I* se lo había mandado 3478
10.42 porque Jehová...Dios de *I* peleaba por *I* 3478
10.43 volvió Josué, y todo *I*...al campamento 3478
11.5 reyes se unieron...para pelear contra *I* 3478
11.6 entregaré a todos ellos...delante de *I* 3478
11.8 los entregó Jehová en manos de *I*, y los 3478
11.13 las ciudades...colinas, no las quemó *I* 3478
11.14 los hijos de *I* tomaron...todo el botín 3478
11.16 tomó...las montañas de *I* y sus valles 3478
11.19 hiciese paz con los hijos de *I*, salvo 3478
11.20 para que resistiesen con guerra a *I* 3478
11.21 los anaceos...de todos los montes de *I* 3478
11.22 quedó en la tierra de los hijos de *I* 3478
12.1 los reyes...que los hijos de *I* derrotaron 3478
12.6 estos derrotaron Moisés...los hijos de *I* 3478
12.7 que derrotaron Josué y los hijos de *I* 3478
12.7 Josué dio la tierra...a las tribus de *I* 3478
13.6 exterminaré delante de los hijos de *I* 3478
13.13 los maacateos no los echaron los...de *I* 3478
13.14 los sacrificios de Jehová Dios de *I* son 3478
13.22 también mataron...hijos de *I* a Balaam 3478
13.33 Jehová Dios de *I*...la heredad de ellos 3478
14.1 esto...es lo que los hijos de *I* tomaron 3478
14.1 padres de las tribus de los hijos de *I* 3478
14.5 así lo hicieron los hijos de *I* en el 3478
14.10 cuando *I* andaba por el desierto; y ahora 3478
14.14 había seguido...a Jehová Dios de *I* 3478
17.13 pero cuando los...de *I* fueron...fuertes 3478
18.1 la congregación de...*I* se reunió en Silo 3478
18.2 pero habían quedado de los hijos de *I* 3478
18.3 Josué dijo a los...de *I*: ¿Hasta cuándo 3478
18.10 repartió...la tierra a los hijos de *I* 3478
19.49 dieron los hijos de *I* heredad a Josué 3478
19.51 suerte...a las tribus de los hijos de *I* 3478
20.2 habla a los hijos de *I* y diles: Señalaos 3478
20.9 ciudades señaladas para...los hijos de *I* 3478
21.1 los cabezas...tribus de los hijos de *I* 3478
21.3,8 los hijos de *I* dieron...a los levitas 3478
21.41 en medio de la posesión de los...de *I* 3478
21.43 dio Jehová a *I* toda la tierra que había 3478
21.45 promesas que Jehová había hecho a...*I* 3478
22.9 separándose de los hijos de *I*, desde 3478
22.11 y los hijos de *I* oyeron decir que los 3478
22.11 un altar...del lado de los hijos de *I* 3478
22.12 cuando oyeron esto...de *I*, se juntó...*I* 3478
22.13 enviaron los hijos de *I* a los hijos de 3478
22.14 un príncipe por cada casa...tribus de *I* 3478
22.14 era jefe de...entre los millares de *I* 3478
22.16 que prevaricáis contra el Dios de *I* 3478
22.18 mañana se airará él contra toda...de *I* 3478
22.20 vino ira sobre...la congregación de *I*? 3478
22.21 dijeron a los cabezas...millares de *I* 3478
22.22 él sabe, y hace saber a *I*: si fue por 3478
22.24 ¿qué tenéis vosotros con...Dios de *I*? 3478
22.30 y los jefes de los millares de *I* que 3478
22.31 ahora habéis librado a los hijos de *I* 3478
22.32 regresaron de...a los hijos de *I*, a los 3478
22.33 asunto pareció bien a los hijos de *I* 3478
22.33 bendijeron a Dios los hijos de *I*; y no 3478
23.1 que Jehová diera reposo a *I* de todos sus 3478
23.2 llamó a todo *I*, a sus ancianos, sus 3478
24.1 reunió...las tribus de *I*...ancianos de *I* 3478
24.2 dijo Josué...Así dice Jehová, Dios de *I* 3478
24.9 se levantó Balac...peleó contra los de *I* 3478
24.23 inclinad vuestro corazón a...Dios de *I* 3478
24.31 y sirvió *I* a Jehová todo el tiempo de 3478
24.31 las obras que Jehová había hecho por *I* 3478
24.32 huesos de José, que...*I* habían traído 3478
Jue 1.1 los hijos de *I* consultaron a Jehová 3478
1.28 pero cuando *I* se sintió fuerte hizo al 3478
2.4 cuando el ángel...habló estas palabras a...*I* 3478
2.6 los hijos de *I* se habían ido...a su heredad 3478
2.7 grandes obras...que él había hecho por *I* 3478
2.10 no...ni la obra que él había hecho por *I* 3478
2.11 los hijos de *I* hicieron lo malo ante los 3478
2.14 se encendió contra *I* el furor de Jehová 3478
2.20 la ira de Jehová se encendió contra *I* 3478
2.22 para probar...a *I*, si procurarían o no 3478
3.1 naciones que dejó...probar con ellas a *I* 3478
3.2 el linaje de los hijos de *I* conociese la 3478
3.4 fueron para probar con ellos a *I*, para 3478
3.5 los...de *I* habitaban entre los cananeos 3478
3.7 hicieron, pues, los hijos de *I* lo malo 3478
3.8 y la ira de Jehová se encendió contra *I* 3478
3.8 y sirvieron los hijos de *I* a...ocho años 3478
3.9 entonces clamaron los hijos de *I* a Jehová 3478
3.9 Jehová levantó un libertador a los...de *I* 3478
3.10 juzgó a *I*, y salió a batalla, y Jehová 3478
3.12 volvieron...*I* a hacer lo malo ante los 3478
3.12 y Jehová fortaleció a Eglón...contra *I* 3478
3.13 vino e hirió a *I*, y tomó la ciudad de 3478
3.14 y sirvieron los hijos de *I* a Eglón rey 3478
3.15 y clamaron los hijos de *I* a Jehová 3478
3.15 hijos de *I* enviaron...presente a Eglón 3478
3.27 hijos de *I* descendieron con él del monte 3478
3.30 fue subyugado Moab...bajo la mano de *I* 3478
3.31 Samgar hijo de Anat...también salvó a *I* 3478
4.1 los hijos de *I* volvieron a hacer lo malo 3478
4.3 los hijos de *I* clamaron a Jehová, porque 3478
4.3 había oprimido...hijos de *I* por 20 años 3478
4.4 gobernaba en aquel tiempo a *I*...Débora 3478
4.5 y los hijos de *I* subían a ella a juicio 3478
4.6 te ha mandado Jehová Dios de *I*, diciendo 3478
4.23 abatió Dios...delante de los hijos de *I* 3478
4.24 la mano de...*I* fue endureciéndose más y 3478
5.2 puesto al frente los caudillos en *I*, por 3478
5.3 cantaré salmos a Jehová, el Dios de *I* 3478
5.5 aquel Sinaí, delante de Jehová Dios de *I* 3478
5.7 las aldeas quedaron abandonadas en *I* 3478
5.7 yo Débora...me levanté como madre en *I* 3478
5.8 ¿se veía escudo o...entre 40.000 en *I*? 3478
5.9 mi corazón es para vosotros, jefes de *I* 3478
5.11 triunfos de sus aldeas en *I*; entonces 3478
6.1 hijos de *I* hicieron lo malo ante los ojos 3478
6.2 y la mano de Madián prevaleció contra *I* 3478
6.2 los...de *I*, por causa de los madianitas 3478
6.3 que cuando *I* había sembrado, subían los 3478
6.4 y no dejaban qué comer en *I*, ni ovejas 3478
6.6 modo empobrecía *I*...*I* clamaron a Jehová 3478
6.7 cuando los hijos de *I* clamaron a Jehová 3478
6.8 envió a los hijos de *I* un varón profeta 3478
6.8 ha dicho Jehová Dios de *I*: Yo os hice 3478
6.14 y salvarás a *I* de la...de los madianitas 3478
6.15 ah, señor mío, ¿con qué salvaré yo a *I*? 3478
6.36 dijo...Si has de salvar a *I* por mi mano 3478
6.37 entenderé que salvarás a *I* por mi mano 3478
7.2 no sea que se alabe *I* contra mí, diciendo 3478
7.14 sino la espada de Gedeón...varón de *I* 3478
7.15 adoró; y vuelto al campamento de *I*, dijo 3478
7.23 juntándose...de *I*, de Neftalí, de Aser 3478
8.27 todo *I* se prostituyó tras de ese efod 3478
8.28 fue subyugado...delante de los hijos de *I* 3478
8.33 los hijos de *I* volvieron a prostituirse 3478
8.34 no se acordaron los...de *I* de Jehová su 3478
8.35 a todo el bien que él había hecho a *I* 3478
9.22 Abimelec hubo dominado sobre *I* 3 años 3478
10.1 se levantó para librar a *I* Tola hijo de 3478
10.2 y juzgó a *I* veintitrés años; y murió 3478
10.3 Jair...el cual juzgó a *I* veintidós años 3478
10.6 los hijos de *I* volvieron a hacer lo malo 3478
10.7 se encendió la ira de Jehová contra *I* 3478
10.8 oprimieron y...*I*...todos los hijos de *I* 3478
10.9 de Amón...fue afligido *I* en gran manera 3478
10.10 entonces los...de *I* clamaron a Jehová 3478
10.11 Jehová respondió a los hijos de *I*: ¿No 3478
10.15 y los hijos de *I* respondieron a Jehová 3478
10.16 angustiado a causa de la aflicción de *I* 3478
10.17 juntaron los hijos de *I*, y acamparon en 3478
11.4,5 hijos de Amón hicieron guerra contra *I* 3478
11.13 cuanto *I* tomó mi tierra, cuando subió 3478
11.15 *I* no tomó tierra de Moab, ni tierra de 3478
11.16 cuando *I* subió de Egipto, anduvo por 3478
11.17 *I* envió mensajeros al rey de Edom 3478
11.17 quiso; se quedó, por tanto, *I* en Cades 3478
11.19 envió *I* mensajeros a Sehón rey de los 3478
11.20 Sehón no se fio de *I*...peleó contra *I* 3478
11.21 Dios de *I* entregó a Sehón...mano de *I* 3478
11.21 se apoderó *I* de toda la tierra de los 3478
11.23 lo que Jehová Dios de *I* desposeyó al 3478
11.23 desposeyó al...delante de su pueblo *I* 3478
11.25 ¿tuvo él cuestión contra *I*, o hizo 3478
11.26 *I* ha estado habitando por 300 años a 3478
11.27 Jehová...juzgue...entre los hijos de *I* 3478
11.33 fueron sometidos...por los hijos de *I* 3478
11.40 se hizo costumbre en *I*, que de año en 3478
11.40 año en año fueran las doncellas de *I* 3478
12.7 y Jefté juzgó a *I* seis años; y murió 3478
12.8 después de él juzgó a *I* Ibzán de Belén 3478
12.9 el cual tuvo 30...y juzgó a *I* siete años 3478
12.11 juzgó a *I* Elón...Juzgó a *I* diez años 3478
12.13 después de él juzgó a *I* Abdón hijo de 3478
12.14 tuvo 40 hijos...y juzgó a *I* ocho años 3478
13.1 los hijos de *I* volvieron a hacer lo malo 3478
13.5 a salvar a *I* de mano de los filisteos 3478
14.4 pues...los filisteos dominaban sobre *I* 3478
15.20 y juzgó a *I* en los días...veinte años 3478
16.31 le sepultaron...Juzgó a *I* veinte años 3478
17.6; 18.1 aquellos días no había rey en *I* 3478
18.1 tenido posesión entre las tribus de *I* 3478
18.19 seas tú...de una tribu y familia de *I*? 3478
18.29 al nombre de Dan su padre, hijo de *I* 3478
19.1 días, cuando no había rey en *I*...levita 3478
19.12 ciudad...que no sea de los hijos de *I* 3478
19.29 la envió por todo el territorio de *I* 3478
19.30 tiempo en que los hijos de *I* subieron 3478
20.1 salieron todos los...de *I*, y se reunió 3478
20.2 y los jefes...de todas las tribus de *I* 3478
20.3 oyeron que los hijos de *I* habían subido 3478
20.3 dijeron los hijos de *I*: Decid cómo fue 3478
20.6 la envié por todo el territorio de *I* 3478
20.6 cuanto han hecho maldad y crimen en *I* 3478
20.7 sois hijos de *I*; dad...vuestro parecer 3478
20.10 tomaremos, por todas las tribus de *I* 3478
20.10 la abominación que ha cometido en *I* 3478
20.11 y se juntaron todos los hombres de *I* 3478
20.12 las tribus de *I* enviaron varones por 3478
20.13 los matemos, y quitemos el mal de *I* 3478
20.13 no quisieron oír la voz de sus...de *I* 3478
20.14 salir a pelear contra los hijos de *I* 3478
20.17 y fueron contados los varones de *I* 3478
20.18 se levantaron los...de *I*, y subieron a 3478
20.19 se levantaron, pues, los hijos de *I* 3478
20.20 y salieron los hijos de *I* a combatir 3478
20.20 los varones de *I* ordenaron la batalla 3478
20.21 derribaron...22.000...de los hijos de *I* 3478
20.22 los varones de *I* volvieron a ordenar 3478
20.23 los hijos de *I* subieron y lloraron 3478
20.24 se acercaron los hijos de *I* contra los 3478
20.25 derribaron...18.000...de los hijos de *I* 3478
20.26 subieron todos los hijos de *I*, y todo 3478
20.27 los hijos de *I* preguntaron a Jehová 3478
20.29 puso *I* emboscadas alrededor de Gabaa 3478
20.30 subiendo, los hijos de *I*...el tercer día 3478
20.31 y mataron unos treinta hombres de *I* 3478
20.32 los hijos de *I* decían: Huiremos, y los 3478
20.33 levantaron todos los de *I* de su lugar 3478
20.33 emboscadas de *I* salieron de su lugar 3478
20.34 vinieron...hombres escogidos de todo *I* 3478
20.35 derrotó Jehová a Benjamín delante de *I* 3478
20.35 mataron los hijos de *I*...25.100 hombres 3478
20.36 hijos de *I* cedieron campo a Benjamín 3478
20.38 señal concertada entre...hombres de *I* 3478
20.39 los de *I* retrocedieron en la batalla 3478
20.39 comenzaron a...y matar a la gente de *I* 3478
20.41 se volvieron los hombres de *I*, y los 3478
20.42 volvieron...espalda delante de *I* hacia 3478
20.48 hijos de *I* volvieron sobre...Benjamín 3478
21.1 los varones de *I* habían jurado en Mizpa 3478
21.3 Dios de *I*, ¿Por qué ha...esto en *I*, que 3478
21.3 ¿por qué...que falte hoy de *I* una tribu? 3478
21.5 dijeron los hijos de *I*: ¿Quién de todas 3478
21.5 ¿quién de...las tribus de *I* no subió a 3478
21.6 hijos de *I* se arrepintieron a causa de 3478
21.6 dijeron: Cortada es hoy de *I* una tribu 3478
21.8 dijeron: ¿Hay alguno de las tribus de *I* 3478
21.15 abierto...brecha entre las tribus de *I* 3478
21.17 y no sea exterminada una tribu de *I* 3478
21.18 los hijos de *I* han jurado diciendo 3478
21.24 hijos de *I* se fueron también de allí 3478
21.25 no había rey en *I*; cada uno hacía lo 3478
Rt 2.12 sea cumplida de parte de...Dios de *I* 3478
4.7 había...hacía tiempo esta costumbre en *I* 3478
4.7 zapato...esto servía de testimonio en *I* 3478
4.11 las cuales edificaron la casa de *I*; y 3478
4.14 pariente, cuyo nombre...celebrado en *I* 3478
1 S 1.17 el Dios de *I* te otorgue la petición 3478
2.22 todo lo que sus hijos hacían con todo *I* 3478
2.28 le escogí...entre todas las tribus de *I* 3478
2.28 di a la...las ofrendas de los hijos de *I* 3478
2.29 engordándoos de lo...las ofrendas de...*I*? 3478
2.30 el Dios de *I* dice: Yo había dicho que 3478
2.32 mientras Dios colma de bienes a *I*; y en 3478
3.11 haré yo una cosa en *I*, que a quien la 3478
3.20 y todo *I*...conoció que Samuel era fiel 3478
4.1 Samuel habló a todo *I*...Por aquel tiempo 3478
4.1 tiempo salió *I* a encontrar en batalla a 3478
4.2 presentaron...batalla a *I*...*I* fue vencido 3478
4.3 los ancianos de *I* dijeron: ¿Por qué nos 3478
4.5 todo *I* gritó con tan gran júbilo que la 3478
4.10 pelearon...los filisteos, e *I* fue vencido 3478
4.10 cayeron de *I* treinta mil hombres de a 3478
4.17 *I* huyó delante de los filisteos...arca 3478
4.18 Elí...había juzgado a *I* cuarenta años 3478
4.21,22 traspasada es la gloria de *I*...arca 3478
5.7 dijeron: No quede...el arca del Dios de *I* 3478
5.8 ¿qué haremos del arca del Dios de *I*? 3478
5.8 ellos...Pásese el arca del Dios de *I* a Gat 3478
5.8 y pasaron allá el arca del Dios de *I* 3478
5.10 han pasado...el arca del Dios de *I* para 3478
5.11 diciendo: Enviad el arca del Dios de *I* 3478
6.3 si enviáis el arca del Dios de *I*, no la 3478
6.5 y daréis gloria al Dios de *I*; quizá 3478
7.2 la casa de *I* lamentaba en pos de Jehová 3478
7.3 habló Samuel a...la casa de *I*, diciendo 3478
7.4 los hijos de *I* quitaron a los baales y 3478
7.5 reunid a todo *I* en Mizpa, y yo oraré por 3478
7.6 juzgó Samuel a los hijos de *I* en Mizpa 3478

7.7 los hijos de *I* estaban reunidos en Mizpa 3478
7.7 los príncipes de los filisteos contra *I* 3478
7.7 oír esto los hijos de *I*, tuvieron temor 3478
7.8 dijeron los...de *I* a Samuel: No ceses de 3478
7.9 clamó Samuel a Jehová por *I*, y...le oyó 3478
7.10 pelear con...*I*...vencidos delante de *I* 3478
7.11 y saliendo los hijos de *I* de Mizpa 3478
7.13 no volvieron más a entrar en...I; y la 3478
7.14 restituidas a los...de *I* las ciudades que 3478
7.14 e *I* libró su territorio de...filisteos 3478
7.14 libró...Y hubo paz entre *I* y el amorreo 3478
7.15 y juzgó Samuel a *I* todo el tiempo que 3478
7.16 y juzgaba a *I* en todos estos lugares 3478
7.17 volvía a Ramá...y allí juzgaba a *I*; y 3478
8.1 Samuel...a sus hijos por jueces sobre *I* 3478
8.4 todos los ancianos de *I* se juntaron, y 3478
8.22 dijo Samuel a los varones de *I*: Idos 3478
9.2 entre...*I* no había otro más hermoso que 3478
9.9 en *I* cualquiera que iba a consultar a 3478
9.16 ungirás por príncipe sobre mi pueblo *I* 3478
9.20 ¿para quién es todo lo...codiciable en *I* 3478
9.21 de la más pequeña de las tribus de *I*? 3478
10.1 ¿no te ha ungido Jehová...su pueblo *I*? 3478
10.18 a los hijos de *I*: Así ha dicho Jehová 3478
10.18 ha dicho...Dios de *I*: Yo saqué a *I* de 3478
10.20 que se acercasen todas las tribus de *I* 3478
11.2 ojo...y ponga esta afrenta sobre todo *I* 3478
11.3 mensajeros por todo el territorio de *I* 3478
11.7 los envió por todo el territorio de *I* 3478
11.8 fueron los hijos de *I* trescientos mil 3478
11.13 porque...Jehová ha dado salvación en *I* 3478
11.15 y se alegraron...Saúl y todos los de *I* 3478
12.1 Samuel a todo *I*: He aquí, yo he oído 3478
13.1 y cuando hubo reinado dos años sobre *I* 3478
13.2 escogió luego a tres mil hombres de *I* 3478
13.4 *I* oyó que se decía: Saúl ha atacado a 3478
13.4 que *I* se había hecho abominable a los 3478
13.5 los filisteos se...para pelear contra *I* 3478
13.6 los...de *I* vieron que estaban en estrecho 3478
13.13 hubiera confirmado tu reino sobre *I* 3478
13.19 en...tierra de *I* no se hallaba herrero 3478
13.20 todos los de *I* tenían que descender a 3478
14.12 Jehová los ha entregado en manos de *I* 3478
14.18 el arca de...estaba...con los hijos de *I* 3478
14.23 salvó Jehová a *I* aquel día. Y llegó la 3478
14.24 hombres de *I* fueron Puestos en apuro 3478
14.37 filisteos? ¿Los entregarás en mano de *I*? 3478
14.39 vive Jehová que salva a *I*, que aunque 3478
14.40 dijo...a todo *I*: Vosotros estaréis a un 3478
14.41 a Jehová Dios de *I*: Da suerte perfecta 3478
14.45 ha hecho esta grande salvación en *I*? 3478
14.47 tomado posesión del reinado de *I*, Saúl 3478
14.48 libró a *I* de...de los que lo saqueaban 3478
15.1 que te ungiese por rey sobre su pueblo *I* 3478
15.2 yo castigaré lo que hizo Amalec a *I* al 3478
15.6 misericordia a todos los hijos de *I* 3478
15.17 jefe de las tribus de *I*...rey sobre *I*? 3478
15.26 desechado para que no seas rey sobre *I* 3478
15.28 Jehová ha rasgado hoy...el reino de *I* 3478
15.29 el que es la Gloria de *I* no mentirá 3478
15.30 te ruego que me honres...delante de *I* 3478
15.35 de haber puesto a Saúl por rey sobre *I* 3478
16.1 yo desechado para que no reine sobre *I*? 3478
17.2 Saúl y los hombres de *I* se juntaron 3478
17.3 *I* estaba sobre otro monte al otro lado 3478
17.8 paró y dio voces a los escuadrones de *I* 3478
17.10 hoy yo he desafiado al campamento de *I* 3478
17.11 oyendo Saúl y todo *I* estas palabras del 3478
17.19 todos los de *I* estaban en el valle de 3478
17.21 en orden de batalla *I* y los filisteos 3478
17.24 los varones de *I* que veían aquel hombre 3478
17.25 los de *I* decía: ¿No habéis visto aquel 3478
17.25 se adelanta para provocar a *I*...Al que 3478
17.25 y eximirá...a la casa de su padre en *I* 3478
17.26 venciere a...y quitare el oprobio de *I*? 3478
17.45 Dios de los escuadrones de *I*, a quien 3478
17.46 toda la tierra sabrá que hay Dios en *I* 3478
17.52 levantándose...los de *I* y los de Judá 3478
17.53 volvieron los hijos de *I* de seguir tras 3478
18.6 las mujeres de todas las ciudades de *I* 3478
18.16 todo *I* y Judá amaba a David, porque él 3478
18.18 o qué es...la familia de mi padre en *I* 3478
19.5 Jehová dio gran salvación a todo *I*...Tú 3478
20.12 dijo...¡Jehová Dios de *I*, sea testigo! 3478
23.10 Dios de *I*, tu siervo tiene entendido 3478
23.11 Dios de *I*, te ruego que lo declares a 3478
23.17 tú reinarás sobre *I*, y yo seré segundo 3478
24.2 tomando Saúl...hombres escogidos de...*I* 3478
24.14 ¿tras quién ha salido el rey de *I*? 3478
24.20 reino de *I* ha de ser en tu mano firme 3478
25.1 murió Samuel, y se juntó todo *I*, y lo 3478
25.30 y te establezca por príncipe sobre *I* 3478
25.32 bendito sea Jehová Dios de *I*, que te 3478
25.34 porque vive Jehová Dios de *I* que me ha 3478
26.2 llevando...3.000 hombres escogidos de *I* 3478
26.15 dijo David a Abner...hay como tú en *I*? 3478
26.20 salido el rey de *I* a buscar una pulga 3478
27.1 y no me ande buscando más por todo...*I* 3478
27.12 ha hecho abominable a su pueblo de *I* 3478
28.1 que los filisteos...para pelear contra *I* 3478
28.3 Samuel había muerto, y todo *I* lo había 3478
28.4 y Saúl juntó a todo *I*, y acamparon en 3478
28.19 Jehová entregará a *I*...al ejército de *I* 3478
29.1 *I* acampó junto a la fuente que está en 3478
29.3 ¿no es este...el siervo de Saúl rey de *I* 3478
30.25 por ley y ordenanza en *I*, hasta hoy 3478
31.1 pelearon contra *I*, y los de *I* huyeron 3478
31.7 de *I* que eran del otro lado del valle 3478
31.7 viendo que *I* había huido y que Saúl y 3478
2 S 1.3 me he escapado del campamento de *I* 3478
1.12 lamentaron y ayunaron...por la casa de *I* 3478
1.19 ¡ha perecido la gloria de *I* sobre tus 3478
1.24 hijas de *I*, llorad por Saúl, quien os 3478
2.9 lo hizo rey sobre Galaad...sobre todo *I* 3478
2.10 Is-boset...comenzó a reinar sobre *I*, y 3478
2.17 Abner y los...de *I* fueron vencidos por 3478
2.28 el pueblo...no persiguió más a los de *I* 3478
3.10 confirmando el trono de David sobre *I* 3478
3.12 mano estará...para volver a ti todo *I* 3478
3.17 y habló Abner con los ancianos de *I* 3478
3.18 libraré a mi pueblo *I* de...los filisteos 3478
3.19 todo lo que parecía bien a los de *I* y a 3478
3.21 iré, y juntaré a mi señor el rey a todo *I* 3478
3.37 el pueblo y todo *I* entendió aquel día 3478
3.38 un príncipe y grande ha caído hoy en *I*? 3478
4.1 las manos se le...y fue atemorizado todo *I* 3478
5.1 vinieron todas las tribus de *I* a David 3478
5.2 eras tú quien sacabas a *I* a la guerra, y 3478
5.2 tú apacentarás a...*I*, y...príncipe sobre *I* 3478
5.3 los ancianos de *I*...ungieron...rey sobre *I* 3478
5.5 reinó sobre Judá...33 años sobre todo *I* 3478
5.12 le había confirmado por rey sobre *I*, y 3478
5.12 engrandecido su reino por amor de su...*I* 3478
5.17 David había sido ungido por rey sobre *I* 3478
6.1 David volvió a reunir a...escogidos de *I* 3478
6.5 y David y toda la casa de *I* danzaban 3478
6.15 y toda la casa de *I* conducían el arca 3478
6.19 repartió...a toda la multitud de *I*, así 3478
6.20 ¡cuán honrado ha quedado, el rey de *I* 3478
6.21 por príncipe sobre el pueblo...sobre *I* 3478
7.6 en que saqué a los hijos de *I* de Egipto 3478
7.7 cuanto he andado con...*I*, ¿he hablado yo 3478
7.7 ¿he hablado...alguna de las tribus de *I* 3478
7.7 haya mandado apacentar a mi pueblo de *I* 3478
7.8 tomé...para que fueses príncipe sobre...*I* 3478
7.10 además, yo fijaré lugar a mi pueblo *I* 3478
7.11 día en que puse jueces sobre mi pueblo *I* 3478
7.23 ¿y quién como tu pueblo, como *I*, nación 3478
7.24 estableciste a tu pueblo *I* por pueblo 3478
7.26 Jehová de los...es Dios sobre *I*; y que 3478
7.27 tú...Dios de *I*, revelaste al oído de tu 3478
8.15 y reinó David sobre todo *I*; y...justicia 3478
10.9 entresacó de todos los escogidos de *I* 3478
10.15 sirios...habían sido derrotados por *I* 3478
10.17 fue dado aviso a David, reunió a todo *I* 3478
10.18 mas los sirios huyeron delante de *I* 3478
10.19 habían sido derrotados delante de *I* 3478
10.19 hicieron paz con *I* y le sirvieron; y de 3478
11.1 envió a Joab, y a todo *I*, y destruyeron 3478
11.11 el arca e *I* y Judá están bajo tiendas 3478
12.7 así ha dicho Jehová, Dios de *I*: Yo te 3478
12.7 yo te ungí por rey sobre *I*, y te libré 3478
12.8 además te di la casa de *I* y de Judá; y 3478
12.12 mas yo haré esto delante de todo *I* y 3478
13.12 no se debe hacer así en *I*...No hagas 3478
13.13 tú serías...uno de los perversos en *I* 3478
14.25 no había en todo *I* ninguno tan alabado 3478
15.2 tu siervo es de una de las tribus de *I* 3478
15.6 robaba Absalón el corazón de los de *I* 3478
15.10 envió Absalón mensajeros por todas...*I* 3478
15.13 corazón de todo *I* se va tras Absalón 3478
16.3 hoy me devolverá la casa de *I* el reino 3478
16.15 los hombres de *I*, entraron en Jerusalén 3478
16.18 aquel que eligiere...los varones de *I* 3478
16.21 *I* oirá que te has hecho aborrecible a 3478
16.22 y se llegó...ante los ojos de todo *I* 3478
17.4 pareció bien...todos los ancianos de *I* 3478
17.10 todo *I* sabe que tu padre es...valiente 3478
17.11 todo *I* se junte a ti, desde Dan hasta 3478
17.13 de *I* llevarán sogas a aquella ciudad 3478
17.14 los de *I* dijeron: El consejo de Husai 3478
17.15 aconsejó Ahitofel a...los ancianos de *I* 3478
17.24 Absalón pasó...con toda la gente de *I* 3478
17.25 Amasa era hijo de un varón de *I*...Itra 3478
17.26 y acampó *I* con Absalón en...de Galaad 3478
18.6 salió, pues, el pueblo al campo contra *I* 3478
18.7 cayó...*I* delante de los siervos de David 3478
18.16 y el pueblo se volvió de seguir a *I* 3478
18.17 y todo *I* huyó, cada uno a su tienda 3478
19.8 pero *I* había huido, cada uno a su tienda 3478
19.9 el pueblo disputaba en...las tribus de *I* 3478
19.11 la palabra de todo *I* ha venido al rey 3478
19.22 ¿ha de morir hoy alguno en *I*? ¿Pues 3478
19.22 pues no sé yo que hoy soy rey sobre *I*? 3478
19.40 rey, y también la mitad del pueblo de *I* 3478
19.41 los hombres de *I* vinieron al rey, y le 3478
19.42 de Judá respondieron a todos los de *I* 3478
19.43 respondieron los...de *I*, y dijeron a los 3478
19.43 fueron más violentas que las de...de *I* 3478
20.1 no tenemos...¡cada uno a su tienda, *I*! 3478
20.2 los hombres de *I* abandonaron a David 3478
20.14 pasó por todas las tribus de *I* hasta 3478
20.19 yo soy de las pacíficas y fieles de *I* 3478
20.19 destruir una ciudad que es madre en *I* 3478
20.23 quedó Joab sobre todo el ejército de *I* 3478
21.2 los gabaonitas no eran de los hijos de *I* 3478
21.2 los hijos de *I* habían hecho juramento 3478
21.2 matarlos en su celo por los hijos de *I* 3478
21.4 ni queremos que muera hombre de *I*...Y él 3478
21.5 sin dejar nada de nosotros en todo...*I* 3478
21.15 volvieron los...a hacer la guerra a *I* 3478
21.17 no sea que apagues la lámpara de *I* 3478
21.21 éste desafió a *I*, y lo mató Jonatán 3478
23.1 dijo David hijo...el dulce cantor de *I* 3478
23.3 Dios de *I* ha dicho, me habló la Roca 3478
23.3 me habló la Roca de *I*: Habrá un justo 3478
23.9 y se habían alejado los hombres de *I* 3478
24.1 a encenderse la ira de Jehová contra *I* 3478
24.1 que dijese: Vé, haz un censo de *I* y de Judá 3478
24.2 recorre...las tribus de *I*...y haz un censo 3478
24.4 para hacer el censo del pueblo de *I* 3478
24.9 fueron...de *I* 800.000 hombres fuertes 3478
24.15 Jehová envió la peste sobre *I* desde 3478
24.25 Jehová oyó las...y cesó la plaga en *I* 3478
1 R 1.3 una joven...por toda la tierra de *I* 3478
1.20 los ojos de todo *I* están puestos en ti 3478
1.30 yo te he jurado por Jehová Dios de *I* 3478
1.34 y allí lo ungirán el...como rey sobre *I* 3478
1.35 que sea príncipe sobre *I* y sobre Judá 3478
1.48 bendito sea Jehová Dios de *I*, que ha 3478
2.4 jamás...faltará...varón en el trono de *I* 3478
2.5 hizo a dos generales del ejército de *I* 3478
2.11 los días que reinó David sobre *I* fueron 3478
2.15 que todo *I* había puesto en mí su rostro 3478
2.32 Abner hijo...general del ejército de *I* 3478
3.28 todo *I* oyó aquel juicio que había dado 3478
4.1 reinó, pues, el rey Salomón sobre todo *I* 3478
4.7 Salomón doce gobernadores sobre todo *I* 3478
4.20 Judá e *I* eran muchos, como la arena que 3478
4.25 y Judá e *I* vivían seguros, cada uno 3478
5.13 el rey Salomón decretó leva en todo *I* 3478
6.1 después que los...de *I* salieron de Egipto 3478
6.1 del principio del reino de Salomón sobre *I* 3478
6.13 habitaré en medio...*I*, y no dejaré a...*I* 3478
8.1 Salomón reunió...a los ancianos de *I*, a 3478
8.1 a los principales de...de los hijos de *I* 3478
8.2 se reunieron...todos los varones de *I* en 3478
8.3 vinieron todos los ancianos de *I*, y los 3478
8.5 rey Salomón, y toda la congregación de *I* 3478
8.9 donde Jehová hizo pacto con...hijos de *I* 3478
8.14,55 bendijo a toda la congregación de *I* 3478
8.14 toda la congregación de *I* estaba de pie 3478
8.15 y dijo: Bendito sea Jehová, Dios de *I* 3478
8.16 desde el día que saqué de Egipto a...*I* 3478
8.16 no he escogido ciudad de todas las...de *I* 3478
8.16 David para que presidiese a mi pueblo *I* 3478
8.17 edificar casa al nombre de...Dios de *I* 3478
8.20 y me he sentado en el trono de *I*, como 3478
8.20 he edificado la casa al...del Dios de *I* 3478
8.22 en presencia de...la congregación de *I* 3478
8.23 Jehová Dios de *I*, no hay Dios como tú 3478
8.25 Dios de *I*, cumple a tu siervo David mi 3478
8.25 varón...que se siente en el trono de *I* 3478
8.26 Jehová Dios de *I*, cúmplase la palabra 3478
8.30 oye, pues, la oración...de tu pueblo *I* 3478
8.33 tu pueblo *I* fuere derrotado delante de 3478
8.34,36 perdonarás el pecado de tu pueblo *I* 3478
8.38 súplica que hiciere...todo tu pueblo *I* 3478
8.41 el extranjero, que no es de tu pueblo *I* 3478
8.43 los pueblos...te teman, como tu pueblo *I* 3478
8.52 atentos...a la plegaria de tu pueblo *I* 3478
8.56 Jehová, que ha dado paz a su pueblo *I* 3478
8.59 que él proteja la causa...su pueblo *I* 3478
8.62 el rey, y todo *I* con él, sacrificaron 3478
8.63 dedicaron...los hijos de *I* la casa de 3478
8.65 Salomón hizo fiesta, y con él todo *I* 3478
8.66 beneficios que Jehová había hecho a...*I* 3478
9.5 yo afirmaré el trono de tu reino sobre *I* 3478
9.5 no faltará varón de tu...en el trono de *I* 3478
9.7 yo cortaré a *I* de...la faz de la tierra 3478
9.7 e *I* será por proverbio y refrán a todos 3478
9.20 de los...que no eran de los hijos de *I* 3478
9.21 que los hijos de *I* no pudieron acabar 3478
9.22 a ninguno de los...de *I* impuso Salomón 3478
10.9 agradó...para ponerte en el trono de *I* 3478
10.9 porque Jehová ha amado siempre a *I*, te 3478
11.2 Jehová había dicho a los hijos de *I*: No 3478
11.9 se había apartado de Jehová Dios de *I* 3478
11.16 seis meses habitó allí Joab, y todo *I* 3478
11.25 y fue adversario de *I*...aborreció a *I* 3478
11.31 dijo Jehová Dios de *I*: He aquí que yo 3478
11.32 yo he elegido de todas las tribus de *I* 3478
11.37 y tú reinarás en...y serás rey sobre *I* 3478
11.38 te edificaré casa...te entregaré a *I* 3478
11.42 Salomón reinó...sobre todo *I*...40 años 3478
12.1 porque todo *I* había venido a Siquem para 3478
12.3 vino, pues...toda la congregación de *I* 3478
12.16 ¡I, a tus tiendas...Entonces *I* se fue 3478
12.17 reinó Roboam sobre los hijos de *I* que 3478
12.18 a Adoram...lo apedreó todo *I*, y murió 3478
12.19 así se apartó *I* de la casa de David 3478
12.20 oyendo...*I* que Jeroboam había vuelto 3478
12.20 hicieron rey sobre todo *I*, sin quedar 3478
12.21 el fin de hacer guerra a la casa de *I* 3478
12.24 no vayáis, ni...contra...los hijos de *I* 3478
12.28 he aquí tus dioses, oh *I*, los cuales 3478
12.33 hizo fiesta a los hijos de *I*, y subió 3478
14.7 así dijo Jehová Dios de *I*. Por cuanto 3478
14.7 y te hice príncipe sobre mi pueblo *I* 3478
14.10 destruiré...siervo como el libre en *I* 3478
14.13 todo *I* lo endechará, y le enterrarán 3478
14.13 alguna cosa buena delante...Dios de *I* 3478
14.14 y Jehová levantará...sí un rey sobre *I* 3478
14.15 sacudirá a *I* al modo que la caña se 3478
14.15 él arrancará a *I* de esta buena tierra 3478
14.16 y él entregará a *I* por los pecados de 3478
14.16 Jeroboam...pecó, y ha hecho pecar a *I* 3478
14.18 y lo enterraron, y lo endechó todo *I* 3478
14.19 libro de...historias de los reyes de *I* 3478
14.21 eligió de todas las tribus de *I*, para 3478
14.24 había echado delante de los hijos de *I* 3478
15.9 en el año 20 de Jeroboam rey de *I*, Asa 3478
15.16 hubo guerra entre Asa y Baasa rey de *I* 3478
15.17 y subió Baasa rey de *I* contra Judá, y 3478

15.19 vé, y rompe tu pacto con Baasa rey de *I* 3478
15.20 los ejércitos... contra las ciudades de *I* 3478
15.25 Nadab hijo... comenzó a reinar sobre *I* 3478
15.25 segundo año... y reinó sobre *I* dos años 3478
15.26,30,34 pecados con que hizo pecar a *I* 3478
15.27 Nadab y... *I* tenían sitiado a Gibetón 3478
15.30 con que provocó a enojo a... Dios de *I* 3478
15.31 en el libro de las... de los reyes de *I*? 3478
15.32 hubo guerra entre Asa y Baasa rey de *I* 3478
15.33 comenzó a reinar Baasa... sobre todo *I* 3478
16.2 te puse por príncipe sobre mi pueblo *I* 3478
16.2 puse... y has hecho pecar a mi pueblo *I* 3478
16.5,14,20,27 las crónicas de los reyes de *I*? 3478
16.8 comenzó a reinar Ela hijo de... sobre *I* 3478
16.13 ellos pecaron e hicieron pecar a *I* 3478
16.13 provocando a enojo... Jehová Dios de *I* 3478
16.16 todo *I* puso... día por rey sobre *I* a Omri 3478
16.17 subió Omri de Gibetón, y con él todo *I* 3478
16.19 pecado que cometió, haciendo pecar a *I* 3478
16.21 el pueblo de *I* fue dividido en dos; la 3478
16.23 el año... comenzó a reinar Omri sobre *I* 3478
16.26 el pecado con el cual hizo pecar a *I* 3478
16.26 provocando a ira a Jehová Dios de *I* 3478
16.29 comenzó a reinar Acab hijo de... sobre *I* 3478
16.30 y reinó Acab hijo... sobre *I* en Samaria 3478
16.33 haciendo así... más que... los reyes de *I* 3478
16.33 provocar la ira de Jehová Dios de *I* 3478
17.1 dijo a Acab: Vive Jehová Dios de *I*, en 3478
17.14 Jehová Dios de *I* ha dicho... La harina 3478
18.17 le dijo: ¿Eres tú el que turbas a *I*? 3478
18.18 no he turbado a *I*, sino tú y la casa 3478
18.19 congrégame a... *I* en el monte Carmelo 3478
18.20 Acab convocó a todos los hijos de *I* 3478
18.31 de Jacob... diciendo, *I* será tu nombre 3478
18.36 Jehová Dios de... *I*, sea hoy manifiesto 3478
18.36 que tú eres Dios en *I*, y que yo soy tu 3478
19.10,14 los hijos de *I* han dejado tu pacto 3478
19.16 a Jehú hijo... ungirás por rey sobre *I* 3478
19.18 haré que queden en *I* siete mil, cuyas 3478
20.2 y envió mensajeros a... a Acab rey de *I* 3478
20.4 y el rey de *I* respondió... Como tú dices 3478
20.7 el rey de *I* llamó a todos los ancianos 3478
20.11 el rey de *I* respondió y dijo: Decidle 3478
20.13 un profeta vino a Acab rey de *I*, y le 3478
20.15 pasó revista a... todos los hijos de *I* 3478
20.20 huyeron los sirios, siguiéndoles... *I* 3478
20.21 salió el rey de *I*, e hirió la gente 3478
20.22 vino luego el profeta al rey de *I* y 3478
20.26 y vino a Afec para pelear contra *I* 3478
20.27 hijos de *I* fueron... inspeccionados, y 3478
20.27 acamparon los hijos de *I* delante de 3478
20.28 vino... varón de Dios al rey de *I*, y le 3478
20.29 los hijos de *I* mataron de los sirios a 3478
20.31 oído de los reyes de la casa de *I*, que 3478
20.31 y salgamos al rey de *I*, a ver si por 3478
20.32 vinieron al rey de *I* y le dijeron: Tu 3478
20.40 el rey de *I* le dijo... será tu sentencia 3478
20.41 y el rey de *I* conoció que era de los 3478
20.43 el rey de *I* se fue a su casa triste y 3478
21.7 ¿eres tú ahora rey sobre *I*? Levántate 3478
21.18 a encontrarte con Acab rey de *I*, que 3478
21.21 barreré... el siervo como el libre en *I* 3478
21.22 rebelión... con que has hecho pecar a *I* 3478
21.26 lanzó... de delante de los hijos de *I* 3478
22.1 años... sin guerra entre los sirios e *I* 3478
22.2 Josafat rey de... descendió al rey de *I* 3478
22.3 el rey de *I* dijo... ¿No sabéis que Ramot 3478
22.4 Josafat respondió al rey de *I*: Yo soy 3478
22.5 dijo luego Josafat al rey de *I*: Yo te 3478
22.6 rey de *I* reunió a los profetas, como 3478
22.8 el rey de *I* respondió... Aún hay un varón 3478
22.9 rey de *I* llamó a un oficial, y le dijo 3478
22.10 y el rey de *I* y Josafat rey de Judá 3478
22.17 vi a todo *I* esparcido por los montes 3478
22.18 el rey de *I* dijo a Josafat: ¿No te lo 3478
22.26 el rey de *I* dijo: Toma a Micaías, y 3478
22.29 subió... el rey de *I* con Josafat rey de 3478
22.30 el rey de *I* dijo a Josafat... disfrazaré 3478
22.30 el rey de *I* se disfrazó, y entró en 3478
22.31 ni con... sino sólo contra el rey de *I* 3478
22.32 es el rey de *I*; y vinieron contra él 3478
22.33 viendo entonces... que no era el rey de *I* 3478
22.34 hirió al rey de *I* por... las junturas de 3478
22.39 en el libro de las... de los reyes de *I*? 3478
22.41 Judá en el cuarto año de Acab rey de *I* 3478
22.44 y Josafat hizo paz con el rey de *I* 3478
22.51 comenzó a reinar sobre *I* en Samaria 3478
22.51 Ocozías hijo... reinó dos años sobre *I* 3478
22.52 Jeroboam hijo de... que hizo pecar a *I* 3478
22.53 y provocó a ira a Jehová Dios de *I* 3478
2 R 1.1 muerte de... se rebeló Moab contra *I* 3478
1.3,6,16 ¿no hay Dios en *I*... a consultar a 3478
1.18 en... de las crónicas de los reyes de *I*? 3478
2.12 mío, carro de *I* y su gente de a caballo! 3478
3.1 comenzó a reinar... sobre *I* el año 18 de 3478
3.3 hizo pecar a *I*, y no se apartó de ellos 3478
3.4 pagaba al rey de *I* cien mil corderos y 3478
3.5 rey de Moab se rebeló contra el... de *I* 3478
3.6 salió... Joram, y pasó revista a todo *I* 3478
3.9 salieron... el rey de *I*, el rey de Judá 3478
3.10 el rey de *I* dijo: ¡Ah! que ha llamado 3478
3.11 uno de los... del rey de *I* respondió y 3478
3.12 descendieron a él el rey de *I*, y Josafat 3478
3.13 Eliseo dijo al rey de *I*: ¿Qué tengo yo 3478
3.13 el rey de *I* le respondió: No; porque 3478
3.24 cuando llegaron al campamento de *I*, se 3478
3.27 grande enojo contra *I*; y se apartaron 3478
5.2 llevado cautiva de la tierra de *I* a una 3478

5.4 una muchacha que es de la tierra de *I* 3478
5.5 anda, vé, y yo enviaré cartas al rey de *I* 3478
5.6 tomó también cartas para el rey de *I*, que 3478
5.7 luego que el rey de *I* leyó las cartas 3478
5.8 el rey de *I* había rasgado sus vestidos 3478
5.8 ahora a mí, y sabrá que hay profeta en *I* 3478
5.12 ¿no son mejores que todas... aguas de *I*? 3478
5.15 conozco que no hay Dios en... sino en *I* 3478
6.8 tenía el rey de Siria guerra contra *I* 3478
6.9 varón de Dios envió a decir al rey de *I* 3478
6.10 el rey de *I* envió a aquel lugar que el 3478
6.11 quién de los nuestros es del rey de *I*? 3478
6.12 no... sino que el profeta Eliseo está en *I* 3478
6.12 declara al rey de *I* las palabras que tú 3478
6.21 cuando el rey de *I* los hubo visto, dijo 3478
6.23 y nunca más vinieron... a la tierra de *I* 3478
6.26 pasando el rey de *I* por el muro, una 3478
7.6 el rey de *I* ha tomado a sueldo contra 3478
7.13 toda la multitud de *I* que ya ha perecido 3478
8.12 sé el mal que harás a los hijos de *I* 3478
8.16,25 año de Joram hijo de Acab, rey de *I* 3478
8.18 anduvo en el camino de los reyes de *I* 3478
8.26 madre fue Atalía, hija de Omri... de *I* 3478
9.3,6,12 yo te he ungido por rey sobre *I* 3478
9.8 destruiré de Acab todo varón, así... en *I* 3478
9.14 guardando a Ramot de Galaad con todo *I* 3478
9.21 salieron Joram rey de *I* y Ocozías rey 3478
10.21 y envió Jehú por todo *I*, y vinieron 3478
10.28 así exterminó Jehú a Baal de *I* 3478
10.29,31; 13.2,6,11; 14.24; 15.9,18,24,28; 23.15
Jeroboam... el que hizo pecar a *I* 3478
10.30 hijos se sentarán sobre el trono de *I* 3478
10.31 andar en la ley de Jehová Dios de *I* 3478
10.32 a cercenar el territorio de *I*, y los 3478
10.34; 13.8,12; 14.15,18; 15.11,15,21,26 3478
31 en... las crónicas de los reyes de *I* 3478
10.36 que reinó Jehú sobre *I*... fue de 28 años 3478
13.1 comenzó a reinar Joacaz hijo... sobre *I* 3478
13.3 se encendió el furor de Jehová contra *I* 3478
13.4 Jehová... miró la aflicción de *I*, pues el 3478
13.5 y dio Jehová salvador a *I*, y salieron 3478
13.5 habitaron los hijos de *I* en sus tiendas 3478
13.10 comenzó a reinar Joás hijo de... sobre *I* 3478
13.13 fue sepultado en... con los reyes de *I* 3478
13.14 Eliseo... descendió a él Joás rey de *I* 3478
13.14 mío, carro de *I* y su gente de a caballo! 3478
13.16 dijo Eliseo al rey de *I*: Pon tu mano 3478
13.18 el rey de *I* las hubo tomado, le dijo 3478
13.22 Hazael... afligió a *I* todo el tiempo de 3478
13.25 Joás hijo... restituyó las ciudades a *I* 3478
14.1 el año... de Joás hijo de Joacaz rey de *I* 3478
14.8 mensajeros a Joás... rey de *I*, diciendo 3478
14.9 Joás rey de *I* envió a... esta respuesta 3478
14.11 subió Joás rey de *I*, y se vieron las 3478
14.12 y Judá cayó delante de *I*, y huyeron 3478
14.13 Joás rey de *I* tomó a Amasías rey de 3478
14.16 fue sepultado en... con los reyes de *I* 3478
14.17 Joás hijo de Joacaz, rey de *I*, 15 años 3478
14.23 comenzó a reinar Jeroboam... sobre *I* en 3478
14.25 él restauró los límites de *I* desde la 3478
14.25 palabra de Jehová Dios de *I*, la cual 3478
14.26 porque Jehová miró la... aflicción de *I* 3478
14.26 no había... ni quien diese ayuda a *I* 3478
14.27 no... raer el nombre de *I* de debajo del 3478
14.28 restituyó al dominio de *I* a Damasco 3478
14.29 durmió Jeroboam con... los reyes de *I* 3478
15.1 año 27 de Jeroboam rey de *I*... comenzó 3478
15.8 en el año 38... reinó Zacarías... sobre *I* 3478
15.12 hijos... se sentarán sobre el trono de *I* 3478
15.17 reinó Manahem hijo... sobre *I* diez años 3478
15.20 e impuso Manahem este dinero sobre *I* 3478
15.23 reinó Pekaía hijo de Manahem sobre *I* 3478
15.27 el año 52 de... reinó Peka hijo... sobre *I* 3478
15.29 en los días de Peka rey de *I*, vino... rey 3478
15.32 año de Peka hijo de Remalías rey de *I* 3478
16.3 anduvo en el camino de los reyes de *I* 3478
16.3 que Jehová echó de delante de los... de *I* 3478
16.5 rey de Siria, y Peka hijo de... rey de *I* 3478
16.7 defiéndeme... de mano del rey de *I*, que se 3478
17.1 comenzó a reinar Oseas hijo de... sobre *I* 3478
17.2 lo malo... aunque no como los reyes de *I* 3478
17.6 llevó a *I* cautivo a Asiria, y los puso 3478
17.7 los hijos de *I* pecaron contra Jehová 3478
17.8 había lanzado de delante de... hijos de *I* 3478
17.8 estatutos que hicieron los reyes de *I* 3478
17.9 los hijos de *I* hicieron... cosas no rectas 3478
17.13 Jehová amonestó entonces a *I* y a Judá 3478
17.18 Jehová, por tanto, se airó... contra *I* 3478
17.19 que anduvieron en los estatutos de *I* 3478
17.20 desechó Jehová... la descendencia de *I* 3478
17.21 porque separó a *I* de la casa de David 3478
17.21 Jeroboam apartó a *I* de... Jehová, y les 3478
17.22 de *I* anduvieron en todos los pecados 3478
17.23 que Jehová quitó a *I* de delante de su 3478
17.23 *I* fue llevado cautivo de su tierra a 3478
17.24 los puso... en lugar de los hijos de *I* 3478
17.34 de Jacob, al cual puso el nombre de *I* 3478
18.1 el tercer año de Oseas hijo... rey de *I* 3478
18.4 le quemaban incienso los hijos de *I* 3478
18.5 en Jehová Dios de *I* puso su esperanza 3478
18.9 séptimo de Oseas hijo de Ela, rey de *I* 3478
18.10 en el año noveno de Oseas rey de *I*, fue 3478
18.11 el rey de Asiria llevó cautivo a *I* a 3478
19.15 Jehová Dios de *I*, que moras entre los 3478
19.20 así ha dicho Jehová, Dios de *I*: Lo que 3478
19.22 ¿y contra quién... Contra el Santo de *I* 3478
21.2 había echado de delante de... hijos de *I* 3478
21.3 Asera, como había hecho Acab rey de *I* 3478

21.7 Jerusalén, a la cual escogí de... de *I* 3478
21.8 el pie de *I* sea movido de la tierra que 3478
21.9 Jehová destruyó delante de los... de *I* 3478
21.12 así ha dicho... el Dios de *I*... sobre Judá 3478
22.15,18 así ha dicho Jehová el Dios de *I* 3478
23.13 cuales Salomón rey de *I* había edificado 3478
23.19 altos que... habían hecho los reyes de *I* 3478
23.22 tiempos en que... Jueces gobernaban a *I* 3478
23.22 en todos los tiempos de los reyes de *I* 3478
23.27 quitaré de mi... a Judá, como quité a *I* 3478
24.13 oro que había hecho Salomón rey de *I* 3478
1 Cr 1.34 los hijos de Isaac fueron Esaú e *I* 3478
1.43 antes que reinase rey sobre los... de *I* 3478
2.1 los hijos de *I*: Rubén, Simeón, Leví, Judá 3478
2.7 de Carmi fue Acán, el que perturbó a *I* 3478
4.10 e invocó Jabes al Dios de *I*, diciendo 3478
5.1,3 los hijos de Rubén primogénito de *I* 3478
5.1 dados a los hijos de José, hijo de *I* 3478
5.17 fueron contados... en días de... rey de *I* 3478
5.26 el Dios de *I* excitó el espíritu de Pul 3478
6.38 hijo de Coat, hijo de Leví, hijo de *I* 3478
6.49 las expiaciones por *I* conforme a todo 3478
6.64 y los hijos de *I* dieron a los levitas 3478
7.29 habitaron los hijos de José hijo de *I* 3478
9.1 contado todo *I* por sus genealogías, fueron 3478
9.1 escritos en el libro de los reyes de *I* 3478
10.1 filisteos pelearon contra *I*; y huyeron 3478
10.7 y viendo todos los de *I*... habían huido 3478
11.1 se juntó a David en Hebrón, diciendo 3478
11.2 tú eras quien sacaba a la guerra a *I* 3478
11.2 apacentarás a mi pueblo *I*, y tú serás 3478
11.2 y tú serás príncipe sobre *I* mi pueblo 3478
11.3 vinieron... *I*... ungieron a David... sobre *I* 3478
11.4 se fue David con todo *I* a Jerusalén, la 3478
11.10 que le ayudaron en su reino, con todo *I* 3478
11.10 para hacerle rey sobre *I*, conforme a 3478
12.32 que sabían lo que *I* debía hacer, cuyo 3478
12.38 para poner a David por rey sobre todo *I* 3478
12.38 todos los demás de *I*... un mismo ánimo 3478
12.40 trajeron... porque en *I* había alegría 3478
13.2 dijo David a toda la asamblea de *I*: Si 3478
13.2 han quedado en todas las tierras de *I* 3478
13.5 David reunió a todo *I*, desde Sihor de 3478
13.6 subió David con todo *I* a Baala... en Judá 3478
13.8 David y todo *I* se regocijaban delante 3478
14.2 lo había confirmado como rey sobre *I* 3478
14.2 exaltado su reino sobre su pueblo *I* 3478
14.8 David había sido ungido rey sobre... *I* 3478
15.3 congregó David a todo *I* en Jerusalén 3478
15.12 pasad el arca de Jehová Dios de *I* al 3478
15.14 para traer el arca de Jehová Dios de *I* 3478
15.25 y los ancianos de *I* y los capitanes de 3478
15.28 de esta manera llevaba todo *I* el arca 3478
16.3 y repartió a todo *I*... una torta de pan 3478
16.4 confesasen y loasen a Jehová Dios de *I* 3478
16.13 vosotros, hijos de *I* su siervo, hijos 3478
16.17 confirmó... y a *I* por pacto sempiterno 3478
16.36 bendito sea... Dios de *I*, de eternidad a 3478
16.40 la ley de Jehová, que él prescribió a *I* 3478
17.5 el día que saqué a los hijos de *I* hasta 3478
17.6 por dondequiera que anduve con todo *I* 3478
17.6 ¿hablé una... a alguno de los jueces de *I* 3478
17.7 que fueses príncipe sobre mi pueblo *I* 3478
17.9 he dispuesto lugar para mi pueblo *I*, y 3478
17.10 que puse los jueces sobre mi pueblo *I* 3478
17.21 ¿y qué pueblo hay en... como tu pueblo *I* 3478
17.22 has constituido a... *I* por pueblo tuyo 3478
17.24 Jehová de... Dios de *I*, es Dios para *I* 3478
18.14 reinó David sobre todo *I*, y juzgaba con 3478
19.10 de los más aventajados que había en *I* 3478
19.16 sirios que habían caído delante de *I* 3478
19.17 reunió a todo *I*, Y cruzando el Jordán 3478
19.18 mas el pueblo sirio huyó delante de *I* 3478
19.19 sirios... que habían caído delante de *I* 3478
20.7 este hombre injurió a *I*, pero lo mató 3478
21.1 Satanás se levantó contra *I*, e incitó 3478
21.1 incitó a David a que hiciese censo de *I* 3478
21.2 haced censo de *I* desde Beerseba hasta 3478
21.3 ¿para qué... que será para pecado a *I*? 3478
21.4 salió... tanto, Joab, y recorrió todo *I* 3478
21.5 había en todo *I* un millón cien mil que 3478
21.7 esto desagradó a Dios, e hirió a *I* 3478
21.12 haga destrucción en... los términos de *I* 3478
21.14 una peste en *I*, y murieron de *I* 70.000 3478
22.1 y aquí el altar del holocausto para *I* 3478
22.2 los extranjeros que... en la tierra de *I* 3478
22.6 que edificase casa a Jehová Dios de *I* 3478
22.9 daré paz y reposo sobre *I* en sus días 3478
22.10 afirmaré el trono de su reino sobre *I* 3478
22.12 cuando gobiernes a *I*, guardes la ley 3478
22.13 y decretos que Jehová mandó a... para *I* 3478
22.17 mandó David a... los principales de *I* que 3478
23.1 días, hizo a Salomón su hijo rey sobre *I* 3478
23.2 juntando a todos los principales de *I* 3478
23.25 Dios de *I* ha dado paz a su pueblo *I* 3478
24.19 le había mandado Jehová el Dios de *I* 3478
26.29 Quenanías y sus hijos... jueces sobre *I* 3478
26.30 gobernaban a *I* al otro lado del Jordán 3478
27.1 son los principales de los hijos de *I* 3478
27.16 sobre las tribus de *I*: el jefe de los 3478
27.22 fueron los jefes de las tribus de *I* 3478
27.23 multiplicaría a *I* como las estrellas 3478
27.24 pues por esto vino el castigo sobre *I* 3478
28.1 reunió David... todos los principales de *I* 3478
28.4 Dios de *I* me eligió de toda la casa de 3478
28.4 que... fuese rey sobre *I*; porque a Judá 3478
28.4 a mí para ponerme por rey sobre todo *I* 3478
28.5 Salomón... se siente en el trono... sobre *I* 3478

28.8 pues, ante los ojos de todo *I*, guardad 3478
29.6 príncipes de las tribus de *I*, jefes de 3478
29.10 bendito seas tú, oh Jehová, Dios de *I* 3478
29.18 Dios de... de *I*... conserva... esta voluntad 3478
29.21 muchos sacrificios de parte de todo *I* 3478
29.23 Salomón por rey... y le obedeció todo *I* 3478
29.25 Jehová engrandeció... a ojos de todo *I* 3478
29.25 tal gloria... ningún rey la tuvo... en *I* 3478
29.26 así reinó David hijo de... sobre todo *I* 3478
29.27 tiempo que reinó sobre *I* fue 40 años 3478
29.30 y los tiempos que pasaron... y sobre *I* y 3478
2 Cr 1.2 convocó Salomón a todo *I*, a jefes de 3478
1.2 a todos los príncipes de todo *I*, jefes 3478
1.13 Salomón a Jerusalén, y reinó sobre *I* 3478
2.4 Dios; lo cual ha de ser perpetuo en *I* 3478
2.12 bendito sea Jehová el Dios de *I*, que hizo 3478
2.17 hombres extranjeros... en la tierra de *I* 3478
5.2 Salomón reunió... a los ancianos de *I* y a 3478
5.2 jefes de las familias de los hijos de *I* 3478
5.3 se congregaron con el rey... varones de *I* 3478
5.4 vinieron, los ancianos de *I*, y los levitas 3478
5.6 la congregación de *I* que se había reunido 3478
5.10 había hecho pacto con los hijos de *I* 3478
6.3 el rey... bendijo a... la congregación de *I* 3478
6.3 toda la congregación de *I* estaba en pie 3478
6.4 bendito sea Jehová Dios de *I*, quien con 3478
6.5 ninguna ciudad... de todas las tribus de *I* 3478
6.5 que fuese príncipe sobre mi pueblo *I* 3478
6.6 David he elegido para que esté sobre... *I* 3478
6.7 edificar casa al nombre de... Dios de *I* 3478
6.10 y me he sentado en el trono de *I*, como 3478
6.10 edificado casa al nombre de... Dios de *I* 3478
6.11 pacto... que celebró con los hijos de *I* 3478
6.12 en presencia de... la congregación de *I* 3478
6.13 Salomón... se arrodilló delante de... de *I* 3478
6.14 Dios de *I*, no hay Dios semejante a ti 3478
6.16 Dios de *I*, cumple a tu siervo David mi 3478
6.16 varón... que se siente en el trono de *I* 3478
6.17 Jehová Dios de *I*, cúmplase tu palabra 3478
6.21 que oigas el ruego de... de tu pueblo *I* 3478
6.24 tu pueblo *I* fuere derrotado delante del 3478
6.25,27 perdonarás el pecado de tu pueblo *I* 3478
6.29 y todo ruego que hiciere... tu pueblo *I* 3478
6.32 extranjero que no fuere de tu pueblo *I* 3478
6.33 teman así como tu pueblo *I*, y sepan que 3478
7.3 vieron todos los hijos de *I* descender el 3478
7.6 los sacerdotes tocaban... *I* estaba en pie 3478
7.8 hizo Salomón fiesta... y con él todo *I*, una 3478
7.10 que Jehová había hecho... a su pueblo *I* 3478
7.18 no te faltará varón que gobierne en *I* 3478
8.2 y estableció en ellas a los hijos de *I* 3478
8.7 los heteos... y jebuseos, que no eran de *I* 3478
8.8 los cuales los hijos de *I* no destruyeron 3478
8.9 de los hijos de *I* no puso Salomón siervos 3478
8.11 no morará en la casa de David rey de *I* 3478
9.8 por cuanto tu Dios amó a *I* para afirmarlo 3478
9.30 reinó Salomón en... sobre todo *I* 40 años 3478
10.1 en Siquem se había reunido todo *I* para 3478
10.3 vino... Jeroboam, y todo *I*, y hablaron a 3478
10.16 viendo todo *I* que el rey no les... oído 3478
10.16 ¡I, cada uno a sus... Así se fue todo *I* 3478
10.17 reinó Roboam sobre los hijos de *I* que 3478
10.18 le apedrearon los hijos de *I*, y murió 3478
10.19 se apartó *I* de la casa de David hasta 3478
11.1 vino Roboam a... para pelear contra *I* y 3478
11.13 los sacerdotes y levitas... en todo *I*, se 3478
11.16 acudieron... de todas las tribus de *I* los 3478
11.16 su corazón en buscar a Jehová Dios de *I* 3478
12.1 dejó la ley de Jehová, y todo *I* con él 3478
12.6 los príncipes de *I* y el rey se humillaron 3478
12.13 que escogió... de todas las tribus de *I* 3478
13.4 Abías... dijo: Oídme, Jeroboam y todo *I* 3478
13.5 Jehová Dios de *I* dio el reino a David 3478
13.5 el reino a David sobre *I* para siempre 3478
13.12 hijos de *I*, no peleéis contra Jehová 3478
13.15 Dios desbarató a... *I* delante de Abías 3478
13.16 huyeron los hijos de *I* delante de Judá 3478
13.17 y cayeron heridos de *I* 500.000 hombres 3478
13.18 así fueron humillados los hijos de *I* en 3478
15.3 días ha estado *I* sin verdadero Dios y 3478
15.4 se convirtieron a Jehová Dios de *I*, y 3478
15.9 porque muchos de *I* se habían pasado a 3478
15.13 que no buscase a Jehová el Dios de *I* 3478
15.17 los lugares altos no eran quitados de *I* 3478
16.1 de Asa, subió Baasa rey de *I* contra Judá 3478
16.3 alianza que tienes con Baasa rey de *I* 3478
16.4 sus ejércitos contra las ciudades de *I* 3478
16.11 el libro de los reyes de Judá y de *I* 3478
17.1 Josafat su hijo... hizo fuerte contra *I* 3478
17.4 anduvo en sus... y no según las obras de *I* 3478
18.3 Acab rey de *I* a Josafat rey de Judá 3478
18.4 dijo Josafat al rey de *I*... Te ruego que 3478
18.5 el rey de *I* reunió a 400 profetas, y les 3478
18.7 el rey de *I* respondió... Aún hay aquí un 3478
18.8 rey de *I* llamó a un oficial, y le dijo 3478
18.9 el rey de *I* y Josafat... estaban sentados 3478
18.16 he visto todo *I* derramado por los 3478
18.17 el rey de *I* dijo... ¿No te había yo dicho 3478
18.19 ¿quién inducirá a Acab rey de *I*, para 3478
18.25 el rey de *I* dijo: Tomad a Micaías, y 3478
18.28 subieron... el rey de *I*, y Josafat rey de 3478
18.29 el rey de *I* a Josafat: Yo me disfrazaré 3478
18.29 y se disfrazó el rey de *I*, y entró en 3478
18.30 no peleéis... sino sólo con el rey de *I* 3478
18.31 dijeron: Este es el rey de *I*. Y lo 3478
18.32 pues viendo los... que no era el rey de *I* 3478
18.33 hirió al rey de *I* entre las junturas y 3478
18.34 estuvo el rey de *I* en pie en el carro 3478
19.8 puso... los padres de familias de *I*, para 3478
20.7 ¿no echaste tú... delante de tu pueblo *I* 3478
20.10 a cuya tierra no quisiste que pasase *I* 3478
20.19 para alabar a Jehová el Dios de *I* con 3478
20.29 que Jehová había peleado... enemigos de *I* 3478
20.34; 27.7; 28.26; 32.32; 35.27; 36.8 en el libro
de los reyes de *I* 3478
20.35 rey... trabó amistad con Ocozías rey de *I* 3478
21.4 mató a... algunos de los príncipes de *I* 3478
21.6 anduvo en el camino de los reyes de *I* 3478
21.13 sino... en el camino de los reyes de *I* 3478
22.5 y fue a la guerra con Joram... rey de *I* 3478
23.2 reunieron a... a los príncipes de... de *I* 3478
24.5 recoged dinero de todo *I*, para que cada 3478
24.6 Moisés... impuso a la congregación de *I* 3478
24.9 la ofrenda que... había impuesto a *I* en el 3478
24.16 por cuanto había hecho bien con *I*, y 3478
25.6 de *I* tomó a sueldo por cien talentos de 3478
25.7 rey, no vaya contigo el ejército de *I* 3478
25.7 Jehová no está con *I*, ni con todos los 3478
25.9 los cien talentos que he dado al... de *I*? 3478
25.17 envió a decir a Joás hijo de... rey de *I* 3478
25.18 Joás rey de *I* envió a decir a Amasías 3478
25.21 subió, pues, Joás rey de *I*, y se vieron 3478
25.22 cayó Judá delante de *I*, y huyó cada uno 3478
25.23 y Joás rey de *I* apresó en Bet-semes a 3478
25.25 después de la muerte de Joás... rey de *I* 3478
25.26 en el libro de los reyes de... y de *I*? 3478
28.2 anduvo en los caminos de los reyes de *I* 3478
28.3 había arrojado de la presencia de... de *I* 3478
28.5 entregado en manos del rey de *I*, el cual 3478
28.8 los hijos de *I* tomaron cautivos de sus 3478
28.13 muy grande... el ardor de la ira contra *I* 3478
28.19 humillado a... por causa de Acaz rey de *I* 3478
28.23 fueron éstos su ruina, y la de todo *I* 3478
28.27 no... en los sepulcros de los reyes de *I* 3478
29.7 incienso, ni sacrificaron... al Dios de *I* 3478
29.10 hacer pacto con Jehová el Dios de *I* 3478
29.24 reconciliar a todo *I*... por todo *I* mandó 3478
29.27 y los instrumentos de David rey de *I* 3478
30.1 envió... Ezequías por todo *I* y Judá, y 3478
30.1 celebrar la pascua a Jehová Dios de *I* 3478
30.5 hacer pasar pregón por todo *I*, desde 3478
30.5 a celebrar la pascua a... Dios de *I*, en 3478
30.6 correos con cartas... por todo *I* y Judá 3478
30.6 y decían: Hijos de *I*, volveos a Jehová 3478
30.6 volveos a... el Dios de... de Isaac y de *I* 3478
30.21 los hijos de *I*... celebraron la fiesta 3478
30.25 toda la multitud que había venido de *I* 3478
30.25 forasteros que habían venido de la... *I* 3478
30.26 desde los días de Salomón... rey de *I*, no 3478
31.1 los de *I* que habían estado allí salieron 3478
31.1 se volvieron todos los hijos de *I* a sus 3478
31.5 los hijos de *I* dieron muchas primicias 3478
31.6 hijos de *I* y de Judá, que habitaban en 3478
31.8 bendijeron a Jehová, y a su pueblo *I* 3478
32.17 blasfemaba contra Jehová el Dios de *I* 3478
33.2 había echado de delante de... hijos de *I* 3478
33.7 cual yo elegí sobre todas las tribus de *I* 3478
33.8 y nunca más quitaré el pie de *I* de la 3478
33.9 que... destruyó delante de los hijos de *I* 3478
33.16 Judá que sirviesen a Jehová Dios de *I* 3478
33.18 que le hablaron en nombre de... Dios de *I* 3478
33.18 está... en las actas de los reyes de *I* 3478
34.7 destruido... los ídolos por... la tierra de *I* 3478
34.9 habían recogido de... el remanente de *I* 3478
34.21 consultad... por el remanente de *I* y de 3478
34.23,26 Jehová Dios de *I* ha dicho así 3478
34.33 las abominaciones de... de los hijos de *I* 3478
34.33 los que se hallaban en *I* sirviesen a 3478
35.3 a los levitas que enseñaban a todo *I* 3478
35.3 edificó Salomón hijo de David... rey de *I* 3478
35.3 servid a Jehová... Dios, y a su pueblo *I* 3478
35.4 lo ordenaron David rey de *I* y Salomón 3478
35.17 hijos de *I* que estaban allí celebraron 3478
35.18 pascua como esta en *I* desde los días 3478
35.18 ni ningún rey de *I* celebró pascua tal 3478
35.18 como la que celebró... Judá e *I*, los que 3478
35.25 las tomaron como... para endechar en *I* 3478
36.13 para no volverse a Jehová el Dios de *I* 3478
Esd 1.3 edifique la casa a Jehová Dios de *I* 3478
2.2 el número de los varones del pueblo de *I* 3478
2.59 no pudieron demostrar la... si eran de *I* 3478
2.70 y habitaron... y todo *I* en sus ciudades 3478
3.1 estando los hijos de *I* ya establecidos en 3478
3.2 edificaron el altar del Dios de *I*, para 3478
3.10 según la ordenanza de David rey de *I* 3478
3.11 para siempre es su misericordia sobre *I* 3478
4.1 edificaban el templo de Jehová Dios de *I* 3478
4.3 los... Jefes de casas paternas de *I* dijeron 3478
4.3 nosotros... la edificaremos a... Dios de *I* 3478
5.1 en el nombre del Dios de *I* quien estaba 3479
5.11 la... edificó y terminó el gran rey de *I* 3479
6.14 y terminaron, por orden del Dios de *I* 3479
6.16 hijos de *I*, los sacerdotes, los levitas 3479
6.17 y ofrecieron... en expiación por todo *I* 3479
6.17 conforme al número de las tribus de *I* 3479
6.21 comieron... hijos de *I* que habían vuelto 3479
6.21 apartado de... para buscar a... Dios de *I* 3479
6.22 en la obra de la casa... del Dios de *I* 3479
7.6 la ley... que Jehová Dios de *I* había dado 3478
7.7 subieron a Jerusalén... de los hijos de *I* 3478
7.10 enseñar en *I* sus estatutos y decretos 3478
7.11 escriba versado... en sus estatutos a *I* 3478
7.13 todo aquel en mi reino, del pueblo de *I* 3479
7.15 que el rey y sus... ofrecen al Dios de *I* 3479
7.28 reuní a los principales de *I* para 3478
8.18 un varón entendido, de... Mahli... hijo de *I* 3478
8.25 habían ofrecido... y todo *I* allí presente 3478
8.29 de los jefes de las casas paternas de *I* 3478
8.35 ofrecieron holocaustos al Dios de *I*, 12 3478
8.35 doce becerros por todo *I*, 96 carneros 3478
9.1 el pueblo de *I*... no se han separado de los 3478
9.4 los que temían las palabras del Dios de *I* 3478
9.15 Dios de *I*, tú eres justo, puesto que 3478
10.1 se juntó a él una... grande multitud de *I* 3478
10.2 a pesar de esto... hay esperanza para *I* 3478
10.5 juramentó a los príncipes... y a todo *I* 3478
10.10 añadiendo así sobre el pecado de *I* 3478
10.25 asimismo de *I*: De los hijos de Paros 3478
Neh 1.6 oír la oración... hijos de *I* tus siervos 3478
1.6 confieso los pecados de los hijos de *I* 3478
2.10 para procurar el bien de los hijos de *I* 3478
7.7 el número de los varones del pueblo de *I* 3478
7.61 no pudieron mostrar... ni... si eran de *I* 3478
7.73 habitaron los... y todo *I*, en sus ciudades 3478
7.73 los hijos de *I* estaban en sus ciudades 3478
8.1 la ley de... la cual Jehová había dado a *I* 3478
8.14 habitasen los hijos de *I* en tabernáculos 3478
8.17 día, no habían hecho así los hijos de *I* 3478
9.1 se reunieron los hijos de *I* en ayuno, y 3478
9.2 se había apartado la descendencia de *I* de 3478
10.33 y los sacrificios, por el pecado de *I* 3478
11.20 el resto de *I*, de los sacerdotes y de 3478
12.47 todo *I* en días de Zorobabel y en días 3478
13.2 no... a recibir a los hijos de *I* con pan 3478
13.3 separaron de *I* a todos los mezclados con 3478
13.18 añadís ira sobre *I* profanando el día de 3478
13.26 ¿no pecó por esto Salomón, rey de *I*? 3478
13.26 lo había puesto por rey sobre todo *I* 3478
Sal 14.7 que de Sion saliera la salvación de *I*! 3478
14.7 cuando... se gozará Jacob, y se alegrará *I* 3478
22.3 tú que habitas entre las alabanzas de *I* 3478
22.23 temedle vosotros, descendencia... de *I* 3478
25.22 redime, oh... a *I* de todas sus angustias 3478
41.13 bendito sea Jehová, el Dios de *I*, por 3478
50.7 oye... escucha, *I*, y testificaré contra ti 3478
53.6 si saliera de Sion la salvación de *I*! 3478
53.6 cuando... se gozará Jacob, y se alegrará *I* 3478
59.5 Dios de *I*, despierta para castigar a 3478
68.8 aquel Sinaí tembló delante... Dios de *I* 3478
68.26 bendecid... vosotros de la estirpe de *I* 3478
68.34 poder a, sobre *I* es su magnificencia 3478
68.35 el Dios de *I*, él da fuerza y vigor a 3478
69.6 no sean confundidos por... oh Dios de *I* 3478
71.22 verdad cantaré a ti en... oh Santo de *I* 3478
72.18 bendito Jehová Dios, el Dios de *I*, el 3478
73.1 ciertamente es bueno Dios para con *I* 3478
76.1 es conocido... en *I* es grande su nombre 3478
78.5 Jacob, y Puso ley en *I*, la cual mandó 3478
78.21 oyó... y el furor subió también contra *I* 3478
78.31 ellos, y derribó a los escogidos de *I* 3478
78.41 tentaban... y provocaban al Santo de *I* 3478
78.55 hizo habitar en sus... las tribus de *I* 3478
78.59 lo oyó... en gran manera aborreció a *I* 3478
78.71 para que apacentase a... a *I* su heredad 3478
80.1 Pastor de *I*, escucha; tú que pastoreas 3478
81.4 porque estatuto es de *I*, ordenanza del 3478
81.8 oye... y te amonestaré. *I*, si me oyeres 3478
81.11 pero mi pueblo no oyó... *I* no me quiso 3478
81.13 oh... si en mis caminos hubiera andado *I*! 3478
83.4 y no haya más memoria del nombre de *I* 3478
89.18 Jehová... nuestro rey es el Santo de *I* 3478
98.3 su misericordia... para con la casa de *I* 3478
103.7 a Moisés, y a los hijos de *I* sus obras 3478
105.10 estableció... a *I* por pacto sempiterno 3478
105.23 entró *I* en Egipto, y Jacob moró en la 3478
106.48 bendito Jehová Dios de *I*, desde la 3478
114.1 cuando salió *I* de Egipto, la casa de 3478
114.2 Judá... ser su santuario, e *I* su señorío 3478
115.9 oh *I*, confía en Jehová; él es tu ayuda 3478
115.12 bendecirá a la casa de *I*; bendecirá a 3478
118.2 diga ahora *I*, que para siempre es su 3478
121.4 he aquí... ni dormirá el que guarda a *I* 3478
122.4 conforme al testimonio dado a *I*, para 3478
124.1 no haber estado Jehová... diga ahora *I* 3478
125.5 Jehová los llevará con... Paz sea sobre *I* 3478
128.6 y veas a los hijos de... Paz sea sobre *I* 3478
129.1 me han angustiado... puede decir ahora *I* 3478
130.7 espere *I* a Jehová, porque en Jehová hay 3478
130.8 él redimirá a *I* de todos sus pecados 3478
131.3 espera, oh *I*, en Jehová, desde ahora y 3478
135.4 ha escogido a... a *I* por posesión suya 3478
135.12 dio la tierra de ellos... a *I* su pueblo 3478
135.19 casa de *I*, bendecid a Jehová; casa de 3478
136.11 al que sacó a *I* de en medio de ellos 3478
136.14 e hizo pasar a *I* por en medio de él 3478
136.22 en heredad a *I* su siervo, porque para 3478
147.2 Jehová... los desterrados de *I* recogerá 3478
147.19 a Jacob, sus estatutos y sus juicios a *I* 3478
148.14 alábenle... los hijos de *I*, el pueblo 3478
149.2 alégrese *I* en su Hacedor; los hijos de 3478
Pr 1.1 de Salomón, hijo de David, rey de *I* 3478
Ec 1.12 yo el Predicador fui rey sobre *I* en 3478
Cnt 3.7 valientes la rodean... los fuertes de *I* 3478
Is 1.3 *I* no entiende... no tiene conocimiento 3478
1.4 dejaron... provocaron a ira al Santo de *I* 3478
1.24 dice el Señor, Jehová... el Fuerte de *I* 3478
4.2 para... honra, a los sobrevivientes de *I* 3478
5.7 la viña de Jehová de los... es la casa de *I* 3478
5.19 y venga el consejo del Santo de *I*, para 3478
5.24 abominaron la palabra del Santo de *I* 3478
7.1 Rezín... Peka hijo de Remalías, rey de *I* 3478
8.14 a las dos casas de *I*, por piedra para 3478
8.18 somos por señales y presagios en *I*, de 3478
9.8 Señor envió palabra a Jacob, y cayó en *I* 3478

9.12 a boca llena devorarán a *I*. Ni con todo 3478
9.14 Jehová cortará de *I* cabeza y cola, rama 3478
10.17 la luz de *I* será por fuego, y su Santo 3478
10.20 los que hayan quedado de *I* y los que 3478
10.20 se apoyarán...en Jehová, el Santo de *I* 3478
10.22 porque si tu pueblo, oh *I*, fuere como 3478
11.12 juntará los desterrados de *I*...de Judá 3478
11.16 camino...la manera que lo hubo para *I* 3478
12.6 grande es en medio de ti el Santo de *I* 3478
14.1 todavía escogerá a *I*, y lo hará reposar 3478
14.2 y la casa de *I* los poseerá por siervos 3478
17.3 será como la gloria de los hijos de *I* 3478
17.6 quedarán en él...dice Jehová Dios de *I* 3478
17.7 y sus ojos contemplarán al Santo de *I* 3478
17.9 sus ciudades...a causa de los hijos de *I* 3478
19.24 aquel tiempo *I* será tercero con Egipto 3478
19.25 y el asirio obra de mis manos, e *I* mi 3478
21.10 lo que oí de Jehová de los...Dios de *I* 3478
21.17 porque Jehová Dios de *I* lo ha dicho 3478
24.15 del mar sea nombrado Jehová Dios de *I* 3478
27.6 florecerá y echará renuevos *I*, y la faz 3478
27.12 hijos de *I*, seréis reunidos uno a uno 3478
29.19 los hombres se gozarán en el Santo de *I* 3478
29.23 santificarán...y temerán al Dios de *I* 3478
30.11 de nuestra presencia al Santo de *I* 3478
30.12 tanto, el Santo de *I* dice así: Porque 3478
30.15 así dijo Jehová el Señor, el Santo de *I* 3478
30.29 para venir al monte de...al Fuerte de *I* 3478
31.1 y no miran al Santo de *I*, ni...a Jehová! 3478
31.6 rebelaron profundamente los hijos de *I* 3478
37.16 Jehová...Dios de *I*, que moras entre los 3478
37.21 así ha dicho Jehová Dios de *I*: Acerca 3478
37.23 has alzado tu voz...Contra el Santo de *I* 3478
40.27 qué dices, oh Jacob, y hablas tú, *I* 3478
41.8 pero tú, *I*, siervo mío eres: tú, Jacob 3478
41.14 no temas...oh vosotros los pocos de *I* 3478
41.14 Jehová; el Santo de *I* es tu Redentor 3478
41.16 pero tú...te gloriarás en el Santo de *I* 3478
41.17 yo Jehová los oiré, yo el Dios de *I* no 3478
41.20 y conozcan...que el Santo de *I* lo creó 3478
42.24 ¿quién...y entregó a *I* a saqueadores? 3478
43.1 así dice Jehová...y Formador tuyo, oh *I* 3478
43.3 Jehová...el Santo de *I*, soy tu Salvador 3478
43.14 dice Jehová, Redentor...el Santo de *I* 3478
43.15 yo Jehová...Creador de *I*, vuestro Rey 3478
43.22 y no me invocaste...te cansaste, oh *I* 3478
43.28 puse por anatema a...y por oprobio a *I* 3478
44.1 ahora...oye, Jacob, siervo mío, y tú, *I* 3478
44.5 otro...se apellidará con el nombre de *I* 3478
44.6 así dice Jehová Rey de *I*, y su Redentor 3478
44.21 *I*...siervo mío eres...*I*, no me olvides 3478
44.23 Jehová redimió...en *I* será glorificado 3478
45.3 que sepas que yo soy Jehová, el Dios de *I* 3478
45.4 por amor de mi siervo Jacob, y de *I* mi 3478
45.11 Jehová, el Santo de *I*, y su Formador 3478
45.15 que te encubres, Dios de *I*, que salvas 3478
45.17 *I* será salvo en Jehová con salvación 3478
45.25 se gloriará toda la descendencia de *I* 3478
46.3 todo el resto de la casa de *I*, los que 3478
46.13 salvación en Sion, y mi gloria en *I* 3478
47.4 Jehová de...es su nombre, el Santo de *I* 3478
48.1 Jacob, que os llamáis del nombre de *I* 3478
48.1 hacen memoria del Dios de *I*, mas no en 3478
48.2 y en el Dios de *I* confían; su nombre es 3478
48.12 óyeme, Jacob, y tú, *I*, a quien llamé 3478
48.17 ha dicho...el Santo de *I*: Yo soy Jehová 3478
49.3 mi siervo eres, oh *I*, porque en ti me 3478
49.5 hacer volver a él...para congregarle a *I* 3478
49.6 y para que restaures el remanente de *I* 3478
49.7 así ha dicho Jehová, Redentor de *I*, el 3478
49.7 fiel es el Santo de *I*, el...te escogió 3478
52.12 delante...y os congregará el Dios de *I* 3478
54.5 tu Hacedor...tu Redentor, el Santo de *I* 3478
55.5 y del Santo de *I* que te ha honrado 3478
56.8 Jehová...que reúne a los dispersos de *I* 3478
60.9 Jehová tu Dios, y al Santo de *I*, que te 3478
60.14 Ciudad de Jehová, Sion del Santo de *I* 3478
63.7 y sus beneficios hacia la casa de *I*, que 3478
63.16 Abraham nos ignora, e *I* no nos conoce 3478
66.20 al modo que los hijos de *I* traen la 3478
Jer 2.3 santo era *I* a Jehová, primicias de sus 3478
2.4 oíd...todas las familias de la casa de *I* 3478
2.14 ¿es *I* siervo? ¿es esclavo? ¿Por qué ha 3478
2.26 así se avergonzará la casa de *I*, ellos 3478
2.31 ¿he sido...desierto para *I*, o tierra de 3478
3.6 has visto lo que ha hecho la rebelde *I*? 3478
3.8 por haber fornicado la rebelde *I*, yo la 3478
3.11 dijo...Ha resultado justa la rebelde *I* 3478
3.12 vuélvete, oh rebelde *I*, dice Jehová; no 3478
3.18 irán de la casa de Judá a la casa de *I* 3478
3.20 prevaricasteis contra mí, oh casa de *I* 3478
3.21 llanto de los ruegos de los hijos de *I* 3478
3.23 en Jehová...Dios está la salvación de *I* 3478
4.1 te volvieres, oh *I*, dice Jehová, vuélvete 3478
5.11 rebelaron contra mí la casa de *I* y la 3478
5.15 yo traigo sobre vosotros...oh casa de *I* 3478
6.9 todo rebuscarán como a vid el resto de *I* 3478
7.3 así ha dicho Jehová...Dios de *I*: Mejorad 3478
7.12 que le hice por la maldad de mi pueblo *I* 3478
7.21 así ha dicho Jehová...Dios de *I*: Añadid 3478
9.15 así ha dicho Jehová de los...Dios de *I* 3478
9.26 la casa de *I* es incircuncisa de corazón 3478
10.1 ha hablado sobre vosotros, oh casa de *I* 3478
10.16 *I* es la vara de su heredad; Jehová de 3478
11.3 dijo Jehová Dios de *I*: Maldito el varón 3478
11.10 *I* y la...de Judá invalidaron mi pacto 3478
11.17 la maldad que la casa de *I* y...de Judá 3478
12.14 heredad que hice poseer a mi pueblo *I* 3478
13.11 así hice juntar a mí toda la casa de *I* 3478
13.12 así ha dicho...Dios de *I*: Toda tinaja se 3478
14.8 oh esperanza de *I*, Guardador suyo en el 3478
16.9 así ha dicho...Dios de *I*...yo haré cesar 3478
16.14,15 que hizo subir a los hijos de *I* de 3478
17.13 ¡oh Jehová, esperanza de *I*! todos los 3478
18.6 ¿no...como este alfarero, oh casa de *I*? 3478
18.6 sois vosotros en mi mano, oh casa de *I* 3478
18.13 gran fealdad ha hecho la virgen de *I* 3478
19.3,15 dice Jehová...Dios de *I*...traigo mal 3478
21.4 así ha dicho Jehová Dios de *I*: He aquí 3478
23.2 así ha dicho...Dios de *I* a los pastores 3478
23.6 será salvo Judá, e *I* habitará confiado 3478
23.7 que hizo subir a los hijos de *I* de la 3478
23.8 trajo la descendencia de la casa de *I* 3478
23.13 e hicieron errar a mi pueblo de *I* 3478
24.5 así ha dicho Jehová Dios de *I*: Como a 3478
25.15 me dijo Jehová Dios de *I*: Toma de mi 3478
25.27 así ha dicho Jehová...Dios de *I*: Bebed 3478
27.4 ha dicho Jehová...Dios de *I*: Así habéis 3478
27.21 ha dicho Jehová...Dios de *I*, acerca de 3478
28.2 habló Jehová...Dios de *I*...Quebranté el 3478
28.14 dicho...Dios de *I*: Yugo de hierro puse 3478
29.4 dicho Jehová...Dios de *I*, a todos los de 3478
29.8 así ha dicho Jehová...Dios de *I*: No os 3478
29.21 ha dicho Jehová...Dios de *I*, acerca de 3478
29.23 hicieron maldad en *I*, y...adulterio con 3478
29.25 habló Jehová...Dios de *I*...Tú enviaste 3478
30.2 así habló Jehová Dios de *I*...Escríbete 3478
30.3 volver a los cautivos de mi pueblo *I* 3478
30.4 palabras que habló Jehová acerca de *I* 3478
30.10 Jacob, no temas...ni te atemorices, *I* 3478
31.1 yo seré por Dios a...las familias de *I* 3478
31.2 halló gracia...cuando *I* iba en busca de 3478
31.4 aún...y serás edificada, oh virgen de *I* 3478
31.7 salva a tu pueblo, el remanente de *I* 3478
31.9 porque soy a *I* por padre, y Efraín es mi 3478
31.21 vuélvete por el camino...virgen de *I* 3478
31.23 ha dicho Jehová...Dios de *I*: Aún dirán 3478
31.27 que sembraré la casa de *I* y la casa de 3478
31.31 haré nuevo pacto con la casa de *I* y con 3478
31.33 es el pacto que haré con la casa de *I* 3478
31.36 descendencia de *I* faltará para no ser 3478
31.37 si...desecharé toda la descendencia de *I* 3478
32.14 dicho Jehová...Dios de *I*: Toma...cartas 3478
32.15 ha dicho...Dios de *I*: Aún se comprarán 3478
32.20 señales...en tierra de Egipto...y en *I* 3478
32.21 sacaste a tu pueblo *I* de...Egipto con 3478
32.30 hijos de *I*...no han hecho sino lo malo 3478
32.30 los hijos de *I* no han hecho más que 3478
32.32 la maldad de los hijos de *I* y de los 3478
32.36 dice Jehová Dios de *I* a esta ciudad 3478
33.4 dicho...Dios de *I* acerca de las casas de 3478
33.7 haré volver los cautivos de Judá y...*I* 3478
33.14 palabra que he hablado a la casa de *I* 3478
33.17 siente sobre el trono de la casa de *I* 3478
34.2 ha dicho Jehová Dios de *I*: Vé y habla 3478
34.13 dice Jehová Dios de *I*: Yo hice pacto 3478
35.13 ha dicho Jehová...Dios de *I*: Vé y di a 3478
35.17 ha dicho Jehová...Dios de *I*...traeré yo 3478
35.18 ha dicho Jehová...Dios de *I* Por cuanto 3478
35.19 así ha dicho...Dios de *I*: No faltará de 3478
36.2 palabras que te he hablado contra *I* y 3478
37.7 ha dicho...Dios de *I*: Diréis así al rey 3478
38.17 ha dicho...Dios de *I*: Si te entregas en 3478
39.16 ha dicho Jehová...Dios de *I*...yo traigo 3478
41.9 el rey Asa a causa de Baasa rey de *I* 3478
42.9 ha dicho Jehová Dios de *I*, al cual me 3478
42.15 dicho Jehová...Dios de *I*: Si vosotros 3478
42.18 ha dicho...Dios de *I*: Como se derramó 3478
43.10 ha dicho Jehová...Dios de *I*...yo enviaré 3478
44.2 ha dicho...Dios de *I*. habéis visto todo 3478
44.7 dicho...Dios de *I*: ¿Por qué hacéis tan 3478
44.11 ha dicho...Dios de *I*...vuelvo mi rostro 3478
44.25 ha hablado Jehová de los...Dios de *I* 3478,3478
45.2 dicho Jehová Dios de *I* a ti, oh Baruc 3478
46.25 Dios de *I*, ha dicho...castigo a Amón 3478
46.27 y tú no temas...Jacob, ni desmayes, *I* 3478
48.1 dicho Jehová...Dios de *I*: ¡Ay de Nebo! 3478
48.13 la casa de *I* se avergonzó de Bet-el 3478
48.27 ¿y no te fue a ti *I* por...de escarnio 3478
49.1 ¿no tiene hijos *I*? ¿No tiene heredero? 3478
49.2 e *I* tomará por heredad a los que los 3478
50.4 vendrán los hijos de *I*, ellos y...Judá 3478
50.17 rebaño descarriado es *I*; leones lo 3478
50.18 ha dicho...Dios de *I*: Yo castigo al rey 3478
50,19 y volveré a traer a *I* a su morada, y 3478
50.20 maldad de *I* será buscada...de Judá 3478,3478
50.29 se ensoberbeció, contra el Santo de *I* 3478
50.33 oprimidos fueron los hijos de *I* y los 3478
51.5 *I* y Judá no han enviudado de su Dios 3478
51.5 llena de pecado contra el Santo de *I* 3478
51.19 *I* es el cetro de su herencia; Jehová 3478
51.33 ha dicho Jehová...Dios de *I*: La hija 3478
51.49 por los muertos de *I* caerá Babilonia 3478
Lm 2.1 derribó del cielo...la hermosura de *I* 3478
2.3 cortó con...su ira todo el poderío de *I* 3478
2.5 el Señor...destruyó a *I*; destruyó todos 3478
Ez 2.3 te envió a los hijos de *I*, a gentes 3478
3.1 come este...y vé y habla a la casa de *I* 3478
3.4 y entra a la casa de *I*, y habla a ellos 3478
3.5 no eres enviado a...sino a la casa de *I* 3478
3.7 la casa de *I* no te querrá oír, porque no 3478
3.7 casa de *I* es dura de frente y obstinada 3478
3.17 te he puesto por atalaya a la casa de *I* 3478
4.3 y la sitiarás. Es señal a la casa de *I* 3478
4.4 pondrás sobre él...maldad de la casa de *I* 3478
4.5 así llevarás tú la maldad de la casa de *I* 3478
4.13 comerán los hijos de *I* su pan inmundo 3478
5.4 allí saldrá el fuego a toda la casa de *I* 3478
6.2 pon tu rostro hacia los montes de *I*, y 3478
6.3 dirás: Montes de *I*, oíd palabra...Jehová 3478
6.5 los cuerpos muertos de los hijos de *I* 3478
6.11 grandes abominaciones de la casa de *I*! 3478
7.2 dicho Jehová...a la tierra de *I*: El fin 3478
8.4 estaba la gloria del Dios de *I*, como la 3478
8.6 abominaciones que la casa de *I* hace aquí 3478
8.10 todos los ídolos de la casa de *I*, que 3478
8.11 ancianos de la casa de *I*, y Jaazanías 3478
8.12 que los ancianos de la casa de *I* hacen 3478
9.3 y la gloria del Dios de *I* se elevó de 3478
9.8 ¿destruirás a todo el remanente de *I* 3478
9.9 la maldad de la casa de *I* y de Judá es 3478
10.19 la gloria del Dios de *I*...sobre ellos 3478
10.20 vi debajo del Dios de *I* junto al río 3478
11.5 así habéis hablado, oh casa de *I*, y las 3478
11.10 los límites de *I* os juzgaré, y sabréis 3478
11.11 carne; en los límites de *I* os juzgaré 3478
11.13 ¿destruirás...todo al remanente de *I*? 3478
11.15 toda la casa de *I*...a quienes dijeron 3478
11.17 os recogeré...y os daré la tierra de *I* 3478
11.22 la gloria del Dios de *I* estaba sobre 3478
12.6 por señal te he dado a la casa de *I* 3478
12.9 ¿no te ha dicho la casa de *I*, aquella 3478
12.10 a toda la casa de *I* que está en medio 3478
12.19 ha dicho...sobre la tierra de *I*: Su pan 3478
12.22 refrán...que tenéis...en la tierra de *I* 3478
12.23 y no repetirán más este refrán en *I* 3478
12.24 ni habrá adivinación de...la casa de *I* 3478
12.27 los de la casa de *I* dicen: La visión 3478
13.2 profetiza contra los profetas de *I* que 3478
13.4 como zorras...fueron tus profetas, oh *I* 3478
13.5 un muro alrededor de la casa de *I*, para 3478
13.9 inscritos en el libro de la casa de *I* 3478
13.9 ni a la tierra de *I* volverán; y sabréis 3478
13.16 profetas de *I* que profetizan acerca 3478
14.1 vinieron...algunos de los ancianos de *I* 3478
14.4,7 cualquier hombre de la casa de *I* que 3478
14.5 tomar a la casa de *I* por el corazón, ya 3478
14.6 di a la casa de *I*...Convertíos, y volveos 3478
14.7 de los extranjeros que moran en *I*, que 3478
14.9 los destruiré de en medio de mi pueblo *I* 3478
14.11 para que la casa de *I* no se desvíe más 3478
17.2 y compón una parábola a la casa de *I* 3478
17.23 en el monte alto de *I* lo plantaré, y 3478
18.2 usáis este refrán sobre la tierra de *I* 3478
18.3 tendréis por qué usar este refrán en *I* 3478
18.6,15 ojos a los ídolos de la casa de *I* 3478
18.25 casa de *I*: ¿No es recto mi camino? ¿no 3478
18.29 aún dijere la casa de *I*: No es recto 3478
18.29 ¿no son rectos mis caminos, casa de *I*? 3478
18.30 yo os juzgaré a cada uno...oh casa de *I* 3478
18.31 espíritu...¿Por qué moriréis, casa de *I*? 3478
19.1 levanta endecha sobre...príncipes de *I* 3478
19.9 no se oyese más sobre los montes de *I* 3478
20.1 vinieron...ancianos de *I* a consultar a 3478
20.3 habla a los ancianos de *I*, y diles: Así 3478
20.5 día que escogí a *I*, y que alcé mi mano 3478
20.13 se rebeló contra mí la casa de *I* en el 3478
20.27 habla a la casa de *I*, y diles: Así ha 3478
20.30 di...a la casa de *I*: Así ha dicho Jehová 3478
20.31 ¿y he de responderos yo, casa de *I*? 3478
20.38 mas a la tierra de *I* no entraréis; y 3478
20.39 a vosotros, oh casa de *I*, así ha dicho 3478
20.40 mi santo monte en el alto monte de *I* 3478
20.40 servirá toda la casa de *I*, toda ella 3478
20.42 cuando os haya traído a la tierra de *I* 3478
20.44 vuestras perversas obras...casa de *I* 3478
21.2 hijo...profetiza contra la tierra de *I* 3478
21.3 dirás a la tierra de *I*: Así ha dicho 3478
21.12 será...sobre todos los príncipes de *I* 3478
21.25 príncipe de *I*, cuyo día ha llegado ya 3478
22.6 los príncipes de *I*...en derramar sangre 3478
22.18 la casa de *I* se me ha convertido en 3478
24.21 di a...*I*: Así ha dicho Jehová el Señor 3478
25.3 y la tierra de *I* era asolada, y llevada 3478
25.6 todo tu menosprecio para la tierra de *I* 3478
25.14 mi venganza contra Edom en manos de...*I* ... 3478
27.17 y la tierra de *I* comerciaban contigo 3478
28.24 nunca más será a la casa de *I* espina 3478
28.25 cuando recoja...*I* de los pueblos entre 3478
29.6 fueron báculo de caña a la casa de *I* 3478
29.16 no será ya...para la casa de *I* apoyo de 3478
29.21 haré retoñar el poder de la casa de *I* 3478
33.7 he puesto por atalaya a la casa de *I* 3478
33.10 di a...*I*: Vosotros habéis hablado así 3478
33.11 volveos...qué moriréis, oh casa de *I*? 3478
33.20 os juzgaré, oh casa de *I*, a cada uno 3478
33.24 los que habitan aquellos lugares...de *I* 3478
33.28 los montes de *I* serán asolados hasta 3478
34.2 profetiza contra los pastores de *I*...di 3478
34.2 ¡ay...pastores de *I*, que se apacientan a 3478
34.13 las apacentaré en los montes de *I*, por 3478
34.14 en los...montes de *I* estará su aprisco 3478
34.14 serán apacentadas sobre...montes de *I* 3478
34.30 ellos son mi pueblo, la casa de *I*, dice 3478
35.5 entregaste a los hijos de *I* al poder de 3478
35.12 tus injurias...contra los montes de *I* 3478
35.15 alegraste sobre la heredad...casa de *I* 3478
36.1 hijo...profetiza a los montes de *I*, y di 3478
36.1,4 montes de *I*, oíd palabra de Jehová 3478
36.6 profetiza sobre la tierra de *I*, y di a 3478
36.8 oh montes de *I*, daréis vuestras ramas 3478
36.8 y llevaréis vuestro fruto...mi pueblo *I* 3478
36.10 haré multiplicar...a toda la casa de *I* 3478
36.12 haré andar hombres sobre vosotros...*I* 3478

36.17 mientras la...de *I* moraba en su tierra 3478
36.21 profanado por la casa de *I* entre las 3478
36.22 di a la casa de *I*: Así ha dicho Jehová 3478
36.22 no lo hago por vosotros, oh casa de *I* 3478
36.32 por vuestras iniquidades, casa de *I* 3478
36.37 aún seré solicitado por la casa de *I* 3478
37.11 todos estos huesos son la casa de *I* 3478
37.12 haré subir...traeré a la tierra de *I* 3478
37.16 para Judá, y para los hijos de *I* sus 3478
37.16 para José...para toda la casa de *I* sus 3478
37.19 las tribus de *I* sus compañeros, y los 3478
37.21 yo tomo a los hijos de *I* de entre las 3478
37.22 los haré una nación...en los montes de *I* 3478
37.28 y sabrán...que yo Jehová santifico a *I* 3478
38.8 vendrás a...los montes de *I*, que siempre 3478
38.14 cuando...*I* habite con seguridad, ¿no lo 3478
38.16 subirás contra mi...*I* como nublado para 3478
38.17 de quien hablé...por...los profetas de *I* 3478
38.18 cuando venga Gog contra la tierra de *I* 3478
38.19 habrá gran temblor sobre la tierra de *I* 3478
39.2 haré...y te traeré sobre los montes de *I* 3478
39.4 los montes de *I* caerás tú y todas tus 3478
39.7 notorio mi santo nombre en medio de...*I* 3478
39.7 sabrán...que yo soy Jehová, el Santo en *I* 3478
39.9 moradores de...*I* saldrán, y encenderán 3478
39.11 daré a Gog lugar para sepultura...en *I* 3478
39.12 y la casa de *I* los estará enterrando 3478
39.17 un sacrificio...sobre los montes de *I* 3478
39.22 sabrá la casa de *I* que yo soy Jehová 3478
39.23 la casa de *I* fue llevada cautiva por 3478
39.25 tendré misericordia de...la casa de *I* 3478
39.29 derramado de mi Espíritu sobre la...de *I* 3478
40.2 me llevó a la tierra de *I*, y me puso 3478
40.4 cuenta todo lo que ves a la casa de *I* 3478
43.2 la gloria del Dios de *I*, que venía del 3478
43.7 el cual habitaré entre los hijos de *I* 3478
43.7 nunca...profanará la casa de *I* mi santo 3478
43.10 hijo...muestra a la casa de *I* esta casa 3478
44.2 porque Jehová Dios de *I* entró por ella 3478
44.6 y dirás a los rebeldes, a la casa de *I* 3478
44.6 basta ya...abominaciones, oh casa de *I* 3478
44.9 extranjeros que...entre los hijos de *I* 3478
44.10 se apartaron de mí cuando *I* se alejó 3478
44.12 fueron a la casa de *I* por tropezadero 3478
44.15 cuando los hijos de *I* se apartaron de 3478
44.22 tomará virgen...linaje de la casa de *I* 3478
44.28 pero no les daréis posesión en *I*; yo 3478
44.29 toda cosa consagrada en *I* será de ellos 3478
45.6 la ciudad...será para toda la casa de *I* 3478
45.8 esta tierra tendrá por posesión en *I* 3478
45.8 la tierra a la casa de *I* conforme a sus 3478
45.9 ¡basta ya, oh príncipes de *I*! Dejad la 3478
45.15 y una cordera...de las engordadas de *I* 3478
45.16 a dar...ofrenda para el príncipe de *I* 3478
45.17 en todas las fiestas de la casa de *I* 3478
45.17 para hacer expiación por la casa de *I* 3478
47.13 repartiréis...entre las 12 tribus de *I* 3478
47.18 medio...de Galaad y de la tierra de *I* 3478
47.21 entre vosotros según las tribus de *I* 3478
47.22 como naturales entre los hijos de *I* 3478
47.22 tener heredad entre las tribus de *I* 3478
48.11 no erraron cuando erraron los hijos de *I* 3478
48.19 que sirvan...serán de...las tribus de *I* 3478
48.29 que repartiréis por...a las tribus de *I* 3478
48.31 según los nombres de las tribus de *I* 3478
Dn 1.3 trajese de los hijos de *I*, del linaje 3478
9.7 todo *I*, los de cerca y los de lejos, en 3478
9.11 *I* traspasó tu ley apartándose para no 3478
9.20 y confesando...el pecado de mi pueblo *I* 3478
Os 1.1 días de Jeroboam hijo de Joás, rey de *I* 3478
1.4 y haré cesar el reino de la casa de *I* 3478
1.5 en aquel día quebraré yo el arco de *I* en 3478
1.6 no me compadeceré más de la casa de *I* 3478
1.10 será el número de los hijos de *I* como 3478
1.11 se congregarán los hijos de Judá y de *I* 3478
3.1 como el amor de...para con los hijos de *I* 3478
3.4 porque...estarán los hijos de *I* sin rey 3478
3.5 volverán los hijos de *I*, y buscarán a 3478
4.1 oíd palabra de Jehová, hijos de *I*, porque 3478
4.15 si fornicas...*I*, a lo menos no peque Judá 3478
4.16 como novilla indómita se apartó *I*; ¿los 3478
5.1 estad atentos, casa de *I*, y casa del rey 3478
5.3 *I* no me es desconocido; porque ahora, oh 3478
5.3 te has prostituido, y se ha contaminado *I* 3478
5.5 la soberbia de *I* le desmentirá en su cara 3478
5.5 *I* y Efraín tropezarán en...pecado, y Judá 3478
5.9 las tribus de *I* hice conocer la verdad 3478
6.10 en la casa de *I* he visto inmundicia; allí 3478
6.10 allí fornicó Efraín, y se contaminó *I* 3478
7.1 mientras curaba yo a *I*, se descubrió la 3478
7.10 la soberbia de *I* testificará contra él 3478
8.2 clamará *I*: Dios mío, te hemos conocido 3478
8.3 *I* desechó el bien; enemigo lo perseguirá 3478
8.6 de *I* es también éste, y artífice lo hizo 3478
8.8 devorado será *I*; pronto será entre las 3478
8.14 olvidó, pues, *I* a su Hacedor, y edificó 3478
9.1 no te alegres...*I*, hasta saltar de gozo 3478
9.7 los días del castigo...e *I* lo conocerá 3478
9.10 como uvas en el desierto hallé a *I*; como 3478
10.1 *I* es una frondosa viña...abundante fruto 3478
10.6 Efraín...*I* se avergonzará de su consejo 3478
10.8 Avén serán destruidos, el pecado de *I* 3478
10.9 desde los días de Gabaa has pecado...*I* 3478
10.15 la mañana...del todo cortado el rey de *I* 3478
11.1 cuando *I* era muchacho, yo lo amé, y de 3478
11.8 oh Efraín? ¿Te entregaré yo, *I*? ¿Cómo 3478
11.12 rodeó Efraín...la casa de *I* de engaño 3478
12.12 *I* sirvió para adquirir mujer, y por 3478
12.13 Jehová hizo subir a *I* de Egipto, y por 3478
13.1 fue exaltado en *I*; mas pecó en Baal, y 3478
13.9 te perdiste, oh *I*, mas en mí está tu 3478
14.1 vuelve, oh *I*, a Jehová tu Dios; porque 3478
14.5 seré a *I* como rocío; él florecerá como 3478
Jl 2.27 conoceréis que en medio de *I* estoy yo 3478
3.2 a causa de...*I* mi heredad, a quien ellas 3478
3.16 será...la fortaleza de los hijos de *I* 3478
Am 1.1 Amós...profetizó acerca de *I* en días de 3478
1.1 días de Jeroboam hijo de Joás, rey de *I* 3478
2.6 por tres pecados de *I*, y por el cuarto 3478
2.11 es esto así, dice Jehová, hijos de *I*? 3478
3.1 que ha hablado Jehová contra...hijos de *I* 3478
3.12 así escaparán los hijos de *I* que moran 3478
3.14 el día que castigue las rebeliones de *I* 3478
4.5 así lo queréis, hijos de *I*, dice Jehová 3478
4.12 tanto, de esta manera te haré a ti, oh *I* 3478
4.12 para venir al encuentro de tu Dios, oh *I* 3478
5.1 esta palabra que yo levanto...casa de *I* 3478
5.2 cayó la virgen de *I*, y no...levantarse ya 3478
5.3 salga...volverá con diez, en la casa de *I* 3478
5.4 dice Jehová a la casa de *I*: Buscadme, y 3478
5.25 ¿me ofrecisteis...ofrendas...oh casa de *I*? 3478
6.1 ¡ay de...a los cuales acude la casa de *I*! 3478
6.14 oh casa de *I*, dice Jehová...levantaré yo 3478
7.8 pongo plomada...en medio de mi pueblo *I* 3478
7.9 los santuarios de *I* serán asolados, y me 3478
7.10 envió a decir a Jeroboam rey de *I*: Amós 3478
7.10 Amós se ha levantado...en medio de...*I* 3478
7.11 *I*...llevado de su tierra en cautiverio 3478
7.15 me dijo: Vé y profetiza a mi pueblo *I* 3478
7.16 dices: No profetices contra *I*, ni hables 3478
7.17 e *I* será llevado cautivo lejos de su 3478
8.2 ha venido el fin sobre mi pueblo *I*, no 3478
9.7 hijos de *I*, ¿no me sois vosotros como 3478
9.7 ¿no hice yo subir a *I* de la tierra de 3478
9.9 y haré que la casa de *I* sea zarandeada 3478
9.14 y traeré del cautiverio a mi pueblo *I* 3478
Abd 20 cautivos...de los hijos de *I* poseerán lo 3478
Mi 1.5 esto...por los pecados de la casa de *I* 3478
1.13 en vosotros se hallaron...rebeliones de *I* 3478
1.14 Aczib serán para engaño a los reyes de *I* 3478
1.15 aun...la flor de *I* huirá hasta Adulam 3478
2.12 recogeré ciertamente el resto de *I*; lo 3478
3.1 jefes de la casa de *I*: ¿No concierne a 3478
3.8 para denunciar a Jacob...y a *I* su pecado 3478
3.9 Oíd ahora esto, capitanes de la casa de *I* 3478
5.1 vara herirán en la mejilla al juez de *I* 3478
5.2 de ti me saldrá el que será Señor en *I* 3478
5.3 el resto...se volverá con los hijos de *I* 3478
6.2 Jehová tiene pleito...y altercará con *I* 3478
Nah 2.2 restaurará la gloria...la gloria de *I* 3478
Sof 2.9 dice...Dios de *I*, que Moab será como 3478
3.13 el remanente de *I* no hará injusticia ni 3478
3.14 Sion; da voces de júbilo, oh *I*; gózate 3478
3.15 Jehová es Rey de *I* en medio de ti; nunca 3478
Zac 1.19 los cuernos que dispersaron a...a *I* 3478
8.13 que como fuisteis maldición...casa de *I* 3478
9.1 a Jehová deben mirar los...las tribus de *I* 3478
11.14 romper la hermandad entre Judá e *I* 3478,3478
12.1 profecía de la palabra de Jehová...de *I* 3478
Mal 1.1 profecía...palabra de Jehová contra *I* 3478
1.5 engrandecido más allá de...límites de *I* 3478
2.11 en *I* y en...se ha cometido abominación 3478
2.16 Dios de *I* ha dicho que él aborrece el 3478
4.4 al cual encargué en...leyes para todo *I* 3478
Mt 2.6 guiador, que apacentará a mi pueblo *I* *2474*
2.20 toma al niño y a...y vete a tierra de *I* *2474*
2.21 tomó al niño y a...y vino a tierra de *I* *2474*
8.10 **digo, que ni aun en *I* he hallado tanta fe** *2474*
9.33 nunca se ha visto cosa semejante en *I* *2474*
10.6 **id antes a las ovejas perdidas de la...*I*** *2474*
10.23 **de recorrer todas las ciudades de *I*** *2474*
15.24 **a las ovejas perdidas de la casa de *I*** *2474*
15.31 la multitud...glorificaban al Dios de *I* *2474*
19.28 **para juzgar a las doce tribus de *I*** *2474*
27.9 según precio puesto por los hijos de *I* *2474*
27.42 si es el Rey de *I*, descienda ahora de *2474*
Mr 12.29 ***I*; el Señor nuestro Dios, el Señor** *2474*
15.32 el Cristo, Rey de *I*, descienda ahora de *2474*
Lc 1.16 hijos de *I* se conviertan al Señor de *2474*
1.54 socorrió a *I* su siervo, acordándose de *2474*
1.68 el Señor Dios de *I*, que ha visitado y *2474*
1.80 hasta el día de su manifestación a *I* *2474*
2.25 Simeón...esperaba la consolación de *I* *2474*
2.32 revelación a...y gloria de tu pueblo *I* *2474*
2.34 caída y...levantamiento de muchos en *I* *2474*
4.25 **muchas viudas había en *I* en los días de** *2474*
4.27 **muchos leprosos había en *I* en tiempo de** *2474*
7.9 **digo que ni aun en *I* he hallado tanta fe** *2474*
22.30 **tronos juzgando a las doce tribus de *I*** *2474*
24.21 que él era el que había de redimir a *I* *2474*
Jn 1.31 para que fuese manifestado a *I*, por *2474*
1.49 tú eres el Hijo de Dios...el Rey de *I* *2474*
3.10 **¿eres tú maestro de *I*, y no sabes esto?** *2474*
12.13 ¡bendito el que viene en...el Rey de *I*! *2474*
Hch 1.6 ¿restaurarás el reino a *I* en...tiempo? *2474*
2.36 sepa...la casa de *I*, que a este Jesús *2474*
4.8 les dijo: Gobernantes...y ancianos de *I* *2474*
4.10 sea notorio a...y a todo el pueblo de *I* *2474*
4.27 unieron...los gentiles y el pueblo de *I* *2474*
5.21 a todos los ancianos de los hijos de *I* *2474*
5.31 para dar a *I* arrepentimiento y perdón *2474*
7.23 visitar a sus hermanos, los hijos de *I* *2474*
7.37 que dijo a los hijos de *I*: Profeta os *2474*
7.42 me ofrecisteis víctimas y...Casa de *I*? *2474*
9.15 **nombre en presencia...de los hijos de *I*** *2474*
10.36 Dios envió mensaje a los hijos de *I* *2474*
13.17 el Dios de...*I* escogió a nuestros padres *2474*
13.23 Dios levantó a Jesús por Salvador a *I* *2474*
13.24 predicó Juan el...a todo el pueblo de *I* *2474*
28.20 por la esperanza de *I* estoy sujeto con *2474*
Ro 9.6 no todos los que descienden de *I* son *2474*
9.27 Isaías clama tocante a *I*: Si fuere el *2474*
9.27 fuere el número de los hijos de *I* como *2474*
9.31*I*, que iba tras una ley de justicia, no *2474*
10.1 el anhelo de...y mi oración a Dios por *I* *2474*
10.19 también digo: ¿No ha conocido esto *I*? *2474*
10.21 acerca de *I* dice: Todo el día extendí *2474*
11.2 cómo invoca a Dios contra *I*, diciendo *2474*
11.7 lo que buscaba *I*, no lo ha alcanzado *2474*
11.11 ¿han tropezado...de *I* para que cayesen? *2474*
11.25 acontecido a *I* endurecimiento en parte *2474*
11.26 todo *I* será salvo, como está escrito *2474*
1 Co 10.18 mirad a *I* según la carne; los que *2474*
2 Co 3.7 los hijos de *I* no pudieron fijar la *2474*
3.13 los hijos de *I* no fijarán la vista en *2474*
Gá 6.16 paz y misericordia sea...al *I* de Dios *2474*
Ef 2.12 alejados de la ciudadanía de *I* y ajenos *2474*
Fil 3.5 linaje de *I*, de la tribu de Benjamín *2474*
He 8.8 que estableceré con la casa de *I* y la *2474*
8.10 es el pacto que haré con la casa de *I* *2474*
11.22 mencionó la salida de los hijos de *I* *2474*
Ap 2.14 **a poner tropiezo ante los hijos de *I*** *2474*
7.4 de todas las tribus de los hijos de *I* *2474*
21.12 de las doce tribus de los hijos de *I* *2474*

ISRAELITA *Descendiente de Israel (=Jacob No. 1)*
Éx 11.7 diferencia entre los egipcios y los *i* 3478
Lv 24.10 el hijo de una mujer *i*, el cual era 3482
24.10 el hijo de la *i* y un hombre de Israel 3478
24.11 hijo de la mujer *i* blasfemó el Nombre 3482
Jos 6.25 Rahab...habitó...entre los *i* hasta hoy 3478
7.25 los *i* los apedrearon, y los quemaron 3478
8.24 cuando los *i* acabaron de matar a todos 3478
8.24 todos los *i* volvieron a Hai, y también 3478
8.27 pero los *i* tomaron para sí las bestias 3478
10.1 de Gabaón habían hecho paz con los *i* 3478
10.11 mientras iban huyendo de los *i*, a la 3478
10.12 habló a...y dijo en presencia de los *i* 3478
11.23 la entregó Josué a los *i* por herencia 3478
13.6 repartirás...el país a los *i* por heredad 3478
13.13 Gesur y Maaca habitaron entre los *i* 3478
Jue 7.8 envió a...los *i* cada uno a su tienda 3478
8.22 los *i* dijeron a Gedeón: Sé nuestro señor 3478
9.55 cuando los *i* vieron muerto a Abimelec 3478
1 S 2.14 hacían con todo *i* que venía a Silo 3478
7.14 las ciudades que...habían tomado a los *i* 3478
14.21 se pusieron también del lado de los *i* 3478
14.22 todos los *i* que se habían escondido en 3478
2 S 15.6 de esta manera hacía con todos los *i* 3478
2 R 3.24 se levantaron los *i* y atacaron a los 3478
1 Cr 9.2 los primeros moradores que...fueron...*i* 3478
10.1 huyeron delante de ellos los *i*...Gilboa 3478
2 Cr 11.3 habla a...los *i* en Judá y Benjamín 3478
Neh 11.3 los *i*, los sacerdotes y levitas, los 3478
Jn 1.47 **he aquí un verdadero *i*, en quien no** *2475*
Hch 2.22 varones *i*, oíd estas palabras: Jesús *2475*
3.12 varones *i*, ¿por qué os maravilláis de *2475*
5.35 dijo: Varones *i*, mirad por vosotros lo *2475*
13.16 varones *i*, y los que teméis a Dios, oíd *2475*
21.28 ¡varones *i*, ayudad! Este es el hombre *2475*
Ro 9.4 son *i*, de los cuales son la adopción *2475*
9.6 porque no todos los que...de Israel son *i* *2474*
11.1 yo soy *i*, de la descendencia de Abraham *2475*
2 Co 11.22 *i*? Yo también...¿Son descendientes *2475*

ISRAHÍAS *Descendiente de Isacar*, 1 Cr 7.3 3156

IS-TOB *Ciudad y distrito en Haurán (=Tob)*
2 S 10.6 a sueldo a los...de *I* doce mil hombres 382
10.8 los sirios...de *I*...estaban aparte en el 382

ISÚA *Hijo de Aser*, Gn 46.17; 1 Cr 7.30 3438

ISÚI
1. Hijo de Aser, Gn 46.17; Nm 26.44; 1 Cr 7.30 3440
2. Hijo del rey Saúl, 1 S 14.49 3440

ISUITAS *Descendientes de Isúi No. 1*
Nm 26.44 3441

ITA-CAZIN *Población en la frontera de Zabulón*, Jos 19.13 6278

ITAI
1. Filisteo, amigo fiel de David
2 S 15.19 dijo el rey a *I*...¿Para qué vienes 863
15.21 respondió *I* al rey...Vive Dios, y vive 863
15.22 David dijo a *I*: Ven, pues, y pasa 863
15.22 y pasó *I* geteo, y todos sus hombres 863
18.2 una tercera parte al mando de *I* geteo 863
18.5 y el rey mandó...a *I*, diciendo: Tratad 863
18.12 el rey te mandó a ti...y a *I*, diciendo 863
2. Uno de los 30 valientes de David, 2 S 23.29; 1 Cr 11.31 863

ITALIA
Hch 18.2 un judío...Aquila...recién venido de *I* *2482*
27.1 decidió que habíamos de navegar para *I* *2482*
27.6 nave...que zarpaba para *I*, nos embarcó en *2482*
He 13.24 saludad a todos...Los de *I* os saludan *2482*

ITALIANA
Hch 10.1 centurión de la compañía llamada la *I* *2483*

ITAMAR *Cuarto hijo de Aarón*
Éx 6.23 la cual dio a luz...Abiú, Eleazar e *I* 385
28.1 harás llegar...Nadab, Abiú, Eleazar e *I* 385
38.21 bajo la dirección de *I* hijo del...Aarón 385
Lv 10.6,12 dijo a Aarón, y a Eleazar e *I* sus 385

10.16 se enojó contra Eleazar e *I*, los hijos 385
Nm 3.2 los hijos de Aarón... Abiú, Eleazar e *I* 385
3.4 y Eleazar e *I* ejercieron el sacerdocio 385
4.28,33 bajo la dirección de *I* hijo del 385
7.8 bajo la mano de *I* hijo del sacerdote Aarón 385
26.60 a Aarón le nacieron... Abiú, Eleazar e *I* 385
1 Cr 6.3; 24.1 los hijos de Aarón... Eleazar e *I* 385
24.2 Eleazar e *I* ejercieron el sacerdocio 385
24.3 David, con... Ahimelec de los hijos de *I* 385
24.4 había más varones... que de los hijos de *I* 385
24.4 los hijos de *I*, por sus casas paternas 385
24.5 y de los hijos de *I* hubo príncipes del 385
24.6 designando por suerte una... y otra para *I* 385
Esd 8.2 los hijos de *I*, Daniel; de los hijos 385

ITIEL
1. Ascendiente de Salú No. 1, Neh 11.7 384
2. Una de dos personas a las cuales dirigió Agur su profecía, Pr 30.1 384

ITMA *Moabita, uno de los valientes de David*, 1 Cr 11.46 3495

ITNÁN *Ciudad en Judá*, Jos 15.23 3497

ITRA *Padre de Amasa (=Jeter No. 2), 2 S 17.25* ... 3501

ITRÁN
1. Hijo de Disán, Gn 36.26; 1 Cr 1.41 3506
2. Descendiente de Aser, 1 Cr 7.37 3506

ITREAM *Hijo de David*, 2 S 3.5; 1 Cr 3.3 3507

ITRITA *Habitante de Quiriat-jearim*, 2 S 23.38; 1 Cr 2.53; 11.40 3505

ITUREA *Región al noreste de Galilea*, Lc 3.1 ..... *2484*

IVA *Ciudad conquistada por Senaquerib*
2 R 18.34 ¿dónde está el dios... Hena, y de *I*? 5755
19.13; Is 37.13 ¿dónde está el rey... de *I*? 5755

IZAR
Hch 27.40 e *izada* al viento la vela de proa *1869*

IZHAR *Hijo de Coat*, Éx 6.18,21; Nm 3.19; 16.1; 1 Cr 6.2,18,38; 23.12,18 3324

IZHARITAS *Descendientes de Izhar*, Nm 3.27; 1 Cr 24.22; 26.23,29 3325

IZQUIERDO, A
Gn 13.9 si fueres a la mano *i*, yo iré a la 8040
13.9 si fueres... a la derecha, yo iré a la *i* 8040
48.13 Efraín... *i* de Israel, y Manasés a su *i* 8040
48.14 su mano *i* sobre la cabeza de Manasés 8040
Éx 14.22,29 teniendo las aguas como muro... *i* 8040
Lv 14.15 echará sobre la palma de su mano *i* 8040
14.16 en el aceite que tiene en su mano *i* 8040
14.26 del aceite sobre la palma de su mano *i* 8040
14.27 rociará... aceite que tiene en su mano *i* 8040
Nm 22.26 para apartarse ni a derecha ni a *i* 8040
Jue 3.21 alargó Aod su mano *i*, y tomó el puñal 8040
7.20 tomaron en la mano *i* las teas, y en la 8040
16.29 derecha sobre una y su mano *i* sobre la 8040
1 S 6.12 sin apartarse ni a derecha ni a *i* 8040
2 S 2.19 Asael, apartarse ni a derecha ni a *i* 8040
2.21 le dijo: Apártate a la derecha o a la *i* 8040
14.19 no hay que apartarse a... ni a *i* de todo 8040
16.6 los hombres valientes estaban... a su *i* 8040
1 R 7.21 la columna del lado *i*, llamó... Boaz 8040
7.39 y las otras cinco a la mano *i*; y colocó 8040
7.49 y otros cinco a la *i*, frente al lugar 8040
22.19 todo el ejército... su derecha y a su *i* 8040
2 R 11.11 hasta el lado *i*, junto al altar y el 8040
22.2 anduvo... sin apartarse a derecha ni a *i* 8040
23.8 a la mano *i*, a la puerta de la ciudad 8040
1 Cr 6.44 la mano *i* estaban sus hermanos los 8040
2 Cr 3.17 y otra a la *i*... y a la de la *i*, Boaz 8040
4.6 diez fuentes... 5 a la derecha y 5 a la *i* 8040
4.7 candeleros de... 5 a la derecha y 5 a la *i* 8040
4.8 hizo 10 mesas... 5 a la derecha y 5 a la *i* 8040
18.18 ejército... estaba a su mano... y a su *i* 8040
23.10 desde el rincón derecho del... hasta el *i* 8040
34.2 sin apartarse a la derecha ni a la *i* 8040
Neh 8.4 Esdras... a su mano *i*, Pedaías, Misael 8040
Pr 3.16 derecha; en su *i*, riquezas y honra 8040
4.27 no te desvíes a la derecha ni a la *i* 8040
Ec 10.2 mas el corazón del necio a su mano *i* 8040
Cnt 2.6; 8.3 su *i* esté debajo de mi cabeza, y 8040
Is 9.20 tendrá hambre, y comerá a la *i*, y no 8040
30.21 derecha, ni tampoco torzáis a la mano *i* 8040
54.3 extenderás a la mano derecha y a la... *i* 8040
Ez 1.10 y cara de buey a la *i* en los cuatro 8040
4.4 te acostarás sobre tu lado *i*, y pondrás 8040
21.16 corta a la derecha, hiere... *i*, adonde 8040
39.3 sacaré tu arco de tu... *i*, y derribaré tus 8040
Jon 4.11 no saben discernir entre... su mano *i* 8040
Zac 4.3 el uno a la derecha, y el otro a su *i* 8040
4.11 dos olivos a la derecha del... y a su *i*? 8040
Mt 6.3 **no sepa tu *i* lo que hace tu derecha** *710*
20.21 **el uno a tu derecha, y el otro a tu *i*** *2176*
20.23 **el sentaros a... a mi *i*, no es mío darlo** *2176*
25.33 **a su derecha, y los cabritos a su *i*** *2176*
25.41 **también a los de la *i*: Apartaos de mí** *2176*
27.38 dos... uno a la derecha, y otro a la *i* *2176*
Mr 10.37 uno a tu derecha, y el otro a tu *i* *2176*
10.40 **el sentaros... a mi *i*, no es mío darlo** *2176*
15.27 dos... uno a su derecha, y el otro a su *i* *2176*
Lc 23.33 los malhechores, uno... y otro a la *i* *710*
Hch 21.3 al avistar Chipre, dejándola a mano *i* *2176*
Ap 10.2 sobre el mar, y el *i* sobre la tierra *2176*

IZRAHÍAS *Director de cantores*, Neh, 12.42 3156

IZRAÍTA *Sobrenombre de Samhut*, 1 Cr 27.8 3155

IZRI *Músico en el templo (=Zeri)*, 1 Cr 25.11 3340

J

JAACÁN *Hijo de Ezer, jefe edomita*, 1 Cr 1.42 3292

JAACOBA *Príncipe de la tribu de Simeón*, 1 Cr 4.36 3291

JAALA *Padre de una familia de siervos de Salomón*, Esd 2.56; Neh 7.58 3279

JAALAM *Hijo de Esaú*, Gn 36.5,14,18; 1 Cr 1.35 .. 3281

JAANAI *Descendiente de Gad*, 1 Cr 5.12 3285

JAARE-OREGIM *Padre de Elhanán No. 1 (=Jair No. 3)*, 2 S 21.19 3296

JAASAI *Uno de los que se casaron con mujeres extranjeras en tiempo de Esdras*, Esd 10.37 ... 3299

JAASIEL
1. Uno de los 30 valientes de David, 1 Cr 11.47 3300
2. Hijo de Abner y oficial de David, 1 Cr 27.21 3300

JAAZANÍAS
1. Uno que quedó en Judá con Gedalías después de la derrota de Jerusalén, 2 R 25.23 2970
2. Recabita que rehusó tomar vino, Jer 35.3 2970
3. Hijo de Safán, anciano idólatra en una visión de Ezequiel, Ez 8.11 2970
4. Hijo de Azur, anciano en otra visión de Ezequiel, Ez 11.1 2970

JAAZÍAS *Levita, descendiente de Merari*, 1 Cr 24.26,27 3269

JAAZIEL *Levita del segundo orden (=Aziel)*, 1 Cr 15.18 3268

JABAL *Primogénito de Lamec y Ada*, Gn 4.20 2989

JABALINA
1 S 17.6 traía... *j* de bronce entre sus hombros 3591
17.45 tú vienes a mí con espada y lanza y *j* 3591
Job 39.23 contra él suenan la aljaba... y de la *j* 3591
41.29 arma... y del blandir de la *j* se burla 3591
Jer 6.23 arco y *j* empuñarán; crueles son, y 3591

JABES
1. Ciudad en Galaad (=Jabes de Galaad y Jabes-galaad)
1 S 11.1 todos los de *J* dijeron a Nahas: Haz 3003
11.3 ancianos de *J* le dijeron: Danos siete 3003
11.5 le contaron las palabras de los... de *J* 3003
11.9 diréis a los de *J*... lo anunciaron a... *J* 3003
11.10 los de *J* dijeron a los enemigos: Mañana 3003
31.12 los cuerpos... viniendo a *J*, los quemaron 3003
31.13 los sepultaron debajo de un árbol en *J* 3003
1 Cr 10.12 los cuerpos de... los trajeron a *J* 3003
10.12 y enterraron sus huesos... encina en *J* 3003
2. Padre del rey Salum, 2 R 15.10,13,14 3003
3. Lugar en Judá, cerca de Belén, 1 Cr 2.55 3003
4. Descendiente de Judá
1 Cr 4.9 *J* fue más ilustre que sus hermanos 3003
4.9 al cual su madre llamó *J*, diciendo: Por 3003
4.10 invocó *J* al Dios de Israel, diciendo 3003

JABES DE GALAAD *(=Jabes No. 1 y Jabes-galaad)*
1 S 11.1 subió Nahas amonita y acampó contra *J*. 3003,1568
11.9 diréis a los de *J*: Mañana al calentar el ... 3003,1568
31.11 oyendo los de *J* esto que los filisteos 3003,1568
2 S 2.4 los de *J* son los que sepultaron a Saúl 3003,1568
2.5 envió David mensajeros a... de *J* 3003,1568
21.12 fue y tomó los huesos de Saúl... de *J* 3003,1568
1 Cr 10.11 y oyendo todos los de *J* lo que los 3003,1568

JABES-GALAAD *(=Jabes No. 1 y Jabes de Galaad)*
Jue 21.8 ninguno de *J* había venido... reunión 3003,1568
21.9 no hubo... varón de los moradores de *J* ... 3003,1568
21.10 herid a... espada a los moradores de *J* .. 3003,1568
21.12 y hallaron de los moradores de *J* 400 3003,1568
21.14 las que habían guardado vivas de... *J* ... 3003,1568

JABÍN
1. Rey de Hazor, Jos 11.1 2985
2. Rey de Canaán
Jue 4.2 los vendió en mano de *J* rey de Canaán 2985
4.7 Sisara, capitán del ejército de *J*, con 2985
4.17 había paz entre *J*... y la casa de Heber 2985
4.23 así abatió Dios aquel día a *J*, rey de 2985
4.24 fue endureciéndose más y más contra *J* 2985
Sal 83.9 como a... a *J* en el arroyo de Cisón 2985

JABNEEL
1. Lugar en la frontera de Judá (=Jabnia), Jos 15.11 ... 2995
2. Aldea en Neftalí, Jos 19.33 2995

JABNIA = *Jabneel No. 1*, 2 Cr 26.6 2996

JABOC *Río tributario del Jordán*
Gn 32.22 y se levantó... y pasó el vado de *J* 2999
Nm 21.24 tomó su tierra desde Arnón hasta *J* 2999
Dt 2.37 que está a la orilla del arroyo de *J* 2999
3.16 medio del valle, hasta el arroyo de *J* 2999
Jos 12.2 el arroyo de *J*, término de... de Amón 2999
Jue 11.13 tomó mi tierra... desde Arnón hasta *J* 2999
11.22 desde Arnón hasta *J*, y desde el desierto 2999

JABÓN
Pr 25.20 como... que sobre el *j* echa vinagre
Jer 2.22 te laves con lejía, y amontones *j* 1287
Mal 3.2 es como fuego... como *j* de lavadores 1287

JACÁN *Descendiente de Gad*, 1 Cr 5.13 3275

JACINTO
Éx 28.19; 39.12 la tercera hilera, un *j*, una 3958
Est 1.6 sobre losado... y de alabastro y de *j*
Cnt 5.14 como anillos de oro engastados de *j* 8658
Ap 21.20 undécimo, *j*; el duodécimo, amatista *5192*

JACOB
1. Patriarca, hijo de Isaac (=Israel); a veces su posteridad
Gn 25.26 salió su... y fue llamado su nombre *J* 3290
25.27 *J* era varón quieto, que habitaba en 3290
25.28 amó Isaac a Esaú... Rebeca amaba a *J* 3290
25.29 guisó *J* un potaje; y volviendo Esaú del 3290
25.30 a *J*: Te ruego que me des a comer de ese 3290
25.31 y *J* respondió: Véndeme en este día tu 3290
25.33 dijo *J*: Júramelo en este día. Y él le 3290
25.33 le juró, y vendió a *J* su primogenitura 3290
25.34 *J* dio a Esaú pan y del guisado de las 3290
27.6 Rebeca habló a *J* su hijo, diciendo: He 3290
27.11 y *J* dijo a Rebeca su madre: He aquí 3290
27.15 vestidos... y vistió a *J* su hijo menor 3290
27.17 y entregó los guisados... en manos de *J* 3290
27.19 y *J* dijo a su padre: Yo soy Esaú tu 3290
27.21 Isaac dijo a *J*: Acércate ahora, y te 3290
27.22 se acercó *J* a su padre Isaac... le palpó 3290
27.22 la voz es la voz de *J*, pero las manos 3290
27.24 ¿eres tu... Esaú? Y *J* respondió: Yo soy 3290
27.25 *J* se la acercó, e Isaac comió; le trajo 3290
27.27 y *J* se acercó, y le besó; y olió Isaac 3290
27.30 acabó de bendecir a *J*... había salido *J* 3290
27.36 bien llamaron su nombre *J*, pues ya me 3290
27.41 aborreció Esaú a *J* por la bendición con 3290
27.41 Esaú... dijo... yo mataré a mi hermano *J* 3290
27.42 y llamó a *J* su hijo menor, y le dijo 3290
27.46 si *J* toma mujer de las hijas de Het 3290
28.1 entonces Isaac llamó a *J*, y lo bendijo 3290
28.5 envió Isaac a *J*, el cual fue... a Labán 3290
28.5 hermano de Rebeca madre de *J* y de Esaú 3290
28.6 y vio... cómo Isaac había bendecido a *J* 3290
28.7 y que *J* había obedecido a su padre y a 3290
28.10 salió... *J* de Beerseba, y fue a Harán 3290
28.16 y despertó *J* de su sueño, y dijo 3290
28.18 levantó *J* de mañana, y tomó la piedra 3290
28.20 hizo *J* voto, diciendo: Si fuere Dios 3290
29.1 siguió luego *J* su camino, y fue a la 3290
29.4 dijo *J*: Hermanos míos, ¿de dónde sois? 3290
29.10 cuando *J* vio a Raquel, hija de Labán 3290
29.10 se acercó *J* y removió la piedra de la 3290
29.11 *J* besó a Raquel, y alzó su voz y lloró 3290
29.12 *J* dijo a Raquel que él era hermano de 3290
29.13 que oyó Labán las nuevas de *J*, hijo de 3290
29.15 entonces dijo Labán a *J*: ¿Por ser tú 3290
29.18 *J* amó a Raquel, y dijo: Yo te serviré 3290
29.20 así sirvió *J* por Raquel siete años 3290
29.21 dijo *J* a Labán: Dame mi mujer, porque 3290
29.25 y *J* dijo a Labán: ¿Qué es esto que me 3290
29.28 e hizo *J* así, y cumplió la semana de 3290
30.1 viendo Raquel que no daba hijos a *J*, tuvo 3290
30.1 tuvo envidia... y decía a *J*: Dame hijos 3290
30.2 *J* se enojó contra Raquel, y dijo: ¿Soy 3290
30.4 así le dio a Bilha... *J* se llegó a ella 3290
30.5 concibió Bilha, y dio a luz un hijo a *J* 3290
30.7 Bilha la... dio a luz un segundo hijo a *J* 3290
30.9 tomó a Zilpa su... y la dio a *J* por mujer 3290
30.10 Zilpa sierva de... dio a luz un hijo a *J* 3290
30.12 sierva de Lea dio a luz otro hijo a *J* 3290
30.16 cuando, pues, *J* volvía del campo a la 3290
30.17 a Lea... y dio a luz el quinto hijo a *J* 3290
30.19 otra vez... dio a luz el sexto hijo a *J* 3290
30.25 que *J* dijo a Labán: Envíame e iré a 3290
30.31 te daré? Y respondió *J*: No me des nada 3290
30.36 de camino entre sí y *J*; y *J* apacentaba 3290
30.37 tomó luego *J* varas verdes de álamo, de 3290
30.40 apartaba *J* los corderos, y ponía con 3290
30.41 *J* ponía las varas delante de... ovejas 3290
30.42 para Labán, y las más fuertes para *J* 3290
31.1 y oía *J* las palabras de los hijos de 3290
31.1 *J* ha tomado todo lo que era de... padre 3290
31.2 miraba... *J* el semblante de Labán, y veía 3290
31.3 Jehová dijo a *J*: Vuélvete a la tierra 3290
31.4 envió, pues, *J*, y llamó a Raquel y a Lea 3290
31.11 me dijo el ángel de Dios... *J*. Y yo dije 3290
31.17 se levantó *J*, y subió sus hijos y sus 3290
31.20 *J* engañó a Labán arameo, no... que se iba ... 3290
31.22 fue dicho a Labán que *J* había huido 3290

31.23 fue tras *J* camino de siete días, y le 3290
31.24 y le dijo: Guárdate que no hables a *J* 3290
31.25 alcanzó, pues, Labán a *J*; y éste había 3290
31.26 y dijo Labán a *J*: ¿Qué has hecho, que 3290
31.29 habló...no hables a *J* descomedidamente 3290
31.31 respondió *J* y dijo a Labán...tuve miedo 3290
31.32 *J* no sabía que Raquel...había hurtado 3290
31.33 entró Labán en la tienda de *J*...de Lea 3290
31.36 *J* se enojó, y riñó...respondió *J* y dijo 3290
31.43 respondió Labán y dijo a *J*: Las hijas 3290
31.45 *J* tomó una piedra, y la levantó por 3290
31.46 dijo *J* a sus hermanos: Recoged piedras 3290
31.47 Jegar Sahaduta; y lo llamó *J*, Galaad 3290
31.51 dijo...Labán a *J*: He aquí este majano 3290
31.53 *J* juró por aquel a quien temía Isaac 3290
31.54 *J* inmoló víctimas en el monte, y llamó 3290
32.1 *J* siguió su camino, y le salieron al 3290
32.2 dijo *J* cuando los vio: Campamento de 3290
32.3 envió *J* mensajeros delante de...a Esaú 3290
32.4 dice tu siervo *J*: Con Labán he morado 3290
32.6 los mensajeros volvieron a *J*, diciendo 3290
32.7 *J* tuvo gran temor, y se angustió: y 3290
32.9 dijo *J*: Dios de mi padre Abraham, y Dios 3290
32.18 dirás: Es un presente de tu siervo *J* 3290
32.20 aquí tu siervo *J* viene tras nosotros 3290
32.24 quedó *J* solo; y luchó con él un varón 3290
32.25 tocó...y se descoyuntó el muslo de *J* 3290
32.26 y *J* le respondió: No te dejaré, si no 3290
32.27 ¿cuál es tu nombre? Y él respondió: *J* 3290
32.28 no se dirá...tu nombre *J*, sino Israel 3290
32.29 *J* le preguntó...Declárame...tu nombre 3290
32.30 y llamó *J* el nombre de...lugar, Peniel 3290
32.32 tocó a *J* este sitio de su muslo en el 3290
33.1 alzando *J* sus ojos, miró, y...venía Esaú 3290
33.8 y *J* respondió: El hallar gracia en los 3290
33.10 *J*: No, yo te ruego...acepta mi presente 3290
33.13 *J* le dijo: Mi señor sabe que los niños 3290
33.15 *J* dijo: ¿Para qué esto? Halle yo gracia 3290
33.17 y *J* fue a Sucot, y edificó allí casa 3290
33.18 *J* llegó...salvo a la ciudad de Siquem 3290
34.1 de Lea, la cual...había dado a luz a *J* 3290
34.5 oyó *J* que Siquem había amancillado a 3290
34.5 sus hijos...calló *J* hasta que...viniesen 3290
34.6 se dirigió Hamor...a *J*, para hablar con 3290
34.7 hijos de *J* vinieron del campo cuando lo 3290
34.7 hizo vileza...acostándose con la hija de *J* 3290
34.13 respondieron los hijos de *J* a Siquem 3290
34.19 porque la hija de *J* le había agradado 3290
34.25 dos de los hijos de *J*, Simeón y Leví 3290
34.27 los hijos de *J* vinieron a los muertos 3290
34.30 dijo *J* a Simeón y a Leví: Me habéis 3290
35.1 dijo Dios a *J*: Levántate y sube a Bet-el 3290
35.2 *J* dijo a su familia, a todos los que 3290
35.4 así dieron a *J* todos los dioses ajenos 3290
35.4 *J* los escondió debajo de una encina que 3290
35.5 y no persiguieron a los hijos de *J* 3290
35.6 y llegó *J* a Luz, que está en tierra de 3290
35.9 apareció otra vez Dios a *J*, cuando había 3290
35,10 tu nombre es *J*; no se llamará más...*J* 3290
35.14 *J* erigió una señal en el lugar donde 3290
35.15 llamó *J* el nombre de aquel lugar donde 3290
35.20 levantó *J* un pilar sobre su sepultura 3290
35.23 hijos de Lea: Rubén el primogénito de *J* 3290
35.26 fueron los hijos de *J*, que le nacieron 3290
35.27 vino *J* a Isaac su padre a Mamre, a la 3290
35.29 Isaac...lo sepultaron Esaú y *J* sus hijos 3290
36.6 Esaú...fue...separándose de *J* su hermano 3290
37.1 habitó *J* en la tierra donde...su padre 3290
37.2 esta es la historia de la familia de *J* 3290
37.34 *J* rasgó sus vestidos, y puso cilicio 3290
42.1 viendo *J* que en Egipto había alimentos 3290
42.4 mas *J* no envió a Benjamín, hermano de 3290
42.29 y venidos a *J* su padre en...de Canaán 3290
42.36 padre *J* les dijo: Me habéis privado de 3290
45.25 llegaron a la tierra de Canaán a *J* su 3290
45.26 el corazón de *J* se afligió, porque no 3290
45.27 viendo *J* los carros que José enviaba 3290
46.2 habló Dios a Israel en...y dijo: *J*, *J* 3290
46.5 se levantó *J*...y tomaron...a su padre *J* 3290
46.6 vinieron a Egipto, *J* y...su descendencia 3290
46.8 que entraron en Egipto, *J* y sus hijos 3290
46.8 en Egipto...Rubén, el primogénito de *J* 3290
46.15 hijos de Lea, los que dio a luz a *J* en 3290
46.18 los hijos de Zilpa...dio a luz éstos a *J* 3290
46.19 los hijos de Raquel, mujer de *J*: José 3290
46.22 los hijos de Raquel, que nacieron a *J* 3290
46.25 hijos de Bilha...dio a luz éstos a *J*...7 3290
46.26 personas que vinieron con *J* a Egipto 3290
46.26 sin las mujeres de los hijos de *J*...66 3290
46.27 todas las personas de la casa de *J*...70 3290
46.28 envió *J* a Judá delante de sí a José 3290
47.7 también José introdujo a *J* su padre, y 3290
47.7 José...lo presentó...*J* bendijo a Faraón 3290
47.8 dijo Faraón a *J*: ¿Cuántos son los días 3290
47.9 *J* respondió a Faraón: Los días de los 3290
47.10 y *J* bendijo a Faraón, y salió de la 3290
47.28 y vivió *J* en...Egipto diecisiete años 3290
47.28 fueron los días de *J*, los años de su 3290
48.2 se le hizo saber a *J*, diciendo: He aquí 3290
49.1 llamó *J* a sus hijos, y dijo: Juntaos, y 3290
49.2 juntaos y oíd, hijos de *J*, y escuchad 3290
49.7 yo los apartaré en *J*, y los esparciré 3290
49.24 brazos...por las manos del Fuerte de *J* 3290
49.33 y cuando acabó *J* de dar mandamientos a 3290
50.24 a la tierra que juró a Abraham...y a *J* 3290
Éx 1.1 son los...que entraron en Egipto con *J* 3290
1.5 personas que le nacieron a *J* fueron 70 3290
2.24 se acordó de su pacto con Abraham...y *J* 3290
3.6 yo soy el Dios de tu...Isaac, y Dios de *J* 3290
3.15 el Dios...de *J*, me ha enviado a vosotros 3290
3.16 el Dios de Isaac y de *J*, me apareció 3290
4.5 creerán que...te ha aparecido...Dios de *J* 3290
6.3 y aparecí a...y a *J* como Dios Omnipotente 3290
6.8 jurando que la daría a...a Isaac y a *J* 3290
19.3 así dirás a la casa de *J*, y anunciarás 3290
33.1 la tierra de la cual juré a...Isaac y *J* 3290
Lv 26.42 yo me acordaré de mi pacto con *J*, y 3290
Nm 23.7 ven, maldíceme a *J*, y ven, execra a 3290
23.10 ¿quién contará el polvo de *J*, o el 3290
23.21 no ha notado iniquidad en *J*...en Israel 3290
23.23 contra *J* no hay agüero, ni adivinación 3290
23.23 será dicho de *J* y de Israel: ¡Lo que ha 3290
24.5 ¡cuán hermosas son tus tiendas, oh *J* 3290
24.17 saldrá ESTRELLA de *J*, y se levantará 3290
24.19 de *J* saldrá el dominador, y destruirá 3290
32.11 tierra que prometí con juramento a...*J* 3290
Dt 1.8 la tierra que Jehová juró a...Isaac y *J* 3290
6.10 que juró a tus padres Abraham, Isaac y *J* 3290
9.5 la palabra que Jehová juró a...Isaac y *J* 3290
9.27 acuérdate de tus siervos...Isaac y *J*; no 3290
29.13 como lo juró a tus padres...Isaac y *J* 3290
30.20 la tierra que juró Jehová a...Isaac y *J* 3290
32.9 es su pueblo; *J* la heredad que le tocó 3290
33.4 ley, como heredad a la congregación de *J* 3290
33.10 ellos enseñarán tus juicios a *J*, y tu 3290
33.28 la fuente de *J* habitará sola en tierra 3290
34.4 esta es la tierra de que juré a...y a *J* 3290
Jos 24.4 a Isaac di *J* y Esaú. Y a Esaú di el 3290
24.4 pero *J* y sus hijos descendieron a Egipto 3290
24.32 campo que *J* compró de los...de Hamor 3290
1 S 12.8 cuando *J* hubo entrado en Egipto, y 3290
2 S 23.1 dijo David...el ungido del Dios de *J* 3290
1 R 18.31 número de las tribus de...hijos de *J* 3290
2 R 13.23 los miró, a causa de su pacto con 3290
17.34 los mandamientos que, a los hijos de *J* 3290
1 Cr 16.13 oh vosotros...de *J*, sus escogidos 3290
16.17 el cual confirmó a *J* por estatuto, y 3290
Sal 14.7 se gozará *J*, y se alegrará Israel 3290
20.1 el nombre del Dios de *J* te defienda 3290
22.23 glorificadle, descendencia toda de *J* 3290
24.6 los que buscan tu rostro, oh Dios de *J* 3290
44.4 Dios, eres mi rey; manda salvación a *J* 3290
46.7,11 nuestro refugio es el Dios de *J* 3290
47.4 elegirá...la hermosura de *J*, al cual amó 3290
53.6 hiciere...gozará *J*, y se alegrará Israel 3290
59.13 Dios gobierna en *J* hasta los fines de 3290
75.9 siempre...cantaré alabanzas al Dios de *J* 3290
76.6 a tu reprensión, oh Dios de *J*, el carro 3290
77.15 redimiste...a los hijos de *J* y de José 3290
78.5 estableció testimonio en *J*, y puso ley 3290
78.21 encendió el fuego contra *J*, y el furor 3290
78.71 para que apacentase a *J* su pueblo, y a 3290
79.7 porque han consumido a *J*, y su morada 3290
81.1 gozo...al Dios de *J* aclamad con júbilo 3290
81.4 estatuto es de...ordenanza del Dios de *J* 3290
84.8 oye mi oración; escucha, oh Dios de *J* 3290
85.1 oh Jehová; volviste la cautividad de *J* 3290
87.2 de Sion más que todas las moradas de *J* 3290
94.7 no verá JAH, ni entenderá el Dios de *J* 3290
99.4 tú has hecho en *J* juicio y justicia 3290
105.6 oh vosotros...hijos de *J*, sus escogidos 3290
105.10 estableció a *J* por decreto, a Israel 3290
105.23 entró...y *J* moró en la tierra de Cam 3290
114.1 cuando salió...la casa de *J* del pueblo 3290
114.7 tiembla...a la presencia del Dios de *J* 3290
132.2 cómo juró...y prometió al Fuerte de *J* 3290
132.5 que halle...morada para el Fuerte de *J* 3290
135.4 JAH ha escogido a *J* para sí, a Israel 3290
146.5 aquel cuyo ayudador es el Dios de *J* 3290
147.19 ha manifestado sus palabras a *J*, sus 3290
Is 2.3 y subamos al...a la casa del Dios de *J* 3290
2.5 venid, oh casa de *J*, y caminaremos a la 3290
2.6 tú has dejado tu pueblo, la casa de *J* 3290
8.17 escondió su rostro de la casa de *J*, y 3290
9.8 el Señor envió palabra a *J*, y cayó en 3290
10.20 casa de *J*, nunca más se apoyarán en el 3290
10.21 volverá, el remanente de *J* volverá al 3290
14.1 tendrá piedad de *J*, y todavía escogerá 3290
14.1 se unirán...se juntarán a la familia de *J* 3290
17.4 la gloria de *J* se atenuará...enflaquecerá 3290
27.6 días vendrán cuando *J* echará raíces 3290
27.9 pues, será perdonada la iniquidad de *J* 3290
29.22 Jehová, que...dice así a la casa de *J* 3290
29.22 no será ahora avergonzado *J*, ni...rostro 3290
29.23 santificarán al Santo de *J*, y temerán 3290
40.27 qué dices, oh *J*, y hablas tú, Israel 3290
41.8 tú, *J*, a quien yo escogí, descendencia 3290
41.14 no temas, gusano de *J*, oh vosotros los 3290
41.21 presentad...pruebas, dice el Rey de *J* 3290
42.24 ¿quién dio a *J* en botín, y entregó a 3290
43.1 ahora...dice Jehová, Creador tuyo, oh *J* 3290
43.22 no me invocaste a mí, oh *J*, sino que 3290
43.28 puse por anatema a *J* y por oprobio a 3290
44.1 pues, oye, *J*, siervo mío, y tú, Israel 3290
44.2 no temas, siervo mío *J*, y tú, Jesurún 3290
44.5 el otro se llamará del nombre de *J*, y 3290
44.21 acuérdate de estas cosas...*J*, e Israel 3290
44.23 Jehová redimió a *J*, y en Israel será 3290
45.4 por amor de mi siervo *J*, y de Israel mi 3290
45.19 no dije a la descendencia de *J*...vano 3290
46.3 oídme, oh casa de *J*, y todo el resto de 3290
48.1 oíd esto, casa de *J*, que os llamáis del 3290
48.12 óyeme, *J*, y tú, Israel, a quien llamé 3290
48.20 decid: Redimió Jehová a *J* su siervo 3290
49.5 para hacer volver a él a *J* y...a Israel 3290
49.6 mi siervo para levantar las tribus de *J* 3290
49.26 yo...soy Salvador tuyo...el Fuerte de *J* 3290
58.1 su rebelión, y a la casa de *J* su pecado 3290
58.14 daré a comer la heredad de *J* tu padre 3290
59.20 que se volvieren de la iniquidad en *J* 3290
60.16 soy el Salvador tuyo, el Fuerte de *J* 3290
65.9 sacaré descendencia de *J*, y de Judá 3290
Jer 2.4 oíd la palabra de Jehová, casa de *J* 3290
5.20 anunciad esto en la casa de *J*, y haced 3290
10.16 no es así la porción de *J*; porque él 3290
10.25 se comieron a *J*, lo devoraron, le han 3290
30.7 tiempo de angustia para *J*; pero de ella 3290
30.10 tú...siervo mío *J*, no temas...*J* volverá 3290
30.18 volver los cautivos de...tiendas de *J* 3290
31.7 regocijaos en *J* con alegría, y...Júbilo 3290
31.11 porque Jehová redimió a *J*, lo redimió 3290
33.26 desecharé la descendencia de *J*, y de 3290
33.26 sobre la posteridad...de Isaac y de *J* 3290
46.27 y tú no temas...*J*, ni desmayes, Israel 3290
46.27 volverá *J*, y descansará y...prosperado 3290
46.28 *J*, no temas...porque yo estoy contigo 3290
51.19 no es como ellos la porción de *J* 3290
Lm 1.17 Jehová dio mandamiento contra *J*, que 3290
2.2 destruyó en su furor...las tiendas de *J* 3290
2.3 se encendió en *J* como llama de fuego que 3290
Ez 20.5 jurar a la descendencia...la casa de *J* 3290
28.25 en su tierra, la cual di a mi siervo *J* 3290
37.25 habitarán en la tierra que di a mi...*J* 3290
39.25 volveré la cautividad de *J*, y tendré 3290
Os 10.11 arará Judá, quebrará sus terrones *J* 3290
12.2 pleito...para castigar a *J* conforme a su 3290
12.12 *J* huyó a tierra de Aram, Israel sirvió 3290
Am 3.13 oíd y testificad contra la casa de *J* 3290
6.8 abomino la grandeza de *J*, y aborrezco sus 3290
7.2,5 ¿quién levantará a *J*?...es pequeño 3290
8.7 juró por la gloria de *J*: No me olvidaré 3290
9.8 mas no destruiré del todo la casa de *J* 3290
Abd 10 la injuria a...*J* te cubrirá vergüenza 3290
17 la casa de *J* recuperará sus posesiones 3290
18 la casa de *J* será fuego, y la casa de José 3290
Mi 1.5 todo esto por la rebelión de *J*, y por 3290
1.5 ¿cuál...la rebelión de *J*? ¿No es Samaria? 3290
2.7 que te dices casa de *J*, ¿se ha acortado 3290
2.12 cierto te juntaré todo, oh *J*; recogeré 3290
3.1 oíd ahora, príncipes de *J*, y jefes de la 3290
3.8 denunciar a *J* su rebelión, y a Israel su 3290
3.9 oíd ahora esto, jefes de la casa de *J*, y 3290
4.2 subamos al...y a la casa del Dios de *J* 3290
5.7 remanente de *J* será en medio de muchos 3290
5.8 remanente de *J* será entre las naciones 3290
7.20 cumplirás la verdad a *J*, y a Abraham 3290
Nah 2.2 Jehová restaurará la gloria de *J* como 3290
Mal 1.2 ¿no era Esaú hermano de *J*?...Y amé a *J* 3290
2.12 cortará de las tiendas de *J* al hombre 3290
3.6 por esto, hijos de *J*, no habéis sido 3290
Mt 1.2 engendró...Isaac a *J*, y *J* a Judá y a *2384*
8.11 **se sentarán con...*J* en el reino de los** *2384*
22.32; Mr 12.26 **Dios de Isaac y el...de *J*?** *2384*
Lc 1.33 reinará sobre la casa de *J*...siempre *2384*
3.34 hijo de *J*, hijo de Isaac...de Abraham *2384*
13.28 **cuando veáis...a *J* y a...los profetas** *2384*
20.37 **cuando llama al Señor, Dios de...de *J*** *2384*
Jn 4.5 junto a la heredad que *J* dio a...José *2384*
4.6 estaba allí el pozo de *J*. Entonces Jesús *2384*
4.12 ¿acaso eres tú mayor que...padre *J*, que *2384*
Hch 3.13 el Dios de Abraham...y de *J*, el Dios *2384*
7.8 e Isaac a *J*, y *J* a los doce patriarcas *2384*
7.12 cuando oyó *J* que había trigo en Egipto *2384*
7.14 hizo venir a su padre *J*, y a toda su *2384*
7.15 descendió *J* a Egipto, donde murió él *2384*
7.32 yo soy el Dios de tus...y el Dios de *J* *2384*
7.46 proveer tabernáculo para el Dios de *J* *2384*
Ro 9.13 está escrito: A *J* amé, mas a Esaú *2384*
11.26 Libertador...apartará de *J* la impiedad *2384*
He 11.9 fe...morando en tiendas con Isaac y *J* *2384*
11.20 por la fe bendijo Isaac a *J* y a Esaú *2384*
11.21 por la fe *J*, al morir, bendijo a cada *2384*
2. Padre de José, marido de María, Mt 1.15,16 *2384*

JACOBO

1. Apóstol, hijo de Zebedeo

Mt 4.21 hermanos, *J* hijo de Zebedeo, y Juan *2385*
10.2 *J* hijo de Zebedeo, y Juan su hermano *2385*
17.1 tomó a Pedro, a *J* y a Juan su hermano *2385*
Mr 1.19 pasando...vio a *J* hijo de Zebedeo, y *2385*
1.29 vinieron a casa de Simón...con *J* y Juan *2385*
3.17 a *J*...y a Juan hermano de *J*, a quienes *2385*
5.37 nadie sino Pedro, *J*, y Juan hermano de *J* *2385*
9.2 Jesús tomó a Pedro, a *J* y a Juan, y los *2385*
10.35 *J* y Juan...se le acercaron, diciendo *2385*
10.41 comenzaron a enojarse contra *J* y...Juan *2385*
13.3 Pedro, *J*, Juan y Andrés le preguntaron *2385*
14.33 y tomó consigo a Pedro, a *J* y a Juan *2385*
Lc 5.10 *J* y Juan, hijos de Zebedeo, que eran *2385*
6.14 a Simón...*J* y Juan, Felipe y Bartolomé *2385*
8.51 no dejó entrar a nadie...sino a...a *J*, a *2385*
9.28 tomó a...y a *J*, y subió al monte a orar *2385*
9.54 viendo esto sus discípulos *J* y Juan *2385*
Hch 1.13 al aposento...donde moraban Pedro y *J* *2385*
12.2 y mató a espada a *J*, hermano de Juan *2385*

2. Apóstol, hijo de Alfeo

Mt 10.3 Mateo el publicano, *J* hijo de Alfeo *2385*
Mr 3.18 Tomás, *J* hijo de Alfeo, Tadeo, Simón *2385*
Lc 6.15 *J* hijo de Alfeo, Simón llamado Zelote *2385*
Hch 1.13 donde moraban Pedro...*J* hijo de Alfeo *2385*

3. Hermano del Señor

Mt 13.55 sus hermanos, *J*, José, Simón y Judas? *2385*
Mr 6.3 hermano de *J*, José, de Judas y de *2385*
Hch 12.17 dijo: Haced saber esto a *J* y a los *2385*

15.13 y cuando ellos callaron, *J* respondió 2385
21.18 Pablo entró con nosotros a ver a *J*, y 2385
1 Co 15.7 apareció a *J*; después a todos los 2385
Gá 1.19 no vi a ningún otro de los... sino a *J* 2385
2.9 *J*... que eran considerados como columnas 2385
2.12 antes que viniesen algunos de parte de *J* 2385
4. «El menor»
Mt 27.56 estaban... María la madre de *J* y de 2385
Mr 15.40 María la madre de *J* el menor y de 2385
16.1 María Magdalena, María la madre de *J* 2385
Lc 24.10 eran... Juana, y María madre de *J*, y 2385
5. Hermano de Judas No. 3
Lc 6.16 Judas hermano de *J*, y Judas Iscariote 2385
Hch 1.13 donde moraban... y Judas hermano de *J* 2385
Jud 1 Judas... y hermano de *J*, a los llamados 2385

JACTANCIA
Jer 48.30 su cólera, sus *j* no le aprovecharán 907
51.55 quitará de ella la mucha *j*; bramarán
Ro 3.27 ¿dónde, pues, está la *j*? Queda excluida 2746
1 Co 5.6 no es buena vuestra *j*. ¿No sabéis que 2745
Stg 4.16 os jactáis... Toda *j* semejante es mala 212

JACTANCIOSAMENTE
Sal 12.3 Jehová destruirá... lengua que habla *j* 1419

JACTANCIOSO
1 Co 13.4 el amor es... no es *j*, no se envanece 4068

JACTARSE
Sal 10.3 malo se *jacta* del deseo de su alma 1984
49.6 que confían en sus bienes, y... se *jactan* 1984
52.1 qué te *jactas* de maldad, oh poderoso? 1984
Pr 12.9 que el que se *jacta*, y carece de pan 3513
25.14 así es el hombre que se *jacta* de falsa 1984
27.1 no te *jactes* del día de mañana; porque 1984
Abd 12 ni debiste haberte *jactado* en el día 6310
Ro 2.23 te *jactas* de la ley... deshonras a Dios? 2744
11.18 no te *jactes*... y si te *jactas*, sabe que 2620
1 Co 1.29 que nadie se *jacte* en su presencia 2744
Stg 3.5 la lengua... se *jacta* de grandes cosas 3166
3.14 os *jactéis*, ni mintáis contra la verdad 2620
4.16 ahora os *jactáis* en vuestras soberbias 2744

JADA *Descendiente de Judá*, 1 Cr 2.28,32 3047

JADAU *Uno de los que se casaron con mujer o extranjeras en tiempo de Esdras*, Esd 10.43 3035

JADÓN *Uno que ayudó en la restauración del muro de Jerusalén*, Neh 3.7 3036

JADÚA
1. Firmante del pacto de Nehemías, Neh 10.21 3037
2. Sumo sacerdote, último mencionado en el Antiguo Testamento, Neh 12.11,22 3037

JAEL *Mujer de Heber ceneo*
Jue 4.17 Sísara huyó a pie a la tienda de *J* 3278
4.18 saliendo *J* a recibir a Sísara, le dijo 3278
4.21 pero *J* mujer de Heber tomó una estaca 3278
4.22 *J* salió a recibirlo, y le dijo: Ven, y 3278
5.6 en los días de *J*, quedaron abandonados 3278
5.24 bendita sea entre las mujeres *J*... ceneo3 3278

JAFET *Hijo de Noé*
Gn 5.32 Noé de... engendró a Sem, a Cam y a *J* 3315
6.10 engendró Noé tres... a Sem, a Cam y a *J* 3315
7.13 día entraron... Sem, Cam y *J* hijos de Noé 3315
9.18 salieron del arca fueron Sem, Cam y *J* 3315
9.23 Sem y *J* tomaron la ropa, y la pusieron 3315
9.27 engrandezca Dios a *J*, y habite en las 3315
10.1 Sem, Cam y *J*, a quienes nacieron hijos 3315
10.2 hijos de *J*: Gomer, Magog, Madai, Javán 3315
10.21 a Sem, padre de... y hermano mayor de *J* 3315
1 Cr 1.4 Noé, Sem, Cam y *J* 3315
1.5 hijos de *J*: Gomer, Magog, Madai, Javán 3315

JAFÍA
1. Rey de Laquis, Jos 10.3 3309
2. Población en la frontera de Zabulón, Jos 19.12 3309
3. Hijo de David, 2 S 5.15; 1 Cr 3.7; 14.6 3309

JAFLET *Descendiente de Aser*, 1 Cr 7.32,33 3310

JAFLETITA *Descendiente de Jaflet*, Jos 16.3 3311

JAGUR *Ciudad en Judá*, Jos 15.21 3017

JAH *Forma abreviada del nombre Jehová*
Sal 68.4 *J* es su nombre; alegraos delante de 3050
68.18 para que habite entre ellos *J* Dios 3050
77.11 acordaré de las obras de *J*; sí, haré 3050
94.7 y dijeron: No verá *J*, ni entenderá el 3050
94.12 bienaventurado... quien tú, *J*, corriges 3050
102.18 pueblo que está por nacer alabará a *J* 3050
115.17 no alabarán... muertos a *J*, ni cuantos 3050
115.18 bendeciremos a *J* desde ahora y para 3050
118.5 invoqué a *J*... respondió *J*, poniéndome 3050
118.14 mi fortaleza y mi cántico es *J*, y él 3050
118.17 que viviré, y contaré las obras de *J* 3050
118.18 me castigó... *J*, mas no me entregó a 3050
118.19 puertas... entraré por ellas, alabaré a *J* 3050
122.4 subieron las tribus, las tribus de *J* 3050
130.3 *J*, si mirares a los pecados, ¿quién 3050
135.3 alabad a *J*, porque él es bueno; cantad 3050
135.4 porque *J* ha escogido a Jacob para sí 3050
147.1 alabad a *J*, porque es bueno cantar 3050
150.6 todo lo que respira alabe a *J*. Aleluya 3050
Is 12.2 mi fortaleza y mi canción es *J* Jehová 3050
38.11 no veré a *J*, a *J* en la tierra de los 3050

JAHAT
1. Descendiente de Judá, 1 Cr 4.2 3189
2. Levita, descendiente de Gersón, 1 Cr 6.20,43 3189
3. Levita, descendiente de Gersón, 1 Cr 23.10,11 3189
4. Levita, descendiente de Izhar, 1 Cr 24.22 3189
5. Funcionario del rey Josías, 2 Cr 34.12 3189

JAHAZA *Ciudad al oriente del Jordán (=lazo)*
Nm 21.23 mas Sehón... vino a *J* y peleó contra 3096
Dt 2.32 él y todo su pueblo, para pelear en *J* 3096
Jos 13.18 *J*, Cademot, Mefaat 3096
21.36 de la tribu de Rubén... *J* con sus ejidos 3096
Jue 11.20 acampó en *J*, y peleó contra Israel 3096
Is 15.4 Hesbón y Eleale gritarán, hasta *J* se 3096
Jer 48.21 vino juicio... sobre Holón, sobre *J* 3096
48.34 hasta *J* dieron su voz; desde Zoar 3096

JAHAZÍAS *Uno puesto a Esdras*, Esd 10.15 3167

JAHAZIEL
1. Guerrero que se unió a David, 1 Cr 12.4 3166
2. Sacerdote contemporáneo de David, 1 Cr 16.6 3166
3. Levita contemporáneo de David, 1 Cr 23.19; 24.23 3166
4. Levita contemporáneo del rey Josafat, 2 Cr 20.14 3166
5. Padre de Secanías No. 4, Esd 8.5 3166

JAHDAI *Descendiente de Judá*, 1 Cr 2.47 3056

JAHDIEL *Jefe de Manasés*, 1 Cr 3.24 3164

JAHDO *Descendiente de Gad*, 1 Cr 5.14 3163

JAHLEEL *Tercer hijo de Zabulón*, Gn 46.14; Nm 26.26 3177

JAHLEELITAS *Descendientes de Jahleel*, Nm 26.26 3178

JAHMAI *Descendiente de Isacar*, 1 Cr 7.2 3181

JAHZEEL *Hijo de Neftalí*, Gn 46.24; Nm 26.48; 1 Cr 7.13 3183

JAHZEELITA *Descendiente de Jahzeel*, Nm 26.48 3184

JAIR
1. Hijo de Segub, descendiente de Manasés
Nm 32.41 *J*... tomó sus aldeas, y les puso por 2971
Dt 3.14 *J* hijo... tomó toda la tierra de Argob 2971
Jos 13.30 las aldeas de *J* que están en Basán 2971
1 R 4.13 las ciudades de *J* hijo de Manasés 2971
1 Cr 2.22 y Segub engendró a *J*, el cual tuvo 2971
2.23 tomaron de ellos las ciudades de *J* 2971
2. Juez de Israel
Jue 10.3 tras él se levantó *J* galaadita, el 2971
10.4 se llaman las ciudades de *J* hasta hoy 2971
10.5 y murió *J*, y fue sepultado en Camón 2971
3.Padre de Elhanán No. 1, 1 Cr 20.5 2971
4.Ascendiente de Mardoqueo, Est 2.5 2971

JAIREO *Habitante de una de las aldeas de Jair No. 1*, 2 S 20.26 2972

JAIRO *Principal de una sinagoga en Galilea*, Mr 5.22; Lc 8.41 2383

JALÓN *Descendiente de Judá*, 1 Cr 4.17 3210

JAMÁS *Véase el Apéndice*

JAMBRES *Véase Janes y Jambres*

JAMÍN
1. Hijo de Simeón, Gn 46.10; Éx 6.15; Nm 26.12; 1 Cr 4.24 3226
2. Descendiente de Jerameel, 1 Cr 2.27 3226
3. Levita que ayudó a Esdras en la lectura de la ley, Neh 8.7 3226

JAMINITA *Descendiente de Jamín No. 1*, Nm 26.12 3228

JAMLEC *Descendiente de Simeón*, 1 Cr 4.34 3230

JANA *Ascendiente de Jesucristo*, Lc 3.24 2388

JANES Y JAMBRES *Magos egipcios*, 2 Ti 3.8 2387

JANOA *Población en la frontera de Efraín*, Jos 16.6,7; 2 R 15.29 3239

JANUM *Aldea en Judá*, Jos 15.53 3241

JAQUÉ *Padre de Agur*, Pr 30.1 3348

JAQUIM
1. Descendiente de Benjamín, 1 Cr 8.19 3356
2. Sacerdote, 1 Cr 24.12 3356

JAQUÍN
1. Hijo de Simeón, Gn 46.10; Éx 6.15; Nm 26.12 3199
2. Una de dos columnas de bronce en el Templo de Salomón, 1 R 7.21; 2 Cr 3.17 3199
3. Sacerdote contemporáneo de David, 1 Cr 9.10; 24.17, Neh 11.10 3199

JAQUINITA *Descendiente de Jaquín No. 1*, Nm 26.12 3200

JARA *Descendiente del rey Saúl*, 1 Cr 9.42 3294

JARDÍN
Ec 2.5 me hice... *j*, y planté en ellos árboles 1593
Jer 52.7 muros que había cerca del 1 del rey 1588

JAREB *Rey de Asirio*, Os 5.13; 10.6 3377

JARED *Hijo de Mahalaleel y padre de Enoc*, Gn 5.15,16,18,19,20; 1 Cr 1.2; Lc 3.37 3382,2391

JARESÍAS *Descendiente de Benjamín*, 1 Cr 8.27 3298

JARHA *Siervo egipcio de Sesán*, 1 Cr 2,34 3398

JARIB
1. Hijo de Simeón, 1 Cr 4.24 3402
2. Un enviado de Esdras, Esd 8.16 3402
3. Uno de los que se casaron con mujeres extranjeras en tiempo de Esdras, Esd 10.18 3402

JARMUT
1. Ciudad cananea, posteriormente de Judá, Jos 10.3,5,23,34; 12.11; 15.35; Neh 11.29 3412
2. Ciudad de los levitas en Isacar, Jos 21.29 3412

JAROA *Descendiente de Gad*, 1 Cr 5.14 3386

JARRO
Nm 7.13,19,25,31,37,43,49,55,61,67,73,79 un *j* de plata de setenta siclos 4219
7.84 doce *j* de plata, doce cucharas de oro 4219
7.85 cada *j* de setenta; toda la plata de la 4219
Is 22.24 colgarán de él... hasta toda clase de *j* 3627
Mr 7.4,8 lavamientos de los vasos... y de los *j* 4221

JASÉN *Uno de los 30 valientes de David*, 2 S 23.32 3464

JASER *«El Justo»*
Jos 10.13 ¿no está escrito... en el libro de *J*? 3477
2 S 1.18 que está escrito en el libro de *J* 3477

JASOBEAM
1. El Primero de los tres valientes de David (=Joseb-basebet), 1 Cr 11.11; 27.2 3434
2. Guerrero que se unió a David, 1 Cr 12.6 3434

JASÓN
1. Cristiano en Tesalónica
Hch 17.5 asaltando la casa de *J*, procuraban 2394
17.6 trajeron a *J*... ante las autoridades de 2394
17.7 los cuales *J* ha recibido; y todos éstos 2394
17.9 obtenida fianza de *J* y de los demás, los 2394
2. Pariente de Pablo, Ro 16.21 2394

JASPE
Éx 28.20; 39.13 cuarta hilera... ónice y un *j* 3471
Ez 28.13 *j*, crisólito, berilo y ónice; de 3471
Ap 4.3 aspecto... era semejante a piedra de *j* 2393
21.11 su fulgor... como piedra de *j*, diáfana 2393
21.18 el material de su muro era de *j*; pero 2393
21.19 el primer cimiento era *j*; el segundo 2393

JASUB
1. Hijo de Isacar (=Job No. 1), Nm 26.24; 1 Cr 7.13 3437
2. Uno de los que se casaron con mujeres extranjeras en tiempo de Esdras, Esd 10.29 3437

JASUBITA *Descendiente de Jasub No. 1*
Nm 26.24 3432

JATIR *Ciudad levítica en Judá*, Jos 15.48; 21.14; 1 S 30.27; 1 Cr 6.57 3492

JATNIEL *Levita, portero del templo*, 1 Cr 26.2 3496

JAULA
Jer 5.27 como *j* llena de pájaros, así están 3619
Ez 19.9 lo pusieron en una *j* y lo llevaron 5474

JAVÁN
1. Hijo de Jafet, Gn 10.2,4; 1 Cr 1.5,7 3126
2.Descendientes de No. 1, y su tierra
Is 66.19 enviaré... Tubal y a *J*, a las costas 3126
Ez 27.13 *J*, Tubal y Mesec comerciaban también 3126
27.19 y el errante *J* vinieron a tus ferias 3126

JAZA *Ciudad al oriente del Jordán (=Jahaza)*, 1 Cr 6.78 3096

JAZER *Ciudad fortificada en Galaad*, dada a los levitas 3270
Nm 21.32 también envió... a reconocer a *J*; y 3270
32.1 vieron la tierra de *J*... y les pareció el 3270
32.3 *J*, Nimra, Hesbón, Eleale, Sebam, Nebo 3270
32.35 Atarot-sofán, *J*, Jogbeha 3270
Jos 13.25 territorio de ellos fue *J*, y todas 3270
21.39 y *J* con sus ejidos; cuatro ciudades 3270
2 S 24.5 al sur de la ciudad que... junto a *J* 3270
1 Cr 6.81 Hesbón con sus ejidos y *J* con sus 3270
26.31 fuertes y vigorosos en *J* de Galaad 3270
Is 16.8 habían llegado hasta *J*, y se habían 3270
16.9 lamentaré con lloro de *J* por la viña 3270
Jer 48.32 con llanto de *J* lloraré por ti, oh 3270
48.32 tus sarmientos... llegaron... el mar de *J* 3270

JAZERA *Ascendiente de Masai*, 1 Cr 9.12 3170

JAZIZ *Funcionario del rey David*, 1 Cr 27.31 3151

JEARIM *Monte en el límite norte de Judá*, Jos 15.10 3297

JEATRAI *Levita, descendiente de Gersón*, 1 Cr 6.21 2979

JEBEREQUÍAS *Padre de Zacarías No. 29*, Is 8.2 3000

JEBÚS *Nombre antiguo de Jerusalén*
Jos 18.28 Elef, *J* (que es Jerusalén), Gabaa, y 2983
Jue 19.10 se fue, y llegó hasta enfrente de *J* 2982
19.11 y estando ya junto a *J*, el día había 2982
1 Cr 11.4 fue David... a Jerusalén, la cual es *J* 2982
11.5 los moradores de *J* dijeron a David: No 2982

JEBUSEO *Habitante de Jebús*
Gn 10.16 al *j*, al amorreo, al gergeseo 2983
15.21 los cananeos, los gergeseos y los *j* 2983
Éx 3.8 a tierra... ferezeo, del heveo y del *j* 2983
3.17 del *j*, a una tierra que fluye leche y 2983
13.5 te hubiere metido en la tierra del... *j* 2983
23.23 Ángel... te llevará a la tierra del... *j* 2983
33.2 echaré fuera al cananeo... heveo y al *j* 2983

34.11 echo de delante de tu presencia...al *j* 2983
Nm 13.29 *j* y el amorreo habitan en el monte.......... 2983
Dt 7.1 haya echado...ferezeo, al heveo y al *j* 2983
20.17 *j*, como Jehová tu Dios te ha mandado........ 2983
Jos 3.10 y que él echará...al amorreo y al *j*............ 2983
9.1 oyeron estas cosas...los reyes...heveos y *j*...... 2983
11.3 al *j* en las montañas, y al heveo al pie 2983
12.8 el cananeo, el ferezeo, el heveo y el *j* 2983
15.8 sube...lado sur del *j*, que es Jerusalén......... 2983
15.63 mas a los *j* que habitaban en Jerusalén 2983
15.63 y ha quedado el *j* en Jerusalén con los........ 2983
18.16 desciende...al lado sur del *j* y de allí 2983
24.11 pelearon contra...*j*, y yo los entregué 2983
Jue 1.21 al *j*...no lo arrojaron...el *j* habitó............. 2983
3.5 habitaban entre los...ferezeos, heveos y *j* 2983
19.11 ven...y vámonos a esta ciudad de los *j* 2983
2 S 5.6 marchó el...a Jerusalén contra los *j* 2983
5.8 el que hiera a los *j*, suba por el canal 2983
24.16 el ángel...junto a la era de Arauna *j* 2983
24.18 altar a Jehová en la era de Arauna *j* 2983
1 R 9.20 todos los...*j*, que no eran de...Israel.......... 2983
1 Cr 1.14 al *j*, al amorreo, al gergeseo................. 2983
11.4 y los *j* habitaban en aquella tierra............. 2983
11.6 que primero derrote a los *J* será cabeza....... 2983
21.15 el ángel de...junto a la era de Ornán *j* 2983
21.18 un altar a Jehová en la era de Ornán *j*....... 2983
21.28 que...le había oído en la era de Ornán *j*...... 2983
2 Cr 3.1 en el lugar que...en la era de Ornán *j* 2983
8.7 de los heteos...y *j*, que no eran de Israel......... 2983
Esd 9.1 no se han separado de los...*j*, amonitas 2983
Neh 9.8 pacto con él para darle la tierra...*j*........... 2983
Zac 9.7 un remanente...y Ecrón será como el *j*........ 2983

JECABSEEL *Ciudad en Judá (=Cabseel)*,
Neh 11.25 3343

JECAMÁN *Hijo de Hebrón No. 3*,
1 Cr 23.19; 24.23............................ 3360

JECAMÍAS
1. Descendiente de Jerameel, 1 Cr 2.41.............. 3359
2. Hijo del rey Jeconías, 1 Cr 3.18.................. 3359

JECOLÍAS *Madre del rey Uzías*, 2 R 15.2;
2 Cr 26.3 3203

JECONÍAS *Rey de Judá (=Joaquín y Conías)*
1 Cr 3.16 hijos de Joacim: *J* su hijo, hijo del 3204
3.17 y los hijos de *J*: Asir, Salatiel................... 3204
Est 2.6 con los cautivos...llevados con *J* rey 3204
Jer 24.1 transportado...*J* hijo de Joacim, rey.......... 3204
27.20 cuando transportó...a Babilonia a *J* hijo 3204
28.4 yo haré volver a este lugar a *J* hijo de 3204
29.2 después que salió el rey *J*, la reina............. 3204
Mt 1.11 Josías engendró a *J* y a sus hermanos......... *2423*
1.12 *J* engendró a Salatiel, y Salatiel a............. *2423*

JECUTIEL *Descendiente de Judá*, 1 Cr 4.18 3354

JEDAÍA *Padre de una familia de sacerdotes (=Jedaías No. 2)*, Neh 7.39.................. 3048

JEDAÍAS
1. Descendiente de Simeón, 1 Cr 4.37............... 3042
2. Padre de una familia de sacerdotes (=Jedaía),
1 Cr 9.10; 24.7; Esd 2.36; Neh 7.39............. 3048
3. Uno que ayudó en la restauración del muro de Jerusalén, Neh 3.10 3042
4. Sacerdote que regresó del cautiverio,
Neh 11.10; 12.6,19; Zac 6.10,14.................. 3048
5. Otro sacerdote que regresó del cautiverio,
Neh 12.7,21 3048

JEDIAEL
1. Descendiente de Benjamín, 1 Cr 7.6,10,11 3043
2. Uno de los valientes de David, 1 Cr 11.45 3043
3. Levita, portero del templo, 1 Cr 26.2 3043

JEDIAIEL *Guerrero que se unió a David en Siclag*, 1 Cr 12.20 3043

JEDIDA *Madre del rey Josías*, 2 R 22.1 3040

JEDIDÍAS = *Salomón*
2 S 12.25 así llamó su...*J*, a causa de Jehová 3041

JEDUTÚN
1. Levita cantor en tiempo de David
1 Cr 9.16 Semaías, hijo de Galal, hijo de *J* 3038
16.38 a Obed-edom hijo de *J* y a Hosa corno........ 3038
16.41 y con ellos a Hemán, a *J* y a los otros......... 3038
16.42 con ellos...*J* con trompetas y címbalo 3038
16.42 con ellos...los hijos de *J* para portero 3038
25.1 apartaron...a los hijos de...*J* para que 3038
25.3 los hijos de *J*: Gedalías, Zeri, Jesaías........... 3038
25.3 seis, bajo la dirección de su padre *J* 3038
25.6 *J* y...estaban por disposición del rey 3038
2 Cr 29.14 los hijos de *J*, Semaías y Uziel 3038
35.15 al mandamiento...de *J* vidente del rey 3038
Neh 11.17 de Samúa, hijo de Galal, hijo de *J*........... 3038
2. Tonada para salmos, Salmos 39, 62, 77, *tít*....... 3038

JEFE
Gn 36.15 son los *j* de entre los hijos de Esaú 441
36.15 los *j* Temán, Omar, Zefo, Cenaz.............. 441
36.16 los *j* de Elifaz en la tierra de Edom 441
36.17 Esaú: los *j* Nahat, Zera, Sama y Miza.......... 441
36.17 estos son los *j* de la línea de Reuel............. 441
36.18 de Esaú: los *j* Jeús, Jaalam y Coré 441
36.18 los *j* que salieron de Aholibama mujer......... 441
36.19 son los hijos de Esaú, y sus *j*; él es............. 441
36.21 estos son los *j* de los horeos, hijo.............. 441
36.29 los *j* de los horeos: los *j* Lotán, Sobal........... 441
36.30 estos fueron los *j* de los horeos, por 441
36.40 los nombres de los *j* de Esaú por sus............ 441
36.43 estos fueron los *j* de Edom según sus 441
39.21 gracia en los ojos del *j* de la cárcel 8269
39.22 el *j* de la cárcel entregó en mano de......... 8269
39.23 no necesitaba atender...*j* de la.............. 8269
40.2 el *j* de los coperos...*j* de los panaderos 8269
40.9 *j* de los coperos contó su sueño a José 8269
40.16 viendo el *j* de...que había interpretado....... 8269
40.20 alzó la cabeza del *j* de los coperos........... 8269
40.20 y la cabeza del *j* de los panaderos 8269
40.21 e hizo volver a...al *j* de los coperos.......... 8269
40.22 mas hizo ahorcar al *j* de los panaderos....... 8269
40.23 *j* de los coperos no se acordó de José........ 8269
41.9 el *j* de los coperos habló a Faraón 8269
41.10 echó a...a mí y al *j* de los panaderos 8269
Éx 6.14 estos son los *j* de las familias de 7218
6.25 son los *j* de los padres de los levitas 7218
18.21 sobre el pueblo por *j* de millares, de.......... 8269
18.25 puso por *j* sobre el pueblo, sobre mil 7218
Lv 4.22 pecare un *j*, e hiciere por yerro algo........... 5387
Nm 1.4 cada uno *j* de la casa de sus padres 7218
2.3 el *j* de los hijos de Judá, Naasón hijo de......... 5387
2.5 y el *j* de los hijos de Isacar, Natanael 5387
2.7 el *j* de los hijos de Zabulón, Eliab hijo 5387
2.10 el *j* de los hijos de Rubén, Elisur hijo 5387
2.12 y el *j* de los hijos de Simeón, Selumiel.......... 5387
2.14 el *j* de los hijos de Gad, Eliasaf hijo 5387
2.18 *j* de los hijos de Efraín, Elisama hijo 5387
2.20 el *j* de los hijos de Manasés, Gamaliel 5387
2.22 y el *j* de los hijos de Benjamín, Abidán......... 5387
2.25 el *j* de los hijos de Dan, Ahiezer hijo 5387
2.27 el *j* de los hijos de Aser, Pagiel hijo 5387
2.29 y el *j* de los hijos de Neftalí, Ahira 5387
3.24 *j* del linaje de los gersonitas, Eliasaf........... 5387
3.30 el *j* del linaje de las familias de Coat.......... 5387
3.32 y el principal de los *j*...será Eleazar............ 5387
3.32 hijo del sacerdote Aarón, *j* de los que.......... 5387
3.35 y el *j* de la casa del linaje de Merari 5387
4.34 y los *j* de la congregación, contaron a 5387
4.46 Moisés...y los *j* de Israel contaron por 5387
7.2 *j* de las casas de sus padres, los cuales.......... 7218
10.4 se congregarán...los *j* de los millares 7218
17.3 cada *j* de familia de...tendrá una vara 7218
25.14 Salu, *j* de una familia de la tribu de 5387
31.14 y se enojó Moisés...contra los *j* de2428
31.26 toma la cuenta...y los *j* de los padres......... 7218
31.48 vinieron a Moisés los *j* de millares........... 8269
31.52 oro de la ofrenda...los *j* de millares 8269
31.54 recibieron...oro de los *j* de millares 8269
36.1 hablaron delante de...*j* de las casas.......... 7218
Dt 1.13 para que yo los ponga por vuestros *j* 7218
1.15 Y los puse por *j* sobre...*j* de millares 8269
33.5 cuando se congregaron los *j* del pueblo 7218
Jos 21.1 *j* de los padres...vinieron...a Josué........... 7218
22.14 cada uno...*j* de la casa de sus padres 7218
22.30 oyendo...los *j* de los millares de Israel 7218
Jue 5.9 mi corazón es para...*j* de Israel, para 2710
5.30 la ropa de color...para los *j* de los que
11.6 dijeron a Jefté: Ven, y serás nuestro *j*........... 7101
11.11 el pueblo lo eligió por su caudillo y *j*.......... 7101
20.2 los *j* de todo el pueblo, las tribus de 6438
1 S 8.12 nombrará para sí *j* de miles y *j* de 8269
12.9 mano de Sisara *j* del ejército de Hazor 8269
15.17 ¿no has sido hecho *j* de las tribus de.......... 7218
17.18 quesos...los llevarás al *j* de los mil 8269
18.13 Saúl lo alejó de sí, y le hizo *j* de mil 8269
22.2 se juntaron con...y fue hecho *j* de ellos........ 8269
22.7 os hará a todos...*j* de millares y *j* de.......... 8269
2 S 10.16 llevando por *j* a Sobac, general del 8269
17.25 Absalón nombró a Amasa *j* del ejército........ 5921
18.1 y puso...*j* de millares y *j* de centenas 8269
23.13 tres de los treinta *j* descendieron y 7218
23.19 llegó a ser su *j*; mas no igualó a los 8269
23.23 y lo puso David como *j* de su guardia
1 R 4.2 fueron los *j* que tuvo: Azarías hijo 8269
8.1 Salomón reunió ante sí en...a todos los *j* 8269
9.23 que Salomón había hecho *j*...eran 550 8269
2 R 11.4 envió Joiada y tomó *j* de centenas 8269
11.9 los *j* de centenas, pues, hicieron todo 8269
11.10 el sacerdote dio a los *j*...las lanzas 8269
11.15 Joiada mandó a los *j*...Sacadla fuera del...... 8269
11.19 tomó a los *j* de centenas, los capitanes 8269
1 Cr 1.51 sucedieron en Edom los *j* Timna, Alva 441
1.54 Magdiel e Iram...fueron los *j* de Edom 441
5.24 fueron los *j* de las casas de sus padres 7218
7.2 de Tola...*j* de las familias de sus padres 7218
7.7 cinco *j* de casas paternas, hombres de.......... 7218
7.9 que eran *j* de familias...20.200 hombres 7218
7.11 *j* de familias, hombres muy valerosos 7218
7.40 fueron hijos de Aser...*j* de príncipes 7218
8.6 estos los *j* de casas paternas...en Geba......... 7218
8.10 Jeúz...Estos son sus hijos, *j* de familias 7218
8.13 Bería también, y Sema, que fueron *j* de 7218
8.28 estos fueron *j* principales de familias.......... 7218
9.9 estos hombres fueron *j* de familia en sus 7218
9.13 sus hermanos, *j* de sus casas paternas......... 7218
9.17 y los porteros: Salum...Salum era el *j* 7218
9.33 cantores, *j* de familias de los levitas 7218
9.34 *j* de...de los levitas...*j*...en Jerusalén........... 7218
11.6 derrote a los jebuseos será cabeza y *j* 7218
11.6 Joab...subió el primero, y fue hecho *j* 8269
11.20 Abisai...era *j* de los treinta, el cual........... 7218
11.21 fue el *j* de ellos, pero no igualó a los 8269
12.18 el Espíritu vino sobre Amasai, *j* de los 7218
12.19 los *j* de los filisteos...lo despidieron5633
13.1 David tomó consejo con...con todos los *j* 8269
23.9 estos fueron los *j* de las familias de.......... 7218
23.16 hijo de Gersón fue Sebuel el *j*................ 7218
23.17 e hijo de Eliezer fue Rehabías el *j* 7218
23.18 hijo de Izhar fue Selomit el *j*.................. 7218
23.19 hijos de Hebrón: Jerías el *j*, Amarías 7218
23.20 hijos de Uziel: Micaía el *j*, e Isías 7218
23.24 *j* de familias según el censo de ellos 7218
24.6 delante de...los *j* de las casas paternas........ 7218
24.21 de los hijos de Rehabías, Isías el *j* 7218
24.23 de los hijos de Hebrón: Jerías el *j*
24.31 delante...de los *j* de las casas paternas....... 7218
25.1 David y los *j* del ejército apartaron............ 8269
26.10 Simri el *j*...mas su padre lo puso por *j*........ 7218
26.21 los *j* de las casas paternas de Laadán 7218
26.24 Sebuel hijo...era *j* sobre los tesoros 5057
26.26 *j* de las casas...y los *j* del ejército 8269
26.31 de los hebronitas, Jerías era el *j* de........... 7218
26.32 eran 2.700, *j* de familias, los cuales 7218
27.1 de Israel, *j* de familias, *j* de millares 7218
27.3 él fue *j* de todos los capitanes de las 7218
27.4 Miclot era *j* en su división, en la que........... 5057
27.5 el *j* de la tercera división...era Benaia 8269
27.7 cuarto *j* para el cuarto mes era Asaeló
27.8 quinto *j* para el quinto mes era Samhut 8269
27.16 el *j* de los rubenitas era Eliezer hijo 5057
27.22 fueron los *j* de las tribus de Israel 8269
28.1 reunió David en...los *j* de las tribus 8269
28.1 *j* de las divisiones...*j* de millares y de.......... 8269
29.6 los *j* de familia, y...*j* de millares y de 8269
2 Cr 1.2 todo Israel, a *j* de millares...*j* de 8269
5.2 Salomón reunió en...los *j* de las familias 5387
11.22 puso Roboam a Abías...por *j* y príncipe........ 5057
12.10 los entregó a los *j* de la guardia, los 8269
13.12 y he aquí Dios está con nosotros por *j* 7218
17.14 de los *j* de los millares de Judá, el 8269
17.15 después de él, el *j* Johanán, y con él 8269
23.1 consigo en alianza a los *j* de centenas 8269
23.8 cada *j* a los suyos, los que entraban
23.9 dio...a los *j* de centenas las lanzas, los 8269
23.14 mandó que salieran los *j* de centenas 8269
23.20 llamó después a los *j* de centenas, y 8269
24.10 los *j* y todo el pueblo se gozaron, y 8269
25.5 les puso *j* de millares y de centenas 8269
26.11 y de Hananías, uno de los *j* del rey 8269
26.12 el número de los *j* de familia...2.600........... 8269
32.21 un ángel...destruyó a...los *j* y capitanes 8269
35.9 y Josabad, *j* de los levitas, dieron a 8269
Esd 1.5 levantaron los *j* de las casas...Judá 7218
2.68 los *j* de las casas, cuando vinieron a........... 7218
3.12 los *j* de las casas paternas, ancianos 7218
4.2 vinieron...a los *j* de las casas paternas 7218
4.3 y los demás *j* de las casas, dijeron: No 7218
8.1 estos son los *j* de las casas paternas 7218
8.17 a Iddo, *j* en el lugar llamado Casifia............ 7218
8.29 delante de...los *j* de las casas paternas........ 8269
10.16 ciertos varones *j* de casas paternas 7218
Neh 4.16 y detrás de ellos estaban los *j* de............. 8269
7.2 mandé...y a Hananías, *j* de la fortaleza 8269
11.1 habitaron los *j* del pueblo en Jerusalén........ 8269
11.3 son los *j* de la provincia que moraron 7218
11.13 y sus hermanos, *j* de familias, 242,7218
11.14 el *j* de los cuales era Zabdiel hijo de 6496
11.22 el *j* de los levitas...era Uzi hijo de 6496
12.12 los sacerdotes *j* de familias fueron 7218
12.22 fueron inscritos por *j* de familias............... 7218
12.23 *j* de familias, fueron inscritos en el 7218
13.4 Eliasib, siendo *j* de la cámara de la............ 5414
Job 12.24 quita el entendimiento a los *j* del 7218
29.25 yo...me sentaba entre ellos como el *j*......... 7218
Is 55.4 por *j* y por maestro a las naciones 5057
Jer 40.7 los *j* del ejército que estaban por 8269
51.23 a *j* y a príncipes quebrantaré por...ti 6346
Dn 1.3 dijo el rey a Aspenaz, *j* de sus eunucos 7227
1.7 a éstos el *j* de los eunucos puso nombres 8269
1.8 pidió...al *j* de los eunucos que no se le........... 8269
1.9 puso...en buena voluntad con el *j* de los......... 8269
1.10 dijo el *j* de...a Daniel: Temo a mi señor.......... 8269
1.11 estaba puesto por el *j* de los eunucos 8269
1.18 el *j* de los eunucos los trajo delante de......... 8269
2.48 y *j* supremo de...los sabios de Babilonia....... 7229
4.9 Beltsasar, *j* de los magos...he entendido........ 7229
5.11 rey...constituyó *j* sobre todos los magos......... 7229
9.12 la palabra que habló...contra nuestros *j* 8199
Os 1.11 nombrarán un solo *j*, y subirán de la 7218
Mi 3.1 dije: Oíd ahora...*j* de la casa de Israel.......... 7101
3.9 oíd ahora esto, *j* de la casa de Jacob, y.......... 7218
3.11 sus *j* juzgan por cohecho, y...por precio......... 7218
Hab 3.19 al *j* de los cantores, sobre mis 5329
Zac 10.3 castigaré a los *j*; pero Jehová de los.......... 7462
Lc 19.2 Zaqueo, que era *j* de los publicanos............ *754*
22.4 éste fue y habló con...*j* de la guardia *749*
22.52 Jesús dijo...a los *j* de la guardia del *749*
Hch 4.1 vinieron...los sacerdotes con el *j* de............ *4755*
5.24 cuando oyeron...el *j* de la guardia del.......... *749*
5.26 el *j* de la guardia con los alguaciles............ *4755*
19.14 tal Esceva, judío, *j* de los sacerdotes *749*

JEFONE
1. Padre de Caleb
Nm 13.6 de la tribu de Judá, Caleb hijo de *J*............ 3312
14.6 y Caleb hijo de *J*, que eran de los que............ 3312
14.30 exceptuando a Caleb hijo de *J*, y a.............. 3312
14.38 y Caleb hijo de *J* quedaron con vida............ 3312
26.65 no quedó varón...sino Caleb hijo de *J*.......... 3312
32.12 excepto Caleb hijo de *J* cenezeo, y............. 3312
34.19 de la tribu de Judá, Caleb hijo de *J* 3312
Dt 1.36 excepto Caleb hijo de *J*, él la verá 3312
Jos 14.6 Caleb, hijo de *J*...le dijo: Tú sabes............. 3312
14.13 y dio a Caleb hijo de *J* a Hebrón por............ 3312
14.14 vino a ser heredad de Caleb hijo de *J*.......... 3312
15.13 a Caleb hijo de *J* dio su parte entre............ 3312

21.12 mas el campo... dieron a Caleb hijo de *J* 3312
1 Cr 4.15 los hijos de Caleb hijo de *J*: Iru 3312
6.56 sus aldeas se dieron a Caleb, hijo de *J* 3312
2. Descendiente de Aser, 1 Cr 7.38 3312

JEFTÉ *Juez de Israel*
Jue 11.1 *J* galaadita era esforzado y valeroso 3316
11.1 hijo de... una ramera, y el padre de *J* era 3316
11.2 echaron... a *J*, diciéndole: No heredarás 3316
11.3 huyó, pues, *J* de sus hermanos, y habitó 3316
11.5 fueron a traer a *J* de la tierra de Tob 3316
11.6 dijeron a *J*: Ven, y serás nuestro jefe 3316
11.7 *J* respondió a los ancianos de Galaad 3316
11.8 respondieron a *J*: Por esta misma causa 3316
11.9 *J*... dijo a los ancianos de Galaad: Si me 3316
11.10 respondieron a *J*: Jehová sea testigo 3316
11.11 *J* vino con los ancianos de Galaad, y 3316
11.11 *J* habló... delante de Jehová en Mizpa 3316
11.12 envió *J* mensajeros al rey de... amonitas 3316
11.13 rey... respondió a los mensajeros de *J* 3316
11.14 *J* volvió a enviar... mensajeros al rey 3316
11.15 *J* ha dicho así: Israel no tomó tierra 3316
11.28 no atendió a las razones que *J* le envió 3316
11.29 el Espíritu de Jehová vino sobre *J* 3316
11.30 y *J* hizo voto a Jehová, diciendo: Si 3316
11.32 *J* hacia los hijos de Amón para pelear 3316
11.34 volvió *J* a Mizpa, a su casa... su hija 3316
11.40 doncellas... a endechar a la hija de *J* 3316
12.1 y dijeron a *J*: ¿Por qué fuiste a hacer 3316
12.2 *J* les respondió: Yo y mi pueblo teníamos 3316
12.4 reunió *J* a todos los varones de Galaad 3316
12.7 *J* juzgó a Israel seis años; y murió *J* 3316
1 S 12.11 Jehová envió... Barac, a *J* y a Samuel 3316
He 11.32 de Sansón, de *J*, de David, así como *2422*

JEFTE-EL *Valle en la frontera de Zabulón y Aser*, Jos 19.14,27 3317

JEGAR SAHADUTA *Nombre que dio Labán al majano de piedras*, Gn 31.47 3026

JEHALELEL
1. Descendiente de Judá, 1 Cr 4.16 3094
2. Levita, descendiente de Merari, 2 Cr 29.12 3094

JEHEDÍAS
1. Levita, contemporáneo de David, 1 Cr 24.20 3165
2. Funcionario del rey David, 1 Cr 27.30 3165

JEHÍAS *Levita, portero del arca*, 1 Cr 15.24 3174

JEHIEL
1. Ascendiente del rey Saúl, 1 Cr 9.35 3273
2. Uno de los valientes de David, 1 Cr 11.44 3273
3. Levita, músico en tiempo de David, 1 Cr 15.18,20; 16.5 3273
4. Levita, tesorero del templo (=Jehieli), 1 Cr 23.8; 29.8 3273
5. Instructor de los hijos de David, 1 Cr 27.32 3273
6. Hijo del rey Josafat, 2 Cr 21.2 3273
7. Levita en tiempo del rey Ezequías, 2 Cr 29.14; 31.13 3273
8. Oficial del templo bajo el rey Josías, 2 Cr 35.8 3273
9. Padre de Obadías No. 5, Esd 8.9 3273
10. Padre de Secanías No. 5, Esd 10.2 3273
11. Nombre de dos varones que se casaron con mujeres extranjeras, Esd 10.21,26 3273

JEHIELI = *Jehiel No. 4*, 1 Cr 26.22 3172

JEHIELITAS *Familia de Jehieli*, 1 Cr 26.21 3172

JEHOVÁ
Gn 2.4 el día que *J* Dios hizo la tierra y los 3068
2.5 *J* Dios aún no había hecho llover sobre 3068
2.7 *J* Dios formó al hombre del polvo de la 3068
2.8 y *J* Dios plantó un huerto en Edén, al 3068
2.9 *J* Dios hizo nacer de la tierra todo árbol 3068
2.15 tomó, pues, *J* Dios al hombre, y lo puso 3068
2.16 y mandó *J* Dios al hombre, diciendo: De 3068
2.18 dijo *J* Dios: No es bueno que el hombre 3068
2.19 *J* Dios formó... de la tierra toda bestia 3068
2.21 *J* Dios hizo caer sueño... sobre Adán, y 3068
2.22 la costilla que *J* Dios tomó del hombre 3068
3.1 los animales del campo que *J* Dios había 3068
3.8 oyeron la voz de *J* Dios que se paseaba 3068
3.8 se escondieron de la presencia de *J* Dios 3068
3.9 mas *J* Dios llamó al hombre, y le dijo 3068
3.13 entonces *J* Dios dijo a la mujer: ¿Qué 3068
3.14 *J*... dijo a la serpiente... maldita serás 3068
3.21 *J*... hizo al hombre y a su mujer túnicas 3068
3.22 dijo *J* Dios: He aquí el hombre es como 3068
3.23 y lo sacó *J* del huerto del Edén, para 3068
4.1 dijo: Por voluntad de *J* he adquirido varón 3068
4.3 Caín trajo del fruto de... una ofrenda a *J* 3068
4.4 miró *J* con agrado a Abel y a su ofrenda 3068
4.6 *J* dijo a Caín: ¿Por qué te has ensañado 3068
4.9 y *J* dijo a Caín: ¿Dónde está Abel tu 3068
4.13 y dijo Caín a *J*: Grande es mi castigo 3068
4.15 le respondió *J*: Ciertamente cualquiera 3068
4.15 *J* puso señal en Caín, para que no lo 3068
4.16 salió... Caín de delante de *J*, y habitó 3068
4.26 comenzaron a invocar el nombre de *J* 3068
5.29 Noé... a causa de la tierra que *J* maldijo 3068
6.3 dijo *J*: No contenderá mi espíritu con el 3068
6.5 vio *J* que la maldad de los hombres era 3068
6.6 se arrepintió *J* de haber hecho hombre en 3068
6.7 y dijo *J*: Raeré de sobre la faz de la 3068
6.8 pero Noé halló gracia ante los ojos de *J* 3068
7.1 dijo... *J* a Noé: Entra tú y toda tu casa 3068
7.5 hizo Noé conforme a... lo que le mandó *J* 3068
7.16 de toda carne... y *J* le cerró la puerta 3068
8.20 y edificó Noé un altar a *J*, y tomó de 3068
8.21 percibió *J* olor grato; y dijo *J* en su 3068
9.26 dijo... Bendito por *J* mi Dios sea Sem, y 3068
10.9 éste fue vigoroso cazador delante de *J* 3068
11.5 y descendió *J* para ver la ciudad y la 3068
11.6 y dijo *J*: He aquí el pueblo es uno, y 3068
11.8 los esparció *J* desde allí sobre la faz 3068
11.9 allí confundió *J* el lenguaje de toda la 3068
12.1 pero *J* había dicho a Abram: Vete de tu 3068
12.4 se fue Abram, como *J* le dijo; y Lot fue 3068
12.7 y apareció *J* a Abram, y le dijo: A tu 3068
12.7 y edificó allí un altar a *J*, quien le 3068
12.8 allí altar a *J*, e invocó el nombre de *J* 3068
12.17 mas *J* hirió a Faraón y a su casa con 3068
13.4 altar... invocó allí Abram el nombre de *J* 3068
13.10 como el huerto de *J*, como la tierra de 3068
13.10 que destruyese *J* a Sodoma y a Gomorra 3068
13.13 hombres de Sodoma... pecadores contra *J* 3068
13.14 y *J* dijo a Abram, después que Lot se 3068
13.18 en Hebrón, y edificó allí altar a *J* 3068
14.22 he alzado mi mano a *J* Dios Altísimo 3068
15.1 vino la palabra de *J* a Abram en visión 3068
15.2 Señor *J*, ¿qué me darás, siendo así que 3068
15.4 vino a él palabra de *J*, diciendo: No te 3068
15.6 creyó a *J*, y le fue contado por justicia 3068
15.7 le dijo: Yo soy *J*, que te saqué de Ur de 3068
15.8 Señor *J*, ¿en qué conoceré que la he de 3068
15.13 *J* dijo a Abram: Ten por cierto que tu 3068
15.18 día hizo *J* un pacto con Abram, diciendo 3068
16.2 ves que *J* me ha hecho estéril; te ruego 3068
16.5 te di mi sierva... juzgue *J* entre tú y yo 3068
16.7 halló el ángel de *J* junto a una fuente 3068
16.9 y le dijo el ángel de *J*: Vuélvete a tu 3068
16.10 le dijo... el ángel de *J*: Multiplicaré 3068
16.11 le dijo el ángel de *J*: He aquí que has 3068
16.11 Ismael, porque *J* ha oído tu aflicción 3068
16.13 el nombre de *J* que con ella hablaba 3068
17.1 apareció *J* y le dijo: Yo soy el Dios 3068
18.1 le apareció *J* en el encinar de Mamre 3068
18.13 entonces *J* dijo a Abraham: ¿Por qué 3068
18.17 y *J* dijo: ¿Encubriré yo a Abraham lo 3068
18.19 mandará... que guarden el camino de *J* 3068
18.19 haga venir *J* sobre Abraham lo que ha 3068
18.20 *J* le dijo... el clamor contra Sodoma y 3068
18.22 pero Abraham estaba aún delante de *J* 3068
18.26 respondió *J*: Si hallare en Sodoma 50 3068
18.33 *J* se fue, luego que acabó de hablar 3068
19.13 ha subido de punto delante de *J*; por 3068
19.13 tanto, *J* nos ha enviado para destruirlo 3068
19.14 porque *J* va a destruir esta ciudad 3068
19.16 según la misericordia de *J* para con él 3068
19.24 *J* hizo llover sobre Sodoma y... azufre 3068
19.24 fuego de parte de *J* desde los cielos 3068
19.27 lugar donde había estado delante de *J* 3068
20.18 *J* había cerrado... matriz de la casa de 3068
21.1 visitó *J* a Sara... hizo *J* con Sara como 3068
21.33 e invocó... el nombre de *J* Dios eterno 3068
22.11 ángel de *J* le dio voces desde el cielo 3068
22.14 y llamó Abraham el nombre... *J* proveerá 3070
22.14 dice... En el monte de *J* será provisto 3068
22.15 llamó el ángel de *J* a Abraham segunda 3068
22.16 por mí mismo he jurado, dice *J*, que 3068
24.1 *J* había bendecido a Abraham en todo 3068
24.3 te juramentaré por *J*, Dios de los cielos 3068
24.7 *J*, Dios de los cielos, que me tomó de 3068
24.12 oh *J*, Dios de mi señor Abraham, dame 3068
24.21 saber si *J* había prosperado su viaje 3068
24.26 el hombre... se inclinó, y adoró a *J* 3068
24.27 y dijo: Bendito sea *J*, Dios de mi amo 3068
24.27 guiándome *J* en el camino a casa de los 3068
24.31 ven, bendito de *J*; ¿por qué estás fuera? 3068
24.35 *J* ha bendecido mucho a mi amo, y él se 3068
24.40 *J*... cuya presencia he andado, enviará 3068
24.42 dije: *J*, Dios de mi señor Abraham, si 3068
24.44 sea ésta la mujer que destinó *J* para 3068
24.48 y adoré a *J*, y bendije a *J* Dios de mi 3068
24.50 de *J* ha salido... no podemos hablarte 3068
24.51 sea mujer del hijo... como lo ha dicho *J* 3068
24.52 el criado... se inclinó en tierra ante *J* 3068
24.56 no... ya que *J* ha prosperado mi camino 3068
25.21 y oró Isaac a *J* por su mujer, que era 3068
25.21 aceptó *J*, y concibió Rebeca su mujer 3068
25.22 los hijos luchaban... fue a consultar a *J* 3068
25.23 le respondió *J*: Dos naciones hay en tu 3068
26.2 apareció *J*, y le dijo: No desciendas a 3068
26.12 y cosechó aquel año... y le bendijo *J* 3068
26.22 *J* nos ha prosperado, y fructificaremos 3068
26.24 se le apareció *J* aquella noche, y le 3068
26.25 edificó... e invocó el nombre de *J*, y 3068
26.28 visto que *J* está contigo; y dijimos 3068
26.29 te... en paz; tú eres ahora bendito de *J* 3068
27.7 te bendiga en la presencia de *J* antes 3068
27.20 *J*... hizo que la encontrase delante de 3068
27.27 el olor del campo que *J* ha bendecido 3068
28.13 he aquí, *J* estaba en lo alto de ella 3068
28.13 yo soy *J*, el Dios de Abraham tu padre 3068
28.16 *J* está en este lugar, y yo no lo sabía 3068
28.21 si volviere en paz a... *J* será mi Dios 3068
29.31 vio *J* que Lea era menospreciada, y le 3068
29.32 ha mirado *J* mi aflicción; ahora, por 3068
29.33 oyó *J* que yo era menospreciada, me ha 3068
29.35 esta vez alabaré a *J*; por esto llamó 3068
30.24 José, diciendo: Añádame *J* otro hijo 3068
30.27 que *J* me ha bendecido por tu causa 3068
30.30 y *J* te ha bendecido con mi llegada 3068
31.3 *J* dijo a Jacob: Vuélvete a la tierra de 3068
31.49 atalaye *J* entre tú y yo, cuando nos 3068
32.9 *J*, que... dijiste: Vuélvete a tu tierra 3068
38.7 fue malo ante... *J*, y le quitó *J* la vida 3068
38.10 desagradó en ojos de *J* lo que hacía 3068
39.2 mas *J* estaba con José, y fue varón 3068
39.3 vio su amo que *J* estaba con él, y que 3068
39.3 hacía, *J* lo hacía prosperar en su mano 3068
39.5 *J* bendijo la casa del egipcio a causa 3068
39.5 la bendición de *J* estaba sobre todo lo 3068
39.21 pero *J* estaba con José, y le extendió 3068
39.23 *J* estaba con José, y... *J* lo prosperaba 3068
49.18 tu salvación esperé, oh *J* 3068
Éx 3.2 le apareció el Ángel de *J* en 3068
3.4 viendo *J* que él iba a ver, lo llamó Dios 3068
3.7 dijo... *J*: Bien he visto la aflicción de 3068
3.15 *J*, el Dios de vuestros padres, el Dios 3068
3.16 y diles: *J*, el Dios de vuestros padres 3068
3.18 diréis: *J* el Dios de los hebreos nos ha 3068
3.18 ofrezcamos sacrificios a *J* nuestro Dios 3068
4.1 voz: porque dirán: No te ha aparecido *J* 3068
4.2 *J* dijo: ¿Qué es... que tienes en tu mano? 3068
4.4 dijo *J* a Moisés: Extiende tu mano, y 3068
4.5 por esto creerán que se te ha aparecido *J* 3068
4.6 le dijo además *J*: Mete ahora tu mano en 3068
4.10 entonces dijo Moisés a *J*: ¡Ay, Señor! 3068
4.11 y *J* le respondió: ¿Quién dio la boca 3068
4.11 quién hizo al mudo y al... ¿No soy yo *J*? 3068
4.14 entonces *J* se enojó contra Moisés, y 3068
4.19 dijo también *J* a Moisés en Madián: Vé 3068
4.21 dijo *J* a Moisés: Cuando hayas vuelto a 3068
4.22 *J* ha dicho así: Israel es mi hijo, mi 3068
4.24 en una posada *J* le salió al encuentro 3068
4.27 *J* dijo a Aarón: Vé a recibir a Moisés 3068
4.28 todas las palabras de *J* que le enviaba 3068
4.30 habló Aarón... de todas las cosas que *J* 3068
4.31 *J* había visitado a los hijos de Israel 3068
5.1 *J* el Dios de Israel dice así: Deja ir a 3068
5.2 Faraón respondió: ¿Quién es *J*, para que 3068
5.2 no conozco a *J*, ni tampoco dejaré ir a 3068
5.3 ofreceremos sacrificios a *J* nuestro Dios 3068
5.17 vamos y ofrezcamos sacrificios a *J* 3068
5.21 mire *J* sobre vosotros, y juzgue; pues 3068
5.22 entonces Moisés se volvió a *J*, y dijo 3068
6.1 *J* respondió a Moisés: Ahora verás lo que 3068
6.2 habló... Dios a Moisés, y le dijo: Yo soy *J* 3068
6.3 mas en mi nombre *J* no me di a conocer a 3068
6.6 yo soy *J*; y yo os sacaré de debajo de las 3068
6.7 sabréis que yo soy *J* vuestro Dios, que 3068
6.8 la tierra... os la daré por heredad. Yo *J* 3068
6.10,29; 14.1; 16.11; 25.1; 30.11,17,22; 31.1,12; 40.1; Lv 4.1; 5.14; 6.1,8,19,24; 7.22,28; 8.1; 12.1; 14.1; 17.1;18.1; 19.1; 20.1; 21.16; 22.1,17,26; 23.1,9,23,26, 33; 24.1,13; 25.1; 27.1; Nm 1.48; 3.1,5,11,14,44; 4.21; 5.1,5,11; 6.1,22; 7.4; 8.1,5,23; 9.1,9; 10.1;13.1; 15.1,17,37; 16.23,36,44; 17.1; 18.25; 20.7; 25.10,16; 26.52; 28.1; 31.1,25; 33.50; 34.1,16; 35.1,9 habló *J* a Moisés, diciendo 3068
6.12 respondió Moisés delante de *J*: He 3068
6.13; 7.8; 12.1; Lv 11.1; 13.1; 14.33; 15.1; Nm 2.1; 4.1,17; 14.26; 16.20; 19.1; 20.23 *J* habló a Moisés y a Aarón, diciendo 3068
6.26 es aquel Aarón y... a los cuales *J* dijo 3068
6.28 cuando *J* habló a Moisés en la tierra de 3068
6.30 delante de *J*... yo soy torpe de labios 3068
7.1 *J* dijo a Moisés... te he constituido dios 3068
7.5 y sabrán los egipcios... yo soy *J*, cuando 3068
7.6 e hizo Moisés y Aarón como *J* les mandó 3068
7.8 habló *J* a Moisés y a Aarón, diciendo 3068
7.10 e hicieron como *J* lo había mandado 3068
7.13 no los escuchó, como *J* lo había dicho 3068
7.14 *J* dijo a Moisés: El corazón de Faraón 3068
7.16 dile: *J* el Dios de los hebreos me ha 3068
7.17 así ha dicho *J*... conocerás que yo soy *J* 3068
7.19 *J* dijo a Moisés: Di a Aarón: Toma tu 3068
7.20 Moisés y Aarón hicieron como *J* lo mandó 3068
7.22 no los escuchó como *J* lo había dicho 3068
7.25 siete días después que *J* hirió el río 3068
8.1 *J* dijo a Moisés: Entra a la presencia de 3068
8.1,20 *J* ha dicho así: Deja ir a mi pueblo 3068
8.5 *J* dijo a Moisés: Di a Aarón: Extiende tu 3068
8.8 orad a *J* para que quite las ranas de mí 3068
8.8 dejaré ir a... que ofrezca sacrificios a *J* 3068
8.10 que conozcas que no hay como *J* nuestro 3068
8.12 y clamó Moisés a *J* tocante a las ranas 3068
8.13 hizo *J* conforme a la palabra de Moisés 3068
8.15 no los escuchó, como *J* lo había dicho 3068
8.16 *J* dijo a Moisés: Di a Aarón: Extiende tu 3068
8.19 y no los escuchó, como *J* lo había dicho 3068
8.20 *J* dijo a Moisés: Levántate de mañana y 3068
8.22 que sepas que yo soy *J* en medio de la 3068
8.24 *J* lo hizo... y vino toda clase de moscas 3068
8.26 ofreceríamos a *J*... la abominación de los 3068
8.27 y ofreceremos sacrificios a *J* nuestro 3068
8.28 ofrezcáis sacrificios a *J* vuestro Dios 3068
8.29 rogaré a *J* que las... moscas se vayan de 3068
8.29 no dejando ir al... a dar sacrificio a *J* 3068
8.30 Moisés salió de la presencia... oró a *J* 3068
8.31 *J* hizo conforme a la palabra de Moisés 3068
9.1 *J* dijo a Moisés: Entra a la presencia de 3068
9.1 dile: *J*, el Dios de los hebreos, dice así 3068
9.3 la mano de *J* estará sobre tus ganados 3068
9.4 *J* hará separación entre los ganados de 3068
9.5 y *J* fijó plazo... Mañana hará *J* esta cosa 3068
9.6 *J* hizo aquello, y murió todo el ganado 3068
9.8 *J* dijo a Moisés y a Aarón: Tomad... ceniza 3068
9.12 *J* endureció el corazón de Faraón, y no 3068
9.12 no... oyó, como *J* lo había dicho a Moisés 3068
9.13 *J* dijo a Moisés: Levántate de mañana y 3068
9.13 dile: *J*, el Dios de los hebreos, dice así 3068
9.20 el que tuvo temor de la palabra de *J* 3068
9.21 no puso en su corazón la palabra de *J* 3068

9.22 *J* dijo a Moisés: Extiende tu mano hacia 3068
9.23 *J* hizo tronar...y *J* hizo llover granizo 3068
9.27 *J* es justo, y yo y mi pueblo impíos 3068
9.28 orad a *J* para que cesen los truenos de 3068
9.29 extenderé mis manos a *J*, y los truenos 3068
9.29 para que sepas que de *J* es la tierra 3068
9.30 ni tú ni...temeréis...presencia de *J* Dios 3068
9.33 extendió sus manos a *J*, y cesaron los 3068
9.35 *J* lo había dicho por medio de Moisés 3068
10.1 *J* dijo a Moisés: Entra a la presencia de 3068
10.2 señales...para que sepáis que yo soy *J* 3068
10.3 *J* el Dios de los hebreos ha dicho así 3068
10.7 deja ir a...para que sirvan a *J* su Dios 3068
10.8 les dijo: Andad, servid a *J* vuestro Dios 3068
10.9 porque es nuestra fiesta solemne para *J* 3068
10.10 él les dijo: ¡Así sea *J* con vosotros! 3068
10.11 id...vosotros los varones, y servid a *J* 3068
10.12 entonces *J* dijo a Moisés: Extiende tu 3068
10.13 *J* trajo un viento oriental sobre el 3068
10.16 dijo: He pecado contra *J* vuestro Dios 3068
10.17 oréis a *J* vuestro Dios que quite de 3068
10.18 salió Moisés de delante de...y oró a *J* 3068
10.19 entonces *J* trajo un fortísimo viento 3068
10.20,27 *J* endureció el corazón de Faraón 3068
10.21 *J* dijo a Moisés: Extiende tu mano hacia 3068
10.24 id, servid a *J*...queden vuestras ovejas 3068
10.25 que sacrifiquemos para *J* nuestro Dios 3068
10.26 hemos de tomar para servir a *J*...Dios 3068
10.26 no sabemos con qué hemos de servir a *J* 3068
11.1 *J* dijo a Moisés: Una plaga traeré aún 3068
11.3 *J* dio gracia al pueblo en los ojos de 3068
11.4 *J* ha dicho...A la medianoche yo saldré 3068
11.7 que sepáis que *J* hace diferencia entre 3068
11.9 y *J* dijo a Moisés: Faraón no os oirá 3068
11.10 pues *J* había endurecido el corazón de 3068
12.11 comeréis...ceñidos...es la pascua de *J* 3068
12.12 heriré a todo primogénito en la...Yo *J* 3068
12.14 lo celebraréis...fiesta solemne para *J* 3068
12.23 *J* pasará hiriendo a los egipcios; y 3068
12.23 pasará *J* aquella puerta, y no dejará 3068
12.25 cuando entréis en la tierra que *J* os 3068
12.27 la víctima de la pascua de *J*, el cual 3068
12.28 hicieron, así, como *J* había mandado 3068
12.29 *J* hirió a todo primogénito en...Egipto 3068
12.31 salid...servid a *J*, como habéis dicho 3068
12.36 *J* dio gracia al pueblo delante de los 3068
12.41 todas las huestes de *J* salieron de la 3068
12.42 noche de guardar para *J*, por haberlos 3068
12.42 deben guardarla para *J* todos...Israel 3068
12.43 *J* dijo a Moisés y a Aarón: Esta es la 3068
12.48 y quisiere celebrar la pascua para *J* 3068
12.50 lo hicieron...como mandó *J* a Moisés y 3068
12.51 sacó *J* a los hijos de Israel...Egipto 3068
13.1 *J* habló a Moisés, diciendo 3068
13.3 *J* os ha sacado de aquí con mano fuerte 3068
13.5 cuando *J* te hubiere metido en la tierra 3068
13.6 y el séptimo día será fiesta para *J* 3068
13.8 hace esto con motivo de lo que *J* hizo 3068
13.9 para que la ley de *J* esté en tu boca 3068
13.9 con mano fuerte te sacó *J* de Egipto 3068
13.11 *J* te haya metido...tierra del cananeo 3068
13.12 dedicarás a *J*...los machos serán de *J* 3068
13.14 *J* nos sacó con mano fuerte de Egipto 3068
13.15 *J* hizo morir en la tierra de Egipto a 3068
13.15 yo sacrifico para *J* todo primogénito 3068
13.16 *J* nos sacó de Egipto con mano fuerte 3068
13.21 *J* iba delante de ellos de día en una 3068
14.4 y sabrán los egipcios que yo soy *J* 3068
14.8 endureció *J* el corazón de Faraón rey de 3068
14.10 hijos de Israel temieron...clamaron a *J* 3068
14.13 y ved la salvación que *J* hará hoy con 3068
14.14 *J* peleará por vosotros, y...tranquilos 3068
14.15 *J* dijo a Moisés: ¿Por qué clamas a mí? 3068
14.18 y sabrán los egipcios que yo soy *J* 3068
14.21 e hizo *J* que el mar se retirase por 3068
14.24 *J* miró el campamento de los egipcios 3068
14.25 *J* pelea por ellos contra los egipcios 3068
14.26 y *J* dijo a Moisés: Extiende tu mano 3068
14.27 *J* derribó a los egipcios en medio del 3068
14.30 salvó *J* aquel día a Israel de mano de 3068
14.31 vio Israel...grande hecho que *J* ejecutó 3068
14.31 el pueblo temió a *J*, y creyeron a *J* y 3068
15.1 cantó Moisés y los...este cántico a *J* 3068
15.1 cantaré yo a *J*, porque...ha magnificado 3068
15.2 *J* es mi fortaleza y mi cántico, y ha 3068
15.3 *J* es varón de guerra; *J* es su nombre 3068
15.6 tu diestra, oh *J*, ha sido magnificada 3068
15.6 tu diestra, oh *J*, ha quebrantado al 3068
15.11 ¿quién...tú, oh *J*, entre los dioses? 3068
15.16 hasta que haya pasado tu pueblo, oh *J* 3068
15.17 el lugar...que tú has preparado, oh *J* 3068
15.17 el santuario que tus manos, oh *J*, han 3068
15.18 *J* reinará eternamente y para siempre 3068
15.19 *J* hizo volver las aguas del mar sobre 3068
15.21 cantad a *J*, porque en extremo se ha 3068
15.25 y Moisés clamó a *J*, y *J* le mostró un 3068
15.26 si oyeres atentamente la voz de *J* tu 3068
15.26 ninguna enfermedad...soy *J* tu sanador 3068
16.3 ojalá hubiéramos muerto por mano de *J* 3068
16.4 *J* dijo a Moisés...yo os haré llover pan 3068
16.6 sabréis que *J* os ha sacado de la tierra 3068
16.7 *J*...él ha oído...murmuraciones contra *J* 3068
16.8 *J* os dará en la tarde carne para comer 3068
16.8 porque *J* ha oído vuestras murmuraciones 3068
16.8 no son contra nosotros, sino contra *J* 3068
16.9 acercaos a la presencia de *J*...ha oído 3068
16.10 aquí la gloria de *J* apareció en la nube 3068
16.12 y sabréis que yo soy *J* vuestro Dios 3068
16.15 dijo: Es el pan que *J* os da para comer 3068
16.16 esto es lo que *J* ha mandado: Recoged 3068
16.23 ha dicho *J*: Mañana es el santo día de 3068
16.23 mañana es el...el reposo consagrado a *J* 3068
16.25 comedlo...hoy es día de reposo para *J* 3068
16.28 y *J* dijo a Moisés: ¿Hasta cuándo no 3068
16.29 mirad que *J* os dio el día de reposo 3068
16.32 lo que *J* ha mandado: Llenad un gomer 3068
16.33 ponlo delante de *J*...que sea guardado 3068
16.34 guardarlo, como *J* lo mandó a Moisés 3068
17.1 Israel partió del...al mandamiento de *J* 3068
17.2 Moisés les dijo...¿Por qué tentáis a *J*? 3068
17.4 clamó Moisés a *J*, diciendo: ¿Qué haré 3068
17.5 y *J* dijo a...Pasa delante del pueblo, y 3068
17.7 tentaron a *J*, diciendo...¿Está, pues, *J* 3068
17.14 y *J* dijo a Moisés: Escribe esto para 3068
17.16 contra el trono de *J*, *J* tendrá guerra 3068
18.1 cómo *J* había sacado a Israel de Egipto 3068
18.8 Moisés contó...cosas que *J* había hecho 3068
18.8 el camino, y cómo los había librado *J* 3068
18.9 se alegró Jetro de todo el bien que *J* 3068
18.10 bendito sea *J*, que os libró de mano de 3068
18.11 ahora conozco que *J* es más grande que 3068
19.3 y *J* lo llamó desde el monte, diciendo 3068
19.7 estas palabras que *J* le había mandado 3068
19.8 y dijeron...lo que *J* ha dicho, haremos 3068
19.8,9 y Moisés refirió a *J* las palabras 3068
19.9 *J* dijo...vengo a ti en una nube espesa 3068
19.10 *J* dijo a Moisés: Ve al pueblo...laven 3068
19.11 al tercer día *J* descenderá a ojos de 3068
19.18 *J* había descendido sobre él en fuego 3068
19.20 descendió *J* sobre el monte Sinaí, sobre 3068
19.20 y llamó *J* a Moisés a la cumbre del 3068
19.21 *J* dijo a Moisés: Desciende, ordena al 3068
19.21 no traspase los límites para ver a *J* 3068
19.22 los sacerdotes que se acercan a *J* 3068
19.22 para que *J* no haga en ellos estrago 3068
19.23 Moisés dijo a *J*: El pueblo no podrá 3068
19.24 *J* le dijo: Ve, desciende, y subirás 3068
19.24 no traspasen el límite para subir a *J* 3068
20.2 soy *J* tu Dios, que te saqué de...Egipto 3068
20.5 yo soy *J* tu Dios, fuerte, celoso, que 3068
20.7 no tomarás el nombre de *J*...Dios en vano 3068
20.7 no dará por inocente *J* al que tomare su 3068
20.10 séptimo día es reposo para *J* tu Dios 3068
20.11 porque en seis días hizo *J* los cielos y 3068
20.11 *J* bendijo el día de reposo...santificó 3068
20.12 se alarguen en la tierra que *J*...te da 3068
20.22 *J* dijo a Moisés: Así dirás a los hijos 3068
22.11 juramento de *J* habrá entre ambos, de 3068
22.20 ofreciere...excepto...a *J*, será muerto 3068
23.17 se presentará todo varón delante de *J* 3068
23.19 primicias de...traerás a la casa de *J* 3068
23.25 mas a *J* vuestro Dios serviréis, y él 3068
24.1 a Moisés: Sube ante *J*, tú, y Aarón 3068
24.2 Moisés sólo se acercará a *J*; y ellos no 3068
24.3 contó al pueblo todas las palabras de *J* 3068
24.3 haremos...las palabras que *J* ha dicho 3068
24.4 y Moisés escribió...las palabras de *J* 3068
24.5 y becerros como sacrificios de paz a *J* 3068
24.7 haremos todas las cosas que *J* ha dicho 3068
24.8 la sangre del pacto que *J* ha hecho con 3068
24.12 *J* dijo a Moisés: Sube a mí al monte, y 3068
24.16 la gloria de *J* reposó sobre el monte 3068
24.17 apariencia de la gloria de *J* era como 3068
27.21 que ardan delante de *J* desde la tarde 3068
28.12,29 llevará los nombres...delante de *J* 3068
28.30 sobre...Aarón cuando entre delante de *J* 3068
28.30 llevará...el juicio de los...delante de *J* 3068
28.35 él entre en el santuario delante de *J* 3068
28.36 y grabarás en ella como...SANTIDAD A *J* 3068
28.38 para que obtengan gracia delante de *J* 3068
29.11 matarás el becerro delante de *J*, a la 3068
29.18 es holocausto de olor grato para *J*, es 3068
29.23 los panes sin levadura presentado a *J* 3068
29.24 los mecerás como ofrenda...delante de *J* 3068
29.25 delante de *J*...Es ofrenda encendida a *J* 3068
29.26 lo mecerás por ofrenda...delante de *J* 3068
29.28 porción de ellos elevada en ofrenda a *J* 3068
29.41 en olor grato; ofrenda encendida a *J* 3068
29.42 puerta del tabernáculo...delante de *J* 3068
29.46 conocerán que yo soy *J*...Yo *J* su Dios 3068
30.8 rito perpetuo delante de *J* por vuestras 3068
30.10 hará Aarón expiación...muy santo a *J* 3068
30.12 uno dará a *J* el rescate de su persona 3068
30.13 mitad de un siclo será la ofrenda a *J* 3068
30.14 que sea contado...dará la ofrenda a *J* 3068
30.15 la ofrenda a *J* para hacer expiación por 3068
30.16 memorial a los...de Israel delante de *J* 3068
30.20 para quemar la ofrenda encendida para *J* 3068
30.34 dijo además *J* a Moisés: Toma especias 3068
30.37 incienso...te será cosa sagrada para *J* 3068
31.13 sepáis que yo soy *J* que os santifico 3068
31.15 mas...es día de reposo consagrado a *J* 3068
31.17 en seis días hizo *J* los cielos y la 3068
32.5 Aarón...dijo: Mañana será fiesta para *J* 3068
32.7 *J* dijo a Moisés...desciende, porque tu 3068
32.9 dijo, *J* a Moisés: Yo he visto a este 3068
32.11 Moisés oró en presencia de *J* su Dios 3068
32.11 oh *J*, ¿por qué se encenderá tu furor 3068
32.14 *J* se arrepintió del mal que dijo que 3068
32.26 ¿quién está por *J*? Júntese conmigo 3068
32.27 ha dicho *J*...Poned cada uno su espada 3068
32.29 os habéis consagrado a *J*, pues cada uno 3068
32.30 yo subiré ahora a *J*; quizá le aplacaré 3068
32.31 volvió Moisés a *J*, y dijo: Te ruego 3068
32.33 y *J* respondió a Moisés: Al que pecare 3068
32.35 *J* hirió al pueblo, porque habían hecho 3068
33.1 *J* dijo a Moisés: Anda, sube de aquí, tu 3068
33.1 *J* había dicho a Moisés: Di a los hijos 3068
33.7 y cualquiera que buscaba a *J*, salía al 3068
33.9 nube descendía...y *J* hablaba con Moisés 3068
33.11 hablaba *J* a Moisés cara a cara, como 3068
33.12 dijo Moisés a *J*: Mira, tú me dices a 3068
33.17 y *J* dijo a Moisés: También haré esto 3068
33.19 proclamaré el nombre de *J* delante de 3068
33.21 dijo aún *J*: He aquí un lugar junto a 3068
34.1 *J* dijo a Moisés: Alísate dos tablas de 3068
34.4 subió al monte Sinaí, como le mandó *J* 3068
34.5 *J*...con él, proclamando el nombre de *J* 3068
34.6 pasando *J* por delante de él, proclamó 3068
34.6 ¡*J*! ¡*J*! fuerte, misericordioso...tardo 3068
34.10 verá todo el pueblo en...la obra de *J* 3068
34.14 *J*, cuyo nombre es Celoso, Dios celoso 3068
34.23 delante de *J* el Señor, Dios de Israel 3068
34.24 delante de *J* tu Dios tres veces en el 3068
34.26 de los primeros frutos...a la casa de *J* 3068
34.27 y *J* dijo a Moisés: Escribe tú estas 3068
34.28 estuvo allí con *J* 40 días y 40 noches 3068
34.32 que *J* le había dicho en el monte Sinaí 3068
34.34 venía Moisés delante de *J* para hablar 3068
35.1 estas son las cosas que *J* ha mandado 3068
35.2 os será santo, día de reposo para *J* 3068
35.4 habló Moisés a...es lo que *J* ha mandado 3068
35.5 tomad...ofrenda para *J*...la traerá a *J* 3068
35.10 hará todas las cosas que *J* ha mandado 3068
35.21 vino todo varón...con ofrenda a *J* para 3068
35.22 todos presentaban ofrenda de oro a *J* 3068
35.24 el que ofrecía...traía a *J* la ofrenda 3068
35.29 para toda la obra, que *J* había mandado 3068
35.29 todos...trajeron ofrenda voluntaria a *J* 3068
35.30 *J* ha nombrado a Bezaleel hijo de Uri 3068
36.1 todo hombre...a quien *J* dio sabiduría e 3068
36.1 harán todas las cosas que ha mandado *J* 3068
36.2 en cuyo corazón había puesto *J* sabiduría 3068
36.5 necesita para la obra que *J* ha mandado 3068
38.22 hizo, las cosas que *J* mandó a Moisés 3068
39.1,5,7,21,26,29,31,32 como *J* lo había mandado a Moisés 3068
39.30 y escribieron en ella...SANTIDAD A *J* 3068
39.42 las cosas que *J* había mandado a Moisés 3068
39.43 la habían hecho como *J* había mandado 3068
40.16 y Moisés hizo...todo lo que *J* le mandó 3068
40.19,21,23,25,27,29,32 como *J* había mandado a Moisés 3068
40.34 y la gloria de *J* llenó el tabernáculo 3068
40.35 tabernáculo...la gloria de *J* lo llenaba 3068
40.38 la nube de *J* estaba de día sobre el 3068
Lv 1.1 llamó *J* a Moisés, y habló con él desde 3068
1.2 alguno de...vosotros ofrece ofrenda a *J* 3068
1.3 ofrecerá a la puerta del...delante de *J* 3068
1.5 degollará el becerro en...presencia de *J* 3068
1.9 ofrenda encendida de olor grato para *J* 3068
1.11 degollará al lado norte...delante de *J* 3068
1.13,17 ofrenda encendida de olor grato...*J* 3068
1.14 la ofrenda para *J* fuere holocausto de 3068
2.1 persona ofreciere oblación a *J*...ofrenda 3068
2.2 ofrenda encendida es, de olor grato a *J* 3068
2.3 de las ofrendas que se queman para *J* 3068
2.8 traerás a *J* la ofrenda que se hará de 3068
2.9 ofrenda encendida de olor grato a *J* 3068
2.10 de las ofrendas que se queman para *J* 3068
2.11 ninguna ofrenda que ofreciereis a *J* será 3068
2.11 ni de...se ha de quemar ofrenda para *J* 3068
2.12 ofrenda de primicias las ofreceréis a *J* 3068
2.14 si ofrecieres a *J* ofrenda de primicias 3068
2.16 hará arder...es ofrenda encendida para *J* 3068
3.1 paz...sin defecto la ofrecerá delante de *J* 3068
3.3 ofrecerá del...como ofrenda encendida a *J* 3068
3.5 fuego; es ofrenda de olor grato para *J* 3068
3.6 su ofrenda para sacrificio de paz a *J* 3068
3.7 si...cordero...lo ofrecerá delante de *J* 3068
3.9 ofrecerá por ofrenda...a *J* la grosura, la 3068
3.11 vianda es de ofrenda encendida para *J* 3068
3.12 fuere cabra...la ofrecerá delante de *J* 3068
3.14 ofrecerá de...su ofrenda encendida a *J* 3068
3.16 en olor grato a *J*...la grosura es de *J* 3068
4.2 pecare por yerro en...mandamientos de *J* 3068
4.3 ofrecerá a *J*, por su pecado que habrá 3068
4.4 traerá el becerro...delante de *J*, y pondrá 3068
4.4 el becerro, y lo degollará delante de *J* 3068
4.6 asperjará sangre siete veces delante de *J* 3068
4.7 del altar del incienso...delante de *J* 3068
4.13,22,27 contra...los mandamientos de *J* 3068
4.15 manos sobre la cabeza del...delante de *J* 3068
4.15 en presencia de *J* degollarán...becerro 3068
4.17 rociará siete veces delante de *J* hacia 3068
4.18 altar...delante de *J* en el tabernáculo 3068
4.24 degollará...delante de *J*; es expiación 3068
4.31 arder sobre el altar en olor grato a *J* 3068
4.35 arder...sobre la ofrenda encendida a *J* 3068
5.6 traerá a *J* por su pecado...una cordera o 3068
5.7 traerá a *J*...dos tórtolas o dos palominos 3068
5.12 sobre las ofrendas encendidas a *J*; es 3068
5.15 pecare...yerro en las cosas santas de *J* 3068
5.15 traerá...a *J* un carnero sin defecto de 3068
5.17 que por mandamiento de *J* no se han de 3068
5.19 es infracción, y...delinquió contra *J* 3068
6.2 pecare e hiciere prevaricación contra *J* 3068
6.6 traerá a *J* un carnero sin defecto de los 3068
6.7 el...hará expiación por él delante de *J* 3068
6.14 ofrecerán...delante de *J* ante el altar 3068
6.15 hará arder...memorial en olor grato a *J* 3068
6.18 tocante a...ofrendas encendidas para *J* 3068
6.20 ofrenda...que ofrecerán a *J* el día que 3068
6.21 la ofrenda ofrecerás en olor grato a *J* 3068

J

6.22 es estatuto perpetuo de J... será quemada 3068
6.25 degollada la ofrenda por... delante de J 3068
7.5 hará arder sobre... ofrenda encendida a J 3068
7.11 sacrificio de paz que se ofrecerá a J 3068
7.14 parte por ofrenda elevada a J, y será 3068
7.20,21 sacrificio de paz, el cual es de J 3068
7.25 animal, del cual se ofrece a J ofrenda 3068
7.29 el que ofreciere sacrificio de paz a J 3068
7.29 su ofrenda del sacrificio de paz ante J 3068
7.30 ofrendas que se han de quemar ante J 3068
7.30 sea mecido como sacrificio... delante de J 3068
7.35 porción de Aarón... de las ofrendas... a J 3068
7.35 los consagró para ser sacerdotes de J 3068
7.36 la cual mandó J que les diesen, desde 3068
7.38 la cual mandó J a Moisés en el monte de 3068
7.38 mandó... que ofreciesen sus ofrendas a J 3068
8.4 Moisés como J le mandó, y se reunió la 3068
8.5 dijo... Esto es lo que J ha mandado hacer 3068
8.9,13,17,29 como J había mandado a Moisés 3068
8.21 grato, ofrenda encendida para J, como J 3068
8.26 del canastillo... que estaba delante de J 3068
8.27 hizo mecerlo como ofrenda... delante de J 3068
8.28 consagraciones... ofrenda encendida a J 3068
8.29 lo meció, ofrenda mecida delante de J 3068
8.34 ha hecho, mandó hacer J para expiaros 3068
8.35 guardaréis la ordenanza delante de J 3068
8.36 cosas que mandó J por medio de Moisés 3068
9.2 de la vacada... y ofrécelos delante de J 3068
9.4 un buey y un... que inmoléis delante de J 3068
9.4 ofrenda... J se aparecerá hoy a vosotros 3068
9.5 toda la congregación... puso delante de J 3068
9.6 dijo: Esto es lo que mandó J; hacedlo, y 3068
9.6 hacedlo, y la gloria de J... os aparecerá 3068
9.7 haz la reconciliación... como ha mandado J 3068
9.10,21 como J lo había mandado a Moisés 3068
9.21 Aarón como ofrenda mecida delante de J 3068
9.23 y la gloria de J se apareció a todo el 3068
9.24 salió fuego de delante de J, y consumió 3068
10.1 ofrecieron delante de J fuego extraño 3068
10.2 salió fuego de delante de J y los quemó 3068
10.2 y los quemó, y murieron delante de J 3068
10.3 esto es lo que habló J, diciendo: En los 3068
10.6 sí lamentarán por el incendio que J ha 3068
10.7 el aceite de la unción de J está sobre 3068
10.8 y J habló a Aarón, diciendo 3068
10.11 enseñar... estatutos que J les ha dicho 3068
10.12 queda de las ofrendas encendidas a J 3068
10.13 esto es para ti... de las ofrendas... a J 3068
10.15 el pecho... ofrenda mecida delante de J 3068
10.15 tuyo y de tus hijos... J lo ha mandado 3068
10.17 para que sean reconciliados delante de J 3068
10.19 han ofrecido... holocausto delante de J 3068
10.19 yo comido hoy... ¿sería esto grato a J? 3068
11.44 yo soy J vuestro Dios... seréis santos 3068
11.45 porque yo soy J, que os hago subir 3068
12.7 y él los ofrecerá delante de J, y hará 3068
14.11 presentará delante de J al que se ha de 3068
14.12 y lo mecerá como ofrenda... delante de J 3068
14.16 esparcirá del aceite con... delante de J 3068
14.18 hará... expiación por él delante de J 3068
14.23 estas cosas al sacerdote... delante de J 3068
14.24 mecerá el... ofrenda mecida delante de J 3068
14.27 rociará del... siete veces delante de J 3068
14.29 la cabeza... reconciliarlo delante de J 3068
14.31 el que se ha de purificar, delante de J 3068
15.14 vendrá delante de J a la puerta del 3068
15.15 le purificará de su flujo delante de J 3068
15.30 la purificará... delante de J del flujo 3068
16.1 habló J a Moisés después de la muerte 3068
16.1 se acercaron delante de J, y murieron 3068
16.2 J dijo a Moisés: Di a Aarón tu hermano 3068
16.7 tomará... y los presentará delante de J 3068
16.8 suerte por J, y otra suerte por Azazel 3068
16.9 sobre el cual cayere la suerte por J 3068
16.10 lo presentará vivo delante de J para 3068
16.12 fuego del altar de delante de J, y sus 3068
16.13 pondrá el perfume sobre... delante de J 3068
16.18 saldrá al altar que está delante de J 3068
16.30 seréis limpios... pecados delante de J 3068
16.34 y Moisés lo hizo como J le mandó 3068
17.2 y diles: Esto es lo que ha mandado J 3068
17.4 ofrenda a J delante del tabernáculo de J 3068
17.5 para que los traigan a J a la puerta del 3068
17.5 sacrifiquen ellos sacrificios de paz a J 3068
17.6 esparcirá la sangre sobre el altar de J 3068
17.6 y quemará la grosura en olor grato a J 3068
17.9 y no lo trajere a la... para hacerlo a J 3068
18.2 habla... y diles: Yo soy J vuestro Dios 3068
18.4 estatutos guardaréis... Yo J vuestro Dios 3068
18.5 cuales haciendo... vivirá en ellos. Yo J 3068
18.6 llegue a parienta próxima alguna... Yo J 3068
18.21 no contamines así el nombre de... Yo J 3068
18.30 no os contaminéis en ellas. Yo J... Dios 3068
19.2 santos seréis, porque santo soy yo J 3068
19.3 y mis días de reposo guardaréis. Yo J 3068
19.4 ni haréis... dioses de... Yo J vuestro Dios 3068
19.5 cuando ofreciereis... ofrenda de paz a J 3068
19.8 por cuanto profanó lo santo de J; y la 3068
19.10 para el pobre... lo dejarás. Yo J... Dios 3068
19.12 no juraréis falsamente por mi... Yo J 3068
19.14 sino que tendrás temor de tu Dios. Yo J 3068
19.16 no atentarás contra la vida de... Yo J 3068
19.18 amarás a tu prójimo como a ti... Yo J 3068
19.21 él traerá a J... un carnero en expiación 3068
19.22 lo reconciliará... delante de J, por su 3068
19.24 fruto será consagrado en alabanzas a J 3068
19.25 comeréis el fruto... Yo J vuestro Dios 3068
19.28 ni imprimiréis en... señal alguna. Yo J 3068
19.30 mis días de reposo guardaréis... Yo J 3068
19.31 no los consultéis... Yo J vuestro Dios 3068
19.32 canas... y de tu Dios tendrás temor. Yo J 3068
19.34 al extranjero... lo amarás como a, Yo J 3068
19.36 yo J vuestro Dios, que os saqué de la 3068
19.37 guardad, pues... ponedlos por obra. Yo J 3068
20.7 sed santos, porque yo J soy vuestro Dios 3068
20.8 mis estatutos... Yo J que os santifico 3068
20.24 J... que os he apartado de los pueblos 3068
20.26 yo J soy santo, y os he apartado de los 3068
21.1 J dijo a Moisés: Habla a los sacerdotes 3068
21.6 ofrendas encendidas para J y el pan de 3068
21.8 porque santo soy yo J que os santifico 3068
21.12 la consagración... está sobre él. Yo J 3068
21.15 porque yo J soy el que los santifico 3068
21.21 ofrecer las ofrendas encendidas para J 3068
21.23 porque yo J soy el que los santifico 3068
22.2 y no profanen mi santo nombre. Yo J 3068
22.3 que los hijos de Israel consagran a J 3068
22.3 sí, será cortado de mi presencia. Yo J 3068
22.8 no comerá, contaminándose en ello. Yo J 3068
22.9 guarden, pues... Yo J que los santifico 3068
22.15 las cosas... las cuales apartan para J 3068
22.16 porque yo J soy el que los santifico 3068
22.18 ofrenda... ofrecidas en holocausto a J 3068
22.21 en ofrenda de paz a J para cumplir un 3068
22.22 no ofreceréis éstos a J, ni de ellos 3068
22.22 ni de ellos pondréis... el altar de J 3068
22.24 no ofreceréis a J... heridos... o cortados 3068
22.27 acepto para... sacrificio encendido a J 3068
22.29 sacrificio de acción de gracias a J, lo 3068
22.30 no dejaréis de él para otro día: Yo J 3068
22.31 guardad, pues, mis mandamientos... Yo J 3068
22.32 no profanéis mi... Yo J que os santifico 3068
22.33 os saqué... para ser vuestro Dios. Yo J 3068
23.2 las fiestas solemnes de J... serán estas 3068
23.3 día de reposo es de J en dondequiera que 3068
23.4 estas son las fiestas solemnes de J, las 3068
23.5 entre las dos tardes, pascua es de J 3068
23.6 es la fiesta solemne de los panes... a J 3068
23.8 ofreceréis a J 7 días ofrenda encendida 3068
23.11 mecerá la gavilla delante de J, para 3068
23.12 un cordero de un año... en holocausto a J 3068
23.13 su ofrenda será a J en olor gratísimo 3068
23.16 entonces ofreceréis el nuevo grano a J 3068
23.17 panes... cocidos... como primicias para J 3068
23.18 serán holocausto a J, con su ofrenda 3068
23.18 sus libaciones... de olor grato para J 3068
23.20 como ofrenda mecida delante de J, con 3068
23.20 cosa sagrada a J para el sacerdote 3068
23.22 para el pobre y para... la dejarás. Yo J 3068
23.25,27 ofreceréis ofrenda encendida a J 3068
23.28 día... para reconciliaros delante de J 3068
23.34 fiesta solemne de los tabernáculos a J 3068
23.36 ofreceréis ofrenda encendida a J; es 3068
23.37 estas son las fiestas solemnes de J 3068
23.37 para ofrecer ofrenda encendida a J 3068
23.38 además de los días de reposo de J, de 3068
23.38 voluntarias que acostumbráis dar a J 3068
23.39 haréis fiesta a J por siete días; el 3068
23.40 y os regocijaréis delante de J... Dios 3068
23.41 y le haréis fiesta a J por siete días 3068
23.43 cuando los saqué de... Yo J vuestro Dios 3068
23.44 habló... sobre las fiestas solemnes de J 3068
24.3 desde la tarde hasta la... delante de J 3068
24.4 pondrá siempre... lámparas delante de J 3068
24.6 dos hileras... mesa limpia delante de J 3068
24.7 incienso puro, y... ofrenda encendida a J 3068
24.8 día de reposo lo... en orden delante de J 3068
24.9 lo comerán... las ofrendas encendidas a J 3068
24.12 les fuese declarado por palabra de J 3068
24.16 el que blasfemare el nombre de J, ha 3068
24.22 un mismo estatuto tendréis... yo soy J 3068
24.23 hicieron según J había mandado a Moisés 3068
25.2 doy, la tierra guardará reposo para J 3068
25.4 la tierra tendrá descanso, reposo para J 3068
25.17 temed a vuestro Dios; porque yo soy J 3068
25.38 yo J... Dios, que os saqué de la tierra 3068
25.55 a los cuales saqué... Yo J vuestro Dios 3068
26.1 no haréis... idolos... soy J vuestro Dios 3068
26.2 tened en reverencia mi santuario... Yo J 3068
26.13 yo J... Dios, que os saqué de la tierra 3068
26.44 yo no los desecharé... yo J soy su Dios 3068
26.45 los saqué de... para ser su Dios. Yo J 3068
26.46 estableció J entre sí y los... de Israel 3068
27.2 alguno hiciere especial voto a J, según 3068
27.9 animal de... que se ofrece ofrenda a J 3068
27.9 todo lo que... se diere a J será santo 3068
27.11 animal... que no se ofrece ofrenda a J 3068
27.14 dedicare su casa consagrándola a J, la 3068
27.16 si alguno dedicare de la tierra... a J 3068
27.21 sino que... la tierra será santa para J 3068
27.22 si dedicare alguno a J la tierra que 3068
27.23 dará tu precio... cosa consagrada a J 3068
27.26 por la primogenitura es de J, nadie lo 3068
27.26 lo dedicará; sea buey u oveja, de J es 3068
27.28 cosa... que alguno hubiere dedicado a J 3068
27.28 consagrado será cosa santísima para J 3068
27.30 diezmo... de J es; es cosa dedicada a J 3068
27.32 y todo... el diezmo será consagrado a J 3068
27.34 son los mandamientos que ordenó J a 3068
Nm 1.19 J lo había mandado a Moisés, los contó 3068
1.54 hicieron... las cosas que mandó J a Moisés 3068
2.33 no fueron contados... como J lo mandó 3068
2.34 hicieron... todas las cosas que J mandó 3068
3.4 pero Nadab y Abiú murieron delante de J 3068
3.4 ofrecieron fuego extraño delante de J 3068
3.13 todos los primogénitos... míos serán: Yo J 3068
3.16 los contó conforme a la palabra de J 3068
3.39 conforme a la palabra de J contaron por 3068
3.40 J dijo a Moisés: Cuenta... primogénitos 3068
3.41 lugar de todos los primogénitos... Yo J 3068
3.42 contó Moisés, como J le mandó, todos 3068
3.45 toma los... y los levitas serán míos. Yo J 3068
3.51 la palabra de J, según lo que J había 3068
4.37,45,49 lo mandó J por medio de Moisés 3068
4.41 los cuales contaron... por mandato de J 3068
5.4 los echaron fuera... como J dijo a Moisés 3068
5.6 con que... prevarican contra J y delinquen 3068
5.8 se dará la indemnización del agravio a J 3068
5.16 ella se acerque se ponga delante de J 3068
5.18 estar en pie a la mujer delante de J 3068
5.21 J te haga maldición y execración en 3068
5.21 haciendo J que tu muslo caiga y que tu 3068
5.25 la mecerá delante de J, y la ofrecerá 3068
5.30 la presentará entonces delante de J 3068
6.2 haciendo voto de nazareo... dedicarse a J 3068
6.5 cumplidos... días de su apartamiento a J 3068
6.6 el tiempo que se aparte para J, no se 3068
6.8 todo... su nazareato, será santo para J 3068
6.12 consagrará para J los días... nazareato 3068
6.14 y ofrecerá su ofrenda a J, un cordero 3068
6.16 el sacerdote lo ofrecerá delante de J 3068
6.17 ofrecerá el carnero en ofrenda de... a J 3068
6.20 mecerá... ofrenda mecida delante de J 3068
6.21 que hiciere voto de su ofrenda a J por 3068
6.24 J te bendiga, y te guarde 3068
6.25 J haga resplandecer su rostro sobre ti 3068
6.26 J alce sobre ti su rostro, y ponga en ti 3068
7.3 trajeron sus ofrendas delante de J, seis 3068
7.11 J dijo a Moisés: Ofrecerán su ofrenda 3068
8.3 encendió... sus lámparas, como J lo mandó 3068
8.4 conforme al modelo que J mostró a Moisés 3068
8.10 hayas acercado a... levitas delante de J 3068
8.11 ofrecerá Aarón los levitas delante de J 3068
8.11 levitas... servirán en el ministerio de J 3068
8.12 ofrecerás... y el otro en holocausto a J 3068
8.13 levitas... los ofrecerás en ofrenda a J 3068
8.20 todas las cosas que mandó J a Moisés 3068
8.21 los ofreció en ofrenda delante de J 3068
8.22 mandó J a Moisés acerca de los levitas 3068
9.5 conforme a todas las cosas que mandó J 3068
9.7 ofrecer ofrenda a J a su tiempo entre los 3068
9.8 oiré lo que ordena J acerca de vosotros 3068
9.10 cualquiera de... celebrará la pascua a J 3068
9.13 no ofreció a su tiempo la ofrenda de J 3068
9.14 extranjero, y celebrare la pascua a J 3068
9.18 al mandato de J los... de Israel partían 3068
9.18 y al mandato de J acampaban; todos los 3068
9.19 de Israel guardaban la ordenanza de J 3068
9.20,23 de J acampaban, y al... de J partían 3068
9.23 guardando la ordenanza de J como J lo 3068
10.9 y seréis recordados por J vuestro Dios 3068
10.10 serán por memoria... Yo J vuestro Dios 3068
10.13 partieron... al mandato de J por medio 3068
10.29 al lugar del cual J ha dicho: Yo os lo 3068
10.29 porque J ha prometido el bien a Israel 3068
10.32 cuando tengamos el bien que J nos ha 3068
10.33 así partieron del monte de J camino de 3068
10.33 el arca del pacto de J fue delante de 3068
10.34 y la nube de J iba sobre ellos de día 3068
10.35 levántate, oh J, y sean dispersados tus 3068
10.36 vuelve, oh J, a los millares... Israel 3068
11.1 quejó a oídos de J; y lo oyó J, y ardió 3068
11.1 ardió... y se encendió en ellos fuego de J 3068
11.2 Moisés oró a J, y el fuego se extinguió 3068
11.3 porque el fuego de J se encendió en ellos 3068
11.10 la ira de J se encendió en gran manera 3068
11.11 dijo Moisés a J: ¿Por qué has hecho mal 3068
11.16 J dijo a Moisés: Reúneme 70 varones de 3068
11.18 habéis llorado en oídos de J, diciendo 3068
11.18 J, pues, os dará carne, y comeréis 3068
11.20 por cuanto menospreciasteis a J que 3068
11.23 entonces J respondió a Moisés: ¿Acaso 3068
11.24 salió Moisés y dijo... las palabras de J 3068
11.25 J descendió en la nube, y le habló 3068
11.29 ojalá todo el pueblo de J fuese profeta 3068
11.29 que J pusiera su espíritu sobre ellos 3068
11.31 un viento de J, y trajo codornices del 3068
11.33 la ira de J se encendió... e hirió J al 3068
12.2 por Moisés ha hablado J?... Y lo oyó J 3068
12.4 luego dijo J a Moisés, a Aarón y a María 3068
12.5 J descendió en la columna de la nube 3068
12.6 cuando haya entre vosotros profeta de J 3068
12.8 hablaré con... y verá la apariencia de J 3068
12.9 la ira de J se encendió contra ellos 3068
12.13 Moisés clamó a J, diciendo: Te ruego 3068
12.14 respondió J... Pues si su padre hubiera 3068
13.3 los envió... conforme a la palabra de J 3068
14.3 por qué nos trae J a esta tierra para 3068
14.8 si J se agradare de nosotros, él nos 3068
14.9 no seáis rebeldes contra J, ni temáis 3068
14.9 y con nosotros está J; no los temáis 3068
14.10 pero la gloria de J se mostró en el 3068
14.11 J dijo a Moisés: ¿Hasta cuándo me ha 3068
14.13 Moisés respondió a J: Los oirán luego 3068
14.14 oído que tú, oh J, estabas en medio de 3068
14.14 cara a cara aparecías tú, oh J, y que 3068
14.16 por cuanto no pudo J meter este pueblo 3068
14.18 J, tardo para la ira... que perdona la 3068
14.20 J dijo: Yo lo he perdonado conforme a 3068
14.28 dice J, que según habéis hablado a mis 3068
14.35 yo J he hablado; así haré a toda esta 3068
14.37 mal de... murieron de plaga delante de J 3068
14.40 subir al lugar del cual ha hablado J 3068
14.41 qué quebrantáis el mandamiento de J? 3068

14.42 no subáis, porque *J* no está en medio ... 3068
14.43 cuanto os habéis negado a seguir a *J* ... 3068
14.43 os habéis negado... por eso no estará *J* ... 3068
14.44 el arca del pacto de *J*, y Moisés, no ... 3068
15.3 hagáis ofrenda encendida a *J*, holocausto ... 3068
15.3 para ofrecer... olor grato a *J*, de vacas ... 3068
15.4 el que presente su ofrenda a *J* traerá ... 3068
15.1 de vino... ofrecerás... en olor grato a *J* ... 3068
15.8 novillo... por especial voto, o de paz a *J* ... 3068
15.10,13,14 ofrenda encendida de... grato a *J* ... 3068
15.15 así será el extranjero delante de *J* ... 3068
15.19 del pan de la... ofreceréis ofrenda a *J* ... 3068
15.21 de las primicias... daréis a *J* ofrenda ... 3068
15.22 mandamientos que *J* ha dicho a Moisés ... 3068
15.23 *J* os ha mandado... el día que *J* lo mandó ... 3068
15.24 por holocausto en olor grato a *J*, con ... 3068
15.25 ellos traerán... ofrenda encendida a *J* ... 3068
15.25 sus expiaciones delante de *J* por sus ... 3068
15.28 cuando pecare por yerro delante de *J* ... 3068
15.30 hiciere algo con soberbia... ultraja a *J* ... 3068
15.31 por cuanto tuvo en poco la palabra de *J* ... 3068
15.35 *J* dijo a Moisés... muera aquel hombre ... 3068
15.36 lo apedrearon, y murió, como *J* mandó ... 3068
15.39 os acordéis de... los mandamientos de *J* ... 3068
15.41 yo *J* vuestro Dios, que os saqué... Yo *J* ... 3068
16.3 son santos, y en medio de ellos está *J* ... 3068
16.3 levantáis... sobre la congregación de *J*? ... 3068
16.5 mañana mostrará *J* quién es suyo... santo ... 3068
16.7 y poned en ellos incienso delante de *J* ... 3068
16.7 varón a quien *J* escogiere, aquel será ... 3068
16.9 en el servicio del tabernáculo de *J* ... 3068
16.11 os juntáis contra *J*; pues Aarón, ¿qué ... 3068
16.15 Moisés se enojó... y dijo a *J*: No mires ... 3068
16.16 tú y todo... poneos mañana delante de *J* ... 3068
16.17 acercaos delante de *J* cada uno con su ... 3068
16.19 entonces la gloria de *J* apareció a toda ... 3068
16.28 conoceréis que *J* me ha enviado para que ... 3068
16.29 si como mueren todos... *J* no me envió ... 3068
16.30 si *J* hiciere algo nuevo, y la tierra ... 3068
16.30 conoceréis que estos... irritaron a *J* ... 3068
16.35 también salió fuego de delante de *J* ... 3068
16.38 ofrecieron con ellos delante de *J*, son ... 3068
16.40 ofrecer incienso delante de *J*, para que ... 3068
16.40 según se lo dijo *J* por medio de Moisés ... 3068
16.41 habéis dado muerte al pueblo de *J* ... 3068
16.42 miraron hacia... apareció la gloria de *J* ... 3068
16.46 furor ha salido de la presencia de *J* ... 3068
17.7 y Moisés puso las varas delante de *J* ... 3068
17.9 sacó... todas las varas de delante de *J* ... 3068
17.10 y *J* dijo a Moisés: Vuelve la vara de ... 3068
17.11 Moisés como le mandó *J*, así lo hizo ... 3068
17.13 que viniere al tabernáculo de *J*, morirá ... 3068
18.1 *J* dijo a Aarón: Tú y tus hijos, y la ... 3068
18.6 dados a vosotros en don de *J*, para que ... 3068
18.8 dijo más *J* a Aarón: He aquí yo te he ... 3068
18.12 las primicias de... que presentarán a *J* ... 3068
18.13 las primicias... las cuales traerán a *J* ... 3068
18.15 de toda carne que ofrecerán a *J*, así de ... 3068
18.17 ofrenda encendida en olor grato a *J* ... 3068
18.19 que los hijos de Israel ofrecieren a *J* ... 3068
18.19 pacto de sal perpetuo es delante de *J* ... 3068
18.20 *J* dijo a Aarón: De la tierra de ellos ... 3068
18.24 diezmos... que ofrecerán a *J* en ofrenda ... 3068
18.26 ofrenda... a *J* el diezmo de los diezmos ... 3068
18.28 ofrenda a *J* de todos vuestros diezmos ... 3068
18.28 daréis... la ofrenda de *J* al sacerdote ... 3068
18.29 ofreceréis toda ofrenda a *J*; de todo ... 3068
19.2 ordenanza de la ley que *J* ha prescrito ... 3068
19.13 tocare... el tabernáculo de *J* contaminó ... 3068
19.20 cuanto contaminó el tabernáculo de *J* ... 3068
20.3 muerto cuando perecieron... delante de *J* ... 3068
20.4 venir la congregación de *J* a... desierto ... 3068
20.6 y la gloria de *J* apareció sobre ellos ... 3068
20.9 Moisés tomó la vara de delante de *J* ... 3068
20.12 *J* dijo a Moisés y a Aarón: Por cuanto ... 3068
20.13 contendieron los hijos de Israel con *J* ... 3068
20.16 clamamos a *J*, el cual oyó nuestra voz ... 3068
20.27 hizo como *J* le mandó; y subieron al ... 3068
21.2 entonces Israel hizo voto a *J*, y dijo ... 3068
21.3 *J* escuchó la voz de Israel, y entregó ... 3068
21.6 y *J* envió entre el pueblo serpientes ... 3068
21.7 hemos pecado por haber hablado contra *J* ... 3068
21.7 ruega a *J* que quite... estas serpientes ... 3068
21.8 y *J* dijo a Moisés: Hazte una serpiente ... 3068
21.14 dice en el libro de las batallas de *J* ... 3068
21.16 es el pozo del cual *J* dijo a Moisés ... 3068
21.34 *J* dijo a Moisés: No le tengas miedo ... 3068
22.8 yo os daré respuesta según *J* me hablare ... 3068
22.13 *J* no me quiere dejar ir con vosotros ... 3068
22.18 no puedo traspasar la palabra de *J* mi ... 3068
22.19 que yo sepa qué me vuelve a decir *J* ... 3068
22.22 y el ángel de *J* se puso en el camino ... 3068
22.23 el asna vio al ángel de *J*, que estaba ... 3068
22.24 el ángel de *J* se puso en una senda de ... 3068
22.25,27 viendo el asna al ángel de *J*, se ... 3068
22.26 el ángel de *J* pasó más allá, y se puso ... 3068
22.28 *J* abrió la boca al asna, la cual dijo ... 3068
22.31 entonces *J* abrió los ojos de Balaam ... 3068
22.31 y vio al ángel de *J* que... en el camino ... 3068
22.32 el ángel de *J* le dijo: ¿Por qué has ... 3068
22.34 Balaam dijo al ángel de *J*: He pecado ... 3068
22.35 ángel de *J* dijo a Balaam: Ve con esos ... 3068
23.3 yo iré; quizá *J* me vendrá al encuentro ... 3068
23.5 y *J* puso palabra en la boca de Balaam ... 3068
23.8 ¿por qué he de execrar al que *J* no ha ... 3068
23.12 de decir lo que *J* ponga en mi boca? ... 3068
23.16 y *J* salió el encuentro de Balaam, y le ... 3068
23.17 vino... le dijo Balac: ¿Qué ha dicho *J*? ... 3068
23.21 *J* su Dios está con él, y júbilo de rey ... 3068
23.26 lo que *J* me diga, eso tengo que hacer? ... 3068
24.1 vio Balaam que parecía bien a *J* que él ... 3068
24.6 como áloes plantados por *J* como cedros ... 3068
24.11 he aquí que *J* te ha privado de honra ... 3068
24.13 no podré traspasar el dicho de *J* para ... 3068
24.13 no... mas lo que hable *J*, eso diré yo? ... 3068
24.16 dijo el que oyó los dichos de *J*, y el ... 3068
25.3 el furor de *J* se encendió contra Israel ... 3068
25.4 *J* dijo a Moisés: Toma a... los príncipes ... 3068
25.4 ahórcalos ante *J* delante del sol, y el ... 3068
25.4 de la ira de *J* se apartará de Israel ... 3068
26.4 contaréis el... como mandó *J* a Moisés y a ... 3068
26.9 de Coré, cuando se rebelaron contra *J* ... 3068
26.61 ofrecieron fuego extraño delante de *J* ... 3068
26.65 *J* había dicho de ellos: Morirán en el ... 3068
27.3 juntaron contra *J* en el grupo de Coré ... 3068
27.5 y Moisés llevó su causa delante de *J* ... 3068
27.11 por estatuto de derecho, como *J* mandó ... 3068
27.12 *J* dijo a Moisés: Sube a este monte ... 3068
27.15 entonces respondió Moisés a *J*, diciendo ... 3068
27.16 ponga *J*... varón sobre la congregación ... 3068
27.17 que la congregación de *J* no sea como ... 3068
27.18 *J* dijo a Moisés: Toma a Josué hijo de ... 3068
27.21 le consultará por... Urim delante de *J* ... 3068
27.22 y Moisés hizo como *J* le había mandado ... 3068
27.23 le dio el cargo, como *J* había mandado ... 3068
28.3 esta es la ofrenda... que ofreceréis a *J* ... 3068
28.6 es holocausto... ofrenda encendida a *J* ... 3068
28.7 libación de vino superior ante *J* en el ... 3068
28.8 ofrenda encendida en olor grato a *J* ... 3068
28.11 ofreceréis en... a *J* dos becerros de la ... 3068
28.13 holocausto de... ofrenda encendida a *J* ... 3068
28.15 macho cabrío... se ofrecerá a *J*, además ... 3068
28.16 los catorce días... será la pascua de *J* ... 3068
28.19 ofrenda encendida... a *J*, dos becerros ... 3068
28.24 y ofrenda encendida en olor grato a *J* ... 3068
28.26 cuando presentéis ofrenda nueva a *J* en ... 3068
28.27 ofreceréis en... en olor grato a *J*, dos ... 3068
29.2 holocausto en olor grato a *J*, un becerro ... 3068
29.6,36 ofrenda encendida a *J* en olor grato ... 3068
29.8,13 y ofreceréis en... a *J* en olor grato ... 3068
29.12 celebraréis fiesta... a *J* por siete días ... 3068
29.39 ofreceréis a *J* en vuestras fiestas ... 3068
29.40 dijo... todo lo que *J* le había mandado ... 3068
30.1 diciendo: Esto es lo que *J* ha mandado ... 3068
30.2 hiciere voto a *J*, o hiciere juramento ... 3068
30.3 mas la mujer, cuando hiciere voto a *J* ... 3068
30.5 y *J* la perdonará, por cuanto su padre ... 3068
30.8 el voto que... será nulo; y *J* la perdonará ... 3068
30.12 su marido los anuló, y *J* la perdonará ... 3068
30.16 son las ordenanza¡ que *J* mandó a Moisés ... 3068
31.3 contra Madián y hagan la venganza de *J* ... 3068
31.7 y pelearon... como *J* lo mandó a Moisés ... 3068
31.16 causa de que los... prevaricasen contra *J* ... 3068
31.16 hubo mortandad en la congregación de *J* ... 3068
31.21 ordenanza... que *J* ha mandado a Moisés ... 3068
31.28 y apartarás para *J* el tributo de los ... 3068
31.29 al sacerdote Eleazar la ofrenda de *J* ... 3068
31.30 tienen la guarda del tabernáculo de *J* ... 3068
31.31 hicieron Moisés y el... como *J* mandó a ... 3068
31.37 tributo de las ovejas para *J* fue 675 ... 3068
31.38 de los bueyes... el tributo para *J*, 72 ... 3068
31.39 de los asnos... el tributo para *J*, 61 ... 3068
31.40 y de... el tributo para *J*, 32 personas ... 3068
31.41 el tributo, para ofrenda elevada a *J* ... 3068
31.41 dio Moisés... como *J* lo mandó a Moisés ... 3068
31.47 la guarda del tabernáculo de *J*, como *J* ... 3068
31.47 dio... como *J* lo había mandado a Moisés ... 3068
31.50 hemos ofrecido a *J* ofrenda, cada uno ... 3068
31.50 hacer expiación por... almas delante de *J* ... 3068
31.52 el oro... que ofrecieron a *J* los jefes ... 3068
31.54 por memoria de... de Israel delante de *J* ... 3068
32.4 tierra que *J* hirió... es tierra de ganado ... 3068
32.7 no pasen a la tierra que les ha dado *J*? ... 3068
32.9 que no viniesen a la tierra que *J* les ... 3068
32.10 ira de *J* se encendió entonces, y juró ... 3068
32.12 Caleb... que fueron perfectos en pos de *J* ... 3068
32.13 la ira de *J* se encendió contra Israel ... 3068
32.13 generación que... hecho mal delante de *J* ... 3068
32.14 añadir aún a la ira de *J* contra Israel ... 3068
32.20 si os disponéis para ir delante de *J* ... 3068
32.21 pasáis armados el Jordán delante de *J* ... 3068
32.22 y sea el país sojuzgado delante de *J* ... 3068
32.22 y seréis libres de culpa para con *J* ... 3068
32.22 será vuestra en heredad delante de *J* ... 3068
32.23 he aquí habréis pecado ante *J*; y sabed ... 3068
32.27 tus siervos... pasarán delante de *J* a la ... 3068
32.29 los hijos de Rubén pasan... delante de *J* ... 3068
32.31 diciendo: Haremos lo que *J* ha dicho a ... 3068
32.32 pasaremos armados delante de *J* a la ... 3068
33.2 escribió sus salidas... por mandato de *J* ... 3068
33.4 enterraban... a los que *J* había herido de ... 3068
33.4 había hecho *J* juicios contra sus dioses ... 3068
33.38 subió... Aarón... conforme al dicho de *J* ... 3068
34.13 es la tierra... que mandó *J* que diese a ... 3068
34.29 mandó *J* que hiciesen la repartición de ... 3068
35.34 yo *J* habito en medio... hijos de Israel ... 3068
36.2 y dijeron: *J* mandó a mi señor que por ... 3068
36.2 ha mandado *J* a... posesión de Zelofehad ... 3068
36.5 Moisés mandó a los... por mandato de *J* ... 3068
36.6 esto es lo que ha mandado *J* acerca de ... 3068
36.10 como *J* mandó... así hicieron las hijas ... 3068
36.13 los estatutos que mandó *J* por medio de ... 3068
Dt 1.3 todas las cosas que *J* le había mandado ... 3068
1.6 *J*... Dios nos habló en Horeb, diciendo ... 3068
1.8 poseed la tierra que *J* juró a... Abraham ... 3068
1.10 *J* vuestro Dios os ha multiplicado, y he ... 3068
1.11 ¡*J* Dios de vuestros padres os haga mil ... 3068
1.19 anduvimos... *J* nuestro Dios nos lo mandó ... 3068
1.20 al monte... el cual *J* nuestro Dios nos da ... 3068
1.21 *J* tu Dios te ha entregado la tierra ... 3068
1.21 toma posesión de ella, como *J* el Dios ... 3068
1.25 es buena la tierra que *J*... Dios nos da ... 3068
1.26 rebeldes al mandato de *J* vuestro Dios ... 3068
1.27 porque *J* nos aborrece, nos ha sacado ... 3068
1.30 *J* vuestro Dios... peleará por vosotros ... 3068
1.31 en el desierto has visto que *J*... te ha ... 3068
1.32 y aun con esto no creísteis a *J*... Dios ... 3068
1.34 oyó *J* la voz de vuestras palabras, y se ... 3068
1.36 Caleb... porque ha seguido fielmente a *J* ... 3068
1.37 contra mí se airó *J* por vosotros, y me ... 3068
1.41 y me dijisteis: Hemos pecado contra *J* ... 3068
1.41 conforme a todo lo que *J*... ha mandado ... 3068
1.42 *J* me dijo... No subáis, ni peleéis, pues ... 3068
1.43 antes fuisteis rebeldes al mandato de *J* ... 3068
1.45 y llorasteis delante de *J*, pero *J* no ... 3068
2.1 camino del Mar Rojo, como *J* me había ... 3068
2.2,17 y *J* me habló, diciendo ... 3068
2.7 *J* tu Dios te ha bendecido en toda obra ... 3068
2.7 estos cuarenta años *J*... ha estado contigo ... 3068
2.9 y *J* me dijo: No molestes a Moab, ni te ... 3068
2.12 hizo Israel en la tierra que les dio *J* ... 3068
2.14 que se acabó... como *J* les había jurado ... 3068
2.15 también la mano de *J* vino sobre ellos ... 3068
2.21 a los cuales *J* destruyó delante de los ... 3068
2.22 como hizo *J* con los hijos de Esaú que ... 3068
2.29 que cruce el... a la tierra que nos da *J* ... 3068
2.30 *J* tu Dios había endurecido su espíritu ... 3068
2.31 y me dijo *J*: He aquí yo he comenzado a ... 3068
2.33 *J* nuestro Dios lo entregó delante de ... 3068
2.36 todas las entregó *J*... en nuestro poder ... 3068
2.37 a lugar alguno que *J*... había prohibido ... 3068
3.2 dijo *J*: No tengas temor de él, porque ... 3068
3.3 *J*... entregó también en nuestra mano a Og ... 3068
3.18 *J*... os ha dado esta tierra por heredad ... 3068
3.20 hasta que *J* dé reposo a... hermanos, así ... 3068
3.20 hereden ellos también la tierra que *J* ... 3068
3.21 lo que *J*... Dios ha hecho... así hará *J* a ... 3068
3.22 porque *J*... es el que pelea por vosotros ... 3068
3.23 y oré a *J* en aquel tiempo, diciendo ... 3068
3.24 Señor *J*, tú has comenzado a mostrar a ... 3068
3.26 *J* se había enojado contra mí a causa de ... 3068
3.26 me dijo *J*: Basta, no me hables más de ... 3068
4.1 poseáis la tierra que *J* el Dios... os da ... 3068
4.2 para que guardéis los mandamientos de *J* ... 3068
4.3 lo que hizo *J* con motivo de Baal-peor ... 3068
4.3 que fue en pos de Baal-peor destruyó *J* ... 3068
4.4 mas vosotros que seguisteis a *J*... vivos ... 3068
4.5 os he enseñado... como *J* mi Dios me mandó ... 3068
4.7 dioses tan cercanos a... como lo está *J* ... 3068
4.10 que estuviste delante de *J*... *J* me dijo ... 3068
4.12 habló *J*... de en medio del fuego; oísteis ... 3068
4.14 mandó *J*... que os enseñase los estatutos ... 3068
4.15 ninguna figura... el día que *J* habló con ... 3068
4.19 *J* tu... ha concedido a todos los pueblos ... 3068
4.20 a vosotros *J* os tomó, y os ha sacado ... 3068
4.21 y *J* se enojó contra mí por causa de ... 3068
4.21 ni entraría en la buena tierra que *J* tu ... 3068
4.23 no os olvidéis del pacto de *J* vuestro ... 3068
4.23 imagen de ninguna cosa que *J* tu Dios te ... 3068
4.24 porque *J* tu Dios es fuego consumidor ... 3068
4.25 e hiciereis lo malo ante los ojos de *J* ... 3068
4.27 y *J* os esparcirá entre los pueblos, y ... 3068
4.27 las naciones a las cuales os llevará *J* ... 3068
4.29 mas si desde allí buscares a *J* tu Dios ... 3068
4.30 volvieres a *J* tu Dios, y oyeres su voz ... 3068
4.31 Dios misericordioso es *J* tu Dios; no te ... 3068
4.34 como todo lo que hizo con vosotros *J* ... 3068
4.35 que *J* es Dios, y no hay otro fuera de él ... 3068
4.39 reflexiona... que *J* es Dios arriba en el ... 3068
4.40 tus días sobre la tierra que *J* tu Dios ... 3068
5.2 *J* nuestro Dios hizo pacto con nosotros ... 3068
5.3 no con nuestros padres hizo *J* este pacto ... 3068
5.4 cara a cara habló *J* con vosotros en el ... 3068
5.5 yo estaba entonces entre *J* y vosotros ... 3068
5.5 estaba... para declararos la palabra de *J* ... 3068
5.6 soy *J* tu Dios, que te saqué de... Egipto ... 3068
5.9 porque yo soy *J* tu Dios, fuerte, celoso ... 3068
5.11 no tomarás el nombre de *J* tu Dios en ... 3068
5.11 *J* no dará por inocente al que tome su ... 3068
5.12 guardarás el día... como *J*... te ha mandado ... 3068
5.14 el séptimo día es reposo a *J* tu Dios ... 3068
5.15 que *J*... te sacó de allá con mano fuerte ... 3068
5.15 *J*... te ha mandado que guardes el día de ... 3068
5.16 honra a tu padre y... como *J*... ha mandado ... 3068
5.16 vaya bien sobre la tierra que *J* tu Dios ... 3068
5.22 estas palabras habló *J* a toda vuestra ... 3068
5.24 *J*... ha mostrado su gloria y su grandeza ... 3068
5.24 hoy hemos visto que *J* habla al hombre ... 3068
5.25 si oyéremos otra vez la voz de *J*... Dios ... 3068
5.27 oye todas las cosas que dijere *J*... Dios ... 3068
5.27 tú nos dirás todo lo que *J* nuestro Dios ... 3068
5.28 oyó *J* la voz... y me dijo *J*: He oído la ... 3068
5.32 que hagáis como *J*... Dios os ha mandado ... 3068
5.33 en todo el camino que *J*... os ha mandado ... 3068
6.1 decretos que *J*... mandó que os enseñase ... 3068
6.2 para que temas a *J*... guardando todos sus ... 3068
6.3 como te ha dicho *J* el Dios de tus padres ... 3068
6.4 oye, Israel: *J* nuestro Dios, *J* uno es ... 3068
6.5 y amarás a *J* tu Dios de todo tu corazón ... 3068
6.10 cuando *J* tu Dios te haya introducido en ... 3068
6.12 cuídate de no olvidarte de *J*... te sacó de ... 3068
6.13 a *J* tu Dios temerás, y a él... servirás ... 3068
6.15 porque... *J* tu Dios, en medio de ti está ... 3068
6.15 no se inflame el furor de *J*... contra ti ... 3068

6.16 no tentaréis a *J* vuestro Dios, como lo 3068
6.17 guardad... los mandamientos de *J* vuestro 3068
6.18 haz lo recto... ante los ojos de *J*, para 3068
6.18 entres y poseas la buena tierra que *J* 3068
6.19 arroje a tus enemigos... como *J* ha dicho 3068
6.20 significan los... decretos que *J*... mandó? 3068
6.21 *J* nos sacó de Egipto con mano poderosa 3068
6.22 *J* hizo señales y... terribles en Egipto 3068
6.24 nos mandó *J* que cumplamos todos estos 3068
6.24 que temamos a *J* nuestro Dios, para que 3068
6.25 mandamientos delante de *J* nuestro Dios 3068
7.1 cuando *J* tu Dios te haya introducido en 3068
7.2 *J* tu Dios las haya entregado delante de 3068
7.4 furor de *J* se encenderá sobre vosotros 3068
7.6 eres pueblo santo para *J*... *J* tu Dios te 3068
7.7 no por ser vosotros más que... ha querido *J* 3068
7.8 por cuanto *J* os amó, y quiso guardar el 3068
7.8 os ha sacado *J* con mano poderosa, y os 3068
7.9 conoce... que *J* tu Dios es Dios, Dios fiel 3068
7.12 *J* tu Dios guardará contigo el pacto y 3068
7.15 y quitará *J* de ti toda enfermedad; y 3068
7.16 consumirás a... los pueblos que te da *J* 3068
7.18 de lo que hizo *J* tu Dios con Faraón y 3068
7.19 y el brazo... con que *J* tu Dios te sacó 3068
7.19 hará *J* tu Dios con todos los pueblos de 3068
7.20 enviará *J* tu Dios avispas sobre ellos 3068
7.21 no desmayes... *J* tu Dios está en medio de 3068
7.22 y *J* tu Dios echará a estas naciones de 3068
7.23 *J* tu Dios las entregará delante de ti 3068
7.25 oro de ellas... abominación a *J* tu Dios 3068
8.1 tierra que *J* prometió... a vuestros padres 3068
8.2 te acordarás... por donde te ha traído *J* 3068
8.3 que sale de la boca de *J* vivirá el hombre 3068
8.5 como castiga... así *J* tu Dios te castiga 3068
8.6 guardarás... los mandamientos de *J* tu Dios 3068
8.7 porque *J*... introduce en la buena tierra 3068
8.10 bendecirás a *J*... por la buena tierra que 3068
8.11 cuídate de no olvidarte de *J* tu Dios 3068
8.14 y te olvides de *J* tu Dios, que te sacó 3068
8.18 acuérdate de *J*... él te da el poder para 3068
8.19 si llegares a olvidarte de *J* tu Dios y 3068
8.20 como las naciones que *J* destruirá... así 3068
8.20 cuanto no habréis atendido a la voz de *J* 3068
9.3 es *J* tu Dios el que pasa delante de ti 3068
9.3 y los destruirás en... como *J* te ha dicho 3068
9.4 *J* tu Dios los haya echado de delante de 3068
9.4 por mi justicia me ha traído *J* a poseer 3068
9.4,5 la impiedad de estas naciones *J* las 3068
9.5 para confirmar la palabra que *J* juró a 3068
9.6 no es por tu justicia que *J*... te da esta 3068
9.7 no olvides que has provocado la ira de *J* 3068
9.7 desde el día... habéis sido rebeldes a *J* 3068
9.8 provocasteis a ira a *J*, y se enojó *J* 3068
9.9 tablas del pacto que *J* hizo con vosotros 3068
9.10 dio *J* las dos tablas de piedra escritas 3068
9.10 todas las palabras que os habló *J* en el 3068
9.11 sucedió... que *J* me dio las dos tablas de 3068
9.12 me dijo *J*: Levántate, desciende pronto 3068
9.13 habló *J*, diciendo: He observado a ese 3068
9.16 habíais pecado contra *J* vuestro Dios 3068
9.16 pronto del camino que *J* os había mandado 3068
9.18 me postré delante de *J* como antes, 40 3068
9.18 mal ante los ojos de *J* para enojarlo 3068
9.19 furor... la ira con que *J* estaba enojado 3068
9.19 temí... Pero *J* me escuchó aun esta vez 3068
9.20 contra Aarón... se enojó *J* en gran manera 3068
9.22 en Tabera, en... provocasteis a ira a *J* 3068
9.23 cuando *J* os envió desde Cades-barnea 3068
9.23 rebeldes al mandato de *J* vuestro Dios 3068
9.24 rebeldes habéis sido a *J* desde el día 3068
9.25 me postré... delante de *J*... porque *J* dijo 3068
9.26 y oré a *J*, diciendo: Oh Señor *J*, no 3068
9.28 no pudo *J* introducirlos en la tierra que 3068
10.1 en aquel tiempo *J* me dijo: Lábrate dos 3068
10.4 mandamientos que *J* os había hablado en 3068
10.4 escribió en las tablas... y me las dio *J* 3068
10.5 las tablas... allí están,, como *J* me mandó 3068
10.8 aquel tiempo apartó *J* la tribu de Leví 3068
10.8 para que llevase el arca del pacto de *J* 3068
10.8 que estuviese delante de *J* para servirle 3068
10.9 *J* es su heredad, como *J* tu Dios le dijo 3068
10.10 *J*... me escuchó... no quiso *J* destruirte 3068
10.11 me dijo *J*: Levántate, anda, para que 3068
10.12 ¿qué pide *J* tu Dios... sino que temas a *J* 3068
10.12 sirvas a *J*... con todo tu corazón y con 3068
10.13 que guardes los mandamientos de *J* y 3068
10.14 he aquí, de *J* tu Dios son los cielos 3068
10.15 de tus padres se agradó *J* para amarlos 3068
10.17 *J* vuestro Dios es Dios de dioses, y 3068
10.20 *J* tu Dios temerás, a él solo servirás 3068
10.22 *J* te ha hecho como las estrellas del 3068
11.1 amarás, pues, a *J* tu Dios, y guardarás 3068
11.2 hijos que no han... visto el castigo de *J* 3068
11.4 las aguas del Mar Rojo... *J* los destruyó 3068
11.7 visto todas las grandes obras que *J* ha 3068
11.9 de la cual juró *J* a vuestros padres, que 3068
11.12 tierra de la cual *J* tu Dios cuida 3068
11.12 están sobre ella los ojos de *J* tu Dios 3068
11.13 amando a *J* vuestro Dios, y sirviéndole 3068
11.17 se encienda el furor de *J*... y cierre los 3068
11.17 perezcáis pronto... la tierra que os da *J* 3068
11.21 numerosos sobre la tierra que *J* juró a 3068
11.22 si amareis a *J* vuestro Dios, andando 3068
11.23 *J*... echará de delante de vosotros a 3068
11.25 miedo y temor... pondrá *J* vuestro Dios 3068
11.27 si oyereis los mandamientos de *J*... Dios 3068
11.28 si no oyereis los mandamientos de *J* 3068
11.29 cuando *J* tu Dios te haya introducido 3068
11.31 para ir a poseer la tierra que os da *J* 3068
12.1 por obra en la tierra que *J*... te ha dado 3068
12.4 no haréis así a *J* vuestro Dios 3068
12.5 el lugar que *J* vuestro Dios escogiere 3068
12.7 comeréis allí delante de *J* vuestro Dios 3068
12.7 obrar... en la cual *J* tu Dios te hubiere 3068
12.9 a la heredad que os da *J* vuestro Dios 3068
12.10 la tierra que *J*... Dios os hace heredar 3068
12.11 al lugar que *J*... escogiere para poner 3068
12.11 los votos que hubiereis prometido a *J* 3068
12.12 alegraréis delante de *J* vuestro Dios 3068
12.14 sino que en el lugar que *J* escogiere 3068
12.15 según la bendición que *J*... te haya dado 3068
12.18 delante de *J*... en el lugar que *J*... Dios 3068
12.18 te alegrarás delante de *J* tu Dios de 3068
12.20 cuando *J* tu... ensanchare tu territorio 3068
12.21 lejos de ti el lugar que *J*... escogiere 3068
12.21 matar de... ovejas que *J* te hubiere dado 3068
12.25 hicieres lo recto ante los ojos de *J* 3068
12.26 vendrás... lugar que *J* hubiere escogido 3068
12.27 ofrecerás... sobre el altar de *J* tu Dios 3068
12.27 será derramada sobre el altar de *J* tu 3068
12.28 haciendo lo bueno... ante... de *J* tu Dios 3068
12.29 *J* tu Dios haya destruido... las naciones 3068
12.31 no harás así a *J* tu Dios; porque toda 3068
12.31 cosa... que *J* aborrece, hicieron ellos 3068
13.3 *J* vuestro Dios os está probando, para 3068
13.3 si amáis a *J*... con todo vuestro corazón 3068
13.4 en pos de *J* vuestro Dios andaréis; a él 3068
13.5 por cuanto aconsejó rebelión contra *J* 3068
13.5 camino por el cual *J* tu Dios te mandó 3068
13.10 cuanto procuró apartarte de *J* tu Dios 3068
13.12 tus ciudades que *J* tu Dios te da para 3068
13.16 todo ello, como holocausto a *J* tu Dios 3068
13.17 que *J* se aparte del ardor de su ira 3068
13.18 cuando obedecieres a la voz de *J* tu 3068
13.18 para hacer lo recto ante los ojos de *J* 3068
14.1 sois de *J* vuestro Dios; no os sajaréis 3068
14.2 porque eres pueblo santo a *J* tu Dios 3068
14.2 *J* te ha escogido para que le seas un 3068
14.21 o véndela a... tú eres pueblo santo a *J* 3068
14.23 comerás delante de *J*... en el lugar que 3068
14.23 para que aprendas a temer a *J* tu Dios 3068
14.24 el lugar que *J* tu Dios hubiere escogido 3068
14.24 nombre, cuando *J* tu Dios te bendijere 3068
14.25 vendrás al lugar que *J*... Dios escogiere 3068
14.26 comerás allí delante de *J* tu Dios, y te 3068
14.29 que *J* tu Dios te bendiga en toda obra 3068
15.2 porque es pregonada la remisión de *J* 3068
15.4 porque *J* te bendecirá con abundancia en 3068
15.4 en la tierra que *J*... te da por heredad 3068
15.5 escuchares... la voz de *J* tu Dios, para 3068
15.6 *J* tu Dios te habrá bendecido, como te 3068
15.7 haya... en la tierra que *J* tu Dios te da 3068
15.9 él podrá clamar contra ti a *J*, y se será 3068
15.10 porque por ello te bendecirá *J* tu Dios 3068
15.14 aquello en que *J* te hubiere bendecido 3068
15.15 y que *J* tu Dios te rescató; por tanto 3068
15.18 *J*... te bendecirá en todo cuanto hicieres 3068
15.19 consagrarás a *J*... primogénito macho de 3068
15.20 delante de *J* tu Dios los comerás cada 3068
15.20 comerás... en el lugar que *J* escogiere 3068
15.21 o cojo... no lo sacrificarás a *J* tu Dios 3068
16.1 guardarás el mes de... y harás pascua a *J* 3068
16.1 en el mes de Abib te sacó *J*... de Egipto 3068
16.2 sacrificarás la pascua a *J* tu Dios, de 3068
16.2 lugar que *J* escogiere para que habite 3068
16.5 de las ciudades que *J* tu Dios te da 3068
16.6,15 en el lugar que *J* tu Dios escogiere 3068
16.7,11 lugar que *J* tu Dios hubiere escogido 3068
16.8 el séptimo día será fiesta solemne a *J* 3068
16.10 la fiesta solemne de las semanas a *J* 3068
16.10 según *J* tu Dios te hubiere bendecido 3068
16.11 te alegrarás delante de *J* tu Dios, tú 3068
16.15 celebrarás fiesta solemne a *J* tu Dios 3068
16.15 habrá bendecido *J*... en todos tus frutos 3068
16.16 todo varón tuyo delante de *J* tu Dios 3068
16.16 ninguno se presentará delante de *J* con 3068
16.17 a la bendición que *J*... te hubiere dado 3068
16.18 tus ciudades que *J* tu Dios te dará en 3068
16.20 heredes la tierra que *J* tu Dios te da 3068
16.21 árbol para Asera cerca del altar de *J* 3068
16.22 ni... estatua, lo cual aborrece *J* tu Dios 3068
17.1 no ofrecerás en sacrificio a *J*... buey o 3068
17.1 haya falta... es abominación a *J* tu Dios 3068
17.2 en... de tus ciudades que *J* tu Dios te da 3068
17.2 que haya hecho mal ante los ojos de *J* 3068
17.8 y recurrirás al lugar que *J*... escogiere 3068
17.10 indiquen los del lugar que *J* escogiere 3068
17.12 ministrar allí delante de *J* tu Dios 3068
17.14 entrado en la tierra que *J*... te da, y 3068
17.15 por rey... al que *J* tu Dios escogiere 3068
17.16 porque *J* os ha dicho: No volváis nunca 3068
17.19 para que aprenda a temer a *J* su Dios 3068
18.1 de las ofrendas quemadas a *J*... comerán 3068
18.2 *J* es su heredad, como él les ha dicho 3068
18.5 le ha escogido *J* tu Dios de entre todas 3068
18.6 viniere con... al lugar que *J* escogiere 3068
18.7 ministrará en el nombre de *J* su Dios 3068
18.7 levitas... estuvieren allí delante de *J* 3068
18.9 cuando entres a la tierra que *J*... te da 3068
18.12 es abominación para con *J* cualquiera 3068
18.12 por estas abominaciones *J* tu Dios echa 3068
18.13 perfecto serás delante de *J* tu Dios 3068
18.14 a ti no te ha permitido esto *J* tu Dios 3068
18.15 profeta de en... te levantará *J* tu Dios 3068
18.16 lo que pediste a *J*... en Horeb el día de 3068
18.16 no vuelva yo a oír la voz de *J* mi Dios 3068
18.17 *J* me dijo: Han hablado bien en lo que 3068
18.21 ¿cómo conoceremos la palabra que *J* no 3068
18.22 si el profeta hablare en nombre de *J* 3068
18.22 y no se... es palabra que *J* no ha hablado 3068
19.1 *J* tu Dios destruya a las naciones cuya 3068
19.1 cuya tierra *J* tu Dios te da a ti, y tú 3068
19.2 tres ciudades en... tierra que *J* tu Dios 3068
19.3 dividirás... tierra que *J* tu Dios te dará 3068
19.8 y si *J* tu Dios ensanchare tu territorio 3068
19.9 que ames a *J* tu... y andes en sus caminos 3068
19.10 medio de la tierra que *J* tu Dios te da 3068
19.14 en la heredad... que *J* tu Dios te da, no 3068
19.17 los dos... se presentarán delante de *J* 3068
20.1 porque *J* tu Dios está contigo, el cual 3068
20.4 porque *J*... va con vosotros, para pelear 3068
20.13 que *J* tu Dios la entregue en tu mano 3068
20.14 tus enemigos, los cuales *J*... te entregó 3068
20.16 de las ciudades... que *J* tu Dios te da 3068
20.17 los destruirás... como *J*... te ha mandado 3068
20.18 os enseñen a hacer... y pequéis contra *J* 3068
21.1 en la tierra que *J* tu Dios te da para 3068
21.5 escogió *J*... bendecir en el nombre de *J* 3068
21.8 perdona a tu pueblo... oh *J*; y no culpes 3068
21.9 hicieres lo que es recto ante los... de *J* 3068
21.10 y *J* tu Dios los entregare en tu mano 3068
21.23 no contaminarás tu tierra que *J*... te da 3068
22.5 porque abominación es a *J*... que esto hace 3068
23.1 no entrará en la congregación de *J* el 3068
23.2 no... bastardo en la congregación de *J* 3068
23.2,3 no entrarán en la congregación de *J* 3068
23.3 no... ni moabita en la congregación de *J* 3068
23.5 mas no quiso *J* tu Dios oír a Balaam 3068
23.5 *J*... convirtió la maldición... *J*... te amaba 3068
23.8 los hijos... entrarán... congregación de *J* 3068
23.14 *J* tu... anda en medio de tu campamento 3068
23.18 no traerás la paga de... a la casa de *J* 3068
23.18 abominación es a *J*... uno como lo otro 3068
23.20 para que te bendiga *J*... en toda obra de 3068
23.21 haces voto a *J* tu Dios, no tardes en 3068
23.21 lo demandará *J* tu Dios de ti, y sería 3068
23.23 cumplirás, conforme lo prometiste a *J* 3068
24.4 es abominación delante de *J*, y no has 3068
24.4 no... pervertir la tierra que *J* tu Dios 3068
24.9 acuérdate de los que hizo *J*... a María en 3068
24.13 te será justicia delante de *J* tu Dios 3068
24.15 para que no clame contra ti a *J*, y sea 3068
24.18 que de allí te rescató *J* tu Dios; por 3068
24.19 que te bendiga *J* tu Dios en toda obra 3068
25.15 sobre la tierra que *J* tu Dios te da 3068
25.16 abominación es a *J* tu Dios cualquiera 3068
25.19 cuando *J*... te dé descanso de todos tus 3068
25.19 en la tierra que *J*... te da por heredad 3068
26.1 hayas entrado en la tierra que *J*... te da 3068
26.2 que sacares de la tierra que *J* tu... te da 3068
26.2 irás al lugar que *J* tu Dios escogiere 3068
26.3 declaro hoy a *J* tu Dios, que he entrado 3068
26.3 la tierra que juró *J* a nuestros padres 3068
26.4 pondrá delante de¡ altar de *J* tu Dios 3068
26.5 dirás delante de *J* tu Dios: Un arameo 3068
26.7 clamamos a *J*... y *J* oyó nuestra voz, y 3068
26.8 y *J* nos sacó de Egipto con mano fuerte 3068
26.10 he aquí he traído las primicias... oh *J* 3068
26.10 delante de *J*... y adorarás delante de *J* 3068
26.11 y te alegrarás en todo el bien que *J* 3068
26.13 dirás delante de *J* tu Dios: He sacado 3068
26.14 he obedecido a la voz de *J* mi Dios, he 3068
26.16 *J* tu Dios te manda... que cumplas estos 3068
26.17 has declarado... hoy que *J* es tu Dios 3068
26.18 *J* ha declarado... que tú eres pueblo suyo 3068
26.19 que seas un pueblo santo a *J* tu Dios 3068
27.2 pases... a la tierra que *J* tu Dios te da 3068
27.3 entrar en la tierra que *J* tu Dios te da 3068
27.3 como *J* el Dios de tus padres... ha dicho 3068
27.5 edificarás allí un altar a *J* tu Dios 3068
27.6 de piedras... edificarás el altar de *J* 3068
27.6 y ofrecerás sobre él holocausto a *J* tu 3068
27.7 paz... y te alegrarás delante de *J* tu Dios 3068
27.9 hoy has venido a ser pueblo de *J* tu Dios 3068
27.10 oirás, pues, la voz de *J* tu Dios, y 3068
27.15 imagen de fundición, abominación a *J* 3068
28.1 oyeres atentamente la voz de *J* tu Dios 3068
28.1 *J*... te exaltará sobre todas las naciones 3068
28.2 bendiciones... si oyeres la voz de *J* tu 3068
28.7 *J* derrotará a tus enemigos que se 3068
28.8 *J* te enviará su bendición sobre tus 3068
28.8 te bendecirá en la tierra que *J*... te da 3068
28.9 te confirmará *J* por pueblo santo suyo 3068
28.9 cuando guardares los mandamientos de *J* 3068
28.10 el nombre de *J* es invocado sobre ti 3068
28.11 te hará *J* sobreabundar en bienes, en 3068
28.11 en el país que *J* juró a tus padres que 3068
28.12 te abrirá *J* su buen tesoro, el cielo 3068
28.13 te pondrá *J* por cabeza, y no por cola 3068
28.13 si obedecieres los mandamientos de *J* 3068
28.15 que si no oyeres la voz de *J* tu Dios 3068
28.20 y *J* enviará contra ti la maldición 3068
28.21 *J* traerá sobre ti mortandad, hasta que 3068
28.22 *J* te herirá de tisis, de fiebre, de 3068
28.24 dará *J* por lluvia a tu tierra polvo y 3068
28.25 *J* te entregará derrotado delante de 3068
28.27 *J* te herirá con la úlcera de Egipto 3068
28.28 *J* te herirá con locura... y turbación 3068
28.35 te herirá *J* con maligna pústula en las 3068
28.36 *J* te llevará a ti, y al rey... a nación 3068
28.37 los pueblos a los cuales te llevará *J* 3068
28.45 no habrás atendido a la voz de *J* tu 3068
28.47 cuanto no serviste a *J*... con alegría y 3068
28.48 servirás... tus enemigos que enviare *J* 3068

28.49 *J* traerá contra ti una nación de lejos ... 3068
28.52 sitiará...toda la tierra que *J* tu Dios ... 3068
28.53 la carne de tus hijos...que *J*...te dio ... 3068
28.58 nombre glorioso y temible: *J* Tu Dios ... 3068
28.59 *J* aumentará...tus plagas y las plagas ... 3068
28.61 toda plaga que...*J* la enviará sobre ti ... 3068
28.62 no obedecisteis a la voz de *J* tu Dios ... 3068
28.63 así como *J* se gozaba en haceros bien ... 3068
28.63 gozará *J* en arruinaros y en destruiros ... 3068
28.64 *J* te esparcirá por todos los pueblos ... 3068
28.65 pues allí te dará *J* corazón temeroso ... 3068
28.68 y *J* te hará volver a Egipto en naves ... 3068
29.1 son las palabras del pacto que *J* mandó ... 3068
29.2 vosotros habéis visto todo lo que *J* ha ... 3068
29.4 *J* no os ha dado corazón para entender ... 3068
29.6 para que supierais que yo soy *J*...Dios ... 3068
29.10 todos estáis hoy en presencia de *J* ... 3068
29.12 que entres en el pacto de *J* tu Dios ... 3068
29.12 que *J* tu Dios concierta hoy contigo ... 3068
29.15 con los que están aquí...delante de *J* ... 3068
29.18 varón o...cuyo corazón se aparte...de *J* ... 3068
29.20 no querrá *J* perdonarlo...la ira de *J* y ... 3068
29.20 *J* borrará su nombre de debajo del cielo ... 3068
29.21 lo apartará *J* de todas las tribus de ... 3068
29.22 enfermedades de que *J* la habrá hecho ... 3068
29.23 las cuales *J* destruyó en su furor y en ... 3068
29.24 ¿por qué hizo esto *J* a esta tierra? ... 3068
29.25 dejaron el pacto de *J* el Dios de sus ... 3068
29.27 se encendió la ira de *J* contra esta ... 3068
29.28 *J* los desarraigó de su tierra con ira ... 3068
29.29 las cosas secretas pertenecen a *J*...Dios ... 3068
30.1 adonde te hubiere arrojado *J* tu Dios ... 3068
30.2 te convirtieres a *J* tu...y obedecieres ... 3068
30.3 entonces *J* hará volver a tus cautivos ... 3068
30.3 adonde te hubiere esparcido *J* tu Dios ... 3068
30.4 allí te recogerá *J* tu Dios, y de allí ... 3068
30.5 y te hará volver *J* tu Dios a la tierra ... 3068
30.6 circuncidará *J* tu Dios tu corazón, y el ... 3068
30.6 que ames a *J* tu Dios con todo tu corazón ... 3068
30.7 pondrá *J*...todas estas maldiciones sobre ... 3068
30.8 y tú volverás, y oirás la voz de *J*, y ... 3068
30.9 te hará *J* tu Dios abundar en toda obra ... 3068
30.9 *J* volverá a gozarse sobre ti para bien ... 3068
30.10 cuando obedecieres a la voz de *J* tu ... 3068
30.10 te convirtieres a *J* tu Dios con todo ... 3068
30.16 yo te mando hoy que ames a *J* tu Dios ... 3068
30.16 *J*...te bendiga en la tierra a la cual ... 3068
30.20 amando a *J* tu...atendiendo a su voz, y ... 3068
30.20 la tierra que juró *J* a...Isaac y Jacob ... 3068
31.2 *J* me ha dicho: No pasarás este Jordán ... 3068
31.3 *J* tu Dios, él pasa delante de ti; él ... 3068
31.3 Josué...pasará delante...como *J* ha dicho ... 3068
31.4 y hará *J*...como hizo con Sehón y con Og ... 3068
31.5 y los entregará *J* delante de vosotros ... 3068
31.6 porque *J* tu Dios es el que va contigo ... 3068
31.7 tú entrarás...a la tierra que juró *J* a ... 3068
31.8 y *J* va delante de ti; él...no te dejará ... 3068
31.9 que llevaban el arca del pacto de *J*, y ... 3068
31.11 viniere...a presentarse delante de *J* tu ... 3068
31.12 para que oigan...teman a *J* vuestro Dios ... 3068
31.13 los hijos...aprendan a temer a *J*...Dios ... 3068
31.14 *J* dijo a Moisés...ha acercado el día ... 3068
31.15 se apareció *J* en el tabernáculo, en ... 3068
31.16 y *J* dijo a Moisés: He aquí, tú vas a ... 3068
31.25 que llevaban el arca del pacto de *J* ... 3068
31.26 libro...ponedlo al lado del arca...de *J* ... 3068
31.27 que aun viviendo yo...sois rebeldes a *J* ... 3068
31.29 por haber hecho mal ante los ojos de *J* ... 3068
32.3 el nombre de *J* proclamaré: Engrandeced ... 3068
32.6 ¿así pagáis a *J*, pueblo...e ignorante? ... 3068
32.9 la porción de *J* es su pueblo; Jacob la ... 3068
32.12 *J* solo le guió, y con él no hubo dios ... 3068
32.19 y lo vio *J*, y se encendió en ira por ... 3068
32.27 nuestra mano...hecho todo esto, y no *J* ... 3068
32.30 su Roca...*J* no los hubiera entregado? ... 3068
32.36 *J* juzgará a su pueblo, y por amor de ... 3068
32.48 y habló *J* a Moisés aquel mismo día ... 3068
33.2 dijo: *J* vino de Sinaí, y de Seir les ... 3068
33.7 oye, oh *J*, la voz de Judá, y llévalo a ... 3068
33.11 bendice...J, lo que hicieren, y recibe ... 3068
33.12 dijo: El amado de *J* habitará confiado ... 3068
33.13 bendita de *J* sea tu tierra, con lo ... 3068
33.21 con Israel ejecutó los...decretos de *J* ... 3068
33.23 lleno de la bendición de *J*, posee el ... 3068
33.29 ¿quién como tú, pueblo salvo por *J* ... 3068
34.1 y le mostró *J* toda la tierra de Galaad ... 3068
34.4 dijo *J*: Esta es la tierra de que juré ... 3068
34.5 y murió allí Moisés siervo de *J*, en la ... 3068
34.5 murió...Moisés...conforme al dicho de *J* ... 3068
34.9 Israel...hicieron como *J* mandó a Moisés ... 3068
34.10 como Moisés, a quien haya conocido *J* ... 3068
34.11 y prodigios que *J* le envió a hacer en ... 3068
Jos 1.1 después de la...de Moisés siervo de *J* ... 3068
1.1 *J* habló a Josué hijo de Nun, siervo de ... 3068
1.9 *J* tu Dios estará contigo en dondequiera ... 3068
1.11 a poseer la tierra que *J* vuestro Dios os ... 3068
1.13 la palabra que Moisés, siervo de *J*, os ... 3068
1.13 *J* vuestro Dios os ha dado reposo, y os ... 3068
1.15 hasta tanto que *J* haya dado reposo a ... 3068
1.15 también posean la tierra que *J*...Dios...da ... 3068
1.15 la cual Moisés siervo de *J* os ha dado ... 3068
1.17 *J* tu Dios esté contigo, como estuvo con ... 3068
2.9 sé que *J* os ha dado esta tierra; porque ... 3068
2.10 que *J* hizo secar las aguas del Mar Rojo ... 3068
2.11 *J* vuestro Dios es Dios arriba en los ... 3068
2.12 que me juréis por *J*, que como he hecho ... 3068
2.14 y cuando *J* nos haya dado la tierra ... 3068
2.24 *J* ha entregado toda la tierra en...manos ... 3068
3.3 cuando veáis el arca...de *J* vuestro Dios ... 3068
3.5 *J* hará mañana maravillas entre vosotros ... 3068
3.7 entonces *J* dijo a Josué: Desde este día ... 3068
3.9 escuchad las palabras de *J* vuestro Dios ... 3068
3.13 los sacerdotes que llevan el arca de *J* ... 3068
3.17 sacerdotes que llevaban el arca...de *J* ... 3068
4.1 hubo acabado de pasar...*J* habló a Josué ... 3068
4.5 dijo...Pasad delante del arca de *J*...Dios ... 3068
4.7 fueron divididas delante del arca...de *J* ... 3068
4.8 piedras...como *J* lo había dicho a Josué ... 3068
4.10 que se hizo todo lo que *J* había mandado ... 3068
4.11 pasó el arca de *J*, y los sacerdotes, en ... 3068
4.13 hombres armados...pasaron...delante de *J* ... 3068
4.14 aquel día *J* engrandeció a Josué a los ... 3068
4.15 luego *J* habló a Josué, diciendo ... 3068
4.18 los...que llevaban el arca del pacto de *J* ... 3068
4.23 *J*...secó las aguas del Jordán delante de ... 3068
4.23 a la manera que *J*...Dios lo había hecho ... 3068
4.24 conozcan que la mano de *J* es poderosa ... 3068
4.24 temáis a *J* vuestro Dios todos los días ... 3068
5.1 oyeron cómo *J* había secado las aguas del ... 3068
5.2 *J* dijo a Josué: Hazte cuchillos afilados ... 3068
5.6 no obedecieron a...*J*...*J* les juró que no ... 3068
5.6 de la cual *J* había jurado a sus padres ... 3068
5.9 y *J* dijo...Hoy he quitado de vosotros el ... 3068
5.14 Príncipe del ejército de *J* he venido ... 3068
5.15 y el Príncipe...de *J* respondió a Josué ... 3068
6.2 *J* dijo a Josué: Mira, yo he entregado ... 3068
6.6,8,13 bocinas...delante del arca de *J* ... 3068
6.7 armados pasarán delante del arca de *J* ... 3068
6.8 y el arca del pacto de *J* los seguía ... 3068
6.11 hizo que el arca de *J* diera una vuelta ... 3068
6.12 y los sacerdotes tomaron el arca de *J* ... 3068
6.13 la retaguardia iba tras el arca de *J* ... 3068
6.16 gritad...*J* os ha entregado la ciudad ... 3068
6.17 y será la ciudad anatema a *J*, con todas ... 3068
6.19 sean consagrados a *J*...en el tesoro de *J* ... 3068
6.24 pusieron en el tesoro de la casa de *J* ... 3068
6.26 maldito delante de *J* el hombre que se ... 3068
6.27 estaba, pues, *J* con Josué, y su nombre ... 3068
7.1 la ira de *J* se encendió contra...Israel ... 3068
7.6 Josué...se postró...delante del arca de *J* ... 3068
7.7 ¡ah, Señor *J*! ¿Por qué hiciste pasar a ... 3068
7.10 *J* dijo a Josué: Levántate; ¿por qué te ... 3068
7.13 *J* el Dios de Israel dice así: Anatema ... 3068
7.14 (3) la...que *J* tomare, se acercará por sus ... 3068
7.15 por cuanto ha quebrantado el pacto de *J* ... 3068
7.19 hijo...da gloria a *J* el Dios de Israel ... 3068
7.20 yo he pecado contra *J* el Dios de Israel ... 3068
7.23 y tomándolo...lo pusieron delante de *J* ... 3068
7.25 y le dijo Josué...Túrbete *J* en este día ... 3068
7.26 *J* se volvió del ardor de su ira. Y por ... 3068
8.1 *J* dijo a Josué: No temas ni desmayes ... 3068
8.7 pues *J*...la entregará en vuestras manos ... 3068
8.8 conforme a la palabra de *J*; mirad que ... 3068
8.18 *J* dijo a Josué: Extiende la lanza que ... 3068
8.27 la palabra de *J* que le había mandado a ... 3068
8.30 edificó un altar a *J* Dios de Israel en ... 3068
8.31 Moisés siervo de *J* lo había mandado ... 3068
8.31 y ofrecieron sobre él holocaustos a *J* ... 3068
8.33 que llevaban el arca del pacto de *J*, así ... 3068
8.33 Moisés, siervo de *J*, lo había mandado ... 3068
9.9 lejana, por causa del nombre de *J* tu Dios ... 3068
9.14 tomaron de las...y no consultaron a *J* ... 3068
9.18 habían jurado por *J* el Dios de Israel ... 3068
9.19 les hemos jurado por *J* Dios de Israel ... 3068
9.24 fue dado a entender a...que *J* tu Dios ... 3068
9.27 a ser leñadores y...para el altar de *J* ... 3068
9.27 aguadores...en el lugar que *J* eligiese ... 3068
10.8 y *J* dijo a Josué: No tengas temor de ... 3068
10.10 *J* los llenó de consternación delante ... 3068
10.11 *J* arrojó desde...cielo grandes piedras ... 3068
10.12 habló a *J* el día en que *J* entregó al ... 3068
10.14 habiendo atendido *J* a la voz de un ... 3068
10.14 día como aquel...*J* peleaba por Israel ... 3068
10.19 *J*...los ha entregado en vuestra mano ... 3068
10.25 así hará *J* a todos vuestros enemigos ... 3068
10.30 *J* la entregó...y a su rey en manos de ... 3068
10.32 *J* entregó a Laquis en mano de Israel ... 3068
10.40 lo mató, como *J*...se lo había mandado ... 3068
10.42 los tomó...porque *J*...peleaba por Israel ... 3068
11.6 mas *J* dijo a Josué: No tengas temor de ... 3068
11.8 los entregó *J* en manos de Israel, y los ... 3068
11.9 hizo con ellos como *J* le había mandado ... 3068
11.12 Moisés siervo de *J* lo había mandado ... 3068
11.15 de la manera que *J* lo había mandado ... 3068
11.15 quitar palabra de todo lo que *J* había ... 3068
11.20 vino de *J*, que endurecía el corazón de ... 3068
11.20 destruirlos...como *J* lo había mandado a ... 3068
11.23 conforme a todo lo que *J* había dicho a ... 3068
12.6 a estos derrotaron Moisés siervo de *J* ... 3068
12.6 Moisés siervo de *J* dio aquella tierra en ... 3068
13.1 siendo Josué ya viejo...años, *J* le dijo ... 3068
13.8 dio...según se la dio Moisés siervo de *J* ... 3068
13.14 los sacrificios de *J*...son su heredad ... 3068
13.33 *J* Dios de Israel es la heredad de ellos ... 3068
14.2 por suerte se les dio...*J* había mandado ... 3068
14.5 de la manera que *J* lo había mandado a ... 3068
14.6 le dijo: Tú sabes lo que *J* dijo a Moisés ... 3068
14.7 cuando Moisés siervo de *J* me envió de ... 3068
14.8 pero yo cumplí siguiendo a *J* mi Dios ... 3068
14.9 cuanto cumpliste siguiendo a *J* mi Dios ... 3068
14.10 bien, *J* me ha hecho vivir, como él dijo ... 3068
14.10 el tiempo que *J* habló estas palabras ... 3068
14.12 este monte, del cual habló *J* aquel día ... 3068
14.12 quizá *J* estará conmigo, y los echaré ... 3068
14.12 anaceos...los echaré, como *J* ha dicho ... 3068
14.14 por cuanto había seguido...a *J* Dios de ... 3068
15.13 conforme al mandamiento de *J* a Josué ... 3068
17.4 *J* mandó a Moisés que nos diese heredad ... 3068
17.4 les dio heredad...conforme al dicho de *J* ... 3068
17.14 que *J* nos ha bendecido hasta ahora? ... 3068
18.3 a poseer la tierra que os ha dado *J* el ... 3068
18.6 yo os echaré suertes aquí delante de *J* ... 3068
18.7 sacerdocio de *J* es la heredad de ellos ... 3068
18.7 su heredad...les dio Moisés siervo de *J* ... 3068
18.8 eche suertes aquí delante de *J* en Silo ... 3068
18.10 y Josué les echó suertes delante de *J* ... 3068
19.50 según la palabra de *J*, le dieron la ... 3068
19.51 heredades que...entregaron...delante de *J* ... 3068
20.1 habló *J* a Josué, diciendo ... 3068
21.2 *J* mandó...que nos fuesen dadas ciudades ... 3068
21.3 a los levitas, conforme al mandato de *J* ... 3068
21.8 dieron, pues...como había mandado *J* por ... 3068
21.43 dio *J* a Israel toda la tierra que había ... 3068
21.44 *J* les dio reposo alrededor, conforme a ... 3068
21.44 *J* entregó en sus manos a...sus enemigos ... 3068
21.45 promesas que *J* había hecho a la casa ... 3068
22.2 todo lo que Moisés siervo de *J* os mandó ... 3068
22.3 de guardar los mandamientos de *J*...Dios ... 3068
22.4 *J*...ha dado reposo a vuestros hermanos ... 3068
22.4 tierra...que Moisés siervo de *J* os dio ... 3068
22.5 la ley que Moisés siervo de *J* os ordenó ... 3068
22.5 que améis a *J* vuestro Dios, y andéis en ... 3068
22.9 conforme al mandato de *J* por conducto ... 3068
22.16 toda la congregación de *J* dice así ... 3068
22.16 ¿qué...para apartaros hoy de seguir a *J* ... 3068
22.16 altar para ser rebeldes contra *J*? ... 3068
22.17 la mortandad en la congregación de *J* ... 3068
22.18 para que...apartéis hoy de seguir a *J*? ... 3068
22.18 os rebeláis hoy contra *J*, y mañana ... 3068
22.19 pasaos a la tierra de la posesión de *J* ... 3068
22.19 en la cual está el tabernáculo de *J* ... 3068
22.19 no os rebeléis contra *J*, ni os rebeléis ... 3068
22.19 altar además del...de *J* nuestro Dios ... 3068
22.22 *J* Dios de los dioses, *J* Dios de los ... 3068
22.22 si fue...o por prevaricación contra *J* ... 3068
22.23 altar para volvernos de en pos de *J* ... 3068
22.23 nos hemos edificado...*J* nos lo demande ... 3068
22.24 tenéis vosotros con *J* Dios de Israel? ... 3068
22.25 *J* ha puesto por lindero el Jordán entre ... 3068
22.25 no tenéis vosotros parte en *J*; y así ... 3068
22.25 nuestros hijos dejasen de temer a *J* ... 3068
22.27 de que podemos hacer el servicio de *J* ... 3068
22.27 digan...vosotros no tenéis parte en *J* ... 3068
22.28 mirad el símil del altar de *J*, el cual ... 3068
22.29 acontezca que nos rebelemos contra *J* ... 3068
22.29 o que nos apartemos hoy de seguir a *J* ... 3068
22.29 además del altar de *J* nuestro Dios que ... 3068
22.31 hoy hemos entendido que *J* está entre ... 3068
22.31 no habéis intentado esta traición...*J* ... 3068
22.31 librado a...de Israel de la mano de *J* ... 3068
22.34 porque testimonio es...que *J* es Dios ... 3068
23.1 después que *J* diera reposo a Israel de ... 3068
23.3 habéis visto todo lo que *J*...ha hecho ... 3068
23.3 *J*...Dios es quien ha peleado por vosotros ... 3068
23.5 y *J*...las echará de delante de vosotros ... 3068
23.5 poseeréis sus...como *J*...Dios os ha dicho ... 3068
23.8 a *J* vuestro Dios seguiréis, como habéis ... 3068
23.9 pues ha arrojado *J*...fuertes naciones ... 3068
23.10 porque *J* vuestro Dios es quien pelea ... 3068
23.11 guardad, pues...améis a *J* vuestro Dios ... 3068
23.13 que *J*...no arrojará más a estas naciones ... 3068
23.13 tierra que *J* vuestro Dios os ha dado ... 3068
23.14 las buenas palabras que *J*...había dicho ... 3068
23.15 toda palabra buena que *J*...había dicho ... 3068
23.15 también traerá *J*...toda palabra mala ... 3068
23.15 sobre la buena tierra que *J*...ha dado ... 3068
23.16 si traspasareis el pacto de *J*...Dios que ... 3068
23.16 ira de *J* se encenderá contra vosotros ... 3068
24.2 dijo Josué...Así dice *J*, Dios de Israel ... 3068
24.7 ellos clamaron a *J*, él puso oscuridad ... 3068
24.14 ahora, pues, temed a *J*...y servid a *J* ... 3068
24.15 si mal os parece servir a *J*, escogeos ... 3068
24.15 y si...pero yo y mi casa serviremos a *J* ... 3068
24.16 nunca tal...que dejemos a *J* para servir a ... 3068
24.17 *J* nuestro Dios es el que nos sacó a ... 3068
24.18 y *J* arrojó...a todos los pueblos, y al ... 3068
24.18 nosotros, pues, también serviremos a *J* ... 3068
24.19 no podréis servir a *J*, porque él es ... 3068
24.20 si dejareis a *J* y sirviereis a dioses ... 3068
24.21 a Josué: No, sino que a *J* serviremos ... 3068
24.22 sois testigos...que habéis elegido a *J* ... 3068
24.23 e inclinad vuestro corazón a *J* Dios de ... 3068
24.24 *J* nuestro Dios serviremos, y a su voz ... 3068
24.26 la encina que...junto al santuario de *J* ... 3068
24.27 esta piedra...ha oído...las palabras que *J* ... 3068
24.29 murió Josué hijo de Nun, siervo de *J* ... 3068
24.31 sirvió Israel a *J*...el tiempo de Josué ... 3068
24.31 las obras que *J* había hecho por Israel ... 3068
Jue 1.1 los hijos de Israel consultaron a *J* ... 3068
1.2 *J* respondió: Judá subirá; he aquí que yo ... 3068
1.4 *J* entregó en sus manos al cananeo y al ... 3068
1.19 *J* estaba con Judá, quien arrojó a los ... 3068
1.22 casa de José subió...*J* estaba con ellos ... 3068
2.1 el ángel de *J* subió de Gilgal a Boquim ... 3068
2.4 cuando el ángel de *J* habló estas palabras ... 3068
2.5 Boquim...ofrecieron allí sacrificios a *J* ... 3068
2.7 servido a *J* todo el tiempo de Josué, y ... 3068
2.7 habían visto...las grandes obras de *J*, que ... 3068
2.8 pero murió Josué hijo de Nun, siervo de *J* ... 3068
2.10 otra generación que no conocía a *J*, ni ... 3068
2.11 hicieron lo malo ante los ojos de *J*, y ... 3068
2.12 dejaron a *J* el Dios de sus padres, que ... 3068
2.12 tras otros dioses...provocaron a ira a *J* ... 3068
2.13 y dejaron a *J*, y adoraron a Baal y a ... 3068

2.14 se encendió contra Israel el furor de J 3068
2.15 la mano de J estaba contra ellos para 3068
2.15 J había dicho, y...J se lo había jurado 3068
2.16 J levantó jueces que los librasen de los 3068
2.17 obedeciendo a los mandamientos de J 3068
2.18 J les levantaba jueces, J estaba con el 3068
2.18 J era movido a misericordia por sus 3068
2.20 la ira de J se encendió contra Israel 3068
2.22 seguir el camino de J, andando en él 3068
2.23 por esto dejó J a aquellas naciones, sin 3068
3.1 las naciones que dejó J para probar con 3068
3.4 si obedecerían a los mandamientos de J 3068
3.7 malo ante los ojos de J, y olvidaron a J 3068
3.8 y la ira de J se encendió contra Israel 3068
3.9 clamaron...a J; y J levantó un libertador 3068
3.10 el Espíritu de J vino sobre él, y juzgó 3068
3.10 J entregó en su...a Cusan-risataim rey 3068
3.12 lo malo ante...J...J fortaleció a Eglón 3068
3.12 habían hecho lo malo ante los ojos de J 3068
3.15 a J, y J les levantó un libertador, a 3068
3.28 J ha entregado a vuestros enemigos los 3068
4.1 volvieron a hacer lo malo ante los...de J 3068
4.2 y J los vendió en mano de Jabín rey de 3068
4.3 los hijos de Israel clamaron a J, porque 3068
4.6 ¿no te ha mandado J Dios...diciendo: Vé 3068
4.9 en mano de mujer venderá J a Sísara 3068
4.14 este es el día en que J ha entregado a 3068
4.14 ¿no ha salido J delante de ti? Y Barac 3068
4.15 J quebrantó a Sísara, a...sus carros y a 3068
5.2 por haberse puesto al frente...Load a J 3068
5.3 yo cantaré a J, cantaré salmos a J, el 3068
5.4 cuando saliste de Seir, oh J, cuando te 3068
5.5 los montes temblaron delante de J, aquel 3068
5.5 aquel Sinaí, delante de J Dios de Israel 3068
5.9 los que...os ofrecisteis entre...load a J 3068
5.11 allí repetirán los triunfos de J, los 3068
5.11 marchará hacia...puertas el pueblo de J 3068
5.13 el pueblo de J marchó por él en contra 3068
5.23 maldecid a Meroz, dijo el ángel de J 3068
5.23 al socorro de J...J contra los fuertes 3068
5.31 así perezcan todos tus enemigos, oh J 3068
6.1 ante los ojos de J; y J los entregó en 3068
6.6 empobrecía Israel...Israel clamaron a J 3068
6.7 cuando...Israel clamaron a J, a causa de 3068
6.8 J envió...un varón profeta, el cual les 3068
6.8 así ha dicho J Dios de Israel: Yo os hice 3068
6.10 dije: Yo soy J vuestro Dios; no temáis 3068
6.11 vino el ángel de J, y se sentó debajo 3068
6.12 el ángel de J...le dijo: J está contigo 3068
6.13 si J está con nosotros, ¿por qué nos ha 3068
6.13 ¿no nos sacó J de Egipto? Y ahora J nos 3068
6.14 y mirándole J, le dijo: Vé con esta tu 3068
6.16 J dijo: Ciertamente yo estaré contigo 3068
6.21 y extendiendo el ángel de J el báculo 3068
6.21 y el ángel de J desapareció de su vista 3068
6.22 viendo...Gedeón que era el ángel de J 3068
6.22 ah, Señor J, que he visto el ángel de J 3068
6.23 J le dijo: Paz a ti; no tengas temor, no 3068
6.24 edificó...Gedeón altar a J, y lo llamó 3068
6.25 la misma noche le dijo J: Toma un toro 3068
6.26 y edifica altar a J...en la cumbre de 3068
6.27 tomó 10 hombres...e hizo como J le dijo 3068
6.34 el Espíritu de J vino sobre Gedeón, y 3068
7.2 y J dijo a Gedeón: El pueblo...es mucho 3068
7.4 J dijo a Gedeón: Aún es mucho el pueblo 3068
7.5 J dijo a Gedeón: Cualquiera que lamiere 3068
7.7 J dijo a Gedeón: Con estos 300 hombres 3068
7.9 que aquella noche J le dijo: Levántate 3068
7.15 J ha entregado el campamento de Madián 3068
7.18 tocaréis...diréis: ¡Por J y por Gedeón! 3068
7.20 gritaron...la espada de J y de Gedeón! 3068
7.22 J puso la espada de cada uno contra su 3068
8.7 J haya entregado en mi mano a Zeba y a 3068
8.19 ¡vive J, que si les hubierais...la vida 3068
8.23 ni mi hijo...J señoreará sobre vosotros 3068
8.34 no se acordaron...de Israel de J su Dios 3068
10.6 a hacer lo malo ante los ojos de J, y 3068
10.6 Israel...dejaron a J, y no lo sirvieron 3068
10.7 se encendió la ira de J contra Israel 3068
10.10 de Israel clamaron a J...hemos pecado 3068
10.11 J respondió a los hijos de Israel: ¿No 3068
10.15 los hijos de Israel respondieron a J 3068
10.16 sirvieron a J; y él fue angustiado a 3068
11.9 pelee...y J los entregare delante de mí 3068
11.10 J sea testigo entre nosotros, si no 3068
11.11 y Jefté habló...delante de J en Mizpa 3068
11.21 J...entregó a Sehón y a todo su pueblo 3068
11.23 lo que J Dios de...desposeyó al amorreo 3068
11.24 todo lo que desposeyó J...lo poseeremos 3068
11.27 J, que es el juez, juzgue hoy entre 3068
11.29 y el Espíritu de J vino sobre Jefté 3068
11.30 y Jefté hizo voto a J, diciendo: Si 3068
11.31 cualquiera que saliere de...será de J 3068
11.32 fue Jefté...y J los entregó en su mano 3068
11.35 le he dado palabra a J, y no podré 3068
11.36 si le has dado palabra a J...ya que J 3068
12.3 los hijos de Amón, y J me los entregó 3068
13.1 hacer lo malo ante...J...J los entregó en 3068
13.3 a esta mujer apareció el ángel de J, y 3068
13.8 oró Manoa a J, y dijo: Ah, Señor mío, yo 3068
13.13 y el ángel de J respondió...La mujer se 3068
13.15 Manoa dijo al ángel de J: Te ruego nos 3068
13.16 el ángel de J respondió a Manoa: Aunque 3068
13.16 si quieres...holocausto, ofrécelo a J 3068
13.16 no sabía...que aquél fuese ángel de J 3068
13.17 dijo Manoa al ángel de J: ¿Cuál es tu 3068
13.18 y el ángel de J respondió: ¿Por qué 3068
13.19 Manoa...los ofreció sobre una peña a J 3068
13.20 ángel de J subió en la llama del altar 3068
13.21 el ángel de J no volvió a aparecer a 3068
13.21 conoció Manoa que era el ángel de J 3068
13.23 si J nos quisiera matar, no aceptaría 3068
13.24 Sansón...el niño creció, y J lo bendijo 3068
13.25 el Espíritu de J comenzó a manifestarse 3068
14.4 su padre...no sabían que esto venía de J 3068
14.6 y el Espíritu de J vino sobre Sansón 3068
14.19; 15.14 Espíritu de J vino sobre él 3068
15.18 y teniendo gran sed, clamó luego a J 3068
16.20 no sabía que J ya se había apartado de 3068
16.28 clamó Sansón a J, y dijo: Señor J 3068
17.2 la madre dijo: Bendito seas de J, hijo 3068
17.3 he dedicado el dinero a J por mi hijo 3068
17.13 Micaía dijo...sé que J me prosperará 3068
18.6 id en paz; delante de J...vuestro camino 3068
19.18 a Belén...mas ahora voy a la casa de J 3068
20.1 se reunió la congregación...a J en Mizpa 3068
20.18 y J respondió: Judá será el primero 3068
20.23 lloraron delante de J hasta la noche 3068
20.23 y consultaron a J...y J les respondió 3068
20.26 y se sentaron allí en presencia de J 3068
20.26 ofrecieron holocaustos...delante de J 3068
20.27 y los hijos de Israel preguntaron a J 3068
20.28 J dijo: Subid, porque...los entregaré 3068
20.35 derrotó J a Benjamín delante de Israel 3068
21.3 J...¿por qué ha sucedido esto en Israel 3068
21.5 no subió a la reunión delante de J? 3068
21.5 contra el que no subiese a J en Mizpa 3068
21.7 hemos jurado por J que no les daremos 3068
21.8 alguno...que no haya subido a J en Mizpa? 3068
21.15 J había abierto una brecha entre las 3068
21.19 año hay fiesta solemne de J en Silo 3068
Rt 1.6 oyó...que J había visitado a su pueblo 3068
1.8 J haga con vosotras misericordia, como 3068
1.9 os conceda J que halléis descanso, cada 3068
1.13 pues la mano de J ha salido contra mí 3068
1.17 me haga J, y aun me añada, que sólo la 3068
1.21 yo me fui llena, pero J me ha vuelto con 3068
1.21 ya que J ha dado testimonio contra mí 3068
2.4 que Booz vino...y dijo...J sea con vosotros 3068
2.4 los segadores...respondieron: J te bendiga 3068
2.12 J recompense tu obra...de parte de J Dios 3068
2.20 dijo...a su nuera: Sea él bendito de J 3068
3.10 él dijo: Bendita seas tú de J, hija mía 3068
3.13 mas si él no te...yo te redimiré, vive J 3068
4.11 J haga a la mujer que entra en tu casa 3068
4.12 descendencia que de esa joven te dé J 3068
4.13 J le dio que concibiese y diese a luz 3068
4.14 loado sea J, que hizo que no te faltase 3068
1 S 1.3 subía...para ofrecer sacrificios a J 3068
1.3 estaban...Ofni y Finees, sacerdotes de J 3068
1.5,6 J no le había concedido tener hijos 3068
1.7 así hacía...cuando subía a la casa de J 3068
1.9 una silla junto a un pilar del templo de J 3068
1.10 con amargura de alma oró a J, y lloró 3068
1.11 J...si te dignares mirar a la aflicción 3068
1.11 dedicaré a J todos los días de su vida 3068
1.12 ella oraba largamente delante de J, Elí 3068
1.15 que he derramado mi alma delante de J 3068
1.19 adoraron delante de J...y J se acordó de 3068
1.20 hijo...diciendo: Por cuanto lo pedí a J 3068
1.21 subió el...para ofrecer a J el sacrificio 3068
1.22 lo lleve y sea presentado delante de J 3068
1.23 haz...solamente que cumpla J su palabra 3068
1.24 y lo trajo a la casa de J en Silo; y el 3068
1.26 que estuvo aquí junto a ti orando a J 3068
1.27 por este niño oraba, y J me dio lo que 3068
1.28 yo, pues, lo dedico también a J: todos 3068
1.28 que viva, será de J. Y adoró allí a J 3068
2.1 Ana...dijo: Mi corazón se regocija en J 3068
2.1 mi poder se exalta en J; mi boca se 3068
2.2 no hay santo como J...no hay ninguno fuera 3068
2.3 el Dios de todo saber es J, y a él toca 3068
2.6 J mata, y él da vida; él hace descender 3068
2.7 J empobrece, y él enriquece; abate, y 3068
2.8 de J son las columnas de la tierra, y él 3068
2.10 delante de J serán quebrantados sus 3068
2.10 J juzgará los confines de la tierra 3068
2.11 el niño ministraba a J delante del...El 3068
2.12 impíos, y no tenían conocimiento de J 3068
2.17 era...muy grande delante de J el pecado 3068
2.17 los hombres menospreciaban las...de J 3068
2.18 Samuel ministraba en la presencia de J 3068
2.20 J te dé hijos, lugar del que pidió a J 3068
2.21 visitó J a Ana, y ella concibió, y dio 3068
2.21 y el joven Samuel crecía delante de J 3068
2.24 no, hijos...hacéis pecar al pueblo de J 3068
2.25 mas si alguno pecare contra J, ¿quién 3068
2.25 porque J había resuelto hacerlos morir 3068
2.27 le dijo: Así ha dicho J: ¿No me manifesté 3068
2.30 por tanto, J...dice: Yo había dicho que 3068
2.30 mas ahora ha dicho J: Nunca yo tal haga 3068
3.1 joven Samuel ministraba a J en presencia 3068
3.1 palabra de J escaseaba en aquellos días 3068
3.3 Samuel estaba durmiendo en el templo de J 3068
3.4 J llamó a Samuel; y él respondió: Heme 3068
3.6 y J volvió a llamar otra vez a Samuel 3068
3.7 no había conocido aún a J...palabra de J 3068
3.8 J, pues, llamó la tercera vez a Samuel 3068
3.8 entonces entendió Elí que J llamaba al 3068
3.9 dirás: Habla, J, porque tu siervo oye 3068
3.10 vino J y se paró, y llamó como...¡Samuel 3068
3.11 y J dijo a Samuel: He aquí haré yo una 3068
3.15 Samuel...abrió...puertas de la casa de J 3068
3.18 dijo: J es; haga lo que bien le pareciere 3068
3.19 Samuel creció, y J estaba con él, y no 3068
3.20 conoció que Samuel era...profeta de J 3068
3.21 y J volvió a aparecer en Silo; porque 3068
3.21 J se manifestó a...por la palabra de J 3068
4.3 ha herido hoy J delante de los filisteos 3068
4.3 traigamos...Silo el arca del pacto de J 3068
4.4 trajeron de allá el arca del pacto de J 3068
4.5 cuando el arca del pacto de J llegó al 3068
4.6 que el arca de J había sido traída al 3068
5.3,4 Dagón postrado...delante del arca de J 3068
5.6 y se agravó la mano de J sobre...de Asdod 3068
5.9 la mano de J estuvo contra la ciudad con 3068
6.1 estuvo el arca de J en la tierra de los 3068
6.2 preguntaron: ¿Qué haremos del arca de J? 3068
6.8 tomaréis...el arca de J, y la pondréis 3068
6.11 pusieron el arca de J sobre el carro, y 3068
6.14 ofrecieron las vacas en holocausto a J 3068
6.15 los levitas bajaron el arca de J, y la 3068
6.15 dedicaron sacrificios a J en aquel día 3068
6.17 los tumores de oro que pagaron los...a J 3068
6.18 sobre la cual pusieron el arca de J está 3068
6.19 mirado dentro del arca de J; hizo morir 3068
6.19 lloró el pueblo...J lo había herido con 3068
6.20 ¿quién podrá estar delante de J...santo? 3068
6.21 los filisteos han devuelto el arca de J 3068
7.1 vinieron los de...y llevaron el arca de J 3068
7.1 Eleazar...para que guardase el arca de J 3068
7.2 la casa de Israel lamentaba en pos de J 3068
7.3 si...os volvéis a J...preparad...corazón a J 3068
7.4 los hijos de Israel...sirvieron sólo a J 3068
7.5 en Mizpa, y yo oraré por vosotros a J 3068
7.6 sacaron agua, y...derramaron delante de J 3068
7.6 y dijeron allí: Contra J hemos pecado 3068
7.8 no ceses de clamar por nosotros a J...Dios 3068
7.9 sacrificó...a J; y clamó...a J...y J le oyó 3068
7.10 mas J tronó aquel día con gran estruendo 3068
7.12 puso...diciendo: Hasta aquí nos ayudó J 3068
7.13 la mano de J estuvo contra los filisteos 3068
7.17 juzgaba a...y edificó allí un altar a J 3068
8.6 no agradó a Samuel esta...Y Samuel oró a J 3068
8.7 dijo J a Samuel: Oye la voz del pueblo 3068
8.10 refirió Samuel todas las palabras de J 3068
8.18 mas J no os responderá en aquel día 3068
8.21 oyó Samuel...las refirió en oídos de J 3068
8.22 J dijo a Samuel: Oye su voz, y pon rey 3068
9.15 Saúl...J había revelado al oído de Samuel 3068
9.17 J le dijo: He aquí éste es el varón del 3068
10.1 ¿no te ha ungido J por príncipe sobre 3068
10.6 el Espíritu de J vendrá sobre ti con 3068
10.17 Samuel convocó al pueblo delante de J 3068
10.18 así ha dicho J...Yo saqué a Israel de 3068
10.19 presentaos delante de J por vuestras 3068
10.22 preguntaron...otra vez a J...y respondió J 3068
10.24 ¿habéis visto al que ha elegido J, que 3068
10.25 un libro, el cual guardó delante de J 3068
11.7 temor de J sobre el pueblo, y salieron 3068
11.13 no morirá hoy...hoy J ha dado salvación 3068
11.15 invistieron allí a Saúl...delante de J 3068
11.15 sacrificaron...ofrendas...delante de J 3068
12.3 estoy; atestiguad contra mí delante de J 3068
12.5 les dijo: J es testigo contra vosotros 3068
12.6 J que designó a Moisés y a Aarón, y sacó 3068
12.7 y contenderé con vosotros delante de J 3068
12.7 que J ha hecho con vosotros y...padres 3068
12.8 padres clamaron a J, J envió a Moisés y 3068
12.9 olvidaron a J su Dios, y él los vendió 3068
12.10 ellos clamaron a J...hemos dejado a J 3068
12.11 J envió a Jerobaal, a Barac, a Jefté 3068
12.12 siendo así que J...Dios era vuestro rey 3068
12.13 veis aquí que J ha puesto rey sobre vosotros 3068
12.14 si temiereis a J...y no...rebeldes a J 3068
12.14 tanto vosotros como el rey...servís a J 3068
12.15 si no oyereis la voz de J, y si fuereis 3068
12.15 fuereis rebeldes a...de J, la mano de J 3068
12.16 esta gran cosa que J hará delante de 3068
12.17 yo clamaré a J, y él dará truenos y 3068
12.17 vuestra maldad que...ante los ojos de J 3068
12.18 clamó a J, y J dio truenos y lluvias 3068
12.18 el pueblo tuvo gran temor de J y de 3068
12.19 a Samuel: Ruega por tus siervos a J 3068
12.20 no os apartéis de en pos de J, sino 3068
12.22 J no desamparará a su pueblo, por su 3068
12.22 porque J ha querido haceros pueblo suyo 3068
12.23 lejos sea de mí que peque yo contra J 3068
12.24 temed a J y servidle de verdad con todo 3068
13.12 ahora...yo no he implorado el favor de J 3068
13.13 no guardaste el mandamiento de J tu 3068
13.13 J hubiera confirmado tu reino sobre 3068
13.14 J se ha buscado...al cual J ha designado 3068
13.14 tú no has guardado lo que J te mandó 3068
14.3 sacerdote de J en Silo, llevaba el efod 3068
14.6 haga algo J...pues no es difícil para J 3068
14.10 J los ha entregado en nuestra mano 3068
14.12 J los ha entregado en manos de Israel 3068
14.23 salvó J a Israel aquel día. Y llegó la 3068
14.33 el pueblo peca contra J, comiendo la 3068
14.34 no pequéis contra J comiendo la carne 3068
14.35 y edificó Saúl altar a J...edificó a J 3068
14.37 mas J no le dio respuesta aquel día 3068
14.39 vive J...que aunque fuere en Jonatán mi 3068
14.41 a J Dios de Israel: Da suerte perfecta 3068
14.45 vive J, que no ha de caer un cabello 3068
15.1 J me envió a que te ungiese por rey 3068
15.1 ahora...está atento a las palabras de J 3068
15.2 dicho J de los ejércitos: Yo castigaré 3068
15.10 vino palabra de J a Samuel, diciendo 3068
15.11 y se apesadumbró Samuel, y clamó a J 3068
15.13 bendito seas tú de J; yo he cumplido...J 3068
15.15 para sacrificarlas a J tu Dios, pero 3068
15.16 declararte lo que J me ha dicho esta 3068

15.17 *J* te ha ungido por rey sobre Israel? 3068
15.18 y *J* te envió en misión y dijo: Vé.............. 3068
15.19 ¿por qué, pues, no has oído la voz de *J* 3068
15.19 has hecho lo malo ante los ojos de *J*? 3068
15.20 antes bien he obedecido la voz de *J* 3068
15.20 fui a la misión que *J* me envió, y he 3068
15.21 para ofrecer sacrificios a *J* tu Dios 3068
15.22 ¿se complace *J* tanto en... holocaustos........ 3068
15.22 que se obedezca a las palabras de *J*? 3068
15.23 cuanto tú desechaste la palabra de *J* 3068
15.24 he quebrantado el mandamiento de *J* y 3068
15.25 y vuelve conmigo para que adore a *J* 3068
15.26 desechaste la palabra de *J*, y *J* te ha 3068
15.28 *J* ha rasgado hoy... el reino de Israel 3068
15.30 y vuelvas conmigo para que adore a *J* 3068
15.31 volvió Samuel tras... y adoró Saúl a *J* 3068
15.33 cortó en pedazos a Agag delante de *J* 3068
15.35 *J* se arrepentía de haber puesto a Saúl 3068
16.1 *J* a Samuel: ¿Hasta cuándo llorarás a 3068
16.2 *J* respondió... A ofrecer... a *J* he venido 3068
16.4 hizo... Samuel como le dijo *J*; y luego que 3068
16.5 vengo a ofrecer sacrificio a *J*... venid.......... 3068
16.6 de cierto delante de *J* está su ungido 3068
16.7 *J* respondió a Samuel... *J* no mira lo que....... 3068
16.7 el hombre mira... pero *J* mira el corazón...... 3068
16.8,9 tampoco a éste ha escogido *J* 3068
16.10 dijo a Isaí: *J* no ha elegido a éstos 3068
16.12 *J* dijo: Levántate y úngelo, porque éste 3068
16.13 día... el Espíritu de *J* vino sobre David........ 3068
16.14 el Espíritu de *J* se apartó de Saúl, y.......... 3068
16.14 le atormentaba un espíritu malo... de *J* 3068
16.18 prudente... y hermoso, y *J* está con él......... 3068
17.37 *J*, que me ha librado de las garras del 3068
17.37 dijo Saúl a David: Vé, y *J* esté contigo......... 3068
17.45 yo vengo a ti en el nombre de *J* de los 3068
17.46 *J* te entregará hoy en mi mano, y yo te 3068
17.47 sabrá... *J* no salva con espada y lanza........ 3068
17.47 de *J* es la batalla, y él os entregará 3068
18.12 *J* estaba con él, y se había apartado.......... 3068
18.14 David se conducía... y *J* estaba con él 3068
18.17 valiente, y pelees las batallas de *J* 3068
18.28 considerando que *J* estaba con David 3068
19.5 y *J* dio gran salvación a todo Israel............ 3068
19.6 voz... y juró Saúl: Vive *J*, que no morirá........ 3068
19.9 espíritu malo de parte de *J* vino sobre......... 3068
20.3 vive *J*... apenas hay un paso entre mí y 3068
20.8 hecho entrar a tu siervo en pacto de *J* 3068
20.12 dijo... ¡*J* Dios de Israel, sea testigo! 3068
20.13 *J* haga así a Jonatán... Y esté *J* contigo 3068
20.14 harás conmigo misericordia de *J*, para........ 3068
20.15 cuando *J* haya cortado uno por uno los........ 3068
20.16 requiéralo *J* de la... enemigos de David........ 3068
20.21 vendrás, porque... nada malo hay, vive *J* 3068
20.22 dijere... vete, porque *J* te ha enviado 3068
20.23 esté *J* entre nosotros dos para siempre........ 3068
20.42 hemos jurado por... *J*... *J* esté entre tú 3068
21.6 habían sido quitados... presencia de *J* 3068
21.7 estaba allí... detenido delante de *J* uno 3068
22.10 el cual consultó por él a *J* y le dio............ 3068
22.17 volveos y matad a los sacerdotes de *J* 3068
22.17 no quisieron... matar... sacerdotes de *J*......... 3068
22.21 había dado muerte a los sacerdotes de *J* 3068
23.2 y David consultó a *J*, diciendo: ¿Iré a 3068
23.2 *J* respondió... Vé, ataca a los filisteos 3068
23.4 David volvió a consultar a *J*. Y *J* le............. 3068
23.10 *J* Dios... tu siervo tiene entendido que 3068
23.11 *J*... te ruego... Y *J* dijo: Sí, descenderá........ 3068
23.12 de Saúl? Y *J* respondió: Os entregarán 3068
23.18 hicieron pacto delante de *J*. Y David........... 3068
23.21 Saúl dijo: Benditos seáis vosotros de *J* 3068
24.4 dijeron... aquí el día de que te dijo *J* 3068
24.6 y dijo... *J* me guarde de hacer tal cosa.......... 3068
24.6 tal cosa contra mi señor, el ungido de *J* 3068
24.6 mano contra él; porque es el ungido de *J* 3068
24.10 cómo *J* te ha puesto hoy en mis manos 3068
24.10 te perdoné... porque es el ungido de *J* 3068
24.12 juzgue *J* entre tú... y véngueme de ti *J* 3068
24.15 *J*... será juez, y él juzgará entre tú y 3068
24.18 tú... habiéndome entregado *J* en tu mano 3068
24.19 *J* te pague con bien por lo que... hecho 3068
24.21 júrame... por *J*, que no destruirás mi 3068
25.26 vive *J*... que *J* te ha impedido el venir......... 3068
25.28 pues *J*... hará casa estable a mi señor 3068
25.28 cuanto mi señor pelea las batallas de *J* 3068
25.29 el haz de los que viven delante de *J*........... 3068
25.30 cuando *J* haga con mi señor conforme a 3068
25.31 señor, y cuando *J* haga bien a mi señor 3068
25.32 y dijo David a Abigail: Bendito sea *J*........... 3068
25.34 vive *J* Dios... que me ha defendido de.......... 3068
25.38 diez días después, *J* hirió a Nabal, y........... 3068
25.39 bendito sea *J*, que juzgó la causa de 3068
25.39 *J* ha vuelto la maldad de Nabal sobre 3068
26.9 ¿quién... su mano contra el ungido de *J*......... 3068
26.10 vive *J*, que si *J* no lo hiriere, o su............. 3068
26.11 guárdeme *J* de... contra el ungido de *J* 3068
26.12 sueño enviado de *J* había caído sobre 3068
26.16 vive *J*, que sois dignos de muerte 3068
26.16 no habéis guardado a... al ungido de *J* 3068
26.19 si *J* te incita contra mí, acepte él la 3068
26.19 malditos sean ellos en presencia de *J*......... 3068
26.19 que no tenga parte en la heredad de *J*......... 3068
26.20 no... mi sangre en tierra delante de *J*.......... 3068
26.23 y *J* pague a cada uno su justicia y su 3068
26.23 *J* te había entregado hoy en mi mano 3068
26.23 no quise... mano contra el ungido de *J*......... 3068
26.24 así sea mi vida a los ojos de *J*, y me........... 3068
28.6 consultó Saúl a *J*... *J* no le respondió ni 3068
28.10 Saúl le juró por *J*, diciendo: Vive *J* 3068
28.16 si *J* se ha apartado... y es tu enemigo......... 3068
28.17 *J* te ha hecho... *J* ha quitado el reino.......... 3068
28.18 como tú no obedeciste a la voz de *J*........... 3068
28.18 Amalec, por eso *J* te ha hecho esto hoy 3068
28.19 *J* entregará a Israel también contigo......... 3068
28.19 *J* entregará... al ejército de Israel en 3068
29.6 vive *J*, que tú has sido recto, y que me 3068
30.6 mas David se fortaleció en *J* su Dios........... 3068
30.8 consultó a *J*, diciendo: ¿Perseguiré a 3068
30.23 de lo que nos ha dado *J*, quien nos ha 3068
30.26 envió... del botín de los enemigos de *J* 3068
2 S 1.12 ayunaron... por el pueblo de *J* y por 3068
1.14 no... tu mano para matar al ungido de *J*?...... 3068
1.16 boca... diciendo: Yo maté al ungido de *J* 3068
2.1 que David consultó a *J*... Y *J* le respondió 3068
2.5 benditos seáis... de *J*, que habéis hecho......... 3068
2.6 ahora... *J* haga con vosotros misericordia 3068
3.9 si como ha jurado *J* a David, no haga yo 3068
3.18 hacedlo; porque *J* ha hablado a David......... 3068
3.28 inocente... yo y mi reino, delante de *J*.......... 3068
3.39 *J* dé el pago al que mal hace, conforme........ 3068
4.8 *J* ha vengado hoy a mi señor el rey, de.......... 3068
4.9 vive *J* que ha redimido mi alma de toda 3068
5.2 *J* te ha dicho: Tú apacentarás a... pueblo 3068
5.3 David hizo pacto con ellos delante de *J* 3068
5.10 *J* Dios de los ejércitos estaba con él............ 3068
5.12 que *J* le había confirmado por rey sobre 3068
5.19 consultó David a *J*... y *J* respondió... Vé......... 3068
5.20 quebrantó *J* a mis enemigos delante de........ 3068
5.23 consultando David a *J*, él le respondió......... 3068
5.24 porque *J* saldrá delante de ti a herir........... 3068
5.25 lo hizo así, como *J* se lo había mandado 3068
6.2 la cual era invocado el nombre de *J* de 3068
6.5 la casa de Israel danzaban delante de *J* 3068
6.7 y el furor de *J* se encendió contra Uza........... 3068
6.8 entristeció... por haber herido *J* a Uza........... 3068
6.9 y temiendo David a *J* aquel día, dijo 3068
6.9 ¿cómo ha de venir a mí el arca de *J*? 3068
6.10 David no quiso traer... el arca de *J* a la......... 3068
6.11 el arca de *J* en casa de Obed-edom tres........ 3068
6.11 bendijo *J* a Obed-edom y a toda su casa 3068
6.12 *J* ha bendecido la casa de Obed-edom y 3068
6.14 David danzaba con... fuerza delante de *J*...... 3068
6.15 David y... Israel conducían el arca de *J*......... 3068
6.16 cuando el arca de *J* llegó a la ciudad 3068
6.16 vio al rey David... danzaba delante de *J* 3068
6.17 metieron... el arca de *J*, y la pusieron............ 3068
6.17 holocaustos y ofrendas de... delante de *J* 3068
6.18 bendijo al pueblo en el nombre de *J* de 3068
6.21 *J*... me eligió... príncipe sobre el pueblo 3068
6.21 el pueblo de *J*... danzaré delante de *J* 3068
7.1 que *J* le había dado reposo de todos sus 3068
7.3 haz todo lo que... porque *J* está contigo.......... 3068
7.4 que vino palabra de *J* a Natán, diciendo 3068
7.5 ha dicho *J*: ¿Tú me has de edificar casa......... 3068
7.8 dirás... Así ha dicho *J* de los ejércitos 3068
7.11 *J* te hace saber que él te hará casa 3068
7.18 se puso delante de *J*, y dijo: Señor *J*............ 3068
7.19 aun te ha parecido poco esto, Señor *J* 3068
7.19 así como procede el hombre, Señor *J*?.......... 3068
7.20 pues tú conoces a tu siervo, Señor *J* 3068
7.22 te has engrandecido, *J* Dios, por cuanto 3068
7.24 y tú, oh *J*, fuiste a ellos por Dios 3068
7.25 *J*... confirma para siempre la palabra que..... 3068
7.26 *J* de los ejércitos es Dios sobre Israel 3068
7.27 tú, *J*... revelaste al oído de tu siervo............ 3068
7.28 *J*... eres Dios, y tus palabras son verdad 3068
7.29 porque tú, *J* Dios, lo has dicho, y con 3068
8.6,14 *J* dio la victoria a David... que fue 3068
8.11 los cuales el rey David dedicó a *J*, con 3068
10.12 Dios; y haga *J* lo que bien le pareciere......... 3068
11.27 fue desagradable ante los ojos de *J*............ 3068
12.1 *J* envió a Natán a David; y viniendo a 3068
12.5 vive *J*, que el que tal hizo es digno de 3068
12.7 ha dicho *J* Dios de Israel: Yo te ungí 3068
12.9 ¿por... tuviste en poco la palabra de *J* 3068
12.11 ha dicho *J*: He aquí yo haré levantar 3068
12.13 dijo... Pequé contra *J*... *J* ha remitido tu 3068
12.14 hiciste blasfemar a los enemigos de *J* 3068
12.15 *J* hirió al niño que la mujer de Urías........... 3068
12.20 David... entró en la casa de *J*, y adoró......... 3068
12.24 llamó su nombre Salomón, al cual amó *J* 3068
12.25 así llamó su... Jedidías, a causa de *J* 3068
14.11 oh rey, que te acuerdes de *J* tu Dios 3068
14.11 vive *J*, que no caerá ni un cabello de 3068
14.17 y lo malo... Así *J* tu Dios sea contigo.......... 3068
15.7 a pagar mi voto que he prometido a *J* 3068
15.8 si *J* me hiciere volver... yo serviré a *J* 3068
15.20 y *J* te... amor permanente y fidelidad.......... 3068
15.25 yo hallare gracia ante los ojos de *J* 3068
15.31 entorpece... *J*, el consejo de Ahitofel.......... 3068
16.8 *J* te ha dado el pago... *J* ha entregado el 3068
16.10 él así maldice, es porque *J* le ha dicho 3068
16.11 dejadle que maldiga... *J* se lo ha dicho......... 3068
16.12 quizá mirará *J* mi aflicción, y me dará 3068
16.12 me dará *J* bien por sus maldiciones de 3068
16.18 que de aquel que eligiere *J*... seré yo 3068
17.14 *J* había ordenado que el... consejo de.......... 3068
17.14 *J* hiciese venir el mal sobre Absalón........... 3068
18.19 nuevas de que *J* ha defendido su causa......... 3068
18.28 bendito sea *J* Dios... que ha entregado 3068
18.31 que hoy *J* ha defendido tu causa de la 3068
19.7 juro por *J* que si no sales, no quedará 3068
19.21 ¿no... Simei, que maldijo al ungido de *J*?...... 3068
20.19 ¿por qué destruyes la heredad de *J*?........... 3068
21.1 y David consultó a *J*, y *J* le dijo: Es 3068
21.3 qué... para que bendigáis la heredad de *J*? 3068
21.6 para que los ahorquemos delante de *J*......... 3068
21.6 Saúl, el escogido de *J*... Y el rey dijo 3068
21.7 el juramento de *J* que hubo entre ellos......... 3068
21.9 los ahorcaron en el monte delante de *J* 3068
22.1 habló David a *J*... este cántico, el día 3068
22.1 *J* le había librado de la mano de todos......... 3068
22.2 dijo: *J* es mi roca y mi fortaleza, y mi 3068
22.4 invocaré a *J*, quien es digno de ser 3068
22.7 en mi angustia invoqué a *J*, y clamé a 3068
22.14 tronó desde... cielos *J*, y el Altísimo........... 3068
22.16 a la reprensión de *J*, por el soplo de.......... 3068
22.19 me asaltaron en el... mas *J* fue mi apoyo 3068
22.21 *J* me ha premiado conforme... justicia......... 3068
22.22 he guardado los caminos de *J*, y no me 3068
22.25 lo cual me ha recompensado *J* conforme a ... 3068
22.29 tú eres mi lámpara, oh *J*; mi Dios............. 3068
22.31 camino, y acrisolada la palabra de *J* 3068
22.32 porque ¿quién es Dios, sino sólo *J*? 3068
22.42 clamaron, y... aun a *J*, mas no les oyó 3068
22.47 viva *J*, y bendita sea mi roca... el Dios 3068
22.50 por tanto, yo te confesaré entre... oh *J* 3068
23.2 el Espíritu de *J* ha hablado por mí, y............ 3068
23.10 *J* dio una gran victoria, y se volvió 3068
23.12 lo defendió... y *J* dio una gran victoria 3068
23.16 sino que la derramó para *J*, diciendo.......... 3068
23.17 lejos sea de mí, oh *J*, que yo haga esto 3068
24.1 volvió a encenderse la ira de *J* contra 3068
24.3 añada *J* tu Dios al pueblo cien veces............ 3068
24.10 David a *J*: Yo he pecado gravemente por 3068
24.10 oh *J*, te ruego que quites el pecado de 3068
24.11 palabra de *J* al profeta Gad, vidente de 3068
24.12 así ha dicho *J*: Tres cosas te ofrezco........... 3068
24.14 caigamos ahora en mano de *J*, porque 3068
24.15 *J* envió la peste sobre Israel desde la......... 3068
24.16 *J* se arrepintió de aquel mal, y dijo 3068
24.16 el ángel de *J* estaba junto a la era de 3068
24.17 y David dijo a *J*, cuando vio al ángel.......... 3068
24.18 sube, y levanta un altar a *J* en la era 3068
24.19 subió David... según había mandado *J* 3068
24.21 a fin de edificar un altar a *J*, para............ 3068
24.23 dijo Arauna... *J*... Dios te sea propicio 3068
24.24 no ofreceré a *J*... holocaustos que no me 3068
24.25 y edificó allí David un altar a *J*, y............. 3068
24.25 *J* oyó las súplicas de la tierra, y cesó 3068
1 R 1.17 tú juraste a tu sierva por *J* tu Dios 3068
1.29 vive *J*, que ha redimido mi alma de toda........ 3068
1.30 que como yo te he jurado por *J* Dios de......... 3068
1.36 así lo diga *J*, Dios de mi señor el rey 3068
1.37 manera que *J* ha estado con mi señor el......... 3068
1.48 bendito sea *J*... que ha dado hoy quien se...... 3068
2.3 los preceptos de *J* tu Dios, andando en 3068
2.4 que confirme *J* la palabra que me habló......... 3068
2.8 le juré por *J*, diciendo: Yo no te mataré 3068
2.15 vino a ser de mi hermano... por *J* era suyo 3068
2.23 Salomón juró por *J*, diciendo: Así me 3068
2.24 vive *J*, quien me ha confirmado y me ha 3068
2.26 por cuanto has llevado el arca de *J* el 3068
2.27 así echó... a Abiatar del sacerdocio de *J* 3068
2.27 para que se cumpliese la palabra de *J*......... 3068
2.28 huyó Joab al tabernáculo de *J*, y se asió 3068
2.29 Joab había huido al tabernáculo de *J*.......... 3068
2.30 entró Benaía al tabernáculo de *J*, y le 3068
2.32 y *J* hará volver su sangre sobre su 3068
2.33 habrá perpetuamente paz de parte de *J*......... 3068
2.42 te hice jurar yo por *J*, y te protesté 3068
2.43 ¿por qué... no guardaste el juramento de *J* 3068
2.44 *J*, pues, ha hecho volver el mal sobre tu 3068
2.45 el trono de... será firme... delante de *J*......... 3068
3.1 que acababa de edificar... la casa de *J*........... 3068
3.2 no había casa edificada al nombre de *J*......... 3068
3.3 mas Salomón amó a *J*, andando en los.......... 3068
3.5 y se le apareció *J* a Salomón en Gabaón........ 3068
3.7 pues, *J* Dios mío, tú me has puesto a mi......... 3068
3.15 y se presentó delante del arca... de *J* 3068
5.3 no pudo edificar casa al nombre de *J* su 3068
5.3 *J* puso sus enemigos bajo... de sus pies 3068
5.4 *J* mi Dios me ha dado paz... todas partes 3068
5.5 edificar casa al nombre de *J* mi Dios 3068
5.5 según lo que *J* habló a David mi padre 3068
5.7 bendito sea hoy *J*, que dio hijo sabio a 3068
5.12 *J*, pues, dio a Salomón sabiduría como 3068
6.1 año... comenzó él a edificar la casa de *J* 3068
6.2 la casa que el rey Salomón edificó a *J* 3068
6.11 vino palabra de *J* a Salomón, diciendo 3068
6.19 para poner allí el arca del pacto de *J*......... 3068
6.37 echaron los cimientos de la casa de *J*......... 3068
7.12 así también el atrio... de la casa de *J* 3068
7.40 terminó toda la obra... para la casa de *J* 3068
7.45 todos los utensilios... para la casa de *J* 3068
7.48 enseres que pertenecían a la casa de *J* 3068
7.51 así se terminó toda la obra... casa de *J* 3068
7.51 todo en las tesorerías de la casa de *J* 3068
8.1 para traer el arca del pacto de *J* de la........... 3068
8.4 llevaron el arca de *J*, y el tabernáculo 3068
8.6 metieron el arca del pacto de *J* en su 3068
8.9 donde *J* hizo pacto con... hijos de Israel 3068
8.10 salieron del... la nube llenó la casa de *J*......... 3068
8.11 gloria de *J* había llenado la casa de *J*.......... 3068
8.12 *J* ha dicho... habitaría en la oscuridad.......... 3068
8.15 y dijo: Bendito sea *J*, Dios de Israel 3068
8.17 edificar casa al nombre de *J* Dios de 3068
8.18 pero *J* dijo a David mi padre: Cuanto a......... 3068
8.20 *J* ha cumplido su palabra... *J* había dicho...... 3068
8.20 y he edificado la casa al nombre de *J*.......... 3068
8.21 el arca, en la cual está el pacto de *J* 3068
8.22 se puso Salomón delante del altar de *J* 3068
8.23 *J*... no hay Dios como tú, ni arriba en el.......... 3068
8.25 *J*... cumple a tu siervo David mi padre lo 3068
8.26 oh *J*... cúmplase la palabra que dijiste.......... 3068

8.28 atenderás a...a su plegaria, oh *J* Dios 3068
8.44 y oraren a *J* con el rostro hacia la 3068
8.53 sacaste a nuestros padres de Egipto...*J* 3068
8.54 acabó...de hacer a *J* toda esta oración 3068
8.54 se levantó de...delante del altar de *J* 3068
8.56 bendito sea *J*, que ha dado paz...Israel 3068
8.57 esté con nosotros *J* nuestro Dios, como 3068
8.59 he orado delante de *J*, estén cerca de *J* 3068
8.60 todos los pueblos...sepan que *J* es Dios 3068
8.61 sea...perfecto vuestro corazón para con *J* 3068
8.62 rey...sacrificaron víctimas delante de *J* 3068
8.63 ofreció a *J*, 22.000 bueyes y 120.000 3068
8.63 dedicaron el rey...Israel la casa de *J* 3068
8.64 atrio...estaban delante de la casa de *J* 3068
8.64 el altar de bronce que...de *J* era pequeño 3068
8.65 gran congregación...delante de *J*...Dios 3068
8.66 todos los beneficios que *J* había hecho 3068
9.1 hubo acabado...casa de *J*, y la casa real 3068
9.2 *J* apareció a Salomón la segunda vez, como 3068
9.3 y le dijo *J*: Yo he oído tu oración y tu 3068
9.8 ¿por qué ha hecho así *J* a esta tierra y 3068
9.9 y dirán: Por cuanto dejaron a *J* su Dios 3068
9.9 ha traído *J* sobre ellos todo este mal 3068
9.10 edificado...la casa de *J* y la casa real 3068
9.15 de la leva...para edificar la casa de *J* 3068
9.25 paz sobre el altar que él edificó a *J* 3068
9.25 quemaba incienso sobre el...delante de *J* 3068
10.1 la fama...alcanzado por el nombre de *J* 3068
10.5 holocaustos que ofrecía en la casa de *J* 3068
10.9 *J* tu Dios sea bendito, que se agradó de 3068
10.9 porque *J* ha amado siempre a Israel, te 3068
10.12 balaustres para la casa de *J* y para las 3068
11.2 gentes de las cuales *J* había dicho a 3068
11.4 corazón no era perfecto con *J* su Dios 3068
11.6 hizo Salomón lo malo ante los ojos de *J* 3068
11.6 y no siguió...a *J* como David su padre 3068
11.9 enojó *J* contra Salomón, por cuanto su 3068
11.9 su corazón se había apartado de *J* Dios 3068
11.10 a dioses...no guardó lo que le mandó *J* 3068
11.11 dijo *J* a Salomón: Por cuanto ha habido 3068
11.14 y *J* suscitó un adversario a Salomón 3068
11.31 dijo *J* Dios de Israel: He aquí que yo 3068
12.15 designio de *J* para confirmar la palabra 3068
12.15 palabra que *J* había hablado por medio 3068
12.22 vino palabra de *J* a Semaías varón de 3068
12.24 así ha dicho *J*: No vayáis, ni peleéis 3068
12.24 se fueron, conforme a la palabra de *J* 3068
12.27 ofrecer sacrificios en la casa de *J* en 3068
13.1 un varón de Dios por palabra de *J* vino 3068
13.2 clamó...por palabra de *J* y dijo: Altar 3068
13.2 así ha dicho *J*: He aquí que a la casa 3068
13.3 esta es la señal de que *J* ha hablado: he 3068
13.5 la señal...había dado por palabra de *J* 3068
13.6 que ruegues ante...de *J* tu Dios, y ores 3068
13.6 el varón...oró a *J*, y la mano del rey se 3068
13.9 así me está ordenado por palabra de *J* 3068
13.18 ha hablado por palabra de *J*, diciendo 3068
13.20 palabra de *J* al profeta que le había 3068
13.21 dijo *J*...has sido rebelde al mandato de *J* 3068
13.21 mandamiento que *J*...te había prescrito 3068
13.22 y bebiste agua...donde *J* te había dicho 3068
13.26 el varón...fue rebelde al mandato de *J* 3068
13.26 por tanto, *J* le ha entregado al león 3068
13.26 conforme a la palabra de *J* que él le 3068
13.32 que él dijo a voces por palabra de *J* 3068
14.5 *J* había dicho a Ahías: He aquí que la 3068
14.7 vé y di a Jeroboam: Así dijo *J* Dios de 3068
14.11 lo comerán los perros...*J* lo ha dicho 3068
14.13 alguna cosa buena delante de *J* Dios de 3068
14.14 y *J* levantará para sí un rey...Israel 3068
14.15 *J* sacudirá a Israel al modo que la caña 3068
14.15 han hecho sus imágenes...enojando a *J* 3068
14.18 lo endechó...conforme a la palabra de *J* 3068
14.21 ciudad que *J* eligió de...las tribus de 3068
14.22 Judá hizo lo malo ante los ojos de *J* 3068
14.24 naciones que *J* había echado delante de 3068
14.26 tomó los tesoros de la casa de *J*, y los 3068
14.28 cuando el rey entraba en la casa de *J* 3068
15.3 y no fue su corazón perfecto con *J* su 3068
15.4 por amor a David, *J*...le dio lámpara en 3068
15.5 David había hecho lo recto ante...de *J* 3068
15.11 Asa hizo lo recto ante los ojos de *J* 3068
15.14 el corazón de Asa fue perfecto...con *J* 3068
15.15 metió en la casa de *J* lo que su padre 3068
15.18 tomando Asa...el oro...de la casa de *J* 3068
15.26,34 hizo lo malo ante los ojos de *J* 3068
15.29 conforme a la palabra que *J* habló por 3068
15.30 que provocó a enojo a *J* Dios de Israel 3068
16.1 vino palabra de *J* a Jehú hijo de Hanani 3068
16.7 palabra de *J*...había sido contra Baasa 3068
16.7 todo lo malo que hizo ante los ojos de *J* 3068
16.12 conforme a la...que *J* había proferido 3068
16.13 provocando a enojo...a *J* Dios de Israel 3068
16.19 haciendo lo malo ante los ojos de *J* 3068
16.25,30 hizo lo malo ante los ojos de *J* 3068
16.26 provocando a ira a *J* Dios de Israel 3068
16.33 provocar la ira de *J* Dios de Israel 3068
16.34 palabra que *J* había hablado por Josué 3068
17.1 dijo a Acab: Vive *J* Dios de Israel, en 3068
17.2,8 vino a él palabra de *J*, diciendo 3068
17.5 fue e hizo conforme a la palabra de *J* 3068
17.12 vive *J* tu Dios, que no tengo pan cocido 3068
17.14 *J* Dios de Israel ha dicho...La harina 3068
17.14 hasta el día en que *J* haga llover sobre 3068
17.16 la palabra que *J* había dicho por Elías 3068
17.20 clamando a *J*, dijo: *J* Dios mío, ¿aun a 3068
17.21 a *J* y dijo: *J* Dios mío, te ruego que 3068
17.22 *J* oyó la voz de Elías, y el alma del 3068
17.24 la palabra de *J* es verdad en tu boca 3068
18.1 vino palabra de *J* a Elías en el tercer 3068
18.3 Abdías era en gran manera temeroso de *J* 3068
18.4 Jezabel destruía a los profetas de *J* 3068
18.10 vive *J* tu Dios...no ha habido nación ni 3068
18.12 el Espíritu de *J* te llevará adonde yo 3068
18.12 tu siervo teme a *J* desde su juventud 3068
18.13 Jezabel mataba a los profetas de *J* 3068
18.13 escondí a cien...de los profetas de *J* 3068
18.15 vive *J* de los...en cuya presencia estoy 3068
18.18 sino tú...dejando los mandamientos de *J* 3068
18.21 si *J* es Dios, seguidle; y si Baal, id 3068
18.22 sólo yo he quedado profeta de *J*; mas 3068
18.24 yo invocaré el nombre de *J*; y el Dios 3068
18.30 y él arregló el altar de *J* que estaba 3068
18.31 al cual había sido dada palabra de *J* 3068
18.32 edificó...un altar en el nombre de *J* 3068
18.36 dijo: *J* Dios de Abraham, de Isaac y de 3068
18.37 respóndeme, *J*...que conozca este pueblo 3068
18.37 este pueblo que tú, oh *J*, eres el Dios 3068
18.38 entonces cayó fuego de *J*, y consumió el 3068
18.39 dijeron: ¡*J* es el Dios, *J* es el Dios! 3068
18.46 la mano de *J* estuvo sobre Elías, el cual 3068
19.4 basta ya, oh *J*, quítame la vida, pues no 3068
19.7 volviendo el ángel de *J* la segunda vez 3068
19.9 vino a él palabra de *J*, el cual le dijo 3068
19.10,14 he sentido un vivo celo por *J* Dios 3068
19.11 sal...y ponte en el monte delante de *J* 3068
19.11 y he aquí *J* que pasaba, y un grande y 3068
19.11 quebraba las peñas delante de *J*; pero 3068
19.11 pero *J* no estaba en el viento. Y tras 3068
19.11 tras...pero *J* no estaba en el terremoto 3068
19.12 un fuego; pero *J* no estaba en el fuego 3068
19.15 le dijo *J*: Vé, vuélvete por tu camino 3068
20.13 así ha dicho *J*: ¿Has visto esta gran 3068
20.13,28 mano, para que conozcas que yo soy *J* 3068
20.14 ha dicho *J*: Por mano de los siervos de 3068
20.28 así dijo *J*: Por cuanto los sirios han 3068
20.28 *J* es Dios de los montes, y no Dios de 3068
20.36 no has obedecido a la palabra de *J*, he 3068
20.42 así ha dicho *J*: Por cuanto soltaste de 3068
21.3 guárdeme *J* de que...dé a ti la heredad 3068
21.17,28 vino palabra de *J* a Elías tisbita 3068
21.19 ha dicho *J*: ¿No mataste, y también has 3068
21.19 así ha dicho *J*: En el mismo lugar donde 3068
21.20 vendido a hacer lo malo delante de *J* 3068
21.23 de Jezabel...ha hablado *J*, diciendo: Los 3068
21.25 para hacer lo malo ante los ojos de *J* 3068
21.26 lanzó *J* de delante de los...de Israel 3068
22.5 ruego que consultes hoy la palabra de *J* 3068
22.6 porque *J* la entregará en mano del rey 3068
22.7 ¿hay...algún profeta de *J*, por el cual 3068
22.8 por el cual podríamos consultar a *J* 3068
22.11 así ha dicho *J*: Con éstos acornearás 3068
22.12 porque *J* la entregará en mano del rey 3068
22.14 vive *J*, que lo que *J* me hablare, eso 3068
22.15 sube...*J* la entregará en mano del rey 3068
22.16 me digas, la verdad en el nombre de *J*? 3068
22.17 vi a...y *J* dijo: Estos no tienen señor 3068
22.19 él dijo: Oye...palabra de *J*: Yo vi a *J* 3068
22.20 *J* dijo: ¿Quién inducirá a Acab, para 3068
22.21 un espíritu y se puso delante de *J* 3068
22.21 inducirá. Y *J* le dijo: ¿De qué manera? 3068
22.23 *J* ha puesto espíritu de mentira en la 3068
22.23 y *J* ha decretado el mal acerca de ti 3068
22.24 dónde se fue de mí el Espíritu de *J* 3068
22.28 volver en paz, *J* no ha hablado por mí 3068
22.38 conforme a la palabra que *J*...hablado 3068
22.43 haciendo lo recto ante los ojos de *J* 3068
22.52; 2 R 3.2; 8.18,27; 13.2,11; 14.24; 15.9, 18,24,28;
17.2; 21.2,20; 23.32,37; 24.9,19 hizo lo malo
ante los ojos de *J* 3068
22.53 y provocó a ira a *J* Dios de Israel 3068
2 R 1.3 el ángel de *J* habló a Elías tisbita 3068
1.4 así ha dicho *J*: Del lecho en que estás 3068
1.6 así ha dicho 1: ¿No hay Dios en Israel 3068
1.15 el ángel de *J* dijo a Elías: Desciende 3068
1.16 dijo: Así ha dicho *J*: Por cuanto enviaste 3068
1.17 murió, conforme a la palabra de *J*, que 3068
2.1 que cuando quiso *J* alzar a Elías en un 3068
2.2,4,6 quédate aquí...porque *J* me ha enviado 3068
2.2,4,6 Eliseo dijo: Vive *J*...que no te dejaré 3068
2.3,5 ¿sabes que *J* te quitará hoy a tu señor 3068
2.14 dijo: ¿Dónde está *J*, el Dios de Elías? 3068
2.16 lo ha levantado el Espíritu de *J*, y lo 3068
2.21 así ha dicho *J*: Yo sané estas aguas, y 3068
2.24 los vio, y los maldijo en el nombre de *J* 3068
3.10 que ha llamado *J* a estos tres reyes para 3068
3.11 dijo: ¿No hay aquí profeta de *J*, para que 3068
3.11 que consultemos a *J* por medio de él? 3068
3.12 Josafat dijo: Este tendrá palabra de *J* 3068
3.13 *J* ha reunido a estos tres reyes para 3068
3.14 dijo: Vive *J* de los ejércitos, en cuya 3068
3.15 tocaba, la mano de *J* vino sobre Eliseo 3068
3.16 ha dicho *J*: Haced en este valle muchos 3068
3.17 porque *J* ha dicho así: No veréis viento 3068
3.18 y esto es cosa ligera en los ojos de *J* 3068
4.1 tú sabes que tu siervo era temeroso de *J* 3068
4.27 *J* me ha encubierto el motivo, y no me 3068
4.30 vive *J*, y vive tu alma, que no te dejaré 3068
4.33 cerró la puerta tras ambos, y oró a *J* 3068
4.43 así ha dicho *J*: Comerán, y sobrará 3068
4.44 les sobró, conforme a la palabra de *J* 3068
5.1 por...él había dado *J* salvación a Siria 3068
5.11 en pie invocará el nombre de *J* su Dios 3068
5.16 mas él dijo: Vive *J*...que no lo aceptaré 3068
5.17 tu siervo no sacrificará...sino a *J* 3068
5.18 esto perdone *J* a tu siervo: que cuando 3068
5.18 haga tal, *J* perdone en esto a tu siervo 3068
5.20 vive *J*, que correré yo tras él y tomaré 3068
6.17 oh *J*, que abras sus ojos...*J* abrió los 3068
6.18 Eliseo a *J*, y dijo: Te ruego que hieras 3068
6.20 *J*, abre los ojos a éstos...y *J* abrió los 3068
6.27 si no te salva *J*, ¿de dónde te puedo 3068
6.33 dijo: Ciertamente este mal de *J* viene 3068
6.33 mal...¿Para qué he de esperar más a *J*? 3068
7.1 oíd palabra de *J*...Así dijo *J*: Mañana a 3068
7.2,19 *J* hiciese ahora ventanas en el cielo 3068
7.6 *J* había hecho que en...se oyese estruendo 3068
7.16 por un siclo, conforme a la palabra de *J* 3068
8.1 *J* ha llamado el hambre, la cual vendrá 3068
8.8 al varón de Dios, y consulta por él a *J* 3068
8.10 *J* me ha mostrado...él morirá ciertamente 3068
8.13 *J* me ha mostrado...tú serás rey de Siria 3068
8.19 *J* no quiso destruir a Judá, por amor a 3068
9.3,6,12 así dijo *J*: Yo te he ungido por rey 3068
9.6 ungido por rey sobre Israel, pueblo de *J* 3068
9.7 la sangre de todos los siervos de *J*, de 3068
9.25 *J* pronunció esta sentencia sobre él 3068
9.26 he visto ayer la sangre de Nabot...dijo *J* 3068
9.26 te daré la paga en esta heredad, dijo *J* 3068
9.26 échalo en...conforme a la palabra de *J* 3068
10.10 la palabra que *J* habló sobre la casa 3068
10.10 *J* ha hecho lo que dijo por su siervo 3068
10.16 le...Ven conmigo, y verás mi celo por *J* 3068
10.17 mató...conforme a la palabra de *J*, que 3068
10.23 ved que no haya...de los siervos de *J* 3068
10.30 *J* dijo a Jehú: Por cuanto has hecho 3068
10.31 Jehú no cuidó de andar en la ley de *J* 3068
10.32 comenzó *J* a cercenar el territorio de 3068
11.3 escondido en la casa de *J* seis años 3068
11.4 los metió consigo en la casa de *J*, e 3068
11.4 juramentándolos en la casa de *J*: y les 3068
11.7 la guardia de la casa de *J* junto al rey 3068
11.10 lanzas y...que estaban en la casa de *J* 3068
11.13 Atalía...al pueblo en el templo de *J* 3068
11.15 que no la matasen en el templo de *J* 3068
11.17 hizo pacto entre *J* y el rey y el pueblo 3068
11.17 Joiada hizo pacto...serían pueblo de *J* 3068
11.18 puso guarnición sobre la casa de *J* 3068
11.19 y llevaron al rey desde la casa de *J* 3068
12.2 Joás hizo lo recto ante...de *J* todo el 3068
12.4 dinero...se suele traer a la casa de *J* 3068
12.9 puso...que se entra en el templo de *J* 3068
12.9 el dinero que se traía a la casa de *J* 3068
12.10 dinero que hallaban en el templo de *J* 3068
12.11 los que tenían a su cargo la casa de *J* 3068
12.11 y maestros que reparaban la casa de *J* 3068
12.12 para reparar las grietas de la casa de *J* 3068
12.13 dinero que se traía a la casa de *J*, no 3068
12.13 ningún otro...hacía para el templo de *J* 3068
12.14 daban...con él reparaban la casa de *J* 3068
12.16 dinero...no se llevaba a la casa de *J* 3068
12.18 el oro que se halló en...la casa de *J* 3068
13.3 se encendió el furor de *J* contra Israel 3068
13.4 Joacaz oró en presencia de *J*...*J* lo oyó 3068
13.5 y dio *J* salvador a Israel, y salieron 3068
13.17 saeta de salvación de *J*, y saeta de 3068
13.23 mas *J* tuvo misericordia de ellos, y se 3068
14.3 y él hizo lo recto ante los ojos de *J* 3068
14.6 donde *J* mandó diciendo: No matarán a los 3068
14.14 utensilios...hallados en la casa de *J* 3068
14.25 Arabá, conforme a la palabra de *J* Dios 3068
14.26 porque *J* miró la...aflicción de Israel 3068
14.27 *J* no había determinado raer...de Israel 3068
15.3,34 hizo lo recto ante los ojos de *J* 3068
15.5 mas *J* hirió al rey con lepra, y estuvo 3068
15.12 fue la palabra de *J* que había hablado 3068
15.34 hizo lo recto ante los ojos de *J*; hizo 3068
15.35 edificó él la puerta...de la casa de *J* 3068
15.37 comenzó *J* a enviar contra Judá a Rezín 3068
16.2 y no hizo lo recto ante...de *J* su Dios 3068
16.3 naciones que *J* echó de delante de los 3068
16.8 y el oro que se halló en la casa de *J* 3068
16.14 altar...que estaba delante de *J*, en la 3068
16.14 entre el altar y el templo de *J*, y lo 3068
16.18 y los quitó del templo de *J*, por causa 3068
17.7 los hijos de Israel pecaron contra *J* su 3068
17.8 de las naciones que *J* había lanzado de 3068
17.9 hicieron...cosas no rectas contra *J* su 3068
17.11 las naciones que *J* había traspuesto de 3068
17.11 cosas...malas para provocar a ira a *J* 3068
17.12 *J* les había dicho...no habéis de hacer 3068
17.13 *J* amonestó entonces a Israel y a Judá 3068
17.14 sus padres, los cuales no creyeron en *J* 3068
17.15 *J* les había mandado que no hiciesen a 3068
17.16 dejaron todos los mandamientos de *J* 3068
17.17 a hacer lo malo ante los ojos de *J* 3068
17.18 *J*...airó en gran manera contra Israel 3068
17.19 ni...Judá guardó los mandamientos de *J* 3068
17.20 desechó *J*...la descendencia de Israel 3068
17.21 apartó a Israel de en pos de *J*, y les 3068
17.23 hasta que *J* quitó a Israel de delante 3068
17.25 no temiendo ellos a *J*, envió *J* contra 3068
17.28 y les enseñó cómo habían de temer a *J* 3068
17.32 temían a *J*, e hicieron...sacerdotes de 3068
17.33 temían a *J*, y honraban a sus dioses 3068
17.34 ni temen a *J*, ni guardan sus estatutos 3068
17.34 los mandamientos que prescribió *J* a los 3068
17.35 con los cuales *J* había hecho pacto, y 3068
17.36 a *J*, que os sacó de tierra de Egipto 3068
17.39 temed a *J* vuestro Dios...él os librará 3068
17.41 así temieron a *J* aquellas gentes, y al 3068
18.3 hizo lo recto ante los ojos de *J*...que 3068
18.5 en *J* Dios de Israel puso su esperanza 3068
18.6 siguió a *J*, y no se apartó de él, sino 3068

18.6 guardó... mandamientos que *J* prescribió 3068
18.7 y *J* estaba con él, y adondequiera que 3068
18.12 no habían atendido a la voz de *J*... Dios 3068
18.12 que Moisés siervo de *J* había mandado 3068
18.15 toda la plata... en la casa de *J*, y en 3068
18.16 el oro de las puertas del templo de *J* 3068
18.22 si me decís: Nosotros confiamos en *J* 3068
18.25 ¿acaso he venido... sin *J* a este lugar 3068
18.25 *J* me ha dicho: Sube a esta tierra, y 3068
18.30 y no os haga Ezequías confiar en *J* 3068
18.30 diciendo: Ciertamente nos librará *J* 3068
18.32 os engaña cuando dice: *J* nos librará 3068
18.35 que *J* libre de mi mano a Jerusalén? 3068
19.1 se cubrió de... y entró en la casa de *J* 3068
19.4 oirá *J* tu Dios... palabras del Rabsaces 3068
19.4 palabras, las cuales *J* tu Dios ha oído 3068
19.6 ha dicho *J*: No temas por las palabras 3068
19.14 subió a la casa de *J*, y las extendió 3068
19.14 y las extendió Ezequías delante de *J* 3068
19.15 y oró Ezequías delante de *J*, diciendo 3068
19.15 *J* Dios de Israel, que moras entre los 3068
19.16 inclina, oh *J*, tu oído... oh *J* tus ojos 3068
19.17 verdad, oh *J*, que los reyes de Asiria 3068
19.19 oh *J*... sálvanos, te ruego, de su mano 3068
19.19 sepan todos... que sólo tú, *J*, eres Dios 3068
19.20 ha dicho *J*... Lo que me pediste acerca 3068
19.21 palabra que *J* ha pronunciado acerca de 3068
19.23 has vituperado a *J*, y has dicho: Con 3068
19.31 el celo de *J* de los ejércitos hará esto 3068
19.32 así dice *J* acerca del rey de Asiria: No 3068
19.33 y no entrará en esta ciudad, dice *J* 3068
19.35 noche salió el ángel de *J*, y mató en 3068
20.1 *J* dice así: Ordena tu casa... morirás, y 3068
20.2 volvió su rostro a la pared, y oró a *J* 3068
20.3 *J*, te ruego que hagas memoria de que 3068
20.4 vino palabra de *J* a Isaías, diciendo 3068
20.5 así dice *J*, el Dios de David tu padre 3068
20.5 al tercer día subirás a la casa de *J* 3068
20.8 ¿qué señal tendré de que *J* me sanará 3068
20.8 que subiré a la casa de *J* al tercer día? 3068
20.9 esta señal tendrás de *J*... que hará *J* esto 3068
20.11 clamó a *J*; e hizo volver la sombra por 3068
20.16 Isaías... a Ezequías: Oye palabra de *J* 3068
20.17 será llevado... sin quedar nada, dijo *J* 3068
20.19 palabra de *J* que has hablado, es buena 3068
21.2 de las naciones que *J* había echado de 3068
21.4 la casa de *J* de la cual *J* había dicho 3068
21.5 altares... dos atrios de la casa de *J* 3068
21.6 hacer lo malo ante los ojos de *J*, para 3068
21.7 la casa de la cual *J* había dicho a David 3068
21.9 más mal que las naciones que *J* destruyó 3068
21.10 habló... *J* por medio de sus... los profetas 3068
21.12 así ha dicho *J*... traigo tal mal sobre 3068
21.16 que hiciese lo malo ante los ojos de *J* 3068
21.22 dejó a *J* el Dios de sus padres, y no 3068
21.22 dejó a... y no anduvo en el camino de *J* 3068
22.2 e hizo lo recto ante los ojos de *J*, y 3068
22.3 envió el rey a Safán... a la casa de *J* 3068
22.4 el dinero que han traído a la casa de *J* 3068
22.5,9 a su cargo el arreglo de la casa de *J* 3068
22.5 los que hacen la obra de la casa de *J* 3068
22.8 he hallado el libro de... en la casa de *J* 3068
22.13 preguntad a *J* por mí, y por el pueblo 3068
22.13 grande es la ira de *J*... se ha encendido 3068
22.15 ha dicho *J* el Dios de Israel: Decid al 3068
22.16 dijo *J*: He aquí yo traigo sobre este 3068
22.18 os ha enviado para que preguntaseis a *J* 3068
22.18 así ha dicho *J*... Por cuanto oíste las 3068
22.19 te humillaste delante de *J*... oíste lo 3068
22.19 lloraste en mí, yo te he oído, dice *J* 3068
23.2 subió el rey a la casa de *J* con todos 3068
23.2 leyó... del libro... hallado en la casa de *J* 3068
23.3 pacto... de *J*, de que irían en pos de *J* 3068
23.4 que sacasen del templo de *J* todos los 3068
23.6 sacar la imagen... fuera de la casa de *J* 3068
23.7 prostitución idolátrica... la casa de *J* 3068
23.9 los sacerdotes... no subían al altar de *J* 3068
23.11 caballos... a la entrada del templo de *J* 3068
23.12 en los dos atrios de la casa de *J*; y de 3068
23.16 conforme a la palabra de *J* que había 3068
23.21 haced la pascua a *J*... Dios, conforme a 3068
23.23 hecha aquella pascua a *J* en Jerusalén 3068
23.24 en el libro... hallado en la casa de *J* 3068
23.25 no hubo otro rey... se convirtiese a *J* 3068
23.26 con todo eso, *J* no desistió del ardor 3068
23.27 dijo *J*: También quitaré... a Judá, como 3068
24.2 *J* envió contra Joacim tropas de caldeos 3068
24.2 la palabra de *J* que había hablado por 3068
24.3 vino esto contra Judá por mandato de *J* 3068
24.4 sangre inocente; *J*... no quiso perdonar 3068
24.13 sacó de allí... tesoros de la casa de *J* 3068
24.13 en la casa de *J*, como *J* había dicho 3068
24.20 vino... ira de *J* contra Jerusalén y Judá 3068
25.9 quemó la casa de *J*, y la casa del rey 3068
25.13 quebraron... columnas... en la casa de *J* 3068
25.13 el mar de bronce que... en la casa de *J* 3068
25.16 un mar, y las basas... para la casa de *J* 3068
1 Cr 2.3 Er... fue malo delante de *J*... lo mató 3068
5.25 pueblos... a los cuales *J* había quitado 3068
6.15 llevado cautivo cuando *J* transportó a 3068
6.31 el servicio de canto en la casa de *J* 3068
6.32 hasta que Salomón edificó la casa de *J* 3068
9.19 sus padres guardaron la entrada... de *J* 3068
9.20 Finees... fue... capitán... *J* estaba con él 3068
9.23 eran porteros... de la casa de *J*, y de la 3068
10.13 contra *J*, contra la palabra de *J*, la 3068
10.14 y no consultó a *J*; por esta causa lo 3068
11.2 *J* tu Dios te ha dicho: Tú apacentarás 3068
11.3 David hizo con ellos pacto delante de *J* 3068
11.3 a la palabra de *J* por medio de Samuel 3068
11.9 y *J* de los ejércitos estaba con él 3068
11.10 rey sobre... conforme a la palabra de *J* 3068
11.14 *J* los favoreció con una gran victoria 3068
11.18 no la quiso beber... la derramó para *J* 3068
12.23 el reino de... conforme a la palabra de *J* 3068
13.2 y si es la voluntad de *J* nuestro Dios 3068
13.6 para pasar de allí el arca de *J* Dios 3068
13.10 el furor de *J* se encendió contra Uza 3068
13.11 porque *J* había quebrantado a Uza; por 3068
13.14 bendijo *J* la casa de Obed-edom, y todo 3068
14.2 y entendió David... *J* lo había confirmado 3068
14.10 y *J* le dijo: Sube... yo los entregaré en 3068
14.17 *J* puso el temor de David sobre todas 3068
15.2 ha elegido *J*... que lleven el arca de *J* 3068
15.3 que pasasen el arca de *J* a su lugar, el 3068
15.12 pasad el arca de *J* Dios de Israel al 3068
15.13 *J*... Dios nos quebrantó, por cuanto no 3068
15.14 santificaron para traer el arca de *J* 3068
15.15 el arca de... conforme a la palabra de *J* 3068
15.25 fueron a traer el arca del pacto de *J* 3068
15.26 los levitas que llevaban el arca... de *J* 3068
15.28 llevaba... Israel el arca del pacto de *J* 3068
15.29 cuando el arca del pacto de *J* llegó a 3068
16.2 bendijo al pueblo en el nombre de *J* 3068
16.4 puso delante del arca de *J* ministros de 3068
16.4 para que recordasen... y loasen a *J* Dios 3068
16.7 David comenzó a aclamar a *J* por mano de 3068
16.8 alabad a *J*, invocad su nombre, dad a 3068
16.10 alégrese el corazón de los que buscan a *J* 3068
16.11 buscad a *J* y su poder; buscad su rostro 3068
16.14 *J*, él es nuestro Dios; sus juicios 3068
16.23 cantad a *J* toda la tierra; proclamad 3068
16.25 porque grande es *J*, y digno... alabanza 3068
16.26 dioses... ídolos; mas *J* hizo los cielos 3068
16.28 tributad a *J*... dad a *J* gloria y poder 3068
16.29 dad a *J* la honra debida a su nombre 3068
16.29 postraos delante de *J* en... la santidad 3068
16.31 y digan en las naciones: *J* reina 3068
16.33 cantarán los árboles de... delante de *J* 3068
16.34 aclamad a *J*, porque él es bueno; porque 3068
16.36 bendito sea *J* Dios de... en eternidad 3068
16.36 y dijo... el pueblo, Amén, y alabó a *J* 3068
16.37 allí, delante del arca del pacto de *J* 3068
16.39 delante del tabernáculo de *J* en el 3068
16.40 sacrificasen... holocaustos a *J* en el 3068
16.40 conforme a todo... la ley de *J*, que él 3068
16.41 glorificar a *J*, porque es eterna su 3068
17.1 arca del pacto de *J* debajo de cortinas 3068
17.4 ha dicho *J*: Tú no me edificarás casa en 3068
17.7 mi siervo David: Así ha dicho *J* de los 3068
17.10 te hago saber... que *J* te edificará casa 3068
17.16 David... delante de *J*, y dijo: *J* Dios 3068
17.17 me has mirado como a... excelente, oh *J* 3068
17.19 *J*, por amor de tu siervo y... has hecho 3068
17.20 *J*, no hay semejante a ti, ni hay Dios 3068
17.22 y tú, *J*, has venido a ser su Dios 3068
17.23 *J*, la palabra... sea firme para siempre 3068
17.24 *J* de los ejércitos, Dios de Israel 3068
17.26 *J*, tú eres el Dios que has hablado de 3068
17.27 tú, *J*, la has bendecido, y será bendita 3068
18.6 porque *J* daba la victoria a David 3068
18.11 el rey David dedicó a *J*, con la plata 3068
18.13 porque *J* daba el triunfo a David 3068
19.13 esfuérzate... y haga *J* lo que bien le 3068
21.3 añada *J* a su pueblo cien veces más, rey 3068
21.9 habló *J* a Gad, vidente de David 3068
21.10 y dile: Así ha dicho *J*: Tres cosas te 3068
21.11 Gad a David, le dijo: Así ha dicho *J* 3068
21.12 por tres días la espada de *J*... la peste 3068
21.12 que el ángel de *J* haga destrucción en 3068
21.13 ruego que yo caiga en la mano de *J* 3068
21.14 así *J* envió una peste en Israel, y 3068
21.15 y envió *J* el ángel a Jerusalén para 3068
21.15 miró *J* y se arrepintió de aquel mal 3068
21.15 el ángel de *J* estaba junto a la era 3068
21.16 vio al ángel de *J*, que estaba entre 3068
21.17 *J* Dios mío, sea ahora tu mano contra 3068
21.18 el ángel de *J* ordenó a Gad que dijese 3068
21.18 construyese un altar a *J* en la era de 3068
21.19 que Gad le había dicho en nombre de *J* 3068
21.22 era, para que edifique un altar a *J* 3068
21.24 porque no tomaré para *J* lo que es tuyo 3068
21.26 edificó allí David un altar a *J*, en el 3068
21.26 e invocó a *J*, quien le respondió por 3068
21.27 *J* habló al ángel, y... volvió su espada 3068
21.28 viendo David que *J* le había oído en la 3068
21.29 el tabernáculo de *J*... estaban... Gabaón 3068
21.30 atemorizado a causa de... del ángel de *J* 3068
22.1 David: Aquí estará la casa de *J* Dios 3068
22.5 la casa que se ha de edificar a *J* ha de 3068
22.6 le mandó que edificase casa a *J* Dios 3068
22.7 tuve el edificar templo al nombre de *J* 3068
22.8 vino a mí palabra de *J*... no edificarás 3068
22.11 ahora pues, hijo mío, *J* esté contigo 3068
22.11 edifiques casa a *J* tu Dios, como él ha 3068
22.12 y *J* te dé entendimiento y prudencia 3068
22.12 cuando gobiernes... guardes la ley de *J* 3068
22.13 y decretos que *J* mandó a Moisés para 3068
22.14 he preparado para la casa de *J*... de oro 3068
22.16 y manos a la obra; y *J* esté contigo 3068
22.18 ¿no está con vosotros *J* vuestro Dios 3068
22.18 tierra ha sido sometida delante de *J* 3068
22.19 poned... vuestros ánimos en buscar a *J* 3068
22.19 edificad el santuario de *J* Dios, para 3068
22.19 para traer el arca del pacto de *J*, y 3068
22.19 a la casa edificada al nombre de *J* 3068
23.4 para dirigir la obra de la casa de *J* 3068
23.5 y 4.000 para alabar a *J*, dijo David, con 3068
23.13 para que quemasen incienso delante de *J* 3068
23.24 Leví... en el ministerio de la casa de *J* 3068
23.25 *J* Dios... ha dado paz a su pueblo Israel 3068
23.28 Aarón para ministrar en la casa de *J* 3068
23.30 dar gracias y tributar alabanzas a *J* 3068
23.31 ofrecer todos los holocaustos a *J* los 3068
23.31 ofrecer... continuamente delante de *J* 3068
23.32 tuviesen... el ministerio de la casa de *J* 3068
24.19 que entrasen en la casa de *J*, según 3068
24.19 le había mandado *J* el Dios de Israel 3068
25.3 profetizaba con arpa, para... alabar a *J* 3068
25.6 en la casa de *J*, con címbalos... y arpas 3068
25.7 instruidos en el canto para *J*... los aptos 3068
26.12 porteros... para servir en la casa de *J* 3068
26.22 cargo de los tesoros de la casa de *J* 3068
26.27 los botines, para reparar la casa de *J* 3068
26.30 la obra de *J*, y en el servicio del rey 3068
27.23 *J* había dicho que él multiplicaría a 3068
28.2 cual reposara el arca del pacto de *J* 3068
28.4 *J*... eligió de toda la casa de mi padre 3068
28.5 *J* me ha dado muchos hijos) eligió a mi 3068
28.5 se siente en el trono del reino de *J* 3068
28.8 ante... congregación de *J*, y en oídos de 3068
28.8 guardad e inquirid... los preceptos de *J* 3068
28.9 *J* escudriña los corazones de todos, y 3068
28.10 *J* te ha elegido para que edifiques casa 3068
28.12 para los atrios de la casa de *J*, para 3068
28.13 para toda la obra del... de la casa de *J* 3068
28.13 todos los utensilios... de la casa de *J* 3068
28.18 alas... cubrían el arca del pacto de *J* 3068
28.19 me fueron trazadas por la mano de *J* 3068
28.20 *J* Dios, mi Dios, estará contigo; él no 3068
28.20 acabes toda la obra... de la casa de *J* 3068
29.1 la casa no es para hombre, sino para *J* 3068
29.5 quiere hacer... ofrenda voluntaria a *J*? 3068
29.8 las dio para el tesoro de la casa de *J* 3068
29.9 porque de todo corazón ofrecieron a *J* 3068
29.10 David... bendijo a *J* delante de toda la 3068
29.10 David: Bendito seas tú, oh *J*, Dios de 3068
29.11 tuya es, oh *J*, la magnificencia y el 3068
29.11 tuyo, oh *J*, es el reino, y tú... excelso 3068
29.16 *J*... toda esta abundancia... todo es tuyo 3068
29.18 *J*... conserva... esta voluntad del corazón 3068
29.20 bendecid ahora a *J*... bendijo a *J* Dios 3068
29.20 toda la... adoraron delante de *J* y del rey 3068
29.21 sacrificaron... a *J*, y ofrecieron a *J* 3068
29.22 comieron... delante de *J* aquel día con 3068
29.22 ante *J* le ungieron por príncipe, y a 3068
29.23 sentó Salomón por rey en el trono de *J* 3068
29.25 y *J* engrandeció... a Salomón a ojos de 3068
2 Cr 1.1 Salomón hijo... *J* su Dios estaba con él 3068
1.3 que Moisés siervo de *J* había hecho en el 3068
1.5 el altar... delante del tabernáculo de *J* 3068
1.6 subió, pues, Salomón allá delante de *J* 3068
1.9 confírmese... oh *J* Dios, tu palabra dada a 3068
2.1 edificar casa al nombre de *J*, y casa para 3068
2.4 tengo que edificar casa al nombre de *J* 3068
2.4 festividades de *J* nuestro Dios; lo cual 3068
2.11 porque *J* amó a su pueblo, te ha puesto 3068
2.12 bendito sea *J* el Dios de Israel, que 3068
2.12 un hijo sabio... que edifique casa a *J* 3068
3.1 comenzó Salomón a edificar la casa de *J* 3068
4.16 todos sus enseres... para la casa de *J* 3068
5.1 acabada toda la obra... para la casa de *J* 3068
5.2 que trajesen el arca del pacto de *J* de 3068
5.7 metieron el arca del pacto de *J* en su 3068
5.10 con los cuales *J* había hecho pacto con 3068
5.13 cantaban todos... alabar y dar gracias a *J* 3068
5.13 y alababan a *J*, diciendo: Porque él es 3068
5.13 casa se llenó de una nube, la casa de *J* 3068
5.14 la gloria de *J* había llenado la casa 3068
6.1 Salomón... *J* ha dicho que él habitaría en 3068
6.4 bendito sea *J* Dios de Israel, quien con 3068
6.7 edificar casa al nombre de *J* Dios de 3068
6.8 mas *J* dijo a David mi padre: Respecto a 3068
6.10 y *J* ha cumplido su palabra que habla 3068
6.10 me he sentado en el... como *J* había dicho 3068
6.10 he edificado casa al nombre de *J* Dios 3068
6.11 el arca, en la cual está el pacto de *J* 3068
6.12 se puso luego... delante del altar de *J* 3068
6.14 *J* Dios... no hay Dios semejante a ti en 3068
6.16 *J*... cumple a tu siervo David mi padre lo 3068
6.17 *J* Dios de Israel, cúmplase tu palabra 3068
6.19 mirarás a la oración de tu siervo... oh *J* 3068
6.41 *J* Dios, levántate ahora para habitar en 3068
6.41 oh *J* Dios, sean vestidos de salvación 3068
6.42 *J*... no rechaces a tu ungido; acuérdate 3068
7.1 fuego de... y la gloria de *J* llenó la casa 3068
7.2 y no podían entrar los... en la casa de *J* 3068
7.2 gloria de *J* había llenado la casa de *J* 3068
7.3 descender el fuego y la gloria de *J* sobre 3068
7.3 y alabaron a *J*, diciendo: Porque él es 3068
7.4 rey... sacrificaron víctimas delante de *J* 3068
7.6 levitas, con los instrumentos de... de *J* 3068
7.6 había hecho el rey David para alabar a *J* 3068
7.7 atrio que estaba delante de la casa de *J* 3068
7.10 gozosos de... los beneficios que *J* había 3068
7.11 terminó, pues, Salomón la casa de *J*, y 3068
7.11 propuso hacer en la casa de *J*, y en su 3068
7.12 y apareció *J* a Salomón de noche, y le 3068
7.21 ¿por qué ha hecho así *J* a esta... casa? 3068
7.22 cuanto dejaron a *J* Dios de sus padres 3068
8.1 Salomón había edificado la casa de *J* y 3068
8.11 ha entrado el arca de *J*, son sagradas 3068
8.12 holocaustos a *J* sobre el altar de *J* que 3068
8.16 pusieron los cimientos de la casa de *J* 3068

J

8.16 la casa de *J* fue acabada totalmente 3068
9.4 escalinata... donde subía a la casa de *J* 3068
9.8 bendito sea *J* tu Dios, el cual se ha 3068
9.8 ponerte sobre su trono como rey para *J* 3068
9.11 el rey hizo gradas en la casa de *J* y 3068
10.15 para que *J* cumpliera la palabra que 3068
11.2 vino palabra de *J* a Semaías varón de 3068
11.4 así ha dicho *J*: No subáis, ni peleéis 3068
11.4 oyeron la palabra de *J* y se volvieron 3068
11.14 los excluyeron del ministerio de *J* 3068
11.16 en buscar a *J*... ofrecer sacrificios a *J* 3068
12.1 dejó la ley de *J*, y todo Israel con él 3068
12.2 por cuanto se habían rebelado contra *J* 3068
12.5 ha dicho *J*: Vosotros me habéis dejado 3068
12.6 se humillaron, y dijeron: Justo es *J* 3068
12.7 *J* vio que se habían... vino palabra de *J* 3068
12.9 tomó los tesoros de la casa de *J*, y los 3068
12.11 cuando el rey... a la casa de *J*, venían 3068
12.12 la ira de *J* se apartó de él, para no 3068
12.13 en Jerusalén, ciudad que escogió *J* de 3068
12.14 no dispuso su corazón para buscar a *J* 3068
13.5 *J* Dios de Israel dio el reino a David 3068
13.8 tratáis de resistir al reino de *J* en 3068
13.9 habéis arrojado... a los sacerdotes de *J* 3068
13.10 nosotros, *J* es nuestro Dios, y no le 3068
13.10 los... que ministran delante de *J* son los 3068
13.11 cuales queman para *J* los holocaustos 3068
13.11 nosotros guardamos la ordenanza de *J* 3068
13.12 Israel, no peleéis contra *J* el Dios de 3068
13.14 lo que clamaron a *J*, y los sacerdotes 3068
13.18 se apoyaban en *J* el Dios de sus padres 3068
13.20 tuvo Jeroboam... y *J* lo hirió, y murió 3068
14.2 hizo Asa lo bueno y lo recto ante... de *J* 3068
14.4 mandó a Judá que buscase a *J* el Dios de 3068
14.6 no había guerra... *J* le había dado paz 3068
14.7 porque hemos buscado a *J* nuestro Dios 3068
14.11 clamó Asa a *J*... y dijo: ¡Oh *J*, para ti 3068
14.11 ayúdanos, oh *J*... oh *J*, tú eres... Dios 3068
14.12 y *J* deshizo a los etíopes delante de 3068
14.13 fueron deshechos delante de *J* y de su 3068
14.14 porque el terror de *J* cayó sobre ellas 3068
15.2 Asa... *J* estará con vosotros, si vosotros 3068
15.4 en su tribulación se convirtieron a *J* 3068
15.8 reparó el altar de *J*... del pórtico de *J* 3068
15.9 él, viendo que *J* su Dios estaba con él 3068
15.11 día sacrificaron para *J*, del botín que 3068
15.12 prometieron... que buscarían a *J* el Dios 3068
15.13 cualquiera que no buscase a *J* el Dios 3068
15.14 juraron a *J* con gran voz y júbilo, al 3068
15.15 ellos; y *J* les dio paz por todas partes 3068
16.2 sacó Asa la plata y... de la casa de *J* 3068
16.7 y no te apoyaste en *J* tu Dios, por eso 3068
16.8 te apoyaste en *J*, él los entregó en tus 3068
16.9 los ojos de *J* contemplan toda la tierra 3068
16.12 en su enfermedad no buscó a *J*, sino a 3068
17.3 *J* estuvo con Josafat, porque anduvo en 3068
17.5 *J*... confirmó el reino en su mano, y todo 3068
17.6 se animó su corazón en los caminos de *J* 3068
17.9 teniendo consigo el libro de la ley de *J* 3068
17.10 y cayó el pavor de *J* sobre todos los 3068
17.16 Amasías hijo... se había ofrecido... a *J* 3068
18.4 ruego que consultes hoy la palabra de *J* 3068
18.6 ¿hay aún aquí algún profeta de *J*, para 3068
18.7 por el cual podemos preguntar a *J*; mas 3068
18.10 así ha dicho *J*: Con estos acornearás a 3068
18.11 porque *J* la entregará en mano del rey 3068
18.13 vive *J*, que lo que mi Dios me dijere 3068
18.15 te conjuraré por el nombre de *J* que 3068
18.16 sin pastor; y dijo *J*: Estos no tienen 3068
18.18 oíd, pues, palabra de *J*: Yo he visto 3068
18.18 visto a *J* sentado en su trono, y todo 3068
18.19 y *J* preguntó: ¿Quién inducirá a Acab 3068
18.20 se puso delante de *J*... Y *J* le dijo: ¿De 3068
18.21 *J* dijo: Tú le inducirás... lo lograrás 3068
18.22 *J* ha puesto espíritu de mentira en la 3068
18.22 pues *J* ha hablado el mal contra ti 3068
18.23 camino se fue de mí el Espíritu de *J* 3068
18.27 si tú volvieres en paz, *J* no ha hablado 3068
18.31 mas Josafat clamó, y *J* lo ayudó, y los 3068
19.2 al impío... amas a los que aborrecen a *J*? 3068
19.2 pues ha salido de la presencia de *J* ira 3068
19.4 Josafat... los conducía a *J* el Dios de sus 3068
19.6 en lugar de *J*, el cual está con vosotros 3068
19.7 sea, pues, con vosotros el temor de *J* 3068
19.7 con *J* nuestro Dios no hay injusticia, ni 3068
19.8 de los levitas en... para el juicio de *J* 3068
19.9 procederéis asimismo con temor de *J*, con 3068
19.10 no pequen contra *J*, para que no venga 3068
19.11 el que os presida en todo asunto de *J* 3068
19.11 esforzaos, pues... *J* estará con el bueno 3068
20.3 humilló su rostro para consultar a *J* 3068
20.4 y se reunieron... para pedir socorro a *J* 3068
20.4 las ciudades... vinieron a pedir ayuda a *J* 3068
20.5 Josafat se puso en pie... en la casa de *J* 3068
20.6 *J* Dios de nuestros padres, ¿no eres tú 3068
20.13 todo Judá estaba en pie delante de *J* 3068
20.14 sobre el cual vino el Espíritu de *J* en 3068
20.15 oíd, Judá... *J* os dice así: No temáis ni 3068
20.17 y ved la salvación de *J* con vosotros 3068
20.17 salid mañana... *J* estará con vosotros 3068
20.18 postraron delante de *J*, y adoraron a *J* 3068
20.19 se levantaron... para alabar a *J* el Dios 3068
20.20 creed en *J* vuestro Dios, y estaréis 3068
20.21 a algunos que cantasen y alabasen a *J* 3068
20.21 que dijesen: Glorificad a *J*, porque su 3068
20.22 *J* puso contra los hijos de Amón, de 3068
20.26 Beraca; porque allí bendijeron a *J* 3068
20.27 *J* les había dado gozo librándolos de 3068
20.28 con... arpas y trompetas, a la casa de *J* 3068
20.29 oyeron que *J* había peleado contra los 3068
20.32 haciendo lo recto ante los ojos de *J* 3068
20.37 *J* destruirá tus obras. Y las naves se 3068
21.6; 22.4; 33.2,22; 33.6; 36.5,9,12 hizo lo malo
ante los ojos de *J* 3068
21.7 *J* no quiso destruir la casa de David 3068
21.10 había dejado a *J* el Dios de sus padres 3068
21.12 *J* el Dios de David tu padre ha dicho 3068
21.14 *J* herirá a tu pueblo de una gran plaga 3068
21.16 *J* despertó contra Joram la ira de los 3068
21.18 esto, *J* lo hirió con una enfermedad 3068
22.7 Jehú... al cual *J* había ungido para que 3068
22.9 Josafat... de todo su corazón buscó a *J* 3068
23.3 rey, el cual reinará, como *J* ha dicho 3068
23.5 estará en los patios de la casa de *J* 3068
23.6 y ninguno entre en la casa de *J*, sino 3068
23.6 todo el pueblo hará guardia delante de *J* 3068
23.12 Atalía... vino al pueblo a la casa de *J* 3068
23.14 que no la matasen en la casa de *J* 3068
23.16 Joiada hizo pacto... serían pueblo de *J* 3068
23.18 en la casa de *J*... para ofrecer a *J* los 3068
23.19 porteros a las puertas de la casa de *J* 3068
23.20 para conducir al rey desde la casa de *J* 3068
24.2; 25.2; 26.4; 27.2; 29.2; 34.2 hizo lo recto ante
los ojos de *J* 3068
24.4 que Joás decidió restaurar la casa de *J* 3068
24.6 ofrenda que Moisés siervo de *J* impuso 3068
24.7 las cosas consagradas de la casa de *J* 3068
24.8 un arca... a la puerta de la casa de *J* 3068
24.9 pregonar... que trajesen a *J* la ofrenda 3068
24.12 trabajo del servicio de la casa de *J* 3068
24.12 que reparasen la casa de *J*, y artífices 3068
24.14 hicieron de él utensilios... la casa de *J* 3068
24.14 sacrificaban... en la casa de *J* todos los 3068
24.18 desampararon la casa de *J* el Dios de 3068
24.19 profetas para que los volviesen a *J* 3068
24.20 ¿Por qué quebrantáis los mandamientos de *J*? 3068
24.20 por haber dejado a *J*, él también os 3068
24.21 apedrearon... en el patio de la casa de *J* 3068
24.22 dijo al morir: *J* lo vea y lo demande 3068
24.24 *J* entregó en... un ejército muy numeroso 3068
24.24 por cuanto habían dejado a *J* el Dios de 3068
24.27 restauración de la casa de *J*, he aquí 3068
25.4 donde *J* mandó diciendo: No morirán los 3068
25.7 *J* no está con Israel, ni con todos los 3068
25.9 respondió: *J* puede darte mucho más que 3068
25.15 se encendió la ira de *J* contra Amasías 3068
25.27 tiempo en que Amasías se apartó de *J* 3068
26.5 días en que buscó a *J*, él le prosperó 3068
26.16 se rebeló contra *J* su Dios, entrando en 3068
26.16 en el templo de *J* para quemar incienso 3068
26.17 entró... y con él ochenta sacerdotes de *J* 3068
26.18 Uzías, el quemar incienso a *J*, sino a 3068
26.18 no te será para gloria delante de *J* 3068
26.19 la lepra le brotó en... en la casa de *J* 3068
26.20 se dio prisa... porque *J* lo había herido 3068
26.21 Uzías... fue excluido de la casa de *J* 3068
27.2 salvo que no entró en el santuario de *J* 3068
27.3 edificó él la puerta... de la casa de *J* 3068
27.6 porque preparó sus caminos delante de *J* 3068
28.1 no hizo lo recto ante... *J*, como David su 3068
28.3 que *J* había arrojado de la presencia de 3068
28.5 *J* su Dios lo entregó en manos del rey 3068
28.6 por cuanto habían dejado a *J* el Dios de 3068
28.9 un profeta de *J* que se llamaba Obed, el 3068
28.9 *J* el Dios de vuestros padres, por el 3068
28.10 ¿no habéis pecado vosotros contra *J* 3068
28.11 porque *J* está airado contra vosotros 3068
28.13 pecado contra *J* estará sobre nosotros 3068
28.19 *J* había humillado a Judá por causa de 3068
28.19 Acaz rey... había prevaricado... contra *J* 3068
28.21 despojó Acaz la casa de *J*, y la casa 3068
28.22 rey Acaz... añadió mayor pecado contra *J* 3068
28.24 cerró las puertas de la casa de *J*, y se 3068
28.25 provocando así a ira a *J* el Dios de 3068
29.3 abrió las puertas de la casa de *J*, y las 3068
29.5 y santificad la casa de *J* el Dios de 3068
29.6 han hecho lo malo ante... *J* nuestro Dios 3068
29.6 apartaron sus rostros del... de *J*, y le 3068
29.8 por... la ira de *J* ha venido sobre Judá 3068
29.10 determinado hacer pacto con *J* el Dios 3068
29.11 *J* os ha escogido... estéis delante de él 3068
29.15 conforme al... y las palabras de *J*, para 3068
29.15 y entraron... para limpiar la casa de *J* 3068
29.16 entrando... dentro de la casa de *J* para 3068
29.16 toda la inmundicia... en el templo de *J* 3068
29.16 sacaron... al atrio de la casa de *J*, y de 3068
29.17 del mismo mes vinieron al pórtico de *J* 3068
29.17 santificaron la casa de *J* en ocho días 3068
29.18 ya hemos limpiado toda la casa de *J* 3068
29.19 he aquí están delante del altar de *J* 3068
29.20 el rey Ezequías... subió a la casa de *J* 3068
29.21 que los ofreciesen sobre el altar de *J* 3068
29.25 Puso también levitas en la casa de *J* 3068
29.25 mandamiento procedía de *J* por medio de 3068
29.27 comenzó también el cántico de *J*, con 3068
29.30 los levitas que alabasen a *J* con las 3068
29.31 dijo... os habéis consagrado ahora a *J* 3068
29.31 presentad sacrificios... la casa de *J* 3068
29.32 trajo... todo para el holocausto de *J* 3068
29.35 restablecido el servicio de la... de *J* 3068
30.1 viniesen... a la casa de *J* para celebrar 3068
30.1,5 celebrar la pascua a *J* Dios de Israel 3068
30.6 Israel, volveos a *J* el Dios de Abraham 3068
30.7 padres... se rebelaron contra *J* el Dios 3068
30.8 someteos a *J*, y venid a su santuario 3068
30.8 servid a *J* vuestro Dios, y el ardor de 3068
30.9 si os volviereis a *J*, vuestros hermanos 3068
30.9 porque *J* vuestro Dios es clemente y 3068
30.12 el mensaje... conforme a la palabra de *J* 3068
30.15 trajeron... holocaustos a la casa de *J* 3068
30.17 no... purificado, para santificarlos a *J* 3068
30.18 oró... *J*, que es bueno, sea propicio a 3068
30.19 a *J* el Dios de sus padres, aunque no 3068
30.20 y oyó *J* a Ezequías, y sanó al pueblo 3068
30.21 glorificaban a *J*... cantando con... a *J* 3068
30.22 buena inteligencia en el servicio de *J* 3068
30.22 y dando gracias a *J* el Dios de sus 3068
31.2 alabasen dentro de... de los atrios de *J* 3068
31.3 holocaustos... está escrito en la ley de *J* 3068
31.4 para que ellos se dedicasen a a ley de *J* 3068
31.6 de las osas que habían prometido a *J* 3068
31.8 bendijeron a *J*, y a su pueblo Israel 3068
31.10 a traer las ofrendas a la casa de *J* 3068
31.10 porque *J* ha bendecido a su pueblo 3068
31.11 que preparasen cámaras en la casa de *J* 3068
31.14 cargo... de las ofrendas dedicadas a *J* 3068
31.16 los que entraban en la casa de *J* para 3068
31.20 ejecutó lo bueno, recto... delante de *J* 3068
32.8 con nosotros está *J* nuestro Dios para 3068
32.11 al decir: *J* nuestro Dios nos librará de 3068
32.16 más hablaron sus siervos contra *J* Dios 3068
32.17 cartas en que blasfemaba contra *J* el 3068
32.21 *J* envió un ángel, el cual destruyó a 3068
32.22 salvó *J* a Ezequías y a los moradores 3068
32.23 muchos trajeron a Jerusalén ofrenda a *J* 3068
32.24 oró a *J*, quien le respondió, y le dio 3068
32.26 y no vino sobre ellos la ira de *J* en 3068
33.2 de las naciones que *J* había echado de 3068
33.4 la casa de *J*, de la cual había dicho *J* 3068
33.5 altares... los dos atrios de la casa de *J* 3068
33.9 más mal que las naciones que *J* destruyó 3068
33.10 habló *J* a Manasés y a su pueblo, mas 3068
33.11 *J* trajo contra ellos los generales del 3068
33.12 puesto en angustias, oró a *J* su Dios 3068
33.13 entonces reconoció Manasés que *J* era 3068
33.15 quitó los... y el ídolo de la casa de *J* 3068
33.15 altares... en el monte de la casa de *J* 3068
33.16 reparó luego el altar de *J*, y sacrificó 3068
33.16 mandó a Judá que sirviesen a *J* Dios de 3068
33.17 altos, aunque lo hacía para *J* su Dios 3068
33.18 le hablaron en nombre de *J* el Dios de 3068
33.23 nunca se humilló delante de *J*, como se 3068
34.8 para que reparasen la casa de *J* su Dios 3068
34.9,14 el dinero que... traído a la casa de *J* 3068
34.10 que eran mayordomos en la casa de *J* 3068
34.10 la obra y trabajaban en la casa de *J* 3068
34.14 Hilcías halló el libro de la ley de *J* 3068
34.15 yo he hallado... la ley en la casa de *J* 3068
34.17 el dinero que se halló en la casa de *J* 3068
34.21 andad, consultad a *J* por mí y por el 3068
34.21 grande es la ira de *J*... sobre nosotros 3068
34.21 padres no guardaron la palabra de *J* 3068
34.23 *J* Dios de Israel ha dicho así: Decid 3068
34.23 decid al varón que... que así ha dicho *J* 3068
34.26 que os ha enviado a consultar a *J*, así 3068
34.26 *J* el Dios de Israel ha dicho así: Por 3068
34.27 lloraste... también te he oído, dice *J* 3068
34.30 subió el rey a la casa de *J*, y con él 3068
34.30 del libro del... hallado en la casa de *J* 3068
34.31 hizo delante de *J* pacto de caminar en 3068
34.31 de caminar en pos de *J* y de guardar 3068
34.33 hizo que todos... sirviesen a *J* su Dios 3068
34.33 no se apartaron de en pos de *J* el Dios de 3068
35.1 celebró la pascua a *J* en Jerusalén, y 3068
35.2 los confirmó en el... de la casa de *J* 3068
35.3 y que estaban dedicados a *J*: Poned el 3068
35.3 ahora servid a *J* vuestro Dios, y a su 3068
35.6 que hagan conforme a la palabra de *J* 3068
35.12 fin de que ofreciesen a *J* según está 3068
35.16 fue preparado todo el servicio de *J* 3068
35.16 los holocaustos sobre el altar de *J* 3068
35.20 luego de haber reparado... la casa de *J* 3068
35.26 a lo que está escrito en la ley de *J* 3068
36.7 llevó... los utensilios de la casa de *J* 3068
36.10 los objetos preciosos de la casa de *J* 3068
36.12 Jeremías, que le hablaba de parte de *J* 3068
36.13 para no volverse a *J* el Dios de Israel 3068
36.14 contaminando la casa de *J*, la cual él 3068
36.15 *J* el Dios de sus padres envió... palabra 3068
36.16 hasta que subió la ira de *J* contra su 3068
36.18 tesoros de la casa de *J*, y los tesoros 3068
36.21,22 que se cumpliese la palabra de *J* 3068
36.22 *J* despertó el espíritu de Ciro rey de 3068
36.23 *J*, el Dios de los cielos, me ha dado 3068
36.23 pueblo, sea *J* su Dios con él, y suba 3068
Esd 1.1 que se cumpliese la palabra de *J* por 3068
1.1 despertó *J* el espíritu de Ciro rey de 3068
1.2 *J* el Dios de los cielos me ha dado todos 3068
1.3 edifique la casa a *J* Dios de Israel (él 3068
1.5 subir a edificar la casa de *J*, la cual 3068
1.7 Ciro sacó los utensilios de la casa de *J* 3068
2.68 vinieron a la casa de *J* que estaba en 3068
3.3 y ofrecieron sobre él holocaustos a *J* 3068
3.5 lunas, y todas las fiestas solemnes de *J* 3068
3.5 todo sacrificio... ofrenda voluntaria a *J* 3068
3.6 comenzaron a ofrecer holocaustos a *J* 3068
3.6 cimientos del templo de *J* no se habían 3068
3.8 que activasen la obra de la casa de *J* 3068
3.10 los albañiles del templo de *J* echaban 3068
3.10 que alabasen a *J*, según la ordenanza de 3068
3.11 dando gracias a *J*, y diciendo: Porque 3068
3.11 aclamaban con gran júbilo, alabando a *J* 3068
3.11 se echaban los cimientos de la casa de *J* 3068
4.1 oyendo... edificaban el templo de *J* Dios 3068

4.3 nosotros solos la edificaremos a J Dios 3068
6.21 se habían apartado de... para buscar a J 3068
6.22 días, por cuanto J los había alegrado 3068
7.6 la ley... que J Dios de Israel había dado 3068
7.6 la mano de J su Dios estaba sobre Esdras 3068
7.10 para inquirir la ley de J y... cumplirla 3068
7.11 versado en los mandamientos de J y en 3068
7.27 bendito J Dios de nuestros padres, que 3068
7.27 rey, para honrar la casa de J que está 3068
8.28 dije: Vosotros estáis consagrados a J 3068
8.28 ofrenda... a J Dios de nuestros padres 3068
8.29 peséis en los aposentos de la casa de J 3068
8.35 ofrecieron... cabríos... en holocausto a J 3068
9.5 postré... y extendí mis manos a J mi Dios 3068
9.8 misericordia de parte de J nuestro Dios 3068
9.15 oh J Dios de... tú eres justo, puesto que 3068
10.11 dad gloria a J Dios de vuestros padres 3068
Neh 1.5 te ruego, oh J, Dios de los cielos 3068
1.11 te ruego, oh J, esté... atento tu oído 3068
2.8 según la benéfica mano de J sobre mí 3068
5.13 respondió toda... ¡Amén! y alabaron a J 3068
8.1 la ley... la cual J había dado a Israel 3068
8.6 bendijo... Esdras a J, Dios... y adoraron a J 3068
8.9 dijeron... Día santo es a J nuestro Dios 3068
8.10 porque el gozo de J es vuestra fuerza 3068
8.14 que J había mandado por mano de Moisés 3068
9.3 leyeron el libro de la ley de J su Dios 3068
9.3 confesaron sus pecados y adoraron a J 3068
9.4 Bani... clamaron en voz alta a J su Dios 3068
9.5 bendecid a J... Dios desde la eternidad 3068
9.6 tú solo eres J; tú hiciste los cielos, y 3068
9.7 tú eres, oh J, el Dios que escogiste a 3068
10.29 cumplirían todos los... estatutos de J 3068
10.34 quemar sobre el altar de J nuestro Dios 3068
10.35 que cada año traeríamos a la casa de J 3068
Job 1.6 vinieron a presentarse delante de J 3068
1.7 y dijo J a Satanás: ¿De dónde vienes? 3068
1.7 respondiendo Satanás a J... De rodear la 3068
1.8 J dijo a Satanás: ¿No has considerado 3068
1.9 respondiendo Satanás a J, dijo: ¿Acaso 3068
1.12 dijo J a Satanás: He aquí, todo lo que 3068
1.12 dijo... y salió Satanás de delante de J 3068
1.21 J dio, y J quitó; sea el nombre de J 3068
2.1 vinieron... para presentarse delante de J 3068
2.1 entre ellos presentándose delante de J 3068
2.2 y dijo J a Satanás: ¿De dónde vienes? 3068
2.2 respondió Satanás a J, y dijo: De rodear 3068
2.3 J dijo a Satanás: ¿No has considerado a 3068
2.4 dijo a J: Piel por piel, todo lo que de 3068
2.6 J dijo a Satanás: He aquí, él está en tu 3068
2.7 salió Satanás de la presencia de J, e 3068
12.9 no entiende que la mano de J la hizo? 3068
38.1 respondió J a Job desde un torbellino 3068
40.1 además respondió J a Job, y dijo 3068
40.3 entonces respondió Job a J, y dijo 3068
40.6 respondió J a Job desde el torbellino 3068
42.1 respondió Job a J, y dijo 3068
42.7 después que habló J... J dijo a Elifaz 3068
42.9 hicieron como J les dijo; y J aceptó la 3068
42.10 quitó J la aflicción de Job, cuando él 3068
42.11 aquel mal que J había traído sobre él 3068
42.12 y bendijo J el postrer estado de Job 3068
Sal 1.2 en la ley de J está su delicia, y en 3068
1.6 porque J conoce el camino de los justos 3068
2.2 consultarán unidos contra J y contra su 3068
2.7 J me ha dicho: Mi hijo eres tú; yo te 3068
2.11 servid a J con temor, y alegraos con 3068
3.1 ¡oh J, cuánto se han multiplicado mis 3068
3.3 mas tú, J, eres escudo alrededor de mí 3068
3.4 con mi voz clamé a J, y él me respondió 3068
3.5 dormí... desperté, porque J me sustentaba 3068
3.7 levántate, J: sálvame, Dios mío; porque 3068
3.8 la salvación es de J; sobre tu pueblo sea 3068
4.3 sabed... que J ha escogido al piadoso para 3068
4.3 para sí; J oirá cuando yo a él clamare 3068
4.5 ofreced sacrificios de... y confiad en J 3068
4.6 alza sobre nosotros, oh J, la luz de tu 3068
4.8 sólo tú, J, me haces vivir confiado 3068
5.1 escucha, oh J, mis palabras; considera 3068
5.3 oh J, de mañana oirás mi voz; de mañana 3068
5.6 al... sanguinario y engañador abominará J 3068
5.8 guíame, J, en tu justicia, a causa de mis 3068
5.12 tú, oh J, bendecirás al justo; como con 3068
6.1 J, no me reprendas en tu enojo, ni me 3068
6.2 misericordia de mí, oh J, porque estoy 3068
6.2 sáname, oh J... mis huesos se estremecen 3068
6.3 está... turbada; y tú, J, ¿hasta cuándo? 3068
6.4 vuélvete, oh J, libra mi alma; sálvame 3068
6.8 porque J ha oído la voz de mi lloro 3068
6.9 J ha oído mi ruego; ha recibido J mi 3068
7 tít. que cantó a J acerca de las palabras de 3068
7.1 J Dios mío, en ti he confiado; sálvame 3068
7.3 J Dios mío, si yo he hecho esto, si hay 3068
7.6 levántate, oh J, en tu ira; álzate en 3068
7.8 J juzgará a los pueblos; júzgame, oh J 3068
7.17 alabaré a J conforme a su justicia 3068
7.17 y cantaré al nombre de J el Altísimo 3068
8.1 ¡oh J, Señor nuestro, cuán glorioso es 3068
8.9 ¡oh J, Señor nuestro, cuán grande es tu 3068
9.1 te alabaré, oh J, con todo mi corazón 3068
9.7 J permanecerá para siempre; ha dispuesto 3068
9.9 J será refugio del pobre, refugio para 3068
9.10 tú, oh J, no desamparaste a los que te 3068
9.11 cantad a J... habita en Sion; publicad 3068
9.13 ten misericordia de mí, J; mira mi 3068
9.16 J se ha hecho conocer en el juicio que 3068
9.19 oh J; no se fortalezca el hombre; sean 3068
9.20 pon, oh J, temor en ellos; conozcan las 3068
10.1 ¿por qué estás lejos, oh J... te escondes 3068
10.3 bendice al codicioso, y desprecia a J 3068
10.12 J Dios, alza tu mano; no te olvides de 3068
10.16 J es rey eternamente y para siempre 3068
10.17 el deseo de los humildes oíste, oh J 3068
11.1 en J he confiado; ¿cómo decís a mi alma 3068
11.4 J está en su santo templo; J tiene en 3068
11.5 J prueba al justo; pero al malo y al 3068
11.7 porque J es justo, y ama la justicia 3068
12.1 salva, oh J, porque se acabaron los 3068
12.3 J destruirá... los labios lisonjeros, y 3068
12.5 me levantaré, dice J; pondré en salvo 3068
12.6 las palabras de J son palabras limpias 3068
12.7 tú, J, los guardarás... los preservarás 3068
13.1 ¿hasta cuándo, J? ¿Me olvidarás para 3068
13.3 respóndeme, oh J Dios mío; alumbra mis 3068
13.6 cantaré a J, porque me ha hecho bien 3068
14.2 J miró... sobre los hijos de los hombres 3068
14.4 que hacen iniquidad... y a J no invocan? 3068
14.6 se han burlado, pero J es su esperanza 3068
14.7 cuando J hiciere volver a los cautivos 3068
15.1 J, ¿quién habitará en tu tabernáculo? 3068
15.4 el vil... pero honra a los que temen a J 3068
16.2 dijiste a J: Tú eres mi Señor; no hay 3068
16.5 J es la porción de mi herencia y de mi 3068
16.7 bendeciré a J que me aconseja; aun en 3068
16.8 a J he puesto siempre delante de mí 3068
17.1 oye, oh J, una causa justa; está atento 3068
17.13 levántate, oh J; sal a su encuentro 3068
17.14 de los hombres con tu mano, oh J, de 3068
18; 36 tits. salmo de David, siervo de J 3068
18 tít. dirigió a J las palabras de este cántico 3068
18 tít. el día que le libró J de la mano de 3068
18.1 te amo, oh J, fortaleza mía 3068
18.2 J, roca mía y castillo mío... libertador 3068
18.3 invocaré a J, quien es digno de ser 3068
18.6 en mi angustia invoqué a J, y clamé a 3068
18.13 tronó en los cielos J, y el Altísimo 3068
18.15 a tu reprensión, oh J, Por el soplo del 3068
18.18 el día de mi quebranto... J fue mi apoyo 3068
18.20 J me ha premiado conforme a... justicia 3068
18.21 yo he guardado los caminos de J, y no 3068
18.24 recompensado J conforme a mi justicia 3068
18.28 tú... J mi Dios alumbrará mis tinieblas 3068
18.30 y acrisolada la palabra de J; escudo 3068
18.31 porque ¿quién es Dios sino sólo J? 3068
18.41 clamaron, y... aun a J, pero no los oyó 3068
18.46 viva J, y bendita sea mi roca... Dios 3068
18.49 yo te confesaré... oh J, y cantaré a tu 3068
19.7 la ley de J es perfecta, que convierte 3068
19.7 el testimonio de J es fiel, que hace 3068
19.8 los mandamientos de J son rectos, que 3068
19.8 el precepto de J es puro, que alumbra 3068
19.9 el temor de J es limpio, que permanece 3068
19.9 juicios de J son verdad, todos justos 3068
19.14 de ti, oh J, roca mía, y redentor mío 3068
20.1 J te oiga en el día de conflicto; el 3068
20.5 Dios; conceda J todas tus peticiones 3068
20.6 ahora conozco que J salva a su ungido 3068
20.7 del nombre de J... Dios tendremos memoria ... 3068
20.9 salva, J; que el Rey nos oiga en el día 3068
21.1 rey se alegra en tu poder, oh J; y en 3068
21.7 por cuanto el rey confía en J, y en la 3068
21.9 J los deshará en su ira, y fuego los 3068
21.13 engrandécete, oh J, en tu poder 3068
22.8 se encomendó a J; líbrele él; sálvele 3068
22.19 mas tú, J, no te alejes; fortaleza mía 3068
22.23 los que teméis a J... alabadle... de Jacob 3068
22.26 alabarán a J los que le buscan; vivirá 3068
22.27 se volverán a J todos los confines de 3068
22.28 porque de J es el reino, y él regirá 3068
22.30 será contado de J hasta la postrera 3068
23.1 J es mi pastor; nada me faltará 3068
23.6 en la casa de J moraré por largos días 3068
24.1 de J es la tierra y su plenitud; el 3068
24.3 ¿quién subirá al monte de J? ¿Y quién 3068
24.5 él recibirá bendición de J, y justicia 3068
24.8 J el fuerte y valiente, J el poderoso 3068
24.10 J de los ejércitos, él es el Rey de 3068
25.1 a ti, oh J, levantaré mi alma 3068
25.4 muéstrame, oh J, tus caminos... sendas 3068
25.6 acuérdate, oh J, de tus piedades y de 3068
25.7 acuérdate de mí, por tu bondad, oh J 3068
25.8 bueno y recto es J... él enseñará a los 3068
25.10 todas las sendas de J son misericordia 3068
25.11 J, perdonarás... pecado, que es grande 3068
25.12 ¿quién es el hombre que teme a J? 3068
25.14 la comunión... de J es con los que le 3068
25.15 ojos están siempre hacia J, porque él 3068
26.1 júzgame, oh J... yo en mi integridad he 3068
26.1 he confiado asimismo en J sin titubear 3068
26.2 escudríñame, oh J, y pruébame; examina 3068
26.6 así andaré alrededor de tu altar, oh J 3068
26.8 J, la habitación de tu casa he amado 3068
26.12 en las congregaciones bendeciré a J 3068
27.1 J es mi luz y... J es la fortaleza de mi 3068
27.4 una cosa he demandado a J, ésta buscaré 3068
27.4 que esté yo en la casa de J todos los 3068
27.4 para contemplar la hermosura de J, y 3068
27.6 yo... cantaré y entonaré alabanzas a J 3068
27.7 oye, oh J, mi voz con que a ti clamo 3068
27.8 buscad mi rostro... rostro buscaré, oh J 3068
27.10 me dejaran, con todo, J me recogerá 3068
27.11 enséñame, oh J, tu camino, y guíame 3068
27.13 si no creyese que veré la bondad de J 3068
27.14 aguarda a J; esfuérzate... sí, espera a J 3068
28.1 a ti clamaré, oh J. Roca mía, no te 3068
28.5 no atendieron a los hechos de J, ni a 3068
28.6 bendito sea J, que oyó la voz de mis 3068
28.7 J es mi fortaleza y mi escudo; en él 3068
28.8 J es la fortaleza de su pueblo, y el 3068
29.1 tributad a J... dad a J la gloria y el 3068
29.2 dad a J la gloria debida a su nombre 3068
29.2 adorad a J en la hermosura... santidad 3068
29.3 voz de J sobre las aguas; truena el 3068
29.3 truena el... J sobre las muchas aguas 3068
29.4 de J con potencia; voz de J con gloria 3068
29.5 voz de J que quebranta los cedros 3068
29.5 quebrantó J los cedros del Líbano 3068
29.7 voz de J que derrama llamas de fuego 3068
29.8 voz de J que hace temblar el desierto 3068
29.8 hace temblar J el desierto de Cades 3068
29.9 de J que desgaja las encinas, y desnuda 3068
29.10 J preside en el diluvio, y se sienta J 3068
29.11 J dará poder... J bendecirá a su pueblo 3068
30.1 te glorificaré, oh J, porque me has 3068
30.2 J Dios mío, a ti clamé, y me sanaste 3068
30.3 oh J, hiciste subir mi alma del Seol 3068
30.4 cantad a J, vosotros sus santos, y 3068
30.7 tú, J, con tu favor me afirmaste como 3068
30.8 ti, oh J, clamaré, y al Señor suplicaré 3068
30.10 J... ten misericordia de mí; J, sé tú mi 3068
30.12 J Dios mío, te alabaré para siempre 3068
31.1 en ti, oh J, he confiado; no sea yo 3068
31.5 me has redimido, oh J, Dios de verdad 3068
31.6 aborrezco a... mas yo en J he esperado 3068
31.9 ten misericordia de mí, oh J, porque 3068
31.14 mas yo en ti confío, oh J; digo: Tú 3068
31.17 no sea yo avergonzado, oh J, ya que 3068
31.21 bendito sea J... ha hecho maravillosa 3068
31.23 amad a J, todos vosotros sus santos 3068
31.23 a los fieles guarda J, y paga... al que 3068
31.24 esforzaos... los que esperáis en J, y 3068
32.2 bienaventurado... a quien J no culpa de 3068
32.5 dije: Confesaré mis transgresiones a J 3068
32.10 mas al que espera en J, le rodea la 3068
32.11 alegraos en J y gozaos, justos; y 3068
33.1 alegraos, oh justos, en J; en... íntegros 3068
33.2 aclamad a J con arpa; cantadle con 3068
33.4 porque recta es la palabra de J, y toda 3068
33.5 de la misericordia de J está llena la 3068
33.6 por la palabra de J fueron hechos los 3068
33.8 tema a J toda la tierra; teman delante 3068
33.10 J hace nulo el consejo de las naciones 3068
33.11 el consejo de J permanecerá... siempre 3068
33.12 bienaventurada la nación... Dios es J 3068
33.13 desde los cielos miró J; vio a todos 3068
33.18 aquí el ojo de J sobre los que le temen 3068
33.20 nuestra alma espera a J; nuestra ayuda 3068
33.22 tu misericordia, oh J, sobre nosotros 3068
34.1 bendeciré a J en todo tiempo... mi boca 3068
34.2 en J se gloriará mi alma; lo oirán los 3068
34.3 engrandeced a J conmigo, y exaltemos a 3068
34.4 busqué a J, y él me oyó, y me libró de 3068
34.6 lo oyó J, y lo libró de... sus angustias 3068
34.7 el ángel de J acampa alrededor de los 3068
34.8 gustad, y ved que es bueno J; dichoso 3068
34.9 temed a J, vosotros sus santos, pues 3068
34.10 los que buscan a J no tendrán falta de 3068
34.11 venid, hijos... temor de J os enseñaré 3068
34.15 los ojos de J están sobre los justos 3068
34.16 la ira de J contra los que hacen mal 3068
34.17 claman los justos, y J oye, y... libra 3068
34.18 cercano está J a los quebrantados de 3068
34.19 aflicciones... todas ellas le librará J 3068
34.22 J redime el alma de sus siervos, y no 3068
35.1 disputa, oh J, con los que contra mí 3068
35.5 sean como el... y el ángel de J los acose 3068
35.6 su camino... y el ángel de J los persiga 3068
35.9 entonces mi alma se alegrará en J 3068
35.10 dirán: J, ¿quién como tú, que libras 3068
35.22 lo has visto, oh J; no calles; Señor 3068
35.24 júzgame... J Dios mío, y no se alegren 3068
35.27 y digan siempre: Sea exaltado J, que 3068
36.5 J, hasta... cielos llega tu misericordia 3068
36.6 oh J, al hombre y al animal conservas 3068
37.3 confía en J, y haz el bien; y habitarás 3068
37.4 deléitate... en J, y él te concederá las 3068
37.5 encomienda a J tu camino, y confía en 3068
37.7 guarda silencio ante J, y espera en él 3068
37.9 los que esperan en J, ellos heredarán 3068
37.17 mas el que sostiene a los justos es J 3068
37.18 conoce J los días de los perfectos 3068
37.20 y los enemigos de J como la grasa de 3068
37.23 J son ordenados los pasos del hombre 3068
37.24 no quedará... porque J sostiene su mano 3068
37.28 J ama la rectitud, y no desampara a 3068
37.33 J no lo dejará en sus manos, ni lo 3068
37.34 espera en J, y guarda su camino, y él 3068
37.39 la salvación de los justos es de J, y 3068
37.40 J los ayudará y los librará... salvará 3068
38.1 J, no me reprendas en tu furor, ni me 3068
38.15 porque en ti, oh J, he esperado; tú 3068
38.15 esperado; tú responderás, J Dios mío 3068
38.21 no me desampares, oh J; Dios mío, no 3068
39.4 hazme saber, J, mi fin, y cuánta sea 3068
39.12 oye mi oración, oh J, y escucha mi 3068
40.1 pacientemente esperé a J, y se inclinó 3068
40.3 verán esto muchos... y confiarán en J 3068
40.4 que puso en J su confianza, y no mira 3068
40.5 has aumentado, oh J... tus maravillas 3068
40.9 no refrené mis labios, J, tú lo sabes 3068
40.11 J, no retengas de mí tus misericordias 3068
40.13 quieras, oh J, librarme; J, apresúrate 3068
40.16 y digan siempre los... J sea enaltecido 3068
40.17 aunque afligido yo y... J pensará en mí 3068

J

41.1 el pobre; en el día malo lo librará J 3068
41.2 J lo guardará, y le dará vida; será 3068
41.3 J lo sustentará sobre...lecho del dolor 3068
41.4 dije: J, ten misericordia de mí; sana 3068
41.10 mas tú, J, ten misericordia de mí, y 3068
41.13 bendito sea J, el Dios de Israel, por 3068
42.8 pero de día mandará J su misericordia 3068
46.7,11 J de los ejércitos está con nosotros 3068
46.8 venid, ved...obras de J, que ha puesto 3068
47.2 porque J el Altísimo es temible; Rey 3068
47.5 subió Dios...J con sonido de trompeta 3068
48.1 grande es J, y digno de ser...alabado 3068
48.8 así lo hemos visto en la ciudad de J 3068
50.1 J, ha hablado, y convocado la tierra 3068
54.6 alabaré tu nombre...J, porque es bueno 3068
55.16 a mí, a Dios clamaré; y J me salvará 3068
55.22 sobre J tu carga, y él te sustentará 3068
56.10 Dios alabaré...en J su palabra alabaré 3068
58.6 quiebra, oh J, las muelas...leoncillos 3068
59.3 no por falta mía, ni por pecado...oh J 3068
59.5 tú, J Dios...despierta para castigar a 3068
59.8 tú, J, te reirás de ellos; te burlarás 3068
59.11 dispérsalos con...oh J, escudo nuestro 3068
64.10 se alegrará el justo en J, y confiará 3068
68.16 ciertamente J habitará en él...siempre 3068
68.20 y de J el...es el librar de la muerte 3068
69.6 no sean avergonzados por...oh Señor J de 3068
69.13 pero yo a ti oraba, oh J, al tiempo de 3068
69.16 respóndeme, J, porque benigna es tu 3068
69.31 y agradará a J más que sacrificio de 3068
69.33 porque J oye a los menesterosos, y no 3068
70.5 mi libertador tres...J, no te detengas 3068
71.1 en ti, oh J, me he refugiado; no sea yo 3068
71.5 porque tú...Señor J, eres mi esperanza 3068
71.16 a los hechos poderosos de J el Señor 3068
72.18 bendito J Dios, el Dios de Israel, el 3068
73.28 he puesto en J el Señor mi esperanza 3068
74.18 esto: que el enemigo ha afrentado a J 3068
75.8 porque el cáliz está en la mano de J 3068
76.11 prometed, y pagad a J vuestro Dios 3068
78.4 contando a la...las alabanzas de J, y su 3068
78.21 por tanto, oyó J, y se indignó; se 3068
79.5 ¿hasta cuándo, oh J? ¿Estarás airado 3068
79.12 de su...con que te han deshonrado, oh J 3068
80.4 J, Dios de...¿hasta cuándo mostrarás tu 3068
80.19 J, Dios de los ejércitos, restáuranos! 3068
81.10 yo soy J tu Dios, que te hice subir de 3068
81.15 los que aborrecen a J se le habrían 3068
83.16 vergüenza, y busquen tu nombre, oh J 3068
83.18 conozcan que tu nombre es J; tú solo 3068
84.1 ¡cuán amables son tus moradas, oh J de 3068
84.2 anhela mi alma...desea los atrios de J 3068
84.3 polluelos, cerca de tus altares, oh J 3068
84.8 J Dios de...ejércitos, oye mi oración 3068
84.11 porque sol y escudo es J Dios; gracia 3068
84.11 gracia y gloria dará J. No quitará el 3068
84.12 J...dichoso el hombre que en ti confía 3068
85.1 fuiste propicio a tu tierra, oh J...Jacob 3068
85.7 muéstranos, oh J, tu misericordia, y 3068
85.8 escucharé lo que hablará J Dios, porque 3068
85.12 J dará...el bien, y nuestra tierra dará 3068
86.1 inclina, oh J, tu oído, y escúchame 3068
86.3 ten misericordia de mí, oh J; porque a 3068
86.6 escucha...J, mi oración, y está atento 3068
86.11 enséñame, oh J, tu camino; caminaré yo 3068
86.12 te alabaré, oh J Dios mío, con todo mi 3068
86.17 tú, J, me ayudaste y me consolaste 3068
87.2 ama J las puertas de Sion más que todas 3068
87.6 J contará al inscribir a los pueblos 3068
88.1 J, Dios de mi salvación, día y noche 3068
88.9 llamado, oh J, cada día; he extendido 3068
88.13 yo a ti he clamado, oh J, y de mañana 3068
88.14 ¿por qué, oh J, desechas mi alma? ¿Por 3068
89.1 las misericordias de J cantaré...mi boca 3068
89.5 celebrarán los...tus maravillas, oh J 3068
89.6 ¿quién en los cielos se igualará a J? 3068
89.6 ¿quién será semejante a J entre los 3068
89.8 J...¿quién como tú? Poderoso eres, J 3068
89.15 pueblo...andará, oh J, a la luz de tu rostro 3068
89.18 J es nuestro escudo, y nuestro rey es 3068
89.46 ¿hasta cuándo, oh J? ¿Te esconderás 3068
89.51 tus enemigos, oh J, han deshonrado 3068
89.52 bendito sea J para siempre. Amén y 3068
90.13 vuélvete, oh J; ¿hasta cuándo? 3068
90.17 sea la luz de J...Dios sobre nosotros 3068
91.2 diré yo a J: Esperanza mía, y castillo 3068
91.9 has puesto a J, que es mi esperanza, al 3068
92.1 bueno es alabarte...J, y cantar salmos 3068
92.4 me has alegrado, oh J, con tus obras 3068
92.5 ¡cuán grandes son tus obras, oh J! Muy 3068
92.8 mas tú, J, para siempre eres Altísimo 3068
92.9 he aquí tus enemigos, oh J...perecerán 3068
92.13 plantados en la casa de J...los atrios 3068
92.15 para anunciar que J...es recto, y que 3068
93.1 J reina; se vistió de magnificencia 3068
93.1 J se vistió, se ciñó de poder. Afirmó 3068
93.3 ríos, oh J, los ríos alzaron su sonido 3068
93.4 J en las alturas es más poderoso que 3068
93.5 la santidad conviene a tu casa, oh J 3068
94.1 J, Dios de las venganzas, Dios de las 3068
94.3 ¿hasta cuándo...oh J, se gozarán los 3068
94.5 a tu pueblo, oh J, quebrantan, y a tu 3068
94.11 J conoce los pensamientos...son vanidad 3068
94.14 porque no abandonará J a su pueblo, ni 3068
94.17 si no me ayudara J, pronto moraría mi 3068
94.18 tu misericordia, oh J, me sustentaba 3068
94.22 J me ha sido por refugio, y mi Dios por 3068
94.23 maldad; los destruirá J nuestro Dios 3068
95.1 aclamemos alegremente a J; cantemos 3068
95.3 porque J es Dios grande, y Rey grande 3068
95.6 arrodillémonos delante de J...Hacedor 3068
96.1 cantad a J...cantad a J, toda la tierra 3068
96.2 cantad a J, bendecid su nombre...de día 3068
96.4 grande es J, y digno...suprema alabanza 3068
96.5 dioses...ídolos; pero J hizo los cielos 3068
96.7 tributad a J...dad a J la gloria y el 3068
96.8 dad a J la honra debida a su nombre 3068
96.9 adorad a J en la hermosura de: santidad 3068
96.10 decid entre las naciones: J reina 3068
96.13 delante de J que vino; porque vino a 3068
97.1 J reina; regocíjese la...alégrense las 3068
97.5 los montes se derritieron...delante de J 3068
97.8 las hijas de Judá, oh J, se gozaron por 3068
97.9 J, eres excelso sobre toda la tierra 3068
97.10 los que amáis a J, aborreced el mal 3068
97.12 alegraos, justos, en J, y alabad la 3068
98.1 cantad a J cántico nuevo, porque ha 3068
98.2 J ha hecho notoria su salvación; a vista 3068
98.4 cantad alegres a J, toda la tierra 3068
98.5 cantad salmos a J con arpa; con arpa y 3068
98.6 y sonidos de bocina, delante del rey J 3068
98.9 delante de J, porque vino a juzgar la 3068
99.1 J reina; temblarán los pueblos; él está 3068
99.2 J en Sion es grande, y exaltado sobre 3068
99.5 exaltad a J nuestro Dios, y postraos 3068
99.6 invocaban a J, y él les respondía 3068
99.8 J Dios nuestro, tú les respondías; les 3068
99.9 exaltad a J...J nuestro Dios es santo 3068
100.2 servid a J con alegría; venid ante su 3068
100.3 reconoced que J es Dios; él nos hizo 3068
100.5 porque J es bueno; para siempre es su 3068
101.1 juicio cantaré; a ti cantaré yo, oh J 3068
101.8 exterminar de la ciudad de J a todos 3068
102 *tít.* delante de J derrama su lamento 3068
102.1 J, escucha mi oración, y llegue a ti 3068
102.12 mas tú, J, permanecerás para 3068
102.22 se congreguen en uno para servir a J 3068
103.1,2,22 bendice, alma mía, a J 3068
103.6 J es el que hace justicia y derecho 3068
103.8 misericordioso y clemente es J; lento 3068
103.13 se compadece J de los que le temen 3068
103.17 mas la misericordia de J es desde la 3068
103.19 J estableció en los cielos su trono 3068
103.20 bendecid a J, vosotros sus ángeles 3068
103.21 bendecid a J...todos sus ejércitos 3068
103.22 bendecid a J, vosotras todas sus obras 3068
104.1 bendice...a J.J...te has engrandecido 3068
104.16 se llenan de savia los árboles de J 3068
104.24 ¡cuán innumerables son...oh J! 3068
104.31 sea la gloria de J para siempre 3068
104.33 a J cantaré en mi vida 3068
104.34 dulce será...él; yo me regocijaré en J 3068
104.35 bendice, alma mía, a J. Aleluya 3068
105.1 alabad a J, según tu...para 3068
105.3 alégrese...de los que buscan a J 3068
105.4 buscad a J y su poder 3068
105.7 El es J nuestro Dios; en toda 3068
105.19 cumplió...el dicho de J le probó 3068
106.1 alabad a J, porque él es bueno 3068
106.2 ¿quién expresará las...obras de J? 3069
106.4 acuérdate de mí, oh J, según tu 3068
106.16 envidia...contra Aarón, el santo de J 3068
106.25 murmuraron...y no oyeron la voz de J 3068
106.34 no destruyeron a los...que J les dijo 3068
106.40 se encendió...el furor de J sobre su 3068
106.47 sálvanos, J Dios nuestro, y recógenos 3068
106.48 bendito J Dios de Israel, desde la 3068
107.1 alabad a J, porque él es bueno; porque 3068
107.2 díganlo los redimidos de J, los que ha 3068
107.6,13,19,28 clamaron a J en su angustia 3068
107.8,15,21,31 alaben la misericordia de J 3068
107.11 fueron rebeldes a las palabras de J 3068
107.24 ellos han visto las obras de J, y sus 3068
107.43 y entenderá las misericordias de J? 3068
108.3 te alabaré, oh J, entre los pueblos 3068
109.14 venga en memoria ante J la maldad de 3068
109.15 estén siempre delante de J, y él corte 3068
109.20 sea este el pago de parte de J a los 3068
109.21 J, Señor mío, favoréceme por amor de 3068
109.26 ayúdame, J Dios...sálvame conforme a 3068
109.27 entiendan...que tú, J, has hecho esto 3068
109.30 yo alabaré a J en gran manera con mi 3068
110.1 J dijo a mi Señor: Siéntate a...diestra 3068
110.2 J enviará desde Sion la vara de tu 3068
110.4 juró J, y no se arrepentirá: Tú eres 3068
111.1 alabaré a J con todo el corazón en la 3068
111.2 grandes son las obras de J, buscadas 3068
111.4 hecho...clemente y misericordioso es J 3068
111.10 la sabiduría es el temor de J; buen 3068
112.1 bienaventurado el hombre que teme a J 3068
112.7 su corazón está firme, confiado en J 3068
113.1 alabad, siervos de J...el nombre de J 3068
113.2 el nombre de J bendito desde ahora y 3068
113.3 se pone, sea alabado el nombre de J 3068
113.4 excelso sobre todas las naciones es J 3068
113.5 ¿quién como J...Dios, que se sienta en 3068
114.7 a la presencia de J tiembla la tierra 3068
115.1 oh J, no a nosotros, sino a tu nombre 3068
115.9 oh Israel, confía en J; él es tu ayuda 3068
115.10 casa de Aarón, confiad en J; él es 3068
115.11 los que teméis a J, confiad en J; él 3068
115.12 J se acordó de nosotros...bendecirá 3068
115.13 bendecirá a los que temen a J, a 3068
115.14 aumentará J bendición sobre vosotros 3068
115.15 benditos vosotros de J, que hizo los 3068
115.16 los cielos son los cielos de J; y ha 3068
116.1 amo a J, pues ha oído mi voz y mis 3068
116.4 entonces invoqué el nombre de J 3068
116.4 diciendo: Oh J, libra ahora mi alma 3068
116.5 clemente es J...sí, misericordioso es 3068
116.6 J guarda a los sencillos; estaba yo 3068
116.7 tu reposo, porque J te ha hecho bien 3068
116.9 andaré delante de J en la tierra de los 3068
116.12 ¿qué pagaré a J por...sus beneficios 3068
116.13 tomaré la...e invocaré el nombre de J 3068
116.14 pagaré mis votos a J delante de todo 3068
116.15 estimada es a los ojos de J la muerte 3068
116.16 oh J, ciertamente yo soy tu siervo 3068
116.17 ofreceré...e invocaré el nombre de J 3068
116.18 a J pagaré ahora mis votos delante de 3068
116.19 los atrios de la casa de J, en medio 3068
117.1 alabad a J, naciones todas; pueblos 3068
117.2 y la fidelidad de J es para siempre 3068
118.1 alabad a J, porque él es bueno; porque 3068
118.4 digan ahora los que temen a J, que para 3068
118.6 J está conmigo; no temeré lo que me 3068
118.7 J está...entre los que me ayudan; por 3068
118.8,9 mejor es confiar en J que confiar 3068
118.10,11,12 nombre de J yo las destruiré 3068
118.13 me empujaste...cayese; pero me ayudó 3068
118.15 júbilo...la diestra de J hace proezas 3068
118.16 la diestra de J es sublime...de J hace 3068
118.20 es puerta de J; por ella entrarán los 3068
118.23 de J es esto, y es cosa maravillosa 3068
118.24 es el día que hizo J; nos gozaremos 3068
118.25 oh J, sálvanos ahora...te ruego, oh J 3068
118.26 bendito el que viene en...nombre de J 3068
118.26 desde la casa de J os bendecimos 3068
118.27 J es Dios, y nos ha dado luz; atad 3068
118.29 alabad a J...él es bueno; porque para 3068
119.1 los perfectos...que andan en la ley de J 3068
119.12 bendito tú...J; enséñame tus estatutos 3068
119.31 he apegado a...oh J, no me avergüences 3068
119.33 enséñame, oh J, el camino de tus 3068
119.41 venga a mí tu misericordia, oh J 3068
119.52 acordé, oh J, de tus juicios antiguos 3068
119.55 me acordé en la...de tu nombre, oh J 3068
119.57 porción es J; he dicho que guardaré 3068
119.64 de tu misericordia, oh J, está llena 3068
119.65 bien has hecho con tu siervo, oh J 3068
119.75 conozco, oh J, que tus juicios son 3068
119.89 siempre, oh J, permanece tu palabra 3068
119.107 vivifícame, oh J, conforme...palabra 3068
119.108 oh J, que te sean agradables los 3068
119.126 tiempo es de actuar, oh J, porque 3068
119.137 justos...oh J, y rectos tus juicios 3068
119.145 clamé con...corazón; respóndeme, J 3068
119.149 J, vivifícame conforme a tu juicio 3068
119.151 cercano estás tú, oh J, y todos tus 3068
119.156 muchas son tus misericordias, oh J 3068
119.159 mira, oh J, que amo tus mandamientos 3068
119.166 tu salvación he esperado, oh J, y tus 3068
119.169 llegue mi clamor delante de ti...J 3068
119.174 he deseado tu salvación, oh J, y tu 3068
120.1 a J clamé estando en angustia, y él 3068
120.2 libra mi alma, oh J, del...mentiroso 3068
121.2 mi socorro viene de J, que hizo los 3068
121.5 J es tu guardador; J es tu sombra a 3068
121.7 J te guardará de...mal; él guardará tu 3068
121.8 J guardará tu salida y tu entrada desde 3068
122.1 que me decían: A la casa de J iremos 3068
122.4 subieron...para alabar el nombre de J 3068
122.9 por amor a la casa de J nuestro Dios 3068
123.2 nuestros ojos miran a J nuestro Dios 3068
123.3 ten misericordia de nosotros, oh J, ten 3068
124.1,2 a no haber estado J por nosotros 3068
124.6 bendito sea J...no nos dio por presa a 3068
124.8 nuestro socorro está en el nombre de J 3068
125.1 los que confían en J son como el monte 3068
125.2 J está alrededor de su pueblo, desde 3068
125.4 haz bien, oh J, a los buenos, y a los 3068
125.5 J los llevará...los que hacen iniquidad 3068
126.1 cuando J hiciere volver la cautividad 3068
126.2 grandes cosas ha hecho J con éstos 3068
126.3 grandes cosas ha hecho J con nosotros 3068
126.4 haz volver nuestra cautividad, oh J 3068
127.1 si J no edificare la casa, en vano 3068
127.1 J no guardare la ciudad, en vano vela 3068
127.3 he aquí, herencia de J son los hijos 3068
128.1 bienaventurado todo aquel que teme a J 3068
128.4 será bendecido el hombre que teme a J 3068
128.5 bendígate J desde Sion, y veas el bien 3068
129.4 J es justo; cortó las coyundas de los 3068
129.8 bendición de J sea sobre vosotros; os 3068
129.8 sea...os bendecimos en el nombre de J 3068
130.1 de lo profundo, oh J, a ti clamo...oye 3068
130.5 esperé yo a J, esperó mi alma; en su 3068
130.6 espera a J más que los centinelas a la 3068
130.7 espere Israel a J...J hay misericordia 3068
131.1 J, no se ha envanecido mi corazón, ni 3068
131.3 espera, oh Israel, en J, desde ahora 3068
132.1 acuérdate, oh J, de David, y de toda 3068
132.2 cómo juró a J, y prometió al Fuerte de 3068
132.5 hasta que halle lugar para J, morada 3068
132.8 levántate, oh J, al lugar de tu reposo 3068
132.11 en verdad juró J a David, y no se 3068
132.13 porque J ha elegido a Sion; la quiso 3068
133.3 allí envía J bendición, y vida eterna 3068
134.1 bendecid a J vosotros...los siervos de J 3068
134.1 en la casa de J estáis por las noches 3068
134.2 alzad vuestras manos...y bendecid a J 3068
134.3 desde Sion te bendiga J, el cual ha 3068
135.1 alabad el nombre de J...siervos de J 3068
135.2 los que estáis en la casa de J, en los 3068

135.5 porque yo sé que J es grande, y el 3068
135.6 todo lo que J quiere, lo hace, en los 3068
135.13 J, eterno es tu nombre; tu memoria 3068
135.13 tu memoria, oh J, de generación en 3068
135.14 porque J juzgará a su pueblo, y se 3068
135.19 casa de Israel, bendecid a J; casa 3068
135.19 Israel...casa de Aarón, bendecid a J 3068
135.20 Leví...los que teméis a J, bendecid a J 3068
135.21 desde Sion sea bendecido J, quien 3068
136.1 alabad a J...él es bueno; porque para 3068
137.4 ¿Cómo cantaremos cántico de J en 3068
137.7 J, recuerda contra los hijos de Edom 3068
138.4 te alabarán, oh J, todos los reyes de 3068
138.5 cantarán de los caminos de J, porque 3068
138.5 porque la gloria de J es grande 3068
138.6 J es excelso, y atiende al humilde 3068
138.8 J cumplirá su propósito en mí; tu 3068
138.8 tu misericordia, oh J, es para siempre 3068
139.1 oh J, tú me has examinado y conocido 3068
139.4 no...y he aquí, oh J, tú la sabes toda 3068
139.21 odio, oh J, a los que te aborrecen 3068
140.1 líbrame...J, del hombre malo; guárdame 3068
140.4 guárdame, oh J, de manos del impío 3068
140.6 he dicho a J: Dios mío eres tú; escucha 3068
140.6 escucha, oh J, la voz de mis ruegos 3068
140.7 J Señor, potente salvador mío, tú 3068
140.8 no concedas, oh J, al impío sus deseos 3068
140.12 sé que J tomará a su cargo la causa 3068
141.1 J, a ti he clamado; apresúrate a mí 3068
141.3 pon guarda a mi boca, oh J; guarda la 3068
141.8 a ti, oh J, Señor, miran mis ojos; en 3068
142.1 con mi voz clamaré a J...voz pediré a J 3068
142.5 clamé a ti, oh J; dije: Tú eres mi 3068
143.1 J, oye mi oración, escucha mis ruegos 3068
143.7 respóndeme pronto, oh J...desmaya mi 3068
143.9 líbrame de mis enemigos, oh J; en ti 3068
143.11 por tu nombre, oh J, me vivificarás 3068
144.1 bendito sea J, mi roca, quien adiestra 3068
144.3 oh J, ¿qué es el hombre, para que en 3068
144.5 oh J, inclina tus cielos y desciende 3068
144.15 bienaventurado el pueblo...Dios es J 3068
145.3 grande es J, y digno de...alabanza; y 3068
145.8 clemente y misericordioso es J, lento 3068
145.9 bueno es J para con todos, y sus 3068
145.10 te alaben, oh J, todas tus obras, y 3068
145.14 sostiene J a todos los que caen, y 3068
145.17 justo es J en todos sus caminos, y 3068
145.18 cercano está J a todos...que le temen 3068
145.20 J guarda a todos los que le aman, mas 3068
145.21 la alabanza de J proclamará mi boca 3068
146.1 alaba, oh alma mía, a J 3068
146.2 alabaré a J en mi vida; cantaré salmos 3068
146.5 bienaventurado...cuya esperanza...en J 3068
146.7 que da pan a...J liberta a los cautivos 3068
146.8 J abre los ojos...J levanta a...J ama a 3068
146.9 J guarda a los extranjeros...a la viuda 3068
146.10 reinará J para siempre; tu Dios, oh 3068
147.2 J edifica a Jerusalén; a...desterrados 3068
147.6 J exalta a los humildes, y humilla a 3068
147.7 cantad a J con alabanza, cantad con 3068
147.11 se complace J en los que le temen, y en 3068
147.12 alaba a J, Jerusalén; alaba a tu Dios 3068
148.1 alabad a J desde los cielos; alabadle 3068
148.5 alaben el nombre de J; porque él mandó 3068
148.7 alabad a J desde la tierra...los abismos 3068
148.13 alaben el nombre de J, porque sólo su 3068
149.1 cantad a J cántico nuevo; su alabanza 3068
149.4 J tiene contentamiento en su pueblo 3068
Pr 1.7 el principio de la...es el temor de J 3068
1.29 por cuanto...no escogieron el temor de J 3068
2.5 entenderás el temor de J, y hallarás el 3068
2.6 J da la sabiduría, y de su boca viene el 3068
3.5 fíate de J de todo tu corazón, y no te 3068
3.7 no seas...teme a J, y apártate del mal 3068
3.9 honra a J con tus bienes, y...primicias 3068
3.11 no menosprecies, hijo...el castigo de J 3068
3.12 porque J al que ama castiga, como el 3068
3.19 J con sabiduría fundó la tierra; afirmó 3068
3.26 J será tu confianza, y él preservará 3068
3.32 porque J abomina al perverso; mas su 3068
3.33 la maldición de J está en la casa del 3068
5.21 caminos del...están ante los ojos de J 3068
6.16 seis cosas aborrece J, y aun 7 abomina 3068
8.13 el temor de J es aborrecer el mal; la 3068
8.22 J me poseía en el principio, ya...antes 3068
8.35 hallará la...y alcanzará el favor de J 3068
9.10 el temor de J es el principio de la 3068
10.3 J no dejará padecer hambre al justo; mas 3068
10.22 la bendición de J es la que enriquece 3068
10.27 el temor de J aumentará los días; mas 3068
10.29 camino de J es fortaleza al perfecto 3068
11.1 el peso falso es abominación a J; mas 3068
11.20 abominación son a J los perversos de 3068
12.2 el bueno alcanzará favor de J; mas el 3068
12.22 labios mentirosos son abominación a J 3068
14.2 el que camina en su rectitud teme a J 3068
14.26 en el temor de J está la...confianza 3068
14.27 el temor de J es manantial de vida para 3068
15.3 ojos de J están en todo lugar, mirando 3068
15.8 sacrificio...impíos es abominación a J 3068
15.9 abominación es a J el camino del impío 3068
15.11 el Seol y el Abadón están delante de J 3068
15.16 mejor es lo poco con el temor de J, que 3068
15.25 J asolará la casa de los soberbios 3068
15.26 abominación son a J los pensamientos 3068
15.29 J está lejos de los impíos; pero él oye 3068
15.33 temor de J es enseñanza de sabiduría 3068
16.1 mas de J es la respuesta de la lengua 3068
16.2 son limpios...pero J pesa los espíritus 3068
16.3 encomienda a J tus obras, y...afirmados 3068
16.4 todas las cosas ha hecho J para sí, y aun 3068
16.5 abominación es a J...altivo de corazón 3068
16.6 y con el temor de J...se apartan del mal 3068
16.7 cuando los caminos...son agradables a J 3068
16.9 piensa su camino...J endereza sus pasos 3068
16.11 peso y balanzas justas son de J; obra 3068
16.20 el que confía en J es bienaventurado 3068
16.33 la suerte...de J es la decisión de ella 3068
17.3 el crisol...pero J prueba los corazones 3068
17.15 ambos son igualmente abominación a J 3068
18.10 torre fuerte es el nombre de J; a él 3068
18.22 el bien, y alcanza la benevolencia de J 3068
19.3 y luego contra J se irrita su corazón 3068
19.14 herencia...mas de J la mujer prudente 3068
19.17 a J presta el que da al pobre, y el 3068
19.21 hay...mas el consejo de J permanecerá 3068
19.23 el temor de J es para vida, y con él 3068
20.10 pesa falsa...cosas son abominación a J 3068
20.12 el oído...y el ojo que ve...ha hecho J 3068
20.22 vengaré; espera a J, y él te salvará 3068
20.23 abominación son a J las pesas falsas 3068
20.24 de J son los pasos del hombre; ¿cómo 3068
20.27 lámpara de J es el espíritu del hombre 3068
21.1 está el corazón del rey en la mano de J 3068
21.2 es recto en...pero J pesa los corazones 3068
21.3 hacer justicia...es a J más agradable 3068
21.30 no hay sabiduría...ni consejo, contra J 3068
21.31 alista...mas J es el que da la victoria 3068
22.2 el rico y el pobre...a ambos los hizo J 3068
22.4 son la remuneración...y del temor de J 3068
22.12 los ojos de J velan por la ciencia; mas 3068
22.14 contra el cual J estuviere airado caerá 3068
22.19 para que tu confianza sea en J, te las 3068
22.23 porque J juzgará la causa de ellos, y 3068
23.17 antes persevera en el temor de J todo 3068
24.18 no sea que J lo mire, y le desagrade 3068
24.21 teme a J, hijo mío, y al rey; no te 3068
25.22 ascuas amontonarás...y J te lo pagará 3068
28.5 los que buscan a J entienden las cosas 3068
28.25 mas el que confía en J prosperará 3068
29.13 pobre y...J alumbra los ojos de ambos 3068
29.25 mas el que confía en J será exaltado 3068
29.26 mas de J viene el juicio de cada uno 3068
30.9 te niegue, y diga...¿Quién es J? O que 3068
31.30 mujer que teme a J, ésa será alabada 3068
Is 1.2 y escucha tú, tierra; porque habla J 3068
1.4 dejaron a J, provocaron a ira al Santo 3068
1.9 si J de...no nos hubiese dejado un resto 3068
1.10 príncipes de Sodoma...la palabra de J 3068
1.11 ¿para qué...sirve, dice J...sacrificios? 3068
1.18 venid luego, dice J, y estemos a cuenta 3068
1.20 espada; porque la boca de J lo ha dicho 3068
1.24 dice el Señor, J...el Fuerte de Israel 3068
1.28 y los que dejan a J serán consumidos 3068
2.2 será confirmado el monte de la casa de J 3068
2.3 dirán: Venid, y subamos al monte de J 3068
2.3 saldrá...y de Jerusalén la palabra de J 3068
2.5 venid, oh...y caminaremos a la luz de J 3068
2.10 escóndete...la presencia temible de J 3068
2.11,17 y J solo será exaltado en aquel día 3068
2.12 día de J de los ejércitos vendrá sobre 3068
2.19 por la presencia temible de J, y por el 3068
2.21 por la presencia formidable de J, y por 3068
3.1 J de los ejércitos quita de Jerusalén y 3068
3.8 la lengua...y sus obras han sido contra J 3068
3.13 J está en pie para litigar, y...juzgar a 3068
3.14 J vendrá a juicio contra los ancianos de 3068
3.15 y moléis las caras de...dice el Señor, J 3068
3.16 dice J: Por cuanto las hijas de Sion se 3068
3.17 raerá la...y J descubrirá sus vergüenzas 3068
4.2 el renuevo de J será para hermosura y 3068
4.5 creará J sobre toda la morada del monte 3068
5.7 la viña de J de los...es la casa de Israel 3068
5.9 ha llegado a mis oídos de parte de J de 3068
5.12 no miran la obra de J, ni consideran la 3068
5.16 pero J de los ejércitos será exaltado 3068
5.24 desecharon la ley de J de los ejércitos 3068
5.25 encendió el furor de J contra su pueblo 3068
6.3 santo, santo, santo, J de los ejércitos 3068
6.5 porque...han visto mis ojos al Rey, J de 3068
6.12 que J haya echado lejos a los hombres 3068
7.3 dijo J a Isaías: Sal ahora al encuentro 3068
7.7 J el Señor dice así: No subsistirá, ni 3068
7.10 habló también J a Acaz, diciendo 3068
7.11 pide para ti señal de J, ya sea de abajo 3068
7.12 respondió...no pediré, y no tentaré a J 3068
7.17 J hará venir sobre ti, y sobre tu pueblo 3068
7.18 silbará J a la mosca que está en el fin 3068
8.1 dijo J: Toma una tabla grande, y escribe 3068
8.3 J: Ponle por nombre Maher-salal-hasbaz 3068
8.5 otra vez volvió J a hablarme, diciendo 3068
8.11 J me dijo de esta manera con mano fuerte 3068
8.13 a J de los ejércitos, a él santificad 3068
8.17 esperaré, pues, a J, el cual escondió 3068
8.18 yo y los hijos que me dio J somos por 3068
8.18 parte de J de los ejércitos, que mora 3068
9.7 el celo de J de los ejércitos hará esto 3068
9.11 pero J levantará los enemigos de Rezín 3068
9.13 el pueblo...ni buscó a J de los ejércitos 3068
9.14 J cortará de Israel cabeza y cola, rama 3068
9.19 por la ira de J de los ejércitos se 3068
10.16 J de los ejércitos, enviará debilidad 3068
10.20 se apoyarán con verdad en J, el Santo 3068
10.23 J...hará consumación ya determinada en 3068
10.24 J...dice así: Pueblo mío, morador de 3068
10.26 y levantará J...azote contra él como la 3068
10.33 Señor, J de los ejércitos, desgajará 3068
11.2 y reposará sobre él el Espíritu de J 3068
11.3 y le hará entender...en el temor de J 3068
11.9 tierra será llena del conocimiento de J 3068
11.11 J alzará otra vez su mano para recobrar 3068
11.15 secará J la lengua del mar de Egipto 3068
12.1 cantaré a ti, oh J...aunque te enojaste 3068
12.2 fortaleza y mi canción es JAH J, quien 3068
12.4 diréis en aquel día: Cantad a J, aclamad 3068
12.5 cantad salmos a J, porque ha hecho cosas 3068
13.4 J de los ejércitos pasa revista a las 3068
13.5 vienen...J y los instrumentos de su ira 3068
13.6 aullad, porque cerca está el día de J 3068
13.9 he aquí el día de J viene, terrible, y 3068
13.13 moverá...en la indignación de J de los 3068
14.1 J tendrá piedad de Jacob, y...a Israel 3068
14.2 poseerá por siervos...en la tierra de J 3068
14.3 el día que J te dé reposo de tu trabajo 3068
14.5 quebrantó J el báculo de los impíos, el 3068
14.22 yo me levantaré contra ellos, dice J 3068
14.22 raeré de Babilonia el nombre...dice J 3068
14.23 y la barreré con...destrucción, dice J 3068
14.24 J de los ejércitos juró diciendo...hará 3068
14.27 J de los ejércitos lo ha determinado 3068
14.32 que J fundó a Sion, y que a ella se 3068
16.13 la palabra que pronunció J sobre Moab 3068
16.14 J ha hablado, diciendo: Dentro de tres 3068
17.3 y cesará el socorro de Efraín...dice J 3068
17.6 y quedarán en él rebuscos...dice J Dios 3068
18.4 J me dijo así: Me estaré quieto, y los 3068
18.7 será traída ofrenda a J de los ejércitos 3068
18.7 lugar del nombre de J de los ejércitos 3068
19.1 aquí que J monta sobre una ligera nube 3068
19.4 entregaré a Egipto en...dice el Señor, J 3068
19.12 lo que J...ha determinado sobre Egipto 3068
19.14 J mezcló espíritu de vértigo en medio 3068
19.16 de la mano alta de J de los ejércitos 3068
19.17 temerá por causa del consejo que J de 3068
19.18 que juren por J de los ejércitos; una 3068
19.19 altar para J en medio de la tierra de 3068
19.19 y monumento a J junto a su frontera 3068
19.20 y por testimonio a J de los ejércitos 3068
19.20 clamarán a J a causa de sus opresores 3068
19.21 y J será conocido de Egipto, y los de 3068
19.21 conocerán a J...harán votos a J, y los 3068
19.22 herirá J a Egipto...se convertirán a J 3068
19.23 egipcios servirán con los asirios a J 3068
19.25 J...los bendecirá, diciendo: Bendito el 3068
20.2 aquel tiempo habló J por medio de Isaías 3068
20.3 y dijo J: De la manera que anduvo mi 3068
21.10 dicho lo que oí de J de los ejércitos 3068
21.16 así me ha dicho J: De aquí a un año 3068
21.17 porque J Dios de Israel lo ha dicho 3068
22.5 de parte del Señor, J de los ejércitos 3068
22.12 J de los ejércitos, llamó en este día 3068
22.14 esto fue revelado...de parte de J de los 3068
22.14 hasta que muráis, dice el Señor, J de 3068
22.15 J...dice así: Vé, entra a este tesorero 3068
22.17 J te transportará en duro cautiverio 3068
22.25 en aquel día, dice J...el clavo hincado 3068
22.25 carga...echará a perder; porque J habló 3068
23.9 J de los...lo decretó, para envilecer la 3068
23.11 J mandó respecto a Canaán, que sus 3068
23.17 al fin de los 70 años visitará J a Tiro 3068
23.18 sus...y ganancias serán consagrados a J 3068
23.18 para los que estuvieren delante de J 3068
24.1 aquí que J vacía la tierra y la desnuda 3068
24.3 porque J ha pronunciado esta palabra 3068
24.14 cantarán gozosos por la grandeza de J 3068
24.15 glorificad por esto a J...sea nombrado J 3068
24.21 J castigará al ejército de los cielos 3068
24.23 el sol se confundirá, cuando J de los 3068
25.1 J...eres mi Dios; te exaltaré, alabaré 3068
25.6 J de los ejércitos hará en este monte 3068
25.8 y enjugará J el Señor toda lágrima de 3068
25.8 quitará la afrenta de su...J lo ha dicho 3068
25.9 éste es J a quien hemos esperado, nos 3068
25.10 la mano de J reposará en este monte 3068
26.4 confiad en J...porque en J el Señor está 3068
26.8 en el camino de tus juicios, oh J, te 3068
26.10 hará iniquidad, y no mirará a la...de J 3068
26.11 J, tu mano está alzada, pero ellos no 3068
26.12 J, tú nos darás paz, porque también 3068
26.13 J Dios nuestro, otros señores fuera de 3068
26.15 aumentaste...oh J, aumentaste el pueblo 3068
26.16 J, en la tribulación te buscaron 3068
26.17 como...hemos sido delante de ti, oh J 3068
26.21 que J sale de su lugar para castigar al 3068
27.1 en aquel día J castigará con su espada 3068
27.3 yo J la guardo, cada momento la regaré 3068
27.12 trillará J desde el río Eufrates hasta 3068
27.13 y adorarán a J en el monte santo, en 3068
28.2 J tiene uno que es fuerte y poderoso 3068
28.5 aquel día J de los ejércitos será por 3068
28.13 la palabra...de J les será mandamiento 3068
28.14 varones burladores...oíd la palabra de J 3068
28.16 J el Señor dice...he puesto en Sion por 3068
28.21 J se levantará...en el monte Perazim 3068
28.22 he oído del Señor, J de los ejércitos 3068
28.29 esto salió de J de los ejércitos, para 3068
29.6 por J de los ejércitos serás visitada 3068
29.10 J derramó sobre vosotros espíritu de 3068
29.15 ¡ay de los que se esconden de J...dicen 3068
29.19 los humildes crecerán en alegría en J 3068
29.22 J, que redimió a Abraham, dice así a 3068
30.1 ¡ay de los hijos que se apartan, dice J 3068
30.9 hijos que no quisieron oír la ley de J 3068
30.15 así dijo J el Señor, el Santo de Israel 3068

30.18 J esperará... tener piedad de vosotros 3068
30.18 J es Dios justo; bienaventurados todos 3068
30.26 el día que vendare J la herida de su 3068
30.27 aquí que el nombre de J viene de lejos 3068
30.29 para venir al monte de J, al Fuerte de 3068
30.30 J hará oír su potente voz, y hará ver 3068
30.31 vara, con la voz de J será quebrantada 3068
30.32 cada golpe de... que asiente J sobre él 3068
30.33 el soplo de J, como torrente de azufre 3068
31.1 no miran al Santo de Israel, ni... a J 3068
31.3 extender J su mano, caerá el ayudador 3068
31.4 J me dijo a mí de esta manera: Como el 3068
31.4 J de los ejércitos descenderá a pelear 3068
3 1.5 amparará J de... a Jerusalén, amparando 3068
31.9 con pavor, dejarán sus banderas, dice J 3068
32.6 para hablar escarnio contra J, dejando 3068
33.2 oh J, ten misericordia de nosotros, a ti 3068
33.5 exaltado J, el cual mora en las alturas 3068
33.6 salvación; el temor de J será su tesoro 3068
33.10 ahora me levantaré, dice J; ahora seré 3068
33.21 allí será J... fuerte, lugar de ríos, de 3068
33.22 J es... juez, J es... legislador, J es... rey 3068
34.2 J está airado contra todas las naciones 3068
34.6 llena está de sangre la espada de J 3068
34.6 porque J tiene sacrificios en Bosra, y 3068
34.8 de venganza de J, año de retribuciones 3068
34.16 inquirid en el libro de J, y leed si 3068
35.2 verán la gloria de J, la hermosura del 3068
35.10 los redimidos de J volverán, y vendrán 3068
36.7 si me decís: En J nuestro Dios confiamos 3068
36.10 acaso vine... destruirla sin J? J me dijo 3068
36.15 confiar en J, diciendo... J nos librará 3068
36.18 no os engañe... diciendo: J nos librará 3068
36.20 que J libre de mi mano a Jerusalén? 3068
37.1 cubierto de cilicio vino a la casa de J 3068
37.4 oirá J tu Dios las palabras del Rabsaces 3068
37.4 palabras que oyó J tu Dios; eleva, pues 3068
37.6 ha dicho J: No temas por las palabras 3068
37.14 subió a la casa de J, y... delante de J 3068
37.15 entonces Ezequías oró a J, diciendo 3068
37.16 J de los ejércitos, Dios de Israel, que 3068
37.17 oh J, tu oído, y oye; abre, oh J, tus 3068
37.18 oh J, los reyes de Asiria destruyeron 3068
37.20 J Dios... líbranos... que sólo tú eres J 3068
37.21 ha dicho J Dios de Israel: Acerca de lo 3068
37.22 son las palabras que J habló contra él 3068
37.32 el celo de J de los ejércitos hará esto 3068
37.33 así dice J acerca del rey de Asiria 3068
37.34 y no entrará en esta ciudad, dice J 3068
37.36 salió el ángel de J y mató a ciento 3068
38.1 J dice... Ordena tu casa, porque morirás 3068
38.2 volvió... a la pared, e hizo oración a J 3068
38.3 y dijo: Oh J, te ruego que te acuerdes 3068
38.4 vino palabra de J a Isaías, diciendo 3068
38.5 di a... J Dios de David tu padre dice así 3068
38.7 te será señal de parte de J, que J hará 3068
38.14 J, violencia padezco; fortaléceme 3068
38.20 J me salvará; por tanto cantaremos 3068
38.20 cánticos en la casa de J todos los días 3068
38.22 ¿qué señal... que subiré a la casa de J? 3068
39.5 dijo... Oye palabra de J de los ejércitos 3068
39.6 Babilonia... ninguna cosa quedará, dice J 3068
39.8 la palabra de J que has hablado es buena 3068
40.2 doble ha recibido de la mano de J por 3068
40.3 preparad camino a J; enderezad calzada 3068
40.5 se manifestará la gloria de J, y toda 3068
40.5 verá; porque la boca de J ha hablado 3068
40.7 la hierba... el viento de J sopló en ella 3068
40.10 que J el Señor vendrá con poder, y su 3068
40.13 ¿quién enseñó al Espíritu de J, o le 3068
40.27 mi camino está escondido de J, y de mi 3068
40.28 que el Dios eterno es J, el cual creó 3068
40.31 que esperan a J tendrán nuevas fuerzas 3068
41.4 yo J, el primero, y... con los postreros 3068
41.13 yo J soy tu Dios, quien te sostiene de 3068
41.14 yo soy tu socorro, dice J; el Santo de 3068
41.16 te regocijarás en J, te gloriarás en el 3068
41.17 yo J los oiré, yo el Dios de Israel no 3068
41.20 la mano de J hace esto, y que el Santo 3068
41.21 alegad por vuestra causa, dice J... Rey 3068
42.5 así dice J Dios, Creador de los cielos 3068
42.6 yo J te he llamado en justicia, y te 3068
42.8 yo J; este es mi nombre; y a otro no daré 3068
42.10 cantad a J un nuevo cántico... alabanza 3068
42.12 den gloria a J, y anuncien sus loores 3068
42.13 J saldrá como gigante, y como hombre 3068
42.19 ¿quién es... ciego como el siervo de J? 3068
42.21 J se complació por amor de su justicia 3068
42.24 quién... ¿no fue J, contra quien pecamos? 3068
43.1 así dice J, Creador tuyo, oh Jacob, y 3068
43.3 yo J, Dios tuyo, el Santo... tu Salvador 3068
43.10 vosotros sois mis testigos, dice J, y mi 3068
43.11 yo, yo J, y fuera de mí no hay quien 3068
43.12 sois mis testigos, dice J, que yo soy 3068
43.14 así dice J, Redentor vuestro, el Santo 3068
43.15 yo J, Santo vuestro, Creador de Israel 3068
43.16 dice J, el que abre camino en el mar 3068
44.2 dice J, Hacedor tuyo, y el que te formó 3068
44.5 dirá: Yo soy de J; el otro se llamará 3068
44.5 otro escribirá con su mano: A J, y se 3068
44.6 así dice J Rey de Israel, y su Redentor 3068
44.6 J de los ejércitos: Yo soy el primero, y 3068
44.23 cantad loores, oh cielos, porque J lo 3068
44.23 porque J redimió a Jacob, y en Israel 3068
44.24 dice J tu Redentor... Yo J, que lo hago 3068
45.1 así dice J a su ungido, a Ciro, al cual 3068
45.3 sepas que yo soy J, el Dios de Israel 3068
45.5 yo soy J, y ninguno más hay; no hay Dios 3068
45.6 no hay más que yo; yo J, y ninguno más 3068
45.7 hago la paz... Yo J soy el que hago todo 3068
45.8 destilen la justicia... Yo J lo he creado 3068
45.11 J, el Santo de Israel, y su Formador 3068
45.13 ni por dones, dice J de los ejércitos 3068
45.14 así dice J: El trabajo de Egipto, las 3068
45.17 Israel será salvo en J con salvación 3068
45.18 dijo J, que creó los cielos... yo soy J 3068
45.19 soy J que hablo justicia, que anuncio 3068
45.21 ¿quién hizo oír esto desde... sino yo J? 3068
45.24 ciertamente en J está la justicia y la 3068
45.25 en J será justificada y se gloriará 3068
47.4 nuestro Redentor, J de los ejércitos es 3068
48.1 que juran en el nombre de J, y hacen 3068
48.2 Dios... su nombre es J de los ejércitos 3068
48.14 quien J amó ejecutará su voluntad en 3068
48.16 me envió J el Señor, y su Espíritu 3068
48.17 J, Redentor tuyo... yo soy J Dios tuyo 3068
48.20 decid: Redimió J a Jacob su siervo 3068
48.22 no hay paz para los malos, dijo J 3068
49.1 J me llamó desde el vientre, desde las 3068
49.4 pero mi causa está delante de J, y mi 3068
49.5 pues, dice J, el que me formó desde el 3068
49.5 porque estimado seré en los ojos de J 3068
49.7 así ha dicho J, Redentor de Israel, el 3068
49.7 adorarán por J; porque fiel es el Santo 3068
49.8 dijo J: En tiempo aceptable te oí, y en 3068
49.13 porque J ha consolado a su pueblo, y de 3068
49.14 me dejó J, y el Señor se olvidó de mí 3068
49.18 vivo yo, dice J, que de todos, como de 3068
49.22 dijo J el Señor: He aquí, yo tenderé 3068
49.23 y conocerás que yo soy J, que no se 3068
49.25 así dice J: Ciertamente el cautivo será 3068
49.26 conocerá... que yo J soy Salvador tuyo 3068
50.1 dijo J: ¿Qué es de la carta de repudio 3068
50.4 J el Señor me dio lengua de sabios, para 3068
50.5 J el Señor me abrió el oído, y yo no fui 3068
50.7 J el Señor me ayudará, por tanto no me 3068
50.9 J el Señor me ayudará; ¿quién hay que 3068
50.10 ¿quién... teme a J, y oye la voz de su 3068
50.10 confíe en el nombre de J, y apóyese en 3068
51.1 oídme, los que seguís... que buscáis a J 3068
51.3 consolará J a Sion; consolará todas sus 3068
51.3 cambiará... y su soledad en huerto de J 3068
51.9 despiértate, vístete de... oh brazo de J 3068
51.11 ciertamente volverán... redimidos de J 3068
51.13 te has olvidado de J tu Hacedor, que 3068
51.15 J, que agito el mar... cuyo nombre es J 3068
51.17 que bebiste de la mano de J el cáliz 3068
51.20 llenos de la indignación de J, de la 3068
51.22 así dijo J tu Señor, y tu Dios, el cual 3068
52.3 así dice J: De balde fuisteis vendidos 3068
52.4 dijo J el Señor: Mi pueblo descendió a 3068
52.5 ¿qué hago aquí, dice J... que mi pueblo es 3068
52.5 se enseñorean, lo hacen aullar, dice J 3068
52.8 ojo verán que J vuelve a traer a Sion 3068
52.9 J ha consolado a su pueblo, a Jerusalén 3068
52.10 J desnudó su santo brazo ante los ojos 3068
52.11 salid... que lleváis los utensilios de J 3068
52.12 porque J irá delante de vosotros, y os 3068
53.1 quién se ha manifestado el brazo de J? 3068
53.6 mas J cargó en él el pecado de todos 3068
53.10 con todo eso, J quiso quebrantarlo 3068
53.10 la voluntad de J será en... prosperada 3068
54.1 porque más son los hijos... ha dicho J 3068
54.5 marido es tu Hacedor; J... es su nombre 3068
54.6 te llamó J, y como a la esposa de la 3068
54.8 tendré compasión... dijo J tu Redentor 3068
54.10 dijo J, el que tiene misericordia de 3068
54.13 todos tus hijos serán enseñados por J 3068
54.17 es la herencia de los siervos de J 3068
54.17 y su salvación de mí vendrá, dijo J 3068
55.5 por causa de J tu Dios, y del Santo de 3068
55.6 buscad a J mientras puede ser hallado 3068
55.7 a J, el cual tendrá de él misericordia 3068
55.8 vuestros caminos mis caminos, dijo J 3068
55.13 será a J por nombre, por señal eterna 3068
56.1 así dijo J: Guardad derecho, y haced 3068
56.3 y el extranjero que sigue a J no hable 3068
56.3 me apartará totalmente J de su pueblo 3068
56.4 dijo J: A los eunucos que guarden mis 3068
56.6 extranjeros que sigan a J para servirle 3068
56.6 y que amen el nombre de J para ser sus 3068
56.8 dice J el Señor, el que reúne a... Israel 3068
57.19 produciré fruto de labios... dijo J; y 3068
58.5 ¿llamaréis... ayuno, y día agradable a J? 3068
58.8 y la gloria de J será tu retaguardia 3068
58.9 entonces invocarás... te oirá J; clamarás 3068
58.11 J te pastoreará siempre... las sequías 3068
58.13 llamares delicia, santo, glorioso de J 3068
58.14 te deleitarás en J; y yo te haré subir 3068
58.14 porque la boca de J lo ha hablado 3068
59.1 no se ha acortado la mano de J... salvar 3068
59.13 el prevaricar y mentir contra J, y el 3068
59.15 vio J, y desagradó a sus ojos, porque 3068
59.19 temerán... el occidente el nombre de J 3068
59.19 mas el Espíritu de J levantará bandera 3068
59.20 se volvieren de la iniquidad en... dice J 3068
59.21 y este será mi pacto con ellos, dijo J 3068
59.21 Espíritu... no faltarán de tu boca... dijo J 3068
60.1 luz, y la gloria de J ha nacido sobre ti 3068
60.2 sobre ti amanecerá J, y sobre ti será 3068
60.6 traerán oro... publicarán alabanzas de J 3068
60.9 traer... su oro con ellos, al nombre de J 3068
60.14 llamarán Ciudad de J, Sion del Santo 3068
60.16 y conocerás que yo J soy el Salvador 3068
60.19,20 que J te será por luz perpetua, y 3068
60.22 yo J, a su tiempo haré que esto sea 3068
61.1 J el Señor está sobre mí... me ungió J 3068
61.2 proclamar el año... buena voluntad de J 3068
61.3 serán... plantío de J, para gloria suya 3068
61.6 vosotros seréis llamados sacerdotes de J 3068
61.8 yo J soy amante del derecho, aborrecedor 3068
61.9 reconocerán... son linaje bendito de J 3068
61.10 me gozaré en J, mi alma se alegrará en 3068
61.11 así J el Señor hará brotar justicia y 3068
62.2 nombre nuevo, que la boca de J nombrará 3068
62.3 serás corona de gloria en la mano de J 3068
62.4 el amor de J estará en ti, y tu tierra 3068
62.6 los que os acordáis de J, no reposéis 3068
62.8 Juré J por su mano derecha, y por su 3068
62.9 sino que... lo comerán, y alabarán a J 3068
62.11 que J hizo oír hasta lo último de la 3068
62.12 llamarán Pueblo Santo, Redimidos de J 3068
63.7 de las misericordias de J haré memoria 3068
63.7 de las alabanzas de J, conforme a todo 3068
63.7 todo lo que J nos ha dado, y la grandeza 3068
63.14 el Espíritu de J los pastoreó, como a 3068
63.16 tú, oh J, eres nuestro padre; nuestro 3068
63.17 ¿por qué, oh J, nos has hecho errar de 3068
64.8 ahora pues, J, tú eres nuestro padre 3068
64.9 no te enojes sobremanera, J, ni tengas 3068
64.12 ¿te estarás quieto, oh J, sobre estas 3068
65.7 por vuestras iniquidades, dice J, y por 3068
65.8 así ha dicho J: Como si alguno hallase 3068
65.11 vosotros los que dejáis a J... olvidáis 3068
65.13 así dijo J el Señor: He aquí que mis 3068
65.15 J el Señor te matará, y a sus siervos 3068
65.23 son linaje de los benditos de J, y sus 3068
65.25 ni harán mal... mi santo monte, dijo J 3068
66.1 J dijo así: El cielo es mi trono, y la 3068
66.2 mi mano hizo todas estas cosas... dice J 3068
66.5 oíd palabra de J, vosotros... que tembláis 3068
66.5 os aborrecen... dijeron: J sea glorificado 3068
66.6 voz de J que da el pago a sus enemigos 3068
66.9 hago dar a luz, ¿no haré nacer? dijo J 3068
66.12 dice J: He aquí que yo extiendo... paz 3068
66.14 la mano de J para con sus siervos será 3068
66.15 J vendrá con fuego, y sus carros como 3068
66.16 J juzgará... con fuego y con su espada 3068
66.16 los muertos de J serán multiplicados 3068
66.17 comen carne de cerdo... talados, dice J 3068
66.20 por ofrenda a J, en caballos... dice J 3068
66.20 traen la ofrenda en... a la casa de J 3068
66.21 también de ellos... sacerdotes... dice J 3068
66.22 permanecerán delante de mí, dice J, así 3068
66.23 vendrán... adorar delante de mí, dijo J 3068
Jer 1.2 palabra de J que le vino en los días 3068
1.4 vino, pues, palabra de J a mí, diciendo 3068
1.6 ¡ah, ah, Señor J! He aquí, no sé hablar 3068
1.7 me dijo J: No digas: Soy un niño; porque 3068
1.8,19 contigo estoy para librarte, dice J 3068
1.9 extendió J su mano y tocó... y me dijo J 3068
1.11 palabra de J vino a mí, diciendo: ¿Qué 3068
1.12 y me dijo J: Bien has visto; porque yo 3068
1.13 vino... la palabra de J por segunda vez 3068
1.14 me dijo J: Del norte se soltará el mal 3068
1.15 convoco... los reinos del norte, dice J 3068
2.1 vino a mí palabra de J, diciendo 3068
2.2 así dice J: Me he acordado de ti, de la 3068
2.3 santo era Israel a J, primicias de sus 3068
2.3 culpables; mal venía sobre ellos, dice J 3068
2.4 oíd la palabra de J, casa de Jacob, y 3068
2.5 así dijo J: ¿Qué maldad hallaron en mí 3068
2.6 ¿dónde está J, que nos hizo subir de la 3068
2.8 los sacerdotes no dijeron: ¿Dónde está J? 3068
2.9 contenderé aún con vosotros, dijo J, y 3068
2.12 espantaos, cielos, sobre esto... dijo J 3068
2.17 ¿no te acarreó esto el haber dejado a J 3068
2.19 y amargo es el haber dejado tú a J tu 3068
2.19 faltar mi temor en ti, dice el Señor, J 3068
2.22 tu pecado permanecerá... dijo J el Señor 3068
2.29 vosotros prevaricasteis contra... dice J 3068
2.31 atended vosotros a la palabra de J. ¿He 3068
2.37 porque J desechó a aquellos en quienes 3068
3.1 has fornicado... mas vuélvete a mí! dice J 3068
3.6 me dijo J en días del rey Josías: ¿Has 3068
3.10 no se volvió... sino fingidamente, dice J 3068
3.11 dijo J: Ha resultado justa la rebelde 3068
3.12 vuélvete, oh rebelde Israel, dice J; no 3068
3.12 porque misericordioso soy yo, dice J 3068
3.13 porque contra J tu Dios has prevaricado 3068
3.13 fornicaste... y no oíste mi voz, dice J 3068
3.14 convertíos, hijos rebeldes, dice J 3068
3.16 y acontecerá que... en esos días, dice J 3068
3.16 no se dirá más: Arca del pacto de J; ni 3068
3.17 tiempo llamarán a Jerusalén: Trono de J 3068
3.17 a ella en el nombre de J en Jerusalén 3068
3.20 prevaricasteis... casa de Israel, dice J 3068
3.21 porque... de J su Dios se han olvidado 3068
3.22 venimos... porque tú eres J nuestro Dios 3068
3.23 ciertamente en J... está la salvación de 3068
3.25 porque pecamos contra J nuestro Dios 3068
3.25 no hemos escuchado la voz de J... Dios 3068
4.1 volvieres, oh Israel, dice J, vuélvete 3068
4.2 Jurares: Vive J, en verdad, en juicio y 3068
4.3 porque así dice J a todo varón de Judá 3068
4.4 circuncidaos a J, y quitad el prepucio 3068
4.8 la ira de J se ha apartado de nosotros 3068
4.9 en aquel día, dice J, desfallecerá el 3068
4.10 dije: ¡Ay, ay, J Dios!... has engañado a 3068
4.17 de ellas... se rebeló contra mí, dice J 3068
4.26 sus ciudades eran asoladas delante de J 3068
4.27 así dijo J: Toda la tierra será asolada 3068
5.2 aunque digan: Vive J, Juran falsamente 3068
5.3 oh J, ¿no miran tus ojos a la verdad? 3068

5.4 no conocen el camino de *J*, el juicio de ... 3068
5.5 ellos conocen el camino de *J*, el Juicio ... 3068
5.9 ¿no había de castigar esto? dijo *J*. De ... 3068
5.10 quitad las almenas...porque no son de *J* ... 3068
5.11 se rebelaron...la casa de Judá, dice *J* ... 3068
5.12 negaron a *J*, y dijeron: El no es, y no ... 3068
5.14 dicho *J*...Porque dijeron estas palabras ... 3068
5.15 yo traigo sobre vosotros gente...dice *J* ... 3068
5.18 días, dice *J*, no os destruiré del todo ... 3068
5.19 ¿por qué *J* el Dios nuestro hizo con ... 3068
5.22 ¿a mí no me temeréis? dice *J*. ¿No os ... 3068
5.24 y no dijeron en su...Temamos ahora a *J* ... 3068
5.29 ¿no castigaré esto? dice *J*; ¿y de tal ... 3068
6.6 *J*...Cortad árboles, y levantad vallado ... 3068
6.9 dijo *J*...Del todo rebuscarán como a vid el ... 3068
6.10 la palabra de *J* les es cosa vergonzosa ... 3068
6.11 lleno de la ira de *J*, estoy cansado de ... 3068
6.12 porque extenderé mi mano sobre...dice *J* ... 3068
6.15 cuando los castigue caerán, dice *J* ... 3068
6.16 dijo *J*: Paraos en los caminos, y mirad ... 3068
6.21 *J* dice...pongo a este pueblo tropiezos ... 3068
6.22 ha dicho *J*: He aquí que viene pueblo de ... 3068
6.30 plata desechada los llamarán, porque *J* ... 3068
7.1 palabra de *J*...vino a Jeremías, diciendo ... 3068
7.2 a la puerta de la casa de *J*, y proclama ... 3068
7.2 palabra de *J*, todo Judá, los que entráis ... 3068
7.2 entráis por estas puertas para adorar a *J* ... 3068
7.3 así ha dicho *J*...Mejorad vuestros caminos ... 3068
7.4 templo de *J*, templo de *J*, templo de *J* ... 3068
7.11 he aquí que también yo lo veo, dice *J* ... 3068
7.13 habéis hecho todas estas obras, dice *J* ... 3068
7.19 ¿me provocarán ellos a ira? dice *J*. ¿No ... 3068
7.20 ha dicho *J* el Señor...mi furor y mi ira ... 3068
7.21 así ha dicho *J* de los ejércitos, Dios ... 3068
7.28 que no escuchó la voz de *J* su Dios, ni ... 3068
7.29 *J* ha aborrecido y dejado la generación ... 3068
7.30 han hecho lo malo ante mis ojos, dice *J* ... 3068
7.32 vendrán días, ha dicho *J*, en que no se ... 3068
8.1 dice *J*, sacarán los huesos de los reyes ... 3068
8.3 arroje yo a los que queden, dice *J* de los ... 3068
8.4 ha dicho *J*: El que cae, ¿no se levanta? ... 3068
8.7 pero mi pueblo no conoce el juicio de *J* ... 3068
8.8 decís...la ley de *J* está con nosotros? ... 3068
8.12 cuando los castigue caerán, dice *J* ... 3068
8.13 cortaré del todo, dice *J*. No quedarán ... 3068
8.14 porque *J* nuestro Dios nos ha destinado ... 3068
8.14 aguas de hiel, porque pecamos contra *J* ... 3068
8.17 envío...serpientes...os morderán, dice *J* ... 3068
8.19 ¿no está *J* en Sion? ¿No está en ella su ... 3068
9.3 de mal en mal procedieron, y me...dice *J* ... 3068
9.6 engaño...no quisieron conocerme, dice *J* ... 3068
9.7 ha dicho *J*...los refinaré y los probaré ... 3068
9.9 ¿no los he de castigar por estas...dice *J* ... 3068
9.12 ¿y a quién habló la boca de *J*, para que ... 3068
9.13 dijo *J*: Porque dejaron mi ley, la cual ... 3068
9.15 ha dicho *J*...les daré a comer ajenjo, y ... 3068
9.17 dice *J*...y llamad plañideras que vengan ... 3068
9.20 oíd, pues, oh mujeres, palabra de *J*, y ... 3068
9.22 ha dicho *J*: Los cuerpos de los hombres ... 3068
9.23 así dijo *J*: No se alabe el sabio en su ... 3068
9.24 yo soy *J*, que hago misericordia, juicio ... 3068
9.24 y justicia...estas cosas quiero, dice *J* ... 3068
9.25 vienen días, dice *J*, en que castigaré ... 3068
10.1 oíd la palabra que *J* ha hablado sobre ... 3068
10.2 así dijo *J*: No aprendáis el camino de ... 3068
10.6 no hay semejante a ti, oh *J*; grande eres ... 3068
10.10 *J* es el Dios verdadero...y Rey eterno ... 3068
10.16 el Hacedor de todo...*J* de...es su nombre ... 3068
10.18 así ha dicho *J*...arrojaré con honda los ... 3068
10.21 porque los pastores...no buscaron a *J* ... 3068
10.23 conozco, oh *J*...el hombre no es señor ... 3068
10.24 castígame, oh *J*, mas con juicio; no con ... 3068
11.1 palabra...vino de *J* a Jeremías, diciendo ... 3068
11.3 así dijo *J* Dios de Israel: Maldito el ... 3068
11.5 les daría la tierra...y dije: Amén, oh *J* ... 3068
11.6 *J* me dijo: Pregona todas estas palabras ... 3068
11.9 me dijo *J*: Conspiración se ha hallado ... 3068
11.11 ha dicho *J*...yo traigo sobre ellos mal ... 3068
11.16 olivo verde, hermoso en su...llamó *J* tu ... 3068
11.17 *J* de los ejércitos que te plantó ha ... 3068
11.18 y *J* me lo hizo saber, y lo conocí ... 3068
11.20 oh *J* de los...que juzgas con justicia ... 3068
11.21 ha dicho *J* acerca de los varones de ... 3068
11.21 diciendo: No profetices en nombre de *J* ... 3068
11.22 ha dicho *J*...jóvenes morirán a espada ... 3068
12.1 justo eres tú, oh *J*...yo dispute contigo ... 3068
12.3 oh *J*, me conoces; me viste, y probaste ... 3068
12.12 porque la espada de *J* devorará desde ... 3068
12.13 nada...a causa de la ardiente ira de *J* ... 3068
12.14 dijo *J* contra todos mis malos vecinos ... 3068
12.16 diciendo: Vive *J*, así como enseñaron ... 3068
12.17 arrancaré esa nación...de raíz...dice *J* ... 3068
13.1 así me dijo *J*: Vé y cómprate un cinto ... 3068
13.2 y compré el cinto...a la palabra de *J* ... 3068
13.3 a mí segunda vez palabra de *J*, diciendo ... 3068
13.5 fui, pues, y lo escondí...como *J* me mandó ... 3068
13.6 después de muchos días me dijo *J*...Vete ... 3068
13.8 y vino a mí palabra de *J*, diciendo: Así ... 3068
13.9 ha dicho *J*: Así haré podrir la soberbia ... 3068
13.11 juntar a mí...la casa de Judá, dice *J* ... 3068
13.12 ha dicho *J*: Toda tinaja se llenará de ... 3068
13.13 así ha dicho *J*: He aquí que yo lleno de ... 3068
13.14 los quebrantaré...dice *J*: no perdonaré ... 3068
13.15 no os envanezcáis, pues *J* ha hablado ... 3068
13.16 dad gloria a *J* Dios vuestro, antes que ... 3068
13.17 porque el rebaño de *J*...hecho cautivo ... 3068
13.25 la porción que yo he medido...dice *J* ... 3068
14.1 palabra de *J* que vino a Jeremías, con ... 3068
14.7 *J*, actúa por amor de tu nombre; porque ... 3068
14.9 tú estás entre nosotros, oh *J*, y sobre ... 3068
14.10 así ha dicho *J* acerca de este pueblo ... 3068
14.10 *J* no se agrada de ellos; se acordará ... 3068
14.11 me dijo *J*: No ruegues por este pueblo ... 3068
14.13 ¡ah, Señor *J*! He aquí que los profetas ... 3068
14.14 *J*: Falsamente profetizan los profetas ... 3068
14.15 así ha dicho *J* sobre los profetas que ... 3068
14.20 reconocemos, oh *J*, nuestra impiedad ... 3068
14.22 ¿no eres tú, *J*, nuestro Dios? En ti ... 3068
15.1 dijo *J*: Si Moisés y Samuel se pusieran ... 3068
15.2 ha dicho *J*: El que a muerte, a muerte ... 3068
15.3 ellos cuatro géneros de castigo, dice *J* ... 3068
15.6 me dejaste, dice *J*; te volviste atrás ... 3068
15.9 espada delante de sus enemigos, dice *J* ... 3068
15.11 oh *J*, si no te he rogado por su bien ... 3068
15.15 tú lo sabes, oh *J*; acuérdate de mí, y ... 3068
15.16 nombre se invocó sobre mí, oh *J* Dios ... 3068
15.19 así dijo *J*: Si te convirtieres, yo te ... 3068
15.20 para guardarte y...defenderte, dice *J* ... 3068
16.1 vino a mí palabra de *J*, diciendo ... 3068
16.3 así ha dicho *J* acerca de los hijos y de ... 3068
16.5 ha dicho *J*: No entres en casa de luto ... 3068
16.5 quitado mi paz de este pueblo, dice *J* ... 3068
16.9 así ha dicho *J* de los ejércitos, Dios ... 3068
16.10 ¿Por qué anuncia *J* contra nosotros todo ... 3068
16.10 o qué pecado...hemos cometido contra *J* ... 3068
16.11 vuestros padres me dejaron, dice *J*, y ... 3068
16.14 vienen días, dice *J*, en que no se dirá ... 3068
16.14,15 vive *J*, que hizo subir a los hijos ... 3068
16.16 yo envío muchos Pescadores, dice *J*, y ... 3068
16.19 oh *J*, fortaleza mía y fuerza mía, y ... 3068
16.21 mi poder, y sabrán que mi nombre es *J* ... 3068
17.5 dicho *J*: Maldito el varón que confía en ... 3068
17.5 su brazo, y su corazón se aparta de *J* ... 3068
17.7 que confía en *J*, y cuya confianza es *J* ... 3068
17.10 *J* que escudriño la mente, que pruebo ... 3068
17.13 ¡oh *J*, esperanza de Israel! todos los ... 3068
17.13 dejaron a *J*, manantial de aguas vivas ... 3068
17.14 sáname, oh *J*...seré sano; sálvame, y ... 3068
17.15 ¿dónde está la palabra de *J*? ¡Que se ... 3068
17.19 me ha dicho *J*: Vé y ponte a la puerta ... 3068
17.20 oíd la palabra de *J*, reyes de Judá, y ... 3068
17.21 ha dicho *J*: Guardaos por vuestra vida ... 3068
17.24 si vosotros me obedeciereis, dice *J* ... 3068
17.26 y trayendo sacrificio...a la casa de *J* ... 3068
18.1 palabra de *J* que...a Jeremías, diciendo ... 3068
18.5 vino a mí palabra de *J*, diciendo ... 3068
18.6 este alfarero...casa de Israel? dice *J* ... 3068
18.11 ha dicho *J*: He aquí que Yo dispongo mal ... 3068
18.13 dijo *J*: Preguntad ahora a las naciones ... 3068
18.19 *J*, mira por mí, y oye la voz de los que ... 3068
18.23 oh *J*, conoces todo su consejo contra ... 3068
19.1 así dijo *J*: Vé y compra una vasija de ... 3068
19.3 dirás...Oíd palabra de *J*...Así dice *J* de ... 3068
19.6 vienen días, dice *J*, que este lugar no ... 3068
19.11 dicho *J*...Así quebrantaré a este pueblo ... 3068
19.12 así haré a este lugar, dice *J*, y a sus ... 3068
19.14 Tofet, adonde le envió *J* a profetizar ... 3068
19.14 y se paró en el atrio de la casa de *J* ... 3068
19.15 ha dicho *J*...traigo sobre esta ciudad ... 3068
20.1 Pasur hijo...que presidía...la casa de *J* ... 3068
20.2 puerta...la cual conducía a la casa de *J* ... 3068
20.3 *J* no ha llamado tu nombre Pasur, sino ... 3068
20.4 ha dicho *J*...haré que seas un terror a ... 3068
20.7 me sedujiste, oh *J*, y fui seducido; más ... 3068
20.8 la palabra de *J* me ha sido para afrenta ... 3068
20.11 *J* está conmigo como poderoso gigante ... 3068
20.12 *J* de los ejércitos, que pruebas a los ... 3068
20.13 cantad a *J*, load a *J*...librado el alma ... 3068
20.16 sea el...como las ciudades que asoló *J* ... 3068
21.1 palabra de *J* que vino a Jeremías, cuando ... 3068
21.2 consulta ahora acerca de nosotros a *J* ... 3068
21.2 quizá *J* hará con nosotros según todas ... 3068
21.4 así ha dicho *J*...vuelvo atrás las armas ... 3068
21.7 dice *J*, entregaré a Sedequías rey de ... 3068
21.8 así ha dicho *J*: He aquí pongo delante de ... 3068
21.10 mi rostro he puesto...para mal, dice *J* ... 3068
21.11 a la casa del rey de...Oíd palabra de *J* ... 3068
21.12 así dijo *J*: Haced de mañana juicio, y ... 3068
21.13 yo estoy contra ti, moradora...dice *J* ... 3068
21.14 os castigaré...dice *J*, y haré encender ... 3068
22.1 dijo *J*: Desciende a la casa del rey de ... 3068
22.2 y di: Oye palabra de *J*, oh rey de Judá ... 3068
22.3 así ha dicho *J*: Haced juicio y justicia ... 3068
22.5 he jurado, dice *J*, que esta casa será ... 3068
22.6 ha dicho *J* acerca de la casa del rey de ... 3068
22.8 ¿por qué hizo así *J* con esta...ciudad? ... 3068
22.9 porque dejaron el pacto de *J* su Dios ... 3068
22.11 así ha dicho *J* acerca de Salum hijo de ... 3068
22.16 ¿no es esto conocerme a mí? dice *J* ... 3068
22.18 así ha dicho *J* acerca de Joacim hijo ... 3068
22.24 vivo yo, dice *J*, que si Conías hijo de ... 3068
22.29 ¡tierra, tierra, tierra!...palabra de *J* ... 3068
22.30 ha dicho *J*: Escribid lo que sucederá ... 3068
23.1 de los pastores que destruyen...dice *J* ... 3068
23.2 ha dicho *J* Dios de...a los pastores que ... 3068
23.2 yo castigo la maldad de...obras, dice *J* ... 3068
23.4 y pondré sobre ellas pastores...dice *J* ... 3068
23.5 vienen días, dice *J*, en que levantaré ... 3068
23.6 será su nombre con...*J*, justicia nuestra ... 3068
23.7 dice *J*, en que no dirán más: Vive *J* que ... 3068
23.8 sino: Vive *J* que hizo subir y trajo la ... 3068
23.9 estoy como un ebrio...delante de *J*, y ... 3068
23.11 aun en mi casa hallé su maldad, dice *J* ... 3068
23.12 traeré mal sobre ellos en el...dice *J* ... 3068
23.15 ha dicho *J*...contra aquellos profetas ... 3068
23.16 ha dicho *J*...No escuchéis las palabras ... 3068
23.16 hablan visión de...no de la boca de *J* ... 3068
23.17 dicen atrevidamente a los...*J* dijo: Paz ... 3068
23.18 ¿quién estuvo en el secreto de *J*, y ... 3068
23.19 que la tempestad de *J* saldrá con furor ... 3068
23.20 no se apartará el furor de *J* hasta que ... 3068
23.23 ¿soy yo Dios de cerca...dice *J*, y no ... 3068
23.24 ocultará alguno, dice *J*...yo no lo vea? ... 3068
23.24 ¿no lleno yo, dice *J*, el cielo y la ... 3068
23.28 que ver la paja con el trigo? dice *J* ... 3068
23.29 ¿no es mi palabra como fuego, dice *J* ... 3068
23.30 yo estoy contra los profetas, dice *J* ... 3068
23.31 dice *J*...yo estoy contra los profetas ... 3068
23.32 dice *J*, yo estoy contra...profetizan ... 3068
23.32 y ningún provecho hicieron a...dice *J* ... 3068
23.33 ¿Cuál es la profecía de *J*? les dirás ... 3068
23.33 es la profecía: Os dejaré, ha dicho *J* ... 3068
23.34 que dijere: Profecía de *J*, yo enviaré ... 3068
23.35 ¿qué ha respondido *J*, y qué habló *J*? ... 3068
23.36 y nunca más os...decir: Profecía de *J* ... 3068
23.36 pervertisteis las palabras...de *J* de los ... 3068
23.37 ¿qué te respondió *J*, y qué habló *J*? ... 3068
23.38 si...Profecía de *J*; por eso *J* dice así ... 3068
23.38 profecía de *J*...deciros: No digáis...de *J* ... 3068
24.1 me mostró *J* dos cestas de higos puestas ... 3068
24.1 higos puestas delante del templo de *J* ... 3068
24.3 dijo *J*: ¿Qué ves tú, Jeremías? Y dije ... 3068
24.4 y vino a mí palabra de *J*, diciendo ... 3068
24.5 ha dicho *J*...Como a estos higos buenos ... 3068
24.7 para que me conozcan que yo soy *J*; y me ... 3068
24.8 así ha dicho *J*, pondré a Sedequías rey ... 3068
25.3 venido a mí palabra de *J*, y he hablado ... 3068
25.4 envió *J* a vosotros todos sus siervos los ... 3068
25.5 moraréis en la tierra que os dio *J* a ... 3068
25.7 no me habéis oído, dice *J*, para...a ira ... 3068
25.8 dicho *J* de...Por cuanto no habéis oído ... 3068
25.9 tomaré a...las tribus del norte, dice *J* ... 3068
25.12 castigaré...por su maldad, ha dicho *J* ... 3068
25.15 me dijo *J*...Toma de mi mano la copa ... 3068
25.17 la copa de la mano de *J*, y...me envió *J* ... 3068
25.27 así ha dicho *J*...Bebed, y embriagaos ... 3068
25.28 dirás tú...ha dicho *J*...Tenéis que beber ... 3068
25.29 espada traigo sobre todos los...dice *J* ... 3068
25.30 *J* rugirá desde lo alto...dará su voz ... 3068
25.31 porque *J* tiene juicio contra...dice *J* ... 3068
25.32 ha dicho *J*...que el mal irá de nación en ... 3068
25.33 yacerán los muertos de *J* en aquel día ... 3068
25.36 aullido de...porque *J* asoló sus pastos ... 3068
25.37 destruidos por el ardor de la ira de *J* ... 3068
26.1 del reinado de Joacim...esta palabra de *J* ... 3068
26.2 ha dicho *J*: Ponte en el...de la casa de *J* ... 3068
26.2 que vienen para adorar en la casa de *J* ... 3068
26.4 así ha dicho *J*: Si no me oyereis para ... 3068
26.7 oyeron...estas palabras en la casa de *J* ... 3068
26.8 terminó de hablar Jeremías...lo que *J* le ... 3068
26.9 has profetizado en nombre de *J*, diciendo ... 3068
26.9 juntó contra Jeremías en la casa de *J* ... 3068
26.10 subieron de la casa del...a la casa de *J* ... 3068
26.10 en...de la puerta nueva de la casa de *J* ... 3068
26.12 *J* me envió a profetizar contra esta ... 3068
26.13 oíd la voz de *J*...se arrepentirá *J* del ... 3068
26.15 *J* me envió a vosotros para que dijese ... 3068
26.16 en nombre de *J*...Dios nos ha hablado ... 3068
26.18 así ha dicho *J*...Sion será arada como ... 3068
26.19 ¿no temió a *J*, y oró en presencia de *J* ... 3068
26.19 y *J* se arrepintió del mal que había ... 3068
26.20 hombre que profetizaba en nombre de *J* ... 3068
27.1 esta palabra de *J* a Jeremías, diciendo ... 3068
27.2 *J* me ha dicho así: Hazte coyundas y ... 3068
27.4 así ha dicho *J*...Así habéis de decir a ... 3068
27.8 castigaré a tal nación...dice *J*, hasta ... 3068
27.11 la dejaré en su tierra, dice *J*, y la ... 3068
27.13 dicho *J* de la nación que no sirviere ... 3068
27.15 yo no los envié, dice *J*, y...profetizan ... 3068
27.16 así ha dicho *J*: No oigáis las palabras de ... 3068
27.16 los utensilios de la casa de *J* volverán ... 3068
27.18 si está con ellos...*J*, oren ahora a *J* ... 3068
27.18 que han quedado en la casa de *J* y en ... 3068
27.19 dicho *J*...acerca de aquellas columnas ... 3068
27.21 ha dicho *J*...acerca de los utensilios ... 3068
27.21 que quedaron en la casa de *J*, y en la ... 3068
27.22 estarán hasta...yo los visite, dice *J* ... 3068
28.1 me habló en la casa de *J* delante de los ... 3068
28.2 así habló *J*...Quebranté el yugo del rey ... 3068
28.3 volver...los utensilios de la casa de *J* ... 3068
28.4 haré volver...a Jeconías hijo de...dice *J* ... 3068
28.5 todo el pueblo que estaba en la casa de *J* ... 3068
28.6 así lo haga *J*. Confirme *J* tus palabras ... 3068
28.6 que los utensilios de la casa de *J*, y ... 3068
28.9 como el profeta que *J* en verdad envió ... 3068
28.11 ha dicho *J*: De esta manera romperé el ... 3068
28.12 vino palabra de *J* a Jeremías, diciendo ... 3068
28.13 ha dicho *J*: Yugos de madera quebraste ... 3068
28.14 ha dicho *J*...Yugo de hierro puse sobre ... 3068
28.15 *J* no te envió, y tú has hecho confiar ... 3068
28.16 ha dicho *J*: He aquí que yo te quito de ... 3068
28.16 morirás en...hablaste rebelión contra *J* ... 3068
29.4 dicho *J*...a todos los de la cautividad ... 3068
29.7 rogad por ella a *J*; porque en su paz ... 3068
29.8 ha dicho *J*...No os engañen...profetas que ... 3068
29.9 falsamente os profetizan ellos...dicho *J* ... 3068
29.10 dijo *J*: Cuando en Babilonia se cumplan ... 3068
29.11 sé los pensamientos que tengo...dice *J* ... 3068
29.14 seré hallado por vosotros, dice *J*, y ... 3068
29.14 reuniré de todas las naciones...dice *J* ... 3068
29.15 dicho: *J* nos ha levantado profetas en ... 3068
29.16 así ha dicho *J* acerca del rey que está ... 3068
29.17 dicho *J*...envío yo contra ellos espada ... 3068
29.19 no oyeron...dice *J*...no habéis...dice *J* ... 3068

J

29.20 oíd…palabra de J, vosotros todos los 3068
29.21 así ha dicho J…acerca de Acab hijo de 3068
29.22 póngate J como a Sedequías y como a 3068
29.23 lo cual yo sé y testifico, dice J 3068
29.25 así habló J…Tú enviaste cartas en tu 3068
29.26 J te ha puesto por sacerdote en lugar 3068
29.26 para que te encargues en la casa de J 3068
29.30 vino palabra de J a Jeremías, diciendo 3068
29.31 así ha dicho J de Semaías de Nehelam 3068
29.32 ha dicho J…castigaré a Semaías…dice J 3068
29.32 porque contra J ha hablado rebelión 3068
30.1 palabra de J…vino a Jeremías, diciendo 3068
30.2 habló J…Escríbete en un libro todas las 3068
30.3 dice J…haré volver a los…ha dicho J 3068
30.4 palabras que habló J acerca de Israel 3068
30.5 ha dicho J: Hemos oído voz de temblor 3068
30.8 en aquel día, dice J…quebraré su yugo 3068
30.9 servirán a J su Dios y a David su rey 3068
30.10 siervo mío Jacob, no temas, dice J, ni 3068
30.11 estoy contigo para salvarte, dice J 3068
30.12 dicho J: Incurable…quebrantamiento 3068
30.17 y sanaré tus heridas, dice J; porque 3068
30.18 ha dicho J…hago volver los cautivos 3068
30.21 que se atreve a acercarse a mí? dice J 3068
30.23 la tempestad de J sale con furor; la 3068
30.24 no se calmará el ardor de la ira de J 3068
31.1 aquel tiempo, dice J, yo seré por Dios 3068
31.2 ha dicho J: El pueblo que escapó de la 3068
31.3 J se manifestó a…hace ya mucho tiempo 3068
31.6 y subamos a Sion, a J nuestro Dios 3068
31.7 dicho J…alabad, y decid: Oh J, salva 3068
31.10 oíd palabra de J, oh naciones…decid 3068
31.11 J redimió a Jacob, lo redimió de mano 3068
31.12 correrán al bien de J, al pan, al vino 3068
31.14 pueblo será saciado de mi bien, dice J 3068
31.15 dicho J: Voz fue oída en Ramá, llanto 3068
31.16 dicho J: Reprime del llanto…dice J 3068
31.17 esperanza hay para tu porvenir, dice J 3068
31.18 seré convertido, porque tú eres J mi 3068
31.20 tendré de él misericordia, dice J 3068
31.22 porque J creará una cosa nueva sobre 3068
31.23 ha dicho J…Aún dirán esta palabra en 3068
31.23 J te bendiga, oh morada de justicia 3068
31.27 vienen días, dice J, en que sembraré 3068
31.28 tendré cuidado de ellos para…dice J 3068
31.31 que vienen días, dice J, en los cuales 3068
31.32 ellos invalidaron mi pacto…dice J 3068
31.33 este es el pacto que haré con…dice J 3068
31.34 no enseñará más…diciendo: Conoce a J 3068
31.34 todos me conocerán, desde el…dice J 3068
31.35 ha dicho J…J de los ejércitos es su 3068
31.36 si faltaren estas leyes…de mí, dice J 3068
31.37 así ha dicho J: Si los cielos arriba 3068
31.37 desecharé toda la descendencia…dice J 3068
31.38 dice J…la ciudad será edificada a J 3068
31.40 hasta la esquina de la…será santo a J 3068
32.1 palabra de J que vino a Jeremías, el año 3068
32.3 ha dicho J…yo entrego esta ciudad en 3068
32.5 si peleareis…no os irá bien, dice J? 3068
32.6 dijo Jeremías: Palabra de J vino a mí 3068
32.8 vino a mí…conforme a la palabra de J 3068
32.8 entonces conocí que era palabra de J 3068
32.14 ha dicho J de…Toma estas cartas, esta 3068
32.15 así ha dicho J…Aún se comprarán casas 3068
32.16 después que di la carta de…oré a J 3068
32.17 ¡oh Señor J!…tú hiciste el cielo y la 3068
32.18 Dios grande, poderoso, J…su nombre 3068
32.25 Señor J! ¿y tú me has dicho: Cómprate 3068
32.26 vino palabra de J a Jeremías, diciendo 3068
32.27 yo soy J, Dios de toda carne; ¿habrá 3068
32.28 dicho J…voy a entregar esta ciudad 3068
32.30 Judá no han hecho sino lo malo…dice J 3068
32.36 así dice J Dios de Israel a esta ciudad 3068
32.42 así ha dicho J: Como traje sobre este 3068
32.44 yo haré regresar sus cautivos, dice J 3068
33.1,19,23 vino palabra de J a Jeremías la 3068
33.2 J, que hizo la…J que la formó…J es su 3068
33.4 así ha dicho J…acerca de las casas de 3068
33.10 así ha dicho J: En este lugar, del cual 3068
33.11 alabad a J…porque J es bueno, porque 3068
33.11 que traigan ofrendas…a la casa de J 3068
33.11 volveré a traer los cautivos…dicho J 3068
33.12 dice J de…En este lugar desierto, sin 3068
33.13 aún pasarán ganados por las…ha dicho J 3068
33.14 dice J…yo confirmaré la buena palabra 3068
33.16 y se le llamará: J, justicia nuestra 3068
33.17 ha dicho J: No faltará a David varón 3068
33.20 así ha dicho J: Si pudiereis invalidar 3068
33.24 familias que J escogiera ha desechado? 3068
33.25 ha dicho J: Si no permanece mi pacto 3068
34.1 palabra de J que vino a Jeremías 3068
34.2 ha dicho J…a Sedequías…así ha dicho J 3068
34.4 palabra de J…ha dicho J acerca de ti 3068
34.5 en paz morirás…te endecharán…dice J 3068
34.8 palabra de J que vino a Jeremías cuando 3068
34.12 vino, pues, palabra de J a Jeremías 3068
34.13 así dice J…pacto con vuestros padres 3068
34.17 ha dicho J…promulgo libertad, dice J 3068
34.22 dice J…los haré volver a esta ciudad 3068
35.1 palabra de J que vino a Jeremías en días 3068
35.2 introdúcelos en la casa de J, en uno de 3068
35.4 los llevé a la casa de J, al aposento 3068
35.12 vino palabra de J a Jeremías, diciendo 3068
35.13 ha dicho J…¿No aprenderéis…dice J 3068
35.17 así ha dicho J…traeré yo sobre Judá 3068
35.18 ha dicho J…Por cuanto obedecisteis al 3068
35.19 así ha dicho J…No faltará de Jonadab 3068
36.1 que vino esta palabra de J a Jeremías 3068
36.4 todas las palabras, J le había hablado 3068
36.5 me ha prohibido entrar en la casa de J 3068
36.6 lee…las palabras de J…en la casa de J 3068
36.7 llegue la oración…a la presencia de J 3068
36.7 el furor y la ira…J contra este pueblo 3068
36.8 leyendo…palabras de J en la casa de J 3068
36.9 promulgaron ayuno en la presencia de J 3068
36.10 leyó en…casa de J…puerta…casa de J 3068
36.11 oído del libro todas las palabras de J 3068
36.26 a Baruc…y al profeta…J los escondió 3068
36.27 vino palabra de J a Jeremías, después 3068
36.29 así ha dicho J: Tú quemaste este rollo 3068
36.30 ha dicho J acerca de Joacim…No tendrá 3068
37.2 no obedeció él ni…a las palabras de J 3068
37.3 ruega…por nosotros a J nuestro Dios 3068
37.6 vino palabra de J al profeta Jeremías 3068
37.7 ha dicho J…Diréis así al rey de Judá 3068
37.9 ha dicho J: No os engañéis a vosotros 3068
37.17 ¿hay palabra de J? Y Jeremías dijo: Hay 3068
38.2 ha dicho J: El que se quedare en esta 3068
38.3 ha dicho J…será entregada esta ciudad 3068
38.14 en la tercera entrada de la casa de J 3068
38.16 vive J que nos hizo esta alma, que no 3068
38.17 ha dicho J…si te entregas en seguida 3068
38.20 oye ahora la voz de J que yo te hablo 3068
38.21 esta es la palabra que me ha mostrado J 3068
39.15 había venido palabra de J a Jeremías 3068
39.16 ha dicho J…traigo mis palabras sobre 3068
39.17 en aquel día yo te libraré, dice J, y 3068
39.18 porque tuviste confianza en mí, dice J 3068
40.1 palabra de J que vino a Jeremías, después 3068
40.2 J tu Dios habló este mal contra este 3068
40.3 y lo ha…hecho J…pecasteis contra J 3068
41.5 e incienso para llevar a la casa de J 3068
42.2 ruega por nosotros a J tu Dios por todo 3068
42.3 que J tu Dios nos enseñe el camino por 3068
42.4 que voy a orar a J vuestro Dios, como 3068
42.4 todo lo que J os respondiere, os enseñaré 3068
42.5 J sea entre nosotros testigo de…verdad 3068
42.5 todo aquello para lo cual J tu Dios te 3068
42.6 la voz de J…obedeciendo a la voz de J 3068
42.7 al cabo de diez días vino palabra de J 3068
42.9 así ha dicho J Dios de Israel, al cual 3068
42.11 no temáis…rey de Babilonia…dicho J 3068
42.13 no obedeciendo…a la voz de J vuestro 3068
42.15 oíd la palabra de J…así ha dicho J 3068
42.18 ha dicho J…Como se derramó mi enojo 3068
42.19 J habló sobre vosotros, oh remanente 3068
42.20 enviasteis a J…ora por nosotros a J 3068
42.20 las cosas que J nuestro Dios dijere 3068
42.21 y no habéis obedecido a la voz de J 3068
43.1 palabras de J…por las cuales J Dios 3068
43.2 no te ha enviado J nuestro Dios para 3068
43.4 no obedeció…la voz de J para quedarse 3068
43.7 porque no obedecieron a la voz de J 3068
43.8 vino palabra de J a Jeremías en Tafnes 3068
43.10 así ha dicho J…yo enviaré y tomaré a 3068
44.2 así ha dicho J…habéis visto todo el mal 3068
44.7 ha dicho J…¿Por qué hacéis tan grande 3068
44.11 ha dicho J…yo vuelvo mi rostro contra 3068
44.16 que nos has hablado en nombre de J, no 3068
44.21 ¿no se ha acordado J, y no ha venido 3068
44.22 no pudo sufrirlo más J, a causa de la 3068
44.23 pecasteis…J, y no obedecisteis a…J 3068
44.24 oíd palabra de J, todos los de Judá 3068
44.25 así ha hablado J…diciendo: Vosotros y 3068
44.26 por tanto, oíd, palabra de J, todo Judá 3068
44.26 jurado…dice J, que mi nombre no será 3068
44.26 no será invocado más…diciendo: Vive J 3068
44.29 esto tendréis por señal, dice J, de que 3068
44.30 ha dicho J…yo entrego a Faraón Hofra 3068
45.2 dicho J Dios de Israel a ti, oh Baruc 3068
45.3 ¡ay…ha añadido J tristeza a mi dolor 3068
45.4 ha dicho J…que yo destruyo a los que 3068
45.5 yo traigo mal…ha dicho J; pero a ti te 3068
46.1 palabra de J…vino al profeta Jeremías 3068
46.5 huyeron…miedo de todas partes, dice J 3068
46.10 ese día será para J…día de retribución 3068
46.10 sacrificio será para J…en tierra del 3068
46.13 palabra que habló J al profeta Jeremías 3068
46.15 no pudo mantenerse firme…J la empujó 3068
46.18 dice el Rey, cuyo nombre es J de los 3068
46.23 cortarán sus bosques, dice J, aunque 3068
46.25 J de los…ha dicho…yo castigo a Amón 3068
46.26 después será habitado como en…dice J 3068
46.28 tú, siervo mío Jacob, no temas, dice J 3068
47.1 palabra de J…vino al profeta Jeremías 3068
47.2 ha dicho J…que suben aguas del norte 3068
47.4 J destruirá a los filisteos, al resto de 3068
47.6 espada de J, ¿hasta cuándo reposarás? 3068
47.7 J te ha enviado contra Ascalón, y contra 3068
48.1 así ha dicho J…¡Ay de Nebo! porque fue 3068
48.8 será destruida la llanura…ha dicho J 3068
48.10 que hiciere indolentemente la obra de J 3068
48.12 vienen días, ha dicho J, en que yo le 3068
48.15 ha dicho el Rey, cuyo nombre es J de 3068
48.25 cortado es el poder de Moab, y…dice J 3068
48.26 embriagadle…contra J se engrandeció 3068
48.30 yo conozco, dice J, su cólera, pero no 3068
48.35 exterminaré de Moab, dice J, a quien 3068
48.38 quebranté a Moab como a vasija…dice J 3068
48.40 ha dicho J…que como águila volará, y 3068
48.42 será destruido…engrandeció contra J 3068
48.43 contra ti, oh morador de Moab, dice J 3068
48.44 traeré…el año de su castigo, dice J 3068
48.47 volver a los cautivos de Moab…dice J 3068
49.1 así ha dicho J: ¿No tiene hijos Israel? 3068
49.2 vienen días, ha dicho J, en que haré oír 3068
49.2 Israel tornará por heredad…ha dicho J 3068
49.5 sobre ti espanto, dice el Señor, J de 3068
49.6 volver a los cautivos…de Amón, dice J 3068
49.7 así ha dicho J…¿No hay más sabiduría en 3068
49.12 ha dicho J…no serás absuelto, sino 3068
49.13 he jurado, dice J…asolamiento…Bosra 3068
49.14 de J había sido enviado mensajero a las 3068
49.16 nido, de allí te haré descender, dice J 3068
49.18 dice J, así no morará allí nadie, ni 3068
49.20 consejo que J ha acordado sobre Edom 3068
49.26 los hombres de guerra morirán, dicho J 3068
49.28 dicho J: Levantaos, subid contra Cedar 3068
49.30 habitad en lugares profundos…dice J 3068
49.31 subid contra…nación pacífica…dice J 3068
49.32 todos lados…traeré su ruina, dice J 3068
49.34 palabra de J…vino al profeta Jeremías 3068
49.35 ha dicho J…yo quiebro el arco de Elam 3068
49.37 traeré sobre ellos mal…mi ira, dice J 3068
49.39 volver a los cautivos de Elam, dice J 3068
50.1 palabra que habló J contra Babilonia 3068
50.4 en aquellos días…dice J, vendrán los 3068
50.4 irán…llorando, y buscarán a J su Dios 3068
50.5 y juntémonos a J con pacto eterno que 3068
50.7 contra J morada de…contra J esperanza 3068
50.10 que la saquearen se saciarán, dice J 3068
50.13 por la ira de J no será habitada, sino 3068
50.14 no escatiméis las saetas…pecó contra J 3068
50.15 derribados son sus muros…venganza de J 3068
50.18 así ha dicho J…yo castigo al rey de 3068
50.20 dice J…maldad de Israel será buscada 3068
50.21 destruye y mata en pos…dice J, y haz 3068
50.24 fuiste…presa, porque provocaste a J 3068
50.25 abrió J su tesoro, y sacó…de su furor 3068
50.25 obra de J…en la tierra de los caldeos 3068
50.28 dar en…nuevas de la retribución de J 3068
50.29 contra J se ensoberbeció, contra el 3068
50.30 serán destruidos en aquel día, dice J 3068
50.31 yo estoy contra ti…dice el Señor, J 3068
50.33 dicho J…Oprimidos fueron los hijos de 3068
50.34 el redentor de ellos es el Fuerte; J de 3068
50.35 espada contra los caldeos, dice J, y 3068
50.40 dice J, así no morará allí hombre, ni 3068
50.45 oíd la…J ha acordado contra Babilonia 3068
51.1 ha dicho J…yo levanto un viento contra 3068
51.5 no han enviudado de su Dios, J de los 3068
51.6 el tiempo es de venganza de J; le dará 3068
51.7 copa de oro fue Babilonia en la…de J 3068
51.10 J sacó a luz nuestras justicias; venid 3068
51.10 contemos en Sion la obra de J nuestro 3068
51.11 despertado J el espíritu de los reyes 3068
51.11 porque venganza es de J, y venganza de 3068
51.12 deliberó J, y aun pondrá en efecto lo 3068
51.14 J de los ejércitos juró por sí mismo 3068
51.19 porque él es el Formador de todo…J de 3068
51.24 y pagaré a Babilonia…el mal…dice J 3068
51.25 yo estoy contra ti, oh monte…dice J 3068
51.26 perpetuo asolamiento serás, ha dicho J 3068
51.29 es confirmado…todo el pensamiento de J 3068
51.33 así ha dicho J…La hija de Babilonia es 3068
51.36 ha dicho J…yo juzgo tu causa y haré 3068
51.39 eterno sueño y no despierten, dice J 3068
51.45 salvad…vida del ardor de la ira de J 3068
51.48,53 vendrán a ella destruidores, dice J 3068
51.50 acordaos por…días de J, y…Jerusalén 3068
51.51 vinieron extranjeros contra…casa de J 3068
51.52 dice J…yo destruiré sus ídolos, y en 3068
51.55 J destruirá a Babilonia, y quitará de 3068
51.56 J, Dios de retribuciones, dará la paga 3068
51.57 dice el Rey, cuyo nombre es J de los 3068
51.58 ha dicho J…El muro ancho de Babilonia 3068
51.62 oh J, tú has dicho contra este lugar 3068
52.2 lo malo ante los ojos de J, conforme a 3068
52.3 causa de la ira de J contra Jerusalén 3068
52.13 quemó la casa de J, y la casa del rey 3068
52.17 columnas…que estaban en la casa de J 3068
52.17 el mar de bronce que…en la casa de J 3068
52.20 hecho el rey Salomón en la casa de J 3068
Lm 1.5 porque J la afligió por la multitud de 3068
1.9 oh J, mi aflicción, porque el enemigo se 3068
1.11 mira, oh J, y ve que estoy abatida 3068
1.12 porque J me ha angustiado en el día de 3068
1.17 J dio mandamiento contra Jacob, que sus 3068
1.18 J es justo…contra su palabra me rebelé 3068
1.20 oh J, estoy atribulada, mis entrañas 3068
2.6 J ha hecho olvidar las fiestas solemnes 3068
2.7 hicieron resonar su voz en la casa de J 3068
2.8 J determinó destruir el muro de la hija 3068
2.9 sus profetas tampoco hallaron visión de J 3068
2.17 J ha hecho lo que tenía determinado; ha 3068
2.20 mira, oh J, y considera a quién has…así 3068
2.22 en el día del furor de J no hubo quien 3068
3.18 dije: Perecieron mis…mi esperanza en J 3068
3.22 por la misericordia de J no hemos sido 3068
3.24 porción es J, dijo mi alma; por tanto 3068
3.25 bueno es J a los que en él esperan, al 3068
3.26 esperar en silencio la salvación de J 3068
3.40 caminos, y busquemos, y volvámonos a J 3068
3.50 hasta que J mire y…desde los cielos 3068
3.55 invoqué tu nombre…J, desde la cárcel 3068
3.59 has visto, oh J, mi agravio; defiende 3068
3.61 has oído el oprobio de ellos, oh J, todas 3068
3.64 dales el pago, oh J, según la obra de 3068
3.66 quebrántalos de debajo de…cielos, oh J 3068
4.11 cumplió J su enojo, derramó el ardor de 3068
4.16 la ira de J los apartó, no los mirará 3068
4.20 el ungido de J, de quien habíamos dicho 3068
5.1 acuérdate…J, de lo que nos ha sucedido 3068
5.19 mas tú, J, permanecerás para siempre 3068

5.21 vuélvenos, oh J, a ti, nos volveremos ... 3068
Ez 1.3 vino palabra de J al sacerdote Ezequiel ... 3068
1.3 Ezequiel...vino allí sobre él la mano de J ... 3068
1.28 la visión de la semejanza...gloria de J ... 3068
2.4 te envío...dirás: Así ha dicho J el Señor ... 3068
3.11 ha dicho J el Señor; escuchen, o dejen ... 3068
3.12 bendita...la gloria de J desde su lugar ... 3068
3.14 pero la mano de J era fuerte sobre mí ... 3068
3.16 que...vino a mí palabra de J, diciendo ... 3068
3.22 vino allí la mano de J sobre mí, y me ... 3068
3.23 estaba la gloria de J, como la gloria ... 3068
3.27 ha dicho J el Señor: El que oye, oiga ... 3068
4.13 dijo J: Así comerán los hijos de Israel ... 3068
4.14 ¡ah, Señor J!...mi alma no es inmunda ... 3068
5.5 ha dicho J el Señor: Esta es Jerusalén ... 3068
5.7 dicho J: ¿Por haberos multiplicado más ... 3068
5.8 ha dicho J el Señor...yo estoy contra ti ... 3068
5.11 vivo yo, dice J el Señor...quebrantaré ... 3068
5.13 sabrán que yo J he hablado en mi celo ... 3068
5.15 y serás...escarmiento...Yo J he hablado ... 3068
5.17 enviaré sobre ti espada. Yo J he hablado ... 3068
6.1; 7.1; 11.14; 12.1,17,21,26; 13.1; 14.2,12; 15.1;
16.1; 17.1,11; 18.1; 20.2,45; 21.1; 22.1,17,23; 23.1;
24.1,15,20; 25.1; 26.1; 27.1; 28.1,11,20; 29.1,17;
30.1,20; 31.1; 32.1,17; 33.1,23; 34.1; 35.1; 36.16;
37.15; 38.1 vino a mí palabra de J, diciendo ... 3068
6.3 oíd palabra de J el Señor...ha dicho J ... 3068
6.7 muertos caerán...y sabréis que yo soy J ... 3068
6.10 y sabrán que yo soy J; no en vano dije ... 3068
6.11 ha dicho J el Señor: Palmotea con tus ... 3068
6.13 sabréis que yo soy J, cuando...muertos ... 3068
6.14 extenderé mi...y conocerán que yo soy J ... 3068
7.2 dicho J el Señor a la tierra de Israel ... 3068
7.4 no te perdonará...y sabréis que yo soy J ... 3068
7.5 dicho J el Señor: Un mal...viene un mal ... 3068
7.9 y sabréis que yo J soy el que castiga ... 3068
7.19 librarlos en el día del furor de J; no ... 3068
7.27 ellos los juzgaré; y sabrán que yo soy J ... 3068
8.1 se posó sobre mí la mano de J el Señor ... 3068
8.12 no nos ve J; J ha abandonado la tierra ... 3068
8.14 la puerta de la casa de J, que está al ... 3068
8.16 llevó al atrio de adentro...la casa de J ... 3068
8.16 aquí junto a la entrada del templo de J ... 3068
8.16 sus espaldas vueltas al templo de J y ... 3068
9.3 y llamó J al varón vestido de lino, que ... 3068
9.4 dijo J: Pasa por en medio de la ciudad ... 3068
9.8 dije: ¡Ah, Señor J! ¿destruirás a todo ... 3068
9.9 dicho: Ha abandonado J la tierra, y J no ... 3068
10.4 la gloria de J se elevó de encima del ... 3068
10.4 y el atrio se llenó...de la gloria de J ... 3068
10.18 la gloria de J se elevó de encima del ... 3068
10.19 de la puerta oriental de la casa de J ... 3068
11.1 por la puerta oriental de la casa de J ... 3068
11.5 vino sobre mí el Espíritu de J, y...dijo ... 3068
11.5 dicho J: Así habéis hablado, oh casa de ... 3068
11.7 ha dicho J el Señor: Vuestros muertos ... 3068
11.8 espada traeré sobre vosotros, dice J el ... 3068
11.10 en...os juzgaré, y sabréis que yo soy J ... 3068
11.12 sabréis que yo soy J; porque no habéis ... 3068
11.13 ¡ah, Señor J! ¿Destruirás del todo al ... 3068
11.15 alejaos de J; a nosotros es dada la ... 3068
11.16 así ha dicho J el Señor: Aunque les he ... 3068
11.17 dicho J el Señor: Yo os recogeré de los ... 3068
11.21 yo traigo su camino sobre sus...dice J ... 3068
11.23 y la gloria de J se elevó de en medio ... 3068
11.25 hablé...cosas que J me había mostrado ... 3068
12.8 y vino a mí palabra de J por la mañana ... 3068
12.10 ha dicho J...Esta profecía se refiere al ... 3068
12.15 sabrán que yo soy J...los esparciere ... 3068
12.16 pocos...escapen...y sabrán que yo soy J ... 3068
12.19 dicho J el Señor sobre los moradores ... 3068
12.20 será asolada; y sabréis que yo soy J ... 3068
12.23 ha dicho J...Haré cesar este refrán, y ... 3068
12.25 yo J hablaré, y se cumplirá la...dice J ... 3068
12.28 ha dicho J el Señor: No se tardará ... 3068
12.28 palabra...se cumplirá, dice J el Señor ... 3068
13.2 a los que profetizan...Oíd palabra de J ... 3068
13.3 dicho J el Señor: ¡Ay de los profetas ... 3068
13.5 resista...en la batalla en el día de J ... 3068
13.6 dicen: Ha dicho J, y J no los envió; con ... 3068
13.7 decís: Dijo J, no habiendo yo hablado? ... 3068
13.8 dicho J el Señor: Por cuanto vosotros ... 3068
13.8 estoy contra vosotros, dice J el Señor ... 3068
13.9 mano...y sabréis que yo soy J el Señor ... 3068
13.13 ha dicho J el Señor: Haré que la rompa ... 3068
13.14 seréis consumidos...sabréis que yo soy J ... 3068
13.16 y ven para ella visión de paz...dice J ... 3068
13.18 dicho J el Señor: ¡ Ay de aquellas que ... 3068
13.20 dicho J...estoy contra vuestras vendas ... 3068
13.21,23 libraré a mi...sabréis que yo soy J ... 3068
14.4 dicho J el Señor: Cualquier hombre de ... 3068
14.4 J responderé al que viniere conforme a ... 3068
14.6 dice J el Señor: Convertíos, y volveos ... 3068
14.7 preguntarle por mí, yo J le responderé ... 3068
14.8 lo cortaré de...y sabréis que yo soy J ... 3068
14.9 yo J engañé al tal profeta, y extenderé ... 3068
14.11 y yo les sea por Dios, dice J el Señor ... 3068
14.14 librarían...sus propias vidas, dice J el ... 3068
14.16,18,20 dice J...no librarían a sus hijos ... 3068
14.21 así ha dicho J el Señor: ¿Cuánto más ... 3068
14.23 no sin causa hice todo lo que he...dice J ... 3068
15.6 así ha dicho J...Como la madera de la vid ... 3068
15.7 sabréis que yo soy J, cuando pusiere mi ... 3068
15.8 cuanto cometieron prevaricación, dice J ... 3068
16.3 di: Así ha dicho J el...sobre Jerusalén ... 3068
16.8 entré en pacto contigo, dice J el Señor ... 3068
16.14 hermosura que yo puse sobre ti, dice J ... 3068
16.19 agradable; y fue así, dice J el Señor ... 3068
16.23 maldad ¡ay, ay de ti! dice J el Señor ... 3068
16.30 ¡cuán inconstante es...dice J el Señor ... 3068
16.35 por tanto, ramera, oye palabra de J ... 3068
16.36 ha dicho J...han sido descubiertas tus ... 3068
16.43 traeré tu camino sobre tu...dice J el ... 3068
16.48 dice J...Sodoma tu hermana y sus hijas ... 3068
16.58 el castigo de tu lujuria y de...dice J ... 3068
16.59 ha dicho J...¿Haré yo contigo como tú ... 3068
16.62 sino por mi pacto...sabrás que yo soy J ... 3068
16.63 cuando yo perdone todo...dice J el Señor ... 3068
17.3 así ha dicho J el Señor: Una gran águila ... 3068
17.9 ha dicho J el Señor: ¿Será prosperada? ... 3068
17.16 dice J...morirá en medio de Babilonia ... 3068
17.19 ha dicho J...Vivo yo, que el juramento ... 3068
17.21 vientos; y sabréis que yo J he hablado ... 3068
17.22 así ha dicho J...Tomaré yo del cogollo ... 3068
17.24 yo J abatí el árbol...yo J lo he dicho ... 3068
18.3 dice J...que nunca más tendréis por qué ... 3068
18.9 es justo; éste vivirá, dice J el Señor ... 3068
18.23 ¿quiero yo la muerte del impío? dice J ... 3068
18.30 os juzgaré a cada uno...dice J el Señor ... 3068
18.32 porque no quiero la muerte del...dice J ... 3068
20.1 algunos de los ancianos...a consultar a J ... 3068
20.3 dicho J...¿A consultarme venís vosotros? ... 3068
20.3 que no os responderé, dice J el Señor ... 3068
20.5 ha dicho J...El día que escogí a Israel ... 3068
20.5 les juré diciendo: Yo soy J vuestro Dios ... 3068
20.7 no os contaminéis...soy J vuestro Dios ... 3068
20.12 para que supiesen que yo soy J que los ... 3068
20.19 yo soy J vuestro Dios; andad en mis ... 3068
20.20 que sepáis que yo soy J vuestro Dios ... 3068
20.26 para...y hacerles saber que yo soy J ... 3068
20.27 ha dicho J...Aun en esto me afrentaron ... 3068
20.30 así ha dicho J el...¿no os contamináis ... 3068
20.31 dice J el Señor, que no os responderé ... 3068
20.3 3 dice J...que con mano fuerte y brazo ... 3068
20.36 así litigaré con vosotros, dice J el ... 3068
20.38 no entrarán; y sabréis que yo soy J ... 3068
20.39 ha dicho J...Andad cada uno tras sus ... 3068
20.40 dice J...allí me servirá toda la casa ... 3068
20.42 sabréis que yo soy J, cuando os haya ... 3068
20.44 sabréis que yo soy J...dice J el Señor ... 3068
20.47 oye la palabra de J; Así ha dicho J el ... 3068
20.48 verá toda carne que yo J lo encendí; no ... 3068
20.49 dije: ¡Ah, Señor J! ellos dicen de mí ... 3068
21.3 dicho J: He aquí que yo estoy contra ti ... 3068
21.5 yo J saqué mi espada de su vaina; no la ... 3068
21.7 que viene, y se hará, dice J el Señor ... 3068
21.9 así ha dicho J el Señor: Di: La espada ... 3068
21.13 aun al cetro? El no será más, dice J ... 3068
21.17 y haré reposar mi ira. Yo J he hablado ... 3068
21.24 así ha dicho J...Por cuanto habéis hecho ... 3068
21.26 ha dicho J...Depón la tiara, quita la ... 3068
21.28 así ha dicho J...de los hijos de Amón ... 3068
21.32 serás pasto del fuego...yo J he hablado ... 3068
22.3 así ha dicho J...¡Ciudad derramadora de ... 3068
22.12 sangre; interés y usura tomaste...dice J ... 3068
22.14 contra ti? Yo J he hablado, y lo haré ... 3068
22.16 serás degradada...sabrás que yo soy J ... 3068
22.19 ha dicho J...Por cuanto todos vosotros ... 3068
22.22 sabréis que yo J habré derramado mi ... 3068
22.28 así ha dicho J...y J no había hablado ... 3068
22.31 derramé sobre ellos mi ira...dice J el ... 3068
23.22 ha dicho J...suscitaré contra ti a tus ... 3068
23.28 ha dicho J...yo te entrego en mano de ... 3068
23.32 ha dicho J...Beberás el hondo y...cáliz ... 3068
23.34 porque yo he hablado, dice J el Señor ... 3068
23.35 dicho J...Por cuanto te has olvidado de ... 3068
23.36 dijo J: Hijo de hombre, ¿no juzgarás ... 3068
23.46 ha dicho J...Yo haré subir contra ellas ... 3068
23.49 idolatría; y sabréis que yo soy J el ... 3068
24.3 así ha dicho J...Pon una olla, ponla, y ... 3068
24.6,9 dicho J...¡Ay de la ciudad de sangres ... 3068
24.14 yo J he hablado; vendrá, y yo lo haré ... 3068
24.14 según...tus obras te juzgarán, dice J ... 3068
24.21 así ha dicho J; He aquí yo profano mi ... 3068
24.24 ocurra, entonces sabréis que yo soy J ... 3068
24.27 abrirá tu boca...sabrán que yo soy J ... 3068
25.3 oíd palabra de J...Así dice J el Señor ... 3068
25.5 pondré a Rabá...y sabréis que yo soy J ... 3068
25.6 así ha dicho J...Por cuanto batiste tus ... 3068
25.7 te exterminaré, y sabrás que yo soy J ... 3068
25.8 ha dicho J...Por cuanto dijo Moab y Seir ... 3068
25.11 en Moab haré...y sabrán que yo soy J ... 3068
25.12 así ha dicho J...Por lo que hizo Edom ... 3068
25.13 dicho J...extenderé mi mano sobre Edom ... 3068
25.14 conocerán mi venganza, dice J el Señor ... 3068
25.15 ha dicho J el...Por lo que hicieron los ... 3068
25.16 dicho J; He aquí yo extiendo mi mano ... 3068
25.17 y sabrán que yo soy J, cuando haga mi ... 3068
26.3 ha dicho J...He aquí yo estoy contra ti ... 3068
26.5 porque yo he hablado, dice J el Señor ... 3068
26.6 muertas a espada; y sabrán que yo soy J ... 3068
26.7 así ha dicho J...He aquí que del norte ... 3068
26.14 porque yo J he hablado, dice J el Señor ... 3068
26.15 así ha dicho J el Señor a Tiro: ¿No se ... 3068
26.19 ha dicho J...Yo te convertiré en ciudad ... 3068
26.21 y nunca más serás hallada, dice J el ... 3068
27.3 ha dicho J el Señor: Tiro, tú has dicho ... 3068
28.2 ha dicho J...Por cuanto se enalteció tu ... 3068
28.6 así ha dicho J...Por cuanto pusiste tu ... 3068
28.10 porque yo he hablado, dice J el Señor ... 3068
28.12 así ha dicho J...Tú eras el sello de ... 3068
28.22 ha dicho J...He aquí yo estoy contra ti ... 3068
28.22 y sabrán que yo soy J, cuando haga en ... 3068
28.23 caerán muertos...y sabrán que yo soy J ... 3068
28.24 nunca más será...y sabrán que yo soy J ... 3068
28.25 ha dicho J...Cuando recoja a la casa de ... 3068
28.26 juicios...sabrán que yo soy J su Dios ... 3068
29.3 ha dicho J...He aquí yo estoy contra ti ... 3068
29.6 sabrán todos...que yo soy J, por cuanto ... 3068
29.8 ha dicho J...yo traigo contra ti espada ... 3068
29.9 y sabrán que yo soy J; por cuanto dijo ... 3068
29.13 así ha dicho J...Al fin de cuarenta años ... 3068
29.16 en pos de ellos; sabrán que yo soy J ... 3068
29.19 así ha dicho J...He aquí que yo doy a ... 3068
29.20 trabajaron para mí, dice J el Señor ... 3068
29.21 abriré tu boca...y sabrán que yo soy J ... 3068
30.2 así ha dicho J...Lamentad: ¡Ay de aquel ... 3068
30.3 cerca está el día de J; día de nublado ... 3068
30.6 así ha dicho J: También caerán los que ... 3068
30.6 caerán en él a filo de espada, dice J ... 3068
30.8 sabrán que yo soy J, cuando ponga fuego ... 3068
30.10 ha dicho J...Destruiré las riquezas de ... 3068
30.12 destruiré la tierra...Yo J he hablado ... 3068
30.13 así ha dicho J...Destruiré...las imágenes ... 3068
30.19 haré...juicios...y sabrán que yo soy J ... 3068
30.22 dicho J...Heme aquí contra Faraón rey ... 3068
30.25 sabrán que yo soy J, cuando yo ponga ... 3068
30.26 los dispersaré...y sabrán que yo soy J ... 3068
31.10 dijo J...Ya que por ser encumbrado en ... 3068
31.15 dicho J...El día que descendió al Seol ... 3068
31.18 este es Faraón y todo...dice J el Señor ... 3068
32.3 ha dicho J...Yo extenderé sobre ti mi red ... 3068
32.8 pondré tinieblas sobre tu tierra, dice J ... 3068
32.11 ha dicho J...La espada del rey...vendrá ... 3068
32.14 correr sus ríos como aceite, dice J el ... 3068
32.15 cuando asuele la...sabrán que yo soy J ... 3068
32.16 sobre Egipto y...su multitud, dice J el ... 3068
32.31 Faraón muerto a espada, y todo...dice J ... 3068
32.32 yacerán...con los muertos a...dice J el ... 3068
33.11 vivo yo, dice J...no quiero la muerte ... 3068
33.22 y la mano de J había sido sobre mí la ... 3068
33.25 ha dicho J...¿Comeréis con sangre, y a ... 3068
33.27 así ha dicho J...Vivo, yo, que los que ... 3068
33.29 sabrán que yo soy J, cuando convierta ... 3068
33.30 venid...y oíd qué palabra viene de J ... 3068
34.2 di...pastores: Así ha dicho J el Señor ... 3068
34.7,9 tanto, pastores, oíd palabra de J ... 3068
34.8 dicho J...por cuanto mi rebaño fue para ... 3068
34.10 ha dicho J...estoy contra los pastores ... 3068
34.11 dicho J...He aquí yo...iré a buscar mis ... 3068
34.15 yo les daré aprisco, dice J el Señor ... 3068
34.17 dicho J...He aquí yo juzgo entre oveja ... 3068
34.20 dice J...He aquí yo, yo juzgaré entre ... 3068
34.24 J les seré por Dios, y mi siervo David ... 3068
34.24 príncipe en medio de...Yo J he hablado ... 3068
34.27 sabrán que yo soy J, cuando rompa las ... 3068
34.30 yo J su Dios estoy con ellos...dice J ... 3068
34.31 y yo vuestro Dios, dice J el Señor ... 3068
35.3 dile: Así ha dicho J...He aquí yo estoy ... 3068
35.4 tú serás asolado; y sabrás que yo soy J ... 3068
35.6 dice J el Señor...a sangre te destinaré ... 3068
35.9 en asolamiento...y sabréis que yo soy J ... 3068
35.10 y tomaré posesión de...estando allí J ... 3068
35.11 dice J el...yo haré conforme a tu ira ... 3068
35.12 sabrás que yo J he oído...tus injurias ... 3068
35.14 ha dicho J...Para que toda la tierra se ... 3068
35.15 asolado será...y sabrán que yo soy J ... 3068
36.1 di: Montes de Israel, oíd palabra de J ... 3068
36.2 ha dicho J...Por cuanto el enemigo dijo ... 3068
36.3 así ha dicho J...Por cuanto os asolaron ... 3068
36.4 oíd palabra de J...ha dicho J el Señor ... 3068
36.5 así ha dicho J...He hablado por cierto ... 3068
36.6 así ha dicho J...He aquí, en mi celo y ... 3068
36.7 así ha dicho J...Yo he alzado mi mano ... 3068
36.11 multiplicaré...y sabréis que yo soy J ... 3068
36.13 dicho J...Por cuanto dicen de vosotros ... 3068
36.14 nunca más matarás a...dice J el Señor ... 3068
36.15 ni harás más morir...dice J el Señor ... 3068
36.20 éstos son pueblo de J, y de la tierra ... 3068
36.22 ha dicho J...No lo hago por vosotros, oh ... 3068
36.23 sabrán...que yo soy J, dice J el Señor ... 3068
36.32 no lo hago por vosotros, dice J el ... 3068
36.33 así ha dicho J...El día que os limpie de ... 3068
36.36 desolado; yo J he hablado, y lo haré ... 3068
36.37 ha dicho J...Aún seré solicitado por la ... 3068
36.38 serán llenas de...y sabrán que yo soy J ... 3068
37.1 mano de J...llevó en el Espíritu de J ... 3068
37.3 ¿vivirán...Y dije: Señor J, tú lo sabes ... 3068
37.4 y diles: Huesos secos, oíd palabra de J ... 3068
37.5 así ha dicho J el Señor a estos huesos ... 3068
37.6 cubriré de piel...sabréis que yo soy J ... 3068
37.9 ha dicho J...Espíritu, ven de los cuatro ... 3068
37.12 ha dicho J...yo abro vuestros sepulcros ... 3068
37.13 y sabréis que yo soy J, cuando abra ... 3068
37.14 sabréis que yo J hablé, y lo...dice J ... 3068
37.19 ha dicho J...He aquí, yo tomo el palo ... 3068
37.21 dicho J...He aquí, yo tomo a los hijos ... 3068
37.28 y sabrán...que yo J santifico a Israel ... 3068
38.3 ha dicho J...yo estoy contra ti, oh Gog ... 3068
38.10 así ha dicho J...En aquel día subirán ... 3068
38.14 di a Gog: Así ha dicho J el Señor: En ... 3068
38.17 ha dicho J...¿No eres tú aquel de quien ... 3068
38.18 dijo J el...subirá mi ira y mi enojo ... 3068
38.21 contra él la espada, dice J el Señor ... 3068
38.23 seré conocido...y sabrán que yo soy J ... 3068
39.1 ha dicho J...yo estoy contra ti, oh Gog ... 3068
39.5 porque yo he hablado, dice J el Señor ... 3068
39.6 y enviaré fuego...y sabrán que yo soy J ... 3068
39.7 y sabrán las naciones que yo soy J, el ... 3068
39.8 he aquí viene, y se cumplirá, dice J el ... 3068
39.10 robarán a los que les robaron, dice J ... 3068
39.13 será para ellos célebre el día...dice J ... 3068
39.17 ha dicho J el Señor: Di a las aves de ... 3068
39.20 y os saciaréis sobre mi mesa...dice J el ... 3068

39.22 y sabrá la casa de Israel que yo soy J 3068
39.25 ha dicho J... Ahora volveré la cautividad 3068
39.28 y sabrán que yo soy J su Dios, cuando 3068
39.29 habré derramado de mi Espíritu... dice J 3068
40.1 vino sobre mí la mano de J, y me llevó 3068
40.46 los hijos de Leví para ministrar a J 3068
41.22 esta es la mesa que está delante de J 3068
42.13 sacerdotes que se acercan a J comerán 3068
43.4 la gloria de J entró en la casa por la 3068
43.5 aquí que la gloria de J llenó la casa 3068
43.18 ha dicho J... Estas son las ordenanzas 3068
43.19 dice J el Señor, para ministrar ante 3068
43.24 y los ofrecerás delante de J, y los 3068
43.24 sal... y los ofrecerán en holocausto a J 3068
43.27 y me seréis aceptos, dice J el Señor 3068
44.2 me dijo J: Esta puerta estará cerrada 3068
44.2 porque J Dios de Israel entró por ella 3068
44.3 sentará allí pata comer... delante de J 3068
44.4 gloria de J había llenado la casa de J 3068
44.5 dijo J: Hijo de hombre, pon atención 3068
44.5 todas las ordenanzas de la casa de J 3068
44.6 ha dicho J el Señor: Basta ya de todas 3068
44.9 ha dicho J... Ningún hijo de extranjero 3068
44.12 dice J... que ellos llevarán su iniquidad 3068
44.15 ofrecerme la grosura... dice J el Señor 3068
44.27 ofrecerá su expiación, dice J el Señor 3068
45.1 apartaréis una porción para J, que le 3068
45.4 se acercan para ministrar a J; y servirá 3068
45.9 ha dicho J... ¡Basta ya, oh príncipes de 3068
45.9 quitad vuestras imposiciones de... dice J 3068
45.15 paz, para expiación por ellos, dice J 3068
45.18 ha dicho J el Señor: El mes primero, el 3068
45.23 los siete días... ofrecerá holocausto a J 3068
46.1 así ha dicho J el... La puerta del atrio 3068
46.3 adorará el pueblo... delante de J, a la 3068
46.4 el holocausto que... ofrecerá a J en el 3068
46.9 cuando el pueblo... entrare delante de J 3068
46.12 cuando... hiciere... ofrendas de paz a J 3068
46.13 ofrecerás en sacrificio a J cada día 3068
46.14 ofrenda para J... por estatuto perpetuo 3068
46.16 dicho J el Señor: Si el príncipe diere 3068
47.13 ha dicho J... Estos son los límites en 3068
47.23 daréis su heredad, ha dicho J el Señor 3068
48.9 la porción que reservaréis para J tendrá 3068
48.10 santuario de J estará en medio de ella 3068
48.14 no venderán nada... cosa consagrada a J 3068
48.29 estas son sus porciones, ha dicho J el 3068
Dn 9.2 el número de los años de que habló J 3068
9.4 y oré a J mi... e hice confesión diciendo 3068
9.8 oh J, nuestra es la confusión de rostro 3068
9.9 de J... Dios es el tener misericordia y el 3068
9.10 y no obedecimos a la voz de J nuestro 3068
9.13 no hemos implorado el favor de J, para 3068
9.14 J veló sobre el mal y lo trajo sobre 3068
9.14 Justo es J... Dios en todas sus obras que 3068
9.20 derramaba mi ruego delante de J mi Dios 3068
Os 1.1 palabra de J que vino a Oseas hijo de 3068
1.2 principio de la palabra de J por medio 3068
1.2 dijo J a Oseas: Vé, tómate una mujer 3068
1.2 porque la tierra fornica apartándose de J 3068
1.4 y le dijo J: Ponle por nombre Jezreel 3068
1.7 y los salvaré por J su Dios; y no los 3068
2.13 iba tras... y se olvidaba de mí, dice J 3068
2.16 aquel tiempo, dice J, me llamarás Ishi 3068
2.20 te desposaré conmigo... y conocerás a J 3068
2.21 dice J, yo responderé a los cielos, y 3068
3.1 me dijo otra vez J: Vé, ama a una mujer 3068
3.1 como el amor de J para con los hijos de 3068
3.5 volverán... Israel y buscarán a J su Dios 3068
3.5 temerán a J y a su bondad en el fin de 3068
4.1 oíd palabra de J... Porque J contiende con 3068
4.10 no se saciarán... dejaron de servir a J 3068
4.15 ni subáis a Bet-avén, ni juréis: Vive J 3068
4.16 ¿los apacentará... J como a corderos en 3068
5.4 está en medio de ellos, y no conocen a J 3068
5.6 andarán buscando a J, y no le hallarán 3068
5.7 contra J prevaricaron... engendrado hijos 3068
6.1 venid y volvamos a J; porque él arrebató 3068
6.3 y proseguiremos en conocer a J; como el 3068
7.10 y no se volvieron a J su Dios, ni lo 3068
8.1 como águila viene contra la casa de J 3068
8.13 no los quiso J; ahora se acordará de su 3068
9.3 no quedarán en la tierra de J, sino que 3068
9.4 no harán libaciones a J, ni... sacrificios 3068
9.4 pan... ese pan no entrará en la casa de J 3068
9.5 ¿qué haréis... el día de la fiesta de J? 3068
9.14 dales... J, lo que les has de dar; dales 3068
10.2 J demolerá sus altares, destruirá sus 3068
10.3 no tenemos rey, porque no temimos a J 3068
10.12 es el tiempo de buscar a J, hasta que 3068
11.10 en pos de J caminarán; él rugirá como 3068
11.11 los haré habitar en sus casas, dice J 3068
12.2 pleito tiene J con Judá para castigar a 3068
12.5 mas J es Dios de los ejércitos; J es su 3068
12.9 pero yo soy J tu Dios desde la tierra 3068
12.13 J hizo subir a Israel de Egipto, y por 3068
13.4 mas yo soy J tu Dios desde la tierra de 3068
13.15 vendrá el solano, viento de J... secará 3068
14.1 vuelve, oh Israel, a J tu Dios; porque 3068
14.2 volved a J, y decidle: Quita... iniquidad 3068
14.9 porque los caminos de J son rectos, y 3068
Jl 1.1 Palabra de J que vino a Joel, hijo de 3068
1.9 desapareció de la casa de J la ofrenda y 3068
1.9 sacerdotes ministros de J están de duelo 3068
1.14 congregad... en la casa de J... clamad a J 3068
1.15 cercano está el día de J, y vendrá como 3068
1.19 a ti, oh J, clamaré... fuego consumió los 3068
2.1 viene el día de J, porque está cercano 3068
2.11 J dará su orden delante de su ejército 3068
2.11 grande es el día de J, y muy terrible 3068
2.12 dice J, convertíos a mí con todo... Corazón 3068
2.13 rasgad... y convertíos a J vuestro Dios 3068
2.14 y dejará tras... ofrenda y libación para J 3068
2.17 lloren los sacerdotes ministros de J 3068
2.17 digan: Perdona, Oh J, a tu pueblo, y no 3068
2.18 J, solícito por... perdonará a su pueblo 3068
2.19 responderá J... He aquí yo os envío pan 3068
2.21 no temas... porque J hará grandes cosas 3068
2.26 alabaréis el nombre de J vuestro Dios 3068
2.27 Y que yo soy J vuestro Dios, y no hay 3068
2.31 que venga el día grande y espantoso de J 3068
2.32 que invocare el nombre de J será salvo 3068
2.32 Sion... habrá salvación, como ha dicho J 3068
3.8 los venderán a los sabeos... J ha hablado 3068
3.11 haz venir allí, oh J, a tus fuertes 3068
3.14 cercano está el día de J en el valle de 3068
3.16 y J rugirá desde Sion, y dará su voz 3068
3.16 J será la esperanza de su pueblo, y la 3068
3.17 y conoceréis que yo soy J vuestro Dios 3068
3.18 saldrá una fuente de la casa de J, y 3068
3.21 limpiaré la sangre... y J morará en Sion 3068
Am 1.2 J rugirá desde Sion, y dará su voz 3068
1.3 ha dicho J: Por tres pecados de Damasco 3068
1.5 quebraré los cerrojos de Damasco... dice J 3068
1.6 así ha dicho J: Por tres pecados de Gaza 3068
1.8 y el resto de los... perecerá, ha dicho J 3068
1.9 así ha dicho J: Por tres pecados de Tiro 3068
1.11 ha dicho J: Por tres pecados de Edom, y 3068
1.13 ha dicho J: Por tres pecados de... Amón 3068
1.15 su rey irá en cautiverio, él y... dice J 3068
2.1 ha dicho J: Por tres pecados de Moab, y 3068
2.3 quitaré el Juez de en medio de... dice J 3068
2.4 así ha dicho J: Por tres pecados de Judá 3068
2.4 porque menospreciaron la ley de J, y no 3068
2.6 ha dicho J: Por tres pecados de Israel 3068
2.11 ¿no es... así, dice J, hijos de Israel? 3068
2.16 el esforzado de... huirá desnudo... dice J 3068
3.1 oíd esta palabra que ha hablado J contra 3068
3.6 ¿habrá algún mal... cual J no haya hecho? 3068
3.7 no hará nada J el Señor, sin que revele 3068
3.8 habla J el Señor, ¿quién no profetizará? 3068
3.10 no saben... lo recto, dice J, atesorando 3068
3.11 J el Señor ha dicho... Un enemigo vendrá 3068
3.12 ha dicho J: De la manera que el pastor 3068
3.13 oíd y testificad... ha dicho J Dios de los 3068
3.15 muchas casas serán arruinadas, dice J 3068
4.2 J el Señor juró por su santidad: He aquí 3068
4.3 y saldréis... echadas de¡ palacio, dice J 3068
4.5 pues que así lo queréis... dice J el Señor 3068
4.6,8,9,10,11 no os volvisteis a mí, dice J 3068
4.13 J Dios de los ejércitos es su nombre 3068
5.3 ha dicho J... La ciudad que salga con mil 3068
5.4 dice J a la casa de Israel: Buscadme, y 3068
5.6 buscad a J, y vivid; no sea que acometa 3068
5.8 el que llama a las aguas... J es su nombre 3068
5.14 así J Dios de los... estará con vosotros 3068
5.15 quizá J... tendrá piedad del remanente de 3068
5.16 ha dicho J... En todas las plazas habrá 3068
5.17 porque pasaré en medio de ti, dice J 3068
5.18 ¡ay de los que desean el día de J! ¿Para 3068
5.18 ¿para qué queréis este día de J? Será 3068
5.20 ¿no será el día de J tinieblas, y no luz 3068
5.27 os haré, pues, transportar... ha dicho J 3068
6.8 J... juró por sí mismo, J Dios... ha dicho 3068
6.10 no podemos mencionar el nombre de J 3068
6.11 J mandará, y herirá con hendiduras la 3068
6.14 dice J... levantaré yo sobre vosotros a 3068
7.1 así me ha mostrado J... él criaba langostas 3068
7.2 dije: J, perdona ahora; ¿quién levantará 3068
7.3,6 arrepintió J de esto: No será, dijo J 3068
7.4 J... me mostró así... J el Señor llamaba para 3068
7.5 Señor J, cesa ahora; ¿quién levantará a 3068
7.6 no será esto tampoco, dijo J el Señor 3068
7.8 J... me dijo: ¿Qué ves, Amós? Y dije: Una 3068
7.15 y J me tomó de detrás del ganado, y me 3068
7.16 ahora, pues, oye palabra de J... Tú dices 3068
7.17 así ha dicho J: Tu mujer será ramera en 3068
8.1 me ha mostrado J... He aquí un canastillo 3068
8.2 dijo J: Ha venido el fin sobre... Israel 3068
8.3 los cantores del templo gemirán... dice J 3068
8.7 J juró por la gloria de Jacob: No me 3068
8.9 dice J... que haré que se ponga el sol a 3068
8.11 vienen días, dice J... enviaré hambre a 3068
8.11 ni sed de... sino de oír la palabra de J 3068
8.12 e irán errantes... buscando palabra de J 3068
9.5 J de los ejércitos, es el que toca la 3068
9.6 él edificó en el cielo... J es su nombre 3068
9.7 ¿no me sois... hijos de etíopes, dice J? 3068
9.8 los ojos de J el Señor... contra el reino 3068
9.8 no destruiré... la casa de Jacob, dice J 3068
9.12 posean... y a todas las naciones, dice J 3068
9.13 vienen días, dice J, en que el que ara 3068
9.15 los plantaré sobre... ha dicho J Dios tuyo 3068
Abd 1 J el Señor ha dicho así... cuanto a Edom 3068
1 hemos oído el pregón de J, y mensajero ha 3068
4 remontares... de ahí te derribaré, dice J 3068
8 ¿no haré que perezcan... dice J, los sabios 3068
15 cercano está el día de J sobre... naciones 3068
18 ni aun resto quedará de... J lo ha dicho 3068
21 subirán salvadores... y el reino será de J 3068
Jon 1.1 palabra de J a Jonás hijo de Amitai 3068
1.3 para huir de la presencia de J a Tarsis 3068
1.3 irse... Tarsis, lejos de la presencia de J 3068
1.4 J hizo levantar un gran viento en el mar 3068
1.9 y temo a J, Dios de los cielos, que hizo 3068
1.10 sabían que huía de la presencia de J 3068
1.14 clamaron a J y dijeron: Te rogamos ahora 3068
1.14 te rogamos ahora, J, que no perezcamos 3068
1.14 porque tú, J, has hecho... has querido 3068
1.16 temieron aquellos hombres a J con gran 3068
1.16 ofrecieron sacrificio a J, e hicieron 3068
1.17 pero J tenía preparado un gran pez que 3068
2.1 oró Jonás a J... desde el vientre del pez 3068
2.2 invoqué en mi angustia a J, y él me oyó 3068
2.6 tú sacaste mi vida de la sepultura, oh J 3068
2.7 alma desfallecía en mí, me acordé de J 3068
2.9 pagaré lo... prometí. La salvación es de J 3068
2.10 y mandó J al pez, y vomitó a Jonás en 3068
3.1 vino palabra de J... segunda vez a Jonás 3068
3.3 fue a Nínive conforme a la palabra de J 3068
4.2 oró a J y dijo: Ahora, oh J, ¿no es esto 3068
4.3 ahora... J, te ruego que me quites la vida 3068
4.4 y J le dijo: ¿Haces tú bien en enojarte 3068
4.6 preparó J Dios una calabacera, la cual 3068
4.10 J: Tuviste tú lástima de la calabacera 3068
Mi 1.1 palabra de J... a Miqueas de Moreset en 3068
1.2 J el Señor... sea testigo contra vosotros 3068
1.3 aquí, J sale de su lugar, y descenderá 3068
1.12 de parte de J el mal había descendido 3068
2.3 dicho J: He aquí, yo pienso contra esta 3068
2.5 no habrá quien... en la congregación de J 3068
2.7 Jacob, ¿se ha acortado el Espíritu de J? 3068
2.13 su rey pasará... y a la cabeza de ellos J 3068
3.4 clamaréis a J, y no os responderá; antes 3068
3.5 ha dicho J acerca de los profetas que 3068
3.8 estoy lleno de poder del Espíritu de J 3068
3.11 se apoyan en J, diciendo: ¿No está J 3068
4.1 monte de la casa de J será establecido 3068
4.2 venid, y subamos al monte de J, y a la 3068
4.2 la ley, y de Jerusalén la palabra de J 3068
4.4 boca de J de los ejércitos lo ha hablado 3068
4.5 todo andaremos en el nombre de J nuestro 3068
4.6 aquel día, dice J, juntaré la que cojea 3068
4.7 y J reinará sobre ellos en el monte de 3068
4.10 redimirá J de la mano de tus enemigos 3068
4.12 no conocieron los pensamientos de J, ni 3068
4.13 consagrarás a J su botín, y... al Señor 3068
5.4 él estará, y apacentará con poder de J 3068
5.4 con grandeza del nombre de J su Dios; y 3068
5.7 remanente de Jacob... como el rocío de J 3068
5.10 acontecerá... dice J, que haré matar tus 3068
6.1 oíd... lo que dice J: Levántate, contiende 3068
6.2 oíd... el pleito de J... J tiene pleito con 3068
6.5 para que conozcas las justicias de J 3068
6.6 ¿con qué me presentaré ante J, y adoraré 3068
6.7 ¿se agradará J de millares de carneros 3068
6.8 qué pide J de ti... hacer justicia, y amar 3068
6.9 la voz de J clama a la ciudad; es sabio 3068
7.7 mas yo a J miraré, esperaré al Dios de 3068
7.8 aunque more en tinieblas, J será mi luz 3068
7.9 ira de J soportaré, porque pequé contra 3068
7.10 que me decía: ¿Dónde está J tu Dios? 3068
7.17 se volverán amedrentados ante J... Dios 3068
Nah 1.2 J es Dios celoso y vengador; J es 3068
1.3 J es tardo para la ira y grande en poder 3068
1.3 J marcha en la tempestad y el torbellino 3068
1.7 J es bueno, fortaleza en el día de la 3068
1.9 ¿qué pensáis contra J?... hará consumación 3068
1.11 de ti salió el que imaginó mal contra J 3068
1.12 ha dicho J: Aunque reposo tengan, y sean 3068
1.14 mandará J, que no quede ni memoria de 3068
2.2 porque J restaurará la gloria de Jacob 3068
2.13; 3.5 heme aquí contra ti, dice J de los 3068
Hab 1.2 ¿hasta cuándo, oh J, clamaré, y no 3068
1.12 ¿no eres tú desde el principio, oh J 3068
1.12 oh J, para juicio lo pusiste; y tú, oh 3068
2.2 y J me respondió... Escribe la visión, y 3068
2.13 ¿no es esto de J de los ejércitos? Los 3068
2.14 la tierra será llena... de la gloria de J 3068
2.16 cáliz de... J vendrá hasta ti, y vómito 3068
2.20 mas J está en su santo templo; calle 3068
3.2 oh J, he oído tu palabra, y temí... Oh 3068
3.2 J, aviva tu obra en medio de los tiempos 3068
3.8 ¿te airaste, oh J, contra los ríos? 3068
3.18 con todo, yo me alegraré en J, y me 3068
3.19 J el Señor es mi fortaleza, el cual 3068
Sof 1.1 palabra de J... vino a Sofonías hijo 3068
1.2 destruiré por completo todas las... dice J 3068
1.3 cortaré a los impíos; y raeré a... dice J 3068
1.5 y a los que se postran jurando por J y 3068
1.6 apartan de en pos de J... no buscaron a J 3068
1.7 calla en la presencia de J el Señor 3068
1.7 porque el día de J está cercano; porque 3068
1.7 J ha preparado sacrificio, y ha dispuesto 3068
1.8 el día del sacrificio de J castigaré a 3068
1.10 habrá... dice J, voz de clamor desde la 3068
1.12 que... dice... J ni hará bien ni hará mal 3068
1.14 cercano está el día grande de J, cercano 3068
1.14 es amarga la voz del día de J: gritará 3068
1.17 como ciegos, porque pecaron contra J 3068
1.18 ni su plata... en el día de la ira de J 3068
2.2 venga sobre vosotros el furor... ira de J 3068
2.2 antes que el día de la ira de J venga 3068
2.3 buscad a J... los humildes de la tierra 3068
2.3 seréis guardados... el día del enojo de J 3068
2.5 la palabra de J es contra vosotros, oh 3068
2.7 J... visitará, y levantará su cautiverio 3068
2.9 dice J de los... que Moab será como Sodoma 3068
2.10 afrentaron... pueblo de J de los ejércitos 3068
2.11 terrible será J contra ellos, porque 3068
3.2 no confió en J, no se acercó a su Dios 3068
3.5 J en medio de ella es justo, no hará 3068
3.8 esperadme, dice J, hasta el día que me 3068
3.9 para que todos invoquen el nombre de J 3068

3.12 el cual confiará en el nombre de *J* 3068
3.15 *J* ha apartado tus juicios…*J* es Rey de 3068
3.17 *J* está en medio de ti, poderoso, él 3068
3.20 pues os pondré para renombre…dice *J* 3068
Hag 1.1,3 vino palabra de *J* por medio del 3068
1.2 así ha hablado *J*…Este pueblo dice: No 3068
1.2 tiempo de que la casa de *J*…reedificada 3068
1.5,7 ha dicho *J*…Meditad…vuestros caminos 3068
1.8 la casa…y seré glorificado, ha dicho *J* 3068
1.9 ¿por qué? dice *J* de los ejércitos…Por 3068
1.12 oyó Zorobabel hijo…la voz de *J* su Dios 3068
1.12 Hageo, como le había enviado *J* su Dios 3068
1.12 y oyó…y temió el pueblo delante de *J* 3068
1.13 enviado de *J*, habló por mandato de *J* 3068
1.13 diciendo: Yo estoy con vosotros, dice *J* 3068
1.14 y despertó *J* el espíritu de Zorobabel 3068
1.14 y trabajaron en la casa de *J*…su Dios 3068
2.1,10 palabra de *J* por medio de¡ profeta 3068
2.4 ahora, Zorobabel, esfuérzate, dice *J* 3068
2.4 cobrad ánimo, pueblo…dice *J*, y trabajad 3068
2.4 porque yo estoy con vosotros, dice *J* de 3068
2.6 dice *J*…De aquí a poco yo haré temblar 3068
2.7 llenaré de gloria esta casa, ha dicho *J* 3068
2.8 mío es el oro, dice *J* de los ejércitos 3068
2.9 gloria postrera…será mayor…ha dicho *J* 3068
2.9 y daré paz en este lugar, dice *J* de los 3068
2.11 así ha dicho *J*…Pregunta ahora a los 3068
2.14 así…esta gente delante de mí, dice *J* 3068
2.15 piedra sobre piedra en el templo de *J* 3068
2.17 mas no os convertisteis a mí, dice *J* 3068
2.18 que se echó el cimiento del templo de *J* 3068
2.20 vino…segunda vez palabra de *J* a Hageo 3068
2.23 te tomaré, oh Zorobabel…dice *J*, y te 3068
2.23 yo te escogí, dice *J* de los ejércitos 3068
Zac 1.1,7 palabra de *J* al profeta Zacarías 3068
1.2 se enojó *J* en…contra vuestros padres 3068
1.3 así ha dicho *J*…Volveos a mí, dice *J* de 3068
1.3 y yo me volveré a vosotros, ha dicho *J* 3068
1.4 diciendo: Así ha dicho *J*…Volveos ahora 3068
1.4 no atendieron, ni me escucharon, dice *J* 3068
1.6 *J*…pensó tratarnos conforme a nuestros 3068
1.10 son los que *J* ha enviado a recorrer la 3068
1.11 hablaron a aquel ángel de *J* que estaba 3068
1.12 respondió el ángel de *J*…Oh *J* de los 3068
1.13 *J* respondió…palabras consoladoras, al 3068
1.14 ha dicho *J*…Celé con gran celo a…Sion 3068
1.16 ha dicho *J*: Yo me he vuelto a Jerusalén 3068
1.16 en ella será edificada mi casa, dice *J* 3068
1.17 así dice *J*…Aún rebosarán mis ciudades 3068
1.17 y aún consolará *J* a Sion, y escogerá 3068
1.20 me mostró luego *J* cuatro carpinteros 3068
2.5 seré para ella, dice *J*, muro de fuego en 3068
2.6 eh, huid de la tierra del norte, dice *J* 3068
2.6 los cuatro vientos…os esparcí, dice *J* 3068
2.8 ha dicho *J*…Tras la gloria me enviará 3068
2.9 sabréis que *J* de los ejércitos me envió 3068
2.10 y moraré en medio de ti, ha dicho *J* 3068
2.11 se unirán muchas naciones a *J* en aquel 3068
2.11 conocerás que *J* de…me ha enviado a ti 3068
2.12 y *J* poseerá a Judá su heredad en la 3068
2.13 calle toda carne delante de *J*; porque 3068
3.1 el cual estaba delante del ángel de *J* 3068
3.2 y dijo *J* a Satanás: *J* te reprenda, oh 3068
3.2 *J*…ha escogido a Jerusalén te reprenda 3068
3.5 las ropas. Y el ángel de *J* estaba en pie 3068
3.6 el ángel de *J* amonestó a Josué, diciendo 3068
3.7 dice *J*…Si anduvieres por mis caminos 3068
3.9 yo grabaré su escultura, dice *J* de los 3068
3.10 dice *J*…cada uno de vosotros convidará 3068
4.6 esta es palabra de *J* a Zorobabel, que 3068
4.6 sino con mi Espíritu, ha dicho *J* de los 3068
4.8 vino palabra de *J* a mí, diciendo 3068
4.9 y conocerás que *J*…me envió a vosotros 3068
4.10 siete son los ojos de *J*, que recorren 3068
5.4 he hecho salir, dice *J* de los ejércitos 3068
6.9 vino a mí palabra de *J*, diciendo 3068
6.12 así ha hablado *J*…He aquí el varón cuyo 3068
6.12 el Renuevo…edificará el templo de *J* 3068
6.13 él edificará el templo de *J*…le llevará 3068
6.14 servirán…memoria en el templo de *J* 3068
6.15 y ayudarán a edificar el templo de *J* 3068
6.15 y conoceréis que *J* de…me ha enviado a 3068
6.15 esto sucederá si oyereis…la voz de *J* 3068
7.1 rey Darío vino palabra de *J* a Zacarías 3068
7.2 había enviado…a implorar el favor de *J* 3068
7.3 sacerdotes que estaban en la casa de *J* 3068
7.4 vino…a mí palabra de *J* de los ejércitos 3068
7.7 las palabras que proclamó *J* por medio de 3068
7.8 vino palabra de *J* a Zacarías, diciendo 3068
7.9 así habló *J*…Juzgad conforme a la verdad 3068
7.12 no oír…las palabras que *J*…enviaba por 3068
7.12 vino…gran enojo de parte de *J* de los 3068
7.13 yo no escuché, dice *J* de los ejércitos 3068
8.1,18 a mí palabra de *J* de los ejércitos 3068
8.2 así ha dicho *J*…Celé a Sion con gran celo 3068
8.3 así dice *J*: Yo he restaurado a Sion, y 3068
8.3 y el monte de *J* de…Monte de Santidad 3068
8.4 así ha dicho *J*…Aún han de morar ancianos 3068
8.6 dice *J*…Si esto parecerá maravilloso a 3068
8.6 maravilloso delante de mis ojos? dice *J* 3068
8.7 ha dicho *J*…yo salvo a mi pueblo de la 3068
8.9 ha dicho *J*…Esfuércense vuestras manos 3068
8.9 que se echó el cimiento a la casa de *J* 3068
8.11 no lo haré con el remanente de…dice *J* 3068
8.14 así ha dicho *J*…Como pensé haceros mal 3068
8.17 estas son cosas que aborrezco, dice *J* 3068
8.19 ha dicho *J*…El ayuno del cuarto mes, el 3068
8.20 así ha dicho *J*…Aún vendrán pueblos, y 3068
8.21 dirán…Vamos a implorar el favor de *J* 3068
8.22 vendrán…a buscar a *J* de los ejércitos 3068
8.23 dicho *J*…tomarán del manto a un judío 3068
9.1 profecía de la palabra de *J* está contra 3068
9.1 a *J* deben mirar los ojos de los hombres 3068
9.14 *J* será visto sobre ellos, y su dardo 3068
9.14 *J* el Señor tocará trompeta, e irá entre 3068
9.15 *J* de los ejércitos los amparará, y ellos 3068
9.16 los salvará en aquel día *J* su Dios como 3068
10.1 pedid a *J* lluvia en la estación tardía 3068
10.1 *J* hará relámpagos, y os dará lluvia 3068
10.3 pero *J*…visitará su rebaño, la casa de 3068
10.5 y pelearán, porque *J* estará con ellos 3068
10.6 porque yo soy *J* su Dios, y los oiré 3068
10.7 se alegrarán; su corazón se gozará en *J* 3068
10.12 fortaleceré en *J*…en su nombre, dice *J* 3068
11.4 así ha dicho *J*…Apacienta las ovejas de 3068
11.5 bendito sea *J*, porque he enriquecido 3068
11.6 no tendré ya más piedad de los…dice *J* 3068
11.11 así conocieron…que era palabra de *J* 3068
11.13 me dijo *J*: Échalo al tesoro; ¡hermoso 3068
11.13 y las eché en la casa de *J* al tesoro 3068
11.15 me dijo *J*: Toma aún los aperos de un 3068
12.1 profecía de la palabra de *J* acerca de 3068
12.1 *J*, que extiende los cielos y funda la 3068
12.4 aquel día, dice *J*, heriré con pánico a 3068
12.5 tienen fuerza los…de Jerusalén en *J* 3068
12.7 librará *J* las tiendas de Judá primero 3068
12.8 día *J* defenderá al morador de Jerusalén 3068
12.8 será…como el ángel de *J* delante de ellos 3068
13.2 dice *J*…quitaré de la tierra…imágenes 3068
13.3 has hablado mentira en el nombre de *J* 3068
13.7 levántate, oh espada, contra el…dice *J* 3068
13.8 dice *J*, que las dos terceras partes 3068
13.9 diré: Pueblo mío; y el dirá: *J* es mi Dios 3068
14.1 he aquí, el día de *J* viene, y en medio 3068
14.3 saldrá *J* y peleará con…naciones, como 3068
14.5 vendrá *J* mi Dios, y con él…los santos 3068
14.7 será un día, el cual es conocido de *J* 3068
14.9 y *J* será rey sobre toda la tierra…En 3068
14.9 aquel día *J* será uno, y uno su nombre 3068
14.12 esta será la plaga con que herirá *J* a 3068
14.13 entre ellos gran pánico enviado por *J* 3068
14.16 subirán…para adorar al Rey, a *J* de los 3068
14.17 no subieren…para adorar al Rey, *J* de 3068
14.18 la plaga con que *J* herirá las naciones 3068
14.20 estará grabado sobre las…SANTIDAD A *J* 3068
14.20 las ollas de la casa de *J* serán como 3068
14.21 toda olla…será consagrada a *J* de los 3068
14.21 y no habrá…mercader en la casa de *J* 3068
Mal 1.1 profecía de la palabra de *J* contra 3068
1.2 os he amado, dice *J*; y dijisteis: ¿En qué 3068
1.2 ¿no era Esaú hermano de Jacob? dice *J* 3068
1.4 ha dicho *J*…edificarán, y yo destruiré 3068
1.4 pueblo contra el cual *J* está indignado 3068
1.5 diréis: Sea *J* engrandecido más allá de 3068
1.6 dice *J* de los ejércitos a vosotros, oh 3068
1.7 pensáis que la mesa de *J* es despreciable 3068
1.8 le serás acepto? dice *J* de los ejércitos 3068
1.9 pero ¿cómo podéis agradarle…dice *J* de 3068
1.10 no tengo complacencia en…dice *J* de los 3068
1.11 grande es mi nombre entre las…dice *J* 3068
1.12 cuando decís: Inmunda es la mesa de *J* 3068
1.13 y me despreciáis, dice *J* de…ejércitos 3068
1.13 ¿aceptaré yo…de vuestra mano? dice *J* 3068
1.14 que…promete, y sacrifica a *J* lo dañado 3068
1.14 porque yo soy Gran Rey, dice *J* de los 3068
2.2 ha dicho *J* de…enviaré maldición sobre 3068
2.4 que fuese mi pacto con Leví, ha dicho *J* 3068
2.7 porque mensajero es de *J* de…ejércitos 3068
2.8 habéis corrompido el pacto…dice *J* de los 3068
2.11 Judá ha profanado el santuario de *J* que 3068
2.12 *J* cortará…al hombre que hiciere esto 3068
2.12 que ofrece ofrenda a *J* de los ejércitos 3068
2.13 haréis cubrir el altar de *J* de lágrimas 3068
2.14 *J* ha atestiguado entre ti y la mujer de 3068
2.16 *J*…ha dicho que él aborrece el repudio 3068
2.16 al que cubre de iniquidad su…dijo *J* 3068
2.17 habéis hecho cansar a *J* con vuestras 3068
2.17 cualquiera que hace mal agrada a *J*, y 3068
3.1 aquí viene, ha dicho *J* de los ejércitos 3068
3.3 Leví…y traerán a *J* ofrenda en justicia 3068
3.4 será grata a *J* la ofrenda de Judá y de 3068
3.5 no teniendo temor de mí, dice *J* de los 3068
3.6 yo *J* no cambio; por esto, hijos de Jacob 3068
3.7 volveos a mí…dicho *J* de los ejércitos 3068
3.10 y probadme ahora en esto, dice *J* de los 3068
3.11 no os destruirá el fruto de la…dice *J* 3068
3.12 porque seréis tierra deseable, dice *J* de 3068
3.13 contra mí han sido violentas, dice *J* 3068
3.14 andemos afligidos en presencia de *J* de 3068
3.16 los que temían a *J* hablaron cada uno a 3068
3.16 *J* escuchó y oyó, y fue escrito libro de 3068
3.16 delante de él para los que temen a *J* 3068
3.17 para mí especial tesoro, ha dicho *J* de 3068
4.1 día que vendrá los abrasará, ha dicho *J* 3068
4.3 serán ceniza…dicho *J* de los ejércitos 3068
4.5 que venga el día de *J*, grande y terrible 3068

JEHOVÁ-NISI *«Jehová es mi estandarte»*, Éx 17.15 3071

JEHOVÁ-SALOM *«Jehová es paz»*, Jue 6.24 3073

JEHOVÁ-SAMA *«Jehová allí»*, Ez 48.35 3074

JEHÚ
1. Profeta
1 R 16.1 vino palabra de Jehová a *J* hijo de 3058
16.7 la palabra de Jehová por el profeta *J* 3058
16.12 contra Baasa por medio del profeta *J* 3058
2 Cr 19.2 le salió al encuentro el vidente *J* 3058
20.34 están escritos en las palabras de *J* 3058
2. Rey de Israel
1 R 19.16 a *J* hijo de Nimsi ungirás por rey 3058
19.17 el que escapare de…*J* lo matará; y el 3058
19.17 y el que escapare de la espada de *J* 3058
2 R 9.2 cuando llegues allá, verás allí a *J* 3058
9.5 *J* dijo: ¿A cuál de todos nosotros? Y él 3058
9.11 salió *J* a los siervos de su señor, y le 3058
9.13 y lo puso debajo de *J* en un trono alto 3058
9.13 y tocaron corneta, y dijeron: *J* es rey 3058
9.14 así conspiró *J* hijo de…contra Joram 3058
9.15 *J* dijo…ninguno escape de la ciudad, para 3058
9.16 *J* cabalgó y fue a Jezreel, porque Joram 3058
9.17 vio la tropa de *J* que venía, y dijo: Veo 3058
9.18,19 *J*…¿Qué tienes tú que ver con la paz? 3058
9.20 el marchar del…es como el marchar de *J* 3058
9.21 en su carro, y salieron a encontrar a *J* 3058
9.22 vio Joram a *J*, dijo: ¿Hay paz, *J*? Y él 3058
9.24 pero *J* entesó su arco, e hirió a Joram 3058
9.25 dijo…*J* a Bidcar su capitán: Tómalo, y 3058
9.27 lo siguió *J*, diciendo: Herid…a éste en 3058
9.30 vino…*J* a Jezreel; y cuando Jezabel lo 3058
9.31 y cuando entraba *J* por la puerta, ella 3058
10.1 *J* escribió cartas y las envió a Samaria 3058
10.5 ayos enviaron a decir a *J*: Siervos tuyos 3058
10.11 mató…*J* a todos los…de la casa de Acab 3058
10.17 que *J* hubo llegado a Samaria, mató a 3058
10.18 reunió *J* a todo el pueblo, y les dijo 3058
10.18 Acab sirvió poco a…*J* lo servirá mucho 3058
10.19 lo hacía *J* con astucia, para exterminar 3058
10.20 dijo *J*: Santificad un día solemne a 3058
10.21 y envió *J* por todo Israel, y vinieron 3058
10.23 entró *J* con Jonadab…el templo de Baal 3058
10.24 *J* puso fuera a 80 hombres, y les dijo 3058
10.25 *J* dijo a los de su guardia y…capitanes 3058
10.28 así exterminó *J* a Baal de Israel 3058
10.29 eso, *J* no se apartó de los pecados de 3058
10.30 Jehová dijo a *J*: Por cuanto has hecho 3058
10.31 mas *J* no cuidó de andar en la ley de 3058
10.34 demás hechos de *J*, y todo lo que hizo 3058
10.35 durmió *J* con sus padres…lo sepultaron 3058
10.36 reinó *J* sobre Israel…fue de 28 años 3058
12.1 en el séptimo año de *J* comenzó a…Joás 3058
13.1 año…comenzó a reinar Joacaz hijo de *J* 3058
14.8 a Joás hijo de Joacaz, hijo de *J*, rey 3058
15.12 fue la palabra…que había hablado a *J* 3058
2 Cr 22.7 salió con Joram contra *J* hijo de 3058
22.8 y haciendo juicio *J* contra la casa de 3058
22.9 a Ocozías…trajeron a *J*, y le mataron 3058
25.17 a Joás hijo de Joacaz, hijo de *J*, rey 3058
Os 1.4 castigaré a la casa de *J* por causa de 3058
3. Descendiente de Judá, 1 Cr 2.38 3058
4. Descendiente de Simeón, 1 Cr 4.35 3058
5. Guerrero que se unió a David, 1 Cr 12.3 3058

JEHÚBA *Descendiente de Aser*, 1 Cr 7.34 3160

JEHÚD *Aldea en Dan*, Jos 19.45 3055

JEHUDAÍA *Mujer de Esdras No.1*, 1 Cr 4.18 3057

JEHUDÍ *Siervo del rey Joacim*
Jer 36.14 enviaron…*J* hijo de Netanías, hijo 3065
36.21 envió…a *J*…y leyó…*J* a oídos del rey 3065
36.23 *J* había leído tres o cuatro planas 3065

JEHÚS *Descendiente del rey Saúl*, 1 Cr 8.39 3266

JEIEL
1. Príncipe de la tribu de Rubén, 1 Cr 5.7 3273
2. Portero en el templo, 1 Cr 15.18 3273
3. Nombre de dos músicos levitas, 1 Cr 15.21; 16.5 3273
4. Levita de los hijos de Asaf, 2 Cr 20.14 3273
5. Escriba del rey Uzías, 2 Cr 26.11 3273
6. Levita en tiempo del rey Ezequías, 2 Cr 29.13 3273
7. Jefe de los levitas en tiempo del rey Josías, 2 Cr 3.5.9 3273
8. Uno que regresó con Esdras del cautiverio, Esd 8.13 3273
9. Uno de los que se casaron con mujeres extranjeras en tiempo de Esdras, Esd 10.43 3273

JEMIMA Primera hija de Job después de su restauración, Job 42.14 3224

JEMUEL *Primogénita de Simeón*, Gn 46.10; Éx 6.15 3223

JERA *Hijo de Joctán*, Gn 10.26; 1 Cr 1.20 3392

JERAMEEL
1. Padre de un linaje importante en el sur de Judá
1 S 27.10 decía: En el…Neguev de *J*, o en el 3397
30.29 en Racal, en las ciudades de *J*, en las 3397
1 Cr 2.9 hijos que nacieron a Hezrón: *J*, Ram 3396
2.25 hijos de *J* primogénito de Hezrón fueron 3396
2.26 y tuvo *J* otra mujer llamada Atara, que 3396
2.27 los hijos de Ram primogénito de *J* fueron 3396
2.33 y Zaza. Estos fueron los hijos de *J* 3396
2.42 los hijos de Caleb hermano de *J* fueron 3396
2. Levita, hijo de Cis No. 3, 1 Cr 24.29 3396
3. Oficial del rey Joacim, Jer 36.26 3396

J

JEREBAI *Uno de los valientes de David,* 1 Cr 11.46 3403

JERED *Descendiente de Judá,* 1 Cr 4.18 3382

JEREMAI *Uno de los que se casaron con mujeres extranjeras en tiempo de Esdras,* Esd 10.33 ... 3413

JEREMÍAS

1. De Libna, padre de Hamutal, 2 R 23.31; 24.18; Jer 52.1 3414
2. Jefe de la tribu de Manasés, 1 Cr 5.24; Neh 10.2; 12.1,12,34 3414
3. Nombre de tres guerreros que se unieron a David en Siclag, 1 Cr 12.4,10,13 3414
4. Profeta
2 Cr 35.25 y J endechó en memoria de Josías 3414
36.12 y no se humilló delante del profeta J 3414
36.21,22 la palabra de Jehová por boca de J 3414
Esd 1.1 cumpliese la palabra... por boca de J 3414
Jer 1.1 palabras de J hijo de Hilcías, de los 3414
1.11 vino a mí, diciendo: ¿Qué ves tú, J? 3414
7.1; 11.1; 14.1; 18.1; 21.1; 34.1,8,12; 35.1,12; 40.1;46.1; 47.1; 49.34 palabra de Jehová que vino a J 3414
18.18 dijeron: Venid y maquinemos contra J 3414
19.14 y volvió J de Tofet, adonde le envió 3414
20.1 Pasur... oyó a J que profetizaba estas 3414
20.2 azotó Pasur al profeta J, y lo puso en 3414
20.3 Pasur sacó a J del... Le dijo entonces J 3414
21.3 y J les dijo: Diréis así a Sedequías 3414
24.3 Jehová: ¿Qué ves tú, J? Y dije: Higos 3414
25.1 palabra que vino a J acerca de todo el 3414
25.2 habló el profeta J a todo el pueblo de 3414
25.13 lo que está escrito... profetizado por J 3414
26.7 oyeron a J hablar estas palabras en la 3414
26.8 cuando terminó de hablar J todo lo que 3414
26.9 todo el pueblo se juntó contra J en la 3414
26.12 habló J... diciendo: Jehová me envió a 3414
26.20 profetizó... conforme a... palabras de J 3414
26.24 Ahicam... estaba a favor de J, para que 3414
27.1 esta palabra de Jehová a J, diciendo 3414
28.5 respondió el profeta J al... Hananías 3414
28.6 y dijo el profeta J: Amén, así lo haga 3414
28.10 quitó el yugo del cuello del profeta J 3414
28.11 romperé el yugo... Y siguió J su camino 3414
28.12 rompió el yugo... cuello del profeta J 3414
28.12; 29.30; 32.26; 33.1,19,23; 35.12; 36.1,27; 37.6; 43.8 vino palabra de Jehová a J 3414
28.15 entonces dijo... J al profeta Hananías 3414
29.1 de la carta que el profeta J envió de 3414
29.27 ¿por qué... no has reprendido ahora a J 3414
29.29 leído esta carta a oídos del profeta J 3414
30.1; 32.1 palabra de Jehová que vino a J 3414
32.2 el profeta J estaba preso en el patio 3414
32.6 J: Palabra de Jehová vino a mí, diciendo 3414
34.6 habló el profeta J a Sedequías rey de 3414
35.18 dijo J a la familia de los recabitas 3414
36.4 y llamó J a Baruc hijo de Nerías, y 3414
36.4 escribió Baruc de boca de J, en un rollo 3414
36.5 mandó J a Baruc, diciendo: A mí se me 3414
36.8 todas las cosas que le mandó J profeta 3414
36.10 Baruc leyó... palabras de J en la casa 3414
36.17 cómo escribiste de boca de J todas 3414
36.19 vé y escóndete, tú y J, y nadie sepa 3414
36.26 que prendiesen a Baruc... y al profeta J 3414
36.27 rey quemó el rollo, las palabras... de J 3414
36.32 y tomó J otro rollo y lo dio a Baruc 3414
36.32 escribió en él de boca de J todas las 3414
37.2 palabras... cuales dijo por el profeta J 3414
37.3 dijesen al profeta J: Ruega ahora por 3414
37.4 J entraba y salía en medio del pueblo 3414
37.12 salía J de Jerusalén para irse a tierra 3414
37.13 Irías... apresó al profeta J, diciendo 3414
37.14 J dijo: Falso; no me paso a... caldeos 3414
37.14 prendió Irías a J, y lo llevó delante 3414
37.15 los príncipes se airaron contra J, y le 3414
37.16 entró... J en la casa de la cisterna, y 3414
37.16 y habiendo estado... J por muchos días 3414
37.17 J dijo: Hay... Y dijo más: En mano del 3414
37.18 dijo también J al rey Sedequías: ¿En 3414
37.21 custodiaron a J... Y quedó J en el patio 3414
38.1 palabras que J hablaba a todo el pueblo 3414
38.6 tomaron... a J... metieron a J... se hundió 3414
38.7 que habían puesto a J en la cisterna 3414
38.9 mal hicieron... han hecho con el profeta J 3414
38.10 haz sacar al profeta J de la cisterna 3414
38.11 los echó a J con sogas en la cisterna 3414
38.12 el etíope... a J: Pon ahora esos trapos 3414
38.12 debajo de las sogas... Y lo hizo así J 3414
38.13 sacaron a J... y quedó J en el patio de 3414
38.14 traer al profeta J... Y dijo el rey a J 3414
38.15 J dijo a Sedequías: Si te lo declarare 3414
38.16 juró el rey Sedequías en secreto a J 3414
38.17 dijo J a Sedequías... Si te entregas en 3414
38.19 rey Sedequías a J: Tengo temor de los 3414
38.20 dijo J: No te entregarán... Oye... la voz 3414
38.24 dijo Sedequías a J: Nadie sepa estas 3414
38.27 vinieron luego... a J, y le preguntaron 3414
38.28 quedó J en el patio de la cárcel hasta 3414
39.11 había ordenado... acerca de J, diciendo 3414
39.14 tomaron a J del patio de la cárcel, y 3414
39.15 y había venido palabra de Jehová a J 3414
40.2 tomó, pues, el capitán... a J y le dijo 3414
40.6 se fue... J a Gedalías... y habitó con él 3414
42.2 y dijeron al... J: Acepta... nuestro ruego 3414
42.4 el profeta J les dijo: He oído... He aquí 3414
42.5 dijeron a J: Jehová sea... testigo de la 3414
42.7 al cabo de diez días vino palabra... a J 3414
43.1 cuando J acabó de hablar a... el pueblo 3414
43.2 soberbios dijeron a J: Mentira dices 3414
43.6 al profeta J y a Baruc hijo de Nerías 3414
44.1 palabra que vino a J acerca de... judíos 3414
44.15 el pueblo... respondieron a J, diciendo 3414
44.20 y habló J a todo el pueblo... diciendo 3414
44.24 y dijo J a todo el pueblo, y a todas 3414
45.1 palabra que habló el profeta J a Baruc 3414
45.1 escribía... estas palabras de boca de J 3414
46.13 palabra que habló Jehová al profeta J 3414
50.1 habló Jehová... por medio del profeta J 3414
51.59 palabra que... el profeta J a Seraías 3414
51.60 escribió... J en un libro todo el mal 3414
51.61 y dijo J a Seraías: Cuando llegues a 3414
51.64 hasta aquí son las palabras de J 3414
Dn 9.2 años de que habló Jehová al profeta J 3414
Mt 2.17 se cumplió lo que fue dicho por... J *2408*
16.14 y otros, J, o alguno de los profetas *2408*
27.9 se cumplió lo dicho por el profeta J *2408*
5. Firmante del pacto de Nehemías, Neh 10.2 3414
6. Sacerdote que regresó del cautiverio con Zorobabel, Neh 12.1,12 3414
7. Príncipe de Judá en la dedicación del muro de Jerusalén, Neh 12.34 3414
8. Padre de Jaazanías recabita, Jer 35.3 3414

JEREMOT

1. Descendiente de Benjamín, 1 Cr 8.14 3406
2. Levita, descendiente de Merari =Jerimot No. 3), 1 Cr 23.23 3406
3. Uno de los hijos de Hemán, 1 Cr 25.4,22 3406
4. Nombre de dos que se casaron con mujeres extranjeras en tiempo de Esdras, Esd 10.26,27 3406

JERÍAS *Jefe de los hebronitas en tiempo de David,* 1 Cr 23.19; 24.23; 26.31 3404

JERICÓ *Ciudad importante en el valle del Jordán*
Nm 22.1 de Moab, junto al Jordán, frente a J 3405
26.3 hablaron... junto al Jordán frente a J 3405
26.63 contaron los... de Israel... frente a J 3405
31.12 llanos de Moab, que están... frente a J 3405
33.48 de Moab, junto al Jordán, frente a J 3405
33.50 habló Jehová a Moisés en... frente a J 3405
34.15 tomaron su heredad... Jordán frente a J 3405
35.1 habló Jehová a Moisés en los... frente a J 3405
36.13 y los estatutos que mandó... frente a J 3405
Dt 32.49 tierra de Moab que está frente a J 3405
34.1 la cumbre del Pisga... está enfrente de J 3405
34.3 la vega de J, ciudad de las palmeras 3405
Jos 2.1 reconoced la tierra, y a J... Y ellos 3405
2.2 y fue dado aviso al rey de J, diciendo 3405
2.3 el rey de J envió a decir a Rahab: Saca 3405
3.16 y el pueblo pasó en dirección de J 3405
4.13 pasaron hacia la llanura de J delante 3405
4.19 acamparon en Gilgal, al... oriental de J 3405
5.10 celebraron la pascua... los llanos de J 3405
5.13 Josué cerca de J, alzó sus ojos y vio 3405
6.1 J estaba cerrada, bien cerrada, a causa 3405
6.2 he entregado en tu mano a J y a su rey 3405
6.25 que Josué había enviado a reconocer a J 3405
6.26 maldito... el hombre que... reedificare... J 3405
7.2 Josué envió hombres desde J a Hai, que 3405
8.2 harás a Hai y a su rey como hiciste a J 3405
9.3 oyeron lo que Josué había hecho a J y a 3405
10.1 como había hecho a J y a su rey, así 3405
10.28 hizo al... como había hecho al rey de J 3405
10.30 hizo a su rey... había hecho al rey de J 3405
12.9 el rey de J, uno; el rey de Hai... otro 3405
13.32 repartió... al otro lado del Jordán de J 3405
16.1 el Jordán de J hasta las aguas de J al 3405
16.1 hacia el desierto que sube de J por las 3405
16.7 desciende a... y toca J y sale al Jordán 3405
18.12 sube hacia el lado de J al norte; sube 3405
18.21 las ciudades de... de Benjamín... fueron J 3405
20.8 al oriente de J, señalaron a Beser en el 3405
24.11 pasasteis el Jordán, y vinisteis a J 3405
24.11 y los moradores de J pelearon contra 3405
2 S 10.5 quedaos en J hasta que os vuelva a 3405
1 R 16.34 tiempo Hiel de Bet-el reedificó a J 3405
2 R 2.4 quédate aquí... Jehová me ha enviado a J 3405
2.4 que no te dejaré. Vinieron, pues, a J 3405
2.5,15 hijos de... profetas que estaban en J 3405
2.18 a Eliseo, que se había quedado en J, él 3405
25.5 al rey... lo apresó en las llanuras de J 3405
1 Cr 6.78 otro lado del Jordán frente a J, al 3405
19.5 dijeran: Estaos en J hasta que os crezca 3405
2 Cr 28.15 y los llevaron hasta J, ciudad de 3405
Esd 2.34; Neh 7.36 los hijos de J, 345 3405
Neh 3.2 junto a ella edificaron los... de J, y 3405
Jer 39.5; 52.8 alcanzaron a Sedequías en... de J 3405
Mt 20.29 al salir ellos de J, le seguía una *2410*
Mr 10.46 vinieron a J; y al salir de J él y *2410*
Lc 10.30 **un hombre descendía de Jerusalén a J** *2410*
18.35 acercándose Jesús a J, un ciego estaba *2410*
19.1 entrado Jesús en J, iba pasando por la *2410*
He 11.30 por la fe cayeron los muros de J *2410*

JERIEL *Descendiente de Isacar,* 1 Cr 7.2 3400

JERIMOT

1. Nombre de dos descendientes de Benjamín, 1 Cr 7.7,8 3406
2. Guerrero que se unió a David, 1 Cr 12.5 3406
3. Descendiente de Merari (=Jeremot No. 2), 1 Cr 24.30 3406
4. Jefe de la tribu de Neftalí, 1 Cr 27.19 3406
5. Hijo del rey David, 2 Cr 11.18 3406
6. Funcionario del rey Ezequías, 2 Cr 31.13 3406

JERIOT *Hijo de Caleb,* 1 Cr 2.18 3408

JEROBAAL = *Gedeón*
Jue 6.32 aquel día Gedeón fue llamado J, esto 3378
7.1 levantándose, pues... J, el cual es Gedeón 3378
8.29 J hijo de Joás fue y habitó en su casa 3378
8.35 ni se... agradecidos con la casa de J, el 3378
9.1 Abimelec hijo de J fue a Siquem, a los 3378
9.2 que os gobiernen... todos los hijos de J 3378
9.5 mató a sus hermanos los hijos de J, 70 3378
9.5 pero quedó Jotam el hijo menor de J, que 3378
9.16 si habéis actuado bien con J y con su 3378
9.19 habéis procedido... con J y con su casa 3378
9.24 la violencia hecha a los 70 hijos de J 3378
9.28 ¿no es hijo de J... Zebul ayudante suyo? 3378
9.57 vino... la maldición de Jotam hijo de J 3378
1 S 12.11 Jehová envió a J, a Barac, a Jefté 3378
2 S 11.21 ¿quién hirió a Abimelec hijo de J? 3380

JEROBOAM

1. Jeroboam I, rey de Israel
1 R 11.26 también J... alzó su mano contra el 3379
11.28 J era valiente y esforzado; y viendo 3379
11.29 aconteció... que saliendo J de Jerusalén 3379
11.31 dijo a J: Toma para ti los diez pedazos 3379
11.40 Salomón procuró matar a J, pero J se 3379
12.2 cuando lo oyó J hijo de Nabat, que aún 3379
12.3 vino, pues, J, y toda la congregación 3379
12.12 día vino J con todo el pueblo a Roboam 3379
12.15 por medio de Ahías silonita a J hijo 3379
12.20 oyendo todo Israel que J había vuelto 3379
12.25 reedificó J a Siquem en el monte de 3379
12.26 y dijo J en su corazón... se volverá el 3379
12.32 instituyó J fiesta solemne en el mes 3379
13.1 estando J junto al altar para quemar 3379
13.4 cuando... J oyó la palabra del varón de 3379
13.33 no se apartó J de su mal camino, sino 3379
13.34 esto fue causa de pecado a la casa de J 3379
14.1 en... tiempo Abías hijo de J cayó enfermo 3379
14.2 dijo J a su mujer: Levántate ahora y 3379
14.2 no te conozcan que eres la mujer de J 3379
14.4 la mujer de J lo hizo así; y se levantó 3379
14.5 la mujer de J vendrá a consultarte por 3379
14.6 entra, mujer de J... ¿Por qué te finges 3379
14.7 di a J: Así dijo Jehová Dios de Israel 3379
14.10 traigo mal sobre... J, y destruiré de J 3379
14.10 barreré la posteridad de la casa de J 3379
14.11 el que muera de los de J en la ciudad 3379
14.13 de los de J, sólo él será sepultado 3379
14.13 en él alguna cosa buena... la casa de J 3379
14.14 cual destruirá la casa de J en este día 3379
14.16 entregará a Israel por... pecados de J 3379
14.17 la mujer de J se levantó y se marchó 3379
14.19 los demás hechos de J, las guerras que 3379
14.20 el tiempo que reinó J fue de 22 años 3379
14.30 hubo guerra entre Roboam y J todos los 3379
15.1 en el año 18 del rey J hijo de Nabat 3379
15.6 hubo guerra entre Roboam y J todos los 3379
15.7 de Judá? Y hubo guerra entre Abiam y J 3379
15.9 el año veinte de J rey de Israel, Asa 3379
15.25 Nadab hijo de J comenzó a reinar sobre 3379
15.29 mató a toda la casa de J, sin dejar 3379
15.29 sin dejar alma viviente de los de J 3379
15.30 por los pecados que J había cometido 3379
15.34 en el camino de J, y en su pecado con 3379
16.2 y has andado en el camino de J, y has 3379
16.3 pondré su casa como la casa de J hijo 3379
16.7 para que fuese hecha como la casa de J 3379
16.19 andando en los caminos de J, y en su 3379
16.26 anduvo en todos los caminos de J hijo 3379
16.31 andar en... pecados de J hijo de Nabat 3379
21.22 pondré tu casa como la casa de J hijo 3379
22.52 anduvo... el camino de J hijo de Nabat 3379
2 R 3.3 se entregó a los pecados de J hijo de 3379
9.9 pondré... como la casa de J hijo de Nabat 3379
10.29,31; 13.11; 14.24; 15.9,18,24,28 no se apartó de los pecados de J 3379
13.2 siguió en... pecados de J hijo de Nabat 3379
13.6 no se apartaron de los pecados... de J 3379
17.21 hicieron rey a J... J apartó a Israel 3379
17.22 anduvieron en todos los pecados de J 3379
23.15 el lugar alto que había hecho J hijo 3379
2 Cr 9.29 en la profecía del... Iddo contra J 3379
10.2 cuando lo oyó J hijo de Nabat... volvió 3379
10.3 vino... J, todo Israel, y hablaron a 3379
10.12 vino... J con todo el pueblo a Roboam al 3379
10.15 la palabra que había hablado por... a J 3379
11.4 y se volvieron, y no fueron contra J 3379
11.14 pues J y sus hijos los excluyeron del 3379
12.15 entre Roboam y J hubo guerra constante 3379
13.1 a los 18 años del rey J, reinó Abías 3379
13.2 reinó... y hubo guerra entre Abías y J 3379
13.3 Abías... J ordenó batalla contra él con 3379
13.4 Abías... y dijo: Oídme, J y todo Israel 3379
13.6 pero J... se levantó y rebeló contra su 3379
13.8 tenéis... becerros de oro que J os hizo 3379
13.13 pero J hizo tender una emboscada para 3379
13.15 Dios desbarató a J y a todo Israel 3379
13.19 siguió Abías a J, y le tomó... ciudades 3379
13.20 y nunca más tuvo J poder en los días 3379
2. Jeroboam II, rey de Israel
2 R 13.13 se sentó J sobre su trono; y Joás 3379
14.16 durmió... reinó en su lugar J su hijo 3379
14.23 el año quince de... comenzó a reinar J 3379
14.27 los salvó por mano de J hijo de Joás 3379
14.28 demás hechos de J, y todo lo que hizo 3379
14.29 durmió J con sus padres, los reyes de 3379
15.1 año 27 de J... comenzó a reinar Azarías 3379

15.8 en el año 38... reinó Zacarías hijo de *J* 3379
1 Cr 5.17 contados... días de *J* rey de Israel 3379
Os 1.1 días de *J* hijo de Joás, rey de Israel 3379
Am 1.1 profetizó... en días de *J* hijo de Joás 3379
7.9 levantaré con espada sobre la casa de *J* 3379
7.10 el sacerdote Amasías... envió a decir a *J* 3379
7.11 así ha dicho Amós: *J* morirá a espada 3379

JEROHAM
1. Padre de Elcana y abuelo del profeta Samuel, 1 S.1.1; 1 Cr 6.27,34 3395
2. Descendiente de Benjamín, 1 Cr 8.27 3395
3. Ascendiente de Ibneías, 1 Cr 9.8 3395
4. Ascendiente de Adaía No. 3, 1 Cr 9.12; Neh 11.12 ... 3395
5. Padre de Joela y Zebadías, valientes de David, 1 Cr 12.7 3395
6. Padre de Azareel No. 3, 1 Cr 27.22 3395
7. Padre de Azarías No. 12, 2 Cr 23.1 3395

JERUEL *Desierto entre Tecoa y En-gadi,* 2 Cr 20.16 3385

JERUSA *Madre de Jotam,* 2 R 15.33; 2 Cr 27.1 3388

JERUSALÉN = *Jebús*
Jos 10.1 rey de *J* oyó que Josué había tomado 3389
10.3 Adonisedec rey de *J* envió a Hoham... rey 3389
10.5,23 el rey de *J*, el rey de Hebrón, el 3389
12.10 rey de *J*, otro; el rey de Hebrón, otro 3389
15.8 sube... al lado sur del jebuseo, que es *J* 3389
15.63 mas a los jebuseos que habitaban en *J* 3389
15.63 y ha quedado el jebuseo en *J* con los 3389
18.28 Zela, Elef, Jebús (que es *J*), Gabaa y 3389
Jue 1.7 dijo... Y le llevaron a *J*, donde murió 3389
1.8 combatieron los hijos de Judá a *J* y la 3389
1.21 mas al jebuseo que habitaba en *J* no lo 3389
1.21 el jebuseo habitó con... Benjamín en *J* 3389
19.10 llegó... enfrente de Jebús, que es *J*, con 3389
1 S 17.54 David tomó la cabeza... la trajo a *J* 3389
2 S 5.5 en *J* reinó 33 años sobre todo Israel 3389
5.6 entonces marchó el rey... sus hombres a *J* 3389
5.13 tomó David... concubinas y mujeres de *J* 3389
5.14 los nombres de los que le nacieron en *J* 3389
8.7 tomó David los escudos de... los llevó a *J* 3389
9.13 y moraba Mefi-boset en *J*, porque comía 3389
10.14 volvió, pues Joab... de Amón, y vino a *J* 3389
11.1 envió a Joab... pero David se quedó en *J* 3389
11.12 y se quedó Urías en *J* aquel día y el 3389
12.31 y volvió David con todo el pueblo a *J* 3389
14.23 y fue a Gesur, y trajo a Absalón a *J* 3389
14.28 y estuvo Absalón por... de dos años en *J* 3389
15.8 diciendo: Si Jehová me hiciere volver a *J* 3389
15.11 y, fueron con Absalón 200 hombres de *J* 3389
15.14 sus siervos que estaban con él en *J* 3389
15.29 Sadoc y... volvieron el arca de Dios a *J* 3389
15.37 así vino Husai... y Absalón entró en *J* 3389
16.3 Siba respondió... él se ha quedado en *J* 3389
16.15 Absalón y toda... Israel, entraron en *J* 3389
17.20 como... no los hallaron, volvieron a *J* 3389
19.19 día en que mi señor el rey salió de *J* 3389
19.25 luego que vino él a *J* a recibir al rey 3389
19.33 pasa... y yo te sustentaré conmigo en *J* 3389
19.34 Barzilai dijo... yo suba con el rey a *J*? 3389
20.2 siguieron a su... desde el Jordán hasta *J* 3389
20.3 luego que llegó David a su casa en *J* 3389
20.7 salieron de *J* para ir tras Seba hijo de 3389
20.22 ciudad... y Joab se volvió al rey a *J* 3389
24.8 volvieron a *J* al cabo de nueve meses y 3389
24.16 el ángel extendió su mano sobre *J* para 3389
1 R 2.11 reinó en Hebrón, y 33 años reinó en *J* 3389
2.36 dijo: Edifícale una casa en *J* y mora ahí 3389
2.38 hará... Y habitó Simei en *J* muchos días 3389
2.41 que Simei había ido de *J* hasta Gat, y 3389
3.1 que acababa de edificar... los muros de *J* 3389
3.15 y vino a *J*, y se presentó delante del 3389
8.1 Salomón reunió... en *J* a los ancianos de 3389
9.15 para edificar... y el muro de *J*, y Hazor 3389
9.19 lo que Salomón quiso edificar en *J*, en 3389
10.2 y vino a *J* con un séquito muy grande 3389
10.26 los cuales puso en... y con el rey en *J* 3389
10.27 que en *J* la plata llegara a ser como 3389
11.7 en el monte que está enfrente de *J*, y 3389
11.13 por amor a *J*, la cual yo he elegido 3389
11.29 saliendo Jeroboam de *J*, le encontró en 3389
11.32 él tendrá una tribu por... por amor a *J* 3389
11.36 lámpara... delante de mí en *J*, ciudad que 3389
11.42 los días que Salomón reinó en *J* sobre 3389
12.18 el rey Roboam se apresuró a... huir a *J* 3389
12.21 cuando Roboam vino a *J*, reunió a toda 3389
12.27 a ofrecer... en la casa de Jehová en *J* 3389
12.28 bastante habéis subido a *J*; he aquí tus 3389
14.21 Roboam... 17 años reinó en *J*, ciudad que 3389
14.25 subió Sisac rey de Egipto contra *J* 3389
15.2 reinó tres años en *J*. El nombre de su 3389
15.4 mas... Jehová su Dios le dio lámpara en *J* 3389
15.4 levantando a su hijo... sosteniendo a *J* 3389
15.10 y reinó 41 años en *J*; el nombre de su 3389
22.42 era Josafat de... y reinó 25 años en *J* 3389
2 R 8.17 de 32 años era... ocho años reinó en *J* 3389
8.26 reinó un año en *J*. El nombre de su madre 3389
9.28 sus siervos le llevaron en un carro a *J* 3389
12.1 reinar Joás, y reinó cuarenta años en *J* 3389
12.17 y se propuso Hazael subir contra *J* 3389
12.18 lo envió a Hazael... y él se retiró de *J* 3389
14.2 comenzó a reinar... y 29 años reinó en *J* 3389
14.2 el nombre de su madre fue Joadán, de *J* 3389
14.13 vino a *J*, y rompió el muro de *J* desde 3389
14.19 conspiraron contra él en *J*, y él huyó 3389
14.20 lo sepultaron en *J* con sus padres en 3389
15.2 comenzó a reinar... y 52 años reinó en *J* 3389
15.2 nombre de su madre fue Jecolías, de *J* 3389
15.33 comenzó a... y reinó dieciséis años en *J* 3389
16.2 Acaz era... y reinó en *J* dieciséis años 3389
16.5 subieron a *J* para hacer guerra... a Acaz 3389
18.2 comenzó... y reinó en *J* veintinueve años 3389
18.17 contra *J*, y subieron y vinieron a *J* 3389
18.22 Ezequías... ha dicho a Judá y a *J*: Delante 3389
18.22 delante de este altar adoraréis en *J*? 3389
18.35 para que Jehová libre de mi mano a *J*? 3389
19.10 *J* no será entregada en mano del rey de 3389
19.21 detrás... mueve su cabeza la hija de *J* 3389
19.31 saldrá de *J* remanente, y del monte de 3389
21.1 Manasés... reinó en *J* 55 años; el nombre 3389
21.4 había dicho: Yo pondré mi nombre en *J* 3389
21.7 pondré mi nombre... en esta casa, y en *J* 3389
21.12 yo traigo tal mal sobre *J* y sobre Judá 3389
21.13 extenderé sobre *J* el cordel de Samaria 3389
21.13 limpiaré a *J* como se limpia un plato 3389
21.16 derramó... sangre inocente... llenar a *J* de ... 3389
21.19 Amón... reinó dos años en *J*... El nombre 3389
22.1 Josías... y reinó en *J* treinta y un años 3389
22.14 profetisa Hulda... la cual moraba en *J* 3389
23.1 rey mandó reunir... los ancianos... de *J* 3389
23.2 subió el rey... con... los moradores de *J* 3389
23.4 los quemó fuera de *J* en el campo del 3389
23.5 los lugares altos... los alrededores de *J* 3389
23.6 sacar la imagen... fuera de *J*... y la quemó 3389
23.9 no subían al altar de Jehová en *J*, sino 3389
23.13 lugares altos que estaban delante de *J* 3389
23.20 mató... los sacerdotes de... y volvió a *J* 3389
23.23 fue hecha aquella pascua a Jehová en *J* 3389
23.24 barrió Josías... las abominaciones... en *J* 3389
23.27 desecharé a esta ciudad... a *J*, y a la 3389
23.30 lo trajeron muerto de Meguido a *J*, y 3389
23.31 de 23 años era... y reinó tres meses en *J* 3389
23.33 puso preso... para que no reinase en *J* 3389
23.36 Joacim... a reinar, y 11 años reinó en *J* 3389
24.4 Manasés... llenó a *J* de sangre inocente 3389
24.8 era Joaquín... y reinó en *J* tres meses 3389
24.8 su madre fue Nehusta... de Elnatán, de *J* 3389
24.10 subieron contra *J* los... rey de Babilonia 3389
24.14 llevó en cautiverio a toda *J*, a todos 3389
24.15 cautivos los llevó de *J* a Babilonia 3389
24.18 era Sedequías... y reinó en *J* once años 3389
24.20 vino, pues, la ira de Jehová contra *J* 3389
25.1 Nabucodonosor rey... ejército contra *J* 3389
25.8 a *J* Nabuzaradán, capitán de la guardia 3389
25.9 quemó... todas las casas de *J*; y todas las 3389
25.10 caldeos... derribó... muros alrededor de *J* 3389
1 Cr 3.4 y en *J* reinó treinta y tres años 3389
3.5 cuatro le nacieron en *J*: Simea, Sobab 3389
6.10 en la casa que Salomón edificó en *J* 3389
6.15 cautivo cuando Jehová transportó... a *J* 3389
6.32 que Salomón edificó la casa de... en *J* 3389
8.28 estos fueron jefes... y habitaron en *J* 3389
8.32 también habitaron con sus hermanos en *J* 3389
9.3 habitaron en *J*, de los hijos de Judá, de 3389
9.34 jefes de familias... que habitaban en *J* 3389
9.38 habitaban también en *J* con sus hermanos 3389
11.4 se fue David con... a *J*, la cual es Jebús 3389
14.3 David tomó... mujeres en *J*, y engendró 3389
14.4 los nombres de los que le nacieron en *J* 3389
15.3 congregó David a todo Israel en *J*, para 3389
18.7 tomó... escudos de oro... y los trajo a *J* 3389
19.15 habían huido... Entonces Joab volvió a *J* 3389
20.1 David estaba en *J*; y Joab batió a Rabá 3389
20.3 y volvió David con todo el pueblo a *J* 3389
21.4 volvió a *J* y dio la cuenta del número 3389
21.15 y envió Jehová el ángel a *J*... destruirla 3389
21.16 una espada desnuda... extendida contra *J* 3389
23.25 Jehová... él habitará en *J* para siempre 3389
28.1 reunió David en *J*... los principales de 3389
29.27 en Hebrón, y treinta y tres reinó en *J* 3389
2 Cr 1.4 le había levantado una tienda en *J* 3389
1.13 volvió Salomón a *J*, y reinó sobre Israel 3389
1.14 jinetes, los cuales puso... el rey en *J* 3389
1.15 acumuló el rey plata y oro en *J* como 3389
2.7 esculpir con los maestros... Judá y en *J* 3389
2.16 la madera... y tú la harás llevar hasta *J* 3389
3.1 comenzó Salomón... la casa de Jehová en *J* 3389
5.2 Salomón reunió en *J* a los ancianos de 3389
6.6 a *J* he elegido para que en ella esté mi 3389
8.6 todo lo que Salomón quiso edificar en *J* 3389
9.1 oyendo la reina de Sabá... vino a *J* con un 3389
9.25 los cuales puso en... y con el rey en *J* 3389
9.27 acumuló el rey plata en *J* como piedras 3389
9.30 reinó Salomón en *J* sobre todo Israel 40 3389
10.18 el rey... subiendo en su carro huyó a *J* 3389
11.1 cuando vino Roboam a *J*, reunió de la 3389
11.5 habitó Roboam en *J*, y edificó ciudades 3389
11.14 los levitas... venían a Judá y a *J*; pues 3389
11.16 vinieron a *J* para ofrecer sacrificios 3389
12.2 año... subió Sisac rey de Egipto contra *J* 3389
12.4 las ciudades... de Judá, y llegó hasta *J* 3389
12.5 que estaban reunidos en *J* por causa de 3389
12.7 y no se derramará mi ira contra *J* por 3389
12.9 subió, pues, Sisac rey de Egipto a *J*, y 3389
12.13 fortalecido, pues, Roboam, reinó en *J* 3389
12.13 era Roboam de 41... 17 años reinó en *J* 3389
13.2 reinó tres años en *J*. El nombre de su 3389
14.15 atacaron las cabañas... y volvieron a *J* 3389
15.10 se reunieron, pues, en *J*, en el mes 3389
17.13 hombres de guerra muy valientes en *J* 3389
19.1 Josafat... volvió en paz a su casa en *J* 3389
19.4 habitó, pues, Josafat en *J*... y salía al 3389
19.8 puso... Josafat en *J* a... Y volvieron a *J* 3389
20.5 Josafat... en pie en la asamblea de... de *J* 3389
20.15 oíd, Judá... y vosotros moradores de *J* 3389
20.17 oh Judá y *J*, no temáis ni desmayéis 3389
20.18 moradores de *J* se postraron delante de 3389
20.20 oídme, Judá y moradores de *J*... Creed en 3389
20.27 todo Judá y los de *J*... volvieron... a *J* 3389
20.28 vinieron a *J* con salterios, arpas y 3389
20.31 así reinó Josafat... reinó 25 años en *J* 3389
21.5 era de 32 años, y reinó ocho años en *J* 3389
21.11 moradores de *J* fornicasen tras ellos 3389
21.13 que fornicase Judá y los moradores de *J* 3389
21.20 reinó en *J* ocho años; y murió sin que 3389
22.1 de *J* hicieron rey en lugar de Joram a 3389
22.2 Ocozías comenzó a... y reinó un año en *J* 3389
23.2 recorrieron el país de... y vinieron a *J* 3389
24.1 era Joás... y cuarenta años reinó en *J* 3389
24.6 traigan de... de *J* la ofrenda que Moisés 3389
24.9 hicieron pregonar... en *J*, que trajesen 3389
24.18 la ira de Dios vino sobre Judá y *J* por 3389
24.23 de Siria; y vinieron a Judá y a *J*, y 3389
25.1 años era Amasías... y 29 años reinó en *J* 3389
25.1 el nombre de su madre fue Joadán, de *J* 3389
25.23 lo llevó a *J*, y derribó el muro de *J* 3389
25.27 empezaron a conspirar contra él en *J* 3389
26.3 de 16 años era... y 52 años reinó en *J* 3389
26.3 nombre de su madre fue Jecolías, de *J* 3389
26.9 edificó... Uzías torres en *J*, junto a la 3389
26.15 e hizo en *J* máquinas inventadas por 3389
27.1 años era Jotam... 16 años reinó en *J* 3389
27.8 comenzó... de 25 años, y 16 reinó en *J* 3389
28.1 era Acaz... y dieciséis años reinó en *J* 3389
28.10 sujetar a vosotros a Judá y a *J* como 3389
28.24 Acaz... se hizo altares en *J* en todos los 3389
28.27 Acaz... la sepultaron en la ciudad de *J* 3389
29.1 Ezequías... reinó veintinueve años en *J* 3389
29.8 la ira de Jehová ha venido sobre... y *J* 3389
30.1 que viniesen a *J* a la casa de Jehová 3389
30.2 y con toda la congregación en *J*, para 3389
30.3 no... ni el pueblo se había reunido en *J* 3389
30.5 viniesen a celebrar la pascua a... en *J* 3389
30.11 de Aser... se humillaron, y vinieron a *J* 3389
30.13 reunió en *J* mucha gente para celebrar 3389
30.14 quitaron los altares que había en *J* 3389
30.21 los hijos de Israel que estaban en *J* 3389
30.26 hubo entonces... regocijo en *J*; porque 3389
30.26 no había habido cosa semejante en *J* 3389
31.4 mandó... al pueblo que habitaban en *J*, que 3389
32.2 viendo... y su intención de combatir a *J* 3389
32.9 siervos a *J* para decir a Ezequías rey 3389
32.9 y a todos los de Judá que estaban en *J* 3389
32.10 confiáis... al resistir el sitio en *J*? 3389
32.12 ha dicho a Judá y a *J*: Delante de este 3389
32.18 clamaron a gran voz... al pueblo de *J* 3389
32.19 y hablaron contra el Dios de *J*, como 3389
32.22 salvó Jehová... a los moradores de *J* de 3389
32.23 muchos trajeron a *J* ofrenda a Jehová 3389
32.25 la ira contra él, y contra Judá y *J* 3389
32.26 se humilló, él y los moradores de *J* 3389
32.33 honrándole en su... todo Judá y toda *J* 3389
33.1 años era Manasés... y 55 años reinó en *J* 3389
33.4 en *J* estará mi nombre perpetuamente 3389
33.7 en esta casa y en *J*, la cual yo elegí 3389
33.9 hizo extraviarse... los moradores de *J* 3389
33.13 oyó su... y lo restauró a *J*, a su reino 3389
33.15 quitó... todos los altares... en *J*, y los 3389
33.21 Amón... a reinar, y dos años reinó en *J* 3389
34.1 Josías... y treinta y un años reinó en *J* 3389
34.3 comenzó a limpiar a Judá y a *J* de los 3389
34.5 quemó además los... y limpió a Judá y a *J* 3389
34.7 cuando hubo derribado los... volvió a *J* 3389
34.9 habían recogido... de los habitantes de *J* 3389
34.22 Hulda profetisa... la cual moraba en *J* 3389
34.29 reunió a todos los ancianos de... y de *J* 3389
34.30 y subió el rey... y los moradores de *J* 3389
34.32 se obligaran... los que estaban en *J* y 3389
34.32 *J* hicieron conforme al pacto de Dios 3389
35.1 Josías celebró la pascua a Jehová en *J* 3389
35.18 la que celebró... con los moradores de *J* 3389
35.24 carro... y lo llevaron a *J*, donde murió 3389
35.24 todo Judá y *J* hicieron duelo por Josías 3389
36.1 tomó a Joacaz hijo... lo hizo rey... en *J* 3389
36.2 años era Joacaz... tres meses reinó en *J* 3389
36.3 rey de Egipto lo quitó de *J*, y condenó 3389
36.4 Egipto a Eliaquim... rey sobre Judá y *J* 3389
36.5 Joacim era de... y reinó once años en *J* 3389
36.9 Joaquín... reinó 3 meses y 10 días en *J* 3389
36.10 a Sedequías... por rey sobre Judá y *J* 3389
36.11 era Sedequías... y once años reinó en *J* 3389
36.14 casa... cual él había santificado en *J* 3389
36.19 quemaron la... y rompieron el muro de *J* 3389
36.23 ha mandado que le edifique casa en *J* 3389
Esd 1.2 ha mandado que le edifique casa en *J* 3389
1.3 y suba a *J* que está en Judá, y edifique 3389
1.3 y edifique la casa a... la cual está en *J* 3389
1.4 para la casa de Dios, la cual está en *J* 3389
1.5 edificar la casa de... la cual está en *J* 3389
1.7 Nabucodonosor había sacado de *J*, y los 3389
1.11 con los que subieron... de Babilonia a *J* 3389
2.1 que volvieron a *J* y a Judá, cada uno a 3389
2.68 cuando vinieron a la casa de Jehová... *J* 3389
3.1 juntó el pueblo como un solo hombre en *J* 3389
3.8 de su venida a la casa de Dios en *J*, en 3389
3.8 que habían venido de la cautividad a *J* 3389
4.6 escribieron... contra los... de Judá y de *J* 3389
4.8 escribieron... contra *J* al rey Artajerjes 3389
4.12 los judíos que subieron... vinieron a *J* 3389
4.20 hubo en *J* reyes fuertes que dominaron 3389
4.23 a *J* a los judíos, y les hicieron cesar 3389
4.24 cesó la obra de la casa de Dios... en *J* 3389
5.1 profetizaron Hageo... a los judíos... en *J* 3389

5.2 a reedificar la casa de Dios que...en *J* 3389
5.14 había sacado del templo que estaba en *J* 3389
5.15 llévalos al templo que está en *J*; y sea 3389
5.16 los cimientos de la casa de Dios...en *J* 3389
5.17 para reedificar esta casa de Dios en *J* 3389
6.3 Ciro dio orden acerca de la casa...en *J* 3389
6.5 Nabucodonosor sacó del templo que...en *J* 3389
6.5 vayan a su lugar, al templo...está en *J* 3389
6.9 lo que dijeren los sacerdotes...en *J*, les 3389
6.12 o destruir esa casa de Dios...está en *J* 3389
6.18 levitas...para el servicio de Dios en *J* 3389
7.7 con él subieron a *J* algunos de...Israel 3389
7.8 llegó a *J* en el mes quinto del año...rey 3389
7.9 y al primero del mes quinto llegó a *J* 3389
7.13 aquel...que quiera ir contigo a *J*, vaya 3389
7.14 eres enviado a visitar a Judea y a *J* 3389
7.15 Dios de Israel, cuya morada está en *J* 3389
7.16 la casa de su Dios, la cual está en *J* 3389
7.17 sobre el altar de la casa...está en *J* 3389
7.19 los restituirás delante de Dios en *J* 3389
7.27 honrar la casa de Jehová que está en *J* 3389
8.29 los jefes de las casas paternas...en *J* 3389
8.30 traerlo a *J* a la casa de nuestro Dios 3389
8.31 y partimos del río Ahava...para ir a *J* 3389
8.32 llegamos a *J*, y reposamos allí 3 días 3389
9.9 para...darnos protección en Judá y en *J* 3389
10.7 hicieron pregonar...en *J* que todos los 3389
10.7 hijos del cautiverio se reuniesen en *J* 3389
10.9 reunieron en *J* dentro de los tres días 3389
Neh 1.2 les pregunté por los judíos...y por *J* 3389
1.3 y el muro de *J* derribado, y sus puertas 3389
2.11 llegué...a *J*, y después de estar allí 3389
2.12 puesto en mi corazón que hiciese en *J* 3389
2.13 observé los muros de *J* que...derribados 3389
2.17 veis...que *J* está desierta, y sus puertas 3389
2.17 venid, y edifiquemos el muro de *J*, y no 3389
2.20 no tenéis...ni derecho ni memoria en *J* 3389
3.8 dejaron reparada a *J* hasta el muro ancho 3389
3.9,12 gobernador de la mitad de la...de *J* 3389
4.7 oyendo...que los muros de *J* eran reparados 3389
4.8 y conspiraron...para venir a atacar a *J* 3389
4.22 cada uno con su...permanezca dentro de *J* 3389
6.7 que proclamen acerca de ti en *J*, diciendo 3389
7.2 y a Hananías, jefe de la fortaleza de *J* 3389
7.3 no se abran las puertas de *J* hasta que 3389
7.3 y señalé guardas de los moradores de *J* 3389
7.6 y que volvieron a *J* y a Judá, cada uno 3389
8.15 y pasar pregón...por *J*, diciendo: Salid 3389
11.1 habitaron los jefes del pueblo en *J* 3389
11.1 uno de cada diez para que morase en *J* 3389
11.2 varones...se ofrecieron para morar en *J* 3389
11.3 éstos son los jefes...que moraron en *J* 3389
11.4 en *J*, pues, habitaron algunos de...Judá 3389
11.6 hijos de Fares que moraron en *J* fueron 3389
11.22 y el jefe de los levitas en *J* era Uzi 3389
12.27 para la dedicación...muro de *J* buscaron 3389
12.27 traerlos a *J*, para hacer la dedicación 3389
12.28 así de la región alrededor de *J* como 3389
12.29 habían edificado aldeas alrededor de *J* 3389
12.43 el alborozo de *J* fue oído desde lejos 3389
13.6 yo no estaba en *J*, porque en el año 32 3389
13.7 volver a *J*; y...supe del mal que había 3389
13.15 vi...y que traían a *J* en día de reposo 3389
13.16 vendían en día de reposo a los...en *J* 3389
13.19 iba oscureciendo a las puertas de *J* 3389
13.20 se quedaron fuera de *J* una y dos veces 3389
Est 2.6 el cual había sido transportado de *J* 3389
Sal 51.18 haz bien con...edifica los muros de *J* 3389
68.29 por razón de tu templo en *J* los reyes 3389
79.1 han profanado...redujeron a *J* a escombros 3389
79.3 sangre como agua en...J, y no hubo quien 3389
102.21 para que publique...su alabanza en *J* 3389
116.19 en los atrios...en medio de ti, oh *J* 3389
122.2 pies estuvieron...de tus puertas, oh *J* 3389
122.3 *J*, que se ha edificado como una ciudad 3389
122.6 pedid por la paz de *J*...prosperados los 3389
125.2 como *J* tiene montes...así Jehová está 3389
128.5 y veas el bien de *J* todos los días de 3389
135.21 sea bendecido Jehová, quien mora en *J* 3389
137.5 si me olvidare de ti, oh *J*, pierda mi 3389
137.6 si no enalteciere a *J* como preferente 3389
137.7 recuerda contra...de Edom el día de *J* 3389
147.2 Jehová edifica a *J*; a los desterrados 3389
147.12 alaba a Jehová, *J*; alaba a tu Dios, oh 3389
Ec 1.1 palabras del...hijo de David, rey en *J* 3389
1.12 el Predicador fui rey sobre Israel en *J* 3389
1.16; 2.7,9 los que fueron antes de mí en *J* 3389
Cnt 1.5 morena...oh hijas de *J*, pero codiciable 3389
2.7; 3.5 yo os conjuro, oh doncellas de *J* 3389
3.10 recamado de amor por las doncellas de *J* 3389
5.8 yo os conjuro, oh doncellas de *J*, si 3389
5.16 tal...tal es mi amigo, oh doncellas de *J* 3389
6.4 hermosa eres tú, oh...y de desear, como *J* 3389
8.4 os conjuro, oh doncellas de *J*, que no 3389
Is 1.1 visión de Isaías...acerca de Judá y *J* 3389
2.1 lo que vio Isaías...acerca de Judá y de *J* 3389
2.3 de Sion...ley, y de *J* la palabra de Jehová 3389
3.1 quita de *J* y de Judá al sustentador y al 3389
3.8 pues arruinada está *J*, y Judá ha caído 3389
4.3 fuere dejado en *J*, será llamado santo 3389
4.3 los que en *J* estén registrados entre los 3389
4.4 y limpie la sangre de *J* de en medio de 3389
5.3 vecinos de *J* y varones de Judá, juzgad 3389
7.1 Peka...subieron contra *J* para combatirla 3389
8.14 y por lazo y por red al morador de *J* 3389
10.10 siendo sus imágenes más que las de *J* 3389
10.11 ¿no haré también así a *J* y a...ídolos? 3389
10.12 toda su obra en el monte de Sion y en *J* 3389
10.32 alzará su mano al monte...collado de *J* 3389
22.10 las casas de *J*, y derribasteis casas 3389
22.21 y será padre al morador de *J*, y a la 3389
24.23 Jehová de los ejércitos reine...y en *J* 3389
27.13 adorarán a...en el monte santo, en *J* 3389
28.14 gobernáis a este pueblo que está en *J* 3389
30.19 el pueblo morará en Sion, en *J*; nunca 3389
31.5 amparará Jehová de los ejércitos a *J* 3389
31.9 cuyo fuego...en Sion, y su horno en *J* 3389
33.20 tus ojos verán a *J*, morada de quietud 3389
36.2 rey de Asiria envió al Rabsaces...a *J* 3389
36.7 a *J*: Delante de este altar adoraréis? 3389
36.20 para que Jehová libre de mi mano a *J* 3389
37.10 *J* no será entregada en mano del rey de 3389
37.22 detrás...mueve su cabeza la hija de *J* 3389
37.32 de *J* saldrá un remanente, y...de Sion 3389
40.2 hablad al corazón de *J*; decidle a voces 3389
40.9 Sion; levanta...tu voz, anunciadora de *J* 3389
41.27 *J* daré un mensajero de alegres nuevas 3389
44.26 que dice a *J*: Serás habitada; y a las 3389
44.28 de Ciro...al decir a *J*: Serás edificada 3389
51.17 oh *J*, que bebiste de la mano de Jehová 3389
52.1 vístete tu ropa hermosa, oh *J*, ciudad 3389
52.2 siéntate, *J*; suelta las ataduras de tu 3389
52.9 alegraos...de *J*; porque...a *J* ha redimido 3389
62.1 por amor de *J* no descansaré, hasta que 3389
62.6 sobre tus muros...*J*, he puesto guardas 3389
62.7 hasta que restablezca a *J*, y la ponga 3389
64.10 Sion es un desierto, *J* una soledad 3389
65.18 yo traigo a *J* alegría, y a su pueblo 3389
65.19 y me alegraré con *J*, y me gozaré con 3389
66.10 alegraos con *J*, y gozaos con ella 3389
66.13 os consolaré...en *J* tomaréis consuelo 3389
66.20 a mi santo monte de *J*, dice Jehová, al 3389
Jer 1.3 la cautividad de *J* en el mes quinto 3389
1.15 cada uno su campamento a...puertas de *J* 3389
2.2 anda y clama a los oídos de *J*, diciendo 3389
3.17 llamarán a *J*: Trono de Jehová, y todas 3389
3.17 vendrán a...en el nombre de Jehová en *J* 3389
4.3 dice Jehová a todo varón de Judá y de *J* 3389
4.4 circuncidaos a Jehová...moradores de *J* 3389
4.5 proclamad en *J*, y decid: Tocad trompeta 3389
4.10 dije...has engañado a este pueblo y a *J* 3389
4.11 dirá a este pueblo y a *J*: Viento seco 3389
4.14 lava tu corazón de maldad, oh *J*, para 3389
4.16 aquí, haced oír sobre *J*: Guardas vienen 3389
5.1 recorred las calles de *J*, y mirad ahora 3389
6.1 huid...de en medio de *J*, y tocad bocina 3389
6.6 y levantad vallado contra *J*; esta es la 3389
6.8 corrígete, *J*...no se aparte mi alma de ti 3389
7.17 lo que éstos hacen en las calles de *J*? 3389
7.34 haré cesar...de las calles de *J*, la voz 3389
8.1 sacarán...los huesos de los moradores de *J* 3389
8.5 ¿por qué es este pueblo de *J* rebelde con 3389
9.11 reduciré a *J* a un montón de ruinas...Judá 3389
11.2 hablad a...Judá, y a todo morador de *J* 3389
11.6 en las calles de *J*, diciendo: Oíd las 3389
11.9 conspiración se ha hallado entre...de *J* 3389
11.12 irán las ciudades de Judá y los...de *J* 3389
11.13 oh *J*, pusiste los altares de ignominia 3389
13.9 haré podrir la...la mucha soberbia de *J* 3389
13.13 lleno de embriaguez a...moradores de *J* 3389
13.27 ¡ay de ti, *J*! ¿No serás al fin limpia? 3389
14.2 se enlutó Judá...y subió el clamor de *J* 3389
14.16 echado en las calles de *J* por hambre 3389
15.4 causa de Manasés...por lo que hizo en *J* 3389
15.5 ¿quién tendrá compasión de ti, oh *J*? 3389
17.19 vé...y ponte en todas las puertas de *J* 3389
17.20 diles: Oíd la palabra...moradores de *J* 3389
17.21,27 y de meterla por las puertas de *J* 3389
17.25 varones de Judá y los moradores de *J* 3389
17.26 vendrán...Judá, de los alrededores de *J* 3389
17.27 consumirá los palacios de *J*, y no se 3389
18.11 habla...a los moradores de *J*, diciendo 3389
19.3 oíd palabra de Jehová...moradores de *J* 3389
19.7 desvaneceré el consejo de Judá y de *J* 3389
19.13 las casas de *J*, y las casas de los reyes 3389
22.19 arrastrándole y echándole fuera...de *J* 3389
23.14 en los profetas de *J* he visto torpezas 3389
23.15 los profetas de *J* salió la hipocresía 3389
24.1 artesanos y herreros de *J*...a Babilonia 3389
24.8 pondré a Sedequías rey...al resto de *J* 3389
25.2 Jeremías...a todos los moradores de *J* 3389
25.18 a *J*, a las ciudades de Judá y a sus 3389
26.18 y *J* vendrá a ser montones de ruinas 3389
27.3 mano de los mensajeros que vienen a *J* 3389
27.18 los utensilios que han quedado en...*J* 3389
27.20 transportó de *J* a...los nobles de...*J* 3389
27.21 de los utensilios que quedaron...en *J* 3389
29.1 la carta que...Jeremías envió de *J* a los 3389
29.1 todo el pueblo que...llevó cautivo de *J* 3389
29.2 la reina...los príncipes de Judá y de *J* 3389
29.2 salió...artífices y los ingenieros de *J* 3389
29.4 a todos los...que hice transportar de *J* 3389
29.20 todos los transportados que envié de *J* 3389
29.25 enviaste cartas...pueblo que está en *J* 3389
32.2 sitiada a *J*...Jeremías estaba preso en 3389
32.32 varones de Judá y los moradores de *J* 3389
32.44 en los contornos de *J*, y en...de Judá 3389
33.10 en las calles de *J*, que están asoladas 3389
33.13 y alrededor de *J* y en las ciudades de 3389
33.16 en aquellos días...*J* habitará segura 3389
34.1 y todos los pueblos, peleaban contra *J* 3389
34.6 Jeremías a Sedequías rey...palabras en *J* 3389
34.7 el ejército del rey...peleaba contra *J* 3389
34.8 hizo pacto con todo el pueblo en *J* para 3389
34.19 a los príncipes de *J*, a los oficiales 3389
35.11 ocultémonos en *J*...y en *J* nos quedamos 3389
35.13 vé y di a...y a los moradores de *J*: ¿No 3389
35.17 sobre todos los moradores de *J* todo el 3389
36.9 pueblo de *J* y...que venía...de Judá a *J* 3389
36.31 y traeré...sobre los moradores de *J* y 3389
37.5 tenían sitiada a *J*, se retiraron de *J* 3389
37.11 ejército de los caldeos se retiró de *J* 3389
37.12 salía Jeremías de *J* para irse a tierra 3389
38.28 fue tomada *J*; y allí estaba cuando *J* 3389
39.1 vino...con todo su ejército contra *J*, y 3389
39.8 los caldeos...derribaron los muros de *J* 3389
40.1 atado...entre todos los cautivos de *J* 3389
42.18 se derramó...sobre los moradores de *J* 3389
44.2 el mal que traje sobre *J* y sobre todas 3389
44.6 mi ira...se encendió...en las calles de *J* 3389
44.9 maldades...hicieron...en las calles de *J*? 3389
44.13 castigué a *J*, con espada, con hambre 3389
44.17 en las ciudades...y en las plazas de *J* 3389
44.21 incienso que ofrecisteis, calles de *J* 3389
51.35 mi sangre caiga sobre...Caldea, dirá *J* 3389
51.50 acordaos...de Jehová, y acordaos de *J* 3389
52.1 era Sedequías...y reinó once años en *J* 3389
52.3 y a causa de la ira de Jehová contra *J* 3389
52.4 vino...él y todo su ejército, contra *J* 3389
52.12 a *J* Nabuzaradán capitán de la guardia 3389
52.13 casa del rey, y todas las casas de *J* 3389
52.14 destruyó...los muros en derredor de *J* 3389
52.29 él llevó cautivas de *J* a 832 personas 3389
Lm 1.7 *J*, cuando cayó su pueblo en mano del 3389
1.8 pecado cometió *J*, por lo cual...removida 3389
1.17 *J* fue objeto de abominación entre ellos 3389
2.10 las vírgenes de *J* bajaron sus cabezas a 3389
2.13 a quién te haré semejante, hija de *J*? 3389
2.15 movieron...sus cabezas sobre la hija de *J* 3389
4.12 el enemigo...entrara por las puertas de *J* 3389
Ez 4.1 adobe...diseña sobre él la ciudad de *J* 3389
4.7 al asedio de *J* afirmarás tu rostro, y 3389
4.16 quebrantaré el sustento del pan en *J* 3389
5.5 así ha dicho Jehová el Señor: Esta es *J* 3389
8.3 me llevó en visiones de Dios a *J*, a la 3389
9.4 por en medio de *J*, y ponles una señal en 3389
9.8 de Israel derramando tu furor sobre *J*? 3389
11.15 a quienes dijeron los moradores de *J* 3389
12.10 profecía se refiere al príncipe en *J* 3389
12.19 así ha dicho...sobre los moradores de *J* 3389
13.16 profetas...que profetizan acerca de *J* 3389
14.21 cuando yo enviare contra *J* mis cuatro 3389
14.22 mal que hice venir sobre *J*, de todas 3389
15.6 como la...así haré a los moradores de *J* 3389
16.2 hijo de...notifica a *J* sus abominaciones 3389
16.3 ha dicho Jehová...sobre *J*: Tu origen, tu 3389
17.12 el rey de Babilonia vino a *J*, y tomó 3389
21.2 pon tu rostro contra *J*, y...profetiza 3389
21.20 Judá contra *J*, la ciudad fortificada 3389
21.22 sobre *J*, para dar la orden de ataque 3389
22.19 aquí que yo os reuniré en medio de *J* 3389
23.4 llamaron: Samaria, Ahola; y *J*, Aholiba 3389
24.2 el rey...puso sitio a *J* este mismo día 3389
26.2 por cuanto dijo Tiro contra *J*: Ea, bien 3389
33.21 vino a mí un fugitivo de *J*, diciendo 3389
36.38 como las ovejas de *J* en sus fiestas 3389
Dn 1.1 vino Nabucodonosor...a *J*, y la sitió 3389
5.2 vasos de oro...del templo de *J*, para que 3390
5.3 del templo de...en *J*, y bebieron en ellos 3390
6.10 y abiertas las ventanas de su...hacia *J* 3390
9.2 de cumplirse las desolaciones de *J* en 70 3389
9.7 los moradores de *J*, y todo Israel, los 3389
9.12 semejante a lo que se ha hecho contra *J* 3389
9.16 tu ira y tu furor de sobre tu ciudad *J* 3389
9.16 *J* y tu pueblo son el oprobio de todos 3389
9.25 la orden para restaurar y edificar a *J* 3389
Jl 2.32 monte de Sion y en *J* habrá salvación 3389
3.1 en que haré volver la cautividad de...*J* 3389
3.6 vendisteis...los hijos de *J* a los hijos de 3389
3.16 y Jehová rugirá...y dará su voz desde *J* 3389
3.17 y *J* será santa, y extraños no pasarán 3389
3.20 Judá será habitada...y *J* por generación 3389
Am 1.2 Jehová rugirá...y dará su voz desde *J* 3389
2.5 fuego...cual consumirá los palacios de *J* 3389
Abd 11 y echaban suertes sobre *J*, tú también 3389
20 y los cautivos de *J* que están en Sefarad 3389
Mi 1.1 Miqueas...lo que vio sobre Samaria y *J* 3389
1.5 son los lugares altos de Judá? ¿No es *J*? 3389
1.9 hasta la puerta de mi pueblo, hasta *J* 3389
1.12 había descendido hasta la puerta de *J* 3389
3.10 edificáis a Sion...y a *J* con injusticia 3389
3.12 *J* vendrá a ser montones de ruinas, y el 3389
4.2 de Sion saldrá...*J* la palabra de Jehová 3389
4.8 hasta ti vendrá...reino de la hija de *J* 3389
Sof 1.4 extenderé mi mano...habitantes de *J* 3389
1.12 que yo escudriñaré a *J* con linterna 3389
3.14 regocíjate de todo corazón, hija de *J* 3389
3.16 en aquel tiempo se dirá a *J*: No temas 3389
Zac 1.12 ¿hasta cuándo no tendrás piedad de *J* 3389
1.14 dicho...Celé con gran celo a *J* y a Sion 3389
1.16 yo me he vuelto a *J* con misericordia 3389
1.16 dice...la plomada será tendida sobre *J* 3389
1.17 consolará...Sion, y escogerá todavía a *J* 3389
1.19 son los cuernos que dispersaron a...a *J* 3389
2.2 dije: ¿A dónde vas?...A medir a *J*, para 3389
2.4 sin muros será habitada *J*, a causa de la 3389
2.12 Jehová poseerá a Judá...escogerá aún a *J* 3389
3.2 Jehová que ha escogido a *J* te reprenda 3389
7.7 cuando *J* estaba habitada y tranquila, y 3389
8.3 y moraré en medio de *J*; y *J* se llamará 3389
8.4 han de morar ancianos...en las calles de *J* 3389
8.8 y los traeré, y habitarán en medio de *J* 3389
8.15 he pensado hacer bien a *J* y a la casa 3389
8.22 a buscar a Jehová de los ejércitos en *J* 3389

9.9 da voces de júbilo, hija de *J;* he aquí tu 3389
9.10 destruiré... caballos de *J*, y los arcos 3389
12.2 yo pongo a *J* por copa que hará temblar 3389
12.2 que hará temblar... en el sitio contra *J* 3389
12.3 pondré a *J* por piedra pesada a todos los 3389
12.5 tienen fuerza los... de *J* en Jehová de los 3389
12.6 *J* será... vez habitada en su lugar, en *J* 3389
12.7 y del habitante de *J* no se engrandezca 3389
12.8 tiempo Jehová defenderá al morador de *J* 3389
12.9 todas las naciones que vinieren contra *J* 3389
12.10 derramaré... sobre los moradores de *J* 3389
12.11 aquel día habrá gran llanto en *J*, como 3389
13.1 un manantial... para los habitantes de *J* 3389
14.2 las naciones para combatir contra *J* 3389
14.4 el monte de los... que está en frente de *J* 3389
14.8 que saldrán de *J* aguas vivas, la mitad 3389
14.10 como llanura... hasta Rimón al sur de *J* 3389
14.11 más maldición, sino que *J* será habitada 3389
14.12 a... los pueblos que pelearon contra *J* 3389
14.14 Judá también peleará en *J*... Y serán 3389
14.16 de las naciones que vinieron contra *J* 3389
14.17 que no subieren a *J* para adorar al Rey 3389
14.21 toda olla en *J* y Judá será consagrada 3389
Mal 2.11 Judá... *J* se ha cometido abominación 3389
3.4 será grata a Jehová... de Judá y de *J* 3389
Mt 2.1 vinieron del oriente a *J* unos magos *2414*
2.3 el rey Herodes se turbó, y toda *J* con él *2414*
3.5 y salía a él *J*, y toda Judea, y toda la *2414*
4.25 y le siguió mucha gente... de *J*, de Judea *2414*
5.35 **por *J*, porque es la ciudad del gran Rey** *2414*
15.1 se acercaron... escribas y fariseos de *J* *2414*
16.21 que le era necesario ir a *J* y padecer *2414*
20.17 subiendo Jesús a *J*, tomó a sus doce *2414*
20.18 **subimos a *J*, y el Hijo del Hombre será** *2414*
21.1 se acercaron a *J*, y vinieron a Betfagé *2414*
21.10 cuando entró él en *J*, toda la ciudad *2414*
23.37 **¡*J*, *J*, que matas a los profetas, y** *2414*
Mr 1.5 y salían a él... todos los de *J;* y eran *2415*
3.8 *J*, de Idumea, del otro lado del Jordán *2414*
3.22 escribas que habían venido de *J* decían *2414*
7.1 de los escribas, que habían venido de *J* *2414*
10.32 subiendo a *J;* y Jesús iba delante, y *2414*
10.33 **subimos a *J*, y el Hijo del Hombre será** *2419*
11.1 se acercaban a *J*, junto a Betfagé y a *2414*
11.11 entró Jesús en *J*, y en el templo; y *2414*
11.15 vinieron, pues, a *J;* y entrando Jesús *2414*
11.27 volvieron... a *J;* y andando él por el *2414*
15.41 y otras... que habían subido con él a *J* *2414*
Lc 2.22 le trajeron a *J* para presentarle al *2414*
2.25 había en *J* un hombre llamado Simeón, y *2419*
2.38 todos... que esperaban la redención en *J* *2419*
2.41 padres... a *J* en la fiesta de la pascua *2419*
2.42 subieron a *J* conforme a la costumbre de *2414*
2.43 se quedó el niño Jesús en *J*, sin que lo *2419*
2.45 pero como no le hallaron, volvieron a *J* *2419*
4.9 le llevó a *J*, y le puso sobre el pináculo *2419*
5.17 los cuales habían venido... de Judea y *J* *2419*
6.17 multitud... de *J* y de la costa de Tiro *2419*
9.31 partida, que iba Jesús a cumplir en *J* *2419*
9.51 cumplió... afirmó su rostro para ir a *J* *2419*
9.53 porque su aspecto era como de ir a *J* *2419*
10.30 **un hombre descendía de *J* a Jericó, y** *2419*
13.4 **que todos los hombres que habitan en *J*?** *2419*
13.22 pasaba Jesús por... y encaminándose a *J* *2419*
13.33 **no es posible... profeta muera fuera de *J*** *2419*
13.34 **¡*J*, *J*, que matas a los profetas, y** *2419*
17.11 yendo Jesús a *J*, pasaba entre Samaria *2419*
18.31 **subimos a *J*, y se cumplirán todas las** *2414*
19.11 por cuanto estaba cerca de *J*, y ellos *2419*
19.28 dicho esto, iba delante subiendo a *J* *2414*
21.20 **pero cuando viereis a *J* rodeada de** *2419*
21.24 ***J* será hollada por los gentiles, hasta** *2419*
23.7 que en aquellos días también estaba en *J* *2414*
23.28 **hijas de *J*, no lloréis por mí, sino** *2419*
24.13 a una aldea... a sesenta estadios de *J* *2419*
24.18 ¿eres tú el único forastero en *J* que *2419*
24.33 volvieron a *J*, y hallaron a los once *2419*
24.47 **que se predicase... comenzando desde *J*** *2419*
24.49 **en... *J*, hasta que seáis investidos de** *2419*
24.52 adorado, volvieron a *J* con gran gozo *2419*
Jn 1.19 los judíos enviaron de *J* sacerdotes *2414*
2.13 cerca la pascua de... y subió Jesús a *J* *2414*
2.23 estando en *J* en la fiesta de la pascua *2414*
4.20 decís que en *J* es... donde se debe adorar *2414*
4.21 **ni en este monte ni en *J* adoraréis al** *2414*
4.45 todas las cosas que había hecho en *J*, en *2414*
5.1 fiesta de los judíos, y subió Jesús a *J* *2414*
5.2 hay en *J*... un estanque, llamado en hebreo *2414*
7.25 decían... unos de *J:* ¿No es éste a quien *2415*
10.22 celebrábase en *J* la fiesta... dedicación *2414*
11.18 Betania estaba cerca de *J*, como a 15 .... *2414*
11.55 muchos subieron... *J* antes de la pascua *2414*
12.12 multitudes... al oír que Jesús venía a *J* *2414*
Hch 1.4 les mandó que no se fueran de *J*, sino *2414*
1.8 **me seréis testigos en *J*, en toda Judea** *2419*
1.12 volvieron a *J* desde el monte que se *2419*
1.12 el cual está cerca de *J*, camino de un *2419*
1.19 fue notorio a todos los habitantes de *J* *2419*
2.5 moraban entonces en *J* judíos, varones *2419*
2.14 judíos, y todos los que habitáis en *J* *2419*
4.5 se reunieron en *J* los gobernantes, los *2419*
4.16 notoria a todos los que moran en *J*, y *2419*
5.16 muchos venían a *J*, trayendo enfermos *2419*
5.28 habéis llenado a *J* de vuestra doctrina *2419*
6.7 de los discípulos se multiplicaba... en *J* *2419*
8.1 hubo... contra la iglesia que estaba en *J* *2414*
8.14 cuando los apóstoles... en *J* oyeron que *2419*
8.25 volvieron a *J*, y en muchas poblaciones *2419*
8.26 el camino que desciende de *J* a Gaza, el *2419*
8.27 etíope... y había venido a *J* para adorar *2419*
9.2 hallase alguno... los trajese presos a *J* *2419*
9.13 cuántos males ha hecho a... santos en *J* *2419*
9.21 ¿no es éste el que asolaba en *J* a los *2419*
9.26 cuando llegó a *J*, trataba de juntarse *2419*
9.28 estaba con ellos en *J;* y entraba y salía *2419*
10.39 todas las cosas que Jesús hizo... y en *J* *2419*
11.2 cuando Pedro subió a *J*, disputaban con *2414*
11.22 a oídos de la iglesia que estaba en *J* *2414*
11.27 días unos profetas descendieron de *J* *2414*
12.25 cumplido su servicio, volvieron de *J* *2419*
13.13 Juan, apartándose de ellos, volvió a *J* *2414*
13.27 los habitantes de *J*... no conociendo a *2414*
13.31 habían subido juntamente con él... a *J* *2419*
15.2 se dispuso que subiesen Pablo y... a *J* *2419*
15.4 llegados a *J*, fueron recibidos por la *2419*
16.4 habían acordado los... que estaban en *J* *2419*
18.21 guarde en *J* la fiesta que viene; pero *2414*
19.21 Pablo se propuso en espíritu ir a *J* *2419*
20.16 por estar... si le fuese posible, en *J* *2414*
20.22 voy a *J*, sin saber lo que allá me ha *2419*
21.4 decían a Pablo por... que no subiese a *J* *2419*
21.11 así atarán los judíos en *J* al varón de *2419*
21.12 le rogamos nosotros... que no subiese a *J* *2419*
21.13 yo estoy dispuesto... aun a morir en *J* *2419*
21.15 después de esos días... subimos a *J* *2419*
21.17 cuando llegamos a *J*, los hermanos nos *2414*
21.31 toda la ciudad de *J* estaba alborotada *2419*
22.5 y fui a Damasco para traer presos a *J* *2419*
22.17 vuelto a *J*... me sobrevino un éxtasis *2419*
22.18 **prisa, y sal... de *J;* porque no recibirán** *2419*
23.11 **como has testificado de mí en *J*, así** *2419*
24.11 más de doce días que subí a adorar a *J* *2419*
25.1 subió de Cesarea a *J* tres días después *2414*
25.3 como gracia, que le hiciese traer a *J* *2419*
25.7 le rodearon los... que habían venido de *J* *2414*
25.9 ¿quieres subir a *J*, y allá ser juzgado *2414*
25.15 cuando fui a *J*, se me presentaron los *2419*
25.20 le pregunté si quería ir a *J* y allá ser *2419*
25.24 ha demandado en *J* y aquí, dando voces *2414*
26.4 mi juventud... pasé en mi nación, en *J* *2414*
26.10 lo cual también hice en *J*... Yo encerré *2414*
26.20 anuncié... a los que están en... *J*, y por *2414*
28.17 sido entregado preso desde *J* en manos *2414*
Ro 15.19 desde *J*... lo he llenado del evangelio *2419*
15.25 voy a *J* para ministrar a los santos *2419*
15.26 que hay entre los santos que están en *J* *2419*
15.31 ofrenda... a los santos en *J* sea acepta *2419*
1 Co 16.3 para que lleven vuestro donativo a *J* *2419*
Gá 1.17 ni subí a *J* a los que eran apóstoles *2414*
1.18 pasados tres años... a *J* para ver a Pedro *2414*
2.1 subí otra vez a *J* con Bernabé, llevando *2414*
4.25 y corresponde a la *J* actual, pues ésta *2419*
4.26 *J* de arriba, la cual es madre de todos *2419*
He 12.22 la ciudad del Dios... *J* la celestial *2419*
Ap 3.12 **nueva *J*, la cual desciende del cielo** *2419*
21.2 yo Juan vi la santa ciudad, la nueva *J* *2419*
21.10 me mostró la gran ciudad santa de *J* *2419*

JESAHÍAS *Levita (=Jesaías No. 2)*, 1 Cr 25.15 3470

JESAÍAS
1. Descendiente de David, 1 Cr 3.21 3470
2. Levita, músico entre los hijos de Jedutún (=Jesahías), 1 Cr 25.3 3470
3. Levita, tesorero del templo, 1 Cr 26.25 3470
4. Uno que regresó del cautiverio, Esd 8.7 3470
5. Levita que regresó del cautiverio, Esd 8.19 3470
6. Ascendiente de Salú No. 1, Neh 11.7 3470

JESANA *Ciudad conquistada por el rey Abías (=Sen)*, 2 Cr 13.19 3466

JESARELA *Músico contemporáneo de David*, 1 Cr 25.14 3480

JESEBEAB *Sacerdote contemporáneo de David*, 1 Cr 24.13 3428

JESER *Hijo de Caleb*, 1 Cr 2.18 3475

JESIMIEL *Príncipe de la tribu de Simeón*, 1 Cr 4.36 3450

JESISAI *Descendiente de Gad*, 1 Cr 5.14 3454

JESOHAÍA *Príncipe de la tribu de Simeón*, 1 Cr 4.36 3439

JESÚA
1. Una casa (o división) de sacerdotes, 1 Cr 24.11; Esd 2.36; Neh 7.39 3442
2. Levita contemporáneo del rey Ezequías, 2 Cr 31.15 3442
3. Ascendiente de un grupo de levitas que regresaron del cautiverio, Esd 2.40; Neh 7.43 3442
4. Sumo sacerdote en tiempo de Esdras y Nehemías (=Josué No. 4)
Esd 2.2; Neh 7.7 vinieron con Zorobabel, *J* 3442
3.2 se levantaron *J* hijo de... y sus hermanos 3442
3.8 comenzaron... *J* hijo de Josadac y los otros 3442
3.9 *J* también, sus hijos y... hermanos, Cadmiel 3442
4.3 Zorobabel, *J*, y los demás jefes... dijeron 3442
5.2 se levantaron... y *J* hijo de Josadac, y 3442
10.18 de los hijos de *J* hijo de Josadac, y 3442
Neh 12.1 que subieron con Zorobabel... y con *J* 3442
12.7 eran los príncipes... en los días de *J* 3442
12.10 *J* engendró a Joiacim, y Joiacim 3442
12.26 en los días de Joiacim hijo de *J*, hijo 3442
5. Ascendiente de un grupo que regresó del cautiverio, Esd 2.6; Neh 7.11 3442
6. Padre de Jozabad No. 6, Esd 8.33 3443
7. Padre de Ezer No. 5, Neh 3.19 3442
8. Nombre de uno o más levitas en tiempo de Nehemías, Neh 8.7; 9.4,5; 10.9; 12.8,24 3442
9. Población habitada por judíos que regresaron del cautiverio, Neh 11.26 3442

JESUCRISTO *Véase también Cristo, Jesús*
Mt 1.1 libro de la genealogía de *J*... de David *2424,5547*
1.18 el nacimiento de *J* fue así: Estando *2424,5547*
Mr 1.1 principio del evangelio de *J*, Hijo de *2424,5547*
Jn 1.17 la gracia y... vinieron por medio de *J* *2424,5547*
17.3 **te conozcan... y a *J*, a quien has enviado** . *2424,5547*
Hch 2.38 bautícese cada uno en el nombre de *J* ... *2424,5547*
3.6 en el nombre de *J* de Nazaret, levántate ... *2424,5547*
3.20 envíe a *J*, que os fue antes anunciado *2424,5547*
4.10 en el nombre de *J* de Nazaret, a quien *2424,5547*
5.42 no cesaban de enseñar y predicar a *J* *2424,5547*
8.12 Felipe, que anunciaba... el nombre de *J* ... *2424,5547*
8.37 dijo: Creo que *J* es el Hijo de Dios *2424,5547*
9.34 dijo Pedro: Eneas, *J* te sana; levántate *2424,5547*
10.36 el evangelio de la paz por medio de *J* *2424,5547*
11.17 a nosotros que... creído en el Señor *J* *2424,5547*
15.26 han expuesto su vida por el... Señor *J* *2424,5547*
16.18 te mando en el nombre de *J*, que salgas .. *2424,5547*
16.31 dijeron: Cree en el Señor *J*, y serás *2424,5547*
20.21 con Dios, y de la fe en nuestro Señor *J* ... *2424,5547*
24.24 Félix... y le oyó acerca de la fe en *J* *2424,5547*
28.31 de Dios y enseñando acerca del Señor *J* . *2424,5547*
Ro 1.1 siervo de *J*, llamado a ser apóstol *2424,5547*
1.3 acerca de su Hijo, nuestro Señor *J*, que *2424,5547*
1.6 también vosotros, llamados a ser de *J* *2424,5547*
1.7 gracia y paz a vosotros... y del Señor *J* *2424,5547*
1.8 doy gracias a mi Dios mediante *J* con *2424,5547*
2.16 Dios juzgará por *J* los secretos de los *2424,5547*
3.22 la justicia... por medio de la fe en *J* *2424,5547*
5.1 tenemos paz... por medio de nuestro Señor *J* *2424,5547*
5.11 nos gloriamos en Dios por el Señor... *J* ... *2424,5547*
5.15 el don de Dios por la gracia de un... *J* *2424,5547*
5.17 mucho más reinarán en vida por uno... *J* . *2424,5547*
5.21 la justicia para vida eterna mediante *J* ... *2424,5547*
7.25 gracias doy a Dios, por *J* Señor nuestro .. *2424,5547*
13.14 vestíos del Señor *J*, no proveáis para *2424,5547*
15.6 glorifiquéis al Dios y Padre de... Señor *J* . *2424,5547*
15.16 para ser ministro de *J* a los gentiles *2424,5547*
15.30 por nuestro Señor *J* y... que me ayudéis . *2424,5547*
16.18 tales personas no sirven a nuestro... *J* ... *2424,5547*
16.20,24 la gracia de... *J* sea con vosotros *2424,5547*
16.25 mi evangelio y la predicación de *J* *2424,5547*
16.27 al único... Dios, sea gloria mediante *J* *2424,5547*
1 Co 1.1 Pablo, llamado a ser apóstol de *J* *2424,5547*
1.2 que... invocan el nombre de nuestro Señor *J* *2424,5547*
1.3 paz a vosotros, de Dios... y del Señor *J* *2424,5547*
1.7 la manifestación de nuestro Señor *J* *2424,5547*
1.8 irreprensibles en el día de nuestro... *J* *2424,5547*
1.9 llamados a la comunión con su Hijo *J* *2424,5547*
1.10 ruego... hermanos, por el nombre de... *J* .. *2424,5547*
2.2 saber... sino a *J*, y a éste crucificado *2424,5547*
3.11 que el que está puesto, el cual es *J* *2424,5547*
5.4 el nombre de nuestro Señor *J*, reunidos *2424,5547*
5.4 y mi espíritu, con el poder de... Señor *J* ... *2424,5547*
8.6 y un Señor, *J*, por medio del cual son *2424,5547*
15.31 por la gloria que... en nuestro Señor *J* ... *2424,5547*
15.57 victoria por medio de nuestro Señor *J* ... *2424,5547*
16.22 que no amare al Señor *J*, sea anatema .. *2424,5547*
16.23 gracia del Señor *J* esté con vosotros *2424,5547*
2 Co 1.1 Pablo, apóstol de *J* por la voluntad *2424,5547*
1.2 paz a vosotros, de Dios... y del Señor *J* *2424,5547*
1.3 bendito sea el... Padre de nuestro Señor *J* . *2424,5547*
1.19 *J*, que entre vosotros ha sido predicado ... *2424,5547*
4.5 no nos predicamos... sino a *J* como Señor .. *2424,5547*
4.6 de la gloria de Dios en la faz de *J* *2424,5547*
8.9 ya conocéis la gracia de nuestro Señor *J* ... *2424,5547*
11.31 y Padre de nuestro Señor *J*... sabe que .. *2424,5547*
13.5 no os conocéis... que *J* está en vosotros *2424,5547*
13.14 la gracia del Señor *J*, el amor de Dios ... *2424,5547*
Gá 1.1 sino por *J* y por Dios el Padre que lo *2424,5547*
1.3 gracia y paz sean a... de nuestro Señor *J* .. *2424,5547*
1.12 hombre alguno, sino por revelación de *J* .. *2424,5547*
2.16 no es justificado... sino por la fe de *J* *2424,5547*
2.16 nosotros... hemos creído en *J*, para ser ... *2424,5547*
3.1 ante cuyos ojos *J* fue ya presentado *2424,5547*
3.22 la promesa que es por la fe en *J* fuese *2424,5547*
6.14 gloriarme, sino en la cruz de... Señor *J* ... *2424,5547*
6.18 gracia de... *J* sea con vuestro espíritu *2424,5547*
Ef 1.1 Pablo, apóstol de *J* por la voluntad de *2424,5547*
1.2 y paz a vosotros, de... nuestro... Señor *J* ... *2424,5547*
1.3 bendito sea el Dios y Padre de... Señor *J* ... *2424,5547*
1.5 ser adoptados hijos suyos por medio de *J* .. *2424,5547*
1.17 el Dios de... *J*, el Padre de gloria, os *2424,5547*
2.20 siendo la principal piedra del ángulo *J* ... *2424,5547*
3.14 doblo mis rodillas ante el Padre de... *J* *2424,5547*
5.20 gracias por todo en el nombre... Señor *J* .. *2424,5547*
6.23 y amor con fe, de Dios... y del Señor *J* *2424,5547*
6.24 gracia sea con todos los que aman a... *J* .. *2424,5547*
Fil 1.1 Pablo y Timoteo, siervos de *J*, a todos *2424,5547*
1.2 gracia y paz a vosotros... y del Señor *J* *2424,5547*
1.6 obra, la perfeccionará hasta el día de *J* *2424,5547*
1.8 os amo a... con el entrañable amor de *J* *2424,5547*
1.11 llenos de frutos... son por medio de *J* *2424,5547*
1.19 y la suministración del Espíritu de *J* *2424,5547*
2.11 toda lengua confiese que *J* es el Señor *2424,5547*
3.20 de donde también esperamos... al Señor *J* *2424,5547*
4.23 gracia de nuestro Señor *J* sea con todos .. *2424,5547*
Col 1.1 Pablo, apóstol de *J*, por la voluntad *2424,5547*
1.2 gracia y paz... a vosotros... y del Señor *J* ... *2424,5547*
1.3 damos gracias a Dios, Padre de... Señor *J* . *2424,5547*

J

2.6 habéis recibido al Señor J, andad en él 2424,5547
1 Ts 1.1 Pablo...a la iglesia...en el Señor J 2424,5547
1.1 y paz sean a vosotros, de...y del Señor J... 2424,5547
1.3 constancia en la esperanza en...Señor J... 2424,5547
2.19 ¿no lo sois vosotros, delante de...J, en 2424,5547
3.11 J, dirijan nuestro camino a vosotros 2424,5547
3.13 la venida de nuestro Señor J con todos ... 2424,5547
5.9 salvación por medio de...Señor J 2424,5547
5.23 sea guardado...para la venida
de...Señor J 2424,5547
5.28 la gracia de...Señor J sea con vosotros ... 2424,5547
2 Ts 1.1 Dios nuestro Padre y en el...J 2424,5547
1.2 y paz a vosotros, de Dios...y del Señor J ... 2424,5547
1.8 ni obedecen al evangelio de...Señor J 2424,5547
1.12 el nombre de...Señor J sea glorificado ... 2424,5547
1.12 por la gracia de...Dios y del Señor J...... 2424,5547
2.1 pero con respecto a la venida...Señor J ... 2424,5547
2.14 alcanzar la gloria de nuestro Señor J..... 2424,5547
2.16 el mismo J...el cual nos amó y nos dio 2424,5547
3.6 os ordenamos...en el nombre de
nuestro...J.............................. 2424,5547
3.12 y exhortamos, por nuestro Señor J, que... 2424,5547
3.18 la gracia de...J sea con todos vosotros.... 2424,5547
1 Ti 1.1 Pablo, apóstol de J por mandato de....... 2424,5547
1.16 J mostrase en mí el...toda su clemencia .. 2424,5547
2.5 un solo mediador entre Dios y...J hombre . 2424,5547
4.6 serás buen ministro de J, nutrido con las... 2424,5547
5.21 te encarezco delante de Dios y del...J 2424,5547
6.3 no se conforma a las sanas palabras de...J 2424,5547
6.13 delante de...J, que dio testimonio de la ... 2424,5547
6.14 hasta la aparición de nuestro Señor J 2424,5547
2 Ti 1.1 Pablo, apóstol de J por la voluntad 2424,5547
1.2 paz, de Dios Padre y de J nuestro Señor ... 2424,5547
1.10 manifestada por la aparición de...J, el ... 2424,5547
2.3 tú, pues, sufre...como buen soldado de J... 2424,5547
2.8 acuérdate de J, del linaje de David......... 2424,5547
4.1 encarezco delante de Dios y del Señor J ... 2424,5547
4.22 Señor J esté con tu espíritu. La gracia 2424,5547
Tit 1.1 Pablo...apóstol de J, conforme a la fe 2424,5547
1.4 paz, de...y del Señor J nuestro Salvador... 2424,5547
2.13 la manifestación gloriosa de nuestro...J .. 2424,5547
3.6 el cual derramó...por J nuestro Salvador.. 2424,5547
Flm 1 Pablo, prisionero de J, y el hermano 2424,5547
3 gracia y paz a vosotros, de...del Señor J 2424,5547
9 Pablo ya anciano, y ahora...prisionero de J . 2424,5547
25 la gracia de...J sea con vuestro espíritu.... 2424,5547
He 10.10 mediante la ofrenda del cuerpo de J 2424,5547
10.19 teniendo libertad...por la sangre de J ... 2424,5547
13.8 J es el mismo ayer, y hoy, y por los........ 2424,5547
13.20 Dios...que resucitó...a nuestro Señor J.. 2424,5547
13.21 haciendo...lo que es agradable...por J .. 2424,5547
Stg 1.1 Santiago, siervo de...y del Señor J 2424,5547
2.1 fe en nuestro glorioso Señor J sea sin...... 2424,5547
1 P 1.1 apóstol de J, a los expatriados de la 2424,5547
1.2 elegidos...ser rociados con la sangre de J . 2424,5547
1.3 bendito el...Padre de nuestro Señor J, que. 2424,5547
1.3 por la resurrección de J de los muertos 2424,5547
1.7 gloria y honra cuando sea manifestado J .. 2424,5547
1.13 se os traerá cuando J sea manifestado.... 2424,5547
2.5 sacrificios espirituales...por medio de J ... 2424,5547
3.21 nos salva...por la resurrección de J 2424,5547
4.11 que en todo sea Dios glorificado por J 2424,5547
5.10 que nos llamó a su gloria eterna en J 2424,5547
5.14 paz sea con todos...los que estáis en J 2424,5547
2 P 1.1 Simón Pedro, siervo y apóstol de J, a 2424,5547
1.1 por la justicia de nuestro...Salvador J 2424,5547
1.8 sin fruto en cuanto al conocimiento de...J . 2424,5547
1.11 en el reino eterno de nuestro Señor...J ... 2424,5547
1.14 como nuestro Señor J me ha declarado... 2424,5547
1.16 conocer...la venida de nuestro Señor J ... 2424,5547
2.20 el conocimiento del Señor y Salvador J ... 2424,5547
3.18 y el conocimiento de nuestro Señor...J ... 2424,5547
1 Jn 1.3 es con el Padre, y con su Hijo J 2424,5547
1.7 sangre de J su Hijo nos limpia de todo 2424,5547
2.1 abogado tenemos para con el Padre, a J ... 2424,5547
3.23 que creamos en el nombre de su Hijo J ... 2424,5547
4.2 espíritu que confiesa que J ha venido 2424,5547
4.3 no confiesa que J ha venido en carne, no .. 2424,5547
5.6 es J, que vino mediante agua y sangre; no . 2424,5547
5.20 y estamos en el verdadero, en su Hijo J ... 2424,5547
2 Jn 3 gracia...y del Señor J, Hijo del Padre 2424,5547
7 que no confiesan que J ha venido en carne .. 2424,5547
Jud 1 Judas, siervo de J, y hermano de Jacobo.... 2424,5547
1 Judas...a los llamados, santificados...en J... 2424,5547
4 y niegan a Dios el...y a nuestro Señor J 2424,5547
17 que...fueron dichas por los apóstoles de...J 2424,5547
21 esperando la misericordia de nuestro...J .. 2424,5547
Ap 1.1 la revelación de J, que Dios le dio.......... 2424,5547
1.2 del testimonio de J, y de todas las cosas.... 2424,5547
1.5 y de J el testigo fiel, el primogénito 2424,5547
1.9 copartícipe vuestro...la paciencia de J..... 2424,5547
1.9 Patmos, por causa de...el testimonio de J .. 2424,5547
12.17 guardan...y tienen el testimonio de J 2424,5547
22.21 la gracia de...J sea con todos vosotros .. 2424,5547

JESURÚN *Forma poética del nombre Israel*
Dt 32.15 engordó J, y tiró coces (engordaste........... 3484
33.5 y fue rey en J, cuando se congregaron......... 3484
33.26 no hay como...Dios de J, quien cabalga 3484
Is 44.2 siervo mío...tú, J, a quien yo escogí 3484

JESÚS
1. El Cristo (véase también Jesucristo)
Mt 1.16 la cual nació J, llamado el Cristo 2424
1.21 dará a luz un...y llamarás su nombre J........ 2424
1.25 hasta que dio a luz...puso por nombre J....... 2424
2.1 J nació en Belén de Judea en días del........... 2424
3.13 J vino de Galilea a Juan al Jordán, para 2424
3.15 **J le respondió: Deja ahora, porque así** 2424
3.16 y J, después que fue bautizado, subió 2424
4.1 J fue llevado...el Espíritu al desierto............ 2424
4.7 **J le dijo: Escrito está...No tentarás al** 2424
4.10 **J le dijo: Vete, Satanás...escrito está** 2424
4.12 J oyó que Juan estaba preso, volvió a 2424
4.17 desde entonces comenzó J a predicar, y 2424
4.18 andando J junto al mar de Galilea, vio......... 2424
4.23 recorrió J toda Galilea, enseñando en 2424
7.28 y cuando terminó J estas palabras, la.......... 2424
8.1 cuando descendió J del monte, le seguía 2424
8.3 J extendió la mano y le tocó, diciendo.......... 2424
8.4 **J le dijo: Mira, no lo digas a nadie...vé** 2424
8.5 entrando J en Capernaum, vino a él un.......... 2424
8.7 **y J le dijo: Yo iré y le sanaré**.................... 2424
8.10 al oírlo J, se maravilló, y dijo a los 2424
8.13 **J dijo al centurión: Vé, y...sea hecha**.......... 2424
8.14 vino J a casa de Pedro, y vio a...suegra........ 2424
8.18 viéndose J rodeado...gente, mandó pasar 2424
8.20 **J le dijo: Las zorras tienen guaridas**........... 2424
8.22 **J le dijo: Sígueme; deja que...muertos**......... 2424
8.29 ¿qué tienes con nosotros, J, Hijo de 2424
8.34 toda la ciudad salió al encuentro de J.......... 2424
9.1 entrando J en la barca, pasó al otro lado 2424
9.2 **al ver J la fe de ellos, dijo...Ten ánimo** 2424
9.4 **conociendo J...¿Por qué pensáis mal en** 2424
9.9 pasando J...vio a un hombre llamado Mateo ... 2424
9.10 publicanos...sentaron...a la mesa con J....... 2424
9.12 **al oír esto J, les dijo: Los sanos no** 2424
9.15 **J les dijo: ¿Acaso pueden...tener luto** 2424
9.19 levantó J, y le siguió con...discípulos 2424
9.22 **J, volviéndose...dijo: Ten ánimo, hija** 2424
9.23 al entrar J en la casa del principal 2424
9.27 pasando J de...le siguieron dos ciegos.......... 2424
9.28 **y J les dijo: ¿Creéis que puedo hacer** 2424
9.30 **y J les encargó...diciendo: Mirad que** 2424
9.35 recorría J todas las ciudades y aldeas 2424
10.5 doce envió J, y les dio instrucciones............. 2424
11.1 cuando J terminó de dar instrucciones a 2424
11.4 **J, les dijo: Id, y haced saber a Juan**............. 2424
11.7 comenzó J a decir de Juan a la gente........... 2424
11.25 **respondiendo J, dijo: Te alabo, Padre** 2424
12.1 iba J por los sembrados en un día de 2424
12.10 preguntaron a J, para poder acusarle........ 2424
12.14 fariseos, tuvieron consejo contra J 2424
12.15 sabiendo esto J, se apartó de allí 2424
12.25 sabiendo J los pensamientos de ellos 2424
13.1 aquel día salió J de la casa y se sentó 2424
13.34 esto habló J por parábolas a la gente......... 2424
13.36 entró J en la casa; y acercándose a él 2424
13.51 **J les dijo: ¿Habéis entendido todas** 2424
13.53 cuando terminó J estas parábolas, se.......... 2424
13.57 **J les dijo: No hay profeta sin honra** 2424
14.1 Herodes el tetrarca oyó la fama de J 2424
14.12 sus discípulos...dieron las nuevas a J.......... 2424
14.13 oyéndolo J, se apartó de allí en una........... 2424
14.14 saliendo J, vio una gran multitud, y........... 2424
14.16 **J les dijo: No tienen necesidad de irse** 2424
14.22 J hizo a sus discípulos entrar en la 2424
14.25 J vino a ellos andando sobre el mar 2424
14.27 **J les habló, diciendo: ¡Tened ánimo; yo**....... 2424
14.29 andaba sobre las aguas para ir a J 2424
14.31 **J, extendiendo la mano, asió de él**............ 2424
15.1 se acercaron a J ciertos escribas y 2424
15.16 **J dijo: ¿También vosotros sois aún sin**......... 2424
15.21 saliendo J de...fue a la región de Tiro 2424
15.23 J no le respondió palabra...Entonces.......... 2424
15.28 **respondiendo J, dijo...grande es tu fe**.......... 2424
15.29 pasó J de allí y vino junto al mar de 2424
15.30 y los pusieron a los pies de J, y los 2424
15.32 y J, llamando a sus discípulos, dijo............ 2424
15.34 **J les dijo: ¿Cuántos panes tenéis?** 2424
16.6 **J les dijo...guardaos de la levadura de**......... 2424
16.8 **J, les dijo: ¿Por qué pensáis dentro de** 2424
16.13 viniendo J a la región de Cesarea de 2424
16.17 **le respondió J: Bienaventurado eres**........... 2424
16.20 a nadie dijesen que él era J el Cristo........... 2424
16.21 comenzó J a declarar a sus discípulos 2424
16.24 **J dijo...Si alguno quiere venir en pos** 2424
17.1 seis días después, J tomó a Pedro, a 2424
17.4 Pedro dijo a J: Señor, bueno es para........... 2424
17.7 **J se acercó y los tocó...Levantaos, y no** 2424
17.8 los ojos, a nadie vieron sino a J solo 2424
17.9 **J les mandó...No digáis a nadie la visión** 2424
17.11 **J, les dijo: A la verdad, Elías viene** 2424
17.17 **J, dijo: ¡Oh generación incrédula y**............ 2424
17.18 reprendió J al demonio, el cual salió........... 2424
17.19 viniendo...los discípulos a J, aparte 2424
17.20 **J...dijo: Por vuestra poca fe; porque** 2424
17.22 **J les dijo: El Hijo del Hombre será**............. 2424
17.25 **J le habló...¿Qué te parece, Simón?**............ 2424
17.26 **J le dijo: Luego...hijos están exentos** 2424
18.1 a J, diciendo: ¿Quién es el mayor en el......... 2424
18.2 llamando J a un niño, lo puso en medio 2424
18.22 **J le dijo: No te digo hasta siete, sino** 2424
19.1 que cuando J terminó estas palabras, se....... 2424
19.14 **J dijo: Dejad a los niños venir a mí** 2424
19.18 **y J dijo: No matarás...No adulterarás** 2424
19.21 **J le dijo: Si quieres ser perfecto** 2424
19.23 **J dijo...difícilmente entrará un rico**........... 2424
19.26 **J, les dijo: Para los hombres esto es** 2424
19.28 **J les dijo: De cierto os digo que en**............ 2424
20.17 subiendo J a Jerusalén, tomó a sus 12 2424
20.22 **J...dijo: No sabéis lo que pedís...¿Podéis** 2424
20.25 **J, llamándolos, dijo: Sabéis que los**........... 2424
20.30 cuando oyeron que J pasaba, clamaron 2424
20.32 deteniéndose J, los llamó, y les dijo 2424
20.34 J, compadecido, les tocó los ojos, y........... 2424
21.1 se acercaron a Jerusalén...J envió dos 2424
21.6 fueron, e hicieron como J les mandó........... 2424
21.11 es J el profeta, de Nazaret de Galilea......... 2424
21.12 entró J en el templo de Dios, y echó 2424
21.16 **J les dijo: Sí; ¿nunca leisteis: De la** 2424
21.21 **respondiendo J...si tuviereis fe, y no**......... 2424
21.24 **J, les dijo: Yo...os haré una pregunta** 2424
21.27 respondiendo a J, dijeron: No sabemos 2424
21.42 **J les dijo: ¿Nunca leisteis en las** 2424
22.1 J, les volvió a hablar en parábolas............ 2424
22.18 J, conociendo la malicia de ellos, les 2424
22.29 **J...Erráis, ignorando las Escrituras** 2424
22.37 **J le dijo: Amarás al Señor tu Dios con**........ 2424
22.41 juntos los fariseos, J les preguntó............. 2424
23.1 habló J a la gente y a sus discípulos 2424
24.1 cuando J salió del templo y se iba, se 2424
24.4 **J, les dijo: Mirad que nadie os engañe**......... 2424
26.1 cuando hubo acabado J...estas palabras 2424
26.4 para prender con engaño a J, y matarle 2424
26.6 estando J en Betania, en casa de Simón 2424
26.10 **J, les dijo: ¿Por qué molestáis a esta**......... 2424
26.17 los discípulos a J, diciéndole: ¿Dónde 2424
26.19 hicieron como J les mandó...la pascua 2424
26.26 tomó J el pan, y bendijo, y lo partió 2424
26.31 **J les dijo...os escandalizaréis de mí**.......... 2424
26.34 **J le dijo: De cierto te digo que esta** 2424
26.36 llegó J con ellos...se llama Getsemaní 2424
26.38 **J les dijo: Mi alma está muy triste** 2424
26.49 se acercó a J y dijo: ¡Salve, Maestro!......... 2424
26.50 **y J le dijo: Amigo, ¿a qué vienes?**............ 2424
26.50 y echaron mano a J, y le prendieron.......... 2424
26.51 uno de los que estaban con J...espada 2424
26.52 **J le dijo: Vuelve tu espada a su lugar**........ 2424
26.55 **J a la gente: ¿Como contra un ladrón** 2424
26.57 los que prendieron a J le llevaron al.......... 2424
26.59 buscaban falso testimonio contra J 2424
26.63 mas J callaba...Entonces el...sacerdote 2424
26.64 **J le dijo: Tú lo has dicho; y además**.......... 2424
26.69 tú también estabas con J el galileo 2424
26.71 también éste estaba con J el nazareno 2424
26.75 Pedro se acordó de las palabras de J 2424
27.1 ancianos...entraron en consejo contra J 2424
27.11 J...estaba en pie delante...gobernador........ 2424
27.11 **¿eres tú el...J le dijo: Tú lo dices** 2424
27.14 pero J no le respondió ni una palabra 2424
27.17 que os suelte...J, llamado el Cristo? 2424
27.20 persuadieron a la...que J fuese muerto 2424
27.22 ¿qué...haré de J, llamado el Cristo? 2424
27.26 habiendo azotado a J, le entregó para........ 2424
27.27 llevaron a J al pretorio, y reunieron 2424
27.37 causa...Este es J, el Rey de los judíos 2424
27.46 J clamó a gran voz, diciendo: Elí, Elí 2424
27.50 J, habiendo otra vez clamado a gran voz 2424
27.54 los que estaban con él guardando a J......... 2424
27.55 mujeres...las cuales habían seguido a J 2424
27.57 que también había sido discípulo de J 2424
27.58 fue a Pilato y pidió el cuerpo de J............. 2424
28.5 porque yo sé que buscáis a J, el que 2424
28.9 aquí, J les salió al encuentro, diciendo 2424
28.10 **J les dijo: No temáis; id, dad las** 2424
28.16 al monte donde J les había ordenado......... 2424
28.18 **J se acercó y les habló diciendo: Toda** 2424
Mr 1.9 J vino de Nazaret...bautizado por Juan......... 2424
1.14 J vino a Galilea predicando el evangelio...... 2424
1.17 **les dijo J: Venid en pos de mí, y haré** 2424
1.24 ¿qué tienes con nosotros, J nazareno?......... 2424
1.25 **J le reprendió, diciendo: ¡Cállate, y**........... 2424
1.41 J, teniendo misericordia...extendió la 2424
1.45 que ya J no podía entrar...en la ciudad........ 2424
2.1 entró J otra vez en Capernaum después de 2424
2.5 ver J la fe de ellos, dijo al paralítico............ 2424
2.8 conociendo luego J en su...que cavilaban....... 2424
2.15 que estando J a la mesa en casa de él.......... 2424
2.15 estaban...a la mesa juntamente con J y........ 2424
2.17 **al oír esto J, les dijo: Los sanos no** 2424
2.19 **J les dijo: ¿Acaso pueden los**...*ayunar*......... 2424
3.1 entró J en la sinagoga; y había allí un.......... 2424
3.7 J se retiró al mar con sus discípulos 2424
4.1 comenzó J a enseñar junto al mar, y se 2424
5.6 cuando vio, pues, a J de lejos, corrió 2424
5.7 ¿qué tienes conmigo, J, Hijo del Dios........... 2424
5.13 luego J les dio permiso...en los cerdos......... 2424
5.15 vienen a J, y ven al que había sido 2424
5.19 J no se lo permitió, sino que le dijo............ 2424
5.20 cuán grandes cosas había hecho J con él 2424
5.21 pasando otra vez J en una barca a la.......... 2424
5.27 cuando oyó hablar de J, vino por detrás 2424
5.30 J, conociendo...poder que había salido 2424
5.36 J...*dijo al principal...No temas, cree* 2424
6.1 salió J de allí y vino a su tierra, y le 2424
6.4 **J les decía: No hay profeta sin honra**.......... 2424
6.14 oyó el rey Herodes la fama de J...dijo 2424
6.30 los apóstoles se juntaron con J, y le 2424
6.34 y salió J y vio una gran multitud, y............ 2424
7.1 se juntaron a J los fariseos, y algunos.......... 2424
7.2 viendo a...los discípulos de J comer pan 2424
7.27 **J le dijo: Deja primero que se sacien** 2424
8.1 no...qué comer, J llamó a sus discípulos 2424
8.17 J...*dijo: ¿Qué discutís...no tenéis pan?*......... 2424
8.27 salieron J y sus discípulos por las............. 2424
9.2 J tomó a Pedro, a Jacobo y a Juan, y los 2424
9.4 Elías con Moisés, que hablaban con J 2424
9.5 Pedro dijo a J: Maestro, bueno es para 2424
9.8 cuando miraron, no vieron más...sino a J 2424
9.20 cuando el espíritu vio a J, sacudió con 2424
9.21 **J preguntó al padre: ¿Cuánto tiempo hace** 2424
9.23 **J le dijo: Si puedes creer, al que cree** 2424
9.25 y cuando J vio...la multitud se agolpaba....... 2424
9.27 J, tomándole de la mano, le enderezó.......... 2424

9.39 **pero *J* dijo: No se lo prohibáis; porque** 2424
10.5 ***J*, les dijo: Por la dureza de**... *corazón* 2424
10.14 viéndolo *J*, se indignó, y les dijo 2424
10.18 ***J* le dijo: ¿Por qué me llamas bueno?** 2424
10.21 ***J*, mirándole, le amó, y le dijo: Una** 2424
10.23 *J*... *dijo*... *¡Cuán difícilmente entrarán* 2424
10.24 *J*... *volvió a decirles*... *¡cuán difícil les* 2424
10.27 ***J*, mirándolos, dijo: Para los hombres** 2424
10.29 ***J* y dijo: De cierto os digo que no hay** 2424
10.32 y *J* iba delante, y ellos... le seguían 2424
10.38 ***J* les dijo: No sabéis lo que pedís** 2424
10.39 ***J* les dijo: A la verdad, del vaso que** 2424
10.42 **mas *J*... les dijo: Sabéis que los que son** 2424
10.47 y oyendo que era *J* nazareno, comenzó a 2424
10.47 ¡*J*, Hijo de David, ten misericordia de 2424
10.49 *J*, deteniéndose, mandó llamarle; y 2424
10.50 arrojando su capa... levantó y vino a *J* 2424
10.51 **respondiendo *J*, le dijo: ¿Qué quieres** 2424
10.52 ***J* le dijo: Vete, tu fe te ha salvado** 2424
10.52 recobró la... y seguía a *J* en el camino 2424
11.1 Olivos, *J* envió dos de sus discípulos 2424
11.6 les dijeron como *J* había mandado; y los 2424
11.7 y trajeron el pollino a *J*, y echaron 2424
11.11 entró *J* en Jerusalén, y en el templo 2424
11.14 ***J* dijo a la higuera**... *jamás coma nadie* 2424
11.15 y entrando *J* en el templo, comenzó a 2424
11.19 llegar la noche, *J* salió de la ciudad 2424
11.22 **respondiendo *J*, les dijo: Tened fe en** 2424
11.29 *J*... *les dijo: Os haré yo también una* 2424
11.33 respondiendo, dijeron a *J*: No sabemos 2424
11.33 ***J*, les dijo: Tampoco yo os digo con qué** 2424
12.1 comenzó *J* a decirles por parábolas 2424
12.17 ***J*, les dijo: Dad a César lo que es de** 2424
12.24 **respondiendo *J*, les dijo: ¿No erráis** 2424
12.29 ***J* le**... *El primer mandamiento de todos es* 2424
12.34 *J*... viendo... había respondido sabiamente ... 2424
12.35 **enseñando *J*... decía: ¿Cómo dicen los** 2424
12.41 estando *J* sentado delante del arca de 2424
13.1 saliendo *J* del templo, le dijo uno de 2424
13.2 ***J*, respondiendo, le dijo: ¿Ves estos** 2424
13.5 *J*... *comenzó a decir: Mirad que nadie os* 2424
14.6 ***J* dijo: Dejadla; ¿por qué la molestáis?** 2424
14.18 **dijo *J*: De cierto os digo que uno de** 2424
14.22 mientras comían, *J* tomó pan y bendijo 2424
14.27 ***J* les dijo: Todos os escandalizaréis** 2424
14.30 **dijo *J*: De cierto te digo que tú, hoy** 2424
14.48 ***J*, les dijo: ¿Como contra un ladrón** 2424
14.53 trajeron, pues, a *J* al sumo sacerdote 2424
14.55 concilio buscaban testimonio contra *J* 2424
14.60 preguntó a *J*, diciendo: ¿No respondes 2424
14.62 **y *J* le dijo: Yo soy; y veréis al Hijo** 2424
14.67 tú también estabas con *J* el nazareno 2424
14.72 de las palabras que *J* le había dicho 2424
15.1 llevaron a *J* atado, y le entregaron a 2424
15.5 *J* ni aun con eso respondió; de modo que 2424
15.15 les soltó a Barrabás, y entregó a *J* 2424
15.34 *J* clamó a gran voz, diciendo: Eloi 2424
15.37 mas *J*, dando una gran voz, expiró 2424
15.43 José de... vino... y pidió el cuerpo de *J* 2424
16.6 no os asustéis; buscáis a *J* nazareno, el 2424
16.9 habiendo... resucitado *J* por la mañana 2424
Lc 1.31 darás a luz... y llamarás su nombre *J* 2424
2.21 pusieron por nombre *J*, el cual le había 2424
2.27 padres del niño *J* lo trajeron al templo 2424
2.43 acabada la fiesta, se quedó el niño *J* en 2424
2.52 y *J* crecía en sabiduría y en estatura 2424
3.21 *J* fue bautizado; y orando, el cielo se 2424
3.23 *J* mismo al comenzar su ministerio era 2424
4.1 *J*, lleno del Espíritu Santo, volvió del 2424
4.4 ***J*, respondiéndole, dijo: Escrito está** 2424
4.8 ***J*, le dijo: Vete de mí, Satanás, porque** 2424
4.12 ***J*, le dijo: Dicho está: No tentarás al** 2424
4.14 y *J* volvió en el poder del Espíritu a 2424
4.31 descendió *J* a Capernaum, ciudad de 2424
4.34 déjanos; ¿qué tienes con nosotros, *J* 2424
4.35 ***J* le reprendió, diciendo: Cállate, y sal** 2424
4.38 *J* se levantó y salió de la sinagoga, y 2424
5.1 estando *J* junto al lago de Genesaret, el 2424
5.8 Pedro, cayó de rodillas ante *J*, diciendo 2424
5.10 ***J* dijo a Simón: No temas; desde ahora** 2424
5.12 viendo a *J*, se postró con el rostro en 2424
5.19 lecho, poniéndole en medio, delante de *J* 2424
5.22 *J*... conociendo los pensamientos... les dijo 2424
5.31 ***J*... dijo: Los que están sanos no tienen** 2424
6.1 aconteció... pasando *J* por los sembrados 2424
6.3 ***J*, les dijo: ¿Ni aun esto habéis leído** 2424
6.9 ***J* les dijo: Os preguntaré una cosa: ¿Es** 2424
6.11 y hablaban... qué podrían hacer contra *J* 2424
7.3 cuando el centurión oyó hablar de *J*, le 2424
7.4 vinieron a *J* y le rogaron con solicitud 2424
7.6 *J* fue... Pero cuando ya no estaban lejos 2424
7.9 *J* se maravilló de él, y volviéndose, dijo 2424
7.19 envió a *J*, para preguntarle: ¿Eres tú 2424
7.22 ***J*, les dijo: Id, haced saber a Juan lo** 2424
7.36 uno de los fariseos rogó a *J* que comiese 2424
7.37 al saber que *J* estaba a la mesa en casa 2424
7.40 ***J*, le dijo: Simón, una cosa tengo que** 2424
8.1 *J* iba por todas las ciudades y aldeas 2424
8.28 éste, al ver a *J*, lanzó un gran grito 2424
8.28 ¿qué tienes conmigo, *J*, Hijo del Dios 2424
8.30 **preguntó *J*, diciendo: ¿Cómo te llamas?** 2424
8.35 vinieron a *J*, y hallaron al hombre de 2424
8.35 sentado a los pies de *J*, vestido, y en 2424
8.37 y *J*, entrando en la barca, se volvió 2424
8.38 le rogaba... pero *J* le despidió, diciendo 2424
8.39 cuán grandes cosas había hecho *J* con él 2424
8.40 cuando volvió *J*, le recibió la multitud 2424
8.41 postrándose a los pies de *J*, le rogaba 2424

8.45 ***J* dijo: ¿Quién es el que me ha tocado?** 2424
8.46 ***J* dijo: Alguien me ha tocado; porque** 2424
8.50 **oyéndolo *J*, le respondió: No temas; cree** 2424
8.56 *J* les mandó que a nadie dijesen lo que 2424
9.7 oyó de todas las cosas que hacía *J*; y 2424
9.18 mientras *J* oraba aparte, estaban con él 2424
9.31 partida... iba *J* a cumplir en Jerusalén 2424
9.32 vieron la gloria de *J*, y a... dos varones 2424
9.33 Pedro dijo a *J*: Maestro, bueno es para 2424
9.36 cesó la voz, *J* fue hallado solo; y ellos 2424
9.41 ***J*... ¡ Oh generación incrédula y perversa!** 2424
9.42 *J* reprendió al espíritu inmundo, y sanó 2424
9.47 *J*, percibiendo los pensamientos de sus 2424
9.50 ***J* le dijo: No se lo prohibáis; porque el** 2424
9.58 **le dijo *J*: Las zorras tienen guaridas** 2424
9.60 ***J* le dijo... que los muertos entierren a** 2424
9.62 ***J* le dijo: Ninguno que poniendo su mano** 2424
10.21 *J* se regocijó en el Espíritu, y dijo 2424
10.29 él... dijo a *J*: ¿Y quién es mi prójimo? 2424
10.30 ***J*, dijo: Un hombre descendía... Jericó** 2424
10.37 ***J* le dijo: Vé, y haz tú lo mismo** 2424
10.39 la cual, sentándose a los pies de *J* 2424
10.41 ***J*, le dijo: Marta, Marta, afanada y** 2424
11.1 estaba *J* orando en un lugar, y cuando 2424
11.14 estaba *J* echando fuera un demonio, que 2424
11.37 entrando *J* en la casa, se sentó a la 2424
13.2 ***J*... dijo: ¿Pensáis que estos galileos** 2424
13.10 enseñaba *J* en una sinagoga en el día 2424
13.12 cuando *J* la vio, la llamó y le dijo 2424
13.14 enojado de que *J* hubiese sanado en el 2424
13.22 pasaba *J* por ciudades y... enseñando 2424
14.3 *J* habló a los intérpretes de la ley y 2424
14.16 ***J* le dijo: Un hombre hizo una... cena** 2424
15.1 se acercaban a *J* todos los publicanos 2424
17.1 **dijo *J* a sus discípulos: Imposible es** 2424
17.11 *J* a Jerusalén, pasaba entre Samaria y 2424
17.13 voz... ¡*J*... ten misericordia de nosotros! 2424
17.17 ***J*, dijo: ¿No son diez los que fueron** 2424
18.1 les refirió *J* una parábola sobre... orar 2424
18.16 **mas *J*, llamándolos, dijo: Dejad a los** 2424
18.19 ***J* le dijo: ¿Por qué me llamas bueno?** 2424
18.22 ***J*, oyendo esto, le dijo: Aún te falta** 2424
18.24 ver *J* que se había entristecido mucho 2424
18.31 **tomando *J* a los doce, les dijo: He aquí** 2424
18.35 que acercándose *J* a Jericó, un ciego 2424
18.37 y le dijeron que pasaba *J* nazareno 2424
18.38 ¡*J*, Hijo de David, ten misericordia de 2424
18.40 *J*... deteniéndose, mandó traerle a su 2424
18.42 ***J* le dijo: Recíbela... fe te ha salvado** 2424
19.1 entrado *J* en Jericó, iba pasando por la 2424
19.3 procuraba ver quién era *J*; pero no podía 2424
19.5 cuando *J* llegó a aquel lugar, mirando 2424
19.9 ***J* le dijo: Hoy ha venido la salvación** 2424
19.11 prosiguió *J* y dijo una parábola, por 2424
19.35 lo trajeron a *J*... subieron a *J* encima 2424
20.1 enseñando *J* al pueblo en el templo, y 2424
20.3 ***J*, les dijo: Os haré yo... una pregunta** 2424
20.8 ***J* les dijo: Yo tampoco os diré con qué** 2424
20.34 ***J*, les dijo: Los hijos de este siglo** 2424
22.8 *J* envió a Pedro y a Juan, diciendo: Id 2424
22.47 Judas... se acercó hasta *J* para besarle 2424
22.48 ***J* le dijo: Judas, ¿con un beso entregas** 2424
22.51 **respondiendo *J*, dijo: Basta ya; dejad** 2424
22.52 *J* dijo a los principales sacerdotes, a 2424
22.63 los... que custodiaban a *J* se burlaban 2424
23.1 la muchedumbre... llevaron a *J* a Pilato 2424
23.8 Herodes, viendo a *J*, se alegró mucho 2424
23.20 les habló... Pilato, queriendo soltar a *J* 2424
23.25 y entregó a *J* a la voluntad de ellos 2424
23.26 la cruz para que la llevase tras *J* 2424
23.28 pero *J*, vuelto hacia ellas, les dijo 2424
23.34 ***J* decía: Padre, perdónalos, porque no** 2424
23.42 a *J*: Acuérdate de mí cuando vengas en 2424
23.43 ***J* le dijo: De cierto te digo que hoy** 2424
23.46 ***J*, clamando a gran voz, dijo: Padre** 2424
23.52 fue a Pilato, y pidió el cuerpo de *J* 2424
24.3 no hallaron el cuerpo del Señor *J* 2424
24.15 *J* mismo se acercó, y caminaba con ellos 2424
24.19 de *J* nazareno, que fue varón profeta 2424
24.36 *J* se puso en medio de ellos, y les dijo 2424
Jn 1.29 vio Juan a *J* que venía a él, y dijo 2424
1.36 mirando a *J* que andaba por allí, dijo 2424
1.37 oyeron hablar los dos... y siguieron a *J* 2424
1.38 **volviéndose *J*... les dijo: ¿Qué buscáis?** 2424
1.40 que habían oído a Juan, y... seguido a *J* 2424
1.42 **le trajo a *J*... Y mirándole *J*, dijo: Tú** 2424
1.43 quiso *J* ir a Galilea, y halló a Felipe 2424
1.45 hemos hallado a... a *J*, el hijo de José 2424
1.47 *J* vio a Natanael que se le acercaba, dijo 2424
1.48 **respondió *J* y le dijo: Antes que Felipe** 2424
1.50 **respondió *J* y le dijo: ¿Porque te dije** 2424
2.1 unas bodas... y estaba allí la madre de *J* 2424
2.2 también invitados a las bodas *J* y sus 2424
2.3 la madre de *J* le dijo: No tienen vino 2424
2.4 ***J* le dijo: ¿Qué tienes conmigo, mujer?** 2424
2.7 ***J* les dijo: Llenad estas tinajas de agua** 2424
2.11 principio de señales hizo *J* en Caná de 2424
2.13 cerca la pascua... y subió *J* a Jerusalén 2424
2.19 ***J*... dijo: Destruid este templo, y en tres** 2424
2.22 creyeron... la palabra que *J* había dicho 2424
2.24 *J* mismo no se fiaba de ellos, porque 2424
31 ése vino a *J* de noche, y *J* dijo: Rabí 2424
3.3 **respondió *J*... el que no naciere de nuevo** 2424
3.5 **respondió *J*... el que no naciere de agua y** 2424
3.10 **respondió *J*... ¿Eres tú maestro de Israel** 2424
3.22 vino *J* con sus discípulos a la tierra de 2424
4.1 decir: *J* hace y bautiza más discípulos 2424
4.2 aunque *J* no bautizaba, sino... discípulos 2424

4.6 *J*, cansado del camino, se sentó... al pozo 2424
4.7 **una mujer de... y *J* le dijo: Dame de beber** 2424
4.10 **respondió *J*... Si conocieras el don de** 2424
4.13 ***J* y le dijo: Cualquiera que bebiere de** 2424
4.16 ***J* le dijo: Vé, llama a tu marido, y ven** 2424
4.17 ***J* le... Bien has dicho: No tengo marido** 2424
4.21 ***J* le... Mujer, créeme, que la hora viene** 2424
4.26 ***J* le dijo: Yo soy, el que habla contigo** 2424
4.34 ***J* les dijo: Mi comida es que haga la** 2424
4.44 *J*... dio testimonio de que el profeta no 2424
4.46 vino, pues, *J* otra vez a Caná de Galilea 2424
4.47 cuando oyó que *J* había llegado de Judea 2424
4.48 ***J* le... Si no viereis señales y prodigios** 2424
4.50 ***J* le dijo: Vé, tu hijo vive... Y... creyó** 2424
4.50 hombre creyó la palabra que *J* le dijo 2424
4.53 era la hora en que *J* le había dicho: Tu 2424
4.54 esta segunda señal hizo *J*, cuando fue 2424
5.1 había una fiesta... y subió *J* a Jerusalén 2424
5.6 cuando *J* lo vio acostado, y supo que 2424
5.8 ***J* le dijo: Levántate, toma tu lecho, y** 2424
5.13 porque *J* se había apartado de la gente 2424
5.14 después le halló *J* en el templo, y le 2424
5.15 dio aviso... *J* era el que le había sanado 2424
5.16 perseguían a *J*, y procuraban matarle 2424
5.17 ***J* les respondió: Mi Padre hasta ahora** 2424
5.19 ***J*, y les dijo... No puede el Hijo hacer** 2424
6.1 *J* fue al otro lado del mar de Galilea 2424
6.3 subió *J* a un monte, y se sentó allí con 2424
6.5 alzó *J* los ojos, y vio que había venido 2424
6.10 ***J* dijo: Haced recostar la gente... Y había** 2424
6.11 tomó *J* aquellos panes, y habiendo dado 2424
6.14 viendo la señal... *J* había hecho, dijeron 2424
6.15 entendiendo *J* que iban a venir para 2424
6.17 ya oscuro, y *J* no había venido a ellos 2424
6.19 vieron a *J* que andaba sobre el mar y se 2424
6.22 que *J* no había entrado en ella con sus 2424
6.24 vio... la gente que *J* no estaba allí, ni 2424
6.24 y fueron a Capernaum, buscando a *J* 2424
6.26 **respondió *J*... que me buscáis, no porque** 2424
6.29 **respondió *J* y... Esta es la obra de Dios** 2424
6.32 ***J* les dijo... No os dio Moisés el pan del** 2424
6.35 ***J* les dijo: Yo soy el pan de vida; el** 2424
6.42 decían: ¿No es éste *J*, el hijo de José 2424
6.43 ***J* respondió y les dijo: No murmuréis** 2424
6.53 ***J* les dijo... si no coméis la carne del** 2424
6.61 sabiendo *J*... sus discípulos murmuraban 2424
6.64 *J* sabía desde el principio quiénes eran 2424
6.67 **dijo... *J* a los doce: ¿Queréis acaso iros** 2424
6.70 ***J* les respondió: ¿No os he escogido yo** 2424
7.6 ***J* les dijo: Mi tiempo aún no ha llegado** 2424
7.14 la fiesta subió *J* al templo, y enseñaba 2424
7.16 ***J* les respondió... Mi doctrina no es mía** 2424
7.21 ***J* respondió... Una obra hice, y todos os** 2424
7.28 *J*... enseñando en el templo, alzó la voz 2424
7.33 ***J* dijo... un poco de tiempo estaré con** 2424
7.37 ***J* se puso en pie y... Si alguno tiene sed** 2424
7.39 porque *J* no había sido aún glorificado 2424
8.1 y *J* se fue al monte de los Olivos 2424
8.6 *J*, inclinado hacia el suelo, escribía en 2424
8.9 quedó solo *J*, y la mujer que estaba en 2424
8.10 enderezándose *J*, y no viendo a nadie 2424
8.11 ***J* le dijo: Ni yo te condeno; vete, y no** 2424
8.12 ***J* les habló, diciendo: Yo soy la luz del** 2424
8.14 ***J* y les dijo: Aunque yo doy testimonio** 2424
8.19 **respondió *J*: Ni a mí me conocéis, ni a** 2424
8.20 habló *J* en el lugar de las ofrendas 2424
8.21 **les dijo *J*: Yo me voy, y me buscaréis** 2424
8.25 ***J* les dijo: Lo que desde el principio os** 2424
8.28 **les dijo... *J*: Cuando hayáis levantado al** 2424
8.31 dijo... *J* a los judíos que habían creído 2424
8.34 ***J* les respondió... esclavo es del pecado** 2424
8.39 ***J* les dijo: Si fueseis hijos de Abraham** 2424
8.42 ***J*... dijo: Si vuestro padre fuese Dios** 2424
8.49 **respondió *J*: Yo no tengo demonio, antes** 2424
8.54 **respondió *J*: Si yo me glorifico a mí** 2424
8.58 ***J* les dijo... Antes que Abraham fuese, yo** 2424
8.59 pero *J* se escondió y salió del templo 2424
9.1 al pasar *J*, vio a un hombre ciego de 2424
9.3 **respondió *J*: No es que pecó este, ni sus** 2424
9.11 aquel hombre que se llama *J* hizo lodo 2424
9.14 era día de reposo cuando *J* había hecho 2424
9.22 si alguno confesase que *J* era el Mesías 2424
9.35 oyó *J* que le habían expulsado; y... le dijo 2424
9.37 ***J* le dijo: Pues le has visto, y el que** 2424
9.39 **dijo *J*: Para juicio he venido yo a este** 2424
9.41 ***J* les respondió: Si fuerais ciegos, no** 2424
10.6 esta alegoría les dijo *J*; pero ellos no 2424
10.7 ***J* a decirles... os digo, yo soy la puerta** 2424
10.23 y *J* andaba... por el pórtico de Salomón 2424
10.25 ***J* les respondió: Os lo he dicho, y no** 2424
10.32 ***J* les respondió: Muchas buenas obras** 2424
10.34 ***J* les respondió: ¿No está escrito en** 2424
11.3 enviaron... las hermanas para decir a *J* 2424
11.4 **oyéndolo *J*, dijo: Esta enfermedad no es** 2424
11.5 y amaba *J* a Marta, a su hermana y a 2424
11.9 **respondió *J*: ¿No tiene el día 12 horas?** 2424
11.13 *J* decía esto de la muerte de Lázaro 2424
11.14 **entonces *J* les dijo... Lázaro ha muerto** 2424
11.17 vino... *J*, y halló que hacía cuatro días 2424
11.20 Marta, cuando oyó que *J* venía, salió 2424
11.21 y Marta dijo a *J*: Señor, si hubieses 2424
11.23 ***J* le dijo: Tu hermano resucitará** 2424
11.25 **dijo: Yo soy la resurrección y la vida** 2424
11.30 *J*... no había entrado en la aldea, sino 2424
11.32 María, cuando llegó a donde estaba *J* 2424
11.33 *J*... al verla llorando... se estremeció en 2424
11.35 *J* lloró 2424
11.38 *J*... vino al sepulcro... Era una cueva, y 2424

J

11.39 **dijo *J*: Quitad la piedra... Marta, la** 2424
11.40 ***J* le dijo: ¿No te he dicho que si crees** 2424
11.41 **y *J*... dijo: Padre, gracias te doy por** 2424
11.44 ***J* les dijo: Desatadle, y dejadle ir** 2424
11.45 vieron lo que hizo *J*, creyeron en él 2424
11.46 y les dijeron lo que *J* había hecho 2424
11.51 profetizó que *J* había de morir por la 2424
11.54 *J* ya no andaba abiertamente entre los 2424
11.56 y buscaban a *J*, y estando ellos en el 2424
12.1 vino *J* a Betania, donde estaba Lázaro 2424
12.3 ungió los pies de *J*, y los enjugó con 2424
12.7 **entonces *J* dijo: Déjala; para el día de** 2424
12.9 no... por causa de *J*, sino... ver a Lázaro 2424
12.11 los judíos se apartaban y creían en *J* 2424
12.12 fiesta, al oír que *J* venía a Jerusalén 2424
12.14 halló *J* un asnillo, y montó sobre él 2424
12.16 cuando *J* fue glorificado, entonces se 2424
12.21 diciendo: Señor, quisiéramos ver a *J* 2424
12.22 Andrés y Felipe se lo dijeron a *J* 2424
12.23 ***J* les respondió... Ha llegado la hora** 2424
12.30 **respondió *J*... No ha venido esta voz por** 2424
12.35 ***J* les dijo: Aún por un poco está la luz** 2424
12.36 cosas habló *J*, y se fue y se ocultó de 2424
12.44 ***J* clamó y dijo: El que cree en mí, no** 2424
13.1 sabiendo *J* que su hora había llegado 2424
13.3 sabiendo *J* que el Padre le había dado 2424
13.7 **respondió *J* y le dijo: lo que yo hago** 2424
13.8 ***J* le respondió: Si no te lavare, no** 2424
13.10 ***J* le... El que está lavado, no necesita** 2424
13.21 dicho *J* esto, se conmovió en espíritu 2424
13.23 al cual *J* amaba, estaba... al lado de *J* 2424
13.25 recostado cerca del pecho de *J*, le dijo 2424
13.26 **respondió *J*: A quien yo diere el pan** 2424
13.27 ***J* le dijo: Lo que vas a hacer, hazlo** 2424
13.29 *J* le decía: Compra lo que necesitamos 2424
13.31 **dijo *J*: Ahora es glorificado el Hijo** 2424
13.36 ***J* le respondió: A donde yo voy, no me** 2424
13.38 ***J* le respondió: ¿Tu vida pondrás por** 2424
14.6 ***J* le dijo: Yo soy el camino... y la vida** 2424
14.9 ***J* le dijo: ¿Tanto tiempo hace que estoy** 2424
14.23 respondió *J*... ama, mi palabra guardará 2424
16.19 *J* conoció que querían preguntarle, y 2424
16.31 ***J* les respondió: ¿Ahora creéis?** 2424
17.1 estas cosas habló *J*, y levantando los 2424
18.1 habiendo dicho *J* estas cosas, salió con 2424
18.2 muchas veces *J* se había reunido allí con 2424
18.4 pero *J*, sabiendo todas las cosas que le 2424
18.5 respondieron: A *J* nazareno... *J* les dijo 2424
18.7 **buscáis? Y ellos dijeron: A *J* nazareno** 2424
18.8 **respondió *J*: Os he dicho que yo soy; pues** 2424
18.11 ***J*... dijo a Pedro: Mete tu espada en la** 2424
18.12 los alguaciles... prendieron a *J* y le 2424
18.15 y seguían a *J*... Pedro y otro discípulo 2424
18.15 y entró con *J* al patio del... sacerdote 2424
18.19 el sumo sacerdote preguntó a *J* acerca 2424
18.20 ***J* le respondió: Yo públicamente he** 2424
18.22 cuando *J* hubo dicho esto, uno de los 2424
18.23 ***J* le... Si he hablado mal, testifica en** 2424
18.28 llevaron a *J* de casa de Caifás al 2424
18.32 cumpliese la palabra que *J* había dicho 2424
18.33 llamó a *J* y le dijo: ¿Eres tú el Rey de 2424
18.34 ***J* le respondió: ¿Dices tú esto por ti** 2424
18.36 **respondió *J*: Mi reino no es de este** 2424
18.37 **respondió *J*: Tú dices que yo soy rey** 2424
19.1 así... entonces tomó Pilato a *J*, y le azotó 2424
19.5 salió *J*, llevando la corona de espinas 2424
19.9 entró... y dijo a *J*: ¿De dónde eres tú? 2424
19.9 ¿de dónde... Mas *J* no le dio respuesta 2424
19.11 ***J*: Ninguna autoridad tendrías contra mí** 2424
19.13 Pilato... llevó fuera a *J*, y se sentó en 2424
19.16 lo entregó... Tomaron... a *J*, y le llevaron 2424
19.18 a otros dos, uno a cada lado, y *J* en 2424
19.19 decía: *J* Nazareno, Rey de los judíos 2424
19.20 donde *J* fue crucificado estaba cerca de 2424
19.23 los soldados hubieron crucificado a *J* 2424
19.25 estaban junto a la cruz de *J* su madre 2424
19.26 vio *J* a su madre, y al discípulo a 2424
19.28 sabiendo *J* que... todo estaba consumado 2424
19.30 cuando *J* hubo tomado el vinagre, dijo 2424
19.33 cuando llegaron a *J*, como le vieron ya 2424
19.38 José de Arimatea... era discípulo de *J* 2424
19.38 le permitiese llevarse el cuerpo de *J* 2424
19.38 José... vino, y se llevó el cuerpo de *J* 2424
19.39 que antes había visitado a *J* de noche 2424
19.40 el cuerpo de *J*, y lo envolvieron en 2424
19.42 sepulcro estaba cerca, pusieron a *J* 2424
20.2 aquel al que amaba *J*, y les dijo: Se han 2424
20.7 el sudario, que... sobre la cabeza de *J* 2424
20.11 a los pies, donde el cuerpo de *J* había 2424
20.14 vio a... *J* allí; mas no sabía que era *J* 2424
20.15 ***J* le dijo: Mujer, ¿por qué lloras? ¿A** 2424
20.16 ***J* le dijo: ¡María! Volviéndose ella, le** 2424
20.17 ***J* le dijo: No me toques, porque aún no** 2424
20.19 vino *J*, y puesto en medio, les dijo 2424
20.21 ***J* les dijo otra vez: Paz a vosotros** 2424
20.24 Tomás... no estaba con ellos cuando *J* 2424
20.26 llegó *J*, estando las puertas cerradas 2424
20.29 ***J* le dijo: Porque me has visto, Tomás** 2424
20.30 hizo además *J* muchas otras señales en 2424
20.31 para que creáis que *J* es el Cristo, el 2424
21.1 *J* se manifestó otra vez a sus discípulos 2424
21.4 se presentó *J* en... no sabían que era *J* 2424
21.7 discípulo a quien *J* amaba dijo a Pedro 2424
21.10 ***J* les dijo: Traed de los peces que** 2424
21.12 **les dijo *J*: Venid, comed... Y ninguno se** 2424
21.13 vino, pues, *J*, y tomó el pan y les dio 2424
21.14 la tercera vez que *J* se manifestaba a 2424
21.15 ***J* dijo a Simón Pedro: Simón, hijo de** 2424
21.17 **te amo... *J* le dijo: Apacienta mis ovejas** 2424
21.20 les seguía el discípulo a quien amaba *J* 2424
21.21 vio, dijo a *J*: Señor, ¿y qué de éste? 2424
21.22 ***J* le dijo: Si quiero que a quede hasta** 2424
21.23 *J* no le dijo que no moriría, sino 2424
21.25 muchas cosas que hizo *J*, las cuales si 2424
Hch 1.1 todas las cosas que *J* comenzó a hacer 2424
1.11 mismo *J*, que ha sido tomado de vosotros 2424
1.14 en oración y... con María la madre de *J* 2424
1.16 de Judas... guía de los que prendieron a *J* 2424
1.21 todo el tiempo que el Señor *J* entraba 2424
2.22 *J* nazareno, varón aprobado por Dios 2424
2.32 este *J* resucitó Dios, de lo cual todos 2424
2.36 este *J* a quien vosotros crucificasteis 2424
3.13 el Dios de... ha glorificado a su Hijo *J* 2424
4.2 anunciasen en *J* la resurrección de los 2424
4.11 *J* es la piedra reprobada por vosotros 2424
4.13 les reconocían que habían estado con *J* 2424
4.18 hablasen ni enseñasen en el nombre de *J* 2424
4.27 se unieron en... contra tu santo Hijo *J* 2424
4.30 mediante el nombre de tu santo Hijo *J* 2424
4.33 testimonio... la resurrección del Señor *J* 2424
5.30 Dios... levantó a *J*, a quien... matasteis 2424
5.40 que no hablasen en el nombre de *J*, y los 2424
6.14 ese *J* de Nazaret destruirá este lugar 2424
7.55 la gloria y a *J*... a la diestra de Dios 2424
7.59 y decía: Señor *J*, recibe mi espíritu 2424
8.16 habían sido bautizados en el nombre de *J* 2424
8.35 Felipe... le anunció el evangelio de *J* 2424
9.5 **soy *J*, a quien tú persigues; dura cosa** 2424
9.17 el Señor *J*, que se te apareció en el 2424
9.22 Saulo... demostrando que *J* era el Cristo 2424
9.27 Damasco había hablado... el nombre de *J* 2424
10.38 Dios ungió, con poder a *J* de Nazaret 2424
10.39 cosas que *J* hizo en la tierra de Judea 2424
10.48 bautizarles en el nombre del Señor *J* 2424
11.20 anunciando el evangelio del Señor *J* 2424
13.23 Dios levantó a *J* por Salvador a Israel 2424
13.27 no conociendo a *J*, ni las palabras de 2424
13.33 Dios ha cumplido a los... resucitando a *J* 2424
15.11 la gracia del Señor *J* seremos salvos 2424
17.3 *J*, a quien yo os anuncio... es el Cristo 2424
17.7 de César, diciendo que hay otro rey, *J* 2424
17.18 les predicaba el evangelio de *J*, y de 2424
18.5 testificando a los judíos que *J* era el 2424
18.28 demostrando por... que *J* era el Cristo 2424
19.4 al pueblo que creyesen en... *J* el Cristo 2424
19.5 fueron bautizados en el nombre... Señor *J* 2424
19.10 todos... oyeron la palabra del Señor *J* 2424
19.13 invocar el nombre del Señor *J* sobre 2424
19.13 os conjuro por *J*, el que predica Pablo 2424
19.15 a *J* conozco, y sé quién es Pablo; pero 2424
19.17 era magnificado el nombre del Señor *J* 2424
20.24 el ministerio que recibí del Señor *J* 2424
20.35 y recordar las palabras del Señor *J* 2424
21.13 aun a morir... por el nombre del Señor *J* 2424
22.8 **¿quién eres, Señor? y me dijo: Yo soy *J*** 2424
25.19 un cierto *J*, ya muerto, el que Pablo 2424
26.9 cosas contra el nombre de *J* de Nazaret 2424
26.15 **dijo: Yo soy *J*, a quien tú persigues** 2424
28.23 persuadiéndoles acerca de *J*, tanto por 2424
Ro 3.24 mediante la redención... es en Cristo *J* 2424
3.26 el que justifica al que es de la fe de *J* 2424
4.24 en el que levantó de los muertos a *J* 2424
6.3 los que hemos sido bautizados en Cristo *J* 2424
6.11 pero vivos para Dios en Cristo *J*, Señor 2424
6.23 vida eterna en Cristo *J* Señor nuestro 2424
8.1 para los que están en Cristo *J*, los que 2424
8.2 la ley del Espíritu de vida en Cristo *J* 2424
8.11 (2) el que levantó de los muertos a *J* 2424
8.39 amor de Dios, que es en Cristo *J* Señor 2424
10.9 si confesares con tu... que *J* es el Señor 2424
14.14 sé, y confío en el Señor *J*, que nada es 2424
15.5 os dé... un mismo sentir según Cristo *J* 2424
15.8 *J* vino a ser siervo de la circuncisión 2424
15.17 tengo... de qué gloriarme en Cristo *J* en 2424
16.3 Aquila, mis colaboradores en Cristo *J* 2424
16.9 Urbano, nuestro colaborador en Cristo *J* 2424
1 Co 1.2 santificados en Cristo *J*, llamados a 2424
1.4 la gracia de Dios que... dada en Cristo *J* 2424
1.30 mas por él estáis vosotros en Cristo *J* 2424
4.15 en Cristo *J* yo os engendré por medio del 2424
5.5 espíritu sea salvo en el día del Señor *J* 2424
6.11 justificados en el nombre del Señor *J* 2424
9.1 ¿no he visto a *J* el Señor nuestro? ¿No 2424
11.23 el Señor *J* la noche que fue entregado 2424
12.3 nadie que hable por... llama anatema a *J* 2424
12.3 y nadie puede llamar a *J* Señor, sino por 2424
16.24 mi amor en Cristo *J* esté con todos 2424
2 Co 1.14 vuestra gloria... el día del Señor *J* 2424
2.14 nos lleva siempre en triunfo en Cristo *J* 2424
4.5 a nosotros como... siervos por amor de *J* 2424
4.10 llevando en el cuerpo... la muerte de *J* 2424
4.10 que también la vida de *J* se manifieste 2424
4.11 entregados a muerte por causa de *J*, para 2424
4.11 para que... la vida de *J* se manifieste en 2424
4.14 el que resucitó al Señor *J*, a nosotros 2424
4.14 a nosotros también nos resucitará con *J* 2424
11.4 si viene alguno predicando a otro *J* que 2424
Gá 2.4 nuestra libertad... tenemos en Cristo *J* 2424
3.14 para que en... *J* la bendición de Abraham 2424
3.26 sois hijos de Dios por la fe en Cristo *J* 2424
3.28 todos vosotros sois uno en Cristo *J* 2424
4.14 me recibisteis como a... como a Cristo *J* 2424
5.6; 6.15 en... *J* ni la circuncisión vale algo 2424
6.17 en mi cuerpo las marcas del Señor *J* 2424
Ef 1.1 a los santos y fieles en Cristo *J* que 2424
1.15 habiendo oído de vuestra fe en el... *J*, y 2424
2.6 y asimismo nos hizo sentar... con Cristo *J* 2424
2.7 su bondad para con nosotros en Cristo *J* 2424
2.10 creados en Cristo *J* para buenas obras 2424
2.13 ahora en Cristo *J*... hechos cercanos por 2424
3.1 prisionero de Cristo *J* por vosotros los 2424
3.6 copartícipes de la promesa en Cristo *J* 2424
3.11 propósito eterno que hizo en Cristo *J* 2424
3.21 él sea gloria en la iglesia en Cristo *J* 2424
4.21 oído... conforme a la verdad que está en *J* 2424
Fil 1.1 Pablo... a todos los santos en Cristo *J* 2424
1.26 abunde vuestra gloria de mí en Cristo *J* 2424
2.5 este sentir que hubo también en Cristo *J* 2424
2.10 el nombre de *J* se doble toda rodilla de 2424
2.19 espero en el Señor *J* enviaros pronto a 2424
2.21 todos buscan... no lo que es de Cristo *J* 2424
3.3 nos gloriarnos en Cristo *J*, no teniendo 2424
3.8 excelencia del conocimiento de Cristo *J* 2424
3.12 para lo cual fui... asido por Cristo *J* 2424
3.14 supremo llamamiento de Dios en Cristo *J* 2424
4.7 guardará, y vuestros pensamientos en... *J* 2424
4.19 conforme a sus riquezas en gloria en... *J* 2424
4.21 saludad a todos los santos en Cristo *J* 2424
Col 1.4 oído de vuestra fe en Cristo *J*, y del 2424
1.28 presentar perfecto en... Ja todo hombre 2424
3.17 hacedlo todo en el nombre del Señor *J* 2424
1 Ts 1.10 al cual resucitó de los muertos, a *J* 2424
2.14 imitadores de las iglesias de Dios en... *J* 2424
2.15 los cuales mataron al Señor *J* y a sus 2424
4.1 os rogamos y exhortamos en el Señor *J* 2424
4.2 qué instrucciones os dimos por el Señor *J* 2424
4.14 si creemos que *J* murió y resucitó, así 2424
4.14 traerá Dios con *J* a los que durmieron 2424
5.18 la voluntad... con vosotros en Cristo *J* 2424
2 Ts 1.7 manifieste el Señor *J* desde el cielo 2424
1 Ti 1.2 paz, de Dios nuestro... y de Cristo *J* 2424
1.12 doy gracias... a Cristo *J* nuestro Señor 2424
1.14 con la fe y el amor que es en Cristo *J* 2424
1.15 que Cristo *J* vino al mundo para salvar 2424
3.13 confianza en la fe que es en Cristo *J* 2424
2 Ti 1.1 promesa de la vida que es en Cristo *J* 2424
1.9 y la gracia que nos fue dada en Cristo *J* 2424
1.13 oíste, en la fe y amor que es en Cristo *J* 2424
2.1 mío, esfuérzate en la gracia que es en... *J* 2424
2.10 obtengan la salvación que es en Cristo *J* 2424
3.12 quieren vivir piadosamente en Cristo *J* 2424
3.15 salvación por la fe que es en Cristo *J* 2424
Flm 5 del amor y de la fe que tienes hacia... *J* 2424
6 el bien que está en vosotros por Cristo *J* 2424
23 mi compañero de prisiones por Cristo *J* 2424
He 2.9 a *J*, coronado de gloria y de honra, a 2424
3.1 apóstol... de nuestra profesión, Cristo *J* 2424
4.14 gran sumo sacerdote... *J* el Hijo de Dios 2424
6.20 donde *J* entró por... como precursor, hecho 2424
7.22 por... *J* es hecho fiador de un mejor pacto 2424
12.2 los ojos en *J*, el autor y consumador de 2424
12.24 a *J* el Mediador del nuevo pacto, y a 2424
13.12 *J*, para santificar al pueblo... padeció 2424
2 P 1.2 el conocimiento de... nuestro Señor *J* 2424
1 Jn 2.22 sino el que niega que *J* es el Cristo? 2424
4.15 que confiese que *J* es el Hijo de Dios 2424
5.1 todo aquel que cree que *J* es el Cristo 2424
5.5 que vence... el que cree que *J* es el Hijo 2424
Ap 14.12 mandamientos de Dios y la fe de *J* 2424
17.6 ebria de la sangre de los mártires de *J* 2424
19.10 hermanos... retienen el testimonio de *J* 2424
19.10 el testimonio de *J* es el espíritu de la 2424
20.4 decapitados por causa... testimonio de *J* 2424
22.16 **yo *J* he enviado mi ángel para daros** 2424
22.20 **vengo en breve. Amén; sí, ven, Señor *J*** 2424
2. «Jesús, llamado Justo», compañero de Pablo, Col 4.11 2424

JETER
1. Primogénito de Gedeón, Jue 8.20 3500
2. Padre de Amasa, 1 R 2.5,32; 1 Cr 2.17 3500
3. Descendiente de Jerameel, 1 Cr 2.32 3500
4. Hijo de Esdras No. 1, 1 Cr 4.17 3500
5. Descendiente de Aser, 1 Cr 7.38 3500

JETET *Jefe edomita,* Gn 36.40; 1 Cr 1.51 3509

JETLA *Aldea en Dan,* Jos 19.42 3494

JETRO *Suegro de Moisés*
Éx 3.1 apacentando Moisés las ovejas de *J* su 3503
4.18 volviendo a su... *J*... *J* dijo a Moisés: Vé 3503
18.1 oyó *J*... las cosas que Dios había hecho 3503
18.2 y tomó *J*... a Séfora la mujer de Moisés 3503
18.5 *J* el suegro de Moisés, con los hijos y 3503
18.6 yo tu suegro *J* vengo a ti, con tu mujer 3503
18.9 se alegró *J* de todo el bien que Jehová 3503
18.10 y *J* dijo: Bendito sea Jehová, que os 3503
18.12 tomó *J*... holocaustos y sacrificios para 3503

JETUR *Hijo de Ismael, y su descendencia,* Gn 25.15, 1 Cr 1.31; 5.19 3195

JEUEL *jefe de un grupo que regresó del cautiverio,* 1 Cr 9.6 3262

JEÚS
1. Hijo de Esaú y Aholibama, Gn 36.5,14,18; 1 Cr 1.35 3266
2. Descendiente de Benjamín, 1 Cr 7.10 3266
3. Descendiente del rey Saúl, 1 Cr 23.10,11 3266
4. Hijo del rey Roboam, 2 Cr 11.19 3266

JEUZ *Descendiente de Benjamín,* 1 Cr 8.10 3263

JEZABEL *Mujer del rey Acab*
1 R 16.31 tomó por mujer a *J*... sirvió a Baal 348
18.4 cuando *J* destruía a... profetas de Jehová 348

18.13 hice, cuando *J* mataba a los profetas de 348
18.19 profetas de... que comen de la mesa de *J* 348
19.1 dio a *J* la nueva de todo lo que Elías 348
19.2 envió *J* a Elías un mensajero, diciendo 348
21.5 vino a él su mujer *J*, y le dijo: ¿Por 348
21.7 *J* le dijo: ¿Eres tú... rey sobre Israel? 348
21.11 los ancianos... hicieron como *J* les mandó 348
21.14 a decir a *J*: Nabot ha sido apedreado 348
21.15 *J* oyó que Nabot había sido apedreado 348
21.23 de *J*... ha hablado Jehová, diciendo: Los 348
21.23 los perros comerán a *J* en el muro de 348
21.25 fue como Acab... *J* su mujer lo incitaba 348
2 R 9.7 yo vengue la sangre... de la mano de *J* 348
9.10 *J* la comerán los perros en el campo de 348
9.22 ¿qué paz, con las fornicaciones de *J* tu 348
9.30 cuando *J* lo oyó, se pintó los ojos con 348
9.36 en... comerán los perros las carnes de *J* 348
9.37 el cuerpo de *J* será como estiércol sobre 348
9.37 manera que nadie pueda decir: Esta es *J* 348
Ap 2.20 **que toleras que esa mujer *J*... enseñe** *2403*

JEZANÍAS *Capitán judío que quedó con Gedalías después de la deportación*, Jer 40.8; 42.1 3153

JEZER *Hijo de Neftalí*, Gn 46.24; Nm 26.30,49; 1 Cr 7.13 3337

JEZERITA *Descendiente de Jezer*, Nm 26.30,49 ... 3339

JEZÍAS *Uno de los que se casaron con mujeres extranjeras en tiempo de Esdras*, Esd 10.25 ... 3150

JEZIEL *Guerrero que se unió a David en Siclag*, 1 Cr 12.3 3149

JEZLÍAS *Descendiente de Benjamín*, 1 Cr 8.18 ... 3152

JEZOAR *Descendiente de Judá*, 1 Cr 4.7 3328

JEZREEL
1. Población en Judá
Jos 15.56 *J*, Jocdeam, Zanoa 3157
1 S 25.43 también tomó David a Ahinoam de *J* 3157
29.1 acampó junto a la fuente que está en *J* 3157
29.11 volver a... y los filisteos fueron a *J* 3157
2. Ciudad en la frontera de Isacar
Jos 19.18 fue su territorio *J*, Quesulot, Sunem 3157
2 S 2.9 lo hizo rey sobre Galaad... *J*... Efraín 3157
4.4 cinco años... cuando llegó de *J* la noticia 3157
1 R 4.12 más abajo de *J*, desde Bet-seán hasta 3157
18.45 gran lluvia. Y subiendo Acab, vino a *J* 3157
18.46 y corrió delante de... hasta llegar a *J* 3157
21.1 Nabot de *J* tenía allí una viña junto al 3157
21.4 enojado, por la palabra que Nabot de *J* 3157
21.6 hablé con Nabot de *J*, y le dije que me 3157
21.7 le dijo... te daré la viña de Nabot de *J* 3157
21.15 toma la viña de Nabot de *J*, que no te 3157
21.16 para descender a la viña de Nabot de *J* 3157
21.23 perros comerán a Jezabel en el muro de *J* ... 3157
2 R 8.29 Joram se volvió a *J* para curarse de 3157
8.29 a visitar a Joram hijo de Acab en *J* 3157
9.10 a Jezabel la comerán... en el campo de *J* 3157
9.15 se había vuelto el rey Joram a *J*, para 3157
9.15 escape... para ir a dar las nuevas en *J* 3157
9.16 Jehú cabalgó y fue a *J*, porque Joram 3157
9.17 atalaya... en la torre de *J* vio la tropa 3157
9.21 hallaron en la heredad de Nabot en *J* 3157
9.25 y échalo a un... la heredad de Nabot de *J* 3157
9.30 vino... Jehú a *J*; y cuando Jezabel lo oyó 3157
9.36 en... *J* comerán los perros las carnes de 3157
9.37 será como estiércol... en la heredad de *J* 3157
10.1 escribió cartas... a los principales de *J* 3157
10.6 y venid a mí mañana a esta hora, a *J* 3157
10.7 sus cabezas en... y se las enviaron a *J* 3157
10.11 mató... Jehú... de la casa de Acab en *J*, a 3157
2 Cr 22.6 volvió para curarse en *J* de... heridas 3157
22.6 para visitar a Joram hijo de Acab en *J* 3157
Os 1.4 castigaré a... causa de la sangre de *J* 3157
1.11 tierra; porque el día de *J* será grande 3157
3. Valle entre Galilea y Samaria
Jos 17.16 y los que están en el valle de *J* 3157
Jue 6.33 pasando acamparon en el valle de *J* 3157
Os 1.5 quebraré yo el arco... en el valle de *J* 3157
2.22 vino y al aceite, y ellos responderán a *J* 3157
4. Descendiente de Judá, 1 Cr 4.3 3157
5. Hijo del profeta Oseas, Os 1.4 3157

JEZREELITA *Originaria de Jezreel No 1; sobrenombre de Ahinoam, mujer de David*, 1 S 27.3; 30.5; 2 S 2.2; 3.2; 1 Cr 3.1 3159

JIBSAM *Descendiente de Isacar*, 1 Cr 7.2 3005

JIDLAF *Hijo de Nacor*, Gn 22.22 3044

JIFTA *Aldea en Judá*, Jos 15.43 3316

JINETE
Gn 49.17 muerde... y hace caer hacia atrás al *j* 7392
Éx 15.1,15 echado en el mar al caballo y al *j* 7392
1 R 4.26 Salomón tenía... carros, y doce mil *j* 6571
10.26 tenía... doce mil *j*, los cuales puso en 6571
2 R 9.17 un *j* que vaya a reconocerlos, y les 7395
9.18 fue, pues, el *j* a reconocerlos, y dijo 7392
9.19 envió otro *j*, el cual llegando a ellos 7392
18.23 te daré... si tú puedes dar *j* para ellos 7392
2 Cr 1.14 y juntó Salomón... 12.000 *j*, los cuales 6571
9.25 tuvo... 12.000 *j*, los cuales puso en las 6571
Job 39.18 luego... se burla del caballo y de su *j* 7392
Is 21.7,9 hombres montados, *j* de dos en dos 6571
22.6 y Elam tomó aljaba, con carros y con *j* 6571
31.1 su esperanza... en *j*, porque son valientes 6571
36.8 si tú puedes dar *j* que cabalguen sobre 7392
Jer 46.4 subid, vosotros los *j*, y poneos con 6571
51.21 quebrantaré caballos y a sus *j*, y por 7392
Ez 23.6,12 capitanes... *j* que iban a caballo 6571
26.7 y carros y y tropas y mucho pueblo 6571
38.4 caballos y de todo en todo equipados 6571
39.20 os saciaréis... de *j* fuertes y de todos 1368
Os 1.7 no los salvaré... ni con caballos ni *j* 6571
Nah 3.3 *j* enhiesto, y resplandor de espada 6571
Hab 1.8 *j* se multiplicarán... de lejos sus *J* 6571
Hag 2.22 y vendrán abajo los caballos y sus *j* 7392
Zac 12.4 heriré con pánico... y con locura al *j* 7392
Hch 23.23 mandó que preparasen... 70 *j* y 200 .... *2460*
23.32 día... dejando a los *j* que fuesen con él *2460*
Ap 9.16 el número de los... *j* era 200 millones *2461*
9.17 así vi en visión los caballos y a sus *j* *2521*
19.18 carnes de caballos y de sus *j*, y carnes *2521*

JOA
1. Canciller del rey Ezequías
2 R 18.18 y salió a ellos... y *J* hijo de Asaf 3098
18.26 dijo... *J*, al Rabsaces: Te rogamos que 3098
18.37 *J* hijo de Asaf, canciller, vinieron a 3098
Is 36,3 salió a él... *J* hijo de Asaf, canciller 3098
36.11 entonces dijeron Eliaquim, Sebna y *J* 3098
36.22 y *J* hijo de Asaf, canciller, vinieron 3098
2. Levita, descendiente de Gersón, 1 Cr 6.21 3098
3. Levita, hijo de Obed-edom, 1 Cr 26.4 3098
4. Levita en tiempo del rey Ezequías (posiblemente =No. 1), 2 Cr 29.12 3098
5. Canciller del rey Josías, 2 Cr 34.8 3098

JOAB
1. General del ejército del rey David
1 S 26.6 Abisai hijo de Sarvia, hermano de *J* 3097
2 S 2.13 *J* siervos y los... de David salieron 3097
2.14 y dijo Abner a *J*: Levántense ahora los 3097
2.14 y maniobren... Y *J* respondió: Levántense 3097
2.18 tres hijos de Sarvia: *J*, Abisai y Asael 3097
2.22 levantaría yo mi rostro delante de *J* tu 3097
2.24 mas *J* y Abisai siguieron a Abner; y se 3097
2.26 dio voces a *J*, diciendo: ¿Consumirá la 3097
2.27 y *J* respondió: Vive Dios, que si no 3097
2.28 *J* tocó el cuerno, y todo el pueblo se 3097
2.30 *J* también volvió de perseguir a Abner 3097
2.32 y caminaron toda aquella noche *J* y sus 3097
3.22 siervos de David y *J* venían del campo 3097
3.23 llegó *J*... fue dado aviso a *J*, diciendo 3097
3.24 *J* vino al rey, y le dijo: ¿Qué has hecho? 3097
3.26 y saliendo *J* de la presencia de David 3097
3.27 cuando Abner volvió... *J* lo llevó aparte 3097
3.29 caiga sobre... *J*... falte de la casa de *J* 3097
3.30 *J*, pues, y Abisai su hermano, mataron a 3097
3.31 dijo David a *J*... Rasgad vuestros vestidos 3097
8.16 *J* hijo de... era general de su ejército 3097
10.7 David... envió a *J* con todo el ejército 3097
10.9 viendo, pues, *J* que se le presentaba la 3097
10.13 y se acercó *J*, y el pueblo que con él 3097
10.14 se volvió... *J* de luchar contra... de Amón 3097
11.1 David envió a *J*, y con él a sus siervos 3097
11.6 David envió a decir a *J*: Envíame a Urías 3097
11.6 envíame a... Y *J* envió a Urías a David 3097
11.7 David le preguntó por la salud de *J*, y 3097
11.11 mi señor *J*, y los siervos de mi señor 3097
11.14 escribió David a *J* una carta, la cual 3097
11.16 cuando *J* sitió la ciudad, puso a Urías 3097
11.17 pelearon contra *J*, y cayeron algunos 3097
11.18 entonces envió *J* e hizo saber a David 3097
11.22 contó a David todo aquello a que *J* le 3097
11.25 así dirás a *J*: No tengas pesar por esto 3097
12.26 *J* peleaba contra Rabá... hijos de Amón 3097
12.27 envió *J* mensajeros a David, diciendo 3097
14.1 conociendo *J*... que el corazón del rey se 3097
14.2 envió *J* a Tecoa, y tomó de allá... mujer 3097
14.3 le hablarás... Y puso *J* las palabras en su 3097
14.19 ¿no anda... *J* contigo en... *J*, él me mandó 3097
14.20 para mudar... *J* tu siervo ha hecho esto 3097
14.21 el rey dijo a *J*: He aquí yo hago esto 3097
14.22 *J* se postró en tierra sobre su rostro 3097
14.23 se levantó... *J* y fue a Gesur, y trajo a 3097
14.29 mandó Absalón por *J*, para enviarlo al 3097
14.30 mirad, el campo de *J* está junto al mío 3097
14.31 se levantó *J* y vino a casa de Absalón 3097
14.32 Absalón respondió a *J*... he enviado por 3097
14.33 vino, pues, *J* al rey, y se lo hizo saber 3097
17.25 Absalón nombró a Amasa... en lugar de *J* 3097
17.25 Abigail... hermana de Sarvia madre de *J* 3097
18.2 una tercera parte bajo el mando de *J* 3097
18.2 de Abisai hijo de Sarvia, hermano de *J* 3097
18.5 el rey mandó a *J*, a Abisai y... diciendo 3097
18.10 viéndolo uno, avisó a *J*, diciendo: He 3097
18.11 y *J* respondió al hombre... Y viéndolo tú 3097
18.12 el hombre dijo a *J*: Aunque me pesaras 3097
18.14 respondió *J*: No malgastaré mi tiempo 3097
18.15 escuderos de *J*... hirieron a Absalón, y 3097
18.16 *J* tocó la trompeta... *J* detuvo al pueblo 3097
18.20 respondió *J*: Hoy no llevarás las nuevas 3097
18.21 *J* dijo a un etíope: Vé tú, y di al rey 3097
18.21 y el etíope hizo reverencia ante *J*, y 3097
18.22 entonces Ahimaas... volvió a decir a *J* 3097
18.22 y *J* dijo: Hijo mío, ¿para qué has de 3097
18.29 cuando envió *J* al siervo del rey y a 3097
19.1 dieron aviso a *J*: He aquí el rey llora 3097
19.5 *J* vino al rey en la casa, y dijo: Hoy 3097
19.13 si no fueres general del... en lugar de *J* 3097
20.7 salieron en pos de él los hombres de *J* 3097
20.8 y *J* estaba ceñido de su ropa, y sobre 3097
20.9 *J* dijo a Amasa: ¿Te va bien, hermano 3097
20.9 tomó *J*... la barba de Amasa, para besarlo 3097
20.10 de la daga que estaba en la mano de *J* 3097
20.10 *J* y su... fueron en persecución de Seba 3097
20.11 uno de los... de *J* se paró junto a él 3097
20.11 ame a *J* y a David, vaya en pos de *J* 3097
20.13 pasaron... los que seguían a *J*, para ir 3097
20.15 el pueblo que estaba con *J* trabajaba 3097
20.16 os ruego que digáis a *J* que venga acá 3097
20.17 dijo la mujer: ¿Eres tú *J*?... Yo soy 3097
20.20 *J* respondió diciendo: Nunca tal, nunca 3097
20.21 la mujer dijo a *J*: He aquí su cabeza 3097
20.22 cortaron la cabeza... la arrojaron a *J* 3097
20.22 tocó... Y *J* se volvió al rey a Jerusalén 3097
20.23 así quedó *J* sobre todo el ejército de 3097
23.18 Abisai hermano de *J*... fue el principal 3097
23.24 Asael hermano de *J* fue de los treinta 3097
23.37 Naharai... escudero de *J* hijo de Sarvia 3097
24.2 dijo el rey a *J*... Recorre ahora todas las 3097
24.3 *J* respondió al rey: Añada Jehová tu 3097
24.4 prevaleció sobre *J*... Salió, pues, *J* con 3097
24.9 y *J* dio el censo del pueblo al rey; y 3097
1 R 1.7 se había puesto de acuerdo con *J* hijo 3097
1.19 ha convidado... a *J* general del ejército 3097
1.41 oyendo *J* el sonido de la trompeta, dijo 3097
2.5 ya sabes tú lo que me ha hecho *J* hijo de 3097
2.22 ya tiene también... y a *J* hijo de Sarvia 3097
2.28 vino la noticia a *J*... también *J* se había 3097
2.28 huyó *J* al tabernáculo de Jehová, y se 3097
2.29 *J* había huido al tabernáculo de Jehová 3097
2.30 al rey... Así dijo *J*, y así me respondió 3097
2.31 quita de... la sangre que *J* ha derramado 3097
2.33 la sangre... recaerá sobre la cabeza de *J* 3097
11.15 y subió *J* el general del ejército a 3097
11.16 seis meses habitó allí *J*, y todo Israel 3097
11.21 que era muerto *J* general del ejército 3097
1 Cr 2.16 hijos de Sarvia... Abisai, *J* y Asael 3097
11.6 *J*... subió el primero, y fue hecho jefe 3097
11.8 muro; y *J* reparó el resto de la ciudad 3097
11.20 Abisai, hermano de *J*, era jefe de los 3097
11.26 los valientes de... Asael hermano de *J* 3097
11.39 Naharai beerotita, escudero de *J* hijo 3097
18.15 y *J* hijo de... era general del ejército 3097
19.8 David, envió a *J* con todo el ejército 3097
19.10 y viendo *J* que el ataque... había sido 3097
19.14 se acercó *J*... pelear contra los sirios 3097
19.15 de Amón... huyeron... *J* volvió a Jerusalén 3097
20.1 *J* sacó las fuerzas del... y *J* batió a Rabá 3097
21.2 dijo David a *J* y... haced censo de Israel 3097
21.3 dijo *J*: Añada Jehová a su pueblo cien 3097
21.4 la orden del rey pudo más que *J*. Salió 3097
21.4 salió, por tanto, *J*, y recorrió todo 3097
21.6 la orden del rey era abominable a *J* 3097
26.28 había consagrado... y *J* hijo de Sarvia 3097
27.7 el cuarto jefe... era Asael hermano de *J* 3097
27.24 *J* hijo de... había comenzado a contar 3097
27.34 *J* era el general del ejército del rey 3097
Sal 60 *tít.* volvió *J*, y destrozó a 12.000 de 3097
2. Hijo de Seraías, 1 Cr 4.14 3097
3. Ascendiente de un grupo que regresó del cautiverio con Zorobabel, Esd 2.6; 8.9; Neh 7.11 .. 3097

JOACAZ
1. Rey de Israel, hijo y sucesor de Jehú
2 R 10.35 durmió Jehú... y reinó en su lugar *J* 3059
13.1 comenzó a reinar *J* hijo de Jehú sobre 3059
13.4 *J* oró en presencia de Jehová, y Jehová 3059
13.7 no le había quedado gente a *J*, sino 50 3059
13.8 los hechos de *J*... ¿no está escrito en el 3059
13.9 y durmió *J*... y lo sepultaron en Samaria 3059
13.10 comenzó a reinar Joás hijo de *J* sobre 3059
13.22 afligió a Israel todo el tiempo de *J* 3059
13.25 volvió Joás hijo de *J* y tomó de mano 3059
13.25 que éste había tomado en... de mano de *J* 3059
14.1 en el año segundo de Joás hijo de *J* rey 3059
14.8 envió mensajeros a Joás hijo de *J*, hijo 3059
14.17 vivió después de... Joás hijo de *J*, rey 3059
2 Cr 25.17 a decir a Joás hijo de *J*, hijo de 3059
25.25 después de la muerte de Joás hijo de *J* 3059
2. Rey de Judá, hijo y sucesor de Josías (=Salum No. 4)
2 R 23.30 pueblo de la tierra tomó a *J*... rey 3059
23.31 de 23 años... *J* cuando comenzó a reinar 3059
23.34 a *J*, y lo llevó a Egipto, y murió allí 3059
2 Cr 36.1 el pueblo... tomó a *J* hijo de Josías 3059
36.2 de 23 años... *J* cuando comenzó a reinar 3059
36.4 a Eliaquim hermano de *J* por rey sobre 3059
36.4 y a *J* su hermano tornó Necao... a Egipto 3059
3. Rey de Judá, hijo y sucesor de Joram (=Ocozías No. 2)
2 Cr 21.17 y no le quedó más hijo sino... *J* el 3059
25.23 apresó... a Amasías rey de... hijo de *J* 3059
4. Padre de Loa No. 5, 2 Cr 34.8 3059

JOACIM
1. Rey de Judá, hijo de Josías y sucesor de Joacaz No. 2 (=Eliaquim No. 2)
2 R 23.34 y le cambió el nombre por el de *J* 3079
23.35 *J* pagó a Faraón la plata y el oro; mas 3079
23.36 de 25 años... *J* cuando comenzó a reinar 3079
24.1 *J* vino a ser su siervo por 3 años, pero 3079
24.2 envió contra *J* tropas de caldeos, tropas 3079
24.5 demás hechos de *J*... ¿no está escrito en 3079
24.6 durmió *J* con sus padres, y reinó en su 3079
24.19 e hizo lo malo... lo que había hecho *J* 3079
1 Cr 3.15 el segundo *J*, el tercero Sedequías 3079
3.16 los hijos de *J*: Jeconías su hijo, hijo 3079
2 Cr 36.4 le mudó el nombre en *J*; y a Joacaz 3079
36.5 cuando comenzó a reinar *J* era de 25 años 3079
36.8 los demás hechos de *J*, y las... que hizo 3079
Jer 1.3 le vino... en días de *J* hijo de Josías 3079
22.18 así ha dicho Jehová acerca de *J* hijo 3079
22.24 si Conías hijo de *J* rey de Judá fuera 3079
24.1 haber transportado... Jeconías hijo de *J* 3079
25.1 el año cuarto de *J* hijo de Josías, rey 3079

26.1 en el principio del reinado de *J* hijo de 3079
26.21 oyeron sus palabras el rey *J* y todos 3079
26.22 y el rey *J* envió hombres a Egipto, a 3079
26.23 lo trajeron al rey *J*, el cual lo mató 3079
27.1 en el principio del reinado de *J* hijo de 3079
27.20 transportó... a Jeconías hijo de *J*, rey......... 3079
28.4 haré volver... a Jeconías hijo de *J*, rey 3079
35.1 palabra de... vino a Jeremías en días de *J* 3079
36.1 el cuarto año de *J* hijo de Josías, rey........... 3079
36.9 el año quinto de *J* hijo de Josías, rey........... 3079
36.28 en el primer rollo que quemó *J* rey de 3079
36.29 y dirás a *J* rey de Judá... Tú quemaste........ 3079
36.30 ha dicho Jehová acerca de *J*... No tendrá..... 3079
36.32 del libro que quemó en el fuego *J* rey......... 3079
37.1 en lugar de Conías hijo de *J* reinó el........... 3079
45.1 Jeremías a Baruc... en el año cuarto de *J*...... 3079
46.2 a quien destruyó... en el año cuarto de *J*....... 3079
52.2 lo malo... conforme a todo lo que hizo *J* 3079
Dn 1.1 en el año tercero del reinado de *J* rey.......... 3079
1.2 el Señor entregó en sus manos a *J* rey de....... 3079
2. Descendiente de Judá, 1 Cr 4.22 3137

JOADA *Descendiente de Benjamín*, 1 Cr 8.36 3085

JOADÁN *Madre del rey Amasías*, 2 R 14.2; 2 Cr 25.1 3086

JOANA *Ascendiente de Jesucristo*, Lc 3.27....... *2490*

JOAQUÍN *Rey de Judá, hijo y sucesor de Joacim (=Conías y Jeconías)*
2 R 24.6 Joacim... reinó en su lugar *J* su hijo........... 3078
24.8 de 18 años era *J*... comenzó a reinar, y 3078
24.12 salió *J*... rey de... al rey de Babilonia, él 3078
24.15 llevó cautivos a Babilonia a *J*, a la............. 3078
24.17 por rey en lugar de *J* a Matanías su tío....... 3078
25.27 a los 37 años del cautiverio de *J* rey 3078
25.27 Evil-merodac... libertó a *J* rey de Judá........ 3078
2 Cr 36.8 de Joacim... reinó en su lugar *J* su........... 3078
36.9 de ocho años era *J*... comenzó a reinar, y...... 3078
Jer 52.31 año 37 del cautiverio de *J* rey de............. 3078
52.31 alzó la cabeza de *J* rey de Judá y lo 3078
Ez 1.2 quinto año de la deportación del rey *J*.......... 3112

JOÁS
1. Padre de Gedeón
Jue 6.11 encina... la cual era de *J* abiezerita........... 3101
6.29 dijeron: Gedeón hijo de *J* lo ha hecho........... 3101
6.29 los hombres de la ciudad dijeron a *J*........... 3101
6.31 y *J* respondió a todos los que estaban 3101
7.14 es... sino la espada de Gedeón hijo de *J*........ 3101
8.13 Gedeón hijo de *J* volvió de la batalla........... 3101
8.29 Jerobaal hijo de *J*... habitó en su casa 3101
8.32 murió Gedeón hijo de *J* en buena vejez 3101
8.32 fue sepultado en el sepulcro de su... *J* 3101
2. Hijo del rey Acab, 1 R 22.26; 2 Cr 18.25 3101
3. Rey de Judá, hijo de Ocozías
2 R 11.2 a *J*... lo sacó furtivamente de entre 3101
11.21 era *J* de siete años cuando comenzó a........ 3060
12.1 en el séptimo año... comenzó a reinar *J* 3060
12.2 *J* hizo lo recto ante los ojos de Jehová 3060
12.4 *J* dijo a los sacerdotes: Todo el dinero 3060
12.6 año 23 del rey *J* aún no habían reparado...... 3060
12.7 llamó... rey *J* al sumo sacerdote Joiada........ 3060
12.18 tomó *J*... ofrendas que habían dedicado...... 3060
12.19 los demás hechos de *J*... ¿no está escrito 3101
12.20 levantaron... y mataron a *J* en la casa........ 3101
13.1 en el año 23 de *J* hijo de Ocozías, rey 3101
13.10 el año 37 de *J*... comenzó a reinar Joás....... 3060
14.1 comenzó a reinar Amasías hijo de *J* rey 3101
14.3 hizo... todas las cosas que había hecho *J* 3101
14.13 tomó a Amasías rey de Judá, hijo de *J* 3060
14.17 Amasías hijo de *J*... vivió después de la........ 3060
14.23 el año quince de Amasías hijo de *J* rey 3101
1 Cr 3.11 hijo fue Ocozías, hijo del cual... *J* 3101
2 Cr 22.11 Josabet, tornó a *J* hijo de Ocozías 3101
24.1 de 7 años era *J* cuando comenzó a reinar 3101
24.2 e hizo *J* lo recto ante... ojos de Jehová 3101
24.4 *J* decidió restaurar la casa de Jehová 3101
24.22 *J* no se acordó de la misericordia que 3101
24.24 Siria... Así ejecutaron juicios contra *J*......... 3101
24.27 cuanto a los hijos de *J*... está escrito.......... 3101
25.23 apresó... a Amasías... hijo de *J*, hijo de 3101
25.25 vivió Amasías hijo de *J*, rey de Judá 3101
4. Rey de Israel, hijo y sucesor de Joacaz
2 R 13.9 durmió... reinó en su lugar *J* su hijo 3101
13.10 reinar *J* hijo de Joacaz sobre Israel 3060
13.12 demás hechos de *J*... ¿no está escrito en........ 3101
13.13 y durmió *J*... *J* fue sepultado en Samaria 3101
13.14 y descendió a él *J* rey de Israel, y............. 3101
13.25 volvió *J*... y tomó de mano de Ben-adad....... 3060
13.25 tres veces los derrotó *J*, y restituyó........... 3101
14.1 el año segundo de *J*... comenzó a reinar....... 3101
14.8 Amasías envió mensajeros a *J* hijo de 3060
14.9 *J*... envió... esta respuesta: El cardo que 3060
14.11 subió *J* rey... y se vieron las caras él.......... 3060
14.13 *J* rey de Israel tomó a Amasías rey de 3060
14.15 los demás hechos que ejecutó *J*... y sus 3060
14.16 durmió *J* con sus padres... fue sepultado 3060
14.17 después de la muerte de *J*... quince años 3060
14.23 comenzó a reinar Jeroboam hijo de *J* 3101
14.27 salvó por mano de Jeroboam hijo de *J*........ 3101
2 Cr 25.17 Amasías... envió a decir a *J* hijo 3101
25.18 *J* rey de Israel envió a decir a... rey 3101
25.21 subió... *J* rey de Israel, y se vieron 3101
25.23 *J* rey de Israel apresó... a Amasías rey 3101
25.25 Amasías... después de la muerte de *J*........... 3101
Os 1.1; Am 1.1 en días de Jeroboam hijo de *J* 3101
5. Descendiente de Judá, 1 Cr 4.22 3101
6. Descendiente de Benjamín, 1 Cr 7.8.............. 3135

7. Uno de los valientes de David, 1 Cr 12.3 3101
8. Funcionario del rey David, 1 Cr 27.28............ 2728

JOB
1. Hijo de Isacar (=Jasub No. 1), Gn 46.13........... 3102
2. El del libro de Job
Job 1.1 hubo en tierra de Uz un varón llamado *J* 347
1.5 acontecía... *J* enviaba y los santificaba 347
1.5 decía *J*: Quizá habrán pecado mis hijos.......... 347
1.8; 2.3 ¿no has considerado a mi siervo *J*... que 347
1.9 Satanás... ¿Acaso teme *J* a Dios de balde? 347
1.14 y vino un mensajero a *J*, y le dijo 347
1.20 *J* se levantó, y rasgó su manto... adoró 347
1.22 en todo esto no pecó *J*, ni atribuyó a............ 347
2.7 e hirió a *J* con una sarna maligna desde......... 347
2.8 tomaba *J* un tiesto para rascarse con él 347
2.10 en todo esto no pecó *J* con sus labios 347
2.11 y tres amigos de *J*, Elifaz temanita.............. 347
3.1 esto abrió *J* su boca, y maldijo su día 347
3.2 y exclamó *J*, y dijo 347
6.1; 9.1; 12.1; 16.1; 19.1; 21.1; 23.1; 26.1 respondió... *J*, y dijo 347
27.1 reasumió *J* su discurso, y dijo................... 347
29.1 volvió *J* a reanudar su discurso, y dijo 347
31.40 aquí terminan las palabras de *J* 347
32.1 cesaron estos... varones de responder a *J* 347
32.2 Eliú hijo... se encendió en ira contra *J* 347
32.3 responder, aunque había condenado a *J*........ 347
32.4 Eliú había esperado a *J* en la disputa........... 347
32.12 hay de vosotros quien redarguya a *J* 347
32.14 *J* no dirigió contra mí sus palabras, ni......... 347
33.1 por tanto, *J*, oye ahora mis razones, y 347
33.31 escucha, *J*, y óyeme; calla, y... hablaré 347
34.5 *J* ha dicho: Yo soy justo, y Dios me ha........... 347
34.7 ¿qué hombre hay como *J*, que bebe el 347
34.35 que *J* no habla con sabiduría, y que sus........ 347
34.36 deseo yo que *J* sea probado ampliamente 347
35.16 *J* abre su boca vanamente, y multiplica........ 347
37.14 escucha esto, *J*; detente, y considera........... 347
38.1 entonces respondió Jehová a *J* desde un........ 347
40.1 además respondió Jehová a *J*, y dijo............ 347
40.3 entonces respondió *J* a Jehová, y dijo........... 347
40.6 respondió Jehová a *J* desde el torbellino........ 347
42.1 respondió *J* a Jehová, y dijo 347
42.7 después que habló Jehová... a *J*, Jehová 347
42.7 no habéis... lo recto, como mi siervo *J* 347
42.8 id a mi siervo *J*, y ofreced holocausto 347
42.8 mi siervo *J* orará por vosotros; porque 347
42.8 no habéis hablado de... como mi siervo *J* 347
42.9 fueron... y Jehová aceptó la oración de *J* 347
42.10 quitó Jehová la aflicción de *J*, cuando 347
42.10 aumentó... las cosas que habían sido de *J* 347
42.12 bendijo Jehová el postrer estado de *J*.......... 347
42.15 no había mujeres... como las hijas de *J* 347
42.16 después de esto vivió *J* 140 años, y vio 347
42.17 y murió *J* viejo y lleno de días 347
Ez 14.14,20 si estuviesen... Noé, Daniel y *J* 347
Stg 5.11 habéis oído de la paciencia de *J*, y *2492*

JOBAB
1. Hijo de Joctán, Gn 10.29; 1 Cr 1.23 3103
2. Segundo rey de Edom, Gn 36.33,34; 1 Cr 1.44,45 .. 3103
3. Rey de Madón, Jos 11.1.......................... 3103
4. Nombre de dos descendientes de Benjamín, 1 Cr 8.9,18.. 3103

JOCABED *Madre de Moisés*, Éx 6.20; Nm 26.59 ... 3115

JOCDEAM *Aldea en Judá*, Jos 15.56............. 3347

JOCMEAM
1. = Jocneam, 1 R 4.12.............................. 3362
2. Ciudad levítica en Efraín, 1 Cr 6.68.............. 3361

JOCNEAM *Ciudad levítico en Zabulón (=Jocmeam No. 1)*, Jos 12.22; 19.11; 21.34 3362

JOCSÁN *Hijo de Abraham y Cetura*, Gn 25.2,3; 1 Cr 1.32(2) 3370

JOCTÁN *Hijo de Heber No. 1 y hermano de Peleg*, Gn 10.25,26,29; 1 Cr 1.19,20,23 3355

JOCTEEL
1. Aldea en Judá, Jos 15.38.......................... 3371
2. = Sela No. 2, 2 R 14.7................................ 3371

JOED *Habitante de Jerusalén en tiempo de Nehemías*, Neh 11.7 3133

JOEL
1. Primogénito de Samuel, 1 S 8.2; 1 Cr 6.33; 15.17 .. 3100
2. Príncipe de la tribu de Simeón, 1 Cr 4.35........... 3100
3. Descendiente de Rubén, 1 Cr 5.4,8 3100
4. Jefe de la tribu de Gad en Basán, 1 Cr 5.12......... 3100
5. Ascendiente del profeta Samuel, 1 Cr 6.36........... 3100
6. Descendiente de Isacar, 1 Cr 7.3 3100
7. Uno de los valientes de David, 1 Cr 11.38 3100
8. Levita eminente en tiempo de David (posiblemente =No. 9), 1 Cr 15.7,11; 23.8............ 3100
9. Tesorero del templo en tiempo de David (posiblemente =No. 8), 1 Cr 26.22 3100
10. Funcionario del rey David, 1 Cr 27.20 3100
11. Levita en tiempo del rey Ezequías, 2 Cr 29.12 3100
12. Uno de los que se casaron con mujeres extranjeras en tiempo de Esdras, Esd 10.43 3100
13. Oficial en Jerusalén en tiempo de Nehemías, Neh 11.9.. 3100
14. Profeta
Jl 1.1 palabra de Jehová que vino a *J*, hijo............. 3100
Hch 2.16 esto es lo dicho por el profeta *J* *2493*

JOELA *Guerrero que se unió a David en Siclag*, 1 Cr 12.7 3132

JOEZER *Guerrero que se unió a David en Siclag*, 1 Cr 12.6 3134

JOFAINA
2 R 12.13 no se hacían... ni *j*, ni trompetas............. 4219

JOGBEHA *Ciudad fortificada en Gad*, Nm 32.35; Jue 8.11 3011

JOGLI *Padre de Buqui*, Nm 34.22 3020

JOHA
1. Descendiente de Benjamín, 1 Cr 8.16.............. 3109
2. Uno de los 30 valientes de David, 1 Cr 11.45...... 3109

JOHANÁN
1. Capitán que se unió a Gedalías después de la deportación
2 R 25.23 vinieron a él en... *J* hijo de Carca............ 3110
Jer 40.8 *J* y Jonatán hijos de Carca, Seraías........... 3110
40.13 *J* hijo de Carea y todos los príncipes 3110
40.15 *J*... habló... iré ahora y mataré a Ismael....... 3110
40.16 dijo a *J*... No hagas esto... es falso lo.......... 3110
41.11 y oyeron *J* hijo de Carea y todos los 3110
41.13 todo el pueblo... vio a *J*... se alegraron 3110
41.14 todo el pueblo... se volvió y fue con *J* 3110
41.15 escapó delante de *J* con ocho hombres 3110
41.16 *J*... y todos los capitanes de la gente.......... 3110
41.16 mujeres... eunucos, que *J* había traído........ 3110
42.1 vinieron todos los oficiales... *J* hijo de 3110
42.8 llamó a *J*... y a todos los oficiales de 3110
43.2 *J* hijo de Carea, y todos los varones 3110
43.4 no obedeció... *J*... y todos los oficiales 3110
43.5 tomó *J*... todo el remanente de Judá que....... 3110
2. Hijo del rey Josías, 1 Cr 3.15...................... 3110
3. Descendiente de David, 1 Cr 3.24 3110
4. Sacerdote, 1 Cr 6.9,10.............................. 3110
5. Nombre de dos guerreros que se unieron a David en Siclag, 1 Cr 12.4,12 3110
6. Portero del templo, 1 Cr 26.3....................... 3110
7. Oficial del ejército del rey Josafat, 2 Cr 17.15...... 3076
8. Padre de Ismael No. 5, 2 Cr 23.1 3076
9. Padre de Azarías No. 14, 2 Cr 28.12 3076
10. Uno de los que regresaron de Babilonia con Esdras, Esd 8.12.................................. 3110
11. Sacerdote, hijo del sumo sacerdote Eliasib, Esd 10.6; Neh 12.22,23........................ 3076,3110
12. Uno de los que se casaron con mujeres extranjeras en tiempo de Esdras, Esd 10.28 3076
13. Hijo de Tobías amonita, Neh 6.18................... 3076
14. Sacerdote en tiempo de Joiacim, Neh 12.13
15. Sacerdote en tiempo de Nehemías, Neh 12.42 ... 3076

JOIACIM *Sumo sacerdote, hijo de Jesúa No. 4*. Neh 12.10,12,26 3113

JOIADA
1. Padre de Benaía No. 1, 2 S 8.18; 20.23; 23.20,22; 1 R 1.8,26,32,36,38,44; 2.25,29,34,35,46; 4.4; 1 Cr 11.22,24; 18.17; 27.5.............................. 3111
2. Sacerdote en tiempo del rey Joás No. 3
2 R 11.4 año envió *J* y tomó jefes de centenas.......... 3111
11.9 hicieron todo... el sacerdote *J* les mandó 3111
11.9 y los que salían... vinieron al sacerdote *J* 3111
11.12 sacando luego *J* al hijo del rey, le............ 3111
11.15 *J* mandó a los jefes... Sacadla fuera del........ 3111
11.17 *J* hizo pacto entre Jehová y el rey y el 3111
12.2 el tiempo que le dirigió el sacerdote *J* 3111
12.7 llamó... el rey Joás al sumo sacerdote *J*......... 3111
12.9 mas... *J* tomó un arca e hizo en la tapa un..... 3111
2 Cr 22.11 lo escondió... mujer del sacerdote *J*........... 3111
23.1 se animó *J*, y tomó consigo en alianza 3111
23.3 *J* les dijo: He aquí el hijo del rey, el 3111
23.8 como lo había mandado el sacerdote *J* 3111
23.8 el sacerdote *J* no dio licencia a las............. 3111
23.9 *J* a los jefes de centenas las lanzas 3111
23.11 y *J* y sus hijos lo ungieron, diciendo 3111
23.14 pero *J* mandó que salieran los jefes de 3111
23.16 *J* hizo pacto entre sí... el pueblo y el 3111
23.18 luego ordenó *J* los oficios en la casa.......... 3111
24.2 hizo Joás lo recto... todos los días de *J*......... 3111
24.3 *J* tornó para él dos mujeres; y engendró......... 3111
24.6 el rey llamó a... *J* y le dijo: ¿Por qué 3111
24.12 el rey y *J* lo daban a los que hacían........... 3111
24.14 trajeron al rey y a *J* lo que quedaba.......... 3111
24.14 y sacrificaban... todos los días de *J*.......... 3111
24.15 mas *J* envejeció, y murió lleno de días 3111
24.17 muerto *J*, vinieron los príncipes de Judá 3111
24.20 el Espíritu... sobre Zacarías hijo del... *J*......... 3111
24.22 misericordia que *J*... había hecho con él....... 3111
24.25 causa de la sangre de los hijos de *J*........... 3111
3. Príncipe del linaje de Aarón (posiblemente =No. 1), 1 Cr 12.27 3111
4. Consejero de David después de Ahitofel, 1 Cr 27.34 3111
5. Uno que ayudó en la restauración del muro de Jerusalén, Neh 3.6 3111
6. Sumo sacerdote, hijo de Eliasib No. 3, Neh 12.10,11,22; 13.28 3111
7. Sacerdote en tiempo del profeta Jeremías, Jer 29.26.. 3111

JOIARIB
1. Sacerdote que regresó de Babilonia, 1 Cr 9.10; Neh 11.10; 12.6,19 3080,3114
2. Sacerdote en tiempo de David, 1 Cr 24.7 3080
3. Mensajero enviado por Esdras, Esd 8.16........... 3114
4. Ascendiente de Maasías No. 11, Neh 11.5......... 3114

JONADAB
1. Sobrino de David
2 S 13.3 llamaba *J*... *J* era hombre muy astuto 3122
13.5 y *J* le dijo: Acuéstate en tu cama, y 3122
13.32 *J*... habló y dijo: No diga mi señor que 3122
13.35 dijo *J* al rey: He allí los hijos del 3122
2. Hijo de Recab
2 R 10.15 se encontró con *J* hijo de Recab 3082
10.15 *J* dijo: Lo es. Pues que lo es, dame la 3082
10.23 entró Jehú con *J*... en el templo de Baal 3082
Jer 35.6 *J* hijo de Recab... nos ordenó diciendo 3122
35.8 hemos obedecido... nuestro padre *J* hijo 3082
35.10 cosas que nos mandó *J* nuestro padre 3122
35.14 firme la palabra de *J* hijo de Recab 3082
35.16 los hijos de *J* hijo de Recab tuvieron 3082
35.18 obedecisteis al mandamiento de *J*... padre ... 3082
35.19 no faltará de *J*... un varón que esté en 3122

JONÁN *Ascendiente de Jesucristo*, Lc 3.30 ...... *2494*

JONÁS
1. Profeta
2 R 14.25 él había hablado por su siervo *J* 3124
Jon 1.1 palabra de Jehová a *J* hijo de Amitai 3124
1.3 *J* se levantó para huir de la... de Jehová 3124
1.5 *J* había bajado al interior de la nave 3124
1.7 echaron suertes, y la suerte cayó sobre *J* 3124
1.15 tomaron a *J*, y lo echaron al mar; y el 3124
1.17 preparado un gran pez que tragase a *J* 3124
1.17 estuvo *J* en el vientre del pez tres días 3124
2.1 oró *J* a Jehová... desde el vientre del pez 3124
2.10 y mandó Jehová al pez, y vomitó a *J* en 3124
3.1 palabra de Jehová por segunda vez a *J* 3124
3.3 se levantó *J*, y fue a Nínive conforme a 3124
3.4 comenzó *J* a entrar por la ciudad, camino 3124
4.1 *J* se apesadumbró en extremo, y se enojó 3124
4.5 salió *J* de la ciudad, y acampó hacia el 3124
4.6 una calabacera, la cual creció sobre *J* 3124
4.6 creció... y *J* se alegró... por la calabacera 3124
4.8 y el sol hirió a *J* en la cabeza, y se 3124
4.9 dijo Dios a *J*: ¿Tanto te enojas por la 3124
Mt 12.39 **señal... sino la señal del profeta *J*** *2495*
12.40 **como estuvo *J* en el vientre del gran** *2495*
12.41 **se arrepintieron a la predicación de *J*** *2495*
12.41 **y he aquí más que *J* en este lugar** *2495*
16.4 **será dada, sino la señal del profeta *J*** *2495*
Lc 11.29 **no le será dada, sino la señal de *J*** *2495*
11.30 **así como *J* fue señal a los ninivitas** *2495*
11.32 **la predicación de *J* se arrepintieron** *2495*
11.32 **y he aquí más que *J* en este lugar** *2495*
2. Padre de Simón Pedro
Mt 16.17 **bienaventurado eres, Simón, hijo de *J*** *920*
Jn 1.42 **Simón, hijo de *J*; tú serás llamado** *2495*
21.15,16,17 Simón, hijo de *J*, ¿me amas? *2495*

JONATÁN
1. Sacerdote en la tribu de Dan, Jue 18.30 3129
2. Hijo del rey Saúl
1 S 13.2 y mil... con *J* en Gabaa de Benjamín 3129
13.3 *J* atacó a la guarnición de los filisteos 3129
13.16 Saúl, pues, y *J* su hijo, y el pueblo 3129
13.22 que estaba con... con *J*, excepto Saúl y *J* 3129
14.1 que *J*... dijo a su criado que le traía las 3129
14.3 no sabía el pueblo que *J* se hubiese ido 3129
14.4 y entre los desfiladeros por donde *J* 3129
14.6 dijo, pues, *J* a su paje... Ven, pasemos a 3083
14.8 dijo... *J*: Vamos a pasar a esos hombres 3083
14.12 respondieron a *J* y a... *J* dijo a su paje 3129
14.13 subió *J* trepando... caían delante de *J* 3129
14.14 esta primera matanza que hicieron *J* y 3129
14.17 aquí que faltaba *J* y su paje de armas 3129
14.21 de los israelitas que estaban con... *J* 3129
14.27 *J* no había oído cuando su padre había 3129
14.29 respondió *J*: Mi padre ha turbado el 3129
14.39 fuere en *J* mi hijo, de seguro morirá 3129
14.40 yo y *J* mi hijo estaremos al otro lado 3129
14.41 y la suerte cayó sobre *J* y Saúl, y el 3129
14.42 suertes entre mí y *J* mi... cayó sobre *J* 3129
14.43 dijo a *J*: Declárame... Y *J* se lo declaró 3129
14.44 me haga Dios... que sin duda morirás, *J* 3129
14.45 ¿ha de morir *J*, el que ha hecho esta 3129
14.45 no... Así el pueblo libró de morir a *J* 3129
14.49 los hijos de Saúl fueron *J*... y Malquisúa 3129
18.1 el alma de *J*... lo amó *J* como a sí mismo 3083
18.3 e hicieron pacto *J* y David, porque él 3083
18.4 *J* se quitó el manto que llevaba... lo dio 3083
19.1 habló Saúl a *J*... y a todos sus siervos 3129
19.1 *J* hijo de... amaba a David en gran manera 3129
19.4 *J* habló bien de David a Saúl su padre 3083
19.6 escuchó Saúl la voz de *J*; y juró Saúl 3083
1 S 19.7 y llamó *J* a David, y le declaró 3083
20.1 vino delante de *J*, y dijo: ¿Qué he... yo? 3083
20.3 tu padre sabe... y dirá: No sepa esto *J* 3083
20.4 *J* dijo a David: Lo que deseare tu alma 3083
20.5 David respondió a *J*... será nueva luna, y 3083
20.9 *J* le dijo: Nunca tal te suceda; antes 3083
20.10 dijo... David a *J*: ¿Quién me dará aviso 3083
20.11 *J* dijo a David: Ven, salgamos al campo 3083
20.12 dijo *J* a David: ¡Jehová... sea testigo! 3083
20.13 Jehová haga así a *J*, y aun le añada, si 3083
20.15 no dejes que el nombre de *J* sea quitado
20.16 así hizo *J* pacto con la casa de David 3083
20.17 *J* hizo jurar a David otra vez, porque 3083
20.18 le dijo *J*: Mañana es nueva luna, y tú 3083
20.25 *J* se levantó, y se sentó Abner al lado 3083
20.27 Saúl dijo a *J*... ¿Por qué no ha venido a 3083
20.28 y *J* respondió a Saúl: David me pidió 3083
20.30 se encendió la ira de Saúl contra *J* 3083
20.32 *J* respondió a su padre Saúl y le dijo 3083
20.33 entendió *J*... estaba resuelto a matar a 3083
20.34 levantó *J* de la mesa con exaltada ira 3083
20.35 salió *J* al campo, al tiempo señalado 3083
20.37 saeta que *J* había tirado, *J* dio voces 3083
20.38 y volvió a gritar *J* tras el muchacho 3083
20.38 muchacho de *J* recogió las saetas, y vino 3129
20.39 *J* y David entendían de... se trataba 3083
20.40 dio *J* sus armas a su muchacho, y le dijo 3083
20.42 y *J* dijo a David: Vete en paz, porque 3083
20.42 él se levantó... y *J* entró en la ciudad 3083
23.16 entonces se levantó *J* hijo de Saúl y 3083
23.18 David se quedó en Hores, y *J* se volvió 3083
31.2 siguiendo los filisteos a... mataron a *J* 3083
2 S 1.4 el pueblo... Saúl y *J* su hijo murieron 3083
1.5 ¿cómo sabes que han muerto Saúl y *J* su 3083
1.12 ayunaron... por Saúl y por *J* su hijo, por 3083
1.17 endechó David a Saúl y a *J* su hijo con 3083
1.22 arco de *J* no volvía atrás, ni la espada 3083
1.23 Saúl y *J*, amados y... inseparables en su 3083
1.25 han caído... ¡*J*, muerto en tus alturas! 3083
1.26 angustia tengo por ti, hermano mío *J* 3083
4.4 y *J*... tenía un hijo lisiado de los pies 3083
4.4 llegó de... la noticia de la muerte de... *J* 3083
9.1 a quien haga yo misericordia... amor de *J*? 3129
9.3 aún ha quedado un hijo de *J*, lisiado de 3083
9.6 vino Mefi-boset, hijo de *J* hijo de Saúl 3083
9.7 haré contigo misericordia por amor de *J* 3083
21.7 perdonó... a Mefi-boset hijo de *J*, hijo 3083
21.7 el juramento... que hubo... entre David y *J* 3083
21.12 David fue y tomó... los huesos de *J* su 3083
21.13 hizo llevar de allí... los huesos de *J* 3083
21.14 sepultaron los huesos de... *J* en tierra 3083
1 Cr 8.33 engendró a Saúl, y Saúl engendró a *J* 3083
8.34 hijo de *J* fue Merib-baal, y... a Micaía 3083
9.39 Saúl engendró a *J*, Malquisúa... Es-baal 3083
9.40 hijo de *J* fue Merib-baal... engendró a 3083
10.2 mataron los filisteos a *J*, a Abinadab 3129
3. Hijo del sacerdote Abiatar
2 S 15.27 Ahimaas tu hijo, y *J* hijo... Abiatar 3083
15.36 Ahimaas el de Sadoc, y *J* el de Abiatar 3083
17.17 *J* y Ahimaas estaban junto a la fuente 3083
17.20 le dijeron: ¿Dónde están Ahimaas y *J*? 3083
1 R 1.42 vino *J* hijo del sacerdote Abiatar, al 3083
1.43 *J* respondió y... ha hecho rey a Salomón 3083
4. Sobrino de David
2 S 21.21 este desafió a Israel, y lo mató *J* 3083
1 Cr 20.7 lo mató *J*, hijo de Simea hermano 3083
5. Uno de los 30 valientes de David, 2 S 23.32;
1 Cr 11.34 3083,3129
6. Descendiente de Jerameel, 1 Cr 2.32,33 3129
7. Funcionario del rey David, 1 Cr 27.25 3083
8. Tío y consejero del rey David, 1 Cr 27.32 3083
9. Levita en tiempo del rey Josafat, 2 Cr 17.8 3083
10. Padre de Ebed No. 2, Esd 8.6 3083
11. Uno que se opuso a Esdras, Esd 10.15 3083
12. Sumo sacerdote, hijo de Joiada No. 6 y padre de Jadúa, Neh 12.11 3083
13. Nombre de dos jefes de familia sacerdotales en tiempo de Joiacim, Neh 12.14,18 3083
14. Padre de Zacarías No. 28, Neh 12.35 3083
15. Escriba contemporáneo del profeta Jeremías
Jer 37.15 en prisión en la casa del escriba *J* 3083
37.20 no me hagas volver a casa del escriba *J* 3083
38.26 que no me hiciese volver a casa de *J* 3129
16. Capitán que se unió a Gedalías después de la deportación, Jer 40.8 3129

JOPE *Puerto mediterráneo en Dan*
Jos 19.46 el territorio que está delante de *J* 3305
2 Cr 2.16 te la traeremos... por el mar hasta *J* 3305
Esd 3.7 madera... desde el Líbano por mar a *J* 3305
Jon 1.3 descendió a *J*, y halló una nave que 3305
Hch 9.36 en *J* una discípula llamada Tabita, que *2445*
9.38 Lida estaba cerca de *J*, los discípulos *2445*
9.42 esto fue notorio en toda *J*, y muchos *2445*
9.43 se quedó muchos días en *J* en casa de un *2445*
10.5,32 envía... a *J*, y haz venir a Simón *2445*
10.8 envió a *J*, después de haberles contado *2445*
10.23 le acompañaron algunos... hermanos de *J* *2445*
11.5 estaba yo en la ciudad de *J* orando, y vi *2445*
11.13 dijo: Envía hombres a *J*, y haz venir a *2445*

JORA *Padre de una familia que regresó del cautiverio con Zorobabel*, Esd 2.18 3139

JORAI *Descendiente de Gad*, 1 Cr 5.13 3140

JORAM
1. Hijo de Toi, rey de Hamat
2 S 8.10 envió Toi a *J* su hijo al rey David 3141
8.10 *J* llevaba... utensilios de plata, de oro
2. Rey de Judá, hijo y sucesor de Josafat
1 R 22.50 durmió... en su lugar reinó *J* su hijo 3088
2 R 1.17 el segundo año de *J* hijo de Josafat 3088
8.16 a reinar *J* hijo de Josafat, rey de Judá 3088
8.21 *J*... pasó a Zair, y todos sus carros con 3141
8.23 demás hechos de *J*... ¿no están escritos en 3141
8.24 durmió *J* con sus padres, y fue sepultado 3141
8.25 a reinar Ocozías hijo de *J*, rey de Judá 3088
8.29 descendió Ocozías hijo de *J* rey de Judá 3088
11.2 Josaba hija del rey *J*... tomó a Joás hijo 3141
12.18 las ofrendas que habían dedicado... *J* y 3088
1 Cr 3.11 fue hijo *J*, cuyo hijo fue Ocozías 3141
2 Cr 21.1 Josafat... Y reinó en su lugar *J* su 3088
21.3 había dado el reino a *J*, porque él era 3088
21.4 elevado, pues, *J* al reino de su padre 3088
21.9 pasó *J* con sus príncipes, y todos sus 3088
21.16 Jehová despertó contra *J* la ira de los 3088
22.1 hicieron rey en lugar de *J* a Ocozías su
22.1 reinó Ocozías, hijo de *J* rey de Judá 3088
22.6 Ocozías hijo de *J*... para visitar a Joram 3088
22.11 lo escondió Josabet, hija del rey *J* 3088
Mt 1.8 Asa engendró... Josafat a *J*, y *J* a Uzías *2496*
3. Rey de Israel, hermano y sucesor de Ocozías
2 R 1.17 reinó en su lugar *J*, en el segundo 3088
3.1 *J*... de Acab comenzó a reinar en Samaria 3088
3.6 salió entonces de Samaria el rey *J*, y 3088
8.16 en el quinto año de *J* hijo de Acab, rey 3141
8.25 en el año doce de *J* hijo de Acab, rey de 3141
8.28 y fue a la guerra con *J*... contra Hazael 3141
8.28 contra Hazael... los sirios hirieron a *J* 3141
8.29 *J* se volvió a Jezreel para curarse de 3141
8.29 descendió Ocozías... a visitar a *J* hijo 3088
9.14 conspiró Jehú hijo de... Nimsi, contra *J* 3141
9.14 estaba entonces *J* guardando a Ramot de
9.15 había vuelto el rey *J* a Jezreel, para 3088
9.16 a Jezreel, porque *J* estaba allí enfermo 3141
9.16 Ocozías rey... descendido a visitar a *J* 3141
9.17 y *J* dijo: Ordena a un jinete que vaya 3088
9.21 *J* dijo: Unce el carro. Y cuando estaba 3088
9.21 salieron *J* rey de Israel y Ocozías rey 3088
9.22 cuando vio *J* a Jehú, dijo: ¿Hay paz 3088
9.23 entonces *J* volvió las riendas y huyó 3088
9.24 pero Jehú... hirió a *J* entre las espaldas 3088
9.29 el undécimo año de *J*... comenzó a reinar 3088
2 Cr 22.5 fue a la guerra con *J* hijo de Acab 3141
22.5 a Ramot... donde los sirios hirieron a *J* 3088
22.6 para visitar a *J* hijo de Acab en Jezreel 3088
22.7 que Ocozías fijese destruido viniendo a *J* 3141
22.7 salió con *J* contra Jehú hijo de Nimsi 3088
4. Levita, 1 Cr 26.25 3141
5. Sacerdote en tiempo del rey Josafat, 2 Cr 17.8 3088

JORCOAM *Descendiente de Caleb*, 1 Cr 2.44 3421

JORDÁN *Río principal de Palestina*
Gn 13.10 Lot... vio toda la llanura del *J*, que 3383
13.11 Lot escogió para sí... la llanura del *J* 3383
32.10 pues con mi cayado pasé este *J*, y ahora 3383
50.10 era de Atad... está al otro lado del *J* 3383
50.11 Abel-mizraim... está al otro lado del *J* 3383
Nm 13.29 el cananeo habita... a la ribera del *J* 3383
22.1 acamparon... junto al *J*, frente a Jericó 3383
26.3 hablaron... junto al *J* frente a Jericó 3383
26.63 contaron... hijos de Israel... junto al *J* 3383
31.12 llanos de Moab, que están junto al *J* 3383
32.5 esta tierra... y no nos hagas pasar el *J* 3383
32.19 no tomaremos heredad... otro lado del *J* 3383
32.19 nuestra heredad a este otro lado del *J* 3383
32.21 pasáis armados el *J* delante de Jehová 3383
32.29 hijos de Rubén pasan con vosotros el *J* 3383
32.32 nuestra heredad será a este lado del *J* 3383
33.48 de Moab, junto al *J*, frente a Jericó 3383
33.49 finalmente acamparon junto al *J*, desde 3383
33.50 habló Jehová a Moisés en... junto al *J* 3383
33.51 cuando hayáis pasado el *J* entrando en 3383
34.12 después descenderá este límite al *J* 3383
34.15 tomaron su heredad a este lado del *J* 3383
35.1 habló Jehová a Moisés en... junto al *J* 3383
35.10 hayáis pasado al otro lado del *J* a la 3383
35.14 tres ciudades daréis a este lado del *J* 3383
36.13 y los estatutos que mandó... junto al *J* 3383
Dt 1.1 palabras que habló... a este lado del *J* 3383
1.5 lado del *J*, en... resolvió Moisés declarar 3383
2.29 que cruce el *J* a la tierra que nos da 3383
3.8 amorreos que estaban a este lado del *J* 3383
3.17 también el Arabá, con el *J* como límite 3383
3.20 vuestro Dios les da al otro lado del *J* 3383
3.25 vea aquella tierra... está mas allá del *J* 3383
3.27 y mira con tus... porque no pasarás el *J* 3383
4.21 y Jehová... juró que yo no pasaría el *J* 3383
4.22 voy a morir en esta... y no pasaré el *J* 3383
4.26 tierra hacia la cual pasáis el *J* para 3383
4.41 apartó... tres ciudades a este lado del *J* 3383
4.46 a este lado del *J*, en el valle delante 3383
4.47 reyes... que estaban de este lado del *J* 3383
4.49 el Arabá de este lado del *J*, al oriente 3383
9.1 tú vas hoy a pasar el *J*, para entrar a 3383
11.30 los cuales están al otro lado del *J* 3383
11.31 pasáis el *J* para ir a poseer la tierra 3383
12.10 pasaréis el *J*, y habitaréis... la tierra 3383
27.2 que pases el *J* a la tierra que Jehová 3383
27.4 pasado el *J*, levantarás estas piedras 3383
27.12 hayas pasado el *J*, estos estarán sobre 3383
30.18 pasando el *J*, para entrar en posesión 3383
31.2 Jehová me ha dicho: No pasarás este *J* 3383
31.13; 32.47 pasando el *J*... tomar posesión de 3383
Jos 1.2 ahora, pues, levántate y pasa este *J* 3383
1.11 pasaréis el *J* para entrar a poseer la 3383
1.14 la tierra... os ha dado a este lado del *J* 3383
1.15 este lado del *J* hacia donde nace el sol 3383
2.7 tras ellos por el camino del *J*, hasta los 3383
2.10 dos reyes... al otro lado del *J*, a Sehón 3383
3.1 Israel partieron... y vinieron hasta el *J* 3383
3.8 borde del agua del *J*... pararéis en el *J* 3383
3.11 el arca... pasará delante... en medio del *J* 3383
3.13 cuando... se asienten en las aguas del *J* 3383
3.13 las aguas del *J* se dividirán; porque las 3383
3.14 cuando partió el pueblo... para pasar el *J* 3383
3.15 que llevaban el arca entraron en el *J* 3383
3.15 el *J* suele desbordarse por todas sus 3383
3.17 los sacerdotes... firmes en medio del *J* 3383
3.17 el pueblo hubo acabado de pasar el *J* 3383
4.1 cuando toda... hubo acabado de pasar el *J* 3383
4.3 diciendo: Tomad de aquí de en medio del *J* 3383
4.5 pasad delante del arca... la mitad del *J* 3383
4.7 las aguas del *J* fueron divididas delante 3383
4.7 cuando ella pasó el *J*, las aguas del *J* 3383
4.8 tomaron doce piedras de en medio del *J* 3383

J

4.9 levantó doce piedras en medio del *J*, en 3383
4.10 los sacerdotes... pararon en medio del *J* 3383
4.16 manda a los sacerdotes... que suban del *J* 3383
4.17 Josué mandó a los... diciendo: Subid del *J* 3383
4.18 que cuando... subieron de en medio del *J* 3383
4.18 las aguas del *J* se volvieron a su lugar 3383
4.19 pueblo subió del *J* el día diez del mes 3383
4.20 las doce piedras que habían traído del *J* 3383
4.22 hijos... Israel pasó en seco por este *J* 3383
4.23 Dios secó las aguas del *J* delante de 3383
5.1 los reyes de... al otro lado del *J*... oyeron 3383
5.1 cómo Jehová había secado las aguas del *J* 3383
7.7 ¿por qué hiciste pasar a este pueblo el *J* 3383
7.7 hubiéramos quedado al otro lado del *J*!
9.1 los reyes que estaban a este lado del *J* 3383
9.10 reyes... que estaban al otro lado del *J* 3383
12.1 cuya tierra poseyeron al otro lado del *J* 3383
12.7 reyes... que derrotaron... este lado del *J* 3383
13.8 recibieron... heredad... al otro lado del *J* 3383
13.23 y el *J* fue el límite del territorio de 3383
13.27 el *J* y su límite hasta el extremo del 3383
13.27 Cineret al otro lado del *J*, al oriente 3383
13.32 Moisés repartió en... al otro lado del *J* 3383
14.3 había dado... heredad al otro lado del *J* 3383
15.5 el límite... hasta la desembocadura del *J* 3383
15.5 desde la bahía... la desembocadura del *J* 3383
16.1 desde el *J* de Jericó hasta las aguas de 3383
16.7 desciende a... y toca Jericó y sale al *J* 3383
17.5 y de Basán que está al otro lado del *J* 3383
18.7 recibido su heredad al otro lado del *J* 3383
18.12 límite de ellos al... norte desde el *J* 3383
18.19 y termina... a la extremidad sur del *J* 3383
18.20 el *J* era el límite al lado del oriente 3383
19.22 y termina en el *J*; 16 ciudades con sus 3383
19.33 su territorio desde Helef... y sale al *J* 3383
19.34 Judá por el *J* hacia donde nace el sol 3383
20.8 al otro lado del *J*... señalaron a Beser 3383
22.4 que Moisés... os dio al otro lado del *J* 3383
22.7 Josué... a este lado del *J*, al occidente 3383
22.10 llegando a los límites del *J* que está 3383
22.10 edificaron allí un altar junto al *J*, un 3383
22.11 altar frente a la... en los límites del *J* 3383
22.25 Jehová ha puesto por lindero el *J* entre 3383
23.4 desde el *J* hasta el Mar Grande, hacia 3383
24.8 amorreos... habitaban al otro lado del *J* 3383
24.11 pasasteis el *J*, y vinisteis a Jericó 3383
Jue 3.28 tomaron los vados del *J* a Moab, y no 3383
5.17 Galaad... quedó al otro lado del *J*; y Dan 3383
7.24 vados del *J*... tomaron los vados... y del *J* 3383
7.25 trajeron... a Gedeón al otro lado del *J* 3383
8.4 y vino Gedeón al *J*, y pasó él y los 300 3383
10.8 Israel que estaban al otro lado del *J* 3383
10.9 hijos de Amón pasaron el *J* para hacer 3383
11.13 tomó... desde Amón hasta Jaboc y el *J* 3383
11.22 se apoderaron... el desierto hasta el *J* 3383
12.5 tomaron los vados del *J* a los de Efraín 3383
12.6 le degollaban junto a los vados del *J* 3383
1 S 13.7 algunos... pasaron el *J* a la tierra 3383
31.7 los de Israel que... del otro lado del *J* 3383
2 S 2.29 y pasando el *J* cruzaron por... Bitrón 3383
10.17 David... pasando el *J* vino a Helam; y los 3383
17.16 pasa... el *J*, para que no sea destruido 3383
17.22 pasaron el *J* antes que amaneciese; ni 3383
17.22 siquiera faltó uno que no pasase el *J* 3383
17.24 Absalón pasó el *J* con toda la gente de 3383
19.15 volvió, pues, el rey, y vino hasta el *J* 3383
19.15 Judá vino a... para hacerle pasar el *J* 3383
19.17 los cuales pasaron el *J* delante del rey 3383
19.18 se postró... cuando él hubo pasado el *J* 3383
19.31 pasó el *J* con el rey... otro lado del *J* 3383
19.36 pasará... un poco más allá del *J* con el 3383
19.39 todo el pueblo pasó el *J*; y luego que 3383
19.41 hecho pasar el *J* al rey y a su familia 3383
20.2 siguieron... desde el *J* hasta Jerusalén 3383
24.5 y pasando el *J* acamparon en Aroer, al 3383
1 R 2.8 él mismo descendió a recibirme al *J* 3383
7.46 hizo fundir el rey en la llanura del *J* 3383
17.3 arroyo de Querit, que está frente al *J* 3383
17.5 junto al arroyo de Querit... frente al *J* 3383
2 R 2.6 te quedes... Jehová me ha enviado al *J* 3383
2.7 lejos; y ellos dos se pararon junto al *J* 3383
2.13 y volvió, y se paró a la orilla del *J* 3383
5.10 vé y lávate siete veces en el *J*, y tu 3383
5.14 zambulló siete veces en el *J*, conforme 3383
6.2 vamos ahora al *J*, y tomemos de allí cada 3383
6.4 cuando llegaron al *J*, cortaron la madera 3383
7.15 ellos fueron, y los siguieron hasta el *J* 3383
10.33 desde el *J* al nacimiento del sol, toda 3383
1 Cr 6.78 otro lado del *J*... al oriente del *J* 3383
12.15 estos pasaron el *J* en el mes primero 3383
12.37 del otro lado del *J*... 120.000 con toda 3383
19.17 cruzando el *J* vino a ellos, y ordenó 3383
26.30 gobernaban a Israel al otro lado del *J* 3383
2 Cr 4.17 fundió el rey en los llanos del *J* 3383
Job 40.23 todo un *J* se estrelle contra su boca 3383
Sal 42.6 me acordaré... desde la tierra del *J* 3383
114.3 el mar lo vio, y... el *J* se volvió atrás 3383
114.5 ¿y tú, oh *J*, que te volviste atrás? 3383
Is 9.1 lado del *J*, en Galilea de los gentiles 3383
Jer 12.5 ¿cómo harás en la espesura del *J*? 3383
49.19 de la espesura del *J* contra la bella 3383
50.44 como león subirá de la espesura del *J* 3383
Ez 47.18 medio de Haurán y de Damasco... al *J* 3383
Zac 11.3 porque la gloria del *J* es destruida 3383
Mt 3.5 salía a él... toda la provincia... del *J* *2446*
3.6 bautizados por él en el *J*, confesando sus *2446*
3.13 Jesús vino de Galilea a Juan al *J*, para *2446*
4.15 camino del mar, al otro lado del *J* *2446*
4.25 le siguió mucha gente... otro lado del *J* *2446*
19.1 las regiones de Judea al otro lado del *J* *2446*
Mr 1.5 y eran bautizados por él en el río *J* *2446*
1.9 Jesús... fue bautizado por Juan en el *J* *2446*
3.8 otro lado del *J*, y de los alrededores de *2446*
10.1 vino a la región de... al otro lado del *J* *2446*
Lc 3.3 fue por toda la región contigua al *J* *2446*
4.1 Jesús... volvió del *J*, y fue llevado por el *2446*
Jn 1.28 Betábara, al otro lado del *J*, donde *2446*
3.26 que estaba contigo al otro lado del *J* *2446*
10.40 y se fue de nuevo al otro lado del *J* *2446*

JORIM *Ascendiente de Jesucristo*, Lc 3.29 .... *2497*

JORNADA
Gn 13.3 volvió por sus *j* desde el Neguev hacia 4550
Éx 17.1 partió del desierto de Sin por sus *j* 4550
40.36 los... de Israel se movían en todas sus *j* 4550
40.38 a vista de toda... Israel, en todas sus *j* 4550
Nm 33.1 son las *j* de los hijos de Israel, que 4550
33.2 escribió sus salidas conforme a sus *j* 4550
33.2 estas... sus *j* con arreglo a sus salidas 4550
Dt 1.2 once *j* hay desde Horeb, camino... Seir 4550
Jue 4.9 mas no será tuya la gloria de la *j* 1870

JORNAL
Dt 24.15 su día le darás su *j*... pues es pobre 7939
Ez 39.14 hombres a *j* que vayan por el país 8548
Hag 1.6 trabaja a *j* recibe su *j* en saco roto 7936
Mt 20.8 **llama a los obreros y págales el *j*** *3408*
Stg 5.4 he aquí, clama el *j* de los obreros que *3408*

JORNALERO
Éx 12.45 el extranjero y el *j* no comerán de 7916
Lv 19.13 no retendrás el salario del *j* en tu 7453
22.10 huésped... el *j*, no comerán cosa sagrada 7916
Dt 15.18 la mitad del costo de un *j* te sirvió 7916
24.14 no oprimirás al *j* pobre y menesteroso 7916
Job 7.1 la vida... sus días como los días del *j*? 7916
7.2 como el *j* espera el reposo de su trabajo 5650
14.6 entre tanto deseará, como el *j*, su día 7916
Is 16.14 como los años de un *j*, será abatida 7916
21.16 aquí a un año, semejante a años de *j* 7916
Mal 3.5 los que defraudan en su salario al *j* 7916
Mr 1.20 y dejando a su padre Zebedeo... los *j* *3411*
Lc 15.17 ***j* en casa de mi padre tienen... de pan** *3407*
15.19 **no soy digno... como a uno de tus... *j*** *3407*

JOROBA
Is 30.6 llevan... tesoros sobre *j* de camellos 1707

JOROBADO
Lv 21.20 *j*, o enano, o que tenga nube en el 7665

JOSABA *Hija del rey Joram de Judá (=Josabet)*, 2 R 11.2 3089

JOSABAD *Jefe de los levitas en tiempo del rey Josías*, 2 Cr 35.9 3107

JOSABET *Hija del rey Joram de Judá (=Josaba)*, 2 Cr 22.11 3090

JOSACAR *Asesino del rey Joás*, 2 R 12.21 3108

JOSADAC *Sacerdote, padre de Jesúa No. 4*
1 Cr 6.14,15; Esd 3.2,8; 3.2; 10.18; Neh 12.26;
Hag 1.1,12,14; 2.2,4; Zac 6.11 3087,3136

JOSAFAT
1. Cronista de David y Salomón, 2 S 8.16; 20.24; 1 R 4.3; 1 Cr 18.15 3092
2. Funcionario del rey Salomón, 1 R 4.17 3092
3. Rey de Judá, hijo y sucesor de Asa
1 R 15.24 Asa... y reinó en su lugar *J* su hijo 3092
22.2 *J* rey de Judá descendió al... de Israel 3092
22.4 y dijo a *J*: ¿Quieres venir conmigo a 3092
22.4 y *J* respondió al rey... Yo soy como tú 3092
22.5 dijo... *J* al rey de Israel: Yo te ruego 3092
22.7 y dijo *J*: ¿Hay aún aquí algún profeta 3092
22.8 rey de Israel respondió a *J*: Aún hay 3092
22.8 nunca... Y *J* dijo: No hable el rey así 3092
22.10 *J* rey de Judá estaban sentados cada 3092
22.18 el rey de... dijo a *J*: ¿No te lo había 3092
22.29 subió... el rey de Israel con *J* rey de 3092
22.30 rey de Israel... a *J*: Yo me disfrazaré 3092
22.32 los capitanes de... vieron a *J*, dijeron 3092
22.32 éste es el rey de... mas el rey *J* gritó 3092
22.41 *J* hijo de... comenzó a reinar sobre Judá 3092
22.42 *J* de 35 años cuando comenzó a reinar 3092
22.44 y *J* hizo paz con el rey de Israel 3092
22.45 los demás hechos de *J*, y sus hazañas 3092
22.48 *J* había hecho naves de Tarsis... a Ofir 3092
22.49 Ocozías... dijo a *J*: Vayan mis siervos 3092
22.49 vayan mis siervos con... Mas *J* no quiso 3092
22.50 durmió *J* con sus padres... fue sepultado 3092
22.51 Ocozías hijo... comenzó... el año 17 de *J* 3092
2 R 1.17 en el segundo año de Joram hijo de *J* 3092
3.1 Joram... comenzó a reinar... el año 18 de *J* 3092
3.7 a decir a *J* rey de Judá: El rey de Moab 3092
3.11 *J* dijo: ¿No hay aquí profeta de Jehová 3092
3.12 *J* dijo: Este tendrá palabra de Jehová 3092
3.12 descendieron a él... *J*, y el rey de Edom 3092
3.14 que si no tuviese respeto al rostro de *J* 3092
8.16 siendo *J* rey de Judá, comenzó a reinar 3092
8.16 comenzó a reinar Joram hijo de *J*, rey 3092
12.18 las ofrendas que había dedicado *J* y 3092
1 Cr 3.10 cual fue hijo Asa, cuyo hijo fue *J* 3092
2 Cr 17.1 y reinó en su lugar *J* su hijo, el 3092
17.3 y Jehová estuvo con *J*, porque anduvo en 3092
17.5 confirmó... y todo Judá dio a *J* presentes 3092
17.10 pavor... y no osaron hacer guerra contra *J* ... 3092
17.11 traían... Presentes a *J*, y tributos de 3092
17.12 iba, pues, *J* engrandeciéndose mucho 3092
18.1 tenía, pues, *J* riquezas y gloria en 3092
18.3 y dijo Acab... a *J* rey de Judá: ¿Quieres 3092
18.4 dijo *J* al rey de Israel: Te ruego que 3092
18.6 *J* dijo: ¿Hay aún aquí algún profeta de 3092
18.7 respondió a *J*: Aún hay aquí un hombre 3092
18.7 y respondió *J*: No hable así el rey 3092
18.9 y *J* rey de Judá estaban sentados cada 3092
18.17 el rey de... dijo a *J*: ¿No te había yo 3092
18.28 subieron... y *J* rey de Judá, a Ramot de 3092
18.29 dijo el rey de... a *J*: Yo me disfrazaré 3092
18.31 cuando... vieron a *J*, dijeron: Este es 3092
18.31 *J* clamó, y Jehová... y los apartó... de él 3092
19.1 *J* rey de Judá volvió en paz a su casa 3092
19.2 dijo al rey *J*: ¿Al impío das ayuda, y 3092
19.4 habitó... *J* en Jerusalén... salía al pueblo 3092
19.8 puso... *J* en Jerusalén... de los levitas y 3092
20.1 de Amón... vinieron contra *J* a la guerra 3092
20.2 y dieron aviso a *J*, diciendo: Contra ti 3092
20.3 *J* humilló su rostro para consultar a 3092
20.5 *J* se puso en pie en la asamblea de Judá 3092
20.15 oíd, Judá... y tú, rey *J*... Jehová os dice 3092
20.18 entonces *J* se inclinó rostro a tierra 3092
20.20 *J*, estando en pie, dijo: Oídme, Judá 3092
20.25 entonces *J* y su pueblo a despojarlos 3092
20.27 *J* a la cabeza de ellos, volvieron para 3092
20.30 el reino de *J* tuvo paz, porque su Dios 3092
20.31 así reinó *J* sobre Judá; de 35 años era 3092
20.34 hechos de *J*, primeros y postreros, he 3092
20.35 *J* rey de... trabó amistad con Ocozías rey 3092
20.37 Eliezer... profetizó contra *J*, diciendo 3092
21.1 durmió *J* con sus padres, y lo sepultaron 3092
21.2 quien tuvo por hermanos, hijos de *J*, a 3092
21.2 todos éstos fueron hijos de *J* rey de 3092
21.12 no has andado en los caminos de *J*, ni 3092
22.9 es hijo de *J*, quien de todo su corazón 3092
Mt 1.8 Asa engendró a *J*, *J* a Joram, y Joram *2498*
4. Padre de Jehú rey de Israel, 2 R 9.2,14 3092
5. Uno de los 30 valientes de David, 1 Cr 11.43 3146
6. Sacerdote contemporáneo de David, 1 Cr 15.24 .. 3046
7. Valle no identificado
Jl 3.2 y las haré descender al valle de *J*, y 3092
3.12 naciones... suban al valle de *J*; porque 3092

JOSAVÍA *Uno de los valientes de David*, 1 Cr 11.46 3145

JOSBECASA *Cantor en el templo*, 1 Cr 25.4,24 ... 3436

JOSÉ
1. Hijo del patriarca Jacob
Gn 30.24 y llamó su nombre *J*, diciendo... hijo 3130
30.25 cuando Raquel hubo dado a luz a *J*, que 3130
33.2 puso las... y a Raquel y a *J* los últimos 3130
33.7 después llegó *J* y Raquel, y también se 3130
35.24 los hijos de Raquel: *J* y Benjamín 3130
37.2 *J*, siendo de edad de 17 años, apacentaba 3130
37.2 e informaba *J* a su padre la mala fama 3130
37.3 y amaba Israel a *J* más que a todos sus 3130
37.5 y soñó *J* un sueño, y lo contó a sus 3130
37.13 Israel a *J*: Tus hermanos apacientan las 3130
37.16 *J* respondió: Busco a mis hermanos; te 3130
37.17 entonces *J* fue tras de sus hermanos 3130
37.23 llegó *J*... ellos quitaron a *J* su túnica 3130
37.28 sacaron ellos a *J* de la cisterna, y le 3130
37.28 le vendieron... y llevaron a *J* a Egipto 3130
37.29 Rubén volvió a... y no halló a *J* dentro 3130
37.31 entonces tomaron ellos la túnica de *J* 3130
37.33 alguna mala... *J* ha sido despedazado 3130
39.1 llevado... *J* a Egipto, Potifar oficial de 3130
39.2 Jehová estaba con *J*, y fue... próspero 3130
39.4 halló *J* gracia en sus ojos, y le servía 3130
39.5 Jehová bendijo la casa... a causa de *J* 3130
39.6 dejó todo lo que tenía en mano de *J*, y 3130
39.6 y era *J* de hermoso semblante y bella 3130
39.7 la mujer de su amo puso sus ojos en *J* 3130
39.10 ella a *J* cada día, y no escuchándola 3130
39.16 y ella puso junto a sí la ropa de *J* 3130
39.19 cuando oyó el amo de *J* las palabras de 3130
39.20 tomó su... a *J*, y lo puso en la cárcel 3130
39.21 Jehová estaba con *J* y le extendió su 3130
39.22 en mano de *J* el cuidado de todos los 3130
39.23 cosa... de las que estaban al cuidado de *J* 3130
39.23 porque Jehová estaba con *J*, y lo que 3130
40.3 puso en prisión... donde *J* estaba preso 3130
40.4 el capitán de la... encargó de ellos a *J* 3130
40.6 vino a ellos *J* por la mañana... tristes 3130
40.8 entonces les dijo *J*: ¿No son de Dios las 3130
40.9 jefe de los coperos contó su sueño a *J* 3130
40.12 le dijo *J*: Esta es su interpretación 3130
40.16 dijo a *J*: También yo soñé que veía 3 3130
40.18 respondió *J*... y dijo... su interpretación 3130
40.22 ahorcar... como lo había interpretado *J* 3130
40.23 jefe de los coperos no se acordó de *J* 3130
41.14 Faraón envió y llamó a *J*... Y lo sacaron 3130
41.15 Faraón a *J*: Yo he tenido un sueño, y no 3130
41.16 respondió *J* a Faraón, diciendo: No es 3130
41.17 entonces Faraón dijo a *J*: En mi sueño 3130
41.25 *J* a Faraón: El sueño de Faraón es uno 3130
41.39 dijo Faraón a *J*: Pues que Dios te ha 3130
41.41 dijo... Faraón a *J*... te he puesto sobre 3130
41.42 quitó su anillo... puso en la mano de *J* 3130
41.44 dijo Faraón a *J*: Yo soy Faraón; y sin 3130
41.45 llamó Faraón... *J*, Zafnat-panea; y le 3130
41.45 salió *J* por toda la tierra de Egipto 3130
41.46 era *J* de edad de treinta años cuando 3130
41.46 salió *J* de delante de Faraón, y recorrió 3130
41.49 recogió *J* trigo como arena del mar 3130
41.50 y nacieron a *J* dos hijos antes... hambre 3130
41.51 y llamó *J* el nombre del primogénito 3130

41.54 años del hambre, como J había dicho 3130
41.55 id a J, y haced lo que él os dijere 3130
41.56 abrió J...granero donde había, y vendía 3130
41.57 toda...venían a Egipto para comprar de J 3130
42.3 descendieron los diez hermanos de J a 3130
42.4 no envió a Benjamín, hermano de J, con 3130
42.6 J era el señor de la tierra, quien le 3130
42.6 los hermanos de J, y se inclinaron a él 3130
42.7 J...vio a sus hermanos, los conoció; mas 3130
42.8 J, pues, conoció a sus hermanos; pero 3130
42.9 entonces se acordó J de los sueños que 3130
42.12 J les dijo: No; para ver...habéis venido 3130
42.14 J les dijo: Eso es lo que os he dicho 3130
42.18 día les dijo J: Haced esto, y vivid: Yo 3130
42.23 no sabían que los entendía J, porque 3130
42.24 se apartó J de ellos, y lloró; después 3130
42.25 mandó J que llenaran sus sacos de trigo 3130
42.36 J no parece, ni Simeón tampoco, y a 3130
43.15 Egipto, y se presentaron delante de J 3130
43.16 y vio J a Benjamín con ellos, 9 dijo 3130
43.17 hizo el hombre como J dijo, y llevó a 3130
43.17 hizo...llevó a los hombres a casa de J 3130
43.18 fueron llevados a casa de J, y decían 3130
43.19 acercaron al mayordomo de la casa de J 3130
43.24 llevó...los hombres a casa de J; y lesó 3130
43.25 ellos prepararon...venía J a mediodía 3130
43.26 vino J a casa, y ellos le trajeron el 3130
43.27 entonces les preguntó J cómo estaban, y 3130
43.29 y alzando J sus ojos vio a Benjamín su 3130
43.30 J se apresuró, porque se conmovieron 3130
43.34 J tomó viandas de delante de sí para 3130
44.1 mandó J al mayordomo de su casa...Llenad . . . 3130
44.2 pondrás mi copa...Y él hizo como dijo J 3130
44.4 dijo J a su mayordomo: Levántate y sigue 3130
44.14 vino Judá con sus hermanos a casa de J 3130
44.15 dijo J: ¿Qué acción es esta que habéis 3130
44.17 J respondió: Nunca yo tal haga. El 3130
45.1 no podía...J contenerse delante de todos 3130
45.1 él, al darse a conocer J a sus hermanos 3130
45.3 dijo J a sus hermanos: Yo soy J; ¿vive 3130
45.4 dijo J a sus hermanos: Acercaos ahora 3130
45.4 dijo: Yo soy J vuestro hermano, el que 3130
45.9 así dice tu hijo J: Dios me ha puesto 3130
45.16 los hermanos de J han venido. Y esto 3130
45.17 y dijo Faraón a J: Di a tus hermanos 3130
45.21 les dio J carros conforme a la orden 3130
45.26 J vive aún; y él es señor en...Egipto 3130
45.27 le contaron todas las palabras de J 3130
45.27 viendo Jacob los carros que J enviaba 3130
45.28 basta; J mi hijo vive todavía; iré, y 3130
46.4 haré...y la mano de J cerrará tus ojos 3130
46.19 hijos de Raquel, mujer...J y Benjamín 3130
46.20 y nacieron a J en la tierra de Egipto 3130
46.27 hijos de J, que le nacieron en Egipto 3130
46.28 envió Jacob a Judá delante de sí a J 3130
46.29 y J...vino a recibir a Israel su padre 3130
46.30 Israel dijo a J: Muera yo ahora, ya que 3130
46.31 J dijo a sus hermanos, y a la casa de 3130
47.1 vino J y lo hizo saber a Faraón, y dijo 3130
47.5 Faraón habló a J, diciendo: Tu padre y 3130
47.7 J introdujo a...su padre, y lo presentó 3130
47.11 así J hizo habitar a su padre y a sus 3130
47.12 y alimentaba J a su padre y a toda la 3130
47.14 y recogió J todo el dinero que había 3130
47.14 metió J el dinero en casa de Faraón 3130
47.15 todo Egipto a J, diciendo: Danos pan 3130
47.16 J dijo: Dad vuestros ganados y yo os 3130
47.17 trajeron sus ganados a J, y J les dio 3130
47.20 compró J toda la tierra de Egipto para 3130
47.23 J dijo al pueblo...os he comprado hoy 3130
47.26 J lo puso por ley hasta hoy sobre la 3130
47.29 llamó a J su...y le dijo: 51 he hallado 3130
47.30 y J respondió: Haré como tú dices 3130
47.31 e Israel dijo: Júramelo. Y J le juró 3130
48.1 que dijeron a J...tu padre está enfermo 3130
48.2 se le hizo saber...tu hijo J viene a ti 3130
48.3 a J: El Dios Omnipotente me apareció en 3130
48.8 y vio Israel los hijos de J, y dijo 3130
48.9 y respondió J a su padre: Son mis hijos 3130
48.11 dijo Israel a J: No pensaba yo ver tu 3130
48.12 J los sacó de entre sus rodillas, y se 3130
48.13 los tomó J a ambos, Efraín a su derecha 3130
48.15 bendijo a J, diciendo: El Dios en cuya 3130
48.17 pero viendo J que su padre ponía la mano . . . 3130
48.18 dijo J a su padre: No así, padre mío 3130
48.21 dijo Israel a J: He aquí yo muero, pero 3130
49.22 rama fructífera es J, rama...junto a una 3130
49.26 serán sobre la cabeza de J, y sobre la 3130
50.1 se echó J sobre el rostro de su padre 3130
50.2 mandó J a sus siervos los médicos que 3130
50.4 J a los de la casa de Faraón, diciendo 3130
50.7 J subió para sepultar a su padre; y 3130
50.8 y toda la casa de J, y sus hermanos, y 3130
50.10 J hizo a su padre duelo por siete días 3130
50.14 volvió J a Egipto, él y sus hermanos 3130
50.15 viendo los hermanos de J que su padre 3130
50.15 quizá nos aborrecerá J, y nos dará el 3130
50.16 enviaron a decir a J: Tu padre mandó 3130
50.17 así diréis a J: Te ruego que perdones 3130
50.17 tu padre...Y J lloró mientras hablaban 3130
50.19 respondió J: No temáis: ¿acaso estoy 3130
50.22 y habitó J en...y vivió José 110 años 3130
50.23 y vio J los hijos de Efraín hasta la 3130
50.23 fueron criados sobre las rodillas de J 3130
50.24 J dijo a sus hermanos: Yo voy a morir 3130
50.25 e hizo jurar J a los hijos de Israel 3130
50.26 murió J a la edad de ciento diez años 3130
Éx 1.5 nacieron a Jacob...J estaba en Egipto 3130
1.6 y murió J, y todos sus hermanos, y toda 3130
1.8 Egipto un nuevo rey que no conocía a J 3130
13.19 tomó...consigo Moisés los huesos de J 3130
Nm 1.10 de los hijos de J: de Efraín, Elisama 3130
1.32 los hijos de J: de los hijos de Efraín 3130
13.11 de la tribu de J; de...Gadi hijo de Susi 3130
26.28 hijos de J por sus familias: Manasés 3130
26.37 son...los hijos de J por sus familias 3130
27.1 de las familias de Manasés hijo de J 3130
32.33 a la media tribu de Manasés hijo de J 3130
34.23 de los hijos de J: de la tribu de los 3130
36.1 de las familias de los hijos de J; y 3130
36.5 la tribu de los...de J habla rectamente 3130
36.12 se casaron en la familia de...hijo de J 3130
Dt 27.12 estarán...Judá, Isacar, J y Benjamín 3130
33.13 a J dijo: Bendita de Jehová...tu tierra 3130
33.16 la gracia...venga sobre la cabeza de J 3130
Jos 14.4 los hijos de J fueron dos tribus 3130
16.1 tocó, a los hijos de J desde el Jordán 3130
16.4 recibieron...su heredad los hijos de J 3130
17.1 Manasés, porque fue primogénito de J 3130
17.2 de Manasés hijo de J, por sus familias 3130
17.14 hijos de J hablaron a Josué, diciendo 3130
17.16 los hijos de J dijeron: No nos bastará 3130
17.17 respondió a la casa de J, a Efraín y a 3130
18.5 los de la casa de J en el suyo al norte 3130
18.11 quedó entre...de Judá y los hijos de J 3130
24.32 enterraron en Siquem los huesos de J 3130
24.32 campo...fue posesión de los hijos de J 3130
Jue 1.22 la casa de J subió contra Bet-el; y 3130
1.23 y la casa de J puso espías en Bet-el 3130
1.35 pero cuando la casa de J cobró fuerzas 3130
2 S 19.20 primero de toda la casa de J, para 3130
1 R 11.28 encomendó...el cargo de la casa de J 3130
1 Cr 2.2 Dan, J, Benjamín, Neftalí, Gad y Aser 3130
5.1 derechos...fueron dados a los hijos de J 3130
5.2 mas el derecho de primogenitura fue de J 3130
7.29 estos lugares habitaron los hijos de J 3130
Sal 77.15 redimiste a...hijos de Jacob y de J 3130
78.67 desechó la tienda de J, y no escogió 3130
80.1 tú que pastoreas como a ovejas a J, que 3084
81.5 constituyó como testimonio en J, cuando 3130
105.17 un varón delante de ellos; a J, que 3130
Ez 37.16 escribe en él: Para J, palo de Efraín 3130
37.19 tomo el palo de J que está en la mano 3130
47.13 que repartiréis la...J tendrá dos partes 3130
48.32 la puerta de J...la puerta de Benjamín 3130
Am 5.6 que acometa como fuego a la casa de J 3130
5.15 Dios...tendrá piedad del remanente de J 3130
6.6 no se afligen...el quebrantamiento de J 3130
Abd 18 y la casa de J será llama, y la casa 3130
Zac 10.6 y guardaré la casa de J, y los haré 3130
Jn 4.5 la heredad que Jacob dio a su hijo J *2501*
Hch 7.9 vendieron a J para Egipto; pero Dios *2501*
7.13 J se dio a conocer a sus hermanos, y fue *2501*
7.13 fue manifestado a Faraón el linaje de J *2501*
7.14 enviando J, hizo venir a su padre Jacob *2501*
7.18 en Egipto otro rey que no conocía a J *2501*
He 11.21 bendijo a cada uno de los hijos de J *2501*
11.22 la fe J, al morir, mencionó la salida *2501*
Ap 7.8 de la tribu de J, doce mil sellados *2501*
2. Padre de Igal No. 1, Nm 13.7 3130
3. Levita en tiempo de David, 1 Cr 25.2,9 3130
4. Uno de los que se casaron con mujeres extranjeras en tiempo de Esdras, Esd 10.42 3130
5. Sacerdote en tiempo de Joiacim, Neh 12.14 3130
6. Marido de María, la madre de Jesús
Mt 1.16 Jacob engendró a J, marido de María *2501*
1.18 estando desposada María su madre con J *2501*
1.19 J su marido...era justo...no quiso dejarla *2501*
1.20 J...no temas recibir a María tu mujer *2501*
1.24 despertando J del sueño, hizo como el *2501*
2.13,19 un ángel del Señor apareció en...a J *2501*
Lc 1.27 con un varón que se llamaba J, de la *2501*
2.4 J subió de Galilea...de Nazaret, a Judea *2501*
2.16 vinieron...y hallaron a María y a J, y al *2501*
2.33 y J y su madre estaban maravillados de *2501*
2.43 quedó...sin que lo supiesen J y su madre *2501*
3.23 hijo, según se creía, de J, hijo de Elí *2501*
4.22 todos...decían: ¿No es éste el hijo de J? *2501*
Jn 1.45 hemos hallado a...a Jesús, el hijo de J *2501*
6.42 ¿no es éste Jesús, el hijo de J, cuyo *2501*
7. Hermano de Jesús
Mt 13.55 y sus hermanos, Jacobo, J, Simón y *2500*
Mr 6.3 ¿no es éste...hermano de...J, de Judas *2500*
8. Hijo de María No. 5
Mt 27.56 estaban...la madre de Jacobo y de J *2500*
Mr 15.40 madre de Jacobo...y de J, y Salomé *2500*
15.47 Magdalena y María madre de J miraban *2500*
9. José de Arimatea
Mt 27.57 vino un hombre rico...llamado J, que *2501*
27.59 y tomando J el cuerpo, lo envolvió en *2501*
Mr 15.43 J de Arimatea, miembro...del concilio *2501*
15.45 e informado por el...dio el cuerpo a J *2501*
Lc 23.50 había un varón llamado J, de Arimatea *2501*
Jn 19.38 J de Arimatea, que era discípulo de *2501*
10. Nombre de tres ascendientes de Jesucristo, Lc 3.24,26,30 . . . . *2501*
11. Candidato al apostolado, Hch 1.23 . . . . *2501*
12. = Bernabé, Hch 4.36 . . . . *2500*

JOSEB-BASEBET *Principal de los tres valientes de David (=Josobeam)*, 2 S 23.8 3429

JOSÍAS
1. Rey de Judá
1 R 13.2 la casa de David nacerá un...llamado J 2977
2 R 21.24 puso...rey en su lugar a J su hijo 2977
21.26 fue sepultado...y reinó en su lugar J 2977
22.1 cuando J comenzó a reinar era de 8 años 2977
22.3 a los 18 años del rey J, envió el rey 2977
23.16 se volvió J, y viendo los sepulcros que 2977
23.19 de los lugares altos...quitó también J 2977
23.23 los 18 años del rey J...aquella pascua 2977
23.24 barrió J a los encantadores...de Judá 2977
23.28 los demás hechos de J...¿no está todo 2977
23.29 Faraón Necao...salió contra él el rey J 2977
23.30 el pueblo...tomó a Joacaz hijo de J...rey 2977
23.34 puso por rey a Eliaquim...en lugar de J 2977
1 Cr 3.14 del cual fue hijo Amón...hijo fue J 2977
3.15 los hijos de J: Johanán su primogénito 2977
2 Cr 33.25 puso por rey en su lugar a J su hijo 2977
34.1 de 8 años era J cuando comenzó a reinar 2977
34.33 quitó J todas las abominaciones de toda 2977
35.1 J celebró la pascua a...en Jerusalén, y 2977
35.7 y dio el rey J a los del pueblo ovejas 2977
35.16 conforme al mandamiento del rey J 2977
35.18 tal como la que celebró el rey J, con 2977
35.19 esta pascua fue...en el año 18 del rey J 2977
35.20 luego de haber reparado J la casa de 2977
35.20 Necao rey de Egipto...salió J contra él 2977
35.22 J no se retiró, sino que se disfrazó 2977
35.23 los flecheros tiraron contra el rey J 2977
35.24 Judá y Jerusalén hicieron duelo por J 2977
35.25 y Jeremías endechó en memoria de J 2977
35.25 recitan esas lamentaciones sobre J 2977
35.26 los demás hechos de J, y sus obras 2977
36.1 tomó a Joacaz hijo de J, y lo hizo rey 2977
Jer 1.2 palabra...le vino en los días de J hijo 2977
1.3 le vino...en días de Joacim hijo de J, rey 2977
1.3 Sedequías hijo de J, rey de Judá, hasta 2977
3.6 me dijo Jehová en días del rey J: ¿Has 2977
22.11 Salum hijo de J...reinó en lugar de J 2977
22.18 Jehová acerca de Joacim hijo de J, rey 2977
25.1 en el año cuarto de Joacim hijo de J 2977
25.3 desde el año trece de J hijo...he hablado 2977
26.1; 27.1 del reinado de Joacim hijo de J 2977
35.1 a Jeremías en días de Joacim hijo de J 2977
36.1 el cuarto año de Joacim hijo de J, rey 2977
36.2 escribe...desde los días de J hasta hoy 2977
36.9 el año quinto de Joacim hijo de J, rey 2977
37.1 lugar...reinó el rey Sedequías hijo de J 2977
45.1; 46.2 el año cuarto de Joacim hijo de J 2977
Sof 1.1 en días de J hijo de Amón, rey de Judá 2977
Mt 1.10 engendró...Manasés a Amón, y Amón a J *2502*
1.11 J engendró a Jeconías y a sus hermanos *2502*
2. Descendiente de Simeón, 1 Cr 4.34 3144
3. Uno que regresó del cautiverio en Babilonia, Zac 6.10 2977

JOSIBÍAS *Descendiente de Simeón*, 1 Cr 4.35 3143

JOSIFÍAS *Padre de Selomit No. 7*, Esd 8.10 3131

JOSUÉ
1. Ayudante y sucesor de Moisés(=Oseas No. 1)
Éx 17.9 y dijo Moisés a J: Escógenos varones 3091
17.10 hizo J como le dijo Moisés, peleando 3091
17.13 y J deshizo a Amalec y a su pueblo a 3091
17.14 di a J que raeré del todo la memoria 3091
24.13 y se levantó Moisés con J su servidor 3091
32.17 cuando oyó J el clamor del pueblo que 3091
33.11 el joven J hijo de Nun, su servidor 3091
Nm 11.28 respondió J hijo de Nun, ayudante 3091
13.16 Oseas...le puso Moisés el nombre de J 3091
14.6 J...y Caleb hijo...rompieron sus vestidos 3091
14.30 exceptuando a Caleb...a J hijo de Nun 3091
14.38 J hijo de...y Caleb...quedaron con vida 3091
26.65 no quedó varón de ellos, sino...J hijo 3091
27.18 Jehová dijo a Moisés: Toma a J hijo de 3091
27.22 tomó a J y lo puso delante del...Eleazar 3091
32.12 excepto Caleb hijo de...y J hijo de Nun 3091
32.28 les encomendó Moisés...a J hijo de Nun 3091
34.17 repartirán...Eleazar, y J hijo de Nun 3091
Dt 1.38 J...el cual te sirve, él entrará allá 3091
3.21 ordené también a J...diciendo: Tus ojos 3091
3.28 manda a J...y fortalécelo; porque él ha 3091
31.3 J será el que pasará delante de ti; él 3091
31.7 Moisés a J, y le dijo en presencia de 3091
31.14 llama a J, y esperad en el tabernáculo 3091
31.14 fueron...Moisés y J, y esperaron en el 3091
31.23 dio orden a J hijo de...dijo: Esfuérzate 3091
32.44 vino Moisés y recitó...cántico...él y J 1954
34.9 J...fue lleno del espíritu de sabiduría 3091
Jos 1.1 a J hijo de Nun, servidor de Moisés 3091
1.10 y J mandó a los oficiales del pueblo 3091
1.12 habló J a los rubenitas y gaditas y a 3091
1.16 respondieron a J...Nosotros haremos todas . . . 3091
2.1 J hijo de...envió desde Sitim dos espías 3091
2.23 vinieron a J...contaron todas las cosas 3091
2.24 dijeron a J: Jehová ha entregado toda 3091
3.1 J se levantó de mañana, y él y todos los 3091
3.5 y J dijo al pueblo: Santificaos, porque 3091
3.6 y habló J...diciendo: Tomad el arca del 3091
3.7 entonces Jehová dijo a J: Desde este día 3091
3.9 y J dijo a los hijos de Israel: Acercaos 3091
3.10 añadió J: En esto conoceréis que el Dios 3091
4.1 hubo acabado de pasar...Jehová habló a J 3091
4.4 J llamó a los doce hombres a los cuales 3091
4.5 dijo J: Pasad delante del arca de Jehová 3091
4.8 Israel lo hicieron así como J les mandó 3091
4.8 piedras...como Jehová lo había dicho a J 3091
4.9 J también levantó doce piedras...Jordán 3091
4.10 todo lo que Jehová había mandado a J que 3091
4.10 las cosas que Moisés había mandado a J 3091
4.14 día Jehová engrandeció a J a los ojos de 3091
4.15 luego Jehová habló a J, diciendo 3091
4.17 J mandó a...diciendo: Subid del Jordán 3091

4.20 y J erigió en Gilgal las doce piedras . . . 3091
5.2 a J: Hazte cuchillos afilados, y vuelve . . . 3091
5.3 J se hizo cuchillos . . . y circuncidó a los . . . 3091
5.4 es la causa por la cual J los circuncidó . . . 3091
5.7 a los hijos de ellos . . . J los circuncidó . . . 3091
5.9 dijo a J: Hoy he quitado de vosotros el . . . 3091
5.13 estando J cerca de Jericó, alzó sus ojos . . . 3091
5.13 J, yendo hacia él, le dijo: ¿Eres de los . . . 3091
5.14 J, postrándose sobre . . . en tierra, le adoró . . . 3091
5.15 el Príncipe del . . . respondió a J: Quita el . . . 3091
5.15 quita el calzado de . . . Y J así lo hizo . . . 3091
6.2 Jehová dijo a J: Mira, yo he entregado . . . 3091
6.6 llamando . . . J hijo de Nun a los sacerdotes . . . 3091
6.8 así que J hubo hablado al pueblo, los 7 . . . 3091
6.10 J mandó al pueblo . . . no gritaréis, ni se . . . 3091
6.12 J se levantó de mañana, y los sacerdotes . . . 3091
6.16 séptima vez, J dijo al pueblo: Gritad . . . 3091
6.22 mas J dijo a los dos hombres que habían . . . 3091
6.25 mas J salvó la vida a Rahab la ramera . . . 3091
6.25 escondió a los . . . que J había enviado a . . . 3091
6.26 en aquel tiempo hizo J un juramento . . . 3091
6.27 estaba, pues, Jehová con J, y su nombre . . . 3091
7.2 J envió hombres desde Jericó a Hai, que . . . 3091
7.3 volviendo a J, le dijeron: No suba todo . . . 3091
7.6 J rompió sus vestidos, y se postró en . . . 3091
7.7 y J dijo: ¡Ah, Señor Jehová! ¿Por qué . . . 3091
7.10 Jehová dijo a J: Levántate; ¿por qué te . . . 3091
7.16 J . . . levantándose . . . hizo acercar a Israel . . . 3091
7.19 J dijo a Acán: Hijo mío, da gloria a . . . 3091
7.20 Acán respondió a J . . . yo he pecado contra . . . 3091
7.22 J . . . envió mensajeros . . . a la tienda; y he . . . 3091
7.23 lo trajeron a J y a . . . los hijos de Israel . . . 3091
7.24 J, y todo Israel con él, tomaron a Acán . . . 3091
7.25 y le dijo J: ¿Por qué nos has turbado? . . . 3091
8.1 Jehová dijo a J: No temas ni desmayes . . . 3091
8.3 levantaron J y toda la gente de guerra . . . 3091
8.3 y escogió J treinta mil hombres fuertes . . . 3091
8.9 entonces J los envió; y ellos se fueron . . . 3091
8.9 J se quedó aquella noche en medio . . . pueblo . . . 3091
8.10 levantándose J . . . pasó revista al pueblo . . . 3091
8.13 y J avanzó . . . hasta la mitad del valle . . . 3091
8.15 J y todo Israel se fingieron vencidos . . . 3091
8.16 siguieron a J, siendo así alejados de . . . 3091
8.18 Jehová dijo a J: Extiende la lanza que . . . 3091
8.18 y J extendió hacia la ciudad la lanza . . . 3091
8.21 J . . . viendo que . . . habían tomado la ciudad . . . 3091
8.23 tomaron vivo al rey de . . . lo trajeron a J . . . 3091
8.26 J no retiró su mano que había extendido . . . 3091
8.27 palabra de Jehová . . . le había mandado a J . . . 3091
8.28 J quemó a Hai y la redujo a . . . escombros . . . 3091
8.29 mandó J que quitasen . . . su cuerpo, y lo . . . 3091
8.30 entonces J edificó un altar a Jehová . . . 3091
8.35 no hubo palabra, que J no hiciese leer . . . 3091
9.2 concertaron para pelear contra J e Israel . . . 3091
9.3 oyeron lo que J había hecho a Jericó y a . . . 3091
9.6 y vinieron a J al campamento en Gilgal . . . 3091
9.8 ellos respondieron a J . . . somos tus siervos . . . 3091
9.8 y J les dijo: ¿Quiénes sois vosotros, y . . . 3091
9.15 J hizo paz . . . y celebró con ellos alianza . . . 3091
9.22 llamándolos J . . . qué nos habéis engañado . . . 3091
9.24 ellos respondieron a J y dijeron: Como . . . 3091
9.27 J los destinó aquel día a ser leñadores . . . 3091
10.1 de Jerusalén oyó que J había tomado a Hai . . . 3091
10.4 Gabaón . . . ha hecho paz con J y con . . . Israel . . . 3091
10.6 los . . . de Gabaón enviaron a decir a J al . . . 3091
10.7 subió J de Gilgal, él y todo el pueblo . . . 3091
10.8 y Jehová dijo a J: No tengas temor de . . . 3091
10.9 J vino a ellos de repente . . . toda la noche . . . 3091
10.12 J habló a Jehová el día en que Jehová . . . 3091
10.15 y J . . . volvió al campamento en Gilgal . . . 3091
10.17 fue dado aviso a J que los cinco reyes . . . 3091
10.18 J dijo: Rodad grandes piedras a . . . cueva . . . 3091
10.20 cuando J . . . Israel acabaron de herirlos . . . 3091
10.21 todo el pueblo volvió sano y salvo a J . . . 3091
10.22 dijo J: Abrid la entrada de la cueva . . . 3091
10.24 llevado a J, llamó J a . . . los varones de . . . 3091
10.25 J les dijo: No temáis, ni . . . sed fuertes . . . 3091
10.26 después . . . J los hirió y los mató, y los . . . 3091
10.27 mandó J que los quitasen de los maderos . . . 3091
10.28 tomó J a Maceda, y la hirió a filo de . . . 3091
10.29 de Maceda pasó J, y todo Israel con él . . . 3091
10.31 y J, y todo Israel . . . de Libna a Laquis . . . 3091
10.33 a él y a su pueblo destruyó J, hasta . . . 3091
10.34 Laquis pasó J, y todo Israel . . . a Eglón . . . 3091
10.36 subió luego J . . . de Eglón a Hebrón, y la . . . 3091
10.38 volvió J, y todo Israel . . . sobre Debir . . . 3091
10.40 hirió . . . J toda la región de las montañas . . . 3091
10.41 hirió J desde Cades-barnea hasta Gaza . . . 3091
10.42 estos reyes y . . . los tomó J de una vez . . . 3091
10.43 y volvió J, y . . . al campamento en Gilgal . . . 3091
11.6 mas Jehová dijo a J: No tengas temor de . . . 3091
11.7 J . . . vino de repente contra ellos junto a . . . 3091
11.9 J hizo con ellos . . . Jehová le había mandado . . . 3091
11.10 volviendo J, tomó en . . . a Hazor, y mató a . . . 3091
11.12 asimismo tomó J todas las ciudades de . . . 3091
11.13 ciudades . . . únicamente a Hazor quemó J . . . 3091
11.15 Moisés lo mandó a J; y así J lo hizo . . . 3091
11.16 tomó, pues, J toda aquella tierra, las . . . 3091
11.18 mucho tiempo tuvo guerra J con estos . . . 3091
11.21 vino J y destruyó a los anaceos de los . . . 3091
11.21 J los destruyó a ellos y a sus ciudades . . . 3091
11.23 tomó, pues, J toda la tierra, conforme . . . 3091
11.23 y la entregó J a los israelitas por . . . 3091
12.7 son los reyes de . . . que derrotaron J y los . . . 3091
12.7 J dio la tierra . . . a las tribus de Israel . . . 3091
13.1 siendo J ya viejo . . . años, Jehová le dijo . . . 3091
14.1 les repartieron . . . Eleazar, J hijo de Nun . . . 3091
14.6 los hijos de Judá vinieron a J en Gilgal . . . 3091
14.13 J entonces le bendijo, y dio a Caleb . . . 3091
15.13 conforme al mandamiento de Jehová a J . . . 3091
17.4 estas vinieron delante de . . . J hijo de Nun . . . 3091
17.14 los hijos de José hablaron a J, diciendo . . . 3091
17.15 y J les respondió: Si sois pueblo tan . . . 3091
17.17 entonces J respondió a la casa de José . . . 3091
18.3 J dijo a . . . Israel: ¿Hasta cuándo seréis . . . 3091
18.8 mandó J a los que iban para delinear la . . . 3091
18.9 y volvieron a J al campamento en Silo . . . 3091
18.10 J les echó suertes . . . y allí repartió J . . . 3091
19.49 dieron . . . Israel heredad a J hijo de Nun . . . 3091
19.51 heredades que . . . Eleazar, y J hijo de Nun . . . 3091
20.1 habló Jehová a J, diciendo . . . 3091
21.1 los levitas vinieron al . . . a J hijo de Nun . . . 3091
22.1 J llamó a los rubenitas, a los gaditas y . . . 3091
22.6 y bendiciéndolos, J los despidió, y se . . . 3091
22.7 Manasés . . . a éstos envió J a sus tiendas . . . 3091
22.7 a la otra mitad dio J heredad entre sus . . . 3091
23.1 J, siendo ya viejo y avanzado en años . . . 3091
24.1 reunió J a todas las tribus de Israel . . . 3091
24.2 dijo J a . . . pueblo: Así dice Jehová, Dios . . . 3091
24.19 J dijo al pueblo: No podréis servir a . . . 3091
24.21 el pueblo entonces dijo a J: No, sino . . . 3091
24.22 J respondió al pueblo: Vosotros sois . . . 3091
24.24 y el pueblo respondió a J: A Jehová . . . 3091
24.25 entonces J hizo pacto con el pueblo el . . . 3091
24.26 escribió J estas palabras en el libro . . . 3091
24.27 dijo J a todo el pueblo: He aquí esta . . . 3091
24.28 envió J al pueblo . . . uno a su posesión . . . 3091
24.29 murió J hijo de Nun, siervo de Jehová . . . 3091
24.31 sirvió Israel a Jehová . . . el tiempo de J . . . 3091
24.31 ancianos que sobrevivieron a J y que . . . 3091
Jue 1.1 aconteció después de la muerte de J . . . 3091
2.6 J había despedido al pueblo, y los hijos . . . 3091
2.7 servido a Jehová todo el tiempo de J, y . . . 3091
2.7 de los ancianos que sobrevivieron a J . . . 3091
2.8 murió J hijo de Nun . . . de ciento diez años . . . 3091
2.21 de las naciones que dejó J cuando murió . . . 3091
2.23 esto dejó . . . no las entregó en mano de J . . . 3091
1 R 16.34 la palabra que . . . había hablado por J . . . 3091
1 Cr 7.27 Nun su hijo, J su hijo . . . 3091
Neh 8.17 desde los días de J hijo de Nun hasta . . . 3091
Hch 7.45 introdujeron con J al tomar . . . tierra . . . *2424*
He 4.8 porque si J les hubiera dado el reposo . . . *2424*

2. Habitante de Bet-semes

1 S 6.14 el carro vino al . . . de J de Bet-semes . . . 3091
6.18 la gran piedra . . . está en el campo de J . . . 3091

3. Gobernador de Jerusalén bajo el rey Josías

2 R 23.8 altares . . . entrada de la puerta de J . . . 3091

4. Sumo sacerdote en tiempo de los profetas Hageo y Zacarías (=Jesúa No. 4)

Hag 1.1 vino palabra . . . y a J hijo de Josadac . . . 3091
1.12 oyó . . . J hijo de Josadac . . . voz de Jehová . . . 3091
1.14 despertó Jehová . . . el espíritu de J hijo . . . 3091
2.2 habla . . . a J hijo de Josadac . . . sacerdote . . . 3091
2.4 esfuérzate también, J hijo de Josadac . . . 3091
Zac 3.1 J, el cual estaba delante del ángel . . . 3091
3.3 y J estaba vestido de vestiduras viles . . . 3091
3.6 ángel de Jehová amonestó a J, diciendo . . . 3091
3.8 escucha . . . ahora, J sumo sacerdote tú y . . . 3091
3.9 aquí aquella piedra que puse delante de J . . . 3091
6.11 pondrás en la cabeza del . . . sacerdote J . . . 3091

5. Ascendiente de Jesucristo, Lc 3.29 . . . *2499*

JOTA

Mt 5.18 **una j ni una tilde pasará de la ley** . . . *2503*

JOTAM

1. Hijo menor de Gedeón

Jue 9.5 quedó J el hijo menor de Jerobaal, que . . . 3147
9.7 cuando se lo dijeron a J, fue y se puso . . . 3147
9.21 y escapó J y huyó, y se fue a Beer, y . . . 3147
9.57 vino sobre ellos la maldición de J hijo . . . 3147

2. Rey de Judá, hijo y sucesor de Uzías

2 R 15.5 J hijo de . . . tenía el cargo del palacio . . . 3147
15.7 durmió . . . y reinó en su lugar J su hijo . . . 3147
15.30 Oseas . . . reinó . . . a los veinte años de J . . . 3147
15.32 a reinar J hijo de Uzías rey de Judá . . . 3147
15.36 demás hechos de J . . . ¿no está escrito en . . . 3147
15.38 durmió J con sus padres . . . fue sepultado . . . 3147
16.1 comenzó a reinar Acaz hijo de J rey de . . . 3147
1 Cr 3.12 hijo fue Azarías, e hijo de éste, J . . . 3147
5.17 fueron contados . . . días de J rey de Judá . . . 3147
2 Cr 26.21 y J su hijo tuvo cargo de la casa . . . 3147
26.23 Uzías . . . y reinó J su hijo en lugar suyo . . . 3147
27.1 de 25 años era J . . . comenzó a reinar, y . . . 3147
27.6 así que J se hizo fuerte, porque preparó . . . 3147
27.7 demás hechos de J, y todas sus guerras . . . 3147
27.9 durmió J con sus padres, y lo sepultaron . . . 3147
Is 1.1 visión de Isaías . . . en días de Uzías, J . . . 3147
7.1 aconteció en los días de Acaz hijo de J . . . 3147
Os 1.1 en días de . . . J, Acaz y Ezequías, reyes . . . 3147
Mi 1.1 palabra . . . vino a Miqueas . . . en días de J . . . 3147
Mt 1.9 Uzías engendró a J, J a Acaz, y Acaz . . . *2488*

3. Descendiente de Jerameel, 1 Cr 2.47 . . . 3147

JOTBA *Lugar de donde era Mesulemet, madre del rey Amón de Judá*, 2 R 21.19 . . . 3192

JOTBATA *Lugar donde acampó Israel*, Nm 33.33,34; Dt 10.7 . . . 3193

JOVEN

Gn 4.23 un varón mataré . . . y un j por mi golpe . . . 3206
9.24 supo lo que le había hecho su hijo más j . . . 6996
14.24 solamente lo que comieron los j, y la . . . 5288
19.4 los varones de Sodoma . . . desde el más j . . . 2588
34.3 se enamoró de la j, y habló al corazón . . . 5291
34.4 diciendo: Tómame por mujer a esta j . . . 3209
34.12 dote y dones . . . y dadme la j por mujer . . . 5288
34.19 no tardó el j en hacer aquello, porque . . . 5288
37.2 el j estaba con los hijos de Bilha y con . . . 1121
37.30 dijo: El j no parece; y yo, ¿adónde iré . . . 3206
41.12 estaba allí . . . un j hebreo, siervo del . . . 5288
42.22 y dije: No pequéis contra el j, y no . . . 3206
43.8 a Israel su padre: Envía al j conmigo . . . 5288
44.20 tenemos . . . hermano j, pequeño aún, que . . . 3206
44.22 dijimos a . . . j no puede dejar a su padre . . . 5288
44.30 cuando vuelva yo . . . si el j no va conmigo . . . 5288
44.31 que cuando no vea al j, morirá; y tus . . . 5288
44.32 tu siervo salió por fiador del j con mi . . . 5288
44.33 quede ahora tu siervo en lugar del j . . . 5288
44.33 quede . . . y que el j vaya con sus hermanos . . . 5288
44.34 ¿Cómo volveré yo a mi padre sin el j? . . . 5288
48.16 bendiga a estos j; y sea perpetuado en . . . 5288
Éx 24.5 envió j de los hijos de Israel, los . . . 5288
33.11 el j Josué hijo de Nun, su servidor . . . 5288
Nm 11.27 corrió un j y dio aviso a Moisés, y . . . 5288
11.28 respondió Josué hijo de . . . uno de sus j . . . 979
Dt 22.15 el padre de la j y su madre tomarán . . . 5291
22.16 dirá el padre de la j a los ancianos . . . 5291
22.19 las cuales darán al padre de la j, por . . . 5291
22.20 mas si . . . no se halló virginidad en la j . . . 5291
22.24 la j porque no dio voces en la ciudad . . . 5291
22.25 un hombre hallare en . . . a la j desposada . . . 5291
22.26 mas a la j no le harás nada; no hay en . . . 5291
22.27 dio voces la j . . . y no hubo . . . la librase . . . 5291
22.28 hombre hallare a una j virgen que no . . . 5291
22.29 al padre de la j 50 piezas de plata . . . 5291
32.25 así al j como a la doncella, al niño de . . . 970
Jos 6.21 destruyeron . . . j y viejos, hasta los . . . 5288
Jue 8.14 tomó a un j de los hombres de Sucot . . . 5288
8.20 y mátalos . . . el j no desenvainó su espada . . . 5288
14.5 un león j que venía rugiendo hacia él . . . 3715
14.10 y Sansón hizo allí . . . solían hacer los j . . . 970
16.26 Sansón dijo al j . . . le guiaba de la mano . . . 5288
17.7 y había un j de Belén de Judá, de la . . . 5288
17.12 j le servía de sacerdote, y permaneció . . . 5288
18.3 cerca . . . reconocieron la voz del j levita . . . 5288
18.15 vinieron a la casa del j levita, en casa . . . 5288
19.4 y viéndole el padre de la j, salió a . . . 5291
19.4 le detuvo su suegro, el padre de la j . . . 5958
19.5 padre de la j dijo a su yerno: Conforta . . . 5291
19.6 el padre de la j dijo al varón . . . Yo te . . . 5291
19.8 levantándose . . . le dijo el padre de la j . . . 5291
19.9 su suegro, el padre de la j, le dijo . . . 5291
Rt 2.5 dijo a su criado . . . ¿De quién es esta j? . . . 5291
2.6 es la j moabita que volvió con Noemí de . . . 5291
3.10 no yendo en busca de los j, sean pobres . . . 5291
4.12 por la descendencia que de esa j te dé . . . 5288
1 S 2.17 era . . . muy grande . . . el pecado de los j . . . 5288
2.18 el j Samuel ministraba en la presencia . . . 5288
2.21 y el j Samuel crecía delante de Jehová . . . 5288
2.26 el j Samuel iba creciendo, y era acepto . . . 5288
3.1 j Samuel ministraba a Jehová en . . . de Elí . . . 5288
3.8 entendió Elí que Jehová llamaba al j . . . 5288
8.16 tomará . . . vuestros mejores, y vuestros . . . 970
9.2 tenía él un hijo que . . . Saúl, j y hermoso . . . 970
17.55 Abner, ¿de quién es hijo ese j? Y Abner . . . 5288
17.56 dijo: Pregunta de quién es hijo ese j . . . 5958
21.5 los vasos de los j eran santos, aunque . . . 5288
25.5 envió David diez j y les dijo: Subid a . . . 5288
25.8 hallen, por tanto, estos j gracia en tus . . . 5288
25.9 los j . . . dijeron a Nabal . . . estas palabras . . . 5288
25.10 Nabal respondió a los j enviados por . . . 5650
25.12 y los j . . . se volvieron por su camino . . . 5288
25.25 mas yo . . . no vi a los j que tú enviaste . . . 5288
30.13 respondió el j egipcio: Yo soy siervo . . . 5288
30.17 sino 400 j que montaron . . . los camellos . . . 5288
2 S 1.5 dijo David a aquel j . . . ¿Cómo sabes que . . . 5288
1.6 j . . . respondió: Casualmente vine al monte . . . 5288
1.13 y David a aquel j . . . ¿De dónde eres tú? . . . 5288
2.14 levántense . . . los j, y maniobren delante . . . 5288
13.32 no diga . . . que han dado muerte a . . . los j . . . 5288
13.34 y alzando sus ojos el j . . . atalaya, miró . . . 5288
14.21 dijo a . . . vé, y haz volver al j Absalón . . . 5288
17.18 pero fueron vistos por un j, el cual lo . . . 5288
18.5 tratad benignamente por . . . al j Absalón . . . 5288
18.12 mirad que ninguno toque al j Absalón . . . 5288
18.15 diez j escuderos de . . . hirieron a Absalón . . . 5288
18.29,32 el rey . . . ¿El j Absalón está bien? . . . 5288
18.32 como aquel j sean los enemigos de mi . . . 5288
1 R 1.2 busquen para mi señor . . . una j virgen . . . 5291
1.3 buscaron una j . . . toda la tierra de Israel . . . 5291
1.4 la j era hermosa; y ella abrigaba al rey . . . 5291
3.7 yo soy j, y no sé cómo entrar ni salir . . . 5288
11.28 viendo . . . al j que era hombre activo, le . . . 5288
12.8 y pidió consejo de los j que se habían . . . 3206
12.10 entonces los j . . . respondieron diciendo . . . 3206
12.14 les habló conforme al consejo de los J . . . 3206
2 R 5.22 vinieron a mí . . . dos j de los hijos de . . . 5288
8.12 sé el mal que . . . a sus j matarás a espada . . . 970
9.4 fue, pues, el j, el profeta, a Ramot de . . . 5288
1 Cr 12.28 Sadoc, j valiente y esforzado, con . . . 5288
29.1 es j y tierno de edad, y la obra grande . . . 5288
2 Cr, 10.8 mas él . . . tomó consejo con los j que . . . 3206
10.10 j . . . le contestaron: Así dirás al pueblo . . . 3206
10.14 les habló conforme al consejo de los j . . . 3206
13.7 porque Roboam era j y pusilánime, y no . . . 5288
36.17 mató a espada a sus j en la casa de su . . . 970
36.17 sin perdonar j ni doncella, anciano ni . . . 970
Neh 4.23 ni mis j, ni la gente de guardia que . . . 5288
Est 2.2 busquen . . . j vírgenes de buen parecer . . . 5291
2.3 lleven a todas las j vírgenes de buen . . . 5291
2.7 y la j era de hermosa figura y de buen . . . 5291
3.13 orden de destruir . . . j y ancianos, niños . . . 5288
Job 1.19 la cual cayó sobre los j, y murieron . . . 5288
29.8 los j me veían, y se escondían; y los . . . 5288

30.1 mas ahora se ríen de mí los más *j* que yo 3117
32.6 yo soy *j*, y vosotros ancianos; por tanto . . . 6810,3117
Sal 37.25 *j* fui, y he envejecido, y no he visto 5288
68,27 allí estaba el *j* Benjamín, señoreador 6810
78.63 fuego devoró a sus *j*, y sus vírgenes 970
119.9 ¿con qué limpiará el *j* su camino? Con 5288
148.12 los *j* y también las doncellas, los 970
Pr 1.4 para dar . . . los *j* inteligencia y cordura 5288
7.7 consideré entre los *j*, a un *j* falto de 5288
20.29 la gloria de los *j* es su fuerza, y la 970
Ec 11.9 alégrate, *j*, en tu juventud, y tome 970
Cnt 2.3 manzano . . . así es mi amado entre los *j* 1121
Is 3.4 les pondré *j* por príncipes, y muchachos 5288
3.5 el *j* se levantará contra el anciano, y el 5288
9.17 no tomará contentamiento en sus *j*, ni 970
20.4 así llevará . . . a *j* y a ancianos, desnudos 5288
23.4 di a luz, ni crié *j*, ni levanté vírgenes 970
31.8 caerá Asiria . . . y sus *j* serán tributarios 970
40.30 los muchachos . . . los *j* flaquean y caen 970
62.5 como el *j* se desposa con la virgen, se 970
Jer 6.11 sobre la reunión de los *j* igualmente 970
9.21 para exterminar . . . a los *j* de las plazas 970
11.22 los *j* morirán a espada, sus hijos y sus 970
18.21 y sus *j* heridos a espada en la guerra 970
31.13 se alegrará . . . *j* y los viejos juntamente 970
48.15 *j* escogidos descendieron al degolladero 970
49.26; 50.30 sus *j* caerán en sus plazas, y 970
51.3 no perdonéis a sus *j*, destruid todo su 970
51.22 por medio de ti quebrantaré viejos y *j* 5288
51.22 por tu medio quebrantaré *j* y vírgenes 970
Lm 1.15 llamé . . . compañía para quebrantar a . . . *j* 970
1.18 mis vírgenes y mis *j* fueron llevados en 970
2.21 mis vírgenes y mis *j* cayeron a espada 5288
5.13 llevaron a los *j* a moler, y . . . muchachos 970
5.14 no se ven . . . los *j* dejaron sus canciones 970
Ez 9.6 matad a viejos, *j* y vírgenes, niños y 970
23.6 *j* codiciables todos ellos, jinetes que 970
23.12 a caballo, todos ellos *j* codiciables 970
23.23 *j* codiciables, gobernadores y capitanes 970
30.17 los *j* de Avén . . . caerán a filo de espada 970
Jl 1.8 llora tú como *j* vestida de cilicio por 5271
2.28 ancianos . . . y vuestros *j* verán visiones 970
Am 2.7 hijo y su padre se llegan a la misma *j* 5291
2.11 de vuestros *j* para que fuesen nazareos 970
4.10 mortandad . . . maté a espada a vuestros *j* 970
8.13 las doncellas . . . los *j* desmayarán de sed 970
Zac 2.4 habla a este *j*, diciendo: Sin muros 5288
9.17 el trigo alegrará a los *j*, y el vino a 970
Mt 19.20 *j* le dijo: Todo esto lo he guardado 3495
19.22 oyendo el *j* esta palabra . . . fue triste 3495
Mr 14.51 *j* le seguía, cubierto el cuerpo con 3495
16.5 vieron a un *j* sentado al lado derecho 3495
Lc 7.14 **y dijo: J, a ti te digo, levántate** 3495
22.26 **sea el mayor . . . como el más j, y el que** 3501
Jn 21.18 **cuando eras más j, te ceñías, e ibas** 3501
Hch 2.17 vuestros *j* verán visiones, y . . . sueños 3495
5.6 y levantándose los *j*, lo envolvieron, y 3501
5.10 y cuando entraron los *j*, la hallaron 3495
7.58 pusieron sus ropas a los pies de un *j* 3494
20.9 un *j* llamado Eutico, que estaba sentado 3494
20.12 y llevaron al *j* vivo, y . . . consolados 3816
23.17 lleva a este *j* ante el tribuno, porque 3494
23.18 me rogó que trajese ante ti a este *j* 3494
23.22 el tribuno despidió al *j*, mandándole 3494
1 Ti 5.1 exhórtale . . . más *j*, como a hermanos 3501
5.11 viudas más *j* no admitas; porque cuando 3501
5.14 que las viudas *j* se casen, críen hijos 3501
Tit 2.4 enseñen a las mujeres *j* a amar a sus 3501
2.6 asimismo a los *j* a que sean prudentes 3501
1 P 5.5 *j*, estad sujetos a los ancianos; y 3501
1 Jn 2.13 os escribo . . . *j*, porque habéis vencido 3495
2.14 os he escrito a . . . *j*, porque sois fuertes 3495

JOVENCITA
1 Ti 5.2 a las *j*, como a hermanas, con toda 3501

JOYA
Éx 35.22 brazaletes y toda clase de *j* de oro 3627
1 S 6.8 las *j* de oro que le habéis de pagar 3627
6.15 caja . . . en la cual estaban las *j* de oro 3627
2 Cr 32.27 plata . . . y toda clase de *j* deseables 3627
Pr 20.15 los labios prudentes son *j* preciosa 3627
Cnt 7.1 los contornos de tus muslos son como *j* 2481
Is 61.10 y como a novia adornada con sus *j* 3627
Ez 16.12 puse *j* en tu nariz, y zarcillos en 5141

JOYEL
Jue 8.26 *j* y vestidos de púrpura que traían 5188
Pr 25.12 como zarcillo de oro y *j* de oro fino 2481
Is 3.21 los anillos, y los *j* de las narices 5141
Os 2.13 se adornaba . . . de sus *j*, y se iba tras 2484

JOZABAD
1. Asesino del rey Joás, 2 R 12.21; 2 Cr 24.26 3075
2. Nombre de tres guerreros que se unieron a David en Siclag, 1 Cr 12.4,20(2) 3107
3. Portero del templo, 1 Cr 26.4 3075
4. Oficial militar bajo el rey Josafat, 2 Cr 17.18 3075
5. Mayordomo del templo bajo el rey Ezequías, 2 Cr 31.13 3107
6. Levita en tiempo de Esdras (posiblemente =No. 8), Esd 8.33 3107
7. Nombre de dos de los que se casaron con mujeres extranjeras en tiempo de Esdras, Esd 10.22,23 3107
8. Levita que ayudó a Esdras en la lectura de la ley (posiblemente =No. 6), Neh 11.16 3107

JOZABED = *Jozabad No. 8*, Neh 8.7 3107

JUAN
1. El Bautista
Mt 3.1 en aquellos días vino *J* el Bautista 2491
3.4 *J* estaba vestido de pelo de camello, y 2491
3.13 Jesús vino de Galilea a *J* al Jordán, para 2491
3.14 *J* se le oponía, diciendo: Yo necesito 2491
4.12 Jesús oyó que *J* estaba preso, volvió a 2491
9.14 vinieron . . . los discípulos de *J*, diciendo 2491
11.2 al oír *J*, en la cárcel, los hechos de 2491
11.4 **id, y haced saber a J las cosas que oís** 2491
11.7 comenzó Jesús a decir de *J* a la gente 2491
11.11 **no se ha levantado otro mayor que J el** 2491
11.12 **desde los días de J . . . el reino de los** 2491
11.13 **los profetas y . . . profetizaron hasta J** 2491
11.18 **vino J, que ni comía ni bebía, y dicen** 2491
14.2 este es *J* el Bautista; ha resucitado de 2491
14.3 Herodes había prendido a *J*, y le había 2491
14.4 *J* le decía: No te es lícito tenerla 2491
14.5 temía al pueblo . . . tenían a *J* por profeta 2491
14.8 dame aquí en . . . la cabeza de *J* el Bautista 2491
14.10 y ordenó decapitar a *J* en la cárcel 2491
16.14 unos, *J* el Bautista; otros . . . Jeremías 2491
17.13 que les había hablado de *J* el Bautista 2491
21.25 **el bautismo de J, ¿de dónde era? ¿Del** 2491
21.26 porque todos tienen a *J* por profeta 2491
21.32 **porque vino a vosotros J en camino de** 2491
Mr 1.4 bautizaba *J* en el desierto, y predicaba 2491
1.6 y *J* estaba vestido de pelo de camello 2491
1.9 Jesús . . . fue bautizado por *J* en el Jordán 2491
1.14 después que *J* fue encarcelado, Jesús 2491
2.18 los discípulos de *J* . . . ayunaban; y vinieron 2491
2.18 ¿por qué los discípulos de *J* y . . . ayunan 2491
6.14 dijo: *J* el Bautista ha resucitado de los 2491
6.16 este es *J*, el que yo decapité, que ha 2491
6.17 Herodes había enviado y prendido a *J* 2491
6.18 *J* decía a Herodes: No te es lícito tener 2491
6.20 porque Herodes temía a *J*, sabiendo que 2491
6.24 ella le dijo: La cabeza de *J* el Bautista 2491
6.25 me des en . . . la cabeza de *J* el Bautista 2491
6.27 mandó que fuese traída la cabeza de *J* 2491
8.28 ellos respondieron: Unos, *J* el Bautista 2491
11.30 **el bautismo de J, ¿era del cielo, o de** 2491
11.32 tenían a *J* como un verdadero profeta 2491
Lc 1.13 a luz un hijo, y llamarás su nombre *J* 2491
1.60 pero . . . su madre, dijo: No; se llamará *J* 2491
1.63 escribió, diciendo: *J* es su nombre 2491
3.2 palabra de Dios a *J*, hijo de Zacarías, en 2491
3.15 preguntándose . . . acaso *J* sería el Cristo 2491
3.16 respondió *J* . . . Yo a la verdad os bautizo 2491
3.19 Herodes . . . siendo reprendido por *J* a causa 2491
3.20 añadió . . . esta: encerró a *J* en la cárcel 2491
5.33 ¿por qué los discípulos de *J* ayunan 2491
7.18 los discípulos de *J* le dieron las nuevas 2491
7.18 cosas. Y llamó *J* a dos de sus discípulos 2491
7.20 *J* el Bautista nos ha enviado a ti, para 2491
7.22 **haced saber a J lo que habéis visto y** 2491
7.24 se fueron los mensajeros de *J*, comenzó 2491
7.24 **a decir de J . . . ¿Qué salisteis a ver al** 2491
7.28 **no hay mayor profeta que J el Bautista** 2491
7.29 a Dios, bautizándose con el bautismo de *J* 2491
7.30 desecharon . . . no siendo bautizados por *J* 2491
7.33 **vino J el Bautista, que ni comía pan ni** 2491
9.7 decían . . . *J* ha resucitado de los muertos 2491
9.9 dijo Herodes: A *J* yo le hice decapitar 2491
9.19 ellos respondieron: Unos, *J* el Bautista 2491
11.1 como también *J* enseñó a sus discípulos 2491
16.16 **ley y los profetas eran hasta J; desde** 2491
20.4 **el bautismo de J, ¿era del cielo, o de** 2491
20.6 están persuadidos de que *J* era profeta 2491
Jn 1.6 hubo un hombre . . . el cual se llamaba *J* 2491
1.15 *J* dio testimonio 4 él, y clamó diciendo 2491
1.19 este es el testimonio de *J*, cuando los 2491
1.26 *J* les respondió . . . Yo bautizo con agua 2491
1.28 al otro lado . . . donde *J* estaba bautizando 2491
1.32 también dio *J* testimonio, diciendo: Vi 2491
1.35 vez estaba *J*, y dos de sus discípulos 2491
1.40 Andrés . . . de los dos que habían oído a *J* 2491
3.23 *J* bautizaba también en Enón, junto a 2491
3.24 porque *J* no había sido aún encarcelado 2491
3.25 hubo discusión entre los discípulos de *J* 2491
3.26 vinieron a *J* y le dijeron: Rabí, mira 2491
3.27 respondió *J* . . . No puede el hombre recibir 2491
4.1 Jesús hace y bautiza más discípulos que *J* 2491
5.33 **vosotros enviasteis mensajeros a J, y** 2491
5.36 **yo tengo mayor testimonio que el de J** 2491
10.40 al lugar donde primero había estado . . . *J* 2491
10.41 *J*, a la verdad, ninguna señal hizo; pero 2491
10.41 todo lo que *J* dijo de éste, era verdad 2491
Hch 1.5 **J ciertamente bautizó con agua, mas** 2491
1.22 desde el bautismo de *J* hasta el día en 2491
10.37 después del bautismo que predicó *J* 2491
11.16 **dijo: J ciertamente bautizó en agua** 2491
13.24 antes de su . . . predicó *J* el bautismo de 2491
13.25 cuando *J* terminaba su carrera, dijo 2491
18.25 solamente conocía el bautismo de *J* 2491
19.3 ¿en . . . Ellos dijeron: En el bautismo de *J* 2491
19.4 *J* bautizó . . . bautismo de arrepentimiento 2491
2. Apóstol
Mt 4.21 a otros dos . . . Jacobo . . . y *J* su hermano 2491
10.2 Jacobo hijo de Zebedeo, y *J* su hermano 2491
17.1 Jesús tomó a Pedro, a Jacobo y a *J* su 2491
Mr 1.19 vio . . . y a *J* su hermano, también ellos 2491
1.29 vinieron a casa de Simón y . . . Jacobo y *J* 2491
3.17 a Jacobo hijo . . . y a *J* hermano de Jacobo 2491
5.37 Pedro, Jacobo, y *J* hermano de Jacobo 2491
9.2 Jesús tomó a Pedro, a Jacobo y a *J*, y los 2491
9.38 *J* le respondió . . . Maestro, hemos visto a 2491
10.35 Jacobo y *J* . . . se le acercaron, diciendo 2491
10.41 diez, comenzaron a enojarse . . . y contra *J* 2491
13.3 Jacobo, *J* y Andrés le preguntaron aparte 2491
14.33 tomó consigo a Pedro, a Jacobo y a *J* 2491
Lc 5.10 **de Jacobo y J, hijos de Zebedeo** 2491
6.14 Simón . . . Jacobo y *J*, Felipe y Bartolomé 2491
8.51 entrar . . . sino a Pedro . . . a *J*, y al padre 2491
9.28 tomó . . . a *J* y a Jacobo, y subió al monte 2491
9.49 *J*, dijo: Maestro, hemos visto a uno que 2491
9.54 viendo esto sus discípulos Jacobo y *J* 2491
22.8 **y Jesús envió a Pedro y a J, diciendo** 2491
Hch 1.13 moraban Pedro y Jacobo, *J*, Andrés 2491
3.1 Pedro y *J* subían juntos al templo a la 2491
3.3 vio a Pedro y a *J* que iban a entrar en 2491
3.4 Pedro, con *J*, fijando en él los ojos, le 2491
3.11 teniendo asidos a Pedro y a *J* el cojo 2491
4.13 viendo el denuedo de Pedro y de *J*, y 2491
4.19 y *J* respondieron . . . Juzgad si es justo 2491
8.14 apóstoles . . . enviaron allá a Pedro y a *J* 2491
12.2 mató a espada a Jacobo, hermano de *J* 2491
Gá 2.9 Cefas y *J*, que eran considerados como 2491
Ap 1.1 por medio de su ángel a su siervo *J* 2491
1.4 *J*, a las siete iglesias que están en Asia 2491
1.9 yo *J* . . . estaba en la isla llamada Patmos 2491
21.2 y yo *J* vi la santa ciudad, la nueva 2491
22.8 yo *J* soy el que oyó y vio estas cosas 2491
3. Pariente del sumo sacerdote
Hch 4.6 *J* y Alejandro, y todos los que eran 2491
4. Juan Marcos (=Marcos)
Hch 12.12 a casa de María la madre de *J*, el 2491
12.25 volvieron de Jerusalén . . . consigo a *J* 2491
13.5 judíos. Tenían también a *J* de ayudante 2491
13.13 pero *J*, apartándose de ellos, volvió 2491
15.37 Bernabé quería que llevasen . . . a *J*, el 2491

JUANA *Discípula de Jesucristo*
Lc 8.3 *J*, mujer de . . . intendente de Herodes 2489
24.10 eran . . . *J* . . . quienes dijeron estas cosas 2489

JUBAL *Hijo de Lamec No. 1*, Gn 4.21 3106

JUBILEO
Lv 25.10 os será de *j*, y volveréis cada uno a 3104
25.11 año cincuenta os será *j*; no sembraréis 3104
25.12 porque es *j*; santo será a vosotros; el 3104
25.13 en este año de *j* volveréis cada uno a 3104
25.15 conforme al número de los años . . . del *j* 3104
25.28 hasta el año del *j*; y al *j* saldrá, y él 3104
25.30 quedará para siempre . . . no saldrá en el *j* 3104
25.31 podrán . . . rescatadas, y saldrán en el *j* 3104
25.33 saldrá de la casa vendida, o . . . en el *j* 3104
25.40 criado . . . hasta el año del *j* te servirá 3104
25.50 hará la cuenta con . . . hasta el año del *j* 3104
25.52 si quedare poco tiempo . . . el año del *j* 3104
25.54 año del *j* saldrá, él y sus hijos con él 3104
27.17 dedicare su tierra desde el año del *j* 3104
27.18 mas si después del *j* dedicare su tierra 3104
27.18 años que quedaren hasta el año del *j* 3104
27.21 que cuando saliere en el *j*, la tierra 3104
27.23 calculará con él . . . hasta el año del *j* 3104
27.24 en el año del *j*, volverá la tierra a 3104
Nm 36.4 viniere el *j* de los hijos de Israel 3104
Ez 46.17 de él hasta el año del *j*, y volverá 1865

JÚBILO
Nm 23.21 Jehová su Dios está con él, y *j* de 8643
1 S 4.5 todo Israel gritó con tan gran *j* que 8643
4.6 oyeron la voz de *j* . . . ¿Qué voz de gran *j* 8643
2 S 6.15 conducían el arca de Jehová con *j* 8643
1 Cr 15.28 llevaba todo Israel el arca . . . con *j* 8643
2 Cr 13.12 sacerdotes con las trompetas del *j* 7321
15.14 y juraron a Jehová con gran voz y *j*, al 8643
Esd 3.11 todo el pueblo aclamaba con gran *j* 8643
3.13 clamaba el pueblo con gran *j*, y se oía 8643
Job 8.21 aún llenará tu boca . . . tus labios de *j* 8643
33.26 y verá su faz con *j*; y restaurará al 8643
Sal 5.11 den voces de *j* para siempre, porque 7442
27.6 yo sacrificaré en su . . . sacrificios de *j* 8643
32.11 y cantad con *j* . . . vosotros los rectos de 7442
33.3 cantadle . . . hacedlo bien, tañendo con *j* 8643
47.1 batid las . . . aclamad a Dios con voz de *j* 7321
47.5 subió Dios con *j*, Jehová con sonido de 8643
63.5 y con labios de *j* te alabará mi boca 1984
65.13 valles . . . dan voces de *j*, y aun cantan 7321
81.1 cantad . . . al Dios de Jacob aclamad con *j* 7321
95.1 con *j* a la roca de nuestra salvación 7321
105.43 sacó a su pueblo . . . *j* a sus escogidos 8342
107.22 ofrezcan . . . publiquen sus obras con *j* 7440
118.15 voz de *j* y de salvación hay en las 7440
132.16 vestiré . . . sus santos darán voces de *j* 7444
150.5 alabadle . . . alabadle con címbalos de *j* 8088
Is 35.2 también se alegrará y cantará con *j* 1523
42.11 la cumbre de los montes den voces de *j* 6681
44.23 gritad . . . *j*, profundidades de la tierra 7321
52.8 juntamente darán voces de *j*; porque ojo 7442
54.1 levanta canción y da voces de *j*, la que 6670
65.14 mis siervos cantarán por *j* del corazón 2898
Jer 31.7 voces de *j* a la cabeza de naciones 6670
Sof 3.14 da voces de *j*, oh Israel; gózate y 7321
Zac 9.9 da voces de *j*, hija de Jerusalén; he 1523
Gá 4.27 prorrumpe en *j* y clama . . . que no tienes 4486

JUCAL *Príncipe en Jerusalén en tiempo del profeta Jeremías*, Jer 37.3; 38.1 3081,3116

JUDÁ
1. Cuarto hijo de Jacob y la tribu que formó su posteridad; también el reino formado principalmente por la tribu de Judá
Gn 29.35 llamó su nombre *J*; y dejó de dar a 3063

J

35.23 hijos de Lea...Simeón, Leví, *J*, Isacar y 3063
37.26 *J*...¿Qué Provecho hay en que matemos a.... 3063
38.1 *J* se apartó de sus hermanos, y se fue.......... 3063
38.2 y vio allí *J* la hija de un...cananeo, el.......... 3063
38.6 *J* tomó mujer para su primogénito Er, la 3063
38.7 Er, el primogénito de *J*, fue malo ante 3063
38.8 *J* dijo a Onán: Llégate a la mujer de tu......... 3063
38.11 *J* dijo a Tamar su nuera: Quédate viuda 3063
38.12 y murió la hija de Súa, mujer de *J* 3063
38.12 después *J* se consoló, y subía a los............ 3063
38.15 la vio *J*, y la tuvo por ramera, porque 3063
38.18 entonces *J* dijo: ¿Qué prenda te daré?........ 3063
38.20 *J* envió el cabrito de las cabras por........... 3063
38.22 volvió a *J*, y dijo: No la he hallado 3063
38.23 *J* dijo: Tómeselo para sí, para que no......... 3063
38.24 fue dado aviso a *J*...y *J* dijo: Sacadla 3063
38.26 *J* los reconoció, y dijo: Más Justa es 3063
43.3 respondió *J*, diciendo: Aquel varón nos 3063
43.8 *J* dijo a...su padre: Envía al...conmigo 3063
44.14 vino *J* con sus hermanos a casa de José 3063
44.16 dijo *J*: ¿Qué diremos a mi señor? ¿Qué 3063
44.18 *J* se acercó a él, y dijo: Ay, señor mío 3063
46.12 los hijos de *J*: Er, Onán, Sela, Fares........... 3063
46.28 envió Jacob a *J* delante de sí a José 3063
49.8 *J*, te alabarán tus hermanos; tu mano en 3063
49.9 cachorro de león, *J*; de la presa subiste........ 3063
49.10 no será quitado el cetro de *J*, ni el............ 3063
Éx 1.2 Rubén, Simeón, Leví, *J*.......................... 3063
31.2; 35.30 Bezaleel hijo...de la tribu de *J*........... 3063
38.22 Bezaleel...de la tribu de *J*, hizo todas......... 3063
Nm 1.7 de *J*, Naasón hijo de Aminadab................ 3063
1.26 de los hijos de *J*, por su descendencia.......... 3063
1.27 los contados de la tribu de *J* fueron............. 3063
2.3 la bandera del campamento de *J*, por sus........ 3063
2.3 el jefe de los hijos de *J*, Naasón hijo............. 3063
2.9 contados en el campamento de *J*, 186.400 3063
7.12 Naasón...de Aminadab, de la tribu de *J* 3063
10.14 la bandera...de los hijos de *J* comenzó 3063
13.6 de la tribu de *J*, Caleb hijo de Jefone 3063
26.19 los hijos de *J*: Er, y Onán; y Er y Onán 3063
26.20 hijos de *J* por sus familias; de Sela 3063
26.22 estas son las familias de *J*, y fueron 3063
34.19 de la tribu de *J*, Caleb hijo de Jefone 3063
Dt 27.12 estarán...*J*, Isacar, José y Benjamín............ 3063
33.7 esta bendición profirió para *J*. Dijo así 3063
33.7 oye, oh Jehová, la voz de *J*, y llévalo 3063
34.2 la tierra de *J* hasta el mar occidental.......... 3063
Jos 7.1 Acán...la tribu de *J*, tomó del anatema 3063
7.16 hizo acercar...fue tomada la tribu de *J*.......... 3063
7.17 y haciendo acercar a la tribu de *J*, fue......... 3063
7.18 tomado Acán hijo de Carmi...la tribu de *J*..... 3063
11.21 de todos los montes de *J* y de todos los 3063
14.6 hijos de *J* vinieron a Josué en Gilgal........... 3063
15.1 que tocó en suerte a...los hijos de *J*............ 3063
15.12 este fue el límite de los hijos de *J* 3063
15.13 a Caleb...dio su parte entre los...de *J*......... 3063
15.20 es la heredad de la tribu...hijos de *J* 3063
15.21 fueron las ciudades...de los hijos de *J*........ 3063
15.63 los hijos de *J* no pudieron arrojarlos 3063
15.63 ha quedado...con los hijos de *J* hasta......... 3063
18.5 *J* quedará en su territorio al sur, y los 3063
18.11 quedó entre los hijos de *J* y...de José.......... 3063
18.14 Quiriat-baal...ciudad de los hijos de *J* 3063
19.1 su heredad fue en medio de...hijos de *J* 3063
19.9 de la suerte de los...de *J* fue sacada la 3063
19.9 la parte de los hijos de *J* era excesiva.......... 3063
19.9 tuvieron...heredad en medio de la de *J*......... 3063
19.34 con *J* por el Jordán hacia donde nace 3063
20.7 Quiriat-arba...Hebrón en el monte de *J* 3063
21.4 obtuvieron por suerte de la tribu de *J* 3063
21.9 de la tribu de los hijos de *J*, y de la............ 3063
2 1.11 les dieron Quiriat-arba...el monte de *J* 3063
Jue 1.2 Jehová respondió: *J* subirá; he aquí............ 3063
1.3 y *J* dijo a Simeón su...Sube conmigo al 3063
1.4 subió *J*, y Jehová entregó en sus manos.......... 3063
1.8 y combatieron los hijos de *J* a Jerusalén......... 3063
1.9 los hijos de *J* descendieron para pelear.......... 3063
1.10 marchó *J* contra el cananeo...en Hebrón...... 3063
1.16 con los hijos de *J* al desierto de *J*, que......... 3063
1.17 *J* con su hermano Simeón, y derrotaron 3063
1.18 tomó también *J* a Gaza...Ascalón...Ecrón...... 3063
1.19 y Jehová estaba con *J*, quien arrojó a........... 3063
10.9 hacer también guerra contra *J* y contra 3063
15.9 filisteos subieron y acamparon en *J*, y 3063
15.10 los varones de *J* les dijeron: ¿Por qué.......... 3063
15.11 vinieron 3.000 hombres de *J* a la cueva 3063
17.7 un joven de Belén de *J*, de la tribu de *J*......... 3063
17.8 este hombre partió de...Belén de *J* para 3063
17.9 soy de Belén de *J*, y voy a vivir donde............ 3063
18.12 acamparon en Quiriat-jearim en *J*, por......... 3063
19.1 había tomado para sí mujer...Belén de *J*........ 3063
19.2 fue de él a casa...padre, a Belén de *J*............ 3063
19.18 de Belén de *J*...había ido a Belén de *J* 3063
20.18 y Jehová respondió: *J* será el primero 3063
Rt 1.1 varón de Belén de *J* fue a morar...Moab 3063
1.2 aquel varón era...efrateos de Belén de *J* 3063
1.7 caminar para volverse a la tierra de *J*............ 3063
4.12 casa de Fares, el que Tamar dio a luz a *J* 3063
1 S 11.8 fueron treinta mil los hombres de *J*............ 3063
15.4 les pasó revista...10.000 hombres de *J*.......... 3063
17.1 y se congregaron en Soco, que es de *J*........... 3063
17.12 David era hijo...efrateo de Belén de *J*......... 3063
17.52 levantándose...y los de *J*, gritaron, y 3063
18.16 todo Israel y *J* amaba a David, porque 3063
22.5 Gad dijo a David...y vete a tierra de *J*........... 3063
23.3 aquí en *J* estamos con miedo; ¿cuanto más 3063
23.23 buscaré entre todos los millares de *J* 3063
27.6 cual Siclag vino a ser de los reyes de *J* 3063
27.10 David decía: En el Neguev de *J*, y el 3063
30.14 a la parte del Neguev que es de...de *J*......... 3063
30.16 gran botín...tomado...de la tierra de *J*........ 3063
30.26 envió del botín a los ancianos de *J*, sus 3063
2 S 1.18 que debía enseñarse a los hijos de *J*............ 3063
2.1 ¿subiré a alguna de las ciudades de *J*?.......... 3063
2.4 vinieron los varones de *J* y ungieron allí........ 3063
2.4 ungieron allí...por rey sobre la casa de *J*....... 3063
2.7 los de la casa de *J* me han ungido por rey 3063
2.10 los de la casa de *J* siguieron a David 3063
2.11 que David reinó en...sobre la casa de *J* 3063
3.8 ¿soy...cabeza de perro que pertenezca a *J*? 3063
3.10 confirmando el trono de David...sobre *J* 3063
5.5 en Hebrón reinó sobre *J* siete años y seis 3063
5.5 en Jerusalén reinó 33 años...Israel y *J*.......... 3063
6.2 se levantó David y partió de Baala de *J* 3063
11.11 arca e Israel y *J* están bajo tiendas........... 3063
12.8 además te di la casa de Israel y de *J*............ 3063
19.11 hablad a los ancianos de *J*, y decidles 3063
19.14 inclinó el corazón de...los varones de *J* 3063
19.15 *J* vino a Gilgal para recibir al rey y 3063
19.16 Simei...descendió con los hombres de *J*...... 3063
19.40 todo el pueblo de *J* acompañaba al rey....... 3063
19.41 ¿Por qué los...de *J*...te han llevado, y 3063
19.42 los hombres de *J* respondieron a...Israel..... 3063
19.43 los de *J*: Nosotros tenemos en el rey 3063
19.43 las palabras de...*J* fueron más violentas 3063
20.2 mas los de *J* siguieron a su rey desde.......... 3063
20.4 convócame a los...de *J* para dentro de 3063
20.5 fue...Amasa para convocar a los de *J* 3063
21.2 en su celo por los...de Israel y de *J* 3063
24.1 dijese: Vé, haz un censo de Israel y de *J*....... 3063
24.7 y salieron al Neguev de *J* en Beerseba.......... 3063
24.9 de Israel...y los de *J* 500.000 hombres 3063
1 R 1.9 convidó a...a todos los varones de *J* 3063
1.35 que sea príncipe sobre Israel y sobre *J* 3063
2.32 Amasa hijo...general del ejército de *J* 3063
4.20 *J* e Israel eran muchos, como la arena.......... 3063
4.25 y *J* e Israel vivían seguros, cada uno............ 3063
12.17 reinó Roboam sobre...las ciudades de *J*...... 3063
12.20 quedar tribu...sino sólo la tribu de *J* 3063
12.21 Roboam...reunió a toda la casa de *J* y 3063
12.23 habla...rey de *J*, y a toda la casa de *J*......... 3063
12.27 se volverá a su señor Roboam rey de *J* 3063
12.32 conforme a la...que se celebraba en *J*......... 3063
13.1 que un varón de Dios...vino de *J* a Bet-el 3063
13.12 el varón de Dios que había venido de *J* 3063
13.14 ¿eres tú el varón de...que vino de *J*? 3063
13.21 y clamó al varón de Dios...venido de *J* 3063
14.21 Roboam hijo de...reinó en *J*. De 41 años...... 3063
14.22 *J* hizo lo malo ante los ojos de Jehová 3063
14.29; 15.7,23; 22.45; 2 R 8.23; 12.19; 14.18; 15.6,36;
16.19; 20.20; 21.17,25; 23.28; 24.5 en...las
crónicas de los reyes de *J*.............................. 3063
1 R 15.1 18...Abiam comenzó a reinar sobre *J*.......... 3063
15.9 año 20 de...Asa comenzó a reinar sobre *J*..... 3063
15.17 subió Baasa rey...contra *J*, y edificó a......... 3063
15.17 no dejar a...ni entrar a Asa rey de *J* 3063
15.22 entonces el rey Asa convocó a todo *J* 3063
15.25 el segundo año de Asa rey de *J*; y reinó........ 3063
15.28 el tercer año de Asa rey de *J*, y reinó 3063
15.33 el tercer año de Asa rey de *J* comenzó a....... 3063
16.8 en el año 26 de Asa rey de *J* comenzó a 3063
16.10 lo mató, en el año 27 de Asa rey de *J* 3063
16.15 año 27 de Asa rey de *J*...reinar Zimri 3063
16.23 el año 31 de Asa rey de *J*...Omri sobre 3063
16.29 reinar Acab...el año 38 de Asa rey de *J* 3063
19.3 vino a Beerseba, que está en *J*, y dejó.......... 3063
22.2 que Josafat rey de *J* descendió al rey de........ 3063
22.10 Josafat rey de *J* estaban sentados cada 3063
22.29 el rey de Israel con Josafat rey de *J* 3063
22.41 Josafat...comenzó a reinar sobre *J* en 3063
22.51 comenzó...el año 17 de Josafat rey de *J* 3063
2 R 1.17 de Joram hijo de Josafat, rey de *J*............... 3063
3.1 comenzó...el año 18 de Josafat rey de *J* 3063
3.7 envió a decir a Josafat rey de *J*: El rey........... 3063
3.9 salieron...el rey de *J*, y el rey de Edom 3063
3.14 respeto al...rey de *J*, no te mirara a ti 3063
8.16 siendo Josafat rey de *J*, comenzó...Joram 3063
8.16 reinar Joram hijo de Josafat, rey de *J* 3063
8.19 Jehová no quiso destruir a *J*, por amor 3063
8.20 se rebeló Edom contra el dominio de *J*........... 3063
8.22 Edom se libertó del dominio de *J*, hasta.......... 3063
8.25 a reinar Ocozías hijo de Joram, rey de *J* 3063
8.29 y descendió Ocozías hijo de...rey de *J*, a 3063
9.16 también estaba Ocozías rey de *J*, que 3063
9.21 salieron Joram rey...y Ocozías rey de *J* 3063
9.27 Ocozías rey de *J*, huyó por el camino de.......... 3063
9.29 año...comenzó a reinar Ocozías sobre *J* 3063
10.13 halló...los hermanos de Ocozías rey de *J*...... 3063
12.18 tomó Joás rey de *J*...las ofrendas que 3063
12.18 Josafat y Joram y Ocozías...reyes de *J*........ 3063
13.1 año 23 de Joás hijo de Ocozías, rey de *J* 3063
13.10 el año 37 de Joás rey de *J*, comenzó a 3063
13.12 con que guerreó contra Amasías rey de *J* 3063
14.1 a reinar Amasías hijo de Joás rey de *J*........... 3063
14.9 Joás...envió a...rey de *J* esta respuesta 3063
14.10 mal, para que caigas tú y *J* contigo?........... 3063
14.11 y se vieron las caras él y...rey de *J* 3063
14.11 se vieron...en Bet-semes, que es de *J* 3063
14.12 *J* cayó delante de Israel, y huyeron 3063
14.13 Joás rey de...tomó a Amasías rey de *J* 3063
14.15 y cómo peleó contra Amasías rey de *J* 3063
14.17 Amasías...rey de *J*, vivió después de 3063
14.21 pueblo de *J* tomó a Azarías, que era........... 3063
14.22 reedificó...Elat, y la restituyó a *J* 3063
14.23 año quince de Amasías...de Joás rey de *J*..... 3063
14.28 Damasco y...que habían pertenecido a *J*..... 3063
15.1 a reinar Azarías...de Amasías, rey de *J* 3063
15.8 en el año 38 de Azarías rey de *J*, reinó.......... 3063
15.13 reinar en el año 39 de Uzías rey de *J* 3063
15.17 el año 39 de Azarías rey de *J*, reinó............. 3063
15.23 el año 50 de Azarías rey de *J*, reinó............. 3063
15.27 el año 52 de Azarías rey de *J*, reinó 3063
15.32 reinar Jotam hijo de Uzías rey de *J*............ 3063
15.37 enviar contra *J* a Rezín rey de Siria........... 3063
16.1 a reinar Acaz hijo de Jotam rey de *J*............ 3063
16.6 echó de Elat a los hombres de *J*; y los........... 3063
17.1 en el año...de Acaz rey de *J*, comenzó a 3063
17.13 amonestó entonces...a *J* por medio de 3063
17.18 quitó...no quedó sino sólo la tribu de *J* 3063
17.19 mas ni aun *J* guardó los mandamientos 3063
18.1 reinar Ezequías hijo de Acaz rey de *J*........... 3063
18.5 otro como él entre todos los reyes de *J* 3063
18.13 subió...contra todas las ciudades...de *J*...... 3063
18.14 Ezequías rey de *J* envió a decir al rey 3063
18.14 de Asiria impuso a Ezequías rey de *J*.......... 3063
18.22 y ha dicho a *J*...Delante de este altar.......... 3063
18.26 no hables con nosotros en lengua de *J*......... 3063
18.28 el Rabsaces...a gran voz en lengua de *J*....... 3063
19.10 así diréis a Ezequías rey de *J*: No te 3063
19.30 que hubiere quedado de la casa de *J* 3063
21.11 por cuanto Manasés rey de *J* ha hecho 3063
21.11 Manasés...hecho pecar a *J* con sus ídolos 3063
21.12 yo traigo tal mal sobre Jerusalén y...*J* 3063
21.16 su pecado con que hizo pecar a *J*, para 3063
22.13 preguntad a Jehová por mí, y...todo *J* 3063
22.16 este libro que ha leído el rey de *J*.............. 3063
22.18 al rey de *J*...diréis así: Así ha dicho 3063
23.1 el rey mandó reunir...los ancianos de *J* 3063
23.2 y subió el rey...todos los varones de *J* 3063
23.5 a los sacerdotes...puesto los reyes de *J*........ 3063
23.5 quemasen incienso...en las ciudades de *J* 3063
23.8 hizo venir todos los sacerdotes...de *J*.......... 3063
23.11 los caballos que los reyes de *J* habían 3063
23.12 altares que...reyes de *J* habían hecho.......... 3063
23.17 es el...del varón de Dios que vino de *J*......... 3063
23.22 en todos los tiempos...de los reyes de *J*....... 3063
23.24 barrió...abominaciones...la tierra de *J* 3063
23.26 gran ira se había encendido contra *J*........... 3063
23.27 dijo Jehová...quitaré de mi presencia a *J*..... 3063
24.2 envió contra *J* para que la destruyesen......... 3063
24.3 vino esto contra *J* por mandato de Jehová..... 3063
24.12 Joaquín rey de *J* al rey de Babilonia........... 3063
24.20 vino, pues, la ira de Jehová contra...*J* 3063
25.21 llevado cautivo *J* de sobre su tierra............ 3063
25.22 rey de Babilonia dejó en tierra de *J* 3063
25.25 también a los de *J* y a los caldeos que 3063
25.27 años del cautiverio de Joaquín rey de *J*....... 3063
25.27 Evil-merodac rey...libertó a...rey de *J* 3063
1 Cr 2.1 los hijos de Israel: Rubén...Leví, *J* 3063
2.3 los hijos de *J*: Er, Onán y Sela. Estos 3063
2.3 y Er, primogénito de *J*, fue malo delante 3063
2.4 a Zera. Todos los hijos de *J* fueron cinco 3063
2.10 a Naasón, príncipe de los hijos de *J*............. 3063
4.1 hijos de *J*: Fares, Hezrón, Carmi, Hur 3063
4.21 los hijos de Sela hijo de *J*: Er padre 3063
4.27 ni multiplicaron...como los hijos de *J*.......... 3063
4.41 vinieron en días de Ezequías rey de *J*.......... 3063
5.2 bien que *J* llegó a ser el mayor sobre 3063
5.17 fueron contados...días de Jotam rey de *J*...... 3063
6.15 cautivo cuando Jehová transportó a *J* 3063
6.55 dieron, pues, Hebrón en tierra de *J*, y 3063
6.57 de *J* dieron a los hijos de Aarón la.............. 3063
6.65 dieron...de la tribu de los hijos de *J* 3063
9.1 los de *J* fueron transportados a Babilonia 3063
9.3 habitaron en Jerusalén...hijos de *J*, de 3063
9.4 Bani, de los hijos de Fares hijo de *J* 3063
12.16 de los hijos...de *J* vinieron a David 3063
12.24 de *J* que...6.800, listos para la guerra 3063
13.6 subió David con...a Baala...que está en *J* 3063
21.5 *J* 470.000 hombres que sacaban espada........ 3063
27.18 *J*, Eliú, uno de los hermanos de David 3063
28.4 porque a *J* escogió...y de la casa de *J* 3063
2 Cr 2.7 sepa esculpir con los maestros...en *J*.......... 3063
9.11 nunca en la tierra de *J* se había visto 3063
10.17 los...que habitaban en las ciudades de *J* 3063
11.1 vino Roboam a...reunió de la casa de *J* y...... 3063
11.3 habla a...rey de *J*, y a todos los...en *J* 3063
11.5 y edificó ciudades para fortificar a *J* 3063
11.10 Zora...eran ciudades fortificadas de *J* 3063
11.12 puso...y *J* y Benjamín le estaban sujetos 3063
11.14 los levitas...venían a *J* y a Jerusalén 3063
11.17 fortalecieron el reino de *J*...Roboam 3063
11.23 esparció a todos sus hijos por...de *J*.......... 3063
12.4 y tomó las ciudades fortificadas de *J* 3063
12.5 profeta Semaías...a los príncipes de *J*.......... 3063
12.12 y también en *J* las cosas fueron bien 3063
13.1 del rey Jeroboam, reinó Abías sobre *J*.......... 3063
13.13 la emboscada estaba a espaldas de *J* 3063
13.14 miró *J*, he aquí que tenía batalla por 3063
13.15 los de *J* gritaron con fuerza; y así que 3063
13.15 desbarató a...delante de Abías y de *J* 3063
13.16 y huyeron los...de Israel delante de *J* 3063
13.18 los hijos de *J* prevalecieron, porque 3063
14.4 mandó a *J* que buscase a Jehová el Dios........ 3063
14.5 quitó...las ciudades de *J*...las imágenes....... 3063
14.6 edificó ciudades fortificadas en *J*, por 3063
14.7 dijo...a *J*: Edifiquemos estas ciudades 3063
14.8 tuvo...Asa ejército...de *J* trescientos mil 3063
14.12 deshizo a los etiopes delante de...de *J*......... 3063
15.2 le dijo: Oídme, Asa y todo *J* y Benjamín 3063
15.8 Asa...quitó los ídolos abominables...de *J*....... 3063
15.9 reunió a todo *J* y Benjamín, y con ellos 3063
15.15 los de *J* se alegraron de este juramento 3063
16.1 subió Baasa rey...contra *J*, y fortificó 3063

16.1 salir ni entrar a ninguno al rey...de *J* 3063
16.6 el rey Asa tomó a todo *J*, y se llevaron 3063
16.7 vino el vidente Hanani a Asa rey de *J* 3063
16.11; 25.26; 27.7; 28.26; 32.32; 35.27; 36.8 escrito
en el libro de los reyes de *J* 3063
17.2 ejércitos en todas las ciudades...de *J* 3063
17.2 puso...gente de guarnición en tierra de *J* 3063
17.5 todo *J* dio a Josafat presentes; y tuvo 3063
17.6 quitó...las imágenes...de en medio de *J* 3063
17.7 para que enseñasen en las ciudades de *J* 3063
17.9 enseñaron en *J*...todas las ciudades de *J* 3063
17.10 pavor de Jehová sobre...alrededor de *J* 3063
17.12 iba...Josafat...y edificó en *J* fortalezas 3063
17.13 tuvo muchas provisiones en las...de *J* 3063
17.14 de los jefes de los millares de *J*, el 3063
17.19 que el rey había puesto en...en todo *J* 3063
18.3 dijo Acab rey de...a Josafat rey de *J* 3063
18.9 y Josafat rey de *J* estaban sentados cada 3063
18.28 subieron...Israel, y Josafat rey de *J* 3063
19.1 Josafat rey de *J* volvió en paz a su casa 3063
19.5 puso jueces en todas las ciudades...de *J* 3063
19.11 Zebadías hijo...príncipe de la casa de *J* 3063
20.3 Josafat...hizo pregonar ayuno a todo *J* 3063
20.4 reunieron los de *J* para pedir socorro 3063
20.4 de todas las ciudades de *J* vinieron a 3063
20.5 se puso en pie en la asamblea de *J* y de 3063
20.13 todo *J* estaba en pie delante de Jehová 3063
20.15 oíd, *J* todo, y vosotros moradores de 3063
20.17 *J* y Jerusalén, no temáis...salid mañana 3063
20.18 Josafat se inclinó...y asimismo todo *J* 3063
20.20 dijo: Oídme, *J* y moradores de Jerusalén 3063
20.22 de ellos mismos que venían contra *J* 3063
20.24 vino *J* a la torre del desierto, miraron 3063
20.27 todo *J* y los...volvieron para regresar 3063
20.31 reinó Josafat sobre *J*; de 35 años era 3063
20.35 Josafat rey de *J* trabó amistad con...rey 3063
21.2 estos fueron hijos de Josafat rey de *J* 3063
21.3 había dado...ciudades fortificadas en *J* 3063
21.8 se rebeló Edom contra el dominio de *J* 3063
21.10 Edom se libertó del dominio de *J*, hasta 3063
21.11 hizo lugares altos en los montes de *J* 3063
21.11 fornicasen tras...y a ello impelió a *J* 3063
21.12 no has andado...caminos de Asa rey de *J* 3063
21.13 hecho que fornicase *J* y los moradores 3063
21.17 y subieron contra *J*, e invadieron la 3063
22.1 reinó Ocozías, hijo de Joram rey de *J* 3063
22.6 descendió Ocozías rey de *J*...visitar a 3063
22.8 a los príncipes de *J*, y a los hermanos 3063
22.10 Atalía...exterminó toda...la casa de *J* 3063
23.2 los cuales recorrieron el país de *J*, y 3063
23.2 reunieron a los levitas...de *J* y a los 3063
23.8 todo *J* lo hicieron todo como lo había 3063
24.5 salid por las ciudades de *J*, y recoged 3063
24.6 los levitas traigan de *J* y de Jerusalén 3063
24.9 hicieron pregonar en *J* y en Jerusalén 3063
24.17 vinieron los príncipes de *J* y...al rey 3063
24.18 la ira de Dios vino sobre *J*...por este 3063
24.23 de Siria; y vinieron a *J* y a Jerusalén 3063
25.5 reunió...Amasías a *J*, y con arreglo a las 3063
25.5 les puso jefes...sobre todo *J* y Benjamín 3063
25.10 de Efraín...ellos se enojaron...contra *J* 3063
25.12 hijos de *J* tomaron vivos a otros 10.000 3063
25.13 ejército...invadieron las ciudades de *J* 3063
25.17 y Amasías rey de *J*, después de tomar 3063
25.18 Joás...envió a decir a Amasías rey de *J* 3063
25.19 mal en que puedas caer tú y *J* contigo? 3063
25.21 se vieron...él y Amasías rey de *J* en la 3063
25.21 batalla de Bet-semes, la cual es de *J* 3063
25.22 pero cayó *J* delante de Israel, y huyó 3063
25.23 apresó...a Amasías rey de *J*, hijo de 3063
25.25 vivió Amasías...rey de *J*, quince años 3063
25.28 lo sepultaron con...en la ciudad de *J* 3063
26.1 todo el pueblo de *J* tomó a Uzías, el cual 3063
26.2 y la restituyó a *J* después que el rey 3063
27.4 edificó ciudades en las montañas de *J* 3063
28.6 Peka hijo...mató en *J* en un día 120.000 3063
28.9 por el enojo contra *J*, los ha entregado 3063
28.10 determinado sujetar a vosotros a *J* y 3063
28.17 los edomitas habían...atacado a los de *J* 3063
28.18 por las ciudades de...del Neguev de *J* 3063
28.19 Jehová había humillado a *J* por...Acaz 3063
28.19 había actuado desenfrenadamente en *J* 3063
28.25 lugares altos en...las ciudades de *J* 3063
29.8 la ira de Jehová ha venido sobre *J* y 3063
29.21 para expiación por el reino...y por *J* 3063
30.1 envió...Ezequías por todo Israel y *J*, y 3063
30.6 correos con cartas...por todo Israel y *J* 3063
30.12 en *J* también estuvo la mano de Dios 3063
30.24 porque Ezequías rey de *J* había dado a 3063
30.25 se alegró...toda la congregación de *J* 3063
30.25 de Israel, y los que habitaban en *J* 3063
31.1 por las ciudades de *J*, y quebraron las 3063
31.1 derribaron los...y los altares por todo *J* 3063
31.6 los hijos...de *J*...en las ciudades de *J* 3063
31.20 de esta manera hizo Ezequías en todo *J* 3063
32.1 vino Senaquerib rey de...e invadió a *J* 3063
32.8 tuvo confianza en...de Ezequías rey de *J* 3063
32.9 decir a Ezequías rey de *J*, y a...los de *J* 3063
32.12 ha quitado...sus altares, y ha dicho a *J* 3063
32.23 trajeron...ricos presentes a...rey de *J* 3063
32.25 vino la ira...y contra *J* y Jerusalén 3063
32.33 honrándole en...todo *J* y toda Jerusalén 3063
33.9 Manasés, pues, hizo extraviarse a *J* y a 3063
33.14 capitanes...en todas las ciudades...de *J* 3063
33.16 mandó a *J* que sirviesen a Jehová Dios 3063
34.3 comenzó a limpiar a *J* y a Jerusalén de 3063
34.5 quemó...sobre sus altares, y limpió a *J* 3063
34.9 habían recogido...de todo *J* y Benjamín 3063
34.11 que habían destruido los reyes de *J* 3063
34.21 consultad...por el remanente de...y de *J* 3063
34.24 libro que leyeron delante del rey de *J* 3063
34.26 mas al rey de *J*, que os ha enviado a 3063
34.29 reunió a todos los ancianos de *J* y de 3063
34.30 subió el rey...todos los varones de *J* 3063
35.18 celebró pascua como...toda *J* e Israel 3063
35.21 ¿qué tengo yo contigo, rey de *J*? Yo no 3063
35.24 todo *J* y Jerusalén hicieron duelo por 3063
36.4 a Eliaquim...por rey sobre *J* y Jerusalén 3063
36.10 y constituyó a Sedequías...rey sobre *J* 3063
36.23; Esd 1.2 que le edifique casa...en *J* 3063
Esd 1.3 quien...suba a Jerusalén que está en *J* 3063
1.5 levantaron los jefes de las casas...de *J* 3063
1.8 dio por cuenta a Sesbasar príncipe de *J* 3063
2.1 volvieron a Jerusalén y a *J*, cada uno a 3063
4.1 oyendo los enemigos de *J* y de Benjamín 3063
4.4 pero el pueblo...intimidó al pueblo de *J* 3063
4.6 escribieron...contra los habitantes de *J* 3063
5.1 profetizaron Hageo...a los judíos...en *J* 3063
9.9 y darnos protección en *J* y en Jerusalén 3063
10.7 hicieron pregonar en *J* y en Jerusalén 3063
10.9 hombres de *J* y de Benjamín se reunieron 3063
Neh 1.2 que vino Hanani...algunos varones de *J* 3063
2.5 envíame a *J*, a la ciudad...de mis padres 3063
2.7 me franqueen el paso hasta que llegue a *J* 3063
4.10 dijo *J*: Las fuerzas...se han debilitado 3063
4.16 estaban los jefes de toda la casa de *J* 3063
5.14 fuese gobernador de...en la tierra de *J* 3063
6.7 diciendo: ¡Hay rey en *J*! Y ahora serán 3063
6.17 iban muchas cartas de los...de *J* a Tobías 3063
6.18 muchos en *J* se habían conjurado con él 3063
7.6 y que volvieron a Jerusalén y a *J*, cada 3063
11.3 en las ciudades de *J* habitaron cada uno 3063
11.4 habitaron algunos de los hijos de *J* y de 3063
11.4 de los hijos de *J*: Ataías hijo de Uzías 3063
11.20 en todas las ciudades de *J*, cada uno 3063
11.24 de los hijos de Zera hijo de *J*, estaba 3063
11.25 hijos de *J* habitaron en Quiriat-arba 3063
11.36 los repartimientos de *J* y de Benjamín 3063
12.31 hice luego subir a los príncipes de *J* 3063
12.32 iba...con la mitad de los príncipes de *J* 3063
12.44 era grande el gozo de *J* con respecto a 3063
13.12 todo *J* trajo el diezmo del grano, del 3063
13.15 vi en *J*...pisaban en lagares en día de 3063
13.16 y vendían en día de...a los hijos de *J* 3063
13.17 reprendí a los señores de *J* y les dije 3063
Est 2.6 fueron llevados con Jeconías rey de *J* 3063
Sal 48.11 gozarán...hijas de *J* por tus juicios 3063
60.7; 108.8 mío es Galaad...*J* es mi legislador 3063
63 *tít.* cuando estaba en el desierto de *J* 3063
68.27 los príncipes de *J* en su congregación 3063
69.35 a Sion, y reedificará las ciudades de *J* 3063
76.1 Dios es conocido en *J*; en Israel...grande 3063
78.68 que escogió la tribu de *J*, el monte de 3063
97.8 las hijas de *J*...gozaron por tus juicios 3063
114.2 *J* vino a ser su santuario, e Israel su 3063
Pr 25.1 copiaron los...de Ezequías, rey de *J* 3063
Is 1.1 visión de Isaías hijo de...acerca de *J* 3063
1.1 en días de...Acaz y Ezequías, reyes de *J* 3063
2.1 lo que vio Isaías hijo de...acerca de *J* 3063
3.1 quita...de *J* al sustentador y al fuerte 3063
3.8 arruinada está Jerusalén, y *J* ha caído 3063
5.3 y varones de *J*, juzgad ahora entre mí y 3063
5.7 los hombres de *J* planta deliciosa suya 3063
7.1 aconteció en los días de Acaz...rey de *J* 3063
7.6 vamos contra *J* y aterroricémosla, y...rey 3063
7.17 desde el día que Efraín se apartó de *J* 3063
8.8 y pasando hasta *J*, inundará y pasará 3063
9.21 y Efraín a Manasés, y ambos contra *J* 3063
11.12 y reunirá los esparcidos de *J* de los 3063
11.13 y los enemigos de *J* serán destruidos 3063
11.13 no tendrá envidia de *J*, ni *J* afligirá 3063
19.17 la tierra de *J* será de espanto a Egipto 3063
22.8 desnudó la cubierta de *J*; y miraste en 3063
22.21 será padre al morador...a la casa de *J* 3063
26.1 cantarán este cántico en tierra de *J* 3063
36.1 subió contra todas las ciudades...de *J* 3063
36.7 dijo a *J* y a Jerusalén: Delante de este 3063
36.11 no hables con nosotros en lengua de *J* 3063
36.13 se puso en pie y gritó...en lengua de *J* 3063
37.10 así diréis a Ezequías rey de *J*: No te 3063
37.31 lo que hubiere quedado de la casa de *J* 3063
40.9 a las ciudades de *J*: ¡Ved aquí al Dios 3063
44.26 las ciudades de *J*: Reconstruidas serán 3063
48.1 los que salieron de las aguas de *J*, los 3063
65.9 descendencia de Jacob, y de *J* heredero 3063
Jer 1.2 le vino en los días de Josías...de *J* 3063
1.3 vino también en días de Joacim...rey de *J* 3063
1.3 de Sedequías hijo de Josías, rey de *J* 3063
1.15 pondrá...contra todas las ciudades de *J* 3063
1.18 yo te he puesto...contra los reyes de *J* 3063
2.28 según el número...oh *J*, fueron tus dioses 3063
3.7 no se volvió, y lo vio su hermana la...*J* 3063
3.8 no tuvo temor la rebelde *J* su hermana 3063
3.10 su hermana la rebelde *J* no se volvió a 3063
3.11 justa...en comparación con la desleal *J* 3063
3.18 irán de la casa de *J* a la casa de Israel 3063
4.3 así dice Jehová a todo varón de *J* y de 3063
4.4 el prepucio de...corazón, varones de *J* y 3063
4.5 anunciad en *J*, y proclamad en Jerusalén 3063
4.16 lanzarán su voz contra...ciudades de *J* 3063
5.11 se rebelaron contra mí...y la casa de *J* 3063
5.20 haced que esto se oiga en *J*, diciendo 3063
7.2 oíd palabra de Jehová, todo *J*, los que 3063
7.17 ¿no ves lo que éstos hacen en...*J* y en 3063
7.30 los hijos de *J* han hecho lo malo ante 3063
7.34 haré cesar de las ciudades de *J*, y de 3063
8.1 sacarán los huesos de los reyes de *J*, y 3063
9.11 convertiré las...de *J* en desolación en 3063
9.26 a Egipto y a *J*, a Edom y a los hijos de 3063
10.22 convertir en soledad...las ciudades de *J* 3063
11.2 hablad a todo varón de *J*...de Jerusalén 3063
11.6 pregona...palabras en las ciudades de *J* 3063
11.9 conspiración se ha hallado entre...de *J* 3063
11.10 de Israel y...de *J* invalidaron mi pacto 3063
11.12 irán las ciudades de *J* y los moradores 3063
11.13 según...tus ciudades...tus dioses, oh *J* 3063
11.17 Israel y...*J* han hecho, provocándome a 3063
12.14 arrancaré de en medio...a la casa de *J* 3063
13.9 así haré podrir la soberbia de *J*, y la 3063
13.11 así hice juntar a mí...toda la casa de *J* 3063
13.19 toda *J* fue transportada, llevada en 3063
14.2 enlutó *J*, y sus puertas se despoblaron 3063
14.19 ¿has desechado enteramente a *J*...a Sion? ... 3063
15.4 causa de Manasés...rey de *J*, por lo que 3063
17.1 el pecado de *J* escrito está con cincel 3063
17.19 la cual entran y salen los reyes de *J* 3063
17.20 oíd la palabra...reyes de *J*, y todo *J* 3063
17.25 entrarán...los reyes...los varones de *J* 3063
17.26 vendrán de las ciudades de *J*, de los 3063
18.11 habla luego a todo hombre de *J* y a los 3063
19.3 oíd palabra de Jehová, oh reyes de *J*, y 3063
19.4 no habían conocido...ni los reyes de *J* 3063
19.7 desvaneceré el consejo de *J*...Jerusalén 3063
19.13 las casas de los reyes de *J*, serán como 3063
20.4 a todo *J* entregaré en manos del rey de 3063
20.5 daré...los tesoros de los reyes de *J* en 3063
21.7 entregaré a Sedequías rey de *J*, a sus 3063
21.11 y a la casa del rey de *J* dirás: Oíd 3063
22.1 dijo...Desciende a la casa del rey de *J* 3063
22.2 di: Oye palabra de Jehová, oh rey de *J* 3063
22.6 la casa del rey de *J*: Como Galaad eres 3063
22.11 de Salum hijo de Josías, rey de *J*, el 3063
22.18 Joacim hijo...rey de *J*: No lo llorarán 3063
22.24 que si Conías hijo de Joacim rey de *J* 3063
22.30 sentarse sobre el...ni reinar sobre *J* 3063
23.6 sus días será salvo *J*, e Israel habitará 3063
24.1 Jeconías...rey de *J*, a los príncipes de *J* 3063
24.5 así miraré a los transportados de *J*, a 3063
24.8 así...pondré a Sedequías rey de *J*, a sus 3063
25.1 palabra...acerca de todo el pueblo de *J* 3063
25.1 el año cuarto de Joacim hijo...rey de *J* 3063
25.2 habló...Jeremías a todo el pueblo de *J* 3063
25.3 trece de Josías...rey de *J*, hasta este 3063
25.18 a las ciudades de *J* y a sus reyes, y 3063
26.1 reinado de Joacim...rey de *J*, vino esta 3063
26.2 y habla a todas las ciudades de *J*, que 3063
26.10 los príncipes de *J* oyeron estas cosas 3063
26.18 tiempo de...rey de *J*, y habló a todo...*J* 3063
26.19 lo mataron Ezequías rey de *J* y todo *J*? 3063
27.1 del reinado de Joacim...rey de *J*, vino 3063
27.3 los mensajeros...a Sedequías rey de *J* 3063
27.12 hablé...a Sedequías rey de *J* conforme a 3063
27.18,21 utensilios...en la casa del rey de *J* 3063
27.20 transportó...rey de *J*, y...nobles de *J* 3063
28.1 de Sedequías rey de *J*, en el año cuarto 3063
28.4 volver a...rey de *J*...transportados de *J* 3063
29.2 salió...los príncipes de *J* y de Jerusalén 3063
29.3 a quienes envió Sedequías rey de *J* a 3063
29.22 los transportados de *J* que están en 3063
30.3 a los cautivos de mi pueblo Israel y *J* 3063
30.4 palabras que habló Jehová acerca de...*J* 3063
31.23 dirán esta palabra en la tierra de *J* 3063
31.24 y habitará allí *J*, y también en todas 3063
31.27 sembraré la casa...de *J* de simiente de 3063
31.31 haré nuevo pacto...y con la casa de *J* 3063
32.1 año décimo de Sedequías rey de *J*, que 3063
32.2 estaba preso...en la casa del rey de *J* 3063
32.3 Sedequías...de *J* lo había puesto preso 3063
32.4 y Sedequías rey de *J* no escapará de la 3063
32.30 hijos de *J* no han hecho sino lo malo 3063
32.32 los hijos de *J*...y los varones de *J* y 3063
32.35 esta abominación para hacer pecar a *J* 3063
32.44 en las ciudades de *J*...yo haré regresar 3063
33.4 las casas de los reyes de *J*, derribadas 3063
33.7 y haré volver los cautivos de *J* y los 3063
33.10 en las ciudades de *J* y en las calles 3063
33.13 las ciudades de *J*, aún pasarán ganados 3063
33.14 la buena palabra que he hablado a...*J* 3063
33.16 días *J* será salvo, y Jerusalén habitará 3063
34.2 vé y habla a Sedequías rey de *J*, y dile 3063
34.4 oye palabra de Jehová, Sedequías...de *J* 3063
34.6 habló...a Sedequías rey de *J* todas estas 3063
34.7 las ciudades de *J* que...fortificadas de *J* 3063
34.19 los príncipes de *J* y a los príncipes 3063
34.21 y a Sedequías rey de *J*...los entregaré 3063
34.22 reduciré a soledad las ciudades de *J* 3063
35.1 a Jeremías en días de Joacim...rey de *J* 3063
35.13 dí a los varones de *J*...los moradores 3063
35.17 traeré sobre *J* y...todos los moradores 3063
36.1 de Joacim...de *J*, que vino esta palabra 3063
36.2 te he hablado contra Israel y contra *J* 3063
36.3 quizá oiga la casa de *J* todo el mal que 3063
36.6 las leerás...a oídos de todos los de *J* 3063
36.9 el año quinto de Joacim...rey de *J*, que 3063
36.9 venía de las ciudades de *J* a Jerusalén 3063
36.28 en el primer rollo que quemó...rey de *J* 3063
36.29 a Joacim rey de *J*...quemaste este rollo 3063
36.30 de Joacim rey de *J*: No tendrá quien se 3063
36.31 sobre los varones de *J* todo el mal que 3063
36.32 que quemó en el fuego Joacim rey de *J* 3063
37.1 constituyó por rey en la tierra de *J* 3063
37.7 diréis así al rey de *J*, que os envió a 3063
38.22 que han quedado en la casa del rey de *J* 3063
39.1 en el noveno año de Sedequías rey de *J* 3063

39.4 viéndolos Sedequías rey de J y todos los 3063
39.6 degollar el rey... a todos los nobles de J 3063
39.10 quedar en tierra de J a los pobres del 3063
40.1 los cautivos de... J que iban deportados 3063
40.5 ha puesto sobre todas las ciudades de J 3063
40.11 el rey de... había dejado a algunos en J 3063
40.12 vinieron a tierra de J, a Gedalías en 3063
40.15 dispersarán, y perecerá el resto de J 3063
42.15 la palabra de Jehová, remanente de J 3063
42.19 Jehová habló sobre vosotros, oh... de J 3063
43.4 no obedeció... quedarse en tierra de J 3063
43.5 el remanente de J que se había vuelto 3063
43.5 vuelto de... para morar en tierra de J 3063
43.9 cúbrelas... a vista de los hombres de J 3063
44.2 el mal que traje sobre... ciudades de J 3063
44.6 se encendió en las ciudades de J y en 3063
44.7 para ser destruidos... de en medio de J 3063
44.9 olvidado... maldades de los reyes de J 3063
44.9 maldades... hicieron en la tierra de J 3063
44.11 vuelvo mi rostro... destruir a todo J 3063
44.12 y tomaré el resto de J que volvieron 3063
44.14 el resto de los de J que entraron en 3063
44.14 ni quien quede vivo para volver a... J 3063
44.17 en las ciudades de J y en las plazas 3063
44.21 el incienso que ofrecisteis en... de J 3063
44.24 oíd... los de J que están en tierra de 3063
44.26 oíd palabra... J que habitáis en tierra 3063
44.26 no será invocado... ningún hombre de J 3063
44.27 los hombres de J... consumidos a espada 3063
44.28 volverán de... Egipto a la tierra de J 3063
44.28 el resto de J que ha entrado en Egipto 3063
44.30 entregué a Sedequías rey de J en mano 3063
45.1; 46.2 el año cuarto de Joacim... rey de J 3063
49.34 el principio del... de Sedequías rey de J 3063
50.4 vendrán los hijos de Israel... hijos de J 3063
50.20 y los pecados de J, y no se hallarán 3063
50.33 oprimidos fueron los... los hijos de J 3063
51.5 Israel y J no han enviudado de su Dios 3063
51.59 iba con Sedequías rey de J a Babilonia 3063
52.3 la ira de Jehová contra Jerusalén y J 3063
52.10 degolló en Ribla... los príncipes de J 3063
52.27 así J fue transportada de su tierra 3063
52.28 llevó cautivo... a 3.023 hombres de J 3063
52.30 año... 745 personas de los hombres de J 3063
52.31 en... del cautiverio de Joaquín rey de J 3063
52.31 alzó la cabeza de Joaquín rey de J y 3063
Lm 1.3 J ha ido en cautiverio a causa de la 3063
1.15 hollado el Señor a la virgen hija de J 3063
2.2 echó por tierra las fortalezas de... de J 3063
2.5 multiplicó en la hija de J la tristeza 3063
5.11 a las vírgenes en las ciudades de J 3063
Ez 4.6 y llevarás la maldad de la casa de J 3063
8.1 ancianos de J estaban sentados delante 3063
8.17 dijo... ¿Es cosa liviana para la casa de J 3063
9.9 maldad de la casa de Israel y de J es 3063
21.20 venga la espada... a J contra Jerusalén 3063
25.3 y llevada en cautiverio la casa de J 3063
25.8 la casa de J es como todas las naciones 3063
25.12 hizo Edom, tomando venganza... de J 3063
27.17 J y la tierra de Israel comerciaban 3063
37.16 escribe... Para J, y para los hijos de 3063
37.19 y los pondré con el palo de J, y los 3063
48.7 desde... hasta el lado del mar, J, otra 3063
48.8 junto al límite de J, desde el lado del 3063
48.22 entre el límite de J y el límite de 3063
48.31 puerta de J, otra; la puerta de Leví 3063
Dn 1.1 en el año tercero... de Joacim rey de J 3063
1.2 el Señor entregó en... a Joacim rey de J 3063
1.6 entre éstos estaban... de los hijos de J 3063
2.25 he hallado un... de los deportados de J 3063
5.13 tú... de los hijos de la cautividad de J 3063
6.13 Daniel, que es de... cautivos de J, no te 3063
9.7 en el día de hoy lleva todo hombre de J 3063
Os 1.1 en días de Uzías... reyes de J, y en días 3063
1.7 mas de la casa de J tendré misericordia 3063
1.11 congregarán los hijos de J y de Israel 3063
4.15 a lo menos no peque J; y no entréis en 3063
5.5 Israel... y J tropezará también con ellos 3063
5.10 los príncipes de J fueron como los que 3063
5.12 como polilla a... carcoma a la casa de J 3063
5.13 verá... J su llaga; irá entonces Efraín a 3063
5.14 y como cachorro de león a la casa de J 3063
6.4 ¿qué haré a ti, oh J? La piedad vuestra 3063
6.11 para ti también, oh J, está preparada 3063
8.14 J multiplicó ciudades fortificadas; mas 3063
10.11 arará J, quebrará sus terrones Jacob 3063
11.12 J aún gobierna con Dios, y es fiel con 3063
12.2 pleito tiene Jehová con J para castigar 3063
Jl 3.1 en que haré volver la cautividad de J 3063
3.6 vendisteis los hijos de J y los hijos de 3063
3.8 venderé vuestros hijos... a los hijos de J 3063
3.18 todos los arroyos de J correrán aguas 3063
3.19 por la injuria hecha a los hijos de J 3063
3.20 pero J será habitada para siempre, y 3063
Am 1.1 profetizó... en días de Uzías rey de J 3063
2.4 por tres pecados de J, y por el cuarto 3063
2.5 prenderé, por tanto, fuego en J, el cual 3063
7.12 huye a tierra de J, y come allá tu pan 3063
Abd 12 haberte alegrado de los hijos de J en 3063
Mi 1.1 palabra... en días de Jotam... reyes de J 3063
1.5 ¿y cuáles son los lugares altos de J? 3063
1.9 su llaga es dolorosa, y llegó hasta J 3063
5.2 pequeña para... entre las familias de J 3063
Nah 1.15 celebra, oh J, tus fiestas, cumple 3063
Sof 1.1 días de Josías hijo de Amón rey de J 3063
1.4 extenderé mi mano sobre J, y... Jerusalén 3063
2.7 lugar para el remanente de la casa de J 3063
Hag 1.1 a Zorobabel hijo de... gobernador de J 3063
1.14 espíritu de Zorobabel... gobernador de J 3063
2.2,21 habla... a Zorobabel gobernador de J 3063
Zac 1.12 no tendrás piedad de... ciudades de J 3063
1.19,21 son los cuernos que dispersaron a J 3063
1.21 alzaron el cuerno sobre la tierra de J 3063
2.12 y Jehová poseerá a J su heredad en la 3063
8.13 como fuisteis maldición... oh casa de J 3063
8.15 he pensado hacer bien... a la casa de J 3063
8.19 convertirán para la casa de J en gozo 3063
9.7 serán como capitanes en J, y Ecrón será 3063
9.13 he entesado para mí a J como arco, e 3063
10.3 Jehová... visitará su rebaño, la casa de J 3063
10.6 fortaleceré la casa de J, y guardaré la 3063
11.14 romper la hermandad entre J e Israel 3063
12.2 temblar a todos los pueblos... contra J 3063
12.4 sobre la casa de J abriré mis ojos, y 3063
12.5 los capitanes de J dirán en su corazón 3063
12.6 los capitanes de J como brasero de fuego 3063
12.7 librará Jehová las tiendas de J primero 3063
12.7 la casa de... no se engrandezca sobre J 3063
14.5 huisteis... en los días de Uzías rey de J 3063
14.14 y J también peleará en Jerusalén 3063
14.21 y toda olla en... y J será consagrada a 3063
Mal 2.11 prevaricó J... ha cometido abominación 3063
2.11 J ha profanado el santuario de Jehová 3063
3.4 y será grata a Jehová la ofrenda de J 3063
Mt 1.2 engendró... Jacob a J y a sus hermanos 2455
1.3 J engendró de Tamar a Fares y a Zara 2455
2.6 tú, Belén, de la tierra de J, no eres la 2455
2.6 la más pequeña entre los príncipes de J 2455
Lc 1.39 María, fue de prisa... una ciudad de J 2455
3.33 hijo de Esrom, hijo de Fares, hijo de J 2455
He 7.14 nuestro Señor vino de la tribu de J 2455
8.8 estableceré con... la casa de J un... pacto 2455
Ap 5.5 el León de la tribu de J... ha vencido 2455
7.5 de la tribu de J, doce mil sellados 2455
2. Levita (=Hodavías No. 4), Esd 3.9 3063
3. Otro levita, Esd 10.23 3063
4. Descendiente de Benjamín, Neh 11.9 3063
5. Ascendiente de Petaías, Neh 11.24 3063
6. Levita que regresó de Babilonia con Zorobabel, Neh 12.8 3063
7. Príncipe de Judá en tiempo de Nehemías, Neh 12.34 3063
8. Sacerdote y músico, Neh 12.36 3063
9. Nombre de dos ascendientes de Jesucristo, Lc 3.26,30 2455

JUDAICO, A

2 Cr 32.18 clamaron a gran voz en j al pueblo 3066
Neh 13.24 porque no sabían hablar j, sino que 3066
Tit 1.14 no atendiendo a fábulas j... de hombres 2451

JUDAÍSMO

Gá 1.13 mi conducta en otro tiempo en el j 2454
1.14 y en el j aventajaba a muchos de mis 2454

JUDAIZAR

Gá 2.14 qué obligas a los gentiles a judaizar? 2450

JUDAS

1. Iscariote, el traidor
Mt 10.4 Simón el cananista, y J Iscariote, el 2455
26.14 los doce, que se llamaba J Iscariote 2455
26.25 J, el que le entregaba, dijo: ¿Soy yo 2455
26.47 vino J, uno de... y con él mucha gente 2455
27.3 J, el que le había entregado, viendo que 2455
Mr 3.19 y J Iscariote, el que le entregó 2455
14.10 J Iscariote, uno de los doce, fue a los 2455
14.11 J buscaba oportunidad para entregarle
14.43 vino J, que era uno de los doce, y con 2455
Lc 6.16 J Iscariote... llegó a ser el traidor 2455
22.3 entró Satanás en J... Iscariote el cual 2455
22.47 J, uno de los doce, iba al frente de 2455
22.48 J, ¿con un beso entregas al Hijo del 2455
Jn 6.71 hablaba de J Iscariote, hijo de Simón 2455
12.4 dijo uno de... J Iscariote hijo de Simón 2455
13.2 puesto en el corazón de J Iscariote 2455
13.26 mojando el pan, lo dio a J Iscariote 2455
13.29 pensaban, puesto que J tenía la bolsa 2455
18.2 J, el que le entregaba, conocía aquel 2455
18.3 J... tomando una compañía de soldados 2455
18.5 estaba también con ellos J, el que le 2455
Hch 1.16 antes por boca de David acerca de J 2455
1.25 de este ministerio... de que cayó J por 2455
2. Hermano de Jesús
Mt 13.55 hermanos, Jacobo, José, Simón y J? 2455
Mr 6.3 hermano de Jacobo... de J y de Simón? 2455
3. Apóstol (=Lebeo y Tadeo)
Lc 6.16 J hermano de Jacobo, y Judas Iscariote 2455
Jn 14.22 le dijo J (no el Iscariote): Señor 2455
Hch 1.13 donde moraban... J hermano de Jacobo 2455
Jud 1 J, siervo de Jesucristo, y hermano de 2455
4. Revolucionario galileo, Hch 5.37 2455
5. Cristiano de Damasco, Hch 9.11 2455
6. «Varón principal» en la iglesia de Jerusalén
Hch 15.22 a J que... por sobrenombre Barsabás 2455
15.27 que enviamos a J y a Silas, los cuales 2455
15.32 J y Silas... consolaron y confirmaron a 2455

JUDEA *Provincia de Palestina*

Esd 5.8 que fuimos a la provincia de J, a la 3061
7.14 eres enviado a visitar a J y a Jerusalén 3061
Dn 5.13 ¿eres tú aquel, mi padre trajo de J? 3061
Mt 2.1 cuando Jesús nació en Belén de J en 2449
2.5 ellos le dijeron: En Belén de J; porque 2449
2.22 que Arquelao reinaba en J en lugar de 2449
3.1 Juan el... predicando en el desierto de J 2449
3.5 salía a él... toda J, y toda la provincia 2449
4.25 le siguió mucha gente... de J y del otro 2449
19.1 y fue a las regiones de J al otro lado 2449
24.16 los que estén en J, huyan a los montes 2449
Mr 1.5 salían a él toda la provincia de J, y 2449
3.7 siguió gran multitud de Galilea. Y de J 2449
10.1 vino a la región de J y al otro lado del 2449
13.14 los que estén en J huyan a los montes 2449
Lc 1.5 hubo en los días de Herodes, rey de J 2449
1.65 todas las montañas de J se divulgaron 2449
2.4 José subió de... a J, a la ciudad de David 2449
3.1 siendo gobernador de J Poncio Pilato, y 2449
5.17 doctores de la ley... de Galilea, y de J 2449
6.17 gente de toda J, de Jerusalén y... Tiro 2449
7.17 y se extendió la fama de él por toda J 2449
21.21 los que estén en J, huyan a los montes 2449
23.5 enseñando por toda J, comenzando desde 2449
23.50 José, de Arimatea, ciudad de J, el cual
Jn 3.22 vino Jesús con sus discípulos a... de J 2449
4.3 salió de J, y se fue otra vez a Galilea 2449
4.47 que Jesús había llegado de J a Galilea 2449
4.54 hizo Jesús, cuando fue de J a Galilea 2449
7.1 no quería andar en J, porque los judíos 2449
7.3 vete a J, para que... tus discípulos vean 2449
11.7 a los discípulos: Vamos a J otra vez 2449
Hch **1.8 seréis testigos en Jerusalén, en... J** 2449
2.9 J, en Capadocia, en el Ponto y en Asia 2449
8.1 fueron esparcidos por... de J y de Samaria 2449
9.31 iglesias tenían paz por toda J, Galilea 2449
10.37 sabéis lo que se divulgó por toda J 2449
10.39 todas las cosas que Jesús hizo en... J 2449
11.1 oyeron los... hermanos que estaban e J 2449
11.29 enviar socorro a... que habitaban en J 2449
12.19 descendió de J a Cesarea y se quedó 2449
15.1 algunos que venían de J enseñaban a los 2449
21.10 descendió de J... profeta llamado Agabo 2449
26.20 anuncié... por toda la tierra de J, y a 2449
28.21 ni hemos recibido de J cartas acerca 2449
Ro 15.31 sea librado de los... que están en J 2449
2 Co 1.16 y ser encaminado por vosotros a J 2449
Gá 1.22 no era conocido... a las iglesias de J 2449
1 Ts 2.14 imitadores de las iglesias... en J 2449

JUDICIAL

Hch 16.37 azotarnos... sin sentencia j, siendo 178

JUDÍO, A

Esd 4.12 sea notorio al rey, que los j que 3062
4.23 fueron... a los j, y les hicieron cesar 3062
5.1 profetizaron... a los j que estaban en Judá 3062
5.5 los ojos de Dios estaban sobre... de los j 3062
6.7 el gobernador de los j y sus ancianos 3062
6.8 hacer con esos ancianos de los j, para 3062
6.14 y los ancianos de los j edificaban y 3062
Neh 1.2 y les pregunté por los j que habían 3064
2.16 ni hasta... lo había declarado yo a los j 3064
4.1 se enojó y se... e hizo escarnio de los j 3064
4.2 dijo... ¿Qué hacen estos débiles j? ¿Se les 3064
4.12 que cuando venían los j que habitaban 3064
5.1 hubo gran clamor... contra sus hermanos j 3064
5.8 dije... rescatamos a nuestros hermanos j 3064
5.17 además, 150 j y oficiales... a mi mesa 3064
6.6 que tú y los j pensáis rebelaros; y que 3064
13.23 vi... a j que habían tomado mujeres de 3064
Est 2.5 en Susa... un varón j cuyo nombre era 3064
3.4 Mardoqueo... les había declarado que era j 3064
3.6 procuró Amán destruir a todos los j que 3064
3.10 dio a Amán... agagueo, enemigo de los j 3064
3.13 la orden de... y exterminar a todos los j 3064
4.3 tenían los j gran luto, ayuno, lloro y 3064
4.7 rey a cambio de la destrucción de los j 3064
4.13 que escaparás... más que cualquier otro j 3064
4.14 liberación vendrá... para los j; mas tú 3064
4.16 reúne a todos los j... se hallan en Susa 3064
5.13 veo al j Mardoqueo sentado a la puerta 3064
6.10 y hazlo así con el j Mardoqueo, que se 3064
6.13 si de la descendencia de los j es ese 3064
8.1 Ester la casa de Amán enemigo de los j 3064
8.3 maldad... que había tramado contra los j 3064
8.5 que escribió para destruir a los j que 3064
8.7 respondió el rey a... y a Mardoqueo el j 3064
8.7 por cuanto extendió su mano contra los j 3064
8.8 escribid... vosotros a los j como bien os 3064
8.9 se escribió... a los j, y a los sátrapas 3064
8.9 a los j también conforme a su escritura 3064
8.11 el rey daba facultad a los j que estaban 3064
8.13 decía que los j estuviesen preparados 3064
8.16 los j tuvieron luz y alegría, y gozo y 3064
8.17 los j tuvieron alegría y gozo, banquete 3064
8.17 de entre los... de la tierra se hacían j 3054
8.17 temor de los j había caído sobre ellos 3064
9.1 mismo día en que los enemigos de los j 3064
9.1 porque los j se enseñorearon de los que 3064
9.2 los j se reunieron en sus ciudades, en 3064
9.3 todos los príncipes de... apoyaban a los j 3064
9.5 y asolaron los j a todos sus enemigos a 3064
9.6 destruyeron los j a quinientos hombres 3064
9.10 diez hijos de Amán... enemigo de los j 3064
9.12 los j han matado a quinientos hombres 3064
9.13 concédase... a los j en Susa, que hagan 3064
9.15,18 los j que estaban en Susa se juntaron 3064
9.16 otros j que estaban en las provincias 3064
9.19 j aldeanos que habitaban en las villas 3064
9.20 envió cartas a todos los j que estaban 3064
9.22 días en que los j tuvieron paz de sus 3064
9.23 j aceptaron hacer... lo que les escribió 3064
9.24 enemigo de todos los j, había ideado 3064
9.24 Amán hijo... ideado contra los j un plan 3064
9.25 designio... contra los j recayera sobre su 3064
9.27 los j establecieron y tomaron sobre sí 3064
9.28 no dejarían de ser guardados por los j 3064

9.29 Ester... y Mardoqueo el *j*, suscribieron 3064
9.30 y fueron enviadas cartas a todos los *j* 3064
9.31 según les había ordenado Mardoqueo el *j* 3064
10.3 Mardoqueo el *j* fue el segundo... del rey 3064
10.3 grande entre los *j*, y estimado por la 3064
Jer 32.12 delante de todos los *j* que estaban 3064
34.9 que ninguno usase a los *j*... como siervos 3064
38.19 tengo temor de los *j* que se han pasado....... 3064
40.11 los *j* que estaban en Moab... y en Edom 3064
40.12 estos *j* regresaron entonces de todos 3064
40.15 *j* que se... reunido a ti se dispersarán 3064
41.3 mató Ismael a todos los *j* que estaban 3064
44.1 de todos los *j* que moraban en... Egipto........ 3064
Dn 3.8 caldeos vinieron y acusaron... a los *j* 3064
3.12 hay unos varones *j*, los cuales pusiste 3064
Zac 8.23 tomarán del manto a un *j*, diciendo 3064
Mt 2.2 diciendo: ¿Dónde está el rey de los *j* *2453*
27.11 diciendo: ¿Eres tú el Rey de los *j*?............ *2453*
27.29 le escarnecían... ¡Salve, Rey de los *j*!.......... *2453*
27.37 causa... Este es Jesús, el Rey de los *j* *2453*
28.15 se ha divulgado entre los *j* hasta el *2453*
Mr 7.3 los *j*, aferrándose a la tradición de *2453*
15.2 le preguntó: ¿Eres tú el Rey de los *j*?........... *2453*
15.9 ¿queréis que os suelte al Rey de los *j*? *2453*
15.12 que haga del que llamáis Rey de los j?........ *2453*
15.18 a saludarle: ¡Salve, Rey de los *j*! *2453*
15.26 título escrito... era: EL REY DE LOS *J* *2453*
Lc 7.3 unos ancianos de los *j*, rogándole que........... *2453*
23.3 diciendo: ¿Eres tú el Rey de los *J*?.............. *2453*
23.37 si tú eres el Rey de los *j*, sálvate a *2453*
23.38 un título... ESTE ES EL REY DE LOS *J* *2453*
Jn 1.19 cuando los *j* enviaron de Jerusalén *2453*
2.6 al rito de la purificación de los *j*, en............ *2453*
2.13 estaba cerca la pascua de... *j*; y subió.......... *2453*
2.18 *j* respondieron... ¿Qué señal nos muestras..... *2453*
2.20 luego los *j*: En 46 años fue edificado *2453*
3.1 un... Nicodemo, un principal entre los *j* *2453*
3.25 los discípulos de Juan y los *j* acerca de *2453*
4.9 ¿cómo... siendo *j*, me pides a mí de beber *2453*
4.9 *j* y samaritanos no se tratan entre sí............ *2453*
4.22 **adoramos... la salvación viene de los *j*** *2453*
5.1 había una fiesta de los *j*, y subió Jesús *2453*
5.10 los *j* dijeron a aquel que había sido *2453*
5.15 el hombre se fue, y dio aviso a los *j* *2453*
5.16 por esta causa los *j* perseguían a Jesús......... *2453*
5.18 esto los *j* aun más procuraban matarle *2453*
6.4 estaba cerca la pascua, la fiesta de... *j* *2453*
6.41 murmuraban... de él los *j*, porque había *2453*
6.52 *j* contendían entre sí, diciendo: ¿Cómo......... *2453*
7.1 Judea, porque los *j* procuraban matarle *2453*
7.2 estaba cerca la fiesta de los *j*, la de *2453*
7.11 buscaban los *j* en la fiesta, y decían............ *2453*
7.13 pero ninguno hablaba... por miedo a los *j* *2453*
7.15 se maravillaban los *j*, diciendo: ¿Cómo *2453*
7.35 los *j* dijeron entre sí: ¿Adónde se irá *2453*
8.22 decían entonces los *j*: ¿Acaso se matará *2453*
8.31 dijo... Jesús a los *j* que habían creído *2453*
8.48 los *j*, y le dijeron: ¿No decimos bien *2453*
8.52 los *j* le dijeron: Ahora conocemos que *2453*
8.57 dijeron los *j*: Aún no tienes 50 años, ¿y *2453*
9.18 los *j* no creían que él había sido ciego *2453*
9.22 tenían miedo de los *j*, por cuanto los *j*......... *2453*
10.19 volvió a haber disensión entre los *j* *2453*
10.24 le rodearon los *j* y le dijeron: ¿Hasta.......... *2453*
10.31 los *j* volvieron a tomar piedras para.......... *2453*
10.33 respondieron los *j*... Por buena obra no *2453*
11.8 ahora procuraban los *j* apedrearte, ¿y *2453*
11.19 los *j* habían venido a Marta y a María........ *2453*
11.31 *j*... vieron que María se había levantado...... *2453*
11.33 los *j*... también llorando, se estremeció *2453*
11.36 dijeron... los *j*: Mirad cómo le amaba *2453*
11.45 entonces muchos de los *j*... creyeron en *2453*
11.54 Jesús ya no andaba... entre los *j*, sino......... *2453*
11.55 y estaba cerca la pascua de los *j*; y *2453*
12.9 de los *j* supieron... que él estaba allí *2453*
12.11 muchos de los *j* se apartaban y creían........ *2453*
13.33 **como dije a los *j*, así os digo ahora** *2453*
18.12 los alguaciles de los *j*, prendieron a *2453*
18.14 Caifás... había dado el consejo a los *j*.......... *2453*
18.20 **el templo, donde se reúnen todos los *j*** *2453*
18.31 *j* le dijeron: A nosotros no nos está *2453*
18.33 y le dijo: ¿Eres tú el Rey de los *j*?............. *2453*
18.35 Pilato le respondió: ¿Soy yo acaso *j*?.......... *2453*
18.36 **para que yo no fuera entregado a los *j*** *2453*
18.38 dicho esto, salió otra vez a los *j*, y............ *2453*
18.39 ¿queréis... que os suelte al Rey de los *j*?...... *2453*
19.3 y le decían: ¡Salve, Rey de los *j*! y le *2453*
19.7 los *j* le respondieron... tenemos una ley........ *2453*
19.12 pero los *j* daban voces, diciendo: Si *2453*
19.14 dijo a los *j*: ¡He aquí vuestro Rey! *2453*
19.19 decía: JESÚS NAZARENO, REY DE LOS *J* *2453*
19.20 y muchos de los *j* leyeron este título *2453*
19.21 dijeron a Pilato... sacerdotes de los *j*.......... *2453*
19.21 no escribas: Rey de los *j*; sino, que *2453*
19.21 no... sino, que él dijo: Soy Rey de los *j*......... *2453*
19.31 los *j*, por cuanto era la víspera de la.......... *2453*
19.38 pero secretamente por miedo de los *j* *2453*
19.40 según es costumbre sepultar entre... *j* *2453*
19.42 la preparación de la pascua de los *j* *2453*
20.19 estaban reunidos por miedo de los *j*.......... *2453*
Hch 2.5 entonces en Jerusalén *j*... piadosos, de *2453*
2.10 romanos aquí... tanto *j* como prosélitos........ *2453*
2.14 varones *j*, y todos los que habitáis en *2453*
9.22 Saulo... confundía a los *j* que moraban *2453*
9.23 los *j* resolvieron en consejo matarle *2453*
10.22 buen testimonio en... nación de los *j*.......... *2453*
10.28 abominable es para un varón *j* juntarse *2453*
11.19 no hablando a nadie... sino sólo a los *j*........ *2453*
12.3 viendo que esto había agradado a los *j* *2453*
12.11 todo lo que el pueblo de los *j* esperaba *2453*
13.5 anunciaban la... en las sinagogas de los *j*...... *2453*
13.6 mago, falso profeta, *j*, llamado Barjesús *2453*
13.42 salieron ellos de la sinagoga de los *j*.......... *2453*
13.43 muchos de los *j*... siguieron a Pablo y a *2453*
13.45 pero viendo los *j* la muchedumbre, se *2453*
13.50 los *j* instigaron a mujeres piadosas y *2453*
14.1 entraron juntos en la sinagoga de los *j* *2453*
14.1 creyó una gran multitud de *j*, y... griegos *2453*
14.2 los *j* que no creían excitaron... ánimos......... *2453*
14.4 unos estaban con los *j*, y otros con los *2453*
14.5 cuando los *j* y los... con sus gobernantes....... *2453*
14.19 unos *j*... persuadieron a la multitud, y *2453*
16.1 Timoteo, hijo de una mujer *j* creyente.......... *2453*
16.3 circuncidó por causa de los *j* que había........ *2453*
16.20 estos hombres, siendo *j*, alborotan............ *2453*
17.1 Tesalónica... había una sinagoga de los *j* *2453*
17.5 los *j* que no creían, teniendo celos *2453*
17.10 ellos... entraron en la sinagoga de los *j* *2453*
17.13 cuando los *j* de Tesalónica supieron que...... *2453*
17.17 que discutía en la sinagoga con los *j*.......... *2453*
18.2 halló a un *j* llamado Aquila, natural de *2453*
18.2 había mandado que todos los *j* saliesen........ *2453*
18.4 discutía... y persuadía a *j* y a griegos *2453*
18.5 testificando a los *j* que Jesús era el *2453*
18.12 los *j* se levantaron de común acuerdo *2453*
18.14 Galión dijo a los *j*: Si fuera algún *2453*
18.14 fuera algún agravio... *j*... os tolerarla......... *2453*
18.19 y entrando en la... discutía con los *j* *2453*
18.24 llegó... a Efeso un *j* llamado Apolos........... *2453*
18.28 refutaba... los *j*, demostrando por las......... *2453*
19.10 Asia, *j* y griegos, oyeron la palabra *2453*
19.13 algunos de los *j*... intentaron invocar *2453*
19.14 siete hijos de un tal Esceva, *j*, jefe............ *2453*
19.17 fue notorio a todos los... *j* como griegos *2453*
19.33 sacaron... a Alejandro, empujándole los *j*..... *2453*
19.34 cuando le conocieron que era *j*, todos *2453*
20.3 siéndole puestas asechanzas por los *j* *2453*
20.19 pruebas... por las asechanzas de los *j* *2453*
20.21 testificando a *j* y a gentiles acerca............ *2453*
21.11 atarán los *j* en Jerusalén al varón de *2453*
21.20 ves... millares de *j* hay que han creído *2453*
21.21 enseñas a todos los *j* que están entre *2453*
21.27 unos *j* de Asia, al verle en el templo *2453*
21.39 yo de cierto soy hombre *j* de Tarso *2453*
22.3 yo de cierto soy *j*, nacido en Tarso de.......... *2453*
22.12 tenía buen testimonio de todos los *j*.......... *2453*
22.30 la causa por la cual le acusaban los *j* *2453*
23.12 algunos de los *j* tramaron un complot *2453*
23.20 le dijo: Los *j* han convenido en rogarte *2453*
23.27 a este hombre, aprehendido por los *j*......... *2453*
23.30 de asechanzas que los *j* habían tendido....... *2453*
24.5 y promotor de sediciones entre... los *j* *2453*
24.9 *j* también confirmaban, diciendo ser así *2453*
24.18 unos *j* de Asia me hallaron purificado *2453*
24.24 viniendo Félix con Drusila... que era *j* *2453*
24.27 queriendo Félix congraciarse con los *j*........ *2453*
25.2 más influyentes de los *j* se presentaron........ *2453*
25.7 lo rodearon los *j* que habían venido de *2453*
25.8 ni contra la ley de los *j*, ni contra *2453*
25.9 Festo, queriendo congraciarse con los *j*........ *2453*
25.10 a los *j* no les he hecho ningún agravio *2453*
25.15 me presentaron... los ancianos de los *j* *2453*
25.24 la multitud de los *j* me ha demandado *2453*
26.2 las cosas de que soy acusado por los *j* *2453*
26.3 conoces... cuestiones que hay entre los *j* *2453*
26.4 mi vida, pues... la conocen todos los *j* *2453*
26.7 por esta esperanza... acusado por los *j* *2453*
26.21 por causa de esto los *j*, prendiéndome *2453*
28.17 convocó a los principales de los *j*, a.......... *2453*
28.19 pero oponiéndose los *j*, me vi obligado *2453*
28.29 *j* se fueron, teniendo gran discusión *2453*
Ro 1.16; 2.9,10 al *j* primeramente, y también.......... *2453*
2.17 he aquí, tú tienes el sobrenombre de *j* *2453*
2.28 no es *j* el que lo es exteriormente, ni *2453*
2.29 es *j* el que lo es en lo interior, y la............ *2453*
3.1 ¿qué ventaja tiene, pues, el *j*? ¿o de qué *2453*
3.9 pues ya hemos acusado a *j* y a gentiles *2453*
3.29 ¿es Dios solamente Dios de los *J*? ¿No *2453*
9.24 no sólo de los *j*, sino... los gentiles? *2453*
10.12 no hay diferencia entre *j* y griego *2453*
1 Co 1.22 los *j* piden señales, y los griegos *2453*
1.23 para los *j* ciertamente tropezadero, y.......... *2453*
1.24 así *j* como griegos, Cristo poder de Dios *2453*
9.20 a los *j* como *j*, para ganar a los *j*; a........... *2453*
10.32 no seáis tropiezo ni a *j*, ni... gentiles *2453*
12.13 *j* o griegos, sean esclavos o libres............. *2453*
2 Co 11.24 de los *j* cinco veces he recibido *2453*
Gá 2.13 participaban también los otros *j*, de........... *2453*
2.14 *j*, vives como los gentiles y no como *j*...... *2452,2450*
2.15 *j* de nacimiento, y no pecadores de entre *2453*
3.28 ya no hay *j* ni griego; no hay esclavo........... *2453*
Col 3.11 no hay griego ni *j*, circuncisión ni............ *2453*
1 Ts 2.14 cosas que ellas padecieron de los *j* *2453*
Ap 2.9 **la blasfemia de los que se dicen ser *j*** *2453*
3.9 **a los que se dicen ser *j* y no lo son** *2453*

JUDIT *Mujer de Esaú*, Gn 26.34.................. 3067

JUEZ

Gn 18.25 *j*... no ha de hacer lo que es justo? 8199
19.9 vino este... ¿y habrá de erigirse en *j*?.......... 8199
Éx 2.14 ¿quién te ha puesto a ti por... *j* sobre 8199
21.6 su amo lo llevará ante los *j*, y le hará 430
21.22 penados conforme a lo... juzgaren los *j*....... 6414
22.8 el dueño de la casa... presentado a los *j* 430
22.9 causa de ambos vendrá delante de los *j* 430
22.9 que los *j* condenaren, pagará el doble 430
22.28 no injuriarás a los *j*, ni maldecirás 5387
Nm 25.5 Moisés dijo a los *j* de Israel: Matad........... 8199
Dt 1.16 entonces mandé a vuestros *j*, diciendo......... 8199
16.18 *j*... pondrás en todas tus ciudades que........ 8199
17.9 vendrás... al *j* que hubiere en aquellos......... 8199
17.12 no obedeciendo... o al *j*, el tal morirá 8199
19.17 los sacerdotes y de los *j* que hubiere.......... 8199
19.18 *j* inquirirán bien; y si aquel testigo 8199
21.2 *j* saldrán y medirán la distancia hasta......... 8199
25.1 y acudieren... para que los *j* los juzguen....... 8199
25.2 el *j* le hará echar en tierra, y le hará 8199
32.31 aun nuestros enemigos son de ellos *j* 6414
Jos 8.33 Israel, con sus... *j*, estaba de pie a............ 8199
23.2 llamó a todo Israel... *j* y sus oficiales 8199
24.1 reunió Josué a... sus *j* y sus oficiales........... 8199
Jue 2.16 Jehová levantó *j* que los librasen de 8199
2.17 pero tampoco oyeron a sus *j*, sino que......... 8199
2.18 les levantaba *j*, Jehová estaba con el *j* 8199
2.18 los libraba... todo el tiempo de aquel *j* 8199
2.19 al morir el *j*, ellos volvían atrás, y 8199
11.27 Jehová, que es el *j*, juzgue hoy entre.......... 8199
Rt 1.1 en los días que gobernaban los *j*, que 8199
1 S 2.25 si pecare el hombre... *j* le juzgarán 6419
8.1 Samuel... a sus hijos por *j* sobre Israel.......... 8199
8.2 fue Joel, y... Abías; y eran *j* en Beerseba 8199
24.15 Jehová... será *j*, y él juzgará entre tú y 1781
2 S 7.11 el día en que puse *j* sobre... Israel............. 8199
15.4 Absalón: ¡Quién me pusiera por *j* en la 8199
2 R 23.22 los tiempos en que los *j* gobernaban......... 8199
1 Cr 17.6 ¿hablé... palabra a alguno de los *j* 8199
17.10 que puse los *j* sobre mi pueblo Israel 8199
23.4 éstos... seis mil para gobernadores y *j*......... 8199
26.29 Quenanías y sus... eran gobernadores y *j* 8199
2 Cr 1.2 convocó Salomón a todo Israel... a *j* 8199
19.5 puso *j* en todas las ciudades... de Judá......... 8199
19.6 y dijo a los *j*: Mirad lo que hacéis 8199
Esd 4.9 escribieron Rehum... *j*, gobernadores y .. 2942,1169
7.25 pon *j* y gobernadores que gobiernen a 1782
10.14 vengan... y con ellos... y los *j* de ellas 8199
Job 9.15 aunque fuese... habría de rogar a mi *j*......... 8199
9.24 él cubre el rostro de sus *j*. Si no es............. 8199
12.17 a los consejeros, y entontece a los *j*........... 8199
23.7 allí... yo escaparía para siempre de mi *j*....... 8199
3 1.11 es maldad... que han de castigar los *j* 6414
Sal 2.10 admitid amonestación, *j* de la tierra 8199
7.11 Dios es *j* justo, y Dios está airado 8199
50.6 declararán su justicia... Dios es el *j*............. 8199
75.7 Dios es el *j*; a éste humilla, y a aquél........... 8199
94.2 engrandécete, oh *j* de la tierra; da el 8199
141.6 despeñados sus *j*, y oirán mis palabras....... 8199
148.11 príncipes y todos los *j* de la tierra 8199
Is 1.26 restauraré tus *j* como al principio, y 8199
3.2 *j* y el profeta, el adivino y el anciano............ 1777
33.22 porque Jehová es nuestro *j*, Jehová es........ 8199
Jer 25.31 él es el *j* de toda carne; entregará 8199
Dn 3.2,3 *j*, y todos los gobernadores de las.............. 148
7.10 el *j* se sentó, y los libros... abiertos............. 1780
7.26 pero se sentará el *j*, y le quitarán su 1780
Os 7.7 devoraron a sus *j*; cayeron todos sus 8199
13.10 y tus *j*, de los cuales dijiste: Dame 8199
Am 2.3 y quitaré el *j* de en medio de él, y 8199
Mi 5.1 herirán en la mejilla al *j* de Israel 8199
7.3 el *j* juzga por recompensa; y el grande 8199
Sof 3.3 *j*, lobos nocturnos que no dejan hueso 8199
Mt 5.25 **te entregue al *j*, y el *j* al alguacil** *2923*
12.27; Lc 11.19 **por... ellos serán vuestros *j*** *2923*
Lc 12.14 **¿quién me ha puesto... *j* o partidor?**........... *1348*
12.58 **te arrastre al *j*, y el *j* te entregue** *2923*
18.2 **había... un *j*, que ni temía a Dios, ni**........... *2923*
18.6 **dijo el... oíd lo que dijo el *j* injusto**............ *2923*
Hch 7.27,35 ¿quién te ha puesto por... y *j* *2919,1348*
10.42 él es el que Dios ha puesto por *j* de *2923*
13.20 después... dio *j* hasta el profeta Samuel *2923*
18.15 yo no quiero ser *j* de estas cosas............. *2923*
24.10 hace muchos años eres *j* de esta nación *2923*
2 Ti 4.8 la cual me dará el Señor, *j* justo *2923*
He 12.23 Dios el *j* de todos, a los espíritus............. *2923*
Stg 2.4 venís a ser *j* con malos pensamientos? *2923*
4.11 ley, no eres hacedor de la ley, sino *j* *2923*
5.9 he aquí, el *j* está delante de la puerta *2923*

JUGAR

Job 41.5 ¿*jugarás* con él como con pájaro, o lo......... 7832
Sal 104.26 leviatán... para que *jugase* en él 7832
Is 11.8 niño de pecho *jugará* sobre la cueva 8173
Zac 8.5 llenas de muchachos... *jugarán* en ellas 7832
1 Co 10.7 se sentó el pueblo... levantó a *jugar*........... *3815*

JUGUETE

Jue 16.25 a Sansón... y sirvió de *j* delante de 6440

JUICIO

Gn 18.19 que guarden... haciendo justicia y *j*........... 4941
Éx 6.6 con brazo extendido, y con *j* grandes 8201
7.4 sacaré a mis... de Egipto, con grandes *j*......... 8201
12.12 y ejecutaré mis *j* en todos los dioses 8201
21.31 acorneado a... conforme a este *j* se hará 4941
28.15 el pectoral del *j* de obra primorosa........... 4941
28.29 los nombres de... en el pectoral del *j* 4941
28.30 y pondrás en el pectoral del *j* Urim y 4941
28.30 llevará siempre Aarón el *j* de... Israel 4941
Lv 19.15 no harás injusticia en el j... pobre 4941
19.35 no hagáis injusticia en *j*, en medida 4941
Nm 27.21 consultará por el *j* del Urim delante......... 4941
33.4 había hecho Jehová *j* contra sus dioses........ 8201
35.12 entre en *j* delante de la congregación 4941
Dt 1.17 no hagáis distinción de persona en... *j*.......... 4941
1.17 no tendréis temor de... el *j* es de Dios.......... 4941
4.8 ¿qué nación... hay que tenga... *j* justos como.... 4941

4.14 os enseñase...*j*, para que los pusieseis 4941
16.18 cuales juzgarán al pueblo con justo *j* 4941
17.8 cosa te fuere difícil en el *j*, entre una 4941
17.9 y ellos te enseñarán la sentencia del *j* 4941
17.11 según el *j* que te digan, harás; no te 4941
32.41 echare mano del *j*, yo tomaré venganza 4941
33.10 ellos enseñarán tus *j* a Jacob, y tu ley 4941
Jos 20.6 quedará...hasta que comparezca en *j* 4941
Jue 4.5 los hijos de Israel subían a ella a *j* 4941
5.10 los que presidís en *j*, y vosotros los 4055
2 S 15.2 y a cualquiera que...venía al rey a *j* 4941
15.6 hacía con todos...que venían al rey a *j* 4941
1 R 3.11 demandaste...inteligencia para oír *j* 4941
3.28 todo Israel oyó aquel *j* que había dado 4941
7.7 hizo...el pórtico del *j*, y lo cubrió de 4941
1 Cr 16.12 de sus prodigios, y de los *j* de su 4941
16.14 es nuestro Dios; sus *j* están en toda la 4941
2 Cr 9.8 por rey...para que hagas *j* y justicia 4941
19.8 para el *j* de Jehová y para las causas 4941
22.8 haciendo *j* Jehú contra la casa de Acab 8199
24.24 de Siria...Así ejecutaron/ contra Joás 8201
Esd 10.17 terminaron el *j* de todos aquellos
Neh 3.31 enfrente de la puerta del *j*, y hasta 4663
9.13 les diste *j* rectos, leyes verdaderas, y 4941
9.29 pecaron contra tus *j*, los cuales si el 4941
Job 9.19 habláremos...j, ¿quién me emplazará? 4941
9.32 le responda, y vengamos juntamente a *j* 4941
11.10 si...a *j*, ¿quién podrá contrarrestarle?
14.3 ¿sobre éste abres tus...y me traes a *j* 4941
19.7 no seré oído; daré voces, y no habrá *j* 4941
19.29 espada...para que sepáis que hay un *j* 1779
22.4 ¿acaso te castiga, o viene a *j* contigo 4941
29.7 cuando yo salía a la puerta a *j*, y en
32.17 responderé...también yo declararé mi *j* 1843
34.4 escojamos para nosotros el *j*...lo bueno 4941
34.17 ¿gobernará el que aborrece *j*? 4941
34.23 lo justo, para que vaya con Dios a j 4941
36.17 mas tú has llenado el *j* del impío, en 1779
36.17 en vez de sustentar el *j* y la justicia 1779
37.23 y en *j* y en multitud de justicia no 4941
40.8 ¿invalidarás tú también mi *j*? ¿Me...a mí 4941
Sal 1.5 no se levantarán los malos en el *j* 4941
7.6 álzate...y despierta en favor mío el *j* 4941
9.7 pero Jehová, ha dispuesto su trono para *j* 4941
9.16 Jehová se ha hecho conocer en el *j* que 4941
10.5 tus *j* los tiene muy lejos de su vista 4941
18.22 todos sus *j* estuvieron delante de mí 4941
19.9 los *j* de Jehová son verdad, todos justos 4941
25.9 encaminará a los humildes por el *j*, y 4941
33.5 ama justicia y *j*; de la misericordia de 4941
36.6 justicia es como...tus *j*, abismo grande 4941
48.11 se gozarán las hijas de Judá por tus *j* 4941
51.4 reconocido...y tenido por puro en tu *j* 8199
72.1 Dios, da tus *j* al rey, y tu justicia al 4941
72.2 juzgará a tu...y a tus afligidos con *j* 4941
76.8 los cielos hiciste oír *j*; la tierra tuvo 1779
89.14 justicia y *j*...el cimiento de tu trono 4941
89.30 si dejaren...y no anduvieren en mis *j* 4941
94.15 que el *j* será vuelto a la justicia, y 4941
97.2 justicia y *j*...el cimiento de tu trono 4941
97.8 las hijas de Judá...se gozaron por tus *j* 4941
99.4 la gloria del rey ama el *j*; tú confirmas 4941
99.4 tú has hecho en Jacob *j* y justicia 4941
101.1 misericordia y *j* cantaré...cantaré yo 4941
105.5 de sus prodigios y de los *j* de su boca 4941
105.7 es...Dios; en toda la tierra están sus *j* 4941
106.3 dichosos los que guardan *j*, los que 4941
106.30 entonces se levantó Finees e hizo *j* 6419
111.7 las obras de sus manos son verdad y *j* 4941
112.5 y presta; gobierna sus asuntos con *j* 4941
119.7 alabaré...cuando aprendiere tus justos *j* 4941
119.13 con mis labios he contado todos los *j* 4941
119.20 quebrantada...de desear tus *j* en todo 4941
119.30 verdad; he puesto tus *j* delante de mí 4941
119.39 quita de mí...porque buenos son tus *j* 4941
119.43 no quites de...porque en tus *j* espero 4941
119.52 acordé, oh Jehová, de tus *j* antiguos 4941
119.62 me levanto...alabarte por tus justos *j* 4941
119.75 conozco...que tus *j* son justos, y que 4941
119.84 harás *j* contra los que me persiguen? 4941
119.102 no me aparté de tus *j*, porque tú me 4941
119.106 juré y...que guardaré tus justos *j* 4941
119.108 ruego, oh Jehová...me enseñes tus *j* 4941
119.120 temor de ti, y de tus *j* tengo miedo 4941
119.121 *j* y justicia he...no me abandones a 4941
119.137 justo eres...Jehová, y rectos tus *j* 4941
119.149,156 vivifícame conforme a tu *j* 4941
119.160 y eterno es todo *j* de tu justicia 4941
119.164 día te alabo a causa de tus justos *j* 4941
119.175 viva mi alma y te...y tus *j* me ayuden 4941
122.5 allá están las sillas del *j*, los tronos 4941
143.2 no entres en *j* con tu siervo; porque no 4941
147.19 ha manifestado sus...y sus *j* a Israel 4941
147.20 en cuanto a sus *j*, no los conocieron 4941
149.9 para ejecutar en ellos el *j* decretado 4941
Pr 1.3 para recibir el consejo...*j* y equidad 4941
2.8 que guarda las veredas del *j*, y preserva 4941
2.9 entenderás justicia, *j* y equidad, y todo 4941
8.14 conmigo está el consejo y el buen *j*; yo 8454
8.20 guiaré, por en medio de sendas de *j* 4941
13.23 de pan; mas se pierde por falta de *j* 4941
16.10 del rey; en *j* no prevaricará su boca 4941
19.28 el testigo perverso se burlará del *j* 4941
19.29 preparados...*j* para los escarnecedores 4941
20.8 el rey que se sienta en el trono de *j* 1779
21.3 justicia y *j* es a Jehová más agradable 4941
21.7 destruirá...cuanto no quisieron hacer *j* 4941
21.15 alegría es para el justo el hacer *j* 4941
24.23 hacer acepción de...en el *j* no es bueno 4941
28.5 los hombres malos no entienden el *j*; mas 4941
29.4 el rey con el *j* afirma la tierra; mas 4941
29.26 mas de Jehová viene el *j* de cada uno 4941
31.8 abre tu boca por el mudo en el *j* de 1779
Ec 3.16 en lugar del *j*, allí impiedad; y en 4941
8.5 el corazón...discierne el tiempo y el *j* 4941
8.6 para todo lo que quisieres hay tiempo y *j* 4941
12.14 Dios traerá toda obra a *j*...sea buena o 4941
Is 1.17 buscad el *j*, restituid al agraviado 4941
1.27 Sion será rescatada con *j*, y...justicia 4941
3.14 Jehová vendrá a *j* contra los ancianos 4941
4.4 con espíritu de *j* y con...de devastación 4941
5.7 esperaba *j*, y he aquí vileza; justicia 4941
5.16 Jehová de los ejércitos...exaltado en *j* 4941
9.7 confirmándolo en *j* y en justicia desde 4941
10.2 para apartar del *j* a los pobres, y para 1779
16.3 haz *j*; pon tu sombra en medio del día 6415
26.8 también en el camino de tus *j*, oh Jehová 4941
26.9 luego que hay *j* tuyos en la tierra, los 4941
28.6 por espíritu de *j* al que se sienta en *j* 4941
28.7 erraron en la visión, tropezaron en el *j* 6417
28.17 ajustaré el *j* a cordel, y a nivel la 4941
32.1 reinará un...y príncipes presidirán en *j* 4941
32.7 trama...para hablar en *j* contra el pobre 2254
32.16 habitará el *j* en el desierto, y en el 4941
33.5 Jehová...llenó a Sion de *j* y de justicia 4941
34.5 descenderá sobre Edom en *j*, y sobre el 4941
40.14 ¿quién le enseñó el camino del *j*, o le 4941
40.27 escondido de...y de mi Dios pasó mi *j*? 4941
41.1 entonces hablen; estemos juntamente a *j* 4941
43.26 hazme recordar, entremos en *j*...habla tú 8199
53.8 por cárcel y por *j* fue quitado; y su 4941
54.17 lengua que se levante contra ti en *j* 4941
58.2 me piden justos *j*, y quieren acercarse 4941
Jer 1.16 proferiré mis *j* contra los que me 4941
2.35 entraré en *j* contigo, porque dijiste 8199
4.2 vive Jehová, en verdad, en *j* y...justicia 4941
4.12 y ahora yo pronunciaré *j* contra ellos 4941
5.4 no conocen el camino de Jehová, el *j* de 4941
5.5 ellos conocen el camino...el *j* de su Dios 4941
8.7 pero mi pueblo no conoce el *j* de Jehová 4941
9.24 yo soy Jehová, que hago...*j* y justicia 4941
10.24 castígame, oh Jehová, mas con *j*; no 4941
21.12 así dijo Jehová: Haced de mañana *j*, y 4941
22.3 ha dicho...haced *j* y justicia, y librad 4941
22.15 padre, e hizo *j* y justicia, y entonces 4941
23.5 Rey...y hará *j* y justicia en la tierra 4941
25.31 Jehová tiene *j* contra las naciones; él 7379
33.15 un Renuevo...y hará *j* y justicia en la 4941
48.21 vino *j* sobre la tierra de la llanura 4941
48.47 de Moab...Hasta aquí es el *j* de Moab 4941
51.9 porque ha llegado hasta el cielo su *j* 4941
Ez 5.8 haré *j* en medio de ti ante los ojos de 4941
5.10 haré en ti *j*, y esparciré a todos los 8201
5.15 yo haga en ti *j* con furor e indignación 8201
7.27 haré...y con los *j* de ellos los juzgaré 4941
11.9 os entregaré en...haré *j* entre vosotros 8201
14.21 enviare contra...mis cuatro *j* terribles 8201
16.41 harán en ti *j* en presencia de muchas 8201
17.20 *j* con él por su prevaricación con que 8199
18.8 e hiciere *j* verdadero entre hombre y 4941
23.24 yo pondré delante de ellos el *j*, y por 4941
25.11 también en Moab haré *j*, y sabrán que 8201
28.22 cuando haga en ella *j*, y en ella me 8201
28.26 haga *j* en todos los que los despojan 8201
30.14 pondré fuego a Zoán, y haré *j* en Tebas 8201
30.19 haré, pues, *j* en Egipto, y sabrán que 8201
39.21 las naciones verán mi *j* que habré hecho 4941
44.24 conforme a mis *j* juzgarán; y mis leyes 4941
45.9 haced *j* y justicia; quitad vuestras 4941
Dn 7.22 se dio el *j* a los santos del Altísimo 1780
Os 2.19 te desposaré conmigo en justicia, *j* 4941
4.11 fornicación, vino y mosto quitan el *j* 3820
5.1 para vosotros es el *j*, pues habéis sido 4941
5.11 Efraín es vejado, quebrantado en *j* 4941
6.5 maté; y tus *j* serán como luz que sale 4941
10.4 el *j* florecerá como ajenjo en los surcos 4941
12.6 guarda misericordia y *j*, y en tu Dios 4941
Jl 3.2 allí entraré en *j* con ellas a causa de 8199
Am 5.7 los que convertís en ajenjo el *j*, y la 4941
5.15 el bien, y estableced la justicia en *j* 4941
5.24 pero corra el *j* como las aguas, y la 4941
6.12 habéis...convertido el *j* en veneno, y el 4941
Mi 3.8 estoy lleno de poder...de *j* y de fuerza 4941
3.9 que abomináis el *j*, y pervertís todo el 4941
Hab 1.4 la ley...el *j* no sale según la verdad 4941
1.12 oh Jehová, para *j* lo pusiste; y tú, oh 4941
Sof 2.3 todos...los que pusisteis por obra su *j* 4941
3.5 Jehová en...de mañana sacará a luz su *j* 4941
3.15 Jehová ha apartado tus *j*, ha echado 4941
Mal 3.5 y vendré a vosotros para *j*; y seré 4941
Mt 5.21 **fue dicho...matare será culpable de *j*** 2920
5.22 **se enoje contra...será culpable de *j*; y** 2920
7.2 **con el *j* con que juzgáis, seréis juzgados** 2917
10.15; 11.22,24 **el día del *j*, será más tolerable el** castigo 2920
12.18 sobre él, y a los gentiles anunciará *j* 2920
12.20 caña...hasta que saque a victoria el *j* 2920
12.36 **de ella darán cuenta en el día del *j*** 2920
12.41 **los...de Nínive se levantarán en el *j* con** 2920
12.42 **la reina del Sur se levantará en el *j*** 2920
Mr 3.29 **perdón, sino que es reo de *j* eterno** 2920
5.15 ven...sentado, vestido y en su *j* cabal 2920
6.11 **en el día del *j*, será más tolerable el** 2920
Lc 8.35 sentado a...vestido, y en su cabal *j* 2920
10.14 **en el *j* será más tolerable el castigo** 2920
11.31 **la reina del sur se levantará en el *j*** 2920
11.32 **Nínive se levantarán en el *j* con esta** 2920
Jn 5.22 **nadie juzga, sino que todo el *j* dio** 2920
5.27 **y también le dio autoridad de hacer *j*** 2920
5.30 **juzgo; y mi *j* es justo, porque no busco** 2920
7.24 **no juzguéis según...juzgad con justo *j*** 2920
8.16 **si yo juzgo, mi *j* es verdadero; porque** 2920
9.39 **para *j* he venido yo a este mundo; para** 2917
12.31 **ahora es el *j* de este mundo; ahora el** 2920
16.8 **convencerá al mundo de pecado...y de *j*** 2920
16.11 **de *j*, por cuanto el príncipe de este** 2920
Hch 24.25 al disertar Pablo...del *j* venidero 2917
26.6 por la esperanza de...soy llamado a *j* 2919
Ro 1.32 habiendo entendido el *j* de Dios, que 1345
2.2 sabemos que el *j* de Dios contra los que 2917
2.3 ¿y piensas...tú escaparás del *j* de Dios? 2917
2.5 el día de la ira y...del justo *j* de Dios 1341
3.19 todo el mundo quede bajo el *j* de Dios 5267
5.16 *j* vino a causa de un solo pecado para 2917
11.33 de Dios! ¡Cuán insondables son sus *j* 2917
1 Co 6.1 ¿osa...ir a *j* delante de los injustos 2919
6.4 si...tenéis *j* sobre cosas de esta vida 2922
6.6 el hermano con el hermano pleitea en *j* 2919
7.40 a mi *j*, más dichosa será si se quedare 1106
11.29 sin discernir...*j* come y bebe para sí 2917
11.34 su casa, para que no os reunáis para *j* 2917
2 Ts 1.5 es demostración del justo *j* de Dios 2920
1 Ti 5.24 patentes antes que ellos vengan a *j* 2920
Tit 3.11 peca y está condenado por su propio *j* 843
He 6.2 la resurrección de los...y del *j* eterno 2917
9.27 una sola vez, y después de esto el *j* 2920
10.27 sino una horrenda expectación de *j*, y 2920
Stg 2.13 *j*...se hará con aquel que no hiciere 2920
2.13 y la misericordia triunfa sobre el *j* 2920
1 P 4.17 es tiempo de que el *j* comience por 2917
2 P 2.4 entregó a...para ser reservados al *j* 2920
2.9 para ser castigados en el día del *j* 2920
2.11 no pronuncian *j* de maldición contra 2920
3.7 guardados para el fuego en el día del *j* 2920
1 Jn 4.17 tengamos confianza en el día del *j* 2920
Jud 6 los ha guardado...para el *j* del gran día 2920
9 no se atrevió a proferir *j* de maldición 2920
15 hacer *j* contra todos, y dejar convictos a 2920
Ap 14.7 la hora de su *j* ha llegado; y adorad 2920
15.4 te adorarán...tus *j* se han manifestado 1345
16.7 Señor...tus *j* son verdaderos y justos 2920
18.10 ¡ay, ay de la...en una hora vino tu *j*! 2920
19.2 porque sus *j* son verdaderos y justos 2920

JUICIOSO
2 Co 10.12 midiéndose a sí mismos...no son *j* 4920

JULIA *Cristiana saludada por Pablo*, Ro 16.15... 2456

JULIO *Centurión romano*
Hch 27.1 centurión llamado *J*, de la compañía 2457
27.3 y *J*, tratando humanamente a Pablo, le 2457

JUNCO
Éx 2.3 tomó una arquilla de *j* y la calafateó 1573
Job 8.11 ¿crece el *j* sin lodo...prado sin agua? 1573
Is 18.2 envía...en naves de *j* sobre las aguas 1573
19.15 la cabeza o la cola, la rama o el *j* 100
35.7 en su guarida, será lugar de cañas y *j* 1573
58.5 incline su cabeza como *j*, y haga cama 100

JUNIAS *Cristiano saludado por Pablo*, Ro 16.7 .. 2458

JUNTA
Sal 106.18 encendió fuego en su *j*; la llama 5712

JUNTAMENTE *Véase el Apéndice*

JUNTAR
Gn 1.9 *júntense* las aguas que están debajo de 6960
14.3 éstos se *junta*ron en el valle de Sidim 2266
29.3 y *juntaban* allí todos los rebaños...pozo 622
29.8 hasta que se *junte*n todos los rebaños 622
29.22 Labán *juntó* a todos...e hizo banquete 622
34.30 se *juntará*n contra mí y me atacarán 622
41.35 y *junte*n toda la provisión de estos 6908
49.1 *juntaos*, y os declararé lo que os ha de 622
49.2 *juntaos* y oíd, hijos de Jacob...escuchad 6908
49.6 ni mi espíritu se *junte* en su compañía 3161
Éx 8.14 las *junta*ron en montones, y apestaba 6651
15.8 se *junta*ron las corrientes como en un 6192
26.24 se *juntará*n por su alto con un gozne 8382
28.7 dos hombreras que se *junte*n...se *juntará* 2266
28.28 *juntará*n el pectoral por sus anillos a 7405
32.26 júntese conmigo. Y se *junta*ron con él 622
39.4 las hombreras para que se *juntase*n, y 2266
Nm 11.22 ¿o se *juntará*n...todos los peces del 622
14.35 multitud...que se ha *juntado* contra mí 3259
16.3 se *junta*ron contra Moisés y Aarón y les 6950
16.11 sois los que os juntáis contra Jehová 3259
16.19 Coré había hecho *juntar* contra ellos 6950
16.42 cuando se *juntó* la congregación contra 6950
18.2 que...se *junte*n contigo, y te servirán 3867
18.4 se *juntará*n, pues, contigo, y tendrán 3867
20.2 agua...*junta*ron contra Moisés y Aarón 6950
21.23 que *juntó* Sehón todo su pueblo y salió 622
25.5 matad...que se han *juntado* con Baal-peor 6775
27.3 de los que se *junta*ron contra Jehová 3259
Dt 13.16 *juntarás* todo su botín en medio de 6908
20.3 oye, Israel...os juntáis hoy en batalla 7131
Jos 8.16 todo el pueblo...*juntó* para seguirles 2199
10.5 cinco reyes de...se *junta*ron y subieron 622
22.12 se *juntó* toda la congregación de los 6950
Jue 3.13 *juntó* consigo a los hijos de Amón y 622
4.6 *junta* a tu gente en el monte de Tabor 4900
4.10 *juntó* Barac a Zabulón y a Neftalí en 2199
6.33 los madianitas...se *juntaron* a una, y 622
6.35 todo Manasés...también se *juntaron* con él ... 2199

7.23 *juntándose* los de Israel...siguieron a 6817
9.6 *juntaron* todos los de Siquem con...Milo......... 622
10.17 se *juntaron* los...de Amón...se *J*...Israel 6817
11.3 y se *juntaron* con él hombres ociosos.......... 3950
15.4 y *juntó* cola con cola, y puso una tea 6437
16.23 se *juntaron* para ofrecer sacrificio a......... 6908
18.22 se *juntaron* y siguieron a los...de Dan........ 2199
18.23 ¿qué tienes, que has *juntado* gente?.......... 2199
20.11 *juntaron* todos los hombres de Israel.......... 622
20.14 los de Benjamín se *juntaron*...en Gabaa 622
Rt 2.7 me dejes...*juntar* tras los segadores 622
2.21 me ha dicho: Júntate con mis criadas
1 S 8.4 los ancianos de Israel se *juntaron*.............. 6908
13.4 y se *juntó* el pueblo en pos de Saúl en 6817
13.5 los filisteos se *juntaron* para pelear 622
14.20 *juntando* Saúl a...el pueblo que con él 2199
14.52 apto para combatir, lo *junta*ba consigo........ 622
17.1 los filisteos *juntaron* sus ejércitos.............. 622
17.2 Saúl y...se *juntaron*, y acamparon en el 622
22.2 se *juntaron* con él todos los afligidos 6908
25.1 murió Samuel, y se *juntó* todo Israel........... 6908
28.4 se *juntaron*...los filisteos, y vinieron........... 6908
28.4 Saúl *juntó* a todo Israel, y acamparon 6908
29.1 los filisteos *juntaron*...sus fuerzas en 6908
2 S 2.25 y se *juntaron* los hijos de Benjamín 6908
2.30 *juntando* a todo el pueblo, faltaron de......... 6908
3.21 y *juntaré* a mi señor el rey a...Israel 6908
12.29 *juntando* David a todo el pueblo, fue 622
17.11 todo Israel se *junte* a ti, desde Dan 622
20.14 se *juntaron*, y lo siguieron también............ 7035
1 R 10.26 *juntó* Salomón carros y gente de a 622
11.2 éstas, pues, se *juntó* Salomón con amor 1692
11.24 había *juntado* gente contra él, y se 6908
20.1 Ben-adad...*juntó* a todo su ejército, y.......... 6908
2 R 3.21 todos los de Moab oyeron...*juntaron* 6817
1 Cr 11.1 Israel se *juntó* a David en Hebrón 6908
19.7 se *juntaron* también los hijos de Amón 622
23.2 y *juntando* a todos los principales de 622
2 Cr 1.14 *juntó* Salomón carros y gente de a............ 622
11.13 los sacerdotes...se *juntaron* a él desde 3320
13.7 y se *juntaron* con él hombres vanos y 6908
20.26 cuarto día se *juntaron* en el valle de........... 6950
Esd 3.1 *juntó* el pueblo como un solo hombre............ 622
9.4 se me *juntaron* todos los que temían las 622
10.1 se *juntó* a él una muy grande multitud 6908
Neh 8.1 se *juntó* todo el pueblo como un solo............ 622
Est 9.15 los judíos...se *juntaron*...14 del mes 6950
9.16 se *juntaron* y se pusieron en defensa de........ 6950
9.18 los judíos...se *juntaron* el día trece y 6950
Job 16.10 afrenta; contra mí se *juntaron* todos 4390
39.12 para que recoja...y la *junte* en tu era? 622
41.16 uno se *junta* con el otro, que viento........... 5066
Sal 27.2 se *juntaron* contra mí los malignos 7126
33.7 él *junta* como montón las aguas del mar 3644
35.15 y se *juntaron*; se *j* contra mí gentes............ 622
50.5 *juntadme* mis santos, los que hicieron 622
59.3 se han *juntado* contra mí poderosos............ 1481
83.8 asirio se ha *juntado* con ellos; sirven 3867
94.20 ¿se *juntará*...el trono de iniquidades......... 2266
94.21 se *juntan* contra la vida del justo, y........... 1481
Pr 13.20 mas el que se *junta* con necios será 7462
15.12 escarnecedor no...*junta* con los sabios....... 1980
Ec 3.5 y tiempo de *juntar* piedras; tiempo de 3664
Is 5.8 ¡ay de los que *juntan* casa a casa, y 5060
8.2 y junté conmigo por testigos fieles al
9.11 pero Jehová...y *juntará* a sus enemigos 5526
11.12 y *juntará* los desterrados de Israel 622
14.1 extranjeros...se *juntarán* a la familia de 3867
34.1 acercaos, naciones, *juntaos* para oír
34.15 el buho...los *juntará* debajo de sus alas 6908
34.15 también se *juntarán* allí buitres, cada 6908
40.12 tres dedos *juntó* el polvo de la tierra 3557
43.9 congréguense...las naciones, y júntense 6908
44.11 ellos se *juntarán*, se presentarán, se........... 6908
45.20 reuníos y venid; *juntaos*, sobrevivientes 6908
48.14 *juntaos* todos vosotros, y oíd. ¿Quién 6908
50.8 ¿quién contenderá conmigo? *Juntémonos* 3162
56.8 aún *juntaré* sobre él a sus congregados 6908
60.4 todos éstos se han *juntado*, vinieron a.......... 6908
60.7 el ganado de Cedar será *juntado* para ti 6908
66.18 tiempo vendrá para *juntar* a...naciones 6908
Jer 3.1 yéndose ésta de él se *juntare* a otro
4.5 pregonad, *juntaos*, y decid: Reuníos, y 4390
5.7 casa de rameras se *juntaron* en compañías 1413
13.11 como el cinto se *junta* a los lomos del 1692
13.11 hice *juntar* a mí toda la casa de Israel......... 1692
26.9 el pueblo se *juntó* contra Jeremías en 6950
49.14 *juntaos* y venid contra ella...y subid 4390
50.5 *juntémonos* a Jehová con pacto eterno 3867
50.29 *juntar* contra Babilonia flecheros, a........... 8085
51.27 *juntad* contra ella los reinos de Ararat....... 8085
Ez 1.9 con las alas se *juntaban* el uno al otro.......... 2266
1.11 tenían sus alas...las cuales se *juntaban* 2266
3.13 las alas...se *juntaban* la una con la otra....... 5401
17.7 esta vid *juntó* cerca de ella sus raíces 3719
22.20 quien *junta* plata y bronce y hierro y.......... 6910
22.20 así os *juntaré* en mi furor y en mi ira.......... 6908
22.21 yo os *juntaré* y soplaré sobre vosotros......... 3664
24.4 *junta* sus piezas de carne en ella; todas......... 622
29.5 no serás recogido, ni serás *juntado*............ 6908
34.13 las *juntaré* de las tierras; las traeré 6908
37.7 los huesos se *juntaron* cada hueso con su 7126
37.17 *júntalos* luego el uno con el otro, para........ 7126
39.17 a las aves de toda especie...*juntaos*, y 622
Dn 3.27 *juntaron* los sátrapas... gobernadores........ 3673
6.6 sátrapas se *juntaron* delante del rey, y 7284
6.11 entonces se *juntaron* aquellos hombres 7284

11.34 muchos se *juntarán* a ellos con lisonjas 3867
Os 8.10 ahora las *juntaré*, y serán afligidos 6908
10.10 se *juntarán* sobre ellos cuando sean........... 622
Jl 2.16 *juntad* a los ancianos, congregad a los 622
3.11 *juntaos* y venid, naciones...de alrededor 5789
Mi 1.7 porque de dones de rameras los *juntó*.......... 6908
2.12 te *juntaré* todo, oh Jacob: recogeré el.......... 6908
4.6 en aquel día, dice...*juntaré* la que cojea 6908
4.11 han *juntado* muchas naciones contra ti......... 622
4.12 por lo cual los *juntó* como gavillas en.......... 6908
Nah 3.18 se derramó...y no hay quien lo *junte* 6908
Hab 1.15 *juntará* en sus mallas; por lo cual............ 622
2.5 reunió...*juntó* para sí todos los pueblos 622
Sof 3.8 determinación es...*juntar* los reinos 622
Zac 12.3 las naciones...*juntarán* contra ella............ 622
Mt 1.18 antes que se *juntasen*, se halló que *4905*
13.2 se le *juntó* mucha gente; y entrando él......... *4863*
19.6 que Dios *juntó*, no lo separe el hombre *4801*
22.10 siervos...*juntaron* a...los que hallaron *4863*
22.34 los fariseos, oyendo...*juntaron* a una.......... *4863*
23.37 quise *juntar* a...como la gallina *junta* *1996*
24.28 muerto, allí se *juntarán* las águilas *4863*
24.31 sus ángeles...*juntarán* a sus escogidos *1996*
Mr 2.2 se *juntaron* muchos, de manera que ya *4863*
6.30 los apóstoles se *juntaron* con Jesús, y.......... *4863*
6.33 fueron allá a pie...y se *juntaron* a él........... *4905*
7.1 *juntaron* a Jesús los fariseos, y algunos......... *4863*
10.1 volvió el pueblo a *juntarse* a él, y de *4848*
10.9 que Dios *juntó*, no lo separe el hombre *4801*
13.27 enviará...y *juntará* a sus escogidos de *1996*
Lc 8.4 *juntándose* una gran multitud, y los que *4896*
12.1 esto, *juntándose* por millares la multitud *1996*
13.34 cuántas veces quise *juntar* a tus hijos *1996*
15.13 *juntándola* todo el hijo menor, se fue......... *4863*
17.37 allí se *juntarán* también las águilas *4863*
22.66 se *juntaron* los ancianos del pueblo *4863*
Hch 2.6 este estruendo, se *juntó* la multitud *4863*
4.26 los príncipes se *juntaron* en uno contra *4863*
5.13 ninguno se atrevía a *juntarse* con ellos *2853*
8.29 dijo a...Acércate y *júntate* a ese carro *2853*
9.26 trataba de *juntarse* con los discípulos........... *2853*
10.28 varón, judío *juntarse*...a un extranjero *2853*
13.44 se *juntó* casi toda la ciudad para oír........... *4863*
17.4 algunos de ellos creyeron, y se *juntaron* *4128*
17.5 y *juntando* una turba, alborotaron la........... *3792*
17.34 mas algunos creyeron, *juntándose* con él..... *2853*
1 Co 5.9 que no os *juntéis* con los fornicarios *4874*
5.11 os escribí que no os *juntéis* con ninguno *4874*
7.5 y volved a *juntaros* en uno, para que no *4905*
2 Ts 3.14 señaladlo, y no os *juntéis* con él *4874*

JUNTO *Véase el Apéndice*

JUNTURA
Éx 28.27 delante de su *j* sobre el cinto del 4225
39.20 cerca de su *j*, sobre el cinto del efod.......... 4225
1 R 22.34 al rey de Israel por entre las *j* de 1694
1 Cr 22.3 preparó David...hierro...para las *j* 4226
2 Cr 18.33 hirió al rey de Israel entre las *j*.............. 1694
Ez 27.9 hábiles obreros calafateaban tus *j*

JÚPITER *Dios de los romanos*
Hch 14.12 y a Bernabé llamaban *J*, y a Pablo *2203*
14.13 el sacerdote de *J*, cuyo templo estaba.......... *2203*
19.35 guardiana...de la imagen venida de *J*?....... *1356*

JURAMENTAR
Gn 24.3 y te *juramentaré* por Jehová, Dios de 7650
Éx 13.19 *juramentado* a los hijos de Israel.............. 7650
Jos 2.17,20 este...con que nos has *juramentado* 7650
1 S 14.24 Saúl había *juramentado* al pueblo 422
14.27 su padre había *juramentado* al pueblo 7650
2 R 11.4 con ellos alianza, *juramentándolos* 7650
Esd 10.5 y *juramentó* a los príncipes de los............ 7650
Hch 23.12 y se *juramentaron* bajo maldición............. *332*
23.14 nos hemos *juramentado* bajo maldición *332*
23.21 se han *juramentado* bajo maldición, a *332*

JURAMENTO
Gn 24.8 no quisiere...serás libre de este mi *j* 7621
24.41(2) serás libre de mi *j* 423
26.3 confirmaré el *j* que hice a Abraham tu 7650
26.28 dijimos: Haya ahora *j* entre nosotros 423
Éx 22.11 *j* de Jehová habrá entre ambos, de que........ 7621
Lv 5.4 en...cosa que el hombre profiere con *j* 7650
Nm 5.21 a la mujer con *j* de maldición, y dirá 7621
30.2 voto...*j* ligando su alma con obligación......... 7650
30.10 ligado su alma con obligación de *j*.............. 7621
30.13 todo *j* obligándose a afligir el alma............ 7621
32.11 la tierra que prometí con *j* a Abraham 7650
Dt 7.8 Jehová...quiso guardar el *j* que juró a 7621
8.1 la tierra que Jehová prometió con *j* a.......... 7650
29.12 que entres en el pacto de...y en su *j* 423
29.14 no solamente con vosotros hago yo...*j*......... 423
Jos 2.17,20 quedaremos libres de este *j* con............ 7621
6.26 aquel tiempo hizo Josué un *j*, diciendo.......... 7650
9.20 les dejaremos vivir...por causa del *j*............ 7621
Jue 21.5 se había hecho gran *j* contra el que 7621
1 S 14.26 no hubo quien...el pueblo temía el *j* 7621
2 S 21.2 a los cuales...Israel habían hecho *j*............ 7650
21.7 por el *j* de Jehová que hubo entre ellos 7621
1 R 2.43 ¿por qué, pues, no guardaste el *j* de.......... 7621
8.31 le tomaren *j*...viniere el *j* delante de......... 423,422
2 R 25.24 Gedalías les hizo *j* a ellos y a los.......... 7650
1 Cr 16.16 del pacto que...y de su *j* a Isaac 7621
2 Cr 6.22 si alguno pecare...se le exigiere *j*.......... 423,422
15.15 todos...de Judá se alegraron de este *j*.......... 7621
Sal 105.9 concertó con Abraham, y de su *j* a........... 7621
Ec 8.2 que guardes...la palabra del *j* de Dios.......... 7621

9.2 así...al que jura, como al que teme el *j*.......... 7621
Is 45.23 mí mismo hice *j*, de mi boca salió 7650
Jer 11.5 para que confirme el *j* que hice a............. 7650
Ez 16.8 di *j* y entré en pacto contigo, dice............ 7650
16.59 menospreciaste el *j* para invalidar el.......... 423
17.13 hizo pacto con él, y le hizo prestar *j* 423
17.16 cuyo *j* menospreció, y cuyo pacto hecho 423
17.18 menospreció el *j* y quebrantó el pacto 423
17.19 vivo yo, que el *j* mío que menospreció 423
21.23 ya que les ha hecho solemnes *j*; pero 7650,7621
Dn 9.11 y el *j* que está escrito en la ley de 7621
Hab 3.9 *j* a las tribus fueron palabra segura 7621
Zac 8.17 piense mal en...ni améis el *j* falso............ 7621
Mt 5.33 **fue dicho...cumplirás al Señor tus *j*** *3727*
14.7 éste le prometió con *j* darle todo lo *3727*
14.9 a causa del *j*...mandó que se la diesen.......... *3727*
26.72 él negó otra vez con *j*: No conozco al *3727*
Mr 6.26 a causa del *j*...no quiso desecharla *3727*
Lc 1.73 *j* que hizo a Abraham nuestro padre........... *3727*
Hch 2.30 que con *j* Dios le había jurado que *3727*
He 6.16 el fin de toda controversia es el *j*.............. *3727*
6.17 queriendo Dios mostrar la...interpuso *j* *3727*
7.20 y esto no fue hecho sin *j* *3728*
7.21 otros...sin *j* fueron hechos sacerdotes......... *3728*
7.21 con el *j* del que le dijo: *juró* el Señor *3728*
7.28 la palabra del *j*, posterior a...al Hijo *3728*
Stg 5.12 no juréis, ni...ni por ningún otro *j* *3727*

JURAR
Gn 21.23 *júrame*...que no faltarás a mí, ni a 7650
21.24 y respondió Abraham: Yo *juraré* 7650
21.31 llamaron...Beerseba; porque allí *juraron* 7650
22.16 por mí mismo he *jurado*, dice Jehová......... 7650
24.7 *juró*, diciendo: A tu descendencia daré 7650
24.9 el criado...le *juró* sobre este negocio 7650
24.37 y mi amo me hizo *jurar*, diciendo: No......... 7650
25.33 *júramela* en este día. Y él le *juró*, y 7650
26.31 se levantaron...y *juraron* el uno al otro 7650
31.53 Jacob *juró* por...a quien temía Isaac su 7650
47.31 Israel dijo: *Júramelo*. Y José le juró........... 7650
50.5 mi padre mi hizo *jurar*, diciendo: He 7650
50.6 sepulta...padre, como él te hizo *jurar* 7650
50.24 la tierra que *juró* a Abraham, a Isaac 7650
50.25 hizo *jurar* José a los hijos de Israel........... 7650
Éx 6.8 *jurando*...la daría a Abraham, a Isaac 5375
13.5 tierra...*juró* a tus padres que te daría.......... 7650
13.11 te haya metido en...como te ha *jurado* 7650
32.13 tus siervos, a los cuales has *jurado* 7650
33.1 a la tierra de la cual *juré* a Abraham........... 7650
Lv 5.4 alguno *Jurare*...hacer mal o hacer bien 7650
6.3 lo perdido...lo negare, y *jurare* en falso 7650
6.5 hubiere *jurado* falsamente; lo restituirá 7650
19.12 no *juraréis* falsamente por mi nombre 7650
Nm 11.12 a la tierra de la cual *juraste* a sus 7650
14.16 la tierra de la cual les había *jurado* 7650
14.23 la tierra de la cual *juré* a sus padres 7650
14.30 y *juré* que os haría habitar en ella............ 5375
32.10 la ira de Jehová se encendió...y *juró*.......... 7650
Dt 1.8 y poseed la tierra que Jehová *juró* a............. 7650
1.34 oyó Jehová la voz de...y *juró* diciendo.......... 7650
1.35 buena tierra que *juré* que había de dar........ 7650
2.14 se acabó...como Jehová les había *jurado*....... 7650
4.21 y *juró* que yo no pasaría el Jordán, ni 7650
4.31 ni se olvidará del pacto que les *juró* a 7650
6.10 en la tierra que *juró* a...Isaac y Jacob.......... 7650
6.13 Jehová tu Dios, por su nombre *jurarás* 7650
6.18 la buena tierra que Jehová *juró* a tus.......... 7650
6.23 la tierra que *juró* a nuestros padres 7650
7.8 el juramento que *juró* a vuestros padres........ 7650
7.12 guardará contigo el pacto y...que *juró* a 7650
7.13 en la tierra que *juró* a tus padres que 7650
8.18 a fin de confirmar su pacto que *juró* a.......... 7650
9.5 la palabra que Jehová *juró* a tus padres......... 7650
10.11 posean la tierra que *juré* a sus padres......... 7650
10.20 a él seguirás, y por su nombre *jurarás* 7650
11.9 sobre la tierra, de la cual *juró* Jehová 7650
11.21 la tierra que Jehová *juró*...había de dar 7650
13.17 multiplique, como lo *juró* a tus padres......... 7650
19.8 ensanchare tu territorio, como lo *juró*.......... 7650
26.3 he entrado en la tierra que *juró* Jehová 7650
26.15 dado, como juraste a nuestros padres........ 7650
28.9 confirmará Jehová...como te lo ha *jurado* 7650
28.11 en el país que...*juró* a tus padres que 7650
29.13 y como lo *juró* a tus padres Abraham 7650
30.20 habites...la tierra que *juró* Jehová a 7650
31.7 entrarás...a la tierra que *juró* Jehová.......... 7650
31.20 en la tierra que *juré* a sus padres, la 7650
31.21 los introduzca en la tierra que *juré*........... 7650
31.23 en la tierra que les *juré*, y yo estaré 7650
34.4 es la tierra de que *juré* a Abraham, a........... 7650
Jos 1.6 tierra de la cual *juré* a sus padres 7650
2.12 ruego, pues...que me *juréis* por Jehová 7650
5.6 *juró* que no les dejaría ver la tierra............. 7650
5.6 la cual Jehová había *jurado* a sus padres........ 7650
6.22 haced salir...la mujer...como lo *jurasteis*....... 7650
9.15 y *juraron* lo *juraron* los príncipes de........... 7650
9.18 los príncipes...habían *jurado* por Jehová 7650
9.19 nosotros...hemos *jurado* por Jehová Dios 7650
14.9 Moisés *juró*...la tierra que...será para ti 7650
21.43 dio...toda la tierra que había *jurado* 7650
21.44 conforme a todo lo que había *jurado*........... 7650
23.7 ni *juréis* por el nombre de sus dioses 7650
Jue 2.1 en la tierra de la cual había *jurado*............ 7650
2.15 para mal...como Jehová se lo había *jurado* ... 7650
15.7 Sansón...*juro* que me vengaré de vosotros
15.12 *juradme* que vosotros no me mataréis......... 7650
21.1 los...de Israel habían jurado en Mizpa.......... 7650
21.7 *jurado* por Jehová que no les daremos 7650

J

21.18 los hijos de Israel han *jurado* diciendo 7650
1 S 3.14 *jurado*. . . iniquidad de la casa de Elí 7650
14.28 tu padre ha hecho *jurar* solemnemente 7650
19.6 *juró* Saúl: Vive Jehová, que no morirá 7650
20.3 volvió a *jurar* diciendo: Tu padre sabe 7650
20.17 Jonatán hizo *jurar* a David otra vez 7650
20.42 hemos *jurado* por el nombre de Jehová 7650
24.21 *júrame*. . . por Jehová, que no destruirás 7650
24.22 entonces David *juró* a Saúl. Y se fue 7650
28.10 Saúl le *juró* por. . . diciendo: Vive Jehová 7650
30.15 *júrame* por Dios que no me matarás, ni 7650
2 S 3.9 si como ha *jurado* Jehová a David, no 7650
3.35 David *juró* diciendo: Así me haga Dios 7650
19.7 *juro* por. . . que si no sales, no quedará 7650
19.23 a Simei: No morirás. . . el rey se lo *juró* 7650
21.17 *juraron*, diciendo: Nunca mas. . . saldrás 7650
1 R 1.13 señor mío, ¿no *juraste* a tu sierva 7650
1.17 *juraste* a tu sierva por Jehová tu Dios 7650
1.29 el rey *juró* diciendo: Vive Jehová, que 7650
1.30 como yo te he *jurado* por Jehová Dios de 7650
1.51 *júreme*. . . el rey Salomón que no matará a 7650
2.8 yo le *juré* por. . . diciendo: Yo no te mataré 7650
2.23 Salomón *juró* por Jehová, diciendo: Así 7650
2.42 ¿no te hice *jurar* yo por Jehová, y te 7650
8.31 le tomaren juramento haciéndole *jurar* 422
18.10 ha hecho *jurar* que no te han hallado 7650
2 Cr 6.22 y viniere a *jurar* ante tu altar en 423
15.14 *juraron* a Jehová con gran voz y júbilo 7650
15.15 todo su corazón lo *juraban*, y de toda 7650
36.13 Nabucodonosor, al cual había *jurado* 7650
Esd 10.5 juramentó a. . . Israel. . . ellos *juraron* 7650
Neh 5.12 les hice *jurar* que harían conforme 7650
9.15 la tierra, por la cual. . . *juraste* que se 5375,3027
10.29 *jurar* que andarían en la ley de Dios 7650
13.25 y les hice *jurar*, diciendo: No daréis 7650
Sal 15.4 el que aun *jurando* en daño suyo, no 7650
24.4 no ha elevado su. . . ni *jurado* con engaño 7650
63.11 será alabado cualquiera que jura por 7650
89.3 hice pacto con. . . *juré* a David mi siervo 7650
89.35 una vez he *jurado* por mi santidad, y 7650
89.49 tus. . . misericordias, que *juraste* a David 7650
95.11 *juré* en. . . que no entrarían en mi reposo 7650
110.4 *juró* Jehová, y no se arrepentirá: Tú 7650
119.106 *juré*. . . guardaré tus justos juicios 7650
132.2 de cómo *juró* a Jehová, y prometió al 7650
132.11 en verdad *juró* Jehová a David, y no 7650
Ec 9.2 al que *jura*. . . al que teme el juramento 7650
Is 3.7 *jurará* aquel día, diciendo: No tomaré 5375
14.24 Jehová. . . *juró* diciendo: Ciertamente se 7650
19.18 cinco ciudades. . . que *juren* por Jehová 7650
45.23 a mí se doblará. . . *jurará* toda lengua 7650
48.1 oíd esto. . . los que *juran* en el nombre de 7650
54.9 *juré* que nunca más las aguas de Noé 7650
54.9 así he *jurado* que no me enojaré contra 7650
62.8 *juró* Jehová por su mano derecha, y por 7650
65.16 *jurare*. . . por el Dios de verdad jurará 7650
Jer 4.2 *jurares*: Vive Jehová, en verdad, en 7650
5.2 digan: Vive Jehová, *juran* falsamente 7650
5.7 sus hijos. . . *juraron*, por lo que no es Dios 7650
7.9 *jurando* en falso, e incensando a Baal 7650
12.16 para *jurar* en mi nombre, diciendo: Vive 7650
12.16 enseñaron a mi pueblo a *jurar* por Baal 7650
22.5 he *jurado*. . . que esta casa será desierta 7650
32.22 tierra, de la cual *juraste*. . . la darías 7650
38.16 y *juró* el rey Sedequías en secreto a 7650
40.9 y les *juró* Gedalías. . . No tengáis temor de 7650
44.26 he *jurado* por mi grande nombre, dice 7650
49.13 por mí he *jurado*. . . asolamiento, oprobio 7650
51.14 Jehová de. . . *juró* por sí mismo, diciendo 7650
Ez 20.5 alcé mi mano para *jurar* a. . . de Jacob 5375,3027
20.5 *juré* diciendo. . . soy Jehová vuestro Dios . . 5375,3027
20.6 *jurando*. . . que los sacaría de la tierra . . . 5375,3027
20.15 *jurando* que no los traería a la tierra 5375,3027
20.23 *jurando* que los esparciría entre las 5375,3027
20.28 la cual. . . *jurando* que había de dársela . . 5375,3027
20.42 *jurando* que la daría a vuestros padres . 5375,3027
36.7 he *jurado* que las naciones que están a . . . 5375,3027
44.12 *jurado*. . . que ellos llevarán su iniquidad . 5375,3027
47.14 *jurando* que la había de dar a vuestros . . 5375,3027
Dn 12.7 y *juró* por el que vive por los siglos 7650
Os 4.15 no entréis en. . . ni *juréis*: Vive Jehová 7650
10.4 palabras *jurando* en vano al hacer pacto 422
Am 4.2 Jehová el Señor *juró* por su santidad 7650
6.8 el Señor *juró* por sí mismo. . . Abomino la 7650
8.7 Jehová *juró* por la gloria de Jacob: No 7650
8.14 los que *juran* por el pecado de Samaria 7650
Mi 7.20 misericordia, que *juraste* a. . . padres 7650
Sof 1.5 *jurando* por Jehová y *j* por Milcom 7650
Zac 5.3 todo aquel que *jura*. . . será destruido 7650
5.4 a la casa del que *jura* falsamente en mi 7650
Mal 3.5 pronto testigo. . . contra los que *juran* 7650
Mt 5.34 **no *juréis* en ninguna manera; ni por** *3660*
5.36 **ni por tu cabeza *jurarás*, porque no** *3660*
23.16 **alguno *jura* por el templo, no es nada** *3660*
23.16 **si alguno *jura* por el oro del templo** *3660*
23.18 **alguno *jura* por el altar, no es nada** *3660*
23.18 ***jura* por la ofrenda que está sobre él** *3660*
23.20 **el que *jura* por el altar, *j* por él, y** *3660*
23.21 **el que *jura* por el templo, *j* por él, y** *3660*
23.22 ***jura* por el cielo, *j* por el trono de** *3660*
26.74 él comenzó a maldecir, y a *jurar* *3660*
Mr 6.23 *juró*: Todo lo que me pidas te daré *3660*
14.71 él comenzó a maldecir, y a *jurar* *3660*
Hch 2.30 había *jurado* que de su descendencia *3727*
7.17 de la promesa, que Dios había *jurado* a *3660*
He 3.11 tanto, *juré* en mi ira: No entrarán en *3660*
3.18 a quienes *juró* que no entrarían en su *3660*
4.3 *juré* en mi ira, No entrarán en mi reposo *3660*
6.13 no pudiendo *jurar* por otro mayor, *juró* *3660*
6.16 hombres. . . *juran* por uno mayor que ellos *3660*
7.21 *juró* el Señor, y no se arrepentirá: Tú *3660*
Stg 5.12 no *juréis*, ni por el cielo, ni por *3660*
Ap 10.6 y *juró* por el que vive por los siglos *3660*

JURISDICCIÓN
Lc 23.7 al saber que era de la *j* de Herodes *1849*

JUSAB-HESED *Hijo de Zorobabel*, 1 Cr 3.20 3142

JUSTAMENTE
Dt 1.16 juzgad *j* entre el hombre y su hermano 6664
Job 33.12 no has hablado *j*; yo te responderé 6663
Lc 23.41 *j* padecemos, porque recibimos lo que *1346*
1 Ts 2.10 sois testigos. . . de cuán santa, *j* e *1346*
Tit 2.12 vivamos en. . . sobria, *j* y piadosamente *1346*
1 P 2.23 encomendaba la causa al que juzga *j* *1346*

JUSTICIA
Gn 15.6 creyó a Jehová y le fue contado por *j* 6666
18.19 que guarden el camino de. . . haciendo *j* 6666
Lv 19.15 grande; con *j* juzgarás a tu prójimo 6664
Dt 6.25 tendremos *j* cuando cuidemos de poner 6666
9.4 por mi *j* me ha traído Jehová a poseer 6666
9.5 no por tu *j*. . . entras a poseer la tierra 6666
9.6 no es por tu *j* que Jehová. . . te da esta 6666
10.18 que hace *j* al huérfano y a la viuda 4941
16.20 la *j*, la *j* seguirás, para que vivas y 6664
24.13 y te será *j* delante de Jehová tu Dios 6666
33.19 allí sacrificarán sacrificios de *j*, por 6664
1 S 26.23 pague a cada uno su *j* y su lealtad 6666
2 S 8.15 y David administraba *j* y equidad a 6666
15.4 pleito o negocio, que yo les haría *j*! 6663
22.21 Jehová me ha premiado conforme a mi *j* 6666
22.25 ha recompensado Jehová conforme a mi *j* . . . 6666
1 R 3.6 anduvo delante de ti en verdad, en *j* 6666
8.32 al justo para darle conforme a su *j* 6666
8.45,49 oirás en los cielos. . . y les harás *j* 4941
10.9 puesto por rey. . . que hagas derecho y *j* 6662
1 Cr 18.14 y juzgaba con *j* a todo su pueblo 6666
2 Cr 6.23 justificando al. . . conforme a su *j* 6666
9.8 te ha puesto. . . para que hagas juicio y *j* 6666
Job 6.29 volved aún a considerar mi *j* en esto 6664
8.3 ¿acaso. . . pervertirá el Todopoderoso la *j*? 6664
8.6 por ti, y hará próspera la morada de tu *j* 6664
27.6 mi *j* tengo asida, y no la cederé; no me 6666
29.14 me vestía de *j*, y ella me cubría; como 6664
31.6 péseme Dios en balanza de *j*, y conocerá 6664
33.26 con júbilo; y restaurará al hombre su *j* 6666
35.8 y al hijo de hombre aprovechará tu *j* 6666
36.3 tomaré mi. . . y atribuiré *j* a mi Hacedor 6664
36.17 en vez de sustentar el juicio y la *j* 4941
37.23 juicio y en multitud de *j* no afligirá 6666
Sal 4.1 respóndeme cuando. . . oh Dios de mi *j* 6664
4.5 ofreced sacrificios de *j*, y confiad en 6664
5.8 guíame, Jehová, en tu *j*, a causa de mis 6666
7.8 júzgame. . . conforme a mi *j*, y conforme a 6664
7.17 alabaré a Jehová conforme a su *j*, y 6664
9.4 has sentado en el trono juzgando con *j* 6664
9.8 juzgará al mundo con *j*, y a los pueblos 6664
11.7 Jehová es justo, y ama la *j*; el hombre 6666
15.2 el que anda en integridad y hace *j*, y 6664
17.15 en cuanto a mí, veré tu rostro en *j* 6664
18.20 Jehová me ha premiado conforme a mi *j* 6664
18.24 me ha recompensado. . . conforme a mi *j* 6664
22.31 vendrán, y anunciarán su *j*; a pueblo 6666
23.3 me guiará por sendas de *j* por amor de 6664
24.5 él recibirá. . . y *j* del Dios de salvación 6666
31.1 oh Jehová, he confiado. . . líbrame en tu *j* 6666
33.5 él ama *j* y juicio; de la misericordia de 6666
35.23 y despierta para hacerme *j*, Dios mío y 4941
35.24 júzgame conforme a tu *j*, Jehová Dios 6664
35.28 y mi lengua hablará de tu *j* y de tu 6664
36.6 tu *j* es como los montes de Dios, tus 6666
36.10 extiende. . . tu *j* a los rectos de corazón 6666
37.6 exhibirá tu *j* como la luz, y tu derecho 6664
37.30 habla sabiduría, y su lengua habla *j* 4941
40.9 he anunciado *j* en grande congregación 6664
40.10 no encubrí tu *j* dentro de mi corazón 6666
45.4 cabalga sobre palabra de verdad. . . de *j* 6664
45.6 trono. . . cetro de *j* es el cetro de tu reino 4334
45.7 has amado la *j* y aborrecido la maldad 6664
48.10 oh Dios. . . de *j* está llena tu diestra 6664
50.6 los cielos declararán su *j*, porque Dios 6664
51.14 oh Dios, Dios. . . cantará mi lengua tu *j* 6666
51.19 te agradarán los sacrificios de *j*, el 6664
58.1 congregación, ¿pronunciáis en verdad *j*? 6664
65.5 responderás tú en *j*, oh Dios de nuestra 6664
69.27 por maldad sobre. . . y no entren en tu *j* 6666
71.2 socórreme y líbrame en tu *j*; inclina tu 6666
71.15 mi boca publicará tu *j* y tus hechos de 6666
71.16 haré memoria de tu *j*, de la tuya sola 6666
71.19 y tu *j*, oh Dios, hasta lo excelso 6666
71.24 mi lengua hablará también de tu *j* todo 6666
72.1 oh Dios, da. . . tus *j* al hijo del rey, y 6666
72.2 él juzgará a tu pueblo con *j*, y a tus 6664
72.3 montes llevarán paz. . . y los collados *j* 6666
72.7 florecerá en sus días *j*, y. . . paz, hasta 6662
82.3 haced *j* al afligido y al menesteroso 6663
85.10 la verdad y. . . la *j* y la paz se besaron 6664
85.11 tierra, y la *j* mirará desde los cielos 6664
85.13 la *j* irá delante de él, y sus pasos nos 6664
88.12 serán reconocidas. . . tu *j* en la tierra 6666
89.14 *j* y juicio son el cimiento de tu trono 6664
89.16 se alegrará, y en tu *j* será enaltecido 6666
94.15 sino que el juicio será vuelto a la *j* 6664
96.10 afirmó el. . . juzgará a los pueblos en *j* 4339
96.13 juzgará al mundo con *j*. . . con su verdad 6664
97.2 *j* y juicio son el cimiento de su trono 6664
97.6 los cielos anunciaron su *j*, y todos los 6664
98.2 a vista de. . . naciones ha descubierto su *j* 6666
98.9 juzgará al mundo con *j*, y. . . con rectitud 6664
99.4 juicio. . . has hecho en Jacob juicio y *j* 6666
103.6 Jehová es el que hace *j* y derecho a 6666
103.17 y su *j* sobre los hijos de los hijos 6666
106.3 dichosos. . . que hacen *j* en todo tiempo 6666
106.31 y le fue contado por *j* de generación 6666
111.3 su obra, y su *j* permanece para siempre 6666
112.3 bienes. . . y su *j* permanece para siempre 6666
112.9 los pobres; su *j* permanece para siempre 6666
118.19 abridme las puertas de la *j*; entraré 6664
119.40 he anhelado tus. . . vivifícame en tu *j* 6666
119.121 juicio y *j* he hecho; no me abandones 6664
119.123 salvación, y por la palabra de tu *j* 6664
119.142 tu *j* es *j* eterna, y tu ley la verdad 6666
119.144 *j* eterna son tus testimonios; dame 6664
119.160 la suma. . . eterno es todo juicio de tu *j* 6664
119.172 porque todos tus mandamientos son *j* 6664
132.9 tus sacerdotes se vistan de *j*. . . santos 6664
143.1 respóndeme por tu verdad, por tu *j* 6666
143.11 por tu *j* sacarás mi alma de angustia 6666
145.7 proclamarán. . . bondad, y cantarán tu *j* 6666
146.7 que hace *j* a los agraviados, que da pan 4941
Pr 1.3 para recibir el consejo de. . . *j*, juicio 6664
2.9 entonces entenderás *j*, juicio y equidad 6664
8.15 por mí reinan. . . príncipes determinan *j* 6664
8.18 están conmigo; riquezas duraderas, y *j* 6666
8.20 por vereda de *j* guiaré, por en medio de 6666
10.2 los tesoros. . . mas la *j* libra de muerte 6666
11.4 de la ira; mas la *j* librará de muerte 6666
11.5 la *j* del perfecto enderezará su camino 6666
11.6 la *j* de los rectos los librará; mas los 6666
11.18 mas el que siembra *j* tendrá galardón 6666
11.19 como la *j* conduce a la vida, así el que 6666
12.17 el que habla verdad declara *j*; mas el 6664
12.28 en el camino de la *j* está la vida; y 6666
13.6 la *j* guarda al de perfecto camino; mas 6666
14.34 la *j* engrandece a la nación; mas el 6666
15.9 del impío; mas él ama al que sigue *j* 6666
16.8 mejor es lo poco con *j* que. . . de frutos 6666
16.12 porque con *j* será afirmado el trono 6666
16.31 vejez que se halla en el camino de *j* 6666
17.23 soborno. . . pervertir las sendas de la *j* 4941
21.3 hacer *j*. . . es a Jehová más agradable que 6666
21.21 que sigue la *j*. . . hallará. . . *j* y la honra 6666
25.5 aparta al. . . y su trono se afirmará en *j* 6664
31.9 juzga con *j*, y defiende la causa del 6664
Ec 3.16 vi. . . en lugar de la *j*, allí iniquidad 6664
5.8 si. . . perversión de derecho y de *j* vieres 6664
7.15 justo hay que perece por su *j*, y hay 6664
Is 1.17 haced *j* al huérfano, amparad a. . . viuda 4941
1.21 llena estuvo de *j*, en ella habitó la 6664
1.23 no hacen *j* al huérfano, ni. . . de la viuda 7379
1.26 te llamarán Ciudad de *j*, Ciudad fiel 6664
1.27 juicio, y los convertidos de ella con *j* 6666
5.7 esperaba juicio, y. . . *j*, y he aquí clamor 6666
5.16 y el Dios Santo será santificado con *j* 6666
9.7 confirmándolo en juicio y en *j*. . . siempre 6666
10.22 la destrucción acordada rebosará *j* 6666
11.4 sino que juzgará con *j* a los pobres, y 6664
11.5 la *j* cinto de sus lomos, y la fidelidad 6664
16.5 quien. . . busque el juicio, y apresure la *j* 6664
26.9 los moradores del mundo aprenden *j* 6664
26.10 se mostrará piedad al. . . y no aprenderá *j* 6664
28.17 y ajustaré el juicio a. . . y a nivel la *j* 6666
32.1 que para *j* reinará un rey, y príncipes 6664
32.16 juicio. . . en el campo fértil morará la *j* 6666
32.17 el efecto de la *j* será paz; y la labor 6666
32.17 y la labor de la *j*, reposo y seguridad 6666
33.5 Jehová. . . llenó a Sion de juicio y de *j* 6666
33.15 el que camina en *j* y habla lo recto; el 6666
41.10 te sustentaré con la diestra de mi *j* 6664
42.1 mi siervo. . . él traerá *j* a las naciones 4941
42.3 humeare; por medio de la verdad traerá *j* 4941
42.4 hasta que establezca en la tierra *j*; y 4941
42.6 te he llamado en *j*, y te sostendré por 6664
42.21 Jehová se complació por amor de su *j* 6664
45.8 nubes destilen la *j*. . . la salvación y la *j* 6664,6666
45.13 lo desperté en *j*, y enderezaré todos 6664
45.19 yo soy Jehová que hablo *j*, que anuncio 6664
45.23 mi boca salió palabra en *j*, y no será 6666
45.24 en Jehová está la *j* y la fuerza; a él 6666
46.12 oídme, duros. . . que estáis lejos de la *j* 6666
46.13 que se acerque mi *j*; no se alejará, y 6666
48.1 juran en el. . . mas no en verdad ni en *j* 6666
48.18 un río, y tu *j* como las ondas del mar 6666
51.1 los que seguís la *j*, los que buscáis a 6664
51.4 de mí saldrá la ley, y mi *j* para luz de 4941
51.5 cercana. . . mi *j*, ha salido mi salvación 6664
51.6 mi salvación será para. . . mi *j* no perecerá 6666
51.7 oídme, los que conocéis *j*, pueblo en 6664
51.8 pero mi *j* permanecerá perpetuamente, y 6666
54.14 con *j* serás adornada; estarás lejos de 6666
56.1 dijo Jehová: Guardad derecho, y haced *j* 6666
56.1 cercana está. . . y mi *j* para manifestarse 6666
57.12 yo publicaré tu *j* y tus obras, que no 6666
58.2 como gente que hubiese hecho *j*, y que 6666
58.8 irá tu *j* delante de ti, y la gloria de 6664
59.4 no hay quien clame por la *j*, ni quien 6664
59.8 no conocieron. . . ni hay *j* en sus caminos 4941
59.9 por esto se alejó de nosotros la *j*, y 4941
59.11 esperamos *j*, y no la hay; salvación, y 4941
59.14 y la *j* se puso lejos; porque la verdad 6666
59.16 lo salvó su brazo, y le afirmó su. . . *j* 6666
59.17 de *j* se vistió como de una coraza, con 6666
60.17 por tu tributo, y *j* por tus opresores 6666
61.3 y serán llamados árboles de *j*, plantío 6664

61.10 me rodeó de manto de j, como a novio 6666
61.11 así Jehová el Señor hará brotar j y 6666
62.1 hasta que salga como resplandor su j, y 6664
62.2 entonces verán las gentes tu j, y todos 6664
63.1 el que hablo en j, grande para salvar 6666
64.5 al encuentro del que con alegría hacía j 6664
64.6 nuestras j como trapo de inmundicia; y 6666
Jer 4.2 Jehová, en verdad, en juicio y en j 6666
5.1 si hay alguno que haga j... busque verdad 4941
7.5 si con verdad hiciereis j entre el hombre 4941
9.24 yo soy Jehová, que hago... juicio y j en 6666
11.20 oh Jehová de los... que juzgas con j, que 6664
22.3 haced juicio y j, y librad al oprimido 6666
22.13 ¡ay del que edifica su casa sin j, y 6664
22.15 tu padre... hizo juicio y j, y entonces 6666
23.5 reinará... y hará juicio y j en la tierra 6666
23.6 el cual le llamarán: Jehová, j nuestra 6664
30.11 te castigaré con j; de ninguna manera 4941
31.23 Jehová te bendiga, oh morada de j, oh 6664
33.15 haré brotar a David un Renuevo de j 6666
33.15 David... y hará juicio y j en la tierra 6666
33.16 y se le llamará: Jehová, j nuestra 6664
46.28 te castigaré con j, de ninguna manera 4941
50.7 ellos pecaron contra Jehová morada de j 6664
51.10 Jehová sacó a luz nuestras j; venid, y 6666
Ez 3.20 el justo se apartare de su j e hiciere 6664
3.20 y sus j que había hecho no vendrán en 6666
14.14,20 por su j librarían... propias vidas 6666
18.5 que... hiciere según el derecho y la j 6666
18.19 el hijo hizo según el derecho y la j 6666
18.20 la j del justo será sobre él, y... impío 6666
18.21 e hiciere según el derecho y la j, de 6666
18.22 no... recordadas; en su j que hizo vivirá 6666
18.24 el justo se apartare de su j... morirá 6666
18.24 ninguna de las j... le serán tenidas en 6666
18.26 apartándose el justo de su j... morirá 6666
18.27 y haciendo según... la j, hará vivir su 6666
33.12 la j del justo no lo librará el día que 6666
33.12 el justo no podrá vivir por su j el día
33.13 él confiado en su j hiciere iniquidad 6666
33.13 todas sus j no serán recordadas, sino 6666
13.14 si él... hiciere según el derecho y la j 6666
33.16 hizo según el derecho y la j; vivirá 6666
33.18 cuando el justo se apartare de su j, e 6666
33.19 e hiciere según... la j, vivirá por ello 6666
34.16 fuerte destruiré; las apacentaré con j 4941
45.9 dejad la violencia y... haced juicio y j 6666
Dn 4.27 rey... tus pecados redime con j, y tus 6665
9.7 tuya es... la j, y nuestra la confusión de 6666
9.16 conforme a... actos de j, apártase ahora 6666
9.18 no elevamos... confiados en nuestras j 6666
9.24 para traer la j perdurable, y sellar la 6664
12.3 y los que enseñan la j a la multitud 6663
Os 2.19 te desposaré conmigo en j, juicio 6664
10.12 sembrad para vosotros en j, segad para 6666
10.12 buscar... hasta que venga y os enseñe j 6664
Am 5.7 el juicio, y la j la echáis por tierra 6666
5.15 estableced la y en juicio; quizá Jehová 4941
5.24 pero corra... la j como impetuoso arroyo 6666
6.12 convertido el... el fruto de j en ajenjo? 6666
Mi 6.5 para que conozcas las j de Jehová 6666
6.8 qué pide... hacer j, y amar misericordia 4941
7.9 haga mi j; él me sacará a luz; veré su j 6666
Hab 1.4 ley es debilitada... sale torcida la j 4941
1.7 de ella misma procede su j y su dignidad 4941
Sof 2.3 buscad j, buscad mansedumbre; quizás 6664
Zac 8.8 seré a ellos por Dios en verdad y en j 6666
Mal 2.6 labios; en paz y en j anduvo conmigo 4334
2.17 en que decís... ¿dónde está el Dios de j? 4941
3.3 afinará... traerán a Jehová ofrenda en j 6666
4.2 a vosotros los que... nacerá el Sol de j 6666
Mt 3.15 **así conviene que cumplamos toda j** 1343
5.6 **los que tienen hambre y sed de j, porque** 1343
5.10 **padecen persecución por causa de la j** 1343
5.20 **si vuestra j no fuere mayor que la de** 1343
6.1 **guardaos de hacer vuestra j delante de** 1654
6.33 **mas buscad... el reino de Dios y su j, y** 1343
21.32 **vino a vosotros Juan en camino de j** 1343
23.23 **dejáis... la j, la misericordia y la fe** 2920
Lc 1.75 j delante de él, todos nuestros días 1343
11.42 **pasáis por alto la j y el amor de Dios** 2920
18.3 **a él, diciendo: Hazme j de mi adversario** 1556
18.5 **le haré j, no sea... me agote la paciencia** 1556
18.7 **¿y acaso Dios no hará j a sus escogidos** 1557
18.8 **digo que pronto les hará j. Pero cuando** 1557
Jn 16.8 **convencerá al mundo de pecado, de j y** 1343
16.10 **de j, por cuanto voy al Padre, y no me** 1343
Hch 8.33 en su humillación no se le hizo j 2920
10.35 que... se agrada del que le teme y hace j 1343
13.10 oh... hijo del diablo, enemigo de toda j! 1343
17.31 día en el cual juzgará al mundo con j 1343
24.25 al disertar Pablo acerca de la j, del 1343
28.4 escapado del mar, la j no deja vivir 1349
Ro 1.17 el evangelio la j de Dios se revela 1343
3.5 mi injusticia hace resaltar la j de Dios 1343
3.21 ahora... se ha manifestado la j de Dios 1343
3.22 la j de Dios por medio de la fe en 1343
3.25 para manifestar su j, a causa de haber 1343
3.26 con la mira de manifestar... su j, a fin 1343
4.3 creyó Abraham a... y le fue contado por j 1343
4.5 no obra, sino cree... le es contada por j 1343
4.6 del hombre a quien Dios atribuye j sin 1343
4.9 que a Abraham le fue contada la fe por j 1343
4.11 sello de la j de la fe que tuvo estando 1343
4.11 a fin de que... fe les sea contada por j 1343
4.13 no por la ley... sino por la j de la fe 1343
4.22 por lo cual... su fe le fue contada por j 1343
5.17 reciben la abundancia... del don de la j 1343
5.18 por la j de uno vino... la justificación 1345
5.21 gracia reine por la j para vida eterna 1343
6.13 miembros a Dios como instrumentos de j 1343
6.16 muerte, o sea de la obediencia para j? 1343
6.18 pecado, vinisteis a ser siervos de la j 1343
6.19 presentad... miembros para servir a la j 1343
6.20 esclavos... erais libres acerca de la j 1343
8.4 la j de la ley se cumpliese en nosotros 1345
8.10 mas el espíritu vive a causa de la j 1343
9.28 el Señor ejecutará su sentencia... en j 1343
9.30 los gentiles, que no iban tras la j, han 1343
9.30 han alcanzado la j, es decir, la j que 1343
9.31 Israel, que iba tras una ley de j, no la 1343
10.3 ignorando la j de Dios, y procurando 1343
10.3 suya... no se han sujetado a la j de Dios 1343
10.4 es Cristo, para j a todo aquel que cree 1343
10.5 de la j que es por la ley Moisés escribe 1343
10.6 la j que es por la fe dice así: No digas 1343
10.10 porque con el corazón se cree para j 1343
14.17 no es... sino j, paz y gozo en el Espíritu 1343
2 Co 5.21 nosotros fuésemos hechos j de Dios 1343
6.7 con armas de j a diestra y a siniestra 1343
6.14 ¿qué compañerismo tiene la j con la 1343
9.9 repartió... su j permanece para siempre 1343
9.10 y aumentará los frutos de vuestra j 1343
11.15 sus ministros se disfrazan como... de j 1343
Gá 2.21 si por la ley fuese la j... por demás 1343
3.6 así... creyó a Dios, y le fue contado por j 1343
3.21 pudiera vivificar, la j fuera... por la ley 1343
5.5 aguardamos por fe la esperanza de la j 1343
Ef 4.24 creado según Dios en la j y santidad 1343
5.9 fruto del Espíritu es en toda bondad, j 1343
6.14 verdad, y vestidos con la coraza de j 1343
Fil 1.11 llenos de frutos de j que son por 1343
3.6 a la j que es en la ley, irreprensible 1343
3.9 no teniendo mi propia j... sino... la j que 1343
1 Ti 6.11 y sigue la j, la piedad, la fe, el 1343
2 Ti 2.22 y sigue la j, la fe, el amor y la 1343
3.16 útil para enseñar, para instruir en j 1343
4.8 me está guardada la corona de j, la cual 1343
Tit 3.5 nos salvó, no por obras de j... sino por 1343
He 1.9 has amado la j, y aborrecido la maldad 1343
5.13 es inexperto en la palabra de j, porque 1343
7.2 nombre significa primeramente Rey de j 1343
11.7 y fue hecho heredero de la j que viene 1343
11.33 por fe conquistaron reinos, hicieron j 1343
12.11 pero después de fruto apacible de j a 1343
Stg 1.20 ira del hombre no obra la j de Dios 1343
2.23 y le fue contado por j, y fue llamado 1343
3.18 el fruto de j se siembra en paz para 1343
1 P 2.24 muertos a los pecados, vivamos a... j 1343
3.14 alguna cosa padecéis por causa de la j 1343
2 P 1.1 habéis alcanzado, por la j de nuestro 1343
2.5 sino que guardó a Noé, pregonero de j 1343
2.21 no haber conocido el camino de la j, que 1343
3.13 tierra nueva, en los cuales mora la j 1343
1 Jn 2.29 todo el que hace j es nacido de él 1343
3.7 el que hace j es justo, como él es justo 1343
3.10 aquel que no hace j, y que no ama a su 1343
Ap 18.20 porque Dios os ha hecho j en ella
19.11 se llamaba Fiel... con j juzga y pelea 1343
22.11 que es justo, practique la j todavía 1343

JUSTICIERA

Is 30.32 y cada golpe de la vara j... será con

JUSTIFICACIÓN

Ro 4.25 el cual fue... resucitado para nuestra j 1347
5.16 el don vino a causa de muchas... para j 1345
5.18 por la justicia de uno vino... j de vida 1347
1 Co 1.30 cual nos ha sido hecho por Dios... j 1343
2 Co 3.9 abundará en gloria el ministerio... j 1343

JUSTIFICAR

Gn 44.16 con qué nos *justificaremos*? Dios ha 6663
Éx 23.7 no matarás... yo no *justificaré* al impío 6663
1 R 8.32 y *justificando* al justo para darle 6663
2 Cr 6.23 dando la... y *justificando* al justo 6663
Job 9.2 ¿y cómo se *justificará* el hombre con 6663
9.20 si yo me *justificare*, me condenaría mi 6663
11.2 el hombre que habla... será *justificado*? 6663
13.18 expuesiere mi... sé que seré *justificado* 6663
15.14 que se *justifique* el nacido de mujer? 6663
22.3 contentamiento... que tú seas *justificado* 6663
25.4 ¿cómo, pues, se *justificará* el hombre 6663
27.5 nunca... acontezca que yo os *justifique* 6663
32.2 *justificaba* a sí mismo más que a Dios 6663
33.32 habla, porque yo te quiero *justificar* 6663
40.8 ¿me condenarás... para *justificarte* tú? 6663
Sal 143.2 se *justificará* delante de ti ningún 6663
Pr 17.15 el que *justifica* al impío, y el que 6663
Is 5.23 *justifican* al impío mediante cohecho 6663
43.9 presenten sus testigos, y *justifíquense* 6663
43.26 juntamente; habla tú para *justificarte* 6663
45.25 será *justificada*... la descendencia de 6663
53.11 *justificará* mi siervo justo a muchos 6663
Ez 16.51 has *justificado* a tus hermanas con 6663
16.52 cuanto has *justificado* a tus hermanas 6663
Mt 11.19 **la sabiduría es *justificada* por sus** 1344
12.37 **por tus palabras serás *justificado*, y** 1344
Lc 7.29 *justificaron* a Dios, bautizándose con 1344
7.35 **sabiduría es *justificada* por... sus hijos** 1344
10.29 él, queriendo *justificarse* a sí mismo 1344
16.15 **que os *justificáis* a vosotros mismos** 1344
18.14 **éste descendió a su casa *justificado*** 1344
Hch 13.39 ley... no pudisteis ser *justificados* 1344
13.39 en él es *justificado*... aquel que cree 1344
Ro 2.13 los hacedores de... serán *justificados* 1344
3.4 que seas *justificado* en tus palabras, y 1344
3.20 ningún... será *justificado* delante de él 1344
3.24 *justificados*... por su gracia, mediante la 1344
3.26 el que *justifica* al que es de la fe de 1344
3.28 el hombre es *justificado* por fe sin las 1344
3.30 Dios es uno, y él *justificará* por la fe 1344
4.2 si Abraham fue *justificado* por las obras 1344
4.5 cree en aquel que *justifica* al impío, su 1344
5.1 *justificados*... por la fe, tenemos paz con 1344
5.9 más, estando ya *justificados* en su sangre 1344
6.7 el que ha muerto, ha sido *justificado* del 1344
8.30 *justificó*; y a los que j, a... glorificó 1344
8.33 acusará a los... Dios es el que *justifica* 1344
1 Co 4.4 porque... no por eso soy *justificado* 1344
6.11 habéis sido *justificados* en el nombre 1344
Gá 2.16 no es *justificado* por las obras de la 1344
2.16 hemos creído en... para ser *justificados* 1344
2.16 por las obras... nadie será *justificado* 1344
2.17 si buscando ser *justificados* en Cristo 1344
3.8 que Dios había de *justificar* por la fe 1344
3.11 y que por la ley ninguno se *justifica* 1344
3,24 de que fuésemos *justificados* por la fe 1344
5.4 los que por la ley os *justificáis*; de la 1344
1 Ti 3.16 *justificado* en el Espíritu, visto de 1344
Tit 3.7 para que *justificados* por su gracia 1344
Stg 2.21 fue *justificado* por las obras Abraham 1344
2.24 el hombre es *justificado* por las obras 1344
2.25 Rahab la... ¿no fue *justificada* por obras 1344

JUSTO *(n.)*

1. Cristiano en Jerusalén, Hch 1.23 2459
2. Cristiano en Corinto, Hch 18.7 2459
3. Compañero de Pablo, Col 4.11 2459

JUSTO, A *(adj. y s.)*

Gn 6.9 Noé, varón j, era perfecto en... con Dios 6662
7.1 porque a ti he visto j delante de mí en 6662
18.23 ¿destruirás también al j con el impío? 6662
18.24 quizá haya 50 j dentro de la ciudad 6662
18.24 por amor a los 50 j que estén dentro 6662
18.25 que hagas morir al j con el impío, y 6662
18.25 y que sea el j tratado como el impío 6662
18.25 el Juez... ¿no ha de hacer lo que es j? 4941
18.26 hallare en Sodoma cincuenta j dentro 6662
18.28 quizá faltarán de cincuenta j cinco 6662
23.9 la cueva... que por su j precio me la dé 6663
38.26 Judá... dijo: Más j es ella que yo, por 6663
43.21 he aquí... nuestro dinero en su j peso 4948
Éx 9.27 Jehová es j, y yo y mi pueblo impíos 6662
23.7 no matarás al inocente y j; porque yo 6662
23.8 el presente... pervierte las palabras... j 6662
Lv 19.36 balanzas j, pesas j y medidas j 6664
Dt 4.8 juicios j como es toda esta ley que yo 6662
16.18 cuales juzgarán al pueblo con j juicio 6664
16.19 ojos... y pervierte las palabras de los j 6664
25.1 éstos absolverán al j, y condenarán al 6662
25.15 pesa exacta y j tendrás; efa cabal y j 6664
32.4 ninguna iniquidad en él, es j y recto 6662
33.21 ejecutó los... los j decretos de Jehová 6666
1 S 24.17 dijo a David: Más j eres tú que yo 6662
2 S 4.11 mataron a un hombre j en su casa y 6662
15.3 mira, tus palabras son buenas y j; mas 5228
23.3 un j que gobierne entre los hombres, que 6662
1 R 2.32 dado muerte a dos varones más j que 6662
8.32 justificando al j para darle conforme a 6662
2 R 10.9 vosotros sois j... yo he conspirado 6662
1 Cr 21.24 sino... la compraré por su j precio 4392
2 Cr 6.23 justificando al j al darle conforme 6662
12.6 se humillaron, y dijeron: j es Jehová 6662
Esd 4.14 no nos es j ver el menosprecio del 749
9.15 Dios de Israel, tú eres j, puesto que 6662
Neh 9.8 cumpliste tu palabra, porque eres j 6662
9.33 eres j en todo lo que ha venido sobre 6662
Job 4.17 ¿será el hombre más j que Dios? ¿Será 6663
9.15 aunque fuese yo j, no respondería; antes 6663
10.15 y si fuere j, no levantaré mi cabeza 6663
12.4 todo, el j y perfecto es escarnecido 6662
17.9 no obstante, proseguirá el j su camino 6662
22.19 verán... j y se gozarán; y el inocente 6662
23.7 el j razonaría con él; y yo escaparía 3477
27.17 habrá preparado él... el j se vestirá 6662
32.1 por cuanto él era j a sus propios ojos 6662
34.5 Job ha dicho: Yo soy j, y Dios me ha 6663
34.17 ¿y condenarás tú al que es tan j? 6662
34.23 no carga... él al hombre más de lo j, para 4941
35.2 que has dicho: Más j soy yo que Dios? 6664
35.7 si fueres j, ¿qué te darás a él? ¿O qué 6663
36.7 no apartará de los j sus ojos; antes 6662
Sal 1.5 pecadores en la congregación de los j 6662
1.6 Jehová conoce el camino de los j; mas la 6662
5.12 porque tú, oh Jehová, bendecirás al j 6662
7.9 fenezca ahora la... mas establece tú al j 6662
7.9 el Dios j prueba la mente y el corazón 6662
7.11 es juez j, y Dios está airado contra el 6662
11.3 los fundamentos, ¿qué ha de hacer el j? 6662
11.5 Jehová prueba al j; pero al malo y al 6662
11.7 porque Jehová es j, y ama la justicia 6662
14.5 Dios está con la generación de los j 6662
17.1 oh Jehová, una causa j; está atento a 6664
19.9 juicios de Jehová son verdad, todos j 6663
31.18 que hablan contra el j cosas duras con 6662
32.11 alegraos en Jehová y gozaos, j... cantad 6662
33.1 alegraos, oh j, en Jehová... los íntegros 6662
34.15 los ojos de Jehová están sobre los j 6662
34.17 claman los j, y Jehová oye, y los libra
34.19 muchas son las aflicciones del j, pero 6662
34.21 los que aborrecen al j serán condenados 6662
35.27 los que están a favor de mi j causa 6662
37.12 maquina el impío contra el j, y cruje 6662
37.16 es lo poco del j, que las riquezas de 6662

37.17 mas el que sostiene a los *j* es Jehová 6662
37.21 no paga...el *j* tiene misericordia, y da 6662
37.25 no he visto *j* desamparado...mendigue 6662
37.29 los *j* heredarán la tierra, y vivirán 6662
37.30 la boca del *j* habla sabiduría, y su 6662
37.32 acecha...impío al *j*, y procura matarlo 6662
37.37 considera al íntegro, y mira al *j* 3477
37.39 pero la salvación de los *j* es de Jehová 6662
51.4 para que seas reconocido *j* en tu palabra 6663
52.6 verán los *j*, y temerán; se reirán de 6662
55.22 él...no dejará para siempre caído al *j* 6662
58.10 se alegrará el *j*...viere la venganza 6662
58.11 entonces dirá...hay galardón para el *j* 6662
64.10 se alegrará el *j* en Jehová, y confiará 6662
68.3 los *j* se alegrarán; se gozarán delante 6662
69.28 raídos...no sean escritos entre los *j* 6662
75.10 pero el poder del *j* será exaltado 6662
92.12 *j* florecerá como la palmera; crecerá 6662
94.21 juntan contra la vida del *j*, y condenan 6664
97.11 luz está sembrada para el *j*, y alegría 6662
97.12 alegraos, *j*, en Jehová, y alabad la 6662
112.4 rectos; es clemente, misericordioso y *j* 6662
112.6 por lo cual...en memoria eterna será el *j* 6662
116.5 clemente es Jehová, y *j*...nuestro Dios 6662
118.15 voz de...hay en las tiendas de los *j* 6662
118.20 es puerta de...por ella entrarán los *j* 6662
119.7 te alabaré...aprendiere tus *j* juicios 6664
119.62 me levanto...alabarte por tus *j* juicios 6664
119.75 conozco...Jehová, que tus juicios son *j* 6664
119.106 juré y...que guardaré tus *j* juicios 6664
119.137 *j* eres tú, oh...y rectos tus juicios 6662
119.164 te alabo a causa de tus *j* juicios 6664
125.3 sobre la heredad de los *j*; no sea que 6662
125.3 no sea que extiendan los *j* sus manos a 6662
129.4 Jehová es *j*; cortó las coyundas de los 6662
140.13 los *j* alabarán tu nombre; los rectos 6662
141.5 que el *j* me castigue, será un favor 6662
142.7 me rodearán los *j*, porque tú me serás 6662
145.17 *j* es Jehová en todos sus caminos, y 6662
146.8 Jehová levanta a Jehová ama a los *j* 6662
Pr 2.20 andarás...seguirás las veredas de los *j* 6662
3.32 Jehová...su comunión íntima es con los *j* 3477
3.33 impío, pero bendecirá la morada de los *j* 6662
4.18 la senda de los *j* es como la luz de la 6662
8.8 *j* son todas las razones de mi boca; no 6664
9.9 da al...enseña al *j*, y aumentará su saber 6662
10.3 Jehová no dejará padecer hambre al *j* 6662
10.6 hay bendiciones sobre la cabeza del *j* 6662
10.7 la memoria del *j* será bendita; mas el 6662
10.11 manantial de vida es la boca del *j* 6662
10.16 obra del *j* es para vida; mas el fruto 6662
10.20 plata escogida es la lengua del *j*; mas 6662
10.21 los labios del *j* apacientan a muchos 6662
10.24 pero a los *j* les será dado lo que desean 6662
10.25 pasa...mas el *j* permanece para siempre 6662
10.28 la esperanza de los *j* es alegría; mas 6662
10.30 el *j* no será removido jamás; pero los 6662
10.31 la boca del *j* producirá sabiduría; mas 6662
10.32 los labios del *j* saben hablar lo que 6662
11.8 el *j* es librado de la tribulación; mas 6662
11.9 mas los *j* son librados con la sabiduría 6662
11.10 en el bien de los *j* la ciudad se alegra 6662
11.21 la descendencia de los *j* será librada 6662
11.23 el deseo de los *j* es solamente el bien 6662
11.24 quienes retienen más de lo que es *j* 3476
11.28 caerá; mas los *j* reverdecerán como ramas 6662
11.30 el fruto del *j* es árbol de vida; y el 6662
11.31 el *j* será recompensado en la tierra 6662
12.3 mas la raíz de los *j* no será removida 6662
12.5 los pensamientos de los *j* son rectitud 6662
12.7 pero la casa de los *j* permanecerá firme 6662
12.10 el *j* cuida de la vida de su bestia; mas 6662
12.12 el impío...la raíz de los *j* dará fruto 6662
12.13 el impío...el *j* saldrá de la tribulación 6662
12.21 ninguna adversidad acontecerá al *j*; mas 6662
12.26 el *j* sirve de guía a su prójimo; mas 6662
13.5 el *j* aborrece la palabra de mentira; mas 6662
13.9 la luz de los *j* se alegrará...se apagará 6662
13.21 mas los *j* serán premiados con el bien 6662
13.22 riqueza del...está guardada para el *j* 6662
13.25 el *j* come hasta saciar su alma; mas el 6662
14.19 inclinarán...impíos a las puertas del *j* 6662
14.32 mas el *j* en su muerte tiene esperanza 6662
15.6 en la casa del *j* hay gran provisión; pero 6662
15.28 el corazón del *j* piensa para responder 6662
15.29 Jehová está...oye la oración de los *j* 6662
16.11 peso y balanzas *j* son de Jehová; obra 4941
16.13 los labios *j* son el contentamiento de 6664
17.15 que justifica al...el que condena al *j* 6662
17.26 no es bueno condenar al *j*, ni herir a 6662
18.5 para pervertir el derecho del *j*, no es 6662
18.10 a él correrá el *j*, y será levantado 6662
18.17 *j* parece el primero que aboga por su 6662
20.7 camina en su integridad el *j*; sus hijos 6662
21.12 considera el *j* la casa del impío, cómo 6662
21.15 alegría es para el *j* el hacer juicio 6662
21.18 rescate del *j* es el impío, y por los 6662
21.26 codicia...el *j* da, y no detiene su mano 6662
23.24 mucho se alegrará el padre del *j*, y el 6662
24.15 no aceches la tienda del *j*, no saquees 6662
24.16 porque siete veces cae el *j*, y vuelve 6662
24.24 que dijere al malo: *j* eres...maldecirán 6662
25.26 como...es el *j* que cae delante del impío 6662
28.1 impío...el *j* está confiado como un león 6662
28.12 cuando los *j* se alegran, grande es la 6662
28.28 cuando perecen, los *j* se multiplican 6662
29.2 cuando...*j* dominan, el pueblo se alegra 6662
29.6 lazo; mas el *j* cantará y se alegrará 6662
29.7 conoce el *j* la causa de los pobres; mas 6662
29.16 impíos...los *j* verán la ruina de ellos 6662
29.27 abominación es a...*j* el hombre inicuo 6662
Ec 3.17 al *j* y al impío juzgará Dios; porque 6662
7.15 *j* hay que perece por su justicia, y hay 6662
7.16 no seas demasiado *j*, ni seas sabio con 6662
7.20 no hay hombre *j* en la tierra, que haga 6662
8.14 hay *j* a quienes sucede como si...impíos 6662
8.14 acontece como si hicieran obras de *j* 6662
9.1 los *j* y los...están en la mano de Dios 6662
9.2 un mismo suceso ocurre al *j* y al impío 6662
Is 3.10 decid al *j* que le irá bien, porque 6662
5.23 justifican al...y al *j* quitan su derecho! 6662
24.16 oímos cánticos: Gloria al *j*. Y yo dije 6662
26.2 abrid las puertas...entrará la gente *j* 6662
26.7 el camino del *j* es rectitud; tú, que 6662
26.7 que eres recto, pesas el camino del *j* 6662
29.21 pervierten la causa del *j* con vanidad 6662
30.18 Jehová es Dios *j*; bienaventurados todos 4941
41.2 ¿quién despertó del oriente al *j*, lo 6664
41.26 o de tiempo atrás, y diremos: Es *j*? 6662
45.21 y no hay más Dios que yo: Dios *j* y 6662
53.11 justificará mi siervo *j* a muchos, y 6662
57.1 perece el *j*, y no hay quien piense en 6662
57.1 delante de la aflicción es quitado el *j* 6662
58.2 me piden *j* juicios, y quieren acercarse 6666
60.21 tu pueblo, todos ellos serán *j*, para 6662
Jer 3.11 ha resultado *j* la rebelde Israel en 6663
12.1 *j* eres tú, oh Jehová...dispute contigo 6662
20.12 Jehová...que pruebas a los *j*, que ves 6662
23.5 levantaré a David renuevo *j*, y reinará 6662
Lm 1.18 Jehová es *j*; yo contra su palabra me 6662
4.13 derramaron en...ella la sangre de los *j* 6662
Ez 3.20 si el *j* se apartare de su justicia e 6662
3.21 si al *j* amonestares para que no peque 6662
13.22 entristecisteis...el corazón del *j*, al 6662
16.52 más *j* son que tú; avergüénzate, pues 6663
18.5 el hombre que fuere *j*, e hiciere según 6662
18.9 y guardare mis...éste es *j*; éste vivirá 6662
18.20 la justicia del *j* será sobre él, y la 6662
18.24 si el *j* se apartare de su justicia y 6662
18.26 apartándose el *j* de su justicia, y 6662
21.3 espada...cortaré de ti al *j* y al impío 6662
21.4 he de cortar de ti al *j* y al impío, por 6662
23.45 hombres *j* las juzgarán por la ley de 6662
33.12 la justicia del *j* no lo librará el día 6662
33.12 y el *j* no podrá vivir por su justicia 6662
33.13 yo dijere al *j*: De cierto vivirás, y él 6662
33.18 cuando el *j* se apartare de su justicia 6662
45.10 balanzas *j*, efa *j*, y bato *j* tendréis 6664
Dn 4.37 obras son verdaderas, y sus caminos *j* 1780
9.14 *j* es Jehová nuestro Dios en todas sus 6662
Os 14.9 son rectos, y los *j* andarán por ellos 6662
Am 2.6 porque vendieron por dinero al *j*, y al 6662
5 12 sé que afligís al *j*, recibís cohecho 6662
Mi 3.1 ¿no concierne a vosotros...lo que es *j*? 4941
Hab 1.4 por cuanto el impío asedia al *j*, por 6662
1.13 cuando destruye el impío al más *j* que 6662
2.4 enorgullece; mas el *j* por su fe vivirá 6662
Sof 3.5 Jehová en medio de ella es *j*, no hará 6662
Zac 9.9 aquí tu rey vendrá a ti, *j* y salvador 6662
Mal 3.18 la diferencia entre el *j* y el malo 6662
Mt 1.19 su marido, como era *j*, y no quería *1342*
5.45 **y que hace llover sobre *j* e injustos** *1342*
9.13 **porque no he venido a llamar a *j*, sino** *1342*
10.41 **y el que recibe a un *j* por cuanto es *j*** *1342*
10.41 **que recibe a...recompensa de *j* recibirá** *1342*
13.17 **muchos...*j* desearon ver toque veis, y** *1342*
13.43 **los *j* resplandecerán como el sol en** *1342*
13.49 **apartarán a los malos de entre los *j*** *1342*
20.4 **id...a mi viña, y os daré lo que sea *j*** *1342*
20.7 **id también...y recibiréis lo que sea *j*** *1342*
23.28 **os mostráis *j* a los hombres, pero por** *1342*
23.29 **y adornáis los monumentos de los *j*** *1342*
23.35 **venga sobre vosotros toda la sangre *j*** *1342*
23.35 **desde la sangre de Abel el *j* hasta la** *1342*
25.37 **los *j* le responderán diciendo: Señor** *1342*
25.46 **e irán éstos...y los *j* a la vida eterna** *1342*
27.19 decir: No tengas nada que ver con ese *j* *1342*
27.24 inocente soy yo de la sangre de este *j* *1342*
Mr 2.17 **dijo...No he venido a llamar a *j*, sino** *1342*
6.20 sabiendo que era varón *j* y santo, y le *1342*
Lc 1.6 ambos eran *j* delante de Dios, y andaban *1342*
1.17 de los rebeldes a la prudencia de los *j* *1342*
2.25 y este hombre, *j* y piadoso, esperaba la *1342*
5.32 **no he venido a llamar a *j*...a pecadores** *1342*
12.57 **¿y por qué no *juzgáis*...lo que es *j*?** *1342*
14.14 **recompensado en la resurrección de...*j*** *1342*
15.7 **más gozo en...que por noventa y nueve *j*** *1342*
18.9 unos que confiaban en sí mismos como *j* *1342*
20.20 enviaron espías que se simulasen *j*, a *1342*
23.47 verdaderamente este hombre era *j* *1342*
23.50 José, de Arimatea...varón bueno y *j* *1342*
Jn 5.30 **y mi juicio es *j*, porque no busco mi** *1342*
7.24 **no juzguéis...sino *juzgad* con *j* juicio** *1342*
17.25 **Padre *j*, el mundo no te ha conocido** *1342*
Hch 3.14 vosotros negasteis al Santo y al *j* *1342*
4.19 *juzgad* si es *j* delante de Dios obedecer *1342*
6.2 no es *j* que nosotros dejemos la palabra *701*
7.52 los que anunciaron de...la venida del *j* *1342*
10.22 Cornelio...varón *j* y temeroso de Dios *1342*
22.14 te ha escogido para que...y veas al *j* *1342*
24.15 resurrección...así de *j* como de injustos *1342*
Ro 1.17 está escrito...el *j* por la fe vivirá *1342*
2.5 y de la revelación del *j* juicio de Dios *1341*
2.13 no son los oidores de...los *j* ante Dios *1342*
3.8 algunos, cuya condenación es *j*, afirman *1738*
3.10 como está escrito: No hay *j*, ni aun uno *1342*
3.26 él sea el *j*, y el que justifica al que *1342*
5.7 apenas morirá alguno por un *j*; con todo *1342*
5.19 de uno, los muchos serán constituidos *j* *1342*
7.12 ley...y el mandamiento santo, *j* y bueno *1342*
Gá 3.11 evidente, porque: El *j* por la fe vivirá *1342*
Ef 6.1 hijos, obedeced en el Señor...esto es *j* *1342*
Fil 1.7 me es *j* sentir esto de todos vosotros *1342*
4.8 todo lo *j*, todo lo puro, todo lo amable *1342*
Col 4.1 amos, haced lo que es *j* y recto con *1342*
2 Ts 1.5 es demostración del *j* juicio de Dios *1342*
1.6 porque es *j* delante de Dios pagar con *1342*
1 Ti 1.9 la ley no fue dada para el *j*, sino *1342*
2 Ti 4.8 la cual me dará el Señor, juez *j*, en *1342*
Tit 1.8 sobrio, *j*, santo, dueño de sí mismo *1342*
2.12 vivamos en este siglo...*j* y piadosamente *1346*
He 10.38 *j* vivirá por fe; y si retrocediere *1342*
11.4 alcanzó testimonio de que era *j*, dando *1342*
12.23 los espíritus de los *j* hechos perfectos *1342*
Stg 5.6 habéis condenado y dado muerte al *j* *1342*
5.16 la oración eficaz del *j* puede mucho *1342*
1 P 3.12 los ojos del Señor están sobre los *j* *1342*
3.18 el *j* por los injustos, para llevarnos a *1342*
4.18 y si el *j* con dificultad se salva, ¿en *1342*
2 P 1.13 tengo por *j*, en tanto...despertaros con *1342*
2.7 libró al *j* Lot, abrumado por la nefanda *1342*
2.8 este *j*, que moraba entre ellos, afligía *1342*
2.8 afligía...su alma *j*, viendo y oyendo los *1342*
1 Jn 1.9 es fiel y *j* para perdonar nuestros *1342*
2.1 abogado tenemos para...a Jesucristo el *j* *1342*
2.29 si sabéis que él es *j*, sabed también que *1342*
3.7 el que hace justicia es *j*, como él es *j* *1342*
3.12 obras eran malas, y las de su hermano *j* *1342*
Ap 15.3 *j* y verdaderos son tus caminos, Rey *1342*
16.5 *j* eres tú, oh Señor, el que eres y que *1342*
1 6.7 Señor...tus juicios son verdaderos y *j* *1342*
19.2 porque sus juicios son verdaderos y *j* *1342*
19.8 lino...es las acciones *j* de los santos *1345*
22.11 y el que es *j*, practique la justicia *1342*

JUTA *Ciudad en Judá*, Jos 15.55; 21.16 3194

JUVENIL
2 Ti 2.22 huye también de las pasiones *j*, y *3512*

JUVENTUD
Gn 8.21 intento del corazón...malo desde su *j* 5271
46.34 han sido tus siervos desde nuestra *j* 5271
Lv 22.13 hubiere vuelto a la...como en su *j* 5271
Nm 30.3 mujer, cuando hiciere voto...en su *j* 5271
30.16 entre el padre y su hija durante su *j* 5271
1 S 12.2 he andado delante de vosotros...mi *j* 5271
17.33 y él un hombre de guerra desde su *j* 5271
2 S 19.7 peor que todos los males...desde tu *j* 5271
1 R 18.12 tu siervo teme a Jehová desde su *j* 5271
Job 13.26 haces cargo de los pecados de mi *j*? 5271
20.11 sus huesos están llenos de su *j*, mas 5934
29.4 como fui en los días de mi *j*, cuando el 2779
31.18 desde mi *j* creció conmigo como con un 5271
33.25 su carne...volverá a los días de su *j* 5934
36.14 fallecerá el alma de ellos en su *j*, y 5290
Sal 25.7 de los pecados de mi *j*...rebeliones 5271
71.5 mi esperanza, seguridad mía desde mi *j* 5271
71.17 Dios, me enseñaste desde mi *j*, y hasta 5271
88.15 desde la *j* he llevado tus terrores, he 5290
89.45 has acortado los días de su *j*; le has 5934
110.3 desde el...tienes tú el rocío de tu *j* 3208
127.4 como...así son los hijos habidos en la *j* 5271
129.1,2 mucho me han angustiado desde mi *j* 5271
144.12 sean...como plantas crecidas en su *j* 5271
Pr 2.17 la cual abandona al compañero de su *j* 5271
5.18 bendito...alégrate con la mujer de tu *j* 5271
Ec 11.9 alégrate, joven, en tu *j*, y tome placer 3208
11.10 porque la adolescencia y...*j* son vanidad 3208
12.1 acuérdate de tu Creador en los días...*j* 979
Is 47.12 tus hechizos...te fatigaste desde tu *j* 5271
47.15 los que traficaron contigo desde tu *j* 5271
54.4 que te olvidarás de la vergüenza de tu *j* 5934
54.6 como a la esposa de la *j*...es repudiada 5271
Jer 2.2 he acordado...de la fidelidad de tu *j* 5271
3.4 me llamarás...Padre mío, guiador de mi *j*? 5271
3.24 consumió el trabajo de...desde nuestra *j* 5271
3.25 pecamos...desde nuestra *j* y hasta este 5271
22.21 tu camino desde tu *j*, que nunca oíste 5271
31.19 me confundí...llevé la afrenta de mi *j* 5271
32.30 no han hecho sino lo malo...desde su *j* 5271
48.11 quieto estuvo Moab desde su *j*, y sobre 5271
Lm 3.27 al hombre llevar el yugo desde su *j* 5271
Ez 4.14 nunca desde mi *j* hasta este tiempo 5271
16.22 no te has acordado de los días de tu *j* 5271
16.43 no te acordaste de los días de tu *j*, y 5271
16.60 concerté contigo en los días de tu *j* 5271
23.3 las cuales fornicaron en Egipto; en su *j* 5271
23.8 porque con ella se echaron en su *j*, y 5271
23.19 trayendo en memoria los días de su *j* 5271
23.21 trajiste de nuevo...la lujuria de tu *j* 5271
23.21 comprimieron tus...los pechos de tu *j* 5271
Os 2.15 allí cantará como en...su *j*, y como en 5271
Jl 1.8 llora tú como joven...el marido de su *j* 5271
Zac 13.5 pues he estado en el campo desde mi *j* 5271
Mal 2.14 entre ti y la mujer de tu *j*, contra 5271
2.15 no seáis desleales...con la mujer de...*j* 5271
Mt 19.20; Mr 10.20; Lc 18.21 todo esto lo he
guardado desde mi *j* *3495,3503,3503*
Hch 26.4 mi vida, pues, desde mi *j*, la cual *3503*
1 Ti 4.12 ninguno tenga en poco tu *j*, sino sé *3503*

JUZGAR
Gn 15.14 la nación a la cual servirán, *juzgaré* 1777
16.5 Sarai dijo...*juzgue* Jehová entre tú y yo 8199
30.6 me *juzgó* Dios, y también oyó mi voz, y 1777

31.37 ponlo aquí...y *juzguen* entre nosotros........3198
31.53 el Dios de Nacor *juzgue* entre nosotros.......8199
49.16 Dan *juzgará* a su pueblo, como una de.......1777
Éx 5.21 mire Jehová sobre vosotros, y *juzgue*..........8199
18.13 se sentó Moisés a *juzgar* al pueblo; y.........8199
18.16 a mí, y yo *juzgo* entre el uno y el otro.........8199
18.22 ellos *juzgarán* al pueblo en todo tiempo......8199
18.22 y ellos *juzgarán* todo asunto pequeño........8199
18.26 *juzgaban* al pueblo en todo tiempo; el........8199
18.26 y ellos *juzgaban* todo asunto pequeño........8199
21.22 penados conforme...*juzgaren* los jueces
Lv 19.15 con justicia *juzgarás* a tu prójimo............8199
Nm 35.24 la congregación *juzgará* entre el que........8199
Dt 1.16 *juzgad* justamente entre el hombre y..........8199
16.18 jueces...los cuales *juzgarán* al pueblo........8199
25.1 para que los jueces los *juzguen*, éstos.........8199
32.36 porque Jehová *juzgará* a su pueblo, y........1777
Jue 3.10 y *juzgó* a Israel, y salió a batalla..............8199
10.2 *juzgó* a Israel 23 años; y murió, y fue..........8199
10.3 Jair...el cual *juzgó* a Israel 22 años............8199
11.27 Jehová...es el juez, *juzgue* hoy entre.........8199
12.7 Jefté *juzgó* a Israel seis años; y murió.........8199
12.8 después de él *juzgó* a Israel Ibzán de..........8199
12.9 el cual tuvo...y *juzgó* a Israel siete años.......8199
12.11 *juzgó* a Israel Elón...el cual *j*...10 años.......8199
12.13 después...*juzgó* a Israel Abdón hijo de.......8199
12.14 éste tuvo...y *juzgó* a Israel ocho años........8199
15.20 *juzgó* a Israel en los días de...20 años........8199
16.31 le sepultaron...*juzgó* a Israel 20 años........8199
1 S 2.10 Jehová *juzgará* los confines de la.............1777
2.25 si pecare el hombre...jueces le *juzgarán*......6419
3.13 le mostraré que yo *juzgaré* su casa para.......8199
4.18 y había *juzgado* a Israel cuarenta años.........8199
7.6 *juzgó* Samuel a los...de Israel en Mizpa........8199
7.15 *juzgó* Samuel a Israel todo el tiempo que.......8199
7.16 *juzgaba* a Israel en todos estos lugares........8199
7.17 volvía a Ramá...y allí *juzgaba* a Israel.........8199
8.5 constitúyenos...rey que nos *juzgue*, como.......8199
8.6 danos un rey que nos *juzgue*. Y Samuel oró.......8199
24.12 *juzgue* Jehová entre tú y...y véngueme.......8199
24.15 Jehová, pues...él *juzgará* entre tú y yo.......8199
25.39 bendito sea Jehová, que *juzgó* la causa.......7378
1 R 3.9 da...corazón entendido para *juzgar* a.........8199
3.28 que había en él sabiduría...para *juzgar*.......8199
7.7 el pórtico del...en que había de *juzgar*.......8199
8.32 tu oirás desde el cielo...y *juzgarás* a.........8199
1 Cr 16.33 porque viene a *juzgar* la tierra.............8199
18.14 reinó David...y *juzgaba* con justicia a........4941
2 Cr 6.23 y *juzgarás* a tus siervos, dando la............8199
19.6 no *juzgáis* en lugar de hombre, sino en........8199
19.6 cual está con vosotros cuando *juzgáis*..........8199
20.12 ¡oh Dios nuestro! ¿no los *juzgarás* tú?........8199
Esd 7.26 *juzgado* prontamente, sea a muerte..........1780
Job 21.22 *juzgando*...a los que están elevados?........8199
22.13 cómo juzgará a través de la oscuridad?........8199
31.28 también sería maldad *juzgada*; porque.......6416
Sal 7.8 Jehová *juzgará* a los pueblos; *júzgame*........8199
9.4 te has sentado en...*juzgando* con justicia........8199
9.8 *juzgará* al mundo con justicia, y a los...........8199
9.19 sean *juzgadas* las naciones delante de...........8199
10.18 para *juzgar* al huérfano y al oprimido........8199
26.1 *júzgame*, oh Jehová, porque yo en mi...........8199
35.24 *júzgame* conforme a tu justicia...Dios.........8199
37.33 ni lo condenará cuando le *juzgaren*..........8199
43.1 *júzgame*, oh Dios, y defiende mi causa..........8199
50.4 convocará a...para *juzgar* a su pueblo........1777
58.1 ¿*juzgáis* rectamente, hijos de...hombres?......8199
58.11 dirá...hay Dios que *juzga* en la tierra........8199
67.4 porque *juzgarás* los pueblos con equidad........8199
72.2 él *juzgará* a tu pueblo con justicia, y...........1777
72.4 *juzgará* a los afligidos del pueblo..............8199
75.2 al tiempo que señalaré yo *juzgaré*..............8199
76.9 cuando te levantaste...Dios, para *juzgar*......4941
82.1 Dios está...medio de los dioses *juzga*..........8199
82.2 ¿hasta cuándo *juzgaréis* injustamente..........8199
82.8 levántate, oh Dios, *juzga* la tierra..............8199
96.10 *juzgará* a los pueblos en justicia.............1777
96.13 vino a *juzgar* la...*juzgará* al mundo..........8199
98.9 Jehová, porque vino a *juzgar* la tierra.........8199
98.9 *juzgará* al mundo con justicia, y a los..........8199
109.7 cuando fuere *juzgado*, salga culpable........8199
109.31 librar su alma de los que le *juzgan*..........8199
110.6 *juzgará* entre las naciones, las llenará.......1777
135.14 porque Jehová *juzgará* a su pueblo, y.......1777
Pr 8.16 por mí...todos los gobernadores *juzgan*.......8199
22.23 Jehová *juzgará* la causa de ellos, y..........7378
23.11 *juzgará* la causa de ellos contra ti............7378
29.14 rey que *juzga* con verdad a los pobres........8199
31.9 *juzga* con justicia, y defiende la causa.........8199
Ec 3.17 dije: Al justo y al impío *juzgará* Dios...........8199
11.9 sobre todas estas cosas te *juzgará* Dios........4941
Is 2.4 *juzgará* entre las naciones...los pueblos.........8199
3.13 Jehová está...para *juzgar* a los pueblos.......1777
5.3 ahora...*juzgad* ahora entre mí y mi viña.......8199
11.3 no *juzgará* según la vista de sus ojos..........8199
11.4 que *juzgará* con justicia a los pobres..........8199
16.5 sentará...quien *juzgue* y busque el juicio......8199
51.5 y mis brazos *juzgarán* a los pueblos...........8199
59.4 no hay...ni quien *juzgue* por la verdad.........8199
66.16 Jehová *juzgará* con fuego y...su espada......8199
Jer 3.9 que por *juzgar* ella cosa liviana su
5.28 no *juzgaron* la causa, la causa del...no *j*.......8199
11.20 oh Jehová de...que *juzgas* con justicia.......8199
22.16 él *juzgó* la causa del afligido y del...........1777
30.13 no hay quien *juzgue* tu causa...sanarte......1777
51.36 yo *juzgo* tu causa y haré tu venganza........7378
51.44 *juzgaré* a Bel en Babilonia, y sacaré..........6485
Ez 7.3 te *juzgaré* según tus caminos; y pondré.........8199
7.8 y te *juzgaré* según tus caminos; y pondré.......8199
7.27 y con los juicios de ellos los *juzgaré*..........8199
11.10,11 en los límites de Israel os *juzgaré*.........8199
16.38 y yo te *juzgaré* por las leyes de las............8199
16.52 que *juzgaste* a tus hermanas, lleva tu.........6419
18.30 *juzgaré* a cada uno según sus caminos........8199
20.4 ¿quieres tú *juzgarlos*?...quieres *juzgar*........8199
21.30 la tierra donde has vivido, te *juzgaré*.........8199
22.2 ¿no *juzgarás* tu, no *j* tú a la ciudad.............8199
23.24 el juicio, y por sus leyes te *juzgarán*..........8199
23.36 ¿no *juzgarás* tú a Ahola y a Aholiba...........8199
23.45 justos las *juzgarán* por la ley de las............8199
24.14 según tus caminos...obras te *juzgarán*........8199
33.20 os *juzgaré*, oh casa de Israel, a cada...........8199
34.17 he aquí yo *juzgo* entre oveja y oveja...........8199
34.20 yo *juzgaré* entre la oveja engordada y.........8199
34.22 salvaré...*juzgaré* entre oveja y oveja..........8199
35.11 conocido en ellos, cuando te *juzgue*...........8199
36.19 y conforme a sus obras les *juzgué*............8199
44.24 para *juzgar*; conforme a mis...*juzgarán*.......8199
Jl 3.12 allí me sentaré para *juzgar*...naciones.........8199
Am 7.4 el Señor llamaba para *juzgar* con fuego........7378
Abd 21 subirán...para *juzgar* al monte de Esaú.........8199
Mi 3.11 sus jefes *juzgan* por cohecho, y sus............8199
4.3 *juzgará* entre muchos pueblos, y corregirá......8199
7.3 el juez *juzga* por recompensa; y el grande.......8199
7.9 que *juzgue* mi causa y haga mi justicia.........7378
Sof 3.8 el día que me levante para *juzgaros*
Zac 7.9 *juzgad* conforme a la verdad, y haced.........8199
8.16 *juzgad* según la verdad y lo...a la paz..........8199
Mt 7.1 **no *juzguéis*, para que no seáis *juzgados*** *2919*
7.2 **juicio con que *juzgáis*, seréis *juzgados*** *2919*
19.28 **tronos, para *juzgar* a las doce tribus** *2919*
Lc 6.37 **no *juzguéis*, y no seréis *juzgados*; no**........*2919*
7.43 **y él le dijo: Rectamente has *juzgado*** *2919*
12.57 **¿y por qué no *juzgáis* por vosotros lo**........*2919*
19.22 **mal siervo, por tu propia boca te *juzgo*** *2919*
22.30 ***juzgando* a las doce tribus de Israel**........*2919*
Jn 5.22 **porque el Padre a nadie *juzga*, sino** *2919*
5.30 **según oigo, así *juzgo*; y mi juicio es**........*2919*
7.24 **no *juzguéis*...sino *juzgad* con justo juicio**........*2919*
7.51 ¿*juzga* acaso nuestra ley a un hombre si........*2919*
8.15 ***juzgáis* según la carne; yo no *juzgo* a**........*2919*
8.16 **y si yo *juzgo*, mi juicio es verdadero**........*2919*
8.26 **muchas cosas tengo que decir y *juzgar*** *2919*
8.50 **mi gloria; hay quien la busca, y *juzga*** *2919*
12.47 **oye...y no las guarda, yo no le *juzgo*** *2919*
12.47 **porque no he venido a *juzgar* al mundo**........*2919*
12.48 **no recibe mis...tiene quien le *juzgue*** *2919*
12.48 **la palabra...ella le *juzgará* en el día**........*2919*
16.11 **príncipe de este...ha sido ya *juzgado*** *2919*
18.31 tomadle...y *juzgadle* según vuestra ley........*2919*
Hch 4.19 *juzgad* si es justo delante de Dios............*2919*
7.7 yo *juzgaré*, dijo Dios, a la nación de la..........*2919*
13.46 no os *juzgáis* dignos de la vida eterna........*2919*
15.19 *juzgo* que no se inquiete a los gentiles........*2919*
16.15 si habéis *juzgado* que yo sea fiel al...........*2919*
17.31 un día...*juzgará* al mundo con justicia........*2919*
23.3 ¿estás tú...para *juzgarme* conforme a la......*2919*
23.6 de la resurrección de los...se me *juzga*.........*2919*
24.6 quisimos *juzgarle* conforme a nuestra ley......*2919*
24.8 al *juzgarle*, podrás informarte de todas.........*350*
24.21 acerca de la resurrección...soy *juzgado*......*2919*
25.9 ser *juzgado* de estas cosas delante de..........*2919*
25.10 de César estoy, donde debo ser *juzgado*......*2919*
25.20 ir...y allá ser *juzgado* de estas cosas.........*2919*
26.8 ¿se *juzga* entre vosotros cosa increíble........*2919*
Ro 2.1 tú que *juzgas*; pues en lo que *j* a otro............*2919*
2.1 te condenas...tú que *juzgas* haces lo mismo....*2919*
2.3 que *juzgas* a los que tal hacen, y haces..........*2919*
2.12 han pecado, por la ley serán *juzgados*.........*2919*
2.16 día en que Dios *juzgará*...los secretos..........*2919*
3.4 palabras, y venzas cuando fueres *juzgado*......*2919*
3.6 otro modo, ¿cómo *juzgaría* Dios al mundo?.....*2919*
3.7 ¿por qué aún soy *juzgado* como pecador?.......*2919*
14.3 el que no come, no *juzgue* al que come..........*2919*
14.4 quien eres, que *juzgas* al criado ajeno?.........*2919*
14.5 día; otro *juzga* iguales todos los días............*2919*
14.10 pero tú, ¿por qué *juzgas* a tu hermano?.......*2919*
14.13 ya no nos *juzguemos*...unos a los otros.......*2919*
1 Co 2.15 el espiritual *juzga*...no es *juzgado*...........*350*
4.3 yo en muy poco tengo el ser *juzgado* por.........*350*
4.3 poco...y ni aun yo me *juzgo* a mí mismo..........*350*
4.4 no por eso...el que me *juzga* es el Señor..........*350*
4.5 no *juzguéis* nada antes de tiempo, hasta..........*2919*
5.3 ya como presente he *juzgado* al que tal..........*2919*
5.12 ¿qué razón tendría yo para *juzgar* a los.......*2919*
5.12 ¿no *juzgáis*...a los que están dentro?...........*2919*
5.13 a los que están fuera, Dios *juzgará*.............*2919*
6.2 que los santos han de *juzgar* al mundo?.........*2919*
6.2 el mundo ha de ser *juzgado* por vosotros........*2919*
6.2 indignos de *juzgar* cosas muy pequeñas?........*2922*
6.3 ¿o no sabéis que hemos de *juzgar* a los..........*2919*
6.4 ¿ponéis para *juzgar* a los que son de.............*2922*
6.5 uno que pueda *juzgar* entre sus hermanos......*1252*
10.15 a sensatos hablo; *juzgad* vosotros lo..........*2919*
10.29 ¿por qué se ha de *juzgar* mi libertad...........*2919*
11.13 *juzgad*...¿Es propio que la mujer ore a.........*2919*
11.31 nos examinásemos...no seríamos *juzgados*...*2919*
11.32 siendo *juzgados*, somos castigados por.........*2919*
13.11 *juzgaba* como niño; mas cuando ya fui.........*2980*
14.24 algún incrédulo...por todos es *juzgado*.........*350*
14.29 profetas hablen...y los demás *juzguen*.........*1252*
Col 2.16 por tanto, nadie os *juzgue* en comida.........*2919*
2 Ti 4.1 *juzgará* a los vivos y a los muertos.............*2919*
He 10.30 vez: El Señor *juzgará* a su pueblo..............*2919*
13.4 a los fornicarios y a...los *juzgará* Dios..........*2919*
Stg 2.12 como los que habéis de ser *juzgados*............*2919*
4.11 el que...*juzga* a su hermano...*j* a la ley..........*2919*
4.11 si tú *juzgas* a la ley, no eres hacedor..........*2919*
4.12 tú, ¿quién eres para que *juzgues* a otro?........*2919*
1 P 1.17 que...*juzga* según la obra de cada uno..........*2919*
2.23 sino encomendaba la causa al que *juzga*..........*2919*
4.5 al que está preparado para *juzgar* a los..........*2919*
4.6 para que sean *juzgados* en carne según los......*2919*
Ap 6.10 no *juzgas* y vengas nuestra sangre en..........*2919*
11.18 el tiempo de *juzgar* a los muertos, y............*2919*
16.5 Santo, porque has *juzgado* estas cosas..........*2919*
18.8 poderoso es Dios el Señor, que la *juzga*..........*2919*
19.2 pues ha *juzgado* a la gran ramera que ha.........*2919*
19.11 Fiel y Verdadero, y con justicia *juzga*..........*2919*
20.4 los que recibieron facultad de *juzgar*..........*2917*
20.12 y fueron *juzgados* los muertos por las..........*2919*
20.13 y fueron *juzgados*...uno según sus obras.......*2919*

J

K

KEILA
1. Ciudad de Judá..................................7084
Jos 15.44 *K*, Aczib y Maresa; nueve ciudades.........7084
1 S 23.1 los filisteos combaten a *K*, y roban..............7084
23.2 vé, ataca a los filisteos, y libra a *K*...............7084
23.3 ¿cuánto más si fuéremos a *K* contra el..........7084
23.4 desciende a *K*, pues yo entregaré en tus.........7084
23.5 fue, pues...a *K*...y libró David a los de *K*.......7084
23.6 Abiatar hijo...huyó siguiendo a David a *K*.......7084
23.7 dado aviso...que David había venido a *K*........7084
23.8 descender a *K*, y poner sitio a David y..........7084
23.10 que Saúl trata de venir contra *K*, a.............7084
23.11,12 ¿me entregarán los vecinos de *K*...........7084
23.13 David...se levantó con...y salieron de *K*.......7084
23.13 de que David se había escapado de *K*..........7084
Neh 3.17,18 gobernador de la mitad de la...de *K*.......7084
2. Descendiente de Judá, 1 Cr 4.19..................7084

KELAÍA *Levita que se casó con una mujer extranjera (=Kelita)*, Esd 10.23..............7041

KELITA *Levita en tiempo de Esdras y Nehemías (=Kelaía)*, Esd 10.23..............7042
Neh 8.7; 10.10..7042

KEMUEL
1. Hijo de Nacor, Gn 22.21...........................7055
2. Jefe en la tribu de Efraín, Nm 34.24.............7055
3. Levita en tiempo de David
1 Cr 27.17..7055

KENAT *Ciudad en Galaad*, Nm 32.42;
1 Cr 2.23...7079

KEREN-HAPUC *Hija de Job*, Job 42.14...............7163

KIBROT-HATAAVA *Lugar donde acampó Israel*, Nm 11.34,35; 33.16,17;
Dt 9.22...6914

KIBSAIM *Ciudad en Efraín*, Jos 21,22...............6911

KIR
1. Lugar en Mesopotamia
2 R 16.9 llevó cautivos a los moradores a *K*...........7024
Is 22.6 Elam tomó aljaba...*K* sacó el escudo...........7024
Am 1.5 pueblo de Siria será transportado a *K*..........7024
9.7 ¿no hice yo subir...de *K* a los arameos?
2. Ciudad de Moab (=Kir-hareset y Kir-hares),
Is 15.1..7024

KIR-HARES *Ciudad de Moab (=Kir No. 2 y Kir-hareset)*
Jer 48.31 y sobre los hombres de *K* gemiré..............7025
48.36 mi corazón resonará...los hombres de *K*.......7025

KIR-HARESET *Ciudad de Moab (=Kir No. 2 y Kir-hares)*
2 R 3.25 que en *K* solamente dejaron piedras...........7025
Is 16.7 abatidos. las tortas de uvas de *K*...............7025
16.11 entrañas vibrarán...mi corazón por *K*.......7025

L

LA *Véase el Apéndice*

LAADA *Descendiente de Judá,* 1 Cr 4.21 3935

LAADÁN
1. Ascendiente de Josué, 1 Cr 7.26 3936
2. Levita, hijo de Gersón, 1 Cr 23.7,8,9; 26.21 3936

LABÁN
1. Suegro de Jacob
Gn 24.29 Rebeca tenía un hermano...llamaba *L* 3837
24.32 *L* desató los camellos; y les dio paja 3837
24.50 *L* y Betuel respondieron y dijeron: De 3837
25.20 tomó...a Rebeca...hermana de *L* arameo 3837
27.43 huye a casa de *L* mi hermano en Harán 3837
28.2 vé...y toma allí mujer de las hijas de *L* 3837
28.5 Jacob...fue a Padan-aram, a *L* hijo de 3837
29.5 les dijo: ¿Conocéis a *L* hijo de Nacor? 3837
29.10 Raquel, hija de *L*...y las ovejas de *L* 3837
29.10 acercó Jacob...y abrevó el rebaño de *L* 3837
29.13 oyó *L*...lo abrazó...él contó a *L* todas 3837
29.14 y *L* le dijo: Ciertamente hueso mío y 3837
29.15 dijo *L* a Jacob...¿Por ser tú mi hermano 3837
29.16 y *L* tenía dos hijas: el nombre de la 3837
29.19 *L* respondió: Mejor es que te la dé a 3837
29.21 dijo Jacob a *L:* Dame mi mujer, porque 3837
29.22 *L* juntó a todos los...e hizo banquete 3837
29.24 y dio *L* su sierva Zilpa a su hija Lea 3837
29.25 Jacob dijo a *L:* ¿Qué es esto que me has 3837
29.26 *L* respondió: No se hace así en...lugar 3837
29.29 dio *L* a Raquel su hija su sierva Bilha 3837
29.30 y sirvió a *L* aún otros siete años 3837
30.25 que Jacob dijo a *L:* Envíame, e iré a 3837
30.27 *L* le respondió: Halle yo ahora gracia 3837
30.34 dijo entonces *L:* Mira, sea como tú 3837
30.35 *L* apartó aquel día los machos cabríos 3837
30.36 Jacob apacentaba las otras ovejas de *L* 3837
30.40 todo lo que era oscuro del hato de *L* 3837
30.40 hato...no lo ponía con las ovejas de *L* 3837
30.42 así eran las más débiles para *L,* y las 3837
31.1 oía Jacob...los hijos de *L,* que decían 3837
31.2 miraba también Jacob el semblante de *L* 3837
31.12 yo he visto todo lo que *L* te ha hecho 3837
31.19 *L* había ido a trasquilar sus ovejas 3837
31.20 Jacob engañó a *L*...no haciéndole saber 3837
31.22 al tercer día fue dicho a *L* que Jacob 3837
31.23 *L* tomó a sus parientes consigo, y fue 3837
31.24 vino Dios a *L* arameo en sueños...noche 3837
31.25 alcanzó, pues, *L* a Jacob; y éste había 3837
31.25 *L* acampó con sus parientes en el monte 3837
31.26 y dijo *L* a Jacob: ¿Qué has hecho, que 3837
31.31 respondió Jacob y dijo a *L:* Porque tuve 3837
31.33 entró *L* en la tienda de Jacob, en la 3837
31.34 buscó *L* en toda la tienda, y no los 3837
31.36 Jacob se enojó, y riñó con *L*...dijo a *L* 3837
31.43 respondió *L* y dijo a Jacob: Las hijas 3837
31.47 lo llamó *L,* Jegar Sahaduta; y lo llamó 3837
31.48 porque *L* dijo: Este majano es testigo 3837
31.51 dijo...*L* a Jacob: He aquí este majano 3837
31.55 levantó *L* de mañana, y besó sus hijos 3837
32.4 con *L* he morado, y me he detenido hasta 3837
46.18 de Zilpa, la que *L* dio a su hija Lea 3837
46.25 Bilha, la que dio *L* a Raquel su hija 3837
2. Lugar en la península de Sinaí, Dt 1.1 3837

LABIO
Éx 6.12 me escuchará...siendo yo torpe de *l?* 8193
6.30 he aquí yo soy torpe de *l,* ¿cómo, pues 8193
Lv 5.4 alguno jurare a la ligera con sus *l* 8193
Nm 30.6 y pronunciare de sus *l* cosa con que 8193
30.8 lo que pronunció de sus *l* con que ligó 8193
30.12 todo lo que salió de sus *l*...será nulo 8193
Dt 23.23 pero lo que hubiere salido de tus *l* 8193
1 S 1.13 se movían sus *l,* y su voz no se oía 8193
2 R 19.28 yo pondré...mi freno en tus *l,* y te 8193
Job 2.10 en todo esto no pecó Job con sus *l* 8193
8.21 aún llenaré tu boca...y tus *l* de júbilo 8193
11.5 diera que Dios...abriera sus *l* contigo 8193
13.6 estad atentos a los argumentos de mis *l* 8193
15.6 tu boca...tus *l* testificarán contra ti 8193
16.5 y la consolación de mis *l* apaciguaría 8193
23.12 mandamiento de sus *l* nunca me separé 8193
27.4 *l* no hablarán iniquidad, ni mi lengua 8193
32.20 respiraré; abriré mis *l,* y responderé 8193
33.3 y lo que saben mis *l,* lo hablarán con 8193
Sal 12.2 mentira...hablan con *l* lisonjeros, y 8193
12.3 Jehová destruirá todos los *l* lisonjeros 8193
12.4 nuestros *l* son nuestros; ¿quién es señor 8193
16.4 sangre, ni en mis *l* tomaré sus nombres 8193
17.1 escucha...oración hecha de *l* sin engaño 8193
17.4 la palabra de tus *l* yo me he guardado de 8193
21.2 has...no le negaste la petición de sus *l* 8193
31.18 enmudezcan los *l* mentirosos que hablan 8193
34.13 guarda tu...y tus *l* de hablar engaño 8193
40.9 no refrené mis *l,* Jehová, tú lo sabes 8193
45.2 eres el...la gracia se derramó en tus *l* 8193
51.15 Señor, abre mis *l,* y publicará mi boca 8193
59.7 con su boca; espadas hay en sus *l,* porque 8193
59.12 por la palabra de sus *l,* sean ellos 8193
63.3 mejor...que la vida; mis *l* te alabarán 8193
63.5 y con *l* de júbilo te alabará mi boca 8193
66.14 que pronunciaron mis *l* y habló mi boca 8193
71.23 mis *l* se alegrarán cuando cante a ti 8193
89.34 ni mudaré lo que ha salido de mis *l* 8193
106.33 y habló precipitadamente con sus *l* 8193
119.13 mis *l* he contado todos los juicios 8193
119.171 mis *l* rebosarán alabanzas cuando me 8193
120.2 libra mi alma...del *l* mentiroso, y de 8193
140.3 veneno de áspid hay debajo de sus *l* 8193
140.9 la maldad de sus...*l* cubrirá su cabeza 8193
141.3 oh Jehová; guarda la puerta de mis *l* 8193
Pr 4.24 y aleja de ti la iniquidad de los *l* 8193
5.2 consejo, y tus *l* conserven la ciencia 8193
5.3 los *l* de la mujer extraña destilan miel 8193
6.2 has quedado preso en los dichos de tus *l* 8193
7.21 lo...le obligó con la zalamería de sus *l* 8193
8.6 hablaré...abriré mis *l* para cosas rectas 8193
8.7 mi boca hablará...impiedad abominan mis *l* ... 8193
10.8 sabio de corazón...el necio de *l* caerá 8193
10.10 guiña...y el necio de *l* será castigado 8193
10.13 los *l* del prudente se halla sabiduría 8193
10.18 que encubre el odio es de *l* mentirosos 8193
10.19 mas el que refrena sus *l* es prudente 8193
10.21 los *l* del justo apacientan a muchos 8193
10.32 *l* del justo saben hablar lo que agrada 8193
12.13 enredado en la prevaricación de sus *l* 8193
12.19 el *l* veraz permanecerá para siempre 8193
12.22 *l* mentirosos son abominación a Jehová 8193
13.3 que mucho abre sus *l* tendrá calamidad 8193
14.3 mas los *l* de los sabios los guardarán 8193
14.7 porque en él no hallarás *l* de ciencia 8193
14.23 las vanas palabras de los *l* empobrecen 8193
16.10 oráculo...en los *l* del rey; en juicio 8193
16.13 *l* justos son el contentamiento de los 8193
16.21 y la dulzura de *l* aumenta el saber 8193
16.23 el corazón del...añade gracia a sus *l* 8193
16.27 mal, y en sus *l* hay como llama de fuego 8193
16.30 sus ojos...mueve sus *l,* efectúa el mal 8193
17.4 el malo está atento al *l* inicuo; y el 8193
17.7 no conviene...al príncipe el *l* mentiroso! 8193
17.28 calla...el que cierra sus *l* es entendido 8193
18.6 los *l* del necio traen contienda; y su 8193
18.7 del necio...sus *l* son lazos para su alma 8193
18.20 boca...se saciará del producto de sus *l* 8193
19.1 mejor es...que el de perversos *l* y fatuo 8193
20.15 mas los *l* prudentes son joya preciosa 8193
22.11 la gracia de sus *l* tendrá la amistad 8193
22.18 juntamente se afirmaren sobre tus *l* 8193
23.16 cuando tus *l* hablaren cosas rectas 8193
24.2 su corazón...e iniquidad hablan sus *l* 8193
24.26 besados serán los *l* del que responde 8193
24.28 tu prójimo, y no lisonjees con tus *l* 8193
26.23 como escoria...son los *l* lisonjeros y 8193
26.24 el que odia disimula con sus *l;* mas en 8193
27.2 alábete el extraño...y no los *l* tuyos 8193
Ec 10.12 *l* del necio causan su propia ruina 8193
Cnt 4.3 tus *l* como hilo de grana, y tu habla 8193
4.11 como panal de miel destilan tus *l,* oh 8193
5.13 sus *l,* como lirios que destilan mirra 8193
7.9 entra...y hace hablar los *l* de los viejos 8193
Is 6.5 hombre inmundo de *l*...tiene *l* inmundos 8193
6.7 esto tocó tus *l,* y es quitada tu culpa 8193
11.4 con el espíritu de sus *l* matará al impío 8193
29.13 con sus *l* me honra, pero su corazón 8193
30.27 sus *l* llenos de ira, y su lengua como 8193
37.29 pondré...mi freno en tus *l,* y te haré 8193
57.19 produciré fruto de *l:* Paz, paz al que 8193
59.3 vuestros *l* pronuncian mentira, habla 8193
Dn 10.16 tocó mis *l*...Entonces abrí mi boca y 8193
Os 14.2 ofreceremos la ofrenda de nuestros *l* 8193
Mi 3.7 ellos todos cerrarán sus *l,* porque no 8193
Hab 3.16 a la voz temblaron mis *l;* pudrición 8193
Sof 3.9 devolveré...a los pueblos pureza de *l* 8193
Mal 2.6 iniquidad no fue hallada en sus *l;* en 8193
2.7 los *l* del sacerdote han de guardar la 8193
Mt 15.8; Mr 7.6 **pueblo de *l* me honra, mas su** *5491*
Ro 3.13 veneno de áspides hay debajo de sus *l* *5491*
1 Co 14.21 con otros *l* hablaré a este pueblo *5491*
He 13.15 fruto de *l* que confiesan su nombre *5491*
1 P 3.10 refrene su...y sus *l* no hablen engaño *5491*

LABOR
Éx 1.14 y en toda *l* del campo y en todo su 5656
23.16 la siega, los primeros frutos de tus *l* 4639
23.16 hayas recogido los frutos de tus *l* del 4639
31.5 artificio...trabajar en toda clase de *l* 4399
35.33 obra...para trabajar en toda *l* ingeniosa 4399
35.35 hagan toda *l,* e inventen todo diseño 4399
39.3 tejerlos entre...el lino, con ¡primorosa 4639
39.5 el cinto...era de lo mismo, de igual *l* 4639
2 R 25.17 e igual *l* había en la otra columna 7639
Neh 10.37 recibirían las décimas de nuestras *l*
Job 39.11 ¿confiarás tú en...y le fiarás tu *l?* 3018
Sal 78.46 dio también a...sus *l* a la langosta 3018
104.23 sale el hombre a su *l,* y a...labranza 6467
105.44 les dio...*l* de los pueblos heredaron 5999
Pr 14.23 en toda *l* hay fruto; mas las vanas 6089
24.27 prepara tus *l* fuera, y disponlas en tus 4399
Ec 3.13 y beba, y goce el bien de toda su *l* 5999
Is 32.17 *l* de la justicia, reposo y seguridad 4639
Ez 23.29 tomarán todo el fruto de tu *l,* y te 3018
Jn 4.38 **y vosotros habéis entrado en sus *l*** *2873*
1 Co 3.8 recibirá su recompensa conforme a...*l* *2873*

LABORIOSA
Pr 13.11 que recoge con mano *l* las aumenta 3027

LABRADO *Véase también Labrar*
Ez 41.25 en las puertas...había *l* de querubines 6213
Hab 3.17 aunque...los *l* no den mantenimiento 4639

LABRADOR
Gn 4.2 fue pastor...y Caín fue *l* de la tierra 5647
Is 61.5 extraños serán vuestros *l*...viñadores 406
Jer 14.4 están confusos los *l,* cubrieron sus 406
31.24 y habitará...en todas sus ciudades *l* 406
51.23 quebrantaré por tu medio a *l* y a sus 406
52.16 de los pobres del país dejó...para...*l* 3755
Jl 1.11 confundíos *l;* gemid, viñeros, por el 406
Am 5.16 al *l* llamarán a lloro, y a endecha a 406
Zac 13.5 no soy profeta; *l* soy de la tierra 376,5647,127
Mt 21.33 **la arrendó a unos *l,* y se fue lejos** *1092*
21.34 **el tiempo de...envió sus siervos a los *l*** *1092*
21.35 **mas los *l,* tomando a los siervos, a uno** *1092*
21.38 **los *l,* cuando vieron al hijo, dijeron** *1092*
21.40 **cuando venga...¿qué hará a aquellos *l*?** *1092*
21.41 y arrendará su viña a otros *l,* que le *1092*
Mr 12.1 **la arrendó a unos *l,* y se fue lejos** *1092*
12.2 **y a su tiempo envió un siervo a los *l*** *1092*
12.7 ***l* dijeron entre sí: Este es el heredero** *1092*
12.9 **y destruirá a los *l,* y dará su viña a** *1092*
Lc 20.9 **plantó una viña, la arrendó a *l,* y se** *1092*
20.10 **envió un siervo a los *l,* para que le** *1092*
20.10 **los *l* le golpearon, y le enviaron con** *1092*
20.14 **mas los *l,* al verle, discutían entre sí** *1092*
20.16 **vendrá y destruirá a estos *l,* y dará** *1092*
Jn 15.1 **yo soy la vid...y mi Padre es el *l*** *1092*
2 Ti 2.6 el *l,* para participar de los frutos *1092*
Stg 5.7 cómo el *l* espera...fruto de la tierra *1092*

LABRANZA
Gn 26.14 tuvo...mucha *l*...le tuvieron envidia 5657
Nm 20.17 no pasaremos por *l,* ni por viña, ni 7704
1 Cr 27.26 de los que trabajaban en la *l* de 7704
2 Cr 26.10 viñas y *l,* así en los montes como 4334
Sal 104.23 sale el hombre...*l* hasta la tarde 5656
Mt 22.5 **se fueron, uno a su *l,* y otro a sus** *68*
1 Co 3.9 y vosotros sois *l* de Dios, edificio *1091*

LABRAR
Gn 2.5 ni había hombre...que *labrase* la tierra 5647
2.15 puso en el huerto...para que lo *labrara* 5647
3.23 lo sacó...para que *labrase* la tierra de 5647
4.12 cuando *labres* la tierra, no te volverá 5647
9.20 comenzó Noé a *labrar*...y plantó una viña 376
Éx 20.25 si...altar de piedras, no las *labres* 1129
25.18 querubines de oro; *labrados* a martillo 4749
25.31 un candelero de oro...*labrado* a martillo 4749
25.36 una pieza *labrada* a martillo, de oro 4749
37.7 los dos querubines...*labrados* a martillo 4749
37.17 el candelero de oro...*labrado* a martillo 4749
37.22 una pieza *labrada* a martillo, de oro 4749
39.6 *labraron* las piedras de ónice montadas 6213
Nm 8.4 candelero, de oro *labrado* a martillo 4749
8.4 su pie hasta sus...era *labrado* a martillo 4749
Dt 10.1 *lábrate* dos tablas de piedra como las 6458
10.3 y *labré* dos tablas de piedra como las 6458
28.39 plantarás viñas y *labrarás,* pero no 5193
Jos 15.18 que pidiese a...tierras para *labrar*
2 S 9.10 tú, pues, le *labrarás* las tierras, tú 5647
1 R 5.6 ninguno hay...que sepa *labrar* madera 3772
5.17 mandó...que trajesen...piedras *labradas* 1496
5.18 madera y la cantería para *labrar* la casa 6458
6.9 *labró,* pues, la casa, y la terminó; y la 1129
6.14 así...Salomón *labró* la casa y la terminó 1129
6.36 de tres hileras de piedras *labradas,* y 1496
7.11 piedras costosas, *labradas* conforme a 1496
7.12 había tres hileras de piedras *labradas* 1496
7.26 el borde era *labrado* como...de un cáliz 4639
2 R 25.12 que *labrasen* las viñas y la tierra 3009,1461
1 Cr 22.2 canteros que *labrasen* piedras para 1496
2 Cr 9.15 hizo...Salomón 200 paveses...labrado 6213
Neh 3.16 hasta el estanque *labrado,* y hasta 6213
Job 39.10 ¿*labrará* los valles en pos de ti? 7702
Sal 7.13 armas...ha *labrado* saetas ardientes 6466
144.12 nuestras hijas como esquinas *labradas* 2106
Pr 9.1 la sabiduría...*labró* sus siete columnas 2672
12.11; 28.19 el que *labra* su tierra se saciará 5647
Is 19.9 que *labran* lino fino y los que tejen 5647
22.11 ni mirasteis de lejos al que lo *labró* 3335
22.16 *labraste* aquí sepulcro para ti, como 2672
22.16 que en lugar alto *labra* su sepultura 2672
30.24 tus asnos que *labran* la tierra comerán 5647
44.13 carpintero...lo *labra* con los cepillos 8388
45.9 ¿dirá el barro al que lo *labra:* ¿Qué 3335
Jer 27.11 dejaré en su tierra, y la *labrará* y 5647
Lm 3.9 cercó mis caminos con piedra *labrada* 1496
Ez 27.19 para negociar...con hierro *labrado* 6219
36.9 volveré, y seréis *labrados* y sembrados 5647
36.34 y la tierra asolada será *labrada,* en 5647
40.42 cuatro mesas...eran de piedra *labrada* 1496
41.18 *labrada* con querubines y palmeras 6213
41.20 desde el suelo...querubines *labrados* 6213
Am 5.11 edificasteis casas de piedra *labrada* 1496
Mt 27.60 su sepulcro nuevo, que había *labrado* *2998*
Jn 4.38 **segar lo que vosotros no *labrasteis*** *2872*
4.38 ***labraron,* y vosotros habéis entrado en** *2872*
He 6.7 a aquellos por los cuales es *labrada* *1090*

LACUM *Población en Neftalí,* Jos 19.33 3946

LADERA
Dt 3.17 al pie de las *l* del Pisga al oriente 798
4.49 el mar del Arabá, al pie de las *l* del 5676
Jos 10.40 hirió...las *l,* y a todos sus reyes 794
12.3 desde el sur al pie de las *l* del Pisga 8478

12.8 en las *l*, en el desierto y en el Neguev 6160
13.20 Bet-peor, las *l* de Pisga, Bet-jesimot
Cnt 4.1; 6.5 cabras que se recuestan en las *l* 2022
Is 5.1 tenía mi amado una viña en una *l* fértil 7161
37.24 subiré a las alturas... *l* del Líbano 3411

LADO

Gn 3.24 una espada... se revolvía por todos *l* 2015
6.16 pondrás la puerta del arca a su *l*; y le 6654
39.10 él para acostarse al *l* de ella, para 681
45.1 delante de todos los que estaban al *l* 5921
50.10 la era de Atad... al otro *l* del Jordán 5676
50.11 Abel-mizraim... está al otro *l* del Jordán 5676
Éx 14.9 al *l* de Pi-hahirot, delante de 5921
17.12 Aarón y Hur... uno de un *l* y el otro 4480,2088
25.12 dos anillos a un *l*... y dos... al otro *l* 6763
25.14 meterás... por los anillos a los *l* del 6763
25.32 y saldrán seis brazos de sus *l*; tres 6654
25.32 tres... a un *l*, y tres brazos al otro *l* 6654
26.13 codo de un *l*, y otro codo del otro *l* 4480,2088
26.13 colgará sobre los *l*... a un *l* y al otro 6654
26.18 veinte tablas al *l* del mediodía, al sur 6285
26.20 y al otro *l* del tabernáculo, al *l* del 6285
26.22 y para el *l* posterior del tabernáculo 3411
26.26 para las tablas de un *l* del tabernáculo 6763
26.27 las tablas del otro *l*... del *l* posterior 6763
26.35 candelero... *l* sur... mesa al *l* del norte 6763
27.7 estarán aquellas varas a... *l* del altar 6763
27.9 *l* meridional, al sur, tendrá el atrio 6285
27.9 de cien codos de longitud para un *l* 6285
27.11 *l* del norte habrá a lo largo cortinas 6285
27.12 el ancho del atrio, del *l* occidental 6285
27.13 el ancho del atrio por el *l* del oriente 6285
27.14 cortinas a un *l* de la entrada serán de 3802
27.15 y al otro *l*, quince codos de cortinas 3802
27.18 anchura 50 por un *l* y 50 por el otro
28.26 su orilla... al *l* del efod hacia adentro 5676
30.4 dos anillos... sus dos esquinas a ambos *l* 6654
32.15 escritas por ambos *l*; de uno y otro *l* 5676
36.23 veinte tablas al *l*... sur, al mediodía 6285
36.25 el otro *l* del tabernáculo, al *l* norte 6763
36.27 para el *l* occidental del tabernáculo 3411
36.28 para las esquinas... en los dos *l* hizo 3411
36.31 para las tablas de un *l* del tabernáculo 6763
36.32 las tablas del otro *l*... del *l* posterior 6763
37.3 en un *l* dos anillos y en el otro *l* dos 6763
37.5 metió las varas por... a los *l* del arca 6763
31.18 de sus *l* salían seis brazos: 3 brazos 6654
37.18 tres brazos de un *l*... brazos del otro *l* 6654
37.27 en las dos esquinas a los dos *l*, para 6654
38.7 varas por los anillos a los *l* del altar 6763
38.9 del *l* sur, al mediodía, las cortinas del 6285
38.11 y del *l* norte cortinas de cien codos 6285
38.12 *l* del occidente, cortinas de 50 codos 6285
38.13 del *l* oriental, al este, cortinas de 6285
38.14 a un *l* cortinas de quince codos, sus 3802
38.15 al otro *l*, de uno y otro *l* de la puerta 3802
40.22 puso la mesa... al *l* norte de la cortina 3409
40.24 el candelero... al *l* sur de la cortina 3409
Lv 1.11 y lo degollará al *l* norte del altar 3409
16.14 hacia el propiciatorio al *l* oriental
Nm 3.29 Coat acamparán al *l* del tabernáculo 3409
3.35 acamparán al *l* del tabernáculo, al norte 3409
11.31 un día de camino a un *l*, y un día de 3541
21.13 acamparon al otro *l* de Arnón, que está 5676
22.24 que tenía pared a un *l* y pared al otro 4480,2288
32.19 porque no tomaremos heredad... al otro *l* 5676
32.19 tendremos ya... heredad a este otro *l* del 5676
32.32 de nuestra heredad será a este *l* del 5676
34.3 tendréis el *l* del sur desde el desierto 6285
34.15 tomaron su heredad a este *l* del Jordán 5676
35.5 mediréis... al *l* del oriente... al *l* del sur 6285
35.5 *l* del occidente... y al *l* del norte 2.000 6285
35.10 hayáis pasado al otro *l* del Jordán a la 5474
35.14 tres ciudades daréis a este *l* del Jordán 5676
Dt 1.1 que habló Moisés... a este *l* del Jordán 5676
1.5 de este *l* del Jordán, en tierra de Moab 5676
3.8 dos reyes amorreos... a este *l* del Jordán 5676
3.20 que Jehová... les da al otro *l* del Jordán 5676
4.41 apartó Moisés tres ciudades a este *l* del 5676
4.46 este *l* del Jordán, en el valle
delante de Bet-peor 5676
4.47 dos reyes de los... de este *l* del Jordán 5676
4.49 todo el Arabá de este *l* del Jordán, al 5676
11.30 los cuales están al otro *l* del Jordán 5676
30.13 ni está al otro *l* del mar, para que 5676
31.26 este libro de... y ponedlo al *l* del arca 6654
Jos 1.14,15 tierra... dado a este *l* del Jordán 5676
2.10 dos reyes de los... al otro *l* del Jordán 5676
3.16 de la ciudad... que está al *l* de Saretán 6654
4.19 acamparon en... al *l* oriental de Jericó 4217
5.1 reyes... que estaban al otro *l* del Jordán 5676
7.7 ¡ojalá nos hubiéramos quedado al otro *l* 5676
8.22 fueron encerrados... los unos por un *l*, y ..4480,2288
8.33 estaba de pie a uno y otro *l* del arca 4480,2288
9.1 oyeron... los reyes que estaban a este *l* 5676
9.10 a los dos reyes... al otro *l* del Jordán 5676
12.1 tierra poseyeron al otro *l* del Jordán 5676
12.7 derrotaron Josué... a este *l* del Jordán 5676
12.9 el rey de Hai, que está al *l* de Bet-el, otro 6654
13.8 heredad... al otro *l* del Jordán al oriente 5676
13.27 del mar de Cineret al otro *l* del Jordán 5676
13.32 Moisés repartió... al otro *l* del Jordán 5676
14.3 dos tribus... heredad al otro *l* del Jordán 5676
15.2 su límite por el *l* del sur fue desde la 5045
15.5 límite del *l* del norte, desde la bahía 6285
15.8 sube este límite... al *l* sur del jebuseo 3802
15.8 extremo del valle... por el *l* del norte
15.10 gira... y pasa al *l* del monte de Jearim 3802
15.11 sale luego al *l* de Ecrón hacia el norte 3802
16.5 límite de su heredad al *l* del oriente 4217
17.5 Galaad y de Basán... al otro *l* del Jordán 5676
18.7 han recibido su heredad al otro *l* del 5676
18.12 fue el límite... al *l* del norte desde el 6285
18.12 y sube hacia el *l* de Jericó al norte 5676
18.13 dirección de Luz, al *l* sur de Luz (que es Bet-el)
..........3802
18.14 y tuerce... por el *l* sur del monte que 6285
18.14 de Judá. Este es el *l* del occidente 6285
18.15 el *l* del sur es desde el extremo de 6285
18.16 al valle de Hinom, al *l* sur del jebuseo 3381
18.18 pasa al *l* que está enfrente del Arabá 3802
18.19 el límite al *l* norte de Bet-hogla, y 3802
18.20 Jordán era el límite al *l* del oriente 6285
19.13 pasando de allí hacia el *l* oriental a 6924
20.8 al otro *l* del Jordán... señalaron a Beser 5676
22.4 la tierra... os dio al otro *l* del Jordán 5676
22.7 dio Josué heredad... a este *l* del Jordán 5676
22.11 altar... del *l* de los hijos de Israel 5676
24.2 habitaron... al otro *l* del río, esto es 5676
24.3 tomé a... Abraham del otro *l* del río, y 5676
24.8 amorreos, que habitaban al otro *l* del 5676
24.14,15 vuestros padres al otro *l* del río 5676
Jue 3.16 y se lo ciñó debajo... a su *l* derecho 3409
3.21 Aod... tomó el puñal de su *l* derecho, y 3409
5.17 Galaad se quedó al otro *l* del Jordán 5676
5.30 ropa de color bordada de ambos *l*, para
7.25 trajeron las cabezas... otro *l* del Jordán 5676
10.8 Israel que estaban al otro *l* del Jordán 5676
11.18 por el *l* oriental... al otro *l* de Arnón 5676
21.19 en Silo... al *l* oriental del camino que 4217,8121
Rt 3.7 se retiró a dormir a un *l* del montón 7901
1 S 4.18 cayó hacia atrás... al *l* de la puerta 3027
6.8 y las joyas de... en una caja al *l* de ella 6654
14.1 y pasemos a la guarnición... de aquel *l* 5676
14.4 un peñasco agudo de un *l*, y... del otro *l* 5676
14.16 e iba de un *l* a otro y era deshecha
14.21 se pusieron... del *l* de los israelitas
14.40 vosotros estaréis a un *l*, y yo... otro *l* 5676
17.3 filisteos... a un *l*, e Israel... al otro *l* 4480,2088
20.20 y yo tiraré tres saetas hacia aquel *l* 6654
20.25 y se sentó Abner al *l* de Saúl, y el 6654
20.41 se levantó David del *l* del sur, y se
23.26 Saúl iba por un *l*... y David... el otro *l* 6654
26.13 pasó David al *l* opuesto, y se puso en 5676
31.7 del otro *l* del valle... otro *l* del Jordán 5676
2 S 2.13 un *l* del estanque, y... otros al otro *l* 4480,2088
10.16 a los sirios que estaban al otro *l* del 5676
13.34 gente que venía por el... del *l* del monte 6654
15.2 Absalón... y se ponía a un *l* del camino ...5921,3027
15.18 pasaban a su *l*, con todos los cereteos
16.13 Simei iba por el *l* del monte delante 6763
19.31 para acompañarle al otro *l* del Jordán
1 R 1.2 y duerma a su *l*, y entrará en calor
3.20 a su *l*, y puso al *l* mío su hijo muerto 4480,681
4.12 Bet-seán... y hasta el otro *l* de Jocmeam 5676
4.24 él señoreaba en... y tuvo paz por todos *l* 5676
6.8 puerta... estaba al *l* derecho de la casa 6763
7.21 hubo alzado la columna del *l* derecho
7.21 y alzando la columna del *l* izquierdo
7.23 un mar de diez codos de un *l* al otro 8193
7.39 colocó el mar al *l* derecho de la casa 3802
10.19 a uno y otro *l* tenía brazos cerca del 4480,2088
10.20 doce leones puestos... de un *l* y de otro ..4480,2088
2 R 2.8,14 aguas... se apartaron a uno y otro *l*
2.15 hijos... que estaban en Jericó al otro *l*
11.8 estaréis alrededor del rey por todos *l* 5439
11.11 el *l* derecho de... hasta el *l* izquierdo 3802
16.14 lo puso al *l* del altar hacia el norte 3409
1 Cr 6.78 del otro *l* del Jordán... dieron de la 5676
9.24 y estaban los porteros a los cuatro *l*
12.37 y del otro *l* del Jordán... 120.000 con 5676
19.16 los sirios que estaban al otro *l* del 5676
26.30 gobernaban... al otro *l* del Jordán, al 5676
2 Cr 4.10 colocó el mar al *l* derecho, hacia 3802
9.18 brazos a uno y otro *l* del asiento, y 4480,2088
9.19 doce leones sobre las... a uno y otro *l* 4480,2088
20.2 una gran multitud del otro *l* del mar 5676
32.22 salvó Jehová... dio reposo por todos *l* ...4480,5439
Esd 4.10 demás provincias del otro *l* del río 5675
4.11 siervos del otro *l* del río te saludan 5675
4.17 a los demás del otro *l* del río: Salud 5675
5.3 vino a ellos Tatnai gobernador del otro *l* 5675
5.6 la carta que Tatnai gobernador del otro *l* 5675
5.6 los gobernadores que... al otro *l* del río 5675
6.6 pues, Tatnai gobernador del otro *l* del río 5675
6.6 estáis al otro *l* del río, alejaos de allí 5675
6.8 que tiene del tributo del otro *l* del río 5675
6.13 Tatnai gobernador del otro *l* del río, y 5675
7.21 tesoreros que están al otro *l* del río 5675
7.25 todo el pueblo que está al otro *l* del río 5675
8.36 sátrapas y capitanes del otro *l* del río 5676
Neh 2.7 gobernadores al otro *l* del río, para 5676
2.9 vine... a los gobernadores del otro *l* del 5676
3.4 al *l* de ellos restauró Mesulam hijo de 3027
3.7 bajo... del gobernador del otro *l* del río 5676
12.38 el segundo coro iba del *l* opuesto, y yo
Job 1.19 un gran viento vino del *l* del desierto 5676
18.12 y a su *l* estará preparado quebrantamiento ..6763
19.10 me arruinó por todos *l*, y perezco: y 5439
Sal 48.2 el monte de Sion, a los *l* del norte 3411
91.7 caerán a tu *l* mil, y 10.000 a tu diestra 6654
128.3 como vid que lleva fruto a los *l* de tu 3411
Is 7.20 con los que habitan al otro *l* del río 5676
9.1 de aquel *l* del Jordán, en Galilea de los 5676
14.13 monte... me sentaré, a los *l* del norte 3411
14.15 tú derribado eres... a los *l* del abismo 3411
56.11 su propio provecho, cada uno por su *l* 7098
Jer 25.22 reyes de las costas... ese *l* del mar 5676
49.32 de todos *l* les traeré su ruina, dice 6285
Lm 3.7 me cercó por todos *l*, y no puedo salir
Ez 1.8 cuatro *l*... y sus alas por los cuatro *l* 7253
1.10 cara de león al *l* derecho de los cuatro 3225
1.15 rueda... junto a los seres... los cuatro *l* 6440
4.4 y tú te acostarás sobre tu *l* izquierdo 6654
4.6 acostarás sobre tu *l* derecho segunda vez 6654
4.8 y no te volverás de un *l* a otro, hasta 6654
4.9 de los días que te acuestes sobre tu *l* 6654
8.5 alza ahora tus ojos hacia el *l* del norte 1870
10.19 las ruedas se alzaron al *l* de ellos 5980
16.57 filisteos... por todos *l* te desprecian 5439
25.9 yo abro el *l* de Moab desde las ciudades 3802
28.23 con espada contra ella por todos *l* 5439
32.23 sus sepulcros... a los *l* de la fosa, y 3411
40.9 la puerta... estaba por el *l* de adentro 1004
40.10 tenía tres cámaras a cada *l*, las tres 4480,6311
40.10 de una medida los portales a cada *l* 4480,6311
40.12 el espacio... un codo a un *l*, y... otro *l*
40.12 cada cámara tenía seis codos por un *l* ..4480,6311
40.18 el enlosado a los *l* de las puertas, en 3802
40.21 sus cámaras eran tres de un *l*, y tres 4480,6311
40.26 palmeras, una de un *l*, y otra del otro *l* ..4480,6311
40.34,37 palmeras... postes de un *l* y de otro ...4480,6311
40.39 había dos mesas a un *l*, y otras dos al ...4480,6311
40.40 a un *l*... había dos mesas; y al otro *l* 3802
40.41 cuatro mesas a un *l*, y cuatro... otro *l* 3802
40.44 el atrio... al *l* de la puerta del norte 3802
40.44 estaba al *l* de la puerta del oriente 3802
40.48 cinco codos de un *l*, y cinco codos de 4480,6311
40.48 de la puerta tres codos de un *l*, y tres 4480,6311
40.49 columnas... una de un *l*, y otra de otro ...4480,6311
41.1 siendo el ancho seis codos de un *l*, y 4480,6311
41.2 *l* de la puerta, de cinco codos de un *l* 3802
41.10 anchura de veinte codos por todos *l* 5439
41.12 del espacio abierto al *l* del occidente 6285
41.15 y midió... las cámaras de uno y otro *l* ...4480,6311
41.19 un rostro... hacia la palmera del un *l* 4480,6311
41.19 un rostro... hacia la palmera del otro *l* ..4480,6311
41.26 palmeras de uno y otro *l* a los *l* del 6763,3802
42.9 estaba la entrada al *l* oriental, para 4480,6921
42.12 había enfrente del muro al *l* oriental 1870
42.16 midió el *l* oriental... la caña de medir 7307
42.17 midió al *l* del norte, quinientas cañas 7307
42.18 midió al *l* del sur, quinientas cañas 7307
42.19 rodeó al *l* del occidente, y midió 500 7307
42.20 los cuatro *l* lo midió; tenía un muro 7307
43.16 el altar tenía... cuadrado a sus cuatro *l* 7253
43.17 y catorce de anchura en sus cuatro *l* 7253
43.17 la base de un codo por todos *l*; y sus
45.7 de uno y otro *l*, y junto a la posesión 6285
46.19 un lugar en el fondo del *l* de occidente 3802
47.1 aguas descendían... hacia el *l* derecho de 3802
47.2 y vi que las aguas salían del *l* derecho 3802
47.7 vi... muchísimos árboles a uno y otro *l* 4480,2088
47.12 junto al río... a uno y otro *l*, crecerá 4480,2088
47.15 será el límite... hacia el *l* del norte 6285
47.17 será... al límite de Hamat al *l* del norte 6285
47.18 del *l* del oriente, en medio de Haurán 6285
47.19 del *l* meridional, hacia el sur, desde 6285
47.19 Mar... esto será el *l* meridional, al sur 6285
47.20 del *l* del occidente el Mar Grande será 6285
47.20 el límite... este será el *l* occidental 6285
48.1 desde el *l* oriental hasta el occidental 6285
48.2,3,4,5,6,7,8(2),23,24,25,26,27 el *l* del oriente
hasta el *l* del mar 6285
48.13 al *l* de los límites de... los sacerdotes
48.16 *l* del norte 4.500 cañas, al *l* del sur 6285
48.16 al *l* del oriente 4.500... *l* del occidente 6285
48.21 quedare a uno y otro *l* de la porción 4480,2088
48.28 al *l* meridional al sur, será el límite 6285
48.30 al *l* del norte, cuatro mil quinientas 6285
48.32 *l* oriental cuatro mil quinientas cañas 6285
48.33 *l* del sur, cuatro mil quinientas cañas 6285
48.34 al *l* occidental cuatro mil quinientas 6285
Dn 8.5 macho cabrío venía del *l* del poniente 6440
12.5 uno a este *l* del río, y el otro al otro *l* 2008
Am 3.11 un enemigo vendrá por todos *l* de la
3.12 rincón de una cama, y al *l* de un lecho 6285
Mi 7.5 de la que duerme a tu *l* cuídate, no 4480,7901
Zac 5.3 hurta (como está de un *l* del rollo) 4480,2088
5.3 jura... (como está del otro *l* del rollo) 4480,2088
6.13 y habrá sacerdote a su *l*; y consejo de 5921
Mt 4.15 camino del mar, al otro *l* del Jordán *4008*
4.25 le siguió mucha gente... del otro *l* del *4008*
8.18 viéndose Jesús... mandó pasar al otro *l* *4008*
9.1 Jesús... pasó al otro *l* y vino a su ciudad *1276*
16.5 llegando sus discípulos al otro *l*, se *4008*
19.1 regiones de Judea al otro *l* del Jordán *4008*
Mr 3.8 del otro *l* del Jordán, y de... Tiro y de *4008*
4.35 **la noche, les dijo: Pasemos al otro *l*** *4008*
5.1 vinieron al otro *l* del mar, a la región *4008*
10.1 al otro *l* del Jordán; y volvió el pueblo *4008*
16.5 vieron a un joven sentado al *l* derecho *1188*
Lc 8.22 **les dijo: Pasemos al otro *l* del lago** *4008*
Jn 1.28 cosas sucedieron... otro *l* del Jordán *4008*
3.26 que estaba contigo al otro *l* del Jordán *4008*
3.29 el amigo... que está a su *l* y le oye, se
6.1 Jesús fue al otro *l* del mar de Galilea *4008*
6.22 la gente... al otro *l* del mar vio que no *4008*
6.25 hallándole al otro *l* del mar... dijeron *4008*
10.40 y se fue de nuevo al otro *l* del Jordán *4008*
13.23 y uno... estaba recostado al *l* de Jesús
16.32 **que seréis esparcidos cada uno por su *l*** *2398*
17.5 **ahora... Padre, glorifícame tú al *l* tuyo**

18.1 salió... al otro *l* del torrente de Cedrón 4008
19.18 y con él a otros dos, uno a cada *l*, y 1782
21.20 en la cena se había recostado al *l* de 4738
2 Ti 4.16 en... defensa ninguno estuvo a mi *l* 4836
4.17 pero el Señor estuvo a mi *l*, y me dio 3936
Ap 22.2 uno y otro *l* del río, estaba el árbol 1782

LADRAR
Sal 59.6 volverán a la... *ladrarán* como perros 1993
59.14 vuelvan, pues... y *ladren* como perros 1993
Is 56.10 todos... perros mudos, no pueden *ladrar* 5024

LADRILLO
Gn 11.3 y se dijeron unos a... Vamos, hagamos *l* 3843
11.3 les sirvió el *l* en lugar de piedra, y el 3843
Éx 1.14 en hacer barro y *l*, y en toda labor 3843
5.7 no daréis paja al pueblo para hacer *l* 3843
5.8 les impondréis la misma tarea de *l* que 3843
5.14 no habéis cumplido vuestra tarea de *l* 3835
5.16 paja... y con todo nos dicen: Haced el *l* 3843
5.18 habéis de entregar la misma tarea de *l* 3843
5.19 no se disminuirá nada de vuestro *l*, de 3843
2 S 12.31 los hizo trabajar en los hornos de *l* 4404
Is 9.10 los *l* cayeron, pero edificaremos de 3843
65.3 me provoca, quemando incienso sobre *l* 3843

LADRÓN
Éx 22.2 el *l* fuere hallado forzando una casa 1590
22.3 el *l* hará completa restitución; si no 1591
22.7 si el *l* fuere hallado, pagará el doble 1590
22.8 si el *l* no fuere hallado... el dueño de la 1590
Dt 24.7 morirá el tal *l*, y quitarás el mal de 1590
Job 12.6 prosperan las tiendas de los *l*, y los 7703
24.14 mata al pobre y... y de noche es como *l* 1590
30.5 y todos les daban grita como tras el *l* 1590
Sal 50.18 si veías al *l*, tú corrías con él, y 1590
Pr 6.30 no tienen en poco al *l* si hurta para 1590
29.24 cómplice del *l* aborrece su propia alma 1590
Is 1.23 tus príncipes... compañeros de *l*; todos 1590
Jer 2.26 como se avergüenza el *l* cuando es 1590
7.11 ¿es cueva de *l* delante de vuestros ojos 6530
48.27 no te fue... como si lo tomaran entre *l*? 1590
49.9 *l* de noche, ¿no habrían tomado lo que 1590
Ez 18.10 mas si engendrare hijo *l*, derramador 6530
Os 6.9 como *l* que esperan a algún hombre, así 1416
7.1 entra el *l*, y el salteador despoja por 1590
Jl 2.9 entrarán por las ventanas a manera de *l* 1590
Abd 5 si *l* vinieran a ti... ¿no hurtarían lo que 1590
Zac 5.4 vendrá a la casa del *l*, y a la casa 1590
Mt 6.19 **no os hagáis tesoros en... donde *l* minan** 2812
6.20 **corrompen, y donde *l* no minan ni hurtan** 2812
21.13 **vosotros la habéis hecho cueva de *l*** 3027
24.43 **qué hora el *l* habría de venir, velaría** 2812
26.55 **dijo... ¿Como contra un *l* habéis salido** 3027
27.38 crucificaron con él a dos *l*, uno a la 3027
27.44 injuriaban... *l* que estaban crucificados 3027
Mr 11.17 **vosotros la habéis hecho cueva de *l*** 3027
14.48 **¿como contra un *l* habéis salido con** 3027
15.27 crucificaron también con él a dos *l* 3027
Lc 10.30 **y cayó en manos de *l*, los cuales le** 3027
10.36 **prójimo del que cayó en manos de los *l*?** 3027
12.33 **donde *l* no llega, ni polilla destruye** 2812
12.39 **si supiese... a qué hora el *l* habría de** 2812
18.11 **porque no soy como... otros hombres, *l*** 727
19.46 **mas vosotros la habéis hecho cueva de *l*** 3027
22.52 **¿como contra un *l* habéis salido con** 3027
Jn 10.1 **que sube por otra parte, ése es *l* y** 2812
10.8 **los que antes de mí vinieron, *l* son y** 2812
10.10 **el *l* no viene sino para hurtar y matar** 2812
12.6 dijo esto... porque era *l*, y teniendo la 2812
18.40 no... sino a Barrabás. Y Barrabás era *l* 3027
1 Co 5.10 con los *l*, o con los idólatras; pues 727
5.11 llamándose hermano, fuere... *l*; con el tal 727
6.10 los *l*, ni los avaros, ni los borrachos 2812
2 Co 11.26 peligros de *l*, peligros de los de 3027
1 Ts 5.2 el día del Señor vendrá así como *l* 2812
5.4 para que aquel día os sorprenda como *l* 2812
1 P 4.15 ninguno... padezca como homicida, o *l* 2812
2 P 3.10 pero el día del Señor vendrá como *l* 2812
Ap 3.3 **si no velas, vendré sobre ti como *l*, y** 2812
16.15 **he aquí, yo vengo como *l*. Bienaventurado** 2812

LAEL *Levita*, Nm 3.24 3815

LAGAR
Éx 22.29 no demorarás la primicia de... de tu *l* 4395
Nm 18.27 se os contará... como producto del *l* 3342
18.30 será contado a los... como producto del *l* 3342
Dt 15.14 le abastecerás... de tu era y de tu *l* 3342
16.13 hecho la cosecha de tu era y de tu *l* 3342
Jue 6.11 estaba sacudiendo el trigo en el *l* 1660
7.25 y a Zeeb lo mataron en el *l* de Zeeb; y 3342
2 R 6.27 ¿de dónde te... ¿Del granero, o del *l*? 3342
Neh 13.15 algunos que pisaban en *l* en el día 1660
Job 24.11 aceite, pisan los *l*, y mueren de sed 3342
Pr 3.10 y serán llenos... *l* rebosarán de mosto 3342
Is 5.2 una torre, y hecho también en ella un *l* 3342
16.10 no pisará vino en los *l* el pisador 3342
63.2 es rojo... como del que ha pisado en *l*? 1660
63.3 pisado yo solo el *l*, y de los pueblos 6333
Jer 48.33 y de los *l* haré que falte el vino 3342
Lm 1.15 como *l* ha hollado el Señor a... de Judá 1660
Os 9.2 la era y el *l* no los mantendrán, y les 3342
Jl 2.24 y los *l* rebosarán de vino y aceite 3342
3.13 venid... el *l* está lleno, rebosan las cubas 1660
Hag 2.16 al *l* para sacar cincuenta cántaros 3342
Zac 14.10 desde la torre... hasta los *l* del rey 3342
Mt 21.33 cavó un *l*, edificó... torre 3025
Mr 12.1 cavó un *l*, edificó... torre 5276
Ap 14.19 echó las uvas en el gran *l* de la ira 3025
14.20 y fue pisado el *l* fuera de la ciudad 3025
14.20 del *l* salió sangre hasta los frenos de 3025
19.15 él pisa el *l* del vino del furor y de 3025,3631

LAGARERO
Is 16.10 lagares... hecho cesar el grito del *l*
Jer 25.30 canción de *l* cantará contra todos 1869

LAGARTIJA
Lv 11.30 erizo... lagarto, la *l* y el camaleón 2546

LAGARTO
Lv 11.30 erizo... *l*, la lagartija y el camaleón 3911

LAGO
Lc 5.1 estando Jesús junto al *l* de Genesaret 3041
5.2 vio dos barcas... cerca de la orilla del *l* 3041
8.22 **y les dijo: Pasemos al otro lado del *l*** 3041
8.23 una tempestad de viento en el *l*; y se 3041
8.33 el hato se precipitó... al *l*, y se ahogó 3041
Ap 19.20 lanzados... dentro de un *l* de fuego que 3041
20.10 el diablo... fue lanzado en el *l* de fuego 3041
20.14 la muerte y el... fueron lanzados al *l* de 3041
20.15 no se halló... fue lanzado al *l* de fuego 3041
21.8 tendrán su parte en el *l* que arde con 3041

LÁGRIMA
2 R 20.5 he oído tu oración, y he visto tus *l* 1832
Job 16.20 mis amigos... ante Dios derramaré mis *l*
Sal 6.6 las noches... riego mi cama con mis *l* 1832
39.12 oye... mi clamor. No calles ante mis *l* 1832
42.3 fueron mis *l* mi pan de día y de noche 1832
56.8 pon mis *l* en tu redoma; ¿no están ellas 1832
80.5 diste a comer pan de *l*, y a beber *l* en 1832
84.6 atravesando el valle de *l* lo cambian en 1056
102.9 como ceniza... y mi bebida mezclo con *l* 1065
116.8 tú has librado mi alma... mis ojos de *l* 1832
126.5 los que sembraron con *l*, con regocijo 1832
Ec 4.1 y he aquí las *l* de los oprimidos, sin 1832
Is 16.9 regaré con mis *l*, oh Hesbón y Eleale 1832
25.8 y enjugará Jehová el Señor toda *l* de 1832
38.5 he oído tu oración, y visto tus *l*; he 1832
Jer 9.1 mis ojos fuentes de *l*, para que llore 1832
9.18 desháganse nuestros ojos en *l*... en aguas 1832
13.17 se desharán mis ojos en *l*, porque el 1832
14.17 derramen mis ojos *l* noche y día, y no 1832
31.16 reprime del llanto... de las *l* tus ojos 1832
Lm 1.2 llora en la noche, y sus *l* están en sus 1832
2.11 mis ojos desfallecieron de *l*... entrañas 1832
2.18 hija de Sion, echa *l* cual arroyo día y 1832
Ez 24.16 endeches, ni llores, ni corran tus *l* 1832
Mal 2.13 haréis cubrir el altar de Jehová de *l* 1832
Lc 7.38 comenzó a regar con *l* sus pies, y los 1144
7.44 **ésta ha regado mis pies con *l*, y los ha** 1144
Hch 20.19 sirviendo al Señor... y con muchas *l* 1144
20.31 día, no he cesado de amonestar con *l* 1144
2 Co 2.4 os escribí con muchas *l*, no para que 1144
2 Ti 1.4 deseando verte, al acordarme de... *l* 1144
He 5.7 ofreciendo ruegos y súplicas con... y *l* 1144
12.17 oportunidad... aunque la procuró con *l* 1144
Ap 7.17 enjugará toda *l* de los ojos de ellos 1144
21.4 enjugará Dios toda *l* de los ojos de ellos 1144

LAGUNA
Is 14.23 y la convertiré... en *l* de agua; y la 98
Jer 14.3 vinieron a las *l*, y no hallaron agua 1356
Ez 47.11 sus pantanos y sus *l* no se sanearán 1360

LAHAD *Descendiente de Judá*, 1 Cr 4.2 3855

LAHMAM *Aldea en Judá*, Jos 15.40 3903

LAHMI *Hermano de Goliat geteo*, 1 Cr 20.5 3902

LAIS
1. Ciudad cananea en el norte de Palestina (=Lesem)
Jue 18.7 vinieron a *L*; y vieron que el pueblo 3919
18.14 habían ido a reconocer la tierra de *L* 3919
18.27 llegaron a *L*, al pueblo tranquilo y 3919
18.29 bien que antes se llamaba la ciudad *L* 3919
Is 10.30 haz que se oiga hacia *L*, pobrecilla 3919
2. Padre de Palti No. 2, 1 S 25.44; 2 S 3.15 3919

LAMA
Mt 27.46 diciendo: Elí, Elí, ¿*l* sabactani? 2982
Mr 15.34 **Eloi, ¿*l* sabactani? que traducido es** 2982

LAMEC
1. Hijo de Metusael
Gn 4.18 a Metusael, y Metusael engendró a *L* 3929
4.19 *L* tomó para sí dos mujeres... Ada... Zila 3929
4.23 dijo *L* a sus mujeres: Ada y Zila, oíd 3929
4.23 mujeres de *L*, escuchad mi dicho: Que un 3929
4.24 *L* en verdad setenta veces siete lo será 3929
2. Hijo de Matusalén y padre de Noé,
Gn 5.25,26,28,30,31; 1 Cr 1.3 3929
Lc 3.36 2984

LAMENTACIÓN
Gn 50.10 y endecharon... grande y muy triste l4553
2 Cr 35.25 recitan esas *l* sobre Josías hasta 7015
Est 4.3 los judíos gran luto, ayuno, lloro y *l* 4553
Sal 78.64 espada, y sus viudas no hicieron *l* 7015
Jer 9.10 por los montes levantaré lloro y *l* 7015
9.20 enseñad endechas... *l* cada una a su amiga 7015
Ez 2.10 y había escritas en él endechas y *l* 7015
27.32 levantarán sobre ti endechas en sus *l* 7015
Am 5.1 oíd esta palabra... para *l* sobre vosotros 7015
8.10 cambiaré... todos vuestros cantares en *l* 7015
Mi 2.4 hará endecha de *l*, diciendo: Del todo 5092
Mt 2.18 grande *l*, lloro y gemido; Raquel que 2355
Lc 8.52 **y lloraban todos y hacían *l* por ella** 2875
23.27 mujeres que lloraban y hacían *l* por él 2354
Ap 1.7 todos los linajes de la tierra harán *l* 2875
18.9 llorarán y harán *l* sobre ella, cuando 2875
18.11 los mercaderes de... hacen *l* sobre ella 3996

LAMENTADOR
Job 30.31 se ha cambiado... mi flauta en voz de *l* 1058

LAMENTAR
Lv 10.6 *lamentarán* por el incendio que Jehová 1058
1 S 7.2 la casa de Israel *lamentaba* en pos de 5091
28.3 todo Israel lo había *lamentado*... en Ramá 5594
2 S 1.12 *lamentaron* y ayunaron hasta la noche 1058
Job 35.9 se *lamentarán* por el poderío de los 2199
Is 15.4 *lamentará* el alma de cada uno dentro 3415
16.9 *lamentaré* con lloro la viña de Sibma; te 1058
32.12 golpeándose el pecho *lamentarán* por 5594
Jer 4.31 voz de la hija de Sion que *lamenta* 3306
16.5 ni vayas a *lamentar*, ni los consueles 5594
22.18 lo *lamentarán*, diciendo: ¡Ay, señor! 5594
31.15 Raquel que *lamenta* por sus hijos, y no 1058
31.18 he oído a Efraín que se *lamentaba*: Me 5110
47.2 clamarán, y *lamentará* todo morador de 3213
48.20 se avergonzó Moab... *lamentad* y clamad 3213
48.39 ¡*lamentad*! ¡Cómo ha sido quebrantado! 3213
49.3 *lamenta*, oh Hesbón, porque destruida es 3213
Lm 2.8 hizo, pues, que se *lamentara* el antemuro 56
3.39 ¿por qué se *lamenta*... *Laméntese*... pecado 596
Ez 7.11 ni habrá entre ellos quien se *lamente* 5089
21.12 clama y *lamenta*, oh hijo de hombre 3213
30.2 ha dicho... *Lamentad*: ¡Ay de aquel día! 3213
Os 10.5 pueblo *lamentará* a causa del becerro 56
Jl 1.13 ceñíos y *lamentad*, sacerdotes; gemid 5594
Mi 1.8 por esto *lamentaré* y aullaré, y andaré 5594
Zac 12.12 tierra *lamentará*, cada linaje aparte 5594
Mt 11.17 **flauta... endechamos, y no *lamentasteis*** 2875
24.30 **entonces *lamentarán* todas las tribus de** 2875
Mr 5.38 los que lloraban y *lamentaban* mucho 214
Lc 6.25 **¡ay de... porque *lamentaréis* y lloraréis** 3996
Jn 16.20 ***lamentaréis*, y el mundo se alegrará** 2354
1 Co 5.2 debierais más bien haberos *lamentado* 3996
2 Co 7.8 no me pesa, aunque entonces... *lamenté* 3338
Stg 4.9 afligios, y *lamentad*, y llorad. Vuestra 3996
Ap 18.15 pararán lejos... llorando y *lamentando* 3996
18.19 y *lamentando*, diciendo: ¡Ay, ay de la 3996

LAMENTO
2 S 13.36 siervos lloraron con muy grandes *l*
2 Cr 35.25 las cuales están... en el libro de *l* 7015
Sal 30.11 cambiado mi *l* en baile; desataste 4553
102 *tít.* y delante de Jehová derrama su *l* 7879
Lm 2.5 multiplicó en la... la tristeza y el *l* 592
Jl 2.12 convertíos a mí... con ayuno y lloro y *l* 4553
Mi 1.8 haré aullido... y *l* como de avestruces 60

LAMER
Nm 22.4 *lamerá* esta gente... como lame el buey 3897
Jue 7.5 *lamiere* las aguas, como lame el perro 3952
7.6 número de los que *lamieron*... 300 hombres 3952
7.7 con estos... *lamieron* el agua os salvaré 3952
1 R 18.38 aun *lamió* el agua que estaba en la 3897
21.19 donde *lamieron* los perros la sangre de 3952
21.19 los perros *lamerán* también tu sangre 3952
22.38 perros *lamieron* su sangre (y también 3952
Sal 72.9 ante él... enemigos *lamerán* el polvo 3897
Is 49.23 reyes... *lamerán* el polvo de tus pies 3897
Mi 7.17 *lamerán* el polvo como la culebra; como 3897
Lc 16.21 **aun los perros... le *lamían* las llagas** 621

LÁMINA
Éx 28.36 harás además una *l* de oro fino, y 6731
39.3 y batieron *l* de oro, y cortaron hilos 6341
39.30 hicieron... la *l* de la diadema santa de 6731
Lv 8.9 sobre la mitra... puso la *l* de oro, la 6731

LÁMPARA
Éx 27.20 para hacer arder continuamente las *l* 5216
30.7 Aarón... cuando aliste las *l* lo quemará 5216
30.8 cuando Aarón encienda las *l*... incienso 5216
35.14 sus *l*, y el aceite para el alumbrado 5216
40.4 meterás... candelero y encenderás sus *l* 5216
40.25 encendió las *l* delante de Jehová, como 5216
Lv 24.2 para hacer arder las *l* continuamente 5216
24.4 pondrá siempre... las *l* delante de Jehová 5216
Nm 8.2 cuando enciendas las *l*, las siete *l* 5216
8.3 encendió... sus *l*, como Jehová lo mandó a 5216
1 S 3.3 antes que la *l* de Dios fuese apagada 5216
2 S 21.17 no sea que apagues la *l* de Israel 5216
22.29 mi *l*, oh Jehová; mi Dios alumbrará mis 5216
1 R 7.49 las flores, las *l* y tenazas de oro 5216
11.36 mi siervo David tenga *l*... delante de mí 5216
15.4 por amor a David, Jehová... le dio *l* en 5216
2 R 8.19 porque había prometido darle *l* a él 5216
1 Cr 28.15 oro en peso para... sus *l*; en peso 5216
28.15 (2) en peso... cada candelero y sus *l* 5216
2 Cr 4.20 los candeleros y sus *l*, de oro puro 5216
13.11 el candelero de oro con sus *l* para que 5216
21.7 le había dicho que le daría *l* a él y a 5216
29.7 apagaron las *l*; no quemaron incienso, ni 5216
Job 12.5 como una *l* despreciada de aquel que 5216
18.6 su tienda, y se apagará sobre él su *l* 5216
21.17 veces la *l* de los impíos es apagada 5216
29.3 hacía resplandecer sobre mi cabeza su *l* 5216
Sal 18.28 tú encenderás mi *l*; Jehová mi Dios 5216
119.105 *l* es a... pies tu palabra, y lumbrera 5216
132.17 de David; he dispuesto *l* a mi ungido 5216
Pr 6.23 el mandamiento es *l*, y la enseñanza 5216
13.9 luz... mas se apagará la *l* de los impíos 5216
20.20 le apagará su *l* en oscuridad tenebrosa 5216
20.27 *l* de Jehová es el espíritu del hombre 5216
24.20 fin, y la *l* de los impíos será apagada 5216

31.18 sus negocios; su *l* no se apaga de noche 5216
Jer 25.10 desaparezca...voz de gozo...luz de *l* 5216
Zac 4.2 y sus siete *l* encima del candelabro 5216
4.2 siete tubos para las *l* que están encima 5216
Mt 6.22 **la *l* del cuerpo es el ojo; así que** *3088*
25.1 **vírgenes que tomando sus *l*, salieron a** *2985*
25.3 **insensatas, tomando sus *l*, no tomaron** *2985*
25.4 **tornaron aceite en...juntamente con sus *l*** *2985*
25.7 **todas...se levantaron, y arreglaron sus *l*** *2985*
25.8 **dadnos de...porque nuestras *l* se apagan** *2985*
Lc 11.34 **la *l* del cuerpo es el ojo; cuando tu** *3088*
11.36 **luminoso, como cuando una *l* te alumbra** *3088*
12.35 **estén ceñidos...vuestras *l* encendidas** *3088*
15.8 **enciende la *l*, y barre la casa, y busca** *3088*
Hch 20.8 había muchas *l* en el aposento alto *2985*
Ap 4.5 y delante del trono ardían siete *l* de *2985*
18.23 luz de *l* no alumbrará más en ti, ni voz *3088*
22.5 no tienen necesidad de luz de *l*, ni de *3088*

LAMPARILLA
Éx 25.37 harás siete *l*, las cuales encenderás 5216
37.23 hizo asimismo sus siete *l*...de oro puro 5216
39.37 sus *l*, las *l* que debían mantenerse en 5216
Nm 4.9 *l*, sus despabiladeras, sus platillos 5216
2 Cr 4.21 *l* y tenazas se hicieron de oro, de 5216

LAMPIÑO
Gn 27.11 mi hermano es hombre velloso, y yo *l* 2509

LANA
Lv 13.47 vestido...sea vestido de *l*, o de lino 6785
13.48 lino o de *l*, o en cuero, o en cualquiera 6785
13.52 será quemado el vestido...trama de *l* o 6785
13.59 la ley para la plaga...del vestido de *l* 6785
Dt 18.4 las primicias de la *l* de tus ovejas 1488
22.11 no vestirás...de *l* y lino juntamente 6785
Jue 6.37 yo pondré un vellón de *l* en la era 6785
Sal 147.16 da la nieve como *l*, y derrama la 6785
Pr 31.13 busca *l* y lino, y con voluntad trabaja 6785
Is 1.18 pecados...vendrán a ser como blanca *l* 6785
51.8 polilla, como a *l* los comerá gusano; pero 6785
Ez 27.18 vino de Helbón y *l* blanca negociaban 6785
34.3 coméis la grosura, y os vestís de la *l* 6785
44.17 lino; no llevarán sobre ellos cosa de *l* 6785
Dn 7.9 y el pelo de su cabeza como *l* limpia 6015
Os 2.5 mis amantes, que me dan...*l* y mi lino 6785
2.9 quitaré mi *l*...había dado para cubrir su 6785
He 9.19 tomó la sangre...con agua, *l* escarlata *2053*
Ap 1.14 sus cabellos eran blancos como blanca *l* *2053*

LANCERO
Hch 23.23 mandó que preparasen...doscientos *l* *1187*

LANCETA
1 R 18.28 se sajaban con...y con *l* conforme a 7420

LANGOSTA
Éx 10.4 mañana yo traeré...tu territorio la *l* 697
10.12 extiende tu mano...traer la *l*, a fin de 697
10.13 la mañana el viento oriental trajo la *l* 697
10.14 subió la *l* sobre...la tierra de Egipto 697
10.19 quitó la *l*...ni una *l* quedó en todo el 697
Lv 11.22 la *l* según su especie, el langostín 697
Nm 13.33 éramos...como *l*...y así les parecíamos 2284
Dt 28.38 y recogerás poco...la *l* lo consumirá 697
28.42 tu arboleda...serán consumidos por la *l* 6767
Jue 6.5 venían con...en grande multitud como *l* 697
7.12 estaban tendidos en el valle como *l* en 697
1 R 8.37 si en la tierra hubiere...*l* o pulgón 697
2 Cr 6.28 si hubiere tizoncillo o...*l* o pulgón 697
7.13 si mandare a la *l* que consuma la tierra 2284
Job 39.20 ¿le intimidarás tú como a *l*? 697
Sal 78.46 dio también...y sus labores a la *l* 697
105.34 y vinieron *l*, y pulgón sin número 697
109.23 me voy como la...soy sacudido como *l* 697
Pr 30.27 *l*, que no tienen rey, y salen todas 697
Ec 12.5 la *l* será una carga, y se perderá el 2284
Is 33.4 como de una a otra parte corren las *l* 1357
40.22 la tierra, cuyos moradores son como *l* 2284
Jer 46.23 porque serán más numerosos que *l* 697
51.14 yo te llenaré de hombres como de *l*, y 3218
51.27 haced subir caballos como *l* erizadas 3218
Jl 1.4 y la *l* comió lo que del revoltón había 697
2.25 los años que comió...el revoltón y la *l* 697
Am 4.9 la *l* devoró vuestros muchos huertos y 1501
7.1 él criaba *l* cuando comenzaba a crecer el 1462
Nah 3.15 te devorará como...multiplícate como *l* 697
3.16 multiplicaste...la *l* hizo presa, y voló 3218
3.17 tus príncipes serán como *l*...como nubes 697
3.17 grandes como nubes de *l* que se sientan 1462
Mt 3.4 Juan...su comida era *l* y miel silvestre *200*
Mr 1.6 vestido de...comía *l* y miel silvestre *200*
Ap 9.3 y del humo salieron *l* sobre la tierra *200*
9.7 el aspecto...*l* era semejante a caballos *200*

LANGOSTÍN
Lv 11.22 estos comeréis...el *l* según su especie 5556

LANGOSTÓN
Nah 3.15 como langosta, multiplícate como el *l* 3218

LANGUIDECER
1 S 2.5 la que tenía muchos hijos *languidece* 535
Jer 15.9 *languideció* la que dio a luz siete 535

LANZA
Nm 25.7 se levantó...y tomó una *l* en su mano 7420
Jos 8.18 extiende la *l* que tienes en tu mano 3591
8.18 Josué extendió hacia la ciudad la *l* que 3591
8.26 su mano que había extendido con la *l* 3591
Jue 5.8 ¿se veía escudo o *l* entre 40.000 en 7420
1 S 13.19 que los hebreos no hagan espada o *l* 2595
13.22 se halló espada ni *l* en mano de ninguno 2595
17.7 el asta de su *l* era como un rodillo de 2595
17.7 tenía el hierro de su 1600 siclos de *l* 2595
17.45 vienes a mí con espada y *l* y jabalina 2595
17.47 sabrá...que Jehová no salva con...con *l* 2595
18.10 tocaba...y tenía Saúl la *l* en la mano 2595
18.11 y arrojó Saúl la *l*...lo evadió dos veces 2595
19.9 sentado en su casa tenía una *l* a mano 2595
19.10 procuró enclavar a David con la *l* a la 2595
19.10 Saúl, el cual hirió con la *l* en la pared 2595
20.33 Saúl le arrojó una *l* para herirlo 2595
21.8 ¿no tienes aquí a mano *l* o espada? 2595
22.6 Saúl...tenía su *l* en su mano, y todos sus 2595
26.7 y su *l* clavada en tierra a su cabecera 2595
26.8 ahora...déjame que le hiera con la *l*, y 2595
26.11 pero toma...la *l* que está a su cabecera 2595
26.12 se llevó, pues, David la *l* y la vasija 2595
26.16 mira...ahora, dónde está la *l* del rey 2595
26.22 he aquí la *l* del rey; pase acá uno de 2595
2 S 1.6 hallé a Saúl que se apoyaba sobre su *l* 2595
2.23 lo hirió Abner con el regatón de la *l* 2595
2.23 salió la *l* por la espalda, y cayó allí 2595
21.16 uno...cuya *l* pesaba 300 siclos de bronce 7013
21.19 el asta de cuya *l* era como el rodillo 2595
23.7 se arma de hierro y de asta de *l*, y son 2595
23.18 éste alzó su *l* contra trescientos, a 2595
23.21 y tenía el egipcio una *l* en su mano 2595
23.21 arrebató...la *l*...mató con su propia *l* 2595
2 R 11.10 sacerdote dio...las *l* y los escudos 2595
1 Cr 11.11 blandió su *l*...contra trescientos 2595
11.20 blandió su *l* contra 300 y los mató, y 2595
11.23 una *l* como un rodillo de tejedor, mas 2595
11.23 y arrebató al egipcio la *l* de la mano 2595
11.23 al egipcio...y lo mató con su misma *l* 2595
12.24 los hijos de Judá que traían escudo y *l* 7420
12.34 mil...y con ellos 37.000 con escudo y *l* 2595
20.5 el asta de cuya *l* era como un rodillo de 2595
2 Cr 11.12 todas las ciudades puso escudos y *l* 7420
14.8 tuvo...Asa ejército que traía escudos y *l* 7420
23.9 dio...las *l*, los paveses y los escudos 2595
25.5 escogidos para...que tenían *l* y escudo 7420
26.14 y Uzías preparó...*l*, yelmos, coseletes 7420
Neh 4.13 puse al pueblo...con sus *l* y con sus 7420
4.16 la otra mitad tenía *l*, escudos, arcos y 7420
4.21 tenían *l* desde la subida del alba hasta 7420
Job 39.23 contra él suenan...el hierro de la *l* 2595
41.26 ni *l*, ni dardo, ni coselete durará 2595
Sal 35.3 la *l*, cierra contra mis perseguidores 2595
46.9 quiebra el arco, corta la *l*, y quema los 2595
57.4 sus dientes son *l* y saetas, y su lengua 2595
Is 2.4 volverán sus espadas...y sus *l* en hoces 2595
Jer 46.4 limpiad las *l*, vestíos las corazas 7420
50.42 arco y *l* manejarán; serán crueles, y 3591
Ez 39.9 quemarán armas...dardos de mano y *l* 7420
Jl 3.10 forjad espadas...*l* de vuestras hoces 7420
Mi 4.3 y sus *l* para hoces; no alzará espada 2595
Nah 3.3 y resplandor de...y resplandor de *l* 2595
Hab 3.11 luz...y al resplandor de tu fulgente *l* 2595
Jn 19.34 uno...le abrió el costado con una *l* *3057*

LANZADERA
Job 7.6 mis días fueron más veloces que la *l* 708

LANZAR
1 S 14.32 se *lanzó* el pueblo sobre el botín 6213
2 S 22.15 y *lanzó* relámpagos, y los destruyó
1 R 21.26 los cuales *lanzó* Jehová de delante 3423
2 R 17.8 Jehová había *lanzado* de delante de 3423
Job 18.18 de la luz será *lanzado* a...tinieblas 1920
Sal 18.14 *lanzó* relámpagos, y los destruyó 7232
64.3 *lanzan* cual saeta suya, palabra amarga 1869
68.2 como es *lanzado* el humo, los lanzarás 5086
Pr 10.3 mas la iniquidad *lanzará* a los impíos 1920
14.32 por su maldad será *lanzado* el impío 1760
Jer 4.16 *lanzarán* su voz contra las ciudades 5414
9.3 hicieron que su lengua *lanzara* mentira 1869
49.5 seréis *lanzados* cada uno derecho hacia 5080
Lc 8.28 *lanzó* un gran grito, y postrándose a *349*
Hch 14.5 los judíos...se *lanzaron* a afrentarlos *3730*
14.14 se *lanzaron* entre la multitud, dando *1530*
19.29 se *lanzaron* al teatro, arrebatando a *3729*
22.23 como ellos...y *lanzaban* polvo al aire *906*
Jud 11 se *lanzaron* por lucro en el error de *1632*
Ap 8.7 que fueron *lanzadas* sobre la tierra *906*
12.9 y fue *lanzado* fuera el gran dragón, la *906*
12.10 ha sido *lanzado* fuera el acusador de *2598*
19.20 estos dos fueron *lanzados* vivos dentro *906*
20.10 y el diablo...fue *lanzado* en el lago de *906*
20.14 la muerte y...fueron *lanzados* al lago *906*
20.15 que no se halló...fue *lanzado* al lago *906*

LAODICEA *Ciudad en la provincia de Asia*
Col 2.1 gran lucha...y por los que están en *L* *2993*
4.13 gran solicitud...por los que están en *L* *2993*
4.15 saludad a los hermanos que están en *L* *2993*
4.16 que la de *L* la leáis también vosotros *2993*
Ap 1.11 **y envíalo a...Sardis, Filadelfia y *L*** *2993*
3.14 **y escribe al ángel de la iglesia en *L*** *2994*

LAODICENSE *Perteneciente a Laodicea*, Col 4.16 *2994*

LAPIDOT *Marido de Débora la profetisa*, Jue 4.4. 3941

LAPSO
Hch 5.7 pasado un *l* como de tres horas...entró *1292*

LAQUIS *Ciudad cananea, posteriormente de Judá*
Jos 10.3 a Jafía rey de *L* y a Debir rey de 3923
10.5,23 el rey de *L* y el rey de Eglón 3923
10.31 y Josué...pasó de Libna a *L*, y acampó 3923
10.32 Jehová entregó a *L* en mano de Israel 3923
10.33 Horam...subió en ayuda de *L*; mas a él 3923
10.34 de *L* Pasó Josué, y todo Israel con él 3923
10.35 aquel día mató...como había hecho en *L* 3923
12.11 rey de Jarmut otro; el rey de *L*, otro 3923
15.39 *L*, Boscat, Eglón 3923
2 R 14.19 huyó a *L*...le persiguieron hasta *L* 3923
18.14 envió a decir al rey de Asiria...en *L* 3923
18.17 envió...ejército desde *L* contra Jerusalén 3923
19.8 Libna; porque oyó que se había ido de *L* 3923
2 Cr 11.9 Adoraim, *L*, Azeca 3923
25.27 huido a *L*, enviaron tras él a *L*, y allá 3923
32.9 rey...mientras sitiaba a *L* con todas sus 3923
Neh 11.30 en *L* y sus tierras, y en Azeca y sus 3923
Is 36.2 envió...desde *L* a Jerusalén contra el 3923
37.8 había oído que se había apartado de *L* 3923
Jer 34.7 ejército del rey...peleaba contra...*L* 3923
Mi 1.13 bestias veloces, oh moradores de *L* 3923

LARGAMENTE
Gn 46.29 y lloró sobre su cuello *l* 5750
Éx 19.13 cuando suene *l* la bocina, subirán al 4900
1 S 1.12 mientras ella oraba *l* delante de Jehová
Pr 31.10 su...*l* a la de las piedras preciosas 7350
Hch 20.9 por cuanto Pablo disertaba *l*
20.11 habló *l* hasta el alba; y así salió *2425*
24.4 no molestarte más *l*, te ruego

LARGAR
Hch 27.30 como que querían *largar* las anclas *1614*
27.40 *largando* también las amarras del timón *447*

LARGO, A
Gn 13.17 vé por la tierra a lo *l* de ella y a 753
Éx 26.13 a lo *l* de las cortinas de la tienda 753
27.11 habrá a lo *l* cortinas de cien codos de 753
28.16 de un palmo de *l* y un palmo de ancho 753
Nm 11.32 las tendieron para sí a lo *l* alrededor 7849
20.15 y estuvimos en Egipto *l* tiempo, y los 7227
Dt 4.26 no estaréis en ella *l* días sin que 748
5.33 tengáis *l* días en la tierra que habéis 748
14.24 si...fuere tan *l* que no puedas llevarle 7235
19.6 y le alcance por ser *l* el camino, y le 7235
32.42 las cabezas de *l* cabellera del enemigo 6546
Jos 9.13 vicios a causa de lo muy *l* del camino 7230
16.2 de Bet-el sale a Luz, y pasa a lo *l* del territorio
22.3 habéis...en este *l* tiempo hasta el día de hoy 7227
Jue 3.16 puñal de dos filos, de un codo de *l* 753
1 S 27.8 amalecitas...habitaban de *l* tiempo la 5769
2 S 3.1 hubo *l* guerra entre la casa de Saúl y 752
1 R 6.2 las casa...tenía sesenta codos de *l* y 753
6.3 y el pórtico...tenía veinte codos de *l* a 753
6.20 el lugar santísimo...veinte codos de *l* 753
7.6 un pórtico...tenía cincuenta codos de *l* 753
19.7 levántate y...porque *l* camino te resta 7227
2 R 13.3 y los entregó en mano...por *l* tiempo 3605
2 Cr 3.4 el pórtico...era de veinte codos de *l* 753
4.2 mar...un cordón de 30 codos de *l* lo ceñía
6.13 hecho un estrado...de cinco codos de *l* 753
Job 7.4 la noche es *l*, y...lleno de inquietudes 4059
12.12 está la...en la *l* edad la inteligencia 753
Sal 23.6 la casa de Jehová moraré por *l* días 753
91.16 lo saciaré de *l* vida, y le mostraré mi 753
129.3 araron los aradores; hicieron *l* surcos 748
Pr 7.19 porque el marido...ha ido a un *l* viaje 7350
25.15 con *l* paciencia se aplaca el príncipe 753
Is 53.10 verá linaje, vivirá por *l* días, y la 748
64.5 pecados hemos perseverado por *l* tiempo 5769
Jer 29.28 envió a decir...*L* será el cautiverio 752
Lm 5.20 ¿por qué...nos abandonas tan *l* tiempo? 753
Ez 17.3 gran águila...de *l* miembros, llena de 750
40.7 cada cámara tenía una caña de *l*, y una 753
40.30 los arcos...de veinticinco codos de *l* 753
41.8 eran de una caña entera de seis codos *l* 679
41.12 pared del edificio...noventa codos de *l* 753
41.13 luego midió la casa, cien codos de *l* 753
42.7 el muro, que...tenía cincuenta codos de *l* 753
42.10 a lo *l* del muro del...hacia el oriente 7341
43.16 el altar tenía doce codos de *l*, y doce 753
Sof 3.18 fastidiados por causa del *l* tiempo 4150
Zac 5.2 veo un rollo...de veinte codos de *l*, y 753
Mt 23.14 **y como pretexto hacéis *l* oraciones** *3117*
Mr 12.38 **que gustan de andar con *l* ropas, y** *4749*
12.40 **casas...y por pretexto hacen *l* oraciones** *3117*
16.5 un joven...cubierto de una *l* ropa blanca *4749*
Lc 10.31 **un sacerdote...y viéndole, pasó de *l*** *492*
10.32 **llegando cerca...y viéndole, pasó de *l*** *492*
20.46 **escribas...gustan de andar con ropas *l*** *4749*
20.47 **casas...y por pretexto hacen *l* oraciones** *3117*
Hch 20.16 había propuesto pasar de *l* a Efeso *3896*
Ef 6.3 te vaya bien, y seas de *l* vida sobre *3118*
2 P 2.3 *l* tiempo la condenación no se tarda *1597*

LARGURA
Sal 21.4 *l* de días eternamente y para siempre 753
Pr 3.2 porque *l* de días y años de vida y paz 753
3.16 *l* de días está en su mano derecha; en 753

LASA *Lugar en la frontera de Canaán*, Gn 10.19. 3962

LASCIVIA
Mr 7.22 **la *l*, la envidia, la maledicencia, la** *766*
Ro 13.27 se encendieron en su *l* unos con otros *3715*
13.13 no en lujurias y *l*, no en contiendas *766*
2 Co 12.21 y no se han arrepentido de la...*l* *766*
Gá 5.19 las obras de la carne...inmundicia, *l* *766*
Ef 4.19 se entregaron a la *l* para cometer con *766*
1 P 4.3 basta, andando en *l*, concupiscencias *766*

LASEA *Ciudad en Creta*, Hch 27.8 *2996*

LÁSTIMA
Jon 4.10 tuviste tú *l*, de la calabacera, en 2347

L

LASTIMAR
Pr 26.28 falsa atormenta al que ha *lastimado* 1790

LASTIMERAMENTE
Is 59.11 gemimos *l* como palomas; esperamos 1897

LATERAL
1 R 6.5 edificó... e hizo cámaras *l* alrededor
Ez 41.6 cámaras *l* estaban sobrepuestas unas 6763

LÁTIGO
Pr 26.3 *l* para el caballo, el cabestro para 7752
Lm 3.1 visto aflicción bajo el *l* de su enojo 7626
Nah 3.2 chasquido de *l*, y fragor de ruedas 7752

LATÍN *Idioma de los romanos*
Jn 19.20 el título estaba... en griego y en *l* *4515*

LATINA *Referente al latín*
Lc 23.38 letras griegas, *l* y hebreas: Este *4513*

LATROCINIO
Is 61.8 soy aborrecedor del *l* para holocausto 1498

LAUREL
Sal 37.35 vi yo al impío... se extendía como *l* 249

LAVADERO
Cnt 4.2; 6.6 manadas de ovejas... suben del *l* 7367

LAVADOR
2 R 18.17 en el camino de la heredad del *l* 3526
Is 7.3; 36.2 el camino de la heredad del *l* 3526
Mal 3.2 él es como fuego... y como jabón de l3526
Mr 9.3 ningún *l*... los puede hacer tan blancos *1102*

LAVAMIENTO
Mr 7.4,8 los *l* de los vasos de beber *909*
Ef 5.26 purificado en el *l* del agua por la *3067*
Tit 3.5 por el *l* de la regeneración y por la *3067*

LAVAR
Gn 18.4 poco de agua, y *lavad* vuestros pies 7364
19.2 os hospedéis, y *lavaréis* vuestros pies 7364
24.32 agua para *lavar* los pies de él, y los 7364
43.24 y les dio agua, y *lavaron* sus pies, y 7364
43.31 *lavó* su rostro y salió, y se contuvo 7364
49.11 *lavó* en el vino su vestido, y en la 3526
Éx 2.5 la hija de Faraón descendió a *lavarse* 7364
19. 10 santifícalos hoy... y *laven* sus vestidos 3526
19.14 y santificó al... y *lavaron* sus vestidos 3526
29.4 a Aarón y a sus hijos... los *lavarás* con 7364
29.17 *lavarás* sus intestinos y sus piernas 7364
30.18 una fuente de bronce, con... para *lavar* 7364
30.19 y de ella se *lavarán* Aarón y sus hijos 7364
30.20 se *lavarán* con agua, para que no mueran ... 7364
30.21 se *lavarán* las manos y los pies, para 7364
40.12 a Aarón y a sus... los *lavarás* con agua 7364
40.30 fuente... y puso en ella agua para *lavar* 7364
40.31 Aarón y sus hijos *lavaban* en ella sus 7364
40.32 acercaban al altar, se *lavaban*, como 7364
Lv 1.9 y *lavará* con agua los intestinos y las 7364
1.13 *lavará* las entrañas y... piernas con agua 4364
6.27 sangre... *lavarás* aquello sobre que cayere ... 3526
6.28 vasija... será fregada y *lavada* con agua 7857
8.6 hizo acercarse a... y los *lavó* con agua 7364
8.21 *lavó* luego con agua los intestinos y las 7364
9.14 luego *lavó* los intestinos y las piernas 7364
11.25,28,40 (2) lavará... vestidos y será inmundo ... 3526
13.6,34 *lavará* sus vestidos y será limpio 3526
13.54 mandará que *laven* donde está la plaga 3526
13.55 después que la plaga fuere *lavada*; y 3526
13.56 ha oscurecido después que fue *lavada* 3526
13.58 cosa... que *lavares*... se lavará segunda vez .. 3526
14.8 *lavará* sus vestidos... y se *l* con agua, y ... 3526,7364
14.9 *lavará* sus vestidos, y *l* su cuerpo en 3526
14.47 durmiere en aquella casa, *lavará* sus 3526
14.47 el que comiere en... *lavará* sus vestidos 3526
15.5,6,7,11,13,22,27 *lavará* sus vestidos; se *l* también a sí mismo 3526
15.8 éste *lavará* sus vestidos, y después de 3526
15.8 después de haberse *lavado* con agua, será 7364
15.10 *lavará*... vestidos, y después de *lavarse* 3526
15.11 tocare... y no *lavare* con agua sus manos 7857
15.12 vasija de madera será *lavada* con agua 7857
15.16 *lavará* en agua todo su cuerpo, y será 7364
15.17 *lavará* con agua, y será inmunda hasta 3526
15.18 se *lavarán* con agua, y serán inmundos 7364
15.21 que tocare su cama, *lavará* sus vestidos 3526
15.21 y después de *lavarse* con... será inmundo 7364
16.4 ha de vestir después de *lavar* su cuerpo 7364
16.24 *lavará* luego su cuerpo con agua en el 7364
16.26,28 *lavará* sus vestidos, *l*... su cuerpo 3526
17.15 *lavará* sus vestidos y a sí mismo se *l* 3526
17.16 no los *lavare*, ni *l* su cuerpo, llevará 3526
22.6 y no comerá... antes que haya *lavado* su 7364
Nm 8.7 *lavarán* sus vestidos, y... purificados 3526
8.21 se purificaron, y *lavaron* sus vestidos 3526
19.7,8 *lavará* luego sus vestidos, *l*... cuerpo 3526
19.10 recogió, cenizas... *lavará*, sus vestidos 3526
19.19 él *lavará*... vestidos, y a sí mismo se *l* 3526
19.21 el que rociare el... *lavará* sus vestidos 3526
31.24 *lavaréis* vuestros vestidos el séptimo 3526
Dt 21.6 *lavarán* sus manos sobre la becerra 7364
23.11 al caer la noche se *lavará* con agua 7364
Jue 19.21 y se *lavaron* los pies, y comieron 7364
Rt 3.3 te *lavarás*... te ungirás, y vistiéndote 7364
1 S 25.41 una sierva para *lavar* los pies de 7364
2 S 11.8 desciende a tu casa, y *lava* tus pies 7364
12.20 David... se *lavó* y se ungió, y cambió sus 7364
19.24 no había *lavado* sus pies, ni... su barba 6213
19.24 ni tampoco había *lavado* sus vestidos 3256
1 R 22.38 y *lavaron* el carro en el estanque 7857
22.38 y también las rameras se *lavaban* allí 7364
2 R 5.10 y *lávate* siete veces en el Jordán 7364
5.12 me *lavare* en ellos, ¿no seré... limpio? 7364
5.13 más, diciéndote: *Lávate*, y serás limpio? 7364
2 Cr 4.6 fuentes... para *lavar*... que se ofrecía 7364
4.6 mar... para que los sacerdotes se *lavaran* 7364
Job 9.30 aunque me *lave* con aguas de nieve, y 7364
29.6 cuando *lavaba* yo mis pasos con leche 7364
Sal 26.6 *lavaré* en inocencia mis manos, y así 7364
51.2 *lávame* más y más de mi maldad... pecado 3526
51.7 *lávame*, y seré más blanco que la nieve 3526
58.10 sus pies *lavará* en la sangre del impío 7364
60.8 Moab, vasija para *lavarme*; sobre Edom 7366
73.13 vano... *lavado* mis manos en inocencia 7364
108.9 Moab, la vasija para *lavarme*; sobre 7366
Cnt 5.3 he *lavado* mis pies; ¿cómo los he de 7364
5.12 se *lavan* con leche, y a la perfección 7364
Is 1.16 *lavaos* y limpiaos... de hacer lo malo 7364
4.4 cuando el Señor *lava* las inmundicias de 7364
Jer 2.22 *laves* con lejía, y amontones jabón 3526
4.14 *lava* tu corazón de maldad, oh Jerusalén 3526
Ez 16.4 ni fuiste *lavada* con aguas... ni salada 7364
16.9 te *lavé* con agua, y *l* tus sangres... de ti 7364
23.40 amor de ellos te *lavaste*, y pintaste 7364
40.38 una cámara... allí *lavarán* el holocausto 1740
Mt 6.17 **cuando ayunes, unge tu cabeza y *lava*** *3538*
15.2 no se *lavan* las manos cuando comen pan *3538*
15.20 **pero el comer con las manos sin *lavar*** *449*
27.24 tomó agua y se *lavó* las manos delante *633*
Mr 7.2 comer pan con manos... no *lavadas*, los *449*
7.3 si muchas veces no se *lavan* las manos, no *3538*
7.4 volviendo de... si no se *lavan*, no comen *3538*
Lc 5.2 y los pescadores... *lavaban* sus redes *637*
11.38 se extrañó de que no se hubiese *lavado* *907*
Jn 9.7 **vé a *lavarte* en el estanque de Siloé** *3538*
9.7 **fue entonces, y se *lavó*, y regresó viendo** *3538*
9.11 **vé al Siloé, y *lávate*; y fui, y me *lavé*** *3538*
9.15 me puso lodo sobre los ojos, y me *lavé* *3538*
13.5 comenzó a *lavar* los pies de... discípulos *3538*
13.6 le dijo: Señor, ¿tú me *lavas* los pies? *3538*
13.8 le dijo: No me *lavarás* los pies jamás *3538*
13.8 no te *lavare*, no tendrás parte conmigo *3538*
13.10 Jesús le dijo: El que está *lavado*, no *3068*
13.10 no necesita sino *lavarse* los pies, pues *3538*
13.12 después que les hubo *lavado* los pies *3538*
13.14 pues si yo, el... he *lavado* vuestros pies *3538*
13.14 debéis *lavaros* los pies los unos a los *3538*
Hch 9.37 después de *lavada*, la pusieron en una *3068*
16.33 y él, tomándolos... les *lavó* las heridas *3068*
22.16 ahora... bautízate, y *lava* tus pecados *628*
1 Co 6.11 habéis sido *lavados*, ya habéis sido *628*
1 Ti 5.10 si ha *lavado* los pies de los santos *3538*
He 10.22 y *lavados* los cuerpos con agua pura *3068*
2 P 2.22 la puerca *lavada* a revolcarse en el *3068*
Ap 1.5 y nos *lavó* de nuestros pecados con su *3068*
7.14 han *lavado* sus ropas... en la sangre del *3068*
22.14 bienaventurados los que *lavan* sus ropas *4150*

LAZADA
Éx 26.4 y harás *l* de azul en la orilla de la 3924
26.5 cincuenta *l*... la primera cortina, y 50 *l* 3924
26.5 las *l* estarán contrapuestas la una a la 3924
26.10 (2) cincuenta *l* en la orilla de la 3924
26.11 corchetes de bronce... meterás por las *l* 3924
36.11 *l* de azul en la orilla de la cortina que 3924
36.12 cincuenta *l*... las *l*... correspondían a las 3924
36.17 hizo... 50 *l* en la orilla... y otras 50 *l* 3924

LÁZARO
1. Mendigo
Lc 16.20 **había también un mendigo llamado *L*** *2976*
16.23 **de lejos a Abraham, y a *L* en su seno** *2976*
16.24 **envía a *L* para que moje... su dedo en** *2976*
16.25 **recibiste tus bienes... *L* también males** *2976*
2. Hermano de Marta y María
Jn 11.1 estaba entonces enfermo uno llamado *L* *2976*
11.2 María, cuyo hermano *L* estaba enfermo *2976*
11.5 amaba Jesús a Marta, a su hermana y a *L* *2976*
11.11 **nuestro amigo *L* duerme; mas voy para** *2976*
11.13 pero Jesús decía esto de la muerte de *L*
11.14 **Jesús les dijo claramente: *L* ha muerto** *2976*
11.17 hacía ya cuatro días que *L* estaba en el
11.37 haber hecho también que *L* no muriera? *3778*
11.43 **esto, clamó a gran voz: ¡ *L*, ven fuera!** *2976*
12.1 vino Jesús a Betania, donde estaba *L* *2976*
12.2 *L* era uno de los que estaban sentados a *2976*
12.9 vinieron... también para ver a *L*, a quien *2976*
12.10 sacerdotes acordaron dar muerte... a *L* *2976*
12.17 llamó a *L* del sepulcro, y le resucitó *2976*

LAZO
Gn 43.18 nos han traído... para tendernos *l* y 1556
Éx 10.7 ¿hasta cuando será este hombre un *l* 4170
Jos 23.13 os serán por *l*, por tropiezo, por 6341
1 S 18.21 se la daré, para que le sea por *l* 4170
2 S 22.6 ligaduras del... tendieron sobre mí *l* 4170
Job 18.9 *l* prenderá su calcañar; se afirmará 6341
22.10 por tanto, hay *l* alrededor de ti, y te 6341
38.31 ¿podrás tú atar los *l* de las Pléyades 4575
Sal 18.5 rodearon, me tendieron *l* de muerte 4170
38.12 los que buscan mi vida arman *l*, y los 5367
64.5 obstinados en... tratan de esconder los *l* 4170
69.22 sea su convite delante de ellos por *l* 6341
91.3 él te librará del *l* del cazador, de la 6341
119.110 me pusieron *l* los impíos, pero yo no 6341
124.7 escapó cual ave del *l*... se rompió el *l* 6341
140.5 han escondido *l* y cuerdas los soberbios 6341
140.5 han tendido red junto a... han puesto *l* 4170
141.9 guárdame de los *l* que me han tendido 6341
142.3 en el camino en que... me escondieron *l* 6341
Pr 1.18 asechanzas, y a sus almas tienden *l* 6845
6.5 como... como ave de la mano del que arma *l* 3353
13.14; 14.27 apartarse de los *l* de la muerte 4170
18.7 del necio... sus labios son *l* para su alma 4170
20.25 *l* es al... hacer apresuradamente voto de 4170
22.5 *l* hay en el camino del perverso; el que 6341
22.25 que aprendas... y tomes *l* para tu alma 4170
29.6 la transgresión del hombre malo hay *l* 4170
29.25 el temor del hombre pondrá *l*; mas el 4170
Ec 7.26 a la mujer cuyo corazón es *l* y redes 4685
9.12 como las aves que se enredan en *l*, así 6341
Is 8.14 *l* y por red al morador de Jerusalén 4170
29.21 los que arman *l* al que reprendía en la 6983
Jer 5.26 acechaban como quien pone *l*... cazar 3353
18.22 cavaron... a mis pies han escondido *l* 6341
48.43 hoyo y *l* contra ti, oh morador de Moab 6341
48.44 que saliere del hoyo será preso en el *l* 6341
50.24 puse *l*, y fuiste tomada, oh Babilonia 3369
Lm 3.47 temor y *l*... asolamiento y quebranto 6354
4.20 el ungido de Jehová... apresado en sus *l* 7825
Ez 17.20 será preso en mi *l*, y lo haré venir 4686
Os 5.1 habéis sido *l* en Mizpa, y red tendida 6341
9.8 el profeta es *l* de cazador en... caminos 6341
Am 3.5 ¿caerá el ave en *l* sobre la tierra, sin 6341
3.5 ¿se levantará el *l* de la tierra, si no 6341
Abd 7 comían tu pan pusieron *l* debajo de ti 4204
Lc 21.35 **porque como un *l* vendrá sobre todos** *3803*
1 Co 7.35 esto lo digo... no para tenderos *l* *1029*
1 Ti 3.7 para que no caiga... en *l* del diablo *3803*
6.9 los que quieren enriquecerse caen en... *l* *3803*
2 Ti 2.26 y escapen del *l* del diablo, en que *3803*

LE *Véase el Apéndice*

LEA *Mujer de Jacob*
Gn 29.16 Labán tenía dos hijas... mayor era *L* 3812
29.17 y los ojos de *L* eran delicados, pero 3812
29.23 tomó a *L* su hija, y se la trajo; y él 3812
29.24 su sierva Zilpa a su hija *L* por criada 3812
29.25 he aquí que era *L*; y Jacob dijo a Labán 3812
29.30 se llegó a... la amó también mas que a *L* 3812
29.31 y vio Jehová que *L* era menospreciada 3812
29.32 y concibió *L*, y dio a luz un hijo, y 3812
30.9 viendo... *L*, que había dejado de dar a luz 3812
30.10 Zilpa sierva de *L* dio a luz un hijo a 3812
30.11 dijo *L*: Vino la ventura; y llamó su 3812
30.12 luego Zilpa la sierva de *L* dio a luz 3812
30.13 y dijo *L*: Para dicha mía; porque las 3812
30.14 mandrágoras... y las trajo a *L* su madre 3812
30.14 dijo Raquel a *L*: Te ruego que me des 3812
30.16 salió *L* a él, y le dijo: Llégate a mí 3812
30.17 oyó Dios a *L*; y concibió, y dio a luz 3812
30.18 dijo *L*: Dios me ha dado mi recompensa 3812
30.19 después concibió *L* otra vez, y dio a 3812
30.20 dijo *L*: Dios me ha dado una buena dote 3812
31.4 envió... Jacob, y llamó a Raquel y a *L* al 3812
31.14 respondieron Raquel y *L*, y le dijeron 3812
31.33 entró Labán... en la tienda de *L*, y en la 3812
31.33 salió de la tienda de *L*, y entró en la 3812
33.1 repartió él los niños entre *L* y Raquel 3812
33.2 luego a *L* y sus niños, y a Raquel y a 3812
33.7 vino *L* con sus niños, y se inclinaron 3812
34.1 salió Dina la hija de *L*, la cual ésta 3812
34.3 su alma se apegó a Dina la hija de *L*, y 3290
35.23 los hijos de *L*: Rubén el primogénito 3812
35.26 los hijos de Zilpa, sierva de *L*: Gad y 3812
46.15 estos fueron los hijos de *L*, los que 3812
46.18 Zilpa, la que Labán dio a su hija *L* 3812
49.31 sepultaron... allí también sepulté yo a *L* 3812
Rt 4.11 Jehová haga a la... como a Raquel y a *L* 3812

LEALTAD
1 S 26.23 Jehová pague a cada uno su... y su *l* 530
Jer 42.5 Jehová sea... testigo de la verdad... *l* 539

LEBANA *Jefe de una familia que regresó del cautiverio*, Esd 2.45; Neh 7.48 3838

LEBAOT *Ciudad de Simeón (=Bet-lebaot y Bet-birai)*, Jos 15.32 3822

LEBEO *Uno de los 12 apóstoles (=Judas No 3 y Tadeo)*, Mt 10.3 .... *3002*

LEBONA *Ciudad en Efraín*, Jue 21.19 3829

LEBRILLO
Éx 12.22 mojadlo en la sangre... estará en un *l* 5592
12.22 y untad... la sangre que estará en el *l* 5592
1 Cr 28.17 oro... para los *l*, para las copas y 4219
2 Cr 4.22 los *l*, las cucharas... eran de oro puro 4219
Jn 13.5 puso agua en un *l*, y comenzó a lavar *3537*

LECA *Aldea en Judá*, 1 Cr 4.21 3922

LECHE
Gn 18.8 tomó... mantequilla y *l*, y el becerro 2461
49.12 de vino, y sus dientes blancos de la *l* 2461
Éx 3.8 sacarlos... a tierra que fluye *l* y miel 2461
3.17 yo os... a una tierra que fluye *l* y miel 2461
13.5 tierra que destila *l* y miel, harás esta 2461
23.19 no guisarás el cabrito en la *l* de su 2461
33.3 (a la tierra que fluye *l* y miel); pero yo 2461
34.26 no cocerás el cabrito en la *l* de su 2461
Lv 20.24 heredad, tierra que fluye *l* y miel 2461
Nm 13.27 la que ciertamente fluye *l* y miel 2461
14.8 entregará; tierra que fluye *l* y miel 2461
16.13 hecho venir de una tierra que destila *l* 2461
16.14 tampoco... en tierra que fluya *l* y miel 2461
Dt 6.3 bien en la tierra que fluye *l* y miel 2461
11.9 juró Jehová... tierra que fluye *l* y miel 2461
14.21 no cocerás el cabrito... *l* de su madre 2461

26.9 nos dio esta tierra que fluye l y miel . . . 2461
26.15 que nos has dado... tierra que fluye l . . . 2461
27.3 tu Dios te da, tierra que fluye l y miel . . . 2461
31.20 la tierra que... la cual fluye l y miel . . . 2461
32.14 mantequilla de vacas y l de ovejas, con . . . 2461
Jos 5.6 la daría, tierra que fluye l y miel . . . 2461
Jue 4.19 ella abrió un odre de l y le dio de . . . 2461
5.25 pidió agua, y ella le dio l; en tazón . . . 2461
1 S 7.9 tomó un cordero de l y lo sacrificó . . . 2461
17.18 estos diez quesos de l los llevarás al . . . 2461
Job 10.10 ¿no me vaciaste como l, y como queso . . . 2461
20.17 no verá... los torrentes de miel y de l . . . 2529
21.24 sus vasijas estarán llenas de l, y sus . . . 2461
29.6 cuando lavaba yo mis pasos con l, y la . . . 2529
Pr 27.27 y abundancia de l de las cabras para . . . 2461
30.33 el que bate la l sacará mantequilla, y . . . 2461
Cnt 4.11 miel y l hay debajo de tu lengua . . . 2461
5.1 y mi miel, mi vino y mi l he bebido . . . 2461
5.12 que se lavan con l, y a la perfección . . . 2461
Is 7.22 y a causa de la abundancia de l que . . . 2461
55.1 comprad sin dinero y... precio, vino y l . . . 2461
60.16 mamarás la l de las naciones, el pecho . . . 2461
Jer 11.5 daría la tierra que fluye l y miel . . . 2461
32.22 les diste... tierra que fluye l y miel . . . 2461
Lm 4.7 nobles fueron... más blancos que la l . . . 2461
Ez 20.6,15 tierra... que fluye l y miel, la cual . . . 2461
25.4 comerán tus sementeras, y beberán tu l . . . 2461
Jl 3.18 los collados fluirán l, y por todos . . . 2461
1 Co 3.2 os di a beber l, y no vianda; porque . . . *1051*
9.7 ¿o quién apacienta el... y no toma de la l . . . *1051*
He 5.12 que tenéis necesidad de l, y no de . . . *1051*
5.13 que participa de la l es inexperto en . . . *1051*
1 P 2.2 desead, como niños... la l espiritual . . . *1051*

LECHO
Gn 49.4 por cuanto subiste al l de tu padre . . . 4296
Dt 22.30 tomará... profanará el l de su padre . . . 3671
2 S 4.7 entraron... Is-boset dormía sobre su l . . . 4296
11.2 se levantó David de su l y se paseaba . . . 4904
2 R 1.4,6 del l en que estás no te levantarás . . . 4296
1.16 no te levantarás... del l en que estás . . . 4296
1 Cr 5,1 Rubén... como violó el l de su padre . . . 3326
Est 7.8 Amán había caído sobre el l en que . . . 4296
Job 7.13 me consolará mi l, mi cama atenuará . . . 6210
33.15 visión... cuando se adormecen sobre el l . . . 4904
Sal 6.6 todas las noches inundo de llanto mi l . . . 4296
41.3 Jehová lo sustentará sobre el l... dolor . . . 6210
63.6 cuando me acuerde de ti en mi l, cuando . . . 3326
132.3 no... ni subiré sobre el l de mi estrado . . . 6210,3326
Cnt 1.16 eres hermoso... nuestro l es de flores . . . 6210
3.1 busqué en mi l al que ama mi alma; lo . . . 4904
Is 57.2 en la paz; descansarán en sus l todos . . . 4904
Ez 23.17 se llegaron a ella... en su l de amores . . . 4904
32.25 en medio de los muertos le pusieron l . . . 4904
Dn 7.1 sueño... mientras estaba en su l; luego . . . 4903
Am 3.12 en el rincón de una... al lado de un l . . . 4296
6.4 camas de marfil, y reposan sobre sus l . . . 6210
Mr 2.4 bajaron el l... que yacía el paralítico . . . *2895*
2.9 o decirle: Levántate, toma tu l y anda? . . . *2895*
2.11 levántate, toma tu l, y vete a tu casa . . . *2895*
2.12 y tomando su l, salió delante de todos . . . *2895*
6.55 a traer de todas partes enfermos en l . . . *2895*
7.4 de los utensilios de metal, y de los l . . . *2825*
Lc 5.18 que traían en un l a un... paralítico . . . *2825*
5.19 y por el tejado le bajaron con el l . . . *2826*
5.24 levántate, toma tu l, y vete a tu casa . . . *2826*
5.25 y tomando el l en que estaba acostado
Jn 5.8 **le dijo: Levántate, toma tu l, y anda . . . *2895***
5.9 fue sanado, y tomó su l, y anduvo. Y era . . . *2895*
5.10 es día de... no te es lícito llevar tu l . . . *2895*
5.11 él mismo me dijo: Toma tu l y anda . . . *2895*
5.12 ¿quién es el que te dijo: Toma tu l y . . . *2895*
Hch 5.15 y los ponían en camas y l, para que . . . *2895*
He 13.4 honroso sea... el l sin mancilla; pero . . . *2845*

LECHUZA
Lv 11.16; Dt 14.15 l, la gaviota y el gavilán . . . 8464
Is 34.11 la l y el cuervo morarán en ella . . . 3244
34.14 fieras... l también tendrá allí morada . . . 3917

LECTURA
Neh 8.8 leían... de modo que entendiesen la l . . . 4744
Hch 13.15 después de la l de la ley y de los . . . *320*
1 Ti 4.13 ocúpate en la l, la exhortación y . . . *320*

LEER
Éx 24.7 tomó el libro del pacto y lo leyó a . . . 7121
Dt 17.19 y leerá en él todos los días de su . . . 7121
31.11 leerás esta ley delante de todo Israel . . . 7121
Jos 8.34 leyó todas las palabras de la ley, las . . . 7121
8.35 que Josué no hiciese leer delante de toda . . . 7121
2 R 5.7 que el rey de Israel leyó las cartas . . . 7121
19.14 y después que las hubo leído, subió a . . . 7121
22.8 Hilcías dio el libro a Safán, y lo leyó . . . 7121
22.10 libro. Y lo leyó Safán delante del rey . . . 7121
22.16 este libro que ha leído el rey de Judá . . . 7121
23.2 leyó... todas las palabras del libro del . . . 7121
2 Cr 34.18 y leyó Safán en él delante del rey . . . 7121
34.24 en el libro que leyeron delante del rey . . . 7121
34.30 y leyó... todas las palabras del libro . . . 7121
Esd 4.18 carta... fue leída claramente delante . . . 7123
4.23 cuando la copia de la carta... fue leída . . . 7123
Neh 8.3 leyó en el libro delante de la plaza . . . 7121
8.8 y leían en el libro de la ley de Dios . . . 7121
8.18 y leyó Esdras en el libro de la ley de . . . 7121
9.3 puestos de pie... leyeron el libro de la . . . 7121
13.1 aquel día se leyó en el libro de Moisés . . . 7121
Est 6.1 dijo... que las leyeran en su presencia . . . 7121
Is 29.11 el cual si dieren al que sabe leer . . . 5612
29.11 y le dijeren: lee ahora esto; él dirá . . . 7121
29.12 se diere el libro al que no sabe leer . . . 7121
29.12 si... Lee ahora esto; él dirá: No sé leer . . . 5612
34.16 leed si faltó alguno de ellos; ninguno . . . 7121
37.14 y tomó Ezequías las cartas... y las leyó . . . 7121
Jer 29.29 el sacerdote... había leído esta carta . . . 7121
36.6 entra tú, pues, y lee de este rollo que . . . 7121
36.6 las leerás también a oídos de todos los . . . 7121
36.8 Baruc... leyendo en el libro las palabras . . . 7121
36.10 Baruc leyó en el libro las palabras de . . . 7121
36.13 cuando Baruc leyó en el libro a oídos . . . 7121
36.14 el rollo en el que leíste a oídos del . . . 7121
36.15 siéntate... y léelo... Y se lo leyó Baruc . . . 7121
36.21 leyó en él Jehudí a oídos del rey, y a . . . 7121
36.23 había leído tres o cuatro planas, lo . . . 7121
51.61 llegues a Babilonia, y veas y leas todas . . . 7121
51.63 cuando acabes de leer este libro, le . . . 7121
Dn 5.7 cualquiera que lea esta escritura y me . . . 7123
5.8 no pudieron leer la escritura ni mostrar . . . 7123
5.15 que leyesen esta escritura y me diesen . . . 7123
5.16 si ahora puedes leer esta escritura y . . . 7123
5.17 leeré la escritura al rey, y le daré la . . . 7123
Hab 2.2 para que corra el que leyere en ella . . . 7121
Mt 12.3 **¿no habéis leído lo que hizo David . . . *314***
12.5 ¿o no habéis leído en la ley, cómo en . . . *314*
19.4 ¿no habéis leído que el que los hizo al . . . *314*
21.16 nunca leísteis: De la boca de los niños . . . *314*
21.42 ¿nunca leísteis en las Escrituras: La . . . *314*
22.31 ¿no habéis leído lo que os fue dicho . . . *314*
24.15 cuando veáis en... (el que lee, entienda) . . . *314*
Mr 2.25 **él... ¿Nunca leísteis lo que hizo David . . . *314***
12.10 ni aun esta escritura habéis leído: La . . . *314*
12.26 ¿no habéis leído en el libro de Moisés . . . *314*
13.14 la abominación... (el que lee, entienda) . . . *314*
Lc 4.16 en la sinagoga... y se levantó a leer . . . *314*
6.3 ¿ni aun esto habéis leído, lo que hizo . . . *314*
10.26 está escrito en la ley? ¿Cómo lees? . . . *314*
Jn 19.20 muchos... judíos leyeron este título . . . *314*
Hch 8.28 su carro, y leyendo al profeta Isaías . . . *314*
8.30 oyó que leía al profeta Isaías, y dijo . . . *314*
8.30 y dijo: Pero ¿entiendes lo que lees? . . . *314*
8.32 el pasaje... que leía era este: Como oveja . . . *314*
13.27 ni las palabras... que se leen todos los . . . *314*
15.21 tiene... donde es leído cada día de reposo . . . *314*
15.31 habiendo leído la cual, se regocijaron . . . *314*
23.34 el gobernador, leída la carta, preguntó . . . *314*
2 Co 1.13 no os... otras cosas de las que leéis . . . *314*
3.2 conocidas y leídas por todos los hombres . . . *314*
3.14 hoy, cuando leen el antiguo pacto, les . . . *320*
3.15 cuando se lee a Moisés, el velo está . . . *314*
Ef 3.4 leyendo lo cual podéis entender cuál . . . *314*
Col 4.16 cuando esta carta haya sido leída . . . *314*
4.16 se lea... y que la de Laodicea la leáis . . . *314*
1 Ts 5.27 que esta carta se lea a todos los . . . *314*
Ap 1.3 bienaventurado el que lee, y los que . . . *314*
5.4 digno de abrir el libro, ni de leerlo . . . *314*

LEGAL
Dt 17.8 entre una clase de derecho l y otro . . . 1779
Neh 12.44 las porciones l para los sacerdotes . . . 8451

LEGIBLE
Is 8.1 toma... escribe en ella con caracteres l

LEGIÓN
Mt 26.53 **no me daría más de doce l de ángeles? . . . *3003***
Mr 5.9 **¿cómo te llamas?... L me llamo; porque . . . *3003***
5.15 ven al... que había tenido la l, sentado . . . *3003*
Lc 8.30 **¿cómo te llamas? Y él dijo: L; porque . . . *3003***

LEGISLADOR
Gn 49.10 de Judá, ni el l de entre sus pies . . . 2710
Nm 21.18 lo cavaron... y el l, con sus báculos . . . 2710
Dt 33.21 le fue reservada la porción del l . . . 2710
Sal 60.7; 108.8 mío es Galaad... Judá es mi l . . . 2710
Is 33.22 Jehová es nuestro l, Jehová es... Rey . . . 2710

LEGÍTIMA
Hch 19.39 cosa, en l asamblea se puede decidir . . . *1772*

LEGÍTIMAMENTE
1 Ti 1.8 que la ley es buena, si uno la usa l . . . *3545*
2 Ti 2.5 atleta, no es coronado si no lucha l . . . *3545*

LEGUA
Gn 35.16 y había aún como media l de tierra . . . 3530
48.7 como media l de tierra viniendo a Efrata . . . 3530
2 R 5.19 fue... y caminó como media l de tierra . . . 3530

LEGUMBRE
Gn 9.3 las l y plantas verdes, os lo he dado . . . 6212
1 R 21.2 dame tu viña para un huerto de l . . . 3419
Pr 15.17 mejor... la comida de l donde hay amor . . . 3419
Dn 1.12 y nos den l a comer, y agua a beber . . . 2235
1.16 se llevaba la porción de... y les daba l . . . 2235
Ro 14.2 de todo; otro, que es débil, come l . . . *3001*

LEHABIM *Descendientes de Mizraim*, Gn 10.13; 1 Cr 1.11 . . . 3853

LEHEM *Lugar en Judá*, 1 Cr 4.22 . . . 3433

LEHI *Lugar en Judá*
Jue 15.9 los filisteos... se extendieron por L . . . 3896
15.14 y así que vino hasta L, los filisteos . . . 3896
15.19 abrió Dios la cuenca que hay en L; y . . . 3896
15.19 nombre... En-hacore, el cual está en L . . . 3896
2 S 23.11 filisteos se habían reunido en L

LEJANO, A
Dt 29.22 extranjero que vendrá de l tierras . . . 7350
30.4 estuvieren en las partes más l que hay . . . 7097
Jos 9.6 venimos de tierra muy l; haced, pues . . . 7350
9.9 tus siervos han venido de tierra muy l . . . 7350
17.18 y lo poseerás hasta sus límites más l . . . 8444
1 R 8.41 el extranjero... viniere de l tierras . . . 7350
2 R 20.14 l tierras han venido, de Babilonia . . . 7350
1 Cr 17.17 has hablado de... para tiempo más l . . . 7350
2 Cr 6.32 al extranjero... venido de l tierras . . . 7350
Pr 25.25 son las buenas nuevas de l tierras . . . 4801
Is 5.26 alzará pendón a naciones l, y silbará . . . 7350
8.9 oíd, todos los que sois de l tierras . . . 4801
13.5 vienen de l tierra, de lo postrero de . . . 4801
39.3 de tierra muy l han venido a mí, de . . . 7350
41.9 tomé... de tierras l te llamé, y te dije . . . 678
46.11 que llamo... de tierra l al varón de mi . . . 7801
49.1 y escuchad, pueblos l. Jehová me llamó . . . 7350
66.19 las costas l que no oyeron de mí, ni . . . 7350
Jer 4.16 vienen de tierra l, y lanzarán su voz . . . 4801
6.20 y la buena caña olorosa de tierra l? . . . 4801
8.19 voz del clamor de... viene de la tierra l . . . 4801
18.14 aguas frías que corren de l tierras? . . . 2114
Ez 12.27 días, para l tiempos profetiza éste . . . 7350
Jl 3.8 los venderán a los sabeos, nación l . . . 7350
Zac 10.9 aun en l países se acordarán de mí . . . 4801
Lc 19.12 **un hombre noble se fue a un país l . . . *3117***

LEJÍA
Jer 2.22 aunque te laves con l, y amontones . . . 5427

LEJOS
Gn 18.25 l de ti el... que hagas morir al justo . . . 2486
22.4 alzó Abraham sus ojos, y vio el lugar de l . . . 7350
25.6 los envió l de Isaac su hijo, mientras él vivía
37.18 vieron de l,... conspiraron contra él para matarle . . . 7350
Éx 2.4 a lo l, para ver lo que le acontecería . . . 7350
8.28 con tal que no vayáis más l; orad por . . . 7368
20.18 temblaron, y se pusieron de l . . . 7350
20.21 el pueblo estuvo a lo l, y Moisés se acercó . . . 7350
24.1 sube ante Jehová,... y os inclinaréis desde l . . . 7350
33.7 Moisés tomó el tabernáculo, y lo levantó l . . . 7368
Nm 9.10 estuviere de viaje l, celebrará la pascua . . . 7350
Dt 12.21 estuviere l de ti el lugar que Jehová . . . 7368
13.7 los dioses... cerca de ti o l de ti, desde . . . 7350
14.24 por estar l de ti el lugar que Jehová . . . 7368
20.15 así harás a... ciudades que estén muy l . . . 7350
28.49 Jehová traerá contra ti una nación de l . . . 7350
30.11 no... demasiado difícil para ti, ni está l . . . 7350
32.26 yo había dicho que los esparciría l . . . 6284
Jos 3.16 se detuvieron como en un montón bien l . . . 7368
9.22 diciendo: Habitamos muy l de vosotros . . . 7350
Jue 5.11 L del ruido de los arqueros, en los
18.7 y estaban l de los sidonios, y no tenían negocios . . . 7350
18.28 estaban l de Sidón, y no tenían negocios con nadie . . . 7350
1 S 12.23 l... de mí que peque yo contra Jehová
21.5 las mujeres han estado l de nosotros . . . 6113
22.15 l sea de mí; no culpe el rey de cosa . . . 2486
26.13 se puso en la cumbre del monte a lo l . . . 7350
2 S 23.17 l sea de mí, oh Jehová, que yo haga . . . 2486
1 R 8.46 y lleve a tierra enemiga, sea l o cerca . . . 7350
2 R 2.7 vinieron... y se pararon delante a lo l . . . 7350
3.22 vieron... de Moab desde l las aguas rojas . . . 5048
2 Cr 6.36 que... los lleven cautivos... l o cerca . . . 7350
26.15 fama se extendió l, porque fue ayudado . . . 7350
Esd 3.13 y se oía el ruido hasta de l . . . 7350
Neh 4.19 apartados en el muro, l unos de otros . . . 7350
12.43 alborozo de Jerusalén fue oído desde l . . . 7350
Job 2.12 alzando los ojos desde l, no lo . . . 7350
5.4 sus hijos estarán l de la seguridad; en . . . 7350
21.16 el consejo de los impíos l esté de mí . . . 7350
22.18 pero sea el consejo de ellos l de mí . . . 7350
28.4 abren minas l... l de los demás hombres . . . 5973
34.10 oídme: L esté de Dios la impiedad, y del . . . 2486
36.3 tomaré mi saber desde l . . . 7350
36.25 todos la ven; la mira el hombre de l . . . 7350
39.25 y desde l huele la batalla . . . 7350
39.29 sus ojos observan de muy l . . . 7350
Sal 10.1 ¿por qué estás l... y te escondes en . . . 7350
10.5 tus juicios los tiene muy l de su vista . . . 5048
22.1 ¿por qué estás tan l de mi salvación, y . . . 7350
38.11 mis amigos... se mantienen l de mi plaga . . . 7350
55.7 ciertamente huiría l; moraría... desierto . . . 7368
103.12 está l el oriente del occidente, hizo . . . 7350
109.10 procuren su pan l de sus desolados hogares
119.155 l está de los impíos la salvación . . . 7350
138.6 al humilde, mas al altivo mira de l . . . 4801
139.2 has entendido desde l mis pensamientos . . . 7350
Pr 15.29 Jehová está l de los impíos; pero él . . . 7350
27.10 mejor... vecino cerca que el hermano l . . . 7350
31.14 como nave de mercader; trae su pan de l . . . 4801
Ec 7.24 l está lo que fue; y lo muy profundo . . . 7350
Is 6.12 que Jehová haya echado l a los hombres . . . 7350
10.3 cuando venga de l el asolamiento? . . . 4801
17.13 pero Dios los reprenderá, y huirán l . . . 4801
22.3 fueron atados juntamente, aunque habían huido l . . . 7350
22.11 ni mirasteis de l al que lo labró . . . 7350
23.7 sus pies la llevarán a morar l . . . 7350
29.13 me honra, pero su corazón está l de mí . . . 7368
30.27 he aquí que el nombre de Jehová viene de l . . . 4801
33.13 oíd, los que estáis l, lo que he hecho . . . 7350
33.17 tus ojos verán... la tierra que está l . . . 4801
43.6 trae de l mis hijos, y mis hijas de los . . . 7350
46.12 oídme, duros... estáis l de la justicia . . . 7350
49.12 éstos vendrán de l... éstos del norte y . . . 7350
49.19 y tus destruidores serán apartados l . . . 7368
54.14 con justicia... estarás l de opresión . . . 7368
57.9 y enviaste tus embajadores l . . . 7350
57.19 paz, paz al que está l y al cercano . . . 7350
59.14 el... se retiró, y la justicia se puso l . . . 7350

60.4 vinieron a ti; tus hijos vendrán de l, y 7350
60.9 para traer tus hijos de l, su plata y su oro 7350
Jer 5.15 traigo sobre vosotros gente de l, oh 4801
12.2 cercano estás tú en sus bocas, pero l de sus 7350
23.23 Dios de cerca...y no Dios desde muy l? 7350
25.26 los de cerca y los de l, los unos con 7350
30.10 yo soy el que te salvo de l a ti y a tu 7350
31.10 hacedlo saber en las costas que están l 4801
46.27 te salvaré de l, y a tu descendencia 7350
48.24 sobre todas las ciudades...de l y las de 7350
49.30 huid, idos muy l, habitad en lugares 3966
Ez 6.12 el que esté l morirá de pestilencia 7350
11.16 les he arrojado l entre las naciones 7368
22.5 cerca de ti y las que están l se reirán 7350
23.40 enviaron por hombres que viniesen de l 4801
43.9 arrojarán l de mí sus fornicaciones 7350
Dn 9.7 todo Israel, los de cerca y los de l 7350
Am 7.17 Israel será llevado cautivo l de
Jon 1.3 a Tarsis, l de la presencia de Jehová
Mi 4.3 corregirá a naciones poderosas hasta muy l 7350
Hab 1.8 vendrán de l sus jinetes, y volarán 7350
Zac 6.15 los que están l vendrán y ayudarán a 7350
Mt 8.30 estaba paciendo l de ellos un hato de
15.8 **me honra; mas su corazón está l de mí** *4206*
21.33 **edificó una torre, y la arrendó...fue l**
25.14 **es como un hombre que yéndose l**
25.15 **conforme a su capacidad; y luego se fue l**
26.58 le seguía de l hasta el patio del sumo sacerdote *3113*
27.55 estaban allí muchas mujeres mirando de l *3113*
Mr 5.6 vio, pues, a Jesús de l, corrió, y se *3113*
7.6 **me honra, mas su corazón está l de mí** *4206*
8.3 pues algunos de ellos han venido de l *3113*
8.25 fue restablecido, y vio de l...y claramente *5081*
11.13 viendo de l una higuera que tenía hojas *3113*
12.1 **la arrendó a unos labradores, y se fue l**
12.34 **no estás l del reino de Dios** *3112*
14.54 Pedro le siguió de l hasta dentro del patio *3113*
15.40 había algunas mujeres mirando de l *3113*
Lc 7.6 pero cuando ya no estaban l de la casa *3112*
14.32 **cuando el otro está todavía l**
15.13 **se fue l a una provincia apartada** *3117*
15.20 **y cuando aún estaba l, lo vio su padre**
16.23 **vio de l a Abraham, y a Lázaro en su seno** *3113*
17.12 los cuales se pararon de l *4207*
18.13 **estando l, no quería ni aun alzar los ojos al** *3113*
22.54 y Pedro le seguía de l *3113*
23.49 estaban l mirando estas cosas *3113*
24.28 llegaron...y él hizo como que iba más l *4208*
Hch 2.39 promesa...para todos los que están l *3112*
17.27 no está l de cada uno de nosotros *3112*
22.21 **vé, porque yo te enviaré l a los gentiles** *3112*
Gá 6.14 pero l esté de mí gloriarme
Ef 2.13 otro tiempo estabais l, habéis sido *3112*
2.17 anunció...paz a vosotros que estabais l *3112*
He 11.13 sino mirándolo de l, y creyéndolo, y *4207*
Ap 18.10,15 l por el temor de su tormento *3113*
18.17 los que trabajan en el mar, se pararon l *3113*

LEMUEL *Personaje desconocido*
Pr 31.1 palabras del rey L; la profecía con 3927
31.4 no es de los reyes, oh L...beber vino 3927

LENGUA
Gn 10.5 cada cual según su l, conforme a sus 3956
10.20,31 sus l, en sus tierras...sus naciones 3956
11.1 tenía entonces toda la tierra una sola l 8193
11.7 descendamos, y confundamos allí su l 8193
Éx 4.10 yo soy tardo en el habla y torpe de l 3956
11.7 contra todos...ni un perro moverá su l 3956
Dt 28.49 traerá...nación cuya l no entiendas 3956
Jos 10.21 quien moviese su l contra ninguno 3956
Jue 7.5 lamiere las aguas con su l como lame 3956
2 S 23.2 mi, y su palabra ha estado en mi l 3956
2 R 18.26 no hables con nosotros en l de Judá
18.28 el Rabsaces...a gran voz en l de Judá
Neh 13.24 mitad de sus hijos hablaban la l de 3066
13.24 hablaban conforme a la l...cada pueblo 3066
Est 1.22 publicase esto en la l de su pueblo 3956
3,12 mandó Amán...y a cada pueblo según su l 3956
8.9 y a cada pueblo conforme a su l, a los 3956
8.9 a los judíos también conforme a su...y l 3956
Job 5.21 del azote de la l serás encubierto 3956
6.30 ¿hay iniquidad en mi l? ¿Acaso no puede 3956
20.12 si el mal...lo ocultaba debajo de su l 3956
20.16 veneno...chupará; lo matará l de víbora 3956
27.4 iniquidad, ni mi l pronunciará engaño 3956
29.10 apagaba, y su l se pegaba a su paladar 3956
31.30 ni...entregué al pecado mi l, pidiendo 2441
33.2 mi boca, y mi l hablará en mi garganta 3956
41.1 sacarás...con cuerda que te eches en su l? 3956
Sal 5.9 no hay sinceridad...l hablan lisonjas 3956
10.7 debajo de su l hay vejación y maldad 3956
12.3 destruirá...l que habla jactanciosamente 3956
12.4 han dicho: Por nuestra l prevaleceremos 3956
15.3 que no calumnia con su l, ni hace mal 3956
22.15 y mi l se pegó a mi paladar, y me has 3956
31.20 pondrás...a cubierto de contención de l 3956
34.13 guarda tu l del mal, y tus labios de 3956
35.28 mi l hablará de tu justicia y de tu 3956
37.30 hablará sabiduría...su l habla justicia 3956
39.1 dije: Atenderé...para no pecar con mi l 3956
39.3 encendió fuego, y así proferí con mi l 3956
45.1 mi l es pluma de escribiente muy ligero 3956
50.19 metías en mal, y tu l componía engaño 3956
51.14 líbrame de...cantará mi l tu justicia 3956
52.2 agravios maquina tu l...navaja afilada 3956
52.4 amado...palabras perniciosas, engañosa l 3956
55.9 destrúyelos, oh Señor; confunde la l de 3956
57.4 son lanzas y saetas, y su l espada aguda 3956
64.3 que afilan como espada su l; lanzan cual 3956
64.8 propias l los harán caer; se espantarán 3956
66.17 a él clamé con...fue exaltado con mi l 3956
68.23 sangre...y de ella la l de tus perros 3956
71.24 mi l hablará también de tu justicia 3956
73.9 ponen su boca...y su l pasea la tierra 3956
78.36 le lisonjeaban...y con su l le mentían 3956
109.2 mí; han hablado de mí con l mentirosa 3956
119.172 hablará mi l tus dichos, porque todos 3956
120.2 libra mi alma de...de la l fraudulenta 3956
120.3 ¿qué te dará, o qué te...oh l engañosa? 3956
126.2 se llenará de...y nuestra l de alabanza 3956
137.6 mi l se pegue a mi paladar, si de ti 3956
139.4 aún no está la palabra en mi l, y he 3956
140.3 aguzaron su l como la serpiente; veneno 3956
Pr 6.17 los ojos altivos, la l mentirosa, las 3956
6.24 la blandura de la l de la mujer extraña 3956
10.20 plata escogida es la l del justo; mas 3956
10.31 boca...mas la l perversa será cortada 3956
12.18 mas la l de los sabios es medicina 3956
12.19 mas la l mentirosa solo por un momento 3956
15.2 l de los sabios adornará la sabiduría 3956
15.4 la l apacible es árbol de vida; mas la 3956
16.1 mas de Jehová es la respuesta de la l 3956
17.20 el que revuelve con su l caerá en el 3956
18.21 la muerte y la...están en poder de la l 3956
20.19 no te entremetas...con el suelto de l 8193
21.6 amontonar tesoros con l mentirosa es 3956
21.23 que guarda su...y su l, su alma guarda 3956
25.15 y la l blanda quebranta los huesos 3956
25.23 ahuyenta...rostro airado la l detractora 3956
26.28 l falsa atormenta al que ha lastimado 3956
28.23 reprende...que el que lisonjea con la l 3956
31.26 boca...la ley de clemencia está en su l 3956
Cnt 4.11 miel y leche hay debajo de tu l; y 3956
Is 3.8 l de ellos y sus obras han sido contra 3956
5.24 la l del fuego consume el rastrojo, y la 3852
11.15 secará Jehová la l del mar de Egipto 3956
19.18 cinco ciudades...hablen la l de Canaán 8193
28.11 en l de tartamudos, y en extraña l 3956
30.27 labios...y su l como fuego que consume 3956
32.4 la l de los tartamudos hablará rápida 3956
33.19 l difícil de entender, de l tartamuda 3956
35.6 el cojo saltará...cantará la l del mudo 3956
36.11 y no hables con nosotros en l de Judá
36.13 en pie y gritó a gran voz en l de Judá
41.17 seca está de sed su l; yo Jehová los 3956
45.23 que a mí se doblará...y jurará toda l 3956
50.4 el Señor me dio l de sabios, para saber 3956
54.17 l que se levante contra ti en juicio 3956
57.4 ¿contra quién...y alargasteis la l? ¿No 3956
59.3 vuestras manos...habla maldad vuestra l 3956
66.18 para juntar a todas las naciones y l 3956
Jer 5.15 gente antigua...cuya l ignorarás, y 3956
9.3 hicieron que su l lanzara mentira como 3956
9.5 acostumbraron su l a hablar mentira, se 3956
9.8 saeta afilada es la l de ellos; engaño 3956
18.18 venid e hirámoslo de l, y no atendamos 3956
23.31 los profetas que endulzan sus l y dicen 3956
Lm 4.4 la l del niño de pecho se pegó a su 3956
Ez 3.5 no eres enviado a pueblo...de l difícil 3956
3.6 no a muchos pueblos de...ni de l difícil 3956
3.26 y haré que se pegue tu l a tu paladar 3956
Dn 1.4 que les enseñase...la l de los caldeos 3956
2.4 hablaron los caldeos al rey en l aramea
3.4 alta voz: Mándase a vosotros...naciones y l 3961
3.7 naciones y l se postraron y adoraron la 3961
3.29 que todo pueblo, nación o l que dijere 3961
4.1 rey, a todos los pueblos...y l que moran 3961
5.19 y l temblaban y temían delante de él 3961
6.25 el rey Darío escribió a...l que habitan 3961
7.14 los pueblos, naciones y l le sirvieran 3961
Os 7.16 cayeron sus...por la soberbia de su l 3956
Mi 6.12 mentira, y su l es engañosa en su boca 3956
Sof 3.13 ni en boca de...se hallará l engañosa 3956
Zac 8.23 hombres de las naciones de toda l 3956
14.12 será, la l se les deshará en su boca 3956
Mr 7.33 y tomándole...y escupiendo, tocó su l *1100*
7.35 desató la ligadura de su l, y hablaba *1100*
16.17 **mi nombre echarán...hablarán nuevas l** *1100*
Lc 1.64 al momento fue...suelta su l, y habló *1100*
16.24 **envía a Lázaro para...y refresque mi l** *1100*
Hch 1.19 aquel campo se llama en su propia l *1258*
2.3 se les aparecieron l repartidas, como de *1100*
2.4 y comenzaron a hablar en otras l, según *1100*
2.6 cada uno les oía hablar en su propia l *1258*
2.8 uno en nuestra l en la que hemos nacido? *1258*
2.11 árabes, les oímos hablar en nuestras l *1100*
2.26 se gozó mi l, y aun mi carne descansará *1100*
10.46 porque los oían que hablaban en l, y *1100*
14.11 diciendo en l licaónica: Dioses bajo
19.6 vino...y hablaban en l, y profetizaban *1100*
21.40 silencio, habló en l hebrea, diciendo *1258*
22.2 y al oír que les hablaba en l hebrea *1258*
26.14 **decía en l hebrea: Saulo, Saulo, ¿por** *1258*
Ro 3.13 con su l engañan. Veneno de áspides *1100*
14.11 se doblará...y toda l confesará a Dios *1100*
1 Co 12.10 géneros de l...interpretación de l *1100*
12.28 administran, los que tienen don de l *1100*
12.30 ¿hablan todos l? ¿interpretan todos? *1100*
13.1 si yo hablase l humanas y angélicas, y *1100*
13.8 y cesarán las l, y la ciencia acabará *1100*
14.2 porque el que habla en l no habla a los *1100*
14.4 el que habla en l extraña, a sí mismo *1100*
14.5 quisiera que todos...hablaseis en l, pero *1100*
14.5 porque mayor es...que el que habla en l *1100*
14.6 voy a vosotros hablando en l, ¿qué os *1100*
14.9 vosotros, si por la l no diereis palabra *1100*
14.13 habla en l extraña, pida en oración *1100*
14.14 porque si yo oro en l desconocida, mi *1100*
14.18 gracias a Dios que hablo en l más que *1100*
14.19 que diez mil palabras en l desconocida *1100*
14.21 en otras l y...hablaré a este pueblo *2084*
14.22 las l son por señal, no a los creyentes *1100*
14.23 todos hablan en l, y entran indoctos *1100*
14.26 cada uno de...tiene l, tiene revelación *1100*
14.27 si habla alguno en l extraña, sea esto *1100*
14.39 profetizar, y no impidáis el hablar l *1100*
Fil 2.11 toda l confiese que Jesucristo es el *1100*
Stg 1.26 no refrena su l, sino que engaña su *1100*
3.5 así también la l es un miembro pequeño *1100*
3.6 y la l es un fuego, un mundo de maldad *1100*
3.6 la l está puesta entre nuestros miembros *1100*
3.8 ningún hombre puede domar la l, que es *1100*
1 P 3.10 refrene su l de mal, y sus labios *1100*
1 Jn 3.18 no amemos de palabra ni de l, sino *1100*
Ap 5.9 de todo linaje y l y pueblo y nación *1100*
7.9 de todas naciones y tribus y pueblos y l *1100*
10.11 que profetices otra vez sobre muchos...l *1100*
11.9 pueblos, tribus, l y naciones verán sus *1100*
13.7 le dio autoridad sobre toda...l y nación *1100*
14.6 predicarlo...a toda...tribu, l y pueblo *1100*
16.10 se cubrió de...y mordían de dolor sus l *1100*
17.15 las aguas...son pueblos...naciones y l *1100*

LENGUAJE
Gn 11.6 todos éstos tienen un solo l; y han 8193
11.9 allí confundió Jehová el l de...tierra 8193
Esd 4.7 la escritura y el l de la carta eran 762
Est 1.22 envió...cada pueblo conforme a su l 3956
Sal 19.3 no hay l, ni palabras, ni es oída su 1697
81.5 tierra de Egipto. Oí l que no entendía 8193
Jn 8.43 **¿por qué no entendéis mi l? Porque no** *2981*

LENTEJA
Gn 25.34 Jacob dio a Esaú...guisado de las l 5742
2 S 17.28 trajeron a...l, garbanzos tostados 5742
23.11 había un pequeño terreno lleno de l 5742
Ez 4.9 toma para ti...habas, l, millo y avena 5742

LENTO
Sal 86.15; 103.8; 145.8 l para la ira, y grande en misericordia 750

LEÑA
Gn 22.3 y cortó l para el holocausto, y se 6086
22.6 y tomó Abraham la l del holocausto, y 6086
22.7 él dijo: He aquí el fuego y la l; mas 6086
22.9 compuso la l, y ató a Isaac su hijo, y 6086
22.9 a Isaac...lo puso en el altar sobre la l 6086
Lv 1.7 Aarón...compondrán la l sobre el fuego 6086
1.8,12 acomodará sobre la l que está sobre 6086
1.17 la hará arder...sobre la l...en el fuego 6086
3.5 el holocausto que estará sobre la l que 6086
4.12 becerro...lo quemará al fuego sobre la l 6086
6.12 el sacerdote pondrá en él l cada mañana 6086
Nm 15.32 hombre...recogía l en día de reposo 6086
15.33 los que le hallaron recogiendo l, lo 6086
Dt 19.5 como el que fuere...al monte a cortar l 6086
29.11 desde el que corta tu l hasta el que 6086
Jos 9.23 y quien corte la l y saque el agua 6086
2 S 24.22 y los trillos...de los bueyes para l 6086
1 R 17.10 una mujer viuda...allí recogiendo l 6086
18.23 pónganlo sobre l, pero no pongan fuego 6086
18.23 pondré sobre l, y ningún fuego pondré 6086
18.33 preparó luego la l...lo puso sobre la l 6086
18.34 agua, y derramadla sobre...y sobre la l
18.38 consumió...la l, las piedras y el polvo 6086
1 Cr 21.23 daré...los trillos para l, y trigo 6086
Neh 10.34 acerca de la ofrenda de la l, para 6086
13.31 para la ofrenda de la l en los tiempos 6086
Pr 26.20 sin l se apaga el fuego, y donde no 6086
26.21 el carbón para brasas, y la l para el 6086
Ec 10.9 corta...el que parte l, en ello peligra 6086
Is 30.33 Tofet...pira es de fuego, y mucha l 6086
Jer 5.14 este pueblo por l, y los consumirá 6086
7.18 hijos recogen la l, los padres...fuego 6086
46.22 con hachas vendrán a...cortadores de l 6086
Lm 5.4 dinero; compramos nuestra l por precio 6086
5.13 los...desfallecieron bajo el peso de la l 6086
Ez 24.10 multiplicando la l, y encendiendo el 6086
39.10 no traerán l del campo, ni cortarán 6086
Zac 12.6 como brasero de fuego entre l, y como 6086

LEÑADOR
Jos 9.21 y fueron constituidos l y aguadores 2404,6086
9.27 y Josué los destinó aquel día a ser l 2404,6086

LEÑO
Dt 19.5 al dar...golpe...para cortar algún l 6086
28.64 y allí servirás a...al l y a la piedra 6086
1 R 17.12 ahora recogía dos l, para entrar y 6086
Job 41.27 estima como...bronce como l podrido 6086
Is 10.15 si levantase la vara al que no es l! 6086
44.16 parte del l quema en el fuego...carne
Jer 2.27 que dicen a un l: Mi padre eres tú 6086
3.9 ella...adulteró con la piedra y con el l 6086
10.3 porque l del bosque cortaron, obra de 6086
10.8 todos...Enseñanza de vanidades es el l 6086
Os 4.12 ídolo...pregunta, y el l le responde 6086

LEÓN, LEONA
Gn 49.9 cachorro de l...de la presa subiste 738
49.9 Judá...se echó como l, así como l viejo 3833
Nm 23.24 l se levantará, y como l se erguirá 3833
24.9 para echarse como l, y como l; ¿quién 738
Dt 33.20 como l reposa, y arrebata brazo y 3833

33.22 Dan es cachorro de *l* que salta desde 738
Jue 14.5 *l* joven que venía rugiendo hacia él 738
14.6 despedazó al *l* como quien despedaza un
14.8 ver el cuerpo...del *l*...el cuerpo del *l* 738
14.9 tomado aquella miel del cuerpo del *l* 738
14.18 la miel? ¿Y qué cosa más fuerte que el *l*? 738
1 S 17.34 venía un *l*...y tomaba algún cordero 738
17.36 fuese *l*, fuese oso, tu siervo lo mataba 738
17.37 que me ha librado de las garras del *l* 738
2 S 1.23 más ligeros eran...más fuertes que *l* 738
17.10 aun...cuyo corazón sea como corazón de *l* 738
23.20 éste mató a dos *l* de Moab; y él mismo 739
23.20 descendió y mató a un *l* en medio de un 738
1 R 7.29 sobre...tableros...había figuras de *l* 738
7.29 la basa, así encima como debajo de los *l* 738
7.36 entalladuras...de *l* y de palmeras, con 738
10.19 junto a los cuales...colocados dos *l* 738
10.20 *l* puestos allí sobre las seis gradas 738
13.24 y yéndose, le topó un *l* en el camino 738
13.24 el asno...el *l* también junto al cuerpo 738
13.25 vieron...*l* que estaba junto al cuerpo 738
13.26 Jehová le ha entregado al *l*, que le 738
13.28 el asno y el *l*...el *l* no había comido 738
20.36 te herirá un *l*...le encontró un *l*, y le 738
2 R 17.25 envió Jehová contra ellos *l* que los 738
17.26 y él ha echado *l*...que los *l* los matan 738
1 Cr 11.22 Benaía...venció a los dos *l* de Moab 739
11.22 y mató a un *l* en medio de un foso, en 738
12.8 sus rostros eran como rostros de *l*, y 738
2 Cr 9.18 dos *l* que estaban junto a los brazos 738
9.19 había...doce *l* sobre las seis gradas, a 738
Job 4.10 los rugidos del *l*, y los bramidos del 738
4.11 el *l* viejo perece...y los hijos de la *l* 3918
10.16 si mi cabeza se alzare, cual *l* tú me 7826
28.8 nunca la pisaron...fieros, ni *l* pasó por 7826
38.39 ¿cazarás...presa para el *l*? ¿Saciarás 3833
Sal 7.2 no sea que desgarren mi alma cual *l* 738
10.9 acecha en oculto, como el *l* desde su 738
17.12 como *l* que desea hacer presa, y como 738
22.13 abrieron sobre mí su boca como *l* rapaz 738
22.21 sálvame de la boca del *l*, y líbrame de 738
35.17 rescata mi alma de...mi vida de los *l* 3715
57.4 mi vida está entre *l*; estoy echado entre 3833
91.13 sobre el *l* y el áspid pisarás; hollarás 7826
91.13 hollarás al cachorro del *l* y al dragón 3715
Pr 19.12 como rugido de cachorro de *l* es la 3715
20.2 rugido de cachorro de *l* es el terror del 3715
22.13 dice el perezoso: El *l* está fuera; seré 738
26.13 el *l* está en el camino, el *l* está en 7826
28.1 mas el justo está confiado como un *l* 3715
28.15 *l* rugiente y oso...es el príncipe impío 738
30.30 el *l* fuerte entre todos los animales 3918
Ec 9.4 porque mejor...perro vivo que *l* muerto 738
Cnt 4.8 mira...desde las guaridas de los *l* 738
Is 5.29 su rugido será como de *l*; rugirá a 3833
11.6 el becerro y el *l* y la bestia doméstica 3715
11.7 juntos; y el *l* como el buey comerá paja 738
15.9 traeré...*l* a los que escaparen de Moab 738
21.8 gritó como un *l*...sobre la atalaya estoy 738
30.6 de donde salen la *l* y el *l*, la víbora 3918
31.4 como el *l* y el cachorro de *l* ruge sobre 738,3715
35.9 no habrá allí *l*, ni fiera subirá por él 738
38.13 como un *l* molió todos mis huesos; de 738
65.25 *l* comerá paja como el buey; y el polvo 738
Jer 2.15 los cachorros del *l* rugieron contra 3715
2.30 a vuestros profetas como *l* destrozador 738
4.7 el *l* sube de la espesura, y el destruidor 738
5.6 por tanto, el *l* de la selva los matará 738
12.8 heredad fue para mí como *l* en la selva 738
49.19 como *l* subirá de la espesura del Jordán 738
50.17 rebaño descarriado es...*l* lo dispersaron 738
50.44 como *l* subirá de la espesura del Jordán 738
51.38 rugirán como *l*...cachorros de *l* gruñirán 3715
Lm 3.10 fue para mí como...*l* en escondrijos 738
Ez 1.10 y cara de *l* al lado derecho de los 4 738
10.14 la tercera, cara de *l*; la cuarta, cara 738
19.2 ¡cómo se echó entre los *l* tu madre la *l*! 738,3833
19.6 él andaba entre los *l*; se hizo leoncillo 3715
22.25 como *l* rugiente que arrebata presa 738
41.19 rostro de *l* hacia la palmera del otro 3715
Dn 6.7,12 sea echado en el foso de los *l* 744
6.16 Daniel...le echaron en el foso de los *l* 744
6.19 levantó muy de mañana...al foso de los *l* 744
6.20 el Dios...¿te ha podido librar de los *l*? 744
6.22 cerró la boca de los *l*, para que no me 744
6.24 y fueron echados en el foso de los *l* 744
6.24 cuando los *l* se apoderaron de ellos y 744
6.27 ha librado a Daniel del poder de los *l* 744
7.4 la primera era como *l*, y tenía alas de 744
Os 5.14 como *l* a Efraín, y como cachorro de *l* 7826
11.10 él rugirá como *l*; rugirá, y los hijos 738
13.7 por tanto, yo seré para ellos como *l* 7826
13.8 y allí los devoraré como *l*; fiera del 3833
Jl 1.6 dientes son dientes de *l*...muelas de *l* 738,3833
Am 3.4 ¿rugirá el *l* en la selva sin...presa? 738
3.8 si el *l* ruge, ¿quién no temerá? Si habla 738
3.12 que el pastor libra...del *l* dos piernas 738
5.19 como el que huye de delante del *l*, y se 738
Mi 5.8 será...como el *l* entre las bestias de 738
5.8 como el cachorro del *l* entre las manadas 3715
Nah 2.11 ¿qué es de la guarida de los *l*, y de 738
2.11 de la majada de los cachorros de los *l* 3715
2.11 el *l* y la *l*, y los cachorros del *l*; y no 3833,738
2.12 el *l* arrebataba en abundancia para sus 738
Sof 3.3 sus príncipes en...ella son *l* rugientes 738
Zac 11.3 de rugidos de cachorros de *l*, porque 3715
2 Ti 4.17 así fui librado de la boca del *l* *3023*
He 11.33 hicieron justicia...taparon bocas de *l* *3023*
1 P 5.8 adversario el diablo, como *l* rugiente *3023*
Ap 4.7 el primer ser...era semejante a un *l*; el *3023*
5.5 que el *l* de la tribu de Judá...ha vencido *3023*
9.8 tenían cabello...dientes eran como de *l* *3023*
9.17 y las cabezas...eran como cabezas de *l* *3023*
10.3 y clamó a gran voz, como ruge un *l*; y *3023*
13.2 semejante a...y su boca como boca de *l* *3023*

LEONCILLO
Job 4.10 los dientes de los *l* son quebrantados 3833
38.39 ¿cazarás...¿Saciarás el hambre de los *l* 3715
Sal 17.12 y como *l* que está en su escondite 738
34.10 los *l* necesitan, y tienen hambre; pero 3715
58.6 quiebra, oh Jehová, las muelas de los *l* 3715
104.21 *l* rugen tras la presa, y para buscar 3715
Is 5.29 de león; rugirá a manera de *l*; crujirá 3715
Jer 25.38 dejó cual *l* su guarida; pues asolada 3715
Ez 19.2 dirás...Entre los *l* crió sus cachorros 3715
19.3 vino a ser *l*, y aprendió a arrebatar la 3715
19.5 otro de sus cachorros, y lo puso por *l* 3715
19.6 se hizo *l*, aprendió a arrebatar la presa 3715
32.2 a *l* de naciones eres semejante, y eres 3715
Am 3.4 ¿dará el *l* su rugido desde su guarida 738
Nah 2.13 espada devorará tus *l*; y cortaré de 3715

LEOPARDO
Cnt 4.8 los leones, desde los montes de los *l* 5246
Is 11.6 el *l* con el cabrito se acostará; el 5246
Jer 5.6 los matará...el *l* acechará sus ciudades 5246
13.23 ¿mudará el etíope...y el *l* sus manchas? 5246
Dn 7.6 semejante a un *l*, con cuatro alas de 5245
Os 13.7 como un *l* en el camino los acecharé 5246
Hab 1.8 sus caballos serán más ligeros que *l* 5246
Ap 13.2 bestia que vi era semejante a un *l* *3917*

LEPRA
Lv 13.2 la piel de su cuerpo como llaga de *l* 6883
13.3 más profunda que la piel...llaga de *l* es 6883
13.8 el sacerdote...lo declarará inmundo: es *l* 6883
13.9 cuando hubiere llaga de *l* en el hombre 6883
13.11 es *l* crónica en la piel de su cuerpo 6883
13.12 si brotare la *l* cundiendo por la piel 6883
13.13 si la *l* hubiere cubierto todo su cuerpo 6883
13.15 carne...Es inmunda la carne viva; es *l* 6883
13.20 llaga de *l* que se originó en el divieso 6883
13.25 es *l* que salió en la quemadura; y el 6883
13.25 declarará inmundo, por ser llaga de *l* 6883
13.27 el...lo declarará inmundo; es llaga de *l* 6883
13.30 tiña, es *l* de la cabeza o de la barba 6883
13.42 llaga...*l* es que brota en su calva o en 6883
13.43 como el parecer de la *l* de la piel del 6883
13.47 cuando en un vestido hubiere plaga de *l* 6883
13.49 plaga es de *l*, y se ha de mostrar al 6883
13.51 *l* maligna es la plaga; inmunda será 6883
13.52 será quemado...porque *l* maligna es; al 6883
13.59 esta es la ley para la plaga de la *l* 6883
14.3 si ve que está sana la plaga de la *l* 6883
14.7 sobre el que se purifica de la *l*, y le 6883
14.32 para el que hubiere tenido plaga de *l* 6883
14.34 si pusiere yo plaga de *l* en alguna casa 6883
14.44 extendido la...en la casa, esl maligna 6883
14.54 es la ley acerca de toda plaga de *l* y 6883
14.55 y de la *l* del vestido, y de la casa 6883
14.57 limpio. Esta es la ley tocante a la *l* 6883
Dt 24.8 cuanto a la plaga de la *l*, ten cuidado 6883
2 R 5.3 si rogase mi señor...lo sanaría de su *l* 6883
5.6 mi siervo Naamán...que lo sanes de su *l* 6883
5.7 envíe a...a que sane un hombre de su *l*? 6883
5.11 saldrá...tocará el lugar, y sanará la *l* 6879
5.27 la *l* de Naamán se te pegará a ti y a tu 6883
15.5 hirió al rey con *l*, y estuvo leproso 6879
2 Cr 26.19 Uzías...la *l* le brotó en la frente 6883
26.20 y he aquí la *l* estaba en su frente 6879
Mt 8.3 tocó...Y al instante su *l* desapareció *3014*
Mr 1.42 al instante la *l* se fue de aquél, y *3014*
Lc 5.12 se presentó un hombre lleno de *l*, el *3014*
5.13 tocó...y al instante la *l* se fue de él *3014*

LEPROSO, A
Éx 4.6 cuando la sacó...su mano estaba *l* como 6879
Lv 13.44 *l* es, es inmundo, y el sacerdote lo 6879
13.45 y el *l* en quien hubiere llaga llevará 6879
14.2 será la ley para el *l* cuando se limpiare 6879
14.3 y si ve que está sana...la lepra del *l* 6879
22.4 varón...que fuere *l*, o padeciere flujo 6879
Nm 5.2 que echen del campamento a todo *l*, y 6879
12.10 estaba *l* como la nieve...que estaba *l* 6879
2 S 3.29 nunca falte de la casa de Joab...*l* 6879
2 R 5.1 hombre valeroso en extremo, pero *l* 6879
5.27 salió de delante de él *l*, blanco como 6879
7.3 había a la entrada de...cuatro hombres *l* 6879
7.8 *l* llegaron a la entrada del campamento 6879
15.5 y estuvo *l* hasta el día de su muerte 6879
2 Cr 26.21 Uzías fue *l*...habitó *l* en una casa 6879
26.23 porque dijeron: *l* es.Y reinó Jotam su 6879
Mt 8.2 he aquí vino un *l* y se postró ante él *3015*
10.8 enfermos, limpiad *l*, resucitad muertos *3015*
11.5 **los *l* son limpiados, los sordos oyen** *3015*
26.6 estando Jesús en...en casa de Simón el *l* *3015*
Mr 1.40 vino a él un *l*, rogándole; e hincada *3015*
14.3 él en Betania, en casa de Simón el *l* *3015*
Lc 4.27 **muchos *l* había en Israel en tiempo del** *3015*
7.22 **los *l* son limpiados, los sordos oyen** *3015*
17.12 salieron al encuentro diez hombres *l* *3015*

LESEM *Ciudad cananea (=Lais)*, Jos 19.47 3959

LESIÓN
Lv 24.19 causare *l* en su prójimo, según hizo 3971
24.20 según la *l* que haya hecho...se hará a él 3971
Dn 6.23 ninguna *l* se halló en él, porque había 2257

LESNA
Éx 21.6 y su amo le horadará la oreja con *l* 4836
Dt 15.17 tomarás una *l*, y horadarás su oreja 4836

LETRA
Dn 1.4 les enseñase las *l* y la lengua de los 5612
1.17 les dio conocimiento...en todas las *l* y 5612
Lc 23.38 título escrito con *l* griegas, latinas *1121*
Jn 7.15 ¿cómo sabe...*l*, sin haber estudiado? *1121*
Hch 4.13 que eran hombres sin *l* y del vulgo *62*
26.24 Pablo; las muchas *l* te vuelven loco *1121*
Ro 2.27 con la *l* de la ley...eres transgresor *1121*
2.29 circuncisión es...en espíritu, no en *l* *1121*
7.6 bajo...y no bajo el régimen viejo de la *l* *1121*
2 Co 3.6 no de la *l*...porque la *l* mata, mas el *1121*
3.7 el ministerio de muerte grabado con *l* en *1121*
Gá 6.11 mirad con cuán grandes *l* os escribo *1121*

LETRINA
2 R 10.27 y lo convirtieron en *l* hasta hoy 4163,4280
Mt 15.17 **entra en la boca...es echado en la *l*?** *856*
Mr 7.19 **no...sino en el vientre, y sale a la *l*?** *856*

LETUSIM *Descendientes de Dedán*, Gn 25.3 3912

LEUDAR
Éx 12.15,19 comiere *leudado*...cortado de Israel 2557
12.20 ninguna cosa *leudada* comeréis; en todas 2557
12.34 llevó el...su masa antes que se *leudase* 2556
12.39 tortas...de la masa...no había *leudado* 2556
13.3 fuerte; por tanto, no comeréis *leudado* 2557
13.6 siete días comerás pan sin *leudar*, y el 4682
13.7 y no se verá contigo nada *leudado*, ni 4682
34.25 no ofrecerás cosa *leudada* junto con la 2557
Os 7.4 que cesa de...hasta que se haya *leudado* 2556
Am 4.5 sacrificio de alabanza con pan *leudado* 2557
Mt 13.33 **de harina, hasta que todo fue *leudado*** *2220*
1 Co 5.6; Gá 5.9 poco de levadura *leuda* toda *2220*

LEUDO, A
Éx 23.18 no ofrecerás con pan *l* la sangre de 2557
Lv 2.11 ninguna cosa *l*, ha de quemar ofrenda 2557
7.13 tortas de pan *l* presentará su ofrenda 2557

LEUMIM *Descendientes de Dedán*, Gn 25.3 3817

LEVA
1 R 5.13 decretó *l*...la *l* fue de 30.000 hombres 4522
5.14 Adoniram estaba encargado de aquella *l* 4522
9.15 es la razón de la *l* que el rey Salomón 4522

LEVADURA
Gn 19.3 hizo banquete, y coció panes sin *l* 4682
Éx 12.8 comerán la carne asada...panes sin *l* 4682
12.15 siete días comeréis panes sin *l*; y así 4682
12.15 el primer día haréis que no haya *l* en 4682
12.17 guardaréis la fiesta de...panes sin *l* 4682
12.18 mes primero comeréis los panes sin *l* 4682
12.19 por siete días no se hallará *l*...casas 4682
12.20 todas vuestras...comeréis panes sin *l* 4682
12.39 cocieron tortas sin *l* de la masa que 4682
13.7 siete días se comerán los panes sin *l* 4682
13.7 no se verá contigo nada leudado, ni *l* 7603
23.15 la fiesta de los panes sin *l* guardarás 4682
23.15 siete días comerás los panes sin *l* 4682
29.2 y panes sin *l*, y tortas sin *l* amasadas 4682
29.2 hojaldres sin *l* untadas con aceite; las 4682
29.23 una hojaldre del...de los panes sin *l* 4682
34.18 la fiesta de los panes sin *l* guardarás 4682
34.18 siete días comerás pan sin *l*, según te 4682
Lv 2.4 será de tortas de flor de harina sin *l* 4682
2.4 y hojaldres sin *l* untadas con aceite 4682
2.5 de sartén, será de flor de harina sin *l* 4682
2.11 ninguna ofrenda...a Jehová será con *l* 2557
6.16 sin *l* se comerá en lugar santo; en el 4682
6.17 no se cocerá con *l*; la he dado a ellos 2557
7.12 gracias, ofrecerá...tortas sin *l* amasadas 4682
7.12 y hojaldres sin *l* untadas con aceite 4682
8.2 toma...el canastillo de los panes sin *l* 4682
8.26 del canastillo de los panes sin *l*, que 4682
8.26 una torta sin *l*, y una torta de pan de 4682
10.12 ofrenda...comedla sin *l* junto al altar 4682
23.6 la fiesta solemne de los panes sin *l* a 4682
23.6 fiesta...siete días comeréis panes sin *l* 4682
23.17 harina, cocidos con *l*, como primicias 2557
Nm 6.15 además un canastillo de tortas sin *l* 4682
6.15 hojaldres sin *l* untadas con aceite, y su 4682
6.17 con el canastillo de los panes sin *l* 4682
6.19 tomará...una torta sin *l* del canastillo 4682
6.19 una hojaldre sin *l*, y las pondrá sobre 4682
9.11 con panes sin *l* y hierbas...la comerán 4682
28.17 por siete días se comerán panes sin *l* 4682
Dt 16.3 no comerás con ella pan con *l*; siete 2557
16.3 siete días comerás con ella pan sin *l* 4682
16.4 no se verá *l* contigo en...por siete días 7603
16.8 días comerás pan sin *l*, y el séptimo día 4682
16.16 la fiesta solemne de los panes sin *l* 4682
Jos 5.11 comieron del fruto de...panes sin *l* 4682
Jue 6.19 Gedeón, preparó...panes sin *l* de un 4682
6.20 los panes sin *l* y ponlos sobre esta peña 4682
6.21 tocó...los panes sin *l*; y subió fuego de 4682

L

6.21 subió fuego...consumió...los panes sin *l* 4682
1 S 28.24 amasó, y coció de ella panes sin *l* 4682
2 R 23.9 comían panes sin *l* entre...hermanos......... 4682
1 Cr 23.29 de harina...para las hojuelas sin *l*.......... 4682
2 Cr 8.13 en la fiesta de los panes sin *l*, en.......... 4682
30.13 la fiesta solemne de los panes sin *l*........... 4682
30.21 celebraron la fiesta...los panes sin *l* 4682
35.17 la fiesta...de los panes sin *l* por siete......... 4682
Esd 6.22 la fiesta solemne de los panes sin *l*........... 4682
Ez 45.21 pascua, fiesta...se comerá pan sin *l*.......... 4682
Mt 13.33 **el reino...cielos es semejante a la *l*** *2219*
16.6 **guardaos de la *l* de los fariseos y de los** *2219*
16.11 **os guardaseis de la *l* de los fariseos**.......... *2219*
16.12 se guardasen de la *l* del pan, sino de *2219*
26.17 día de la fiesta de los panes sin *l* *106*
Mr 8.15 **la *l* de los fariseos...la *l* de Herodes** *2219*
14.1 pascua, y la fiesta de los panes sin *l* *106*
14.12 la fiesta de los panes sin *l*, cuando............ *106*
Lc 12.1 **guardaos de la *l* de los fariseos, que**........... *2219*
13.21 **semejante a la *l*, que una mujer tomó** *2219*
22.1 cerca la fiesta de los panes sin *l*, que *106*
22.7 llegó el día de los panes sin *l*, en el............. *106*
Hch 12.3 entonces los días de los panes sin *l*............ *106*
20.6 los días de los panes sin *l*, navegamos *106*
1 Co 5.6 que un poco de *l* leuda toda la masa?......... *2219*
5.7 limpiaos, pues, de la vieja *l*, para que *2219*
5.7 que seáis nueva masa, sin *l* como sois........... *106*
5.8 fiesta, no con la vieja *l*, ni con la *l*.............. *2219*
5.8 sino con panes sin *l*, de sinceridad y *106*
Gá 5.9 un poco de *l* leuda toda la masa............... *2219*

LEVANTAMIENTO

Lc 2.34 puesto para caída y para *l* de muchos *386*

LEVANTAR

Gn 4.8 se *levantó* contra su hermano Abel, y 6965
13.17 *levántate*, vé por la tierra a lo largo 6965
18.16 los varones se *levantaron* de allí, y 6965
19.1 viéndolos Lot, se *levantó* a recibirlos 6965
19.2 *levantaréis*, y seguiréis vuestro camino 7925
19.14 dijo: *Levantaos*, salid de este lugar 6965
19.15 *levántate*, toma tu mujer, y tus...hijas 6965
19.33 él no sintió...cuándo se *levantó* ella 6965
19.35 se *levantó* la menor, y durmió con él 6965
19.35 no echó de ver...ni cuándo se *levantó* 6965
220.8 Abimelec se *levantó* de mañana y llamó...... 7925
21.14 Abraham se *levantó* muy de mañana, y 7925
21.18 *levántate*, alza al muchacho...tu mano 6965
21.32 se *levantó* Abimelec, y Ficol príncipe 6965
22.3 y Abraham se *levantó* muy de mañana, y...... 7925
22.3 *levantó*...y fue al lugar que Dios le dijo......... 6965
22.19 y se *levantaron* y se fueron juntos a 6965
23.3 *levantó* Abraham de delante de su muerta 6965
23.7 y Abraham se *levantó*, y se inclinó al 6965
24.54 *levantándose*...dijo: Enviadme a mi señor 6965
24.61 se *levantó* Rebeca y sus doncellas, y 6965
25.34 comió y bebió, y se *levantó* y se fue........... 6965
26.31 se *levantaron* de madrugada, y juraron 7925
27.19 *levántate* ahora, y siéntate, y come de 6965
27.31 *levántese* mi padre, y coma de la caza 6965
27.43 *levántate* y huye a casa de Labán mi 6965
28.2 *levántate*, vé a Padan-aram, a casa de 6965
28.18 y se *levantó* Jacob de mañana, y tomó......... 7925
31.13 *levántate* ahora y sal de esta tierra............ 6965
31.17 se *levantó* Jacob, y subió sus hijos y 6965
31.21 y se *levantó* y pasó el Eufrates, y se 6965
31.35 porque no me puedo *levantar* delante de 6965
31.45 Jacob tomó una piedra, y la *levantó* 7311
31.55 y se *levantó* Labán de mañana, y besó......... 7925
32.22 se *levantó* aquella noche, y tomó sus 6965
35.1 *levántate* y sube a Bet-el, y quédate 6965
35.3 y *levantémonos*, y subamos a Bet-el; y 6965
35.20 *levantó* Jacob un pilar...su sepultura 5324
37.7 que mi manojo se *levantaba* y...derecho 6965
37.35 se *levantaron* todos sus hijos y todas 6965
38.8 dijo...*levanta* descendencia a tu hermano 6965
38.19 *levantó* y se fue, y se quitó el velo............. 6965
40.13 tres días *levantará* Faraón tu cabeza.......... 5375
43.8 y nos *levantaremos* e iremos, a fin de 6965
43.13 y *levantaos*, y volved a aquel varón............ 6965
43.15 se *levantaron* y descendieron a Egipto 6965
44.4 dijo...*levántate* y sigue a esos hombres 6965
46.5 se *levantó* Jacob de Beerseba; y tomaron....... 6965
Éx 1.8 se *levantó* sobre Egipto un nuevo rey 6965
2.17 Moisés se *levantó* y las defendió, y dio.......... 6965
5.8 están ociosos, por eso *levantan* la voz 6817
8.20; 9.13 *levántate*...ponte delante de Faraón........ 7925
10.23 ni nadie se *levantó* de su lugar en tres.......... 6965
12.30 se *levantó* aquella noche Faraón, él y.......... 6965
15.7 has derribado a los que se *levantaron*.......... 6965
17.16 la mano de Amalec se *levantó* contra el
21.19 se *levantare* y anduviere fuera sobre 6965
23.5 asno...caído...le ayudarás a *levantarlo* 5973
24.4 *levantándose* de mañana edificó un altar....... 7925
24.13 *levantó* Moisés con Josué su servidor 6965
32.1 le dijeron: *levántate*, haznos dioses que......... 6965
32.6 sentó el pueblo...*levantó* a regocijarse 7925
33.7 tomó el tabernáculo y lo *levantó* lejos 5186
33.8 todo el pueblo se *levantaba*, y...en pie........... 6965
33.10 se *levantaba* cada uno a la puerta de........... 6965
34.4 se *levantó* de mañana y subió al monte......... 7925
40.2 día del...harás *levantar* el tabernáculo.......... 6965
40.18 Moisés hizo *levantar* el tabernáculo 6965
40.19 *levantó* la tienda sobre el tabernáculo......... 6566
Lv 10.6 *levante* la ira sobre...la congregación
19.32 delante de las canas te *levantarás*, y............ 6965
26.1 ni os *levantaréis* estatua, ni pondréis 6965
Nm 7.1 acabado de *levantar* el tabernáculo, y 6965
9.21(2) cuando la nube se *levantaba*...partían....... 5927

10.35 Moisés decía: *levántate*, oh Jehová, y 6965
11.32 el pueblo estuvo *levantado*...aquel día 6965
14.40 se *levantaron*...y subieron a la cumbre 7925
16.2 y se *levantaron* contra Moisés con 250......... 6965
16.3 ¿por qué...os *levantáis* vosotros sobre 5375
16.25 Moisés se *levantó* y fue a Datán y a 6965
22.13,21 Balaam se *levantó* por la mañana 6965
22.14 príncipes...se *levantaron*, y vinieron......... 6965
22.20 *levántate* y vete con ellos; pero harás......... 6965
23.18 dijo: Balac, *levántate* y oye; escucha 6965
23.24 el pueblo que como león se *levantará*......... 6965
24.17 se *levantará* cetro de Israel, y herirá......... 6965
24.25 se *levantó* Balaam y se fue, y volvió a......... 6965
25.7 se *levantó* de...la congregación, y tomó 6965
Dt 2.13 *levantaos*...pasad el arroyo de Zered 6965
2.24 *levantaos*...y pasad el arroyo de Arnón 6965
6.7 y hablarás de ellas...cuando te *levantes* 6965
9.12 dijo Jehová: *levántate*, desciende pronto....... 6965
10.11 *levántate*...para que marches delante del 6965
11.19 hablando de ellas...cuando te *levantes* 6965
13.1 cuando se *levantare*...profeta, o soñador...... 6965
16.22 ni te *levantarás* estatua, lo...aborrece......... 6965
17.8 te *levantarás* y recurrirás al lugar que 6905
18.15 profeta...como yo, te *levantará* Jehová....... 6965
18.18 profeta les *levantaré* de en medio de 6965
19.11 y se *levantare* contra él y lo hiriere........... 6965
19.16 *levantare* testigo falso contra alguno 6965
22.4 buey, caído...le ayudarás a *levantarlo*......... 6965
22.26 alguno se *levanta* contra su prójimo y 6965
25.8 si él se *levantare* y dijere: No quiero 5975
27.2 *levantarás* piedras grandes, y...con cal 6965
27.4 *levantarás* estas piedras...os mando hoy 6965
28.7 tus enemigos que se *levantaren* contra 6965
29.22 dirán...hijos que se *levanten* después 6965
31.16 este pueblo se *levantará* y fornicará 6965
32.38 *levántense*...os ayuden y os defiendan 6965
33.11 hiere los...para que nunca se *levanten* 6965
34.10 nunca más se *levantó* profeta en Israel....... 6965
Jos 1.2 *levántate* y pasa este Jordán, tú y.............. 6905
3.1 Josué se *levantó* de mañana, y él y todos 7925
4.3 *levantadlas* en el lugar donde habéis de 5117
4.8 y las pasaron al...y las *levantaron* allí.......... 5117
4.9 Josué...*levantó* doce piedras en medio del...... 6965
6.12 se *levantó* de mañana, y los sacerdotes 7925
6.15 se *levantaron* al despuntar el alba, y 7925
6.26 maldito...el hombre que se *levantare* y.......... 6965
7.10 Josué: *Levántate*; ¿por qué te postras............ 6965
7.13 *levántate*, santifica al pueblo, y di 6965
7.16 *levantándose* de mañana hizo acercar a........ 7925
7.26 *levantaron* sobre él un gran montón de 6965
8.1 dijo a Josué...y *levántate* y sube a Hai 6905
8.3 *levantaron* Josué y...para subir contra Hai...... 6965
8.7 vosotros os *levantaréis* de la emboscada 6965
8.10 *levantándose* Josué muy de...pasó revista...... 7925
8.19 *levantándose*...de su lugar, la emboscada 6965
8.29 *levantaron* sobre él...montón de piedras 6965
18.4 ellos se *levanten* y recorran la tierra 6965
18.8 *levantándose*...aquellos varones, fueron 6965
24.9 después se *levantó* Balac hijo de Zipor 6965
24.26 piedra, la *levantó* allí debajo de la............ 6965
Jue 2.10 se *levantó* después...otra generación 6965
2.16 Jehová *levantó* jueces que los librasen......... 6965
2.18 y cuando Jehová les *levantaba* jueces 6965
3.9 Jehová *levantó* un libertador a...Israel.......... 6965
3.15 Jehová les *levantó* un libertador, a Aod........ 6965
3.20 Aod...él entonces se *levantó* de la silla 6965
4.9 y *levantándose* Débora, fue con Barac a 6965
4.14 *levántate*, porque este es el día en que......... 6965
5.7 yo Débora me *levanté*, me *l* como madre en 6965
5.12 *levántate*, Barac, y lleva tus cautivos 6905
6.28 cuando...se *levantaron*, he aquí que el 7925
6.38 *levantó* de mañana, exprimió el vellón......... 7925
7.1 *levantándose*, pues, de mañana Jerobaal 7925
7.9 *levántate*, y desciende al campamento 6905
7.15 *Levantaos*, porque Jehová ha entregado......... 6905
8.20 dijo a Jeter su...*levántate*, y mátalos 6965
8.21 *levántate* tú...Gedeón se levantó, y mató . 6965,6965
8.28 y nunca más volvió a *levantar* cabeza 5375
9.18 os habéis *levantado* hoy contra la casa......... 6965
9.23 de Siquem se *levantaron* contra Abimelec 898
9.32 *levántate*...y el pueblo que está contigo 6965
9.34 *levantándose*...Abimelec y todo el pueblo 6965
9.35 Abimelec...se *levantaron* de la emboscada 6965
9.43 y se *levantó* contra ellos y los atacó 6965
9.48 *levantándola*...la puso sobre sus hombros 5375
10.1 *levantó* para librar a Israel Tola hijo 6965
10.3 tras él se *levantó* Jair galaadita, el 6965
13.11 se *levantó* Manoa, y siguió a su mujer 6965
16.3 mas Sansón...a la medianoche se *levantó* 6965
18.9 *Levantaos*, subamos...poneros en marcha 6905
18.30 *levantaron* para sí la imagen de talla.......... 6965
18.31 así tuvieron *levantada* entre ellos la imagen
19.3 se *levantó* su marido y la siguió, para 6965
19.5 se *levantaron*...*levantó* también el levita . 7925,6965
19.7 y se *levantó* el varón para irse, pero............ 6965
19.8 día, *levantándose* de mañana para irse.......... 7925
19.9 se *levantó* el varón para irse, él y su............ 6965
19.9 *levantaréis* temprano a vuestro camino 7925
19.10 que se *levantó* y se fue, y llegó hasta 6965
19.27 y se *levantó* por la mañana su señor, y 6965
19.28 *levántate*, y vámonos...la *levantó* el 6965
19.28 varón...se *levantó* y se fue a su lugar 6965
20.5 y *levantándose* contra mí los de Gabaa 6965
20.8 el pueblo, como...se *levantó*, y dijeron.......... 6965
20.18,19 se *levantaron* los hijos de Israel 6965
20.33 se *levantaron* todos los de Israel de 6965
21.4 al día siguiente el pueblo se *levantó* 7925
Rt 1.6 *levantó*...regresó de los campos de Moab 6965

2.15 luego se *levantó* para espigar. Y Booz......... 6965
3.14 durmió a sus pies...se *levantó* antes que 6965
1 S 1.9 *levantó* Ana después que hubo comido......... 6965
1.19 y *levantándose* de mañana, adoraron 7925
2.8 él *levanta* del polvo al pobre, y del.............. 6965
3.6 *levantándose* Samuel, vino a Elí y dijo 6965
3.8 *levantó* y vino a Elí, y dijo: Heme aquí........... 6965
5.3 los de Asdod se *levantaron* de mañana 7925
5.4 volviéndose a *levantar*...Dagón había caído.... 7925
9.3 toma...*levántate*, y vé a buscar las asnas....... 6965
9.26 y dijo: *levántate*...se levantó Saúl, y 7925
13.15 *levantándose* Samuel, subió de Gilgal 6965
15.12 *levantó* un monumento, y dio la vuelta 7925
16.12 dijo: *levántate* y úngelo, porque éste 6965
16.13 se *levantó*...Samuel, y se volvió a Ramá....... 6965
17.20 se *levantó*, pues, David de mañana, y......... 7925
17.35 si se *levantaba* contra mí, yo...hería 6965
17.48 cuando el filisteo se *levantó* y echó 6965
17.52 *levantándose* luego los de Israel y los......... 6965
18.27 se *levantó* David y se fue con su gente 6965
20.25 Jonatán se *levantó*, y se sentó Abner 6965
20.34 *levantó* Jonatán de la mesa con...ira.......... 6965
20.41 se *levantó* David del lado del sur, y 6965
20.42 se *levantó* y se fue; y Jonatán entró 6965
21.10 *levantándose* David aquel día, huyó de 6965
22.8 cómo mi hijo ha *levantado* a mi siervo......... 6965
22.13 para que se *levantase* contra mí y me 6965
23.4 y dijo: *levántate*, desciende a Keila 6965
23.13 se *levantó* con sus hombres, que eran 6965
23.16 se *levantó* Jonatán...y vino a David a 6965
23.24 y ellos se *levantaron*, y se fueron a 6965
24.4 y se *levantó* David, y...cortó la orilla 6965
24.7 reprimió...que se *levantasen* contra Saúl...... 6965
24.8 también David se *levantó*...de la cueva......... 6965
25.1 se *levantó* David y se fue al desierto........... 6965
25.29 aunque alguien se haya *levantado* para....... 6965
25.41 ella se *levantó* e inclinó su rostro a 6965
25.42 *levantándose* luego Abigail con cinco......... 6965
26.2 Saúl entonces se *levantó* y descendió al 6965
26.5 se *levantó* David, y vino al sitio donde 6965
27.2 *levantó*, pues, David, y...se pasó a Aquis 6965
28.23 se *levantó*...y se sentó sobre una cama........ 6965
28.25 después de haber comido, se *levantaron* 6965
29.10 *levántate*, de mañana, tú y los siervos 7925
29.10 y *levantándoos* al amanecer, marchad 7925
29.11 se *levantó* David de mañana, él y sus.......... 7925
31.12 los hombres valientes se *levantaron*........... 6965
2 S 2.14 *levántense* ahora...Joab respondió: *L*......... 6965
2.15 se *levantaron*, y pasaron en número igual..... 6965
2.22 ¿cómo *levantaría*...mi rostro delante de....... 5375
3.21 dijo Abner...*levantaré* e iré, y juntaré 6965
6.2 y se *levantó* David y partió de Baala de......... 6965
6.17 una tienda que David le había *levantado* 5186
7.12 *levantaré*...a uno de tu linaje, el cual 6965
11.2 que se *levantó* David de su lecho y se 6965
12.11 yo haré *levantar* el mal sobre ti de tu......... 6965
12.17 se *levantaron* los ancianos de su casa 6965
12.17 a él para hacerlo *levantar* de la tierra......... 6965
12.20 entonces David se *levantó* de la tierra.......... 6965
12.21 y muerto él, te *levantaste* y comiste........... 6965
13.15 luego...dijo Amnón: *levántate*, y vete 6965
13.29 se *levantaron* todos los hijos del rey 6965
13.31 *levantándose* David, rasgó sus vestidos....... 6965
14.7 toda la familia se ha *levantado* contra......... 6965
14.23 se *levantó* luego Joab y fue a Gesur 6965
14.31 *levantó* Joab y vino a casa de Absalón......... 6965
15.2 *levantaba* Absalón de mañana, y se ponía 7925
15.9 vé en paz...se *levantó*, y fue a Hebrón.......... 6965
15.14 dijo a todos sus...*Levantaos* y huyamos 6965
17.1 y me *levantaré* y seguiré a David esta 6965
17.21 *levantaos* y daos prisa a pasar...aguas........ 6965
17.22 David se *levantó*, y todo el pueblo que......... 6965
17.23 y se *levantó* y se fue a su casa a su 6965
18.17 y *levantaron* sobre él un...de piedras 5324
18.28 que habían *levantado* sus manos contra........ 5375
18.31 los que se habían *levantado* contra ti........... 6965
18.32 y todos los que se *levanten* contra ti 6965
19.7 *levántate*...ahora, y vé afuera y habla........... 6965
19.8 entonces se *levantó* el rey y se sentó............ 6965
20.21 Seba...*levantado* su mano contra el rey........ 5375
22.39 los heriré, de modo que no se *levanten* 6965
22.49 sobre los que se *levantan* contra mí............ 6965
23.1 dijo aquel...que fue *levantado* en alto 6965
23.10 *levantó* e hirió a los filisteos hasta............. 6965
24.11 cuando David se hubo *levantado*, vino 6965
24.18 y *levanta* un altar a Jehová en la era 6965
1 R 1.49 se *levantaron* todos los convidados 6965
1.50 Adonías...*levantó* y se fue, y se asió de 6965
2.19 y el rey se *levantó* a recibirla, y se 6965
2.40 Simei se *levantó* y ensilló su asno y fue 6965
3.12 ni después...se *levantará* otro como tú 6965
3.20 *levantó* a medianoche y tomó a mi hijo 6965
3.21 yo me *levanté*...dar el pecho a mi hijo 6965
8.20 yo me he *levantado* en lugar de David mi...... 6965
8.54 se *levantó* de estar de rodillas delante 6965
11.18 se *levantaron* de Madián, y vinieron a.......... 6965
11.23 Dios...*levantó* por adversario...a Rezón 6965
11.40 Jeroboam se *levantó* y huyó a Egipto.......... 6965
14.2 *levántate* ahora y disfrázate, para que 6965
14.4 y la mujer de...se *levantó* y fue a Silo.......... 6965
14.7 te *levanté* de en medio del pueblo, y te......... 7311
14.12 y tú *levántate* y vete a tu casa; y al............ 6965
14.14 Jehová *levantará*...un rey sobre Israel 6965
14.17 la mujer de Jeroboam se *levantó* y se.......... 6965
15.4 *levantando* a su hijo después de él, y 6965
16.2 yo te *levanté* del polvo y te puse por 7311
17.9 *levántate*, vete a Sarepta de Sidón, y 6965
17.10 él se *levantó* y se fue a Sarepta................ 6965

19.3 se *levantó* y se fue para salvar su vida 6965
19.5 un ángel le...y le dijo: *Levántate*, come 6965
19.7 *levántate* y come, porque largo camino 6965
19.8 se *levantó*, pues, y comió y bebió; y 6965
19.21 se *levantó* y fue tras Elías, Y le servía 6965
21.7 *levántate*, y come y alégrate; yo te daré 6965
21.15 *levántate* y toma la viña de Nabot de 6965
21.16 Acab...*levantó* para descender a la viña 6965
21.18 *levántate*, desciende a encontrarte con 6965
2 R 1.3 *levántate*, y sube a encontrarte con 6965
1.4,6 del lecho en que estás no te *levantarás* 3381
1.15 se *levantó*, y descendió con él al rey 6965
1.16 no te *levantarás*, por tanto, del lecho 3381
2.16 quizá lo ha *levantado* el Espíritu de Jehová
3.22 cuando se *levantaron* por la mañana, y 7925
3.24 *levantaron* los israelitas y atacaron a 6965
4.31 se *levantó* y la siguió. Y Giezi había 6965
6.15 *levantó* de mañana y salió el que servía 6965
7.5 se *levantaron*...al anochecer, para ir al 6965
7.7 así se *levantaron* y huyeron al anochecer 6965
7.12 y se *levantó* el rey de noche, y dijo a 6965
8.1 *levántate*, vete tú, a vivir donde puedas 6965
8.2 la mujer se *levantó*, e hizo como el varón 6965
8.21 y *levantándose* de noche atacó a los de 6965
9.2 haz que se *levante* de entre sus hermanos 6965
9.6 se *levantó*, y entró en casa; y el otro 6965
10.12 se *levantó* de allí para ir a Samaria 6965
11.1 se *levantó* y destruyó...la descendencia 6965
12.20 *levantaron* sus siervos...mataron a Joás 6965
13.21 revivió, y se *levantó* sobre sus pies 6965
16.7 defiéndeme...se han *levantado* contra mí 6965
17.10 *levantaron* estatuas e imágenes...Asera 5324
19.22 la voz, y *levantado* en alto tus ojos? 5375
19.32 no...ni *levantará* contra ella baluarte 8210
19.35 se *levantaron*...era cuerpos de muertos 7925
21.3 *levantó* altares a Baal, e hizo...imagen 6965
25.1 Jerusalén...y *levantó* torres contra ella 1129
25.26 *levantándose* todo el pueblo, desde el 6965
1 Cr 10.12 *levantaron*...los hombres valientes 6965
15.1 para el arca...y le *levantó* una tienda 5186
16.1 la tienda que David había *levantado* para 5186
17.11 *levantaré* descendencia después de ti 6965
20.4 se *levantó* guerra en Gezer contra los 5975
20.5 volvió a *levantarse* guerra contra los
21.1 pero Satanás se *levantó* contra Israel 5975
22.16 *levántate*, y manos a la obra; y Jehová 6965
22.19 *levantaos*, y edificad el santuario de 6965
28.2 *levantándose* el rey David...dijo: Oídme 6965
2 Cr 1.4 arca...le había *levantado* una tienda 5186
6.10 *levanté* yo en lugar de David mi padre 6965
6.41 *levántate*...para habitar en tu reposo 6965
13.4 y se levantó Abías sobre el monte de 6965
13.6 Jeroboam...se *levantó* y rebeló contra 6965
20.20 cuando se *levantaron*...salieron al desierto 7925
20.19 se *levantaron* los levitas de...de Coat 6965
20.23 se *levantaron* contra los del monte de 5975
21.9 se *levantó* de noche, y derrotó a los 6965
22.10 Atalía...se *levantó* y exterminó toda la 6965
28.12 se *levantaron* algunos varones de los 6965
28.15 se *levantaron* los varones nombrados 6965
29.12 se *levantaron* los levitas Mahat hijo 6965
29.20 *levantándose*...rey Ezequías reunió los 7925
30.14 y *levantándose*, quitaron los altares que 6965
33.3 y *levantó* altares a los baales, e hizo 6965
Esd 1.5 se *levantaron* los jefes de las casas 6965
3.2 *levantaron* Jesúa hijo de...y sus hermanos 6965
4.12 los judíos...*levantan* los muros y reparan 3635
4.13 que si...y los muros fueren *levantados* 3635
4.16 fuere...*levantados* sus muros, la región 3635
4.19 se *levanta* contra los reyes y se rebela 5376
5.2 se *levantaron* Zorobabel hijo de Salatiel 6965
5.3 para edificar...y *levantar* estos muros? 3635
5.9 os dio orden...para *levantar* estos muros? 3635
9.5 a la hora del sacrificio...me *levanté* de 6965
9.6 avergonzado estoy para *levantar*...rostro 7311
9.9 para *levantar* la casa de nuestro Dios y 7311
10.4 *levántate*, porque esta es tu obligación 6965
10.5 se *levantó*...y juramentó a los príncipes 6965
10.6 se *levantó*...Esdras de delante de la casa 6965
10.10 *levantó*...Esdras y les dijo: Vosotros 6965
Neh 2.12 me *levanté* de noche, yo y unos pocos 6965
2.18 y dijeron: *Levantémonos* y edifiquemos 6965
2.20 nos *levantaremos* y edificaremos, porque 6965
3.1 se *levantó* el sumo sacerdote Eliasib con 6965
3.1 y *levantaron* sus puertas hasta la torre 6965
3.3,6,13 *levantaron* sus puertas...cerrojos 5975
3.14,15 *levantó* sus puertas, sus cerraduras 5975
4.14 me *levanté* y dije a los nobles y a los 6965
9.4 luego se *levantaron* sobre la grada de los 6965
9.5 *levantaos*, bendecid a Jehová vuestro Dios 7311
Est 5.9 que no se *levantaba* ni se movía de su 6965
7.7 el rey se *levantó* del banquete...en ira 6965
8.4 rey...y Ester se *levantó*, y se puso en pie 6965
Job 1.5 Job...se *levantaba* de mañana y ofrecía 7925
1.20 se *levantó*, y rasgó su manto, y rasuró 6965
5.7 como las chispas se *levantan* para volar 1361
5.11 y a los enlutados *levanta* a seguridad 7682
7.4 acostado, digo: ¿Cuándo me *levantaré*? 6965
10.15 si fuere justo, no *levantaré* mi cabeza 5375
11.15 *levantarás* tu rostro limpio de mancha 5375
14.12 hombre yace y no vuelve a *levantarse* 6965
14.12 hombre...ni se *levantarán* de su sueño 5782
16.8 se *levanta* contra mí para testificar en 6965
17.8 el inocente se *levantará* contra el impío 5782
19.18 aun...al *levantarme*, hablaban contra mí 6965
19.25 y al fin se *levantará* sobre el polvo 6965
20.27 cielos...tierra se *levantará* contra él 6965
24.14 a la luz se *levanta* el matador; mata 6965
24.22 una vez que se *levante*, ninguno está 6965
29.8 los ancianos se *levantaban*, y estaban 6965
30.12 mano derecha se *levantó* el populacho 6965
30.28 me he *levantado* en la congregación, y 6965
31.14 qué haría yo cuando Dios se *levantase*? 6965
39.18 luego que se *levanta* en alto, se burla 4754
Sal 1.5 por tanto, no se *levantarán* los malos 6965
2.2 se *levantarán* los reyes de la tierra, y 3320
3.1 muchos son los que se *levantan* contra mí 6965
3.3 mi gloria, y el que *levanta* mi cabeza 7311
3.7 *levántate*, Jehová; sálvame, Dios mío 6965
7.6 *levántate*, oh Jehová, en tu ira; álzate 6965
9.13 tú que me *levantas* de las puertas de la 7311
9.19 *levántate*, oh Jehová; no se fortalezca 6965
10.12 *levántate*, oh Jehová Dios, alza tu mano 6965
12.5 *levantaré*, dice Jehová; pondré en salvo 6965
17.7 de los que se *levantan* contra ellos 6965
17.13 *levántate*, oh Jehová...a su encuentro 6965
18.38 los herí de modo que no se *levantasen* 6965
18.48 aun me eleva sobre los que se *levantan* 6965
20.8 nosotros nos *levantamos*, y estamos en 6965
25.1 a ti, oh Jehová, *levantaré* mi alma 5375
27.3 aunque contra mí se *levante* guerra, yo 6965
27.6 *levantará* mi cabeza sobre mis enemigos 7311
27.12 han *levantado* contra mí testigos falsos 6965
35.2 echa mano al...y *levántate* en mi ayuda 6965
35.11 se *levantan* testigos malvados; de lo 6965
36.12 derribados, y no podrán *levantarse* 6965
40.12 maldades, y no puede *levantar* la vista 7200
41.8 que cayó en cama no volverá a *levantarse* 6965
41.10 misericordia de mí, y hazme *levantar* 6965
44.26 *levántate* para ayudarnos, y redímenos 6965
54.3 extraños se han *levantado* contra mí, y 6965
57.8 despierta, alma...me *levantaré* de mañana 5782
59.1 a salvo de los que se *levantan* contra mí 6965
68.1 levántese Dios, sean esparcidos sus 6965
71.20 de nuevo me *levantarás* de los abismos 5927
74.5 parecen a los que *levantan* el hacha en 935,4605
74.22 *levántate*, oh Dios, aboga tu causa 6965
74.23 alboroto de los que se *levantan* contra 6965
76.9 cuando te *levantaste*, oh Dios...juzgar 6965
78.6 los que se *levantarán* lo cuenten a sus 6965
82.8 *levántate*, oh Dios, juzga la tierra 6965
86.4 porque a ti, oh Señor, *levanto* mi alma 5375
86.14 los soberbios se *levantaron* contra mí 6965
88.10 ¿se *levantarán* los muertos...alabarte? 6965
89.9 cuando se *levantan* sus ondas, tú las 7721
89.43 espada, y no lo *levantaste* en la batalla 6965
92.11 oirán...de los que se *levantaron* contra 6965
94.16 ¿quién se *levantará* por mí contra los 6965
98.4 *levantad* la voz, y aplaudid, y cantad 6476
102.13 *levantarás* y tendrás misericordia de 6965
106.30 se *levantó* Finees e hizo juicio, y se 5975
107.25 hizo *levantar* un viento tempestuoso 5975
107.41 *levanta* de la miseria al pobre, y hace 7682
109.28 *levántense*, mas sean avergonzados, y 6965
110.7 beberá...por lo cual *levantará* la cabeza 7311
113.7 él *levanta* del polvo al pobre, y al 6965
119.62 medianoche me *levanto* para alabarte 6965
124.2 cuando se *levantaron* contra nosotros 6965
127.2 por demás...os *levantéis* de madrugada 6965
132.8 *levántate*...al lugar de tu reposo, tú 6965
139.2 conocido mi sentarme y mi *levantarme* 6965
145.14 Jehová...*levanta* a todos los oprimidos 2210
146.8 Jehová *levanta* a los caídos...ama a los 2210
Pr 6.9 ¿cuándo te *levantarás* de tu sueño? 6965
16.28 el hombre perverso *levanta* contienda 7971
18.10 el correrá el justo, y será *levantado* 7682
24.16 cae el justo, y vuelve a *levantarse* 6965
28.12 cuando se *levantan* los impíos, tienen 6965
28.28 los impíos son *levantados* se esconde 6965
29.22 el hombre iracundo *levanta* contiendas 1624
30.13 generación...párpados están *levantados* 7311
31.15 se *levanta*...y da comida a su familia 6965
31.28 se *levantan* sus hijos y...bienaventurada 6965
Ec 1.5 a volver al lugar de donde se *levanta* 2224
4.10 el uno *levantará* a su compañero; pero 6965
4.10 cuando cayere, no habrá...que lo *levante* 6965
9.14 y *levanta* contra ella grandes baluartes 1129
12.4 se *levantará* a la voz del ave, y todas 6965
Cnt 2.10,13 *levántate*, oh amiga mía, hermosa 6965
3.2 *levantaré* ahora, y rodearé por la ciudad 6965
4.16 *levántate*, Aquilón, y ven, Austro; soplad 5782
5.5 me *levanté* para abrir a mi amado, y mis 6965
7.12 *Levantémonos* de mañana a las viñas 7925
Is 2.19,21 se *levante* para castigar la tierra 6965
3.5 el joven se *levantará* contra el anciano 7292
5.11 de los que se *levantan* de mañana para 6965
8.21 maldecirán a su...*levantando* el rostro 4605
9.11 Jehová *levantará* los enemigos de Rezín 7682
10.15 ¡como si...*levantase* al que lo levanta 5130,7311
10.26 *levantará* Jehová...azote contra él como 5782
11.12 y *levantará* pendón a las naciones, y 5375
11.15 *levantará* su mano con el poder de su 5130
13.2 *levantad* bandera sobre un alto monte 5375
13.20 ni *levantará* allí tienda el árabe, ni 167
14.9 hizo *levantar* de sus sillas a todos los 6965
14.13 *levantaré* mi trono, y en el monte del 7311
14.21 no se *levanten*, ni posean la tierra, ni 6965
14.22 porque yo me *levantaré* contra ellos 6965
15.5 *levantarán* grito de quebrantamiento por 5782
18.3 se *levante* bandera en los montes, mirad 5375
19.2 *levantaré* egipcios contra egipcios, y 5526
19.16 la mano...que él *levantará* contra ellos 5130
21.5 ¡*levantaos*...príncipes, ungid el escudo! 6965
23.4 ni crié jóvenes, ni *levanté* vírgenes 7311
23.12 *levántate* para pasar a Quitim, y aun 6965
23.13 *levantaron* sus fortalezas, edificaron 6965
24.20 ella...caerá, y nunca más se *levantará* 6965
27.9 y no se *levanten* los símbolos de Asera 6965
28.21 Jehová se *levantará* como en el monte 6965
29.3 sitiaré...*levantaré* contra ti baluartes 6965
31.2 se *levantará*, pues, contra...los malignos 6965
32.9 mujeres indolentes, *levantaos*, oíd mi 6965
33.3 las naciones...esparcidas al *levantarte* 7427
33.10 me *levantaré*, dice Jehová; ahora seré 6965
34.3 y de sus cadáveres se *levantará* hedor 5927
37.23 ¿contra quién has...*levantado* tus ojos 7311
37.33 no...ni *levantará* contra ella baluarte 8210
37.36 y cuando se *levantaron* por la mañana 7925
40.9 levanta...tu voz...*levántala*, no temas; di 7311
40.26 *levantad* en alto vuestros ojos, Y mirad 5375
40.31 pero...*levantarán* alas como las águilas 5927
41.25 del norte *levanté* a uno, y vendrá; del 4217
43.17 caen juntamente para no *levantarse* 6965
49.6 mi siervo para *levantar* las tribus de 6965
49.7 verán reyes, y se *levantarán* príncipes 6965
49.11 montes, y...calzadas serán *levantadas* 7311
49.22 y a los pueblos *levantaré* mi bandera 5375
51.17 *levántate*, oh Jerusalén, que bebiste 6965
52.2 polvo; *levántate* y siéntate, Jerusalén 6965
54.1 *levanta* canción y da voces de júbilo 6476
54.17 toda lengua que se *levante* contra ti 6965
55.12 collados *levantarán* canción delante de 6476
58.12 cimientos de generación y...*levantarás* 6965
59.19 el Espíritu de Jehová *levantará* bandera 4217
60.1 *levántate*, resplandece, ha venido tu luz 6965
61.4 y *levantarán* los asolamientos primeros 6965
63.9 trajo, y los *levantó* todos los días de 5375
Jer 1.17 tú, pues, ciñe tus lomos, *levántate* 6965
2.27 y en el dicen: *levántate*, y líbranos 6965
2.28 tus dioses...*levántense* ellos, a ver si 6965
5.22 mar...Se *levantarán* tempestades, mas no 1607
6.4 *levantaos* y asaltémosla a mediodía. ¡Ay 6965
6.5 *levantaos* y asaltemos de...sus palacios 6965
6.6 *levantad* vallado Contra Jerusalén; esta 8210
6.22 *levantará* de los confines de la tierra 5782
7.16 ni *levantes* por ellos clamor ni oración 5375
7.29 corta tu cabello...*levanta* llanto sobre 5375
8.4 les dirás...El que cae, ¿no se *levanta*? 6965
9.10 *levantaré* lloro y lamentación, y llanto 5375
9.18 prisa, y *levanten* llanto por nosotros 5375
10.20 no hay ya más quien *levante* mi tienda 6965
11.14 *levantes* por ellos clamor ni oración 5375
12.6 aun ellos se *levantaron* contra ti, aun
13.4 cinto...y *levántate* y vete al Eufrates 6965
13.6 *levántate* y vete al Eufrates, y toma de 6965
18.2 *levántate* y vete a casa del alfarero 6965
23.5 en que *levantaré* a David renuevo justo 6965
25.27 no os *levantéis*, a causa de la espada 6965
25.32 tempestad se *levantará* de los fines de 5782
26.17 se *levantaron* algunos de los ancianos 6965
29.15 dicho: Jehová nos ha *levantado* profetas 6965
30.9 servirán a...su rey, a quien...*levantaré* 6965
31.6 *levantaos*, y subamos a Sion, a Jehová 6965
37.10 cada uno se *levantará* de su tienda, y 6965
41.2 se *levantó* Ismael...e hirieron a espada 6965
46.16 *levántate* y volvámonos a...pueblo, y a 6965
49.28 *levantaos*, subid...Cedar, y destruid a 6965
49.31 *levantaos*...contra una nación pacífica 6965
50.2 *levantad* también bandera, publicad, y 5375
50.9 *levanto* y hago subir contra Babilonia 5782
50.32 y caerá, y no tendrá quien lo *levante* 6965
50.41 reyes se *levantarán* de los extremos de 5782
51.1 yo *levanto* un viento destruidor contra 5782
51.1 sus moradores que se *levantan* contra mí 6965
51.12 *levantad* bandera sobre los muros de 5375
51.14 llenaré...*levantarán* contra ti gritería 6030
51.64 no se *levantará* del mal que yo traigo 6965
Lm 1.14 contra las cuales no podré *levantarme* 6965
2.19 *levántate*, da voces en la noche, al 6965
3.41 *levantemos* nuestros corazones y manos 5375
3.62 dichos de...que contra mí se *levantaron* 6965
3.63 su sentarse y su *levantarse* mira; yo soy 7012
Ez 1.19,21 cuando...*levantaban*...las ruedas se *l* 5375
1.20 ruedas también se *levantaban* tras ellos 5375
3.12 me *levantó* el Espíritu, y oí detrás de 5375
3.14 me *levantó*, pues, el Espíritu, y me tomó 5375
3.22 *levántate*, y sal al campo...allí hablaré 6965
3.23 y me *levanté* y salí al campo; y he aquí 6965
7.11 la violencia se ha *levantado* en vara de 6965
10.15 se *levantaron* los querubines; este es 7426
10.16 alzaban sus alas para *levantarse* de la 5375
10.19 alzando los querubines; se *levantaron* 5375
11.24 me levantó el Espíritu y me volvió a 5375
17.14 que el reino fuese...y no se *levantase* 5375
17.17 *levanten* vallados y se edifiquen torres 8210
17.24 *levanté* el árbol bajo, hice secar el 1361
19.1 *levanta* endecha sobre los príncipes de 5375
21.22 para *levantar* la voz en grito de guerra 7311
21.22 *levantar* vallados, y edificar torres 8210
23.27 no *levantarás* ya más a ellos tus ojos 5375
26.8 *levantará* contra ti baluarte, y escudo 8210
26.17 y *levantarán* sobre ti endechas, y te 5375
27.2 tú, hijo...*levanta* endechas sobre Tiro 5375
27.32 *levantarán* sobre ti endechas en sus 5375
28.12 *levanta* endechas sobre el rey de Tiro 5375
31.10 *levantado* su cumbre entre densas ramas 5414
31.14 ni *levanten* su copa entre la espesura 5414
32.2 *levanta* endechas sobre Faraón rey de 5375
34.23 *levantaré* sobre ellas a un pastor, y 6965
34.29 *levantaré* para...una planta de renombre 6965
Dn 2.39 después de ti se *levantará* otro reino 6966
2.44 el Dios del cielo *levantará* un reino que 6966
3.1 la *levantó* en el campo de Dura, en la 6966
3.2,3 (2),5,7 estatua que el rey...*levantado* 6966

L

3.12 ni adoran la estatua...que has *levantado* 6966
3.14 ni adoráis la estatua...que he *levantado*? 6966
3.18 ni...adoraremos la estatua...has *levantado* ... 6966
3.24 se *levantó*...y dijo a los de su consejo 6965
6.19 el rey, pues, se *levantó* muy de mañana 6966
7.4 *levantada* del suelo y se puso enhiesta 5191
7.5 fue dicho...*Levántate*, devora mucha carne 6966
7.17 son cuatro reyes que se *levantarán* en......... 6966
7.24 de aquel reino se *levantarán* diez reyes 6966
7.24 y tras ellos se *levantará* otro, el cual........... 6966
8.7 y se *levantó* contra él y lo hirió, y le............ 7993
8.22 que cuatro reinos se *levantarán* de esa........ 5975
8.23 se *levantará* un rey altivo de rostro............ 5975
8.25 se *levantará* contra el Príncipe de los 5975
11.2 *levantará* a...contra el reino de Grecia........ 5975
11.3 se *levantará* luego un rey valiente, el.......... 5975
11.4 cuando se haya *levantado*, su reino será 5975
11.7 un renuevo...se *levantará* sobre su trono 5975
11.14 se *levantarán* muchos contra el rey del....... 5975
11.14 se *levanarán* para cumplir la visión 5375
11.15 norte, y *levantará* baluartes, y tomará 8210
11.20 se *levantará* en su lugar uno que hará 5975
11.31 se *levantarán* de su parte tropas que......... 5975
11.40 el rey del norte se *levantará* contra él 5921
12.1 se *levantará* Miguel, el gran príncipe.......... 5975
12.13 te *levantarás* para recibir tu heredad 5975
Os 4.8 comen, y en su maldad *levantan* su alma....... 5375
10.14 en tus pueblos se *levantará* alboroto 6965
13.15 se *levantará* desde el desierto, y se 5927
Jl 3.7 yo los *levantaré* del lugar donde los 5782
Am 2.11 *levanté* de vuestros hijos...profetas 6965
3.5 ¿se *levantará* el lazo de la tierra, si............. 5927
5.1 palabra que yo *levanto* para lamentación 5375
5.2 cayó la virgen de...y no podrá *levantarse* 6965
5.2 sobre su tierra, no hay quien la *levante*......... 6965
6.14 *levantaré*...una nación que os oprimirá 6965
7.2,5 ¿quién *levantará* a Jacob? porque es........ 6965
7.9 me *levantaré* con espada sobre la casa de 6965
7.10 decir...Amós se ha *levantado* contra ti........ 7194
8.14 juran...caerán, y nunca...se *levantarán*........ 6965
9.11 *levantaré* el tabernáculo caído de David....... 6965
9.11 y *levantaré* sus ruinas, y lo edificaré.......... 6965
Abd 1 *levantaos*, y *levantémonos* contra este 6965,6965
Jon 1.2 *levántate* y vé a Nínive, aquella gran 6965
1.3 Jonás se *levantó* para huir de...de Jehová...... 6965
1.4 Jehová hizo *levantar* un gran viento en......... 2904
1.6 *levántate*, y clama a tu Dios; quizá él 6965
3.2 *levántate* y vé a Nínive, aquella...ciudad 6965
3.3 *levantó* Jonás, y fue a Nínive conforme 6965
3.6 se *levantó* de su silla, se despojó de 6965
Mi 2.4 *levantarán* sobre vosotros refrán, y 5375
2.8 que ayer era mi pueblo, se ha *levantado*........ 6965
2.10 *levantaos* y andad, porque no es este el........ 6965
4.13 *levántate* y trilla, hija de Sion...haré 6965
5.5 *levantaremos* contra él siete pastores, y 6965
6.1 *levántate*, contiende contra los montes 6965
7.6 la hija se *levanta* contra la madre, la 6965
7.8 porque aunque caí, me *levantaré*; aunque 6965
Hab 1.3 mí, y pleito y contienda se *levantan* 5375
1.6 yo *levanto* a los caldeos, nación cruel............ 6965
1.10 reirá...y *levantará* terraplén y la tomará...... 6651
2.6 ¿no han de *levantar* todos éstos refrán 5375
2.7 ¿no se *levantarán*...tus deudores, y se.......... 6965
2.19 que dice...a la piedra muda: *Levántate!* 5782
3.6 se *levantó*, y midió la tierra; miró, e............ 5975
Sof 2.7 Jehová su...*levantará* su cautiverio............. 7725
3.8 hasta el día...me *levante* para juzgaros 6965
3.20 *levante* vuestro cautiverio delante de.......... 7725
Zac 2.13 se ha *levantado* de su santa morada 5782
5.7 *levantaron* la tapa de plomo, y una mujer 5375
11.16 *levanto* en la tierra a un pastor que 6965
13.7 *levántate*, oh espada, contra el pastor 5782
14.13 *levantará* su mano contra la mano de su 5927
Mt 2.13,20 *levántate*, y toma al niño y a su 1453
2.21 se *levantó*, y tomó al niño y a su madre 1453
3.9 que Dios puede *levantar* hijos a Abraham 1453
8.15 tocó su mano, y ella se *levantó*, y les 1453
8.24 que se *levantó* en el mar una tempestad 1096
8.26 *levantándose*, reprendió a los vientos........... 1453
9.5 **perdonados, o decir: *levántate* y anda?** 1453
9.6 ***levántate*, toma tu cama, y vete a...casa**........ 1453
9.7 entonces él se *levantó* y...fue a su casa 1453
9.9 **dijo: Sígueme. Y se *levantó* y le siguió** 450
9.19 se *levantó* Jesús, y le siguió con sus............ 1453
9.25 de la mano a la niña, y ella se *levantó* 1453
10.21 **hijos se *levantarán* contra los padres** 1881
11.11 **no se ha *levantado* otro mayor que Juan** 1453
11.23 **tú...que eres *levantada* hasta el cielo** 5312
12.11 **oveja...no le eche mano, y la *levante*?** 1453
12.41 **de Nínive se *levantarán* en el juicio** 450
12.42 **reina del Sur se *levantará* en el juicio** 1453
14.19 *levantando* los ojos al cielo, bendijo.............. 308
17.7 **los tocó, y dijo: *Levantaos*, y no temáis**......... 1453
22.24 y *levantará* descendencia a su hermano 450
24.7 **se *levantará* nación contra nación, y** 1453
24.11 **muchos falsos profetas se *levantarán*** 1453
24.24 **porque se *levantarán* falsos Cristos** 1453
25.7 **todas aquellas vírgenes se *levantaron***......... 1453
26.46 ***levantaos*, vamos; ved, se acerca el**........... 1453
26.62 y *levantándose* el sumo sacerdote, le 450
27.52 muchos cuerpos de santos...*levantaron* 1453
Mr 1.31 él...la tomó de la mano y la *levantó* 1453
1.35 *levantándose* muy de mañana, siendo aún 450
2.9 **o decirle: *levántate*, toma tu...y anda?** 1453
2.11 ***levántate*, toma tu lecho, y vete a tu** 1453
2.12 él se *levantó*...tomando su lecho, salió......... 1453
2.14 **y le dijo: Sígueme. Y *levantándose*, le**........... 450
3.3 **la mano seca: *levántate* y ponte en medio**....... 1453

3.26 **si Satanás se *levanta* contra sí mismo** 450
4.27 **se *levanta*...y la semilla brota y crece**......... 1453
4.37 se *levantó* una gran tempestad de viento 1096
4.39 **y *levantándose*, reprendió al viento, y** 1326
5.41 **le dijo...Niña, a ti te digo, *levántate*** 1453
5.42 luego la niña se *levantó* y andaba, pues......... 450
6.41 *levantando* los ojos al cielo, bendijo 308
7.24 *levantándose* de...fue a la región de Tiro....... 450
7.34 ***levantando* los ojos al cielo, gimió, y**............ 308
9.27 Jesús, tomándole de la mano...se *levantó*....... 450
10.1 *levantándose* de allí, vino a la región 450
10.49 ten confianza; *levántate*, te llama............. 1453
10.50 él entonces...se *levantó* y vino a Jesús......... 450
12.19 y *levante* descendencia a su hermano 1817
13.8 **se *levantará* nación contra nación, y** 1453
13.12 **y se *levantarán* los hijos contra los** 1881
13.22 **se *levantarán* falsos Cristos, y falsos** 1453
14.42 ***levantaos*, vamos; he aquí, se acerca el**....... 1453
14.57 *levantándose*...dieron falso testimonio 450
14.60 sumo sacerdote, *levantándose* en medio 450
Lc 1.39 *levantándose* María, fue de prisa a la........... 450
1.69 nos *levantó* un poderoso Salvador en la 1453
3.8 Dios puede *levantar* hijos...aun de estas......... 1453
4.16 entró en la sinagoga...se *levantó* a leer......... 450
4.29 y *levantándose*, le echaron fuera de la.......... 450
4.38 Jesús se *levantó* y salió de la sinagoga 450
4.39 *levantándose* ella al instante...servía 450
5.23 **es más fácil...decir: *levántate* y anda?** 1453
5.24 ***levántate*, toma tu lecho, y vete a tu** 1453
5.25 *levantándose* en presencia de ellos, y 450
5.28 dejándolo todo, se *levantó* y le siguió 450
6.8 **al hombre...*levántate*, y ponte en medio** 1453
6.8 **ponte...Y él, *levantándose*, se puso en pie** 450
7.14 **dijo: Joven, a ti te digo, *levántate*** 1453
7.16 un gran profeta se ha *levantado* entre.......... 1453
8.54 **él...clamó diciendo: Muchacha, *levántate*** 1453
8.55 inmediatamente se *levantó*; y él mandó 450
9.16 *levantando* los ojos al cielo...bendijo 308
10.15 **tú...que hasta los cielos eres *levantada*** 5312
10.25 se *levantó* y dijo...Maestro, ¿haciendo 450
11.7 **dice...no puedo *levantarme*, y dártelos?**......... 450
11.8 **aunque no se *levante* a dárselos por ser** 1453
11.8 **por su importunidad se *levantará* y le** 1453
11.27 una mujer de...*levantó* la voz y le dijo 1869
11.31 **reina del Sur se *levantará* en el juicio** 1453
11.32 **de Nínive se *levantarán* en el juicio** 450
13.25 **se haya *levantado* y cerrado la puerta** 1453
15.18 ***levantaré* e iré a mi padre, y le diré** 450
15.20 ***levantándose*, vino a su padre...lo vio**.......... 450
16.31 **aunque alguno se *levantare* de...muertos** 450
17.19 ***levántate*, vete; tu fe te ha salvado** 450
20.28 y *levante* descendencia a su hermano 1817
21.1 *levantando* los ojos, vio a los ricos que.......... 308
21.10 **se *levantará* nación contra nación, y** 1453
21.28 **erguíos y *levantad* vuestra cabeza** 1869
22.45 se *levantó* de la oración, y vino a sus 450
22.46 ***levantaos*, y orad para que no entréis** 450
23.1 *levantándose*...la muchedumbre de ellos 450
24.12 *levantándose* Pedro, corrió al sepulcro 450
24.33 *levantándose* en la...hora, volvieron a.......... 450
Jn 2.19 **destruid...y en tres días lo *levantaré*** 1453
2.20 dijeron...tú en tres días lo *levantarás*?........... 1453
3.14 **como Moisés *levantó* la serpiente en el**......... 5312
3.14 **que el Hijo del Hombre sea *levantado*** 5312
5.8 **dijo: *levántate*, toma tu lecho, y anda** 1453
5.21 **como el Padre *levanta* a los muertos, y** 1453
6.18 se *levantaba* el mar con un gran viento 1326
7.52 de Galilea nunca se ha *levantado* profeta 1453
8.28 **hayáis *levantado* al Hijo del Hombre** 5312
11.29 cuando lo oyó, se *levantó* de prisa y 1453
11.31 que María se había *levantado* de prisa 450
12.32 **y yo, si fuere *levantado* de la tierra** 5312
12.34 **que el Hijo del Hombre sea *levantado*?**........ 5312
13.4 levantó de la cena, y se quitó su manto 1453
13.18 **el que...*levantó* contra mí su calcañar** 1869
14.31 **así hago. *Levantaos*, vamos de aquí** 1453
17.1 **y *levantando* los ojos al cielo, dijo** 1869
Hch 1.15 Pedro se *levantó* en medio de los................ 450
2.24 al cual Dios *levantó*, sueltos los dolores 450
2.30 *levantaría*. Cristo para que se sentase 450
3.6 nombre de Jesucristo...*levántate* y anda 1453
3.7 tomándole por la mano derecha le *levantó* 1453
3.22 el Señor...Dios os *levantará* profeta de........... 450
3.26 Dios, habiendo *levantado* a su Hijo, lo 450
5.6 *levantándose* los jóvenes...lo sepultaron......... 450
5.17 *levantándose* el sumo sacerdote y todos 450
5.30 Dios de nuestros padres *levantó* a Jesús........ 1453
5.34 *levantándose* en el concilio un fariseo 450
5.36 antes de estos días se *levantó* Teudas............ 450
5.37 se *levantó* Judas el galileo, en los días 450
6.9 se *levantaron* unos de la...de los libertos 450
7.18 hasta que se *levantó* en Egipto otro rey.......... 450
7.37 profeta os *levantará* el Señor...de entre.......... 450
8.26 diciendo: *Levántate* y vé hacia el sur............. 450
8.27 él se *levantó* y fue. Y sucedió que un 450
9.6 ***levántate* y entra en la ciudad, y se te**............ 450
9.8 Saulo se *levantó*...y abriendo los ojos, no........ 1453
9.11 **dijo: *Levántate*, y vé a la calle que se** 450
9.18 la vista; y *levantándose*, fue bautizado 450
9.34 sana; *levántate*...Y en seguida se levantó 450
9.39 *levantándose* entonces Pedro, fue con 450
9.40 y volviéndose...dijo: Tabita, *levántate*............ 450
9.41 dándole la mano, la *levantó*; entonces 450
10.13 una voz: *levántate*, Pedro, mata y come......... 450
10.20 *levántate*...y desciende, y no dudes de........... 450
10.23 *levantándose*, se fue con ellos; y le
10.26 Pedro le *levantó*, diciendo: *Levántate* 1453
10.40 a éste *levantó* Dios al tercer día, e............ 1453

11.7 me decía: *levántate*, Pedro, mata y come 450
11.28 *levantándose* uno de ellos, llamado 450
12.7 le despertó, diciendo: *levántate* pronto.......... 1453
13.16 Pablo, *levantándose*...dijo: Varones 450
13.17 con brazo *levantado* los sacó de ella........... 5312
13.22 quitado...les *levantó* por rey a David.......... 1453
13.23 *levantó* a Jesús por Salvador a Israel.......... 1453
13.30 mas Dios le *levantó* de los muertos 1453
13.34 cuanto a que le *levantó* de los muertos 450
13.37 quien Dios *levantó*, no vio corrupción 1453
13.50 *levantaron* persecución contra Pablo y 1892
14.10 voz: *Levántate* derecho sobre tus pies 450
14.20 se *levantó* y entró en la ciudad; y al............ 450
15.5 se *levantaron* diciendo: Es necesario............ 450
15.7 Pedro se *levantó* y les dijo: Varones............. 450
15.16 repararé sus...y lo volveré a *levantar* 461
17.31 con haberle *levantado* de los muertos 450
18.12 judíos se *levantaron* de común acuerdo 2721
20.9 cayó del...abajo, y fue *levantado* muerto 142
20.30 se *levantarán* hombres que hablen cosas 450
21.38 ¿no eres tú...que *levantó* una sedición.......... 387
22.10 **me dijo: *levántate*, y vé a Damasco, y** 450
22.16 *levántate* y bautízate, y lava...pecados 450
23.9 *levantándose* los escribas de la parte 1096
26.16 **pero *levántate*, y ponte sobre tus pies** 450
26.30 se *levantó* el rey, y el gobernador, y 450
Ro 4.24; 8.11 *levantó* de los muertos a Jesús 1453
9.17 para esto mismo te he *levantado*, para 1825
10.9 creyeres en tu...que Dios le *levantó* de 1453
13.11 es ya hora de *levantarnos* del sueño........... 1453
15.12 que se *levantará* a regir los gentiles 450
1 Co 6.14 que *levantó* al Señor...nos levantará ... 1825,1453
10.7 se sentó el pueblo...se *levantó* a jugar 450
2 Co 10.5 derribando...altivez que se *levanta* 1869
Ef 5.14 y levántate de los muertos 450
Col 2.12 Dios que le *levantó* de los muertos............. 1453
2 Ts 2.4 se opone y se *levanta* contra todo lo........... 5229
1 Ti 2.8 oren...*levantando* manos santas, sin 1869
He 7.11 se *levantase* otro sacerdote, según el 450
7.15 a semejanza de...se *levanta* un sacerdote 450
8.2 tabernáculo que *levantó* el Señor, y no el 4078
11.19 Dios es poderoso para *levantar* aun de 1453
12.12 *levantad* las manos caídas y...rodillas........... 461
Stg 5.15 salvará al...y el Señor lo *levantará* 1453
Ap 10.5 ángel que vi...*levantó* su mano al cielo 142
11.1 *levántate*, y mide el templo de Dios, y......... 1453
11.11 se *levantaron* sobre sus pies, y cayó 2476

LEVAR

Hch 27.13 *levaron* anclas e iban costeando 142

LEVE

Job 26.14 cuán *l* es el susurro que hemos oído......... 8102
2 Co 4.17 porque esta *l* tribulación...produce 1645

LEVÍ

1. Hijo del patriarca Jacob, y la tribu que formó su posteridad

Gn 29.34 a luz un hijo...llamó su nombre *L*............ 3878
34.25 Simeón y *L*...tomaron cada uno su espada... 3878
34.30 dijo Jacob a Simeón y a *L*: Me habéis......... 3878
35.23 Simeón, *L*, Judá, Isacar y Zabulón.............. 3878
46.11 los hijos de *L*: Gersón, Coat y Merari 3878
49.5 Simeón y *L* son hermanos; armas de 3878
Éx 1.2 Rubén, Simeón, *L*, Judá 3878
2.1 un varón...de *L*...tomó por mujer a...de *L* 3878
6.16 son los nombres de los hijos de *L* por........... 3878
6.16 los años de la vida de *L* fueron 137 años........ 3878
6.19 son las familias de *L* por sus linajes 3878
32.26 juntaron con él todos los hijos de *L*............ 3878
32.28 los hijos de *L* lo hicieron conforme al.......... 3878
Nm 1.49 no contarás la tribu de *L*, ni tomarás............ 3878
3.6 se acerque la tribu de *L*, y hazla estar 3878
3.15 cuenta los hijos de *L* según las casas de 3878
3.17 hijos de *L* fueron estos por sus nombres.......... 3878
3.20 familias de *L*, según las casas de sus 3881
4.2 toma la cuenta...de entre los hijos de *L*........... 3878
16.1 Coré...hijo de *L*, y Datán y Abiram hijos 3878
16.7 poned fuego...esto os baste, hijos de *L* 3878
16.8 dijo más Moisés...Oíd ahora, hijos de *L* 3878
16.10 hizo acercar...los hijos de *L* contigo?.......... 3878
17.3 el nombre de Aarón sobre la vara de *L*........... 3878
17.8 la vara de Aarón de la casa de *L* había........... 3878
18.2 la tribu de *L*...haz que se acerquen a ti.......... 3878
18.21 he dado a los hijos de *L*...los diezmos 3878
26.59 Jocabed, hija de *L*, que le nació a *L*............ 3878
Dt 10.8 la tribu de *L* para que llevase el arca............ 3878
10.9 *L* no tuvo...ni heredad con sus hermanos 3878
18.1 toda la tribu de *L*, no tendrán parte ni........... 3878
21.5 vendrán los sacerdotes...de *L*, porque a.......... 3878
27.12 bendecir al pueblo: Simeón, *L*, Judá 3878
31.9 la dio a los sacerdotes hijos de *L*, que........... 3878
33.8 a *L* dijo: Tu Tumim y tu Urim sean para 3878
Jos 13.14 pero a la tribu de *L* no dio heredad............ 3878
13.33 a la tribu de *L*, no dio Moisés heredad.......... 3878
21.10 las familias de Coat, de los hijos de *L*.......... 3878
1 R 12.31 hizo sacerdotes...que no eran...de *L*........... 3878
1 Cr 2.1 los hijos de Israel: Rubén, Simeón, *L*............ 3878
6.1,16 los hijos de *L*: Gersón, Coat y Merari 3878
6.19 estas son las familias de *L*, según sus........... 3881
6.38 hijo de Izhar, hijo de Coat, hijo de *L* 3878
6.43 de Jahat, hijo de Gersón, hijo de *L*............... 3878
6.47 hijo de Musi, hijo de Merari, hijo de *L* 3878
9.18 entre las cuadrillas de los hijos de *L*............ 3878
12.26 los hijos de *L*, cuatro mil seiscientos 3878
23.6 los repartió...conforme a los hijos de *L* 3878
23.14 los hijos de Moisés...en la tribu de *L* 3878
23.24 son los hijos de *L* en las familias de 3878
23.27 se hizo la cuenta de los hijos de *L* de 3881

24.20 de los hijos de *L* que quedaron: Subael 3878
Esd 8.15 reuní...no hallé allí de los hijos de *L* 3878
8.18 hijo de *L*, hijo de Israel; a Serebías 3878
Neh 10.39 llevar...los hijos de *L* la ofrenda 3878
12.23 hijos de *L*, jefes de familias, fueron 3878
Sal 135.20 casa de *L*, bendecid a Jehová; los 3878
Ez 40.46 son llamados de los hijos de *L* para 3878
48.31 puerta de Judá...la puerta de *L*, otra 3878
Zac 12.13 descendientes de la casa de *L* por 3878
Mal 2.4 que fuese mi pacto con *L*, ha dicho 3878
2.8 habéis corrompido el pacto de *L*, dice 3878
3.3 limpiará a los hijos de *L*, los afinará 3878
He 7.5 que de entre los hijos de *L* reciben el *3017*
7.9 en Abraham pagó el diezmo también *L*, que *3017*
Ap 7.7 de la tribu de *L*, doce mil sellados *3017*
2. Apóstol (=Mateo)
Mr 2.14 **a *L* hijo de Alfeo, sentado al banco** *3018*
Lc 5.27 *L* sentado al banco de los tributos *3018*
5.29 *L* le hizo gran banquete en su casa; y *3018*
3. Nombre de dos ascendientes de Jesucristo,
Lc 3.24, 30 *3017*

LEVIATÁN
Job 3.8 los que se aprestan para despertar a *l* 3882
41.1 ¿sacarás tú al *l* con anzuelo, o con 3882
Sal 74.14 magullaste las cabezas del *l*, y lo 3882
104.26 *l* que hiciste para que jugase en él 3882
Is 27.1 castigará con...al *l*...al *l* serpiente 3882

LEVITA *Perteneciente a la tribu de Leví*
Éx 4.14 ¿no...a Aarón, *l*, y que él habla bien? 3881
6.25 son los jefes de los padres de los *l* 3881
38.21 por obra de los *l* bajo la dirección de 3881
Lv 25.32 ciudades de los *l*...podrán rescatar 3881
25.33 el que comprare de los *l* saldrá de la 3881
25.33 las casas...de los *l* son la posesión de 3881
Nm 1.47 los *l*...no fueron contados entre ellos 3881
1.50 pondrás a los *l* en el tabernáculo del 3881
1.51 los *l* lo desarmarán, y...los *l* lo armarán 3881
1.53 *l* acamparán alrededor del tabernáculo 3881
1.53 los *l* tendrán la guarda del tabernáculo 3881
2.17 el campamento de los *l*, en medio de los 3881
2.33 mas los *l* no fueron contados entre los 3881
3.9 y darás los *l* a Aarón y a sus hijos; le 3881
3.12 yo he tomado a los *l* de...hijos de Israel 3881
3.12 yo he tomado, serán, pues, míos los *l* 3881
3.32 el principal de, de los *l* será Eleazar 3881
3.39 contados de los *l*, que Moisés y Aarón 3881
3.41 y tomarás a los *l* para mí en lugar de 3881
3.41 los animales de los *l* en lugar de todos 3881
3.45 toma los *l*...y los animales de los *l* en 3881
3.45 en lugar...y los *l* serán míos. Yo Jehová 3881
3.46 el rescate de los...que exceden a los *l* 3881
3.49 que excedían...de los redimidos por los *l* 3881
4.18 no haréis que perezca...de entre los *l* 3881
4.46 todos los contados de los *l* que Moisés 3881
7.5 los darás a los *l*, a cada uno conforme a 3881
7.6 recibió los carros y...y los dio a los *l* 3881
8.6 toma a los *l* de entre los...de Israel, y 3881
8.9 harás que los *l* se acerquen delante del 3881
8.10 cuando hayas acercado a los *l* delante 3881
8.10 pondrán...Israel sus manos sobre los *l* 3881
8.11 ofrecerá Aarón los *l* delante de Jehová 3881
8.12 *l* pondrán sus manos sobre las cabezas 3881
8.12 ofrecerás...hacer expiación por los *l* 3881
8.13 presentarás a los *l* delante de Aarón 3881
8.14 apartarás a los *l*...y serán míos los *l* 3881
8.15 los *l* a ministrar en el tabernáculo de 3881
8.16 son dedicados a mí los *l* de entre los
8.18 he tomado a los *l* en lugar de todos los 3881
8.19 yo he dado en don los *l* a Aarón y a sus 3881
8.20 hicieron con los *l* conforme a todas las 3881
8.20 mandó Jehová a Moisés acerca de los *l* 3881
8.21 y los *l* se purificaron, y lavaron sus 3881
8.22 vinieron después los *l* para ejercer su 3881
8.22 que mandó Jehová...acerca de los *l*, así 3881
8.24 *l* de 25 años arriba entrarán a ejercer 3881
8.26 harás con los *l* en cuanto a, ministerio 3881
18.6 yo he tomado a...los *l* de entre...Israel 3881
18.23 los *l* harán el servicio del tabernáculo 3881
18.24 porque a los *l* he dado...los diezmos de 3881
18.26 hablarás a los *l*, y les dirás: Cuando 3881
18.30 será contado a los *l* como producto de 3881
26.57 los contados de los *l* por sus familias 3881
26.58 son las familias de los *l*: la familia 3881
26.62 de los *l* fueron contados 23.000, todos
31.30 tomarás...darás a los *l*, que tienen la 3881
31.47 los dio a los *l*, que tenían la guardia 3881
35.2 que den a los *l*, de la posesión de su 3881
35.2 daréis a los *l* los ejidos de...ciudades 3881
35.4 los...que daréis a los *l* serán mil codos 3881
35.6 de las ciudades que daréis a los *l*, seis 3881
35.7 las ciudades que daréis a los *l* serán 48 3881
35.8 cada uno dará de sus ciudades a los *l* 3881
Dt 12.12 *l* que habite en vuestras poblaciones 3881
12.18 y el *l* que habita en tus poblaciones 3881
12.19 ten cuidado de no desamparar al *l* en 3881
14.27 no desampararás al *l* que habitare en 3881
14.29 y vendrá el *l*, que no tiene parte ni 3881
16.11 el *l* que habitare en tus ciudades, y 3881
16.14 y el *l*, el extranjero, el huérfano y 3881
17.9 vendrás a los sacerdotes *l*, y al juez 3881
17.18 que está al cuidado de los sacerdotes *l* 3881
18.1 los sacerdotes *l*...no tendrán parte ni 3881
18.6 saliere un *l* de alguna de tus ciudades 3881
18.7 ministrará en...como...sus hermanos los *l* 3881
24.8 según...que os enseñaren los sacerdotes *l* 3881
26.11 así tú como el *l* y el extranjero que 3881
26.12 darás también al *l*, al extranjero, al 3881
26.13 también lo he dado al *l*, al extranjero 3881
27.9 y Moisés, con los sacerdotes *l*, habló 3881
27.14 hablarán los *l*, y dirán a todo varón 3881
31.25 dio órdenes...a los *l* que llevaban el 3881
Jos 3.3 arca...los *l* sacerdotes que la llevan 3881
8.33 Israel...presencia de los sacerdotes *l* 3881
14.3 a los *l* no les dio heredad entre ellos 3881
14.4 y no dieron parte a los *l* en la tierra 3881
18.7 pero los *l* ninguna parte tienen entre 3881
21.1 los padres de los *l* vinieron...a Josué 3881
21.3 dieron de su propia herencia a los *l* 3881
21.4 los hijos de Aarón...que eran de los *l* 3881
21.8 dieron...a los *l* estas ciudades con sus 3881
21.20 hijos de Coat, *l*, los que quedaban de 3881
21.27 hijos de Gersón...de los *l*, dieron de 3881
21.34 de Merari, *l* que quedaban, se les dio 3881
21.40 restaban de...los *l*, fueron...doce ciudades 3881
21.41 ciudades de los *l*...fueron 48 ciudades 3881
Jue 17.7 un joven de Belén...el cual era *l*, y 3881
17.9 el *l* le respondió: Soy de Belén de Judá 3881
17.10 quédate en mi casa, y...Y el *l* se quedó 3881
17.11 agradó...al *l* morar con aquel hombre, y 3881
17.12 consagró al *l*, y...servía de sacerdote 3881
17.13 sé que...porque tengo un *l* por sacerdote 3881
18.3 cerca...reconocieron la voz del joven *l* 3881
18.15 vinieron a la casa del joven *l*, en casa 3881
19.1 hubo un *l* que moraba como forastero en 3881
19.5 se levantó también el *l* para irse; y el
20.4 el varón *l*, marido de la mujer muerta 3881
1 S 6.15 los *l* bajaron el arca de Jehová, y la 3881
2 S 15.24 iba Sadoc, y con él todos los *l* que 3881
1 R 8.4 los cuales llevaban los sacerdotes y *l* 3881
1 Cr 6.48 los *l* fueron puestos sobre todo el 3881
6.64 dieron a los *l* ciudades con sus ejidos 3881
9.2 los primeros moradores...israelitas...*l* y 3881
9.14 de los *l*: Semaías hijo de Hasub, hijo 3881
9.26 de los porteros *l* estaban en el oficio 3881
9.31 Matatías, uno de los *l*...a su cargo las 3881
9.33 jefes de familias de los *l*, los cuales 3881
9.34 eran jefes de...de los *l* por sus linajes 3881
13.2 enviaremos...por los sacerdotes y *l* que 3881
15.2 arca...no debe ser llevada sino por los *l* 3881
15.4 reunió también David a los...y a los *l* 3881
15.11 y llamó David...a los *l* Uriel, Asaías 3881
15.12 sois los principales padres...de los *l* 3881
15.14 *l* se santificaron para traer el arca de 3881
15.15 los hijos de los *l* trajeron el arca de 3881
15.16 dijo...a los principales de los *l*, que 3881
15.17 los *l* designaron a Hemán hijo de Joel 3881
15.22 y Quenanías, principal de los *l* en la 3881
15.26 ayudando Dios a los *l* que llevaban el 3881
15.27 lino...todos los *l* que llevaban el arca 3881
16.4 delante del arca...ministros de los *l* 3881
21.6 entre éstos no fueron contados los *l*, ni 3878
23.2 y juntando a todos...los sacerdotes y *l* 3881
23.3 fueron contados los *l* de treinta años 3881
23.26 también los *l* no tendrán que llevar más 3881
24.6 el escriba Semaías...de los *l*, escribió 3878
24.6 jefes de las casas paternas de los...*l* 3881
24.30 fueron los hijos de los *l* conforme a 3881
24.31 delante del...jefes de...sacerdotes y *l* 3881
26.17 al oriente seis *l*, al norte cuatro de 3881
26.20 y de los *l*, Ahías tenía cargo de los 3881
27.17 de los *l*, Hasabías hijo de Kemuel; de 3881
28.13,21 los grupos de los sacerdotes y...*l* 3881
2 Cr 5.4 los ancianos...y los *l* tomaron el arca 3881
5.5 arca...los sacerdotes y los *l* los llevaron 3881
5.12 los *l* cantores, todos los de Asaf, los 3881
7.6 los *l*, con los instrumentos de música de 3881
8.14 los *l* en sus cargos, para que alabasen 3881
8.15 mandamiento del rey, en cuanto a los...*l* 3881
11.13 los sacerdotes y *l*...se juntaron a él 3881
11.14 los *l* dejaban sus ejidos...y venían a 3881
13.9 ¿no habéis arrojado vosotros...y a los *l* 3881
13.10 Aarón, y los que están en la obra son *l* 3881
17.8 y con ellos a los *l* Semaías, Netanías 3881
19.8 puso también Josafat...algunos de los *l* 3881
19.11 los *l* serán oficiales en presencia de 3881
20.14 Jahaziel hijo...*l* de los hijos de Asaf 3881
20.19 levantaron los *l* de los hijos de Coat 3881
23.2 reunieron a los *l* de todas las ciudades 3881
23.4 de porteros con los sacerdotes y los *l* 3881
23.6 sino...*l* que ministran; éstos entrarán 3881
23.7 los *l* rodearán al rey por todas partes 3881
23.8 los *l* y todo Judá lo hicieron todo como 3881
23.18 bajo la mano de los...*l*, según David los 3881
24.5 reunió a...y los *l*, y les dijo: Salid por 3881
24.5 la casa...los *l* no pusieron diligencia 3881
24.6 no has procurado que los *l* traigan de 3881
24.11 llevar el arca al...por mano de los *l* 3881
29.4 hizo venir a los sacerdotes y *l*, y los 3881
29.5 dijo: !Oídme, *l*! Santificaos ahora, y 3881
29.12 se levantaron los *l* Mahat hijo...y Joel 3881
29.16 la inmundicia...los *l* la llevaron fuera 3881
29.25 puso también *l* en la casa de Jehová 3881
29.26 y los *l* estaban con los instrumentos 3881
29.30 dijeron a los *l* que alabasen a Jehová 3881
29.34 *l* les ayudaron hasta que acabaron la 3881
29.34 los *l* fueron más rectos de corazón para 3881
30.15 *l* llenos de vergüenza se santificaron 3881
30.16 sangre que recibían de manos de los *l* 3881
30.17 por eso los *l* sacrificaban la pascua 3881
30.21 y glorificaban a Jehová...los *l* y los 3881
30.22 y habló Ezequías al corazón de...los *l* 3881
30.25 se alegró...Judá, como también los...*l* 3881
30.27 *l*, puestos en pie, bendijeron al pueblo 3881
31.2 arregló Ezequías la distribución de...*l* 3881
31.2 los *l* para ofrecer el holocausto y las 3881
31.4 diese la porción...a los sacerdotes y *l* 3881
31.9 preguntó Ezequías a...a los *l* acerca de 3881
31.12 dieron cargo de ello al *l* Conanías el 3881
31.14 el *l* Coré...tenía cargo de las ofrendas 3881
31.17 a los *l* de edad de veinte años arriba 3881
31.19 porciones...a todo el linaje de los *l* 3881
34.9 que los *l* que guardaban la puerta habían 3881
34.12 Jahat y Abdías, *l* de...hijos de Merari 3881
34.12 *l*, todos los entendidos en...de música 3881
34.13 de los *l* había escribas...y porteros 3881
34.30 los *l* y todo el pueblo, desde el mayor 3881
35.3 dijo a los *l* que enseñaban a todo Israel 3881
35.5 según la distribución de la...de los *l* 3881
35.8 sus príncipes dieron...al pueblo y a...*l* 3881
35.9 jefes de los *l*, dieron a los *l*, para los 3881
35.10 *l* en sus turnos, conforme al...del rey 3881
35.11 esparcían...la sangre recibida de...los *l* 3881
35.11 pascua...los *l* desollaban las víctimas 3881
35.14 los *l* prepararon para ellos mismos y 3881
35.15 hermanos los *l* preparaban para ellos 3881
35.18 celebró pascua...los sacerdotes y *l*, y 3881
Esd 1.5 se levantaron...y los sacerdotes y *l* 3881
2.40 los *l*: los hijos de Jesúa y de Cadmiel 3881
2.70 y habitaron...los *l*, los del pueblo, los 3881
3.8 y los *l*, y todos los que habían venido 3881
3.8 pusieron a los *l* de veinte años arriba 3881
3.9 junto con...sus hijos y sus hermanos, *l* 3881
3.10 los *l* hijos de Asaf con címbalos, para 3881
3.12 y muchos de...los *l* y de los...lloraban 3881
6.16 los *l* y los demás que habían venido de 3879
6.18 pusieron...a los *l* en sus clases, para 3879
6.20 sacerdotes y los *l* se habían purificado 3881
7.7 con él subieron...*l*, cantores, porteros 3881
7.13 y *l*, que quiera ir contigo a Jerusalén 3879
7.24 que a todos los...*l*, cantores, porteros 3879
8.20 puso para el ministerio de los *l*,220 3881
8.29 peséis delante de los príncipes de...*l* 3881
8.30 y los *l* recibieron el peso de la plata 3881
8.33 y con ellos...Noadías hijo de Binúi, *l* 3881
9.1 y *l* no se han separado de los pueblos 3881
10.5 y juramentó a los príncipes...de los *l* 3881
10.15 los *l* Mesulam y Sabetai les ayudaron 3881
10.23 de los hijos de los *l*: Jozabad, Simei 3881
Neh 3.17 tras él restauraron los *l*; Rehum 3881
7.1 luego...fueron señalados...cantores y *l* 3881
7.43 *l*: los hijos de Jesúa, de Cadmiel, de 3881
7.73 habitaron...*l*, los porteros...cantores 3881
8.7 y los *l* Jesúa...hacían entender al pueblo 3881
8.9 *l* que hacían entender al pueblo, dijeron 3881
8.11 *l*, pues, hacían callar a todo el pueblo 3881
8.13 se reunieron...sacerdotes y *l*, a Esdras 3881
9.4 se levantaron sobre la grada de los *l* 3881
9.5 y dijeron los *l* Jesúa...bendecid a Jehová 3881
9.38 firmada...por nuestros *l* y...sacerdotes 3881
10.9 los *l*: Jesúa hijo de Azanías, Binúi de 3881
10.28 los sacerdotes, *l*, porteros y cantores 3881
10.34 echamos también suertes...*l* 3881
10.37 el diezmo de nuestra tierra para los *l* 3881
10.37 y que los *l* recibirían las décimas de 3881
10.38 el sacerdote hijo de Aarón con los *l* 3881
10.38 cuando los *l* recibiesen el diezmo; y 3881
10.38 los *l* llevarían el diezmo del diezmo 3881
11.3 los sacerdotes y *l*, los sirvientes del 3881
11.15 de los *l*: Semaías hijo de Hasub, hijo 3881
11.16 y Jozabad, de los principales de los *l* 3881
11.18 todos los *l* en la santa ciudad eran 284 3881
11.20 los *l*, en todas las ciudades de Judá 3881
11.22 el jefe de los *l* en Jerusalén era Uzi 3881
11.36 algunos de los *l*, en los repartimientos 3881
12.1 y *l* que subieron con Zorobabel hijo de 3881
12.8 los *l*: Jesúa, Binúi, Cadmiel, Serebías 3881
12.22 los *l* en días de Eliasib, de Joiada 3881
12.24 principales de los *l*: Hasabías, Jesúa 3881
12.27 buscaron a los *l* de todos sus lugares 3881
12.30 se purificaron...los *l*; y purificaron al 3881
12.44 las porciones legales para los...y *l* 3881
12.44 el gozo...respecto a los sacerdotes y *l* 3881
12.47 consagraban...sus porciones a los *l*, y 3881
12.47 los *l* consagraban parte a los hijos de 3881
13.5 que estaba mandado dar a los *l*, a los 3881
13.10 las porciones para los *l* no les habían 3881
13.10 y que los *l* y cantores...habían huido 3881
13.13 y de los *l* a Pedaías; y al servicio de 3881
13.22 y dije a los *l* que se purificasen y 3881
13.29 los que contaminan...el pacto...de los *l* 3881
13.30 puse a los...*l* por sus grupos, a cada 3881
Is 66.21 tomaré...de ellos para sacerdotes y *l* 3881
Jer 33.18 ni a los...*l* faltará varón...ofrezca 3881
33.21 mi pacto con los *l* y sacerdotes, mis 3881
33.22 multiplicaré la...y los *l* que me sirven 3881
Ez 43.19 los sacerdotes *l* que son del linaje 3881
44.10 y los *l* que se apartaron de mí cuando 3881
44.15 los sacerdotes *l* hijos de Sadoc, que 3881
45.5 cual será para los *l* ministros de la casa 3881
48.11 que no erraron cuando...erraron los *l* 3881
48.12 porción...junto al límite de la de los *l* 3881
48.13 de los *l*, al lado de los...sacerdotes 3881
48.22 será...desde la porción de los *l* y la 3881
Lc 10.32 **un *l*, llegando cerca de aquel lugar** *3019*
Jn 1.19 enviaron...*l* para que le preguntasen *3019*
Hch 4.36 entonces José...*l*, natural de Chipre *3019*

LEVÍTICO
He 7.11 perfección fuera por el sacerdocio *l* *3020*

LEY
Gn 23.16 plata, de buena *l* entre mercaderes 5674
26.5 Abraham...guardó mis estatutos y mis *l* 8451

47.26 José lo puso por *l* hasta hoy sobre la 2706
Éx 12.49 misma *l* será para el natural, y para 8451
13.9 para que la *l* de Jehová esté en tu boca 8451
16.4 que yo lo pruebe si anda en mi *l*, o no 8451
16.28 no... guardar mis mandamientos y mis *l*? 8451
18.16 declaro las ordenanzas de Dios y sus *l* 8451
18.20 enseña a ellos las ordenanzas y las *l* 8451
21.1 estas son las *l* que les propondrás 4941
24.3 y Moisés vino y contó al pueblo... las *l* 4941
24.12 y te daré tablas de piedra, y la *l*, y 8451
Lv 6.9 y diles: Esta es la *l* del holocausto 8451
6.14 es la *l* de la ofrenda: La ofrecerán los 8451
6.25 esta es la *l* del sacrificio expiatorio 8451
7.1 esta es la *l* del sacrificio por la culpa 8451
7.7 una misma *l* tendrán; será del sacerdote 8451
7.11 esta es la *l* del sacrificio de paz que 8451
7.37 la *l* del holocausto, de la ofrenda, del 8451
11.46 esta es la *l* acerca de las bestias, y 8451
12.7 es la *l* para la que diere a luz hijo o 8451
13.59 esta es la *l* para la plaga de la lepra 8451
14.2 esta será la *l* para el leproso cuando 8451
14.32 la *l* para el que hubiere tenido plaga 8451
14.54 esta es la *l* acerca de toda plaga de 8451
14.57 limpio. Esta es la *l* tocante a la lepra 8451
15.32 esta es la *l* para el que tiene flujo 8451
26.46 *l* que estableció Jehová entre sí y los 8451
Nm 5.29 esta es la *l* de los celos, cuando la 8451
5.30 sacerdote ejecutará en ella toda esta *l* 8451
6.13 esta es, pues, la *l* del nazareo el día 8451
6.21 es la *l* del nazareo que hiciere voto de 8451
6.21 hará, conforme a la *l* de su nazareato 8451
9.3 y conforme a todas sus *l* la celebraréis 4941
9.14 pascua y conforme a sus *l* la celebrará 4941
15.16 misma *l* y mismo decreto tendréis 8451
15.24 ofrenda y su libación conforme a la *l* 8451
15.29 misma *l* tendréis para el que hiciere 8451
19.2 ordenanza de la *l*... Jehová ha prescrito 8451
19.14 esta es la *l* para cuando alguno muera 8451
29.6 y sus libaciones conforme a su *l*, como 4941
29.18,21,24,27,30,33,37 según el... conforme a la *l* ... 4941
31.21 es la ordenanza de la *l* que Jehová ha 8451
35.24 juzgará entre el... conforme a estas *l* 4941
Dt 1.5 Moab, resolvió Moisés declarar esta *l* 8451
4.8 juicios justos como es toda esta *l* que 8451
4.44 esta... es la *l* que Moisés puso delante 8451
17.11 según la *l* que te enseñen, y según el 8451
17.18 escribirá para sí... una copia de esta *l* 8451
17.19 guardar todas las palabras de esta *l* y 8451
27.3,8 y escribirás... las palabras de esta *l* 8451
27.26 no confirmare las palabras de esta *l* 8451
28.58 por obra todas las palabras de esta *l* 8451
28.61 plaga que no está... el libro de esta *l* 8451
29.21 del pacto escrito en este libro de la *l* 8451
29.29 que cumplamos... las palabras de esta *l* 8451
30.10 estatutos escritos en... libro de la *l* 8451
31.9 escribió Moisés esta *l*, y la dio a los 8451
3 1.11 leerás esta *l* delante de todo Israel 8451
31.12 cuiden de cumplir... palabras de esta *l* 8451
31.24 de escribir las palabras de esta *l* en 8451
31.26 tomad este libro de la *l*, y ponedlo 8451
32.46 cumplir todas las palabras de esta *l* 8451
32.47 por medio de esta *l* haréis prolongar 1697
33.2 con la *l* de fuego a su mano derecha 1881
33.4 Moisés nos ordenó una *l*, como heredad 8451
33.10 enseñarán tus juicios... tu *l* a Israel 8451
Jos 1.7 la *l* que mi siervo Moisés te mandó 8451
1.8 nunca se apartará... este libro de la *l* 8451
8.31 como está escrito en el libro de la *l* 8451
8.32 escribió... una copia de la *l* de Moisés 8451
8.34 después... leyó todas las palabras de la *l* 8451
8.34 lo que está escrito en el libro de la *l* 8451
22.5 que... cuidéis de cumplir... la *l* que Moisés 8451
23.6 escrito en el libro de la *l* de Moisés 8451
24.25 Josué... les dio estatutos y *l* en Siquem 4941
24.26 escribió... en el libro de la *l* de Dios 8451
1 S 10.25 Samuel recitó luego las *l* del reino 4941
30.25 aquel día en adelante fue esto por *l* y 4941
1 R 2.3 que está escrito en la *l* de Moisés 8451
2 R 10.31 Jehú no cuidó de andar en la *l* de 8451
14.6 que está escrito en el libro de la *l* 8451
17.13 conforme a... las *l* que yo prescribí a 8451
17.26(2) no conocen la *l* del Dios de... tierra 4941
17.27 habite... enseñe la *l* del Dios del país 4941
17.34 ni hacen según la *l* y... mandamientos 8451
17.37 *l* y mandamientos que os dio... escrito 8451
21.8 conforme a... la *l* que mi siervo Moisés 8451
22.8 he hallado el libro de la *l* en la casa 8451
22.11 el rey hubo oído las palabras... de la *l* 8451
23.24 para cumplir las palabras de la *l* que 8451
23.25 rey... conforme a toda la *l* de Moisés, ni 8451
1 Cr 16.40 conforme a todo lo... escrito en la *l* 8451
22.12 cuando gobiernes... guardes la *l* de... Dios ... 8451
2 Cr 6.16 andando en mi *l*, como tú has andado 8451
12.1 Roboam... dejó la *l* de Jehová... todo Israel 8451
14.4 mandó a Judá que... pusiese por obra la *l* 8451
15.3 días ha estado Israel sin... Dios... y sin *l* 8451
17.9 teniendo consigo el libro de la *l* de 8451
19.10 en causas de sangre, entre *l* y precepto 8451
23.18 como está escrito en la *l* de Moisés 8451
25.4 según lo que está escrito en la *l*, en 8451
30.16 conforme a la *l* de Moisés varón de Dios 8451
31.3 holocaustos... como está escrito en la *l* 8451
31.4 que ellos se dedicasen a la *l* de Jehová 8451
31.21 de acuerdo con la *l* y los mandamientos 8451
33.8 que guarden... toda la *l*, los estatutos 8451
34.14 halló el libro de la *l* de Jehová dada 8451
34.15 yo he hallado el libro de la *l* en la 8451
34.19 el rey oyó las palabras de la *l*, rasgó 8451

35.26 conforme a lo que... en la *l* de Jehová 8451
Esd 3.2 como está escrito en la *l* de Moisés 8451
7.6 era escriba diligente en la *l* de Moisés 8451
7.10 su corazón para inquirir la *l* de Jehová 8451
7.12 y escriba erudito en la *l* del Dios del 1882
7.14 conforme a la *l* de tu Dios que está en 1882
7.21 escriba de la *l* del Dios del cielo, se 1882
7.25 todos los que conocen las *l* de tu Dios 1882
7.26 no cumpliere la *l* de tu Dios, y la *l* del 1882
10.3 hagamos pacto... hágase conforme a la *l* 8451
Neh 8.1 que trajese el libro de la *l* de Moisés 8451
8.2 trajo la *l* delante de la congregación 8451
8.3 oídos... estaban atentos al libro de la *l* 8451
8.7 levitas... hacían entender al pueblo la *l* 8451
8.8 en el libro de la *l* de Dios claramente 8451
8.9 pueblo lloraba oyendo... palabras de la *l* 8451
8.13 para entender las palabras de la *l* 8451
8.14 y hallaron escrito en la *l* que Jehová 8451
8.18 leyó... en el libro de la *l* de Dios cada 8451
9.3 leyeron el libro de la *l* de Jehová su 8451
9.13 y les diste... *l* verdaderas, y estatutos 8451
9.14 les prescribiste mandamientos... y la *l* 8451
9.26 pero te... echaron tu *l* tras sus espaldas 8451
9.29 amonestaste a que se volviesen a tu *l* 8451
9.34 no pusieron por obra tu *l*, ni atendieron 8451
10.28 se habían apartado de... a la *l* de Dios 8451
10.29 y jurar que andarían en la *l* de Dios 8451
10.32 nos impusimos además por *l*, el cargo 4687
10.34 de la leña... como está escrito en la *l* 8451
10.36 ganados, como está escrito en la *l*; y 8451
13.3 cuando oyeron, pues, la *l*, separaron 8451
Est 1.8 la bebida era según esta *l*: Que nadie 1881
1.13 todos los que sabían la *l* y el derecho 1881
1.15 qué se había de hacer con... según la *l* 1881
1.19 escriba entre las *l* de Persia y Media 1881
2.12 conforme a la *l* acerca de las mujeres 1881
3.8 *l* son diferentes de las de todo pueblo 1881
3.8 no guardan las *l* del rey, y al rey nada 1881
4.11 sola *l* hay respecto a él; ha de morir 1881
4.16 al rey, aunque no sea conforme a la *l* 1881
9.13 Susa, que hagan conforme a la *l* de hoy 1881
Job 22.22 toma ahora la *l* de su boca, y pon sus 8451
28.26 cuando, él dio *l* a la lluvia, y camino 2706
Sal 1.2 en la *l*... está su delicia... su *l* medita 8451
19.7 *l* de Jehová es perfecta, que convierte 8451
37.31 la *l* de su Dios está en su corazón; por 8451
40.8 Dios... tu *l* está en medio de mi corazón 8451
50.16 ¿qué tienes tú que hablar de mis *l*, y 2706
78.1 escucha, pueblo mío, mi *l*; inclinad... oído 8451
78.5 y puso *l* en Israel, la cual mandó a 8451
78.10 de Dios, ni quisieron andar en su *l* 8451
89.30 si dejaren sus hijos mi *l*... mis juicios 8451
94.12 JAH, corriges, y en tu *l* lo instruyes 8451
94.20 trono... que hace agravio bajo forma de *l*? ... 2706
105.45 que guardasen sus... y cumpliesen sus *l* 8451
119.1 bienaventurados... los que andan en la *l* 8451
119.18 ojos, y miraré las maravillas de tu *l* 8451
119.29 y en tu misericordia concédeme tu *l* 8451
119.34 dame entendimiento, y guardaré tu *l* 8451
119.44 guardaré tu *l* siempre, para siempre y 8451
119.51 de mí, mas no me he apartado de tu *l* 8451
119.53 a causa de los inicuos que dejan tu *l* 8451
119.55 me acordé... oh Jehová, y guardé tu *l* 8451
119.61 rodeado, mas no me he olvidado de tu *l* 8451
119.70 se engrosó... yo en tu *l* me he regocijado 8451
119.72 mejor me es la *l* de tu boca que... oro 8451
119.77 que viva, porque tu *l* es mi delicia 8451
119.85 cavado hoyos... no proceden según tu *l* 8451
119.92 si tu *l* no hubiese sido mi delicia, ya 8451
119.97 ¡oh, cuánto amo yo tu *l*! Todo el día 8451
119.109 peligro... no me he olvidado de tu *l* 8451
119.113 aborrezco... hipócritas; mas amo tu *l* 8451
119.126 Jehová, porque han invalidado tu *l* 8451
119.136 mis ojos, porque no guardaban tu *l* 8451
119.142 es justicia eterna, y tu *l* la verdad 8451
119.150 me persiguen; se alejaron de tu *l* 8451
119.153 líbrame... de tu *l* no me he olvidado 8451
119.163 la mentira aborrezco y... tu *l* amo 8451
119.165 mucha paz tienen los que aman tu *l* 8451
119.174 he deseado tu... y tu *l* es mi delicia 8451
148.6 los hizo... puso *l* que no será quebrantada ... 2706
Pr 3.1 hijo mío, no te olvides de mi *l*, y tu 8451
3.21 de tus ojos; guarda la *l* y el consejo 8454
4.2 doy buena enseñanza; no desamparéis mi *l* 8451
7.2 guarda... mi *l* como las niñas de tus ojos 8451
13.14 la *l* del sabio es manantial de vida 8451
28.4 los que dejan la *l* alaban a los impíos 8451
28.7 el que guarda la *l* es hijo prudente; mas 8451
28.9 el que aparta su oído para no oír la *l* 8451
29.18 el que guarda la *l* es bienaventurado 8451
31.5 que bebiendo olviden la *l*, y perviertan 2710
31.26 y la *l* de clemencia está en su lengua 8451
Is 1.10 escuchad la *l* de nuestro Dios, pueblo 8451
2.3 de Sion saldrá la *l*, y de Jerusalén la 8451
5.24 porque desecharon la *l* de Jehová de los 8451
8.16 ata el... sella la *l* entre mis discípulos 8451
8.20 ¡a la *l* y al testimonio! Si no dijeren 8451
10.1 ¡ay de los que dictan *l* injustas, y 2711
24.5 porque traspasaron las *l*, falsearon el 8451
30.9 pueblo... hijos que no quisieron oír la *l* 8451
42.4 justicia; y las costas esperarán su *l* 8451
42.21 en magnificar la *l* y engrandecerla 8451
42.24 no quisieron andar en... ni oyeron su *l* 8451
51.4 de mí saldrá la *l*, y mi justicia para 8451
51.7 oídme... pueblo en cuyo corazón está mi *l* 8451
58.2 y que no hubiese dejado la *l* de su Dios 4941
Jer 2.8 los que tenían la *l* no me conocieron 8451
6.19 no escucharon mis... y aborrecieron mi *l* 8451

8.8 decís... la *l* de Jehová está con nosotros? 8451
9.13 porque dejaron mi *l*... y no obedecieron 8451
16.11 padres me dejaron... no guardaron mi *l* 8451
18.18 porque la *l* no faltará al sacerdote, ni 8451
26.4 si no me oyereis para andar en mi *l*, la 8451
31.33 daré mi *l* en su mente, y... su corazón 8451
31.35 Jehová, que da... las *l* de la luna y de 2708
31.36 faltaren estas *l* delante de mí, dice 2706
32.23 no oyeron tu voz, ni anduvieron en tu *l* 8451
33.25 si yo no he puesto las *l* del cielo y la 2708
44.10 ni han caminado en mi *l*... mis estatutos 8451
44.23 ni anduvisteis en su *l* ni... estatutos ni 8451
Lm 2.9 entre las naciones donde no hay *l*; sus 8451
Ez 5.7 no habéis... ni habéis guardado mis *l*? 4941
5.7 ni aun según las *l* de las naciones que 4941
7.26 la *l* se alejará del sacerdote, y de los 8451
16.38 te juzgaré por las *l* de las adúlteras 4941
20.18 ni guardéis sus *l*, ni os contaminéis 4941
22.26 violaron mi *l*, y contaminaron mis 8451
23.24 delante de ellos el juicio, y por sus *l* 4941
23.45 las juzgarán por la *l* de las adúlteras 4941
23.45 y por la *l* de las que derraman sangre 4941
43.11 sus configuraciones, y todas sus *l* 8451
43.12(2) esta es la *l* de la casa 8451
43.21 lo quemarás conforme a la *l* de la casa 4662
44.5 lo que yo hablo contigo... y todas sus *l* 8451
44.24 y mis *l* y mis decretos guardarán en 8451
Dn 3.10 has dado una *l* que todo hombre, al oír 2942
6.5 si no... en relación con la *l* de su Dios 1882
6.8,12 conforme a la *l* de Media y de Persia 1882
6.15 es *l* de Media y de Persia que ningún 1882
7.25 y pensará en cambiar los tiempos y la *l* 1882
9.10 para andar en sus *l* que él puso delante 8451
9.11 Israel traspasó tu *l* apartándose para 8451
9.11 el juramento que está escrito en la *l* 8451
9.13 conforme está escrito en la *l* de Moisés 8451
Os 4.6 olvidaste la *l* de tu Dios, también yo 8451
8.1 traspasaron... y se rebelaron contra mi *l* 8451
8.12 escribí las grandezas de mi *l*, y fueron 8451
Am 2.4 porque menospreciaron la *l* de Jehová 8451
Mi 4.2 de Sion saldrá la *l*, y de Jerusalén la 8451
Hab 1.4 por lo cual la *l* es debilitada, y el 8451
Sof 3.4 sus sacerdotes contaminaron el... la *l* 8451
Hag 2.11 pregunta... sacerdotes acerca de la *l* 8451
Zac 7.12 para no oír la *l* ni las palabras que 8451
Mal 2.6 la *l* de verdad estuvo en su boca, e 8451
2.7 de su boca el pueblo buscará la *l*; porque 8451
2.8 habéis hecho tropezar a muchos en la *l* 8451
2.9 y en la *l* hacéis acepción de personas 8451
3.7 os habéis apartado de mis *l*, y no las 2706
3.14 ¿qué aprovecha que guardemos su *l*, y que 4931
4.4 acordaos de la *l* de Moisés mi siervo, al 8451
4.4 al cual encargué en Horeb ordenanzas y *l* 4941
Mt 5.17 **no penséis... venido para abrogar la *l*** *3551*
5.18 **ni una jota ni una tilde pasará de la *l*** *3551*
7.12 **así... porque esto es la *l* y los profetas** *3551*
11.13 **los profetas y la *l* profetizaron hasta** *3551*
12.5 **¿o no habéis leído en la *l*, cómo en el** *3551*
22.35 uno... intérprete de la *l*, preguntó por *3551*
22.36 ¿cuál es el gran mandamiento en la *l*? *3551*
22.40 **de estos dos... depende toda la *l* y los** *3551*
23.23 **dejáis lo más importante de la *l*: la** *3551*
Lc 2.22 cumplieron los días... conforme a la *l* *3551*
2.23 como está escrito en la *l* del Señor *3551*
2.24 conformé a lo que se dice en la *l* del *3551*
2.27 hacer por él conforme al rito de la *l* *3551*
2.39 de haber cumplido con... la *l* del Señor *3551*
2.46 sentado en medio de los doctores de la *l*
5.17 estaban sentados los... doctores de la *l* *3547*
7.30 los intérpretes de la *l* desecharon los *3544*
10.25 intérprete de la *l* se levantó, y dijo *3544*
10.26 **él le dijo: ¿Qué está escrito en la *l*?** *3551*
11.45 uno de los intérpretes de la *l*, le dijo *3544*
11.46,52 **de vosotros, intérpretes de la *l*!** *3544*
14.3 Jesús habló a los intérpretes de la *l* *3544*
16.16 **la *l* y los profetas eran hasta Juan** *3551*
16.17 **más fácil... frustre una tilde de la *l*** *3551*
24.44 **lo que está escrito de mí en la *l* de** *3551*
Jn 1.17 porque la *l* por medio de Moisés fue *3551*
1.45 aquel de quien escribió Moisés en la *l* *3551*
7.19 **os dio... la *l*, y ninguno... cumple la *l*?** *3551*
7.23 **que la *l* de Moisés no sea quebrantada** *3551*
7.49 esta gente que no sabe la *l*, maldita *3551*
7.51 ¿juzga acaso nuestra *l* a un hombre si *3551*
8.5 la *l* nos mandó Moisés apedrear a tales *3551*
8.17 **en vuestra *l* está... que el testimonio de** *3551*
10.34 **escrito en vuestra *l*: Yo dije, dioses** *3551*
12.34 **oído de la *l*, que el Cristo permanece** *3551*
15.25 **palabra que está escrita en su *l*: Sin** *3551*
18.31 tomadle... y juzgadle según vuestra *l* *3551*
19.7 *l*, y según nuestra *l* debe morir, porque *3551*
Hch 5.34 Gamaliel, doctor de la *l*, venerado *3547*
6.13 hombre no cesa de hablar... contra la *l* *3551*
7.53 recibisteis la *l* por... ángeles, y no la *3551*
13.15 después de la lectura de la *l* y de los *3551*
13.39 de que por la *l* de Moisés no pudisteis *3551*
15.5 y mandarles que guarden la *l* de Moisés *3551*
15.24 mandando circuncidaros y guardar la *l* *3551*
18.13 persuade... a honrar a Dios contra la *l* *3551*
18.15 si son cuestiones de... y de vuestra *l* *3551*
21.20 creído; y todos son celosos por la *l* *3551*
21.24 que tú también andas... guardando la *l* *3551*
21.28 enseña a todos contra el pueblo, la *l* *3551*
22.3 instruido... conforme a la *l* de nuestros *3551*
22.12 Ananías, varón piadoso según la *l*, que *3551*
23.3 sentado para juzgarme conforme a la *l* *3551*
23.3 y quebrantando la *l* me mandas golpear? *3891*
23.29 le acusaban por cuestiones de la *l* de *3551*

24.6 quisimos juzgarle conforme a nuestra *l* 3551
24.14 creyendo todas las cosas que en la *l* 3551
25.8 ni contra la *l* de los judíos, ni contra 3551
28.23 tanto por la *l* de Moisés como por los 3551
Ro 2.12 que sin *l* han pecado, sin *l*... perecerán 460
2.12 los que bajo la *l* han pecado, por la *l* 3551
2.13 no son los oidores de la *l* los justos 3551
2.13 los hacedores de la *l* serán justificados 3551
2.14 no tienen *l*, hacen... lo que es de la *l* 3551
2.14 éstos, aunque no tengan *l*, son *l* para sí 3551
2.15 mostrando la obra de la *l* escrita en sus 3551
2.17 te apoyas en la *l*, y te glorías en Dios 3551
2.18 e instruido por la *l* apruebas lo mejor 3551
2.20 tienes en la *l* la forma de la ciencia 3551
2.23 jactas de la *l*, ¿con infracción de la *l* 3551
2.25 circuncisión aprovecha, si guardas la *l* 3551
2.25 pero si eres transgresor de la *l*, tu 3551
2.26 guardare las ordenanzas de la *l*, ¿no será 3551
2.27 pero guarda... la *l*, te condenará a ti, que 3551
2.27 a ti, que con la letra de la *l* y con la 3551
2.27 con la letra... eres transgresor de la *l* 3551
3.19 la *l*... a los que están bajo la *l* lo dice 3551
3.20 por las obras de la *l* ningún ser humano 3551
3.20 por medio de la *l* es el conocimiento del 3551
3.21 ahora, aparte de la *l*, se ha manifestado 3551
3.21 testificada por la *l* Y Por los profetas 3551
3.27 ¿por cuál *l*?... No, sino por la *l* de la fe 3551
3.28 justificado por fe sin las obras de la *l* 3551
3.31 ¿luego por la fe invalidamos la *l*? En 3551
3.31 en... manera, sino que confirmamos la *l* 3551
4.13 no por la *l* fue dada a... la promesa de 3551
4.14 si los que son de la *l* son los herederos 3551
4.15 la *l* produce ira; pero donde no hay *l* 3551
4.16 no solamente para la que es de la *l*, sino 3551
5.13 pues antes de la *l*, había pecado en el 3551
5.13 donde no hay *l*, no se inculpa de pecado 3551
5.20 la *l* se introdujo para que el pecado 3551
6.14 pues no estáis bajo la *l*, sino bajo la 3551
6.15 porque no estamos bajo la *l*, sino bajo 3551
7.1 hablo con los que conocen la l) que la *l* 3551
7.2 sujeta por la *l*... ella queda libre de la *l* 3551
7.3 si su marido muriere, es libre de esa *l* 3551
7.4 habéis muerto a la *l* mediante el cuerpo 3551
7.5 pasiones pecaminosas que eran por la *l* 3551
7.6 pero ahora estamos libres de la *l*, por 3551
7.7 ¿qué diremos, pues? ¿La *l* es pecado? En 3551
7.7 pero yo no conocí el pecado sino por la *l* 3551
7.7 tampoco... codicia, si la *l* no dijera: No 3551
7.8 porque sin la *l* el pecado está muerto 3551
7.9 y yo sin la *l* vivía en un tiempo; pero 3551
7.12 manera que la *l* a la verdad es santa 3551
7.14 porque sabemos que la *l* es espiritual 3551
7.16 esto hago, apruebo que la *l* es buena 3551
7.21 así... hallo esta *l*: que el mal está en mí 3551
7.22 interior, me deleito en la *l* de Dios 3551
7.23 veo otra *l*... que se rebela contra la *l* 3551
7.23 que me lleva cautivo a la *l* del pecado 3551
7.25 con la mente sirvo a la *l* de Dios, mas 3551
7.25 sirvo... con la carne a la *l* del pecado 3551
8.2 la *l* del Espíritu... me ha librado de la *l* 3551
8.3 porque lo que era imposible para la *l* 3551
8.4 que la justicia de la *l* se cumpliese en 3551
8.7 los designios de la... no se sujetan a la *l* 3551
9.4 de los cuales son... promulgación de la *l* 3548
9.31 Israel, que iba tras una *l* de justicia 3551
9.32 no por fe, sino como por obras de la *l* 3551
10.4 porque el fin de la *l* es Cristo, para 3551
10.5 de la justicia que es por la *l* Moisés 3551
13.8 que ama al prójimo, ha cumplido la *l* 3551
13.10 que el cumplimiento de la *l* es el amor 3551
1 Co 7.39 mujer casada está ligada por la *l* 3551
9.8 ¿digo esto... ¿No dice esto también la *l*? 3551
9.9 porque en la *l* de Moisés está escrito 3551
9.20 a los... sujetos a la *l*... como sujeto a la *l* 3551
9.20 (aunque yo no esté sujeto a la l) como 3551
9.20 para ganar a los que están sujetos a la *l* 3551
9.21 los que están sin *l*, como si yo... sin *l* 459
9.21 no estando yo sin *l*... sino bajo la *l* de 459
9.21 sino... para ganar a los que están sin *l* 459
14.21 en la *l* está escrito: En otras lenguas 3551
14.34 sujetas, como también la *l* lo dice 3551
15.56 el pecado, y el poder del pecado, la *l* 3551
Gá 2.16 no es justificado por... obras de la *l* 3551
2.16 por la fe... y no por las obras de la *l* 3551
2.16 las obras de la *l* nadie será justificado 3551
2.19 yo por la *l* soy muerto para la *l*... para 3551
2.21 si por la *l* fuese la justicia, entonces 3551
3.2 ¿recibisteis el... por las obras de la *l* 3551
3.5 ¿lo hace por las obras de la *l*, o por el 3551
3.10 que dependen de las obras de la *l* están 3551
3.10 no... en el libro de la *l*, para hacerlas 3551
3.11 por la *l* ninguno se justifica para con 3551
3.12 y la *l* no es de fe, sino que dice: El 3551
3.13 nos redimió de la maldición de la *l* 3551
3.17 la *l*... no lo abroga, para invalidar la 3551
3.18 si la herencia es por la *l*, ya no es 3551
3.19 ¿para qué sirve la *l*? Fue añadida a 3551
3.21 *l* es contraria a las promesas de Dios? 3551
3.21 porque si la *l* dada pudiera vivificar 3551
3.21 justicia fuera verdaderamente por la *l* 3551
3.23 antes... estábamos confinados bajo la *l* 3551
3.24 de manera que la *l* ha sido nuestro ayo 3551
4.4 Hijo, nacido de mujer y nacido bajo la *l* 3551
4.5 redimiese a los que estaban bajo la *l*, a 3551
4.21 estar bajo la *l*: ¿no habéis oído la *l*? 3551
5.3 que está obligado a guardar toda la *l* 3551
5.4 los que por la *l* os justificáis; de la 3551
5.14 toda la *l* en esta sola palabra se cumple 3551
5.18 sois guiados por... no estáis bajo la *l* 3551
5.23 templanza; contra tales cosas no hay *l* 3551
6.2 las cargas... cumplid así la *l* de Cristo 3551
6.13 ni aun... que se circuncidan guardan la *l* 3551
Ef 2.15 *l* de los mandamientos expresados en 3551
Fil 3.5 de hebreos; en cuanto a la *l*, fariseo 3551
3.6 en cuanto a la justicia que es en la *l* 3551
3.9 no... mi propia justicia, que es por la *l* 3551
1 Ti 1.7 queriendo ser doctores de la *l*, sin 3547
1.8 Pero sabemos que la *l* es buena, si uno 3551
1.9 que la *l* no fue dada para el justo, sino 3551
Tit 3.9 evita las... discusiones acerca de la *l* 3544
3.13 a Zenas intérprete de la *l*, y a Apolos 3544
He 7.5 de tomar del... los diezmos según la *l* 3551
7.11 porque bajo él recibió el pueblo la *l* 3549
7.12 necesario es que... también cambio de *l* 3551
7.16 conforme a la *l* del mandamiento acerca 3551
7.19 (pues nada perfeccionó la l), y de la 3551
7.28 porque la *l* constituye sumos sacerdotes 3551
7.28 del juramento, posterior a la *l*, al Hijo 3551
8.4 que presentan las ofrendas según la *l* 3551
8.10 pondré mis *l* en la mente de ellos, y 3551
9.19 anunciado Moisés... mandamientos de la *l* 3551
9.22 y casi todo es purificado, según la *l* 3551
10.1 la *l*, teniendo la sombra de los bienes 3551
10.8 las cuales cosas se ofrecen según la *l* 3551
10.16 pondré mis *l* en sus corazones, y en sus 3551
10.28 el que viola la *l* de Moisés, por el 3551
Stg 1.25 el que mira... en la perfecta *l*, la de 3551
2.8 si... cumplís la *l*... conforme a la Escritura 3551
2.9 convictos por la *l* como transgresores 3551
2.10 que guardare toda la *l*, pero ofendiere 3551
2.11 si... ya te has hecho transgresor de la *l* 3551
2.12 de ser juzgados por la *l* de la libertad 3551
4.11 murmura de la *l* y juzga a la *l*; pero si 3551
4.11 juzgas a la *l*, no eres hacedor de la *l* 3551
4.12 uno solo es el dador de la *l*, que puede 3550
1 Jn 3.4 comete pecado, infringe también la *l* 4160,458
3.4 pues el pecado es infracción de la *l* 4160,458

LIBACIÓN

Gn 35.14 una señal... y derramó sobre ella *l* 5262
Éx 29.40 para la *l*, la cuarta parte de un hin 5262
29.41 otro... conforme a su *l*, en olor grato 5262
30.9 no... ni tampoco derramaréis sobre él *l* 5262
Lv 23.13 su *l* será de vino, la cuarta parte 5262
23.18 holocausto a... con su ofrenda y sus *l* 5262
23.37 ofrenda... y *l*, cada cosa en su tiempo 5262
Nm 6.15 hojaldres... aceite, su ofrenda y sus *l* 5262
6.17 ofrecerá asimismo el sacerdote... sus *l* 5262
15.5 de vino para la *l* ofrecerás la cuarta 5262
15.7 de vino para la *l* ofrecerás la tercera 5262
15.10 de vino para la *l*... la mitad de un hin 5262
15.24 con su ofrenda y su *l* conforme a la ley 5262
28.7 y su *l*, la cuarta parte de un hin con 5262
28.7 derramarás *l* de vino... ante Jehová en el 5262
28.8 y conforme a su *l* ofrecerás, ofrenda 5262
28.9 de harina amasada con aceite... con su *l* 5262
28.10,15,24,31; 29.11,16,19,22,25,28,31,34,38 además del holocausto continuo y su *l* 5262
28.14 *l* de vino, medio hin con cada becerro 5262
29.6 sus *l* conforme a su ley, como ofrenda 5262
29.18,21,24,27,30,33,37 *l* con los becerros 5262
29.39 en vuestras fiestas... para vuestras *l* 5262
Dt 32.38 comían... y bebían el vino de sus *l*? 5257
2 R 16.13 derramó sus *l*, y esparció la sangre 5262
16.15 holocausto del rey y su ofrenda y sus *l* 5262
1 Cr 29.21 ofrecieron... mil corderos con sus *l* 5262
2 Cr 29.35 grosura... y *l* para cada holocausto 5262
Esd 7.17 comprarás, pues... sus ofrendas y sus *l* 5261
Sal 16.4 no ofreceré yo sus *l* de sangre, ni 5262
Is 57.6 y a ellas derramaste *l*, y ofreciste 5262
65.11 mesa... y suministráis *l* para el Destino 4469
Jer 19.13 cielo, y vertieron *l* a dioses ajenos 5262
32.29 a Baal y derramaron *l* a dioses ajenos 5262
44.17 a la reina del cielo, derramándole *l* 5262
44.18 dejamos de ofrecer... y de derramarle *l* 5262
44.19 y cuando ofrecimos... y le derramamos *l* 5262
44.19 le derramamos *l*, sin consentimiento de 5262
44.25 a la reina del cielo y derramarle *l* 5262
Ez 20.28 sacrificaron... y allí derramaron sus *l* 5262
45.17 el dar, la *l* en las fiestas solemnes 5262
Os 9.4 no harán *l* a Jehová, ni sus sacrificios 3196
Jl 1.9 desapareció de la casa... ofrenda y la *l* 5262
1.13 quitada es de la casa... ofrenda y la *l* 5262
2.14 dejará... ofrenda y *l* para Jehová... Dios? 5262
Fil 2.17 aunque sea derramado en *l* sobre el 4689

LÍBANO *Cordillera en Siria, al norte de Palestina*

Dt 1.7 *L*, hasta el gran río, el río Eufrates 3844
3.25 pase... y vea... aquel buen monte, y el *L* 3844
11.24 desde el desierto hasta el *L*, desde el 3844
Jos 1.4 desde... *L* hasta el gran río Eufrates 3844
9.1 oyeron... reyes que estaban... delante del *L* 3844
11.17 hasta Baal-gad en la llanura del *L*, a 3844
12.7 desde Baal-gad en el llano del *L* hasta 3844
13.5 todo el *L* hacia donde sale el sol, desde 3844
13.6 desde el *L* hasta Misrefot-maim, todos 3844
Jue 3.3 los heveos que habitaban en el monte *L* 3844
9.15 salga fuego... devore a los cedros del *L* 3844
1 R 4.33 disertó sobre... el cedro del *L* hasta 3844
5.6 manda, pues... que me corten cedros del *L* 3844
5.9 mis siervos la llevarán desde el *L* al mar 3844
5.14 enviaba al *L*... a estar un mes en el *L*, y 3844
7.2 la casa del bosque del *L*, la cual tenía 3844
9.19 lo que Salomón quiso edificar... en el *L* 3844
10.17 el rey los puso en la casa del... del *L* 3844
10.21 la vajilla de la casa del bosque del *L* 3844
2 R 14.9 cardo que está en el *L* envió a decir 3844
14.9 decir al cedro que está en el *L*: Da tu 3844
14.9 y pasaron las fieras que están en el *L* 3844
19.23 he subido... a lo más inaccesible del *L* 3844
2 Cr 2.8 envíame también madera del *L*: cedro 3844
2.8 tus siervos saben cortar madera en el *L* 3844
2.16 nosotros cortaremos en el *L* la madera 3844
8.6 lo que Salomón quiso edificar... en el *L* 3844
9.16 los puso... en la casa del bosque del *L* 3844
9.20 la vajilla de la casa del bosque del *L* 3844
25.18 el cardo que... en el *L* envió al cedro... L 3844
25.18 las fieras que estaban en el *L* pasaron 3844
Esd 3.7 trajesen madera... desde el *L* por mar 3844
Sal 29.5 quebrantó Jehová los cedros del *L* 3844
29.6 al *L* y al Sirión como hijos de búfalos 3844
72.16 su fruto hará ruido como el *L*, y los 3844
92.12 el justo... crecerá como cedro en el *L* 3844
104.16 de savia... cedros del *L* que él plantó 3844
Cnt 3.9 se hizo una carroza de madera del *L* 3844
4.8(2) ven conmigo desde el *L* 3844
4.11 olor de tus vestidos como el olor del *L* 3844
4.15 pozo de aguas vivas, que corren del *L* 3844
5.15 su aspecto como el *L*, escogido como los 3844
7.4 tu nariz, como la torre del *L*, que mira 3844
Is 2.13 sobre todos los cedros del *L* altos y 3844
10.34 cortará con... el *L* caerá con estruendo 3844
14.8 se regocijaron... cedros del *L*, diciendo 3844
29.17 convertirá... el *L* en campo fructífero 3844
33.9 el *l* se avergonzó, y fue cortado; Sarón 3844
35.2 gloria del *L* le será dada, la hermosura 3844
37.24 subiré a las alturas de... laderas del *L* 3844
40.16 ni el *L* bastará para el fuego, ni todos 3844
60.13 la gloria del *L* vendrá a ti, cipreses 3844
Jer 18.14 ¿faltará la nieve del *L* de... campo? 3844
22.6 eres tú para mí, y como la cima del *L* 3844
22.20 sube al *L* y clama, y en Basán da tu voz 3844
22.23 habitaste en el *L*, hiciste tu nido en 3844
Ez 17.3 águila... vino al *L*, y tomó el cogollo 3844
27.5 tomaron... del *L* para hacerte el mástil 3844
31.3 he aquí era el asirio cedro en el *L*, de 3844
31.15 al *L* cubrí de tinieblas por él, y todos 3844
31.16 los mejores del *L*... los que beben aguas 3844
Os 14.5 Israel... extenderá sus raíces como el *L* 3844
14.6 se extenderán sus... perfumará como el *L* 3844
14.7 la vid; su olor será como de vino del *L* 3844
Nah 1.4 Carmelo, y la flor del *L* fue destruida 3844
Hab 2.17 la rapiña del *L* caerá sobre ti, y la 3844
Zac 10.10 traeré a... del *L*, y no les bastará 3844
11.1 *L*, abre tus puertas, y consuma el fuego 3844

LIBAR

Éx 25.29 harás... tazones, con que se *libará* 5238
37.16 sus tazones con que se había de *libar* 5258
Nm 4.7 pondrán sobre ella... tazones para *libar* 5262

LIBERACIÓN

Gn 45.7 para daros vida por medio de gran *l* 6413
Est 4.14 respiro y *l* vendrá de alguna otra 2020
Job 14.14 edad esperaré, hasta que venga mi *l* 2487
Sal 32.7 eres... con cánticos de *l* me rodearás 6405
Is 26.18 ninguna *l* hicimos en la tierra, ni 3444
Fil 1.19 vuestra oración... resultará en mi *l* 4991

LIBERALIDAD

2 Cr 35.8 los príncipes dieron con *l* al pueblo 5071
Pr 25.14 es el hombre que se jacta de falsa *l* 4991
Ro 12.8 el que reparte, con *l*; el que preside 572
2 Co 9.11 estéis enriquecidos en... para toda *l* 572
9.13 por la *l* de vuestra contribución para 572

LIBERALMENTE

Dt 15.8 sino abrirás a él tu mano *l* 6605
15.14 le abastecerás *l* de tus ovejas 6059

LIBERTAD

Éx 21.26 hiriere... dará *l* por razón de su ojo 2670
Lv 19.20 sierva... ni le hubiere sido dada *l* 2668
25.10 y pregonaréis *l* en la tierra a todos 1865
Dt 21.14 si no te agradare, la dejarás en *l* 7971
Sal 119.45 y andaré en *l*, porque busqué tus 7342
Is 61.1 a publicar *l* a los cautivos, y a los 1865
Jer 34.8 hizo pacto con... para promulgarles *l* 1865
34.15 anunciando cada uno *l* a su prójimo 1865
34.17 promulgar cada uno *l* a... yo promulgo *l* 1865
Lc 4.18 **enviado... a pregonar *l* a los cautivos** 859
4.18 **enviado... a poner en *l* a los oprimidos** 859
Hch 3.13 éste había resuelto ponerle en *l* 630
4.23 y puestos en *l*, vinieron a los suyos y 630
5.40 después de azotarlos... los pusieron en *l* 630
7.25 que Dios les daría *l* por mano suya; mas .. 1325,4991
24.23 que se le concediese alguna *l*, y que 425
26.32 podía este hombre ser puesto en *l*, si 630
Ro 8.21 a la *l* gloriosa de los hijos de Dios 1657
1 Co 8.9 *l* vuestra no venga a ser tropezadero 1849
10.29 ¿por qué se ha de juzgar mi *l* por la 1657
2 Co 3.17 donde está el Espíritu... allí hay *l* 1657
Gá 2.4 para espiar nuestra *l* que tenemos en 1657
5.1 en la *l* con que Cristo nos hizo libres 1657
5.13 porque vosotros... a *l* fuisteis llamados 1657
5.13 que no uséis la *l* como ocasión para la 1657
Flm 8 tengo mucha *l* en Cristo para mandarte 3954
He 10.19 *l* para entrar en el Lugar Santísimo 3954
13.23 que está en *l* nuestro hermano Timoteo 630
Stg 1.25 mira... en la perfecta ley, la de la *l* 1657
2.12 que... de ser juzgados por la ley de la *l* 1657
1 P 2.16 que tienen la *l* como pretexto para 1657
2 P 2.19 les prometen *l*, y son ellos mismos 1657

LIBERTADOR

Jue 3.9 Jehová levantó un *l* a los... de Israel 3467

3.15 y Jehová les levantó un *l*, a Aod hijo 3467
2 S 22.2 es mi roca y mi fortaleza, y mi *l* 6403
Neh 9.27 enviaste *l* para que los salvasen de 3467
Sal 18.2 Jehová, roca...y castillo mío, y mi *l* 6403
40.17 mi ayuda y mi *l* eres tú; Dios mío, no 6403
70.5 ayuda mía y mi *l* eres tú; oh Jehová, no 6403
144.2 fortaleza mía y mi *l*, escudo mío, en 6403
Hch 7.35 envió Dios como gobernante y *l* por *3086*
Ro 11.26 vendrá de Sion el *L*, que apartará de *4506*

LIBERTAR
Gn 48.16 el Ángel que me *liberta* de todo mal 1350
1 S 30.18 *libertó* David a sus dos mujeres 5337
2 R 8.22 Edom se *libertó* del dominio de Judá 6586
25.27 Evil,merodac...*libertó* a Joaquín rey de 5375
2 Cr 21.10 Edom se *libertó* del dominio de Judá 6586
21.10 tiempo Libna se *libertó* de su dominio 6586
Job 22.30 él *libertará* al inocente, y por la 4422
Sal 7.4 antes he *libertado* al que sin causa 2502
37.40 los *libertará* de los impíos...salvará 6403
69.14 yo *libertado* de los que me aborrecen 5337
146.7 Jehová *liberta* a los cautivos; Jehová 5425
Is 51.14 preso agobiado será *libertado* pronto 6605
Dn 12.1 será *libertado* tu pueblo, todos los 4422
Os 5.14 iré; tomaré, y no habrá quien *liberte* 5337
Jn 8.36 **el Hijo os *libertare*, seréis...libres** *1659*
Ro 6.18 y *libertados* del pecado, vinisteis a *1659*
6.22 que habéis sido *libertados* del pecado *1659*
8.21 la creación misma será *libertada* de la *1659*

LIBERTINAJE
Jud 4 que convierten en *l* la gracia de nuestro *766*

LIBERTO
Hch 6.9 unos de la sinagoga llamada de los *l* *3032*
1 Co 7.22 fue llamado siendo esclavo, *l* es del *558*

LIBIA *País al occidente de Egipto*
Ez 30.5 *L*, y los hijos de las tierras aliadas 6316
Dn 11.43 y los de *L* y de Etiopía le seguirán 3864
Nah 3.9 Etiopía...Fut y *L* fueron sus ayudadores 3864

LIBIO *Habitante de Libia*
2 Cr 12.3 venía con...*l*, suquienos y etíopes 3864
16.8 etíopes y los *l*, ¿no eran un ejército 3864

LIBNA
1. Lugar donde acampó Israel, Nm 33.20,21 3841
2. Ciudad en Judá
Jos 10.29 pasó Josué...a *L*; y peleó contra *L* 3841
10.31 Josué...pasó de *L* a Laquis, y acampó 3841
10.32 la hirió...así como había hecho en *L* 3841
10.39 y como había hecho a *L*...hizo a Debir 3841
12.15 el rey de *L*, otro; el rey de Adulam 3841
15.42 *L*, Eter, Asán 3841
21.13 dieron Hebrón...además, *L* con...ejidos 3841
2 R 8.22 también se rebeló *L* en el mismo tiempo 3841
19.8 halló al rey de...combatiendo contra *L* 3841
23.31 su madre fue...hija de Jeremías, de *L* 3841
24.18 fue Hamutal hija de Jeremías, de *L* 3841
1 Cr 6.57 de Judá dieron...*L* con sus ejidos 3841
2 Cr 21.10 tiempo *L* se libertó de su dominio 3841
Is 37.8 rey de Asiria que combatía contra *L* 3841
Jer 52.1 su madre...Hamutal...de Jeremías de *L* 3841

LIBNI
1. Hijo de Gersón, Éx 6.17; Nm 3.18.21; 1 Cr 6.17,20 . 3845
2. Hijo de Merari, 1 Cr 6.29 3845

LIBNITA *Habitante de Libna*, Nm 26.58 3846

LIBRA
1 R 10.17 en cada uno...gastó tres *l* de oro 4488
Esd 2.69 dieron de...cinco mil *l* de plata, y 4488
Neh 7.71 cabezas de...dieron...2.200 *l* de plata 4488
7.72 resto del pueblo dio...2.000 *l* de plata 4488
Jn 12.3 María tomó una *l* de perfume de nardo *3046*
19.39 un compuesto de mirra y...como cien *l* *3046*
Ap 6.6 dos *l* de trigo...seis *l* de cebada por *5518*

LIBRAR
Gn 32.11 *líbrame*...de la mano de mi hermano 5337
32.30 dijo: Vi a Dios...fue *librada* mi alma 5337
37.21 Rubén...lo *libró* de sus manos, y dijo 5337
37.22 por *librarlo* así de sus manos, para 5337
Éx 3.8 *librarlos* de mano de los egipcios, y 5337
5.23 porque...tú no has *librado* a tu pueblo 5337
6.6 os sacaré...os *libraré* de su servidumbre 5337
12.27 hirió a los egipcios, y *libró* nuestras 5337
18.4 Dios de mi padre me ayudó, y me *libró* 5337
18.8 contó a...cómo los había *librado* Jehová 5337
18.9 haberlo *librado* de mano de los egipcios 5337
18.10 os *libró* de...los egipcios...*l* al pueblo 5337
Nm 35.25 la congregación *librará* al homicida 5337
Dt 22.27 dio voces...no hubo quien la *librase* 3467
23.14 para *librarte* y para entregar a tus 5337
25.11 se acercare...para *librar* a su marido 5337
32.39 no hay quien pueda *librar* de mi mano 5337
Jos 2.13 que *libraréis* nuestras vidas de la 5337
9.26 los *libró* de la mano de los...de Israel 5337
22.31 habéis *librado* a los hijos de Israel 5337
24.10 os bendijo...y os *libré* de sus manos 5337
Jue 2.16 jueces que los *librasen* de mano de 3467
2.18 y los *libraba* de mano de los enemigos 3467
3.9 levantó un libertador a los...los *libró* 3467
6.9 os *libré* de mano de los egipcios, y de 5337
8.22 que nos has *librado* de mano de Madián 3467
8.34 que los había *librado* de...sus enemigos 5337
9.17 expuso su vida...para *libraros* de mano 5337
10.1 levantó para *librar* a Israel Tola hijo 3467
10.12 clamando a...no os *libré* de sus manos? 3467
10.13 me habéis dejado, y...no os *libraré* más 3467
10.14 a los dioses...que os *libren* ellos en el 3467
10.15 te rogamos que nos *libres* en este día 5337
1 S 4.8 ¿quién nos *librará* de la mano de estos 5337
7.3 y os *librará* de la mano de los filisteos 5337
7.14 Israel *libró* su territorio de...filisteos 5337
10.18 os *libré* de mano de los egipcios, y de 5337
11.9 mañana al calentar el...seréis *librados* 8668
12.10 *líbranos*...de mano de nuestros enemigos 5337
12.11 os *libró* de mano de vuestros enemigos 5337
12.21 vanidades que no aprovechan ni *libran* 5337
14.45 así el pueblo *libró* de morir a Jonatán 6299
14.48 y *libró* a Israel de mano de los que lo 5337
17.35 yo...lo hería, y lo *libraba* de su boca 5337
17.37 Jehová...me ha *librado* de las garras de 5337
17.37 me *librará* de la mano de este filisteo 5337
23.2 ataca a los filisteos, y *libra* a Keila 3467
23.5 fue...David...*libró* David a los de Keila 3467
26.24 Jehová, y me *libre* de toda aflicción 5337
30.8 le dijo...cierto *librarás* a los cautivos 5337
30.18 *libró* David...amalecitas habían tomado 5337
2 S 3.18 por mano...David *libraré* a mi pueblo 3467
12.7 te ungí...y te *libré* de la mano de Saúl 5337
14.16 el rey oirá, para *librar* a su sierva 5337
18.6 y se *libró* la batalla en el bosque de
19.5 que hoy han *librado* tu vida, y la vida 4422
19.9 el rey nos ha *librado* de...enemigos, y 4422
22.1 Jehová le había *librado* de...sus enemigos 5337
22.3 salvador mío; de violencia me *libraste* 3467
22.18 me *libró* de poderoso enemigo, y de los 5337
22.20 sacó...me *libró*, porque se agradó de mí 2502
22.44 me has *librado* de las contiendas del 6403
22.49 el que me *libra* de enemigos, y aun me 3318
22.49 aun...me *libraste* del varón violento 5337
2 R 17.39 él os *librará* de mano de...enemigos 5337
18.29 engañe...no os podrá *librar* de mi mano 5337
18.30 nos *librará* Jehová, y esta ciudad no 5337
18.32 engaña cuando dice: Jehová...*librará* 5337
18.33 de los dioses...ha *librado* su tierra de 5337
18.34 ¿pudieron éstos *librar* a Samaria de mi 5337
18.35 ¿qué dios...ha *librado* su tierra de mi 5337
18.35 Jehová *libre* de mi mano a Jerusalén? 5337
19.12 ¿acaso *libraron* sus dioses...naciones 5337
20.6 y te *libraré* a ti y a esta ciudad de 5337
1 Cr 4.10 y me *libraras* de mal, para que no 6213
16.35 recógenos, y *líbranos* de las naciones 5337
2 Cr 20.27 gozo *librándolos* de sus enemigos
25.15 dioses de...que no *libraron* a su pueblo 5337
32.11 Dios nos *librará* de la mano del rey de 5337
32.13 ¿pudieron los dioses de las...*librar* su 5337
32.14 ¿cómo podrá vuestro Dios *libraros* de 5337
32.15 ni ningún dios...pudo *librar* a su pueblo 5337
32.15 ¿cuánto menos...Dios os podrá *librar* de 5337
32.17 como los dioses...no pudieron *librar* a 5337
32.17 tampoco el Dios de...*librará* al suyo de 5337
Esd 8.31 nos *libró* de mano del enemigo y del 5337
Neh 9.28 los oías...muchas veces los *libraste* 5337
Job 5.4 sus hijos...y no habrá quien los *libre* 5337
5.15 así *libra* de la espada al pobre, de la 3467
5.19 en seis tribulaciones te *librará*, y en 5337
6.23 dicho...*libradme* de la mano del opresor 4422
10.7 que no hay quien de tu mano me *libre*? 5337
22.30 por la limpieza de tus manos...*librado* 4422
29.12 yo *libraba* al pobre que clamaba, y al 4422
33.24 que lo *libró* de descender al sepulcro 6308
36.15 al pobre *librará* de su pobreza, y en 2502
Sal 6.4 vuélvete, oh Jehová, *libra* mi alma 2502
7.1 sálvame de...que me persiguen, y *líbrame* 5337
7.2 me destrocen sin que haya quien me *libre* 5337
17.13 *libra* mi alma de...malos con tu espada 6403
18 *tít.* el día que le *libró* Jehová de mano 5337
18.17 me *libró* de mi poderoso enemigo, y de 5337
18.19 sacó...me *libró*, porque se agradó de mí 2502
18.43 me has *librado* de las contiendas del 6403
18.48 que me *libra* de mis enemigos, y aun 6403
18.48 eleva...me *libraste* de varón violento 5337
19.12 *líbrame* de los que me son ocultos 5352
22.4 esperaron nuestros padres...los *libraste* 6403
22.5 clamaron...fueron *librados*; confiaron en 4422
22.8 encomendó a Jehová; *líbrele* él; sálvele 6403
22.20 *libra* de la espada mi alma, del poder 5337
22.21 *líbrame* de los cuernos de los búfalos 6030
25.20 guarda mi alma, y *líbrame*; no sea yo 5337
31.1 en ti...confiado...*líbrame* en tu justicia 6403
31.2 inclina a mí tu oído, *líbrame* pronto; sé 5337
31.15 *líbrame* de la mano de mis enemigos y 5337
33.17 vano...su fuerza a nadie podrá *librar* 4422
33.19 para *librar* sus almas de la muerte, y 5337
34.4 oyó, y me *libró* de todos mis temores 5337
34.6 oyó...y lo *libró* de todas sus angustias 3467
34.17 oye, y los *libra* de todas sus angustias 5337
34.19 pero de todas ellas le *librará* Jehová 5337
35.10 que *libras* al afligido del más fuerte 5337
37.40 Jehová los ayudará y los *librará*; los 6403
39.8 *líbrame* de todas mis transgresiones; no 5337
40.13 quieras, oh Jehová, *librarme* 5337
41.1 pobre; en el día malo lo *librará* Jehová 4422
43.1 *líbrame* de gente impía, y del hombre 6403
44.3 ni su brazo los *libró*; sino tu diestra 3467
50.15 invócame...te *libraré*, y tú me honrarás 2502
50.22 os despedace, y no haya quien os *libre* 5337
51.14 *líbrame* de homicidios, oh Dios, Dios 5337
54.7 me ha *librado* de toda angustia, y mis 5337
56.13 has *librado* mi alma de la muerte, y 5337
59.1 *líbrame* de mis enemigos, oh Dios mío 5337
59.2 *líbrame* de los que cometen iniquidad 5337
60.5 para que se *libren* tus amados, salva 2502
68.20 y de Jehová...el *librar* de la muerte 8444
69.18 alma...*líbrame* a causa de mis enemigos 6299
70.1 oh Dios, acude a *librarme*; apresúrate 5337
71.2 socórreme y *líbrame* en tu justicia 5337
71.4 Dios mío, *líbrame* de la mano del impío 6403
71.11 perseguidle y...no hay quien le *libre* 5337
72.12 él *librará* al menesteroso que clamare 5337
79.9 y *líbranos*, y perdona nuestros pecados 5337
81.7 clamaste, y yo te *libré*; te respondí en 2502
82.4 *librad*...*libradlo* de mano de los impíos 6403
86.13 has *librado* mi alma de las...del Seol 5337
89.48 ¿*librarás* su vida del poder del Seol? 4422
91.3 el te *librará* del lazo del cazador, de 5337
91.14 también lo *libraré*; le pondré en alto 6409
91.15 invocará...lo *libraré* y le glorificaré 2502
97.10 alma...de mano de los impíos los *libra* 5337
106.43 muchas veces los *libró*; mas ellos se 5337
107.6,13,19 y los *libró* de sus aflicciones 5337
107.20 y los sanó, y los *libró* de su ruina 4422
107.28 claman...los *libra* de sus aflicciones 3318
108.6 sean *librados* tus amados, salva con tu 2502
109.21 *líbrame*, porque tu misericordia es 5337
109.31 *librar* su alma de los que le juzgan 3467
116.4 diciendo: Oh Jehová, *libra* ahora mi 4422
116.8 tu has *librado* mi alma de la muerte 2502
119.134 *líbrame* de la violencia de...hombres 6299
119.153 mira mi aflicción, y *líbrame*, porque 2502
119.170 de ti; *líbrame* conforme a tu dicho 5337
120.2 *libra* mi alma, oh...del labio mentiroso 5337
140.1 *líbrame*, oh Jehová, del hombre malo 2502
140.4 *líbrame* de hombres injuriosos, que han 5341
142.6 *líbrame* de los que me persiguen, porque 5337
143.9 *líbrame* de mis enemigos, oh Jehová; en 5337
144.11 y *líbrame* de la mano de los hombres 5337
Pr 2.12 para *librarte* del mal camino, de los 5337
2.16 serás librado de la mujer extraña, de 5337
6.3 *líbrate*, ya que has caído en la mano de 5337
10.2 maldad...mas la justicia *libra* de muerte 5337
11.4 ira; mas la justicia *librará* de muerte 5337
11.6 la justicia de los rectos los *librará* 5337
11.8 el justo es *librado* de la tribulación 2502
11.9 los justos son *librados* con la sabiduría 2502
11.21 la descendencia de los...será *librada* 4422
12.6 mas la boca de los rectos los *librará* 5337
14.25 el testigo verdadero libra las almas 5337
23.14 con vara, y *librarás* su alma del Seol 5337
24.11 *libra* a los que...llevados a la muerte 5337
28.26 que camina en sabiduría será *librado* 4422
Ec 8.8 ni la impiedad *librará* el que la posee 4422
9.15 *libra* a la ciudad con su sabiduría; y 4422
Is 19.20 les enviará salvador...que los *libre* 5337
31.5 amparará Jehová...*librando*, preservando 5337
36.14 os engañe...porque no os podrá *librar* 5337
36.15,18 diciendo...Jehová nos *librará* 5337
36.18 ¿acaso *libraron*...dioses de las naciones 5337
36.19 dios...¿*Libraron* a Samaria de mi mano? 5337
36.20 ¿qué dios...que haya *librado* su tierra 5337
36.20 Jehová *libre* de mi mano a Jerusalén? 5337
37.12 ¿acaso *libraron*...dioses a las naciones 5337
37.20 Jehová Dios nuestro, *líbranos* de su 3467
38.6 te *libraré* a ti y a...del rey de Asiria 5337
38.17 a ti agradó *librar* mi vida del hoyo
42.22 son...para despojo, y no hay quien *libre* 5337
43.13 era; y no hay quien de mi mano *libre* 5337
44.17 le ruega...*líbrame*, porque mi dios eres 5337
44.20 le desvía, para que no *libre* su alma 5337
46.7 le gritan, y tampoco responde, ni *libra* 3467
47.3 deshonra...no se *librará* hombre alguno 6293
50.2 ¿acaso...¿No hay en mí poder para *librar*? 5337
57.13 cuando clames, que te *libren* tus ídolos 5337
Jer 1.8 porque contigo estoy para *librarte* 5337
1.19 estoy contigo, dice Jehová, para *librarte* 5337
2.27 calamidad dicen: Levántate, y *líbranos* 3467
2.28 a ver si te podrán *librar* en...aflicción 3467
7.10 *librados* somos; para seguir haciendo 5337
14.9 ¿por qué eres como...no puede *librar*? 3467
15.21 te *libraré* de la mano de los malos, y 5337
20.13 cantad a Jehová...ha *librado* el alma 5337
21.12; 22.3 *librad* al oprimido...del opresor 5337
30.7 angustia para Jacob; pero...será *librado* 3467
39.17 yo te *libraré*...de aquellos...tú temes 5337
39.18 ciertamente te *libraré*, y no caerás a 4422
42.11 estoy yo para salvaros y *libraros* de 5337
51.6 *librad* cada uno su vida, para que no 4422
Lm 5.8 no hubo quien nos *librase* de su mano 6561
Ez 3.19 él morirá...tú habrás *librado* tu alma 5337
3.21 vivirá...y tú habrás *librado* tu alma 5337
7.19 ni su oro podrá *librarlos* en el día del 5337
13.20 *libraré* de vuestras manos, y soltaré 7167
13.21,23 *libraré* mi pueblo de vuestra mano 5337
14.14 *librarían* únicamente sus propias vidas 5337
14.16 a sus hijos ni a sus hijas *librarían* 5337
14.16,18 ni a sus...ellos solos serían *librados* 5337
14.18 no *librarían* a sus hijos ni a sus hijas 5337
14.20 no *librarían* a hijo ni a hija; ellos 5337
14.20 *librarían* solamente sus propias vidas 5337
33.5 el que se apercibiere *librará* su vida 4422
33.9 morirá por su...pero tú *libraste* tu vida 5337
33.12 la justicia del justo no lo *librará* el 5337
34.10 *libraré* mis ovejas de sus bocas, y no 5337
34.12 y las *libraré* de todos los lugares en 5337
34.27 los *libre* de mano de los que se sirven 5337
Dn 3.15 ¿y qué dios será aquel que os *libre* 7804
3.17 nuestro Dios...puede *librarnos*...librará 7804
3.28 *libró* a sus siervos que confiaron en él 7804
3.29 no hay dios que pueda *librar* como éste 5338
6.14 le pesó en...y resolvió *librar* a Daniel 7804
6.14 pasta la puesta del sol trabajó para *librarle* 5338
6.16 el Dios tuyo, a quien tú...él te *libre* 7804
6.20 ¿te ha podido *librar* de los leones? 7804
6.27 y *libra*, y hace señales y maravillas en 7804

6.27 él ha librado a Daniel del poder de los 7804
8.7 no hubo quien librase al carnero de su 5337
Os 2.10 y ahora...nadie la librará de mi mano 5337
13.14 los redimiré, los libraré de la muerte 1350
14.3 no os librará el asirio; no montaremos 3467
Am 2.14 huir...ni el valiente librará su vida 4422
3.12 que el pastor libra de la boca del león 5337
Jon 4.6 y le librase de su malestar; y Jonás 5337
Mi 4.10 allí serás librada...redimirá Jehová 5337
5.6 nos librará del asirio, cuando viniere 5337
Sof 1.18 ni su oro podrá librarlos en el día 5337
Zac 11.6 asolarán...yo no los libraré de sus 4672
12.7 y librará Jehová las tiendas de Judá............ 3467
Mt 6.13 **líbranos del mal; porque tuyo es el**............ 4506
27.43 líbrele ahora si le quiere; porque ha.......... 4506
27.49 deja, veamos si viene Elías a librarle 4982
Lc 1.74 librados de...enemigos, sin temor le 4506
11.4 **no nos metas en...mas líbranos del mal**....... 4506
20.16 **oyeron esto, dijeron: ¡Dios nos libre!**..... 1096,3361
Hch 7.10 le libró de todas sus tribulaciones............ 1807
7.34 he oído...he descendido para librarlos 1807
12.11 el Señor...me ha librado de la mano de 1807
23.27 lo libré yo acudiendo con la tropa 1807
26.17 **librándote de tu pueblo, y...gentiles** 1807
Ro 7.24 me librará de este cuerpo de muerte?......... 4506
8.2 me ha librado de la ley del pecado y de......... 1659
15.31 para que sea librado de los rebeldes 4506
2 Co 1.10 el cual nos libró, y nos libra, y 4506
1.10 en quien esperamos que aún nos librará 4506
Gá 1.4 para librarnos del presente siglo malo 1807
Col 1.13 nos ha librado de la potestad de las 4506
1 Ts 1.10 a Jesús, quien nos libra de la ira 4506
2 Ts 3.2 seamos librados de hombres perversos 4506
2 Ti 3.11 y de todas me ha librado el Señor 4506
4.17 así fui librado de la boca del león............ 4506
4.18 el Señor me librará de toda obra mala 4506
He 2.15 librar a todos los que por el temor 525
5.7 al que le podía librar de la muerte, fue.......... 4982
2 P 2.7 libró al justo Lot, abrumado por la 4506
2.9 sabe el Señor librar de tentación a los 4506

LIBRE
Gn 24.8 no quisiere...serás l de...juramento 5352
24.41 serás l de mi juramento, cuando hayas 5352
24.41 si no te la...serás l de mi juramento.......... 5355
Éx 21.2 te servirá; mas al séptimo saldrá l.............. 2670
21.5 dijere: Yo amo a mi señor...no saldré l 2670
21.27 sierva, por su diente le dejará ir l 2670
23.11 el séptimo año la dejarás l, para que 8058,5203
Lv 15.28 cuando fuere l de su flujo, contará 2891
19.20 no morirán, por cuanto ella no es l 2666
25.41 entonces saldrá l de tu casa; él y sus 3318
Nm 5.19 si...l seas de estas aguas amargas que 5352
5.28 sino que...ella será l, y será fecunda 5352
5.31 hombre será l de iniquidad, y la mujer 5352
32.22 seréis l de culpa para con Jehová, y 5355
Dt 15.12 servido...al séptimo le despedirás l 2670
15.13 despidieres l, no le enviarás con las 2670
15.18 no te parezca duro cuando le enviares l...... 2670
24.5 l estará en su casa por un año, para 5355
32.36 viere...y que no queda ni siervo ni l 5800
Jos 2.17,20 quedaremos l de este juramento 5355
1 S 14.41 sobre Jonatán...y el pueblo salió l 3318
1 R 14.10 destruiré...así el siervo como el l............. 5800
21.21 y barreré...tanto el siervo como el l........... 5800
2 R 9.8 destruiré de Acab...siervo como al l 5800
14.26 no había siervo ni l, ni quien diese 5800
Esd 9.8 hacer que nos quedase un remanente l.......... 6413
Job 3.19 allí están...y el siervo l de su señor............ 2670
10.1 daré l curso a mi queja, hablaré con 5800
36.16 te apartará...a lugar...l de todo apuro
39.5 ¿quién echó l al asno montés, y quién 2670
Sal 105.20 envió el rey, y le...le dejó ir l 6605
Is 20.6 nos acogimos por socorro para ser l 5337
32.20 y dejáis l al buey y al asno
58.6 y dejar ir l a los quebrantados, y que 2670
Jer 2.31 somos l; nunca más vendremos a ti?.......... 7300
34.9 que cada uno dejase l a su siervo y a 2670
34.10 pacto de dejar l cada uno a su siervo......... 2670
34.11 a los siervos y...que habían dejado l 2670
34.14 le servirá seis años, y lo enviará l 2670
34.16 su siervo...que habíais dejado l a su 2670
Lc 13.12 **dijo: Mujer, eres l de tu enfermedad**........... 630
Jn 8.32 **conoceréis la...y la verdad os hará l** 1659
8.33 jamás hemos...¿Cómo dices tú: Seréis l? 1658
8.36 **que, si el Hijo os libertare, seréis...l** 1659
Ro 6.20 porque...erais l acerca de la justicia 1658
7.2 el marido muere, ella queda l de la ley.......... 2673
7.3 si su marido muriere, es l de esa ley, de......... 1658
7.6 estamos l de la ley, por haber muerto............ 2673
1 Co 7.21 si puedes hacerte l, procúralo más 1658
7.22 el que fue llamado siendo l, esclavo es 1658
7.27 ¿estás l de mujer? No procures casarte......... 3089
7.39 l es para casarse con quien quiera, con........ 1658
9.1 ¿no soy l? ¿No he visto a Jesús el Señor.......... 1658
9.19 siendo l...me he hecho siervo de todos 1658
12.13 judíos o griegos, sean esclavos o l; y 1658
Gá 3.28 no hay esclavo ni l; no hay varón ni 1658
4.22 dos...uno de la esclava, el otro de la l 1658
4.23 la carne; mas el de la l, por la promesa 1658
4.26 la cual es madre de todos nosotros, es l......... 1658
4.30 porque no heredará...con el hijo de la l 1658
4.31 no somos...de la esclava, sino de la l 1658
5.1 en la libertad con que Cristo nos hizo l 1659
Ef 6.8 recibirá del Señor, sea siervo o sea l 1658
Col 3.11 donde no hay...siervo ni l, sino que 1658
1 P 2.16 como l, pero no como los que tienen 1657
Ap 6.15 todo l, se escondieron en las cuevas 1658
13.16 l y esclavos, se les pusiese una marca 1658
19.18 para que comáis carnes de...l y esclavos..... 1658

LIBREMENTE
1 S 14.30 ¿Cuánto más si el pueblo hubiera comido l
Ez 46.12 el príncipe l hiciere holocausto u............. 5071
Hch 2.29 se os puede decir l del patriarca

LIBRITO
Ap 10.2 su mano un l abierto; y puso su pie............. 974
10.8 toma el l que está abierto en la mano........... 974
10.9 fui al...diciéndole que me diese el l 974
10.10 tomé el l de la mano del ángel, y lo 974

LIBRO
Gn 5.1 es el l de las generaciones de Adán 5612
Éx 17.14 escribe esto para memoria en un l, y......... 5612
24.7 tomó el l del pacto y lo leyó a oídos 5612
32.32 y si no, ráeme ahora de tu l que has........... 5612
32.33 al que pecare...éste raeré yo de mi l 5612
Nm 5,23 escribirá estas maldiciones en un l............. 5612
21.14 dice en el l de las batallas de Jehová 5612
Dt 17.18 escribirá para sí en un l una copia 5612
28.58 todas las palabras...escritas en este l 5612
28.61 toda plaga que no está escrita en el l......... 5612
29.20 asentará...maldición escrita en este l 5612
29.21 del pacto escrito en este l de la ley 5612
29.27 traer...maldiciones escritas en este l.......... 5612
30.10 guardar...estatutos escritos en este l......... 5612
31.24 escribir las palabras de...ley en un l 5612
31.26 tomad este l de la ley, y ponedlo al 5612
Jos 1.8 nunca se apartará de tu boca este l de......... 5612
8.31,34 está escrito en el l de la ley de 5612
10.13 ¿no está escrito esto en el l de Jaser?......... 5612
18.9 delineándola...en siete partes en un l 5612
23.6 lo que está escrito en el l de la ley 5612
24.26 escribió...palabras en el l de la ley............ 5612
1 S 10.25 leyes del reino...escribió en un l............... 5612
2 S 1.18 que está escrito en el l de Jaser.............. 5612
1 R 11.41 ¿no está...en el l de los hechos de 5612
14.19 está escrito en el l de las historias........... 5612
15.7,23,31; 16.5,14,20,27; 22.39,45; 2 R 1.18; 8.23; 10.34;
12.19; 13.8,12; 14.15,18,28; 15.6,11,15,21,26,31,36;
16.19; 20.20; 21.17,25; 23.28; 24.5; 1 Cr 29.29;
Est 10.2 escrito en el l de las crónicas 5612
2 R 14.6 lo que está escrito en el l de la ley 5612
22.8 he hallado el l de la ley en la casa de 5612
22.8 e Hilcías dio el l a Safán, y lo leyó 5612
22.10 el sacerdote Hilcías me ha dado un l 5612
22.11 el rey hubo oído las palabras del l............ 5612
22.13 preguntad a...de las palabras de este l 5612
22.13 no escucharon las palabras de este l 5612
22.16 todo el mal de que habla este l que ha......... 5612
22.18 por cuanto oíste las palabras del l
23.2 leyó...las palabras del l del pacto que 5612
23.3 todas las palabras...escritas en aquel l......... 5612
23.21 haced la pascua...está escrito en el l.......... 5612
23.24 en el l que...Hilcías había hallado en.......... 5612
1 Cr 9.1; 2 Cr 16.11; 25.26; 27.7; 28.26; 32.32; 35.27; 36.8
escritos en el l de los reyes 5612
2 Cr 9.29 escritos en los l del profeta Natán 1697
12.15 escritos en los l del profeta Semaías 1697
17.9 en Judá, teniendo consigo el l de la ley 5612
20.34 se hace mención en el l de los reyes 1697
24.27 escrito en la historia del l de...reyes 5612
25.4 escrito en la ley, en el l de Moisés 5612
34.14 halló el l de la ley de Jehová dada por......... 5612
34.15 he hallado el l de...y dio Hilcías el l 5612
34.18 Hilcías me dio un l. Y leyó Safán en él......... 5612
34.21 acerca de las palabras del l que se ha......... 5612
34.21 hacer...lo que está escrito en este l 5612
34.24 las maldiciones que...escritas en el l 5612
34.26 así: Por cuanto oíste las palabras del l
34.30 todas las palabras del l del pacto que 5612
34.31 las palabras del...escritas en aquel l.......... 5612
35.12 según está escrito en el l de Moisés 5612
35.25 las...están escritas en el l de Lamentos
Esd 4.15 se busque en el l de las memorias de 5609
4.15 hallarás en el l de las memorias, y............. 5609
6.2 hallado...un l en el cual estaba escrito 4040
6.18 conforme a lo escrito en el l de Moisés 5609
Neh 7.5 y hallé el l de la genealogía de los............ 5612
8.1 dijeron a Esdras...que trajese el l de la.......... 5612
8.3 y leyó en el l delante de la plaza que
8.3 oídos de...estaban atentos al l de la ley.......... 5612
8.5 abrió, pues, Esdras el l a ojos de todo............ 5612
8.8 leían en el l de la ley de...claramente 5612
8.18 leyó Esdras en el l de la ley de Dios............ 5612
9.3 leyeron el l de la ley de Jehová su Dios 5612
12.23 fueron inscritos en el l de...crónicas 5612
13.1 se leyó en el l de Moisés, oyéndolo el 5612
Est 2.23 fue escrito el caso en el l de las 5612
6.1 que le trajesen el l de las memorias y............ 5612
9.32 de Purim, y esto fue registrado en un l 5612
Job 19.23 ¡quién diese...se escribiesen en un l........... 5612
Sal 40.7 en el rollo del l está escrito de mí............. 5612
56.8 mis lágrimas...¿no están ellas en tu l?.......... 5612
69.28 sean raídos del l de los vivientes, y 5612
139.16 tu l estaban escritas todas aquellas 5612
Ec 12.12 no hay fin de hacer muchos l; y el............. 5612
Is 29.11 como palabras de l sellado, el cual............. 5612
29.12 y si se diere el l al que no sabe leer........... 5612
29.18 los sordos oirán las palabras del l............ 5612
30.8 escribe esta visión...regístrala en un l 5612
34.4 y se enrollarán los cielos como un l............. 5612
34.16 inquirid en el l de Jehová, y leed si 5612
Jer 25.13 todo lo que está escrito en este l.............. 5612
30.2 escríbete en un l todas las palabras que........ 5612
36.2 toma un rollo de l, y escribe en él todas........ 5612
36.4 escribió Baruc...en un rollo de l, todas 5612
36.8 leyendo en el l las palabras de Jehová.......... 5612
36.10 y Baruc leyó en el l las palabras de............ 5612
36.11 habiendo oído del l...las palabras de........... 5612
36.13 Baruc leyó en el l a oídos del pueblo........... 5612
36.18 él me dictaba...y yo escribía...en el l.......... 5612
36.32 todas las palabras del l que quemó en......... 5612
45.1 cuando escribía en el l estas palabras.......... 5612
51.60 escribió, pues, Jeremías en un l todo 5612
51.63 acabes de leer este l, le atarás una 5612
Ez 2.9 una mano...en ella había un rollo de l........... 5612
13.9 ni serán inscritos en el l de la casa 3791
Dn 7.10 el Juez se sentó, y los l...abiertos 5609,5612
9.2 miré...en los l el número de los años de 5612
10.21 declararé lo que está escrito en el l 3791
12.1 todos los que se hallen escritos en el l 5612
12.4 y sella el l hasta el tiempo del fin 5612
Nah 1.1 profecía...L de la visión de Nahum de......... 5612
Mal 3.16 fue escrito l de memoria delante de........... 5612
Mt 1.1 l de la genealogía de Jesucristo, hijo.............. 976
Mr 12.26 **¿no habéis leído en el l de Moisés**.............. 976
Lc 3.4 en el l de las palabras del profeta................ 976
4.17 y se le dio el l del profeta Isaías.................. 975
4.17 habiendo abierto el l, halló el lugar............... 975
4.20 enrollando el l, lo dio al ministro, y 975
20.42 **David dice en el l de los Salmos: Dijo**.......... 976
Jn 20.30 cuales no están escritas en este l 975
21.25 que ni aun en el mundo cabrían los l 975
Hch 1.20 está escrito en el l de los Salmos 976
7.42 está escrito en el l de los profetas................ 976
19.19 trajeron los l y los quemaron delante............ 976
Gá 3.10 permaneciere en...escritas en el l de 975
Fil 4.3 cuyos nombres están en el l de la vida 976
2 Ti 4.13 y los l, mayormente los pergaminos 975
He 9.19 roció el mismo l y también a todo el............. 975
10.7 en el rollo del l está escrito de mí 975
Ap 1.11 **escribe en un l lo que ves, y envíalo**............ 975
3.5 **y no borraré su nombre del l de la vida**........... 976
5.1 vi...un l escrito por dentro y por fuera 975
5.2 ¿quién es digno de abrir el l y desatar 975
5.3 ninguno, ni en el...podía abrir el l, ni 975
5.4 hallado a ninguno digno de abrir el l, ni 975
5.5 ha vencido para abrir el l y desatar sus........... 975
5.7 vino, y tomó el l de la mano derecha del 975
5.8 cuando hubo tomado el l...los cuatro seres 975
5.9 digno eres de tomar el l y de abrir sus 975
13.8; 17.8 nombres no estaban...en el l de la......... 976
20.12 pie ante Dios; y los l fueron abiertos............ 975
20.12 otro l fue abierto...es el l de la vida 976
20.12 las cosas que estaban escritas en los l 975
20.15 el que no se halló...en el l de la vida............ 976
21.27 los que están inscritos en el l de la............. 975
22.7 **el que guarda las palabras...de este l**........... 975
22.9 los que guardan las palabras de este l............ 975
22.10 no selles las palabras de...de este l 975
22.18 las palabras de la profecía de este l 975
22.18 traerá sobre él las plagas...en este l 975
22.19 alguno quitare de las palabras del l 976
22.19 Dios quitará su parte del l de la vida 976
22.19 de las cosas que...escritas en este l............. 975

LICAONIA *Región de Asia Menor*, Hch 14.6....... 3071

LICAÓNICA *Perteneciente a Licaonia*, Hch 14.11. 3072

LICENCIA
2 Cr 23.8 el sacerdote Joiada no dio l a las 6358

LICIA *Región de Asia Menor*, Hch 27.5........... 3073

LÍCITO, A
Est 4.2 no era l pasar adentro de la puerta
Mt 12.2 discípulos hacen lo que no es l hacer........... 1832
12.4 **panes...que no les era l comer ni a él**.......... 1832
12.10 Jesús...¿Es l sanar en el día de reposo? 1832
12.12 **l hacer el bien en los días de reposo**.......... 1832
14.4 porque Juan le decía: No te es l tenerla......... 1832
19.3 ¿es l al hombre repudiar a su mujer por......... 1832
20.15 **¿no me es l hacer lo que quiero con lo**......... 1832
22.17 dinos...¿Es l dar tributo a César, o no?......... 1832
27.6 dijeron: No es l echarlas en el tesoro 1832
Mr 2.24 ¿por qué hacen en el...lo que no es l?.......... 1832
2.26 **de los cuales no es l comer sino a los**........... 1832
3.4 **¿es l en los días de reposo hacer bien**............ 1832
6.18 no te es l tener la mujer de tu hermano........... 1832
10.2 si era l al marido repudiar a su mujer 1832
12.14 ellos...¿Es l dar tributo a César, o no?......... 1832
Lc 6.2 ¿por qué hacéis lo que no es l hacer 1832
6.4 **de los cuales no es l comer sino solo a**.......... 1832
6.9 **cosa: ¿Es l en día de reposo hacer bien**.......... 1832
14.3 **¿es l sanar en el día de reposo?** 1832
20.22 ¿nos es l dar tributo a César, o no?............ 1832
Jn 5.10 de reposo; no te es l llevar tu lecho 1832
Hch 16.21 costumbres que no nos es l recibir............ 1832
22.25 ¿os es l azotar a un ciudadano romano......... 1832
1 Co 6.12 todas las cosas me son l...no todas............ 1832
6.12 todas las cosas me son l, mas yo no me 1832
10.23 todo me es l, pero no todo conviene 1832
10.23 todo me es l, pero no todo edifica............... 1832

LICOR
Nm 6.3 ni beberá ningún l de uvas, ni tampoco........ 4952

LIDA *Ciudad en Judea (=Lod)*
Hch 9.32 vino...los santos que habitaban en L........... 3069
9.35 le vieron todos los que habitaban en L.......... 3069
9.38 L estaba cerca de Jope, los discípulos 3069

LIDIA *Cristiana en Filipos*
Hch 16.14 una mujer llamada L, vendedora de 3070
16.40 de la cárcel, entraron en casa de L 3070

L

LIEBRE
Lv 11.6 *l*, porque rumia, pero no tiene pezuña 768
Dt 14.7 no comeréis...*l* y...no tienen pezuña 768

LIENZO
1 R 10.28 y traían de Egipto caballos y *l* a 4723
10.28 la compañía de...compraba caballos y *l*. 4723
2 Cr 1.16 compraban por contrato...*l* finos de 4723
Lc 24.12 cuando miró dentro, vio los *l* solos *3608*
Jn 19.40 el cuerpo de...y lo envolvieron en *l* *3608*
20.5 vio los *l* puestos allí, pero no entró *3608*
20.6 entró en el...y vio los *l* puestos allí *3608*
20.7 no puesto con los *l*, sino enrollado en *3608*
Hch 10.11 descendía algo semejante a un...*l* *3607*
10.16 *l* volvió a ser recogido en el cielo *4632*
11.5 visión: algo semejante a un gran *l* que *3607*

LIGADO *Véase Ligar*

LIGADURA
2 S 22.6 *l* del Seol me rodearon; tendieron 2256
Job 38.31 ¿podrás...desatarás las *l* de Orión? 4189
Sal 2.3 rompamos sus *l*, y echemos de nosotros 4147
18.4 me rodearon *l* de muerte, y torrentes de 2256
18.5 *l* del Seol me rodearon, me tendieron 2256
116.3 me rodearon *l* de muerte...las angustias 2256
Ec 7.26 la mujer cuyo corazón...y sus manos *l* 612
Is 58.6 desatar las *l* de impiedad, soltar las 2784
Mr 7.35 desató la *l* de su lengua, y hablaba *1199*
Lc 13.16 **¿no se le debía desatar de esta *l* en** *1199*

LIGAMENTO
Col 2.19 y uniéndose por las coyunturas y *l* *4886*

LIGAR
Gn 44.30 su vida está *ligada* a la vida de él 7194
Nm 30.2 o hiciere juramento *ligando* su alma 631
30.3 se *ligare* con obligación en casa de su 631
30.4 la obligación con que *ligó* su alma, y 631
30.4 toda obligación con que hubiere *ligado* 631
30.5 con que ella hubiere *ligado* su alma, no 631
30.7 obligación con que *ligó* su alma, firme 631
30.8 voto...con que *ligó* su alma, será nulo 631
30.9 todo voto de viuda...que *ligare* su alma 631
30.10 hubiere *ligado* su alma con obligación 631
30.11 obligación con que hubiere *ligado* su 631
36.7 estará *ligado* a la heredad de la tribu 1692
36.9 cada una de las tribus estará *ligada* a 1692
Jue 20.11 se juntaron...*ligados* como un solo 2270
1 S 18.1 alma de Jonatán quedó *ligada*...David 7194
25.29 la vida de mi señor será *ligada* en el 6887
2 S 3.34 no...ni tus pies *ligados* con grillos 5066
Pr 7.3 *lígalos* a tus dedos; escríbelos en la 7194
22.15 la necedad está *ligada* en el corazón 7194
26.8 como quien *liga* la piedra en la honda 6887
Ez 3.25 pondrán sobre ti cuerdas...te *ligarán* 631
30.21 ni poniéndole faja para *ligarlo*, a fin 2280
Hch 20.22 aquí, *ligado* yo en espíritu, voy a *1210*
1 Co 7.27 ¿estás *ligado* a mujer? No procures *1210*
7.39 la mujer casada está *ligada* por la ley *1210*

LIGEREZA
2 Co 1.17 al proponerme esto, ¿usé quizá de *l*? *1644*
1 Ti 5.22 impongas con *l* las manos a ninguno *5030*

LIGERO, A
Lv 5.4 si alguno jurare a la *l* con sus labios 981
2 S 1.23 más *l* eran que águilas, más fuertes 7043
2.18 Asael era *l* de pies como una gacela del 7031
1 R 16.31 le fue *l* cosa andar en los pecados 7043
2 R 3.18 esto es cosa *l* en los ojos de Jehová 7043
1 Cr 12.8 eran *l* como las gacelas sobre las 4116
Job 9.25 mis días han sido más *l* que un correo 7043
24.18 huyen *l* como corrientes de aguas; su 7031
Sal 45.1 lengua es pluma de escribiente muy *l* 4106
Pr 29.20 ¿has visto hombre *l* en sus palabras? 213
Ec 9.11 que ni es de los *l* la carrera, ni la 7031
Is 19.1 que Jehová monta sobre una *l* nube, y 7031
Jer 2.23 lo que has hecho, dromedaria *l* que 7031
4.13 más *l* son sus caballos que las águilas 7043
46.6 no huya el *l*, ni el valiente escape; al 7031
Lm 4.19 *l* fueron nuestros perseguidores más 7031
Am 2.14 el *l* no podrá huir, y al fuerte no le 7031
2.15 ni escapará el *l* de pies, ni el...cabalga 7031
Hab 1.8 sus caballos serán más *l* que leopardos 7043
Mt 11.30 **porque...yugo es fácil, y *l* mi carga** *1645*

LIKHI *Descendiente de Manasés*, 1 Cr 7.19 3949

LIMITAR
Job 15.8 y está *limitada* a ti la sabiduría? 1639

LÍMITE
Gn 49.13 será para puerto...su *l* hasta Sidón 3411
Éx 16.35 hasta que llegaron a los *l* de...Canaán 7097
19.12 no subáis al monte, ni toquéis sus *l* 7097
19.21 que no traspase los *l* para ver a Jehová
19.23 dijo...Señala *l* al monte, y santifícalo 1379
19.24 no traspasen el *l* para subir a Jehová
23.31 fijaré tus *l* desde el Mar Rojo hasta 1366
Nm 21.13 Arnón es *l* de Moab, entre Moab y el 1366
21.15 corriente...descansa en el *l* de Moab 1366
22.36 la ciudad de Moab, que está junto al *l* 1366
34.2 entrado...la tierra de Canaán según sus *l* 1367
34.3 el *l* del sur al extremo del Mar Salado 1366
34.4 *l* os irá rodeando desde el sur hasta la 1366
34.5 este *l* desde Asmón hasta el torrente de 1366
34.6 y el *l* occidental será el Mar Grande 1366
34.6 Mar Grande; este *l* será el *l* occidental 1366
34.7 el *l* del norte será este: desde el Mar 1366
34.8 de Hamat, y seguirá aquel *l* hasta Zedad 1366
34.9 y seguirá este *l* hasta...el *l* del norte 1366
34.10 *l* al oriente...desde Hazar-enán hasta 1366
34.11 bajará este *l* desde Sefam a Ribla, al 1366
34.11 descenderá el *l*, y llegará a la costa 1366
34.12 después descenderá este *l* al Jordán, y 1366
34.12 esta será vuestra tierra por sus *l* 1367
35.26 saliere fuera de los *l* de su ciudad, en 1366
35.27 y el vengador...le hallare fuera del *l* 1366
Dt 3.14 tomó toda la tierra...hasta el *l* con 1366
3.16 *l* el medio del valle, hasta el arroyo de 1366
3.16 Jaboc, el cual es *l* de los hijos de Amón 1366
3.17 también el Arabá, con el Jordán como *l* 1366
19.14 no reducirás los *l* de la propiedad de 1366
27.17 maldito el...redujere el *l* de su prójimo 1366
32.8 estableció los *l* de los pueblos según el 1367
Jos 12.5 dominaba...hasta los *l* de Gesur y de 1366
13.3 Sihor, que...hasta el *l* de Ecrón al norte 1366
13.4 sur...hasta Afec, hasta los *l* del amorreo 1366
13.10 todas...hasta los *l* de los hijos de Amón 1366
13.23 el Jordán fue el *l* del territorio de 1366
13.26 y desde Mahanaim hasta el *l* de Debir 1366
13.27 el Jordán y su *l* hasta el extremo del 1366
15.2 su *l*...fue desde la costa del Mar Salado 1366
15.4 mar. Este, pues, os será el *l* del sur 1366
15.5 el *l* oriental es el Mar Salado hasta la 1366
15.5 el *l* del lado del norte, desde la bahía 1366
15.6 y sube este *l* por Bet-hogla, y pasa al 1366
15.8 y sube este *l* por el valle del hijo de 1366
15.9 rodea este *l* desde la cumbre del monte 1366
15.10 después gira este *l* desde Baala hacia 1366
15.12 *l* del occidente es el Mar Grande. Este 1366
15.12 este fue el *l* de los hijos de Judá, por 1366
16.3 hasta el *l* de Bet-horón la de abajo, y 1366
16.5 el *l* de su heredad...desde Atarot-adar 1366
16.6 continúa el *l* hasta el mar, y...Micmetat 1366
17.8 Tapúa...que está junto al *l* de Manasés 1366
17.9 este *l* al arroyo de Caná, hacia el sur 1366
17.9 y el *l* de Manasés es desde el norte del 1366
17.10 el mar es su *l*; y se encuentra con Aser 1366
17.18 y lo poseerás hasta sus *l* más lejanos 8444
18.12 fue el *l*...al lado del norte desde el 1366
18.16 desciende este *l* al extremo del monte 1366
18.19 pasa el *l* al lado norte de Bet-hogla 1366
18.19 extremidad sur del Jordán; este es el *l* 1366
18.20 el Jordán era el *l* al lado del oriente 1379
18.20 es la heredad...por sus *l* alrededor 1367
19.11 su *l* sube hacia el occidente a Marala 1366
19.12 el *l* de Quislot-tabor, sale a Daberat 1366
19.14 *l* gira hacia Hanatón, viniendo a salir 1366
19.22 y llega este *l* hasta Tabor, Sahazima y 1366
19.29 allí este *l* tuerce hacia Ramá, y hasta 1366
19.34 el *l* hacia el occidente a Aznot-tabor 1366
22.10 *l* del Jordán...edificaron allí un altar 1552
22.11 en los *l* del Jordán, del lado de los 1552
Jue 1.36 el *l* del amorreo fue desde...Acrabim 1366
1 S 6.12 tras ellas hasta el *l* de Bet-semes 1366
1 R 4.21 señoreaba...hasta...el *l* con Egipto 1366
2 R 14.25 restauró los *l* de Israel desde la 1366
Job 13.27 trazando un *l* para las plantas de mis 2707
14.5 le pusiste *l*, de los cuales no pasará 2706
26.10 puso *l* a la superficie de las aguas 2706
38.20 que las lleves a sus *l*, y entiendas las 1366
Is 9.7 lo dilatado de su imperio...no tendrán *l* 7093
15.8 porque el llanto rodeó los *l* de Moab 1366
Ez 11.10,11 en los *l* de Israel os juzgaré 1366
29.10 desde Migdol...hasta el *l* de Etiopía 1366
45.7 la longitud...el *l* occidental hasta el *l* 1366
47.13 son los *l* en que repartiréis la tierra 1366
47.15 este será el *l* de la tierra hacia el 1366
47.16 entre el *l* de Damasco y el *l* de Hamat 1366
47.16 Hazar-haticón, que es el *l* de Haurán 1366
47.17 será el *l* del norte desde el mar hasta 1366
47.17 el *l* de Damasco al norte, y al *l* de 1366
47.18 esto mediréis de *l* hasta el mar oriental 1366
47.20 el Mar Grande será el *l* hasta enfrente 1366
48.3,4,5,6,7,8,24,25,26,27 junto al *l* de...desde el lado 1366
48.12 la porción de...junto al *l* de...levitas 1366
48.13 lado de los *l* de la de los sacerdotes 1366
48.21 de la porción hasta el *l* oriental, y al 1366
48.21 y al occidente...hasta el *l* occidental 1366
48.22 entre el *l* de Judá y el *l* de Benjamín 1366
48.28 junto al *l* de Gad, al lado meridional 1366
48.28 será el *l* desde Tamar hasta las aguas 1366
Mi 7.11 viene...aquel día se extenderán los *l* 2706
Nah 3.9 Etiopía era su fortaleza...eso sin *l* 7097
Mal 1.5 sea...engrandecido más allá de los *l* 1366
Hch 13.50 persecución...los expulsaron de sus *l* *3725*
17.26 ha prefijado...los *l* de su habitación *3734*

LIMOSNA
Mt 6.2 **cuando...des *l*, no hagas tocar trompeta** *1654*
6.3 **cuando tú des *l*, no sepa tu izquierda lo** *1654*
6.4 **para que sea tu *l* en secreto; y tu Padre** *1654*
Lc 11.41 **dad *l* de lo que tenéis, y entonces** *1654*
12.33 **vended lo que poseéis, y dad *l*; haceos** *1654*
Hch 3.2 que pidiese *l* de los que entraban en *1654*
3.3 cuando vio...les rogaba que le diesen *l* *1654*
3.10 que era el que se sentaba a pedir *l* a la *1654*
9.36 esta abundaba en buenas obras y en *l* que *1654*
10.2 que hacía muchas *l* al pueblo, y oraba *1654*
10.4 tus *l* han subido para memoria delante *1654*
10.31 y tus *l* han sido recordadas...de Dios *1654*
24.17 vine a hacer *l* a mi nación...ofrendas *1654*

LIMPIAR
Gn 35.2 *limpiaos*, y mudad vuestros vestidos 2891
Lv 14.2 ley para el leproso cuando se *limpiare* 2893
14.11 presentará...al que se ha de *limpiar*, con 2891
14.49 tomará para *limpiar* la casa...avecillas 2398
15.13 se hubiere *limpiado* de su flujo el que 2891
16.19 lo *limpiará*, y lo santificará de las 2891
2 S 4.6 portera...había estado *limpiando* trigo 3947
2 R 21.13 *limpiaré* a Jerusalén como se *limpia* 4229
2 Cr 4.6 *limpiar* en ellas lo que se ofrecía 7364
29.15 y entraron...*limpiar* la casa de Jehová 2891
29.16 entrando los...para *limpiarla*, sacaron 2891
29.18 ya hemos *limpiado*...la casa de Jehová 2891
34.3 comenzó a *limpiar* a Judá y a Jerusalén 2891
34.5 quemó...*limpió* a Judá y a Jerusalén 2891
34.8 de haber *limpiado* la tierra y la casa 2891
Neh 13.9 y dije que *limpiasen* las cámaras, e 2891
13.30 los *limpié*, pues, de todo extranjero 2891
Job 9.30 y *limpie* mis manos con la limpieza 2141
37.21 luego que pasa el viento y los *limpia* 2891
Sal 51.2 lávame más y...*límpiame* de mi pecado 5352
73.13 vano he *limpiado* mi corazón, y lavado 2135
80.9 *limpiaste* sitio delante de ella...raíces 6437
119.9 ¿con qué *limpiará* el joven su camino? 2135
Pr 20.9 decir: Yo he *limpiado* mi corazón, he 2135
30.12 bien no se ha *limpiado* de su inmundicia 7364
30.20 come, y *limpia* su boca y dice: No he 4229
Is 1.16 lavaos y *limpiaos*; quitad la iniquidad 2135
1.25 *limpiaré* hasta lo más puro tus escorias 6884
4.4 el Señor...*limpie* la sangre de Jerusalén de 1740
Jer 4.11 vino...no para aventar, ni para *limpiar* 1305
33.8 los *limpiaré* de toda su maldad con que 2891
43.12 y *limpiará*...como el pastor limpia su 5844
46.4 *limpiad* las lanzas, vestíos las corazas 4838
51.11 *limpiad*...saetas, embrazad los escudos 1305
Ez 16.4 ni fuiste lavada con...para *limpiarte* 4935
24.13 te *limpié*, y tú no te limpiaste de tu 2891
24.13 nunca más te *limpiarás*, hasta que yo 2891
36.25 seréis *limpiados* de todas...inmundicias 2889
36.25 de todos vuestros ídolos os *limpiaré* 2891
36.33 el día que os *limpie* de...iniquidades 2891
37.23 los salvaré de todas...y los *limpiaré* 2891
39.12 estará enterrando...*limpiar* la tierra 2891
39.14 enterrar...a fin de *limpiarla*, al cabo 2891
39.16 será Hamona; y *limpiarán* la tierra 2891
43.20 su sangre...lo *limpiarás* y purificarás 2398
43.26 y lo *limpiarán*, y así lo consagrarán 2891
Dn 11.35 sabios caerán para ser...y *limpiados* 1305
Jl 3.21 *limpiaré*...los que no había *limpiado* 5352
Mal 3.3 se sentará para afinar y *limpiar* la 2891
3.3 porque *limpiará* a los hijos de Leví, los 2891
Mt 3.12 *limpiará* su era; y recogerá su trigo *1245*
8.2 vino...Señor, si quieres, puedes *limpiarme* *2511*
10.8 ***limpiad* leprosos, resucitad muertos** *2511*
11.5 **los leprosos son *limpiados*, los sordos** *2511*
23.25 **porque *limpiáis* lo de fuera del vaso** *2511*
23.26 ***limpia* primero lo de dentro del vaso** *2511*
Mr 1.40 le dijo: Si quieres, puedes *limpiarme* *2511*
Lc 3.17 *limpiará* su era, y recogerá el trigo *1245*
4.27 **pero ninguno de ellos fue *limpiado*, sino** *2511*
5.12 le rogó...si quieres, puedes *limpiarme* *2511*
7.22 **los leprosos son *limpiados*, los sordos** *2511*
11.39 **los fariseos *limpiáis* lo de fuera del** *2511*
17.14 **que mientras iban, fueron *limpiados*** *2511*
17.17 **¿no son diez los que fueron *limpiados*?** *2511*
Jn 15.2 **lo *limpiará*, para que lleve más fruto** *2508*
Hch 10.15; 11.9 que Dios *limpió*, no lo llames *2511*
1 Co 5.7 *limpiaos*, pues, de la vieja levadura *1571*
2 Co 7.1 *limpiémonos* de toda contaminación de *2511*
2 Ti 2.21 si alguno se *limpia* de estas cosas *1571*
He 9.14 *limpiará* vuestras...de obras muertas *2511*
Stg 4.8 pecadores, *limpiad*...manos; y vosotros *2511*
1 Jn 1.7 la sangre...nos *limpia* de todo pecado *2511*
1.9 perdonar...y *limpiarnos* de toda maldad *2511*

LIMPIEZA
Gn 20.5 y con *l* de mis manos he hecho esto 5356
2 S 22.21,25 conforme a la *l* de mis manos 1252
Job 9.30 me...limpie mis manos con la *l* misma 2141
22.30 por la *l* de tus manos éste será librado 1252
Sal 18.20,24 conforme a la *l* de mis manos 1252
Pr 22.11 el que ama la *l* de corazón...tendrá 2890

LIMPIO, A
Gn 7.2 de todo animal *l* tomarás siete parejas 2889
7.2 de los animales que no son *l*, una pareja 2889
7.8 los animales *l*, y de los...que no eran *l* 2889
8.20 tomó de todo animal *l* y de toda ave *l* 2889
Éx 31.8 el candelero *l* y todos sus utensilios 2889
Lv 4.12 sacará fuera...a un lugar *l*, donde se 2889
6.11 sacará las cenizas fuera...a un lugar *l* 2889
7.19 toda persona *l* podrá comer la carne 2889
10.10 poder discernir...entre lo inmundo y lo *l* 2889
10.14 comeréis...en lugar *l*, tú y tus hijos 2889
11.32 inmundo hasta la...entonces quedará *l* 2891
11.36 fuente...donde se recogen aguas serán *l* 2889
11.37 cayere...sobre alguna semilla...será *l* 2889
11.47 diferencia entre lo inmundo y lo *l*, y 2889
12.7,8 hará expiación por ella, y será *l* 2891
13.6 lo declarará *l*...y lavará sus...y será *l* 2891
13.7 que él se mostró al sacerdote para ser *l* 2893
13.13 si la...declarará *l* al llagado...él es *l* 2891
13.17 declarará *l*...tenía la llaga, y será *l* 2891
13.23 cicatriz...el sacerdote lo declarará *l* 2891
13.28 el sacerdote lo declarará *l*...señal de 2891
13.34 lo declarará *l*; y lavará sus...será *l* 2891
13.37 está *l*, y *l* lo declarará el sacerdote 2889
13.39 empeine que brotó...está *l* la persona 2889
13.40 le cayere el cabello, es calvo...pero *l* 2889
13.41 cabello, es calvo por delante, pero *l* 2889
13.58 lavará segunda vez, y entonces será *l* 2891
13.59 ley...para que sea declarada *l* o inmunda 2891
14.4 avecillas vivas, *l*, madera de cedro 2889
14.7 y rociará siete veces...y le declarará *l* 2891
14.8 raerá...y se lavará con agua, y será *l* 2891

14.9 y lavará su cuerpo en agua, y será *l* 2891
14.20 así hará... expiación por él, y será *l* 2891
14.48 sacerdote declarará *l* la casa, porque 2891
14.53 hará expiación por la casa, y será *l* 2891
14.57 enseñar cuándo es inmundo, y cuándo *l* 2889
15.8 el que tiene flujo escupiere sobre el *l* 2889
15.13 y lavará su cuerpo en aguas... y será *l* 2891
15.28 contará siete días, y después será *l* 2891
16.30 y seréis *l* de todos vuestros pecados 2891
17.15 será inmunda hasta la... entonces será *l* 2891
20.25 diferencia entre animal *l* e inmundo 2889
20.25 diferencia... entre ave inmunda y *l*; y 2889
22.4 no comerá de... sagradas hasta que esté *l* 2891
22.7 sol se pusiere, será *l*; y después podrá 2891
24.4 sobre el candelero *l* pondrá siempre en 2889
24.6 seis... sobre la mesa *l* delante de Jehová 2889
Nm 5.28 sino que estuviere *l*, ella será libre 2889
9.13 el que estuviere *l*, y no estuviere de 2889
18.11,13 todo *l* en tu casa comerá de ellas 2889
19.9 y un hombre *l* recogerá las cenizas de 2889
19.9 las pondrá... en lugar *l*, y las guardará 2889
19.12 al séptimo día será *l*; y si al tercer 2891
19.12 tercer día... no será *l* al séptimo día 2891
19.18 hombre *l* tomará hisopo, y lo mojará 2889
19.19 *l* rociará sobre el inmundo al tercero 2889
19.19 se lavará con agua, y será *l* a la noche 2891
31.23 por fuego lo haréis pasar, y será *l* 2891
31.24 lavaréis vuestros vestidos... seréis *l* 2891
Dt 12.15,22 el inmundo y el *l* la podrá comer 2889
14.11,20 toda ave *l* podréis comer 2889
15.22 el inmundo lo mismo que el *l* comerán 2889
23.10 si hubiere en... alguno que no fuere *l* 2889
Jos 22.17 que no estamos aún *l* hasta este día 2891
1 S 20.26 y no está *l*; de seguro... purificado 2889
2 S 22.27 *l* te mostrarás para con el *l*, y 2889
2 R 5.10 vé y lávate siete veces... y serás *l* 2891
5.12 me lavare en ellos, ¿no seré también *l*? 2891
5.13 ¿cuánto... diciéndote: Lávate, y serás *l*? 2891
5.14 se zambulló siete veces en... y quedó *l* 2891
2 Cr 13.11 y ponen los panes sobre la mesa *l* 2889
Esd 6.20 estaban *l*, y sacrificaron la pascua 2889
Job 4.17 será el varón más *l* que el que lo hizo? 2891
8.6 si fueres *l* y recto, ciertamente luego 2134
10.14 y no me tendrás por *l* de mi iniquidad 5352
11.4 tú dices... yo soy *l* delante de tus ojos 1249
11.15 levantarás tu rostro *l* de mancha, y 4480
14.4 ¿quién hará *l* a lo inmundo? Nadie 2889
15.14 ¿qué cosa es el hombre para que sea *l* 2135
15.15 y ni aun los cielos son *l* delante de 2141
17.9 y el *l* de manos aumentará la fuerza 2891
25.4 ¿y cómo será *l* el que nace de mujer? 2135
25.5 ni las estrellas son *l* delante de sus 2141
33.9 yo soy *l* y sin defecto; soy inocente 2134
Sal 12.6 palabras de Jehová son palabras *l* 2889
18.26 *l* te mostrarás para con el *l*, y severo 1305
19.9 el temor de Jehová es *l*, que permanece 2889
19.13 entonces seré íntegro, y estaré *l* de 5352
24.4 el *l* de manos y puro de corazón; el que 5355
51.7 purifícame con hisopo, y seré *l*; lávame 2891
51.10 crea en mí, oh Dios, un corazón *l*, y 2889
73.1 es bueno Dios para... los *l* de corazón 1249
Pr 15.26 mas las expresiones de los *l* son *l* 2889
16.2 del hombre son *l* en su propia opinión 2134
20.9 podrá decir: Yo... *l* estoy de mi pecado? 2135
20.11 muchacho... su conducta fuere *l* y recta 2134
30.5 toda palabra de Dios es *l*; él es escudo 6884
30.12 hay generación *l* en su propia opinión 2889
Ec 9.2 y al impío; al bueno, al *l* y al no *l* 2889
Is 6.7 y es quitada tu culpa, y *l* tu pecado 3722
28.8 está llena de... hasta no haber lugar *l*
30.24 comerán grano *l*, aventado con pala y 2548
66.20 traen la ofrenda en utensilios *l* a la 2889
Jer 13.27 ¡ti, Jerusalén! ¿No serás al fin *l*? 2891
Ez 22.24 tú no eres tierra *l*, ni rociada con 2891
22.26 ni distinguieron entre inmundo y *l*; y 2889
36.25 esparciré sobre vosotros agua *l*, y 2889
44.23 les enseñarán... entre lo *l* y lo no *l* 2889
Dn 7.9 el pelo de su cabeza como lana *l*; su 5343
12.10 muchos serán *l*, y emblanquecidos y 1305
Am 4.6 os hice estar a diente *l* en... ciudades 5356
Hab 1.13 muy *l* eres de ojos para ver el mal 2889
Zac 3.5 pongan mitra *l*... pusieron una mitra *l* 2889
Mal 1.11 en todo lugar se ofrece... ofrenda *l* 2889
Mt 5.8 **bienaventurados... de *l* corazón, porque** *2513*
8.3 **Jesús... le tocó, diciendo: Quiero; sé *l*** *2511*
23.26 **para que también lo de fuera sea *l*** *2513*
27.59 el cuerpo, lo envolvió en una sábana *l* *2513*
Mr 1.41 **Jesús... tocó, y le dijo: Quiero, sé *l*** *2511*
1.42 así... la lepra se fue de aquél, y quedó *l* *2511*
7.19 **decía, haciendo *l* todos los alimentos** *2511*
Lc 5.13 **mano, le tocó, diciendo: Quiero; sé *l*** *2511*
11.41 **dad limosna... entonces todo os será *l*** *2513*
Jn 13.10 pues está todo *l*; y vosotros *l* estáis *2513*
13.11 sabía... por eso dijo: No estáis *l* todos *2513*
15.3 **vosotros estáis *l* por la palabra que os** *2513*
Hch 18.6 yo, *l*... ahora me iré a los gentiles *2513*
20.26 estoy *l* de la sangre de todos vosotros *2513*
Ro 14.20 todas las cosas a la verdad son *l* *2513*
2 Co 7.11 en todo os habéis mostrado *l* en el *53*
1 Ti 1.5 es el amor nacido de corazón *l*, y de *2513*
3.9 el misterio de la fe con *l* conciencia *2513*
2 Ti 1.3 a Dios, al cual sirvo... *l* conciencia *2513*
2.22 los que de corazón *l* invocan al Señor *2513*
He 10.2 *l* una vez, no tendrían ya... de pecado *2508*
2 P 3.1 despierto con... vuestro Áentendimiento *1506*
Ap 15.6 siete ángeles... vestidos de lino *l* y *2513*
19.8 concedido que se vista de lino fino, *l* *2513*
19.14 vestidos de lino... y *l*, le seguían en *2513*
21.18 era de oro puro, semejante al vidrio *l* *2513*
22.1 después me mostró un río *l* de agua de *2513*

LINAJE

Gn 17.12 comprado por... que no fuere de tu *l* 2233
36.9 estos son los *l* de Esaú, padre de Edom 8435
36.40 los jefes de Esaú por sus *l*, por sus 4940
Éx 6.16,19 estos son los... de Leví por sus *l* 8435
Nm 3.24 jefe del *l* de los gersonitas, Eliasaf 1004
3.30 el jefe del *l* de las familias de Coat 1004
3.35 el jefe... del *l* de Merari, Zuriel hijo 1004
27.11 su herencia a su... más cercano de su *l* 4940
Jue 3.2 para que el *l* de los hijos de Israel 1755
1 S 25.3 el hombre era duro... del *l* de Caleb
2 S 4.8 Jehová ha vengado... de Saúl y de su *l* 2233
7.12 levantaré después de ti a uno de tu *l* 2233
1 Cr 6.60 sus ciudades... repartidas por sus *l* 4940
6.62 a los... de Gersón, por sus *l*, dieron de 4940
6.63 y a los... de Merari, por sus *l*... dieron 4940
7.2 de Tola fueron contados por sus *l* en el 8435
7.4 con ellos en sus *l*, por las familias de 8435
7.9 contados por... sus *l*, los que eran jefes 8435
7.40 contados que fueron por sus *l* entre los 3187
8.28 fueron jefes principales de... por sus *l* 8435
9.9 sus hermanos por sus *l* fueron 956. Todos 8435
9.22 fueron contados por el orden de sus *l* en 3187
9.34 eran jefes de... de los levitas por sus *l* 8435
12.27 Joiada, príncipe de los del *l* de Aarón
26.31 repartidos en sus *l* por sus familias 8435
2 Cr 31.16 a los varones anotados por sus *l* 3187
31.19 porciones... a todo el *l* de los levitas 3187
Esd 2.59 no pudieron demostrar la casa... su *l* 2233
9.2 y el *l* santo ha sido mezclado con los 2233
Est 2.5 hijo de Simei, hijo de Cis, del *l* de
10.3 Mardoqueo... y habló paz para todo su *l* 2233
Is 53.10 verá *l*, vivirá por largos días, y la 2233
61.9; 65.23 son *l* de los benditos de Jehová 2233
Ez 43.19 levitas que son del *l* de Sadoc, que 2233
44.22 que tomará virgen del *l* de la casa de 2233
Dn 1.3 trajese... del *l* real de los príncipes 2233
Zac 12.12 la tierra lamentará, cada *l* aparte 4940
12.14 todos los otros *l*, cada uno por sí, y 4940
Jn 7.42 del *l* de David... ha de venir el Cristo? *4690*
8.33 le respondieron: *L* de Abraham somos, y *4690*
Hch 7.13 fue manifestado a Faraón el *l* de José *1085*
13.26 hijos del *l* de Abraham, y los que entre *1085*
17.26 y de una sangre ha hecho todo el *l* de *1484*
17.28 poetas... han dicho: Porque *l* suyo somos *1085*
17.29 siendo... *l* de Dios, no debemos pensar *1085*
Ro 1.3 que era del *l* de David según la carne *4690*
Gá 3.29 *l* de Abraham sois, y herederos según *4690*
Fil 3.5 *l* de Israel, de la tribu de Benjamín *1085*
2 Ti 2.8 del *l* de David, resucitado de los *4690*
1 P 2.9 mas vosotros sois *l* escogido, real *1085*
Ap 1.7 los *l* de la tierra harán lamentación *5443*
5.9 de todo *l* y lengua y pueblo y nación *5443*
22.16 **la raíz y el *l* de David, la estrella** *1085*

LINDERO

Jos 22.25 Jehová ha puesto por *l* el Jordán 1366
Job 24.2 traspasan los *l*, roban los ganados 1367
Pr 22.28 no traspases los *l* antiguos... padres 1366
23.10 no traspases el *l* antiguo, ni entres 1366
Os 5.10 fueron como los que traspasan los *l* 1366

LINDO

Gn 29.17 pero Raquel era de *l* semblante y de 3303,8389

LÍNEA

Gn 36.17 estos son los jefes de la *l* de Reuel
1 S 17.48 corrió a la *l* de batalla contra el
Esd 8.3 en la *l* de varones, ciento cincuenta 3187
Is 28.10 renglón, *l* sobre *l*, un poquito allí 6957
28.13 *l* sobre *l*, un poquito allí, otro... allá 6957

LINGOTE

Jos 7.21 vi... un *l* de oro de peso de 50 siclos 3956
7.24 tomaron a Acán... el *l* de oro, sus hijos 3956

LINO (*n.*) *Cristiano en Roma*, 2 Ti 4.21 . . . . . *3044*

LINO (*s.*)

Gn 41.42 hizo vestir de ropas de *l* finísimo 8336
Éx 9.31 el *l*... y la cebada fueron destrozados 6594
9.31 la cebada estaba ya espigada, y el *l* en 6594
25.4 azul, púrpura, carmesí, *l* fino, pelo de 8336
26.1 tabernáculo de diez cortinas de *l*, azul 8336
26.31 también harás un velo de... y *l* torcido 8336
26.36 cortina de azul... y *l* torcido, obra de 8336
27.9 tendrá el atrio cortinas de *l* torcido 8336
27.16 una cortina de... *l* torcido, de obra de 8336
27.18 cortinas de *l* torcido, y sus basas de 8336
28.5 tomarán... púrpura, carmesí y *l* torcido 8336
28.6 y harán el efod de... *l* torcido, de obra 8336
28.8 su cinto de... azul, púrpura, carmesí y *l* 8336
28.15 el pectoral del... púrpura, carmesí y *l* 8336
28.39 túnica de *l*, y harás una mitra de *l* 8336
28.42 harás calzoncillos de *l* para cubrir su 8336
35.6 azul, púrpura, carmesí, *l* fino, pelo de 8336
35.23 todo hombre que tenía... carmesí, *l* fino 8336
35.25 y traían... azul, púrpura, carmesí o *l* 8336
35.35 bordado en azul... en *l* fino y en telar 8336
36.8 tabernáculo de diez cortinas de *l*, azul 8336
36.35 el velo de azul... y *l* torcido; lo hizo 8336
36.37 la puerta... púrpura, carmesí y *l* torcido 8336
38.9,16 las cortinas del atrio... de *l* torcido 8336
38.18 entrada... púrpura, carmesí y *l* torcido 8336
38.23 recamador en azul, púrpura, carmesí y *l* 8336
39.2 el efod de oro, de azul... y *l* torcido 8336
39.3 el carmesí y el *l*, con labor primorosa 8336
39.5 el cinto... púrpura, carmesí y *l* torcido 8336
39.8 el pectoral... de oro, azul, púrpura... y *l* 8336
39.24 granadas de azul... carmesí y *l* torcido
39.27 túnicas de *l* fino de obra de tejedor 8336
39.28 la mitra de *l* fino... tiaras de *l* fino 8336
39.28 y los calzoncillos de *l*, de *l* torcido 8336,906
39.29 el cinto de *l* torcido, de azul, púrpura 8336
Lv 6.10 vestidura de *l*, y... calzoncillos de *l* 906,906
13.47 plaga de lepra, ya sea vestido de... *l* 6593
13.48 en trama de *l* o de lana, o en cuero 6593
13.52 quemado el vestido... de lana o de *l*, o 6593
13.59 de la lepra del vestido de lana o de *l* 6593
16.4 vestirá la túnica santa de *l*, y sobre 906
16.4 tendrá calzoncillos de *l*... el cinto de *l* 906
16.4 ceñirá... y con la mitra de *l* se cubrirá 906
16.23 quitará las vestiduras de *l* que había 906
16.32 y se vestirá las vestiduras de *l*, las 906
Dt 22.11 no vestirás... de lana y *l* juntamente 6593
Jos 2.6 escondido entre los manojos de *l* que 6593
Jue 14.12 yo os daré treinta vestidos de *l* y
14.13 me daréis... los treinta vestidos de *l*
15.14 cuerdas... se volvieron como *l* quemado 6593
1 S 2.18 ministraba... vestido de un efod de *l* 906
22.18 mató a... varones que vestían efod de *l* 906
2 S 6.14 y estaba David vestido... un efod de *l* 906
1 Cr 4.21 de los que trabajan *l* en Bet-asbea 948
15.27 David iba vestido de *l* fino, y... levitas 948
15.27 llevaba... David sobre sí un efod de *l* 906
2 Cr 2.14 sabe trabajar en... *l* y en carmesí 948
3.14 el velo de azul, púrpura, carmesí y *l* 948
5.12 levitas cantores... vestidos de *l* fino 948
Est 1.6 tendido sobre cuerdas de *l* y púrpura 948
8.15 con vestido... y un manto de *l* y púrpura 948
Pr 31.13 lana y *l*, y con voluntad trabaja con 6593
31.22 hace... de *l* fino y púrpura es su vestido 8336
Is 3.23 los espejos, el *l* fino, las gasas y 5466
19.9 los que labran *l* fino y los que tejen 6593
Jer 13.1 vé y cómprate un cinto de *l*, y cíñelo 6593
Ez 9.2 entre ellos había un varón vestido de *l* 906
9.3 llamó Jehová al varón vestido de *l*, que 906
9.11 que el varón vestido de *l*, que tenía el 906
10.2 habló al varón vestido de *l*, y le dijo 906
10.6 mandar al varón vestido de *l*, diciendo 906
10.7 las manos del que estaba vestido de *l* 906
16.10 te vestí... ceñí de *l* y te cubrí de seda 8336
16.13 y tu vestido era de *l*... seda y bordado 8336
27.7 de *l* fino... era tu cortina, para que te 8336
27.16 con... *l* finos, corales y rubíes venía a 948
40.3 tenía un cordel de *l* en su mano, y una 6593
44.17 entren por... vestirán vestiduras de *l* 6593
44.18 turbantes de *l*... y calzoncillos de *l* 6593
Dn 10.5 un varón vestido de *l*, y ceñidos sus 906
12.6 y dijo uno al varón vestido de *l*, que 906
12.7 y oí al varón vestido de *l*, que estaba 906
Os 2.5 amantes, que me dan... mi *l*, mi aceite 6593
2.9 quitaré... mi *l* que había dado para cubrir 6593
Lc 16.19 **se vestía de púrpura y de *l* fino, y** *1040*
Ap 15.6 siete ángeles... vestidos de *l* limpio *3043*
18.12 mercadería de... *l* fino, de púrpura, de *1040*
18.16 ciudad, que estaba vestida de *l* fino *1039*
19.8 le ha concedido que se vista de *l* fino *1039*
19.8 el *l* fino es las acciones justas de los *1039*
19.14 vestidos de *l* finísimos... le seguían en *1039*

LINTERNA

Sof 1.12 yo escudriñaré a Jerusalén con *l*, y 5216
Jn 18.3 fue... con *l* y antorchas, y con armas *5322*

LIRIO

1 R 7.19 los capiteles... tenían forma de *l*, y 7799
7.22 tallado en forma de *l*, y así se acabó 7799
Sal 45,60,69,80 títs. al músico principal; sobre *L* 7799
Cnt 2.1 soy la rosa de... y el *l* de los valles 7799
2.2 como el *l* entre los espinos, así es mi 7799
2.16 mi amado es mío... él apacienta entre *l* 7799
4.5 como... de gacela, que se apacientan entre *l* 7799
5.13 sus labios, como *l* que destilan mirra 7799
6.2 mi amado descendió... para recoger los *l* 7799
6.3 amado es mío; él apacienta entre los *l* 7799
7.2 tu vientre como montón de... cercado de *l* 7799
Os 14.5 él florecerá como *l*, y extenderá sus 7799
Mt 6.28 **considerad... *l* del campo, cómo crecen** *2918*
Lc 12.27 **considerad los *l*, cómo crecen; no** *2918*

LIS

1 R 7.26 borde era labrado como... flor de *l* 7799
2 Cr 4.5 el borde tenía la forma... flor de *l* 7799

LISA

1 S 17.40 escogió cinco piedras *l* del arroyo 2512
Is 57.6 las piedras *l* del valle está tu parte 2511
Ez 26.4 barreré... y la dejaré como una peña *l* 6706
26.14 te pondré como una peña *l*; tendedero 6706

LISANIAS *Tetrarca de Abilinia*, Lc 3.1 . . . . . *3078*

LISIADO

2 S 4.4 Jonatán... tenía un hijo *l* de los pies 5223
9.3 aún... un hijo de Jonatán, *l* de los pies 5223
9.13 Mefi-boset... y estaba *l* de ambos pies 6455

LISIAS *Tribuno romano*

Hch 23.26 Claudio *L* al excelentísimo... Félix *3079*
24.7 interviniendo el tribuno *L*... le quitó *3079*
24.22 descendiere el tribuno *L*, acabaré de *3079*

LISONJA

Job 32.22 no sé hablar *l*; de otra manera, en 3655
41.3 ¿multiplicará él ruegos... hablará él *l*? 7390
Sal 5.9 su garganta, con su lengua hablan *l* 2505
Jer 23.32 hacen errar a mi pueblo... con sus *l* 6350
Dn 11.32 con *l* seducirá a los violadores del 2514

L

11.34 y muchos se juntarán a ellos con *l* ... 2519
Ro 16.18 con... *l* engañan los corazones de los ... *2129*

LISONJEAR
Sal 36.2 se *lisonjea*... en sus propios ojos, de ... 2505
78.36 le *lisonjeaban* con su boca, y con su ... 6601
Pr 16.29 el hombre malo *lisonjea* a su prójimo ... 6601
24.28 no seas... no *lisonjees* con tus labios ... 6601
28.23 mayor gracia que el que *lisonjea* con ... 2505
29.5 hombre que *lisonjea* a su prójimo, red ... 2505

LISONJERO, A
Job 32.21 no... ni usaré con nadie de títulos *l* ... 3655
Sal 12.2 hablan con labios *l*, y con doblez de ... 2513
12.3 Jehová destruirá todos los labios *l*, y ... 2513
35.16 como *l*, escarnecedores y truhanes ... 2611
Pr 26.23 son los labios *l* y el corazón malo ... 1814
26.28 la lengua... y la boca *l* hace resbalar ... 2509
Ez 12.24 ni habrá adivinación de *l* en medio ... 2509
1 Ts 2.5 porque nunca usamos de palabras *l* ... *2850*

LISTA (*s.*)
1 Cr 12.31 fueron tomados por *l* para venir a ... 8034
2 Cr 25.5 puso en *l* a... los de 20 años arriba ... 6485
26.11 la *l* hecha por mano de Jeiel escriba ... 6486
Is 33.18 ¿qué del que pone en *l* las casas más ... 5608
1 Ti 5.9 sea puesta en la *l* solo la viuda no ... *2639*

LISTADO
Gn 30.39 varas; y parían borregos *l*, pintados ... 6124
30.40 y ponía con su propio rebaño los *l* y ... 6124
31.8 si decía así: Los *l*... las ovejas parían *l* ... 6124
31.10,12 los machos que... a las hembras eran *l* ... 6124

LISTO, A (*adj.*)
Jos 4.13 armados, *l* para la guerra, pasaron ... 2502
2 S 15.15 tus siervos están *l* a todo lo que
1 Cr 12.23 principales que estaban *l* para la ... 2502
12.24 de Judá que... 6.800, *l* para la guerra ... 2502
Est 3.14 de que estuviesen *l* para aquel día ... 6264
Mr 3.9 que le tuviesen siempre *l* la barca, a ... *4342*
Hch 23.15 estaremos *l* para matarle antes que ... *2092*
23.21 y ahora están *l* esperando tu promesa ... *2092*
2 Co 9.5 para que esté *l* como de generosidad ... *2092*

LISTRA *Ciudad en Licaonia*
Hch 14.6 habiéndolo sabido, huyeron a *L* y ... *3082*
14.8 y cierto hombre de *L* estaba sentado ... *3082*
14.21 después... volvieron a *L*, a Iconio y a ... *3082*
16.1 después llegó a Derbe y a *L*; y he aquí ... *3082*
16.2 daban buen testimonio de él los... en *L* ... *3082*
2 Ti 3.11 como los que me sobrevinieron en... L ... *3082*

LITERA
Cnt 3.7 es la *l* de Salomón; sesenta valientes ... 4296
Is 66.20 traerán... *l*, en mulos y en camellos ... 6632

LITIGANTE
Dt 19.17 los dos *l* se presentarán delante de ... 582

LITIGAR
Is 3.13 Jehová está en pie para *litigar*, y ... 7378
Ez 20.35 y allí *litigaré* con vosotros cara a ... 8199
20.36 como litigué con... *litigaré* con vosotros ... 8199
38.22 yo *litigaré* contra él con pestilencia ... 8199

LITIGIO
Éx 23.2 ni responderás en *l* inclinándote a los ... 7379
Dt 17.8 te fuere difícil... en negocios de *l* ... 4941

LIVIANAMENTE
Is 9.1 en el tiempo que *l* tocaron... a la tierra ... 7043

LIVIANDAD
Jer 6.14 y curan la herida de mi pueblo con *l* ... 7043
8.11 y curaron la... con *l*, diciendo: Paz, paz ... 7043

LIVIANO, A
Nm 21.5 alma tiene fastidio de este pan tan *l* ... 7052
Jer 3.9 y sucedió que por juzgar ella cosa *l* ... 6963
Ez 8.17 ¿es cosa *l* para la casa de Judá hacer ... 7043
Sof 3.4 sus profetas son *l*... prevaricadores ... 6348

LLAGA
Lv 13.2 tuviere en... *ll* de lepra, será traído ... 5061
13.3 mirará la *ll*... y si el pelo en la *ll* se ... 5061
13.3 pareciere la *ll* más profunda que la piel ... 5061
13.3 más profunda que la piel... *ll* de lepra es ... 5061
13.5 si la *ll* conserva el mismo aspecto, no ... 5061
13.6 si parece haberse oscurecido la *ll*, y que ... 5061
13.9 cuando hubiere *ll* de lepra en el hombre ... 5061
13.17 si la *ll* se hubiere vuelto blanca, el ... 5061
13.17 declarará limpio al que tenía la *ll* ... 5061
13.20 inmundo; es *ll* de lepra que se originó ... 5061
13.22 sacerdote lo declarará inmundo; es *ll* ... 5061
13.25 declarará inmundo, por ser *ll* de lepra ... 5061
13.27 lo declarará inmundo; es *ll* de lepra ... 5061
13.29 saliere *ll* en la cabeza, o en la barba ... 5061
13.30 sacerdote mirará la *ll*; y si pareciere ... 5061
13.31 el sacerdote hubiere mirado la *ll* de la ... 5061
13.32 el sacerdote mirará la *ll*; y si la tiña ... 5061
13.42 la antecalva hubiere *ll* blanca rojiza ... 5061
13.43 y si pareciere la hinchazón de la *ll* ... 5061
13.44 leproso es... en su cabeza tiene la *ll* ... 5061
13.45 el leproso en quien hubiere *ll* llevará ... 5061
13.46 todo el tiempo que la *ll* estuviere en ... 5061
2 R 20.7 higos... pusieron sobre la *ll*, y sanó ... 7822
2 Cr 6.29 que conociere su *ll* y su dolor en ... 5061
Job 5.18 es quien hace la *ll*, y él la vendará ... 3510
23.2 hoy... es más grave mi *ll* que mi gemido ... 3027
Sal 38.5 hieden y supuran mis *ll*, a causa de ... 2250
Is 1.6 no... sino herida, hinchazón y podrida *ll* ... 4347
14.6 hería a los pueblos... con *ll* permanente ... 4347
30.26 vendare... y curare la *ll* que él causó ... 4347
38.21 de higos, y póngala en la *ll*, y sanará ... 7822
53.5 él, y por su *ll* fuimos nosotros curados ... 2250
Jer 10.19 ¡ay de mí... mi *ll* es muy dolorosa ... 4347
30.12 así... Incurable es tu... y dolorosa tu *ll* ... 4347
Os 5.13 y verá Efraín su... y Judá su *ll*; irá ... 4205
5.13 rey Jareb; mas él no... os curará la *ll* ... 4205
Mi 1.9 su *ll* es dolorosa, y llegó hasta Judá ... 4347
Lc 16.20 **echado a la puerta de... lleno de *ll*** ... *1669*
16.21 **los perros venían y le lamían las *ll*** ... *1668*

LLAGAR
Lv 13.4 encerrará al *llagado* por siete días ... 5061
13.12 que cubriere toda la piel del *llagado* ... 5061
13.13 declarará limpio al *llagado*; toda ella ... 5061
13.31 encerrará... días al *llagado* de la tiña ... 5061
Sal 69.26 cuentan del dolor... que tú *llagaste* ... 2491

LLAMA
Éx 3.2 el Ángel de Jehová en una *ll* de fuego ... 3827
Nm 21.28 fuego salió... *ll* de la ciudad de Sehón ... 3852
Jue 13.20 cuando la *ll* subía del altar hacia ... 3851
13.20 el ángel de Jehová subió en la *ll* del ... 3851
Job 15.30 *ll* secará sus ramas, y con el aliento ... 7957
41.21 aliento enciende... y de su boca sale *ll* ... 3851
Sal 29.7 voz de Jehová que derrama *ll* de fuego ... 3852
57.4 entre hijos de hombres que vomitan *ll* ... 3857
58.9 antes que vuestras ollas sientan la *ll*
83.14 como fuego que... *ll* que abrasa el bosque ... 3852
105.32 les dio... y *ll* de fuego en su tierra ... 3852
106.18 se encendió... la *ll* quemó a los impíos ... 3852
Pr 16.27 y en sus labios hay como *ll* de fuego ... 6867
26.18 el que enloquece, y echa *ll* y saetas ... 2131
29.8 escarnecedores ponen la ciudad en *ll* ... 6315
Cnt 8.6 sus brasas, brasas de fuego, fuerte *ll* ... 7957
Is 4.5 noche resplandor de fuego que eche *ll* ... 3852
5.24 como... y la *ll* devora la paja, así será ... 3852
10.17 será por fuego, y su Santo por *ll*, que ... 3852
13.8 se asombrará... al mirar... rostros de *ll* ... 3851
29.6 visitada con truenos, con... *ll* de fuego ... 3851
30.27 su rostro... con *ll* de fuego devorador ... 4858
30.30 con furor de... y *ll* de fuego consumidor ... 3851
33.14 ¿quién de nosotros habitará con las *ll* ... 4168
43.2 no te quemarás, ni la *ll* arderá en ti ... 3852
47.14 no salvarán... vidas del poder de la *ll* ... 3852
66.15 furor, y su reprensión con *ll* de fuego ... 3851
Jer 48.45 salió fuego de Hesbón, y *ll* de en ... 3852
Lm 2.3 se encendió en Jacob como *ll* de fuego ... 3852
Ez 20.47 seco; no se apagará la *ll* del fuego ... 3852
Dn 3.22 *ll*... mató a aquellos que habían alzado ... 7631
7.9 su trono *ll* de fuego, y las ruedas del ... 7631
Os 7.6 a la mañana está encendido como *ll* de ... 3852
Jl 1.19 *ll* abrasó todos los árboles del campo ... 3852
2.3 tras de él abrasará *ll*; como el huerto ... 3852
2.5 como sonido de *ll*... que consume hojarascas ... 3851
Abd 18 la casa de José será *ll*, y la casa de ... 3852
Lc 16.24 **porque estoy atormentado en esta *ll*** ... *5395*
Hch 7.30 un ángel se le apareció... *ll* de fuego ... *5395*
2 Ts 1.8 en *ll* de fuego, para dar retribución ... *5395*
He 1.7 que hace... a sus ministros *ll* de fuego ... *5395*
Ap 1.14 como nieve; sus ojos como *ll* de fuego ... *5395*
2.18 **el que tiene ojos como *ll* de fuego, y** ... *5395*
19.12 sus ojos eran como *ll* de fuego, y había ... *5395*

LLAMADO *Vease Llamar*

LLAMAMIENTO
Ro 11.29 irrevocables son los... el *ll* de Dios ... *2821*
Fil 3.14 al premio del supremo *ll* de Dios en ... *2821*
2 Ts 1.11 Dios os tenga por dignos de su *ll* ... *2821*
2 Ti 1.9 y llamó con *ll* santo, no conforme a ... *2821*
He 3.1 participantes... *ll* santo, considerad al ... *2821*

LLAMAR
Gn 1.5 *llamó* Dios a la luz Día, y... *ll* Noche ... 7121
1.8 *llamó* Dios a la expansión Cielos. Y fue ... 7121
1.10 *llamó* Dios... Tierra... las aguas *ll* Mares ... 7121
2.19 que viese cómo las había de *llamar*; y ... 7121
2.19 todo lo que Adán *llamó* a los animales ... 7121
2.23 será *llamada* Varona, porque del varón ... 7121
3.9 Dios *llamó* al hombre y le dijo: ¿Dónde ... 7121
3.20 *llamó* Adán... su mujer, Eva, por cuanto ... 7121
4.17 y *llamó* el nombre de la ciudad... Enoc ... 7121
4.25 dio a luz... hijo, y *llamó* su nombre Set ... 7121
4.26 le nació un hijo, y *llamó* su nombre Enós ... 7121
5.2 los bendijo, y *llamó* el nombre de ellos ... 7121
5.3 engendró un hijo... y *llamó* su nombre Set ... 7121
5.29 y *llamó* su nombre Noé, diciendo: Este ... 7121
11.9 por esto fue *llamado* el nombre de... Babel ... 7121
12.18 Faraón *llamó* a Abram, y le dijo: ¿Qué ... 7121
16.1 tenía una sierva... que se *llamaba* Agar ... 8034
16.11 un hijo, y *llamarás* su nombre Ismael ... 7121
16.13 *llamó* el nombre de Jehová que con ella ... 7121
16.14 *llamó* al pozo: Pozo del Viviente que ... 7121
16.15 *llamó* Abram el nombre del hijo que le ... 7121
17.5 no se *llamará* más tu nombre Abram, sino ... 7121
17.15 a Sarai tu mujer no la *llamarás* Sarai ... 7121
17.19 dará a luz... y *llamarás* su nombre Isaac ... 7121
19.5 y *llamaron* a Lot, y le dijeron: ¿Dónde ... 7121
19.22 por eso fue *llamado*... la ciudad, Zoar ... 7121
19.37 *llamó* su nombre Moab, el cual es padre ... 7121
19.38 y *llamó* su nombre Ben-ammi, el cual es ... 7121
20.8 Abimelec... *llamó* a todos sus siervos, y ... 7121
20.9 *llamó* Abimelec a Abraham, y le dijo ... 7121
21.3 *llamó* Abraham el nombre de su hijo que ... 7121
21.12 en Isaac te será *llamada* descendencia ... 7121
21.17 y el ángel de Dios *llamó* a Agar desde ... 7121
21.31 por esto *llamó* a aquel lugar Beerseba ... 7121
22.14 *llamó* Abraham... lugar, Jehová proveerá ... 7121
22.15 y *llamó* el ángel de Jehová a Abraham ... 7121
22.24 y su concubina, que se *llamaba* Reúma ... 8034
24.29 tenía un hermano que se *llamaba* Labán ... 8034
24.57 respondieron... *Llamemos* a la doncella ... 7121
24.58 *llamaron* a Rebeca, y le dijeron: ¿Irás ... 7121
25.25 todo velludo... *llamaron* su nombre Esaú ... 7121
25.26 salió... y fue *llamado* su nombre Jacob ... 7121
25.30 por tanto fue *llamado* su nombre Edom ... 7121
26.9 *llamó* Abimelec a Isaac, y dijo: He aquí ... 7121
26.18 los *llamó*... su padre los había llamado ... 7121
26.20 por eso *llamó* el nombre del pozo Esek ... 7121
26.21 otro pozo, y... y *llamó* su nombre Sitna ... 7121
26.22 otro pozo... y *llamó* su nombre Rehobot ... 7121
26.33 *llamó* Seba; por esta causa el nombre ... 7121
27.1 *llamó* a Esaú su hijo mayor, y le dijo ... 7121
27.36 bien *llamaron* su nombre Jacob, pues ya ... 7121
27.42 envió y *llamó* a Jacob su hijo menor, y ... 7121
28.1 Isaac *llamó* a Jacob, y lo bendijo, y le ... 7121
28.19 *llamó* el nombre de aquel lugar Bet-el ... 7121
29.32 y *llamó* su nombre Rubén, porque dijo ... 7121
29.33 me ha dado... y *llamó* su nombre Simeón ... 7121
29.34 hijos; por tanto, *llamó* su nombre Leví ... 7121
29.35 alabaré... por esto *llamó* su nombre Judá ... 7121
30.6 me juzgó Dios, y... *llamó* su nombre Dan ... 7121
30.8 dijo Raquel... y *llamó* su nombre Neftalí ... 7121
30.11 dijo Lea: Vino... y *llamó* su nombre Gad ... 7121
30.13 dirán dichosa; y *llamó* su nombre Aser ... 7121
30.18 Lea... por eso *llamó* su nombre Isacar ... 7121
30.20 le he dado... y *llamó* su nombre Zabulón ... 7121
30.21 dio a luz una... *llamó* su nombre Dina ... 7121
30.24 *llamó* su nombre José, diciendo... hijo ... 7121
31.4 envió... Jacob, y *llamó* a Raquel y a Lea ... 7121
31.47 y lo *llamó* Labán... lo *ll* Jacob, Galaad ... 7121
31.48 por eso fue *llamado* su nombre Galaad ... 7121
31.54 y *llamó* a sus hermanos a comer pan ... 7121
32.2 Jacob... *llamó* el nombre de aquel lugar ... 7121
32.30 *llamó* Jacob el nombre de aquel lugar ... 7121
33.17 *llamó* el nombre de aquel lugar Sucot ... 7121
33.20 un altar, y lo *llamó* El-Elohe-Israel ... 7121
35.7 *llamó* al lugar El-bet-el, porque allí le ... 7121
35.8 encina, la cual fue *llamada* Alón-bacut ... 7121
35.10 no se *llamará* más tu... y *llamó*... Israel ... 7121
35.15 *llamó* Jacob el nombre de aquel lugar ... 7121
3 5.18 *llamó*... Benoni... su padre lo *ll* Benjamín ... 7121
38.1 un varón adulamita que se *llamaba* Hira ... 8034
38.2 hombre cananeo, el cual se *llamaba* Súa ... 8034
38.3 dio a luz un hijo, y *llamó* su nombre Er ... 7121
38.4 a luz un hijo, y *llamó* su nombre Onán ... 7121
38.5 a luz un hijo, y *llamó* su nombre Sela ... 7121
38.6 tomó mujer para... Er... se *llamaba* Tamar ... 8034
38.29 y ella dijo... y *llamó* su nombre Fares ... 7121
38.30 después salió... y *llamó* su nombre Zara ... 7121
39.14 *llamó* a los de casa, y les habló ... 7121
41.8 e hizo *llamar* a... los magos de Egipto ... 7121
41.14 entonces Faraón envió y *llamó* a José ... 7121
41.45 *llamó* Faraón el nombre... Zafnat-panea ... 7121
41.51 *llamó* José el nombre del primogénito ... 7121
41.52 *llamó* el nombre del *segundo*, Efraín ... 7121
46.33 cuando Faraón os llamare y dijere: ¿Cuál ... 7121
47.29 y *llamó* a José su hijo, y le dijo: Si ... 7121
48.6 por el nombre de sus... serán *llamados* en ... 7121
49.1 y *llamó* Jacob a sus hijos, y... Juntaos ... 7121
50.11 fue *llamado* su nombre Abel-mizraim, que ... 7121
Éx 1.15 una de las cuales se *llamaba* Sifra ... 8034
1.18 el rey de... hizo *llamar* a las parteras ... 7121
2.7 dijo... ¿Iré a *llamarte* una nodriza de las ... 7121
2.8 fue la doncella, y *llamó* a la madre del ... 7121
2.20 ¿dónde está?... *Llamadle* para que coma ... 7121
3.4 lo *llamó* Dios de en medio de la zarza ... 7121
7.11 *llamó*... Faraón sabios y hechiceros, e ... 7121
8.8,25 Faraón *llamó* a Moisés y a Aarón, y ... 7121
9.27 entonces Faraón envió a *llamar* a Moisés ... 7121
10.8 volvieron a ser *llamados* ante Faraón, el ... 7725
10.16 apresuró a *llamar* a Moisés y a Aarón ... 7121
10.24 Faraón hizo *llamar* a Moisés, y dijo: Id ... 7121
12.31 e hizo *llamar* a Moisés y a Aarón de ... 7121
16.31 lo *llamó* Maná; y era como semilla de ... 7121
17.7 *llamó*... de aquel lugar Masah y Meriba ... 7121
17.15 altar, y *llamó* su nombre Jehová-nisi ... 7121
18.3 sus dos hijos; el uno se *llamaba* Gersón ... 8034
18.4 el otro se *llamaba* Eliezer, porque dijo ... 8034
19.3 Moisés... Jehová lo *llamó* desde el monte ... 7121
19.7 vino Moisés, y *llamó* a los ancianos del ... 7121
19.20 *llamó* Jehová a Moisés a la cumbre del ... 7121
24.16 séptimo día *llamó* a Moisés de... la nube ... 7121
31.2 he *llamado* por nombre a Bezaleel hijo ... 7121
33.7 y lo *llamó* el Tabernáculo de Reunión ... 7121
34.31 Moisés los *llamó*; y Aarón y todos los ... 7121
36.2 Moisés *llamó* a Bezaleel y a Aholiab y ... 7121
Lv 1.1 *llamó* Jehová a Moisés, y habló con él ... 7121
5.1 si alguno pecare por haber sido *llamado*
9.1 Moisés *llamó* a Aarón y a sus hijos, y a ... 7121
10.4 y *llamó* Moisés a Misael y a Elzafán ... 7121
24.11 su madre se *llamaba* Selomit, hija de ... 8034
Nm 11.3 y *llamó* a aquel lugar Tabera, porque ... 7121
11.26 dos varones, *llamados* el uno Eldad y ... 8034
11.34 y *llamó*... de aquel lugar Kibrot-hataava ... 7121
12.5 y *llamó* a Aarón y a María; y salieron ... 7121
13.24 se *llamó* aquel lugar el Valle de Escol ... 7121
16.12 envió Moisés a *llamar* a Datán y Abiram ... 7121
21.3 y *llamó* el nombre de aquel lugar Horma ... 7121
22.5 envió mensajeros a Balaam... lo *llamasen* ... 7121
22.20 si vinieron para *llamarte* estos hombres ... 7121
22.37 Balac dijo... ¿No envié yo a *llamarte*? ... 7121
24.10 para maldecir... enemigos te he *llamado* ... 7121
26.59 la mujer de Amram se *llamó* Jocabed ... 8034
32.42 tomó Kenat y sus aldeas, y lo llamó ... 7121
Dt 2.11 Anac: y los moabitas los *llaman* emitas ... 7121
2.20 cuales los amonitas *llamaban* zomzomeos ... 7121
3.9 los sidonios *llaman* a Hermón, Sirión ... 7121
3.13 Argob, que se *llamaba* la tierra de los ... 7121

3.14 la *llamó*... Basán-havot-jair, hasta hoy 7121
5.1 *llamó* Moisés a todo Israel y les dijo 7121
29.2 Moisés... *llamó* a todo Israel, y les dijo 7121
30.19 a los cielos y a... *llamo* por testigos 5749
31.7 y *llamó* Moisés a Josué, y le dijo en 7121
31.14 de tu muerte; *llama* a Josué, y esperad 7121
31.28 y *llamaré* por testigos contra ellos a 7121
33.19 *llamarán* a los pueblos a su monte; allí 7121
Jos 2.1 en casa de una ramera... *llamaba* Rahab 8034
4.4 entonces Josué *llamó* a los doce hombres 7121
5.9 el nombre... fue *llamado* Gilgal, hasta hoy 7121
6.6 *llamando*, pues, Josué... a los sacerdotes 7121
7.26 aquel lugar se *llama* el Valle de Acor 7121
9.22 y *llamándolos* Josué, les habló diciendo 7121
10.24 *llamó*... a todos los varones de Israel 7121
19.47 *llamaron* a Lesem, Dan, del nombre de 7121
22.1 Josué *llamó* a los rubenitas, a... gaditas 7121
23.2 *llamó* a todo Israel, a sus ancianos, sus 7121
24.1 y *llamó* a los ancianos de Israel, sus 7121
24.9 y envió a *llamar* a Balaam hijo de Beor 7121
Jue 1.10 cual se *llamaba* antes Quiriat-arba 8034
1.11 Debir... antes se *llamaba* Quiriat-sefer 8034
1.23 Bet-el, ciudad que antes se *llamaba* Luz 8034
1.26 edificó una ciudad a la cual *llamó* Luz 7121
2.5 *llamaron* el nombre de aquel lugar Boquim 7121
4.2 capitán de su ejército se *llamaba* Sísara
4.6 envió a *llamar* a Barac hijo de Abinoam 7121
6.24 edificó... altar... y lo *llamó* Jehová-salom 7121
6.32 aquel día Gedeón fue *llamado* Jerobaal 7121
8.1 no *llamándonos* cuando ibas a la guerra 7121
9.54 *llamó*... a su escudero, y le dijo: Saca 7121
10.4 ciudades... se *llaman* las ciudades de Jair 7121
12.1 fuiste a hacer guerra... no nos *llamaste* 7121
12.2 y os *llamé*, y no me defendisteis de su 2199
13.2 un hombre de... el cual se *llamaba* Manoa 8034
14.15 habéis *llamado* aquí para despojarnos? 7121
15.17 arrojó... *llamó* a aquel lugar Ramat-lehi 7121
15.19 *llamó* el nombre de... lugar, En-hacore 7121
16.4 una mujer en... la cual se *llamaba* Dalila 8034
16.18 envió a *llamar* a los príncipes de los 7121
16.19 *llamó* a un hombre, quien le rapó las 7121
16.25 *llamad* a Sansón... y *llamaron* a Sansón ... 7121,7121
17.1 hubo un hombre... que se *llamaba* Micaía 8034
18.12 *llamaron*... lugar el campamento de Dan 7121
18.29 *llamaron* el nombre de aquella ciudad 7121
18.29 que antes se *llamaba* la ciudad Lais 8034
21.13 envió luego a... y los *llamaron* en paz 7121
Rt 1.20 no me *llaméis* Noemí, sino *llamadme* 7121
1.21 ¿por qué me *llamaréis* Noemí, ya que 7121
2.1 pariente... rico... el cual se *llamaba* Booz 8034
4.17 nacido un hijo de Noemí... *llamaron* Obed 7121
1 S 1.1 hubo un varón... que se *llamaba* Elcana 8034
3.4 Jehová *llamó* a Samuel; y él respondió 7121
3.5 ¿para qué me *llamaste*?... Yo no he *llamado* 7121
3.6 Jehová volvió a *llamar* otra vez a Samuel 7121
3.6 ¿para qué me has *llamado*?... yo no he *ll* 7121
3.8 Jehová... *llamó* la tercera vez a Samuel 7121
3.8 dijo: Heme aquí; ¿para qué me has *llamado* 7121
3.8 entendió Elí que Jehová *llamaba* al joven 7121
3.9 y si te *llamare*, dirás: Habla, Jehová 7121
3.10 vino Jehová... *llamó* como las otras veces 7121
3.16 *llamando*, pues, Elí a Samuel, le dijo 7121
4.21 *llamó* al niño Icabod... ¡Traspasada es la 7121
6.2 los filisteos, *llamando* a los sacerdotes 7121
9.1 había un varón de... el cual se *llamaba* Cis 8034
9.2 y tenía él un hijo que se *llamaba* Saúl 8034
9.9 se *llama* profeta... se le *llamaba* vidente 7121
9.26 Samuel *llamó* a Saúl... y dijo: Levántate 7121
14.4 el uno se *llamaba* Boses, y el otro Sene 8034
16.3 y *llama* a Isaí al sacrificio, y yo te 7121
16.5 y santificando... los *llamó* al sacrificio 7121
16.8 *llamó* Isaí, a Abinadab, y lo hizo pasar 7121
17.4 un paladín, el cual se *llamaba* Goliat 8034
17.23 se *llamaba* Goliat, el filisteo de Gat 8034
19.7 y *llamó* Jonatán a David, y le declaró 7121
22.20 pero uno... se *llamaba* Abiatar, escapó 8034
25.3 aquel varón se *llamaba* Nabal, y su mujer 8034
25.25 se *llama* Nabal, y la insensatez está 8034
28.15 te he *llamado*, para que me declares lo 7121
29.6 y Aquis *llamó* a David y le dijo: Vive 7121
2 S 1.7 me vio y me *llamó*; y yo dije: Heme aquí 7121
1.15 *llamó* David a uno de sus hombres, y le 7121
2.16 fue *llamado*... lugar Helcat-hazurim, el 7121
3.7 concubina que se *llamaba* Rizpa, hija de 8034
5.20 *llamó* el nombre de... lugar Baal-perazim 7121
6.8 fue *llamado* aquel lugar Pérez-uza hasta 7121
9.2 un siervo... de Saúl que se *llamaba* Siba 8034
9.2 cual *llamaron* para que viniese a David 7121
9.9 entonces el rey *llamó* a Siba... y le dijo 7121
9.12 un hijo pequeño que se *llamaba* Micaía 8034
12.24 *llamó* su nombre Salomón, al cual amó 7121
12.25 *llamó* su nombre Jedidías, a causa de 7121
12.28 tome yo la... y sea *llamada* de mi nombre 7121
13.1 hermana hermosa que se *llamaba* Tamar 8034
13.3 tenía un amigo que se *llamaba* Jonadab 8034
13.17 *llamando* a su criado... le dijo: Échame 7121
14.27 una hija que se *llamó* Tamar, la cual 8034
14.33 *llamó* a Absalón, el cual vino al rey 7121
15.2 Absalón le *llamaba* y le decía: ¿De qué 7121
15.12 *llamó* a Ahitofel... consejero de David 7971
16.5 salía uno de... el cual se *llamaba* Simei 8034
17.5 *llamad* también ahora a Husai arquita 7121
17.25 era hijo de un varón de... *llamado* Itra 8034
18.18 y *llamó* aquella columna por su nombre 7121
18.18 y así se ha *llamado* Columna de Absalón 7121
20.1 un hombre... que se *llamaba* Seba hijo de 8034
20.21 un hombre... de Efraín que se *llama* Seba 8034

21.2 rey *llamó* a los gabaonitas, y les habló 7121
1 R 1.28 y dijo: *llamadme* a Betsabé. Y ella 7121
1.32 dijo: *llamadme* al sacerdote Sadoc, al 7121
7.21 columna del lado... *llamó* su nombre Boaz 7121
11.26 Jeroboam... cuya madre se *llamaba* Zerúa ... 8034
12.3 enviaron a *llamarle*. Vino... Jeroboam, y 7121
12.20 enviaron a *llamarle* a la congregación 7121
13.2 nacerá un hijo *llamado* Josías, el cual 8034
16.24 *llamó*... la ciudad que edificó, Samaria 7121
17.10 una mujer viuda... él la *llamó*, y le dijo 7121
17.11 la volvió a *llamar*, y le dijo: Te ruego 7121
18.3 y Acab *llamó* a Abdías su mayordomo 7121
20.7 rey... *llamó* a todos los ancianos del país 7121
22.9 el rey de... *llamó* a un oficial, y le dijo 7121
22.13 que había ido a *llamar* a Micaías, le 7121
2 R 3.10 ha *llamado* Jehová a estos tres reyes 7121
4.12 dijo a Giezi su... *llama* a esta sunamita 7121
4.12 cuando la *llamó*, vino ella delante de 7121
4.15 *llámala*. Y él la llamó, y ella se paró 7121
4.22 *llamando* luego a su marido, le dijo: Te 7121
4.36 *llamó* él a Giezi, y le dijo: llama a esta 7121
4.36 él la *llamó*. Y entrando ella, él le dijo 7121
6.11 y *llamando* a sus siervos, les dijo: ¿No 7121
8.1 porque Jehová ha *llamado* el hambre, la 7121
9.1 *llamó* a uno de los hijos de los profetas 7121
10.19 *llamadme*... a todos los profetas de Baal 7121
12.7 *llamó*... Joás al sumo sacerdote Joiada y 7121
14.7 tomó a Sela... la *llamó* Jocteel, hasta hoy 7121
18.4 la serpiente de bronce... *llamó* Nehustán 7121
18.18 *llamaron*... salió a ellos Eliaquim hijo 7121
1 Cr 2.26 tuvo Jerameel otra... *llamada* Atara 8034
2.34 Sesán un siervo egipcio *llamado* Jarha 8034
4.9 al cual su madre *llamó* Jabes, diciendo 7121
7.16 dio a luz un hijo, y lo *llamó* Peres 7121
8.29 Abigabaón, la mujer del cual se *llamó* 8034
11.7 por esto la *llamaron* la Ciudad de David 7121
13.11 *llamó* aquel lugar Pérez-uza, hasta hoy 7121
14.11 *llamaron*... de aquel lugar Baal-perazim 7121
15.11 y *llamó* David a los sacerdotes Sadoc y 7121
22.6 *llamó* entonces David a Salomón su hijo 7121
2 Cr 3.17 la de la mano derecha *llamó* Jaquín 7121
10.3 le *llamaron*. Vino, pues, Jeroboam, y todo 7121
18.8 el rey... *llamó* a un oficial, y le dijo 7121
18.12 había ido a *llamar* a Micaías, le habló 7121
20.26 *llamaron* el nombre de aquel paraje el 7121
23.20 *llamó*... los jefes de centenas, y a los 3947
24.6 el rey *llamó* al sumo sacerdote Joiada 7121
28.9 allí un profeta de... que se *llamaba* Obed 8034
Esd 2.61 fue *llamado* por el nombre de ellas 7121
8.17 Iddo, jefe en el lugar *llamado* Casifia
8.17 de hablar... en el lugar *llamado* Casifia
Neh 7.63 Barzilai... *llamó* del nombre de ellas 7121
Est 2.14 si el rey la quería y era *llamada* por 7121
3.12 fueron *llamados* los escribanos del rey 7121
4.5 entonces Ester *llamó* a Hatac... lo mandó 7121
4.11 que entra en el patio... sin ser *llamado* 7121
4.11 yo no he sido *llamada* para ver al rey 7121
5.5 *llamad* a Amán, para hacer lo que Ester
5.10 y mandó *llamar* a sus amigos y a Zeres 935
8.9 fueron *llamados* los escribanos del rey 7121
9.26 por esto *llamaron* a estos días Purim 7121
Job 1.1 en tierra de Uz un varón *llamado* Job 8034
1.4 y enviaban a *llamar* a sus tres hermanas 7121
11.10 si él... y *llama* a juicio, ¿quién podrá 6950
13.22 *llama* luego, y yo responderé; o yo 7121
14.15 entonces *llamarás*, y yo te responderé 7121
19.16 *llamé* a mi siervo, y no respondió; de 7121
29.11 que me oían me *llamaban* bienaventurado
42.14 *llamó* el nombre de la primera, Jemima 7121
Sal 42.7 un abismo *llama* a otra a la voz de 7121
49.18 aunque mientras viva, *llame* dichosa a
69.3 cansado estoy de *llamar*; mi garganta se 7121
72.17 naciones; lo *llamarán* bienaventurado 833
86.7 día... te *llamaré*, porque tú me respondes 7121
88.9 te he *llamado*, oh Jehová, cada día; he 7121
147.4 a todas ellas *llama* por sus nombres 7121
Pr 1.24 por cuanto *llamé*, y no quisisteis oír 7121
1.28 entonces me *llamarán*, y no responderé 7121
7.4 di a... y a la inteligencia *llama* parienta 7121
9.15 *llamar* a los que pasan por el camino 7121
16.21 el sabio de corazón es *llamado* prudente 7121
18.6 contienda; y su boca los azotes *llama* 7121
24.8 *llamarán* hombre de malos pensamientos 7121
31.28 sus hijos y la *llaman* bienaventurada 7121
Cnt 5.2 la voz de mi amado que *llama*: Ábreme
5.6 lo busqué... lo *llamé*, y no me respondió 7121
6.9 la vieron... y la *llamaron* bienaventurada
Is 1.26 *llamarán* Ciudad de Justicia, Ciudad 7121
4.3 dejado en Jerusalén será *llamado* santo 559
7.14 un hijo, y *llamará* su nombre Emanuel 7121
8.12 no *llaméis* conspiración a... las cosas que 559
8.12 cosas que este pueblo *llama* conspiración 559
9.6 *llamará* su nombre Admirable, Consejero 7121
13.3 asimismo *llamé* a mis valientes para mi 7121
19.18 una será *llamada* la ciudad de Herez 559
22.12 el Señor, Jehová... *llamó* en este día a 7121
22.20 aquel día *llamaré* a mi siervo Eliaquim 7121
32.5 el ruin nunca más será *llamado* generoso 7121
32.5 ni el tramposo será *llamado* espléndido 559
34.12 llamarán a sus príncipes, príncipes sin 7121
35.8 y será *llamado* Camino de Santidad; no 7121
40.26 todas *llama* por sus nombres; ninguna 7121
41.2 lo *llamó* para que le siguiese, entregó 7121
41.4 ¿quién *llama* las generaciones desde el 7121
41.9 de tierras lejanas te *llamé*, y te dije 7121
42.6 yo Jehová te he *llamado* en justicia, y 7121
43.7 los *llamados* de mi nombre; para gloria 7121
44.5 el otro se *llamará* del nombre de Jacob 7121

45.4 por amor de mi... te *llamé* por tu nombre 7121
46.11 que *llamo* desde el oriente al ave, y de 7121
47.1 nunca más te *llamarán* tierna y delicada 7121
47.5 nunca más te *llamarán* señora de reinos 7121
48.1 que os *llamáis* del nombre de Israel, los 7121
48.8 tanto te *llamé* rebelde desde el vientre 7121
48.12 óyeme, Jacob, y... Israel, a quien *llamé* 7121
48.13 cielos... al llamarlos yo, comparecieron 7121
48.15 yo hablé, y le *llamé* y le traje; por 7121
49.1 Jehová me *llamó* desde el vientre, desde 7121
50.2 nadie, y cuando *llamé*, nadie respondió? 7121
51.2 cuando no era más que uno solo lo *llamé* 7121
54.5 tu... Dios de toda la tierra será *llamado* 7121
54.6 porque como a... te *llamó* Jehová, y como 7121
55.5 aquí, *llamarás* a gente que no conociste 7121
55.6 buscad a... *llamadle* en tanto que está 7121
56.7 mi casa será *llamada* casa de oración 7121
58.5 ¿*llamaréis* esto ayuno, y día agradable 7121
58.12 serás *llamado* reparador de portillos 7121
58.13 mi día santo... *llamares* delicia, santo 7121
60.14 y te *llamarán* Ciudad de Jehová, Sion 7121
60.18 tus muros *llamarás* Salvación, y a tus 7121
61.3 y serán *llamados* árboles de justicia 7121
61.6 y vosotros seréis *llamados* sacerdotes 7121
61.6 ministros... nuestro Dios seréis *llamados* 7121
62.4 nunca más te *llamarán* Desamparada, ni 559
62.4 *llamada* Hefzi-bá, y tu tierra, Beula 7121
62.12 les *llamarán* Pueblo Santo... te *ll* Ciudad 7121
63.19 sobre los cuales nunca fue *llamado* tu 7121
65.12 *llamé*, y no respondisteis; hablé, y 7121
65.15 a sus siervos *llamará* por otro nombre 7121
66.4 porque *llamé*, y nadie respondió; hablé 7121
Jer 3.4 ¿no me *llamarás*... Padre mío, guiador 7121
3.17 en aquel tiempo *llamarán* a Jerusalén 7121
3.19 y dije: Me *llamaréis*: Padre mío, y no 7121
6.30 plata desechada los *llamarán*, porque 7121
7.13 os hablé... no oísteis, y os *llamé*, y no 7121
7.27 tú... los *llamarás*, y no te responderán 7121
9.17 *llamad* plañideras que vengan; buscad a 7121
11.16 olivo verde... *llamó* Jehová tu nombre 7121
19.6 que este lugar no se *llamará* más Tofet 7121
20.3 Jehová no ha *llamado* tu nombre Pasur 7121
23.6 le *llamarán*: Jehová, justicia nuestra 7121
30.17 desechada te *llamaron*, diciendo: Esta 7121
33.16 se le *llamará*: Jehová, justicia nuestra 7121
35.17 hablé... los *llamé*, y no han respondido 7121
36.4 *llamó* Jeremías a Baruc hijo de Nerías 7121
37.13 capitán que se *llamaba* Irías hijo de 8034
42.8 *llamó* a Johanán... a todos los oficiales 7121
52.1 su madre se *llamaba* Hamutal, hija de 8034
Lm 1.15 *llamó* contra mí compañía... quebrantar 7121
Ez 9.3 *llamó* Jehová al varón vestido de lino 7121
20.29 fue *llamado*... Bama hasta el día de hoy 7121
23.4 se *llamaban*, la mayor, Ahola, y su 8034
23.4 *llamaron*: Samaria, Ahola; y Jerusalén 8034
36.29 y *llamaré* al trigo, y lo multiplicaré 7121
38.21 *llamaré* contra él la espada, dice Jehová 7121
39.11 y lo *llamarán* el Valle de Hamón-gog 7121
40.46 los cuales son *llamados* de... Leví para
Dn 2.2 hizo *llamar* el rey a magos, astrólogos 7121
2.26 a Daniel, al cual *llamaban* Beltsasar 8036
5.12 *llámese*... ahora a Daniel, y él te dará 7121
6.20 *llamó* a voces a Daniel con voz triste 2200
10.1 fue... palabra a Daniel, *llamado* Beltsasar 7121
Os 2.16 me *llamarás* Ishi, y nunca más me *ll* 7121
7.11 *llamarán* a Egipto, acudirán a Asiria 7121
11.1 yo lo amé, y de Egipto *llamé* a mi hijo 7121
11.2 cuanto más yo los *llamaba*, tanto más se 7121
11.7 aunque me *llaman* el Altísimo, ninguno 7121
Jl 2.32 remanente al cual él habrá *llamado* 7121
Am 5.8 que *llama* a las aguas del mar, y las 7121
5.16 labrador *llamarán* a lloro, y a endecha 7121
7.4 Jehová... *llamaba* para juzgar con fuego 7121
9.6 él *llama* las aguas del mar, y sobre la 7121
Hag 1.11 y *llamé* la sequía sobre esta tierra 7121
Zac 6.8 me *llamó*, y me habló diciendo: Mira 2199
8.3 Jerusalén se *llamará* Ciudad de la Verdad 7121
10.8 *llamaré* con un silbido, y los reuniré
Mal 1.4 les *llamarán* territorio de impiedad 7121
Mt 1.16 de la cual nació Jesús, *llamado* el *3004*
1.21 y *llamarás* su nombre Jesús, porque él *2564*
1.23 *llamarás* su nombre Emanuel... traducido *2564*
2.7 *llamando* en secreto a los magos, indagó *2564*
2.15 cuando dijo: De Egipto *llamé* a mi hijo *2564*
2.23 en la ciudad que se *llama* Nazaret, para *3004*
2.23 dicho... habría de ser *llamado* nazareno *2564*
4.18 a dos hermanos, Simón, *llamado* Pedro, y *3004*
4.21 que remendaban sus redes; y los *llamó* *2564*
5.9 **porque ellos serán *llamados* hijos de Dios** *2564*
5.19 **muy pequeño será *llamado* en el reino de** *2564*
5.19 **será *llamado* grande en el reino de los** *2564*
7.7 **buscad, y hallaréis; *llamad*... os abrirá** *2925*
7.8 **el que busca... al que *llama*, se le abrirá** *2925*
9.9 pasando... vio a un hombre *llamado* Mateo *3004*
9.13 **no he venido a *llamar* a justos, sino a** *2564*
10.1 *llamando* a sus doce discípulos, les dio *4341*
10.2 primero Simón, *llamado* Pedro, y Andrés *3004*
10.25 **al padre de familia *llamaron* Beelzebú** *2564*
13.55 ¿no se *llama* su madre María, y sus *3004*
15.10 *llamando* a sí a la multitud, les dijo *4341*
15.32 Jesús, *llamando* a sus discípulos, dijo *4341*
18.2 y *llamando* Jesús a un niño, lo puso en *4341*
18.32 **llamándole su señor, le dijo: Siervo** *4341*
19.17 **él le dijo: ¿Por qué me *llamas* bueno?** *3004*
20.8 ***llama* a los obreros y págales el jornal** *2564*
20.16 **muchos son *llamados*... pocos escogidos** *2822*
20.25 **Jesús, *llamándolos*, dijo: Sabéis que** *4341*
20.32 **los *llamó*, y les dijo: ¿Qué queréis que** *5455*

21.13 **mi casa, casa de oración será *llamada*** *2564*
22.3 **sus siervos a *llamar* a los convidados** *2564*
22.9 **y *llamad* a las bodas a cuantos halléis** *2564*
22.14 **muchos son *llamados*, y pocos escogidos** *2822*
22.43 **¿pues cómo David en el... le *llama* Señor** *2564*
22.45 **si David le *llama* Señor, ¿cómo es su** *2564*
23.7 **y que los hombres los *llamen*: Rabí, Rabí** *2564*
23.8 **vosotros no queráis que os *llamen* Rabí** *2564*
23.9 **no *llaméis* padre vuestro a nadie en la** *2564*
23.10 **ni seáis *llamados* maestros; porque uno** *2564*
25.14 ***llamó* a sus siervos y les entregó sus** *2564*
26.3 patio del sumo sacerdote *llamado* Caifás *3004*
26.14 que se *llamaba* Judas Iscariote, fue a *3004*
26.36 llegó Jesús... a un lugar que se *llama* *3004*
27.8 aquel campo se *llama*... Campo de sangre *2564*
27.16 tenían... preso famoso *llamado* Barrabás *3004*
27.17 os suelte... a Jesús, *llamado* el Cristo? *3004*
27.22 ¿qué... haré de Jesús, *llamado* el Cristo? *3004*
27.32 a un hombre de... que se *llamaba* Simón *3686*
27.33 llegaron a un lugar *llamado* Gólgota *3004*
27.47 decían, al oírlo: A Elías *llama* éste *5455*
27.57 vino un hombre rico de... *llamado* José *5122*
Mr 1.20 luego los *llamó*; y dejando a su padre *2564*
2.17 **no he venido a *llamar* a justos, sino a** *2564*
3.13 subió... y *llamó* a sí a los que él quiso *4341*
3.23 ***llamado*, les decía en parábolas: ¿Cómo** *4341*
3.31 quedándose afuera, enviaron a *llamarle* *5455*
5.9 **¿cómo te *llamas*? Y respondió diciendo** *3686*
5.9 **Legión me *llamo*; porque somos muchos** *3686*
5.22 y vino uno... *llamado* Jairo; y luego que *3686*
6.7 *llamó* a los doce, y comenzó a enviarlos *4341*
7.14 *llamando* a sí a toda la multitud, les *4341*
8.1 Jesús *llamó* a sus discípulos, y les dijo *4341*
8.34 *llamando* a la gente y a sus discípulos *4341*
9.35 se sentó y *llamó* a los doce, y les dijo *5455*
10.18 **¿por qué me *llamas* bueno? Ninguno hay** *3004*
10.42 ***llamándolos*, les dijo: Sabéis que los** *4341*
10.49 mandó *llamarle*; y *llamaron* al ciego *5455,5455*
10.49 ten confianza; levántate, te *llama* *5455*
11.17 **mi casa será *llamada* casa de oración** *2564*
12.37 ***llama* Señor; ¿Cómo, Pues, es su hijo?** *3004*
12.43 ***llamando* a sus discípulos, les dijo** *4341*
14.32 **a un lugar que se *llama* Getsemaní, y** *3686*
15.7 uno que se *llamaba* Barrabás, preso con *3004*
15.12 haga del que *llamáis* Rey de los judíos? *3004*
15.22 le llevaron a un lugar *llamado* Gólgota
15.35 decían, al oírlo: Mirad, *llama* a Elías *5455*
Lc 1.5 hubo en... un sacerdote *llamado* Zacarías *3686*
1.5 su mujer era de... y se *llamaba* Elisabet *3686*
1.13 dará a luz... y *llamarás* su nombre Juan *2564*
1.26 una ciudad de Galilea, *llamada* Nazaret *3686*
1.27 con un varón que se *llamaba* José, de la *3686*
1.31 luz un hijo, y *llamarás* su nombre Jesús *2564*
1.32 éste será grande, y será *llamado* Hijo *2564*
1.35 el Santo Ser... será *llamado* Hijo de Dios *2564*
1.36 mes para ella, la que *llamaban* estéril *2564*
1.59 le *llamaban* con el nombre de su padre *2564*
1.60 su madre, dijo: No; se *llamará* Juan *2564*
1.61 no hay nadie... se *llame* con ese nombre *2564*
1.62 preguntaron por... cómo le quería *llamar* *2564*
1.76 tú... profeta del Altísimo serás llamado *2564*
2.4 la ciudad de David, que se *llama* Belén *2564*
2.23 abriere la matriz será *llamado* santo al *2564*
2.25 en Jerusalén un hombre *llamado* Simeón *3686*
5.27 a un publicano *llamado* Leví, sentado al *3686*
5.32 **no he venido a *llamar* a justos, sino a** *2564*
6.13 *llamó* a sus discípulos, Y escogió a 12 .... *4377*
6.13 doce... los cuales también *llamó* apóstoles *3687*
6.14 a Simón, a quien también *llamó* Pedro, a *3687*
6.15 hijo de Alfeo, Simón *llamado* Zelote *2564*
6.46 **¿por qué me *llamáis*, Señor, Señor, y no** *2564*
7.11 él iba a la ciudad que se *llama* Naín, e *2564*
7.18 y *llamó* Juan a dos de sus discípulos *4341*
8.2 María, que se *llamaba* Magdalena, de la *2564*
8.30 **¿cómo te *llamas*? Y él dijo: Legión** *3686*
8.41 vino un varón *llamado* Jairo, que era *3686*
9.10 aparte, a un lugar... *llamada* Betsaida *2564*
10.38 una mujer *llamada* Marta le recibió en *3686*
10.39 tenía una hermana que se *llamaba* María *2564*
11.9 **y hallaréis; *llamad*, y se os abrirá** *2925*
11.10 **porque... y al que *llama*, se le abrirá** *2925*
12.36 para que cuando llegue y *llame*, le abran *2925*
13.12 **la *llamó* y le dijo: Mujer, eres libre** *4377*
13.25 **estando fuera empecéis a *llamar* a la** *2925*
14.12 **no *llames* a tus amigos, ni... hermanos** *5455*
14.13 **hagas banquete, *llama* a los pobres, los** *2564*
15.19,21 **ya no soy digno de ser *llamado* tu** *2564*
15.26 y *llamando* a uno de los criados, le *4341*
16.2 **le *llamó*, y le dijo: ¿Qué es esto que** *5455*
16.5 ***llamando* a cada uno de los deudores de** *4341*
16.20 **había... un mendigo *llamado* Lázaro, que** *3686*
18.16 ***llamándolos*, dijo: Dejad a los niños** *4341*
18.19 **¿por qué me *llamas* bueno? Ninguno hay** *3004*
19.2 un varón *llamado* Zaqueo, que era jefe *2564*
19.13 ***llamando* a diez siervos suyos, les dio** *2564*
19.15 **mandó *llamar*... aquellos siervos a los** *5455*
19.29 al monte que se *llama* de los Olivos *2564*
20.37 ***llama* al Señor, Dios de Abraham, Dios** *3004*
20.44 **David, pues, le *llama* Señor; ¿cómo** *2564*
21.37 en el monte que se *llama* de los Olivos *2564*
22.1 la fiesta de los... que se *llama* la pascua *3004*
22.25 **tienen autoridad... *llamados* bienhechores** ... *2564*
22.47 y el que se *llamaba* Judas, uno de los *3004*
23.33 y cuando llegaron al lugar *llamado* de *2564*
23.50 *llamado* José, de Arimatea, ciudad de *3686*
24.13 a una aldea *llamada* Emaús, que estaba *3686*
24.18 uno... que se *llamaba* Cleofas, le dijo *3686*
Jn 1.6 hubo un hombre... cual se *llamaba* Juan *3686*
1.42 **serás *llamado* Cefas (que quiere decir** *2564*
1.48 **antes que Felipe te *llamara*, cuando** *5455*
2.9 el maestresala probó el... *llamó* al esposo *5455*
3.1 había un hombre... se *llamaba* Nicodemo *3686*
4.5 a una ciudad de Samaria *llamada* Sicar *3004*
4.16 **dijo: Vé, *llama* a tu marido, y ven acá** *5455*
4.25 de venir el Mesías, *llamado* el Cristo *3004*
5.2 un estanque, *llamado* en hebreo Betesda *1951*
9.11 hombre que se *llama* Jesús hizo lodo, me *3004*
9.18 hasta que *llamaron* a los padres del que *5455*
9.24 volvieron a *llamar* al... había sido ciego *5455*
10.3 **y a sus ovejas *llama* por nombre, y las** *2564*
10.35 **si *llamó* dioses a aquellos a quienes** *2036*
11.1 estaba... enfermo uno *llamado* Lázaro, de
11.16 dijo entonces Tomás, *llamado* Dídimo, a *3004*
11.28 dicho... fue y *llamó* a María su hermana *5455*
11.28 dicho... El Maestro está aquí y te *llama* *5455*
11.54 se alejó... a una ciudad llamada Efraín *3004*
12.17 cuando *llamó* a Lázaro del sepulcro, y *5455*
13.13 **vosotros me *llamáis* Maestro, y Señor** *5455*
15.15 **no os *llamaré* siervos, porque el siervo** *3004*
15.15 **os he *llamado* amigos, porque todas las** *2046*
18.10 y el siervo se *llamaba* Malco *3686*
18.33 *llamó* a Jesús y le dijo: ¿Eres tú el *5455*
19.13 en el lugar *llamado* el Enlosado, y en *3004*
19.17 salió al lugar *llamado* de la Calavera *3004*
20.24 Tomás... *llamado* Dídimo, no estaba con *3004*
21.2 juntos Simón... Tomás *llamado* el Dídimo *3004*
Hch 1.12 el monte que se *llama* del Olivar, el *2564*
1.19 campo se *llama* en su... lengua, Acéldama *2564*
1.23 a José, *llamado* Barsabás, que tenía por *2564*
2.39 cuantos el Señor nuestro Dios *llamare* *4341*
3.2 la puerta del... que se *llama* la Hermosa *3004*
3.11 ellos al pórtico que se *llama* de Salomón *2564*
4.18 y *llamándolos*, les intimaron que en *2564*
5.1 cierto hombre *llamado* Ananías, con Safira *3686*
5.34 un fariseo *llamado* Gamaliel, doctor de *3686*
5.40 *llamando* a los apóstoles, después de *4341*
6.9 de la sinagoga *llamada* de los libertos *3004*
7.58 pies de un joven que se *llamaba* Saulo *2564*
8.9 pero había un hombre *llamado* Simón, que *3686*
9.10 **un discípulo *llamado* Ananías, a quien** *3686*
9.11 **vé a la calle que se *llama* Derecha, y** *2564*
9.11 **y busca... a uno *llamado* Saulo, de Tarso** *3686*
9.12 **y ha visto... a un varón *llamado* Ananías** *3686*
9.33 halló allí a uno que se *llamaba* Eneas *3686*
7.24 cada uno... en el estado en que fue *llamado* ... *2564*
8.5 algunos que se *llamen* dioses, sea en el *3004*
12.3 nadie que hable... *llama* anatema a Jesús *3004*
12.3 nadie puede *llamar* a Jesús Señor, sino *2036*
15.9 que no soy digno de ser *llamado* apóstol *2564*
24.24 Félix... *llamó* a Pablo *3343*
24.25 cuando tenga oportunidad te *llamaré* *3333*
Gá 1.6 que os *llamó* por la gracia de Cristo *2564*
1.15 que me apartó... me *llamó* por su gracia *2564*
5.8 esta... no procede de aquel que os *llama* *2564*
5.13 hermanos, a libertad fuisteis *llamados* *2564*
Ef 1.18 la esperanza a que él os ha *llamado* *2821*
2.11 erais *llamados* incircuncisión por la *3004*
2.11 la *llamada* circuncisión hecha con mano *3004*
4.1 de la vocación con que fuisteis *llamados* *2564*
4.4 como fuisteis también *llamados* en una *2564*
Col 3.15 a la que asimismo fuisteis *llamados* *2564*
4.11 y Jesús, *llamado* Justo... son los únicos *3004*
1 Ts 2.12 que os *llamó* a su reino y gloria *2564*
4.7 no nos ha *llamado* Dios a inmundicia, sino *2564*
5.24 fiel es el que os *llama*, el cual... hará *2564*
2 Ts 2.4 contra todo lo que se *llama* Dios o *3004*
2.14 cual os *llamó* mediante nuestro evangelio *2564*
1 Ti 6.12 a la cual asimismo fuiste *llamado* *2564*
6.20 los argumentos de la... *llamada* ciencia *5581*
2 Ti 1.9 salvó y *llamó* con llamamiento santo *2564*
He 2.11 no... avergüenza de *llamarlos* hermanos *2564*
5.4 el que es *llamado* por Dios, como lo fue *2564*
7.11 que no fuese *llamado* según el orden de *3004*
9.2 la primera parte, *llamada* el Lugar Santo *3004*
9.3 la parte del... *llamada* el Lugar Santísimo *3004*
9.15 los *llamados* reciban la promesa de la *2564*
11.8 Abraham, siendo *llamado*, obedeció para *2564*
11.16 no se avergüenza de *llamarse* Dios de *1941*
11.18 en Isaac te será *llamada* descendencia *2564*
11.24 la fe Moisés... rehusó *llamarse* hijo de *3004*
Stg 2.23 creyó... y fue *llamado* amigo de Dios *2564*
5.14 *llame* a los ancianos de la iglesia, y *4341*
1 P 1.15 como aquel que os *llamó* es santo, sed *2564*
2.9 las virtudes de aquel que os *llamó* de *2564*
2.21 pues para esto fuisteis *llamados*; porque *2564*
3.6 como Sara obedecía a... *llamándole* señor *2564*
3.9 *llamados* para que heredaseis bendición *2564*
5.10 el Dios de... que nos *llamó* a su gloria *2564*
2 P 1.3 de aquel que nos *llamó* por su gloria *2564*
1 Jn 3.1 que seamos *llamados* hijos de Dios *2564*
Jud 1 a los *llamados*, santificados en Dios *2822*
Ap 1.9 yo... estaba en la isla *llamada* Patmos *2564*
2.24 **y no han conocido lo que ellos *llaman*** *3004*
3.20 **yo estoy a la, puerta y *llamo*; si alguno** *2925*
11.8 en sentido espiritual se *llama* Sodoma y *2564*
12.9 serpiente antigua, que se *llama* diablo *2564*
14.18 *llamó* a gran voz al que tenía la hoz *5455*
16.16 lugar que en hebreo se *llama* Armagedón *2564*
17.14 y los que están con él son *llamados* y *2822*
19.9 los que son *llamados* a la cena de las *2564*
19.11 y el que lo montaba se *llamaba* Fiel y *2564*

LLANO
Nm 31.12 en los *ll* de Moab, que están junto 6160
Jos 5.10 celebraron la pascua... *ll* de Jericó 6160
9.1 reyes... en las montañas como en los *ll* 8219
10.40 hirió, pues... los *ll* y de las laderas 8219
11.2 los reyes... al sur de Cineret, en los *ll* 6160
11.8 y los siguieron... hasta el *ll* de Mizpa 1237
11.16 tomó... los *ll*, el Arabá, las montañas 6160
12.7 Baal-gad en el *ll* del Líbano hasta el 1237
13.32 Moisés repartió en... en los *ll* de Moab 6160
Jue 1.9 cananeo que habitaba en... y en los *ll* 8219
1.19 arrojar a los que habitaban en los *ll* 6010
1.34 Dan... no los dejaron descender a los *ll* 6010
2 Cr 4.17 fundió el rey en los *ll* del Jordán 3603
26. 10 y viñas... en los montes como en los *ll* 4334
Sal 65.13 se visten de manadas los *ll*, y los 3733
Jer 39.5; 52.8 alcanzaron a Sedequías en... *ll* 6160
Lc 6.17 descendió... y se detuvo en un lugar *ll* *3977,5117*

LLANTO
Gn 50.11 viendo... el *ll*... dijeron: *Ll* grande es 60
Jue 21.2 vino... alzando su voz hicieron gran *ll* 1058
Sal 6.6 todas las noches inundo de *ll* mi lecho
Is 15.3 aullarán todos, deshaciéndose en *ll* 1065
15.8 porque el *ll* rodeó los límites de Moab 2201
22.12 llamó en este día a *ll* y a endechas, a 1065
Jer 3.21 11 de los ruegos de los... de Israel 1065
6.26 ponte luto como por... *ll* de amarguras 4553
7.29 y levanta *ll* sobre las alturas; porque 7015
9.10 levantaré lloro... *ll* por los pastizales 5092
9.18 dense prisa, y levanten *ll* por nosotros 5092
31.15 voz fue oída en Ramá, *ll* y lloro amargo 5092
31.16 reprime del *ll* tu voz, y de... lágrimas 1065
48.5 la subida de Luhit con *ll* subirá el que 1065
48.32 con *ll* de Jazer lloraré por ti, oh vid 1058
48.38 los terrados de Moab... todo él será *ll* 4553
Am 5.16 todas las plazas habrá *ll*, y en todas 4553
5.17 y en todas las viñas habrá *ll*; porque 4553
8.10 la volveré como en *ll* de unigénito, y su 60
Mi 1.*ll* el *ll* de Bet-esel os quitará su apoyo 4553
Zac 12.11 gran *ll*... como el *ll* de Hadad-rimón 4553
Mal 2.13 cubrir el altar de Jehová de... ll, y 1065
Lc 13.28 **allí será el *ll* y el crujir de dientes** *2805*
Hch 8.2 a Esteban, e hicieron gran *ll* sobre él *2870*
20.37 hubo gran *ll* de todos; y echándose al *2805*
2 Co 7.7 vuestro *ll*, vuestra solicitud por mí *3602*
Ap 18.7 tanto dadle de tormento y *ll*; porque *3997*
18.7 estoy sentada como reina... y no veré *ll* *3997*
18.8 en un solo día vendrán... *ll* y hambre, y *3997*
21.4 ya... ni habrá más *ll*, ni clamor, ni dolor *3997*

LLANURA
Gn 11.2 hallaron una *ll* en la tierra de Sinar 1237
13.10 alzó Lot... y vio toda la *ll* del Jordán 3603
13.11 escogió para sí toda la *ll* del Jordán 3603
13.12 que Lot habitó en las ciudades de la *ll* 3603
14.6 el monte de Seir, hasta la *ll* de Parán
19.17 no mires tras... ni pares en toda esta *ll* 3603
19.25 destruyó las ciudades, y... aquella *ll* 3603
19.28 y hacia toda la tierra de aquella *ll* 3603
19.29 así... destruyó Dios las ciudades de la *ll* 3603
Dt 3.10 las ciudades de la *ll*, y todo Galaad 4334
4.43 Beser en... en tierra de la *ll*, para los 4334
34.3 la *ll*, la vega de Jericó, ciudad de las 3603
Jos 4.13 pasaron hacia la *ll* de Jericó delante 6160
11.17 hasta Baal-gad en la *ll* del Líbano, a 1237
13.9 y toda la *ll* de Medeba, hasta Dibón 4334
13.16 desde Aroer... y toda la *ll* hasta Medeba 4334
13.17 todas sus ciudades que están en la *ll* 4334
13.21 las ciudades de la *ll*, y todo el reino 4334
15.33 en las *ll*, Estaol, Zora, Asena 8219
17.16 los cananeos que habitan... la *ll*, tienen 6010
20.8 a Beser... en la *ll* de la tribu de Rubén 4334
Jue 9.6 la *ll* del pilar que estaba en Siquem 436
2 S 18.23 corrió pues, por el camino de la *ll* 3603
1 R 7.46 lo hizo fundir... en la *ll* del Jordán 3603
20.23 mas si peleáremos con ellos en la *ll* 4334
2 R 25.5 al rey... apresó en las *ll* de Jericó 6160
Neh 3.22 restauraron los... los varones de la *ll* 3603
Is 42.16 cambiaré... Auz, y lo escabroso en *ll* 4334
Jer 21.13 moradora del... de la piedra de la *ll* 4334
31.40 todas las *ll* hasta el arroyo de Cedrán 8309
48.8 arruinará... valle, y será destruida la *ll* 4334
48.21 vino juicio sobre la tierra de la *ll* 4334
Zac 4.7 delante de Zorobabel... reducido a *ll* 4334
14.10 la tierra se volverá como *ll* desde Geba 6160

LLAVE
Jue 3.25 no abría... tomaron la *ll* y abrieron 4668
Is 22.22 y pondré la *ll* de la casa de David 4668
Mt 16.19 **daré las *ll* del reino de los cielos** *2807*
Lc 11.52 **habéis quitado la *ll* de la ciencia** *2807*
Ap 1.18 **tengo las *ll* de la muerte y del Hades** *2807*
3.7 **el que tiene la *ll* de David, el que abre** *2807*
9.1 y se le dio la *ll* del pozo del abismo *2807*
20.1 vi a un ángel... con la *ll* del abismo, y *2807*

LLEGADA
Gn 30.30 y Jehová te ha bendecido con mi *ll* 7272

LLEGAR
Gn 6.4 *llegaron* los hijos de Dios a las hijas 935
10.8 Nimrod, quien *llegó* a ser... poderoso en 2490
11.4 una torre, cuya cúspide *llegue* al cielo
12. 5 salieron... y a tierra de Canaán *llegaron* 935
15.16 no ha *llegado* a su colmo la maldad del 2008
16.2 ruego, pues, que te *llegues* a mi sierva 935
16.4 y él se *llegó* a Agar, la cual concibió 935
19.1 *llegaron*... los dos ángeles a Sodoma a la 935
19.22 nada podré hacer hasta que hayas *llegado* 935
19.23 el sol salía... cuando Lot *llegó* a Zoar 935
20.4 Abimelec no se había *llegado* a ella, y 7126
20.13 en todos los lugares adonde *lleguemos* 935
22.9 y cuando *llegaron* al lugar que Dios le 935

24.10 *llegó* a Mesopotamia, a la ciudad de 1980
24.41 cuando hayas *llegado* a mi familia; y 935
24.42 *llegué*... hoy a la fuente, y dije: Jehová 935
27.41 *llegarán* los días del luto de mi padre 7126
28.3 hasta *llegar* a ser multitud de pueblos
28.11 *llegó* a un cierto lugar, y durmió allí 6293
29.23 tomó a Lea su hija... él se *llegó* a ella 935
29.30 y se *llegó* también a Raquel, y la amó 935
30.3 *llégate* a ella, y dará a luz sobre mis 935
30.4 le dio a Bilha... y Jacob se *llegó* a ella 935
30.16 *llégate* a mí, porque a la verdad te he 935
33.3 inclinó... siete veces, hasta que *llegó* a 5066
33.7 después *llegó* José y Raquel, y también 5066
33.14 iré... hasta que *llegue* a mi señor a Seir 935
33.18 Jacob *llegó*... a la ciudad de Siquem, que 935
35.6 *llegó* Jacob a Luz, que está en tierra 935
35.16 para *llegar* a Efrata, cuando dio a luz 935
35.22 durmió con Bilha... *llegó* a saber Israel
37.5 ellos *llegaron* a aborrecerle más todavía
37.14 lo envió del valle... y *llegó* a Siquem 935
37.18 lo vieron... antes que *llegara* cerca de 7126
37.23 que cuando *llegó* José a sus hermanos 935
38.2 vio allí Judá... tomó, y se *llegó* a ella 935
38.8 Onán: *Llégate* a la mujer de tu hermano 935
38.9 que cuando se *llegaba* a la mujer de su 935
38.16 déjame... *llegarme* a ti... *llegarte* a mí? 935
38.18 y él se los dio, y se *llegó* a ella, y 935
42.6 y *llegaron* los hermanos de José, y se 935
43.21 que cuando *llegamos* al mesón y abrimos 935
44.24 cuando *llegamos* a mi padre tu siervo 5927
45.25 *llegaron* a la tierra de Canaán a Jacob 935
46.28 Jacob... y *llegaron* a la tierra de Gosén 935
47.9 no han *llegado* a los días de los años de 5381
47.29 *llegaron* los días de Israel para morir 7126
50.10 y *llegaron* hasta la era de Atad, que 935
Éx 3.1 Moisés... *llegó* hasta Horeb, monte de 935
3.13 aquí que *llego* yo a los hijos de Israel 935
10.26 no sabemos... hasta que *lleguemos* allá 935
15.23 *llegaron* a Mara, y no pudieron beber 935
15.27 *llegaron* a Elim... había doce fuentes de 935
16.35 hasta que *llegaron* a tierra habitada 935
16.35 hasta que *llegaron*... tierra de Canaán 935
19.1 mismo día *llegaron* al desierto de Sinaí 935
19.2 salido... y *llegaron* al desierto de Sinaí 935
22.23 *llegas* a afligirles, y ellos clamaren
27.5 y *llegará* la rejilla hasta la mitad del 5704
28.1 harás *llegar* delante de ti a Aarón tu 7126
32.19 *llegó* al campamento, y vio el becerro 7126
Lv 4.14 que *llegue* a ser conocido el pecado 935
5.3 después *llegare* a saberlo, será culpable
18.6 ningún... se *llegue* a parienta próxima 7126
18.14 no *llegarás* a su mujer; es mujer del 7126
18.19 no *llegarás* a la mujer... mientras esté 7126
20.16 si una mujer se *llegare* a algún animal 7126
Nm 10.21 entretanto que ellos *llegaban*, los 935
13.23 *llegaron* hasta el arroyo de Escol, y 935
13.27 nosotros *llegamos* a la tierra a la cual 935
20.1 *llegaron* los hijos de Israel, toda la 935
22.7 fueron... *llegaron* a Balaam y le dijeron 935
34.11 y descenderá el límite, y *llegará* a la 4229
36.1 *llegaron* los príncipes de los padres de 7126
Dt 1.19 salidos... *llegamos* hasta Cades-barnea 935
1.20 habéis *llegado* al monte del amorreo, el 935
1.22 de las ciudades adonde hemos de *llegar* 935
1.24 y *llegaron* hasta el valle de Escol, y 935
1.31 habéis andado, hasta *llegar* a este lugar 935
2.37 tierra de los hijos de Amón no *llegamos* 7126
8.19 mas si *llegares* a olvidarte de Jehová y
11.5 hasta que habéis *llegado* a este lugar 935
13.16 *llegará* a ser un montón de ruinas para
21.13 después podrás *llegarte* a ella, y tú 935
22.13 haberse *llegado* a ella la aborreciere 935
22.14 me *llegué* a ella, y no la hallé virgen 7126
25.5 su cuñado se *llegará* a ella, y la tomará 935
26.5 y allí creció y *llegó* a ser una nación grande ... 1471
29.7 y *llegasteis* a este lugar, y salieron 935
Jos 2.22 caminando ellos, *llegaron* al monte 935
8.11 la gente... *llegaron* delante de la ciudad 935
9.17 al tercer día *llegaron* a las ciudades de 935
15.1 Judá... *llegaba* hasta la frontera de Edom
19.*ll* su límite sube... y *llega* hasta Dabeset 5927
19.22 y *llega*... límite hasta Tabor, Sahazima 6293
19.26 *llega* hasta Carmelo al occidente, y a 6293
19.27 después da vuelta... y *llega* a Zabulón 6293
19.34 el límite... *llegaba* hasta Zabulón al sur 6293
22.10 *llegando* a los límites del Jordán que 935
24.6 y cuando *llegaron* al mar, los egipcios 935
Jue 3.3 de Baal-hermón hasta *llegar* a Hamat 935
6.4 destruían... frutos... hasta *llegar* a Gaza 935
7.13 cuando *llegó* Gedeón... un hombre estaba 935
7.13 un pan... *llegó* a la tienda, y la golpeó 935
7.17 *llegue* al extremo del campamento, haréis 935
7.19 *llegaron*... Gedeón y los cien hombres que 935
7.24 tomad los vados... antes que ellos *lleguen* 935
9.52 *llegó* hasta la puerta de la torre para 935
Jue 11.16 Israel subió de Egipto... *llegó* a Cades 935
11.33 desde Aroer hasta *llegar* a Minit, 20 935
14.5 y cuando *llegaron* a las viñas de Timnat 935
16.1 vio allí a una mujer... se *llegó* a ella 935
16.17 le dijo: Nunca a mi cabeza *llegó* navaja 5297
17.8 y *llegando*... al monte de Efraín, vino a 935
18.3 *llegando*... dijeron: ¿Quién te ha traído 5493
18.10 *llegaréis* a un pueblo confiado y a una 935
18.15 cuando *llegaron*... a la casa del joven 935
18.27 *llegaron* a Lais, al pueblo tranquilo y 935
19.10 se fue... *llegó* hasta enfrente de Jebús 935
19.29 y *llegando* a su casa, tomó un cuchillo 935
20.4 yo *llegué* a Gabaa de... con mi concubina 935
Rt 1.2 *llegaron*, pues, a los campos de Moab 935
1.19 anduvieron... hasta que *llegaron* a Belén 935
1.22 *llegaron* a Belén al comienzo de la siega 935
2.3 y *llegando*, espigó en el campo en pos de 935
3.16 cuando *llegó* a donde estaba su suegra 935
4.13 Booz... se *llegó* a ella, y Jehová le dio 935
1 S 1.4 cuando *llegaba* el día en que Elcana 1961
1.19 Elcana se *llegó* a Ana su mujer, y Jehová 3045
4.5 cuando el arca del... *llegó* al campamento 935
4.12 un hombre de... *llegó* el mismo día a Silo 935
4.13 cuando *llegó*... Elí estaba sentado en una 935
4.13 *llegado*, pues, aquel hombre a la ciudad 935
7.2 desde el día que *llegó* el arca... pasaron 3427
7.10 filisteos *llegaron* para pelear con... Israel 5066
9.13 no comerá hasta que él haya *llegado*, por 935
9.16 por cuanto su clamor ha *llegado* hasta 935
10.3 *llegues* a la encina de Tabor, te saldrán 935
10.5 después de... *llegarás* al collado de Dios 935
10.10 cuando *llegaron* allá... el Espíritu de Dios vino ... 935
10.13 cesó de profetizar, y *llegó* al lugar 935
10.21 e hizo *llegar* la tribu de Benjamín por 7126
11.4 *llegando* los mensajeros a Gabaa de Saúl 935
14.9 esperad hasta que *lleguemos* a vosotros 5060
14.20 *llegaron* hasta el lugar de la batalla 935
14.23 día. Y *llegó* la batalla hasta Bet-avén 5674
14.25 *llegó* a un bosque, donde había miel en 935
14.26 no hubo quien hiciera *llegar* su mano a 935
15.7 Saúl derrotó... Havila hasta *llegar* a Shur 935
16.4 luego que él *llegó* a Belén, los ancianos 935
17.20 y *llegó*... cuando el ejército salía en 935
17.22 corrió al... y cuando *llegó*, preguntó por 935
17.52 siguieron a los... hasta *llegar* al valle 935
18.19 *llegado* el tiempo en que Merab hija de
19.22 *llegando* al gran pozo que está en Secú 935
19.23 profetizando hasta que *llegó* a Naiot en 935
20.24 *llegó* la nueva luna, se sentó el rey a 4428
20.37 *llegando* el muchacho adonde... la saeta 935
24.3 cuando *llegó* a un redil de ovejas en el 935
25.9 cuando *llegaron* los jóvenes enviados por 935
26.10 hiriere, o su día *llegue* para que muera 935
30.9 y *llegaron* hasta el torrente de Besor 935
30.21 *llegó* a la gente, les saludó con paz 5066
30.26 David *llegó* a Siclag, envió del botín 935
2 S 1.2 *llegando* a David, se postró en tierra 935
2.24 puso el sol cuando *llegaron* al collado 935
2.29 cruzaron... Bitrón y *llegaron* a Mahanaim 935
3.7 te has *llegado* a la concubina de mi padre? 935
3.23 luego que *llegó* Joab y todo el ejército 935
4.4 *llegó* de Jezreel la noticia de la muerte de Saúl .. 935
5.25 hirió... desde Geba hasta *llegar* a Gezer 935
6.6 cuando *llegaron* a la era de Nacón, Uza 935
6.16 cuando el arca de... *llegó* a la ciudad de 935
10.2 mas *llegados* los siervos de David a la 935
11.22 *llegando*, contó a David todo aquello 935
12.24 *llegándose* a ella durmió con ella; y ella 935
13.30 *llegó* a David el rumor... dado muerte a 935
15.32 David *llegó* a... para adorar allí a Dios
16.14 y el rey y todo el... *llegaron* fatigados 935
16.21 *llégate* a las concubinas de tu padre 935
16.22 se *llegó* Absalón a las concubinas de 935
17.18 los dos... *llegaron* a casa de un hombre 935
17.20 *llegando* luego los criados de Absalón 935
17.24 David *llegó* a Mahanaim; y Absalón pasó 935
17.25 había *llegado* a Abigail hija de Nahas 935
17.27 que David *llegó* a Mahanaim, Sobi hijo 935
20.3 que *llegó* David a su casa en Jerusalén 935
20.3 pero nunca más se *llegó* a ellas, sino 935
21.17 Abisai... *llegó* en su ayuda, e hirió al
22.7 él oyó... y mi clamor *llegó* a sus oídos
23.19 y *llegó* a ser su jefe; mas no igualó a 935
1 R 2.1 *llegaron* los días en que David había 7126
4.34 había *llegado* la fama de su sabiduría 935
10.27 la plata *llegara* a ser como piedras, y
11.2 no os *llegaréis* a... ni ellas se llegarán 935
16.11 luego que *llegó* a reinar... mató a toda
17.10 cuando *llegó*... he aquí una mujer viuda 935
18.36 cuando *llegó* la hora de ofrecerse el
18.46 Elías... corrió... hasta *llegar* a Jezreel 935
19.15 *llegarás*, y ungirás a Hazael por rey 935
20.39 y si *llegare* a huir, tu vida será por
20.43 el rey de... se fue... y *llegó* a Samaria 935
22.28 si *llegas* a volver en paz, Jehová no
2 R 3.24 pero cuando *llegaron* al campamento 935
4.27 *llegó* a donde estaba el varón de Dios 935
5.6 cuando *lleguen* a ti estas cartas, sabe 935
5.24 así que *llegó* a un lugar secreto, él lo 935
6.4 cuando *llegaron* al Jordán, cortaron la 935
6.20 cuando *llegaron* a Samaria, dijo Eliseo 1961
7.5 *llegando* a la entrada... había allí nadie 935
7.8 *llegaron* a la entrada del campamento 935
8.9 y *llegando* se puso delante de él, y dijo 935
9.2 *llegues* allá, verás allí a Jehú hijo de 935
9.18 mensajero *llegó* hasta ellos, y no vuelve 935
9.19 *llegando* a ellos, dijo: El rey dice así 935
9.20 también éste *llegó* a ellos y no vuelve 935
10.2 que *lleguen* estas cartas a vosotros los 935
10.7 las cartas *llegaron* a ellos, tomaron a 935
10.12 *llegó* a... casa de esquileo de pastores 1980
10.17 luego que Jehú hubo *llegado* a Samaria 935
13.21 cuando *llegó*... los huesos de Eliseo, revivió
1 Cr 1.10 Nimrod; este *llegó* a ser poderoso 2490
4.39 *llegaron* hasta la entrada de Gedor hasta 1980
5.2 que Judá *llegó* a ser el mayor sobre sus 935
7.23 él se *llegó* a su mujer, y ella concibió 935
13.9 cuando *llegaron* a la era de Quidón, Uza 935
15.29 cuando el arca... *llegó* a la ciudad de 935
19.2 cuando *llegaron* los siervos de David a 935
19.5 cuando *llegó* a David la noticia sobre
2 Cr 3.11,12 una ala... *llegaba* hasta la pared 5060
12.4 tomó... de Judá, y *llegó* hasta Jerusalén 935
21.12 le *llegó* una carta del profeta Elías 935
23.20 *llegaron* a la mitad de la puerta mayor 935
28.9 con ira que ha *llegado* hasta el cielo 935
30.27 su oración *llegó* a la habitación de su 935
Esd 3.1 cuando *llegó* el mes séptimo... se juntó 5060
7.8 y *llegó* a Jerusalén en el mes quinto del 935
7.9 y al primero del mes... *llegó* a Jerusalén 935
8.32 *llegamos* a Jerusalén, y reposamos allí 935
Neh 2.7 franqueen el paso hasta que *llegue* a 935
2.11 *llegué*... a Jerusalén, y después de estar 935
12.40 *llegaron*... los dos coros a la casa de 5975
Est 1.17 *llegará* a oídos de todas las mujeres 3318
2.12 cuando *llegaba* el tiempo de cada una de 5060
2.15 le *llegó* a Ester... el tiempo de venir al 5060
4.3 decreto *llegaba*, tenían los judíos gran 5060
4.14 si para esta hora has *llegado* al reino? 5060
6.14 los eunucos del rey *llegaron* apresurados 935
8.17 donde *llegó* el mandamiento del rey, los 5060
Job 3.21 que esperan la muerte, y ella no *llega*
4.5 y cuando ha *llegado* hasta ti, te turbas 935
11.7 Dios? ¿*Llegarás* tú a la perfección del 4672
37.11 regando también *llega* a disipar la densa
38.11 aquí *llegarás*, y no pasarás adelante 935
Sal 18.6 mi clamor *llegó* delante... a sus oídos 935
32.6 en la inundación... no *llegarán* éstas a ti 5060
36.5 hasta los cielos *llega* tu misericordia
51 *tít.* después que se *llegó* a Betsabé, vino 935
55.23 los... no *llegarán* a la mitad de sus días 2673
79.11 *llegue* delante de ti el gemido de los 935
88.2 *llegue* mi oración a tu presencia... oído 935
91.7 caerán a tu lado mil... a ti no *llegará* 5066
95.2 *lleguemos* ante su presencia con alabanza 6923
102.1 Jehová, escucha... *llegue* a ti mi clamor 935
102.13 es tiempo... porque el plazo ha *llegado* 935
107.18 y *llegaron* hasta las puertas de la 935
119.169 *llegue* mi clamor delante de ti, oh 7126
119.170 *llegue* mi oración delante de ti 935
Pr 1.27 calamidad *llegare* como un torbellino 935
2.19 los que a ella se *lleguen*, no volverán 935
6.29 así es el que se *llega* a la mujer de su 935
Ec 12.1 *lleguen* los años de los cuales digas 935
Is 1.23 ni *llega* a ellos la causa de la viuda 935
5.9 *llegado* a mis oídos de parte de Jehová
7.25 no *llegarán* allá por el temor de los 935
8.3 *llegué* a la profetisa, la cual concibió 7126
8.8 pasará... y *llegará* hasta la garganta; y 5060
13.22 cercano a *llegar* está su tiempo, y sus 935
14.10 te debilitaste... y *llegaste* a ser
como nosotros? 2470
15.8 hasta Eglaim *llegó* su alarido, y hasta
16.8 habían *llegado* hasta Jazer, y se habían 5060
23.5 cuando *llegue* la noticia... tendrán dolor
28.15 turbión del azote, no *llegará* a nosotros 935
30.4 cuando... sus embajadores *lleguen* a Hanes ... 5060
30.28 cual torrente... *llegará* hasta el cuello 2673
37.3 los hijos han *llegado* hasta el punto de 935
37.24 *llegaré* hasta sus... elevadas cumbres 5927
57.3 mas vosotros *llegaos* acá, hijos de la 7126
63.4 y el año de mis redimidos ha *llegado* 935
Jer 5.31 ¿qué, pues, haréis cuando *llegue* el
25.31 *llegará* el estruendo hasta el fin de 935
30.21 le haré *llegar* cerca, y él se acercará 7126
36.7 quizá *llegue* la oración de ellos a la 5307
37.5 y *llegó* noticia de ello a oídos de los 8085
41.7 *llegaron*... ciudad, Ismael... los degolló 935
43.7 y entraron en... y *llegaron* hasta Tafnes 935
48.32 tus sarmientos... *llegaron* hasta el mar 5060
48.34 el clamor de Hesbón *llega* hasta Eleale
51.9 ha *llegado* hasta el cielo su juicio, y 5060
51.61 cuando *llegues* a Babilonia, y veas y 935
52.3 *llegó* a echarlos de su presencia
Lm 2.5 *llegó* a ser como enemigo, destruyó a
4.18 se cumplieron... porque *llegó* nuestro fin 935
4.21 aun hasta ti *llegará* la copa... vomitarás 5674
Ez 9.1 los verdugos de la ciudad han *llegado* 7126
11.16 por... santuario en las... adonde *lleguen* 935
12.16 cuenten... las naciones adonde *llegaron* 935
16.7 *llegaste* a ser muy hermosa; tus pechos 935
16.13 prosperaste hasta *llegar* a reinar
16.33 se *llegasen* a ti en tus fornicaciones 935
18.6 no... ni se *llegare* a la mujer menstruosa 7126
21.7 por una noticia que cuando *llegue* hará 935
21.25 impío príncipe de... cuyo día ha *llegado* 935
22.4 día, y has *llegado* al término de tus años 935
23.4 Aholiba; las cuales *llegaron* a ser mías
23.17 se *llegaron* a ella los... de Babilonia 935
27.25 *llegaste* a ser opulenta... en gran manera
33.22 sobre mí... antes de *llegar* el fugitivo 935
36.20 cuando *llegaron* a las naciones adonde 935
36.22 entre... naciones adonde habéis *llegado* 935
Dn 4.11 su copa *llegaba* hasta el cielo, y se 4291
4.20 y cuya copa *llegaba* hasta el cielo, y 4291
4.22 creció... y ha *llegado* hasta el cielo, y 4291
6.24 aún no habían *llegado* al fondo del foso 4291
7.22 *llegó* el tiempo, y... recibieron el reino 4291
8.7 y lo vi que *llegó* junto al carnero, y se 5060
8.23 cuando... transgresores *lleguen* al colmo
11.27 porque el plazo aún no habrá *llegado*
11.45 *llegará* a su fin, y no tendrá quien le 935
12.12 el que espere, y *llegue* a 1.335 días 5060
Os 9.9 *llegaron* hasta lo más... en su corrupción
9.12 y si *llegaren* a grandes sus hijos, los
Am 2.7 hijo y su padre se *llegan* a la misma 1980
Abd 7 hasta los confines te hicieron *llegar* 7971
Jon 2.7 mi oración *llegó* hasta ti en tu santo 935

L

3.6 *llegó* la noticia hasta el rey de Nínive 5060
Mi 1.9 llaga es dolorosa, y *llegó* hasta Judá 935
1.9 *llegó* hasta la puerta de mi pueblo, hasta 5060
2.1 mal, y cuando *llega* la mañana lo ejecutan 216
4.10 saldrás de... y *llegarás* hasta Babilonia 935
Hag 1.2 no ha *llegado* aún el tiempo... la casa 935
Zac 14.5 el valle... *llegará* hasta Azal 5060
Mt 2.9 *llegando*, se detuvo sobre donde estaba *2064*
8.16 y cuando *llegó* la noche, trajeron a él *1096*
8.28 *llegó* a la otra orilla, a la tierra de *2064*
9.28 y *llegado* a la casa, vinieron a él los *2064*
12.28 ha *llegado* a vosotros el reino de Dios *5348*
12.44 y cuando *llega*, la halla desocupada y *2064*
14.12 *llegaron* sus discípulos, y tomaron el *4334*
14.23 y cuando *llegó* la noche, estaba allí *1096*
16.5 *llegando* sus discípulos al otro lado, se *2064*
17.14 cuando *llegaron* al gentío, vino a él un *2064*
17.24 cuando *llegaron* a Capernaum, vinieron *2064*
20.8 cuando *llegó* la noche, el señor de la *1096*
25.20 *llegando* el que había recibido cinco *4334*
25.22,24 *llegando*... el que había recibido *4334*
26.20 *llegó* la noche, se sentó a la mesa con *1096*
26.36 *llegó* Jesús con ellos a un lugar que se *2064*
26.45 *llegado* la hora, y el Hijo del Hombre *2064*
27.33 y cuando *llegaron* a un lugar llamado *2064*
27.57 cuando *llegó* la noche, vino un hombre *1096*
28.2 un ángel... *llegando*, removió la piedra *4334*
Mr 1.32 cuando *llegó* la noche... trajeron todos
3.26 Satanás... se divide... ha *llegado* su fin *2192*
4.29 mete la hoz, porque la siega ha *llegado* *3936*
4.35 cuando *llegó* la noche... dijo: Pasemos al *1096*
6.2 y *llegado* el día de reposo, comenzó a *1096*
6.33 fueron allá... *llegaron* antes que ellos *4281*
7.30 cuando *llegó* ella a su casa, halló que *565*
9.14 *llegó* a donde estaban los discípulos, vio *2064*
9.33 *llegó* a Capernaum; y cuando estuvo en *2064*
11.13 cuando *llegó* a... nada halló sino hojas *2064*
11.19 al *llegar* la noche, Jesús salió de la *1096*
14.17 y cuando *llegó* la noche, vino él con *2064*
15.42 *llegó* la noche... es decir, la víspera *1096*
Lc 1.44 porque tan pronto como *llegó* la voz *1096*
4.42 y *llegando* adonde estaba, le detenían *2064*
6.16 Iscariote, que *llegó* a ser el traidor
7.12 cuando *llegó* cerca de la puerta de la *1448*
8.19 no podían *llegar* hasta él por causa de *4940*
8.27 al *llegar* él a tierra, vino... un hombre *1831*
10.32 *llegando* cerca de... y viéndole, pasó de *2064*
11.20 el reino de Dios ha *llegado* a vosotros *5348*
11.25 *llega*, la halla barrida y adornada *2064*
12.33 ladrón no *llega*, ni polilla destruye *1448*
12.36 para que cuando *llegue* y llame, le abran *2064*
13.31 día *llegaron* unos fariseos, diciéndole *4334*
13.35 *llegue* el tiempo en que digáis: Bendito *2240*
15.6 y al *llegar* a casa, reúne a sus amigos *2064*
15.25 cuando vino, y *llegó* cerca de la casa *2064*
18.40 traerle... y cuando *llegó*, le preguntó *1448*
19.5 Jesús *llegó*... mirando hacia arriba, le vio *2064*
19.29 *llegando* cerca de Betfagé y de Betania *1448*
19.37 cuando *llegaban* ya cerca de la bajada *1448*
19.41 cuando *llegó* cerca de la ciudad, al *1448*
20.1 *llegaron* los principales sacerdotes y *2186*
20.27 *llegando*... de los saduceos, los cuales *4334*
21.20 sabed... que su destrucción ha *llegado* *1448*
22.7 *llegó* el día de los panes sin levadura *2064*
22.40 cuando *llegó* a aquel lugar, les dijo *1096*
23.33 y cuando *llegaron* al lugar llamado de *565*
24.28 *llegaron* a la aldea adonde iban, y él *1448*
Jn 4.35 **cuatro meses para que *llegue* la siega** *2064*
4.47 oyó que Jesús había *llegado* de Judea a *2240*
6.21 en la barca, la cual *llegó*... a la tierra *1096*
6.25 le dijeron: Rabí, ¿cuándo *llegaste* acá? *1096*
7.6 les dijo: Mi tiempo aún no ha *llegado* *3918*
7.30; 8.20 porque aún no había *llegado* su hora *2064*
11.32 cuando *llegó* a donde estaba Jesús, al *2064*
12.23 ha *llegado* la hora para que el Hijo del *2064*
12.27 mas para esto he *llegado* a esta hora *2064*
13.1 sabiendo... que su hora había *llegado* para *2064*
16.4 que cuando *llegue* la hora, os acordéis *2064*
16.21 tiene dolor, porque ha *llegado* su hora *2064*
17.1 Padre, la hora ha *llegado*; glorifica a *2064*
19.33 cuando *llegaron* a Jesús, como le vieron *2064*
20.4 corrió más... y *llegó* primero al sepulcro *2064*
20.6 *llegó* Simón Pedro tras él, y entró en *2064*
20.19 *llegó* la noche de aquel mismo día, el
20.26 *llegó* Jesús... las puertas cerradas, y se *2064*
Hch 2.1 cuando *llegó* el día de Pentecostés *4845*
5.22 cuando *llegaron* los alguaciles, no los *3854*
8.36 *llegaron* a cierta agua, y dijo el eunuco *2064*
8.40 el evangelio... hasta que *llegó* a Cesarea *2064*
9.3 al *llegar* cerca de Damasco... resplandor *1096*
9.24 pero sus asechanzas *llegaron* a... de Saulo *1097*
9.26 *llegó* a Jerusalén, trataba de juntarse *3854*
9.39 y cuando *llegó*: le llevaron a la sala *3854*
10.17 preguntando por... *llegaron* a la puerta *2186*
10.32 envía... y cuando *llegue*, él te hablará *3854*
11.11 luego *llegaron* tres hombres a la casa *2186*
11.22 *llegó* la noticia... oídos de la iglesia *191*
11.23 cuando *llegó*, y vio la gracia de Dios *3854*
12.10 *llegaron* a la puerta de hierro que daba *2064*
12.12 *llegó* a casa de María la madre de Juan *2064*
13.5 y *llegados* a Salamina, anunciaban la *1096*
13.14 ellos... *llegaron* a Antioquía de Pisidia *3854*
13.51 sacudiendo... el polvo... *llegaron* a Iconio *2064*
14.27 habiendo *llegado*... iglesia, refirieron *3854*
15.4 *llegados* a Jerusalén, fueron recibidos *3854*
15.25 habiendo *llegado* a un acuerdo, elegir *1096*
16.1 después *llegó* a Derbe y a Listra; y he *2658*
16.7 cuando *llegaron* a Misia, intentaron ir *2064*
17.1 *llegaron* a Tesalónica, donde había una *2064*
17.10 ellos, habiendo *llegado*, entraron en la *3854*
18.19 y *llegó* a Efeso, y los dejó allí; y *2658*
18.24 *llegó* entonces a Efeso un judío... Apolos *2658*
18.27 *llegado* él allá, fue de gran provecho *3854*
20.2 después... de exhortarles... *llegó* a Grecia *2064*
20.15 navegando de... *llegamos* delante de Quío *2064*
20.15 al día siguiente *llegamos* a Mileto *2658*
21.17 *llegamos* a Jerusalén, los hermanos nos *1096*
21.33 *llegando* el tribuno, le prendió y le *1448*
21.35 al *llegar* a las gradas, aconteció que *1096*
22.6 que yendo yo, al *llegar* cerca de Damasco *1448*
22.11 *llevado* de la mano... *llegué* a Damasco *2064*
23.15 listos para matarle antes que *llegue* *1448*
23.33 cuando aquéllos *llegaron* a Cesarea, y *1525*
25.1 *llegado*... Festo a la provincia, subió de *1910*
25.7 éste *llegó*, lo rodearon los judíos que *3854*
27.3 al otro día *llegamos* a Sidón; y Julio *2609*
27.7 y *llegando* a duras penas frente a Gnido *1096*
27.8 *llegamos* a un lugar que llaman Buenos *2064*
28.12 y *llegados* a Siracusa, estuvimos allí *2609*
28.13 de allí, costeando... *llegamos* a Regio *2658*
28.13 sur, *llegamos* al segundo día a Puteoli *2064*
28.16 cuando *llegamos* a Roma, el centurión *2064*
Ro 4.18 él creyó en... para *llegar* a ser padre *1096*
7.13 el pecado *llegase* a ser sobremanera *1096*
15.29 *llegaré* con abundancia de la bendición *2064*
15.32 *llegue* a vosotros por la voluntad de *2064*
1 Co 3.18 hágase ignorante... *llegue* a ser sabio *1096*
4.9 pues hemos *llegado* a ser espectáculo al *1096*
14.36 de Dios, o solo a vosotros ha *llegado*? *1831*
16.2 para que cuando yo *llegue* no se recojan *2064*
16.3 *llegado*, a quienes hubiereis designado *3854*
16.10 si *llega* Timoteo, mirad que esté con *2064*
2 Co 2.3 que cuando *llegue* no tenga tristeza *2064*
2.12 cuando *llegué* a Troas para predicar el *2064*
10.13 para *llegar* también hasta vosotros *2185*
10.14 como si no *llegásemos* hasta vosotros *2185*
10.14 los primeros en *llegar* hasta vosotros *5348*
12.20 temo que cuando *llegue*, no os halle *2064*
Ef 4.13 todos *lleguemos* a la unidad de la fe *2658*
Fil 3.10 *llegando* a ser semejante a él en su
3.11 *llegase* a la resurrección de entre los *2658*
3.16 en aquello a que hemos *llegado*, sigamos *5348*
Col 1.6 ha *llegado* hasta vosotros, así como *3918*
1 Ts 1.5 pues nuestro evangelio no *llegó* a *1096*
2.8 habéis *llegado* a sernos muy queridos *1096*
2 Ti 3.7 nunca pueden *llegar* al conocimiento *2064*
He 5.12 habéis *llegado* a ser tales que tenéis *1096*
7.23 otros sacerdotes *llegaron* a ser muchos *1526*
10.33 *llegasteis* a ser compañeros de los que *1096*
2 P 1.4 *llegaseis* a ser participantes de la *1096*
Ap 1.13 de una ropa que *llegaba* hasta los pies
6.17 porque el gran día de su ira ha *llegado* *2064*
14.7 porque la hora de su juicio ha *llegado* *2064*
14.15 la hora de segar ha *llegado*, pues la *2064*
18.5 sus pecados han *llegado* hasta el cielo *190*
19.7 han *llegado* las bodas del Cordero, y su *2064*

LLENAR

Gn 1.22 y *llenad* las aguas en los mares, y 4390
1.28; 9.1 multiplicaos... *llenad* la tierra 4390
21.19 fue y *llenó* el odre de agua, y dio de 4390
24.16 descendió a la... y *llenó* su cántaro, y 4390
26.15 los habían cegado y *llenado* de tierra 4390
42.25 mandó José que *llenaran* sus sacos de 4390
44.1 *llena* de alimento los costales de estos 4390
Éx 1.7 de Israel... se *llenó* de ellos la tierra 4390
2.16 sacar agua para *llenar* las pilas y dar 4390
8.21 se *llenarán* de toda clase de moscas, y 4390
10.6 *llenará* tus casas, y las casas de todos 4390
16.32 *llenad* un gomer de él, y guardadlo para 4393
28.3 yo he *llenado* de espíritu de sabiduría 4390
28.17 *llenarás* de pedrería en cuatro hileras 4390
29.33 para *llenar* sus manos para consagrarlos 4390
31.3 lo he *llenado* del Espíritu de Dios, en 4390
35.31 y lo ha *llenado* del Espíritu de Dios 4390
35.35 los ha *llenado* de sabiduría de corazón 4390
40.34 gloria de Jehová *llenó* el tabernáculo 4390
40.35 nube... la gloria de Jehová lo *llenaba* 4390
Lv 9.17 la ofrenda, y *llenó* de ella su mano 4390
19.29 no se prostituya... y se *llene* de maldad 4390
Nm 14.21 yo, y mi gloria *llena* toda la tierra 4390
Dt 6.11 casas *llenas* de... que tú no llenaste 4392
Jos 9.13 cueros de vino... los *llenamos* nuevos 4390
10.10 y Jehová los *llenó* de consternación
Jue 8.12 *llenó* de espanto a todo el ejército
20.41 los de Benjamín se *llenaron* de temor
1 S 2.33 será para... *llenar* tu alma de dolor
5.9 afligió a los... y se *llenaron* de tumores
16.1 *llena* tu cuerno de aceite... te enviaré 4390
1 R 8.10 la nube *llenó* la casa de Jehová 4390
8.11 gloria de Jehová había *llenado* la casa 4390
18.34 dijo: *llenad* cuatro cántaros de agua 4390
18.35 agua... se había *llenado* de agua la zanja 4390
20.27 Israel... los sirios *llenaban* la tierra 4390
2 R 3.20 Edom, y la tierra se *llenó* de aguas 4390
3.25 echó cada uno su piedra, y las *llenaron* 4390
4.39 y de ella *llenó* su falda de calabazas 4393
10.21 el templo de Baal se *llenó* de extremo a 4390
21.16 mucha sangre... hasta *llenar* a Jerusalén 4390
23.14 *llenó* el lugar de ellos de huesos de 4390
24.4 *llenó* a Jerusalén de sangre inocente 4390
2 Cr 5.13 la casa se *llenó* de una nube, la casa 4390
5.14; 7.1,2 la gloria de Jehová había *llenado* la 4390
16.14 un ataúd, el cual *llenaron* de perfumes 4390
24.10 las echaron en el arca hasta *llenarla* 3615
26.19 entonces Uzías... se *llenó* de ira; y en
Esd 9.11 abominaciones de que la han *llenado* 4390
Neh 9.29 ellos se *llenaron* de soberbia, y no
Est 3.5 que Mardoqueo ni... y se *llenó* de ira 4390
5.9 Amán... se *llenó* de ira contra Mardoqueo 4390
Job 3.15 oro, que *llenaban* de plata sus casas 7646
8.21 *llenará* tu boca de risa, y tus labios 4390
9.18 no... sino que me ha *llenado* de amarguras 7646
15.2 y *llenará* su vientre de viento solano? 4390
16.8 tú me has *llenado* de arrugas; testigo 7059
20.23 cuando se pusiere a *llenar* su vientre 4390
23.4 causa... *llenaría* mi boca de argumentos 4390
36.17 mas tú has *llenado* el juicio del impío 4390
Sal 21.6 *llenaste* de alegría con tu presencia 2302
73.21 se *llenó* de amargura mi alma, y en mi
80.9 hiciste arraigar sus... y *llenó* la tierra 4390
81.10 yo soy... abre tu boca, y yo la *llenaré* 4390
83.16 *llena* sus rostros de vergüenza... Jehová 4390
84.6 cuando la lluvia *llena* los estanques 5844
104.16 *llenan* de savia los árboles de Dios 7646
107.9 sacia... *llena* de bien al alma hambrienta 4390
110.6 las *llenará* de cadáveres; quebrantará 4390
126.2 nuestra boca se *llenará* de risa, y 4390
127.5 bienaventurado el... que *llenó* su aljaba 4390
129.7 de la cual no *llenó* el segador su mano 4390
Pr 1.13 *llenaremos* nuestras casas de despojos 4390
8.21 su heredad, y que yo *llene* sus tesoros 4390
18.20 del fruto de la... se *llenará* su vientre 7646
24.4 con ciencia se *llenarán* las cámaras de 4390
28.19 el que sigue a los ociosos se *llenará* 7646
Ec 1.7 ríos todos van... y el mar no se *llena* 4392
5.20 Dios le *llenará* de alegría el corazón 6030
Is 6.1 sentado... sus faldas *llenaban* el templo 4390
6.4 que clamaba, y la casa se *llenó* de humo 4390
8.8 *llenará* la anchura de... tierra, oh Emanuel 4393
9.1 al fin *llenará* de gloria el camino del
13.8 y se *llenarán* de terror; angustias y
13.21 sus casas se *llenarán* de hurones; allí 4390
14.21 ni posean la tierra, ni *llenen*... mundo 4390
15.9 las aguas de Dimón se *llenarán* de sangre 4390
21.3 por tanto, mis lomos se han *llenado* de 4390
27.6 días... la faz del mundo *llenará* de fruto 4390
33.5 *llenó* a Sion de juicio y de justicia 4390
66.10 *llenaos* con ella de gozo, todos los que
Jer 13.12(2) toda tinaja se *llenará* de vino 4390
13.13 que yo *lleno* de embriaguez a todos los 4390
15.9 *llenó* de dolor su alma, su sol se puso
15.17 me senté solo, porque me *llenaste* de 4390
16.18 sus abominaciones *llenaron* mi heredad 4390
19.4 *llenaron* este... de sangre de inocentes 4390
23.24 ¿no *lleno* yo... el cielo y la tierra? 4390
33.5 *llenarlas* de cuerpos de hombres muertos 4390
41.9 Ismael hijo de Netanías la *llenó* de 4390
46.12 tu afrenta, y tu clamor *llenó* la tierra 4390
50.11 *llenasteis* como novilla sobre la hierba 6335
51.14 *llenaré* de hombres como de langostas 4390
51.34 *llenó* su vientre de mis delicadezas 4390
Lm 3.15 me *llenó* de amarguras, me embriagó de 7646
Ez 3.3 *llena* tus entrañas de este rollo que yo 4390
7.19 no saciarán su... ni *llenarán* sus entrañas 4390
8.17 que han *llenado* de maldad la tierra, se 4390
9.7 contaminad la casa, y *llenad* los atrios 4390
10.2 *llena* tus manos de carbones encendidos 4390
10.3 y la nube *llenaba* el atrio de adentro 4390
10.4 la casa fue *llena*... y el atrio se *llenó* 4390
11.6 y habéis *llenado* de muertos sus calles 4390
16.50 y se *llenaron* de soberbia, e hicieron
24.4 sus piezas... *llénala* de huesos escogidos 4390
30.11 sobre Egipto, y *llenarán* de muertos la 4390
32.5 y *llenaré* los valles de tus cadáveres 4390
32.6 montes; y los arroyos se *llenarán* de ti 4390
35.8 *llenaré* sus montes de sus muertos; en 4390
43.5 que la gloria de Jehová *llenó* la casa 4390
44.4 gloria de Jehová había *llenado* la casa 4390
Dn 2.35 un gran monte que *llenó* toda la tierra 4391
3.19 entonces Nabucodonosor se *llenó* de ira 4391
Jl 2.24 las eras se *llenarán* de trigo, y los 4390
Nah 2.12 *llenaba* de presa sus cavernas, y de 4390
Hab 2.16 te has *llenado* de deshonra más
que de honra 7646
3.3 gloria... y la tierra se *llenó* de su alabanza 4390
Sof 1.9 que *llenan* las casas de sus señores de 4390
Hag 2.7 *llenaré* de gloria esta casa, ha dicho 4390
Zac 9.15 y se *llenarán* como tazón, o... cuernos 4390
Mt 23.32 ***llenad* la medida de vuestros padres!** *4137*
Lc 1.65 se *llenaron* de temor todos sus vecinos *1096*
2.40 niño crecía... y se *llenaba* de sabiduría *4137*
4.28 al oír estas cosas... se *llenaron* de ira *4130*
5.7 y vinieron, y *llenaron* ambas barcas, de *4130*
6.11 ellos se *llenaron* de furor, y hablaban *4130*
14.23 fuérzalos... para que se *llene* mi casa *1072*
15.16 *llenar* su vientre de las algarrobas que *1072*
Jn 2.7 ***llenad* estas... las *llenaron* hasta arriba** *1072*
6.13 y *llenaron* doce cestas de pedazos, que *1072*
12.3 la casa se *llenó* del olor del perfume *4137*
16.6 tristeza ha *llenado* vuestro corazón *4137*
Hch 2.2 un viento... el cual *llenó* toda la casa *4137*
2.28 me *llenarás* de gozo con tu presencia *4137*
3.10 y se *llenaron* de asombro y espanto por *4130*
5.3 ¿por qué *llenó* Satanás tu corazón para *4137*
5.17 de los saduceos, se *llenaron* de celos *4137*
5.28 habéis *llenado* a Jerusalén de vuestra *4137*
13.45 se *llenaron* de celos, y rebatían lo *4130*
14.17 bien... *llenando* de sustento y de alegría *1705*
19.28 cosas, se *llenaron* de ira, y gritaron *4134*
19.29 la ciudad se *llenó* de confusión, y a *4130*
Ro 15.13 Dios... os *llene* de todo gozo y paz en *4137*

15.19 lo he *llenado* del evangelio de Cristo *4137*
Ef 1.23 plenitud de Aquel que todo lo *llena* *4137*
4.10 subió por encima de...para *llenarlo* todo *4137*
2 Ti 1.4 deseando verte...para *llenarme* de gozo *4137*
Ap 8.5 ángel tomó el incensario, y lo *llenó* *1072*
12.17 el dragón se *llenó* de ira contra la
15.8 templo se *llenó* de humo por la gloria *1072*

LLENO, A

Gn 6.11 y estaba la tierra *ll* de violencia 4390
6.13 está *ll* de violencia a causa de ellos............ 4390
9.19 Noé, y de ellos fue *ll* toda la tierra............. 5310
14.10 valle...estaba *ll* de pozos de asfalto
25.8 y murió Abraham...anciano y *ll* de años 7649
35.29 Isaac...murió...viejo y *ll* de días; y lo......... 7649
41.5 siete espigas *ll* y hermosas crecían de......... 1277
41.7 devoraban a las...espigas gruesas y *ll* 4392
41.22 espigas crecían en una misma caña, *ll* 4392
Lv 2.2 tomará...puño *ll* de la flor de harina........... 4393
5.12 el sacerdote tomará de ella su puño *ll*......... 4393
16.12 tomará un incensario *ll* de brasas de......... 4393
16.12 y sus puños *ll* del perfume aromático 4393
Nm 7.13,19,25,31,37,43,49,55,61,67,73,79 *ll* de flor de harina amasada con aceite................ 4392
7.14,20,26,32,38,44,50,56,62,68,74,80 una cuchara de oro...*ll* de incienso 4392
7.86 las doce cucharas de oro *ll* de incienso 4392
22.18; 24.13 me diese su casa *ll* de plata 4393
Dt 6.11 *ll* de todo bien, que tú no llenaste.............. 4392
8.15 un desierto...*ll* de serpientes ardientes
33.23 Neftalí...*ll* de la bendición de Jehová 4392
34.9 Josué...fue *ll* del espíritu de sabiduría 4392
Jue 6.38 exprimió...sacó...un tazón *ll* de agua 4392
16.27 la casa estaba *ll* de hombres y mujeres....... 4390
Rt 1.21 me fui *ll*, pero Jehová me ha vuelto............ 4390
1 S 12.2 yo soy ya viejo y *ll* de canas; pero
2 S 23.11 un pequeño terreno *ll* de lentejas............ 4392
1 R 1.45 ungido...ciudad está *ll* de estruendo
7.14 e Hiram era *ll* de sabiduría...y ciencia 4390
2 R 3.17 pero este valle será *ll* de agua, y.............. 4390
4.4 echa...y cuando una esté *ll*, ponla aparte 4392
4.6 cuando las vasijas estuvieron *ll*, dijo............ 4390
6.17 monte estaba *ll* de gente de a caballo 4390
7.15 todo el camino estaba *ll* de vestidos y 4392
1 Cr 11.13 una parcela de tierra *ll* de cebada 4392
23.1 siendo, pues, David ya viejo y *ll* de días........ 7646
29.28 *ll* de días, de riquezas y de gloria............. 7646
2 Cr 24.15 Joiada...murió *ll* de días; de 130............ 7646
30.15 levitas *ll* de vergüenza se santificaron
Neh 9.25 y heredaron casas *ll* de todo bien............ 4392
Job 7.4 estoy *ll* de inquietudes hasta el alba 7646
20.11 sus huesos están *ll* de su juventud, mas....... 4390
21.24 sus vasijas estarán *ll* de leche, y sus 4390
32.18 *ll* estoy de palabras, y me apremia el......... 4390
36.16 y te preparará mesa *ll* de grosura 4390
42.17 y murió Job viejo y *ll* de días 7649
Sal 10.7 *ll* está su boca de maldición, y de 4390
17.14 y cuyo vientre está *ll* de tu tesoro 7646
26.10 mal, y su diestra está *ll* de sobornos.......... 4390
33.5 de la misericordia...está *ll* la tierra 4390
38.7 porque mis lomos están *ll* de ardor, y 4390
48.10 Dios...de justicia está *ll* tu diestra............ 4390
65.9 el río de Dios, *ll* de aguas, preparas 4390
71.8 sea *ll* mi boca de tu alabanza, de tu 4390
72.19 y toda la tierra sea *ll* de su gloria 4390
74.20 los lugares tenebrosos...*ll* de violencia....... 4390
75.8 el vino está fermentado, *ll* de mistura 4392
104.24 la tierra está *ll* de tus beneficios 4390
119.64 de tu misericorida...está *ll* la tierra......... 4390
144.13 nuestros graneros *ll*, provistos de........... 4392
Pr 3.10 serán *ll* tus graneros con abundancia 4390
17.1 que casa de contiendas *ll* de provisiones 4392
19.23 y con él vivirá *ll* de reposo el hombre 7949
20.17 pero después su boca será *ll* de cascajo 4390
Ec 4.6 más vale un puño *ll* con descanso, que.......... 4393
4.6 ambos puños *ll* con trabajo y aflicción.......... 4393
9.3 corazón de los...hombres está *ll* de mal 4390
10.12 palabras...del sabio son *ll* de gracia
11.3 si las nubes fueren *ll* de aguas, sobre.......... 4390
Cnt 5.2 porque mi cabeza está *ll* de rocío, mis.......... 4390
Is 1.15 *ll* están de sangre vuestras manos 4390
1.21 *ll* estuvo de justicia, en ella habitó 4392
2.6 *ll* de costumbres traídas del oriente, y 4390
2.7 tierra está *ll* de plata...*ll* de caballos 4390
Is 2.8 además su tierra está *ll* de ídolos, y se.......... 4390
6.3 toda la tierra está *ll* de su gloria............... 4393
9.12 y a boca *ll* devorarán a Israel. Ni con 3605
11.9 la tierra será *ll* del conocimiento de 4390
22.2 tú, *ll* de alborotos, ciudad turbulenta 4392
22.7 hermosos valles fueron *ll* de carros, y 4390
28.8 toda mesa está *ll* de vómito y suciedad 4390
30.27 sus labios *ll* de ira, y su lengua como 4390
34.6 *ll* está de sangre la espada de Jehová 4390
41.15 trillo nuevo, *ll* de dientes; trillarás........... 1167
51.20 *ll* de la indignación de Jehová, de la.......... 4392
Jer 5.27 como jaula *ll* de pájaros, así están 4392
5.27 sus casas *ll* de engaño; así se hicieron......... 4392
6.6 ciudad...toda ella está *ll* de violencia........... 3605
6.11 por tanto, estoy *ll* de la ira de Jehová.......... 4392
15.9 fue avergonzada y *ll* de confusión; y lo
23.10 porque la tierra está *ll* de adúlteros.......... 4390
35.5 copas *ll* de vino, y les dije: Bebed vino 4392
51.5 su tierra fue *ll* de pecado contra el 4390
Ez 1.18 y *ll* de ojos alrededor en las cuatro 4392
7.23 *ll* de delitos...y la ciudad está *ll* de 4390
9.9 está *ll* de sangre, y...*ll* de perversidad.......... 4390
10.4 la casa fue *ll* de la nube, y el atrio 4390
10.12 alas y las ruedas estaban *ll* de ojos........... 4392
17.3 gran águila...*ll* de plumas de diversos 4392
23.33 serás *ll* de embriaguez y de dolor por 4390
26.2 se volvió; yo seré *ll*, y ella desierta............. 4390
28.12 eras el sello de la...*ll* de sabiduría 4392
28.16 fuiste *ll* de iniquidad, y pecaste; por 4390
36.38 ciudades desiertas serán *ll* de rebaños 4390
37.1 en medio de un valle que...*ll* de huesos........ 4392
Jl 3.13 el lagar está *ll*, rebosan las cubas 4390
Am 2.13 como se aprieta el carro *ll* de gavillas........ 4392
Mi 3.8 mas yo estoy *ll* de poder del Espíritu 4390
Nah 1.2 es vengador y *ll* de indignación; se
3.1 ¡ay de ti, ciudad...toda *ll* de mentira y.......... 4392
Hab 2.14 la tierra será *ll* del conocimiento de 4390
Zac 8.5 las calles...estarán *ll* de muchachos 4390
Mt 6.22 **si tu ojo es... cuerpo estará *ll* de luz**........... *5460*
13.48 **y una vez *ll*, la sacan a la orilla** *4137*
14.20 sobró de los pedazos, doce cestas *ll* *4134*
15.37 sobró de los pedazos, siete canastas *ll*........ *4134*
22.10 **y las bodas fueron *ll* de convidados** *4130*
23.25 **pero por dentro estáis *ll* de robo y de**......... *1073*
23.27 **dentro están *ll* de huesos de muertos**......... *1073*
23.28 **por dentro estáis *ll* de hipocresía e**........... *3324*
Mr 4.28 **espiga, después grano *ll* en la espiga**......... *4134*
6.43 los pedazos doce cestas *ll*, y de lo que *4134*
8.19 **cestas *ll* de los pedazos recogisteis?**........... *4134*
8.20 **¿cuántas canastas *ll* de... recogisteis?**......... *4138*
Lc 1.15 *ll* del Espíritu Santo, aun desde el.............. *4130*
1.41 y Elisabet fue *ll* del Espíritu Santo *4130*
1.67 Zacarías...fue *ll* del Espíritu Santo, y.......... *4130*
4.1 Jesús, *ll* del Espíritu Santo, volvió del *4134*
5.12 se presentó un hombre *ll* de lepra............. *4134*
5.26 y *ll* de temor, decían: Hoy hemos visto *4130*
11.34 **también todo tu cuerpo está *ll* de luz** *5460*
11.36 **que, si todo tu cuerpo está *ll* de luz**........... *5460*
11.39 **pero por dentro estáis *ll* de rapacidad** *1073*
16.20 **mendigo... a la puerta de... *ll* de llagas**
Jn 1.14 su gloria...*ll* de gracia y de verdad *4134*
19.29 estaba allí una vasija *ll* de vinagre *3324*
21.11 la red a tierra, *ll* de grandes peces *3324*
Hch 2.4 y fueron todos *ll* del Espíritu Santo *4130*
2.13 burlándose, decían: Están *ll* de mosto.......... *3325*
4.8 Pedro, *ll* del Espíritu Santo, les dijo *4130*
4.31 todos fueron *ll* del Espíritu Santo, y............ *4130*
6.3 a siete varones...*ll* del Espíritu Santo........... *4134*
6.5 varón *ll* de fe y del Espíritu Santo *4134*
6.8 Esteban, *ll* de gracia y de poder, hacía.......... *4134*
7.55 Esteban, *ll* del Espíritu Santo, puestos *4134*
9.17 recibas la vista y seas *ll* del Espíritu *4130*
11.24 varón bueno, y *ll* del Espíritu Santo y......... *4134*
13.9 Pablo, *ll* del Espíritu Santo, fijando en *4130*
13.10 ¡oh *ll* de todo engaño y de toda maldad....... *4134*
13.52 y los discípulos estaban *ll* de gozo y *4137*
Ro 1.29 *ll* de envidia, homicidios, contiendas *4137*
3.14 boca está *ll* de maldición y...amargura........ *1073*
15.14 *ll* de bondad, *ll* de todo conocimiento *3324,4137*
2 Co 7.4 *ll* estoy de consolación; sobreabundo *4137*
Ef 3.19 seáis *ll* de toda la plenitud de Dios *4137*
5.18 no os...antes bien sed *ll* del Espíritu.......... *4137*
Fil 1.11 *ll* de frutos de justicia que son por............ *4137*
4.18 *ll*, habiendo recibido de Epafrodito lo *4137*
Col 1.9 pedir que seáis *ll* del conocimiento *4137*
Stg 3.8 la lengua es un...*ll* de veneno mortal *3324*
3.17 *ll* de misericordia y de buenos frutos *3324*
2 P 2.14 tienen los ojos *ll* de adulterio, no *3324*
Ap 4.6 había...cuatro seres vivientes *ll* de ojos *1073*
4.8 alrededor y por dentro...*ll* de ojos; y no *1073*
5.8 arpas, y copas de oro *ll* de incienso, que *1073*
15.7 copas de oro, *ll* de la ira de Dios, que *1073*
17.3 *ll* de nombres de blasfemia, que tenía *1073*
17.4 un cáliz de oro *ll* de abominaciones y.......... *1073*
21.9 las siete copas *ll* de las siete plagas............ *1073*

LLEVAR

Gn 5.24 y desapareció, porque le *llevó* Dios 3947
12.15 fue *llevada* la mujer a casa de Faraón........ 3947
15.5 lo *llevó* fuera, y le dijo: Mira ahora 3318
19.17 los hubieron *llevado* fuera, dijeron 3318
27.10 tú las *llevarás* a tu padre, y comerá 935
30.15 te has de *llevar* las mandrágoras de.......... 3947
31.32 lo que yo tenga tuyo, y *llévatelo* 3947
32.17 ¿y para quién es...que *llevas* delante
34.29 *llevaron* cautivos a todos sus niños y 7617
37.25 y mirra, e iban a *llevarlo* a Egipto 3381
37.28 vendieron...Y *llevaron* a José a Egipto 935
39.1 *llevado*, pues, José a Egipto, Potifar 3381
39.1 ismaelitas que lo habían *llevado* allá 3381
42.19 vosotros id y *llevad* el alimento para 935
42.36 y a Benjamín le *llevaréis*; contra mí 3947
43.11 *llevad* a aquel varón un presente, un......... 3947
43.12 *llevad*...el dinero vuelto en las bocas......... 3947
43.16 dijo al...*Lleva* a casa a esos hombres.......... 935
43.17 y *llevó* a los hombres a casa de José........... 935
43.18 cuando fueron *llevados* a casa de José 3947
43.24 *llevó* aquel varón a los hombres a casa........ 935
44.1 cuanto puedan *llevar*, y pon el dinero 5375
45.27 carros que José enviaba para *llevarlo*......... 5375
46.5 que Faraón había enviado para *llevarlo*........ 5375
47.30 cuando duerma...me *llevarás* de Egipto...... 5375
49.15 y bajó su hombro para *llevar*, y sirvió 5445
50.13 lo *llevaron* sus hijos a la tierra de 5375
50.25 jurar...haréis *llevar* de aquí mis huesos...... 5927
Éx 2.9 *lleva* a este niño y críamelo, y yo te 3212
3.1 *llevó* las ovejas a través del desierto 5090
12.34 *llevó* el pueblo su...antes que leudase 5375
12.46 no *llevarás* de aquella carne fuera de 3318
13.17 Dios no los *llevó* por el camino de la.......... 5148
15.13 lo *llevaste* con tu poder a tu...morada........ 5095
18.22 la carga...y la *llevarán* ellos contigo 935
21.6 su amo lo *llevará* ante los jueces, y le 5066
22.10 animal...fuere *llevado* sin verlo nadie......... 5414
23.4 si encontrares el...vuelve a *llevárselo* 7725
23.23 y te *llevará* a la tierra del amorreo 935
25.14 meterás...para *llevar* el arca con ellas 5375
25.27 anillos...las varas para *llevar* la mesa 5375
25.28 varas...con ellas será *llevada* la mesa........ 5375
27.7 varas a ambos lados...cuando sea *llevado* 5375
28.12 y Aarón *llevará* los nombres de ellos 5375
28.29 y *llevará* Aarón los nombres de...Israel 5375
28.30 y *llevará* siempre Aarón el juicio de 5375
28.38 *llevará* Aarón las faltas cometidas en 5375
28.43 para que no *lleven* pecado y mueran......... 5375
29.4 y *llevarás* a Aarón y a sus hijos a la........... 7126
29.10 después *llevarás* el becerro delante del...... 7126
30.4 para meter...varas con que será *llevado* 5375
32.34 *lleva* a este pueblo a donde te he dicho 5148
34.4 *llevó* en su...las dos tablas de piedra 3947
34.26 los primeros frutos...*llevarás* a la casa........ 935
37.5 y metió las varas...para *llevar* el arca......... 5375
37.14 metían las varas para *llevar* la mesa......... 5375
37.15 e hizo las varas...para *llevar* la mesa 5375
38.7 metió las varas...para *llevarlo* con ellas....... 5375
40.12 *llevarás* a Aarón y...hijos a la puerta......... 7126
Lv 2.8 sacerdote, el cual la *llevará* al altar............. 5066
5.1 y no lo denunciare, él *llevará* su pecado 5375
5.17 cosas...es culpable, y *llevará* su pecado 5375
7.18 la...que de él comiere *llevará* su pecado....... 5375
9.5 *llevaron* lo que mandó Moisés delante del 3947
10.17 *llevar* la iniquidad de la congregación........ 5375
10.18 ved...no fue *llevada* dentro del santuario 935
11.25 que *llevare* algo de sus cadáveres lavará 5375
11.28 el que *llevare* sus cadáveres, lavará 5375
13.45 el leproso...*llevará* vestidos rasgados
15.10 el que la *llevare*, lavará sus vestidos.......... 5375
16.12 perfume...y lo *llevará* detrás del velo 935
16.15 y *llevará* la sangre detrás del velo, y........... 935
16.22 y aquel macho cabrío *llevará* sobre sí 5375
16.26 el que hubiere *llevado* el macho cabrío....... 7971
16.27 cuya sangre fue *llevada* al santuario 935
17.16 si no los lavare...*llevará* su iniquidad 5375
19.8 y el que lo comiere *llevará* su delito 5375
20.17 la desnudez de su...su pecado *llevará*........ 5375
20.19 al descubrir la...su iniquidad *llevarán* 5375
20.20 su pecado *llevarán*; morirán sin hijos 5375
21.10 consagrado para *llevar* las vestiduras......... 3847
22.9 para que no *lleven* pecado por ello, no 5375
22.16 harían *llevar* la iniquidad del pecado......... 5375
24.11 el hijo...blasfemó...lo *llevaron* a Moisés....... 935
24.15 que maldijere a...*llevará* su iniquidad........ 5375
27.8 será *llevado* ante el sacerdote, quien 5975
Nm 1.50 *llevarán* el tabernáculo y todos sus.......... 5375
4.15 vendrán...hijos de Coat para *llevarlos* 5375
4.24 el oficio...para ministrar y para *llevar* 4853
4.25 *llevarán* las cortinas del tabernáculo.......... 5375
5.31 libre de...y la mujer *llevará* su pecado 5375
7.9 porque *llevaban* sobre sí en los hombros 5375
9.13 dejare de celebrar...*llevará* su pecado 5375
10.17 los hijos de Merari, que lo *llevaban*........... 5375
10.21 luego...coatitas *llevando* el santuario 5375
11.12 digas: *Llévalo*...como lleva la que cría 5375
11.17 *llevarán* contigo la carga del pueblo 5375
11.17 la carga del...no la *llevarás* tú solo........... 5375
14.8 él nos *llevará* a esta tierra, y nos la 935
14.33 *llevarán* vuestras rebeldías, hasta que 5375
14.34 *llevaréis* vuestras iniquidades 40 años........ 5375
15.18 en la tierra a la cual yo os *llevo* 935
18.1 tú y...*llevaréis* el pecado del santuario 5375
18.1 tú y...*llevaréis* el pecado de...sacerdocio...... 5375
18.22 para que no *lleven* pecado por el cual........ 5375
18.23 levitas...ellos *llevarán* su iniquidad 5375
18.32 y no *llevaréis* pecado por ello, cuando 5375
23.14 lo *llevó* al campo de Zofín, a...Pisga.......... 3947
23.27 te *llevaré* a otro lugar; por ventura........... 3947
23.28 *llevó* a Balaam a la cumbre de Peor, que 3947
24.22 será echado, cuando Asiria te *llevará* 7617
25.11 Finees...*llevado* de celo entre ellos
27.5 Moisés *llevó*...causa delante de Jehová 7126
30.15 entonces él *llevará* el pecado de ella.......... 5375
31.9 *llevaron* cautivas a las mujeres de los
Dt 1.9 diciendo: Yo solo no puedo *llevaros*............. 5375
1.12 ¿cómo *llevaré* yo solo vuestras molestias 5375
4.27 naciones a las cuales os *llevará* Jehová........ 5090
10.8 apartó...de Leví para que *llevase* el arca 5375
12.6 y allí *llevaréis* vuestros holocaustos............ 935
12.11 allí *llevaréis*...cosas que yo os mando 935
14.24 no puedas *llevarlo*, por estar lejos de......... 5375
20.20 el árbol que sepas que no *lleva* fruto
21.3 una becerra...que no haya *llevado* yugo 4900
28.36 te *llevará*...a nación que no conociste 1980
28.37 pueblos a los cuales te *llevará* Jehová 5090
31.9 a los sacerdotes...que *llevaban* el arca 5375
31.25 órdenes...a los levitas que *llevaban* el........ 5375
32.11 los toma, los *lleva* sobre sus plumas 5375
33.7 oye, oh Jehová...y *llévalo* a su pueblo 935
Jos 3.3 los levitas sacerdotes que la *llevan* 5375
3.8 a los sacerdotes que *llevan* el arca del.......... 5375
3.13 de los sacerdotes que *llevan* el arca de 5375
3.14 sacerdotes...*llevando* el arca del pacto........ 5375
3.15 los que *llevaban* el arca entraron en el 5375
3.15 los Pies de los...que *llevaban* el arca 5375
3.17 que *llevaban* el arca del pacto...en seco........ 5375
4.9 los sacerdotes que *llevaban* el arca del 5375
4.10 los sacerdotes que *llevaban* el arca se 5375
4.16 que *llevan* el arca del pacto...que suban 5375
4.18 los sacerdotes que *llevaban* el arca del 5375
6.4 siete sacerdotes *llevarán* siete bocinas 5375
6.6 dijo: *llevad* el arca del pacto, y siete 5375

6.6 y siete sacerdotes *lleven* bocinas de 5375
6.8 *llevando* las siete bocinas de cuerno de carnero ... 5375
6.13 sacerdotes, *llevando* las siete bocinas 5375
7.24 Acán... y lo *llevaron*, al valle de Acor 5927
8.33 levitas que *llevaban* el arca del pacto 5375
10.24 y cuando los hubieron *llevado* a Josué 3318
15.18 cuando la *llevaba*, él la persuadió que 935
Jue 1.7 le *llevaron* a Jerusalén, donde murió 935
5.12 y *lleva* tus cautivos, hijo de Abinoam 7617
5.19 no *llevaron* ganancia alguna de dinero 3947
7.4 *llévalos* a las aguas, y... te los probaré 3381
7.5 entonces *llevó* el pueblo a las aguas; y 3381
7.6 lamieron *llevando* el agua con la mano a
7.19 Gedeón y los cien hombres que *llevaban*
7.19 y quebraron los cántaros que *llevaban*
16.21 mas los filisteos... le *llevaron* a Gaza 3381
16.31 *llevaron*, y le sepultaron entre Zora 5927
18.27 ellos, *llevando* las cosas que había hecho 3947
19.3 *llevaba* consigo un criado, y un par de
20.10 mil... que *lleven* víveres para el pueblo 3947
1 S 1.22 para que lo *lleve* y sea presentado 935
1.24 lo *llevó*... con tres becerros, un efa de 5927
2.28 le escogí... *llevase* efod delante de mí 5375
5.1 arca... *llevaron* desde Eben-ezer a Asdod 935
6.21 descended, pues, Y *llevadle* a vosotros 5927
7.1 vinieron... y *llevaron* el arca de Jehová 5927
9.7 vamos... pero ¿qué *llevaremos* al varón? 935
10.3 tres hombres... *llevando* uno 3 cabritos 5375
14.3 Ahías... *llevaba* el efod; y no sabía el 5375
14.27 y la mojó... y *llevó* su mano a la boca 7725
17.5 y *llevaba* una cota de malla; y era el 3847
17.17 y *llévalo* pronto al campamento a tus 3947
17.18 diez quesos de leche los *llevarás* al 935
17.57 lo tomó y lo *llevó* delante de Saúl 935
18.4 se quitó el manto que *llevaba*, y... dio 5921
20.8 no hay necesidad de *llevarme* hasta tu 935
20.40 le dijo: Vete y *llévalas* a la ciudad 935
23.5 peleó contra los... se *llevó* sus ganados 5090
26.2 Saúl... *llevando* consigo 3.000 hombres
26.12 se *llevó*... David la lanza y la vasija 3947
27.9 David... *llevaba* las ovejas, las vacas 3947
30.2 habían *llevado* cautivas a las mujeres 7617
30.2 los habían *llevado* al seguir su camino 5090
30.3 sus hijos e hijas habían sido *llevados* 7617
30.15 ¿me *llevarás* tú a esa tropa? Y él dijo 3381
30.15 júrame por... y yo te *llevaré* a esa gente 3381
30.16 lo *llevó*... estaban desparramados sobre 3381
31.9 para que *llevaran* las buenas nuevas al 1319
2 S 2.3 *llevó*... David consigo a los hombres que 5927
2.8 tomó a Is-boset... y lo *llevó* a Mahanaim 5674
3.27 Joab lo *llevó* aparte en medio... la puerta 5186
6.3 el arca... *llevaron* de la casa de Abinadab 5375
6.4 y cuando lo *llevaban*... Ahío iba delante 5375
6.10 hizo *llevar* David a casa de Obed-edom 5186
6.12 David fue, y *llevó* con alegría el arca 5927
6.13 cuando los que *llevaban* el arca de Dios 5375
8.7 escudos de oro... y los *llevó* a Jerusalén 935
8.10 Joram *llevaba* en su mano utensilios de 3027
10.16 *llevando* por jefe a Sobac, general del
13.10 Tamar... las *llevó* a su hermano Amnón a 935
13.18 y *llevaba* ella un vestido de... colores 3318
15.24 todos los levitas que *llevaban* el arca 5375
15.30 *llevando* la cabeza cubierta y los pies
17.13 todos los de Israel *llevarán* sogas a 5375
18.20 no *llevarás* las nuevas... las *ll* otro día 1319
19.41 los hombres de Judá... te han *llevado*, y 1589
21.13 hizo *llevar* de allí los huesos de Saúl 5927
1 R 1.33 montad a Salomón... *llevadlo* a Gihón 3381
1.38 montaron a Salomón... lo *llevaron* a Gihón 1980
2.26 por cuanto has *llevado* el arca de Jehová 5375
5.9 mis siervos la *llevarán* desde el Líbano 3381
5.15 tenía... 70.000 que *llevaban* las cargas 5375
8.4 *llevaron* el arca de... y el tabernáculo de 5927
8.4 cuales *llevaban* los sacerdotes y levitas 5927
8.46 que los cautive y *lleve* a tierra enemiga 7617
8.48 los hubieren *llevado* cautivos, y oraren 7617
8.50 los que los hubieron *llevado* cautivos 7617
10.25 todos... *llevaban* cada año sus presentes 935
13.29 y lo puso sobre el asno y se lo *llevó* 7725
14.26 se *llevó* todos los escudos de oro que 3947
14.28 el rey entraba... la guardia los *llevaban* 5375
17.19 y lo *llevó* al aposento donde él estaba 5927
18.12 el Espíritu... te *llevará* adonde yo no 5375
18.40 y los *llevó* Elías al arroyo de Cisón 8610
20.6 *llevarán* todo lo precioso que tengas 3947
21.13 y lo *llevaron* fuera de la ciudad y lo 3318
22.26 toma a... y *llévalo* a Amón gobernador de 7725
2 R 4.19 dijo a un criado: *Llévalo* a su madre 5375
5.2 habían *llevado* cautiva de... a una muchacha 7617
5.5 salió... él, *llevando* consigo diez talentos 3947
5.23 dos de sus criados para que lo *llevasen* 5375
9.2 haz que se levante... *llévalo* a la cámara 935
9.28 sus siervos le *llevaron* en un carro a 7392
11.19 *llevaron* al rey desde la casa de Jehová 3381
12.16 el dinero... no se *llevaba* a la casa de 935
15.29 tomó a... y los *llevó* cautivos a Asiria 1540
16.9 y *llevó* cautivos a los moradores a Kir 1540
17.6 *llevó* a Israel cautivo a Asiria, y los 1540
17.23 Israel fue *llevado* cautivo de su tierra 1540
17.27 *llevad* allí a alguno de los sacerdotes 1980
17.28 uno de los sacerdotes... *llevado* cautivo 1540
18.11 el rey de Asiria *llevó* cautivo a Israel 1540
18.32 os *lleve* a una tierra como la vuestra 3947
19.30 a echar raíces... y *llevará* fruto arriba 6213
20.17 será *llevado* a Babilonia, sin quedar 5375
22.20 y serás *llevado* a tu sepulcro en paz 622
23.4 hizo *llevar* las cenizas de ellos a Bet-el 5375
23.34 y tomó a Joacaz y lo *llevó* a Egipto 935
24.14 *llevó* en cautiverio a toda Jerusalén, a 1540
24.15 *llevó*... a Joaquín... cautivos los *ll* de 1540,1980
24.16 los... *llevó* cautivos el rey de Babilonia 935
25.7 y a Sedequías... lo *llevaron* a Babilonia 935
25.11 pueblo... los *llevó* cautivos Nabuzaradán 1540
25.13 mar... y *llevaron* el bronce a Babilonia 5375
25.14 *llevaron*... los calderos, las paletas, las 3947
25.15 todo lo *llevó* el capitán de la guardia 3947
25.19 de la ciudad tomó... *llevaba* el registro 6633
25.20 los *llevó* a Ribla al rey de Babilonia 1980
25.21 así fue *llevado* cautivo Judá de sobre 1540
1 Cr 4.42 *llevando* por capitanes a Pelatías 5375
5.26 y los *llevó* a Halah, a Habor, a Hara y 1540
6.15 y Josadac fue *llevado* cautivo cuando 1540
13.7 *llevaron* el arca de Dios de la casa de 7392
13.13 el arca... la *llevó* a casa de Obed-edom 5186
15.2 arca de Dios no debe ser *llevada* sino 5375
15.2 ha elegido... para que *lleven* el arca de 5375
15.26 ayudando Dios a los... que *llevaban* el 5375
15.27 todos los levitas que *llevaban* el arca 5375
15.27 *llevaba*... David sobre sí un efod de lino
15.28 de esta manera *llevaba*... Israel el arca 5927
18.7 tomé... los escudos de oro que *llevaban* 5921
23.26 los levitas no tendrán que *llevar* más 5375
2 Cr 2.2 designó... hombres que *llevasen* cargas 5445
2.16 la madera... harás *llevar* hasta Jerusalén 5927
2.18 y señaló de ellos 70.000... *llevar* cargas 5449
5.5 *llevaron* el arca... y los levitas los *ll* 5927
6.36 los *lleven* cautivos a tierra de enemigos 7617
6.37 la tierra donde fueren *llevados* cautivos 7617
6.38 en la tierra... donde los hubieren *llevado* 7617
12.9 todo lo *llevó*, y tomó los escudos de oro 3947
12.11 venían... de la guardia y los *llevaban* 5375
14.15 se *llevaron* muchas ovejas y camellos 7617
16.6 *llevaron* de Ramá la piedra y la madera 5375
18.25 toma a... y *llevadlo* a Amón gobernador de ... 7725
20.25 muchas riquezas... no los podían *llevar* 4853
24.11 *llevar* el arca al secretario del rey 935
24.11 y *llevaban* el arca, y la vaciaban, y 5375
25.12 los cuales *llevaron* a la cumbre de un 935
25.23 a Amasías... y lo *llevó* a Jerusalén; y 935
28.5 de prisioneros que *llevaron* a Damasco 7617
28.8 ellos mucho botín que *llevaron* a Samaria 7617
28.15 a los cautivos... *llevaron* hasta Jericó 5095
28.17 los edomitas... habían *llevado* cautivos 7617
29.9 nuestros hijos... fueron *llevados* cautivos
29.16 de allí los levitas la *llevaron* fuera 3318
33.11 con cadenas lo *llevaron* a Babilonia 3212
34.16 y Safán lo *llevó* al rey, y le contó el 935
35.24 lo *llevaron* a Jerusalén, donde murió 1980
36.4 Joacaz... tomó Necao, y lo *llevó* a Egipto 935
36.6 lo *llevó* a Babilonia atado con cadenas 3212
36.7 *llevó*... de los utensilios de la casa de 935
36.10 rey... envió y lo hizo *llevar* a Babilonia 935
36.18 utensilios... todo lo *llevó* a Babilonia 935
36.20 fueron *llevados* cautivos a Babilonia 1473
Esd 1.11 los hizo *llevar*... con los que subieron 5927
2.1 Nabucodonosor... había *llevado* cautivos a 1540
5.5 que el asunto fuese *llevado* a Darío; y 1946
5.12 y *llevó* cautivo al pueblo a Babilonia 1541
5.14 los había *llevado* al templo de Babilonia 2987
7.15 vé, y *llévalos* al templo... en Jerusalén 5182
7.15 a *llevar* la plata... que el rey y... ofrecen 2987
Neh 7.6 que *llevó* cautivos Nabucodonosor rey 1540
9.23 y los *llevaste* a la tierra de la cual 935
10.38 *llevarían* el diezmo del diezmo a la casa 5927
10.39 a las cámaras del... han de *llevar*... aceite 935
Est 2.3 *lleven* a todas las jóvenes vírgenes de 6908
2.6 con los cautivos... *llevados* con Jeconías 1540
2.8 Ester también fue *llevada* a la casa del 3947
2.9 y la *llevó* con sus doncellas a lo mejor
2.16 fue, pues, Ester *llevada* al rey Asuero 3947
6.9 *llévenlo* en el caballo por la plaza de 7392
6.14 para *llevar* a Amán al banquete que Ester 935
9.26 y lo que *llevó* a su conocimiento 5090
Job 1.17 contra los camellos y se los *llevaron* 3947
10.19 *llevado* del vientre a la sepultura 2986
12.19 él *lleva* despojados a los príncipes, y 1980
14.19 agua... se *lleva* el polvo de la tierra 7857
21.32 *llevado* será a los sepulcros, y sobre 2986
21.33 tras de él será *llevado* todo hombre 4900
24.3 se *llevan* el asno de los huérfanos 5090
31.36 yo lo *llevaría* sobre mi hombro, y me 5375
34.31 he *llevado* ya castigo, no ofenderé ya 5375
38.20 para que las *lleves* a sus límites, y 3947
Sal 45.14 con vestidos bordados será *llevada* 2986
49.17 porque cuando muera no *llevará* nada 3947
60.9 ¿quién me *llevará*... me *ll* hasta Edom? 2986
61.2 *llévame* a la roca que es más alta que yo 5148
68.11 multitud... que *llevaban* buenas nuevas 1319
72.3 los montes *llevarán* paz al pueblo, y los 5375
78.52 los *llevó* por el desierto como un rebaño 5090
88.15 la juventud he *llevado* tus terrores, he 5375
89.50 oprobio de muchos pueblos, que *llevo* 5375
91.12 en las manos te *llevarán*, para que tu 5375
125.5 los *llevará* con los que hacen iniquidad 1980
126.6 irá... el que *lleva* la preciosa semilla 5375
128.3 mujer será como vid que *lleva* fruto a
137.3 y los que nos habían *llevado* cautivos 7617
Pr 3.35 honra... los necios *llevarán* ignominia 7311
7.20 la bolsa de dinero *llevó* en su mano; el 3947
18.16 dádiva... le *lleva* delante de los grandes 5148
19.19 el de grande ira *llevará* la pena; y si 5375
19.24 perezoso... ni aun a su boca la *llevará* 7725
22.21 vuelvas a *llevar* palabras de verdad a 7725
24.11 libra a los que son *llevados* a la muerte 3947
26.15 plato; se cansa de *llevarla* a su boca 7725
26.17 el que pasando se deja *llevar* de la ira 5674
27.12 mas los simples pasan y *llevan* el daño
30.10 sea que te maldiga, y *lleves* el castigo
Ec 3.22 ¿quién lo *llevará* para que vea lo que 935
5.15 nada tiene de su trabajo para *llevar* en 3212
10.20 las aves del cielo *llevarán* la voz, y 3212
Cnt 2.4 me *llevó* a la casa del banquete, y su 935
8.2 yo te *llevaría*, te metería en casa de mi 5090
Is 4.1 solamente, permítenos *llevar* tu nombre 7121
5.13 mi pueblo fue *llevado* cautivo, porque no
5.29 la *llevará* con seguridad, y nadie se la 6403
9.5 todo calzado que *lleva* el guerrero en el
15.7 las *llevarán* al torrente de los sauces 5375
20.4 *llevará* el rey de Asiria a los cautivos 5090
21.14 *llevadle* agua, moradores de tierra de 857
23.7 sus pies la *llevarán* a morar lejos 2986
30.6 *llevan* sobre lomos de asnos sus riquezas 5375
36.17 yo venga y os *lleve* a una tierra como 3947
39.6 *llevado* a Babilonia todo lo que hay en 5375
40.11 en su brazo *llevará*... en su seno los *ll* 5375
40.24 el torbellino los *lleva* como hojarasca 5375
41.16 los aventarás, y los *llevará* el viento 5375
46.1 esas cosas que vosotros solíais *llevar* 5385
46.3 los que sois *llevados* desde la matriz 5375
46.4 yo; yo hice, yo *llevaré*, yo soportaré 5445
46.7 lo echan sobre los hombros, lo *llevan* 5375
48.20 publicadlo, *llevadlo* hasta lo postrero 3318
48.21 sed cuando los *llevó* por los desiertos 1980
52.5 que mi pueblo es *llevado* injustamente? 3947
52.11 que *lleváis* los utensilios de Jehová 5375
53.4 *llevó* él nuestras enfermedades, y sufrió 5445
53.7 como cordero fue *llevado* al matadero 2986
53.11 verá... *llevará* las iniquidades de ellos 5445
53.12 habiendo él *llevado* el pecado... y orado 5375
56.7 yo los *llevaré* a mi santo monte, y los 935
57.13 pero a todos ellos *llevará* el viento 5375
60.4 y tus hijas serán *llevadas* en brazos 539
64.6 y nuestras maldades nos *llevaron* como 5375
Jer 10.5 son *llevados*, porque no pueden andar 5375
11.19 yo era como cordero... *llevan* a degollar 2986
13.19 toda Judá fue... *llevada* en cautiverio 7617
17.21 guardaos... vuestra vida de *llevar* carga 5375
19.1 vasija... y *lleva* contigo de los ancianos
20.4 los *llevará* cautivos a Babilonia, y los 1540
20.5 los tomarán y los *llevarán* a Babilonia 935
22.12 morirá en el lugar adonde lo *llevaron* 1540
22.26 haré *llevar* cautivo a ti y a tu madre 2904
24.1 después... haberlos *llevado* a Babilonia 7617
28.3 de este lugar para *llevarlos* a Babilonia 935
29.1 pueblo que... *llevó* cautivo de Jerusalén 1473
29.14 volver al lugar de donde os hice *llevar* 1540
31.19 porque *llevé* la afrenta de mi juventud 5375
32.5 y hará *llevar* a Sedequías a Babilonia 1980
34.18 no han *llevado* a efecto las palabras 6965
35.4 *llevé* a la casa de Jehová, al aposento 935
37.14 Irías... lo *llevó* delante de los príncipes 935
39.7 le aprisionó con grillos para *llevarle* 935
41.5 incienso para *llevar* a la casa de Jehová 935
41.10 *llevó* Ismael... Los *ll*, pues, cautivos 7617
41.16 a quienes *llevó* de Mizpa después que 7725
43.12 quemará... y a ellos los *llevará* cautivos 7617
48.7 Quemos será *llevado* en cautiverio, sus 3318
49.3 Milcom fue *llevado* en cautiverio, sus 1980
52.11 lo hizo *llevar* a Babilonia; y lo puso 935
52.17 y *llevaron* todo el bronce a Babilonia 5375
52.18 se *llevaron*... los calderos, las palas 3947
52.19 y lo de plata... se *llevó* el capitán de 3947
52.26 los *llevó* al rey de Babilonia en Ribla 1980
52.28 es el pueblo que Nabucodonosor *llevó* 1540
52.29 él *llevó* cautivas de Jerusalén a 832 1540
52.30 *llevó* cautivas a 745 personas... de Judá 1540
Lm 1.18 jóvenes fueron *llevados* en cautiverio 1980
3.2 me guió y me *llevó* en tinieblas, y no en 1980
3.27 bueno le es al hombre *llevar* el yugo 5375
4.22 Sion; nunca más te hará *llevar* cautiva 1540
5.7 pecaron... y nosotros *llevamos* su castigo 5445
5.13 *llevaron* a los jóvenes a moler, y los 5375
Ez 4.4 número de los días... *llevarás* sobre ti 5375
4.5 así *llevarás* tú la maldad de la casa de 5375
4.6 y *llevarás* la maldad de la casa de Judá 5375
8.3 me *llevó* en visiones de Dios a Jerusalén 935
8.7 me *llevó* a la entrada del atrio, y miré 935
8.14 me *llevó* a la entrada de la puerta de la 935
8.16 me *llevó* al atrio de adentro de la casa 935
11.1 *llevó* por la puerta oriental de la casa 935
11.24 volvió a *llevar* en visión del Espíritu 935
12.6 delante de sus ojos los *llevarás* sobre 5375
12.7 los *llevé* sobre los hombros a vista de 5375
12.12 y al príncipe que... *llevarán* a cuestas 5375
12.13 haré *llevarlo* a Babilonia, a tierra de 935
14.10 *llevarán* ambos el castigo de su maldad 5375
14.22 hijos e hijas, que serán *llevados* fuera 3318
16.39 se *llevarán* tus hermosas alhajas, y te 3947
16.52 *lleva* tu vergüenza en los pecados que 5375
16.52 y *lleva* tu confusión, por cuanto has 5375
16.54 *lleves* tu confusión, y te avergüences 5375
16.57 *llevas* tú la afrenta de las hijas de
17.4 lo *llevó* a tierra de mercaderes, y lo 935
17.12 tomó... y los *llevó* consigo a Babilonia 935
17.13 se *llevó*... a los poderosos de la tierra 3947
18.19 ¿por qué el hijo no *llevará* el pecado 5375
18.20 el hijo no *llevará* el pecado del padre 5375
18.20 ni el padre *llevará* el pecado del hijo 5375
19.4 lo *llevaron* con grillos a la tierra de 935
19.9 lo *llevaron* con cadenas, y lo *ll* al rey 935,935
23.35 *lleva*... tu lujuria y tus fornicaciones 5375
25.3 y *llevada* en cautiverio la casa de Judá 1980
29.14 y los *llevaré* a la tierra de Patros, a 7725
32.9 cuando *lleve* al cautiverio a los tuyos 935

32.24,25 *llevaron* su confusión con los que 5375
36.6 por cuanto habéis *llevado* el oprobio de 5375
36.7 las naciones...han de *llevar* su afrenta 5375
36.8 *llevaréis* vuestro fruto para mi pueblo 5375
36.15 ni más *llevarás* denuestos de pueblos 5375
37.1 y me *llevó* en el Espíritu de Jehová, y 3318
39.23 de Israel fue *llevada* cautiva por su 1540
39.28 cuando después de haberlos *llevado* al 1540
40.1 sobre mí la mano de Jehová, y me *llevó* 935
40.2 en visiones de Dios me *llevó* a...Israel 935
40.3 me *llevó* allí, y he aquí un varón, cuyo 935
40.17 me *llevó* luego al atrio exterior, y he 935
40.24 *llevó* después hacia el sur, y he aquí 1980
40.28 me *llevó* después en el atrio de adentro 935
40.32 y me *llevó* al atrio interior hacia el 935
40.35 me *llevó* luego a la puerta del norte 935
40.48 *llevó* al pórtico del templo, y midió 935
42.1 me *llevó* a la cámara que estaba delante 935
43.1 me *llevó*...a la puerta que mira hacia el 1980
43.5 me alzó el...y me *llevó* al atrio interior 935
44.4 y me *llevó* hacia la puerta del norte por 935
44.10 los levitas que...*llevarán* su iniquidad 5375
44.12 dice...que ellos *llevarán* su iniquidad 5375
44.13 sino que *llevarán* su vergüenza y las 5375
44.17 no *llevarán* sobre ellos cosa de lana 5927
46.21 *llevó* por los cuatro rincones del atrio 5674
47.3 salió el...*llevando* un cordel en su mano
47.6 me *llevó*, y me hizo volver por la ribera 1980
Dn 1.16 se *llevaba* la porción de la comida de 5375
2.13 los sabios fueran *llevados* a la muerte
2.24 *llévame* a la presencia del rey, y yo le 5924
2.25 Arioc *llevó*...a Daniel ante el rey, y le 5954
2.35 se los *llevó* el viento sin que de ellos 5376
5.7 y un collar de oro *llevará* en su cuello
5.16 un collar de oro *llevarás* en tu cuello
9.7 el día de hoy *lleva* todo hombre de Judá
11.8 a los dioses de ellos...*llevará* cautivos 935
11.10 *llevará* la guerra hasta su fortaleza
11.12 al *llevarse* él la multitud, se elevará 5375
Os 2.14 y la *llevaré* al desierto, y hablaré a 1980
10.6 será él *llevado* a Asiria como presente 2986
10.11 haré *llevar* yugo a Efraín; arará Judá
12.1 pacto con...y el aceite se *lleva* a Egipto 2986
14.2 *llevad* con vosotros palabras de súplica 3947
Jl 2.22 porque los árboles *llevarán* su fruto 5375
3.5 habéis llevado mi plata y mi oro, y mis 935
Am 1.6 porque *llevó* cautivo a todo un pueblo 1540
4.2 días en que os *llevarán* con ganchos, y 5375
5.5 porque Gilgal será *llevada* en cautiverio 1540
5.26 bien, *llevabais* el tabernáculo de...Moloc 5375
7.11 e Israel será *llevado* de su tierra en 1540
7.17 e Israel será *llevado* cautivo lejos de 1540
9.13 el pisador de las uvas al que *lleve* la 4900
Abd 11 el día que...*llevaban* extraños cautivo 7617
Mi 6.16 *llevaréis*, por tanto, el oprobio de mi 5375
Nah 2.7 sus criadas la *llevarán* gimiendo como 5090
3.10 sin embargo...fue *llevada* en cautiverio 1473
Hag 2.12 si alguno *llevare* carne santificada 5375
Zac 5.10 dije al ángel...¿A dónde *llevan* el efa? 3212
6.13 *llevará* gloria, y se sentará y dominará 5375
11.16 ni *llevará* la cansada a cuestas, sino 3557
Mt 3.11 cuyo calzado yo no soy digno de *llevar* *941*
Mt 4.1 fue *llevado* por el Espíritu al desierto *321*
4.5 el diablo le *llevó* a la santa ciudad, y *3880*
4.8 le *llevó* el diablo a un monte muy alto *3880*
5.41 te obligue a *llevar* carga por una milla *29*
7.13 y espacioso el camino que *lleva* a la *520*
7.14 angosto el camino que *lleva* a la vida *520*
8.17 él mismo...y *llevó* nuestras dolencias *941*
10.18 ante...reyes seréis *llevados* por causa *71*
11.8 los que *llevan* vestiduras delicadas, en *5409*
11.29 *llevad* mi yugo sobre...y aprended de mí *142*
17.1 tomó...los *llevó* aparte a un monte alto *3880*
23.4 cargas pesadas y difíciles de *llevar*, y *1419*
24.39 vino el diluvio y se los *llevó* a todos *142*
26.57 le *llevaron* al sumo sacerdote Caifás *520*
27.2 y le *llevaron* atado, y le entregaron a *520*
27.27 soldados...*llevaron* a Jesús al pretorio *3880*
27.31 manto...y le *llevaron* para crucificarle *520*
27.32 a éste obligaron a que *llevase* la cruz *142*
Mr 4.28 porque de suyo *lleva* fruto la tierra *2592*
6.8 mandó...no *llevasen* nada para el camino *142*
9.2 los *llevó* aparte solos a un monte alto *399*
11.16 nadie atravesase...*llevando* utensilio *1308*
13.9 delante...de reyes os *llevarán* por causa *2476*
14.13 un hombre que lleva un cántaro de agua *941*
14.44 prendedle, y *llevadle* con seguridad *520*
15.1 *llevaron* a Jesús atado, y le entregaron *667*
15.16 le *llevaron* dentro del atrio, esto es *520*
15.21 obligaron a...a que le *llevase* la cruz *142*
15.22 le *llevaron* a un lugar llamado Gólgota *5342*
15.24 suertes...ver qué se *llevaría* cada uno *142*
Lc 4.1 Jesús...fue *llevado* por el Espíritu al *71*
4.5 y le *llevó* el diablo a un alto monte, y *321*
4.9 y le *llevó* a Jerusalén, y le puso sobre *71*
4.29 le *llevaron* hasta la cumbre del monte *71*
5.18 *llevarle* adentro y ponerle delante de *1533*
7.12 *llevaban* a enterrar a un difunto, hijo *1580*
7.14 tocó...los que lo *llevaban* se detuvieron *941*
8.8 y nació y *llevó* fruto a ciento por uno *4160*
8.14 son ahogados por los...y no *llevan* fruto *2592*
9.3 ni pan, ni dinero; ni *llevéis* dos túnicas *2192*
10.4 no *llevéis* bolsa, ni alforja, ni calzado *941*
10.34 vendó sus heridas...y lo *llevó* al mesón *71*
11.46 con cargas que no pueden *llevar*, pero *1419*
13.15 ¿no desata...su buey...lo *lleva* a beber? *520*
14.27 no *lleva* su cruz y viene en pos de mí *941*
16.22 y fue *llevado* por los ángeles al seno *667*

21.12 y seréis *llevados* ante reyes y ante *71*
21.24 y serán *llevados* cautivos a todas las *163*
22.10 un hombre que *lleva* un cántaro de agua *941*
22.54 le *llevaron*, y le condujeron a casa del *4815*
23.1 levantándose...*llevaron* a Jesús a Pilato *71*
23.26 *llevándole*, tomaron a cierto Simón de *520*
23.26 la cruz para que la *llevase* tras Jesús *5342*
23.32 *llevaban* también con él a otros dos *71*
24.51 separó de ellos, y fue *llevado* arriba *399*
Jn 2.8 sacad...y *llevadlo* al...Y se lo *llevaron* *5342*
5.6 y supo que *llevaba* ya mucho tiempo así *2192*
5.10 día de...no te es lícito *llevar* tu lecho *142*
9.13 *llevaron* ante los fariseos al que...ciego *71*
12.24 el grano...si muere, *lleva* mucho fruto *5342*
15.2 todo pámpano que en mí no *lleva* fruto *5342*
15.2 todo aquel que *lleva* fruto, lo limpiará *5342*
15.2 lo limpiará, para que *lleve* más fruto *5342*
15.4 como el pámpano no puede *llevar* fruto *5342*
15.5 que permanece...éste *lleva* mucho fruto *5342*
15.8 glorificado...en que *llevéis* mucho fruto *5342*
15.16 que vayáis y *llevéis* fruto, y vuestro *5342*
18.13 *llevaron* primeramente a Anás; porque *520*
18.28 *llevaron* a Jesús de casa de Caifás al *71*
19.5 y salió...*llevando* la corona de espinas *5409*
19.13 *llevó* fuera a Jesús, y se sentó en el *71*
19.16 tomaron, pues, a Jesús, y le *llevaron* *520*
19.38 permitiese *llevarse* el cuerpo de Jesús *142*
19.38 vino, y se *llevó* el cuerpo de Jesús *142*
20.2 se han *llevado* del sepulcro al Señor, y *142*
20.13 han *llevado* a mi Señor, y no sé dónde *142*
20.15 si tú lo has *llevado*, dime dónde lo has *941*
20.15 dónde lo has puesto, y yo lo *llevaré* *142*
21.18 te ceñirá otro, y te *llevará* a donde *5342*
Hch 5.37 y *llevó* en pos de sí a mucho pueblo *868*
7.43 antes bien *llevasteis* el tabernáculo de Moloc *353*
8.2 hombres piadosos *llevaron* a enterrar a *4792*
8.32 como oveja a la muerte fue *llevado*, y *71*
9.8 *llevándole* por la mano, le metieron en *5496*
9.15 para *llevar* mi nombre en presencia de *941*
9.21 a eso vino acá, para *llevarlos* presos *71*
9.30 hermanos, le *llevaron* hasta Cesarea, y *2609*
9.39 le *llevaron* a la sala, donde le rodearon *321*
11.10 y volvió todo a ser *llevado* arriba al *385*
12.19 Herodes...ordenó *llevarlos* a la muerte *520*
12.25 *llevando* también consigo a Juan, el que *4838*
14.12 Mercurio, porque...*llevaba* la palabra
15.10 que...ni nosotros hemos podido *llevar*? *941*
15.37 quería que *llevasen* consigo a Juan, el *4838*
15.38 Pablo no le parecía bien *llevar* consigo *4838*
16.34 *llevándolos* a su casa, les puso la mesa *321*
17.15 conducir a Pablo le *llevaron* a Atenas *71*
18.12 levantaron...y le *llevaron* al tribunal *71*
19.12 se *llevaban* a los enfermos los paños o *2018*
20.12 y *llevaron* al joven vivo, y...consolados *71*
21.34 nada de...le mandó *llevar* a la fortaleza *71*
21.35 aconteció que era *llevado* en peso por *941*
22.11 *llevado* de la mano...llegué a Damasco *5496*
23.10 bajasen...y le *llevasen* a la fortaleza *71*
23.17 *lleva* a este joven ante el tribuno *520*
23.18 le *llevó* al tribuno, y dijo: El preso *71*
23.20 en rogarte que mañana *lleves* a Pablo *2609*
23.24 a Pablo, le *llevasen* en salvo a Félix *1295*
23.28 saber la causa...le *llevé* al concilio *2609*
23.31 a Pablo...*llevaron* de noche a Antipatris *71*
27.15 nos abandonamos...y nos dejamos *llevar* *1929*
27.27 *llevados* a través del mar Adriático *1308*
Ro 7.4 a fin de que *llevemos* fruto para Dios *2592*
7.5 obraban en...*llevando* fruto para muerte *2592*
7.23 que me *lleva* cautivo a la ley del pecado *163*
13.4 porque no en vano *lleva* la espada, pues *5409*
1 Co 9.24 pero uno solo se *lleva* el premio? *2983*
12.2 *llevándoos*, como se os *llevaba*, a los *520*
16.3 que *lleven* vuestro donativo a Jerusalén *667*
2 Co 2.14 a Dios gracias, el cual nos *lleva* *2358*
4.10 *llevando*...siempre...la muerte de Jesús *4064*
8.11 *llevad* también a cabo el hacerlo, para *2005*
8.19 fue designado...para *llevar* este donativo *4862*
10.5 *llevando* cautivo todo pensamiento a la *163*
Gá 2.1 subí...*llevando* también conmigo a Tito *4838*
3.24 nuestro ayo, para *llevarnos* a Cristo
5.10 el que os perturba *llevará* la sentencia *941*
6.5 porque cada uno *llevará* su propia carga *941*
Ef 4.8 *llevó* cautiva la cautividad, y dio *162*
4.14 *llevados* por doquiera de todo viento de *4064*
Col 1.6 y *lleva* fruto y crece...en vosotros *2592*
1.10 *llevando* fruto en toda buena obra, y *2592*
2 Ti 3.6 y *llevan* cautivas a las mujercillas *162*
He 2.10 habiendo de *llevar* muchos hijos a la *71*
9.28 una sola vez para *llevar* los pecados de *399*
13.9 no os dejéis *llevar* de doctrinas diversas *4064*
13.13 salgamos, pues...*llevando* su vituperio *5342*
Stg 3.4 naves...*llevadas* de impetuosos vientos *1643*
1 P 2.24 *llevó* él mismo nuestros pecados en *399*
3.18 Cristo padeció...para *llevarnos* a Dios *4317*
1 Jn 4.18 porque el temor *lleva* en sí castigo *2192*
Jud 12 nubes...*llevadas* de acá para allá por los *4064*
Ap 13.10 si alguno *lleva* en cautividad, va en *4863*
17.3 me *llevó* en el Espíritu al desierto; y *667*
21.10 y me *llevó* en el Espíritu a un monte *667*
21.26 *llevarán* la gloria...de las naciones a *5342*

LLORAR

Gn 21.16 el muchacho alzó su voz y *lloró* 1058
23.2 a hacer duelo por Sara, y a *llorarla* 1058
27.38 bendíceme...alzó Esaú su voz, y *lloró* 1058
29.11 Jacob besó a...y alzó su voz y *lloró* 1058
33.4 y se echó sobre su cuello...y *lloraron* 1058
37.35 no quiso...consuelo...lo *lloró* su padre 1058
42.24 y se apartó José de ellos, y *lloró* 1058
43.30 buscó dónde *llorar*...su cámara, y *lloró* 1058
45.2 se dio a *llorar* a gritos; y oyeron los 1065
45.14 *lloró*; y...Benjamín *ll* sobre su cuello 1058
45.15 besó a todos sus...y *lloró* sobre ellos 1058
46.29 José...*lloró* sobre su cuello largamente 1058
50.1 echó José sobre el rostro de...y *lloró* 1058
50.3 lo *lloraron* los egipcios setenta días 1058
50.17 ruego...Y José *lloró* mientras hablaban 1058
Éx 2.6 la abrió...he aquí que el niño *lloraba* 1058
Nm 11.4 los hijos de Israel...volvieron a *llorar* 1058
11.10 oyó Moisés al pueblo, que *lloraba* por 1058
11.13 *lloran* a mí, diciendo: Danos carne que 1058
11.18 *llorado* en oídos de Jehová, diciendo 1058
11.20 y *llorasteis* delante de él, diciendo 1058
14.1 gritó...y el pueblo *lloró* aquella noche 1058
25.6 *lloraban*...a la puerta del tabernáculo 1058
Dt 1.45 y *llorasteis* delante de Jehová, pero 1058
21.13 y *llorará* a su padre y a su madre un 1058
34.8 *lloraron* los hijos de Israel a Moisés 1065
Jue 2.4 habló...el pueblo alzó su voz y *lloró* 1058
11.37 que vaya...y *llore* mi virginidad, yo y 1058
11.38 y *lloró* su virginidad por los montes 1058
14.16 *lloró* la mujer de Sansón en presencia 1058
14.17 *lloró* en presencia de él los siete días 1058
20.23 y *lloraron* delante de Jehová hasta la 1058
20.26 *lloraron*, y se sentaron...en presencia 1058
Rt 1.9 besó, y ellas alzaron su voz y *lloraron* 1058
1.14 ellas alzaron otra vez su voz y *lloraron* 1058
1 S 1.7 por lo cual Ana *lloraba*, y no comía 1058
1.8 dijo: Ana, ¿por qué *lloras*?...no comes? 1058
1.10 amargura de alma oró a Jehová, y *lloró* 1058
6.19 *lloró* el pueblo...Jehová lo había herido 56
11.4 y todo el pueblo alzó su voz y *lloró* 1058
11.5 dijo...¿Qué tiene el pueblo, que *llora*? 1058
15.35 y Samuel *lloraba* a Saúl; y Jehová se 56
16.1 a Samuel: ¿Hasta cuándo *llorarás* a Saúl 56
20.41 *lloraron* el uno con...David *lloró* más 1058
24.16 mío David? Y alzó Saúl su voz y *lloró* 1058
25.1 lo *lloraron*, y lo sepultaron en su casa 5594
30.4 David y la...alzaron su voz y *lloraron* 1058
30.4 que les faltaron las fuerzas para *llorar* 1058
2 S 1.12 y *lloraron* y lamentaron y ayunaron 1058
1.24 hijas de Israel, *llorad* por Saúl, quien 1058
3.16 su marido fue...*llorando* hasta Bahurim 1058
3.32 el rey...*lloró*...*ll* también todo el pueblo 1058
3.34 todo el pueblo volvió a *llorar* sobre él 1058
12.21 por el niño, viviendo aún...y *llorabas* 1058
12.22 viviendo aún el...yo ayunaba y *lloraba* 1058
13.36 *lloraron*...*ll* con muy grandes lamentos 1058
13.37 David *lloraba* por su hijo todos...días 56
15.23 todo el país *lloró* en alta voz; pasó 1058
15.30 subió la cuesta...y la subió *llorando* 1058
15.30 pueblo...iban *llorando* mientras subían 1058
18.33 subió a la sala de la puerta, y *lloró* 1058
19.1 el rey *llora*, y hace duelo por Absalón 1058
2 R 8.11 miró...luego *lloró* el varón de Dios 1058
8.12 dijo Hazael: ¿Por qué *llora* mi señor? 1058
13.14 *llorando*...dijo: ¡Padre mío, padre mío 1058
20.3 ruego...Y *lloró* Ezequías con gran *lloro* 1058
22.19 *lloraste* en mi presencia...te he oído 1058
2 Cr 34.27 *lloraste* en mi presencia...he oído 1058
Esd 3.12 viendo echar los cimientos...*lloraban* 1058
10.1 oraba Esdras y...*llorando* y postrándose 1058
10.1 oraba...y *lloraba* el pueblo amargamente 1058
Neh 1.4 oí estas palabras, me senté y *lloré* 1058
8.9 ni *lloréis*; porque todo el pueblo *lloraba* 1058,1058
Est 8.3 a sus pies, *llorando* y rogándole que 1058
Job 2.12 no lo conocieron, y *lloraron* a gritos 1058
27.15 muerte...y no los *llorarán* sus viudas 1058
29.25 como el que consuela a los que *lloran* 57
30.25 ¿no *lloré* yo al afligido? Y mi alma 1058
31.38 si mi tierra...*lloran* todos sus surcos 2199
Sal 69.10 *lloré* afligiendo con ayuno mi alma 1058
126.6 irá andando y *llorando* el que lleva la 1058
137.1 allí nos sentábamos, y aun *llorábamos* 1058
Ec 3.4 tiempo de *llorar*, y tiempo de reír 1058
Is 15.2 a Bayit y a...lugares altos, a *llorar* 1065
15.5 la cuesta de Luhit subirán *llorando*, y 1065
22.4 dije: Dejadme, *lloraré* amargamente; no 1065
30.19 Sion, en Jerusalén; nunca más *llorarás* 1058
33.7 he aquí...los mensajeros de paz *llorarán* 1058
38.3 ojos...Y lloró Ezequías con gran *lloro* 1058
Jer 9.1 que *llore* día y noche los muertos de 1058
12.11 fue puesta en asolamiento, y *lloró* 56
13.17 *llorará* mi alma...*llorando* amargamente 1058,1830
22.10 no *lloréis* al muerto...*llorad*...que se va 1058
22.18 no lo *llorarás*, diciendo: ¡Ay, hermano 5594
41.6 les salió al encuentro, *llorando*, Ismael 1058
48.5 con llanto subirá el que *llora*; porque 1065
48.32 con llanto de Jazer *lloraré* por ti, oh 1058
50.4 irán andando y *llorando*, y buscarán a 1058
Lm 1.2 amargamente *llora* en la noche, y sus 1058
1.16 por esta causa *lloro*...mis ojos fluyen 1058
Ez 7.12 el que vende, no *llore*, porque la ira 56
24.16 no endeches, ni *llores*, ni corran tus 1058
24.23 no endecharéis ni *lloraréis*, sino que 1058
Os 12.4 *lloró*, y le rogó; en Bet,el le halló 1058
Jl 1.5 despertad, borrachos, y *llorad*, gemid 1058
1.8 *llora* tú como joven vestida de cilicio 421
2.17 entre la entrada y el altar *lloren* los 1058
Am 8.8 ¿no *llorará* todo habitante de ella? 56
9.5 y *llorarán* todos los que en ella moran 56
Mi 1.10 no lo digáis en Gat, ni *lloréis* mucho 1058
Zac 7.3 ¿*Lloraremos* en el mes quinto?...años? 1058
7.5 cuando...*llorasteis* en el quinto y en el 5594

12.10 *llorarán* como se llora por...unigénito 5594
Mt 2.18 gemido; Raquel que *llora* a sus hijos *2805*
5.4 **bienaventurados los que *lloran*, porque** *3996*
26.75 **y saliendo fuera, *lloró* amargamente** *2799*
Mr 5.38 vino...a los que *lloraban* y lamentaban *2799*
5.39 **les dijo: ¿Por qué alborotáis y *lloráis*?** *2799*
14.72 Pedro se...y pensando en esto, *lloraba* *2799*
16.10 hizo saber a los...tristes y *llorando* *2799*
Lc 6.21 **bienaventurados los que ahora *lloráis*** *2799*
6.25 **¡ay de...porque lamentaréis y *lloraréis*** *2799*
7.13 **se compadeció de...y le dijo: No *llores*** *2799*
7.32 **dicen...os endechamos, y no *llorasteis*** *2799*
7.38 detrás de él a sus pies, *llorando*...ungía *2799*
8.52 *lloraban*...y hacían lamentación por ella *2799*
8.52 **dijo: No *lloréis*; no está muerta, sino** *2799*
19.41 la ciudad, al verla, *lloró* sobre ella *2799*
22.62 y Pedro, saliendo...*lloró* amargamente *2799*
23.27 multitud del...de mujeres que *lloraban* *2875*
23.28 **no lloréis por mí...*llorad* por vosotras** *2799*
Jn 11.31 diciendo: Va al sepulcro a *llorar* allí *2799*
11.33 verla *llorando*...estremeció en espíritu *2799*
11.33 y a los judíos que la...también *llorando* *2799*
11.35 Jesús *lloró* *1145*
16.20 **que vosotros *lloraréis* y lamentaréis** *2799*
20.11 María estaba fuera *llorando* junto al *2799*
20.11 y mientras *lloraba*, se inclinó para *2799*
20.13 y le dijeron: Mujer, ¿por qué *lloras*? *2799*
20.15 **Jesús le dijo: Mujer, ¿por qué *lloras*?** *2799*
Hch 9.39 le rodearon...las viudas, *llorando* y *2799*
21.13 *llorando* y quebrantándome el corazón *2799*
Ro 12.15 gozaos con...*llorad* con los que lloran *2799*
1 Co 7.30 los que *lloran*, como si no llorasen *2799,2799*
2 Co 12.21 quizá tenga que *llorar* por muchos *3996*
Fil 3,18 digo *llorando*, que son enemigos de la *2799*
Stg 4.9 afligíos, y lamentad, y *llorad* *2799*
5.1 *llorad* y aullad por las miserias que os *2799*
Ap 5.4 *lloraba* yo mucho, porque no se había *2799*
5.5 uno de los ancianos me dijo: No *llores* *2799*
18.9 *llorarán* y harán lamentación sobre ella *2799*
18.11 *lloran* y hacen lamentación sobre ella *2799*
18.15 mercaderes...se pararán lejos...*llorando* ... *2799*
18.19 *llorando*...diciendo: ¡Ay, ay de la gran *2799*

LLORO
Dt 34.8 se cumplieron los días del *ll* y del 1065
2 R 20.3 ruego...y lloró Ezequías con gran *ll* 1065
Esd 3.13 no podía distinguir...la voz del *ll* 1065
Est 4.3 tenían los judíos...*ll* y lamentación 1065
Job 16.16 mi rostro está inflamado con el *ll* 1065
Sal 6.8 porque Jehová ha oído la voz de mi *ll* 1065
30.5 por la noche durará el *ll*, y a la mañana 1065
Is 16.9 lamentaré con *ll* de Jazer por la viña 1065
Is 38.3 oh Jehová...Y lloró Ezequías con gran *ll* 1065
65.19 nunca más se oirán en ella voz de *ll* 1065
Jer 9.10 los montes levantaré *ll* y lamentación 1065
31.9 irán con *ll*, mas con misericordia los 1065
31.13 cambiaré su *ll* en gozo, y...consolaré 60
31.15 fue oída en Ramá, llanto y *ll* amargo 1065
Jl 2.12 convertíos...con ayuno y *ll* y lamento 1065
Am 5.16 labrador llamarán a *ll*, y a endecha 60
8.10 y cambiaré vuestras fiestas en *ll*, y 60
Mt 2.18 voz...grande lamentación, *ll* y gemido *2805*
8.12; 13.5,42,50; 22.13; 24.51; 25.30 **allí será**
el *ll* y el crujir de dientes *2805*
Stg 4.9 vuestra risa se convierta en *ll*, y *3997*

LLOVER
Gn 2.5 Jehová Dios aún no había hecho *llover* 4305
7.4 pasados aún siete días, yo haré *llover* 4305
19.24 Jehová hizo *llover* sobre Sodoma...azufre ... 4305
Éx 9.18 haré *llover* granizo muy pesado, cual 4305
9.23 y Jehová hizo *llover* granizo sobre la 4305
16.4 he aquí yo os haré *llover* pan del cielo 4305
2 S 21.10 hasta que *llovió* sobre ellos agua 5413
1 R 8.35 si el cielo se cerrare y no *lloviere* 4306
17.7 porque no había *llovido* sobre la tierra 1653
17.14 el día en que Jehová haga *llover* sobre 1653
18.1 yo haré *llover* sobre la faz de la tierra 4306
Job 20.23 la hará *llover* sobre él y sobre su 4305
38.26 *llover* sobre la tierra deshabitada 4305
Sal 11.6 sobre los malos hará *llover*...fuego 4305
78.24 hizo *llover* sobre ellos maná para que 4305
78.27 e hizo *llover* sobre ellos carne como 4305
Ec 10.18 por la flojedad...se *llueve* la casa 1811
Jer 14.4 resquebrajó...por no haber *llovido* 1653
14.22 entre los ídolos...quien haga *llover*? 1653
Ez 1.28 el arco iris...nubes el día que *llueve* 1653
38.22 haré *llover* sobre él, sobre sus tropas 4305
Am 4.7 hice *llover* sobre una ciudad, y sobre 4305
4.7 sobre otra ciudad no hice *llover*, sobre 4305
4.7 sobre una parte *llovió*...no *ll*, se secó 4305
Mt 5.45 **hace *llover* sobre justos e injustos** *1026*
Lc 17.29 ***llovió* del cielo fuego y azufre, y** *1026*
Stg 5.17 para que no *lloviese*, y no *llovió* *1026*
Ap 11.6 no *llueva* en los días de su profecía *1026,5205*

LLOVIZNA
Dt 32.2 como la *ll* sobre la grama, y como las 7241
Job 37.6 también a la *ll*, y a los aguaceros 4306,1653

LLUVIA
Gn 7.12 hubo *ll* sobre la tierra cuarenta días 1653
8.2 cielos; y la *ll* de los cielos fue detenida 1653
Éx 9.33 y la *ll* no cayó más sobre la tierra 4306
9.34 y viendo Faraón que la *ll* había cesado 4306
Lv 26.4 yo daré vuestra *ll* en su tiempo, y la 1653
Dt 11.11 que bebe las aguas de la *ll* del cielo 4306
11.14 daré la *ll* de vuestra tierra a su tiempo 4306
11.17 cierre los cielos, y no haya *ll*, ni la 4306
28.12 enviar la *ll* a tu tierra en su tiempo 4306
28.24 dará Jehová por *ll* a tu tierra polvo 4306
32.2 como la *ll* mi enseñanza; destilará como 4306
1 S 12.17 yo clamaré...y él dará truenos y *ll* 4306
12.18 Jehová dio truenos y *ll* en aquel día 4306
2 S 1.21 ni rocío ni *ll* caiga sobre vosotros 4306
23.4 como la *ll* que hace brotar la hierba de 4306
1 R 8.36 y darás *ll* sobre tu tierra, la cual 4306
17.1 que no habrá *ll* ni rocío en estos años 4306
18.41 come y bebe, porque una *ll* grande se oye 1653
18.44 desciende, para que la *ll* no te ataje 1653
18.45 con nubes y viento, y hubo una gran *ll* 1653
2 R 3.17 ni veréis *ll*; pero este valle será 1653
2 Cr 6.26 cielos se cerraren y no hubiere *ll* 4306
6.27 darás *ll* sobre tu tierra, que diste por 4306
7.13 cerrare los cielos para que no haya *ll* 4306
Esd 10.9 se sentó...temblando...a causa de la *ll* 1653
Job 5.10 da la *ll* sobre la faz de la tierra, y 4306
24.8 con las *ll* de los montes se mojan, y 2230
28.26 cuando él dio ley a la *ll*, y camino al 4306
29.23 me esperaban como a la *ll*, y abrían su 4306
29.23 y abrían su boca como a la *ll* tardía 4456
36.27 aguas, al transformarse el vapor en *ll* 4306
38.28 ¿tiene la *ll* padre? ¿O quién engendró 4306
Sal 65.10 la ablandas con *ll*, bendices sus 7241
68.9 abundante *ll* esparciste, oh Dios; a tu 1653
72.6 descenderá como la *ll* sobre la hierba 4306
84.6 fuente, cuando la *ll* llena los estanques 4175
105.32 les dio granizo por *ll*, y llamas de 1653
135.7 hace los relámpagos para la *ll*; saca 4306
147.8 el que prepara la *ll* para la tierra 4306
Pr 16.15 su benevolencia es como nube de *ll* 4456
25.14 como nubes y vientos sin *ll*, así es el 1653
25.23 el viento del norte ahuyenta la *ll*, y el 1653
26.1 como no conviene...ni la *ll* en la siega 4306
27.15 gotera continua en tiempo de *ll* y la 5464
28.3 es como *ll* torrencial que deja sin pan 4306
Ec 12.2 antes que...vuelvan las nubes tras la *ll* 1653
Cnt 2.11 invierno, se ha mudado, la *ll* se fue 1653
Is 5.6 a las nubes mandaré que no derramen *ll* 4305
18.4 como sol claro después de la *ll*, como
30.23 dará el Señor *ll* a...sementera, cuando 4306
44.14 planta pino, que se críe con la *ll* 1653
55.10 como desciende de los cielos la *ll* y la 1653
Jer 3.3 por esta causa...y faltó la *ll* tardía 4456
5.24 que da *ll* temprana y tardía en su tiempo 1653
10.13 hace los relámpagos con la *ll*, y saca 4306
14.22 ¿y darán los cielos *ll*? ¿No eres tú 1653
51.16 hace relámpagos con la *ll*, y saca el 4306
Ez 13.11 *ll* torrencial, y enviaré piedras de 1653
13.13 ira, y *ll* torrencial vendrá con mi furor
22.24 ni rociada con *ll* en el día del furor 1656
34.26 haré descender la *ll*...*ll* de bendición 1653
38.22 haré llover...impetuosa *ll*, y piedras 4305
Os 6.3 vendrá...como la *ll*, como la *ll* tardía 1653,3384
Jl 2.23 os ha dado la primera *ll* a su tiempo 4175
2.23 y hará descender...*ll* temprana y tardía ... 4175,4456
Am 4.7 os detuve la *ll* tres meses antes de la 1653
Mi 5.7 será...como las *ll* sobre la hierba, las 7241
Hag 1.10 por eso se detuvo de...vosotros la *ll* 2919
Zac 10.1 pedid a Jehová *ll*...la estación tardía 4306
10.1 os dará *ll* abundante, y hierba verde en 1653
14.17 no subieren...no vendrá sobre ellos *ll* 1653
14.18 y no viniere, sobre ellos no habrá *ll*
Mt 7.25,27 descendió *ll*, y vinieron ríos, y *1028*
Hch 14.17 *ll* del cielo y tiempos fructíferos *5205*
28.2 nos recibieron a todos, a causa de la *ll* *5205*
He 6.7 la tierra que bebe la *ll* que...cae sobre *5205*
Stg 5.7 con paciencia hasta que reciba la *ll* *5205*
5.18 otra vez oró, y el cielo dio *ll*, y la *5205*

LLUVIOSO
Esd 10.13 el pueblo es mucho, y el tiempo *ll* 1653

LO *Véase el Apéndice*

LO-AMMI *«No pueblo mío», nombre simbólico*, Os 1.9; 2.23 3818

LOAR
Jue 5.2 por haberse ofrecido...*load* a Jehová 1288
5.9 los que...os ofrecisteis...*load* a Jehová 1288
Rt 4.14 decían a Noemí: *Loado* sea Jehová, que 1288
1 Cr 16.4 que...confesasen y *loasen* a Jehová 3068
29.13 alabamos y *loamos* tu glorioso nombre 1984
Sal 49.18 aunque...sea *loado* cuando prospere 1288
78.63 sus vírgenes no fueron *loadas* en cantos 1984
Jer 20.13 *load* a Jehová, porque ha librado el 1984

LOBO
Gn 49.27 Benjamín es *l* arrebatador...comerá 2061
Is 11.6 *l* con el cordero, y el leopardo con 2061
65.25 él *l* y el cordero serán apacentados 2061
Jer 5.6 león...los matará, los destruirá el *l* 2061
Ez 22.27 sus príncipes...*l* que arrebatan presa 2061
Hab 1.8 ligeros...más feroces que *l* nocturnos 2061
Sof 3.3 sus jueces, *l* nocturnos que no dejan 2061
Mt 7.15 **ovejas, pero por dentro son *l* rapaces** *3074*
10.16; Lc 10.3 como a ovejas en medio de *l* *3074*
Jn 10.12 **el asalariado...ve venir al *l* y deja** *3074*
10.12 **el *l* arrebata las ovejas y las dispersa** *3074*
Hch 20.29 entrarán en medio...*l* rapaces que *3074*

LÓBREGA
Job 10.22 tierra de oscuridad, *l*, como sombra 652

LÓBULO
Éx 29.20 la pondrás sobre el *l*...oreja derecha 8571
29.20 y sobre el *l* de la oreja de sus hijos 8571
Lv 8.23 sangre...puso sobre el *l* de la oreja 8571
8.24 puso...la sangre sobre el *l* de sus orejas 8571
14.14,17,25,28 el *l* de la oreja derecha del 8571

LOCAMENTE
Gn 31.28 ni, besar a mis hijos...*l* has hecho 5528
Nm 12.11 porque *l* hemos actuado, y...pecado 2973
1 S 13.13 Samuel dijo a Saúl: *L* has hecho; no 5528
1 Cr 21.8 dijo David a Dios...he hecho muy *l* 5528
2 Cr 16.9 *l* has hecho...más guerra contra ti 5528

LOCO, A
Dt 32.6 ¿así...Jehová, pueblo *l* e ignorante? 5036
1 S 21.13 se fingió *l* entre ellos, y escribía 1984
21.15 ¿acaso me faltan *l*...que hayáis traído 7696
21.15 a éste que hiciese de *l* delante de mí? 7696
2 R 9.11 ¿para qué vino a ti aquel *l*? Y él les 7696
Jer 29.26 que te encargues...de todo hombre *l* 7696
Hch 12.15 y ellos le dijeron: Estás *l*. Pero *3105*
26.24 estás *l*, Pablo: las...letras te vuelven *l* *3130*
26.25 no estoy *l*, excelentísimo Festo, sino *3105*
1 Co 14.23 indoctos...¿no dirán que estáis *l*? *3105*
2 Co 5.13 porque si estamos *l*, es para Dios *1839*
11.16 nadie me tenga por *l*; o de otra manera *878*
11.16 o de otra manera, recibidme, como a *l* *878*
11.23 de Cristo? (Como si estuviera *l* hablo.) *3912*

LOCURA
Dt 28.28 te herirá con *l*, ceguera y turbación 7697
Sal 38.5 hieden...mis llagas, a causa de mi *l* 200
49.13 este su camino es *l*; con todo, sus 3689
85.8 santos, para que no se vuelvan a la *l* 3690
Pr 5.23 morirá...y errará por lo inmenso de su *l* 200
14.17 el que fácilmente se enoja hará *l*; y el 200
Ec 1.17 a entender las *l* y...desvaríos; conocí 1947
10.1 así una pequeña *l*, al que es...como sabio 5531
Lm 2.14 profetas vieron para ti vanidad y *l* 8602
Os 2.10 ahora descubriré yo su *l* delante de 5040
Zac 12.4 heriré...caballo, y con *l* al jinete 7697
Lc 24.11 les parecían *l* las palabras de ellas *3026*
1 Co 1.18 la cruz es *l* a los que se pierden *3472*
1.21 salvar a los creyentes por la *l* de la *3472*
1.23 predicamos a Cristo...para los gentiles *l* *3472*
2.14 para él son *l*, y no las puede entender *3472*
2 Co 11.1 ¡ojalá me toleraseis un poco de *l*! *877*
11.17 no lo...según el Señor, sino como en *l* *877*
11.21 (hablo con l) también yo tengo osadía *877*
2 P 2.16 bestia de...refrenó la *l* del profeta *3913*

LOD *Ciudad en Benjamín (=Lida)*, 1 Cr 8.12; Esd 2.33; Neh 7.37; 11.35 3850

LODEBAR *Lugar en Galaad*, 2 S 9.4,5; 17.27 3810

LODO
2 S 22.43 como *l* de las calles los pisé y los 2916
Job 8.11 ¿crece el junco sin *l*? ¿Crece el prado 1207
13.12 vuestros baluartes son baluartes de *l* 2563
27.16 aunque amontone...y prepare ropa como.... 2563
30.19 me derribó en el *l*, y soy semejante al 2563
Sal 18.42 los eché fuera como *l* de las calles 2916
40.2 me hizo sacar del pozo...del *l* cenagoso 2916
69.14 sácame del *l*, y no sea yo sumergido 2916
Is 10.6 ponga para ser hollado como *l* de las 2563
41.25 y pisoteará príncipes como *l*, y como 2916
57.20 el mar...y sus aguas arrojan cieno y *l* 7516
Ez 13.10 los otros la recubrían con *l* suelto
13.11 a los recubridores con *l* suelto, que
13.14 pared que...recubristeis con *l* suelto
13.15 en los que la recubrieron con *l* suelto
22.28 y sus profetas recubrían con *l* suelto
Mi 7.10 será hollada como *l* de las calles 2916
Nah 3.14 en el *l*, pisa el barro, refuerza el 2916
Zac 9.3 y amontonó...oro como *l* de las calles 2916
10.5 huellan al enemigo en el *l* de...calles 2916
Jn 9.6 hizo *l* con la saliva, y untó con el *l* *4081*
9.11 **hizo *l*, me untó los ojos, y me dijo: Vé** *4081*
9.14 día de reposo cuando...había hecho el *l* *4081*
9.15 me puso *l* sobre los ojos, y me lavé, y *4081*

LOG
Lv 14.10 para ofrenda amasada...un *l* de aceite 3849
14.12 lo ofrecerá...con el *l* de aceite, y lo 3849
14.15 el sacerdote tomará del *l* de aceite 3849
14.21 harina amasada con...y un *l* de aceite 3849
14.24 tomará...el *l* de aceite, y los mecerá 3849

LOGRAR
2 Cr 18.21 le inducirás, y lo *lograrás*; anda 3201
Job 35.6 pecares, ¿qué habrás *logrado* contra 6213
Sal 49.8 gran precio, y no se *logrará* jamás 2308
73.7 *logran* con creces...antojos del corazón 5674
Jer 22.30 ninguno de su descendencia *logrará* 6743
Hch 14.18 difícilmente *lograron* impedir que *3433*
Fil 3.12 por ver si *logro* asir aquello para *2638*

LOGRERO
Éx 22.25 no te portarás con él como *l*, ni le 5383

LOGRO
Is 24.2 al que da a *l*, así al que lo recibe 5378

LOIDA Abuela de Timoteo, 2 Ti 1.5 .... *3090*

LOMO
Gn 35.11 naciones...y reyes saldrán de tus *l* 2504
37.34 y puso cilicio sobre sus *l*, y guardó 4975
46.26 vinieron...Egipto, procedentes de sus *l* 3409
Éx 12.11 lo comeréis así: ceñidos vuestros *l* 4975
28.42 su desnudez; serán desde los *l* hasta los 4975
Dt 33.11 hiere los *l* de sus enemigos, y de los 4975
2 S 20.8 tenía pegado a sus *l* el cinto con una 4975
1 R 2.5 sangre...en el talabarte...sobre sus *l* 4975
8.19 hijo que saldrá de tus *l* él edificará 2504
12.10 dedo...más grueso que los *l* de mi padre 4975
18.46 el cual ciñó sus *l*, y corrió delante 4975
20.31 pongamos, pues...cilicio en nuestros *l* 4975

20.32 ciñeron...sus *l* con cilicio, y sogas............4975
2 R 1.8 ceñía sus *l* con un cinturón de cuero............4975
4.29 ciñe tus *l*, y toma mi báculo en tu mano............4975
9.1 ciñe tus *l*...redoma de aceite en tu mano.......4975
2 Cr 6.9 sino tu hijo que saldrá de tus *l* él..............2504
10.10 dedo...más grueso que los *l* de mi padre.....4975
Neh 4.18 cada uno tenía su espada...a sus *l*..........4975
Job 12.18 él rompe...les ata una soga a sus *l*..........4975
31.20 no me bendijeron sus *l*, y del vellón..........2504
38.3 ciñe como varón tus *l*; yo te preguntaré.......2504
40.7 cíñete ahora tomo varón tus *l*; yo te..........2504
40.16 su fuerza está en sus *l*, y su vigor en.........4975
Sal 38.7 mis *l* están llenos de ardor, y nada...........3689
66.11 pusiste sobre nuestros *l* pesada carga........4975
69.23 no...y haz temblar continuamente sus *l*......4975
Pr 30.31 el ceñido de *l*; asimismo el macho............4975
31.17 ciñe de fuerza sus *l*, y esfuerza sus..........4975
Is 5.27 ninguno...desatará el cinto de los *l*............2504
11.5 será la justicia cinto de sus *l*, y la..............4975
20.2 y quita el cilicio de tus *l*, y descalza...........4975
21.3 mis *l* se han llenado de dolor; angustias.......4975
30.6 llevan sobre *l* de asnos sus riquezas, y.........3802
32.11 *l* oh confiadas...ceñid los *l* con cilicio........2504
45.1 sujetar naciones...y desatar *l* de reyes........4975
Jer 1.17 ciñe tus *l*, levántate, y háblales todo.........4975
13.1 y cíñelo sobre tus *l*, y no lo metas en...........4975
13.2 compré el cinto...y lo puso sobre mis *l*........4975
13.4 toma el cinto...que está sobre tus *l*, y..........4975
13.11 el cinto se junta a los *l* del hombre...........4975
30.6 todo hombre tenía las manos sobre sus *l*......2504
48.37 sobre toda mano...cilicio sobre todo *l*........4975
Ez 1.27 de sus *l* para arriba...sus *l* para abajo........4975
8.2 desde sus *l*...y desde sus *l* para arriba........4975
21.6 tú...gime con quebrantamiento de tus *l*........4975
23.15 ceñidos por sus *l* con talabartes, y...........4975
29.7 cuando...les rompiste sus *l* enteramente......4975
44.18 y calzoncillos de lino sobre sus *l*; no..........4975
47.4 me hizo pasar por las aguas hasta los *l*.......4975
Dn 5.6 se debilitaron sus *l*, y sus rodillas..............2783
10.5 un varón...ceñidos sus *l* de oro de Ufaz.......4975
Am 8.10 y haré poner cilicio sobre todo *l*, y............4975
Nah 2.1 cíñete los *l*, refuerza mucho tu poder.........4975
Mt 3.4; Mr 1.6 de cuero alrededor de sus *l*.............*3751*
Lc 12.35 **estén ceñidos vuestros *l*, y vuestras**..........*3751*
Ef 6.14 estad, pues, firmes, ceñidos vuestros *l*..........*3751*
He 7.5 aunque también hayan salido de los *l*..........*3751*
7.10 porque aún estaba en los *l* de su padre.........*3751*
1 P 1.13 ceñid los *l* de vuestro entendimiento..........*3751*

LONGANIMIDAD
Ro 2.4 ¿o menosprecias las riquezas de su...*l*.........*3115*
2 Co 6.6 *l*, en bondad, en el Espíritu Santo..........*3115*
Col 1.11 su gloria, para toda paciencia y *l*.............*3115*
2 Ti 3.10 has seguido mi...*l*, amor, paciencia..........*3115*

LONGITUD
Gn 6.15 la harás: de 300 codos la *l* del arca.............753
Éx 25.10 un arca...*l* será de dos codos y medio...........753
25.17 propiciatorio...*l* será de dos codos y..........753
25.23 mesa de madera...su *l* será de dos codos......753
26.2 la *l* de una cortina de 28 codos, y la.............753
26.8 la *l* de cada cortina será de 30 codos............753
26.16 la *l* de cada tabla será de diez codos...........753
27.1 altar...de cinco codos de *l*, y de cinco...........753
27.9,11 cortinas de cien codos de *l*......................753
27.18 la *l* del atrio será de cien codos, y la...........753
30.2 su *l* será de un codo, y su anchura de...........753
36.9 la *l* de una cortina era de 28 codos, y............753
36.15 la *l* de una cortina era de 30 codos, y..........753
36.21 la *l* de cada tabla era de diez codos............753
37.1 el arca...su *l* era de dos codos y medio.........753
37.6 su *l* de dos codos y medio, y su anchura.......753
37.10 la mesa...su *l* de dos codos, su anchura.......753
37.25 el altar...un codo su *l*, y de otro codo.........753
38.1 altar...su *l* de cinco codos, y su anchura.......753
38.18 era de veinte codos de *l*, y su anchura.........753
39.9 su *l* era de un palmo, y de un palmo su.........753
Dt 3.11 la *l* de ella es de nueve codos, y su.............753
1 R 7.2 la casa del bosque...cien codos de *l*.............753
7.27 la *l* de cada basa de cuatro codos, y la..........753
2 Cr 3.3 la casa de Dios...la *l*, de 60 codos..............753
3.8 lugar santísimo, cuya *l* era de 20 codos..........753
3.11 *l* de las alas de los...era de 20 codos..............753
4.1 hizo además un altar...de 20 codos de *l*.........753
Ez 40.11 y la *l* del portal, de trece codos...............753
40.18 en proporción a la *l* de los portales............753
40.20 de la puerta...midió su *l* y su anchura..........753
40.21 cincuenta codos de *l*, y veinticinco de..........753
40.25 la *l* era de cincuenta codos, y el ancho.........753
40.29,33,36 la *l* era de cincuenta codos, y de.........753
40.42 un codo y medio de *l*, y codo y medio de.........753
40.47 midió el atrio, cien codos de *l*, y cien...........753
40.49 la *l* del pórtico, veinte codos, y el...............753
41.2 y midió su *l*, de cuarenta codos, y la.............753
41.4 midió también su *l*, de veinte codos, y..........753
41.13 el edificio y sus...de cien codos de *l*............753
41.15 y midió la *l* del edificio que estaba..............753
41.22 su *l* de dos codos; y sus esquinas, su...........753
42.2 su *l* era de cien codos, y el ancho de............753
42.8 la *l* de las cámaras...de cincuenta codos.......753
42.11 tanto su *l* como su ancho eran lo mismo.........753
42.20 tenía un muro...de quinientas cañas de *l*......753
43.17 el descanso era de catorce codos de *l*.........753
45.1 *l* de veinticinco mil cañas y diez mil.............753
45.2 para el santuario quinientas cañas de *l*
45.3 medirás en *l* veinticinco mil cañas, y............753
45.5 veinticinco mil cañas de *l* y diez mil.............753
45.6 de la ciudad señalaréis...y 25.000 de *l*..........753
45.7 y la *l* será desde el límite occidental............753
46.22 había patios...de cuarenta codos de *l*.........753
48.8 *l* como cualquiera de las otras partes...........753
48.9 de *l* veinticinco mil cañas, y diez mil............753
48.10 de veinticinco mil de *l* al sur; y el..............753
48.13 será de veinticinco mil cañas de *l*, y..........753
48.13 la *l* de veinticinco mil, y la anchura.............753
48.18 y lo que quedare de *l* delante de la............753
Zac 2.2 para ver...su anchura, y cuánta su *l*..........753
Ef 3.18 comprender...la *l*, la profundidad y...........*3372*
Ap 21.16 *l* es igual a su anchura; y él midió............*3372*
21.16 la *l*, la altura y la anchura de ella.............*3372*

LOOR
Dt 26.19 de exaltarte...para *l* y fama y gloria.........8416
Sal 48.10 así es tu *l* hasta los fines de la...............8416
111.10 tienen...su *l* permanece para siempre......8416
Is 42.12 gloria a Jehová, y anuncien sus *l* en...........8416
44.23 cantad *l*, oh cielos, porque Jehová lo

LO-RUHAMA *«No compadecida», nombre simbólico*
Os 1.6 ponle por nombre *L*...no me compadeceré......3819
1.8 después de...destetado a *L*, concibió y dio......3819
2.23 y tendré misericordia de *L*; y diré a

LOSADO
Est 1.6 sobre *l* de pórfido y de mármol, y de...........7531

LOT *Sobrino de Abraham*
Gn 11.27 Taré engendró a...Harán; y Harán...*L*......3876
11.31 tomó Taré...a *L* hijo de Harán, hijo de.........3876
12.4 se fue Abram, como Jehová...*L* fue con él.......3876
12.5 tomó...Abram...a *L* hijo de su hermano.......3876
13.1 subió, pues, Abram de Egipto...con él *L*........3876
13.5 *L*, que andaba con Abram, tenía ovejas........3876
13.7 hubo contienda entre los pastores...de *L*......3876
13.8 dijo a *L*: No haya ahora altercado entre.......3876
13.10 alzó *L* sus ojos y vio toda la llanura...........3876
13.11 *L* escogió...y se fue *L* hacia el oriente........3876
13.12 *L* habitó en las ciudades de la llanura.........3876
13.14 dijo a Abram, después que *L* se apartó.......3876
14.12 también a *L*, hijo del hermano de Abram.....3876
14.16 recobró a...*L* su pariente y sus bienes........3876
19.1 *L* estaba sentado a la puerta de Sodoma......3876
19.1 y viéndolos *L*, se levantó a recibirlos..........3876
19.5 y llamaron a *L*, y le dijeron: ¿Dónde...........3876
19.6 *L* salió a ellos a la puerta, y cerró la...........3876
19.9 hacían gran violencia al varón, a *L*, y..........3876
19.10 mano, y metieron a *L* en casa con ellos.........3876
19.12 dijeron los varones a *L*: ¿Tienes aquí..........3876
19.14 salió *L* y habló a sus yernos, los que..........3876
19.15 los ángeles daban prisa a *L*, diciendo..........3876
19.18 *L* les dijo: No, yo os ruego, señores............3876
19.23 el sol salía...cuando *L* llegó a Zoar............3876
19.26 la mujer de *L* miró atrás, a espaldas de
19.29 y envió fuera a *L* de...donde *L* estaba.........3876
19.30 *L* subió de Zoar y moró en el monte, y..........3876
19.36 dos hijas de *L* concibieron de su padre.......3876
Dt 2.9 dado a Ar por heredad a los hijos de *L*..........3876
2.19 a los hijos de *L* la he dado por heredad........3876
Sal 83.8 sirven de brazo a los hijos de *L*................3876
Lc 17.28 **como sucedió en los días de *L*; comían**.......*3091*
17.29 **día en que *L* salió de Sodoma, llovió**..........*3091*
17.32 **acordaos de la mujer de *L***.......................*3091*
2 P 2.7 y libró al justo *L*, abrumado por la...............*3091*

LOTÁN *Primogénito de Seir*, Gn 36.20,22,29;
1 Cr 1.38,39...3877

LOZANA
Ez 17.9 todas sus hojas *l* se secarán; y eso.............6780
Os 10.11 yo pasaré sobre su *l* cerviz; haré.............2898

LUCAS *Compañero de Pablo*
Col 4.14 saluda *L*, el médico amado, y Demas..........*3065*
2 Ti 4.11 solo *L* está conmigo. Toma a Marcos.........*3065*
Flm 24 Aristarco, Demas y *L*, mis colaboradores......*3065*

LUCERO
Is 13.10 sus *l* no darán su luz; y el sol se................3685
14.12 ¡cómo caíste del cielo, oh *L*, hijo de............1966
2 P 1.19 el *l* de la mañana salga en vuestros...........*5459*

LUCHA
Gn 30.8 con *l* de Dios he contendido con mi............5319
Ef 6.12 no tenemos *l* contra sangre y carne............*3823*
Col 2.1 que sepáis cuán gran *l* sostengo por.............*73*

LUCHAR
Gn 25.22 y los hijos *luchaban* dentro de ella............7533
32.24 quedó Jacob...y *luchó* con él un varón.........79
32.25 descoyuntó el...mientras con él *luchaba*........79
32.28 porque has *luchado* con Dios y con los.......8280
2 S 10.14 volvió, pues, Joab de *luchar*...Amón
Hch 5.39 seáis...hallados *luchando* contra Dios.......*2314*
1 Co 9.25 aquel que *lucha*, de todo se abstiene............*75*
Col 1.29 *luchando* según la potencia de él, la.............*75*
2 Ti 2.5 el que *lucha*...si no *l* legítimamente.............*118*
Stg 4.2 *lucháis*, pero no tenéis lo que deseáis..........*4170*
Ap 12.7 Miguel y sus ángeles *luchaban* contra..........*4170*
12.7 y *luchaban* el dragón y sus ángeles...............*4170*
13.4 bestia, y quien podrá *luchar* con ella?..........*4170*

LUCIENTE
Sal 148.3 alabadle, vosotras...*l* estrellas...................216

LUCIO
1. De Cirene, Hch 13.1..................................*3066*
2. Cristiano en Corinto, Ro 16.21......................*3066*

LUCRO
Jud 11 lanzaron por *l* en el error de Balaam...........*1632*

LUD
1. Hijo de Sem, Gn 10.22; I Cr 1.17....................3865
2. Pueblo que vivía en Asia Menor
Is 66.19 y enviaré de los escapados de...a *L*...........3865
Jer 46.9 y los de *L* que toman y entesan arco..........3866
Ez 27.10 los de *L* y Fut fueron en tu ejército............3865
30.5 Etiopía, *L*, toda Arabia, Libia, y los..............3865

LUDIM *Descendientes de Mizraim*,
Gn 10.13; 1 Cr 1.11..3866

LUEGO *Véase el Apéndice*

LUGAR
Gn 1.9 júntense las aguas que están...en un *l*.........4725
2.21 tomó una de sus costillas, y...en su *l*
4.25 me ha sustituido otro hijo en *l* de Abel.........8478
11.3 les sirvió el ladrillo en *l* de piedra
12.6 pasó Abram por...hasta el *l* de Siquem........4725
13.3 hasta el *l* donde había estado antes su.........4725
13.4 *l* del altar que había hecho allí antes...........4725
13.6 tierra...no podían morar en un mismo *l*
13.14 mira desde el *l* donde estás hacia el............4725
18.24 no perdonarás al *l* por amor de los 50.........4725
18.26 perdonaré a...este *l* por amor a ellos..........4725
18.33 Jehová se fue...y Abraham volvió a su *l*......4725
19.12 todo lo que tienes...sácalo de este *l*..........4725
19.13 vamos a destruir este *l*, por cuanto el.........4725
19.14 salid de este *l*; porque Jehová va a............4725
19.27 subió Abraham...al *l* donde había estado....4725
20.11 no hay temor de Dios en este *l*, y me..........4725
20.13 en todos los *l* adonde lleguemos, digas.......4725
21.31 llamó a aquel *l* Beerseba; porque allí..........4725
22.3 Abraham se...y fue al *l* que Dios le dijo.......4725
22.4 alzó Abraham sus ojos, y vio el *l* de............4725
22.9 llegaron al *l* que Dios le había dicho..........4725
22.13 y lo ofreció en holocausto en *l* de su hijo......8478
22.14 llamó...de aquel *l*, Jehová proveerá............4725
24.23 en casa de tu padre *l* donde posemos?........4725
24.25 hay en nuestra casa...y *l* para posar............4725
24.31 he preparado...el *l* para los camellos..........4725
26.7 los hombres de aquel *l* le preguntaron.........4725
26.7 pensando que tal vez los hombres del *l*........4725
28.11 a un cierto *l*...y se acostó en aquel *l*.........4725
28.16 ciertamente Jehová está en este *l*, y...........4725
28.17 ¡cuán terrible es este *l*! No es otra.............4725
28.19 y llamó el nombre de aquel *l* Bet-el............4725
29.3 volvían la piedra sobre...pozo a su *l*............4725
29.22 juntó a todos los varones de aquel *l*...........4725
29.26 no se hace así en nuestro *l*, que se dé.........4725
30.25 envíame, e iré a mi *l*, y a mi tierra.............4725
31.55 y se levantó Labán...y se volvió a su *l*.........4725
32.2 llamó el nombre de aquel *l* Mahanaim..........4725
32.30 llamó Jacob...aquel *l*, Peniel; porque..........4725
33.17 fue...llamó el nombre de aquel *l* Sucot.......4725
35.7 y llamó al *l* El-bet-el, porque allí le..............4725
35.13 fue...del *l* en donde había hablado con él....4725
35.14 Jacob erigió una señal en el *l* donde...........4725
35.15 y llamó Jacob el nombre de aquel *l*.............4725
36.33 murió Bela, y reinó en su *l* Jobab hijo de Zera...8478
36.34 murió Jobab, y en su *l* reinó Husam...........8478
36.35 murió Husam, y reinó en su *l* Hadad hijo de
Bedad..8478
36.36 murió Hadad, y en su *l* reinó Samla
de Masreca...8478
36.37 murió Samla, y reinó en su *l* Saúl de Rehobot...8478
36.38 Murió Saúl, y en *l* suyo reinó Baal-hanán.....8478
36.39 y murió Baal-hanán...y reinó Hadar en *l* suyo..8478
36.40 por sus *l*, y sus nombres: Timna, Alva.........4725
38.21 y preguntó a los hombres de aquel *l*............4725
38.22 y también los hombres del *l* dijeron............4725
44.33 que quede ahora tu siervo en *l* del joven......8478
50.19 ¿acaso estoy yo en *l* de Dios?
Éx 3.5 el *l* en que tú estás, tierra santa es..............4725
3.8 *l* del cananeo, del heteo, del amorreo............4725
4.16 él te será a ti en *l* de boca, y
5.12 para recoger rastrojo en *l* de paja
10.23 nadie se levantó de su *l* en tres días............8478
15.17 *l* de tu morada, que tú has preparado.........4349
16.29 cada uno en su *l*, y nadie salga de él............8478
17.7 y llamó el nombre de aquel *l* Masah y..........4725
18.23 todo este pueblo irá en paz a su *l*..............4725
20.24 en todo *l* donde yo hiciere que esté la.........4725
21.13 yo te señalaré *l* al cual ha de huir..............4725
23.20 introduzca en el *l* que yo he preparado.......4725
25.27 para *l* de las varas para llevar la mesa........1004
26.33 hará separación entre el *l* santo y el
26.34 el propiciatorio...en el *l* santísimo
29.30 de sus hijos tome su *l* como sacerdote
29.31 carnero...cocerás su carne en *l* santo.........4725
29.43 y el *l* será santificado con mi gloria
33.21 he aquí un *l* junto a mí, y tú estarás...........4725
Lv 1.16 junto al altar...el *l* de las cenizas...............4725
4.12 todo el becerro sacará...a un *l* limpio..........4725
4.24,33 degollará en el *l* donde se degüella..........4725
4.29 y la degollará en el *l* del holocausto............4725
6.11 sacará las cenizas fuera...un *l* limpio..........4725
6.16 sin levadura se comerá en *l* santo; en..........4725
6.22 el sacerdote que en *l* de Aarón fuere ungido...8478
6.25 en el *l* donde se degüella el holocausto.........4725
6.26 en *l* santo será comida, en el atrio del..........4725
6.27 lavarás...sobre que cayere, en *l* santo...........4725
7.2 en el *l* donde degüellan el holocausto............4725
7.6 será comida en *l* santo; es cosa muy santa.......4725
7.26 ninguna sangre comeréis en
ningún *l* en donde...4186
10.13 la comeréis, pues, en *l* santo; porque...........4725
10.14 comeréis...en *l* limpio, tú y tus hijos............4725
10.17 no comisteis la expiación en *l* santo?..........4725
10.18 debíais comer la ofrenda en el *l* santo
13.19 en el *l* del divieso hubiere...mancha...........4725

13.23,28 si la mancha...estuviere en su l, y 8478
13.33 pero no rasurará el l afectado; y el 5424
14.13 degollará...en el l donde se degüella 4725
14.13 en el l del santuario; porque como la 4725
14.28 aceite...el l de la sangre de la culpa 4725
14.40 las echarán fuera de la...en l inmundo 4725
14.41 fuera de la ciudad, en l inmundo, el 4725
14.42 las pondrán en l de las piedras quitadas 8478
14.45 todo fuera de la ciudad a l inmundo 4725
16.24 lavará...su cuerpo con agua en el l del 4725
16.32 para ser sacerdote en l de su padre 8478
24.9 lo comerán en l santo; porque es cosa 4725
26.30 destruiré vuestros l altos...derribaré 1004
Nm 3.12 en l de todos los primogénitos 8478
3.38 la guarda del santuario en l...de Israel
3.41 en l de todos...los hijos de Israel 8478
3.45 en l de todos los primogénitos...de Israel 8478
4.4 oficio de...en el l santísimo, será
4.19 que cuando se acerquen al l santísimo
8.16 en l de todo primer nacido 8478
8.18 he tomado a los levitas en l de todos
9.17 l donde la nube paraba, allí acampaban 4725
10.29 partimos para el l del cual Jehová ha 4725
10.31 tú conoces los l donde hemos de acampar
10.33 el arca del...buscándoles l de descanso 4496
11.3 llamó a aquel l Tabera, porque el fuego 4725
11.34 el nombre de aquel l Kibrot-hataava 4725
13.24 y se llamó aquel l el Valle de Escol 4725
14.40 subir al l del cual ha hablado Jehová 4725
18.31 lo comeréis en cualquier l, vosotros 4725
19.9 pondrá...en l limpio, y las guardará la 4725
20.5 subir de...para traernos a este mal l? 4725
20.5 no es l de sementera, de higueras, de 4725
21.3 destruyó...y llamó el nombre de...l Horma 4725
23.13 te ruego que vengas conmigo a otro l 4725
23.27 ruego que vengas, te llevaré a otro l 4725
24.11 huye a tu l; yo dije que te honraría 4725
24.25 se levantó Balaam y...y volvió a su l 4725
32.1 y les pareció el país l de ganado 4725
32.14 habéis sucedido en l de vuestros padres 8478
32.17 iremos...hasta que los metamos en su l 4725
33.52 país...y destruiréis todos sus l altos 1116
Dt 1.31 el camino que...hasta llegar a este l 4725
1.33 para reconoceros el l donde...de acampar 4725
2.12 y habitaron en l de ellos, como hizo Israel 8478
2.21 sucedieron a aquéllos, y habitaron en su l 8478
2.22 y habitaron en su l hasta hoy 8478
2.23 los destruyeron, y habitaron en su l 8478
2.37 a l alguno que Jehová...había prohibido 3027
9.7 hasta que entrasteis en este l, habéis 4725
10.6 en l suyo tuvo el sacerdocio su hijo Eleazar 8478
11.5 hecho...hasta que habéis llegado a este l 4725
11.24 l que pisare...vuestro pie será vuestro 4725
12.2 destruiréis...los l donde las naciones 4725
12.3 imágenes...raeréis su nombre de aquel l 4725
12.5,11,14,18,21,26; 16.2,6,7,11,15,16 el l que Jehová vuestro Dios escogiere 4725
12.13 no ofrecer...en cualquier l que vieres 4725
14.23 comerás...en el l que él escogiere para 4725
14.24 por estar lejos de ti el l que Jehová 4725
14.25 vendrás al l que Jehová tu...escogiere 4725
15.20 comerás...en el l que Jehová escogiere 4725
17.8 recurrirás al l que Jehová...escogiere 4725
17.10 harás según...te indiquen los del l que 4725
18.6 viniere con...al l que Jehová escogiere 4725
21.3,6, más cercana al l donde fuere hallado
21.19 sacarán...a la puerta del l donde viva 4725
23.12 tendrás un l fuera del...adonde salgas 4725
23.16 morará contigo...en el l que escogiere 4725
26.2 irás al l que Jehová tu Dios escogiere 4725
26.9 trajo a este l, y nos dio esta tierra 4725
28.62 en l de haber sido como las estrellas del 834
29.7 llegasteis a este l, y salieron Sehón 4725
31.11 presentarse...en el l que él escogiere 4725
34.6 y ninguno conoce el l de su sepultura
Jos 1.3 l que pisare la planta de vuestro pie 4725
3.3 saldréis de vuestro l y marcharéis en pos 4725
4.3 tomad...del l donde están firmes los pies 4673
4.3 en el l donde habéis de pasar la noche 4411
4.8 las pasaron al l donde acamparon, y las 4411
4.9 en el l donde estuvieron los pies de los 8478
4.18 los pies de los sacerdotes...en l seco 2724
4.18 las aguas del Jordán se volvieron a su l 4725
5.7 que él había hecho suceder en su l 8478
5.8 la gente, se quedaron en el mismo l en 8478
5.9 el nombre de aquel l fue llamado Gilgal 4725
5.15 el calzado...el l donde estás es santo 4725
7.26 se llama el Valle de Acor, hasta hoy 4725
8.19 levantándose...de su l...en la emboscada 4725
9.27 aguadores...en el l que Jehová eligiese 4725
20.4 y le darán l para que habite con ellos 4725
21.10 para ellos fue la suerte en primer l
Jue 2.5 llamaron el nombre de aquel l Boquim 4725
6.2 se hicieron...cavernas, y l fortificados 4679
6.26 edifica altar a Jehová...l conveniente 4634
7.7 váyase...la demás gente cada uno a su l 4725
8.27 Israel se prostituyó tras...en aquel l
11.19 ruego que me dejes pasar...hasta mi l 4725
15.2 tómala, pues, en su l 8478
15.17 quijada, y llamó a aquel l Ramat-lehi 4725
15.19 llamó el nombre de aquel l, En-hacore 4725
17.8 para ir a vivir donde pudiera encontrar l 4725
17.9 y voy a vivir donde pueda encontrar l 4725
18.10 l donde no hay falta de cosa alguna que 4725
18.12 llamaron a aquel l el campamento de Dan 4725
19.13 ven, sigamos hasta uno de esos l, para 4725
19.16 los moradores de aquel l eran hijos de 4725
19.28 el varón...se levantó y se fue a su l 4725
20.22 ordenar la batalla en el mismo l donde 4725
20.33 se levantaron...los de Israel de su l 4725
20.33 emboscadas de Israel salieron de su l 4725
Rt 1.7 salió, pues, del l donde había estado 4725
3.4 notarás el l donde se acuesta, e irás y 4725
4.10 nombre del muerto no se borre...de su l 4725
1 S 2.20 Jehová te dé hijos de esta mujer en l
3.9 así se fue Samuel, y se acostó en su l 4725
5.3 y tomaron a Dagón y lo volvieron a su l 4725
5.11 enviad el arca del...y vuélvase a su l 4725
6.2 el arca...hemos de volver a enviar a su l 4725
7.16 y juzgaba a Israel en todos estos l 4725
9.11 dijeron: ¿Está en este l el vidente?
9.12 tiene hoy un sacrificio en el l alto 1116
9.13 antes que suba al l alto a comer; pues 1116
9.14 venía hacia ellos para subir al l alto 1116
9.19 sube delante de mí al l alto, y come 1116
9.22 los introdujo...les dio l a la cabecera 4725
9.25 cuando hubieron descendido del l alto 1116
10.5 de profetas que descienden del l alto 1116
10.13 cesó de profetizar, y llegó al l alto 1116
12.8 padres...los hicieron habitar en este l 4725
14.9 entonces nos estaremos en nuestro l, y 8478
14.20 llegaron hasta el l de la batalla; y
14.46 dejó...los filisteos se fueron a su l 4725
19.2 David...estate en l oculto y escóndete
20.19 vendrás al l donde estabas escondido 4725
20.25 se sentó...y el l de David quedó vacío 4725
21.2 yo les señalé a los criados un cierto l 4725
22.4 tiempo que David estuvo en el l fuerte 4686
22.5 Gad dijo...No te estés en este l fuerte 4686
23.13 salieron...y anduvieron de un l a otro 834
23.14 se quedó en el desierto en l fuertes 4679
23.22 conoced y ved el l de su escondite, y 4725
23.28 pusieron a aquel l por...Sela-hama-lecot 4725
23.29 y habitó en los l fuertes de En-gadi 4679
24.22 David y...hombres subieron al l fuerte 4686
26.5 miró David el l donde dormían Saúl y 4725
26.25 David se fue...y Saúl se volvió a su l 4725
27.5 séame dado l en alguna de las aldeas 4725
29.4 se vuelva al l que le señalaste, y no 4725
30.31 todos los l donde David había estado 4725
2 S 2.16 fue llamado aquel l, Helcat-hazurim 4725
2.23 los que venían por aquel l donde Asael 8478
5.20 llamó el nombre de aquel l Baal-perazim 4725
6.8 fue llamado aquel l Pérez-uza, hasta hoy 4725
6.17 la pusieron en su l en...de una tienda 4725
7.10 fijaré l a mi...para que habite en su l 4725,8478
10.1 y reinó en l suyo Hanún su hijo 8478
11.16 puso a Urías en el l donde sabía que 4725
15.17 salió...el rey...se detuvieron en un l 1004
15.19 tú eres...y desterrado también de tu l 4725
16.8 la casa de Saúl, en l del cual tú has reinado 8478
17.9 escondido en alguna cueva o en otro l 4725
17.12 acometeremos en cualquier l en donde 4725
17.25 a Amasa jefe del ejército en l de Joab 8478
18.33 ¡quién me diera que muriera yo en l de ti
19.13 no fueres general del...en el l de Joab 8478
22.20 me sacó a l espacioso; me libró, porque 4800
23.7 lanza, y son del todo quemados en su l 7675
23.14 David...estaba en el l fuerte, y había 4686
1 R 1.30 él se sentará en mi trono en l mío 8478
2.35 el rey puso en su l a Benaía hijo de Joiada 8478
2.35 y a Sadoc...en l de Abiatar 8478
3.2 el pueblo sacrificaba en los l altos 1116
3.3 Salomón...quemaba incienso en los l altos 1116
3.4 a Gabaón...aquél era el l alto principal 1116
3.7 tú me has...por rey en l de David mi padre 8478
4.28 traer cebada y paja...l donde él estaba 4725
5.1 lo habían ungido por rey en l de su padre 8478
5.5 tu hijo, a quien yo pondré en l tuyo en tu trono 8478
5.9 la enviaré...hasta el l que tú me señales 4725
6.5 contra las paredes de...del l santísimo
6.16 hizo...un aposento que es el l santísimo 6944
6.19 y adornó el l santísimo por dentro en
6.20 el l santísimo estaba...parte de adentro
6.22 todo el altar que...frente al l santísimo
6.23 hizo...en el l santísimo dos querubines
6.27 puso estos querubines...en el l santísimo
7.49 otros cinco a la...frente al l santísimo
7.50 de oro los quiciales...del l santísimo 6944
8.6 metieron el arca del pacto...en su l, en 4725
8.6 en el l santísimo, debajo de las alas de 6944
8.7 tenían extendidas las alas sobre el l del 4725
8.8 el l santo...está delante del l santísimo 6944
8.20 me he levantado en l de David mi padre
8.21 y he puesto en ella l para el arca, en 4725
8.29 estén tus ojos abiertos...sobre este l 4725
8.29 la oración que tu siervo haga en este l 4725
8.30 cuando oren en este l...tú lo oirás en 4725
8.30 lo oirás en el l de tu morada, en los 4725
8.35 y te rogaren en este l y confesaren tu 4725
8.39,43,49 oirás en los cielos, en el l de 4349
11.7 un l alto a Quemos, ídolo abominable de 1116
11.43 y reinó en su l Roboam su hijo 8478
12.31 hizo también casas sobre los l altos 1116
12.32 ordenó...sacerdotes para los l altos que 1116
13.2 sacrificará...a los sacerdotes de los l 1116
13.8 comería pan ni bebería agua en este l 4725
13.16 no...ni beberé agua contigo en este l 4725
13.22 bebiste agua en el l donde Jehová te 4725
13.32 contra...las casas de los l altos que 1116
13.33 a hacer sacerdotes de los l altos de 1116
13.33 que fuese...sacerdotes de los l altos 1116
14.20 reinó en su l Nadab su hijo 8478
14.23 ellos también se edificaron l altos 1116
14.27 y en l de ellos hizo...escudos de bronce 8478
14.31 y reinó en su l Abiam su hijo 8478
15.8 y reinó Asa su hijo en su l 8478
15.14 sin embargo, los l altos no se quitaron 1116
15.24 y reinó en su l Josafat su hijo 8478
15.28 lo mató...y reinó en l suyo 8478
16.6 y reinó en su l Ela su hijo 8478
16.10 vino Zimri y lo hirió...y reinó en l suyo 8478
16.28 y reinó en l suyo Acab su hijo 8478
19.16 ungirás para que sea profeta en tu l 8478
20.24 y pon capitanes en l de ellos 4725
21.19 l donde lamieron los perros la sangre 4725
22.40 y reinó en su l Ocozías su hijo 8478
22.43 con todo...l altos no fueron quitados 1116
22.47 había gobernador en l de rey
22.50 y en su l reinó Joram su hijo 8478
2 R 1.17 reinó en su l Joram 8478
2.19 el l en donde está...ciudad es bueno 4186
3.27 arrebató...que había de reinar en su l 8478
5.11 saldrá...tocará el l, y sanará la lepra 4725
5.24 y así que llegó a un l secreto, él lo 6076
6.1 en que moramos contigo nos es estrecho 4725
6.2 viga, y hagamos allí l en que habitemos 4725
6.6 él le mostró el l. Entonces cortó él un 4725
6.8 dijo...tal y tal l estará mi campamento 4725
6.9 que no pases por tal l, porque los sirios 4725
6.10 envió a aquel l que el varón de Dios 4725
8.15 y murió; y reinó Hazael en su l 8478
8.24 y reinó en l suyo Ocozías, su hijo 8478
10.25 hasta el l santo del templo de Baal
10.35 y reinó en su l Joacaz su hijo 8478
12.3; 14.4; 15.4,35 l altos no se quitaron 1116
12.3; 14.4; 15.4,35 el pueblo...sacrificaba...en los l altos 1116
12.21 y reinó en su l Amasías su hijo 8478
13.9 y reinó en su l Joás su hijo 8478
13.24 y reinó en su l Ben-adad su hijo 8478
14.16 y reinó en su l Jeroboam su hijo 8478
14.21 lo hicieron rey en l de Amasías su padre 8478
14.29 y reinó en su l Zacarías su hijo 8478
15.7 y reinó en su l Jotam su hijo 8478
15.10 y lo mató, y reinó en su l 8478
15.14 y lo mató, y reinó en su l 8478
15.22 y reinó en su l Pekaía su hijo 8478
15.25 y lo mató, y reinó en su l 8478
15.30 y lo hirió y lo mató, y reinó en su l 8478
15.38 y reinó en su l Acaz su hijo 8478
16.4 quemó incienso en los l altos, y sobre 1116
16.20 y reinó en su l su hijo Ezequías 8478
17.9 edificándose l altos en...sus ciudades 1116
17.11 quemaron allí incienso en...los l altos 1116
17.24 en l de los hijos de Israel 8478
17.29 los pusieron en los templos de los l 1116
17.32 e hicieron...sacerdotes de los l altos 1116
17.32 sacrificaban para ellos en...los l altos 1116
18.4 quitó los l altos, y quebró...imágenes 1116
18.22 ¿no es...aquel cuyos l altos y altares 1116
18.25 ¿acaso he venido...sin Jehová a este l 4725
19.23 me alojaré en sus más remotos l, en
19.37 y reinó en su l Esar-hadón su hijo 8478
20.21 y reinó en su l Manasés su hijo 8478
21.3 porque volvió a edificar los l altos 1116
21.18 durmió Manasés...y reinó en su l Amón 8478
21.24 puso el...por rey en su l a Josías su hijo 8478
21.26 y reinó en su l Josías su hijo 8478
22.16 yo traigo sobre este l...todo el mal 4725
22.17 mi ira se ha encendido contra este l 4725
22.19 que yo he pronunciado contra este l 4725
22.20 todo el mal que traigo sobre este l 4725
23.5 que quemasen incienso en los l altos en 1116
23.7 derribó los l de prostitución idolátrica 1004
23.8 y profanó los l altos donde...quemaban 1116
23.9 sacerdotes de los l altos no subían al 1116
23.13 profanó el rey los l altos...Jerusalén 1116
23.14 y llenó el l de...de huesos de hombres 4725
23.15 y el l alto que había hecho Jeroboam 1116
23.15 aquel altar y el l alto destruyó, y lo 1116
23.19 todas las casas de los l altos...quitó 1116
23.20 mató además...sacerdotes de los l altos 1116
23.30 y lo pusieron por rey en l de su padre 8478
23.34 en l de Josías su padre, y le cambió
24.6 y reinó en su l Joaquín su hijo 8478
24.17 por rey en l de Joaquín a Matanías su tío 8478
1 Cr 1.44 reinó en su l Jobab hijo de Zera 8478
1.45 reinó en su l Husam, de la tierra de los 8478
1.46 reinó en su l Hadad hijo de Bedad 8478
1.47 reinó en su l Samla de Masreca 8478
1.48 reinó en su l Saúl de Rehobot 8478
1.49 reinó en su l Baal-hanán hijo de Acbor 8478
1.50 reinó en su l Hadad 8478
2.23 y Aram tomaron de ellos las...60 l 5892
4.41 y habitaron allí en l de ellos
5.22 y habitaron en sus l hasta el cautiverio
6.49 Aarón...en toda la obra del l santísimo
7.29 en estos l habitaron los hijos de José
12.8 de Gad huyeron...a David, al l fuerte en 4679
12.16 de Judá vinieron a David al l fuerte 4679
13.11 lo que llamó aquel l Pérez-uza, hasta 4725
14.11 llamaron el nombre de...l Baal-perazim 4725
15.1 arregló un l para el arca de Dios, y le 4725
15.3 que pasasen el arca de Jehová a su l, el 4725
15.12 pasad el arca...l que le he preparado
16.39 Sadoc...el l alto que estaba en Gabaón 1116
17.9 he dispuesto l para mi pueblo Israel 4725
17.16 para que me hayas traído hasta este l? 1988
21.22 dijo David a Ornán: Dame este l de la 4725
21.25 dio David...aquel l...600 siclos de oro 4725
21.29 el altar del...en el l alto de Gabaón 1116
29.23 en l de David su padre, y fue prosperado 8478

29.28 y reinó en su *l* Salomón su hijo ... 8478
2 Cr 1.3 fue Salomón... al *l* alto que había en ... 1116
1.4 David había traído el arca... al *l* que él
1.8 y a mí me has puesto por rey en *l* suyo ... 8478
1.13 y desde el *l* alto que estaba en Gabaón ... 1116
3.1 en el *l* que David había preparado en la ... 4725
3.8 hizo... el *l* santísimo, cuya longitud era ... 1004
3.10 del *l* santísimo hizo dos querubines de ... 1004
4.20 lámparas... las encendiesen delante del *l*
4.22 de oro... sus puertas... para el *l* santísimo
5.7 el arca... en su *l*, en... en el *l* santísimo ... 4725
5.7 metieron el arca del pacto de... en su *l* ... 4725
5.8 extendían las alas sobre el *l* del arca ... 4725
5.9 barras del arca delante del *l* santísimo
6.10 me levanté yo en *l* de David mi padre ... 4725
6.20 el *l* del cual dijiste: Mi nombre estará ... 4725
6.20 oigas la... que tu siervo ora en este *l* ... 4725
6.21 cuando en este *l* hicieren oración, que ... 4725
6.21 oirás... desde el *l* de tu morada ... 4725
6.30,33,39 oirás... desde el *l* de tu morada ... 4349
6.26 haber pecado... oraren a ti hacia este *l* ... 4725
6.40 atentos... oídos a la oración en este *l* ... 4725
7.12 he elegido para mí este *l* por casa de ... 4725
7.15 atentos... oídos a la oración en este *l* ... 4725
9.31 y reinó en su *l* Roboam su hijo
11.13 juntaron a él desde todos los *l* donde ... 1366
11.15 propios sacerdotes para los *l* altos, y ... 1116
12.10 en *l* de ellos hizo... escudos de bronce
12.16 y reinó en su *l* Abías su hijo
14.1 y reinó en su *l* su hijo Asa ... 8478
14.3 porque quitó los altares... y los *l* altos ... 1116
14.5 quitó... Judá los *l* altos y las imágenes ... 1116
15.17 con todo... *l* altos no eran quitados de ... 1116
17.1 reinó en su *l* Josafat su hijo, el cual ... 8478
17.6 y quitó los *l* altos y las imágenes de ... 1116
19.5 puso jueces en... Judá, por todos los *l* ... 5892
19.6 porque no juzgáis en *l* de hombre
20.33 los *l* altos no fueron quitados; pues ... 1116
21.1 y reinó en su *l* Joram su hijo ... 8478
21.11 hizo *l* altos en los montes de Judá, e ... 1116
22.1 hicieron rey en *l* de Joram a Ocozías ... 8478
24.11 arca... la vaciaban, y la volvían a su *l* ... 4725
24.27 y reinó en su *l* Amasías su hijo ... 8478
26.1 lo pusieron por rey en *l* de Amasías su padre
26.20 y le hicieron salir... de aquel *l*; y él ... 8033
26.23 y reinó Jotam su hijo en *l* suyo ... 8478
27.9 y reinó en su *l* Acaz su hijo ... 8478
28.4 quemó incienso en los *l* altos, en los ... 1116
28.25 *l* altos en todas las ciudades de Judá ... 1116
28.27 y reinó en su *l* Ezequías su hijo ... 8478
30.16 tomaron su *l* en los turnos de costumbre
31.1 derribaron los *l* altos y los altares por ... 1116
32.12 ha quitado sus *l* altos y sus altares ... 1116
32.33 lo sepultaron en el *l* más prominente ... 8478
33.3 él reedificó los *l* altos que Ezequías ... 1116
33.17 sacrificaba en los *l* altos, aunque lo ... 1116
33.19 edificó *l* altos y erigió imágenes de ... 4725
33.20 y reinó en su *l* Amón su hijo ... 8478
33.25 puso por rey en su *l* a Josías su hijo ... 8478
34.3 a limpiar a Judá y a Jerusalén de los *l* ... 1116
34.6 lo mismo hizo en... y en los *l* asolados ... 5439
34.24 traigo mal sobre este *l*, y sobre los ... 4725
34.25 se derramará mi ira sobre este *l*, y no ... 4725
34.27 oír sus palabras sobre este *l* y sobre ... 4725
34.28 todo el mal que yo traigo sobre este *l* ... 4725
36.1 y lo hizo rey en *l* de su padre en Jerusalén ... 8478
36.8 y reinó en su *l* Joaquín su hijo ... 8478
Esd 1.4 el que haya quedado, en cualquier *l* ... 4725
1.4 ayúdenle los hombres de su *l* con plata ... 4725
5.15 sea reedificada la casa de Dios en su *l* ... 870
6.3 casa... como *l* para ofrecer sacrificios ... 870
6.5 y vayan a su *l*, al templo que está en ... 870
6.7 reedifiquen esa casa de Dios en su *l* ... 870
8.17 a Iddo, jefe en el *l* llamado Casifia ... 4725
8.17 hablar a Iddo... en el *l* llamado Casifia ... 4725
9.8 para darnos un *l* seguro en su santuario ... 4725
10.14 que se queden en *l* de toda la congregación
Neh 1.9 os traeré al *l* que escogí para hacer ... 4725
2.14 pero no había *l* por donde pasase la ... 4725
4.12 todos los *l* de donde volviereis, ellos ... 4725
4.13 por las partes bajas del *l*, detrás del ... 4725
4.20 en el *l* donde oyereis el sonido de la ... 4725
8.7 ley; y el pueblo estaba atento en su *l* ... 5977
9.3 puestos de pie en su *l*, leyeron el libro ... 5977
12.27 buscaron a los levitas de todos sus *l* ... 4725
Est 2.4 reine en *l* de Vasti ... 8478
2.17 y la hizo reina en *l* de Vasti ... 8478
4.3 cada provincia y *l* donde el mandamiento
5.9 no se levantaba ni se movía de su *l*
Job 2.11 tres amigos de Job... cada uno de su *l* ... 4725
6.17 y al calentarse, desaparecen de su *l* ... 4725
7.10 no volverá más... su *l* le conocerá más ... 4725
8.4 pecaron... los echó en el *l* de su pecado ... 3027
8.17 van... enlazándose hasta un *l* pedregoso ... 1004
8.18 le arrancaren de su *l*, éste le negará ... 4725
9.6 él remueve la tierra de su *l*, y hace ... 4725
9.9 él hizo la Osa... y los *l* secretos del sur ... 2315
14.18 cae... y las peñas son removidas de su *l* ... 4725
16.4 si vuestra alma estuviera en lugar de la mía ... 8478
16.18 no cubras... y no haya *l* para mi clamor ... 4725
18.4 y serán removidas de su *l* las peñas? ... 4725
18.21 será el *l* del que no conoció a Dios ... 4725
20.9 nunca más le verá, ni su *l* le conocerá ... 4725
27.21 va; y tempestad lo arrebatará de su *l* ... 4725
27.23 batirán las... y desde su *l* le silbarán ... 4725
28.1 ciertamente... el oro *l* donde se refina ... 4725
28.4 abren minas... en *l* olvidados, donde el
28.6 *l* hay cuyas piedras son zafiro, y sus ... 4725
28.12,20 ¿dónde está el *l* de la inteligencia? ... 4725
28.23 Dios entiende el camino... conoce su *l* ... 4725
30.3 huían a la... a *l* tenebroso, asolado y
31.40 y espinos en *l* de cebada ... 8478
33.6 heme aquí a mí en *l* de Dios
34.24 y hará estar a otros en su *l* ... 8478
34.26 como a... herirá en *l* donde sean vistos
36.16 te apartará... a *l* espacioso, libre de ... 7338
36.20 en que los pueblos desaparecen de su *l* ... 8478
37.1 estremece mi corazón, y salta de su *l* ... 4725
38.12 ¿has mandado tú... mostrado al alba su *l* ... 4725
38.19 luz, y dónde está el *l* de las tinieblas ... 4725
39.6 soledad, y sus moradas en *l* estériles
40.21 se echará... en lo oculto... los *l* húmedos
Sal 16.6 cuerdas me cayeron en *l* deleitosos
18.19 sacó a *l* espacioso; me libró, porque ... 4800
23.2 en *l* de delicados pastos me... descansar
24.3 ¿quién... y quién estará en su *l* santo? ... 4725
26.8 casa... el *l* de la morada de tu gloria ... 4725
31.8 pusiste mis pies en *l* espacioso ... 4800
33.14 desde el *l* de su morada miró sobre ... 4349
37.10 malo; observarás su *l*, y no estará allí ... 4725
44.19 nos quebrantases en el *l* de chacales ... 4725
45.16 en *l* de tus padres serán tus hijos ... 8478
74.20 los *l* tenebrosos... llenos de... violencia ... 4285
78.58 le enojaron con sus *l* altos... a celo con ... 1116
88.6 me has puesto en el hoyo... *l* profundos ... 4688
103.16 y pereció, y su *l* no la conocerá más ... 4725
103.22 obras, en todos los *l* de su señorío ... 4725
104.8 descendieron los valles, al *l* que tú ... 4725
109.19 en *l* de cinto con que se ciña siempre
118.5 respondió... poniéndome en *l* espacioso ... 4800
132.5 hasta que halle *l* para Jehová, morada ... 4725
132.8 levántate... Jehová, al *l* de tu reposo
132.14 este es para siempre el *l* de mi reposo
Pr 1.21 clama en los principales *l* de reunión ... 1993
8.3 en el *l* de las puertas, a la entrada de
9.14 se sienta... en los *l* altos de la ciudad ... 4791
11.8 mas el impío entra en *l* suyo ... 8478
15.3 ojos de Jehová están en todo *l*, mirando ... 4725
25.6 no te... ni estés en el *l* de los grandes ... 4725
27.8 cual ave... el hombre que se va de su *l* ... 4725
Ec 1.5 se apresura a volver al *l* de donde se ... 4725
1.7 al *l* de donde los ríos vinieron... vuelven ... 4725
3.16 en *l* del juicio, allí impiedad; y ... 4725
3.20 todo va a un mismo *l*; todo es hecho del ... 4725
4.15 que estará en *l* de aquél ... 8478
6.6 aquel viviere... ¿no van todos al mismo *l*? ... 4725
8.10 los que frecuentaban el *l* santo fueron ... 4725
10.4 no dejes tu *l*; porque la mansedumbre ... 4725
10.6 y los ricos están sentados en *l* bajo ... 8216
11.3 el *l* que el árbol cayere, allí quedará ... 4725
Is 3.24 en *l* de los perfumes aromáticos ... 8478
4.5 sobre los *l* de sus convocaciones, nube
6.12 haya... multiplicado los *l* abandonados en
7.23 el *l* donde había mil vides que valían ... 4725
9.10 pero en su *l* pondremos cedros
13.13 y la tierra se moverá de su *l*, en la ... 4725
14.2 los tornarán los... y los traerán a su *l* ... 4725
15.2 a Bayit y a Dibón, *l* altos, a llorar ... 1116
16.12 apareciere Moab cansado sobre los *l* ... 4725
18.7 será traída... al *l* del nombre de Jehová ... 4725
22.16 el que en *l* alto labra su sepultura
22.19 te arrojaré de tu *l*, y de tu puesto te ... 4673
22.23 y lo hincaré como clavo en *l* firme; y ... 4725
22.25 clavo hincado en *l* firme será quitado ... 4725
25.5 como el calor en *l* seco, así humillarás ... 6724
26.5 derribó a los que moraban en *l* sublime
26.21 que Jehová sale de su *l* para castigar ... 4725
28.8 vómito y suciedad, hasta no... *l* limpio ... 4725
28.25 pone el... y la cebada en el *l* señalado ... 1367
33.16 fortaleza de rocas será... *l* de refugio ... 4869
33.21 allí será Jehová... *l* de ríos, de arroyos ... 4725
35.7 el *l* seco se convertirá en estanque, y ... 8273
35.7 en su guarida, será *l* de cañas y juncos ... 2682
36.7 ¿no es éste aquel cuyos *l* altos y cuyos ... 1116
37.38 le mataron... y reinó en su *l* Esar-hadón ... 8478
45.2 iré delante... enderezaré los *l* torcidos ... 1921
45.19 no hablé... en un *l* oscuro de la tierra ... 4725
46.7 llevan, y lo colocan en su *l*; allí se ... 8478
49.20 estrecho es para mí este *l*; apártate ... 4725
55.13 en *l* de la zarza crecerá ciprés, y en *l* de ... 8478
56.5 les daré *l* en mi casa y dentro de mis ... 3027
59.10 estamos en *l* oscuros como muertos ... 820
60.13 para decorar el *l* de mi santuario, y ... 4725
60.13 gloria... y yo honraré el *l* de mis pies ... 4725
60.17 y en *l* de piedras hierro
61.3 se les dé gloria en *l* de ceniza
65.4 y en *l* escondidos pasan la noche
65.5 dicen: Estate en tu *l*, no te acerques
66.1 dónde está la casa... el *l* de mi reposo? ... 4725
Jer 3.2 ve en qué *l* no te hayas prostituido ... 375
4.7 y el destruidor... ha salido de su *l* para ... 4725
6.3 alrededor; cada uno apacentará en su *l* ... 3027
7.3 mejorad... obras, y os haré morar en este *l* ... 4725
7.6 en este *l* derramareis la sangre inocente ... 4725
7.7 os haré morar en este *l*, en la tierra que ... 4725
7.12 andad ahora a mi *l* en Silo, donde hice ... 4725
7.14 a este *l* que di a vosotros y a vuestros ... 4725
7.20 ira se derramarán sobre este *l*, sobre ... 4725
7.31 han edificado los *l* altos de Tofet, que ... 1116
7.32 serán enterrados en Tofet... no haber *l* ... 4725
8.3 los *l* adonde arroje yo a los que queden ... 4725
10.17 recoge... la que moras en *l* fortificado ... 4693
13.7 fui al Eufrates... y tomé el cinto del *l* ... 4725
14.13 que en este *l* os daré paz verdadera ... 4725
16.2 no... ni tendrás hijos ni hijas en este *l* ... 4725
16.3 dicho... de las hijas que nazcan en este *l* ... 4725
16.9 haré cesar en este *l*... toda voz de gozo ... 4725
17.3 por el pecado de tus *l* altos en todo tu ... 1116
17.12 trono de gloria, excelso... es el *l* de ... 4725
19.3 que yo traigo mal sobre este *l*, tal que ... 4725
19.4 porque me dejaron, y enajenaron este *l* ... 4725
19.4 llenaron este *l* de sangre de inocentes ... 4725
19.5 edificaron *l* altos a Baal, para quemar ... 1116
19.6 vienen días, dice Jehová, que este *l* no ... 4725
19.7 y desvaneceré el consejo de... en este *l* ... 4725
19.11 porque no habrá otro *l* para enterrar ... 4725
19.12 así haré a este *l*, dice Jehová, y a sus ... 4725
19.13 las casas de... serán como el *l* de Tofet ... 4725
22.3 ni derraméis sangre inocente en este *l* ... 4725
22.4 en *l* de David se sientan sobre su trono
22.11 acerca de Salum... reinó en *l* de Josías ... 8478
22.11 salió de este *l*: No volverá más aquí ... 4725
22.12 que morirá en el *l* adonde lo llevaron ... 4725
24.5 los cuales eché de este *l* a la tierra ... 4725
24.9 por maldición a todos los *l* adonde yo ... 4725
27.22 los traeré y los restauraré a este *l* ... 4725
28.3 dentro de dos años haré volver a este *l* ... 4725
28.3 Nabucodonosor rey... tomó de este *l* para ... 4725
28.4 haré volver a este *l* a Jeconías hijo de ... 4725
28.6 de ser devueltos de Babilonia a este *l* ... 4725
29.10 palabra, para haceros volver a este *l* ... 4725
29.14 y de todos los *l*... os haré volver al *l* ... 4725
29.26 puesto por sacerdote en *l* del sacerdote ... 8478
32.35 edificaron *l* altos a Baal, los cuales ... 1116
32.37 los haré volver a este *l*, y los haré ... 4725
33.10 *l*, del cual decís que está desierto y ... 4725
33.12 en este *l* desierto, sin hombre y sin ... 4725
37.1 en *l* de Conías... el rey Sedequías hijo de ... 8478
40.2 tu Dios habló este mal contra este *l* ... 4725
40.12 judíos regresaron... todos los *l* adonde ... 4725
42.18 seréis objeto... y no veréis más este *l* ... 4725
42.22 moriréis en el *l*... deseasteis entrar ... 4725
44.29 en este *l* os castigo, para que sepáis ... 4725
45.5 daré tu vida por botín en todos los *l* ... 4725
48.35 a quien sacrifique sobre los *l* altos ... 1116
49.8,30 habitad en *l* profundos... moradores ... 6009
51.62 oh Jehová, tú has dicho contra este *l* ... 4725
Lm 2.6 destruyó el *l* en donde se congregaban ... 4150
Ez 3.12 bendita... gloria de Jehová desde su *l* ... 4725
4.3 ponla en *l* de muro de hierro entre ti y la ciudad
4.3 y será en *l* de cerco, y la sitiarás
4.15 estiércol de bueyes en *l* de excremento humano
6.3 haré venir... y destruiré vuestros *l* altos ... 1116
6.6 *l* altos serán asolados, para que sean ... 1116
6.13 *l* donde ofrecieron incienso a... ídolos ... 4725
7.22 apartaré... y será violado mi *l* secreto
10.11 que al *l* adonde se volvía la primera ... 4725
12.3 te pasarás de tu *l* a otro *l* a vista de ... 4725
16.16 hiciste diversos *l* altos, y fornicaste ... 1116
16.24 edificaste *l* altos, y te hiciste altar ... 7413
16.25 cabeza de camino edificaste *l* alto, e ... 7413
16.31 edificando tus *l* altos en toda cabeza ... 1354
16.32 que en *l* de su marido recibe a ajenos ... 8478
16.34 y tú das la paga, en *l* de recibirla
16.39 destruirán tus *l* altos, y derribarán ... 1354
17.16 el *l* donde habita el rey que le hizo ... 4725
20.29 qué es ese *l* alto adonde vosotros vais? ... 1116
21.30 en el *l* donde te criaste, en la tierra ... 4725
33.24 los que habitan aquellos *l* asolados en
33.27 están en aquellos *l* asolados caerán a
34.12 libraré de todos los *l* en que fueron ... 4725
34.13 las apacentaré... en todos los *l* habitados ... 4186
36.34 en *l* de haber permanecido asolada a ojos
38.15 vendrás de tu *l*, de las regiones del ... 4725
39.11 yo daré a Gog *l* para sepultura allí en ... 4725
41.4 midió... me dijo: Este es el *l* santísimo
42.13 allí pondrán las ofrendas... el *l* es santo ... 4725
42.14 no saldrán... *l* santo al atrio exterior
42.20 separación entre el santuario y el *l* ... 2455
43.7 es el *l* de mi trono, el *l* donde posaré ... 4725
43.7 los cuerpos muertos de... en sus *l* altos ... 4725
43.14 hasta el *l* de abajo, dos codos, y la ... 5835
45.3 estará el santuario y el *l* santísimo
45.4 y servirá de *l* para sus casas, y como ... 4725
46.19 un *l* en el fondo del lado de occidente ... 4725
46.20 es el *l* donde los sacerdotes cocerán ... 4725
Dn 8.8 y en su *l* salieron otros cuatro cuernos
8.11 el *l* de su santuario fue echado por ... 4349
8.22 y sucedieron cuatro en su *l*
11.20 en su *l* uno que hará pasar un cobrador ... 3653
11.21 le sucederá en su *l* un hombre despreciable ... 3653
11.38 honrará en su *l* al dios de las fortalezas ... 3653
Os 1.10 el *l* en donde les fue dicho... no sois ... 4725
4.16 Jehová como a corderos en *l* espacioso? ... 4800
5.15 y volveré a mi *l*, hasta que reconozcan ... 4725
9.13 es semejante a... situado en *l* delicioso ... 5116
10.8 y los *l* altos de Avén serán destruidos ... 1116
Jl 3.7 levantaré del *l* donde los vendisteis ... 4725
Am 2.13 yo os apretaré en vuestro *l*, como se
7.9 los *l* altos de Isaac serán destruidos, y ... 1116
8.3 en todo *l* los echarán fuera en silencio ... 4725
Mi 1.3 aquí, Jehová sale de su *l*, y descenderá ... 4725
1.5 cuáles son los *l* altos de Judá? ¿No es ... 1116
2.10 porque no es este el *l* de reposo, pues
Nah 3.17 van, y no se conoce el *l* donde están ... 4725
Hab 3.11 el sol y la luna se pararon en su *l* ... 2073
Sof 1.4 exterminaré de este *l*... restos de Baal ... 4725
2.7 aquel *l* para el remanente de la casa de ... 2256
2.11 desde sus *l* se inclinarán a él todas las ... 4725
Hag 2.9 y daré paz en este *l*, dice Jehová de ... 4725
Zac 3.7 entre éstos que aquí están te daré *l* ... 4108
12.6 y Jerusalén será... habitada en su *l*, en ... 8478
14.10 será... habitada en su *l* desde la puerta ... 8478

14.10 hasta el *l* de la puerta primera, hasta 4725
Mal 1.11 y en todo *l* se ofrece a mi nombre 4725
Mt 2.22 Arquelao reinaba en Judea en *l* de Herodes 473
12.41 **y he aquí más que Jonás en este *l*** 5602
12.42 **y he aquí más que Salomón en este *l*** 5602
12.43 **anda por *l* secos, buscando reposo, y** 5117
14.13 se apartó...a un *l* desierto y apartado 5117
14.15 el *l* es desierto, y la hora ya pasada 5117
14.35 le conocieron los hombres de aquel *l* 5117
24.7 **habrá pestes y hambres...en diferentes *l*** 5117
24.15 **el *l* santo la abominación desoladora** 5117
26.36 llegó Jesús con ellos a un *l* que se 5564
26.52 **Jesús le dijo: Vuelve tu espada a su *l*** 5117
27.33 llegaron a un *l* llamado Gólgota, que 5117
27.33 Gólgota...significa: *L* de la Calavera 5117
28.6 venid, ved el *l* donde fue puesto el Señor 5117
Mr 1.35 se fue a un *l* desierto, y allí oraba 5117
1.38 **vamos a...*l* vecinos, para que predique** 2969
1.45 que se quedaba fuera en los *l* desiertos 5117
6.10 **posad en...hasta que salgáis de aquel *l*** 3699
6.11 **si en algún *l* no os recibieren ni os**
6.31 **dijo: Venid vosotros...a un *l* desierto** 5117
6.32 y se fueron solos en una barca a un *l* 5117
6.35 el *l* es desierto, y la hora...avanzada 5117
13.8 **habrá terremotos en muchos *l*, y habrá** 5117
14.32 **vinieron...un *l* que se llama Getsemaní** 5564
15.22 y le llevaron a un *l* llamado Gólgota 5117
15.22 que traducido es: *L* de la Calavera 5117
16.6 aquí; mirad el *l* en donde le pusieron 5117
Lc 1.80 y estuvo en *l* desiertos hasta el día
2.7 porque no había *l* para ellos en el mesón 5117
4.17 libro, halló el *l* donde estaba escrito 5117
4.37 su fama se difundía por todos los *l* de 5117
4.42 de día, salió y se fue a un *l* desierto 5117
5.16 él se apartaba a *l* desiertos, y oraba
6.17 se detuvo en un *l* llano, en compañía 5117
9.10 se retiró aparte, a un *l* desierto de 5117
9.12 que vayan...aquí estamos en *l* desierto 5117
10.1 toda ciudad y *l* adonde él había de ir 5117
10.32 **llegando cerca de aquel *l*, y viéndole** 5117
11.1 estaba Jesús orando en un *l*, y cuando 5117
11.11 ***l* de pescado, le dará una serpiente?** 473
11.24 **anda por *l* secos, buscando reposo; y** 5117
11.31 **y he aquí más que Salomón en este *l*** 5602
11.32 **y he aquí más que Jonás en este *l*** 5602
14.8 **no te sientes en el primer *l*, no sea** 4411
14.9 **da *l* a éste; y...a ocupar el último *l*** 5117
14.10 **y siéntate en el último *l*, para que** 5117
14.22 **ha hecho como mandaste, y aún hay *l*** 5117
16.28 **que no vengan...a este *l* de tormento** 5117
19.5 **cuando Jesús llegó a aquel *l*, mirando** 5117
21.11 **diferentes *l* hambres y pestilencias** 5117
22.40 **llegó a aquel *l*, les dijo: Orad que** 5117
23.33 llegaron al *l* llamado de la Calavera 5117
Jn 4.20 decís que en Jerusalén es el *l* donde 5117
5.13 se había apartado de la gente...aquel *l* 5117
6.10 y había mucha hierba en aquel *l*, y se 5117
6.23 junto al *l* donde habían comido el pan 5117
8.20 habló Jesús en el *l* de las ofrendas
10.40 al *l* donde...había estado bautizando 5117
11.6 quedó dos días más en el *l* donde estaba 5117
11.30 que estaba en el *l* donde Marta le había 5117
11.48 destruirán nuestro *l* santo y nuestra 5117
14.2 **voy, pues, a preparar *l* para vosotros** 5117
14.3 **y os preparare *l*, vendré otra vez, y os** 5117
18.2 Judas...que le entregaba, conocía aquel *l* 5117
19.13 se sentó...en el *l* llamado el Enlosado 5117
19.17 salió al *l* llamado de la Calavera, y en 5117
19.20 el *l* donde Jesús fue crucificado estaba 5117
19.41 y en el *l* donde había sido crucificado 5117
20.7 lienzos, sino enrollado en un *l* aparte 5117
20.19 estando las puertas cerradas en el *l* 3699
20.25 metiere mi dedo en el *l* de los clavos 5179
Hch 1.25 cayó Judas...para irse a su propio *l* 5117
4.31 el *l* en que estaban congregados tembló 5117
6.13 hablar palabras...contra este *l* santo y 5117
6.14 decir que ese Jesús...destruirá este *l* 5117
7.7 de esto saldrán y me servirán en este *l* 5117
7.33 quita...*l* en que estás es tierra santa 5117
7.49 qué casa...¿o cuál es el *l* de mi reposo? 5117
12.17 les contó...Y salió, y se fue a otro *l* 5117
16.3 por causa de los judíos...en aquellos *l* 5117
17.30 manda a todos los hombres en todo *l* 3837
21.12 le rogamos nosotros y los de aquel *l* 1786
21.28 enseña a todos contra...ley y este *l* 5117
21.28 además de...ha profanado este santo *l* 5117
24.3 recibimos...en todo *l* con toda gratitud 3837
27.8 un *l* que llaman Buenos Puertos, cerca 5117
27.41 dando en un *l* de dos aguas, hicieron 5117
28.7 en aquellos *l* había propiedades del 5117
Ro 9.26 en el *l* donde se les dijo: Vosotros 5117
11.17 has sido injertado en *l* de ellas
12.19 os venguéis...dejad *l* a la ira de Dios 5117
1 Co 1.2 que en cualquier *l* invocan el nombre 5117
8.10 ve...sentado a la mesa en un *l* de ídolos 1493
11.15 en *l* de velo le es dado el cabello
11.18 pues en primer *l*, cuando os reunís como 4412
14.16 el que ocupa *l* de simple oyente, ¿cómo 5117
14.23 si...la iglesia se reúne en un solo *l* 846
2 Co 2.14 manifiesta en todo *l* el olor de su 5117
10.16 anunciaremos el...en los *l* más allá de
Ef 1.3 que nos bendijo...en los *l* celestiales
1.20 sentándole a su...en los *l* celestiales
2.6 nos hizo sentar en los *l* celestiales con
3.10 dada a conocer por...en los *l* celestiales

4.27 ni deis *l* al diablo 5117
1 Ts 1.8 en todo *l* vuestra fe en Dios se ha 5117
1 Ti 2.8 pues, que los hombres oren en todo *l* 5117
Flm 13 para que en *l* tuyo me sirviese en mis 5228
He 2.6 alguien testificó en cierto *l*, diciendo 4225
4.4 en cierto *l* dijo así del séptimo día: Y 4225
5.6 dice en otro *l*: Tú eres sacerdote para
8.7 no se hubiera procurado *l* para el segundo 5117
9.2 en la primera parte, llamada el *L* Santo 39
9.3 del tabernáculo llamada el *L* Santísimo 39
9.8 no...manifestado el camino al *L* Santísimo 39
9.12 una vez para siempre en el *L* Santísimo 39
9.25 como entra...en el *L* Santísimo cada año 39
10.19 libertad para entrar en el *L* Santísimo 39
11.8 obedeció para salir al *l* que había de 5117
Stg 2.3 siéntate tú aquí en buen *l*; y decís 2573
4.15 en *l* de lo cual deberíais decir...viviremos, y
2 P 1.19 una antorcha que alumbra en *l* oscuro 5117
3 Jn 9 gusta tener el primer *l*...no nos recibe
Ap 2.5 **y quitaré tu candelero de su *l*, si no** 5117
6.14 todo monte y toda isla...removió de su *l* 5117
12.6 donde tiene *l* preparado por Dios, para 5117
12.8 ni se halló ya *l* para ellos en el cielo 5117
12.14 para que volase de delante de...a su *l* 5117
16.16 reunió en el *l* que en hebreo se llama 5117
20.11 huyeron...y ningún *l* se encontró para 5117

LUHIT *Ciudad de Moab*
Is 15.5 por la cuesta de *L* subirán llorando 3872
Jer 48.5 la subida de *L* con llanto subirá el 3872

LUJOSO
1 P 3.3 vuestro atavío no sea...de vestidos *l* 1745

LUJURIA
Jer 2.24 de su *l*, ¿quién la detendrá? Todos 185,5315
Ez 16.43 ni aun has pensado sobre toda tu *l* 2154
16.58 sufre tú el castigo de tu *l* y de tus 2154
23.11 su hermana Aholiba, y enloqueció de *l* 5691
23.20 cuya *l* es como el ardor carnal de los 1320
23.21 trajiste de nuevo a la memoria la *l* de 2154
23.27 y haré cesar...tu *l*, y tu fornicación 2154
23.29 se descubrirá...tu *l* y tu prostitución 2154
23.35 por eso, lleva...tu *l* y tus fornicaciones 2154
23.48 haré cesar la *l* de la tierra...mujeres 2154
24.13 en tu inmunda *l* padecerás, porque te 2154
Ro 13.13 andemos...no en *l* y lascivias, no en 2845

LUMBRE
Job 41.18 con sus estornudos enciende *l*, y sus 216
Is 47.14 no quedará...ni *l* a la cual se sienten 217

LUMBRERA
Gn 1.14 haya *l* en la expansión de los cielos 3974
1.15 por *l* en...para alumbrar sobre la tierra 3974
1.16 dos grandes *l*; la *l* mayor...la *l* menor 3974
Sal 119.105 lámpara es a mis...y *l* a mi camino 216
136.7 hizo las grandes *l*, porque para siempre 216
Ap 21.23 Dios la ilumina, y el Cordero es su *l* 3088

LUMINAR
Fil 2.15 resplandecéis como *l* en el mundo 5458

LUMINOSO
Lc 11.36 **será todo *l*, como cuando una lámpara** 5460

LUNA
Gn 37.9 que el sol y la *l*...se inclinaban a mí 3394
Dt 4.19 viendo el sol y la *l* y las estrellas 3394
17.3 se hubiere inclinado...al sol, o a la *l* 3394
33.14 del sol, con el rico producto de la *l* 3391
Jos 10.12 sol...y tú, *l*, en el valle de Ajalón 3394
10.13 el sol se detuvo y la *l* se paró, hasta 3394
1 S 20.5 he aquí que mañana será nueva *l*, y 2320
20.18 mañana es nueva *l*, y tú serás echado 2320
20.24 cuando llegó la nueva *l*, se sentó el 2320
20.27 segundo día de la nueva *l*, aconteció 2320
20.34 y no comió pan el...día de la nueva *l* 2320
2 R 4.23 vas...No es nueva *l*, ni día de reposo 2320
23.5 que quemaban incienso...al sol y a la *l* 3394
1 Cr 23.31 días de reposo, *l* nuevas y fiestas 2320
2 Cr 2.4 nuevas *l*, y festividades de Jehová 2320
8.13 ofreciesen cada cosa en...en las nuevas *l* 2320
31.3 para los...nuevas *l* y fiestas solemnes 2320
Esd 3.5 además...nuevas *l*, y todas las fiestas 2320
Neh 10.33 las nuevas *l*, las festividades, y 2320
Job 25.5 ni aun la misma *l* será resplandeciente 3394
31.26 si he mirado...la *l* cuando iba hermosa 3394
Sal 8.3 la *l* y las estrellas que tú formaste 3394
72.5 te temerán mientras duren el sol y la *l* 3394
72.7 florecerá en...paz, hasta que no haya *l* 3394
74.16 el día...tú estableciste la *l* y el sol 3974
81.3 tocad la trompeta en la nueva *l*, en el 2320
89.37 como la *l* será firme para siempre, y 3394
104.19 hizo la *l* para los tiempos; el sol 3394
121.6 el sol no te fatigará de día, ni la *l* 3394
136.9 *l* y las estrellas para que...la noche 3394
148.3 alabadle, sol y *l*; alabadle, vosotras 3394
Ec 12.2 antes que se oscurezca el sol...la *l* 3394
Cnt 6.10 hermosa como la *l*, esclarecida como 3842
Is 1.13 *l* nueva y día de reposo, el convocar 2320
1.14 *l* nuevas...las tiene aborrecidas mi alma 2320
13.10 el sol...y la *l* no dará su resplandor 3394
24.23 la *l* se avergonzará, y...se confundirá 3842
30.26 luz de la *l* será como la luz del sol 3842
60.19 ni el resplandor de la *l* te alumbrará 3394
60.20 no se pondrá...tu sol, ni menguará tu *l* 3391
Jer 8.2 y los esparcirán al sol y a la *l* y a 3394
31.35 las leyes de la *l* y de las estrellas 3394
Ez 32.7 sol...la *l* no hará resplandecer su luz 3394
45.17 el dar...la libación...en las *l* nuevas 2320
46.1 se abrirá también el día de la *l* nueva 2320

46.3 adorará el pueblo de...en las *l* nuevas 2320
46.6 mas el día de la *l* nueva, un becerro 2320
Os 2.11 haré cesar...sus nuevas *l* y sus días 2320
Jl 2.10 cielos; el sol y la *l* se oscurecerán 3394
2.31 sol se convertirá en...y la *l* en sangre 3394
3.15 el sol y la *l* se oscurecerán, y las 3394
Hab 3.11 el sol y la *l* se pararon en su lugar 3394
Mt 24.29; Mr 13.24 **la *l* no dará su resplandor** 4582
Lc 21.25 **habrá señales en el sol, en la *l* y** 4582
Hch 2.20 y la *l* en sangre, antes que venga el 4582
1 Co 15.41 del sol, otra la gloria de la *l* 4582
Col 2.16 de fiesta, *l* nueva o días de reposo 3561
Ap 6.12 sol...la *l* se volvió toda como sangre 4582
8.12 y fue herida...la tercera parte de la *l* 4582
12.1 una mujer...con la *l* debajo de sus pies 4582
21.23 no tiene necesidad de sol ni de *l* que 4582

LUNÁTICO
Mt 4.24 endemoniados, *l* y paralíticos; y los 4583
17.15 ten misericordia de mi hijo, que es *l* 4583

LUNETA
Jue 8.21 adornos de *l* que sus camellos traían
Is 3.18 quitará el Señor...redecillas, las *l* 7720

LUSTROSO
Jer 5.28 se engordaron y se pusieron *l*, y 6245

LUTO
Gn 27.41 llegarán los días del *l* de mi padre 60
37.34 Jacob...guardó *l* por su hijo muchos días 56
50.4 pasados los días de su *l*, habló José a 1068
Éx 33.4 vistieron *l*, y ninguno se puso sus 56
Dt 26.14 no he comido de ello en mi *l*, ni he 205
34.8 así...los días del lloro y del *l* de Moisés 60
2 S 11.27 pasado el *l*, envió David y la trajo 60
14.2 y te vistas ropas de *l*, y no te unjas 60
19.2 y se volvió aquel día la victoria en *l* 60
Est 4.3 tenían los judíos...*l*, ayuno, lloro y 60
9.22 cambió en alegría, y de *l* en día bueno 60
Job 30.31 se ha cambiado mi arpa en *l*, y mi 60
Sal 35.14 el que trae *l* por madre, enlutado 57
Ec 7.2 mejor es ir a la casa del *l* que a la 60
7.4 corazón de los...está en la casa del *l* 60
Is 60.20 y los días de tu *l* serán acabados 60
61.3 óleo de gozo en lugar de *l*, manto de 60
Jer 6.26 ponte *l* como por hijo único, llanto 60
16.5 así...No entres en casa de *l*, ni vayas a 4798
16.7 ni partirán pan por ellos en el *l* para 60
Lm 1.4 las calzadas de Sion tienen *l*, porque 57
5.15 el gozo...nuestra danza se cambió en *l* 60
Ez 24.17 reprime tu...no hagas *l* de mortuorios 60
24.22 no os...ni comeréis pan de hombres en *l*
31.15 hacer *l*, hice cubrir por él el abismo 56
Mt 9.15 ***l* entre tanto que el esposo está con** 3996

LUZ (*n.*)
1. Ciudad cananea que después fue llamada Bet-el
Gn 28.19 aunque *L* era el nombre de la ciudad 3870
35.6 llegó Jacob a *L*, que está en tierra de 3870
48.3 Dios...me apareció en *L* en la tierra de 3870
Jos 16.2 y de Bet-el sale a *L*, y pasa a lo 3870
18.13 pasa...dirección de *L*, al lado sur de *L* 3870
Jue 1.23 Bet-el, ciudad que antes se llamaba *L* 3870
2. Ciudad en la tierra de los heteos, Jue 1.26 3870

LUZ (*s.*)
Gn 1.3 y dijo Dios: Sea la *l*; y fue la *l* 216
1.4 la *l* era buena; y separó Dios la *l* de las 216
1.5 llamó Dios a la *l* Día, y a las tinieblas 216
1.18 y para separar la *l* de las tinieblas 216
Éx 10.23 Israel tenían *l* en sus habitaciones 216
Jue 16.2 hasta la *l* de la mañana; entonces lo 216
2 S 23.4 será como la *l* de la mañana, como 216
Est 8.16 los judíos tuvieron *l* y alegría, y 219
Job 3.9 espere la *l*, y no venga, ni vea los 216
3.16 los pequeñitos que nunca vieron la *l* 216
3.20 ¿por qué se da *l* al trabajado, y vida 216
10.22 como...cuya *l* es como densas tinieblas 3313
12.22 él...y saca a *l* la sombra de muerte 216
12.25 a tientas, como en tinieblas y sin *l* 216
17.12 la *l* se acorta delante de las tinieblas 216
18.5 la *l* de los impíos será apagada, y no 216
18.6 la *l* se oscurecerá en su tienda, y se 216
18.18 de la *l* será lanzado a las tinieblas 216
22.28 y sobre tus caminos resplandecerá *l* 216
24.13 rebeldes a la *l*, nunca conocieron sus 216
24.14 a la *l* se levanta el matador; mata al 216
24.16 las tinieblas minan...no conocen la *l* 216
25.3 ¿tienen sus...¿Sobre quién no está su *l*? 216
26.10 hasta el fin de la *l* y las tinieblas 216
28.11 detuvo...e hizo salir a *l* lo escondido 216
29.3 a cuya *l* yo caminaba en la oscuridad 216
29.24 creían; y no abatían la *l* de mi rostro 216
30.26 cuando esperaba la *l*, vino la oscuridad 216
33.28 Dios redimirá...y su vida se verá en *l* 216
33.30 iluminarlo con la *l* de los vivientes 216
36.30 sobre él extiende su *l*, y cobija con 216
36.32 con las nubes encubre la *l*, y le manda 216
37.3 y su *l* hasta los fines de la tierra 216
37.11 disipar...y con su *l* esparce la niebla 216
37.15 y hace resplandecer la *l* de su nube? 216
37.21 no se puede mirar la *l* esplendente en 216
38.15 la *l* de los impíos es quitada de ellos 216
38.19 va el camino a la habitación de la *l* 216
38.24 ¿por qué camino se reparte la *l*, y se 216
Sal 4.6 alza sobre nosotros...*l* de tu rostro 216
27.1 Jehová es mi *l* y mi salvación...temeré? 216
36.9 contigo...la vida; en tu *l* veremos la *l* 216
37.6 exhibirá tu justicia como la *l*, y tu 216
38.10 y aun la *l* de mis ojos me falta ya 216

43.3 tu *l* y tu verdad; éstas me guiarán; me 216
44.3 tu brazo, y la *l* de tu rostro, porque 216
49.19 entrará en la. . . y nunca más verá la *l*. 216
56.13 para que ande. . . la *l* de los que viven 216
89.15 andará, oh Jehová, a la *l* de tu rostro 216
90.8 ti, nuestros yerros a la *l* de tu rostro. 3974
90.17 la *l* de Jehová. . . Dios sobre nosotros, y 5278
97.11 *l*. . . sembrada para el justo, y alegría 216
104.2 que se cubre de *l* como de vestidura 216
112.4 resplandeció en las tinieblas *l* a los. 216
118.27 Jehová es Dios, y nos ha dado *l*; atad 216
139.12 mismo te son las tinieblas que la *l*. 219
Pr 4.18 la senda de los justos es como la *l* 216
6.23 y la enseñanza es *l*, y camino de vida 216
13.9 la *l* de los justos se alegrará; mas se 216
15.30 la *l* de los ojos alegra el corazón, y 3974
Ec 2.13 la necedad, como la *l* a las tinieblas 216
11.7 suave. . . es la *l*, y agradable a los ojos 216
12.2 antes que se oscurezca el sol, y la *l* 216
Is 2.5 venid. . . y caminaremos a la *l* de Jehová 216
5.20 hacen de la *l* tinieblas. . . las tinieblas *l* 216
5.30 he aquí. . . en sus cielos se oscurecerá la *l* 216
9.2 el pueblo que. . . en tinieblas vio gran *l* 216
9.2 de muerte, *l* resplandeció sobre ellos 216
10.17 y la *l* de Israel será por fuego, y su 216
13.10 las estrellas, no darán su *l*; y el sol. 216
30.26 *l* de la luna será como la *l* del sol, y. 216
30.26 *l* del sol. . . como la *l* de siete días 216
42.6 y te pondré por. . . por *l* de las naciones 216
42.9 antes que salgan a *l*, yo os las haré 6779
42.16 delante. . . cambiaré las tinieblas en *l* 216
43.19 yo hago cosa nueva; pronto saldrá a *l*. 6779
45.7 que formo la *l* y creo las tinieblas, que. 216
49.6 te di por *l* de las naciones, para que 7043
50.10 el que anda en tinieblas y carece de *l* 5051
50.11 andad a la *l* de vuestro fuego, y de las. 217
51.4 saldrá la ley, y mi justicia para *l* de 216
58.8 entonces nacerá tu *l* como el alba, y tu 216
58.10 dieres. . . en las tinieblas nacerá tu *l*. 216
59.4 conciben maldades, y dan a *l* iniquidad
59.9 alejó. . . esperamos *l*, y he aquí tinieblas 216
60.1 resplandece; porque ha venido tu *l*, y la 216
60.3 andarán las naciones a tu *l*, y los reyes 216
60.19 el sol nunca más te servirá de *l* para 216
60.19 que Jehová te será por *l* perpetua, y. 216
60.20 porque Jehová te será por *l* perpetua 216
Jer 4.23 a los cielos, y no había en ellos *l* 216
13.16 esperéis *l*, y os la vuelva en sombra 216
25.10 desaparezca de. . . ruido de molino y *l* de. 216
31.35 el sol para *l* del día. . . *l* de la noche 216
51.10 Jehová sacó a *l* nuestras justicias 3318
Lm 3.2 guió y me llevó en tinieblas, y no en *l*. 216
Ez 32.7 y la luna no hará resplandecer su *l*. 216
Dn 2.22 revela lo profundo. . . con él mora la *l* 5094
5.11 hombre. . . se halló en él *l* e inteligencia 5094
5.14 que en ti se halló *l*, entendimiento y 5094
Os 6.5 y tus juicios serán como *l* que sale. 216
Am 5.18 el día. . . será de tinieblas, y no de *l* 216
5.20 ¿no será el día de. . . tinieblas, y no *l*. 216
Mi 7.8 more en tinieblas, Jehová será mi *l*. 216
7.9 Jehová. . . me sacará a *l*; veré su justicia. 216
Hab 3.4 y el resplandor fue como la *l*; rayos 216
3.11 a la *l* de tus saetas anduvieron, y al. 216
Sof 3.5 sacará a *l* su juicio, nunca faltará. 216
Zac 14.6 ese día no habrá *l* clara, ni oscura 216
14.7 sucederá que al caer la tarde habrá *l* 216
Mt 4.16 pueblo asentado en tinieblas vio. . . l *5457*
4.16 y a los asentados. . . *l* les resplandeció *5457*
5.14 **vosotros sois la *l* del mundo; una ciudad** *5457*
5.15 **ni se enciende una *l* y se pone debajo** *2545*
5.16 **así alumbre vuestra *l* delante de los** *5457*
6.22 **bueno, todo tu cuerpo estará lleno de *l*** *3088*
6.23 **que, si la *l* que en ti hay es tinieblas** *5457*
10.27 **os digo en tinieblas, decidlo en la *l*** *5457*
17.2 vestidos se hicieron blancos como la *l* *5457*
17.5 una nube de *l* los cubrió; y he aquí una *5460*
Mr 4.21 **se trae la *l* para ponerla debajo del**. *3088*
4.22 **ni escondido, que no haya de salir a *l*** *5318*
Lc 1.79 dar *l* a los que habitan en tinieblas *2014*
2.32 *l* para revelación a los gentiles, y. *5457*
8.16 **nadie que enciende una *l* la cubre con** *3088*
8.16 **sino. . . para que los que entran vean la *l*** *5457*
8.17 **escondido, que no haya de. . . y salir a *l*** *5318*
11.33 **nadie pone en oculto la *l* encendida, ni**. *3088*
11.33 **sino. . . para que los que entran vean la *l*** *5338*
11.34 **todo tu cuerpo está lleno de *l*; pero** *5460*
11.35 **que la *l* que en ti hay, sea tinieblas** *5457*
11.36 **si todo tu cuerpo está lleno de *l*, no**. *5460*
12.3 **dicho en tinieblas, a la *l* se oirá; y** *5457*
16.8 **son más sagaces en. . . que los hijos de *l*** *5457*
Jn 1.4 vida y la vida era la *l* de los hombres *5457*
1.5 la *l* en las tinieblas resplandece, y las. *5457*
1.7,8 para que diese testimonio de la *l*. *5457*
1.9 *l* verdadera, que alumbra a todo hombre *5457*
3.19 **que la *l* vino al mundo, y los hombres** *5457*
3.19 **amaron más. . . tinieblas que la *l*, porque** *5457*
3.20 **aborrece la *l* y no viene a la *l*, para**. *5457*
3.21 **viene a la *l*, para que sea manifiesto** *5457*
5.35 **quisisteis regocijaros por un. . . en su *l*.** *5457*
8.12 **habló, diciendo: Yo soy la *l* del mundo**. *5457*
8.12 **el que me sigue. . . tendrá la *l* de la vida**. *5457*
9.5 **que estoy en el mundo, *l* soy del mundo** *5457*
11.9 **no tropieza, porque ve la *l* de. . . mundo**. *5457*
11.10 **noche, tropieza, porque no hay *l* en él**. *5457*
12.35 **por un poco está la *l* entre vosotros** *5457*
12.35 **andad entre tanto que tenéis *l*, para** *5457*
12.36 **entre tanto que tenéis la *l*, creed en** *5457*
12.36 **creed. . . la *l*, para que seáis hijos de *l*.** *5457*
12.46 **yo, la *l*, he venido al mundo, para que**. *5457*
Hch 9.3 le rodeó un resplandor de *l* del cielo *5457*
12.7 ángel. . . una *l* resplandeció en la cárcel *5457*
13.47 te he puesto para *l* de los gentiles, a. *5457*
16.29 él. . . pidiendo *l*, se precipitó adentro *5457*
22.6 de repente me rodeó mucha *l* del cielo *5457*
22.9 vieron. . . la *l*, y se espantaron; pero no *5457*
22.11 no veía a causa de la gloria de la *l*. *5457*
26.13 por el camino, vi una *l* del cielo que *5457*
26.18 **se conviertan de las tinieblas a la *l***. *5457*
26.23 anunciar *l* al pueblo y a los gentiles *5457*
Ro 2.19 guía. . . *l* de los que están en tinieblas *5457*
13.12 obras. . . y vistámonos las armas de la *l* *5457*
2 Co 4.4 para que no les resplandezca la *l* del *5462*
4.6 que de las tinieblas resplandeciese la *l* *5457*
6.14 ¿y qué comunión la *l* con las tinieblas? *5457*
11.14 Satanás se disfraza como ángel de *l*. *5457*
Ef 5.8 ahora sois *l* en. . . andad como hijos de *l* *5457*
5.13 son puestas en evidencia por la *l*, son. *5457*
5.13 porque la *l* es lo que manifiesta todo *5457*
Col 1.12 de la herencia de los santos en *l*. *5457*
1 Ts 5.5 vosotros sois hijos de *l* e hijos del. *5457*
1 Ti 6.16 que habita en *l* inaccesible; a quien. *5457*
2 Ti 1.10 sacó a *l* la vida y la inmortalidad *5461*
Stg 1.17 desciende de lo. . . del Padre de las *l*. *5457*
1 P 2.9 que os llamó de las tinieblas a su *l* *5457*
1 Jn 1.5 Dios es *l*, y no hay. . . tinieblas en él *5457*
1.7 pero si andamos en *l*, como él está en *l* *5457*
2.8 van pasando, y la *l* verdadera ya alumbra *5457*
2.9 que dice que está en la *l*, y aborrece a *5457*
2.10 el que ama a su. . . permanece en la *l*, y. *5457*
Ap 8.12 no hubiese *l* en la tercera parte del *5316*
18.23 *l* de lámpara no alumbrará más en ti, ni. *5457*
21.24 las naciones. . . andarán a la *l* de ella. *5457*
22.5 necesidad de *l* de lámpara, ni de *l* del. *5457*

LUZ, DAR A *Véase también Parir*

Gn 3.16 con dolor *darás a luz* los hijos 3205
4.1 Eva, la cual concibió y *dio a luz* a Caín 3205
4.2 después *dio a luz* a su hermano Abel 3205
4.17 conoció Caín a su mujer. . . y *dio a luz* a Enoc . . 3205
4.20 y Ada *dio a luz* a Jabal 3205
4.22 y Zila también *dio a luz* a Tubal-caín 3205
4.25 la cual *dio a luz* un hijo, y llamó su nombre Set. 3205
16.11 *darás a luz* un hijo, y llamarás su nombre Ismael 3205
16.15 y Agar *dio a luz* un hijo a Abram. 3205
16.16 era Abram de edad. . . cuando Agar *dio a luz* a Ismael. 3205
17.19 ciertamente Sara tu mujer te *dará a luz* un hijo 3205
17.21 Sara te *dará a luz* por este tiempo 3205
18.13 ¿será cierto que he de *dar a luz* siendo ya vieja? 3205
19.37 *dio a luz* la mayor un hijo. . . su nombre Moab. 3205
19.38 *dio a luz* un hijo, y llamó su nombre Ben-ammi 3205
21.3 que le *dio a luz* Sara, Isaac. 3205
21.9 el cual ésta le había *dado a luz* a Abraham. . . . 3205
22.20 Milca ha *dado a luz* hijos a Nacor tu hermano 3205
22.23 estos son los ocho hijos que *dio a luz* Milca 3205
22.24 *dio a luz* también a Teba, a Gaham, a Tahas y. 3205
24.36 *dio a luz* en su vejez un hijo a mi señor 3205
24.47 hija de Betuel. . . que le *dio a luz* Milca 3205
25.2 *dio a luz* a Zimram, Jocsán, Medán, Madián. . . 3205
25.12 a quien le *dio a luz* Agar egipcia, sierva de Sara. 3205
25.24 se cumplieron sus días para *dar a luz*, he aquí 3205
25.26 era Isaac de edad. . . cuando ella los *dio a luz*. 3205
29.32 concibió Lea, y *dio a luz* un hijo 3205
29.33 concibió otra vez, y *dio a luz* un hijo. 3205
29.34 y *dio a luz* un hijo. . . unirá mi marido conmigo. 3205
29.35 y *dio a luz* un hijo, y dijo: Esta vez alabaré. . . . 3205
29.35 llamó su nombre Judá; y dejó de *dar a luz*. . . . 3205
30.3 llégate a ella, y *dará a luz* sobre mis rodillas . . 3205
30.5 concibió Bilha, y *dio a luz* un hijo a Jacob 3205
30.7 y *dio a luz* un segundo hijo a Jacob. 3205
30.9 viendo, pues, Lea, que había dejado de *dar a luz* 3205
30.10 Zilpa sierva de Lea *dio a luz* un hijo a Jacob. 3205
30.12 Zilpa la sierva de Lea *dio a luz* otro hijo a Jacob. 3205
30.17 oyó Dios a Lea. . . *dio a luz* el quinto hijo a Jacob. 3205
30.19 concibió. . . y *dio a luz* el sexto hijo a Jacob. . . . 3205
30.20 porque le he *dado a luz* seis hijos
30.21 *dio a luz* una hija, y llamó su nombre Dina . . . 3205
30.23 *dio a luz* un hijo. . . Dios ha quitado mi afrenta 3205
30.25 aconteció cuando Raquel hubo *dado a luz* a José
31.43 o a sus hijos que ellas han *dado a luz*?
34.1 Dina la hija de Lea. . . había *dado a luz* a Jacob 3205
35.16 *dio a luz* Raquel, y hubo trabajo en su parto . . 3205
36.4 Ada *dio a luz* a Esaú a Elifaz 3205
36.4 y Basemat *dio a luz* a Reuel 3205
36.5 Aholibama *dio a luz* a Jeús, a Jaalam y a Coré 3205
36.12 y ella le *dio a luz* a Amalec 3205
36.14 *dio a luz* a Jeús, Jaalam y Coré, hijos de Esaú 3205
38.3 y *dio a luz* un hijo, y llamó su nombre Er 3205
38.4 concibió otra vez, y *dio a luz* un hijo. 3205
38.5 volvió. . . *dio a luz* un hijo, y llamó su nombre Sela. 3205
38.27 al tiempo de *dar a luz*, he aquí había gemelos 3205
38.28 sucedió cuando *daba a luz*, que sacó 3205
41.50 le *dio a luz* Asenat, hija de Potifera. 3205
44.27 sabéis que dos hijos me *dio a luz* mi mujer . . . 3205
46.15 los que *dio a luz* a Jacob en Padan-aram 3205
46.18 y *dio a luz* éstos a Jacob 3205
46.20 los que le *dio a luz* Asenat, hija de Potifera . . . 3205
46.25 y *dio a luz* éstos a Jacob 3205
Éx 1.19 *dan a luz* antes que. . . venga a ellas. 3205
2.2 la que concibió, y *dio a luz* un hijo 3205
2.22 *dio a luz* un hijo; y él le puso por nombre Gersón. 3205
6.20 Jocabed. . . *dio a luz* a Aarón y a Moisés 3205
6.23 *dio a luz* a Nadab, Abiú, Eleazar e Itamar 3205
6.25 la cual *dio a luz* a Finees 3205
Lv 12.2 la mujer cuando conciba y *dé a luz* varón
12.5 si *diere a luz* hija, será inmunda dos semanas . 3205
12.7 es la ley para la que *diere a luz* hijo o hija
Nm 26.59 *dio a luz* de Amram a Aarón Y. 3205
Dt 25.6 el primogénito que ella *diere a luz*. 3205
28.57 sus hijos que *diere a luz*; pues los comerá 3205
Jue 13.3 eres estéril. . . concebirás y *darás a luz*. 3205
13.5 concebirás y *darás a luz* un hijo 3205
13.7 tú concebirás, y *darás a luz* un hijo. 3205
13.24 *dio a luz* un hijo, y le puso por nombre Sansón 3205
Rt 1.12 y aun *diese a luz* hijos 3205
4.12 Fares, el que Tamar *dio a luz* a Judá 3205
4.13 Jehová le dio que concibiese y *diese a luz*. 3205
4.15 pues tu nuera, que te ama, lo ha *dado a luz* . . . 3205
1 S 2.5 hasta la estéril ha *dado a luz* siete
2.21 visitó Jehová a Ana, y ella concibió, y *dio a luz*. . . . 3205
4.19 muertos su suegro y. . . se inclinó y *dio a luz*. . . . 3205
4.20 no tengas temor, porque has *dado a luz* un hijo
2 S 11.27 y le *dio a luz* un hijo 3205
12.24 consoló David a Betsabé. . . le *dio a luz* un hijo . . . 3205
1 R 3.17 *di a luz* estando con ella en la casa 3205
3.18 al tercer día después de *dar yo a luz* 3205
3.18 ésta *dio a luz* también, y morábamos. 3205
3.21 no era mi hijo, el que yo había *dado a luz* 3205
11.20 Tahpenes le *dio a luz* su hijo Genubat. 3205
2 R 4.17 y *dio a luz* un hijo el año siguiente 3205
19.3 y la que *da a luz* no tiene fuerzas
1 Cr 1.32 Cetura. . . *dio a luz* a Zimram, Jocsán 3205
2.4 Tamar su nuera *dio a luz* a Fares y a Zera 3205
2.17 Abigail *dio a luz* a Amasa, cuyo padre fue Jeter 3205
2.19 tomó Caleb. . . la cual *dio a luz* a Hur 3205
2.21 y ella *dio a luz* a Segub. 3205
2.24 Abías mujer de Hezrón *dio a luz* a Asur 3205
2.29 Abihail, la cual *dio a luz* a Ahbán y a Molid . . . 3205
2.35 Sesán dio su hija por mujer. . . *dio a luz* a Atai . 3205
2.46 Efa concubina de Caleb *dio a luz* a Harán. 3205
2.48 Maaca. . . *dio a luz* a Seber y a Tirhana 3205
2.49 también *dio a luz* a Saaf padre de Madmana, y a 3205
4.6 y Naara *dio a luz* a Ahuzam, Hefer, Temeni y Ahastar 3205
4.9 llamó Jabes. . . Por cuanto lo *di a luz* en dolor.
4.18 Jehudaía *dio a luz* a Jered padre de Gedor. . . . 3205
7.14 Asriel, al cual *dio a luz* su concubina la siria 3205
7.14 la cual también *dio a luz* a Maquir padre de Galaad 3205
7.16 Maaca mujer de Maquir *dio a luz* un hijo. 3205
7.18 y su hermana Hamolequet *dio a luz* a Isod 3205
7.23 y *dio a luz* un hijo, al cual puso por nombre Bería 3205
2 Cr 11.19 le *dio a luz* estos hijos: Jeús. 3205
11.20 le *dio a luz* Abías, Atai, Ziza y Selomit. 3205
Esd 10.44 mujeres. . . habían *dado a luz* hijos
Sal 7.14 y *dio a luz* engaño
48.6 dolor como de mujer que *da a luz* 3205
Pr 17.25 y amargura a la que lo *dio a luz*. 3205
23.25 y gócese la que te *dio a luz*. 3205
Cnt 3.4 y en la cámara de la que me *dio a luz* 3205
6.9 la escogida de la que la *dio a luz* 3205
8.5 allí tuvo dolores la que te *dio a luz* 3205
Is 7.14 la virgen concebirá, y *dará a luz* un hijo 3205
8.3 llegué a la profetisa. . . y *dio a luz* un hijo. 3205
23.4 nunca estuve de parto, ni *di a luz*, ni crié 3205
26.18 tuvimos dolores de parto, *dimos a luz* viento
33.11 concebisteis hojarascas, rastrojo *daréis a luz*
37.3 y la que *da a luz* no tiene fuerzas
45.10 ¿por qué *diste a luz*?
49.15 ¿se olvidará la mujer de lo que *dio a luz*. 5764
51.2 mirad a Abraham. . . y a Sara que os *dio a luz* . 3205
51.18 de todos los hijos que *dio a luz*, no hay quien
54.1 regocíjate, oh estéril, la que no *daba a luz*. 3205
65.23 ni *darán a luz* para maldición
66.7 *dio a luz*; antes que. . . *dio a luz* hijo
66.8 en cuanto Sion estuvo de parto, *dio a luz*
66.9 yo que hago *dar a luz*, ¿no haré nacer?
Jer 15.9 languideció la que *dio a luz* siete 3205
16.3 sus madres que los *den a luz* y de los padres . . 3205
20.14 el día en que mi madre me *dio a luz* no sea. . . 3205
22.26 te haré. . . y a tu madre que te *dio a luz* 3205
30.6 inquirid ahora, y mirad si el varón *da a luz* . . . 3205
31.8 y la que *da a luz* juntamente. 3205
50.12 se afrentó la que os *dio a luz*. 3205
Ez 16.20 y tus hijas que habías *dado a luz* para mí 3205
23.4 y *dieron a luz* hijos e hijas. 3205

L

23.37 y aun a sus hijos que habían
dado a luz para mí 3205
Os 1.3 tomó a Gomer...y le *dio a luz* un hijo 3205
1.6 concibió ella otra vez, y *dio a luz* una hija 3205
1.8 concibió y *dio a luz* un hijo 3205
2.5 la que los *dio a luz* se deshonró
13.13 dolores de mujer que *da a luz* le vendrán 3205
Mi 5.3 que dé a luz la que ha de *dar a luz* 3205
Mt 1.21 *dará a luz* un hijo...su nombre JESÚS
1.23 una virgen concebirá y *dará a luz* un hijo
1.25 hasta que *dio a luz* a su hijo primogénito
Lc 1.13 tu mujer Elisabet te *dará a luz* un hijo *3205*
1.31 concebirás en tu vientre, y *darás a luz* un hijo
1.57 Cuando a Elisabet se le...*dio a luz* un hijo
2.7 y *dio a luz* a su hijo primogénito
Jn 16.21 **la mujer cuando *da a luz*, tiene dolor**
16.21 **pero después que ha *dado a luz* un niño** *1080*
Gá 4.27 regocíjate...tú que no *das a luz* *5088*
He 11.11 Sara...y *dio a luz* aun...de la edad *5088*
Stg 1.15 *da a luz* el pecado; y...*da a luz* la muerte
Ap 12.4 la mujer que estaba para *dar a luz* *5088*
12.5 y ella *dio a luz* un hijo varón
12.13 la mujer que había *dado a luz* al hijo varón

M

MAACA
1. Hijo de Nacor, Gn 22.24 4601
2. Reino al oriente de Basán (véase también Maacateo)
Dt 3.14 tomó...hasta el límite con Gesur y *M* 4602
Jos 12.5 hasta los límites de Gesur y de *M* 4602
13.13 Gesur y *M* habitaron entre...israelitas 4602
2 S 10.6 tomaron...del rey de *M* mil hombres 4601
10.8 los sirios de Soba...de *M* estaban aparte 4601
1 Cr 19.6 carros y gente de a caballo...de *M* 758
19.7 tomaron a sueldo...al rey de *M* y a su 4601
3. Madre de Absalón, 2 S 3.3; 1 Cr 3.2 4601
4. Ascendiente de Elifelet No. 2, 2 S 23.34 4602
5. Padre de Aquis rey de Gat, 1 R 2.39 4601
6. Madre de Abías rey de Judá
1 R 15.2 el nombre de su madre fue *M*, hija 4601
2 Cr 11.20 después...tomó a *M* hija de Absalón 4601
11.21 Roboam amó a *M* hija de Absalón sobre 4601
11.22 y puso Roboam a Abías hijo de *M* por 4601
7. Madre de Asa, rey de Judá
1 R 15.10 el nombre de su madre fue *M*, hija 4601
15.13 privó a su madre *M* de ser reina madre 4601
2 Cr 15.16 a *M* madre del rey Asa...la depuso 4601
8. Concubina de Caleb, 1 Cr 2.48 4601
9. Mujer de Maquir No. 1, 1 Cr 7.15,16 4601
10. Ascendiente de Saúl, 1 Cr 8.29; 9.35 4601
11. Ascendiente de Hanán No. 3, 1 Cr 11.43 4601
12. Ascendiente de Sefatías No. 4, 1 Cr 27.16 4601

MAACATEO *Habitante de Maaca No. 2*
Jos 13.11 territorios de los gesureos y...m 4602
13.13 a los *m* no los echaron los hijos de 4602
2 R 25.23 vinieron...y Jaazanías hijo de un *m* 4602
1 Cr 4.19 el padre de Keila...y Estemoa *m* 4602
Jer 40.8 Jezanías hijo de un *m*, ellos y sus 4602

MAADÍAS *Sacerdote que regresó del cautiverio con Zorobabel*, Neh 12.5 4573

MAAI *Músico en tiempo de Nehemías*, Neh 12.36 . . 4597

MAALA *Hija de Zelofehad*, Nm 26.33; 27.1; 36.11; Jos 17.3 4244

MAARAT *Ciudad en Judá (probablemente= Marot)*, Jos 15.59 4638

MAASEÍAS *Sacerdote en tiempo de Nehemías*, Neh 12.41 4641

MAASÍAS
1. Músico, levita en tiempo de David, 1 Cr 15.18,20 . . . 4641
2. Oficial militar que ayudó al sacerdote Joiada, 2 Cr 23.1 4641
3. Oficial del rey Uzías, 2 Cr 26.11 4641
4. Hijo del rey Acaz, 2 Cr 28.7 4641
5. Gobernador de Jerusalén bajo el rey Josías, 2 Cr 34.8 4641
6. Nombre de varios que se habían casado con extranjeras en tiempo de Esdras, Esd 10.18,21,22,30 4641
7. Ascendiente de Azarías No. 18, Neh 3.23 4641
8. Uno que ayudó a Esdras en la lectura de la ley, Neh 8.4 4641
9. Levita que interpretó la lectura de la ley, Neh 8.7 . . . 4641
10. Firmante del pacto de Nehemías, Neh 10.25 4641
11. Residente de Jerusalén después del cautiverio (=Asaías No. 3), Neh 11.5 4641
12. Ascendiente de Salú No.1, Neh 11.7 4641
13. Sacerdote en tiempo de Nehemías, Neh 12.42 . . . 4641
14. Padre del sacerdote Sofonías, Jer 21.1; 29.25; 37.3 4641
15. Padre de Sedequías No.5, Jer 29.21 4641
16. Ascendiente de Baruc, Jer 32.12; 51.59 4271
17. Oficial del templo en tiempo de Jeremías, Jer 35.4 4641

MAAT *Ascendiente de Jesucristo*, Lc 3.26 . . . . . *3092*

MAAZ *Descendiente de Jerameel*, 1 Cr 2.27 4619

MAAZÍAS
1. Sacerdote en tiempo de David, 1 Cr 24.18 4590
2. Sacerdote en tiempo de Nehemías, Neh 10.8 4590

MACAZ *Ciudad en un distrito administrativo de Salomón*, 1 R 4.9

MACBANAI *Militar que se unió a David en Siclag*, 1 Cr 12.13 4344

MACBENA *Descendiente de Caleb*, 1 Cr 2.49 4343

MACEDA *Ciudad cananea*
Jos 10.10 siguió...los hirió hasta Azeca y *M* 4719
10.16 reyes...escondieron en una cueva en *M* 4719
10.17 reyes...sido hallados...en una cueva en *M* . . . 4719
10.21 el pueblo volvió...al campamento en *M* 4719
10.28 tomó Josué a *M*, y la hirió a...espada 4719
10.28 al rey de *M* como había hecho al rey de 4719
10.29 de *M* pasó Josué, y todo Israel con él 4719
12.16 rey de *M*, otro; el rey de Bet-el, otro 4719
15.41 Naama y *M*; 16 ciudades con sus aldeas 4719

MACEDONIA *Provincia romana*
Hch 16.9 varón...diciendo: Pasa a *M* y ayúdanos *3109*
16.10 en seguida procuramos partir para *M* *3109*
16.12 Filipos, que es la primera ciudad de...*M* *3109*
18.5 y cuando Silas y Timoteo vinieron de *M* *3109*
19.21 ir a Jerusalén, después de recorrer *M* *3109*
19.22 enviando a *M* a dos...Timoteo y Erasto *3109*
20.1 Pablo...se despidió y salió para ir a *M* *3109*
20.3 cesó...tomó la decisión de volver por *M* *3109*
Ro 15.26 *M* y Acaya...a bien hacer una ofrenda *3109*
1 Co 16.5 por *M*, pues por *M* tengo que pasar *3109*
2 Co 1.16 pasar a *M*, y desde *M* venir otra vez *3109*
2.13 despidiéndome de ellos, partí para *M* *3109*
7.5 cuando vinimos a *M*, ningún reposo tuvo *3109*
8.1 gracia...se ha dado a las iglesias de *M* *3109*
9.2 de la cual yo me glorío, entre los de *M* *3110*
11.9 suplieron los hermanos...vinieron de *M* *3109*
Fil 4.15 cuando partí de *M*, ninguna iglesia *3109*
1 Ts 1.7 sido ejemplo a todos los de *M* y de *3109*
1.8 sido divulgada la palabra...no sólo en *M* *3109*
4.10 todos los hermanos que están por toda *M* *3109*
1 Ti 1.3 te quedases en Éfeso, cuando fui a *M* *3109*

MACEDONIO *Habitante de Macedonia*
Hch 16.9 un varón *m* estaba en pie, rogándole *3110*
19.29 arrebatando a Gayo y...*m*, compañeros de . . *3110*
27.2 con nosotros Aristarco, *m* de Tesalónica *3110*
2 Co 9.4 que si vinieren conmigo algunos *m* *3110*

MACELOT *Lugar donde acampó Israel*, Nm 33.25,26 4722

MACNADEBAI *Uno de los que se casaron con mujeres extranjeras en tiempo de Esdras*, Esd 10.40 4367

MACPELA *Cueva cerca de Hebrón*
Gn 23.9 que me dé la cueva de *M*, que tiene al 4375
23.17 la heredad de Efrón que estaba en *M* al 4375
23.19 cueva de la heredad de *M* al oriente de 4375
25.9 lo sepultaron Isaac e...en la cueva de *M* 4375
49.30 en la cueva que está en el campo de *M* 4375
50.13 sepultaron en la cueva del campo de *M* 4375

MACTES *Barrio de Jerusalén*, Sof 1.11 4389

MÁCULA
1 Ti 6.14 que guardes el mandamiento sin *m* *784*
Stg 1.27 la religión pura y sin *m* delante de *283*

MACHACADA
Éx 27.20 traigan aceite puro de olivas *m* 3795
29.40 parte de un hin de aceite de olivas *m* 3795
Lv 24.2 te traigan...aceite puro de olivas *m* 3795
Nm 28.5 cuarto de...hin de aceite de olivas *m* 3795

MACHO
Gn 6.19 que tengan vida contigo; *m* y hembra 2145
7.2 tomarás siete parejas, *m* y su hembra; mas 376
7.2 no son limpias, una pareja, el *m* y su 376
7.3 parejas, *m* y hembra, para conservar viva 2145
7.9 dos...*m* y hembra, como mandó Dios a Noé 2145
7.16 *m* y hembra de toda carne vinieron, como 2145
30.35 Labán apartó...los *m* cabríos manchados 5795
31.10 los *m* que...eran listados, pintados y 6260
31.12 todos los *m* que cubren a las hembras 6260
32.14 doscientas cabras y veinte *m* cabríos 8495
Éx 12.5 el animal será sin defecto, *m* de un 2145
13.12 primer nacido...los *m* serán de Jehová 2145
13.15 sacrifico para Jehová...primogénito *m* 2145
34.19 mío es...todo primogénito...que sea *m* 2142
Lv 1.3,10 ofrenda...*m* sin defecto lo ofrecerá 2145
3.1 de ganado...sea *m* o hembra, sin defecto 2145
3.6 sea *m* o hembra, la ofrecerá sin defecto 2145
4.23 por su ofrenda un *m* cabrío sin defecto 2145
4.24 su mano sobre la cabeza del *m* cabrío
9.3 tomad un *m* cabrío para expiación, y un
9.15 el *m* cabrío que era para la expiación
10.16 Moisés preguntó por el *m* cabrío de la
16.5 tomará dos *m* cabríos para expiación, y
16.7 tomará los dos *m* cabríos y...presentará
16.8 echará suertes...sobre los dos *m* cabríos
16.9,10 el *m* cabrío sobre el cual cayere la
16.15 degollará el *m* cabrío en expiación por
16.18 tomará de...y de la sangre del *m* cabrío
16.20 expiar el...hará traer el *m* cabrío vivo
16.21 dos manos sobre la cabeza del *m* cabrío
16.21 poniéndolos así sobre la cabeza del *m*
16.22 aquel *m* cabrío llevará sobre sí todas
16.22 dejará ir el *m* cabrío por el desierto
16.26 el que hubiere llevado el *m* cabrío a
16.27 y sacarán fuera...el *m* cabrío inmolados
22.19 ofreceréis *m* sin defecto de entre el 2145
23.19 ofreceréis...un *m* cabrío por expiación
Nm 7.16,22,28,34,40,46,52,58,64,70,76,82 un *m* cabrío para expiación
7.17,23,29,35,41,47,53,59,65,71,77,83 cinco *m* cabríos y cinco corderos 6260
7.87 todos...doce los *m* cabríos para expiación
7.88 sesenta los *m* cabríos, y sesenta los 6260
15.24 ofrecerá...y un *m* cabrío en expiación
28.15 un *m* cabrío en expiación se ofrecerá
28.22; 29.5,11,16,19,22,25,28,31,34,38 y un *m* cabrío por expiación
28.30 un *m* cabrío para hacer expiación por
Dt 15.19 consagrarás...todo primogénito *m* de 2145
32.14 carneros de Basán; también *m* cabríos
2 Cr 17.11 trajeron ganados...y 7.700 *m* cabríos 8495
29.21 siete *m* cabríos para expiación por el 6842
29.23 hicieron acercar...los *m* cabríos para 8163
Esd 6.17 doce *m* cabríos en expiación por todo 6841
8.35 y doce *m* cabríos por expiación, todo en 6842
Sal 50.9 no tomaré de tu casa...ni *m* cabríos 6260
50.13 ¿he de...o beber sangre de *m* cabríos?
66.15 te ofreceré en sacrificio...*m* cabríos
Pr 30.31 el *m* cabrío; y el rey, a quien nadie 8495
Is 1.11 no quiero sangre de...ni de *m* cabríos 6260
34.6 engrasada...de sangre de corderos y de *m*
Jer 50.8 como los *m* cabríos que van delante 6260
51.40 haré traer...como carneros y *m* cabríos 6260
Ez 27.21 traficaban contigo en...y *m* cabríos
34.17 yo juzgo...entre carneros y *m* cabríos 6260
39.18 beberéis sangre...*m* cabríos, de bueyes
43.22 ofrecerás un *m* cabrío...para expiación
43.25 sacrificarán un *m* cabrío cada día en
45.23 y por el pecado un *m* cabrío cada día
Dn 8.5 un *m* cabrío venía del lado del poniente 6842
8.5 aquel *m* cabrío tenía un cuerno notable
8.8 el *m* cabrío se engrandeció sobremanera 6842
8.21 el *m* cabrío es el rey de Grecia, y el
Mal 1.14 teniendo *m* en su rebaño, promete, y 2145
He 9.12 y no por...*m* cabríos ni de
9.13 si la sangre de los toros...*m* cabríos
9.19 sangre de los becerros y de *m* cabríos
10.4 sangre de los...*m* cabríos no puede quitar

MADAI
1. Hijo de Jafet, Gn 10.2; 1 Cr 1.5 4074
2. Uno de los que se casaron con extranjeras en tiempo de Esdras, Esd 10.34 4572

MADERA
Gn 6.14 hazte un arca de *m* de gofer; harás 6086
Éx 7.19 así en los vasos de *m* como en los de 6086
25.5 de rojo, pieles de tejones, *m* de acacia 6086
25.10 harán también un arca de *m* de acacia 6086
25.13 harás unas varas de *m* de acacia, las 6086
25.23 una mesa de *m* de acacia; su longitud 6086
25.28 harás las varas de *m* de acacia, y las 6086
26.15 harás para el tabernáculo tablas de *m* 6086
26.26 cinco barras de *m* de acacia, para las 6086
26.32 lo pondrás sobre cuatro columnas de *m* 6086
26.37 harás...cinco columnas de *m* de acacia
27.1 harás también un altar de *m* de acacia 6086
27.6 harás también...varas de *m* de acacia, las 6086
30.1 un altar para...de *m* de acacia lo harás 6086
30.5 harás las varas de *m* de acacia, y las 6086
31.5 y en artificio de *m*; para trabajar en 6086
35.7 pieles...pieles de tejones, *m* de acacia 6086
35.24 todo el que tenía *m* de acacia la traía 6086
35.33 obra de *m*, para trabajar en toda labor 6086
36.20 las tablas de *m* de acacia, derechas 6086
36.31 hizo también las barras de *m* de acacia 6086
36.36 él hizo cuatro columnas de *m* de acacia
37.1 hizo...Bezaleel el arca de *m* de acacia 6086
37.4 hizo también varas de *m* de acacia, y las 6086
37.10 hizo también la mesa de *m* de acacia 6086
37.15,28 e hizo las varas de *m* de acacia 6086
37.25 también el altar del incienso, de *m* de 6086
38.1 de *m* de acacia el altar del holocausto 6086
38.6 e hizo las varas de *m* de acacia, y las 6086
Lv 11.32 sea cosa de *m*, vestido, piel, saco 6086
14.4 dos avecillas vivas...*m* de cedro, grana 6086
14.49 tomará...y *m* de cedro, grana e hisopo 6086
14.52 purificará la casa con...la *m* de cedro 6086
15.12 toda vasija de *m* será lavada con agua 6086
Nm 19.6 luego tomará el sacerdote *m* de cedro 6086
31.20 purificaréis todo...todo utensilio de *m* 6086
Dt 4.28 serviréis allí a dioses...de *m* y piedra 6086
10.1 y sube...al monte, y hazte un arca de *m* 6086
10.3 e hice un arca de *m* de acacia, y labré 6086
29.17 habéis visto...sus ídolos de *m* y piedra 6086
Jue 6.26 en holocausto con la *m* de la imagen 6086
1 S 6.14 y ellos cortaron la *m* del carro, y 6086
2 S 5.11 envió...*m* de cedro, y carpinteros, y 6086
6.5 con toda clase de instrumentos de *m* de 6086
1 R 5.6 ninguno hay...que sepa labrar *m* como 6086
5.8 acerca de la *m* de cedro y la *m* de ciprés 6086
5.10 dio...a Salomón *m* de cedro y *m* de ciprés 6086
5.18 los hombres de Gebal...prepararon la *m* 6086
6.10 se apoyaba en la casa con *m* de cedro 6086

6.15 revistiéndola de *m* por dentro, desde 6086
6.15 cubrió... el pavimento con *m* de ciprés 6763
6.23 dos querubines de *m* de olivo, cada uno 6086
6.31 a la entrada... hizo puertas de *m* de olivo...... 6086
6.32 dos puertas eran de *m* de olivo; y talló......... 6086
6.33 hizo a... postes cuadrados de *m* de olivo 6086
6.34 las dos puertas eran de *m* de ciprés 6086
7.11 allí hacia arriba... piedras... y *m* de cedro
9.11 Hiram rey de... había traído a Salomón *m*..... 6086
10.11 también de Ofir mucha *m* de sándalo, y...... 6086
10.12 la *m* de sándalo hizo el rey balaustres........ 6086
10.12 nunca vino semejante *m* de sándalo, ni....... 6086
15.22 quitaron de Ramá la piedra y la *m* con....... 6086
2 R 6.4 llegaron al Jordán, cortaron la *m*............. 6086
12.12 en comprar la *m* y piedra de cantería 6086
19.18 obra de manos de hombres, *m* o piedra 6086
22.6 para comprar *m* y piedra de cantería para ... 6086
1 Cr 14.1 Hiram rey... envió... y *m* de cedro 6086
22.3 preparó... y *m* de cedro sin cuenta 6086
22.4 habían traído a David abundancia de *m*....... 6086
22.14 he preparado *m* y piedra, a lo cual tú 6086
29.2 y *m* para las de *m*; y piedras de ónice 6086
2 Cr 2.8 también *m* del Líbano: cedro, ciprés 6086
2.8 sé que tus siervos saben cortar *m* en el......... 6086
2.9 que me preparen mucha *m*, porque la casa..... 6086
2.10 para... cortadores de *m*, he dado... trigo....... 6086
2.14 sabe trabajar en oro... en piedra y en *m*....... 6086
2.16 cortaremos... la *m* que necesites, y te la 6086
3.5 techó el... del edificio con *m* de ciprés
3.10 hizo dos querubines de *m*, los cuales 6816
9.10 Ofir, trajeron *m* de sándalo, y piedras......... 6086
9.11 de la *m* de sándalo el rey hizo gradas 6086
9.11 nunca en la... se había visto *m* semejante
16.6 se llevaron de Ramá... la *m* con que Baasa 6086
34.11 que comprasen... y *m* para los armazones ... 6086
Esd 3.7 trajesen *m* de cedro desde el Líbano 6086
6.4 tres hileras de piedras... una de *m* nueva........ 636
Neh 2.8 dé *m* para enmaderar las puertas del 6086
8.4 Esdras estaba sobre un púlpito de *m* que 6086
Cnt 3.9 se hizo una carroza de *m* del Líbano 6086
Is 37.19 porque no eran dioses, sino obra... *m* 6086
40.20 el pobre escoge... *m* que no se apolille......... 6086
60.17 y por *m* bronce, y en lugar de piedras......... 6086
Jer 28.13 yugos de *m* quebraste, mas en vez de........ 6086
Ez 15.2 qué es la *m* de la vid más que... otra *m*? 6086
15.3 ¿tomarán de ella *m*... hacer alguna obra?..... 6086
15.6 como la *m* de la vid entre los árboles 6086
26.12 pondrán tus piedras y tu *m* y tu polvo 6086
27.24 negociaban contigo en... en *m* de cedro 6086
41.16 cubierto de *m* desde el suelo hasta el......... 6086
41.22 la altura del altar de *m*... tres codos 6086
41.22 su superficie y sus paredes eran de *m*......... 6086
41.25 y en la fachada del atrio... un portal de *m*
Dn 5.4 alabaron a los dioses... *m* y de piedra 636
5.23 diste alabanza a dioses... *m* y de piedra 636
Os 4.12 mi pueblo a su ídolo de *m* pregunta 6086
Hag 1.8 y traed *m*, y reedificad la casa; y............. 6086
Zac 5.4 la consumirá, con sus *m* y sus piedras.......... 6086
1 Co 3.12 edificare oro... *m* heno, hojarasca *3586*
2 Ti 2.20 plata, sino también de *m* y de barro *3585*
Ap 9.20 ni dejaron de adorar... imágenes de... *m* *3585*
18.12 mercadería de... *m* olorosa... *m* preciosa..... *3586*

MADERAJE
Ez 27.5 hayas... Senir te fabricaron todo el *m* 3871

MADERO
Lv 14.45 derribará... sus *m* y toda la mezcla de........ 6086
Dt 21.22 digno de muerte... lo colgareis en un *m* 6086
21.23 que su cuerpo pase la noche sobre el *m* 6086
Jos 8.29 rey de Hai lo colgó de un *m* hasta 6086
8.29 mandó... que quitasen del *m* su cuerpo, y....... 6086
10.26 los mató, y los hizo colgar en cinco *m* 6086
10.26 colgados en los *m* hasta caer la noche......... 6086
10.27 mandó Josué que los quitasen de los *m*......... 6086
1 R 7.6 con sus columnas y *m* correspondientes 5646
Esd 5.8 ya los *m* están puestos en las paredes 636
6.11 le arranque un *m* de su casa, y alzado........... 636
Is 45.20 aquellos que erigen el *m* de su ídolo.......... 6086
Hch 5.30 a quien vosotros matasteis... en un *m* *3586*
10.39 a quien mataron colgándole en un *m*.......... *3586*
13.29 quitándolo del *m*, lo pusieron en el *3586*
Gá 3.13 maldito... el que es colgado en un *m* *3586*
1 P 2.24 llevó... nuestros pecados... sobre el *m*......... *3586*

MADIÁN Hijo *de Abraham y Cetura, y la tribu que formó su posteridad (=Madianita)*
Gn 25.2 dio a luz a... Medán, *M*, Isbac y Súa............ 4080
25.4 e hijos de *M*: Efa, Efer, Hanoc, Abida 4080
36.35 que derrotó a *M* en el campo de Moab 4080
Éx 2.15 huyó de... y habitó en la tierra de *M*............ 4080
2.16 siete hijas que tenía el sacerdote de *M*......... 4080
3.1 ovejas de Jetro su suegro, sacerdote de *M* 4080
4.19 dijo también Jehová a Moisés en *M*: Vé 4080
18.1 oyó Jetro sacerdote de *M*... las cosas que....... 4080
Nm 22.4 dijo Moab a los ancianos de *M*: Ahora......... 4080
22.7 y los ancianos de *M* con las dádivas de 4080
25.15 Zur, príncipe... padre de familia en *M*......... 4080
25.18 lo tocante a... hija del príncipe de *M*........... 4080
31.3 contra *M* y hagan la venganza de... en *M*....... 4080
31.7 y pelearon contra *M*, como Jehová lo........... 4080
31.8 mataron... los reyes de *M*, Evi, Requem......... 4080
31.8 cinco reyes de *M*; también a Balaam hijo 4080
Jos 13.21 a los príncipes de *M*, Evi, Requem 4080
Jue 6.1 entregó en mano de *M* por siete años........... 4080
6.2 y la mano de *M* prevaleció contra Israel......... 4080
6.6 modo empobrecía Israel... por causa de *M* 4080
7.8 y tenía el campamento de *M* abajo en el 4080
7.13 un pan... rodaba hasta el campamento de *M* .. 4080
7.15 Jehová ha entregado el campamento de *M* 4080
8.1 cuando ibas a la guerra contra *M*? Y le.......... 4080
8.3 Dios ha entregado... Zeeb, príncipes de *M*...... 4080
8.5 yo persigo a Zeba y Zalmuna, reyes de *M*....... 4080
8.12 y prendió a los dos reyes de *M*, Zeba y.......... 4080
8.22 pues que nos has librado de mano de *M* 4080
8.26 vestidos de... que traían los reyes de *M*........ 4080
8.28 fue subyugado *M* delante de... de Israel 4080
9.17 peleó por... para libraros de mano de *M* 4080
1 R 11.18 levantaron de *M*, y vinieron a Parán 4080
1 Cr 1.32 Cetura... dio a luz... *M*, Isbac y Súa............ 4080
1.33 los hijos de *M*: Efa, Efer, Hanoc, Abida......... 4080
1.46 el que derrotó a *M* en el campo de Moab 4080
Sal 83.9 hazles como a *M*, como a Sísara, como 4080
Is 9.4 tú quebraste su... como en el día de *M*........... 4080
10.26 como la matanza de *M* en la peña... Oreb 4080
60.6 te cubrirá; dromedarios de *M* y de Efa 4080
Hab 3.7 tiendas de la tierra de *M* temblaron 4080
Hch 7.29 vivió como extranjero en tierra de *M* *3099*

MADIANITA *Descendiente de Madián*
Gn 37.28 y cuando pasaban los *m* mercaderes 4084
37.36 los *m* lo vendieron en Egipto a Potifar......... 4092
Nm 10.29 Moisés a Hobad, hijo de Ragüel *m*, su........ 4084
25.6 trajo una *m* a sus hermanos, a ojos de.......... 4084
25.14 nombre del... muerto con la *m* era Zimri 4084
25.15 y el nombre de la... *m* muerta era Cozbi 4084
25.17 hostigad a los *m*, y heridlos 4084
31.2 haz la venganza de... Israel contra los *m* 4084
31.9 cautivas a las mujeres de los *m*, a sus 4080
Jue 6.2 por causa de los *m*, se hicieron cuevas 4080
6.3 subían los *m* y amalecitas y los hijos del 4080
6.7 Israel clamaron a Jehová, a causa de los *m*..... 4080
6.11 en el lagar, para esconderlo de los *m*.......... 4080
6.13 y nos ha entregado en mano de los *m* 4080
6.14 salvarás a Israel de la mano de los *m* 4080
6.16 derrotarás a... *m* como a un solo hombre 4080
6.33 los *m* y amalecitas... se juntaron a una 4080
7.1 y tenía el campamento de los *m* al norte........ 4080
7.2 para que yo entregue a los *m* en su mano 4080
7.7 os salvaré, y entregaré... *m* en tus manos........ 4080
7.12 y los *m*... estaban tendidos en el valle 4080
7.14 Dios ha entregado en sus manos a los *m* 4080
7.23 juntándose... Israel... siguieron a los *m* 4080
7.24 descended al encuentro de los *m*, y tomad..... 4080
7.25 tomaron a dos príncipes de los *m*, Oreb 4080
7.25 después que siguieron a los *m*, trajeron 4080

MADMANA
1. Ciudad en Judá, Jos 15.31 4089
2. Descendiente de Caleb, 1 Cr 2.49 4089

MADMENA
1. Lugar no identificado, Is 10.31..................... 4088
2. Lugar en Moab (probablemente=Dimón), Jer 48.2 4086

MADÓN *Ciudad cananea*, Jos 11.1; 12.19 4068

MADRE
Gn 2.24 dejará el hombre a su padre y a su *m*.......... 517
3.20 Eva... ella era *m* de todos los vivientes 517
17.16 y vendrá a ser *m* de naciones; reyes de
20.12 hija de mi padre, mas no hija de mi *m* 517
21.21 y su *m* le tomó mujer de la tierra de 517
24.28 corrió, e hizo saber en casa de su *m*........... 517
24.53 cosas preciosas a su hermano y a su *m*......... 517
24.55 respondieron su hermano y su *m*: Espere 517
24.60 sé *m* de millares de millares, y posean
24.67 trajo Isaac a la tienda de su *m* Sara 517
24.67 se consoló Isaac... de la muerte de su *m* 517
27.11 dijo a Rebeca su *m*: He aquí, Esaú mi.......... 517
27.13 su *m* respondió: Hijo mío, sea sobre mí 517
27.14 él fue y los tomó, y los trajo a su *m* 517
27.14 y su *m* hizo guisados, como a su padre 517
27.29 se inclinen ante ti los hijos de tu *m* 517
28.2 padre de tu *m*... Labán, hermano de tu *m*....... 517
28.5 hermano de Rebeca *m* de Jacob y de Esaú 517
28.7 había obedecido a su padre y a su *m*, y 517
29.10 Raquel, hija de Labán hermano de su *m*......... 517
29.10 las ovejas de Labán el hermano de su *m*........ 517
29.10 abrevó el rebaño de Labán hermano... *m* 517
30.14 Rubén... halló... y las trajo a Lea su *m* 517
31.11 venga... y me hiera la *m* con los hijos............ 517
37.10 vendremos yo y tu *m*... a postrarnos en 517
43.29 vio a Benjamín... hijo de su *m*, y dijo........... 517
44.20 y él solo quedó de los hijos de su *m* 517
Éx 2.8 entonces fue... y llamó a la *m* del niño 517
20.12 honra a tu padre y a tu *m*, para que 517
21.15 que hiriere a su padre o a su *m*, morirá 517
21.17 el que... a su padre o a su *m*, morirá 517
22.30 siete días estará con su *m*, y... darás 517
23.19; 34.26 el cabrito en la leche de su *m*............. 517
Lv 18.7 la... de tu *m*, no descubrirás; tu *m* es............ 517
18.9 hija de tu *m*, nacida en casa o nacida............ 517
18.13 la desnudez de la hermana de tu *m* no 517
18.13 no descubrirás la... parienta de tu *m* es 517
19.3 cada uno temerá a su *m* y a su padre, y 517
20.9 que maldijere a su... *m*... a su *m* maldijo........ 517
20.14 el que tomare mujer y a la *m* de ella............ 517
20.17 hija de su padre o hija de su *m*, y viere 517
20.19 la desnudez de la hermana de tu *m*, o de 517
21.2 por su *m* o por su padre, o por su hijo........... 517
21.11 ni por su padre ni... *m* se contaminará 517
22.27 siete días estará mamando de su *m*; mas 517
24.11 su *m* se llamaba Selomit, hija de Dibri.......... 517
Nm 6.7 ni por su *m*... podrá contaminarse cuando 517
12.12 al salir del vientre de su *m*, tiene ya 517
Dt 5.16 honra a tu padre y a tu *m*, como Jehová........ 517
13.6 si te incitare tu hermano, hijo de tu *m* 517
14.21 no cocerás el... en la leche de su *m* 517
21.13 y llorará a su padre y a su *m* un mes 517
21.18 que no obedeciere... ni a la voz de su *m* 517
21.19 tomarán su padre y su *m*, y lo sacarán 517
22.6 la *m* echada sobre los pollos o sobre los 517
22.6 nido de... no tomarás la *m* con los hijos......... 517
22.7 dejarás ir a la *m*, y tomarás los pollos 517
22.15 y su *m* tomarán y sacarán las señales 517
27.16 maldito el que deshonrare a... o a su *m*........ 517
27.22 el que se acostare con... o hija de su *m* 517
33.9 dijo de su padre y de su *m*: Nunca los........... 517
Jos 2.13 salvaréis la vida a mi padre y... *m* 517
2.18 en tu casa... a tu *m*, a tus hermanos y........... 517
6.23 y sacaron a Rahab... su *m*, a sus hermanos..... 517
Jue 5.7 que yo... me levanté como *m* en Israel 517
5.28 la *m* de Sísara se asoma a la ventana 517
8.19 dijo: Mis hermanos eran, hijos de mi *m* 517
9.1 Abimelec... fue... a los hermanos de su *m*......... 517
9.1 la familia de la... casa del padre de su *m* 517
9.3 hablaron por él los hermanos de su *m* en......... 517
14.2 declaró a su padre y a su *m*, diciendo 517
14.3 padre y su *m* le dijeron: ¿No hay mujer 517
14.4 su *m* no sabían que esto venía de Jehová 517
14.5 Sansón descendió con su padre y... su *m* 517
14.6 no declaró ni a su padre ni a su *m* lo 517
14.9 alcanzó a su padre y a su *m*, les dio 517
14.16 a mi padre ni a mi *m* lo he declarado........... 517
16.17 soy nazareo... desde el vientre de mi *m*......... 517
17.2 el cual dijo a su *m*: Los mil cien siclos........... 517
17.2 su *m* dijo: Bendito seas de Jehová, hijo.......... 517
17.3 él devolvió los mil cien siclos... a su *m* 517
17.3 y su *m* dijo: En verdad he dedicado el........... 517
17.4 él devolvió el dinero a su *m*, y tomó su 517
17.4 tomó su *m* doscientos siclos... y los dio.......... 517
Rt 1.8 volveos cada una a la casa de su *m* 517
2.11 dejando a tu... *m*... has venido a un pueblo 517
1 S 2.19 le hacía su *m* una túnica pequeña y 517
15.33 *m* será sin hijo entre las mujeres 517
20.30 para confusión de la vergüenza de tu *m*?...... 517
22.3 te ruego que... mi *m* estén con vosotros.......... 517
2 S 17.25 a Abigail... hermana de Sarvia *m* de........... 517
19.37 que muera... junto al sepulcro de... mi *m* 517
20.19 procuras destruir... que... es *m* en Israel 517
1 R 1.11 habló Natán a Betsabé *m* de Salomón 517
2.13 Adonías... vino a Betsabé *m* de Salomón.......... 517
2.19 una silla para su *m*, la cual se sentó 517
2.20 rey... Pide, *m* mía, que yo no te la negaré 517
2.22 Salomón... dijo a su *m*: ¿Por qué pides a 517
3.27 dad a aquélla el hijo vivo... ella es su *m* 517
11.26 cuya *m* se llamaba Zerúa, la cual era............ 517
14.21,31 nombre de su *m* fue Naama, amonita........ 517
15.2,10 su *m* fue Maaca, hija de Abisalom 517
15.13 privó a su *m* Maaca de ser reina *m*............ 517
15.13 además deshizo Asa el ídolo de su *m*
17.23 y lo dio a su *m*, y le dijo Elías: Mira 517
19.20 que me dejes besar a mi padre y a mi *m*........ 517
22.42 nombre de su *m* fue Azuba hija de Silhi 517
22.52 anduvo... en el camino de su *m*, y en el 517
2 R 3.2 e hizo lo malo... aunque no como... su *m* 517
3.13 vé... a los profetas de tu *m* Y el rey de 517
4.19 padre dijo a un criado: Llévalo a su *m* 517
4.20 y habiéndole él tomado y traído a su *m*.......... 517
4.30 dijo la *m* del niño: Vive Jehová, y vive............ 517
8.26 el nombre de su *m* fue Atalía, hija de 517
9.22 con las fornicaciones de Jezabel tu *m* 517
11.1 Atalía *m* de Ocozías vio que su hijo era.......... 517
12.1 nombre de su *m* fue Sibia, de Beerseba........... 517
14.2 nombre de su *m*... Joadán, de Jerusalén 517
15.2 el nombre de su *m* fue Jecolías, de............... 517
15.33 el nombre de su *m* fue Jerusa hija de........... 517
18.2 nombre de su *m* fue Ahi hija de Zacarías 517
21.1 Manasés... el nombre de su *m* fue Hepsiba 517
21.19 Amón... el nombre de su *m* fue Mesulemet 517
22.1 Josías... su *m* fue Jedida hija de Adaía........... 517
23.31 Joacaz... el nombre de su *m* fue Hamutal........ 517
23.36 Joacim... nombre de su *m* fue Zebuda hija..... 517
24.8 Joaquín... el nombre de su *m* fue Nehusta 517
24.12 salió Joaquín rey de Judá... y su *m*, sus 517
24.15 llevó cautivos... a la *m* del rey, a las 517
24.18 el nombre de su *m* fue Hamutal hija de......... 517
1 Cr 2.26 otra mujer... Atara... fue *m* de Onam 517
4.9 al cual su *m* llamó Jabes, diciendo: Por 517
2 Cr 12.13 la *m* de Roboam fue Naama amonita.......... 517
13.2 el nombre de su *m* fue Micaías hija de........... 517
15.16 a Maaca *m* del rey Asa... la depuso de su........ 517
20.31 Josafat... el nombre de su *m* fue Azuba......... 517
22.2 el nombre de su *m* fue Atalía, hija de 517
22.3 pues su *m* le aconsejaba a que actuase 517
22.10 Atalía *m* de Ocozías, viendo que su hijo 517
24.1 Joás... el nombre de su *m* fue Sibia, de 517
25.1 Amasías... el nombre de su *m* fue Joadán........ 517
26.3 Uzías... el nombre de su *m* fue Jecolías 517
27.1 Jotam... nombre de su *m* fue Jerusa, hija 517
29.1 Ezequías... el nombre de su *m* fue Abías......... 517
Est 2.7 su padre y su *m* murieron... la adoptó 517
Job 1.21 desnudo salí del vientre de mi *m*, y 517
17.14 dicho... a los gusanos: Mi *m* y mi hermana 517
31.18 desde el vientre de mi *m* fui guía de la.......... 517
40.23 aquí, sale de *m* el río, pero él no se 517
Sal 22.9 desde que estaba a los pechos de... *m*........... 517
22.10 desde el vientre de mi *m*, tú eres mi 517
27.10 aunque mi padre y mi *m* me dejaran, con 517
35.14 como el que trae luto por *m*, enlutado 517
50.20 contra el hijo de tu *m* ponías infamia............ 517
51.5 formado, y en pecado me concibió mi *m*.......... 517
69.8 y desconocido para los hijos de mi *m* 517
71.6 de las entrañas de mi *m* tú fuiste el que 517
109.14 y el pecado de su *m* no sea borrado 517

113.9 a la estéril, que se goza en ser *m* de 517
131.2 como un niño destetado de su *m*; como 517
139.13 tú me hiciste en el vientre de mi *m* 517
Pr 1.8 y no desprecies la dirección de tu *m* 517
4.3 hijo... delicado y único delante de mi *m* 517
6.20 padre, y no dejes la enseñanza de tu *m* 517
10.1 pero el hijo necio es tristeza de su *m* 517
15.20 mas el hombre necio menosprecia a su *m* 517
19.26 el que... ahuyenta a su *m*, es hijo que 517
20.20 al que maldice a su padre o a su *m*, se 517
23.22 tu *m* envejeciere, no la menosprecies 517
23.25 alégrense tu padre y tu *m*, y gócese la 517
28.24 el que roba a su... *m*, y dice que no es 517
29.15 mas el... consentido avergonzará a su *m* 517
30.11 que maldice a su... y a su *m* no bendice 517
30.17 menosprecia la enseñanza de la *m*, los 517
31.1 rey... la profecía con que le enseñó su *m* 517
Ec 5.15 como salió del vientre de su *m*... vuelve 517
Cnt 1.6 los hijos de mi *m* se airaron contra 517
3.4 hasta que lo metí en casa de mi *m* y en 517
3.11 la corona con que le coronó su *m* en el 517
6.9 la única de su *m*, la escogida de la que 517
8.1 como hermano mío que mamó... de mi *m*! 517
8.2 te llevaría, te metería en casa de mi *m* 517
8.5 tuvo tu *m* dolores, allí tuvo dolores la 517
Is 8.4 antes que el niño sepa decir... y *M* mía 517
49.1 me llamó... desde las entrañas de mi *m* 517
50.1 la carta de repudio de vuestra *m*, con 517
50.1 por vuestras... fue repudiada vuestra *m* 517
66.13 como aquel a quien consuela su *m*, así 517
Jer 15.8 destruidor a mediodía sobre la *m* y 517
15.10 ¡ay de mí, *m* mía, que me engendraste 517
16.3 dicho... de sus *m* que los den a luz y de 517
16.7 beber vaso de consolaciones... por su *m* 517
20.14 maldito el día en... mi *m* me dio a luz 517
20.17 mi *m* me hubiera sido mi sepulcro, y 517
22.26 te haré llevar cautivo a ti y a tu *m* 517
50.12 vuestra *m* se avergonzó... se afrentó la 517
52.1 *m* se llamaba Hamutal, hija de Jeremías 517
Ez 16.3 tu padre fue... y tu *m* hetea 517
16.44 cual la *m*, tal la hija 517
16.45 hija eres tú de tu *m*, que desechó 517
16.45 vuestra *m* fue hetea, y vuestro padre 517
19.2 ¡cómo se echó entre... tu *m* la leona! 517
19.10 tu *m* fue como una vid en medio de 517
22.7 al padre y a la *m* despreciaron en ti 517
23.2 hubo dos mujeres, hijas de una *m* 517
44.25 pero por padre o *m*, hijo o hija 517
Lm 2.12 decían a su *m*: ¿Dónde está el trigo 517
2.12 derramando sus... en el regazo de sus *m* 517
5.3 huérfanos somos sin... *m* son como viudas 517
Ez 16.3 tu padre fue amorreo, y tu *m* hetea 517
16.44 refrán que dice: Cual la *m*, tal la hija 517
16.45 hija eres tú de tu *m*, que desechó a su 517
16.45 vuestra *m* fue hetea, y vuestro padre 517
19.2 ¡cómo se echó entre los leones tu *m* la 517
19.10 tu *m* fue como una vid en medio de la 517
22.7 al padre y a la *m* despreciaron en ti; al 517
23.2 hijo... hubo dos mujeres, hijas de una *m* 517
44.25 Por Padre o *m*... sí podrán contaminarse 517
Os 2.2 contended con vuestra *m*... porque ella 517
2.5 su *m* se prostituyó; la que los dio a luz 517
4.5 caerás por tanto en... y a tu *m* destruiré 517
10.14 cuando la *m* fue destrozada con... hijos 517
Mi 7.6 hija se levanta contra la *m*, la nuera 517
Zac 13.3 le dirán... y su *m* que lo engendraron 517
13.3 su *m* que lo engendraron le traspasarán 517
Mt 1.18 estando desposada María su *m* con José 3384
2.11 al entrar en... vieron al niño con su *m* 3384
2.13 toma al niño y a su *m*, y huye a Egipto 3384
2.14 tomó de noche al niño y a su *m*... fue a 3384
2.20 toma al niño y a su *m* y vete a tierra 3384
2.21 tomó al niño y a su *m*, y vino a tierra 3384
10.35 **hija contra su *m*, y a la nuera contra** 3384
10.37 **el que ama a padre o *m* más que a mí** 3384
12.46 su *m* y sus hermanos estaban afuera, y 3384
12.47 aquí tu *m* y tus hermanos están afuera 3384
12.48 **dijo: ¿Quién es mi *m*, y quiénes son mis** 3384
12.49 **dijo: He aquí mi *m* y mis hermanos** 3384
12.50 **aquel que hace la voluntad... es mi... *m*** 3384
13.55 ¿no se llama su *m* María, y sus hermanos 3384
14.8 ella, instruida primero por su *m*, dijo 3384
14.11 su cabeza... y ella la presentó a su *m* 3384
15.4 **diciendo: Honra a tu padre y a tu *m*** 3384
15.4 **el que maldiga al padre o a la *m*, muera** 3384
15.5 **diga a su padre o a su *m*: Es mi ofrenda** 3384
15.6 **ya no ha de honrar a su padre o a su *m*** 3384
19.5 **el hombre dejará padre y *m*, y se unirá** 3384
19.12 **hay eunucos que nacieron así... de su *m*** 3384
19.19 **honra a tu padre y a tu *m*; y, Amarás a** 3384
19.29 **que haya dejado... *m*, o mujer, o hijos, o** 3384
20.20 le acercó la *m* de los hijos de Zebedeo 3384
27.56 cuales estaban... María la *m* de Jacobo 3384
27.56 estaban... la *m* de los hijos de Zebedeo 3384
Mr 3.31 vienen después sus hermanos y su *m*, y 3384
3.32 tu *m* y tus hermanos están afuera, y te 3384
3.33 **diciendo: ¿Quién es mi *m* y... hermanos?** 3384
3.34 **él, dijo: He aquí mi *m* y mis hermanos** 3384
3.35 **hace la voluntad de Dios, ése es mi... *m*** 3384
5.40 tomó al padre y a la *m* de la niña, y a 3384
6.24 dijo a su *m*: ¿Qué pediré? Y ella le dijo 3384
6.28 su cabeza... y la muchacha la dio a su *m* 3384
7.10 Moisés dijo: Honra a tu padre y a tu *m* 3384
7.10 **que maldiga al padre o a la *m*, muera** 3384
7.11 **que diga un hombre... a la *m*: Es Corbán** 3384
7.12 **no le dejáis hacer más por su padre... *m*** 3384
10.7 **dejará el hombre a su padre y a su *m*, y** 3384
10.19 **no hurtes... Honra a tu padre y a tu *m*** 3384
10.29 **dejado... padre, o *m*, o mujer, o hijos** 3384
10.30 **reciba cien veces... *m*, hijos, y tierras** 3384
15.40 María Magdalena, María la *m* de Jacobo 3384
15.47 Magdalena y María *m* de José miraban
16.1 María Magdalena, María la *m* de Jacobo
Lc 1.15 lleno del... desde el vientre de su *m* 3384
1.43 a mí, que la *m* de mi Señor venga a *mí*? 3384
1.60 respondiendo su *m*, dijo: No; se llamará 3384
2.33 y José y su *m* estaban maravillados de 3384
2.34 dijo a su *m* María: He aquí, éste está 3384
2.43 quedó... sin que lo supiesen José y su *m* 3384
2.48 y le dijo su *m*: Hijo, ¿por qué nos has 3384
2.51 su *m* guardaba todas estas cosas en su 3384
7.12 hijo único de su *m*, la cual era viuda 3384
7.15 entonces se incorporó... Y lo dio a su *m* 3384
8.19 su *m* y sus hermanos vinieron a él; pero 3384
8.20 avisó... Tu *m* y tus hermanos están fuera 3384
8.21 **mi *m* y mis hermanos son los que oyen la** 3384
8.51 a Pedro... al padre y a la *m* de la niña 3384
12.53 **la *m* contra la hija, y la... contra la *m*** 3384
14.26 **no aborrece a su padre, y *m*, y mujer** 3384
18.20 **testimonio; honra a tu padre y a tu *m*** 3384
24.10 Juana, y María *m* de Jacobo, y las demás 3384
Jn 2.1 unas bodas... estaba allí la *m* de Jesús 3384
2.3 la *m* de Jesús le dijo: No tienen vino 3384
2.5 su *m* dijo a los que servían: Haced todo 3384
2.12 descendieron a Capernaum, él, su *m*, sus 3384
3.4 entrar... en el vientre de su *m*, y nacer? 3384
6.42 ¿no... cuyo padre y *m* nosotros conocemos? 3384
19.25 estaban junto a la cruz de Jesús su *m* 3384
19.25 y la hermana de su *m*, María mujer de 3384
19.26 cuando vio Jesús a su *m*... dijo a su *m* 3384
19.27 **después dijo al discípulo: He ahí tu *m*** 3384
Hch 1.14 en oración... con María la *m* de Jesús 3384
12.12 llegó a casa de María la *m* de Juan, el 3384
Ro 16.13 saludad a Rufo, escogido... y a su *m* 3384
Gá 1.15 me apartó desde el vientre de mi *m* 3384
4.26 cual es *m* de todos nosotros, es libre 3384
Ef 5.31 dejará el hombre a su padre y a su *m* 3384
6.2 honra a tu padre y a tu *m*, que es el 3384
1 Ti 5.2 ancianas, como a *m*; a las jovencitas 3384
2 Ti 1.5 la fe... la cual habitó... en tu *m* Eunice 3384
He 7.3 sin padre, sin *m*, sin genealogía; que 282
Ap 17.5 Babilonia la *m* de las rameras y de 3384

MADRIGUERA
Sal 104.18 montes... peñas, *m* para los conejos

MADRUGADA
Gn 26.31 se levantaron de *m*, y juraron el uno 1242
1 R 3.21 me levanté de *m* para dar el pecho a 1242
Sal 63.1 de *m* te buscaré; mi alma tiene sed 7836
127.2 por demás es que os levantéis de *m*, y 7925
Os 6.4 como el rocío de la *m*... se desvanece 7925
13.3 serán como... rocío de la *m* que se pasa 7925

MADRUGAR
Éx 32.6 madrugaron, y ofrecieron holocaustos 7925
Jos 8.14 el rey... se apresuraron y madrugaron 7925
Jue 7.3 madrugue y devuélvase desde el monte 6852
9.33 mañana... madruga y cae sobre la ciudad 7925
1 S 9.26 otro día madrugaron; y al despuntar 7925
15.12 madrugó... Samuel para ir a encontrar a 7925
Job 24.5 salen a su obra madrugando para robar 7836
Pr 27.14 que bendice a... madrugando de mañana 7925
Is 26.9 madrugaré a buscarte; porque luego que 7836

MADURAR
Gn 40.10 viniendo a madurar... racimos de uvas 1310
Is 18.5 pasada la flor se maduren los frutos 1580
Ez 47.12 a su tiempo madurará, porque... aguas 1069

MADUREZ
2 R 19.26 heno de... marchitado antes de su *m* 7054
1 Co 2.6 hablamos... los que han alcanzado *m* 5046
He 5.14 alimento... para los que han alcanzado *m* 5046

MADURO, A
Jl 3.13 echad la hoz, porque la mies... ya *m* 1310
Mr 4.29 cuando el fruto está *m*... mete la hoz 3860
1 Co 14.20 sed niños... *m* en el modo de pensar 5046
Ap 14.15 siega... la mies de la tierra está *m* 3583
14.18 vendimia los... porque sus uvas están *m* 187

MAESTRESALA
1 R 10.5 sus *m*, y sus holocaustos que ofrecía 4945
2 Cr 9.4 *m* y sus vestidos, y la escalinata 4945
Jn 2.8 **sacad ahora, y llevadlo al *m* Y se lo** 755
2.9 el *m* probó el agua hecha vino, sin saber 755

MAESTRO, A
Éx 36.4 vinieron todos los *m* que hacían toda 2450
2 R 12.11 en pagar a los... *m* que reparaban la 1129
22.6 a los carpinteros, *m* y albañiles, para 1129
1 Cr 15.27 Quenanías era *m* de canto entre los 8269
25.8 servir... lo mismo el *m* que el discípulo 995
2 Cr 2.7 que sepa esculpir con los *m* que están 2450
Ec 12.11 clavos hincados son las de los *m* de 2450
Cnt 7.1 joyas, obra de mano de excelente *m* 542
Is 30.20 tus *m* nunca más te serán quitados 3384
30.20 nunca... sino que tus ojos verán a tus *m* 3384
40.20 se busca un *m* sabio, que le haga una 2796
55.4 lo di... por jefe y por *m* a las naciones 6680
Nah 3.4 ramera... *m* en hechizos, que seduce a 1172
Mt 8.19 *M*, te seguiré adondequiera que vayas 1320
9.11 qué come vuestro *M* con los publicanos y 1320
10.24 **el discípulo no es más que su *m*, ni el** 1320
10.25 **bástale al discípulo ser como su *m*, y** 1320
12.38 diciendo: *M*, deseamos ver de ti señal 1320
17.24 ¿vuestro *M* no paga las dos dracmas? 1320
19.16 *M* bueno, ¿qué bien haré para tener la 1320
22.16 *M*, sabemos que eres amante de... verdad 1320
22.24 *M*, Moisés dijo: Si alguno muriere sin 1320
22.36 *M*: ¿cuál es el gran mandamiento en la 1320
23.8 **uno es vuestro *M*, el Cristo, y todos** 2519
23.10 **ni seáis llamados *m*... uno es vuestro *M*** 2519
26.18 **el *M* dice: Mi tiempo está cerca; en tu** 1320
26.25 respondiendo Judas... dijo: ¿Soy yo, *M*? 4461
26.49 se acercó a Jesús y dijo: ¡Salve, *M* 4461
Mr 4.38 *M*, ¿no tienes cuidado que perecemos? 1320
5.35 ha muerto; ¿para qué molestas más al *M*? 1320
9.5 *M*, bueno es para nosotros que estemos 4461
9.17 dijo: *M*, traje a ti mi hijo, que tiene 1320
9.38 *M*, hemos visto a uno que en tu nombre 1320
10.17 *M* bueno, ¿qué haré para heredar la vida 1320
10.20 *M*, todo esto lo he guardado desde mi 1320
10.35 diciendo: *M*, querríamos que nos hagas 1320
10.51 **¿qué quieres... *M*, que recobre la vista** 4462
11.21 *M*, mira, la higuera que maldijiste se 4461
12.14 *M*, sabemos que eres hombre veraz, y que 1320
12.19 *M*, Moisés... escribió que si el hermano 1320
12.32 *M*, verdad has dicho, que uno es Dios 1320
13.1 *M*, mira qué piedras, y qué edificios 1320
14.14 **el *M* dice: ¿Dónde está el aposento donde** 1320
14.45 se acercó... le dijo: *M*, *M*. Y le besó 4461
Lc 3.12 publicanos... dijeron: *M*, ¿qué haremos? 1320
5.5 *M*, toda la noche hemos estado trabajando 1988
6.40 **el discípulo no es superior a su *m*; mas** 1320
6.40 **que fuere perfeccionado, será como su *m*** 1320
7.40 **tengo que decirte... Y él le dijo: Di, *M*** 1320
8.24 y vinieron a él... ¡*M*, *M*, que perecemos! 1988
8.45 *M*, la multitud te aprieta y oprime, y 1988
8.49 tu hija ha muerto; no molestes más al *M* 1320
9.33 *M*, bueno es para nosotros que estemos 1988
9.38 *M*, te ruego que veas a mi hijo, pues es 1320
9.49 *M*, hemos visto a uno que echaba fuera 1988
10.25 *M*, ¿haciendo qué cosa heredaré la vida 1320
11.45 *M*, cuando dices esto... nos afrentas a 1320
12.13 *M*, di a mi hermano que parta conmigo la 1320
17.13 voz... *M*, ten misericordia de nosotros! 1988
18.18 *M* bueno, ¿qué haré para heredar la vida 1320
19.39 dijeron: *M*, reprende a tus discípulos 1320
20.21 *M*, sabemos que dices... rectamente, y que 1320
20.28 *M*, Moisés nos escribió: Si el hermano 1320
21.7 diciendo: *M*, ¿cuándo será esto? ¿y qué 1320
22.11 **el *M* te dice: ¿Dónde está el aposento** 1320
Jn 1.38 (que traducido es, *M*) ¿dónde moras? 1320
3.2 sabemos que has venido de Dios como *m* 1320
3.10 **¿eres tú *m* de Israel, y no sabes esto?** 1320
8.4 *M*, esta mujer ha sido sorprendida en el 1320
11.28 diciéndole... el *M* está aquí y te llama 1320
13.13 **me llamáis *M*, y Señor; y decís bien** 1320
13.14 **si yo... el *M*, he lavado vuestros pies** 1320
20.16 dijo: ¡Raboni! (que quiere decir, *M*) 1320
Hch 13.1 había... en la Iglesia... profetas y *m* 1320
Ro 2.20 *m* de niños, que tienes en la ley la 3810
1 Co 12.28 lo tercero *m*, luego los que hacen 1320
12.29 ¿son... todos *m*? ¿hacen todos milagros? 1320
Ef 4.11 constituyó a... a otros, pastores y *m* 1320
1 Ti 2.7 y *m* de los gentiles en fe y verdad 1320
2 Ti 1.11 fui constituido... *m* de los gentiles 1320
4.3 se amontonarán *m* conforme a sus propias 1320
Tit 2.3 sean... no esclavas del vino, *m* del bien 2567
He 5.12 debiendo ser ya *m*, después de tanto 1320
Stg 3.1 no os hagáis *m* muchos de vosotros 1320
2 P 2.1 como habrá entre vosotros falsos *m* 5572

MAGBIS *Población en Judá*, Esd 2.30 4019

MAGDALA *Ciudad en la costa del mar de Galilea*, Mt 15.39 3093

MAGDALENA *Habitante de Magdala.*
Véase María No. 4

MAGDIEL *Jefe de Esaú*, Gn 36.43; 1 Cr 1.54 4025

MAGIA
Hch 8.9 llamado Simón, que antes ejercía la *m* 3096
19.19 que habían practicado la *m* trajeron 4021

MÁGICO, A
Ez 13.18 cosen vendas *m* para todas las manos
13.18 hacen velos *m* para la cabeza de toda
13.20 yo estoy contra vuestras vendas *m*, con
13.21 romperé... vuestros velos *m*, y libraré
Hch 8.11 con sus artes *m* les había engañado 3095

MAGISTRADO
Dn 3.2 a que se reuniesen los... *m* y capitanes 5460
3.3 fueron... reunidos... *m*, capitanes, oidores 5460
6.7 *m*, sátrapas... han acordado por consejo 5460
Lc 12.11 **cuando os trajeren a... y ante los *m*** 746
12.58 **cuando vayas al *m* con tu adversario** 758
Hch 16.20 y presentándolos a los *m*, dijeron 4755
16.22 y los *m*... ordenaron azotarles con varas 4755
16.35 *m* enviaron alguaciles a decir: Suelta 4755
16.36 *m* han mandado a decir que se os suelte 4755
16.38 hicieron saber estas palabras a los *m* 4755
Ro 13.3 los *m* no están para infundir temor al 758

MAGNIFICAR
Éx 15.1 cantaré yo a Jehová... se ha *magnificado* 1342
15.6 tu diestra... ha sido *magnificada* en poder 142
Nm 14.17 te ruego que sea *magnificado* el poder 1431
Is 42.21 se complació... en *magnificar* la ley 1431
Hch 10.46 los oían... y que *magnificaban* a Dios 3170
19.17 *magnificado* el nombre del Señor Jesús 3170
Ro 15.11 gentiles, y *magnificadle*... los pueblos 1867
Fil 1.20 será *magnificado* Cristo en mi cuerpo 3170

MAGNIFICENCIA
1 Cr 16.27 alabanza y *m* delante de él; poder 1926

29.11 tuya es, oh Jehová, la *m* y el poder 1420
Est 1.4 para mostrar él... y la *m* de su poder 3366
Sal 68.34 sobre Israel es su *m*, y su poder 1346
93.1 Jehová reina; se vistió de *m*... de poder......... 1348
96.6 alabanza y *m* delante de él; poder y 1926
104.1 Dios... te has vestido de gloria y de *m* 1926
145.5 en la hermosura de la gloria de tu *m* 1935
145.12 saber... la gloria de la *m* de su reino 1926
150.1 Dios... alabadle en la *m* de su firmamento.... 5797
Zac 11.3 porque su *m* es asolada; estruendo de......... 155

MAGNÍFICO, A
Éx 15.11 ¿quién como tú, oh... *m* en santidad 142
1 Cr 22.5 la casa... ha de ser *m* Por excelencia 1431
Is 12.5 Jehová, porque ha hecho cosas *m*; sea 1348
Jer 32.19 grande en consejo, y *m* en hechos 7227
Ez 17.23 se hará *m* cedro; y habitarán... aves........... 117
Zac 11.2 porque los árboles *m* son derribados.......... 117
2 P 1.17 le fue enviada desde la *m* gloria una.......... *3169*

MAGNITUD
1 S 1.16 por la *m* de mis congojas... he hablado 7230
Jer 30.14 a causa de la *m* de tu maldad y de la 7230

MAGO
Gn 41.8 hizo llamar a todos los *m* de Egipto........... 2748
41.24 lo he dicho a los *m*, mas no hay quien 2748
Dt 18.11 *m*, ni quien consulte a los muertos....... 2266,2267
Dn 1.20 mejores que todos los *m* y astrólogos 2748
2.2 hizo llamar el rey a *m*... que le explicasen 2748
2.10 preguntó cosa semejante a ningún *m* ni 2749
2.27 ni astrólogos, ni *m*... lo pueden revelar 2749
4.7 vinieron *m*, astrólogos, caldeos y... dije 2749
4.9 Beltsasar, jefe de los *m*... he entendido 2749
5.7 que hiciesen venir *m*, caldeos y adivinos......... 826
5.11 sobre todos los *m*, astrólogos, caldeos 2749
Mt 2.1 vinieron del oriente a Jerusalén unos *m* *3097*
2.7 llamando en secreto a los *m*, indagó de.......... *3097*
2.16 cuando se vio burlado por los *m*... enojó........ *3097*
2.16 al tiempo que había inquirido de los *m* *3097*
Hch 13.6 hallaron a cierto *m*, falso profeta *3097*
13.8 les resistía Elimas, el *m* (pues así se *3097*

MAGOG
1. Hijo de Jafet, Gn 10.2; 1 Cr 1.5 4031
2. Tierra y pueblo de Gog
Ez 38.2 tu rostro contra Gog en tierra de *M* 4031
39.6 y enviaré fuego sobre *M, y sobre* los.......... 4031
Ap 20.8 a Gog y a *M*, a fin de reunirlos para *3098*

MAGOR-MISABIB «Terror por todas partes», *nombre simbólico*, Jer 20.3 4036

MAGPÍAS *Firmante del pacto de Nehemías*, Neh 10.20 4047

MAGULLAR
Lv 21.20 o empeine, o testículo magullado............ 4790
22.24 con testículos heridos o magullados.......... 3807
Dt 23.1 que tenga magullados los testículos 6481,1795
Sal 74.14 magullaste las cabezas del leviatán 7533

MAHALA *Descendiente de Manasés*, 1 Cr 7.18... 4244

MAHALALEEL
1. Hijo de Cainán y padre de Jared, Gn 5.12,13,15,16,17; 1 Cr 1.2; Lc 3.37 4111,3121
2. Ascendiente de Ataías, Neh 11.4 4111

MAHALAT
1. Mujer de Esaú, Gn 28.9 4258
2. Mujer del rey Roboam, 2 Cr 11.18................ 4258
3. Una tonada o un instrumento musical, Sal 53, 88, *títs.* 4257

MAHANAIM *Ciudad en Galaad*
Gn 32.2 y llamó el nombre de aquel lugar *M* 4266
Jos 13.26 y desde *M* hasta el límite de Debir............ 4266
13.30 territorio de ellos fue desde *M*, todo 4266
21.38 Ramot de Galaad con sus ejidos... *M* con 4266
2 S 2.8 tomó a Is-boset hijo... lo llevó a *M* 4266
2.12 Abner hijo de Ner salió de *M* a Gabaón 4266
2.29 cruzaron por todo Bitrón y llegaron a *M* 4266
17.24 y David llegó a *M; y Absalón* pasó el........... 4266
17.27 luego que David llegó a *M*, Sobi hijo 4266
19.32 dado provisiones... cuando estaba en *M*...... 4266
1 R 2.8 me maldijo... el día que yo iba a *M* 4266
4.14 Ahinadab hijo de Iddo en *M* 4266
1 Cr 6.80 la tribu de Gad... *M* con sus ejidos 4266

MAHARAI *Uno de los 30 valientes de David*, 2 S 23.28; 1 Cr 11.30; 27.13.................. 4121

MAHAT
1. Ascendiente del cantor Hemán, 1 Cr 6.35 4287
2. Levita en tiempo del rey Ezequías, 2 Cr 29.12; 31.13 4287

MAHAVITA

MAHAVITA *Oriundo de Mahanaim*, 1 Cr 11.46 .. 4233

MAHAZIOT *Hijo del cantor Hemán*, 1 Cr 25.4,30 . 4238

MAHER-SALAL-HASBAZ *Hijo del profeta Isaías*, Is 8.1,3 4122

MAHLI
1. Primogénito de Merari, Éx 6.19; Nm 3.20; 1 Cr 6.19,29; 23.21; 24.26,28; Esd 8.18............ 4249
2. Hijo de Musi, 1 Cr 6.47; 23.23; 24.30 4249

MAHLITA *Descendiente de Mahli*, Nm 3.33; 26.58 4250

MAHLÓN Marido *de Rut*, Rt 1.2,5; 4.9,10 4248

MAHOL *Padre de tres varones conocidos por su sabiduría*, 1 R 4.31................... 4235

MAINÁN *Ascendiente de Jesucristo*, Lc 3.31 ..... *3104*

MAJADA
Nm 32.16 edificaremos... *m* para nuestro 1488,6629
32.24 edificaos... *m* para vuestras ovejas, y......... 1448
32.36 fortificadas; hicieron también *m* para........ 1448
Sal 78.70 y lo tomó de las *m* de las ovejas 4356,6629
Is 13.20 el árabe, ni pastores tendrán allí *m* 7257
17.2 ciudades de Aroer... en *m* se convertirán....... 5739
27.10 allí tendrá su *m, y acabará* sus ramas 7257
32.14 asnos monteses, y ganados hagan *m* 4829
65.10 el valle de Acor para *m* de vacas, para....... 5116
Ez 25.5 a los hijos de Amón por *m* de ovejas........... 4769
Nah 2.11 ¿qué es de la... *m* de los cachorros de........ 4829
Hab 3.17 y las ovejas sean quitadas de la *m* 4356
Sof 2.14 rebaños de ganado harán en ella *m* 7257

MAJADO *Véase Majar*

MAJANO
Gn 31.46 un *m, y comieron* allí sobre aquel *m* 1530
31.48 este *m* es testigo hoy entre nosotros.......... 1530
31.51 he aquí este *m*, y he aquí esta señal 1530
31.52 testigo sea este *m*, y testigo... señal.......... 1530
31.52 que ni yo pasaré de este *m* contra ti.......... 1530
31.52 ni tú pasarás de este *m*, ni de... señal......... 1530
Jer 31.21 establécete señales, ponte *m* altos 8564

MAJAR
Nm 11.8 el pueblo... lo majaba en morteros, y......... 1743
Pr 27.22 aunque *majes* al necio en un mortero 3806
27.22 granos de trigo *majados* con el pisón......... 1792

MAJESTAD
Est 1.19 salga un decreto real de vuestra *m*
Job 31.23 contra cuya *m* yo no tendría poder.......... 7613
37.22 claridad. En Dios hay una *m* terrible 1935
40.10 adórnate... de *m* y de alteza, y vístete 1347
Sal 21.5 gloria... honra y *m* has puesto sobre.......... 1926
45.3 ciñe tu espada... con tu gloria y con tu *m* 1368
Is 2.10 escóndete en... del resplandor de su *m* 1347
2.19 y por el resplandor de su *m*, cuando él 1347
2.21 el resplandor de su *m*, cuando se levante....... 1347
3.8 han sido... para Irritar los ojos de su *m*......... 3519
26.10 malvado... no mirará a la *m* de Jehová........ 1348
Dn 2.37 Dios del cielo te ha dado reino... y *m*.......... 3367
4.30 que yo edifiqué... para gloria de mi *m*?........ 1923
4.36 *m* de mi reino, mi dignidad y mi grandeza...... 7238
5.18 dio a Nabucodonosor... la gloria y la *m*....... 7238
7.27 la *m* de los reinos... sea dado al pueblo....... 7238
Hch 19.27 y comience a ser destruida la *m* de *3168*
He 1.3 se sentó a la diestra de la *M* en las *3172*
8.1 sentó a la diestra... de la *M* en los cielos *3172*
2 P 1.16 como habiendo visto con... ojos su *m*.......... *3168*
Jud 25 al único y sabio Dios... sea gloria y *m* *3172*

MAJESTUOSA
Job 37.4 truena él con voz *m*; y aunque sea oída......... 1347

MAL *Véase también Malo*
Gn 2.9 árbol de la ciencia del bien y del *m* 7451
2.17 del árbol... del bien y del *m* no comerás 7451
3.5 seréis como Dios, sabiendo el bien... *m* 7451
3.22 de nosotros, sabiendo el bien y el *m* 7451
6.5 que todo designio... era... solamente el *m*....... 7451
19.9 ahora te haremos más *m* que a ellos 7489
19.19 no sea que me alcance el *m*, y muera.......... 7451
26.29 que no nos hagas *m*, como nosotros no......... 7451
28.8 las hijas de Canaán parecían *m* a Isaac 7451
31.7 Dios no le ha permitido... me hiciese *m*........ 7489
31.29 poder hay en mi mano para haceros *m* 7451
31.52 ni tú pasarás... señal contra mí, para *m*....... 7451
39.9 ¿cómo, pues, haría yo este grande *m*, y......... 7451
40.7 ¿por qué parecen hoy *m*... semblantes? 7451
43.6 ¿por qué me hicisteis tanto *m*, declarando 7489
44.4 ¿por qué habéis vuelto *m* por bien? ¿Por 7451
44.5 ¿no... Habéis hecho *m* en lo que hicisteis 7489
44.34 por no ver el *m* que sobrevendrá a mi......... 7451
48.16 el... que me liberta de todo *m*, bendiga a 7451
50.15 José, y nos dará el pago de todo el *m*......... 7451
50.17 perdones ahora... porque *m* te trataron........ 7451
50.20 pensasteis *m* contra mí, mas Dios lo.......... 7451
Éx 10.10 el *m* está delante de vuestro rostro............ 7451
23.2 no seguirás a los muchos para hacer *m* 7451
32.12 para *m* los sacó, para matarlos en los......... 7451
32.12 y arrepiéntete de... *m* contra tu pueblo........ 7451
32.14 Jehová se arrepintió del *m* que dijo que 7451
32.22 tú conoces al pueblo... es inclinado a *m* 7451
Lv 5.4 con sus labios hacer *m* o hacer bien 7489
Nm 11.10 y oyó Moisés... le pareció *m* a Moisés 7451
11.11 ¿por qué has hecho *m* a tu siervo? ¿y.......... 7489
11.15 me des muerte... y que yo no vea mi *m* 7451
13.32 hablaron *m* entre los hijos de Israel.......... 1681
14.37 habían hablado *m*... murieron de plaga 7451
16.15 no... ni a ninguno de ellos he hecho *m*........ 7489
22.34 ahora, si te parece *m*, yo me volveré 7489
32.13 que había hecho *m* delante de Jehová........ 7451
35.23 no era su enemigo, ni procuraba su *m* 7451
Dt 9.18 habíais cometido haciendo el *m* ante 7451
13.5 y así quitarás el *m* de en medio de ti........... 7451
17.2 que haya hecho *m* ante... Jehová tu Dios 7451
17.7,12; 19.19; 21.21; 22.21,24; 24.7 quitarás el *m* de en medio de ti 7451
22.22 morirán... así quitarás el *m* de Israel......... 7451

28.60 traerá sobre ti todos los *m* de Egipto 4064
29.21 lo apartará Jehová... de Israel para *m* 7451
30.15 la vida y el bien, la muerte y el *m*............ 7451
31.17 y vendrán sobre ellos... *m* y angustias......... 7451
31.17 me han venido estos *m* porque no está 7451
31.18 por todo el *m* que ellos habrán hecho 7451
31.21 y cuando les vinieren... *m* y angustias 7451
31.29 os ha de venir *m*... por haber hecho *m* 7451
32.23 amontonaré *m* sobre ellos; emplearé en...... 7451
Jos 24.15 y si *m* os parece servir a Jehová............. 7489
24.20 os hará *m*, y os consumirá, después que...... 7489
Jue 2.15 de Jehová estaba contra ellos para *m* 7451
9.23 un *m* espíritu entre Abimelec y... Siquem...... 7451
9.56 así pagó Dios a Abimelec el *m* que hizo......... 7451
11.27 tú haces *m* conmigo peleando contra mí 7451
15.3 sin culpa seré esta... si *m* les hiciere........... 7451
19.23 míos, os ruego que no cometáis este *m* 5039
20.13 los matemos, y quitemos el *m* de Israel....... 7451
1 S 6.9 si... él nos ha hecho este *m* tan grande......... 7451
12.19 hemos añadido este *m* de pedir rey para..... 7451
12.20 vosotros habéis hecho todo este *m*; pero 7451
12.25 si perseverareis en hacer *m*, vosotros 7489
20.13 pero si mi padre intentare hacerte *m* 7451
23.9 entendiendo David que Saúl ideaba el *m* 7451
24.9 que dicen: Mira que David procura tu *m*? 7451
24.11 que no hay *m* ni traición en mi mano.......... 7451
24.17 con bien, habiéndote yo pagado con *m* 7451
25.7 no les tratamos *m*, ni les faltó nada en 3637
25.15 y nunca nos trataron *m*, ni nos faltó.......... 3637
25.17 el *m* está ya resuelto contra... su casa 7451
25.21 sin que... y él me ha vuelto *m* por bien 7451
25.26 los que procuran *m* contra mi señor 7451
25.28 *m* no se ha hallado en ti en tus días 7451
25.34 Dios... que me ha defendido de hacerte *m*.... 7489
25.39 Jehová... ha preservado del *m* a su siervo..... 7451
26.18 ¿qué he hecho? ¿Qué *m* hay en mi mano? 7451
26.21 dijo Saúl... que ningún *m* te haré más 7489
28.10 vive Jehová, que ningún *m* te vendrá por..... 5771
2 S 3.39 Jehová dé el pago al que *m* hace.............. 7451
7.14 si él hiciere *m*, yo le castigaré con............. 5753
12.11 haré levantar el *m*... de tu misma casa 7451
15.14 y arroje el *m* sobre nosotros, y hiera 7451
17.14 que... hiciese venir el *m* sobre Absalón....... 7451
18.32 los que se levanten contra ti para *m*.......... 7451
19.7 esto te será peor que todos los *m* que.......... 7451
19.19 tengas memoria de los *m* que tu siervo....... 5753
24.16 Jehová se arrepintió de aquel *m*, y dijo....... 7451
1 R 1.52 mas si se hallare *m* en él, morirá 7451
2.44 tú sabes todo el *m* el cual tu corazón 7451
2.44 ha hecho volver el *m* sobre tu cabeza 7451
5.4 pues ni hay adversarios, ni *m* que temer 7451
9.9 por eso ha traído Jehová... todo este *m*......... 7451
11.25 y fue otro *m* con el de Hadad, porque 7451
13.33 no se apartó Jeroboam de este *m* camino...... 7451
14.10 yo traigo *m* sobre la casa de Jeroboam........ 7451
20.7 y ved ahora cómo éste no busca sino *m* 7451
21.21 aquí yo traigo *m* sobre ti, y barreré tu......... 7451
21.29 no traeré el *m* en sus días; en los días 7451
21.29 días de su hijo traeré el *m* sobre su........... 7451
22.8 nunca me profetiza bien... solamente *m*....... 7451
22.18 profetizará él... sino solamente el *m* 7451
22.23 Jehová ha decretado el *m* acerca de ti 7451
2 R 4.41 de comer... no hubo más *m* en la olla.......... 7451
6.33 este *m* de Jehová viene. ¿Para qué he de 7451
8.12 sé el *m* que harás a los hijos de Israel 7451
14.10 ¿para qué te metes en un *m*, para que......... 7451
21.9 los indujo a que hiciesen más *m* que las 7451
21.11 Manasés... ha hecho más *m* que todo lo 7489
21.12 traigo tal *m* sobre Jerusalén y sobre 7451
22.16 traigo... el *m* de que habla este libro 7451
22.20 no verán tus ojos... el *m* que yo traigo 7451
1 Cr 4.10 librarás de *m*, para que no me dañe! 7451
21.15 miró Jehová y se arrepintió de aquel *m* 7451
21.17 yo... pequé, y ciertamente he hecho *m*......... 7489
2 Cr 1.11 ni la vida de los que te quieren *m*............. 8130
7.22 por eso él ha traído todo este *m* sobre......... 7451
18.7 nunca me profetiza cosa... sino siempre *m* 7451
18.17 que no me profetizaría bien, sino *m*?......... 7451
18.22 pues Jehová ha hablado el *m* contra ti 7451
18.33 sácame del campo, pues estoy *m* herido
20.9 si *m* viniere sobre nosotros, o espada 7451
25.19 provocas un *m* en que puedas caer tú y....... 7451
33.9 para hacer más *m* que las naciones que........ 7451
34.24 yo traigo *m* sobre este lugar, y sobre......... 7451
34.28 ojos no verán todo el *m* que yo traigo 7451
Neh 1.3 están en gran *m* y afrenta, y el muro 7451
2.17 vosotros veis el *m* en que estamos, que 7451
6.2 ven... Mas ellos habían pensado hacerme *m*.... 7451
6.13 sirviera de *m* nombre con que fuera yo 7451
13.7 supe del *m* que había hecho Eliasib por 7451
13.18 trajo... este *m* sobre nosotros y sobre 7451
13.27 para cometer todo este *m* tan grande 7451
Est 7.7 estaba resuelto... *m* de parte del rey 7451
8.6 yo ver el *m* que alcanzará a mi pueblo? 7451
9.2 sobre los que habían procurado su *m*, y 7451
Job 1.1,8 temeroso de Dios y apartado del *m* 7451
2.3 varón perfecto... y apartado del *m*, y que....... 7451
2.10 Dios el bien, y el *m* no lo recibiremos?......... 7451
2.11 todo este *m* que le había sobrevenido 7451
4.5 mas ahora que el *m* ha venido sobre ti, te
5.19 seis... en la séptima no te tocará el *m*........... 7451
20.12 si el *m* se endulzó en su boca, si lo........... 7451
28.28 y el apartarse del *m*, la inteligencia 7451
30.26 cuando esperaba yo el bien... vino el *m* 7451
31.29 si... me regocijé cuando le halló el *m* 7451
34.32 enséñame tú... al hice *m*, no lo haré más 5766
36.23 ¿quién... y quién le dirá: Has hecho *m*?....... 5766

42.11 aquel *m* que Jehová había traído sobre 7451
Sal 7.4 he dado *m* pago al que estaba en paz 7451
15.3 el que no...ni hace *m* a su prójimo, ni 7451
21.11 Intentaron el *m* contra ti; fraguaron 7451
23.4 no temeré *m* alguno, porque tú estarás 7451
26.10 en cuyas manos está el *m*, y su diestra 2154
27.5 él me esconderá en su...en el día del *m* 7451
34.13 guarda tu lengua del *m*, y tus labios de 7451
34.14 apártate del *m*, y haz el bien; busca la 7451
34.16 la ira de Jehová contra los que hacen *m* 7451
35.4 vueltos atrás y...los que mi *m* intentan 7451
35.12 devuelven *m* por bien, para afligir a 7451
35.26 confundidos a una los que de mi *m* se 7451
36.4 en camino no bueno; el *m* no aborrece 7451
37.19 no serán avergonzados en el *m* tiempo 7451
37.27 apártate...*m* y haz el bien, y vivirás 7451
38.12 que procuran mi *m* hablan iniquidades 7451
38.20 que pagan *m* por bien me son contrarios 7451
40.12 porque me han rodeado *m* sin número; me 7451
40.14 y avergüéncense los que mi *m* desean 7451
41.7 contra mí piensan *m*, diciendo de mí 7451
50.19 boca metías en *m*, y tu lengua...engaño 7451
52.3 amaste el *m* más que el bien, la mentira 7451
54.5 devolverá el *m* a mis enemigos; córtales 7451
56.5 contra mí son...sus pensamientos para *m* 7451
70.2 sean vueltos atrás y...que mi *m* desean 7451
71.13 sean avergonzados...los que mi *m* buscan 7451
71.20 tú, que me has hecho ver muchas...y *m* 7451
71.24 confundidos los que mi *m* procuraban 7451
74.3 a todo el *m* que el enemigo ha hecho en 7489
88.3 mi alma está hastiada de *m*, y mi vida 7451
90.15 conforme a...los años en que vimos el *m* 7451
91.10 no te sobrevendrá *m*, ni plaga tocará 7451
97.10 los que amáis a Jehová, aborreced el *m* 7451
105.15 no toquéis...ni hagáis *m* a mis profetas 7489
105.25 para que contra sus siervos pensasen *m* 5230
106.32 le fue *m* a Moisés por causa de ellos 3415
107.26 suben a...almas se derriten con el *m* 7451
107.39 a causa de tiranía, de *m* y congojas 7451
109.5 devuelven *m* por bien, y odio por amor 7451
109.20 y a los que hablan *m* contra mi alma 7451
119.101 de todo *m* camino contuve mis pies 7451
121.7 te guardará de todo *m*; él guardará tu 7451
140.2 los cuales maquinan *m* en el corazón 7451
140.11 el *m* cazará al hombre injusto para 7451
Pr 1.16 porque sus pies corren hacia el *m*, y 7451
1.33 y vivirá tranquilo, sin temor del *m* 7451
2.12 librarte del *m* camino, de los hombres 7451
2.14 que se alegran haciendo el *m*, que se 7451
3.7 opinión; teme a Jehová, y apártate del *m* 7451
3.29 intentes *m* contra tu prójimo que habita 7451
4.16 no duermen ellos si no han hecho *m*, y 7489
4.27 no te desvíes a la...aparta tu pie del *m* 7451
5.14 casi en todo *m* he estado, en medio de 7451
6.14 pensando el *m* en todo tiempo; siembra 7451
6.18 los pies presurosos para correr al *m* 7451
8.13 el temor de Jehová es aborrecer el *m* 7451
8.13 soberbia y la arrogancia, el *m* camino 7451
11.19 así el que sigue el *m* lo hace para su 7451
11.27 mas al que busca el *m*, éste lo vendrá 7451
12.20 engaño hay en el...los que piensan el *m* 7451
12.21 mas los impíos serán colmados de *m* 205
13.2 alma de los prevaricadores hallará el *m* 2555
13.17 el *m* mensajero acarrea desgracia; mas 7563
13.19 apartarse del *m* es abominación a los 7451
13.21 el *m* perseguirá a los pecadores, mas 7451
14.16 el sabio teme y se aparta del *m*; mas 7451
14.22 ¿no yerran los que piensan el *m*? 7451
16.6 el temor...los hombres se apartan del *m* 7451
16.17 camino de los rectos se aparta del *m* 7451
16.27 el hombre perverso cava en busca del *m* 7451
16.30 ojos...mueve sus labios, efectúa el *m* 7451
17.11 el rebelde no busca sino el *m*, y 7451
17.13 da *m* por bien, no se apartará el *m* de 7451
17.20 revuelve con su lengua caerá en el *m* 7451
19.19 si usa de violencias, añadirá nuevos *m* 6066
19.23 con él vivirá...no será visitado de *m* 7451
20.8 el rey que...con su mirar disipa todo *m* 7451
21.10 alma del impío desea el *m*; su prójimo 7451
21.12 los impíos son trastornados por el *m* 7451
22.3; 27.12 el avisado ve el *m* y se esconde 7451
24.8 al que piensa hacer el *m*, le llamarán 7489
24.16 el justo...mas los impíos caerán en el *m* 7451
28.10 el que hace errar a...por el *m* camino 7451
28.14 que endurece su corazón caerá en el *m* 7451
30.32 o si has pensado hacer *m*, pon el dedo
31.12 le da ella bien y no *m* todos los días 7451
Ec 2.21 también es esto vanidad y *m* grande 7451
5.1 los necios; porque no saben que hacen *m* 7451
5.13 un *m*...riquezas guardadas...su *m* 7451,7451
5.16 es un gran *m*, que como vino, así haya de 7451
6.1 hay un *m* que he visto debajo del cielo 7451
6.2 lo disfrutan los...Esto es vanidad, y *m* 7451
7.17 no hagas mucho *m*, ni seas insensato 7561
7.21 para que...no oigas...cuando dice *m* de ti 7043
7.22 que tú...dijiste *m* de otros muchas veces 7043
8.5 el que guarda el...no experimentará *m* 7451
8.6 porque el *m* del hombre es grande sobre 7451
8.9 el hombre se enseñorea del hombre para *m* 7451
8.11 el corazón...dispuesto para hacer el *m* 7451
8.12 aunque el pecador haga *m* cien veces, y 7451
9.3 *m* hay entre todo lo que se hace debajo 7451
9.3 el corazón de...hombres está lleno de *m* 7451
10.1 hacen heder y dar *m* olor al perfume del 887
10.5 hay un *m* que he visto debajo del sol, a 7451
10.20 ni...en tu pensamiento digas *m* del rey 7043
10.20 ni en lo secreto de...digas *m* del rico 7043
11.2 no sabes el *m* que vendrá sobre la tierra 7451
11.10 quita, pues...aparta de tu carne el *m* 7451
Is 3.9 ¡ay del...porque amontonaron *m* para sí 7451
3.11 ¡ay del impío! *m* le irá, porque según las 7451
11.9 no harán *m* ni dañarán en todo mi santo 7489
15.9 porque yo traeré sobre Dimón *m* mayores
31.2 traerá el *m*, y no retirará sus palabras 7451
41.23 a lo menos haced bien, o *m*, para que 7489
47.11 sobre ti *m*, cuyo nacimiento no sabrás 7451
56.2 y que guarda su mano de hacer todo *m* 7451
59.7 sus pies corren al *m*, se apresuran para 7451
59.15 el que se apartó del *m* fue puesto en 7451
65.25 ni harán *m* en todo mi santo monte, dijo 7489
Jer 1.14 del norte se soltará el *m* sobre todos 7451
2.3 todos...eran culpables; *m* venía sobre ellos 7451
2.13 dos *m* ha hecho mi pueblo: me dejaron a 7451
4.6 hago venir *m* del norte, y quebrantamiento 7451
4.22 sabios para hacer el *m*, pero hacer el 7489
5.12 él no es, y no vendrá *m* sobre nosotros 7451
6.1 huid...porque del norte se ha visto *m*, y 7451
6.19 traigo *m* sobre este pueblo, el fruto de 7451
7.6 en pos de dioses ajenos para *m* vuestro 7451
8.6 no hay hombre que se arrepienta de su *m* 7451
9.3 porque de *m* en *m* procedieron, y me han 7451
11.11 traigo sobre ellos *m* del que no podrán 7451
11.12 no los...salvar en el tiempo de su *m* 7451
11.17 Jehová de...ha pronunciado *m* contra ti 7451
11.23 yo traeré *m* sobre los varones de Anatot 7451
13.23 bien, estando habituados a hacer *m*? 7489
16.10 ¿por qué anuncia Jehová...todo este *m* 7451
18.8 me arrepentiré del *m* que había pensado 7451
18.11 yo dispongo *m* contra vosotros, y trazo 7451
18.11 conviértase...cada uno de su *m* camino 7451
18.20 se da *m* por bien, para que hayan cavado 7451
19.3 yo traigo *m* sobre este lugar, tal que 7451
19.15 yo traigo...todo el *m* que hablé contra 7451
21.10 puesto contra esta ciudad para *m*, y no 7451
23.12 traeré *m* sobre ellos en el año de su 7451
23.17 dicen: No vendrá *m* sobre vosotros 7451
23.22 lo habrían hecho volver de su *m* camino 7451
24.9 y los daré por escarnio y por *m* a todos 7451
25.5 volveos ahora de vuestro *m* camino y de 7451
25.6 y no vayáis en pos de...y no os haré *m* 7489
25.7 para provocarme a ira...para *m* vuestro 7451
25.29 que a la ciudad...yo comienzo a hacer *m* 7489
25.32 aquí que el *m* irá de nación en nación 7451
26.3 y se vuelvan cada uno de su *m* camino 7451
26.3 y me arrepentiré yo del *m* que pienso 7451
26.13 y se arrepentirá Jehová del *m* que ha 7451
26.19 Jehová se arrepintió del *m* que había 7451
26.19 ¿haremos...tan gran *m* contra...almas? 7451
29.11 pensamientos de paz, y no de *m*, para 7451
32.23 hecho venir sobre ellos todo este *m* 7451
32.42 traje sobre este pueblo...este gran *m* 7451
35.15 volveos...cada uno de vuestro *m* camino 7451
35.17 todo el *m* que contra ellos he hablado 7451
36.3 oiga...todo el *m* que yo pienso hacerles 7451
36.3 se arrepienta cada uno de su *m* camino 7451
36.7 vuelva cada uno de su *m* camino; porque 7451
36.31 Judá, todo el *m* que les he anunciado 7451
38.4 no busca la paz de...pueblo, sino el *m* 7451
38.9 *m* hicieron estos varones en todo lo que 7489
39.12 no le hagas *m* alguno, sino que harás 7451
39.16 yo traigo mis palabras sobre...para *m* 7451
40.2 tu Dios habló este *m* contra este lugar 7451
41.11 todo el *m* que había hecho Ismael hijo 7451
42.10 porque estoy arrepentido del *m* que os 7451
42.17 quien escape delante del *m* que traeré 7451
44.2 vosotros habéis visto...el *m* que traje 7451
44.7 ¿por qué hacéis tan grande *m* contra 7451
44.11 vuelvo mi rostro contra vosotros para *m* 7451
44.17 estuvimos alegres, y no vimos *m* alguno 7451
44.23 ha venido sobre vosotros este *m*, como 7451
44.27 yo velo sobre ellos para *m*, y no para 7451
44.29 permanecerán mis palabras para *m* sobre 7451
45.5 traigo *m* sobre toda carne...pero a ti te 7451
48.2 en Hesbón maquinaron *m* contra ella 7451
48.16 cercano está...su *m* se apresura mucho 7451
49.37 traeré sobre ellos *m*, y el ardor de mi 7451
51.2 se pondrán contra ella...en el día del *m* 7451
51.24 pagaré...todo el *m* que ellos hicieron 7451
51.60 escribió...todo el *m* que había de venir 7451
51.64 y no se levantará del *m* que yo traigo 7451
Lm 1.21 todos mis enemigos han oído mi *m*, se 7451
Ez 3.18 el impío sea apercibido de su *m* camino 7563
3.19 no se convirtiere de...y de su *m* camino 7563
6.9 se avergonzarán de sí...a causa de los *m* 7451
6.10 no en vano dije...había de hacer este *m* 7451
7.5 ha dicho...Un *m*, he aquí que viene un *m* 7451
11.2 estos son los hombres...dan...*m* consejo 7451
13.22 para que no se apartase de su *m* camino 7451
14.22 consolados del *m* que hice venir sobre 7451
38.10 tu corazón, y concebirás *m* pensamiento 7451
Dn 4.19 su interpretación para los que *m* te 6146
9.12 trayendo sobre nosotros tan grande *m* 7451
9.13 todo este *m* vino sobre nosotros; y no 7451
9.14 Jehová veló sobre el *m* y lo trajo sobre 7451
11.27 el corazón de estos...será para hacer *m* 4827
Os 7.15 yo los enseñé...contra mí pensaron *m* 7451
Am 3.6 ¿habrá algún *m* en la ciudad, el cual 7451
5.15 aborreced el *m*, y amad el bien...quizá 7451
9.4 pondré sobre ellos mis ojos para *m*, y no 7451
9.10 no se acercará, ni nos alcanzará el *m* 7451
Abd 13 no...haber mirado su *m* en el día de su 7451
Jon 1.7 causa de quién nos ha venido este *m* 7451
1.8 ahora por qué nos ha venido este *m*. ¿Qué 7451
3.8 conviértase cada uno de su *m* camino, de 7451
3.10 de su *m* camino; y se arrepintió del *m* 7451
4.2 tú eres Dios...que te arrepientes del *m* 7451
Mi 1.12 el *m* había descendido hasta la puerta 7451
2.1 ¡ay de los que...maquinan el *m*, y cuando 7451
2.3 pienso...*m* del cual no sacaréis vuestros 7451
3.11 está Jehová...No vendrá *m* sobre nosotros 7451
Nah 1.11 de ti salió el que imaginó *m* contra 7451
Hab 1.13 limpio eres de ojos para ver el *m*, ni 7451
2.9 su nido, para escaparse del poder del *m*! 7451
Sof 1.12 dicen en...Jehová ni hará bien ni...*m* 7489
3.15 es Rey de Israel...nunca más verás el *m* 7451
Zac 1.15 estaba enojado...ellos agravaron el *m* 7451
7.10 ninguno piense *m* en...contra su hermano 7451
8.14 pensé haceros *m* cuando vuestros padres 7489
8.17 ninguno...piense *m* en su corazón contra 7451
Mal 2.17 decís: Cualquiera que hace *m* agrada 7451
Mt 5.11 **digan toda clase de *m* contra vosotros** *4190,4487*
5.37 **lo que es más que esto, de *m* procede** *4190*
6.13 **líbranos del *m*; porque tuyo es el reino** *4190*
6.34 **su afán. Basta a cada día su propio *m*** *2549*
9.4 **¿por qué pensáis *m* en vuestros corazones?** *4190*
12.35 **malo, del *m* tesoro...saca malas cosas** *4190*
27.23 les dijo: Pues ¿qué *m* ha hecho? Pero *2556*
Mr 3.4 **hacer bien, o hacer *m*; salvar la vida** *2554*
9.39 **ninguno hay...luego pueda decir *m* de mí** *2551*
15.14 les decía: ¿Pues qué *m* ha hecho? Pero *2556*
Lc 6.9 **¿es lícito en...hacer bien, o hacer *m*?** *2554*
6.45 **malo, del *m* tesoro...saca malas cosas** *4190*
11.4 **y no nos metas en...mas líbranos del *m*** *4190*
16.25 **que recibiste tus...y Lázaro también *m*** *2556*
19.22 ***m* siervo, por tu propia boca te juzgo** *4190*
22.23 les dijo...¿Pues qué *m* ha hecho éste? *2556*
23.41 nuestros hechos...éste ningún *m* hizo *824*
Jn 17.15 **del mundo, sino que los guardes del *m*** *4190*
18.23 **hablado *m*, testifica en qué está el *m*** *2560*
Hch 9.13 cuántos *m* ha hecho a tus santos en *2556*
16.28 diciendo: No te hagas ningún *m*, pues *2556*
18.10 **pondrá sobre ti la mano para hacerte *m*** *2559*
23.9 ningún *m* hallamos en este hombre; que *2556*
24.20 si hallaron en mí alguna cosa *m* hecha *92*
28.6 viendo que ningún *m* le venía...dijeron *824*
28.21 haya denunciado o hablado algún *m* de *4190*
Ro 1.30 inventores de *m*, desobedientes a los *2556*
3.8 decir...Hagamos *m* para que vengan bienes? *2556*
7.19 no...sino el *m* que no quiero, eso hago *2556*
7.21 así...hallo esta ley: que el *m* está en mí *2556*
12.17 no paguéis a nadie *m* por *m*; procurad *2556*
12.21 vencido...sino vence con el bien el *m* *2556*
13.10 el amor no hace *m* al prójimo; así que *2556*
16.19 quiero que seáis...ingenuos para el *m* *2556*
1 Ts 5.15 que ninguno pague a otro *m* por *m* *2556*
5.22 absteneos de toda especie de *m* *4190*
2 Ts 3.3 el Señor...afirmará y guardará del *m* *4190*
1 Ti 6.10 raíz de todos los *m* es el amor al *2556*
2 Ti 3.13 los malos hombres...irán de *m* en peor *4190*
4.14 Alejandro el...me ha causado muchos *m* *2556*
He 5.14 el discernimiento del bien y del *m* *2556*
Stg 1.13 Dios no puede ser tentado por el *m* *2556*
3.8 que es un *m* que no puede ser refrenado *2556*
4.3 no recibís, porque pedís *m*, para gastar *2560*
1 P 3.9 no devolviendo *m* por *m*, ni maldición *2556*
3.10 refrene su lengua de *m*, y sus labios *2556*
3.11 apártese del *m*, y haga el bien; busque *2556*
3.12 está contra aquellos que hacen el *m* *2556*
3.17 padezcáis haciendo el bien, que...el *m* *2554*
2 P 2.10 no temen decir *m* de las potestades *987*
2.12 hablando *m* de cosas que no entienden *987*

MALAQUÍAS *Profeta*, Mal 1.1 4401

MALCAM *Descendiente de Benjamín*, 1 Cr 8.9 4445

MALCO *Siervo del sumo sacerdote*, Jn 18.10 .... *3124*

MALDAD
Gn 6.5 que la *m* de los hombres era mucha en 7451
15.16 aún no ha llegado a su colmo la *m* del 5771
19.7 os ruego, hermanos...que no hagáis tal *m* 7489
44.16 Dios ha hallado la *m* de tus siervos; he 5771
50.17 la *m* de tus hermanos...perdones la *m* de 7451
Éx 20.5 que visito la *m* de los padres sobre los 5771
Lv 18.17 no tomarás la hija de su hijo...es *m* 2154
18.25 yo visité su *m* sobre ella, y la tierra 5771
19.29 prostituya la tierra y se tiene de *m* 2154
Nm 14.18 visita la *m* de los padres sobre los 5771
Dt 5.9 que visito la *m* de los padres sobre los 5771
19.20 no volverán a hacer...una *m* semejante 7451
28.20 y perezcas pronto a causa de la *m* de 7455
Jos 7.15 por cuanto...ha cometido *m* en Israel 5039
22.17 ¿no ha sido bastante la *m* de Peor, de 5771
Jue 19.23 no, hermanos míos...no hagáis esta *m* 7489
20.3 dijeron...Israel Decid cómo fue esta *m* 7451
20.6 cuanto han hecho *m* y crimen en Israel 5039
20.12 diciendo: ¿Qué *m* es esta que ha sido 7451
1 S 12.17 es grande vuestra *m* que habéis hecho 7451
20.1 ¿cuál es mi *m*, o cuál mi pecado contra 5771
20.7 que la *m* está determinada de parte de él 7451
20.8 si hay *m* en mí, mátame tú, pues no hay 5771
20.9 supiere que mi padre ha determinado *m* 7451
25.39 Jehová ha vuelto la *m* de Nabal sobre 7451
2 S 3.39 dé el pago al que...conforme a su *m* 7451
14.9 la *m* sea sobre mí y sobre la casa de mí 5771
16.8 hete aquí sorprendido en tu *m*, porque 7451
22.24 fui recto...y me he guardado de mi *m* 5771
24.17 yo hice la *m*; ¿qué hicieron...ovejas? 5753
2 R 7.9 si esperamos...nos alcanzará nuestra *m* 5771
Est 8.3 que hiciese nula la *m* de Amán agagueo 7451
Job 22.5 tu malicia es...y tus *m* no tienen fin 7451
31.11 es *m* e iniquidad que han de castigar 5771
31.28 esto también sería *m* juzgada; porque 5771
33.9 soy limpio...inocente y no hay *m* en mí 5771

34.22 no...donde se escondan los que hacen *m* 205
Sal 5.4 no eres un Dios que se complace en...*m* 7562
5.9 sus entrañas son *m*, sepulcro abierto es 1942
7.9 fenezca ahora la *m* de los inicuos, mas 7451
7.14 he aquí, el impío concibió *m*, se preñó 205
10.7 debajo de su lengua hay vejación y *m* 205
10.15 y persigue la *m* del malo hasta que no 7562
18.23 fui recto...y me he guardado de mi *m* 5771
28.3 hablan paz con...*m* está en su corazón 205
32.5 dije...tú perdonaste la *m* de mi pecado 5771
34.21 matará al malo la *m*, y...que aborrecen 7451
36.4 medita *m* sobre su cama; está en camino 7451
37.7 no te alteres...por el hombre que hace *m* 4209
38.18 confesaré mi *m*, y me contristaré por 5771
40.12 alcanzado mis *m*, y no puedo levantar la 5771
45.7 has amado la justicia y aborrecido la *m* 7562
51.2 lávame más y más de mi *m*, y límpiame de 5771
51.5 aquí, en *m* he sido formado, y en pecado 5771
51.9 tu rostro de mis pecados, y borra...mis *m* 5771
52.1 ¿Por qué te jactas de *m*, oh poderoso? 7451
52.7 que confió en la...y se mantuvo en su *m* 1942
53.1 han corrompido, e hicieron abominable *m* 5766
55.11 *m* hay en medio de ella, y el fraude y 1942
55.15 hay *m* en sus moradas, en medio de ellos 7451
69.27 pon *m* sobre su *m*, y no entren en tu 5771
73.8 se mofan y hablan con *m* de...violencia 7451
78.38 él, misericordioso, perdonaba la *m*, y 5771
84.10 Dios, que habitar en las moradas de *m* 7562
90.8 pusiste nuestras *m* delante de...rostro 5771
92.9 serán esparcidos todos los que hacen *m* 205
94.23 él hará...y los destruirá en su propia *m* 7451
106.43 rebelaron...fueron humillados por su *m* 5771
107.17 fueron afligidos los...a causa de sus *m* 5771
107.34 tierra...estéril, por la *m* de los que 7451
109.14 venga en memoria...la *m* de sus padres 5771
119.150 se acercaron a la *m* los...persiguen 2154
140.9 la *m* de sus...labios cubrirá su cabeza 5999
141.5 pero mi oración será...contra las *m* de 7451
Pr 4.17 comen pan de *m*, y beben vino de robos 7562
10.2 los tesoros de *m* no serán de provecho 7562
10.23 *m* es como una diversión al insensato 2154
10.29 pero es destrucción a los que hacen *m* 205
14.32 por su *m* será lanzado el impío; mas el 7451
21.27 es abominación...más ofreciéndolo con *m* ... 2154
26.26 odio se cubra...su *m* será descubierta 7451
28.24 que roba a su padre...y dice que no es *m* 6588
30.20 limpia su boca y dice: No he hecho *m* 205
Ec 7.15 hay impío que por su *m* alarga sus días 7451
7.25 fijé mi corazón para...conocer la *m* de 7562
Is 1.4 oh gente pecadora, pueblo cargado de *m* 5771
9.18 la *m* se encendió como fuego, cardos y 7564
13.11 castigaré al mundo por su *m*, y a los 7451
14.21 sus hijos para el matadero, por la *m* 5771
26.21 para castigar al morador de...por su *m* 5771
43.24 de tus pecados, me fatigaste con tus *m* 5771
47.10 te confiaste en tu *m*, diciendo: Nadie 7451
50.1 he aquí que por vuestras *m* sois vendidos 5771
53.9 nunca hizo *m*, ni hubo engaño en su boca 2555
59.3 vuestras manos...habla *m* vuestra lengua 5771
59.4 hablan...conciben *m*, y dan a luz iniquidad 205
64.6 y nuestras *m* nos llevaron como viento 5771
64.7 nos dejaste marchitar en poder de...*m* 5771
Jer 1.16 a causa de toda su *m*, proferiré mis 7451
2.5 ¿qué *m* hallaron en mí vuestros padres 5766
2.19 tu *m* te castigará, y tus rebeldías te 7451
3.2 con...y con tu *m* has contaminado la tierra 7451
3.5 has hablado y hecho cuantas *m* pudiste 7451
3.13 reconoce...tu *m*, porque contra Jehová 5771
4.4 mi ira salga...por la *m* de vuestras obras 7455
4.14 lava tu corazón de *m*, oh Jerusalén, para 7451
4.18 es tu *m*, por lo cual amargura penetrará 7451
6.7 nunca cesa de manar su *m*; injusticia y 7451
7.12 ved lo que le hice por la *m* de mi pueblo 7451
11.10 se han vuelto a las *m* de sus primeros 5771
11.17 a causa de la *m* que la casa de Israel 7451
12.4 la *m* de los que en ella moran, faltaron 7451
13.22 de tu *m* fueron descubiertas tus faldas 5771
13.27 tus relinchos, la *m* de tu fornicación 2154
14.10 se acordará ahora de su *m*, y castigará 5771
14.16 sus hijos...sobre ellos derramaré su *m* 7451
16.10 ¿qué *m* es la nuestra, o qué pecado es 5771
16.17 ni su *m* se esconde de la presencia de 5771
18.8 si esos pueblos se convirtieren de su *m* 7451
18.23 no perdones su *m*, ni borres su pecado 5771
21.12 mi ira no salga...*m* de vuestras obras 7455
22.22 y te confundirás a causa de toda tu *m* 7451
23.2 yo castigo la *m* de vuestras obras, dice 7455
23.11 aun en mi casa hallé su *m*, dice Jehová 7451
23.14 para que ninguno se convirtiese de su *m* 7451
23.22 habrían hecho volver...de la *m* de sus 7451
25.5 volveos ahora...la *m* de vuestras obras 7451
25.12 castigaré...a aquella nación por su *m* 5771
26.3 del mal que pienso hacerles por la *m* 7451
29.23 hicieron *m* en Israel, y cometieron 5039
30.14 a causa de la magnitud de tu *m* y de la 5771
31.30 que cada cual morirá por su propia *m* 5771
31.34 porque perdonaré la *m* de ellos, y no 5771
32.18 y castigas la *m* de los padres en sus 5771
32.32 por toda la *m* de los hijos de Israel 7451
33.5 escondí mi rostro...causa de toda su *m* 7451
33.8 limpiaré de toda su *m* con que pecaron 5771
36.3 se arrepienta...yo perdonaré su *m* y su 5771
36.31 castigaré su *m* en él...su descendencia 5771
44.3 causa de la *m* que ellos cometieron para 7451
44.5 para convertirse de su *m*, para dejar de 7451
44.9 olvidado de las *m* de vuestros padres, de 7451
44.9 de las *m* de los reyes...*m* de sus mujeres 7451
44.9 de vuestras *m* y...*m* de vuestras mujeres 7451
44.22 a causa de la *m* de vuestras obras, a 7455
50.20 la *m* de Israel será buscada, y...de Judá 5771
51.6 para que no perezcáis a causa de su *m* 5771
Lm 1.22 venga delante de ti toda su *m*, y haz 7451
4.13 por causa de...y las *m* de sus sacerdotes 5771
Ez 3.18 impío morirá por su *m*, pero su sangre 5771
3.19 morirá por su *m*, pero tú habrás librado 5771
3.20 si el justo se apartare de...e hiciere *m* 5771
4.4 pondrás sobre él la *m* de la...de Israel 5771
4.4 duermas sobre él, llevarás sobre ti la *m* 5771
4.5 he dado los años de su *m* por el número de 5771
4.5 así llevarás tú la *m* de la casa de Israel 5771
4.6 llevarás la *m* de la casa de Judá 40 días 5771
4.17 miren unos a otros...se consuman en su *m* 5771
7.11 violencia se ha levantado en vara de *m* 7562
7.19 oro...porque ha sido tropiezo para su *m* 5771
8.17 después que han llenado de *m* la tierra 2555
9.9 la *m* de la casa de Israel y de Judá es 5771
12.19 será despojada...por la *m* de todos los 2555
14.3,4,7 establecido el tropiezo de su *m* 5771
14.10 y llevarán ambos el castigo de su *m* 5771
14.10 la *m* del que consultare...*m* del profeta 5771
16.23 sucedió que después de toda tu *m* (¡ay 7451
16.49 que esta fue la *m* de Sodoma...soberbia 5771
16.57 antes que tu *m* fuese descubierta. Así 7451
18.8 que de la *m* retrajere su mano, e hiciere 5766
18.17 éste no morirá por la *m* de su padre; de 5771
18.18 hizo agravio...que él morirá por su *m* 5771
18.24 cometiere *m*, e hiciere...abominaciones 5766
21.23 trae a la memoria la *m* de ellos, para 5771
21.24 hecho traer a la memoria vuestras *m* 5771
21.25,29 tiempo de la consumación de la *m* 5771
24.23 os consumiréis a causa de vuestras *m* 5771
28.15 perfecto...hasta que se halló en ti *m* 5766
28.18 la multitud de tus *m* y con la iniquidad 5771
31.11 yo lo entregaré...le tratará según su *m* 7562
44.12 fueron a...Israel por tropezadero de *m* 5771
Dn 9.13 convertirnos de nuestras *m* y entender 5771
9.16 por la *m* de nuestros padres, Jerusalén 5771
Os 4.8 del pecado...en su *m* levantan su alma 5771
7.1 se descubrió...y las *m* de Samaria; porque 7451
7.2 que tengo en memoria toda su *m*; ahora les 7451
7.3 su *m* alegran al rey, y a los príncipes 7451
9.7 a causa de la multitud de tu *m*, y grande 5771
9.15 toda la *m* de ellos fue en Gilgal; allí 7451
10.15 así hará...por causa de vuestra gran *m* 7451
13.12 atada está la *m* de Efraín; su pecado 5771
Jl 3.13 rebosan las...mucha es la *m* de ellos 7451
Am 3.2 por tanto, os castigaré...vuestras *m* 5771
Jon 1.2 porque ha subido su *m* delante de mí 7451
Mi 7.3 para completar la *m* con sus manos, el 7451
7.18 ¿qué Dios como tú, que perdona la *m*, y 5771
Nah 3.19 quién no pasó continuamente tu *m*? 7451
Zac 5.8 dijo: Esta es la *m*; y la echó dentro 7451
Mal 4.1 y todos los que hacen *m* serán estopa 7564
Mt 7.23 **les...apartaos de mí, hacedores de *m*** *458*
24.12 **haberse multiplicado la *m*, el amor de** *458*
Mr 7.22 ***m*, el engaño, la lascivia, la envidia** *4189*
7.23 **estas *m* de dentro salen, y contaminan** *4190*
Lc 3.19 causa de...*m* que Herodes había hecho *4190*
11.39 **dentro estáis llenos de rapacidad y de *m*** *4189*
13.27 **apartaos de mí todos...hacedores de *m*** *93*
Hch 3.26 que cada uno se convierta de su *m* *4189*
8.22 arrepiéntete...de esta tu *m*, y ruega a *2549*
8.23 hiel...y en prisión de *m* veo que estás *93*
13.10 ¡oh, lleno de todo engaño y de toda *m* *4468*
Ro 1.29 estando atestados de toda...avaricia, *m* *4189*
1 Co 5.8 ni con la levadura de malicia y de *m* *4189*
Ef 6.12 contra huestes espirituales de *m* en *4189*
He 1.9 aborrecido la *m*, por lo cual te ungió *458*
Stg 3.6 la lengua es un fuego, un mundo de *m* *93*
2 P 2.15 Balaam hijo...amó el premio de la *m* *93*
1 Jn 1.9 fiel y justo...limpiarnos de toda *m* *93*
Ap 18.5 cielo, y Dios se ha acordado de sus *m* *92*

MALDECIR

Gn 3.14 *maldita* serás entre todas las bestias 779
3.17 *maldita* será la tierra por tu causa; con 779
4.11 *maldito* seas tú de la tierra, que abrió 779
5.29 a causa de la tierra que Jehová *maldijo* 779
8.21 no volveré más a *maldecir* la tierra por 7043
9.25 *maldito* sea Canaán; siervo de siervos 779
12.3 y a los que te *maldijeren* maldeciré 779
27.29 sirvante...*malditos los* que te *maldijeren* 779
49.7 *maldito* su furor, que fue fiero; y su 779
Éx 21.17 el que *maldijere* a su padre o a su 7043
22.28 ni *maldecirás* al príncipe de tu pueblo 779
Lv 19.14 no *maldecirás* al sordo, y delante del 7043
20.9 todo hombre que *maldijere* a su padre o 7043
20.9 madre *maldijo*; su sangre será sobre él 7043
24.11 el hijo...blasfemó el Nombre, y *maldijo* 7043
24.15 cualquiera que *maldijere* a su Dios 7043
Nm 22.6 ven...te ruego, *maldíceme* este pueblo 779
22.6 yo sé...el que tú *maldigas* será *maldito* 779
22.11 ven pues, ahora, y *maldícemelo*; quizá 6895
22.12 no vayas con...ni *maldigas* al pueblo 779
22.17 pues, ahora, *maldíceme* a este pueblo 6895
23.7 ven, *maldíceme* a Jacob, y ven, execra a 779
23.8 maldeciré yo al que Dios no *maldijo*? 5344
23.11 he traído...que *maldigas* a mis enemigos 6895
23.13 lugar...y desde allí me los *maldecirás* 6895
23.25 dijo a Balaam: Ya que no lo *maldices* 6895
23.27 parecerá bien a Dios...me lo *maldigas* 6895
24.9 que...y *malditos* los que te *maldijeren* 779
24.10 *maldecir* a mis enemigos te he llamado 6895
Dt 21.23 *maldito* por Dios es el colgado; y no 7045
23.4 alquilaron...a Balaam...para *maldecirte* 7043
27.15 *maldito* el hombre que hiciere escultura 779
27.16 *maldito* el que deshonrare a su padre o 779
27.17 *maldito* el que redujere el límite de su 779
27.18 *maldito* el que hiciere errar al ciego 779
27.19 *maldito* el que pervirtiere el derecho 779
27.20 *maldito*...se acostare con la mujer de 779
27.21 *maldito* el que se ayuntare con...bestia 779
27.22 *maldito* el...se acostare con su hermana 779
27.23 *maldito*...que se acostare con su suegra 779
27.24 *maldito* el que hiriere a su prójimo 779
27.25 *maldito* el que recibiere soborno para 779
27.26 *maldito*...que no confirmare las palabras 779
28.16 *maldito* serás tú en la ciudad, y *m* en 779
28.17 *maldita* tu canasta, y...artesa de amasar 779
28.18 *maldito* el fruto de tu vientre...tierra 779
28.19 *maldito* serás en tu entrar, y *m* en tu 779
Jos 6.26 *maldito*...reedificare esta ciudad de 779
9.23 *malditos* sois, y no dejará de haber de 779
24.9 llamar a Balaam...para que os *maldijese* 7043
Jue 5.23 *maldecid* a Meroz...*m* severamente a 779
9.27 uva...y bebieron, y *maldijeron* a Abimelec 7043
17.2 acerca de los cuales *maldijiste*, y de 422
21.18 *maldito* el que diere mujer...benjamitas 779
1 S 14.24 que coma pan antes de...sea *maldito* 779
14.28 *maldito* sea el...que tome hoy alimento 779
17.43 el filisteo...*maldijo* a David por sus 7043
26.19 *malditos* sean...en presencia de Jehová 779
2 S 16.5 llamaba Simei...y salía *maldiciendo* 7043
16.7 y decía Simei, *maldiciéndole*: ¡Fuera 7043
16.9 ¿por qué *maldice* este perro muerto a mi 7043
16.10 *maldice*...Jehová le ha dicho...maldiga 7043
16.11 dejadle que *maldiga*, pues Jehová se lo 7043
16.13 Simei iba por el...andando y *maldiciendo* 7043
19.21 Simei...*maldijo* al ungido de Jehová? 7043
1 R 2.8 me *maldijo* con una maldición fuerte 7045
2 R 2.24 los *maldijo* en el nombre de Jehová 7043
22.19 que vendrán a ser asolados y *malditos* 7045
Neh 13.2 dieron dinero a...que los *maldijera* 7043
13.25 *maldije*, y herí a algunos de ellos, y 7043
Job 2.9 su mujer...*maldice* a Dios, y muérete 1288
3.1 abrió Job su boca, y *maldijo* su día 7043
3.8 *maldíganla* los que *maldicen* el día, los 5344
5.3 en la misma hora *maldije* su habitación 5344
24.18 su porción es *maldita* en la tierra; no 7043
Sal 37.22 los *malditos* de él serán destruidos 7043
62.4 bendicen, pero *maldicen en* su corazón 7043
109.28 *maldigan* ellos, pero bendice tú 7043
Pr 11.26 que acapara...el pueblo lo *maldecirá* 5344
20.20 al que *maldice* a su padre o a su madre 7043
24.24 pueblos lo *maldecirán*, y le detestarán 5344
30.10 no acuses al...no sea que te *maldiga* 7043
30.11 hay generación que *maldice* a su padre 7043
Is 8.21 que...*maldecirán* a su rey y a su Dios 7043
65.20 el pecador de cien años será *maldito* 7043
Jer 11.3 *maldito* el varón que no obedeciere 779
15.10 ni tomado en préstamo, y...me *maldicen* 7043
17.5 *maldito* el...que confía en el hombre, y 779
20.14 *maldito* el día en que nací; el día en 779
20.15 *maldito* el hombre que dio nuevas a mi 779
48.10 *maldito* el que hiciere indolentemente 779
48.10 *maldito* el que detuviere de la sangre 779
Mal 1.14 *maldito* el que engaña...en su rebaño 779
2.2 *maldeciré* vuestras bendiciones; y aun las 3994
2.2 aun las he *maldecido*, porque no os habéis 779
3.9 *malditos*...con maldición...me habéis robado .. 3994
Mt 5.44 **amad...bendecid a los que os *maldicen*** *2672*
15.4 **que *maldiga* al padre o a la madre, muera** *2551*
26.74 él comenzó a *maldecir*, y a jurar: No *2653*
Mr 7.10 **el que *maldiga* al padre o a la madre** *2551*
11.21 la higuera que *maldijiste* se ha secado *2672*
14.71 él comenzó a *maldecir*, y a jurar: No *332*
Lc 6.28 **bendecid a los que os *maldicen*, y orad** *2672*
Jn 7.49 gente que no sabe la ley, *maldita* es *1944*
Hch 19.9 *maldiciendo* el Camino delante de la *2551*
23.5 *maldecirás* a...príncipe de tu pueblo *2046,2560*
Ro 12.14 persiguen; bendecid, y no *maldigáis* *2672*
1 Co 4.12 manos; nos *maldicen*, y bendecimos *3058*
Gá 3.10 *maldito*...aquel que no permaneciere en *1944*
3.13 *maldito*...el que es colgado en un madero *1944*
He 6.8 está próxima a ser *maldecida*, y su fin *2671*
Stg 3.9 con ella *maldecimos* a los hombres, que *2672*
1 P 2.23 cuando le *maldecían*, no respondía con *3058*

MALDICIENTE

1 Co 5.11 que, llamándose hermano, fuere...*m* *3060*
6.10 los avaros...ni los *m*...heredarán el reino *3060*

MALDICIÓN

Gn 27.12 y traeré sobre mí *m y no* bendición 7045
27.13 respondió: Hijo mío, sea sobre mí tu *m* 7045
Nm 5.18 mano las aguas amargas que acarrean *m* 779
5.19 libre seas de estas aguas...que traen *m* 779
5.21 conjurará...con juramento de *m*, y dirá 423
5.21 Jehová te haga *m* y execración en medio 423
5.22 y estas aguas que dan *m* entren en tus 779
5.23 sacerdote escribirá estas *m* en un libro 423
5.24 dará a...las aguas amargas que traen *m* 779
5.24,27 aguas que obran *m* entrarán en ella 779
5.27 la mujer será *m* en medio de su pueblo 423
Dt 11.26 aquí yo pongo hoy...bendición y la *m* 7045
11.28 la *m*, si no oyereis los mandamientos 7045
11.29 pondrás la...la *m* sobre el monte Ebal 7045
23.5 tu Dios te convirtió la *m* en bendición 7045
27.13 sobre el monte...para pronunciar la *m* 7045
28.15 que vendrán sobre ti todas estas *m*, y 7045
28.20 Jehová enviará contra ti la *m*...en todo 3994
28.45 vendrán sobre ti todas estas *m*, y te 7045
29.19 que al oír...esta *m*, él se bendiga en su 423
29.20 y se asentará sobre él toda *m* escrita 423
29.21 conforme a...las *m* del pacto escrito en 423

M

29.27 para traer sobre ella...las *m* escritas ... 423
30.1 la *m* que he puesto delante de ti, y te ... 7045
30.7 pondrá...estas *m* sobre tus enemigos, y ... 423
30.19 la bendición y la *m*; escoge, pues, la ... 7045
Jos 8.34 leyó todas...las bendiciones y las *m* ... 7045
Jue 9.57 vino sobre ellos la *m* de Jotam hijo ... 7045
2 S 16.12 dará Jehová bien por sus *m* de hoy ... 7045
1 R 2.8 me *maldijo* con una *m* fuerte el día que ... 7045
2 Cr 34.24 todas las *m* que están escritas en ... 423
Neh 13.2 mas...Dios volvió la *m* en bendición ... 7043
Job 31.30 mi lengua, pidiendo *m* para su alma ... 423
Sal 10.7 llena está su boca de *m*, y...fraude ... 423
59.12 sean...por la *m* y mentira que profieren ... 423
109.17 amó la *m*, y ésta le sobrevino; y no ... 7045
109.18 se vistió de *m* como de su vestido, y ... 7045
Pr 3.33 *m* de Jehová está en la casa del impío ... 3994
26.2 como...así la *m* nunca vendrá sin causa ... 7045
27.14 el que bendice a...por *m* se le contará ... 7045
28.27 el que aparta sus ojos tendrá muchas *m* ... 3994
Is 24.6 por esta causa la *m* consumió la tierra ... 423
65.15 y dejaréis vuestro nombre por *m* a mis ... 7621
65.23 no trabajarán...ni darán a luz para *m* ... 928
Jer 23.10 a causa...*m* la tierra está desierta ... 423
24.9 y por *m* a todos los lugares adonde yo ... 7045
25.18 para ponerlos...en burla y en *m*, como ... 7045
26.6 esta ciudad la pondré por *m* a todas las ... 7045
29.18 los daré...por *m* y por espanto, y por ... 423
29.22 harán de ellos una *m*...Póngate Jehová ... 7045
42.18 seréis objeto de...de *m* y de afrenta ... 7045
44.8 seáis por *m* y por oprobio a todas las ... 7045
44.12 objeto de execración...*m* y de oprobio ... 7045
44.22 tierra fue puesta...en espanto y en *m* ... 7045
49.13 asolamiento, oprobio...y *m* será Bosra ... 7045
Lm 3.65 entrégalos al...tu *m* caiga sobre ellos ... 8381
Dn 9.11 lo cual ha caído sobre nosotros la *m* ... 423
Zac 5.3 esta es la *m* que sale sobre la faz de ... 423
8.13 que como fuisteis *m* entre las naciones ... 7045
14.11 y morarán en ella, y no habrá...más *m* ... 2764
Mal 2.2 no oyereis...enviaré *m* sobre vosotros ... 3994
3.9 *malditos* sois con *m*, porque vosotros, la ... 3994
4.6 sea que yo venga y hiera la tierra con *m* ... 2764
Hch 23.12 juramentaron bajo *m*, diciendo que ... *332*
23.14 juramentado bajo *m*, a no gustar nada ... *332*
23.21 han juramentado bajo *m*, a no comer ... *332*
Ro 3.14 su boca está llena de *m* y de amargura ... *685*
Gá 3.10 bajo *m*, pues escrito está: Maldito ... *2671*
3.13 nos redimió de la *m* de la ley, hecho...*m* ... *2671*
Stg 3.10 misma boca proceden bendición y *m* ... *2671*
1 P 2.23 le maldecían, no respondía con *m* ... *486*
3.9 no devolviendo mal por mal, ni *m* por *m* ... *3059*
2 P 2.11 ángeles...no pronuncian juicio de *m* ... *989*
2.14 no se sacian de pecar...son hijos de *m* ... *2671*
Jud 9 no se atrevió a proferir juicio de *m* ... *988*
Ap 22.3 y no habrá más *m*; y el trono de Dios ... *2652*

MALDITO, A *Véase también Maldecir*
2 R 9.34 id...a ver a aquella *m*, y sepultadla ... 779
Sal 119.21 los soberbios...*m*, que se desvían ... 779
Mt 25.41 **apartaos de mí, *m*, al fuego eterno** ... *2672*

MALEDICENCIA
Mr 7.22 la lascivia, la envidia, la *m*, la ... *988*
2 Co 12.20 haya entre...iras, divisiones, *m* ... *2636*
Ef 4.31 ira, gritería y *m*, y toda malicia ... *988*
1 Ti 5.14 que no den...ninguna ocasión de *m* ... *3059*

MALELEEL *Antepasado de Jesús*, Lc 3.37 ... *3121*

MALESTAR
Jon 4.6 le librase de su *m*; y Jonás se alegró ... 7451

MALGASTAR
2 S 18.14 no *malgastaré* mi tiempo contigo ... 3176
Lc 15.14 **cuando todo lo hubo *malgastado*, vino** ... *1159*

MALHECHOR
Lc 23.32 llevaban...a otros dos, que eran *m* ... *2557*
23.33 y a los *m*, uno a la derecha y otro a ... *2557*
23.39 uno de los *m*...le injuriaba, diciendo ... *2557*
Jn 18.30 éste no fuera *m*, no te lo habríamos ... *2555*
2 Ti 2.9 sufro...hasta prisiones a modo de *m* ... *2557*
1 P 2.12 que murmuran de vosotros como de *m* ... *2555*
2.14 por él enviados para castigo de los *m* ... *2555*
3.16 lo que murmuran de vosotros como de *m* ... *2555*
4.15 ninguno de vosotros padezca como...o *m* ... *2555*

MALICIA
1 S 17.28 yo conozco tu...y la *m* de tu corazón ... 7455
Job 22.5 cierto tu *m* es grande, y tus maldades ... 7451
Mt 22.18 **pero Jesús, conociendo la *m* de ellos** ... *4189*
1 Co 5.8 ni con la levadura de *m* y de maldad ... *2549*
14.20 sed niños en la *m*, pero maduros en el ... *2549*
Ef 4.31 gritería y maledicencia, y toda *m* ... *2549*
Col 3.8 *m*, blasfemia, palabras deshonestas de ... *2549*
Tit 3.3 viviendo en *m* y envidia, aborrecibles ... *2549*
Stg 1.21 desechando toda...y abundancia de *m* ... *2549*
1 P 2.1 desechando, pues, toda *m*, todo engaño ... *2549*

MALICIOSAMENTE
Dn 3.8 vinieron y acusaron *m* a los judíos

MALIGNIDAD
Ro 1.29 llenos de envidia, homicidios...y *m* ... *2550*

MALIGNO, A
Lv 13.51 lepra *m* es la plaga; inmunda será ... 3992
13.52 será quemado el vestido...lepra *m* es; al ... 3992
14.44 extendido la plaga...lepra *m* en la casa ... 3992
Dt 28.35 herirá Jehová con *m* pústula en las ... 7451
28.59 plagas...y enfermedades *m* y duraderas ... 7451
Job 2.7 hirió a Job con una sarna *m* desde la ... 7451
8.20 no aborrece...ni apoya la mano de los *m* ... 7489
Sal 22.16 perros...ha cercado cuadrilla de *m* ... 7489
26.5 aborrecí la reunión de los *m*, y con los ... 7489
27.2 cuando se juntaron contra mí los *m*, mis ... 7489
37.1 no te impacientes a causa de los *m*, de la ... 7489
37.9 porque los *m* serán destruidos, pero los ... 7489
64.2 escóndeme del consejo...de los *m*, de la ... 7489
92.11 que se levantaron contra mí, de los *m* ... 7489
94.16 levantará por mí contra los *m*? ¿Quién ... 7489
119.115 apartaos de mí, *m*, pues yo guardaré ... 7489
144.10 el que rescata de *m* espada a David su ... 7451
Pr 24.19 no te entremetas con los *m*, ni tengas ... 7489
Is 1.4 oh...generación de *m*, hijos depravados! ... 7489
7.5 ha acordado *m* consejo contra ti el sirio ... 7451
9.17 todos son falsos y *m*, y toda boca habla ... 7489
14.20 no será nombrada...la descendencia...*m* ... 7489
31.2 se levantará...contra la casa de los *m* ... 7489
Jer 20.13 librado el alma...de mano de los *m* ... 7489
Mt 6.23 **si tu ojo es *m*, todo tu cuerpo estará** ... *4190*
Lc 11.34 **pero cuando tu ojo es *m*, también tu** ... *4190*
Ef 6.16 apagar todos los dardos de fuego del *m* ... *4190*
Fil 2.15 sin...en medio de una generación *m* y ... *4646*
1 Jn 2.13,14 os escribo...habéis vencido al *m* ... *4190*
3.12 no como Caín, que era del *m* y mató a su ... *4190*
5.18 Aquel que...le guarda, y el *m* no le toca ... *4190*
5.19 Dios, y el mundo entero está bajo el *m* ... *4190*
3 Jn 10 que hace parloteando con palabras *m* ... *4190*
Ap 16.2 vino una úlcera *m*...sobre los hombres ... *4190*

MALO, A *Véase también Mal*
Gn 8.21 el intento del corazón del hombre es *m* ... 7451
13.13 hombres de Sodoma eran *m* y pecadores ... 7451
24.50 esto; no podemos hablarte *m* ni bueno ... 7451
37.2 informaba José a su padre la *m* fama de ... 7451
37.20 y diremos: Alguna *m* bestia lo devoró ... 7451
37.33 alguna *m* bestia lo devoró; José ha sido ... 7451
38.7 Er...fue *m* ante los ojos de Jehová, y le ... 7451
41.21 la apariencia de las flacas era aún *m* ... 7451
47.9 pocos y *m* han sido los días de los años ... 7451
Éx 33.4 oyendo el...*m* noticia, vistieron luto ... 7451
Lv 26.6 quitar de vuestra tierra las *m* bestias ... 7451
27.10 trocado, bueno por *m*, ni *m* por bueno ... 7451
27.12 sacerdote lo valorará, sea bueno o...*m* ... 7451
27.14 la valorará...sea buena o sea *m*; según ... 7451
27.33 no mirará...bueno o *m*, ni lo cambiará ... 7451
Nm 13.19 cómo es la tierra...si es buena o *m* ... 7451
20.5 subir de...para traernos a este *m* lugar? ... 7451
24.13 hacer cosa buena ni *m* de mi arbitrio ... 7451
Dt 1.35 no verá hombre...de esta *m* generación ... 7451
1.39 hijos que no saben hoy lo bueno ni lo *m* ... 7451
4.25 hiciereis lo *m* ante los ojos de Jehová ... 7451
7.15 las *m* plagas de Egipto, que tú conoces ... 7451
15.9 con *m* ojos a tu hermano menesteroso para ... 7489
17.5 sacarás...que hubiere hecho esta *m* cosa ... 7451
22.19 cuanto esparció *m* fama sobre una virgen ... 7451
23.9 salieres...te guardarás de toda cosa *m* ... 7451
28.54 mirará con *m* ojos a su hermano, y a ... 7489
28.56 mirará con *m* ojos al marido de su seno ... 7489
Jos 23.15 traerá Jehová sobre...toda palabra *m* ... 7451
Jue 2.11; 3.7,12 (2); 4.1; 6.1; 10.6; 13.1 lo *m* ante los ojos de Jehová ... 7451
1 S 2.23 oigo de todo...vuestros *m* procederes ... 7451
15.19 has hecho lo *m* ante los ojos de Jehová? ... 7451
16.14 le atormentaba un espíritu *m* de parte ... 7451
16.15 un espíritu *m* de...de Dios te atormenta ... 7451
16.16 cuando esté sobre ti el espíritu *m* de ... 7451
16.23 cuando el espíritu *m*...venía sobre Saúl ... 7451
16.23 Saúl...el espíritu *m* se apartaba de él ... 7451
18.10 un espíritu *m* de parte de Dios tomó a ... 7451
19.9 el espíritu *m* de parte...vino sobre Saúl ... 7451
20.21 tú vendrás...y nada *m* hay, vive Jehová ... 1697
25.3 el hombre era duro y de *m* obras; y era ... 7451
29.6 ninguna cosa *m* he hallado en ti desde el ... 7451
30.22 los *m*...de entre los que habían ido con ... 7451
2 S 3.34 los que caen delante de *m* hombres ... 5766
4.11 cuánto más a los *m* hombres que mataron ... 7563
12.9 ¿por qué, pues...*m* delante de sus ojos? ... 7451
13.22 mas Absalón no habló con...ni *m* ni bueno ... 7451
14.17; 1 R 3.9 discernir entre lo bueno y lo *m* ... 7451
1 R 8.47 hemos hecho lo *m*...cometido impiedad ... 5753
11.6; 14.22; 15.26,34; 16.19,25,30; 22.52; 2 R 3.2; 8.18,27; 13.2,11; 14.24; 15.9,18,24,28; 17.2,17; 21.2, 16,20; 23.32,37; 24.9,19; 2 Cr 21.6; 22.4; 29.6; 33.2,22; 36.5,9,12 lo *m* ante los ojos de Jehová ... 7451
1 R 14.9 sino que hiciste lo *m* sobre todos los ... 7489
16.7 con motivo de todo lo *m* que hizo ante ... 7451
21.20 te has vendido a hacer lo *m* delante de ... 7451
21.25 Acab, que se vendió para hacer lo *m* ... 7451
2 R 2.19 aguas son *m*, y la tierra es estéril ... 7451
17.11 hicieron cosas muy *m* para provocar a ... 7451
17.13 diciendo: Volveos de vuestros *m* caminos ... 7451
21.6 agorero...multiplicando así el hacer lo *m* ... 7451
21.15 por cuanto han hecho lo *m* ante mis ojos ... 7451
1 Cr 2.3 Er...fue *m* delante de Jehová, quien ... 7451
2 Cr 7.14 y se convirtieren de sus *m* caminos ... 7451
12.14 hizo lo *m*...no dispuso su corazón para ... 7451
33.6 adivinaciones, y...excedió en hacer lo *m* ... 7451
Esd 4.12 y edifican la ciudad rebelde y *m*, y ... 873
9.13 que nos ha...a causa de nuestras *m* obras ... 7451
Neh 9.28 volvían a hacer lo *m* delante de ti ... 7451
9.33 justo...mas nosotros hemos hecho lo *m* ... 7561
9.35 no te...ni se convirtieron de sus *m* obras ... 7451
13.17 ¿qué *m* cosa...hacéis, profanando así el ... 7451
Job 10.15 fuere *m*, ¡ay de mí! Y si fuere justo ... 7561
11.20 pero los ojos de los *m* se consumirán ... 7563
20.5 que la alegría de los *m* es breve, y el ... 7563
21.30 que el *m* es preservado en el día de la ... 7451
34.8 en compañía...y anda con los hombres *m*? ... 7562
34.26 como a *m* los herirá en lugar donde sean ... 7563
35.12 él no oirá, por la soberbia de los *m* ... 7451
Sal 1.1 varón que no anduvo en consejo de *m* ... 7563
1.4 no así los *m*, que son como el tamo que ... 7563
1.5 no se levantarán los *m* en el juicio, ni ... 7563
1.6 justos; mas la senda de los *m* perecerá ... 7563
5.4 la maldad; el *m* no habitará junto a ti ... 7451
9.5 reprendiste...naciones, destruiste al *m* ... 7563
9.16 la obra de sus manos fue enlazado el *m* ... 7563
9.17 los *m* serán trasladados al Seol, todas ... 7563
10.2 con arrogancia el *m* persigue al pobre ... 7563
10.3 porque el *m* se jacta del deseo de su ... 7563
10.4 el *m*, por la altivez de su rostro, no ... 7563
10.13 ¿por qué desprecia el *m* a Dios? En su ... 7563
10.15 persigue la maldad del *m* hasta que no ... 7451
11.2 *m* tienden el arco, disponen sus saetas ... 7563
11.5 al *m* y al que ama la violencia, su alma ... 7563
11.6 sobre los *m* hará llover calamidades ... 7563
12.8 cercando andan los *m*, cuando la vileza ... 7563
17.9 de la vista de los *m* que me oprimen, de ... 7563
17.13 libra mi alma de los *m* con tu espada ... 7563
28.3 no me arrebates...con los *m*, y con los ... 7563
34.21 matará al *m* la maldad...serán condenados ... 7451
37.8 no te excites en manera...a hacer lo *m* ... 7489
37.10 pues de aquí a Poco no existirá el *m* ... 7563
41.1 el pobre; en el día *m* lo librará Jehová ... 7451
50.16 pero al *m* dijo Dios: ¿Qué tienes tú que ... 7563
51.4 y he hecho lo *m* delante de tus ojos ... 7451
107.42 véanlo...todos los *m* cierren su boca ... 5766
112.7 no tendrá temor de *m* noticias...confiado ... 7451
140.1 líbrame, oh Jehová, del hombre *m* ... 7451
141.4 no dejes...incline mi corazón a cosa *m* ... 7451
Pr 4.14 no...ni vayas por el camino de los *m* ... 7451
6.12 el hombre *m*...el que anda en perversidad ... 205
6.24 para que te guarden de la *m* mujer, de ... 7451
10.25 como pasa el torbellino, así el *m* no ... 7563
11.7 perece...expectación de los *m* perecerá ... 7563
11.21 tarde o temprano, el *m* será castigado ... 7451
12.2 condenará al hombre de *m* pensamientos ... 4209
12.4 mas la *m*, como carcoma en sus huesos ... 954
14.19 *m* se inclinarán delante de los buenos ... 7451
15.3 lugar, mirando a los *m* y a los buenos ... 7451
15.26 abominación son...los pensamientos del *m* ... 7451
15.28 la boca de los impíos derrama *m* cosas ... 7451
16.4 ha hecho...y aun al impío para el día *m* ... 7451
16.29 el hombre *m* lisonjea a su prójimo, y el ... 2555
17.4 el *m* está atento al labio inicuo; y el ... 7489
20.14 el que compra dice: *m* es, *m* es; mas ... 7451
20.30 los azotes que...son medicina para el *m* ... 7451
24.1 no tengas envidia de los hombres *m*, ni ... 7451
24.8 al...le llamarán hombre de *m* pensamientos ... 7489
24.20 porque para el *m* no habrá buen fin ... 7451
24.24 el que dijere al *m*: Justo eres, los ... 7563
26.23 los labios lisonjeros y el corazón *m* ... 7451
28.5 los hombres *m* no entienden el juicio ... 7451
29.6 en la transgresión del hombre *m* hay lazo ... 7451
Ec 4.3 visto las *m* obras que debajo del sol ... 7451
5.14 las cuales se pierden en *m* ocupaciones ... 7451
8.3 ni en cosa *m* persistas; porque él hará ... 7451
8.11 ejecuta luego sentencia sobre la *m* obra ... 7451
9.12 como los peces...son presos en la *m* red ... 7451
9.12 son enlazados...hombres en el tiempo *m* ... 7451
12.1 antes que vengan los días *m*, y lleguen ... 7451
12.14 toda obra a juicio...sea buena o sea *m* ... 7451
Is 1.16 quitad la iniquidad de...de hacer lo *m* ... 7455
5.20 que a lo *m* dicen bueno, y a lo bueno *m* ... 7451
7.15 sepa desechar lo *m* y escoger lo bueno ... 7451
7.16 antes que el niño sepa desechar lo *m* y ... 7451
32.7 las armas del tramposo son *m*...intrigas ... 7451
33.15 que cierra sus ojos para no ver cosa *m* ... 7451
48.22 no hay paz para los *m*, dijo Jehová ... 7563
65.12 hicisteis lo *m* delante de mis ojos, y ... 7451
66.4 que hicieron lo *m* delante de mis ojos ... 7451
Jer 2.19 cuán *m* y amargo es el haber dejado ... 7451
5.28 pusieron...sobrepasaron los hechos del *m* ... 7451
7.30 hijos de Judá han hecho lo *m* ante mis ... 7451
8.3 el resto que quede de esta *m* generación ... 7451
12.14 dijo Jehová contra todos mis *m* vecinos ... 7451
13.10 este pueblo *m*, que no quiere oír mis ... 7451
15.21 te libraré de la mano de los *m*, y te ... 7451
17.17 pues mi refugio eres tú en el día *m* ... 7451
17.18 trae sobre ellos día *m*, y quebrántalos ... 7451
18.10 si hiciere lo *m* delante de mis ojos, no ... 7451
23.10 carrera de ellos fue *m*, y su valentía ... 7451
23.14 fortalecían las manos de los *m*, para ... 7489
23.19 la tempestad...sobre la cabeza de los *m* ... 7563
24.2 la otra cesta...higos muy *m*, que de *m* no ... 7451
24.3 *m*, muy *m*, que de *m* no se pueden ... 7451,7451,7455
24.8 higos *m*, que de *m* no se pueden comer ... 7451
29.17 como los higos *m*, que de tan *m* no se ... 8182,7455
32.30 han hecho sino lo *m* delante de mis ojos ... 7451
42.6 sea bueno, sea *m*, a la voz de Jehová ... 7451
49.23 se confundieron Hamat...oyeron *m* nuevas ... 7451
52.2 e hizo lo *m* ante los ojos de Jehová ... 7451
Lm 3.38 ¿de la boca del Altísimo no sale lo *m* ... 7451
Ez 20.44 no según vuestros caminos *m*...obras ... 7451
21.29 la emplees sobre los cuellos de los *m* ... 7563
30.12 y entregaré la tierra en manos de *m*, y ... 7451
33.11 volveos, volveos de vuestros *m* caminos ... 7451
35.5 aflicción, en el tiempo extremadamente *m* ... 5771
36.31 y os acordaréis de vuestros *m* caminos ... 7451
Dn 6.22 y aun delante de...no he hecho nada *m* ... 2255
Os 4.14 con *m* mujeres sacrifican; por tanto ... 6948
Am 5.13 tiempo calla, porque el tiempo es *m* ... 7451
5.14 buscad lo bueno, y no lo *m*...que viváis ... 7451
6.3 dilatáis el día *m*, y acercáis la silla de ... 7451
Mi 2.3 ni andaréis erguidos...el tiempo será *m* ... 7451

3.2 que aborrecéis lo bueno y amáis lo *m* 7451
Zac 1.4 volveos ahora de... *m* caminos... *m* obras 7451
Mal 1.8 ofrecéis el animal ciego... ¿no es *m*? 7451
1.8 cuando ofrecéis el cojo o el... ¿no es *m*? 7451
3.18 diferencia entre el justo y el *m*, entre 7563
4.3 hollaréis a los *m*... cuales serán ceniza 7563
Mt 5.39 **yo os digo: No resistáis al que es *m*** *4190*
5.45 **que hace salir su sol sobre *m* y buenos** *4190*
7.11 **si vosotros, siendo *m* sabéis dar buenas** *4190*
7.17 **buenos frutos... el árbol *m* da frutos *m*** *4190*
7.18 **no puede el buen árbol dar *m* frutos, ni** *4190*
7.18 **no puede... el árbol *m* dar frutos buenos** *4550*
12.33 **o haced el árbol *m*, y su fruto *m*** *4550,4550*
12.34 **cómo podéis hablar lo bueno, siendo *m*?** *4190*
12.35 **hombre *m*, del mal tesoro saca *m* cosas** *4190*
12.39 **generación *m* y adúltera demanda señal** *4190*
12.45 **así... acontecerá a esta *m* generación** *4190*
13.19 **viene el *m*, y arrebata lo... sembrado en** *4190*
13.38 **reino, y la cizaña son los hijos del *m*** *4190*
13.48 **recogen lo bueno... y lo *m* echan fuera** *4550*
13.49 **saldrán los ángeles, y apartarán a... *m*** *4190*
15.19 **del corazón salen los *m* pensamientos** *4190*
16.4 **generación *m* y adúltera demanda señal** *4190*
21.41 a los *m* destruirá sin misericordia, y *2556*
22.10 **juntaron a todos, juntamente *m* y buenos** *4190*
24.48 **si aquel siervo *m* dijere en su corazón** *2556*
25.26 **le dijo: Siervo *m* y negligente, sabías** *4190*
Mr 7.21 **de dentro... salen los *m* pensamientos** *2556*
Lc 6.22 **y desechen vuestro nombre como *m*, por** *4190*
6.35 **él es benigno para con los ingratos y *m*** *4190*
6.43 **no es buen árbol el que da *m* frutos, ni** *4550*
6.43 **no es... ni árbol *m* el que da buen fruto** *4550*
6.45 **el hombre *m*, del mal tesoro... saca lo *m*** *4190*
7.21 sanó a muchos de... plagas... espíritus *m* *4190*
8.2 algunas mujeres... sanadas de espíritus *m* *4190*
11.13 **vosotros, siendo *m*, sabéis dar buenas** *4190*
11.29 **esta generación es *m*; demanda señal** *4190*
16.8 **alabó el amo al mayordomo *m* por haber** *93*
Jn 3.19 **amaron... tinieblas... sus obras... eran *m*** *4190*
3.20 **hace lo *m*, aborrece la luz y no viene a** *5337*
5.29 **los que hicieron lo *m*, a resurrección de** *5337*
7.7 **yo testifico de él, que sus obras son *m*** *4190*
Hch 17.5 tomaron consigo... ociosos, hombres *m* *4190*
19.12 enfermedades... y los espíritus *m* salían *4190*
19.13 Jesús sobre los que tenían espíritus *m* *4190*
19.15 el espíritu *m*, dijo: A Jesús conozco *4190*
19.16 hombre en quien estaba el espíritu *m* *4190*
Ro 2.9 sobre todo ser humano que hace lo *m* *2556*
12.9 amor... Aborreced lo *m*, seguid lo bueno *4190*
12.21 no seas vencido de lo *m*, sino vence con *2556*
13.3 temor al que hace el bien, sino al *m* *2556*
13.4 pero si haces lo *malo*, teme; porque no *2556*
13.4 vengador para castigar al que hace lo *m* *2556*
14.20 pero es *m* que el hombre haga tropezar *2556*
1 Co 4.4 aunque de nada tengo *m* conciencia, no
9.17 de *m* voluntad, la comisión me ha sido *210*
10.6 que no codiciemos cosas *m*, como ellos *2556*
15.33 *m* conversaciones corrompen las buenas *2556*
2 Co 5.10 que haya hecho... sea bueno o sea *m* *2556*
6.8 deshonra, por *m* fama y por buena fama *1426*
13.7 y oramos a... que ninguna cosa *m* hagáis *2556*
Gá 1.4 para librarnos del presente siglo *m* *4190*
Ef 5.16 aprovechando... porque los días son *m* *4190*
6.13 para que podáis resistir en el día *m* *4190*
Fil 3.2 guardaos de los *m* obreros, guardaos *2556*
Col 1.21 erais... extraños y... haciendo *m* obras *4190*
3.5 haced morir... *m* deseos y avaricia, que es *2556*
2 Ts 3.2 que seamos librados de hombres... *m* *4190*
1 Ti 6.4 de las cuales nacen... *m* sospechas *4190*
2 Ti 3.13 los *m* hombres... irán de mal en peor *4190*
4.18 y el Señor me librará de toda obra *m* *4190*
Tit 1.12 los cretenses... *m* bestias, glotones *2556*
2.8 no tenga nada *m* que decir de vosotros *5337*
He 3.12 no haya... corazón *m* de incredulidad *4190*
10.22 purificados los... de *m* conciencia, y *4190*
Stg 2.4 venís a ser jueces con *m* pensamientos? *4190*
4.16 jactáis... Toda jactancia semejante es *m* *4190*
1 P 2.16 la libertad como pretexto para... lo *m* *2549*
1 Jn 3.12 porque sus obras eran *m*, y las de *4190*
2 Jn 11 que le dice... participa en sus *m* obras *4190*
3 Jn 11 amado, no imites lo *m*, sino lo bueno *2556*
11 pero el que hace lo *m*, no ha visto a Dios *2554*
Ap 2.2 **que no puedes soportar a los *m*, y has** *2556*

MALOGRAR
Job 21.10 paren sus vacas, y no malogran... cría 7921

MALOTI *Hijo del cantor Hemán*, 1 Cr 25.4,26 4413

MALQUÍAS
1. Ascendiente de Atat el cantor, 1 Cr 6.40 4441
2. Ascendiente de Adaia No. 3, 1 Cr 9.12; Neh 11.12 . 4441
3. Sacerdote en tiempo de David, 1 Cr 24.9 4441
4. Nombre de tres de los que se casaron con mujeres extranjeras en tiempo de Esdras, Esd 10.25,31 4441
5. Nombre de tres varones que ayudaron en la reedificación del muro de... Jerusalén, Neh 3.11,14,31 4441
6. Uno que ayudó a Esdras en la lectura de la ley, Neh 8.4 4441
7. Firmante del pacto de Nehemías, Neh 10.3 4441
8. Sacerdote en tiempo de Nehemías, Neh 12.42 4441
9. Padre de Pasur No. 1, Jer 21.1; 38.1 4441
10. Residente de Jerusalén en tiempo de Jeremías, Jer 38.6 4441

MALQUIEL *Descendiente de Aser*, Gn 46.17; Nm 26.45; 1 Cr 7.31 4439

MALQUIELITA *Descendiente de Malquiel*, Nm 26.45 4440

MALQUIRAM *Hijo del rey Jeconías*, 1 Cr 3.18 4443

MALQUISÚA *Hijo del rey Saúl*, 1 S 14.49; 31.2; 1 Cr 8.33; 9.39; 10.2 4444

MALTA *Isla en el Mar Mediterráneo*, Hch 28.1 ... *3194*

MALTRATAR
Éx 2.13 dijo al que *maltrataba* al otro: ¿Por 7563
Nm 20.15; Dt 26.6 egipcios nos *maltrataron* 7489
Hch 7.6 *maltratarían*, por cuatrocientos años *2559*
7.19 *maltrató* a nuestros padres, a fin de que *2559*
7.24 y al ver a uno que era *maltratado*, lo *91*
7.26 ¿por qué os *maltratáis* el uno al otro? *91*
7.27 que *maltrataba* a su prójimo le rechazó *91*
12.1 Herodes echó mano de... para *maltratarles* *2559*
He 11.25 escogiendo antes ser *maltratado* con *4778*
11.37 anduvieron... angustiados, *maltratados* *2558*
13.3 acordaos de los... y de los *maltratados* *2558*

MALUC
1. Ascendiente de Etán No. 4, 1 Cr 6.44 4409
2. Nombre de dos que se casaron con mujeres extranjeras en tiempo de Esdras, Esd 10.29,32 4409
3. Sacerdote en tiempo de Nehemías, Neh 10.4; 12.2 ... 4409
4. Firmante del pacto de Nehemías, Neh, 10.27 4409

MALVA
Job 30.4 recogían *m* entre... arbustos, y raíces 4408

MALVADO, A
Éx 34.7 ningún modo tendrá por inocente al *m*
Est 7.6 el enemigo y adversario es este *m* Amán 7451
Job 20.22 mano de todos los *m* vendrá sobre él 6001
Sal 35.11 se levantan testigos *m*; de lo que 2555
101.4 se apartará de mí; no conoceré al *m* 7451
Pr 12.12 codicia el impío la red de los *m*; mas 7563
Is 26.10 mostrará piedad al *m*... no aprenderá 7563
Jer 2.33 aun a las *m* enseñaste tus caminos 7451
3.17 ni andarán más tras la... de su *m* corazón 7451
7.24 caminaron... en la dureza de su corazón *m* 7451
11.8; 16.12 la imaginación de su *m* corazón 7451
18.12 uno el pensamiento de nuestro *m* corazón ... 7451
Ez 8.9 entra, y ve las *m* abominaciones que 7451
Mi 3.4 y no os responderá... hicisteis *m* obras 7489
Nah 1.15 nunca... volverá a pasar por ti el *m* 1100
Mt 18.32 **siervo *m*... aquella deuda te perdoné** *4190*
2 P 2.7 abrumado por la... conducta de los *m* *113*
Jud 18 habrá burladores... según sus *m* deseos *763*

MALLA
1 S 17.5 llevaba una cota de *m*; y era el peso 7193
Job 18.8 red sera echada a... y sobre *m* andará 7639
Hab 1.15 y los juntará en sus *m*; por lo cual 2764
1.16 y ofrecerá sahumerios a sus *m*; porque 2764

MAMAR
Gn 21.7 Sara habría de dar de *mamar* a hijos? 3243
Lv 22.27 o cabra... 7 días... *mamando* de su madre 8478
Nm 11.12 como lleva la que cría al que *mama* 3243
Job 3.12 ¿y a qué los pechos para que *mamase*? 3243
Sal 8.2 de la boca de los que *maman*, fundaste 3243
Cnt 8.1 un hermano mío que *mamó* los pechos de 3243
Is 60.16 mamarás la leche de... de los reyes *m* 3243
66.11 para que *maméis*... de los pechos de sus 3243
66.12 *mamaréis*, y en... brazos seréis traídos 3243
Lm 2.11 desfallecía el niño y el que *mamaba* 3243
Jl 2.16 congregad a los niños y a los que *maman* 3243
Mt 21.16 **leísteis: De la boca... los que *maman*** *2337*
Lc 11.27 bienaventurado... los senos que *mamaste* *2337*

MAMRE
1. Lugar cerca de Hebrón
Gn 13.18 vino y moró en el encinar de *M*, que 4471
18.1 le apareció Jehová en el encinar de *M* 4471
23.17 oriente de *M*, la heredad con la cueva 4471
23.19 la heredad de Macpela al oriente de *M* 4471
25.9 en la heredad de Efrón... enfrente de *M* 4471
35.27 vino Jacob a Isaac su padre a *M*, a la 4471
49.30 al oriente de *M* en la tierra de Canaán 4471
50.13 en la cueva del campo... al oriente de *M* 4471
2. Aliado de Abram
Gn 14.13 que habitaba en el encinar de *M* el 4471
14.24 Aner, Escol y *M*, los cuales tornarán 4471

MANÁ
Éx 16.31 lo llamó *m*; y era como semilla de 4478
16.33 una vasija y pon en ella un gomer de *m* 4478
16.35 comieron... *m* cuarenta años, hasta que 4478
16.35 *m* comieron hasta que llegaron a los 4478
Nm 11.6 pues nada sino este *m* ven nuestros ojos 4478
11.7 y era el *m* como semilla de culantro, y 4478
11.9 rocío... noche, el *m* descendía sobre él 4478
Dt 8.3 hizo tener hambre, y te sustentó con *m* 4478
8.16 que te sustentó con *m* en el desierto 4478
Jos 5.12 y el *m* cesó el día siguiente, desde 4478
5.12 hijos de Israel nunca más tuvieron *m* 4478
Neh 9.20 no retiraste tu *m* de su boca, y agua 4478
Sal 78.24 hizo llover sobre ellos *m* para que 4478
Jn 6.31 nuestros padres comieron el *m* en el *3131*
6.49 **padres comieron el *m* en el desierto, y** *3131*
6.58 **no como vuestros padres comieron el *m*** *3131*
He 9.4 una urna de oro que contenía el *m*, y *3131*
Ap 2.17 **al que venciere, daré a comer del *m*** *3131*

MANADA
Gn 32.16 lo entregó a sus siervos, cada *m* de 5739
32.16 delante... y poned espacio entre *m* y *m* 5739
32.19 a todos los que iban tras aquellas *m* 5739
Dt 14.23 primicias de tus *m* y de tus ganados 1241
1 S 17.34 un oso, y tomaba... cordero de la *m* 5739
Job 21.11 salen sus pequeñuelos como *m*, y sus 6629
Sal 65.13 visten de *m* los llanos, y los valles 6629
Cnt 4.1 tus caballos como *m* de cabras que se 5739
4.2 tus dientes como *m* de ovejas... que suben 5739
6.5 tu cabello es como *m* de cabras que se 5739
6.6 tus dientes, como *m* de ovejas que suben 5739
Ez 43.23 becerro... carnero sin tacha de la *m* 6629
Mi 5.8 como el cachorro del león entre las *m* 5739
Mal 4.2 mas... saltaréis como becerros de la *m* 4770
Lc 12.32 **no temáis, *m* pequeña, porque... reino** *4168*

MANADERO
Is 35.7 estanque, y el sequedal en *m* de aguas 4002

MANAÉN *Cristiano eminente en Antioquía*
Hch 13.1 *m* el que se había criado junto con *3127*

MANAHAT
1. Descendiente de Seir, Gn 36.23; 1 Cr 1.40 4506
2. Lugar en Judá, 1 Cr 8.6 4506

MANAHEM *Rey de Israel*
2 R 15.14 *M* hijo de Gadi subió de Tirsa y vino 4505
15.16 *M* saqueó a Tifsa, y a todos los que 4505
15.17 en el año 39 de... reinó *M* hijo de Gadi 4505
15.19 y *M* dio a Pul mil talentos de plata 4505
15.20 e impuso *M* este dinero sobre Israel 4505
15.21 demás hechos de *M*... ¿no está escrito en 4505
15.22 durmió *M* con padres, y reinó en su 4505
15.23 en el año 50... reinó Pekaía hijo de *M* 4505

MANAHETITA Habitante de Manahat No. 2, 1 Cr 2.52,54 2679,2680

MANANTIAL
Gn 36.24 Aná... que descubrió *m* en el desierto 3222
Dt 8.7 tierra de... y *m*, que brotan en vegas 8415
2 R 2.21 saliendo él a... *m*... echó dentro la sal 4161
2 Cr 32.30 Ezequías cubrió los *m* de Gihón la 4161,4325
Sal 36.9 contigo está el *m* de la vida; en tu 4726
107.33 y los *m* de las aguas en sequedales 4325,4161
107.35 en estanques... y la tierra seca en *m* ... 4161,4325
Pr 5.18 sea bendito tu *m*, y alégrate con la 4726
10.11 *m* de vida es la boca del justo; pero 4726
13.14 la ley del sabio es *m* de vida para 4726
14.27 el temor de Jehová es *m* de vida para 4726
16.22 *m* de vida es el entendimiento al que 4726
25.26 como fuente turbia y *m* corrompido es 4726
Is 41.18 abriré... *m* de aguas en la tierra seca 4161
49.10 guiará, y los conducirá a *m* de aguas 4002
58.11 *m* de aguas, cuyas aguas nunca faltan 4161
Jer 17.13 dejaron a Jehová, *m* de aguas vivas 4726
Os 13.15 secará su *m*, y se agotará su fuente 4726
Zac 13.1 un *m* abierto para la casa de David 4726

MANAR
Pr 4.23 guarda tu corazón; porque de él *mana* 8444
Jer 6.7 como la fuente nunca cesa de *manar* sus 6979
6.7 así ella nunca cesa de *manar* su maldad 6979

MANASÉS
1. Hijo de José, y la tribu que formó su posteridad
Gn 41.51 llamó... el nombre del primogénito, *M* 4519
46.20 nacieron a José... *M* y Efraín, los que 4519
48.1 y él tomó consigo a sus dos hijos, *M* y 4519
48.5 hijos Efraín y *M*, que te nacieron en la 4519
48.13 y *M* a su izquierda, a la derecha de 4519
48.14 su mano izquierda sobre la cabeza de *M* 4519
48.14 adrede, aunque *M* era el primogénito 4519
48.17 para cambiarla de la... a la cabeza de *M* 4519
48.20 como a *M*. Y puso a Efraín antes de *M* 4519
50.23 Maquir hijo de *M* fueron criados sobre 4519
Nm 1.10 de los hijos de José... de *M*, Gamaliel 4519
1.34 de los hijos de *M*, por su descendencia 4519
1.35 contados de la tribu de *M* fueron 32.200 4519
2.20 junto a él estará la tribu de *M*; y el 4519
2.20 el jefe de los hijos de *M*, Gamaliel hijo 4519
7.54 príncipe de los hijos de *M*, Gamaliel hijo 4519
10.23 tribu de los hijos de *M*, Gamaliel hijo 4519
13.11 de la tribu de *M*, Gadi hijo de Susi 4519
26.28 los hijos de José por sus familias: *M* 4519
26.29 los hijos de *M*; de Maquir, la familia 4519
26.34 estas son las familias de *M*; y fueron 4519
27.1 hijo de *M*, de las familias de *M* hijo de 4519
32.33 así Moisés dio... a la media tribu de *M* 4519
32.39 los hijos de Maquir hijo de *M* fueron 4519
32.40 Moisés dio Galaad a Maquir hijo de *M* 4519
32.41 Jair hijo de *M* fue y tomó sus aldeas 4519
34.14 y la media tribu de *M*, han tomado su 4519
34.23 de la tribu de los hijos de *M*... Haniel 4519
36.1 de Maquir, hijo de *M*, de las familias 4519
36.12 en la familia de los hijos de *M*, hijo 4519
Dt 3.13 Galaad... lo di a la media tribu de *M* 4519
3.14 Jair hijo de *M* tomó toda la tierra de 4519
4.43 Ramot... y Golán en Basán para los de *M* 4520
29.8 y la dimos por... a la media tribu de *M* 4519
33.17 Efraín, y ellos son los millares de *M* 4519
34.2 y la tierra de Efraín y de *M*, toda la 4519
Jos 1.12 habló Josué... a la media tribu de *M* 4519
4.12 y la media tribu de *M* pasaron armados 4519
12.6 en posesión a... a la media tribu de *M* 4519
13.7 en heredad a... y a la media tribu de *M* 4519
13.8 y la otra mitad de *M* recibieron ya su 4519
13.29 Moisés heredad a la media tribu de *M* 4519
13.29 fue para la media tribu de los... de *M* 4519
13.31 para los hijos de Maquir hijo de *M* 4519
14.4 los hijos de José fueron dos tribus, *M* 4519
16.4 recibieron, pues, su heredad... *M* y Efraín 4519
16.9 medio de la heredad de los hijos de *M* 4519

M

17.1 se echaron... suertes para la tribu de *M* 4519
17.1 Maquir, primogénito de *M*... tuvo Galaad y.... 4519
17.2 para los otros hijos de *M* conforme a sus 4519
17.2 fueron los hijos varones de *M* hijo de 4519
17.3 Maquir, hijo de *M*, no tuvo hijos sino 4519
17.5 y le tocaron a *M* diez partes además de 4519
17.6 las hijas de *M* tuvieron heredad entre 4519
17.6 de Galaad fue de los otros hijos de *M*.......... 4519
17.7 fue el territorio de *M* desde Aser hasta 4519
17.8 la tierra de Tapúa fue de *M*; pero Tapúa 4519
17.8 Tapúa misma... junto al límite de *M*, es de 4519
17.9 ciudades de Efraín están entre las... de *M* 4519
17.9 y el límite de *M* es desde el norte del........... 4519
17.10 Efraín al sur, y *M* al norte, y el mar 4519
17.11 tuvo también *M* en Isacar... a Bet-seán 4519
17.12 los hijos de *M* no pudieron arrojar a 4519
17.17 Josué respondió a la casa de José... *M*........ 4519
18.7 la media tribu de *M*, ya han recibido su 4519
20.8 Gad, y Golán en Basán de la tribu de *M* 4519
21.5 diez ciudades... de la media tribu de *M* 4519
21.6 de la media tribu de *M*... trece ciudades 4519
21.25 de la media tribu de *M*, Taanac con sus 4519
21.27 dieron a la media tribu de *M* a Golán en 4519
22.1 Josué llamó a los... a la media tribu de *M*...... 4519
22.7 a la media tribu de *M* había dado Moisés...... 4519
22.9 Gad y la media tribu de *M*, se volvieron 4519
22.10 la media tribu de *M* edificaron allí un 4519
22.11 tribu de *M* habían edificado un altar 4519
22.13 y enviaron... a la media tribu de *M* en......... 4519
22.15 a la media tribu de *M*... *y les* hablaron......... 4519
22.30 palabras que hablaron... los hijos de *M* 4519
22.31 dijo Finees hijo de... a los hijos de *M*.......... 4519
Jue 1.27 tampoco *M* arrojó a los de Bet-seán 4519
6.15 mi familia es pobre en *M*, y yo el menor 4519
6.35 envió mensajeros por todo *M*, y... a Aser 4519
7.23 juntándose... M, siguieron a... madianitas 4519
11.29 y pasó por Galaad y *M*, y de allí pasó......... 4519
12.4 galaaditas, en medio de Efraín y de *M*.......... 4519
1 R 4.13 tenía... las ciudades de Jair hijo de *M*......... 4519
2 R 10.33 toda la tierra... y de *M*, desde Aroer 4520
1 Cr 5.18 Rubén y de Gad, y... media tribu de *M*......... 4519
5.23 de la media tribu de *M*, multiplicados en 4519
5.26 transportó a... y a la media tribu de *M* 4519
6.61 dieron... ciudades de la media tribu de *M*...... 4519
6.62 la tribu de *M* en Basán, trece ciudades 4519
6.70 de la media tribu de *M*, Aner con... ejidos....... 4519
6.71 dieron de la media tribu de *M*, Golán en....... 4519
7.14 los hijos de *M*: Asriel, al cual dio a 4519
7.17 de Galaad, hijo de Maquir, hijo de *M* 4519
7.29 junto al territorio de los hijos de *M* 4519
9.3 habitaron en Jerusalén... de Efraín y *M* 4519
12.19 pasaron a David algunos de *M*, cuando 4519
12.20 a Siclag, se pasaron a él de los de *M* 4519
12.20 los... príncipes de millares de los de *M* 4519
12.31 la media tribu de *M*, 18.000, los cuales 4519
12.37 la media tribu de *M*, 120.000 con toda 4519
26.32 constituyó sobre... la media tribu de *M*....... 4520
27.20 de la media tribu de *M*, Joel hijo de........... 4519
27.21 de la otra media tribu de *M*, en Galaad....... 4519
2 Cr 15.9, y con ellos los forasteros de...*M y*............ 4519
30.1 y escribió cartas a Efraín y a *M*, para 4519
30.10 pasaron... por la tierra de Efraín y *M* 4519
30.11 algunos... *M* y de Zabulón se humillaron 4519
30.18 gran multitud del pueblo de Efraín y *M*....... 4519
31.1 quebraron las estatuas... en Efraín y *M* 4519
34.6 mismo hizo en las ciudades de *M*, Efraín 4519
34.9 recogido de mano de *M* y de Efraín y de........ 4519
Sal 60.7 mío es Galaad, y mío es *M*; y Efraín............ 4519
80.2 despierta tu poder delante de... y de *M* 4519
108.8 mío es Galaad, mío es *M*, y Efraín es 4519
Is 9.21 *M* a Efraín, y Efraín a *M*... contra Judá.......... 4519
Ez 48.4 del oriente hasta el lado del mar, *M* 4519
48.5 junto al límite de *M*, desde el lado del........... 4519
Ap 7.6 de la tribu de *M*, doce mil sellados.............. *3128*
2. Rey de Judá
2 R 20.21 Ezequías... y reinó en su lugar *M su* 4519
21.1 doce años era *M* cuando comenzó a reinar.... 4519
21.9 *M los* indujo a que hiciesen más mal que 4519
21.11 *M* rey de... ha hecho estas abominaciones.... 4519
21.16 derramó *M* mucha sangre inocente en 4519
21.17 hechos de *M*... *¿no* está todo escrito en 4519
21.18 durmió *M* con sus padres... y reinó en......... 4519
21.20 lo malo... como había hecho *M su* padre 4519
23.12 derribó... los altares que había hecho *M* 4519
23.26 por todas las provocaciones con que *M* 4519
24.3 para quitarle de... por los pecados de *M*....... 4519
1 Cr 3.13 fue hijo Ezequías, cuyo hijo fue *M* 4519
2 Cr 32.33 Ezequías... y reinó en su lugar *M* su 4519
33.1 doce años era *M* cuando comenzó a reinar.... 4519
33.9 *M*, pues, hizo extraviarse a Judá y a los 4519
33.10 y habló Jehová a *M* y a su pueblo, mas 4519
33.11 los cuales aprisionaron con grillos a *M*........ 4519
33.13 entonces reconoció *M*... Jehová era Dios 4519
33.18 los demás hechos de *M*, y su oración a 4519
33.20 durmió *M* con sus padres... lo sepultaron 4519
33.22 lo malo... como había hecho*M* su padre 4519
33.22 los ídolos que su padre *M* había hecho 4519
33.23 pero nunca... como se humilló *M* su padre ... 4519
Jer 15.4 a causa de *M* hijo de Ezequías, rey............ 4519
Mt 1.10 Ezequías engendró a *M*, *M* a Amón, y *3128*
3. Nombre de dos que se casaron con mujeres extranjeras en tiempo de Esdras, Esd 10.30,33.... 4519

MANCILLA
He 13.4 honroso sea... y el lecho sin *m*; pero............ *283*

MANCILLAR
Jud 8 soñadores *mancillan* la carne, rechazan......... *3392*

MANCO
Mt 15.30 que traía... *m, y otros* muchos enfermos...... *2948*
15.31 viendo a... *m* sanados, a los cojos andar...... *2948*
18.8 **mejor te es entrar en la vida cojo o *m*** *2948*
Mr 9.43 **mejor te es entrar en la vida *m*, que** *2948*
Lc 14.13 **llama a... *m*, los cojos y los ciegos** *376*
14.21 **y trae acá... pobres, los *m*, los cojos** *376*

MANCHA
Lv 13.2 hombre tuviere en la piel... *m* blanca........... 934
13.4 si en la piel de su... hubiere *m* blanca........... 934
13.19 hubiere una hichazón, o una *m* blanca 934
13.23 si la *m* blanca se estuviere en su lugar 934
13.24 cuando hubiere... *m* blanquecina, rojiza....... 934
13.25 pelo se hubiere vuelto blanco en la *m* 934
13.26 no apareciere en la *m* pelo blanco, ni 934
13.28 pero si la *m* se estuviere en su lugar........... 934
13.38 en la piel de su cuerpo... *m*, *m* blancas 934
13.39 aparecieren *m* blancas algo oscurecidas...... 933
14.37 si se vieren *m*... *m* verdosas o rojizas......... 5061
14.56 acerca de la hinchazón, y... la *m* blanca....... 934
Dt 32.5 la corrupción... de sus hijos es la *m*............ 3971
Job 11.15 levantarás tu rostro limpio de *m*, y.......... 3971
Pr 9.7 el que reprende al impío, se atrae *m*............ 3971
Cnt 4.7 toda tú eres hermosa... en ti no hay *m*.......... 3971
Jer 2.22 la *m* de tu pecado permanecerá aún 3799
13.23 ¿mudará el etíope... el leopardo sus *m*? 2272
Ef 1.4 fuésemos santos y sin *m* delante de él............ *299*
5.27 iglesia... no tuviese *m*... santa y sin *m*.......... *4696*
Fil 2.15 hijos de Dios sin *m* en medio de una *298*
Col 1.22 para presentaros santos y sin *m* e *299*
He 7.26 sin *m*, apartado de los pecadores, y *283*
9.14 el cual... ofreció a sí mismo sin *m* a Dios......... *299*
Stg 1.27 viudas... y guardarse sin *m* del mundo......... *784*
1 P 1.19 un cordero sin *m* y sin contaminación *784*
2 P 2.13 estos son inmundicias y *m*, quienes *3470*
3.14 hallados por él sin *m* e irreprensibles *784*
Jud 12 son *m* en vuestros ágapes, que comiendo *4694*
24 presentaros sin *m* delante de su gloria con....... *299*
Ap 14.5 son sin *m* delante del trono de Dios *299*

MANCHADO, A
Gn 30.32 poniendo aparte todas las ovejas *m* 2921
30.32 y las *m* y salpicadas de color entre las 2921
30.33 toda la que no fuere pintada ni *m* en.......... 2921
30.35 apartó aquel día los machos cabríos *m*........ 2921
30.35 y todas las cabras *m* y salpicadas de 2921
Os 6.8 Galaad, ciudad... iniquidad, *m* de sangre....... 6121

MANCHAR
Is 63.3 su sangre salpicó... y *manché* todas mis........ 1351
Ez 28.7 extranjeros... y *mancharán* tu esplendor 2490
Ap 3.4 **que no han *manchado* sus vestiduras** *3435*

MANDAMIENTO
Gn 26.5 guardó... mis *m*, mis estatutos y mis 4687
49.33 cuando acabó Jacob de dar *m* a sus hijos 6680
Éx 6.13 y les dio *m* para los hijos de Israel............ 6680
12.17 guardaréis este *m*... costumbre perpetua 2708
12.35 hicieron los... conforme al *m* de Moisés 1697
15.26 dieres oído a sus *m*, y guardares todos 4687
16.28 ¿hasta cuándo no queréis guardar mis *m* 4687
17.1 Israel partió... conforme al *m* de Jehová 6310
20.6 hago... a los que me aman y guardan mis *m*..... 4687
24.12 te daré tablas... *m* que he escrito para 4687
34.28 escribió en tablas... pacto, los diez *m*......... 1697
Lv 4.2 pecare por yerro en alguno de los *m* de 4687
4.13,22,27 algo contra alguno de los *m* de 4687
5.17 cosas que por *m* de Jehová no se han de 4687
22.31 guardad, pues, mis *m*, y cumplidlos. Yo........ 4687
26.3 guardareis mis *m*, y los pusiereis por........... 4687
26.14 si no... ni hiciereis todos estos mis *m* 4687
26.15 no ejecutando... mis *m*, e invalidando mi 4687
27.34 son los *m* que ordenó Jehová a Moisés 4687
Nm 14.41 ¿por qué quebrantáis el *m* de Jehová? 6310
15.22 no hiciereis todos estos *m* que Jehová......... 4687
15.31 cuanto tuvo en poco... menospreció su *m*..... 4687
15.39 os acordéis de todos los *m* de Jehová.......... 4687
15.40 que os acordéis, y hagáis todos mis *m* 4687
20.24 fuisteis rebeldes a mi *m* en las aguas.......... 6310
36.13 estos son los *m*... que mandó Jehová por 4687
Dt 4.2 guardéis los *m* de Jehová Dios vuestro 4687
4.13 él os anunció su pacto... los diez *m*, y los 1697
4.40 guarda... sus *m*, los cuales yo te mando 4687
5.10 hago... a los que me aman y guardan mis *m*... 4687
5.29 me temiesen y guardasen... todos mis *m* 4687
5.31 todos los *m*... que les enseñarás, a fin 4687
6.1 *m*... que Jehová vuestro Dios mandó que os 4687
6.2 guardando todos... sus *m* que yo te mando 4687
6.17 guardad cuidadosamente los *m* de... Dios 4687
6.25 poner por obra todos estos *m* delante de....... 4687
7.9 y guardan sus *m*, hasta mil generaciones........ 4687
7.11 guarda, por tanto, los *m*, estatutos y............ 4687
8.1 poner por obra todo *m* que yo os ordeno 4687
8.2 saber... si hablas de guardar o no sus *m*.......... 4687
8.6 guardarás, pues, los *m* de Jehová tu Dios......... 4687
8.11 para cumplir sus *m*, sus decretos y sus 4687
10.4 escribió en las tablas... los diez *m* que 1697
10.13 guardes los *m* de Jehová y sus estatutos...... 4687
11.1 guardarás sus... y sus *m*, todos los días.......... 4687
11.8 guardad... los *m* que yo os prescribo hoy....... 4687
11.13 obedeciereis... *m* que yo os prescribo hoy..... 4687
11.22 si guardareis cuidadosamente... estos *m* 4687
11.27 bendición, si oyereis los *m* de Jehová.......... 4687
11.28 y la maldición, si no oyereis los *m* de 4687
13.4 guardaréis sus *m* y escucharéis su voz 4687
13.18 guardando... sus *m* que yo te mando hoy...... 4687
15.5 guardar y cumplir todos estos *m* que yo........ 4687
17.20 que... ni se aparte del *m* a diestra ni 4687
19.9 guardares... estos *m* que yo te prescribo 4687
26.13 no he transgredido tus *m*, ni... olvidado 4687
26.17 guardarás... sus *m* y sus decretos, y que....... 4687
26.18 eres pueblo suyo... guardes todos su *m*........ 4687
27.1 guardaréis... *m* que yo os prescribo hoy 4687
27.10 oirás, pues, la voz... cumplirás sus *m* 4687
28.1 y poner por obra todos sus *m* que yo te......... 4687
28.9 te confirmará... cuando guardares los *m* 4687
28.13 si obedecieres los *m* de Jehová tu Dios 4687
28.15 para procurar cumplir todos sus *m* y sus..... 4687
28.45 guardar sus *m* y sus estatutos, que él.......... 4687
30.8 y pondrás por obra todos sus *m* que yo......... 4687
30.10 obedecieres... para guardar sus *m* y sus 4687
30.11 porque este *m* que yo te ordeno hoy no........ 4687
30.16 y guardes sus *m*, sus estatutos y sus........... 4687
Jos 1.18 cualquiera que fuere rebelde a tu *m*........... 6310
15.13 dio... conforme al *m* de Jehová a Josué........ 6310
22.3 de guardar los *m* de Jehová vuestro Dios...... 4687
22.5 cuidéis de cumplir el *m* y la ley que............ 4687
Jue 2.17 padres obedeciendo a los *m* de Jehová 4687
3.4 saber si obedecerían a los *m* de Jehová 4687
1 S 13.13 no guardaste el *m* de Jehová tu Dios.......... 4687
15.24 pues he quebrantado el *m* de Jehová y 6310
1 R 2.3 guarda... observando sus estatutos y m......... 4687
2.43 no guardaste... y el *m* que yo te impuse? 4687
3.14 guardando mis estatutos y mis *m*, como 4687
6.12 guardares todos mis *m* andando en ellos 4687
8.58 guardemos sus *m* y sus estatutos y sus 4687
8.61 guardando sus *m*, como en el día de hoy 4687
9.6 y no guardareis mis *m* y mis estatutos 4687
11.34 y quien guardó mis *m* y mis estatutos 4687
11.38 guardando... mis *m*, como hizo David mi 4687
13.21 no guardaste el *m* que Jehová tu Dios 4687
14.8 como David mi siervo, que guardó mis *m*....... 4687
18.18 dejando los *m* de Jehová, y siguiendo.......... 4687
2 R 17.13 y guardad mis *m* y mis ordenanzas........... 4687
17.16 dejaron todos los *m* de Jehová su Dios 4687
17.19 ni aún Judá guardó los *m* de Jehová su........ 4687
17.34 ni hacen según... los *m* que prescribió.......... 4687
17.37 y derechos y ley y *m* que os dio por............ 4687
18.6 que guardó los *m* que Jehová prescribió 4687
18.36 había *m* del rey, el cual había dicho 4687
23.3 guardarían sus *m*, sus testimonios y sus 4687
23.35 dar el dinero conforme al *m* de Faraón 6310
1 Cr 28.7 poner por obra mis *m* y mis decretos 4687
29.19 que guarde tus *m*, tus testimonios y tus....... 4687
2 Cr 7.19 si dejareis... mis estatutos y *m* que........... 4687
8.13 que ofreciesen... conforme al *m* de Moisés 4687
8.15 no se apartaron del *m* del rey, en cuanto 4687
14.4 Judá... pusiese por obra la ley y sus *m*.......... 4687
17.4 anduvo en sus *m*, y no según las obras 4687
24.20 ¿por qué quebrantáis los *m* de Jehová? 4687
29.15 conforme al *m* del rey y las palabras 4687
29.25 levitas en la... conforme al *m* de David 4687
29.25 aquel *m* procedía de Jehová por medio 4687
31.13 por *m* del rey Ezequías y de Azarías 4662
31.21 de acuerdo con... los *m*, buscó a su Dios....... 4687
34.31 pacto de caminar... y de guardar sus *m* 4687
35.10 en sus turnos, conforme al *m* del rey 4687
35.15 conforme al *m* de David, de Asaf y de 4687
3 5.16 pascua, conforme al *m* del rey Josías 4687
Esd 7.11 versado en los *m* de Jehová y en sus 4687
9.10 ¿qué... Porque nosotros hemos dejado tus *m* .. 4687
9.14 ¿hemos de volver a infringir tus *m*, y a 4687
10.3 de los que temen el *m* de nuestro Dios.......... 4687
Neh 1.5 a los que le aman y guardan sus *m* 4687
1.7 y no hemos guardado los *m*, estatutos y 4687
1.9 guardareis mis *m*, y los pusiereis por............. 4687
9.13 diste juicios... y estatutos y *m* buenos.......... 4687
9.14 les prescribiste *m*, estatutos y la ley 4687
9.16 endurecieron su... y no escucharon tus *m* 4687
9.29 no oyeron tus *m*, sino que pecaron contra...... 4687
9.34 ni atendieron a tus *m* y a... testimonios......... 4687
10.29 y cumplirían todos los *m*, decretos y........... 4687
11.23 porque había *m* del rey acerca de ellos 4687
Est 2.8 que cuando se divulgó el *m* y decreto 1697
3.3 preguntaron a... ¿Por qué traspasas el *m*.......... 4687
3.14 la copia del escrito que se dio por *m*............ 1881
4.3 donde el *m* del rey y su decreto llegaba.......... 1697
8.17 en cada ciudad donde llegó el *m* del rey........ 1697
9.1 cuando debía ser ejecutado el *m* del rey 1697
9.32 *m* de Ester confirmó estas celebraciones....... 3982
Job 23.12 del *m* de sus labios nunca me separé.......... 4687
39.27 ¿se remonta el águila por tu *m*, y pone 6310
Sal 19.8 *m* de Jehová son rectos, que alegran 4687
71.3 tú has dado *m* para salvarme, porque tú 6680
78.7 y no se olviden de... que guarden sus *m* 4687
89.31 profanaren mis... y no guardaren mis ir *m*... 4687
103.18 y los que se acuerdan de sus *m* para 6490
111.7 son verdad y... fieles son todos sus *m*.......... 6490
111.10 tienen todos los que practican sus *m*
112.1 y en sus *m* se deleita en gran manera 4687
119.4 encargaste que sean... guardados tus *m*...... 6490
119.6 no sería yo... cuando atendiese a... tus *m*...... 4687
119.10 buscado; no me dejes desviarme de tus *m* ... 4687
119.15 en tus *m* meditaré; consideraré tus 6490
119.19 en la tierra; no encubras de mí tus *m* 4687
119.21 reprendiste... que se desvían de tus *m*........ 4687
119.27 hazme entender el camino de tus *m*.......... 6490
119.32 por el camino de tus *m* correré, cuando..... 4687
119.35 guíame por la senda de tus *m*, porque........ 4687
119.40 he anhelado tus *m*; vivifícame en tu 6490
119.45 y andaré en libertad... busqué tus *m* 6490
119.47 y me regocijaré en tus *m*, los cuales 4687
119.48 alzaré... mis manos a tus *m* que amé.......... 4687
119.56 bendiciones tuve porque guardé tus *m*........ 6490
119.60 me... y no me retardé en guardar tus *m* 4687
119.63 todos los que te temen y guardan tus *m* 6490

119.66 y sabiduría, porque tus *m* he creído 4687
119.69 mas yo guardaré de todo corazón tus *m* 6490
119.73 hazme entender, y aprenderé tus *m* 4687
119.78 calumniado; pero yo meditaré en tus *m* 6490
119.86 todos tus *m* son verdad; sin causa me 4687
119.87 casi me han... pero no he dejado tus *m* 6490
119.93 jamás me olvidaré de tus *m*, porque 6490
119.94 soy, sálvame, porque he buscado tus *m* 6490
119.96 he visto... amplio sobremanera es tu *m* 4687
119.98 me has hecho más sabio que... con tus *m* 4687
119.100 entendido, porque he guardado tus *m* 6490
119.104 de tus *m* he adquirido inteligencia 6490
119.110 lazo... pero yo no me desvié de tus *m* 6490
119.115 pues yo guardaré los *m* de mi Dios 4687
119.127 por eso he amado tus *m* más que el oro 4687
119.128 por eso estimé rectos todos tus *m* 6490
119.131 abrí y suspiré, porque deseaba tus *m* 4687
119.134 líbrame de la... y guardaré tus *m* 6490
119.141 pequeño... no me he olvidado de tus *m* 6490
119.143 de mí, mas tus *m* fueron mi delicia 4687
119.151 oh Jehová, y todos tus *m* son verdad 4687
119.159 mira, oh Jehová, que amo tus *m* 6490
119.166 Jehová, y tus *m* he puesto por obra 4687
119.168 he guardado tus *m* y tus testimonios 6490
119.172 porque todos tus *m* son justicia 4687
119.173 socorrerme, porque tus *m* he escogido 6490
119.176 porque no me he olvidado de tus *m* 4687
Pr 2.1 palabras, y mis *m* guardares dentro de 4687
3.1 no te olvides... tu corazón guarde mis *m* 4687
4.4 retenga tu... mis razones, guarda mis *m*, y 4687
6.20 guarda, hijo mío, el *m* de tu padre, y 4687
6.23 porque el *m* es lámpara, y la enseñanza 4687
7.1 hijo mío, guarda... atesora contigo mis *m* 4687
7.2 guarda mis *m* y vivirás, y mi ley como las 4687
8.29 para que las aguas no traspasen sus *m* 6310
10.8 el sabio de corazón recibirá los *m*; mas 4687
13.13 mas el que teme el *m* será recompensado 4687
19.16 que guarda el *m* guarda su alma; mas 4687
Ec 8.2 que guardes el *m* del rey y la palabra 6310
8.5 el que guarda el *m* no experimentará mal 4687
12.13 es este: Teme a Dios, y guarda sus *m* 4687
Is 28.10,13 *m* tras *m*, mandato sobre mandato 6673
29.13 y su temor de mí no es más que un *m* de 4687
48.18 oh, si hubieras atendido a mis *m*! Fuera 4687
Jer 35.14 no lo han bebido... por obedecer al *m* 4687
35.16 tuvieron por firme el *m* que les dio su 4687
35.18 obedecisteis al *m*... y guardasteis... *m* ... 4687,4687
Lm 1.17 dio *m* contra Jacob, que sus vecinos 6680
Ez 5.6 desecharon mis decretos y mis *m*, y no 2708
5.7 no habéis andado en mis *m*, ni... guardado 2708
Dn 9.4 con los que te aman y guardan tus *m* 4687
9.5 y nos hemos apartado de tus *m* y de tus 4687
Mi 6.16 los *m* de Omri se han guardado, y toda 2708
Mal 2.1 sacerdotes, para vosotros es este *m* 4687
2.4 y sabréis que yo os envié este *m*, para 4687
Mt 5.19 **quebrante uno de estos *m* muy pequeños** *1785*
15.3 **¿por qué... quebrantáis el *m* de Dios por** *1785*
15.6 **así habéis invalidado el *m* de Dios por** *1785*
15.9 **enseñando como doctrinas, *m* de hombres** *1778*
19.17 **si quieres entrar en la... guarda los *m*** *1785*
22.36 Maestro, ¿cuál es el gran *m* en la ley? *1785*
22.38 **este es el primero y grande *m*** *1785*
22.40 **de estos dos *m* depende toda la ley y** *1785*
Mr 7.7 **enseñando como doctrinas *m* de hombres** *1778*
7.8 **dejando el *m* de Dios, os aferráis a la** *1785*
7.9 **bien invalidáis el *m* de Dios para guardar** *1785*
10.5 **por la dureza de... os escribió este *m*** *1785*
10.19 **los *m* sabes: No adulteres. No mates** *1785*
12.28 le preguntó: ¿Cuál es el primer *m* de *1785*
12.29 **el primer *m* de todos es: Oye, Israel** *1785*
12.30 **y amarás al Señor... es el principal *m*** *1785*
12.31 **amarás a tu... No hay otro *m* mayor que** *1785*
Lc 1.6 andaban irreprensibles en todos los *m* *1785*
18.20 **los *m* sabes: No adulterarás; no matarás** *1785*
23.56 descansaron el día de... conforme al *m* *1785*
Jn 10.18 **a tomar. Este *m* recibí de mi Padre** *1785*
12.49 **me dio *m* de lo que he de decir, y de** *1785*
12.50 **sé que su *m* es vida eterna. Así pues** *1785*
13.34 **un *m* nuevo os doy: Que os améis unos a** *1785*
14.15 **si me amáis, guardad mis *m*** *1785*
14.21 **el que tiene mis *m*, y los guarda, ése** *1785*
15.10 **si guardareis mis *m*, permaneceréis en** *1785*
15.10 **como yo he guardado los *m* de mi Padre** *1785*
15.12 **este es mi *m*: Que os améis unos a otros** *1785*
Hch 1.2 haber dado *m* por el Espíritu Santo a *1781*
Ro 7.8 el pecado, tomando ocasión por el *m* *1785*
7.9 venido el *m*, el pecado revivió y yo morí *1785*
7.10 hallé que el mismo *m* que era para vida *1785*
7.11 el pecado, tomando ocasión por el *m*, me *1785*
7.12 es santa, y el *m* santo, justo y bueno *1785*
7.13 fin de que por el *m* el pecado llegase a *1785*
13.9 cualquier otro *m*... se resume: Amarás a *1785*
16.26 según el *m* del Dios eterno, se ha dado *2003*
1 Co 7.6 digo por vía de concesión, no por *m* *2003*
7.19 nada es, sino el guardar los *m* de Dios *1785*
7.25 en cuanto a las vírgenes no tengo *m* del *2003*
14.37 que lo que os escribo son *m* del Señor *1785*
Ef 2.15 ley de los *m* expresados en ordenanzas *1785*
6.2 honra a... que es el primer *m* con promesa *1785*
Col 2.22 en conformidad a *m* y doctrinas de *1778*
4.10 acerca del cual habéis recibido *m*; si *1785*
1 Ti 1.5 el propósito de este *m* es el amor *3852*
1.18 este *m*, hijo Timoteo, te encargo, para *3852*
6.14 guardes el *m* sin mácula ni reprensión *1785*
Tit 1.14 ni a *m* de hombres que se apartan de *1785*
He 7.5 tienen *m* de tomar los diezmos según la *1785*
7.16 no constituido conforme a la ley del *m* *1785*
7.18 queda... abrogado el *m* anterior a causa de ... *1785*
9.19 anunciado Moisés todos los *m* de la ley *1785*
11.22 por la fe José... *m* acerca de sus huesos *1785*
2 P 2.21 volverse atrás del santo *m* que les *1785*
3.2 y del *m* del Señor y Salvador dado por *1785*
1 Jn 2.3 en esto sabemos... si guardamos sus *m* *1785*
2.4 dice: Yo le conozco, y no guarda sus *m* *1785*
2.7 no os escribo *m* nuevo, sino el *m* antiguo *1785*
2.7 este *m* antiguo es la palabra que... oído *1785*
2.8 os escribo un *m* nuevo, que es verdadero *1785*
3.22 guardamos sus *m*, y hacemos las cosas que *1785*
3.23 este es su *m*: Que creamos en el nombre *1785*
3.24 el que guarda sus *m*, permanece en Dios *1785*
4.21 tenemos este *m* de él: El que ama a Dios *1785*
5.2 cuando amamos a Dios, y guardamos sus *m* *1785*
5.3 que guardemos sus *m*... *m* no son gravosos *1785*
2 Jn 4 conforme al *m* que recibimos del Padre *1785*
5 no como escribiéndote un nuevo *m*, sino el *1785*
6 que andemos según sus *m*. Este es el *m*; que . *1785,1785*
Ap 12.17 que guardan los *m* de Dios y tienen *1785*
14.12 los que guardan los *m* de Dios y la fe *1785*

MANDAR

Gn 2.16 *mandó* Jehová Dios al hombre, diciendo 6680
3.11 árbol de que yo te *mandé* no comieses? 6680
3.17 que te *mandé* diciendo: No comerás de él 6680
6.22 Noé; hizo... todo lo que Dios le *mandó* 6680
7.5 hizo Noé... todo lo que le *mandó* Jehová 6680
7.9 macho y hembra, como *mandó* Dios a Noé 6680
7.16 vinieron, como le había *mandado* Dios 6680
18.19 yo sé que *mandará* a sus hijos y a su 6680
21.4 circuncidó... como Dios le había *mandado* 6680
26.11 Abimelec *mandó*... pueblo, diciendo: El 6680
27.8 obedece a mi voz en lo que te *mando* 6680
28.1 Isaac... lo bendijo, y le *mandó* diciendo 6680
28.6 le había *mandado* diciendo: No tomarás 6680
32.4 y les *mandó* diciendo: Así diréis a mi 6680
32.17 y mandó al primero, diciendo: Si Esaú 6680
32.19 *mandó* también al segundo, y al tercero 6680
42.25 *mandó* José que llenaran sus sacos de 6680
44.1 *mandó* José al mayordomo de su casa 6680
45.19 y tú *manda*: Haced esto: tomaos de la 6680
47.11 tierra de Ramesés, como *mandó* Faraón 6680
49.29 les *mandó* luego, y les dijo: Yo voy a 6680
50.2 *mandó* José a sus siervos los médicos que 6680
50.12 hicieron, pues... según les había *mandado* ... 6680
50.16 José: Tu padre *mandó* antes de su muerte 6680
Éx 1.17 y no hicieron como les *mandó* el rey 1696
1.22 entonces Faraón *mandó* a todo su pueblo 6680
5.6 y mandó Faraón... a los cuadrilleros del 6680
7.2 tú dirás todas las cosas que yo te *mande* 6680
7.6 e hizo Moisés y... como Jehová les *mandó* 6680
7.10 hicieron como Jehová lo había *mandado* 6680
7.20 y Aarón hicieron como Jehová lo *mandó* 6680
8.12 tocante a las ranas que había *mandado* 7760
12.28 hicieron... como Jehová había *mandado* a ... 6680
12.50 como *mandó* Jehová a Moisés... hicieron 6680
16.16 es lo que Jehová ha *mandado*: Recoged 6680
16.24 lo guardaron... según lo... había *mandado* ... 6680
16.32 es lo que Jehová ha *mandado*: Llenad un 6680
16.34 lo puso... como Jehová lo *mandó* a Moisés ... 6680
18.23 si esto hicieres, y Dios te lo *mandare* 6680
19.7 palabras que Jehová le había *mandado* 6680
19.23 has *mandado* diciendo: Señala límites al 5749
23.15 panes sin levadura, como yo te *mandé* 6680
25.22 lo que yo te *mandare* para los hijos de 6680
27.20 *mandarás*... que te traigan aceite puro 6680
29.35 harás a Aarón y... que yo te he *mandado* 6680
31.6 para que hagan todo lo que te he *mandado* ... 6680
31.11 harán conforme... lo que te he *mandado* 6680
32.8 apartado del camino que yo les *mandé* 6680
34.4 y subió al monte... como le *mandó* Jehová 6680
34.11 guarda lo que yo te *mando* hoy; he aquí 6680
34.18 comerás pan sin... según te he *mandado* 6680
34.32 *mandó*... lo que Jehová le había dicho en 6680
34.34 decía a... Israel lo que le era *mandado* 6680
35.1 las cosas que Jehová ha *mandado* que se 6680
35.4 habló Moisés... lo que Jehová ha *mandado* 6680
35.10 hará... las cosas que Jehová ha *mandado* 6680
35.29 toda la obra, que Jehová había *mandado* 6680
36.1 harán... las cosas que ha *mandado* Jehová 6680
36.5 más... para la obra que Jehová ha *mandado* .. 6680
36.6 entonces Moisés *mandó* pregonar por el 6680
38.22 hizo... cosas que Jehová *mandó* a Moisés 6680
39.1,5,7,21,31,32; 40.19,21,23,25,27,29,32 como
Jehová lo había *mandado* a Moisés 6680
39.26,29 como Jehová lo *mandó* a Moisés 6680
39.42 las cosas que Jehová había *mandado* a 6680
39.43 habían hecho... Jehová había *mandado* 6680
40.16 hizo conforme... lo que Jehová le *mandó* 6680
Lv 6.9 *manda* a Aarón y a sus hijos, y diles 6680
7.36 *mandó* Jehová que les diesen, desde el 6680
7.38 *mandó* Jehová a Moisés en el monte de 6680
7.38 el día que *mandó* a los hijos de Israel 6680
8.4 hizo, pues, Moisés como Jehová le *mandó* 6680
8.5 esto es lo que Jehová ha *mandado* hacer 6680
8.9,13,11,21,29; 9.10,21 como Jehová lo había *mandado* a
Moisés 6680
8.31 según yo he *mandado*, diciendo: Aarón y 6680
8.34 hecho, *mandó* hacer Jehová para expiaros 6680
8.35 ordenanza... porque... me ha sido *mandado* 6680
8.36 hicieron... las cosas que *mandó* Jehová 6680
9.5 y llevaron lo que *mandó* Moisés delante 6680
9.6 esto es lo que *mandó* Jehová; hacedlo, y 6680
9.7 haz... por ellos, como ha *mandado Jehová* 6680
10.1 fuego extraño, que él nunca les *mandó* 6680
10.13 la comeréis... así me ha sido *mandado* 6680
10.15 tuyo y de... como Jehová lo ha *mandado* 6680
10.18 vosotros debíais comer... como yo *mandé* 6680
13.54 *mandará* que laven donde está la plaga 6680
14.4 el sacerdote *mandará*... que se tomen para ... 6680
14.5 *mandará* el sacerdote matar una avecilla 6680
14.36 el sacerdote *mandará* desocupar la casa 6680
14.40 *mandará* el sacerdote, y arrancarán las 6680
14.46 durante los días en que la *mandó* cerrar
16.34 y Moisés lo hizo como Jehová le *mandó* 6680
17.2 diles: Esto es lo que ha *mandado Jehová* 6680
24.2 *manda* a los hijos de Israel... te traigan 6680
24.23 hicieron según Jehová había *mandado a* 6680
Nm 1.19 como Jehová... había *mandado a* Moisés 6680
1.54 conforme a todas las... que *mandó* Jehová 6680
2.33 levitas... como Jehová lo *mandó* a Moisés 6680
2.34 todas las cosas que Jehová *mandó* a Moisés ... 6680
3.16 y Moisés los contó... como le fue *mandado* 6680
3.42 contó Moisés, como Jehová... *mandó*, todos ... 6680
3.51 según lo que... había *mandado* a Moisés 6680
4.37,45 contaron Moisés... lo *mandó* Jehová 6310
4.49 como... *mandó* Jehová por medio de Moisés ... 6680
4.49 los cuales contó él, como le fue *mandado* 6310
5.2 *manda* a los hijos de Israel que echen del 6680
8.3 encendió... como Jehová lo *mandó* a Moisés 6680
8.20 conforme a... las cosas que *mandó* Jehová 6680
8.22 de la manera que *mandó* Jehová a Moisés 6680
9.5 conforme a... las cosas que *mandó* Jehová 6680
15.23 las cosas que Jehová os ha *mandado por* 6680
15.23 desde el día que Jehová lo *mandó*, y en 6680
15.36 lo apedrearon... Jehová *mandó* a Moisés 6680
17.11 hizo Moisés como le *mandó* Jehová, así 6680
20.9 Moisés tomó la vara... como él le *mandó* 6680
20.27 y Moisés hizo como Jehová le *mandó* 6680
26.4 contaréis... como *mandó* Jehová a Moisés 6680
27.11 estatuto... como Jehová *mandó* a Moisés 6680
27.22 hizo como Jehová le había *mandado, pues* ... 6680
27.23 como Jehová había *mandado* por mano de ... 1696
28.2 *manda* a los hijos de Israel, y diles 6680
29.40 dijo... lo que Jehová le había *mandado* 6680
30.1 habló... Esto es lo que Jehová ha *mandado* 6680
30.16 ordenanzas que Jehová *mandó* a Moisés 6680
31.7,31,41 como Jehová lo *mandó* a Moisés 6680
31.21 es la ordenanza... que Jehová ha *mandado* .. 6680
31.47 como Jehová lo había *mandado* a Moisés 6680
32.25 siervos harán como mi señor ha *mandado* ... 6680
34.2 *manda* a los hijos de Israel y diles 6680
34.13 y *mandó* Moisés a los hijos de Israel 6680
34.13 la tierra... que *mandó* Jehová que diese 6680
34.29 a éstos *mandó* Jehová que hiciesen la 6680
35.2 *manda* a los hijos de Israel que den a 6680
36.2 Jehová *mandó*... que por sorteo diese la 6680
36.2 ha *mandado Jehová*... que dé la posesión 6680
36.5 Moisés *mandó* a los hijos de Israel por 6680
36.6 es lo que ha *mandado Jehová* acerca de 6680
36.10 como Jehová *mandó*... hicieron las hijas 6680
36.13 estatutos que *mandó* Jehová por medio 6680
Dt 1.3 habló a... que Jehová le había *mandado* 6680
1.16 *mandé* a vuestros jueces, diciendo: Oíd 6680
1.18 os *mandé*, pues... lo que habíais de hacer 6680
1.19 como Jehová nuestro Dios nos lo *mandó* 6680
1.41 conforme a... lo que Jehová... ha *mandado* 6680
2.4 *manda* al pueblo, diciendo: Pasando... Esaú 6680
3.18 os *mandé*... diciendo: Jehová vuestro Dios 6680
3.28 *manda* a Josué, y anímalo, y fortalécelo 6680
4.2 no añadiréis a la palabra que... os *mando* 6680
4.5 enseñado... como Jehová mi Dios me *mandó* ... 6680
4.13 pacto, el cual os *mandó* poner por obra 6680
4.14 me *mandó* Jehová en... que os enseñase los ... 6680
4.40 estatutos... los cuales yo te *mando* hoy 6680
5.12 guardarás el día... tu Dios te ha *mandado* 6680
5.15 ha *mandado que* guardes el día de reposo 6680
5.16 honra a tu padre... tu Dios te ha *mandado* 6680
5.32 que hagáis como Jehová... os ha *mandado* 6680
5.33 camino que Jehová... Dios os ha *mandado* 6680
6.1 decretos que... Dios *mandó* que os enseñase 6680
6.2 guardando... mandamientos que yo te *mando* ... 6680
6.6 palabras que yo te *mando*... estarán sobre 6680
6.17 guardad... sus estatutos que te ha *mandado* ... 6680
6.20 y decretos que Jehová... Dios os *mandó*? 6680
6.24 *mandó*... cumplamos todos estos estatutos 6680
6.25 poner por obra... como él nos ha *mandado* 6680
7.11 guarda... y decretos que yo te *mando* hoy 6680
9.12 han apartado del camino que yo les *mandé* 6680
9.16 del camino que Jehová os había *mandado* 6680
10.5 arca... allí están, como Jehová me *mandó* 6680
12.11 allí llevaréis... cosas que yo os *mando* 6680
12.14 y allí harás todo lo que yo te *mando* 6680
12.21 podrás matar... como te he *mandado* yo, y ... 6680
12.28 escucha... estas palabras que yo te *mando* 6680
12.32 cuidarás de hacer... lo que yo te *mando* 6680
13.5 por el cual Jehová... *mandó* que anduvieses ... 6680
13.18 sus mandamientos que yo te *mando* hoy 6680
15.11 yo te *mando*, diciendo: Abrirás tu mano 6680
15.15 te rescató; por tanto yo te *mando* esto 6680
18.18 les hablará todo lo que yo le *mandare* 6680
18.20 a quien yo no le haya *mandado* hablar 6680
19.7 por tanto yo te *mando*... Separarás tres 6680
20.17 los destruirás... tu Dios te ha mandado 6680
24.8 según yo les he *mandado*, así cuidaréis 6680
24.18,22 por tanto, yo te *mando* que hagas 6680
26.13,14 conforme a... lo que me has *mandado* 6680
26.16 te *manda*... que cumplas estos estatutos 6680
27.4 levantarás... piedras que yo os mando hoy 6680
27.11 y *mandó* Moisés al pueblo en aquel día 6680
28.14 todas las palabras que yo te *mando* hoy 6680
28.45 guardar... sus estatutos, que él te *mandó* 6680
29.1 las palabras... que Jehová *mandó* a Moisés ... 6680
30.2 y obedecieres a... lo que yo te *mando* hoy 6680
30.16 yo te *mando* hoy que ames a Jehová tu 6680
31.5 haréis con ellos... lo que os he *mandado* 6680

M

31.10 les *mandó* Moisés, diciendo: Al fin de ... 6680
31.29 os apartaréis del camino... he *mandado* ... 6680
32.46 para que las *mandéis* a vuestros hijos ... 6680
34.9 e hicieron como Jehová *mandó* a Moisés ... 6680
Jos 1.7 la ley que mi siervo Moisés te *mandó* ... 6680
1.9 mira que te *mando* que te esfuerces y seas ... 6680
1.10 Josué *mandó* a los oficiales del pueblo ... 6680
1.11 *mandad* al pueblo, diciendo: Preparaos ... 6680
1.13 la palabra que Moisés... *mandó* diciendo ... 6680
1.16 haremos... las cosas que nos has *mandado* ... 6680
1.16 e iremos adondequiera que nos *mandes* ... 6680
1.18 no obedeciere... las cosas que le *mandes* ... 6680
3.3 y *mandaron* al pueblo, diciendo: Cuando ... 6680
3.8 *mandarás* a los sacerdotes que llevan el ... 6680
4.3 *mandadles,* diciendo: Tomad... del Jordán ... 6680
4.8 Israel lo hicieron... como Josué les *mandó* ... 6680
4.10 lo que Jehová había *mandado* a Josué que ... 6680
4.10 cosas que Moisés había *mandado* a Josué ... 6680
4.16 *manda* a... sacerdotes que llevan el arca ... 6680
4.17 Josué *mandó* a los sacerdotes... Subid del ... 6680
6.10 Josué *mandó* al pueblo... no gritaréis, ni ... 6680
7.11 quebrantado mi pacto que yo les *mandé* ... 6680
8.4 y les *mandó,* diciendo: Atended, pondréis ... 6680
8.8 conforme a... mirad que os lo he *mandado* ... 6680
8.27 palabra de Jehová que le había *mandado* ... 6680
8.29 *mandó* Josué que quitasen del madero su ... 6680
8.31 como Moisés... lo había *mandado* a... Israel ... 6680
8.33 que Moisés, siervo de... lo había *mandado* ... 6680
8.35 todo cuanto *mandó* Moisés... hiciese leer ... 6680
9.24 Dios había *mandado* a Moisés su siervo ... 6680
10.27 *mandó* Josué que los quitasen de los ... 6680
10.40 mató, como Jehová... se lo había *mandado* ... 6680
11.9 con ellos como Jehová le había *mandado* ... 559
11.12 como Moisés siervo... lo había *mandado* ... 6680
11.15,20 Jehová lo había *mandado* a Moisés ... 6680
11.15 Moisés lo *mandó* a Josué; y así Josué ... 6680
11.15 lo que Jehová había *mandado* a Moisés ... 6680
13.6 repartirás... por suerte... te he *mandado* ... 6680
14.2 como Jehová había *mandado* a Moisés que ... 6680
14.5 Jehová lo había *mandado* a Moisés, así lo ... 6680
17.4 *mandó* a Moisés que nos diese heredad ... 6680
18.8 *mandó* Josué a... que iban para delinear ... 6680
21.2 Jehová *mandó*... nos fuesen dadas ciudades ... 6680
21.8 dieron, pues... como había *mandado* Jehová ... 6680
22.2 guardado todo lo que Moisés... os *mandó* ... 6680
22.2 habéis obedecido... lo que os he *mandado* ... 6680
23.16 el pacto de... Dios que él os ha *mandado* ... 6680
Jue 4.6 dijo: ¿No te ha *mandado* Jehová Dios ... 6680
13.14 no beberá vino... todo lo que le *mandé* ... 6680
21.10 y les *mandaron,* diciendo: Id y herid ... 6680
21.20 *mandaron* a... Benjamín, diciendo: Id, y ... 6680
Rt 2.9 *mandado* a los criados... no te molesten ... 6680
2.15 Booz *mandó* a sus... diciendo: Que recoja ... 6680
3.5 respondió: Haré todo lo que tú me *mandes* ... 559
3.6 hizo... lo que su suegra le había *mandado* ... 6680
1 S 2.29 mis ofrendas, que yo *mandé* ofrecer en ... 6680
13.14 no has guardado lo que Jehová te *mandó* ... 6680
17.20 se fue con... como Isaí le había *mandado* ... 6680
18.22 y *mandó* Saúl a sus siervos: Hablad en ... 6680
20.29 dejes ir... mi hermano me lo ha *mandado* ... 6680
2 S 5.25 así, como Jehová se lo había *mandado* ... 6680
7.7 a quien haya *mandado* apacentar a... Israel ... 6680
9.11 ha *mandado* mi señor... lo hará tu siervo ... 6680
11.19 *mandó* al mensajero, diciendo: Cuando ... 6680
13.28 y no temáis, pues yo os lo he *mandado* ... 6680
13.29 los criados... Absalón les había *mandado* ... 6680
14.19 Joab, él me *mandó,* y él puso en boca de ... 6680
14.29 *mandó* Absalón por Joab, para enviarlo ... 7971
18.5 el rey *mandó* a Joab, a Abisai y a Itai ... 6680
18.12 el rey te *mandó*... diciendo: Mirad que ... 6680
21.14 e hicieron todo lo que... había *mandado* ... 6680
24.19 subió David... había *mandado* Jehová ... 6680
1 R 2.46 el rey *mandó* a Benaía... el cual salió ... 6680
5.6 *manda*... que me corten cedros del Líbano ... 6680
5.8 he oído lo que me *mandaste* a decir; yo ... 7971
5.17 y *mandó* el rey que trajesen piedras ... 6680
8.44 batalla... por el camino que tú les *mandes* ... 7971
8.58 los cuales *mandó* a nuestros padres ... 6680
9.4 haciendo... cosas que yo te he *mandado, y* ... 6680
11.10 y le había *mandado*... que no siguiese a ... 6680
11.10 mas él no guardó lo que le mandó Jehová ... 6680
11.11 no has guardado mi pacto... yo te *mandé* ... 6680
11.38 oído a todas las cosas que te *mandare* ... 6680
12.12 vino... según el rey lo había *mandado* ... 1696
15.5 cosa que le *mandase se* había apartado ... 6680
17.4 yo he *mandado* a los cuervos que te den ... 6680
20.9 haré todo lo que *mandaste* a tu siervo ... 7971
21.11 los... hicieron como Jezabel les *mandó* ... 7971
22.31 había *mandado* a sus 32 capitanes de ... 6680
2 R 5.13 si el... te *mandara* alguna gran cosa ... 1696
5.24 luego *mandó* a los hombres... se fuesen ... 7971
10.5 tuyos... haremos todo lo que nos *mandes* ... 559
11.5 *mandó* diciendo: Esto es lo que habéis ... 6680
11.9 hicieron todo como... Joiada les *mandó* ... 6680
11.15 Joiada *mandó* a los jefes de centenas ... 6680
14.6 Jehová *mandó*... No matarán a los padres ... 6680
16.15 *mandó* el rey Acaz al sacerdote Urías ... 6680
16.16 hizo... cosas que el rey Acaz le *mandó* ... 6680
17.15 les había *mandado* que no hiciesen a la ... 6680
17.27 rey de Asiria *mandó,* diciendo: Llevad ... 6680
17.35 les *mandó* diciendo: No temeréis a otros ... 6680
18.12 las cosas que Moisés... había *mandado* ... 6680
21.8 hagan... las cosas que yo les he *mandado* ... 6680
21.8 la ley que mi siervo Moisés les *mandó* ... 6680
23.1 rey *mandó* reunir... a todos los ancianos ... 7971
23.4 *mandó* el rey al sumo sacerdote Hilcías ... 6680
23.21 *mandó* el rey a todo... Haced la pascua ... 6680
1 Cr 6.49 todo lo que Moisés... había *mandado* ... 6680
14.16 hizo, pues, David como Dios le *mandó* ... 6680
15.15 el arca... como lo había *mandado* Moisés ... 6680
16.15 de la palabra que él *mandó* para mil ... 6680
17.6 los cuales *mandé* que apacentasen a mi ... 6680
19.5 el rey *mandó* que les dijeran: Estaos en ... 7971
22.2 *mandó*... que se reuniese a los extranjeros ... 559
22.6 y le *mandó* que edificase casa a Jehová ... 6680
22.13 y decretos que Jehová *mandó* a Moisés ... 6680
22.17 *mandó* David... que ayudasen a Salomón ... 6680
24.19 que le había *mandado* Jehová el Dios de ... 6680
2 Cr 7.13 *mandaron* a la langosta que consuma ... 6680
7.17 hicieres... las cosas que yo te he *mandado* ... 6680
8.10 los cuales *mandaban* sobre aquella gente ... 7287
8.14 lo había *mandado* David, varón de Dios ... 4687
10.12 vino... según el rey les había *mandado* ... 1696
14.4 y mandó a Judá que buscase a Jehová el ... 559
18.30 *mandado* a los capitanes de los carros ... 6680
19.9 les *mandó* diciendo: Procederéis asimismo ... 6680
23.8 hicieron todo como lo había *mandado* el ... 6680
23.14 Joiada *mandó* que salieran los jefes de
23.14 había *mandado* que no la matasen en la ... 559
24.8 *mandó*... el rey que hiciesen un arca, la ... 559
25.4 Jehová *mandó*... No morirán los padres por ... 6680
29.24 *mandó* el rey hacer el holocausto y la ... 559
29.27 entonces *mandó* Ezequías sacrificar el ... 559
30.6 cartas de... como el rey lo había *mandado* ... 4687
31.4 *mandó*... que diese la porción a, levitas ... 559
31.11 *mandó* Ezequías que preparasen cámaras ... 559
33.8 hagan... las cosas que yo les he *mandado* ... 6680
33.16 y *mandó* a Judá que sirviesen a Jehová ... 559
34.20 y mandó a Hilcías y a Ahicam hijo de ... 6680
36.23 él me ha *mandado* que le edifique casa ... 6845
Esd 1.2 me ha *mandado* que le edifique casa en ... 6845
4.3 como... *mandó* el rey Ciro, rey de Persia ... 6680
7.23 lo que es *mandado* por el Dios del cielo ... 4480,2941
Neh 5.14 desde el día que me *mandó* el rey que ... 6680
7.2 *mandé* a mi hermano Hanani, y a Hananías
8.14 ley que Jehová había *mandado* por mano ... 6680
13.5 estaba *mandado* dar a los levitas, a los ... 4687
Est 1.8 porque así lo había *mandado* el rey a ... 3245
1.10 *mandó* a Mehumán, Bizta, Harbona, Bigta ... 559
1.17 rey Asuero *mandó* traer... la reina Vasti ... 559
2.10 porque Mardoqueo le había *mandado* que ... 6680
2.20 Ester, según le había *mandado* Mardoqueo ... 6680
3.2 se inclinaban... lo había *mandado* el rey ... 6680
3.12 fue escrito conforme... lo que *mandó* Amán ... 6680
4.5 lo *mandó* a Mardoqueo, con orden de saber ... 6680
4.17 Mardoqueo... hizo... lo que le *mandó* Ester ... 6680
5.8 haré conforme a lo que el rey ha *mandado* ... 1697
8.9 se escribió... todo lo que *mandó* Mardoqueo ... 6680
9.14 *mandó* el rey que se hiciese así. Se dio ... 559
Job 9.7 él *manda* al sol, y no sale; y sella las ... 559
36.32 y le *manda* no brillar, interponiendo ... 6680
37.12 para hacer sobre... lo que él les *mande* ... 6680
38.12 ¿has *mandado*... a la mañana en tus días? ... 6680
Sal 7.6 en favor mío el juicio que *mandaste* ... 6680
33.9 dijo, y fue hecho; él *mandó,* y existió ... 6680
42.8 de día *mandará* Jehová su misericordia ... 6680
44.4 tú... eres mi rey; *manda* salvación a Jacob ... 6680
78.5 puso ley... cual *mandó* a nuestros padres ... 6680
78.23 *mandó* a las nubes de arriba, y abrió ... 6680
91.11 sus ángeles *mandará* acerca de ti, que ... 6680
105.8 la palabra que *mandó*... mil generaciones ... 6680
148.5 porque él *mandó,* y fueron creados ... 6680
Is 5.6 aun a las nubes *mandaré* que no derramen ... 6680
10.6 le *mandaré* contra una nación pérfida ... 6680
13.3 *mandé* a mis consagrados, asimismo llamé ... 6680
23.11 Jehová *mandó* respecto a Canaán, que sus ... 6680
34.16 porque su boca *mandó, y los* reunió su ... 6680
36.21 el rey así lo había *mandado,* diciendo ... 4687
45.11 *mandadme* acerca de mis hijos, y acerca ... 6680
45.12 los cielos, y a todo su ejército *mandé* ... 6680
48.5 mi ídolo lo hizo... *mandaron* estas cosas ... 6680
Jer 1.7 irás tú, y dirás todo lo que te *mande* ... 6680
1.17 háblales todo cuanto te *mande;* no temas ... 6680
7.22 ni nada les *mandé* acerca de holocaustos ... 6680
7.23 les *mandé,* diciendo: Escuchad mi voz ... 6680
7.23 andad en todo camino que os *mande,* para ... 6680
7.31 yo no les *mandé,* ni subió en mi corazón ... 6680
11.4 el cual *mandé* a vuestros padres el día ... 6680
11.4 conforme a todo lo que os *mando;* y me ... 6680
11.8 pacto, el cual *mandé* que cumpliesen, y ... 6680
13.5 fui... lo escondí... como Jehová me *mandó* ... 6680
13.6 toma... el cinto que te *mandé* esconder ... 6680
14.14 no los envié, ni les *mandé,* ni... hablé ... 6680
17.22 santificad... día de reposo, como *mandé* ... 6680
19.5 cosa que no les *mandé,* ni hablé, ni me ... 6680
23.32 yo no los envié ni les *mandé;* y ningún ... 6680
26.2 habla a... las palabras que yo te *mandé* ... 6680
26.8 todo lo que Jehová le había *mandado* que ... 6680
27.4 y les *mandarás* que digan a sus señores ... 6680
29.23 hablaron en... palabra que no les *mandé* ... 6680
32.23 nada hicieron de lo que les *mandaste* ... 6680
32.35 lo cual no les *mandé,* ni me vino al ... 6680
34.22 *mandaré* yo, dice Jehová... haré volver ... 6680
35.8 hemos obedecido... cosas que nos *mandó* ... 6680
35.10 conforme a... las cosas que nos *mandó* ... 6680
35.14 de Jonadab... el cual *mandó* a sus hijos ... 6680
35.18 e hicisteis conforme a... que os *mandó* ... 6680
36.5 *mandó* Jeremías a Baruc... A mí se me ha ... 6680
36.8 todas las cosas que le *mandó* Jeremías ... 6680
36.26 *mandó* el rey... que prendiesen a Baruc ... 6680
38.10 *mandó* el rey al... etíope, Ebed-melec ... 6680
38.27 a todo lo que el rey le había *mandado* ... 6680
50.21 haz conforme a... que yo te he *mandado* ... 6680
Lm 1.10 las cuales *mandaste* que no entrasen ... 6680
2.17 la cual él había *mandado* desde tiempo ... 6680
3.37 que sucedió algo que el Señor no *mandó* ... 6680
Ez 9.11 hecho conforme a... lo que me *mandaste* ... 6680
10.6 que al *mandar* al varón vestido de lino ... 6680
12.7 yo hice así como me fue *mandado;* saqué ... 6680
24.18 a la mañana hice como me fue *mandado* ... 6680
37.7 profeticé... como me fue *mandado;* y hubo ... 6680
37.10 y profeticé como me había *mandado,* y ... 6680
Dn 2.12 *mandó*... que matasen a todos los sabios ... 560
2.46 rey... *mandó* que le ofreciesen presentes ... 560
3.4 *mándase* a vosotros, oh pueblos, naciones ... 560
3.20 y *mandó* a hombres... que atasen a Sadrac ... 560
4.6 por esto *mandé* que vinieran... los sabios ... 2942
5.2 *mandó* que trajesen los vasos de oro y de ... 560
5.29 entonces *mandó* Belsasar vestir a Daniel ... 560
6.16 el rey *mandó,* y trajeron a Daniel, y le ... 560
6.23 y *mandó* sacar a Daniel del foso; y fue ... 560
Am 2.12 y a los profetas *mandasteis* diciendo ... 6680
6.11 Jehová *mandará,* y herirá con hendiduras ... 6680
9.3 allí *mandaré* a la serpiente y los morderá ... 6680
9.4 fueren en cautiverio... *mandaré* la espada ... 6680
9.9 yo *mandaré* y haré que la casa de Israel ... 6680
Jon 2.10 y *mandó* Jehová al pez, y vomitó a ... 559
Nah 1.14 *mandará* Jehová... no quede ni memoria ... 6680
2.7 la reina será cautiva; *mandarán* que suba
Zac 1.6 mis ordenanzas que *mandé* a mis siervos ... 6680
3.4 y *mandó* a los que estaban delante de él ... 559
Mt 1.24 hizo como el ángel... le había *mandado* ... *4367*
2.16 Herodes... *mandó* matar a todos los niños ... *649*
4.6 sus ángeles *mandará* acerca de ti, y, En ... *1781*
8.18 mucha gente, *mandó* pasar al otro lado ... *2753*
14.9 entonces el rey... *mandó* que se la diesen ... *2753*
14.19 *mandó* a la gente recostarse sobre la ... *2753*
14.28 Señor, si eres tú, *manda* que yo vaya a ... *2753*
15.4 **Dios *mandó,* diciendo: Honra a tu padre** ... *1781*
15.35 *mandó* a la multitud que se recostase ... *2753*
16.20 *mandó*... discípulos que a nadie dijesen ... *1291*
17.9 **Jesús les *mandó,* diciendo: No digáis a** ... *1781*
19.7 ¿por qué, pues, *mandó* Moisés dar carta ... *1781*
21.6 fueron, e hicieron como Jesús les *mandó* ... *4367*
26.19 como Jesús les *mandó,* y prepararon la ... *4929*
27.19 le *mandó* decir: No tengas nada que ver ... *649*
27.58 Pilato *mandó* que se le diese el cuerpo ... *2753*
27.64 *manda,* pues, que se asegure el sepulcro ... *2753*
28.20 **todas las cosas que os he *mandado;* y** ... *1781*
Mr 1.27 *manda* aun a los espíritus inmundos, y ... *2004*
1.44 **por tu purificación lo que Moisés *mandó*** ... *4367*
5.43 él les *mandó* mucho que nadie lo supiese ... *1291*
6.8 les *mandó* que no llevasen nada para el ... *3853*
6.27 rey... *mandó* que fuese traída la cabeza ... *2004*
6.39 les *mandó* que hiciesen recostar a todos ... *2004*
7.36 y les *mandó* que no lo dijesen a nadie ... *1291*
7.36 más... *mandaba*... más y más lo divulgaban ... *1291*
8.6 mandó a la multitud que se recostase en ... *3853*
8.7 *mandó* que también los pusiesen delante ... *2036*
8.15 ***mandó,* diciendo: Mirad, guardaos de la** ... *1291*
8.30 él les *mandó* que no dijesen esto de él ... *2008*
9.9 *mandó* que a nadie dijesen lo que habían ... *1291*
9.25 *mando,* sal de él, y no entres más en él ... *2004*
10.3 **él, respondiendo... ¿Qué os *mandó* Moisés?** ... *1781*
10.49 Jesús... *mandó* llamarle; y llamaron al ... *2036*
11.6 dijeron como Jesús había *mandado;* y los ... *1781*
13.34 su obra, y al portero *mandó* que velase ... *1781*
Lc 4.10 sus ángeles *mandará* acerca de ti, que ... *1781*
4.36 *manda* a los espíritus inmundos, y salen? ... *2004*
5.14 y él le *mandó* que no lo dijese a nadie ... *4367*
5.14 **según *mandó* Moisés, para testimonio a** ... *3853*
8.25 aun... a las aguas *manda,* y le obedecen? ... *2004*
8.29 porque mandaba al espíritu inmundo que ... *3853*
8.31 rogaban que no los *mandase* ir al abismo ... *2004*
8.55 y él *mandó* que se le diese de comer ... *1299*
8.56; 9.21 les *mandó* que a nadie dijesen ... *3853*
9.54 *mandemos* que descienda fuego del cielo ... *2036*
14.22 **se ha hecho como *mandaste,* y aún hay** ... *2004*
17.9 **porque hizo lo que se le había *mandado?*** ... *1299*
18.40 Jesús... *mandó* traerle a su presencia ... *2753*
Jn 8.5 *mandó* Moisés apedrear a tales mujeres ... *1781*
14.31 **mas... como el Padre me *mandó,* así hago** ... *1781*
15.14 **amigos, si hacéis lo que yo os *mando*** ... *1781*
15.17 **os *mando:* Que os améis unos a otros** ... *1781*
Hch 1.4 ***mandó* que no se fueran de Jerusalén** ... *3853*
5.28 ¿no os *mandamos*... que no enseñaseis en ... *3853*
5.34 *mandó* que sacasen fuera... los apóstoles ... *2753*
8.38 y *mandó* parar el carro; y descendieron ... *2753*
10.33 para oír todo lo que Dios te ha *mandado* ... *4367*
10.42 nos *mandó* que predicásemos al pueblo ... *3853*
10.48 y *mandó* bautizarles en el nombre del ... *4367*
13.15 los principales de... *mandaron* a decirles ... *649*
13.47 así nos ha *mandado* el Señor, diciendo ... *1781*
15.5 *mandarles* que guarden la ley de Moisés ... *3853*
15.24 *mandando* circuncidaros y guardar la ley
16.18 te *mando* en el nombre de Jesucristo ... *3853*
16.23 *mandando* al carcelero... los guardase ... *3853*
16.36 los magistrados han *mandado* a decir ... *649*
17.30 *manda* a todos los hombres en todo lugar ... *3853*
18.2 Claudio había *mandado*... judíos saliesen ... *1299*
21.33 prendió y le *mandó* atar con 2 cadenas ... *2753*
21.34 como... le *mandó* llevar a la fortaleza ... *2753*
22.24 *mandó* el tribuno que le metiesen en la ... *2753*
22.30 *mandó* venir a los... y sacando a Pablo ... *2753*
23.3 quebrantando la ley me *mandas* golpear? ... *2753*
23.10 tribuno... *mandó* que bajasen soldados y ... *2753*
23.22 *mandándole* que a nadie dijese que le ... *3853*
23.23 *mandó* que preparasen... 200 soldados, 70
23.35 *mandó*... le custodiasen en el pretorio ... *2753*
24.8 *mandando* a sus acusadores que viniesen ... *2753*
24.23 *mandó*... que se custodiase a Pablo, pero ... *1299*
25.6 se sentó... y *mandó* que fuese traído Pablo ... *2753*
25.17 al día siguiente... *mandé* traer al hombre ... *2753*

25.21 *mandé* que le custodiasen hasta que le *2753*
27.43 y *mandó* que los que pudiesen nadar se *2753*
1 Co 7.10 *mando*... Que la mujer no se separe del *3853*
2 Co 4.6 Dios, que *mandó* que de las tinieblas *2036*
8.8 no hablo como quien *manda*, sino para *2003*
1 Ts 4.11 de la manera que os hemos *mandado* *3853*
2 Ts 3.4 que hacéis... lo que os hemos *mandado* *3853*
3.12 *mandamos*... que trabajando sosegadamente .. *3853*
1 Ti 1.3 que *mandases* a algunos que no enseñen *3853*
4.3 *mandarán* abstenerse de alimentos que Dios
4.11 esto *manda* y enseña *3853*
5.7 *manda* también estas cosas, para que sean..... *3853*
6.13 te *mando* delante de Dios, que da vida a *3853*
6.17 a los ricos... *manda* que no sean altivos *3853*
Tit 1.5 en cada ciudad, así como yo te *mandé* *1299*
Flm 8 libertad... para *mandarte* lo que conviene *2004*
He 9.20 sangre del pacto que... os ha *mandado* *1781*
1 Jn 3.23 nos amemos... como nos lo ha *mandado* *1785*
Ap 9.4 les *mandó* que no dañasen a la hierba *4483*
13.14 *mandando*... le hagan imagen a la bestia *3004*

MANDATO
Nm 4.41 los cuales contaron... por *m* de Jehová 6310
9.18 al *m* de Jehová los... de Israel partían 6310
9.18 y al *m* de Jehová acampaban; todos los 6310
9.20,23 al *m* de Jehová acampaban, y al *m* de 6310
10.13 partieron... al *m* de Jehová por medio de 6310
27.14 rebeldes a mi *m* en el desierto de Zin 6310
33.2 escribió sus salidas... por *m* de Jehová 6310
36.5 Moisés *mandó* a... Israel por *m* de Jehová 6310
Dt 1.26,43; 9.23 fuisteis rebeldes al *m* de 6310
33.21 con Israel ejecutó los *m y los* justos 4941
Jos 21.3 dieron de... conforme al *m* de Jehová 6310
22.9 conforme al *m* de Jehová por conducto de 6310
2 S 13.32 por *m* de Absalón esto había sido 6310
1 R 13.21 has sido rebelde al *m* de Jehová, y 4687
13.26 varón... que fue rebelde al *m* de Jehová 6310
18.36 que por *m* tuyo he hecho... estas cosas 1697
2 R 24.3 vino esto contra Judá por *m* de Jehová 6310
2 Cr 24.21 por *m* del rey lo apedrearon hasta 4687
Esd 6.14 edificaron... por *m* de Ciro, de Darío 2941
Est 3.15 salieron los correos... por *m* del rey 1697
Sal 119.148 la noche, para meditar en tus *m* 565
Is 28.10,13 *m* sobre *m*, renglón tras renglón 6673
Jon 3.7 hizo proclamar y anunciar... *m* del rey 2940
Hag 1.13 por *m* de Jehová al pueblo, diciendo 4400
Hch 16.24 este *m*, los metió en el calabozo *3852*
25.23 día... por *m* de Festo fue traído Pablo *2753*
1 Ti 1.1 Pablo, apóstol... por *m* de Dios nuestro *2003*
Tit 1.3 que me fue encomendada por *m* de Dios *2003*

MANDO
Gn 36.30 jefes de los horeos, por sus *m* en la 441
Nm 33.1 salieron de la... bajo el *m* de Moisés 3027
Dt 20.9 tomarán el *m* a la cabeza del pueblo 7218
Jue 4.10 y subió con diez mil hombres a su *m* 7272
5.14 y de Zabulón los que tenían vara de *m* 5608
2 S 18.2 bajo el *m* de Joab... el *m* de Abisai 3027
18.2 y una tercera parte al *m* de Itai geteo 3027
1 Ts 4.16 el Señor mismo con voz de *m*, con

MANDRÁGORA
Gn 30.14 y halló *m* en el campo, y las trajo a 1736
30.14 te ruego que me des de las *m* de tu hijo 1736
30.15 sino que... te has de llevar las *m* de 1736
30.15 dormirá contigo esta noche por las *m* 1736
30.16 te he alquilado por las *m* de mi hijo 1736
Cnt 7.13 las *m* han dado olor, y a nuestras 1736

MANECILLA
Cnt 5.5 mirra... corría sobre la *m* del cerrojo 3709

MANEJAR
2 R 3.26 tomó... hombres que *manejaban* espada 8025
Est 3.9 de plata a los que *manejan* la hacienda 6213
Jer 50.42 arco y lanza *manejarán*... crueles, y no 2388
Am 2.15 el que *maneja* el arco no resistirá, ni 8610
Col 2.21 tales como: No *manejes*, ni gustes, ni *680*

MANEJO
2 R 22.7 del dinero cuyo *m* se les confiare

MANERA *Véase también el Apéndice*
Dt 12.30 la *m* que servían aquellas naciones 1571
15.2 esta es la *m* de la remisión: perdonará 1697
Jue 13.12 ¿cómo debe ser la *m* de vivir... niño 4941
1 S 21.13 cambió su *m* de comportarse delante 2940
1 R 22.21 yo le... Y Jehová le dijo: ¿De qué *m*? 4100
Job 33.14 en una o en dos *m* habla Dios; pero el
Pr 22.25 no sea que aprendas sus *m*, y tomes 734
Ec 9.2 todo acontece de la misma *m* a todos
Mt 8.28 de los sepulcros, feroces en gran *m* *3029*
16.22 Señor... en ninguna *m* esto te acontezca
24.24 tal *m* que engañarán, si fuere posible *5620*
Mr 14.70 tu *m* de hablar es semejante a la de
Ro 3.2 mucho, en todas *m*. Primero *5158*
3.4 ninguna *m*; antes bien sea Dios veraz *1096,3361*
3.6 ninguna *m*; de otro modo, ¿cómo juzgaría . *1096,3361*
3.9 ¿somos... mejores que ellos? En ninguna *m* *3843*
3.31 ninguna *m*, sino que confirmamos la ley .. *1096,3361*
6.15 ¿pecaremos... bajo la gracia? En ninguna
m.. *1096,3361*
7.7 ¿la ley es pecado? En ninguna *m*. Pero yo .. *1096,3361*
7.13 en ninguna *m*; sino que el pecado, para ... *1096,3361*
9.14 hay injusticia en Dios? En ninguna *m* *1096,3361*
11.1 ¿ha desechado Dios a su... En ninguna *m* . *1096,3361*
11.11 ¿han tropezado los de... En ninguna *m* .. *1096,3361*
Fil 1.18 no obstante, de todas *m*, o por *5158*

4.10 en gran *m* me gocé en el Señor *3171*
1 Ti 5.25 y las que son de otra *m*, no pueden *247*
He 1.1 Dios, habiendo hablado... y de muchas *m* *4187*
1 P 1.15 santos en toda vuestra *m* de vivir *3956*
1.18 rescatados de vuestra vana *m* de vivir *391*
2.12 manteniendo buena... *m* de vivir entre los *391*
2 P 3.11 andar en santa y piadosa *m* de vivir *391*

MANIFESTACIÓN
Lc 1.80 estuvo... hasta el día de su *m* a Israel *323*
Ro 8.19 el aguardar la *m* de los hijos de Dios *602*
1 Co 1.7 don, esperando la *m* de nuestro Señor *602*
12.7 a cada uno le es dada la *m* del Espíritu *5321*
2 Co 4.2 por la *m* de la verdad recomendándonos *5321*
2 Ti 4.1 juzgará a los vivos y a los... en su *m* *2015*
Tit 2.13 la *m* gloriosa de nuestro gran Dios y *2015*

MANIFESTAR
Gn 46.29 se *manifestó* a él, y se echó sobre 7200
Nm 17,4 donde yo me *manifestaré* a vosotros 3259
Dt 17.10 hacer según... lo que te *manifiesten* 3384
Jue 13.25 el Espíritu... comenzó a *manifestarse* 6470
1 S 2.27 ¿no me *manifesté* yo claramente a la 1540
3.18 Samuel se lo *manifestó*... sin encubrirle 5046
3.21 Jehová se *manifestó* a Samuel en Silo 1540
1 Cr 19.2 *manifestaré* misericordia con Hanún 6213
Job 28.27 entonces la veía él, y la *manifestaba* 5608
Sal 71.17 ahora he *manifestado* tus maravillas 5046
111.6 el poder de sus... *manifestó* a su pueblo 5046
119.26 te he *manifestado* mis caminos, y me 5608
142.2 delante de él *manifestaré* mi angustia 5046
147.19 ha *manifestado* sus palabras a Jacob 5046
Pr 13.16 mas el necio *manifestará* necedad 6566
Is 40.5 y se *manifestará* la gloria de Jehová 1540
53.1 sobre quién se ha *manifestado* el brazo 1540
56.1 cercana... mi justicia para *manifestarse* 1540
Jer 13.26 tu... y se *manifestará* tu ignominia 2834
31.3 se *manifestó* a mí hace ya mucho tiempo 7200
Ez 16.36 tu confusión ha sido *manifestada* a 1540
21.24 *manifestando* vuestras traiciones, y 1540
Mal 3.2 estar en pie cuando él se *manifieste*? 7200
Mt 10.26; Mr 4.22 **no haya de ser *manifestado*** *601*
Lc 2.15 esto... que el Señor nos ha *manifestado* *1107*
8.17 oculto, que no haya de ser *manifestado* *5318*
17.30 que el Hijo del Hombre se *manifieste* *601*
19.11 reino... se *manifestaría* inmediatamente *398*
Jn 1.31 para que fuese *manifestado* a Israel *5319*
2.11 y *manifestó* su gloria; y sus discípulos *5319*
7.4 si estas cosas haces, *manifiéstate* al *5319*
9.3 las obras de Dios se *manifiesten* en él *5319*
11.57 que si alguno supiese... lo *manifestase* *3377*
14.21 y yo le amaré, y me *manifestaré* a él *1718*
14.22 que te *manifestarás* a nosotros, y no *1718*
17.6 he *manifestado* tu nombre a los hombres *5319*
21.1 se *manifestó* otra vez a sus discípulos *5319*
21.1 otra vez... se *manifestó* de esta manera *5319*
21.14 Jesús se *manifestaba* a sus discípulos *5319*
Hch 7.13 fue *manifestado* a Faraón el linaje *5318*
10.40 tercer día, e hizo que se *manifestase* *1717*
Ro 1.19 es manifiesto... Dios se lo *manifestó* *5318*
3.21 se ha *manifestado* la justicia de Dios *5319*
3.25 para *manifestar* su justicia, a causa de *1732*
3.26 con la mira de *manifestar*... *su* justicia *1732*
8.18 gloria... en nosotros ha de *manifestarse* *601*
10.20 me *manifesté* a los que no preguntaban *1717*
16.26 pero que ha sido *manifestado* ahora, y *5319*
1 Co 4.5 y *manifestará* las intenciones de los *5319*
2 Co 2.14 *manifiesta* en todo lugar el olor de *5319*
4.10,11 la vida de Jesús se *manifieste* en *5319*
Ef 5.13 porque la luz es lo que *manifiesta* *5319*
Col 1.26 que... ha sido *manifestado* a sus santos *5319*
3.4 Cristo, vuestra vida, se *manifieste* *5319*
3.4 vosotros... seréis *manifestados* con él en *5319*
4.4 para que lo *manifieste* como debo hablar *5319*
2 Ts 1.7 cuando se *manifieste* el Señor Jesús *602*
2.3 sin que... se *manifieste* el hombre de pecado *601*
2.6 de que a su debido tiempo se *manifieste* *601*
2.8 se *manifestará* aquel inicuo, a quien el *601*
1 Ti 3.16 de la piedad: Dios fue *manifestado* *5319*
2 Ti 1.10 que ahora ha sido *manifestada* por *5319*
Tit 1.3 su debido tiempo *manifestó* su palabra *5319*
2.11 la gracia de Dios se ha *manifestado* para *2014*
3.4 cuando se *manifestó* la bondad de Dios *2014*
He 9.8 no se había *manifestado* el camino al *5319*
1 P 1.5 ser *manifestada* en el tiempo postrero *601*
1.7 honra cuando sea *manifestado* Jesucristo *602*
1.13 traerá cuando Jesucristo sea *manifestado* *602*
1.20 *manifestado* en los postreros tiempos *5319*
1 Jn 1.2 porque la vida fue *manifestada*, y la *5319*
1.2 estaba con el Padre, y se nos *manifestó* *5319*
2.19 que se *manifestase* que no todos son de *5319*
2.28 para que cuando se *manifieste*, tengamos *5319*
3.2 no se ha *manifestado* lo que hemos de ser *5319*
3.2 pero sabemos que cuando él se *manifieste* *5319*
3.10 esto se *manifiestan* los hijos de Dios *5318*
Ap 1.1 la revelación... para *manifestar* a sus *1166*
15.4 porque tus juicios se han *manifestado* *5319*

MANIFIESTO, A
1 R 18.36 sea hoy *m* que tú eres Dios en Israel 3045
Pr 27.5 mejor es reprensión *m* que amor oculto 1540
Jn 3.21 **sea *m* que sus obras son hechas en Dios** *5319*
Hch 2.20 antes que venga el día... grande y *m* *2016*
4.16 cierto, señal *m* ha sido hecha por ellos *5319*
Ro 1.19 lo que de Dios se conoce les es *m* *5318*
1 Co 3.13 obra de cada uno se hará *m*; porque *5318*
11.19 que se hagan *m*... los que son aprobados *5318*
14.25 lo oculto de su corazón se hace *m*; y *5318*
2 Co 2.14 y por medio de nosotros *m* en todo *5319*

3.3 *m* que sois carta de Cristo expedida *5319*
5.11 a Dios le es ni lo que somos; y espero *5319*
7.12 que se os hiciese *m* nuestra solicitud *5319*
Gá 5.19 *m* son las obras de la carne, que son *5318*
Ef 5.13 las cosas... por la luz, son hechas *m* *5319*
1 Ti 4.15 para que tu aprovechamiento sea *m* *5318*
5.25 asimismo se hacen *m* las buenas obras *4271*
2 Ti 3.9 porque su insensatez será *m* a todos *1552*
He 4.13 no hay cosa creada que no sea *m* en su *852*
7.14 porque *m* es que nuestro Señor vino de *4271*
7.15 esto es aun más *m*, si a semejanza de *2612*

MANILLA
Nm 31.50 hemos ofrecido a Jehová... *m*, anillos 6781

MANIOBRAR
2 S 2.14 y *maniobren* delante de nosotros 7832

MANJAR
Gn 40.17 toda clase de *m* de pastelería para 3978
Pr 23.3 no codicies sus *m* delicados, porque 4303
23.6 no comas pan con el... ni codicies sus *m* 4303
Is 25.6 banquete de *m* suculentos, banquete de 8081
Dn 10.3 no comí *m* delicado, ni entró en... boca 3899
11.26 los que coman de sus *m* le quebrantarán *6598*

MANO
Gn 3.22 que no alargue su *m*, y tome también 3027
4.11 recibir de tu *m* la sangre de tu hermano 3027
5.29 nos aliviará de... trabajo de nuestras *m* 3027
8.9 extendió su *m* y... la hizo entrar consigo 3027
9.2 todo animal... en vuestra *m* son entregados 3027
9.5 de *m* de todo animal... y de *m* del hombre 3027
9.5 de *m* del varón su... demandaré la vida del 3027
13.9 si fueres a la *m* izquierda, yo iré a la 8040
14.20 el Dios... entregó tus enemigos en tu *m* 3027
14.22 he alzado mi *m* a Jehová Dios Altísimo 3027
16.6 tu sierva está en tu *m*; haz con ella lo 3027
16.9 vuélvete a tu... y ponte sumisa bajo su *m* 3027
16.12 *m* será contra todos, y la *m* de todos 3027
19.10 los varones alargaron la *m*, y metieron 3027
19.16 varones asieron de su *m*, y de la *m* de 3027
19.16 y de las *m* de sus dos hijas, según la 3027
20.5 y con limpieza de mis *m* he hecho esto 3709
21.18 alza al muchacho, y sostenlo con tu *m* 3027
21.30 estas siete corderas tomarás de mi *m* 3027
22.6 él tomó en su *m* el fuego y el cuchillo 3027
22.10 extendió Abraham su *m*... para degollar 3027
22.12 no extiendas tu *m* sobre el muchacho 3027
24.2 dijo... Pon ahora tu *m* debajo de mi muslo 3027
24.9 el criado puso su *m* debajo del muslo de 3027
24.18 prisa a bajar su cántaro sobre su *m* 3027
24.30 vio el pendiente... las *m* de su hermana 3027
25.26 trabada su *m* al calcañar de Esaú; y fue 3027
27.16 cubrió sus *m* y la parte de su cuello 3027
27.17 y entregó los guisados... en *m* de Jacob 3027
27.22 voz de Jacob, pero las *m*, las *m* de Esaú 3027
27.23 sus *m* eran vellosas como las *m* de Esaú 3027
30.35 ovejas, y las puso en *m* de sus hijos 3027
31.29 poder hay en mi *m* para haceros mal 3027
31.42 me enviarías ahora con las *m* vacías
31.42 pero Dios vio... y el trabajo de mis *m* 3709
32.11 líbrame ahora de la *m* de... la *m* de Esaú 3027
32.13 de lo que le vino a la *m* un presente 3027
33.19 compró una... de *m* de los hijos de Hamor 3027
37.21 Rubén oyó esto, lo libró de sus *m*, y 3027
37.22 echadlo en esta... y no pongáis *m* en él 3027
37.22 por librarlo así de sus *m*, para hacerlo 3027
37.27 no sea nuestra *m* sobre él; porque él 3027
38.18 tu sello... tu báculo que tienes en tu *m* 3027
38.28 sacó la *m* el uno, y la partera tomó y 3027
38.28 partera... ató a su *m* un hilo de grana 3027
38.29 pero volviendo él a meter la *m*, he aquí 3027
38.30 el que tenía en su *m* el hilo de grana 3027
39.3 todo... Jehová lo hacía prosperar en su *m* 3027
39.6 y dejó todo lo que tenía en *m* de José 3027
39.8 y ha puesto en mi *m* todo lo que tiene 3027
39.12 dejó su ropa en las *m* de ella, y huyó 3027
39.13 que le había dejado su ropa en sus *m* 3027
39.22 jefe... entregó en *m* de José el cuidado 3027
40.11 que la copa de Faraón estaba en mi *m* 3027
40.11 uvas... y daba yo la copa en *m* de Faraón 3709
40.13 darás la copa a Faraón en su *m*, como 3027
40.21 hizo... y dio éste la copa en *m* de Faraón 3709
41.35 recojan el trigo bajo la *m* de Faraón 3027
41.42 anillo de su *m*... lo puso en la *m* de José 3027
41.44 sin ti ninguno alzará su *m* ni su pie 3027
42.37 entrégalo en mi *m*, que yo lo devolveré 3027
43.12 tomad en vuestras *m* doble cantidad de 3027
43.12 llevad en vuestra *m* el dinero vuelto 3027
43.15 y tomaron en su *m* doble cantidad de 3027
43.22 traído en nuestras *m* otro dinero para 3027
43.26 ellos... el presente que tenían en su *m* 3027
46.4 contigo... y la *m* de José cerrará tus ojos 3027
47.29 te ruego que pongas tu *m* debajo de mi 3027
48.14 extendió su *m* derecha, y... *m* izquierda 3225
48.14 de Manasés, colocando así sus *m* adrede 3027
48.17 ponía la *m* derecha sobre la cabeza de 3027
48.17 asió la *m*... cambiarla de la cabeza de 3027
48.18 éste... pon tu *m* derecha sobre su cabeza 3225
48.22 la cual tomé yo de *m* del amorreo con 3027
49.8 Judá... tu *m* en la cerviz de tus enemigos 3027
49.24 los brazos de sus *m* se fortalecieron 3027
49.24 por las *m* del Fuerte de Jacob (por el 3027
Éx 2.19 nos defendió de *m* de los pastores, y 3027
3.8 y he descendido para librarlos de *m* de 3027
3.19 rey... no os dejará ir sino por *m* fuerte 3027
3.20 yo extenderé mi *m*, y heriré a Egipto con 3027
3.21 salgáis, no vayáis con las *m* vacías
4.2 Jehová... ¿Qué es eso que tienes en tu *m*? 3027

M

4.4 extiende tu *m*...y él extendió su *m*, y la 3027,3027
4.4 y la tomó, y se volvió vara en su *m*. 3709
4.6 mete...tu *m* en tu seno. Y él metió la *m* 3027
4.6 y cuando la sacó...su *m* estaba leprosa. 3027
4.7 a meter tu *m*...Y él volvió a meter su *m* 3027
4.17 tomarás en tu *m* esta vara, con la cual 3027
4.20 tomó...Moisés la vara de Dios en su *m* 3027
4.21 las maravillas que he puesto en tu *m* 3027
5.21 la espada en la *m* para que nos maten 3027
6.1 porque con *m* fuerte los dejará ir, y con 3027
6.1 y con *m* fuerte los echará de su tierra 3027
6.8 la tierra por la cual alcé mi *m* jurando 3027
7.4 yo pondré mi *m* sobre Egipto, y sacaré a 3027
7.5 extienda mi *m* sobre Egipto, y saque a los 3027
7.15 en tu *m* la vara que se volvió culebra 3027
7.17 golpearé con la vara que tengo en mi *m* 3027
7.19 vara, y extiende tu *m* sobre las aguas 3027
8.5 extiende tu *m* con tu vara sobre los ríos 3027
8.6 Aarón extendió su *m* sobre las aguas de 3027
8.17 así; y Aarón extendió su *m* con su vara 3027
9.3 la *m* de Jehová estará sobre tus ganados 3027
9.15 extenderé mi *m* para herirte a ti y a tu 3027
9.22 extiende tu *m* hacia el cielo, para que 3027
9.29 extenderé mis *m*...y los truenos cesarán 3709
9.33 extendió sus *m* a Jehová, y cesaron los 3709
10.12 extiende tu *m* sobre la tierra de Egipto 3027
10.21 extiende tu *m* hacia el cielo, para que 3027
10.22 y extendió Moisés su *m* hacia el cielo 3027
12.11 comeréis...vuestro bordón en vuestra *m* 3027
13.3 Jehová os ha sacado de aquí con *m* fuerte 3027
13.9,16 te será como una señal sobre tu *m*. 3027
13.9 con *m* fuerte te sacó Jehová de Egipto 3027
13.14 le dirás: Jehová nos sacó con *m* fuerte 3027
13.16 Jehová nos sacó de Egipto con *m* fuerte 3027
14.8 de Israel habían salido con *m* poderosa 3027
14.16 tu vara, y extiende tu *m* sobre el mar 3027
14.21 y extendió Moisés su *m* sobre el mar, e 3027
14.26 extiende tu *m* sobre el mar, para que 3027
14.27 Moisés extendió su *m* sobre el mar, y 3027
14.30 así salvó...Israel de *m* de los egipcios 3027
15.9 sacaré mi espada, los destruirá mi *m*. 3027
15.17 en el santuario que tus *m*, oh Jehová 3027
15.20 María la...tomó un pandero en su *m*, y 3027
16.3 ojalá hubiéramos muerto por *m* de Jehová 3027
17.5 y toma también en tu *m* tu vara con que 3027
17.9 estaré sobre...y la vara de Dios en mi *m* 3027
17.11 alzaba Moisés su *m*, Israel prevalecía 3027
17.11 cuando...bajaba su *m*, prevalecía Amalec 3027
17.12 y las *m* de Moisés se cansaban; por lo 3027
17.12 Aarón y Hur sostenían sus *m*, el uno de 3027
17.12 así hubo en sus *m* firmeza hasta que se 3027
17.16 por cuanto la *m* de Amalec se levantó 3027
18.9 al haberlo librado de *m* de los egipcios 3027
18.10 os libró de *m*...egipcios...in de Faraón 3027
18.10 libró al pueblo de la *m* de los egipcios 3027
19.13 no lo tocará *m*, porque será apedreado 3027
21.13 que no...sino que Dios lo puso en sus *m* 3027
21.16 o si fuere hallada en sus *m*, morirá 3027
21.20 y muriere bajo su *m*, será castigado 3027
21.24 diente por diente, *m* por *m*, pie por pie 3027
22.4 si fuere hallado con el hurto en la *m* 3027
22.8 si ha metido su *m* en los bienes de su 3027
22.11 juramento...no metió su *m* a los bienes 3027
23.15 y ninguno se presentará...las *m* vacías
23.31 pondré en tus *m* a los moradores de la 3027
24.11 no extendió su *m* sobre los príncipes 3027
29.10,15,19 pondrán sus *m* sobre la cabeza del 3027
29.20 sobre el dedo pulgar de las *m* derechas 3027
29.24 en las *m* de Aarón...las *m* de sus hijos 3709
29.25 lo tomarás de sus *m* y lo harás arder 3027
29.33 para llenar sus *m* para consagrarlos 3027
30.19 lavarán Aarón y sus...las *m* y los pies 3027
30.21 se lavarán las *m* y los pies, para que 3027
32.4 tomó de las *m* de ellos, y le dio forma 3027
32.11 pueblo, que tú sacaste...con *m* fuerte? 3027
32.15 en su *m* las dos tablas del testimonio 3027
32.19 Moisés, y arrojó las tablas de sus *m* 3027
33.22 y te cubriré con mi *m* hasta que haya 3709
33.23 apartaré mi *m*, y verás mis espaldas 3709
34.4 llevó en su *m* las dos tablas de piedra 3027
34.20 ninguno se presentará...con las *m* vacías
34.29 las dos tablas del testimonio en su *m* 3027
35.25 mujeres sabias de...hilaban con sus *m* 3027
40.31 Aarón y sus hijos lavaban en ella...*m* 3027
Lv 1.4 pondrá su *m*...la cabeza del holocausto 3027
3.2,8 su *m* sobre la cabeza de su ofrenda 3027
3.13 pondrá su *m* sobre la cabeza de ella, y 3027
4.4,15 pondrá...*m* sobre la cabeza del becerro 3027
4.24 pondrá su *m* sobre la cabeza del macho 3027
4.29,33 su *m* sobre la cabeza de la ofrenda 3027
6.2 negare...lo encomendado o dejado en su *m* 3027
7.30 sus *m* traerán las ofrendas que se han 3027
8.14,18,22 pusieron sus *m* sobre la cabeza 3027
8.23 sobre el dedo pulgar de su *m* derecha, y 3027
8.24 sobre los pulgares de sus *m* derechas, y 3027
8.27 las *m* de Aarón, y en las *m* de sus hijos 3709
8.28 tornó aquellas cosas...de las *m* de ellos 3709
9.17 y llenó de ella su *m*, y la hizo quemar 3709
9.22 alzó Aarón sus *m* hacia el pueblo y lo 3027
14.14,17,25,28 el pulgar de su *m* derecha 3027
14.15,26 sobre la palma de su *m* izquierda 8042
14.16 dedo...en el aceite que tiene en su *m* 3709
14.17,18,27,28 del aceite que tiene en su *m*. 3709
14.29 que sobre el aceite que...tiene en su *m* 3709
15.11 tocare el...y no lavare con agua sus *m* 3027
16.21 pondrá Aarón sus dos *m* sobre la cabeza 3027
16.21 por *m* de un hombre destinado para esto 3027
21.19 tenga quebradura de pie o rotura de *m* 3027
22.25 ni de *m* de extranjeros tomarás estos 3027
24.14 los que le oyeron pongan sus *m* sobre 3027
25.14 o compraréis de *m* de vuestro prójimo 3027
26.25 y seréis entregados en *m* del enemigo 3027
26.46 que estableció Jehová...por *m* de Moisés 3027
Nm 5.18 mujer...pondrá sobre sus *m* la ofrenda 3709
5.18 el sacerdote tendrá en la *m* las aguas 3027
5.25 tomará de la *m* de la mujer la ofrenda 3027
6.19 y las pondrá sobre las *m* del nazareo 3709
7.8 conforme a su ministerio bajo la *m* de 3027
8.10 hijos de Israel sus *m* sobre los levitas 3027
8.12 pondrán sus *m* sobre las cabezas de los 3027
11.23 ¿acaso se ha acortado la *m* de Jehová? 3027
14.30 alcé mi *m* y juré que os haría habitar 3027
20.11 alzó Moisés su *m* y golpeó la peña con 3027
20.20 salió Edom contra él con...y *m* fuerte 3027
21.2 si en...entregares este pueblo en mi *m* 3027
21.34 porque en tu *m* lo he entregado, a él 3027
22.7 con las dádivas de adivinación en su *m*. 3027
22.23 vio al ángel...con su espada...en su *m* 3027
22.29 al asna...¡Ojalá tuviera espada en mi *m* 3027
22.31 y tenía su espada desnuda en su *m*. 3027
24.7 *m* destilarán aguas, y su descendencia
24.10 batiendo sus *m* le dijo: Para maldecir 3709
25.7 vio Finees...y tomó una lanza en su *m*. 3027
27.18 torna a Josué...y pondrás tu *m* sobre él 3027
27.23 puso sobre él sus *m*, y le dio el cargo 3027
27.23 Jehová había mandado por *m* de Moisés 3027
31.6 y con las trompetas en su *m* para tocar 3027
33.3 salieron los...de Israel con *m* poderosa 3027
35.17 y si con piedra en la *m*...lo hiriere y 3027
35.18 y si con instrumento de palo en la *m* 3027
35.21 o por enemistad lo hirió con su *m*, y 3027
35.25 librará al homicida de *m* del vengador 3027
Dt 1.25 y tomaron en sus *m* del fruto del país 3027
1.27 para entregarnos en *m* del amorreo para 3027
2.7 te ha bendecido en toda obra de tus *m* 3027
2.15 la *m* de Jehová vino sobre ellos para 3027
2.24 aquí he entregado en tu *m* a Sehón rey 3027
2.30 para entregarlo en tu *m*, como hasta hoy 3027
3.2 tu *m* he entregado a él y a todo su pueblo 3027
3.3 entregó...en nuestra *m* a Og rey de Basán 3027
3.8 Hermón, de *m* de los dos reyes amorreos 3027
3.24 mostrar...tu grandeza, y tu *m* poderosa 3027
4.28 serviréis allí a dioses hechos de *m* de 3027
4.34 *m* poderosa y brazo extendido, y hechos 3027
5.15 te sacó de allá con *m* fuerte y brazo 3027
6.8 y las atarás como una señal en tu *m*, y 3027
6.21 y Jehová nos sacó de...con *m* poderosa 3027
7.8 os ha sacado Jehová con *m* poderosa, y 3027
7.8 os ha rescatado...de la *m* de Faraón rey 3027
7.19 de la *m* poderosa y el brazo extendido 3027
7.24 él entregará sus reyes en tu *m*, y tú 3027
8.17 digas...Mi poder y la fuerza de mi *m* me 3027
9.15 con las tablas del pacto en mis dos *m*. 3027
9.17 las arrojé de mis dos *m*, y las quebré 3027
9.26 que sacaste de Egipto con *m* poderosa 3027
10.3 y subí al...con las dos tablas en mi *m*. 3027
11.2 ni visto el...su *m* poderosa, y su brazo 3027
11.18 y las ataréis como señal en vuestra *m* 3027
12.6,11,17 la ofrenda elevada de vuestras *m* 3027
12.7 os alegraréis...en toda obra de vuestra *m* 3027
12.18 te alegrarás...de toda la obra de tus *m*. 3027
13.9 tu *m* se alzará...la *m* de todo el pueblo 3027
13.17 y no se pegará a tu *m* nada del anatema 3027
14.25 guardarás el dinero en tu *m*, y vendrás 3027
14.29 te bendiga en...obra que tus *m* hicieren 3027
15.2 todo aquel que hizo empréstito de su *m* 3027
15.3 lo que...tuviere tuyo, lo perdonará tu *m* 3027
15.7 no...ni cerrarás tu *m* contra tu hermano 3027
15.8 sino abrirás a él tu *m* liberalmente, y 3027
15.11 abrirás tu *m* a tu hermano, al pobre y 3027
15.13 libre, no le enviarás con las *m* vacías
16.10 de la abundancia voluntaria de tu *m* 3027
16.15 habrá bendecido...toda la obra de tus *m* 3027
16.16 ninguno se presentará...con las *m* vacías
16.17 con la ofrenda de su *m* conforme a la 3027
17.7 *m* de los testigos caerá...sobre él para 3027
17.7 y después la *m* de todo el pueblo; así 3027
19.5 al dar su *m* el golpe con el hacha para 3027
19.12 lo entregarán en *m* del vengador de la 3027
19.21 diente por diente, *m* por *m*, pie por pie 3027
20.13 que Jehová tu Dios la entregue en tu *m* 3027
21.6 todos...lavarán sus *m* sobre la becerra 3027
21.7 nuestras *m* no han derramado esta sangre 3027
21.10 Jehová tu Dios los entregare en tu *m* 3027
23.20 que te bendiga...en toda obra de tus *m* 3027
23.25 podrás arrancar espigas con tu *m*; mas 3027
24.1 se la entregará en su *m*, y la despedirá 3027
24.3 la entregare en su *m*, y la despidiere 3027
24.19 que te bendiga...en toda obra de tus ni 3027
25.11 para librar a su marido de *m* del que le 3027
25.11 y alargando su *m* asiere de sus partes 3027
25.12 le cortarás...la *m*; no la perdonarás 3709
26.4 el sacerdote tomará la canasta de tu *m*. 3027
26.8 Jehová nos sacó de Egipto con *m* fuerte 3027
27.15 hiciere escultura o...de *m* de artífice 3027
28.8 y sobre...aquello en que pusieres tu *m* 3027
28.12 y para bendecir toda obra de tus *m* 3027
28.20 y asombro en todo cuanto pusieres *m* 3027
28.32 ojos lo verán...no habrá fuerza en tu *m* 3027
30.9 te hará...abundar en toda obra de tus *m*. 3027
31.29 enojándole con la obra de vuestras *m* 3027
32.27 no sea que digan: Nuestra *m* poderosa 3027
32.39 y no hay quien pueda librar de mi *m* 3027
32.40 yo alzaré a los cielos mi *m*, y diré 3027
32.41 echare *m* del juicio...tomaré venganza 3027
33.2 vino...con la ley de fuego a su *m* derecha 3225
33.3 los consagrados a él estaban en su *m* 3027
33.7 *m* le basten, y tú seas su ayuda contra 3027
33.11 y recibe con agrado la obra de sus *m* 3027
34.9 Moisés había puesto sus *m* sobre él 3027
Jos 2.19 su sangre será sobre...si *m* le tocare 3027
2.24 entregado toda la tierra en nuestras *m*. 3027
4.24 conozcan que la *m* de Jehová es poderosa 3027
5.13 un varón que...tenía una espada...en su ni 3027
6.2 mira, yo he entregado en tu *m* a Jericó 3027
7.7 para entregarnos en las *m* de los amorreos 3027
8.1 yo he entregado en tu *m* al rey de Hai, a 3027
8.7 vuestro Dios la entregará en vuestras *m* 3027
8.18 extiende la lanza que tienes en tu *m* 3027
8.18 hacia Hai, porque...la entregaré en tu *m*. 3027
8.18 extendió...la lanza que en su *m* tenía 3027
8.19 los que...corrieron luego que él alzó su *m* 3027
8.26 no retiró su *m*...extendido con la lanza 3027
9.11 tomad en vuestras *m* provisión para el 3027
9.25 ahora, pues, henos aquí en tu *m*...hazlo 3027
9.26 los libró de la *m* de los hijos de Israel 3027
10.8 porque yo los he entregado en tu *m*, y 3027
10.19 Dios los ha entregado en vuestra *m* 3027
10.30 entregó...ella y su rey en *m* de Israel 3027
10.32 entregó a Laquis en *m* de Israel, y la 3027
11.8 los entregó Jehová en *m* de Israel, y 3027
20.5 no entregarán en su *m* al homicida, por 3027
20.9 que no muriese por *m* del vengador de la 3027
21.44 entregó en sus *m* a todos sus enemigos 3027
22.31 librado a...de Israel de la *m* de Jehová 3027
24.8 amorreos...yo los entregué en vuestras *m* 3027
24.10 cual os bendijo...y os libré de sus *m*. 3027
24.11 de Jericó...los entregué en vuestras *m* 3027
Jue 1.2 que yo he entregado la tierra en sus *m* 3027
1.4 Jehová entregó en sus *m* al cananeo y al 3027
1.6 le cortaron los pulgares de las *m* y de 3027
1.7 cortados los pulgares de sus *m* y de sus 3027
2.14 los entregó en *m* de robadores que los 3027
2.14 Jehová...los vendió en *m* de sus enemigos 3027
2.15 la *m* de Jehová estaba contra ellos para 3027
2.16 jueces que los librasen de *m* de los que 3027
2.18 los libraba de *m* de los enemigos todo el 3027
2.23 por esto...no las entregó en *m* de Josué 3027
3.4 él había dado a...padres por *m* de Moisés 3027
3.8 los vendió en *m* de Cusan-risataim rey de 3027
3.10 entregó en su *m* a Cusan-risataim rey de 3027
3.10 prevaleció su *m* contra Cusan-risataim 3027
3.21 alargó Aod su *m* izquierda, y tomó el 3027
3.28 ha entregado a...moabitas en vuestras *m* 3027
3.30 fue subyugado Moab...bajo la *m* de Israel 3027
4.2 Jehová los vendió en *m* de Jabín rey de 3027
4.7 y yo atraeré...y lo entregaré en tus *m*? 3027
4.9 en *m* de mujer venderá Jehová a Sísara 3027
4.14 Jehová ha entregado a Sísara en tus *m*. 3027
4.21 poniendo un mazo en su *m*, se le acercó 3027
4.24 la *m* de...Israel fue endureciéndose más 3027
5.26 tendió su *m* a la estaca, y su diestra al 3027
6.1 los entregó en *m* de Madián por siete años 3027
6.2 la *m* de Madián prevaleció contra Israel 3027
6.9 os libré de *m* de los egipcios, y de *m* de 3027
6.13 nos ha entregado en *m* de los madianitas 3709
6.14 vé...y salvarás a Israel de la *m* de los 3709
6.21 el báculo que tenía en su *m*, tocó con la 3027
6.36 si has de salvar a Israel por mi *m*, como 3027
6.37 entenderé...salvarás a Israel por mi *m*. 3027
7.2 que yo entregue a los madianitas en su *m* 3027
7.2 se alabe...diciendo: Mi *m* me ha salvado 3027
7.6 lamieron llevando el agua con la *m* a su 3027
7.7 y entregaré a los madianitas en tus *m* 3027
7.9 levántate...yo lo he entregado en tus *m* 3027
7.11 oirás...y entonces tus *m* se esforzarán 3027
7.14 de Gedeón...Dios ha entregado en sus *m* a 3027
7.15 entregado el...de Madián en vuestras *m* 3027
7.16 dio a todos ellos trompetas en sus *m* 3027
7.19 y quebraron los cántaros que...en sus *m* 3027
7.20 tomaron en la *m* izquierda las teas, y 3027
8.3 entregado en vuestras *m* a Oreb y a Zeeb 3027
8.6,15 ¿están ya en tu *m* Zeba y Zalmuna, para 3027
8.7 Jehová haya entregado en mi *m* a Zeba y a 3027
8.22 pues que nos ha librado de *m* de Madián 3027
9.16 si...pagado conforme a la obra de sus *m* 3027
9.17 mi padre...para libraros de *m* de Madián 3027
9.24 de Siquem que fortalecieron las *m* de él 3027
9.29 ojalá estuviera este pueblo bajo mi *m* 3027
9.48 Abimelec un hacha en su *m*, y cortó una 3027
10.7 en *m* de los filisteos, y en *m*...de Amón 3027
10.12 y clamando a mí no os libré de sus *m*? 3027
11.21 Dios...entregó a Sehón...en *m* de Israel 3027
11.30 si entregares a los amonitas en mis *m*. 3027
11.32 fue Jefté...Jehová los entregó en su *m* 3027
12.2 os llamé, y no me defendisteis de su *m*. 3027
12.6 le echaban *m*, y le degollaban junto a 3027
13.1 los entregó en *m* de los filisteos por 3027
13.5 salvar a Israel de *m* de los filisteos 3027
13.23 no aceptaría de...*m* el holocausto y la 3027
14.6 despedazó al...sin tener nada en su *m* 3027
14.9 tomándolo en sus *m*, se fue comiéndolo 3709
15.12 para...entregarte en *m* de los filisteos 3027
15.13 te entregaremos en sus *m*; mas no te 3027
15.14 y las ataduras se cayeron de sus *m*. 3027
15.15 extendió la *m* y la tomó, y mató con 3027
15.17 arrojó de su *m* la quijada, y llamó a 3027
15.18 grande salvación por *m* de tu siervo 3027
15.18 sed, y caeré en *m* de los incircuncisos? 3027
16.18 vinieron...trayendo en su *m* el dinero 3027
16.21 mas los filisteos le echaron *m*, y le
16.23,24 nuestro dios entregó en nuestras *m* 3027
16.26 dijo al joven que le guiaba de la *m* 3027
16.29 *m* derecha sobre una y su *m* izquierda .. 3225,8040

18.10 pues Dios la ha entregado en vuestras *m*. 3027
18.19 pon la *m* sobre tu boca, y vente con 3027
19.27 estaba tendida...las *m* sobre el umbral 3027
19.29 echó *m* de su concubina, y la partió por 2388
Rt 1.13 la *m* de Jehová ha salido contra mí 3027
1.21 Jehová me ha vuelto con las *m* vacías
3.17 no vayas a tu suegra con las *m* vacías
4.5 día que compres las tierras de *m* de Noemí 3027
4.9 he adquirido de *m* de Noemí todo lo que 3027
1 S 2.13 en su *m* un garfio de tres dientes 3027
4.3 nos salve de la *m* de nuestros enemigos 3709
4.8 ¿quién nos librará de la *m* de...dioses 3027
5.4 palmas de sus *m* estaban cortadas sobre 3027
5.6 y se agravó la *m* de Jehová sobre...Asdod 3027
5.7 Dios...porque su *m* es dura sobre nosotros 3027
5.9 la *m* de Jehová estuvo contra la ciudad 3027
5.11 y la *m* de Dios se había agravado allí 3027
6.3 por qué no se apartó de vosotros su *m* 3027
6.5 quizá aliviará su *m* de sobre vosotros 3027
6.9 sabremos que no es su *m*...nos ha herido 3027
7.3 y os librará de la *m* de los filisteos 3027
7.8 que nos guarde de la *m* de los filisteos 3027
7.13 *m* de Jehová estuvo contra los filisteos 3027
7.14 Israel libró su territorio de *m* de los 3027
9.8 se halla en mi *m* la cuarta parte de un 3027
9.16 salvará a mi pueblo de *m* de...filisteos 3027
10.4 dos panes, los que tomarás de *m* de ellos 3027
10.7 haz lo que te viniere a la *m*, porque 3027
10.18 os libré de *m* de los egipcios, y de *m* 3027
12.4 has tomado algo de *m* de ningún hombre 3027
12.5 no habéis hallado cosa alguna en mi *m* 3027
12.9 él los vendió en *m* de Sísara jefe del 3027
12.9 *m* de los filisteos...*m* del rey de Moab 3027
12.10 líbranos...de *m* de nuestros enemigos, y 3027
12.11 y os libró de *m* de vuestros enemigos 3027
12.15 la *m* de Jehová estará contra vosotros 3027
13.22 no se halló espada...en *m* de ninguno del 3027
14.10 Jehová los ha entregado en nuestra *m* 3027
14.12 Jehová los ha entregado en *m* de Israel 3027
14.13 subió...trepando con sus *m* y sus pies 3027
14.19 dijo Saúl al sacerdote: Detén tu *m* 3027
14.26 quien hiciera llegar su *m* a su boca 3027
14.27 y alargó...una vara que traía en su *m* 3027
14.27 la mojó en un...y llevó su *m* a la boca 3027
14.34 y trajo...cada cual por su *m* su vaca 3027
14.37 tras...¿los entregarás en *m* de Israel? 3027
14.43 la punta de la vara que traía en mi *m* 3027
14.48 libró a...de *m* de los que le saqueaban 3027
16.16 arpa...toque con su *m*, y tengas alivio 3027
16.23 David...tocaba con su *m*; y Saúl tenía 3027
17.22 dejó su carga en *m* del que guardaba el 3027
17.35 le echaba *m* de la quijada, y lo hería 2388
17.37 él...me librará de la *m* de este filisteo 3027
17.40 y tomó su cayado en su *m*, y escogió 5 3027
17.40 tomó su honda en su *m*, y se fue hacia 3027
17.46 Jehová te entregará hoy en mi *m*, y yo 3027
17.47 de Jehová...él entregará en nuestras *m* 3027
17.49 metiendo David su *m* en la bolsa, tomó 3027
17.50 y lo mató, sin tener...espada en su *m* 3027
17.57 David la cabeza del filisteo en su *m* 3027
18.10 tocaba...tenía Saúl la lanza en la *m* 3027
18.17 no será mi *m*...sino la *m* de los filisteos 3027
18.21 que la *m* de los filisteos sea contra él 3027
18.25 hacer caer a David en *m* de...filisteos 3027
19.5 pues él tomó su vida en su *m*, y mató al 3709
19.9 una lanza a *m*, mientras David tocaba 3027
20.16 requiéralo...de la *m* de los enemigos de 3027
21.3 ¿qué tienes a *m*? Dame cinco panes, o lo 3027
21.4 no tengo pan común a la *m*...pan sagrado 3027
21.8 ¿no tienes aquí a *m* lanza o espada? 3027
21.8 no tomé en mi *m* mi espada ni mis armas 3027
22.6 Saúl...tenía su lanza en su *m*, y todos 3027
22.17 también la *m* de ellos está con David 3027
22.17 no quisieron extender sus *m* para matar 3027
23.4 yo entregaré en tus *m* a los filisteos 3027
23.6 Abiatar...descendió con el efod en su *m* 3027
23.7 Dios lo ha entregado en mi *m*; pues se 3027
23.11 ¿me entregarán los...de Keila en sus *m*? 3027
23.12 dijo...¿Me entregarán los...en *m* de Saúl? 3027
23.14 buscaba...Dios no lo entregó en sus *m* 3027
23.16 Jonatán hijo...fortaleció su *m* en Dios 3027
23.17 no te hallará la *m* de Saúl mi padre 3027
23.20 nosotros lo entregaremos en la *m* del 3027
24.4 el día...entrego a tu enemigo en tu *m* 3027
24.6 mi *m* contra él; porque es el ungido de 3027
24.10 Jehová te ha puesto hoy en mis *m* en la 3027
24.10 dije: No extenderé mi *m* contra mi señor 3027
24.11 y mira...la orilla de tu manto en mi *m* 3027
24.11 ve que no hay mal ni traición en mi *m* 3027
24.12 juzgue Jehová...mi *m* no será contra ti 3027
24.13 dice...así que mi *m* no será contra ti 3027
24.15 vea...mi causa, y me defienda de tu *m* 3027
24.18 habiéndome entregado Jehová en tu *m* 3027
24.20 el reino de...ha de ser en tu *m* firme 3027
25.8 te ruego que des lo que tuvieres a *m* 3027
25.26 ha impedido...vengarte por tu propia *m* 3027
25.33 de ir a...y a vengarme por mi propia *m* 3027
25.35 recibió David de su *m* lo que le había 3027
25.39 juzgó...afrenta recibida de *m* de Nabal 3027
26.8 ha entregado Dios a tu enemigo en tu *m* 3027
26.9 ¿quién extenderá su *m* contra el ungido 3027
26.11 de extender mi *m* contra el ungido de 3027
26.18 ¿qué he hecho? ¿Qué mal hay en mi *m*? 3027
26.23 Jehová te había entregado hoy en mi *m* 3027
26.23 mas yo no quise extender mi *m* contra 3027
27.1 al fin seré muerto...día por la *m* de Saúl 3027
27.1 que fugarme a la...así escaparé de su *m* 3027
28.17 Jehová ha quitado el reino de tu *m*, y 3027
28.19 Jehová entregará...*m* de los filisteos 3027
28.19 al ejército de...en *m* de los filisteos 3027
30.15 ni me entregarás en *m* de mi amo, y yo 3027
30.23 entregado en nuestra *m*...merodeadores 3027
2 S 1.14 extender tu *m* para matar al ungido 3027
2.7 esfuércense, pues, ahora vuestras *m*, y 3027
2.16 y cada uno echó *m* de...de su adversario 2388
2.21 echa *m* de alguno de los hombres, y toma 270
3.8 no te he entregado en *m* de David; ¿y tú 3027
3.12 que mi *m* estará contigo para volver a ti 3027
3.18 por la *m* de...David libraré a mi pueblo 3027
3.18 mi pueblo Israel de *m* de los filisteos 3027
3.18 libraré a...y de *m* de todos sus enemigos 3027
3.34 tus *m* no estaban atadas, ni tus pies 3027
4.1 luego que oyó...las *m* se le debilitaron 3027
4.11 demandar yo su sangre de vuestras *m*, y 3027
4.12 y les cortaron las *m* y los pies, y los 3027
5.19 ¿iré contra los...Los entregarás en mi *m*? 3027
5.19 vé...entregaré a los filisteos en tu *m* 3027
6.6 Uza extendió su *m* al arca de Dios, y la
8.1 tomó...a Meteg-ama de *m* de los filisteos 3027
8.10 llevaba en su *m* utensilios de plata, de 3027
10.10 resto del ejército en *m* de Abisai su 3027
11.14 una carta, la cual envió por *m* de Urías 3027
12.7 yo te ungí...y te libré de la *m* de Saúl 3027
13.5 para que al verla yo la coma de su *m* 3027
13.6 dos hojuelas, para que coma yo de su *m* 3027
13.10 trae la comida a...que yo coma de tu *m* 3027
13.19 su *m* sobre su cabeza, se fue gritando 3027
14.16 librar a su sierva de *m* del hombre que 3709
14.19 ¿no anda la *m* de Joab...en todas estas 3027
15.5 a él, él extendía la *m* y lo tomaba, y 3027
16.8 ha entregado el reino en *m* de tu hijo 3027
16.21 se fortalecerán las *m* de todos los que 3027
17.2 y caeré sobre él mientras...débil de *m* 3027
18.12 no extendería yo mi *m* contra el hijo 3709
18.14 tomando tres dardos en su *m*, los clavó 3709
18.19 ha defendido...de la *m* de sus enemigos?
18.28 que habían levantado sus *m* contra mi 3027
18.31 ha defendido tu causa de la *m* de todos 3027
19.9 el rey nos ha librado de *m* de...enemigos 3709
19.9 y nos ha salvado de *m* de los filisteos 3709
20.10 de la daga que estaba en la *m* de Joab 3027
20.21 ha levantado su *m* contra el rey David 3027
21.9 y los entregó en *m* de los gabaonitas 3027
21.20 doce dedos en las *m*, y otros doce en 3027
21.22 por *m* de David y por *m* de sus siervos 3027
22.1 le había librado de la *m*...la *m* de Saúl 3709
22.21,25 conforme a la limpieza de mis *m* 3027
22.35 quien adiestra mis *m* para la batalla 3027
23.6 espinos...los cuales nadie toma con la *m* 3027
23.10 su *m* se cansó, y quedó pegada su *m* a 3027
23.21 y tenía el egipcio una lanza en su *m* 3027
23.21 arrebató al egipcio la lanza de la *m* 3027
24.14 caigamos ahora en *m* de Jehová, porque 3027
24.14 de Jehová...no caiga yo en *m* de hombres 3027
24.16 el ángel extendió su *m* sobre Jerusalén 3027
24.16 basta ahora; detén tu *m*. Y el ángel de 3027
24.17 te ruego que tu *m* se vuelva contra mí 3027
1 R 2.25 Salomón envió por *m* de Benaía hijo de 3027
2.46 reino fue confirmado en la *m* de Salomón 3027
7.39 basas a la *m* derecha...a la *m* izquierda 3802
7.49 cinco candeleros de oro...a la *m* derecha
8.15 que habló...lo que con su *m* ha cumplido 3027
8.22 Salomón...y extendiendo sus *m* al cielo 3709
8.24 con tu *m* lo has cumplido, como sucede 3027
8.38 súplica...extendiere sus *m* a esta casa 3709
8.42 oirán de...de tu *m* fuerte y de tu brazo 3027
8.54 levantó...con sus *m* extendidas al cielo 3709
9.9 dejaron a...y echaron *m* a dioses ajenos 2388
10.29 los adquirían por *m* de ellos todos los 3027
11.12 padre; lo romperé de la *m* de tu hijo 3027
11.26 Jeroboam hijo...alzó su *m* contra el rey 3027
11.27 la causa por la cual éste alzó su *m* 3027
11.31 yo rompo el reino de la *m* de Salomón 3027
11.34 pero no quitaré nada del reino de sus *m* 3027
11.35 quitaré el reino de la *m* de su hijo, y 3027
13.4 extendiendo su *m*...mas la *m*...se le secó 3027
13.6 ores por mí...que mi *m* me sea restaurada 3027
13.6 oró a...y la *m* del rey se le restauró 3027
14.3 y toma en tu *m* diez panes, y tortas, y 3027
16.7 provocándole...con las obras de sus *m* 3027
17.11 me traigas...un bocado de pan en tu *m* 3027
18.9 que entregues a tu siervo en *m* de Acab 3027
18.44 una pequeña nube como la palma de la *m* 3709
18.46 la *m* de Jehová estuvo sobre Elías, el 3027
20.13 te la entregaré hoy en tu *m*, para que 3027
20.14 ¿por *m* de quién?...Por *m* de los siervos
20.28 entregaré...esta gran multitud en tu *m* 3027
20.42 por cuanto soltaste de la *m* el hombre 3027
22.3 no hemos hecho nada para tomarla de *m* 3027
22.6,12,15 Jehová la entregará en *m* del rey 3027
2 R 3.10,13 entregarlos en *m* de los moabitas 3027
3.15 tocaba, la *m* de Jehová vino sobre Eliseo 3027
3.18 también a los moabitas en vuestras *m* 3027
4.29 ciñe...y toma mi báculo en tu *m*, y vé 3027
4.34 poniendo...sus *m* sobre las *m* suyas; así 3709
5.11 alzará su *m* y tocará el lugar, y sanará 3027
5.20 no tomando de su *m* las cosas que había 3027
5.24 él lo tomó de *m* de ellos, y lo guardó 3027
6.7 tómalo. Y él extendió la *m*, y lo tomó 3027
8.8 rey dijo...Toma en tu *m* un presente, y vé 3027
8.9 tomó, pues, Hazael en su *m* un presente 3027
9.1 toma esta redoma de aceite en tu *m*, y vé 3027
9.7 yo vengue la sangre...de la *m* de Jezabel 3027
9.35 más que...pies, y las palmas de las *m* 3027
10.15 dame la *m*. Y él le dio la *m*. Luego lo 3027
10.24 hombres que yo he puesto en vuestras *m* 3027
11.8 teniendo cada uno sus armas en las *m* 3027
11.11 teniendo cada uno sus armas en sus *m* 3027
11.12 batiendo las *m* dijeron: ¡viva el rey! 3709
12.5 recíbanlo los...de *m* de sus familiares
12.9 a la *m* derecha así que se entra en el 3225
12.15 cuyas *m* el dinero era entregado, para 3027
13.3 en *m* de Hazael rey...y en *m* de Ben-adad 3027
13.16 tu *m* sobre el arco. Y puso él su *m* 3027
13.16 puso Eliseo sus *m* sobre las *m* del rey 3027
13.25 tomó de *m* de Ben-adad...las ciudades que 3027
13.25 había tomado en guerra de *m* de Joacaz 3027
14.5 afirmado en sus *m* el reino, mató a los 3027
14.27 salvó por *m* de Jeroboam hijo de Joás 3027
16.7 defiéndeme de *m* del rey de Siria, y de 3709
16.7 y de *m* del rey de Israel, que se han 3709
17.7 los sacó...de bajo la *m* de Faraón rey de 3027
17.20 los entregó en *m* de saqueadores, hasta 3027
17.39 os librará de *m* de...vuestros enemigos 3027
18.21 se le entrará por la *m* y la traspasará 3709
18.29 Ezequías...no os podrá librar de mi *m* 3027
18.30 ciudad no será entregada en *m* del rey 3027
18.33 ha librado su tierra de la *m* del rey 3027
18.34 ¿pudieron...librar a Samaria de mi *m*? 3027
18.35 qué dios...ha librado su tierra de mi *m* 3027
18.35 que Jehová libre de mi *m* a Jerusalén? 3027
19.10 Jerusalén no será entregada en *m* del 3027
19.14 tomó...cartas de *m* de los embajadores 3027
19.18 no eran dioses...obra de *m* de hombres 3027
19.19 sálvanos, te ruego, de su *m*, para que 3027
19.23 por *m* de tus mensajeros has vituperado 3027
20.6 te libraré a ti...de *m* del rey de Asiria 3709
21.14 y lo entregaré en *m* de sus enemigos 3027
22.5 que lo pongan en *m* de los que hacen la 3027
22.17 provocándome a ira con...obra de sus *m* 3027
23.8 la *m* izquierda, a la puerta de la ciudad 8040
23.13 lugares altos...la *m* derecha del monte 3225
1 Cr 4.10 si tu *m* estuviera conmigo...libraras 3027
5.10 los agarenos, los cuales cayeron en su *m* 3027
5.20 y los agarenos...se rindieron en sus *m* 3027
6.15 transportó a Judá...*m* de Nabucodonosor 3027
6.39 su hermano Asaf...estaba a su *m* derecha 3225
6.44 a la *m* izquierda estaban sus hermanos 8040
11.23 arrebató al egipcio la lanza de la *m* 3027
12.2 y usaban de ambas *m* para tirar piedras 3231,8041
12.17 sin haber iniquidad en mis *m*, véalo el 3709
13.9 cuando...Uza extendió su *m* al arca para 3027
13.10 había extendido su *m* al arca; y murió 3027
14.10 los filisteos? ¿Los entregarás en mi *m*? 3027
14.10 sube, porque yo los entregaré en tus *m* 3027
14.11 Dios rompió mis enemigos por mi *m* 3027
16.7 aclamar a Jehová por *m* de Asaf y de sus 3027
18.1 tomó a Gat y sus...de *m* de los filisteos 3027
19.11 puso luego el resto de...en *m* de Abisai 3027
20.6 hombre...tenía seis dedos en pies y *m*
20.8 cayeron por *m* de David y de...siervos 3027
21.13 ruego que yo caiga en la *m* de Jehová 3027
21.13 ruego...que no caiga en *m* de hombres 3027
21.15 y dijo al ángel...Basta ya; detén tu *m* 3027
21.16 ángel...con una espada desnuda en su *m* 3027
21.17 Dios mío, sea ahora tu *m* contra mí, y 3027
22.16 levántate, y *m* a la obra; y Jehová esté
22.18 él ha entregado en mi *m* a los moradores 3027
28.19 me fueron trazadas por la *m* de Jehová 3027
28.20 anímate y esfuérzate, y *m* a la obra
29.5 toda la obra de las *m* de los artífices 3027
29.8 el tesoro de...en *m* de Jehiel gersonita 3027
29.12 en tu *m* está la fuerza y el poder, y 3027
29.12 en tu *m* el hacer grande y el dar poder 3027
29.14 tuyo, y de lo recibido de tu *m* te damos 3027
29.16 toda esta abundancia que...de tu *m* es 3027
2 Cr 3.17 las columnas...una a la *m* derecha, y 3225
3.17 a la de la *m* derecha llamó Jaquín, y a 8040
6.4 con su *m* ha cumplido lo que prometió con 3027
6.12 se puso luego Salomón, y extendió sus *m* 3709
6.13 Salomón...extendió sus *m* al cielo, y dijo 3709
6.15 con tu *m* lo has cumplido, como se ve en 3027
6.29 si extendiere sus *m* hacia esta casa 3709
6.32 venido...a causa de...y de tu *m* poderosa 3027
8.18 Hiram le había enviado naves por *m* de 3027
12.5 yo también os he dejado en *m* de Sisac 3027
12.7 no se derramará mi ira...por *m* de Sisac 3027
13.8 al reino...en *m* de los hijos de David 3027
13.16 huyeron...y Dios los entregó en sus *m* 3027
15.7 no desfallezcan vuestras *m*, pues hay 3027
16.7 el ejército del...ha escapado de tus *m* 3027
16.8 te apoyaste en...él los entregó en tus *m* 3027
17.5 por tanto, confirmó el reino en su *m* 3027
18.5 porque Dios los entregará en *m* del rey 3027
18.11 porque Jehová la entregará en *m* del rey 3027
18.14 pues serán entregados en vuestras *m* 3027
18.18 el ejército de...estaba a su *m* derecha 3225
20.6 ¿no está en tu *m* tal fuerza y poder, que 3027
23.7 rey...cada uno tendrá sus armas en la *m* 3027
23.10 teniendo cada uno su espada en la *m* 3027
23.15 le echaron *m*, y luego que ella hubo 3027
23.18 bajo la *m* de los sacerdotes y levitas 3027
24.11 llevar el arca...por *m* de los levitas 3027
24.13 y por sus *m* la obra fue restaurada, y 3027
24.24 Jehová entregó en sus *m* un ejército 3027
25.15 que no libraron a su pueblo de tus *m*? 3027
25.20 quería entregar en *m* de sus enemigos 3027
26.11 la lista hecha por *m* de Jeiel escriba 3027
26.13 bajo la *m* de éstos estaba el ejército 3027
26.19 Uzías, teniendo en la *m* un incensario 3027
28.5 lo entregó en *m* del rey de los sirios 3027
28.5 fue...entregado en *m* del rey de Israel 3027
28.9 Dios...los ha entregado en vuestras *m* 3027
29.23 cabríos...pusieron sobre ellos sus *m* 3027

M

30.6 correos con cartas de *m* del rey y de 3027
30.6 quedado de la *m* de los reyes de Asiria 3709
30.12 en Judá también estuvo la *m* de Dios 3027
30.16 esparcían la sangre que recibían de *m* 3027
32.11 Dios nos librará de la *m* del rey de 3709
32.13 ¿pudieron... librar su tierra de mi *m*? 3027
32.14 ¿qué dios... pudiese salvar... de mis *m*? 3027
32.14 podrá vuestro Dios libraros de mi *m*? 3027
32.15 de mis *m*, y de las *m* de mis padres 3027
32.15 menos... Dios os podrá librar de mi *m*? 3027
32.17 no pudieron librar a... pueblo de mis *m* 3027
32.17 tampoco el... librará al suyo de mis *m* 3027
32.19 dioses... que son obra de *m* de hombres 3027
32.22 así salvó... de las *m* de Senaquerib rey 3027
32.22 de las *m* de todos; y les dio reposo por 3027
34.9 recogido de *m* de Manasés y de Efraín 3027
34.10 lo entregaron en *m* de los que hacían 3027
34.17 han entregado en *m* de los encargados 3027
34.17 dinero... en *m* de los que hacen la obra 3027
34.25 provocándome a ira con... obras de sus *m* ... 3027
35.11 la sangre recibida de *m* de los levitas 3027
36.17 de los caldeos... los entregó en sus *m* 3027
Esd 1.8 los sacó... por *m* de Mitrídates tesorero 3027
5.8 se hace de prisa, y prospera en sus *m* 3028
5.12 los entregó en *m* de Nabucodonosor rey 3028
6.12 que pusiere su *m* para cambiar o destruir 3028
6.22 fortalecer sus *m* en la obra de la casa 3027
7.6 *m* de Jehová su Dios estaba sobre Esdras 3027
7.9 llegó... estando con él la buena *m* de Dios 3027
7.14 a la ley de tu Dios que está en tu *m* 3028
7.28 y yo, fortalecido por la *m* de mi Dios 3027
8.18 nos trajeron según la buena *m* de... Dios 3027
8.22 la *m* de nuestro Dios es para bien sobre 3027
8.26 pesé, pues, en *m* de ellos 650 talentos 3027
8.31 y la *m* de... Dios estaba sobre nosotros 3027
8.31 libró de *m* del enemigo y del acechador 3709
8.33 fue pesada la plata... por *m* del sacerdote 3027
9.2 *m* de los príncipes... ha sido la primera 3027
9.5 postré... extendí mis *m* a Jehová mi Dios 3709
9.7 hemos sido entregados en *m* de los reyes 3027
10.4 contigo; esfuérzate, y pon *m* a la obra
10.19 *m* en promesa de que despedirían sus 3027
Neh 1.10 cuales redimiste... con tu *m* poderosa 3027
2.8 según la benéfica *m* de Jehová sobre mí 3027
2.18 cómo la *m* de mi Dios había sido buena 3027
2.18 y dijeron... esforzaron sus *m* para bien 3027
4.17 con una *m* trabajaban en la obra, y en la 3027
6.5 envió a... con una carta abierta en su *m* 3027
6.9 se debilitarán las *m* de ellos en la obra 3027
6.9 ahora, pues, oh Dios, fortalece tú mis *m* 3027
8.4 junto a él estaban Matatías... su *m* derecha 3225
8.4 *m* izquierda, Pedaías, Misael, Malquías 8040
8.6 respondió: ¡Amén! ¡Amén! alzando sus *m* 3027
8.14 Jehová había mandado por *m* de Moisés 3027
9.14 y por *m* de... tu siervo les prescribiste 3027
9.15 la tierra, por la cual alzaste tu *m* y 3027
9.24 los cuales entregaste en su *m*, y a sus 3027
9.27 los entregaste en *m* de sus enemigos, los 3027
9.27 que los salvasen de *m* de sus enemigos 3027
9.28 los abandonaste en *m* de sus enemigos 3027
9.30 los entregaste en *m* de los pueblos de 3027
13.21 si lo hacéis otra vez, os echaré *m* 3027
Est 2.21 procuraban poner *m* en el rey Asuero 3027
3.6 pero tuvo en poco poner *m* en Mardoqueo 3027
3.10 rey quitó el anillo de su *m*, y lo dio 3027
5.2 extendió... cetro de oro que tenía en la *m* 3027
6.2 que habían procurado poner *m* en el rey 3027
6.9 y den... en *m* de alguno de los príncipes 3027
8.7 cuanto extendió su *m* contra los judíos 3027
9.2 *m* sobre los que habían procurado su mal 3027
Job 1.10 al trabajo de sus *m* has dado bendición 3027
1.11 extiende ahora tu *m* y toca todo lo que 3027
1.12 he aquí, todo lo que tiene está en tu *m* 3027
1.12 solamente no pongas tu *m* sobre él 3027
2.5 extiende ahora tu *m*, y toca su hueso y 3027
2.6 aquí, él está en tu *m*; mas guarda su vida 3027
4.3 tú enseñabas... fortalecías las *m* débiles 3027
5.12 frustra... para que sus *m* no hagan nada 3027
5.15 boca de los impíos, y de la *m* violenta 3027
5.18 hace la llaga... él hiere, y sus *m* curan 3027
6.9 Dios... soltara su *m*, y acabara conmigo! 3027
6.23 libradme de... *m* del opresor, y redimidme 3027
8.20 Dios no... *m* apoya la *m* de los malignos 3027
9.24 la tierra es entregada en *m* de... impíos 3027
9.30 y limpie mis *m* con la limpieza misma 3709
9.33 árbitro que ponga su *m* sobre nosotros 3027
10.3 oprimas, que deseches la obra de tus *m* 3709
10.7 y que no hay quien de tu *m* me libre? 3027
10.8 tus *m* me hicieron y me formaron; ¿y 3027
11.13 tu corazón, y extendieres a él tus *m* 3709
11.14 si alguna iniquidad hubiere en tu *m*, y 3027
12.6 en cuyas *m* él ha puesto cuanto tienen 3027
12.9 no entiende que la *m* de Jehová la hizo? 3027
12.10 en su *m* está el alma de todo viviente 3027
13.14 mis dientes, y tomaré mi vida en mi *m*? 3709
13.21 aparta de mí tu *m*, y no me asombre tu 3709
14.15 tendrás afecto a la hechura de tus *m* 3027
15.25 por cuanto él extendió su *m* contra Dios 3027
16.11 y en las *m* de los impíos me hizo caer 3027
16.17 pesar de no haber iniquidad en mis *m* 3709
17.9 y el limpio de *m* aumentará la fuerza 3027
19.21 mí, porque la *m* de Dios me ha tocado 3027
20.10 hijos... sus *m* devolverán lo que él robó 3027
20.22 la *m* de... los malvados vendrá sobre él 3027
21.5 espantaos, y poned la *m* sobre la boca 3027
21.16 aquí que su bien no está en *m* de ellos 3027
22.30 la limpieza de tus *m* éste será librado 3709
26.13 cielos; su *m* creó la serpiente tortuosa 3027

27.11 os enseñaré en cuanto a la *m* de Dios 3027
27.22 no perdonará; hará él por huir de su *m* 3027
27.23 batirán las *m* sobre él, y... le silbarán 3709
28.9 en el pedernal puso su *m*, y trastornó 3027
29.9 los príncipes... ponían la *m* sobre su boca 3709
29.20 mí, y mi arco se fortalecía en mi *m* 3027
30.2 de qué me serviría... la fuerza de sus *m*? 3027
30.12 la *m* derecha se levantó el populacho 3225
30.21 mí; con el poder de tu *m* me persigues 3027
30.24 no extenderá la *m* contra el sepulcro 3027
31.7 si mi corazón... si algo se pegó a mis *m* 3709
31.21 alcé contra el huérfano mi *m*, aunque 3027
31.25 si me alegré... que mi *m* hallase mucho 3027
31.27 mi corazón se engañó boca besó mi *m* 3027
33.7 terror no... *m* mi *m* se agravará sobre ti 405
34.19 pobre, porque todos son obra de sus *m*? 3027
34.20 pueblos... sin *m* será quitado el poderoso 3027
35.7 le darás a él? ¿o qué recibirá de tu *m*? 3027
40.4 te responderé? Mi *m* pongo sobre mi boca 3027
41.8 pon tu *m* sobre él; te acordarás de la 3709
Sal 7.3 Dios mío, si hay en mis *m* iniquidad 3709
8.6 señorear sobre las obras de tus *m*; todo 3027
9.16 la obra de sus *m* fue enlazado el malo 3709
10.12 alza tu *m*, no te olvides de los pobres 3027
10.14 para dar la recompensa con tu *m*; a ti 3027
17.14 de los hombres con tu *m*, oh Jehová, de 3027
18 tít. *m* de... sus enemigos, y de *m* de Saúl 3709
18.20,24 conforme a la limpieza de mis *m* 3027
18.34 quien adiestra mis *m* para la batalla 3027
19.1 el firmamento anuncia la obra de sus *m* 3027
21.8 alcanzará tu *m* a todos tus enemigos; tu 3027
22.16 malignos; horadaron mis *m* y mis pies 3027
24.4 el limpio de *m* y puro de corazón; el que 3709
26.6 lavaré en inocencia mis *m*, y así andaré 3709
26.10 en cuyas *m* está el mal, y su diestra 3027
28.2 cuando alzo... *m* hacia tu santo templo 3027
28.4 dales su... conforme a la obra de sus *m* 3027
28.5 no atendieron a... ni a la obra de sus *m* 3027
31.5 en tu *m* encomiendo mi espíritu; tú me 3027
31.8 no me entregaste en *m* del enemigo 3027
31.15 en tu *m* están mis tiempos; líbrame de 3027
31.15 líbrame de la *m* de mis enemigos y de 3027
32.4 día y de noche se agravó sobre mí tu *m* 3027
35.2 echa *m* al escudo y al pavés, y... ayuda 2388
36.11 no venga pie... *m* de impíos no me mueva 3027
37.24 postrado, porque Jehová sostiene su *m* 3027
37.33 Jehová no lo dejará en sus *m*, ni lo 3027
38.2 tus saetas... sobre mí ha descendido tu *m* 3027
39.10 estoy consumido bajo... golpes de tu *m* 3027
44.2 tú con tu *m* echaste las naciones, y los 3027
44.20 si... o alzado nuestras *m* a dios ajeno 3709
47.1 pueblos todos, batid las *m*; aclamad a 3709
55.20 extendió el inicuo sus *m* contra los que 3027
58.2 pesar la violencia de vuestras *m* en la 3027
63.4 te bendeciré... en tu nombre alzaré mis *m* 3709
68.31 se apresurará a extender sus *m* hacia 3027
71.4 líbrame de la *m* del impío, de la *m* del 3027
73.13 en vano he... lavado mis *m* en inocencia 3709
73.23 contigo; me tomaste de la *m* derecha 3027
74.11 ¿por qué retraes tu *m*?... tu diestra en 3027
75.8 porque el cáliz está en la *m* de Jehová 3027
76.5 no hizo uso de sus *m* ninguno de... fuertes 3027
77.2 alzaba... mis *m* de noche, sin descanso 3027
77.20 condujiste a tu pueblo... *m* de Moisés 3027
78.42 no se acordaron de su *m*, del día que 3027
78.54 los trajo... monte que ganó su *m* derecha 3225
78.61 y entregó... su gloria en *m* del enemigo 3027
78.72 los pastoreó con la pericia de sus *m* 3709
80.17 sea tu *m* sobre el varón de tu diestra 3027
81.6 sus *m* fueron descargadas de los cestos 3709
81.14 y vuelto mi *m* contra sus adversarios 3027
82.4 al afligido... libradlo de *m* de los impíos 3027
88.5 quienes... que fueron arrebatados de tu *m* 3027
88.9 te he llamado... he extendido a ti mis *m* 3709
89.13 fuerte es tu *m*, exaltada tu diestra 3027
89.21 mi *m* estará siempre con él, mi brazo 3027
89.25 pondré su *m* sobre el mar, y sobre los 3027
90.17 la obra de nuestras *m* confirma sobre 3027
90.17 sí, la obra de nuestras *m* confirma 3027
91.12 en las *m* te llevarán, para que tu pie 3709
92.4 Jehová... en las obras de tus *m* me gozo 3027
95.4 en su *m* están las profundidades de la 3027
95.5 hizo; y sus *m* formaron la tierra seca 3027
95.7 pueblo de su prado, y ovejas de su *m* 3027
97.10 guarda... de *m* de los impíos los libra 3027
98.8 los ríos batan las *m*, los montes todos 3709
102.25 fundaste... los cielos son obra de tus *m* 3027
104.28 les das... abres tu *m*, se sacian de bien 3027
106.10 los salvó de *m* del enemigo, y los 3027
106.10 y los rescató de *m* del adversario 3027
106.26 por tanto, alzó su *m*... para abatirlos 3027
106.42 y fueron quebrantados debajo de su *m* 3027
109.27 y entiendan que esta es tu *m*; que tú 3027
111.7 las obras de sus *m* son verdad y juicio 3027
115.4 ídolos de ellos... obra de *m* de hombres 3027
115.7 *m* tienen, mas no palpan; tienen pies 3027
119.48 alzaré... mis *m* a tus mandamientos que 3709
119.73 tus *m* me hicieron y me formaron; hazme ... 3027
119.173 esté tu *m* pronta para socorrerme 3027
121.5 Jehová es... es tu sombra a tu *m* derecha 3027
123.2 como los ojos de, miran a la *m* de sus 3027
123.2 como los ojos de la sierva a la *m* de 3027
125.3 no sea que extiendan los justos sus *m* 3027
127.4 como saetas en *m* del valiente, así son 3027
128.2 cuando comieres el trabajo de tus *m* 3709
129.7 de la cual no llenó el segador su *m* 3709
134.2 vuestras *m* al santuario, y bendecid a 3027
135.15 los ídolos de... obra de *m* de hombres 3027

136.12 *m* fuerte, y brazo extendido, porque 3027
138.7 contra la ira de mis... extenderás tu *m* 3027
138.8 Jehová... no desampares la obra de tus *m* 3027
139.5 me rodeaste, y sobre mí pusiste tu *m* 3709
139.10 aun allí me guiará tu *m*, y me asirá 3027
140.4 guárdame, oh Jehová, de *m* del impío 3027
141.2 el don de mis *m* como la ofrenda de la 3709
143.5 reflexionaba en las obras de tus *m* 3027
143.6 extendí mis *m* a ti, mi alma a ti como 3709
144.1 quien adiestra mis *m* para la batalla 3027
144.7 envía tu *m* desde lo alto; redímeme, y 3027
144.7 sácame de las... de la *m* de los hombres 3027
144.11 líbrame de la *m* de... hombres extraños 3027
145.16 abres tu *m*, y colmas de bendición a 3027
149.6 con... y espadas de dos filos en sus *m* 3027
Pr 1.24 extendí mi *m*, y no... quien atendiese 3027
3.16 largura de días está en su *m* derecha; en 3027
3.18 árbol de vida a los que de ella echan *m* 2388
6.3 ya que has caído en la *m* de tu prójimo 3709
6.5 escápate como gacela de la *m* del cazador 3027
6.5 y como ave de la *m* del que arma lazos 3027
6.10 y cruzar por un poco las *m* para reposo 3027
6.17 las *m* derramadoras de sangre inocente 3027
7.20 la bolsa de dinero llevó en su *m*; el día 3027
10.4 la *m* negligente empobrece; mas la *m* de 3027
12.14 le será pagado según la obra de sus *m* 3027
12.24 la *m* de los diligentes señoreará; mas 3027
13.11 que recoge con *m* laboriosa las aumenta
14.1 edifica... la necia con sus *m* la derriba 3027
17.16 ¿de qué sirve el precio en la *m* del 3027
19.24 el perezoso mete su *m* en el plato, y 3027
21.1 así está el corazón del rey en la *m* de 3027
21.25 mata, porque tus *m* no quieren trabajar 3027
21.26 pero el justo da, y no detiene su *m*
24.33 poniendo *m* sobre *m* otro poco... dormir 3027
26.6 el que envía recado por *m* de un necio 3027
26.9 espinas hincadas en *m* del embriagado 3027
26.15 mete el perezoso su *m* en el plato; se 3027
27.16 es como... o sujetar el aceite en la *m* 3027
30.28 la araña que atrapas con la *m*, y está 3027
31.13 lino, y con voluntad trabaja con sus *m* 3709
31.16 compra, y planta viña del fruto de... *m* 3709
31.19 aplica... *m* al huso, y sus *m* a la rueca 3027
31.20 alarga su *m* al pobre, y extiende sus 3709
31.20 pobre, y extiende sus *m* al menesteroso 3027
31.31 dadle del fruto de sus *m*, y alábenla 3027
Ec 2.11 miré... las obras que habían hecho mis *m* 3027
2.24 he visto que esto es de la *m* de Dios 3027
4.1 fuerza estaba en la *m* de sus opresores 3027
4.5 el necio cruza sus *m* y come su... carne 3027
5.6 enoje... y que destruya la obra de tus *m*? 3027
5.14 y a los hijos... nada les queda en la *m* 3027
5.15 nada tiene de su... para llevar en su *m* 3027
7.18 y también de aquello no apartes tu *m* 3027
7.26 cuyo corazón es lazos... sus *m* ligaduras 3027
9.1 los justos y los... están en la *m* de Dios 3027
9.10 que te viniere a la *m* para hacer, hazlo 3027
10.2 el corazón del sabio está a su *m* derecha 3225
10.2 el corazón del necio a su *m* izquierda
10.18 por la flojedad de las *m* se llueve la 3027
11.6 la tarde no dejes reposar tu *m*; porque 3027
Cnt 5.4 mi amado metió su *m* por la ventanilla 3027
5.5 mis *m* gotearon mirra, y mis dedos mirra 3027
5.14 sus *m*, como anillos de oro engastados de 3027
7.1 joyas, obra de *m* de excelente maestro 3027
Is 1.12 ¿quién demanda esto de vuestras *m* 3027
1.15 cuando extendáis... *m*, yo esconderé de 3709
1.15 no oiré; llenas... de sangre vuestras *m* 3027
1.25 y volveré mi *m* contra ti, y limpiaré 3027
2.8 se han arrodillado ante la obra de sus *m* 3027
3.6 alguno tomare de la *m* a su hermano, de 3027
3.6 serás nuestro príncipe, y toma en tus *m* 3027
3.10 irá bien... comerá de los frutos de sus *m* 4611
3.11 según las obras de sus *m* le será pagado 3027
4.1 echarán *m* de un hombre siete mujeres en 2388
5.12 Jehová, *m* consideran la obra de sus *m* 3027
5.25 y extendió contra él su *m*, y le hirió 3027
5.25 no... sino que todavía su *m* está extendida 3027
6.6 un serafín... en su *m* un carbón encendido 3027
8.11 me dijo de esta manera con *m* fuerte, y 3027
9.12,17,21; 10.4 sino que todavía su *m* está extendida 3027
9.20 cada uno hurtará a la *m* derecha... hambre ... 3225
10.5 Asiria, vara... en su *m* he puesto mi ira 3027
10.10 halló mi *m* los reinos de los ídolos 3027
10.13 ton el poder de mi *m* lo he hecho, y con 3027
10.14 halló mi *m* como nido las riquezas de 3027
10.32 alzará su *m* al monte de la hija de Sion 3027
11.8 recién destetado extenderá su *m* sobre 3027
11.11 que Jehová alzará otra vez su *m* para 3027
11.15 y levantará su *m* con el poder de su 3027
13.2 alzad la voz a ellos, alzad la *m*, para 3027
13.7 toda *m* se debilitará, y desfallecerá 3027
14.26 y esta, la *m* extendida sobre todas las 3027
14.27 y su *m* extendida... la hará retroceder? 3027
17.8 no mirará... altares que hicieron sus *m* 3027
19.4 y entregaré a Egipto en *m* de señor duro 3027
19.16 temerán en la presencia de la *m* alta de 3027
19.25 el asirio obra de mis *m*, e Israel mi 3027
22.21 entregaré en sus *m* tu potestad; y será 3027
23.11 extendió... *m* sobre el mar, hizo temblar 3027
25.10 la *m* de Jehová reposará en este monte 3027
25.11 extenderá su *m* por en medio de él, como 3027
25.11 y abatirá su... y la destreza de sus *m* 3027
26.11 Jehová, tu *m* está alzada, pero ellos 3027
28.4 se la traga tan luego como la tiene a *m* 3709
29.23 porque verá a sus hijos, obra de mis *m* 3027
30.21 no echéis a la *m* derecha,ni tampoco 541

30.21 ni tampoco torzáis a la *m* izquierda
31.3 extender Jehová su *m*, caerá el ayudador 3027
31.7 ídolos... han hecho vuestras *m* pecadoras 3027
33.15 sacude sus *m* para no recibir cohecho 3709
34.17 les echó suertes, y su *m* les repartió 3027
35.3 fortaleced las *m* cansadas, afirmad las 3027
36.6 se le entrará por la *m*, y la atravesará 3709
36.15 no será entregada... *m* del rey de Asiria 3027
36.18 ¿acaso libraron... *m* del rey de Asiria? 3027
36.19 el dios... ¿Libraron a Samaria de mi *m*? 3027
36.20 dios... haya librado su tierra de mi *m* 3027
36.20 que Jehová libre de mi *m* a Jerusalén? 3027
37.10 Jerusalén no será entregada en *m* del 3027
37.14 tomó Ezequías las cartas de *m* de los 3027
37.19 porque no eran dioses, sino obra de *m* 3027
37.20 Jehová Dios nuestro, líbranos de su *m* 3027
37.24 por *m* de tus siervos has vituperado al 3027
38.6 libraré... y a esta ciudad, de *m* del rey 3709
40.2 doble ha recibido de la *m* de Jehová por 3027
40.12 midió las aguas con el hueco de su *m*? 8168
41.13 quien te sostiene de tu *m* derecha, y 3225
41.20 *m* de Jehová hace esto, y, que el Santo 3027
42.6 en justicia, y te sostendré por la *m* 3027
43.13 yo era; y no hay quien de mi *m* libre 3027
44.5 y otro escribirá con su *m*: A Jehová, y 3027
44.20 ¿no es... mentira lo que tengo en mi *m* 3225
45.1 Ciro, al cual tomé yo por su *m* derecha 3225
45.9 ¿qué haces?; o tu obra: ¿No tiene *m*? 3027
45.11 mandadme... acerca de la obra de mis *m* 3027
45.12 yo, mis *m*, extendieron los cielos, y 3027
47.6 mi heredad, y los entregué en tu *m*; no 3027
48.13 mi *m* fundó también la tierra, y mi *m* 3027
49.2 me cubrió con la sombra de su *m*; y me 3027
49.16 que en las palmas de las *m* te tengo 3709
49.22 tenderé mi *m* a las naciones, y a los 3027
50.2 se ha acortado mi *m* para no redimir? 3027
50.11 mi *m* os vendrá esto; en dolor seréis 3027
51.16 boca... con la sombra de mi *m* te cubrí 3027
51.17 bebiste de la *m* de Jehová el cáliz de 3027
51.18 *m* quien la tome de la *m*, de todos los 3027
51.22 he aquí he quitado de tu *m* el cáliz de 3027
51.23 y lo pondré en *m* de tus angustiadores 3027
53.10 y la voluntad de Jehová será en su *m* 3027
54.3 te extenderás a la *m* derecha y a la *m* 3225
56.2 que hace... guarda su *m* de hacer todo mal 3027
57.10 dijiste... hallaste nuevo vigor en tu *m* 3027
59.1 no se ha acortado la *m* de Jehová para 3027
59.3 vuestras *m* están contaminadas de sangre 3709
59.6 iniquidad, y obra de rapiña... en sus *m* 3709
60.21 todos... obra de mis *m*, para glorificarme 3027
62.3 serás corona de gloria en la *m* de Jehová 3027
62.3 diadema de reino en la *m* del Dios tuyo 3709
62.8 juró Jehová por su *m* derecha y... brazo 3225
64.8 que obra de tus *m* somos todos nosotros 3027
65.2 extendí mis *m*... el día a pueblo rebelde 3027
65.22 escogidos disfrutarán la obra de sus *m* 3027
66.2 *m* hizo todas estas cosas, y así todas 3027
66.14 y la *m* de Jehová para con sus siervos 3027
Jer 1.9 extendió Jehová su *m* y tocó mi boca 3027
1.16 a dioses... y la obra de sus *m* adoraron 3027
2.37 allí saldrás con tus *m* sobre tu cabeza 3027
4.31 extiende sus *m*, diciendo: ¡Ay ahora de 3709
5.31 los sacerdotes dirigían por *m* de ellos 3027
6.9 vuelve tu *m* como vendimiador entre los 3027
6.12 extenderé mi *m* sobre los moradores de 3027
6.24 oímos, y nuestras *m* se descoyuntaron 3027
10.3 leño... obra de *m* de artífice con buril 3027
10.9 obra del artífice, y de *m* del fundidor 3027
11.21 no profetices... no mueras a nuestras *m* 3027
12.7 he entregado lo que amaba... en *m* de sus 3709
15.6 extenderé sobre ti mi *m* y te destruiré 3027
15.21 te libraré de la *m* de los malos, y te 3027
15.21 y te redimiré de la *m* de los fuertes 3709
16.21 haré conocer mi *m* y mi poder, y sabrán 3027
18.4 la vasija de... se echó a perder en su *m* 3027
18.6 como el barro en la *m* del alfarero, así 3027
18.6 así sois vosotros en mi *m*, oh... Israel 3027
19.7 y en las *m* de los que buscan sus vidas 3027
20.4 y a todo Judá entregaré en *m* del rey de 3027
20.5 todos los tesoros... en *m* de sus enemigos 3027
20.13 ha librado el alma del pobre de *m* de 3027
21.4 vuelvo atrás las armas... en vuestras *m* 3027
21.5 pelearé contra vosotros con *m* alzada y 3027
21.7 en *m* de Nabucodonosor rey... en *m* de sus 3027
21.10 esta ciudad... en *m* del rey de Babilonia 3027
21.12 y librad al oprimido de *m* del opresor 3027
22.3 librad al oprimido de *m* del opresor, y 3027
22.24 si Conías hijo... fuera anillo en mi *m* 3027
22.25 te entregaré en *m* de los que buscan tu 3027
22.25 en *m* de aquellos cuya vista temes; sí 3027
22.25 en *m* de Nabucodonosor... y en *m* de los 3027
23.14 los profetas de... fortalecían las *m* de 3027
25.6,7 no... a ira con la obra de vuestras *m* 3027
25.14 pagaré... conforme a la obra de sus *m* 3027
25.15 toma de mi *m* la copa del vino de este 3027
25.17 tomé la copa de la *m* de Jehová, y di 3027
25.28 y si no quieren tomar la copa de tu *m* 3027
26.8 echaron *m*, diciendo: De cierto morirás 8610
26.14 estoy en vuestras *m*; haced de mí como 3027
26.24 la *m* de Ahicam hijo de Safán estaba a 3027
26.24 no lo entregasen en las *m* del pueblo 3027
27.3 por *m* de los mensajeros que vienen a 3027
27.6 he puesto todas estas tierras en *m* de 3027
27.8 castigaré a... que la acabe yo por su *m* 3027
29.3 por *m* de Elasa hijo de... y de Gemarías 3027
29.21 los entrego yo en *m* de Nabucodonosor 3027
30.6 todo hombre tenía las *m* sobre sus lomos 3027
31.11 lo redimió de *m* del más fuerte que él 3027
31.32 el día que tomé su *m* para sacarlos de 3027
32.3 yo entrego esta ciudad en *m* del rey de 3027
32.4 no escapará de la *m* de los caldeos, sino 3027
32.4 será entregado en *m* del rey de Babilonia 3027
32.21 con *m* fuerte y brazo extendido, y con 3027
32.24 va a ser entregada en *m* de los caldeos 3027
32.25 aunque la ciudad sea entregada en *m* de 3027
32.28 ciudad en *m* de los caldeos, y en *m* de 3027
32.30 provocarme a ira con la obra de sus *m* 3027
32.36 entregada será en *m* del rey... a espada 3027
32.43 y sin animales, es entregada en *m* de 3027
33.13 aún pasarán ganados por las *m* del que 3027
34.1 los reinos de... bajo el señorío de su *m* 3027
34.3 no escaparás tú de su *m*... en su *m* serás 3027
34.20,21 los entregaré en *m* de sus enemigos 3027
34.20,21 en *m* de los que buscan su vida, y en 3027
34.21 en *m* del ejército del rey de Babilonia 3027
36.14 Baruc... tomó el rollo en su *m* y vino a 3027
37.17 más: En *m* del rey de Babilonia serás 3027
38.3 será entregada... en *m* del ejército del 3027
38.4 hace desmayar las *m*... las *m* de... pueblo 3027
38.5 él está en vuestras *m*; pues el rey nada 3027
38.16 ni te entregaré en *m* de estos varones 3027
38.18 en *m*... caldeos... no escaparás de sus *m* 3027
38.19 no sea que me entreguen en sus *m* y me 3027
38.23 tú no escaparás de sus *m*, sino que por 3027
38.23 que por *m* del rey de Babilonia serás 3027
39.17 no serás entregado en *m* de aquellos a 3027
40.4 he soltado... cadenas que tenías en tus *m* 3027
41.5 traían en sus *m* ofrenda e incienso para 3027
42.11 yo para salvaros y libraros de su *m* 3027
43.3 para entregarnos en *m* de los caldeos 3027
43.9 con tu *m* piedras grandes, y cúbrelas de 3027
44.8 haciéndome enojar... obras de vuestras *m* 3027
44.25 vuestras *m* lo ejecutasteis, diciendo 3027
44.30 en *m* de sus enemigos... en *m* de los que 3027
44.30 así como entregué a Sedequías... en *m* de 3027
46.24 entregada... en *m* del pueblo del norte 3027
46.26 los entregaré en *m* de los que buscan 3027
46.26 *m* de Nabucodonosor... *m* de sus siervos 3027
47.3 no cuidaron... por la debilidad de sus *m* 3027
48.37 sobre toda *m* habrá rasguños, y cilicio 3027
50.43 oyó la noticia... y sus *m* se debilitaron 3027
51.7 copa de oro fue Babilonia en la *m* de 3027
51.25 extenderé mi *m* contra ti... haré rodar 3027
Lm 1.7 cuando cayó su pueblo en *m* del enemigo 3027
1.10 extendió su *m* el enemigo a todas sus 3027
1.14 el yugo de mis... ha sido atado por su *m* 3027
1.14 me ha entregado el Señor en *m* contra las 3027
1.17 Sion extendió sus *m*; no tiene quien la 3027
2.4 afirmó su *m* derecha como adversario, y 3225
2.7 ha entregado en *m* del enemigo los muros 3027
2.8 no retrajo su *m* de la destrucción; hizo 3027
2.15 los que pasaban... batieron las *m* sobre 3709
2.19 alza tus *m* a él implorando la vida de 3709
3.3 contra mí... y revolvió su *m* todo el día 3027
3.41 levantemos nuestros corazones y *m* a Dios 3709
3.64 dales el pago, según la obra de sus *m* 3027
4.2 vasijas de barro, obra de *m* de alfarero! 3027
4.10 *m* de mujeres piadosas cocieron a sus 3027
5.6 extendimos la *m*, para saciarnos de pan 3027
5.8 siervos... no hubo quien nos librase de su *m* 3027
5.12 a los príncipes colgaron de las *m*; no 3027
Ez 1.3 río... vino allí sobre él la *m* de Jehová 3027
1.8 a sus cuatro lados, tenían *m* de hombre 3027
2.9 una *m* extendida hacia mí, y... un rollo 3027
3.14 pero la *m* de Jehová era fuerte sobre mí 3027
3.18,20 pero su sangre demandaré de tu *m* 3027
3.22 vino allí la *m* de Jehová sobre mí, y me 3027
6.11 palmotea con tus *m*, y golpea con tu pie 3709
6.14 extenderé mi *m* contra ellos... conocerán 3027
7.17 toda *m* se debilitará, y toda rodilla será 3027
7.21 en *m* de extraños la entregué para ser 3027
7.27 las *m* del pueblo de la tierra temblarán 3027
8.1 allí se posó sobre mí la *m* de Jehová el 3027
8.3 aquella figura extendió la *m*, y me tomó 3027
8.11 cada uno con su incensario en su *m*; y 3027
9.1 y cada uno trae en su *m* su instrumento 3027
9.2 cada uno traía en su *m* su instrumento 3027
10.2 llena tus *m* de carbones encendidos de 2651
10.3 los querubines estaban a la *m* derecha 3225
10.7 extendió su *m*... y lo puso en las *m* del 3027,2651
10.8 apareció... la figura de una *m* de hombre 3027
10.12 sus *m*, sus alas y las ruedas estaban 3027
10.21 figuras de *m* de hombre debajo de sus 3027
11.9 os entregaré en *m* de extraños, y haré 3027
12.7 me abrí paso... la pared con mi propia *m* 3027
13.9 *m* contra los profetas que ven vanidad 3027
13.18 cosen vendas mágicas para todas las *m* 3027
13.20 yo las libraré de vuestras *m*, y soltaré 2220
13.21,23 libraré a mi pueblo de vuestra *m* 3027
13.21 no estarán más como presa en vuestra *m* 3027
13.22 fortalecisteis las *m* del impío, para 3027
14.9 extenderé mi *m* contra él... destruiré de 3027
14.13 pecare... extendiere yo mi *m* sobre ella 3027
16.27 extendí contra ti mi *m*, y disminuí tu 3027
16.39 entregaré en *m* de ellos; y destruirán 3027
16.49 no fortaleció la *m* del afligido y del 3027
17.18 aquí que había dado su *m*, y ha hecho 3027
18.8 de la maldad retrajere su *m*, e hiciere 3027
18.17 apartare su *m* del pobre, interés y 3027
20.5 alcé mi *m* para jurar a la descendencia 3027
20.5 cuando alcé mi *m* y les juré diciendo 3027
20.6 alcé mi *m*, jurando así que los sacaría 3027
20.15 les alcé mi *m* en el desierto, jurando 3027
20.22 mas retraje mi *m* a causa de mi nombre 3027
20.23 alcé yo mi *m* en el desierto, jurando 3027
20.28 la tierra sobre la cual... alzado mi *m* 3027
20.33 que con *m* fuerte... he de reinar sobre 3027
20.34 y os reuniré de... con *m* fuerte y brazo 3027
20.42 la cual alcé mi *m* jurando que la daría 3027
21.7 toda *m* se debilitará, y se angustiará 3027
21.11 y la dio a pulir para tenerla a *m*; la 3709
21.11 dio... para entregarla en *m* del matador 3027
21.14 bate una *m* contra otra, y duplíquese 3709
21.17 y yo también batiré mi *m* contra mi *m* 3709
21.22 la adivinación señaló a su *m* derecha 3225
21.24 en memoria, seréis entregados en su *m* 3079
21.31 te entregaré en *m* de hombres temerarios ... 3027
22.13 que batí mis *m* a causa de tu avaricia 3079
22.14 ¿serán fuertes tus *m* en los días en que 3027
23.9 lo cual la entregué en *m* de sus amantes 3027
23.9 en *m* de los hijos de los asirlos, de 3027
23.28 yo te entrego en *m* de... que aborreciste 3027
23.28 *m* de aquellos de los cuales se hastió 3027
23.31 de tu hermana... pondré su cáliz en tu *m* 3027
23.37 hay sangre en sus *m*, y han fornicado 3027
23.42 pusieron pulseras en sus *m*, y bellas 3027
23.45 son adúlteras, y sangre hay en sus *m* 3027
25.6 batiste tus *m*, y golpeaste con tu pie 3027
25.7 he aquí yo extenderé mi *m* contra ti, y 3027
25.13 yo también extenderé mi *m* sobre Edom 3027
25.14 y pondré mi venganza... *m* de mi pueblo 3027
25.16 yo extiendo mi *m* contra los filisteos 3027
27.15 tomaban mercadería de tu *m*; colmillos 3027
28.9 tú, hombre eres... en la *m* de tu matador 3027
28.10 morirás por *m* de extranjeros; porque 3027
29.7 tomaron con la *m*, te quebraste, y les 3709
30.10 destruiré las riquezas de Egipto por *m* 3027
30.12 y entregaré la tierra en *m* de malos 3027
30.12 *m* de extranjeros destruiré la tierra 3027
30.22 haré que la espada se le caiga de la *m* 3027
30.24 Babilonia, y pondré mi espada en su *m* 3027
30.25 cuando yo ponga mi espada en la *m* del 3027
31.11 lo entregaré en *m* del poderoso de las 3027
33.6 demandaré su sangre de *m* del atalaya 3027
33.8 pero su sangre yo la demandaré de tu *m* 3027
33.22 y la *m* de Jehová había sido sobre mí 3027
34.10 y demandaré mis ovejas de su *m*, y les 3027
34.27 los libre de *m* de los que se sirven de 3027
35.3 Seir, y extenderé mi *m* contra ti, y te 3027
36.7 alzado mi *m*, he jurado que las naciones 3027
37.1 *m* de Jehová vino sobre mí, y me llevó 3027
37.17 júntalos luego... serán uno solo en tu *m* 3027
37.19 tomo el palo de José que está en la *m* 3027
37.19 haré un solo palo, y serán uno en mi *m* 3027
37.20 los palos... estarán en tu *m* delante de 3027
38.12 poner tus *m* sobre las tierras desiertas 3027
39.3 y sacaré tu arco de tu *m* izquierda, y 3027
39.3 y derribaré tus saetas de tu *m* derecha 3027
39.9 y quemarán armas... dardos de *m* y lanzas 3027
39.21 mi juicio... mi *m* que sobre ellos puse 3027
39.23 y los entregué en *m* de sus enemigos 3027
40.1 mismo día vino sobre mí la *m* de Jehová 3027
40.3 tenía un cordel de lino en su *m*, y una 3027
40.5 la caña de medir que... tenía en la *m* era 3027
44.12 he alzado mi *m* y jurado, dice Jehová 3027
47.3 el oriente, llevando un cordel en su *m* 3027
47.14 alcé mi *m* jurando que la había de dar 3027
Dn 1.2 y el Señor entregó en sus *m* a Joacim 3027
2.34 que una piedra fue cortada, no con *m* 3028
2.38 los ha entregado en tu *m*, y te ha dado 3028
2.45 cortada una piedra, no con *m*, la cual 3028
3.15 ¿y qué dios será... os libre de mis *m*? 3028
3.17 pueden... y de tu *m*, oh rey, nos librará 3028
4.35 y no hay quien detenga su *m*, y le diga 3028
5.5 una *m*... que escribía... y el rey veía la *m* 3028
5.23 el Dios en cuya *m* está tu vida, y cuyos 3028
5.24 enviada la *m* que trazó esta escritura 3028
7.25 serán entregados en su *m* hasta tiempo 3028
8.25 hará prosperar el engaño en su *m*; y en 3027
8.25 quebrantado, aunque no por *m* humana 3027
9.15 que sacaste tu pueblo... con *m* poderosa 3027
10.10 una *m* me tocó, e hizo que me pusiese 3027
10.10 rodillas y sobre las palmas de mis *m* 3027
11.11 toda... multitud será entregada en su *m* 3027
11.41 estas escaparán de su *m*: Edom y Moab 3027
11.42 extenderá su *m* contra las tierras, y 3027
Os 2.10 descubriré... nadie la librará de mi *m* 3027
7.5 rey... extendió su ni con los escarnecedores 3027
12.7 mercader que tiene en su in peso falso 3027
13.14 de la *m* del Seol los redimiré... libraré 3027
14.3 nunca... diremos a la obra de nuestras *m* 3027
Am 1.8 volveré mi *m* contra Ecrón, y el resto 3027
5.19 y apoyare su *m* en la pared, y le muerde 3027
7.7 plomo, y en su *m* una plomada de albañil 3027
9.2 aunque cavasen... de allá los tomará mi *m* 3027
Abd 13 haber echado *m* a sus bienes en el día
Jon 3.8 conviértase... de la rapiña... en sus *m* 3709
4.11 entre su *m* derecha y su *m* izquierda? 3225,8040
Mi 2.1 lo ejecutan... tienen en su *m* el poder! 3027
4.10 allí te redimirá Jehová de la *m* de tus 3709
5.9 *m* se alzará sobre tus enemigos, y todos 3027
5.12 destruiré de tu *m* las hechicerías, y no 3027
5.13 nunca... te inclinarás a la obra de tus *m* 3027
7.3 para completar la maldad con sus *m*, el 3709
7.16 las naciones... pondrán la *m* sobre su boca 3027
Nah 3.19 los que oigan... batirán las *m* sobre 3709
Hab 2.16 el cáliz de la *m* derecha de Jehová 3027
3.4 rayos brillantes salían de su *m*, y allí 3027
3.10 abismo dio su voz, a lo alto alzó sus *m* 3027
Sof 1.4 extenderé mi *m* sobre Judá, y sobre 3027
2.13 extenderá su *m* sobre el norte, a Asiria 3027
2.15 cualquiera... se burlará, y sacudirá su *m* 3027
3.16 no temas; Sion, no se debiliten tus *m* 3027
Hag 1.11 llamé la sequía sobre... trabajo de *m* 3709

M

2.14 y asimismo toda obra de sus *m*; y todo 3027
2.17 os herí...en toda obra de vuestras *m* 3027
Zac 2.1 un varón que tenía en su ni un cordel 3027
2.9 alzo mi *m* sobre ellos, y serán despojo 3027
3.1 y Satanás estaba a su *m* derecha para 3225
4.9 las *m* de Zorobabel echarán el cimiento 3027
4.9 *m* la acabarán; y conocerás que Jehová 3027
4.10 verán la plomada en la *m* de Zorobabel 3027
8.4 morar...cada cual con bordón en su *m* por 3027
8.9 esfuércense vuestras *m*, los que oís en 3027
8.13 no temáis, mas esfuércense vuestras *m* 3027
11.6 en *m* de su compañero y en *m* de su rey 3027
11.6 asolarán...y yo no los libraré de sus *m* 3027
13.6 ¿qué heridas son estas en tus *m*? Y él 3027
13.7 haré volver mi *m* contra los pequeñitos 3027
14.13 trabará cada uno...la *m* de su compañero 3027
14.13 y levantará su ni contra la *m* de su 3027
Mal 1.10 no...ni de vuestra *m* aceptaré ofrenda 3027
1.13 ¿aceptaré yo eso de vuestra *m*? dice 3027
2.13 para aceptarla con gusto de vuestra *m* 3027
Mt 3.12 aventador está en su *m*, y limpiará *5495*
4.6 *m* te sostendrán, para que no tropieces *5495*
5.30 **si tu *m* derecha te es ocasión de caer** *5495*
8.3 **Jesús extendió la *m* y le tocó, diciendo** *5495*
8.15 tocó su *m*, y la fiebre la dejó; y ella *5495*
9.18 mas ven y pon tu *m* sobre ella, y vivirá *5495*
9.25 tomó de la *m* a la niña, y...se levantó *5495*
12.10 había allí uno que tenía seca una *m* *5495*
12.11 **cayere en...no le eche *m*, y la levante?** *2902*
12.13 **dijo a aquel hombre: Extiende tu *m*** *5495*
12.49 **extendiendo su *m*...He aquí mi madre** *5495*
14.31 **Jesús, extendiendo la *m*, asió de él, y** *5495*
15.2 porque no se lavan las *m* cuando comen *5495*
15.20 **comer con las *m* sin lavar no contamina** *5495*
17.22 **Hijo...será entregado en *m* de hombres** *5495*
18.8 **si tu *m* o tu pie te es ocasión de caer** *5495*
18.8 **teniendo dos *m*...ser echado en el fuego** *5495*
19.13 que pusiese las *m* sobre ellos, y orase *5495*
19.15 habiendo puesto sobre ellos las *m*, se *5495*
21.46 buscar cómo echarle *m*, temían al pueblo *2902*
22.13 **atadle de pies y *m*, y echadle en las** *5495*
26.23 **el que mete la *m* conmigo en el plato** *5495*
26.45 **Hijo...es entregado en *m* de pecadores** *5495*
26.50 **y echaron *m* a Jesús, y le prendieron** *5495*
26.51 uno...extendiendo la *m*, sacó su espada *5495*
27.24 agua y se lavó las *m* delante del pueblo *5495*
27.29 y pusieron...una caña en su *m* derecha *1188*
Mr 1.31 él se acercó, y la tomó de la *m* y la *5495*
1.41 él, extendió la *m* y le tocó, y le dijo *5495*
3.1 había allí un hombre que tenía seca una in *5495*
3.3 dijo al...que tenía la *m* seca: Levántate *5495*
3.5 dijo al hombre: Extiende tu *m*. Y él la *5495*
3.5 extendió, y la *m* le fue restaurada sana *5495*
5.23 pon las *m* sobre ella para que sea salva *5495*
5.41 tomando la *m* de la niña...dijo: Talita *5495*
6.2 estos milagros que por sus *m* son hechos? *5495*
6.5 que sanó a...poniendo sobre ellos las *m* *5495*
7.2 comer pan con *m* inmundas...no lavadas *5495*
7.3 si muchas veces no se lavan las *m*, no *5495*
7.5 ¿por qué tus...comen pan con *m* inmundas? *5495*
7.32 le rogaron que le pusiera la *m* encima *5495*
8.23 tomando la *m* del ciego, le sacó fuera *5495*
8.23 le puso las *m* encima, y le preguntó si *5495*
8.25 te puso otra vez las *m* sobre los ojos *5495*
9.27 Jesús, tomándole de la *m*, le enderezó *5495*
9.31 el Hijo...será entregado en *m* de hombres *5495*
9.43 tu *m* te fuere ocasión de caer, córtala *5495*
9.43 que teniendo dos *m* ir al infierno, al *5495*
10.16 poniendo las *m* sobre ellos...bendecía *5495*
12.3 mas ellos...le enviaron con las *m* vacías
14.41 el Hijo...entregado en *m* de los pecadores *5495*
14.46 ellos le echaron *m*, y le prendieron *5495*
14.58 yo derribaré este templo hecho a *m*, y *5499*
14.58 tres días edificaré otro hecho sin *m* *886*
16.18 en las *m* serpientes, y si bebieren cosa
16.18 sobre los enfermos pondrán sus *m*, y *5495*
Lc 1.66 niño? Y la *m* del Señor estaba con él *5495*
1.71 la *m* de todos los que nos aborrecieron *5495*
3.17 su aventador está en su *m*, y limpiará *5495*
4.11 y, En las *m* te sostendrán, para que no *5495*
4.40 poniendo las *m* sobre cada uno de ellos *5495*
5.13 **extendiendo él la *m*, le tocó, diciendo** *5495*
6.1 arrancaban...restregándolas con las *m* *5495*
6.6 un hombre que tenía seca la *m* derecha *5495*
6.8 **y dijo al hombre que tenía la *m* seca** *5495*
6.10 dijo al...Extiende tu *m*. Y él lo hizo así *5495*
6.10 él lo hizo así, y su *m* fue restaurada *5495*
8.54 **él, tomándola de la *m*, clamó diciendo** *5495*
9.44 **el Hijo...será entregado en *m* de hombres** *5495*
9.62 **ninguno que poniendo su *m* en el arado** *5495*
10.30 **y cayó en *m* de ladrones, los cuales le**
10.36 **prójimo del que...en *m* de los ladrones?**
13.13 las ni sobre ella; y ella se enderezó *5495*
15.22 **poned un anillo en su *m*, y calzado en** *5495*
20.10 **le golpearon, y le enviaron...ni vacías**
20.11 **afrentado...enviaron con las *m* vacías**
20.19 los escribas echarle *m* en aquella hora *5495*
21.12 **os echarán *m*, y os perseguirán, y os** *5495*
22.21 **la *m* del que me entrega está conmigo** *5495*
22.53 **no extendisteis las *m* contra mí; mas** *5495*
23.46 **Padre, en tus *m* encomiendo mi espíritu** *5495*
24.7 entregado en *m* de hombres pecadores, y *5495*
24.39 **mirad mis *m* y mis pies, que yo mismo** *5495*
24.40 diciendo...les mostró las *m* y los pies *5495*
24.50 los sacó...alzando sus *m*, los bendijo *5495*
Jn 3.35 todas las cosas ha entregado en su *m* *5495*
7.30 ninguno le echó *m*, porque aún no había *5495*
7.44 ellos querían...pero ninguno le echó *m* *5495*
10.28 **jamás, ni nadie las arrebatará de mi *m*** *5495*
10.29 **nadie las puede arrebatar de la *m* de** *5495*
10.39 prenderle, pero él se escapó de sus *m* *5495*
11.44 **atadas las *m* y los pies con vendas, y** *5495*
13.3 le había dado todas las cosas en las *m* *5495*
13.9 no sólo mis pies, sino también las *m* *5495*
20.20 esto, les mostró las *m* y el costado *5495*
20.25 si no viere en sus *m*...y metiere mi *m* *5495,5495*
20.27 **aquí tu dedo, y mira mis *m*; y acerca** *5495*
20.27 **y acerca tu *m*, y métela en mi costado** *5495*
21.18 **extenderás tus *m*, y te ceñirá otro, y** *5495*
Hch 2.23 a éste...matasteis por *m* de inicuos *5495*
3.7 tomándole por la *m* derecha le levantó *5495*
4.3 echaron *m*, y los pusieron en la cárcel *5495*
4.28 cuanto tu *m* y tu...habían...determinado *5495*
4.30 mientras extiendes tu *m* para que se *5495*
5.12 y por la *m* de los apóstoles se hacían *5495*
5.18 *m* a los apóstoles y los pusieron en la *5495*
6.6 quienes, orando, les impusieron las *m* *5495*
7.25 que Dios les daría libertad por *m* suya *5495*
7.35 por *m* del ángel que se le apareció en *5495*
7.41 en las obras de sus *m* se regocijaron *5495*
7.48 no habita en templos hechos de *m*, como *5499*
7.50 ¿no hizo mi *m* todas estas cosas? *5495*
8.17 imponían las *m*, y recibían el Espíritu *5495*
8.18 que por la imposición de las *m* de los *5495*
8.19 a quien yo impusiere las *m* reciba el *5495*
9.8 así que, llevándole por la *m*, le metieron *5496*
9.12 **que entra y le pone las *m* encima para** *5495*
9.17 fue...y poniendo sobre él las *m*, dijo *5495*
9.41 el, dándole la *m*, la levantó; entonces *5495*
11.21 y la *m* del Señor estaba con ellos; y *5495*
11.30 enviándolo a los...por *m* de Bernabé y *5495*
12.1 Herodes echó *m* a algunos de la iglesia *5495*
12.7 y las cadenas se le cayeron de las *m* *5495*
12.11 y me ha librado de la *m* de Herodes, y *5495*
12.17 él, haciéndoles con la *m* señal de que *5495*
13.3 les impusieron las *m* y los despidieron *5495*
13.11 he aquí la *m* del Señor está contra ti *5495*
13.11 buscaba quien le condujese de la *m* *5497*
13.16 hecha señal de silencio con la *m*, dijo *5495*
14.3 se hiciesen por las *m* de ellos señales *5495*
17.24 Dios...no habita en templos hechos por in *5499*
17.25 ni es honrado por *m* de hombres, como *5495*
18.10 **y ninguno pondrá sobre ti la *m* para**
19.6 habiéndoles impuesto Pablo las *m*, vino *5495*
19.11 hacía Dios milagros...por *m* de Pablo *5495*
19.26 son dioses los que se hacen con las *m* *5495*
19.33 Alejandro, pedido silencio con la *m* *5495*
20.34 necesario a mí...estas *m* me han servido *5495*
21.3 dejándola a *m* izquierda, navegamos a *2176*
21.11 atándose los pies y las *m*, dijo: Esto *5495*
21.11 y le entregarán en *m* de los gentiles *5495*
21.27 alborotaron...multitud y le echaron *m* *5495*
21.40 Pablo...hizo señal con la *m* al pueblo *5495*
22.11 llevado de la *m* por...llegué a Damasco *5496*
23.19 tomándole de la *m*...le preguntó: ¿Qué *5495*
24.7 interviniendo...le quitó de nuestras *m* *5495*
26.1 Pablo...extendiendo la *m*, comenzó así su *5495*
27.19 con nuestras propias *m* arrojamos los *849*
28.3 víbora, huyendo...se le prendió en la *m* *5495*
28.4 vieron la víbora colgando de su *m*, se *5495*
28.8 entró Pablo...impuso las *m*, y le sanó *5495*
28.17 he sido entregado...en *m* de los romanos *5495*
Ro 10.21 extendí mis *m* a un pueblo rebelde y *5495*
1 Co 4.12 trabajando con nuestras propias *m* *5495*
12.15 si...Porque no soy *m*, no soy del cuerpo *5495*
12.21 ni el ojo puede decir a la *m*: No te *5495*
16.21 yo, Pablo, os escribo...de mi propia *m* *5495*
2 Co 5.1 tenemos de Dios...casa no hecha de *m* *886*
11.33 descolgado del muro...escapé de sus *m* *5495*
Gá 3.19 medio de ángeles en *m* de un mediador *5495*
6.11 mirad...letras os escribo de mi propia *m* *5495*
Ef 2.11 la llamada circuncisión hecha con *m* *5499*
4.28 sino...haciendo con sus *m* lo que es bueno *5495*
Col 2.11 circuncisión no hecha a *m*, al echar *886*
4.18 la salutación de mi propia *m*, de Pablo *5495*
1 Ts 4.11 negocios, y trabajar con vuestras *m* *5495*
2 Ts 3.17 la salutación es de mi propia *m*, de *5495*
1 Ti 2.8 oren...levantando *m* santas, sin ira *5495*
4.14 te fue dado...con la imposición de las *m* *5495*
5.22 no impongas con ligereza las *m* a ninguno *5495*
6.12 fe, echa *m* de la vida eterna, a la cual *1949*
6.19 por venir, que echen *m* de la vida eterna *1949*
2 Ti 1.6 está en ti por la imposición de...*m* *5495*
Flm 19 Pablo lo escribo de mi *m*, yo lo pagaré *5495*
He 1.10 Señor...los cielos son obra de tus *m* *5495*
2.7 y le pusiste sobre las obras de tus *m* *5495*
3.16 que salieron de Egipto por *m* de Moisés?
6.2 la imposición de *m*, de la resurrección *5495*
8.9 día que los tomé de la *m* para sacarlos *5495*
9.11 no hecho de *m*, es decir, no de esta *5499*
9.24 no entró...en el santuario hecho de *m* *5499*
10.31 ¡horrenda...es caer en *m* del Dios vivo! *5495*
12.12 levantad las *m* caídas y las rodillas *5495*
Stg 4.8 pecadores, limpiad las *m*...purificad *5495*
1 P 5.6 humillaos, pues, bajo la poderosa *m* *5495*
1 Jn 1.1 que...palparon nuestras *m* tocante al *5495*
Ap 5.1 en la *m* derecha del que estaba sentado *1188*
5.7 y tomó el libro de la *m* derecha del que *1188*
6.5 que lo montaba tenía una balanza en la *m* *5495*
7.9 de ropas blancas, y con palmas en las *m* *5495*
8.4 y de la *m* del ángel subió...el humo del *5495*
9.20 se arrepintieron de las obras de sus *m* *5495*
10.2 tenía en su *m* un librito abierto; y puso *5495*
10.5 el ángel que vi...levantó su *m* al cielo *5495*
10.8 el librito que está...en la *m* del ángel *5495*
10.10 tomé el librito de la *m* del ángel, y *5495*
13.16 les pusiese una marca en la *m* derecha *5495*
14.9 recibe la marca en su frente o en su *m* *5495*
14.14 que tenía en...y en la *m* una hoz aguda *5495*
17.4 tenía en la *m* un cáliz de oro lleno de *5495*
19.2 ha vengado la sangre...de la *m* de ella *5495*
20.1 vi a un ángel...una gran cadena en la *m* *5495*
20.4 no recibieron la marca en...ni en sus *m* *5495*

MANOA *Padre de Sansón*

Jue 13.2 hombre de Zora...el cual se llamaba *M* 4495
13.8 oró *M* a Jehová, y dijo: Ah, Señor mío 4495
13.9 y Dios oyó la voz de *M; y el* ángel de 4495
13.9 volvió...su marido *M* no estaba con ella 4495
13.11 y se levantó *M y siguió* a su mujer; y 4495
13.12 entonces *M* dijo: Cuando tus palabras 4495
13.13 el ángel...respondió a *M:* La mujer se 4495
13.15 *M* dijo al ángel de Jehová: Te ruego nos 4495
13.16 y el ángel de Jehová respondió a *M* 4495
13.16 y no sabía *M* que aquel fuese ángel de 4495
13.17 dijo *M* al ángel de...¿Cuál es tu nombre 4495
13.19 y *M* tomó un cabrito y una ofrenda, y 4495
13.19 el ángel hizo milagro ante...*M* y de su 4495
13.20 el ángel de...subió...ante los ojos de *M* 4495
13.21 ángel...no volvió a aparecer a *M* ni a 4495
13.21 conoció *M* que era el ángel de Jehová 4495
13.22 *M* a su mujer: Ciertamente moriremos 4495
16.31 sepultaron...el sepulcro de su padre *M* 4495

MANOJITO

Cnt 1.13 mi amado es para mí un *m* de mirra 6872

MANOJO

Gn 37.7 que atábamos *m*...que mi *m* se levantaba 485
37.7 que vuestros *m* estaban alrededor y se 485
Éx 12.22 tomad un *m* de hisopo, y mojadlo en 92
Jos 2.6 había escondido entre los *m* de lino 6086
Rt 2.16 y dejaréis...para ella algo de los *m* 6653
Jer 9.22 caerán...como *m* tras el segador, que 5995
Mt 13.30 **recoged...cizaña, y atadla en *m* para** *1197*

MANSAMENTE

Is 8.6 las aguas de Siloé, que corren *m*, y se 328

MANSEDUMBRE

Ec 10.4 porque la *m* hará cesar grandes ofensas 4832
Sof 2.3 su juicio; buscad justicia, buscad *m* 6038
1 Co 4.21 vara, o con amor y espíritu de *m*? *4236*
2 Co 10.1 Pablo os ruego por la *m* y ternura *4236*
Gá 5.23 *m*, templanza; contra tales cosas no *4236*
6.1 vosotros...restauradle con espíritu de *m* *4236*
Ef 4.2 con toda humildad y *m*, soportándoos con *4236*
Col 3.12 vestíos, pues...de humildad, de *m*, de *4236*
1 Ti 6.11 sigue...el amor, la paciencia, la *m* *4236*
2 Ti 2.25 con *m* corrija a los que se oponen *4236*
Tit 3.2 mostrando toda *m* para con todos los *4236*
Stg 1.21 recibid con *m* la palabra implantada *4240*
3.13 muestre por la...sus obras en sabia *m* *4240*
1 P 3.15 defensa con *m* y reverencia ante todo *4240*

MANSO

Nm 12.3 y aquel varón Moisés era muy *m*, más 6035
Sal 25.9 juicio, y enseñará a...*m* su carrera 6035
34.2 mi alma; lo oirán los *m*, y se alegrarán 6035
35.20 contra los *m* de la...piensan palabras 7282
37.11 pero los *m* heredarán la tierra, y se 6035
76.9 para salvar a todos los *m* de la tierra 6035
Is 11.4 argüirá con equidad por los *m* de la 6035
Mt 5.5 **bienaventurados los *m*, porque ellos** *4239*
11.29 **y aprended de mí, que soy *m* y humilde** *4235*
21.5 *m*, y sentado sobre una asna, sobre un *4239*

MANTA

Jue 4.18 tienda, y ella le cubrió con una *m* 8063
2 S 17.19 tomando la mujer...*m*, la extendió 4539
Is 28.20 la *m* estrecha para poder envolverse 4541

MANTECA

2 S 17.29 miel, *m*, ovejas, y quesos de vaca 2529

MANTENER

Gn 48.15 el Dios que me *mantiene* desde que yo 7462
49.24 mas su arco se *mantuvo* poderoso, y los 3427
50.20 para *mantener* en vida a mucho pueblo 2421
Éx 39.37 lamparillas que debían *mantenerse* en
Dt 12.23 *mantengas* firme en no comer sangre 2388
19.15 tres testigos se *mantendrá* la acusación 6965
Jue 5.17 se *mantuvo* Aser a la ribera del mar 3427
1 R 4.7 cuales *mantenían* al rey y a su casa 3557
4.27 y estos gobernadores *mantenían* al rey 3557
18.13 escondí...y los *mantuve* con pan y agua? 3557
22.27 y *mantenedle* con pan de angustia y con 398
1 Cr 12.29 *mantenían* fieles a la casa de Saúl 8104
Esd 4.14 siendo que nos *mantienen* del palacio 4415,4416
Est 3.4 ver si Mardoqueo se *mantendría* firme 5975
Sal 9.4 has *mantenido* mi derecho y mi causa 6213
38.11 mis amigos...se *mantienen* lejos de mí 5975
52.7 confió en la...y se *mantuvo* en su maldad 5810
130.3 ¿quién, oh Señor, podrá *mantenerse*? 5975
Pr 30.8 riquezas; *manténme* del pan necesario 2963
Jer 46.15 no pudo *mantenerse* firme...la empujó 5975
Lm 2.22 los que...*mantuve*, mi enemigo los acabó 7235
Ez 13.18 para *mantener*...vuestra propia vida? 2421
16.19 pan...y la miel, con que yo te *mantuve* 398
Dn 4.12 fruto...y se *mantenía* de él toda carne 2110
11.8 por años se *mantendrá* él contra el rey 5975
Os 9.2 la era y el lagar no los *mantendrán*, y 7462
Ro 16.25 se ha *mantenido* oculto desde tiempos *4601*
1 Ti 1.19 *manteniendo* la fe y buena conciencia *2192*
5.16 que las *mantenga*, y no sea gravada la *1884*
He 10.23 *mantengamos* firme...la profesión de *2722*
1 P 2.12 *manteniendo* buena...manera de vivir *2192*

MANTENIMIENTO
Gn 9.3 lo que se mueve y vive, os será para *m* 402
41.35 y recojan el... para *m* de las ciudades
47.24 para vuestro *m*, y de los que están en 400
Job 24.5 aquí... el desierto es *m* de sus hijos 3899
Sal 147.9 da a la bestia su *m*, y a los hijos 3899
Pr 6.8 recoge en el tiempo de la siega su *m* 3878
27.27 la leche... para tu *m*, para *m* de tu casa 3899
Hab 3.17 los labrados no den *m*, y las ovejas 400
Stg 2.15 tienen necesidad del *m* de cada día *5160*

MANTEQUILLA
Gn 18.8 tomó también *m* y leche, y el becerro 2529
Dt 32.14 *m* de vacas y leche de ovejas, con 2529
Sal 55.21 los dichos... son más blandos que *m* 4260
Pr 30.33 el que bate la leche sacará *m*, y el 2529
Is 7.15 comerá *m* y miel, hasta que... lo malo 2529
7.22 comerá *m*... *m* y miel comerá el que quede 2529

MANTO
Gn 49.11 lavó en... en la sangre de uvas su *m* 3830
Éx 28.4 el *m*, la túnica bordada, la mitra 899
28.31 harás el *m* del efod todo de azul 4598
28.34 una campanilla... en toda la orla del *m* 4598
29.5 y vestirás a Aarón la túnica, el *m* del 899
39.22 hizo también el *m* del efod de obra de 4598
39.24 hicieron en las orillas del *m* granadas 4598
39.25 entre las granadas en... orillas del *m* 4598
39.26 en las orillas del *m*, para ministrar 4598
Lv 8.7 le vistió después el *m*, y puso sobre él 4598
Dt 22.12 te harás flecos en... puntas de tu *m* 3682
Jos 7.21 entre los despojos un *m* babilónico 155
7.24 tomaron a Acán hijo... el *m*, el lingote 155
Jue 8.25 tendiendo un *m*, echó allí... zarcillos 8071
Rt 3.15 dijo: Quítate el *m* que traes sobre ti 4304
1 S 15.27 se asió de la punta de su *m*... rasgó 4598
18.4 y Jonatán se quitó el *m* que llevaba, y 4598
24.4 David... cortó la orilla del *m* de Saúl 4598
24.5 había cortado la orilla del *m* de Saúl 3671
24.11 la orilla de tu *m*... yo corté... de tu *m* 4598
28.14 un hombre anciano... cubierto de un *m* 4598
1 R 19.13 Elías, cubrió su rostro con su *m*, y 155
19.19 pasando Elías por... echó sobre él su *m* 155
2 R 2.8 tomando entonces Elías su *m*, lo dobló 155
2.13 alzó... *m* de Elías que se le había caído 155
2.14 tomando el *m* de Elías que... había caído 155
9.13 cada uno tomó... su *m*, y lo puso debajo 899
Esd 9.3 rasgué mi vestido y mi *m*, y arranqué 4598
9.5 y habiendo rasgado mi... *m*, me postré de 899
Est 8.15 gran corona de oro, y un *m* de lino 8509
Job 1.20 Job... rasgó su *m*, y rasuró su cabeza 4598
2.12 cada uno de ellos rasgó su *m*, y los tres 4598
29.14 me... com o *m* y diadema era mi rectitud 4598
Sal 109.29 cubiertos de confusión como con *m* 4598
Cnt 5.7 quitaron mi *m* de encima los guardas 7289
Is 9.5 *m* revolcado en sangre, serán quemados 8071
59.17 ropas... y se cubrió de celo como de *m* 899
61.3 ordenar que a... se les dé... *m* de alegría 4594
61.10 me vistió... me rodeó de *m* de justicia 4598
Ez 5.3 tomarás... los atarás en la falda de tu *m* 3671
16.8 pasé... y extendí mi *m* sobre ti, y cubrí 3671
26.16 y se quitarán sus *m*, y desnudarán sus 4598
27.24 en *m* de azul y bordados, y en cajas de 1545
Dn 3.21 estos varones fueron atados con sus *m* 3831
Zac 8.23 tomarán del *m* a un judío, diciendo 3671
13.4 y nunca más vestirán el *m* velloso para 155
Mt 9.20 se le acercó... tocó el borde de su *m* *2440*
9.21 si tocare solamente su *m*, seré salva *2440*
14.36 dejase tocar... el borde de su *m*; y todos *2440*
21.7 y pusieron sobre ellos sus *m*; y él se *2440*
21.8 la multitud... tendía sus *m* en el camino *2440*
23.5 **hacen... y extienden los flecos de sus *m*** *2440*
27.28 le echaron encima un *m* de escarlata *5511*
27.31 después... le quitaron el *m*, le pusieron *5511*
Mr 5.27 vino por detrás entre... y tocó su *m* *2440*
5.28 tocare tan solamente su *m*, seré salva *2440*
6.56 dejase tocar siquiera el borde de su *m* *2440*
11.7 y echaron sobre él sus *m*, y se sentó *2440*
11.8 muchos tendían sus *m* por el camino, y *2440*
Lc 8.44 se le acercó... tocó el borde de su *m* *2440*
19.35 habiendo echado sus *m* sobre el pollino *2440*
19.36 a su paso tendían sus *m* por el camino *2440*
Jn 13.4 se quitó su *m*, y tomando una toalla *2440*
13.12 tomó su *m*, volvió a la mesa, y... dijo *2440*
19.2 y le vistieron con un *m* de púrpura *2440*
19.5 salió Jesús, llevando... el *m* de púrpura *2440*
Hch 12.8 dijo: Envuélvete en tu *m*, y sígueme *2440*

MANTONCILLO
Is 3.22 las ropas de gala, los *m*, los velos 4595

MANZANA
Éx 25.31 sus *m* y sus flores, serán de lo mismo 3730
25.33 tres copas... un brazo, una *m* y una flor 3730
25.33 en otro brazo, una *m* y una flor; así 3730
25.34 en forma de flor... sus *m* y sus flores 3730
25.35 habrá una *m* debajo de dos brazos del 3730
25.35 otra *m*... y otra *m* debajo de los otros 3730
25.36 sus *m* y sus brazos serán de una pieza 3730
37.17,22 sus *m* y sus flores eran de lo mismo 3730
37.19 una *m* y una flor, y... una *m* y una flor 3730
37.20 había cuatro copas... sus *m* y sus flores 3730
37.21 una *m*... otra *m*... y otra *m* debajo de los 3730
Pr 25.11 *m* de oro con figuras de plata es la 8598
Cnt 2.5 sustentadme con... confortadme con *m* 8598
7.8 racimos... y el olor de tu boca com o de *m* 8598

MANZANO
Cnt 2.3 el *m* entre los árboles silvestres, así 8598
8.5 debajo de un *m* te desperté; allí tuvo 8598
Jl 1.12 la palmera y el *m*; todos los árboles 8598

MAÑANA
Gn 1.5 noche. Y fue la tarde y la *m* un día 1242
1.8,13,19,23,31 fue la tarde y la *m* el día 1242
19.2 y por la *m* os levantaréis, y seguiréis
19.27 subió Abraham por la *m* al lugar donde 1242
20.8 Abimelec se levantó de *m* y llamó a todos 1242
21.14 Abraham se levantó muy de *m*, y tomó 1242
22.3 Abraham se levantó muy de *m*... y fue al 1242
24.54 levantándose de *m*, dijo: Enviadme a 1242
28.18 levantó Jacob de *m*, y tomó la piedra 1242
29.25 venida la *m*, he aquí que era Lea 1242
30.33 así responderá por mí mi honradez *m* 4279
31.55 levantó Labán de *m*, y besó sus hijos 1242
40.6 vino a ellos José por la *m*, y los miró 1242
41.8 que por la *m* estaba agitado su espíritu 1242
44.3 la *m*, los hombres fueron despedidos con 1242
49.27 Benjamín es lobo... la *m* comerá la presa 1242
Éx 7.15 vé por la *m* a Faraón, he aquí que él 1242
8.10 él dijo: *M*. Y Moisés respondió: Se hará 4279
8.20 levántate de *m* y... delante de Faraón; he 1242
8.23 yo pondré redención... *M* será esta señal 4279
8.29 se vayan de Faraón, y... y de su pueblo *m* 4279
9.5 fijó... *M* hará Jehová esta cosa en la tierra 4279
9.13 levántate... *m*, y ponte delante de Faraón 1242
9.18 *m* a estas horas yo haré llover granizo 4279
10.4 que *m* yo traeré sobre tu... la langosta 4279
10.13 al venir la *m* el viento oriental trajo 1242
12.10 ninguna cosa dejaréis de él hasta la *m* 1242
12.10 lo que quedare hasta la *m*, lo quemaréis 1242
12.22 ninguno de vosotros salga... hasta la *m* 1242
13.14 *m* te pregunte tu hijo... ¿Qué es esto? 4279
14.24 a la vigilia de la *m*, que Jehová miró 1242
16.7 la *m* veréis la gloria de Jehová; porque 1242
16.8 os dará en... y en la *m* pan hasta saciaros 1242
16.12 por la *m* os saciaréis de pan, y sabréis 1242
16.13 por la *m* descendió rocío en derredor 1242
16.19 dijo... Ninguno deje nada de ello para *m* 1242
16.21 lo recogían cada *m*, cada uno según lo 1242
16.23 *m* es el santo día de reposo... a Jehová 4279
16.23 lo que os sobrare, guardadlo para *m* 1242
16.24 guardaron hasta la *m*... y no se agusanó 1242
17.9 *m* yo estaré sobre la cumbre del collado 4279
18.13 pueblo... delante de Moisés desde la *m* 1242
18.14 pueblo está delante de ti desde la *m* 1242
19.10 vé al pueblo, y santifícalos hoy y *m* 4279
19.16 cuando vino la *m*, vinieron truenos y 1242
23.18 ni la grosura de... quedará... hasta la *m* 1242
24.4 levantándose de *m* edificó un altar al 1242
27.21 que ardan... desde la tarde hasta la *m* 1242
29.34 si sobrare hasta la *m* algo de la carne 1242
29.39 ofrecerás uno de los corderos por la *m* 1242
29.41 haciendo conforme a la ofrenda de la *m* 1242
30.7 cada *m* cuando aliste las lámparas lo 1242
32.5 y pregonó Aarón, y dijo: *m* será fiesta 4279
34.2 prepárate, pues, para *m*, y sube de ni al 1242
34.4 se levantó de *m* y subió al monte Sinaí 1242
34.25 ni se dejará hasta la *m*... sacrificio de 1242
36.3 trayéndole ofrenda voluntaria cada *m* 1242
Lv 6.9 el holocausto estará sobre... hasta la *m* 1242
6.12 el sacerdote pondrá en él leña cada *m* 1242
6.20 la mitad a la *m* y la mitad a la tarde 1242
9.17 quemar... además del holocausto de la *m* 1242
19.13 no retendrás el salario del... hasta la *m* 1242
24.3 desde la tarde hasta la *m* delante de 1242
Nm 9.12 no dejarán del animal... para la *m*, ni 1242
9.15 como una apariencia de fuego, hasta la *m* 1242
9.21 se detenía... hasta la ni, o cuando a la *m* 1242
11.18 santificaos para *m*, y comeréis carne 4279
14.25 volveos *m* y salid al desierto, camino 4279
14.40 se levantaron por la *m* y subieron a la 1242
16.5 *m* mostrará Jehová quién es suyo, y quién 1242
16.7 y poned... incienso delante de Jehová ni 4279
16.16 tu séquito, poneos *m* delante de Jehová 4279
22.13 así Balaam se levantó por la *m* y dijo 1242
22.21 levantó por la *m*, y enalbardó su asna 1242
28.4 cordero ofrecerás por la *m*, y el otro 1242
28.8 la tarde; conforme a la ofrenda de la *m* 1242
28.23 esto... además del holocausto de la *m* 1242
Dt 6.20 *m* cuando te preguntare tu hijo... ¿Qué 4279
16.4 de la carne que... no quedará hasta la *m* 1242
16.7 y por la *m* regresarás... a tu habitación 1242
28.67 por la *m*... ¡Quién diera que fuese la *m*! 1242
Jos 3.1 Josué se levantó de *m*, y él y todos 1242
3.5 Jehová hará *m* maravillas entre vosotros 4279
4.6 preguntaren a sus padres *m*, diciendo 4279
4.21 cuando *m* preguntaren vuestros hijos a 4279
6.12 Josué se levantó de *m*, y los sacerdotes 1242
7.13 di: Santificaos para *m*; porque Jehová 4279
7.14 os acercaréis... *m* por vuestras tribus 1242
7.16 Josué... levantándose de *m*, hizo acercar 1242
8.10 levantándose... muy de *m*, pasó revista al 1242
11.6 *m*... yo entregaré a todos ellos muertos 4279
22.18 os rebeláis... y *m* se airará él contra 4279
22.24 temor de que *m* vuestros hijos digan a 4279
22.27 digan *m* vuestros hijos a los nuestros 4279
Jue 6.28 por la *m*, cuando los de la ciudad se 1242
6.31 cualquiera que contienda... muera esta *m* 1242
6.38 se levantó de *m*, exprimió el vellón y 4283
7.1 levantándose, pues, de *m* Jerobaal, el 7925
9.33 *m* al salir el sol... cae sobre la ciudad 1242
16.2 la luz de la *m*; entonces lo mataremos 1242
19.5 se levantaron de *m*, se levantó... levita 1242
19.8 levantándose de *m* para irse, le dijo el 1242
19.9 y *m* os levantaréis temprano a... camino 4279
19.25 abusaron de ella toda la... hasta la *m* 1242
19.27 se levantó por la *m* su señor, y abrió 1242
20.19 levantaron... hijos de Israel por la *m* 1242
20.28 subid, porque *m* yo os los entregaré 4279
21.4 el pueblo se levantó de *m*, y edificaron 4279
Rt 2.7 está desde por la *m* hasta ahora, sin 1242
3.13 pasa aquí... Descansa, pues, hasta la *m* 1242
3.14 después que durmió a sus... hasta la *m* 1242
1 S 1.19 levantándose de *m*, adoraron... Jehová 1242
3.15 y Samuel estuvo acostado hasta la *m* 1242
5.3 cuando... los de Asdod se levantaron de *m* 4283
5.4 volviéndose a levantar de *m*... que Dagón 1242
9.16 *m*... enviaré a ti un varón de la tierra 4279
9.19 come hoy... y por la *m* te despacharé, y te 1242
11.9 *m* al calentar el sol, seréis librados 4279
11.10 dijeron... *M* saldremos a vosotros, para 4279
11.11 entraron en medio... la vigilia de la *m* 1242
14.36 descendamos... saqueemos hasta la *m* 1242
15.12 para ir a encontrar a Saúl por la *m* 1242
17.16 venía... aquel filisteo por la *m* y por 7925
17.20 levantó, pues, David de *m*, y dejando 1242
19.2 cuídate hasta la *m*, y estate en lugar 1242
19.11 Saúl envió luego... lo matasen a la *m* 1242
19.11 si no salvas tu vida... *m* serás muerto 4279
20.5 que *m* será nueva luna, y yo acostumbro 4279
20.12 haya preguntado a mi padre *m* a esta 4279
20.18 le dijo Jonatán: *M* es nueva luna, y 4279
20.35 al otro día, de *m*, salió Jonatán al 1242
25.22 de aquí a *m*, de todo lo que fuere suyo 1242
25.34 de aquí a *m* no le hubiera quedado con 1242
25.37 pero por la *m*, cuando ya a Nabal se le 1242
28.19 y *m* estaréis conmigo, tú y tus hijos 4279
29.10 levántate... de *m*, tú y los siervos de 1242
29.11 y se levantó David de *m*... para irse y 1242
30.17 hirió David desde aquella *m* hasta la 5399
2 S 2.27 hubiera dejado de seguir a... esta *m* 1242
11.12 quédate... aún hoy, y *m* te despacharé 4279
11.14 la *m*, escribió David a Joab una carta 1242
15.2 se levantaba Absalón de *m*, y se ponía 7925
23.4 será corno la luz de la *m*, como... del sol 1242
23.4 como el resplandor del sol en una *m* sin 1242
24.11 la *m*, cuando David se hubo levantado 1242
24.15 desde la *m* hasta el tiempo señalado 1242
1 R 3.21 lo observé por la *m*, y vi que no era 1242
17.6 los cuervos le traían... carne por la *m* 1242
18.26 invocaron el... de Baal desde la *m* hasta 1242
19.2 si *m*... yo no he puesto tu persona como 4279
20.6 además, *m*... enviaré yo a ti mis siervos 4279
2 R 3.20 la *m*, cuando se ofrece el sacrificio 1242
3.22 se levantaron por la *m*, y brilló el sol 1242
6.15 se levantó de *m* y salió el que servía al 7925
6.28 da acá tu hijo, y... y *m* comeremos el mío 4279
7.1 dijo... *M* a estas horas valdrá el seah de 4279
7.18 y el seah... será vendido por un siclo *m* 4279
10.6 tomad las cabezas de... y venid a mí *m* a 4279
10.8 ponedlas en dos montones a... hasta la *m* 1242
10.9 venida la *m*, salió él, y estando en pie 1242
16.15 encenderás el holocausto de la *m* y la 1242
19.35 por la *m*... todo era cuerpos de muertos 1242
1 Cr 9.27 el cargo de... de abrirla todas las *m* 1242
16.40 que sacrificasen... *m* y tarde... a Jehová 1242
23.30 para asistir cada *m*... a dar gracias y 1242
2 Cr 2.4 para holocaustos a *m* y tarde, en los 1242
13.11 queman... los holocaustos cada *m* y... tarde 1242
20.16 *m* descenderéis contra ellos; he aquí 4279
20.17 salid *m* contra ellos, porque Jehová 4279
20.20 se levantaron por la *m*, salieron al 1242
29.20 y levantándose de *m*, el rey Ezequías 7925
31.3 contribuyó... para los holocaustos a *m* y 1242
Esd 3.3 y ofrecieron... holocaustos por la *m* y 1242
Est 2.14 y a la *m* siguiente volvía a la casa 1242
5.8 y *m* haré conforme a lo que el rey ha 4279
5.12 también para *m* estoy convidado por ella 4279
5.14 y *m* di al rey que cuelguen a Mardoqueo 1242
9.13 concédase... *m* a los judíos en Susa, que 4279
Job 1.5 se levantaba de *m* y ofrecía holocaustos 1242
3.9 y no venga, ni vea los párpados de la *m* 7937
4.20 de la *m* a la tarde son destruidos, y se 1242
7.18 Y lo visites todas las *m*, y todos los 1242
7.21 y si me buscares de *m*, ya no existiré 7836
8.5 si tú de *m* buscares a Dios, y rogares al 7836
11.17 aunque oscureciere, será como la *m* 1242
24.17 la *m* es para todos ellos como sombra 1242
38.12 ¿has mandado tú a la *m* en tus días? 1242
Sal 5.3 de *m* oirás mi voz; de *m* me presentaré 1242
30.5 el lloro, y a la *m* vendrá la alegría 1242
46.5 Dios está... la ayudará al clarear la *m* 1242
49.14 los rectos se enseñorearán... por la *m* 1242
55.17 *m y a* mediodía oraré y clamaré, y él 1242
57.8 despierta, salterio... me levantaré de *m* 7837
59.16 pero yo... alabaré de *m* tu misericordia 1242
65.8 tú haces alegrar las salidas de la *m* 1242
73.14 pues he sido... y castigado todas las *m* 1242
88.13 de *m* mi oración se presentará delante 1242
90.5 son... como la hierba que crece en la *m* 1242
90.6 en la *m* florece y crece; a la tarde es 1242
90.14 de *m* sácianos de tu misericordia, y 1242
92.2 anunciar por la *m* tu misericordia, y tu 1242
101.8 de *m* destruiré a todos los impíos de 1242
130.6 centinelas a la *m*... vigilantes a la *m* 1242
143.8 hazme oír por la *m* tu misericordia 1242
Pr 1.28 me buscarán de *m*, y no me hallarán 7836
3.28 no digas a... *m* te daré, cuando tienes 4279
7.18 embriaguémonos de amores hasta la *m* 1242
27.1 no te jactes del día de *m*; porque no 4279
27.14 el que bendice a su... madrugando de *m* 1242
Ec 10.16 rey... tus príncipes banquetean de *m*! 1242

11.6 la m siembra tu semilla, y a la tarde ... 1242
Cnt 7.12 levantémonos de m a las viñas...vides ... 7925
Is 5.11 ¡ay de los que se levantan de m para ... 1242
14.12 ¡cómo caíste del cielo...hijo de la m! ... 7837
17.14 antes de la m el enemigo ya no existe ... 1242
21.12 respondió: La m viene, y después la ... 1242
22.13 comamos y bebamos...m moriremos ... 4279
28.19 porque de m en m pasará, de día y de ... 1242
33.2 tú, brazo de ellos en la m, sé también ... 1242
37.36 levantarnos por la m, he aquí que todo ... 1242
38.13 contaba yo hasta la m...la m a la noche ... 1242
50.4 m tras m, despertará mi oído para que ... 1242
56.12 y será el día de m como este, o mucho ... 4279
Jer 20.16 oiga gritos de m, y voces a mediodía ... 1242
21.12 así dijo Jehová: Haced de m juicio, y ... 1242
Lm 3.23 nuevas son cada m; grande...fidelidad ... 1242
Ez 7.7 la m viene para ti, oh morador de la ... 6843
7.10 ha salido la m; ha florecido la vara ... 6843
12.8 y vino a mí palabra de Jehová por la m ... 1242
24.18 hablé al pueblo por la m, y a la tarde ... 1242
24.18 hablé...a la m hice como me fue mandado ... 1242
33.22 hasta que vino a mí por la m; y abrió ... 1242
46.13 cordero de un año...m lo sacrificarás ... 1242
46.14 harás todas las m ofrenda de la sexta ... 1242
46.15 ofrecerán...todas las m el holocausto ... 1242
Dn 6.19 el rey, pues, se levantó muy de m, y ... 5053,8238
8.14 dijo: Hasta 2.300 tardes y m; luego ... 1242
8.26 la visión de las tardes y m que se ha ... 1242
Os 6.4 la piedad vuestra es como nube de la m ... 1242
7.6 la m está encendido como llama de fuego ... 1242
10.15 a la m será...cortado el rey de Israel ... 7837
13.3 como la niebla de la m, y como el rocío ... 1242
Am 4.4 de m vuestros sacrificios, y...diezmos ... 1242
4.13 el que hace de las tinieblas m, y pasa ... 7837
5.8 al que hace...y vuelve las tinieblas en m ... 1242
Mi 2.1 cuando llega la m lo ejecutan, porque ... 1242
Sof 3.3 lobos...que no dejan hueso para la m ... 1242
3.5 m sacará a luz su juicio, nunca faltará ... 1242
Mt 6.30 **si la hierba...que hoy es, y m se echa** ... *839*
6.34 **no os afanéis por...m...m traerá su afán** ... *839*
16.3 **y por la m: Hoy habrá tempestad; porque** ... *4404*
20.1 **que salió por la m a contratar obreros** ... *4404*
21.18 por la m, volviendo a la ciudad, tuvo ... *4405*
27.1 venida la m...los principales sacerdotes ... *4405*
Mr 1.35 levantándose muy de m, siendo aún muy ... *4404*
11.20 la m, vieron que la higuera se había ... *4404*
13.35 vendrá...al canto del gallo, o a la m ... *4404*
15.1 muy de m...los principales sacerdotes con ... *4404*
16.2 y muy de m, el primer día de la semana ... *4404*
16.9 habiendo, pues, resucitado Jesús por la m ... *4404*
Lc 12.28 **hoy está en el campo, y m es echada** ... *839*
13.32 **y hago curaciones hoy y m, y al tercer** ... *839*
13.33 **que hoy y m y pasado m siga mi camino** ... *839*
21.38 y todo el pueblo venía a él por la m ... *3719*
24.1 el primer día de la...muy de m, vinieron ... *901,3722*
Jn 8.2 por la m volvió al templo, y todo el ... *3722*
18.28 era de m, y ellos no entraron en el ... *4405*
20.1 fue de m, siendo aún oscuro, al sepulcro ... *4404*
Hch 5.21 habiendo oído esta, entraron de m en ... *3722*
23.15 le traiga m ante vosotros, como que ... *839*
23.20 que m lleves a Pablo ante el concilio ... *839*
25.22 quisiera oír...Y él le dijo: M le oirás ... *839*
28.23 les testificaba...desde la m hasta la ... *4404*
1 Co 15.32 comamos y bebamos...m moriremos ... *839*
Stg 4.13 decís: Hoy y m iremos a tal ciudad ... *839*
4.14 cuando no sabéis lo que será m. Porque ... *839*
2 P 1.19 el lucero de la m salga en vuestros ... *1306*
Ap 2.28 **y le daré la estrella de la m** ... *4407*
22.16 **la estrella resplandeciente de la m** ... *3720*

MAOC *Padre de Aquis No. 1,* 1 S 27.2 ... 4582

MAÓN
1. Ciudad en Judá
Jos 15.55 M, Carmel, Zif, Juta ... 4584
Jue 10.12 de M, y clamando a mí no os libré ... 4584
1 S 23.24 David y...estaban en el desierto de M ... 4584
23.25 David...se quedó en el desierto de M ... 4584
23.25 esto, siguió a David al desierto de M ... 4584
25.2 y en M había un hombre que tenía su ... 4584
2. Descendiente de Caleb, 1 Cr 2.45 ... 4584

MAQUI *Padre de Geuel,* Nm 13.15 ... 4352

MÁQUINA
2 Cr 26.15 hizo en Jerusalén m inventadas por ... 4284

MAQUINACIÓN
Sal 21.11 fraguaron m, mas no prevalecerán ... 4209
33.10 Jehová...frustra las m de los pueblos ... 4284
Lm 3.61 has oído el oprobio...sus m contra mí ... 4284
2 Co 2.11 no gane ventaja...no ignoramos sus m ... *3540*

MAQUINAR
2 S 21.5 nos destruyó, y que *maquinó* contra ... 1819
Sal 37.12 *maquina* el impío contra el justo, y ... 2161
52.2 agravios *maquina* tu lengua; como navaja ... 2803
58.2 en el corazón *maquináis* iniquidades ... 6466
62.3 ¿hasta cuándo *maquinaréis* contra un ... 2050
140.2 los cuales *maquinan* males en el corazón ... 2803
Pr 6.18 el corazón que *maquina* pensamientos ... 2790
26.24 que odia...en su interior *maquina* engaño ... 7896
Jer 11.19 que *maquinaban* designios contra mí ... 2803
18.18 venid y *maquinemos* contra Jeremías ... 2803
48.2 en Hesbón *maquinaron* mal contra ella ... 2803
Ez 11.2 los hombres que *maquinan* perversidad ... 2803
Mi 2.1 los que en sus camas...*maquinan* el mal ... 2803

MAQUIR
1. Hijo de Manasés No.1
Gn 50.23 hijos de M hijo de Manasés fueron ... 4353
Nm 26.29 de M...los maquiritas; y M engendró ... 4353
27.1 de Galaad, hijo de M, hijo de Manasés ... 4353
32.39 los hijos de M hijo de Manasés fueron ... 4353
32.40 Moisés dio Galaad a M hijo de Manasés ... 4353
36.1 la familia de Galaad hijo de M, hijo de ... 4353
Dt 3.15 y Galaad se lo di a M ... 4353
Jos 13.31 ciudades...para los hijos de M hijo ... 4353
13.31 la mitad de los hijos de M conforme a ... 4353
17.1 M, primogénito de Manasés y padre de ... 4353
17.3 de Galaad, hijo de M, hijo de Manasés ... 4353
Jue 5.14 de M descendieron príncipes, y de ... 4353
1 Cr 2.21 entró Hezrón a la hija de M padre ... 4353
2.23 todos éstos fueron de los hijos de M ... 4353
7.14 la cual también dio a luz a M padre de ... 4353
7.15 M tomó mujer de Hupim y Supim, cuya ... 4353
7.16 Maaca mujer de M dio a luz un hijo, y ... 4353
7.17 los hijos de Galaad, hijo de M, hijo ... 4353
2. Habitante de Lodebar en tiempo de David
2 S 9.4 está en casa de M hijo de Amiel, en ... 4353
9.5 envié...y le trajo de la casa de M hijo ... 4353
17.27 Sobi...M hijo de Amiel, de Lodebar, y ... 4353

MAQUIRITAS *Descendientes de Maquir No. 1*
Nm 26.29 ... 4354

MAR *Véanse también Mar Adriático y otros mares según sus nombres*
Gn 1.10 y a la reunión de las aguas llamó M ... 3220
1.22 diciendo...y llenad las aguas en los m ... 3220
1.26,28 en los peces del m, en las aves de ... 3220
9.2 la tierra, y en todos los peces del m ... 3220
32.12 tu descendencia...como la arena del m ... 3220
41.49 recogió José trigo como arena del m ... 3220
49.13 Zabulón en puertos de m habitará; será ... 3220
Éx 14.2 entre Migdol y el m hacia Baal-zefón ... 3220
14.2 delante de él acamparéis junto al m ... 3220
14.9 los alcanzaron acampados junto al m, al ... 3220
14.16 tu vara, y extiende tu mano sobre el m ... 3220
14.16 entren...de Israel por en medio del m ... 3220
14.21 extendió Moisés su mano sobre el m, e ... 3220
14.21 el m se retirase...volvió el m en seco ... 3220
14.22 de Israel entraron por en medio del m ... 3220
14.23 egipcios...hasta la mitad del m, toda la ... 3220
14.26 extiende tu mano sobre el m, para que ... 3220
14.27 Moisés extendió su mano sobre el m, y ... 3220
14.27 el m se volvió en toda su fuerza, y los ... 3220
14.27 egipcios al huir se encontraban...el m ... 3220
14.27 derribó a los egipcios en medio del m ... 3220
14.28 que había entrado tras ellos en el m ... 3220
14.29 por en medio del m, en seco, teniendo ... 3220
14.30 los egipcios muertos a la orilla del m ... 3220
15.1 ha echado en el m al caballo y al jinete ... 3220
15.4 echó en el m los carros de Faraón y su ... 3220
15.8 los abismos se cuajaron en medio del m ... 3220
15.10 soplaste con tu viento; los cubrió el m ... 3220
15.19 entró...su gente de a caballo en el m ... 3220
15.19 hizo volver las aguas del m sobre ellos ... 3220
15.19 los...pasaron en seco por en medio del m ... 3220
15.21 echado en el m al caballo y al jinete ... 3220
20.11 en seis días hizo Jehová...tierra, el m ... 3220
Lv 11.9 tienen aletas y...en sus aguas del m ... 3220
11.10 no tienen aletas ni escamas en el m ... 3220
Nm 11.22 se juntarán...todos los peces del m ... 3220
11.31 un viento de...trajo codornices del m ... 3220
13.29 y el cananeo habita junto al m...y a la ... 3220
33.8 pasaron por en medio del m al desierto ... 3220
Dt 1.7 y junto a la costa del m, a la tierra ... 3220
30.13 ni está al otro lado del m, para que ... 3220
30.13 ¿quién pasará por nosotros el m, para ... 3220
33.19 chuparán la abundancia de los m, y los ... 3220
Jos 5.1 reyes de los...que estaban cerca del m ... 3220
11.4 gente, como la arena...a la orilla del m ... 3220
15.4 allí pasaba a Asmón...y terminaba en el m ... 3220
15.5 la bahía del m en la desembocadura del ... 3220
15.11 pasa...sale a Jabneel y termina en el m ... 3220
15.46 desde Ecrón hasta el m, todas las que ... 3220
16.3 Bet-horón...y hasta Gezer; y sale al m ... 3220
16.6 continúa el límite hasta el m, y hasta ... 3220
16.8 se vuelve hacia el m, al...y sale al m ... 3220
17.9 el límite de Manasés...salidas son al m ... 3220
17.10 Efraín al sur, y...y el m es su límite ... 3220
19.29 sale al m desde el territorio de Aczib ... 3220
24.6 llegaron al m, los egipcios siguieron a ... 3220
24.7 e hizo venir sobre ellos el m, el cual ... 3220
Jue 3.17 se mantuvo Aser a la ribera del m ... 3220
5.12 como la arena...está a la ribera del m ... 3220
5.17 se mantuvo Aser a la ribera del m ... 3220
7.12 eran innumerables...del m en multitud ... 3220
1 S 13.5 pueblo...como la arena...orillas del m ... 3220
2 S 17.11 la arena que está a la orilla del m ... 3220
1 R 4.20,29 como la arena que está junto al m ... 3220
5.9 la llevarán desde el Líbano al m, y la ... 3220
5.9 enviaré en balsas por m hasta el lugar ... 3220
7.23 fundir...un m de diez codos de un lado ... 3220
7.24 rodeaban aquel m por debajo de su borde ... 3220
7.24 unas bolas...ceñían el m...en dos filas ... 3220
7.24 habían sido fundidas cuando el m fue
7.25 sobre estos se apoyaba el m, y las ancas ... 3220
7.26 el grueso del m era de un palmo menor
7.39 colocó el m al lado derecho de la casa ... 3220
7.44 un m, con doce bueyes debajo del m ... 3220
9.27 y envió...marineros y diestros en el m ... 3220
10.22 rey tenía en el m una flota de naves ... 3220
18.43 sube ahora, y mira hacia el m. Y él ... 3220
18.44 veo una pequeña nube...que sube del m ... 3220
2 R 16.17 y quitó...el m de sobre los bueyes ... 3220
25.13 quebraron...el m de bronce que estaba ... 3220
25.16 m, y las basas que Salomón había hecho ... 3220
1 Cr 16.32 resuene el m, y su plenitud...todo ... 3220
18.8 con el que Salomón hizo el m de bronce ... 3220
2 Cr 2.16 la traeremos...por el m hasta Jope ... 3220
4.2 hizo un m de fundición, el cual tenía 10 ... 3220
4.3 debajo del m...figuras de calabazas que ... 3220
4.3 calabazas fundidas juntamente con el m
4.4 bueyes...el m descansaba sobre ellos, y las ... 3220
4.6 pero el m era para que los sacerdotes se ... 3220
4.10 colocó el m al lado derecho, hacia el ... 3220
4.15 un m, y los doce bueyes debajo de él ... 3220
8.17 Salomón fue...a Elot, a la costa del m ... 3220
8.18 marineros diestros en el m, los cuales ... 3220
20.2 una gran multitud del otro lado del m ... 3220
Esd 3.7 madera...desde el Líbano por m a Jope ... 3220
Neh 9.6 hiciste...los m...lo que hay en ellos ... 3220
9.11 dividiste el m delante de...y pasaron ... 3220
Est 10.1 Impuso tributo sobre...costas del m ... 3220
Job 6.3 pesarían ahora más que la arena del m ... 3220
7.12 ¿soy yo el m, o un monstruo marino, para ... 3220
9.8 extendió los...y anda sobre las olas del m ... 3220
11.9 su dimensión es...y más ancha que el m ... 3220
12.8 los peces del m te lo declararán también ... 3220
14.11 como las aguas se van del m, y el río ... 3220
26.5 profundo, los m y cuanto en ellos mora ... 4325
26.12 él agita el m con su poder, y con su ... 3220
28.14 abismo dice...y el m dijo: Ni conmigo ... 3220
36.30 y cobija con ella...profundidades del m ... 3220
38.8 ¿quién encerró con puertas el m, cuando ... 3220
38.16 has entrado tú hasta las fuentes del m ... 3220
41.31 hervir como una olla el m profundo, y ... 3220
Sal 8.8 aves de los cielos y los peces del m ... 3220
8.8 todo cuanto pasa por los senderos del m ... 3220
24.2 él la fundó sobre los m, y la afirmó ... 3220
33.7 él junta como montón las aguas del m ... 3220
46.2 traspasen los montes al corazón del m ... 3220
65.5 y de los más remotos confines del m ... 3220
65.7 el que sosiega el estruendo de los m ... 3220
66.6 volvió el m en seco...el río pasaron a pie ... 3220
68.22 haré volver de las profundidades del m ... 3220
69.34 alábenlo...los m, y todo lo que se mueve ... 3220
72.8 dominará de m a m, y desde el río hasta ... 3220
74.13 dividiste el m...quebrantaste cabezas ... 3220
77.19 en el m fue tu camino, y tus sendas en ... 3220
78.13 dividió el m y los hizo pasar; detuvo ... 3220
78.27 como polvo, como arena del m aves que ... 3220
78.53 los guió...y el m cubrió a sus enemigos ... 3220
80.11 sus vástagos hasta el m, y hasta el río ... 3220
89.9 tienes dominio sobre la braveza del m ... 3220
89.25 pondré su mano sobre el m, y sobre los ... 3220
93.4 más poderoso...que las recias ondas del m ... 3220
95.5 suyo también el m, pues él lo hizo ... 3220
96.11; 98.7 brame el m y su plenitud ... 3220
104.25 allí el grande y anchuroso m, en donde ... 3220
107.23 que descienden al m en naves, y hacen ... 3220
114.3 m lo vio, y huyó; el Jordán se volvió ... 3220
114.5 ¿qué tuviste, oh m, que huiste? ¿y tú ... 3220
135.6 hace...en los m y en todos los abismos ... 3220
139.9 del alba y habitare en el extremo del m ... 3220
146.6 hizo...el m, y todo lo que en ellos hay ... 3220
Pr 8.29 cuando ponía al m su estatuto, para ... 3220
23.34 serás como el que yace en medio del m ... 3220
30.19 el rastro de la nave en medio del m ... 3220
Ec 1.7 los ríos todos van al m, y el m no se ... 3220
Is 5.30 bramará sobre él...como bramido del m ... 3220
9.1 al fin llenará de gloria el camino del m ... 3220
10.22 tu pueblo...fuere como las arenas del m ... 3220
10.26 y alzará su vara sobre el m como hizo ... 3220
11.9 será llena...como las aguas cubren el m ... 3220
11.11 su pueblo que aún queda...costas del m ... 3220
16.8 extendieron sus plantas, pasaron el m ... 3220
17.12 que harán ruido como estruendo del m ... 3220
18.2 envía mensajeros por el m, y en naves ... 3220
19.5 las aguas del m faltarán, y el río se ... 3220
21.1 profecía sobre el desierto del m. Como ... 3220
23.2 Sidón, que pasando el m te abastecían ... 3220
23.4 porque el m, la fortaleza del m, habló ... 3220
23.11 su mano sobre el m, hizo temblar los ... 3220
24.14 alzarán su voz...desde el m darán voces ... 3220
24.15 las orillas del m sea nombrado Jehová ... 3220
27.1 y matará al dragón que está en el m ... 3220
42.10 los que descendéis al m, y cuanto hay ... 3220
43.16 que abre camino en el m, y senda en ... 3220
48.18 fuera...justicia como las ondas del m ... 3220
50.2 que con mi reprensión hago secar el m ... 3220
51.10 ¿no eres tú el que secó el m, las aguas ... 3220
51.10 profundidades del m para que pasaran ... 3220
51.15 que agito el m y hago rugir sus ondas ... 3220
57.20 los impíos son como el m en tempestad ... 3220
60.5 se haya vuelto a ti la multitud del m ... 3220
63.11 la hizo subir del m con el pastor de ... 3220
Jer 5.22 que puse arena por término al m ... 3220
6.23 estruendo brama como el m, y montarán ... 3220
15.8 sus viudas m...más que la arena del m ... 3220
25.22 reyes de las costas...de ese lado del m ... 3220
31.35 que parte el m, y braman sus ondas ... 3220
33.22 ni la arena del m se puede medir, así ... 3220
46.18 y como Carmelo junto al m, así vendrá ... 3220
47.7 te ha enviado...contra la costa del m ... 3220
48.32 pasaron el m, llegaron hasta el m de ... 3220
50.42 su voz rugirá como el m, y montarán ... 3220
51.36 secaré su m, y haré que su corriente ... 3220
51.42 subió el m sobre Babilonia...cubierta ... 3220
52.17 el m de bronce que estaba en la casa ... 3220

52.20 un *m*, y los doce bueyes de bronce que 3220
Lm 2.13 grande como el *m*... tu quebrantamiento 3220
Ez 25.16 destruiré el resto... la costa del *m* 3220
26.3 naciones, como el *m* hace subir sus olas 3220
26.5 tendedero de redes será en medio del *m* 3220
26.16 los príncipes del *m* descenderán de sus 3220
26.17 pereciste tú, poblada por gente de *m* 3220
26.17 ciudad... que era fuerte en el *m*, ella y 3220
26.18 islas que están en el *m* se espantarán 3220
27.3 que está asentada a las orillas del *m* 3220
27.4 el corazón de los *m* están tus confines 3220
27.9 naves del *m*... fueron a ti para negociar 3220
27.25 te multiplicaste en... en medio de los *m* 3220
27.26 viento... te quebrantó en medio de los *m* 3220
27.27 caerán en medio de los *m* el día de tu 3220
27.29 pilotos del *m* se quedarán en tierra 3220
27.32 como Tiro... destruida en medio del *m*? 3220
27.34 quebrantada por los *m* en lo profundo 3220
28.2 soy un dios... sentado en medio de los *m* 3220
28.8 de los que mueren en medio de los *m* 3220
32.2 como el dragón en los *m*; pues secabas 3220
38.20 los peces del *m*, las aves del cielo 3220
39.11 de los que pasan al oriente del *m* 3220
47.8 descenderán al Arabá, y entrarán en el *m* 3220
47.8 entradas en el *m*, recibirán sanidad las 3220
47.17 el límite del norte desde el *m* hasta 3220
48.2,3,4,5,6,7,8(2),23,24,25,26,27 lado del oriente hasta el lado del *m* 3220
Dn 7.2 cuatro vientos... combatían en el gran *m* 3221
7.3 y cuatro bestias grandes... subían del *m* 3221
11.45 y plantará las tiendas... entre los *m* y 3220
Os 1.10 será el número... como la arena del *m* 3220
4.3 morador... y aun los peces del *m* morirán 3220
Am 5.8 el que llama a las aguas del *m*, y las 3220
8.12 irán errantes de *m* a *m*; desde el norte 3220
9.3 se escondieron de... en lo profundo del *m* 3220
9.6 llama las aguas del *m*, y sobre la faz de 3220
Jon 1.4 Jehová hizo levantar... viento en el *m* 3220
1.4 y hubo en el *m* una tempestad tan grande 3220
1.5 echaron al *m* los enseres que había en la 3220
1.9 y temo a Jehová... hizo el *m* y la tierra 3220
1.11 ¿qué haremos... que el *m* se nos aquiete? 3220
1.11,13 el *m* se iba embraveciendo más y más 3220
1.12 y echadme al *m*, y el *m* se os aquietará 3220
1.15 lo echaron al *m*, y el *m* se aquietó de 3220
2.3 echaste a lo profundo, en medio de los *m* 3220
Mi 7.12 vendrán... *m* a *m*, y de monte a monte 3220
7.19 echará en... del *m* todos nuestros pecados 3220
Nah 1.4 él amenaza al *m*, y lo hace secar, y 3220
3.8 cuyo baluarte era el *m*, y aguas por muro? 3220
Hab 1.14 sean los hombres como... peces del *m* 3220
2.14 será llena... como las aguas cubren el *m* 3220
3.8 ¿fue tu ira contra el *m* cuando montaste 3220
3.15 caminaste en el *m* con tus caballos 3220
Sof 1.3 destruiré las aves... los peces del *m* 3220
2.5 ¡ay de los que moran en la costa del *m* 3220
2.6 la costa del *m* praderas para pastores 3220
Hag 2.6 yo haré temblar... el *m* y la tierra seca 3220
Zac 9.4 y herirá en el *m* su poderío, y ella 3220
9.10 su señorío será de *m* a *m*, y desde el río 3220
10.11 pasará por el *m*, y herirá en el *m* las 3220
Mt 4.15 camino del *m*, al otro lado del Jordán *2281*
4.18 vio a dos... que echaban la red en el *m* *2281*
8.24 se levantó en el *m* una tempestad tan *2281*
8.26 reprendió a los vientos y al *m*; y se *2281*
8.27 ¿qué hombre es éste... el *m* le obedecen? *2281*
8.32 el hato de cerdos se precipitó en el *m* *2281*
13.1 salió Jesús de... y se sentó junto al *m* *2281*
13.47 a una red, que echada en el *m*, recoge *2281*
14.24 barca estaba en medio del *m*, azotada *2281*
14.25 Jesús vino a ellos andando sobre el *m* *2281*
14.26 viéndole andar sobre el *m*, se turbaron *2281*
17.27 al *m*, y echa el anzuelo, y el primer *2281*
18.6 que se le hundiese en lo profundo del *m* *2281*
21.21 quítate y échate en el *m*, será hecho *2281*
23.15 recorréis *m* y... para hacer un prosélito *2281*
Mr 1.16 junto al *m*... que echaban la red en el *m* *2281*
2.13 volvió a salir al *m*; y toda la gente *2281*
3.7 Jesús se retiró al *m* con sus discípulos *2281*
4.1 comenzó Jesús a enseñar junto al *m*, y se *2281*
4.1 se sentó en ella en el *m*; y toda la gente *2281*
4.1 toda la gente estaba en tierra junto al *m* *2281*
4.39 reprendió al viento, y dijo al *m*: Calla *2281*
4.41 ¿quién es... el viento y el *m* le obedecen? *2281*
5.1 vinieron al otro lado del *m*, a la región *2281*
5.13 precipitó en el *m*... en el *m* se ahogaron *2281*
5.21 gran multitud; y él estaba junto al *m* *2281*
6.47 barca estaba en medio del *m*, y él solo *2281*
6.48 noche vino a ellos andando sobre el *m* *2281*
6.49 viéndole... andar sobre el *m*, pensaron que *2281*
9.42 se le atase... y se te arrojase en el *m* *2281*
11.23 quítate y échate en el *m*, y no dudare *2281*
Lc 5.4 **boga *m* adentro, y echad vuestras redes**
17.2 se le arrojase al *m*, que hacer tropezar *2281*
17.6 desarráigate, y plántate en el *m*; y os *2281*
21.25 confundidas a causa del bramido del *m* *2281*
Jn 6.16 al... descendieron sus discípulos al *m* *2281*
6.17 iban cruzando el *m* hacia Capernaum *2281*
6.18 y se levantaba el *m* con un gran viento *2281*
6.19 vieron a Jesús que andaba sobre el *m* *2281*
6.22 la gente que estaba al otro... del *m* vio *2281*
6.25 y hallándole al otro lado del *m*, le *2281*
21.7 Pedro... se ciñó la ropa... y se echó al *m* *2281*
Hch 4.24 tú eres el Dios que hiciste... el *m* y *2281*
10.6 curtidor, que tiene su casa junto al *m* *2281*
10.32 casa de Simón, un curtidor, junto al *m* *2281*
14.15 convirtáis al Dios vivo, que hizo... el *m* *2281*
17.14 enviaron a Pablo que fuese hacia el *m* *2281*
27.5 atravesado el *m* frente a Cilicia... a Mira *3989*
27.30 y echando el esquife al *m*, aparentaban *2281*
27.38 aligeraron la... echando el trigo al *m* *2281*
27.40 las dejaron en el *m*, largando también *2281*
27.41 popa se abría con la violencia del *m* *2949*
28.4 escapado... *m*, la justicia no deja vivir *2281*
Ro 9.27 fuere el número... como la arena del *m* *2281*
1 Co 10.1 bajo la nube, y todos pasaron el *m* *2281*
10.2 fueron bautizados en la nube y en el *m* *2281*
2 Co 11.25 he estado como náufrago en alta *m* *1037*
11.26 peligros... el desierto, peligros en el *m* *2281*
He 11.12 la arena... que está a la orilla del *m* *2281*
Stg 1.6 que duda es semejante a la onda del *m* *2281*
3.7 toda naturaleza... de seres del *m*, se doma *1724*
Jud 13 fieras ondas del *m*, que espuman su *2281*
Ap 4.6 había como un *m* de vidrio semejante al *2281*
5.13 y en el *m*, y a todas las cosas que en *2281*
7.1 para que no soplase viento... sobre el *m* *2281*
7.2 poder de hacer daño a la tierra y al *m* *2281*
7.3 no hagáis daño a la tierra, ni al *m*, ni *2281*
8.8 una gran montaña... fue precipitada en el *m* ... *2281*
8.8 la tercera parte del *m* se convirtió en *2281*
8.9 murió la tercera parte de los... en el *m* *2281*
10.2 y puso su pie derecho sobre el *m*, y el *2281*
10.5 y el ángel que vi en pie sobre el *m* y *2281*
10.6 el *m* y las cosas que están en él, que *2281*
10.8 del ángel que está en pie sobre el *m* *2281*
12.12 ¡ay de los moradores... tierra y del *m*! *2281*
13.1 sobre la arena del *m*, y vi subir del *m* *2281*
14.7 adorad a aquel que hizo el cielo... el *m* *2281*
15.2 como un *m* de vidrio mezclado con fuego *2281*
15.2 pie sobre el *m* de vidrio, con las arpas *2281*
16.3 el segundo... derramó su copa sobre el *m* *2281*
16.3 murió todo ser vivo que había en el *m* *2281*
18.17 que trabajan en el *m*, se pararon lejos *2281*
18.19 los que tenían naves en el *m* se habían *2281*
18.21 y la arrojó en el *m*, diciendo: Con el *2281*
20.8 el número de los... es como la arena del *m* *2281*
20.13 el *m* entregó los muertos que había en *2281*
21.1 tierra pasaron, y el *m* ya no existía más *2281*

MAR ADRIÁTICO
Hch 27.27 siendo llevados a través del *m A* *99*

MAR DE CINERET = *Mar de Galilea y Mar de Tiberias*
Nm 34.11 y llegará a la costa del *m de C*, al 3220,3672
Jos 12.3 el Arabá hasta el *m de C*, al oriente 3220,3672
13.27 el extremo del *m de C* al otro lado del ... 3220,3672

MAR DE EGIPTO = *Mar Rojo*
Is 11.15 secará Jehová la lengua del *m de E* 4714,3220

MAR DE GALILEA = *Mar de Cineret y Mar de Tiberias*
Mt 4.18 andando Jesús junto al *m de G*, vio a *2281,1056*
15.29 Jesús de allí y vino junto al *m* de G 2281,1056
Mr 1.16 andando junto al *m de G*, vio a Simón *2281,1056*
7.31 vino por Sidón al *m de G*, pasando por ... *2281,1056*
Jn 6.1 Jesús fue al otro lado del *m de G*, el *2281,1056*

MAR DEL ARABÁ = *Mar Salado y Mar Oriental*
Dt 3.17 desde Cineret hasta el *m del A*, el Mar ... 3220,6160
4.49 el *m del A*, al pie de las laderas del 3220,6160
Jos 3.16 descendían al *m del A*... se acabaron 3220,6160
12.3 el *m del A*, el Mar Salado, al oriente 3220,6160
2 R 14.25 él restauró los límites... el *m del A* 3220,6160

MAR DE LOS FILISTEOS = *Mar Grande*
Éx 23.31 fijaré tus límites... hasta el *m de los f* 3220,6430

MAR DE TIBERIAS = *Mar de Cineret y Mar de Galilea*
Jn 6.1 Jesús fue al otro lado del *m*... el de *T* *2281*
21.1 se manifestó otra vez... junto al *m de T* *2281*

MAR GRANDE (GRAN MAR) *El Mediterráneo (=Mar de los filisteos y Mar occidental)*
Nm 34.6 y el límite occidental será el *M G* 1419,3220
34.7 desde el *M G* trazaréis al monte de Hor ... 1419,3220
Jos 1.4 la tierra de los heteos hasta el *g m* 1419,3220
9.1 toda la costa del *M G* delante del Líbano ... 1419,3220
15.12 el límite del occidente es el *M G*. Este 1419,3220
15.47 Gaza con sus... y el *M G* con sus costas . 1419,3220
23.4 repartido... desde el Jordán hasta el *M G*. 1419,3220
Ez 47.10 tan numerosos como los peces del *M G* . 1419,3220
47.15 norte; desde el *M G*, camino de Hetlón ... 1419,3220
47.19 desde Cades y el arroyo hasta el *M G* ... 1419,3220
47.20 del lado del occidente el *M G* será el 1419,3220
48.28 desde Cades y el arroyo hasta el *M G* ... 1419,3220

MAR OCCIDENTAL = *Mar Grande y Mar de los filisteos*
Dt 11.24 desde el río Eufrates hasta el *m o* 314,3220
34.2 Neftalí... la tierra de Judá hasta el *m o* 314,3220
Jl 2.20 y su fin al *m o*; y exhalará su hedor 314,3220
Zac 14.8 otra mitad hacia el *m o*, en verano 314,3220

MAR ORIENTAL = *Mar del Arabá y Mar Salado*
Ez 47.18 esto mediréis de límite hasta el *m o* 6931,3220
Jl 2.20 su faz será hacia el *m o*, y su fin 6931,3220
Zac 14.8 la mitad de ellas hacia el *m o*, y la 6931,3220

MAR ROJO = *Mar de Egipto*
Éx 10.19 la langosta y la arrojó en el *M R* 5488,3220
13.18 rodease... camino del desierto del *M R* .. 5488,3220
15.4 capitanes... fueron hundidos en el *M R* ... 5488,3220
15.22 Moisés que partiese Israel del *M R* 5488,3220
23.31 fijaré tus límites desde el *M R* hasta 5488,3220
Nm 14.25 y salid al desierto, camino del *M R* 5488,3220
21.4 partieron del... de Hor, camino del *M R* .. 5488,3220
21.14 lo que hizo en el *M R*, y en... de Arnón .. 5492,3220
33.10 de Elim y acamparon junto al *M R* 5488,3220
33.11 salieron del *M R* y acamparon en el 5488,3220
Dt 1.1 que habló... en el Arabá frente al *M R* 5489,3220
1.40 volveos e id al desierto, camino del *M R* .. 5488,3220
2.1 salimos al desierto, camino del *M R*, como . 5488,3220
11.4 como precipitó las aguas del *M R* sobre .. 5488,3220
Jos 2.10 Jehová hizo secar las aguas del *M R* 5488,3220
4.23 la manera que... lo había hecho en el *M R* 5488,3220
24.6 egipcios siguieron... padres hasta el *M R* . 5488,3220
Jue 11.16 anduvo por el desierto hasta el *M R* 5488,3220
1 R 9.26 junto a Elot en la ribera del *M R*, en 5488,3220
Neh 9.9 y oíste el clamor de ellos en el *M R* 5488,3220
Sal 106.7 se rebelaron junto al mar, el *M R* 5488,3220
106.9 reprendió al *M R* y lo secó, y les hizo 5488,3220
106.22 de Cam, cosas formidables sobre el *M R* 5488,3220
136.13 que dividió el *M R* en partes, porque ... 5488,3220
136.15 y arrojó a Faraón y a su... en el *M R* ... 5488,3220
Jer 49.21 grito de su voz se oirá en el *M R* 5488,3220
Hch 7.36 prodigios y señales... en el *M R*, *y en* *2281*
He 11.29 por la fe pasaron el *M R* como por *2281*

MAR SALADO = *Mar del Arabá y Mar Oriental*
Gn 14.3 en el valle de Sidim, que es el *M S* 4417,3220
Nm 34.3 el límite del sur al extremo del *M S* 4417,3220
34.12 límite al Jordán y terminará en el *M S* .. 4417,3220
Dt 3.17 *M S*, al pie de las laderas del Pisga 4417,3220
Jos 3.16 y las que descendían al mar... al *M S* 4417,3220
12.3 Arabá, el *M S*, al oriente, por el camino ... 4417,3220
15.2 y su límite... fue desde la costa del *M S* ... 4417,3220
15.5 el límite oriental es el *M S* hasta la 4417,3220
18.19 y termina en la bahía norte del *M S*, a ... 4417,3220

MARA *«Amargura»*
1. Lugar donde acampó Israel
Éx 15.23 llegaron a *M*... beber las aguas de *M* 4785
15.23 por eso le pusieron el nombre de *M* 4785
Nm 33.8 anduvieron tres días... acamparon en *M* 4785
33.9 salieron de *M* y vinieron a Elim, donde 4785
2. = Noemí
Rt 1.20 no me llaméis Noemí, sino llamadme *M* 4755

MARALA *Población en la frontera de Zabulón,* Jos 19.11 4831

MARAVILLA
Éx 3.20 heriré a Egipto con todas mis *m* que 6381
4.21 todas las *m* que he puesto en tu mano 4159
7.3 multiplicaré en la... mis señales y mis *m* 4159
11.9 mis *m* se multipliquen en la tierra de 4159
34.10 haré *m* que no han sido hechas en toda 6381
Dt 28.46 serán en ti por señal y por *m*, y en 4159
29.3 que vieron... las señales y las grandes *m* 4159
Jos 3.5 Jehová hará mañana *m* entre vosotros 6381
Jue 6.13 ¿y dónde están todas sus *m*... contado 6381
2 R 8.4 me cuentes... las *m* que ha hecho Eliseo 1419
1 Cr 16.9 cantad a él... hablad de todas sus *m* 6381
16.12 haced memoria de las *m* que ha hecho, de ... 6381
16.24 gloria, y en todos los pueblos sus *m* 6381
17.21 para hacerte nombre con grandezas y *m* 3372
Neh 9.10 e hiciste señales y *m* contra Faraón 4159
9.17 ni se acordaron de... *m* que habías hecho 6381
Job 5.9 cual hace cosas grandes... y *m* sin número 6381
10.16 me cazas; y vuelves a hacer en mí *m* 6381
37.14 Job; detente, y considera las *m* de Dios 6381
37.16 ¿has conocido tú las *m* del Perfecto en 4652
Sal 9.1 te alabaré, oh... contaré todas tus *m* 6381
26.7 para exclamar... para contar todas tus *m* 6381
40.5 has aumentado, oh Jehová Dios mío, tus *m* 6381
65.8 los habitantes de los... temen de tus *m* 226
71.17 Dios... hasta ahora he manifestado tus *m* 6381
72.18 el Dios de Israel, el único que hace *m* 6381
75.1 tu nombre; los hombres cuentan tus *m* 6381
77.11 sí, haré yo memoria de tus *m* antiguas 6382
77.14 tú eres el Dios que hace *m*; hiciste 6382
78.4 contando... su potencia, y las *m* que hizo 6381
78.11 se olvidaron... de sus *m* que les había 6381
78.12 delante de sus padres hizo *m*... Egipto 6382
78.32 pecaron... y no dieron crédito a sus *m* 6381
78.43 señales, y sus *m* en el campo de Zoán 4159
86.10 tú eres grande, y hacedor de *m*; sólo 6381
88.10 ¿manifestarás tus *m* a los muertos? 6382
88.12 ¿serán reconocidas en... tinieblas tus *m* 6382
89.5 celebrarán los cielos tus *m*, oh Jehová 6382
96.3 su gloria, en todos los pueblos sus *m* 6381
98.1 cantad a Jehová cántico nuevo... hecho *m* 6381
105.2 cantadle salmos; hablad de todas sus *m* 6381
105.5 acordaos de las *m* que él ha hecho, de 6381
106.7 nuestros padres... no entendieron tus *m* 6381
106.22 *m* en la tierra de Cam... formidables 6381
107.8,15,21,31 sus *m* para con los hijos de 6381
107.24 han visto... sus *m* en las profundidades 6381
111.4 ha hecho memorables sus *m*; clemente y 6381
119.18 abre mis ojos, y miraré las *m* de tu 6381
119.27 entender el... para que medite en tus *m* 6381
136.4 al único que hace grandes *m*, porque 6381
Is 25.1 alabaré tu nombre... has hecho *m*; tus 6382
Jer 21.2 hará con nosotros según todas sus *m* 6381
Dn 4.3 cuán potentes sus *m*! Su reino, reino 8540
6.27 hace... *m* en el cielo y en la tierra; él 8540
11.36 contra el Dios de los dioses hablará *m* 6381
12.6 dijo... ¿Cuándo será el fin de estas *m*? 6382
Jl 2.26 Jehová... el cual hizo *m* con vosotros 6381
Mi 7.15 *m* como el día que saliste de Egipto 6381
Mt 21.15 los escribas, viendo las *m* que hacía *2297*
Lc 5.26 llenos de... decían: Hoy hemos visto *m* *3861*
19.37 a alabar a Dios... por todas las *m* que *1411*
Hch 2.11 les oímos hablar en... las *m* de Dios *3167*
2.22 Jesús... varón aprobado por Dios... las *m* *5059*
2.43 muchas *m* y señales eran hechas por los *5059*
15.12 *m* había hecho Dios por medio de ellos *5059*
2 Co 11.14 no es *m*, porque el mismo Satanás *2298*
Gá 3.5 y hace *m* entre vosotros, ¿lo hace por *1411*

MARAVILLARSE
Gn 24.21 el hombre estaba *maravillado* de ella 7583
Job 17.8 los rectos se *maravillarán* de esto, y 8074
Sal 48.5 viéndola ellos así, se *maravillaron* 8539
139.14 estoy *maravillado*, y mi alma lo sabe 6381
Ec 5.8 si opresión... vieres... no te *maravilles* 8539
Is 29.9 deteneos y *maravillaos*; ofuscaos y 8539
41.23 tengamos qué contar... nos *maravillemos* 7200
59.16 vio que no había hombre, y se *maravilló* 8074
60.5 se *maravillará* y ensanchará tu corazón 6342
63.5 me *maravillé* que no hubiera... sustentase 8074
Jer 4.9 aquel día... *maravillarán* los profetas 8539
Ez 27.35 los moradores de la... se *maravillarán* 8074
28.19 los que te conocieron... se *maravillarán* 8074
Mt 8.10 **al oírlo Jesús, se *maravilló*, y dijo** *2296*
8.27 los hombres se *maravillaron*, diciendo *2296*
9.8 la gente... se *maravilló* y glorificó a Dios *2296*
9.33 la gente se *maravillaba*, y decía: Nunca *2296*
13.54 se *maravillaban, y decían*: ¿De dónde *1605*
15.31 la multitud se *maravillaba*, viendo a los *2296*
21.20 *maravillados*: ¿Cómo es que se secó en *2296*
22.22 se *maravillaron*, y dejándole, se fueron *2296*
27.14 que el gobernador se *maravillaba* mucho *2296*
Mr 5.20 a publicar en... y todos se *maravillaban* *2296*
6.51 se calmó el viento... y se *maravillaban* *2296*
7.37 se *maravillaban*, diciendo: Bien lo ha *1605*
12.17 dad a César... Y se *maravillaron* de él *2296*
15.5 ni aun... respondió... Pilato se *maravillaba* *2296*
Lc 1.63 Juan es su nombre. Y... se *maravillaron* *2296*
2.18 todos los que oyeron, se *maravillaron* *2296*
2.33 *maravillados* de todo lo que se decía de *2296*
2.47 se *maravillaban* de su Inteligencia y de *1839*
4.22 *maravillados* de las palabras de gracia *2296*
4.36 estaban todos *maravillados*, y hablaban *2285*
7.9 **al oír esto, Jesús se *maravilló* de él, y** *2296*
8.25 **se *maravillaban*, y se decían... ¿Quién es** *2296*
9.43 *maravillándose* todos de todas las cosas *2296*
11.14 el mudo habló; y la gente se *maravilló* *2296*
20.26 *maravillados* de su respuesta, callaron *2296*
24.12 se fue a casa *maravillándose* de lo que *2296*
24.41 **no lo creían, y estaban *maravillados*** *2296*
Jn 3.7 **no te *maravilles* de que te dije: Os es** *2296*
4.27 se *maravillaron* de que hablaba con una *2296*
5.20 **de modo que vosotros os *maravilléis*** *2296*
5.28 **no os *maravilléis* de esto... vendrá hora** *2296*
7.15 y se *maravillaban* los judíos, diciendo *2296*
7.21 **una obra hice, y todos os *maravilláis*** *2296*
Hch 2.7 *maravillados*... ¿no son galileos todos *2296*
3.12 ¿por qué os *maravilláis* de esto? ¿o por *2296*
4.13 viendo el denuedo de... se *maravillaban* *2296*
7.31 Moisés... se *maravilló* de la visión; y *2296*
13.12 creyó, *maravillado* de la doctrina del *1605*
Gá 1.6 estoy *maravillado*... os hayáis alejado *2296*
Ap 13.3 se *maravilló* toda la tierra en pos de *2296*

MARAVILLOSAMENTE
Dt 28.59 Jehová aumentará *m* tus plagas y 6381
2 Cr 26.15 porque fue ayudado *m*, hasta 6381
Job 37.5 truena Dios *m* con su voz 6381

MARAVILLOSO, A
Éx 15.11 en *m* hazañas, hacedor de prodigios 8416
2 S 1.26 más *m* me fue tu amor que el amor de 6381
Job 9.10 él hace cosas grandes... *m*, sin número 6381
42.3 cosas demasiado *m* para mí, que yo no 6381
Sal 17.7 muestra tus *m* misericordias, tú que 6395
31.21 hecho *m* su misericordia para conmigo 6381
118.23 es esto, y es cosa *m* a nuestros ojos 6381
119.129 *m* son tus testimonios; por tanto, los 6382
139.6 tal conocimiento es... *m* para mí; alto 6383
139.14 porque formidables, *m* son tus obras 6381
145.5 la gloria... y en tus hechos *m* meditaré 6381
Is 28.29 hacer *m* el consejo y engrandecer la 6381
Ez 1.22 una expansión a manera de cristal *m* 3372
Zac 8.6 parecerá *m* a los ojos del remanente 6381
8.6 ¿también será *m* delante de mis ojos? 6381
Mt 21.42; Mr 12.11 **es cosa *m* a nuestros ojos?** *2298*
Jn 9.30 es lo *m*, que... no sepáis de dónde sea *2298*
Ap 15.3 grandes y *m* son tus obras, Señor Dios *2298*

MARCA
Cnt 8.6 ponme... como una *m* sobre tu brazo 2368
Gá 6.17 traigo en mi cuerpo las *m* del Señor *4742*
Ap 13.16 les pusiese una *m* en la mano derecha *5480*
13.17 tuviese la *m* o el nombre de la bestia *5480*
14.9 recibe la *m* en su frente o en su mano *5480*
14.11 ni nadie que reciba la *m* de su nombre *5480*
15.2 la bestia... su *m* y el número de su nombre *5480*
16.2 úlcera... sobre los hombres que tenían la *m* ... *5480*
19.20 engañado a los que recibieron la *m* de *5480*
20.4 que no recibieron la *m* en sus frentes *5480*

MARCHA
Nm 10.12 partieron los... según el orden de m
10.28 este era el orden de *m* de... Israel por 6635
Jue 18.9 no seáis perezosos en poneros en *m* 1980
2 S 5.24 oigas ruido como de *m* por las copas 6807
Jer 4.7 el destruidor de naciones está en *m* 5265
Ez 12.3 prepárate enseres de *m*, y parte de 1473
Nah 2.5 sus valientes; se atropellarán en su *m* 1979

MARCHAR
Éx 14.15 di a los hijos de Israel que *marchen* 5265
Nm 2.9 por sus ejércitos, *marcharán* delante 5265
2.16 los... de Rubén... *marcharán* los segundos 5265
2.17 así *marchará* cada uno junto a su bandera 5265
2.34 así *marcharon* cada uno por sus familias 5265
10.14 la... de Judá comenzó a *marchar* primero 5265
10.18 luego comenzó a *marchar* la bandera del 5265
10.21 luego comenzaron a *marchar* los coatitas 5265
10.22 después comenzó a *marchar* la bandera 5265
10.25 comenzó a *marchar* la bandera... de Dan 5265
10.30 *marcharé* a mi tierra y a mi parentela 1980
Dt 10.11 para que *marches* delante del pueblo 4550
Jos 2.16 *marchaos* al monte, para que los que 1980
3.3 veáis el arca... *marcharéis* en pos de ella 1980
Jue 1.10 y *marchó* Judá contra el cananeo que 1980
5.4 cuando te *marchaste* de... campos de Edom 6805
5.11 *marchará* hacia las puertas el pueblo de 3381
5.13 entonces *marchó* el resto de los nobles 7287
5.13 el pueblo de Jehová *marchó* por él en 7287
5.21 barrió... *Marcha*, oh alma mía, con poder 1869
1 S 13.17 un escuadrón *marchaba* por el camino 6437
13.18 otro... *marchaba*... el tercer escuadrón *m* 6437
29.10 y levantándoos al amanecer, *marchad* 1980
2 S 5.6 *marchó* el rey con... a Jerusalén contra 1980
1 R 14.17 la mujer de Jeroboam... y se *marchó* 1980
2 R 9.20 el *marchar* de... es como el *m* de Jehú 4491
Pr 7.22 se *marchó* tras ella, como va el buey 1980
Is 63.1 que *marcha* en la grandeza de su poder? 6808
Jl 2.7 cada cual *marchará* por su camino, y no 1980
Nah 1.3 Jehová *marcha* en la tempestad y el 1870
Lc 8.37 la multitud... le rogó que se *marchase* *565*
14.31 **qué rey, al *marchar* a la guerra contra** *4820*
Hch 16.36 que ahora salid, y *marchaos* en paz *4198*

MARCHITA
Gn 41.23 que otras siete espigas menudas, *m* 6798
41.27 siete espigas menudas y *m* del viento 7710

MARCHITAR
2 R 19.26 como heno... *marchitado* antes de su 7711
Is 15.6 *marchitarán* los retoños, todo verdor 3615
25.5 harás *marchitar* el renuevo de... robustos 6030
40.7 la hierba se seca, y la flor se *marchita* 5034
40.8 sécase la hierba, *marchítase* la flor 5034
64.7 dejaste *marchitar* en nuestras maldades 4127
Jer 12.4 *marchita* la hierba de todo el campo? 3001
Stg 1.11 así también se *marchitará* el rico en *3133*

MARCOS *Sobrino de Bernabé (=Juan No. 4)*
Hch 12.12 Juan, el que tenía... sobrenombre *M* *3138*
12.25 llevando también consigo a Juan, el... *M* *3138*
15.37 Juan, el que tenía por sobrenombre *M* *3138*
15.39 Bernabé, tomando a *M*, navegó a Chipre *3138*
Col 4.10 os saluda, y *M* el sobrino de Bernabé *3138*
2 Ti 4.11 toma a *M y tráele* contigo, porque *3138*
Flm 24 *M*, Aristarco, Demas... mis colaboradores *3138*
1 P 5.13 la iglesia... Y *M* mi hijo, os saludan *3138*

MARDOQUEO
1. Uno que regresó del cautiverio con Zorobabel, Esd 2.2; Neh 7.7 4782
2. Primo de la reina Ester
Est 2.5 había en Susa... un varón judío... era *M* 4782
2.7 su madre murieron, *M* la adoptó como hija 4782
2.10 *M* le había mandado que no lo declarase 4782
2.11 *M* se paseaba delante del patio de la 4782
2.15 llegó a Ester, hija de Abihail tío de *M* 4782
2.19 *M* estaba sentado a la puerta del rey 4782
2.20 y Ester, según le había mandado *M*, no 4782
2.20 hacía lo que decía *M*, como cuando él la 4782
2.21 estando *M* sentado a la puerta del rey 4782
2.22 cuando *M* entendió esto, lo denunció a 4782
2.22 y Ester lo dijo al rey en nombre de *M* 4782
3.2 pero *M* ni se arrodillaba ni se humillaba 4782
3.3 preguntaron a *M*: ¿Por qué traspasas el 4782
3.4 para ver si *M* se mantendría firme en su 4782
3.5 y vio Amán que *M* ni se arrodillaba ni se 4782
3.6 tuvo en poco poner mano en *M* solamente 4782
3.6 habían declarado cuál era el pueblo de *M* 4782
3.6 procuró Amán destruir a... al pueblo de *M* 4782
4.1 supo *M* todo lo que se había hecho, rasgó 4782
4.4 envió vestidos para hacer vestir a *M*, y 4782
4.5 y lo mandó a *M*, con orden de saber qué 4782
4.6 salió, pues, Hatac a ver a *M*, a la plaza 4782
4.7 *M* le declaró... lo que le había acontecido 4782
4.9 vino Hatac y contó a... las palabras de *M* 4782
4.10 Ester dijo a Hatac que le dijese a *M* 4782
4.12 y dijeron a *M* las palabras de Ester 4782
4.13 *M* que respondiesen a Ester: No pienses 4782
4.15 y Ester dijo que respondiesen a *M* 4782
4.17 *M* fue, e hizo conforme a todo lo que le 4782
5.9 Amán... vio a *M*... se llenó de ira contra *M* 4782
5.13 cada vez que veo al judío *M* sentado a 4782
5.14 di al rey que cuelguen a *M* en ella; y 4782
6.2 *M* había denunciado el complot de Bigtan 4782
6.3 o qué distinción se hizo a *M* por esto? 4782
6.4 para que hiciese colgar a *M* en la horca 4782
6.10 has dicho, y hazlo así con el judío *M* 4782
6.11 vistió a *M*, *y lo* condujo a caballo por 4782
6.12 *M* volvió a la puerta real, y Amán se dio 4782
6.13 si de... los judíos es ese *M* delante de 4782
7.9 horca de 50 codos... que hizo Amán para *M* 4782
7.10 que él había hecho preparar para *M*; y se 4782
8.1 *M* vino delante del rey, porque Ester le 4782
8.2 se quitó el rey el anillo... y lo dio a *M* 4782
8.2 y Ester puso a *M* sobre la casa de Amán 4782
8.7 respondió el rey Asuero... y a *M* el judío 4782
8.9 se escribió conforme a... lo que mandó *M* 4782
8.15 salió *M* de delante del rey con vestido 4782
9.3 el temor de *M* había caído sobre ellos 4782
9.4 pues *M* era grande en la casa del rey, y 4782
9.4 pues *M* iba engrandeciéndose más y más, y 4782
9.20 escribió *M* estas cosas, y envió cartas 4782
9.23 aceptaron hacer... lo que les escribió *M* 4782
9.29 Ester... y *M* el judío, suscribieron con 4782
9.31 según les había ordenado *M* el judío y 4782
10.2 el relato sobre la grandeza de *M*, con 4782
10.3 *M* el judío fue el segundo después del 4782

MARESA
1. Ciudad en Judá, Jos 15.44; 2 Cr 11.8 4762
2 Cr 14.9 salió contra ellos Zera... y vino hasta *M* 4762
14.10 ordenaron la batalla en el... junto a *M* 4762
20.37 Eliezer hijo... de *M*, profetizó contra 4762
Mi 1.15 nuevo poseedor, oh moradores de *M* 4762
2. Primogénito de Caleb, 1 Cr 2.42 4762
3. Descendiente de Judá, 1 Cr 4.21 4762

MARFIL
1 R 10.18 un gran trono de *m*, el cual cubrió 8127
10.22 traía... plata, *m*, monos y pavos reales 8143
22.39 la casa de *m* que construyó, y todas las 8127
2 Cr 9.17 hizo... el rey un gran trono de *m*, y 8127
9.21 y traían oro... *m*, monos y pavos reales 8143
Sal 45.8 mirra... desde palacios de *m* te recrean 8127
Cnt 5.14 su cuerpo, como claro *m* cubierto de 8127
7.4 cuello, como torre de *m*; tus ojos, como 8127
Ez 27.6 bancos de pino de... incrustados de *m* 8127
27.15 colmillos de *m*... dieron por sus pagos 8127
Am 3.15 y heriré... y las casas de *m* perecerán 8127
6.4 duermen en camas de *m*, y reposan sobre 8127
Ap 18.12 mercadería de oro... todo objeto de *m* *1661*

MARÍA
1. Hermana de Moisés
Éx 15.20 *M* la profetisa... tomó un pandero en 4813
15.21 y *M* les respondía: Cantad a Jehová 4813
Nm 12.1 *M* y Aarón hablaron contra Moisés a 4813
12.4 dijo Jehová a... *M*: Salid vosotros tres 4813
12.5 Jehová descendió... llamó a Aarón y a *M* 4813
12.10 que *M* estaba leprosa... y miró Aarón a *M* 4813
12.15 *M* fue echada del campamento siete días 4813
12.15 pueblo no pasó... hasta que se reunió *M* 4813
20.1 y allí murió *M*, *y allí* fue sepultada 4813
26.39 dio a luz... a Aarón y a Moisés, y a *M* 4813
Dt 24.9 acuérdate de lo que hizo... Dios a *M* 4813
1 Cr 6.3 hijos de Amram: Aarón, Moisés y *M* 4813
Mi 6.4 envié delante de ti a Moisés... y a *M* 4813
2. Hija de Esdras No.1, 1 Cr 4.17 4813
3. Madre de Jesucristo
Mt 1.16 Jacob engendró a José, marido de *M* *3137*
1.18 estando desposada *M* su madre con José *3137*
1.20 no temas recibir a *M* tu mujer, porque *3137*
2.11 la casa, vieron al niño con su madre *M* *3137*
13.55 ¿no se llama su madre *M*, y sus hermanos *3137*
Mr 6.3 ¿no es éste el carpintero, hijo de *M* *3137*
Lc 1.27 virgen... el nombre de la virgen era *M* *3137*
1.30 *M*, no temas, porque has hallado gracia *3137*
1.34 *M* dijo al ángel: ¿Cómo será esto? pues *3137*
1.38 entonces *M* dijo: He aquí la sierva del *3137*
1.39 *M*, fue de prisa a la montaña, a... de Judá *3137*
1.41 cuando oyó Elisabet la salutación de *M* *3137*
1.46 entonces *M* dijo: Engrandece mi alma al *3137*
1.56 y se quedó *M* con ella como tres meses *3137*
2.5 empadronado con *M* su mujer, desposada *3137*
2.16 vinieron... y hallaron a *M* y a José, y *3137*
2.19 *M* guardaba todas estas cosas... corazón *3137*
2.34 dijo a su madre *M*: He aquí, éste está *3137*
Hch 1.14 perseveraban... oración y ruego... con *M* *3137*
4. Magdalena
Mt 27.56 entre las cuales estaban *M* Magdalena *3137*
27.61 estaban allí *M* Magdalena, y la otra *3137*
28.1 vinieron *M* Magdalena y la otra María *3137*
Mr 15.40 entre las cuales estaban *M* Magdalena *3137*
15.47 y *M* Magdalena y María madre de José *3137*
16.1 *M* Magdalena... compraron especias *3137*
16.9 apareció primeramente a *M* Magdalena, de ... *3137*
Lc 8.2 *M*, que se llamaba Magdalena, de la que *3137*
24.10 *M* Magdalena, y Juana, y María madre *3137*
Jn 19.25 estaban junto a la cruz... *M* Magdalena *3137*
20.1 *M* Magdalena fue de mañana, siendo aún *3137*
20.11 pero *M* estaba fuera llorando junto al *3137*
20.16 **Jesús le dijo: ¡*M*! Volviéndose ella** *3137*
20.18 fue... *M* Magdalena para dar... las nuevas *3137*
5. Madre de Jacobo el menor (quizá = No. 7)
Mt 27.56 estaban... *M* la madre de Jacobo y de *3137*
27.61 otra *M*, sentadas delante del sepulcro *3137*
28.1 vinieron... la otra *M*, a ver el sepulcro *3137*
Mr 15.40 *M* la madre de Jacobo el menor y de *3137*
15.47 Magdalena y *M* madre de José miraban *3137*
16.1 *M* la madre de Jacobo... para ir a ungirle *3137*
Lc 24.10 *M* madre de Jacobo, y las demás con *3137*
6. Hermana de Marta y Lázaro
Lc 10.39 tenía una hermana que se llamaba *M* *3137*
10.42 ***M* ha escogido la buena parte, la cual** *3137*
Jn 11.1 Betania, la aldea de *M* y de Marta su *3137*
11.2 *M*... fue la que ungió al Señor con perfume *3137*
11.19 los judíos habían venido a Marta y a *M* *3137*
11.20 Marta... salió... pero *M* se quedó en casa *3137*
11.28 habiendo dicho esto, fue y llamó a *M* *3137*
11.31 *M* se había levantado de prisa y había *3137*
11.32 *M*, cuando llegó a donde estaba Jesús *3137*
11.45 que habían venido para acompañar a *M* *3137*
12.3 entonces *M* tomó una libra de perfume de *3137*
7. Mujer de Cleofas (posiblemente = No. 5), Jn 19.25 .... *3137*
8. Madre de Juan Marcos
Hch 12.12 llegó a casa de *M* la madre de Juan *3137*
9. Cristiana saludada por Pablo, Ro 16.6 .... *3137*

MARIDO
Gn 3.6 tomó de su fruto... dio también a su *m* 376
3.16 tu deseo será para tu *m*, y él se... de ti 376
16.3 a Agar... la dio por mujer a Abram su *m* 376
20.3 de la mujer que... la cual es casada con *m* 1167
20.7 ahora, pues, devuelve la mujer a su *m* 376
29.32 dijo... ahora, por tanto, me amará mi *m* 376
29.34 unirá mi *m* conmigo, porque le he dado 376
30.15 ¿es poco que hayas tomado mi *m*, sino 376

30.18 por cuanto di mi sierva a mi *m*; por eso 376
30.20 dijo Lea... morará conmigo mi *m*, porque 376
Éx 21.22 penados conforme a... impusiere el *m*. 1167
Lv 21.3 su hermana... la cual no haya tenido *m* 376
21.7 ni con mujer repudiada de su *m*; porque 376
Nm 5.13 cohabitare... su *m* no lo hubiese visto 376
5.15 el *m* traerá su mujer al sacerdote, y con 376
5.19 le dirá... si no te has apartado de tu *m* 376
5.20 si te has descarriado de tu *m* y te has 376
5.20 y ha cohabitado contigo... fuera de tu *m* 376
5.27 hubiere sido infiel a su *m*, las aguas 376
5.29 mujer cometiere infidelidad contra su *m* 376
5.30 del *m* sobre el cual pasare... de celos
30.7 *m* lo oyere, y cuando lo oyere callare 376
30.8 si cuando su *m* lo oyó, le vedó, entonces 376
30.10 si hubiere hecho voto en casa de su *m* 376
30.11 su *m* oyó, y calló a ello y no le vedó 376
30.12 si su *m* los anuló el día que los oyó 376
30.12 su *m* los anuló, y Jehová la perdonará 376
30.13 su *m* lo confirmará, o su *m* lo anulará 376
30.14 si su *m* callare a ello de día en día 376
36.4 será añadida a... la tribu de sus *m*: así
Dt 21.13 tú serás su *m*, y ella será tu mujer 1167
22.22 acostado con una mujer casada con *m* 1167
24.4 no podrá su primer *m*... volverla a tomar 1167
25.11 librar a su *m* de mano del que le hiere 376
28.56 mirará con malos ojos al *m* de su seno 376
Jue 13.6 la mujer vino y se lo contó a su *m* 376
13.9 el ángel... su *m* Manoa no estaba con ella 376
13.10 y la mujer corrió... a avisarle a su *m* 376
14.15 induce a tu *m* a que nos declare este 376
19.3 y se levantó su *m* y la siguió, para 376
20.4 el varón levita, *m* de la mujer muerta 376
Rt 1.3 y murió Elimelec, *m* de Noemí, y quedó 376
1.5 desamparada de sus dos hijos y de su *m* 376
1.9 que halléis descanso... en casa de su *m* 376
1.11 más hijos... que puedan ser vuestros *m*? 582
1.12 yo ya soy vieja para tener *m*. Y aunque 376
1.12 esta noche estuviese con *m*, y aun diese 376
2.1 tenía Noemí un pariente de su *m*... rico 376
2.11 has hecho... después de la muerte de tu *m* 376
1 S 1.8 y Elcana su *m* le dijo: Ana, ¿por qué 376
1.22 Ana... dijo a su *m*: Yo no subiré hasta que 376
1.23 su *m* le respondió: Haz lo que bien te 376
2.19 la traía cada año cuando subía con su *m* 376
4.19 y muertos su suegro y su *m*, se inclinó 376
4.21 y por la muerte de su suegro y de su *m* 376
25.19 criados... y nada declaró a su *m* Nabal 376
2 S 3.15 se la quitó a su *m* Paltiel hijo de 376
3.16 *m* fue con ella, siguiéndola y llorando 376
11.26 oyendo la... que su *m* Urías era muerto 376
11.26 la mujer de Urías... hizo duelo por su *m* 1167
14.5 yo... soy una mujer viuda y mi *m* ha muerto 376
14.7 no dejando a mi *m* nombre ni reliquia 376
2 R 4.1 tu siervo mi *m* ha muerto; y tú sabes 376
4.9 ella dijo a su *m*... es varón santo de Dios 376
4.14 que ella no tiene hijo, y su *m* es viejo 376
4.22 llamando... a su *m*, le dijo: Te ruego que 376
4.26 ¿le va bien a tu *m*, y a tu hijo? Y ella 376
Est 1.17 ellas tendrán en poca estima a sus *m* 1167
1.20 todas las mujeres darán honra a sus *m* 1167
Pr 7.19 el *m* no está en casa; se ha ido a un 376
12.4 mujer virtuosa es corona de su *m*; mas 1167
31.11 corazón de su *m* está en ella confiado 1167
31.23 *m* es conocido en las puertas, cuando 1167
31.28 bienaventurada... su *m* también la alaba 1167
Is 54.5 porque tu *m* es tu Hacedor; Jehová de 1167
Jer 6.11 será preso tanto el *m* como la mujer 376
18.21 sus *m* sean puestos a muerte... a espada 376
29.6 dad *m* a vuestras hijas, para que tengan 582
31.32 mi pacto, aunque fui yo un *m* para ellos 1167
44.19 le... sin consentimiento de nuestros *m* 376
Ez 16.32 que en lugar de su *m* recibe a ajenos 376
16.45 madre, que desechó a su *m* y a sus hijos 376
16.45 que desecharon a sus *m* y a sus hijos 582
44.25 por... hermana que no haya tenido *m*, sí 376
Os 2.2 porque ella no es mi mujer, ni yo su *m* 376
2.7 iré y me volveré a mi primer *m*; porque 376
Jl 1.8 llora tú como... por el *m* de su juventud 1167
Mt 1.16 y Jacob engendró a José, *m* de María *435*
1.19 José su *m*, como era justo, y no quería *435*
Mr 10.2 era lícito al *m* repudiar a su mujer *435*
10.12 la mujer repudia a su *m* y se casa con *435*
Lc 2.36 pues había vivido con su *m* siete años *435*
16.18 **casa con la repudiada del *m*, adultera** *435*
Jn 4.17 **respondió la mujer y dijo: No tengo *m*** *435*
4.17 **Jesús le... Bien has dicho: No tengo *m*** *435*
4.18 **cinco *m* has tenido, y el que... no es tu *m*** *435*
Hch 5.9 han sepultado a tu *m*, y te sacarán a *435*
5.10 sacaron, y la sepultaron junto a su *m* *435*
Ro 7.2 está sujeta... al *m*... pero si el *m* muere *5220*
7.2 pero... ella queda libre de la ley del *m* *435*
7.3 si en vida del *m* se uniere a otro varón *435*
7.3 si su *m* muriere... si se uniere a otro *m* *435*
1 Co 7.2 mujer, y cada una tenga su propio *m* *435*
7.3 el *m* cumpla con la... el deber conyugal *435*
7.3 cumpla con... asimismo la mujer con el *m* *435*
7.4 la mujer no tiene potestad... sino el *m* *435*
7.4 ni tampoco tiene el *m* postestad sobre su *435*
7.10 mando... Que la mujer no se separe del *m* *435*
7.11 sin casar, o reconcíliese con su *m* *435*
7.11 y que el *m* no abandone a su mujer *435*
7.13 una mujer tiene *m* que no sea creyente *435*
7.14 *m* incrédulo es santificado en la mujer *435*
7.14 y la mujer incrédula en el *m*; pues de *435*
7.16 sabes tú... si quizá harás salvo a tu *m*? *435*
7.16 ¿o qué sabes tú, oh *m*, si quizá harás *435*
7.34 tiene cuidado... de cómo agradar a su *m* *435*
7.39 ligada por la ley mientras su *m* vive *435*
7.39 si su *m* muriere, libre es para casarse *435*
14.35 si quieren... pregunten en casa a sus *m* *435*
Gá 4.27 de la desolada, que de la que tiene *m* *435*
Ef 5.22 casadas estén sujetas a sus propios *m* *435*
5.23 el *m* es cabeza de la mujer, así como *435*
5.24 también las casadas lo estén a sus *m* en *435*
5.25 *m*, amad a vuestras mujeres, así como *435*
5.28 los *m* deben amar a sus mujeres como a *435*
5.33 a sí mismo; y la mujer respete a su *m* *435*
Col 3.18 casadas, estad sujetas a vuestros *m* *435*
3.19 *m*, amad a vuestras mujeres, y no seáis *435*
1 Ti 3.2 el obispo sea... *m* de una sola mujer *435*
3.12 los diáconos sean *m* de una sola mujer *435*
5.9 viuda... que haya sido esposa de un solo *m* *435*
Tit 1.6 *m* de una sola mujer, y tenga hijos *435*
2.4 enseñen... a amar a sus *m y a* sus hijos *5362*
2.5 sujetas a sus *m*, para que la palabra de *435*
1 P 3.1 mujeres, estad sujetas a vuestros *m* *435*
3.5 santas mujeres... estando sujetas a sus *m* *435*
3.7 vosotros, *m*... vivid con ellas sabiamente *435*
Ap 21.2 como una esposa ataviada para su *m* *435*

MARINERO
1 R 9.27 sus siervos, *m* y diestros en el mar 582,591
2 Cr 8.18 había enviado naves... y *m* diestros 5650
Ez 27.28 al estrépito de las voces de tus *m* 2259
Jon 1.5 *m* tuvieron miedo, y cada uno clamaba 4419
Hch 27.27 los *m* sospecharon que estaban cerca *3492*
27.30 los *m* procuraron huir de la nave, y *3492*
Ap 18.17 *m*, y todos los que trabajan en el mar *3492*

MARINO
Gn 1.21 y creó Dios los grandes monstruos *m* 8577
Job 7.12 ¿soy yo el mar, o un monstruo *m*, para 8577
Sal 148.7 alabad a Jehová... los monstruos *m* y 8577

MARÍTIMA
Mt 4.13 y habitó en Capernaum, ciudad *m*, en *3864*

MARMITA
1 S 2.14 lo metía... en el caldero o en la *m* 6517

MÁRMOL
1 Cr 29.2 piedras preciosas... y piedras de *m* 7893
Est 1.6 en anillos de plata y columnas de *m* 8336
1.6 plata, sobre losado de pórfido y de *m* 5508
Cnt 5.15 sus piernas, como columnas de *m*... oro 8336
Ap 18.12 mercadería de oro... de hierro y de *m* *3139*

MAROT *Población en Judá*
Mi 1.12 los moradores de *M* anhelaron... el bien 4796

MARSENA *Príncipe del rey Asuero*, Est 1.14 4826

MARTA *Mujer de Betania*
Lc 10.38 y una mujer llamada *M* le recibió en *3136*
10.40 *M* se preocupaba con muchos quehaceres *3136*
10.41 **dijo: *M*, *M*, afanada y turbada estás con** *3136*
Jn 11.1 la aldea de María y de *M* su hermana *3136*
11.5 y amaba Jesús a *M*, a su hermana y a *3136*
11.19 los judíos habían venido a *M* y a María *3136*
11.20 *M*, cuando oyó que Jesús venía, salió *3136*
11.21 y *M* dijo a Jesús: Señor, si hubieses *3136*
11.24 *M* le dijo: Yo sé que resucitará en la *3136*
11.30 estaba... donde *M* le había encontrado *3136*
11.39 ***M*... le dijo: Señor, hiede ya, porque** *3136*
12.2 *M* servía, y Lázaro era uno de los que *3136*

MARTILLAR
Mi 4.3 *martillarán* sus espadas para azadones 3807

MARTILLO
Éx 25.18 querubines... labrados a *m* los harás 4749
25.31 labrado a *m* se hará el candelero; su 4749
25.36 todo ello una pieza labrada a *m*, de oro 4749
37.7 labrados a *m*, en los dos extremos del 4749
37.17 el candelero de oro puro, labrado a *m* 4749
37.22 era una pieza labrada a *m*, de oro puro 4749
Nm 8.4 candelero, de oro labrado a *m*; desde 4749
8.4 su pie hasta sus flores era labrado a *m* 4749
10.2 dos trompetas... de obra de *m* las harás 4749
1 R 6.7 ni *m* ni hachas se oyeron en la casa 4718
Sal 74.6 con... y *m* han quebrado... entalladuras 3597
Pr 25.18 *m*... es el hombre que habla contra su 4650
Is 41.7 y el que alisaba con *m* al que batía 6360
44.12 da forma con los *m*, y trabaja en ello 4717
Jer 10.4 con clavos y *m* lo afirman para que 4717
23.29 ¿no es... como *m* que quebranta la piedra? ... 6360
50.23 ¡cómo fue cortado y quebrado el *m* de 6360
51.20 *m* me sois, y armas de guerra; y por 4661

MÁRTIR
Ap 17.6 ebria... de la sangre de los *m* de Jesús *3144*

MAS *Hijo de Aram No.1*, Gn 10.23 4851

MAS *(conj.) Véase el Apéndice*

MÁS *Véase también el Apéndice*
Dt 7.7 no por ser vosotros *m* que... los pueblos 7230
2 R 6.16 *m* son los que están con nosotros que 7227

MASA
Éx 12.34 llevó el... su *m* antes que se leudase 1217
12.34 sus *m* envueltas en sus sábanas sobre 4863
12.39 cocieron tortas sin levadura de la *m* 1217
Nm 15.21 las primicias de vuestra *m* daréis a 6182
1 S 30.12 le dieron... un pedazo de *m* de higos 1690
2 R 20.7 dijo Isaías: Tomad *m* de higos... sanó 1690
Neh 10.37 también las primicias de nuestras *m* 6182
Is 38.21 tomen *m* de higos, y pónganla en la 1690
Jer 7.18 amasan la *m*, para hacer tortas a la 1217
Ez 44.30 daréis al sacerdote las primicias... *m* 6182
Os 7.4 que cesa... después que está hecha la *m* 1217
Zac 5.8 y echó la *m* de plomo en la boca del 68
Ro 9.21 para hacer de la misma *m* un vaso para *5445*
11.16 son santas, también lo es la *m* restante *5445*
1 Co 5.6 un poco de levadura leuda toda la *m*? *5445*
5.7 que seáis nueva *m*, sin levadura como sois *5445*
Gá 5.9 un poco de levadura leuda toda la *m* *5445*

MASAH *Lugar donde acampó Israel*
Éx 17.7 y llamó el nombre de aquel lugar *M* y 4532
Dt 6.16 no tentaréis a Jehová... como lo... en *M* 4532
9.22 en *M* y en... provocasteis a ira a Jehová 4532
33.8 a quien probaste en *M*... contendiste en 4532
Sal 95.8 como en el día de *M* en el desierto 4531

MASAI *Sacerdote que regresó del cautiverio*,
1 Cr 9.12 4640

MASAL *Población levítica en la frontera de Aser*, 1 Cr 6.74 4913

MASCULINO
1 R 11.16 acabado con todo el sexo *m* en Edom 2145

MASQUIL *«Poema didáctico» palabra que aparece en el título de los Salmos*, 32,42,44
45,52,53,54,55,74,78,88,89,142 4905

MASRECA *Ciudad de Samla rey de Edom*,
Gn 36.36; 1 Cr 1.47 4957

MASSA *Hijo de Ismael* No.1, Gn 25.14; 1 Cr 1.30 ... 4854

MASTELERO
Pr 23.34 como el que está en la punta de un *m* 2260

MASTICAR
Nm 11.33 la carne... antes que fuese *masticada* 3772

MÁSTIL
Is 30.17 quedéis como *m* en la cumbre de un 8650
33.23 no afirmaron su *m*, ni entesaron la vela 8650
Ez 27.5 cedros del Líbano para hacerte el *m* 8650

MATA
Job 30.7 bramaban entre las *m*, y se reunían 7880
Is 7.19 todos los zarzales, y en todas las *m* 5097

MATADERO
Sal 44.11 nos entregas como ovejas al *m*, y nos 3978
44.22 somos contados como ovejas para el *m* 2878
Is 14.21 preparad sus hijos para el *m*, por la 4293
34.2 ellas; las destruirá y las entregará al *m* 2874
53.7 como cordero fue llevado al *m*; y como 2874
Jer 50.27 matad a... novillos; que vayan al *m* 2874
51.40 los haré traer como corderos al *m*, como 2873
Ro 8.36 causa de ti... contados como ovejas de *m* *4967*

MATADOR, A
Job 24.14 la luz se levanta el *m*; mata al pobre 7523
Ez 21.11 pulida para entregarla en mano del *m* 2026
28.9 hombre... y no Dios, en la mano de tu *m* 2026
36.13 y *m* de los hijos de tu nación has sido 7921
Hch 7.52 del Justo, de quien... habéis sido... *m* *5406*

MATÓN
1. Sacerdote de Baal en el reinado de Atalía,
2 R 11.18; 2 Cr 23.17 4977
2. Padre de Sefatías No.9, Jer 38.1 4977
3. Ascendiente de Jesucristo, Mt 1.15 .... *3157*

MATANA *Lugar donde acampó Israel*,
Nm 21.18,19 4980

MATANÍAS
1. Nombre original del rey Sedequías, 2 R 24.17 4983
2. Levita que regresó del cautiverio, 1 Cr 9.15 4983
3. Levita, músico en el templo, 1 Cr 25.4,16 4983
4. Levita de los hijos de Asaf, 2 Cr 20.14 4983
5. Levita en tiempo del rey Ezequías, 2 Cr 29.13 4983
6. Nombre de cuatro de los que se casaron con mujeres extranjeras en tiempo de Esdras,
Esd 10.26,27,30,37 4983
7. Levita, cantor en tiempo de Zorobabel,
Neh 11.17,22; 12.8 4983
8. Levita, portero en tiempo de Nehemías,
Neh 12.25 4983
9. Ascendiente do Zacarías No.28, Neh 12.35 4983
10. Abuelo de Hanán No.7, Neh 13.13 4983

MATANZA
1 S 14.14 esta primera *m* que hicieron Jonatán 4347
2 S 18.7 hizo... una gran *m* de 20.000 hombres 4046
2 Cr 13.17 Abías... hicieron en ellos una gran *m* 4347
25.14 volviendo luego Amasías de la *m* de los 5221
Is 10.26 como la *m* de Madián en la peña de 4347
30.25 habrá ríos... aguas el día de la gran *m* 2027
34.6 tiene sacrificios... *m* en tierra de Edom 2875
Jer 7.32 no se diga más... sino Valle de la *M* 2028
12.3 como a... señálalos para el día de la *m* 2028
19.6 no se llamará más Tofet... Valle de la *M* 2028
Ez 21.14 esta es la espada de la gran *m* que 2491
21.22 la orden de... para dar comienzo a la *m* 7524
26.15 cuando se haga la *m* en medio de ti? 2027
Os 9.13 pero Efraín sacará sus hijos a la *m* 2026
Zac 11.4 dicho... Apacienta las ovejas de la *m* 2028
11.7 apacenté, pues, las ovejas de la *m*, esto 2028
Stg 5.5 vuestros corazones como en día de *m* *4967*

M

MATAR *Véanse también Morir, Muerte, Muerto*

Gn 4.8 Caín se levantó contra su…y lo *mató* 2026
4.14 cualquiera que me hallare, me *matará* 2026
4.15 cualquiera que *matare* a Caín, 7 veces 2026
4.15 señal en Caín, para que no lo *matase* 5221
4.23 varón *mataré* por mi herida, y un joven 2026
4.25 hijo en lugar de Abel, a quien *mató* Caín 2026
12.12 me *matarán* a mí, y a ti te reservarán 2026
20.4 Señor, ¿*matarás* también al inocente? 2026
20.11 dije…me *matarán* por causa de mi mujer 2026
26.7 lo *matarían* por causa de Rebeca, pues 2026
27.41 y dijo…yo *mataré* a mi hermano Jacob 2026
27.42 consuela…de ti con la idea de *matarte* 2026
34.25 vinieron contra…y *mataron* a todo varón 2026
34.26 a Hamor…los *mataron* a filo de espada 2026
37.18 conspiraron contra él para *matarle* 4191
37.20 *matémoslo* y echémosle en una cisterna 2026
37.21 Rubén…lo libró…y dijo: No lo *matemos* 5221
37.26 dijo…¿Qué provecho hay en que *matemos* 2026
49.6 porque en su furor *mataron* hombres, y en 2026
Éx 1.16 si es hijo, *matadlo;* y si es hija 4191
2.12 *mató* al egipcio y lo escondió en la arena 5221
2.14 piensas *matarme* como *mataste* al egipcio? 2026
2.15 oyendo Faraón…procuró *matar* a Moisés 2026
4.23 voy a *matar* a tu hijo, tu primogénito 2026
4.24 le salió al encuentro, y quiso *matarlo* 4191
5.21 poniéndoles la espada en…que nos *maten* 2026
16.3 *matar* de hambre a toda esta multitud 4191
17.3 subir…para *matarnos* de sed a nosotros 4191
20.13 no *matarás* 7523
21.14 y lo *matare*…de mi altar lo quitarás 2026
21.29 *matare* a hombre o mujer, el buey será 4191
21.34 pagará…y lo que fue *muerto* será suyo 4191
22.14 bestia…y fuere estropeada o *muerta* 4191
22.20 que ofreciere sacrificios…será *muerto* 2763
22.24 mi furor se encenderá, y os *mataré* a 2026
23.7 no *matarás* al inocente…no justificaré 2026
29.11 *matarás* el becerro delante de Jehová 7819
29.16 y *matarás* el carnero, y con su sangre 7819
29.20 *matarás* el carnero, y tomarás de su 7819
32.12 los sacó, para *matarlos* en los montes 2026
32.27 *matad* cada uno a su hermano…su amigo 2026
Lv 14.5 mandará…*matar* una avecilla en un vaso 7819
20.4 si…cerrare sus ojos…para no *matarle* 4191
20.10 el adúltero y la adúltera…serán *muertos* 4191
20.11 ambos han de ser *muertos:* su sangre será 4191
20.13 han de ser *muertos;* sobre ellos será su 4191
20.15 cópula con bestia, ha de ser *muerto,* y 2026
20.15 tuviere cópula…*mataréis* a la bestia 2026
20.16 la mujer y el animal *matarás;* morirán 2026
20.17 serán *muertos* a ojos de los hijos de su 3772
24.16 que blasfemare el nombre…de ser *muerto* 4191
27.29 separada como anatema…de ser *muerta* 4191
Nm 14.16 no pudo Jehová…*mató* en el desierto 7819
22.29 tuviera espada…que ahora te *mataría!* 2026
23.33 te *mataría* a ti, y a ella dejaría viva 2026
22.40 y Balac hizo *matar* bueyes y ovejas, y 2076
25.5 *matad*…que se han juntado con Baal-peor 2026
25.14 nombre del…que fue *muerto*…era Zimri 5221
25.15 de la mujer madianita *muerta* era Cozbi 5221
25.18 fue *muerta* el día de la mortandad por 5221
31.7 contra Madián…y *mataron* a todo varón 2026
31.8 *mataron* también…a los reyes de Madián 2026
31.8 a Balaam hijo de Beor *mataron* a espada 2426
31.17 *matad*…niños; *m* también a toda mujer 2026
3 5.19 vengador…lo encontrare, él lo *matará* 4191
35.21 el vengador…*matará* al homicida cuando 4191
35.23 hizo caer…piedra que pudo *matarlo,* y 4191
35.27 y el vengador de la sangre *matare* al 7523
Dt 3.6 *matando* en…a hombres, mujeres y niños 2763
4.42 el homicida que *matase* a su prójimo sin 7523
5.17 no *matarás* 7523
9.28 los sacó para *matarlos* en el desierto 4191
12.15 podrás *matar y comer* carne en todas tus 2076
12.21 podrás *matar* de tus vacas y…tus ovejas 2076
13.5 o soñador de sueños ha de ser *muerto* 4191
13.9 sino que lo *matarás;* tu mano se alzará 2026
13.9 se alzará primero sobre él para *matarle* 4191
13.15 *matarás* sus ganados a filo de espada
16.4 y de la carne que *matares*…no quedará 2076
17.7 la mano de los testigos caerá…*matarlo* 4191
21.1 muerto…y no se supiere quién lo *mató* 2491
28.31 buey será *matado* delante de tus ojos 2873
Jos 7.5 los de Hai *mataron*…unos 36 hombres 5221
8.24 acabaron de *matar* a todos los…de Hai 2026
9.18 y no los *mataron* los hijos de Israel 5221
9.26 los libró de…Israel, y no los *mataron* 2026
10.11 que los que…Israel *mataron* a espada 2026
10.26 Josué los hirió y los *mató,* y…colgar 4191
10.28 tomó Josué a Maceda…y *mató* a su rey 2763
10.35 *mató* a todo lo que en ella tenía vida 2763
10.40 todo lo que tenía vida lo *mató,* como 2763
11.10 tomó…Hazor, y *mató* a espada a su rey 5221
11.11 y *mataron*…cuanto en ella tenía vida 5221
11.17 a todos sus reyes, y los hirió y *mató* 4191
13.22 *mataron* a espada…a Balaam el adivino 2026
13.22 a Balaam…entre los demás que *mataron* 2491
20.3 se acoja allí el homicida que *matare* a 5221
Jue 3.29 *mataron* de los moabitas como 10.000 5221
3.31 Samgar…*mató* a seiscientos hombres de 5221
7.25 *mataron* a Oreb…Zeeb lo ni en el lagar 2026
8.17 derribó la…y *mató* a los de la ciudad 2026
8.18 aquellos hombres…*matasteis* en Tabor? 2026
8.19 conservado la vida, yo no os *mataría!* 2026
8.20 levántate, y *mátalos.* Pero el joven no 2026
8.21 dijeron Zeba…Levántate tú, y *mátanos* 6293
8.21 Gedeón se levantó, y *mató* a Zeba y a 2026
9.5 *mató* a sus hermanos…hijos de Jerobaal 2026
9.18 y habéis *matado* a sus hijos, setenta 2026
9.24 sobre Abimelec su hermano que los *mató* 2026
9.24 fortalecieron las manos de él…*matar* a 2026
9.44 acometieron a todos los…y los *mataron* 5221
9.45 tomó la ciudad, y *mató* al pueblo que en 2026
9.54 *mátame*…no se diga…mujer lo *mató* 2026,2026
9.56 el mal que hizo…*matando* a…70 hermanos 2026
13.23 su mujer…Si Jehová nos quisiera *matar* 4191
14.19 descendió a Ascalón y *mató* a treinta 5221
15.12 juradme que vosotros no me *mataréis* 6293
15.13 te prenderemos, y…mas no te *mataremos* 4191
15.15 la tomó, y *mató* con ella a mil hombres 5221
15.16 con la quijada de un asno *maté* a mil 5221
16.2 hasta la luz de la mañana…lo *mataremos* 2026
16.30 que *mató* al morir fueron muchos más 4191
16.30 más que los que había *matado* durante 4191
20.5 rodearon contra mí…con idea de *matarme* 2026
20.13 entregad, pues…para que los *matemos* 4191
20.31 *matándolos* como las otras veces por los 2491
20.31 y *mataron* unos 30 hombres de Israel
20.35 *mataron*…a 25.100 hombres de Benjamín 7843
20.39 comenzaron…*matar* a la gente de Israel 2491
20.45 y *mataron* de ellos a dos mil hombres 5221
21.11 *mataréis* a todo varón, y a toda mujer 2763
21.16 fueron *muertas*…mujeres de Benjamín 8045
1 S 1.25 *matando* el becerro, trajeron el niño 7819
2.6 *mata,* y él da vida; él hace descender al 4191
4.11 fue…y *muertos* los dos hijos de Elí, Ofni 4191
4.17 dos hijos, Ofni y Finees, fueron *muertos* 4191
5.10 han pasado…el arca del…para *matarnos* 4191
5.11 arca…no nos *mate*…ni a nuestro pueblo 4191
11.12 dadnos esos hombres, y los *mataremos* 4191
14.13 su paje de…que iba tras él los *mataba* 4191
15.3 *mata* a hombres, mujeres, niños y aun los 4191
15.8 a todo el pueblo *mató* a filo de espada 2763
16.2 ¿cómo iré? Si Saúl lo supiera, me *mataría* 2026
17.35 le echaba mano…lo hería y lo *mataba* 4191
17.36 fuese león…oso, tu siervo lo *mataba* 5221
17.50 hirió al filisteo y lo *mató,* sin tener 4191
17.51 lo acabó de *matar,* y le cortó con ella 4191
17.57; 18.6 David volvía de *matar* al filisteo 5221
18.27 se fue con…y *mató* a doscientos hombres 5221
19.1 habló Saúl a…para que *matasen a* David 4191
19.2 a David…Saúl mi padre procura *matarte* 4191
19.5 y *mató* al filisteo, y Jehová dio gran 5221
19.5 ¿por qué…*matando a* David sin causa 4191
19.11 Saúl envió…y lo *matasen* a la mañana 4191
19.11 si no salvas tu…mañana serás *muerto* 4191
19.15 traédmelo en la cama para que lo *mate* 4191
19.17 dijo: Déjame ir; si no, yo te *mataré* 4191
20.8 si hay maldad en mí, *mátame* tú, pues no 4191
20.33 que su padre estaba resuelto de *matar* 4191
22.17 dijo el rey…*matad* a los sacerdotes de 4191
22.17 no quisieron…*matar* a los sacerdotes 6293
22.18 Doeg…*mató*…a ochenta y cinco varones 4191
24.10 me dijeron que te *matase*…te perdoné 2026
24.11 yo corté la…de tu manto, y no te *maté* 2026
26.9 no le *mates;* porque ¿quién extenderá su 7843
26.15 ha entrado a *matar* a tu señor el rey 7843
27.1 al fin seré *muerto*…por la mano de Saúl 5595
28.24 tenía…un ternero…el cual *mató* luego 2076
30.15 júrame por Dios que no me *matarás,* ni 4191
31.2 los filisteos a Saúl…*mataron* a Jonatán 5221
31.7 que Saúl y sus hijos habían sido *muertos* 4191
2 S 1.9 me volvió a decir: Te ruego…me *mates* 4191
1.10 yo entonces me puse sobre él y le *maté* 4191
1.14 tu mano para *matar* al ungido de Jehová? 7843
1.15 dijo: Vé y *mátalo.* Y él lo hirió, y *murió* 4191
1.16 diciendo: Yo *maté* al ungido de Jehová 4191
3.30 Joab, pues, y Abisai…*mataron* a Abner 2026
3.37 que no…del rey el *matar* a Abner hijo 4191
4.1 oyó…Abner había sido *muerto* en Hebrón 4191
4.7 lo hirieron y lo *mataron,* y le cortaron 4191
4.8 cabeza de Is-boset…que procuraba *matarte* 5315
4.10 le *maté* en Siclag en pago de la nueva 2026
4.11 hombres que *mataron* a un hombre justo 2026
4.12 David ordenó a sus…y ellos los *mataron* 2026
10.18 David *mató*…a la gente de 700 carros 2126
12.9 el lo *mataste* con la espada de…de Amón 2026
13.28 y al decir yo: Herid a Amnón…*matadle* 4191
13.32,33 sólo Amnón ha sido *muerto* 4191
13.33 no diga…hijos del rey han sido *muertos* 4191
14.6 hijos…hirió el uno al otro, y lo *mató* 4191
14.7 entrega al que *mató* a su hermano, para 2026
14.7 a quien él *mató,* y *matemos*…al heredero 4191
14.32 vea yo…y si hay en mí pecado, *máteme* 4191
17.2 el pueblo…huirá, y *mataré* al rey solo 5221
18.11 tú, ¿por qué no le *mataste* luego allí 5221
18.15 hirieron a Absalón…acabaron de *matarle* 4191
21.1 Saúl…por cuanto *mató* a los gabaonitas 4191
21.2 había procurado *matarlos* en su celo por 5221
21.9 fueron *muertos* en los…días de la siega 4191
21.12 los filisteos *mataron* a Saúl en Gilboa 5221
21.16 e Isbi-benob…trató de *matar* a David 5221
21.17 mas Abisai…hirió al filisteo y lo *mató* 4191
21.18 Sibecai…*mató* a Saf, quien era uno de 5221
21.19 Elhanán…*mató* a Goliat geteo, el asta 5221
21.21 desafió a Israel, y lo *mató* Jonatán hijo 5221
23.8 éste era Adino…que *mató* a 800 hombres 2491
23.12 *mató* a los filisteos; y Jehová dio una 5221
23.18 su lanza contra 300, a quienes *mató,* y 2491
23.20 *mató* a dos leones de Moab; y él mismo 5221
23.20 y *mató* a un león en medio de un foso 5221
23.21 también *mató* él a un egipcio, hombre 2026
23.21 al egipcio…lo *mató* con su propia lanza 5221
1 R 1.9 y *matando* Adonías ovejas y vacas y 2076
1.19,25 ha *matado* bueyes y animales gordos 2076
1.51 júreme hoy…que no *matará* a espada a su 4191
2.5 dos generales del…a los cuales él *mató* 2026
2.8 yo le juré por Jehová: Yo no te *mataré* a 4191
2.26 pero no te *mataré* hoy, por cuanto has 4191
2.31 *mátale* y entiérrale, y quita de mí y de 6293
2.32 a los cuales *mató* a espada sin que mi 2026
2.34 Benaía hijo de Joiada subió…y lo *mató* 4191
3.26 dad a ésta el niño vivo, y no lo *matéis* 4191
3.27 a aquélla el hijo vivo, y no lo *matéis* 4191
11.15 y *mató* a todos los varones de Edom 2491
11.40 Salomón procuró *matar* a Jeroboam, pero 4191
12.27 *matarán* a mí, y se volverán a Roboam 2026
13.24 yéndose, le topó un león en…y le *mató* 4191
13.26 león, que le ha quebrantado y *matado* 4191
15.28 lo *mató,* pues, Baasa en el tercer año 4191
15.29 *mató* a toda la casa de Jeroboam, sin 5221
16.4 que de Baasa fuere *muerto* en la ciudad 4191
16.4 el que de él fuere *muerto* en el campo 4191
16.10 vino Zimri…lo *mató,* en el año 27 de 4191
16.11 reinar…*mató* a toda la casa de Baasa 5221
18.9 tu siervo en mano de Acab…que me *mate?* 4191
18.12 a Acab, al no hallarte él, me *matará* 2026
18.13 cuando Jezabel *mataba* a los profetas 2026
18.14 aquí está Elías; para que él me *mate?* 2026
19.1 cómo había *matado* a…todos los profetas 2026
19.10,14 han *matado* a espada a tus profetas 2026
19.17 escapare…Jehú lo *matará*…Eliseo lo ni 4191
19.21 y tomó un par de bueyes y los *mató,* y 2076
20.20 *mató* cada uno al que venía contra él 5221
20.29 *mataron* de…cien mil hombres de a pie 5221
20.36 apartó…le encontró un león, y le *mató* 5221
21.15 oyó que Nabot había sido…*muerto,* dijo 4191
21.19 ¿no *mataste,* y también has despojado? 7523
21.24 que de Acab fuere *muerto* en la ciudad 4191
21.24 fuere *muerto* en el campo, lo comerán los 4191
2 R 3.24 persiguieron *matando* a los de Moab 5221
5.7 ¿soy yo Dios, que *mate* y dé vida, para 4191
6.21 dijo a Eliseo: ¿Los mataré, padre mío? 5221
6.22 no los *mates.* ¿*Matarás* tú a los…cautivos 5221
8.12 fuego, a sus jóvenes *matarás* a espada 2026
9.31 ¿sucedió bien a Zimri, que *mató* a su 2026
10.11 *mató* entonces Jehú a todos los que 5221
10.17 *mató* a todos los que habían quedado de 5221
10.25 entrad, y *matadlos*…no escape ninguno 5221
10.25 los *mataron* a espada, y los dejaron 5221
11.2 hijos del rey a quienes estaban *matando* 4191
11.2 lo ocultó…en esta forma no lo *mataron* 4191
11.8 que entrare en las filas, sea *muerto* 4191
11.15 al que la siguiere, *matadlo* a espada 4191
11.15 no la *matasen* en el templo de Jehová 4191
11.16 donde entran los de…allí la *mataron* 4191
11.18 y *mataron* a Matán sacerdote de Baal 2026
11.20 habiendo sido Atalía muerta a espada 4191
12.20 y se levantaron…y *mataron* a Joás en 5221
14.5 *mató* a…que habían dado muerte al rey 5221
14.6 pero no *mató* a los hijos de los que le 4191
14.6 no *matarán* a los padres por los hijos 4191
14.7 *mató*…a diez mil edomitas en el Valle 5221
14.19 pero le persiguieron…allá lo *mataron* 4191
15.10 lo hirió…lo *mató,* y reinó en su lugar 4191
15.14 hirió a Salum…lo *mató,* y reinó en su 4191
15.25 conspiró contra él Peka hijo…lo *mató* 4191
15.30 lo hirió y lo *mató,* y reinó en su lugar 4191
16.9 tomó, y llevó cautivos…y *mató* a Rezín 4191
17.25 envió Jehová…leones que los *mataban* 2026
17.26 los leones los *matan*…no conocen la ley 4191
19.35 *mató* en el campamento de los asirios 5221
21.23 los siervos de Amón…*mataron* al rey en 4191
21.24 el pueblo…*mató* a todos los que habían 5221
23.20 *mató*…sobre los altares a…sacerdotes 2076
23.29 pero…así que le vio, lo *mató* en Meguido 4191
25.21 el rey de…los hirió y *mató* en Ribla 4191
1 Cr 2.3 fue malo delante de Jehová…lo *mató* 4191
7.21 los hijos de Gat…los *mataron,* porque 2026
10.2 hijos, y *mataron* los filisteos a Jonatán 5221
10.5 él…se echó sobre su espada y se *mató* 4191
10.14 por esta causa lo *mató,* y traspasó el 4191
11.11 lanza…contra 300, a los cuales *mató* 2491
11.20 Abisai…blandió su lanza…y los *mató* 2490
11.22 *mató* a un león en medio de un foso, en 5221
11.23 al egipcio…lo *mató* con su misma lanza 2026
19.18 *mató* David de los sirios a siete mil 2026
19.18 *mató* a Sofac general del ejército 4191
20.4 Sibecai husatita *mató* a Sipai, de los 5221
20.5 Elhanán hijo…*mató* a Lahmi, hermano de 5221
20.7 injurió a Israel, pero lo *mató* Jonatán 5221
2 Cr 18.2 por lo que Acab *mató* muchas ovejas 2076
20.22 Amón…se *mataron* los unos a los otros 5062
20.23 se levantaron contra los…para *matarlos* 2763
21.4 *mató* a espada a todos sus hermanos, y 2026
22.1 banda armada…había *matado* a todos los 2026
22.8 hijos…que servían a Ocozías, y los *mató* 2026
22.9 lo trajeron a Jehú, y le *mataron;* y le 4191
22.11 a los cuales *mataban,* le guardó a él 4191
22.11 lo escondió Josabet…y no lo *mataron* 4191
23.14 *matadlo*…no la *matasen* en la casa de 4191,4191
23.15 pasado la entrada de…allí la *mataron* 4191
23.17 *mataron* delante de los altares a *Matán* 2026
23.21 que *mataron* a Atalía a filo de espada 4191
24.21 apedrearon hasta *matarlo,* en el patio
24.22 *mató* a su hijo, quien dijo al morir 2026
25.3 *mató* a los siervos que habían *matado* 2026,5221
25.4 no *mató* a los hijos de ellos, según lo 4191
25.11 *mató* de los hijos de Seir diez mil 5221
25.13 de Judá, *mataron* a tres mil de ellos 5221
25.16 eso.¿Por qué quieres que te *maten?* 5221
25.27 enviaron tras él…y allá lo *mataron* 4191
28.6 Peka…*mató* en Judá en un día 120.000 2026

28.7 Zicri... *mató* a Maasías hijo del rey, a 2026
28.9 vosotros los habéis *matado* con ira que 2026
29.22 *mataron*... los novillos, y los sacerdotes 7819
29.22 *mataron*... los carneros... *m* los corderos..... 7819
29.24 los sacerdotes los *mataron*, e hicieron........ 7819
32.21 lo *mataron* a espada sus propios hijos........ 5307
33.24 conspiraron... y lo *mataron* en su casa 4191
33.25 mas el pueblo de... *mató* a todos los que....... 5221
36.17 que *mató* a espada a sus jóvenes en la 2026
Neh 4.11 hasta que entremos en... y los *matemos*...... 2026
6.10 vienen para *matarte*... noche vendrán a *m* 2026
9.26 *mataron* a tus profetas que protestaban 2026
Est 3.13 destruir, *matar* y exterminar a todos 2026
7.4 hemos sido vendidos... para ser *muertos* y...... 2026
8.11 a destruir, y *matar*, y acabar con toda......... 2026
9.6 en Susa... *mataron*... judíos a 500 hombres 2026
9.7 *mataron* entonces a Parsandata, Dalfón
9.12 los judíos han *matado* a 500 hombres, y a 2026
9.15 y *mataron* en Susa a trescientos hombres 2026
9.16 y *mataron* de sus contrarios a 75.000 2026
Job 1.15,17 *mataron* a los criados a filo de 5221
5.2 es cierto que al necio lo *mata* la ira, y 2026
9.23 si azote *mata* de repente, se ríe del............ 4191
13.15 aunque él me *matare*, en él esperaré 6991
20.16 veneno de... lo *matará* lengua de víbora...... 2026
24.14 *matador*; *mata* al pobre y al necesitado 6991
Sal 10.8 se... en escondrijos *mata* al inocente.......... 2026
34.21 *matará* al malo la maldad, y los que.......... 4191
37.14 para *matar* a los de recto proceder 2873
37.32 acecha el impío al... y procura *matarlo* 4191
44.22 pero por causa de ti nos matan cada día 2026
59 *tít*. y vigilaron la casa para *matarlo* 4191
59.11 no los *mates*, para que mi pueblo no.......... 2026
94.6 a la viuda y al extranjero *matan*, y a 2026
105.29 sus aguas en sangre, y *mató* sus peces 4191
135.10 destruyó a... y *mató* a reyes poderosos....... 2026
136.18 *mató* a reyes poderosos, porque para 2026
Pr 1.32 desvío de los ignorantes los *matará* 2026
7.26 más fuertes han sido *muertos* por ella......... 2026
9.2 *mató*... víctimas, mezcló su vino, y puso......... 2873
21.25 el deseo del perezoso le *mata*, porque........ 4191
22.13 león está fuera; seré *muerto* en la calle....... 7523
Ec 3.3 tiempo de *matar*, y tiempo de curar 2026
Is 11.4 con el espíritu de sus labios *matará* 4191
14.20 tú destruiste tu tierra, *mataste* a tu.......... 2026
22.13 he aquí gozo y alegría, *matando* vacas 2026
27.1 y *matará* al dragón que está en el mar 2026
27.7 ha sido *muerto* como los que lo *mataron*? 2026
37.36 y *mató* a 185.000 en el campamento de 5221
37.38 hijos... le *mataron* a espada, y huyeron........ 5221
65.15 el Señor te *matará*, y a sus siervos 4191
66.3 sacrifica... como si *matase* a un hombre........ 5221
Jer 5.6 el león de la selva los *matará*, los 5221
7.9 *matando*, adulterando, jurando en falso........ 7523
15.3 espada para matar... y aves del cielo y 2026
20.4 llevará cautivos... los *matará* a espada 5221
20.17 no me *mató* en el vientre, y mi madre 4191
26.15 si me *matáis*, sangre inocente echaréis....... 4191
26.19 ¿acaso lo *mataron* Ezequías rey de Judá 4191
26.21 oyeron sus... y el rey procuró *matarle* 4191
26.23 lo *mató* a espada, y echó su cuerpo en 5221
26.24 en las manos del pueblo para *matarlo* 4191
29.21 él los *matará* delante de vuestros ojos........ 5221
38.15 ¿no es verdad que me *matarás*? y si te 4191
38.16 el rey... Vive Jehová... que no te *mataré* 4191
38.25 no nos lo encubras, y no te *mataremos* 4191
40.14 enviado a Ismael hijo... para matarte? .. 5221,5315
40.15 *mataré* a Ismael... ¿por qué te ha de *matar*... 5221
41.2 *matando* así a aquel a quien el rey de 4191
41.3 asimismo *mató* Ismael a todos los judíos....... 5221
41.4 día después que *mató* a Gedalías, cuando 4191
41.8 no nos *mates*... y no los *mató* entre sus ... 4191,4191
41.9 los hombres que *mató* a causa de Gedalías.... 5221
41.16 después que *mató* a Gedalías hijo de 5221
43.3 para *matarnos* y hacernos transportar a...... 4191
50.21 destruye y *mata* en pos de ellos, dice 2763
50.27 *matad* a todos sus novillos; que vayan........ 2717
52.27 los *mató* en Ribla en tierra de Hamat 4191
Lm 2.20 ¿han de ser *muertos* en el santuario 2026
2.21 *mataste* en el día de... furor degollaste 2026
3.43 perseguiste; *mataste*, y no perdonaste 2026
Ez 9.5 pasad... la ciudad en pos de él, y *matad* 5221
9.6 *matad* a viejos, jóvenes y vírgenes, niños 2026
9.7 salid. Y salieron, y *mataron* en la ciudad......... 5221
9.8 que cuando ellos iban *matando* y quedé yo 5221
13.19 *matando* a... personas que no deben morir... 4191
20.17 pues no los *maté*, ni los exterminé en.......... 7843
23.10 a ella *mataron* a espada; y vino a ser.......... 2026
23.47 *matarán* a sus hijos y a sus hijas, y 4191
26.6 sus hijas que... serán *muertas* a espada 2026
26.8 *matará* a espada a tus hijas que están......... 4191
26.11 a tu pueblo *matará* a filo de espada, y.......... 4191
28.9 delante del que te *mate*... Yo soy Dios? 2026
32.15 cuando *mate* a... los que en ella moran 5221
36.12 Israel... nunca más les *matarás* los hijos...... 7921
36.14 y nunca más *matarás* a los hijos de tu 7921
44.11 servirán... ellos *matarán* el holocausto 7819
Dn 2.12 mandó que *matasen* a todos los sabios 7
2.13 y buscaron a Daniel y a... para *matarlos* 6992
2.14 había salido para *matar* a los sabios de 6992
2.24 había puesto para *matar* a los sabios de 7
2.24 así: No *mates* a los sabios de Babilonia 7
3.22 la llama del... *mató* a aquellos que habían..... 6992
5.19 quien quería *mataba*, y a quien quería 6992
5.30 la misma noche fue *muerto* Belsasar rey 6992
7.11 miraba hasta que *mataron* a la bestia 6992
11.44 gran ira para destruir y *matar* a muchos 2763
Os 2.3 la deje como tierra seca, y la *mate* de 4191

4.2 *matar*, hurtar y adulterar prevalecen 7523
6.5 con las palabras de mi boca los *maté*........... 2026
6.9 compañía de sacerdotes *mata* en el camino 7523
9.16 yo *mataré* lo deseable de su vientre 4191
Am 2.3 y *mataré* con él a todos sus príncipes.......... 2026
4.10 *maté* a espada a vuestros jóvenes, con 2026
9.1 y al postrero de ellos *mataré* a espada.......... 2026
9.4 mar, allí mandaré la espada, y los *matará*...... 2026
Abd 14 para *matar* a los que de ellos escapasen 3772
Mi 5.10 haré *matar* tus caballos de en medio de....... 3772
Sof 2.12 los de Etiopía seréis *muertos* con mi......... 2491
Zac 11.5 a las cuales *matan* sus compradores 2026
Mt 2.13 Herodes buscará al niño para *matarlo* *622*
2.16 mandó *matar* a todos los niños menores......... *337*
5.21 **no *matarás*; y cualquiera que matare será** *5407*
10.28 **matan el cuerpo... alma no pueden *matar*** *615*
14.5 Herodes quería *matarle*, pero temía al *615*
16.21 y ser *muerto*, y resucitar al tercer día *615*
17.23 ***matarán*; mas al tercer día resucitará**......... *615*
19.18 **dijo: No *matarás*. No adulterarás. No** *5407*
21.35 **a otro *mataron*, y a otro apedrearon** *615*
21.38 **este es el heredero; venid, *matémosle*** *615*
21.39 **echaron fuera de la viña, y le *mataron*** *615*
22.4 **mis animales gordos han sido *muertos*** *2380*
22.6 **tomando a los siervos los *mataron*** *615*
23.31 **que sois hijos de aquellos que *mataron*** *5407*
23.34 **yo os envío profetas... a unos *mataréis*** *615*
23.35 **a quien *matasteis* entre el templo y el** *5407*
23.37 **que *matas* a los profetas, y apedreas a** *615*
24.9 ***matarán*, y seréis aborrecidos de todas** *615*
26.4 prender con engaño a Jesús, y *matarle* *615*
27.20 persuadieron a... que Jesús fuese *muerta*...... *622*
Mr 6.19 Herodías... deseaba *matarle*, y no podía *615*
8.31 ser *muerto*, y resucitar después de tres *615*
9.22 en el fuego y en el agua, para *matarle* *622*
9.31 **el Hijo... *matarán*; pero después de *muerto*** *615*
10.19 **no *mates*. No hurtes. No digas falso** *5407*
10.34 **y escupirán en él, y lo *matarán*; mas** *615*
11.18 y lo oyeron... y buscaban cómo *matarle* *622*
12.5 **volvió a enviar otro, y a éste *mataron*** *615*
12.5 **otros muchos, golpeando a unos y *matando*** *615*
12.7 ***matémosle*, y la heredad será nuestra** *615*
12.8 ***mataron*, y le echaron fuera de la viña** *615*
13.12 **hijos contra los padres, y los *matarán*** *2289*
14.1 buscaban... prenderle por engaño y *matarle* ... *615*
Lc 9.22 **sea *muerto*, y resucite al tercer día** *615*
11.47 **profetas a quienes *mataron*... padres!** *615*
11.48 **ellos los *mataron*, y vosotros edificáis**......... *615*
11.49 **a unos *matarán* y a otros perseguirán** *615*
12.4 **no temáis a los que *matan* el cuerpo, y** *615*
13.4 **los cuales cayó la torre en... y los *mató***........ *615*
13.31 y vete... porque Herodes te quiere *matar* *615*
13.34 **Jerusalén, que *matas* a los profetas, y**.......... *615*
15.23 **el becerro gordo y *matadlo*, y comamos** *2380*
15.27 **padre ha hecho *matar* el becerro gordo** *2380*
15.30 **hecho *matar* para él el becerro gordo** *2380*
18.20 **sabes: No adulterarás; no *matarás*; no** *5407*
18.33 ***matarán*; mas al tercer día resucitará**.......... *615*
19.47 y los principales... procuraban *matarle*.......... *622*
20.14 **venid, *matémosle*, para que la heredad** *615*
20.15 **echaron fuera de la viña, y le *mataron*** *615*
21.16 **seréis... y *matarán* a algunos de vosotros** *2289*
22.2 y los escribas buscaban cómo *matarle* *337*
23.32 que eran malhechores, para ser *muertos* *337*
Jn 5.16 judíos perseguían... procuraban *matarle* *615*
5.18 los judíos aun más procuraban *matarle* *615*
7.1 en Judea... los judíos procuraban *matarle* *615*
7.19 **cumple la... ¿Por qué procuráis *matarme*?** *615*
7.20 demonio tienes; ¿quién procura *matarte*?......... *615*
7.25 ¿no es éste a quien buscan para *matarle*? *615*
8.22 **¿acaso se *matará* a sí mismo, que dice** *615*
8.37 **procuráis *matarme*, porque mi palabra no** *615*
8.40 **procuráis *matarme* a mí, hombre que os he** *615*
10.10 **el ladrón no viene sino para... *matar* y**......... *2380*
11.53 que, desde aquel día acordaron *matarlo*......... *615*
16.2 **cuando cualquiera que os *mate*, pensará** *615*
Hch 2.23 éste... *matasteis* por manos de inicuos *337*
3.15 *matasteis* al Autor de la vida, a quien *615*
5.30 a Jesús, a quien vosotros *matasteis* *1315*
5.33 esto, se enfurecían y querían *matarlos* *337*
5.36 Teudas... él fue *muerto*, y todos los que le *337*
7.28 *matarme*, como *mataste* ayer al egipcio?......... *337*
7.52 *mataron* a los que anunciaron... la venida *615*
9.23 judíos resolvieron en consejo *matarle* *337*
9.29 hablaba... pero éstos procuraban *matarle*......... *337*
10.13 una voz: Levántate, Pedro, *mata* y come *2380*
10.39 quien *mataron* colgándole en un madero *337*
11.7 me decía: Levántate, Pedro, *mata* y come *2380*
12.2 *mató* a espada a Jacobo, hermano de Juan *337*
13.28 pidieron a Pilato que se le *matase* *337*
16.27 la espada y se iba a *matar*, pensando que *337*
21.31 procurando ellos *matarle*, se le avisó *615*
22.20 guardaba... ropas de los que le *mataban* *337*
23.15 estaremos listos para *matarle* antes que......... *337*
23.27 y que iban ellos a *matar*, lo libré yo............. *615*
25.3 preparando ellos una celada para *matarle* *337*
26.10 yo... cuando los *mataron*, yo di mi voto *337*
26.21 prendiéndome en el... intentaron *matarme* *1315*
27.42 soldados acordaron *matar* a los presos.......... *615*
Ro 7.11 el pecado... me engañó, y por él me *mató* *615*
8.36 por causa de ti somos *muertos* todo el día *2289*
11.3 sólo yo he quedado, y procuran *matarme*?........ *615*

13.9 no *matarás*, no hurtarás, no dirás falso......... *5407*
2 Co 3.6 la letra *mata*... el espíritu vivifica.............. *615*
Ef 2.16 un solo cuerpo, *matando* en ella las............. *615*
1 Ts 2.15 los cuales *mataron* al Señor Jesús *615*
2 Ts 2.8 inicuo, a quien el Señor *matará* con............ *355*
2 Ti 2.11 si somos *muertos* con él... viviremos........... *4880*
He 11.37 fueron... *muertos* a filo de espada.............. *599*
Stg 2.11 dijo... también ha dicho: No *matarás*........... *5407*
2.11 pero *matas*, te has hecho transgresor de *5407*
4.2 *matáis* y ardéis de envidia, y no podéis *5407*
1 Jn 3.12 *mató* a su... ¿Y por qué causa le *m*?.......... *4969*
Ap 2.13 **Antipas mi testigo fiel fue *muerto***.............. *615*
6.4 que se *matasen* unos a otros; y se le............. *4969*
6.8 fue dada potestad... para *matar* con espada..... *615*
6.9 las almas de los que habían sido *muertos* *4969*
6.11 que... habían de ser *muertos* como ellos *615*
9.5 y les fue dado, no que los *matasen*, sino *615*
9.15 a fin de *matar* a la tercera parte de los *615*
9.18 por estas... fue *muerta* la tercera parte de...... *615*
9.20 no fueron *muertos* con estas plagas *615*
11.7 hará guerra... los vencerá y los *matará*......... *615*
13.10 alguno *mata*... a espada debe ser muerto...... *615*
13.15 hiciese *matar* a... el que no la adorase.......... *615*
18.24 los que han sido *muertos* en la tierra *4969*
19.21 los demás fueron *muertos* con la espada *615*

MATAT *Nombre de dos ascendientes de Jesucristo*, Lc 3.24,29 .... *3158*

MATATA
1. *Uno de los que se casaron con mujeres extranjeras en tiempo de Esdras*, Esd 10.33 4992
2. *Ascendiente de Jesucristo*, Lc 3.31 .... *3160*

MATATÍAS
1. *Levita que regresó de Babilonia*, 1 Cr 9.31 4993
2. *Levita, músico en el templo*, 1 Cr 15.18,21; 16.5; 25.3,21.. 4993
3. *Uno de los que se casaron con mujeres extranjeras en tiempo de Esdras*, Esd 10.43 4993
4. *Una que ayudó a Esdras en la lectura pública de la ley*, Neh 8.4........................ 4993
5. *Nombre de dos ascendientes de Jesucristo*, Lc 3.25,26 .... *3161*

MATENAI
1. *Nombre de dos de los que se casaron con mujeres extranjeras en tiempo de Esdras*, Esd 10.33,37.... 4982
2. *Sacerdote en tiempo del sumo sacerdote Joiacim*, Neh 12.19.............................. 4982

M

MATEO *Apóstol (=Leví No. 2)*
Mt 9.9 vio a un hombre llamado *M*, que estaba *3156*
10.3 *M* el publicano, Jacobo hijo de Alfeo........... *3156*
Mr 3.18 *M*, Tomás, Jacobo hijo de Alfeo *3156*
Lc 6.15 *M*, Tomás, Jacobo hijo de Alfeo *3156*
Hch 1.13 al aposento alto, donde moraban... *M*......... *3156*

MATERIAL
Éx 36.7 tenían *m* abundante para hacer toda la 4399
Ro 15.27 deben... ellos ministrarles de los *m*.......... *4559*
1 Co 9.11 ¿es gran cosa si segáramos de... lo *m*?....... *4559*
Ap 21.18 el *m* de su muro era de jaspe; pero........... *1739*

MATERNO
Job 24.20 los olvidará el seno *m*... los gusanos.......... 7358
Os 12.3 en el seno *m* tomó por el calcañar a............ 990

MATÍAS *Apóstol elegido en lugar de Judas Iscariote*
Hch 1.23 señalaron a dos: a José... Justo, y a *M*........ *3159*
1.26 la suerte cayó sobre *M*, y *fue* contado.......... *3159*

MATORRAL
Os 2.12 y las reduciré a un *m*,y las comerán............ 3293

MATRED *Madre de Mehetabel No.1*
Gn 36.39; 1 Cr 1.50 4308

MATRI *Padre de una familia de Benjamín*, 1 S.10.21 4309

MATRICIDA
1 Ti 1.9 la ley... dada... para los parricidas y *m* *3389*

MATRIMONIO
Jos 23.12 porque... si concertareis con ellas *m* 2859
1 Co 7.10 a los que están unidos en *m*, mando *1060*
He 13.4 honroso sea en todos el *m*, y el lecho........... *1062*

MATRIZ
Gn 20.18 Jehová había cerrado... toda *m* de la 7358
Éx 13.2 que abre *m* entre los hijos de Israel 7358
13.12 dedicarás a... todo aquel que abriere *m* 7358
Nm 18.15 todo lo que abre *m*,de toda carne que 7358
Job 3.11 ¿por qué no morí yo en la *m*,o expiré.......... 7358
10.18 ¿por qué me sacaste de la *m*? Hubiera 7358
31.15 ¿y no nos dispuso uno mismo en la *m*? 7358
Sal 58.3 se apartaron los impíos desde la *m* 7358
Pr 30.16 el Seol, la *m* estéril, la tierra que 7356
Is 46.3 oídme... que sois llevados desde la *m*.......... 7356
Os 9.14 dales *m* que aborte, y pechos enjutos.......... 7358
Lc 2.23 que abriere la *m* será llamado santo *3388*
Ro 4.19 su cuerpo... esterilidad de la in de Sara *3388*

MATUSALÉN *Hijo de Enoc y padre de Lamec*, Gn 5.21,22,25,26,27; 1 Cr 1.3 4968
Lc 3.37.. *3103*

MÁXIMA
Job 13.12 vuestras *m* son refranes de ceniza 2146

MAYOR
Gn 1.16 la lumbrera *m* para que señorease en 1419
10.21 padre de... Heber, y hermano *m* de Jafet..... 1419
19.11 con ceguera desde el menor hasta el *m* 1419
19.31 la *m* dijo... Nuestro padre es viejo, y.......... 1067

19.33 entró la m,y durmió con su padre; mas....... 1067
19.34 al día siguiente, dijo la m a la menor 1067
19.37 dio a luz la m un hijo, y llamó...Moab........ 1067
25.23 será más fuerte...el m servirá al menor...... 7227
27.1 Isaac...llamó a Esaú su hijo m, y le dijo....... 1419
27.15 tomó Rebeca los vestidos de...su hijo m...... 1419
27.42 Rebeca las palabras de Esaú su hijo m....... 1419
29.16 dos hijas: el nombre de la m era Lea 1419
29.26 no...que se dé la menor antes que la m 1067
34.25 pero...cuando sentían ellos el m dolor
39.9 no hay otro m que yo en esta casa, y 1419
41.40 solamente en el trono seré yo m que tú....... 1431
43.33 el m conforme a su primogenitura, y el....... 1060
43.34 la porción de...era cinco veces m que....... 7235
44.12 buscó; desde el m comenzó, y acabó en....... 1419
49.26 fueron m que las bendiciones de mis......... 1396
Éx 1.9 el pueblo de los hijos de Israel es m............. 7227
Lv 25.16 cuanto m fuere el número de los años........ 7235
Nm 26.54 a los más darás m heredad, y a los.......... 7235
Dt 1.28 pueblo es m y más alto que nosotros 1419
7.1 siete naciones m y más poderosas que tú....... 7227
Jos 10.2 de las ciudades reales, y m que Hai........... 1419
Rt 1.13 que m amargura tengo yo que vosotras 3966
1 S 14.30 ¿no se habría hecho ahora m estrago 7235
14.49 de la m, Merab, y el de la menor, Mical....... 1067
15.9 perdonaron...a lo mejor de...del ganado m
17.13 y los tres hijos m de Isaí habían ido 1419
17.14 David era...siguieron...los tres m a Saúl..... 1419
17.28 y oyéndole hablar Eliab su hermano m....... 1419
18.17 yo te daré Merab mi hija m por mujer......... 1419
30.2 se habían llevado cautivas...hasta el m 1419
30.20 tomó...el ganado m; y trayéndolo todo
2 S 4.5 entraron en el m calor del día en casa
13.15 el odio...fue m que el amor con que la 1419
13.16 no hay razón; m mal es este...que el que..... 1419
1 R 1.37 haga m su trono que el...de mi señor.......... 1431
1.47 Dios haga...haga m su trono que el tuyo 1431
2.22 es mi hermano m, y ya tiene también al 1419
4.30 era m la sabiduría de Salomón que la de 7235
10.7 es m tu sabiduría y bien, que la fama
2 R 25.26 pueblo, desde el menor hasta el m............ 1419
1 Cr 5.2 que Judá llegó a ser el m sobre sus 5057
12.14 el menor tenía cargo de...y el m de mil 1419
2 Cr 3.5 techó el cuerpo m del edificio con 1419
22.1 una banda...había matado a todos los m........ 7223
23.20 llegaron a la mitad de la puerta m de 5945
27.3 edificó él la puerta m de la casa de............ 5945
28.22 Acaz...añadió m pecado contra Jehová....... 3254
31.15 a sus grupos, así al m como al menor 1419
34.30 todo el pueblo, desde el m hasta el más....... 1419
Est 1.5 a todo el pueblo...el m hasta el menor......... 1419
1.20 darán honra a sus maridos, desde el m......... 1419
Job 33.12 yo te responderé que m es Dios que......... 7235
38.32 o guiarás a la Osa M con sus hijos? 4216
Sal 4.7 tú diste alegría...m que la de ellos............ 6256
135.5 Señor nuestro, m que todos los dioses........ 1419
Is 15.9 yo traeré sobre Dimón males m, leones 3254
30.26 y la luz del sol siete veces m, como
Pr 28.23 el que reprende...después m gracia
Jer 42.1,8 pueblo desde el menor hasta el m........... 1419
44.12 de hambre morirán...el menor hasta el m ... 1419
Ez 8.6,13, 15 vuélvete aún...abominaciones m 1419
16.46 y tu hermana m es Samaria, ella y sus 1419
16.61 las m que tú y las menores que tú, las 1419
23.4 se llamaban, la m, Ahola, y su hermana 1419
36.11 haré m bien que en vuestros principios 3190
41.7 había m anchura en las cámaras de más...... 5927
43.14 menor hasta la cornisa m, cuatro codos....... 1419
Dn 4.36 mi reino, y m grandeza me fue añadida....... 3493
5.12 fue hallado en él m espíritu y ciencia......... 3493
5.14 que en ti se halló luz...y m sabiduría 3493
8.8 estando en su m fuerza, aquel gran cuerno..... 6105
11.13 poner en campaña una multitud m que la.... 7227
Am 6.2 ved...su extensión es m que la vuestra 7227
6.11 herirá con hendiduras la casa m, y la 1419
Jon 3.5 vistieron de cilicio desde el m hasta 1419
Hag 2.9 la gloria postrera...m que la primera 1419
Mt 5.20 **si vuestra justicia no fuere m que la** *4119*
11.11 **no se ha levantado otro m que Juan el** *3187*
11.11 **el más pequeño en el reino...m es que él**...... *3187*
12.6 **digo que uno m que el templo está aquí** *3187*
13.32 **pero cuando ha crecido, es la m de las** *3187*
18.1 ¿quién es el m en el reino de los cielos?........ *3187*
18.4 **ése es el m en el reino de los cielos** *3187*
23.11 **el que es el m de...sea vuestro siervo** *3187*
23.14 **por esto recibiréis m condenación** *4055*
23.17 **porque ¿cuál es m, el oro, o el templo** *3187*
23.19 **¿cuál es m, la ofrenda, o el altar que** *3187*
Mr 4.32 **se hace la m de todas las hortalizas** *3187*
9.34 disputado entre...quién había de ser el m *3187*
12.31 **no hay otro mandamiento m que éstos** *3187*
12.40 **oraciones. Estos recibirán m condenación** ... *4055*
14.31 él con m insistencia decía: Si me fuere *3123*
Lc 7.28 **no hay m profeta que Juan el Bautista** *3187*
7.28 **el más pequeño en el reino de Dios es m** *3187*
9.46 una discusión...quién de ellos sería el m *3187*
12.18 **los edificaré m, y allí guardaré todos** *3187*
15.25 **su hijo m estaba en el campo; y...vino** *4245*
20.47 **devoran...éstos recibirán m condenación**...... *4055*
22.24 una disputa...quién de ellos sería el m *3187*
22.26 **sea el m...como el más joven, y el que** *3187*
22.27 **¿cuál es m, el que se sienta a la mesa** *3187*
Jn 1.50 **dije: Te vi...Cosas m que estas verás** *3187*
4.12 eres tú m que nuestro padre Jacob, que *3187*
5.20 **m obras que estas le mostrará, de modo** *3187*
5.36 **yo tengo m testimonio que el de Juan** *3187*
8.53 ¿eres tú...m que nuestro padre Abraham *3187*
10.29 **mi Padre...es m que todos, y nadie las** *3187*
13.16 **digo: El siervo no es m que su señor**.......... *3187*
13.16 **m el enviado es** m que el que le envió *3187*
14.12 **y aun m hará, porque yo voy al Padre** *3187*
14.28 **al Padre; porque el Padre m es que yo** *3187*
15.13 **nadie tiene m amor que este, que uno** *3187*
15.20 **dicho: El siervo no es m que su señor**......... *3187*
19.11 **a ti me ha entregado, m pecado tiene** *3187*
Hch 12.20 Blasto, que era camarero m del rey
Ro 9.12 se le dijo: El m servirá al menor.............. *3187*
1 Co 9.19 he hecho siervo...ganar a m número......... *4119*
13.13 estos 3; pero el m de ellos es el amor *3187*
14.5 m es el que profetiza que el que habla......... *3187*
2 Co 12.15 yo con el m placer gastaré lo mío *2236*
Fil 2.28 le envío con m solicitud, para que *4708*
2 Ti 1.3 al cual sirvo desde mis m con limpia *4269*
He 3.3 tanto m gloria que Moisés es estimado *4119*
3.3 tiene m honra que la casa el que la hizo *4119*
6.13 no pudiendo jurar por otro m, juró por........ *3187*
6.16 los hombres...Juran por uno m que ellos........ *3187*
7.7 alguna, el menor es bendecido por el m *2909*
8.11 me conocerán, desde el menor hasta el m *3187*
10.29 ¿cuánto m castigo...que merecerá el que..... *5501*
11.26 teniendo por m riquezas el vituperio de *3187*
Stg 3.1 maestros...recibiremos m condenación *3187*
4.6 pero él da m gracia...Por esto dice: Dios *3187*
2 P 2.11 los ángeles, que son m en fuerza y........... *3187*
1 Jn 3.20 m que nuestro corazón es Dios, y él.......... *3187*
4.4 m es el que está en vosotros, que el que......... *3187*
5.9 de los hombres, m es el testimonio de Dios..... *3187*
3 Jn 4 no tengo yo m gozo que este, el oír que *3286*

MAYORAL

Gn 47.6 capaces, ponlos por m del ganado mío........ 8269
Jer 25.34 revolcaos en el polvo, m del rebaño 117
25.35 acabará...el escape de los m del rebaño 117
25.36 y aullido de los m del rebaño! porque 117

MAYORDOMÍA

Lc 16.2 **da cuenta de tu m, porque ya no podrás**....... *3622*
16.3 **mi amo me quita la m. Cavar, no puedo** *3622*
16.4 **cuando se me quite de la m, me reciban** *3622*

MAYORDOMO

Gn 15.2 m de mi casa es ese damasceno Eliezer....... 4943
39.4 él le hizo m de su casa y entregó en su 6485
43.16 y dijo al m de su casa: Lleva a casa a......... 2951
43.19 se acercaron al m de la casa de José 2951
44.1 mandó José al m de su casa, diciendo 2951
44.4 dijo José a su m: Levántate y sigue a 2951
Rt 2.5 dijo a su criado el m de los segadores...... 5324,2951
2.6 el...m de los segadores, respondió y dijo .. 5324,2951
1 R 4.6 Ahisar, m; y Adoniram hijo de Abda 2951,1004
16.9 estando él en casa de Arsa su m en Tirsa. 2951,1004
18.3 y Acab llamó a Abdías su m. Abdías era.. 2951,1004
2 R 10.5 y el m, el gobernador de la ciudad......... 2951,1004
18.18 y salió a ellos Eliaquim...m, y Sebna 2951,1004
18.37 Eliaquim hijo de Hilcías, m, y Sebna 2951,1004
19.2 envió a Eliaquim m, a Sebna escriba y ... 2951,1004
2 Cr 28.7 Zicri, mató a Maasías...Azricam su m.. 5057,1004
31.13 y Benaía, fueron los m al servicio de 6496
34.10 que eran m en la casa de Jehová, los......... 6485
34.12 y eran sus m Jahat y Abdías, levitas......... 5329
34.13 m de los que se ocupaban en cualquier....... 5329
Neh 13.13 puse por m...al sacerdote Selemías 686,2951
Est 1.8 lo había mandado el rey a todos los m 7227
Is 22.15 entra a este tesorero, a Sebna el m 2951,1004
36.3 salió a él Eliaquim hijo de Hilcías, m...... 2951,1004
36.22 Eliaquim hijo...m...vinieron a Ezequías. 2951,1004
37.2 envió a Eliaquim m, a Sebna escriba y a.. 2951,1004
Mt 20.8 **el señor de la viña dijo a su m: Llama**........ *2012*
Lc 12.42 **¿quién es el m fiel y prudente al cual**......... *3623*
16.1 **había un hombre rico que tenía un m, y**........ *3623*
16.2 **da cuenta...porque ya no podrás más ser m** .. *3621*
16.3 **entonces el m dijo para sí: ¿Qué haré?** *3623*
16.8 **alabó el amo al m malo por haber hecho** *3623*

MAYORÍA

Dn 11.41 escaparán...la m de los hijos de Amón 7225
2 Co 9.2 y vuestro celo ha estimulado a la m........... *4119*
Fil 1.14 m de los hermanos...se atreven mucho........ *4119*

MAYORMENTE

Hch 25.26 y m ante ti, oh rey Agripa................... *3122*
26.3 m porque tú conoces todas las costumbres *3122*
Gá 6.10 y m a los de la familia de la fe *3122*
1 Ti 4.10 de todos...m de los que creen *3122*
1 Ti 5.8 y m para los de su casa, ha negado........... *3122*
5.17 m los que trabajan en predicar y enseñar *3122*
2 Ti 4.13 y los libros, m los pergaminos *3122*
Tit 1.10 engañadores, m los de la circuncisión......... *3122*
Flm 16 m para mí, pero cuánto más para ti *3122*
2 P 2.10 y m a aquellos que, siguiendo la.............. *3122*

MAZMORRA

Is 24.22 como se amontona...encarcelados en m 953
51.14 libertado pronto; no morirá en la m.......... 7845

MAZO

Jue 4.21 y poniendo un m en su mano, se le 4718
5.26 y su diestra al m de trabajadores, y 1986

MEBUNAI *Uno de los 30 valientes de David (=Sibecai)*, 2 S 23.27 4012

MECER

Éx 29.24,26 lo mecerás como ofrenda mecida 5130,8573
29.27 el pecho de la ofrenda mecida, y la.......... 8573
29.27 lo que fue mecido y lo que fue elevado........ 5130
Lv 7.30 para que sea mecido como sacrificio m.... 5130,8573
7.34 he tomado de...el pecho que se mece y la...... 8573
8.27 puso...hizo mecerlo como ofrenda mecida 5130,8573
8.29 Moisés...lo meció, ofrenda mecida 5130,8573
9.21 meció...como ofrenda mecida delante.... 5130,8573
10.14 pecho mecido y la espaldilla elevada......... 8573
10.15 pecho...mecido como ofrenda mecida... 5130,8573
14.12 mecerá como ofrenda mecida delante ... 5130,8573
14.21 para ser ofrecido como ofrenda mecida...... 8573
14.24 mecerá...como ofrenda mecida delante de.................................. 5130,8573
23.11 mecerá la gavilla...día de reposo la m... 5130,8573
23.15 en que ofrecisteis la...ofrenda mecida 8573
23.17 traeréis dos panes para ofrenda mecida 8573
23.20 ofrenda mecida delante de Jehová 5130,8573
Nm 5.25 tomará...ofrenda...y la mecerá delante....... 5130
6.20 sacerdote mecerá...ofrenda mecida 5130,8573
6.20 del pecho mecido y de la espaldilla 8573
18.11 las ofrendas mecidas de los hijos de.......... 8573
18.18 como el pecho de la ofrenda mecida y........ 8573
18.26 en ofrenda mecida a Jehová el diezmo 8641

MECONA *Población en el sur de Judá*, Neh 11.28 4368

MEDAD *Israelita que profetizó en el campamento*, Nm 11.26,27 4312

MEDÁN *Hijo de Abraham y Cetura*, Gn 25.2; 1 Cr 1.32 4091

MEDEBA *Ciudad de Moab, posteriormente en Rubén*

Nm 21.30 pereció...destruimos hasta Nofa y M 4311
Jos 13.9 y toda la llanura de M, hasta Dibón.......... 4311
13.16 desde Aroer...toda la llanura hasta M 4311
1 Cr 19.7 vinieron y acamparon delante de M......... 4311
Is 15.2 sobre Nebo y sobre M aullará Moab 4311

MEDIA *Región al noreste de Persia*

Esd 6.2 en el palacio...en la provincia de M........... 4074
Est 1.3 teniendo delante...más poderosos...de M...... 4074
1.14 siete...de M que veían la cara del rey 4074
1.18 dirán esto las señoras...de M que oigan....... 4074
1.19 se escriba entre las leyes de...y de M.......... 4074
10.2 escrito en...crónicas de los reyes de M 4074
Is 21.2 destruye. Sube, oh Elam; sitia, oh M 4074
Jer 25.25 los reyes de Elam, a...los reyes de M 4074
51.11 ha despertado Jehová...los reyes de M......... 4074
51.28 los reyes de M, sus capitanes y todos 4074
Dn 5.31 Darío de M tomó el reino, siendo de 4077
6.8,12 conforme a la ley de M y de Persia........... 4076
6.15 que es ley de M y de Persia que ningún........ 4076
8.20 éstos son los reyes de M y de Persia 4074

MEDIADOR

Job 33.23 algún elocuente m muy escogido, que 4397
Gá 3.19 por medio de ángeles en mano de un m......... *3316*
3.20 el m no lo es de uno solo; pero Dios es........ *3316*
1 Ti 2.5 un solo m entre Dios y los hombres............ *3316*
He 8.6 m de un mejor pacto, establecido sobre *3316*
9.15 así que, por eso es m de un nuevo pacto *3316*
12.24 a Jesús el m del nuevo pacto, y a la........... *3316*

MEDIANOCHE

Éx 11.4 a la m yo saldré por en medio de Egipto.... 2676,3915
12.29 la m Jehová hirió a todo primogénito ... 2677,3915
Jue 7.19 al principio de la guardia de la m 8484
16.3 Sansón durmió hasta la m; y a la m se.... 2677,3915
Rt 3.8 que a la m se estremeció aquel hombre.... 2677,3915
1 R 3.20 se levantó a m y tomó a mi hijo de........ 8432,3915
Job 34.20 y a m se alborotarán los pueblos, y....... 2676,3915
Sal 119.62 a m me levanto para alabarte por..... 2676,3915
Mt 25.6 **y a la m se oyó un clamor...el esposo** *3319,3571*
Mr 13.35 **anochecer, o a la m, o al canto del**.......... *3317*
Lc 11.5 **que tenga un amigo, va a él a m y te** *3317*
Hch 16.25 a m, orando Pablo y Silas, cantaban.......... *3317*
20.7 Pablo...alargó el discurso hasta la m.......... *3317*
27.27 a la m los marineros sospecharon que... *3319,3571*

MEDIAR

Ez 43.8 mediando sólo una pared entre mí y

MEDICAMENTO

Jer 30.13 sanarte; no hay para ti m eficaces........... 7499

MEDICINA

Pr 3.8 será m a tu cuerpo, y refrigerio para........... 7500
4.22 porque son vida...y m a todo su cuerpo 4832
12.18 hay...mas la lengua de los sabios es m 4832
16.24 suavidad al alma y m para los huesos......... 4832
20.30 azotes que hieren son m para el malo........ 8562
29.1 será quebrantado, y no habrá para él m 4832
Jer 8.22 ¿por qué...no hubo m para la hija de........... 724
33.6 yo les traeré sanidad y m; y los curaré 724
46.11 por demás multiplicarás las m; no hay 7499
Ez 30.21 no ha sido vendado poniéndole m, ni
47.12 su fruto será para comer, y su hoja...m...... 8644
Nah 3.19 no hay m para tu quebradura...herida...... 3545

MÉDICO

Gn 50.2 mandó José a...los m que embalsamasen..... 7495
50.2 su padre; y los m embalsamaron a Israel...... 7495
2 Cr 16.12 no buscó a Jehová, sino a los m 7495
Job 13.4 porque...sois todos vosotros m nulos......... 7495
Jer 8.22 ¿no hay allí m? ¿Por qué, pues, no 7495
Mt 9.12; Mr 2.17 **no tienen necesidad de m** *2395*
Mr 5.26 y había sufrido mucho de muchos m, y........ *2395*
Lc 4.23 **me diréis este...M, cúrate a ti mismo**.......... *2395*
5.31 **que están sanos no tienen necesidad de m** *2395*
8.43 que había gastado en m todo cuanto tenía..... *2395*
Col 4.14 os saluda Lucas el m amado, y Demas *2395*

MEDIDA

Gn 18.6 toma pronto tres m de flor de harina 5429
Éx 26.2 las cortinas tendrán una misma m 4060
26.8 una misma m tendrán las once cortinas....... 4060
36.9 codos, todas las cortinas eran de igual m...... 4060

36.15 las once cortinas tenían una misma *m* 4060
Lv 19.35 en *m* de tierra, en peso ni en otra *m* 4884
19.36 pesos... y *m* justas tendréis. Yo Jehová 1969
Rt 3.15 midió seis *m* de cebada, y se las puso
3.17 seis *m* de cebada me dio, diciéndome: A
1 S 25.18 cinco ovejas... 5 *m* de grano tostado 5429
1 R 7.9 ajustadas con sierras según las *m*, así 4060
7.11 piedras... labradas conforme a sus *m*, y 4060
7.37 diez basas, fundidas de... de una misma *m* 4060
18.32 zanja... en que cupieran dos *m* de grano 5429
1 Cr 22.14 y bronce y hierro sin *m*, porque es 4948
23.29 para lo tostado, y para toda *m* y cuenta 4884
2 Cr 3.3 son las *m* que dio... a los cimientos 4060
5.13 y a *m* que alzaban la voz con trompetas
Esd 7.22 y cien batos de aceite; y sal sin *m*
Job 28.25 al dar peso... poner las aguas por *m* 4060
38.5 ¿quién ordenó sus *m*, si lo sabes? 4461
Sal 39.4 saber... cuánta sea la *m* de mis días 4060
Pr 20.10 pesa falsa y *m* falsa... abominación a 374
Is 5.14 ensanchó su... sin *m* extendió su boca 2706
27.8 con *m* lo castigarás en sus vástagos 5432
Jer 31.39 saldrá más allá el cordel de la *m* 4060
51.13 ha venido tu fin, la *m* de tu codicia 520
Ez 4.11 beberás el agua por *m*, la sexta parte 4884
4.16 y beberán el agua por *m* y con espanto 4884
40.10 las tres de una *m*; también de una *m* los 4060
40.21 sus arcos eran como la *m* de la puerta 4060
40.22 arcos y... conforme a la *m* de la puerta 4060
40.24 y midió... sus arcos conforme a estas *m* 4060
40.28,32 midió la puerta conforme a estas *m* 4060
40.29 y sus arcos eran conforme a estas *m* 4060
40.33 postes y sus arcos conforme a estas *m* 4060
40.35 me llevó... y midió conforme a estas *m* 4060
41.17 encima de la puerta, y hasta... tomó *m* 4060
42.15 que acabó las *m* de la casa de adentro 4058
43.13 estas son las *m* del altar por codos 4060
45.3 y de esta *m* medirás en longitud 25.000 4060
45.11 el efa y el bato serán de una misma *m* 8506
45.11 efa; la *m* de ellos será según el homer 4971
46.22 patios... una misma *m* tenían los cuatro 4060
48.16 estas serán sus *m*; al lado del norte 4060
48.30 al lado del norte, 4.500 cañas por *m* 4060
48.33 al lado del sur, 4.500 cañas por *m*, y 4060
Am 8.5 graneros del pan, y achicaremos la *m* 374
Mi 6.10 ¿hay aún... *m* escasa que es detestable? 374
Mt 7.2 **con la ni con que medís, os será medido** *3358*
13.33 **y escondió en tres *m* de harina, hasta** *4568*
23.32 **también llenad la *m* de vuestros padres!** *3358*
Mr 4.24 **con la *m* con que medís, os será medido** *3358*
Lc 6.38 **dad, y se os dará; *m* buena, apretada** *3358*
6.38 **porque con la misma *m* con que medís, os** *3358*
13.21 **una mujer tomó y escondió en tres *m*** *4568*
16.7 **él dijo: Cien *m* de trigo. El le dijo** *2884*
Jn 3.34 pues Dios no da el Espíritu por *m* *3358*
Ro 12.3 a la *m* de fe que Dios repartió a cada *3358*
12.6 profecía, úsese conforme a la *m* de la *356*
2 Co 10.13 regla que Dios nos ha dado por *m* *3358*
Ef 4.7 la gracia conforme a la *m* del don de *3358*
4.13 a la *m* de la... de la plenitud de Cristo *3358*
1 Ts 2.16 colman ellos... la *m* de sus pecados
Ap 21.17 de *m* de hombre, la cual es de ángel *3354*

MEDIO, A *Véase también el Apéndice*
Gn 24.22 dio... un pendiente... que pesaba *m* siclo 1235
35.16 había aún como *m* legua de tierra para 3530
48.7 como *m* legua de tierra viniendo a Efrata 3530
Éx 25.10 cuya longitud será de dos codos y *m* 2677
25.10 de codo y *m*, y su altura de codo y *m* 2677
25.17 cuya longitud será de dos codos y *m*, y su 2677
25.17 longitud será... su anchura de codo y *m* 2677
25.23 una mesa de... y su altura de codo y *m* 2677
26.16 cada tabla será... de codo y *m* la anchura 2677
30.13 esto dará... *m* siclo, conforme al siclo 4276
30.15 ni... ni el pobre disminuirá del *m* siclo 4276
36.21 de cada tabla... de codo y *m* la anchura 2677
37.1 arca... su longitud era de dos codos y *m* 2677
37.1 de codo y *m*, y su altura de codo y *m* 2677
37.6 propiciatorio... longitud de dos codos y *m* 2677
37.6 propiciatorio... su anchura de codo y *m* 2677
37.10 hizo... la mesa... de codo y *m* se altura 2677
38.26 *m* siclo por cabeza según el siclo del 4276
Lv 25.49 o si sus *m* alcanzaren... se rescatará
Nm 12.12 nace muerto... *m* consumida su carne 2677
28.14 sus libaciones... *m* hin con cada becerro 2677
32.33 dio... a la *m* tribu de Manasés hijo de 2677
34.13 mandó Jehová que diese... a la *m* tribu 2677
34.14 la *m* tribu de Manasés, han tomado su 2677
34.15 dos tribus y *m* tomaron su heredad a 2677
Dt 3.13 Galaad... lo di a la *m* tribu de Manasés 2677
3.16 límite el *m* del valle, hasta el arroyo 8432
29.8 la dimos por... a la *m* tribu de Manasés 2677
Jos 1.12 habló Josué... a la *m* tribu de Manasés 2677
4.12 la *m* tribu de Manasés pasaron armado 2677
12.6 aquella tierra... a la *m* tribu de Manasés 2677
13.7 reparte, pues... a la *m* tribu de Manasés 2677
13.29 dio... heredad a la *m* tribu de Manasés 2677
13.29 fue para la *m* tribu de los... de Manasés 2677
14.2 diera a las nueve tribus y a la *m* tribu 2677
14.3 *m* tribu les había dado Moisés heredad 2677
18.7 *m* tribu de Manasés, ya han recibido su 2677
21.5 diez ciudades... de la *m* tribu de Manasés 2677
21.6 la *m* tribu de Manasés... trece ciudades 2677
21.25 la *m* tribu de Manasés, Taanac con sus 4276
21.27 la *m* tribu de Manasés a Golán en Basán 2677
22.1 Josué llamó a... a la *m* tribu de Manasés 2677
22.7 la *m* tribu de Manasés había dado Moisés 2677
22.9 y la *m* tribu de Manasés, se volvieran 2677
22.10 la *m* tribu de Manasés edificaron allí 2677
22.11 la *m* tribu... habían edificado un altar 2677
22.13 enviaron... a la *m* tribu de Manasés en 2677
22.15 cuales fueron... a la *m* tribu de Manasés 2677
22.21 y la *m* tribu de Manasés respondieron 2677
1 S 14.14 espacio de una *m* yugada de tierra 2677
2 S 14.14 que provee *m* para no alejar de sí 4284
1 R 7.31 hechura del remate, y... de codo y *m* 2677
7.32 altura de cada rueda era de un codo y *m* 2677
7.35 una pieza redonda de *m* codo de altura 2677
2 R 5.19 fue... caminó como *m* legua de tierra 3530
1 Cr 5.18 de la *m* tribu de Manasés... valientes 2677
5.23 la *m* tribu de Manasés, multiplicados en 2677
5.26 transportó a... a la *m* tribu de Manasés 2677
6.61 dieron... diez ciudades de la *m* tribu de 2677
6.70 de la *m* tribu de Manasés, Aner con sus 4276
6.71 la *m* tribu de Manasés, Golán en Basán 2677
12.31 de la *m* tribu de Manasés, 18.000 que 2677
12.37 de la *m* tribu de Manasés, 120.000 con 2677
26.32 constituyó sobre... la *m* tribu de Manasés 2677
27.20 de la *m* tribu de Manasés, Joel hijo de 2677
27.21 la otra *m* tribu de Manasés... Iddo hijo 2677
Job 36.31 que por esos *m* castiga a los pueblos
Ez 40.42 un codo y *m* de longitud, y codo y *m* 2677
43.17 y de *m* codo el borde alrededor; y la 2677
Dn 7.25 hasta tiempo, y tiempos, y *m* tiempo 6387
Os 3.2 la compré... por... un homer y *m* de cebada 3963
Lc 10.30 **le despojaron... dejándole *m* muerto** *2253*
Ap 8.1 silencio en el cielo como por *m* hora *2256*
11.9 verán sus cadáveres por tres días y *m* *2255*
11.11 después de tres días y *m* entró en ellos *2255*

MEDIODÍA
Gn 43.16 estos hombres comerán conmigo al *m* 6672
43.25 ellos... entretanto que venía José a *m* 6672
Éx 26.18 veinte tablas al lado del *m*, al sur 8486
36.23 veinte tablas al lado del sur, al *m* 8486
38.9 al *m*, las cortinas del atrio eran de 100 8486
Dt 28.29 palparás a *m* como palpa el ciego en 6672
1 R 18.26 invocaron... Baal desde... hasta el *m* 6672
18.27 el *m*, que Elías se burlaba de ellos 6672
18.29 pasó el *m*, y ellos siguieron gritando 6672
20.16 y salieron a *m*. Y... Ben-adad bebiendo 6672
2 R 4.20 estuvo sentado... hasta el *m*, y murió 6672
Neh 8.3 y leyó en el libro... alba hasta el *m* 4276,3117
Job 5.14 y a *m* andan a tientas como de noche 6672
11.17 la vida te será más clara que el *m* 6672
Sal 37.6 exhibirá tu... y tu derecho como el *m* 6672
55.17 tarde y mañana y a *m* oraré y clamaré 6672
Cnt 1.7 dónde apacientas, dónde sesteas al *m* 6672
Is 58.10 luz, y tu oscuridad será como el *m* 6672
59.10 sin ojos; tropezamos a *m* como de noche 6672
Jer 6.4 levantaos y asaltémosla a *m*. ¡Ay de 6672
15.8 traje... destruidor a *m* sobre la madre y 6672
20.16 oiga gritos de mañana, y voces a *m* 6256,6672
Am 8.9 haré que se ponga el sol a *m*, y cubriré 6672
Hch 22.6 a *m*, de repente me rodeó mucha luz *3314*
26.13 a *m*, oh rey, yendo por el camino, vi *3319,2250*

MEDIR
Éx 16.18 y lo *median* por gomer, y no sobró al 4058
Nm 35.5 luego *mediréis* fuera de la ciudad al 4058
Dt 21.2 saldrán y *medirán* la distancia hasta 4058
Rt 3.15 *midió* seis *medidas* de cebada, y se las 4058
2 S 8.2 los *midió* con cordel... *m* dos cordeles 4058
Sal 60.6; 108.7 y *mediré* el valle de Sucot 2505
Is 40.12 ¿quién *midió* las aguas con... su mano 4058
48.13 mi mano derecha *midió* los cielos con 2946
65.7 les *mediré* su obra antigua en su seno 4058
Jer 13.25 la porción que yo he *medido* para ti 4055
31.37 si los cielos arriba se pueden *medir* 4058
33.22 ni la arena del mar se puede *medir* 4058
Ez 40.3 tenía un cordel... y una caña de *medir* 4060
40.5 la caña de *medir* que aquel varón tenía 4060
40.5 *midió* el espesor del muro, de una calla 4058
40.6 y *midió* un poste de la puerta, de una 4058
40.8 *midió* asimismo la entrada de la puerta 4058
40.9 *midió*... la entrada del portal, de ocho 4058
40.11 *midió* el ancho de la entrada... la puerta 4058
40.13 *midió* la puerta desde el techo de una 4058
40.14 y *midió* los Postes, de sesenta codos 6213
40.19 *midió* la anchura desde el frente de la 4058
40.20 y de la puerta... *midió* su longitud y su 4058
40.23 *midió* de puerta a puerta, cien codos 4058
40.24 *midió* sus portales y... arcos conforme a 4058
40.27 *midió* de puerta a puerta hacia el sur 4058
40.28 y *midió* la puerta del sur conforme a 4058
40.32 y *midió* la puerta conforme a... medidas 4058
40.35 luego... *midió* conforme a estas medidas 4058
40.47 *midió* el atrio, cien codos de longitud 4058
40.48 y *midió* cada poste del pórtico, cinco 4058
41.1 *midió* los postes, siendo el ancho seis 4058
41.2 y *midió* su longitud, de cuarenta codos 4058
41.3 pasó al... y *midió* cada poste de la puerta 4058
41.4 *midió*... su longitud, de veinte codos, y 4058
41.5 después *midió* el muro de la casa, de 6 4058
41.13 *midió* la casa, cien codos de largo; y 4058
41.15 y *midió* la longitud del edificio que 4058
42.15 el oriente, y lo *midió* todo alrededor 4058
42.16 *midió* el lado oriental con la caña de 4058
42.16 *midió* el lado... con la caña de *medir* 4060
42.16,17,18,19 cañas de la caña de *medir* 4060
42.17 *midió* al lado del norte, 500 cañas de 4058
42.18 *midió* al lado del sur, quinientas cañas 4058
42.19 rodeó al lado del occidente, y *midió* 4058
42.20 a los cuatro lados lo *midió*; tenía un 4058
43.10 esta casa... y *midan* el diseño de ella 4058
45.3 *medirás* en longitud 25.000 cañas, y en 4058
47.3 y *midió* mil codos, y me hizo pasar por 4058
47.4 *midió* otros mil... *m* luego otros mil 4058
47.5 *midió* otros mil, y era ya un río que yo 4058
47.18 esto *mediréis* de límite hasta él mar 4058
Os 1.10 arena del mar, que no se puede *medir* 4058
Hab 3.6 se levantó, y *midió* la tierra; miró 4128
Zac 2.1 un varón que tenía... un cordel de *medir* 4060
2.2 respondió: A *medir* a Jerusalén, para ver 4058
Mt 7.2; Mr 4.24 **que medís, os será medido** *3354*
Lc 6.38 **con que medís, os volverán a medir** *3354,488*
2 Co 10.12 ellos, *midiéndose* a sí mismos por *3354*
Ap 11.1 una caña semejante a una vara de *medir*
11.1 *mide* el templo de Dios, y el altar, y *3354*
11.2 el patio... déjalo aparte, y no lo *midas* *3354*
21.15 una caña de *medir*, para *m* la ciudad *3354*
21.16 él *midió* la ciudad con la caña, doce *3354*
21.17 *midió* su muro, 144 codos, de medida de *3354*

MEDITACIÓN
Sal 19.14 y la *m* de mi corazón delante de ti 1902
39.3 en mi *m* se encendió fuego, y así proferí 1901
104.34 dulce será mi *m* en él... me regocijaré 7879
119.97 yo tu ley! Todo el día es ella mi *m* 7881
119.99 he entendido... tus testimonios son mi *m* 7881

MEDITAR
Gn 24.63 y había salido Isaac a *meditar* al 7742
37.11 envidia, mas su padre *meditaba* en esto 8104
Jos 1.8 que de día y de noche *meditarás* en él 1897
1 R 18.27 quizá está *meditando*, o tiene algún 7879
Neh 5.7 lo *medité*, y reprendí a los nobles y 4427
Sal 1.2 y en su ley *medita* de día y de noche 1897
4.4 *meditad* en vuestro corazón estando en 559
36.4 *medita* maldad sobre su cama; está en 2803
38.12 hablan... y *meditan* fraudes todo el día 1897
63.6 cuando *medite* en ti en las vigilias de 1897
77.6 *meditaba* en mi corazón, y mi espíritu 7878
77.12 *meditaré* en... tus obras, y hablaré de 1897
119.15 tus mandamientos *meditaré*... caminos 7878
119.23 tu siervo meditaba en tus estatutos 7878
119.27 para que *medite* en tus maravillas 7878
119.48 que amé, y *meditaré* en tus estatutos 7878
119.78 pero yo *meditaré* en tus mandamientos 7878
119.148 noche, para *meditar* en tus mandatos 7878
143.5 *meditaba* en todas... obras de tus manos 1897
145.5 en tus hechos maravillosos *meditaré* 7878
Sof 2.1 congregaos y *meditad*, oh nación sin 7197
Hag 1.5 *meditad* bien sobre vuestros
caminos 7760,3824,5921
1.7 dicho... *Meditad* sobre vuestros
caminos 7760,3824,5921
2.15,18 (2) *meditad* en vuestro corazón 7760,3824
Lc 2.19 guardaba... *meditándolas* en su corazón *4820*

MEDO *Habitante de Media*
2 R 17.6; 18.11 puso... las ciudades de los *m* 4074
Is 13.17 despierto contra ellos a los *m*, que 4074
Dn 5.28 roto, y dado a los *m* y a los persas 4076
9.1 de la nación de los *m*, que vino a ser 4074
11.1 el año primero de Darío el *m*, estuve 4075
Hch 2.9 *m*, elamitas, y los que habitamos en *3370*

MEDRAR
2 Co 2.17 que *medran* falsificando la palabra

MEDROSO
Dt 20.8 ¿quién es hombre *m* y pusilánime? Vaya 3373
Sal 88.15 la juventud he llevado... he estado *m* 6323
Jer 46.5 ¿por qué los vi *m*, retrocediendo? 2844

MEFAAT *Ciudad de los levitas en Rubén,*
Jos 13.18; 21.37; 1 Cr 6.79; Jer 48.21 4158

MEFI-BOSET
1. Hijo de Jonatán No. 2 (=Merib-baal)
2 S 4.4 un hijo lisiado de... Su nombre era *M* 4648
9.6 y vino *M*... y se postró sobre su rostro 4648
9.6 dijo David: *M*. Y él respondió: He aquí 4648
9.10 *M* el hijo de... comerá siempre a mi mesa 4648
9.11 *M*, dijo el rey, comerá a mi mesa, como 4648
9.12 tenía *M* un hijo pequeño que se... Micaía 4648
9.12 de la casa de Siba eran siervos de *M* 4648
9.13 y moraba *M* en Jerusalén, porque comía 4648
16.1 Siba el criado de *M*... salía a recibirle 4648
16.4 el rey dijo... sea tuyo... lo que tiene *M* 4648
19.24 *M* hijo de... descendió a recibir al rey 4648
19.25 dijo: *M*, ¿por qué no fuiste conmigo? 4648
19.30 *M* dijo al rey: Deja que él las tome 4648
21.7 y perdonó el rey a *M* hijo de Jonatán 4648
2. Hijo del rey Saúl y Rizpa, 2 S 21.8 4648

MEGUIDO *Ciudad cananea, posteriormente de Israel*
Jos 12.21 el rey de Taanac, otro; el rey de *M* 4023
17.11 y a los moradores de *M* y sus aldeas 4023
Jue 1.27 ni a los que habitan en *M* y en sus 4023
5.19 pelearon... Junto a las aguas de *M*, mas 4023
1 R 4.12 Baana hijo de Ahilud en Taanac y *M* 4023
9.15 edificar la casa de... y Hazor, *M* y Gezer 4023
2 R 9.27 y Ocozías huyó a *M*, pero murió allí 4023
23.29 pero aquél, así que le vio, lo mató en *M* 4023
23.30 y lo trajeron muerto de *M* a Jerusalén 4023
1 Cr 7.29 *M* con sus aldeas, y Dor con... aldeas 4023
2 Cr 35.22 a darle batalla en el campo de *M* 4023
Zac 12.11 como el llanto... en el valle de *M* 4023

MEHARA *Cuevas en Sidón*, Jos 13.4 4632

MEHETABEL
1. Mujer de Hadar (Hadad), rey edomita,
Gn 36.39; 1 Cr 1.50 4105
2. Ascendiente de Semaías No.19, Neh 6.10 4105

M

MEHÍDA *Padre de una familia de sirvientes del templo*, Esd 2.52; Neh 7.54 ... 4240

MEHIR *Descendiente de Judá*, 1 Cr 4.11 ... 4243

MEHOLATITA *Habitante de Abel-mehola*
1 S 18.19 Merab...dada por mujer a Adriel *m* ... 4259
2 S 21.8 tenido de Adriel hijo de Barzilai *m* ... 4259

MEHUJAEL *Hijo de Irad y padre de Metusael*, Gn 4.18 ... 4232

MEHUMÁN *Uno de los siete eunucos del rey Asuero*, Est 1.10 ... 4104

MEHUNIM *Padre de una familia de sirvientes del templo (=Meunim)*, Neh 7.52 ... 4586

MEJARCÓN *Parte del territorio de Dan*, Jos 19.46 ... 4313

MEJILLA
1 R 22.24 golpeó a Micaías en la *m*, diciendo ... 3895
2 Cr 18.23 golpeó a Micaías en la *m*, y dijo ... 3895
Job 16.10 hirieron mis *m* con afrenta; contra ... 3895
Sal 3.7 heriste a todos mis enemigos en la *m* ... 3895
Cnt 1.10 hermosas son tus *m*...los pendientes ... 3895
4.3 tus *m*, como cachos de granada detrás de ... 7541
5.13 *m*, como una era de especias aromáticas ... 3895
6.7 cachos de granada son tus *m*, detrás de ... 7541
Is 50.6 mis *m* a los que me mesaban la barba ... 3895
Lm 1.2 llora...y sus lágrimas están en sus *m* ... 3895
3.30 dé la *m* al que le hiere, y sea colmado ... 3895
Mi 5.1 vara herirán en la *m* al juez de Israel ... 3895
Mt 5.39 **que te hiera en la *m* derecha, vuélvele** ... *4600*
Lc 6.29 **al que te hiera en una *m*, preséntale** ... *4600*

MEJOR
Gn 23.6 en lo *m* de nuestros sepulcros sepulta ... 4005
29.19 *m* es que te la dé a ti, y no que la dé ... 2896
43.11 de lo *m* de la tierra en vuestros sacos ... 2173
45.23 diez asnos cargados de lo *m* de Egipto ... 2898
47.6 en lo *m* de la tierra haz habitar a tu ... 4315
47.11 les dio posesión...en lo *m* de la tierra ... 4315
Éx 14.12 *m* nos fuera servir a los egipcios, que ... 2896
22.5 lo *m* de su campo y de lo *m* de su viña ... 4315
Nm 11.18 ¡ciertamente *m* nos iba en Egipto!
14.3 ¿no nos sería *m* volvernos a Egipto? ... 2896
18.29 de todo lo *m* de...ofreceréis la porción ... 2459
18.30 cuando ofreciereis lo *m* de ellos, será ... 2459
18.32 cuando hubiereis ofrecido la *m* parte ... 2459
Dt 32.14 carneros de...con lo *m* del trigo
33.13 con lo *m* de los cielos, con el rocío ... 4022
33.16 y con las *m* dádivas de la tierra y su ... 4022
33.21 escoge lo *m* de la tierra para sí
Jue 8.2 ¿no es el rebusco...in que la vendimia ... 2896
9.2 ¿qué os parece *m*, que os gobiernen 70 ... 2896
11.25 ¿eres tú ahora *m* en algo que Balac hijo ... 2896
18.19 ¿es *m* que seas tú sacerdote en casa de ... 2896
Rt 2.22 y Noemí respondió a Rut...*M* es, hija ... 2896
3.10 has hecho *m* tu postrera bondad que la
1 S 1.8 dijo...¿No te soy yo *m* que diez hijos? ... 2896
8.14 tomará lo *m* de vuestras tierras...viñas ... 2896
8.16 tomará...vuestros *m* jóvenes, y...asnos ... 2896
15.9 el pueblo perdonaron a Agag, y a lo *m* de ... 4315
15.15 el pueblo perdonó lo *m* de las ovejas ... 4315
15.22 ciertamente el obedecer es *m* que los ... 2896
15.28 lo ha dado a un prójimo tuyo *m* que tú ... 2896
16.23 y Saúl tenía alivio y estaba *m*, y el ... 2895
27.1 nada...será *m* que fugarme a la tierra de ... 2896
29.4 ¿con qué cosa volvería *m* a la gracia de
2 S 14.32 vine de...*M* me fuera estar aún allá ... 2896
17.14 el consejo de Husai arquita es *m* que el ... 2896
18.3 *m* que tú nos des ayuda desde la ciudad ... 2896
1 R 2.32 dado muerte a dos varones...*m* que él ... 2896
19.4 basta...pues no soy yo *m* que mis padres ... 2896
21.2 daré...otra viña *m*...o si *m* te pareciere ... 2896
2 R 5.12 ¿no son *m* que...las aguas de Israel? ... 2896
10.3 al *m* y...de los hijos de vuestro señor ... 2896
2 Cr 21.13 has dado muerte a...eran *m* que tú ... 2896
Est 1.19 y el rey haga...que sea *m* que ella ... 2896
2.9 llevó...a lo *m* de la casa de las mujeres ... 2896
Job 7.15 así mi alma tuvo por *m* la
28.18 la sabiduría es *m* que las piedras preciosas
Sal 37.16 *m* es lo poco del justo, que las ... 2896
63.3 *m* es tu misericordia que la vida; mis ... 2896
81.16 sustentaría Dios con lo *m* del trigo ... 2459
84.10 porque *m* es un día en tus atrios que ... 2896
118.8,9 *m* es confiar en Jehová que confiar ... 2896
119.72 *m* me es la ley de tu boca que...oro ... 2896
147.14 él...te hará saciar con lo *m* del trigo ... 2549
Pr 3.14 su ganancia es *m* que la...de la plata ... 2896
8.11 porque *m* es la sabiduría que...piedras ... 2896
8.19 *m* es mi fruto...mi rédito *m* que la plata ... 2896
15.16 *m* es lo poco con el temor de Jehová ... 2896
15.17 *m* es la comida de legumbres donde hay ... 2896
16.8 *m* es lo poco con justicia que...frutos ... 2896
16.16 *m* es adquirir sabiduría que oro preciado ... 2896
16.19 *m* es humillar el espíritu con...humildes ... 2896
16.28 y el chismoso aparta a los *m* amigos
16.32 *m* es el...tarda en airarse que el fuerte ... 2896
17.1 *m* es un bocado seco, y en paz, que casa ... 2896
17.12 *m* es encontrarse con una osa a la cual ... 408
19.1 *m* es el pobre que camina en integridad ... 2896
19.22 pero *m* es el pobre que el mentiroso ... 2896
21.9 *m* es vivir en un rincón del terrado que ... 2896
21.19 *m* es morar en tierra desierta que con ... 2896
25.7 *m* es que se te diga: Sube acá, y no que ... 2896
25.24 *m* es estar en un rincón del terrado que ... 2896
27.5 *m* es reprensión manifiesta...amor oculto ... 2896
27.10 *m* es el vecino cerca...el hermano lejos ... 2896
28.6 *m* es el pobre...camina en su integridad ... 2896
Ec 2.24 no hay cosa *m*...sino que coma y beba ... 2896
2.25 comerá, y quién se cuidará, *m* que yo? ... 2351
3.12 no hay para ellos cosa *m* que alegrarse ... 2896
3.22 no hay cosa *m*...alegrarse en su trabajo ... 2896
4.9 *m* son dos que uno, porque tienen *m* paga ... 2896
4.13 *m* es el muchacho pobre y sabio, que el ... 2896
5.5 *m* es que no prometas, y no...y no cumplas ... 2896
6.3 careció...digo que un abortivo es *m* que él ... 2896
7.1 *m* es la buena fama que el buen ungüento ... 2896
7.1 y *m* el día de la muerte que el día del
7.2 *m* es ir a la casa del luto que a la casa ... 2896
7.3 *m* es el pesar que la risa; porque con la ... 2896
7.5 *m* es oír la reprensión del sabio que la ... 2896
7.8 *m* es el fin del negocio que su principio ... 2896
7.8 *m* es el sufrido de espíritu que el altivo ... 2896
7.10 los tiempos pasados fueron *m* que estos ... 2896
9.4 porque *m* es perro vivo que león muerto ... 2896
9.16 *m* es la sabiduría que la fuerza, aunque ... 2896
9.17 palabras del sabio...son *m* que el clamor
9.18 *m* es la sabiduría que...armas de guerra ... 2896
11.6 porque no sabes cual es lo *m*, si esto o ... 3787
Cnt 1.2 porque *m* son tus amores que el vino ... 2896
4.10 ¡cuánto *m* que el vino tus amores, y el ... 2896
Is 56.5 les daré...nombre *m* que el de hijos e ... 2896
Jer 18.14 hizo otra...le pareció *m* hacerla
26.14 haced de mí como *m* y más recto os ... 2896
40.4 vé a donde *m* y más cómodo te parezca ir ... 2896
Ez 31.16 árboles escogidos...los *m* del Líbano ... 2896
Dn 1.15 rostro de ellos *m* y más robusto que ... 2896
1.20 halló diez veces *m* que todos los magos ... 3027
Os 2.7 volveré...*m* me iba entonces que ahora ... 2896
Am 6.2 ved si son aquellos reinos *m* ... 2896
Jon 4.3 porque *m* me es la muerte que la vida ... 2896
4.8 *m* sería para mí la muerte que la vida ... 2896
Mi 7.4 el *m* de ellos es como el espino; el más ... 2896
Nah 3.8 ¿eres tú *m* que Tebas...junto al Nilo ... 3190
Mt 5.29,30 ***m* te es que se pierda uno de tus** ... *4851*
18.6 ***m* le fuera que se le colgase al cuello** ... *4851*
18.8 ***m* te es entrar en la vida cojo o manco** ... *2570*
18.9 ***m* te es entrar con un solo ojo en la vida** ... *2570*
Mr 9.42 ***m* le fuera si se le atase una piedra** ... *2570,3123*
9.43 ***m* te es entrar en la vida manco, que** ... *2570*
9.45 ***m* te es entrar en la vida cojo, que** ... *2570*
9.47 ***m*...*entrar en el reino de Dios con un ojo** ... *2570*
Lc 5.39 **el nuevo; porque dice: El añejo es *m*** ... *5543*
15.22 **sacad el *m* vestido, y vestidle; y poned** ... *4413*
17.2 ***m* le fuera que se le atase al cuello una** ... *3081*
Jn 4.52 a qué hora había comenzado a estar *m* ... *2866*
Hch 27.36 entonces todos, teniendo ya *m* ánimo
Ro 2.18 e instruido por la ley apruebas lo *m* ... *1308*
3.9 ¿qué, pues? ¿Somos nosotros *m* que ellos? ... *4284*
1 Co 7.9 *m* es casarse que estarse quemando ... *2909*
7.38 y el que no la da en casamiento hace *m* ... *2908*
11.17 no os congregáis para lo *m*, sino para ... *2909*
12.31 procurad, pues, los dones *m*. Mas yo os ... *2909*
Fil 1.10 para que aprobéis lo *m*, a fin de que ... *1308*
1.23 y estar con Cristo, lo...es muchísimo *m* ... *2909*
1 Ti 6.2 sírvanles *m*...son creyentes y amados
2 Ti 1.18 cuánto nos ayudó...tú lo sabes *m* ... *957*
He 6.9 estamos persuadidos de cosas *m*, y que ... *2909*
7.19 de la introducción de una *m* esperanza ... *2909*
7.22 por...Jesús es hecho fiador de un *m* pacto ... *2909*
8.6 tanto *m* ministerio es el suyo, cuanto es ... *2909*
8.6 un *m* pacto, establecido sobre *m* promesas ... *2909*
9.23 las cosas celestiales...con *m* sacrificios ... *2909*
10.34 que tenéis...una *m* y perdurable herencia ... *2909*
11.16 anhelaban una *m*, esto es, celestial ... *2909*
11.35 otros...a fin de obtener *m* resurrección ... *2909*
11.40 proveyendo Dios...cosa *m* para nosotros ... *2909*
12.9 obedeceremos mucho *m* al Padre de los ... *3123*
12.24 la sangre rociada que habla *m* que la de ... *2909*
1 P 3.17 *m* es que padezcáis haciendo el bien ... *2909*
2 P 2.21 *m*...no haber conocido el camino de la ... *2909*

MEJORAR
Is 47.12 Podrás *mejorarte*...te fortalecerás ... 3276
Jer 7.3 *mejorad* vuestros caminos y...obras, y ... 3190
7.5 pero si *mejorareis*...vuestros caminos y ... 3190
18.11 conviértase...*mejore sus* caminos y sus ... 3190
26.13 *mejorad* ahora vuestros caminos...obras ... 3190

MELATÍAS *Uno que ayudó en la restauración del muro de Jerusalén*, Neh 3.7 ... 4424

MELEA *Ascendiente de Jesucristo*, Lc 3.31 ... *3190*

MELEC *Nieto de Mefi-boset No. 1*
1 Cr 8.35; 9.41 ... 4429

MELICÚ *Familia de sacerdotes en tiempo de Joiacim*, Neh 12.14 ... 4409

MELODÍA
Is 23.16 haz buena *m*, reitera la canción ... 5059

MELÓN
Nm 11.5 de los pepinos, los *m*, los puerros ... 20

MELONAR
Is 1.8 y queda la hija de...como cabaña en *m* ... 4750

MELQUI *Nombre de dos ascendientes de Jesucristo*, Lc 3.24,28 ... *3197*

MELQUISEDEC *Rey de Salem*
Gn 14.18 *M*, rey de Salem y sacerdote del Dios ... 4442
Sal 110.4 eres sacerdote...según el orden de *M* ... 4442
He 5.6,10; 6.20 sacerdote...según el orden de *M* ... *3198*
7.1 este *M*, rey de Salem, sacerdote del Dios ... *3198*
7.10 en los lomos de...cuando *M* le salió al ... *3198*
7.11 otro sacerdote, según el orden de *M*, y ... *3198*
7.15 semejanza de *M* se levanta un sacerdote ... *3198*
7.17,21 eres sacerdote según el orden de *M* ... *3198*

MELSAR *Funcionario del rey Nabucodonosor*
Dn 1.11 dijo Daniel a *M*, que estaba puesto ... 4453
1.16 *M* se llevaba la porción de la comida ... 4453

MEMORABLE
Sal 111.4 hecho *m* sus maravillas; clemente ... 2143

MEMORIA
Éx 12.14 día os será en *m*, y lo celebraréis ... 2146
13.3 Moisés dijo al pueblo: Tened *m* de...día ... 2142
17.14 escribe esto para *m* en un libro, y di ... 2146
17.14 que raeré del todo la *m* de Amalec de ... 2143
20.24 lugar donde yo...esté la *m* de mi nombre ... 2142
Lv 5.12 el sacerdote tomará de...para *m* de él ... 234
26.42 me acordaré, y haré *m* de la tierra ... 2142
Nm 5.15 es ofrenda...que trae a la *m* el pecado ... 2142
5.26 un puñado de la ofrenda en *m* de ella, y ... 234
10.10 os serán por *m* delante de vuestro Dios ... 2146
31.54 trajeron...por *m* de los hijos de Israel ... 2146
Dt 25.19 borrarás la *m* de Amalec de debajo ... 2143
32.26 haría cesar de entre...la *m* de ellos ... 2143
2 S 18.18 no tengo hijo que conserve la *m* de ... 2142
19.19 tengas *m* de los males que tu siervo ... 2142
1 R 17.18 para traer a *m* mis iniquidades, y ... 2142
2 R 20.3 hagas *m* de que he andado delante de ... 2142
1 Cr 16.12 haced *m* de las maravillas que ha ... 2142
16.15 hace *m* de su pacto perpetuamente, y de ... 2142
2 Cr 35.25 y Jeremías endechó en *m* de Josías ... 5921
Esd 4.15 que se busque en el libro de las *m* ... 1799
4.15 hallarás en el libro de las *m*, y sabrás ... 1799
6.2 libro en el cual estaba escrito así: *M* ... 1799
Neh 2.20 no tenéis parte...ni *m* en Jerusalén ... 2146
Est 6.1 trajesen el libro de las *m* y crónicas ... 2146
Job 18.17 *m* perecerá de la tierra, y no tendrá ... 2143
24.20 nunca más habrá de ellos *m*, y como un ... 2142
Sal 6.5 porque en la muerte no hay *m* de ti; en ... 2143
8.4 ¿qué es el hombre...que tengas de él *m* ... 2142
9.6 y las ciudades...su *m* pereció con ellas ... 2143
20.3 haga *m* de todas tus ofrendas, y acepte ... 2142
20.7 del nombre de Jehová...Dios tendremos *m* ... 2142
30.4 cantad...y celebrad la *m* de su santidad ... 2143
34.16 mal, para cortar de la tierra la *m* de ... 2143
45.17 perpetua la *m* de tu nombre en todas las ... 2142
71.16 haré *m* de tu justicia, de la tuya sola ... 2142
77.10 traeré...a la *m* los años de la diestra ... 2142
77.11 haré yo *m* de tus maravillas antiguas ... 2142
83.4 y no haya más *m* del nombre de Israel ... 2142
97.12 alegraos...alabad la *m* de su santidad ... 2143
102.12 y tu *m* de generación en generación ... 2143
109.14 venga en *m* ante Jehová la maldad de ... 2142
109.15 Jehová, y él corte de la tierra su *m* ... 2143
112.6 por lo cual...en *m* eterna será el justo ... 2143
135.13 tu *m*, oh Jehová, de generación en ... 2143
145.7 proclamarán la *m* de tu inmensa bondad ... 2143
Pr 10.7 la *m* del justo será bendita; mas el ... 2143
Ec 1.11 no hay *m* de lo que precedió, ni...de lo ... 2146
1.11 tampoco de lo que sucederá habrá *m* en ... 2146
2.16 ni del sabio ni del necio habrá *m* para ... 2146
9.5 los muertos...su *m* es puesta en olvido ... 2143
Is 26.8 y tu *m* son el deseo de nuestra alma ... 2143
43.18 no...ni traigáis a *m* las cosas antiguas ... 2142
48.1 hacen *m* del Dios de Israel, mas no en ... 2142
49.1 Jehová me llamó...tuvo mi nombre en *m* ... 2142
54.4 de la afrenta de tu...no tendrás más *m* ... 2142
63.7 de las misericordias de Jehová haré *m* ... 2142
64.9 ni tengas perpetua *m* de la iniquidad ... 2142
65.17 de lo primero no habrá *m*, ni más vendrá ... 2142
Jer 11.19 y cortémoslo...que no haya más *m* de ... 2142
23.36 y nunca más os vendrá a la *m* decir ... 2142
44.21 y no ha venido a su *m* el incienso que ... 2142
Lm 3.20 tendré aún en *m*, porque mi alma está ... 2142
Ez 3.20 sus justicias...no vendrán en *m*; pero ... 2142
16.60 yo tendré *m* de mi pacto que concerté ... 2142
21.23 pero él trae a la *m* la maldad de ellos ... 2142
21.24 hecho traer a la *m* vuestras maldades ... 2142
21.24 por cuanto habéis venido en *m*, seréis ... 2142
21.32 no habrá más *m* de ti, porque yo Jehová ... 2142
23.19 trayendo en *m* los días de su juventud ... 2142
23.21 trajiste de nuevo a la *m* la lujuria de ... 6485
25.10 que no haya mas *m* de los hijos de Amón ... 2142
Os 7.2 no consideran...que tengo en *m* toda su ... 2142
Nah 1.14 mandará...no quede ni *m* de tu nombre ... 2232
Zac 6.14 servirán a...*m* en el templo de Jehová ... 2146
Mal 3.16 fue escrito libro de *m* delante de él ... 2146
Mt 26.13; Mr 14.9 **se contará...para *m* de ella** ... *3422*
Lc 22.19 **es mi cuerpo...haced esto en *m* de mí** ... *364*
Hch 10.4 han subido para *m* delante de Dios ... *3422*
1 Co 11.24 **tomad, comed...haced esto en *m* de** ... *364*
11.25 **haced esto todas las veces...en *m* de mí** ... *364*
Ef 1.16 dar gracias...haciendo *m* de vosotros ... *3417*
1 Ts 1.2 haciendo *m* de vosotros en...oraciones ... *3417*
2 Ti 1.5 trayendo a la *m* la fe no fingida que ... *5280*
Flm 4 haciendo siempre *m* de ti en...oraciones ... *3417*
He 10.3 cada año se hace *m* de los pecados ... *364*
10.32 traed a la *m* los días pasados, en los ... *363*
2 P 1.15 podáis en todo momento tener *m* de ... *3420*
3.2 tengáis *m* de las palabras que antes han ... *3415*
Jud 17 pero vosotros...tened *m* de las palabras ... *3415*
Ap 16.19 Babilonia vino en *m* delante de Dios ... *3415*

MEMORIAL
Éx 13.9 será...como un *m* delante de tus ojos ... 2146
13.16 te será...por un *m* delante de tus ojos ... 2903
28.12 para piedras *m*...sus dos hombros por *m* ... 2146
28.29 por *m* delante de Jehová continuamente ... 2146
30.16 por *m* a los hijos de Israel delante de ... 2146
39.7 por piedras *m* para los hijos de Israel ... 2146
Lv 2.2 y lo hará arder sobre el altar para *m* ... 234

2.9 tomará el sacerdote...que sea para su *m* ... 234
2.16 y el sacerdote hará arder el *m* de él ... 234
6.15 hará arder...por *m* en olor grato a Jehová ... 234

MEMUCÁN *Uno de los siete príncipes del rey Asuero*, Est 1.14,16,21 ... 4462

MENCIÓN
Gn 40.14 te ruego que...hagas *m* de mí a Faraón ... 2142
Jos 23.7 ni hagáis *m* ni juréis por el nombre ... 2142
1 S 4.18 que cuando él hizo *m* del arca de Dios ... 2142
20.6 si tu padre hiciere *m* de mí, dirás: Me ... 6485
2 Cr 20.34 se hace *m* en el libro de los reyes ... 5927
Job 28.18 no se hará *m* de coral ni de perlas ... 2142
Ez 16.56 no era...Sodoma digna de *m* en tu boca ... 8052
Ro 1.9 hago *m* de vosotros...en mis oraciones ... *3417*

MENCIONAR
Os 2.17 nunca más se *mencionarán sus* nombres ... 2142
Am 6.10 no podemos *mencionar* el...de Jehová ... 2142
He 11.22 José...mencionó la salida de...Israel ... *3421*

MENDIGAR
Sal 37.25 ni su descendencia que *mendigue* pan ... 1245
109.10 anden...hijos vagabundos, y mendiguen ... 7592
Mr 10.46 sentado junto al camino *mendigando* ... *4319*
Lc 16.3 **no puedo; *mendigar*, me da vergüenza** ... *1871*
18.35 un ciego estaba sentado...*mendigando* ... *4319*
Jn 9.8 es éste el que se sentaba y *mendigaba?* ... *4319*

MENDIGO
Éx 23.6 no pervertirás el derecho de tu *m* en ... 34
Dt 15.4 para que así no haya en medio de ti *m* ... 34
Lc 16.20 **había también un *m* llamado Lázaro** ... *4434*
16.22 **que murió el *m*, y fue llevado por los** ... *4434*

MENE
Dn 5.25 la escritura que trazó es: *M*, M, TEKEL ... 4484
5.26 *M:* Contó Dios tu reino, y le ha puesto ... 4484

MENEAR
Sal 22.7 todos...escarnecen...menean la cabeza ... 5128
44.14 naciones...al vernos *menean* la cabeza ... 4493
109.25 me miraban, y burlándose *meneaban su* ... 5128
Jer 18.16 aquel que pasare...*meneará la* cabeza ... 5110
Mt 27.39; Mr 15.29 le injuriaban, *meneando* la ... *2795*

MENESTEROSO, A
Dt 15.7 haya en medio de ti *m* de alguno de ... 34
15.9 y mires con malos ojos a tu hermano *m* ... 34
15.11 no faltarán *m*...abrirás tu mano...al *m* ... 34
24.14 no oprimirás al jornalero pobre y *m* ... 34
1 S 2.8 levanta...y del muladar exalta al *m* ... 34
Job 5.16 pues es esperanza al *m*, y la iniquidad ... 1800
24.4 hacen apartar del camino a los *m*...pobres ... 34
29.16 a los *m* era padre, y de la causa que ... 34
30.25 alma, ¿no se entristeció sobre el *m*? ... 34
31.19 si he visto que pereciera...*m* sin abrigo ... 34
Sal 9.18 no para siempre será olvidado el *m* ... 34
12.5 por el gemido de los *m*...me levantaré ... 34
35.10 que libras al...*m* del que le despoja? ... 34
37.14 para derribar al pobre y al *m*, para ... 34
69.33 Jehová oye a los *m*, y no menosprecia ... 34
70.5 yo estoy afligido y *m*, apresúrate a mí ... 34
72.4 salvará a los hijos del *m*, y aplastará ... 34
72.12 porque él librará al *m* que clamare, y ... 34
72.13 tendrá misericordia del pobre y del *m* ... 34
74.21 el afligido y el *m* alabarán tu nombre ... 34
82.3 débil...haced justicia al afligido y al *m* ... 7326
86.1 escúchame, porque estoy afligido y *m* ... 34
88.15 estoy afligido y *m*; desde la juventud ... 1478
107.9 sacia al alma *m*, y llena de bien al ... 8264
109.16 y persiguió al hombre afligido y *m* ... 34
113.7 él levanta del...y al *m* alza del muladar ... 34
Pr 30.14 devorar...los *m* de entre los hombres ... 34
31.9 y defiende la causa del pobre y del *m* ... 34
31.20 al pobre, y extiende sus manos al *m* ... 34
Is 14.30 los *m* se acostarán confiados; mas yo ... 34
25.4 fortaleza al *m* en su aflicción, refugio ... 34
26.6 pies del afligido, los pasos de los *m* ... 1800
41.17 los afligidos y *m* buscan las aguas, y ... 34
Jer 22.16 juzgó la causa del afligido y del *m* ... 34
Ez 16.49 no fortaleció la mano del...y del *m* ... 34
18.12 al pobre y *m* oprimiere, cometiere robos ... 34
22.29 al afligido y *m* hacía violencia, y al ... 34
Am 4.1 que oprimís a los pobres y...a los *m* ... 34
8.4 oíd esto, los que explotáis a los *m*, y ... 34

MENFIS *Ciudad en Egipto*
Is 19.13 se han engañado los príncipes de *M* ... 5297
Jer 2.16 de *M* y de Tafnes te quebrantaron la ... 5297
44.1 de todos los judíos que moraban...en *M* ... 5297
46.14 haced saber también en *M* y en Tafnes ... 5297
46.19 *M* será desierto, y será asolada hasta ... 5297
Ez 30.13 y destruiré los ídolos de *M*; y no ... 5297
30.16 Tebas...y *M* tendrá continuas angustias ... 5297
Os 9.6 Egipto los recogerá, *M* los enterrará ... 4644

MENGUAR
1 R 17.16 ni el aceite de la vasija *menguó* ... 2637
Job 6.18 apartan...van *menguando*, y se pierden ... 8414
Is 60.20 ni *menguará* tu luna; porque Jehová ... 622
Jn 3.30 que él crezca, pero que yo *mengüe* ... *1642*

MENOR
Gn 1.16 la lumbrera *m* para que señorease en ... 6996
19.11 hirieron con ceguera desde el *m* hasta ... 6996
19.31 la mayor dijo a la *m:* Nuestro padre es ... 6810
19.34 la mayor a la *m:* He aquí, yo dormí la ... 6810
19.35 se levantó la *m*, y durmió con él; pero ... 6810
19.38 la *m* también dio a luz un hijo, y llamó ... 6810
25.23 más fuerte...y el mayor servirá al *m* ... 6810
27.15 tomó Rebeca...vistió a Jacob su hijo *m* ... 6996
27.42 ella envió y llamó a Jacob su hijo *m* ... 6996
29.16 dos hijas...y el nombre de la *m*, Raquel ... 6996
29.18 te serviré siete años por...tu hija *m* ... 6996
29.26 no se...que se dé la *m* antes de la mayor ... 6996
32.10 *m* soy que todas las misericordias y que
42.13 *m* está hoy con nuestro padre, y otro ... 6996
42.15 cuando vuestro hermano *m* viniere aquí ... 6996
42.20 pero traeréis a vuestro hermano *m*, y ... 6996
42.32 el *m* está hoy con nuestro padre en la ... 6996
42.34 traedme a vuestro hermano el *m*, para ... 6996
43.29 ¿es éste vuestro hermano *m*, de quien ... 6810
43.33 el mayor...y el *m* conforme a su *m* edad ... 6810
44.2 mi copa, la...en la boca del costal del *m* ... 6996
44.12 desde el mayor...y acabó en el *m*; y la ... 6996
44.23 si vuestro hermano *m* no desciende con ... 6996
44.26 si no está con...nuestro hermano el *m* ... 6696
48.14 puso sobre la...de Efraín, que era el *m* ... 6810
48.19 su hermano *m* será más grande que él ... 6996
Éx 25.25 de un palmo *m* de anchura, y harás
37.12 hizo...una moldura de un palmo *m* de
Lv 25.16 cuanto *m* fuere...disminuirás el precio ... 4591
Nm 26.54 darás...a los menos *m*; y a cada uno ... 4591
Jos 6.26 sobre su hijo *m* asiente sus puertas ... 6810
Jue 1.13 la tomó Otoniel...hermano *m* de Caleb ... 6996
3.9 libertador...Otoniel...hermano *m* de Caleb ... 6996
6.15 familia es pobre...y yo el *m* en la casa ... 6810
9.5 pero quedó Jotam el hijo *m* de Jerobaal ... 6996
15.2 hermana *m*, ¿no es más hermosa que ella? ... 6996
1 S 14.49 nombres de sus dos hijas...*m*, Mical ... 6996
16.11 queda...el *m*, que apacienta las ovejas ... 6996
17.14 David era el *m*. Siguieron, pues, los ... 6996
30.2 se habían llevado...desde el *m* hasta el ... 6996
1 R 7.26 el grueso del mar era de un palmo *m*
12.10 el *m* dedo de los míos es más grueso que ... 6995
16.34 a precio de...Segub su hijo *m* puso sus ... 6810
2 R 18.24 podrás resistir...al *m* de los siervos ... 6996
25.26 *m* hasta el mayor...se fueron a Egipto ... 6996
1 Cr 12.14 el *m* tenía cargo de cien hombres ... 6996
24.31 igualmente que el *m* de sus hermanos ... 6996
2 Cr 4.5 y tenía de grueso un palmo *m*, y el
21.17 no le quedó más hijo...Joacaz el *m* de ... 6996
22.1 hicieron rey en...a Ocozías su hijo *m* ... 6996
31.15 sus porciones...así al mayor como al *m* ... 6996
Est 1.5 el pueblo...desde el mayor hasta el *m* ... 6996
1.20 darán honra a sus maridos...hasta el *m* ... 6996
Sal 8.5 le has hecho poco *m* que los ángeles ... 4592
Is 22.24 colgarán...todos los vasos *m*, desde ... 6996
36.9 podrás resistir...al *m* de los siervos de ... 6996
60.22 vendrá a ser mil, el *m*...pueblo fuerte ... 6996
Jer 42.1,8 pueblo desde el *m* hasta el mayor ... 6996
44.12 de hambre morirán desde el *m* hasta el ... 6996
Ez 16.46 tu hermana *m* es Sodoma con sus hijas ... 6996
16.61 y las *m* que tú, las cuales yo te daré ... 6996
40.5 de a codo y palmo *m*; y midió
40.43 ganchos, de un palmo *m*, dispuestos en
43.13 medidas...(el codo de a codo y palmo *m)*
43.14 la cornisa *m* hasta la cornisa mayor ... 6996
Am 6.11 Jehová...herirá...casa *m* con aberturas ... 6996
Jon 3.5 se vistieron de cilicio...el *m* de ellos ... 6996
Mt 2.16 matar a todos los niños *m* de dos años ... *2736*
Mr 15.40 la madre de Jacobo el *m* y de José, y ... *3398*
Lc 15.12 **el *m* de ellos dijo a su padre: Padre** ... *3501*
15.13 **después, juntándolo todo el hijo *m*, se** ... *3501*
Ro 9.12 se le dijo: El mayor servirá al *m* ... *1640*
1 Co 6.4 ¿ponéis...a los que son de *m* estima ... *1848*
1 Ti 5.9 en la lista sólo la viuda no *m* de 60 ... *1640*
He 2.7 le hiciste un poco *m* que los ángeles ... *1024*
2.9 que fue hecho un poco *m* que los ángeles ... *1642*
7.7 sin discusión alguna, el *m* es bendecido ... *1640*
8.11 todos me conocerán, desde el *m* hasta el ... *3398*

MENOS
Gn 24.55 espere la doncella...lo *m* diez días
Éx 10.17 que quite de mí al *m* esta plaga
16.17 hicieron...y recogieron unos más, otros *m* ... 4591
Lv 22.23 tenga de más o de *m*, podrás ofrecer ... 7038
Nm 11.32 el que *m*, recogió diez montones
26.54 darás mayor heredad, y a los *m* menor ... 4592
33.54 y a los pocos daréis *m* por herencia
1 S 20.18 y tú serás echado de *m*, porque tu ... 6485
21.4 si...se han guardado a lo *m* de mujeres
1 R 8.27 ¿cuánto *m* esta casa...he edificado? ... 637
2 R 20.19 habrá al *m* paz y...en mis días
2 Cr 6.18 ¿cuánto *m*...casa que he edificado? ... 637
32.15 ¿cuánto *m* vuestro Dios...librar de mi mano?
Job 9.14 ¿cuánto *m* le responderé yo, y hablaré ... 637
11.6 Dios te ha castigado *m* de lo que tu
12.3 también tengo...no soy yo *m* que vosotros ... 5307
13.2 sabéis, lo sé yo; no soy *m* que vosotros ... 5307
13.20 a lo *m* dos cosas no hagas conmigo
15.16 ¿cuánto *m* el hombre abominable y vil
25.6 ¿cuánto *m* el hombre, que es un gusano ... 637
34.19 ¿cuánto *m* a aquel que no hace acepción
35.14 ¿cuánto *m* cuando dices que no haces
Sal 62.9 pesándolos...serán *m* que nada
Pr 17.7 cuánto *m* al príncipe el...mentiroso! ... 8267
19.10 ¡cuánto *m* al siervo ser señor de
Is 39.8 añadió: A lo *m*, haya paz y seguridad
40.17 serán estimadas en *m* que nada, y ... 657
41.23 o a lo *m* haced bien, o mal, para
Jer 3.4 a lo *m* desde ahora, ¿no me llamarás ... 5271
3.16 ella, ni la echarán de *m*, ni se hará otra ... 6485
Ez 15.5 ¿cuánto *m* después que el fuego
Os 4.15 a lo *m* no peque Judá; y no entréis
Lc 12.26 **si no podéis...es *m*, ¿por qué**
19.42 **conocieses, a lo *m* en este tu día**
Hch 5.15 a lo *m* su sombra cayese sobre
1 Co 8.8 ni porque no comamos, seremos *m*
12.23 y los que en nosotros son *m* decorosos
2 Co 8.15 no...más, y el que poco, no tuvo *m* ... *1641*
11.24 cinco veces...cuarenta azotes *m* uno
12.11 en nada he sido *m* que aquellos grandes ... *5302*
12.13 ¿en qué habéis sido *m* que las...iglesias ... *2274*
12.15 aunque amándoos más, sea amado *m* ... *2276*
13.5 está en vosotros, a *m* que estéis reprobados?
Ef 3.8 a mí, que soy *m* que el más pequeño de ... *1647*
1 Ti 6.2 no los tengan en *m* por ser hermanos ... *2706*
He 12.25 mucho *m* nosotros, si desecháremos ... *3123*

MENOSCABAR
Esd 4.13 erario de los reyes será *menoscabado* ... 5142
Job 15.4 *menoscabas* la oración delante de Dios ... 1639
Sal 107.39 luego son *menoscabados* y abatidos ... 4591
Jer 23.4 y no temerán...ni serán *menoscabadas* ... 6485
30.19 multiplicaré, y no serán *menoscabados* ... 6819

MENOSPRECIABLE
2 Co 10.10 presencia...débil, y la palabra *m* ... *1848*

MENOSPRECIADO *Véase Menospreciar*

MENOSPRECIADOR
Hab 1.13 ¿por qué ves a los *m*, y callas cuando ... 898
Hch 13.41 mirad...*m*, y asombraos, y desapareced ... *2707*

MENOSPRECIAR
Gn 25.34 así *menospreció* Esaú la primogenitura ... 959
29.31 vio Jehová que Lea era *menospreciada* ... 8130
29.33 oyó Jehová que yo era *menospreciada* ... 8130
38.23 sí, para que no seamos *menospreciados* ... 937
Lv 26.15 si...alma *menospreciare* mis estatutos ... 3988
26.43 cuanto *menospreciaron* mis ordenanzas ... 3988
Nm 11.20 por cuanto *menospreciasteis* a Jehová ... 3988
15.31 la palabra...*menospreció* su mandamiento ... 6565
Dt 32.15 *menospreció* la Roca de su salvación ... 5034
1 S 2.17 hombres *menospreciaban* las ofrendas ... 5006
2 S 6.16 vio al rey David...y le *menospreció* ... 959
12.10 me *menospreciaste*, y tomaste la mujer ... 959
2 R 19.21 virgen hija de Sion te *menosprecia* ... 959
1 Cr 15.29 vio al rey David...y lo *menospreció* ... 959
2 Cr 36.16 ellos...*menospreciaban* sus palabras ... 959
Job 5.17 tanto, no *menosprecies* la corrección ... 3988
19.18 aun los muchachos me *menospreciaron* ... 3988
41.34 *menosprecia* toda cosa alta; es rey sobre ... 7200
Sal 15.4 a cuyos ojos el vil es *menospreciado* ... 959
22.24 no *menospreció*...la aflicción de ellos ... 959
69.33 oye...y no *menosprecia* a sus prisioneros ... 959
73.20 Señor...*menospreciarás* su apariencia ... 959
89.38 despreciaste y *menospreciaste*...ungido ... 3988
Pr 1.30 y *menospreciaron* toda reprensión mía ... 5006
3.11 no *menosprecies*, hijo mío, el castigo ... 3988
5.12 y mi corazón *menospreció* la reprensión ... 5006
8.33 atended el consejo...no lo *nenospreciéis* ... 6544
11.12 el que carece...*menosprecia* a su prójimo ... 936
12.8 perverso de corazón será *menospreciado* ... 937
13.13 el que *menosprecia* el precepto perecerá ... 936
13.18 pobreza...tendrá el que *menosprecia* el ... 6544
14.2 el de caminos pervertidos lo *menosprecia* ... 959
14.21 peca el que *menosprecia* a su prójimo ... 936
15.5 el necio *menosprecia* el consejo de su ... 5006
15.20 el hombre necio *menosprecia* a su madre ... 959
15.32 tiene en poco la...*menosprecia* su alma ... 3988
19.16 el que *menosprecia* sus caminos morirá ... 959
23.9 *menospreciará* la prudencia de...razones ... 936
23.22 madre envejeciere, no la *menosprecies* ... 936
30.17 *menosprecia* la enseñanza de la madre ... 936
Ec 9.16 ciencia del pobre sea *menospreciada* ... 959
Cnt 8.1 te besaría, y no me *menospreciarían* ... 936
8.7 si diese...de cierto lo *menospreciarían* ... 936
Is 37.22 la virgen hija de Sion te *menosprecia* ... 936
49.7 dicho Jehová...al *menospreciado* de alma ... 960
53.3 fue *menospreciado*, y no lo estimamos ... 959
Jer 4.30 *menospreciarán* tus amantes, buscarán ... 3988
49.15 haré...*menospreciado* entre los hombres ... 959
Lm 1.8 que la honraban la han *menospreciado* ... 2151
2.7 *menospreció* su santuario; ha entregado ... 2186
Ez 16.31 a ramera, en que *menospreciaste* la ... 7046
16.59 que *menospreciaste* el juramento para ... 959
17.16 juramento *menospreció*...pacto...rompió ... 959
17.18 por cuanto *menospreció* el juramento y ... 959
17.19 que el juramento mío que *menospreció* ... 959
22.8 santuarios *menospreciaste*, y mis días de ... 959
28.24 en medio de cuantos la...*menosprecian* ... 7590
Am 2.4 porque *menospreciaron* la ley de Jehová ... 3988
Zac 4.10 los que *menospreciaron* el día de las ... 936
Mal 1.6 que *menospreciáis* mi nombre. Y decís ... 959
1.6 ¿en qué hemos *menospreciado* tu nombre? ... 959
Mt 6.24 **o estimará al uno y *menospreciará* al** ... *2706*
18.10 ***menospreciéis* a uno de estos pequeños** ... *2706*
Lc 16.13 **o estimará al uno y *menospreciará* al** ... *2706*
18.9 confiaban...y *menospreciaban* a los otros ... *1848*
23.11 Herodes...le *menospreció* y escarneció ... *1848*
Ro 2.4 ¿o *menosprecias* las...de su benignidad ... *2706*
14.3 el que come, no *menosprecie* al que no ... *1848*
14.10 ¿por qué *menosprecias* a tu hermano? ... *1848*
1 Co 1.28 lo *menospreciado* escogió Dios, y lo ... *1848*
11.22 ¿o *menospreciáis* la iglesia de Dios, y ... *2706*
1 Ts 5.20 no *menospreciéis* las profecías ... *1848*
Tit 2.15 esto habla, y...Nadie te *menosprecie* ... *4065*
He 12.2 *menospreciando* el oprobio, y se sentó ... *2706*
12.5 no *menosprecies* la disciplina del Señor ... *3643*
Ap 12.11 y *menospreciaron* sus vidas hasta la ... *25,3756*

MENOSPRECIO
Dt 32.19 por el *m* de sus hijos y de sus hijas ... 5006
Esd 4.14 no nos es justo ver el *m* del rey, por ... 6173
Neh 4.4 Dios nuestro...somos objeto de su *m* ... 939
Est 1.18 dirán esto...y habrá mucho *m* y enojo ... 963
Job 12.21 él derrama *m* sobre los príncipes, y ... 937

31.34 y el *m* de las familias me atemorizó ... 937
Sal 31.18 hablan contra el...con soberbia y *m* ... 937
107.40 esparce *m* sobre los príncipes, y les ... 937
119.22 aparta de mí el oprobio y el *m*, porque ... 937
123.3 porque estamos muy hastiados de *m* ... 937
123.4 hastiada está...del *m* de los soberbios ... 937
Pr 18.3 viene el impío, viene también el *m* ... 937
Ez 16.5 *m* de tu vida, en el día que naciste ... 1604
25.6 con todo tu *m* para la tierra de Israel ... 7589

MENSAJE
Gn 24.33 no comeré hasta que haya dicho mi *m* ... 1697
Jos 11.1 Jabín...envió *m* a Jobab rey de Madón
2 S 12.25 un *m* por medio de Natán profeta; así
2 Cr 30.12 para cumplir el *m* del rey y de los ... 4687
Jon 3.2 proclama en ella el *m* que yo te diré ... 7150
Hch 10.36 Dios envió *m* a los hijos de Israel ... *3056*
1 Jn 1.5 este es el *m* que hemos oído de él, y ... *1860*
3.11 este es el *m* que habéis oído desde el ... *31*

MENSAJERO
Gn 32.3 y envió Jacob *m* delante de sí a Esaú ... 4397
32.6 y los *m* volvieron a Jacob, diciendo ... 4397
Nm 22.5 tanto, envió *m* a Balaam hijo de Beor ... 4397
24.12 ¿no lo declaré yo también a tus *m* que ... 4397
Dt 2.26 envié *m* desde el desierto de Cademot ... 4397
Jos 6.17 vivirá...por cuanto escondió a los *m* ... 4397
6.25 escondió a...*m* que Josué había enviado ... 4397
7.22 Josué entonces envió *m*...a la tienda; y ... 4397
Jue 6.35 envió *m* por todo Manasés...*m* a Aser ... 4397
7.24 Gedeón...envió *m* por todo el monte de ... 4397
9.31 envió...*m* a Abimelec, diciendo: He aquí ... 4397
11.12 envió Jefté *m* al rey de los amonitas ... 4397
11.13 el rey de...respondió a los *m* de Jefté ... 4397
11.14 Jefté volvió a enviar otros *m* al rey ... 4397
11.17 envió *m* al rey de Edom, diciendo: Yo ... 4397
11.19 y envió Israel *m* a Sehón rey de los ... 4397
1 S 4.17 el *m* respondió diciendo: Israel huyó ... 1319
6.21 y enviaron *m* a los...de Quiriat-jearim ... 4397
11.3 para que enviemos *m* por todo...de Israel ... 4397
11.4 llegando los *m* a Gabaa de Saúl, dijeron ... 4397
11.7 y los envió...por medio de *m*, diciendo ... 4397
11.9 respondieron a los *m*...Y vinieron los *m* ... 4397
16.19 envió *m* a Isaí, diciendo: Envíame a ... 4397
19.11 Saúl envió luego *m* a casa de David para ... 4397
19.14 y cuando Saúl envió *m* para prender a ... 4397
19.15 *m* para que viesen a David, diciendo ... 4397
19.16 cuando los *m* entraron, he...la estatua ... 4397
19.20 envió *m* para que trajeran a David, los ... 4397
19.20 vino el Espíritu de Dios sobre los *m* ... 4397
19.21 otros *m*, los cuales también profetizaron ... 4397
23.27 vino un *m* a Saúl, diciendo: Ven luego ... 4397
25.14 he aquí David envió *m* del desierto que ... 4397
25.42 Abigail con...siguió a los *m* de David ... 4397
31.9 enviaron *m* por...tierra de los filisteos
2 S 2.5 envió David *m* a...de Jabes de Galaad ... 4397
3.12 entonces envió Abner *m* a David de su ... 4397
3.14 envió David *m* a Is-boset hijo de Saúl ... 4397
3.26 Joab...envió *m* tras Abner, los cuales le ... 4397
11.4 envió David *m*, y la tomó; y vino a él ... 4397
11.19 mandó al *m*, diciendo: Cuando acabes de ... 4397
11.22 fue el *m*, y llegando, contó a David ... 4397
11.23 y dijo el *m* a David: Prevalecieron ... 4397
11.25 David dijo al *m*: Así dirás a Joab: No ... 4397
12.27 envió Joab *m* a David, diciendo: Yo he ... 4397
15.10 envió Absalón *m* por todas las tribus ... 7270
15.13 *m* vino a David, diciendo...de Absalón ... 5046
18.26 vio...y el rey dijo: Este también es *m* ... 1319
1 R 19.2 envió Jezabel a Elías un *m*, diciendo ... 4397
20.2 envió *m* a la ciudad a Acab rey de Israel ... 4397
20.5 volviendo los *m* otra vez, dijeron: Así ... 4397
22.13 el *m* que había ido a llamar a Micaías ... 4397
2 R 1.2 envió *m*, y les dijo: Id y consultad a ... 4397
1.3 y sube a encontrarte con los *m* del rey ... 4397
1.5 los *m* se volvieron al rey, él les dijo ... 4397
1.16 enviaste *m* a consultar a Baal-zebub dios ... 4397
5.10 envió un *m*, diciendo: Vé y lávate s ... 4397
6.32 mas antes que el *m* viniese a él, dijo ... 4397
6.32 cuando viniere el *m*, cerrad la puerta ... 4397
6.33 he aquí el *m* que descendía a él; y dijo ... 4397
7.15 volvieron los *m* y lo hicieron saber al ... 4397
9.18 el *m* llegó hasta ellos, y no vuelve ... 4397
10.8 un *m* que le dio las nuevas, diciendo ... 4397
14.8 Amasías envió *m* a Joás...diciendo: Ven ... 4397
19.23 mano de tus *m* has vituperado a Jehová ... 4397
20.12 *m* con cartas y presentes a Ezequías
1 Cr 10.9 y enviaron *m* por toda la tierra de ... 4397
2 Cr 18.12 *m* que había ido a llamar a Micaías ... 4397
32.31 en lo referente a los *m*...de Babilonia ... 3887
35.21 Necao le envió *m*, diciendo: ¿Qué tengo ... 4397
36.15 palabra a ellos por medio de sus *m* ... 4397
36.16 ellos hacían escarnio de los *m* de Dios ... 4397
Neh 6.3 envié *m*, diciendo: Yo hago una gran ... 4397
Job 1.14 y vino un *m* a Job, y le dijo: Estaban ... 4397
Sal 104.4 el que hace a los vientos sus *m*, y ... 4397
Pr 13.17 el mal *m* acarrea desgracia...el *m* fiel ... 4397
16.14 la ira del rey es *m* de muerte; mas el ... 4397
17.11 mal, y *m* cruel será enviado contra él ... 4397
25.13 así es el *m* fiel a los que lo envían ... 6735
Is 14.32 ¿y qué se responderá a los *m* de las ... 4397
18.2 que envía *m* por el mar, y en naves de ... 4397
18.2 andad, *m* veloces, a la nación de...tez ... 4397
33.7 voces...los *m* de paz llorarán amargamente ... 4397
41.27 Jerusalén daré un *m* de alegres nuevas ... 1319
42.19 ¿quién es sordo, como mi *m* que envié? ... 4397
44.26 yo, el que...cumple el consejo de sus *m* ... 4397
Jer 27.3 mano de los *m* que vienen a Jerusalén ... 4397
49.14 de Jehová había sido enviado *m* a las ... 6735
51.31 *m* se encontrará con *m*, para anunciar ... 5046
Ez 23.16 envió *m* a la tierra de los caldeos ... 4397
23.40 a los cuales había sido enviado *m*, y ... 4397
30.9 saldrán *m* de...en naves, para espantar a ... 4397
Abd 1 oído...*m* ha sido enviado a las naciones ... 6735
Nah 2.13 y nunca más se oirá la voz de tus *m* ... 4397
Mal 2.7 la ley; porque *m* es de Jehová de los ... 4397
3.1 envío mi *m*, el cual preparará el camino ... 4397
Mt 11.10; Mr 1.2 yo envío mi *m* delante de tu ... *32*
Lc 7.24 cuando se fueron...*m* de Juan, comenzó ... *32*
7.27 **he aquí, envío mi *m* delante de tu faz** ... *32*
9.52 y envió *m* delante de él, los cuales ... *32*
Jn 5.33 **enviasteis *m* a Juan...dio testimonio**
2 Co 8.23 son *m* de las iglesias, y gloria de ... *652*
12.7 un *m* de Satanás que me abofetee, para ... *32*
Fil 2.25 *m*, y ministrador de mis necesidades ... *652*
Stg 2.25 cuando recibió a los *m* y los envió ... *32*

MENSTRUACIÓN
Lv 12.2 conforme a los días de su *m*...inmunda ... 1738

MENSTRUAL
Lv 18.19 y no...mientras esté en su impureza *m*

MENSTRUO
Lv 15.24 y su *m* fuere sobre él, será inmundo ... 5079
Ez 22.10 violencia a la que...inmunda por su *m* ... 2931

MENSTRUOSA
Lv 20.18 cualquiera que durmiere con mujer *m* ... 1739
Ez 18.6 prójimo, ni se llegare a la mujer *m* ... 5079
36.17 inmundicia de *m* fue su camino delante ... 5079

MENTA
Mt 23.23 **porque diezmáis la *m* y el eneldo y** ... *2238*
Lc 11.42 **¡ay de vosotros...que diezmáis la *m*** ... *2238*

MENTAR
Éx 23.13 nombre de otros dioses no *mentaréis* ... 2142

MENTE
1 Cr 28.12 el plano de...cosas que tenía en *m* ... 5315
Sal 7.9 Dios justo prueba la *m* y el corazón ... 3629
Jer 11.20 que escudriñas la *m* y el corazón ... 3629
17.10 Jehová, que escudriño la *m*, que pruebo ... 3629
31.33 daré mi ley en su *m*, y...en su corazón ... 7130
Dn 5.21 y su *m* se hizo semejante a la de las ... 3825
Mt 22.37; Mr 12.30; Lc 10.27 **amarás al Señor tu Dios...con toda tu *m*** ... *1271*
Ro 1.28 Dios los entregó a una *m* reprobada ... *3563*
7.23 que se rebela contra la ley de mi *m*, y ... *3563*
7.25 mismo con la *m* sirvo a la ley de Dios ... *3563*
11.34 porque ¿quién entendió la *m* del Señor? ... *3563*
14.5 plenamente convencido en su propia *m* ... *3563*
1 Co 1.10 que estéis...unidos en una misma *in* ... *3563*
2.16 porque ¿quién conoció la *m* del Señor? ... *3563*
2.16 mas nosotros tenemos la *m* de Cristo ... *3563*
Ef 4.17 gentiles...andan en la vanidad de su *m* ... *3563*
4.23 y renovaos en el espíritu de vuestra *m* ... *3563*
Col 1.21 extraños y enemigos en vuestra *m* ... *1271*
2.18 vanamente hinchado...su propia *m* carnal ... *3563*
Tit 1.15 *m* y su conciencia están corrompidas ... *3563*
He 8.10 pondré mis leyes en la *m* de ellos, y ... *1271*
10.16 mis leyes en...y en sus *m* las escribiré ... *1271*
Ap 2.23 **que yo soy el que escudriña la *m* y el** ... *3510*
17.9 esto, para la *m* que tenga sabiduría ... *3563*

MENTIR
Lv 19.11 no engañaréis ni *mentiréis* el uno al ... 8266
Nm 23.19 Dios no es hombre, para que *mienta* ... 3576
Jos 7.11 han tomado del anatema...han *mentido* ... 3584
24.27 para que no *mintáis* contra vuestro Dios ... 3584
1 S 15.29 es la Gloria de Israel no *mentirá* ... 8266
1 R 13.18 dijo, *mintiéndole:* Yo también soy ... 3584
Job 34.6 ¿he de *mentir* yo contra mi razón? ... 3576
Sal 78.36 su boca, y con su lengua le *mentían* ... 3576
89.35 he jurado por mi y no *mentiré* a David ... 3576
Pr 14.5 el testigo verdadero no *mentirá;* mas ... 3576
Is 59.13 el prevaricar y *mentir* contra Jehová ... 3584
63.8 mi pueblo son, hijos que no *mienten;* y ... 8266
Ez 13.19 *mintiendo* a mi pueblo que escucha la ... 3576
Os 4.2 *mentir*...hurtar y adulterar prevalecen ... 3584
Mi 2.11 *mintiere* diciendo: Yo te profetizaré ... 3576
Hab 2.3 apresura hacia el fin, y no *mentirá* ... 3576
Zac 13.4 nunca...el manto velloso para *mentir* ... 3584
Mt 5.11 **y digan toda clase de mal...*mintiendo*** ... *5574*
Hch 5.3 para que *mintieses* al Espíritu Santo ... *5574*
5.4 has *mentido* a los hombres, sino a Dios ... *5574*
Ro 9.1 verdad digo en Cristo, no *miento*, y ... *5574*
2 Co 11.31 Dios y Padre...sabe que no *miento* ... *5574*
Gá 1.20 he aquí delante de Dios que no *miento* ... *5574*
Col 3.9 no *mintáis* los unos a los otros ... *5574*
1 Ti 2.7 digo verdad en Cristo, no *miento* ... *5574*
Tit 1.2 la cual Dios, que no *miente*, prometió ... *893*
He 6.18 cosas...es imposible que Dios *mienta* ... *5574*
Stg 3.14 jactéis, ni *mintáis* contra la verdad ... *5574*
1 Jn 1.6 andamos en tinieblas, *mentimos*, y ... *5574*
Ap 3.9 **dicen ser judíos y no lo son...*mienten*** ... *5574*

MENTIRA
Éx 23.7 de palabra de *m* te alejarás, y no ... 7901
Jue 16.10 me has engañado, y me has dicho *m* ... 3577
16.13 me engañas, y tratas conmigo con *m* ... 3576
1 R 22.22 yo saldré, y seré espíritu de *m* en ... 8267
22.23 espíritu de *m* en la boca de todos tus ... 8267
2 R 9.12 ellos dijeron: *M*; decláranoslo ahora ... 8267
2 Cr 18.21 saldré y seré espíritu de *m* en la ... 8267
18.22 Jehová ha puesto espíritu de *m* en la ... 8267
Job 6.28 y ved si digo *m* delante de vosotros ... 3576
13.4 vosotros sois fraguadores de *m*; sois ... 8267
31.5 anduve con *m*, y si mi pie se apresuró ... 7723
36.4 porque de cierto no son *m* mis palabras ... 8267
Sal 4.2 amaréis la vanidad, y buscaréis la m? ... 3577
5.6 destruirás a los que hablan *m*; al hombre ... 3577
12.2 habla *m* cada uno con su prójimo; hablan ... 7723
40.4 no mira...los que se desvían tras la *m* ... 3577
41.6 si vienen a verme, hablan *m*; su corazón ... 7723
52.3 amaste el mal...la *m* más que la verdad ... 8267
58.3 se descarriaron hablando *m* desde que ... 3577
59.12 y por la maldición y *m* que profieren ... 3585
62.4 aman la *m*; con su boca bendicen, pero ... 3577
62.9 vanidad son los...*m* los hijos de varón ... 3576
63.11 boca de los que hablan *m* será cerrada ... 8267
101.7 el que habla *m* no se afirmará delante ... 8267
119.29 aparta de mí el camino de la *m*, y en ... 8267
119.69 contra mí forjaron *m* los soberbios ... 8267
119.104 tanto, he aborrecido todo camino de *m* ... 8267
119.128 por eso...aborrecí todo camino de *m* ... 8267
119.163 la *m* aborrezco y abomino; tu ley amo ... 8267
144.8,11 y cuya diestra es diestra de *m* ... 8267
Pr 6.19 el testigo falso que habla *m*, y el que ... 3577
13.5 el justo aborrece la palabra de *m*; mas ... 8267
14.5 testigo...mas el testigo falso hablará *m* ... 3576
14.25 el testigo...mas el engañoso hablará *m* ... 3577
19.5 castigo, y el que habla *m* no escapará ... 3577
19.9 el testigo falso...que habla *m* perecerá ... 3577
20.17 sabroso es al hombre el pan de *m*; pero ... 8267
Is 9.15 el profeta que enseña *m*, es la cola ... 8267
16.6 su altivez; pero sus *m* no serán firmes ... 907
28.15 hemos puesto nuestro refugio en la *m* ... 3577
28.17 y granizo barrerá el refugio de la *m* ... 3577
30.10 decidnos...halagŸeñas, profetizad *m* ... 4123
44.20 pura *m* lo que tengo en mi mano derecha? ... 8267
59.3 vuestros labios pronuncian *m*, habla ... 8267
59.13 y proferir de corazón palabras de *m* ... 8267
Jer 5.31 los profetas profetizaron *m*, y los ... 8267
7.4 no fiéis en palabras de *m*, diciendo ... 8267
7.8 vosotros confiáis en palabras de *m*, que ... 8267
8.8 la ha cambiado en *m* la pluma mentirosa ... 8267
9.3 hicieron que su lengua lanzara *m* como ... 8267
9.5 acostumbraron su lengua a hablar *m*, se ... 8267
13.25 te olvidaste de mí y confiaste en la *m* ... 8267
16.19 *m* poseyeron nuestros padres, vanidad ... 8267
20.6 los...a los cuales has profetizado con *m* ... 8267
23.14 andaban en *m*, y fortalecían las manos ... 8267
23.25 profetizando *m* en mi nombre, diciendo ... 8267
23.26 que profetizan *m*, y que profetizan el ... 8267
23.32 y hacen errar a mi pueblo con sus *m* y ... 8267
27.10 os profetizan *m*, para haceros alejar ... 8267
27.14,16 no oigáis...porque os profetizan *m* ... 8267
28.15 has hecho confiar en *m* a este pueblo ... 8267
29.31 yo no lo envié, y os hizo confiar en *m* ... 8267
43.2 *m* dices; no te ha enviado Jehová...Dios ... 8267
51.17 porque *m* es su ídolo, no tiene espíritu ... 8267
Ez 13.8 por cuanto vosotros...habéis visto *m* ... 3576
13.9 profetas que ven vanidad y adivinan *m* ... 3576
13.19 mintiendo a mi pueblo que escucha la *m* ... 3576
13.22 entristecisteis con *m* el corazón del ... 8267
21.29 adivinan *m*, para que la emplees sobre ... 3576
22.28 y adivinándoles *m*, diciendo: Así ha ... 3576
Dn 11.27 en una misma mesa hablarán *m*; mas ... 3576
Os 7.3 alegran al...a los príncipes con sus *m* ... 3585
7.13 los redimí, y ellos hablaron *m* contra mí ... 3576
10.13 comeréis fruto de *m*, porque confiaste ... 3585
11.12 rodeó Efraín de *m*, y la casa de Israel ... 3585
12.1 *m* y destrucción aumenta continuamente ... 3576
Am 2.4 y les hicieron errar sus *m*, en pos de ... 3576
Mi 6.12 sus moradores hablaron *m*, y su lengua ... 8267
Nah 3.1 ¡ay de ti, ciudad...toda llena de *m* y ... 3585
Hab 2.18 ¿la estatua...que enseña *m*, para que ... 8267
Sof 3.13 ni dirá *m*, ni en boca de ellos se ... 3576
Zac 10.2 adivinos han visto *m*...sueños vanos ... 8267
13.3 has hablado *m* en el nombre de Jehová ... 8267
Mal 3.5 seré pronto testigo contra...juran *m* ... 8267
Jn 8.44 **cuando habla *m*, de suyo habla; porque** ... *5579*
8.44 **suyo...porque es mentiroso, y padre de *m*** ... *846*
Ro 1.25 cambiaron la verdad de Dios por la *m* ... *5579*
3.7 por mi *m* la verdad de Dios abundó para ... *5582*
Ef 4.25 desechando la *m*, hablad verdad cada ... *5579*
2 Ts 2.11 Dios les envía...para que crean la *m* ... *5579*
1 Jn 2.21 porque ninguna *m* procede de...verdad ... *5579*
2.27 y no es *m*, según ella os ha enseñado ... *5579*
Ap 14.5 en sus bocas no fue hallada *m*, pues ... *1388*
21.27 cosa...que hace abominación y *m*, sino ... *5579*
22.15 fuera...y todo aquel que ama y hace *m* ... *5579*

MENTIROSO, A
Éx 5.9 se ocupen...y no atiendan a palabras *m* ... 8267
Job 16.11 me ha entregado Dios al *m*, y en las ... 5760
Sal 31.18 enmudezcan los labios *m*, que hablan ... 7723
109.2 impío...han hablado de mí con lengua *m* ... 8267
116.11 mi apresuramiento: Todo hombre es *m* ... 3576
120.2 libra mi alma, oh Jehová, del labio *m* ... 8267
Pr 6.17 ojos altivos, la lengua *m*, las manos ... 8267
10.18 el que encubre el odio es de labios *m* ... 8267
12.17 habla verdad...mas el testigo *m*, engaño ... 8267
12.19 mas la lengua *m* solo por un momento ... 8267
12.22 los labios *m* son abominación a Jehová ... 8267
17.4 y el *m* escucha la lengua detractora ... 7489
17.7 ¡cuánto menos al príncipe el labio *m!* ... 8267
19.22 pero mejor es el pobre que el *m* ... 3577
21.6 amontonar tesoros con lengua *m* es aliento ... 8267
21.28 el testigo *m* perecerá; mas el hombre ... 3577
29.12 si un gobernante atiende la palabra *m* ... 8267
30.6 que no te reprenda, y seas hallado *m* ... 3576
30.8 vanidad y palabra *m* aparta de mí; no me ... 3577
Is 30.9 *m*, hijos que no quisieron oír la ley ... 3586
32.7 enredar a los simples con palabras *m* ... 8267

57.4 ¿no sois vosotros hijos...generación *m* 8267
Jer 8.8 la ha cambiado en mentira la pluma *m*
10.14 *m* es su obra de fundición, y no hay 8267
14.14 ni les hablé; visión *m*, adivinación 8267
23.32 contra los que profetizan sueños *m*, y 8267
Ez 13.6 vieron vanidad y adivinación *m*. Dicen 3577
13.7 habéis dicho adivinación *m*, pues...decís 3577
21.23 para ellos esto será como adivinación *m* 7723
Dn 2.9 preparáis respuesta *m* y perversa que 3538
Jn 8.44 **suyo habla; porque es *m*, y padre de** *5583*
8.55 **y si dijere que no le conozco, sería *m*** *5583*
Ro 3.4 bien sea Dios veraz, y todo hombre *m* *5583*
2 Ts 2.9 gran poder y señales y prodigios *m* *5579*
1 Ti 1.10 los *m* y perjuros, y para cuanto se *5583*
4.2 por la hipocresía de *m* que, teniendo *5573*
Tit 1.12 cretenses, siempre *m*, malas bestias *5583*
1 Jn 1.10 le hacemos a él *m*, y su palabra no *5583*
2.4 el tal es *m*, y la verdad no está en él *5583*
2.22 ¿quién es el *m*, sino el que niega que *5583*
4.20 que dice...y aborrece a su hermano, es *m* *5583*
5.10 el que no cree, a Dios le ha hecho *m* *5583*
Ap 2.2 **has probado a los...y los has hallado *m*** *5571*
21.8 *m* tendrán su parte en el lago que arde *5571*

MENUDO, A
Gn 41.6 siete espigas *m* y abatidas del viento 1851
41.7 y las siete espigas *m* devoraban a las 1851
41.23 que otras siete espigas *m*, marchitas 1851
41.24 y las espigas *m* devoraban a las siete 1851
41.27 las siete espigas *m* y marchitas...años 7534
Éx 16.14 cosa *m*, redonda, *m* como una escarcha 1851
Is 29.5 muchedumbre...enemigos será...polvo *m* 1851
40.15 y como *m* polvo en las balanzas le son 7834

MENÚHA = *Manahat No.2*, Jue 20.43

MEOLLO
Sal 63.5 de *m* y de grosura será saciada mi 2459

MEONOTAI *Hijo de Otoniel*, 1 Cr 4.14 4587

MEQUERATITA *Sobrenombre de Hefer No.4*,
1 Cr 11.36 4382

MERAB *Hija mayor del rey Saúl*
1 S 14.49 nombres...eran, el de la mayor, *M* 4764
18.17 yo te daré *M* mi hija mayor por mujer 4764
18.19 el tiempo en que *M*...se había de dar a 4764

MERAÍAS *Jefe de una familia de sacerdotes en tiempo de Joiacim*, Neh 12.12 4811

MERAIOT
1. Sacerdote, descendiente de Finees No.1
1 Cr 6.6,7,52 4812
2. Ascendiente de Azarías No.8, 1 Cr 9.11; Neh 11.11 4812
3. Ascendiente del escriba Esdras (posiblemente = No. 2), Esd 7.3 4812
4. Familia de sacerdotes en tiempo de Joacim, Neh 12.15 4812

MERARI *Tercer hijo de Leví*
Gn 46.11; Éx 6.16 de Leví: Gersón, Coat y *M* 4847
Éx 6.19 los hijos de *M:* Mahli y Musi. Estas 4847
Nm 3.17 los hijos de Leví...Gersón, Coat y *M* 4847
3.20 los hijos de *M* por sus familias: Mahli 4847
3.33 de *M* era la...estas son las familias de *M* 4847
3.35 y el jefe...del linaje de *M*, Zuriel hijo 4847
3.36 a cargo de los hijos de *M* estará la 4847
4.29 contarás los hijos de *M* por sus familias 4847
4.33 será el servicio de...de los hijos de *M* 4847
4.42,45 contados de las...de los hijos de *M* 4847
7.8 y a los hijos de *M* dio cuatro carros y 4847
10.17 movieron...hijos de *M*, que lo llevaban 4847
26.57 de *M*, la familia de los meraritas 4847
Jos 21.7 los hijos de *M* según sus familias 4847
21.34 los hijos de *M*, levitas que quedaban 4847
21.40 todas las ciudades de los hijos de *M* 4847
1 Cr 6.1,16 hijos de Leví: Gersón, Coat y *M* 4847
6.19 los hijos de *M:* Mahli y Musi. Estas son 4847
6.29 los hijos de *M:* Mahli, Libni su hijo 4847
6.44 pero a la mano izquierda...los hijos de *M* 4847
6.47 hijo de Musi, hijo de *M*, hijo de Leví 4847
6.63 y a los hijos de *M*...dieron por suerte 4847
6.77 a los hijos de *M*...dieron de...de Zabulón 4847
9.14 hijo de Hasabías, de los hijos de *M* 4847
15.6 de los hijos de *M*, Asaías el principal 4847
15.17 de los hijos de *M* y de sus hermanos 4847
23.6 conforme a los hijos de Leví...Coat y *M* 4847
23.21 hijos de *M:* Mahli y Musi. Los hijos 4847
24.26 los hijos de *M:* Mahli y Musi; hijo de 4847
24.27 hijos de *M* por Jaazías: Beno, Soham 4847
26.10 de Hosa, de los hijos de *M:* Simri el 4847
26.19 de los porteros...y de los hijos de *M* 4847
2 Cr 29.12 los hijos de *M*, Cis hijo de Abdi 4847
34.12 y Abdías, levitas de los hijos de *M* 4847
Esd 8.19 con él a Jesaías de los hijos de *M* 4847

MERARITA *Descendiente de Merari*, Nm 26.57 4848

MERATAIM *Región en el sur de Babilonia*, Jer *50.21* 4850

MERCADER
Gn 23.16 siclos de plata, de buena ley entre *m* 5503
37.28 y cuando pasaban los madianitas *m* 5503
1 R 10.15 sin lo de los *m*, y...la contratación 8446
10.28 de los *m* del rey compraba caballos y 5503
2 Cr 1.16 los *m* del rey compraban por contrato 5503
9.14 sin lo que traían los *m* y negociantes 5503
Job 41.6 ¿harán...¿lo repartirán entre los *m*? 3669
Pr 31.14 como nave de *m*; trae su pan de lejos 5503
31.24 hace telas, y vende, y da cintas al *m* 3669
Is 23.2 moradores de la costa, *m* de Sidón 5503
23.8 cuyos *m* eran los nobles de la tierra? 5503
Ez 17.4 lo llevó a tierra de *m*, y lo puso en 7402
27.21 Arabia y...en estas cosas fueron tus *m* 5503
27.22 los *m* de Sabá y de Raama fueron...tus *m* 7402
27.23 Edén, y los *m* de Sabá, de Asiria y de 7402
27.24 *m* tuyos negociaban contigo en varias 7402
27.36 los *m* en los pueblos silbarán contra ti 5503
38.13 y los *m* de Tarsis...dirán: ¿Has venido 5503
Os 12.7 *m* que tiene en su mano peso falso 3667
Nah 3.16 multiplicaste tus *m*...las estrellas 7402
Sof 1.11 porque todo el pueblo *m* es destruido 3667
Zac 14.21 no habrá en aquel día más *m* en la 3669
Mt 13.45 **el reino de los...es semejante a un *m*** *1713*
Ap 18.3 *m* de la tierra se han enriquecido de *1713*
18.11 los *m* de...lloran y hacen lamentación *1713*
18.15 los *m* de estas cosas...se pararán lejos *1713*
18.23 tus *m* eran los grandes de la tierra *1713*

MERCADERÍA
Neh 10.31 trajesen a vender *m* y comestibles 4728
13.16 tirios que traían pescado y toda *m*, y 4377
Is 45.14 trabajo de Egipto, las *m* de Etiopía 5505
Jer 10.17 recoge de las tierras tus *m*, la que 3666
Ez 26.12 y saquearán tus *m*; arruinarán tus 7404
27.15 muchas costas tomaban *m* de tu mano 5506
27.27 tus *m*, tu tráfico, tus remeros, tus 4627
27.33 tus *m* salían de las naves, saciabas a 4627
2 P 2.3 por avaricia harán *m* de vosotros con *1710*
Ap 18.11 lloran...ninguno compra más sus *m* *1117*
18.12 *m* de...de plata, de piedras preciosas *1117*

MERCADO
Ez 27.14 con caballos y...comerciaban en tu *m* 5801
27.17 aceite y resina negociaban en tus *m* 4627
27.19 negociar en tu *m* con hierro labrado 4627
Jn 2.16 **no hagáis de la casa de mi Padre...*m*** *1712*

MERCANCÍA
Neh 13.20 los que vendían toda especie de *m* 4465
Ez 27.25 como tus caravanas que traían tus *m* 4627

MERCED
Gn 20.13 esta es la *m* que tú harás conmigo 2617
33.11 acepta...porque Dios me ha hecho *m*, y 2603
Jue 21.22 hacednos la *m* de concedérnoslas 2603
Est 2.18 dio *m* conforme a la generosidad real 4864

MERCENARIO
Jer 46.21 sus soldados *m* también en medio de 7916

MERCURIO *Dios pagano*
Hch 14.12 a Pablo, *M*, porque éste era el que *2060*

MERECER
Dt 25.2 el delincuente *mereciere* ser azotado 1121
Job 11.6 menos de lo que tu iniquidad *merece*
Pr 26.5 responde al necio...*merece* su necedad
Lc 23.41 recibimos lo que *merecieron* nuestros
He 10.29 *merecerá* el que pisoteare al Hijo de *515*
1 P 2.19 esto *merece* aprobación, si alguno a *5485*
Ap 16.6 dado a beber sangre; pues lo *merecen* *514*

MERECIDO
Sal 28.4 dales su *m* conforme a la obra de sus

MERED *Descendiente de Judá que se casó con la hija de Faraón*, 1 Cr 4.17,18 4778

MEREMOT
1. Sacerdote que ayudó en la restauración del muro de Jerusalén, Esd 8.33; Neh 3.4,21; 10.5 4822
2. Uno de los que se casaron con mujeres extranjeras en tiempo de Esdras, Esd 10.36 4822
3. Sacerdote que regresó del cautiverio con Zorobabel, Neh 12.3 4822

MERES *Uno de los siete príncipes del rey Asuero*, Est 1.14 4825

MERIBA *Lugar donde acampó Israel*
Éx 17.7 llamó...Masah y *M*, por la rencilla de 4809
Dt 32.51 pecasteis contra...en las aguas de *M* 4809
33.8 con quien contendiste en las aguas de *M* 4809
Sal 81.7 yo...te probé junto a las aguas de *M* 4809
95.8 no endurezcáis...corazón, como en *M*...en 4808
106.32 le irritaron en las aguas de *M*; y le 4808

MERIB-BAAL *Hijo de Jonatán No. 2 (=Mefi-boset No.1)*, 1 Cr 8.34; 9.40 4807

MERIDIONAL
Éx 27.9 al lado *m*, al sur, tendrá el atrio 5045
Jos 15.1 el desierto de Zin...como extremo *m* 5045
Ez 47.19 del lado *m*, hacia el sur, desde Tamar 5045
47.19 el arroyo...esto será al lado *m*, al sur 8486
48.28 al lado *m* al sur, será el límite desde 5045

MÉRITO
Lc 6.32,33,34 ¿qué *m* tenéis?...los pecadores *5485*
Fil 2.22 conocéis los *m* de él, que como hijo *1382*

MERMAR
Am 8.8; 9.5 y *mermará* como el río de Egipto 8257

MERODAC *Dios de Babilonia*, Jer 50.2 4781

MERODAC-BALADÁN *Rey de Babilonia*, 2 R 20.12; Is 39.1 1255

MERODEADOR
1 S 13.17 salieron *m* del campamento de los 7843
30.8 diciendo: ¿Perseguiré a estos *m*? ¿Los 1416
30.23 ha entregado en nuestra mano a los *m* 1416
2 S 4.2 tenía dos...capitanes de bandas de *m*
1 Cr 12.21 ayudaron a...contra la banda de *m* 1416

MERODEAR
1 S 14.15 ido a *merodear*...tuvieron pánico 7843
27.10 ¿dónde habéis merodeado hoy? Y David 6584

MEROM *Laguna o arroyo en el norte de Galilea*
Jos 11.5 y acamparon...junto a las aguas de *M* 4792
11.7 vino contra ellos junto a las aguas de *M* 4792

MERONOTITA *Habitante de Meronot*
1 Cr 27.30 Obil...y de las asnas, Jehedías *m* 4824
Neh 3.7 junto...restauró Melatías...y Jadón *m* 4824

MEROZ *Población no identificada*, Jue 5.23 4789

MES
Gn 7.11 en el *m* segundo, a los 17 días del *m* 2320
8.4 reposó el arca en el *m* séptimo, a los 17 2320
8.4 los 17 días del *m*, sobre los montes de 2320
8.5 hasta el *m* décimo...al primero del *m*, se 2320
8.13 en el *m* Primero, el día primero del *m* 2320
8.14 en el *m* segundo, a los 27 días del *m* 2320
29.14 Labán le...Y estuvo con él durante un in 2320
38.24 al cabo de unos tres *m* fue dado aviso 2320
Éx 2.2 era hermoso, le tuvo escondido tres *m* 3391
12.2 este *m* os será principio de los *m*; para 2320
12.2 para vosotros será...el primero de los *m* 2320
12.3 en el diez de este *m* tómese cada uno un 2320
12.6 lo guardaréis hasta el día 14 de este *m* 2320
12.18 en el *m* primero comeréis los panes sin 2320
12.18 el día 14 del *m*...hasta el 21 del *m* por 2320
13.4 vosotros salís hoy en el *m* de Abib 2320
13.5 miel, harás esta celebración en este *m* 2320
16.1 quince días del segundo *m* después que 2320
19.1 el *m* tercero de la salida de los hijos 2320
23.15 te mandé, en el tiempo del *m* de Abib 2320
34.18 *m* de Abib...en el *m* de Abib saliste de 2320
40.2 primer día del *m* primero harás levantar 2320
40.17 en el día primero del primer *m*, en el 2320
Lv 16.29 el *m* séptimo, a los diez días del *m* 2320
23.5 en el *m* primero, a los 14 del *m*...pascua 2320
23.6 y a los 15 días de este *m* es la fiesta 2320
23.24 el *m* séptimo, al primero del *m*...reposo 2320
23.27 los diez días de este *m* séptimo será 2320
23.32 comenzando a los nueve días del *m* en 2320
23.34 a los 15 días de este *m* séptimo será la 2320
23.39 a los quince días del *m* séptimo, cuando 2320
23.41 haréis fiesta...el *m* séptimo la haréis 2320
25.9 tocar...el *m* séptimo a los 10 días del *m* 2320
27.6 y si fuere de un *m* hasta cinco años 2320
Nm 1.1 habló...en el día primero del *m* segundo 2320
1.18 reunieron...el día primero del *m* segundo 2320
3.15 contarás...los varones de un *m* arriba 2320
3.22,28,34,39 los varones de un *m* arriba 2320
3.40,43 primogénitos varones...de un *m* arriba 2320
9.1 habló Jehová...en el *m* primero, diciendo 2320
9.3 el decimocuarto día de este *m*, entre las 2320
9.5 celebraron la pascua en el *m* primero, a 2320
9.5 a los catorce días del *m* entre las dos 2320
9.11 el *m* segundo, a los catorce días del *m* 2320
9.22 o un *m*, o...mientras la nube se detenía 2320
10.10 en los principios de...m, tocaréis las 2320
10.11 en el *m* segundo, a los 20 días del *m* 2320
11.20 sino hasta un *m* entero, hasta que os 2320
11.21 les daré carne, y comerán un *m* entero! 2320
18.16 de un *m* harás efectuar el rescate de 2320
20.1 llegaron...en el *m* primero, y acampó el 2320
26.62 levitas, todos varones de un *m* arriba 2320
28.11 al comienzo de vuestros *m* ofreceréis 2320
28.14 holocausto de cada *m* por todos los *m* 2320
28.16 en el *m* primero, a los 14 días del no 2320
28.17 los quince días de este *m*, la fiesta 2320
29.1 séptimo *m*, el primero del *m*...convocación 2320
29.6 del holocausto del *m* y su ofrenda, y el 2320
29.7 en el diez de este *m* séptimo tendréis 2320
29.12 a los 15 días del *m*...santa convocación 2320
33.3 de Ramesés salieron en el *m* primero, a 2320
33.3 los 15 días del *m* primero; el segundo 2320
33.38 en el *m* quinto, en el primero del *m* 2320
Dt 1.3 en el *m* undécimo, el primero del *m* 2320
16.1 guardarás el *m* de Abib, y harás pascua 2320
16.1 el *m* de Abib te sacó Jehová...de Egipto 2320
21.13 y llorará a...y a su madre un *m* entero 3391
Jos 4.19 del Jordán el día diez del *m* primero 2320
5.10 celebraron la pascua...los 14 días del *m* 2320
Jue 11.37 déjame por dos *m* que vaya y...llore 2320
11.38 y la dejó por dos *m*. Y ella fue con 2320
11.39 pasados los dos *m* volvió a su padre 2320
19.2 y su concubina...se fue de él...cuatro *m* 2320
20.47 estuvieron en...peña de Rimón cuatro *m* 2320
1 S 6.1 el arca de Jehová en...filisteos 7 *m* 2320
27.7 David habitó en la, un año y cuatro *m* 2320
2 S 2.11 David reinó en...siete años y seis *m* 2320
5.5 en Hebrón reinó sobre Judá 7 años y 6 *m* 2320
6.11 estuvo el arca de Jehová en casa...tres *m* 2320
24.8 volvieron a...al cabo de 9 *m* y 20 días 2320
24.13 huyas tres *m* delante de tus enemigos 2320
1 R 4.7 estaba obligado a abastecerlo...un *m* 2320
4.27 cada uno un *m*, y hacían que nada faltase 2320
5.14 los cuales enviaba...cada *m* por turno 2320
5.14 un *m* en el Líbano, y dos *m* en sus casas 2320
6.1 *m* de Zif, que es el *m* segundo, comenzó 2320
6.37 el *m* de Zif, se echaron los cimientos 3391
6.38 y en el *m* de Bul, que es el *m* octavo 3391,2320
8.2 en el *m* de Etanim, que es el *m* séptimo 3391
11.16 porque seis *m* habitó allí Joab...Edom 2320
12.32 fiesta solemne en el *m* octavo, a los 2320
12.32 los 15 días del *m*, conforme a la fiesta 2320
12.33 sacrificó...a los 15 días del *m* octavo 2320

12.33 *m* que él había inventado de su propio 2320
2 R 15.8 en el año 38...reinó Zacarías...seis *m* 2320
15.13 Salum hijo de...reinó un *m* en Samaria 3391
23.31 era Joacaz...reinó tres *m* en Jerusalén 2320
24.8 era Joaquín...y reinó en Jerusalén tres *m* 2320
25.1 en el *m* décimo, a los diez días del *m* 2320
25.3 los nueve días del cuarto *m* prevaleció 2320
25.8 en el *m* quinto, a los siete días del *m* 2320
25.25 en el *m* séptimo vino Ismael hijo de 2320
25.27 en el *m* duodécimo, a los 27 días del *m* 2320
1 Cr 3.4 Hebrón, donde reinó 7 años y seis *m* 2320
12.15 estos pasaron el Jordán en el *m* primero 2320
13.14 el arca de Dios estuvo...en su casa, 3 *m* 2320
21.12 o por tres *m* ser derrotado delante de 2320
27.1 y salían cada *m* durante todo el año 2320
27.2 sobre la primera división del primer *m* 2320
27.3 fue jefe de...las compañías del primer *m* 2320
27.4 sobre la división del segundo *m* estaba 2320
27.5 el jefe de...para el tercer *m* era Benaía 2320
27.7 cuarto jefe para el cuarto *m* era Asael 2320
27.8 quinto jefe para el quinto *m* era Samhut 2320
27.9 el sexto para el sexto *m* era Ira hijo 2320
27.10 para el séptimo *m* era Heles pelonita 2320
27.11 el octavo para el octavo *m* era Sibecai 2320
27.12 el noveno para el noveno *m* era Abiezer 2320
27.13 el décimo para el décimo *m* era Maharai 2320
27.14 el undécimo *m* era Benaía piratonita 2320
27.15 el duodécimo *m* era Heldai netofatita 2320
2 Cr 3.2 el *m* segundo, a los dos días del *m* 2320
5.3 para la fiesta solemne del *m* séptimo 2320
7.10 y a los 23 días del *m* séptimo envió al 2320
15.10 se reunieron...en el *m* tercero del año 2320
29.3 en el *m* primero, abrió las puertas de 2320
29.17 a santificarse el día primero del *m* 2320
29.17 a los 8 días del...*m* vinieron al pórtico 2320
29.17 en el día 16 del *m* primero terminaron 2320
30.2 para celebrar la pascua en el *m* segundo 2320
30.13 fiesta solemne de los panes...*m* segundo 2320
30.15 sacrificaron la...a los 14 días del *m* 2320
31.7 el *m* tercero comenzaron...el *m* séptimo 2320
35.1 sacrificaron la pascua...14 días del *m* 2320
36.2 era Joacaz...ares *m* reinó en Jerusalén 2320
36.9 reinó tres *m* y diez días en Jerusalén 2320
Esd 3.1 cuando llegó el *m* séptimo...se juntó 2320
3.6 el primer día del *m* séptimo comenzaron 2320
3.8 el *m* segundo, comenzaron Zorobabel hijo 2320
6.15 terminada el tercer día del *m* de Adar 3393
6.19 pascua a los catorce días del *m* primero 2320
7.8 llegó a...en el *m* quinto del año séptimo 2320
7.9 el día primero del...*m* fue el principio de 2320
7.9 al primero del *m* quinto llegó a Jerusalén 2320
8.31 partimos del río...el doce del *m* primero 2320
10.9 los 20 días del *m*, que era el *m* noveno 2320
10.16 se sentaron el primer día del *m* décimo 2320
10.17 y terminaron el...el primer día del *m* 2320
Neh 1.1 en el *m* de Quisleu, en el año veinte 2320
2.1 sucedió en el *m* de Nisán, en el año 20 2320
6.15 fue terminado...el 25 del *m* de Elul, en
7.73 venido el *m* séptimo...de Israel estaban 2320
8.2 trajo la ley...primer día del *m* séptimo 2320
8.14 tabernáculos en la fiesta solemne del *m* 2320
9.1 el día 24 del mismo *m* se reunieron los 2320
Est 2.12 haber estado 12 *m* conforme a la ley 2320
2.12 seis *m* con óleo de mirra y seis *m* con 2320
2.16 en el *m* décimo, que es el *m* de Tebet 2320
3.7 en el *m* primero, que es el *m* de Nisán 2320
3.7 suerte para cada día y cada *m* del año 2320
3.7 y salió el *m* duodécimo, que es el *m* de 2320
3.12 los escribanos del rey en el *m* primero 2320
3.13 del *m* duodécimo, que es el *m* de Adar 2320
8.9 llamados los escribanos...en el *m* tercero 2320
8.9 a los 23 días de ese *m*; y se escribió
8.12; 9.1 *m* duodécimo, que es el *m* de Adar 2320
9.1 a los 13 días del mismo *m*, cuando debía 2320
9.15 en Susa se juntaron 14 del *m* de Adar 2320
9.17 esto fue en el día 13 del *m* de Adar, y 2320
9.18 se juntaron el día trece...del mismo *m*
9.19 hacen a los 14 del *m* de Adar el día de 2320
9.21 el día decimocuarto del *m* de Adar, y 2320
9.22 el *m* que de tristeza se les cambió en 2320
Job 3.6 no sea...ni venga en el número de los *m* 3391
7.3 he recibido *m* de calamidad, y noches de 3391
14.5 y el número de sus *m* está cerca de ti 2320
21.21 si, siendo cortado el número de sus *m*? 2320
29.2 me volviese como en los *m* pasados, como 3391
39.2 ¿contaste...los *m* de su preñez, y sabes 3391
Is 47.13 que cuentan los *m*, para pronosticar 2320
66.23 de *m* en *m*, y de día de reposo en día 2320
Jer 1.3 hasta la cautividad...en el *m* quinto 2320
28.1 el quinto *m*, que Hananías hijo de Azur 2320
28.17 el mismo año murió Hananías, en el *m* 2320
36.9 en el *m* noveno, que promulgaron ayuno 2320
36.22 *m* noveno, y había un brasero ardiendo 2320
39.1 en el *m* décimo, vino Nabucodonosor rey 2320
39.2 el *m* cuarto, a los nueve días del *m* se 2320
41.1 en el *m* séptimo que vino Ismael hijo de 2320
52.4 en el *m* décimo, a los diez días del *m* 2320
52.6 en el *m* cuarto, a los nueve días del *m* 2320
52.12 en el *m* quinto, a los diez días del *m* 2320
52.31 en el *m* duodécimo, a los 25 días del *m* 2320
Ez 1.1 en el *m* cuarto, a los cinco días del *m* 2320
1.2 en el quinto año...a los cinco días del *m* 2320
8.1 en el *m* sexto, a los cinco días del *m* 2320
20.1 en el *m* quinto, a los diez días del *m* 2320
24.1 a mí palabra de Jehová...en el *m* décimo 2320
24.1 palabra...los diez días del *m*, diciendo 2320
26.1 aconteció en...en el día primero del *m* 2320
29.1 en el *m* décimo, a los doce días del *m* 2320
29.17 en el *m* primero, el día primero del *m* 2320
30.20 el *m* primero, a los siete días del *m* 2320
31.1 en el *m* tercero, el día primero del *m* 2320
32.1 en el *m* duodécimo, el día primero del *m* 2320
32.17 a los quince días del *m*, que vino a mí 2320
33.21 en el *m* décimo, a los cinco días del *m* 2320
39.12 enterrando por siete *m*, para limpiar la 2320
39.14 al cabo de siete *m*...el reconocimiento 2320
40.1 los diez días del *m*, a los catorce años 2320
45.18 el *m* primero, el día primero del *m* 2320
45.20 así harás el séptimo día del *m* para los 2320
45.21 el *m* primero, a los catorce días del *m* 2320
45.25 en el *m* séptimo, a los 15 días del *m* 2320
Dn 4.29 al cabo de doce *m*, paseando...palacio 3393
10.4 día veinticuatro del *m* primero estaba yo 2320
Os 5.7 en un solo *m* serán consumidos ellos y 2320
Am 4.7 os detuve la lluvia tres *m* antes de la 2320
8.5 ¿cuándo pasará el *m*, y venderemos...trigo 2320
Hag 1.1 en el *m* sexto, en el primer día del *m* 2320
1.15 el día veinticuatro del *m* sexto, en el 2320
2.1 el *m* séptimo, a los veintiún días del *m* 2320
2.10 a los veinticuatro días del noveno *m*, en
2.18 desde el día 24 del noveno *m*, desde el
2.20 palabra de...a los 24 días del mismo *m* 2320
Zac 1.1 el octavo *m* del año segundo de Darío 2320
1.7 los 24 días del *m*...que es el *m* de Sebat 2320
7.1 palabra...a los cuatro días del *m* noveno 2320
7.3 ¿lloraremos en el *m* quinto? ¿Haremos 2320
7.5 llorasteis en el quinto y en el séptimo *m* 2320
8.19 ayuno del cuarto *m*, el ayuno del quinto
11.8 y destruí a tres pastores en un *m*; pues 2320
Lc 1.24 recluyó en casa por cinco *m*, diciendo *3376*
1.26 al sexto *m* el ángel Gabriel fue enviado *3376*
1.36 el sexto *m* para ella, la que llamaban *3376*
1.56 y se quedó María con ella como tres *m* *3376*
4.25 cielo fue cerrado por tres años y seis *m* *3376*
Jn 4.35 **cuatro *m* para que llegue la siega?** *5072*
Hch 7.20 fue criado tres *m* en casa de su padre *3376*
18.11 detuvo allí un año y seis *m*, enseñando *3376*
19.8 habló con denuedo por espacio de tres *m* *3376*
20.3 después de haber estado allí tres *m* *3376*
28.11 pasados tres *m*, nos hicimos a la vela *3376*
Gá 4.10 guardáis los días, los *m*, los tiempos *3376*
He 11.23 escondido por sus padres por tres *m* *5150*
Stg 5.17 y no llovió...por tres años y seis *m* *3376*
Ap 9.5 sino que los atormentasen cinco *m*; y *3376*
9.10 para dañar a los hombres durante cinco *m* *3376*
9.15 preparados para la hora, día, *m* y año *3376*
11.2 y ellos hollarán la ciudad santa 42 *m* *3376*
13.5 se le dio autoridad para actuar 42 *m* *3376*
22.2 dando cada *m* su fruto; y las hojas del *3376*

MESA *(n.)*
1. Lugar en Arabia, Gn 10.30 4852
2. Rey de Moab, 2 R 3.4 4338
3. Primogénito de Caleb, 1 Cr 2.42 4337
4. Descendiente de Benjamín, 1 Cr 8.9 4331

MESA *(s.)*
Éx 25.23 asimismo una *m* de madera de acacia 7979
25.27 lugares de las varas para llevar la *m* 7979
25.28 varas de...con ellas será llevada la *m* 7979
25.30 sobre la *m* el pan de la proposición 7979
26.35 la *m*...y el candelero enfrente de la *m* 7979
26.35 sur...y pondrás la *m* al lado del norte 7979
30.27 la *m* con todos sus utensilios...altar 7979
31.8 *m* y sus utensilios, el candelero limpio 7979
35.13 *m* y sus varas, y todos sus utensilios 7979
37.10 hizo también la *m* de madera de acacia 7979
37.14 se metían las varas para llevar la *m* 7979
37.15 e hizo las varas de...para llevar la *m* 7979
37.16 utensilios que habían de...sobre la *m* 7979
39.36 la *m*...vasos, el pan de la proposición 7979
40.4 meterás la *m* y la pondrás en orden 7979
40.22 puso la *m* en el tabernáculo de reunión 7979
40.24 puso el candelero en...enfrente de la *m* 7979
Lv 24.6 sobre la *m* limpia delante de Jehová 7979
Nm 3.31 a cargo de ellos estarán el arca, la *m* 7979
4.7 sobre la *m* de...extenderán un paño azul 7979
Jue 1.7 recogían las migajas debajo de mi *m* 7979
1 S 16.11 no nos sentaremos a la *m* hasta que
20.29 por esto...no ha venido a la *m* del rey 7979
20.34 se levantó Jonatán de la *m* con...ira 7979
2 S 9.7 dijo David...comerás siempre a mi *m* 7979
9.10 pero Mefi-boset...comerá siempre a mi *m* 7979
9.11 Mefi-boset, dijo el rey, comerá a mi *m* 7979
9.13 comía siempre a la *m* del rey; y estaba 7979
11.8 le fue enviado presente de la *m* real
19.28 tu siervo entre los convidados a tu *m* 7979
1 R 2.7 hijos...sean de los convidados a tu *m* 7979
4.27 los que a la *m* del rey Salomón venían 7979
7.48 un altar de oro, y una *m* también de oro 7979
10.5 la comida de su *m*, las habitaciones de 7979
13.20 estando ellos en la *m*, vino palabra de 7979
18.19 los 450...que comen de la *m* de Jezabel 7979
2 R 4.10 pongamos allí...*m*, silla y candelero 7979
1 Cr 28.16 dio oro...para las *m*, para cada *m* 7979
2 Cr 4.8 hizo diez *m* y las puso en el templo 7979
4.19 *m* sobre las cuales se ponían los panes 7979
9.4 las viandas de su *m*, las habitaciones de 7979
13.11 y ponen los panes sobre la *m* limpia 7979
29.18 hemos limpiado...la *m* de la proposición 7979
Neh 5.17 además, 150 judíos...estaban a mi *m* 7979
Job 36.16 lugar...te preparará *m* llena de grosura 7979
Sal 23.5 *m* delante de mí en presencia de mis 7979
78.19 Dios...¿podrá poner *m* en el desierto? 7979
128.3 como plantas de...alrededor de tu *m* 7979
Pr 9.2 víctimas, mezcló su vino, y puso su *m* 7979
Is 21.5 ponen la *m*, extienden tapices; comen 7979
28.8 toda *m* está llena de vómito y suciedad 7979
65.11 vosotros...que ponéis *m* para la Fortuna 7979
Jer 52.33 comía pan en la *m* del rey siempre
Ez 23.41 preparada *m* delante de él, y sobre 7979
39.20 os saciaréis sobre mi *m*, de caballos 7979
40.39 y a la entrada...había dos *m* a un lado 7979
40.40 había dos *m*; y al otro lado que...dos *m* 7979
40.41 cuatro *m* a un lado, y cuatro *m* al otro 7979
40.41 ocho *m*, sobre las cuales degollarán las 7979
40.42 las cuatro *m*...eran de piedra labrada 7979
40.43 sobre las *m* la carne de las víctimas 7979
41.22 esta es la *m* que está delante de Jehová 7979
44.16 y se acercarán a mi *m* para servirme 7979
Dn 11.27 y en una misma *m* hablarán mentira 7979
Mal 1.7 en que pensáis que la *m* de Jehová es 7979
1.12 que decís: Inmunda es la *m* de Jehová 7979
Mt 9.10 estando él sentado a la *m* en la casa *345*
9.10 se sentaron juntamente a la *m* con Jesús
14.9 a causa...los que estaban con él a la *m*
15.27 comen de las migajas que caen de la *m* *5132*
21.12 y volcó las *m* de los cambistas, y las *5132*
26.7 derramó sobre...estando sentado a la *m*
26.20 la noche, se sentó a la *m* con los doce
Mr 2.15 que estando Jesús a la *m* en casa de él
2.15 publicanos...estaban también a la *m* con
6.22 agradó a Herodes y a los que...a la *m*
6.26 a causa...los que estaban con él a la *m*
7.28 los perrillos, debajo de la *m*, comen de *5132*
11.15 y volcó las *m* de los cambistas, y las *5132*
14.3 estando...sentado a la *m*, vino una mujer
14.18 cuando se sentaron a la *m*...dijo Jesús
16.14 se apareció a los once...sentados a la *m*
Lc 5.29 de otros que estaban a la *m* con ellos
7.36 y habiendo entrado en...se sentó a la *m*
7.37 saber que Jesús estaba a la *m* en casa
7.49 los que estaban...a la *m*, comenzaron a
11.37 entrando Jesús en la...se sentó a la *m*
12.37 **hará que se sienten a la *m*, y vendrá**
13.29 **se sentarán a la *m* en el reino de Dios**
14.7 escogían los primeros asientos a la *m*
14.10 **de los que se sientan contigo a la *m***
14.15 uno de los...sentados con él a la *m*, le
16.21 **las migajas que caían de la *m* del rico** *5132*
17.7 **luego le dice: Pasa, siéntate a la *m*?**
22.14 se sentó a la *m*, y con él los apóstoles
22.21 **mano del que me entrega está...en la *m*** *5132*
22.27 **cuál es mayor, el que se sienta a la *m***
22.27 **¿no es el que se sienta a la *m*? Mas yo**
22.30 **para que comáis y bebáis a mi *m* en mi** *5132*
24.30 estando sentado...a la *m*, tomó el pan
Jn 2.15 esparció las monedas...y volcó las *m* *5132*
12.2 Lázaro era uno de los...sentados a la *m* *4873*
13.12 volvió a la *m*, y les dijo: ¿Sabéis lo
13.28 pero ninguno de los que estaban a la *m* *345*
Hch 6.2 dejemos la palabra de...servir a las *m* *5132*
16.34 les puso la *m*; y se regocijó con toda *5132*
1 Co 8.10 te ve...sentado a la *m* en un lugar de
10.21 *m* del Señor, y de la *m* de los demonios *5132*
He 9.2 la primera parte...*m* y los panes de la *5132*

MESAC *Compañero de Daniel (=Misael No. 3)*
Dn 1.7 puso nombres...Misael, *M, y a* Azarías 4335
2.49 sobre los negocios de la...a Sadrac, *M* 4336
3.12 hay unos varones judíos...*M* y Abed-nego 4336
3.13 dijo con ira...que trajesen a Sadrac, *M* 4336

MESAC
Dn 3.14 *M* y Abed-nego, que vosotros no honráis 4336
3.16 *M* y Abed-nego respondieron al rey...No 4336
3.19 se demudó...su rostro contra Sadrac, *M* 4336
3.20 mandó...atasen a Sadrac, *M* y Abed-nego 4336
3.22 mató a aquellos que habían alzado a...*M* 4336
3.23 Sadrac, *M* y Abed-nego, cayeron atados 4336
3.26 Sadrac, *M* y Abed-nego, siervos del Dios 4336
3.26 *M* y Abed-nego salieron de en medio del 4336
3.28 bendito sea el Dios de...*M* y Abed-nego 4336
3.29 blasfemia contra el Dios de Sadrac, *M* 4336
3.30 el rey engrandeció a...*M* y Abed-nego en 4336

MESAR
Is 50.6 y mis mejillas a los que me *mesaban* 4803

MESEC
1. Hijo de Jafet, Gn 10.2; 1 Cr 1.5 4902
2. Hijo de Sem, 1 Cr 1.17 4902
3. Descendientes de No.1 o su territorio
Sal 120.5 ¡ay de mí, que moro en *M*, y habito 4902
Ez 27.13 *M* comerciaban también contigo; con 4902
32.26 allí *M* y Tubal, y toda su multitud; sus 4902
38.2 Magog, príncipe soberano de *M* y Tubal 4902
38.3; 39.1 yo estoy contra ti, oh Gog...de *M* 4902

MESELEMÍAS *Portero del Templo (=Selemías No. 1)*, 1 Cr 9.21; 26.1,2,9 4920

MESEZABEEL
1. Ascendiente de uno que ayudó en la restauración del muro de Jerusalén, Neh 3.4 4898
2. Firmante del pacto de Nehemías, Neh 10.21 4898
3. Padre de Petaías No.4, Neh 11.24 4898

MESÍAS
Dn 9.25 hasta el *M* príncipe...7 semanas, y 62 4899
9.26 se quitará la vida al *M*, mas no por sí 4899
Jn 1.41 y le dijo: Hemos hallado el *M* (que *3323*
4.25 que ha de venir el *M*, llamado el Cristo *3323*
9.22 si alguno confesase que Jesús era el *M* *5547*

MESILEMIT = *Mesilemot No.2*, 1 Cr 9.12 4921

MESILEMOT
1. Descendiente de Efraín, 2 Cr 28.12 4919

2. *Sacerdote, ascendiente de Amasai No. 4*
Neh 11.13 4919

MESOBAB *Descendiente de Simeón,* 1 Cr 4.34 ... 4877

MESOBAITA *Sobrenombre de Jaasiel No. 1*
1 Cr 11.47 4677

MESÓN
Gn 42.27 abriendo uno... en el *m,* vio su dinero 4411
43.21 llegamos al *m* y abrimos nuestros 4411
Lc 2.7 no había lugar para ellos en el *m* *2646*
10.34 **vendó sus... 10 llevó al *m,* y cuidó de él** *3829*

MESONERO
Lc 10.35 **sacó dos denarios, y los dio al *m,* y** *3830*

MESOPOTAMIA *Valle de los ríos Tigris y Eufrates*
Gn 24.10 fue... Alegó a *M,* a la ciudad de Nacor 763
Dt 23.4 a Balaam hijo... en *M,* para maldecirte 763
Jue 3.8 en manos de Cusan-risataim rey de *M* 763
1 Cr 19.6 para tomar a sueldo carros... de *M* 763
Hch 2.9 los que habitamos en *M,* en Judea, en *3318*
7.2 apareció a... padre Abraham, estando en *M* *3318*

MESULAM
1. *Abuelo de Safán No.1,* 2 R 22.3 4918
2. *Hijo de Zorobabel,* 1 Cr 3.19 4918
3. *Descendiente de Gad,* 1 Cr 5.13 4918
4. *Descendiente de Benjamín,* 1 Cr 8.17 4918
5. *Padre de Salú No.1,* 1 Cr 9.7 4918
6. *Ascendiente de No.5,* 1 Cr 9.8 4918
7. *Hijo de Sadoc No.3,* 1 Cr 9. 11; Neh 11. 11 4918
8. *Ascendiente de Adaía No.3,* 1 Cr 9.12 4918
9. *Levita contemporáneo del rey Josías,* 2 Cr 34.12 .. 4918
10. *Mensajero de Esdras,* Esd 8.16 4918
11. *Levita que se opuso a Esdras,* Esd 10.15 4918
12. *Uno de los que se casaron con mujeres extranjeras en tiempo de Esdras (posiblemente = No. 11),* Esd 10.29 4918
13. *Hijo de Berequías No.6*
Neh 3.4 al lado de ellos restauró *M* hijo de 4918
3.30 después... restauró *M* hijo de Berequías 4918
6.18 había tomado por mujer a la hija de *M* 4918
14. *Uno que restauró la Puerta Vieja de Jerusalén,* Neh 3.6 4918
15. *Uno que ayudó a Esdras en la lectura de la ley,* Neh 8.4 4918
16. *Nombre de dos firmantes del pacto de Nehemías,* Neh 10.7,20 4918
17. *Padre de Salú No.1,* Neh 11.7 4918
18. *Nombre de dos sacerdotes en tiempo de Joiacim,* Neh 12.13,16 4918
19. *Portero en tiempo de Joiacim,* Neh 12.25 4918
20. *Príncipe de Judá en tiempo de Nehemías,* Neh 12.33 4918

MESULEMET *Mujer de Manasés y madre de Amón, reyes de Judá,* 2 R 21.19 4922

META
Fil 3.14 prosigo a la *m,* al premio del supremo *4649*

METAL
Mr 7.4 los utensilios de *m,* y de los lechos *5473*
1 Co 13.1 vengo a ser como *m* que resuena, o *5475*

METEG-AMA *Lugar no identificado,* 2 S 8.1 4965

METER
Gn 6.19 dos de cada especie *meterás* en el arca 935
19.10 y *metieron* a Lot en casa con ellos, y 935
38.29 volviendo él a *meter* la mano, he aquí 7725
47.14 *metió* José el dinero en casa de Faraón 935
Éx 4.6 *mete*... tu mano en tu seno. Y él metió 935
4.7 vuelve a *meter* tu mano... Y él volvió a *m* 7725
6.8 os *meteré* en la tierra por la cual alcé 935
13.5 Jehová te hubiere *metido* en la tierra 935
13.11 Jehová te haya *metido* en la tierra del 935
22.5 *metiere* su bestia en campo de otro, de 7971
22.8 si ha *metido* su mano en los bienes de su 7971
22.11 de que no *metió* su mano a los bienes de 7971
25.14 y *meterás* las varas por los anillos a 935
26.11 corchetes de... *meterás* por las lazadas 935
26.29 de oro para *meter* por ellos las barras 1004
26.33 *meterás*... del velo adentro, el arca del 935
27.7 y las varas se *meterán* por los anillos 935
30.4 para *meter* las varas con que será llevado 1004
37.5 *metió* las varas por los anillos a los 935
37.14 *metían* las varas para llevar la mesa 1004
37.27 para *meter* por ellos las varas con que 1004
38.5 cuatro anillos a... para *meter* las varas 1004
38.7 y *metió* las varas por los anillos a los 935
40.4 *meterás* la mesa... *m* también el candelero 935
40.21 luego *metió* el arca en el tabernáculo 935
Lv 4.16 *meterá* la sangre del becerro en el 935
6.30 ofrenda de cuya sangre se *metiere* en el 935
11.32 sea cosa de madera... será *metido* en agua 935
Nm 14.16 no pudo Jehová *meter* este pueblo en 935
14.24 yo le *meteré* en la tierra donde entró 935
16.14 ni tampoco nos has *metido* tú en tierra 935
20.12 no *meteréis* esta congregación en la 935
32.17 hasta que los *metamos* en su lugar; y 935
Dt 2.5 no os *metáis* con ellos, porque no os 1624
16.9 desde que comenzare a *meterse* la hoz en
20.19 no destruirás... árboles *metiendo* hacha 5080
21.12 la *meterás* en tu casa; y ella rapará 935
Jos 10.20 los que quedaron... *metieron* en las 935
Jue 3.21 el puñal... se lo *metió* por el vientre 8628
4.21 y le *metió* la estaca por las sienes, y 8628
9.46 se *metieron* en la fortaleza del templo 935
1 S 2.14 y lo *metía* en el perol, en la olla 5221
5.2 el arca... la *metieron* en la casa de Dagón 935
17.49 y *metiendo* David su mano en la bolsa 7971
2 S 2.16 *metió* su espada en el costado de su
6.17 *metieron,* pues, el arca de Jehová, y la 935
17.18 un pozo, dentro del cual se *metieron* 3381
1 R 7.51 *metió*... lo que David... había dedicado 935
8.6 los sacerdotes *metieron* el arca del pacto 935
15.15 *metió* en la casa de Jehová lo que su 935
16.18 Zimri... *metió* en el palacio de la casa 935
19.9 *metió* en una cueva, donde pasó la noche 935
22.25 cuando te irás *metiendo* de aposento en 935
2 R 8.15 tomó un paño y lo *metió* en agua, y 2881
11.4 los *metió* consigo en la casa de Jehová 935
14.10 ¿para qué te *metes* en un mal, para que 1624
20.20 Ezequías... *metió* las aguas en la ciudad 935
1 Cr 9.28 los utensilios... *metían* por cuenta 935
26.14 y *metieron* en las suertes a Zacarías 5307
2 Cr 5.1 *metió* Salomón las cosas que... dedicado 935
5.7 y los sacerdotes *metieron* el arca del 935
28.27 no lo *metieron* en los sepulcros de los 935
Sal 50.19 tu boca *metías* en mal, y tu lengua 7971
66.11 nos *metiste* en la red; pusiste sobre 935
Pr 19.24 el perezoso *mete* su mano en el plato 7725
26.15 *mete* el perezoso su mano en el plato 7725
Cnt 1.4 el rey me ha *metido* en sus cámaras 935
3.4 hasta que lo *metí* en casa de mi madre, y 935
5.4 mi amado *metió* su mano por la ventanilla 7971
8.2 llevaría, te *metería* en casa de mi madre 935
Is 2.10 *métete* en la peña, escóndete en... polvo 935
2.19 se *meterán* en las cavernas de las peñas 935
2.21 se *meterá* en las hendiduras de las rocas 935
Jer 13.1 un cinto, y... y no lo *metas* en agua 7760
17.21 llevar carga... *meterla* por las puertas 935
17.24 no *metiendo* carga por las puertas de 935
17.27 para no traer carga ni *meterla* por las 935
20.9 un fuego ardiente *metido* en mis huesos 6113
38.6 echar... y *metieron* a Jeremías con sogas 7971
41.17 fueron... fin de ir y *meterse* en Egipto 935
50.16 al que *mete* hoz en tiempo de la siega 8610
Os 8.14 mas yo *meteré* fuego en sus ciudades 7971
Jl 3.5 mi oro... *metisteis* en vuestros templos 935
Zac 13.9 y *meteré* en el fuego a la tercera 935
Mt 6.13 **y no nos *metas* en tentación... líbranos** *1533*
14.3 Juan, y te había... *metido* en la cárcel *5087*
26.23 **el que *mete* la mano conmigo en el plato** *1686*
Mr 4.29 **se *mete* la hoz... la siega ha llegado** *649*
7.33 *metió* los dedos en las orejas de él, y *906*
Lc 11.4 **y no nos *metas* en tentación... líbranos** *1533*
12.58 **y el alguacil te *meta* en la cárcel** *906*
Jn 5.7 no tengo quien me *meta* en el estanque *906*
18.11 ***mete* tu espada en la vaina; la copa** *906*
20.25 si no... *metiere* mi dedo... y *m* mi mano *906*
20.27 **acerca tu mano, y *métela* en mi costado** *906*
Hch 9.8 llevándole por... le *metieron* en Damasco *1521*
16.24 los *metió* en el... de más adentro *906*
21.28 ha *metido* a griegos en el templo *1521*
21.29 pensaban que Pablo había *metido* en *1521*
21.37 comenzaron a *meter* a Pablo en la fortaleza .. *1521*
22.24 le *metiesen* en la fortaleza, y ordenó *71*
2 Ti 3.6 son los que se *meten* en las casas y *1744*
Ap 14.15 *mete* tu hoz, y siega; porque la hora *3992*
14.16 *metió* su hoz en la tierra, y la tierra *906*
14.18 *mete* tu hoz... y vendimia los racimos de *3992*

METUSAEL *Hijo de Mehujael y padre de Lamec No.1,* Gn 4.18 4967

MEUNIM *Padre de una familia de sirvientes del templo (=Mehunim),* Esd 2.50 4586

MEZAAB *Padre de Matred,* Gn 36.39; 1 Cr 1.50 ... 4314

MEZCLA
Gn 11.3 les sirvió... el asfalto en lugar de *m* 2563
Lv 14.45 derribará... toda la *m* de la casa; y 6083
19.19 campo no sembrarás con *m* de semillas 3610
19.19 no te pondrás vestidos con *m* de hilos 3610
Jer 25.20 toda la *m* de naciones, a todos los 6154

MEZCLAR
Éx 9.24 hubo... fuego *mezclado* con el granizo 3947
30.35 perfume... bien *mezclado,* puro y santo 4414
Nm 11.4 gente... que se *mezcló* con ellos tuvo 628
Jos 23.7 no os *mezcléis* con estas naciones 935
23.12 *mezclándoos* con... y ellas con vosotros 935
Esd 9.2 el linaje santo ha sido *mezclado* con 6148
Neh 13.3 todos los *mezclados* con extranjeros 6154
Sal 102.9 pan, y mi bebida *mezclo* con lágrimas 4537
106.35 antes se *mezclaron* con las naciones 6148
Pr 9.2 mató sus víctimas, *mezcló* su vino, y 4537
9.5 pan, y bebed del vino que yo he *mezclado* 4537
Is 1.22 plata... tu vino está *mezclado* con agua 4107
5.22 y hombres fuertes para *mezclar* bebida 4537
19.14 Jehová *mezcló* espíritu de vértigo en 4537
Jer 25.24 los reyes de pueblos *mezclados* que 6154
Ez 46.14 aceite para *mezclar* con la... harina 7450
Dn 2.41,43 viste hierro *mezclado* con barro 6151
2.43 *mezclarán* por medio de alianzas humanas 6151
2.43 como el hierro no se *mezcla* con el barro 6151
Os 7.8 se ha *mezclado* con los demás pueblos 1101
Mt 27.34 le dieron... vinagre *mezclado* con hiel *3396*
Mr 15.23 le dieron... vino *mezclado* con mirra *4669*
Lc 13.1 cuya sangre Pilato había *mezclado* con *3396*
Ap 8.7 granizo y fuego *mezclados* con sangre *3396*
15.2 un mar de vidrio *mezclado* con fuego; y *3396*

MEZQUINO
Dt 15.10 no serás de *m* corazón cuando le des 7489

MIBHAR *Uno de los 30 valientes de David,* 1 Cr 11.38 4006

MIBSAM
1. *Hijo de Ismael,* Gn 23.13; 1 Cr 1.29 4017
2. *Descendiente de Simeón,* 1 Cr 4.25 4017

MIBZAR *Jefe edomita,* Gn 36.42; 1 Cr 1.53 4014

MICAEL
1. *Padre de Setur,* Nm 13.13 4317
2. *Nombre de dos descendientes de Gad,* 1 Cr 5.13,14 4317
3. *Ascendiente de Asaf el cantor,* 1 Cr 6.40 4317
4. *Descendiente de Isacar,* 1 Cr 7.3 4317
5. *Descendiente de Benjamín,* 1 Cr 8.16 4317
6. *Guerrero que se unió a David en Siclag,* 1 Cr 12.20 4317
7. *Padre de Omri No.4,* 1 Cr 27.18 4317
8. *Hijo del rey Josafat,* 2 Cr 21.2 4317
9. *Padre de Zebadías No.7,* Esd 8.8 4317

MICAÍA
1. *Hombre de Efraín*
Jue 17.1 hubo un hombre del... que se llamaba *M* 4319
17.4 una imagen... fue puesta en la casa de *M* 4319
17.5 este hombre *M* tuvo casa de dioses, e hizo 4319
17.8 este hombre partió de... vino a casa de *M* 4319
17.9 *M* le dijo: ¿De dónde vienes? Y el levita 4319
17.10 *M* le dijo: Quédate en mi casa, y serás 4319
17.12 *M* consagró al levita, y... le servía de 4319
17.12 sacerdote, y permaneció en casa de *M* 4318
17.13 y *M* dijo... sé que Jehová me prosperará 4318
18.2 éstos vinieron al... hasta la casa de *M* 4318
18.3 cuando estaban cerca de la casa de *M* 4318
18.4 y de esta manera ha hecho conmigo *M,* y 4318
18.13 de allí... vinieron hasta la casa de *M* 4318
18.15 casa del joven levita, en casa de *M* 4318
18.18 entrando, pues, aquéllos en la casa de *M* 4318
18.22 ya se habían alejado de la casa de *M* 4318
18.22 en las casas cercanas a la casa de *M* 4318
18.23 y dijeron a *M:* ¿Qué tienes, que has 4318
18.26 *M,* viendo que eran más fuertes que él 4318
18.27 llevando las cosas que había hecho *M* 4318
18.31 entre ellos la imagen... *M* había hecho 4318
2. *Hijo de Mefi-boset No.1 (Merib-baal),* 2 S 9.12; 1 Cr 8.34,35; 9.40,41 4318
3. *Descendiente de Rubén,* 1 Cr 5.5 4318
4. *Padre de Matanías No.2,* 1 Cr 9. 15 4316
5. *Padre de Matanías No.7,* Neh 11.17,22 4316
6. *Levita del tiempo de David,* 1 Cr 23.20; 24.24,25 .. 4318
7. *Padre de Abdón No. 5 (=Micaías No. 2),* 2 Cr 34.20 4318
8. *Firmante del pacto de Nehemías,* Neh 10.11 4316

MICAÍAS
1. *Profeta en tiempo del rey Acab*
1 R 22.8 aún hay un varón... *M* hijo de Imla; mas 4321
22.9 le dijo: Trae pronto a *M* hijo de Imla 4321
22.13 que había ido a llamar a *M,* le habló 4321
22.14 *M* respondió: Vive Jehová, que lo que 4321
22.15 *M,* ¿iremos a pelear contra Ramot de 4321
22.24 Sedequías... golpeó a *M* en la mejilla 4321
22.25 *M* respondió: He aquí tú lo verás en 4321
22.26 rey... dijo: Toma a *M,* y *llévalo* a Amón 4321
22.28 y dijo *M:* Si llegas a volver en paz 4321
2 Cr 18.7 hay un hombre... es *M* hijo de Imla 4321
18.8 dijo: Haz venir luego a *M* hijo de Imla 4319
18.12 que había ido a llamar a *M,* le habló 4321
18.13 dijo *M:* Vive Jehová, que lo que mi Dios 4321
18.14 *M,* ¿iremos a pelear contra Ramot de 4318
18.16 entonces *M* dijo: He visto a todo Israel
18.23 Sedequías... golpeó a *M* en la mejilla 4321
18.24 y *M* respondió... tú lo verás aquel día 4321
18.25 rey... dijo: Tomad a *M,* y llevadlo a Amón 4321
18.27 *M* dijo: Si tú volvieres en paz, Jehová 4321
2. *Padre de Acbor No.2 (=Micaía No.7),* 2 R 22.12 4320
3. *Madre de Abías rey de Judá,* 2 Cr 13.2 4322
4. *Príncipe, enviado del rey Josafat,* 2 Cr 17.7 4322
5. *Ascendiente de Zacarías No.28,* Neh 12.35 4320
6. *Sacerdote en tiempo de Nehemías,* Neh 12.41 4320
7. *Contemporáneo del profeta Jeremías*
Jer 36.11 *M* hijo de Gemarías, hijo de Safán 4321
36.13 y les contó *M* todas las palabras que 4321

MICAL *Hija del rey Saúl y mujer de David*
1 S 14.49 de sus dos hijas... el de la menor, *M* 4324
18.20 *M* la otra hija de Saúl amaba a David 4324
18.27 rey. Y Saúl le dio su hija *M* por mujer 4324
18.28 Saúl, viendo... que su hija *M* lo amaba 4324
19.11 mas *M* su mujer avisó a David, diciendo 4324
19.12 y descolgó *M* a David por una ventana 4324
19.13 tomó luego *M* una estatua, y la puso 4324
19.17 Saúl dijo a *M*... y *M* respondió a Saúl 4324
25.44 Saúl había dado a... *M* mujer de David 4324
2 S 3.13 primero traigas a *M* la hija de Saúl 4324
3.14 diciendo: Restitúyeme mi mujer *M,* la 4324
6.16 *M* hija de Saúl miró desde una ventana 4324
6.20 y saliendo *M* a recibir a David, dijo 4324
6.21 respondió a *M:* Fue delante de Jehová 4324
6.23 *M* hija de Saúl nunca tuvo hijos hasta 4324
21.8 tomó el rey a... cinco hijos de *M* hija 4324
1 Cr 15.29 *M*... mirando por una ventana, vio 4324

MICLOT
1. *Descendiente de Benjamín,* 1 Cr 8.32; 9.37,38 4732
2. *Oficial del ejército de David,* 1 Cr 27.4 4732

MICMAS *Ciudad en Benjamín*
1 S 13.2 estaban con Saúl dos mil en *M* y en 4363
13.5 acamparon en *M,* al oriente de Bet-avén 4363

M

13.11 que los filisteos estaban reunidos en *M* 4363
13.16 pero los filisteos habían acampado en *M* 4363
13.23 los filisteos avanzó hasta el paso de *M* 4363
14.5 uno de los peñascos... al norte, hacia *M* 4363
14.31 hirieron a los... desde *M* hasta Ajalón 4363
Esd 2.27; Neh 7.31 los varones de *M*, 122 4363
Neh 11.31 habitaron... en *M*, en Aía, en Bet-el 4363
Is 10.28 pasó hasta... en *M* contará su ejército 4363

MICMETAT
1. Lugar en la frontera de Efraín, Jos 16.6 4366
2. Lugar en Manasés, cerca de Siquem, Jos 17.7 4366

MICNÍAS *Levita contemporáneo de David*, 1 Cr 15.18,21 4737

MICRI *Descendiente de Benjamín*, 1 Cr 9.8 4381

MICTAM *Palabra que aparece en el título de los Salmos 16, 56, 57, 58, 59, 60* 4387

MIDÍN *Aldea en Judá*, Jos 15.61 4081

MIEDO
Gn 3.10 él... oí tu voz en el huerto, y tuve *m* 3372
9.2 *m* de vosotros estarán sobre todo animal 2844
18.15 Sara negó... No me reí; porque tuvo *m* 3372
19.30 tuvo *m* de quedarse en Zoar, y habitó 3372
26.7 tuvo *m* de decir: Es mi mujer; pensando 3372
28.17 tuvo *m*, y dijo: ¡Cuán terrible es este 3372
31.31 respondió Jacob y dijo... Porque tuve *m* 3372
50.21 pues, no tengáis *m*; yo os sustentaré 3372
Éx 2.14 Moisés tuvo *m*, y dijo: Ciertamente 3372
3.6 Moisés cubrió su... tuvo *m* de mirar a Dios 3372
34.30 todos los... tuvieron *m* de acercarse a él 3372
Nm 21.34 no le tengas *m*, porque en tu mano lo 3372
Dt 1.29 os dije: No temáis, *m* tengáis *m* de 3372
2.4 pasando vosotros... tendrán *m* de vosotros 3372
11.25 *m* y temor de vosotros pondrá Jehová 6343
28.67 por el *m* de tu corazón con que estarás 6343
31.6 no temáis, *m* tengáis *m*... porque Jehová 6206
Jue 9.21 allí se estuvo por *m* de Abimelec su 6440
1 S 4.7 filisteos tuvieron *m*, porque decían 3372
16.4 salieron a recibirle con *m*, y dijeron 2729
17.11 oyendo... se turbaron y tuvieron gran *m* 3372
23.3 que nosotros aquí en Judá estamos con *m* 3372
28.5 cuando vio Saúl el campamento... tuvo *m* 3372
2 S 19.9 ha huido del país por *m* de Absalón
1 R 1.51 que Adonías tiene *m* del rey Salomón 3372
2 R 1.15 desciende con él; no tengas *m* de él 3372
6.16 dijo: No tengas *m*, porque más son los 3372
1 Cr 10.4 su escudero no quiso... tenía mucho *m* 3372
2 Cr 32.7 *m* tengáis *m* del rey de Asiria, *m* 3372
Esd 3.3 porque tenías *m* de los pueblos de las 367
Neh 6.14 otros... que procuraban infundirme *m* 3372
Job 32.6 he tenido *m*, y he temido declararos 2119
Sal 31.13 oigo... *m* me asalta por todas partes 4032
53.5 sobresaltaron de pavor donde no había *m* 6343
119.120 por temor... y de tus juicios tengo *m* 6342
Is 8.12 *m* temáis lo que ellos... *m* tengáis *m* 6206
8.13 él vuestro temor, y él sea vuestro *m* 4172
31.9 de *m* pasará su fortaleza... dejarán sus 2865
Jer 46.5 sin volver atrás; *m* de todas partes 4032
48.43 *m* y hoyo y lazo contra ti, oh morador 6343
48.44 el que huyere del *m* caerá en el hoyo 6343
49.29 y clamarán contra ellos: *m* alrededor 4032
Ez 2.6 tú... no les temas, *m* tengas *m* de sus 3372
3.9 los temas, *m* tengas *m* delante de ellos 3372
30.4 y habrá *m* en Etiopía, cuando caigan 2479
Jon 1.5 los marineros tuvieron *m*, y cada uno 3372
Mt 14.26 ¡un fantasma! Y dieron voces de *m* *5401*
14.30 tuvo *m*; y comenzando a hundirse, dio *5399*
25.25 **tuve *m*, y fui y escondí tu talento en** *5399*
28.4 de *m* de él los guardas temblaron y se *5401*
Mr 5.15 y en su sentido cabal; y tuvieron *m* *5399*
9.32 no entendían... tenían *m* de preguntarle *5399*
10.32 ellos se asombraron, y le seguían con *m* *5399*
11.18 le tenían *m*... el pueblo estaba admirado *5399*
16.8 *m* decían nada a nadie, porque tenían *m* *5399*
Lc 7.16 todos tuvieron *m*, y glorificaban a Dios *5401*
8.35 salieron a ver lo que había... tuvieron *m* *5399*
19.21 **tuve *m*... por cuanto eres hombre severo** *5399*
Jn 6.19 a Jesús que andaba sobre... tuvieron *m* *5399*
7.13 pero ninguno hablaba... por *m* a los judíos *5401*
9.22 tenían *m* de los judíos, por cuanto los *5399*
14.27 **no se turbe vuestro corazón, *m* tenga *m*** *1168*
19.8 cuando Pilato oyó decir esto, tuvo... *m* *5399*
19.38 pero secretamente por *m* de los judíos *5401*
20.19 puertas cerradas... por *m* de los judíos *5401*
Hch 9.26 le tenían *m*, no creyendo que fuese *5399*
16.38 magistrados... *m* al oír que eran romanos *5399*
Gá 2.12 tenía *m* de los de la circuncisión *5399*

MIEL
Gn 43.11 y llevad... un presente, un poco de *m* 1706
Éx 3.8 sacarlos... a tierra que fluye leche y *m* 1706
3.17 yo os... a una tierra que fluye leche y *m* 1706
13.5 te daría, tierra que destila leche y *m* 1706
16.31 Maná... su sabor como de hojuelas con *m* 1706
33.3 (a la tierra que fluye leche y *m*); pero 1706
Lv 2.11 de ninguna *m*, se ha de quemar ofrenda 1706
20.24 por heredad tierra que fluye leche y *m* 1706
Nm 13.27 la que ciertamente fluye leche y *m* 1706
14.8 la entregará; tierra que fluye leche y *m* 1706
16.13 de una tierra que destila leche y *m* 1706
16.14 metido... en tierra que fluya leche y *m* 1706
Dt 6.3; 11.9; 26.9,15; 27.3 tierra que fluye leche y *m* 1706
8.8 tierra de trigo y cebada... aceite y de *m* 1706
31.20 la tierra que... la cual fluye leche y *m* 1706
32.13 que chupase *m* de la peña, y aceite del 1706
Jos 5.6 la daría, tierra que fluye leche y *m* 1706
Jue 14.8 en el cuerpo del león... un panal de *m* 1706
14.9 había tomado aquella *m* del cuerpo del 1706
14.18 ¿qué cosa más dulce que la *m*? ¿Y qué 1706
1 S 14.25 había *m* en la superficie del campo 1706
14.26 que la *m* corría; pero no hubo quien 1706
14.27 la mojó en un panal de *m*, y llevó su 1706
14.29 ojos, por haber gustado un poco de *m* 1706
14.43 gusté un poco de *m* con la punta de la 1706
2 S 17.29 *m*, manteca, ovejas, y quesos de 1706
1 R 14.3 y toma... una vasija de *m*, y vé a él 1706
2 R 18.32 a una tierra... de aceite, y de *m*; y 1706
2 Cr 31.5 primicias de grano, vino, aceite... *m* 1706
Job 20.17 no verá... torrentes de *m* y de leche 1706
Sal 19.10 dulces más que *m*, y que... del panal 1706
81.16 trigo, y con *m* de la peña les saciaría 1706
119.103 dulces son... más que la *m* a mi boca 1706
Pr 5.3 labios de la mujer extraña destilan *m* 5317
16.24 panal de *m* son los dichos suaves 1706
24.13 come, hijo... de la *m*, porque es buena 1706
25.16 ¿hallaste *m*? Come lo que te basta, no 1706
25.27 mucha *m* no es bueno, *m* el buscar la 1706
27.7 hombre saciado desprecia el panal de *m* 5317
Cnt 4.11 como panal de *m* destilan tus labios 5317
4.11 *m* y leche hay debajo de tu lengua; y el 1706
5.1 he comido mi panal y mi *m*, mi vino y mi 1706
Is 7.15 comerá... *m*, hasta que sepa desechar lo 1706
7.22 ciertamente mantequilla y *m* comerá el 1706
Jer 11.5 daría la tierra que fluye leche y *m* 1706
32.22 les diste... tierra que fluye leche y *m* 1706
41.8 no nos mates... tesoros de... y aceites y *m* 1706
Ez 3.3 comí, y fue en mi boca dulce como *m* 1706
16.13 comiste flor de harina de trigo, *m* y 1706
16.19 aceite y la *m*, con que yo te mantuve 1706
20.6 la tierra que les... que fluye leche y *m* 1706
20.15 a la tierra que... que fluye leche y *m* 1706
27.17 con... *m*, aceite y resina negociaban en 1706
Mt 3.4 su comida era ¡angostas y *m* silvestre *3192*
Mr 1.6 Juan... y comía langostas y *m* silvestre *3192*
Ap 10.9 pero en tu boca será dulce como la *m* *3192*
10.10 era dulce en mi boca como la *m*, pero *3192*

MIEMBRO
Dt 23.1 el que tenga... o amputado su *m* viril 8212
Job 18.13 sus *m* devorará el primogénito de la 905
40.18 fuertes... sus *m* como barras de hierro 1634
41.12 no guardaré silencio sobre sus *m*, ni 907
Ez 17.3 una gran águila... de largos *m*, llena 83
Mt 5.29,30 mejor... que se pierda uno de tus *m* si *3196*
Mr 15.43 José de Arimatea, *m*... del concilio
Lc 23.50 José... m del concilio, varón bueno y
Ro 6.13 *m* tampoco presentéis... *m* al pecado *3196*
6.13 vuestros *m* a Dios como instrumentos de *3196*
6.19 vuestros *m* para servir a la inmundicia *3196*
6.19 vuestros *m* para servir a la justicia *3196*
7.5 obraban en nuestros *m* llevando fruto para *3196*
7.23 otra ley en mis *m*, que se rebela contra *3196*
7.23 a la ley del pecado que está en mis *m* *3196*
12.4 en un cuerpo tenemos muchos *m*, pero no *3196*
12.4 no todos los *m* tienen la misma función *3196*
12.5 muchos... y todos *m* los unos de los otros *3196*
1 Co 6.15 vuestros cuerpos son *m* de Cristo? *3196*
6.15 ¿quitaré, pues, los *m* de Cristo y los *3196*
6.15 ¿quitaré... y los haré *m* de una ramera? *3196*
12.12 tiene muchos *m*, pero todos los *m* del *3196*
12.14 el cuerpo no es un solo *m*, sino muchos *3196*
12.18 ha colocado los *m* cada uno de ellos en *3196*
12.19 todos fueran un solo *m*, ¿dónde estaría *3196*
12.20 ahora son muchos los *m*, pero el cuerpo *3196*
12.22 los *m*... que parecen más débiles, son los *3196*
12.25 los *m* todos se preocupan los unos por *3196*
12.26 si un *m* padece, todos los *m* se duelen *3196*
12.26 *m* recibe honra... los *m* con él se gozan *3196*
12.27 el cuerpo... y *m* cada uno en particular *3196*
Ef 2.19 los santos, y *m* de la familia de Dios *3609*
3.6 los gentiles son... y *m* del mismo cuerpo *4954*
4.16 según la actividad propia de cada *m* *3313*
4.25 porque somos *m* los unos de los otros *3196*
5.30 somos *m* de su cuerpo, de su carne y de *3196*
Stg 3.5 lengua es un *m* pequeño, pero se jacta *3196*
3.6 la lengua está puesta entre nuestros *m* *3196*
4.1 pasiones, las... combaten en vuestros *m*? *3196*

MIES
Éx 22.6 quemar espinos quemare *m* amontonadas 1430
Lv 19.9 cuando siegues la *m* de tu tierra, no 7105
23.10 y segueis su *m*, traeréis al sacerdote 7105
23.22 cuando segareis la *m* de vuestra tierra 7105
Dt 16.9 que comenzare a meter la hoz en las *m* 7054
23.25 cuando entres en la *m* de tu prójimo 7054
23.25 no aplicarás hoz a la *m* de tu prójimo 7054
24.19 siegues tu *m* en tu campo, y olvides 7105
Jue 15.5 y quemó las *m* amontonadas y en pie 1430
1 S 8.12 a que sieguen sus *m*, y a que hagan 7105
Job 5.5 su *m* comerán los hambrientos, y la 7105
Is 17.5 como cuando el segador recoge la *m* 7105
23.3 su provisión procedía... de la *m* del río 7105
Jer 5.17 comerá tu *m* y tu pan, comerá a tus 7105
Os 8.7 no tendrán *m*, ni su espiga hará harina 7054
Jl 1.11 gemid, viñeros... perdió la *m* del campo 7105
3.13 echad la hoz, porque la *m* está ya madura 7105
Mt 9.37 **la *m* es mucha, mas los obreros pocos** *2326*
9.38 **al Señor de la *m*... envíe obreros a su *m*** *2326*
Lc 10.2 **les decía: La *m* a la verdad es mucha** *2326*
10.2 **Señor de la *m* que envíe obreros a su *m*** *2326*
Ap 14.15 pues la *m* de la tierra está madura *2326*

MIGAJA
Jue 1.7 pies, recogían las *m* debajo de mi mesa
Mt 15.27 comen de las *m* que caen de la mesa *5589*
Mr 7.28 aun los perrillos... comen de las *m* de *5589*
Lc 16.21 **ansiaba saciarse de las *m* que caían** *5589*

MIGDAL-EDAR *Lugar entre Belén y Hebrón*, Gn 35.21 4029

MIGDAL-EL *Ciudad fortificada en Neftalí*, Jos 19.38 4027

MIGDAL-GAD *Aldea en Judá*, Jos 15.37 4028

MIGDOL *Población en Egipto*
Éx 14.2 den la vuelta y acampen... entre *M* y el 4024
Nm 33.7 salieron de... y acamparon delante de *M* 4024
Jer 44.1 vivían en *M*, en Tafnes, en Menfis 4024
46.14 anunciad en Egipto, y haced saber en *M* 4024
Ez 29.10 en la soledad... desde *M* hasta Sevene 4024
30.6 desde *M* hasta Sevene caerán, a filo de 4024

MIGRÓN *Población en Benjamín*
1 S 14.2 debajo de un granado que hay en *M*, y 4051
Is 10.28 vino hasta Ajat, pasó hasta *M*; en 4051

MIGUEL *Arcángel*
Dn 10.13 *M*, uno de los... príncipes, vino para 4317
10.21 ninguno me ayuda contra ellos, sino *M* 4317
12.1 en aquel tiempo se levantará *M*, el gran 4317
Jud 9 cuando el arcángel *M* contendía con el *3413*
Ap 12.7 *M* y sus ángeles luchaban contra el *3413*

MIJAMÍN
1. Sacerdote en tiempo de David, 1 Cr 24.9 4326
2. Uno de los que se casaron con mujeres extranjeras en tiempo de Esdras, Esd 10.25 4641
3. Sacerdote, firmante del pacto de Nehemías, Neh 10.7 4326
4. Sacerdote que regresó del cautiverio con Zorobabel, Neh 12.5 4326

MIL *Véase también Millar, Mil Cinco, Dos Mil, etc.*
Gn 20.16 he dado *m* monedas de... a tu hermano 505
Éx 18.25 los puso por jefes... sobre *m*, sobre 505
Nm 31.4 *m* de cada tribu de todas las tribus 505
31.5 así fueron dados de... *m* por cada tribu 505
31.6 *m* de cada tribu envió; y Finees hijo de 505
35.4 los ejidos de... serán *m* codos alrededor 505
Dt 1.11 Dios... os haga *m* veces más de lo que 505
7.9 guarda el pacto y... hasta *m* generaciones 505
32.30 ¿cómo podría perseguir uno a *m*, y dos 505
Jos 23.10 un varón de vosotros perseguirá a *m* 505
Jue 9.49 murieron... unos *m* hombres y mujeres 505
15.15 quijada... y mató con ella a *m* hombres 505
15.16 con la quijada de un... maté a *m* hombres 505
20.10 ciento de cada *m*, y *m* de cada 10.000 505
1 S 8.12 nombrará para sí jefes de *m* y jefes 505
13.2 y *m* estaban con Jonatán en Gabaa de Saúl 505
17.18 quesos... los llevarás al jefe de los *m* 505
18.7 Saúl hirió a sus *m*, y David a... 10.000 505
18.8 y a mí *m*; no le falta más que el reino 505
18.13 lo alejó de sí, y le hizo jefe de *m* 505
21.11 hirió Saúl a sus *m*, y David a... 10.000 505
25.2 era muy rico, y tenía... ovejas y *m* cabras 505
29.2 a sus compañías de a ciento y de a *m* 505
29.5 Saúl hirió a sus *m*, y David a10.000 505
2 S 10.6 tomaron... del rey de Maaca *m* hombres 505
18.4 salía todo el pueblo de... y de *m* en *m* 505
18.12 aunque me pesaras *m* siclos de plata, no 505
19.17 con él venían *m* hombres de Benjamín 505
1 R 3.4 *m* holocaustos sacrificaba Salomón 505
2 R 15.19 y Manahem dio a Pul *m* talentos de 505
24.16 a los artesanos y herreros... fueron *m* 505
1 Cr 12.14 menor tenía cargo... el mayor de *m* 505
12.34 de Neftalí, *m* capitanes, y con ellos 505
16.15 de la palabra que él mandó para *m* 505
18.4 tomó David *m* carros... y desjarretó David 505
19.6 Hanún y... enviaron *m* talentos de plata 505
29.21 *m* becerros, *m* carneros, *m* corderos 505
2 Cr 1.6 y ofreció sobre él *m* holocaustos 505
30.24 había dado a la asamblea *m* novillos 505
30.24 los príncipes dieron al... *m* novillos y 505
Esd 1.9 tazones de oro, *m* tazones de plata 505
1.10 tazas de plata, y otros *m* utensilios 505
8.27 veinte tazones de oro de *m* dracmas, y 505
Neh 3.13 y *m* codos del muro, hasta la puerta 505
7.70 el gobernador dio... *m* dracmas de oro, 50 505
Job 9.3 no le podrá responder a una... entre *m* 505
42.12 tuvo... *m* yuntas de bueyes y *m* asnas 505
Sal 84.10 mejor es un día en tus atrios que *m* 505
90.4 *m* años delante de tus ojos son como el 505
91.7 caerán a tu lado *m*... mas a ti no llegará 505
105.8 palabra que mandó para *m* generaciones 505
Ec 6.6 viviere *m* años dos veces, sin gustar 505
7.28 hombre entre *m* he hallado, pero mujer 505
Cnt 4.4 *m* escudos están colgados en ella, todos 505
8.11 traer *m* monedas de plata por su fruto 505
8.12 las *m* serán tuyas, oh Salomón, y 200 505
Is 7.23 *m* vides que valían *m* siclos de plata 505
60.22 el pequeño vendrá a ser *m*, el menor, un 505
Ez 47.3,4(2) midió *m* codos, y me hizo pasar 505
47.5 midió otros *m*, y era ya un río que yo 505
Dn 5.1 Belsasar hizo un gran banquete a *m* de 505
5.1 el rey... en presencia de los *m* bebía vino 506
Am 5.3 la ciudad que salga con *m*, volverá con 505
2 P 3.8 un día es como *m* años, y *m* años como *5507*
Ap 20.2 prendió al dragón... lo ató por *m* años *5507*
20.3 hasta que fuesen cumplidos *m* años; y *5507*
20.4 vivieron y reinaron con Cristo *m* años *5507*
20.5 a vivir hasta que se cumplieron *m* años *5507*

20.6 sacerdotes... y reinarán con él *m* años *5507*
20.7 cuando los *m* años se cumplan, Satanás *5507*

MILAGRO
Éx 7.9 mostrad *m*; dirás a Aarón: Toma tu vara 4159
Dt 4.34 con señales, con *m* y con guerra, y 4159
6.22 Jehová... ni grandes y terribles en Egipto 4159
7.19 señales y *m*, y de la mano poderosa y el 4159
26.8 y Jehová nos sacó... con señales y con *m* 4159
Jue 13.19 ángel hizo *m* ante los ojos de Manoa 6381
Dn 4.2 que yo declare... *m* que el Dios Altísimo 8540
Mt 7.22 **dirán... en tu nombre hicimos muchos *m*?** *1411*
11.20 en las cuales había hecho muchos... *m* *1411*
11.21,23 hubieran hecho los *m* que han sido *1411*
13.54 ¿de dónde tiene... sabiduría y estos *m*? *1411*
13.58 no hizo allí muchos *m*, a causa de la *1411*
15.38 habían comido, cuatro *m* hombres *5070*
Mr 6.2 estos *m* que por sus manos son hechos? *1411*
6.5 no pudo hacer allí ningún *m*, salvo que *1411*
9.39 ninguno hay que haga *m* en mi nombre *1411*
Lc 10.13 **se hubieran hecho los *m* que se han** *1411*
Hch 4.22 en quien se había hecho este *m* de *4592*
8.13 viendo las... y grandes *m* que se hacían *1411*
19.11 hacía Dios *m* extraordinarios por mano *1411*
1 Co 12.10 otro, el hacer *m*; a otro, profecía *1411*
12.28 luego los que hacen *m*, después los que *1411*
12.29 ¿son todos apóstoles?... ¿hacen todos ni? *1411*
2 Co 12.12 hechas... por señales, prodigios y *m* *1411*
He 2.4 *m* y repartimientos del Espíritu Santo *1411*

MILALAI *Levita, músico en tiempo de Nehemías*, Neh 12.36 4450

MILANO
Lv 11.14; Dt 14.13 el gallinazo, el *m* según 344

MILCA
1. Mujer de Nacor, Gn 11.29; 22.20,23; 24.15,24,47 ... 4435
2. Hija de Zelofehad, Nm 26.33; 27.1; 36.11; Jos 17.3 ... 4435

MIL CIEN
Jue 16.5 cada uno de... te dará *1.100* siclos de 505,3967
17.2 dijo... los *1.100* ciclos de plata que te 505,3967
17.3 él devolvió los *1.100* siclos de plata 505,3967

MIL CINCO
1 R 4.32 compuso... sus cantares fueron *1.005* 505,7969

MIL CINCUENTA Y DOS
Esd 2.37; Neh 7.40 los hijos de Imer, *1.052* 505,2572,8147

MILCOM Dios *de los amonitas*
1 R 11.5 siguió... a *M*, ídolo abominable de los 4445
2 R 23.13 *M* ídolo abominable... hijos de Amón 4445
Jer 49.1 ¿por qué *M* ha desposeído a Gad, y su 4428
49.3 porque *M* fue llevado en cautiverio, sus 4428
Sof 1.5 a los que se postran jurando... por *M* 4445

MIL CUATROCIENTOS
1 R 10.26; 2 Cr 1.14 y tuvo *1.400* carros 505,702,3967

MIL DIECISIETE
Esd 2.39; Neh 7.42 los hijos de Harim, *1.017* ... 505,7651,6240

MIL DOSCIENTOS
2 Cr 12.3 con *1.200* carros, y con sesenta mil .. 505,8147,3967

MIL DOSCIENTOS CINCUENTA Y CUATRO
Esd 2.7; Neh 7.12 los hijos de Elam,
1.254 505,8147,3967,2572,702
Esd 2.31; Neh 7.34 hijos de otro Elam,
1.254 505,8147,3967,2572,702

MIL DOSCIENTOS CUARENTA Y SIETE
Esd 2.38; Neh 7.41 los hijos de Pasur,
1.247 505,8147,3967,705,7651

MIL DOSCIENTOS NOVENTA
Dn 12.11 hasta la abominación... *1.290* días... 505,3967,8673

MIL DOSCIENTOS SESENTA
Ap 11.3 daré... que profeticen por *1.260* días. *5507,1250,1835*
12.6 que allí la sustenten por *1.260* días ... *5507,1250,1835*

MIL DOSCIENTOS VEINTIDÓS
Esd 2.12 los hijos de Azgad, *1.222* ... 505,8147,3967,6242,8147

MILETO *Puerto en Asia Menor*
Hch 20.15 escala... día siguiente llegamos a *M* *3399*
20.17 enviando, pues, desde *M* a Efeso, hizo *3399*
2 Ti 4.20 se quedó en... y a Trófimo dejé en *M* *3399*

MILICIA
Jer 52.25 tomó... principal secretario de la *m* 6635
2 Co 10.4 armas de nuestra *m* no son carnales *4752*
Fil 2.25 necesario enviaros... compañero de *m* *4961*
1 Ti 1.18 a ti, milites por ellas la buena *m* *4752*
Flm 2 a Arquipo nuestro compañero de *m*, y *a* la *4961*

MILITAR *(adj.)*
Hch 28.16 entregó los presos al prefecto *m* *4759*

MILITAR *(v.)*
2 Co 10.3 carne, no *militamos* según la carne *4754*
1 Ti 1.18 *milites* por ellas la buena milicia *4754*
2 Ti 2.4 ninguno que *milita* se enreda en los *4754*

MILO
1. Barrio de la ciudad de Siquem
Jue 9.6 se juntaron... con toda la casa de *M* 4407
9.20 fuego salga... consuma... a la casa de *M* 4407
9.20 y fuego... de la casa de *M*, que consuma 4407
2. Fortificación de Jerusalén
2 S 5.9 y edificó alrededor desde *M* hacia 4407
1 R 9.15 edificar... *M*, y el muro de Jerusalén 4407
9.24 que Salomón... entonces edificó él a *M* 4407
11.27 edificando a *M*, cerró el portillo de 4407
2 R 12.20 y mataron a Joás en la casa de *M* 4407
1 Cr 11.8 edificó la ciudad... *M* hasta el muro 4407
2 Cr 32.5 fortificó además a *M* en la ciudad 4407

MIL SEISCIENTOS
Ap 14.20 salió sangre hasta... *1.600* estadios *5507,1812*

MIL SETECIENTOS
Jue 8.26 fue el peso de... *1.700* siclos de oro ... 505,7651,3967
2 S 8.4 y tomó David de ellos *1.700* hombres .. 505,7651,3967
1 Cr 26.30 hermanos, hombres de vigor, *1.700* 505,7651,3967

MIL SETECIENTOS SESENTA
1 Cr 9.13 sus hermanos... en número de
1.760 505,7651,3967,8346

MIL SETECIENTOS SETENTA Y CINCO
Éx 38.25 plata... cien talentos y *1.775* siclos
.... 505,7651,3967,7657,2568
38.28 de los *1.775* siclos hizo los capiteles
.... 505,7651,3967,7657,2568

MIL TRESCIENTOS SESENTA Y CINCO
Nm 3.50 y recibió... de Israel... *1.365* siclos
.... 505,7967,3967,8346,2568

MIL TRESCIENTOS TREINTA Y CINCO
Dn 12.12 el que espere, y llegue a *1.335* días
.... 505,7969,3967,2568,7970

MILLA
Mt 5.41 **te obligue a llevar carga por una *m*** *3400*

MILLAR
Gn 24.60 hermana nuestra, sé madre de *m* de *m* 7233
Éx 18.21 sobre el pueblo por jefes de *m*, de 505
20.6 y hago misericordia a *m*, a los que me 505
34.7 que guarda misericordia a *m*, que perdona 505
Nm 1.16 eran los... capitanes de los *m* de Israel 505
10.4 se congregarán... los jefes de los *m* de 505
10.36 vuelve, oh Jehová, a los *m* de *m* de 505
31.5 así fueron dados de los *m* de Israel, mil 505
31.14 se enojó Moisés contra... los jefes de *m* 505
31.48 vinieron a Moisés los jefes de los *m* 505
31.48 vinieron... los jefes de *m* y de centenas 505
31.52 ofrenda que ofrecieron... los jefes de *m* 505
31.54 recibieron... el oro de los jefes de *m* 505
Dt 1.15 jefes de *m*, de centenas, de cincuenta 505
5.10 y que hago misericordia a *m*, a los que 505
33.2 vino de entre diez *m* de santos, con la 7233
33.17 los diez *m* de Efraín... los *m* de Manasés 7233
Jos 22.14 era jefe de... entre los *m* de Israel 505
22.21 y dijeron a los cabezas de los *m* de 505
22.30 oyendo... los jefes de *los m* de Israel 505
1 S 10.19 delante de Jehová... por vuestros *m* 505
22.7 os hará a todos vosotros jefes de *m* y 505
23.23 le buscaré entre todos los *m* de Judá 505
2 S 18.1 puso sobre ellos jefes de *m* y jefes 505
1 Cr 12.20 príncipes de *m* de los de Manasés 505
13.1 tomó consejo con los capitanes de *m* y 505
15.25 y los capitanes de *m*, fueron a traer 505
26.26 los capitanes de *m* y de centenas, y 505
27.1 jefes de *m* y de centenas, y oficiales 505
28.1 reunió David... jefes de *m* y de centenas 505
29.6 de Israel, jefes de *m* y de centenas, con 505
2 Cr 1.2 convocó Salomón a Israel... jefes de *m* 505
17.14 los jefes de los *m* de Judá, el general 505
25.5 les puso jefes de *m* y de centenas sobre 505
Sal 3.6 no temeré a diez *m* de gente... pusieren 7233
50.10 mía... los *m* de animales en los collados 505
68.17 se cuentan por veintenas de *m* de *m* 505
119.72 mejor me es la ley de... que *m* de oro y 505
144.13 que se multiplican a *m* y decenas de *m* .. 503,7232
Is 30.17 un *m* huirá a la amenaza de uno; a la 505
Jer 32.18 haces misericordia a *m*, y castigas 505
Dn 7.10 de delante de él; *m* de *m* le servían 506
11.12 derribará a muchos *m*... no prevalecerá 7239
Mi 6.7 ¿se agradará Jehová de *m* de carneros 505
Lc 12.1 juntándose por *m* la multitud, tanto *3461*
Hch 21.20 cuántos *m* de judíos... que han creído *3461*
He 12.22 la compañía de muchos *m* de ángeles *3461*
Jud 14 el Señor con sus santas decenas de *m* *3461*

MILLO
Ez 4.9 toma para... cebada, habas, lentejas, *m* 1764

MILLÓN
1 Cr 21.5 había en todo Israel un *m* cien mil 505
22.14 oro, y un *m* de talentos de plata 505
2 Cr 14.9 Zera etíope con un ejército de un *m* 505
Dn 7.10 *m* de *m* asistían delante de él; el Juez 7240
Ap 5.11 muchos ángeles... su número era *m* de *m* *3461,5505*

MIMADO
Pr 29.21 siervo *m* desde la niñez por su amo 6445
Is 66.12 brazos... y sobre las rodillas seréis *m* 8173

MIMBRE
Jue 16.7 si me ataren con siete *m* verdes que 3499
16.8 le trajeron siete *m*... y ella le ató con 3499
16.9 rompió los *m*, como se rompe una cuerda 3499

MINA *(moneda)*
Ez 45.12 veinte... quince siclos, os serán una *m* 4488
Lc 19.13 **llamando a diez siervos... dio diez *m*** *3414*
19.16 **diciendo: Señor, tu *m* ha ganado diez *m*** *3414*
19.18 **diciendo: Señor, tu *m* ha producido 5 *m*** *3414*
19.20 **está tu *m*, la cual he tenido guardada** *3414*
19.24 **quitadle la *m*, y dadla al que... diez *m*** *3414*
19.25 **ellos le dijeron: Señor, tiene diez *m*** *3414*

MINA *(excavación en la tierra)*
Job 28.4 abren *m* lejos de lo habitado... el pie
Sof 2.9 *m* de sal, y asolamiento perpetuo; el 4379

MINAR
Job 24.16 en las tinieblas *minan* las casas que 2864
Mt 6.19 **tesoros en... ladrones *minan* y hurtan** *1358*
6.20 **y donde ladrones no *minan* ni hurtan** *1358*
24.43 **velaría, y no dejaría *minar* su casa** *1358*
Lc 12.39 **velaría... y no dejaría *minar* su casa** *1358*

MINI *Reino al noroeste de Asiria*
Jer 51.27 reinos de Ararat, de *M* y de Askenaz 4508

MINIAMÍN
1. Ayudante de Coré el levita en tiempo del rey Ezequías, 2 Cr 31.15 4509
2. Sacerdote, músico en tiempo de Nehemías, Neh 12.17,41 4509

MÍNIMO
Jer 8.12 no se han avergonzado en lo más *m*

MINISTERIO
Éx 39.1 las vestiduras del *m* para ministrar 8278
Nm 3.7 para servir en el *m* del tabernáculo 5656
4.27 será todo el *m* de los hijos de Gersón 5656
4.33 todo su *m* en el tabernáculo de reunión 5656
7.5 los darás... a cada uno conforme a su *m* 5656
7.7 dio a a los... de Gersón, conforme a su *m* 5656
7.8 a los hijos de Merari... conforme a su *m* 5656
8.11 levitas... y servirán en el *m* de Jehová 5656
8.19 ejerzan el *m* de los hijos de Israel en 5656
8.22 vinieron... los levitas para ejercer su *m* 5656
8.24 entrarán a ejercer su *m* en el servicio 5656
8.25 desde... 50 años cesarán de ejercer su *m* 5656
8.26 pero no servirán en el *m*. Así harás con 5656
8.26 harás con los levitas en cuanto a su *m* 5656
18.6 que sirvan en el *m* del tabernáculo de 5656
18.21 por su *m*, por cuanto ellos sirven en 5656
18.21 ellos sirven en el *m* del tabernáculo 5656
18.31 es vuestra remuneración por vuestro *m* 5656
1 S 2.36 me agregues a alguno de los *m*, para 3550
1 Cr 6.32 después estuvieron en su *m* según su 8334
6.48 levitas fueron puestos sobre todo el *m* 5656
9.13 eficaces en la obra del *m* en la casa de 5656
9.19 a su cargo la obra del *m*, guardando las 5656
9.28 a su cargo los utensilios para el *m*, los 5656
23.24 cuales trabajaban en el *m* de la casa 5656
23.26 que llevar... los utensilios para su *m* 5656
23.28 la demás obra del *m* de la casa de Dios 5656
23.32 guarda del... el *m* de la casa de Jehová 5656
24.3 los repartió por sus turnos en el *m* 5656
24.19 fueron distribuidos para su *m*, para que 5656
25.1 apartaron para el *m* a los hijos de Asaf 5656
25.1 hombres idóneos para la obra de su *m*, fue 5656
25.6 la música... para el *m* del templo de Dios 5656
28.13 para toda la obra del *m* de la casa de 5656
28.13 utensilios del *m* de la casa de Jehová 5656
28.21 levitas, para todo el *m* de la casa de 5656
2 Cr 7.6 y los sacerdotes desempeñaban su *m* 4931
11.14 Jeroboam y sus... los excluyeron del *m* 3547
31.16 para desempeñar su *m* según sus oficios 5656
35.2 y los confirmó en el *m* de la casa de 5656
35.15 no era necesario... se apartasen de su *m* 5656
Esd 8.20 David... puso, para el *m* de los levitas 5656
Neh 12.9 Bacbuquías y Uni... cada cual en su *m* 4931
Lc 1.23 cumplidos los días de su *m*, se fue a *3009*
3.23 Jesús mismo al comenzar su *m* era como de
Hch 1.17 era contado... y tenía parte en este *m* *1248*
1.25 que tome la parte de este *m* y apostolado *1248*
6.4 en la oración y en el *m* de la palabra *1248*
20.24 que acabe... el *m* que recibí del Señor *1248*
21.19 cosas que Dios había hecho... por su *m* *1248*
Ro 11.13 cuanto yo soy apóstol a... honro mi *m* *1248*
1 Co 12.5 hay diversidad de ni, pero el Señor *1248*
2 Co 3.7 si el *m* de muerte grabado con letras *1248*
3.8 más bien con gloria el *m* del espíritu? *1248*
3.9 si el *m* de condenación fue con gloria *1248*
3.9 abundará en gloria el *m* de justificación *1248*
4.1 por lo cual, teniendo nosotros este *m* *1248*
5.18 Dios... nos dio el *m* de la reconciliación *1248*
6.3 no... para que nuestro *m* no sea vituperado *1248*
Ef 4.12 perfeccionar a... para la obra del *m* *1248*
Col 4.17 mira que cumplas el *m* que recibiste *1248*
1 Ti 1.12 tuvo por fiel, poniéndome en el *m* *1248*
2 Ti 4.5 tú sé sobrio en todo... cumple tu *m* *1248*
4.11 toma a Marcos y tráele... útil para el *1248*
He 8.6 ahora tanto mejor *m* es el suyo, cuanto *3009*
9.21 roció también... y todos los vasos del *m* *3009*

MINISTRACIÓN
2 Co 9.1 cuanto a la *m* para los santos, es por *1248*
9.12 la *m* de este servicio... suple lo que a *1248*
9.13 la experiencia de esta *m* glorifican a *1248*

MINISTRADOR
Fil 2.25 mensajero, y *m* de mis necesidades *3011*
He 1.14 ¿no son todos espíritus *m*, enviados *3010*

MINISTRAR
Éx 28.35 estará sobre Aarón cuando *ministre* 8334
30.20 se acerquen al altar para *ministrar* 8334
35.19 las vestiduras... para *ministrar* en el 8334
39.1 hicieron las vestiduras... para *ministrar* 8278
39.26 para *ministrar*, como Jehová lo mandó a 8334
39.41 vestiduras del servicio para *ministrar* 8334
39.41 hijos, para *ministrar* en el sacerdocio 3547
Nm 3.8 *ministren*... el servicio del tabernáculo 5656
3.31 los utensilios del... con que *ministran* 8334
4.24 será el oficio... Gersón, para *ministrar* 5656
4.35,39,43 para *ministrar* en el tabernáculo 6635
4.37,41 los que *ministran* en el tabernáculo 5647
4.47 entraban para *ministrar* en el servicio 5656
8.15 vendrán... a *ministrar* en el tabernáculo 5647

M

16.9 para que *ministréis* en el servicio del.......... 5656
16.9 estéis delante de... para *ministrarles*.......... 8334
18.7 tú y tus hijos contigo... *ministraréis*.......... 5647
Dt 17.12 al sacerdote que está para *ministrar*......... 8334
18.7 *ministrará*... como todos sus hermanos los.... 8334
Jue 20.28 Finees... *ministraba* delante de ella......... 5975
1 S 2.11 y el niño *ministraba* a Jehová delante......... 8334
2.18 joven Samuel *ministraba* en la presencia...... 8334
3.1 el joven Samuel *ministraba* a Jehová en........ 8334
1 R 8.11 no pudieron... *ministrar* por causa de........ 8334
2 R 25.14 los utensilios... con que *ministraban*......... 8334
1 Cr 6.49 Aarón... *ministraban* en toda la obra
16.37 que *ministrasen* de continuo... del arca....... 8334
23.13 y le *ministrasen* y bendijesen en su.......... 8334
23.28 para *ministrar* en la casa de Jehová......... 5656
2 Cr 5.14 no podían los sacerdotes... *ministrar*......... 8334
8.14 *ministrasen* delante de los sacerdotes......... 8334
13.10 los sacerdotes que *ministran*... de Aarón..... 8334
23.6 los sacerdotes y levitas que *ministran*......... 8334
31.2 para que *ministrasen*... que diesen gracias.... 8334
Neh 10.36 a los sacerdotes que *ministran* en la........ 8334
10.39 estarán... los sacerdotes que *ministran*....... 8334
Jer 52.18 utensilios... con que se *ministraba*........... 8334
Ez 40.46 llamados de... para *ministrar* a Jehová....... 8334
42.14 dejarán... vestiduras con que *ministran*....... 8334
43.19 se acerquen a... para *ministrar* ante mí...... 8334
44.15 se acercarán para *ministrar* ante mí......... 8334
44.17 cuando *ministren* en las puertas del.......... 8334
44.19 las vestiduras con que *ministraron*, y......... 8334
44.27 entre... para *ministrar* en el santuario...... 8334
45.4 que se acercan para *ministrar* a Jehová....... 8334
Hch 13.2 *ministrando*... al Señor, y ayunando......... *3008*
Ro 15.16 *ministrando* el evangelio de Dios, para....... *2418*
15.25 Jerusalén para *ministrar* a los santos........ *1247*
15.27 deben... *ministrarles* de los materiales....... *3008*
He 10.11 día *ministrando* y ofreciendo muchas........ *3008*
1 P 4.10 *minístrelo* a los otros, como buenos........... *1247*
4.11 si alguno *ministra*, *ministre* conforme......... *1247*

MINISTRO
1 R 4.5 Zabud... *m* principal y amigo del rey.......... 3548
1 Cr 16.4 puso delante del arca de Jehová *m*.......... 8334
2 Cr 29.11 seáis sus *m*, y le queméis incienso.......... 8334
Esd 7.24 a todos los... *m* de la casa de Dios............ 6399
8.17 nos trajesen *m* para la casa de... Dios......... 8334
Sal 103.21 *m* suyos, que hacéis su voluntad............ 8334
104.4 que hace... a las flamas de fuego sus *m*...... 8334
Is 61.6 *m* de nuestro Dios seréis llamados............ 8334
Jer 33.21 con los levitas y sacerdotes, mis *m*.......... 8334
Ez 45.4 para los sacerdotes, *m* del santuario.......... 8334
45.5 lo cual será para los levitas *m* de la.......... 8334
Jl 1.9 sacerdotes *m* de Jehová están de duelo.......... 8334
1.13 sacerdotes; gemid, *m* del altar; venid......... 8334
1.13 venid, dormid en cilicio, *m* de mi Dios......... 8334
2.17 altar lloren los sacerdotes *m* de Jehová....... 8334
Sof 1.4 el nombre de los *m* idólatras con sus.......... 3649
Lc 1.2 que lo vieron... fueron *m* de la palabra......... *5257*
4.20 enrollando el libro, lo dio al *m*, y se........... *5257*
Hch 26.16 **para ponerte por *m* y testigo de las**......... *5257*
Ro 15.16 ser *m* de Jesucristo a los gentiles............ *2418*
2 Co 3.6 hizo *m* competentes de un nuevo pacto....... *1249*
6.4 nos recomendamos en todo como *m* de Dios.... *1249*
11.15 sus *m* se disfrazan como *m* de justicia....... *1249*
11.23 ¿son *m* de Cristo? (Como si... loco hablo)..... *1249*
Gá 2.17 ¿es por eso Cristo *m* de pecado? En........... *1249*
Ef 3.7 del cual yo fui hecho *m* por el don de........... *1249*
6.21 Tíquico, hermano amado y fiel ni en el........ *1249*
Col 1.7 Epafras... que es un fiel *m* de Cristo.......... *1249*
1.23 cielo; del cual yo Pablo fui hecho *m*............ *1249*
1.25 fui hecho *m*, según la administración de....... *1249*
4.7 saber Tíquico, amado hermano y fiel ni y....... *1249*
1 Ti 4.6 serás buen *m* de Jesucristo, nutrido........... *1249*
He 1.7 el que hace a... a sus *m* llama de fuego......... *3011*
8.2 *m* del santuario, y de... tabernáculo que........ *3011*

MINIT *Ciudad de los amonitas*
Jue 11.33 desde Aroer hasta llegar a *M*, veinte........ 4511
Ez 27.17 con trigos de *M* y Panag... negociaban....... 4511

MÍO, A *Véase también el Apéndice*
Gn 33.11 presente... todo lo que hay aquí es *m*
Éx 19.5 especial tesoro... *m* es toda la tierra
22.9 fraude... cuando alguno dijere: Esto es *m*...... 1697
Lv 25.23 tierra no se venderá... la tierra *m* es
Nm 8.17 *m* es todo primogénito de entre los
1 R 20.3 ha dicho... Tu plata y tu oro son *m*
Is 43.1 te redimí; te puse nombre, *m* eres tú
Os 3.3 dije: Tú serás *m* durante muchos días
Jn 14.24 **la palabra que habéis oído no es *m***.......... *1699*
16.14 **tomará de lo *m*, y os lo hará saber**.......... *1699*
16.15 **todo lo que tiene el Padre es *m*; por**.......... *1699*
17.10 **todo lo *m* es tuyo, y lo tuyo *m*; y he**......... *1699*

MIQUEAS *Profeta*
Jer 26.18 *M*... profetizó en tiempo de Ezequías........ 4320
Mi 1.1 palabra de Jehová... vino a *M* de Moreset...... 4318

MIRA *Ciudad de Licia*, Hch 27.5................. *3460*

MIRA
Neh 6.6 la *m*, según estas palabras, de ser tú
Mt 16.23; Mr 8.33 no pones la *m* en las cosas.......... *5426*
Ro 3.26 con la *m* de manifestar... su justicia
Col 3.2 poned la *m* en las cosas de arriba, no.......... *5426*

MIRADA
Job 7.19 ¿hasta cuándo no apartarás de mí tu *m*
He 11.26 tenía puesta la *m* en el galardón.............. *578*

MIRAR
Gn 4.4 *miró* Jehová con agrado a Abel y a su......... 8159
4.5 no *miró* con agrado a Caín y a su ofrenda...... 8159
6.12 y *miró* Dios la tierra, y he aquí que........... 7200
8.13 quitó Noé la cubierta del arca, y *miró*......... 7200
13.14 alza ahora tus ojos, y *mira* desde el.......... 7200
15.3 Abram: *Mira* que no me has dado prole, y..... 2005
15.5 dijo: *Mira* ahora los cielos, y cuenta.......... 5027
16.4 Agar... *miraba* con desprecio a su señora..... 5869
16.5 me *mira* con desprecio; juzgue Jehová........ 5869
18.2 alzó sus ojos y *miró*, y he aquí tres........... 7200
18.16 *miraron* hacia Sodoma; y Abraham iba...... 8259
19.17 escapa por tu vida; no *mires* tras ti.......... 5027
19.26 la mujer de Lot *miró* atrás, a espaldas....... 5027
19.28 *miró* hacia Sodoma... aquella llanura *m*...... 8259
20.16 *mira* que él te es como un velo para los...... 2029
22.13 alzó Abraham sus ojos y *miró*, y he aquí...... 7200
24.63 *miró*, y he aquí los camellos... venían........ 7200
26.8 *mirando* por una ventana, vio a Isaac que..... 8259
27.27 *mira*, el olor de mi hijo, como el olor......... 7200
29.2 *miró*, y vio un pozo en el campo; y he.......... 7200
29.32 dijo: Ha *mirado* Jehová mi aflicción.......... 7200
30.34 dijo... Labán: *Mira*, sea como tú dices......... 2005
31.2 *miraba*... Jacob el semblante de Labán, y...... 7200
31.50 *mira*, Dios es testigo entre nosotros.......... 7200
33.1 alzando Jacob sus ojos, *miró*, y... Esaú......... 7200
37.14 vé... *mira* cómo están tus hermanos y........ 2009
37.25 ojos *miraron*, y he aquí una compañía de.... 7200
38.25 *mira* ahora de quién son estas cosas, el...... 5234
39.14 *mirad*, nos ha traído un hebreo para que.... 7200
40.6 los *miró*, y he aquí que estaban tristes........ 7200
42.1 dijo a sus... ¿Por qué os estáis *mirando*?....... 7200
43.33 estaban... atónitos *mirándose* el uno al
Éx 2.12 *miró* a todas partes, y viendo que no.......... 6437
2.25 *miró* Dios a los hijos de Israel, y los............ 7200
3.2 y él *miró*, y vio que la zarza ardía en........... 7200
3.6 Moisés cubrió su... miedo de *mirar* a Dios...... 5027
4.21 *mira* que hagas delante de Faraón todas...... 7200
5.21 *mire* Jehová sobre vosotros, y juzgue......... 7200
7.1 Moisés: *Mira*, yo te he constituido dios.......... 7200
10.10 *mirad*... el mal está delante de vosotros!..... 7200
14.24 Jehová *miró* el campamento de... egipcios... 8259
16.10 *miraron* hacia el desierto... la gloria de...... 6437
16.29 *mirad*... Jehová os dio el día de reposo....... 7200
25.20 *mirando* al propiciatorio los rostros
25.40 *mira* y hazlos conforme al modelo que....... 7200
31.2 *mira*... he llamado por nombre a Bezaleel..... 7200
33.8 *miraban* en pos de Moisés, hasta que él...... 6437
33.12 *mira*... me dices a mí: Saca este pueblo....... 7200
33.13 y *mira* que esta gente es pueblo tuyo........ 7200
34.30 y Aarón y... de Israel *miraron* a Moisés...... 7200
34.35 al *mirar* los hijos de Israel el rostro.......... 7200
35.30 *mirad*, Jehová ha nombrado a Bezaleel...... 7200
37.9 rostros... *miraban* hacia el propiciatorio
Lv 13.3,30,32 el sacerdote *mirará* la llaga............ 7200
13.5 el sacerdote lo *mirará*; y si la llaga.......... 7200
13.10 éste lo *mirará*, y si apareciere tumor......... 7200
13.15 y el sacerdote *mirará* la carne viva, y........ 7200
13.17 el sacerdote *mirará*, y si la llaga se.......... 7200
13.20 y el sacerdote *mirará*; y si pareciere......... 7200
13.25 el sacerdote la *mirará*; y si el pelo se......... 7200
13.26 el sacerdote la *mirare*, y no apareciere...... 7200
13.31 el sacerdote hubiere *mirado* la llaga de...... 7200
13.34 *mirará* el sacerdote la tiña; y si la........... 7200
13.36 el sacerdote la *mirará*; y si la tiña........... 7200
13.39 el sacerdote *mirará*, y si en la piel de........ 7200
13.43 el sacerdote lo *mirará*, y si pareciere........ 7200
13.50 sacerdote *mirará* la plaga, y encerrará...... 7200
13.51 y al séptimo día *mirará* la plaga; y si........ 7200
13.53 si el sacerdote *mirare*, y no pareciere........ 7200
13.55 sacerdote *mirará* después que la plaga...... 7200
14.36 casa antes que entre a *mirar* la plaga........ 7200
27.33 no *mirará* si es bueno o malo, ni lo.......... 1239
Nm 12.10 *miró* Aarón a María... estaba leprosa....... 6437
15.39 y no *miréis* en pos de vuestro corazón........ 7200
16.15 dijo a Jehová: No *mires* a su ofrenda........ 6437
16.42 *miraron*... el tabernáculo de reunión, y....... 6437
21.8 fuere mordido y *mirare* a ella, vivirá.......... 7200
21.9 mordía... *miraba* a la serpiente... y vivía...... 5027
21.20 la cumbre... que *mira* hacia el desierto....... 8259
23.9 y desde los collados lo *miraré*; he aquí........ 7200
23.28 a la cumbre de Peor, que *mira* hacia el....... 8259
24.17 lo veré, mas... *miraré*, mas no de cerca....... 7200
Dt 1.8 *mirad*, yo os he entregado la tierra............ 7200
1.21 *mira*, Jehová... te ha entregado la tierra...... 7200
3.27 y *mira* con tus propios ojos... no pasarás...... 7200
4.5 *mirad*... he enseñado estatutos y decretos...... 7200
5.32 *mirad*... que hagáis como Jehová... Dios os.... 8104
9.16 y *miré*, y he aquí habíais pecado contra....... 7200
9.27 no *mires* a la dureza de este pueblo, ni....... 6437
15.9 año... y *mires* con malos ojos a tu hermano
26.15 *mira* desde tu morada santa, desde el........ 8259
28.54 *mirará* con malos ojos a su hermano, y
28.56 *mirará* con malos ojos al marido de su
30.15 *mira*, yo he puesto delante de ti hoy la...... 7200
32.49 sube... y *mira* la tierra de Canaán, que....... 7200
Jos 1.9 *mira* que te mando que te esfuerces y
6.2 dijo... *Mira*, yo he entregado en tu mano a...... 7200
8.1 *mira*, yo he entregado en tu mano al rey....... 7200
8.8 conforme a... *mirad* que os lo he mandado..... 7200
8.20 al *mirar*... el humo de la ciudad subía al....... 6437
15.2 desde la bahía que *mira* hacia el sur.......... 6437
15.7 y al norte *mira* sobre Gilgal, que está......... 6437
22.28 *mirad* el símil del altar de Jehová, el........ 7200
Jue 6.14 y *mirándole* Jehová, le dijo: Vé con.......... 6437
7.17 *miradme* a mí, y haced como hago yo; he....... 7200
9.43 *miró*... el pueblo que salía de la ciudad....... 7200
13.10 *mira*... se me ha aparecido aquel varón...... 2009
16.27 estaban *mirando* el escarnio de Sansón...... 7200
18.14 *mirad*, por tanto... que habéis de hacer...... 6258
20.40 los de Benjamín *miraron* hacia atrás; y....... 6437
Rt 2.9 *mira*... el campo que sieguen, y síguelas....... 5869
1 S 1.11 si te dignares *mirar* a la aflicción............. 7200
6.19 habían *mirado* dentro del arca de Jehová..... 7200
9.16 yo he *mirado* a mi pueblo, por cuanto su...... 7200
12.16 *mirad* esta gran cosa que Jehová hará....... 7200
13.18 la región que *mira* al valle de Zeboim........ 8259
16.7 no *mires* a su parecer, ni a lo grande de....... 5027
16.7 Jehová no *mira* lo que *m* el hombre; pues..... 7200
16.7 el hombre *mira*... pero Jehová *m* el corazón... 7200
17.18 *mira* si tus hermanos están buenos, y........ 6485
17.42 el filisteo *miró* y vio a David, le tuvo......... 5027
18.9 día Saúl no *miró* con buenos ojos a David..... 5770
24.8 Saúl *miró*... David inclinó su rostro a.......... 5027
24.9 dicen: *Mira* que David procura tu mal?......... 2009
24.11 y *mira*, padre mío, *m* la orilla de tu.......... 7200
25.35 sube en paz... *mira* que he oído tu voz........ 7200
26.5 *miró* David el lugar donde dormían Saúl....... 7200
26.16 *mira*... dónde está la lanza del rey, y......... 7200
2 S 1.7 *mirando* él hacia atrás, me vio y me.......... 6437
2.20 *miró* atrás Abner, y dijo: ¿No eres tú.......... 6437
6.16 Mical... *miró* desde una ventana, y vio al...... 8259
7.2 *mira* ahora, yo habito en casa de cedro........ 7200
9.8 para que *mires* a un perro muerto como yo..... 6437
13.28 que *miréis* cuando el corazón de Amnón..... 7200
13.34 *miró*, y he aquí mucha gente que venía....... 7200
14.30 *mirad*, el campo de Joab está junto al........ 7200
15.3 *mira*, tus palabras son buenas y justas........ 7200
15.28 *mirad*, yo me detendré en los vados del...... 7200
16.12 quizá *mirará* Jehová mi aflicción, y me....... 7200
18.12 *mirad*... ninguno toque al joven Absalón..... 8104
18.24 y... *miró*, y vio a uno que corría solo.......... 7200
19.16 oye; abre, oh Jehová, tus ojos, y *mira*........ 7200
24.13 piensa... y *mira* qué responderé al que me... 7200
24.20 Arauna *miró*, y vio al rey y... siervos......... 8259
1 R 7.25 tres *miraban* al norte, tres *m* al.............. 6437
7.25 tres *miraban* al sur, y tres *m* al oriente........ 6437
17.23 y le dijo Elías: *Mira*, tu hijo vive............. 7200
18.43 *mira* hacia el mar. Y él subió, y *miró*......... 5027
19.6 *miró*, y he aquí a su cabecera una torta....... 5027
20.22 considera y *mira* lo que hagas; porque....... 7200
2 R 2.24 *mirando* él atrás... vio, y los maldijo......... 7200
3.14 no tuviese respeto... no te *mirara* a ti.......... 5027
6.9 *mira* que no pases por tal lugar, porque....... 8104
6.13 *mirad* dónde está, para que yo envíe a........ 7200
6.17 y *miró*... el monte estaba lleno de gente....... 7200
6.20 y *miraron*, y se hallaban en... de Samaria..... 7200
6.32 *mirad*... y cuando viniere el mensajero........ 7200
8.11 y el varón de Dios le *miró* fijamente........... 5975
10.23 *mirad* y... no haya aquí entre vosotros........ 7200
11.14 cuando *miró*... el rey estaba junto a la....... 7200
13.4 *miró* la aflicción de Israel, pues el............ 7200
13.23 y los *miró*, a causa de su pacto con.......... 6437
14.26 Jehová *miró* la... aflicción de Israel.......... 7200
19.16 oye; abre, oh Jehová, tus ojos, y *mira*........ 7200
1 Cr 15.29 Mical... *mirando* por una ventana, vio....... 8259
17.17 has *mirado* como a un hombre excelente..... 7200
21.12 *mira*, pues, qué responderé al que me........ 7200
21.15 *miró* Jehová y se arrepintió de aquel......... 7200
21.21 *miró* Ornán, y vio a David... se postró........ 5027
28.10 *mira*... que Jehová te ha elegido para........ 7200
2 Cr 4.4 doce bueyes, tres... *miraban* al norte........ 6437
6.19 *mirarás* a la oración de tu siervo, y a........ 8085
10.16 ¡David, *mira* ahora por tu casa! Así se....... 7200
13.14 *miró* Judá, he aquí que tenía batalla........ 6437
19.6 dijo a los jueces: *Mirad* lo que hacéis........ 7200
19.7 *mirad* lo que hacéis, porque con Jehová...... 8104
20.24 *miraron* hacia la multitud, y he aquí......... 6437
23.13 *mirando*, vio al rey que estaba junto......... 7200
26.20 le *miró* el sumo sacerdote Azarías, y......... 6437
33.6 *miraba* en agüeros, era... adivinaciones........ 6049
Esd 4.22 y *mirad* que no seáis negligentes en......... 2095
Neh 4.14 después *miré*... y dije a los nobles y......... 7200
9.9 *miraste* la aflicción de nuestros padres......... 7200
Job 6.19 *miraron* los caminantes de Temán, los....... 5027
6.28 *miradme*, y ved si digo mentira delante....... 6437
11.18 *mirarás* alrededor, y dormirás seguro......... 2658
21.5 *miradme*, y espantaos, y poned la mano....... 6437
22.12 *mira* lo encumbrado de las estrellas.......... 7200
28.24 él *mira* hasta los fines de la tierra............ 5027
31.1 ¿cómo... había yo de *mirar* a una virgen?....... 995
31.26 si he *mirado* al sol cuando resplandecía...... 7200
33.27 él *mira* sobre los hombres; y al que........... 7789
34.29 escondiere el rostro, ¿quién lo *mirará*?....... 7789
35.5 *mira* a los cielos, y ve, y considera que....... 5027
35.13 la vanidad, ni la *mirará* el Omnipotente...... 7789
36.25 la ven; la *mira* el hombre de lejos............ 2372
37.21 mas ahora ya no se puede *mirar* la luz........ 7200
39.1 ¿o *miraste* tú las ciervas cuando están........ 8104
40.11 tu ira; *mira* a todo altivo, y abátelo.......... 7200
40.12 *mira* a todo soberbio, y humíllalo, y.......... 7200
Sal 9.13 *mira* mi aflicción... a causa de los que........ 7200
10.14 *miras* el trabajo y la vejación, para........... 7200
11.7 justo... el hombre recto *mirará* su rostro....... 2372
13.3 *mira*, respóndeme, oh Jehová Dios mío......... 5027
14.2 Jehová *miró* desde los cielos sobre los......... 8259
22.17 entre tanto... me *miran* y me observan....... 5027
25.16 *mírame*, y ten misericordia de mí... solo...... 6437
25.18 *mira* mi aflicción y mi trabajo, y.............. 7200
25.19 *mira* mis enemigos... se han multiplicado.... 7200
33.13 desde los cielos *miró* Jehová; vio a.......... 5027
33.14 *miró* sobre todos los moradores de la........ 7688
34.5 los que *miraron* a él fueron alumbrados........ 5027
37.37 considera al íntegro, y *mira* al justo.......... 7200
40.4 no *mira* a los soberbios, ni a los que........... 6437
45.10 oye, hija, y *mira*, e inclina tu oído............ 7200
48.13 *mirad* sus palacios... que lo contéis a......... 6448
53.2 Dios desde los cielos *miró* sobre los........... 8259
56.6 *miran* atentamente mis pasos... acechan...... 8104

59.4 despierta para... a mi encuentro, y *mira* 7200
63.2 así como te he *mirado* en el santuario......... 2372
66.18 si... hubiese yo *mirado* a la iniquidad......... 7200
69.16 mírame conforme a la multitud de tus........ 6437
74.20 *mira* al pacto, porque los lugares 5027
80.14 *mira* desde el cielo, y considera, y........... 5027
84.9 *mira*, oh Dios, escudo nuestro, y pon los 5027
85.11 y la justicia *mirará* desde los cielos........... 8259
86.16 *mírame*, y ten misericordia de mí; da......... 6437
91.8 ciertamente con... ojos *mirarás* y verás......... 5027
92.11 *mirarán* mis ojos sobre mis enemigos 5027
102.19 *miró* desde lo alto de su santuario 8259
102.19 *miró* desde los cielos a la tierra 8259
104.32 él *mira* a la tierra, y ella tiembla 5027
106.44 él *miraba* cuando estaban en angustia...... 7200
109.25 me *miraban*, y *burlándose* meneaban su.... 7200
113.6 que se humilla a *mirar* en el cielo y en 7200
119.18 abre mis ojos, y *miraré*... de tu ley........... 5027
119.132 *mírame*, y ten misericordia de mí 6437
119.153 *mira* mi aflicción, y líbrame, porque 7200
119.159 *mira*, oh, que amo tus mandamientos...... 7200
123.2 como los ojos de... *miran* a la mano de
123.2 así nuestros ojos *miran* a Jehová... Dios
130.3 JAH, si *mirares* a los pecados, ¿quién......... 8104
133.1 ¡*mirad* cuán bueno y cuán delicioso es 2009
134.1 *mirad*, bendecid a Jehová, vosotros todos 2009
138.6 atiende... mas al altivo *mira* de lejos 7200
141.8 ti, oh Jehová, Señor, *miran* mis ojos
142.4 *mira* a mi diestra y observa, pues no 5027
Pr 4.25 tus ojos *miren* lo recto, y diríjanse 5027
6.6 la hormiga... *mira* sus caminos, y sé sabio 7200
7.6 porque *mirando* yo por la ventana de mi 8259
14.15 mas el avisado *mira* bien sus pasos 995
15.3 ojos...*mirando* a los malos y a los buenos 6822
20.8 el rey que... con su *mirar* disipa todo mal....... 5869
23.26 hijo... y *miren* tus ojos por mis caminos 5341
23.31 no *mires* al vino cuando rojea, cuando 7200
23.33 tus ojos *mirarán* cosas extrañas, y tu......... 7200
24.12 que *mira* por tu alma, él lo conocerá 2005
24.18 sea que Jehová lo *mire*, y le desagrade 7200
24.32 *miré*, y lo puse en mi corazón; lo vi........... 7200
25.7 del príncipe a quien han *mirado* tus ojos 7200
27.18 y el que *mira* por los intereses de su 8104
27.23 sé... y *mira* con cuidado por tus rebaños 7896
Ec 1.14 *miré*... obras que se hacen debajo del 7200
2.11 *miré* yo... las obras que habían hecho mis...... 6437
2.12 volví yo a *mirar* para ver la sabiduría.......... 7200
7.13 *mira* la obra de Dios; porque ¿quién............ 7200
11.4 y el que *mira* a las nubes, no segará............ 8104
12.3 se oscurecerán los que *miran* por las............ 7200
Cnt 1.6 que soy morena, porque el sol me *miró*......... 7805
2.9 *mirando* por las ventanas, atisbando por......... 7688
4.8 *mira* desde la cumbre de Amana, desde la...... 7789
6.13 oh sulamita... vuélvete, y te *miraremos* 2372
7.4 como la torre... que *mira* hacia Damasco 6822
Is 5.12 y vino, y no *miran* la obra de Jehová 5027
5.30 *mirará*... la tierra, y he aquí tinieblas........... 5027
8.22 y *mirarán* a la tierra, y... tribulación 5027
13.8 se asombrará cada cual al *mirar* a su
13.14 cada cual *mirará* hacia su pueblo... huirá..... 6437
17.7 aquel día *mirará* el hombre a su Hacedor 8159
17.8 no *mirará* a los altares que hicieron sus....... 8159
17.8 ni *mirará* a lo que hicieron sus dedos.......... 7200
18.3 se levante bandera en los montes, *mirad* 7200
18.4 y los *miraré* desde mi morada, como sol....... 5027
20.6 *mirad* qué tal fue nuestra esperanza, a......... 2009
21.7 sobre camellos; y *miró* más atentamente 7200
22.8 *miraste* en aquel día hacia la casa de........... 5027
22.11 ni *mirasteis* de lejos al que lo labró 5027
23.13 *mira* la tierra de los caldeos. Este 2005
26.10 y no *mirará* a la majestad de Jehová 7200
28.4 la cual, apenas la ve el que la *mira*, se.......... 7200
31.1 no *miran* al Santo de Israel, ni buscan 8159
33.20 *mira* a Sion, ciudad de nuestras fiestas....... 2372
36.18 *mirad*... no os engañe Ezequías diciendo
37.17 abre, oh Jehová, tus ojos, y mira; y 7200
40.26 *mirad* quién creó estas cosas; él saca 7200
41.28 *miré*, y no había ninguno; y pregunté......... 7200
42.18 oíd, y vosotros, ciegos, *mirad* para ver 5027
45.22 *mirad* a mí, y sed salvos, todos los........... 6437
49.18 alza tus ojos alrededor, y *mira*: todos......... 7200
51.1 *mirad* a la piedra de donde... cortados, y....... 5027
51.2 *mirad* a Abraham vuestro padre, y a Sara 5027
51.6 alzad... ojos, y *mirad* abajo a la tierra 5027
60.4 alza tus ojos alrededor y *mira*, todos 7200
63.5 *miré*, y no había quien ayudara, y me 5027
63.15 *mira* desde el cielo, y contempla desde 5027
64.9 he aquí, *mira* ahora, pueblo tuyo somos 5027
66.2 *miraré* a aquel que es pobre y humilde 5027
Jer 1.10 *mira*... te he puesto en este día sobre 7200
2.10 pasad a la costas de Quitim y *mirad*........... 7200
2.23 *mira* tu proceder en el valle, conoce lo 7200
4.23 *miré* a la tierra, y he aquí que estaba.......... 7200
4.24 *miré* a los montes... temblaban, y todos......... 7200
4.25 *miré*, y no había hombre, y todas las 7200
4.26 *miré*, y... el campo fértil era un desierto 7200
5.1 recorred las calles de Jerusalén, y *mirad*....... 7200
5.3 Jehová, ¿no *miran* tus ojos a la verdad?
6.16 y *mirad*, y preguntad por las sendas 7200
18.19 oh Jehová, *mira* por mí, y oye la voz.......... 7181
20.10 todos mis amigos *miraban* si claudicaría..... 8104
24.5 así *miraré* a los transportados de Judá......... 5234
30.6 inquirid... y *mirad* si el varón da a luz 7200
40.4 *mira*, toda la tierra está delante de............ 7760
46.5 valientes... huyeron sin volver a *mirar* 6437
48.19 párate... y *mira*, oh moradora de Aroer 6822
Lm 1.7 la *miraron* los enemigos, y se burlaron 7200
1.9 *mira*, oh Jehová, mi aflicción, porque el 7200
1.11 *mira*, oh Jehová, y ve que estoy abatida 7200
1.12 *mirad*, y ved si hay dolor como mi dolor....... 5027
1.20 *mira*, oh Jehová, estoy atribulada, mis......... 7200
2.20 *mira*, oh Jehová, y considera a quién has...... 7200
3.50 que Jehová *mire* y vea desde los cielos 8259
3.63 su sentarse y su levantarse *mira*; yo soy....... 5027
4.16 ira de... los apartó, no los *mirará* más 5027
5.1 acuérdate... *mira*, y ve nuestro oprobio......... 7200
Ez 1.4 y *miré*, y... venía del norte un viento 7200
1.15 mientras yo *miraba* los seres vivientes 7200
2.9 *miré*, y he aquí una mano extendida hacia...... 7200
4.17 se *miren* unos a otros con espanto, y se
8.2 *miré*, y he aquí una figura que parecía de 7200
8.3 la puerta de adentro que *mira* hacia el......... 6437
8.7 me llevó a la entrada del atrio, y *miré* 7200
8.10 entré... y *miré*; y he aquí toda forma de........ 7200
9.2 puerta de arriba que *mira* hacia el norte 2009
10.1 *miré*... en la expansión que había sobre 7200
10.9 *miré*, y he aquí cuatro ruedas junto a.......... 7200
11.1 la puerta oriental... la cual *mira* hacia 6437
12.6 y cubrirás tu rostro, y no *mirarás* la........... 7200
16.8 y te *miré*, y he aquí que tu tiempo era 7200
17.6 ramas *miraban* al águila, y sus raíces 6437
18.28 *miró* y se apartó de... sus transgresiones..... 7200
20.28 *miraron* a todo collado alto y a todo.......... 7200
21.21 consultó a sus ídolos, *miró* el hígado 7200
28.17 reyes te pondré para que *miren* en ti.......... 7200
28.18 puse... a los ojos de... los que te *miran*......... 7200
29.16 recordar el pecado de *mirar* en pos de 6437
37.8 y *miré*, y he aquí tendones sobre ellos 7200
40.4 *mira* con tus ojos, y oye con tus oídos.......... 7200
40.6 después vino a la puerta que *mira* hacia 6440
40.44 cámaras... cuales *miraban* hacia el norte 6440
40.44 del oriente que *miraba* hacia el norte 6440
40.45 esta cámara que *mira* hacia el sur es de 6440
40.46 y la cámara que *mira* hacia el norte es....... 6440
41.8 y *miré* la altura de la casa alrededor 7200
42.15 camino de la puerta que *miraba* hacia 6440
43.1 a la puerta que *mira* hacia el oriente 6437
44.1 puerta... la cual *mira* hacia el oriente 6437
44.4 y *miré*, y he aquí la gloria de Jehová............ 7200
44.5 *mira* con tus ojos, y oye con tus oídos........... 7200
46.1 puerta del atrio... que *mira* al oriente 6437
46.12 abrirán la puerta que *mira* al oriente 6437
46.19 cámaras... las cuales *miraban* al norte........ 6437
47.2 camino de la que *mira* al oriente; y vi 6437
Dn 2.34 estabas *mirando*, hasta que una piedra......... 2370
3.27 se juntaron... para *mirar* a estos varones 2370
7.2 dijo: *Miraba* yo en mi visión de noche, y 2370
7.4 estaba *mirando* hasta que sus alas fueron...... 2370
7.6 después de esto *miré*, y he aquí otra 2370
7.7 *miraba* yo en las visiones de la noche 2370
7.9 estuve *mirando* hasta que fueron puestos 2370
7.11 yo entonces *miraba* a causa del sonido......... 2370
7.11 *miraba* hasta que mataron a la bestia.......... 2370
7.13 *miraba* yo en la visión de la noche, y 2370
8.3 y *miré*, y he aquí un carnero que estaba 7200
9.2 *miré*... los libros el número de los años 995
9.18 abre... y *mira* nuestras desolaciones, y 7200
10.5 y *miré*, y he aquí un varón vestido de 7200
12.5 y yo Daniel *miré*, y he aquí otros dos 7200
Os 3.1 *miran* a dioses ajenos, y aman tortas........... 6437
14.8 lo oiré, y *miraré*; yo seré a él como 7789
Am 5.22 ni *miraré* a las ofrendas de paz de 5027
6.2 pasad a Calne, y *mirad*; y de allí id a 7200
Abd 12 no... haber estado *mirando* en el día de 7200
13 no debiste haber *mirado* su mal en el día 7200
Mi 7.7 yo a Jehová *miraré*, esperaré al Dios........... 6822
Nah 2.8 ¡deteneos, deteneos!... ninguno *mira*........... 6437
Hab 1.5 *mirad* entre las naciones, y ved, y............. 7200
2.15 y le embriagas para *mirar* su desnudez 5027
3.6 tierra; *miró*, e hizo temblar las gentes 7200
Zac 1.18 alcé... *miré*, y he aquí cuatro cuernos 7200
2.1 miré, y he aquí un varón que tenía en su 7200
3.4 *mira* que he quitado de ti tu pecado, y.......... 7200
4.2 he *mirado*, y... un candelabro todo de oro 7200
5.1 alcé mis ojos y *miré*, y he aquí un rollo.......... 7200
5.5 alza ahora tus ojos, y *mira* qué es esto.......... 7200
5.9 *miré*, y he aquí dos mujeres que salían 7200
6.1 *miré*, y he aquí cuatro carros que salían......... 7200
6.8 *mira*, los que salieron hacia la tierra 7200
9.1 porque a Jehová deben *mirar* los ojos de
9.8 y no pasará... ahora *miraré* con mis ojos 7200
11.11 así conocieron los... que *miraban* a mí 8104
12.10 *mirarán* a mí, a quien traspasaron, y.......... 5027
Mal 2.13 así que no *miraré* más a la ofrenda 6437
Mt 5.28 **cualquiera que *mira* a una mujer para** *991*
6.26 *mirad* las aves del cielo... no siembran......... *1689*
7.3 ¿y por qué *miras* la paja que está en el *991*
8.4 Jesús le dijo: *Mira*, no lo digas a nadie *3708*
9.22 Jesús... *mirándola*, dijo: Ten ánimo, hija *1492*
9.30 les encargó... *Mirad* que nadie lo sepa *3708*
16.6 *mirad*, guardaos de la levadura de los *3708*
18.10 *mirad* que no menospreciéis a uno de......... *3708*
19.26 *mirándolos* Jesús, les dijo: Para los *1689*
22.16 no *miras* la apariencia de los hombres *991*
24.4 Jesús... dijo: *Mirad* que nadie os engañe *991*
24.6 *mirad* que no os turbéis... es necesario........ *3708*
24.23 *mirad*, aquí está... o *m*, allí está, no *2400*
24.26 *mirad*, está en el desierto, no salgáis.......... *2400*
24.26 o *mirad*, está en los aposentos, no lo *2400*
27.55 estaban allí... mujeres *mirando* de lejos *2334*
Mr 1.44 **mira, no digas a nadie nada, sino vé**.......... *3708*
2.24 dijeron: *Mira*, ¿por qué hacen en el día *2396*
3.5 *mirándolos*... con enojo... dijo al hombre *4017*
3.34 *mirando* a los que estaban sentados... dijo...... *4017*
4.24 *mirad* lo que oís; porque con la medida *991*
5.32 él *miraba*... para ver quién había hecho....... *4017*
8.15 *mirad*, guardaos de la levadura de los *3708*
8.24 él, *mirando*, dijo: Veo los hombres como *308*
8.25 le hizo que *mirase*; y fue restablecido *308*
8.33 *mirando* a los discípulos, reprendió a *1492*
9.8 *miraron*, no vieron más a nadie consigo........ *4017*
10.21 Jesús, *mirándole*, le amó, y le dijo *1689*
10.23 *mirando* alrededor, dijo a... discípulos *4017*
10.27 entonces Jesús, *mirándolos*, dijo: Para....... *1689*
11.11 y habiendo *mirado* alrededor todas las......... *4017*
11.21 *mira*, la higuera que maldijiste se ha *2396*
12.14 no *miras* la apariencia de los hombres *991*
12.41 *miraba* cómo el pueblo echaba dinero en..... *2334*
13.1 Maestro, *mira* qué piedras, y... edificios *2396*
13.5 comenzó a decir: *Mirad* que nadie os.......... *991*
13.9 *mirad* por vosotros mismos; porque os *991*
13.21 *mirad*, aquí está el Cristo; o, *m*, allí *2400*
13.23 vosotros *mirad*; os lo he dicho todo............ *991*
13.33 *mirad*, velad y orad; porque no sabéis *991*
14.67 cuando vio a Pedro... *mirándole*, dijo: Tú *1492*
15.4 ¿nada respondes? *Mira* de cuántas cosas....... *2396*
15.35 decían, al oírlo: *Mirad*, llama a Elías.......... *2400*
15.40 había algunas mujeres *mirando* de lejos *2334*
15.47 María madre... *miraban* dónde lo ponían *2334*
16.4 pero cuando *miraron*, vieron removida la *308*
16.6 *mirad* el lugar en donde le pusieron............ *2396*
Lc 1.48 ha *mirado* la bajeza de su sierva; pues.......... *1914*
6.10 y *mirándolos* a todos... dijo al hombre *4017*
6.41 ¿por qué *miras* la paja que está en el.......... *991*
6.42 no *mirando* tú la viga... en el ojo tuyo?.......... *991*
8.18 *mirad*, pues, cómo oís; porque a todo el *991*
9.62 que poniendo su mano... *mira* hacia atrás *991*
11.35 *mira*... no suceda que la luz que en ti *4648*
12.15 *mirad*, y guardaos de toda avaricia........... *3708*
17.3 *mirad*... vosotros mismos. Si tu hermano *4337*
19.5 Jesús... *mirando* hacia arriba, le vio, y *308*
20.17 *mirándolos*, dijo: ¿Qué, pues, es lo que *1689*
21.8 *mirad* que no seáis engañados; porque......... *991*
21.29 *mirad* la higuera y todos los árboles *1492*
21.34 *mirad* también por vosotros mismos que..... *4337*
22.61 vuelto el Señor, *miró* a Pedro; y Pedro......... *1689*
23.35 y el pueblo estaba *mirando*; y aun los *2334*
23.49 y las mujeres... estaban lejos *mirando* *3708*
24.12 y cuando *miró* dentro, vio los lienzos *3879*
24.39 *mirad* mis manos y mis pies, que yo.......... *1492*
Jn 1.36 *mirando* a Jesús que andaba por allí *1689*
1.42 y *mirándole* Jesús, dijo: Tú eres Simón *1689*
3.26 *mira* que el que estaba contigo al otro.......... *2396*
4.35 alzad vuestros ojos y *mirad* los campos *2400*
5.14 *mira*, has sido sanado; no peques más *2396*
7.26 pues *mirad*, habla públicamente, y no le......... *2396*
11.36 dijeron... judíos: *Mirad* cómo le amaba *2396*
12.19 dijeron... *Mirad*, el mundo se va tras él *2396*
13.22 los discípulos se *miraban* unos a otros........ *991*
19.4 dijo: *Mirad*, os lo traigo fuera, para............ *2396*
19.37 y también... *Mirarán* al que traspasaron *3700*
20.5 y bajándose a *mirar*, vio los lienzos
20.11 inclinó para *mirar* dentro del sepulcro
20.27 pon aquí tu dedo, y *mira* mis manos; y *2396*
Hch 1.11 ¿por qué estáis *mirando* al cielo?............ *1689*
2.7 *mirad*, ¿no son galileos todos estos que *2400*
3.4 fijando en él los ojos... dijo: *Miranos* *991*
4.29 Señor, *mira* sus amenazas, y concede a *1896*
5.35 *mirad*... lo que vais a hacer respecto a *4337*
7.31 Moisés, *mirando*, se maravilló de la *2657*
7.32 Moisés, temblando, no se atrevía a *mirar*....... *2657*
10.4 él, *mirándole*... dijo: ¿Qué es, Señor?.......... *816*
13.40 *mirad*... no venga sobre vosotros lo que *991*
13.41 *mirad*... menospreciadores, y asombraos..... *1492*
17.23 pasando y *mirando* vuestros santuarios *333*
20.28 por tanto, *mirad* por vosotros, y por.......... *4337*
22.13 yo en... hora recobré la vista y lo *miré*......... *308*
23.1 Pablo, *mirando* fijamente al concilio............ *816*
27.12 puerto de Creta que *mira* al nordeste *991*
Ro 11.22 *mira*... bondad y la severidad de Dios......... *1492*
1 Co 1.26 *mirad*, hermanos, vuestra vocación *991*
3.10 pero cada uno *mire* cómo sobreedifica *991*
8.9 *mirad* que esta libertad... no venga a ser *991*
10.12 piensa estar firme, *mire* que no caiga *991*
10.18 *mirad* a Israel según la carne; los que......... *991*
16.10 *mirad* que esté con... con tranquilidad.......... *991*
2 Co 3.18 *mirando* a cara descubierta como en......... *2734*
4.18 no *mirando*... las cosas que se ven, sino *4648*
10.7 *miráis* las cosas según la apariencia............ *991*
Gá 5.15 *mirad*... no os consumáis unos a otros *991*
6.11 *mirad*... cuán grandes letras os escribo *1492*
Ef 5.15 *mirad*... con diligencia cómo andéis, no *991*
Fil 2.4 no *mirando* cada uno por lo suyo propio *4648*
3.17 *mirad* a los que así se conducen según *4648*
Col 2.5 *mirando* vuestro buen orden... firmeza......... *991*
2.8 *mirad* que nadie os engañe por medio de......... *991*
4.17 Arquipo: *mira* que cumplas el ministerio *991*
1 Ts 5.15 *mirad* que ninguno pague a otro mal *3708*
He 3.12 *mirad*... que no haya... corazón malo de *991*
8.5 *mira*, haz todas las cosas conforme al *3708*
11.13 *mirándolo* de lejos, y creyéndolo, y *1492*
12.15 *mirad* bien, no sea que alguno deje de........ *1983*
12.25 *mirad* que no desechéis al que habla *991*
Stg 1.25 mas el que *mira*... en la perfecta ley *3879*
2.3 y *miráis* con agrado al que trae la ropa......... *1914*
3.4 *mirad*... las naves; aunque tan grandes, y....... *2400*
5.7 *mirad* cómo el labrador espera el... fruto *2400*
1 P 1.12 cosas en las cuales anhelan *mirar* *3879*
1 Jn 3.1 *mirad* cuál amor nos ha dado el Padre........... *1492*
2 Jn 8 *mirad* por vosotros mismos, para que no *991*
Ap 4.1 *miré*, y he aquí una puerta abierta en *2400*
5.3 ninguno... podía abrir el... ni aun *mirarlo* *991*
5.4 digno de abrir el libro... ni de *mirarlo* *991*
5.6 *miré*, y vi que en medio del trono y de *1492*

M

5.11 y *miré*, y oí la voz de muchos ángeles *1492*
6.1 oí a uno de los cuatro seres... Ven y *mira* *991*
6.2 *miré*, y he aquí un caballo blanco; y el *1492*
6.3 oí al segundo ser... que decía: Ven y *mira* *991*
6.5 decía: Ven y *mira*. Y miré, y he aquí un *991,1492*
6.7 la voz del cuarto ser... decía: Ven y *mira* *991*
6.8 *miré*, y he aquí un caballo amarillo, y el *1492*
6.12 *miré* cuando abrió el sexto sello, y he *1492*
7.9 esto *miré*, y he aquí una gran multitud *1492*
8.13 miré, y oí a un ángel volar... en medio *1492*
14.1 *miré*, y he aquí el Cordero estaba en pie *1492*
14.14 *miré*... una nube blanca; y sobre la nube *1492*
15.5 *miré*, y he aquí fue abierto en el cielo *1492*
19.10 *mira*, no lo hagas; yo soy consiervo *3708*
22.9 él me dijo: *Mira*, no lo hagas; porque *3708*

MIRMA *Descendiente de Benjamín*, 1 Cr 8.10.... 4821

MIRRA
Gn 37.25 traían aromas, bálsamo y *m*, e iban 3910
43.11 llevad a aquel... *m*, nueces y almendras 3910
Éx 30.23 especias finas; de *m* excelente 500 4753
Est 2.12 esto es, seis meses con óleo de *m* y 4753
Sal 45.8 *m*, áloe... exhalan todos tus vestidos 4753
Pr 7.17 he perfumado mi cámara con *m*, áloes 4753
Cnt 1.13 amado es para mí un manojito de *m* 4753
3.6 que sube del... sahumada de *m* y de Incienso ... 4753
4.6 me iré al monte de la *m*, y al collado 4753
4.14 *m* y áloes, con... principales especias 4753
5.1 he recogido mi *m* y mis aromas; he comido 4753
5.5 y mis manos gotearon *m*, y mis dedos *m* 4753
5.13 sus labios, como lirios que destilan *m* 4753
Ez 27.19 negociar en tu mercado... *m* destilada 6916
Mt 2.11 le ofrecieron presentes... incienso y *m* *4666*
Mr 15.23 dieron a beber vino mezclado con *m* *4669*
Jn 19.39 vino trayendo un compuesto de *m* y de *4666*
Ap 18.13 incienso, *m*, olíbano, vino, aceite *3464*

MIRTO
Zac 1.8 entre los *m* que había en la hondura 1918
1.10 varón que estaba entre los *m*... y dijo 1918
1.11 a aquel ángel... que estaba entre los *m* 1918

MISAEL
1. Levita, hijo de Uziel No.1, Éx 6.22; Lv 10.4 4332
2. Uno que ayudó a Esdras en la lectura de la ley, Neh 8.4 4332
3. Compañero de Daniel (=Mesac), Dn 1.6,7,11,19; 2.17 4332

MISAM *Descendiente de Benjamín*, 1 Cr 8.12.... 4936

MISEAL *Ciudad levítica en la frontera de Aser*, Jos 19.26; 21.30 4861

MISERABLE
Sal 69.29 a mí, afligido y *m*, tu salvación 3510
Ro 7.24 ¡*m* de mí! ¿quién me librará de este *5005*
Ap 3.17 **y no sabes que tú eres un... *m*, pobre** *1652*

MISERIA
Job 3.10 no cerró... ni escondió de mis ojos la *m* 5999
11.16 olvidarás tu *m*, o te acordarás de ella 5999
Sal 107.41 levanta de la *m* al pobre, y hace 6040
Pr 31.7 beban... y de su *m* no se acuerden más 5999
Ec 5.17 comerá... con mucho afán y dolor y *m* 2483
Stg 5.1 y aullad por las *m* que os vendrán *5004*

MISERICORDIA
Gn 19.16 según la *m* de Jehová para con él 2551
19.19 vuestra *m* que habéis hecho conmigo 2617
24.12 oh Jehová... haz *m* con mi señor Abraham ... 2617
24.14 en esto conoceré que habrás hecho *m* con ... 2617
24.27 no apartó de mi amo su *m* y su verdad 2617
24.49 si vosotros hacéis *m* y verdad con mi 2617
32.10 menor soy que todas las *m* y que te da 2617
39.21 le extendió su *m*, y le dio gracia en 2617
40.14 ruego que uses conmigo de *m*, y hagas 2617
43.14 el Dios Omnipotente os dé *m* delante de 7356
43.29 y dijo: Dios tenga *m* de ti, hijo mío 2603
47.29 harás conmigo *m* y verdad. Te ruego que 2580
Éx 15.13 condujiste en tu *m* a este pueblo que 2617
20.6 y hago *m* a millares, a los que me aman 2617
33.19 y tendré *m* del que tendré *m*, y seré 7355
34.6 tardo... la ira, y grande en *m* y verdad 7349
34.7 que guarda *m* a millares, que perdona la 2617
Nm 6.25 haga resplandecer su... y tenga de ti *m* 2603
14.18 tardo para la ira y grande en *m*, que 2617
14.19 perdona... según la grandeza de tu *m*, y 2617
Dt 5.10 hago *m* a millares, a los que me aman 2617
7.2 no harás... alianza, ni tendrás de ellas *m* 2603
7.9 que guarda el... y la *m* a los que le aman 2617
7.12 Dios guardará... *m* que juró a tus padres 2617
13.8 no... ni le tendrás *m*, ni le encubrirás 2347
13.17 que Jehová se aparte... y tenga de ti *m* 7356
30.3 tendrá *m* de ti, y volverá a recogerte 7355
Jos 2.12 como he hecho *m* con vosotros, así la 2617
2.14 si... nosotros haremos contigo *m* y verdad 2617
11.20 y que no les fuese hecha *m*, sino que 8467
Jue 1.24 muéstranos ahora... haremos contigo *m* 2617
2.18 Jehová era movido a *m* por sus gemidos 5162
Rt 1.8 Jehová haga con vosotras *m*, como la 2617
1 S 15.6 mostrasteis *m*... los hijos de Israel 2617
20.8 harás, pues, *m* con tu siervo, ya que 2617
20.14 harás conmigo *m* de Jehová, para que no 2617
20.15 y no apartarás tu *m* de mi casa para 2617
2 S 2.5 que habéis hecho esta *m* con... con Saúl 2617
2.6 pues, Jehová haga con vosotros *m* y verdad 2617
3.8 yo he hecho hoy *m* con la casa de Saúl tu 2617
7.15 mi *m* no se apartará de él como... de Saúl 2617
9.1 a quien haga yo *m* por amor de Jonatán? 2617
9.3 ha quedado... a quien haga yo *m* de Dios? 2617
9.7 contigo *m* por amor de Jonatán tu padre 2617
10.2 haré *m* con Hanún hijo de Nahas, como 2617
12.6 debe... porque hizo tal cosa, y no tuvo *m* 2550
22.26 con el *m* te mostrarás *m*, y recto para 2623
22.51 salva... y usa de *m* para con su ungido 2617
24.14 porque sus *m* son muchas, mas no caiga 7356
1 R 2.7 a los hijos de Barzilai... harás *m* 2617
3.6 hiciste gran *m* a tu siervo David mi padre 2617
3.6 le has reservado esta tu gran *m*, en que 2617
8.23 guardas el pacto y la *m* a tus siervos 2617
8.50 harás que tengan de ellos *m* los que los 7356
2 R 13.23 mas Jehová tuvo *m* de ellos, y se 7355
1 Cr 16.34 él es bueno; porque su *m* es eterna 2617
16.41 glorificar a Jehová... es eterna su *m* 2617
17.13 no quitaré de él mi *m*, como la quité 2617
19.2 *m* con Hanún hijo... su padre me mostró *m*.... 2617
21.13 porque sus *m* son muchas en extremo 7356
2 Cr 1.8 has tenido con David mi padre gran *m* 2617
5.13 es bueno, porque su *m* es para siempre 2617
6.14 que guardas el... y la *m* con tus siervos 2617
6.42 acuérdate de tus *m* para con David tu 2617
7.3 porque él es bueno... su *m* es para siempre 2617
7.6; 20.21 porque su *m* es para siempre 2617
24.22 Joás no se acordó de la *m* que Joiada 2617
30.9 *m* delante de los que... tienen cautivos 7349
32.32 los demás hechos de Ezequías, y sus *m* 2617
36.15 porque él tenía *m* de su pueblo y de su 2550
Esd 3.11 para siempre es su *m* sobre Israel 2617
7.28 inclinó hacia mí su *m* delante del rey 2617
9.8 ahora por un breve momento ha habido *m* 8467
9.9 *m* delante de los reyes de Persia, para 2617
Neh 1.5 que guarda el pacto y la *m* a los que 2617
9.17 grande en *m*, porque no los abandonaste 7349
9.19 tú... por tus muchas *m* no los abandonaste 7356
9.27 gran *m* les enviaste libertadores para 7356
9.28 según tus *m* muchas veces los libraste 7356
9.31 por tus muchas *m* no los consumiste, ni 7356
9.32 Dios grande... que guardas el pacto y la *m* 2617
13.14 no borres mis *m* que hice en la casa de 2617
13.22 y perdóname según la grandeza de tu *m* 2617
Job 10.12 vida y *m* me concediste, y tu cuidado 2617
33.24 que le diga que Dios tuvo de él *m*, que 2603
37.13 por azote... otras por *m* las hará venir 2617
Sal 4.1 clamo... ten *m* de mí, y oye mi oración 2603
5.7 abundancia de tu *m* entraré en tu casa 2617
6.2 ten *m* de mí, oh... porque estoy enfermo 2603
6.4 vuélvete, oh Jehová... sálvame por tu *m* 2617
9.13 ten *m* de mí, Jehová; mira mi aflicción 2603
13.5 yo en tu *m* he confiado; mi corazón se 2617
17.7 muestra tus maravillosas *m*... que salvas 2617
18.50 y hace *m* a su ungido, a David y a su 2617
21.7 el rey confía en... en la *m* del Altísimo 2617
23.6 bien y la *m* me seguirán todos los días 2617
25.6 acuérdate, oh Jehová, de... y de tus *m* 7356
25.7 conforme a tu *m* acuérdate de mí, por 2617
25.10 las sendas de Jehová son *m* y verdad 2617
25.16 mírame, y ten *m* de mí, porque estoy 2603
26.3 porque tu *m* está delante de mis ojos 2617
26.11 yo andaré en... redímeme, y ten *m* de mí 2603
27.7; 30.10 oye, oh Jehová... ten *m* de mí 2603
31.7 me gozaré y alegraré en tu *m*, porque 2617
31.9 ten *m* de mí... porque estoy en angustia 2603
31.16 haz resplandecer tu... sálvame por tu *m* 2617
31.21 ha hecho maravillosa su *m* para conmigo 2617
32.10 al que espera en Jehová, le rodea la *m* 2617
33.5 de la *m* de Jehová está llena la tierra 2617
33.18 el ojo... sobre los que esperan en su *m* 2617
33.22 sea tu *m*, oh Jehová, sobre nosotros 2617
36.5 Jehová, hasta los cielos llega tu *m*, y 2617
36.7 ¡cuán preciosa, oh Dios, es tu *m*! Por 2617
36.10 extiende tu *m* a los que te conocen, y 2617
37.21 y no paga; mas el justo tiene *m*, y da 2603
37.26 en todo tiempo tiene *m*, y presta; y su 2603
40.10 no oculté tu *m* y tu verdad en grande 2617
40.11 Jehová, no retengas de mí tus *m*; tu 7356
40.11 tu *m* y tu verdad me guarden siempre 2617
41.4 yo dije: Jehová, ten *m* de mí; sana mi 2603
41.10 Jehová, ten *m* de mí, y hazme levantar 2603
42.8 de día mandará Jehová su *m*, y de noche 2617
44.26 levántate... redímenos por causa de tu *m* 2617
48.9 acordamos de tu *m*, oh Dios, en medio de 2617
51.1 piedad de mí, oh Dios, conforme a tu *m* 2617
52.1 ¿por qué te... La *m* de Dios es continua 2617
52.8 la *m* de Dios confío eternamente y para 2617
56.1 ten *m* de mí, oh Dios... me devoraría el 2603
57.1 *m* de mí, oh Dios, ten *m* de mí; porque 2603
57.3 enviará... Dios enviará su *m* y su verdad 2617
57.10 porque grande es hasta los cielos tu *m* 2617
59.5 no tengas *m* de... los que se rebelan con 2603
59.10 Dios de mi *m* irá delante de mí; Dios 2617
59.16 y alabaré de mañana tu *m*; porque has 2617
59.17 porque eres, oh Dios... el Dios de mi *m* 2617
61.7 prepara *m* y verdad... que lo conserven 2617
62.12 y tuya, oh Señor, es la *m*; porque tú 2617
63.3 mejor es tu *m* que la vida; mis labios 2617
66.20 que no echó de sí mi... ni de mí su *m* 2617
67.1 Dios tenga *m* de nosotros, y nos bendiga 2603
69.13 Dios, por la abundancia de tu *m*, por 2617
69.16 respóndeme, Jehová... benigna es tu *m* 7356
72.13 tendrá *m* del pobre y del menesteroso 2347
77.8 ¿ha cesado para siempre su *m*? ¿Se ha 2617
77.9 ¿ha olvidado Dios el tener *m*... con Ira 2589
79.8 vengan pronto tus *m* a encontrarnos 7356
85.7 muéstranos, oh Jehová, tu *m*, y danos tu 2617
85.10 la *m* y la verdad se encontraron; la 2617
86.3 *m* de mí, oh Jehová; porque a ti clamo 2603
86.5 grande en *m* para con todos los que te 2617
86.13 porque tu *m* es grande para conmigo, y 2617
86.15 tú, Señor, Dios... grande en *m* y verdad 2617
86.16 mírame, y ten *m* de mí; da tu poder a 2603
88.11 ¿será contada en el sepulcro tu *m*, o 2617
89.1 las *m* de Jehová cantaré perpetuamente 2617
89.2 para siempre será edificada *m*; en los 2617
89.14 *m* y verdad van delante de tu rostro 2617
89.24 mi verdad y mi *m* estarán con él, y en 2617
89.28 para siempre le conservaré mi *m*, y mi 2617
89.33 no quitaré de él mi *m*, ni falsearé mi 2617
89.49 Señor, ¿dónde están tus antiguas *m*, que 2617
90.14 de mañana sácianos de tu *m*... cantaremos .. 2617
92.2 anunciar por la mañana tu *m*, y... noche 2617
94.18 mi pie... tu *m*, oh Jehová, me sustentaba 2617
98.3 se ha acordado de su *m* y de su verdad 2617
100.5 es bueno; para siempre es su *m*, y su 2617
101.1 *m* y juicio cantaré; a ti cantaré yo 2617
102.13 te levantarás y tendrás *m* de Sion 7355
102.13 porque es tiempo de tener *m* de ella 2603
103.4 vida; el que te corona de favores y *m* 7356
103.8 es... lento para la ira, y grande en *m* 2617
103.11 engrandeció su *m* sobre... que le temen 2617
103.17 la *m* de Jehová es desde la eternidad 2617
106.1 alabad a Jehová... para siempre es su *m* 2617
106.7 no se acordaron de la muchedumbre... *m* 2617
106.45 se arrepentía conforme a la... de sus *m* 2617
106.46 que tuviesen de ellos *m* todos los que 7356
107.1 es bueno; porque para siempre es su *m* 2617
107.8,15,21,31 alaben la *m* de Jehová, y sus 2617
107.43 ¿quién es... entenderá las *m* de Jehová? 2617
108.4 más grande que los cielos es tu *m*, y 2617
109.12 no tenga quien lo haga *m*, ni haya 2617
109.16 por cuanto no se acordó de hacer *m* 2617
109.21 Señor... líbrame, porque tu *m* es buena 2617
109.26 Jehová Dios... sálvame conforme a tu *m* 2617
112.5 el hombre de bien tiene *m*, y presta 2603
115.1 da gloria, por tu *m*, por tu verdad 2617
117.2 ha engrandecido sobre nosotros su *m* 2617
118.1 es bueno; porque para siempre es su *m* 2617
118.2,3,4 diga... que para siempre es su *m* 2617
118.29 alabad a Jehová... para siempre es su *m* 2617
119.29 aparta de... y en tu *m* concédeme tu ley 2603
119.41 venga a mí tu *m*, oh Jehová... salvación 2617
119.58 supliqué... ten *m* de mí según tu palabra ... 2603
119.64 tu *m*, oh Jehová, está llena la tierra 2617
119.76 sea... tu *m* para consolarme, conforme a 2617
119.77 vengan a mí tus *m*, para que viva 7356
119.88 vivifícame conforme a tu *m*, y guardaré 2617
119.124 haz con tu siervo según tu *m*, y 2617
119.132 ten *m* de mí, como acostumbras con 2603
119.149 oye mi voz conforme a tu *m*; oh Jehová 2617
119.156 muchas... tus *m*, oh Jehová; vivifícame 7356
119.159 amo tus... vivifícame conforme a tu *m* 2617
123.2 Dios, hasta que tenga *m* de nosotros 2603
123.3 ten *m* de... oh Jehová, ten *m* de nosotros 2603
130.7 espere Israel... porque en Jehová hay *m* 2617
136.1-26 porque para siempre es su *m* 2617
138.2 postraré... alabaré tu nombre por tu *m* 2617
138.8 tu *m*, oh Jehová, es para siempre; no 2617
142.1 clamaré... con mi voz pediré a Jehová *m* 2603
143.8 hazme oír por la mañana tu *m*, porque 2617
143.12 y por tu *m* disiparás a mis enemigos 2617
144.2 *m* mía y mi castillo, fortaleza mía y 2617
145.8 es... lento para la ira, y grande en *m* 2617
145.9 bueno... y sus *m* sobre todas sus obras 7356
147.11 temen, y en los que esperan en su *m* 2617
Pr 3.3 nunca se aparten de ti la *m* y... verdad 2617
14.21 mas el que tiene *m* de los pobres es 2603
14.22 *m* y verdad alcanzarán los que piensan 2617
14.31 mas el que tiene *m* del pobre, lo honra 2603
16.6 con *m* y verdad se corrige el pecado, y 2617
19.22 contentamiento es a... hombres hacer *m* 2617
20.28 *m* y verdad guardan al rey... clemencia 2617
21.21 que sigue la justicia y la *m* hallará 2617
28.13 mas el que los confiesa... alcanzará *m* 7355
Is 9.17 ni de sus huérfanos y viudas tendrá *m* 7355
13.18 y no tendrán *m* del fruto del vientre 7355
16.5 se dispondrá el trono en *m*; y sobre él 2617
27.11 no tendrá de él *m*, ni se compadecerá 7355
30.14 un vaso de... que sin *m* lo hacen pedazos 2550
30.18 será exaltado teniendo de vosotros *m* 7355
30.19 el que tiene *m* se apiadará de ti; al 2603
33.2 Jehová, ten *m* de nosotros, a ti hemos 2603
49.10 el que tiene de ellos *m* los guiará, y 7355
49.13 ha consolado... y de sus pobres tendrá *m* 7355
54.7 te abandoné... te recogeré con grandes *m* 7356
54.8 pero con *m* eterna tendré compasión de 7355
54.10 pero no se apartará de ti mi *m*, ni el 2617
54.10 paz... dijo Jehová, el que tiene *m* de ti 7355
55.3 haré... pacto eterno, las *m* firmes a David 2617
55.7 a Jehová, el cual tendrá de él *m*, y al 7355
60.10 en mi buena voluntad tendré de ti *m* 7355
63.7 de las *m* de Jehová haré memoria, de las 7356
63.7 beneficios... les ha hecho según sus *m* 2617
Jer 6.23 arco y... crueles son, y no tendrán *m* 7355
9.24 hago *m*, juicio y justicia en la tierra 2617
12.15 y tendré *m* de ellos, y los haré volver 7355
13.14 ni tendré... ni *m*, para no destruirlos 7355
16.5 yo he quitado mi paz... dice Jehová, mi *m* 7356
21.7 ni tendrá compasión de ellos, ni... *m* 7355
30.18 de sus tiendas tendré *m*, y la ciudad 7355
31.3 he amado; por tanto, te prolongué mi *m* 2617
31.9 irán con lloro... con *m* los haré volver 8469
31.20 por eso... tendré de él *m*, dice Jehová 7355
32.18 que haces *m* a millares, y castigas la 2617
33.11 Jehová es bueno... para siempre es su *m* 2617
33.26 haré volver sus cautivos, y tendré... *m* 7355
42.12 tendré... *m*, y él tendrá *m* de vosotros ... 7356,7355
Lm 3.22 por la *m* de... nunca decayeron sus *m* 2617

3.32 compadece según la multitud de sus *m* 2617
Ez 5.11 no perdonará, ni tampoco tendré yo *m* 2550
7.4,9; 8.18 ojo no perdonará, ni tendré *m* 2550
9.5 no perdone vuestro ojo, ni tengáis *m* 2550
9.10 mi ojo no perdonará, ni tendré *m*; haré 2550
16.5 se compadeciese de ti...teniendo de ti *m* 2550
24.14 ni tendré *m*, ni me arrepentiré; según 2347
39.25 tendré *m* de toda la casa de Israel, y 7355
Dn 2.18 pidiesen *m* del Dios del cielo sobre 7359
4.27 tus iniquidades haciendo *m* para con 2604
9.4 guardas el...y la *m* con los que te aman 2617
9.9 de Jehová nuestro Dios es el tener *m* y 7356
9.18 ante ti confiados...sino en tus muchas *m* 7356
Os 1.7 la casa de Judá tendré *m*, y 7355
2.4 ni tendré *m* de sus hijos, porque son 7355
2.19 te desposaré conmigo en justicia...y *m* 7356
2.23 y la sembraré...y tendré *m* de Lo-ruhama 7355
4.1 no hay...*m*, ni conocimiento de Dios en la 2617
6.6 *m* quiero, y no sacrificio, y conocimiento 2617
10.12 segad para vosotros en *m*; haced para 2617
12.6 guarda *m* y juicio, y en tu Dios confía 2617
14.3 porque en ti el huérfano alcanzará *m* 7355
Jl 2.13 tardo para la ira y grande en *m*, y que 2617
Jon 2.8 que siguen vanidades...su *m* abandonan 2617
4.2 eres...tardo en enojarte, y de grande *m* 2617
Mi 6.8 y amar *m*, y humillarte ante tu Dios 2617
7.18 no retuvo para...porque se deleita en *m* 2617
7.19 volverá a tener *m* de nosotros...echará 7355
7.20 a Abraham la *m*, que juraste a...padres 2617
Hab 3.2 Jehová...en la ira acuérdate de la *m* 7355
Zac 1.16 yo me he vuelto a Jerusalén con *m* 7356
7.9 haced *m* y piedad cada uno con su hermano 2617
Mt 5.7 **los misericordiosos...ellos alcanzarán *m*** *1653*
9.13 **que significa: *M* quiero, y no sacrificio** *1656*
9.27 diciendo: ¡Ten *m* de nosotros, Hijo de *1653*
12.7 **qué significa: *M* quiero, y no sacrificio** *1656*
15.22 ¡Señor, Hijo de David, ten *m* de mí! *1653*
17.15 ten *m* de mi hijo, que es lunático, y *1653*
18.27 **movido a *m*, le soltó y le perdonó la** *4697*
18.33 **tener *m* de tu...como yo tuve *m* de ti?** *1653*
20.30,31 Hijo de David, ten *m* de nosotros! *1653*
21.41 los malos destruirá sin *m*, y arrendará *2560*
23.23 **y dejáis lo...la justicia, la *m* y la fe** *1653*
Mr 1.41 Jesús, teniendo *m* de él, extendió la *4697*
5.19 **y cuéntales...y cómo ha tenido *m* de ti** *1653*
9.22 si puedes hacer algo, ten *m* de nosotros *4697*
10.47,48 ¡Hijo de David, ten *m* de mí! *1653*
Lc 1.50 su *m* es de generación en generación *1656*
1.54 socorrió a Israel...acordándose de la *m* *1656*
1.58 había engrandecido para con ella su *m* *1656*
1.72 hacer *m* con nuestros padres, y...su pacto *1656*
1.78 por la entrañable *m* de nuestro Dios, con *1656*
10.33 **samaritano...viéndole, fue movido a *m*** *4697*
10.37 **el que usó de *m* con él...haz tú lo mismo** *1656*
15.20 **lo vio su padre, y fue movido a *m*, y** *4697*
16.24 **padre Abraham, ten *m* de mí, y envía a** *1653*
17.13 ¡Jesús, Maestro, ten *m* de nosotros! *1653*
18.38,39 ¡Hijo de David, ten *m* de mí! *1653*
Hch 13.34 así: Os daré las *m* fieles de David *3741*
Ro 1.31 necios, desleales...implacables, sin *m* *415*
9.15 dice: Tendré *m* del que yo tenga *m*, y me *1653*
9.16 no depende de...sino de Dios que tiene *m* *1653*
9.18 que de quien quiere, tiene *m*, y al que *1653*
9.23 las mostró para con los vasos de *m* que *1656*
11.30 pero ahora habéis alcanzado *m* por la *1653*
11.31 por la *m* concedida a vosotros, ellos *1656*
11.31 concedida a...ellos también alcancen *m* *1653*
11.32 sujetó a todos...para tener *m* de todos *1653*
12.1 así que, hermanos, os ruego por las *m* de *3628*
12.8 solicitud; el que hace *m*, con alegría *1653*
15.9 los gentiles glorifiquen a Dios por su *m* *1656*
1 Co 7.25 como quien ha alcanzado *m* del Señor *1653*
2 Co 1.3 bendito sea el Dios y...Padre de *m* y *3628*
4.1 teniendo...según la *m* que hemos recibido *1653*
Gá 6.16 paz y *m* sea a ellos, y al Israel de *1656*
Ef 2.4 Dios, que es rico en *m*, por su gran *1656*
Fil 2.1 si hay alguna consolación...alguna *m* *3628*
2.27 pero Dios tuvo *m* de él, y no solamente *1653*
Col 3.12 de entrañable *m*, de benignidad, de *3628*
1 Ti 1.2 *m* y paz, de Dios nuestro Padre y de *1656*
1.13 mas fui recibido a *m* porque lo hice por *1653*
1.16 pero por esto fui recibido a *m*, para que *1653*
2 Ti 1.2 gracia, *m* y paz, de Dios Padre y de *1656*
1.16 tenga el Señor *m* de...casa de Onesíforo *1656*
1.18 concédale el Señor que halle *m* cerca del *1656*
Tit 1.4 a Tito...*m* y paz, de Dios Padre y del *1656*
3.5 nos salvó, no por obras...sino por su *m* *1656*
He 4.16 acerquémonos, pues...para alcanzar *m* *1656*
Stg 2.13 juicio sin *m* se hará con aquel que *448*
2.13 no hiciere ni; y la *m* triunfa sobre el *1656*
3.17 benigna, llena de *m* y de buenos frutos *1656*
1 P 1.3 que según su grande *m* nos hizo renacer *1656*
2.10 no habíais alcanzado *m*, pero ahora...*m* *1653*
2 Jn 3 sea con vosotros gracia, *m* y paz, de *1656*
Jud 2 *m* y paz y amor os sean multiplicados *1656*
21 esperando la *m* de...Jesucristo para vida *1656*
23 del fuego; y de otros tened *m* con temor *4982*

MISERICORDIOSO
Éx 22.27 él clamare a mí...oiré, porque soy *m* 2587
34.6 proclamó...¡Jehová! fuerte, *m* y piadoso 7349
Dt 4.31 porque Dios *m* es Jehová tu Dios; no 7349
2 S 22.26 con el *m* te mostrarás *m*, y recto 2623,2616
2 Cr 30.9 vuestro Dios es clemente y *m*, y no 7349
Neh 9.31 ni los desampararaste...clemente y *m* 7349
Sal 18.25 con el *m* te mostrarás *m*, y recto 2623,2616
78.38 él, *m*, perdonaba la maldad, y no los 7349
86.15 Dios *m* y clemente, lento para la ira 7349
103.8 *m* y clemente es Jehová; lento para la 7349
111.4 sus maravillas; clemente y *m* es Jehová 7349
112.4 resplandeció...es clemente, *m* y justo 7349
116.5 clemente es Jehová...*m* es nuestro Dios 7355
145.8 clemente y *m* es Jehová, lento para la 7349
145.17 justo es Jehová...*m* en todas sus obras 2623
Pr 11.17 a su alma hace bien el hombre *m*; mas 2617
22.9 el ojo *m* será bendito, porque dio de su 2896
Jer 3.12 *m* soy yo, dice Jehová, no guardaré 2623
Jl 2.13 *m* es y clemente, tardo para la ira y 7349
Mi 7.2 faltó el *m* de la tierra, y ninguno hay 2623
Mt 5.7 **bienaventurados los *m*, porque ellos** *1655*
Lc 6.36 ***m*, como también vuestro Padre es *m*** *3629*
Ef 4.32 *m*, perdonándoos unos a otros, como *2155*
He 2.17 venir a ser *m* y fiel sumo sacerdote *1655*
Stg 5.11 que el Señor es muy *m* y compasivo *4184*
1 P 3.8 finalmente, sed todos...*m*, amigables *2155*

MISGAB *Lugar en Moab*, Jer 48.1 4869

MISIA *Región noroeste de Asia Menor*
Hch 16.7 cuando llegaron a *M*, intentaron ir *3465*
16.8 y pasando junto a *M*, descendieron a *3465*

MISIÓN
1 S 15.18 y Jehová te envió en *m* y dijo: Vé 1870
15.20 fui a la *m* que Jehová me envió, y he 1870

MISMA
1. Hijo de Ismael, Gn 25.14; 1 Cr 1.30 4927
2. Descendiente de Simeón, 1 Cr 4.25,26 4927

MISMANA *Guerrero que se unió a David en Siclag*, 1 Cr 12.10 4925

MISMO, A *Véase también el Apéndice*
He 13.8 Jesucristo es el *m* ayer, y hoy, y por *846*

MISPAR *Uno que regresó del cautiverio con Zorobabel*, Esd 2.2 4558

MISPERET *Uno que regresó del cautiverio con Zorobabel*, Neh 7.7 4559

MISRAÍTA *Una familia de Quiriat-jearim*, 1 Cr 2.53 4954

MISREFOT-MAIM *Lugar cerca de Sidón*, Jos 11.8; 13.6 4956

MISTERIO
Dn 2.18 pidiesen misericordias...sobre este *m* 7359
2.27 el *m* que el rey demanda, ni sabios, ni 7328
2.28 pero hay un Dios...el cual revela los *m* 7328
2.29 y el que revela los *m* te mostró lo que 7328
2.30 y a mí me ha sido revelado este *m*, no 7328
2.47 que revela los *m*...pudiste revelar este *m* 7328
4.9 y que ningún *m* se te esconde, declárame 7328
Mt 13.11; Mr 4.11; Lc 8.10 **os es dado conocer los *m* del reino...** *3466*
Ro 11.25 no quiero, hermanos, que ignoréis...*m* *3466*
16.25 del *m* que se ha mantenido oculto desde *3466*
1 Co 2.7 mas hablamos sabiduría de Dios en *m* *3466*
4.1 por...administradores de los *m* de Dios *3466*
13.2 entendiese todos los *m* y toda ciencia *3466*
14.2 habla en lenguas...el Espíritu habla *m* *3466*
15.51 digo un *m*: No todos dormiremos; pero *3466*
Ef 1.9 conocer el *m* de su voluntad, según su *3466*
3.3 que por revelación me fue declarado el *m* *3466*
3.4 sea mi conocimiento en el *m* de Cristo *3466*
3.5 *m* que en otras generaciones no se dio a
3.9 cuál sea la dispensación del *m* escondido *3466*
5.32 grande es este *m*...yo digo esto respecto *3466*
6.19 para dar a conocer...el *m* del evangelio *3466*
Col 1.26 *m* que había estado oculto desde los *3466*
1.27 dar a conocer las riquezas de...este *m* *3466*
2.2 de conocer el *m* de Dios el Padre, y de *3466*
4.3 a fin de dar a conocer el *m* de Cristo *3466*
2 Ts 2.7 está en acción el *m* de la iniquidad *3466*
1 Ti 3.9 que guarden el *m* de la fe con limpia *3466*
3.16 grande es el *m* de la piedad: Dios fue *3466*
Ap 1.20 **el *m* de las siete estrellas que has** *3466*
10.7 el *m* de Dios se consumará, como él lo *3466*
17.5 y en su frente un nombre escrito, un *m* *3466*
17.7 yo te diré el *m* de la mujer, y de la *3466*

MISTURA
Sal 75.8 el vino está fermentado, lleno de *m* 4538
Pr 23.30 vino, para los que van buscando la *m* 4469

MITAD
Gn 15.10 los partió por la *m*, y puso cada *m* 8432
Éx 24.6 Moisés tomó la *m* de la sangre, y la 2677
24.6 esparció la otra *m* de...sobre el altar 2677
26.12 la *m* de la cortina que sobra, colgará 2677
27.5 llegará la rejilla hasta la m del altar 2677
30.13 *m* de un siclo será la ofrenda a Jehová 4276
30.23 de canela aromática la *m*, esto es, 250 4276
38.4 rejilla, que puso...hasta la *m* del altar 2677
Lv 6.20 la *m* a la mañana y la *m* a la tarde 4276
Nm 15.9 amasada con la *m* de un hin de aceite 2677
15.10 de vino...la *m* de un hin, en ofrenda 2677
31.27 partirás por *m* el botín entre los que
31.29 de la *m* de ellos lo tomarás; y darás 4276
31.30 de la *m* perteneciente a los hijos de 4276
31.36 *m*, la parte de *los que habían salido* 4275
31.42 de la m para los hijos de Israel, que 4276
31.43 la *m* para la congregación fue...337.500 4276
31.47 de la *m*...tomó Moisés uno de cada 50 4276
Dt 3.12 y la *m* del monte de Galaad con sus 2677
15.18 por la *m* del costo...sirvió seis años 4932
Jos 4.5 delante del arca...a la *m* del Jordán 8432
8.13 y Josué avanzó...hasta la *m* del valle 8432
8.33 la *m* de ellos hacia el monte Gerizim 2677
8.33 y la otra *m* hacia el monte Ebal, de la 2677
12.2 y la *m* de Galaad, hasta el arroyo de 2677
12.5 y la *m* de Galaad, territorio de Sehón 2677
13.8 la otra *m* de Manasés recibieron ya su 2677
13.25 la *m* de la tierra de los hijos de Amón 2677
13.31 y la *m* de Galaad, y Astarot y Edrei 2677
13.31 la *m* de los hijos de Maquir conforme 2677
22.7 a la otra *m* dio Josué heredad entre sus 2677
2 S 10.4 les rapó la *m* de la barba, les cortó 2677
10.4 cortó los vestidos por la *m* hasta las 2677
18.3 la *m* de nosotros muera, no harán caso 2677
19.40 y también la *m* del pueblo de Israel 2677
1 R 3.25 dad la *m* a la una, y la otra *m* a la 2677
10.7 han visto que ni aun se me dijo la *m* 2677
13.8 aunque me dieras la *m* de tu casa, no 2677
16.9 conspiró...Zimri, comandante de la *m* de 4276
16.21 la *m*...seguía a Tibni...otra *m*...a Omri 2677
2 R 20.4 Isaías saliese hasta la *m* del patio 8484
1 Cr 2.52 de Sobal...la *m* de los manahetitas 2677
2.54 hijos de Salma...la *m* de los manahetitas 2677
19.4 Hanún...les cortó los vestidos por la *m* 2677
2 Cr 9.6 que ni aun la *m*...me había sido dicha 2677
23.20 llegaron a la *m* de la puerta mayor de
Neh 3.9,12,16,17,18 gobernador de la *m* de la 2677
4.6 fue terminada hasta la *m* de su altura 2677
4.16 *m* de mis siervos trabajaba...la otra *m* 2677
4.21 la *m* de ellos tenían lanzas desde la 2677
12.32 iba...Osaías con la *m* de los príncipes 2677
12.38 yo en pos de él, con la *m* del pueblo 2677
12.40 y yo, y la *m* de los oficiales conmigo 2677
13.24 la *m* de sus hijos hablaban la lengua 2677
Est 5.3 dijo el rey...Hasta la *m* del reino se 2677
5.6; 7.2 aunque sea la *m* del reino, te será 2677
Sal 55.23 no llegarán a la *m* de sus días; pero 2673
102.24 mío, no me cortes en la *m* de mis días 2677
Is 38.10 dije: A la *m* de mis días iré a las 1824
Jer 17.11 en la *m* de sus días las dejará, y 2677
Ez 16.51 Samaria no cometió ni la *m* de tus 2677
Dn 9.27 la *m* de la semana hará cesar...ofrenda 2677
12.7 que será por tiempo...y la *m* de un tiempo 2677
Zac 14.2 la *m* de la ciudad irá en cautiverio 2677
14.4 *m* del monte se apartará hacia el norte 2677
14.4 hacia el norte, y la otra *m* hacia el sur 2677
14.8 aguas...*m* de ellas hacia el mar oriental 2677
14.8 la otra *m* hacia el mar occidental, en 2677
Mr 6.23 todo...te daré, hasta la *m* de mi reino *2255*
Lc 19.8 la *m* de mis bienes doy a los pobres *2255*
23.45 el velo del templo se rasgó por la *m* *3319*
Jn 7.14 mas a la *m* de la fiesta subió Jesús *3322*
Hch 1.18 cayendo...se reventó por la *m*, y todas *3319*
Ap 12.14 es sustentada por un tiempo...y la *m* *2255*

MITCA *Donde acampó Israel*, Nm 33.28,29 4989

MITIGAR
Gn 27.44 el enojo de tu hermano se *mitigue* 7725
Sal 104.11 *mitigan* su sed los asnos monteses 7665

MITILENE *Ciudad en la isla de Lesbos en el Mar Egeo*, Hch 20.14 .... *3412*

MITNITA *Sobrenombre de Josafat No. 5*
1 Cr 11.43 4981

MITRA
Éx 28.4 la túnica bordada, la *m* y el cinturón 4701
28.37 sobre la *m*...la parte delantera de la *m* 4701
28.39 harás una *m* de lino; harás...un cinto 4701
29.6 *m* sobre su cabeza, y sobre la *m* pondrás 4701
39.28 *m* de lino fino, y los adornos de las 4701
39.31 para colocarla sobre la *m* por arriba 4701
Lv 8.9 la *m* sobre su cabeza, y sobre la *m*, en 4701
16.4 se ceñirá...y con la *m* de lino se cubrirá 4701
Zac 3.5 pongan *m* limpia...pusieron una *m* sobre 6797

MITRÍDATES
1. Tesorero del rey Ciro, Esd 1.8 4990
2. Uno que escribió al rey Artajerjes en contra de los judíos, Esd 4.7 4990

MIZA *Jefe edomita*, Gn 36.13,17; 1 Cr 1.37 4199

MIZAR *Monte en la región del monte Hermón*
Sal 42.6 acordaré...de ti desde el monte de *M* 4706

MIZPA
1. Lugar en Galaad
Gn 31.49 *M*, por cuanto dijo: Atalaye Jehová 4709
Jue 10.17 juntaron...Israel, y acamparon en *M* 4709
11.11 Jefté habló...delante de Jehová en *M* 4709
11.29 pasó a *M* de Galaad, y de *M*...pasó a los 4708
11.34 volvió Jefté a *M*, a su casa...su hija 4709
Os 5.1 habéis sido lazo en *M*, y red tendida 4709
2. Región al norte de Palestina
Jos 11.3 el heveo al pie de Hermón en...de *M* 4709
11.8 los siguieron...hasta el llano de *M* al 4708
3. Ciudad en Judá, Jos 15.38 4708
4. Ciudad en Benjamín
Jos 18.26 *M*, Cafira, Mozah 4708
Jue 20.1 Israel, Y se reunió...a Jehová en *M* 4709
20.3 los hijos de Israel habían subido a *M* 4709
21.1 los varones de Israel habían jurado en *M* 4709
21.5 contra el que no subiese a Jehová en *M* 4709
21.8 alguno...no haya subido a Jehová en *M*? 4709
1 S 7.5 reunid a todo Israel en *M*, y yo oraré 4708
7.6 y se reunieron en *M*, y sacaron agua, y 4709
7.6 juzgó Samuel a los hijos de Israel en *M* 4709
7.7 de Israel estaban reunidos en *M*, subieron 4708
7.11 y saliendo los hijos de Israel de *M* 4709
7.12 una piedra y la puso entre *M* y Sen, y le 4709
7.16 y daba vuelta a Bet-el, a Gilgal y a *M* 4709

M

10.17 después Samuel convocó al pueblo...en M 4709
1 R 15.22 edificó el rey Asa...a Geba...y a M 4709
2 R 25.23 los príncipes del...vinieron a él en M 4709
25.25 a los caldeos que estaban con él en M 4709
2 Cr 16.6 Asa...con ellas edificó a Geba y a M 4709
Neh 3.7 varones de Gabaón y de M, que estaban 4709
3.15 Salum hijo...gobernador de la región de M 4709
3.19 Ezer hijo...gobernador de M, otro tramo 4709
Jer 40.6 fue entonces Jeremías a Gedalías...M 4708
40.8 vinieron luego a Gedalías en M; esto es 4708
40.10 yo habito en M, para estar delante de 4708
40.12 regresaron...vinieron...a Gedalías en M 4708
40.13 los príncipes...vinieron a Gedalías en M 4708
40.15 a Gedalías en secreto en M, diciendo 4709
41.1 en M; y comieron pan juntos allí en M 4709
41.3 los judíos que estaban con Gedalías en Al 4709
41.6 de M les salió al encuentro, llorando 4709
41.10 en M...el pueblo que en M había quedado 4709
41.14 había traído cautivo de M se volvió y 4709
41.16 a quienes llevó de M después que mató 4709
Os 5.1 habéis sido lazo en M, y red tendida 4709
5. *Ciudad en Moab*, 1 S 22.3 4708

MIZRAIM *Hijo de Cam*, Gn 10.6,13; 1 Cr 1.8,11 4714

MNASÓN *«Discípulo antiguo»*, Hch 21.16 .... *3416*

MOAB *Hijo de Lot, y la nación que formó su descendencia, o su territorio*
Gn 19.37 a luz la mayor un hijo, y llamó...M 4124
36.35 que derrotó a Madián en el campo de M 4124
Éx 15.15 a los valientes de M les sobrecogerá 4124
Nm 21.11 el desierto que está enfrente de M 4124
21.13 es límite de M, entre M y el amorreo 4124
21.15 corriente...descansa en el límite de M 4124
21.20 al valle que está en los campos de M 4124
21.26 tenido guerra antes con el rey de M 4124
21.28 consumió a Ar de M, a los señores de 4124
21.29 ¡ay de ti, M! Pereciste, pueblo de 4124
22.1 acamparon en los campos de M junto al 4124
22.3 M tuvo gran temor a...y se angustió M 4124
22.4 dijo M a los ancianos de Madián: Ahora 4124
22.4 Balac hijo de Zipor...entonces rey de M 4124
22.7 los ancianos de M...con las dádivas de 4124
22.8 príncipes de M se quedaron con Balaam 4124
22.10 Balac...rey de M, ha enviado a decirme 4124
22.14 los príncipes de M, vinieron a Balac 4124
22.21 así Balaam fue con los príncipes de M 4124
22.36 salió a recibirlo a la ciudad de M, que 4124
23.6 estaba...él y todos los príncipes de M 4124
23.7 dijo: De Aram me trajo Balac, rey de M 4124
23.17 él estaba...con él los príncipes de M 4124
24.17 y herirá las sienes de M, y destruirá 4124
25.1 empezó a fornicar con las hijas de M 4124
26.3 hablaron con ellos en los campos de M 4124
26.63 contaron...de Israel en los campos de M 4124
31.12 al campamento, en los llanos de M, que 4124
33.44 y acamparon en...en la frontera de M 4124
33.48 acamparon en los campos de M, junto al 4124
33.49 acamparon junto al...en los campos de M 4124
33.50; 35.1 habló Jehová...en los campos de M 4124
36.13 que mandó Jehová...en los campos de M 4124
Dt 1.5 tierra de M, resolvió Moisés declarar 4124
2.8 y tomamos el camino del desierto de M 4124
2.9 Jehová me dijo: No molestes a M, ni te 4124
2.18 tú pasarás hoy el territorio de M, a Ar 4124
29.1 los hijos de Israel en la tierra de M 4124
32.49 monte Nebo, situado en la tierra de M 4124
34.1 subió Moisés de los campos de M...Nebo 4124
34.5 y murió allí Moisés...en la tierra de M 4124
34.6 lo enterró...en la tierra de M, enfrente 4124
34.8 lloraron...a Moisés en los campos de M 4124
Jos 13.32 Moisés repartió...en los llanos de M 4124
Jue 3.12 fortaleció a Eglón rey de M contra 4124
3.15 enviaron...un presente a Eglón rey de M 4124
3.17 y entregó el presente a Eglón rey de M 4124
3.28 tomaron los vados del Jordán a M, y no 4124
3.30 fue subyugado M aquel día bajo la mano 4124
10.6 los dioses de M, a los dioses de Amón 4124
11.15 Israel no tomó tierra de M, ni tierra 4124
11.17 al rey de M, el cual tampoco quiso; se 4124
11.18 rodeó...de M...lado oriental de la...de M 4124
11.18 y no entró en...M...es territorio de M 4124
11.25 que Balac hijo de Zipor, rey de M? 4124
Rt 1.1 varón...fue a morar en los campos de M 4124
1.2 llegaron, pues, a los campos de M, y se 4124
1.6 regresó de los campos de M; porque oyó 4124
1.6 oyó en el campo de M que Jehová había 4124
1.22 volvió de los campos de M, y llegaron 4124
2.6 que volvió con Noemí de los campos de M 4124
4.3 dijo al...Noemí...ha vuelto del campo de M 4124
1 S 12.9 los vendió...y en mano del rey de M 4124
14.47 Saúl hizo guerra a...contra M, contra 4124
22.3 David de allí a...M, y dijo al rey de M 4124
22.4 los trajo...a la presencia del rey de M 4124
2 S 8.2 derrotó también a los de M, y...midió 4124
23.20 mató a dos leones de M; y él mismo 4124
1 R 11.1 Salomón amó, además de...a las de M 4125
11.7 a Quemos, ídolo abominable de M, en el 4124
11.33 han adorado...a Quemos dios de M, y a 4124
2 R 1.1 después de la muerte de...se rebeló M 4124
3.4 entonces Mesa rey de M era propietario 4124
3.5 el rey de M se rebeló contra el rey de 4124
3.7 el rey de M se ha rebelado contra mí 4124
3.7 ¿irás tú conmigo a la guerra contra M? 4124
3.21 los de M oyeron que los reyes subían a 4124
3.22 vieron los de M...las aguas rojas como 4124
3.23 y dijeron...ahora, pues, ¡M, al botín! 4124
3.24 los israelitas y atacaron a los de M 4124
3.24 los persiguieron matando a los de M 4124
3.26 el rey de M vio que era vencido en la 4124
23.13 a Quemos ídolo abominable de M, y a 4124
1 Cr 1.46 derrotó a Madián en el campo de M 4124
4.22 los cuales dominaron en M y volvieron 4124
8.8 y Saharaim engendró hijos en la...de M 4124
11.22 Benaía...venció a los dos leones de M 4124
18.2 también derrotó a M, y los moabitas 4124
18.11 de todas las naciones de Edom, de M 4124
2 Cr 20.1 los hijos de M y de Amón, y...otros 4124
20.10 los hijos de Amón y de M, y los del 4124
20.22 Jehová puso contra los hijos de...de M 4124
20.23 los hijos de...M se levantaron contra 4124
Sal 60.8 M, vasija para lavarme; sobre Edom 4124
83.6 las tiendas de los edomitas y...M y los 4124
108.9 M, la vasija para lavarme; sobre Edom 4124
Is 11.14 Edom y M les servirán, y los hijos 4124
15.1 profecía sobre M. Cierto, de noche fue 4124
15.1 destruida Ar de M...destruida Kir de M 4124
15.2 sobre Nebo y sobre Medeba aullará M 4124
15.4 por lo que aullarán los guerreros de M 4124
15.5 corazón dará gritos por M...huirán hasta 4124
15.8 el llanto rodeó los límites de M; hasta 4124
15.9 traeré...leones a los que escaparen de M 4124
16.2 así serán las hijas de M en los vados de 4124
16.4 moren contigo mis desterrados, oh M; sé 4124
16.6 oído la soberbia de M; muy grandes son 4124
16.7 por tanto, aullará M, todo él aullará 4124
16.11 mis entrañas vibrarán como arpa por M 4124
16.12 cuando apareciere M cansado sobre los 4124
16.13 palabra que pronunció Jehová sobre M 4124
16.14 será abatida la gloria de M, con toda 4124
25.10 pero M será hollado en su mismo sitio 4124
Jer 9.26 los hijos de Amón y de M, y a todos 4124
25.21 a Edom, a M y a los hijos de Amón 4124
27.3 enviarás al rey de Edom, y al rey de M 4124
40.11 los judíos que estaban en M...en Edom 4124
48.1 acerca de M. Así ha dicho Jehová de los 4124
48.2 no se alabará ya más M; en Hesbón...mal 4124
48.4 M fue quebrantada; hicieron...se oyese 4124
48.9 dad alas a M, para que se vaya volando 4124
48.11 quieto estuvo M desde su juventud, y 4124
48.13 y se avergonzará M de Quemos, como la 4124
48.15 destruido fue M...sus ciudades asoladas 4124
48.16 cercano está el quebrantamiento de M 4124
48.18 el destruidor de M subió contra ti 4124
48.20 se avergonzó M, porque...M es destruido 4124
48.24 ciudades de tierra de M, las de lejos 4124
48.25 cortado es el poder de M, Y su brazo 4124
48.26 revuélquese M sobre su vómito, y sea 4124
48.28 y habitad en peñascos, moradores de M 4124
48.29 hemos oído la soberbia de M, que es 4124
48.31 yo aullaré sobre M; sobre todo M haré 4124
48.33 los campos fértiles, de la tierra de M 4124
48.35 exterminaré de M...a quien sacrifique 4124
48.36 resonará como flautas por causa de M 4124
48.38 sobre todos los terrados de M, y en sus 4124
48.38 yo quebranté a M como a vasija que no 4124
48.39 M, y fue avergonzado! Fue M objeto de 4124
48.40 volará, y extenderá sus alas contra M 4124
48.41 el corazón de los valientes de M como 4124
48.42 y M será destruido hasta dejar de ser 4124
48.43 lazo contra ti, oh morador de M, dice 4124
48.44 traeré...sobre M, el año de su castigo 4124
48.45 quemó el rincón de M, y la coronilla 4124
48.46 ¡ay de ti, M! pereció el pueblo de 4124
48.47 haré volver a los cautivos de M en lo 4124
48.47 volver...Hasta aquí es el juicio de M 4124
Ez 25.8 dijo M y Seir: He aquí la casa de Judá 4124
25.9 yo abro el lado de M desde las ciudades 4124
25.11 en M haré juicios, y sabrán que yo soy 4124
Dn 11.41 escaparán...Edom y M, y la mayoría de 4124
Am 2.1 por tres pecados de M, y por el cuarto 4124
2.2 prenderé fuego en M, y consumirá los 4124
2.2 y morirá M con tumulto, con estrépito y 4124
Mi 6.5 acuérdate...qué aconsejó Balac rey de M 4124
Sof 2.8 yo he oído las afrentas de M, y los 4124
2.9 dice Jehová...que M será como Sodoma, y 4124

MOABITA *Descendiente de Moab*
Gn 19.37 el cual es padre de los m hasta hoy 4124
Dt 2.11 gigantes eran...los m los llaman emitas 4125
2.29 y los m que habitaban en Ar; hasta que 4125
23.3 no entrará...ni m en la congregación de 4125
Jos 24.9 levantó Balac...rey de los m, y peleó 4124
Jue 3.14 y sirvieron...a Eglón rey de los m 4124
3.28 Jehová ha entregado a...enemigos los m 4124
3.29 mataron de los m como diez mil hombres 4124
Rt 1.4 los cuales tomaron para sí mujeres m 4125
1.22 así volvió Noemí, y Rut la m...con ella 4125
2.2 Rut la m dijo a Noemí: Te ruego que me 4125
2.6 es la joven m que volvió con Noemí de los 4124
2.21 Rut la m dijo: Además de...me ha dicho 4125
4.5 debes tomar también a Rut la m, mujer de 4125
4.10 también tomo por mi mujer a Rut la m 4125
2 S 8.2 m siervos de David, y pagaron tributo 4124
8.12 los m, de los amonitas...los filisteos 4124
2 R 3.10,13 para entregarlos en manos de los m 4124
3.18 entregará...a los m en vuestras manos 4124
13.20 año vinieron bandas armadas de m a la 4124
24.2 contra Joacim...tropas de m y tropas de 4124
1 Cr 11.46 Eliel mahavita, Jerebai...Itma m 4125
18.2 derrotó a Moab, y le, m fueron siervos 4124
2 Cr 24.26 Zabad...Jozabad hijo de Simrit m 4125
Esd 9.1 no se han separado de los pueblos...m 4124
Neh 13.1 amonitas y m no debían entrar jamás 4125
13.23 a judíos que habían tomado mujeres...m 4125

MOADÍAS *Familia de sacerdotes en tiempo de Joiacim*, Neh 12.17 4153

MODELO
Éx 25.40 conforme al m...te ha sido mostrado 8403
26.30 alzarás el tabernáculo conforme al m 4941
Nm 8.4 conforme al m que Jehová mostró hizo 4758
Hch 7.44 lo hiciese conforme al m que había *5179*
He 8.5 haz todas las cosas conforme al m que *5262*

MODESTIA
1 Ti 2.9 mujeres se atavíen...con pudor y m *4997*
2.15 si permaneciere en fe, amor, y...con m *4997*

MODILLÓN
Ez 41.6 y entraban m en la pared de la casa

MODO *Véase también el Apéndice*
Éx 34.7 que de ningún m tendrá por inocente 5352
2 Cr 18.20 yo le...Jehová le dijo: ¿De qué m? 4100
30.5 no la habían celebrado al m que está
31.19 del mismo m para los hijos de Aarón
32.15 ni os persuada de ese m, ni le creáis 2063
Sal 90.12 enséñanos de tal m a contar...días
Jer 38.13 este m sacaron a Jeremías con sogas
Ro 1.27 igual m también los hombres, dejando *3668*
1 Co 9.22 para que de todos m salve a algunos
Gá 5.10 yo confío...que no pensaréis de otro m *5426*

MOFARSE
Job 12.4 yo soy uno de quien su amigo se mofa 7814
Sal 73.8 mofan y hablan con maldad de hacer 4167
Pr 14.9 los necios se mofan del pecado; mas 3887
Ez 23.32 de ti se mojarán las naciones, y te 1961
33.30 los hijos de tu pueblo se mofan de ti 1696

MOHO
Stg 5.3 su m testificará contra vosotros, y *2447*

MOHOSO
Jos 9.5 todo el pan que traían...era seco y m 5350
9.12 este...pan...helo aquí ahora ya seco y m 5350

MOISÉS
Éx 2.10 lo prohijó, Y le puso por nombre M 4872
2.11 crecido ya M, salió a sus hermanos, y 4872
2.14 M tuvo miedo, y dijo: Ciertamente esto 4872
2.15 Faraón...procuró matar a M; pero M huyó 4872
2.17 entonces M se levantó y las defendió 4872
2.21 M convino en morar con aquel varón; y él 4872
2.21 y él dio su hija Séfora por mujer a M 4872
3.1 apacentando M...ovejas de Jetro su suegro 4872
3.3 M dijo: Iré yo ahora y veré esta...visión 4872
3.4 dijo: ¡M, M! Y él respondió: Heme aquí 4872
3.6 M cubrió su rostro, porque tuvo miedo de 4872
3.11 M respondió a Dios: ¿Quién soy yo para 4872
3.13 dijo M a Dios: He aquí que llego yo a 4872
3.14 respondió Dios a M: Yo soy el que soy 4872
3.15 dijo Dios a M: Así dirás a los hijos de 4872
4.1 M respondió diciendo...no me creerán, ni 4872
4.3 y se hizo una culebra; y M huía de ella 4872
4.4 Jehová a M: Extiende tu mano, y tómala 4872
4.10 dijo M a Jehová: ¡Ay, Señor! nunca he 4872
4.14 Jehová se enojó contra M, y dijo: ¿No 4872
4.18 se fue M...Y Jetro dijo a M: Vé en paz 4872
4.19 dijo también Jehová a M en Madián: Vé 4872
4.20 entonces M tomó su mujer y sus hijos 4872
4.20 tomó también M la vara de Dios en su 4872
4.21 dijo Jehová a M: Cuando hayas vuelto a 4872
4.27 a Aarón: Vé a recibir a M al desierto 4872
4.28 contó M a Aarón todas las palabras de 4872
4.29 fueron M y Aarón, y reunieron a todos 4872
4.30 cosas que Jehová había dicho a M, e hizo 4872
5.1 después M y Aarón entraron a...de Faraón 4872
5.4 dijo: M y Aarón, ¿por qué hacéis cesar 4872
5.20 encontrando a M y a Aarón, que estaban 4872
5.22 entonces M se volvió a Jehová, y dijo 4872
6.1 Jehová respondió a M: Ahora verás lo que 4872
6.2 habló todavía Dios a M, y le dijo: Yo soy 4872
6.9 de esta manera habló M a los hijos de 4872
6.9 no escuchaban a M a causa de la congoja 4872
6.10,29; 7.8; 12.1; 13.1; 14.1; 16.11; 25.1; 30.11,17,22; 31.1,12; 40.1; Lv 4.1; 5.14; 6.1,8,19,24; 7.22,28; 8.1; 11.1; 12.1; 13.1; 14.1,33; 15.1; 17.1; 18.1; 19.1; 20.1; 21.16; 22.1,17,26; 23.1,9,23,26,33; 24.1,13; 25.1; 27.1; Nm 1.1,48; 2.1; 3.5,11,14,44; 4.1,17,21; 5.1,5,11; 6.1,22; 7.4; 8.1,5,23; 9.1,9; 10.1; 13.1; 14.26; 15.1,17,37; 16.20,23,36,44; 17.1; 18.25; 19.1; 20.7,23; 25.10,16; 26.1,52; 27.6; 28.1; 31.1,25; 33.50; 34.1,16; 35.1,9 Jehová habló a M, diciendo 4872
Éx 6.12 respondió M delante de Jehová: He aquí 4872
6.13 Jehová habló a M y a Aarón y les dio 4872
6.20 a Jocabed su...dio a luz a Aarón y a M 4872
6.26 es aquel Aarón y aquel M, a los cuales 4872
6.27 estos son los...M y Aarón fueron éstos 4872
6.28 cuando Jehová habló a M en la tierra 4872
6.30 y M respondió delante de Jehová: He 4872
7.1 dijo a M: Mira, yo te he constituido 4872
7.6 e hizo M y Aarón como Jehová les mandó 4872
7.7 era M de edad de ochenta años, y Aarón 4872
7.10 vinieron, pues, M y Aarón a Faraón, e 4872
7.14 Jehová dijo a M: El corazón de Faraón 4872
7.19 Jehová dijo a M: Di a Aarón: Toma tu 4872
7.20 M y Aarón hicieron...Jehová lo mandó 4872
8.1 Jehová dijo a M: Entra a la presencia 4872
8.5 Jehová dijo a M: Dí a Aarón: Extiende 4872
8.8 Faraón llamó a M y a Aarón, y les dijo 4872
8.9 y dijo M a Faraón: Dígnate indicarme 4872
8.10 y M respondió: Se hará conforme a tu 4872
8.12 salieron M y Aarón de la presencia de 4872
8.12 clamó M a Jehová tocante a las ranas 4872
8.13 hizo Jehová conforme a la palabra de M 4872

8.16 Jehová dijo a *M:* Di a Aarón: Extiende 4872
8.20 Jehová dijo a *M:* Levántate de mañana 4872
8.25 Faraón llamó a *M* y a Aarón, y les dijo 4872
8.26 *M* respondió: No conviene que hagamos 4872
8.29 respondió *M:* He aquí, al salir yo de la 4872
8.30 *M* salió de la presencia de Faraón, y oró 4872
8.31 Jehová hizo conforme a la palabra de *M* 4872
9.1 Jehová dijo a *M:* Entra a la presencia de 4872
9.8 Jehová dijo a *M* y a Aarón: Tomad...ceniza 4872
9.8 y la esparcirá *M* hacia el cielo delante 4872
9.10 ceniza...y la esparció *M* hacia el cielo 4872
9.11 y los hechiceros no podían estar...de *M* 4872
9.12 no...oyó, como Jehová lo había dicho a *M* 4872
9.13 Jehová dijo a *M:* Levántate de mañana, y 4872
9.22 Jehová dijo a *M:* Extiende tu mano hacia 4872
9.23 y *M* extendió su vara hacia el cielo, y 4872
9.27 Faraón envió a llamar a *M y a* Aarón, y 4872
9.29 le respondió *M:* Tan pronto salga yo de 4872
9.33 y salido *M* de la presencia de Faraón 4872
9.35 Jehová lo había dicho por medio de *M* 4872
10.1 Jehová dijo a *M:* Entra a la presencia 4872
10.3 entonces vinieron *M* y Aarón a Faraón 4872
10.8 *M* y Aarón volvieron a ser llamados ante 4872
10.9 *M* respondió: Hemos de ir con nuestros 4872
10.12 entonces Jehová dijo a *M:* Extiende tu 4872
10.13 extendió *M* su vara sobre la tierra de 4872
10.16 Faraón se apresuró a llamar a *M y a* 4872
10.18 salió *M* de delante de Faraón, y oró a 4872
10.21 a *M:* Extiende tu mano hacia el cielo 4872
10.22 y extendió *M* su mano hacia el cielo, y 4872
10.24 hizo llamar a *M*, y dijo: Id, servid a 4872
10.25 *M* respondió: Tú...nos darás sacrificios 4872
10.29 *M* respondió: Bien has dicho; no veré 4872
11.1 Jehová dijo a *M:* Una plaga traeré aún 4872
11.3 *M* era tenido por gran varón en...Egipto 4872
11.4 dijo, pues, *M:* Jehová ha dicho así 4872
11.9 y Jehová dijo a *M:* Faraón no os oirá 4872
11.10 y *M* y Aarón hicieron...estos prodigios 4872
12.21 y *M* convocó a...los ancianos de Israel 4872
12.28 hicieron...Jehová había mandado a *M* y 4872
12.31 hizo llamar a *M y a* Aarón de noche, y 4872
12.35 Israel conforme al mandamiento de *M* 4872
12.43 a *M y a* Aarón: Esta es la ordenanza de 4872
12.50 así lo hicieron...como mandó Jehová a *M* 4872
13.3 *M* dijo al pueblo: Tened memoria de este 4872
13.19 tomó...consigo *M* los huesos de José 4872
14.11 y dijeron a *M:* ¿No había sepulcros en 4872
14.13 y *M* dijo al pueblo: No temáis; estad 4872
14.15 Jehová...a *M:* ¿Por qué clamas a mí? Di 4872
14.21 y extendió *M* su mano sobre el mar, e 4872
14.26 dijo a *M:* Extiende tu mano sobre el 4872
14.27 *M* extendió su mano sobre el mar, y 4872
14.31 y creyeron a Jehová y a *M* su siervo 4872
15.1 entonces cantó *M* y los hijos de Israel 4872
15.22 e hizo *M* que partiese Israel del Mar 4872
15.24 Pueblo murmuró contra *M*, y dijo: ¿Qué 4872
15.25 *M* clamó a Jehová...le mostró un árbol 4872
16.2 de los hijos de Israel murmuró contra *M* 4872
16.4 Jehová dijo a *M*...yo os haré llover pan 4872
16.6 dijeron *M* y Aarón a todos los hijos de 4872
16.8 dijo también *M:* Jehová os dará en la 4872
16.9 dijo *M* a Aarón: Di a...la congregación 4872
16.15 *M* les dijo: Es el pan que Jehová os da 4872
16.19 les dijo *M:* Ninguno deje nada de ello 4872
16.20 no obedecieron a *M*, sino...dejaron de 4872
16.20 dejaron de ello...enojó contra ellos *M* 4872
16.22 vinieron y se lo hicieron saber a *M* 4872
16.24 mañana, según lo que U había mandado 4872
16.25 dijo *M:* Comedlo hoy, porque hoy es día 4872
16.28 y Jehová dijo a *M:* ¿Hasta cuándo no 4872
16.32 dijo *M*...es lo que Jehová ha mandado 4872
16.33 dijo *M* a Aarón: Toma una vasija y pon 4872
16.34 guardarlo, como Jehová lo mandó a *M* 4872
17.2 y altercó el pueblo con *M*, y dijeron 4872
17.2 *M* les dijo: ¿Por qué altercáis conmigo? 4872
17.3 murmuró contra *M*, y dijo: ¿Por qué nos 4872
17.4 clamó *M* a Jehová, diciendo: ¿Qué haré 4872
17.5 Jehová dijo a *M:* Pasa delante del pueblo 4872
17.6 *M* lo hizo así en presencia de...Israel 4872
17.9 y dijo *M* a Josué: Escógenos varones, y 4872
17.10 hizo Josué como le dijo *M*, peleando 4872
17.10 *M* y Aarón y Hur subieron a la cumbre 4872
17.11 alzaba *M* su mano, Israel prevalecía 4872
17.12 las manos de *M* se cansaban; por lo que 4872
17.14 y Jehová dijo a *M:* Escribe esto para 4872
17.15 *M* edificó un altar, y llamó su nombre 4872
18.1 Jetro sacerdote de Madián, suegro de *M* 4872
18.1 oyó...cosas que Dios había hecho con *M* 4872
18.2 tomó Jetro suegro de *M*...la mujer de *M* 4872
18.5 y Jetro el suegro de *M*...vino a *M* en el 4872
18.6 y dijo a *M:* Yo tu suegro Jetro vengo a 4872
18.7 y *M* salió a recibir a su suegro, y se 4872
18.8 y *M* contó a su suegro todas las cosas 4872
18.12 tomó Jetro suegro de *M*, holocaustos y 4872
18.12 vino Aarón...comer con el suegro de *M* 4872
18.13 se sentó *M* a juzgar al pueblo; y el 4872
18.13 y el pueblo estuvo delante de *M* desde 4872
18.14 viendo el suegro de *M* todo lo que él 4872
18.15 y *M* respondió a su suegro: Porque el 4872
18.17 el suegro de *M* le dijo: No está bien 4872
18.24 oyó *M* la voz de su suegro, e hizo todo 4872
18.25 escogió *M* varones de virtud de entre 4872
18.26 asunto difícil lo traían a *M*, y ellos 4872
18.27 despidió *M* a su suegro, y éste se fue 4872
19.3 *M* subió a Dios; y Jehová lo llamó desde 4872
19.7 entonces vino *M*, y llamó a los ancianos 4872
19.8,9 *M* refirió a Jehová las palabras del 4872
19.9 dijo a *M*...vengo a ti en una nube espesa 4872
19.10 a *M:* Vé al pueblo, y santifícalos hoy 4872
19.14 y descendió *M* del monte al pueblo, y 4872
19.17 *M* sacó del campamento al pueblo para 4872
19.19 *M* hablaba, y Dios le respondía con voz 4872
19.20 llamó Jehová a *M* a la cumbre...*M* subió 4872
19.21 Jehová dijo a *M:* Desciende, ordena al 4872
19.23 *M* dijo a Jehová: El pueblo no podrá 4872
19.25 entonces *M* descendió y se lo dijo al 4872
20.19 y dijeron a *M:* Habla tú con nosotros 4872
20.20 y *M* respondió al pueblo: No temáis 4872
20.21 *M* se acercó a la oscuridad en la cual 4872
20.22 Jehová dijo a *M:* Así dirás a los hijos 4872
24.1 dijo Jehová a *M:* Sube ante Jehová, tú 4872
24.2 *M* solo se acercará a Jehová; y ellos no 4872
24.3 *M* vino y contó al pueblo...las palabras 4872
24.4 *M* escribió todas las palabras de Jehová 4872
24.6 y *M* tomó la mitad de la sangre, y la 4872
24.8 *M* tomó la sangre y roció...el pueblo, y 4872
24.9 subieron *M* y Aarón, Nadab y Abiú, y 70 4872
24.12 Jehová dijo a *M:* Sube a mí al monte 4872
24.13 se levantó *M* con Josué...y *M* subió al 4872
24.15 *M* subió al monte, y una nube cubrió 4872
24.16 al séptimo día llamó a *M*...de la nube 4872
24.18 entró *M* en medio de la nube, y subió 4872
24.18 y estuvo *M* en el monte 40 días y 40 4872
30.34 dijo además Jehová a *M:* Toma especias 4872
31.18 y dio a *M*...dos tablas del testimonio 4872
32.1 viendo...que *M* tardaba en descender del 4872
32.1 a este *M*, el varón que nos sacó de la 4872
32.7 a *M:* Anda, desciende, porque tu pueblo 4872
32.9 dijo más Jehová a *M:* Yo he visto a este 4872
32.11 *M* oró en presencia de Jehová su Dios 4872
32.15 volvió *M* y descendió...monte, trayendo 4872
32.17 Josué...dijo a *M:* Alarido de pelea hay 4872
32.19 ardió la ira de *M*, y arrojó las tablas 4872
32.21 dijo *M* a Aarón: ¿Qué te ha hecho este 4872
32.23 a este *M*, el...no sabemos qué le haya 4872
32.25 viendo *M*...pueblo estaba desenfrenado 4872
32.26 se puso *M* a la puerta del campamento 4872
32.28 lo hicieron conforme al dicho de *M* 4872
32.29 *M* dijo: Hoy os habéis consagrado a 4872
32.30 dijo *M* al pueblo...habéis cometido un 4872
32.31 volvió *M* a Jehová, y dijo: Te ruego 4872
32.33 Jehová respondió a *M:* Al que pecare 4872
33.1 dijo a *M:* Anda, sube de aquí, tú y el 4872
33.5 Jehová había dicho a *M:* Di a los hijos 4872
33.7 y *M* tomó el tabernáculo, y lo levantó 4872
33.8 cuando salía *M* al tabernáculo, todo el 4872
33.8 y miraban en pos de *M*, hasta...entraba 4872
33.9 *M* entraba en...y Jehová hablaba con *M* 4872
33.11 hablaba Jehová a *M* cara a cara, como 4872
33.12 dijo *M* a Jehová: Mira, tú me dices a 4872
33.15 *M* respondió: Si tu presencia no ha de 4872
33.17 y Jehová dijo a *M:*También haré esto 4872
34.1 Jehová dijo a *M:* Alísate dos tablas de 4872
34.4 *M* alisó dos tablas de piedra como las 4872
34.8 *M*...bajó la cabeza hacia el suelo y adoró 4872
34.27 dijo a *M:* Escribe tú estas palabras 4872
34.29 descendiendo *M* del monte Sinaí con las 4872
34.29 no sabía *M* que la piel de su rostro 4872
34.30 miraron a *M*, y...era resplandeciente 4872
34.31 entonces *M* los llamó...y *M* les habló 4872
34.33 acabó *M* de hablar con ellos, puso un 4872
34.34 venía *M* delante de Jehová para hablar 4872
34.35 al mirar los...de Israel el rostro de *M* 4872
34.35 y volvía *M* a poner el velo sobre su 4872
35.1 *M* convocó a toda la congregación de los 4872
35.4 habló *M* a toda la congregación de los 4872
35.20 y salió toda...Israel de delante de *M* 4872
35.29 Jehová había mandado por medio de *M* 4872
35.30 y dijo *M* a los hijos de Israel: Mirad 4872
36.2 *M* llamó a Bezaleel y a Aholiab y a todo 4872
36.3 tomaron de delante de *M* toda la ofrenda 4872
36.5 hablaron a *M*, diciendo: El pueblo trae 4872
36.6 *M* mandó pregonar por el campamento 4872
38.21 se hicieron por orden de *M* por obra de 4872
38.22 hizo...las cosas que Jehová mandó a *M* 4872
39.1,5,7,21,26,29,31,32 como Jehová lo había...a *M* 4872
39.33 trajeron el tabernáculo a *M*...y todos 4872
39.42 las cosas que Jehová había mandado a *M* 4872
39.43 vio *M* toda la obra...habían hecho como 4872
40.16 y *M* hizo conforme a...Jehová le mandó 4872
40.18 *M* hizo levantar el tabernáculo...puso 4872
40.19,21,23,25,27,29 Jehová había mandado a *M* 4872
40.31 *M* y Aarón y sus hijos lavaban en ella 4872
40.32 altar...como Jehová había mandado a *M* 4872
40.33 erigió el atrio...Así acabó *M* la obra 4872
40.35 y no podía *M* entrar en el tabernáculo 4872
Lv 1.1 llamó Jehová a *M*, y habló con él desde 4872
7.38 la cual mandó Jehová a *M* en el monte de 4872
8.4 hizo, pues, *M* como Jehová le mandó, y se 4872
8.5 dijo *M* a la congregación: Esto es lo que 4872
8.6 *M* hizo acercarse a Aarón y a...y los lavó 4872
8.9,13,17,21,29 Jehová había mandado a *M* 4872
8.10 tomó *M* el aceite de la unción y ungió 4872
8.13 *M* hizo acercarse los hijos de Aarón, y 4872
8.15 y *M* tomó la sangre, y puso con su dedo 4872
8.16 tomó...y lo hizo arder *M* sobre el altar 4872
8.19,24 y roció *M* la sangre sobre el altar 4872
8.20 y *M* hizo arder la cabeza, y los trozos 4872
8.21 quemó *M* todo el carnero sobre el altar 4872
8.23 tomó *M* de la sangre, y la puso sobre el 4872
8.24 y puso *M* de la sangre sobre el lóbulo 4872
8.28 tomó aquellas cosas *M* de las manos de 4872
8.29 tomó *M* el pecho, y lo meció, ofrenda 4872
8.29 aquella fue la parte de *M*, como Jehová 4872
8.30 luego tomó *M* del aceite de la unción 4872
8.31 dijo *M* a Aarón y a sus hijos: Comed la 4872
8.36 cosas que mandó Jehová por medio de *M* 4872
9.1 *M* llamó a Aarón y a sus hijos, y a los 4872
9.5 y llevaron lo que mandó *M* delante del 4872
9.6 entonces *M* dijo: Esto es lo que mandó 4872
9.7 dijo *M* a Aarón: Acércate al altar, y haz 4872
9.10,21 como Jehová lo había mandado a *M* 4872
9.23 y entraron *M y Aarón* en el tabernáculo 4872
10.3 *M* a Aarón: Esto es lo que habló Jehová 4872
10.4 llamó *M* a Misael y a...hijos de Uziel 4872
10.5 se acercaron y los sacaron...como dijo *M* 4872
10.6 *M* dijo...No descubráis vuestras cabezas 4872
10.7 ellos hicieron conforme al dicho de *M* 4872
10.11 que Jehová les ha dicho por medio de *M* 4872
10.12 *M* dijo a Aarón, y a Eleazar y a Itamar 4872
10.16 *M* preguntó por el macho cabrío de la 4872
10.19 respondió Aarón a *M:* He aquí hoy han 4872
10.20 y cuando *M* oyó...se dio por satisfecho 4872
16.1 Jehová a *M* después de la muerte de los 4872
16.2 dijo a *M:* Di a Aarón tu hermano, que no 4872
16.34 y *M* lo hizo como Jehová le mandó 4872
21.1 Jehová dijo a *M:* Habla a los sacerdotes 4872
21.24 *M* habló esto a Aarón, y a sus hijos 4872
23.44 habló *M* a los hijos de Israel sobre 4872
24.11 blasfemó el Nombre, y...lo llevaron a *M* 4872
24.23 habló *M* a los hijos de Israel, y ellos 4872
24.23 hicieron según Jehová había mandado a *M* 4872
26.46 que estableció Jehová...por mano de *M* 4872
27.34 los mandamientos que ordenó Jehová a *M* 4872
Nm 1.17 tomaron...*M* y Aarón a estos varones 4872
1.19 como Jehová lo había mandado a *M*, *los* 4872
1.44 contaron *M* y Aarón, con los príncipes 4872
1.54 hicieron...cosas que mandó Jehová a *M* 4872
2.33 los levitas...como Jehová lo mandó a *M* 4872
2.34 todas las cosas que Jehová mandó a *M* 4872
3.1 son los descendientes de Aarón y de *M* 4872
3.1 en el día en que Jehová habló a *M* en el 4872
3.16 *M* los contó conforme a la palabra de 4872
3.38 los que acamparán...serán *M* y Aarón y 4872
3.39 los contados...que *M* y Aarón...contaron 4872
3.40 Jehová dijo a *M:* Cuenta...primogénitos 4872
3.42 contó *M*, como Jehová le mandó, todos 4872
3.49 tomó, pues, *M* el dinero del rescate de 4872
3.51 *M* dio el dinero...a Aarón y a sus hijos 4872
3.51 según lo que Jehová había mandado a *M* 4872
4.34 *M*, pues...contaron a los hijos de Coat 4872
4.37,41,45 los cuales contaron *M* y Aarón 4872
4.37,45,49 lo mandó Jehová por medio de *M* 4872
4.46 que *M* y Aarón...contaron por sus familias 4872
5.4 los echaron fuera...como Jehová dijo a *M* 4872
7.1 que cuando *M* hubo acabado de levantar 4872
7.6 *M* recibió los carros y los bueyes, y los 4872
7.11 Jehová dijo a *M:* Ofrecerán su ofrenda 4872
7.89 entraba *M* en...oía la voz que le hablaba 4872
8.3 Aarón lo hizo...como Jehová lo mandó a *M* 4872
8.4 conforme al modelo que Jehová mostró a *M* 4872
8.20 *M*...hicieron con los levitas conforme a 4872
8.20,22 mandó Jehová a *M* acerca de...levitas 4872
9.4 habló *M* a los hijos de Israel para que 4872
9.5 a todas las cosas que mandó Jehová a *M* 4872
9.6 vinieron delante de *M* y...Aarón aquel día 4872
9.8 *M* les respondió: Esperad, y oiré lo que 4872
9.23 Jehová lo había dicho por medio de *M* 4872
10.13 al mandato de Jehová por medio de *M* 4872
10.29 *M* a Hobab, hijo de Ragüel madianita 4872
10.35 el arca se movía, *M* decía: Levántate 4872
11.2 el pueblo clamó a *M*, y *M* oró a Jehová 4872
11.10 y oyó *M* al pueblo...le pareció mal a *M* 4872
11.11 y dijo *M* a Jehová: ¿Por qué has hecho 4872
11.16 Jehová dijo a *M:* Reúneme 70 varones 4872
11.21 dijo *M:* Seiscientos mil de a pie es 4872
11.23 respondió a *M:* ¿Acaso se ha acortado 4872
11.24 salió *M* y dijo al pueblo las palabras 4872
11.27 y corrió un joven y dio aviso a *M*, y 4872
11.28 respondió Josué hijo...ayudante de *M* 4872
11.28 Josué...dijo: Señor mío *M*, impídelos 4872
11.29 *M* le respondió: ¿Tienes tú celos por 4872
11.30 *M* volvió al campamento...y los ancianos 4872
12.1 hablaron contra *M* a causa de la mujer 4872
12.2 ¿solamente por *M* ha hablado Jehová? ¿No 4872
12.3 aquel varón *M* era muy manso, más que 4872
12.4 Jehová a *M*, a Aarón y a María: Salid 4872
12.7 no así a mi siervo *M*, que es fiel en 4872
12.8 no...temor de hablar contra mi siervo *M*? 4872
12.11 y dijo Aarón a *M:* ¡Ah! señor mío, no 4872
12.13 *M* clamó a Jehová, diciendo: Te ruego 4872
12.14 Jehová a *M:* Pues si su padre hubiera 4872
13.3 *M* los envió desde el desierto de Parán 4872
13.16 nombres de los varones que *M* envió a 4872
13.16 a Oseas...le puso *M* el nombre de Josué 4872
13.17 envió, pues, *M* a reconocer la tierra 4872
13.26 y vinieron a *M* y a Aarón, y a toda la 4872
13.30 hizo callar al pueblo delante de *M*, y 4872
14.2 y se quejaron contra *M* y contra Aarón 4872
14.5 entonces *M* y Aarón se postraron sobre 4872
14.11 Jehová dijo a *M:* ¿Hasta cuando me ha 4872
14.13 *M* respondió a Jehová: Lo oirán luego 4872
14.36 y los varones que *M* envió a reconocer 4872
14.39 *M* dijo estas cosas a...hijos de Israel 4872
14.41 *M:* ¿Por qué quebrantáis el mandamiento 4872
14.44 pero el arca...y *M*, no se apartaron de 4872
15.22 mandamientos que Jehová ha dicho a *M* 4872
15.23 Jehová os ha mandado por medio de *M* 4872
15.33 los que le hallaron...lo trajeron a *M* 4872
15.35 y Jehová dijo a *M*...muera aquel hombre 4872
15.36 lo apedrearon...como Jehová mandó a *M* 4872
16.2 se levantaron contra *M* con 250 varones 4872
16.3 juntaron contra *M* y Aarón y les dijeron 4872
16.4 cuando oyó esto *M*, se postró sobre su 4872

16.8 dijo más M a Coré: Oíd...hijos de Leví ... 4872
16.12 y envió M a llamar a Datán y Abiram ... 4872
16.15 M se enojó en gran manera, y dijo a ... 4872
16.16 dijo M a Coré: Tú y todo tu séquito ... 4872
16.18 pusieron a la puerta...con M y Aarón ... 4872
16.25 M se levantó y fue a Datán y a Abiram ... 4872
16.28 dijo M: En esto conoceréis que Jehová ... 4872
16.40 según se lo dijo Jehová por medio de M ... 4872
16.41 la congregación de...murmuró contra M ... 4872
16.42 que cuando se juntó...contra M y Aarón ... 4872
16.43 M y Aarón delante del tabernáculo de ... 4872
16.46 dijo M a Aarón: Toma el incensario, y ... 4872
16.47 tomó Aarón el incensario, como M dijo ... 4872
16.50 después volvió Aarón a M a la puerta ... 4872
17.6 M habló a los hijos de Israel, y todos ... 4872
17.7 y M puso las varas delante de Jehová ... 4872
17.8 vino M al tabernáculo del testimonio ... 4872
17.9 sacó M...las varas de delante de Jehová ... 4872
17.10 y Jehová dijo a M: Vuelve la vara de ... 4872
17.11 hizo M como le mandó Jehová...lo hizo ... 4872
17.12 los...de Israel hablaron a M, diciendo ... 4872
20.2 no había agua...se juntaron contra M y ... 4872
20.3 y habló el pueblo contra M, diciendo ... 4872
20.6 y se fueron M y Aarón de delante de la ... 4872
20.9 M tomó la vara de delante de Jehová ... 4872
20.10 reunieron M y Aarón a la congregación ... 4872
20.11 alzó M su mano y golpeó la peña con su ... 4872
20.12 Jehová dijo a M y a Aarón: Por cuanto ... 4872
20.14 envió M embajadores al rey de Edom ... 4872
20.27 M hizo...Jehová le mandó; y subieron al ... 4872
20.28 M desnudó a Aarón de sus vestiduras ... 4872
20.28 y M y Eleazar descendieron del monte ... 4872
21.5 habló el pueblo contra Dios y contra M ... 4872
21.7 el pueblo vino a M y dijo: Hemos pecado ... 4872
21.7 ruega a Jehová...Y M oró por el pueblo ... 4872
21.8 y Jehová dijo a M: Hazte una serpiente ... 4872
21.9 M hizo una serpiente de bronce, y la ... 4872
21.16 es el pozo del cual Jehová dijo a M ... 4872
21.32 también envió M a reconocer a Jazer ... 4872
21.34 Jehová dijo a M: No le tengas miedo ... 4872
25.4 Jehová dijo a M: Toma a, los príncipes ... 4872
25.5 entonces M dijo a los jueces de Israel ... 4872
25.6 trajo una madianita...a ojos de M y de ... 4872
26.3 M y...Eleazar hablaron con ellos en los ... 4872
26.4 contaréis el pueblo...mandó Jehová a M ... 4872
26.9 que se rebelaron contra M y Aarón con ... 4872
26.59 dio a luz...a Aarón y a M, y a María ... 4872
26.63 son los contados por M y el...Eleazar ... 4872
26.64 ninguno hubo de los contados por M y ... 4872
27.2 se presentaron delante de M y...Eleazar ... 4872
27.5 y M llevó su causa delante de Jehová ... 4872
27.11 por estatuto...como Jehová mandó a M ... 4872
27.12 a M: Sube a este monte Abarim, y verás ... 4872
27.15 entonces respondió M a Jehová, diciendo ... 4872
27.18 Jehová dijo a M: Toma a Josué hijo de ... 4872
27.22 M hizo como Jehová le había mandado ... 4872
27.23 Jehová había mandado por mano de M ... 4872
29.40 M dijo a los hijos de Israel conforme ... 4872
30.1 habló M a los príncipes de las tribus ... 4872
30.16 las ordenanzas que Jehová mandó a M ... 4872
31.3 M habló al pueblo, diciendo: Armaos ... 4872
31.6 y M los envió a la guerra; mil de cada ... 4872
31.7 y pelearon...como Jehová lo mandó a M ... 4872
31.12 trajeron a M...los cautivos y el botín ... 4872
31.13 y salieron M...a recibirlos fuera del ... 4872
31.14 se enojó M contra los capitanes del ... 4872
31.15 les dijo M: ¿Por qué habéis dejado con ... 4872
31.21 ordenanza...que Jehová ha mandado a M ... 4872
31.31 e hicieron M y...como Jehová mandó a M ... 4872
31.41 dio M el tributo...Jehová lo mandó a M ... 4872
31.42 apartó M de los...que habían ido a la ... 4872
31.47 de la mitad...tomó M uno de cada 50, así ... 4872
31.47 dio...como Jehová lo había mandado a M ... 4872
31.48 vinieron a M los jefes de los millares ... 4872
31.49 y dijeron a M: Tus siervos han tomado ... 4872
31.51 M y el...Eleazar recibieron el oro de ... 4872
31.54 recibieron...M y...el oro de los jefes ... 4872
32.2 y hablaron a M y al sacerdote Eleazar ... 4872
32.6 respondió M...¿Irán vuestros hermanos a ... 4872
32.16 entonces ellos vinieron a M y dijeron ... 4872
32.20 les respondió M: Si lo hacéis así, si ... 4872
32.25 hablaron...a M, diciendo: Tus siervos ... 4872
32.28 les encomendó M al sacerdote Eleazar ... 4872
32.29 les dijo M: Si los hijos de Gad y los ... 4872
32.33 M dio a los hijos de Gad, a los hijos ... 4872
32.40 M dio Galaad a Maquir hijo de Manasés ... 4872
33.1 que salieron...bajo el mando de M y Aarón ... 4872
33.2 M escribió sus salidas conforme a sus ... 4872
34.13 y mandó M a los...de Israel, diciendo ... 4872
36.1 llegaron...y hablaron delante de M y de ... 4872
36.5 entonces M mandó a los hijos de Israel ... 4872
36.10 como Jehová mandó a M, así hicieron ... 4872
36.13 que mandó Jehová por medio de M a los ... 4872
Dt 1.1 las palabras que habló M a todo Israel ... 4872
1.3 M habló a los hijos de Israel conforme a ... 4872
1.5 resolvió M declarar esta ley, diciendo ... 4872
4.41 apartó M tres ciudades a este lado del ... 4872
4.44 la ley que M puso delante de...de Israel ... 4872
4.45 habló M a los hijos de Israel cuando ... 4872
4.46 al cual derrotó M con los...de Israel ... 4872
5.1 llamó M a todo Israel y les dijo: Oye ... 4872
27.1 ordenó M, con los ancianos...al pueblo ... 4872
27.9 M, con...habló a todo Israel, diciendo ... 4872
27.11 mandó M al pueblo en aquel...diciendo ... 4872
29.1 son las palabras...que Jehová mandó a M ... 4872
29.2 M, pues, llamó a todo Israel, y les dijo ... 4872
31.1 fue M y habló estas palabras a...Israel ... 4872
31.7 llamó M a Josué, y le dijo en presencia ... 4872
31.9 y escribió M esta ley, y la dio a los ... 4872
31.10 les mandó M, diciendo: Al fin de cada ... 4872
31.14 dijo a M...se ha acercado el día de tu ... 4872
31.14 fueron...M y Josué, y esperaron en el ... 4872
31.16 y Jehová dijo a M: He aquí, tú vas a ... 4872
31.22 M escribió este cántico aquel día, y lo ... 4872
31.24 cuando acabó M de escribir las palabras ... 4872
31.25 M a los levitas que llevaban el arca ... 4872
31.30 habló M a oídos de toda la congregación ... 4872
32.44 vino M y recitó todas las palabras de ... 4872
32.45 y acabó M de recitar...estas palabras ... 4872
32.48 y habló Jehová a M aquel mismo día ... 4872
33.1 es la bendición con la cual bendijo M ... 4872
33.4 M nos ordenó una ley, como heredad a la ... 4872
34.1 subió M de los campos de Moab al monte ... 4872
34.5 y murió allí M...en la tierra de Moab ... 4872
34.7 era M de edad de 120 años cuando murió ... 4872
34.8 y lloraron los hijos de Israel a M en ... 4872
34.8 se cumplieron los días...del luto de M ... 4872
34.9 porque M había puesto sus manos sobre él ... 4872
34.9 le obedecieron...como Jehová mandó a M ... 4872
34.10 nunca más se levantó profeta...como M ... 4872
34.12 los hechos...que M hizo a la vista de ... 4872
Jos 1.1 después de la muerte de M siervo de ... 4872
1.1 que Jehová habló a Josué...servidor de M ... 4872
1.2 mi...M ha muerto; ahora, pues, levántate ... 4872
1.3 os he entregado, como lo había dicho a M ... 4872
1.5 como estuve con M, estaré contigo; no te ... 4872
1.7 hacer...la ley que mi siervo M te mandó ... 4872
1.13 acordaos de la palabra que M...os mandó ... 4872
1.14 quedarán en la tierra que M os ha dado ... 4872
1.15 a la tierra de...la cual M...os ha dado ... 4872
1.17 de la manera que obedecimos a M...a ti ... 4872
1.17 tu Dios esté contigo, como estuvo con M ... 4872
3.7 que como estuve con M, así estaré contigo ... 4872
4.10 las cosas que M había mandado a Josué ... 4872
4.12 pasaron armados...según M...había dicho ... 4872
4.14 y le temieron, como habían temido a M ... 4872
8.31 como M...había mandado a los...de Israel ... 4872
8.31 está escrito en el libro de la ley de M ... 4872
8.32 también escribió...copia de la ley de M ... 4872
8.33 de la manera que M...había mandado antes ... 4872
8.35 que mandó M, que Josué no hiciese leer ... 4872
9.24 Dios había mandado a M su siervo que ... 4872
11.12 los destruyó, como M...había mandado ... 4872
11.15 mandado a M...así M lo mandó a Josué ... 4872
11.15 de todo lo que Jehová había mandado a M ... 4872
11.20 destruirlos...Jehová...había mandado a M ... 4872
11.23 a todo lo que Jehová había dicho a M ... 4872
12.6 a estos derrotaron M...y los hijos de ... 4872
12.6 M...dio aquella tierra en posesión a los ... 4872
13.8 su heredad, la cual les dio M al otro ... 4872
13.8 heredad...se la dio M siervo de Jehová ... 4872
13.12 los refaítas...M los derrotó, y los echó ... 4872
13.15 dio...M a la tribu de los hijos de Rubén ... 4872
13.21 el reino de Sehón...al cual derrotó M ... 4872
13.24 dio...M a la tribu de Gad, a los hijos ... 4872
13.29 también dio M heredad a la media tribu ... 4872
13.32 esto es lo que M repartió en heredad ... 4872
13.33 a la tribu de Leví no dio M heredad ... 4872
14.2 como Jehová había mandado a M...se diera ... 4872
14.3 les había dado M heredad al otro lado ... 4872
14.5 manera que Jehová lo había mandado a M ... 4872
14.6 dijo: Tú sabes lo que Jehová dijo a M ... 4872
14.7 cuando M...me envió de Cades-barnea a ... 4872
14.9 M juró diciendo: Ciertamente la tierra ... 4872
14.10 que Jehová habló estas palabras a M ... 4872
14.11 tan fuerte como el día que M me envió ... 4872
17.4 Jehová mandó a M que nos diese heredad ... 4872
18.7 su heredad...les dio M siervo de Jehová ... 4872
20.2 las cuales yo os hablé por medio de M ... 4872
21.2 medio de M que nos fuesen dadas ciudades ... 4872
21.8 había mandado Jehová por conducto de M ... 4872
22.2 habéis guardado todo lo que M siervo de ... 4872
22.4 regresad a...a la tierra...que M...os dio ... 4872
22.5 cumplir...la ley que M siervo de Jehová ... 4872
22.7 Manasés había dado M posesión en Basán ... 4872
22.9 al mandato de Jehová por conducto de M ... 4872
23.6 está escrito en el libro de la ley de M ... 4872
24.5 y yo envié a M y a Aarón, y herí a Egipto ... 4872
Jue 1.16 y los hijos del ceneo, suegro de M ... 4872
1.20 y dieron Hebrón a Caleb, como M había ... 4872
3.4 él había dado a sus padres por mano de M ... 4872
4.11 Heber ceneo, de los hijos...suegro de M ... 4872
18.30 Jonatán hijo de Gersón, hijo de M, él ... 4872
1 S 12.6 Jehová que designó a M y a Aarón, y ... 4872
12.8 padres clamaron a Jehová...envió a M y a ... 4872
1 R 2.3 está escrito en la ley de M, para que ... 4872
8.9 las dos tablas...había puesto M en Horeb ... 4872
8.53 como lo dijiste por medio de M tu siervo ... 4872
8.56 todas sus promesas que expresó por M su ... 4872
2 R 14.6 lo que está escrito en...la ley de M ... 4872
18.4 serpiente de bronce que había hecho M ... 4872
18.6 mandamientos que Jehová prescribió a M ... 4872
18.12 todas las cosas que M...había mandado ... 4872
21.8 toda la ley que mi siervo M les mandó ... 4872
23.25 otro rey...conforme a toda la ley de M ... 4872
1 Cr 6.3 los hijos de Amram: Aarón, M y Marfa ... 4872
6.49 lo que M siervo de Dios había mandado ... 4872
15.15 arca de Dios...como lo había mandado M ... 4872
21.29 el tabernáculo...que M había hecho en ... 4872
22.13 y decretos que Jehová mandó a M para ... 4872
23.13 los hijos de Amram: Aarón y M. Y Aarón ... 4872
23.14 y los hijos de M varón de Dios fueron ... 4872
23.15 los hijos de M fueron Gersón y Eliezer ... 4872
26.24 Sebuel hijo de Gersón, hijo de M, era ... 4872
2 Cr 1.3 el tabernáculo...que M...había hecho ... 4872
5.10 dos tablas que M había puesto en Horeb ... 4872
8.13 su día, conforme al mandamiento de M ... 4872
23.18 como está escrito en la ley de M, con ... 4872
24.6 ofrenda que M siervo de Jehová impuso ... 4872
24.9 que M siervo de Dios había impuesto a ... 4872
25.4 lo que está escrito...en el libro de M ... 4872
30.16 conforme a la ley de M varón de Dios ... 4872
33.8 la ley...y los preceptos, por medio de M ... 4872
34.14 libro de la ley...dada por medio de M ... 4872
35.6 palabra de Jehová dada por medio de M ... 4872
35.12 según está escrito en el libro de M ... 4872
Esd 3.2 como está escrito en la ley de M varón ... 4872
6.18 conforme a lo escrito en el libro de M ... 4873
7.6 era escriba diligente en la ley de M, que ... 4872
Neh 1.7 y preceptos que diste a M tu siervo ... 4872
1.8 de la palabra que diste a M tu siervo ... 4872
8.1 que trajese el libro de la ley de M, la ... 4872
8.14 que Jehová había mandado por mano de M ... 4872
9.14 por mano de M tu siervo...prescribiste ... 4872
10.29 que fue dada por M siervo de Dios, y ... 4872
13.1 se leyó en el libro de M, oyéndolo el ... 4872
Sal 77.20 condujiste a tu pueblo...mano de M ... 4872
90 *tít.* oración de M, varón de Dios ... 4872
99.6 M y Aarón entre...sacerdotes, y Samuel ... 4872
103.7 sus caminos notificó a M, y a los hijos ... 4872
105.26 envió a su siervo M, y a Aarón, al cual ... 4872
106.16 tuvieron envidia de M...y contra Aarón ... 4872
106.23 no haberse interpuesto M *su* escogido ... 4872
106.32 y le fue mal a M por causa de ellos ... 4872
Is 63.11 pero se acordó...de M y de su pueblo ... 4872
63.12 que los guio por la diestra de M con ... 4872
Jer 15.1 si M y Samuel se pusieran delante de ... 4872
Dn 9.11 el juramento que está...en la ley de M ... 4872
9.13 conforme está escrito en la ley de M ... 4872
Mi 6.4 envié delante de ti a M, a Aarón y a ... 4872
Mal 4.4 acordaos de la ley de M mi siervo, al ... 4872
Mt 8.4 **presenta la ofrenda que ordenó M, para** ... 3475
17.3 aparecieron M y Elías, hablando con él ... 3475
17.4 tres enramadas: una para ti, otra para M ... 3475
19.7 ¿por qué...mandó M dar carta de divorcio ... 3475
19.8 **por la...M os permitió repudiar a...mujeres** ... 3475
22.24 M dijo: Si alguno muriere sin hijos, su ... 3475
23.2 **la cátedra de M se sientan los escribas** ... 3475
Mr 1.44 **por tu purificación lo que M mandó** ... 3475
7.10 **M dijo: Honra a tu padre y a tu madre** ... 3475
9.4 les apareció Elías con M, que hablaban ... 3475
9.5 para ti, otra para M, y otra para Elías ... 3475
10.3 **respondiendo, les dijo: ¿Qué os mandó M?** ... 3475
10.4 ellos...M permitió dar carta de divorcio ... 3475
12.19 M nos escribió que si el hermano de ... 3475
12.26 **¿no habéis leído en el libro de M cómo** ... 3475
Lc 2.22 conforme a la ley de M, le trajeron ... 3475
5.14 **según mandó M, para testimonio a ellos** ... 3475
9.30 varones que hablaban con él...M y Elías ... 3475
9.33 tres enramadas, una para ti, una para M ... 3475
16.29 **le dijo: A M y a los profetas tienen** ... 3475
16.31 **dijo: Si no oyen a M y a los profetas** ... 3475
20.28 M nos escribió: Si el hermano de alguno ... 3475
20.37 **M lo enseñó en el pasaje de la zarza** ... 3475
24.27 y comenzando desde M, y siguiendo por ... 3475
24.44 **que está escrito de mí en la ley de M** ... 3475
Jn 1.17 la ley por medio de M fue dada, pero ... 3475
1.45 a aquel de quien escribió M en la ley ... 3475
3.14 **M levantó la serpiente en el desierto** ... 3475
5.45 **hay quien os acusa, M, en quien tenéis** ... 3475
5.46 **porque si creyeseis a M, me creeríais a** ... 3475
6.32 **no os dio M el pan del cielo, mas mi** ... 3475
7.19 **¿no os dio M la ley, y ninguno...cumple** ... 3475
7.22 **por cierto, M os dio la circuncisión** ... 3475
7.22 **no porque sea de M, sino de los padres** ... 3475
7.23 **para que la ley de M no sea quebrantada** ... 3475
8.5 ley nos mandó M apedrear a tales mujeres ... 3475
9.28 tú eres...pero nosotros, discípulos de M ... 3475
9.29 sabemos que Dios ha hablado a M; pero ... 3475
Hch 3.22 porque M dijo a los padres: El Señor ... 3475
6.11 oído hablar palabras blasfemas contra M ... 3475
6.14 y cambiará las costumbres que nos dio M ... 3475
7.20 nació M, y fue agradable a Dios; y fue ... 3475
7.22 fue enseñado M en toda la sabiduría de ... 3475
7.29 al oír...M huyó, y vivió como extranjero ... 3475
7.31 M, mirando, se maravilló de la visión ... 3475
7.32 y M, temblando, no se atrevía a mirar ... 3475
7.35 M, a quien habían rechazado, diciendo ... 3475
7.37 M es el que dijo a los hijos de Israel ... 3475
7.38 aquel M que estuvo en la congregación ... 3475
7.40 a...M...no sabemos qué te haya acontecido ... 3475
7.44 cuando dijo a M que lo hiciese conforme ... 3475
13.39 de que por la ley de M no pudisteis ser ... 3475
15.1 os circuncidáis conforme al rito de M ... 3475
15.5 y mandarles que guarden la ley de M ... 3475
15.21 M...tiene en...ciudad quien lo predique ... 3475
21.21 enseñas a, los judíos...a apostatar de M ... 3475
26.22 los profetas y M dijeron que habían de ... 3475
28.23 de Jesús, tanto por la ley de M como ... 3475
Ro 5.14 reinó la muerte desde Adán hasta M ... 3475
9.15 pues a M dice: Tendré misericordia del ... 3475
10.5 M escribe así: El hombre que haga estas ... 3475
10.19 M dice: Yo os provocaré a celos con un ... 3475
1 Co 9.9 porque en la ley de M está escrito ... 3475
10.2 todos en M fueron bautizados en la nube ... 3475
2 Co 3.7 no pudieron fijar la vista en...de M ... 3475
3.13 no como M, que ponía un velo sobre su ... 3475
3.15 cuando se *lee a M*, el velo está puesto ... 3475
2 Ti 3.8 que Janes y Jambres resistieron a M ... 3475
He 3.2 como...lo fue M en toda la casa de Dios ... 3475
3.3 de tanto mayor gloria que M es estimado ... 3475
3.5 M a la...fue fiel en toda la casa de Dios ... 3475
3.16 que salieron de Egipto por mano de M? ... 3475
7.14 Judá, de la cual nada habló M tocante al ... 3475

8.5 se le advirtió a *M* cuando iba a erigir el *3475*
9.19 habiendo anunciado *M*... los mandamientos ... *3475*
10.28 el que viola la ley de *M*, por... muere *3475*
11.23 la fe *M*, cuando nació, fue escondido *3475*
11.24 *M*... rehusé llamarse hijo de la hija de *3475*
12.21 *M* dijo: Estoy espantado y temblando *3475*
Jud 9 disputando con él por el cuerpo de *M* *3475*
Ap 15.3 cantan el cántico de *M* siervo de Dios *3475*

MOJAR
Éx 12.22 hisopo, y *mojadlo* en la sangre que 2881
Lv 4.6,17 *mojará* el sacerdote su dedo en la 2881
9.9 él *mojó* su dedo en la sangre, y puso de......... 2881
14.6 los *mojará* con la avecilla viva en la 2881
14.16 y *mojará* su dedo derecho en el aceite........ 2881
14.51 los *mojará* en la sangre de la avecilla 2881
Nm 19.18 tomará hisopo, y lo *mojará* en el agua 2881
Dt 33.24 el amado de... y *moje* en aceite su pie 2881
Jos 3.15 los pies de los sacerdotes... *mojados*.......... 2881
Rt 2.14 come del pan, y *moja* tu bocado en el.......... 2881
1 S 14.27 la *mojó* en un panal de miel, y llevó.......... 2881
Job 24.8 con las lluvias de los montes se *mojan*........ 7372
Dn 4.15,23 sea *mojado* con el rocío del cielo 6647
4.33 cuerpo se *mojaba* con el rocío del cielo........ 6647
5.21 su cuerpo fue *mojado* con el rocío del 6647
Mr 14.20 **uno... el que *moja* conmigo en el plato** *1686*
Lc 16.24 **Lázaro para que *moje* la punta de su** *911*
Jn 13.26 **a quien yo diere el pan *mojado*... es** *911*
13.26 *mojando* el pan... dio a Judas Iscariote *1686*

MOLADA *Ciudad en Simeón*, Jos 15.26; 19.2; 1 Cr 4.28; Neh 11.26 4137

MOLDURA
Éx 25.25 le harás también una *m* alrededor, de........ 4526
25.25 a la *m* una cornisa de oro alrededor 4526
25.27 los anillos estarán debajo de la *m*, para 4526
27.10,11 *capiteles de* las columnas y sus *m*.......... 2838
36.38 y cubrió de oro los capiteles y las *m*.......... 2838
37.12 una *m* de un palmo menor de anchura......... 4526
37.12 hizo en derredor de la *m* una cornisa 4526
37.14 debajo de la *m* estaban los anillos, por 4526
38.10,11,12,17 capiteles... y sus *m*, de plata 2838
38.17 columnas del atrio tenían *m* de plata.......... 2836
38.19 y las cubiertas de... y sus *m*, de plata 2838
1 R 7.28 basas... tenían unos tableros... entre *m* 7948
7.29 y sobre aquellos tableros... entre las *m* 7948
7.29 y sobre las *m* de... había unas añadiduras..... 7948
7.35 encima de la basa sus *m* y tableros, los 3027
7.36 e hizo en las tablas de las *m*, y en los 3027

MOLE
Hab 3.15 caminaste... sobre la *m* de las... aguas 2563

MOLER
Éx 30.36 y *molerás* parte de él en polvo fino 7833
32.20 becerro... *molió* hasta reducirlo a polvo...... 2912
Lv 16.12 llenos del perfume aromático *molido* 1851
Nm 11.8 el pueblo... lo recogía, y lo *molía* en 2912
Dt 9.21 desmenucé *moliéndolo muy* bien, hasta 2912
Jue 16.21 le ataron... que *moliese* en la cárcel 2912
2 S 22.43 como polvo de la tierra los *molí* 7833
Job 19.2 ¿hasta cuándo... *moleréis* con palabras? 1792
31.10 *muela* para otro mi mujer, y sobre ella....... 2912
Sal 18.42 *molí* como polvo delante del viento 7833
38.8 estoy debilitado y *molido* en gran manera..... 1794
Is 3.15 *moléis* las caras de los pobres? dice 2912
38.13 como un león *molió* todos mis huesos; de 7665
41.15 trillo... trillarás montes y los *molerás* 1854
47.2 toma el molino y *muele* harina; descubre 2912
53.5 herido fue... *molido* por nuestros pecados...... 1792
Lm 5.13 llevaron a los jóvenes a *moler*, y los.......... 2911
Mt 24.41 **dos mujeres estarán *moliendo* en un** *229*
Lc 17.35 **dos mujeres estarán *moliendo* juntas** *229*

MOLESTAR
Éx 1.11 que los *molestasen* con sus cargas; y........... 6031
Nm 10.9 contra el enemigo que os *molestare* 6887
Dt 2.9 Jehová me dijo: No *molestes* a Moab, *m*......... 6696
2.19 no los *molestes*, ni contiendas con ellos 6696
Rt 2.9 he mandado... criados que no te *molesten* 5060
Mi 6.3 pueblo mío... o en qué te he *molestado*? 3811
Mt 26.10 **¿por qué *molestáis* a esta mujer?**........ *3930,2873*
Mr 5.35 ¿para qué *molestas* más al Maestro?.......... *4660*
14.6 **dijo: Dejadla; ¿por qué la *molestáis*?**...... *3930,2873*
Lc 7.6 no te *molestes*, pues no soy digno de *4660*
8.49 ha muerto; no *molestes* más al Maestro......... *4660*
11.7 **le dice: No me *molestes*; la puerta ya** *3930,2873*
Hch 24.4 no *molestarte* ruego que nos oigas *1465*

MOLESTIA
Dt 1.12 ¿cómo llevaré yo... vuestras *m*... pleitos? 2960
2 S 14.26 causaba *m*, y por eso se lo cortaba 3513
Job 5.6 aflicción... ni la *m* brota de la tierra........... 5999
Sal 90.10 todo, su fortaleza es *m* y trabajo............. 5999
Ec 1.18 en la mucha sabiduría hay mucha *m* 3708
23.23 no son sino dolores, y sus trabajos *m* 3708
Hab 1.3 me haces ver iniquidad, y... que vea *m*? 5999
Gá 6.17 de aquí en adelante nadie me cause *m* ... *3930,2873*
1 P 2.19 si... sufre *m* padeciendo injustamente......... *3077*

MOLESTÍSIMA
Éx 8.24 y vino toda clase de moscas *m* sobre 3515

MOLESTO, A
Job 4.2 si probáremos a hablarte, te será *m*........... 3811
16.2 oído... consoladores *m* sois todos vosotros...... 5999
Pr 15.10 la reconvención es *m* al que deja el........... 7451
Is 7.13 ¿Os es poco el ser *m* a los hombres 3811
Lc 18.5 **esta viuda me es *m*, le haré justicia**........ *3930,2873*
Fil 3.1 no me es *m* el escribiros las mismas *3636*

MOLID *Descendiente de Judá*, 1 Cr 2.29 4140

MOLIDO *Véase Moler*

MOLINO
Éx 11.5 la sierva que está tras el *m*, y todo............ 7347
Nm 11.8 el pueblo... lo molía en *m* o lo majaba 7347
Dt 24.6 no tomarás en prenda la muela del *m* 7347
Jue 9.53 dejó caer un pedazo de una rueda de *m* 7393
2 S 11.21 pedazo de una rueda de *m*, y murió 7393
Is 47.2 toma el *m* y muele harina; descubre 7347
Jer 25.10 que desaparezca... ruido de *m* y luz 7347
Mt 18.6 **le colgase al cuello una piedra de *m*** *3458,3684*
24.41 **estarán moliendo en un *m*; la una será**....... *3459*
Mr 9.42 **se le atase una piedra de *m* al cuello**..... *3037,3457*
Lc 17.2 **se le atase al cuello una piedra de *m*** *3458,3684*
Ap 18.21 una piedra, como una gran piedra de *m* *3458*
18.22 en ti, ni ruido de ni se oirá más en ti.......... *3458*

MOLOC *Dios pagano al cual se ofrecían sacrificios humanos*
Lv 18.21 no des hijo tuyo para ofrecerlo... a *M* 4432
20.2 que ofreciere alguno de sus hijos a *M* 4432
20.3 dio de sus hijos a *M*, contaminando mi 4432
20.4 varón que hubiere dado de sus hijos a *M* 4432
20.5 que fornicaron... prostituyéndose con *M* 4432
1 R 11.7 edificó... a *M*, ídolo abominable de los 4432
11.33 adorado... a *M* dios de los hijos de Amón 4445
2 R 23.10 ninguno pasase su hijo... fuego a *M* 4432
Jer 32.35 el fuego sus hijos y sus hijas a *M*............. 4432
Am 5.26 llevabais el tabernáculo de vuestro *M* 4432
Hch 7.43 llevasteis el tabernáculo de *M*, y la........... *3434*

MOMENTÁNEA
2 Co 4.17 esta leve tribulación *m* produce en *3910*

MOMENTO
Éx 33.5 en un *m* subiré en medio de ti, y te 7281
Nm 16.21, 45 apartaos... y los consumiré en un *m* 7281
Rt 2.7 desde... sin descansar ni aun por un *m* 4592
Esd 9.8 por un breve *m* ha habido misericordia 7281
Job 7.18 lo visites... y todos los *m* lo pruebes? 7281
20.5 es breve, y el gozo del impío por un *m*?........ 7281
34.20 en un *m* morirán, y a medianoche se 7281
Sal 30.5 un *m* será su ira, pero su favor dura........... 7281
81.14 un *m* habría yo derribado a sus enemigos.... 4592
Pr 12.19 la lengua mentirosa sólo por un *m* 7281
Is 26.20 escóndete por un poquito, por un *m*........... 7281
27.3 Yo Jehová la guardo, cada *m* la regaré......... 7281
29.5 pasa; y será repentinamente, en un *m*.......... 6621
54.7 por un breve *m* te abandoné, pero te 7281
54.8 de ira escondí mi rostro de ti por un *m* 7281
Jer 4.20 son destruidas... en un *m* mis cortinas......... 7281
51.8 en un *m* cayó Babilonia, y se despedazó 6597
Ez 26.16 y temblarán a cada *m*, y estarán 7218
Lm 4.6 destruida en un *m*, sin que acamparan 7281
Ez 32.10 sobresaltarán... a cada *m* en el día de......... 7281
Mt 13.20 **el que oye... al *m* la recibe con gozo** *2117*
14.31 **al *m* Jesús, extendiendo la mano, asió**........ *2112*
Mr 4.16 **la palabra, al *m* la reciben con gozo**......... *2112*
7.35 al *m* fueron abiertos sus oídos................. *2112*
Lc 1.64 al *m* fue abierta su boca y suelta su............ *3916*
4.5 le mostró en un *m* todos los reinos de la *4743*
Hch 3.7 *m* se le afirmaron los pies y tobillos *3916*
5.34 sacasen fuera por un *m* a los apóstoles........ *1024*
9.18 *m* le cayeron de los ojos como escamas........ *2112*
12.23 al *m* un ángel del Señor le hirió, por........... *3916*
1 Co 15.52 en un *m*, en un abrir y cerrar de *823*
Gá 2.5 ni por un *m* accedimos a someternos *5610*
2 P 1.15 podáis en todo *m* tener memoria de *1539*

MONDADURA
Gn 30.37 Jacob... descortezó en ellas *m* blancas....... 6479

MONDAR
Gn 30.38 varas que había *mondado* delante del 6478

MONEDA
Gn 20.16 he dado mil *m* de plata a tu hermano
33.19 compró una parte del campo... por cien *m* ... 7192
1 S 2.36 vendrá a postrarse... una *m* de plata............ 95
Job 42.11 cada uno... le dio una pieza de *m* y un....... 7192
Cnt 8.11 cada uno... debía traer mil *m* de plata
Mt 22.19 **mostradme la *m* del tributo. Y ellos** *3546*
Mr 12.15 **¿por qué me tentáis? Traedme la *m*** *1220*
Lc 20.24 **mostradme la *m*. ¿De quién tiene la** *1220*
Jn 2.15 y esparció las *m* de los cambistas, y *2772*

MONO
1 R 10.22; 2 Cr 9.21 traían... plata, marfil, *m*.......... 6971

MONSTRUO
Gn 1.21 y creó Dios los grandes *m* marinos, y 8577
Job 7.12 ¿soy yo el mar, o un *m* marino, para 8577
Sal 74.13 quebrantaste cabezas de *m* en las........... 8577
148.7 alabad... *m* marinos y todos los abismos 8577

MONTADO *Véase Montar*

MONTAÑA
Jos 9.1 los reyes... en las *m* como en los llanos 2022
10.6 reyes de... amorreos que habitan en las *m* 2022
10.40 hirió... Josué toda la región de las *m* 2022
11.2 y a los reyes que... del norte en las *m*......... 2022
11.3 al jebuseo en las *m*, y al heveo al pie 2022
11.16 tomó, pues, Josué... *m*, todo el Neguev......... 2022
11.16 el Arabá, las *m* de Israel y sus valles 2022
12.8 en las *m*, en los valles, en el Arabá, en......... 2022
13.6 todos los que habitan en las *m* desde el......... 2022
15.48 y en las *m*, Samir, Jatir, Soco.................. 2022
16.1 desierto que sube... por las *m* de Bet,el........ 2022
Jue 1.9 el cananeo que habitaba en las *m*, en.......... 2022
1.19 con Judá, quien arrojó a los de las *m* 2022
1 Cr 12.8 ligeros como... gacelas sobre las *m* 2022
2 Cr 2.18 y ochenta mil canteros en la *m*, y............ 2022
27.4 edificó ciudades en las *m* de Judá, y........... 2022
Cnt 8.14 sé semejante al corzo... sobre las *m* 2022
Jer 17.3 sobre las *m* y sobre el campo. Todos.......... 2042
32.44; 33.13 ciudades de las *m*... de la Sefela........ 2022
Mi 7.14 que mora solo en la *m*, en campo fértil......... 3293
Lc 1.39 levantándose María... de prisa a la *m* *3714*
1.65 en todas las *m* de Judea se divulgaron......... *3714*
Ap 8.8 como una gran *m*... fue precipitada en el....... *3735*

MONTAÑOSA
Gn 10.30 fue desde Mesa... hasta la región *m* del...... 2022
2 Cr 15.8 los ídolos... en la parte in de Efraín........... 2022

MONTAR
Gn 24.61 Rebeca y... *montaron* en los camellos........ 7392
Éx 28.20 estarán *montadas* en engastes de oro 7660
39.6 piedras de ónice *montadas* en engastes 4142
39.13 *montadas* y encajadas en engastes de oro.... 4142
Nm 22.22 *montado* sobre su asna, y con él dos 7392
1 S 25.20 *montando* un asno, descendió por una....... 7392
25.42 Abigail *montó* en un asno y siguió a........... 7392
30.17 sino 400... que *montaron*... los camellos 7392
2 S 13.29 *montaron* cada uno en su... y huyeron 7392
16.2 los asnos son para que *monte* la familia 7392
19.26 enalbárdame un asno, y *montaré* en él 7392
1 R 1.33 *montad* a Salomón mi hijo en mi mula......... 7392
1.38 *montaron* a Salomón en la mula del rey....... 7392
1.44 los cuales le *montaron* en la mula del 7392
1 R 13.13 le ensillaron el asno, y él lo *montó*.......... 7392
Est 8.10 cartas por medio de correos *montados* 7392
8.14 los correos, pues, *montados* en caballos 7392
Is 19.1 que Jehová *monta* sobre una ligera nube 7392
21.7,9 hombres *montados*, jinetes de dos en 7393
21.7 *montados* sobre asnos, in sobre camellos...... 7393
Jer 6.23 y *montarán* a caballo corno hombres.......... 7392
22.4 los reyes... entrarán *montados* en carros....... 7392
50.42 voz rugirá... y *montarán* sobre caballos 7392
Ez 23.23 nobles y varones... *montan* a caballo.......... 7392
Os 14.3 no *montaremos* en caballos, ni nunca 7392
Hab 3.8 cuando *montaste* en tus caballos, y en 7392
Mr 11.2 **ningún hombre ha *montado*; desatadlo y** *2523*
Lc 19.30 **en el cual ningún hombre ha *montado*** *2523*
Jn 12.14 **halló... un asnillo, y *montó* sobre él** *2523*
12.15 **tu Rey viene, *montado* sobre un pollino** *2521*
Ap 6.2 el que lo *montaba* tenía un arco; y le *2521*
6.4 y al que lo *montaba* le fue dado poder de *2521*
6.5 y el que lo *montaba* tenía una balanza en........ *2521*
6.8 que lo *montaba* tenía por nombre Muerte *2521*
19.11 y el que lo *montaba* se llamaba Fiel y.......... *2521*
19.19 para guerrear contra el que *montaba* el...... *2521*
19.21 la espada... del que *montaba* el caballo....... *2521*

MONTE
Gn 7.19 y todos los *m* altos, fueron cubiertos 2022
7.20 después que fueron cubiertos los *m* 2022
8.4 reposó el arca en... sobre los *m* de Ararat 2022
8.5 mes, se descubrieron las cimas de los *m* 2022
12.8 se pasó de allí a un *m* al oriente de............ 2022
14.6 y a los horeos en el *m* de Seir, hasta.......... 2042
14.10 cayeron allí, y los demás huyeron al *m* 2022
19.17 escapa por tu... al *m*, no sea que perezcas.... 2022
19.19 no podré escapar al *m*, no sea que me 2022
19.30 pero Lot subió de Zoar y moró en el *m* 2022
22.2 ofrécelo allí... sobre uno de los *m* que 2022
22.14 hoy: En el *m* de Jehová será provisto 2022
31.21 huyó, pues... se dirigió al *m* de Galaad 2022
31.23 Labán... y le alcanzó en el *m* de Galaad 2022
31.25 y éste había fijado su tienda en el *m*.......... 2022
31.25 y Labán acampó con... en el *m* de Galaad 2022
31.54 inmoló víctimas en el *m*, y llamó a sus 2022
31.54 pan, y durmieron aquella noche en el *m*........ 2022
36.8 y Esaú habitó en el *m* de Seir; Esaú es 2022
36.9 son los linajes de Esaú... en el *m* de Seir 2022
Éx 3.1 ovejas... llegó hasta Horeb, *m* de Dios 2022
3.12 por señal... serviréis a Dios sobre este *m*...... 2022
4.27 lo encontró en el *m* de Dios, y le besó.......... 2022
15.17 y lo plantarás en el *m* de tu heredad 2022
18.5 estaba acampando junto al *m* de Dios........... 2022
19.2 Sinaí... acampó allí Israel delante del *m*........ 2022
19.3 y Jehová lo llamó desde el *m*, diciendo 2022
19.11 Jehová descenderá... sobre el *m* de Sinaí....... 2022
19.12 no subáis al *m*, ni toquéis sus límites 2022
19.12 cualquiera que tocare el *m*, de... morirá....... 2022
19.13 cuando suene... la bocina, subirán al *m* 2022
19.14 y descendió Moisés del *m* al pueblo, y 2022
19.16 relámpagos, y espesa nube sobre el *m* 2022
19.17 Moisés sacó... al pueblo... al pie del *m*......... 2022
19.18 el *m* Sinaí humeaba, porque Jehová había ... 2022
19.18 todo el *m* se estremecía en gran manera 2022
19.20 descendió... sobre el *m*... la cumbre del *m*.... 2022
19.20 llamó Jehová a Moisés... la cumbre del *m* 2022
19.23 el pueblo no podrá subir al *m* Sinaí 2022
19.23 tú... Señala límites al *m*, y santifícalo......... 2022
20.18 el *m* que humeaba; y viéndolo el pueblo 2022
24.4 edificó un altar al pie del *m*, y doce............ 2022
24.12 sube a mí al *m*, y espera allá, y te 2022
24.13 se levantó... y Moisés subió al *m* de Dios 2022
24.15 subió al *m*, y una nube cubrió el *m* 2022
24.16 la gloria de Jehová reposó sobre el *m* 2022
24.17 un fuego abrasador en la cumbre del *m*........ 2022
24.18 subió al *m*; y estuvo... en el *m* 40 días......... 2022
25.40; 26.30; 27.8 te fue mostrado en el *m* 2022
31.18 cuando acabó de hablar con él en el *m* 2022
32.1 que Moisés tardaba en descender del *m*........ 2022
32.12 matarlos en los *m*, y para raerlos de 2022
32.15 descendió del *m*, trayendo... dos tablas....... 2022

M

32.19 las tablas...y las quebró al pie del *m* 2022
33.6 se despojaron de sus atavíos desde el *m* 2022
34.2 prepárate...mañana...sube de mañana al *m* 2022
34.2 preséntate ante mí sobre la cumbre...*m* 2022
34.3 no suba...ni parezca alguno en todo el *m* 2022
34.3 ovejas ni bueyes pazcan delante del *m* 2022
34.4 se levantó de mañana y subió al *m* Sinaí 2022
34.29 descendiendo Moisés del *m* Sinaí con las 2022
34.29 al descender del *m*, no sabía Moisés que 2022
34.32 lo que Jehová le había dicho en el *m* 2022
Lv 7.38 la cual mandó Jehová a Moisés en el *m* 2022
25.1 Jehová habló a Moisés en el *m* de Sinaí 2022
26.46 que estableció Jehová...en el *m* de Sinaí 2022
27.34 los mandamientos que ordenó...en el *m* 2022
Nm 3.1 en que Jehová habló...en el *m* de Sinaí 2022
10.33 así partieron del *m* de Jehová camino de 2022
13.17 subid de aquí al Neguev, y subid al *m* 2022
13.29 el heteo...el amorreo habitan en el *m* 2022
14.40 y subieron a la cumbre del *m*, diciendo 2022
14.44 se obstinaron en subir a la cima del *m* 2022
14.45 y el cananeo que habitaban en aquel *m* 2022
20.22 y partiendo de...vinieron al *m* de Hor 2022
20.23 Jehová habló a Moisés...en el *m* de Hor 2022
20.25 a Aarón y a...hazlos subir al *m* de Hor 2022
20.27 y subieron al *m* de Hor a la vista de 2022
20.28 y Aarón murió allí en la cumbre del *m* 2022
20.28 Moisés y Eleazar descendieron del *m* 2022
21.4 partieron del *m* de Hor, camino del Mar 2022
23.3 Balaam dijo...se fue a un *m* descubierto 8205
23.7 de Aram me trajo...de los *m* del oriente 2042
27.12 sube a este *m* Abarim, y verás la tierra 2022
28.6 holocausto...ordenado en el *m* Sinaí para 2022
33.23 salieron...y acamparon en el *m* de Sefer 2022
33.24 salieron del *m* de Sefer y acamparon en 2022
33.32 salieron...acamparon en el *m* de Gidgad 2022
33.33 salieron del *m* de Gidgad y acamparon
33.37 y acamparon en el *m* de Hor, en...Edom 2022
33.38 subió...Aarón al *m* de Hor, conforme al 2022
33.39 Aarón...123 años...murió en el *m* de Hor 2022
33.41 salieron del *m* de Hor y acamparon en 2022
33.47 acamparon en los *m* de Abarim, delante 2022
33.48 salieron de...*m* de Abarim y acamparon 2022
34.7 desde el Mar Grande trazaréis al *m* de 2022
34.8 del *m* de Hor trazaréis a la entrada de 2022
Dt 1.2 once jornadas hay...camino del *m* de Seir 2022
1.6 habéis estado bastante tiempo en este *m* 2022
1.7 al *m* del amorreo y a todas sus comarcas 2022
1.7 en el *m*, en los valles, en el Neguev, y 2022
1.19 anduvimos...el camino del *m* del amorreo 2022
1.20 dije: Habéis llegado al *m* del amorreo 2022
1.24 subieron al *m*, y llegaron hasta el valle 2022
1.41 cada uno...preparasteis para subir al *m* 2022
1.43 persistiendo con altivez subisteis al *m* 2022
1.44 el amorreo, que habitaba en aquel *m*, y 2022
2.1 rodearnos el *m* de Seir por mucho tiempo 2022
2.3 habéis rodeado este *m*; volveos al norte 2022
2.5 he dado por heredad a Esaú el *m* de Seir 2022
2.37 a las ciudades del *m*, ni a lugar alguno 2022
3.8 también tomamos...hasta el *m* de Hermón 2022
3.12 mitad del *m* de Galaad con sus ciudades 2022
3.25 pase...y vea...aquel buen *m*, y el Líbano 2022
4.11 os pusisteis al pie del *m*; y el *m* ardía 2022
4.48 desde Aroer...hasta el *m* de Sion, que es 2022
5.4 cara a cara habló Jehová...en el *m* de en 2022
5.5 tuvisteis temor del...y no subisteis al *m* 2022
5.22 estas palabras habló Jehová a...en el *m* 2022
5.23 cuando...visteis al *m* que ardía en fuego 2022
8.7 de manantiales, que brotan en vegas y *m* 2022
8.9 son hierro, y de cuyos *m* sacarás cobre 2042
9.9 yo subí al *m* para recibir las tablas de 2022
9.9 en el *m* cuarenta días y cuarenta noches 2022
9.10 las palabras que os habló Jehová en el *m* 2022
9.15 descendí del *m*, el cual ardía en fuego 2022
9.21 eché...en el arroyo que descendía del *m* 2022
10.1 y sube a mí al *m*, y hazte un arca de 2022
10.3 subí al *m* con las dos tablas en mi mano 2022
10.4 que Jehová os había hablado en el *m* de 2022
10.5 y descendí del *m*, y puse las tablas en 2022
10.10 estuve en el *m* como los primeros días 2022
11.11 la tierra...es tierra de *m* y de vegas 2022
11.29 la bendición sobre el *m* Gerizim, y la 2022
11.29 pondrás...la maldición sobre el *m* Ebal 2022
12.2 sirvieron...sobre los *m* altos, y sobre 2022
19.5 fuere con su prójimo al *m* a cortar leña 3293
27.4 levantarás estas piedras...en el *m* Ebal 2022
27.12 estos estarán sobre el *m* Gerizim para 2022
27.13 estarán sobre el *m* Ebal...la maldición 2022
32.22 y abrasará los fundamentos de los *m* 2022
32.49 sube a este *m* de Abarim, al *m* Nebo 2022
32.50 y muere en el *m* al cual subes, y sé 2022
32.50 así como murió Aarón tu hermano en el *m* 2022
33.2 resplandeció desde el *m* de Parán, y vino 2022
33.15 con el fruto más fino de los *m* antiguos 2042
33.19 llamarán a los pueblos a su *m*; allí 2022
34.1 subió Moisés...al *m* Nebo, a la cumbre del 2022
Jos 2.16 les dijo: Marchaos al *m*, para que los 2022
2.22 ellos, llegaron al *m* y estuvieron allí 2022
2.23 descendieron del *m*...y vinieron a Josué 2022
8.30 Josué edificó un altar a...en el *m* Ebal 2022
8.33 la mitad de ellos...hacia el *m* Gerizim 2022
8.33 y la otra mitad hacia el *m* Ebal, de la 2022
11.17 el *m* Halac...a la falda del *m* Hermón 2022
11.21 y destruyó a los anaceos de los *m* de 2022
11.21 todos los *m* de Judá y...los *m* de Israel 2022
12.1 el arroyo de Arnón hasta el *m* Hermón 2022
12.5 dominaba en el *m* Hermón, en Salca, en 2022
12.7 el llano del Líbano hasta el *m* de Halac 2022
13.5 todo...desde Baal-gad al pie del *m* Hermón 2022
13.11 todo el *m* Hermón, y toda la tierra de 2022
13.19 Sibma, Zaret-sahar en el *m* del valle 2022
14.12 este *m*, del cual habló Jehová aquel día 2022
15.8 luego sube por la cumbre del *m* que está 2022
15.9 rodea este límite desde la cumbre del *m* 2022
15.9 y sale a las ciudades del *m* de Efrón 2022
15.10 gira...hacia el occidente al *m* de Seir 2022
15.10 y pasa al lado del *m* de Jearim hacia 2022
15.11 a Sicrón, y pasa por el *m* de Baala, y 2022
17.15 *m* de Efraín es estrecho para vosotros 2022
17.16 José...No nos bastará a nosotros este *m* 2022
17.18 que aquel *m* será tuyo; pues aunque es 2022
18.12 sube después al *m* hacia el occidente 2022
18.13 desciende de...al *m* que está al sur de 2022
18.14 tuerce hacia el...por el lado sur del *m* 2022
18.16 al extremo del *m* que está delante del 2022
19.50 le dieron la...Timnat-sera, en el *m* de 2022
20.7 señalaron a Cedes...en el *m* de Neftalí 2022
20.7 señalaron a...Siquem en el *m* de Efraín 2022
20.7 Quiriat-arba (que es Hebrón) en el *m* 2022
21.11 dieron Quiriat-arba...en el *m* de Judá 2022
21.21 les dieron Siquem...en el *m* de Efraín 2022
24.4 y a Esaú di el *m* de Seir, para que lo 2022
24.30 el *m* de Efraín, al norte del *m* de Gaas 2022
24.33 lo enterraron en el...en el *m* de Efraín 2022
Jue 1.34 acosaron a...hijos de Dan hasta el *m* 2022
1.35 persistió en habitar en el *m* de Heres 2022
2.9 el *m* de Efraín, al norte del *m* de Gaas 2022
3.3 los heveos que habitaban en el *m* Líbano 2022
3.3 desde el *m* de Baal-hermón hasta...Hamat 2022
3.27 tocó el cuerno en el *m* de Efraín, y los 2022
3.27 de Israel descendieron con él del *m*, y 2022
4.5 entre Ramá y Bet-el, en el *m* de Efraín 2022
4.6 junta a tu gente en el *m* de Tabor, y toma 2022
4.12 que Barac...había subido al *m* de Tabor 2022
4.14 Barac descendió del *m* de Tabor, y diez 2022
5.5 los *m* temblaron delante de Jehová, aquel 2022
6.2 se hicieron cuevas en los *m*, y cavernas 2022
7.3 tema...madrugue y devuélvase desde el *m* 2022
7.24 envió mensajeros por todo el *m* de Efraín 2022
9.7 y se puso en la cumbre del *m* de Gerizim 2022
9.25 Siquem pusieron en las cumbres de los *m* 2022
9.36 he allí gente que desciende...de los *m* 2022
9.36 tú ves la sombra de los *m* como...hombres 2022
9.48 subió Abimelec al *m* de Salmón, él y toda 2022
10.1 Tola hijo de...habitaba en Samir en el *m* 2022
11.37 vaya y descienda por los *m*, y llore mi 2022
11.38 fue...y lloró su virginidad por los *m* 2022
12.15 y fue sepultado en...en el *m* de Amalec 2022
16.3 subió a...*m* que está delante de Hebrón 2022
17.1 hubo un hombre del *m* de Efraín...Micaía 2022
17.8 llegando...al *m* de Efraín, vino a casa 2022
18.2 vinieron al *m* de Efraín, hasta la casa 2022
18.13 pasaron al *m* de Efraín, y vinieron a 2022
19.1 en la parte más remota del *m* de Efraín 2022
19.16 un hombre...el cual era del *m* de Efraín 2022
19.18 a la parte más remota del *m* de Efraín 2022
1 S 1.1 un varón...de Zofim, del *m* de Efraín 2022
9.4 pasó el *m* de Efraín, y de allí a...Salisa 2022
13.2 dos mil en Micmas y en el *m* de Bet-el 2022
14.22 se habían escondido en el *m* de Efraín 2022
17.3 filisteos...sobre un *m*...e Israel...otro *m* 2022
23.14 y habitaba en un *m* en el desierto de 2022
23.26 Saúl iba por un lado del *m*, y David con 2022
23.26 David con sus...por el otro lado del *m* 2022
25.20 descendió por una parte secreta del *m* 2022
26.13 se puso en la cumbre del *m* a lo lejos 2022
26.20 quien persigue una perdiz por los *m* 2022
31.1 y cayeron muertos en el *m* de Gilboa 2022
31.8 hallaron a Saúl y...tendidos en el *m* de 2022
2 S 1.6 vine al *m* de Gilboa, y hallé a Saúl 2022
1.21 *m* de Gilboa, ni rocío ni lluvia caiga 2022
13.34 mucha gente que venía...del lado del *m* 2022
15.32 cuando David llegó a la cumbre del *m*
16.1 un poco más allá de la cumbre del *m*, he
16.13 Simei iba por el lado del *m* delante de 2022
20.21 un hombre del *m* de Efraín...Seba hijo 2022
21.9 los ahorcaron en el *m* delante de Jehová 2022
1 R 4.8 son...el hijo de Hur en el *m* de Efraín 2022
5.15 tenía...ochenta mil cortadores en el *m* 2022
11.7 lugar alto...en el *m* que está enfrente 2022
12.25 reedificó...a Siquem en el *m* de Efraín 2022
16.24 y Omri compró a Semer el *m* de Samaria 2022
16.24 y edificó en el *m*; y llamó el nombre 2022
16.24 de Semer, que fue dueño de aquel *m* 2022
18.19 congrégame a...Israel en el *m* Carmelo 2022
18.20 reunió a los profetas en el *m* Carmelo 2022
19.8 caminó 40...hasta Horeb, el *m* de Dios 2022
19.11 sal fuera, y ponte en el *m* delante de 2022
19.11 un poderoso viento que rompía los *m*, y 2022
20.23 sus dioses son dioses de los *m*, por eso 2022
20.28 dicho: Jehová es Dios de los *m*, y no 2022
22.17 vi a todo Israel esparcido por los *m* 2022
2 R 1.9 él estaba sentado en la cumbre del *m* 2022
2.16 ha echado en algún *m* o en algún valle 2022
2.24 salieron dos osos del *m*, y despedazaron 3293
2.25 allí fue al *m* Carmelo, y de allí volvió 2022
4.25 y vino al varón de Dios, al *m* Carmelo 2022
4.27 donde estaba el varón de Dios en el *m* 2022
5.22 vinieron...del *m* de Efraín dos jóvenes 2022
6.17 el *m* estaba lleno de gente de a caballo 2022
19.23 he subido a las alturas de los *m*, a lo 2022
19.31 saldrá...del *m* de Sion los que se salven 2022
23.13 lugares altos...a la mano derecha del *m* 2022
23.16 Josías...viendo los sepulcros...en el *m* 2022
1 Cr 4.42 los...de Simeón, fueron al *m* de Seir 2022
5.23 Basán hasta...y Senir y el *m* de Hermón 2022
6.67 Siquem con sus ejidos en el *m* de Efraín 2022
10.1 y cayeron heridos en el *m* de Gilboa 2022
10.8 a Saúl y a sus hijos tendidos en el *m* 2022
2 Cr 2.2 ochenta mil...que cortasen en los *m* 2022
3.1 edificar la casa de...en el *m* Moriah 2022
13.4 sobre el *m*...que está en los *m* de Efraín 2022
18.16 todo Israel derramado por los *m* como 2022
19.4 desde Beerseba hasta el *m* de Efraín, y 2022
20.10 y los del *m* de Seir, a cuya tierra no 2022
20.22 contra...Amón, de Moab y del *m* de Seir 2022
20.23 se levantaron contra los del *m* de Seir 2022
20.23 hubieron acabado con los del *m* de Seir 2022
21.11 hizo lugares altos en los *m* de Judá 2022
26.10 en los *m* como en los llanos fértiles 2022
33.15 altares que había edificado en el *m* de 2022
Neh 8.15 salid al *m*, y traed ramas de olivo 2022
9.13 y sobre el *m* de Sinaí descendiste, y 2022
Job 9.5 arranca los *m* con su furor, y no saben 2022
14.18 el *m* que cae se deshace, y las peñas 2022
24.8 con las lluvias de los *m* se mojan, y 2022
28.9 puso su mano, y trastornó de raíz los *m* 2022
39.8 lo oculto de los *m* es su pasto, y anda 2022
40.20 los *m* producen hierba para él; y toda 2022
Sal 2.6 puesto mi rey sobre Sion, mi santo *m* 2022
3.4 clamé...él me respondió desde su *m* santo 2022
11.1 ¿cómo decís...que escape al *m* cual ave? 2022
15.1 Jehová...¿quién morará en tu *m* santo? 2022
18.7 se conmovieron los cimientos de los *m* 2022
24.3 ¿quién subirá al *m* de Jehová? ¿Y quién 2022
30.7 con tu favor me afirmaste como *m* fuerte 2042
36.6 tu justicia es como los *m* de Dios, tus 2042
42.6 me acordaré...de ti...desde el *m* de Mizar 2022
43.3 me guiarán; me conducirán a tu santo *m* 2022
46.2 se traspasen los *m* al corazón del mar 2022
46.3 tiemblen los *m* a causa de su braveza 2022
48.1 en la ciudad de...Dios, en su *m* santo 2022
48.2 hermosa provincia...es el *m* de Sion, a 2022
48.11 se alegrará el *m* de Sion; se gozarán 2022
50.11 conozco a todas las aves de los *m*, y 2022
65.6 tú, el que afirma los *m* con su poder 2022
68.14 como si hubiese nevado en el *m* Salmón
68.15 *m* de Dios es el *m* de Basán; *m* alto el 2022
68.16 ¿por qué observáis, oh *m* altos, al *m* 2022
72.3 los *m* llevarán paz al pueblo, y los 2022
72.16 será echado...en las cumbres de los *m* 2022
74.2 este *m* de Sion, donde has habitado 2022
76.4 eres tú, poderoso más que los *m* de caza 2042
78.54 los trajo...a este *m* que ganó su mano 2022
78.68 escogió la...el *m* de Sion, al cual amó 2022
80.10 los *m* fueron cubiertos de su sombra 2022
83.14 como fuego que quema el *m*, como llama 2022
87.1 su cimiento está en el *m* santo 2042
90.2 antes que naciesen los *m* y formases la 2022
95.4 tierra, y las alturas de los *m* son suyas 2022
97.5 los *m* se derritieron como cera delante 2022
98.8 batan las manos...*m* todos hagan regocijo 2022
99.9 postraos ante su santo *m*, porque Jehová 2022
104.6 cubriste; sobre...*m* estaban las aguas 2022
104.8 subieron...*m*, descendieron los valles 2022
104.10 que envía las fuentes...van entre los *m* 2022
104.13 él riega los *m* desde sus aposentos 2022
104.18 los *m* altos para las cabras monteses 2022
104.32 él mira a la...toca los *m*, y humean 2022
114.4 *m* saltaron como carneros, los collados 2022
114.6 *m*, ¿por qué saltasteis como carneros 2022
121.1 alzaré mis ojos a los *m*; ¿de dónde 2022
125.1 que confían en...son como el *m* de Sion 2022
125.2 Jerusalén tiene *m* alrededor de ella 2022
133.3 rocío...desciende sobre los *m* de Sion 2042
144.5 inclina tus...y desciende; toca los *m*, y 2022
147.8 el que hace a los *m* producir hierba 2022
148.9 los *m* y todos los collados, el árbol 2022
Pr 8.25 antes que los *m* fuesen formados, antes 2022
27.25 y se segarán las hierbas de los *m* 2022
Cnt 2.8 he aquí él viene saltando sobre los *m* 2022
2.17 como el cervatillo sobre los *m* de Beter 2022
4.6 me iré al *m* de la mirra, y al collado del 2022
4.8 ven conmigo...desde los *m* de los leopardos 2042
Is 2.2 el *m* de la casa...como cabeza de los *m* 2022
2.3 dirán: Venid, y subamos al *m* de Jehová 2022
2.14 sobre todos los *m* altos, y...los collados 2022
4.5 sobre toda la morada del *m* de Sion, y 2022
5.25 le hirió; y se estremecieron los *m*, y 2022
7.2 como se estremecen los árboles del *m* a 3293
7.25 a todos los *m* que se cavaban con azada 2022
8.18 de Jehová de...que mora en el *m* de Sion 2022
10.12 su obra en el *m* de Sion y en Jerusalén 2022
10.32 alzará su mano al *m* de la hija de Sion 2022
11.9 ni dañarán en todo mi santo *m*; porque 2022
13.2 levantad bandera sobre un alto *m*; alzad 2022
13.4 estruendo de multitud en los *m*, como de 2022
14.13 en el *m* del testimonio me sentaré, a 2022
14.25 en mi tierra, y en mis *m* lo hollaré 2022
16.1 enviad cordero...del desierto al *m* de la 2022
17.13 serán ahuyentados como el tamo de los *m* 2022
18.3 cuando se levante bandera en...*m*, mirad 2022
18.6 serán dejados...para las aves de los *m* 2022
18.7 lugar del nombre de Jehová...*m* de Sion 2022
22.5 para derribar el muro, y clamar al *m* 2022
24.23 cuando Jehová...reine en el *m* de Sion 2022
25.6 y Jehová de...hará en este *m*...banquete 2022
25.7 y destruirá en este *m* la cubierta con 2022
25.10 la mano de Jehová reposará en este *m* 2022
27.13 adorarán a Jehová en el *m* santo, en 2022
28.21 levantará como en el *m* Perazim, como 2022
29.8 las naciones que pelearán contra el *m* 2022
30.17 como mástil en la cumbre de un *m*, y 2022
30.25 sobre todo *m* alto...ríos y corrientes 2022
30.29 el que va con flauta para venir al *m* 2022

31.4 descenderá a pelear sobre el *m* de Sion 2022
32.19 y cuando caiga granizo, caerá en los *m* 3293
34.3 y los *m* se disolverán por la sangre de 2022
37.24 subiré a las alturas de los *m*... laderas 2022
37.32 saldrá... del *m* de Sion los que se salven 2022
40.4 y bájese todo *m* y collado; y lo torcido 2022
40.9 súbete sobre un *m* alto, anunciadora de 2022
40.12 y pesó los *m* con balanza y con pesas 2022
41.15 trillarás *m* y los molerás, y collados 2022
42.11 desde la cumbre de los *m* den voces de 2022
42.15 convertiré en soledad *m* y collados 2022
44.23 prorrumpid, *m*, en alabanza; bosque, y 2022
49.11 y convertiré en camino todos mis *m*, y 2022
49.13 prorrumpid en alabanzas, oh *m*; porque 2022
52.7 ¡cuán hermosos son sobre los *m* los pies 2022
54.10 los *m* se moverán... collados temblarán 2022
55.12 los *m* y los collados levantarán canción 2022
56.7 los llevaré a mi santo *m*, y los recrearé 2022
57.7 sobre el *m* alto y empinado pusiste tu 2022
57.13 tendrá la tierra... y poseerá mi santo tez 2022
64.1 si... a tu presencia se escurriesen los *m* 2022
64.3 descendiste, fluyeron los *m* delante de 2022
65.7 quemaron incienso sobre los *m*, y sobre 2022
65.9 sacaré descendencia... heredero de mis *m* 2022
65.11 vosotros los... que olvidáis en santo *m* 2022
65.25 ni harán mal en todo mi santo *m*, dijo 2022
66.20 mi santo *m* de Jerusalén, dice Jehová 2022
Jer 3.6 se va sobre todo *m* alto y debajo de 2022
3.23 vanidad son... y el bullicio sobre los *m* 2022
4.15 oír la calamidad desde el *m* de Efraín 2022
4.24 miré a los *m*, y he aquí que temblaban 2022
9.10 por los *m* levantaré lloro y lamentación 2022
13.16 antes que... tropiecen en *m* de oscuridad 2022
16.16 los cazarán por todo *m* y todo collado 2022
17.26 vendrán de las... de los *m* y del Neguev 2022
26.18 el *m* de la casa como cumbres de bosque 2022
31.5 aún plantarás viñas en los *m* de Samaria 2022
31.6 clamarán los guardas en el *m* de Efraín 2022
31.23 te bendiga, oh morada de... oh *m* santo 2022
46.18 como Tabor entre los *m*, y así vendrá 2022
49.16 tú que habitas... tienes la altura del *m* 1389
50.6 por los *m*... anduvieron de *m* en collado 2022
50.19 el *m* de Efraín y en Galaad se saciará 2022
51.25 yo estoy contra ti, oh *m* destruidor 2022
51.25 haré rodar... y te reduciré a *m* quemado 2022
Lm 4.19 sobre los *m* nos persiguieron, en el 2022
5.18 el *m* de Sion que está asolado; zorras 2022
Ez 6.2 pon tu rostro hacia los *m* de Israel 2022
6.3 *m* de Israel, oíd palabra de Jehová el 2022
6.3 dicho Jehová... a los *m* y a los collados 2022
6.13 en todas las cumbres de los *m*, debajo de 2022
7.7 de tumulto, y no de alegría, sobre los *m* 2022
7.16 estarán sobre los *m* como palomas de los 2022
11.23 se puso sobre el *m* que está al oriente 2022
17.22 lo plantaré sobre el *m* alto y sublime 2022
17.23 en el *m* alto de Israel lo plantaré, y 2022
18.6,15 no comiere sobre los *m*, ni alzare 2022
18.11 que comiere sobre los *m*, o violare la 2022
19.9 que su voz no se oyese más sobre los *m* 2022
20.40 en mi santo *m*, en el alto *m* de Israel 2022
22.9 y sobre los *m* comieron en ti; hicieron 2022
27.5 de hayas del *m* Senir te fabricaron todo
28.14 yo te puse en el santo *m* de Dios, allí 2022
28.16 por lo que yo te eché del *m* de Dios 2022
31.12 sus ramas caerán sobre los *m* y... valles 2022
32.5 tus carnes sobre los *m*, y llenaré los 2022
32.6 regaré de tu sangre... hasta los *m*; y los 2022
33.28 y los *m* de Israel serán asolados hasta 2022
34.6 perdidas mis ovejas por todos los *m*, y 2022
34.13 yo... las apacentaré en los *m* de Israel 2022
34.14 en los altos *m* de... estará su aprisco 2022
34.14 serán apacentadas sobre... *m* de Israel 2022
35.2 hijo... pon tu rostro hacia el *m* de Seir 2022
35.3 dile... yo estoy contra ti, oh *m* de Seir 2022
35.7 y convertiré al *m* de Seir en desierto y 2022
35.8 y llenaré sus *m* de sus muertos; en tus 2022
35.12 tus injurias... contra los *m* de Israel 2022
35.15 asolado será el *m* de Seir, y todo Edom 2022
36.1 profetiza a los *m* de Israel, y di: *M* de 2022
36.4 *m* de Israel, oíd palabra de Jehová el 2022
36.4 así ha dicho... a los *m* y a los collados 2022
36.6 y di a los *m* y a los collados, y a los 2022
36.8 oh *m* de Israel, daréis vuestras ramas 2022
37.22 los haré una nación... en los *m* de Israel 2022
38.8 recogida de... pueblos, a los *m* de Israel 2022
38.20 se desmoronarán los *m*, y los vallados 2022
38.21 en... mis *m* llamaré contra él la espada 2202
39.2 haré... y te traeré sobre los *m* de Israel 2022
39.4 sobre los *m* de Israel caerás tú y todas 2022
39.17 sacrificio grande sobre los *m* de Israel 2022
40.2 me puso sobre un *m* muy alto, sobre el 2022
43.12 sobre la cumbre... *m*, el recinto entero 2022
Dn 2.35 piedra... fue hecha un gran *m* que llenó 2906
2.45 viste que del *m* fue cortada una piedra 2906
9.16 apártese... tu furor de sobre... tu santo *m* 2022
9.20 derramaba mi ruego... por el *m* santo de 2022
11.45 plantará las... entre los mares y el *m* 2022
Os 4.13 sobre las cimas de los *m* sacrificaron 2022
10.8 y dirán a los *m*: Cubridnos; y a los 2022
Jl 2.1 y dad alarma en mi santo *m*; tiemblen 2022
2.2 que sobre los *m* se extiende como el alba 2022
2.5 sobre las cumbres de los *m*; como sonido 2022
2.32 en el *m* de Sion... habrá salvación, como 2022
3.17 Dios, que habito en Sion, mi santo *m* 2022
3.18 sucederá... que los *m* destilarán mosto 2022
Am 3.9 reuníos sobre los *m* de Samaria, y ved 2022
4.1 vacas de... que estáis en el *m* de Samaria 2022
4.13 el que forma los *m*, y crea el viento, y 2022
6.1 ¡ay... de los confiados en el *m* de Samaria 2022
9.13 los *m* destilarán mosto, y los collados 2022
Abd 8 perezcan... la prudencia del *m* de Esaú? 2022
9 todo hombre será cortado del *m* de Esaú por 2022
16 de la manera que... bebisteis en mi santo *m* 2022
17 en el *m* de Sion habrá un remanente que se 2022
19 y los del Neguev poseerán el *m* de Esaú 2022
21 y subirán salvadores al *m* de Sion para 2022
21 para juzgar al *m* de Esaú; y el reino será 2022
Jon 2.6 descendí a los cimientos de los en; la 2022
Mi 1.4 y se derretirán los *m* debajo de él, y 2022
3.12 el *m* de la casa como cumbres de bosque 2022
4.1 *m* de la casa de Jehová... por cabecera de *m* ... 2022
4.2 dirán: Venid, y subamos al *m* de Jehová 2022
4.7 y Jehová reinará... en el *m* de Sion desde 2022
6.1 levántate, contiende contra los *m*, y oigan 2022
6.2 oíd, *m*, y fuertes cimientos de la tierra 2022
7.12 día vendrán... de mar a mar, y de *m* a *m* 2022
Nah 1.5 los *m* tiemblan delante de él, y los 2022
1.15 aquí sobre los *m* los pies del que trae 2022
3.18 pueblo se derramó por los *m*, y no hay 2022
Hab 3.3 vendrá... el Santo desde el *m* de Parán 2022
3.6 los *m* antiguos fueron desmenuzados, los 2042
3.10 te vieron y tuvieron temor los en; pasó 2022
Sof 3.11 nunca... ensoberbecerás en mi santo *m* 2022
Hag 1.8 al *m*, y traed madera, y reedificad la 2022
1.11 y llamé la sequía... sobre los *m*, sobre 2022
Zac 4.7 ¿quién eres tú, oh gran *m*? Delante de 2022
6.1 salían de entre dos en; y aquellos *m* eran 2022
8.3 llamará... el *m* de Jehová... *M* de Santidad 2022
14.4 afirmarán sus pies... sobre el *m* de los 2022
14.4 *m* de los Olivos se partirá por en medio 2022
14.4 mitad del *m* se apartará hacia el norte 2022
14.5 y huiréis al valle de los *m*, porque el 2022
14.5 el valle de los *m* llegará hasta Azal 2022
Mal 1.3 a Esaú... convertí sus *m* en desolación 2022
Mt 4.8 le llevó el diablo a un *m* muy alto, y *3735*
5.1 viendo la multitud, subió al *m*; y *3735*
5.14 ciudad asentada sobre un *m* no se puede *3735*
8.1 cuando descendió Jesús del *m*, le seguía *3735*
14.23 subió al *m* a orar aparte; y... allí solo *3735*
15.29 de Galilea; y subiendo al *m*, se sentó *3735*
17.1 tomó a... y los llevó aparte a un *m* alto *3735*
17.9 cuando descendieron del *m*, Jesús les *3735*
17.20 si tuviereis fe como... diréis a este *m* *3735*
18.12 va por los *m* a buscar la que se había *3735*
21.1 vinieron a Betfagé, al *m* de los Olivos *3735*
21.21 sino que si a este *m* dijereis: Quítate *3735*
24.3 estando él sentado en el *m* de... Olivos *3735*
24.16 los que estén en Judea, huyan a los *m* *3735*
26.30 el himno, salieron al *m* de los Olivos *3735*
28.16 al *m* donde Jesús les había ordenado *3735*
Mr 3.13 al *m*, y llamó a sí a los que él quiso *3735*
5.5 dando voces en los *m* y en los sepulcros *3735*
5.11 estaba allí cerca del *m* un gran hato de *3735*
6.46 los hubo despedido, se fue al *m* a orar *3735*
9.2 y los llevó aparte solos a un *m* alto; y *3735*
9.9 descendiendo ellos del *m*, les mandó que *3735*
11.1 frente al *m* de los Olivos, Jesús envió *3735*
11.23 dijere a este *m*: Quítate y échate en *3735*
13.3 se sentó en el *m* de los Olivos, frente *3735*
13.14 los que estén en Judea huyan a los *m* *3735*
14.26 el himno, salieron al *m* de los Olivos *3735*
Lc 3.5 bajará todo *m* y collado; los caminos *3735*
4.5 y le llevó el diablo a un alto *m* y le *3735*
4.29 le llevaron hasta la cumbre del *m* sobre *3735*
6.12 en aquellos días él fue al *m* a orar, y *3735*
8.32 hato de muchos cerdos que pacían en el *m* *3735*
9.28 que tomó a Pedro, a... y subió al *m* a orar *3735*
9.37 descendieron del *m*, una gran multitud *3735*
19.29 que llegando... al *m* que se llama de los *3735*
19.37 cerca de la bajada del *m* de los Olivos *3735*
21.21 los que estén en Judea, huyan a los *m* *3735*
21.37 se estaba en el *m* que se llama de los *3735*
22.39 fue, como solía, al *m* de los Olivos *3735*
23.30 comenzarán a decir a los *m*: Caed sobre *3735*
Jn 4.20 nuestros padres adoraron en este *m* *3735*
4.21 ni en este *m* ni en Jerusalén adoraréis *3735*
6.3 subió Jesús a un *m*, y se sentó allí con *3735*
6.15 Jesús... volvió a retirarse al *m* él solo *3735*
8.1 y Jesús se fue al *m* de los Olivos *3735*
Hch 1.12 desde el *m* que se llama del Olivar *3735*
7.30 le apareció en el desierto del *m* Sinaí *3735*
7.38 el ángel que le hablaba en el *m* Sinaí *3735*
1 Co 13.2 de tal manera que trasladase los *m* *3735*
Gá 4.24 el uno proviene del *m* Sinaí, el cual *3735*
4.25 porque Agar es el *m* Sinaí en Arabia, y *3735*
He 8.5 modelo que se te ha mostrado en el *m* *3735*
11.38 errando por los desiertos, por los *m* *3735*
12.18 porque no os habéis acercado al *m* que *3735*
12.20 si aun una bestia tocare el *m*, será *3735*
12.22 os habéis acercado al *m* de Sion, a la *3735*
2 P 1.18 oímos esta voz... con él en el *m* santo *3735*
Ap 6.14 *m* y toda isla se removió de su lugar *3735*
6.15 escondieron... entre las peñas de los *m* *3735*
6.16 y decían a los *m*... Caed sobre nosotros *3735*
14.1 el Cordero estaba en pie sobre el *m* de *3735*
16.20 isla huyó, y los *m* no fueron hallados *3735*
17.9 las siete cabezas son siete *m*, sobre los *3735*
21.10 me llevó en el Espíritu a un *m* grande *3735*

MONTÉS

Dt 14.5 la gacela, el corzo, la cabra *m*, el 689
1 S 24.2 por... de los peñascos de las cabras *m* 3277
2 R 4.39 y halló una como parra *m*, y *de* ella 7704
Job 6.5 acaso gime el asno *m* junto a la hierba? 6501
11.12 un pollino de asno *m* nazca hombre 6501
24.5 como asnos *m* en el desierto, salen a su 6501
39.1 tú el tiempo en que paren las cabras *m*? 3277
39.5 ¿quién echó libre al asno *m*, y quién 6501
Sal 80.13 destroza el puerco *m*, y la bestia 2123
104.11 bestias, mitigan su sed los asnos *m* 6501
104.18 los montes altos para las cabras *m* 3277
Is 32.14 donde descansen asnos *m*, y ganados 6501
Jer 2.24 asna *m* acostumbrada al desierto, que 6501
14.6 y los asnos *m* se ponían en las alturas 6728
Dn 5.21 echado... con los asnos *m* fue su morada 6167
Os 8.9 subieron a... como asno *m* para sí solo 6501

MONTÓN

Gn 41.47 siete años de... la tierra produjo a *m* 7062
Éx 8.14 juntaron en *m*, y apestaba la tierra 2563
15.8 se juntaron las corrientes como en un *m* 5067
Nm 11.32 el que menos, recogió diez *m*; y las 2563
Dt 13.16 ciudad... llegará a ser un *m* de ruinas 8510
Jos 3.13 porque las aguas... detendrán en un *m* 5067
3.16 las aguas... se detuvieron como en un *m* 5067
7.26 levantaron sobre él un... *m* de piedras 1530
8.28 a Hai y la redujo a un *m* de escombros 8510
8.29 levantaron sobre él un... *m* de piedras 1530
Jue 15.16 la quijada de un asno, un *m*, dos *m* 2565
Rt 3.7 Booz... retiró a dormir a un lado del *m* 6194
2 S 18.17 levantaron sobre él un *m*... de piedras 1530
2 R 10.8 Ponedlas en dos *m* a la entrada de la 6652
19.25 reducir las ciudades fortificadas a *m* 1530
2 Cr 31.6 los diezmos... y los depositaron en *m* 6194
31.7 el mes... comenzaron a formar aquellos *m* 6194
31.8 vieron los *m*, bendijeron a Jehová, y a 6194
31.9 preguntó Ezequías a... acerca de esos *m* 6194
Neh 4.2 ¿resucitarán de los *m* del polvo las 6194
Sal 33.7 él junta como *m* las aguas del mar 5067
78.13 pasar; detuvo las aguas como en un *m* 5067
Cnt 7.2 tu vientre como *m* de trigo cercado de 6194
Is 17.1 Damasco dejará de... y será *m* de ruinas 4596
25.2 convertiste la ciudad en *m*, la ciudad 1530
37.26 tú serás para reducir las ciudades... *m* 1530
Jer 9.11 reduciré a Jerusalén a... *m* de ruinas 1530
26.18 Jerusalén vendrá a ser *m* de ruinas, y 5856
49.2 Rabá... y será convertida en *m* de ruinas 8510
50.26 abrid sus... convertidla en *m* de ruinas 6194
51.37 será Babilonia *m* de ruinas, morada de 1530
Os 12.11 sus altares son como *m* en los surcos 1530
Mi 1.6 haré, pues, de Samaria *m* de ruinas, y 5856
3.12 Jerusalén vendrá a ser *m* de ruinas, y 5856
Hag 2.16 venían al *m* de veinte efas, y había 6194

MONTURA

Lv 15.9 *m* sobre que cabalgare el que tuviere 4817

MONUMENTO

Jos 4.7 piedras servirán de *m* conmemorativo 2146
1 S 15.12 se levantó un *m*, y dio la vuelta, y 3027
2 R 23.17 ¿qué *m* es este que veo? Y los de la 6725
Is 19.19 habrá altar... y *m* a Jehová junto a su 4676
Mt 23.29 **porque... adornáis los *m* de los justos** *3419*

MORADA

Gn 36.43 los jefes... según sus *m* en la tierra 4186
Éx 15.13 llevaste con tu poder a tu santa *m* 5116
15.17 el lugar de tu *m*, que tú has preparado 3427
35.3 no encenderéis fuego en... de vuestras *m* 4186
Lv 13.46 solo; fuera del campamento será su *m* 4186
26.11 y pondré mi *m* en medio de vosotros, y 4908
Dt 26.15 desde tu *m* santa, desde el cielo, y 4583
1 R 8.13 yo he edificado casa por *m* para ti 1004
8.30 oren... tú lo oirás en el lugar de tu *m* 3427
8.39,43,49 tú oirás en... el lugar de tu *m* 3427
8.66 se fueron a sus *m* alegres y gozosos de 168
1 Cr 16.27 alabanza... poder y alegría en su *m* 4725
2 Cr 6.2 he edificado una casa de *m* para ti 2073
6.21,30,33,39 oirás... desde el lugar de tu *m* 3427
Esd 7.15 al Dios de... cuya *m* está en Jerusalén 4907
Job 5.24 visitarás tu *m*, y nada te faltará 5116
8.6 ti, y hará próspera la *m* de tu justicia 5116
18.15 de azufre será esparcida sobre su *m* 5116
18.19 no tendrá... ni quien le suceda en sus *m* 4033
18.21 tales son las *m* del impío... el lugar del 4908
21.28 de la tienda de las *m* de los impíos? 4908
36.29 las... y el sonido estrepitoso de su *m*? 5521
37.8 las bestias entran... se están en sus *m* 4585
39.6 soledad, y sus *m* en lugares estériles 4908
Sal 26.8 he amado... lugar de la *m* de tu gloria 4583
27.5 él... me ocultará en lo reservado de su *m* 168
33.14 desde... su *m* miró sobre... los moradores 3427
43.3 conducirán a tu santo monte, y a tus *m* 4908
45.13 gloriosa es la hija del rey en su *m* 6441
46.4 Dios, el santuario de las *m* del Altísimo 4908
49.14 se consumirá su... y el Seol será su *m* 2073
52.5 te arrancará de tu *m*, y te desarraigará 168
55.15 maldades en sus *m*, en medio de ellos 4033
68.5 defensor de viudas es Dios en su santa *m* 4583
68.16 al monte que deseó Dios para su *m*? 3427
78.55 hizo habitar en sus *m* a las tribus de 168
79.7 consumido a Jacob, y su *m* han asolado 5116
83.12 han dicho: Heredemos... las *m* de Dios 4999
84.1 ¡cuán amables son tus *m*, oh Jehová de 4908
84.10 Dios, que habitar en las *m* de maldad 168
87.2 de Sion más que todas las *m* de Jacob 4908
91.10 sobrevendrá mal, ni plaga tocará tu *m* 168
132.3 no entraré en la *m* de mi casa... lecho 168
132.5 que halle... *m*, para el Fuerte de Jacob 4908
Pr 3.33 Jehová... bendecirá la *m* de los justos 5116
Ec 12.5 porque el hombre va a su *m* eterna, y 1004
Is 4.5 y creará Jehová sobre toda la *m*... Sion 4349
14.18 ellos yacen con honra cada uno en su *m* 1004
18.4 y los miraré desde mi *m*, como sol claro 4349
22.16 el que esculpe para sí *m* en una peña? 4908
32.18 y mi pueblo habitará en *m* de paz, en 5116

M

33.20 *m* de quietud...que no será desarmada, *m* ... 5116
34.13 serán *m* de chacales, y patio para los ... 5116
34.14 la lechuza...tendrá allí *m*, y hallará ... 7280
35.7 la *m* de chacales...será lugar de cañas y ... 5116
37.37 Senaquerib rey de Asiria...hizo su *m* en ... 3427
38.12 mi *m* ha sido movida y traspasada de mí ... 1755
63.15 contempla desde tu santa y gloriosa *m* ... 2073
Jer 9.6 *m* está en medio del engaño; por muy ... 3427
9.11 reduciré a Jerusalén a...*m* de chacales ... 4583
9.19 tierra, porque han destruido nuestras *m* ... 4908
10.22 las ciudades de Judá, en *m* de chacales ... 4583
10.25 le han consumido, y han asolado su *m* ... 5116
21.13 que decís...quién entrará en nuestras *m*? ... 4585
23.3 mis ovejas...y las haré volver a sus *m* ... 5116
25.30 alto, y desde su *m* santa dará su voz ... 4583
25.30 su voz; rugirá fuertemente contra su *m* ... 5116
31.23 te bendiga, oh *m* de justicia, oh monte ... 5116
35.9 de no edificar casa para nuestra *m*, y de ... 3427
49.20 los arrastrarán, y destruirán sus *m* ... 5116
49.33 Hazor será *m* de chacales, soledad para ... 4583
50.7 ellos pecaron contra Jehová *m* de justicia ... 5116
50.19 y volveré a traer a Israel a su *m*, y ... 5116
50.44 espesura del Jordán a la *m* fortificada ... 5116
50.45 los arrastrarán, y destruirán sus *m* ... 5116
51.37 será Babilonia...*m* de chacales, espanto ... 4583
Dn 2.11 los dioses cuya *m* no es con la carne ... 4070
4.12 sus ramas hacían *m* las aves del cielo ... 1753
4.25 y con las bestias del campo será tu *m* ... 4070
5.21 con los asnos monteses fue su *m*. Hierba ... 4070
Os 9.6 la ortiga...y espino crecerá en sus *m* ... 168
Abd 3 que moras...en tu altísima *m*; que dices ... 3427
Hab 1.6 camina por...para poseer las *m* ajenas ... 4908
Sof 3.7 corrección, y no será destruida su *m* ... 4583
Zac 2.13 Jehová...se ha levantado de su santa *m* ... 4583
Mr 5.3 tenía su *m* en los sepulcros, y nadie ... *2731*
Lc 16.9 **falten, os reciban en las *m* eternas** ... *4633*
Jn 14.2 **en la casa de mi Padre muchas *m* hay** ... *3438*
14.23 **y vendremos a él, y haremos *m* con él** ... *3438*
1 Co 4.11 somos abofeteados, y no tenemos *m* ... *790*
2 Co 5.1 nuestra *m* terrestre...se deshiciere ... *3614*
Ef 2.22 edificados...*m* de Dios en el Espíritu ... *2732*
Jud 6 ángeles...que abandonaron su propia *m* ... *3613*

MORADOR, A

Gn 19.25 destruyó las ciudades...todos los *m* ... 3427
34.30 con hacerme abominable a los *m* de esta ... 3427
36.20 los hijos de Seir horeo, *m* de aquella ... 3427
50.11 y viendo los *m* de la tierra...el llanto ... 3427
Éx 15.15 se acobardarán todos los *m* de Canaán ... 3427
23.31 pondré en tus manos a...*m* de la tierra ... 3427
34.12 guárdate de hacer alianza con los *m* de ... 3427
34.15 no harás alianza con los *m* de...tierra ... 3427
Lv 18.25 visité su...y la tierra vomitó sus *m* ... 3427
25.10 y pregonaréis libertad...a todos sus *m* ... 3427
Nm 13.32 es tierra que traga a sus *m*; y todo ... 3427
32.17 en ciudades...causa de los *m* del país ... 3427
33.52 echaréis de delante de...los *m* del país ... 3427
33.53 a los *m* de la tierra, y habitaréis en ... 3427
33.55 y si no echareis a los *m* del país de ... 3427
Dt 13.13 han instigado a los *m* de su ciudad ... 3427
13.15 herirás a...a los *m* de aquella ciudad ... 3427
Jos 2.9 todos los *m* del país ya han desmayado ... 3427
2.24 los *m* de...desmayan delante de nosotros ... 3427
7.9 los cananeos...los *m* de la tierra oirán ... 3427
8.24 cuando...acabaron de matar a...*m* de Hai ... 3427
8.26 destruido por completo a los *m* de Hai ... 3427
9.3 mas los *m* de Gabaón, cuando oyeron lo ... 3427
9.11 *m* de nuestra tierra nos dijeron: Tomad ... 3427
9.24 había de destruir a todos los *m* de la ... 3427
10.1 los *m* de Gabaón habían hecho paz con ... 3427
10.6 *m* de Gabaón enviaron a decir a Josué ... 3427
17.11 tuvo...a los *m* de Dor...los *m* de Endor ... 3427
17.11 los *m* de Taanac...y a los *m* de Meguido ... 3427
24.11 *m* de Jericó pelearon contra vosotros ... 1167
Jue 1.33 fueron tributarios...*m* de Bet-semes ... 3427
1.33 le fueron tributarios...los *m* de Bet-anat ... 3427
2.2 no hagáis pacto con los *m* de esta tierra ... 3427
5.23 maldecid severamente a sus *m*, porque no ... 3427
19.16 pero los *m* de aquel lugar eran hijos ... 582
21.9 no hubo allí varón...*m* de Jabes-galaad ... 3427
21.10 id y herid a...a los *m* de Jabes-galaad ... 3427
21.12 hallaron de los *m*...400 doncellas que ... 3427
1 R 17.1 Elías tisbita...era de los *m* de Galaad ... 8453
2 R 16.9 la tomó, y llevó cautivos a los *m*
19.26 sus *m* fueron de corto poder; fueron ... 3427
22.19 lo que yo he pronunciado...contra sus *m* ... 3427
23.2 el rey a...con todos los *m* de Jerusalén ... 3427
1 Cr 8.13 jefes de las familias...*m* de Ajalón ... 3427
8.13 jefes...los cuales echaron a los *m* de Gat ... 3427
9.2 *m* que entraron en sus posesiones en las ... 3427
11.5 y los in de Jebús dijeron a David: No ... 3427
22.18 ha entregado en mi mano a los *m* de la ... 3427
2 Cr 20.7 ¿no echaste...los *m* de esta tierra ... 3427
20.15 oíd, Judá...y vosotros *m* de Jerusalén ... 3427
20.18 Judá y los *m* de Jerusalén...adoraron ... 3427
20.20 oídme, Judá y *m* de Jerusalén. Creed en ... 3427
21.11 hizo que los *m*...fornicasen tras ellos ... 3427
21.13 fornicase Judá y los *m* de Jerusalén ... 3427
32.22 así salvó Jehová...los *m* de Jerusalén ... 3427
32.26 se humilló, él y los *m* de Jerusalén ... 3427
33.9 hizo extraviarse...a los *m* de Jerusalén ... 3427
34.24 traigo mal sobre...y sobre los *m* de él ... 3427
34.27 oír sus palabras sobre...y sobre sus *m* ... 3427
34.28 el mal que yo traigo...sobre los *m* de ... 3427
34.30 subió el rey a...y los *m* de Jerusalén ... 3427
34.32 los *m* de Jerusalén hicieron conforme ... 3427
35.18 rey...juntamente con los *m* de Jerusalén ... 3427
Neh 3.13 la restauró Hanún con los *m* de Zanoa ... 3427
7.3 y señalé guardas de los *m* de Jerusalén ... 3427
9.24 y humillaste...a los *m* del país, a los ... 3427
Job 19.15 los *m* de mi...me tuvieron por extraño ... 1481
Sal 33.14 miró sobre todos los *m* de la tierra ... 3427
69.25 su palacio...en sus tiendas no haya *m* ... 3427
72.9 ante él se postrarán los *m* del desierto ... 6728
74.14 diste por comida a los *m* del desierto ... 6728
75.3 se arruinaban la tierra y sus *m*; yo ... 3427
Is 5.9 asoladas, sin *m* las grandes y hermosas ... 3427
6.11 las ciudades estén asoladas y sin *m*, y ... 3427
8.14 y por lazo y por red al *m* de Jerusalén ... 3427
9.9 sabrá todo el pueblo...y los *m* de Samaria ... 3427
10.24 pueblo mío, *m* de Sion, no temas de ... 3427
10.31 Madmena se alborotó; los *m* de Gebim ... 3427
12.6 regocíjate y canta, oh *m* de Sion; porque ... 3427
18.3 todos los *m* del mundo y habitantes de ... 3427
20.6 y dirá en aquel día el *m* de esta costa ... 3427
21.14 llevadle agua, *m* de tierra de Tema ... 3427
22.21 será padre al *m* de Jerusalén, y a la ... 3427
23.2 callad, *m* de la costa, mercaderes de ... 3427
23.6 pasaos a Tarsis; aullad, *m* de la costa ... 3427
23.13 Asiria la fundó para...*m* del desierto ... 6728
24.1 trastorna su...y hace esparcir a sus *m* ... 3427
24.5 tierra se contaminó bajo sus *m*; porque ... 3427
24.6 consumió la tierra...*m* fueron asolados ... 3427
24.17 foso y red sobre ti, oh *m* de la tierra ... 3427
26.9 luego...los *m* del mundo aprenden justicia ... 3427
26.18 la tierra, ni cayeron los *m* del mundo ... 3427
26.19 ¡despertad y cantad, *m* del polvo! ... 7931
26.21 sale de su lugar para castigar al *m* de ... 3427
33.24 no dirá el *m*: Estoy enfermo; al pueblo ... 7934
37.27 sus *m* fueron de corto poder...confusos ... 3427
38.11 no veré más hombre con los *m* del mundo ... 3427
40.22 la tierra, cuyos *m* son como langostas ... 3427
42.10 y cuanto hay en él, las costas y los *m* ... 3427
42.11 canten los *m* de Sela...voces de júbilo ... 3427
49.19 será estrecha por la multitud de los *m* ... 3427
51.6 y de la misma manera perecerán sus *m* ... 3427
Jer 1.14 se soltará el mal sobre todos los *m* ... 3427
2.15 león...quemadas están sus ciudades, sin *m* ... 3427
4.4 circuncidaos a Jehová...*m* de Jerusalén ... 3427
4.7 tus ciudades quedarán asoladas y sin *m* ... 3427
4.29 ciudades...no quedó en ellas *m* alguno ... 3427
6.12 extenderé mi mano sobre los *m* de la ... 3427
8.1 sacarán...los huesos de los *m* de Jerusalén ... 3427
8.16 devoraron...la ciudad y a los *m* de ella ... 3427
9.11 de Judá en desolación en que no quede *m* ... 3427
10.18 arrojaré con honda los *m* de la tierra ... 3427
11.2 hablad a...Judá, y a todo *m* de Jerusalén ... 3427
11.9 conspiración...entre los *m* de Jerusalén ... 3427
11.12 irán las ciudades...los *m* de Jerusalén ... 3427
13.13 yo lleno de embriaguez a todos los *m* ... 3427
17.20 oíd la palabra de Jehová...todos los *m* ... 3427
17.25 varones de Judá y los *m* de Jerusalén ... 3427
18.11 habla...a los *m* de Jerusalén, diciendo ... 3427
19.3 oíd palabra de Jehová...*m* de Jerusalén ... 3427
19.12 a este lugar, dice Jehová, y a sus *m* ... 3427
20.6 Pasur, y todos los *m* de tu casa iréis ... 3427
21.6 y heriré a los *m* de esta ciudad, y los ... 3427
21.13 yo estoy contra ti, *m* del valle, y de ... 3427
23.14 me fueron todos...y sus *m* como Gomorra ... 3427
25.2 Jeremías...a todos los *m* de Jerusalén y ... 3427
25.9 los traeré contra esta tierra y...sus *m* ... 3427
25.29 espada traigo sobre todos los *m* de la ... 3427
25.30 canción...cantará contra todos los *m* de ... 3427
26.9 ciudad será asolada hasta no quedar *m*? ... 3427
26.15 sangre inocente echaréis...sobre sus *m* ... 3427
32.32 varones de Judá y los *m* de Jerusalén ... 3427
33.10 están asoladas...y sin *m* y sin animal ... 3427
34.22 las ciudades de Judá, hasta no quedar *m* ... 3427
35.13 di a...Judá, y los *m* de Jerusalén: ¿No ... 3427
35.17 Judá y sobre todos los *m* de Jerusalén ... 3427
36.31 traeré sobre ellos, y sobre los *m* de ... 3427
42.18 sobre los *m* de Jerusalén, así...mi ira ... 3427
44.22 tierra...hasta quedar sin *m*, como está ... 3427
46.19 hazte enseres de cautiverio, *m* hija de ... 3427
46.19 porque Menfis será...hasta no quedar *m* ... 3427
47.2 inundarán la...la ciudad y los *m* de ella ... 3427
47.2 los hombres clamarán, y lamentará todo *m* ... 3427
48.9 desiertas...hasta no quedar en ellas *m* ... 3427
48.18 siéntate en tierra...*m* hija de Dibón ... 3427
48.19 párate...mira, oh *m* de Aroer; pregunta ... 3427
48.28 y habitad en peñascos, oh *m* de Moab ... 3427
48.43 y hoyo y lazo contra ti, oh *m* de Moab ... 3427
49.8 habitad en lugares profundos, oh *m* de ... 3427
49.20 que ha resuelto sobre los *m* de Temán ... 3427
49.30 habitad en lugares profundos, oh *m* de ... 3427
50.21 sube...contra los *m* de Pecod; destruye ... 3427
50.34 tierra, y turbar a los *m* de Babilonia ... 3427
50.35 contra los *m* de Babilonia, contra sus ... 3427
51.1 contra sus *m* que se levantan contra mí ... 3427
51.12 que ha dicho contra los *m* de Babilonia ... 3427
51.24 pagaré...a todos los *m* de Caldea, todo ... 3427
51.29 en soledad, para que no haya *m* en ella ... 3427
51.35 sobre Babilonia caiga...dirá la *m* de Sion ... 3427
51.35 mi sangre caiga sobre los *m* de Caldea ... 3427
51.37 será Babilonia...espanto y burla, sin *m* ... 3427
Ez 7.7 la mañana viene para ti, oh *m* de la ... 3427
11.15 a quienes dijeron los *m* de Jerusalén ... 3427
12.19 dicho Jehová...sobre los *m* de Jerusalén ... 3427
15.6 como la...así haré a los *m* de Jerusalén ... 3427
27.8 los *m* de Sidón y de...fueron tus remeros ... 3427
27.35 *m* de las costas se maravillarán sobre ... 3427
29.6 sabrán todos los *m* de Egipto que yo soy ... 3427
30.18 los *m* de sus aldeas irán en cautiverio ... 1323
39.9 los *m* de las ciudades de Israel saldrán ... 3427
Dn 9.7 los *m* de Jerusalén, y todo Israel, los ... 3427
Os 4.1 Jehová contiende con los *m* de la tierra ... 3427
4.3 y se extenuará todo *m* de ella, con las ... 3427
10.5 por...serán atemorizados los *m* de Samaria ... 7934
Jl 1.2 y escuchad, todos los *m* de la tierra ... 3427
1.14 congregad a los...*m* de la tierra en la ... 3427
2.1 tiemblen...*m* de la tierra, porque viene ... 3427
Am 1.5 destruiré a los *m* del valle de Avén, y ... 3427
1.8 y destruiré a los *m* de Asdod, y a los ... 3427
Mi 1.11 pásate, oh *m* de Salir, desnudo y con ... 3427
1.11 el *m* de Zaanán no sale; el llanto de ... 3427
1.12 los *m* de Marot anhelaron ansiosamente ... 3427
1.13 uncid...bestias veloces, oh *m* de Laquis ... 3427
1.15 traeré nuevo poseedor, oh *m* de Maresa ... 3427
6.12 y sus *m* hablaron mentira, y su lengua ... 3427
6.16 te pusiese en asolamiento, y tus *m* para ... 3427
7.13 será asolada la tierra a causa de sus *m* ... 3427
Sof 2.5 y te haré destruir hasta no dejar *m* ... 3427
Zac 11.6 no tendré ya más piedad de los *m* de ... 3427
12.8 Jehová defenderá al *m* de Jerusalén; el ... 3427
12.10 y derramaré...sobre los *m* de Jerusalén ... 3427
Ap 11.10 y los *m* de la tierra se regocijarán ... *2730*
11.10 profetas habían atormentado a los *m* de ... *2730*
12.12 ¡ay de los *m* de la tierra y del mar! ... *2730*
13.8 y la adoraron todos los *m* de la tierra ... *2730*
13.12 que la tierra y los *m* de ella adoren ... *2730*
13.14 y engaña a los *m* de la tierra con las ... *2730*
13.14 mandando a los *m*...que le hagan imagen ... *2730*
14.6 para predicarlo a los *m* de la tierra, a ... *2730*
17.2 con la cual han fornicado...los *m* de la ... *3427*
17.8 los *m* de la tierra...se asombrarán viendo ... *2730*

MORAR

Gn 12.10 descendió Abram a Egipto para *morar* ... 1481
13.6 y no podían *morar* en un mismo lugar ... 3427
13.18 vino y *moró* en el encinar de Mamre, que ... 3427
14.12 tomaron...a Lot...que *moraba* en Sodoma ... 3427
15.13 tu descendencia *morará* en tierra ajena ... 1616
17.8 y te daré a ti...la tierra en que *moras* ... 4033
19.30 Lot subió de Zoar y *moró* en el monte ... 3427
21.23 y con la tierra en donde has *morado* ... 1481
21.34 *moró* Abraham en tierra de...filisteos ... 1481
27.44 y *mora* con él algunos días, hasta que ... 3427
28.4 que heredes la tierra en que *moras*, que ... 4033
30.20 dijo...ahora *morará* conmigo mi marido ... 2082
32.4 con Labán he *morado*, y me he detenido ... 1481
34.10 *morad* y negociad en ella, y tomad en ... 3427
35.22 cuando *moraba* Israel en...tierra, fue ... 7931
36.7 ni la tierra en donde *moraban* los podía ... 3427
37.1 la tierra donde había *morado* su padre ... 3427
46.34 fin de que *moréis* en la tierra de Gosén ... 3427
47.4 para *morar* en esta tierra hemos venido ... 3427
Éx 2.21 y Moisés convino en *morar* con...varón ... 3427
12.48 extranjero *morare* contigo, y quisiere ... 1481
Lv 14.8 *morará* fuera de su tienda siete días ... 3427
16.29 el extranjero que *mora* entre vosotros ... 1481
17.8 los extranjeros que *moran* entre vosotros ... 1481
17.10,13 extranjeros que *moran* entre ellos ... 1481
17.12 el extranjero que *mora* entre vosotros ... 1481
18.3 como...en...Egipto, en la cual *morasteis* ... 3427
18.26 el extranjero que *mora* entre vosotros ... 1481
19.33 extranjero *morare*...en vuestra tierra ... 1481
19.34 al extranjero que *more* entre vosotros ... 1481
20.2 de los extranjeros que *moran* en Israel ... 1481
25.6 y a tu extranjero que *morare* contigo ... 1481
26.32 pasmarán...enemigos que en ella *moren* ... 3427
Nm 9.14 y si *morare* con vosotros extranjero ... 1481
15.15,16 extranjero que con vosotros *mora* ... 1481
15.26; 19.10 extranjero que *mora* entre ellos ... 1481
25.1 *moraba* Israel en Sitim...fornicar con las ... 3427
35.15 refugio para...el que *more* entre ellos ... 8453
35.25 *morará* en ella hasta que muera el sumo ... 3427
Dt 23.16 *morará* contigo, en medio de ti, en ... 3427
33.12 la cubrirá...entre sus hombros *morará* ... 7931
Jos 8.35 extranjeros que *moraban* entre ellos ... 1980
9.22 así que *moráis* en medio de nosotros? ... 3427
11.19 salvo los heveos que *moraban* en Gabaón ... 3427
14.4 ciudades en que *morasen*, con los ejidos ... 3427
15.15 subió contra los que *moraban* en Debir ... 3427
20.9 y para el extranjero que *morase* entre ... 1481
24.13 os di la tierra...en las cuales *moráis* ... 3427
Jue 1.32 y *moró* Aser entre los cananeos que ... 3427
1.33 Neftalí...*moró* entre los cananeos que ... 3427
9.41 a Gaal...para que no *morasen* en Siquem ... 3427
11.8 caudillo de...los que *moramos* en Galaad ... 3427
17.11 agradó...levita *morar* con aquel hombre ... 3427
19.1 un levita que *moraba* como forastero en ... 1481
19.16 viejo, *moraba* como forastero en Gabaa ... 1481
20.15 contados...sin los que *moraban* en Gabaa ... 3427
Rt 1.1 un varón de Belén de Judá fue a *morar* ... 1481
1 S 4.4 Jehová...*moraba* entre los querubines ... 3427
19.18 y él y Samuel se fueron y *moraron* en ... 3427
27.3 *moró* David con Aquis en Gat, él y sus ... 3427
27.5 ¿por qué ha de *morar* tu siervo contigo ... 3427
27.11 todo el tiempo que *moró* en la tierra ... 3427
2 S 2.3 los...*moraron* en las ciudades de Hebrón ... 3427
4.3 y *moran* allí como forasteros hasta hoy ... 1481
5.6 el rey...contra los jebuseos que *moraban* ... 3427
5.9 y David *moró* en la fortaleza, y le puso ... 3427
6.2 Jehová de...que *mora* entre los querubines ... 3427
7.5 has de edificar casa en donde yo *more*? ... 3427
9.13 *moraba* Mefi-boset en Jerusalén, porque ... 3427
1 R 2.36 en Jerusalén y *mora* ahí, y no salgas ... 3427
3.17 *morábamos* en una misma casa, y yo di a ... 3427
3.18 *morábamos* nosotras juntas; ninguno de
7.8 la casa en que él *moraba*, en otro atrio ... 3427
8.27 verdad que Dios *morará* sobre la tierra? ... 3427
12.17 reinó Roboam sobre los...que *moraban* en ... 3427
13.11 *moraba*...en Bet-el un viejo profeta, al ... 3427
17.9 vete a Sarepta de Sidón, y *mora* allí; he ... 3427

21.8 y a los principales que *moraban* en la 3427
21.11 principales que *moraban* en su ciudad 3427
2 R 6.1 el lugar en que *moramos*...es estrecho 3427
19.15 Dios...que *moras* entre los querubines 3427
22.14 Hulda...la cual *moraba* en Jerusalén en 3427
22.16 yo traigo sobre...los que en él *moran* 3427
1 Cr 2.55 los escribas que *moraban* en Jabes 3427
4.23 eran alfareros, y *moraban* en medio de 3427
4.23 *moraban* allá con el rey, ocupados en su 3427
9.27 *moraban* alrededor de la casa de Dios 3885
9.33 los cuales *moraban* en las cámaras del
13.6 arca de...que *mora* entre los querubines 3427
17.1 *morando* David en su casa, dijo David 3427
2 Cr 2.3 edificara para sí casa en que *morase* 3427
6.2 una habitación en que *mores* para siempre 3427
6.28 sitiaren...en la tierra en donde moren
8.11 no *morará* en la casa de David, porque 3427
34.22 Hulda...la cual *moraba* en Jerusalén en 3427
Esd 1.4 cualquier lugar donde *more*, ayúdenle 1481
Neh 11.1 uno de cada diez para que *morase* en 3427
11.2 se ofrecieron para *morar* en Jerusalén 3427
11.3 los jefes de...que *moraron* en Jerusalén 3427
11.6 hijos de Fares que *moraron* en Jerusalén 3427
Job 11.14 no consintieres que *more* en tu casa 7931
18.15 en su tienda *morará* como si no fuese 7931
26.5 tiemblan...mares y cuanto en ellos *mora* 7931
29.25 *moraba* como rey en el ejército, como 7931
39.28 ella habita y *mora* en la peña, en la 7931
Sal 2.4 el que *mora* en los cielos se reirá 3427
15.1 Jehová...¿quién *morará* en tu monte santo? 7931
23.6 en la casa de Jehová *moraré*...largos días 3427
55.7 huiría lejos; *moraría* en el desierto 3885
68.10 que son de tu grey han *morado* en ella 3427
91.1 *morará* bajo la sombra del Omnipotente 3427
94.17 pronto *moraría* mi alma en el silencio 7931
105.23 y Jacob *moró* en la tierra de Cam 1481
107.10 algunos *moraban* en tinieblas y sombra 3427
120.5 ¡ay de mí, que *moro* en Mesec, y habito 7931
120.6 *morado* mi alma con los que aborrecen 7931
135.21 sea bendecido Jehová, quien *mora* en 7931
140.13 los rectos *morarán* en tu presencia 3427
Pr 15.31 que escucha...entre los sabios *morará* 3885
21.19 mejor es *morar* en tierra desierta que 3427
Cnt 7.11 ven...al campo, *moremos* en las aldeas 3885
Is 8.18 Jehová...que *mora* en el monte de Sion 7931
9.2 los que *moraban* en tierra de sombra de 3427
11.6 *morará* el lobo con el cordero, y el 1481
13.20 ni se *morará* en ella de generación en 7931
16.4 *moren* contigo mis desterrados, oh Moab 1481
23.7 ¿no...Sus pies la llevarán a *morar* lejos 1481
26.5 porque derribó a los que *moraban* en 3427
30.19 el pueblo *morará* en Sion, en Jerusalén 3427
32.16 en el campo fértil *morará* la justicia 7931
33.5 será exaltado Jehová, el cual *mora* en 7931
33.14 ¿quién de nosotros *morará* con el fuego 1481
33.24 al pueblo que *more*...le será perdonada 3427
34.11 la lechuza y el cuervo *morarán* en ella 7931
34.17 generación en generación *morarán* allí 7931
37.12 hijos de Edén que *moraban* en Telasar?
37.16 Jehová...que *moras* entre los querubines 3427
40.22 despliega como una tienda para *morar* 3427
42.5 que da aliento al pueblo que *mora* sobre
42.7 de casas de prisión a los que *moran* en 3427
49.20 este lugar; apártate, para que yo *more* 3427
52.4 pueblo descendió a Egipto...para *morar* 1481
65.21 edificarán casas, y *morarán* en ellas 3427
Jer 7.3 mejorad...os haré *morar* en este lugar 7931
7.7 haré *morar* en este lugar, en la tierra 7931
7.12 en Silo, donde hice *morar* mi nombre al 7931
9.26 a todos los...que *moran* en el desierto 3427
10.17 la que *moras* en lugar fortificado 3427
12.4 por la maldad de los que en ella *moran* 3427
17.6 *morará* en los sequedales en el desierto 7931
24.8 a los que *moran* en la tierra de Egipto 3427
25.5 volveos ahora...y *moraréis* en la tierra 3427
27.11 dejaré...y la labrará y *morará* en ella 3427
29.16 y de todo el pueblo que *mora* en esta 3427
29.32 no tendrá varón que *more* entre...pueblo 3427
35.7 *moraréis* en tiendas todos vuestros días 3427
35.10 *moramos*, pues, en tiendas, y hemos 3427
42.13 dijereis: No *moraremos* en esta tierra 3427
42.14 sino que entraremos...y allá *moraremos* 3427
42.15 en Egipto, y entraréis para *morar* allá 1481
42.17 para entrar en Egipto para *morar* allí 1481
42.22 donde deseasteis entrar para *morar* allí 1481
43.2 decir: No vayáis a Egipto para *morar* 1481
43.5 había vuelto...para *morar* en tierra de 1481
44.1 los judíos que *moraban* en la tierra de 3427
44.2 están...asoladas; no hay quien *more* en 3427
44.12 para ir a tierra de Egipto para *morar* 1481
44.13 castigaré a los que *moran* en...Egipto 3427
44.28 que ha entrado en Egipto a *morar* allí 1481
46.8 destruiré a la ciudad y...en ella *moran* 3427
49.18 no *morará* allí nadie, ni la habitará 1481
49.33 ninguno *morará* allí, ni la habitará 1481
50.3 no habrá ni hombre ni...que en ella *more* 3427
50.39 *morarán* fieras...chacales, *m* también en 3427
50.40 así no *morará* allí hombre, ni hijo de 1481
51.13 la que *moras* entre muchas aguas, rica 7931
51.43 tierra seca y...en que no *morará* nadie 3427
Lm 4.15 se dijo entre...Nunca más *morarán* aquí 1481
Ez 2.6 te hallas entre...*moras* con escorpiones 3427
3.15 los cautivos...que *moraban* junto al río 3427
12.19 maldad de todos los que en ella *moran* 3427
14.7 de los extranjeros que *moran* en Israel 1481
32.15 cuando mate a...los que en ella *moran* 3427
36.11 haré *morar* como solíais antiguamente 3427
36.17 mientras...Israel *moraba* en su tierra 3427
38.8 y todos ellos *morarán* confiadamente 3427
38.12 *mora* en la parte central de la tierra 3427
39.6 que *moran* con seguridad en las costas 3427
47.22 para los extranjeros que *moran* entre 1481
47.23 la tribu en que *morare* el extranjero 1481
Dn 2.22 revela...conoce...y con él *mora* la luz 8271
4.1 que *moran* en toda la tierra: Paz os sea 1753
4.8 en quien *mora* el espíritu de los dioses
4.18 *mora* en ti el espíritu de los dioses
4.21 debajo del cual *moraban* las bestias del 1753
5.11 un hombre en el cual *mora* el espíritu
Os 12.9 aún te haré *morar* en tiendas, como en 3427
Jl 3.21 limpiaré la...y Jehová *morará* en Sion 7931
Am 3.12 que *moran* en Samaria en el rincón de 3427
9.5 y llorarán todos los que en ella *moran* 3427
Abd 3 que *moras* en las hendiduras de las peñas 7931
Mi 4.10 saldrás de la ciudad y *morarás* en el 3427
5.4 apacentará con poder de...*morarán* seguros 3427
7.8 aunque *more* en tinieblas, Jehová será mi 3427
7.14 tu pueblo...que *mora* solo en la montaña 7931
Sof 2.5 ¡ay de los que *moran* en la costa del 3427
Zac 2.7 oh Sion, la que *moras* con la hija de 3427
2.10 *moraré* en medio de ti, ha dicho Jehová 7931
2.11 serán por pueblo, y *moraré* en medio de ti 7931
8.3 a Sion, y *moraré* en medio de Jerusalén 7931
8.4 aún han de *morar* ancianos y ancianas en 7931
14.11 *morarán* en ella, y no habrá nunca más 3427
Mt 12.45 **siete espíritus peores...y...*moran* allí** *2730*
Mr 4.32 **aves del cielo pueden *morar* bajo su** *2681*
Lc 8.27 ni *moraba* en casa, sino en...sepulcros *3306*
11.26 **y entrados, *moran* allí; y el postrer** *2730*
Jn 1.38 ellos le dijeron: Rabí...¿dónde *moras*? *3306*
1.39 vieron donde *moraba*, y se quedaron con *3306*
5.38 **tenéis su palabra *morando* en vosotros** *3306*
14.10 **el Padre que *mora* en mí, él hace las** *3306*
14.17 **le conocéis, porque *mora* con vosotros** *3306*
Hch 1.13 donde *moraban* Pedro y Jacobo, Juan *2650*
1.20 y no haya quien *more* en ella; y: Tome *2730*
2.5 *moraban* entonces en Jerusalén judíos *2730*
4.16 notoria a...los que *moran* en Jerusalén *2730*
7.2 Mesopotamia, antes que *morase* en Harán *2730*
9.22 confundía a los judíos que *moraban* en *2730*
10.18 si *moraba* allí un Simón que tenía por *3579*
10.32 cual *mora* en casa de Simón, un curtidor *3579*
22.12 buen testimonio de...que allí *moraban* *2730*
Ro 7.17 no soy yo...el pecado que *mora* en mí *3611*
7.18 yo sé que...en mi carne, no *mora* el bien *3611*
7.20 no lo hago yo, sino el pecado que *mora* *3611*
8.9 que el Espíritu de Dios *mora* en vosotros *3611*
8.11 el Espíritu de aquel...*mora* en vosotros *3611*
8.11 vivificará...por su Espíritu que *mora* en *1774*
1 Co 3.16 Espíritu de Dios *mora* en vosotros? *3611*
Col 3.16 la palabra de Cristo *more*...vosotros *1774*
He 11.9 *morando* en tiendas con Isaac y Jacob *2730*
Stg 4.5 el Espíritu que él ha hecho *morar* en *2730*
2 P 2.8 este justo, que *moraba* entre ellos *1460*
3.13 nueva, en los cuales *mora* la justicia *2730*
1 Jn 3.17 ¿cómo *mora* el amor de Dios en él? *3306*
Ap 2.13 **conozco...dónde *moras*, donde está el** *2730*
2.13 **Antipas...fue muerto, donde *mora* Satanás** *2730*
3.10 **probar a los que *moran* sobre la tierra** *2730*
6.10 vengas...en los que *moran* en la tierra? *2730*
8.13 ¡ay...de los que *moran* en la tierra, a *2730*
12.12 alegraos, cielos, y los que *moráis* en *4637*
13.6 blasfemar...de los que *moran* en el cielo *4637*
21.3 él *morará* con ellos; y ellos serán su *4637*

MORDER
Gn 49.17 que *muerde* los talones del caballo 5391
Nm 21.6 serpientes...que *mordían* al pueblo; y 5391
21.8 fuere *mordido* y mirare a ella, vivirá 5391
21.9 cuando alguna serpiente *mordía* a alguno 5391
Pr 23.32 mas al fin como serpiente *morderá*, y 5391
Ec 10.8 aportillare...le *morderá* la serpiente 5391
10.11 si *muerde* la serpiente antes de ser 5391
Jer 8.17 yo envío...serpientes...y os *morderán* 5391
Am 5.19 en la pared, y le *muerde* una culebra 5391
9.3 allí mandaré a la serpiente y los *morderá* 5391
Gá 5.15 os *mordéis* y os coméis unos a otros *1143*
Ap 16.10 copa...y *mordían* de dolor sus lenguas *3145*

MORE
1. Encino o encinar cerca de Siquem, Gn 12.6; Dt 11.30 4176
2. Collado cerca del valle de Jezreel, Jue 7.1 4176

MORENA
Cnt 1.5 *m* soy, oh hijas de Jerusalén, pero 7838
1.6 no reparéis en que soy *m*, porque el sol 7840

MORESET, MORESET-GAT *Lugar cerca de Gat*
Jer 26.18 Miqueas de *M* profetizó en tiempo 4183
Mi 1.1 palabra de Jehová...a Miqueas de *M* en 4183
1.14 por tanto, vosotros daréis dones a *M* 4182

MORIAH *Lugar donde se edificó el templo*
Gn 22.2 vete a tierra de *M*, y ofrécelo allí en 4179
2 Cr 3.1 edificar la casa de...en el monte *M* 4179

MORIBUNDO
Job 24.12 gimen los *m*, y claman las almas de 2491
2 Co 6.S9 como *m*, mas he aquí vivimos; como *599*

MORIR *Véase también Matar, Muerto*
Gn 2.17 el día que de él comieres...*morirás* 4191
3.3 no comeréis de él...para que no *muráis* 4191
3.4 serpiente dijo a la mujer: No *moriréis* 4191
5.5 días que vivió Adán 930 años; y *murió* 4191
5.8 todos los días de Set 912 años; y *murió* 4191
5.11 todos los días de Enós 905 años; y *murió* 4191
5.14 los días de Cainán 910 años; y *murió* 4191
5.17 los días de Mahalaleel 895 años; y *murió* 4191
5.20 los días de Jared 962 años; y *murió* 4191
5.27 los días de Matusalén 969 años; y *murió* 4191
5.31 los días de Lamec 777 años; y *murió* 4191
6.17 todo lo que hay en la tierra *morirá* 1478
7.21 *murió* toda carne que se mueve sobre la 1478
7.22 todo lo que había en la tierra, *murió* 4191
9.29 fueron...días de Noé 950 años; y *murió* 4191
11.28 *murió* Harán antes que su padre Taré en 4191
11.32 los días de Taré 205 años; y *murió* Taré 4191
18.25 que hagas *morir* al justo con el impío 4191
19.19 no sea que me alcance el mal, y *muera* 4191
20.7 sabe que de cierto *morirás* tú, y todos 4191
21.16 no veré cuando el muchacho *muera* 4194
23.2 y *murió* Sara en Quiriat-arba, que es 4191
25.8 *murió* Abraham en buena vejez, anciano 4191
25.11 *muerto* Abraham...Dios bendijo a Isaac 4194
25.17 exhaló el espíritu Ismael, y *murió*, y 4191
25.18 *murió* en presencia de...sus hermanos 5307
25.32 he aquí yo me voy a *morir*; ¿para qué 4191
26.9 dije: Quizá *moriré* por causa de ella 4191
26.11 el que tocare a este hombre o...*morirá* 4191
27.4 para que yo te bendiga antes que *muera* 4191
27.7 coma, y te bendiga...antes que yo *muera* 4194
30.1 a Jacob: Dame hijos, o si no, me *muero* 4191
33.13 si...en un día *morirán* todas las ovejas 4191
35.8 entonces *murió* Débora, ama de Rebeca 4191
35.18 que al salírsele el alma (pues *murió*) 4191
35.19 así *murió* Raquel, y fue sepultada en 4191
35.29 exhaló Isaac el espíritu, y *murió*, y 4191
36.33 *murió* Bela, y reinó en su lugar Jobab 4191
36.34 *murió* Jobab, y en su lugar reinó Husam 4191
36.35 *murió* Husam, y reinó en su lugar Hadad 4191
36.36 *murió* Hadad, y en su lugar reinó Samla 4191
36.37 *murió* Samla, y reinó en su lugar Saúl 4191
36.38 *murió* Saúl, y en su...reinó Baal-hanán 4191
36.39 *murió* Baal-hanán hijo...y reinó Hadar 4191
38.11 no sea que *muera* él también como sus 4191
38.12 y *murió* la hija de Súa, mujer de Judá 4191
42.2 para que podamos vivir, y no *muramos* 4191
42.20 verificadas...palabras, y no *moriréis* 4191
42.37 harás *morir* a mis dos hijos, si no te 4191
42.38 pues su hermano ha *muerto*, y él solo 4191
43.8 que vivamos y no *muramos* nosotros, y tú 4191
44.9 en quien fuere hallada la copa...*muera* 4191
44.20 un hermano suyo *murió*, y él solo quedó 4191
44.22 porque si lo dejare, su padre *morirá* 4191
44.31 cuando no vea al joven, *morirá*; y tus 4191
45.28 vive...iré, y le veré antes que yo *muera* 4191
46.12 mas Er y Onán *murieron* en la tierra de 4191
46.30 dijo a José: *Muera* yo ahora, ya que he 4191
47.15 ¿por qué *moriremos* delante de ti, por 4191
47.19 ¿por qué *moriremos* delante de tus ojos 4191
47.19 semilla para que vivamos y no *muramos* 4191
47.29 llegaron los días de Israel para *morir* 4191
48.7 cuando yo venía de...se me *murió* Raquel 4191
48.21 dijo Israel a José: He aquí yo *muero* 4191
50.5 voy a *morir*; en el sepulcro que cavé 4191
50.24 y José dijo...Yo voy a *morir*; mas Dios 4191
50.26 y *murió* José a la edad de ciento diez 4191
Éx 1.6 y *murió* José, y todos sus hermanos, y 4191
2.23 después de...días *murió* el rey de Egipto 4191
4.19 han *muerto* todos los que procuraban tu 4191
7.18 y los peces que hay en el río *morirán* 4191
7.21 los peces que había en el río *murieron* 4191
8.13 *murieron* las ranas de las casas, de los 4191
9.4 nada *muera* de todo lo de los...de Israel 4191
9.6 y *murió* todo el ganado...de Israel no ni 4191
9.7 del ganado de...Israel no había *muerto* uno 4191
9.19 el granizo caerá sobre él, y *morirá* 4191
10.28 en...día que vieres mi rostro, *morirás* 4191
11.5 *morirá* todo primogénito en...de Egipto 4191
13.15 hizo *morir*...Egipto a todo primogénito 2026
14.11 para que *muramos* en el desierto? ¿Por 4191
14.12 fuera servir a los egipcios, que *morir* 4191
16.3 hubiéramos *muerto* por mano de Jehová en 4191
19.12 que tocare el monte, de seguro *morirá* 4191
20.19 no hable Dios con...para que no *muramos* 4191
21.12 que...haciéndole así *morir*, él *morirá* 4191
21.14 de mi altar lo quitarás para que *muera* 4191
21.15 hiriere a su padre o a...madre, *morirá* 4191
21.16 si fuere hallada en sus manos, *morirá* 4191
21.17 maldijere a su padre o...madre, *morirá* 4191
21.18 puño, y éste no *muriere*, pero cayere 4191
21.20 *muriere* bajo su mano, será castigado 4191
21.28 acorneare a...y a causa de ello *muriere* 4191
21.29 el buey será apedreado...*morirá* su dueño 4191
21.35 hiriere al buey...de modo que *muriere* 4191
22.2 el ladrón...fuere herido y *muriere* el 4191
22.10 animal...*muriere* o fuere estropeado, o 4191
22.19 que cohabitare con bestia, *morirá* 4191
28.35 se oirá su sonido...para que no *muera* 4191
28.43 para que no lleven pecado y *mueran* 4191
30.20 lavarán con agua, para que no *mueran* 4191
30.21 lavarán las manos...para que no *mueran* 4191
31.14 el día de reposo...lo profanare...*morirá* 4191
31.15 que trabaje en el día de reposo...*morirá* 4191
35.2 que en él hiciere trabajo alguno, *morirá* 4191
Lv 8.35 y guardaréis la ordenanza...no *muráis* 4191
10.2 los quemó, y *murieron* delante de Jehová 4191
10.6 ni rasguéis...vestidos...que no *muráis* 4191
10.7 ni saldréis de la puerta del...*moriréis* 4191
10.9 no beberéis vino ni...para que no *muráis* 4191
11.32 cayere algo de ellos después de *muertos* 4194
11.39 animal que tuviereis para comer *muriere* 4191
15.31 no *mueran* por sus impurezas por haber 4191
16.1 acercaron delante de Jehová, y *murieron* 4191
16.2 no en todo tiempo entre...que no *muera* 4191

M

16.13 cubrirá el propiciatorio…que no *muera* ….. 4191
19.20 no *morirán* por cuanto ella no es libre ……. 4191
20.2 que ofreciere…a Moloc, de seguro *morirá* …. 4191
20.9 maldijere a su padre…de cierto *morirá* ……. 4191
20.12 si…durmiere con su nuera, han de *morir* …. 4191
20.16 *morirán* indefectiblemente; su sangre …….. 4191
20.20 su pecado llevarán; *morirán* sin hijos ……. 4191
20.27 que evocare espíritus de…ha de *morir* ……. 4191
22.9 no sea que así *mueran* cuando la profanen…. 4191
24.16 así…si blasfemare el Nombre, que *muera*…. 4191
24.21 mas el que hiere de muerte…que *muera* ….. 4191
Nm 1.51 y el extraño que se acercare *morirá* ………. 4191
3.4 Nadab y Abiú *murieron* delante de Jehová ….. 4191
3.10,38 el extraño que se acercare, *morirá* ……… 4191
3.13 mío…desde el día en que yo hice *morir* ……. 5221
4.15 no tocarán cosa santa…sea que *mueran* …… 4191
4.19 cuando se acerquen…vivan, y no *mueran* ….. 4191
4.20 no entrarán para ver…porque *morirán* …….. 4191
6.7 padre…podrá contaminarse cuando *mueran* .. 4194
6.9 si alguno *muriere* súbitamente junto a él ……. 4191
14.2 ¡ojalá *muriéramos* en…tierra de Egipto ……. 4191
14.2 o en este desierto ojalá *muriéramos*! ………. 4191
14.15 has hecho *morir* a este pueblo como a ……. 4191
14.35 así…serán consumidos, y ahí *morirán* ……. 4191
14.37 habían hablado mal…*murieron* de plaga …. 4191
15.35 irremisiblemente *muera* aquel hombre………. 4191
15.36 apedrearon y *murió*, como Jehová mandó … 4191
16.13 ¿es poco…hacernos *morir* en el desierto ….. 4191
16.29 si como mueren todos…*murieron* éstos . 4194,4191
16.49 los que *murieron*…fueron 14.700, sin……… 4191
17.10 harás cesar sus quejas…que no *mueran* ….. 4191
17.13 el que viniere al tabernáculo…*morirá* ……. 4191
18.3 no se acercarán a…para que no *mueran*…… 4191
18.7 y el extraño que se acercare, *morirá* ………. 4191
18.22 que no lleven pecado por el cual *mueran*….. 4191
18.32 no contaminaréis…cosas…y no *moriréis* …. 4191
19.14 es la ley para cuando alguno *muera* en……. 4191
20.1 allí *murió* María, y allí fue sepultada ………. 4191
20.3 habló…¡Ojalá hubiéramos *muerto* cuando …. 1478
20.4 venir…para que *muramos* aquí nosotros…… 4191
20.26 Aarón será reunido a su…y allí *morirá* …… 4191
20.28 y Aarón *murió*…en la cumbre del monte….. 4191
20.29 y viendo…que Aarón había *muerto*, le ……. 1478
21.5 subir de Egipto para que *muramos* en este …. 4191
21.6 mordían…y *murió* mucho pueblo de Israel…. 4191
23.10 *muera* yo la muerte de los rectos, y mi ……. 4191
25.9 y *murieron* de aquella mortandad 24.000 …… 4191
26.10 y los tragó…cuando aquel grupo *murió*…… 4194
26.11 mas los hijos de Coré no *murieron* ………. 4191
26.19 los hijos de Judá…Er y Onán *murieron* …… 4191
26.61 Abiú *murieron* cuando ofrecieron fuego ….. 4191
26.65 Jehová había dicho de ellos: *Morirán*……… 4191
27.3 nuestro padre *murió* en el desierto; y ……… 4191
27.3 sino que en su propio pecado *murió*, y …….. 4191
27.8 alguno *muriere* sin hijos, traspasaréis ……… 4191
33.38 Aarón…allí *murió* a los 40 años de la ……. 4191
33.39 era Aarón…de 123 años, cuando *murió*…… 4194
35.12 no *morirá* el homicida hasta que entre ……. 4191
35.16,17,18 y *muriere*…el homicida *morirá*…….. 4191
35.20 si por odio lo empujó, o echó…*muere* ……. 4191
35.21 lo hirió…y *murió*, el heridor *morirá*……… 4191
35.23 caer sobre él alguna piedra…y *muriere*…… 4191
35.25 hasta que *muera* el sumo sacerdote, el …… 4194
35.28 habitar hasta que *muera* el…sacerdote …… 4194
35.28 después que haya *muerto*…volverá a la…… 4194
35.30 dicho de testigos *morirá* el homicida ……… 7523
35.30 un solo testigo no hará fe…que *muera* ……. 4191
35.31 no tomaréis precio por la vida…*morirá*…… 4191
35.32 ni…hasta que *muera* el sumo sacerdote…… 4194
Dt 2.16 *murieron* todos los hombres de guerra …….. 4191
4.22 así que Yo voy a *morir* en esta tierra ……… 4191
5.25 ahora, pues, ¿por qué vamos a *morir*?……… 4191
5.25 si oyéremos otra vez la voz…moriremos…… 4191
10.6 allí *murió* Aarón, y allí fue sepultado ……… 4191
13.10 apedrearás hasta que *muera*, por cuanto …. 4191
17.5 sacarás…los apedrearás, y así *morirán*…… 4191
17.6 Por dicho de dos…*morirá* el que…*morir*…… 4191
17.6 no *morirá* por el dicho de un…testigo……. 4191
17.12 no obedeciendo…al juez, el tal *morirá* …… 4191
18.16 ni vea…gran fuego, para que no *muera*…… 4191
18.20 que hablare en nombre de dioses…*morirá*… 4191
19.5 diere contra,u prójimo y éste *muriere* ……… 4191
19.11 alguno…hiriere de muerte, y *muriere*……… 4191
19.12 lo entregarán en mano…para que *muera*…. 4191
20.5,6,7 no sea que *muera* en la batalla, y ……… 4191
21.21 los hombres…lo apedrearán, y *morirá*……. 4191
21.22 lo hiciereis *morir*, y lo colgareis en ………. 4194
22.21 la apedrearán los hombres de…y *morirá* …. 4191
22.22 ambos *morirán*, el hombre que se acostó…. 4191
22.24 los apedrearéis, y *morirán*; la joven ……… 4191
22.25 *morirá*…hombre que se acostó con ella……. 4191
24.3 o si hubiere *muerto* el postrer hombre …….. 4191
24.7 *morirá* el tal ladrón, y quitarás el mal …….. 4191
24.16 los padres no *morirán* por los hijos, ni ……. 4191
24.16 hijos…cada uno *morirá* Por su pecado……. 4191
25.5 habitaren juntos, y *muriere* alguno de ……… 4191
31.27 ¿cuánto…después que yo haya *muerto*?…… 4194
32.39 hago *morir*, y yo hago vivir; yo hiero ……… 4191
32.50 y muere como *murió* Aarón tu hermano …… 4191
33.1 bendijo Moisés varón…antes que *muriese*….. 4194
33.6 viva Rubén, y no *muera*; y no sean pocos …… 4191
34.5 *murió* allí Moisés…en la tierra de Moab …… 4191
34.7 Moisés de edad de 120 años cuando *murió* …. 4194
Jos 1.2 mi siervo Moisés ha *muerto*; ahora ………. 4191
1.18 cualquiera que fuere rebelde a…*muera*……. 4191
5.4 los hombres de guerra, habían *muerto en* …… 4191
10.11 grandes piedras sobre ellos, y *murieron*…… 4191
10.11 *murieron* Por las piedras del granizo …….. 4191

20.9 que no *muriese por* mano del vengador de …. 5221
24.29 después…cosas *murió* Josué hijo de Nun …. 4191
24.33 también *murió* Eleazar hijo de Aarón …….. 4191
Jue 1.7 le llevaron a Jerusalén, donde *murió* ………. 4191
2.8 *murió* Josué…siendo de ciento diez años……. 4191
2.19 al *morir* el juez, ellos volvían atrás ………. 4191
2.21 las naciones que dejó Josué cuando *murió* …. 4191
3.11 reposó la tierra…y *murió* Otoniel hijo …….. 4191
4.21 le metió la estaca por las…y así *murió* …….. 4191
6.23 paz a ti; no tengas temor, no *morirás*………. 4191
6.30 saca a tu hijo para que *muera*, porque ha ….. 4191
6.31 cualquiera que contienda por él…*muera*…… 4191
8.32 y *murió* Gedeón hijo de…en buena vejez…… 4191
8.33 cuando *murió* Gedeón, los hijos de Israel…… 4191
9.49 todos los de la torre de Siquem *murieron*…… 4191
9.54 saca…Y su escudero le atravesó, y *murió* ….. 4191
10.2 juzgó…*murió*, y fue sepultado en Samir……. 4191
10.5 y *murió* Jair, y fue sepultado en Camón ……. 4191
12.6 *murieron*…de Efraín cuarenta y dos mil …… 7819
12.7 *murió* Jefté…y fue sepultado en una de ……. 4191
12.10 *murió* Ibzán, y fue sepultado en Belén……… 4191
12.12 *murió* Elón…y fue sepultado en Ajalón……. 4191
12.15 *murió* Abdón…fue sepultado en Piratón ….. 4191
13.22 *moriremos*, porque a Dios hemos visto ……. 4191
15.18 ¿y *moriré* yo ahora de sed, y caeré en …….. 4191
16.30 dijo Sansón: *Muera* Yo con…filisteos……… 4191
16.30 los que mató al *morir* fueron…más que…… 4194
20.5 la humillaron de tal manera que *murió* ……. 4191
20.46 de Benjamín *murieron*…25.000 hombres ….. 5307
Rt 1.3 y murió Elimelec, marido de Noemí, y ………. 4191
1.5 y *murieron*…los dos, Mahlón y Quelión ……. 4191
1.17 donde tú murieres, *moriré* yo, y allí……. 4191,4191
2.20 la benevolencia…con los que han *muerto* ….. 4191
1 S 2.25 Jehová había resuelto hacerlos *morir*……… 4191
2.33 nacidos en tu casa *morirán* en la edad ……… 4191
2.34 Ofni y Finees: ambos *morirán* en un día……. 4191
4.18 Elí cayó…atrás…y se desnucó y *murió*……. 4191
4.19 oyendo, *muertos* su suegro y su marido……… 4191
4.20 al tiempo que *moría*, le decían las que……… 4191
5.12 y los que no *morían*, eran heridos de ………. 4191
6.19 hizo *morir* a…hizo *m*…a 50.070 hombres ….. 5221
11.13 no *morirá* hoy ninguno, porque…Jehová….. 4191
12.19 ruega a…para que no *muramos*; porque….. 4191
14.39 que aunque fuere en Jonatán mi…*morirá*…. 4191
14.43 gusté un poco de miel…y he de *morir*?……. 4191
14.44 respondió…sin duda *morirás*, Jonatán……. 4191
14.45 ¿ha de *morir* Jonatán, el que ha hecho ……. 4191
14.45 así el pueblo libró de *morir* a Jonatán……. 4191
19.6 juró Saúl: Vive Jehová, que no *morirá* ……. 4191
20.2 le dijo: En ninguna manera; no *morirás* ……. 4191
20.14 harás conmigo misericordia…no *muera* ….. 4191
20.31 envía…y tráemelo, porque ha de *morir* …… 4191
20.32 dijo: ¿Por qué *morirá*? ¿Qué ha hecho?……. 4191
22.16 rey dijo: Sin duda *morirás*, Abimelec ……… 4191
25.1 *murió* Samuel, y se juntó todo Israel, y …….. 4191
25.38 después, Jehová hirió a Nabal, y *murió* …… 4191
25.39 que David oyó que Nabal había *muerto* …… 4191
26.10 que si…o su día llegue para que *muera* …… 4191
28.3 Samuel había *muerto*, y todo Israel lo ……… 4191
28.9 pones tropiezo a…para hacerme *morir*?…… 4191
31.5 se echó sobre su espada, y *murió* con él……. 4191
31.6 *murió* Saúl en aquel día, juntamente con…… 4191
2 S 1.4 también Saúl y Jonatán su…*murieron*……… 4191
1.5 ¿cómo sabes, han *muerto* Saúl y Jonatán……. 4191
1.15 vé y mátalo. Y él lo hirió, y *murió*……….. 4191
2.7 *muerto* Saúl…los de la casa de Judá me……. 4191
2.23 cayó allí, y *murió* en aquel mismo sitio …….. 4191
2.31 hirieron de…a 360…los cuales *murieron*…… 4191
3.27 hirió por la quinta costilla, y *murió*………. 4191
3.29 falte de la casa…quien *muera* a espada…….. 3772
3.33 de *morir* Abner como *muere* un villano?.. 4191,4194
4.10 me dio nuevas, diciendo…Saúl ha *muerto* ….. 4191
8.2 midió dos cordeles para hacerlos *morir* ……… 4191
10.1 que *murió* el rey de los hijos de Amón ……… 4191
10.18 a Sobac general del…quien *murió* allí ……. 4191
11.15 a Urías…para que sea herido y *muera*……. 4191
11.17 cayeron…y *murió* también Urías heteo ….. 4191
11.21 hirió a Abimelec…y *murió* en Tebes? ……. 4191
11.24 *murieron* algunos de los…y *murió*…Urías … 4191
12.13 dijo…ha remitido tu pecado; no *morirás* …. 4191
12.14 el hijo que…nacido ciertamente *morirá*…… 4191
12.18 al séptimo día *murió* el niño; y temían……. 4191
12.18 hacerle saber que el niño había *muerto* …… 4191
12.18 si le decimos que el niño ha *muerto*? ……… 4191
12.19 que el niño había *muerto*; por lo que ……… 4191
12.19 dijo David…¿Ha *muerto* el niño?…Ha *m*….. 4191
12.23 ahora que ha *muerto*, ¿para qué he de …….. 4191
13.39 consolado…de Amnón, que había *muerto* …. 4191
14.5 una mujer viuda y mi marido ha *muerto*……. 4191
14.7 entrega…para que le hagamos *morir* por…… 4191
14.14 de cierto *morimos*, y somos como aguas…… 4191
17.23 pero Ahitofel…se ahorcó, y así *murió*……. 4191
18.3 aunque la mitad de nosotros *muera*, no ……. 4191
18.20 hoy la nueva…el hijo del rey ha *muerto* …… 4191
18.33 me diera que *muriera* yo en lugar de ti……. 4191
19.10 y Absalón…ha *muerto* en la batalla ……… 4191
19.21 ¿no ha de *morir* por esto Simei, que………. 4191
19.22 ¿ha de *morir* hoy alguno en Israel?……….. 4191
19.23 dijo el rey a Simei: No *morirás*…juró……. 4191
19.37 *muera en* mi ciudad, junto al sepulcro ……. 4191
20.3 quedaron encerradas hasta que *murieron* …. 4191
21.4 ni queremos que *muera* hombre de Israel ….. 4191
21.9 así *murieron* juntos aquellos siete, los ……… 4191
24.15 y *murieron* del pueblo…70.000 hombres ….. 4191
1 R 1.52 mas si se hallare mal en él, *morirá* ………. 4191
2.1 los días en que David había de *morir*, y……… 4191
2.24 vive Jehová…que Adonías *morirá* hoy ……… 4191
2.25 Benaía…arremetió contra él, y *murió* ……… 4191

2.30 y él dijo: No, sino que aquí *moriré* …………. 4191
2.37 el día que salieres…sin duda *morirás* ……… 4191
2.42 el día que salieres…*morirás*? Y tú me …….. 4191
2.46 Benaía hijo, salió y lo hirió, y *murió* ………. 4191
3.19 una noche el hijo de esta mujer *murió*……… 4191
12.18 pero lo apedreó todo Israel, y *murió* ……… 4191
13.31 yo *muera*, enterradme en el sepulcro en ….. 4191
14.11 el que *muera* de los de Jeroboam en la ……. 4191
14.11 el que *muera* en el campo, lo comerán ……. 4191
14.12 al poner tu pie en la…*morirá* el niño……… 4191
14.17 y entrando ella por el…el niño *murió* …….. 4191
16.18 prendió fuego a la casa…y así *murió* …….. 4191
16.22 a Tibni…y Tibni *murió*, y Omri fue rey……. 4191
17.12 que lo comamos, y nos dejemos *morir* …….. 4191
17.18 venido a…para hacer *morir* a mi hijo?……. 4191
17.20 has afligido, haciéndole *morir* su hijo? ……. 4191
19.4 y deseando *morirse*, dijo: Basta ya, oh ……… 4191
21.10 sacadlo, y apedreadlo para que *muera*……. 4191
21.13 lo llevaron…y lo apedrearon, y *murió* ……. 4191
21.14 Nabot ha sido apedreado y ha *muerto* ……. 4191
21.15 porque Nabot no vive, sino…ha *muerto* …… 4191
22.35 estuvo en su carro…a la tarde *murió* …….. 4191
22.37 *murió*…el rey, y fue traído a Samaria……. 4191
2 R 1.4 del lecho…no te levantarás…*morirás* ……… 4191
1.6,16 no te levantarás; de cierto *morirás* ………. 4191
1.17 *murió* conforme a la palabra de Jehová…… 4191
3.5 *muerto* Acab, el rey de Moab se rebeló ……. 4194
4.1 diciendo: Tu siervo mi marido ha *muerto* ……. 4191
4.20 sentado en…hasta el mediodía, y *murió*……. 4191
7.3 ¿para qué nos estamos aquí…que *muramos*? .. 4191
7.4 por el hambre que hay en la…*moriremos* ….. 4191
7.4 si nos quedamos aquí, también *moriremos*……. 4191
7.4 si ellos…nos dieren la muerte, *moriremos* …… 4191
7.17,20 lo atropelló el pueblo a la…y *murió* …….. 4191
8.10 Jehová me ha mostrado que él *morirá*……… 4191
8.15 sobre el rostro de Ben-adad, y *murió* ………. 4191
9.27 Ocozías huyó a Meguido, pero *murió* allí……. 4191
12.21 y Jozabad hijo…le hirieron, y *murió* ……… 4191
13.14 enfermo de la enfermedad de que *murió*….. 4191
13.20 *murió* Eliseo, y lo sepultaron. Entrado……. 4191
13.24 *murió* Hazael rey de…y reinó…Ben-adad … 4191
14.6 que cada uno *morirá* por su propio pecado…. 4191
18.32 y no *moriréis*. No oigáis a Ezequías………. 4191
20.1 así: Ordena tu casa, porque morirás, y ……… 4191
23.34 Joacaz, y lo llevó a Egipto, y *murió* ………. 4191
25.25 Ismael…hirieron a Gedalías, y *murió* …….. 4191
1 Cr 2.30 Seled y…Y Seled *murió* sin hijos …………. 4191
2.32 Jeter y Jonatán. Y *murió* Jeter sin hijos……… 4191
10.6 *murieron* Saúl y…y toda su casa *murió* …… 4191
10.13 así *murió* Saúl por su rebelión con que……. 4191
13.10 el arca; y *murió* allí delante de Dios ………. 4191
19.1 que *murió* Nabas rey de los hijos de Amón …. 4191
21.14 una peste…y *murieron* de Israel 70.000 ……. 5307
23.22 y *murió* Eleazar sin hijos; pero tuvo ………. 4191
24.2 como Nadab y Abiú *murieron* antes que su…. 4191
29.28 *murió* en buena vejez, lleno de días, de……. 4191
2 Cr 10.18 a Adoram…le apedrearon…y *murió*……. 4191
13.20 Jeroboam…y Jehová lo hirió, y *murió*……. 4191
15.13 no buscase a Jehová el Dios…*muriese* ……. 4191
16.13 Asa…*murió* en el año 41 de su reinado ……. 4191
18.34 en el carro…y *murió* al ponerse el sol ……. 4191
21.19 *muriendo* así de enfermedad muy penosa…. 4191
21.20 años, y *murió* sin que lo desearan más ……. 1980
23.7 cualquiera que entre…casa, que *muera* ……. 4191
24.15 mas Joiada envejeció, y *murió* lleno de …… 4191
24.15 Joiada…de 130 años era cuando *murió* …… 4194
24.22 mató a su hijo, quien dijo al *morir*……….. 4191
24.25 lo hirieron en su cama, y *murió*. Y lo ……… 4191
25.4 no *morirán* los padres por los hijos, ni……… 4191
25.4 no…mas cada uno *morirá* por su pecado ….. 4191
35.24 lo llevaron a Jerusalén, donde *murió* ……… 4191
Est 2.7 cuando su padre y su madre *murieron*……… 4194
4.11 ha de *morir*; salvo aquel a quien el rey ……… 4191
Job 1.19 cayó sobre los jóvenes, y *murieron* ………. 4191
2.9 integridad? Maldice a Dios, y *muérete* ……… 4191
3.11 ¿por qué no *morí* yo en la matriz, o………. 4191
4.21 y *mueren* sin haber adquirido sabiduría……. 4191
12.2 sois…y con vosotros *morirá* la sabiduría…… 4191
13.19 porque si ahora yo callara, *moriría* ………. 1478
14.10 mas el hombre *morirá*, y será cortado ……. 4191
14.14 el hombre *muriere*, ¿volverá a vivir? ……… 4191
21.23 éste *morirá* en el vigor de…hermosura ….. 4191
21.25 este otro *morirá* en amargura de ánimo …… 4191
24.11 pisan los lagares, y *mueren* de sed
27.5 hasta que *muera*, no quitaré de mí mi ……… 1478
29.18 decía yo: En mi nido *moriré*, y como ……… 1478
34.20 en un momento *morirán*, y a medianoche …. 4191
42.17 y *murió* Job viejo y lleno de días………… 4191
Sal 41.5 mis enemigos dicen: ¿Cuándo *morirá*……… 4191
49.10 pues verá que aun los sabios *mueren*……… 4191
49.17 porque cuando *muera* no llevará nada, ni…. 4194
78.31 hizo *morir* a los más robustos de ellos…….. 2026
78.34 si los hacía *morir*…buscaban a Dios ……… 2026
78.51 hizo *morir* a todo primogénito en Egipto ….. 5221
82.7 como hombres *moriréis*, y como cualquiera … 4191
118.17 no *moriré*, sino que viviré, y contaré ……. 4191
135.8 hizo *morir* a los primogénitos de Egipto…… 5221
139.19 cierto, oh Dios, harás *morir* al impío …….. 6991
Pr 5.23 él *morirá* por falta de corrección, y…………. 4191
10.21 los…*mueren* por falta de entendimiento ….. 4191
11.7 cuando *muere* el hombre impío, perece su…. 4194
15.10 el que aborrece la corrección *morirá* ……… 4191
19.16 el que menosprecia sus caminos *morirá*…… 4191
23.13 si lo castigas con vara, no *morirá* ………. 4191
30.7 dos…no me las niegues antes que *muera*…. 4191
Ec 2.16 también *morirá* el sabio como el necio ……. 4191
3.2 tiempo de nacer, y tiempo de *morir* …………. 4191
3.19 como *mueren* los unos, así in los otros ……… 4194

4.2 y alabé yo a...los que ya *murieron*, más 4191
7.17 ¿por qué habrás de *morir* antes de tu 4191
9.5 los que viven saben que han de *morir* 4191
Is 6.1 en el año que *murió* el rey Uzías, vi 4194
14.28 el año que *murió* el rey Acaz fue esta 4194
14.30 mas yo haré *morir* de hambre tu raíz 4191
22.13 y bebamos, porque mañana *moriremos* 4191
22.14 no os será perdonado hasta que *muráis* 4191
22.18 *morirás*, y allá estarán los carros de 4191
38.1 dice...Ordena tu casa, porque *morirás* 4191
50.2 se pudren por falta de agua, y *mueren* 4191
51.14 pronto; no *morirá* en la mazmorra, ni 4191
57.1 y los piadosos *mueren*, y no hay quien 6
59.5 el que comiere de sus huevos, *morirá* 4191
65.20 no habrá...niño que *muera* de pocos días
65.20 porque el niño *morirá* de cien años, y 4191
66.24 porque su gusano nunca *morirá*, ni su 4191
Jer 11.21 para que no *mueras* a nuestras manos 4191
11.22 *morirán* a espada...hijas *m* de hambre 4191
16.4 de dolorosas enfermedades *morirán*; no 4191
16.6 *morirán* en...tierra grandes y pequeños 4191
20.6 entrarás en Babilonia, y allí *morirás* 4191
21.6 y los hombres y las bestias *morirán* de 4191
21.9 el que quedare en...*morirá* a espada, de 4191
22.12 *morirá* en el lugar adonde lo llevaron 4191
22.26 te haré llevar cautivo...allá *moriréis* 4191
26.8 pueblo le echaron mano...cierto *morirás* 4191
27.13 ¿por qué *moriréis* tú y tu pueblo a 4191
28.16 *morirás* en este año, porque hablaste 4191
28.17 y el mismo año *murió* Hananías, en el 4191
31.30 cada cual *morirá* por su propia maldad 4191
34.4 así ha dicho Jehová...No *morirás* a espada 4191
34.5 en paz *morirás*...te endecharán, diciendo 4191
37.20 no me hagas volver...que no *muera* allí 4191
38.2 el que se quedare en...*morirá* a espada 4191
38.4 al rey: *Muera* ahora este hombre; porque 4191
38.9 *morirá* de hambre, pues no hay más pan 4191
38.10 haz sacar...Jeremías...antes que *muera* 4191
38.24 nadie sepa estas palabras, y no *morirás* 4191
38.26 no me hiciese volver a...no me *muriese* 4191
42.16 en Egipto os perseguirá; y...*moriréis* 4191
42.17 para entrar en Egipto...*morirán* a espada 4191
42.22 de hambre y de pestilencia *moriréis* en 4191
44.12 a espada y de hambre *morirán* desde el 4191
49.26 y todos los hombres de guerra *morirán* 1826
52.11 en la cárcel hasta el día en que *murió* 4194
Lm 4.9 éstos *murieron* poco a poco por falta de 2100
5.7 nuestros padres pecaron, y han *muerto* 369
Ez 3.18 yo dijere al impío: De cierto *morirás* 4191
3.18 el impío *morirá* por su maldad, pero su 4191
3.19 él *morirá* por su maldad, pero tú habrás 4191
3.20 él *morirá*, porque tú no le amonestaste 4191
3.20 en su pecado *morirá*, y sus justicias que 4191
5.12 *morirá* de pestilencia y...de hambre en 4191
6.12 el que esté lejos *morirá* de pestilencia 4191
6.12 quede y sea asediado *morirá* de hambre 4191
7.15 el que esté en el campo *morirá* a espada 4191
11.13 Pelatías...*murió*. Entonces me postré 4191
12.13 haré llevarlo a Babilonia...allá morirá 4191
13.19 matando a...personas que no deben *morir* 4191
17.16 que *morirá* en medio de Babilonia, en 4191
18.4,20 el alma que pecare, esa *morirá* 4191
18.13 cierto *morirá*, su sangre será sobre él 4191
18.17 no *morirá* por la maldad de su padre 4191
18.18 he aquí que él *morirá* por su maldad 4191
18.21 si se apartare de todos sus...no *morirá* 4191
18.24 el pecado que cometió, por ello *morirá* 4191
18.26 él *morirá* por ello; por la iniquidad...*m* 4191
18.28 se apartó...de cierto vivirá; no *morirá* 4191
18.31 ¿por qué *moriréis*, casa de Israel? 4191
18.32 no quiero la *muerte* del que *muere*, dice 4191
24.18 la mañana, y a la tarde *murió* mi mujer 4191
28.8 sepulcro te harán descender, y *morirás* 4191
28.8 la *muerte* de los que *mueren* en medio de 4191
28.10 *morirás* por mano de extranjeros; porque 4191
33.8,14 dijere al impío...De cierto *morirás* 4191
33.8 el impío *morirá* por su pecado, pero su 4191
33.9 *morirá* por su pecado, pero tú libraste 4191
33.11 ¿por qué *moriréis*, oh casa de Israel? 4191
33.13 sino que *morirá* por su iniquidad que 4191
33.15 si...no haciendo iniquidad...no *morirá* 4191
33.18 e hiciere iniquidad, *morirá* por ello 4191
33.27 en las cuevas, de pestilencia *morirán* 4191
36.15 ni harás más *morir* a los hijos de tu 3782
Os 4.3 cielo; y aun los peces del mar *morirán* 622
13.1 fue exaltado en...pecó en Baal, y *murió* 4191
Am 2.2 fuego...y *morirá* Moab con tumulto, con 4191
6.9 si diez hombres quedaren en una...*morirán* 4191
7.11 ha dicho Amós: Jeroboam *morirá* a espada 4191
7.17 tú *morirás* en tierra inmunda, e Israel 4191
9.10 a espada *morirán* todos los pecadores de 4191
Hab 1.12 Dios mío, Santo mío? No *moriremos* 4191
Zac 11.9 la que *muriere*, que muera; y la que 4191
Mt 2.19 después de *muerto* Herodes...un ángel *5053*
2.20 porque han *muerto* los que procuraban la *2348*
9.18 mi hija acaba de *morir*; mas ven y pon *5053*
10.21 levantarán contra...y los harán *morir* *2288*
15.4 maldiga al padre o a la madre, *muera* *5053*
22.24 alguno *muriere* sin hijos, su hermano *599*
22.25 hermanos; el primero se casó, y *murió* *5053*
22.27 y después de...*murió* también la mujer *599*
26.35 aunque me sea necesario *morir* contigo *599*
Mr 5.35 tu hija ha *muerto*; ¿para qué molestas *599*
7.10 el que maldiga al padre o madre, *muera* *5053*
9.44,46,48 donde el gusano de ellos no *muere* *5053*
12.19 que si el hermano de alguno *muriere* y *599*
12.20 primero...*murió* sin dejar descendencia *599*
12.21 el segundo se casó con ella, y *murió* *599*
12.22 y después de, *murió* también la mujer *599*
14.31 si me fuere necesario *morir* contigo, no *4880*
15.44 se sorprendió de que ya hubiese *muerto* *2348*
Lc 7.2 el siervo...enfermo y a punto de *morir* *5053*
7.15 se incorporó el que había *muerto*, y *3498*
8.42 tenía una hija...que se estaba *muriendo* *599*
8.49 tu hija ha *muerto*; no molestes más al *2348*
11.51 Zacarías, que *murió* entre el altar y *622*
13.33 un profeta *muera* fuera de Jerusalén *622*
16.22 *murió* el mendigo...y *m* también el rico *599*
20.28 el hermano de alguno *muriere* teniendo *599*
20.29 el primero tomó esposa, y *murió* sin *599*
20.30 la tomó el segundo...*murió* sin hijos *599*
20.31 todos...*murieron* sin dejar descendencia *599*
20.32 finalmente *murió* también la mujer *599*
20.36 porque no pueden ya más *morir*, pues *599*
Jn 4.47 su hijo, que estaba a punto de *morir* *599*
4.49 Señor, desciende antes que mi...*muera* *599*
6.49 padres comieron el maná en...y *murieron* *599*
6.50 para que el que de él come, no *muera* *599*
6.58 padres comieron el maná, y *murieron* *599*
8.21 buscaréis...en vuestro pecado *moriréis* *599*
8.24 dije que *moriréis* en vuestros pecados *599*
8.24 no creéis...en vuestros pecados *moriréis* *599*
8.52 Abraham *murió*, y los profetas; y...dices *599*
8.53 mayor...padre Abraham, el cual *murió*? *599*
8.53 los profetas *murieron*! ¿Quién te haces *599*
11.14 les dijo claramente: Lázaro ha *muerto* *599*
11.16 vamos también...para que *muramos* con él *599*
11.21 estado aquí...hermano no habría *muerto* *599*
11.26 y cree en mí, no *morirá* eternamente *599*
11.32 hubieses...no habría *muerto* mi hermano *599*
11.37 hecho también que Lázaro no *muriera*? *599*
11.39 hermana del que había *muerto*, le dijo *2348*
11.44 el que había *muerto* salió, atadas las *2348*
11.50 que un hombre *muera* por el pueblo, y *599*
11.51 que Jesús había de *morir* por la nación *599*
12.24 no *muere*, queda solo...*m*, lleva...fruto *599*
12.33 a entender de qué *muerte* iba a *morir* *599*
18.14 un solo hombre *muriese* por el pueblo *622*
18.32 a entender de qué *muerte* iba a *morir* *599*
19.7 y según nuestra ley debe *morir*, porque *599*
21.23 que aquel discípulo no *moriría*. Pero *599*
21.23 Jesús no le dijo que no moriría, sino *599*
Hch 2.29 David, que *murió* y fue sepultado, y *5053*
7.4 *muerto* su padre, Dios le trasladó a esta *599*
7.15 descendió Jacob a Egipto, donde *murió* *5053*
9.37 que en aquellos días enfermó y *murió* *599*
21.13 dispuesto...aun a *morir* en Jerusalén *599*
21.36 pueblo venía detrás, gritando: ¡*Muera*! *142*
25.11 cosa...digna de muerte...no rehúso *morir* *599*
25.19 cierto Jesús, ya *muerto*, el que Pablo *2348*
Ro 5.6 porque Cristo...a su tiempo *murió* por *599*
5.7 apenas *morirá* alguno por un justo; con *599*
5.7 ser que alguno osara *morir* por el bueno *599*
5.8 aún pecadores, Cristo *murió* por nosotros *599*
5.15 si por...aquel uno *murieron* los muchos *599*
6.2 hemos *muerto* al pecado, ¿cómo viviremos *599*
6.7 el que ha *muerto*, ha sido justificado del *599*
6.8 *morimos* con Cristo, creemos que también *599*
6.9 habiendo resucitado de los...ya no *muere* *599*
6.10 en cuanto *murió*, al pecado *m* una vez *599*
7.2 si el marido *muere*, ella queda libre de *599*
7.3 su marido *muriere*, es libre de esa ley *599*
7.4 habéis *muerto* a la ley mediante el cuerpo *2289*
7.6 libres de la ley, por haber *muerto* para *599*
7.9 venido el...el pecado revivió y yo *morí* *599*
8.13 si vivís conforme a la carne, *moriréis* *599*
8.13 por el Espíritu hacéis *morir* las obras *2289*
8.34 Cristo es el que *murió*; mas aun, el que *599*
14.7 ninguno de...vive para sí...*muere* para sí *599*
14.8 vivimos; y si *morimos*, para el Señor in *599*
14.8 sea que...o que *muramos*, del Señor somos *599*
14.9 Cristo para esto *murió* y resucitó, y *599*
14.15 se pierda aquel por quien Cristo *murió* *599*
1 Co 7.39 si su marido *muriere*, libre es para *2837*
8.11 se perderá el...por quien Cristo *murió* *599*
9.15 prefiero *morir*, antes que...desvanezca *599*
15.3 que Cristo *murió* por nuestros pecados *599*
15.22 como en Adán todos *mueren*, también en *599*
15.31 aseguro, hermanos...que cada día *muera* *599*
15.32 comamos y bebamos...mañana *moriremos* *599*
15.36 lo...no se vivifica, si no *muere* antes *599*
2 Co 5.14 si uno *murió*...luego todos *murieron* *599*
5.15 por todos *murió*, para que los que viven *599*
5.15 ya no vivan...sino para aquel que *murió* *599*
7.3 nuestro corazón, para *morir* y para vivir *4880*
Gá 2.21 ley...entonces por demás *murió* Cristo *599*
Fil 1.21 mí el vivir es Cristo, y el *morir* es *599*
2.27 estuvo enfermo, a punto de *morir*; pero *2288*
Col 2.20 pues si habéis *muerto* con Cristo en *599*
3.3 porque habéis *muerto*, y vuestra vida está *599*
3.5 haced *morir*...lo terrenal en vosotros *3499*
1 Ts 4.14 porque si creemos que Jesús *murió* y *599*
5.10 *murió* por nosotros para que ya sea que *599*
He 9.27 está establecido...*mueran* una sola vez *599*
10.28 viola la ley de...*muere* irremisiblemente *599*
11.13 *murieron*...éstos sin haber recibido lo *599*
11.21 al *morir*, bendijo a cada uno de los *599*
11.22 José, al *morir*, mencionó la salida de *5053*
Ap 3.2 **afirma...cosas que están para *morir*** *599*
8.9 *murió* la tercera parte de los...en el mar *599*
8.11 muchos...*murieron* a causa de esas aguas *599*
9.6 ansiarán *morir*, pero la muerte huirá de *599*
11.5 daño, debe morir él de la misma manera *615*
11.13 terremoto *murieron*...siete mil hombres *615*
14.13 bienaventurados...que *mueren* en el Señor *599*
16.3 *murió* todo ser vivo que había en el mar *599*

MORTAL
Éx 10.17 quite de mí al menos esta plaga *m* 4194
Jue 16.16 su alma fue reducida a *m* angustia 4191
Sal 73.5 no pasan trabajos como los otros *m* 582
Is 51.12 tengas temor del hombre, que es *m* 4191
Ro 6.12 no reine...pecado en vuestro cuerpo *m* *2349*
8.11 vivificará también vuestros cuerpos *m* *2349*
1 Co 15.53 y esto *m* se vista de inmortalidad *2349*
15.54 esto *m* se haya vestido de inmortalidad *2349*
2 Co 4.11 la vida...se manifieste en...carne *m* *2349*
5.4 para que lo *m* sea absorbido por la vida *2349*
He 7.8 y aquí...reciben los diezmos hombres *m* *599*
Stg 3.8 lengua...es un mal...llena de veneno *m* *2287*
Ap 13.3 herida...pero su herida *m* fue sanada *2288*
13.12 la...bestia, cuya herida *m* fue sanada *2288*

MORTANDAD
Éx 12.13 y no habrá en vosotros plaga de *m* 5063
30.12 no haya en ellos *m* cuando...contado 5063
Nm 14.12 yo los heriré de *m* y los destruiré 1698
16.46 el furor ha salido...la *m* ha comenzado 5063
16.47 que la *m* había comenzado en el pueblo 5063
16.48 se puso entre los...vivos; y cesó la *m* 4046
16.49 los que murieron en aquella *m* fueron 4046
16.50 volvió Aarón...cuando la *m* había cesado 4046
25.8 y cesó la *m* de los hijos de Israel 4046
25.9 murieron de aquella *m* veinticuatro mil 4046
25.18 fue muerta el día de la *m* por causa de 4046
26.1 aconteció después de la *m*, que Jehová 4046
31.16 por lo que hubo *m* en la congregación 4046
Dt 28.21 Jehová traerá sobre ti *m*, hasta que 1698
Jos 10.10 y los hirió con gran *m* en Gabaón 4347
10.20 acabaron de herirlos con gran *m* hasta 4347
22.17 maldad...por la cual vino la *m* en la 5063
Jue 15.8 los hirió cadera y muslo con gran *m* 4347
1 S 4.10 y huyeron...y fue hecha muy grande *m* 4347
4.17 también fue hecha gran *m* en el pueblo 4046
6.19 Jehová lo había herido con tan gran *m* 4347
2 S 24.21 un altar...que cese la *m* del pueblo 4046
1 Cr 21.22 para que cese la *m* en el pueblo 4046
2 Cr 28.5 rey de...el cual lo batió con gran *m* 4347
Est 9.5 y asolaron los...con *m* y destrucción 2027
Sal 78.50 no eximió...entregó su vida a la *m* 1698
91.6 ni...ni *m* que en medio del día destruya 1698
106.15 él les dio...mas envió *m* sobre ellos 7332
106.29 ira...y se desarrolló la *m* entre ellos 4046
Am 4.10 envié contra vosotros *m* tal como en 1698
Hab 3.5 delante de su rostro iba *m*, y a sus 1698
Ap 6.8 para matar con espada...con *m*, y con *2288*

MORTECINO, A
Lv 17.15 que comiere animal *m* o despedazado 5038
22.8 *m* ni despedazado por fiera no comerá 5038
Dt 14.21 ninguna cosa *m* comeréis; al...la darás 5038
Ez 4.14 nunca...comí cosa *m* ni despedazada, ni 5038
44.31 ninguna cosa *m*...comerán los sacerdotes 5038

MORTERO
Nm 11.8 lo majaba en *m*, y lo cocía en caldera 4085
2 Cr 24.14 hicieron de él...*m*, cucharas, vasos
Pr 27.22 aunque majes al necio en un *m* entre 4388

MORTÍFERA
Mr 16.18 si bebieren cosa *m*, no les hará daño *2286*

MORTUORIO
Ez 24.17 reprime el suspirar, no hagas luto...*m* 4191

MOSA
1. Hijo de Caleb, 1 Cr 2.46 4162
2. Descendiente del rey Saúl, 1 Cr 8.36,37; 9.42,43 4162

MOSCA
Éx 8.21 yo enviaré sobre ti...toda clase de *m*
8.21 casas...se llenarán de toda clase de *m*
8.22 que ninguna clase de *m* haya en ella, a
8.24 vino toda clase de *m* molestísimas sobre
8.29 que las diversas clases de *m* se vayan
8.31 quitó todas aquellas *m* de Faraón, de sus
Sal 78.45 envió entre ellos enjambres de *m* 6157
105.31 habló, y vinieron enjambres de *m*, y 6157
Ec 10.1 *m* muertas hacen heder y dar mal olor 2070
Is 7.18 silbará Jehová a la *m* que está en el 2070

MOSERA *Lugar donde acampó Israel*, Dt 10.6 4149

MOSEROT *Lugar donde acampó Israel*,
Nm 33.30,31 4149

MOSQUITO
Mt 23.24 **coláis el *m*, y tragáis el camello!** *2971*

MOSTAZA
Mt 13.31 **el reino...es semejante al grano de *m*** *4615*
17.20 si tuviereis fe como un...de *m*, diréis *4615*
Mr 4.31 **es como el grano de *m*, que cuando se** *4615*
Lc 13.19 **es semejante al grano de *m*, que un** *4615*
17.6 dijo: Si tuvierais fe como un grano de *m* *4615*

MOSTO
Gn 27.28 te dé...abundancia de trigo y de *m* 8492
Nm 18.12 *m* y de trigo, todo lo más escogido 8492
Dt 7.13 bendecirá...tu *m*, tu aceite, la cría 8492
28.51 y no te dejará grano, ni *m*, ni aceite 8492
Jue 9.13 ¿he de dejar mi *m*, que alegra a Dios 3196
Sal 4.7 ellos cuando abundaba su grano y su *m* 8492
Pr 3.10 tus graneros...lagares rebosarán de *m* 8492
Cnt 8.2 vino adobado del *m* de mis granadas 3196
Is 65.8 como si alguno hallase *m* en un racimo 8492
Os 4.11 fornicación, vino y *m* quitan el juicio 8492
7.14 para el trigo y el *m* se congregaron, se 8492
9.2 no los mantendrán, y les fallará el *m* 8492
Jl 1.5 a causa del *m*, porque os es quitado de 6071

1.10 trigo...secó el *m*, se perdió el aceite 8492
2.19 yo os envío pan, *m* y aceite, y seréis 8492
3.18 los montes destilarán *m*, y los collados 6071
Am 9.13 los montes destilarán *m*, y...collados 6071
Mi 6.15 el aceite; y *m*, mas no beberás el vino 8492
Hch 2.13 mas otros...decían: Están llenos de *m*. *1098*

MOSTRAR
Gn 12.1 vete de...a la tierra que te *mostraré* 7200
37.16 te ruego que me *muestres* dónde están 5046
41.25 Dios ha *mostrado* a Faraón lo que va a 5046
41.28 lo que Dios va a hacer, lo ha *mostrado* 7200
Éx 7.9 respondiere diciendo: *Mostrad* milagro 5414
9.16 he puesto para *mostrar* en ti mi poder 7200
10.1 *mostrar* entre ellos estas mis señales 7896
15.25 Jehová le *mostró* un árbol; y lo echó en 3384
18.20 *muéstrales* el camino por donde...andar 3045
25.9 conforme a todo lo que yo te *muestre*, el 7200
25.40; 26.30 conforme al modelo...*mostrado* 7200
27.8 manera que te fue *mostrado* en el monte 7200
30.36 de reunión, donde yo me *mostraré* a ti 3259
33.13 ruego que me *muestres* ahora tu camino 3045
33.18 te ruego que me *muestres* tu gloria 7200
Lv 13.7 después que él se *mostró* al sacerdote 7200
13.7 deberá *mostrarse* otra vez al sacerdote 7200
13.19 una mancha...será *mostrada* al sacerdote ... 7200
13.49 plaga...y se ha de *mostrar* al sacerdote 7200
Nm 8.4 modelo que Jehová *mostró* a Moisés, así 7200
13.26 y les *mostraron* el fruto de la tierra 7200
14.10 pero la gloria de Jehová se *mostró* en 7200
16.5 mañana *mostrará* Jehová...quién es santo 3045
23.3 cosa que me *mostrare*, te avisaré. Y se 7200
Dt 1.33 con fuego...para *mostraros* el camino 7200
3.24 has comenzado a *mostrar* a tu siervo tu 7200
4.35 a ti te fue *mostrado*, para que supieses 7200
4.36 sobre la tierra te *mostró* su gran fuego 7200
5.24 nuestro Dios nos ha *mostrado* su gloria 7200
34.1 *mostró* Jehová toda la tierra de Galaad 7200
Jue 1.24 *muéstranos*...la entrada de la ciudad 7200
1.25 y él les *mostró* la entrada a la ciudad 7200
4.22 ven, y te *mostraré* al varón que tú buscas 7200
8.35 ni se *mostraron* agradecidos con...Gedeón 6213
13.23 ni nos hubiera *mostrado* todas estas 7200
1 S 3.13 le *mostraré* que yo juzgaré su casa 5046
8.9 *muéstrales* cómo les tratará el rey que 5046
14.8 vamos a pasar...nos *mostraremos* a ellos 1540
14.11 se *mostraron*...ambos a la guarnición de 1540
15.6 *mostrasteis* misericordia a...de Israel 6213
24.18 has *mostrado* hoy que has hecho...bien 5046
2 S 15.20 Jehová te *muestre* amor permanente
17.17 ellos no podían *mostrarse* viniendo a 7200
22.26 te *mostrarás* misericordioso, y recto 7200
22.27 limpio te *mostrarás* para con el limpio 1305
1 R 13.12 y sus hijos le *mostraron* el camino 7200
18.1 vé, *muéstrate* a Acab, y yo haré llover 7200
18.2 fue, pues, Elías a *mostrarse* a Acab 7200
18.15 vive Jehová...que hoy me *mostraré* a él 7200
2 R 6.6 él te *mostró* el lugar. Entonces cortó 7200
8.10 Jehová me ha *mostrado* que él morirá 7200
8.13 Jehová me ha *mostrado* que tú serás rey 7200
11.4 los metió...les *mostró* el hijo del rey 7200
20.13 les *mostró* toda la casa de sus tesoros 7200
20.13 ninguna cosa quedó que...no les *mostrase* ... 7200
20.15 nada quedó en mis...que no les *mostrase*. 7200
1 Cr 19.2 su padre me *mostró* misericordia 6213
2 Cr 3.1 el monte...*mostrado* a David su padre 7200
16.9 para *mostrar* su poder a favor de los que 2388
23.13 que todo el pueblo...*mostraba* alegría
Neh 7.61 cuales no pudieron *mostrar* la casa de 5046
Est 1.4 *mostrar* él las riquezas de la gloria de 7200
1.11 para *mostrar* a los pueblos y...príncipes 7200
4.8 a fin de que la *mostrase* a Ester y se lo 7200
Job 12.7 a las aves de...y ellas te lo *mostrarán* 5046
15.17 yo te *mostraré*, y te contaré lo que he 2331
23.9 si *muestra* su poder al norte, yo no lo 6213
37.19 *muéstranos* qué le hemos de decir; porque 3045
38.12 días? ¿Has *mostrado* al alba su lugar? 3045
Sal 4.6 dicen: ¿Quién nos *mostrará* el bien? 7200
16.11 me *mostrarás* la senda de la vida; en tu 3045
18.25 te *mostrarás* misericordioso, y recto 2616
18.26 limpio te *mostrarás* para con el limpio 1305
25.4 *muéstrame*, oh Jehová, tus caminos 3045
31.19 que has *mostrado* a los que esperan en 6466
50.23 al...le *mostraré* la salvación de Dios 7200
78.11 sus maravillas que les había *mostrado* 7200
80.4 ¿hasta cuándo *mostrarás* tu indignación
85.7 *muéstranos*, oh Jehová, tu misericordia 7200
91.16 le saciaré...y le *mostraré* mi salvación 7200
94.1 Dios...Dios de las venganzas, *muéstrate* 3313
Pr 18.24 tiene amigos ha de *mostrarse* amigo 7489
Cnt 2.12 han *mostrado* las flores en la tierra 7200
2.14 *muéstrame* tu rostro, hazme oír tu voz 7200
Is 5.5 os *mostraré*, pues, ahora lo que haré yo 3045
21.2 visión dura me ha sido *mostrada*. El 5046
26.10 se *mostrará* piedad al malvado, y no 2603
39.2 se regocijó...les *mostró* la casa de su 7200
39.2 no hubo cosa...Ezequías no les *mostrase* 7200
39.4 ninguna cosa...que no les haya *mostrado* 7200
40.14 o le *mostró* la senda de la prudencia? 3045
49.9 a los que están en tinieblas: *Mostraos*. 1540
66.5 él se *mostrará* para alegría vuestra, y 7200
Jer 16.13 arrojaré...no os *mostraré* clemencia 5414
18.17 les *mostraré* las espaldas y no el rostro 7200
24.1 me *mostró* Jehová dos cestas de higos 7200
38.21 esta es la palabra que me ha *mostrado*. 7200
Ez 10.1 semejanza de un trono que se *mostró* 7200
11.25 y hablé...que Jehová me había *mostrado* 7200
22.2 le *mostrarás* todas sus abominaciones? 3045
39.25 me *mostraré* celoso por mi santo nombre
40.4 pon tu corazón a...cosas que te *muestro* 7200
40.4 que yo te las *mostrase* has sido traído 7200
43.10 *muestra* a la casa de Israel esta casa 5046
Dn 2.4 di...y te *mostraremos* la interpretación 2324
2.5 lo olvidé; si no me *mostráis* el sueño y 3046
2.6 me *mostraréis* el sueño y su interpretación 2324
2.7 el rey...le *mostraremos* la interpretación 2324
2.9 si no me *mostráis* el sueño, una sola 2324
2.16 él *mostraría* la interpretación al rey 2324
2.24 rey, y yo te *mostraré* la interpretación 2324
2.29 el que revela los misterios te *mostró* lo 1541
2.45 el gran Dios ha *mostrado* al rey lo que 3046
4.6 para que me *mostrasen* la interpretación 3046
4.7 no me pudieron *mostrar* su interpretación 3046
4.18 los sabios...no han podido *mostrarme* su 3046
5.7 que lea...y me *muestre* su interpretación 2324
5.8 no...ni *mostrar* al rey su interpretación 3046
5.15 han podido *mostrarme* la interpretación 2324
11.2 ahora yo te *mostraré* la verdad. He aquí 5046
Am 7.1 así me ha *mostrado* Jehová el Señor. He 7200
7.4 el Señor me *mostró* así: He aquí, Jehová *7200*
8.1 así me ha *mostrado* Jehová...He aquí un *7200*
Mi 7.15 les *mostraré* maravillas como el día 7200
Nah 3.5 *mostraré* a las naciones tu desnudez 7200
Zac 1.20 me *mostró*...Jehová cuatro carpinteros 7200
3.1 *mostró* el sumo sacerdote Josué, el cual 7200
Mt 4.8 le *mostró* todos los reinos del mundo y *1166*
6.16 para *mostrar* a los hombres que ayunan *5316*
6.18 para no *mostrar* a los hombres que ayunas ... *5316*
8.4 vé, *muéstrate* al sacerdote, y presenta la *1166*
16.1 pidieron...les *mostrase* señal del cielo *1925*
22.19 *mostradme* la moneda del tributo. Y ellos *1925*
23.27 por fuera...se *muestran* hermosos, mas *5316*
23.28 fuera...os *mostráis* justos a los hombres *5316*
24.1 para *mostrarle* los edificios del templo *1925*
24.27 se *muestra* hasta el occidente, así será *5316*
Mr 1.44 ***muéstrate* al sacerdote, y ofrece por tu** *1166*
14.15 él os *mostrará* un gran aposento alto *1166*
Lc 4.5 le *mostró*...todos los reinos de la tierra *1166*
5.14 dijo, *muéstrate* al sacerdote, y ofrece *1166*
17.14 les dijo: Id, *mostraos* a los sacerdotes *1925*
20.24 *mostradme* la moneda. ¿De quién tiene la *1925*
22.12 él os *mostrará* un gran aposento alto *1166*
24.40 esto, les *mostró* las manos y los pies *1925*
Jn 2.18 ¿qué señal nos *muestras*, ya que haces *1166*
5.20 le *muestra* todas las cosas que él hace *1166*
5.20 y mayores obras que estas le *mostrará* *1166*
10.32 muchas buenas obras os he *mostrado* de *1166*
14.8 Señor, *muéstranos* el Padre, y nos basta *1166*
14.9 ¿cómo...dices tú: *Muéstranos* el Padre? *1166*
20.20 esto, les *mostró* las manos y el costado *1166*
Hch 1.24 *muestra* cuál de estos...has escogido *322*
7.3 sal...y ven a la tierra que yo te *mostraré*. *1166*
9.16 yo le *mostraré* cuánto le es necesario padecer *5263*
9.39 *mostrando* las túnicas...que Dorcas hacía *1925*
10.28 a mí me ha *mostrado* Dios que a ningún *1166*
16.9 le *mostró* a Pablo una visión de noche *3700*
Ro 2.15 *mostrando* la obra de la ley escrita en *1731*
5.8 Dios *muestra* su amor para con nosotros *4921*
7.13 para *mostrarse* pecado, produjo en mí la *5316*
9.17 para *mostrar* en ti mi poder, y para que *1731*
9.22 Dios, queriendo *mostrar* su ira y hacer *1731*
9.23 *mostró*...con los vasos de misericordia *1107*
15.8 siervo...para *mostrar* la verdad de Dios
2 Co 7.11 en todo os habéis *mostrado* limpios *4921*
8.24 *mostrad*, pues, para con ellos ante las *1731*
Gá 4.18 *mostrar* celo en lo bueno siempre, y no *2206*
Ef 2.7 para *mostrar*...las abundantes riquezas *1731*
1 Ti 1.16 para que Jesucristo *mostrase* en mí *1731*
6.15 a su tiempo *mostrará* el...solo Soberano *1166*
Tit 2.7 en la enseñanza *mostrando* integridad *3930*
2.10 *mostrándose* fieles en todo, para que en *1731*
3.2 *mostrando* toda mansedumbre para con *1731*
He 5.2 se *muestre* paciente con los ignorantes
6.10 el trabajo de amor que habéis *mostrado* *1731*
6.11 cada uno de...*muestre* la misma solicitud *1731*
6.17 queriendo Dios *mostrar*...abundantemente *1925*
8.5 conforme al modelo que se te ha *mostrado* *1166*
Stg 2.18 *muéstrame* tu fe sin tus obras, y yo *1166*
2.18 y yo te *mostraré* mi fe por mis obras *1166*
3.13 *muestre* por la buena conducta sus obras *1166*
1 Jn 4.9 en esto se *mostró* el amor de Dios para *5319*
Ap 4.1 yo te *mostraré* las cosas que sucederán *1166*
17.1 te *mostraré* la sentencia contra la gran *1166*
21.9 ven acá, yo te *mostraré* la desposada, la *1166*
21.10 y me *mostró* la gran ciudad santa de *1166*
22.1 me *mostró* un río limpio de agua de vida *1166*
22.6 para *mostrar* a sus siervos las cosas que *1166*
22.8 adorar a los pies del...que me *mostraba* *1166*

MOTÍN
Mr 15.7 Barrabás, preso con...compañeros de *m* *4955*

MOTIVO
Éx 2.23 y subió a Dios el clamor...con ni de su 4480
13.8 se hace esto con *m* de lo que Jehová hizo 5668
Dt 4.3 lo que hizo Jehová con *m* de Baal-peor
28.37 serás *m* de horror, y servirás de refrán
1 S 25.31 señor mío, no tendrás *m* de pena ni
1 R 16.7 con *m* de todo lo malo que hizo ante 5921
2 R 4.27 Jehová me ha encubierto el *m*, y no
1 Cr 17.25 ha hallado tu siervo *m* para orar
Esd 10.9 temblando con *m* de aquel asunto, y a... 5921,3588
Sal 37.7 no te alteres con *m* del que prospera
Pr 1.11 dijeren...acechemos sin *m* al inocente 2600
Jer 14.1 vino a Jeremías, con *m* de la sequía 5921
48.26 Moab...sea también él por *m* de escarnio
48.27 y no te fue...Israel por *m* de escarnio
Ez 16.54 siendo tú *m* de consuelo para ellas
Hch 11.19 la persecución que...con *m* de Esteban
1 Co 10.25,27 sin preguntar...por *m* de conciencia
10.28 no lo comáis, por...y por *m* de conciencia
Gá 6.4 tendrá *m* de gloriarse sólo respecto de

MOVER
Gn 1.2 el Espíritu...se *movía* sobre las aguas 7363
1.21 creó Dios...todo ser viviente que se *mueve* 7430
1.28 las bestias que se *mueven* sobre la tierra 7430
7.21 murió toda carne que se *mueve* sobre la 7430
8.19 que se *mueve* sobre la tierra según sus 7430
9.2 en todo lo que se *mueva* sobre la tierra 7430
9.3 todo lo que se *mueve* y vive, os será para 7431
Éx 11.7 ni un perro *moverá* su lengua, para que 2782
36.2 su corazón le *movió* a venir a la obra 5375
40.36 Israel se *movían* en todas sus jornadas 5265
40.37 no se *movían* hasta el día en que ella 5265
Lv 11.10 todo lo que se *mueve* como de toda cosa 8318
11.29 animales que se *mueven* sobre la tierra 8317
11.31 inmundos de...los animales que se *mueven* .. 8318
11.46 ley acerca de...todo ser...que se *mueve* 7430
26.36 el sonido de una hoja que se *mueva* los 5086
Nm 9.22 la nube se detenía...no se *movían*; mas 5265
10.2 te servirán para...*mover* los campamentos 4550
10.56 cuando tocareis alarma...*moverán* los 5265
10.17 se *movieron* los hijos de Gersón y los 5265
10.35 cuando el arca se *movía*, Moisés decía 5265
Dt 32.21 me *movieron* a celos...moveré a celos
Jos 10.21 no hubo quien *moviese*...lengua contra 2782
Jue 2.18 Jehová era *movido* a misericordia por 5162
1 S 1.13 se *movían* sus labios, y su voz no se 5128
2 S 5.24 cuando oigas ruido como...te *moverás* 2782
15.20 ¿y he de hacer hoy que te *muevas* para ir 1980
2 R 19.21 detrás de ti *mueve* su cabeza la hija 5128
21.8 el pie de Israel sea *movido* de la tierra 5110
23.18 dejadlo; ninguno *mueva* sus huesos; y así 5128
Est 5.9 que no se levantaba ni se *movía* de su 2111
Job 16.4 podría...sobre vosotros *mover* mi cabeza 5128
40.17 su cola *mueve* como un cedro, y...muslos 2654
41.23 están en él firmes, y no se *mueven* 4131
Sal 10.6 dice en su corazón: No seré *movido* 4131
35.23 *muévete*...para hacerme justicia, Dios 5782
36.11 no vengas...mano de impíos no me *mueva* ... 5110
50.11 que se *mueve* en los campos me pertenece
69.34 los mares y todo lo que se *mueve* en ellos 7430
78.26 *movió* el solano en el cielo, y trajo 5265
93.1 afirmó también el mundo, y no se *moverá* 4131
104.25 en donde se *mueven* seres innumerables 7431
125.1 no se *mueve*, sino que permanece para 4131
Pr 16.30 ojos...*mueve* sus labios, efectúa el mal 7169
Is 10.14 no hubo quién *moviese* ala, ni abriese 5074
10.15 ¿se...la sierra contra el que la *mueve*? 5130
13.13 la tierra se *moverá* de su lugar, en la 7264
37.22 detrás de ti *mueve* su cabeza la hija de 5128
38.12 mi morada ha sido *movida* y traspasada 5265
40.20 una imagen de talla que no se *mueva* 4131
41.7 lo afirmó con clavos...que no se *moviese* 4131
46.7 allí se está, y no se *mueve* de su sitio 4185
54.10 los montes se *moverán*, y los collados 4185
Jer 10.4 con clavos y...para que no se *mueva* 6328
46.7 ¿quién es éste...cuyas aguas se *mueven* 1607
46.8 y las aguas se *mueven* como ríos, y dijo 1607
Lm 2.15 *movieron* despectivamente sus cabezas 5128
Ez 1.12 donde el espíritu les *movía*...andaban 1980
1.17 cuando andaban, se *movían* hacia sus 4 1980
1.20 les *movía* que anduviesen...*m* el espíritu 1980
Mt 18.27 ***movido* a misericordia, le soltó y le** *4697*
23.4 ellos ni con un dedo quieren *moverlas* *2795*
Lc 2.27 *movido* por el Espíritu, vino al templo
6.48 no la pudo *mover*...fundada sobre la roca *4531*
10.33 viéndole, fue *movido* a misericordia *4697*
15.20 y fue *movido* a misericordia, y corrió *4697*
Hch 7.9 los patriarcas, *movidos* por envidia *2206*
17.28 en él vivimos, y nos *movemos*, y somos *2795*
Col 1.23 en la fe, sin *moveros* de la esperanza *3334*
2 Ts 2.2 que no os dejéis *mover* fácilmente de *4531*

MOVIBLE
He 12.27 indica la remoción de las cosas *m*. *4531*

MOVIDO *Véase Mover*

MOVIMIENTO
Jn 5.3 paralíticos, que esperaban el *m* del agua *2796*
5.4 el que primero...después del *m* del agua *5016*

MOZAH *Ciudad en Benjamín*, Jos 18.26 4681

MUCHACHO, A
Gn 21.12 no te parezca grave a causa del *m* 5288
21.14 a Agar...le entregó el *m*, y la despidió 3206
21.15 odre, y echó al *m* debajo de un arbusto 3206
21.16 fue y...decía: No veré cuando el *m* muera 3206
21.16 ella se sentó...el *m* alzó su voz y lloró 3206
21.17 oyó Dios la voz del *m*; y el ángel de 5288
21.17 Dios ha oído la voz del *m* en donde está 5288
21.18 levántate, alza al *m*, y sostenlo con tu 5288
21.19 llenó el odre de...y dio de beber al *m*. 5288
21.20 y Dios estaba con el *m*; y creció, y 5288
22.5 esperad...y yo y el *m* iremos hasta allí 5288
22.12 no extiendas tu mano sobre el *m*, ni le 5288
Dt 22.23 hubiere una *m* virgen desposada con 5291
Jue 8.20 el joven...tenía temor, pues aún era *m* 5288
1 S 17.33 tú eres *m*, y él un hombre de guerra 5288
17.42 era *m*, y rubio, y de hermoso parecer 5288
17.58 le dijo Saúl: *M*, ¿de quién eres hijo? 5288
20.22 si yo dijere al *m*...He allí las saetas 5958
20.35 salió Jonatán al...y un *m* pequeño con él 5288
20.36 y dijo al *m*: Corre...el *m* iba corriendo 5288

20.37 llegando el *m* adonde estaba la saeta que 5288
20.37 Jonatán dio voces tras el *m*, diciendo......... 5288
20.38 y volvió a gritar Jonatán tras el *m* 5288
20.38 y el *m* de Jonatán recogió las saetas 5288
20.39 ninguna cosa entendió el *m*; solamente....... 5288
20.40 dio Jonatán sus armas a su *m*, y le dijo....... 5288
20.41 el *m* se había ido, se levantó David del 5288
1 R 11.17 huyó... era entonces Hadad *m* pequeño 5288
2 R 2.23 salieron unos *m* de la ciudad, y se 5288
2.24 dos osos... despedazaron de ellos a 42 *m* 3206
5.2 y habían llevado cautiva de la... a una *m* 5291
5.4 así ha dicho una *m* que es de la tierra 5291
1 Cr 22.5 Salomón mi hijo es *m*... de tierna edad 5288
2 Cr 28.8 tomaron cautivos a... mujeres, *m* y *m*... 1121,1323
34.3 siendo aún *m*, comenzó a buscar al Dios 5288
Job 19.18 *m* me menospreciaron; al levantarme....... 5759
Pr 20.11 aun el *m* es conocido por sus hechos 5288
22.15 la necedad... ligada en el corazón del *m*...... 5288
23.13 no rehúses corregir al *m*; porque si lo 5288
29.15 el *m* consentido avergonzará a su madre 5288
Ec 4.13 mejor es el *m* pobre... que el rey viejo 3206
4.15 caminando con el *m* sucesor, que estará 3206
10.16 ¡ay de ti... cuando tu rey es *m*, y tus 5288
Is 3.4 pondré jóvenes... y *m* serán sus señores......... 8586
3.12 opresores de mi pueblo son *m*, y mujeres....... 5768
40.30 *m* se fatigan y se cansan, los jóvenes......... 5288
Jer 44.7 ser destruidos... *m* y el niño de pecho......... 5768
Lm 5.13 los *m* desfallecieron bajo el peso de 5288
Dn 1.4 *m* en quienes no hubiese tacha alguna......... 3206
1.10 rostros más pálidos que los de los *m* que 3206
1.13 con los rostros de los *m* que comen de......... 3206
1.15 mejor y más robusto que el de... otros *m* 3206
1.17 a estos 4 *m* Dios les dio conocimiento.......... 3206
Os 11.1 cuando Israel era *m*, yo lo amé, y de 5288
Zac 8.5 las calles... estarán llenas de *m* y *m* 3206,3207
Mt 11.16 **es semejante a los *m* que se sientan**.......... *3808*
14.11 y fue traída su cabeza... y dada a la *m*........ *2877*
17.18 el cual salió del *m*, y éste quedó sano *3816*
21.15 los *m* aclamando en el templo y diciendo *3816*
Mr 6.22 rey dijo a la *m*: Pídeme lo que quieras......... *2877*
6.28 su cabeza... dio a la *m*, y la *m* la dio a su....... *2877*
9.20 el espíritu... sacudió con violencia al *m* *846*
9.24 el padre del *m* clamó y dijo: Creo; ayuda *3813*
Lc 7.32 **semejantes son a los *m* sentados en la**......... *3813*
8.54 **tomándola... clamó diciendo: *M*, levántate** *3816*
9.42 mientras se acercaba el *m*, el demonio *846*
9.42 sanó al *m*, y se lo devolvió a su padre.......... *3816*
Jn 6.9 aquí está un *m*, que tiene cinco panes.......... *3808*
Hch 12.13 salió a escuchar una *m* llamada Rode *3814*
16.16 al encuentro una *m* que tenía espíritu........ *3814*

MUCHEDUMBRE
Gn 17.4 contigo, y serás padre de *m* de gentes 1995
17.5 te he puesto por padre de *m* de gentes 1995
Nm 32.1 tenían una muy inmensa *m* de ganado 7227
Job 32.7 y la *m* de años declarará sabiduría 7230
38.34 tu voz, para que te cubra *m* de aguas?....... 8229
Sal 49.6 y de la *m* de sus riquezas se jactan 7230
72.7 florecerá... *m* de paz, hasta que no haya 7230
106.7 padres... no se acordaron de la *m* de tus 7230
106.45 se arrepentía conforme a la *m* de sus 7230
150.2 alabadle conforme a la *m* de su grandeza.... 7230
Pr 16.8 mejor... que la *m* de frutos sin derecho 7230
Ec 4.16 no tenía fin la *m*... *pueblo* que le seguía 3605
Is 29.5 la *m* de tus enemigos será como polvo 1995
Jer 10.13 a su voz se produce *m* de aguas en el......... 1995
Ez 1.24 como ruido de *m*, como el ruido de un......... 1999
16.40 harán subir contra ti *m* de gente, y te
Dn 9.27 con la *m* de las abominaciones vendrá........ 3671
Lc 23.1 levantándose... la *m* de ellos, llevaron *4128*
Hch 13.45 viendo... la *m*, se llenaron de celos.......... *3793*
14.13 con la *m* quería ofrecer sacrificios *3793*
21.36 la *m* del pueblo venía detrás, gritando......... *4128*
Ap 17.15 las aguas... son pueblos, *m*, naciones......... *3793*

MUCHÍSIMO
Gn 30.43 se enriqueció el varón *m*, y tuvo
Éx 12.38 toda clase de... ovejas, y *m* ganado 3515
Jos 11.4 con *m* caballos y carros de guerra............ 7227
1 Cr 18.8 tomó David *m* bronce, con el que............ 7227
Job 1.3 bueyes, quinientas asnas, y *m* criados 7227
Ez 37.2 y he aquí que eran *m* sobre la faz 7227
47.7 vi... la ribera del río había *m* árboles.......... 7227
47.9 y habrá *m* peces por haber entrado
Mt 17.15 es lunático, y padece *m*; porque
Fil 1.23 estar con Cristo... es *m* mejor *4183*

MUCHO, A *Véase también el Apéndice*
Éx 23.2 no seguirás a los *m* para hacer mal... ni......... 7227
Sal 55.18 él redimirá... aunque contra mí haya *m* 7227
56.2 porque *m* son los que pelean contra mí......... 7227
71.7 prodigio he sido a *m*, y *tú* mi refugio 7227
109.30 a Jehová... y en medio de *m* le alabaré........ 7227
Pr 7.26 a *m* ha hecho caer herido, y aun los 7227
10.21 los labios del justo apacientan a *m*, mas...... 7227
Jer 42.2 de *m* hemos quedado unos pocos, como 7235
Hag 1.9 buscáis *m*, y halláis poco; y encerráis......... 7235
Mt 2.16 burlado por los magos, se enojó *m* *3029*
20.16 **m son llamados, mas pocos escogidos**........ *4183*
20.28 **y para dar su vida en rescate por *m***......... *4183*
22.14 **m son llamados, y pocos escogidos**........ *4183*
25.21,23 **poco has sido fiel, sobre *m* te pondré**...... *4183*
Mr 5.9 Legión me llamo; porque somos *m* *4183*
7.3 si *m* veces no se lavan las manos *4435*
Lc 12.48 **se haya dado *m*, *m* se le demandará**......... *4183*
Ro 5.15 la transgresión de... uno murieron los *m*...... *4183*
5.15 abundaron *m* más para los *m* la gracia y....... *4183*
5.19 los *m* fueron constituidos pecadores, así....... *4183*
5.19 de uno, los *m* serán constituidos justos *4183*
2 Co 2.17 pues no somos como *m*, que medran *4183*
6.10 como pobres, mas enriqueciendo a *m* *4183*

MUDA
Gn 45.22 a cada uno de... dio *m* de vestidos, y......... 2487
45.22 a Benjamín dio... y cinco *m* de vestidos....... 2487
Jue 14.19 mató a 30... y dio las *m* de vestidos a 2487
2 R 5.5 llevando consigo... diez *m* de vestidos 2487

MUDANZA
Stg 1.17 en el cual no hay *m*, ni sombra de *3883*

MUDAR
Gn 35.2 limpiaos, y *mudad* vuestros vestidos.......... 2498
41.14 se afeitó, y mudó *sus* vestidos, y vino 2498
Lv 13.10 cual haya *mudado* el color del pelo 2015
Nm 4.5,15 haya de *mudarse* el campamento........... 5265
32.38 Nebo, Baal-meón (*mudados* los nombres) 5437
1 S 10.6 ellos, y serás *mudado* en otro hombre 2015
10.9 le *mudó* Dios su corazón; y todas estas 6437
2 S 14.20 para *mudar* el aspecto de las cosas.......... 5437
2 Cr 36.4 el rey... le *mudó* el nombre en Joacim 5437
Job 20.14 su comida se *mudará* en sus entrañas 2015
38.14 ella *muda* luego de aspecto como barro...... 2015
Sal 34 *tít.* de David, cuando *mudó* su semblante....... 8138
89.34 ni *mudaré lo* que ha salido de... labios......... 8138
102.26 como un... los *mudarás*, y serán *mudados*... 2498
Ec 8.1 la tosquedad de su semblante se *mudará*....... 8132
Cnt 2.11 ha pasado el invierno, se ha *mudado* 2498
Jer 13.23 ¿*mudará* el etíope su piel... leopardo 2015
52.33 hizo *mudar*... los vestidos de prisionero 8138
Dn 2.21 *muda los* tiempos y las edades; quita.......... 8133
He 1.12 los envolverás, y serán *mudados;* pero *236*

MUDO, A
Éx 4.11 al *m* y al sordo, al que ve y al ciego?............ 483
Sal 31.17 sean avergonzados... estén *m* en el Seol 1826
38.13 mas yo... soy como *m* que no abre la boca..... 483
Pr 31.8 abre tu boca por el *m* en el juicio de 483
Is 35.6 cojo saltará... cantará la lengua del *m* 483
56.10 todos ellos perros *m*, no pueden ladrar........ 483
Ez 3.26 y estarás *m*, y no... varón que reprende 481
24.27 y hablarás, y no estarás más *m*; y les 481
Hab 2.18 para que haciendo imágenes *m* confíe........ 483
2.19 que dice a... y a la piedra *m*: Levántate! 1748
Mt 9.32 salían... le trajeron un *m*, endemoniado *2974*
9.33 y echado fuera el demonio, el *m* habló......... *2974*
12.22 entonces fue traído a él un... ciego y *m* *2974*
12.22 y le sanó... el ciego y *m* veía y hablaba *2974*
15.30 gente que traía consigo a... *m*, mancos y *2974*
15.31 viendo a los *m* hablar... mancos sanados *2974*
Mr 7.37 hace a los sordos oír, y a... *m* hablar *216*
9.17 traje... mi hijo, que tiene un espíritu *m* *216*
9.25 espíritu *m*... yo te mando, sal de él, y no *216*
Lc 1.20 y ahora quedarás *m* y no podrás hablar........ *4623*
1.22 les hablaba por señas, y permaneció *m*........ *2974*
11.14 echando fuera un demonio, que era *m* *2974*
11.14 que salido el demonio, el *m* habló; y la........ *2974*
Hch 8.32 y como cordero *m* delante del que lo......... *880*
1 Co 12.2 como se os llevaba, a los ídolos *m* *880*
2 P 2.16 pues una *m* bestia... hablando con voz......... *880*

MUEBLE
Lv 15.22 tocare cualquier *m* sobre que ella se 3627
15.26 *m* sobre que se sentare, será inmundo 3627
Nm 19.18 rociará... sobre todos los *m*, sobre las........ 3627
Neh 13.8 y arrojé... los *m* de la casa de Tobías 3627

MUELA
Dt 24.6 no tomarás en prenda la *m* del molino 7347
Job 41.24 su corazón... fuerte como la *m* de abajo..... 6400
Sal 58.6 oh Jehová, las *m* de los leoncillos 4459
Pr 30.14 cuyos dientes son... y sus *m* cuchillos......... 4973
Ec 12.3 y cesarán las *m* porque han disminuido 2912
12.4 cerrarán, por lo bajo del ruido de la *m* 2913
Jl 1.6 son dientes de león, y sus *m*, *m* de león 8127

MUERTE
Gn 24.67 consoló Isaac... de la *m* de su madre
26.18 habían cegado después... *m* de Abraham 4194
27.2 aquí ya soy viejo, no sé el día de mi *m* 4194
27.10 para que él te bendiga antes de su *m*......... 4194
37.26 matemos... hermano y encubramos su *m*?.... 1818
50.16 tu padre mandó antes de su *m*, diciendo 4194
Éx 4.19 muerto todos los que procuraban tu *m* 4191
21.22 abortare... sin haber *m*, serán penados 611
21.23 mas si hubiere *m*... pagarás vida por vida...... 611
22.2 el que lo hirió no será culpado de su *m* 1818
22.3 el autor de la *m* será reo de homicidio......... 1818
Lv 16.1 después de la *m* de los dos hijos de 4194
24.17 el hombre que hiere de *m* a... sufra la *m* 5221,4191
24.21 que hiere de *m* a un hombre, que muera 5221
Nm 11.15 y si así lo... yo te ruego que me des *m* 2026
16.41 vosotros habéis dado *m* al pueblo de 4191
23.10 muera yo la *m* de los rectos, y mi............ 4194
31.19 cualquiera que haya dado *m* a persona 2026
33.4 a los que Jehová había herido de *m* de 5221
35.11 el homicida que hiriere a alguno de *m* 5221
35.15 que hiriere de *m* a otro sin intención.......... 5221
35.17 con piedra en la mano, que pueda dar *m*..... 4191
35.18 instrumento de palo... que pueda dar *m*...... 4191
35.19 el vengador de... él dará *m* al homicida 4191
35.24 entre el que causó la *m* y el vengador 5221
35.30 diere *m* a alguno... morirá el homicida....... 5221
35.31 no tomaréis precio por... condenado a *m*...... 5221
Dt 19.6 el vengador de la... le hiera de *m*, no 5221
19.6 le hiera... no debiendo ser condenado a *m* 4191
19.11 lo acechare... lo hiriere de *m*, y muriere. 5221,5315
21.22 cometido algún crimen digno de *m*, y lo 4194
22.26 a la joven... no hay en ella culpa de *m* 4194
30.15 hoy la vida y el bien, la *m* y el mal............ 4194
30.19 que os he puesto delante la vida y la *m* 4194
31.14 he aquí se ha acercado el día de tu *m* 4191
31.29 yo sé que después de mi *m*, ciertamente...... 4194
Jos 1.1 después de la *m* de Moisés siervo de........... 4194
2.13 y que libraréis nuestras vidas de la *m* 4194
20.6 hasta la *m* del que fuere sumo sacerdote...... 4194
Jue 1.1 aconteció después de la *m* de Josué 4194
4.1 después de la *m* de Aod... hijos de Israel........ 4191
5.18 pueblo de Zabulón expuso su vida a la *m* 4191
13.7 niño será nazareo... hasta el día de su *m* 4194
16.24 cual había dado *m* a muchos de nosotros 7235
21.5 gran juramento... diciendo: Sufrirá la *m* 4191
Rt 1.17 sólo la *m* hará separación entre... dos......... 4194
2.11 tu suegra después de la *m* de tu marido 4194
1 S 4.21 por la *m* de su suegro y de su marido
5.11 consternación de *m* en toda la ciudad 4194
15.32 dijo Agag... ya pasó la amargura de la *m*..... 4194
20.3 que apenas hay un paso entre mí y la *m*........ 4194
22.21 Saúl había dado *m* a los sacerdotes de 2026
22.22 yo he ocasionado la *m* a... las personas
24.18 hecho conmigo bien... no me has dado *m*..... 2026
26.16 vive Jehová... sois dignos de *m*, porque....... 4194
30.2 cautivas a... pero a nadie habían dado *m*...... 4191
2 S 1.1 después de la *m* de Saúl... vuelto David 4194
1.23 vida, tampoco en su *m* fueron separados...... 4194
3.27 en venganza de la *m* de Asael su hermano 1818
3.30 Abner... había dado *m* a Asael hermano de ... 4191
4.4 cuando llegó... la noticia de la *m* de Saúl y
6.23 nunca tuvo hijos hasta el día de su *m*.......... 4194
12.5 dijo... que el que tal hizo es digno de *m*........ 4194
13.30 Absalón ha dado *m* a todos los hijos del...... 5221
13.32 no diga... han dado *m* a todos los hijos 4191
15.21 para *m* o para vida, donde mi señor el 4194
19.28 toda la casa de mi padre era digna de *m* 4194
22.5 me rodearon ondas de *m*, y torrentes de 4194
22.6 del Seol... tendieron sobre mí lazos de *m* 4194
1 R 2.26 vete a Anatot... pues eres digno de *m*......... 4194
2.32 ha dado *m* a dos varones más justos 2026
9.16 y dio *m* a los cananeos que habitaban la 2026
11.40 estuvo en Egipto hasta la *m* de Salomón...... 4194
16.16 oyó decir: Zimri ha... ha dado *m* al rey 5221
2 R 1.1 después de la *m* de Acab, se rebeló 4194
2.21 no habrá más en ellas *m* ni enfermedad........ 4194
3.23 y cada uno ha dado *m* a su compañero......... 5221
4.40 Ávarón de Dios, hay *m* en esa olla! Y no 4194
7.4 sirios; si ellos nos dieren... *m*, moriremos 4191
10.9 yo he conspirado contra... y le he dado *m* 2026
10.9 pero ¿quién ha dado *m* a todos éstos?......... 5221
14.5 mató a los... que habían dado *m* al rey su 5221
14.6 no mató a... hijos de los que le dieron *m* 4191
14.17 vivió después de la *m* de Joás hijo de......... 4194
15.5 y estuvo leproso hasta el día de su *m* 4194
20.1 Ezequías cayó enfermo de *m*. Y vino a él 4191
1 Cr 19.2 que lo consolasen de la *m* de su padre
22.5 David antes de su *m* hizo preparativos 4194
2 Cr 21.13 y además has dado *m* a tus hermanos...... 2026
22.4 después de la *m* de su padre, ellos le 4194
25.25 vivió Amasías hijo... después de la *m* de....... 4194
26.21 rey Uzías fue leproso hasta... de su *m*......... 4194
32.11 para entregaros a *m*, a hambre y a sed 4191
32.24 en aquel tiempo Ezequías enfermó de *m* 4191
32.33 honrándole en su *m* todo Judá y toda 4194
Esd 7.26 sea juzgado... sea a *m*, a destierro, a 4193
Est 7.4 nuestra *m* sería para el rey un daño
Job 3.5 aféenlo, sombra de *m*; repose sobre él.......... 6757
3.21 que esperan la *m*, y ella no llega, aunque 4194
5.20 en el hambre te salvará de la *m*, y del 4194
7.15 mi alma... quiso la *m* más que mis huesos 4194
10.21 tierra de tinieblas y de sombra de *m* 6757
10.22 como sombra de *m* y sin orden, y cuya 6757
12.22 descubre... y saca a luz la sombra de *m* 6757
18.13 sus... devorará el primogénito de la *m* 4194
24.12 claman las almas de los heridos de *m* 2491
24.17 es para todos ellos como sombra de *m* 6757
24.17 terrores de sombra de *m* los toman 6757
27.15 de él quedaren, en *m* serán sepultados........ 4194
28.3 las piedras que hay en... en sombra de *m* 6757
28.22 y la *m* dijeron: Su fama hemos oído con 4194
30.23 yo sé que me conduces a la *m*, y a la 4194
33.22 su alma... su vida a los que causan la *m* 4191
34.22 no hay tinieblas ni sombra de *m* donde........ 6757
38.17 sido descubiertas las puertas de la *m* 4194
38.17 has visto las puertas de la sombra de *m*?...... 6757
Sal 6.5 porque en la *m* no hay memoria de ti........... 4194
7.13 ha preparado armas de *m*, y ha labrado 4194
9.13 que me levantas de las puertas de la *m*......... 4194
13.3 alumbra mis ojos... que no duerma de *m* 4194
18.4 me rodearon ligaduras de *m*, y torrentes....... 4194
18.5 me rodearon, me tendieron lazos de *m*......... 4194
22.15 y me has puesto en el polvo de la *m*........... 4194
23.4 aunque ande en valle de sombra de *m*, no 6757
30.9 ¿qué provecho... en mi *m* cuando descienda... 1818
33.19 para librar sus almas de la *m*, y para 4194
44.19 que... y nos cubrieses con sombra de *m* 6757
48.14 Dios... nos guiará aun más allá de la *m* 4192
49.14 como a rebaños que... la *m* los pastoreará ... 4194
55.4 mí, y terrores de *m* sobre mí han caído......... 4194
55.15 la *m* les sorprenda; desciendan vivos al 4194
56.13 has librado mi alma de la *m*, y mis pies......... 4194
68.20 de Jehová el Señor es el librar de la *m* 4194
73.4 porque no tienen congojas por su *m*, pues...... 4194
78.50 no eximió la vida de ellos de la *m*, sino 4194
79.11 brazo preserva a los sentenciados a *m*........ 8546
89.10 tú quebrantaste a... como a herido de *m* 2491
89.48 ¿qué hombre vivirá y no verá *m*... Seol?....... 4194
102.20 para soltar a los sentenciados a *m* 8546
105.36 hirió de *m* a todos los primogénitos en........ 5221

M

107.10 moraban en tinieblas y sombra de m........6757
107.14 sacó de...de la sombra de m, y rompió......6757
107.18 y llegaron hasta las puertas de la m.........4194
109.16 quebrantado de corazón, para darle m.....4191
116.3 me rodearon ligaduras de m...angustias.....4194
116.8 tú has librado mi alma de la m, mis ojos......4194
116.15 estimada es a los...la m de sus santos.......4194
118.18 me castigó...mas no me entregó a la m.....4194
Pr 2.18 su casa está inclinada a la m, y sus............4194
5.5 sus pies descienden a la m; sus pasos.........4194
7.27 casa, que conduce a las cámaras de la m......4194
8.36 todos los que me aborrecen aman la m..........4194
10.2 de provecho; mas la justicia libra de m........4194
11.4 riquezas...mas la justicia librará de m........4194
11.19 el que sigue el mal lo hace para su m..........4194
12.28 la justicia...y en sus caminos no hay m.......4194
13.14; 14.27 apartarse de los lazos de la m..........4194
14.12 le parece...pero su fin es caminos de m......4194
14.32 mas el justo en su m tiene esperanza..........4194
16.14 la ira del rey es mensajero de m; mas........4194
16.25 hay camino que...su fin es camino de m.....4194
18.21 la m y la...están en poder de la lengua......4194
21.6 es aliento...de aquellos que buscan la m......4194
24.11 libra a los que son llevados a la m............4194
24.11 salva a los que están en peligro de m.........2027
26.18 enloquece, y echa llamas y saetas y m........4194
Ec 7.1 mejor el día de la m que el día del...............4194
7.26 hallado más amarga que la m a la mujer......4194
8.8 tenga...ni potestad sobre el día de la m........4194
Cnt 8.6 porque fuerte es como la m el amor............4194
Is 9.2 que moraban en tierra de sombra de m.........6757
25.8 destruirá a la m para siempre...enjugará.....4194
28.15 pacto tenemos hecho con la m, e hicimos......4194
28.18 y será anulado vuestro pacto con la m........4194
38.1 en aquellos días Ezequías enfermó de m......4191
38.18 no te exaltará, ni te alabará la m; ni..........4194
53.9 mas con los ricos fue en su m; aunque.........4194
53.12 por cuanto derramó su vida hasta la m......4194
Jer 2.6 condujo...tierra seca y de sombra de m.......6757
8.3 escogerá la m antes que la vida todo el.........4194
9.21 la m ha subido por nuestras ventanas, ha......4194
13.16 os la vuelva en sombra de in y tinieblas......6757
15.2 que a m, a m; el que a espada, a espada.......4194
18.21 maridos sean puestos a m, y sus jóvenes.....4194
18.23 conoces...su consejo contra mí para m......4194
21.8 delante de...camino de vida y camino de m...4194
26.11 en pena de m ha incurrido este hombre......4194
26.16 no ha incurrido...en pena de m, porque.......4194
41.18 temían, por haber dado m Ismael hijo........5221
43.11 los que a m, a m, y los que a cautiverio.......4194
52.34 todos los días...hasta el día de su m...........4194
Lm 1.20 por fuera...la espada; por dentro...la m......4194
Ez 18.23 ¿quiero...la m del impío? dice Jehová.........4194
18.32 porque no quiero la m del que muere.........4194
21.29 la emplees sobre los...sentenciados a m......2491
28.8 morirás con la m de los que mueren en........4191
28.10 de m de incircuncisos morirás por mano.....4194
30.24 gemirá con gemidos de herido de m...........2491
31.14 porque todos están destinados a m, a lo......4194
33.11 no quiero la m del impío, sino que se..........4194
Dn 2.13 que los sabios fueran llevados a la m.........6992
Os 13.14 los redimiré, los libraré de la m..............4194
13.14 m, yo seré tu m; y seré tu destrucción.........4194
Jon 4.3 porque mejor me es la m que la vida..........4194
4.8 deseaba la in, diciendo: Mejor sería...la m......4194
4.9 él respondió: Mucho me enojo, hasta la m......4194
Hab 2.5 es como la m, que no se saciará; antes..........4194
Mt 2.15 y estuvo allá hasta la m de Herodes...........5054
2.20 han muerto los que procuraban la m del......5590
4.16 los asentados en región de sombra de m......2288
10.21 **el hermano entregará a la in al hermano**.....2288
16.28 **que hay algunos...que no gustarán la m**.....2288
20.18 **será entregado a...y le condenarán a m**......2288
26.38 **mi alma está muy triste, hasta la m**..........2288
26.59 falso testimonio...entregarle a la m............2289
26.66 y respondiendo...dijeron: ¡Es reo de m!.........2288
27.1 en consejo contra Jesús...entregarle a m.......2289
Mr 9.1 **no gustarán la m hasta que hayan visto**.......2288
10.33 y le condenarán a m, y le entregarán a.......2288
13.12 **el hermano entregará a la m al hermano**.....2288
14.34 **mi alma está muy triste, hasta la m**..........2288
14.55 buscaban testimonio...entregarle a la m.......2289
14.64 condenaron, declarándole ser digno de m.....2288
Lc 1.79 luz a los que habitan en...sombra de m..........2288
2.26 no vería la m antes que viese al Ungido.......2288
9.27 **que no gustarán la m hasta que vean el**.......2288
22.33 ir...no sólo a la cárcel...también a la m........2288
23.15 nada digno de m ha hecho este hombre......2288
23.22 ningún delito digno de m he hallado en él.....2288
24.20 cómo le entregaron...a sentencia de m.........2288
Jn 5.24 **no vendrá...mas ha pasado de m a vida**.......2288
8.51 **el que guarda mi palabra, nunca verá m**......2288
8.52 **que guarda mi palabra, nunca sufrirá m**......2288
11.4 **esta enfermedad no es para m, sino para**.....2288
11.13 Jesús decía esto de la m de Lázaro; y...........2288
12.10 pero...acordaron dar m también a Lázaro....615
12.33 dando a entender de qué m iba a morir......2288
18.31 a nosotros no nos está permitido dar m.......615
18.32 dando a entender de qué m iba a morir......2288
21.19 con qué m había de glorificar a Dios...........2288
Hch 2.24 los dolores de la m, por cuanto era...........2288
7.19 fin de que expusiesen a la m a sus niños..3361,2225
7.21 pero siendo expuesto a la m, la hija de
8.1 y Saulo consentía en su m. En aquel día.........336
8.32 que leía...Como oveja a la m fue llevado......4967
9.1 respirando aún amenazas y m contra los.........5408
12.19 mas Herodes...ordenó llevarlos a la m........520
13.28 y sin hallar en él causa digna de m............2288

22.4 perseguía yo este Camino hasta la m..........2288
22.20 consentía en su m, y guardaba las ropas......336
23.12 no...hasta que hubiesen dado m a Pablo......615
23.14 nada hasta que hayamos dado m a Pablo.....615
23.21 no...ni beber hasta que le hayan dado m......337
23.29 pero que ningún delito tenía digno de m.......336
25.11 o cosa alguna digna de m he hecho, no........336
25.16 entregar alguno a la m antes que el...........684
25.25 que ninguna cosa digna de m ha hecho.........336
26.31 ninguna cosa digna ni de m ni de prisión.....2288
28.18 por no haber en mí ninguna causa de m.....2288
Ro 1.32 practican tales cosas son dignos de m.........2288
5.10 reconciliados con Dios por la m de su.........2288
5.12 por el pecado la m, así la m pasó a todos......2288
5.14 reinó la in desde Adán hasta Moisés, aun......2288
5.17 por la transgresión de uno...reinó la m........2288
5.21 para que así como el pecado reinó para m.....2288
6.3 los que...hemos sido bautizados en su m?......2288
6.4 sepultados juntamente con él para m por.......2288
6.5 plantados...en la semejanza de su in, así.......2288
6.9 no muere; la m no se enseñorea más de él......2288
6.16 sea del pecado para m, o...la obediencia......2288
6.21 de aquellas cosas...el fin de ellas es m.........2288
6.23 porque la paga del pecado es m, mas la.......2288
7.5 pasiones...obraban...llevando fruto para m...2288
7.10 mandamiento que...a mí me resultó para m...2288
7.13 lo que es bueno, vino a ser m para mí?.........2288
7.13 sino que el pecado...produjo en mí la m.........2288
7.24 ¿quién me librará de este cuerpo de m?.......2288
8.2 librado de la ley del pecado y de la m...........2288
8.6 porque el ocuparse de la carne es m, pero......2288
8.38 de que ni la m, ni la vida, ni ángeles............2288
11.3 Señor, a tus profetas han dado m, y tus.........615
1 Co 3.22 la vida, sea la m, sea lo presente.............2288
4.9 nos ha exhibido...como a sentenciados a m.....1935
11.26 m del Señor anunciáis hasta que venga......2288
15.21 por cuanto la m entró por un hombre.........2288
15.26 el postrer enemigo...destruido es la m.........2288
15.54 escrita: Sorbida es la m en victoria............2288
15.55 ¿dónde está, oh m, tu aguijón? ¿Dónde.......2288
15.56 ya que el aguijón de la m es el pecado.........2288
2 Co 1.9 tuvimos en nosotros...sentencia de m.........2288
1.10 nos libra...nos librará, de tan gran m..........2288
2.16 a éstos...olor de m para m, y a aquéllos.......2288
3.7 si el ministerio de m grabado con letras.........2288
4.10 llevando en el cuerpo por...la m de Jesús.....3500
4.11 entregados a m por causa de Jesús, para.......2288
4.12 de manera que la m actúa en nosotros, y.......2288
7.10 pero la tristeza del mundo produce m...........2288
11.23 yo más...en peligros de m muchas veces.....2288
Fil 1.20 magnificado Cristo...por vida o por m.........2288
2.8 haciéndose obediente hasta la m, y m de.........2288
2.30 por la obra de...estuvo próximo a la m..........2288
3.10 llegando a ser semejante a él en su m.........2288
Col 1.22 en su cuerpo de...por medio de la m.........2288
2 Ti 1.10 el cual quitó la m y sacó a luz la..............2288
He 2.9 a causa del padecimiento de la m, para.........2288
2.9 que por la gracia de Dios gustase la m.........2288
2.14 para destruir por medio de la m al que.........2288
2.14 al que tenía el imperio de la m, esto es.........2288
2.15 por el temor de la m estaban...sujetos a.......2288
5.7 lágrimas al que le podía librar de la m...........2288
7.23 debido a que por la m no podían continuar....2288
9.15 interviniendo m para la remisión de las.......2288
9.16 necesario que intervenga m del testador......2288
9.17 el testamento con la m se confirma; pues......3498
11.5 la fe Enoc fue traspuesto para no ver m.........2288
Stg 1.15 el pecado; y el pecado...da a luz la m............2288
5.6 habéis condenado y dado m al justo, y él.........5407
5.20 salvará de m un alma, y cubrirá multitud.......2288
1 Jn 3.14 sabemos que hemos pasado de m a vida......2288
3.14 que no ama a su hermano, permanece en m...2288
5.16 cometer pecado que no sea de m, pedirá.......2288
5.16 los que cometen pecado que no sea de m.......2288
5.16 hay pecado de m, por el cual yo no digo........2288
5.17 toda...es pecado; pero hay pecado no de m...2288
Ap 1.18 **tengo las llaves de la m y del Hades**.........2288
2.10 **fiel hasta la m, y yo te daré la corona**..........2288
2.11 **el que...no sufrirá daño de la segunda m**......2288
2.23 **y a sus hijos heriré de m, y todas las**..........2288
6.8 el que lo montaba tenía por nombre M, y.........2288
9.6 buscarán la m...pero la m huirá de ellos.........2288
12.11 y menospreciaron sus vidas hasta la m.........2288
13.3 vi una de sus cabezas como herida de m.......2288
18.8 en un solo día vendrán sus plagas; m..........2288
20.6 segunda m no tiene potestad sobre éstos......2288
20.13 la m y el Hades entregaron los muertos.......2288
20.14 m y el Hades fueron lanzados al lago...........2288
20.14 al lago de fuego. Esta es la m segunda.........2288
21.4 ya no habrá m, ni habrá más llanto, ni...........2288
21.8 el lago que arde...que es la m segunda..........2288

MUERTO, A *Véase también Matar, Morir*

Gn 15.11 descendían aves...sobre los cuerpos m......6297
20.3 he aquí, m eres, a causa de la mujer que......4191
23.3 se levantó Abraham de delante de su m.........4191
23.4 dadme...sepultaré mi m de delante de mí......4191
23.6 en lo mejor de...sepulcros sepulta a tu m.......4191
23.6 ninguno...te impedirá que entierres tu m......4191
23.8 de que yo sepulte mi m de delante de mí........4191
23.11 no, señor mío...te la doy; sepulta tu m..........4191
23.13 la heredad...y sepultaré en ella mi m............4191
23.15 la tierra vale...entierra, pues, tu m.............4191
34.27 y los hijos de Jacob vinieron a los m............2491
50.15 viendo los hermanos...que su padre era m....4191
Éx 12.30 no había casa donde no hubiese un m.........4191
12.33 egipcios...porque decían: Todos somos m.....4191
14.30 a los egipcios m a la orilla del mar...............4191

21.35 venderán el buey...partirán el buey m.......4191
21.36 buey por buey, y el buey m será suyo.........4191
Lv 7.24 la grosura de animal m, y la grosura..........5038
11.8 no comeréis, ni tocaréis su cuerpo m; los......5038
11.11 no comeréis, y abominaréis...cuerpos m........5038
11.24 que tocare sus cuerpos m será inmundo.......5038
11.31 los tocare cuando estuvieren m, será...........4194
11.40 comiere del cuerpo m...que sacare el...m......5038
14.6,51 mojará...la sangre de la avecilla m..........7819
19.28 no haréis rasguños en...cuerpo por un m......5315
20.27 la mujer que evocare espíritus de m o...........178
21.1 diles que no se contaminen por un m en........5315
21.11 ni entrará donde haya alguna persona m....5315
26.30 y pondré vuestros cuerpos m sobre...m de...6297
Nm 5.2 que echen del...todo contaminado con m.......5315
6.6 aparte para...no se acercará a persona m.......4191
6.11 expiación de lo que pecó a causa del m.........5315
9.6 algunos...estaban inmundos a causa de m......5315
9.7 nosotros estamos inmundos por causa de m....5315
9.10 que estuviere inmundo por causa de m o.......5315
12.12 no quede ella ahora como el que nace m......4191
16.48 puso entre los m y los vivos; y cesó la..........4191
16.49 sin los m por la rebelión de Coré..............4191
17.12 aquí nosotros somos m, perdidos somos........1478
19.16 tocare algún m...sobre la faz del campo.......4191
19.18 sobre aquel que hubiere tocado el...m..........4191
23.24 que devore...y beba la sangre de los m........2491
31.8 los m de ellos, a los reyes de Madián..........2026
31.19 que haya tocado m, permaneced fuera del...2491
Dt 14.1 no os sajaréis, ni os...a causa de m...............4191
14.8 no comeréis, ni tocaréis sus cuerpos m.........5038
18.11 encantador...ni quien consulte a los m.........4191
21.1 si en la tierra...fuere hallado alguien m.........2491
21.2 las ciudades que están alrededor del m.........2491
21.3,6 cercana al lugar donde...hallado el m.........2491
25.5 la mujer del m no se casará fuera con...........4191
25.6 sucederá en el nombre de su hermano m.......4191
26.14 no he...ni de ello he ofrecido a los m............4191
32.42 en la sangre de los m y de los cautivos.........2491
Jos 11.6 yo entregaré a todos ellos m delante...........2491
Jue 3.25 he aquí su señor caído en tierra, m..............4191
4.22 y he aquí Sísara yacía m con la estaca..........4191
5.27 tendido...donde se encorvó, allí cayó m..........7703
9.55 cuando...vieron m a Abimelec, se fueron.......4191
14.8 se apartó...para ver el cuerpo m del león.......4658
20.4 el varón levita, marido de la mujer m...........7523
Rt 1.8 como...habéis hecho con los m y conmigo........4191
4.5 para que restaures el nombre del m sobre.......4191
4.10 que el nombre del m no se borre de entre......4191
1 S 4.19 el rumor que...m su suegro y su marido.........4191
17.51 filisteos vieron a su paladín m, huyeron........4191
24.14 ¿a quién persigues? ¿A un perro m? ¿A.........4191
31.1 Israel cayeron m en el monte de Gilboa.........2491
31.5 viendo su...a Saúl m, él también se echó........4191
31.8 viniendo los filisteos a despojar a los m.........2491
2 S 1.4 dijo...muchos del pueblo cayeron y son m......4191
1.22 sin sangre de los m, sin grosura de los..........2491
1.25 han caído...Jonatán, m en tus alturas!...........2491
2.23 lugar donde Asael había caído y estaba m......4191
6.7 Uza...cayó allí m junto al arca de Dios..........4191
9.8 es...para que mires a un perro m como yo?......4191
11.21 también tu siervo Urías el heteo es m..........4191
11.26 que su marido Urías era m, hizo duelo.........4191
12.21 el niño...m él, te levantaste y comiste...........4191
14.2 una mujer que, está de duelo por algún m......4191
16.9 ¿por qué maldice este perro m...el rey?..........4191
19.6 aunque todos nosotros estuviéramos m.........4191
20.10 y cayó m sin darle un segundo golpe...........5221
1 R 3.20 su lado, y puso al lado mío su hijo m...........4191
3.21 cuando yo me levanté...he aquí estaba m.......4191
3.22 tu hijo es el m...No; tu hijo es el m, y...........4191
3.23 tu hijo es el m...tuyo es el m, y mi hijo..........4191
11.15 subió Joab el general...a enterrar los m.......2491
11.21 y que era m Joab general del ejército..........4191
21.16 y oyendo...que Nabot era m, se levantó.......4191
2 R 4.32 niño estaba m tendido sobre su cama...........4191
8.5 contando...cómo había hecho vivir a un m......4191
11.1 cuando Atalía...viendo que su hijo era m......4191
13.21 llegó a tocar el m...huesos de Eliseo
19.35 por la mañana...todo era cuerpos de m.........4191
23.30 lo trajeron m de Meguido a Jerusalén...........4191
1 Cr 1.44 m Bela, reinó en su lugar Jobab hijo...........4191
1.45 m Jobab, reinó en su lugar Husam, de la......4191
1.46 m Husam, reinó en su lugar Hadad hijo de.....4191
1.47 m Hadad, reinó en su lugar Samla de...........4191
1.48 m también Samla, reinó en su lugar Saúl.......4191
1.49 y m Saúl, reinó en su lugar Baal-hanán.........4191
1.50 m Baal-hanán, reinó en su lugar Hadad........4191
1.51 m Hadad, sucedieron en Edom los jefes.........4191
2.19 m Azuba, tomó Caleb por mujer a Efrata........4191
2.24 m Hezrón en Caleb de...Abías...dio a luz......4194
5.22 cayeron muchos m, porque la guerra era.......2491
10.5 cuando su escudero vio a Saúl m...se mató.....4191
10.7 que Saúl y sus hijos eran m, dejaron sus........4191
10.8 al venir los filisteos a despojar a los m..........2491
2 Cr 20.24 he aquí yacían ellos en tierra m.............6297
22.10 Atalía madre...viendo que su hijo era m........4191
24.17 m Joiada, vinieron...príncipes de Judá.........4194
Est 9.11 le dio cuenta...del número de los m...........2026
Job 3.13 pues ahora estaría yo m, y reposaría..........7901
14.8 su raíz, y su tronco fuere m en el polvo.........4191
Sal 31.12 he sido olvidado de su...como un m...........4191
58.8 ellos...como el que nace m, no vean el sol......1980
88.5 abandonado entre...m como los pasados a......4191
88.10 ¿manifestarás tus maravillas a los m?..........4191
88.10 ¿se levantarán los m para alabarte?..........7496
106.28 y comieron los sacrificios de los m..............4191
115.17 no alabarán los m a JAH, ni cuantos.........4191

143.3 hecho habitar en tinieblas como los...ni 4191
Pr 2.18 su casa está...sus veredas hacia los *m* 7496
9.18 no saben que allí están los *m*; que sus 7496
21.16 vendrá a parar en la compañía de los *m* 7496
Ec 9.3 vida; y después de esto se van a los *m* 4191
9.4 porque mejor es perro vivo que león *m* 4191
9.5 pero los *m* nada saben, ni tienen más paga 4191
10.1 las moscas *m* hacen heder y dar mal olor 4194
Is 6.5 ¡ay de mí! que soy *m*; porque siendo 1820
8.19 ¿consultará a los *m* por los vivos? 4191
10.4 se inclinarán entre...entre los *m* cayeron 2026
14.9 despertó *m* que en tu venida saliesen a 7496
14.19 como vestido de *m* pasados a espada, que 2026
14.19 tú echado eres...como cuerpo *m* hollado 6297
22.2 tus *m* no son *m* a espada, ni *m* en guerra 4191
26.14 *m* son, no vivirán; han fallecido, no 4191
26.19 tus *m* vivirán...y la tierra dará sus *m* 4191
26.21 la tierra...no encubrirá ya más a sus *m* 2026
34.3 los *m* de ellas serán arrojados, y de sus 2491
37.36 por la mañana...todo era cuerpos de *m* 4191
59.10 estamos en lugares oscuros como *m* 4191
66.16 y los *m* de Jehová serán multiplicados 2491
Jer 7.33 serán los cuerpos *m* de este pueblo 5038
9.1 para que llore día y noche los *m* de la 2491
9.22 los cuerpos de los hombres *m* caerán como 5038
14.18 si salgo al campo, he aquí *m* a espada 2491
16.7 en el luto para consolarlos de sus *m* 4191
22.10 no lloréis al *m*, ni de él os condoláis 4191
25.33 y yacerán los *m* de Jehová en aquel día 2491
31.40 todo el valle de los cuerpos *m* y de la 6297
33.5 para llenarlas de cuerpos de hombres *m* 6297
34.20 y sus cuerpos *m* serán comida de las 5038
41.9 Ismael hijo de Netanías la llenó de *m* 6297
51.4 y caerán *m* en la tierra de los caldeos 2491
51.47 y todos sus *m* caerán en medio de ella 2491
51.49 por los *m* de Israel caerá Babilonia 2491
51.49 como por Babilonia cayeron los *m* de 2491
Lm 3.6 me dejó en oscuridad, como los ya *m* de 4191
3.54 aguas cubrieron mi cabeza...dije: *m* soy 1504
4.9 más dichosos...*m* a espada que los *m* por el 2491
Ez 6.4 haré que caigan vuestros *m* delante de 2491
6.5 y pondré los cuerpos *m* de los hijos de
6.7 *m* caerán en medio de vosotros; y sabréis 2491
6.13 sus *m* estén en medio de sus ídolos, en 2491
9.7 la casa, y llenad los atrios de *m*, salid 2491
11.6 multiplicado vuestros *m* en esta ciudad 2491
11.7 vuestros *m* que habéis puesto en medio de 2491
28.23 caerán *m* en medio de ella, con espada 5307
30.11 espadas sobre...llenarán de *m* la tierra 2491
31.17 descendieron...Seol, con los *m* a espada 2491
31.18 derribado serás...yacerás, con los *m* a 2491
32.20 entre los *m* a espada caerá; a la espada 2491
32.21 yacen con los incircuncisos *m* a espada 2491
32.22,23,24 todos ellos cayeron *m* a espada 2491
32.25 en medio de los *m* le pusieron lecho con 2491
32.25,26 todos ellos incircuncisos, *m* a espada 2491
32.25 con los...fue puesto en medio de los *m* 2491
32.28,29,30,32 con los *m* a espada 2491
32.30 con su terror descendieron con los *m* 2491
32.31 Faraón *m* a espada, y todo su ejército 2491
35.8 y llenaré sus montes de sus *m*; en tus 2491
35.8 tus collados, en tus...caerán *m* a espada 2491
37.9 ven de...y sopla sobre estos *m*, y vivirán 2026
43.7 ni con los cuerpos *m* de sus reyes en sus 6297
43.9 arrojarán lejos...cuerpos *m* de sus reyes 6297
44.25 no se acercarán a...*m* para contaminarse 4191
Dn 11.26 su ejército será...y caerán muchos *m* 2491
Am 8.3 muchos serán los cuerpos *m*; en...lugar 6297
Nah 3.3 multitud de *m*, y multitud de cadáveres 2491
Hag 2.13 un inmundo a causa de cuerpo *m* tocare 5315
Mt 8.22 **deja que los *m* entierren a sus *m*** *3498*
9.24 **porque la niña no está *m*, sino duerme** *599*
10.8 **resucitad *m*, echad fuera demonios; de** *3498*
11.5 **los *m* son resucitados, y a los pobres** *3498*
14.2 este es Juan...ha resucitado de los *m* *3498*
17.9 **el Hijo del Hombre resucite de los *m*** *3498*
22.31 **respecto a la resurrección de los *m*** *3498*
22.32 **Dios no es Dios de *m*, sino de vivos** *3498*
23.27 **dentro están llenos de huesos de *m* y** *3498*
24.28 **dondequiera que estuviere el cuerpo *m*** *4430*
27.64 lo hurten, y...Resucitó de entre los *m* *3498*
28.4 de miedo de él los...se quedaron como *m* *3498*
28.7 y decid a...que ha resucitado de los *m* *3498*
Mr 5.39 **y lloráis? La niña no está *m*...duerme** *599*
6.14 y dijo: Juan el...ha resucitado de los *m* *3498*
6.16 este es Juan...que ha resucitado de los *m* *3498*
9.9 el Hijo del...hubiere resucitado de los *m* *3498*
9.10 qué sería aquello de resucitar de los *m* *3498*
9.26 el espíritu...salió; y él quedó como *m*, de *3498*
9.26 de modo que muchos decían: Está *m* *599*
12.25 **porque cuando resuciten de los *m*, ni se** *3498*
12.26 **pero respecto a que los *m* resucitan, ¿no** *3498*
12.27 **no es Dios de *m*, sino Dios de vivos; así** *3498*
15.44 centurión, le preguntó si ya estaba *m* *2348*
Lc 7.22 **los *m* son resucitados, y a los pobres** *3498*
8.52 **él dijo: No lloréis; no está *m*, sino que** *599*
8.53 se burlaban de él, sabiendo que estaba *m* *599*
9.7 decían...Juan ha resucitado de los *m* *3498*
9.60 **dijo: Deja que los *m* entierren a sus *m*** *3498*
10.30 **ladrones...se fueron, dejándole medio *m*** *2253*
15.24 **este mi hijo *m* era, y ha revivido; se** *3498*
15.32 **este tu hermano era *m*, y ha revivido** *3498*
16.30 **si alguno fuere a ellos de entre los *m*** *3498*
16.31 **no...aunque alguno se levantare de los *m*** *3498*
20.35 **alcanzar...resurrección de entre los *m*** *3498*
20.37 **en cuanto a que los *m* han de resucitar** *3498*
20.38 **Dios no es Dios de *m*, sino de vivos** *3498*
24.5 por qué buscáis entre los *m* al que vive? *3498*
24.46 **que...resucitase de los *m* al tercer día** *3498*
Jn 2.22 cuando resucitó de entre los *m*, sus *3498*
5.21 **como el Padre levanta a los *m*, y les da** *3498*
5.25 **los *m* oirán la voz del Hijo de Dios; y** *3498*
11.25 **que cree en mí, aunque esté *m*, vivirá** *599*
11.41 **piedra de donde había sido puesto el *m*** *2348*
12.1 estaba Lázaro, el que había estado *m*, y *2348*
12.1 y a quien había resucitado de los *m* *3498*
12.9 para ver a Lázaro...resucitado de los *m* *3498*
12.17 cuando llamó a...y le resucitó de los *m* *3498*
19.33 llegaron a Jesús, como le vieron ya *m* *2348*
20.9 era necesario que él resucitase de los *m* *3498*
21.14 después de haber resucitado de los *m* *3498*
Hch 3.15 a quien Dios ha resucitado de los *m* *3498*
4.2 anunciasen...resurrección de entre los *m* *3498*
4.10 a quien Dios resucitó de los *m*, por él *3498*
5.10 entraron los jóvenes, la hallaron *m*; y la *3498*
10.41 con él después que resucitó de los *m* *3498*
10.42 Dios ha puesto por Juez de vivos y *m* *3498*
13.30 mas Dios le levantó de los *m* *3498*
13.34 y en cuanto a que le levantó de los *m* *3498*
14.19 le arrastraron...pensando que estaba *m* *2348*
17.3 Cristo padeciese, y resucitase de los *m* *3498*
17.31 dando fe...con haberle levantado de los *m* *3498*
17.32 oyeron lo de la resurrección de los *m* *3498*
20.9 cayó del tercer piso...y fue levantado *m* *3498*
23.6 de la resurrección de los *m* se me juzga *3498*
24.15 que ha de haber resurrección de los *m* *3498*
24.21 acerca de la resurrección de los *m* soy *3498*
26.8 cosa increíble que Dios resucite a los *m*? *3498*
26.23 el primero de la resurrección de los *m* *3498*
28.6 esperando que él...cayese *m* de repente *3498*
Ro 1.4 Hijo...por la resurrección de entre los *m* *3498*
4.17 da vida a los *m*, y llama las cosas que *3498*
4.19 la fe al considerar su cuerpo...ya como *m* *3499*
4.24 el que levantó de los *m* a Jesús, Señor *3498*
6.4 que como Cristo resucitó de los *m* por la *3498*
6.9 Cristo, habiendo resucitado de los *m*, ya *3498*
6.11 consideraos *m* al pecado, pero vivos para *3498*
6.13 presentaos...como vivos de entre los *m* *3498*
7.4 que seáis de...del que resucitó de los *m* *2289*
7.8 el pecado...sin la ley el pecado está *m* *3498*
8.10 el cuerpo en...está *m* a causa del pecado *3498*
8.11 el que levantó de los *m* a Jesús mora en *3498*
8.11 el que levantó de los *m* a Cristo Jesús *3498*
10.7 para hacer subir a Cristo de entre los *m* *3498*
10.9 y creyeres...que Dios le levantó de los *m* *3498*
11.15 ¿qué será su...sino vida de entre los *m*? *3498*
14.9 para ser Señor así de los *m* como de los *3498*
1 Co 15.12 se predica...que resucitó de los *m* *3498*
15.12 ¿cómo dicen...no hay resurrección de *m*? *3498*
15.13 si no hay resurrección de *m*, tampoco *3498*
15.15 Cristo...si en verdad los *m* no resucitan *3498*
15.16 si los *m* no resucitan, tampoco Cristo *3498*
15.20 mas ahora Cristo ha resucitado de los *m* *3498*
15.21 por un hombre la resurrección de los *m* *3498*
15.29 qué harán los que se bautizan por los *m* *3498*
15.29 si en ninguna manera los *m* resucitan? *3498*
15.29 ¿por qué, pues, se bautizan por los *m*? *3498*
15.32 si...*m* no resucitan, comamos y bebamos *3498*
15.35 dirá alguno: ¿Cómo resucitarán los *m*? *3498*
15.42 también es la resurrección de los *m* *3498*
15.52 los *m* serán resucitados incorruptibles *3498*
2 Co 1.9 no...sino en Dios que resucita a los *m* *3498*
6.9 aquí vivimos; como castigados, mas no *m* *2289*
Gá 1.1 por Dios el...que lo resucitó de los *m* *3498*
2.19 porque yo por la ley soy *m* para la ley *599*
Ef 1.20 resucitándole de los *m* y sentándole a *3498*
2.1 dio vida a vosotros, cuando estabais *m* en *3498*
2.5 aun estando...*m* en pecados, nos dio vida *3498*
5.14 y levántate de los *m*, y te alumbrará *3498*
Fil 3.11 llegase a la resurrección de...los *m* *3498*
Col 1.18 el primogénito de entre los *m*, para *3498*
2.12 el poder de Dios que le levantó de los *m* *3498*
2.13 y a vosotros, estando *m* en pecados y en *3498*
1 Ts 1.10 al cual resucitó de los *m*, a Jesús *3498*
4.16 y los *m* en Cristo resucitarán primero *3498*
1 Ti 5.6 la que se entrega a...viviendo está *m* *2348*
2 Ti 2.8 linaje de David, resucitado de los *m* *3498*
4.1 que juzgará a los vivos y a los *m* en su *3498*
He 6.1 del arrepentimiento de obras *m*, de la *3498*
6.2 de la resurrección de los *m* y del juicio *3498*
9.14 limpiará vuestras conciencias de obras *m* *3498*
11.4 por la fe Abel...*m*, aún habla por ella *599*
11.12 de uno, y ése ya casi *m*, salieron como *3498*
11.19 levantar aun de entre los *m*, de donde *3498*
11.35 las mujeres recibieron sus *m* mediante *3498*
13.20 el Dios de paz que resucitó de los *m* a *3498*
Stg 2.17 la fe, si no tiene obras, es *m* en sí *3498*
2.20 ¿mas quieres saber...fe sin obras es m? *3498*
2.26 como el cuerpo sin espíritu está *m*, así *3498*
2.26 como...así también la fe sin obras está *m* *3498*
1 P 1.3 la resurrección de Jesucristo de los *m* *3498*
1.21 quien le resucitó de los *m* y le ha dado *3498*
2.24 estando *m* a los pecados, vivamos a la *581*
3.18 siendo a la verdad *m* en la carne, pero *2289*
4.5 está preparado para juzgar a...y a los *m* *3498*
4.6 ha sido predicado el evangelio a los *m* *3498*
Jud 12 árboles...dos veces *m* y desarraigados *599*
Ap 1.5 de Jesucristo...el primogénito de los *m* *3498*
1.17 cuando le vi, caí como *m* a sus pies. Y él *3498*
1.18 **el que vivo, y estuve *m*; mas he aquí que** *3498*
2.8 **el postrero, el que estuvo *m* y vivió, dice** *3498*
3.1 **que tienes nombre de que vives, y estás *m*** *3498*
11.18 el tiempo de juzgar a los *m*, y de dar *3498*
14.13 bienaventurados los *m* que mueren en el *3498*
16.3 y éste se convirtió en sangre como de *m* *3498*
20.5 los otros *m* no volvieron a vivir hasta *3498*
20.12 vi a los *m*, grandes y pequeños, de pie *3498*
20.12 y fueron juzgados los *m* por las cosas *3498*
20.13 y el mar entregó los *m* que había en él *3498*
20.13 entregaron los *m* que había en ellos *3498*

MUGIR

Job 6.5 ¿acaso...*muge* el buey junto a su pasto? 5101

MUGRÓN

Ez 17.6 una vid, y arrojó sarmientos y echó *m* 6288
Nah 2.2 los saquearon, y estropearon sus *m* 2156

MUJER

Gn 2.22 de la costilla del hombre, hizo una *m* 802
2.24 se unirá a su *m*, y serán una sola carne 802
2.25 y estaban ambos desnudos, Adán y su *m* 802
3.1 la serpiente dijo a la *m*: ¿Conque Dios 802
3.2 la *m* respondió a la serpiente: Del fruto 802
3.4 la serpiente dijo a la *m*: No moriréis 802
3.6 y vio la *m* que el árbol era bueno para 802
3.8 el hombre y su *m* se escondieron de Dios 802
3.12 la *m* que me diste por compañera me dio 802
3.13 Dios dijo a la *m*: ¿Qué es...que has hecho? 802
3.13 y dijo la *m*: La serpiente me engañó, y 802
3.15 pondré enemistad entre ti y la *m*, y entre 802
3.16 a la *m* dijo: Multiplicaré los dolores en 802
3.17 por cuanto obedeciste a la voz de tu *m* 802
3.20 llamó Adán el nombre de su *m*, Eva, por 802
3.21 Dios hizo al hombre y a su *m* túnicas de 802
4.1 conoció Adán a su *m*...y dio a luz a Caín 802
4.17 y conoció Caín a su *m*, la cual concibió 802
4.19 Lamec tomó para sí dos *m* Ada, y...Zila 802
4.23 dijo Lamec a sus *m*: Ada y Zila, oíd mi 802
4.23 *m* de Lamec, escuchad mi dicho: Que un 802
4.25 conoció de nuevo Adán a su *m*, la cual dio 802
6.2 los hijos de Dios que...tomaron para sí *m* 802
6.18 tus hijos, tu *m*, y las *m* de tus hijos 802
7.7 entró Noé al...su *m*, y las *m* de sus hijos 802
7.13 entraron la *m* de Noé, y las tres *m* de 802
8.16 tu *m*, y tus hijos, y las *m* de tus hijos 802
8.18 salió Noé, y su *m*, y las *m* de sus hijos 802
11.29 y tomaron Abram y Nacor para sí *m*; el 802
11.29 el nombre de la *m* de Abram era Sarai 802
11.29 y el nombre de la *m* de Nacor, Milca 802
11.31 y a Sarai su nuera, *m* de Abram su hijo 802
12.5 tomó, pues, Abram a Sarai su *m*, y a Lot 802
12.11 a Sarai su *m*: He aquí, ahora conozco 802
12.11 conozco que eres *m* de hermoso aspecto 802
12.12 dirán: Su *m* es; y me matarán a mí, y a 802
12.14 los egipcios vieron que la *m* era hermosa 802
12.15 y fue llevada la *m* a casa de Faraón 802
12.17 plagas, por causa de Sarai *m* de Abram 802
12.18 ¿por qué no me declaraste que era tu *m*? 802
12.19 en ocasión de tomarla para mí por *m*? 802
12.19 ahora he aquí tu *m*; tómala, y vete 802
12.20 le acompañaron, y a su *m*, con todo lo 802
13.1 salió, pues, Abram...y su *m*, con todo lo 802
14.16 y recobró todos...a las *m* y demás gente 802
16.1 Sarai *m* de Abram no le daba hijos; y ella 802
16.3 Sarai *m* de Abram tomó a Agar su sierva 802
16.3 Sarai...la dio por *m* a Abram su marido 802
16.5 di mi sierva por *m*, y viéndose encinta 2436
17.15 a Sarai tu *m* no la llamarás Sarai, mas 802
17.19 tu *m* te dará a luz un hijo, y llamarás 802
18.9 y le dijeron: ¿Dónde está Sara tu *m*? 802
18.10 he aquí que Sara tu *m* tendrá un hijo 802
18.11 había cesado ya la costumbre de las *m* 802
19.15 levántate, toma tu *m*, y tus dos hijas 802
19.16 la mano de su *m* y de las manos de sus 802
19.26 la *m* de Lot miró atrás, a espaldas de 802
20.2 dijo Abraham de Sara su *m*...mi hermana 802
20.3 a causa de la *m* que has tomado, la cual 802
20.7 devuelve la *m* a su marido...es profeta 802
20.11 lugar, y me matarán por causa de mi *m* 802
20.12 mi hermana, hija de...y la tomé por *m* 802
20.14 a Abraham, y le devolvió a Sara su ni 802
20.17 y Dios sanó a Abimelec, y a su *m*, y a 802
20.18 casa de Abimelec, a causa de Sara *m* de 802
21.21 y su madre le tomó *m* de la...de Egipto 802
23.19 sepultó Abraham a Sara su *m* en la cueva 802
24.3,37 no tomarás para mi hijo *m* de las hijas 802
24.4 irás a...y tomarás *m* para mi hijo Isaac 802
24.5 quizá la *m* no querrá venir en pos de mí 802
24.7 y tú traerás de allá *m* para mi hijo 802
24.8 si la *m* no quisiere venir en pos de ti 802
24.15 Milca *m* de Nacor hermano de Abraham 802
24.36 y Sara, *m* de mi amo, dio a luz en su 802
24.38 sino que irás y tomarás *m* para mi hijo 802
24.39 dije: Quizás la *m* no querrá seguirme 802
24.40 tomarás para mi hijo *m* de mi familia 802
24.44 sea ésta la *m* que destinó Jehová para 802
24.51 sea *m* del hijo de tu señor, como lo ha 802
24.67 Isaac tomó a Rebeca por *m*, y la amó 802
25.1 Abraham tomó otra *m*, cuyo nombre era 802
25.10 allí fue sepultado Abraham, y Sara su *m* 802
25.20 cuando tomó por *m* a Rebeca, hija de 802
25.21 oró Isaac a Jehová por su *m*, que era 802
25.21 aceptó Jehová, y concibió Rebeca su *m* 802
26.7 hombres...le preguntaron acerca de su *m* 802
26.7 tuvo miedo de decir: Es mi *m*; pensando 802
26.8 vio a Isaac que acariciaba a Rebeca su *m* 802
26.9 y dijo: He aquí ella es de cierto tu *m* 802
26.10 hubiera dormido alguno del...con tu *m* 802
26.11 el que tocare a este hombre o a su *m* 802
26.34 Esaú...de 40 años, tomó por *m* a Judit 802
27.46 si Jacob toma *m* de las hijas de Het 802
28.1 no tomes mujer de las hijas de Canaán 802
28.2 vé y toma allí *m* de las hijas de Labán 802
28.6 había enviado a...para tomar para sí *m* 802

M

28.6 no tomarás *m* de las hijas de Canaán 802
28.9 por *m* a Mahalat además de sus otras *m* 802
29.21 a Labán: Dame mi *m*, porque mi tiempo 802
29.28 y él le dio a Raquel su hija por *m* 802
30.4 le dio a Bilha su sierva por *m*; y Jacob 802
30.9 tomó a Zilpa su... y la dio a Jacob por *m* 802
30.13 dijo Lea... porque las *m* me dirán dichosa 1323
30.26 dame mis *m* y mis hijos... y déjame ir 802
31.17 subió sus... y sus *m* sobre los camellos 802
31.35 pues estoy con la costumbre de las *m* 802
31.50 si tomares otras *m* además de mis hijas 802
32.22 tomó sus dos *m*, y sus dos siervas, y sus 802
33.5 alzó sus ojos y vio a las *m* y los niños 802
34.4 habló Siquem. Tómame por *m* a esta joven 802
34.8 mi hijo... os ruego que se la deis por *m* 802
34.12 dote y dones... y dadme la joven por *m* 802
34.21 nosotros tomaremos sus hijas por *m*, y 802
34.29 llevaron cautivos a... sus niños y sus *m* 802
36.2 Esaú tomó sus *m* de las hijas de Canaán 802
36.6 Esaú tomo sus *m*, sus hijos y sus hijas 802
36.10 hijos de Esaú: Elifaz, hijo de Ada *m* 802
36.10 son... Reuel, hijo de Basemat *m* de Esaú 802
36.12 estos son los hijos de Ada, *m* de Esaú 802
36.13 estos son hijos de Basemat *m* de Esaú 802
36.14 los hijos de Aholibama *m* de Esaú, hija 802
36.17 estos hijos vienen de Basemat *m* de Esaú 802
36.18 estos son los hijos de Aholibama *m* de 802
36.18 salieron de Aholibama *m* de Esaú, hija de 802
36.39 Hadar... y el nombre de su *m*, Mehetabel 802
37.2 hijos de Bilha y Zilpa, *m* de su padre 802
38.6 Judá tomó *m* para su primogénito Er, la 802
38.8 a Onán: Llégate a la *m* de tu hermano, y 802
38.9 cuando se llegaba a la *m* de su hermano 802
38.12 días, y murió la hija de Súa, *m* de Judá 802
38.14 Sela, y ella no era dada a él por *m* 802
38.20 que éste recibiese la prenda de la *m* 802
39.7 que la *m* de su amo puso sus ojos en José 802
39.8 y él no quiso, y dijo a la *in* de su amo 802
39.9 cuanto tú eres su *ni*; ¿cómo, pues, haría 802
39.19 oyó las palabras que su *m* le hablaba 802
41.45 dio por *m* a Asenat, hija de Potifera 802
44.27 nos dijo... dos hijos me dio a luz mi *m* 802
45.19 carros para vuestros niños y vuestras *m* 802
46.5 tomaron... y a sus *m*, en los carros que 802
46.19 los hijos de Raquel, *m* de Jacob: José 802
46.26 Jacob... sin las *m* de los hijos de Jacob 802
49.31 allí sepultaron a Abraham y a Sara su *m* 802
49.31 allí sepultaron a Isaac y a Rebeca su *m* 802
Éx 1.19 porque las *m* hebreas no son como las 802
2.1 un varón... tomó por *m* a una hija de Leví
2.9 lleva a... Y la *m* tomó al niño y lo crio 802
2.21 y él dio su hija Séfora por *m* a Moisés
3.22 sino que pedirá cada *m* a su vecina y a 802
4.20 entonces Moisés tomó su *m* y sus hijos 802
6.20 Amram tomó por *m* a Jocabed su tía, la 802
6.23 y tomó Aarón por *m* a Elisabet hija de 802
6.25 y Eleazar tomó para sí mujer de las 802
15.20 *m* salieron en pos de ella con panderos 802
18.2 y tomó Jetro a Séfora la *m* de Moisés 802
18.5 Jetro el... con los hijos y la *m* de éste 802
18.6 vengo a ti, con tu *m*, y sus dos hijos 802
19.15 dijo. Estad preparados no toquéis *m* 802
20.17 no codiciarás la *m* de tu prójimo, ni 802
21.3 si... si tenía *m*, saldrá él y su *m* con él 802
21.4 si su amo le hubiere dado *m*, y ella le 802
21.4 la *m* y sus hijos serán de su amo, y él 802
21.5 yo amo a mi señor, a mi *m* y a mis hijos 802
21.10 tomare para él otra *m*, no disminuirá
21.22 si... riñeren, e hirieren a *m* embarazada 802
21.22 que les impusiere el marido de la *m* y 802
21.28 si un buey acorneare a hombre o a *m*, y 802
21.29 fuere acorneador... matare a hombre o *m* 802
22.16 ella, deberá dotarla y tomarla por *m* 802
22.24 y vuestras *m* serán viudas, y huérfanos 802
23.26 no habrá *m* que aborte, ni estéril en
32.2 zarcillos... en las orejas de vuestras *m* 802
35.22 vinieron así hombres como *m*, todos los 802
35.25 todas las *m* sabias de corazón hilaban 802
35.26 y todas las *m* hilaron pelo de cabra 802
35.29 hombres como *m* que tuvieron corazón 802
36.6 hombre ni *m* haga más para la ofrenda del 802
38.8 de los espejos de las *m* que velaban a la
Lv 12.2 la *m* cuando conciba y dé a luz varón 802
13.29 o *m* que le saliere llaga en la cabeza 802
13.38 o la *m* tuviere en la piel de su cuerpo 802
15.18 y cuando un hombre yaciere con una *m* 802
15.19 cuando la *m* tuviere flujo de sangre 802
15.25 la *m*, cuando siguiere el flujo de su 802
15.33 el que tuviere flujo, sea varón o *m* 802
15.33 y para el hombre que durmiere con *m* 5347
18.8 la desnudez de la *m* de tu padre no 802
18.11 la desnudez de la hija de la *m* de tu 802
18.14 no llegarás a su *m*; es *m* del hermano 802
18.15 nuera *m* es de tu hijo, no descubrirás 802
18.16 la desnudez de la *m* de tu hermano no 802
18.17 desnudez de la *m* y de... no descubrirás 802
18.18 no tomarás *m* juntamente con su hermana 802
18.19 no llegarás a la *m* mientras esté en 802
18.20 no tendrás acto carnal con la *m* de tu 802
18.22 no te echarás con varón como con *m*; es 802
18.23 ni *m* se pondrá delante de animal para 802
19.20 si... yaciere con una *m* que fuere sierva 802
20.10 adulterio con la *m* de su prójimo, el 802
20.11 que yaciere con la *m* de su padre, la 802
20.13 alguno... ayuntare con varón como con *m* 802
20.14 el que tomare *m* y a la madre de ella 802
20.16 y si una *m* se llegare a algún animal 802
20.16 a la *m* y al animal matarás; morirán 802
20.18 durmiere con *m* menstruosa... descubrió 802
20.20 que durmiere con la *m* del hermano de 1733
20.21 que tomare la *m* de su hermano, comete 802
20.27 la *m* que evocare espíritus de muertos 802
21.7 con *m* ramera o... ni con *m* repudiada de 802
21.13 tomará por esposa a una *m* virgen 802
21.14 tomará de su pueblo una virgen por *m* 802
24.10 el hijo de una *m* israelita, el cual era 802
24.11 y el hijo de la *m* blasfemó el Nombre 802
26.26 cocerán diez *m* vuestro pan en un horno 802
27.4 y si fuere *m*, la estimarás en treinta 5347
27.5,7 estimarás en... y a la *m* en diez siclos 5347
27.6 estimarás la *m* en tres siclos de plata 5347
Nm 5.3 a hombres como a *m* echaréis; fuera del 5347
5.6 o la *m* que cometiere alguno de... pecados 802
5.12 si la *m* de alguno se descarriare, y te 802
5.14 tuviere celos de su *m*, habiéndose ella 802
5.14 y tuviere celos de su *m*, no habiéndose 802
5.15 el marido traerá su *m* al sacerdote, y 802
5.18 estar en pie a la *m* delante de Jehová 802
5.18 descubrirá la cabeza de la *m*, y pondrá 802
5.21 el sacerdote conjurará... *m* con juramento 802
5.21 dirá a la m): Jehová te haga maldición 802
5.22 caer tu muslo. Y la *m* dirá: Amén, amén 802
5.24 dará a beber a la *m* las aguas amargas 802
5.25 tomará de la mano de la *m* la ofrenda de 802
5.26 después dará a beber las aguas a la *m* 802
5.27 *m* será maldición en medio de su pueblo 802
5.28 si la *m* no fuere inmunda, sino limpia 802
5.29 cuando la *m* cometiere infidelidad contra 802
5.30 y tuviere celos de su *m*; la presentará 802
5.31 será libre de... y la *m* llevará su pecado 802
6.2 o la *m* que se apartare haciendo voto de 802
12.1 la *m* cusita... él había tomado *m* cusita 802
14.3 que nuestras *m* y niños sean por presa? 802
16.27 se pusieron a las puertas con sus *m* 802
25.8 los alanceó a... y a la *m* por su vientre 802
25.15 el nombre de la *m* madianita... era Cozbi 802
26.59 la *m* de Amram se llamó Jocabed, hija 802
30.3 mas la *m*, cuando hiciere voto a Jehová 802
30.16 las ordenanzas... entre el varón y su *m* 802
31.9 cautivas a las *m* de los madianitas, a 802
31.15 habéis dejado con vida a todas las *m*? 5347
31.17 matad toda *m* que haya conocido varón 802
31.18 a todas las niñas entre las *m*, que no 802
31.35 *m* que no habían conocido varón, eran 802
32.26 nuestras *m* estarán en las ciudades 802
Dt 2.34 destruimos todas... hombres, *m* y niños 802
3.6 matando en... ciudad a hombres, *m* y niños 802
3.19 vuestras *m* quedarán en las ciudades que 802
5.21 no codiciarás la *m* de tu prójimo, ni 802
13.6 si te incitare... tu *m* o tu amigo íntimo 802
17.2 hombre o *m* que haya hecho mal ante los 802
17.5 sacarás a la *m* que hubiere hecho esta 802
17.5 sea hombre o *m*, y los apedrearás, y así 802
17.17 ni tomará para sí muchas *m*, para que 802
20.7 ¿y quién se ha desposado con *m*, y no la 802
20.14 *m* y los niños, y los animales, y todo 802
21.11 entre los cautivos a alguna *m* hermosa 802
21.11 vieres entre, la tomares para ti por *m* 802
21.13 tú serás su marido, y ella será tu *m* 802
21.15 un hombre tuviere dos *m*, la una amada 802
22.5 no vestirá la *m* traje de hombre, ni el 802
22.5 ni el hombre vestirá ropa de *m*; porque 802
22.13 alguno tomare *m*, y después de haberse 802
22.14 dijere: A esta *m* y no la hallé virgen 802
22.16 di mi hija a este hombre por *m*, y él la 802
22.19 y le multarán y la tendrá por *m*, y no 802
22.22 acostado con una *m* casada con marido 802
22.22 que se acostó con la *m*, y la *m* también 802
22.24 el hombre porque humilló a la *m* de su 802
22.29 ella será su *m*, por cuanto la humilló 802
22.30 ninguno tomará la *m* de su padre, ni 802
24.1 alguno tomare *m* y se casare con ella, si 802
24.3 si hubiere muerto el que la tomó por *m* 802
24.4 no... volverla a tomar para que sea su *ni* 802
24.5 por un año, para alegrar a la *m* que tomó 802
25.5 la *m* del muerto no se casará fuera con 802
25.5 su cuñado... la tomará por su *m*, y hará 802
25.11 se acercare la *m* de uno para librar a 802
27.20 que se acostare con la *m* de su padre 802
28.30 te desposarás con *m*, y otro dormirá 802
28.54 con malos ojos... a la *m* de su seno, y 802
29.11 *m*, y tus extranjeros que habitan en 802
29.18 no sea que haya... varón o *m*, o familia 802
31.12 harás congregar... varones y *m* y niños 802
Jos 1.14 vuestras *m*... quedarán en la tierra que 802
2.4 pero la *m* había tomado a los dos hombres 802
6.21 y destruyeron a... hombres y *m*, jóvenes y 802
6.22 entrad en casa de la *m* ramera, y haced 802
6.22 haced salir de allí a la *m* y a todo lo 802
8.25 los que cayeron aquel día, hombres y *m* 802
8.35 leer delante de... de las *m*, de los niños 802
15.16 atacare a... le daré mi hija Acsa por *m* 802
15.17 la tomó... y él le dio su hija Acsa por *m* 802
Jue 1.12 dijo... yo le daré Acsa mi hija por *m* 802
1.13 de Caleb; y él le dio Acsa su hija por *m* 802
3.6 tomaron de sus hijas por *m*, y dieron sus 802
4.4 una *m*, Débora, profetisa, *m* de Lapidot 802
4.9 en mano de *m* venderá Jehová a Sísara 802
4.17 a la tienda de Jael *m* de Heber ceneo 802
4.21 Jael *m* de Heber tomó una estaca de la 802
5.24 sea entre las *m* Jael, *m* de Heber ceneo 802
5.24 sobre las *m* bendita sea en la tienda 802
8.30 y tuvo Gedeón setenta hijos... muchas *m* 802
9.49 murieron, como unos mil hombres y *m* 802
9.51 a la cual se retiraron... hombres y las *m* 802
9.53 una *m* dejó caer un pedazo de una rueda802
9.54 para que no se diga de mí: Una *m* lo mató 802
11.1 Jefté... era hijo de una *m* ramera, y el 802
11.2 pero la *m* de Galaad le dio hijos, los 802
11.2 no heredarás en la... eres hijo de otra *m* 802
13.2 su *m* era estéril, y nunca había tenido 802
13.3 a esta *m* apareció el ángel de Jehová 802
13.6 y la *m* vino y se lo contó a su marido 802
13.9 el ángel de Dios volvió otra vez a la *m* 802
13.10 y la *m* corrió... a avisarle a su marido 802
13.11 y se levantó Manoa, y siguió a su *m* 802
13.11 ¿eres tú aquel varón que habló a la *m*? 802
13.13 la *m* se guardará de todas las cosas que 802
13.19,20 ante los ojos de Manoa y de su *m* 802
13.21 no volvió a aparecer a Manoa ni a su *m* 802
13.22 Manoa a su ni: Ciertamente moriremos 802
13.23 *m* le respondió: Si... nos quisiera matar 802
13.24 la *m* dio a luz un hijo, y le puso por 802
14.1 Sansón... vio... a una *m* de las hijas de los 802
14.2 he visto en Timnat una *m* de las hijas de 802
14.2 he visto... ruego que me la toméis por *m* 802
14.3 ¿no hay *m*... a tomar *m* de los filisteos 802
14.3 tómame ésta por *m*, porque... me agrada 802
14.7 y habló a la ni; y ella agradó a Sansón 802
14.10 vino, pues, su padre adonde estaba la *m* 802
14.15 al séptimo día dijeron a la *m* de Sansón 802
14.16 lloró la *m* de Sansón en presencia de él 802
14.20 la *m* de Sansón fue dada a su compañero 802
15.1 visitó a su *m* con un... Entraré a mi *m* en 802
15.6 le quitó su *m* y la dio a su compañero 802
16.1 fue Sansón a... y vio allí a una *m* ramera 802
16.4 se enamoró de una *m* en el valle de Sorec 802
16.27 y la casa estaba llena de hombres y *m* 802
16.27 había como tres mil hombres y *m*, que 802
19.1 el cual había tomado para sí *m* concubina 802
19.26 vino la *m*, y cayó delante de la puerta 802
19.27 *m*... estaba tendida delante de la puerta 802
20.4 el varón levita, marido de la *m* muerta 802
21.1 dará su hija a los de Benjamín por *m* 802
21.7 cuanto a *m* para los... no les daremos... m 802
21.10 herid a filo de espada a... las *m* y niños 802
21.11 mataréis a... a toda *m* que haya conocido 802
21.14 les dieron por *m*... las *m* de Jabes-galaad 802
21.16 respecto de *m* para... las *m* de Benjamín 802
21.18 no les podemos dar *m* de nuestras hijas 802
21.18 maldito el que diere *m* a... benjamitas 802
21.21 salid... y arrebatad cada uno *m* para sí 802
21.22 en la guerra no tomamos *m* para todos 802
21.23 así; y tomaron *m* conforme a su número 802
Rt 1.1 fue a morar en los... de Moab, él y su *m* 802
1.2 nombre de... Elimelec, y el de su *m*, Noemí 802
1.4 tomaron para sí *m* moabitas; el nombre de 802
1.5 quedando así la *m* desamparada de... hijos 802
3.8 he aquí, una *m* estaba acostada a sus pies 802
3.11 de mi pueblo sabe que eres *m* virtuosa 802
3.14 él dijo: No se sepa que vino *m* a la era 802
4.5 debes tomar también a Rut... *m* del difunto 802
4.10 tomo por mí a *m* a Rut... la moabita, *m* de 802
4.11 Jehová haga a la *m* que entra en tu casa 802
4.13 Booz, pues, tomó a Rut, y ella fue su *m* 802
4.14 las *m* decían a Noemí: Loado sea Jehová 802
1 S 1.2 tenía él dos *m*; el nombre de una era 802
1.4 daba a Penina su *m*, a todos sus hijos y a 802
1.15 soy una *m* atribulada de espíritu; no he 802
1.16 no tengas a tu sierva por una *m* impía 1323
1.18 se fue la *m* por su camino, y comió, y no 802
1.19 Elcana se llegó a Ana su *m*, y Jehová se 802
1.23 y se quedó la *m*, y crio a su hijo hasta 802
1.26 yo soy aquella *m* que estuvo aquí junto a 802
2.20 Elí bendijo a Elcana y a su *m*, diciendo 802
2.20 Jehová te dé hijos de esta *m* en lugar 802
2.22 cómo dormían con las *m* que velaban a la 802
4.19 su nuera la *m* de Finees... estaba encinta 802
14.50 el nombre de la *m* de Saúl era Ahinoam 802
15.3 mata a hombres, *m*, niños, y aun los de 802
15.33 las *m* sin hijos... sin hijo entre las *m* 802
18.6 salieron las *m* de todas las ciudades de 802
18.7 cantaban las ni que danzaban, y decían 802
18.17 yo te daré Merab mi hija mayor por *m* 802
18.19 Merab... dada por ni a Adriel meholatita 802
18.27 rey. Y Saúl le dio su hija Mical por *m* 802
19.11 Mical su *m* avisó a David, diciendo: Si 802
21.4 criados se han guardado a lo menos de *m* 802
21.5 *m* han estado lejos de nosotros ayer y 802
22.19 hirió... así a hombres como a *m*, niños 802
25.3 y su ni, Abigail. Era aquella *m* de buen 802
25.14 uno de... dio aviso a Abigail ni de Nabal 802
25.37 a Nabal... le refirió su *m* estas cosas 802
25.39 envió David a... para tomarla por su *m* 802
25.40 nos ha enviado... para tomarte por su *m* 802
25.42 siguió a los mensajeros de... y fue su *m* 802
25.43 tomó... a Ahinoam... y ambas fueron sus *m* 802
25.44 Saúl había dado a... Mical *m* de David a 802
27.3 David con sus dos *m*, Ahinoam... y Abigail 802
27.3 y Abigail la que fue *m* de Nabal el de 802
27.9 David... no dejaba con vida hombre ni *m* 802
27.11 ni hombre ni *m* dejaba David con vida 802
28.7 una *m* que tenga espíritu de adivinación 802
28.7 hay una *m* en Endor que tiene espíritu de 802
28.8 vinieron a aquella *m* de noche; y él dijo 802
28.9 *m* le dijo: He aquí tú sabes lo que Saúl 802
28.11 la *m*... dijo: ¿A quién te haré venir? 802
28.12 y viendo la *m* a Samuel, clamó en alta 802
28.12 voz, y habló aquella *m* a Saúl, diciendo 802
28.13 la *m* respondió a Saúl: He visto dioses 802
28.21 la *m* vino a Saúl, y viéndole turbado 802
28.23 porfiaron con él... juntamente con la *m* 802
28.24 aquella *m* tenía en su casa un ternero 802
30.2 se habían llevado cautivas a las *m* y a 802

30.3 sus *m* y... habían sido llevados cautivos 802
30.5 las dos *m* de David... también eran cautivas 802
30.5 y Abigail la que fue *m* de Nabal el de 802
30.18 libró David... libertó David a sus dos *m* 802
30.22 no les daremos... sino a cada uno su *m* y 802
2 S 1.26 más maravilloso... que el amor de las *m* 802
2.2 subió allá, y con él sus dos *m*, Ahinoam 802
2.2 y Abigail, la que fue *m* de Nabal el de 802
3.3 Quileab, de Abigail la *m* de Nabal el de 802
3.8 me haces hoy cargo del pecado de esta *m*? 802
3.14 restitúyeme mi *m* Mical, la cual desposé 802
5.13 tomó David... concubinas y *m* de Jerusalén 802
6.19 repartió... así a hombres como a *m*... pan 802
11.2 y vio... a una *m* que se estaba bañando, la 802
11.3 envió David a preguntar por aquella *m* 802
11.3 aquella es Betsabé... *m* de Urías heteo 802
11.5 concibió la *m*, y envió a hacerlo saber 802
11.11 entrar en mi casa... a dormir con mi *m*? 802
11.21 ¿no echó una *m* del muro un pedazo de 802
11.26 oyendo la *m* de Urías que su marido 802
11.27 y la trajo a su casa; y ella fue su *m* 802
12.8 te di la... y las *m* de tu señor en tu seno 802
12.9 a Urías heteo... y tomaste por *m* a su *m* 802
12.10 tomaste la *m* de Urías... que fuese tu *m* 802
12.11 y tomaré tus *m*, cual yacerá con tus *m* 802
12.15 al niño que la *m* de Urías había dado 802
12.24 consoló... a Betsabé su *m*, y llegándose 802
14.2 y tomó de allá una *m* astuta, y le dijo 802
14.2 como una *m*... de duelo por algún muerto 802
14.4 entró, pues, aquella *m* de Tecoa al rey 802
14.5 a la verdad soy una *m* viuda y mi marido 802
14.8 el rey dijo a la *m*: Vete a tu casa, y yo 802
14.9 la *m* de Tecoa dijo al rey: Rey señor mío 802
14.12 la *m* dijo: Te ruego que me permitas que 802
14.13 la *m* dijo: ¿Por qué, pues, has pensado 802
14.18 David... dijo a la *m*: Yo te ruego que no 802
14.18 y la *m* dijo: Hable mi señor el rey 802
14.19 *m* respondió y dijo: Vive tu alma, rey 802
14.27 se llamó Tamar... *m* de hermoso semblante 802
15.16 dejó el rey diez *m* concubinas, para 802
17.19 tomando la *m* de la casa una manta, la 802
17.20 llegando luego... a la casa de la *m*, le 802
17.20 *m* les respondió: Ya han pasado el vado 802
19.5 han librado... la vida de tus *m*, y la vida 802
20.3 tomó el rey las diez *m* concubinas que 802
20.16 *m* sabia dio voces en la ciudad, diciendo 802
20.17 él se acercó... dijo la *m*: ¿Eres tú Joab? 802
20.21 la *m* dijo a Joab: He aquí su cabeza te 802
20.22 la *m* fue luego a todo el pueblo con su 802
1 R 2.17 para que me dé Abisag sunamita por *m* 802
2.21 dijo: Dese Abisag... por *m* a tu hermano 802
3.16 tiempo vinieron al rey dos *m* rameras 802
3.17 yo y esta *m* morábamos... una misma casa 802
3.19 y una noche el hijo de esta *m* murió 802
3.22 la otra *m* dijo: No; mi hijo es el que 802
3.26 la *m* de quien era el hijo vivo, habló 802
4.11 éste tenía por *m* a Tafat hija de Salomón 802
4.15 tomó... por *m* a Basemat hija de Salomón 802
7.8 hija de Faraón, que había tomado por *m* 1323
9.16 dio en dote a su hija la *m* de Salomón 802
11.1 Salomón amó... a muchas *m* extranjeras, a 802
11.3 setecientas *m* reinas y 300 concubinas 802
11.3 concubinas... sus *m* desviaron su corazón 802
11.4 sus *m* inclinaron su corazón tras dioses 802
11.8 así hizo para todas sus *m* extranjeras 802
11.19 le dio por *m* la hermana de su esposa 802
14.2 dijo Jeroboam a su *m*: Levántate ahora 802
14.2 te conozcan que eres la *m* de Jeroboam 802
14.4 y la *m* de Jeroboam lo hizo así; y se 802
14.5 la *m* de Jeroboam vendrá a consultarte 802
14.6 Ahías oyó... dijo: Entra, *m* de Jeroboam 802
14.17 entonces la *m* de Jeroboam se levantó 802
16.31 por *m* a Jezabel, hija de Et-baal rey 802
17.9 he dado orden allí a una *m* viuda que te 802
17.10 he aquí una *m* viuda... recogiendo leña 802
17.24 la *m* dijo a Elías: Ahora conozco que 802
20.3 y tus *m* y tus hijos hermosos son míos 802
20.5 tu plata... y tus *m* y tus hijos me darás 802
20.7 ha enviado a mí por mis *m* y mis hijos 802
21.5 vino a él su *m* Jezabel, y le dijo: ¿Por 802
21.7 y su *m* Jezabel le dijo: ¿Eres tú ahora 802
21.25 hacer lo malo... Jezabel su *m* lo incitaba 802
2 R 4.1 una *m*, de las *m* de los hijos de los 802
4.5 se fue la *m*, y cerró... encerrándose ella
4.8 allí una *m* importante, que le invitaba 802
4.17 mas la *m* concibió, y dio a luz un hijo 802
5.2 muchacha, la cual servía a la *m* de Naamán 802
6.26 pasando el rey... una *m* le gritó, y dijo 802
6.28 dijo... Esta *m* me dijo: Da acá tu hijo, y 802
6.30 el rey oyó las palabras de aquella *m* 802
8.1 habló Eliseo a aquella *m* a cuyo hijo él 802
8.2 la *m* se levantó, e hizo como el... le dijo 802
8.3 *m* volvió de la tierra de los filisteos 802
8.5 la *m*... vino para implorar al rey por su 802
8.5 dijo... Rey señor mío, ésta es la *m*, y este 802
8.6 preguntando el rey a la *m*... se lo contó 802
8.12 y abrirás el vientre a sus *m* que estén 2030
8.18 hija de Acab fue su *m*; e hizo lo malo 802
14.9 al cedro que... Da tu hija por *m* a mi hijo 802
15.16 y abrió el vientre a todas sus *m* que 802
22.14 la profetisa Hulda, *m* de Salum hijo de 802
23.7 en los cuales tejían las *m* tiendas para 802
24.15 llevó cautivos... a las *m* del rey, a sus 802
1 Cr 1.50 Hadad... el nombre de su *m*, Mehetabel 802
2.18 Caleb hijo... engendró a Jeriot de su *m* 802
2.19 tomó Caleb por *m* a Efrata, la cual dio
2.24 Abías *m* de Hezrón dio a luz a Asur 802
2.26 tuvo Jerameel otra *m* llamada Atara, que 802
2.29 el nombre de la *m* de Abisur fue Abihail 802
2.35 a éste Sesán dio su hija por *m*, y ella 802
3.3 quinto... el sexto, Itream, de Egla su *m* 802
4.5 Asur padre de Tecoa tuvo dos *m*, Hela y 802
4.18 su *m* Jehudaía dio a luz a Jered padre de 802
4.19 los hijos de la *m* de Hodías, hermana de 802
7.4 en sus linajes... porque tuvieron muchas *m* 802
7.15 Maquir tomó *m* de Hupim, y Supim, cuya 802
7.16 Maaca *m* de Maquir dio a luz un hijo, y 802
7.23 se llegó a su *m*, y ella concibió y dio 802
8.8 después que dejó a Husim... que eran sus *m* 802
8.9 engendró, pues, de Hodes su *m* a Jobab 802
8.29 habitaron Abigabaón, la *m* del cual se 802
9.35 Jehiel... el nombre de cuya *m* era Maaca 802
14.3 David tomó... *m* en Jerusalén, y engendró 802
16.3 así a hombres como a *m*, a cada uno una 802
23.22 y los hijos de Cis... las tomaron por *m* 1323
2 Cr 2.14 hijo de una *m* de las hijas de Dan 802
8.11 mi *m* no morará en la casa de David rey 802
11.18 tomó Roboam por *m* a Mahalat hija de 802
11.21 amó a Maaca hija... sobre todas sus *m* 802
11.21 Roboam... tomó 18 *m* y 60 concubinas 802
11.23 y les dio provisiones en... y muchas *m* 802
13.21 tomó catorce *m*, y engendró 22 hijos y 802
15.13 que no buscase a Jehová... hombre o *m* 802
20.13 estaba en pie... con sus niños y sus *m* 802
21.6 tenía por *m* a la hija de Acab, e hizo lo 802
21.14 herirá... tus *m*, y a todo cuanto tienes 802
21.17 tomaron... a sus hijos y a sus *m*; y no le 802
22.11 lo escondió Josabet... *m* del sacerdote 802
24.3 Joiada tomó para él dos *m*; y engendró 802
25.18 diciendo: Da tu hija a mi hijo por *m* 802
28.8 tomaron cautivos de sus... a 200.0000, *m* 802
29.9 y nuestras *m* fueron llevados cautivos 802
31.18 eran inscritos con... sus *m*, sus hijos 802
34.22 fueron a Hulda profetisa, *m* de Salum 802
Esd 2.61 cual tomó *m* de las hijas de Barzilai 802
10.1 se juntó a él una... hombres, *m* y niños 802
10.2 tomamos *m* extranjeras de los pueblos de 802
10.3 despediremos a... las *m* y los nacidos de 802
10.10 tomasteis *m* extranjeras, añadiendo así 802
10.11 apartaos de los... de las *m* extranjeras 802
10.14 hayan tomado *m* extranjeras, vengan en 802
10.17 todos... que habían tomado *m* extranjeras 802
10.18 de los... que habían tomado *m* extranjeras 802
10.19 en promesa de que despedirían sus *m* 802
10.44 todos estos habían tomado *m* extranjeras 802
10.44 había *m*... que habían dado a luz hijos 802
Neh 4.14 pelead por vuestros hermanos... *m* y por 802
5.1 hubo gran clamor del... y de sus *m* contra 802
6.18 Johanán su hijo había tomado por *m* a la 1323
7.63 el cual tomó *m* de las hijas de Barzilai 802
8.2 congregación, así de hombres como de *m* 802
8.3 leyó... en presencia de hombres y *m* y de 802
10.28 con sus *m*, sus hijos e hijas, todo el 802
12.43 se alegraron también las *m* y los niños 802
13.23 a judíos que habían tomado *m* de Asdod 802
13.26 él le hicieron pecar las *m* extranjeras 802
13.27 de prevaricar... tomando *m* extranjeras? 802
Est 1.9 reina Vasti hizo banquete para las *m* 802
1.17 porque... llegará a oídos de todas las *m* 802
1.20 y todas las *m* darán honra a sus maridos 802
2.3 las jóvenes vírgenes... a la casa de las *m* 802
2.3,8 al cuidado de Hegai... guarda de las *m* 802
2.9 la llevó... a lo mejor de la casa de las *m* 802
2.11 delante del patio de la casa de las *m* 802
2.12 conforme a la ley acerca de las *m*, pues 802
2.12 seis meses con perfumes... afeites de *m* 802
2.13 venir... desde la casa de las *m* hasta la 802
2.14 volvía a la casa segunda de las *m*, al 802
2.15 sino lo que dijo Hegai... guarda de las *m* 802
2.17 el rey amó a Ester más que... las otras *m* 802
3.13 de destruir... niños y *m*, en un mismo día 802
4.11 que cualquier... *m* que entra en el patio 802
5.10 mandó llamar a... amigos y a Zeres su *m* 802
5.14 le dijo Zeres su *m* y todos sus amigos 802
6.13 contó... Amán a Zeres su *m* y... sus amigos 802
6.13 le dijeron sus sabios, y Zeres su *m*: Si 802
8.11 aun sus niños y *m*, y apoderarse de sus 802
Job 2.9 entonces le dijo su *m*: ¿Aún retienes tu 802
2.10 suele hablar cualquiera de las *m* fatuas
14.1 el hombre nacido de *m*, corto de días, y 802
15.14 para que se justifique el nacido de *m*? 802
19.17 mi aliento vino a ser extraño a mi *m* 802
24.21 a la *m* estéril... afligió, y a la viuda
25.4 ¿Y cómo será limpio el que nace de *m*? 802
31.9 si fue mi corazón engañado acerca de *m* 802
31.10 muela para otro mi *m*, y sobre ella se 802
42.15 no había *m* tan hermosas como las hijas 802
Sal 48.6 tomó... dolor como de *m* que da a luz 3205
109.9 sean sus hijos huérfanos, y su *m* viuda 802
128.3 tu *m* será como vid que lleva fruto a 802
Pr 2.16 serás librado de la *m* extraña, de la 802
5.3 los labios de la *m* extraña destilan miel 2114
5.18 sea... y alégrate con la *m* de tu juventud 802
5.20 ¿por qué... andarás ciego con la *m* ajena 2114
6.24 para que te guarden de la mala *m*, de la 802
6.24 blandura de la lengua de la *m* extraña 5237
6.26 porque a causa de la *m* ramera el hombre 802
6.26 y la *m* caza la preciosa alma del varón 802
6.29 es el que se llega a la *m* de su prójimo 802
7.5 para que te guarden de la *m* ajena, y de 802
7.10 una *m* le sale al encuentro, con atavío 802
9.13 *m* insensata es alborotadora; es simple 802
11.16 la *m* agraciada tendrá honra, y los 802
11.22 es la *m* hermosa y apartada de razón 802
12.4 la *m* virtuosa es corona de su marido 802
14.1 *m* sabia edifica su casa; mas la necia 802
19.13 gotera continua... contiendas de la *m* 802
19.14 herencia... mas de Jehová la *m* prudente 802
21.9; 25.24 con *m* rencillosa en casa espaciosa 802
21.19 que con la *m* rencillosa e iracunda 802
22.14 fosa profunda... la boca de la *m* extraña 2114
27.15 gotera continua en... y la *m* rencillosa 802
30.20 proceder de la *m* adúltera es así: come 802
30.23 por la *m* odiada cuando se casa; y por
31.3 no des a las *m* tu fuerza, *m* tus caminos 802
31.10 *m* virtuosa, ¿quién la hallará? porque 802
31.29 *m* hicieron el bien; mas tú sobrepasas 1323
31.30 *m* que teme a Jehová, ésa será alabada 802
Ec 7.26 amarga... la *m* cuyo corazón es lazos y 802
7.28 pero *m* entre todas éstas nunca hallé 802
9.9 goza de la vida con la *m* que amas, todos 802
11.5 cómo crecen los... en el vientre de la *m*
Cnt 1.8 no lo sabes, oh hermosa entre las *m* 802
5.9; 6.1 oh la más hermosa de todas las *m*? 802
Is 3.12 mi pueblo... y *m* se enseñorearon de él 802
4.1 echarán mano de un hombre siete *m* en 802
13.8 ellos; tendrán dolores como *m* de parto 3205
13.16 sus casas... saqueadas, y violadas sus *m* 802
19.16 en aquel día los egipcios serán como *m* 802
21.3 apoderaron de mí, como angustias de *m* 3205
26.17 como la *m* encinta cuando se acerca el 2030
27.11 *m* vendrán a encenderlas; porque aquel 802
32.9 *m* indolentes, levantaos, oíd mi voz 802
45.10 que dice... a la *m*: ¿Por qué diste a luz? 802
47.8 oye, pues, ahora esto, *m* voluptuosa, tú
49.15 ¿se olvidará la *m* de lo que dio a luz 802
54.6 a *m* abandonada y triste de espíritu te 802
Jer 3.1 alguno dejare a su *m*, y yéndose ésta 802
4.31 oí una voz como de *m* que está de parto 2470
5.8 cual relinchaba tras la *m* de su prójimo 802
6.11 será preso tanto el marido como la *m* 802
6.12 a otros, sus heredades Y también sus *m* 802
6.24 se apoderó de nosotros... dolor como de *m* 3205
7.18 *m* amasan la masa, para hacer tortas a 802
8.10 a otros sus *m*, y sus campos a quienes 802
9.20 oíd, pues, oh *m*, palabra de Jehová, y 802
13.21 ¿no te darán dolores como de *m* que está 802
14.16 no habrá quien los entierre... a sus *m* 802
16.2 no tomarás para ti *m*, ni tendrás hijos 802
18.21 queden sus *m* sin hijos, y viudas; y sus 802
22.23 te... dolor como de *m* que está de parto! 3205
29.6 dad *m* a vuestros hijos, y dad maridos a 802
29.23 cometieron adulterio con las *m* de sus 802
30.6 todo hombre... como *m* que está de parto 3205
31.8 *m* que está encinta y la que dio a luz 3205
31.22 una cosa nueva... la *m* rodeará al varón 5347
35.8 no beber vino... nosotros, ni nuestras *m* 802
38.22 *m* que han quedado en la casa del rey 802
38.23 sacarán... todas tus *m* y tus hijos a los 802
40.7 que le había encomendado... *m* y los niños 802
41.16 hombres de guerra, *m*, niños y eunucos 802
43.6 hombres y *m* y niños, y a las hijas del 802
44.7 para ser destruidos el hombre y la *m*, el 802
44.9 de las maldades de sus *m*... de vuestras *m* 802
44.15 todos los que sabían que sus *m* habían 802
44.15 todas las *m* que estaban presentes, una 802
44.20 habló Jeremías... a los hombres y a las *m* 802
44.24 dijo Jeremías a... y a todas las *m*: Oíd 802
44.25 vosotros y vuestras *m* hablasteis con 802
48.41 corazón... de Moab como el corazón de *m* 802
49.22 corazón... de Edom como el corazón de *m* 802
49.24 dolores... como de *m* que está de parto 3205
50.37 contra todo el pueblo... serán como *m* 802
50.43 angustia le tomó... como de *m* de parto 3205
51.22 por tu medio quebrantaré hombres y *m* 802
51.30 los valientes de... se volvieron como *m* 802
Lm 2.20 comer las *m* el fruto de sus entrañas 802
4.10 las manos de *m* piadosas cocieron a sus 802
5.11 violaron a las *m* en Sion, a las vírgenes 802
Ez 8.14 *m* que estaban allí sentadas endechando 802
9.6 matad a viejos... y *m*, hasta que no quede 802
16.32 sino como *m* adúltera, que en lugar de 802
16.34 sucedido... lo contrario de las demás *m* 802
16.41 y harán en ti juicios en presencia... *m* 802
18.6 que no... ni violare la *m* de su prójimo, ni 802
18.6 prójimo, ni se llegare a... *m* menstruosa 802
18.11 montes, o violare la *m* de su prójimo 802
18.15 Israel; la *m* de su prójimo no violare 802
22.11 hizo abominación con la *m* de su prójimo 802
23.2 hombre, hubo dos *m*, hijas de una madre 802
23.10 y vino a ser famosa entre las *m*, pues 802
23.44 venido a... como quien viene a *m* ramera 802
23.44 así vinieron a... Aholiba, *m* depravadas 802
23.48 escarmentarán todas las *m*, y no harán 802
24.18 a la tarde murió mi *m*; y a la mañana 802
30.17 de Pibeset... las *m* irán en cautiverio
33.26 y contaminasteis... la *m* de su prójimo 802
44.22 viuda ni repudiada tomará por *m*, sino 802
Dn 5.2 bebiesen en ellos... *m* y sus concubinas 7695
5.3 bebieron en ellos el rey y... sus *m* y sus 7695
5.23 tú y... tus *m* y tus concubinas, bebisteis 7695
6.24 echados en el foso... sus hijos y sus *m* 5389
11.17 le dará una hija de *m* para destruirle 802
11.37 no hará caso, ni del amor de las *m*; ni 802
Os 1.2 vé, tómate una *m* fornicaria, e hijos de 802
2.2 porque ella no es mi *m*, ni yo su marido 802
3.1 dijo... ama a una *m* amada de su compañero 802
4.14 y con malas *m* sacrifican; por tanto, el 1323
12.12 para adquirir *m*, y por... *m* fue pastor 802
13.13 dolores de *m* que da a luz le vendrán 3205
13.16 caerán... sus *m* encintas serán abiertas 2030
Am 1.13 abrieron a las *m* de Galaad... encintas 2030
7.17 tu *m* será ramera en medio de la ciudad 802
Mi 2.9 a las *m*... echasteis fuera de las casas 802

4.9 te ha tomado dolor como de *m* de parto? ... 3205
4.10 gime, hija de Sion, como *m* que está de ... 3205
Nah 3.13 tu pueblo será como *m* en medio de ti ... 802
Zac 5.7 una *m* estaba sentada en medio de...efa ... 802
5.9 dos *m* que salían, y traían viento en sus ... 802
12.12 la casa de David por sí, y sus *m* por sí ... 802
12.12 las casa de Natán por sí, y sus *m* por sí ... 802
12.13 la casa de Leví por sí, y sus *m* por sí ... 802
12.13 descendientes de Simei...y sus *m* por sí ... 802
12.14 linajes, cada uno por sí...sus *m* por sí ... 802
14.2 saqueadas las casas, y violadas las *m* ... 802
Mal 2.14 ha atestiguado entre ti y la *m* de tu ... 802
2.14 desleal, siendo ella...la *m* de tu pacto ... 802
2.15 y no seáis desleales para con la *m* de ... 802
Mt 1.6 engendró a...de la que fue *m* de Urías
1.20 no temas recibir a María tu *m*, porque lo ... 1135
1.24 y despertando José del...recibió a su *m* ... 1135
5.28 **que mira a una *m* para codiciarla, ya** ... 1135
5.31 **fue dicho: Cualquiera que repudie a su *m*** ... 1135
5.32 **que repudia a su *m*, a no ser por causa** ... 1135
9.20 una *m* enferma de flujo de sangre desde ... 1135
9.22 **fe...Y la *m* fue salva desde aquella hora** ... 1135
11.11 **los que nacen de *m* no se ha levantado** ... 1135
13.33 **la levadura que tomó una *m*, y escondió** ... 1135
14.3 por causa de Herodías, *m* de Felipe su ... 1135
14.21 como cinco mil hombres, sin contar las *m* ... 1135
15.22 he aquí una *m* cananea que había salido ... 1135
15.28 **oh *m*, grande es tu fe; hágase contigo** ... 1135
15.38 cuatro mil hombres, sin contar las *m* ... 1135
18.25 **su señor venderle, y a su *m* e hijos** ... 1135
19.3 ¿es lícito al hombre repudiar a su *m* por ... 1135
19.5 **dejará padre y madre, y se unirá a su *m*** ... 1135
19.8 **os permitió repudiar a vuestras *m*; mas** ... 1135
19.9 **cualquiera que repudia a su *m*, salvo por** ... 1135
19.10 así es la condición del hombre con su *m* ... 1135
19.29 **que haya dejado...madre, o *m*, o hijos** ... 1135
22.24 hijos, su hermano se casará con su *m* ... 1135
22.25 descendencia, dejó su *m* a su hermano ... 1135
22.27 después de todos murió también la *m* ... 1135
22.28 ¿de cuál de los siete será ella *m*, ya ... 1135
24.41 **dos *m* estarán moliendo en un molino; la**
26.7 a él una *m*, con un vaso de alabastro de ... 1135
26.10 **les dijo: ¿Por qué molestáis a esta *m*?** ... 1135
27.19 su *m* le mandó a decir: No tengas nada ... 1135
27.55 estaban allí muchas *m* mirando de lejos ... 1135
28.5 ángel...dijo a las *m*: No temáis vosotras ... 1135
Mr 5.25 una *m* que...padecía de flujo de sangre ... 1135
5.33 la *m*...vino y se postró delante de él ... 1135
6.17 por causa de Herodías, *m* de Felipe su ... 1135
6.17 Herodías...pues la había tomado por m ... 1135
6.18 no...es lícito tener la *m* de tu hermano ... 1135
7.25 *m*, cuya hija tenía un espíritu inmundo ... 1135
7.26 la *m* era griega, y sirofenicia de nación ... 1135
10.2 si era lícito al marido repudiar a su *m* ... 1135
10.7 **dejará el hombre a...y se unirá a su *m*** ... 1135
10.11 **que repudia a su *m* y se casa con otra** ... 1135
10.12 **si la *m* repudia a su marido y se casa** ... 1135
10.29 **que haya dejado...madre o *m*, o hijos, o** ... 1135
12.22 después de todos murió también la *m* ... 1135
12.23 ¿de cuál de ellos será ella *m*, ya que ... 1135
12.23 ya que los siete la tuvieron por m? ... 1135
14.3 vino una *m* con un vaso de alabastro de ... 1135
15.40 algunas *m* mirando de lejos, entre las ... 1135
Lc 1.5 su *m* era de las hijas de Aarón, y se ... 1135
1.13 tu *m* Elisabet te dará a luz un hijo, y ... 1135
1.18 soy viejo, y mi *m* es de edad avanzada ... 1135
1.24 concibió su *m* Elisabet, y se recluyó en ... 1135
1.28 el ángel dijo bendita tú entre las *m* ... 1135
1.42 dijo: Bendita tú entre las *m*, y bendito ... 1135
2.5 empadronado con María su *m*, desposada ... 1135
3.19 Juan a causa de Herodías, *m* de Felipe ... 1135
4.26 **sino a una *m* viuda en Sarepta de Sidón** ... 1135
7.28 **que entre los nacidos de *m*, no hay mayor** ... 1135
7.37 una *m* de, la...que era pecadora, al saber ... 1135
7.39 conocería...qué clase de *m* es la que le ... 1135
7.44 **y vuelto a la *m*, dijo a...¿Ves esta *m*?** ... 1135
7.50 **él dijo a la *m*: Tu fe te ha salvado, vé** ... 1135
8.2 y algunas *m* que habían sido sanadas de ... 1135
8.3 Juana, *m* de Chuza intendente de Herodes ... 1135
8.43 *m* que padecía de flujo de sangre desde ... 1135
8.47 *m* vio que no había quedado oculta, vino ... 1135
10.38 *m* llamada Marta le recibió en su casa ... 1135
11.27 una *m* de entre...levantó la voz y le dijo ... 1135
13.11 una *m* que...tenía espíritu de enfermedad ... 1135
13.12 **le dijo: *m*, eres libre de tu enfermedad** ... 1135
13.21 **es semejante a la levadura, que una *m*** ... 1135
14.26 **no aborrece a su padre, y *m*, e hijos** ... 1135
15.8 **qué *m* que tiene diez dracmas, si pierde** ... 1135
16.18 **que repudia a su *m*, y se casa con otra** ... 1135
17.32 **acordaos de la *m* de Lot** ... 1135
17.35 **dos *m* estarán moliendo juntas; la una** ... 1135
18.29 **haya dejado...*m*, o hijos, por el reino** ... 1135
20.28 muriere teniendo *m*, y no dejare hijos ... 1135
20.32 finalmente murió también la *m* ... 1135
20.33 ¿de cuál de ellos será *m*, ya que los 7 ... 1135
20.33 ya que los siete la tuvieron por *m*? ... 1135
22.57 él lo negó, diciendo: *m*, no lo conozco ... 1135
23.27 de *m* que lloraban y hacían lamentación ... 1135
23.49 *m*...estaban lejos mirando estas cosas ... 1135
23.55 y las *m* que habían venido con él desde ... 1135
24.1 trayendo...y algunas otras *m* con ellas
24.22 también nos han asombrado unas *m* de ... 1135
24.24 hallaron así como las *m* habían dicho ... 1135
Jn 2.4 **Jesús le dijo: ¿Qué tienes conmigo, *m*?** ... 1135
4.7 vino una *m* de Samaria a sacar agua; y ... 1135
4.9 la *m* samaritana le dijo: ¿Cómo tú, siendo ... 1135
4.9 pides a mí de beber...soy *m* samaritana? ... 1135
4.11 la *m* le dijo: Señor, no tienes con qué ... 1135
4.15 la *m* le dijo: Señor, dame esa agua, para ... 1135
4.17 respondió la *m* y dijo: No tengo marido ... 1135
4.19 le dijo la *m*: Señor, me parece que tú ... 1135
4.21 ***m*, créeme, que la hora viene cuando no** ... 1135
4.25 dijo la *m*: Sé que ha de venir el Mesías ... 1135
4.27 se maravillaron de que hablaba con una *m* ... 1135
4.28 la *m* dejó su cántaro, y fue a la ciudad ... 1135
4.39 creyeron en él por la palabra de la *m* ... 1135
4.42 y decían a la *m*: Ya no creemos solamente ... 1135
8.3 fariseos le trajeron una *m*...en adulterio ... 1135
8.4 Maestro, esta *m* ha sido sorprendida en el ... 1135
8.5 ley nos mandó Moisés apedrear a tales *m* ... 1135
8.9 y quedó solo Jesús, y la *m* que estaba en ... 1135
8.10 **viendo a nadie sino a la *m*, le dijo: *M*** ... 1135
16.21 ***m* cuando da a luz, tiene dolor, porque** ... 1135
19.25 estaban...María *m* de Cleofas, y María ... 1135
19.26 **vio...dijo a su madre: *m*, he ahí tu hijo** ... 1135
20.13 dijeron: *m*, ¿por qué lloras? Les dijo ... 1135
20.15 **le dijo: *m*, ¿por qué lloras? ¿A quién** ... 1135
Hch 1.14 perseveraban en oración...con las *m* ... 1135
5.1 llamado Ananías, con Safira su *m*, vendió ... 1135
5.2 y sustrajo del precio, sabiéndolo...su *m* ... 1135
5.7 que entró su *m*, no sabiendo lo que había ... 1135
5.14 gran número así de hombres como de *m* ... 1135
8.3 arrastraba a hombres y a *m*...en la cárcel ... 1135
8.12 creyeron a...se bautizaban hombres y *m* ... 1135
9.2 si hallase...hombres o *m* de este Camino ... 1135
13.50 pero los judíos instigaron a *m* piadosas ... 1135
16.1 Timoteo, hijo de una *m* judía creyente ... 1135
16.13 hablamos a las *m* que se habían reunido ... 1135
16.14 *m* llamada Lidia, vendedora de púrpura ... 1135
17.4 griegos piadosos...y *m* nobles no pocas ... 1135
17.12 que creyeron...*m* griegas de distinción ... 1135
17.34 Dionisio...*m* llamada Dámaris, y otros ... 1135
18.2 recién venido de Italia con...su *m*, por ... 1135
21.5 acompañándonos todos, con sus *m* e hijos ... 1135
22.4 entregando en cárceles a hombres y *m* ... 1135
24.24 viniendo Félix con Drusila su *m*, que ... 1135
Ro 1.26 sus *m* cambiaron el uso natural por el ... 2338
1.27 hombres, dejando el uso natural de la *m* ... 2338
7.2 *m* casada está sujeta por la ley al marido ... 1135
1 Co 5.1 que alguno tiene la *m* de su padre ... 1135
7.1 bueno le sería al hombre no tocar *m* ... 1135
7.2 cada uno tenga su propia *m*, y cada una ... 1135
7.3 marido cumpla con la *m* el deber conyugal ... 1135
7.3 conyugal, y asimismo la *m* con el marido ... 1135
7.4 la *m* no tiene potestad sobre su propio ... 1135
7.4 ni...potestad sobre su...cuerpo, sino la *m* ... 1135
7.10 mando...que la *m* no se separe del marido ... 1135
7.11 y que el marido no abandone a su *m* ... 1135
7.12 si...hermano tiene *m* que no sea creyente ... 1135
7.13 una *m* tiene marido que no sea creyente ... 1135
7.14 marido...santificado en la *m*, y la *m* en ... 1135
7.16 ¿qué sabes tú, oh *m*, si quizá harás ... 1135
7.16 sabes tú...si quizá harás salva a tu *m*? ... 1135
7.27 ¿estás ligado a *m*? No procures soltarte ... 1135
7.27 ¿estás libre de *m*? No procures casarte ... 1135
7.33 tiene cuidado...de cómo agradar a su *m* ... 1135
7.39 *m* casada está ligada por la ley mientras ... 1135
9.5 de traer con nosotros una hermana por *m* ... 1135
11.3 el varón es la cabeza de la *m*, y Dios la ... 1135
11.5 *m* que ora o...con la cabeza descubierta ... 1135
11.6 la *m* no se cubre, que se corte también ... 1135
11.6 si le es vergonzoso a la *m* cortarse el ... 1135
11.7 de Dios; pero la *m* es gloria del varón ... 1135
11.8 varón no procede de la *m*, sino la *m* del ... 1135
11.9 creado por causa de la *m*, sino la *m* por ... 1135
11.10 *m* debe tener señal de autoridad sobre ... 1135
11.11 ni el varón es sin la *m*, ni la *m* sin el ... 1135
11.12 como la *m* procede del varón, también el ... 1135
11.12 también el varón nace de la *m*; pero todo ... 1135
11.13 ¿es propio que la *m* ore a Dios sin ... 1135
11.15 la *m*...crecer el cabello le es honroso ... 1135
14.34 *m* callen en las congregaciones; porque ... 1135
14.35 es indecoroso que una *m* hable en la ... 1135
Gá 3.28 libre; no hay varón ni *m*; porque todos ... 2338
4.4 su Hijo, nacido de *m* y nacido bajo la ley ... 1135
4.24 pues estas *m* son los dos pactos; el uno
Ef 5.23 el marido es cabeza de la *m*, así como ... 1135
5.25 maridos, amad a vuestras *m*, así como ... 1135
5.28 los maridos deben amar a sus *m* como a ... 1135
5.28 el que ama a su *m*, a sí mismo se ama ... 1135
5.31 y se unirá a su *m*, y los dos serán una ... 1135
5.33 ame también a su *m* como a sí mismo ... 1135
5.33 a sí mismo; y la *m* respete a su marido ... 1135
Col 3.19 amad a vuestras *m*, y no seáis ásperos ... 1135
1 Ts 5.3 destrucción...como los dolores a la *m* ... 2192,1064
1 Ti 2.9 que las *m* se atavíen de ropa decorosa ... 1135
2.10 corresponde a *m* que profesan piedad ... 1135
2.11 la *m* aprenda en silencio, con...sujeción ... 1135
2.12 no permito a la *m* enseñar, ni ejercer ... 1135
2.14 que la *m*, siendo engañada, incurrió en ... 1135
3.2 que el obispo sea...marido de una sola *m* ... 1135
3.11 las *m*...sean honestas, no calumniadoras ... 1135
3.12 diáconos sean maridos de una sola *m*, y ... 1135
Tit 1.6 el que fuere...marido de una sola *m* ... 1135
2.4 que enseñen a las *m* jóvenes a amar a sus ... 3501
He 11.35 las *m* recibieron sus muertos mediante ... 1135
1 P 3.1 *m*, estad sujetas a vuestros maridos ... 1135
3.5 también se ataviaban...aquellas santas *m* ... 1135
3.7 dando honor a la *m* como a vaso...frágil ... 1134
Ap 2.20 **que toleras que esa *m* Jesabel, que se** ... 1135
9.8 cabello como cabello de *m*; sus dientes ... 1135
12.1 *m* vestida del sol, con la luna debajo de ... 1135
12.4 y el dragón se paró frente a la *m* que ... 1135
12.6 *m* huyó al desierto, donde tiene lugar ... 1135
12.13 persiguió a la *m* que había dado a luz ... 1135
12.14 se le dieron a la *m* las dos alas de la ... 1135
12.15 y la serpiente arrojó...tras la *m*, agua ... 1135
12.16 la tierra ayudó a la *m*, pues la tierra ... 1135
12.17 el dragón se llenó de ira contra la *m* ... 1135
14.4 son los que no se contaminaron con *m* ... 1135
17.3 una *m* sentada sobre una bestia escarlata ... 1135
17.4 *m* estaba vestida de púrpura y escarlata ... 1135
17.6 a la *m* ebria de la sangre de los santos ... 1135
17.7 yo te diré el misterio de la *m*, y de la ... 1135
17.9 montes, sobre los cuales se sienta la *m* ... 1135
17.18 la *m*...es la gran ciudad que reina sobre ... 1135

MUJERCILLA
2 Ti 3.6 llevan cautivas a las *m* cargadas de ... 1133

MULADAR
1 S 2.8 y del *m* exalta al menesteroso, para ... 830
Esd 6.11 colgado...su casa sea hecha *m* por esto ... 5122
Neh 2.13 salí de noche...hacia...la puerta del *M* ... 830
3.13 y mil codos del...hasta la puerta del *M* ... 830
3.14 reedificó la puerta del *M* Malquías hijo ... 830
12.31 sobre el muro, hasta la puerta del *M* ... 830
Sal 113.7 al pobre...al menesteroso alza del *m* ... 830
Is 25.10 Moab...como es hollada la paja en el *m* ... 4087
Dn 2.5 vuestras casas serán convertidas en *m* ... 5122
3.29 y su casa convertida en *m*; por cuanto ... 5122
Lc 14.35 **para la tierra ni para el *m* es útil** ... 2874

MULO, A
2 S 13.29 y montaron cada uno...*m*, y huyeron ... 6505
18.9 iba Absalón sobre un *m*, y el *m* entró por ... 6505
18.9 quedó...y el *m* en que iba pasó adelante ... 6505
1 R 1.33 montad a Salomón mi hijo en mi *m*, y ... 6506
1.38 montaron a Salomón...la *m* del rey David ... 6506
1.44 los cuales le montaron en la *m* del rey ... 6506
10.25 le llevaban cada año sus...caballos y *m* ... 6505
18.5 con que conservemos la vida a...y a las *m* ... 6505
2 R 5.17 no se dará...la carga de un par de *m*? ... 6505
1 Cr 12.40 trajeron víveres en...camellos, *m* y ... 6505
2 Cr 9.24 traía...caballos y *m*, todos los años ... 6505
Esd 2.66; Neh 7.68 caballos, 736; sus *m*, 245 ... 6505
Sal 32.9 no seáis como el caballo, o como el *m* ... 6505
Is 66.20 en *m* y en camellos, a mi santo monte ... 6505
Ez 27.14 casa de Togarma, con...*m*, comerciaba ... 6505
Zac 14.15 la plaga de los caballos, de los *m* ... 6505

MULTA
2 R 23.33 impuso *m* de cien talentos de plata ... 6066
Esd 7.26 sea a muerte...a pena de *m*, o prisión ... 6065

MULTADO
Am 2.8 el vino de los *m* beben en la casa de ... 6064

MULTAR
Dt 22.19 le *multarán* en cien piezas de plata ... 6064

MULTIFORME
Ef 3.10 para que la *m* sabiduría de Dios sea ... 4182
1 P 4.10 administradores de la *m* gracia de ... 4164

MULTIPLICACIÓN
2 Cr 24.27 la *m* que hizo de las rentas, y la ... 7235

MULTIPLICAR
Gn 1.22 los bendijo, diciendo...*multiplicaos* ... 7235
1.22 *multiplíquense* las aves en la tierra ... 7235
1.28 y les dijo: Fructificad y *multiplicaos* ... 7235
3.16 *multiplicaré* en gran manera los dolores ... 7235
6.1 comenzaron los hombres a *multiplicarse* ... 7231
8.17 vayan...y *multiplíquense* sobre la tierra ... 7235
9.1 dijo...*multiplicaos*, y llenad la tierra ... 7235
9.7 *multiplicaos*...en la tierra...y *m* en ella ... 7235
16.10 *multiplicaré* tanto tu descendencia que ... 7235
17.2,6 y te *multiplicaré* en gran manera ... 7235
17.20 a Ismael...le haré...*multiplicar* mucho en ... 7235
22.17 de cierto te bendeciré, y *multiplicaré* ... 7235
26.4,24 y *multiplicaré* tu descendencia ... 7235
28.3 Dios...te *multiplique*, hasta llegar a ser ... 7235
35.11 le dijo Dios...crece y *multiplícate*; una ... 7235
47.27 Israel...se *multiplicaron* en gran manera ... 7235
48.4 te *multiplicaré*, y te pondré por estirpe ... 7235
48.16 *multiplíquense* en gran manera en medio ... 1711
Éx 1.7 los hijos de Israel...se *multiplicaron* ... 7235
1.10 seamos sabios...para que no se *multiplique* ... 7235
1.12 tanto más se *multiplicaban* y crecían, de ... 7235
1.20 el pueblo se *multiplicó* y se fortaleció ... 7235
7.3 *multiplicaré* en la tierra de Egipto mis ... 7235
11.9 se *multipliquen* en la tierra de Egipto ... 7235
23.30 te *multipliques* y tomes posesión de la ... 6509
32.13 yo *multiplicaré*...descendencia como las ... 7235
Lv 26.9 os *multiplicaré*, y afirmaré inj pacto ... 7235
Dt 1.10 Jehová vuestro Dios os ha *multiplicado* ... 7235
6.3 para que te vaya bien...os *multipliquéis* ... 7235
7.13 te amará, te bendecirá y te *multiplicará* ... 7235
8.1 seáis *multiplicados*, y entréis y poseáis ... 7235
8.13 y la plata y el oro se te *multipliquen* ... 7235
13.17 *multiplique*, como lo juró a tus padres ... 7235
28.63 como Jehová se gozaba en...*multiplicaros* ... 7235
30.5 y te *multiplicará* más que a tus padres ... 7235
30.16 para que vivas y seas *multiplicado*, y ... 7235
1 S 2.3 no *multipliquéis* palabras de grandeza ... 7235
2 R 21.6 *multiplicando* así el hacer lo malo ... 7235
1 Cr 4.27 ni *multiplicaron*...su familia como ... 7235
4.38 las casas de sus...fueron *multiplicadas* ... 6555
5.23 media tribu de Manasés, *multiplicados* ... 7235
27.23 que él *multiplicaría* a Israel como las ... 7235
Esd 9.6 nuestras iniquidades...han *multiplicado* ... 7235
Neh 9.23 *multiplicaste* sus hijos...las estrellas ... 7235
9.37 se *multiplica* su fruto para los reyes ... 7235
Job 12.23 él *multiplica* las naciones, y él las ... 7679
27.14 sus hijos fueren *multiplicados*, serán ... 7235
29.18 yo...como arena *multiplicaré* mis días ... 7235
31.25 de que mis riquezas se *multiplicasen* ... 7227

34.37 y contra Dios *multiplica* sus palabras 7235
35.6 si tus rebeliones se *multiplicaren*, ¿qué 7231
35.16 Job... *multiplica* palabras sin sabiduría 3527
41.3 *multiplicará* él ruegos para contigo? 7235
Sal 3.1 se han *multiplicado* mis adversarios! 7231
16.4 *multiplicarán* los dolores de aquellos 7235
25.19 mis enemigos, cómo se han *multiplicado* 7231
105.24 *multiplicó* su pueblo en gran manera 6509
107.38 los bendice, y se *multiplican* en gran 7235
107.41 *multiplicar* las familias como rebaños 7760
139.18 si los enumero, se *multiplican* más que 7235
144.13 *multipliquen* a millares y decenas de 7231
Pr 4.10 oye... se te *multiplicarán* años de vida 7235
6.35 ni querrá perdonar, aunque *multipliques* 7235
23.28 *multiplica* entre... los prevaricadores 3254
28.16 falto de entendimiento *multiplicará* la 7227
28.28 perecen, los justos se *multiplican* 7235
Ec 6.11 las... palabras *multiplican* la vanidad 7235
10.14 el necio *multiplica* palabras, aunque 7235
Is 1.15 cuando *multipliquéis* la oración, yo 7235
6.12 *multiplicado* los lugares abandonados en 7227
9.3 *multiplicaste* la gente, y... la alegría 7235
22.9 visteis las brechas... se *multiplicaron* 7231
40.29 *multiplica* las fuerzas al que no tiene 7235
51.2 lo llamé, y lo bendije y lo *multipliqué* 7235
54.13 y se *multiplicará* la paz de tus hijos 7227
57.9 *multiplicaste* tus perfumes, y enviaste 7235
59.12 rebeliones se han *multiplicado* delante 7231
66.16 y los muertos de... serán *multiplicados* 7231
Jer 3.16 cuando os *multipliquéis* y crezcáis en 7235
5.6 sus rebeliones se han *multiplicado*, se han 7231
14.7 nuestras rebeliones se han *multiplicado* 7231
15.8 sus viudas se me *multiplicaron* más que 6105
23.3 las haré volver a... y se *multiplicarán* 7235
29.6 y *multiplicaos* ahí, y no os disminuyáis 7235
30.19 los *multiplicaré*, y no serán disminuidos 7235
30.19 *multiplicaré*, y no serán menoscabados 7235
33.22 *multiplicaré* la descendencia de David 7235
46.11 por demás *multiplicarás* las medicinas 7235
46.16 *multiplicó* los caídos, y cada uno cayó 7235
Lm 2.5 *multiplicó* en la hija de... la tristeza 7235
Ez 5.7 ¿por haberos *multiplicado* más que las 1995
11.6 habéis *multiplicado* vuestros muertos en 7235
16.7 te hice *multiplicar* como la hierba del 7235
16.25 y *multiplicaste* tus fornicaciones 7235
16.29 *multiplicaste*... fornicación en la tierra 7235
16.51 tú *multiplicaste* tus abominaciones más 7235
21.15 para que... los estragos se *multipliquen* 7235
22.25 *multiplicaron* sus viudas en medio de 7235
23.19 *multiplicó* sus fornicaciones, trayendo 7235
24.10 *multiplicando* la leña, y encendiendo el 7235
27.25 *multiplicaste* en gran manera en medio 7235
28.5 *multiplicado* tus riquezas; y a causa de 7235
31.5 se *multiplicaron* sus ramas, y a causa de 7235
35.13 y *multiplicasteis* contra mí... palabras 7235
36.10 y haré *multiplicar*... la casa de Israel 7235
36.11 *multiplicaré* sobre... serán *multiplicados* 7235
36.29 y llamaré al trigo, y lo *multiplicaré* 7235
36.30 *multiplicaré*... el fruto de los árboles 7235
36.37 hacerles esto: *multiplicaré* los hombres 7235
36.37 hombres como se *multiplican* los rebaños
37.26 y los estableceré y los *multiplicaré* 7235
Dn 4.1 a todos los... Paz os sea *multiplicada* 7680
6.25 Darío escribió... Paz os sea *multiplicada* 7680
Os 2.8 y que le *multipliqué* la plata y el oro 7235
4.10 fornicarán, mas no se *multiplicarán* 6555
8.11 *multiplicó* Efraín altares para pecar 7235
8.14 y Judá *multiplicó* ciudades fortificadas 7235
10.1 de su fruto *multiplicó* también... altares 7235
Nah 3.15 *multiplícate* como langosta, *m* como 3513
3.16 *multiplicaste* tus mercaderes más que las 7235
Hab 1.8 sus jinetes se *multiplicarán*; vendrán 6335
2.6 del que *multiplicó* lo que no era suyo! 7235
Zac 10.8 *multiplicados* tanto como fueron antes 7235
Mt 24.12 **por haberse *multiplicado* la maldad** *4129*
Hch 6.7 y el número de los... se *multiplicaba* *4129*
7.17 el pueblo... y se *multiplicó* en Egipto *4129*
12.24 la palabra del Señor... se *multiplicaba* *4129*
2 Co 9.10 y *multiplicará* vuestra sementera *4129*
He 6.14 de cierto te bendeciré... *multiplicaré* *4129*
1 P 1.2 gracia y paz os sean *multiplicadas* *4129*
2 P 1.2 gracia y paz os sean *multiplicadas* *4129*
Jud 2 misericordia y... os sean *multiplicados* *4129*

MULTITUD

Gn 16.10 no podrá ser contada a causa de la *m* 7230
28.3 te haga... hasta llegar a ser *m* de pueblos 6951
32.12 arena... que no se puede contar por la *m* 7230
48.19 su descendencia formará *m* de naciones 4393
Éx 12.38 subió con... *m* de toda clase de gentes 7227
16.3 desierto para matar de hambre... esta *m* 6951
19.21 que no traspase los límites... caerá *m* de 7227
Nm 14.2 dijo toda la *m*: ¡Ojalá muriéramos en 5712
14.5 se postraron... delante de toda la *m* de 6951
14.10 toda la *m* habló de apedrearlos. Pero 5712
14.27 ¿hasta cuándo oiré esta depravada *m* 5712
14.35 así haré a toda esta *m* perversa que 5712
Dt 1.10 sois como... estrellas del cielo en *m* 7230
10.22 te ha hecho como las estrellas... en *m* 7230
28.62 haber sido como las estrellas... en *m* 7230
Jos 11.4 mucha gente, como la arena que... en *m* 7230
Jue 6.5 y venían... en grande *m* como langostas 7230
7.12 como langostas en *m*... como la arena... *m* 7230
1 S 14.16 vieron... la *m* estaba turbada, e iba 1995
2 S 6.19 repartió... a toda la *m* de Israel, así 1995
17.11 *m* como la arena... a la orilla del mar 7230
1 R 3.8 que no se puede... ni numerar por su *m* 7230
4.20 Judá e Israel eran... como la arena... en *m* 7230
8.5 por la *m* no se podían contar ni numerar 7230
20.13 ¿has visto esta gran *m*? He aquí yo te 1995
20.28 yo entregaré toda esta... *m* en tu mano 1995
2 R 7.13 perecerán como toda la *m* de Israel 1995
19.23 con la *m* de mis carros he subido a las 7230
2 Cr 20.2 viene una gran *m* del otro lado del 7227
20.12 no hay fuerza contra tan grande *m* que 7227
20.15 ni os amedrentéis delante de esta *m* tan 7227
20.24 que vino Judá a la... miraron hacia la *m* 1995
23.3 y toda la *m* hizo pacto con el rey en la 6951
28.14 dejó... el botín delante... de toda la *m* 6951
29.23 delante del... de la *m* los machos cabríos 6951
29.28 la *m* adoraba, y los cantores cantaban 6951
29.31 la *m* presentó sacrificios y alabanzas 6951
30.4 esto agradó al rey y a toda la *m* 6951
30.18 una gran *m* del... no se habían purificado 7227
30.25 se alegró... toda la *m* que había venido 6951
31.18 eran inscritos con todos... toda la *m* 6951
32.7 ni tengáis miedo... toda la *m* que con él 7227
Esd 10.1 junto a él una muy grande *m* de Israel 6951
Est 5.11 la *m* de sus hijos, y todas las cosas 7230
10.3 fue... estimado por la *m* de sus hermanos 7230
Job 31.34 porque tuve temor de la gran *m*, y el 7227
35.9 causa de la *m* de las violencias claman 7230
36.31 castiga a los... a la *m* él da sustento 4342
37.23 juicio y en *m* de justicia no afligirá 7230
39.7 burla de la *m* de la ciudad; no oye las 1995
Sal 5.10 por la *m* de sus transgresiones échalos 7230
33.16 rey no se salva por la *m* del ejército 7230
42.4 de cómo yo fui con la *m*, y la conduje 5519
51.1 conforme a la *m* de tus piedades borra 7230
52.7 sino que confió en la *m* de sus riquezas 7230
68.11 *m* de las que llevaban buenas nuevas 7227
68.30 la *m* de toros con los becerros de los 5712
69.16 mírame conforme a... *m* de tus piedades 7230
94.19 en la *m* de mis pensamientos dentro de 7230
Pr 11.14 en la *m* de consejeros hay seguridad 7230
14.28 en la *m* del pueblo está la gloria del 7230
15.22 mas en la *m* de consejeros se afirman 7230
20.15 hay oro y *m* de piedras preciosas; mas 7230
24.6 en la *m* de consejeros está la victoria 7230
Ec 5.3 y de la *m* de las palabras la voz del 7230
Is 1.11 ¿para qué me sirve... *m*... sacrificios? 7230
5.13 gloria pereció... y su *m* se secó de sed 1995
5.14 descenderá la gloria de ellos, y su *m* 1995
13.4 estruendo de *m* en los montes, como de 1995
16.14 la gloria de Moab, con toda su gran *m* 1995
17.12 *m* de muchos pueblos que harán ruido 1995
29.5 la *m* de los fuertes como tamo que pasa 1995
29.7 la *m* de todas las naciones que pelean 1995
29.8 así será la *m* de todas las naciones que 1995
32.14 la *m* de la ciudad cesará; las torres y 1995
37.24 dijiste: Con la *m* de mis carros subiré 7230
47.9 a pesar de la *m* de tus hechizos y de tus 7230
47.12 en la *m* de tus hechizos, en los cuales 7230
49.19 estrecha por la *m* de los moradores, y
57.10 en la *m* de tus caminos te cansaste, pero 7230
60.5 se haya vuelto a ti la *m* del mar, y las 1995
60.6 *m* de camellos te cubrirá; dromedarios de 8229
63.7 según sus misericordias, y según la *m* 7230
Jer 30.14 a causa de... de la *m* de tus pecados 7230
49.32 la *m* de sus ganados por despojo; y los 527
51.42 Babilonia... *m* de sus olas fue cubierta 527
52.15 y a todo el resto de la *m* del pueblo 527
Lm 1.5 la afligió por la *m* de sus rebeliones 7230
3.32 se compadece según la *m*... misericordias 7230
Ez 7.11 ninguno quedará de ellos, ni de su *m* 1995
7.12 no llore... la ira está sobre toda la *m* 1995
7.13 la visión sobre toda la *m* no se revocará 1995
7.14 la batalla... mi ira está sobre toda la *m* 1995
14.4 responderé al que viniere conforme a la *m* 7230
19.11 fue vista por... la *m* de sus sarmientos 7230
23.24 vendrán contra ti carros... *m* de pueblos 6951
26.10 por la *m* de sus caballos te cubrirá el 8229
27.16 Edom traficaba contigo por la *m* de tus 7230
27.33 a los reyes... enriqueciste con la *m* de 7230
28.16 a causa de la *m* de tus contrataciones 7230
28.18 con la *m* de tus maldades y... iniquidad 7230
30.15 mi ira... y exterminaré a la *m* de Tebas 1995
31.9 lo hice hermoso con la *m* de sus ramas 7230
32.12 de Egipto, y toda su *m* será deshecha 1995
32.16 endecharán sobre Egipto y... toda su *m* 1995
32.18 hombre, endecha sobre la *m* de Egipto 1995
32.22 está Asiria con toda su *m*; en derredor 6951
32.24 Elam, y toda su *m* por los alrededores 1995
32.25 le pusieron lecho con toda su *m*; a sus 1995
32.26 allí Mesec y Tubal, y toda su *m*, sus 1995
32.31 se consolará sobre toda su *m*; Faraón 1995
32.32 Faraón y toda su *m* yacerán entre los 1995
38.4 gran *m* con paveses y escudos, teniendo 6951
38.7 prepárate y apercíbete, tú y toda tu *m* 6951
38.13 ¿has reunido tu *m* para tomar botín 6951
38.15 a caballo, gran *m* y poderoso ejército 6951
39.11 allí enterrarán a Gog y a toda su *m* 1995
Dn 10.6 palabras como el estruendo de una *m* 1995
11.10 mas... reunirán *m* de grandes ejércitos 1995
11.11 del norte; y pondrá en campaña *m* grande 1995
11.11 toda aquella *m* será entregada en su mano 1995
11.12 y al llevarse él la *m*, se elevará su 1995
11.13 a poner en campaña una *m* mayor que la 1995
12.3 los que enseñan la justicia a la *m*, como 7227
Os 9.7 a causa de la *m* de tu maldad, y grande 7230
10.13 confiaste... y en la *m* de tus valientes 7230
Am 5.23 quita de mí la *m* de tus cantares, pues 1995
Mi 2.12 harán estruendo por la *m* de hombres
Nah 3.3 y *m* de muertos, y *m* de cadáveres 7230
3.4 a causa de la *m* de las fornicaciones de 7230
Zac 2.4 causa de la *m* de hombres y de ganado 7230
8.4 bordón en su mano por la *m* de los días 7230
Mt 5.1 viendo la *m*, subió al monte... vinieron *3793*
9.36 al ver las *m*, tuvo compasión de ellas *3793*
14.14 saliendo Jesús, vio una gran *m*, y tuvo *3793*
14.15 despide a la *m*, para que vayan por las *3793*
14.19 dio los panes... y los discípulos a la *m* *3793*
14.22 ir... entre tanto que él despedía a la *m* *3793*
14.23 despedida la *m*, subió al monte a orar *3793*
15.10 **y llamando a sí a la *m*, les dijo: Oíd** *3793*
15.31 la *m* se maravillaba, viendo a... hablar *3793*
15.33 panes... para saciar a una *m* tan grande? *3793*
15.35 mandó a la *m*... se recostase en tierra *3793*
15.36 partió y dio... y los discípulos a la *m* *3793*
19.2 le siguieron grandes *m*, y los sanó allí *3793*
20.29 al salir ellos... le seguía una gran *m* *3793*
21.8 y la *m*... tendía sus mantos en el camino *3793*
27.20 pero... persuadieron a la *m* que pidiese *3793*
Mr 2.4 no podían acercarse... a causa de la *m* *3793*
3.7 le siguió gran *m* de Galilea. Y de Judea *4128*
3.8 de Jerusalén... grandes *m* vinieron a él *4128*
4.36 y despidiendo a la *m*, le tomaron como *3793*
5.21 se reunió alrededor de él una gran *m* *3793*
5.24 y le seguía una gran *m*, y le apretaban *3793*
5.27 vino por detrás entre la *m*, y tocó su *3793*
5.30 **él, volviéndose a la *m*, dijo: ¿Quién ha** *3793*
5.31 le dijeron: Ves que la *m* te aprieta, y *3793*
6.34 vio una gran *m*, y tuvo compasión de ellos *3793*
6.45 ir... entre tanto que él despedía a la *m* *3793*
7.14 y llamando a sí a toda la *m*, les dijo *3793*
7.17 cuando se alejó de la *m* y entró en casa *3793*
8.1 había una gran *m*, y no tenían qué comer *3793*
8.6 mandó a la *m* que se recostase en tierra *3793*
8.6 siete panes... los pusieron delante de la *m* *3793*
9.14 gran *m* alrededor de ellos, y escribas *3793*
9.17 respondiendo uno de la *m*, dijo: Maestro *3793*
9.25 cuando Jesús vio que la *m* se agolpaba *3793*
10.46 al salir de Jericó él y... y una gran *m* *3793*
12.12 temían a la *m*, y dejándole, se fueron *3793*
12.37 gran *m* del pueblo lo oía de buena gana *3793*
15.8 y viniendo la *m*, comenzó a pedir que *3793*
15.11 incitaron a la *m* para que les soltase *3793*
Lc 1.10 la *m* del pueblo estaba fuera orando *4128*
2.13 apareció... *m* de las huestes celestiales *4128*
3.7 a las *m* que salían para ser bautizadas *3793*
5.3 sentándose, enseñaba desde la barca... *m* *3793*
5.19 pero no hallando cómo... a causa de la *m* *3793*
6.17 y de una gran *m* de gente de toda Judea *4128*
7.11 iban con él... discípulos, y una gran *m* *3793*
8.4 juntándose una gran *m*, y los que de cada *3793*
8.19 no podían llegar hasta... causa de la *m* *3793*
8.37 la *m*... le rogó que se marchase de ellos *4128*
8.40 le recibió la *m* con gozo; porque todos *3793*
8.42 hija... Y mientras iba, la *m* le oprimía *3793*
8.45 dijo... Maestro, la *m* te aprieta y oprime *3793*
9.13 a comprar alimentos para toda esta *m* *2992*
9.37 descendió... gran *m* les salió al encuentro *3793*
9.38 hombre de la *m* clamó... Maestro, te ruego *3793*
11.27 una mujer de entre la *m* levantó la voz *3793*
11.29 **apiñándose las *m*, comenzó a decir: Esta** *3793*
12.1 en esto, juntándose por millares la *m* *3461*
12.13 le dijo uno de la *m*: Maestro, dí a mi *3793*
12.54 **a la *m*: Cuando veis la nube que sale del** *3793*
14.25 grandes *m* iban con él; y volviéndose *3793*
18.36 y al oír a la *m* que pasaba, preguntó *3793*
19.3 pero no podía a causa de la *m*, pues era *3793*
19.37 toda la *m* de los discípulos, gozándose *4128*
19.39 los fariseos de entre la *m* le dijeron *3793*
23.18 mas toda la *m* dio voces a una, diciendo
23.27 seguía gran *m* del pueblo, y de mujeres *4128*
23.48 la *m* de... viendo lo que había acontecido *3793*
Jn 5.3 yacía una *m* de enfermos, ciegos, cojos *4128*
6.2 seguía gran *m*, porque veían las señales *3793*
6.5 vio que había venido a él gran *m*, dijo a *3793*
7.12 gran murmullo acerca de él entre la *m* *3793*
7.20 respondió la *m* y dijo: Demonio tienes *3793*
7.31 muchos de la *m* creyeron en él, y decían *3793*
7.40 algunos de la *m*, oyendo estas palabras *3793*
11.42 **lo dije por causa de la *m*... alrededor** *3793*
12.9 *m* de los judíos supieron entonces que él *3793*
12.12 *m* que habían venido a la fiesta, al oír *3793*
12.29 *m* que estaba allí y había oído la voz *3793*
Hch 2.6 hecho este estruendo, se juntó la *m* *4128*
4.32 y la *m* de los que habían creído era de *4128*
6.2 doce convocaron a la *m* de los discípulos *4128*
6.5 agradó la propuesta... la *m*; y eligieron *4128*
11.24 y una gran *m* fue agregada al Señor *3793*
14.1 manera que creyó una gran *m* de judíos *4128*
14.14 y se lanzaron entre la *m*, dando voces *3793*
14.18 impedir... la *m* les ofreciese sacrificio *3793*
14.19 unos judíos de... que persuadieron a la *m* *3793*
15.12 toda la *m* calló, y oyeron a Bernabé y *4128*
17.13 fueron allá, y... alborotaron a las *m* *3793*
19.9 maldiciendo el Camino delante de la *m* *4128*
19.33 y sacaron de entre la *m* a Alejandro *3793*
19.35 cuando había apaciguado a la *m*, dijo *3793*
21.22 la *m* se reunirá de cierto, porque oirán *4128*
21.27 alborotaron a toda la *m* y le echaron *3793*
21.34 entre la *m*, unos gritaban una cosa, y *3793*
21.35 llevado en peso... la violencia de la *m* *3793*
24.12 no me hallaron... ni amotinando a la *m* *3793*
24.18 purificado... no con *m* ni con alboroto *3793*
25.24 la *m* de los judíos me ha demandado en *4128*
He 11.12 como las estrellas del cielo en *m*, y *4128*
Stg 5.20 salvará de... y cubrirá *m* de pecados *4128*
1 P 4.8 porque el amor cubrirá *m* de pecados *4128*
Ap 7.9 una gran *m*, la cual nadie podía contar *3793*
19.1 oí una gran voz de gran *m* en el cielo *3793*
19.6 oí como la voz de una gran *m*, como el *3793*

MULLIR
Sal 41.3 *mullirás*...su cama en su enfermedad........2015

MUNDANO
Sal 17.14 hombres *m*, cuya porción la tienen en.......2465
Tit 2.12 renunciando a la...y a los deseos *m*...........*2886*

MUNDO
1 S 2.8 de Jehová...él afirmó sobre ellas el *m*.........8398
2 S 22.16 al descubierto los cimientos del *m*...........8398
1 Cr 16.30 el *m* será aún establecido, para que........8398
Job 18.18 será lanzado a...echado fuera del *m*........8398
34.13 él...¿y quién puso en orden todo el *m*?.......8398
37.12 para hacer sobre la faz del *m*, en la..........8398
Sal 9.8 él juzgará al *m* con justicia, y a los............8398
18.15 descubierto los cimientos del *m*, a tu.........8398
19.4 y hasta el extremo del *m* sus palabras..........8398
24.1 de Jehová...el *m*, y los que en él habitan......8398
33.8 teman delante de él...habitantes del *m*........8398
49.1 oíd...escuchad, habitantes todos del *m*........2465
50.12 a ti; porque mío es el *m* y su plenitud.........8398
73.12 estos impíos, sin ser turbados del *m*..........5769
77.18 trueno tus relámpagos alumbraron el *m*.....8398
89.11 tuyos...*m* y su plenitud, tú lo fundaste..........8398
90.2 antes que...y formases la tierra y el *m*........8398
93.1 afirmó también el *m*, y no se moverá...........8398
96.10 reina...afirmó el *m*, no será conmovido......8398
96.13 juzgará al *m* con justicia, y a...pueblos.......8398
97.4 relámpagos alumbraron el *m*; la tierra.........8398
98.7 brame el...el *m* y los que en él habitan........8398
98.9 juzgará al *m* con justicia, y a...pueblos........8398
Pr 8.26 no...ni el principio del polvo del *m*............8398
Is 13.11 y castigaré al *m* por su maldad, y a...........8398
14.17 puso el *m* como un desierto, que asoló.........8398
14.21 no...ni llenen de ciudades la faz del *m*.......8398
18.3 vosotros, todos los moradores del *m* y.........8398
23.17 fornicará con todos los reinos del *m*...........776
24.4 enfermó, cayó el *m*; enfermaron los altos.......8398
26.9 los moradores del *m* aprenden justicia.........8398
26.18 tierra, ni cayeron los moradores del *m*........8398
27.6 Israel, y la faz del *m* llenará de fruto..........8398
34.1 oiga la tierra...*m* y todo lo que produce.......8398
38.11 ya no veré más hombre con los...del *m*.......2309
Jer 10.12 que puso en orden el *m* con su saber.........8398
25.26 y a todos los reinos del *m* que están...........776
51.15 él es...que afirmó el *m* con su sabiduría.........8398
Lm 4.12 ni...los que habitan en el *m*, creyeron.......8398
Nah 1.5 y el *m*, y todos los que en él habitan...........8398
Mt 4.8 le mostró todos los reinos del *m* y la...........*2889*
5.14 vosotros sois la luz del *m*; una ciudad.........*2889*
13.35 escondidas desde la fundación del *m*..........*2889*
13.38 el campo es el *m*; la buena semilla son.......*2889*
16.26 ¿qué aprovechará...si ganare todo el *m*.....*2889*
18.71 ¡ay del *m* por los tropiezos! porque es..........*2889*
24.14 predicado este evangelio...en todo el *m*.....*3625*
24.21 desde el principio del *m* hasta ahora.........*2889*
25.34 preparado...desde la fundación del *m*.........*2889*
26.13 en todo el *m*...se contará lo que ésta ha.....*2889*
28.20 estoy con vosotros...hasta el fin del *m*........*165*
Mr 8.36 **ganare todo el *m*, y perdiere su alma?**..........*2889*
14.9 en todo el *m*...se contará lo que ésta ha.......*2889*
16.15 por todo el *m* y predicad el evangelio..........*2889*
Lc 2.1 un edicto...todo el *m* fuese empadronado......*3625*
9.25 si gana todo el *m*, y se destruye o se...........*2889*
11.50 ha derramado desde la fundación del in.....*2889*
12.30 estas cosas buscan las gentes del *m*..........*2889*
Jn 1.9 aquella luz verdadera...venía a este *m*..........*2889*
1.10 en el *m* estaba, y el *m* por él fue hecho..........*2889*
1.10 por...fue hecho; pero el *m* no le conoció.......*2889*
1.29 el Cordero...que quita el pecado del *m*..........*2889*
3.16 de tal manera amó Dios al *m*, que ha dado.....*2889*
3.17 no envié...su Hijo al *m* para condenar al *m*...*2889*
3.17 no...sino para que el *m* sea salvo por él.......*2889*
3.19 la luz vino al *m*, y los hombres amaron.........*2889*
4.42 sabemos que...éste es el Salvador del *m*.......*2889*
6.14 es el profeta que había de venir al *m*..........*2889*
6.33 que descendió del cielo y da vida al *m*..........*2889*
6.51 es mi carne...yo daré por la vida del *m*.........*2889*
7.4 si estas cosas haces, manifiéstate al *m*..........*2889*
7.7 no puede el *m* aborreceros a vosotros; mas.....*2889*
8.12 yo soy la luz del *m*; el que me sigue, no...........*2889*
8.23 sois de este *m*, yo no soy de este *m*..............*2889*
8.26 yo, lo que he oído de él, esto hablo al *m*..........*2889*
9.5 tanto que estoy en el *m*, luz soy del *m*..........*2889*
9.39 para juicio he venido yo a este *m*; para..........*2889*
10.36 al que el Padre santificó y envió al *m*...........*2889*
11.9 no tropieza, porque ve la luz de este *m*..........*2889*
11.27 el Hijo de Dios, que has venido al *m*..........*2889*
12.19 ya veis que...Mirad, el *m* se va tras él..........*2889*
12.25 el que aborrece su vida en este *m*, para.......*2889*
12.31 ahora es el juicio de este *m*; ahora el...........*2889*
12.31 príncipe de este *m* será echado fuera..........*2889*
12.46 yo, la luz, he venido al *m*, para que...........*2889*
12.47 no...a juzgar al *m*, sino a salvar al *m*..........*2889*
13.1 hora...para que pasase de este *m* al Padre....*2889*
13.1 amado a los suyos que estaban en el *m*..........*2889*
14.17 Espíritu...cual el *m* no puede recibir..........*2889*
14.19 todavía un poco, y el *m* no me verá más.......*2889*
14.22 te manifestarás a nosotros, y no al *m*?.......*2889*
14.27 la paz...yo no os la doy como el *m* la da......*2889*
14.30 porque viene el príncipe de este *m*, y..........*2889*
14.31 para que el *m* conozca que amo al Padre......*2889*
15.18 si el *m* os aborrece, sabed que a mí me..........*2889*
15.19 si fuerais del *m*, el *m* amaría lo suyo............*2889*
15.19 porque no sois del *m*...os elegí del *m*.........*2889*
15.19 yo os elegí...por eso el *m* os aborrece..........*2889*
16.8 convencerá al *m* de pecado, de justicia..........*2889*
16.11 príncipe de este *m* ha sido ya juzgado.........*2889*
16.20 vosotros lloraréis...y el *m* se alegrará.........*2889*
16.21 de que haya nacido un hombre en el *m*........*2889*
16.28 y he venido al in; otra vez dejo el *m*, y...........*2889*
16.33 en el *m* tendréis...yo he vencido al *m*.........*2889*
17.5 gloria que tuve...antes que el *m* fuese...........*2889*
17.6 a los hombres que del *Áti* me diste; tuyos.......*2889*
17.9 no ruego por el *m*, sino por los que me..........*2889*
17.11 no estoy en el *m*...éstos están en el *m*..........*2889*
17.12 cuando estaba con ellos en el *m*, yo los..........*2889*
17.13 y hablo esto en el *m*, para que tengan...........*2889*
17.14 el *m* los aborreció, porque no son del...........*2889*
17.14,16 no son del *m*...tampoco yo soy del *m*.......*2889*
17.15 no ruego que los quites del *m*, sino que.......*2889*
17.18 me enviaste al *m*...los he enviado al *m*.......*2889*
17.21 para que el *m* crea que tú me enviaste........*2889*
17.23 para que el *m* conozca que tú me enviaste...*2889*
17.24 has amado...antes de la fundación del *m*....*2889*
17.25 Padre justo, el *m* no te ha conocido............*2889*
18.20 públicamente he hablado al *m*; siempre.......*2889*
18.36 reino no es de este *m*; si...de este *m*..........*2889*
18.37 y para esto he venido al *m*, para dar..........*2889*
21.25 ni aún en el *m* cabrían los libros que..........*2889*
Hch 17.6 que trastornan el *m*...han venido acá.......*3625*
17.24 Dios que hizo el *m* y todas las cosas..........*2889*
17.31 día en el cual juzgará al *m* con justicia.......*3625*
19.27 a quien venera toda Asia, y el *m* entero.......*3625*
24.5 promotor de sediciones...por todo el *m*.......*3625*
Ro 1.8 que vuestra fe se divulga por todo el *m*..........*2889*
1.20 visibles desde la creación del *m*, siendo.........*2889*
3.6 de otro modo, ¿cómo juzgaría Dios al *m*?.........*2889*
3.19 todo el *m* quede bajo el juicio de Dios...........*2889*
4.13 la promesa de que sería heredero del *m*........*2889*
5.12 el pecado entró en el *m* por un hombre........*2889*
5.13 antes de la ley, había pecado en el *m*..........*2889*
11.12 si su transgresión es la riqueza del *m*..........*2889*
11.15 su exclusión es la reconciliación del *m*........*2889*
1 Co 1.20 ha enloquecido...la sabiduría del *m*..........*2889*
1.21 ya que...el *m* no conoció a Dios mediante......*2889*
1.27 que lo necio del *m* escogió Dios, para...........*2889*
1.27 lo débil del *m*...avergonzar a lo fuerte..........*2889*
1.28 lo vil del *m* y lo menospreciado escogió..........*2889*
2.12 no hemos recibido el espíritu del *m*, sino.......*2889*
3.19 la sabiduría de este *m* es insensatez para.....*2889*
3.22 sea el *m*, sea la vida, sea la muerte..............*2889*
4.9 hemos llegado a ser espectáculo al *m*, a..........*2889*
4.13 hemos venido a ser...la escoria del *m*..........*2889*
5.10 no...con los fornicarios de este *m*, o con.........*2889*
5.10 tal caso os sería necesario salir del *m*..........*2889*
6.2 santos han de juzgar al *m*? Y si el *m* ha..........*2889*
7.31 los que disfrutan de este *m*, como si no..........*2889*
7.31 porque la apariencia de este *m* se pasa..........*2889*
7.33,34 tiene cuidado de las cosas del *m*, de..........*2889*
8.4 sabemos que un ídolo nada es en el *m*, y..........*2889*
11.32 para que no seamos condenados con el *m*....*2889*
14.10 tantas clases de idiomas hay...en el *m*.......*2889*
2 Co 1.12 Dios, nos hemos conducido en el *m*..........*2889*
5.19 en Cristo reconciliando consigo al *m*..........*2889*
7.10 pero la tristeza del *m* produce muerte..........*2889*
Gá 4.3 en esclavitud bajo los rudimentos del *m*..........*2889*
6.14 el *m* me es crucificado a mí, y yo al *m*..........*2889*
Ef 1.4 escogió...antes de la fundación del *m*..........*2889*
2.2 siguiendo la corriente de...*m*, conforme..........*2889*
2.12 estabais sin Cristo...y sin Dios en el *m*..........*2889*
Fil 2.15 resplandecéis como luminares en el *m*..........*2889*
Col 1.6 que ha llegado...así como a todos en el *m*......*2889*
2.8 conforme a los rudimentos del *m*, y no..........*2889*
2.20 habéis muerto...a los rudimentos del *m*..........*2889*
2.20 como si vivieseis en el *m*, os sometéis..........*2889*
1 Ti 1.15 Cristo Jesús vino al *m* para salvar..........*2889*
3.16 creído en el *m*, recibido arriba...gloria..........*2889*
6.7 nada hemos traído ha este *m*, y sin duda.......*2889*
2 Ti 4.10 me ha desamparado, amando este *m*
He 1.6 introduce al primogénito en el *m*, dice
2.5 no sujetó a los ángeles el *m* venidero..........*3625*
4.3 obras...acabadas desde la fundación del *m*
9.26 muchas veces desde el principio del *m*..........*2889*
10.5 entrando en el *m* dice: Sacrificio y..........*2889*
11.7 y por esa fe condenó al *m*, y fue hecho..........*2889*
11.38 de los cuales el *m* no era digno; errando.......*2889*
Stg 1.27 visitar...guardarse sin mancha del *m*..........*2889*
2.5 ¿no ha elegido...a los pobres de este *m*..........*2889*
3.6 y la lengua es un fuego, un *m* de maldad..........*2889*
4.4 amistad del *m* es enemistad contra Dios?..........*2889*
4.4 quiera ser amigo del *m*...enemigo de Dios..........*2889*
1 P 1.20 ya...desde antes de la fundación del *m*..........*2889*
5.9 van cumpliendo en...hermanos en todo el *m*...*2889*
2 P 1.4 huido de la corrupción que...en el *m*..........*2889*
2.5 y si no perdonó al *m* antiguo, sino que..........*2889*
2.5 trayendo el diluvio sobre el *m* de...impíos..........*2889*
2.20 escapado de las contaminaciones del *m*..........*2889*
3.6 el *m* de entonces pereció anegado en agua.....*2889*
1 Jn 2.2 no...sino también por los de todo el *m*..........*2889*
2.15 no améis al *m*, ni las cosas que...en el *m*..........*2889*
2.15 si alguno ama al *m*, el amor del Padre..........*2889*
2.16 que hay en el *m*...no proviene del Padre..........*2889*
2.16 vida, no proviene del Padre, sino del *m*..........*2889*
2.17 y el *m* pasa, y sus deseos; pero el que..........*2889*
3.1 por eso el *m* no nos conoce, porque no le..........*2889*
3.13 míos, no os extrañéis si el *m* os aborrece..........*2889*
3.17 el que tiene bienes de este *m* y ve a su..........*2889*
4.1 muchos falsos profetas han salido...el *m*..........*2889*
4.3 que viene, y que ahora ya está en el *m*..........*2889*
4.4 mayor es el que...que el que está en el *m*..........*2889*
4.5 son del *m*...hablan del *m*,y el *m* los oye..........*2889*
4.9 que Dios envió a su Hijo unigénito al *m*..........*2889*
4.14 ha enviado al Hijo, el salvador del *m*..........*2889*
4.17 como él es, así somos nosotros en este *m*..........*2889*
5.4 todo el que es nacido de Dios vence al *m*..........*2889*
5.4 esta es la victoria que ha vencido al *m*..........*2889*
5.5 ¿quién es...vence al *m*, sino el que cree..........*2889*
5.19 que...el *m* entero está bajo el maligno..........*2889*
2 Jn 7 muchos engañadores han salido por el *m*..........*2889*
Ap 3.10 **la prueba que ha de venir sobre el *m***..........*3625*
11.15 los reinos del *m* han venido a ser de..........*2889*
12.9 y Satanás, el cual engaña al *m* entero..........*3625*
13.8 fue inmolado desde el principio del *m*..........*2889*
16.14 y van a los reyes...en todo el *m*, para..........*3625*
17.8 escritos desde la fundación del *m* en el..........*2889*

MUPIM *Hijo de Benjamín*, Gn 46.21..............4649

MURALLA
2 S 20.15 pueblo...trabajas por derribar la *m*..........2346
Neh 4.6 edificamos, pues, el muro, y toda la *m*..........2346
Is 54.12 puertas...tu *m* de piedras preciosas
Jer 21.4 los caldeos que están fuera de la *m*..........2346

MURCIÉLAGO
Lv 11.19; Dt 14.18 cigüeña...abubilla y el *m*..........5847
Is 2.20 arrojará el hombre a los topos y *m* sus..........5847

MURMULLO
Is 17.12 y *m* de naciones que harán alboroto..........7588
Jn 7.12 gran *m* acerca de él entre la multitud..........*1112*

MURMURACIÓN
Éx 16.7 él ha oído vuestras *m* contra Jehová..........3885
16.8 Jehová ha oído vuestras *m* con que habéis....8519
16.8 vuestras *m* no son contra nosotros, sino..........8519
16.9 acercaos a...Jehová...ha oído vuestras *m*.....8519
16.12 he oído las *m* de los hijos de Israel..........8519
Jer 20.10 porque oí la *m* de muchos, temor de
Hch 6.1 *m* de los griegos contra los hebreos..........*1112*
2 Co 12.20 haya entre vosotros...*m*, soberbias..........*5587*
Fil 2.14 haced todo sin *m* y contiendas..........*1112*
1 P 4.9 hospedados los unos a los otros sin *M*..........*1112*

MURMURADOR
Is 29.24 extraviados...*m* aprenderán doctrina..........7279
Ro 1.30 *m*, detractores, aborrecedores de Dios..........*2637*
Jud 16 son *m*, querellosos, que andan según sus..........*1113*

MURMURAR
Éx 15.24 pueblo *murmuró* contra Moisés, y dijo..........3885
16.2 la congregación...*murmuró* contra Moisés...3885
16.7 qué...para que *murmuréis* contra nosotros?...8519
16.8 ha oído...que habéis *murmurado* contra él....8519
17.3 *murmuró* contra Moisés, y dijo: ¿por qué......3885
Nm 14.27 esta depravada multitud que *murmura*.....3885
14.29 todo...los cuales han *murmurado* contra..........3885
14.36 los varones que...habían hecho *murmurar*..3885
16.11 Aarón, ¿qué es...contra él *murmuréis*?......3885
16.41 la congregación de...de Israel *murmuró*......3885
17.5 las quejas...que *murmuran* contra vosotros...8519
Dt 1.27 y murmurasteis en vuestras tiendas..........7229
Jos 9.18 la congregación *murcuraba* contra los..........3885
Sal 41.7 *murmuran* contra mí todos los que me..........3907
106.25 antes *murmuraron* en sus tiendas, y no.....7279
Mt 20.11 **y al recibirlo, *murmuraban* contra él**..........*1111*
Mr 14.5 dado a los pobres. Y *murmuraban* contra.....*1690*
Lc 5.30 los escribas y los fariseos *murmuraban*..........*1111*
15.2 los fariseos y los escribas *murmuraban*..........*1234*
19.7 al ver esto, todos *murmuraban*, diciendo..........*1234*
Jn 6.41 *murmuraban* entonces de él los judíos..........*1111*
6.43 **les dijo: No *murmuréis* entre vosotros**..........*1111*
6.61 sabiendo...que sus discípulos *murmuraban*...*1111*
7.32 oyeron a la gente que *murmuraba* de él..........*1111*
1 Co 10.10 ni *murmuréis*, como...*murmuraron*..........*1111*
Stg 4.11 no *murmuréis* los uno de los otros..........*2635*
4.11 el que *murmura* del hermano...*m* de la ley....*2635*
1 P 2.12; 3.16 en lo que *murmuran* de vosotros..........*2635*

MURO
Gn 49.22 cuyos vástagos se extienden sobre el *m*......7791
Éx 14.22,29 las aguas como *m* a su derecha y..........2346
Lv 25.31 casas de las aldeas que no tienen *m*..........2346
Nm 35.4 los ejidos de...mil codos...desde el *m*..........7023
Dt 3.5 eran ciudades fortificadas con *m* altos..........2346
3.5 sin contar otras muchas ciudades sin *m*
28.52 pondrá sitio...hasta que caigan tus *m*..........2346
Jos 2.15 casa...en el *m*...y ella vivía en el *m*..........2346
6.5 a gran voz, y el *m* de la ciudad caerá..........2346
6.20 el pueblo gritó, y...y el *m* se derrumbó..........2346
1 S 6.18 las ciudades...como las aldeas sin *m*
25.16 *m* fueron para nosotros de día y...noche......2346
31.10 colgaron su cuerpo en el *m* de Bet-sán..........7023
31.12 quitaron el cuerpo de Saúl...del *m* de..........2346
2 S 5.11 de Tiro envió...canteros para los *m*
11.20 sabéis...que suelen arrojar desde el *m*?......2346
11.21 ¿no echó una mujer del *m* un pedazo de......2346
11.21 ¿por qué os acercasteis tanto al *m*?..........2346
11.24 pero los flecheros tiraron...desde el *m*..........2346
18.24 ido al terrado sobre la puerta en el *m*..........2346
20.21 su cabeza te será arrojada desde el *m*..........2346
22.30 ejércitos, y con mi Dios asaltaré *m*..........7791
1 R 3.1 acaba de edificar...los *m* de Jerusalén..........2346
4.13 sesenta...ciudades con *m* y cerraduras de..........2346
6.5 también junto al *m* de la casa aposentos..........7023
9.15 para edificar la...y el *m* de Jerusalén..........2346
20.30 y el *m* cayó sobre 27.000 hombres que..........2346
21.23 los perros comerán a Jezabel en el *m* de.....2426
2 R 3.27 sacrificó en holocausto sobre el *m*..........2346
6.26 pasando el rey...por el *m*, una mujer le..........2346
6.30 rasgó sus vestidos, y pasó así por el *m*..........2346
14.13 y vino a...y rompió el *m* de Jerusalén..........2346
18.26 oídos del pueblo que está sobre el *m*..........2346
18.27 no a los hombres que están sobre el *m*..........2346
25.4 abierta ya...brecha en el *m* de la ciudad..........2346
25.4 huyeron...entre los dos *m*, junto a los

25.10 ejército...derribó los *m*...de Jerusalén....... 2346
1 Cr 11.8 edificó la ciudad...Milo hasta el *m*
2 Cr 8.5 reedificó...con *m*, puertas y barras........... 2346
14.7 cerquémoslas de *m* con torres, puertas........ 2346
25.23 Joás rey de...derribó el *m* de Jerusalén...... 2346
26.6 salió y peleó contra...rompió el *m* de Gat..... 2346
26.6 rompió...el *m* de Jabni, y el *m* de Asdod....... 2346
27.3 sobre el *m* de la fortaleza edificó mucho...... 2346
32.5 edificó...los *m* caídos...otro *m* por fuera...... 2346
32.18 al pueblo de...que estaba sobre los *m*........ 2346
33.14 edificó el *m*...y elevó el *m* muy alto.......... 2346
36.19 de Dios, y rompieron el *m* de Jerusalén...... 2346
Esd 4.12 edifican...y levantan los *m* y reparan........ 7792
4.13 si...los *m* levantados, no pagarán............. 7792
4.16 fuere reedificada, y levantados sus *m*......... 7792
5.3,9 edificar esta casa y levantar estos *m*?......... 846
Neh 1.3 y el *m* de Jerusalén derribado, y sus.......... 2346
2.8 para el *m* de la ciudad, y la casa en que........ 2346
2.13 salí...y observé los *m* de Jerusalén que........ 2346
2.15 de noche...observé el *m*, y di la vuelta......... 2346
2.17 venid, y edifiquemos el *m* de Jerusalén........ 2346
3.8 reparada a Jerudalén hasta el *m* ancho........ 2346
3.13 levantaron...mil codos del *m*, hasta la......... 2346
3.15 y levantó...el *m* del estanque de Siloé......... 2346
3.24 hasta el ángulo entrante del *m*, y hasta
3.27 restauraron los tecoítas...el *m* de Ofel......... 2346
4.1 cuando oyó Sanbalat...edificábamos el *m*...... 2346
4.3 lo que ellos edifican del *m* de piedra, si......... 2346
4.6 edificamos, pues, el *m*, y toda la muralla....... 2346
4.7 que oyendo...que los *m* de Jerusalén eran...... 2346
4.10 debilitado...y no podemos edificar el *m*....... 2346
4.13 detrás del *m*, y en los sitios abiertos........... 2346
4.15 nos volvimos todos al *m*, cada uno a su........ 2346
4.17 los que edificaban en el *m*, los que............ 2346
4.19 estamos apartados en el *m*, lejos unos de...... 2346
5.16 en la obra de este *m* restauré mi parte........ 2346
6.1 oyeron...que yo había edificado el *m*, y......... 2346
6.6 por eso edificas tú el *m*, con la mira de......... 2346
6.15 fue terminado, pues, el *m*, el 25 del mes....... 2346
7.1 luego que el *m* fue edificado, y colocadas....... 2346
12.27 para la dedicación del *m* de Jerusalén........ 2346
12.30 purificaron al...y las puertas, y el *m*........ 2346
12.31 sobre el *m*, y puse dos coros grandes......... 2346
12.31 uno a la derecha, sobre el *m*, hacia la......... 2346
12.37 por la subida del *m*, desde la casa de......... 2346
12.38desde la torre de los...hasta el *m* ancho...... 2346
13.21 ¿por qué os quedais...delante del *m*?........ 2346
Est 9.19 los...habitan en las villas sin *m*
Sal 18.29 contigo...y con mi Dios asaltaré *m*.......... 7791
51.18 bien...a Sion; edifica los *m* de Jerusalén..... 2346
55.10 día y noche la rodean sobre sus *m*, e......... 2346
122.7 la paz dentro de tus *m*, y el descanso......... 2426
Pr 18.11 y como un *m* alto en su imaginación.......... 2346
25.28 como ciudad...sin *m* es el hombre cuyo...... 2346
Cnt 5.7 quitaron mi manto...guardas de los *m*........ 2346
8.9 si ella es *m*, edificaremos sobre él un.......... 2346
8.10 soy *m*, y mis pechos como torres, desde........ 2346
Is 2.15 sobre toda torre alta, y sobre todo *m*........... 2346
22.5 para derribar el *m*, y clamar al monte......... 7023
22.10 derribasteis casas para fortificar el *m*....... 2346
22.11 hicisteis foso entre los dos *m* para las........ 2346
25.4 el ímpetu...es como turbión contra el *m*....... 7023
25.12 y abatirá la fortaleza de tus altos *m*......... 2346
26.1 salvación puso Dios por *m* y antemuro......... 2346
36.11 lo oye el pueblo que está sobre el *m*......... 2346
36.12 no a los hombres que están sobre el *m*....... 2346
49.16 que...delante de mí están siempre tus *m*..... 2346
56.5 daré lugar en mi casa y dentro de mis *m*....... 2346
60.10 y extranjreros edificarán tus *m*, y sus........ 2346
60.18 a tus *m* llamarás salvación, y a tus........... 2346
62.6 sobre tus *m*...he puesto guardas; todo el...... 2346
Jer 1.15 y junto a todos sus *m* en derredor............ 2346
1.18 que yo te he puesto...como *m* de bronce...... 2346
5.10 escalad sus *m* y destruid, pero no del......... 8284
5.10 quitad las almenas de sus *m*, porque no
15.20 te pondré...por *m* fortificado de bronce..... 2346
39.2 se abrió brecha en el *m* de la ciudad
39.4 por la entre los dos *m*; y salió................ 2346
39.8 caldeos...derribaron los *m* de Jerusalén...... 2346
49.27 haré encender fuego en el *m* de Damasco.... 2346
50.15 sus cimientos, derribados son sus *m*.......... 2346
51.12 levantad bandera...los *m* de Babilonia....... 2346
51.44 juzgaré a...y el *m* de Babilonia caerá........ 2346
51.58 el *m* ancho de Babilonia será derribado...... 2346
52.7 y fue abierta una brecha en el *m* de la........ 2346
52.7 dos *m* que había cerca del jardín del rey...... 2346
52.14 todos los *m* en derredor de Jerusalén........ 2346
Lm 2.7 mano del enemigo los *m* de sus palacios....... 2346
2.8 determinó destruir...*m* de la hija de Sion....... 2346
2.8 hizpo que se lamentara el antemuro y el *m*..... 2346
Ez 4.3 ponla en lugar de *m* de hierro entre ti.......... 7023
13.5 edificado un *m* alrededor de la casa de........ 7023
26.4 demolerán los *m* de Tiro,...y sus torres........ 2346
26.9pondrá contra ti arietes, contra tus *m*........ 2346
26.10 con el estruendo de...temblarán tus *m*....... 2346
26.12 aarruinarán tus *m*, y...casas preciosas...... 2346
27.11 hijos de Arvad...estuvieron sobre tus *m*...... 2346
27.11 gamadeos...escudos colgaron sobre tus *m*... 2346
38.11 habitan sin *m*, y no tienen cerrojos ni........ 2346
38.20 los vallados...y todo *m* caerá a tierra........ 2346
40.5 y he aquí un *m* fuera de la casa; y la.......... 2346
40.5 midió el espesor del *m*, de una caña, y......... 1146
41.5 midió el *m* de la casa, de seis codos............ 7023
42.7 el *m*...enfrente de las cámaras, hacia el....... 1447
42.10 lo largo del *m* del...hacia el oriente.......... 1444
42.12 había enfrente del *m* al lado oriental......... 1448
42.20 un *m*...de quinientas cañas de longituld..... 2346
Dn 9.25 se volverá a edificar la plaza y el *m*........... 2742
Jl 2.7 como hombres de guerra subirán el *m*........... 2346
2.9 correrán por el *m*, subirán por las casas...... 2346
Am 1.7,10,14 prenderé fuego en el *m*...consumirá..... 2346
7.7 el Señor estaba sobre un *m* hecho a plomo..... 2346
Mi 5.1 rodéate ahora de *m*, hija de guerreros
7.11 viene el día en que se edificarán tus *m*........ 1447
Nah 2.5 sea apresurarán a su *m*,y la defensa.......... 2346
3.8 cuyo baluarte era el mar, y aguas por *m*?...... 2346
Hab 2.11 porque la piedra clamará desde el *m*........ 7023
Zac 2.4 dijo...Sin *m* será habitada Jerusalén
2.5 seré para ella...*m* de fuego en derredor........ 2346
Hch 9.25 le bajaron por el *m*, descolgándole en........ *5038*
2 Co 11.33 fui descolgado del *m* en un canasto......... *5038*
He 11.30 cayeron los *m* de Jericó después de......... *5038*
Ap 21.12 tenía un *m* grande...con doce puertas....... *5038*
21.14 el *m* de la ciudad tenía doce cimientos........ *5038*
21.15 caña de...para medir la ciudada...y su *m*.... *5038*
21.17 y midió su *m*, 144 codos, de medida de........ *5038*
21.18 el material de su *m* era de jaspe; pero....... *5038*
21.19 y los cimientos del *m*...adornados con........ *5038*

MÚSCULO

Job 40.16 y su vigor en los *m* de su vientre............ 8306

MUSI *Hijo de Merari*, Éx 6.19; Nm 3.20;
1 Cr 6.19,47; 23.21; 24.26,30.................. 4187

MÚSICA

1 S 18.6 las mujeres...con instrumentos de *m*......... 5059
1 Cr 15.16 a cantores con instrumentos de *m*.......... 7892
15.22 Quenanías, principal de los...en la *m*........ 4853
16.42 y con otros instrumentos de *m* de Dios....... 7892
25.6 bajo la dirección de su padre en la *m*.......... 7892
2 Cr 5.13 címbalos y otros instrumentos de *m*.......... 7892
7.6 los levitas, con los instrumentos de *m* de........ 7892
23.13 y los cantores con instrumentos de *m*........ 7892
34.12 los entendidos en instrumentos de *m*......... 7892
Ec 2.8 y de toda clase de instrumentos de *m*........... 7705
Dn 3.5,7,10,15 al oír el son...instrumentos de *m*....... 2170
6.18 ni instrumentos de *m* fueron traídos
Lc 15.25 **y cuando vino...oyó la *m* y las danzas**....... *4858*

MUSICAL

Neh 12.36 los instrumentos *m* de David varón......... 7892
Am 6.5 e inventan instrumentos *m*, como David....... 7892

MÚSICO

Sal 4,5,6,8,9,11,12,13,14,18,19,20,21,22,31,36,39,40,41,
42,44,45,46,47,49,51,52,53,54,55,56,57,58,59,60,61,62,
64,65,66,67,68, 69,70,75,76,77,80,81,84,85,88,109,139,
140 *tits.* al *m* principal............................ 5329
68.25 los cantores iban delante, los *m* detrás....... 5059
Ap 18.22 y voz de arpistas, de *m*...no se oirá.......... *3451*

MUSITA *Descendiente de Musi*, Nm 3.33; 26.58... 4188

MUSLO

Gn 24.2 pon ahora tu mano debajo de mi *m*........... 3409
24.9 puso su mano debajo del *m* de Abraham su... 3409
32.25 tocó en...de su *m*, y se descoyuntó el *m*...... 3409
32.32 el encaje del *m*...este sitio de su *m* en........ 3409
47.29 que pongas tu mano debajo de mi *m*, y....... 3409
Éx 28.42 y le harás calzoncillos...hasta los *m*.......... 3409
32.27 poned cada uno su espada sobre su *m*....... 3409
Nm 5.21 tu *m* caiga y que tu vientre se hinche............ 3409
5.22 y hagan hinchar tu vientre y caer tu *m*........ 3409
5.27 y su vientre se hinchará y caerá su *m*......... 3409
Jue 15.8 los hirió cadera y *m* con...mortandad........ 3409
Job 40.17 nervios de sus *m* están entretejidos......... 6344
Sal 45.3 ciñe tu espada sobre el *m*, oh valiente........ 3409
Cnt 3.8 cada uno su espada sobre su *m*, por los....... 3409
7.1 los contornos de tus *m* son como joyas......... 3409
Jer 31.19 que reconocí mi falta, herí mi *m*............. 3409
Ez 21.12 caerán...a espada...hiere, pues, tu *m*......... 3409
Dn 2.32 imagen...su vientre y sus *m*, de bronce....... 3410
Ap 19.16 y en su *m* tiene escrito este nombre.......... *3382*

M

MUTILADO

Lv 21.18 varón ciego, o cojo, o *m*, o sobrado
22.22 ciego...*m*, verrugoso, sarnoso, o roñoso...... 2782

MUTILADOR

Fil 3.2 obreros, guardaos de los *m* del cuerpo......... *2699*

MUTILAR

Gá 5.12 se *mutilasen* los que os perturban!............. *609*

MUT-LABÉN *Tonada Musical*, Sal 9 *tit*............ 4192

MUTUAMENTE

Ec 4.11 si dos durmieren...se calentarán *m*
Ro 1.12 para ser *m* confortados por la fe.............. *4837*
Ef 4.16 las coyunturas que se ayudan *m*............... *3956*

MUTUO, A

Ro 14.19 que contribuye...a la *m* edificación........... *240*
1 Co 7.5 por algún tiempo de *m* consentimiento
He 13.16 bien y de la ayuda *m* no os olvidaste

N

NAALAL *Ciudad levítica en Zabulón*, Jos 19.15;
21.35; Jue 1.30.............................. 5096

NAAM *Hijo de Caleb*, 1 Cr 4.15................. 5277

NAAMA

1. Hija de Tubalcaín, Gn 4.22...................... 5279
2. Aldea de Judá, cerca de Laquis, Jos 15.41......... 5279
3. Madre del rey Roboam, 1 R 14.21,31; 2 Cr 12.13.. 5279

NAAMÁN

1. Hijo de Benjamín (posiblemente No. 2),
Gn 46.21.. 5283
2. Hijo de Bela, Nm 26.40(2); 1 Cr 8.4............. 5283
3. General del ejército de Siria.................... 5283
2 R 5.1 *N*, general del ejército...rey de Siria.......... 5283
5.2 muchacha, la cual servía a la mujer de *N*....... 5283
5.4 entrando *N*...le relató diciendo: Así y así....... 5283
5.6 yo envío a ti mi siervo *N*, para que lo........... 5283
5.9 vino *N* con sus caballos y con su carro.......... 5283
5.11 y *N* se fue enojado, diciendo: He aquí.......... 5283
5.17 *N* dijo: Te ruego...¿de esta tierra no se........ 5283
5.20 dijo...mi señor estorbó a este sirio *N*.......... 5283
5.21 y siguió Giezi a *N*; y cuando vio *N* que........ 5283
5.23 dijo *N*; Te ruego que tomes dos talentos....... 5283
5.27 la lepra de *N* se te pegará a ti y a tu........... 5283
Lc 4.27 **ninguno de ellos fue limpiado, sino *N***......... *3497*
4. Descendiente de Benjamín, 1 Cr 8.7.............. 5283

NAAMATITA *Sobrenombre de Zofar*,
Job 2.11; 11.1; 20.1; 42.9....................... 5284

NAAMITA *Descendiente de Naamán*
No. 2, Nm 26.40.................................. 5280

NAARA *Mujer de Asur No. 2*, 1 Cr 4.5,6.......... 5292

NAARAI *Uno de los 30 valientes de David*
(=Paarai), 1 Cr 11.37........................ 5293

NAARÁN *Población en Efraín*, 1 Cr 7.28......... 5295

NAARAT *Ciudad cerca de Jericó*, Jos 16.7....... 5292

NAASÓN *Príncipe de la tribu de Judá*........... 5177
Éx 6.23 tomó Aarán...a Elisabet...hermana de *N*..... 5177
Nm 1.7 de Judá, *N* hijo de Aminadab................. 5177
2.3 el jefe de...de Judá, *N* hijo de Aminadab........ 5177
7.12 el que ofreció su...el primer día fue *N*........ 5177
7.17 esta fue la ofrenda de *N* hijo de Aminadab..... 5177
10.14 *N*...estaba sobre su cuerpo de ejército........ 5177
Rt 4.20 engendró a *N*, y *N* engendró a Salmón........ 5177
1 Cr 2.10 Aminadab engendró a *N*, príncipe de......... 5177
2.11 *N* engendró a Salmón, y Salmón...a Booz...... 5177
Mt 1.4 engendró...Aminadab a *N*...y *N* a Salmón...... *3476*
Lc 3.32 de Booz, hijo de Salmón, hijo de *N*............ *3476*

NABAL *Descendiente de Caleb*

1 S 25.3 aquel varón se llamaba *N*, y su mujer......... 5037
25.4 y oyó David...que *N* esquilaba sus ovejas...... 5037
25.5 dijo...id a *N*, y saludadle en mi nombre........ 5037
25.9 los jóvenes...dijeron a *N*...estas palabras..... 5037
25.10 *N* respondió a los jóvenes enviados por...... 5037
25.14 uno de...dio aviso a Abigaíl mujer de *N*...... 5037
25.19 criados...y nada declaró a su marido *N*...... 5037
25.25 no haga caso ahora mi señor de...de *N*....... 5037
25.25 se llama *N*, y la insensatez está con él........ 5037
25.26 sean...como *N* tus enemigos, y todos los...... 5037
23.34 no le hubiera quedado con vida a *N* ni........ 5037
25.36 y Abigaíl volvió a *N*, y he aquí que él......... 5037
25.36 y el corazón de *N* estaba alegre...ebrio...... 5037
25.37 cuando ya a *N* se le habían pasado los........ 5037
25.38 y diez días después, Jehová hirió a *N*......... 5037
25.39 que David oyó que *N* había muerto, dijo...... 5037
25.39 juzgó...mi afrenta recibida de mano de *N*.... 5037
25.39 Jehová ha vuelto la maldad de *N* sobre....... 5037
27.3; 30.5 Abigaíl la que fue mujer de *N* el........... 5037
2 S 2.2 Abigaíl, la que fue mujer de *N* el de............ 5037
3.3 Quileab, de Abigaíl la mujer de *N* el de......... 5037

NABAT *Padre de Jeroboam No. 1*

1 R 11.26 también Jeroboam hijo de *N*, efrateo........ 5028
12.2 cuando lo oyó Jeroboam hijo de *N*, que........ 5028
12.15 había hablado por...a Jeroboam hijo de *N*... 5028
15.1 en el año 18 del rey Jeroboam hijo de *N*....... 5028
16.3 casa como la casa de Jeroboam hijo de *N*...... 5028
16.26 todos los caminos de Jeroboam hijo de *N*..... 5028
16.31 en los pecados de Jeroboam hijo de *N*......... 5028
21.22 casa como la casa de Jeroboam hijo de *N*.... 5028
22.52 y en el camino de Jeroboam hijo de *N*........ 5028
2 R 3.3; 10.29; 13.2,11; 14.24; 15.9,18,24,28
los pecados de Jeroboam hijo de *N*.................. 5028
9.9 Acab como la casa de Jeroboam hijo de *N*...... 5028
17.21 ellos hicieron rey a Jeroboam hijo de *N*...... 5028
23.15 lugar alto...hecho Jeroboam hijo de *N*........ 5028
2 Cr 9.29 la profecía...Jeroboam hijo de *N*............ 5028

10.2 cuando lo oyó Jeroboam hijo de *N*, el 5028
10.15 la palabra que... a Jeroboam hijo de *N* 5028
13.6 pero Jeroboam hijo de *N*... se levantó y 5028

NABOT *Hombre de Jezreel*
1 R 21.1 que *N* de Jezreel tenía allí una viña 5022
21.2 Acab habló a *N*, diciendo: Dame tu viña 5022
21.3 y *N* respondió a Acab: Guárdeme Jehová 5022
21.4 triste y enojado, por la palabra que *N* 5022
21.6 hablé con *N*... y le dije que me diera su 5022
21.7 dijo... yo te daré la villa de *N* de Jezreel 5022
21.8 a los... que moraban en la ciudad con *N* 5022
21.9 decían así... poned a *N* delante del pueblo 5022
21.12 ayuno, y pusieron a *N* delante del pueblo 5022
21.13 atestiguaron contra *N* delante... pueblo 5022
21.13 diciendo: *N* ha blasfemado a Dios y al 5022
21.14 a decir a Jezabel: *N* ha sido apedreado 5022
21.15 oyó que *N* había sido apedreado y muerto 5022
21.15 y toma la viña de *N*... porque *N* no vive 5022
21.16 oyendo Acab que *N* era muerto... levantó 5022
21.16 para descender a la viña de *N* de Jezreel 5022
21.18 él está en la viña de *N*, a la cual ha 5022
21.19 donde lamieron... perros la sangre de *N* 5022
29.21 al cual hallaron en la heredad de *N* 5022
2 R 9.25 échalo a un... la heredad de *N* de Jezreel 5022
9.26 yo he visto ayer la sangre de *N*, y la 5022
9.26 tómalo pues... échalo en la heredad de *N* 5022

NABUCODONOSOR *Rey de Babilonia*
2 R 24.1 subió en campaña *N* rey de Babilonia 5019
24.10 subieron contra Jerusalén los... de *N* rey 5019
24.11 vino también *N* rey de Babilonia contra 5019
25.1 que *N* rey de... vino con todo su ejército 5019
23.8 el año 19 de *N* rey de Babilonia, vino a 5019
23.22 pueblo que *N*... dejó en tierra de Judá 5019
1 Cr 6.15 transportó a Judá y... por mano de *N* 5019
2 Cr 36.6 subió contra él *N* rey de Babilonia 5019
36.7 llevó *N* a Babilonia de los utensilios de 5019
36.10 rey *N* envió y lo hizo llevar a Babilonia 5019
36.13 rebeló asimismo contra *N*, al cual había 5019
Esd 1.7 los utensilios... que *N* había sacado de 5019
2.1 *N* rey de Babilonia había llevado cautivos 5019
3.12 los entregó en mano de *N* rey de Babilonia 5020
5.14 los utensilios de oro... que *N* había sacado 5020
6.3 los cuales *N* sacó del templo que estaba 5020
Neh 7.6 que llevó cautivos *N* rey de Babilonia 5019
Est 2.6 hizo transportar *N* rey de Babilonia 5019
Jer 21.2 *N* rey de Babilonia hace guerra contra 5019
21.1 entregaré a Sedequías... en mano de *N* rey 5019
22.25 sí, en mano de *N* rey de Babilonia, y en 5019
24.1 después de haber transportado *N* rey de 5019
25.1 era el año primero de *N* rey de Babilonia 5019
25.9 tornaré a... *N* rey de Babilonia, mi siervo 5019
27.6 yo he puesto... estas tierras en mano de *N* 5019
27.8 a la nación... que no sirviere a *N* rey de 5019
27.20 que no quitó *N* rey de Babilonia cuando 5019
28.3 utensilios... que *N* rey de... tomó de este 5019
28.11 romperé el yugo de *N* rey de Babilonia 5019
28.14 sirvan a *N* rey de... y han de servirle 5019
29.1 y a todo el pueblo que *N* llevó cautivo 5019
29.3 a quienes envió Sedequías... a *N* rey de 5019
29.21 aquí los entrego yo en mano de *N* rey 5019
32.1 Judá, que fue el año decimoctavo de *N* 5019
32.28 a entregar esta ciudad... en mano de *N* 5019
34.1 cuando *N*... peleaban contra Jerusalén y 5019
35.11 cuando *N*... subió a la tierra, dijimos 5019
37.1 *N* rey de Babilonia constituyó por rey en 5019
39.1 vino *N* rey... con todo su ejército contra 5019
39.5 Hamat, donde estaba *N* rey de Babilonia 5019
39.11 *N* había ordenado a Nabuzaradán capitán ... 5019
43.10 *N*... pondré su trono sobre estas piedras 5019
44.30 entregué a Sedequías rey... en mano de *N* 5019
46.2 a quien destruyó *N*... en el año cuarto de 5019
46.13 habló, acerca de la venida de *N* rey de 5019
46.26 y los entregaré... en mano de *N* rey de 5019
49.28 los cuales asoló *N* rey de Babilonia 5019
49.30 tomó consejo contra vosotros *N* rey de 5019
50.17 *N* rey de Babilonia lo deshuesó después 5019
51.34 me desmenuzó *N* rey de Babilonia, y me 5019
52.4 vino *N* rey de Babilonia, él y todo su 5019
52.12 era el año diecinueve del reinado de *N* 5019
52.28 este es el pueblo que *N* llevó cautivo 5019
52.29 el año dieciocho de *N* él llevó cautivas 5019
52.30 el año veintitrés de *N*... 745 personas 5019
Ez 1.6.7 del norte traigo yo contra Tiro a *N* 5019
29.18 *N* rey de Babilonia hizo a su ejército 5019
29.19 yo doy a *N*, la tierra de Egipto; y él 5019
30.10 las riquezas de Egipto por mano de *N* 5019
Dn 1.1 vino *N* rey de Babilonia a Jerusalén, y 5019
1.18 jefe de... eunucos los trajo delante de *N* 5019
2.1 el segundo año del reinado de *N*, tuvo *N* 5019
2.28 él ha hecho saber al rey *N* lo que ha de 5020
2.46 el rey *N* se postró sobre su rostro y se 5020
3.1 *N* hizo una estatua de oro cuya altura era 5020
3.2 y envió el rey *N* a que se reuniesen los 5020
3.2,3 la estatua que el rey *N* había levantado 5020
3.3 la estatua que había levantado el rey *N* 5020
3.5 adoréis la estatua de oro que el rey *N* ha 5020
3.7 adoraron la estatua de oro que el rey *N* 5020
3.9 dijeron al rey *N*: Rey, para siempre vive 5020
3.13 *N* dijo con ira y... que trajesen a Sadrac 5020
3.14 habló *N* y les dijo: ¿Es verdad, Sadrac 5020
3.16 respondieron al rey *N*... No es necesario 5020
3.19 entonces *N* se llenó de ira, y se demudó 5020
3.24 rey *N* se espantó, y se levantó... y dijo 5020
3.26 *N* se acercó a la puerta del horno de 5020
3.28 *N* dijo: Bendito sea el Dios de ellos, de 5020
4.1 *N* rey, a todos los pueblos, naciones y 5020
4.4 yo *N* estaba tranquilo en mi casa, y 5020
4.18 yo el rey *N* he visto este sueño... Tú, pues 5020
4.28 todo esto vino sobre el rey *N* 5020
4.31 se te dice... *N*: El reino ha sido quitado 5020
4.33 misma hora se cumplió la palabra sobre *N* 5020
4.34 al fin del... yo *N* alcé mis ojos al cielo 5020
4.37 ahora yo *N*... glorifico al Rey del cielo 5020
5.2 vasos... que *N* su padre había traído del 5020
5.11 que el rey *N* tu padre... constituyó jefe 5020
5.18 Dios, oh rey, dio a *N* tu padre el reino 5020

NABUSAZBÁN *Eunuco principal de Nabucodonosor*, Jer 39.13 5021

NABUZARADÁN *Capitán de la guardia de Nabucodonosor*
2 R 25.8 vino a Jerusalén *N*, capitán de la 5018
25.11 llevó cautivos *N*, capitán de la guardia 5018
25.12 mas de los pobres de la tierra dejó *N* 5018
25.20 éstos tomó *N*, capitán de la guardia 5018
Jer 39.9 *N* capitán de la guardia... transportó a 5018
39.10 *N* capitán de la guardia hizo quedar en 5018
39.11 había ordenado a *N*... acerca de Jeremías ... 5018
39.13 envió, por tanto, *N* capitán... guardia 5018
40.1 después que *N* capitán de la guardia le 5018
41.10 el cual había encargado *N* capitán de la 5018
43.6 toda persona que había dejado *N* capitán 5018
52.12 vino a Jerusalén *N* capitán de la guardia 5018
52.15 hizo transportar *N*... a los pobres del 5018
52.16 los pobres del país dejó *N*... labradores 5018
52.26 tomó... *N*... los llevó al rey de Babilonia 5018
52.30 *N* capitán de la... llevó cautivas a 745 5018

NACER
Gn 2.5 toda hierba del campo antes que *naciese* 6779
2.9 Dios hizo *nacer* de la tierra todo árbol 6779
4.18 a Enoc le *nació* Irad, e Irad engendró 3205
4.26 y a Sol también le *nació* un hijo... Enós 3205
6.1 multiplicarse sobre... les *nacieron* hijas 3205
10.1 a quienes *nacieron*... después del diluvio 3205
10.21 también le *nacieron* hijos a Sem, padre 3205
10.25 a Heber *nacieron* dos hijos: el nombre 3205
14.14 armó a sus criados, los *nacidos* en su 3211
15.3 será mi heredero un esclavo *nacido* en mi 1121
17.12 el *nacido* en casa, y el comprado por 3211
17.13 debe ser circuncidado el *nacido* en tu 3211
17.17 hombre de cien años ha de *nacer* hijo? 3205
17.23 a todos los siervos *nacidos* en su casa 3211
17.27 el siervo *nacido* en casa, y el comprado 3211
21.3 el nombre de su hijo que le *nació*, que 3205
21.5 Abraham de cien años cuando *nació* Isaac 3205
24.15 Rebeca, que había *nacido* a Betuel, hijo 3205
35.26 los hijos de Jacob, que le *nacieron* en 3205
36.5 los hijos de Esaú... que le *nacieron* en la 3205
41.50 y *nacieron* a José dos hijos antes que 3205
44.20 un hermano... que le *nació* oro su vejez 3205
46.20 *nacieron* a José en la tierra de Egipto 3205
46.22 hijos de Raquel... que *nacieron* a Jacob 3205
46.21 los hijos de José, que le *nacieron* en 3209
48.5 hijos..que te *nacieron* en la tierra de 3205
Éx 1.5 las personas que le *nacieron* a Jacob 3209
1.22 echad al río a todo hijo que *nazca*, y 3209
13.12 todo primer *nacido* de tus animales: los 6363
34.19 primer *nacido*, mío es; y de tu ganado 6363
Lv 18.9 tu hermana... *nacida* en casa o *n* fuera 4138
22.11 el *nacido* en su casa podrá comer de su 3211
22.27 el becerro... cuando *naciere*, siete días 3205
25.5 lo que de suyo *naciere*... no lo segarás 5599
25.11 ni segaréis lo que *naciere* de suyo en 5599
25.45 familias de... *nacidos* en vuestra tierra 3205
Nm 3.12 primeros *nacidos* de entre los hijos de 6363
8.16 levitas... en lugar de todo primer *nacido* 6363
12.12 no quede ella, como el que *nace* muerto
15.29 el *nacido* entre los hijos de Israel, y 249
26.59 Jocabed... que le *nació* a Leví en Egipto 3205
26.60 y a Aarón le *nacieron* Nadab... e Itamar 3205
Dt 23.8 los hijos que *nacieron*... en la tercera 3205
28.57 al recién *nacido* que sale de entre sus
Jos 1.15 a este lado... hacia donde *nace* el sol
5.5 el pueblo que había *nacido* en el desierto 3209
12.1 al otro lado del... hacia donde *nace* el sol 4217
19.12 gira de Sarid... hacia donde *nace* el sol
19.34 por el Jordán hacia donde *nace* el sol
Jue 13.8 de hacer con el niño que ha de *nacer* 3205
20.43 enfrente de Gabaa hacia donde *nace* el
Rt 2.11 que dejando... la tierra donde *naciste* 4138
4.17 diciendo: Le ha *nacido* un hijo a Noemí 3205
1 S 2.33 los *nacidos* en tu casa morirán en la 4768
2 S 3.2 y *nacieron* hijos a David en Hebrón 3205
3.5 éstos le *nacieron* a David en Hebrón 3205
5.13 David... y le *nacieron* más hijos e hijas 3205
5.14 son los nombres de los que le *nacieron* 3209
10.3 hasta que os vuelva a *nacer* la barba 6779
12.14 mas... el hijo que te ha *nacido*... morirá 3205
14.27 le *nacieron* a Absalón tres hijos, y una 3205
1 R 1.6 éste... había *nacido* después de Absalón
4.33 hasta el hisopo que *nace* en la pared 3318
7.32 los ejes de las... *nacían* en la misma basa
13.2 la casa de David *nacerá* un hijo llamado 3205
2 R 19.3 los hijos están a punto de *nacer*, y 4866
19.29 este año comeréis lo que *nacerá* de suyo 5599
19.29 el segundo año lo que *nacerá* de suyo 7823
23.25 otro rey... ni después de él *nació* otro 6965
1 Cr 1.19 Heber *nacieron* dos hijos; el nombre 3205
2.3 estos tres le *nacieron* de la hija de Súa 3205
2.9 los hijos que *nacieron* a Hezrón: Jerameel 3205
3.1 hijos de David que le *nacieron* en Hebrón 3205
3.4 estos seis le *nacieron* en Hebrón, donde 3205
3.5 estos 4 le *nacieron* en Jerusalén: Simea 3205
14.4 son los nombres de los que le *nacieron*
22.9 he aquí te *nacerá* un hijo... varón de paz 3205
26.6 de Semaías... *nacieron* hijos que fueron 3205
Esd 10.3 las mujeres y los *nacidos* de ellas 3205
Job 1.2 y le *nacieron* siete hijos y tres hijas 3205
3.3 el día en que yo *nací*, y la noche en que 3205
5.7 aire, así el hombre *nace* para la aflicción 3205
8.19 el gozo... y del polvo mismo *nacerán* otros 6779
11.12 un pollino de asno montés *nazca* hombre 3205
14.1 el hombre *nacido* de mujer, corto de días 3205
15.7 ¿*naciste* tú primero que Adán? ¿o fuiste 3205
15.14 que se justifique el *nacido* de mujer? 3205
25.4 cómo será limpio el que *nace* de mujer? 3205
31.40 en lugar de trigo me *nazcan* abrojos, y 3318
38.21 sabes! Pues entonces ya habías *nacido* 3205
Sal 22.10 sobre ti fui echado... antes de *nacer* 7358
22.31 a pueblo no *nacido* aún, anunciarán que 3205
58.3 descarriaron... mentira desde que *nacieron* 990
58.8 como el que *nace* muerto, no vean el sol 5309
78.6 que lo sepa la, y los hijos que *nacerán* 3205
81.4 Filistea... con Etiopía; éste *nació* allá 3205
81.5 se dirá: Esto y aquél han *nacido* en ella 3205
87.6 contará al inscribir a... Este *nació* allí 3205
90.2 que *naciesen* los montes, y formases la 3205
102.18 el pueblo que está por *nacer* alabará 1254
Ec 2.7 tuve siervos *nacidos* en casa; también 1121
3.2 tiempo de *nacer*, y tiempo de morir 3205
4.14 reinar, aunque en su reino *nació* pobre 3205
Is 9.6 un niño nos es *nacido*, hijo nos os dado 3205
13.10 el sol se oscurecerá al *nacer*, y la luna 3318
37.3 han llegado hasta el punto de *nacer*, y 4866
37.30 comeréis este año lo que *nace* de suyo 5599
37.30 y el año segundo lo que *nace* de suyo 7823
58.8 entonces *nacerá* tu luz como el alba, y 1234
58.10 en las tinieblas *nacerá* tu luz, y tu 2224
60.1 la gloria de Jehová ha *nacido* sobre ti 2224
66.8 ¿*nacerá* una nación de una vez? Pues en 3205
66.9 yo que hago dar a luz, ¿no haré *nacer*? 3205
Jer 1.5 antes que *nacieses* te santifiqué, te 3318
16.3 de las hijas que *nazcan* en este lugar 3205
20.14 maldito el día en que *nací*... el día en 3205
20.15 padre, diciendo: Hijo varón te ha *nacido* 3205
22.10 no volverá, ni verá la tierra... *nació*
22.26 a tierra ajena en que no *nacisteis* 3205
Ez 16.4 el día que *naciste* no fue cortado tu 3205
16.5 arrojado sobre la... en el día que *naciste* 3205
Os 2.3 yo... la ponga como el día en que *nació* 3205
13.13 no debiera detenerse al punto... de *nacer* 4866
Jon 4.10 en espacio de una noche *nació*, y en 1431
Mal 1.11 desde donde el sol *nace* hasta donde 4217
4.2 mas a vosotros... *nacerá* el Sol de justicia 2224
Mt 1.16 María, de la cual *nació* Jesús, llamado *1080*
2.1 cuando Jesús *nació* en Belén de Judea en *1080*
2.2 diciendo: ¿Dónde está el rey... ha *nacido*? *5088*
2.4 preguntó dónde había de *nacer* el Cristo *1080*
11.11 **entre los que *nacen* de mujer no se ha** *1084*
19.12 **eunucos que *nacieron* así del vientre de** *1080*
21.19 **le dijo: Nunca jamás *nazca* de ti fruto** *1096*
26.24; Mr 14.21 **bueno le... no haber *nacido*** *1080*
Lc 1.35 el Santo Ser que *nacerá*, será llamado *1080*
2.11 os ha *nacido* hoy, en la ciudad de David *5088*
7.28 **que entre los *nacidos* de mujeres, no hay** *1084*
8.6 ***nacida*, se secó, porque no tenía humedad** *5453*
8.7 **cayó... los espinos que *nacieron*... ahogaron** ... *4855*
8.8 **y *nació* y llevó fruto a ciento por uno** *5453*
Jn 3.3 **que no *naciere* de nuevo, no puede ver** *1080*
3.4 ¿cómo puede... hombre *nacer* siendo viejo? *1080*
3.4 entrar... el vientre de su madre, y *nacer*? *1080*
3.5 **el que no *naciere* de agua y del Espíritu** *1080*
3.6 **lo que es *nacido* de la carne, carne es; y** *1080*
3.6 **que es *nacido* del Espíritu, espíritu es** *1080*
3.7 **te dije: Os es necesario *nacer* de nuevo** *1080*
3.8 **es todo aquel que es *nacido* del Espíritu** *1080*
8.41 **nosotros no somos *nacidos* de fornicación** *1080*
9.2 ¿quién pecó... para que haya *nacido* ciego? *1080*
9.19 el que vosotros decís que *nació* ciego? *1080*
9.20 éste es nuestro hijo, y que *nació* ciego *1080*
9.32 abriese los ojos a uno que *nació* ciego *1080*
16.21 **el gozo de que haya *nacido* un hombre** *1080*
18.37 **yo para esto he *nacido*, y para esto he** *1080*
Hch 2.8 nuestra lengua en la que hemos *nacido*? *1080*
7.20 *nació* Moisés, y fue agradable a Dios *1080*
22.3 soy judío, *nacido* en Tarso de Cilicia *1080*
Ro 9.11 no habían aún *nacido*, ni habían hecho *1080*
1 Co 11.12 también el varón *nace* de la mujer
Gá 4.4 Hijo, *nacido* de mujer y *n* bajo la ley *1096*
4.23 el de la esclava *nació* según la carne *1080*
4.29 había *nacido* según la carne perseguía *1080*
4.29 al que había *nacido* según el Espíritu
1 Ti 1.5 es el amor *nacido* de corazón limpio
6.4 de las cuales *nacen* envidias, pleitos
He 11.23 Moisés, cuando *nació*, fue escondido *1080*
Stg 1.18 hizo *nacer* por la palabra de verdad *616*
1 P 2.2 desead, como niños recién *nacidos*, la *738*
2 P 2.12 irracionales, *nacidos* para presa y *1080*
1 Jn 2.29 el que hace justicia es *nacido* de él *1080*
3.9 aquel que es *nacido* de Dios, no practica *1080*
3.9 no puede pecar, porque es *nacido* de Dios *1080*
4.7 todo aquel que ama, es *nacido* de Dios *1080*
5.1 todo aquel que cree... es *nacido* de Dios *1080*
5.4 lo que es *nacido* de Dios vence al mundo *1080*
5.18 ha *nacido* de Dios, no practica el pecado *1080*
Ap 12.4 devorar a su hijo tan pronto... *naciese* *5088*

NACIMIENTO
Gn 11.28 y murió Harán... en la tierra de su *n* 4138
25.13 hijos... nombrados en el orden de su *n* 8435

31.13 sal de... vuélvete a la tierra de tu *n* 4138
Éx 28.10 seis... Conforme al orden de *n* de ellos 8435
Nm 21.11 el desierto que está... al *n* del sol 4217,8121
34.15 heredad... frente a Jericó... al *n* del sol 4217
Dt 4.41 apartó... tres ciudades a... al *n* del sol 4217,8121
Jue 13.5,7 niño será nazareo a Dios desde su 990
2 R 10.33 desde el Jordán al *n* del sol, toda
Job 28.11 detuvo los ríos en su *n*, e hizo salir
Sal 50.1 convocado la tierra, desde el *n* del 4217
113.3 desde el *n* del sol hasta donde se pone 4217
Ec 7.1 mejor el día de la muerte que... del *n* 3205
Is 41.25 uno... del *n* del sol invocará mi nombre 4217
45.6 sepa desde el *n* del sol, y hasta donde 4217
47.11 sobre ti mal, cuyo *n* no sabrás; caerá 4217
59.19 Jehová, y desde el *n* del sol su gloria 4217
60.3 luz, y los reyes al resplandor de tu *n* 2225
66.9 engendrar, ¿impediré el *n*? dice tu Dios
Jer 46.16 volvámonos... la tierra de nuestro *n* 4138
Ez 16.3 tu origen, tu *n*, es de la tierra de 4138
16.4 Y en cuanto a tu *n*, el día que naciste 4138
23.15 a la manera... de Caldea, tierra de su ti 4138
Os 9.11 de modo que no habrá *n*, ni embarazos 3205
Mt 1.18 el *n* de Jesucristo fue así: Estando *1083*
Lc 1.14 gozo... Y muchos se regocijarán de su *n* *1083*
Jn 9.1 al pasar... vio a un hombre ciego de *n* *1079*
Hch 3.2 traído un hombre cojo de *n*, a quien *2836*
14.8 imposibilitado de los pies... cojo de *n* *2836*
22.28 entonces Pablo dijo... Yo lo soy de *n* *1080*
Gá 2.15 nosotros, judíos de *n*, y no pecadores *5449*

NACIÓN

Gn 10.5 cada... conforme a sus familias en sus *n* 1471
10.20,31 lenguas, en sus tierras, en sus ti 1471
10.32 de Noé por sus descendencias, en sus *n* 1471
10.32 y de éstos se esparcieron las *n* en la 1471
12.2 haré de ti una *n* grande, y te bendeciré 1471
13.14 a la *n* a la cuál servirán, juzgaré yo 1471
17.6 multiplicaré... y haré *n* de ti, y reyes 1471
17.16 bendeciré, y vendrá a ser madre de *n* 1471
17.20 Ismael, también haré de él una gran *n* 1471
18.18 habiendo de ser Abraham una *n* grande 1471
18.18 ser benditas en él... las *n* de la tierra? 1471
21.13 hijo de la sierva haré una *n*, porque es 1471
21.18 mano, porque yo haré de él una gran *n* 1471
22.18 benditas todas las *n* de la tierra, por 1471
23.23 dos *n* hay en tu seno, y dos pueblos 1471
26.4 las *n* de... serán benditas en tu simiente 1471
27.29 y *n* se inclinen a ti; sé señor de tus 3816
35.11 una *n* y conjunto de *n* procederán de ti 1471
46.3 porque allí yo haré de ti una gran *n* 1471
48.4 te pondré por estirpe de *n*; y daré esta
48.19 su descendencia formará multitud de *n* 1471
Éx 12.48 la celebrará... como uno de vuestra *n* 776
32.10 consuma; y de ti yo haré una *n* grande 1471
34.10 no han sido hechas en... ni en *n* alguna 1471
34.24 yo arrojaré a las *n* de tu presencia 1471
Lv 18.24 se han corrompido las *n* que yo echo 776
18.28 como vomitó a la *n* que la habitó antes 776
20.23 las prácticas de las *n* que yo echaré 776
26.33 y a vosotros os esparciré entre las *n* 776
26.38 y pereceréis entre las *n*, y la tierra 776
26.45 cuando los saqué... a los ojos de las *n* 776
Nm 23.9 pueblo... no será contado entre las *n* 1471
24.8 devorará a las *n* enemigas, desmenuzará 1471
24.20 Amalec, cabeza de *n*... al fin perecerá 1471
Dt 4.6 pueblo sabio y entendido, *n* grande es 5971
4.7 ¿qué *n* grande hay que tenga dioses tan 1471
4.8 ¿qué *n* grande hay que tenga estatutos y 1471
4.27 quedaréis pocos en número entre las *n* 1471
4.34 tomar para sí... *n* de en medio de otra *n* 1471
4.38 para echar... de tu presencia *n* grandes 1471
7.1 haya echado de delante de ti a muchas *n* 1471
7.1 siete *n* mayores y más poderosas que tú 1471
7.17 estas *n* son mucho más numerosas que yo 1471
7.22 Dios echará a estas *n* de delante de ti 1471
8.20 las *n* que Jehová destruirá delante de 1471
9.1 entrar a desposeer a *n* más numerosas y 1471
9.4,5 por la impiedad de estas *n*... las arroja 1471
9.14 yo te pondré sobre una *n* fuerte y mucho 1471
11.23 echaré de delante de... a todas estas *n* 1471
11.23 desposeeréis *n* grandes y más poderosas 1471
12.2 donde las *n* que... sirvieron a sus dioses 1471
12.29 tu Dios haya destruido... *n* adonde tú vas 1471
12.30 de la manera que servían aquellas *n* a 1471
15.6 prestarás entonces a muchas *n*, mas tú 1471
15.6 tendrás dominio sobre muchas *n*, pero 1471
17.14 un rey... como todas las *n* que están en 1471
18.9 no aprenderás... las abominaciones de... *n* 1471
18.12 por estas abominaciones... echa estas *n* 1471
18.14 estas *n*... a agoreros y a adivinos oyen 1471
19.1 destruya a las *n* cuya tierra Jehová tu 1471
20.15 que no sean de las ciudades de estas *n* 1471
26.5 allí creció y llegó a ser una *n* grande 1471
26.19 a fin de exaltarte sobre todas las *n* 1471
28.1 tu Dios te exaltará sobre todas las *n* 1471
28.12 prestarás a muchas *n*, y tú no pedirás 1471
28.36 llevará... a *n* que no conociste ni tú ni 1471
28.49 traerá contra ti una *n*... *n* cuya lengua 1471
28.65 ni aun entre estas *n* descansarás, ni la 1471
29.16 hemos pasado por en medio de las *n* por 776
29.18 para ir a servir a los dioses de esas *n* 1471
29.24 todas las *n* dirán: ¿Por qué hizo esto 1471
30.1 arrepintieres en medio de todas las *n* 1471
31.3 destruirá a estas *n* delante de ti, y las 1471
32.8 cuando el Altísimo hizo heredar a las *n* 1471
32.21 los provocaré a ira con una *n* insensata 1471
32.28 porque son *n* privada de consejos, y no 1471
32.43 alabad, *n*, a su pueblo... él vengará la 1471
Jos 23.3 que Jehová... ha hecho con todas estas *n* 1471
23.4 os he repartido por suerte, en... estas *n* 1471
23.7 que no os mezcléis con estas *n* que han 1471
23.9 pues ha arrojado... grandes y fuertes *n* 1471
23.12 os uniereis a lo que resta de estas *n* 1471
23.13 no arrojará más a estas *n* delante de 1471
Jue 2.21 arrojar... ninguna de las *n* que dejó 1471
2.23 dejó... a aquellas *n*, sin arrojarlas de 1471
3.1 estas, pues, son las *n* que dejó Jehová 1471
1 S 8.5 un rey que, como tienen todas las *n* 1471
8.20 y nosotros seremos... como todas las *n* 1471
2 S 7.23 quién como tu pueblo... *n* singular en 1471
7.23 que rescataste... de las *n* y de sus dioses 1471
8.11 el oro que había dedicado de todas las *n* 1471
22.44 guardaste para que fuese cabeza de *n* 1471
22.50 yo te confesaré entre las *n*, oh Jehová 1471
1 R 4.31 y fue conocido entre todas las *n* de 1471
14.24 hicieron... las abominaciones de las *n* 1471
18.10 no ha habido *n* ni... adonde mi señor no 1471
18.10 reinos y a *n* él ha hecho jurar que no 1471
2 R 16.3 las prácticas abominables de las *n* 1471
17.8 y anduvieron en los estatutos de las *n* 1471
17.11 a la manera de las *n* que Jehová había 1471
17.15 en pos de las *n* que estaban alrededor 1471
17.29 pero cada *n* se hizo sus dioses, y los 1471
17.29 cada *n* en su ciudad donde habitaba 1471
17.33 según la costumbre de las *n* de donde 1471
18.33 ¿acaso alguno de los dioses de las *n* 1471
19.12 ¿acaso libraron sus dioses a las *n* que 1471
19.17 reyes de Asiria han destruido las *n* y 1471
21.2 las abominaciones de las *n* que Jehová 1471
21.9 más mal que las *n* que Jehová destruyó 1471
1 Cr 14.17 puso el temor de David sobre... *n* 1471
16.20 y andaban de *n* en *n*, y de un reino a 1471
16.31 tierra, y digan en las *n*: Jehová reina 1471
16.35 recógenos, y líbranos de las *n*, para 1471
17.21 echando a las *n* de delante de tu pueblo 1471
18.11 el oro que había tomado de todas las 1471
2 Cr 12.8 qué es servir a los reinos de las *n* 776
20.6 y tienes dominio... los reinos de las *n* 1471
25.15 has buscado los dioses de otra *n*, que 5971
28.3 a las abominaciones de las *n* que Jehová 1471
32.13 ¿Pudieron los dioses de las *n* de esas 1471
32.14 ¿qué dios hubo de entre... de aquellas *n* 1471
32.15 que si ningún dios de todas aquellas *n* 1471
32.17 como los dioses de las *n* de los países 1471
32.23 muy engrandecido delante de todas las *n* 1471
33.2 a las abominaciones de las *n* que Jehová 1471
33.9 más mal que las *n* que Jehová destruyó 1471
36.14 siguiendo... las abominaciones de las *n* 1471
Neh 5.8 judíos que habían sido vendidos a... *n* 1471
5.9 ser oprobio de las *n* enemigas nuestras? 1471
5.17 los que venían de las *n* que... alrededor 1471
6.6 se ha oído entre las *n*, y Gasmu lo dice 1471
6.16 temieron todas las *n* que... alrededor de 1471
13.26 bien que en muchas *n* no hubo rey como 1471
Est 2.20 Ester... no había declarado su *n* ni su 4138
8.6 ¿cómo podré yo ser la destrucción de mi *n*? 4138
Job 12.23 multiplica las *n*, y él las destruye 1471
12.23 esparce a las *n*, y las vuelve a reunir 1471
34.29 esto sobre una *n*, y lo mismo sobre un 1471
Sal 2.8 pídeme, y te daré por herencia las *n* 1471
9.5 reprendiste a las *n*, destruiste al malo 1471
9.15 se hundieron las *n*... hoyo que hicieron 1471
9.19 no se... sean juzgadas las *n* delante de ti 1471
9.20 conozcan las *n* que no son sino hombres 1471
10.16 es Rey... de su tierra han perecido las *n* 776
18.43 me has hecho cabeza de las *n*; pueblo que 776
18.49 yo te confesaré entre las *n*, oh Jehová 776
22.27 todas... de las *n* adorarán delante de ti 1471
22.28 Jehová es el reino, y el regirá las *n* 1471
33.10 Jehová hace nulo el consejo de las *n* 1471
33.12 bienaventurada la *n* cuyo Dios es Jehová 1471
44.2 tu mano echaste las *n*, y los plantaste 1471
44.11 ovejas... nos has esparcido entre las *n* 1471
44.14 nos pusiste por proverbio entre las *n* 1471
46.6 bramaron las *n*, titubearon los reinos 1471
46.10 seré exaltado entre las *n*; enaltecido 1471
47.3 someterá a... *n* debajo de nuestros pies 3816
47.8 reinó Dios sobre las *n*; se sentó Dios 3816
57.9 te alabaré... cantaré de ti entre las *n* 3816
59.5 despierta para castigar a todas las *n* 3816
59.8 te reirás... te burlarás de todas las *n* 3816
65.7 el que sosiega... y el alboroto de las *n* 3816
66.7 señores... sus ojos atalayan sobre las *n* 1471
67.2 conocido... en todas las *n* tu salvación 1471
67.4 alégrense y gócense las *n*... juzgarás los 3816
67.4 con equidad, y pastorearás las *n* en la 3816
72.11 se postrarán... todas las *n* le servirán 1471
72.17 el sol... Benditas serán en él todas las *n* 1471
78.55 echó las *n* de delante de ellos, tierras 1471
79.1 oh Dios, vinieron las *n* a tu heredad 1471
79.6 derrama tu ira sobre las *n* que no te 1471
80.8 una vid... echaste las *n*, y la plantaste 1471
82.8 levántate, oh... tú heredarás todas las *n* 1471
83.4 destruyámoslos para que no sean *n*, y no 1471
86.9 las *n*... vendrán y adorarán delante de ti 1471
94.10 que castiga a las o, ¿no reprenderá? 1471
95.10 cuarenta años... disgustado con la *n*, y 1755
96.3 proclamad entre las *n* su gloria, en todos 1471
96.10 decid entre las *n*: Jehová reina... afirmó 1471
98.2 a vista de... *n* ha descubierto su justicia 1471
102.15 las *n* temerán el nombre de Jehová 1471
105.13 andaban de *n* en *n*, de un reino a otro 1471
105.44 les dio las tierras de las *n*, y las 1471
106.3 que me goce en la alegría de tu *n*, y me 1471
106.27 y humillar su pueblo entre las *n* 1471
106.35 se mezclaron con las *n*, y aprendieron 1471
106.41 los entregó en poder de las *n*, y se 1471
106.47 y recógenos de entre las *n*, para que 1471
108.3 te alabaré... cantaré salmos entre las *n* 3816
110.6 juzgará entre las *n*, las llenará de 1471
111.6 el poder... dándole la heredad de las *n* 1471
113.4 excelso sobre todas las *n* es Jehová 1471
117.1 alabad a Jehová, *n* todas; pueblos todos 1471
118.10 las *n* me rodearon; mas en el nombre 1471
126.2 dirán entre... *n*: Grandes cosas ha hecho 1471
135.10 destruyó a muchas *n*, y mató a reyes 1471
135.15 los ídolos de las *n* son plata y oro 1471
147.20 no ha hecho así con ninguna... de las ti 1471
149.7 para ejecutar venganza entre las *n*, y 1471
Pr 14.34 la justicia engrandece a la *n*; mas 1471
14.34 mas el pecado es afrenta de las *n* 1471
24.24 lo maldecirán, y le detestarán las *n* 3816
Is 2.2 exaltado... y correrán a él todas las *n* 1471
2.4 y juzgará entre las *n*, y reprenderá a 1471
2.4 hoces; no alzará espada *n* contra *n*, ni se 1471
5.26 alzará pendón a *n* lejanas, y silbará al 1471
10.6 le mandaré contra una *n* pérfida, y sobre 1471
10.7 pensamiento será desarraigar y cortar *n* 1471
11.12 y levantará pendón a las *n*... y juntará 1471
13.4 estruendo de ruido de reinos, de *n* 1471
14.6 el que se enseñoreaba de las *n* con ira 1471
14.9 hizo levantar... todos los reyes de las *n* 1471
14.12 cortado fuiste... que debilitabas a las *n* 1471
14.18 reyes de las *n*... yacen con honra cada uno 1471
14.26 la mano extendida sobre todas las *n* 1471
14.32 responderá a los mensajeros de la *n* 1471
16.8 *n* pisotearon sus generosos sarmientos 1471
17.12 murmullo de *n* que harán alboroto como 3816
18.2 andad, mensajeros veloces, a la *n* de 1471
23.3 del río... Fue también emporio de las *n* 1471
25.7 y el velo que envuelve a todas las *n* 1471
29.7,8 multitud de todas las *n* que pelean 1471
30.28 para zarandear a las *n* con criba de 1471
33.3 las *n* fueron esparcidas al levantarte 1471
34.1 acercaos, *n*, juntaos para oír... pueblos 1471
34.2 Jehová está airado contra todas las *n* 1471
36.18 ¿acaso libraron los dioses de las *n* 1471
37.12 ¿acaso libraron sus dioses a las *n* que 1471
40.15 las *n* le son como la gota de agua que 1471
40.17 como nada son todas las *n* delante de 1471
41.2 entregó delante de él *n*... como hojarasca 1471
42.1 mi siervo... él traerá justicia a las *n* 1471
42.6 te pondré por pacto... por luz de las *n* 1471
43.4 daré... hombres por ti, por tu vida 3816
43.9 congréguense todas las *n*, y júntense 1471
45.1 para sujetar *n* delante de él y desatar 1471
45.20 venid; juntaos todos... de entre las *n* 1471
49.6 te di por luz de las *n*, para que seas 1471
49.7 ha dicho Jehová... al abominado de las *n* 1471
49.22 he aquí, yo tenderé mi mano a las *n*, y a 1471
51.4 atentos a mí, pueblo mío, y oídme, *n* mía 3816
52.10 ante los ojos de todas las *n*, y todos 1471
52.15 así asombrará él a muchas *n*; los reyes 1471
54.3 tu descendencia heredará *n*, y habitará 1471
55.4 lo di... por jefe y por maestro a las *n* 3816
60.2 cubrirán la tierra, y oscuridad las *n* 3816
60.3 andarán las *n* a tu luz, y los reyes al 1471
60.5 y las riquezas de las *n* hayan venido a 1471
60.11 ti sean traídas las riquezas de las *n* 1471
60.12 la *n* o el reino que no te sirviere 1471
60.16 y mamarás la leche de las *n*, el pecho 1471
61.6 comeréis las riquezas de las *n*... gloria 1471
61.9 conocida entre las *n*, y sus renuevos en 1471
61.11 brotar justicia... delante de todas las *n* 1471
64.2 fuego... las *n* temblasen a tu presencia! 1471
66.8 ¿concebirá la... ¿Nacerá una *n* de una vez? 1471
66.12 y la gloria de las *n* como torrente que 1471
66.18 tiempo vendrá para juntar a todas las *n* 1471
66.19 enviaré de los escapados de... a las *n* 1471
66.19 y publicarán mi gloria entre las *n* 1471
66.20 vuestros hermanos de entre todas las *n* 1471
Jer 1.5 santifiqué, te di por profeta a las *n* 1471
1.10 que te he puesto en este día sobre *n* y 1471
2.11 ¿acaso alguna *n* ha cambiado sus dioses 1471
3.17 todas las *n* vendrán a ella en el nombre 1471
3.19 os daré la... la rica heredad de las *n*? 1471
4.2 las *n* serán benditas en él, y en él se 1471
4.7 el destruidor de *n* está en marcha, y ha 1471
4.16 decid a las *n*: He aquí, haced oír sobre 1471
5.9 de una *n* como esta, ¿no se había de vengar 1471
6.18 oíd, *n*, y entended, oh congregación, lo 1471
6.22 *n* grande se levantará de los confines de 1471
7.28 esta es la *n* que no escuchó la voz de 1471
9.9 dice... de tal *n*, ¿no se vengará mi alma? 1471
9.16 los esparciré entre *n* que ni... conocieron 1471
9.26 porque todas las *n* son incircuncisas, y 1471
10.2 no aprendáis el camino de las *n*, ni de 1471
10.2 ni de las... tengáis temor, aunque las *n* 1471
10.7 ¿quién no te temerá, oh Rey de las *n*? 1471
10.7 porque entre todos los sabios de las *n* 1471
10.10 las *n* no pueden sufrir su indignación 1471
10.25 derrama tu enojo... sobre las *n* que no te 1471
12.17 arrancaré esa *n*, sacándola de raíz y 1471
14.22 ¿hay entre los ídolos de las *n* quien 1471
16.19 a ti vendrán *n* desde los extremos de la 1471
18.13 preguntad ahora a las *n*, quién ha oído 1471
25.9 los traeré contra... contra todas estas *n* 1471
25.11 y servirán estas *n* al rey de Babilonia 1471
25.12 castigaré... a aquella *n* por su maldad 1471
25.13 libro, profetizado... contra todas las *n* 1471
25.14 ellas serán sojuzgadas por muchas *n* y 1471
25.15 beber de él a todas las *n* a las cuales 1471
25.17 di de beber a todas las *n*, a las cuales 1471

N

25.20 toda la mezcla de *n*, a todos los reyes 776
25.31 Jehová tiene juicio contra las *n*; el es 1471
25.32 mal irá de ti en *n*, y grande tempestad 1471
26.6 la pondré por maldición a todas las *n* 1471
27.7 las *n* le servirán a él, a su hijo, y al 1471
27.7 y la reduzcan a servidumbre muchas *n* y 1471
27.8 *n*...que no sirviere...castigaré a tal *n* 1471
27.11 a la *n* que sometiere su cuello al yugo 1471
27.13 ha dicho Jehová de la *n* que no sirviere 1471
28.11 romperé el yugo...del cuello de...las *n* 1471
28.14 yugo de hierro puse sobre...de estas *n* 1471
29.14 os reuniré de todas las *n* y de todos los 1471
29.18 los daré...por burla...para todas las *n* 1471
30.11 y destruiré a...las *n* entre las cuales 1471
30.19 saldrá...voz de *n* que está en regocijo
31.7 y dad voces de júbilo a la cabeza de *n* 1471
31.10 oíd palabra de Jehová, oh *n*...y decid 1471
31.36 si faltaren estas...faltará para no ser *n* 1471
33.9 glora, entre todas las *n* de la tierra 1471
33.24 mi pueblo, hasta no tenerlo más por *n* 1471
36.2 y contra todas las *n*, desde el día que 1471
43.5 había vuelto de todas las *n* donde había 1471
44.8 seáis por maldición...a todas las *n* de la 1471
46.1 palabra de Jehová que vino, contra las *n* 1471
46.12 las *n* oyeron tu afrenta, y tu clamor 1471
46.28 destruiré a las *n* entre las cuales te 1471
48.2 venid, y quitémosla de entre las *n* 1471
49.14 había sido enviado mensajero a las *n* 1471
49.15 he aquí que te haré pequeño entre las *n* 1471
49.31 subid contra una *n* pacífica que vive 1471
49.36 no habrá *n* a donde vayan fugitivos de 1471
50.2 anunciad en las *n*, y haced saber...decid 1471
50.3 subió contra ella una *n* del norte, la 1471
50.12 aquí será la última de las *n*; desierto 1471
50.23 Babilonia en desolación entre las *n* 1471
50.41 un pueblo del norte, y una *n* grande y 1471
50.46 tembló, y el clamor se oyó entre las *n* 1471
51.7 su vino bebieron...se aturdieron...las *n* 1471
51.20 por medio de ti quebrantaré *n*, y por 1471
51.27 trompeta en las *n*, preparad pueblos 1471
51.28 preparad contra ella *n*; los reyes de 1471
51.41 a ser...objeto de espanto entre las *n*! 1471
51.44 y no vendrán más *n* a él, y el muro de 1471
51.58 las...se cansaron solo para el fuego 5971
Lm 1.1 la grande entre las *n* se ha vuelto como 1471
1.3 habitó entre las *n*, y no halló descanso 1471
1.10 ha visto entrar en su santuario a las *n* 1471
2.8 su rey y sus príncipes están entre las *n* 1471
4.15 se dijo entre las *n*: Nunca más morarán 1471
4.17 aguardamos a una *n* que no puede salvar 1471
4.20 a su sombra tendremos vida entre las *n*! 1471
Ez 4.13 comerán...su pan inmundo, entre las *n* 1471
5.5 es Jerusalén; la puse en medio de las *n* 1471
5.6 ella cambió...en impiedad más que las *n* 1471
5.7 ¿por haberos multiplicado más que las *n* 1471
5.7 ni aun según las leyes de las *n*...andado 1471
5.8 haré juicios en...ante los ojos de las *n* 1471
5.14 te convertiré...en oprobio entre las *n* 1471
5.15 y serás...escarmiento y espanto a las *n* 1471
6.8 tengáis entre las *n* algunos que escapen 1471
6.9 escaparen se acordarán de mí entre las *n* 1471
7.24 traeré...los más perversos de las *n*, los 1471
11.12 según las costumbres de las *n* que os 1471
11.16 aunque les he arrojado lejos entre las *n* 1471
12.15 cuando los esparciere entre las ti, y los 1471
12.16 cuenten...sus abominaciones entre las *n* 1471
16.14 salió tu renombre entre las *n* a causa 1471
19.4 *n* oyeron de él; fue tomado en la trampa 1471
20.9,14,22 se infamase ante los ojos de las *n* 1471
20.23 que los esparciría entre las *n*, y que 1471
20.32 vosotros decís: Seamos como las *n*, como 1471
20.41 seré santificado...a los ojos de las *n* 1471
22.4 por tanto, te he dado en oprobio a las *n* 1471
22.15 te dispersaré por las *n*, y te esparciré 1471
22.16 serás degradada a la vista de las *n* 1471
23.30 porque fornicaste en pos de las *n*, con 1471
23.32 ti se mofarán las *n*, y te escarnecerán
25.7 te entregaré a las *n* para ser saqueada 1471
25.8 aquí la casa de Judá es como todas las *n* 1471
25.10 no haya más memoria...Amén entre las *n* 1471
26.2 quebrantada está...era puerta de las *n* 5971
26.3 haré subir contra ti muchas *n*, como el 1471
26.5 dice Jehová, será saqueda por las *n* 1471
28.7 traigo sobre ti...los fuertes de las *n* 1471
28.25 santificaré...ante los ojos de las *n* 5971
29.12 esparciré a Egipto entre las *n*, y lo 1471
29.15 nunca...se alzará sobre las *n*; porque 1471
29.15 no vuelvan a tener dominio sobre las *n* 1471
30.3 día de nublado, día de castigo de las *n* 1471
30.11 los más fuertes de las *n*, serán traídos 1471
30.23,26 esparciré...los egipcios entre las *n* 1471
31.6 ramaje...a su sombra habitaban muchas *n* 1471
31.11 en manos del poderoso de las *n*, que de 1471
31.12 lo destruirán...los poderosos de las *n* 1471
31.16 hice temblar a las *n*, cuando las hice 1471
31.17 los que estuvieron...en medio de las *n* 1471
32.2 a leoncillo de *n* eres semejante, y eres 1471
32.9 al cautiverio a los tuyos entre las *n* 1471
32.12 ellos serán los poderosos de las *n*; y 1471
32.16 la endecha...hijas de las *n* la cantarán 1471
32.18 despéñalo a él, y a las hijas de las *n* 1471
34.28 no serán más por despojo de las *n*, ni 776
34.29 ni ya más serán avergonzados por las *n* 776
35.10 las dos *n* y las dos tierras serán mías 1471
36.3 para que fueseis heredad de las otras *n* 1471
36.4 puestas por...y escarnio de las otras *n* 1471
36.5 he hablado...mi celo contra las demás *n* 776
36.6 cuanto habéis llevado el oprobio de las *n* 127
36.7 he jurado que las *n*...han de llevar su 1471
36.13 matadora de los hijos de tu *n* has sido 1471
36.14 nunca más matarás a los hijos de tu *n* 1471
36.13 y nunca más te haré oír injuria de *n* 1471
36.15 ni harás más morir a los hijos de tu *n* 1471
36.19 les esparcí por las o, y...dispersados 1471
36.20 cuando llegaron a las *n* adonde fueron 776
36.21 profanado...entre las *n* adonde fueron 1471
36.22 cual profanasteis vosotros entre las *n* 1471
36.23 mi grande nombre, profanado entre las pa .. 1471
36.23 y sabrán las *n* que yo soy Jehová, dice 1471
36.24 yo os tomaré de las *n*, y os recogeré 127
36.30 nunca...oprobio de hambre entre las *n* 1471
36.36 *n* que queden...sabrán que yo reedifiqué 1471
37.21 tomo a los...de Israel de entre las *n* 127
37.22 y los haré una *n* en la tierra, en los 1471
37.22 y nunca más serán dos *n*, ni nunca más 776
37.28 sabrán las *n* que yo...santifico a Israel 776
38.8 mas fue sacada de las *n*, y todos ellos 1471
38.12 sobre el pueblo recogido de entre...*n* 1471
38.16 *n* me conozcan, cuando sea santificado 776
38.23 seré conocido ante los ojos de muchas *n* 1471
39.7 sabrán las *n* que yo soy Jehová, el Santo 1471
39.21 pondré mi gloria entre las *n*, y...verán 1471
39.21 las *n* verán mi juicio que habré hecho 1471
39.23 sabrán las *n* que la casa de Israel fue 1471
39.27 sea santificado en ellos ante...muchas *n* 1471
39.28 cautiverio entre las *n*, los reúna sobre 127
Dn 3.4 mándase a vosotros...oh pueblos, *n* y 524
3.7 *n* y lenguas se postraron y adoraron la 524
3.29 que todo pueblo, *n* o lengua que dijere 524
4.1 rey, a todos los pueblos, *n* y lenguas 524
5.19 o y lenguas temblaban y temían...de él 524
6.25 rey Darío escribió a...*n* y lenguas que 524
7.14 los pueblos, *n* y lenguas le sirvieron 524
8.22 que cuatro reinos se levantarán de esa *n* 1471
9.1 de la *n* de los medos, que vino a ser rey
Os 8.8 será entre las *n* como vasija que no se
8.10 aunque alquilen entre las *n*, ahora las 1471
9.17 no oyeron...andarán errantes entre las *n* 1471
Jl 2.17 para que las *n* se enseñoreen de ella 1471
2.19 nunca más os pondré en oprobio entre...*n* 1471
3.2 reuniré a...las *n*, y las haré descender al 1471
3.2 a quien ellas esparcieron entre las *n* 1471
3.8 venderán a los sabeos, *n* lejana; porque 1471
3.9 proclamad esto entre las *n*, proclamad 1471
3.11 y venid...*n*...de alrededor, y congregaos 776
3.12 despiértense las *n*, y suban al valle de 1471
3.12 me sentaré para juzgar a todas las *n* de 1471
Am 6.1 principales entre las *n*, a los cuales 1471
6.14 levantaré...una *n* que os oprimirá desde 1471
9.9 Israel sea zarandeada entre todas las *n* 1471
9.12 posean el resto de Edom, y a todas...*n* 1471
Abd 1 oído...mensajero ha sido enviado a las *n* 1471
2 he aquí, pequeño te he hecho entre las *n* 1471
15 está el día de Jehová sobre todas las *n* 1471
16 beberán continuamente todas las *n* beberán 1471
Mi 4.2 vendrán muchas *n*, y dirán: Venid, y 1471
4.3 corregirá a *n* poderosas hasta muy lejos 1471
4.3 hoces; no alzará espada o contra *n*, ni 1471
4.7 la descarriada como *n* robusta; y Jehová 1471
4.11 han juntado muchas *n* contra ti, y dicen 1471
5.8 el remanente de Jacob será entre las *n* 1471
5.15 con furor haré venganza en las *n* que no 1471
7.16 las *n* verán, y se avergonzarán de todo 1471
Nah 3.4 seduce a las *n* con sus fornicaciones 1471
3.5 contra ti...y mostraré a las *n* tu desnudez 1471
Hab 1.5 mirad entre las *n*, y ved, y asombraos 1471
1.6 aquí, yo levanto a los caldeos, *n* cruel 1471
1.17 red, y no tendrá piedad de aniquilar *n* 1471
2.8 por cuanto tú has despojado a muchas *n* 1471
2.13 los pueblos...las *n* se fatigarán en vano 5971
3.12 hollaste la...con furor trillaste las *n* 1471
Sof 2.1 congregaos y meditad, oh *n* sin pudor 1471
2.11 se inclinarán a él...las tierras de las *n* 1471
3.6 hice destruir *n*; sus habitaciones están 1471
3.8 porque mi determinación es reunir las *n* 1471
Hag 2.7 haré temblar a todas las *n*, y vendrá 1471
2.7 haré...y vendrá el Deseado de todas las ti 1471
2.22 destruiré la fuerza de...reinos de las *n* 1471
Zac 1.15 y estoy muy airado contra las *n* que 1471
1.21 para derribar los cuernos de las *n* que 776
2.8 me enviará él a las *n* que os despojaron 1471
2.11 unirán muchas *n* a Jehová en aquel día 1471
7.14 esparcí con torbellino por todas las *n* 1471
8.13 que como fuisteis maldición entre las *n* 1471
8.22 pueblos y fuertes *n* a buscar a Jehová 1471
8.23 que diez hombres de las *n* de toda lengua 1471
9.10 hablará paz a las *n*, y su señorío será 1471
12.3 o de la tierra se juntarán contra ella 1471
12.9 destruir a...las *n* que vinieren contra 1471
14.2 yo reuniré a todas las *n* para combatir 1471
14.3 saldrá Jehová y peleará con aquellas *n* 1471
14.14 reunidas las riquezas de todas las *n* 1471
14.16 que sobrevivieren de las *n* que vinieron 1471
14.18 la plaga con que Jehová herirá las *n* 1471
14.19 del pecado de...las *n* que no subieren 1471
Mal 1.11 es grande mi nombre entre las *n*; y 1471
1.11 grande es mi nombre entre las *n*, dice 1471
1.14 yo soy...mi nombre es temible entre las *n* 1471
3.9 vosotros, la *n* toda, me habéis robado 1471
3.12 y todas las *n* os dirán bienaventurados 1471
Mt 20.25 **gobernantes de las *n* se enseñorean de** *1484*
24.7 **se levantará *n* contra *n*, y reino contra** *1484*
24.14 **el mundo, para testimonio a todas las *n*** *1484*
25.32 **serán reunid delante de él todas las *n*** *1484*
28.19 **id, y haced discípulos a todas las *n*** *1484*
Mr 7.26 mujer era griega, y sirofenicia de *n* *1085*
10.42 **gobernantes de las *n* se enseñorean de** *1484*
11.17 **casa de oración para todas las *n* mas** *1484*
13.8 **se levantará *n* contra *n*, y reino contra** *1484*
13.10 **evangelio sea predicado antes a...las** *1484*
Lc 7.5 porque ama a nuestra *n*, y nos edificó *1484*
21.10 **se levantará *n* contra *n*, y reino contra** *1484*
21.24 **serán llevados cautivos a todas las *n*** *1484*
22.25 **reyes de las *n* se enseñorcan de ellas** *1484*
23.2 éste hemos hallado que pervierte a la *n* *1484*
24.47 **y el perdón de pecados en todas las *n*** *1484*
Jn 11.48 vendrán los romanos, y destruirán...*n* *1484*
11.50 un hombre...y no que toda la *n* perezca *1484*
11.51 profetizó que...había de morir por la *n* *1484*
11.52 y no solamente por la *n*, sino también *1484*
18.35 tu *n*...te han entregado a mí...¿Qué has *1484*
Hch 2.5 varones piadosos, de todas las *n* bajo *1484*
7.7 yo juzgaré...la *n* de la cual serán siervos *1484*
10.22 tiene buen testimonio en toda la *n* de *1484*
10.35 en toda *n* se agrada del que le teme y *1484*
13.19 habiendo destruido siete *n* en la tierra *1484*
24.10 hace muchos años eres juez de esta *n* *1484*
24.17 vine a hacer limosnas a mi *n* y presentar *1484*
26.4 mi vida...la cual desde el...pasé en mi *n* *1484*
28.19 no porque tenga de qué acusar a mi *n* *1484*
Ro 1.5 la obediencia a la fe en todas las *n* *1484*
2 Co 11.26 peligros de los de mi *n*, peligros *1484*
Ga 1.14 aventajaba a muchos de mis..en mi *n* *1085*
3.8 nueva...En ti serán benditas todas las *n* *1484*
1 Ts 2.14 padecido de los de vuestra propia *n* *4853*
1 P 2.9 sois linaje...*n* santa, pueblo adquirido *1484*
Ap 2.26 **fin...yo le daré autoridad sobre las *n*** *1484*
5.9 has...de todo linaje y lengua y pueblo y *n* *1484*
7.9 una gran multitud...de todas *n* y tribus *1484*
10.11 que profetices otra vez sobre muchos...*n* *1484*
11.9 verán sus cadáveres por tres días y *1484*
11.18 y se airaron las ti, y tu ira ha venido *1484*
12.5 regirá con vara de hierro a todas las *n* *1484*
13.7 le dio autoridad sobre toda tribu...y *n* *1484*
14.6 para predicarlo...a toda *n*, tribu, lengua *1484*
14.8 ha hecho beber a todas las *n* del vino del *1484*
15.4 las *n* vendrán y te adorarán, porque tus *1484*
16.19 y las ciudades de las *n* cayeron; y la *1484*
17.15 las aguas que...son pueblos...*n*, y lenguas *1484*
18.3 las *n* han bebido del vino del furor de *1484*
18.23 por tus hechicerías fueron engañadas...*n* *1484*
19.15 una espada...para herir con ella a las *n* *1484*
20.3 que no engañase más a las *n*, hasta que *1484*
20.8 saldrá a engañar a las *n* que están en los *1484*
21.24 las *n* que hubieren sido salvas andarán a *1484*
21.26 y llevarán la gloria...de las *n* a ella *1484*
22.2 las hojas...eran para la sanidad de las *n* *1484*

NACÓN *Dueño de la era donde murió Uza,*
2 S 6.6 5225

NACOR
1. Hijo de Serug y padre de Taré,
Gn 11.22,23,24,25; 1 Cr 1.26; Lc 3.34 5152
2. Hijo de Taré y hermano de Abraham
Gn 11.26 Taré vivió 70 años, y engendró a...*N* 5152
11.27 Taré engendró a Abram, a *N* y a Harán 5152
11.29 y tomaron Abram y *N* para sí mujeres; el 5152
11.29 y el nombre de la mujer de *N*, Milca 5152
22.20 Milca...dado a luz hijos a *N* tu hermano 5152
22.23 los ocho hijos que dio a luz Milca, de *N* 5152
24.10 llegó a Mesopotamia, a la ciudad de *N* 5152
24.15 Milca mujer de *N* hermano de Abraham 5152
24.24 de Milca, el cual ella dio a luz a *N* 5152
24.47 de Betuel hijo de *N*, que le dio a luz 5152
29.5 les dijo: ¿Conocéis a Labán hijo de *N*? 5152
31.53 y el Dios de *N* juzgue entre nosotros 5152
Jos 24.2 esto es, Taré, padre de Abraham y de *N* 5152

NADA *Véase también el Apéndice*
Gn 47.18 ha quedado...sino nuestros cuerpos
1 S 25.21 le haya faltado de todo cuanto es
1 R 18.43 él subió, y miró, y dijo: No hay *n*
Sal 62.9 posándolos...en la balanza...menos que
Pr 10.20 el corazón de los impíos es como *n*
13.7 quienes pretenden...ricos, y no tienen y
Ec 2.12 rey? *N*, sino lo que ya ha sido hecho
Is 33.8 aborreció las...tuvo en *n* a los hombres
34.12 sin reino; y todos sus grandes serán *n* 657
40.17 *n* son todas las naciones delante de él 369
40.17 serán estimadas en menos que ti, y que
40.23 él convierte en *n* a los poderosos, y a
41.11 como *n* y perecerán los que contienden 369
41.12 como *n*, y como cosa que no es, aquellos 369
41.24 que vosotros sois *n*, y vuestras obras 369
44.9 lo más precioso de ellos para *n* es útil
44.10 una imagen que para *n* es de provecho? 1115
Jer 32.17 oh Señor...ni hay *n* que sea difícil
39.10 los pobres del pueblo que no tenían *n*
50.26 venid...y destruidla; que no le quede *n* 408
Dn 4.35 los habitantes...son considerados como *n* 3809
Hag 2.3 ¿no es ella como *n* delante de...ojos? 369
Mt 5.13 **no sirve más para *n*, sino para ser** *3762*
10.26 ***n* hay encubierto, que no haya de ser** *3762*
17.20 **allá...y se pasará; y *n* os será imposible** *3762*
Mr 1.44 **dijo: Mira, no digas a nadie *n*, sino** *3762*
9.12 **Hijo...padezca mucho y sea tenido en *n*** *1847*
Lc 1.37 porque *n* hay imposible para Dios
Jn 1.3 sin él *n* de lo que ha sido hecho, fue
5.19 **no puede el Hijo hacer *n* por sí mismo** *3762*
6.63 **que da vida; la carne para *n* aprovecha** *3762*
15.5 **porque separados de mí *n* podéis hacer** *3762*
Ro 13.8 no debáis a nadie *n*, sino el amaros
1 Co 9.15 yo de esto me he aprovechado *3762*
2 Co 6.10 no teniendo, mas poseyéndolo todo *3367*

13.8 *n* podemos contra la verdad, sino por la
1 Ti 6.7 *n* hemos traído a...*n* podremos sacar *3762*

NADAB

1. Hijo de Araón

Éx 6.23 Elisabet hija...la cual dio a luz a *N* 5070
24.1 sube ante Jehová, tú, y Aarón, *N*, y Abiú 5070
24.9 subieron Moisés y Aarón, *N* y Abiú, y 70 5070
28.1 harás llegar delante de...a Aarón y a *N* 5070
Lv 10.1 *N* y...tomaron cada uno su incensario 5070
Nm 3.2 los hijos de Aarón: *N* el primogénito 5070
3.4 pero *N* y Abiú murieron delante de Jehová 5070
26.60 a Aarón le nacieron *N*, Abiú, Eleazar 5070
26.61 *N* y Abiú murieron cuando ofrecieron 5070
1 Cr 6.3; 24.1 los hijos de Aarón: *N*, Abiú 5070
24.2 *N* y Abiú murieron antes que su padre 5070
2. Rey de Israel 1 R 14.20 Jeroboam...reinó en su lugar N su hijo 5070
15.25 *N* hijo de Jeroboam comenzó a reinar 5070
15.27 *N* y...Israel tenían sitiado a Gibetón 5070
15.31 demás hechos de *N*, y todo lo que hizo 5070
3. Descendiente de Judá, 1 Cr 2.28,30 5070
4. Hermano de Cis, padre del rey Saúl, 1 Cr 8.30; 9.36 5070

NADADOR

Is 25.11 como la extiende el *n* para nadar 7811

NADAR

Is 25.11 como la extiende el *nadador* para nadar 7811
Ez 32.6 de tu sangre la tierra donde *nadas* 6824
47.9 toda alma viviente que *nadare*...vivirá 8317
Hch 27.42 para que ninguno se fugase *nadando* *1579*
27.43 que los que pudiesen *nadar* se echasen *2860*

NADIE *Véase también el Apéndice*

Gn 45.1 no quedó *n* con él, al darse a conocer
Lv 26.37 como si huyeran ante...*n* los persiga 369
Dt 11.25 *n* se sostendrá delante de vosotros
34.11 *n* como él en todas las señales...hacer
1 S 11.3 no hay *n* que nos defienda, saldremos
2 R 7.5 llegando a la entrada...no había allí *n*
7.10 he aquí que no había allí *n*, ni voz de
Is 63.3 y de los pueblos *n* había conmigo; los
Jer 30.17 esta es Sion, de la que *n* se acuerda
49.18 no morará allí *n*, ni la habitará hijo
51.26 *n* tomará de ti piedra para esquina, ni
Mr 5.43 él les mandó mucho que *n* lo supiese *3367*
13.5 comenzó a decir: Mirad que *n* os engañe
2 Co 7.2 a *n* hemos agraviado, a *n*...corrompido *3762*
Gá 6.17 aquí en adelante *n* me cause molestias

NADO

Ez 47.5 que el río no se podía pasar sino a *n* 7813

NAFIS

1. Hijo de Ismael, Gn 25.15; 1 Cr 1.31 5305
2. Tribu descendiente de No. 1, 1 Cr 5.19 5305

NAFTUHIM *Tribu antigua en Egipto*, Gn 10.13; 1 Cr 1.11 5320

NAGAI *Ascendiente de Jesucristo*, Lc 3.25 .... *3477*

NAHALIEL *Lugar donde acampó Israel*, Nm 21.19 5160

NAHAM *Cuñado de Hodías No. 1*, 1 Cr 4.19 5163

NAHAMANI *Uno que regresó del cautiverio con Zorobabel*, Neh 7.7 5167

NAHARAI *Escudero de Joab*, 2 S 23.37; 1 Cr 11.39 .. 5171

NAHAS

1. Rey amonita en tiempo del rey Saúl

1 S 11.1 subió *N* amonita, y acampó contra Jabes 5176
11.1 los de Jabes dijeron a *N*: Haz alianza 5176
11.2 *N* amonita les respondió...esta condición 5176
12.12 *N* rey de...de Amón venía contra vosotros ... 5176
2. Rey amonita, amigo de David 5176
2 S 10.2 haré misericordia con Hanún hijo de *N* 5176
17.27 Sobi hijo de *N*, de Rabá de los hijos 5176
1 Cr 19.1 que murió *N* rey de los hijos de Amón 5176
19.2 misericordia con Hanún hijo de *N*, porque 5176
3. Madre de Abigail No. 2, 2 S 17.25 5176
4. Ciudad en Judá o Benjamín, 1 Cr 4.12 5904

NAHAT

1. Hijo de Reuel No. 1, Gn 36.13,17; 1 Cr 1.37 5184
2. Levita, 1 Cr 6.26 5184
3. Mayordomo del rey Ezequías, 2 Cr 31.13 5184

NAHBI *Uno de los 12 espías*, Nm 13.14 5147

NAHUM

1. Profeta, Nah 1.1 5151
2. Ascendiente de Jesucristo, Lc 3.25 .... *3486*

NAÍN *Ciudad en Galilea*, Lc 7.11 .... *3484*

NAIOT *Morada de Samuel en Ramá*

1 S 19.18 y Samuel se fueron y moraron en *N* 5121
19.19 fue dado aviso...David está en *N* en Ramá ... 5121
19.22 uno respondió...aquí están en *N* en Ramá ... 5121
19.23 fue a *N* en Ramá; y también vino sobre 5121
19.23 y profetizando hasta que llegó a *N* en 5121
20.1 después David huyó de *N*...vino delante de 5121

NALGA

2 S 10.4; 1 Cr 19.4 cortó los...hasta las *n* 8357,4667
Is 20.4 a los cautivos...descubiertas las *n* 8357

NARCISO *Cristiano saludado por Pablo*, Ro 16.11 .. *3488*

NARDO

Cnt 1.12 el rey estaba en su..mi *n* dio su olor 5373
4.13 son paraíso de...de flores de alheña y *n* 5373
4.14 *n* y azafrán, caña aromática y canela, con 5373
Mr 14.3 de perfume de *n* puro de mucho precio .. *3487,4101*
Jn 12.3 María tomó una libra de perfume de *n* ... *3487,4101*

NARIZ

Gn 2.7 sopló en su *n* aliento de vida, y fue 639
7.22 tenía aliento...de vida en sus *n*...murió 639
24.47 entonces le puse un pendiente en su *n* 639
Nm 11.20 hasta que os salga por las *n*, y la 639
2 S 22.9 humo subió de su *n*, y de...boca fuego 639
22.16 aguas...por el soplo del aliento de su *n* 639
2 R 19.28 yo pondré mi garfio en tu *n*, y mi 639
Job 27.3 en mí, y haya hálito de Dios en mis *n* 639
39.20 el resoplido de su *n* es formidable 5170
40.24 ¿lo tomará alguno...y horadará su *n*? 4170
41.2 ¿pondrás tú soga en sus *n*, y horadarás 639
41.20 de sus *n* sale humo, como de una olla 5156
Sal 18.8 humo subió de su *n*, y de...boca fuego 639
18.15 Jehová, por el soplo del aliento de tu *n* 639
115.6 mas no oyen; tienen *n*, mas no huelen 639
Pr 30.33 el que recio se suena las *n* sacará 639
Cnt 7.4 tú *n*, como la torre del Líbano, que 639
Is 2.22 del hombre, cuyo aliento está en su *n* 639
3.21 los anillos, y los joyeles de las *n* 639
37.29 pondré...mi garfio en tu *n*, y mi freno 639
Ez 8.17 he aquí que aplican el ramo a sus *n* 639
16.12 puse joyas en tu *n*, y zarcillos en tus 639
23.25 te quitarán tu *n* y tus orejas, y lo que 639
Am 4.10 hice subir el hedor...hasta vuestras *n* 639

NATÁN

1. Hijo de David y ascendiente de Jesucristo, 2 S 5.14; 1 Cr 3.5; 14.4; Zac 12.12; Lc 3.31 5416
2. Profeta
2 S 7.2 dijo el rey al profeta *N*: Mira ahora 5416
7.3 *N* dijo al rey: Anda...y haz todo lo que 5416
7.4 que vino palabra de Jehová a *N*, diciendo 5416
7.17 conforme a toda esta visión, así habló *N* 5416
12.1 Jehová envió a *N* a David; y...dijo: Había 5416
12.5 a *N*...Vive Jehová, que el que tal hizo es 5416
12.7 dijo *N* a David: Tú eres aquel hombre 5416
12.13 entonces dijo David a *N*: Pequé contra 5416
12.13 y *N* dijo a David: También Jehová ha 5416
12.15 *N* se volvió a su casa...Y Jehová hirió 5416
12.25 envió un mensaje por medio de *N* profeta 5416
1 R 1.8 el profeta *N*...Simei, Rei y todos los 5416
1.10 no convidó al profeta *N*, ni a Benaía, ni 5416
1.11 *N* a Betsabé madre de Salomón, diciendo 5416
1.22 aún hablaba ella con...vino el profeta *N* 5416
1.23 al rey, diciendo: He aquí el profeta *N* 5416
1.24 y dijo *N*; Rey señor mío, ¿has dicho tú 5416
1.32 llamadme...al profeta *N*, y a Benaía hijo 5416
1.34 y allí lo ungirán...Sadoc y el profeta *N* 5416
1.38 descendieron...el profeta *N*, y Benaía hijo 5416
1.44 rey ha enviado...el profeta *N*, y a Benaía 5416
1.45 y el profeta *N* lo han ungido por rey en 5416
1 Cr 17.1 dijo David al profeta *N*...yo habito 5416
17.2 *N* dijo a David: Haz todo lo que está en 5416
17.3 noche vino palabra de Dios a *N*, diciendo 5416
17.15 a todas estas palabras...habló *N* a David 5416
29.29 en las crónicas del profeta *N*, y en las 5416
2 Cr 9.29 están...en los libros del profeta *N* 5416
29.25 mandamiento de David...y del profeta *N* 5416
Sal 51 tít. cuando después que...vino a el *N* 5416
3. Padre de Igal No. 2, 2 S 23.36 5416
4. Padre de Azarías No. 2, 1 R 4.3 5416
5. Padre de Zabud No. 1, 1 R 4.5 5416
6. Descendiente de Judá, 1 Cr 2.36 5416
7. Hermano de Joel No. 7, 1 Cr 11.38 5416
8. Enviado de Esdras, Esd 8.16 5416
9. Uno de los que se casaron con extranjeras en tiempo de Esdras, Esd 10.39 5416

NATÁN-MELEC *Eunuco bajo el rey Josías*, 2 R 23.11 5419

NATANAEL

1. Príncipe de la tribu de Isacar
Nm 1.8 de Isacar, *N* hijo de Zuar 5417
2.5 jefe de los...de Isacar, *N* hijo de Zuar 5417
7.18 el segundo día ofreció *N* hijo de Zuar 5417
7.23 esta fue la ofrenda de *N* hijo de Zuar 5417
10.15 sobre...los hijos de Isacar, *N* hijo de 5417
2. Hijo de Isaí y hermano de David, 1 Cr 2.14 5417
3. Sacerdote en tiempo de David, 1 Cr 15.24 5417
4. Levita, padre de Semaías No. 8, 1 Cr 24.6 5417
5. Levita, portero en el templo, 1 Cr 26.4 5417
6. Príncipe de Judá bajo el rey Josafat, 2 Cr 17.7 5417
7. Levita en tiempo del rey Josías, 2 Cr 35.9 5417
8. Sacerdote de entre los que se casaron con extranjeras en tiempo de Esdras, Esd 10.22 5417
9. Jefe de una casa de sacerdotes en tiempo de Joiacim, Neh 12.21 5417
10. Sacerdote en tiempo de Nehemías, Neh 12.36 ... 5417
11. Discípulo de Jesucristo 5417
Jn 1.45 Felipe halló a *N*, y le dijo: Hemos *3482*
1.46 *N* le dijo: ¿De Nazaret puede salir algo *3482*
1.47 Jesús vio a *N* que se le acercaba, dijo *3482*
1.48 dijo *N*: ¿De dónde me conoces? Respondió *3482*
1.49 respondió *N*...Rabí...tú eres el Hijo de *3482*
21.2 estaban...*N* el de Caná de Galilea, los *3482*

NATURAL

Éx 12.19 comiere leudado...así extranjero como *n* 249
12.49 la misma ley será para el *n*, y para el 249
Lv 16.29 y ninguna obra haréis, ni el *n* ni el 249
17.15 cualquier persona, así de los *n* como de 249
18.26 ni el *n* ni el extranjero que mora entre 249
19.34 como a un *n* de...tendréis al extranjero 249
23.42 *n* de Israel habitará en tabernáculos 249
24.16 apedreará; así el extranjero como el *n* 249
24.22 un mismo estatuto tendréis..para el *n* 249
Nm 9.14 mismo rito...el extranjero como el *n* 249
15.13 *n* hará estas cosas así, para ofrecer 249
15.30 hiciere algo...el *n* como el extranjero 249
Jos 8.33 todo Israel...extranjeros como los *n* 249
1 Cr 7.21 los hijos de Gat, *n* de aquella tierra 3205
Ez 47.22 los tendréis como *n* entre los hijos 249
Am 1.11 y violó todo afecto *n*: y en su furor 7356
Hch 4.36 entonces José...levita, *n* de Chipre *1085*
18.2 halló a un judío...Aquila, *n* del ponto *1085*
18.24 judío...Apolos, *n* de Alejandría, varón *1085*
28.2 los *n* nos trataron con no poca humanidad *915*
28.4 los *n* vieron la víbora colgando de su *915*
Ro 1.26 sus mujeres cambiaron el uso *n* por *5449*
1.27 hombres, dejando el uso *n* de la mujer *5446*
1.31 desleales, sin afecto *n*, implacables *794*
11.21 si Dios no perdonó a las ramas *n*, a ti *6449*
11.24 son las ramas *n*, serán injertados en su *6449*
1 Co 2.14 el hombre *n* no percibe las cosas que *5591*
2 Ti 3.3 afecto *n*...implacables, calumniadores
Stg 1.23 considera en un espejo su rostro *n* *1083*

NATURALEZA

Gn 1.12 hierba que da semilla según su *n*...y 4327
Ro 1.26 cambiaron el...por el que es contra *n* *5449*
2.14 gentiles...hacen por *n* lo que es de la *5449*
11.24 fuiste cortado del que por *n* es olivo *5449*
11.24 contra *n* fuiste injertado en el buen *5449*
1 Co 11.14 la *n*...¿no os enseña que al varón *5449*
Gá 4.8 servíais a los que por *n* no son dioses *5449*
Ef 2.3 éramos por *n* hijos de ira, lo mismo que *5449*
Stg 3.7 toda *n* de bestias, y de aves...se doma *5449*
3.7 se doma y ha sido domada por la *n* humana ... *5449,442*
2 P 1.4 a ser participantes de la *n* divina *5449*
Jud 7 habiendo...ido en pos de vicios contra *n* *4561*
10 y en las que por *n* conocen, se corrompen *5447*

NAUFRAGAR

1 Ti 1.19 cual *naufragaron* en cuanto a la fe *3489*

NAUFRAGIO

2 Co 11.25 tres veces he padecido *n*; una noche *3489*

NÁUFRAGO

2 Co 11.25 un día he estado como *n* en alta mar

NAVAJA

Nm 6.5 no pasará *n* sobre su cabeza; hasta que
8.7 y haz pasar la *n* sobre todo su cuerpo 5674,8593
Jue 13.5 *n* no pasará sobre su cabeza. porque 4177
16.17 nunca a mi cabeza llegó ir; porque soy 4177
1 S 1.11 hijo...y no pasará *n* sobre su cabeza 4177
Sal 52.2 lengua; como *n* afilada hace engaño 3913
Is 7.20 el Señor raerá con *n* alquilada, con 1548
Ez 5.1 toma una *n* de barbero, y hazla pasar 8593

NAVE

Gn 49.13 para puerto de *N*, y su límite hasta 591
Nm 24.24 vendrán *n* de la costa de Quitim y 6716
Dt 28.68 te hará volver a Egipto en *n*, por el 591
Jue 5.17 Dan, ¿por qué se estuvo junto a las *n*? 591
1 R 9.26 hizo también el rey Salomón *n* en
10.22 el rey tenía...una flota de *n* de Tarsis 590
22.48 Josafat había hecho *n* de Tarsis, las 591
22.49 vayan mis siervos con los tuyos en...*n* 591
2 Cr 8.18 Hiram te había enviado *n* por mano de 591
9.21 cada 3 años solían venir las ir de Tarsis 591
20.36 para construir *n* que fuesen a Tarsis 591
20.36 y construyeron las *n* en Ezión-geber 591
20.37 y las *n* se rompieron, y no pudieron ir 591
Job 9.26 pasaron cual *n* veloces como el águila 591
Sal 48.7 viento...quiebras tú las *n* de Tarsis 591
104.26 allí andan las *n*; allí este leviatán 591
107.23 que descienden al mar en *n*, y hacen 591
Pr 30.19 el rastro de la *n* en medio del mar 591
31.14 es como *n* de mercader; trae su pan de 591
Is 2.16 sobre todas las *n* de Tarsis, y sobre 591
18.2 que envía...*n* de junco sobre las aguas! 3627
23.1,14 aullad, *n* de Tarsis, porque destruida 591
33.21 galera de remos, ni por él pasará...*n* 6716
43.14 aun a los caldeos en las *n* de que se 591
60.9 las *n* de Tarsis desde el principio, para 591
Ez 27.9 todas las *n* del mar...fueron a ti para 591
27.25 las *n* de Tarsis eran como tus caravanas 591
27.29 descenderán de sus *n*...que toman remo 591
27.33 cuando tus mercaderías salían de las *n* 3220
30.9 saldrán mensajeros...en *n*, para espantar 6716
Dn 11.30 vendrán contra 61 *n* de Quitim, y él 6716
11.40 canos y gente de a caballo, y muchas *n* 591
Jon 1.3 y halló una *n* que partía para Tarsis 591
1.4 viento...que se pensó que se partiría la *n* 591
1.5 echaron al mar los enseres que...en la *n* 591
1.5 Jonás había bajado al interior de la *n* 5600
1.6 el patrón de la *n* se le acercó y le dijo 7227,2259
1.13 trabajaron...hacer volver la *n* a tierra
Hch 27.2 embarcándonos en una *n* adramitena *4143*
27.6 hallando...una *n* alejandrina que zarpaba *4143*
27.10 no solo del cargamento y de la *n*, sino *4143*
27.11 daba más crédito...al patrón de la *n* *3490*
27.14 dio contra la *n* un viento huracanado
27.13 siendo arrebatada la *n*, y no pudiendo *4143*
27.17 usaron de refuerzos para ceñir la *n* *4143*
27.19 manos arrojamos los aparejos de la *4143*
27.22 pérdida de vida...sino solamente de la *n* *4143*
27.30 los marineros procuraron huir de la *n* *4143*
27.31 si éstos no permanecen en la *n*, vosotros *4143*
27.37 éramos todas las personas en la *n* 276 .... *4143*
27.38 aligeraron la *n*, echando el trigo al mar *4143*
27.39 playa, en la cual acordiiron varar...la *n* *4143*
27.41 pero dando en un...hicieron encallar la *n* *3491*

27.44 y los demás…parte en cosas de la *n* ... *4143*
28.11 una *n* alejandrina que había invernado ... *4143*
Stg 3.4 mitad…las *n*; aunque tan grandes, y ... *4143*
Ap 8.9 tercera parte de las *n* fue destruida ... *4143*
18.17 todos los que viajan en *n*, y marineros ... *4143*
18.19 los que tenían *n* en el mar se habían ... *4143*

NAVEGACIÓN
Hch 21.7 completamos la *n*, saliendo de Tiro ... *4144*
27.9 y siendo ya peligrosa la *n*, por haber ... *4144*
27.10 veo que la *n* va a ser con perjuicio y ... *4144*

NAVEGAR
Lc 8.23 pero mientras *navegaban*, él se durmió ... *4126*
Hch 13.4 a Selcucia, y de…*navegaron* a Chipre ... *636*
14.26 de allí *navegaron* a Antioquía, desde ... *636*
15.39 Bernabé, tomando a Marcos, *navegó* a ... *1602*
18.18 después se despidió…y *navegó* a Siria ... *1602*
20.6 *navegamos* de Filipos, y en cinco días ... *1602*
20.13 *navegamos* a Asón para recoger allí a ... *321*
20.15 *navegando* de allí, al día siguiente ... *636*
21.3 *navegamos* a Siria, y arribamos a Tiro ... *4126*
27.1 cuando…habíamos de *navegar* para Italia ... *636*
27.4 allí, *navegamos* a sotavento de Chipre ... *5284*
27.7 *navegando*…días despacio, y llegando a ... *1020*
27.7 *navegamos* a sotavento de Creta, frente ... *5284*
27.24 te ha concedido todos los que *navegan* ... *4126*

NAZAREATO
Nm 6.4 el tiempo de su *n*…de la vid…no comerá ... 5145
6.5 el tiempo del…de su *n* no pasará navaja ... 5145
6.8 el tiempo de su *n*, será santo para Jehová ... 5145
6.12 consagrará…los días de su *n*, y traerá ... 5145
6.12 anulados…cuanto fue contaminado su *n* ... 5145
6.13 día que se cumpliero el tiempo de su *n* ... 5145
6.21 que hiciere voto de…a Jebová por su *n* ... 5145
6.21 así hará, conforme a la ley de su *n* ... 5145

NAZARENO *De Nazaret*
Mt 2.23 profetas, que habría de ser llamado *n* ... *3478*
26.71 allí: También éste estaba con Jesús el *n* ... *3478*
Mr 1.24 ¡ah! ¿qué tienes con nosotros, Jesús *n*? ... *3478*
10.47 oyendo que era Jesús *n*, comenzó a dar ... *3478*
14.67 dijo: Tú también estabas con Jesús el *n* ... *3478*
16.6 buscáis a Jesús *n*…que fue crucificado ... *3478*
Lc 4.34 ¡ah! ¿qué tienes con nosotros, Jesús *n*? ... *3478*
18.37 y le dijeron que pasaba Jesús *n* ... *3478*
24.19 **le dijeron: De Jesús *n*, que fue varón** ... *3478*
Jn 18.5 **le respondieron: A Jesús *n*…Jesús les** ... *3478*
18.7 **¿a quién buscáis? Y…dijeron: A Jesús *n*** ... *3478*
19.19 cual decía: Jesús *n*, Rey de los judíos ... *3478*
Hch 2.22 oíd…Jesús *n*, varón aprobado por Dios ... *3478*
24.5 plaza…y cabecilla de la secta de los *n* ... *3480*

NAZAREO
Nm 6.2 el…que se apartare haciendo voto de *n* ... 5139
6.13 esta es, pues, la ley del *n* el día que ... 5139
6.18 el *n* raerá a la…su cabeza consagrada ... 5139
6.19 torta…las pondrá sobre las manos del *n* ... 5139
6.20 mecerá…después el *n* podrá beber vino ... 5139
6.21 esta es la ley del *n* que hiciere voto ... 5139
Jue 13.5,7 será *n* a Dios desde su nacimiento ... 5139
16.17 *n* de Dios desde el vientre de mi madre ... 5139
Am 2.11 de vuestros jóvenes para que fuesen *n* ... 5139
2.12 vosotros disteis de beber vino a los *n* ... 5139

NAZARET *Ciudad en Galilea*
Mt 2.23 y habitó en la ciudad que se llama *N* ... *3478*
4.13 dejando a *N*, vino y habitó en Capernaum ... *3478*
21.11 es Jesús el profeta, de *N* de Galilea ... *3478*
Mr 1.9 que Jesús vino de *N* de Galilea, y fue ... *3478*
Lc 1.26 fue enviado…a una ciudad…llamada *N* ... *3478*
2.4 José subió…de la ciudad de *N*…a Judea ... *3478*
2.39 volvieron a Galilea, a su ciudad de *N* ... *3478*
2.51 y descendió con ellos, y volvió a *N*, y ... *3478*
4.16 vino a *N*, donde se había criado; y en el ... *3478*
Jn 1.45 hallado…Jesús, el hijo de José, de *N* ... *3478*
1.46 dijo: ¿De *N* puede salir algo de bueno? ... *3478*
Hch 3.6 en el nombre de Jesucristo de *N*…anda ... *3478*
4.10 en el nombre de Jesucristo de *N*, a quien ... *3478*
6.14 que ese Jesús de *N* destruirá este lugar ... *3478*
10.38 cómo Dios ungió…con poder a Jesús de *N* ... *3478*
22.8 **yo soy Jesús de *N*, a quien tú persigues** ... *3478*
26.9 cosas contra el nombre de Jesús de *N* ... *3478*

NEA *Población en la frontera de Zabulón*, Jos 19.13 ... 5269

NEÁPOLIS *Puerto de Macedonia, cerca de Filipos*, Hch 16.11 ... *3496*

NEARÍAS
1. Descendiente de Judá, 1 Cr 3.22,23 ... 5294
2. Capitán militar bajo el rey Ezequías, 1 Cr 4.42 ... 5294

NEBAI *Firmante del pacto de Nehemías*, Neh 10.19 ... 5109

NEBAIOT *Primogénito de Ismael, y su descendedencia*, Gn 25.13, 28.9; 36.3; 1 Cr 1.29; Is 60.7 ... 5032

NEBALAT *Pueblo de los benjamitas después del cautiverio*, Neh 11.34 ... 5041

NEBLINA
Stg 4.14 es vuestra vida? Ciertamente es *n* ... *822*

NEBO
1. Ciudad en Moab
Nm 32.3 Nimra, Heabón, Eleale, Sebam, *N* y ... 5015
32.38 *N*. Boal-meón (mudados los nombres) y ... 5015
33.47 acamparon en los montes…delante de *N* ... 5015
1 Cr 5.8 habitó en Aroer hasta *N* y Baal-meón ... 5015
Esd 10.43 de los hijos de *N*: Jeiel, Matatías ... 5015
Is 15.2 sobre *N* y sobre Medeba aullará Moab ... 5015
Jer 48.1 así…¡Ay de *N*! porque fue destruida ... 5015
48.22 sobre Dibón…*n*, sobre Bet-diblatoim ... 5015
2. Monte en Moab ... 5015
Dt 32.49 al monte *N*, situado en la tierra de ... 5015
34.1 subió Moisés de los…de Moab al monte *N* ... 5015
3. Posiblemente =Nob, Esd 2.29; Neh 7.33 ... 5015
4. Dios de los caldeos ... 5015
Is 46.1 postró Bel, se abatió *N*; sus imágenes ... 5015

NECAO *Faraón No. 8*
2 R 23.29 en aquellos días Faraón *N* rey de ... 6549
23.33 y lo puso preso Faraón *N* en Ribla ... 6549
23.34 entonces Faraón *N* puso por rey a ... 6549
23.35 de su hacienda, para darlo a Faraón *N* ... 6549
2 Cr 35.20 *N* rey de Egipto subió para hacer ... 5224
35.21 *N* le envió mensajeros, diciendo: ¿Qué
35.22 y no atendió a las palabras de *N*, que ... 5224
36.4 a Joacaz…tomó *N*, y lo llevó a Egipto ... 5224
Jer 46.2 contra el…Faraón *N* rey de Egipto ... 6549

NECEDAD
Job 4.18 sus siervos…y notó *n* en sus ángeles ... 8417
Pr 12.23 el corazón de los necios publica la *n* ... 3684
13.16 prudente…mas el necio manifestará *n* ... 200
14.18 simples heredarán *n*; mas los prudentes ... 200
14.29 es impaciente de espíritu enaltece la *n* ... 200
15.14 la boca de los necios se alimenta de *n* ... 200
15.21 *n* es alegría al falto de entendimiento ... 200
16.22 mas la erudición de los necios es *n* ... 200
17.12 con una osa…que con un fatuo en su *n* ... 200
22.15 la *n*…ligada en el corazón del muchacho ... 200
26.4 nunca respondas al, de acuerdo con su *n* ... 200
26.5 responde el necio como merece su *n*, para ... 200
26.11 como perro…el necio que repite su *n* ... 200
27.22 con el pisón, no se apartará de él su *n* ... 191
Ec 2.3 con retención de la *n*, hasta ver cuál ... 5531
2.12 a mirar para ver…los desvaríos y la *n* ... 5531
2.13 sabiduría sobrepasa a la *n*…como la luz ... 5531
10.6 la *n* está colocada en grandes alturas ... 5529
10.13 el principio…palabras de su boca es *n* ... 5531
Ef 5.4 ni *n*, ni truhanerías, que no convienen ... *3473*

NECESARIO, A
1 R 6.38 fue acabada la casa…con todo lo *n* ... 4941
1 Cr 22.5 ahora, pues…le prepararé lo *n* ... 3559
2 Cr 35.15 y no era *n* que se apartasen de su ... 5493
Esd 6.9 y lo que fuere *n*, becerros, carneros ... 2818
7.20 sea *n* dar, lo darás de…tesoros del rey ... 2819
Pr 30.8 des…ni riquezas; manténme del pan *n* ... 2706
Dn 3.16 no es *n* que te respondamos sobre este ... 2818
Mt 16.21 a sus…que le era *n* ir a Jerusalén ... *1163*
17.10 dicen…es *n* que Elías venga primero? ... *1163*
18.7 **es *n* que vengan tropiezos, pero ¡ay de** ... *318*
23.23 **era *n* hacer…sin dejar de hacer aquello** ... *1163*
24.6 **es *n* que todo esto acontezca; pero aún** ... *1163*
26.35 aunque me sea *n* morir contigo, no te ... *1163*
26.54 **las Escrituras, de que es *n* que así se** ... *1163*
Mr 8.31 le era *n* al Hijo del Hombre padecer ... *1163*
9.11 ¿por qué dicen…que es *n* que Elías venga ... *1163*
13.7 **es *n* que suceda así; pero aún no es el** ... *1163*
13.10 **y es *n* que el evangelio sea predicado** ... *1163*
14.31 decía: Si me fuere *n* morir contigo, no ... *1163*
Lc 2.49 **los negocios de mi Padre me es *n* estar?** ... *1163*
4.43 **es *n* que…a otras ciudades anuncie el** ... *1163*
9.22 **es *n* que el Hijo del Hombre padezca** ... *1163*
10.42 **solo una cosa es *n*; y María ha escogido** ... *5532*
11.42 **esto os era *n* hacer, sin dejar aquello** ... *1163*
13.33 **es *n* que hoy y mañana…siga mi camino** ... *1163*
15.32 **mas era *n* hacer fiesta y regocijarnos**
17.25 **primero es *n* que padezca mucho** ... *1163*
19.5 **porque hoy es *n* que pose yo en tu casa** ... *1163*
21.9 **es *n* que estas cosas acontezcan primero** ... *1163*
22.7 en el cual era *n* sacrificar el cordero ... *1163*
22.37 **os digo que es *n* que se cumpla todavía** ... *1163*
24.7 *n* que el Hijo del Hombre sea entregado ... *1163*
24.26 ***n* que el Cristo padeciera estas cosas** ... *1163*
24.44 **que era *n* que se cumpliese todo**
24.46 **y así fue *n* que el Cristo padeciese, y** ... *1163*
Jn 3.7 **de que te dije: Os es *n* nacer de nuevo** ... *1163*
3.14 ***n* que el Hijo del Hombre sea levantado** ... *1163*
3.30 es *n* que él crezca, pero que yo mengüe ... *1163*
4.4 y le era *n* pasar por Samaria ... *1163*
4.24 **en espíritu y en verdad es *n* que adoren** ... *1163*
9.4 **me es *n* hacer las obras del que me envió** ... *1163*
12.34 ***n* que el Hijo del Hombre sea levantado** ... *1163*
20.9 era *n* que él resucitase de los muertos ... *1163*
Hch 1.16 era *n* que se cumpliese la Escritura ... *1163*
1.21 el *n*, pues, que de estos hombres que han
3.21 a quien…es *n* que el cielo reciba hasta ... *1163*
5.29 es *n* obedecer a Dios antes que…hombres ... *1163*
9.16 **yo le mostraré cuánto le es *n* padecer** ... *1163*
10.6 este posa…te dirá lo que es *n* que hagas ... *1163*
13.46 a vosotros a la verdad era *n* que se os ... *316*
14.22 *n* que a través de muchas tribulaciones ... *1163*
15.5 es *n* circuncidarlos, y mandarles que ... *1163*
15.28 no…ninguna carga más que estas cosas *n* ... *1876*
17.3 *n* que el Cristo padeciese, y resucitase ... *1163*
18.21 *n* que…guarde en Jerusalén la fiesta ... *1163*
19.21 después…me será *n* ver también a Roma ... *1163*
19.36 *n* que os apacigüéis, y que nada hagáis ... *1163*
20.34 para lo que me ha sido *n*…estas manos ... *5532*
23.11 **es *n* que testifiques también en Roma** ... *1163*
27.24 es *n* que comparezcas ante César; y he ... *1163*
27.26 con todo, es *n* que demos en alguna isla ... *1163*
28.10 zarpamos, nos cargaron de las cosas *n* ... *5532*
Ro 13.5 por lo cual es *n* estarle sujetos
1 Co 5.10 en tal caso os sería *n* salir ... *3784*
7.36 que pase ya de edad, y es *n* que así ... *3784*
12.22 parecen más débiles, son los más *n* ... *316*
15.53 es *n* que esto corruptible se vista de ... *1163*
2 Co 5.10 *n* que todos…comparescamos ante el ... *1163*
9.5 tuve por *n* exhortar a los hermanos que ... *316*
11.30 si es *n* gloriarse, me gloriaré en ... *316*
Ef 4.29 que sea buena para la *n* edificación
Fil 1.24 pero quedar en la carne es más *n* por ... *316*
2.25 mas tuve por *n* enviaros a Epafrodito, mi ... *316*
1 Ti 3.2 es *n* que el obispo sea irreprensible ... *1163*
3.7 es *n* que tenga buen testimonio de los de ... *1163*
Tit 1.7 es *n* que…sea irreprensible ... *1163*
He 2.1 es *n* que con más diligencia atendamos ... *1163*
7.12 *n* es que haya también cambio de ley ... *318*
8.3 es *n* que también…tenga algo que ofrecer ... *316*
9.16 donde hay testamento, es *n*…muerte del ... *318*
9.23 fue, pues, *n* que las figuras de las cosas ... *318*
9.26 hubiera sido *n* padecer muchas veces ... *1163*
10.36 es *n* la paciencia, para que habiendo
11.6 porque es *n* que el que se acerca ... *1163*
1 P 1.6 por…tiempo, si es *n*, tengáis ... *1163*
Stg 2.16 pero no les dais las cosas que son *n* ... *2006*
Jud 3 me ha sido *n* escribiros exhortándoos que ... *318*
Ap 10.11 es *n* que profetices otra vez sobre ... *1163*
17.10 y cuando venga, es *n* que dure…tiempo ... *1163*

NECESIDAD
Jue 19.20 tu *n* toda quede solamente a mi cargo ... 4240
1 S 20.8 no hay *n* de llevarme hasta tu padre
Neh 9.21 de ninguna cosa tuvieron *n*…vestidos ... 2637
Pr 6.11 así vendrá tu *n* como caminante, y tu ... 7389
13.25 mas el vientre de los impíos tendrá *n* ... 2637
24.34 así vendrá como caminante tu *n*, y tu ... 4270
31.7 y olvídense de su *n*, y de su miseria no ... 7389
Mt 6.8 **vuestro Padre sabe…qué cosas tenéis *n*** ... *5532*
6.32 **vuestro Padre celestial sabe…tenéis *n*** ... *5535*
9.12 **los sanos no tienen *n* de médico, sino los** ... *2192,5532*
14.16 **les dijo: No tienen *n* de irse; dadles** ... *2192,5532*
26.65 ¿qué más *n* tenemos de testigos? He aquí ... *5532*
Mr 2.17 **los sanos no tienen *n* de médico, sino** ... *5532*
2.25 **lo que hizo David cuando tuvo *n*, y sintió** ... *5532*
14.63 dijo: ¿Qué más *n* tenernos de testigos? ... *2192,5532*
Lc 5.31 **sanos no tienen *n* de médico, sino los** ... *2192,5532*
12.30 **pero vuestro Padre sabe que tenéis *n* de** ... *5535*
18.1 una parábola sobre la *n* de orar siempre ... *1163*
23.17 tenía *n* de soltarles uno en cada fiesta ... *2192,318*
Jn 2.25 *n* de que nadie te diese testimonio del ... *2192,5532*
Hch 2.45 lo repartían…según la *n* de cada uno ... *5532*
4.35 y se repartía a cada uno según su *n* ... *5532*
Ro 12.13 compartiendo para las *n* de los santos ... *5532*
1 Co 7.26 bueno a causa de la *n* que apremia ... *318*
7.37 el que está firme en…sin tener *n*, sino ... *318*
9.16 porque me es impuesta *n*; y ¡ay de mí al ... *318*
12.21 ni…puede decir…No tengo *n* de vosotros ... *5532*
12.24 los que…son más decorosos, no tienen *n* ... *5532*
2 Co 3.1 ¿o tenemos *n*, como algunos, de cartas ... *5535*
6.4 en tribulaciones, en *n*, en angustias ... *318*
9.7 cada una dé…no con tristeza, ni por *n* ... *318*
11.9 tuve *n*, a ninguno fui carga, pues lo que ... *5302*
12.10 me gozo en…en *n*, en persecuciones, en ... *318*
Ef 4.28 qué compartir con el que padece *n* ... *5532*
Fil 2.25 mensajero, y ministrador de mis *n* ... *316*
4.12 tener abundancia como para padece *n*
4.16 a Tesalónica me enviasteIs..para mis *n* ... *5532*
1 Ts 1.8 nosotros no tenernos *n* de hablar nada ... *2192,5532*
3.7 en medio de toda nuestra *n* y aflicción ... *318*
1 Ts 4.9 no tenéis *n* de que os escriba, porque ... *5532*
4.12 os conduzcáis…y no tengáis *n* de nada ... *5532*
5.1 no tenéis *n*, hermanos, de que…os escriba ... *5532*
Tit 3.14 en buenas obras para los casos de *n* ... *316*
Flm 14 que tu favor no fuese como de *n*, sino ... *318*
He 5.12 tenéis *n* de que se os vuelva a enseñar ... *5532*
5.12 habéis llegado a ser tales que tenéis *n* ... *5532*
7.11 ¿qué *n* habría…de que se levantase otro ... *5532*
7.27 que no tiene *n* cada día, como aquellos ... *2192,318*
Stg 2.15 y tienen *n* del mantenimiento de cada ... *3007*
1 Jn 2.27 no tenéis *n* de que nadie os enseñe ... *2192,5532*
3.17 el que tiene…y ve a su hermano tener *n* ... *5532*
Ap 3.17 **yo soy rico…y de ninguna cosa tengo *n*** ... *5532*
21.23 la ciudad no tiene *n* de sol ni de luna ... *5532*
22.5 y no tienen *n* de luz de lámpara, ni de

NECESITADO
Job 24.14 se levanta el…mata al pobre y al *n* ... 34
34.28 pobre, y que oiga el clamor de los *n* ... 6041
Sal 40.17 afligido yo y *n*, Jehová pensará en ... 34
82.4 librad al afligido y al *n*; libradlo de ... 34
109.22 yo estoy afligido y *n*, y mi corazón ... 34
140.12 Jehová tomará a…el derecho de los *n* ... 6041
Pr 21.17 hombre *n* será el que ama el deleite ... 4270
Am 8.6 pobres…y los *n* por un par de zapatos ... 34
Hch 4.34 así que no había entre ellos ningún *n* ... *1729*
20.35 **trabajando así, se debe ayudar a los *n*** ... *770*

NECESITAR
Gn 39.23 no *necesitaba* atender el jefe de la
Éx 36.5 trae mucho más de lo que se *necesita*
Dt 15.8 efecto le prestarás lo que *necesite* ... 2637
2 R 4.13 ¿*necesitas* que hable por ti al rey
2 Cr 2.16 cortaremos…la madera que *necesites* ... 6678
Sal 34.10 los leoncillos *necesitan*, y tienen ... 7326
Mt 3.14 yo *necesito* ser bautizado por ti, ¿y ... 5532
21.3 **decid: El Señor los *necesita*; y luego los** ... 5532
Mr 11.3 **decid que el Señor lo *necesita*, y que** ... 5532
Lc 9.11 sanaba a…que *necesitaban* ser curados ... 5532
11.8 **se levantará y le dará…lo que *necesite*** ... 5535

14.18 he comprado... y necesito ir a verla 318
14.28 calcula... ver si tiene lo que necesita
15.7 más... que por 99 justos que no necesitan ... 2192,5532
19.31 ¿por qué... Porque el Señor lo necesita 5532
18.34 dijeron: Porque el Señor lo *necesita* 5532
22.71 ¿qué más testimonio *necesitamos*?
porque 2192,5532
Jn 13.10 el que está lavado, no *necesita* sino 2192,5532
13.29 decía: Compra lo que *necesitamos* para 5532
16.30 y no *necesitas* que nadie te pregunte..... 2192,5532
Hch 17.25 como si *necesitase* de algo; pues él 4326
Ro 16.2 la ayudéis en cualquier cosa... *necesite* 5535
1 Co 12.21 decir... No te *necesito*, ni tampoco 5532

NECIAMENTE
1 S 26.21 he aquí yo he hecho *n*, y he errado 5528
2 S 24.10 y dijo David a... yo he hecho muy *n* 5528
Pr 30.32 si o has procurado enaltecerte, o si.......... 5530

NECIO, A
Job 5.2 al *n* lo mata la ira, y al codicioso lo 191
5.3 yo he visto al *n* que echaba raíces, y en.......... 191
Sal 14.1 dice el *n* en su corazón: No hay Dios.......... 5036
49.10 perecen del miso modo que el... y el *n* 3684
53.1 dice el *n* en su corazón: No hay Dios 5036
92.6 el hombre *n* no sabe, y el insensato no 3684
94.8 entended, *n*... pueblo; y vosotros, fatuos 1197
Pr 1.32 la prosperidad de los *n* los echará a.......... 3684
3.35 heredarán... mas los *n* llevarán ignominia 3684
7.22 el *n* a las prisiones para ser castigado.......... 191
8.5 entended... vosotros, *n*, entrad en cordura...... 3684
10.1 pero el hijo *n* es tristeza de su madre.......... 3684
10.8 mandamientos, mas el o de labios caerá........ 191
10.10 guiña... y el *n* de labios será castigado 191
10.14 mas la boca del *n* es calamidad cercana........ 191
10.18 encubre... el que propaga calumnia es *n* 3684
10.21 los *n* mueren por falta de entendimiento 191
11.29 el *n* será siervo del sabio de corazón 191
12.15 camino del *n* es derecho en su opinión 191
12.16 el *n* al punto da a conocer su ira; mas 191
12.23 el corazón de los *n* publica la necedad ... 200,3684
13.16 prudente... mas el o manifestará necedad.... 3684
13.19 apartarse del... es abominación a los *n*........ 3684
13.20 el que se junta con *n* será quebrantado 3684
14.1 casa; mas la *n* con sus manos la derriba........ 200
14.3 boca del *n* está la vara de la soberbia 191
14.7 vete de delante del hombre *n*, porque en 3684
14.8 mas la indiscreción de los *n* es engaño 3684
14.9 los *n* se mofan del pecado; mas entre los 191
14.14 de sus caminos será hastiado el *n* de......... 5472
14.24 la insensatez de los *n* es infatuación 3684
14.33 pero no es conocida en medio de los *n* 3684
15.2 mas la boca de los *n* hablará sandeces 3684
15.5 el *n* menosprecia el consejo de su padre......... 191
15.7 sabiduría; no así el corazón de los *n*.......... 3684
15.14 boca de los *n* se alimenta de necedades 3684
15.20 mas el hombre *n* menosprecia a su madre ... 3684
16.22 mas la erudición de los *n* es necedad 191
17.7 no conviene al *n* la altilocuencia 5036
17.10 aprovecha al... más que cien azotes al *n* 3684
17.16 precio en la mano del *n* para comprar 3684
17.21 tristeza... el padre del *n* no se alegrará 3684
17.24 los ojos del *n* vagan hasta el extremo.......... 3684
17.25 el hijo *n* es pesadumbre de su padre, y 3684
17.28 *n*, cuando calla, es contado por sabio.......... 191
18.2 no toma placer el *n* en la inteligencia 3684
18.6 los labios del *n* traen contienda; y su 3684
18.7 la boca del *n* es quebrantamiento para.......... 3684
19.10 no conviene al *n* el deleite; ¡cuánto 3684
19.13 dolor es para su padre el hijo *n*, y 3684
19.29 y azotes para las espaldas de los *n* 3684
23.9 no hables a oídos del *n*... menospreciará 3684
24.9 el pensamiento del *n* es pecado, y 200
26.1 la siega, así no conviene al *n* la honra 3684
26.3 el asno, y la vara para la espalda del *n* 3684
26.4 nunca respondas al *n* de acuerdo con su 3684
26.5 responde al *n* como merece su necedad 3684
26.6 es el que envía recado por mano de un *n* 3684
26.7 así es el proverbio en la boca del *n* 3684
26.8 la honda, así hace el que da honra al *n* 3684
26.9 tal es el proverbio en la boca de los *n* 3684
26.11 como... así es el *n* que repite su necedad 3684
26.12; 29.20 más esperanza hay del *n* que de él...... 3684
27.3 mas la ira del *n* es más pesada que ambas 191
27.22 aunque majes al *n* en un mortero entre 191
28.26 el que confía en su propio corazón es *n* 3684
29.11 el *n* da rienda suelta a toda su ira, mas........ 3684
30.22 reina; por el *n* cuando se sacia de pan 5030
Ec 2.14 el sabio... mas el *n* anda en tinieblas 3684
2.15 sucederá al *n*, me sucederá también a mí 3684
2.16 ni del sabio ni del *n* habrá memoria para 3684
2.16 y también morirá el sabio como el *n*........... 3684
2.19 si será sabio o *n* el que se enseñoreará........ 5530
4.5 *n* cruza sus manos y come su misma carne...... 3684
4.13 el rey vicio y *n* que no admite consejos 3684
5.1 que para ofrecer el sacrificio de los *n* 3684
5.3 la multitud de las palabras la voz del *n* 3684
6.8 ¿qué más tiene el sabio que el *n*? 3684
7.5 mejor es oír la... que la canción de los *n* 3684
7.6 la risa del *n* es como el estrépito de los 3684
7.9 porque el enojo reposa en el seno de... *n* 3684
9.17 mejores que el clamor del señor entre... *n*...... 3684
10.2 mas el corazón del *n* a su mano izquierda...... 3684
10.3 va el *n*... va diciendo a todos que es *n* 5530
10.12 los labios del *n* causan su propia ruina........ 3684
10.14 *n* multiplica palabras, aunque no sabe 5530
10.15 el trabajo de los *n* los fatiga; porque 3684
Is 19.11 *n* los príncipes de Zoán; el consejo 191

32.4 el corazón de los *n* entenderá para saber 4116
Jer 4.22 mi pueblo es *n*, no me conocieron; son......... 191
5.21 oíd ahora esto, pueblo *n* y sin corazón.......... 5530
Os 9.7 *n* es el profeta, insensato es el varón 191
Mt 5.22 cualquiera que diga: N, a su hermano 4469
23.19 ¡n y ciegos! porque ¿cuál es mayor la 3474
Lc 1.40 *n*, ¿el que hizo lo de fuera, no hizo 878
12.20 n, esta noche vienen a pedirte tu alma 878
Ro 1.21 sino... su *n* corazón fue entenebrecido 801
1.22 profesando ser sabios, se hicieron *n*........... 3471
1.31 *n*... sin afecto natural, implacables 801
1 Co 1.27 lo *n* del mundo escogió Dios, para 3474
15.36 *n*, lo que tú siembras no se vivifica 876
2 Co 11.19 de buena gana toleráis a los *n*.............. 878
12.11 me he hecho un *n* al gloriarme; vosotros 876
Gá 3.3 ¿tan *n* sois? ¿Habiendo comenzado por el....... 453
Ef 5.15 andéis, no como o sino como sabios............ 781
1 Ti 6.5 disputas *n* de hombres corruptos de........... 3859
6.9 caen en... en muchas codicias *n* y dañosas....... 453
2 Ti 2.23 desecha... cuestiones *n* e insensatas.......... 3474
Tit 3.9 evita las cuestiones *n*, y genealogías............ 3474

NECODA
1. *Padre de una familia de sirvientes del templo*, Esd 2.48; Neh 7.50........................ 5353
2. *Ascendiente de algunos que no pudieron demostrar su linaje*, Esd 2.60; Neh 7.62 5353

NEDABÍAS *Hijo del rey Ieconías*, 1 Cr 3.18....... 5072

NEFANDA
2 P 2.7 Lot, abrumado por la *n* conducta de los 766

NEFEG
1. *Levita, hijo de Izhar*, Éx 6.21..................... 5298
2. *Hijo de David*, 2 S 5.15; 1 Cr 3.7; 14.6............. 5298

NEFISESIM *Ascendiente de una familia de sirvientes del templo (=Nefusim)*, Neh 7.52 ... 5300

NEFTALÍ *Hijo de Iacob, y la tribu que formó su posteridad*
Gn 30.8 y dijo Raquel... Y llamó su nombre *N* 5321
35.25 los hijos de Bilha, sierva... Dan y *N*........... 5321
46.24 los hijos de *N*: Jahzeel, Guni, Jezer 5321
49.21 *N*, cierva suelta... pronunciará dichos........ 5321
Éx 1.4 Dan, *N*, Gad y Aser............................ 5321
Nm 1.15 de *N*, Ahita hijo de Enán 5321
1.42 de los hijos de *N*, por su descendencia........ 5321
1.43 contados de la tribu de *N* fueron 53.400........ 5321
2.29 y la tribu de *N*; y el jefe de... *n*, Ahira 5321
7.78 príncipe de los hijos de *N*, Ahira hijo 5321
10.27 sobre el... de los hijos de *N*, Ahira hijo 5321
13.14 de la tribu de *N*, Nahbi hijo de Vapsi 5321
26.48 los hijos de *N*, por sus familias: de........... 5321
26.50 son las familias de *N* por sus familias 5321
34.28 de la tribu de... *n*, el príncipe Pedael 5321
Dt 27.13 estos estarán sobre... Zabulón, Dan y *N* 5321
33.23 a *N* dijo: *N*, saciado de favores, y lleno........ 5321
34.2 de *N*, y la tierra de Efraín y de Manasés....... 5321
Jos 19.32 la sexta suerte... a los hijos de *N*.............. 5321
19.39 esta es la heredad... de los hijos de *N*.......... 5321
20.7 señalaron a Cedes en... en el monte de *N*...... 5321
21.6 de la tribu de *N* y de... trece ciudades 5321
21.32 y de la tribu de *N*, Cedes en Galilea 5321
Jue 1.33 tampoco *N* arrojó a los que habitaban......... 5321
4.6 ella envió a llamar a Barac, de Cedes de *N* 5321
4.6 toma... diez mil hombres de la tribu de *N*....... 5321
4.10 y juntó Barac a Zabulón y a *N* en Cedes 5321
5.18 Zabulán... y *N* en las alturas del campo 5321
6.35 envió mensajeros a Aser, a Zabulón y a *N* 5321
7.23 juntándose los de Israel, de *N*, de Aser.......... 5321
1 R 4.15 Ahimaas en *N*; éste tomó... por mujer......... 5321
7.14 hijo de una viuda de la tribu de *N*. Su.......... 5321
15.20 toda Cineret, con toda la tierra de *N* 5321
2 R 15.29 y tomó... toda la tierra de *N*; y los............ 5321
1 Cr 2.2 Dan, José, Benjamín, *N*, Gad y Aser........... 5321
6.62 dieron... de la tribu de *N* y de la tribu 5321
6.76 de la tribu,de *N*, Cedes en Galilea con 5321
7.13 los hijos de *N*: Jahzeel, Guni, Jezer y............ 5321
12.34 *N*, mil capitanes, y con ellos 37.000 5321
27.19 y de los de *N*, Jerimot hijo de Azriel 5321
2 Cr 16.4 conquistaron... las ciudades de... de *N*......... 5321
34.6 lo mismo hizo en las ciudades... hasta *N* 5321
Sal 68.27 allí estaba el... los príncipes de *N*............ 5321
Is 9.1 tierra de Zabulón y a la tierra de *N* 5321
Ez 48.3 del oriente hasta el lado del mar, *N*............ 5321
48.4 junto al límite de *N*, desde el lado del.......... 5321
48.34 sus tres puertas... la puerta de *N*, otra 5321
Mt 4.13 habitó... en la región de Zabulón y de *N*......... 3508
4.15 tierra de Zabulón y tierra de *N*, camino 3508
Ap 7.6 de la tribu de *N*, doce mil sellados 3508

NEFTOA *Manantial cerca de Jerusalén*, Jos 15.9; 18.15.. 5318

NEFUSIM *Padre de una familia de sirvientes del templo*, Esd 2.50 5304

NEGAR
Gn 18.15 Sara *negó*, diciendo: No me reí; porque 3584
23.6 ninguno de... te *negará* su sepulcro, ni te 3607
Lv 6.2 *negare* a su prójimo lo encomendado o 3584
6.3 hallado lo perdido después lo *negare*, y......... 3584
Nm 14.43 os habéis *negado* a seguir a Jehová 7725
Dt 22.1 extraviado el... no le *negarás* tu ayuda........ 5956
22.3 mismo harás... no podrás *negarle* tu ayuda.... 5956
Jos 10.6 no *niegues* ayuda a tus siervos; sube 7503
2 S 13.13 hables al rey, que él no me *negará* 4513
1 R 2.16 hago una petición; no me la *niegues* 7725
2.17 hables al rey Salomón, no te lo *negará*
2.20 una pequeña petición... no me la *niegues*...... 6440

2.20 pide, madre mía, que yo no te la *negaré*
20.7 y por mi oro, y yo no se lo he *negado* 4513
Job 8.18 *negará* entonces, diciendo: Nunca te vi....... 3584
31.28 porque habría *negado* al Dios soberano...... 3584
Sal 21.2 no le *negaste* la petición de... labios
Pr 3.27 no te *niegues* a hacer el bien a quien 4513
30.7 dos... no me las *niegues* antes que muera...... 4513
30.9 no sea que me sacie, y te *niegue*, y diga........ 3584
Ec 2.10 no *negué* a mis ojos ninguna cosa que
Jer 5.12 *negaron* a Jehová, y dijeron: El no es 3584
Mt 10.33 que me niegue... le negaré delante de 720
16.24 niéguese a sí mismo, y tome su cruz, y 533
26.34 que esta noche... me negarás tres veces 533
26.35 me sea necesario morir... no te *negaré* 533
26.70 mas él *negó* delante de todos, diciendo 720
26.72 él *negó*... con juramento: No conozco al....... 720
26.75 antes que cante... me negarás tres veces 533
Mr 8.34 niéguese a sí mismo, y tome su cruz............ 533
14.30 gallo haya cantado... negarás tres veces 533
14.31 necesario morir contigo, no te *negaré* 533
14.68 mas él *negó*, diciendo: No le conozco 720
14.70 pero él *negó* otra vez... Y poco después........ 720
14.72 gallo cante dos veces, me negarás tres 533
Lc 6.29 la capa, ni aun la túnica le niegues
8.45 y negando todos, dijo Pedro y los que........... 720
9.23 niéguese a sí mismo, tome su cruz cada.......... 533
12.9 el que me negare delante de... será negado 533
20.27 los cuales *niegan* haber resurrección.......... 483
22.34 que tú niegues tres veces que me conoces...... 533
22.57 lo *negó*, diciendo: Mujer, no lo conozco 720
22.61 el gallo cante, me negarás tres veces 533
Jn 1.20 confesó, y no *negó*, sino confesó: Yo............ 720
13.38 no... sin que me hayas negado tres veces...... 533
18.25 ¿no eres tú... El *negó*, y dijo: No lo soy 720
18.27 *negó* Pedro otra vez; y... cantó el gallo 720
Hch 3.13 a quien vosotros... *negasteis* delante 720
3.14 vosotros *negasteis* al Santo y al Justo 720
4.16 señal manifiesta... y no lo podemos *negar* 720
1 Co 7.5 no os *neguéis* el uno al otro, a no ser........... 650
1 Ti 5.8 si alguno no provee... ha *negado* la fe 720
2 Ti 2.12 le negáremos, él también nos *negará* 720
2.13 fiel; él no puede *negarse* a sí mismo 720
3.5 pero *negarán* la eficacia de ella: a éstos 720
Tit 1.16 Dios, pero con los hechos lo *niegan*............ 720
2 P 2.1 aun *negarán* al Señor que los rescató 720
1 Jn 2.22 el que *niega* que Jesús es el Cristo? 720
2.22 este es anticristo, el que *niega* al Padre 720
2.23 aquel que *niega* al Hijo, tampoco tiene......... 720
Jud 4 y niegan a Dios el único soberano, y a........... 720
Ap 2.13 retienes mi nombre, y no has negado mi 720
3.8 has guardado... y no has negado mi nombre 720

NEGINOT "*instrumento de cuerdas*", *palabra que aparece en el título de los Salmos* 4, 6, 54, 55, 61, 67, 76 5058

NEGLIGENCIA
Pr 12.24 señoreará: mas la *n* será tributaria 7423

NEGLIGENTE
Jos 18.3 Josué dijo a... ¿Hasta cuándo seréis *n* 7503
Esd 4.22 mirad que no seáis *n* en esto; ¿por qué 7960
Pr 10.4 la mano ir empobrece; mas la mano de los 7423
18.9 el que es *n* en su trabajo es hermano del 7503
19.15 en... sueño, y el alma *n* padecerá hambre 6103
Mt 25.26 le dijo: Siervo malo y n, sabías que 3636

NEGOCIANTE
2 Cr 9.14 sin lo que traían los mercaderes y *n*.......... 5503
Neh 13.20 se quedaron fuera... los *n* y los que.......... 7403
Is 23.8 *n* eran príncipes, cuyos mercaderes eran 5503

NEGOCIAR
Gn 34.10 morad y *negociad* en ella, y tomad en........ 5503
42.34 os daré a... y *negociaréis* en la tierra 5503
Ez 27.9 las naves... fueron a ti para *negociar* 4627
27.17 con trigos... *negociaban* en tus mercados....... 7402
27.18 con vino de... y lana blanca *negociaban* 5503
27.19 para *negociar* en tu mercado con hierro 5414
27.24 mercaderes tuyos *negociaban* contigo en...... 7402
Mt 25.16 negoció con ellos, y ganó otros cinco 2038
Lc 19.13 dijo: Negociad entre tanto que vengo 4231
19.15 saber lo que había negociado cada uno 1281

NEGOCIO
Gn 24.9 el criado puso... te juró sobre este *n* 1696
Dt 17.8 juicio... *n* de litigio en tus ciudades 1697
Jue 18.7,28 lejos de... y no tenían *n* con nadie........... 1697
Rt 4.7 que para la confirmación de cualquier *n*
2 S 15.4 viniesen a mí todos los... pleito o *n*
1 R 1.27 ¿es este *n* ordenado por mi señor el
1 Cr 26.32 las cosas de Dios y los *n* del rey 1697
27.1 oficiales que servían al rey en... los *n*.......... 1697
2 Cr 8.15 mandamiento del rey, en cuanto a... *n*.......... 1697
19.11 Zebadías hijo... en todos los *n* del rey 1697
Neh 11.24 estaba al servicio del rey en todo *n* 1697
Sal 107.23 que... hacen *n* en las muchas aguas 4399
Pr 18.1 se desvía, y se entremete en todo *n*
31.18 ve que van bien sus *n*; su lámpara no se...... 5504
Ec 7.8 mejor es el fin del *n* que su principio
Is 23.18 sus *n* y ganancias serán consagrados.......... 5504
Ez 27.9 fueron a ti... para participar de tus *n*.......... 4627
27.27 y los agentes de tus *n*, y... tus hombres 4627
Dn 2.49 que pusiera sobre los *n* de... a Sadrac 5673
3.12 pusiste sobre los *n* de la provincia de.......... 5673
8.27 cuando convalecí, atendí los *n* del rey 4399
Mt 22.5 fueron... a su labranza, y otro a sus n 1711
Lc 2.49 ¿no sabíais que en los n de mi Padre
Hch 19.27 peligro de que este nuestro *n* venga 3313
1 Ts 4.11 procuréis... ocuparos en vuestros *n* 2398
2 Ti 2.4 milita se enreda en los *n* de la vida 4230

N

NEGRO, A
Lv 13.31 pareciere…ni hubiere en ella pelo *n* 7838
13.37 salido en ella el pelo *n*, la tiña está 7838
1 Cr 29.2 piedras preciosas, piedras *n*, piedras. 7718
Cnt 5.11 sus cabellos crespos, *n* como el cuervo 7838
Zac 6.2 había…en el segundo carro caballos *n*. 7838
6.6 el carro con los caballos *n* salía hacia 7838
Mt 5.36 **no puedes hacer blanco o *n* un…cabello**. *3189*
Ap 6.5 miré, y he aquí un caballo *n*; y el que *3189*
6.12 y el sol se puso *n* como tela de cilicio *3189*

NEGRURA
Lm 4.8 oscuro más que la *n* es su aspecto 7815

NEGUEV *La región del sur de Palestina*
Gn 12.9 y Abram partió de…yendo hacia el *N* 5045
13.1 subió…Abram de Egipto hacia el *N*, él y. 5045
13.3 por sus jornadas desde el *N* hacia Bet-el. 5045
20.1 de allí partió Abraham a la tierra del *N* 5045
24.62 venía Isaac del pozo…habitaba en el *N* 5045
Nm 13.17 subid de aquí al *N*, y subid al monte. 5045
13.22 subieron al *N* y vinieron hasta Hebrón 5045
13.29 Amalec habita el *N*…heteo, el jebuseo. 5045
21.1; 33.40 rey de Arad, que habitaba en el *N*. 5045
Dt 1.7 en el *N*, y junto a la costa del mar, a 5045
34.3 el *N*, y la llanura, la vega de Jericó 5045
Jos 10.40 hirió…Josué toda la región…del *N*. 5045
11.16 tomó…todo el *N*, toda la tierra de Gosén. 5045
12.8 el *N*; el heteo, el amorreo, el cananeo. 5045
15.19 puesto que me has dado tierra del *N* 5045
19.8 hasta Baalat-beer, que es Ramat del *N* 5045
Jue 1.9 contra el cananeo que habitaba…en el *N*. 5045
1.15 me has dado tierra del *N*, dame…fuentes 5045
1.16 al desierto de Judá, que está en el *N*. 5045
1 S 27.10 decía: En el *N* de Judá, y el *N* de 5045
27.10 David decía…o en el *N* de los ceneos. 5045
30.1 los de Amalec habían invadido el *N* y a. 5045
30.14 parte del *N*…de Judá, y al *N* de Caleb. 5045
30.27 a los que estaban…en Ramot del *N*, en. 5045
2 S 24.7 y salieron al *N* de Judá en Deerseba 5045
2 Cr 28.18 por las ciudades de la Sefela del *N* 5045
Sal 126.4 haz volver…como los arroyos del *N*. 5045
Is 21.1 como torbellino del *N*, así viene del 5045
30.6 profecía sobre las bestias del *N*: Por. 5045
Jer 13.19 las ciudades del *N* fueron cerradas. 5045
17.26 vendrán de las…de los montes y del *N* 5045
32.44 en las ciudades del *N*; porque yo haré 5045
33.13 en las ciudades de] *N*, en la tierra de 5045
Ez 20.46 sur…profetiza contra el bosque del *N*. 5045
20.47 dirás al bosque del *N*: Oye la palabra 5045
Abd 19 y los del *N* poseerán el monte de Esaú. 5045
20 los cautivos…poseerán las ciudades del *N* 5045
Zac 7.7 el *N* y la Sefela estaban…habitados?. 5045

NEHELAM *Pueblo del falso profeta Semaías*,
Jer 29.24,31,32 5161

NEHEMÍAS
1. Jefe entre los que regresaron del cautiverio con Zorobabel, Esd 2.2; Neh 7.7. 5166
2. Gobernador de Jerusalén bajo el rey Artajerjes. . . 5166
Neh 1.1 palabras de *N*. Aconteció en el mes de 5166
8.9 *N* el gobernador, y el sacerdote Esdras. 5166
10.1 los que firmaron fueron: *N* el gobernador 5166
12.26 en los días del gobernador *N* y…Esdras. 5166
12.47 Israel…en días de *N* daba alimentos a 5166
3. Uno que ayudó a la restauración del muro de Jerusalén, Neh 3.16 5166

NEHILOT *Instrumento musical*, Sal 5 tít. 5155

NEHUM *Jefe entre los que regresaron del cautiverio con Zorobabel (=Rehum No. 1)*, Neh 7.7 5149

NEHUSTA *Madre del rey Joaquín*, 2 R 24.8 5179

NEHUSTÁN *"Cosa de bronce"*, 2 R 18.4. 5180

NEIEL *Población en la frontera de Aser*, Jos 19.27 . . 5272

NEMUEL
1. Descendiente de Rubén, Nm 26.9. 5241
2. Hijo de Simeón, Nm 26.12; 1 Cr 4.24 5241

NEMUELITA *Descendiente de Nemuel No. 2*, Nm 26.12 5242

NEÓFITO
1 Ti 3.6 no un *n*, no sea que envaneciéndose. *3504*

NER *Padre de Abner*
1 S 14.50 el general de…era Abner, hijo de *N* 5369
14.51 Cis padre…y *N*…fueron hijos de Abiel. 5369
26.5 donde dormían Saúl y Abner hijo de *N* 5369
26.14 y dio voces David…a Abner hijo de *N*. 5369
2 S 2.8 Abner hijo de *N*, general del ejército 5369
2.12 Abner hijo de *N* salió de Mahanaim a 5369
3.23 Abner hijo de *N* ha venido al rey, y él. 5369
3.25 conoces a Abner hijo de *N*…No ha venido. 5369
3.28 inocente soy…sangre de Abner hijo de *N* 5369
3.37 no…del rey el matar a Abner hijo de *N*. 5369
1 R 2.5 que hizo a…Abner hijo de *N* y a Amasa 5369
2.32 mató…a Abner hijo de *N*…y a Amasa hijo 5369
1 Cr 8.33 *N* engendró a Cis, Cis engendró a 5369
9.36 Abdón, luego Zur, Cis, Baal, *N*, Nadab. 5369
9.39 *N* engendró a Cis, Cis engendró a Saúl. 5369
26.28 había consagrado el…Abner hijo de *N*. 5369

NEREO *Cristiano saludado por Pablo*, Ro 16.15. . *3517*

NERGAL *Dios de Mesopotamia*, 2 R 17.30 5370

NERGAL-SAREZER *Príncipe del rey Nabucodonosor*
Jer 39.3 entraron…acamparon…*n*, Samgar-nebo 5371
39.3 *N* el Rabmag y todos los demás príncipes 5371
39.13 *N* el Rabmag y todos los príncipes del. 5371

NERI *Ascendiente de Jesucristo*, Lc 3.27 . . . . *3518*

NERÍAS *Padre de Baruc y Seraías, ayudantes del profeta Jeremías*
Jer 32.12 la carta de venta a Baruc hijo de *N*. 5374
32.16 que di la carta de…a Baruc hijo de *N* 5374
36.4 llamó Jeremías a Baruc…de *N*, y escribió 5374
36.8 y Baruc hijo de *N* hizo conforme a todas 5374
36.14 y Baruc hijo de *N* tomó el rollo en su 5374
36.32 rollo…lo dio a Baruc hijo de *N* escriba. 5374
43.3 sino que Baruc hijo de *N* te incita contra 5374
43.6 al profeta Jeremías y a Baruc hijo de *N* 5374
45.1 el profeta Jeremías a Baruc hijo de *N*. 5374
51.59 que envió…Jeremías a Seraías hijo de *N*. 5374

NERVIO
Job 10.11 vestiste…me tejiste con huesos y *n*. 1517
40.17 los *n* de sus muslos están entretejidos 1517

NETANÍAS
1. Padre de Ismael No. 2, 2 R 25.23,25; Jer 40.8,14,15; 41.1,2,6,7,9,10,11,12,15,16,18. 5418
2. Levita, cantor, 1 Cr 25.2,12 5418
3. Levita, siervo del rey Josafat, 2 Cr 17.8 5418
4. Padre de Jehudí, Jer 30.14 5418

NETOFA *Población en Judá, cerda de Belén*, Esd 2.22; Neh 7.26. 5199

NETOFATITA *Habitante de Netofa*
2 S 23.28 Salmón ahohita, Maharai *n* 5200
23.29 Heleb hijo de Baana, *n*, Itai hijo de 5200
2 R 25.23 vinieron a él…Seraías hijo de…*n* 5200
1 Cr 2.54 los hijos de Salma: Belén, y los *n*. 5200
9.16 el cual habitó en las aldeas de los *n* 5200
11.30 Maharai *n*…Heled hijo de Baana *n* 5200
27.13 para el décimo mes era Maharai *n*, de 5200
27.15 para el duodécimo mes era Heldai *n*, de. 5200
Neh 12.28 así…Como de las aldeas de los *n*. 5200
Jer 40.8 hijos de Efai *n*, y Jezanías hijo de 5200

NEVAR
2 S 23.20 mató a un león en…estaba *nevando*. 7950
Sal 68.14 fue como si hubiese *nevado* en el 7949

NEZÍA *Padre de una de una familia de sirvientes del templo*, Esd 2.54; Neh 7.56 5335

NEZIB *Aldea en Judá*, Jos 15.43 5334

NIBHAZ *Dios de los aveos*, 2 R 17.31 5026

NIBSÁN *Aldea en Judá*, Jos 15.62. 5044

NICANOR *Uno de los siete diáconos*, Hch 6.5. . . . *3527*

NICODEMO *Fariseo, discípulo de Jesucristo*
Jn 3.1 había un hombre de…que se llamaba *N*. *3530*
3.4 *N* le dijo: ¿Cómo puede un hombre nacer *3530*
3.9 **respondió *N*…¿Cómo puede hacerse esto?** *3530*
7.50 les dijo *N*, el que vino a él de noche *3530*
19.39 *N*, el que antes había visitado a Jesús. *3530*

NICOLAÍTA *Discípulo de un Nicolás no identificado*
Ap 2.6 **que aborreces las obras de los *n*, las**. *3531*
2.15 **los que retienen la doctrina de los *n*** *3531*

NICOLÁS *Prosélito de Antioquía*, uno de los siete diáconos, Hch 6.5 . . . . *3532*

NICÓPOLIS *Ciudad en Grecia*, Tit 3.12. . . . . *3533*

NIDADA
Dt 32.11 el águila que excita su *n*, revolotea 7064

NIDO
Nm 24.21 es tu habitación; pon en la peña tu *n* 7064
Dt 22.6 encuentres por el camino…*n* de ave en 7064
Job 29.18 decía…En mi *n* moriré, y como arena. 7064
39.27 ¿se remonta el…y pone en alto su *n*?. 7064
Sal 84.3 halla casa, y la golondrina *n* para sí 7064
Pr 27.8 cual ave que se va de su *n*, tal el es 7064
Is 10.14 halló mi mano como *n* las riquezas de 7064
16.2 y cual ave espantada que huye de su *n* 7064
Jer 22.23 Líbano, hiciste tu *n* en los cedros 7077
48.28 la paloma que hace *n* en la boca de la. 7077
49.16 aunque alces como águila tu *n*, de allí 7064
Ez 31.6 en sus ramas hacían *n* todas las aves. 7077
Abd 4 si…entre las estrellas pusieres tu *n* 7064
Hab 2.9 que codicia…para poner en alto su *n*. 7064
Mt 8.20 **las aves del cielo *n*; mas el Hijo del** *2682*
13.32 **vienen las aves del cielo y hacen *n* en**. *2681*
Lc 9.58 **guaridas, y las aves de los cielos *n*** *2682*

NIEBLA
Job 37.11 disipar…y con su luz esparce la *n* 6327
Is 44.22 deshice como…y como *n* tus pecados 6051
Os 13.3 serán como la *n* de la mañana, y como. 6051

NIETO
Gn 21.23 por Dios que no faltarás a…ni a mi *n* 5220
Éx 10.2 para que cuentes…y a tus *n* las cosas 1121
Dt 4.25 cuando hayáis engendrado hijos y *n*, y 1121
Jue 8.22 nuestro señor, tú, y tu hijo, y tu *n* 1121
12.14 tuvo…treinta *n*, que cabalgaban sobre. 1121
2 R 17.41 sus *n*, según como hicieron sus padres 1121
1 Cr 8.40 los cuales tuvieron muchos hijos y *n*
Job 18.19 no tendrá hijo ni *n* en su pueblo, ni. 5220
Pr 17.6 corona de los viejos son los *n*, y la 1121
Is 14.22 raeré de Babilonia el…hijo y *n*, dice 5220
22.24 la honra de la casa…los hijos y los *n* 6631
1 Ti 5.4 si alguna viuda tiene…o *n*, aprendan *1549*

NIEVE
Éx 4.6 que su mano estaba leprosa como la *n* 7950
Nm 12.10 que María estaba leprosa como la *n* 7950
2 R 5.27 salió de…leproso, blanco como la *n* 7950
1 Cr 11.22 mató a un león en…en tiempo de *n* 7950
Job 6.16 escondidas por…y encubiertas por la *n*. 7950
9.30 aunque me lave con agua de *n*, y limpio 7950
24.19 el calor arrebatan las aguas de la *n*. 7950
37.6 porque a la *n* dice: Desciende a, tierra 7950
38.22 ¿has entrado tú en los tesoros de la *n* 7950
Sal 51.7 lávame, y seré más blanco que la *n*. 7950
147.16 la *n* como lana, y derrama la escarcha. 7950
148.8 el fuego y el granizo, la *n* y el vapor. 7950
Pr 25.13 como frío de *n* en tiempo de la siega 7950
26.1 como no conviene la *n* en el verano, ni 7950
Pr 31.21 no tiene temor de la *n* por su familia 7950
Is 1.18 grana, como la *n* serán emblanquecidos 7950
55.10 desciende de…cielos la lluvia y la *n*. 7950
Jer 18.14 ¿faltará la *n* del Líbano de la piedra. 7950
Lm 4.7 sus nobles fueron más puros que la *n*. 7950
Dn 7.9 cuyo vestido era blanco como la *n*, y 8517
Mt 28.3 aspecto…su vestido blanco como la *n* *5510*
Mr 9.3 sus vestidos se volvieron…como la *n*. *5510*
Ap 1.14 su cabeza y sus cabellos eran…como *n* *5510*

NIGER *Uno del grupo de profetas y maestros en la iglesia de Antioquía (=Simón No. 11)*, Hch 13.1. . . . . *3526*

NILO *único río que fluye por Egipto*
Is 23.3 que crecen con las muchas aguas del *N* 7883
Jer 2.18 ¿qué tienes tu…que bebas agua del *N*? 7883
Ez 29.3 cual dijo: Mío es el *N*, pues yo lo hice 2975
29.9 cuanto dijo: El *N* es mío, y yo lo hice 2975
Nah 3.8 que estaba asentada junto al *N*, cuyo 2975

NIMRA *Ciudad en Moab (=Bet-nimra)*, Nm 32.3 . 5247

NIMRIM *Arroyo en Moab*
Is 15.6 las aguas de *N* serán consumidas, y. 5249
Jer 48.34 las aguas de *N* serán destruidas. 5249

NIMROD *Hijo de Cus No. 2*
Gn 10.8 Cus engendró a *N*, quien llegó a ser el 5248
10.9 se dice: Así como *N*, vigoroso cazador 5248
1 Cr 1.10 Cus engendró a *N*; éste llegó a ser. 5248
Mi 5.6 con sus espadas la tierra de *N*; y nos 5248

NIMSI *Padre o abuelo del rey Jehú*, 1 R 19.16, 2 R 9.2,14,20; 2 Cr 22.7 5250

NINFAS *Cristiana saludada por Pablo*, Col 4.15. . . *3564*

NINGÚN *Véase el Apéndice*

NINGUNO, A *Véase también el Apéndice*
1 S 2.2 porque no hay *n* fuera de ti, y no hay 369
1 R 3.13 que entre los reyes *n* haya como tú
Is 40.29 multiplica las fuerzas al que no…*n* 7235
41.28 miré, y no había *n*…*n* consejero hubo

NÍNIVE *Capital de Asiria*
Gn 10.11 salió para Asiria, y edificó *N*…Cala 5210
10.12 y Resén entre *N* y Cala…ciudad grande 5210
2 R 19.36 Senaquerib rey…se fue, y volvió a *N* 5210
Is 37.37 Senaquerib rey…hizo su morada en *N*. 5210
Jon 1.2; 3.2 levántate y vé a *N*…gran ciudad 5210
3.3 fue a *N*…era *N* ciudad grande en extremo 5210
3.4 de aquí a cuarenta días *N* será destruida. 5210
3.5 y los hombres de *N* creyeron a Dios, y. 5210
3.6 llegó la noticia hasta el rey de *N*, y se. 5210
3.7 proclamar…en *N*, por mandato del rey y de. . . . 5210
4.11 ¿y no tendré yo piedad de *N*, aquella 5210
Nah 1.1 profecía sobre *N*. Libro de la visión. 5210
2.8 fue *N* de tiempo antiguo como estanque de 5210
3.7 *N* es asolada; ¿quién se compadecerá de 5210
Sof 2.13 y convertirá a *N* en asolamiento y en. 5210
Mt 12.41; Lc 11.32 los…de *N* se levantarán en *3536*

NINIVITA *Habitantes de Nínive*, Lc 11.30. . . . . *3536*

NIÑEZ
Pr 29.21 siervo mimado desde la *n* por su amo 5290
2 Ti 3.15 desde la *n* has sabido las Sagradas. *1025*

NIÑO, A
Gn 21.8 creció el *n*, y fue destetado; e hizo 3206
25.27 crecieron los *n*, y Esaú fue diestro en. 5288
33.1 repartió él los *n* entre Lea y Raquel y 3206
33.2 puso las siervas y sus *n* delante, luego. 3206
33.2 luego a Lea y sus *n*, y a Raquel y a José. 3206
33.5 ojos y vio a las mujeres y los *n* dijo 3206
33.5 son los *n* que Dios ha dado siervo 3206
33.6 vinieron las siervas, ellas y sus *n*, y. 3206
33.7 vino Lea con sus *n*, y se inclinaron; y 3206
33.13 mi señor sabe que los *n* son tiernos 3206
33.14 y yo me iré…al paso de los *n*, hasta 3206
34.29 llevaron cautivos a todos sus *n* y sus 2945
43.8 que vivamos y no muramos…y nuestros *n* 2945
45.19 tomaos de la…carros para nuestros *n* 2945
46.5 tomaron…a sus *n*, y a sus mujeres, en. 2945
47.24 vuestras…y para que coman vuestros *n* 2945
50.8 dejaron en la tierra de Gosén sus *n*, y 2945
Éx 1.17 sino que preservaron la vida a los *n*. 3206
1.18 que habéis preservado la vida a los *n*? 3206
2.3 arquilla…colocó en ella el *n* y lo puso 3206
2.6 abrió, vio al *n*; y he aquí…el *n* lloraba 3206
2.6 dijo: De los *n* de los hebreos es éste. 3206
2.7 una nodriza de…para que te críe este *n*?. 3206
2.8 fue la doncella, y llamó a la madre del *n*. 3206
2.9 lleva a este *n* y…y la mujer tomó al *n*. 3206
2.10 y cuando el *n* creció, ella lo trajo a 3206
10.9 hemos de ir con nuestros *n* y con…viejos. 1121
10.10 a dejar ir a vosotros y a vuestros *n*?. 2945

10.24 vayan también vuestros *n* con vosotros 2945
12.37 como 600.000 hombres... sin contar los *n* 1121
Lv 12.3 y al octavo día se circuncidará al *n*
Nm 14.3 mujeres y nuestros *n* sean por presa? 2945
14.31 pero a vuestros *n*... yo los introduciré 2945
31.9 llevaron cautivas... madianitas, a sus *n* 1121
31.17 matad... pues... los varones de entre los *n* 2945
31.18 a todas las *n*... las dejaréis con vida 2945
32.16 edificaremos... ciudades para nuestros *n* 2945
32.17 *n* quedarán en ciudades fortificadas a 2945
32.24 edificaos ciudades para vuestros *n*, y 2945
32.26 nuestros *n*... estarán... en las ciudades 2945
Dt 1.39 vuestros *n*... ellos entrarán allá, y a 1121
2.34 destruimos todas... hombres, mujeres y *n* 2945
3.6 matando en... ciudad a hombres, mujeres y *n* .. 2945
20.14 y los *n*, y los animales, y todo lo que 2945
28.50 fiera de rostro, que no... perdonará al *n* 5288
29.11 vuestros *n*, vuestras mujeres, y tus 2945
31.12 harás congregar al pueblo... mujeres y *n* 2945
32.10 lo trajo... guardó como a la *n* de su ojo 380
32.25 así... al *n* de pecho como al hombre cano 3243
Jos 1.14 *n* y vuestros ganados quedarán en la 2945
8.35 leer delante... de las mujeres, de los *n* 2945
Jue 13.5,7 el *n* será nazareo a Dios desde su 5288
13.8 lo que hayamos de hacer con el *n* que ha 5288
13.12 cómo debe ser la manera de vivir del *n* 5288
13.24 y el *n* creció, y Jehová lo bendijo 1121,5288
18.21 pusieron los *n*... el bagaje por delante 1121
21.10 herid... moradores... como las mujeres y *n* ... 1121
1 S 1.22 no subiré hasta que el *n*... destetado 5288
1.24 lo trajo a... en Silo; y el *n* era pequeño 5288
1.25 matando el becerro, trajeron el *n* a Elí 5288
1.27 por este *n* oraba, y Jehová me dio lo que 5288
2.11 y el *n* ministraba a Jehová delante del 5288
4.21 llamó al *n* Icabod... ¡Traspasada es la 5288
15.3 mata a hombres... *n*, y aun los de pecho 3243
22.19 hirió a... *n* hasta los de pecho, bueyes 3243
2 S 4.4 huyendo... se le cayó el *n* y quedó cojo
12.15 Jehová hirió al *n* que la mujer de Urías 3206
12.16 entonces David rogó a Dios por el *n* 5588
12.18 al séptimo día murió el *n*; y temían los 3206
12.18 hacerle saber que el *n* había muerto 3206
12.18 cuando el *n* aún vivía, le hablábamos 3206
12.18 más... si le decimos que el *n* ha muerto? 3206
12.19 que el *n* había muerto... ¿Ha muerto el *n*? 3206
12.21 ¿qué... Por el *n*, viviendo aún, ayunabas 3206
12.22 viviendo aún el *n*, yo ayunaba y lloraba 3206
12.22 tendrá compasión de mí, y vivirá el *n*? 3206
1 R 3.25 partid por medio al *n* vivo, y dad la 3206
3.26 dad a ésta el *n* vivo, y no lo matéis; ella 1121
14.3 te declare lo que ha de ser de este *n* 5288
14.12 y al poner tu pie en la... morirá el *n* 3206
14.17 entrando ella por el umbral... *n* murió 5288
17.21 y se tendió sobre el *n* tres veces, y 3206
17.21 que hagas volver el alma de este *n* a él 3206
17.22 y el alma del *n* volvió a él, y revivió 3206
17.23 tomando luego Elías al *n*, lo trajo del 3206
2 R 4.18 el *n* creció... Pero aconteció un día 3206
4.29 pondrás mi báculo sobre el rostro del *n* 5288
4.30 dijo la madre del *n*: Vive Jehová, y vive 5288
4.31 puesto el báculo sobre el rostro del *n* 5288
4.31 lo declaró, diciendo: El *n* no despierta 5288
4.32 venido Eliseo a la... el *n* estaba muerto 5288
4.34 subió y se tendió sobre el *n*, poniendo 3206
4.34 tendió... el cuerpo del *n* entró en calor 3206
4.35 y el *n* estornudó siete veces, y abrió 5288
5.14 y su carne se volvió como la... de un *n* 5288
8.12 matarás a espada, y estrellarás a sus *n* 2030
2 Cr 20.13 todo Judá estaba en pie... con sus *n* 1121
31.18 inscritos con todos sus *n*, sus mujeres 2945
Esd 8.21 camino derecho para... para nuestros *n* 2945
10.1 se juntó a él... mujeres y *n*; y lloraba 3206
Neh 12.43 se alegraron... las mujeres y los *n* 3206
Est 3.13 con la orden de destruir... *n* y mujeres 2945
8.11 aun sus *n* y mujeres, y apoderarse de sus 2945
Job 33.25 su carne será más tierna que la del *n* 5290
41.5 ¿jugarás con él... o lo atarás para tus *n*? 5291
Sal 8.2 de la boca de los *n* y de los que maman 3243
17.8 guárdame como a la *n* de tus oJos..alas 380,1323
131.2 como un *n*... un *n* destetado está mi alma
137.9 el que... estrellare tus *n* contra la peña 5768
148.12 los jóvenes y... los ancianos y los *n* 5288
Pr 7.2 guarda... mi ley como las *n* de tus ojos 380
22.6 instruye al *n* en su camino, y aun cuando 5288
Is 7.16 antes que el *n* sepa desechar lo malo 5288
8.4 antes que el *n* sepa decir: Padre mío, y 5288
9.6 porque un *n* nos es nacido, hijo nos es 3206
10.19 en número que un *n* los pueda contar 5288
11.6 el león y la bestia... un *n* los pastoreará 5288
11.8 el *n* de pecho jugará sobre la cueva de
13.16 sus *n* serán estrellados delante de ellos 5768
13.18 con arco tirarán a los *n*, y no tendrán 1121
65.20 no habrá allí *n* que muera de pocos días 5764
65.20 porque el *n* morirá de cien años, y el 5288
Jer 1.6 he aquí, no sé hablar, porque soy *n* 5288
1.7 dijo Jehová: No digas: Soy un *n*; porque 5288
6.11 la derramaré sobre los *n* en la calle, y 5768
9.21 para exterminar a los *n* de las calles 5768
31.20 Efraín... ¿no es *n* en quien me deleito? 3206
40.7 le habían encomendado... mujeres y los *n* 2945
41.16 mató a... hombres de guerra, mujeres, *n* 2945
43.6 a hombres y mujeres y *n*, y a las hijas 2945
44.7 destruidos... el muchacho y el *n* de pecho 5768
Lm 2.11 desfallecía el *n* y el que mamaba, en 5768
2.18 no descanses, ni cesen las *n* de tus ojos 1323
2.21 *n* y viejos yacían por tierra en... calles 970

4.4 la lengua del *n* de... se pegó a su paladar 5768
Ez 9.6 matad a viejos, jóvenes y... *n* y mujeres 2945
Os 13.16 sus *n* serán estrellados, y... mujeres 2030
Jl 2.16 congregad a los *n* y a los que maman 5768
3.3 los *n* por una ramera, y vendieron las *n* 3206
Mi 2.9 sus *n* quitasteis mi perpetua alabanza 5768
Zac 2.8 el que os toca, toca a la *n* de su ojo 892
Mt 2.8 id allá y averiguad con... acerca del *n* *3813*
2.9 hasta... se detuvo sobre donde estaba el *n* *3813*
2.11 al entrar en... vieron al *n* con su madre *3813*
2.13 toma al *n* y a su madre, y huye a Egipto *3813*
2.13 que Herodes buscará al *n* para matarlo *3813*
2.14 tomó... al *n* y a su madre... fue a Egipto *3813*
2.16 matar a todos los *n* menores de dos años *3816*
2.20 toma al *n* y a su madre, y vete a tierra *3813*
2.20 han muerto... procuraban la muerte del *n* *3813*
2.21 tomó al *n* y a su madre, y vino a tierra *3813*
9.24 **porque la *n* no está muerta, sino duerme** *2877*
9.25 tomó de la mano a la *n*, y, se levantó *2877*
11.25 **los entendidos, y las revelaste a los *n*** *3516*
14.21 como cinco mil... sin contar las... y los *n* *3813*
18.2 llamando Jesús a un *n*, lo puso en medio *3813*
18.3 **si no os volvéis... como *n*, no entraréis** *3813*
19.4 **cualquiera que se humille como este *n*** *3813*
18.5 **cualquiera que reciba... a un *n* como este** *3813*
19.13 entonces le fueron presentados unos *n* *3813*
19.14 **Jesús dijo: Dejad a los *n* venir a mí** *3813*
21.16 **de la boca de los *n* y de los que maman** *3516*
Mr 5.39 **dijo... la *n* no está muerta, sino duerme** *3813*
5.40 tomó al padre y a la madre de la *n*, y a *3813*
5.40 tomó al padre... entró donde estaba la *n* *3813*
5.41 **tomando la mano de la *n*... dijo: Talita** *3813*
5.41 traducido... *n*, a ti te digo, levántate *2877*
5.42 la *n* se levantó y andaba, pues tenía 12 .... *2877*
9.21 **¿cuánto tiempo hace... Y él dijo: Desde *n*** *3812*
9.36 tomó a un *n*, y lo puso en medio de ellos *3813*
9.37 **el que recibe en mi nombre a un *n* como** *3813*
10.13 y le presentaban *n* para que los tocase *3813*
10.14 **dejad a los *n* venir a mí, y no se lo** *3813*
10.15 **que no reciba el reino de Dios como un *n*** *3813*
Lc 1.59 vinieron para circuncidar al *n*; y le *3813*
1.66 ¿quién, pues, será este *n*? Y la mano del *3813*
1.76 tú, *n*, profeta del Altísimo serás llamado *3813*
1.80 el *n* crecía, y se fortalecía en espíritu *3813*
2.12 esto... Hallaréis al *n* envuelto en pañales *1025*
2.16 hallaron... al *n* acostado en el pesebre *1025*
2.17 lo que se les había dicho acerca del *n* *3813*
2.21 cumplidos... días para circuncidar al *n* *3813*
2.27 los padres del *n* Jesús lo trajeron al *3813*
2.38 hablaba del *n* a todos los que esperaban
2.40 *n* crecía y se fortalecía, y se llenaba *3813*
2.43 quedó el *n* Jesús en Jerusalén, sin que lo *3816*
8.51 a Pedro... y al padre y a la madre de la *n* *3816*
9.47 Jesús... tomó a un *n* y lo puso junto a sí *3813*
9.48 **dijo: Cualquiera que reciba a este *n* en** *3813*
10.21 **y las has revelado a los *n*... Sí, Padre** *3516*
11.7 **y mis *n* están conmigo en cama; no puedo** *3813*
18.15 traían a él los *n* para que los tocase *1025*
18.16 **dejad a los *n* venir a mí, y no se lo** *3813*
18.17 **el que no recibe el reino de... como un *n*** *3813*
Jn 16.21 **pero después que ha dado a luz un *n*** *3813*
Hch 7.19 que expusiesen a la muerte a sus *n* *1025*
Ro 2.20 instructor de... indoctos, maestro de *n* *3516*
1 Co 3.1 como a carnales, como a *n* en Cristo *3516*
13.11 cuando yo era *n*, hablaba como *n*, pensaba .. *3516*
13.11 como *n*, jugaba como *n*; mas cuando ya *3516*
13.11 ya fui hombre, dejé lo que era de *n* *3516*
14.20 no seáis *n* en... sino sed *n* en la malicia *3515*
Gá 4.1 que el heredero es *n*, en nada difiere *3516*
4.3 cuando éramos *n*, estábamos en esclavitud *3516*
Ef 4.14 para que ya no seamos *n* fluctuantes *3516*
He 5.13 inexperto en la palabra... porque es *n* *3516*
11.23 te vieron *n* hermoso, y no temieron el *3813*
1 P 2.2 desead, como *n*... la leche espiritual *1025*

NISÁN *Primer mes del año en el calendario hebreo (=Abib)*
Neh 2.1 sucedió en el mes de *N*, en el año 20 5212
Est 3.7 es el mes de *N*, en el año duodécimo 5212

NISROC *Dios de Mesopotamia*
2 R 19.37; Is 37.38 adoraba en el templo de *N* 5268

NIVEL
Is 28.17 ajustaré el juicio... a *n* la justicia 6957
34.11 sobre ella cordel... y *n* de asolamiento 6957

NO *Véase también el Apéndice*
Gn 19.18 Lot... dijo: *N*, yo os ruego, señores
33.10 Jacob: *N*, yo te ruego; si he hallado 408
Jos 24.21 dijo... *n*, sino que a Jehová serviremos 3808
1 S 8.19 *n*, sino que habrá rey sobre nosotros 3808
Sal 57,58,59,75 tits. sobre *N* destruyas 516
Mt 5.37 **pero sea vuestro hablar: Sí, sí; *n*, *n*** *3756*
2 Co 1.17 la carne, para que haya en mí Sí y *N*? *3756*
1.18 nuestra palabra a vosotros *n* es Sí y *N*. *3756*
1.19 *n* ha sido Sí y *N*: mas ha sido Sí en él *3756*
Stg 5.12 vuestro *n* sea *n*, para que no caigáis *3756*

NOA *Hija de Zelofehad*, Nm 26.33; 27.1; 36.11; Jos 17.3. 5270

NOADÍAS
1. Levita en tiempo de Esdras, Esd 8.33 5129
2. Profetisa que se opuso a Nehemías, Neh 6.14 5129

NOB *Ciudad en Benjamín* 5011
1 S 21.1 vino David a *N*, al sacerdote Ahimelec 5011
22.9 dijo: Yo vi al hijo de Isaí que vino a *N* 5011
22.11 y por... los sacerdotes que estaban en *N* 5011

22.19 a *N*, ciudad de los sacerdotes, hirió a 5011
Neh 11.32 en Anatot, *N*, Ananías 5011
Is 10.32 aún vendrá día cuando reposará en *N* 5011

NOBA
1. Militar de la tribu de Manasés, Nm 32.42 5025
2. Ciudad en Galaad conquistada por No. 1 (=Kenat), Nm 32.42 5025
3. Ciudad en el oriente de Galaad, Jue 8.11 5025

NOBLE
Jue 5.13 entonces marchó el resto de los *n*; el 117
5.25 ella... en tazón de *n* le presentó crema 117
2 Cr 25.24 asimismo tomó... los hijos de los *n* 1121,8594
Neh 2.16 a los *n* y oficiales, ni a los demás 2715
4.14,19 dije a los *n* y a los oficiales, y al 2715
5.7 reprendí a los *n* y a los oficiales, y les 2715
7.5 reuniese a los *n* y oficiales y al pueblo 2715
Est 6.9 mano... de los príncipes más *n* del rey 6579
Sal 49.2 así los plebeyos como los *n*, el rico 6223
51.12 vuélveme el... y espíritu *n* me sustente 5081
78.25 pan de *n* comió el hombre; les envió 47
149.8 sus reyes... sus *n* con cadenas de hierro 3513
Pr 17.26 ni herir a los *n* que hacen lo recto 5081
Ec 10.17 tu rey es hijo de *n*, y tus príncipes 2715
Is 3.5 se levantará... el villano contra el *n* 3519
23.8 cuyos mercaderes eran los *n* de la tierra? 1935
Jer 14.3 los *n* enviaron sus criados al agua 117
27.20 transportó... todos los *n* de Judá y de 2715
39.6 haciendo... degollar... todos los *n* de Judá 2715
51.57 y embriagaré a... a sus *n* y a sus fuertes 6346
Lm 4.7 sus *n* fueron más puros que la nieve 5139
Ez 23.23 *n* y varones de renombre, que montan 6346
Mr 15.43 de Arimatea, miembro *n* del concilio *2158*
Lc 19.12 **un hombre *n* se fue a un país lejano**
Hch 17.4 griegos piadosos... mujeres *n* no pocas *4413*
17.11 éstos eran más *n* que los... en Tesalónica *2104*
1 Co 1.26 no... ni muchos poderosos, ni muchos *n* *2104*

NOCIVO
Ec 10.13 y el fin de su charla, *n* desvarío 5531

NOCTURNO, A
Job 4.13 en imaginaciones de visiones *n*, cuando 3915
20.8 como sueño... y se disipará como visión *n* 3915
33.15 en visión *n*, cuando el sueño cae sobre 3915
Sal 91.5 no temerás el terror *n*, ni saeta que 3915
Is 29.7 como sueño de visión *n* la multitud de 3915
Hab 1.8 más ligeros... más feroces que lobos *n* 6153
Sof 3.3 sus jueces, lobos *n* que no dejan hueso 6153

NOCHE
Gn 1.5 la luz Día, y a las tinieblas llamó *N* 6153
1.14 lumbreras... para separar el día de la *n* 3915
1.16 lumbrera menor... que señorease en la *n* 3915
1.18 y para señorearse en el día y en la *n*, y 3915
7.4 haré llover sobre... cuarenta días y 40 *n* 3915
7.12 lluvia sobre la tierra 40 días y 40 *n* 3915
8.22 no cesarán... el invierno, y el día y la *n* 3915
14.15 cayó sobre ellos de *n*, él y sus siervos 3915
19.2 no, que en la calle nos quedaremos esta *n*
19.5 los varones que vinieron a ti esta *n*? 3915
19.33,35 y dieron a beber vino a su padre... *n* 3915
19.34 aquí, yo dormí la *n* pasada con mi padre 3915
19.34 démosle a beber vino también esta *n*, y 3915
20.3 Dios vino a Abimelec en sueños de *n*, y 3915
26.24 se le apareció Jehová aquella *n*, y le 3915
29.23 la *n* tomó a Lea su hija, y se la trajo 6153
30.15 Raquel... pues dormirá contigo esta *n* por 3915
30.16 salió Lea... Y durmió con ella aquella *n* 6153
31.24 vino Dios a Labán... aquella *n*, y le dijo 3915
31.39 lo hurtado así de día como de *n*, a mí 3915
31.40 me consumía el calor, y de *n* la helada 3915
31.54 pan, y durmieron aquella *n* en el monte
32.13 durmió allí aquella *n*, y tomó de lo que 3915
32.21 y él durmió aquella *n* en el campamento 3915
32.22 se levantó aquella *n*, y tomó sus dos 3915
40.5 cada uno su propio sueño en una misma *n* 3915
41.11 él y yo tuvimos un sueño en la misma *n* 3915
46.2 y habló Dios a Israel en visiones de *n* 4915
Éx 10.13 trajo un viento oriental... aquella *n* 3915
12.8 y aquella *n* comerán la carne asada al 3915
12.12 yo pasaré aquella *n* por la tierra de 3915
12.30 se levantó aquella *n* Faraón, él y todos 3915
12.31 e hizo llamar a Moisés y a Aarón de *n* 3915
12.42 *n* de guardar para Jehová, por haberlos 3915
12.42 esta *n* deben guardarla para Jehová todos 3915
13.21 y de *n* en una columna de fuego para 3915
13.21 a fin de que anduviesen de día y de *n* 3915
13.22 nunca se apartó... *n* la columna de fuego 3915
14.20 nube y tinieblas... alumbraba a Israel de *n* 3915
14.20 en toda aquella *n* nunca se acercaron 3915
14.21 por recio viento oriental toda aquella *n* 3915
23.18 ni la... quedará de la *n* hasta la mañana
24.18 estuvo Moisés en el monte... cuarenta *n* 3915
34.28 estuvo allí... con Jehová 40 días y 40 *n* 3915
40.38 fuego estaba de *n* sobre él, a vista de 3915
Lv 6.9 el holocausto estará... altar toda la *n* 3915
8.35 a la puerta... de reunión estaréis día y *n* 3915
11.24,27,31,39; 15.10,19,23 tocare... inmundo hasta la *n* 6153
11.25,28,32,40(2); 15.5,6,7,8,10,11,16,17,18,21,22,27 lavará... inmundo hasta la *n* 6153
11.32 será metido en agua... inmundo hasta la *n* ... 3915
14.46 que entrare... será inmundo hasta la *n* 6153
17.15 será inmundo hasta la *n*; entonces será 6153
22.6 que lo tocare será inmundo hasta la *n* 6153
Nm 9.16 de día, y de *n* la apariencia de fuego 3915
9.21 y a la *n* la nube se levantaba... partían 3915
11.9 cuando descendía el rocío... de *n*, el maná 3915

N

11.32 el pueblo estuvo levantado…toda la *n*........3915
14.1 dio voces; y el pueblo lloró aquella *n*..........3915
14.14 de día ibas…de *n* en columna de fuego......3915
19.7 y será inmundo el sacerdote hasta la *n*........6153
19.8,10,21 lavará…será inmundo hasta la *n*........6153
19.19 lavará con agua, y será limpio a la *n*........6153
19.22 que lo tocare, será inmunda hasta la *n*.......6153
22.8 él les dijo: Reposad aquí esta *n*, y yo..........3915
22.19 que reposéis..esta *n*, para que yo sepa........3915
22.20 vino Dios a Balaam de *n*, y le dijo: Si.........3915
Dt 1.33 fuego de *n* para mostraros el camino..........3915
9.9 en el monte…cuarenta *n*, sin comer pan ni.....3915
9.11 al fin de…40 *n*, que Jehová me dio las.........3915
9.18 me postré…cuarenta días y cuarenta *n*.......3915
9.25 cuarenta días y 40 *n* estuve postrado..........3915
10.10 y yo estuve…cuarenta días y cuarenta *n*.....3915
16.1 te sacó Jehová tu Dios de Egipto, de *n*.........3915
21.23 que su cuerpo pase la *n* sobre el madero
23.10 alguna impureza acontecida de *n*, saldrá....3915
23.11 pero al caer la *n* se lavará con agua.........6153
28.66 pende…estarás temeroso de *n* y de día......3915
Jos 1.8 día y de *n* meditarás en él, para que...........3915
2.2 venido aquí esta *n* para espiar la tierra........3915
4.3 en el lugar donde habéis de pasar la *n*.........3915
6.11 volvieron luego al…y allí pasaron la *n*.........3885
8.3 escogió Josué…hombres…cuales envió de *n*...3915
8.9 y Josué se quedó aquella *n* en medio del........3915
8.13 Josué avanzó aquella *n* hasta la mitad del.....3915
8.29 al rey de Hai lo colgó…hasta caer la *n*........3915
10.9 habiendo subido toda la *n* desde Gilgal........3915
10.26 quedaron colgados en…hasta caer la *n*......6153
Jue 6.25 misma *n* le dijo Jehová: Toma un toro........3915
6.27 temiendo hacerlo de día…lo hizo de *n*........3915
6.40 aquella *n* lo hizo Dios así; solo el vellón........3915
7.9 que aquella *n* Jehová le dijo: Levántate, y.......3915
9.32 levántate…ahora de *n*, tú y el pueblo que.....3915
9.34 levantándose…de *n* Abimelec y…el pueblo...3915
16.2 acecharon toda aquella *n* a la puerta de......3915
16.2 y estuvieron callados toda aquella *n*...........3915
19.6 yo te ruego que quieras pasar aquí la *n*
19.7 insistió su…y volvió a pasar allí la *n*..........3885
19.9 he aquí…te ruego que paséis aquí la *n*
19.10 hombre no quiso pasar allí la *n*, sino
19.11 ciudad…para que pasemos en ella la *n*
19.13 ven…para pasar la *n* en Gabaa o en Ramá..3885
19.15 para entrar a pasar allí la *n* en Gabaa.......3885
19.15 los acogiese en casa para pasar la *n*.........3885
19.20 con tal que no pases la *n* en la plaza.........3885
19.25 y abusaron de ella toda la *n* hasta la.........3915
20.4 yo llegué a Gabaa…para pasar allí la *n*........3915
20.5 rodearon contra mí la casa por la *n*, con......3915
20.23 Israel subieron y lloraron…hasta la *n*.......6153
20.26 Israel…ayunaron-aquel día hasta la *n*.......6153
21.2 el pueblo…se estuvieron allí hasta la *n*........6153
Rt 1.12 y esta *n* estuviese con marido, y aun............3915
2.17 espigó, Pues, en el campo hasta la *n*, y........3915
3.2 él avienta esta *n* la parva de las cebadas.......3915
3.13 pasa aquí la *n*, y cuando sea de día, si.........3915
1 S 14.24 coma pan antes de caer la *n*, antes..........6153
14.34 trajo todo el pueblo…su vaca aquella *n*......3915
14.36 descendamos de *n* contra los filisteos........3915
15.11 apesadumbró Samuci, y clamó…aquella *n*...3915
15.16 declararte…Jehová me ha dicho esta *n*......3915
19.10 hirió…y David huyó, y escapó aquella *n*.....3915
19.11 diciendo: Si no salvas tu vida esta *n*..........3915
19.24 desnudo todo aquel día y toda aquella *n*......3915
25.16 muro fueron para nosotros de día…de *n*.....3915
26.7 David…y Abisal fueron de *n* al ejército.......3915
28.8 vinierona aquella mujer de *n*; y él dijo.........3915
28.20 aquel día, y aquella *n* no había comido.......3915
28.25 se levantaron, y se fueron aquella *n*..........3915
30.12 ni bebido agua en tres días y tres *n*.........3915
31.12 anduvieron toda aquella *n*, y quitaron........3915
2 S 1.12 ayunaron hasta la *n*, por Saúl y por.........6153
2.29 caminaron por el Arabá toda aquella *n*.......3915
2.32 y caminaron toda aquella *n* Joab y sus........3915
4.7 caminaron toda la *n*…el camino del Arabá.....3915
7.4 aquella *n*, que vino palabra de Jehová a.........3915
12.16 ayunó David, y…la *n* acostado en tierra
17.1 y me levantaré y seguiré a David esta *n*.......3915
17.8 tu padre…no pasará la *n* con el pueblo
17.16 no te quedes esta *n* en los vados del..........3915
19.7 no quedará ni un hombre contigo esta *n*......3915
21.10 no dejó que…ni fieras del campo de *n*.......3915
1 R 3.5 se le apareció Jehová…una *n* en sueños.......3915
3.19 una *n* el hijo de esta mujer murió, porque.....3915
8.29 estén tus ojos abiertos de *n* y de día...........3915
8.59 palabras…cerca de…Dios de día y de *n*......3915
19.8 caminó cuarenta días y 40 *n* hasta Horeb.....3915
19.9 se metió en una cueva…donde pasó la *n*......3885
2 R 6.14 vinieron de *n*, y sitiaron la ciudad............3915
7.12 y se levantó el rey de *n*, y dijo a sus............3915
8.21 y levantándose de *n* atacó a los de Edom......3915
19.35 *n* salió el ángel de Jehová, y mató en.........3915
25.4 huyeron de *n* todos los hombres de guerra....3915
1 Cr 9.33 día y de *n* estaban en aquella obra..........3915
17.3 *n* vino palabra de Dios a Natán, diciendo.....3915
2 Cr 1.7 aquella *n* apareció Dios a Salomón y.........3915
6.20 tus ojos estén abiertos…de día y de *n*.........3915
7.12 y apareció Jehová a Salomón de *n*, y le........3915
21.9 Joram…se levantó de *n*…y derrotó a los......3915
35.14 ocupados hasta la *n* en el sacrificio de.......3915
Neh 1.6 oír la oración de…que hago…día y *n*.........3915
2.12 me levanté de *n*, yo y unos pocos varones.....3915
2.13 salí de *n* por la puerta del Valle hacia.........3915
2.15 subí de *n* por el torrente y observé el..........3915
4.9 pusimos guarda contra ellos de día y de *n*......3915
4.22 *n* sirvan de centinela y de día en la obra......3915
6.10 reunámonos en…esta *n* vendrán a matarte...3915
9.12 los guiaste…con columna de fuego de *n*.......3915
9.19 no se apartó…de *n* la columna de fuego......3915
Est 4.16 no comáis ni bebáis en tres días,n............3915
6.1 aquella…*n* se le fue el sueño al rey, y...........3915
Job 2.13 sentaron con él…siete días y siete *n*..........3915
3.3 la *n* en que se dijo: Varón es concebido.........3915
3.6 ocupe aquella *n* la oscuridad; no…contada.....3915
3.7 ¡oh, que fuera aquella *n* solitaria, que..........3915
5.14 y a mediodía andan a tientas como de *n*.......3915
7.3 así…*n* de trabajo me dieron por cuenta........3915
7.4 la *n* es larga, y…lleno de inquietudes...........3915
17.12 pusieron la *n* por día, y la luz se.............3915
24.14 mata al pobre y…y de *n* es como ladrón.....3915
24.15 ojo del adúltero está aguardando la *n*........5399
27.20 aguas; torbellino lo arrebatará de *n*..........3915
30.17 la *n* taladra mis huesos, y los dolores........3915
31.32 el forastero no pasaba fuera la *n*; mis........3885
34.25 cuando los trastorne en la *n*, y sean..........3915
35.10 ¿dónde está…que da cánticos en la *n*?.......3915
36.20 no anheles la *n*, en que los pueblos...........3915
Sal 1.2 que…en su ley medita de día y de *n*...........3915
6.6 todas las *n* inmundo de llanto mi lecho.........3915
16.7 aun en las *n* me enseña mi conciencia.........3915
17.3 me has visitado de *n*, me has puesto a.........3915
19.2 día, y una *n* a otra *n* declara sabiduría.........3915
22.2 clamo…y de *n*, y no hay para mí reposo.......3915
30.5 por la *n* durará el lloro, y la mañana..........6153
32.4 de día y de *n* se agravó sobre mí tu mano.....3915
42.3 fueron mis lágrimas mi pan de día y de *n*.....3915
42.8 de día…y de *n* su cántico estará conmigo.....3915
55.10 día y *n* la rodean sobre sus muros, e.........3915
59.15 si no se sacian, pasen la *n* quejándose
63.6 medite en ti en las vigilias de la *n*
74.16 tuyo es el día, tuya también es la *n*...........3915
77.2 alzaba a…mis manos de *n*, sin descanso......3915
77.6 acordaba de mis cánticos de *n*; meditaba.....3915
78.14 les guio…toda la *n* con resplandor de........3915
88.1 oh Jehová…día y *n* clamo delante de ti........3915
90.4 son…como una de las vigilias de la *n*.........3915
92.2 tu misericordia, y tu fidelidad cada *n*..........3915
104.20 pones las tinieblas, y es la *n*; en ella.........3915
105.39 una nube…y fuego para alumbrar la *n*.....3915
119.55 acordé en la *n* de tu nombre…oh Jehová...3915
119.148 anticiparon…a las vigilias de la *n*
121.6 el sol no te fatigará…ni la luna de *n*.........3915
134.1 en la casa de Jehová estáis por las *n*.........3915
136.9 estrellas para que señoreasen en la *n*........3915
139.11 aun la *n* resplandecerá alrededor de mí....3915
139.12 de ti, y la *n* resplandece como el día.........3915
Pr 7.9 día, en la oscuridad y tinieblas de la *n*..........3915
31.15 se levanta aun de *n* y da comida a su.........3915
31.18 negocios; su lámpara no se apaga de *n*.......3915
Ec 2.23 de *n* su corazón no reposa…es vanidad.......3915
8.16 hay quien ni de *n* ni de día ve sueño en........3915
Cnt 3.1 por las *n* busqué…al que ama mi alma........3915
3.8 su espada sobre…por los temores de la *n*......3915
5.2 llena…mis cabellos de las gotas de la *n*........3915
Is 4.5 oscuridad de día, y de *n* resplandor de..........3915
5.11 ¡ay de los que…que se están hasta la *n*........5399
15.1 de *n* fue destruida Ar de Moab, puesta en.....5399
15.1 de *n* fue destruida Kir de Moab, reducida.....5399
16.3 pon tu sombra en medio del día como la *n*.....5399
21.4 la *n* de mi deseo se me volvió en espanto......5399
21.8 estoy yo continuamente de día…y las *n*.......3015
21.11 ¿qué de la *n*? Guarda, ¿qué de la *n*?..........3915
21.12 la mañana viene, y después la *n*…volved.....3915
21.13 en el bosque pasaréis la *n* en Arabia
26.9 con mi alma te he deseado en la *n*, y en.......3915
27.3 guardaré de *n* y de día, para que nadie.......3915
28.19 mañana en mañana pasará, de día y de *n*....3915
30.29 vosotros tendréis cántico como de *n* en......3915
34.10 no se apagará de *n* ni de día…su humo......3915
38.12 mi vida…consumirás entre el día y la *n*......3915
38.13 molió…de la mañana a la *n* me acabarás....3915
59.10 ojos; tropezamos a mediodía como de *n*......5399
60.11 puertas…no se cerrarán de día ni de *n*......3915
62.6 todo el día y toda la *n* no callarán jamás......3915
65.4 y en lugares escondidos pasan la *n*; que.......3885
Jer 6.5 levantaos y asaltemos de *n*…palacios.........3915
9.1 para que llore día y *n* los muertos de la.........3915
14.8 caminante que se retira para pasar la *n*?
14.17 derramen mis ojos lágrimas *n* y día, y no.....3915
16.13 serviréis a dioses ajenos de día y…*n*.........3915
31.35 la luna y…estrellas para luz de la *n*..........3915
33.20 mi pacto con la *n*…no haya día ni *n* a........3915
33.25 si no…mi pacto con el día y la *n*, si...........3915
36.30 será echado al calor…al hielo de la *n*........3915
39.4 huyeron y salieron de *n* de la ciudad por......3915
49.9 si ladrones de *n*, ¿no habrían tomado lo.......3915
52.7 huyeron, y salieron de la ciudad de *n* por.....3915
Lm 1.2 amargamente llora…la *n*, y sus lágrimas......3915
2.18 Sion, echa lágrimas cual arroyo día y *n*.......3915
2.19 voces en la *n*, al comenzar las vigilias.........3915
Ez 12.6 llevarás…de *n* los sacarás; cubrirás..........5939
12.7 salí de *n*, y los llevé sobre los hombros........5339
12.12 al príncipe que…llevarán a cuestas de *n*.....5339
Dn 2.19 secreto fue revelado…en visión de *n*.........3916
5.30 la misma *n* fue muerto Belsasar rey de........3916
7.2 miraba yo en mi visión de *n*, y he aquí..........3916
7.7,13 miraba yo en las visiones de la *n*, y he.......3916
Os 4.5 caerá también contigo el profeta de *n*..........3915
7.6 toda la *n* duerme su hornero; a la mañana.....3915
Am 5.8 y hace oscurecer el día como *n*; el que.........3915
Abd 5 si ladrones vinieran…o robadores de *n*........3915
Jon 1.17 Jonás en el vientre del pez tres *n*.............3915
4.10 de una *n* nació, y en…de otra *n* pereció.......3915
Mi 3.6 la profecía se os hará *n*, y oscuridad...........3915
Sof 2.7 en las casas de Ascalón dormirán de *n*........6153
Zac 1.8 de *n*, y he aquí un varón que cabalgaba.......3915
14.7 será un día…que no será ni de día ni *n*........3915
Mt 2.14 él…tomó de *n* al niño y a su madre, y.........*3571*
4.2 después de haber ayunado 40 días y 40 *n*.......*3571*
8.16 cuando llegó la *n*, trajeron…los enfermos.....*3798*
12.40 **como estuvo Jonás…tres días y tres *n***.......*3571*
12.40 **estará el Hijo del…tres días y tres *n***.........*3571*
14.23 y cuando llegó la *n*, estaba allí solo...........*3798*
14.25 la cuarta vigilia de la *n*, Jesús vino...........*3571*
20.8 **cuando llegó la *n*, el señor de la viña**..........*3798*
26.20 cuando llegó la *n*, se sentó a la mesa.........*3798*
26.31 **dijo…os escandalizaréis de mí esta *n***........*3571*
26.34 **que esta *n*, antes que el gallo cante, me**......*3571*
27.57 cuando llegó la *n*, vino un hombre rico.......*3798*
27.64 vengan sus discípulos de *n*, y lo hurten.......*3571*
28.13 vinieron de *n*, y lo hurtaron, estando.........*3571*
Mr 1.32 cuando llegó la *n*…le trajeron todos
4.27 **duerme y se levanta, de *n* y de día, y la**........*3571*
4.35 **cuando llegó la *n*, les dijo: Pasemos al**.........*3571*
5.5 de día y de *n*, andaba dando voces en los.......*3571*
6.47 venir la *n*, la barca estaba en medio del.......*3571*
6.48 cerca de la cuarta vigilia de la *n* vino..........*3571*
11.19 pero al llegar la *n*, Jesús salió de la...........*3796*
14.17 cuando llegó la *n*, vino él con los doce........*3798*
14.27 **todos os escandalizaréis de mí esta *n***........*3571*
14.30 ***n*, antes que el gallo haya cantado dos**.......*3571*
15.42 cuando llegó la *n*…era la preparación.......*3798*
Lc 2.8 y guardaban las vigilias de la *n* sobre...........*3571*
2.37 de *n* y de día con ayunos y oraciones..........*3571*
5.5 toda la *n* hemos estado trabajando, y nada.....*3571*
6.12 fue al monte…y pasé la *n* orando a Dios......*1273*
12.20 **esta *n* vienen a pedirte tu alma; y lo**..........*3571*
17.34 **en aquella *n* estarán dos en una cama**.......*3571*
18.7 **sus escogidos, que claman a él día y *n*?**.......*3571*
21.37 de *n*, saliendo, se estaba en el monte.........*3571*
Jn 3.2 este vino a Jesús de *n*, y te dijo: Rabí............*3571*
7.50 les dijo Nicodemo, el que vino a él de *n*........*3571*
9.4 **la *n* viene, cuando nadie puede trabajar**.......*3571*
11.10 **el que anda de *n*, tropieza, porque no**........*3571*
13.30 tomado el bocado…salió; y era ya de *n*.......*3571*
19.39 que antes había visitado a Jesús de *n*..........*3571*
20.19 **cuando llegó la *n* de aquél mismo día, el**.....*3798*
21.3 una barca; y aquella *n* no Pescaron nada......*3571*
Hch 5.19 un ángel…abriendo de *n* las puertas........*3571*
9.24 guardaban las puertas de día y de *n* para.....*3571*
9.25 discípulos, tomándole de *n*, le bajaron.........*3571*
12.6 misma *n* estaba Pedro durmiendo entre dos...*3571*
16.9 se le mostró a Pablo una visión de *n*; un.......*3571*
16.33 él, tomándolos en aquella…hora de la *n*.....*3571*
17.10 enviaron de *n* a Pablo…hasta Berea..........*3571*
18.9 **el Señor dijo a Pablo en visión de *n*: No**.......*3571*
20.31 *n* y de día, no he cesado de amonestar.......*3571*
23.11 **la *n* siguiente se le presentó el Señor**..........*3571*
23.23 la hora tercera de la *n* 200 soldados, 70........*3571*
23.31 soldados…le llevaron de *n* a Antípatris.......*3571*
26.7 tribus, sirviendo…a Dios de día y de *n*........*3571*
27.23 esta *n* ha estado conmigo el ángel del.........*3571*
27.27 la decimacuarta *n*, y siendo llevados a.......*3571*
Ro 13.12 *n* está avanzada, y se acerca el día............*3571*
1 Co 11.23 la *n* que fue entregado, tomó pan..........*3571*
2 Co 11.25 una *n* y un día he estado…náufrago.......*3574*
1 Ts 2.9 trabajando de *n* y de día, para no ser.........*3571*
3.10 orando de *n* y de día con gran insistencia.....*3571*
5.2 que el día…vendrá así como ladrón en la *n*.....*3571*
5.5 no somos de la *n* ni de las tinieblas............*3571*
5.7 los que duermen, de *n* duermen, y los que......*3571*
5.7 los que se embriagan, de *n* se embriagan.......*3571*
2 Ts 3.8 que trabajamos…día y *n*, para no ser.........*3571*
1 Ti 5.5 y es diligente en súplicas…*n* y día............*3571*
2 Ti 1.3 acuerdo de ti en…oraciones *n* y día...........*3571*
2 P 3.10 día del…vendrá como ladrón en la *n*.........*3571*
Ap 4.8 y no cesaban día y *n* de decir: Santo...........*3571*
7.15 Dios, y le sirven día y *n* en su templo...........*3571*
8.12 no hubiese luz en la tercera…de la *n*............*3571*
12.10 los acusaba delante de…Dios día y *n*..........*3571*
14.11 y no tienen reposo de día ni de *n* los..........*3571*
20.10 atormentados día y *n* por los siglos de........*3571*
21.25 cerradas de día, pues allí no habrá *n*..........*3571*
22.5,no habrá allí más *n*; y no…luz del sol..........*3571*

NOD *Tierra donde habitó Caín*, Gn 4.16........5113

NODAB Tribu descendiente de Ismael, 1 Cr 5.19..5114

NODRIZA
Gn 24.59 dejaron ir a Rebeca…y a su *n*, y al..........3243
Éx 2.7 ¿iré a llamarte una *n* de las hebreas.............3243
2 S 4.4 su *n* le tomó y huyó; y mientras iba.............539
Is 49.23 reyes…tus ayos…y sus reinas tus *n*.............539
1 Ts 2.7 tiernos entre vosotros, como la *n* que.........*5162*

NOÉ
Gn 5.29 llamó su nombre *N*, diciendo: Este nos........5146
5.30 y vivió Lamec, después que engendró a *N*.....5146
5.32 y siendo *N* de 500 años, engendró a Sem......5146
6.8 *N* halló gracia ante los ojos de Jehová..........5146
6.9 son las generaciones de *N*: *N*, varón justo.......5146
6.9 era Perfecto en sus…con Dios caminó *N*.......5146
6.10 engendró *N* tres hijos: a Sem, a Cam y.........5146
6.13 dijo…Dios a *N*: He decidido el fin de..........5146
6.22 y lo hizo así *N*; hizo conforme a todo..........5146
7.1 dijo luego Jehová a *N*: Entra tú y toda..........5146
7.5 hizo *N* conforme a…que le mandó Jehová......5146
7.6 era *N* de 600 años cuando el diluvio de.........5146
7.7 entró *N* al arca, y con él sus hijos, su..........5146
7.9 de dos en dos entraron con *N* en el arca........5146
7.9 macho y hembra, como mandó Dios a *N*........5146

7.11 el año seiscientos de la vida de *N* 5146
7.13 en este mismo día entraron *N*, y Sem, Cam 5146
7.13 entraron *N*...hijos de *N*, la mujer de *N* 5146
7.15 vinieron, pues, con *N* al arca, de dos en 5146
7.23 solamente *N*, y los que con él estaban 5146
8.1 se acordó Dios de *N*, y de...los animales 5146
8.6 abrió *N* la ventana del arca que había 5146
8.11 y entendió *N* que las aguas...retirado de 5146
8.13 que en el año 601 de *N*, en el mes primero 5146
8.13 y quitó *N* la cubierta del arca, y miró 5146
8.15 entonces habló Dios a *N*, diciendo 5146
8.18 salió *N*, y sus hijos, su mujer, y las 5146
8.20 y edificó *N* un altar a Jehová, y tomó de 5146
9.1 bendijo Dios a *N* y a sus hijos, y les dijo 5146
9.8 y habló Dios a *N* y a sus hijos con él 5146
9.17 dijo, pues, Dios a *N:* Esta es la señal 5146
9.18 hijos de *N* que salieran del arca fueron 5146
9.19 estos tres son los hijos de *N*, y de ellos 5146
9.20 comenzó *N* a labrar la tierra, y plantó 5146
9.24 y despertó *N* de su embriaguez, y supo lo 5146
9.28 y vivió *N* después del diluvio 350 años 5146
9.29 y fueron todos los días de *N* 950 años 5146
10.1 son las generaciones de los hijos de *N* 5146
10.32 estas son las familias de los hijos de *N* 5146
1 Cr 1.4 *N*, Sem, Cam y Jafet 5146
Is 54.9 como en los días de *N*, cuando juré que 5146
54.9 nunca más las aguas de *N* pasarían sobre 5146
Ez 14.14,20 estuviesen en...ella *N*, Daniel y Sob 5146
Mt 24.37 **mas como en los días de *N*, así será** *3575*
24.38 **hasta el día en que *N* entró en el arca** *3575*
Lc 3.36 de Arfaxad, hijo de Sem, hijo de *N* *3575*
17.26 **en los días de *N*, así también será en** *3575*
17.27 **hasta el día en que entró *N* en el arca** *3575*
He 11.7 por la fe *N*, cuando fue advertido por *3575*
1 P 3.20 la Paciencia de Dios en los días de *N* *3575*
2 P 2.5 si no perdonó al...sino que guardó a *N* *3575*

NOEMÍ *Suegra de Rut*
Rt 1.2 nombre...Elimelec, y el de su mujer, *N* 5281
1.3 murió Elimelec, marido de *N*, y quedó ella 5281
1.8 *N* dijo a sus dos nueras: Andad, volveos 5281
1.11 *N* respondió: Volveos, hijas mías; ¿para 5281
1.15 *N* dijo: He aquí tu cuñada se ha vuelto a
1.18 viendo *N* que estaba tan resuelta a ir con
1.19 toda la ciudad...y decían: ¿No es esta *N*? 5281
1.20 ella les respondía: No me llaméis *N*, sino 5281
1.21 ¿por qué me llamaréis *N*, ya que Jehová 5281
1.22 así volvió *N*...y Rut la moabita su nuera 5281
2.1 tenía *N* un pariente de su marido...rico 5281
2.2 Rut...dijo a *N:* Te ruego que me dejes ir 5281
2.6 es la joven moabita que volvió con *N* de 5281
2.20 *N* a su nuera: Sea él bendito de Jehová 5281
2.20 después le dijo *N:* Nuestro pariente es 5281
2.22 y *N* respondió a Rut su nuera: Mejor es 5281
3.1 le dijo su suegra *N:* Hija mía, ¿no he de 5281
3.18 *N* dijo: Espérate, hija mía, hasta que
4.3 dijo...*n*, que ha vuelto del campo de Moab 5281
4.5 día que compres las tierras de mano de *N* 5281
4.9 he adquirido de mano de *N* todo lo que fue 5281
4.14 las mujeres decían a *N:* Loado sea Jehová 5281
4.16 tomando *N* el hijo, lo puso en su regazo 5281
4.17 diciendo: Le ha nacido un hijo a *N*; y lo 5281

NOFA *Población en Moab*, Nm 21.30 5302

NOGA *Hijo de David*, 1 Cr 3.7; 14.6 5052

NOGAL
Cnt 6.11 al huerto de los *n* descendí a ver 93

NOHA *Hijo de Benjamín*, 1 Cr 8.2 5119

NOMBRAR
Gn 25.13 *nombrados* en...orden de su nacimiento 8034
Éx 35.30 Jehová ha *nombrado* a Bezaleel hijo 8034
Nm 1.16 los *nombrados* de entre la congregación 7121
Jos 21.9 estas ciudades que fueron *nombradas* 8034
1 S 8.12 y *nombrará* para sí jefes de miles y 7160
2 S 17.25 *nombró* a Amasa jefe del ejército en
1 Cr 6.65 dieron...las ciudades que *nombraron* 8034
11.24 Y fue *nombrado* con los tres valientes 8034
2 Cr 28.15 levantaron los varones *nombrados* 8034
31.19 varones *nombrados* tenían cargo de dar 8034
Is 14.20 no será *nombrada*...la descendencia de 7121
24.15 las orillas del mar sea *nombrado* Jehová 8034
48.2 de la santa ciudad se *nombran*, y en el 8034
62.2 nombre...que la boca de Jehová *nombrará* 8034
Os 1.11 *nombrarán* un solo jefe, y subirán de 7760
Ro 15.20 no donde Cristo...sido *nombrado*, para *3687*
1 Co 5.1 tal fornicación cual ni aun se *nombra* *3687*
Ef 1.21 y sobre todo nombre que se *nombra*, no *3687*
5.3 toda inmundicia...ni aun se *nombre* entre *3687*

NOMBRE
Gn 2.11 el *n* del uno era Pisón; éste es el que 8034
2.13 el *n* del segundo río es Gihón; éste es 8034
2.14 y el *n* del tercer río es Hidekel; éste 8034
2.19 y todo lo que Adán llamó a los...es su *n* 8034
2.20 puso Adán *n* a toda bestia y ave de los 8034
3.20 llamó Adán el *n* de su mujer, Eva, por 8034
4.17 llamó el *n* de la ciudad del *n* de...Enoc 8034
4.19 *n* de la una fue Ada, y el *n* de la otra 8034
4.21 el *n* de su hermano fue Jubal, el cual fue 8034
4.25 cual dio a luz un hijo, y llamó su *n* Set 8034
4.26 a Set...nació un hijo, y llamó su *n* Enós 8034
4.26 comenzaron a invocar el *n* de Jehová 8034
5.2 llamó el *n* de ellos Adán, el día en que 8034
5.3 Adán...engendrá un hijo...y llamó su *n* Set 8034
5.29 y llamó su *n* Noé, diciendo...nos aliviará 8034
10.25 el *n* del uno fue Peleg, porque en sus 8034
10.25 fue Peleg...y el *n* de su hermano, Joctán 8034
11.4 un *n*, Por si fuéremos esparcidos sobre 8034
11.9 por esto fue llamado el *n* de ella Babel 8034
11.29 el *n* de la mujer de Abram era Sarai, y 8034
11.29 el *n* de la mujer de Nacor, Milca, hija 8034
12.2 y te bendeciré, y engrandeceré tu *n*, y 8034
12.8 edificó...un altar...invocó el *n* de Jehová 8034
13.4 antes; e invocó allí Abram el *n* de Jehová 8034
16.11 llamarás su *n* Ismael, porque Jehová ha 8034
16.13 el *n* de Jehová que con ella hablaba: Tú 8034
16.15 llamó Abram el *n* del hijo que...Ismael 8034
17.5 no...más tu *n* Abram...será tu *n* Abraham 8034
17.15 no la llamarás Sarai...Sara será su *n* 8034
17.19 y llamarás su *n* Isaac; y confirmaré mi 8034
19.22 eso fue llamado el *n* de la ciudad, Zoar 8034
19.37 dio a luz la mayor...y llamó su *n* Moab 8034
19.38 llamó su *n* Ben-ammi, el cual es padre 8034
21.3 y llamó Abraham el *n* de su hijo que le 8034
21.33 e invocó...el *n* de Jehová Dios eterno 8034
22.14 y llamó Abraham el *n* de aquel lugar 8034
25.1 Abraham tomó otra muJer...*n* era Cetura 8034
25.13 estos...son los *n* de los hijos de Ismael 8034
25.16 estos sus ti, por sus villas y por sus 8034
25.25 era todo velludo...y llamaron su *n* Esaú 8034
25.26 su hermano...y fue llamado su *n* Jacob 8034
25.30 rojo...Por tanto fue llamado su *n* Edom 8034
26.18 los llamó por los *n* que su padre los 8034
26.20 por eso llamó el *n* del pozo Esek, porque 8034
26.21 otro pozo...riñeron...y llamó su *n* Sitna 8034
26.22 otro pozo...llamó su *n* Rehobot, y dijo 8034
26.25 edificó allí un altar, e invocó el *n* 8034
26.33 por esta causa el *n* de aquella ciudad 8034
27.36 bien llamaron su *n* Jacob, pues ya me ha 7121,8034
28.19 llamó el *n* de aquel lugar Bet-el...Luz 8034
28.19 aunque Luz era el *n* de la ciudad primero 8034
29.16 el *n* de la mayor era Lea, y el *n* de la 8034
29.32 hijo, y llamó su *n* Rubén, porque dijo 8034
29.33 cuanto oyó Jehová...y llamó su *n* Simeón 8034
29.34 le he dado...por tanto, llamó su *n* Leví 8034
29.35 vez alabaré a...por esto llamó su *n* Judá 8034
30.6 Dios oyó mi...Por tanto llamó su *n* Dan 8034
30.8 he contendido con...Y llamó su *n* Neftalí 8034
30.11 Lea: Vino la ventura; llamó su *n* Gad 8034
30.13 me dirán dichosa; y llamó su *n* Aser 8034
30.18 y dijo Lea...por eso llamó su *n* Isacar 8034
30.20 le he dado a luz...y llamó su *n* Zabulón 8034
30.21 dio a luz una hija, y llamó su *n* Dina 8034
30.24 llamó su *n* José, diciendo: Añádame 8034
31.48 este majano es...fue llamado su *n* Galaad 8034
32.2 y llamó el *n* de aquel lugar Mahanaim 8034
32.27 ¿cuál es tu *n*? Y él respondió: Jacob 8034
32.28 no se dirá más tu *n* Jacob, sino Israel 8034
32.29 declárame ahora tu *n*...¿Por qué...mi *n*? 8034
32.30 llamó Jacob el *n* de aquel lugar Peniel 8034
33.17 Jacob...llamó el *n* de aquel lugar Sucot 8034
35.10 tu *n* es Jacob; no se llamará...*n* Jacob 8034
35.10 Israel será tu *n*; y llamó su *n* Israel 8034
35.15 llamó Jacob el *n* de aquel lugar donde 8034
35.18 murió y llamó su *n* Benoni; mas su padre 8034
36.10 estos son los *n* de los hijos de Esaú 8034
36.32 Bela...y el *n* de su ciudad fue Dinaba 8034
36.35 Hadad hijo...el *n* de su ciudad fue Avit 8034
36.39 Hadar hijo...el *n* de su ciudad fue Pau 8034
36.39 y el *n* de su mujer, Mehetabel hija de 8034
36.40 son los *n* de los jefes de Esad por sus 8034
36.40 lugares, y sus *n:* Timna, Alva, Jetet 8034
38.3 y dio a luz un hijo, y llamó su *n* Er 8034
38.4 y dio a luz un hijo, y llamó su *n* Onán 8034
38.5 y dio a luz un hijo, y llamó su *n* Sola 8034
38.29 ¡qué brecha te has...Y llamó su *n* Pares 8034
38.30 salió su hermano...y llamó su *n* Zara 8034
41.45 y llamó Faraón el *n* de...Zafnat-panca 8034
41.51 y llamó...el *n* del primogénito, Manasés 8034
41.52 llamó el *n* del segundo, Efraín, porque 8034
46.8 estos son los *n* de los hijos de Israel 8034
48.6 el *n* de sus hermanos serán llamados en 8034
48.16 sea perpetuado en ellos mi *n*, y el *n* de 8034
49.24 por el *n* del Pastor, la Roca de Israel 8034
50.11 por eso fue llamado su *n* Abel-mizraim 8034
Éx 1.1 estos son los *n* de los hijos de Israel 8034
2.10 cual lo prohijó, y le puso por *n* Moisés 8034
2.22 y él le puso por *n* Gersón, porque dijo 8034
3.13 si ellos me preguntaron: ¿Cuál es su *n*? 8034
3.15 este es mi *n* para siempre; con él se me 8034
5.23 yo vine a Faraón para hablarle en tu *n* 8034
6.3 era mi *n* Jehová no me di a conocer a ellos 8034
6.16 estos son los *n* de los hijos de Leví por 8034
9.16 que mi *n* ata anunciado en toda la tierra 8034
15.3 Jehová...varón de gtierra; Jehová es su *n* 8034
15.23 eran amargas...le pusieron el *n* de Mara 8034
17.7 el *n* de aquel lugar Masab y Meriba, por 8034
17.15 un altar, y llamó su *n* Jehová-nisi 8034
20.7 no tomarás el *n* de Jehová tu Dios en vano 8034
20.7 por inocente...al que tomare su *n* en vano 8034
20.24 en todo lugar donde...la memoria de mi *n* 8034
23.13 *n* de otros dioses no mentaréis, ni se 8034
23.21 y oye su voz...porque mi *n* está en él 8034
28.9 grabarás en ellas los *n* de los hijos de 8034
28.10 seis *n* en una piedra, y los otros seis *n* 8034
28.11 harás grabar...con los *n* de los hijos de 8034
28.12 Aarón llevará los *n* de ellos delante de 8034
28.21 piedras serán según los *n* de los hijos 8034
28.21 doce según sus *n*, cada una con su *n* 8034
28.29 y llevará Aarón los *n* de los hijos de 8034
31.2 he llamado por *n* a Bezaleel hijo de Uri 8034
33.12 tú dices: Yo te he conocido por tu *n* 8034
33.17 has hallado gracia...conmido por tu *n* 8034
33.19 proclamaré el *n* de Jehová delante de ti 8034
34.5 estuvo allí...proclamando el *n* de Jehová 8034
34.14 Jehová, cuyo *n* es Celoso, Dios celoso 8034
39.6 oro, con grabadoras de sello con los *n* 8034
39.14 conforme a los *n* de los hijos de Israel 8034
39.14 según los *n* de ellos; como grabaduras 8034
39.14 una con su *n*, según las doce tribus de 8034
Lv 18.21 no contamines así el *n* de tu Dios 8034
19.12 y no juraréis falsamente por mi *n* 8034
19.12 profanando...el *n* de tu Dios...Yo Jehová 8034
20.3 contaminando...y profanando mi santo *n* 8034
21.6 santos...no profanarán el *n* de su Dios 8034
22.2 que...no profanen mi santo *n*...Yo Jehová 8034
22.32 no profanéis mi santo *n*, para que yo 8034
24.8 en orden...en *n* de los hijos de Israel
24.11 el hijo de...blasfemó el *N*...y maldijo 8034
24.16 blasfemare el *n* de Jehová, ha de ser 8034
24.16 así el...si blasfemare el *N*, que muera 8034
Nm 1.2 tomad el censo...con la cuenta de los *n* 8034
1.5 son los *n* de los varones que estarán con 8034
1.17 varones que fueron designados por sus *n* 8034
1.18,20,22,24,26,28,30,32,34,36,38,40,42 conforme a la cuenta de los *n* 8034
3.2,3 estos son los *n* de los hijos de Aarón 8034
3.17 los hijos de Leví fueron estos por sus *n* 8034
3.18 *n* de los hijos de Gersón por...familias 8034
3.40 los primogénitos...cuéntalos por sus *n* 8034
3.43 conforme al número de sus *n*, de un mes 8034
4.32 consignarás por sus *n*...los utensilios 8034
6.27 pondrán mi *n* sobre los hijos de Israel 8034
11.34 *n* de aquel lugar Kibrot-hataava, por 8034
13.4 estos son sus *n:* De la tribu de Rubén 8034
13.16 los *n* de los varones que Moisés envió 8034
13.16 a Oseas...le puso Moisés el *n* de Josué 8034
17.2 y escribirás el *n* de cada uno...su vara 8034
17.3 escribirás el *n* de Aarón sobre la vara 8034
21.3 Israel...llamó el *n* de aquel lugar Horma 8034
25.14 *n* del varón que fue muerto...era Zimri 8034
25.15 el *n* de la mujer madianita...era Cozbi 8034
26.33 los *n* de las hijas de Zelofehad fueron 8034
26.46 y el a de la hija de Aser fue Sera 8034
26.53 se repartirá...por la cuenta de los 8034
26.55 por los *n* de las tribus de...heredarán 8034
27.1 las hijas...*n* de las cuales eran Maala 8034
27.4 será quitado el *n* de nuestro padre de 8034
32.38 Baal-meón (mudados los n) y Sibma 8034
32.38 pusieron *n* a...ciudades que edificaron 8034
32.41 Jair hijo de...les puso por *n* Havot-jair 7121
32.42 Noba...y lo llamó Noba, conforme a su *n* 8034
34.17 estos son los *n* de los varones que os 8034
34.19 estos son los *n* de los varones: De la 8034
Dt 3.14 y la llamó por su *n*, Basán-havot-jair 8034
5.11 no tomarás el *n* de Jehová...Dios en vano 8034
5.11 no...inocente al que tome su *n* en vano 8034
6.13 Jehová tu Dios temerás...por su *n* jurarás 8034
7.24 destruirás el *n* de elicis de debajo del 8034
9.14 y borre su *n* de debajo del ciclo, y yo 8034
10.8 la tribu de Leví...para bendecir en su *n* 8034
10.20 Dios...a él seguirás, y por su *n* jurarás 8034
12.3 imágenes y raeréis su *n* de aquel lugar 8034
12.5 para poner allí su *n* para su habitación 8034
12.11,21 Dios escogiere para poner en él su *n* 8034
14.23 que él escogiere para poner allí su *n* 8034
14.24 hubiere escogido para poner en él su *n* 8034
16.26 escogiere para que habite allí su *n* 8034
16.11 hubiere escogido para poner allí su *n* 8034
18.5 para administrar en el *n* de Jehová, él 8034
18.7 ministrará en el *n* de Jehová su Dios 8034
18.19 que no oyere...que él hablare en mi *n* 8034
18.20 presunción de hablar palabra en mi *n* 8034
18.20 que hablare en *n* de dioses ajenos, el 8034
18.22 si el profeta hablare en *n* de Jehová 8034
21.5 escogió...para bendecir en el *n* de Jehová 8034
25.6 sucederá en el *n* de su hermano muerto 8034
25.6 que el *n* de este no sea borrado de Israel 8034
25.7 mi cuñado no quiere suscitar *n* en Israel 8034
25.10 se le dará este *n* en Israel: La casa 8034
26.2 escogiere para hacer habitar allí su *n* 8034
28.10 que el *n* de Jehová es invocado sobre 8034
28.58 temiendo...*n* glorioso y temible: Jehová 8034
29.20 Jehová borrará su *n* de debajo del cielo 8034
32.3 el *n* de Jehová proclamaré; engrandeced 8034
Jos 5.9 el *n* de aquel lugar fue llamado Gilgal 8034
6.27 Jehová con Josué, y su *n* se divulgó por 8089
7.9 y borrarán nuestro *n* de sobre la tierra 8034
7.9 y entonces, ¿qué harás tú a tu grande *n*? 8034
9.9 han venido de...por causa del *n* de Jehová 8034
14.15 el *n* de Hebrón fue antes Quiriat-arba 8034
15.15 el *n* de Debir era antes Quiriat-sefer 8034
17.3 los *n* de...son estos: Maala, Noa, Hogla 8034
19.47 llamaron a Lesem, Dan, del *n* de Dan su 8034
22.34 pusieron por *n* al altar Ed...testimonio 7121
23.7 ni juréis por el *n* de sus dioses, ni los
Jue 1.17 y pusieron por *n* a la ciudad, Horma 8034
1.26 cual llamó Luz; y este es su *n* hasta hoy 8034
2.5 y llamaron el *n* de aquel lugar Boquim 8034
8.14 por escrito los *n* de los principales y de
8.31 le dio un hijo, y le puso por *n* Abimelec 8034
13.6 de un ángel...ni tampoco él me dijo su *n* 8034
13.17 ¿Cuál es tu *n*, para que...te honremos? 8034
13.18 ¿por qué preguntas por mi *n*, que es 8034
13.24 dio a luz...hijo, y le puso por *n* Sansón 8034
15.19 llamó el *n* de aquel lugar, En-hacore 8034
18.29 y llamaron el *n* de aquella ciudad Dan 8034
18.29 conforme al *n* de Dan su padre, hijo de 8034
Rt 1.2 el *n* de aquel varón era Elimelec, y el 8034
1.2 los *n* de sus hijos eran Malión y Quelión 8034
1.4 el *n* de una era Orfa...*n* de la otra, Rut 8034
2.19 *n* del varón con quien hoy he trabajado 8034
4.5 para que restaures el *n* del muerto sobre 8034

4.10 restaurar el *n*...*n* del muerto no se borre ... 8034
4.14 pariente, cuyo *n* será celebrado en Israel ... 8034
4.17 y le dieron *n* las vecinas, diciendo: Le ... 8034
1 S 1.2 el *n* de una era Ana...la otra, Penina ... 8034
1.20 un hijo, y le puso por *n* Samuel, diciendo ... 8034
7.12 le puso por *n* Eben-ezer, diciendo: Hasta ... 8034
8.2 el *n* de...fue Joel...el *n* del segundo, Abías ... 8034
12.22 Jehová no desamparará...por su grande *n* ... 8034
14.49 los *n* de sus dos hijas eran...Merab, y ... 8034
14.50 y el *n* de la mujer de Saúl era Ahinoam ... 8034
14.50 el *n* del general...era Abner, hijo de Ner ... 8034
17.12 aquel hombre efrateo...cuyo *n* era Isaí ... 8034
17.13 los *n* de sus...eran: Eliab el primogénito ... 8034
17.45 yo vengo a ti en el *n* de Jehová de los ... 8034
18.30 David...se hizo de mucha estima su *n* ... 8034
20.15 dejes que el *n* de Jonatán sea quitado
20.42 ambos hemos jurado por el *n* de Jehová ... 8034
21.7 cuyo *n* era Doeg, edomita, el principal ... 8034
23.28 a aquel lugar por *n* Sela-bama-lecot ... 7121
24.21 ni borrarás mi *n* de la casa de mi padre ... 8034
25.5 subid...id a Nabal, y saludadle en mi *n* ... 8034
25.9 dijeron...estas palabras en *n* de David ... 8034
25.25 Nabal; porque conforme a su *n*, así es ... 8034
2 S 4.2 el *n* de uno era Baana, y el del otro ... 8034
4.4 un hijo lisiado de, su *n* era Mefi-boset ... 8034
5.9 moró...y le puso por *n* la Ciudad de David ... 7121
5.14 los *n* de los que le nacieron en Jerusalén ... 8034
5.20 llamó el *n* de aquel lugar Baal-perazim ... 8034
6.2 la cual era invocado el *n* de Jehová de ... 8034
6.18 bendijo al pueblo en el *n* de Jehová de ... 8034
7.9 y te he dado *n* grande, como el *n* de los ... 8034
7.13 edificará casa a mi *n*, y yo afirmaré ... 8034
7.23 para ponerle *n*, y para hacer grandezas ... 8034
7.26 que sea engrandecido tu *n* para siempre ... 8034
12.24 un hijo, y llamó su *n* Salomón, el cual ... 8034
12.25 llamó su *n* Jedidías, a causa de Jehová ... 8034
12.28 tome yo la ciudad y sea llamada de mi *n* ... 8034
14.7 dejando a mi marido *n* ni reliquia sobre ... 8034
18.18 hijo que conserve la memoria de mi *n* ... 8034
18.18 llamó aquella columna por su *n*, y así ... 8034
22.50 confesaré...oh Jehová, y cantaré a tu *n*
23.8 son los *n* de los valientes que tuvo David ... 8034
1 R 1.47 Dios haga...*n* de Salomón más que tu *n* ... 8034
3.2 no había casa edificada al *n* de Jehová ... 8034
4.8 son los *n* de ellos: el hijo de Hur en el ... 8034
5.3 no pudo edificar casa al *n* de Jehová su ... 8034
5.5 yo...edificar casa al *n* de Jehová mi Dios ... 8034
5.5 hijo, a quien...él edificará casa a mi *n* ... 8034
7.21 del lado derecho, le puso por *n* Jaquín ... 8034
7.21 alzando la columna del...llamó su *n* Boaz ... 8034
8.16 casa en la cual estuviese mi *n*, aunque ... 8034
8.17 edificar casa al *n* de Jehová Dios de los ... 8034
8.18 edificar casa a mi *n*, bien has hecho ... 8034
8.19 sino tu hijo que...edificará casa a mi *n* ... 8034
8.20 he edificado la casa al *n* de Jehová Dios ... 8034
8.29 lugar del cual has dicho...*n* estará allí ... 8034
8.33 se volvieron a ti y confesaron tu *n*, y ... 8034
8.35 y confesaron tu *n*, y se volvieron del ... 8034
8.41 extranjero...que viniere...a causa de tu *n* ... 8034
8.42 oirán de tu gran *n*, de tu mano fuerte ... 8034
8.43 los pueblos de la tierra conozcan tu *n* ... 8034
8.43 y entiendan que tu *n* es invocado sobre ... 8034
8.44,48 hacia la casa que yo edifiqué a tu *n* ... 8034
9.3 oído...para poner mi *n* en ella para siempre ... 8034
9.7 esta casa que he santificado a mi *n*, yo ... 8034
9.13 les puso por *n*...Cabul...*n* que tiene hasta ... 7121
10.1 la fama que...había alcanzado por el *n* de ... 8034
11.36 que yo me elegí para poner en ella mi *n* ... 8034
14.21 que Jehová eligió...para poner allí su *n* ... 8034
14.21,31 el *n* de su madre fue Naama, amonita ... 8034
15.2,10 el *n* de su madre fue Maaca, hija de ... 8034
16.24 el *n* de la ciudad que edificó, Samaria ... 8034
16.24 Samaria, del *n* de Semer, que fue dueño ... 8034
18.24 invocad luego...el *n* de vuestros dioses ... 8034
18.24 yo invocaré el *n* de Jehová; y el Dios ... 8034
18.25 invocad el *n* de vuestros dioses, mas ... 8034
18.26 invocaron el *n* de Baal desde la mañana ... 8034
18.31 de Jehová diciendo, Israel será tu *n* ... 8034
18.32 edificó con...un altar en el *n* de Jehová ... 8034
21.8 escribió cartas en *n* de Acab, y las selló ... 8034
22.16 digas sino la verdad en el *n* de Jehová? ... 8034
22.42 *n* de su madre fue Azuba hija de Silhi ... 8034
2 R 2.24 vio..y los maldijo en el *n* de Jehová ... 8034
5.11 en pie invocará el *n* de Jehová su Dios ... 8034
8.26 *n* de su madre fue Atalía, hija de Omri ... 8034
12.1 el *n* de su madre fue Sibia, de Beerseba ... 8034
14.2 el *n* de su madre fue Joadán, de Jerusalén ... 8034
14.27 Jehová no había determinado raer el *n* ... 8034
15.2 *n* de su madre fue Jecolías, de Jerusalén ... 8034
15.33 *n* de su madre fue Jerusa hija de Sadoc ... 8034
17.34 de Jacob, al cual puso el *n* de Israel ... 8034
18.2 *n* de su madre fue Abi hija de Zacarías ... 8034
21.1 Manasés...el *n* de su madre fue Hepsiba ... 8034
21.4 había dicho: Yo pondré mi *n* en Jerusalén ... 8034
21.7 pondré mi *n* para siempre en esta casa ... 8034
21.19 Amón...el *n* de su madre fue Mesulemet ... 8034
22.1 Josías...el *n* de su madre fue Jedida hija ... 8034
23.27 cual había yo dicho: Mi *n* estará allí ... 8034
23.31 el *n* de su madre fue Hamutal hija de ... 8034
23.34 Faraón...cambió el *n* por el de Joacim ... 8034
23.36 Joacim...*n* de su madre fue Zebuda hija ... 8034
24.8 Joaquín...*n* de su madre fue Nehusta hija ... 8034
24.17 y le cambió el *n* por el de Sedequías ... 8034
24.18 Sedequías...el *n* de...su madre fue Hamutal ... 8034
1 Cr 1.19 el *n* del uno fue Peleg, por cuanto ... 8034
1.19 Peleg...y el *n* de su hermano fue Joctán ... 8034
1.43 Bola hijo...el *n* de su ciudad fue Dinaba ... 8034
1.46 Hadad hijo...el *n* de su ciudad fue Avit ... 8034
1.50 reinó...Hadad, el *n* de cuya ciudad fue Pai ... 8034
1.50 y el *n* de su muJer Mebetabel hija de ... 8034
2.29 el *n* de la mujer de Abisur fue Abihail ... 8034
4.3 y el *n* de su hermana fue Haze-lelponi ... 8034
4.38 éstos, poi sus *n*, son los principales ... 8034
4.41 y estos que han sido escritos por sus *n* ... 8034
5.24 varones de *n* y jefes de las casas de sus ... 8034
6.17 los *n* de los hijos de Gersón: Libni y ... 8034
6.65 dieron...ciudades que nombraron por sus *n* ... 8034
7.15 y Supim, cuya hermana tuvo por *n* Maaca ... 8034
7.15 Maaca, y el *n* del segundo fue Zelofebad ... 8034
7.16 *n* de su hermano fue Seres, cuyos hijos ... 8034
7.23 por *n* Bería, por cuanto había estado en ... 8034
8.38 los hijos de Azel...*n* son Azricam, Bocru ... 8034
9.35 Jehiel...el *n* de cuya mujer era Maaca ... 8034
9.44 Azel tuvo seis hijos, los *n* de los cuales ... 8034
13.6 el arca...sobre la cual su *n* es invocado ... 8034
14.4 los *n* de los que le nacieron en Jerusalén ... 8034
14.11 llamaron el *n*...aquel lugar Baal-perazim ... 8034
16.2 bendijo al pueblo en el *n* de Jehová ... 8034
16.8 alabad a Jehová, invocad su *n*, dad a ... 8034
16.10 gloriaos en su santo *n*; alégrese el ... 8034
16.29 dad a Jehová la honra debida a su *n* ... 8034
16.35 para que confesemos tu santo *n*, y nos ... 8034
16.41 los otros escogidos declarados por sus *n* ... 8034
17.8 te haré gran *n*, como el *n* de los grandes ... 8034
17.21 hacerte *n* con grandezas y maravillas ... 8034
17.24 sea engrandecido tu *n* para siempre, a ... 8034
21.19 que Gad le había dicho en *n* de Jehová ... 8034
22.7 tuve el edificar templo al *n* de Jehová ... 8034
22.8 no edificarás casa a mi *n*, porque has ... 8034
22.9 *n* será Salomón, y yo daré paz y reposo ... 8034
22.10 él edificará casa a mi *n*, y él me será ... 8034
22.19 arca...a la casa edificada al *n* de Jehová ... 8034
23.13 le ministrasen y bendijesen en su *n* ... 8034
23.24 los hijos de Leví...contados por sus *n* ... 8034
24.6 escribió sus *n* en presencia del rey y de
28.3 no edificarás casa a mi *n*, porque oro ... 8034
29.13 ahora...alabamos y loamos tu glorioso *n* ... 8034
29.16 para edificar casa a tu santo *n*, de tu ... 8034
2 Cr 2.1 Salomón edificar casa al *n* de Jehová ... 8034
2.4 yo tengo que edificar casa al *n* de Jehová ... 8034
6.5 para edificar casa donde estuviese mi *n* ... 8034
6.6 he elegido para que en ella esté mi *n* ... 8034
6.7 su corazón edificar casa al *n* de Jehová ... 8034
6.8 tu corazón deseo de edificar casa a mi *n* ... 8034
6.9 sino tu hijo...él edificará casa a mi *n* ... 8034
6.10 he edificado casa al *n* de Jehová Dios de ... 8034
6.20 lugar del cual dijiste: Mi *n* estará allí ... 8034
6.24 Israel...se convirtiere, y confesare tu *n* ... 8034
6.26 y confesaren tu *n*, y se convirtieren de ... 8034
6.32 que hubiere venido...a causa de tu gran *n* ... 8034
6.33 que todos los pueblos de...conozcan tu *n* ... 8034
6.33 sepan que tu *n* es invocado sobre esta ... 8034
6.34,38 hacia la casa que he edificado a tu *n* ... 8034
7.14 sobre el cual mi *n* es invocado, y oraren ... 8034
7.16 esté en ella mi *n* para siempre; y mis ... 8034
7.20 esta casa que he santificado a mi *n* ... 8034
12.13 en Jerusalén...para poner en ella su *n* ... 8034
12.13 y el *n* de la madre de Roboam fue Naama ... 8034
13.2 *n* de su madre fue Micaías hija de Uriel ... 8034
14.11 y en tu *n* venimos contra este ejército ... 8034
18.15 te conjuraré por el *n* de Jehová que no ... 8034
20.8 han edificado en ella santuario a tu 77 ... 8034
20.9 delante...(Porque tu *n* está en esta casa) ... 8034
20.26 por eso llamaron el *n*...valle de Beraca ... 8034
20.31 reinó Josafat...*n* de su madre fue Azuba ... 8034
22.2 *n* de su madre fue Atalía, hija de Omri ... 8034
24.1 el *n* de su madre fue Sibia, de Beerseba ... 8034
25.1 Amasías...el *n* de su madre fue Joadán, de ... 8034
26.3 Uzías...el *n* de su madre fue Jecolías, de ... 8034
27.1 Jotam...el ir de su madre fue Jerusa, hija ... 8034
29.1 Ezequías...ir de su madre fue Abías, hija ... 8034
33.4 en Jerusalén estará mi *n* perpetuamente ... 8034
33.7 en esta casa...pondré mi *n* para siempre ... 8034
33.18 le hablaron en *n* de Jehová el Dios de ... 8034
36.4 y le mudó el *n* en Joacim; y a Joacaz su ... 8034
Esd 2.61 Barzilai...llamado por el ir de ellas ... 8034
5.1 profetizaron...en el *n* del Dios de Israel ... 8036
5.4 cuáles son los *n* de los hombres que hacen ... 8036
5.10 preguntamos sus *n* para hacértelo saber ... 8036
5.10 para escribirte los *n* de los hombres que ... 8036
6.12 y el Dios que hizo habitar allí su *n* ... 8036
8.13 *n* son estos: Elifelet, Jeiel y Semaías ... 8034
8.20 los cuales fueron designados por sus *n* ... 8036
10.16 por sus *n* se sentaron el primer día del ... 8034
Neh 1.9 que escogí para hacer habitar allí mi *n* ... 8034
1.11 siervos, quienes desean reverenciar tu *n* ... 8034
6.13 y les sirviera de mal *n* con que fuera yo ... 8034
7.63 de Barzilai...y se llamó del *n* de ellas ... 8034
9.5 bendígase el *n* tuyo, glorioso y alto sobre ... 8034
9.7 que escogiste...y le pusiste el ir Abraham ... 8034
9.10 y te hiciste *n* grande, como en este día ... 8034
Est 2.5 varón judío cuyo *n* era Mardoqueo hijo ... 8034
2.14 si el rey la quería y era llamada por *n* ... 8034
2.22 Ester lo dijo al rey en *n* de Mardoqueo ... 8034
3.12 *n* del rey Asuero fue escrito, y sellado ... 8034
8.8 escribid...en *n* del rey, y selladlo con el ... 8034
8.8 un edicto que se escribe en el *n* del rey, no ... 8034
8.10 escribió en *n* del rey Asuero, y lo selló ... 8034
9.26 por esto llamaron...Purim, por el *n* Pur ... 8034
Job 1.21 Jehová quitó...el *n* de Jehová bendito ... 8034
18.17 perecerá...y no tendrá *n* por las calles ... 8034
30.8 hijos de viles, y hombres sil *n*, más ... 1097,8034
42.14 llamó el *n* de la primera, Jemima, el de ... 8034
Sal 5.11 en ti se regocijen los que aman tu *n* ... 8034
7.17 y cantaré al *n* de Jehová el Altísimo ... 8034
8.1 cuán glorioso es tu *n* en toda la tierra! ... 8034
8.9 ¡cuán grande es tu *n* en toda la tierra! ... 8034
9.2 me alegraré...cantaré a tu *n*, oh Altísimo ... 8034
9.5 borraste el *n* de ellos...y para siempre ... 8034
9.10 en ti confiarán los que conocen tu *n* ... 8034
16.4 sangre, ni en mis labios tomaré sus *n* ... 8034
18.49 te confesaré entre...y cantaré a tu *n* ... 8034
20.1 oiga...el *n* del Dios de Jacob te defienda ... 8034
20.5 y alzaremos pendón en el *n* de...Dios ... 8034
20.7 nosotros del *n* de Jehová nuestro Dios ... 8034
22.22 anunciaré tu *n* a mis hermanos; en medio ... 8034
23.3 guiará por sendas de...por amor de su *n* ... 8034
25.11 por amor de tu *n*, oh Jehová, perdonarás ... 8034
29.2 dad a Jehová la gloria debida a su *n* ... 8034
31.3 tú...por tu *n* me guiarás y me encaminarás ... 8034
33.21 porque en su santo *n* hemos confiado ... 8034
34.3 engrandeced a...y exaltemos a una su *n* ... 8034
41.5 mal...¿Cuándo morirá, y perecerá su *n*? ... 8034
44.5 tu *n* hollaremos a nuestros adversarios ... 8034
44.8 gloriaremos...para siempre alabaremos tu *n* ... 8034
44.20 si nos hubiésemos olvidado del *n* de ... 8034
45.17 haré perpetua la memoria de tu *n* en ... 8034
48.10 conforme a tu *n*...así es tu loor hasta ... 8034
49.11 serán eternas...dan sus *n* a sus tierras ... 8034
52.9 y esperaré en tu *n*, porque es bueno ... 8034
54.1 Dios, sálvame por tu *n*, y con tu poder ... 8034
54.6 alabaré tu *n*, oh Jehová, porque es bueno ... 8034
61.5 dado la heredad de los que temen tu *n* ... 8034
61.8 cantaré tu *n* para siempre, pagando mis ... 8034
63.4 te bendeciré...en tu *n* alzaré mis manos ... 8034
66.2 cantad la gloria de su *n*; poned gloria ... 8034
66.4 tierra...cantará a ti; cantarán a tu *n* ... 8034
68.4 cantad salmos a su ir; exaltad al que ... 8034
68.4 JAH es su *n*; alegraos delante de él ... 8034
69.30 alabaré yo el ir de Dios con cántico ... 8034
69.36 y los que aman su *n* habitarán en ella ... 8034
72.17 su ir para siempre, se perpetuará su *n* ... 8034
72.19 bendito su *n* glorioso para siempre, y ... 8034
74.7 han profanado el tabernáculo de tu *n* ... 8034
74.10 ¿ha de blasfemar el enemigo...tu *n*? ... 8034
74.18 y pueblo insensato ha blasfemado tu *n* ... 8034
74.21 el afligido...menesteroso alabarán tu *n* ... 8034
75.1 gracias te damos, oh...cercano está tu *n* ... 8034
76.1 es conocido en...en Israel es grande su *n* ... 8034
79.6 ira sobre los reinos que no invocan tu *n* ... 8034
79.9 ayúdanos, oh Dios...por la gloria de tu *n* ... 8034
79.9 perdona nuestros pecados...amor de tu *n* ... 8034
80.18 así...vida nos darás, e invocaremos tu *n* ... 8034
83.4 y no haya más memoria del *n* de Israel ... 8034
83.16 vergüenza, y busquen tu *n*, oh Jehová ... 8034
83.18 conozcan que tu *n* es Jehová; tú solo ... 8034
86.9 todas las naciones...glorificarán tu *n* ... 8034
86.11 afirma mi corazón para que terna tu ... 8034
86.12 alabaré...y glorificaré tu *n*...siempre ... 8034
89.12 el Tabor y el Hermón cantarán en tu *n* ... 8034
89.16 en tu *n* se alegrará todo el día, y en ... 8034
89.24 verdad...en mi *n* será exaltado su poder ... 8034
91.14 en alto, por cuanto ha conocido mi *n* ... 8034
92.1 bueno...cantar salmos a tu *n*, oh Altísimo ... 8034
96.2 cantad a Jehová, bendecid su *n*; anunciad ... 8034
96.8 dad a Jehová la honra debida a su *n* ... 8034
99.3 alaben tu *n* grande y temible...es santo ... 8034
99.6 y Samuel entre los que invocaron su *n* ... 8034
100.4 con alabanza; alabadle, bendecid su *n* ... 8034
102.15 las naciones temerán el *n* de Jehová ... 8034
102.21 que publique en Sion el *n* de Jehová ... 8034
103.1 alma...y bendiga todo mi ser su santo *n* ... 8034
105.1 alabad a Jehová, invocad su *n*; dad a ... 8034
105.3 gloriaos en su santo *n*; alégrese el ... 8034
106.8 los salvó por amor de su *n*, para hacer ... 8034
106.47 para que alabemos tu santo *n*, para que ... 8034
109.13 en la segunda generación...borrado su *n* ... 8034
109.21 Señor mío, favoréceme por amor de tu *n* ... 8034
111.9 su pacto; santo y temible es su *n* ... 8034
113.1 alabad, siervos...alabad el *n* de Jehová ... 8034
113.2 el *n* de Jehová bendito desde ahora y ... 8034
113.3 desde el...sea alabado el *n* de Jehová ... 8034
115.1 no a nosotros, sino a tu *n* da gloria ... 8034
116.4 invoqué el *n* de Jehová, diciendo: Oh ... 8034
116.13 tomaré la...e invocaré el *n* de Jehová ... 8034
116.17 te ofreceré...e invocaré el *n* de Jehová ... 8034
118.10,11,12 en el *n* de Jehová...destruiré ... 8034
118.26 bendito el que viene en el *n* de Jehová ... 8034
119.55 acordé en la noche de tu *n*, oh Jehová ... 8034
119.132 acostumbras con los que aman tu *n* ... 8034
122.4 subieron las...para alabar el *n* de Jehová ... 8034
124.8 nuestro socorro está en el *n* de Jehová ... 8034
129.8 sobre...os bendecimos en el *n* de Jehová ... 8034
135.1 alabad...*n* de Jehová...siervos de Jehová ... 8034
135.3 cantad salmos a su *n*...él es benigno ... 8034
135.13 oh Jehová, eterno es tu *n*; tu memoria ... 8034
138.2 alabaré tu *n* por tu misericordia y tu ... 8034
138.2 has engrandecido tu *n*, y tu palabra ... 8034
139.20 porque...enemigos toman en vano tu *n* ... 8034
140.13 los justos alabarán tu *n*; los rectos ... 8034
142.7 saca mi alma de...para que alabe tu *n* ... 8034
143.11 por tu *n*, oh Jehová, me vivificarás ... 8034
145.1 bendeciré tu *n* eternamente y...siempre ... 8034
145.2 alabaré tu *n* eternamente y para siempre ... 8034
145.21 todos bendigan su santo *n* eternamente ... 8034
147.4 cuenta...a todas ellas llama por sus *n* ... 8034
148.5 alaben el *n* de Jehová; porque él mandó ... 8034
148.13 alaben el *n* de Jehová, porque solo su ... 8034
148.13 solo su *n* es enaltecido...Su gloria es ... 8034
149.3 alaben su *n* con danza; con pandero y ... 8034
Pr 10.7 justo...el *n* de los impíos se pudrirá ... 8034
21.24 escarnecedor es el *n* del soberbio y ... 8034
22.1 de más estima es el buen *n* que...riquezas ... 8034
30.4 ¿cuál...su *n*, y el *n* de su hijo, si sabes? ... 8034

30.9 siendo pobre... blasfeme el *n* de mi Dios....... 8034
Ec 6.4 porque... con tinieblas su *n* es cubierto......... 8034
6.10 ya ha mucho que tiene *n*, y se sabe que... 8034,7121
Cnt 1.3 tu *n* es como ungüento derramado; por....... 8034
Is 4.1 permítenos llevar tu *n*; quita nuestro............ 8034
7.14 a luz un hijo, y llamará su *n* Emanuel.......... 8034
8.3 me dijo... Ponle por *n* Maher-salal-hasbaz...... 8034
9.6 y se llamará su *n* Admirable, Consejero........ 8034
12.4 a Jehová, aclamad su *n*, haced célebres en.... 8034
12.4 obras, recordad que su *n*... es engrandecido .. 8034
14.22 raeré de Babilonia el *n* y el remanente....... 8034
18.7 lugar del *n* de Jehová de los ejércitos.......... 8034
25.1 te exaltaré, alabaré tu *n*, porque has.......... 8034
26.8 *n* y tu memoria son el deseo de nuestra....... 8034
26.13 ti solamente nos acordaremos de tu *n*........ 8034
29.23 verá a sus hijos que santificarán mi *n*........ 8034
30.27 aquí que el *n* de Jehová viene de lejos....... 8034
40.26 todas llama por sus *n*; ninguna faltará....... 7121
41.25 del nacimiento del sol invocará mi *n*......... 8034
42.8 Jehová: este es mi *n*; y a otro no daré......... 8034
43.1 porque yo te redimí; te puse *n*, mío eres....... 8034
43.7 los llamados de mi *n*; para gloria mía......... 8034
44.5 otro se llamará del *n* de Jacob, y otro......... 8034
44.5 otro... se apellidará con el *n* de Israel......... 8034
45.3 soy... el Dios de Israel, que te pongo *n*......... 8034
45.4 te llamé por tu *n*; te puse sobrenombre......... 8034
47.4 Jehová de... ejércitos es su *n*, el Santo......... 8034
48.1 que os llamáis del *n* de Israel, los que......... 8034
48.1 los que juran en el *n* de Jehová, y hacen........ 8034
48.2 el Dios... su *n* es Jehová de los ejércitos....... 8034
48.9 por amor de mi *n* diferiré mi ira, y para....... 8034
48.11 haré, para que no sea amancillado mi *n*
48.19 nunca su *n* sería cortado, ni raído de......... 8034
49.1 Jehová me llamó... tuvo mi *n* en memoria...... 8034
50.10 confíe en el *n* de Jehová, y apóyese en....... 8034
51.15 yo... soy tu Dios, cuyo *n* es Jehová de los..... 8034
52.5 aullar... es blasfemado mi *n* todo el día........ 8034
52.6 mi pueblo sabrá mi *n* por esta causa en....... 8034
54.5 Hacedor; Jehová de los ejércitos es su *n*....... 8034
55.13 será a Jehová por *n*, por señal eterna......... 8034
56.5 mejor que el de... *n* perpetuo les daré......... 8034
56.6 y que amen el *n* de Jehová para ser sus....... 8034
57.15 así dijo el Alto y... cuyo *n* es el Santo....... 8034
59.19 temerán desde... occidente el *n* de Jehová.... 8034
60.9 su oro con ellos, al *n* de Jehová tu Dios........ 8034
62.2 y te será puesto un *n* nuevo, que la boca....... 8034
63.12 que los guió... haciéndose así *n* perpetuo..... 8034
63.14 pastoreaste a, para hacerte *n* glorioso....... 8034
63.16 tú... nuestro Redentor perpetuo es tu *n*......... 8034
63.19 sobre los cuales nunca fue llamado tu ir..... 8034
64.2 que hicieras notorio tu *n* a tus enemigos...... 8034
64.7 nadie hay que invoque tu *n*... despierte........ 8034
65.1 dije a gente que no invocaba mi *n*: Heme...... 8034
65.15 dejaréis vuestro *n* por maldición a mis....... 8034
65.15 Señor... a sus siervos llamará por otro *n*...... 8034
66.5 echan fuera por causa de mi *n*, dijeron........ 8034
66.22 permanecerá vuestra descendencia y... *n*.... 8034
Jer 2.8 los profetas profetizaron en *n* de Baal......... 5012
3.17 vendrán... en el *n* de Jehová en Jerusalén..... 8034
7.10,11,14,30 sobre la cual es invocado mi *n*....... 8034
7.12 donde hice morar mi *n* al principio, y ved..... 8034
10.6 oh Jehová; grande eres tú, y grande tu *n*...... 8034
10.16 él es... Jehová de los ejércitos es su *n*......... 8034
10.25 sobre las naciones que no invocan tu *n*....... 8034
11.16 olivo verde, hermoso... llamó Jehová tu *n*.... 8034
11.19 para que no haya más memoria de su *n*......... 8034
11.21 no profetices en *n* de Jehová, para que....... 8034
12.16 jurar en mi *n*, diciendo: Vive Jehová.......... 8034
14.7 Jehová, actúa por amor de tu *n*; porque....... 8034
14.9 sobre nosotros es invocado tu *n*; no nos...... 8034
14.14 falsamente profetizan los... en mi *n*; no...... 8034
14.15 los profetas que profetizan en mi *n*, los...... 8034
14.21 por amor de tu *n* no nos deseches, ni......... 8034
15.16 tu *n* se invocó sobre mí, oh Jehová Dios...... 8034
16.21 enseñaré... y sabrán que mi *n* es Jehová...... 8034
20.3 Jehová no ha llamado tu *n* Pasur, sino......... 8034
20.9 no me acordaré... ni hablaré más en su *n*..... 8034
23.6 este será su *n* con el cual le llamarán......... 8034
23.13 profetizaban en *n* de Baal, e hicieron......... 5012
23.25 profetizando mentira en mi *n*, diciendo...... 8034
23.27 hacen que mi pueblo se olvide de mi *n*....... 8034
23.27 padres se olvidaron de mi *n* por Baal?....... 8034
25.29 la ciudad en la cual es invocado mi *n*......... 8034
26.9 ¿por qué has profetizado en *n* de Jehová...... 8034
26.16 porque en *n* de Jehová... nos ha hablado..... 8034
26.20 hombre que profetizaba en *n* de Jehová...... 8034
27.15 y ellos profetizan falsamente en mi *n*........ 8034
29.9 falsamente os profetizan ellos en mi *n*......... 8034
29.21 que os profetizan falsamente en mi *n*......... 8034
29.23 falsamente hablaron en mi *n* palabra que.... 8034
29.25 tú enviaste cartas en tu *n* a todo el........... 8034
31.35 ondas; Jehová de los ejércitos es su *n*........ 8034
32.18 Dios... Jehová de los ejércitos es su *n*......... 8034
32.20 te has hecho ir, como se ve en el día de....... 8034
32.34; 34.15 la casa en la cual es invocado mi *n*..... 8034
33.2 hizo la tierra... la formó... Jehová es su *n*........ 8034
33.9 será a mí por *n* de gozo, de alabanza y......... 8034
34.16 pero os habéis vuelto y profanado mi *n*....... 8034
44.16 la palabra que nos has hablado en *n* de...... 8034
44.26 he jurado por mi grande *n*, dice Jehová....... 8034
44.26 mi *n* no será más invocado por boca de...... 8034
46.18 dice el Rey, cuyo *n* es Jehová de los.......... 8034
48.15 ha dicho el Rey, cuyo *n* es Jehová de los....... 8034
48.17 compadeceos de él... los que sabéis su *n*...... 8034
50.34 Fuerte; Jehová de los ejércitos es su *n*........ 8034
51.19 él es... Jehová de los ejércitos es su *n*......... 8034
51.57 dice el Rey, cuyo *n* es Jehová de los.......... 8034
Lm 3.55 invoqué tu *n*... Jehová, desde la cárcel........ 8034
Ez 20.9,14,22 de mi *n*, para que no se infamase........ 8034
20.29 llamado su *n* Bania hasta el día de hoy....... 8034
20.39 pero no profanéis más mi santo *n* con....... 8034
20.44 haga con vosotros por amor de mi *n*, no...... 8034
22.5 amancillada de *n*, y de grande turbación
36.20 profanaron mi santo *n*, diciéndose de........ 8034
36.21 ver mi santo *n* profanado por la casa de..... 8034
36.22 sino por causa de mi santo *n*, el cual......... 8034
36.23 y santificaré mi grande *n*, profanado........ 8034
39.7 haré notorio mi santo *n* en medio de mi....... 8034
39.7 y nunca más dejaré profanar mi santo ir...... 8034
39.16 también el *n* de la ciudad será Hamona...... 8034
39.25 y me mostraré celoso por mi santo *n*......... 8034
43.7 nunca más profanará... Israel mi santo *n*..... 8034
43.8 contaminado mi *n* con sus abominaciones..... 8034
48.1 estos son los *n* de las tribus: Desde el.......... 8034
48.31 las puertas... serán según los *n* de las........ 8034
48.35 el *n* de la ciudad desde aquel día será........ 8034
Dn 1.7 a éstos el jefe de los eunucos puso *n*........... 8034
2.20 bendito el *n* de Dios de siglos en siglos........ 8036
4.8 Daniel, cuyo *n* es Beltsasar, como el *n* de....... 8036
4.19 Daniel... *n* era Beltsasar, quedó atónito........ 8036
5.12 en Daniel, al cual... puso por *n* Beltsasar...... 8036
9.6 que en tu *n* hablaron a nuestros reyes, a....... 8034
9.18 la ciudad sobre la cual es invocado tu 71...... 8034
9.19 porque tu *n* es invocado sobre tu ciudad...... 8034
Os 1.4 ponle por *n* Jezreel; porque de aquí a.......... 8034
1.6 ponle por *n* Lo-ruhama... me compadeceré..... 8034
1.9 ponle por *n* Lo-ammi, porque vosotros no...... 8034
2.17 quitaré de su boca los *n* de los baales......... 8034
2.17 baales, y nunca... se mencionarán sus *n*....... 8034
12.5 Jehová es Dios de los... Jehová es su *n*......... 2143
Jl 2.26 alabaréis el *n* de Jehová vuestro Dios......... 8034
2.32 que invocare el *n* de Jehová será salvo........ 8034
Am 2.7 pisotean en el... profanando mi santo *n*....... 8034
4.13 Jehová Dios de los ejércitos es su *n*............ 8034
5.8 el que llama a las aguas... Jehová es su *n*........ 8034
5.27 Jehová, cuyo *n* es Dios de los ejércitos......... 8034
6.10 no podemos mencionar el *n* de Jehová......... 8034
9.6 él edificó en el cielo... Jehová es su *n*.......... 8034
9.12 sobre... cuales es invocado mi *n* posean........ 8034
Mi 4.5 cada uno en el *n* de su dios, nosotros.......... 8034
4.5 andaremos en el *n* de Jehová nuestro Dios..... 8034
5.4 con grandeza del *n* de Jehová su Dios; y....... 8034
6.9 voz de Jehová... y es sabio temer a tu *n*........ 8034
Nah 1.14 que no quede ni memoria de tu *n*; de........ 8034
Sof 1.4 y exterminaré... el *n* de los ministros.......... 8034
3.9 para que todos invoquen el *n* de Jehová........ 8034
3.12 pobre, el cual confiará en el *n* de Jehová...... 8034
Zac 5.4 casa del que jura falsamente en mi *n*.......... 8034
6.12 he aquí el varón cuyo *n* es el Renuevo.......... 8034
10.12 y caminarán en su *n*, dice Jehová............. 8034
11.7 puse por *n* Gracia, y al otro Ataduras......... 7121
13.2 quitaré de la tierra... *n* de las imágenes....... 8034
13.3 has hablado mentira en el *n* de Jehová......... 8034
13.9 él invocará mi *n*, y yo le oiré, y diré........... 8034
14.9 aquel día Jehová será uno, y uno su *n*......... 8034
Mal 1.6 oh sacerdotes, que menospreciáis mi *n*....... 8034
1.6 decís: ¿En qué hemos menospreciado tu *n*?..... 8034
1.11 en todo lugar se ofrece a mi *n* incienso........ 8034
1.11(2) grande es mi *n* entre las naciones......... 8034
1.14 y mi *n* es temible entre las naciones.......... 8034
2.2 no decidís de corazón dar gloria a mi *n*......... 8034
2.5 mí, y delante de mi *n* estuvo humillado......... 8034
3.16 escrito... para los que piensan en su *n*......... 8034
4.2 a vosotros los que teméis mi *n*, nacerá el....... 8034
Mt 1.21 llamarás su *n* Jesús, porque él salvará........ *3686*
1.23 y llamarás su *n* Emanuel, que traducido....... *3686*
1.25 dio a luz a su hijo... le puso por *n* Jesús........ *3686*
6.9 **Padre nuestro que... santificado sea tu *n***........ *3686*
7.22 **profetizamos en tu *n*, y en tu *n* echamos**....... *3686*
7.22 **¿no... y en tu *n* hicimos muchos milagros?**..... *3686*
10.2 los *n* de los doce apóstoles son estos........... *3686*
10.22 **seréis aborrecidos... por causa de mi *n***...... *3686*
12.21 y en su *n* esperarán los gentiles............. *3686*
18.5 **que reciba en mi *n* a un niño como este**....... *3686*
18.20 **o tres congregados en mi *n*, allí estoy**...... *3686*
19.29 **dejado casas... por mi *n*, recibirá cien**....... *3686*
21.9; 23.39 **bendito el que viene en el *n* del**.......... *3686*
24.5 **vendrán muchos en mi *n*, diciendo: Yo soy**..... *3686*
24.9 **y seréis aborrecidos... por causa de mi *n***....... *3686*
28.19 **bautizándolos en el *n* del Padre, y del**....... *3686*
Mr 6.14 porque su *n* se había hecho notorio; y........... *3686*
9.37 **el que reciba en mi *n* a un niño como este**..... *3686*
9.38 a uno que en tu *n* echaba fuera demonios...... *3686*
9.39 **ninguno hay que haga milagro en mi *n*, que**... *3686*
9.41 **os diere un vaso de agua en mi *n*, porque**..... *3686*
11.9 bendito el que viene en el *n* del Señor.......... *3686*
13.6 **vendrán muchos en mi *n*, diciendo: Yo soy**..... *3686*
13.13 **aborrecidos de todos por causa de mi *n***...... *3686*
16.17 **creen: En mi *n* echarán fuera demonios**....... *3686*
Lc 1.13 te dará... un hijo, y llamarás su *n* Juan........ *3686*
1.27 una virgen... el *n* de la virgen era María........ *3686*
1.31 darás a luz... hijo, y llamarás su *n* Jesús......... *3686*
1.49 me ha hecho grandes cosas... santo es su *n*....... *3686*
1.59 llamaban con el *n* de su padre, Zacarías........ *3686*
1.61 no hay nadie en... que se llame con ese *n*........ *3686*
1.63 tablilla, escribió, diciendo: Juan es su *n*......... *3686*
2.21 pusieron por *n* Jesús, el cual le había........... *3686*
6.22 **desechen vuestro *n* como malo, por causa**..... *3686*
9.48 **que reciba a este niño en mi *n*, a mí me**....... *3686*
9.49 a uno que echaba fuera demonios en tu *n*....... *3686*
10.17 aun los demonios se nos sujetan en tu *n*........ *3686*
10.20 **vuestros *n* están escritos en los cielos**........ *3686*
11.2 **santificado sea tu *n*... Venga tu reino**.......... *3686*
13.35; 19.38 ¡bendito el que viene en el *n* del........ *3686*
21.8 **vendrán muchos en mi *n*, diciendo: Yo soy**.... *3686*
21.12 **seréis llevados ante... por causa de mi *n***...... *3686*
21.17 **seréis aborrecidos... por causa de mi *n***....... *3686*
24.47 **se predicase en su *n* el arrepentimiento**....... *3686*
Jn 1.12 a los que creen en su *n*... dio potestad.......... *3686*
2.23 creyeron en su *n*, viendo las señales que........ *3686*
3.18 **no ha creído en el *n* del unigénito Hijo**......... *3686*
5.43 **yo he venido en *n* de mi Padre, y no me**....... *3686*
5.43 **si otro viniere en su propio *n*, a ése**............ *3686*
10.3 **y a sus ovejas llama por *n*, y las saca**........... *3686*
10.25 **las obras que yo hago en *n* de mi Padre**....... *3686*
12.13 **¡bendito... viene en el *n* del Señor, el**.......... *3686*
12.28 **Padre, glorifica tu *n*... Entonces vino**.......... *3686*
14.13 **todo lo que pidiereis al Padre en mi *n***......... *3686*
14.14 **si algo pidiereis en mi *n*, yo lo haré**.......... *3686*
14.26 **a quien el Padre enviará en mi *n*, él os**........ *3686*
15.16 **todo lo que pidiereis al Padre en mi *n***......... *3686*
15.21 **todo esto os harán por causa de mi *n***......... *3686*
16.23 **cuanto pidiereis al Padre en mi *n*, os**........... *3686*
16.24 **hasta ahora nada habéis pedido en mi *n***...... *3686*
16.26 **en aquel día pediréis en mi *n*; y no os**......... *3686*
17.6 **he manifestado tu *n* a los hombres que**......... *3686*
17.11 **guárdalos en tu *n*, para que sean uno**.......... *3686*
17.12 **yo los guardaba en tu *n*; a los que me**......... *3686*
17.26 **les he dado a conocer tu *n*, y lo daré**.......... *3686*
20.31 para que creyendo, tengáis vida en su *n*....... *3686*
Hch 2.21 invocare el *n* del Señor, será salvo............ *3686*
2.38 bautícese... en el *n* de Jesucristo para.......... *3686*
3.6 en el *n* de Jesucristo... levántate y anda.......... *3686*
3.16 por la fe en su *n*, a éste, que vosotros.......... *3686*
3.16 a éste... le ha confirmado su *n*; y la fe............ *3686*
4.7 o en qué *n*, habéis hecho vosotros esto?.......... *3686*
4.10 que en el *n* de Jesucristo de Nazaret, a......... *3686*
4.12 no hay otro *n* bajo el cielo, dado a los........... *3686*
4.17 no hablen de... a hombre alguno en este *n*...... *3686*
4.18 hablasen ni enseñasen en el *n* de Jesús......... *3686*
4.30 y prodigios mediante el *n* de tu... Hijo.......... *3686*
5.28 no enseñaseis en ese *n*? Y ahora habéis......... *3686*
5.40 que no hablasen en el *n* de Jesús, y los......... *3686*
5.41 por dignos de padecer afrenta por... del *N*..... *3686*
8.12 Felipe, que anunciaba... *n* de Jesucristo......... *3686*
8.16 habían sido bautizados en el *n* de Jesús......... *3686*
9.14 prender a todos los que invocan tu *n*........... *3686*
9.15 **llevar mi *n* en presencia de los gentiles**........ *3686*
9.16 **cuánto le es necesario padecer por mi *n***........ *3686*
9.21 que asolaba... a los que invocaban este *n*........ *3686*
9.27 hablado valerosamente en el *n* de Jesus......... *3686*
9.29 en el *n* del Señor, y disputaba con los........... *3686*
10.43 recibirán perdón de pecados por su *n*.......... *3686*
10.48 y mandó bautizarles en el *n* del Señor.......... *3686*
13.8 les resistía Elimas... así se traduce su *n*......... *3686*
15.14 para tomar de ellos pueblo para su *n*.......... *3686*
15.17 todos... sobre los cuales es invocado mi *n*...... *3686*
15.26 que han expuesto su vida por el *n* de........... *3686*
16.18 mando en el *n* de Jesucristo, que salgas........ *3686*
18.15 cuestiones de palabras, y de *n*... Yedlo......... *3686*
19.5 fueron bautizados en el *n* del Señor Jesús...... *3686*
19.13 invocar el *n* del Señor Jesús sobre los......... *3686*
19.17 y era magnificado el *n* del Señor Jesús......... *3686*
21.13 aun a morir... por el *n* del Señor Jesús......... *3686*
22.16 y lava tus pecados, invocando su *n*............ *3686*
26.9 cosas contra el *n* de Jesús de Nazaret........... *3686*
Ro 1.5 obediencia a la fe... por amor de su *n*............ *3686*
2.24 el *n* de Dios es blasfemado entre los............ *3686*
9.17 para que mi *n* sea anunciado por toda la........ *3686*
10.13 que invocare el *n* del Señor, será salvo......... *3686*
15.9 yo te confesaré entre... y cantaré a tu *n*........ *3686*
1 Co 1.2 lugar invocan el *n* de nuestro Senor........... *3686*
1.10 ruego, pues... por el *n* de nuestro Señor......... *3686*
1.13 ¿o fuisteis bautizados en el *n* de Pablo?......... *3686*
1.15 diga que fuisteis bautizados en mi *n*............ *3686*
5.4 en el *n* de... Señor Jesucristo, reunidos.......... *3686*
6.11 ya... justificados en el *n* del Señor Jesús......... *3686*
2 Co 5.20 somos embajadores en *n* de Cristo
5.20 os rogamos en *n* de Cristo: Reconciliaos
Ef 1.21 sobre todo *n* que se nombra, no solo............ *3686*
3.15 quien toma *n* toda familia en los cielos.......... *3687*
5.20 dando siempre gracias por todo... en el *n*....... *3686*
Fil 2.9 Dios... le dio un *n* que es sobre todo *n*........... *3686*
2.10 en el *n* de Jesús se doble toda rodilla............ *3686*
4.3 cuyos *n* están en el libro de la vida............... *3686*
4.8 todo lo que es de buen *n*; si hay virtud.......... *2163*
Col 3.17 hacedlo todo en el *n* del Señor Jesús........... *3686*
2 Ts 1.12 *n* de nuestro Señor... sea glorificado........... *3686*
3.6 os ordenamos... en el *n* de nuestro Señor........ *3686*
1 Ti 6.1 que no sea blasfemado el *n* de Dios y........... *3686*
2 Ti 2.19 todo aquel que invoca el *n* de Cristo........... *3686*
He 1.4 cuanto heredó más excelente *n* que ellos........ *3686*
2.12 diciendo: Anunciaré a mis hermanos tu *n*....... *3686*
6.10 de amor que habéis mostrado hacia su *n*......... *3686*
7.2 *n* significa... Rey de justicia, y también
13.15 es... fruto de labios que confiesan su *n*......... *3686*
Stg 2.7 ¿no blasfeman ellos el buen *n* que fue........... *3686*
5.10 los profetas que hablaron en *n* del Señor........ *3686*
5.14 ungiéndole con aceite en el *n* del Señor......... *3686*
1 P 4.14 sois vituperados por el *n* de Cristo............. *3686*
1 Jn 2.12 os han sido perdonados por su *n*.............. *3686*
3.23 creamos en el *n* de su Hijo Jesucristo............ *3686*
5.13 a vosotros que creéis en el *n* del Hijo............ *3686*
5.13 para que creáis en el *n* del Hijo de Dios......... *3686*
3 Jn 7 ellos salieron por amor del *n* de El, sin............. *3686*
Ap 2.3 **has trabajado... por amor de mi *n*, y no**.......... *3686*
2.13 **retienes mi *n*, y no has negado mi fe**............ *3686*
2.17 **y en la piedrecita escrito un *n* nuevo**............ *3686*
3.1 **que tienes *n* de que vives, y estás muerto**........ *3686*
3.5 **y no borraré su *n* del... y confesaré su *n***......... *3686*
3.8 **has guardado mi... y no has negado mi *n***........ *3686*
3.12 **escribiré sobre él el *n* de mi Dios y el**........... *3686*

3.12 **y el n de la ciudad de mi Dios, y mi n** ... 3686
6.8 y el que lo montaba tenía por n Muerte ... 3686
8.11 y el n de la estrella es Ajenjo. Y la ... 3686
9.11 al ángel del abismo, cuyo n en hebreo es ... 3686
11.18 dar el galardón...a los que temen tu n ... 3686
13.1 tenía...sobre sus cabezas, un n blasfemo ... 3686
13.6 blasfemar de su n, de su tabernáculo, y ... 3686
13.8 cuyos n no estaban escritos en el libro ... 3686
13.17 sino el que tuviese la marca o el n de ... 3686
13.17 tuviese la marca...o el número de su n ... 3686
14.1 que tenían el n de él y el de su Padre ... 3686
14.11 ni nadie que reciba la marca de su n ... 3686
15.2 victoria sobre la bestia...número de su n ... 3686
15.4 y glorificará tu n? pues solo tú eres ... 3686
16.9 y blasfemaron el n de Dios, que tiene ... 3686
17.3 sobre una bestia...llena de n de blasfemia ... 3686
17.5 en su frente un n escrito, un misterio ... 3686
17.8 n no están escritos desde la fundación ... 3686
19.12 tenía un n escrito que ninguno conocía ... 3686
19.13 en sangre; y su n es: El Verbo de Dios ... 3686
19.16 tiene escrito este n: Rey de reyes y ... 3686
21.12 y en las puertas...n inscritos, que son ... 3686
21.14 y sobre ellos los doce n de los doce ... 3686
22.4 verán su rostro, y su n...en sus frentes ... 3686

NORDESTE
Hch 27.12 puerto de Creta que mira al n y ... 5566

NORMA
2 Cr 35.25 y las tomaron por n para endechar ... 2706

NORTE
Gn 13.14 lugar donde estás hacia el n y el sur ... 6828
14.15 les fue siguiendo hasta Hoba al n de ... 8040
28.14 te extenderás...al n y al sur, y todas ... 6828
Éx 26.20 al otro lado...lado del n, 20 tablas ... 6828
26.35 fuera del velo...la mesa al lado del n ... 6828
27.11 al lado del n habrá a lo largo cortinas ... 6828
36.25 al lado n, hizo otras veinte tablas ... 6828
38.11 del lado n cortinas de cien codos; sus ... 6828
40.22 puso la mesa...al lado n de la cortina ... 6828
Lv 1.11 degollará al lado n del altar, delante ... 6828
Nm 2.25 bandera del...de Dan estará al n, por ... 6828
3.35 acamparán al lado del tabernáculo, al n ... 6828
34.7 el límite del n será este: desde el Mar ... 6828
34.9 Hazar-enán; este será el límite del n ... 6828
35.5 mil codos, y al lado del n dos mil codos ... 6828
Dt 2.3 bastante habéis rodeado...volveos al n ... 6828
3.27 y alza tus ojos al oeste, y al n, y al ... 6828
Jos 8.11 y llegaron...y acamparon al n de Hai ... 6828
8.13 todo el campamento al n de la ciudad, y ... 6828
11.2 a los reyes que...del n en las montañas ... 6828
13.3 Sihor...hasta el límite de Ecrón al n ... 6828
15.5 el límite del lado del n, desde la bahía ... 6828
15.6 pasa al n de Bet-arabá, y de aquí sube ... 6828
15.7 n mira sobre Gilgal, que está enfrente ... 6828
15.8 al extremo del valle...por el lado del n ... 6828
15.10 al lado del monte Jearim hacia el n, el ... 6828
15.11 al lado de Ecrón hacia el n; y rodea a ... 6828
16.6 el límite hasta...y hasta Micmetat al n ... 6828
17.9 límite...es desde el n del mismo arroyo ... 6828
17.10 Efraín al sur, y Manasés al n, y el mar ... 6828
17.10 encuentra con Aser al n, y con Isacar ... 6828
18.5 los de la casa de José en el suyo al n ... 6828
18.12 fue el límite de...del n desde el Jordán ... 6828
18.12 y sube hacia el lado de Jericó al n ... 6828
18.16 que está al n en el valle de Refaim ... 6828
18.17 luego se inclina hacia el n y sale a ... 6828
18.19 pasa el límite al lado n de Bet-hogla ... 6828
18.19 termina en la bahía n del Mar Salado ... 6828
19.14 al n, el límite gira hacia Hanatón ... 6828
19.27 de Jefte-el al n...y sale a Cabul al n ... 6828
24.30 en su heredad...al n del monte de Gaas ... 6828
Jue 2.9 lo sepultaron...al n del monte de Gaas ... 6828
7.1 el campamento de los madianitas al n, más ... 6828
12.1 y pasaron hacia el n, y dijeron a Jefté ... 6828
21.19 fiesta...en Silo, que está al n de Bet-el ... 6828
1 S 14.5 de los peñascos estaba situado al n ... 6828
1 R 7.25 sobre doce bueyes; tres miraban al n ... 6828
2 R 16.14 lo puso al lado del altar hacia el n ... 6828
1 Cr 9.24 estaban los porteros...al n y al sur ... 6828
26.14 y salió la suerte suya para la del n ... 6828
26.17 n cuatro de día; al sur cuatro de día ... 6828
2 Cr 4.4 tres de los cuales miraban al n, tres ... 6828
Job 23.9 muestra su poder al n, yo no lo veré ... 8040
26.7 él extiende el n sobre vacío, cuelga la ... 6828
37.9 viene...y el frío de los vientos del n ... 4215
37.22 viniendo de...del n la dorada claridad ... 6828
Sal 48.2 el monte de Sion, a los lados del n ... 6828
89.12 el n y el sur, tú los creaste; el Tabor ... 6828
107.3 los ha congregado de...del n y del sur ... 6828
Pr 25.23 el viento del n ahuyenta la lluvia ... 6828
Ec 1.6 el viento tira hacia el sur, y...al n ... 6828
11.3 si el árbol cayere...al n, en el lugar que ... 6828
Is 14.13 trono...me sentaré, a los lados del n ... 6828
14.31 porque horno vendrá del n, no quedará ... 6828
41.25 del n levanté a uno, y vendrá...del sol ... 6828
43.6 diré al n: Da acá; y al sur: No detengas ... 6828
49.12 he aquí éstos del n y del occidente, y ... 6828
Jer 1.13 que hierve; y su faz está hacia el n ... 6828
1.14 del n se soltará el mal sobre todos los ... 6828
1.15 yo convoco a todas las familias...del n ... 6828
3.12 vé y clama estas palabras hacia el n ... 6828
3.18 vendrán juntamente de la tierra del n a ... 6828
4.6 huid...porque yo hago venir mal del n, y ... 6828
6.1 huid, hijos porque del n se ha visto mal ... 6828
6.22 viene pueblo de la tierra del n, y una ... 6828
10.22 alboroto grande de la tierra del n, para ... 6828
13.20 alzad...y ved a los que vienen del n ... 6828
15.12 quebrar...el hierro del n y el bronce? ... 6828
16.15 hizo subir...Israel de la tierra del n ... 6828
23.8 que hizo subir...Israel de tierra del n ... 6828
25.9 tomaré a todas las tribus del n, dice ... 6828
25.26 a todos los reyes del n, los de cerca ... 6828
31.8 yo los hago volver de la tierra del n ... 6828
46.6 al n junto a la ribera del Eufrates ... 6828
46.10 sacrificio...tierra del n junto al río ... 6828
46.20 es Egipto; mas viene destrucción, del n ... 6828
46.24 entregada será en manos...pueblo del n ... 6828
47.2 suben aguas del n, y se harán torrente ... 6828
50.3 subió contra ella una nación del n...la ... 6828
50.9 de grandes pueblos de la tierra del n ... 6828
50.41 aquí viene un pueblo del n, y una nación ... 6828
51.48 del n vendrán contra ella destruidores ... 6828
Ez 1.4 aquí venía del n un viento tempestuoso ... 6828
8.3 la puerta de adentro que mira hacia el n ... 6828
8.5 alza ahora tus ojos hacia el lado del n ... 6828
8.5 alcé mis ojos hacia el n, y he aquí al n ... 6828
8.14 me llevó a la entrada de...que está al n ... 6828
9.2 la puerta de arriba que mira hacia el n ... 6828
16.46 ella y sus hijas, que habitan al n de ti ... 8040
20.47 y serán quemados en...el sur hasta el n ... 6828
21.4 cortar de ti al...desde el sur hasta el n ... 6828
26.7 que del n traigo...a Nabucodonosor rey de ... 6828
32.30 allí los príncipes del n, todos ellos ... 6828
38.6 casa de Togarma, de los confines del n ... 6828
38.15 vendrás de...de las regiones del n, tú y ... 6828
39.2 te haré subir de las partes del n, y te ... 6828
40.19 de cien codos hacia el oriente y el n ... 6828
40.20 de la puerta que estaba hacia el n en ... 6828
40.23 estaba enfrente de la puerta hacia el n ... 6828
40.35 me llevó...a la puerta del n, y midió ... 6828
40.40 a la entrada de la puerta del n, había ... 6828
40.44 el atrio...al lado de la puerta del n ... 6828
40.44 al lado de la...que miraba hacia el n ... 6828
40.46 cámara que mira hacia el n es de los ... 6828
41.11 una puerta hacia el n, y otra puerta ... 6828
42.1 me trajo...al atrio exterior hacia el n ... 6828
42.1 espacio abierto que quedaba...hacia el n ... 6828
42.2 delante de la puerta del n su longitud ... 6828
42.4 un corredor...y sus puertas daban al n ... 6828
42.11 de las cámaras que estaban hacia el n ... 6828
42.13 las cámaras del n y las del sur, que ... 6828
42.17 midió al lado del n, quinientas cañas ... 6828
44.4 y me llevó hacia la puerta del n por ... 6828
46.9 entrare por la puerta del n saldrá por ... 6828
46.9 que entrare...saldrá por la puerta del n ... 6828
46.19 las cámaras...las cuales miraban al n ... 6828
47.2 me sacó por...la puerta del n, y me hizo ... 6828
47.15 el límite de la...hacia el lado del n ... 6828
47.17 será el límite del n desde el mar hasta ... 6828
47.17 Hazar-enán en el límite de Damasco al n ... 6828
47.17 y al límite de Hamat al lado del n ... 6828
48.1 desde el extremo n por la vía de Hetlón ... 6828
48.1 al n, hacia Hamat, tendrá Dan una parte ... 6828
48.10 será de veinticinco mil cañas al n, y ... 6828
48.16 lado del n cuatro mil quinientas cañas ... 6828
48.17 el ejido de la ciudad será al n de 250 ... 6828
48.30 al lado del n, 4.500 cañas por medida ... 6828
48.31 tres puertas al n: la puerta de Rubén ... 6828
Dn 8.4 vi que el carnero hería...al n y al sur ... 6828
11.6 hija del rey del sur vendrá al rey del n ... 6828
11.7 vendrá...contra el rey del n, y entrará ... 6828
11.8 años se mantendrá él contra el rey del n ... 6828
11.11 y saldrá y peleará contra el rey del n ... 6828
11.13 el rey del n volverá a poner en campaña ... 6828
11.15 el rey del n, y levantará baluartes ... 6828
11.40 rey del n se levantará contra él como ... 6828
11.44 noticias del...y del n lo atemorizarán ... 6828
Jl 2.20 y haré alejar de vosotros al del n, y ... 6830
Am 8.12 el n hasta el oriente discurrirán ... 6828
Sof 2.13 extenderá su mano sobre el n...Asiria ... 6828
Zac 2.6 huid de la tierra del n, dice Jehová ... 6828
6.6 el carro con...salía hacia la tierra del n ... 6828
6.8 los que salieron hacia la tierra del n ... 6828
6.8 reposar mi Espíritu en la tierra del n ... 6828
14.4 la mitad...se apartará hacia el n, y la ... 6828
Lc 13.29 **vendrán del oriente...del n y del sur** ... 1005
Ap 21.13 n tres puertas; al sur tres puertas ... 1005

NOS *Véase el Apéndice*

NOSOTRAS *Véase también el Apéndice*
Rt 1.10 ciertamente, n iremos contigo a
1 R 3.18 y morábamos n juntas; ninguno
Mt 25.9 **para que no nos falte a n y a**

NOSOTROS *Véase también el Apéndice*
Gn 3.22 el hombre es como uno de n, sabiendo
Éx 17.7 ¿está, pues, Jehová entre n, o no?
Sal 124.1,2 a no haber estado Jehová por n
Mr 9.40; Lc 9.50 **que no es contra n, por n es**
1 Jn 2.19 salieron de n, pero no eran de n

NOTABLE
Dn 8.5 aquel macho cabrío tenía un cuerno n ... 2380
8.8 en su lugar salieron...cuatro cuernos n ... 2380
Am 6.1 los n y principales entre las naciones ... 5344

NOTAR
Nm 23.21 no ha *notado* iniquidad en Jacob, ni ... 5027
Rt 3.4 *notarás* el lugar donde se acuesta, e ... 3045
Job 4.18 he aquí...*notó* necedad en sus ángeles ... 7760
Jer 31.21 altos, *nota* atentamente la calzada
Hch 23.6 *notando* que una parte era de saduceos ... 1097

NOTICIA
Gn 22.20 que fue dada n a Abraham, diciendo
45.16 y se oyó la n en la casa de Faraón ... 6963
Éx 33.4 y oyendo el pueblo esta mala n...luto ... 1697
Jos 14.7 yo le traje n como lo sentía en mi ... 1697
2 S 4.4 llegó...la n de la muerte de Saúl y de ... 8052
1 R 2.28 y vino la n a Joab; porque también ... 8052
1 Cr 19.5 fueron...y cuando llegó a David la n
Est 4.7 le dio n de la plata que Amán había ... 6575
Job 1.15,16,17,19 escapé yo para darte la n
Sal 112.7 no tendrá temor de malas n...corazón ... 8052
Is 23.5 cuando llegue la n a Egipto, tendrán ... 8088
Jer 37.5 llegó n de ello a oídos de los caldeos ... 8088
49.14 n oí, que de Jehová había sido enviado ... 8052
50.43 oyó la n el rey de Babilonia, y sus ... 8088
Ez 21.7 por una n que cuando llegue harás que ... 8052
24.26 ese día vendrá a ti...para traer las n
Dn 11.44 n del oriente y del...lo atemorizarán ... 8052
Jon 3.6 llegó la n hasta el rey de Nínive, y ... 1697
Mt 14.35 enviaron n por toda aquella tierra
Hch 5.25 les dio esta n: He aquí, los varones
11.22 llegó la n de estas cosas a oídos de la ... 3056
1 Ts 3.6 nos dio buenas n de vuestra fe y amor ... 2097

NOTIFICAR
Éx 21.29 a su dueño se le hubiere *notificado* ... 5749
Sal 78.5 mandó...que la *notificasen* a sus hijos ... 3045
103.7 sus caminos *notificó* a Moisés, y a los ... 3045
Ez 16.2 *notifica* a Jerusalén sus abominaciones ... 3045

NOTORIO, A
Éx 21.36 mas si era n que...era acorneador ... 3045
1 Cr 17.19 para hacer n todas tus grandezas ... 3045
Esd 4.12 sea n al rey, que los judíos...edifican ... 3046
4.13 sea n al rey, que si aquella ciudad fuere ... 3046
5.8 sea n al rey, que fuimos, a la casa del ... 3046
Job 34.25 tanto, él hará n las obras de ellos ... 5234
Sal 77.14 hiciste n en los pueblos tu poder ... 3045
79.10 n en las gentes, delante de nuestros ... 3045
89.1 en generación haré n tu fidelidad con mi ... 3045
98.2 Jehová ha hecho n su salvación; a vista ... 3045
106.8 él los salvó por...para hacer n su poder ... 3045
Is 38.19 el padre hará n tu verdad a los hijos ... 3045
42.9 antes que salgan a luz yo os las haré n ... 3045
64.2 hicieras n tu nombre a tus enemigos, y ... 3045
Ez 39.7 y haré n mi santo nombre en medio de ... 3045
Mr 6.14 porque su nombre se había hecho n ... 5318
Hch 1.19 n a todos los habitantes de Jerusalén ... 1110
2.14 varones...os sea n, y oíd mis palabras ... 1110
4.10 n a todos vosotros, y a todo el pueblo ... 1110
4.16 n a todos los que moran en Jerusalén ... 1110
9.42 fue n en toda Jope, y muchos creyeron ... 1110
19.17 n a todos los que habitaban en Efeso ... 1110
28.22 nos es n que en...se habla contra ella ... 1110
Ro 9.22 y hacer n su poder, soportó con mucha ... 1107
9.23 para hacer n las riquezas de su gloria ... 1107
16.19 vuestra obediencia ha venido a ser n ... 1107

NOVECIENTOS
Jue 4.3 porque aquél tenía n carros herrados ... 8672,3967
4.13 reunió Sisara...n carros herrados, con ... 8672,3967

NOVECIENTOS CINCO
Gn 5.11 y fueron todos los días de Enós *905* . 8672,3967,2568

NOVECIENTOS CINCUENTA
Gn 9.29 fueron todos los días de Noé *950* años
... 8672,3967,2572

NOVECIENTOS CINCUENTA Y SEIS
1 Cr 9.9 hermanos por sus linajes fueron
956 ... 8672,3967,2572,8337

NOVECIENTOS CUARENTA Y CINCO
Esd 2.8 los hijos de Zatu, *945* ... 8672,3967,705,2568

NOVECIENTOS DIEZ
Gn 5.14 fueron...los días de Cainán *910* años
... 8672,3967,6235

NOVECIENTOS DOCE
Gn 5.8 fueron todos los días de Set *912* años
... 8672,3967,6240,8147

NOVECIENTOS SESENTA Y DOS
Gn 5.20 todos los días de Jared *962* años; y
... 8672,3967,8346,8147

NOVECIENTOS SESENTA Y NUEVE
Gn 5.27 todos los días de Matusalén *969* años
... 8672,3967,8346,8672

NOVECIENTOS SETENTA Y TRES
Esd 2.36; Neh 7.39 sacerdotes...de la casa de Jesús,
973 ... 8672,3967,7657,7969

NOVECIENTOS TREINTA
Gn 5.5 todos los días que vivió Adán *930* años
... 8672,3967,7970

NOVECIENTOS VEINTIOCHO
Neh 11.8 y tras él Gabai y Salai, *928* ... 8672,3967,6242,8083

NOVENO, A
Lv 25.22 el año n, hasta que venga su fruto ... 8671
Nm 7.60 el n día, el príncipe de los hijos de ... 8671
2 R 18.10 el cual era el año n de Oseas rey de ... 8672
1 Cr 12.12 Johanán el octavo, Elzabad el n ... 8671
24.11 la n a Jesúa, la décima a Secanías ... 8671
25.16 la n para Matanías, con sus hijos y sus ... 8671
27.12 n para el n mes era Abiezer anatotita ... 8671
Esd 10.9 los 20 días del mes...que era el mes n ... 8671
Jer 36.9 en el mes n, que promulgaron ayuno en ... 8671
36.22 el mes n, y había un brasero ardiendo ... 8671
39.1 en el n año de Sedequías rey de Judá, en ... 8671
Ez 24.1 a mí palabra de Jehová en el año n, en ... 8671
Hag 2.10 a los veinticuatro días del n mes, en ... 8671

2.18 día...desde el día veinticuatro del *n* mes 8671
Zac 7.1 palabra...a los cuatro días del mes *n* 8671
Mt 20.5 **salió...cerca de las horas sexta y *n*** *1766*
27.45 hubo tinieblas sobre...hasta la hora *n* *1766*
27.46 cerca de la hora *n*, Jesús clamó a gran *1766*
Mr 15.33 hubo tinieblas sobre...hasta la hora *n* *1766*
15.34 y a la hora *n* Jesús clamó a gran voz *1766*
Lc 23.44 tinieblas sobre toda...hasta la hora *n* *1766*
Hch 3.1 subían juntos al templo a la hora *n* *1766*
10.3 vio...como a la hora *n* del día, que un *1766*
10.30 a la hora *n*, mientras oraba en mi casa *1766*
Ap 21.20 el *n*, topacio; el décimo, crisopraso *1766*

NOVENTA
Gn 5.9 vivió Enós *n* años, y engendró a Cainán 8673
17.17 ¿y Sara, ya de *n* años, ha de concebir? 8673
Ez 41.12 pared del edificio...*n* codos de largo 8673

NOVENTA Y CINCO
Esd 2.20 los hijos de Gibar, *95* 8673,2568
Neh 7.25 los hijos de Gabaón *95* 8673,2568

NOVENTA Y NUEVE
Gn 17.1,24 Abram de edad de *99* años cuando 8673,8672
Mt 18.12 **¿no deja las *99* y va por los montes** *1768*
18.13 **se regocija más por...que por las *99* que** *1768*
Lc 15.4 **deja las *99* en el desierto, y va tras** *1768*
15.7 **que por *99* justos que no necesitan de** *1768*

NOVENTA Y OCHO
1 S 4.15 era ya Elí de edad de *98* años, y sus 8673,8083
Esd 2.16; Neh 7.21 los hijos de Ater, *98* 8673,8083

NOVENTA Y SEIS
Jer 52.23 había *96* granadas en cada hilera 8673,8337
Esd 8.35 ofrecieron holocaustos...*96* carneros ... 8673,8337

NOVILLO, A
Gn 32.15 diez *n*, veinte asnas y diez borricos 6499
Nm 7.88 los bueyes de la ofrenda de paz, 24 *n* 1241
8.8 tomarán un *n*, con su ofrenda de flor de 6499
8.8 aceite; y tomarás otro *n* para expiación 6499
8.12 sus manos sobre las cabezas de los *n* 6499
15.8 ofreciereis *n* en holocausto o sacrificio ... 1121,1241
15.9 con el *n* una ofrenda de tres décimas de .. 1121,1241
15.24 ofrecerá un *n* por holocausto en olor 6499
Jue 14.18 si no araseis con mi *n*...descubierto 5697
1 Cr 15.26 sacrificaron siete *n* y 7 carneros 6499
2 Cr 29.21 presentaron siete *n*, siete carneros 6499
29.22 mataron, pues, los *n*, y...los corderos 1241
30.24 había dado a...mil *n* y siete mil ovejas 6499
30.24 también los príncipes dieron...mil *n* y 6499
Is 15.5 huirán hasta Zoar, como *n* de tres años 5697
Jer 31.18 y fui castigado como *n* indómito 5695
50.11 os llenasteis como *n* sobre la hierba 47
50.27 a todos sus *n*; que vayan al matadero 6499
Os 4.16 como *n* indómita se apartó Israel; ¿los 6510
10.11 Efraín es *n* domada...le gusta trillar 5697
Am 6.4 comen...*n* de en medio del engordadero 6629

NOVIO, A
Is 49.18 serás vestida...serás ceñida como *n* 3618
61.10 como a *n* me atavió, y como a *n* adornada.... 3618
Jl 2.16 su cámara el *n*, y de su tálamo la *n* 3618

NUBE
Gn 9.13 mi arco he puesto en las *n*...por señal 6051
9.14 cuando haga venir *n* sobre la tierra, se 6051
9.14 se dejará ver entonces mi arco en las *n* 6051
9.16 estará el arco en las *n*, y lo veré, y me 6051
Éx 13.21 Jehová iba delante...una columna de *n* 6051
13.22 la columna de *n* de día, ni de noche la 6051
14.19 la columna de *n* que iba delante de ellos 6051
14.20 iba...y era *n* y tinieblas para aquéllos 6051
14.24 miró el...desde la columna de fuego y *n* 6051
16.10 la gloria de Jehová apareció en la *n* 6051
19.9 en una *n* espesa, para que el pueblo oiga 6051
19.16 vinieron truenos...y espesa *n* sobre el 6051
24.15 Moisés subió al monte, y una *n* cubrió 6051
24.16 Sinaí, y la *n* lo cubrió por seis días 6051
24.16 día llamó a Moisés de en medio de la *n* 6051
24.18 entró Moisés en medio de la *n*, y subió 6051
33.9 la columna de *n* descendía y se ponía a 6051
33.10 viendo todo el pueblo la columna de *n* 6051
34.5 Jehová descendió en la *n*, y estuvo allí 6051
40.34 una *n* cubrió el tabernáculo de reunión 6051
40.35 la *n* estaba sobre él, y la gloria de 6051
40.36 cuando la *n* se alzaba del tabernáculo 6051
40.37 pero si la *n* no se alzaba, no se movían 6051
40.38 la *n* de Jehová estaba de día sobre el 6051
Lv 16.2 porque yo apareceré en la *n* sobre el 6051
16.13 la *n* del perfume cubrirá el propiciatorio 6051
21.20 o que tenga *n* en el ojo, o que tenga 2120,8400
Nm 9.15 la *n* cubrió el tabernáculo sobre la 6051
9.16 la *n* lo cubría de día, y de noche...fuego 6051
9.17 cuando se alzaba la *n* del tabernáculo 6051
9.17 lugar donde la *n* paraba, allí acampaban 6051
9.18 todos los días que la *n* estaba sobre el 6051
9.19 la *n* se detenía sobre el...muchos días 6051
9.20 *n* estaba sobre el tabernáculo pocos días 6051
9.21 cuando la *n* se detenía desde la tarde 6051
9.21 o cuando a la mañana la *n* se levantaba 6051
9.21 y a la noche la *n* se levantaba...partían 6051
9.22 un año, mientras la *n* se detenía sobre 6051
10.11 mes, la *n* se alzó del tabernáculo del 6051
10.12 se detuvo la *n* en el desierto de Parán 6051
10.34 la *n* de Jehová iba sobre ellos de día 6051
11.25 Jehová descendió en la *n*, y le habló 6051
12.5 Jehová descendió en la columna de la *n* 6051
12.10 *n* se apartó del tabernáculo, y he aquí 6051
14.14 que tu *n* estaba sobre ellos, y que de 6051
14.14 de día ibas delante de...en columna de *n* 6051
16.42 miraron hacia...la *n* lo había cubierto 6051
Dt 1.33 iba delante de vosotros...con *n* de día 6051
4.11 el monte ardía en fuego...*n* y oscuridad 6051
5.22 habló Jehová...de la *n* y de la oscuridad 6051
31.15 se apareció Jehová...en la columna de *n* 6051
31.15 la columna de *n* se puso sobre la puerta 6051
33.26 cabalga...sobre las *n* con su grandeza 7834
Jue 5.4 los cielos destilaron, y las *n* gotearon 5645
2 S 22.12 puso...oscuridad de aguas y densas *n* 5645
23.4 resplandor del sol en una mañana sin *n* 5645
1 R 8.10 salieron...*n* llenó la casa de Jehová 6051
8.11 no pudieron...por causa de la *n*; porque 6051
18.44 veo una pequeña *n* como la palma de la 6051
18.45 que los cielos se oscurecieron con *n* 5645
2 Cr 5.13 entonces la casa se llenó de una *n* 6051
5.14 y no podían...ministrar...causa de la *n* 6051
Neh 9.12 con columna de *n* los guiaste de día 6051
9.19 la columna de *n* no se apartó de ellos 6051
Job 7.9 como la *n* se desvanece y se va, así el 6051
20.6 el cielo, y su cabeza tocare en las *n* 5645
22.14 las *n* le rodearon, y no ve; y por el 5645
26.8 ata las aguas en sus *n*, y las *n* no se 6051
26.9 de su trono, y sobre él extiende su *n* 6051
30.15 mi honor, y mi prosperidad pasó como *n* 5645
35.5 y considera que las *n* son mas altas que 7834
36.28 la cual destilan las *n*, goteando en 7834
36.29 comprender la extensión de las *n*, y el 5645
36.32 con las *n* encubre la luz, y le manda no 3709
37.11 regando...llega a disipar la densa *n*, y 5645
37.12 revuelven las *n* en derredor, para hacer
37.15 cómo...hace resplandecer la luz de su *n*? 6051
37.16 has conocido tú las diferencias de las *n* 5645
38.9 cuando puse yo *n* por vestidura suya, y 6051
38.34 ¿alzarás tú a las *n* tu voz, para que te 5645
Sal 18.11 oscuridad de aguas, *n* de los cielos 5645
18.12 por el resplandor de su...sus *n* pasaron 5645
36.5 Jehová...tu fidelidad alcanza hasta las *n* 7834
57.10 grande es hasta...hasta las *n* tu verdad 7834
65.11 con tus bienes, y tus *n* destilan grosura 7834
77.17 las *n* echaron inundaciones de aguas 5645
78.14 les guio de día con *n*, y toda la noche 6051
78.23 mandó a las *n* de arriba, y abrió las 7834
97.2 *n* y oscuridad alrededor de él; justicia 6051
99.7 en columna de *n* hablaba con ellos 6051
104.3 que pone las *n* por su carroza, el que 5645
105.39 extendió una *n* por cubierta, y fuego 6051
135.7 hace subir las *n* de los extremos de la 5387
147.8 él es quien cubre de *n* los cielos, el 5645
Pr 16.15 su benevolencia es como *n* de lluvia 5645
25.14 como *n* y vientos sin lluvia, así es el 5387
Ec 11.3 si las *n* fueren llenas de agua, sobre 5645
11.4 viento...y el que mira a las *n*, no segará 5645
12.2 antes que...vuelvan las *n* tras la lluvia 5645
Is 4.5 y creará Jehová...*n* y oscuridad de día 6051
5.6 a las *n* mandaré que no derramen lluvia 5645
14.14 sobre las alturas de las *n* subiré, y 5645
18.4 como *n* de rocío en el calor de la tierra 5645
19.1 que Jehová monta sobre una ligera *n*, y 5645
25.5 como calor debajo de *n* harás marchitar 5645
44.22 yo deshice como una *n* tus rebeliones 5645
45.8 de arriba, y las *n* destilen la justicia 7834
60.8 ¿quiénes son éstos que vuelan como *n*, y 5645
Jer 4.13 que subirá como *n*, y su carro como 6053
10.13 hace subir las *n* de lo postrero de la 8064
51.9 su juicio, y se ha alzado hasta las *n* 8064
51.16 sube las *n* de lo último de la tierra 8064
Lm 3.44 te cubriste de *n* para que no pasase 6051
Ez 1.4 y una gran *n*, con un fuego envolvente 6051
1.28 el arco iris que está en las *n* el día 6051
8.11 mano; y subía una *n* espesa de incienso 6051
10.3 varón entró; y la *n* llenaba el atrio de 6051
10.4 la casa fue llena de la *n*, y el atrio se 6051
Dn 7.13 con las *n* del cielo venía uno como un 6050
Os 6.4 piedad vuestra es como *n* de la mañana 6051
Jl 2.2 de *n* y de sombra, que sobre los montes 6051
Nah 1.3 marcha...las *n* son el polvo de sus pies 6051
3.17 tus grandes como *n* de langostas que se 6051
Mt 17.5 *n* de luz...he aquí una voz desde la *n* *3507*
24.30 **al Hijo...viniendo sobre las *n* del cielo** *3507*
26.64 **al Hijo...viniendo en las *n* del cielo** *3507*
Mr 9.7 una *n* que les hizo sombra, y desde la *n* *3507*
13.26 **al Hijo...vendrá en las *n* con gran poder** *3507*
14.62 **al Hijo del...viniendo en las *n* del cielo** *3507*
Lc 9.34 decía esto, vino una *n* que los cubrió *3507*
9.34 y tuvieron temor al entrar en la *n* *3507*
9.35 vino una voz desde la *n*, que decía: Este *3507*
12.54 **cuando veis la *n* que sale del poniente** *3507*
21.27 **al Hijo...que vendrá en una *n* con poder** *3507*
Hch 1.9 le recibió una *n* que le ocultó de sus *3507*
1 Co 10.1 padres todos estuvieron bajo la *n* *3507*
10.2 fueron bautizados en la *n* y en el mar *3507*
1 Ts 4.17 con ellos en las *n* para recibir al *3507*
He 12.1 en derredor tan grande *n* de testigos *3509*
2 P 2.17 estos son...*n* empujadas por la tormenta *3509*
Jud 12 *n* sin agua, llevadas de acá para allá *3509*
Ap 1.7 que viene con las *n*, y todo ojo le verá *3509*
10.1 a otro ángel fuerte, envuelto en una *n* *3507*
11.12 subid acá...Y subieron al cielo en una *n* *3507*
14.14 una *n* blanca; y sobre la *n* uno sentado *3507*
14.15 voz al que estaba sentado sobre la *n* *3507*
14.16 el que estaba sentado sobre la *n* metió *3507*

NUBLADO
Job 3.5 repose sobre él *n* que lo haga horrible 6053
Ez 30.3 de *n*, día de castigo de las naciones 6051
32.7 el sol cubriré con *n*, y la luna no hará 6051
34.12 esparcidas el día del *n* y...la oscuridad 6051
38.9 como *n* para cubrir la tierra serás tú y 6051
38.16 subirás...como *n* para cubrir la tierra 6051
Sof 1.15 día de ira...*n* y de entenebrecimiento 6051
Mt 16.3 **tempestad...tiene arreboles el cielo *n*** *4768*

NUERA
Gn 11.31 a Sarai su *n*, mujer de Abram su hijo 3618
38.11 Judá dijo a Tamar su *n*: Quédate viuda 3618
38.16 pues no sabía que era su *n*; y ella dijo 3618
38.24 Judá, diciendo: Tamar tu *n* ha fornicado 3618
Lv 18.15 la desnudez de tu *n* no descubrirás 3618
20.12 alguno durmiere con su *n*, ambos han de 3618
Rt 1.6 se levantó con sus *n*, y regresó de los 3618
1.7 salió...y con ella sus dos *n*; y comenzaron 3618
1.8 y Noemí dijo a sus dos *n*: Andad, volveos 3618
1.22 así volvió Noemí, y Rut...su *n* con ella 3618
2.20 y dijo Noemí a su *n*: Sea él bendito de 3618
2.22 y Noemí respondió a Rut su *n*: Mejor es 3618
4.15 pues tu *n*, que te ama, lo ha dado a luz 3618
1 S 4.19 y su *n*...oyendo el rumor que el arca 3618
1 Cr 2.4 Tamar su *n* dio a luz a Fares y a Zera 3618
Ez 22.11 uno contaminó pervertidamente a su *n* 3618
Os 4.13 fornicarán, y adulterarán vuestras *n* 3618
4.14 hijas...ni a vuestras *n* cuando adulteren 3618
Mi 7.6 la *n* contra su suegra, y los enemigos 3618
Mt 10.35 **para poner...a la *n* contra su suegra** *3565*
Lc 12.53 **la suegra contra su *n*, y la *n* contra** *3565*

NUESTRA *Véase el Apéndice*

NUESTRO *Véase el Apéndice*

NUEVA *(s.) Véase también Nuevo*
Gn 26.32 *n* acerca del pozo que habían abierto 5046
29.12 y ella corrió, y dio las *n* a su padre 5046
29.13 así que oyó Labán las *n* de Jacob, hijo 8088
45.26 y le dieron las *n*, diciendo: José vive 5046
Jue 4.12 *n* de que Barac hijo de Abinoam había 5046
1 S 4.13 y dadas las *n*, toda la ciudad gritó 5046
4.14 hombre vino aprisa, y dio las *n* a Elí 5046
23.13; 27.4 vino a Saúl la *n* de que David se 5046
31.9 que llevaran las buenas *n* al templo de 1319
2 S 1.5 David a aquel joven que le daba las *n* 5046
1.6 el joven que le daba las *n* respondió 5046
1.13 aquel joven que le había traído las *n* 5046
1.20 ni déis las *n* en las plazas de Ascalón 5046
4.10 dio *n*...imaginándose que traía buenas *n* 1319
4.10 yo...le maté en Siclag en pago de la *n* 1309
18.11 y Joab respondió al...que le daba la *n* 5046
18.19 *n* de que Jehová ha defendido su causa 1319
18.20 hoy no llevarás las *n*...no darás hoy la *n* 1309
18.22 tú, si no recibirás premio por las *n*? 1309
18.25 rey dijo: Si viene solo, buenas *n* trae 1309
18.27 es hombre de bien, y viene con buenas *n* 1309
18.31 dijo: Reciba *n* mi señor el rey, que hoy 1319
1 R 1.42 tú eres...valiente, y traerás buenas *n* 1319
18.12 al venir yo y dar las *n* a Acab, al no
19.1 dio a Jezabel la *n* de todo lo que Elías
2 R 7.9 es día de buena *n*, y nosotros callamos 1309
7.9 entremos y demos la *n* en casa del rey 3651,1309
9.15 ninguno escape...a dar las *n* en Jezreel
10.8 le dio las *n*, diciendo: Han traído las
1 Cr 10.9 dar las *n* a sus ídolos y al pueblo 1319
Sal 68.11 multitud de las que llevan buenas *n* 1319
Pr 15.30 luz...y la buena *n* conforta los huesos 8052
25.25 así son las buenas *n* de lejanas tierras 8052
Is 7.2 vino la *n* a la casa de David, diciendo
23.5 Egipto, tendrán dolor de las *n* de Tiro 8088
41.23 dadnos *n* de lo que ha de ser después
41.27 a Jerusalén...un mensajero de alegres *n* 1319
43.9 ¿quién de ellos hay que nos dé *n* de esto
48.20 huid...dad *n* de esto con voz de alegría
52.7 montes los pies del que trae alegres *n* 1319
52.7 del que trae *n* del bien, del que publica 1319
61.1 me ha enviado a predicar buenas *n* a los 1319
Jer 4.15 porque una voz trae las *n* desde Dan 5046
20.15 maldito el hombre que dio *n* a mi padre 1319
49.23 se confundieron Hamat...oyeron malas *n* 8052
50.28 dar en Sien las *n* de la retribución de
Nah 1.15 los pies del que trae buenas *n*, del 1319
Mt 14.12 sus discípulos...dieron las *n* a Jesús
28.8 a dar las *n*...dar las *n* a los discípulos *518*
28.10 **id, dad las *n* a mis hermanos, para que**
Lc 1.19 sido enviado a...darte estas buenas *n* *2097*
2.10 he aquí os doy *n* de gran gozo, que será *2097*
3.18 con...anunciaba las buenas *n* al pueblo
4.18 **ha ungido para dar buenas *n* a los pobres** *2097*
7.18 le dieron las *n* de todas estas cosas
24.9 dieron *n* de todas estas cosas a los once
Jn 4.51 le dieron *n*, diciendo: Tu hijo vive
20.18 para dar a los discípulos las *n* de que
Hch 12.14 la *n* de que Pedro estaba a la puerta *518*
Ro 10.15 la paz, de los que anuncian buenas *n* *2097*
Ga 3.8 dio de antemano la buena *n* a Abraham 4283
Ef 2.17 vino y anunció las buenas *n* de paz a
He 4.2 se nos ha anunciado la buena *n* como a *2509*
4.6 a quienes...se les anunció la buena *n* no

NUEVAMENTE
1 R 20.10 y Ben-adad *n* le envió a decir
2 R 4.35 y se tendió sobre él *n*
Is 29.14 he aquí que *n* excitaré yo la

NUEVE
Lv 23.32 comenzando a los *n* días del mes en la 8672
Nm 29.26 quinto día, *n* becerros, dos carneros 8672
34.13 mandó Jehová que diese a las *n* tribus 8672
Dt 3.11 la longitud de ella es de *n* codos, y su 8672
Jos 13.7 esta tierra en heredad a las *n* tribus 8672
14.2 había mandado...se diera a las *n* tribus 8672
15.44 Keila, Aczib...*n* ciudades con sus aldeas 8672
15.54 Humta...Sior; *n* ciudades con sus aldeas 8672

21.16 Aín con...*n* ciudades de estas dos tribus 8672
2 S 24.8 volvieron...cabo de *n* meses y veinte 8672
2 R 17.1 comenzó a reinar Oseas...reinó *n* años 8672
17.6 el año *n* de Oseas, el rey de Asiria tomó 8671
25.1 aconteció a los *n* años de su reinado, en 8671
25.3 a los *n* días del cuarto mes prevaleció 8672
1 Cr 3.6 y otros *n*: Ibhar, Elisama, Elifelet
Neh 11.1 otras *n* partes en las otras ciudades 8672
Jer 39.2 a los *n* días del mes se abrió brecha 8672
52.4 a los *n* años de su reinado, en el mes 8671
52.6 los *n* días del mes, prevaleció el hambre 8672
Lc 17.17 **¿no son diez...y los *n*, ¿dónde están?** *1767*

NUEVO, A *(adj.) Véase también Nueva (s.)*

Éx 1.8 se levantó sobre Egipto un *n* rey que 2319
Lv 23.16 entonces ofreceréis el *n* grano a 2319
26.10 pondréis fuera lo...para guardar lo *n* 2319
Nm 11.8 su sabor era como sabor de aceite *n* 3955
16.30 si Jehová hiciere algo *n*, y la tierra 1278
28.26 cuando presentéis ofrenda *n* a Jehová 2319
Dt 20.5 ¿quién ha edificado casa *n*, y no la ha 2319
22.8 cuando edifiques casa *n*, harás pretil a 2319
32.17 los demonios...*n* dioses venidos de cerca 2319
Jos 5.11 y en el mismo día espigas *n* tostadas
9.13 cueros de vino también los llenamos *n* 2319
Jue 5.8 cuando escogían *n* dioses, la guerra 2319
15.13 entonces le ataron con dos cuerdas *n* 2319
16.11 si me ataren...con cuerdas *n* que no se 2319
16.12 y Dalila tomó cuerdas *n*, y le ató con 2319
1 S 6.7 haced, pues, ahora un carro *n*, y tomad 2319
20.5 que mañana será *n* luna, y yo acostumbro 2320
20.18 le dijo Jonatán: Mañana es *n* luna, y tú 2320
20.24 la *n* luna, se sentó el rey a comer pan 2320
20.27 el segundo día de la *n* luna, aconteció
20.34 ira, y no comió pan el...día de la *n* luna
2 S 6.3 pusieron el arca de...sobre un carro *n* 2319
6.3 Uza y Ahío, hijos de...guiaban el carro *n* 2319
21.16 quien estaba ceñido con una espada *n* 2319
1 R 11.29 éste estaba cubierto con una capa *n* 2319
11.30 tomando Ahías la capa *n* que tenía sobre 2319
2 R 2.20 traedme una vasija *n*, y poned en...sal 2319
4.23 vas...hoy? No es *n* luna, ni día de reposo 2320
4.42 al varón de Dios trigo *n* en su espiga
5.22 te ruego que les des...y dos vestidos *n* 2487
5.23 plata...y dos vestidos *n*, y lo puso todo 2487
1 Cr 13.7 llevaron el arca de Dios...un carro *n* 2319
23.31 los días de reposo, lunas *n* y fiestas 2320
2 Cr 2.4 *n* lunas, y festividades de Jehová 2320
8.13 que ofreciesen cada cosa...en las *n* lunas 2320
20.5 Josafat se puso en...delante del atrio *n* 2319
31.3 holocaustos...*n* lunas y fiestas solemnes 2320
Esd 3.5 además...*n* lunas, y todas las fiestas 2320
4.21 no...hasta que por mi sea dada *n* orden
6.4 tres hileras de piedras...y una de madera *n* 2323
Neh 10.33 las *n* lunas, las festividades, y para 2320
Job 14.9 reverdecerá, y hará copa como planta *n*
32.19 mi corazón está...se rompe como odres *n* 2319
Sal 33.3 cantadle cántico *n*; hacedlo...júbilo 2319
40.3 luego en mi boca cántico *n*, alabanza a 2319
81.3 tocad la trompeta en la *n* luna, en el 2320
96.1; 98.1; 149.1 cantad a Jehová cántico *n* 2319
144.9 oh Dios, a ti cantaré cántico *n*; con 2319
Pr 19.19 si usa de violencias, añadirá *n* males
Ec 1.6 y a sus giros vuelve el viento de *n* 7725
1.7 vinieron, allí vuelven para correr de *n* 7725
1.9 lo mismo que...y nada hay *n* debajo del sol 2319
1.10 que se puede decir: He aquí esto es *n*? 2319
Cnt 7.13 toda suerte de...frutas, *n* y añejas 2319
Is 1.13 luna *n* y...reposo...no lo puedo sufrir 2320
1.14 vuestras lunas *n* y...fiestas solemnes las 2320
40.31 que esperan a Jehová tendrán *n* fuerzas 2498
41.15 trillo *n*, lleno de dientes; trillarás 2319
42.9 anuncio cosas *n*; antes que salgan a luz 2319
42.10 cantad a Jehová un *n* cántico...la tierra 2319
43.19 que yo hago cosa *n*; pronto saldrá a luz 2319
48.6 te he hecho oír cosas *n* y ocultas que tú 2319
62.2 te será puesto un nombre *n*, que la boca 2319
65.17 yo crearé *n* cielos y *n* tierra; y de lo 2319
66.22 como los cielos *n* y la *n* tierra que yo 2319
Jer 2.3 era Israel...primicias de sus *n* frutos 7225
26.10 de la puerta *n* de la casa de Jehová 2319
31.22 creará una cosa *n* sobre la tierra; la 2319
31.31 días...en los cuales haré *n* pacto con la 2319
36.10 a la entrada de la puerta *n* de la casa 2319
Lm 3.23 *n* son cada mañana; grande...fidelidad 2319
Ez 11.19 un espíritu *n* pondré dentro de ellos 2319
18.31 y haceos un corazón *n* y un espíritu *n* 2319
23.21 trajiste de *n* a la memoria la lujuria
36.26 os daré corazón *n*, y pondré espíritu *n* 2319
45.17 dar el holocausto...en las lunas *n*, en 2320
46.1 se abrirá también el día de la luna *n* 2320
46.3 adorará el pueblo de la...en las lunas *n* 2320
46.6 día de la luna *n*, un becerro sin tacha 2320
Os 2.11 haré cesar...sus *n* lunas y sus días de 2320
Mi 1.15 os traeré *n* poseedor, oh moradores de
Zac 4.12 hablé aún de *n*, y le...¿Qué significan 8145
6.1 de *n* alcé mis ojos y miré, y he aquí 4 7725
Mt 9.16 **remiendo de paño *n* en vestido viejo** *46*
9.17 **ni echan vino *n* en odres viejos; de** *3501*
9.17 **echan el vino *n* en odres *n*, y lo uno y** *2537*
13.44 **un hombre halla, y lo esconde de *n*; y**
13.52 **que saca de su tesoro cosas *n* y cosas** *2537*
26.28 **porque esto es mi sangre del *n* pacto** *2537*
26.29 **aquel día en que lo beba *n* con vosotros** *2537*
26.44 se fue de *n*, y oró por tercera vez *3825*
27.60 y lo puso en su sepulcro *n*, que había *2537*
Mr 1.27 ¿qué es esto? ¿Qué *n* doctrina es esta *2537*
2.21 **nadie pone remiendo de paño *n* en vestido** *46*
2.21 **remiendo *n* tira de lo viejo...hace peor** *2537*
2.22 **y nadie echa vino *n* en odres viejos; de** *3501*
2.22 **otra manera, el vino *n* rompe los odres** *3501*
2.22 **y el vino *n* en odres *n* se ha de echar** *2537*
3.20 y se agolpó de *n* la gente, de modo que *3825*
10.1 pueblo...y de *n* les enseñaba como solía *3825*
14.24 **esto es mi sangre del *n* pacto, que por** *2537*
14.25 **en que lo beba *n* en el reino de Dios** *2537*
16.17 **señales seguirán a...hablarán *n* lenguas** *2537*
Lc 5.36 **nadie corta un pedazo de un vestido *n*** *2537*
5.36 **pues...no solamente rompe el *n*, sino que** *2537*
5.37 **y nadie echa vino *n* en odres viejos; de** *3501*
5.37 **otra manera, el vino *n* romperá los odres** *3501*
5.38 **vino *n* en odres *n* se ha de echar; y lo** *3501*
5.39 **que beba del añejo, quiere luego el *n*** *2537*
22.20 **esta copa es el *n* pacto en mi sangre** *2537*
Jn 3.3 **el que no naciere de *n*, no puede ver el** *509*
3.7 **que te dije: Os es necesario nacer de *n*** *509*
8.8 inclinándose de *n* hacia el suelo, siguió *3825*
10.40 y se fue de *n* al otro lado del Jordán *3825*
13.34 **un mandamiento *n* os doy: Que os améis** *2537*
19.41 en el huerto un sepulcro *n*, en el cual *2537*
Hch 17.18 parece que es predicador de *n* dioses *3585*
17.19 qué es esta *n* enseñanza de que hablas? *2537*
17.21 interesaban...en decir o en oír algo *n* *2537*
Ro 6.4 así también nosotros andemos en vida *n* *2538*
7.6 sirvamos bajo el régimen *n* del Espíritu *2538*
1 Co 5.7 seáis *n* masa, sin levadura como sois *3501*
11.25 **esta copa es el *n* pacto en mí sangre** *2537*
2 Co 3.6 nos hizo ministros...de un *n* pacto, no *2537*
5.17 *n* criatura es...aquí todas son hechas *n* *2537*
Ga 2.6 los de reputación nada *n* me comunicaron 4323
6.15 vale nada, ni la...sino una *n* creación *2537*
Ef 2.15 crear...de los dos un solo y *n* hombre *2537*
4.24 vestios del *n* hombre, creado según Dios *2537*
Fil 2.28 para que al verle de *n*, os gocéis, y *3825*
Col 2.16 nadie os juzgue...en cuanto a...luna *n* *3561*
3.10 revestido del *n*, el cual conforme a la *3501*
He 8.8 estableceré con la casa de...un *n* pacto *2537*
8.13 al decir: *N* pacto, ha dado por viejo al *2537*
9.15 que, por eso es mediador de un *n* pacto *2537*
10.20 el camino *n* y vivo que él nos abrió a *4372*
12.24 a Jesús el Mediador del *n* pacto, y a *3501*
2 P 3.13 esperamos...cielos *n* y tierra *n*, en *2537*
1 Jn 2.7 no os escribo mandamiento *n*, sino el *2537*
2.8 un mandamiento *n*, que es verdadero en él *2537*
2 Jn 5 no como escribiéndote un *n* mandamiento *2537*
Ap 2.17 **en la piedrecita escrito un nombre *n*** *2537*
3.12 **venciere...escribiré sobre él...nombre *n*** *2537*
3.12 ***n* Jerusalén, la cual desciende del cielo** *2537*
5.9 cantaban un *n* cántico, diciendo: Digno *2537*
14.3 cantaban un cántico *n* delante del trono *2537*
21.1 vi un cielo *n* y una tierra *n*; porque el *2537*
21.2 yo Juan vi la...ciudad, la *n* Jerusalén *2537*
21.5 dijo: He aquí, yo hago *n* todas las cosas *2537*

NUEZ

Gn 43.11 llevad a aquel varón...*n* y almendras 992

NULO, A

Nm 30.8 el voto...con que ligó su alma, será *n*
30.12 cuanto a la obligación de su...será *n* 6565
2 S 15.34 tú harás *n* el consejo de Ahitofel 6565
Est 8.3 hiciese *n* la maldad de Amán agagueo
Job 13.4 porque...sois todos vosotros médicos *n* 457
Sal 33.10 hace *n* el consejo de las naciones 6331
Ro 3.3 ¿su incredulidad habrá hecho *n*. Dios?

NUMERAR

1 R 3.8 pueblo...no se puede contar ni *numerar* 5608
8.5 bueyes...no se podían contar ni *numerar* 4487
2 Cr 5.6 que...no se pudieron contar ni *numerar* 4487

NÚMERO

Gn 30.30 poco tenías...y ha crecido en gran *n* 6555
41.49 no poderse contar, porque no tenía *n* 4557
47.12 y alimentaba...según el *n* de los hijos
Éx 12.4 tomarán...según el *n* de las personas 4373
16.16 conforme al *n* de vuestras personas 4557
23.26 y yo completaré el *n* de tus días 4557
30.12 el *n* de los hijos de Israel conforme a 6485
Lv 25.15 al *n* de los años después del jubileo 4557
25.15 conforme al *n* de...años de los frutos 4557
25.16 cuanto mayor fuere el *n* de los años 4557
25.16 cuanto menor fuere el *n*, disminuirás el 7230
25.16 según el *n* de las cosechas te venderá 4557
25.50 apreciarse...conforme al *n* de los años 4557
26.22 os reduzcan en *n*, y vuestros caminos
Nm 3.28 el *n* de todos los varones de un mes 4557
3.34 los contados de ellos conforme al *n* de 4557
3.43 varones, conforme al *n* de sus nombres 4557
3.49 los que excedían el *n* de los redimidos
4.22 *n* de los hijos de Gersón según las casas 7218
14.29 todo el *n* de los que fueron contados 4557
14.34 conforme al *n* de los días...los 40 días 4557
15.12 conforme al *n* así haréis según el *n* de 4557
23.10 o el *n* de la cuarta parte de Israel? 4557
29.18,21,24,27,30,33,37 según el *n* de ellos 4557
31.36 y la mitad...fue el *n* de 337.500 ovejas 4557
Dt 4.27 quedaréis pocos en *n* entre las naciones 4557
25.2 según su delito será el *n* de azotes 4557
28.62 quedaréis pocos en *n*, en lugar de haber
32.8 los límites...según el *n* de los hijos de 4557
Jos 4.5,8 conforme al *n* de las tribus de los 4557
8.25 *n* de los que cayeron aquel día...12.000
Jue 7.6 el *n* de los que lamieron...300 hombres 4557
21.23 hijos tomaron mujeres conforme a su *n* 4557
1 S 6.4 conforme al *n* de los príncipes de los 4557
6.18 ratones...fueron conforme al *n* de todas 4557
27.7 fue el *n* de los días que David habitó
2 S 2.11 el *n* de los días que David reinó en
2.15 y pasaron en *n* igual, doce de Benjamín 4557
24.2 censo...para que yo sepa el *n* de la gente 4557
1 R 18.31 conforme al *n* de las tribus de los 4557
1 Cr 7.40 contados...el *n* de ellos fue 26.000 4557,3187
9.13 sus hermanos, jefes de...en *n* de 1.760
11.11 el *n* de los valientes que David tuvo 4557
12.23 y este es el *n* de los principales que 4557
16.19 cuando ellos eran pocos en *n*, pocos y
21.2 haced censo...e informadme sobre el *n* de 5608
21.4 dio la cuenta del *n* del pueblo a David
23.3 levitas...fue el *n* de ellos por...38.000 4557
23.31 según su *n* y de acuerdo con su rito 4557
25.1 el *n* de ellos, hombres idóneos para la 4557
25.7 el *n* de...instruidos en el canto...fue 288 4557
27.23 no tomó David el *n* de los que eran de 4557
27.24 así el *n* no fue puesto en el registro 4487
2 Cr 4.18 todos estos enseres en *n* tan grande
12.3 que venía con él de Egipto...no tenía *n* 4557
17.14 este es el *n* de ellos según sus casas 6486
26.12 el *n* de los jefes de familia...era 2.600 4557
28.5 y le tomaron gran *n* de prisioneros que
29.32 el *n* de los holocaustos que trajo la 4557
35.7 dio el rey Josías...en *n* de treinta mil 4557
Esd 2.2 *n* de los varones del pueblo de Israel 4557
6.17 conforme al *n* de las tribus de Israel 4510
Neh 7.7 *n* de los varones del pueblo de Israel 4557
Est 9.11 dio cuenta al rey...*n* de los muertos 4557
Job 1.5 y ofrecía holocaustos conforme al *n* de 4557
3.6 del año, ni venga en el *n* de los meses 4557
5.9 hace cosas grandes...y maravillas sin *n* 4557
9.10 hace cosas grandes...maravillosas, sin *n* 4557
14.5 el *n* de sus meses está cerca de ti; le 4557
15.20 el *n* de sus años está escondido para 4557
21.21 si, siendo cortado el *n* de sus meses? 4557
25.3 ¿tienen sus ejércitos *n*? ¿Sobre quién no 4557
31.37 le contaría el *n* de mis pasos, y como 4557
38.21 nacido, y es grande el *n* de tus días 4557
Sal 40.12 porque me han rodeado males sin *n*
71.15 mi boca publicará...aunque no sé su *n* 5615
105.12 ellos eran pocos en *n*, y forasteros 4557
105.34 y vinieron langostas, y pulgón sin *n* 4557
147.4 cuenta el *n* de las estrellas; a todas 4557
Cnt 6.8 sesenta son las...y las doncellas sin *n* 4557
Is 10.19 en *n* que un niño los pueda contar
21.17 sobrevivientes del *n* de los valientes 4557
Jer 2.28 según el *n* de tus ciudades, oh Judá 4557
11.13 según el *n* de tus ciudades...tus dioses 4557
11.13 según el *n* de tus calles...los altares 4557
46.23 serán más numerosos que...no tendrán *n* .. 369,4557
Ez 4.4 el *n* de los días que duermas sobre él 4557
4.5 te he dado los años...por el *n* de los días 4557
4.9 hazte pan de ellos el *n* de los días que 4557
5.3 tomarás también de allí unos pocos en *n* 4557
Dn 9.2 miré...en los libros el *n* de los años de 4557
Os 1.10 será el *n* de los...Israel como la arena 4557
Lc 22.3 Judas...el cual era uno del *n* de los *706*
Jn 6.10 **se recostaron...en *n* de 5.000 varones** *706*
Hch 1.15 y los reunidos eran como 120 en *n* *3793*
4.4 el *n* de los varones era como cinco mil *706*
5.14 gran *n* así de hombres como de mujeres *4128*
5.36 a éste se unió un *n* como de 400 hombres *706*
6.1 como creciera el *n* de los discípulos, hubo
6.7 el *n* de los discípulos se multiplicaba *706*
7.14 su parentela, en *n* de setenta y cinco ....
11.21 gran *n* creyó y se convirtió al Señor *706*
16.5 las iglesias...aumentaban en *n* cada día *706*
17.4 los griegos piadosos gran *n*, y mujeres *4128*
Ro 9.27 si fuere el *n* de los hijos de Israel *706*
1 Co 9.19 hecho siervo...para ganar a mayor *n*
2 Co 11.23 en azotes sin *n*; en cárceles más *5234*
Ap 5.11 ángeles...su *n* era millones de millones *706*
6.11 que se completara el *n* de sus consiervos *706*
7.4 oí el *n* de los sellados: 144.000 sellados *706*
9.16 y el *n* de los ejércitos de los jinetes *706*
9.16 era doscientos millones...Yo oí su *n* *706*
11.13 murieron en *n* de siete mil hombres; y *7227*
13.17 tuviese la marca...o el *n* de su nombre *706*
13.18 el *n* de la bestia, pues es *n* de hombre *706*
13.18 y su *n* es seiscientos sesenta y seis *706*
15.2 la victoria sobre la bestia...y el *n* de *706*
20.8 el *n* de los cuales es como la arena del *706*

NUMEROSÍSIMO

2 Cr 16.8 ¿no eran un ejército *n*, con carros

NUMEROSO, A

Nm 13.18 pueblo...fuerte o débil, si poco o *n* 7227
Dt 2.10,21 pueblo grande y *n*, y alto como los 7227
7.17 dijeres...Estas naciones son mucho más *n*
9.1 para entrar a desposeer a naciones más *n* 6099
9.14 nación fuerte y mucho más *n* que ellos 6099
11.21 sean vuestros días...*n* sobre la tierra 7235
26.5 y llegó a ser una nación...fuerte y *n* 7227
1 S 13.5 pueblo *n* como la arena que está a la 7230
2 S 12.2 el rico tenía *n* ovejas y vacas 3966
2 Cr 1.9 has puesto por rey sobre un pueblo *n* 7227
24.24 entregó en sus manos un ejército muy *n* 7230
Neh 12.43 sacrificaron aquel día *n* víctimas 7214
Sal 35.18 confesaré...alabaré entre *n* pueblo 7227
Ec 6.3 y los días de su edad fueren *n*; si su 7227
Jer 46.23 porque serán más *n* que langostas, no
Ez 47.10 tan *n* como los peces del Mar Grande 3966
Mt 21.8 y la multitud, que era muy *n*, tendía *4118*

NUN *Padre de Josué No. 1*

Éx 33.11 el joven Josué hijo de *N*, su servidor 5126
Nm 11.28 respondió Josué hijo de *N*, ayudante 5126

13.8 de la tribu de Efraín, Oseas hijo de *N* 5126
13.16 y a Oscas hijo de *N* le puso Moisés el 5126
14.6 Josué hijo de *N*... reconocido la tierra 5126
14.30 exceptuando a Caleb... y Josué hijo de *N* 5126
14.38 Josué hijo de *N* y... quedaron con vida 5126
26.65 no quedó varón... sino... Josué hijo de *N* 5126
27.18 Jehová dijo a... Toma a Josué hijo de *N* 5126
32.12 excepto Caleb hijo... y Josué hijo de *N* 5126
32.28 les encomendó... a Josué hijo de *N*, y a 5126
34.17 repartirán... Eleazar, y Josué hijo de *N* 5126
Dt 1.38 Josué hijo de *N*, el... él entrará allá 5126
31.23 y dio orden a Josué hijo de *N*, y dijo 5126
32.44 Moisés y recitó... él y Josué hijo de *N* 5126
34.9 Josué hijo de *N* fue lleno del espíritu 5126
Jos 1.1 que Jehová habló a Josué hijo de *N* 5126
2.1 Josué hijo de *N* envió desde Sitim dos 5126
2.23 vinieron a Josué hijo de *N*, y le contaron 5126
6.6 llamando, pues, Josué hijo de *N* a los 5126
14.1 repartieron... Eleazar, Josué hijo de *N* 5126
17.4 estas vinieron delante... Josué hijo de *N* 5126
19.49 dieron los... heredad a Josué hijo de *N* 5126
19.51 son las heredades que... Josué hijo de *N* 5126
21.1 los levitas vinieron... a Josué hijo de *N* 5126
24.29 murió Josué hijo de *N*, siervo de Jehová 5126
Jue 2.8 pero murió Josué hijo de *N*... de 110 años 5126
1 R 16.34 había hablado por Josué hijo de *N* 5126
1 Cr 7.27 *N* su hijo, Josué su hijo 5126
Neh 8.17 desde los días de Josué hijo de *N* 5126

NUNCA *Véase el Apéndice*

NUPCIAL
Sal 78.63 sus vírgenes no... loadas en cantos N 1984

NUTRIR
Col 2.19 de quien todo el cuerpo, *nutriéndose* *2023*
1 Ti 4.6 *nutrido* con las palabras de la fe y *1789*

O

O *Véase el Apéndice*

OBADÍAS
1. Jefe de la tribu de Isacar, 1 Cr 7.3 5662
2. Descendiente de Benjamín, 1 Cr 8.38; 9.44 5662
3. Levita que regresó del cautiverio (=Abda No. 2), 1 Cr 9.16 5662
4. Oficial del ejército de David, 1 Cr 12.9 5662
5. Sacerdote que regresó del cautiverio con Esdras, Esd 8.9 5662
6. Firmante del pacto de Nehemías, Neh 10.5 5662
7. Portero del templo en tiempo de Joiacim, Neh 12.25 5662

OBAL *Hijo de Joctán (=Ebal No. 3)*, Gn 10.28 5745

OBED
1. Hijo de Booz y Rut
Rt 4.17 ha nacido un hijo a... y lo llamaron *O* 5744
4.21 Salmón engendró a Booz, y... engendró a *O* ... 5744
4.22 *O* engendró a Isaí, e Isaí... a David 5744
1 Cr 2.12 Booz engendró a *O*, y *O* engendró a 5744
Mt 1.5 Booz engendró de Rut a *O*, y *O* a Isaí *5601*
Lc 3.32 Isaí, hijo de *O*, hijo de Booz, hijo *5601*
2. Descendiente de Judá, 1 Cr 2.37,38 5744
3. Uno de los valientes de David, 1 Cr 11.47 5744
4. Portero en el templo de Salomón, 1 Cr 26.7 5744
5. Padre de Azarías No. 10, 2 Cr 15.1,8 5744
6. Padre de Azarías No. 12, 2 Cr 23.1 5744
7. Profeta en tiempo de Peka, rey de Israel, 2 Cr 28.9 ... 5752

OBEDECER
Gn 3.17 por cuanto *obedeciste* a la voz de tu 8085
22.18 en tu... por cuanto *obedeciste* a mi voz 8085
27.8 mío, *obedece* a mi voz en lo que te mando 8085
27.13 hijo... *obedece* a mi voz y vé y tráemelos 8085
27.43 hijo mío, *obedece* a mi voz; levántate 8085
28.7 que Jacob había *obedecido* a su padre y 8085
34.24 *obedecieron* a Hamor y a Siquem su hijo 8085
Éx 4.8 que no te creyeren ni *obedecieren* a la 8085
16.20 ellos no *obedecieron* a Moisés, sino que 8085
24.7 haremos todas las cosas... y *obedeceremos* 8085
Nm 27.20 toda la congregación de... le *obedezca* 8085
Dt 9.23 rebeldes al... ni *obedecisteis* a su voz 8085
11.13 si *obedeciereis*... mis mandamientos que 8085
13.18 cuando *obedecieres* a la voz de Jehová 8085
17.12 no *obedeciendo* al sacerdote que está 8085
21.18 un hijo... que no *obedeciere* a la voz de 8085
21.18 habiéndole castigado, no les *obedeciere* 8085
21.20 no *obedece* a nuestra voz; es glotón y 8085
26.14 he *obedecido* a la voz de Jehová mi Dios 8085
28.13 *obedecieres* los mandamientos de Jehová 8085
28.62 no *obedecisteis* a la voz de Jehová tu 8085
30.2 convirtieres a... y *obedecieres* a su voz 8085
30.10 cuando *obedecieres* a la voz de Jehová 8085
34.9 y los hijos de Israel le *obedecieron*, e 8085
Jos 1.17 de la manera que *obedecimos* a Moisés 8085
1.17 en todas las cosas... te *obedeceremos* a ti 8085
1.18 no *obedeciere* a tus palabras en todas las 8085
5.6 cuanto no *obedecieron* a la voz de Jehová 8085
22.2 y habéis *obedecido* a mi voz en todo lo 8085
24.24 nuestro Dios... y a su voz *obedeceremos* 8085
Jue 2.17 *obedeciendo*... mandamientos de Jehová 8085
2.20 traspasa mi pacto... no *obedece* a mi voz 8085
3.4 saber si *obedecerían* a los mandamientos 8085
6.10 dije... Pero no habéis *obedecido* a mi voz 8085
1 S 15.20 *obedecido* la voz de Jehová, y fui a 8085
15.22 en que se *obedezca* a las palabras de 8085
15.22 *obedecer* es mejor que los sacrificios 8085
28.18 tú no *obedeciste* a la voz de Jehová, ni 8085
28.21 tu sierva ha *obedecido* a tu voz, y he 8085
28.23 pero porfiaron con él... y él les *obedeció* 8085
2 S 22.45 los hijos de extraños... me *obedecerán* 8085
1 R 2.42 la palabra es buena, yo la *obedezco* 8085
20.8 no le *obedezcas*, ni hagas lo que te pide 8085
20.36 no has *obedecido* a la palabra de Jehová 8085
2 R 10.6 si sois míos, y queréis *obedecerme* 8085
17.14 no *obedecieron*, antes endurecieron su
1 Cr 29.23 Salomón... y le *obedeció* todo Israel 8085
2 Cr 25.16 hecho... y no *obedeciste* mi consejo 8085
Neh 13.27 ¿y *obedeceremos*... para cometer todo 8085
Sal 18.44 oír de mí me *obedecieron*; los hijos 8085
103.20 *obedeciendo* a la voz de su precepto 8085
Pr 12.15 el que *obedece* al consejo es sabio 8085
Is 11.14 y los hijos de Amón los *obedecerán* 4928
Jer 9.13 no *obedecieron* a mi voz, ni caminaron 8085
11.3 maldito el varón que no *obedeciere* las 8085
17.24 *obedeciereis*... no metiendo carga por las 8085
22.4 *obedeciereis* esta palabra, los reyes que 8085
34.10 los usase más como siervos, *obedecieron* 8085
35.8 hemos *obedecido* a la voz de... Jonadab 8085
35.10 y hemos *obedecido* y hecho... conforme a 8085
35.13 no aprenderéis a *obedecer*... palabras? 8085
35.14 no lo han bebido hasta... por *obedecer* al 8085
35.16 pero este pueblo no me ha *obedecido* 8085
35.18 cuanto *obedecisteis* al mandamiento de 8085
37.2 pero no *obedeció* él ni sus siervos ni el 8085
42.6 *obedeceremos*, para que *obedeciendo* a la 8085
42.13 no *obedeciendo* así a la voz de Jehová 8085
42.21 no habéis *obedecido* a la voz de Jehová 8085
43.4 no *obedeció*... Johanán... la voz de Jehová 8085
43.7 entraron en... no *obedecieron* a la voz de 8085
44.23 y no *obedecisteis* a la voz de Jehová 8085
Ez 11.12 ni habéis *obedecido* mis decretos, sino 6213
20.8 no quisieron *obedecerme*; no echó de sí 8085
20.39 andad... si es que a mí no me *obedecéis* 8085
Dn 7.27 y todos los dominios le... *obedecerán* 8086
9.6 no hemos *obedecido* a tus siervos los 8085
9.10 no *obedecimos* a la voz de Jehová... Dios 8085
9.11 ley apartándose para no *obedecer* tu voz 8085
9.14 el mal... porque no *obedecimos* a su voz 8085
Mi 5.15 ira... en las naciones que no *obedecieron*
Mt 8.27 aun los vientos y el mar le *obedecen*? *5219*
Mr 1.27 los espíritus inmundos, y le *obedecen*? *5219*
4.41 que aun el viento y el mar le *obedecen*? *5219*
Lc 8.25 a los vientos y... manda, y le *obedecen*? *5219*
17.6 y plántate en el mar; y os *obedecería* *5219*
Hch 4.19 *obedecer* a vosotros antes que a Dios *191*
5.29 es necesario *obedecer* a Dios antes que *3980*
5.32 cual ha dado Dios a los que le *obedecen* *3980*
5.36,37 que le *obedecían* fueron dispersados *3982*
6.7 muchos de los sacerdotes *obedecían* a la *5219*
7.39 nuestros padres no quisieron *obedecer* *5255*
Ro 2.8 no *obedecen* a la verdad, sino que o *544*
6.12 que lo *obedezcáis* en sus concupiscencias *5219*
6.16 si os sometéis a alguien para *obedecerle* *5218*
6.16 sois esclavos de aquel a quien *obedecéis* *5219*
6.17 habéis *obedecido* de corazón a aquella *5219*
10.16 mas no todos *obedecieron* al evangelio *5219*
16.26 las gentes para que *obedezcan* a la fe *5218*
Gá 3.1 os fascinó para no *obedecer* a la verdad *3982*
5.7 os estorbó para no *obedecer* a la verdad? *3982*
Ef 6.1 hijos, *obedeced* en... a vuestros padres *5219*
6.5 *obedeced* a vuestros amos terrenales con *5219*
Fil 2.12 míos, como siempre habéis *obedecido* *5219*
Col 3.20 hijos, *obedeced* a vuestros padres en *5219*
3.22 siervos, *obedeced* en... a vuestros amos *5219*
2 Ts 1.8 ni *obedecen* al evangelio de nuestro *5219*
3.14 si alguno no *obedece* a lo que decimos *5219*
Tit 3.1 que *obedezcan*, que estén dispuestos a *3980*
He 5.9 eterna salvación... los que le *obedecen* *5219*
11.8 *obedeció* para salir al lugar que había *5219*
12.9 ¿por qué no *obedeceremos* mucho mejor al
13.17 *obedeced* a vuestros pastores... velan por *3982*
Stg 3.3 freno en la boca... que nos *obedezcan* *3289*
1 P 1.2 *obedecer* y ser rociados con la sangre *5218*
3.6 como Sara *obedecía* a Abraham, llamándole *5219*
4.17 el fin de aquellos que no *obedecen* al *544*

OBED-EDOM
1. Geteo en cuya casa dejó David el arca
2 S 6.10 hizo llevar David a casa de *O* geteo 5654
6.11 y estuvo el arca de Jehová en casa de *O* 5654
6.11 y bendijo Jehová a *O* y a toda su casa 5654
6.12 Jehová ha bendecido la casa de *O* y todo 5654
6.12 fue, y llevó... arca de Dios de casa de *O* 5654
1 Cr 13.13 el arca... la llevó a casa de *O* geteo 5654
13.14 y el arca... estuvo con la familia de *O* 5654
13.14 bendijo Jehová la casa de *O*, y todo lo 5654
15.25 a traer el arca del pacto... de casa de *O* 5654
2. Portero y músico en el templo
1 Cr 15.18 hermanos... *O* y Jeiel, los porteros 5654
15.21 Micnías, *O*, Jeiel y Azarías tenían arpas 5654
15.24 *O* y Jehías... también porteros del arca 5654
16.5 *O* y Jeiel, con sus... salterios y arpas 5654
16.38 y a *O* y a sus sesenta y ocho hermanos 5654
16.38 *O* hijo de Jedutún y a Hosa como porteros 5654
3. Portero del templo
1 Cr 26.4 los hijos de *O*: Semaías el primogénito 5654
26.5 octavo... porque Dios había bendecido a *O*
26.8 todos éstos de los hijos de *O*; ellos 5654
26.8 hombres robustos y fuertes... 62, de *O* 5654
26.15 para *O* la puerta del sur, y a sus hijos 5654
4. Tesorero del templo en tiempo de Amasías, rey de Judá, 2 Cr 25.24 5654

OBEDIENCIA
2 Cr 24.17 ofrecieron o al rey... el rey los oyó
Ro 1.5 para la o a la fe en todas las naciones *5218*
5.19 así también por la o de uno, los muchos *5218*
6.16 para muerte, o sea de la o para justicia? *5218*
15.18 medio de mí para la o de los gentiles *5218*
16.19 vuestra o ha venido a ser notoria a *5218*
2 Co 7.15 cuando se acuerda de la o de todos *5218*
9.13 por la o que profesáis al evangelio de *5292*
10.5 cautivo todo pensamiento a la o a Cristo *5218*
10.6 castigar... cuando vuestra o sea perfecta *5218*
Flm 21 he escrito confiando en tu o... aun más *5218*
He 5.8 Hijo, por lo que padeció aprendió la o *5218*
1 P 1.22 purificado vuestras almas por la o a *5218*

OBEDIENTE
Zac 6.15 esto sucederá si oyereis o la voz de 8085
2 Co 2.9 prueba de si vosotros sois o en todo *5255*
Fil 2.8 o hasta la muerte, y muerte de cruz *5255*
1 P 1.14 como hijos o, no os conforméis a los *5218*

OBIL *Ismaelita, mayordomo de David*, 1 Cr 27.30... 179

OBISPADO
1 Ti 3.1 si alguno anhela o, buena obra desea *1984*

OBISPO
Hch 20.28 el Espíritu Santo os ha puesto por o *1985*
Fil 1.1 están en Filipos, con los o y diáconos *1985*
1 Ti 3.2; Tit 1.7 que el o sea irreprensible *1985*
1 P 2.25 habéis vuelto al... *O* de vuestras almas *1985*

OBJETO
Dt 9.21 el o de vuestro pecado, el becerro que
10.21 él es el o de tu alabanza, y él es tu
1 S 9.6 acerca del o por el cual emprendimos
2 Cr 36.10 con los o preciosos de la casa de
36.19 y destruyeron todos sus o deseables
Neh 4.4 somos o de su menosprecio, y vuelve el
Job 30.9 yo soy o de su burla, y les sirvo de
Sal 31.11 todos mis enemigos soy o de oprobio
109.25 yo he sido para ellos o de oprobio; me
Jer 7.29 y dejado la generación o de su ira
18.16 su tierra en desolación, o de burla
42.18; 44.12 o de execración y de espanto
48.39 Moab o de escarnio y de espanto
51.41 vino a ser Babilonia o de espanto entre
Lm 1.17 Jerusalén fue o de abominación entre
Dn 11.8 y sus o preciosos de plata y de oro
2 Ts 2.4 se levanta contra todo lo... o de culto
Ap 18.12 todo o de marfil, de todo o de madera

OBLACIÓN
Lv 2.1 alguna persona ofreciere o a Jehová, su 7133
Is 19.21 los de Egipto... harán sacrificio y o 4503

OBLIGACIÓN
Nm 30.2 ligando su alma con o, no quebrantará 632
30.3 y se ligare con o en casa de su padre 632
30.4 padre oyere... la o con que ligó su alma 632
30.4,5 o con que hubiere ligado su alma 632
30.7 y la o con que ligó su alma, firme será 632
30.10 si... ligado su alma con o de juramento 632
30.11 toda o con que hubiere ligado su alma 632
30.12 y cuanto a la o de su alma, será nulo 632
30.14 confirmó... las o que están sobre ella 632
Esd 10.4 levántate, porque esta es tu o, y
Hch 21.23 cuatro... que tienen o de cumplir voto

OBLIGAR
Éx 1.14 todo su servicio... *obligaban* con rigor
Nm 30.6 votos, o... cosa con que *obligue* su alma 631
30.13 todo voto... *obligándose* a afligir el alma 632
Dt 15.2 hizo emprestito... *obligó* a su prójimo
1 R 4.7 cada uno... estaba *obligado* a abastecerlo
2 Cr 34.32 hizo que se *obligaran* a ello todos
Est 1.8 nadie fuese *obligado* a beber; porque 597
Pr 7.21 *obligó* con la zalamería de sus labios 5080
Ez 45.16 estará *obligado* a dar esta ofrenda 8641
Dn 1.8 que no se le *obligase* a contaminarse
Mt 5.41 **a cualquiera que te *obligue* a llevar** *29*
27.32 a éste *obligaron* a que llevase la cruz *29*
Mr 15.21 *obligaron* a uno que... Simón de Cirene *29*
Lc 24.29 ellos le *obligaron* a quedarse, diciendo *29*
Hch 16.15 entrad en... Y nos *obligó* a quedarnos *3849*
28.19 judíos, me vi *obligado* a apelar a César *315*
2 Co 12.11 vosotros me *obligasteis* a ello, pues *315*
Gá 2.3 ni aun Tito... *obligado* a circuncidarse *315*
2.14 ¿por qué *obligas*... gentiles a judaizar? *315*
5.3 que está *obligado* a guardar toda la ley *3781*
6.12 éstos os *obligan* a que os circuncidéis *3781*

N

OBOT *Lugar donde acampó Israel*, Nm 21.10,11; 33.43,44 88

OBRA
Gn 2.2 acabó Dios...la o...toda la o que hizo 4399
2.3 en él reposó de toda la o que había hecho 4399
4.22 artífice de toda o de bronce y de hierro
5.29 éste nos aliviará de nuestras o y del 4639
11.6 y han comenzado la o, y nada les hará 6213
18.21 y veré si han consumado su o según el
Éx 5.13 acabad vuestra o, la tarea de cada día 4639
12.16 primer día...ninguna o se hará en ellos 4399
20.9 seis días trabajarás, y harás toda tu o 4399
20.10 no hagas en él o alguna, tú, ni tu hijo 4399
26.1 lo harás con querubines de o primorosa 4639
26.31 harás un velo de...hecho de o primorosa..... 4639
26.36 harás...una cortina de...o de recamador
27.4 le harás un enrejado de bronce de o de
27.16 una cortina...de azul...de o de recamador
28.6 y harán el efod de oro...de o primorosa....... 4639
28.8 cinto de o primorosa...será de la misma o 4639
28.11 o de grabador en piedra, como...de sello..... 4639
28.15 o primorosa...conforme a la o del efod 4639
28.32 tendrá un borde alrededor de o tejida........ 4639
28.39 una mitra...un cinto de o de recamador
31.14 día de reposo...hiciere o alguna en él........ 4399
32.16 tablas eran o de Dios, y la escritura.......... 4639
34.10 y verá todo el pueblo...la o de Jehová........ 4639
35.21 para la o del tabernáculo...toda su o......... 4399
35.24 la traía para toda la o del servicio 4399
35.29 voluntario para traer para toda la o 4399
35.33 en o de madera, para trabajar en toda....... 4399
35.35 que hagan toda o de arte y de invención 4399
36.1 saber hacer toda la o del servicio del.......... 6213
36.2 le movió a venir a la o para trabajar en 4399
36.3 ofrenda...traído para la o del servicio 4399
36.4 maestros que hacían...la o del santuario...... 4399
36.4 los maestros...cada uno de la o que hacía..... 4399
36.5 la o que Jehová ha mandado que se haga 4399
36.7 tenían material...para hacer toda la o 4399
36.8 los sabios...entre los que hacían la o.......... 4399
36.8,35 con querubines de o primorosa............. 4639
36.37 el velo...lino torcido, o de recamador
38.4 un enrejado de bronce de o de rejilla
38.18 la cortina de la...era de o de recamador
38.21 o de los levitas bajo la dirección de
38.24 oro empleado en la o, en toda la o del 4399
39.8 el pectoral de o primorosa como la o del 4639
39.22 hizo...el manto del efod de o de tejedor 4639
39.27 las túnicas de lino fino de o de tejedor........ 4639
39.29 también el cinto de...de o de recamador
39.32 así fue acabada...la o del tabernáculo 5656
39.42 así hicieron los...de Israel toda la o 5656
39.43 vio Moisés toda la o...la habían hecho 4399
40.33 erigió el atrio...Así acabó Moisés la o........ 4399
Lv 13.48 en cuero, o en cualquiera o de cuero
13.49 o en cualquiera o de cuero; plaga es de
13.51 o en cualquiera o que se hace de cuero
13.52 trama de lana...o cualquiera o de cuero
13.53 extendido...o en cualquiera o de cuero
16.29 ninguna o haréis, ni el natural ni el 4399
18.4 mis ordenanzas pondréis por o, y mis
19.37; 20.8 mis estatutos, y ponedlos por o
20.22 ponedlos por o, no sea que os vomite la
25.18 y ponedlos por o, y habitaréis en la
26.3 guardaréis mis...y los pusiereis por o
Nm 4.47 y tener cargo de o en el tabernáculo
10.2 dos trompetas...o de martillo las harás
15.39 acordéis de todos...para ponerlos por o
28.18,25,26; 29.1,7,12 santa convocación; ninguna o de siervos haréis 4399
29.35 el octavo...ninguna o de siervos haréis 4399
31.20 purificaréis...toda o de pelo de cabra........ 4639
Dt 2.7 te ha bendecido en toda o de tus manos 4639
3.24 ¿qué dios hay en...que haga o y proezas 4639
4.6 guardadlos, pues, y ponedlos por o; porque
4.13 su pacto, el cual os mandó poner por o
4.14 que los pusieseis por o en la tierra a
5.1 oye...y guardadlos, para ponerlos por o
5.13 seis días trabajarás, y harás toda tu o......... 4399
5.14 ninguna o harás tú, ni tu hijo, ni tu 4399
5.31 pongan ahora por o en la tierra que yo
6.1 los pongáis por o en la tierra a la cual
6.3 oye...oh Israel, y cuida de ponerlos por o
6.25 de poner por o todos estos mandamientos
7.12 puesto por o...guardará contigo el pacto
8.1 cuidaréis de poner por o todo mandamiento ... 6213
11.3 o que hizo en medio de Egipto a Faraón....... 4639
11.7 todas las grandes o que Jehová ha hecho...... 4640
12.1 cuidaréis de poner por o en la tierra que...... 6213
12.7 os alegraréis...o de vuestras manos en
12.18 alegrarás...de toda la o de tus manos
14.29 bendiga en toda o...tus manos hicieren 4639
16.15 bendecido...en toda la o de tus manos 4639
17.19 estos estatutos, para ponerlos por o.......... 6213
19.9 mandamientos que...para ponerlos por o..... 6213
23.20; 24.19 bendiga...en toda o de tus manos
26.16 de ponerlos por o con todo tu corazón y...... 6213
27.15 escultura...o de mano de artífice, y la........ 4639
28.1 poner por o todos sus mandamientos que 6213
28.12 y para bendecir toda o de tus manos......... 4639
28.20 perezcas...causa de la maldad de tus o 4611
28.58 de poner por o...palabras de esta ley 6213
29.9 guardaréis...y las pondréis por o, para 6213
30.8 y pondrás por o todos sus mandamientos 6213
30.9 te hará...abundar en toda o de tus manos..... 4639
31.29 enojándole con la o de vuestras manos....... 4639
32.4 es la Roca, cuya o es perfecta, porque......... 6467
33.11 y recibe con agrado la o de sus manos 6467
Jos 24.31 todas las o que Jehová había hecho 4639
Jue 2.7 visto todas las grandes o de Jehová 4639
2.10 ni la o que él había hecho por Israel........... 4639
2.19 no se apartaban de sus o, ni de...camino...... 4611
9.16 si le habéis pagado conforme a la o de
Rt 2.12 recompense tu o, y tu remuneración sea....... 6467
1 S 8.8 conforme a todas las o que han hecho 4639
8.16 tomará...asnos, y con ellos hará sus o......... 4399
19.4 sus o han sido muy buenas para contigo 4639
25.3 el hombre era duro y de malas o; y era........ 4611
2 S 7.23 para hacer...o terribles a tu tierra
1 R 5.16 oficiales de...que estaban sobre la o............ 4399
5.16 tenían a cargo el pueblo que hacía la o........ 4399
7.8 y la casa en...era de o semejante a ésta 4639
7.9 o fueron de piedras costosas, cortadas y
7.14 Hiram era lleno de...ciencia en toda o de 6213
7.14 vino al rey Salomón, e hizo toda su o 4399
7.22 puso...y así se acabó la o de las columnas..... 4639
7.28 la o de las basas era esta: tenían unas......... 4639
7.40 así terminó toda la o que hizo a Salomón...... 4399
7.51 terminó toda la o que dispuso hacer el 4399
9.1 hubo acabado la o de la casa de Jehová 1129
9.23 jefes y vigilantes sobre las o eran 550 4399
9.23 sobre el pueblo...trabajaba en aquella o 4399
16.7 provocándole a ira con las o de...manos...... 4639
2 R 12.11 daban el dinero a...que hacían la o 4399
12.14 lo daban a los que hacían la o, y con
12.15 ellos lo diesen a los que hacían la o
16.19 los demás hechos que puso por o Acaz
17.37 cuidaréis siempre de ponerlos por o
18.12 mandado, no las habían...ni puesto por o.... 6213
19.18 ellos no eran dioses, sino o de manos......... 4639
22.5 pongan en manos de los que hacen la o 4399
22.5 que lo entreguen a los que hacen la o 4399
22.9 dinero...en poder de los que hacen la o 4399
22.17 provocándome a ira con toda la o de sus..... 4639
1 Cr 6.49 ministraban en toda la o del lugar............ 4399
9.13 muy eficaces en la o...en la casa de Dios...... 4399
9.19 su cargo la o del ministerio, guardando 4399
9.33 de día y de noche estaban en aquella o 4399
16.8 dad a conocer en los pueblos sus o 5949
22.13 cuidares de poner por o los estatutos
22.15 tienes...todo hombre experto en toda o 4399
22.16 levántate, y manos a la o; y Jehová esté
23.4 de éstos, 24.000 para dirigir la o de la 4399
23.28 la demás o del ministerio de la casa de....... 4639
25.1 idóneos para la o de su ministerio, fue
26.30 la o de Jehová, y en el servicio del rey........ 4399
28.7 a poner por o mis mandamientos y mis 6213
28.13 o del ministerio de la casa de Jehová......... 4399
28.19 me hizo entender todas las o del diseño...... 4399
28.20 anímate y esfuérzate, y manos a la o 4399
28.20 que acabes toda la o para el servicio
28.21 de Dios, estarán contigo en toda la o
29.1 es joven y tierno de edad, y la o grande........ 4399
29.5 toda la o de las manos de los artífices
2 Cr 4.11 y acabó Hiram la o que hacía al rey 4399
5.1 acabada toda la o que hizo Salomón para...... 4399
8.9 hijos de Israel no puso...siervos en su o 4399
8.16 la o de Salomón estaba preparada desde...... 4399
13.10 mas...los que están en la o son levitas........ 4399
14.4 mandó a Judá que...pusiese por o la ley....... 6213
15.7 manos...hay recompensa para vuestra o...... 6468
16.5 oyendo esto Baasa, cesó...abandonó su o 4399
17.4 anduvo en...y no según las o de Israel......... 4640
20.37 Jehová destruirá tus o...Y las naves se....... 4639
24.13 hacían...los artesanos la o, y por sus......... 4399
24.13 y por sus manos la o fue restaurada 4399
29.34 les ayudaron hasta que acabaron la o........ 4399
32.19 dioses de...son o de manos de hombres....... 4639
34.10 mano de los que hacían la o, que eran
34.10 cuales lo daban a los que hacían la o
34.12 hombres procedían con fidelidad en la o 4399
34.12 levitas de los...para que activasen la o
34.13 que se ocupaban en cualquier clase de o 4399
34.17 dinero...en mano de los que hacen la o
34.25 provocándome a ira con todas las o de....... 4639
34.31 poniendo por o las palabras del pacto........ 6213
35.26 de Josías, y sus o piadosas conforme a
Esd 2.69 al tesorero de la o 61.000 dracmas de 4399
3.8 que activasen la o de la,casa de Jehová......... 4399
3.9 activar a los que hacían la o en la casa
4.24 entonces cesó la o de la casa de Dios 5673
5.8 la o se hace de prisa, y prospera en sus 5673
6.7 dejad que se haga la o de esa casa de Dios 5673
6.8 dados...los gastos, para que no cese la o
6.22 fortalecer sus manos en la o de la casa........ 4399
9.13 a causa de nuestras malas o, y a causa 4639
10.4 contigo; esfuérzate, y pon mano a la o
10.13 ni la o es de un día ni de dos, porque 4399
Neh 1.9 pusiereis por o...de allí os recogeré 6213
2.16 los oficiales, ni a los...que hacían la o 4399
3.5 no se prestaron para ayudar a la o de su...... 5656
4.11 entremos en medio...y hagamos cesar la o.... 4399
4.16 la mitad...trabajaba en la o, y la otra 4399
4.17 con una mano trabajaban en la o, y en la...... 4399
4.19 la o es grande y extensa, y nosotros 4399
4.21 nosotros, pues, trabajábamos en la o 4399
4.22 sirvan de centinela y de día en la o
5.16 en la o de este muro restauré mi parte 4399
5.16 todos mis criados...estaban allí en la o 4399
6.3 yo hago una gran o, y no puedo ir; porque..... 4399
6.3 porque cesaría la o, dejándola yo para ir....... 4399
6.9 se debilitarán las manos de ellos en la o 4399
6.16 por nuestro Dios había sido hecha esta o...... 4399
6.19 contaban...las buenas o de él, y a él le
7.70 algunos de los...dieron ofrendas para la o 4399
7.71 dieron para...la o 20.000 dracmas de oro...... 4399
9.34 no pusieron por o tu ley, ni atendieron
9.35 no te...ni se convirtieron de sus malas o 4611
10.32 de contribuir...para la o de la casa de
11.12 los que hacían la o de la casa, 822 4399
11.16 capataces de la o exterior de la casa 4399
11.22 cantores, sobre la o de la casa de Dios 4399
Job 10.3 que deseches la o de tus manos, y que 3818
24.5 salen a su o madrugando para robar; el....... 6467
33.17 quitar al hombre de su o, y apartar del....... 4639
34.11 porque él pagará al hombre según su o 6467
34.19 pobre, porque todos son o de sus manos 4639
34.25 él hará notorias las o de ellos, cuando........ 4566
36.9 les dará a conocer la o de ellos, y que 6467
36.24 acuérdate de engrandecer su o, la cual 6467
37.7 que los hombres todos reconozcan su o 4639
Sal 8.3 cuando veo tus cielos, o de tus dedos........... 4639
8.6 hiciste señorear sobre las o de tus manos 4639
9.11 en Sion; publicad entre los pueblos sus o 5949
9.16 en la o de sus manos fue enlazado el malo..... 6467
14.1 se han corrompido, hacen o abominables 5949
17.4 cuanto a las o humanas, por la palabra
19.1 el firmamento anuncia la o de sus manos
28.4 dales conforme a su o, y conforme a la......... 4639
28.4 dales su...conforme a la o de sus manos 6467
28.5 no atendieron a...ni a la o de sus manos 6468
33.4 recta...toda su o es hecha con fidelidad 4640
33.15 él formó el...atento está a todas sus o........ 4640
44.1 han contado la o que hiciste en sus días 6467
46.8 venid, ved las o de Jehová, que ha puesto...... 4659
62.12 tú pagas a cada uno conforme a su o.......... 4639
64.9 anunciarán la o de Dios, y entenderán 6467
66.3 decid a Dios: ¡Cuán asombrosas...tus o! 4639
66.5 venid, y ved las o de Dios, temible en 4659
73.28 mi esperanza, para contar todas sus o 4399
77.11 me acordaré de las o de JAH; sí, haré 4611
77.12 meditaré en todas tus o, y hablaré de 6467
78.7 y no se olviden de las o de Dios; que 4611
78.11 sino que se olvidaron de sus o, y de........... 5949
86.8 ninguno hay como...ni o que igualen tus o 4639
90.16 aparezca en tus siervos tu o, y...gloria 6467
90.17 (2) la o de nuestras manos confirma 4639
92.4 con tus o; en las o de tus manos me, gozo. 6467,4639
92.5 ¡cuán grandes son tus o, oh Jehová! muy 4639
95.9 me tentaron...me probaron, y vieron mis o ... 6467
99.8 les fuiste un Dios...retribuidor de sus o
101.3 aborrezco la o de los que se desvían 6213
102.25 tierra, y los cielos son o de tus manos 4639
103.7 Moisés, y a los hijos de Israel sus o 5949
103.18 que se acuerdan...para ponerlos por o 6213
103.22 bendecid a Jehová, vosotras todas sus o..... 4639
104.13 del fruto de sus o se sacia la tierra 4639
104.24 cuán innumerables son tus o, oh Jehová!.... 4639
104.31 para siempre; alégrese Jehová en sus o 4639
105.1 dad a conocer sus o en los pueblos 5949
106.2 expresará las poderosas o de Jehová?
106.13 bien pronto olvidaron sus o...consejo 4639
106.29 provocaron la ira de Dios con sus o
106.35 se mezclaron con...aprendieron sus o 4639
106.39 se contaminaron así con sus o, y se 4639
107.22 ofrezcan...publiquen sus o con júbilo 4639
107.24 ellos han visto las o de Jehová, y sus 4639
111.2 grandes son las o de Jehová, buscadas 4639
111.3 gloria y hermosura es su o, y...justicia 6467
111.6 el poder de sus o manifestó a su pueblo 4639
111.7 las o de sus manos son verdad y juicio 4639
115.4 son plata y oro, o de manos de hombres...... 4639
118.17 sino que viviré, y contaré las o de JAH 4639
119.166 y tus mandamientos he puesto por o 6213
135.15 los ídolos de...o de manos de hombres...... 4639
138.8 Jehová...no desampares la o de tus manos... 4639
139.14 formidables, maravillosas son tus o 4639
141.4 corazón a cosa mala, a hacer o impías 5950
143.5 meditaba en...tus o...las o de tus manos 4639
145.4 generación a generación celebrará tus o..... 4639
145.9 y sus misericordias sobre todas sus o 4639
145.10 te alaben, oh Jehová, todas tus o, y.......... 4639
145.17 justo...misericordioso en todas sus o........ 4639
Pr 8.22 Jehová me poseía en el...antes de sus o 4659
10.16 o del justo es para vida; mas el fruto 6468
11.18 impío hace o falsa; mas el que siembra....... 6468
12.14 le será pagado según la o de sus manos
16.3 encomienda a Jehová tus o...pensamientos ... 4639
16.11 o suya con todas las pesas de la bolsa....... 4639
24.12 conocerá, y dará al hombre según sus o....... 6467
24.29 le...daré el pago al hombre según su o....... 6467
Ec 1.14 miré todas las o que se hacen debajo 4639
2.4 engrandecí mis o, edifiqué para mí casas......... 4639
2.11 miré...las o que habían hecho mis manos 4639
2.17 porque la o que se hace...era fastidiosa 4639
3.11 sin que alcance...a entender la o que ha 4639
4.3 las malas o que debajo del sol se hacen......... 4639
4.4 excelencia de o despierta la envidia del 4639
5.6 enoje...y que destruya la o de tus manos 4639
7.13 mira la o de Dios; porque ¿quién podrá 4639
8.11 no se ejecuta...Sentencia sobre la mala o 4639
8.14 sucede como si hicieran o de impíos, y 4639
8.14 acontece como si hicieran o de justos 4639
8.17 y he visto todas las o de Dios, que el 4639
8.17 alcanzar la o que debajo del sol se hace........ 4639
9.1 los sabios, y sus o, están en la mano de 5652
9.7 porque tus o ya son agradables a Dios 4639
9.10 en el sepulcro, adonde vas, no hay o, ni......... 4639
11.5 así ignoras la o de Dios, el cual hace 4639
12.14 Dios traerá toda o a juicio, juntamente 4639
Cnt 7.1 joyas, o de mano de excelente maestro 4639
Is 1.16 quitad la iniquidad de vuestras o de............ 4611
2.8 se han arrodillado ante la o de sus manos 4639

3.8 lengua de ellos y sus o han sido contra 4611
3.11 según las o de sus manos le será pagado
5.12 no miran la o de... ni consideran la o de 6467
5.19 apresúrese su o, y veamos; acérquese, y 4639
10.12 el Señor haya acabado toda su o en el 4639
12.4 haced célebres en los pueblos sus o 5949
19.14 hicieron errar a Egipto en toda su o 4639
19.25 el asirio o de mis manos, e Israel mi 4639
26.12 hiciste en nosotros todas nuestras o 4639
28.21 para hacer su o, su extraña o, y para 4639
29.15 o están en tinieblas, y dicen: ¿Quién 4639
29.16 ¿acaso la o dirá de su hacedor: No me 4639
29.23 porque verá a sus hijos, o de mis manos 4639
37.19 porque no eran dioses, sino o de manos 4639
41.24 que... sois nada, y vuestras o vanidad 6467
41.29 todos son vanidad, y... o de ellos nada 4639
45.9 ¿qué haces?; o tu o: ¿No tiene manos? 6467
45.11 mandadme... acerca de las o de mis manos .. 6467
54.16 y que saca la herramienta para su o 4639
57.12 publicaré tu justicia y tus o, que no 4639
59.6 para vestir, ni de sus o serán cubiertos 4639
59.6 sus o son o de iniquidad, y o de rapiña 4639
60.21 renuevos de mi plantío, o de mis manos 4639
61.8 tanto, afirmaré en verdad su o, y haré 6468
62.11 viene tu Salvador... delante de él su o 6468
64.8 así que o de tus manos somos... nosotros 4639
65.7 y les mediré su o antigua en su seno 6468
65.22 mis escogidos disfrutarán la o de sus 4639
66.18 yo conozco sus o y sus pensamientos 4639
Jer 1.12 apresuro mi palabra... ponerla por o
1.16 extraños, y la o de sus manos adoraron 4639
4.4 la apague, por la maldad de vuestras o 4611
4.18 camina y tus o te hicieron esto; esta 4611
7.3 mejorad vuestros caminos y vuestras o, y 4611
7.5 si mejorareis... vuestras o; si con verdad) 4611
7.13 por cuanto... habéis hecho todas estas o 4639
10.3 leño... o de manos de artífice con buril 4639
10.9 o del artífice, y de manos del fundidor 4639
10.9 vestirán de azul y... o de peritos es todo 4639
10.14 porque mentirosa es su o de fundición
10.15 vanidad son, o vana; al tiempo de su 4639
11.6 oíd las palabras de... y ponedlas por o 6213
11.18 me lo hizo saber... me hiciste ver sus o 4611
17.10 dar a cada uno... según el fruto de sus o 4611
18.11 camino, y mejore sus caminos y sus o 4611
21.12 mi ira no salga... por la maldad de... o 4611
21.14 os castigaré conforme al fruto de... o 4611
23.2 yo castigo la maldad de vuestras o, dice 4611
23.22 habrían hecho volver... maldad de sus o 4611
25.5 volveos... y de la maldad de vuestras o 4611
25.6 ni me provoquéis a ira con la o... manos 4639
25.7 para provocarme a ira con la o... manos 4639
25.14 pagaré... y conforme a la o de sus manos 4639
26.3 pienso hacerles por la maldad de sus o 4611
26.13 mejorad... vuestros caminos y vuestras o 4611
32.19 a cada uno... según el fruto de sus o 5950
32.30 provocarme a ira con la o de sus manos 4639
35.15 enmendad vuestras o, y no vayáis tras 4611
44.8 haciéndome enojar con las o de... manos 4639
44.17 pondremos por o toda palabra que ha 6213
44.22 a causa de la maldad de vuestras o, a 4611
44.25 votos, y ponéis vuestros votos por o
48.10 hiciere indolentemente la o de Jehová 4399
50.25 o de Jehová... en la tierra de los caldeos 4399
50.29 pagadle según su o; conforme a todo lo 6467
51.10 y contemos en Sion la o de Jehová... Dios 4639
51.18 vanidad son, o digna de burla; en el 4639
Lm 3.64 dales el pago... según la o de sus manos 4639
4.2 vasijas de barro, o de manos de alfarero! 4639
Ez 1.16 o era semejante al color del crisólito 4639
1.16 su apariencia y su o eran como rueda en 4639
6.6 destruidas, y vuestras o serán deshechas 4639
15.3 ¿tomarán... madera para hacer alguna o? 4399
15.4 medio se quemó; ¿servirá para o alguna? 4399
15.5 cuando estaba entera no servía para o 4399
15.5 quemada? ¿Servirá más para o alguna? 4399
16.30 cosas, o de una ramera desvergonzada 4639
20.19 guardad... preceptos, y ponedlos por o 6213
20.21 mis decretos para ponerlos por o, por 6213
20.24 porque no pusieron por o mis decretos 6213
20.44 según vuestras perversas o, oh... Israel 5949
21.24 vuestros pecados en todas vuestras o 5949
24.14 según tus caminos y tus o te juzgarán 5949
33.31,32 tus palabras... no las pondrán por o 6213
36.17 contaminó con sus caminos y con sus o 5949
36.19 caminos y conforme a sus o les juzgué 5949
36.27 en... mis preceptos, y los pongáis por o 6213
36.31 y de vuestras o que no fueron buenas 4611
37.24 estatutos guardarán, y... pondrán por o 6213
43.11 todas sus reglas, y las pongan por o 6213
Dn 4.37 porque todas sus o son verdaderas, y 4567
9.14 justo es Jehová... en todas sus o que ha 4639
Os 4.9 castigaré... le pagaré conforme a sus o 4611
7.2 ahora les rodearán sus o; delante de mí 4611
9.15 por la perversidad de sus o los echaré 4611
12.2 pleito tiene... pagará conforme a sus o 4611
13.2 han hecho... ídolos, toda o de artífices 4634
14.3 nunca... diremos a la o de nuestras manos 4639
Am 8.7 no me olvidaré jamás de todas sus o 4639
Mi 2.7 ¿se ha acortado el... ¿Son estas sus o? 4611
3.4 rostro... por cuanto hicisteis malvadas o 4611
5.13 nunca más te inclinarás a la o de tus 4639
6.16 y toda o de la casa de Acab; y en los 4639
7.13 y será asolada... por el fruto de sus o 4611
Hab 1.5 haré una o en vuestros días, que aun 6467
2.18 imágenes... confíe el hacedor en su o? 3336
3.2 aviva tu o en medio de los tiempos, en 6467
Sof 2.3 los que pusisteis por o su juicio

3.11 no serás avergonzada... ninguna de tus o 5949
Hag 2.14 asimismo toda o de sus manos; y todo 4639
2.17 con granizo en toda o de vuestras manos 4639
Zac 1.4 volveos ahora de... de vuestras malas o
1.6 pensó tratarnos... conforme a nuestras o 4611
Mt 5.16 **vean vuestras buenas o, y glorifiquen** *2041*
16.27 **Hijo... pagará a cada uno conforme a... o** *4234*
23.3 **mas no hagáis conforme a sus o, porque** *2041*
23.5 **hacen todas sus o para ser vistos por** *2041*
26.10 **mujer... ha hecho conmigo una buena o** *2041*
Mr 13.34 **dio... a cada uno su o, y al portero** *2041*
14.6 **qué la molestáis? Buena o me ha hecho** *2041*
Lc 13.32 **mañana, y al tercer día termino mi o**
24.19 poderoso en o y en palabra delante de
Jn 3.19 **amaron... las tinieblas... sus o eran malas** *2041*
3.20 **luz, para que sus o no sean reprendidas** *2041*
3.21 **manifiesto que sus o son hechas en Dios** *2041*
4.34 **que haga la voluntad... y que acabe su o** *2041*
5.20 **y mayores o que estas le mostrará, de** *2041*
5.36 **porque las o que el Padre me dio para** *2041*
5.36 **las... o que yo hago, dan testimonio de mí** *2041*
6.28 para poner en práctica las o de Dios? *2038*
6.29 **esta es la o de Dios, que creáis en el** *2041*
6.30 ¿qué señal, pues, haces... ¿Qué o haces? *2038*
7.3 que también tus discípulos vean las o *2041*
7.7 **yo testifico de él, que sus o son malas** *2041*
7.21 **dijo: Una o hice, y todos os maravilláis** *2041*
8.39 **si fueseis hijos... o de Abraham haríais** *2041*
8.41 **vosotros hacéis las o de vuestro padre** *2041*
9.3 **que las o de Dios se manifiesten en él** *2041*
9.4 **es necesario hacer las o del que me envió** *2038*
10.25 **las o que yo hago en nombre de mi Padre** *2041*
10.32 **muchas buenas o os he mostrado de mí** *2041*
10.33 por buena o no te apedreamos, sino por *2041*
10.37 **no hago las o de mi Padre, no me creáis** *2041*
10.38 **no me creáis a mí, creed a las o, para** *2041*
14.10 **el Padre que mora en mí, él hace las o** *2041*
14.11 **otra manera, creedme por las mismas o** *2041*
14.12 **las o que yo hago, él las hará también** *2041*
15.24 **hecho... o que ningún otro ha hecho, no** *2041*
17.4 **he acabado la o que me diste que hiciese** *2041*
Hch 5.38 o es de los hombres, se desvanecerá *2041*
7.22 Moisés... era poderoso en sus palabras y o *2041*
7.41 y en las o de sus manos se regocijaron *2041*
9.36 abundaba en buenas o y en limosnas que *2041*
13.2 apartadme a Bernabé... para la o a que los *2041*
13.41 yo hago una o en vuestros días, o que *2041*
14.26 encomendados... la o que habían cumplido ... *2041*
15.38 al que... no había ido con ellos a la o *2041*
26.20 haciendo o dignas de arrepentimiento *2041*
Ro 2.6 cual pagará a cada uno conforme a sus o *2041*
2.15 la o de la ley escrita en sus corazones *2041*
3.20 por las o de la ley ningún... justificado *2041*
3.27 ¿por cuál ley? ¿Por la de las o? No, sino *2041*
3.28 justificado por fe sin las o de la ley *2041*
4.2 si Abraham fue justificado por... o, tiene *2041*
4.6 del... a quien Dios atribuye justicia sin o *2041*
8.13 por el... hacéis morir las o de la carne *4234*
9.11 Dios... no por las o sino por el que llama *2041*
9.32 como por o de la ley, pues tropezaron *2041*
11.6 y si por gracia, ya no es por o; de otra *2041*
11.6 por o, ya no es gracia; de otra manera *2041*
11.6 gracia; de otra manera la o ya no es o *2041*
13.12 desechemos, pues, las o de las tinieblas *2041*
14.20 no destruyas la o de Dios por causa de *2041*
15.18 ha hecho... con la palabra y con las o *2041*
1 Co 3.13 la o de cada uno se hará manifiesta *2041*
3.13 y la o de cada uno cuál sea, el fuego la *2041*
3.14 si permaneciere la o de... que sobreedificó *2041*
3.15 si la o de alguno se quemare, él sufrirá *2041*
9.1 ¿no... ¿No sois vosotros mi o en el Señor? *2041*
15.58 creciendo en la o del Señor siempre *2041*
16.10 porque él hace la o del Señor así como yo *2041*
2 Co 8.6 acabe también entre vosotros esta o *2041*
9.8 fin de que... abundéis para toda buena o *2041*
10.16 más allá... sin entrar en la o de otro
11.15 como... cuyo fin será conforme a sus o *2041*
Gá 2.16 el hombre no es justificado por las o *2041*
2.16 la fe de Cristo y no por las o de la ley *2041*
2.16 las o de la ley nadie será justificado *2041*
3.2 ¿recibisteis el Espíritu por las o de la *2041*
3.5 ¿lo hace por las o de la ley, o por el oír *2041*
3.10 los que dependen de las o de la ley están *2041*
5.19 manifiestas son las o de la carne, que *2041*
6.4 cada uno someta a prueba su propia o, y *2041*
Ef 2.9 no por o, para que nadie se glorie *2041*
2.10 creados en Cristo Jesús para buenas o *2041*
4.12 perfeccionar a los santos para la o del *2041*
5.11 no participéis en las o infructuosas de *2041*
Fil 1.6 el que comenzó en vosotros la buena o *2041*
1.22 si el vivir... resulta... beneficio de la o *2041*
2.30 por la o de Cristo estuvo próximo a la *2041*
Col 1.10 llevando fruto en toda buena o, y *2041*
1.21 extraños y enemigos... haciendo malas o *2041*
1 Ts 1.3 acordándonos... de la o de vuestra fe *2041*
5.13 tengáis en mucha estima... causa de su o *2041*
2 Ts 1.11 y cumpla... toda o de fe con su poder *2041*
2.9 cuyo advenimiento es por o de Satanás *1753*
2.17 os confirme en toda buena palabra y o *2041*
1 Ti 2.10 sino con buenas o, como corresponde *2041*
3.1 si alguno anhela obispado, buena o desea *2041*
5.10 que tenga testimonio de buenas o; si ha *2041*
5.10 si ha criado... practicado toda buena o *2041*
5.25 se hacen manifiestas las buenas o; y las *2041*
6.18 hagan bien, que sean ricos en buenas o *2041*
2 Ti 1.9 no conforme a nuestras o, sino según *2041*
2.21 útil al... y dispuesto para toda buena o *2041*
3.17 enteramente preparados para toda buena o .. *2041*

4.5 pero tú... haz o de evangelista, cumple tu *2041*
4.18 el Señor me librará de toda o mala, y me *2041*
Tit 1.16 reprobados en cuanto a toda buena o *2041*
2.7 presentándote... como ejemplo de buenas o *2041*
2.14 un pueblo propio, celoso de buenas o *2041*
3.1 que obedezcan... dispuestos a toda buena o *2041*
3.5 salvó, no por o de justicia que nosotros *2041*
3.8 creen en... procuren ocuparse en buenas o *2041*
3.14 aprendan... a ocuparse en buenas o para *2041*
He 1.10 Señor... los cielos son o de tus manos *2041*
2.7 le pusiste sobre las o de tus manos; todo *2041*
3.9 me probaron, y vieron mis o cuarenta años *2041*
4.3 aunque las o suyas estaban acabadas desde *2041*
4.4 dijo... Y reposó Dios de todas sus o en el *2041*
4.10 ha reposado de sus o, como Dios de las *2041*
6.1 del arrepentimiento de o muertas, de la *2041*
6.10 Dios no es injusto para olvidar... o y el *2041*
9.14 limpiará... conciencias de o muertas para *2041*
10.24 estimularnos al amor y a las buenas o *2041*
13.21 os haga aptos en toda o buena para que *2041*
Stg 1.4 mas tenga la paciencia su o completa *2041*
1.25 hacedor de la o... será bienaventurado en *2041*
2.14 alguno dice que tiene fe, y no tiene o? *2041*
2.17 la fe, si no tiene o, es muerta en sí *2041*
2.18 tú tienes fe, y yo tengo o... Muéstrame tu *2041*
2.18 muéstrame tu fe sin tus o, y yo te *2041*
2.18 muéstrame... te mostraré mi fe por mis o *2041*
2.20 quieres saber... que la fe sin o es muerta? *2041*
2.21 ¿no fue justificado por las o Abraham *2041*
2.22 ¿no ves que la fe actuó... con sus o, y *2041*
2.22 que la fe se perfeccionó por las o? *2041*
2.24 que el hombre es justificado por las o *2041*
2.25 Rahab... ¿no fue justificada por o, cuando *2041*
2.26 porque... también la fe sin o está muerta *2041*
3.13 muestre por... sus o en sabia mansedumbre ... *2041*
3.16 donde hay celos y... hay... toda o perversa *4229*
1 P 1.17 Padre... juzga según la o de cada uno *2041*
2.12 a Dios... al considerar vuestras buenas o *2041*
2 P 3.10 las o que en ella hay serán quemadas *2041*
1 Jn 3.8 Hijo... para deshacer las o del diablo *2041*
3.12 sus o eran malas, y las de su hermano *2041*
2 Jn 11 que le dice... participa en sus malas o *2041*
3 Jn 10 las o que hace parloteando con palabras *2041*
Jud 15 de todas sus o impías que han hecho *2041*
Ap 2.2 **yo conozco tus o, y tu arduo trabajo y** *2041*
2.5 **arrepiéntete, y haz las primeras o; pues** *2041*
2.6 **que aborreces las o de los nicolaítas, las** *2041*
2.9 **yo conozco tus o, y tu tribulación, y tu** *2041*
2.13 **yo conozco tus o, y dónde moras, donde** *2041*
2.19 **conozco tus o, y amor, y fe, y servicio** *2041*
2.19 **tus o postreras son más que las primeras** *2041*
2.22 **si no se arrepienten de las o de ella** *2041*
2.23 **y os daré a cada uno según vuestras o** *2041*
2.26 **al que venciere y guardare mis o hasta** *2041*
3.1 **conozco tus o, que tienes nombre de que** *2041*
3.2 **no he hallado tus o perfectas delante de** *2041*
3.8 **conozco tus o; he aquí, he puesto delante** *2041*
3.15 **yo conozco tus o, que ni eres frío ni** *2041*
9.20 ni aun así se arrepintieron de las o de *2041*
14.13 descansarán de... sus o con ellos siguen *2041*
15.3 grandes y maravillosas son tus o, Señor *2041*
16.11 dolores... no se arrepintieron de sus o *2041*
18.6 dadle a ella... pagadle doble según sus o *2041*
20.12 juzgados los muertos por... según sus o *2041*
20.13 fueron juzgados cada uno según sus o *2041*
22.12 **recompensar a cada uno según sea su o** *2041*

OBRAR

Nm 5.24,27 las aguas que *obran* maldición
2 Cr 11.23 *obró* sagazmente, y esparció a todos
Sal 74.12 *obra* salvación en medio de la tierra 6466
Pr 21.24 presuntuoso que *obra* en la insolencia 6213
Jer 7.19 ¿no *obran* más bien ellos mismos su
Ro 4.4 al que *obra*, no se le cuenta el salario *2038*
4.5 al que no *obra*, sino cree en aquel que *2038*
7.5 pasiones... *obraban* en nuestros miembros *1754*
Gá 5.6 vale... sino la fe que *obra* por el amor *1754*
Stg 1.20 ira del hombre no *obra* la justicia *2716*

OBRERO

1 Cr 22.15 tienes contigo muchos o, canteros 2796
Ez 27.9 hábiles o calafateaban tus junturas
Mt 9.37 **la mies es mucha, mas los o pocos** *2040*
9.38 **rogad... al Señor... que envíe o a su mies** *2040*
10.10 **porque el o es digno de su alimento** *2040*
20.1 **que salió... a contratar o para su viña** *2040*
20.2 **convenido con los o en un denario al día** *2040*
20.8 **dijo... Llama a los o y págales el jornal** *2040*
Lc 10.2 **la mies... es mucha, mas los o pocos** *2040*
10.2 **rogad al Señor de... que envíe o a su mies** *2040*
10.7 **porque el o es digno de su salario... No** *2040*
Hch 19.25 reunidos con los o del mismo oficio *2040*
2 Co 11.13 falsos apóstoles, o fraudulentos *2040*
Fil 3.2 guardaos de los malos o, guardaos de *2040*
1 Ti 5.18 dice... Digno es el o de su salario *2040*
2 Ti 2.15 o que no tiene de qué avergonzarse *2040*
Stg 5.4 he aquí, clama el jornal de los o que *2040*

OBSEQUIAR

Neh 8.12 pueblo se fue... a *obsequiar* porciones

OBSERVAR

Éx 2.11 y *observó* a un egipcio que golpeaba a 7200
20.18 todo el pueblo *observaba* el estruendo 7200
Nm 13.18 y *observad* la tierra cómo es, y el 7200
Dt 9.13 he *observado* a ese pueblo, y he aquí 7200
24.8 ten cuidado de *observar*... y hacer según 8104
1 S 1.12 Elí estaba *observando* la boca de ella 8104
6.9 y *observaréis*; si sube por el camino de 7200

O

23.23 *observad*, pues, e informaos de todos......... 7200
1 R 2.3 andando en... *observando* sus estatutos........ 8104
3.21 lo *observé* por la mañana, y vi que no........... 995
2 R 21.6 y se dio a *observar* los tiempos, y 6049
2 Cr 33.6 y *observaba* los tiempos, miraba en.......... 6049
Neh 2.13 *observé* los muros de Jerusalén que.......... 7663
2.15 subí de noche... y *observé* el muro, y di 7663
Job 10.14 si pequé, tú me has *observado*, y no 8104
13.27 el cepo, y *observas* todos mis caminos 8104
39.29 presa; sus ojos *observan* de muy lejos 5027
Sal 22.17 entre tanto... me miran y me *observan* 7200
37.10 *observarás* su lugar, y no estará allí 995
68.16 ¿por qué *observáis*, oh montes altos, al
142.4 mira a mi diestra y *observa*, pues no 7200
Ec 11.4 el que al viento *observa*, no sembrará 8104
Is 47.13 los que *observan* las estrellas, los
Lc 14.7 *observando* cómo escogían los primeros
Hch 7.31 acercándose para *observar*, vino a él *2657*
17.22 en todo *observo* que sois muy religiosos *2334*
21.21 enseñas a... ni *observen* las costumbres

OBSTÁCULO
Esd 6.9 les sea dado día por día sin o alguno
1 Co 9.12 por no poner ningún o al evangelio *1464*

OBSTANTE
2 R 8.22 no o, Edom se libertó del dominio
2 Cr 21.10 no o, Edom se libertó del dominio
28.21 no o que despojó Acaz la casa de Jehová
Job 3.26 no o, me vino turbación
13.15 no o, defenderé delante de él mis caminos
17.9 no o, proseguirá el justo su camino
Jer 5.18 no o... no os destruiré del todo................ 1571
5.23 no o, este pueblo tiene corazón falso y rebelde
16.14 no o, he aquí vienen días, dice Jehová........ 3651
17.24 no o, si vosotros me obedeciereis, dice Jehová
20.9 no o, había en mi corazón como un fuego ardiente
35.11 no o... Nabucodonosor rey de Babilonia subió
52.11 no o, el rey de Babilonia sólo le sacó los ojos
Ro 5.14 no o... desde Adán hasta Moisés................ *235*
2 Co 4.16 se va desgastando, el interior no o............ *235*
Fil 1.18 que no o... Cristo es anunciado; y.............. *4133*
Col 2.5 no o en espíritu estoy con vosotros *235*
Jud 8 no o,... rechazan la autoridad y blasfeman...... *3668*

OBSTINACIÓN
1 S 15.23 como... como ídolos e idolatría la o 6484
Jer 23.17 que anda tras las o de su corazón 8307

OBSTINADAMENTE
1 R 9.6 mas si o os apartareis de mí vosotros

OBSTINAR
Éx 9.34 se *obstinó* en pecar, y endurecieron
Nm 14.44 se *obstinaron* en subir a la cima del
Dt 2.30 tu Dios había... *obstinado* su corazón........... 553
Jue 2.19 no se apartaban de... *obstinado* camino...... 7186
2 Cr 36.13 *obstinó* su corazón... no volverse a 553
Sal 64.5 *obstinados* en su inicuo designio.............. 2388
Ez 3.7 toda la casa de Israel es... *obstinada*

OBSTRUIR
Ez 39.11 *obstruirá* el paso a los transeúntes 2629

OBTENER
Gn 31.18 el ganado de su... que había *obtenido*........ 7408
Éx 28 38 que *obtengan* gracia delante de Jehová
Lv 4.20 hará... expiación... y *obtendrán* perdón
6.7 y *obtendrá* perdón de cualquiera de todas
Jos 21.4 *obtuvieron* por suerte de la tribu de 1486
21.5 hijos de Coat *obtuvieron*... diez ciudades
21.6 *obtuvieron* por suerte... trece ciudades
21.7 los hijos de Merari... *obtuvieron* de... Gad
21.10 cuales *obtuvieron* los hijos de Aarón de 7223
Est 5.2 Ester... *obtuvo* gracia ante sus ojos 5372
Pr 3.13 el hombre... que *obtiene* la inteligencia........ 6329
Ez 22.27 lobos... para *obtener* ganancias injustas...... 1214
Dn 2.49 solicité... y *obtuvo* que pusiera sobre
Hch 8.20 el don de Dios se *obtiene* con dinero
17.9 *obtenida* fianza de Jasón... los soltaron........ *2983*
19.25 que de este oficio *obtenemos*... riqueza *2076*
26.22 *obtenido* auxilio de Dios, persevero........... *5177*
1 Co 9.24 corred... tal manera que lo *obtengáis*........ *2638*
2 Ti 2.10 ellos... *obtengan* la salvación qué es *5177*
He 9.12 habiendo *obtenido* eterna redención.......... *2147*
10.36 hecho la voluntad de Dios, *obtengáis* *2865*
11.35 a fin de *obtener* mejor resurrección *5177*
1 P 1.9 *obteniendo* el fin de vuestra fe, que *2865*

OCASIÓN
Gn 12.19 poniéndome en o de tomarla para mí
Jue 9.33 harás con él según se presente la o........... 4672
14.4 él buscaba o contra los filisteos; pues.......... 8385
1 S 9.24 para esta o se te guardó, cuando dije 4150
2 S 23.8 Adino... mató a 800 hombres en una o 6471
2 R 5.7 considerad ahora, y ved cómo busca o
Ec 9.11 sino que tiempo y o acontecen a todos......... 6294
Dn 6.4 gobernadores... buscaban o para acusar a 5931
6.4 no podían hallar o alguna o falta, porque 5931
6.5 no hallaremos... o alguna para acusarle, si..... 5931
Mt 5.29 **ojo derecho te es o de caer, sácalo**
5.30 **tu mano derecha te es o de caer, córtala**
18.8 **mano o tu pie te es o de caer, córtalo**
18.9 **y si tu ojo te es o de caer, sácalo y**
Mr 9.43 **si tu mano te fuere o de caer, córtala**
9.45 **y si tu pie te fuere o de caer, córtalo**
Lc 21.13 **y esto os será o para dar testimonio**
Ro 7.8,11 pecado, tomando o por el mandamiento...... *874*
14.13 decidid no poner... o de caer al hermano..... *4625*
2 Co 5.12 os damos o de gloriaros por nosotros......... *874*
6.3 no damos a nadie ninguna o de tropiezo........ *4349*
11.12 hago, lo haré aún, para quitar la o a........... *874*
Gá 5.13 que no uséis la libertad como o para........... *874*
1 Ts 5.1 acerca de los tiempos y de las o, no *874*
1 Ti 5.14 no den al... ninguna o de maledicencia *874*

OCASIONAR
1 S 22.22 he *ocasionado* la muerte a todas las 5437

OCASO
Sal 104.19 hizo la luna... el sol conoce su o

OCCIDENTAL
Éx 10.19 trajo... viento o, y quitó la langosta........... 3220
27.12 el ancho del atrio, del lado o, tendrá 3220
36.27 para el lado o del tabernáculo hizo 6
Nm 34.6 el límite o será el Mar Grande; este 3220
34.6 Mar Grande; este límite será el límite o 3220
Dt 11.24 desde el río Eufrates hasta el mar o
34.2 toda la tierra de Judá hasta el mar o
Ez 45.7 desde el extremo o... desde el límite o 3220
47.20 el Mar Grande será... este será el lado o 3220
48.1 tendrá Dan... el lado oriental hasta el o 3220
48.21 occidente... hasta el límite o, delante 3220
48.34 al lado, o cuatro mil quinientas cañas 3220
Jl 2.20 su fin al mar o; y exhalará su hedor
Zac 14.8 otra mitad hacia el mar o, en verano

OCCIDENTE
Gn 12.8 tienda, teniendo a Bet-el al o y Hai............ 3220
13.14 alza ahora tus ojos, y mira al... y al o......... 3220
28.14 extenderás al o, al oriente, al norte y......... 3220
Éx 26.22,27 posterior del tabernáculo, al o............ 3220
36.32 posterior del tabernáculo hacia el o.......... 3220
38.12 del lado del o, cortinas de 50 codos........... 3220
Nm 2.18 bandera del campamento de Efraín... o 3220
3.23 las familias de Gersón acamparán... al o...... 3220
34.5 límite desde... y sus remates serán al o
35.5 al lado del o dos mil codos, y al lado 3220
Dt 11.30 camino del o en la tierra del cananeo
33.23 Neftalí, saciado... posee el o y el sur........... 3220
Jos 5.1 los reyes... al otro lado del Jordán al o......... 3220
8.9 ellos se fueron a la emboscada... o de Hai 3220
8.12 los puso en emboscada... al o de la ciudad..... 3220
8.13 su emboscada al o de la ciudad, y Josué 3220
11.2 los reyes... en las regiones de Dor al o.......... 3220
11.3 al cananeo que estaba al oriente y al o 3220
12.7 reyes... que derrotaron Josué... hacia el o 3220
15.8 enfrente del valle de Hinom hacia el o.......... 3220
15.10 gira este... hacia el o al monte de Seir 3220
15.12 límite del o es el Mar Grande... Este fue 3220
16.3 y baja hacia el o al territorio de los............ 3220
18.12 sube... al monte hacia el o, y viene a.......... 3220
18.14 tuerce hacia el... Este es el lado del o......... 3220
18.15 y sale al o, a la fuente de las aguas 3220
19.11 su límite sube hacia el o a Marala, y
19.26 y Miscal; y llega hasta Carmelo al o 3220
19.34 giraba el límite hacia el o... a Hucoc 3220
19.34 y al o confinaba con Aser, y con Judá 3220
22.7 la otra mitad dio Josué heredad... al o.......... 3220
Jue 18.12 de Dan... está al o de Quiriat-jearim
1 R 7.25 tres miraban al o, tres miraban al............. 3220
1 Cr 7.28 a la parte del o Gezer y sus aldeas 4628
9.24 estaban los porteros... al oriente, al o 3220
26.16 Supim y Hosa, la del o, la puerta de 4628
26.18 en la cámara de los utensilios al o, 4 4628
26.30 gobernaban a Israel... al o, en toda la 4628
2 Cr 4.4 doce bueyes... tres al o, tres al sur 3220
32.30 condujo el agua hacia el o de la ciudad....... 4628
33.14 edificó el muro... al o de Gihón, en el......... 4628
Job 18.20 sobre su día se espantarán los de o
23.8 he aquí yo iré... al o, y no lo percibiré
Sal 75.6 ni de o, ni... viene el enaltecimiento........... 4628
103.12 cuanto está lejos el oriente del o 4628
107.3 los ha congregado... del oriente y del o....... 4628
Is 11.14 volarán sobre... de los filisteos al o............ 3220
43.5 del oriente traerá... y del o te recogeré......... 4628
49.12 aquí éstos del norte y del o, y éstos 3220
59.19 temerán desde el o el nombre de Jehová 4628
Ez 41.12 espacio abierto al lado del o era de 3220
42.19 al lado del o, y midió quinientas cañas 3220
46.19 allí un lugar en el fondo del lado de o 3220
47.20 del lado del o del Mar Grande será el 3220
48.10 porción... de diez mil de anchura al o 3220
48.16 y al lado del o cuatro mil quinientas........... 3220
48.17 el ejido... de doscientas cincuenta al o......... 3220
48.18 diez mil al o, que será lo que quedará 3220
48.21 y al o delante de las 25.000 hasta el........... 3220
Os 11.10 los hijos vendrán temblando desde el o 3220
Zac 14.4 se partirá... el oriente y hacia el o............ 3220
Mt 8.11 **vendrán muchos del oriente y del o, y**......... *1424*
24.27 **que sale del... y se muestra hasta el o**........ *1424*
Lc 13.29 **porque vendrán del oriente y del o**........... *1424*
Ap 21.13 sur tres puertas; al o tres puertas............. *1424*

OCHENTA
Éx 7.7 era Moisés de edad de o años, y Aarón 8084
Jue 3.30 subyugado... y reposó la tierra o años......... 8084
2 S 19.32 era Barzilai... de o años, y él había 8084
19.35 de edad de o años soy este día... ¿Podré...... 8084
2 R 6.25 cabeza de un... se vendía por o piezas........ 8084
10.24 Jehú puso fuera a o hombres, y les dijo....... 8084
1 Cr 15.9 Eliel el principal... sus hermanos o 8084
2 Cr 26.17 Azarías, y con él o sacerdotes de 8084
Esd 8.8 Zebadías hijo de Micael, y con él o 8084
Sal 90.10 y si en los más robustos son o años.......... 8084
Cnt 6.8 o las concubinas, y las doncellas sin........... 8084
Jer 41.5 que venían... o hombres, raída la barba 8084
Lc 16.7 **le dijo: Toma tu cuenta, y escribe o**............ *3589*

OCHENTA MIL
1 R 5.15 tenía... *80.000* cortadores en el monte......... 8084
2 Cr 2.2 y *80.000* hombres que cortasen en los......... 8084
2.18 señaló... *80.000* canteros,en la montaña........ 8084

OCHENTA Y CINCO
Jos 14.10 he aquí, hoy soy de edad de *85* años 8084
1 S 22.18 mató en aquel día a *85* varones que.......... 8084

OCHENTA Y CUATRO
Lc 2.37 viuda hacía *84* años; y no se apartaba *3589*

OCHENTA Y SEIS
Gn 16.16 era Abram de edad de *86* años, cuando...... 8084

OCHENTA Y SIETE MIL
1 Cr 7.5 familias de Isacar... *87.000* hombres 8084

OCHENTA Y TRES
Éx 7.7 Aarón de edad de *83*, cuando hablaron......... 8084

OCHO
Gn 17.12 de edad de o días será circuncidado......... 8083
21.4 circuncidó Abraham a... Isaac de o días....... 8083
22.23 son los o hijos que dio a luz Milca, de......... 8083
Éx 26.25 o tablas, con sus basas de plata, 16........... 8083
36.30 eran... o tablas, y sus basas de plata 8083
Nm 7.8 y a los hijos de Merari dio... o bueyes 8083
29.29 el sexto día, o becerros, dos carneros 8083
Jue 3.8 y sirvieron... a Cusan-risataim o años 8083
12.14 tuvo 40 hijos... y juzgó a Israel o años 8083
1 S 17.12 de Belén... Isaí, el cual tenía o hijos 8083
1 R 7.10 cimiento era de... piedras de o codos 8083
2 R 8.17 comenzó... y o años reinó... en Jerusalén 8083
22.1 Josías comenzó a reinar era de o años 8083
1 Cr 24.4 de Itamar, por sus casas paternas, o 8083
2 Cr 21.5 era de 32 años, y reinó en... o años 8083
21.20 y reinó en Jerusalén o años; y murió 8083
29.17 los o del mismo mes vinieron al pórtico 8083
29.17 y santificaron la casa de... en o días.......... 8083
34.1 de o años era Josías cuando comenzó a 8083
34.3 a los o años de su reinado, siendo aún......... 8083
36.9 de o años era Joaquín cuando comenzó a 8083
Ec 11.2 reparte a siete, y aun a o; porque no 8083
Jer 41.15 pero Ismael... escapó... con o hombres 8083
Ez 40.9 midió... entrada del portal, de o codos.......... 8083
40.31,34,37 sus gradas eran de o peldaños.......... 8083
40.41 o mesas, sobre las cuales degollarán las 8083
Mi 5.5 levantaremos... y o hombres principales 8083
Lc 2.21 cumplidos los o días para circuncidar *3638*
9.28 o días después... que tomó a Pedro, a Juan *3638*
Jn 20.26 o días después, estaban otra vez sus.......... *3638*
Hch 9.33 que hacía o años que estaba en cama........ *3638*
25.6 y deteniéndose... no más de o o diez días
1 P 3.20 pocas personas... o, fueron salvadas.......... *3638*

OCHOCIENTOS
Gn 5.4 los días de Adán después que... *800* años .. 8083,3967
5.19 vivió Jared, después que engendró... *800* 8083
2 S 23.8 era Adino el... que mató a *800* hombres 8083

OCHOCIENTOS CUARENTA
Gn 5.13 vivió Cainán, después
que... *840* años, y........................ 8083,3967,705

OCHOCIENTOS CUARENTA Y CINCO
Neh 7.13 los hijos de Zatu, *845*........... 8083,3967,705,2568

OCHOCIENTOS MIL
2 S 24.9 fueron los de Israel *800.000* hombres ... 8083,3967,505
2 Cr 13.3 él con *800.000* hombres escogidos... 8083,3967,505

OCHOCIENTOS NOVENTA Y CINCO
Gn 5.17 todos los días de
Mahalaleel *895* años................ 8083,3967,8573,2568

OCHOCIENTOS QUINCE
Gn 5.10 y vivió Enós, después
que... *815* años.................. 8083,3967,6240,2568

OCHOCIENTOS SIETE
Gn 5.7 Set, después que... *807* años,
y engendró 8083,3967,7651

OCHOCIENTOS TREINTA
Gn 5.16 y vivió Mahalaleel,
después... *830* años 8083,3967,7970

OCHOCIENTOS TREINTA Y DOS
Jer 52.29 llevó cautivas de
Jerusalén a *832*.................... 8083,3967,7970,8147

OCHOCIENTOS VEINTIDÓS
Neh 11.12 que hacían la obra de
la casa, *822* 8083,3967,6242,8147

OCHO MIL QUINIENTOS OCHENTA
Nm 4.48 las contados dé ellos fueron
8.580.......................... 8083,505,2568,3967,8084

OCHO MIL SEISCIENTOS
Nm 3.28 de todos los varones de un
mes... *8.600* 8083,505,8337,3967

OCIOSIDAD
Ez 16.49 abundancia de o tuvieron ella y sus 8252

OCIOSO, A
Éx 5.8 porque están o, por eso levantan la voz 7504
5.17 estáis o, sí, o, y por eso decís: Vamos 7504
Jue 9.4 alquiló hombres o y vagabundos, que le 7386
11.3 Jefté, y se juntaron con él hombres o.......... 7386

18.7 el pueblo... estaba seguro, o y confiado 983
Pr 28.19 sigue a los o se llenará de pobreza 7386
Mt 12.36 **palabra o que hablen los hombres, de** *692*
Hch 17.5 consigo a algunos o, hombres malos *60*
1 Ts 5.14 os rogamos... que amonestéis a los o• *813*
1 Ti 5.13 aprenden a ser o... y no solamente o *692*
Tit 1.12 cretenses... malas bestias, glotones o *692*
2 P 1.8 no os dejarán estar o ni sin fruto en *692*

OCOZÍAS

1. Rey de Israel, hijo y sucesor de Acab
1 R 22.40 durmió Acab... en su lugar *O* su hijo 274
22.49 *O*... dijo a Josafat: Vayan mis siervos 274
22.51 *O* hijo... comenzó a reinar sobre Israel 274
2 R 1.2 *O* cayó por la ventana de una sala de 274
1.17 reinó en... Joram... porque *O* no tenía hijo
1.18 demás hechos de *O*, ¿no están escritos en 274
2 Cr 20.35 Josafat rey... trabó amistad con *O* 274
20.37 por cuanto has hecho compañía con *O* 274
2. Rey de Judá, hijo y sucesor de Joram
2 R 8.24 durmió Joram... reinó en lugar suyo *O* 274
8.25 comenzó a reinar *O* hijo de Joram, rey de 274
8.26 de 22 años era *O* cuando comenzó a reinar 274
8.29 descendió *O*... a visitar a Joram hijo de 274
9.16 también estaba *O*... que había descendido 274
9.21 salieron Joram rey de Israel y *O* rey de 274
9.23 Joram... huyó, y dijo a *O*: ¡Traición, *O*! 274
9.27 viendo esto *O*... huyó por el camino de la 274
9.27 herid... Y *O* huyó a Meguido, pero murió 274
9.29 año de... comenzó a reinar *O* sobre Judá 274
10.13 halló allí a los hermanos de *O* rey de 274
10.13 somos hermanos de *O*, y hemos venido a 274
11.1 cuando Atalía madre de *O* vio que su hijo 274
11.2 hermana de *O*, tomó a Joás hijo de *O* y 274
12.18 las ofrendas que habían dedicado... y *O* 274
13.1 en el año 23 de Joás hijo de *O*, rey de 274
14.13 hijo de Joás hijo de *O*, en Bet-semes 274
1 Cr 3.11 fue Joram, cuyo hijo fue *O*, hijo del 274
2 Cr 22.1 hicieron rey en... a *O* su hijo menor 274
22.1 por lo cual reinó *O*, hijo de Joram rey 274
22.2 cuando *O* comenzó a reinar era de 42 años 274
22.6 descendió *O*... para visitar a Joram, rey 5838
22.7 para que *O* fuese destruido viniendo a 274
22.8 de los hermanos de *O*, que servían a *O* 274
22.9 buscando a *O*... escondido en Samaria, lo 274
22.9 la casa de *O* no tenía fuerzas para poder 274
22.10 Atalía madre de *O*, viendo que su hijo 274
22.11 pero Josabet... tomó a Joás hijo de *O*, y 274
22.11 Josabet, hija del rey... era hermana de *O* 274

OCRÁN *Padre de Pagiel príncipe de Aser,*
Nm 1.13; 2.27; 7.72,77; 10.26 5918

OCTAVA *(s.)*
1 Cr 15.21 tenían arpas afinadas en la o para

OCTAVO, A *(adj.)*
Éx 22.30 con su madre, y al o día me lo darás 8066
Lv 9.1 en el día o, Moisés llamó a Aarón y a 8066
12.3 y al o día se circuncidará al niño 8066
14.10 día o tomará dos corderos sin defecto 8066
14.23 o día de su purificación traerá estas 8066
15.14,29 el o día tomará dos tórtolas o dos 8066
22.27 desde el o día en adelante será acepto 8066
23.36 el o día tendréis santa convocación 8066
23.39 y el o día será también día de reposo 8066
25.22 y sembraréis el año o, y comeréis del 8066
Nm 6.10 y el día o traerá dos tórtolas o dos 8066
7.54 el o día, el príncipe de los hijos de 8066
29.35 el o día tendréis solemnidad; ninguna 8066
1 R 6.38 el mes de Bul, que es el mes o, fue 8066
8.66 y al o día despidió al pueblo; y ellos 8066
12.32 Jeroboam fiesta solemne en el mes o, a 8066
12.33 sacrificó... los quince días del mes o 8066
2 R 24.12 prendió... en el o año de su reinado 8083
1 Cr 12.12 Johanán el o, Elzabad el noveno 8066
24.10 la séptima a Cos, la o a Abías 8066
25.15 la o para Jesahías, con sus hijos y sus 8066
26.5 o Peultai; porque Dios había bendecido 8066
27.11 el o para el o mes era Sibecai husatita 8066
2 Cr 7.9 al o día hicieron solemne asamblea 8066
Neh 8.18 o día fue de solemne asamblea, según 8066
Ez 43.27 del o día en adelante, los sacerdotes 8066
Zac 1.1 en el o mes del año segundo de Darío 8066
Lc 1.59 al o día vinieron para circuncidar al *3590*
Hch 7.8 engendró a... y le circuncidó al o día *3590*
Fil 3.5 circuncidado al o día, del linaje de *3637*
Ap 17.11 la bestia que era, y no es, es... el o *3590*
21.20 el o, berilo; el noveno, topacio; el *3590*

OCULTAR
Éx 2.3 no pudiendo *ocultarle* más tiempo, tomó 6945
40.21 y *ocultó* el arca del testimonio, como 5526
1 S 23.23 informaos de todos... donde se *oculta* 2244
2 R 11.2 lo *ocultó* de Atalía, a él y a su ama 5641
Job 20.12 mal... lo *ocultaba* debajo de su lengua 3582
Sal 27.5 el... me *ocultará* en lo reservado de su 6845
40.10 no *oculté* tu misericordia y tu verdad 3582
55.12 un enemigo... me hubiera *ocultado* de él 5641
Is 59.2 hecho *ocultar* de vosotros su rostro 5641
Jer 16.17 sus caminos... no se me *ocultaron*, ni 5641
23.24 ¿se *ocultará* alguno... en escondrijos que 5641
35.11 venid, y *ocultémonos* en Jerusalén, de
Jn 12.36 cosas habló Jesús... fue y se *ocultó* *2928*
Hch 1.9 y una nube que le *ocultó* de sus ojos

OCULTAMENTE
Nm 5.13 por haberse ella amancillado o 5956
Dt 27.24 maldito el que hiriere a su prójimo o 5643
28.57 los comerá o, por la carencia de todo 5643

OCULTO, A
Lv 4.13 y el yerro estuviere o a los ojos del 5956
Dt 27.15 hiciere escultura... y la pusiere en o 5643
1 S 19.2 Saúl... estate en lugar o y escóndete 5643
Job 4.12 el asunto también me era a mí o; mas 1589
24.1 no son o los tiempos al Todopoderoso 6845
28.21 encubierta... a toda ave del cielo es o 5641
39.8 lo o de los montes es su pasto, y anda 3491
40.21 se echará... en lo o de las cañas y de 5643
Sal 10.9 acecha en o, como el león desde su 4565
11.2 asaetear en o a los rectos de corazón
19.12 errores? Líbrame de los que me son o 5641
38.9 todos mis deseos, y mi suspiro no te es o 5641
69.5 tú conoces mi... mis pecados no te son o 3582
139.15 que en o fui formado, y entretejido en 5643
Pr 9.17 dulces, y el pan comido en o es sabroso 5643
27.5 mejor es reprensión manifiesta... amor o 5641
30.18 tres cosas me son o; aun tampoco sé la
Is 48.6 te he hecho oír cosas nuevas y o que 5341
Jer 33.3 y te enseñaré cosas grandes y o que
Ez 28.3 sabio... y no hay secreto que te sea o 6004
Mt 10.26 **nada hay... o, que no haya de saberse** *2927*
Mr 4.22 **nada o que no haya de ser manifestado** *2927*
Lc 8.17 **Porque nada hay o,... ni escondido** *2927*
8.47 la mujer vio que no había quedado o *2990*
11.33 **nadie pone en o la luz encendida, ni** *2926*
12.2 **nada hay... ni o, que no haya de saberse** *2927*
Jn 18.20 **públicamente... y nada he hablado en o** *2927*
Ro 16.25 misterio que se ha mantenido o desde *4601*
1 Co 2.7 hablamos sabiduría de... la sabiduría o *613*
4.5 aclarará también lo o de las tinieblas *2927*
14.25 lo o de su corazón se hace manifiesto *2927*
2 Co 4.2 bien renunciamos a lo o y vergonzoso *2927*
Col 1.26 que había estado o desde los siglos *613*
1 Ti 5.25 otra manera, no pueden permanecer o *2928*

OCUPACIÓN
Ec 5.3 de la mucha o viene el sueño, y de la 6045
5.14 las cuales se pierden en malas o, y a los 6045

OCUPAR
Éx 5.9 agrávese la... para que se *ocupen* en ella 6213
Dt 24.5 en ninguna cosa se le *ocupará*; libre 5674,5921
1 S 27.1 para que Saúl no se *ocupe* de mí, y 2976
1 R 20.40 mientras tu siervo estaba *ocupado* 6213
1 Cr 4.23 moraban allá... *ocupados* en su servicio
2 Cr 34.13 mayordomos de los que se *ocupaban*
35.14 estuvieron *ocupados* hasta la noche en
Job 3.6 *ocupe* aquella noche la oscuridad; no
38.13 para que *ocupe* los fines de la tierra 270
Ec 1.13 trabajo dio Dios... para que se *ocupen*
2.3 en el cual se *ocuparon*... todos los días
2.19 trabajo... en que *ocupé*... mi sabiduría?
2.20 trabajo... en que había *ocupado* debajo del 2976
3.10 Dios ha dado... para que se *ocupen* en él
Is 5.8 añaden heredad... hasta *ocuparlo* todo!
13.17 medos, que no se *ocuparán* de la plata 2803
Jer 9.5 se *ocupan* de actuar perversamente
Lc 14.9 **con vergüenza a *ocupar* el último lugar** *2722*
Hch 26.12 *ocupado* en esto, iba yo a Damasco
Ro 8.6 *ocuparse* de la carne... o del Espíritu
1 Co 7.5 *ocuparos* sosegadamente en la oración *4980*
14.16 si... el que *ocupa* lugar de simple oyente *378*
Fil 2.12 *ocupaos* en vuestra salvación... temor *2716*
1 Ts 4.11 y *ocuparos* en vuestros negocios, y *4238*
1 Ti 4.13 tanto que voy, *ocúpate* en la lectura
4.15 *ocúpate* en estas cosas; permanece en *3191*
Tit 3.8 que... procuren *ocuparse* en buenas obras *4291*
3.14 y aprendan... a *ocuparse* en buenas obras *4291*
He 13.9 no... a los que se han *ocupado* de ellas *4043*

OCURRIR
1 S 6.9 sino que esto *ocurrió* por accidente 1961
20.19 estabas escondido el día que *ocurrió*
Ec 9.2 un mismo suceso *ocurre* al justo y al
Ez 24.24 cuando esto *ocurra*... sabréis que yo 935

ODIADA
Pr 30.23 por la mujer o cuando se casa; y por 8130

ODIAR
Dt 7.10 y no se demora con el que le *odia*, en 8130
Sal 139.21 ¿no *odio*... a los que te aborrecen 8130
Pr 26.24 el que *odia* disimula con sus labios 8130

ODIO
Nm 35.20 si por o lo empujó, o echó sobre él 8135
2 S 13.15 el o con que la aborreció fue mayor 8135
Sal 25.19 cómo... y con o violento me aborrecen 8135
109.3 con palabras de o me han rodeado, y 8135
109.5 me devuelven mal por bien, y o por amor 8135
Pr 10.12 o despierta rencillas; pero el amor 8135
10.18 encubre el o es de labios mentirosos 8135
15.17 amor, que de buey engordado donde hay o ... 8135
26.26 aunque su o se cubra con disimulo, su 8135
Ec 9.1 o que sea o, no lo saben los hombres 8135
9.6 su amor y su o y su envidia fenecieron 8135
Ez 23.29 los cuales procederán contigo con o 8135
Os 9.7 causa de la... de tu maldad, y grande o 4895
9.8 el profeta es... o en la casa de su Dios 4895

ODIOSO
2 S 10.6; 1 Cr 19.6 se habían hecho o a David 887
Pr 13.5 justo... mas el impío se hace o e infame 887
14.20 pobre es o aun a su amigo; pero muchos 8130

ODRE
Gn 21.14 pan, y un o de agua, y lo dio a Agar 2573
21.15 y le faltó el agua del o, y echó al 2573
21.19 llenó el o de agua, y dio de beber al 2573
Jue 4.19 ella abrió un o de leche y le dio de 4997
Job 32.19 mi corazón... y se rompe como o nuevos 178
38.37 y los o de los cielos, ¿quién los hace 5035
Sal 119.83 estoy como el o al humo; pero no he 4997
Jer 48.12 vaciarán... vasijas, y romperán sus o 5035
Mt 9.17 **ni echan vino nuevo en o viejos; de** *779*
9.17 **los o se rompen... los o se pierden; pero** *779*
9.17 **echan el vino nuevo en o nuevos, y lo uno** *779*
Mr 2.22 **y nadie echa vino nuevo en o viejos** *779*
2.22 **vino nuevo rompe los o... los o se pierden** *779*
Lc 5.37 **y nadie echa vino nuevo en o viejo** *779*
5.37 **romperá los o y se derramará, y los** *779*
5.38 **vino nuevo en o nuevos se ha de echar** *779*

OESTE
Dt 3.27 alza tus ojos al o, y al norte, y al 3220
Jos 18.14 y tuerce hacia el o por el lado sur
1 R 4.24 señoreaba en toda... al o del Eufrates 5676
4.24 sobre todos los reyes al o del Eufrates 5676

OFEL *Barrio de Jerusalén*
2 Cr 33.14 amuralló *O*, y elevó el muro muy alto 6077
Neh 3.26 los... que habitaban en *O* restauraron 6077
3.27 ellos restauraron... hasta el muro de *O* 6077
11.21 sirvientes del templo habitaban en *O* 6077

OFENDER
Lv 6.4 habiendo pecado y *ofendido*, restituirá
6.7 de todas las cosas en que suele *ofender*
Job 34.31 he llevado ya castigo, no *ofenderé* ya 2254
Pr 18.19 el hermano *ofendido* es más tenaz que 6586
Hab 1.11 *ofenderá* atribuyendo su fuerza a su 816
Mt 15.12 ¿sabes que los fariseos se *ofendieron* *4624*
17.27 **para no *ofenderles*, vé al mar, y echa** *4624*
Jn 6.61 **sabiendo... les dijo: ¿Esto os *ofende*?** *4624*
Ro 14.21 ni nada en que tu hermano... se *ofenda* *4624*
Stg 2.10 pero *ofendiere* en un punto, se hace *4417*
3.2 todos *ofendemos* muchas veces... Si alguno *4417*
3.2 si alguno no *ofende* en palabra, éste es *4417*

OFENSA
Dt 19.15 relación con cualquiera o cometida
21.5 la palabra de ellos se decidirá... toda o 5061
1 S 25.28 y yo te ruego que perdones... esta o 6588
Pr 19.11 y su honra es pasar por alto la o 6588
Ec 10.4 la mansedumbre hará cesar grandes o 2399
Mt 6.14 **si perdonáis a los hombres sus o, os** *3900*
6.15 **mas si no perdonáis a los hombres sus o** *3900*
6.15 **tampoco... Padre os perdonará vuestras o** *3900*
18.35 **si no perdonáis... uno a su hermano sus o** ... *3900*
Mr 11.25 **Padre... perdone a vosotros vuestras o** *3900*
11.26 **tampoco vuestro Padre... os perdonará... o** .. *3900*
Hch 24.16 conciencia sin o ante Dios y ante los *677*
Stg 5.16 confesaos vuestras o unos a otros, y *3900*

OFICIAL
Gn 37.36 lo vendieron... a Potifar, o de Faraón 5631
39.1 Potifar o de Faraón... lo compró de los 5631
40.2 se enojó Faraón contra sus dos o, contra 5631
40.7 él preguntó a aquellos o de Faraón, que 5631
Dt 16.18 o pondrás en todas tus ciudades que 7860
20.5 y los o hablarán al pueblo, diciendo 7860
20.8 y volverán los o a hablar al pueblo, y 7860
20.9 cuando los o acaben de hablar al pueblo 7860
29.10 vuestros o, todos los varones de Israel 7860
31.28 congregad a mí... vuestros o, y hablaré 7860
Jos 1.10 mandó a los o del pueblo, diciendo 7860
3.2 tres días, los o recorrieron el campamento 7860
8.33 todo Israel, con sus ancianos, o y jueces 7860
23.2 llamó a... o, y les dijo: Yo ya soy viejo 7860
24.1 llamó... jueces y sus o; y se presentaron 7860
1 S 8.15 diezmará... viñas, para dar a sus o y 5631
1 R 5.16 sin los principales o de Salomón que 5324
10.5 las habitaciones de sus o, el estado y
22.9 el rey de... llamó a un o, y le dijo: Trae 5631
2 R 8.6 entonces el rey ordenó a un o, al cual 5631
24.12 salió Joaquín... y sus o; y lo prendió el 5631
24.15 llevó cautivos a Babilonia... rey, a sus o 5631
25.19 o que tenía a su cargo los hombres de 5631
1 Cr 27.1 y o que servían al rey en todos los 7860
28.1 reunió David... los o y los más poderosos 5631
2 Cr 8.9 de los hijos de Israel... eran... sus o
9.4 las habitaciones de sus o, el estado de
18.8 el rey de Israel llamó a un o, y le dijo 5631
19.11 los levitas serán o en presencia de 7860
35.8 y Jehiel, o de la casa de Dios, dieron 5057
Esd 4.9 los gobernadores y o, y los de Persia 2967
Neh 2.16 no sabían los o a dónde yo había ido 5461
2.16 ni a los nobles y o, ni a los demás que 5461
4.14,19 dije... a los o y al resto del pueblo 5461
5.7 reprendí... a los o, y les dije: ¿Exigís 5461
5.17 además, 150 judíos y o, y los que venían 5461
7.5 que reuniese a los... o y al pueblo, para 5461
12.40 dos coros... y la mitad de los o conmigo 5461
13.11 reprendí a los o, y dije: ¿Por qué está 5461
Est 6.3 respondieron... sus o: Nada se ha hecho
9.3 o del rey, apoyaban a los judíos; porque 6213
Jer 34.19 a los o y a los sacerdotes y a todo 5631
42.1 vinieron... los o de la gente de guerra 8269
42.8 y llamó a... los o de la gente de guerra 8269
43.4 no obedeció... los o de la gente de guerra 8269
43.5 tomó Johanán... y todos los o de la gente 8269
52.25 a un o que era capitán de los hombres 5631
Jn 4.46 había en Capernaum un o del rey, cuyo *937*
4.49 el o... dijo: Señor, desciende antes que *937*

OFICIAR
Neh 12.8 *oficiaba* en los cantos de alabanza

O

OFICIO
Gn 39.11 entró... en casa para hacer su o, y no........ 4399
40.21 volver a su o al jefe de los coperos........... 4945
46.33 Faraón os... dijere: ¿Cuál es vuestro o?....... 4639
47.3 y Faraón dijo a sus... ¿Cuál es vuestro o?...... 4639
Nm 4.4 el o de los hijos de Coat en... será este......... 5656
4.19 los pondrán a cada uno en su o y en su........ 5656
4.24 este será el o de las familias de Gersón........ 5656
4.49 fueron contados, cada uno según su o y....... 5656
1 Cr 9.22 los cuales constituyó en su o David
9.26 cuatro principales... estaban en el o, y
2 Cr 8.14 turnos de los sacerdotes en sus o............ 5656
23.18 luego ordenó Joiada los o en la casa......... 6486
31.2 conforme a sus turnos... uno según su o....... 5656
31.16 desempeñar su ministerio según sus o....... 4256
31.17 levitas de... conforme a sus o y grupos....... 4256
35.2 puso también a los sacerdotes en sus o
Sal 109.8 sean sus días pocos; tome otro su o.......... 6486
Jer 9.17 llamad plañideras... las hábiles en su o
Jon 1.8 mal... ¿Qué o tienes, y de dónde vienes?....... 4399
Hch 1.20 no haya quien more... y: Tome otro su o...... *1984*
18.3 como era del mismo o, se quedó con ellos...... *3673*
18.3 pues el o de ellos era hacer tiendas............ *5078*
19.25 reunidos con los obreros del mismo o
19.25 que de este o obtenemos nuestra riqueza..... *2039*
He 9.6 entran... para cumplir los o del culto........... *2999*
Ap 18.22 artífice de o alguno se hallará más

OFIR
1. Hijo de Joctán, Gn 10.29; 1 Cr 1.23................ 211
2. País no identificado, posiblemente en el África
1 R 9.28 fueron a *O* y tomaron de allí oro, 420.......... 211
10.11 traído el oro de *O*, traía también de *O*......... 211
22.48 naves... habían de ir a *O* por oro; mas no...... 211
1 Cr 29.4 tres mil talentos de oro... oro de *O*............ 211
2 Cr 8.18 fueron con... siervos de Salomón a *O*.......... 211
9.10 siervos... que habían traído el oro de *O*......... 211
Job 22.24 Y como piedras de arroyos oro de *O*.......... 211
28.16 no puede ser apreciada con oro de *O*, ni....... 211
Sal 45.9 la reina a tu diestra con oro de *O*.............. 211
Is 13.12 haré más precioso... que el oro de *O*........... 211

OFNI
1. Población en Benjamín, Jos 18.24................ 6078
2. Hijo de Elí
1 S 1.3 Silo, donde estaban dos... *O* y Finees........... 2652
2.34 dos... *O* y Finees: ambos morirán en un día.... 2652
4.4 *O* y Finees, estaban allí con el arca del......... 2652
4.11 muertos los dos hijos de Elí, *O* y Finees........ 2652
4.17 *O* y Finees, fueron muertos, y el arca........... 2652

OFRA
1. Ciudad en Benjamín (=Efrán No. 2 y Efraín No. 2), Jos 18.23; 1 S 13.17......................... 6084
2. Ciudad en Manasés
Jue 6.11 se sentó debajo de la encina que... en *O*...... 6084
6.24 el cual permanece hasta hoy en *O* de los...... 6084
8.27 un efod... hizo guardar en su ciudad de *O*..... 6084
8.32 fue sepultado en... *O* de los abiezeritas........ 6084
9.5 viniendo a la casa de su padre en *O*, mató...... 6084
3. Descendiente de Judá, 1 Cr 4.14................... 6084

OFRECER
Gn 8.20 Noé... *ofreció* holocausto en el altar........... 5927
22.2 tu hijo... y *ofrécela* allí en holocausto.......... 5927
22.13 lo *ofreció* en holocausto en lugar de su....... 5927
46.1 *ofreció* sacrificios al Dios de su padre......... 2076
Éx 3.18 que *ofrezcamos* sacrificios a Jehová
5.3 *ofreceremos* sacrificios a Jehová... Dios
5.8 vamos y *ofrezcamos* sacrificios a... Dios
5.17 decís... *ofrezcamos* sacrificios a Jehová
8.8 y dejaré ir... para que *ofrezca* sacrificios
8.25 *ofreced* sacrificio a vuestro Dios en la
8.26 *ofreceríamos* a Jehová... la abominación de
8.27 *ofreceremos* sacrificios a Jehová... Dios
8.28 para que *ofrezcáis* sacrificios a Jehová
22.20 *ofreciere* sacrificio a dioses excepto
23.18 no *ofrecerás* con pan leudo la sangre de...... 2076
24.5 y envió jóvenes... *ofrecieron* holocaustos....... 5927
29.3 en el canastillo las *ofrecerás*, con el
29.36 *ofrecerás* el becerro del sacrificio por........ 6213
29.38 *ofrecerás* sobre el altar: dos corderos......... 6213
29.39 *ofrecerás* uno de... el otro cordero a o........ 6213
29.41 *ofrecerás* el otro cordero a la... tarde......... 6213
30.9 no *ofreceréis* sobre él incienso extraño........ 5927
32.6 *ofrecieron* holocaustos, y presentaron......... 5927
32.8 le han *ofrecido* sacrificios, y han dicho
34.15 *ofrecerán* sacrificios a sus dioses, y te
34.25 no *ofrecerás* cosa leudada junto con la....... 7819
35.24 todo el que *ofrecía* ofrenda de plata o........ 7311
36.6 así se le impidió al pueblo *ofrecer* más......... 7311
Lv 1.2 cuando alguno... *ofrece* ofrenda a Jehová
1.3,10 ofrenda... macho sin defecto lo *ofrecerá*..... 7126
1.3 lo *ofrecerá* a la puerta del tabernáculo......... 7126
1.5 sacerdotes hijos de... *ofrecerán* la sangre
1.13 el sacerdote lo *ofrecerá* todo, y lo hará
1.15 el sacerdote la *ofrecerá* sobre el altar
2.1 persona *ofreciere* oblación a Jehová, su........ 7126
2.4 *ofrecieres* ofrenda cocida en horno, será
2.5 si *ofrecieres* ofrenda de sartén, será de
2.7 si *ofrecieres* ofrenda cocida en cazuela
2.11 ninguna ofrenda que *ofreciereis* a Jehová
2.12 ofrenda de primicias las *ofreceréis* a.......... 7126
2.13 Dios; en toda ofrenda tuya *ofrecerás* sal....... 7126
2.14 si *ofrecieres* a... ofrenda de primicias......... 7126
2.14 el grano... *ofrecerás* como ofrenda de tus...... 7126
3.1 si hubiere de *ofrecerla* de ganado vacuno....... 7126
3.1 sin defecto la *ofrecerá* delante de Jehová....... 7126
3.3 *ofrecerá* del sacrificio de paz... la grosura...... 7126
3.6 macho o hembra, la *ofrecerá* sin defecto........ 7126
3.7 si *ofreciere* cordero... *ofrecerá* delante de....... 7126
3.9 del sacrificio de paz *ofrecerá* por ofrenda...... 7126
3.12 cabra su ofrenda, la *ofrecerá* delante de....... 7126
3.14 *ofrecerá* de ella su ofrenda encendida a....... 7126
4.3 *ofrecerá*... su pecado que habrá cometido
4.14 la congregación *ofrecerá* un becerro por...... 7126
5.8 *ofrecerá* primero el que es para expiación...... 7126
6.14 la *ofrecerán* los hijos de Aarón delante........ 7126
6.20 que *ofrecerán* a Jehová el día... ungidos....... 7126
6.21 frita... *ofrecerás* en olor grato a Jehová........ 7126
6.26 el sacerdote que la *ofreciere*... la comerá...... 2398
7.3 *ofrecerá* toda su grosura, la cola, y la.......... 7126
7.8 y el sacerdote que *ofreciere* holocausto......... 7126
7.8 piel del holocausto que *ofreciere* será........... 7126
7.9 toda... será del sacerdote que lo *ofreciere*....... 7126
7.11 sacrificio de paz... se *ofrecerá* a Jehová....... 7126
7.12 si se *ofreciere* en acción de gracias............ 7126
7.12 *ofrecerá* por sacrificio de acción de........... 7126
7.15 se comerá en el día que fuere *ofrecida*........ 7133
7.16 será comido en el día que *ofreciere* su........ 7126
7.18 el que lo *ofreciere* no será acepto, ni........... 7126
7.25 del cual se *ofrece* a Jehová ofrenda, la........ 7126
7.29 que *ofreciere* sacrificio de paz a Jehová....... 7126
7.33 *ofreciere* la sangre de los sacrificios........... 7126
7.38 el día que mandó... *ofreciesen* sus ofrendas.... 7126
9.2 toma de la... y *ofrécelos* delante de Jehová...... 7126
9.15 *ofreció* también la ofrenda del pueblo.......... 2398
9.15 lo *ofreció* por el pecado como el primero
9.16 *ofreció* el holocausto, e hizo según el
9.17 *ofreció*... la ofrenda, y llenó de ella su
10.1 y *ofrecieron* delante de Jehová fuego.......... 7126
10.19 he aquí hoy han *ofrecido* su expiación......... 7126
12.7 los *ofrecerá* delante de Jehová, y hará......... 7126
14.12 lo *ofrecerá* por la culpa, con el log de......... 7126
14.19 *ofrecerá*... el sacerdote el sacrificio por....... 6213
14.21 tomará un cordero para ser *ofrecido*
14.30 asimismo *ofrecerá* una de las tórtolas........ 6213
16.9 macho cabrío... lo *ofrecerá* en expiación....... 6213
17.4 y no lo trajere a... para *ofrecer* ofrenda....... 7126
17.8 que *ofreciere* holocausto o sacrificio........... 5927
18.21 no des hijo... para *ofrecerlo* por fuego a
19.5 cuando *ofreciereis* sacrificio de... paz a......... 2076
19.5 *ofrecedlo* de tal manera... seáis aceptos....... 2076
19.6 será comido el día que lo *ofreciereis*........... 2077
20.2 que *ofreciere* alguno de sus hijos a Moloc...... 5414
21.6 y el pan de su Dios *ofrecen*; por tanto.......... 7126
21.8 el pan de tu Dios *ofrece*; santo será para...... 7126
21.17 se acercará para *ofrecer* el pan de su......... 7126
21.21 se acercará para *ofrecer* las ofrendas......... 7126
21.21 no se acercará a *ofrecer* el pan de su......... 7126
22.18 varón... *ofreciere* su ofrenda en pago de...... 7126
22.18 como ofrendas... *ofrecidas* en holocausto..... 7126
22.19 *ofreceréis* macho sin defecto de entre
22.20 ninguna cosa... haya defecto *ofreceréis*....... 7126
22.21 alguno *ofreciere* sacrificio en ofrenda......... 7126
22.22 o roñoso, no *ofreceréis* éstos a Jehová....... 7126
22.23 podrás *ofrecer* por ofrenda voluntaria........ 6213
22.24 no *ofreceréis* a Jehová animal... heridos...... 7126
22.24 ni en vuestra tierra lo *ofreceréis*.............. 7126
22.25 animales para *ofrecerlos* como el pan........ 7126
22.29 cuando *ofreciereis* sacrificio de acción....... 2076
23.8 y *ofreceréis*... 7 días ofrenda encendida........ 7126
23.12 día que *ofrezcáis* la gavilla, *ofreceréis*....... 6213
23.14 hasta que hayáis *ofrecido* la ofrenda de
23.15 *ofrecisteis* la gavilla de la ofrenda
23.16 entonces *ofreceréis* el nuevo grano a......... 7126
23.18 *ofreceréis* con el pan siete corderos.......... 7126
23.19 *ofreceréis* además un macho cabrío por
23.25,27,36(2) *ofreceréis* ofrenda encendida a Jehová... 7126
23.37 que convocaréis... para *ofrecer* ofrenda...... 7126
27.9 y si fuere animal de los que se *ofrece*
27.11 animal... de que no se *ofrece* ofrenda a....... 7126
Nm 3.4 Abiú murieron... cuando *ofrecieron* fuego..... 7126
5.25 ofrenda... la *ofrecerá* delante del altar......... 7126
6.11 sacerdote *ofrecerá* el uno en expiación........ 6213
6.14 *ofrecerá* su ofrenda... un cordero de un........ 7126
6.16 y el sacerdote lo *ofrecerá* delante de.......... 6213
6.17 *ofrecerá* el carnero en ofrenda de paz......... 6213
6.17 *ofrecerá*... el sacerdote su ofrenda y sus....... 6213
7.2 los príncipes de las tribus... *ofrecieron*......... 7126
7.3 los *ofrecieron* delante del tabernáculo
7.10 *ofreciendo*... ofrenda delante del altar......... 7126
7.11 *ofrecerán* su ofrenda, un príncipe un día...... 7126
7.12 el que *ofreció*... el primer día fue Naasón...... 7126
7.18 el segundo día *ofreció* Natanael hijo de........ 7126
7.19 *ofreció*... un plato de plata de 130 siclos....... 7126
7.84 *ofrecieron* para la dedicación del altar
8.11 *ofrecerá* Aarón los levitas delante de.......... 5130
8.12 y *ofrecerás* el uno por expiación, y el......... 6213
8.13 levitas... *ofrecerás* en ofrenda a Jehová....... 5130
8.15 purificados, y los *ofrecerás* en ofrenda........ 5130
8.21 y Aarón los *ofreció* en ofrenda delante........ 5130
9.7 impedidos de *ofrecer* ofrenda a Jehová......... 7126
9.13 cuanto no *ofreció* a su tiempo la ofrenda
15.3 para *ofrecer* en... fiestas solemnes olor
15.5,7 de vino para la libación *ofrecerás*........... 7126
15.8 cuando *ofrecieres* novillo en holocausto
15.9 *ofrecerás* con el novillo... tres décimas
15.10 de vino... *ofrecerás* la mitad de un hin
15.13 para *ofrecer* ofrenda encendida de olor
15.19 a comer del pan... *ofreceréis* ofrenda a........ 7311
15.20 *ofreceréis* una torta en ofrenda; como........ 7311
15.20 como la ofrenda de la era... *ofreceréis*........ 7311
15.24 la congregación *ofrecerá* un novillo por...... 6213
15.27 pecare... *ofrecerá* una cabra de un año
16.35 consumió a los... hombres que *ofrecían*...... 7126
16.38 *ofrecieron* con ellos delante de Jehová........ 7126
16.39 con que los quemados habían *ofrecido*....... 7126
16.40 ningún extraño... acerque para *ofrecer*
18.15 de toda carne que *ofrecerán* a Jehová
18.19 que los hijos de... *ofrecieron* a Jehová........ 7311
18.24 los diezmos... que *ofrecerán* a Jehová en..... 7311
18.28 *ofreceréis* también vosotros ofrenda a........ 7311
18.29 *ofreceréis* toda ofrenda a Jehová; de.......... 7311
18.29 *ofreceréis* la... que ha de ser consagrada..... 7311
18.30 cuando *ofreciereis* lo mejor de ellos........... 7311
18.32 hubiereis *ofrecido* la mejor parte de.......... 7311
23.2 y *ofrecieron*... un becerro y un carnero........ 5927
23.4 y en cada altar he *ofrecido* un becerro........ 5927
23.14,30 *ofreció* un becerro... en cada altar.......... 5927
26.61 y Abiú murieron cuando *ofrecieron* fuego.... 7126
28.2 guardaréis, *ofreciéndomelo* a su tiempo....... 7126
28.3 es la ofrenda... que *ofreceréis* a Jehová........ 7126
28.4 un cordero *ofrecerás* por la mañana, y el...... 6213
28.4 otro cordero *ofrecerás* a la caída de la........ 6213
28.8 *ofrecerás* el segundo cordero a la caída....... 6213
28.8 conforme a... libación *ofrecerás*, ofrenda...... 6213
28.11,19,27 *ofreceréis*... becerros de la vacada...... 7126
28.13 ofrenda... se *ofrecerá* con cada cordero
28.15 un macho cabrío... se *ofrecerá* a Jehová...... 6213
28.21 con cada uno de... *ofreceréis* una décima..... 6213
28.23,31 *ofreceréis* además del holocausto.......... 6213
28.24 *ofreceréis* cada uno de los siete días.......... 6213
28.24 se *ofrecerá* además del... con su libación..... 6213
29.2 y *ofreceréis* holocausto en olor grato a........ 6213
29.8 *ofreceréis* en... un becerro de la vacada....... 7126
29.13 *ofreceréis*... trece becerros de la vacada...... 7126
29.36 *ofreceréis* en... un becerro, un carnero........ 7126
29.39 *ofreceréis* a Jehová en vuestras fiestas....... 6213
31.50 hemos *ofrecido* a Jehová ofrenda, cada
31.52 todo el oro... que *ofrecieron* a Jehová......... 7311
Dt 12.13 cuídate de no *ofrecer* tus holocaustos......... 5927
12.14 allí *ofrecerás* tus holocaustos, y allí........... 5927
12.27 *ofrecerás* tus holocaustos, la carne y.......... 6213
17.1 no *ofrecerás* en sacrificio a Jehová tu
18.3 de los que *ofrecieren* en sacrificio buey........ 2076
26.14 ni de ello he *ofrecido* a los muertos
27.6 *ofrecerás* sobre él holocausto a Jehová....... 5927
Jos 8.31 y *ofrecieron* sobre él holocaustos a........... 5927
22.23 para *ofrecer* sobre él ofrendas de paz........ 5927
Jue 2.5 y *ofrecieron* allí sacrificios a Jehová
5.2 por haberse *ofrecido*... el pueblo, load a
5.9 los que... os *ofrecisteis* entre el pueblo
6.28 el segundo toro había sido *ofrecido* en......... 5927
11.31 de Jehová, y lo *ofreceré* en holocausto........ 5927
13.16 si quieres hacer holocausto, *ofrécelo*......... 6213
13.19 y los *ofreció* sobre una peña a Jehová........ 5927
16.23 para *ofrecer* sacrificio a Dagán su dios....... 2076
20.26; 21.4 *ofrecieron* holocaustos y ofrendas....... 5927
1 S 1.3 subía de su... para *ofrecer* sacrificios
1.4 el día en que Elcana *ofrecía* sacrificio.......... 2076
1.21 *ofrecer* a Jehová el sacrificio... y su voto........ 2076
2.13 cuando alguno *ofrecía* sacrificio, venía........ 2976
2.19 subía con su... para *ofrecer* el sacrificio....... 2076
2.28 que *ofreciese* sobre mi altar, y quemase....... 5927
2.29 y mis ofrendas, que yo mandé *ofrecer* en
6.14 y *ofrecieron* las vacas en holocausto a......... 5927
9.7 no tenemos qué *ofrecerle* al varón de Dios
10.8 entonces descenderé yo a ti para *ofrecer*...... 5927
13.9 dijo... Traedme... y *ofreció* el holocausto....... 5927
13.10 acababa de *ofrecer* el holocausto, he aquí..... 5927
13.12 me esforcé, pues, y *ofrecí* holocausto........ 5927
15.21 para *ofrecer* sacrificios a Jehová tu
16.2 a *ofrecer* sacrificio a Jehová he venido
16.5 sí, vengo a *ofrecer* sacrificio a Jehová
2 S 6.18 cuando David había acabado de *ofrecer*...... 5927
15.12 Absalón *ofrecía* los... llamó a Ahitofel........ 2076
24.12 tres cosas te *ofrezco*; tú escogerás una....... 5190
24.22 y *ofrezca* mi señor el rey lo que bien.......... 5927
24.24 no *ofreceré* a Jehová... no me cuesten nada... 5927
1 R 3.15 *ofreció* sacrificios de paz, e hizo.............. 6213
8.63 *ofreció* Salomón... los cuales o a Jehová....... 2076
8.64 porque *ofreció* allí los holocaustos, las........ 6213
9.25 y *ofrecía* Salomón tres veces cada año........ 5927
10.5 sus holocaustos que *ofrecía* en la casa
11.8 las cuales... *ofrecían* sacrificios a sus
12.27 si... subiere a *ofrecer* sacrificios en........... 6213
12.32 *ofreciendo* sacrificios a los becerros
18.29 siguieron... hasta la hora de *ofrecerse*......... 5927
18.36 la hora de *ofrecerse* el holocausto, se........ 5927
2 R 3.20 por la mañana, cuando se *ofrece* el........... 5927
5.17 ni *ofrecerá* sacrificio a otros dioses.......... 6213
16.12 se acercó... y *ofreció* sacrificios en él......... 5927
1 Cr 6.49 Aarón y sus hijos *ofrecían*... sobre........... 6999
16.1 y *ofrecieron* holocaustos y sacrificios.......... 7126
16.2 David acabó de *ofrecer* el holocausto y........ 5927
21.26 *ofreció* holocaustos y ofrendas de paz........ 5927
21.28 la era de Ornán... *ofreció* sacrificios
23.31 para *ofrecer* todos los holocaustos a........... 5927
29.6 los jefes de... *ofrecieron* voluntariamente
29.9 de todo corazón *ofrecieron* a Jehová
29.14 ¿quién soy... para que pudiésemos *ofrecer*
29.17 voluntariamente te he *ofrecido* todo esto
29.21 y *ofrecieron* a Jehová holocaustos al.......... 5927
2 Cr 1.6 y *ofreció* sobre él mil holocaustos............. 5927
4.6 y limpiar en ellas lo que se *ofrecía* en.......... 4639
7.5 *ofreció* el rey Salomón en... 22.000 bueyes...... 2076
7.7 había *ofrecido* allí los holocaustos, y la......... 6213
8.12 *ofreció* Salomón holocaustos a Jehová.......... 5927
8.13 para que *ofreciesen* cada cosa en su día....... 5927
11.16 vinieron a... para *ofrecer* sacrificios a
17.16 el cual se había *ofrecido* voluntariamente
23.18 para *ofrecer* a Jehová los holocaustos........ 5927
24.17 y *ofrecieron* obediencia al rey; y el........... 5927

26.19 un incensario para *ofrecer* incienso 6999
28.23 porque *ofreció* sacrificios a los dioses
28.23 también *ofreceré* sacrificios a ellos
29.21 dijo...los *ofreciesen* sobre el altar de 5927
29.29 cuando acabaron de *ofrecer*...adoraron 5927
30.22 siete días, *ofreciendo* sacrificios de 2076
31.2 los levitas para *ofrecer* el holocausto 5930
33.22 *ofreció* sacrificios y sirvió a...ídolos
34.4 los que les habían *ofrecido* sacrificio
34.25 han *ofrecido* sacrificios a dioses ajenos 6999
35.12 a fin de que *ofreciesen* a Jehová según 7126
Esd 1.6 todo lo que se *ofreció* voluntariamente
3.2 altar...para *ofrecer* sobre él holocaustos 5927
3.3 *ofrecieron* sobre él holocaustos a Jehová 5927
3.6 desde...comenzaron a *ofrecer* holocaustos 5927
4.2 y a él *ofrecemos* sacrificios desde los
6.3 casa...como lugar para *ofrecer* sacrificios...... 1684
6.10 *ofrezcan* sacrificios...al Dios del cielo 7127
6.17 y *ofrecieron* en la dedicación...becerros....... 7127
7.15 que el rey y...*ofrecen* al Dios de Israel......... 5069
7.16 que...*ofrecieren* para la casa de su Dios
7.17 los *ofrecerás* sobre el altar de la casa.......... 7127
8.25 ofrenda que...habían *ofrecido* el rey y sus..... 7311
8.35 *ofrecieron* holocaustos...doce becerros........ 7126
10.19 y *ofrecieron* como ofrenda...un carnero
Neh 4.2 ¿se les permitirá volver a *ofrecer* sus
11.2 se *ofrecieron* para morar en Jerusalén
Est 3.11 la plata que *ofreces* sea para ti, y
Job 1.5 Job...*ofrecía* holocaustos conforme al......... 5927
42.8 y *ofreced* holocausto por vosotros, y mi........ 5927
Sal 4.5 *ofreced* sacrificios de justicia, y 2076
16.4 no *ofreceré* yo sus libaciones de sangre........ 5258
51.19 entonces *ofrecerán* becerros sobre tu 5927
66.15 holocaustos de animales...te *ofreceré* 5027
66.15 *ofreceré* en sacrificio bueyes y machos 6213
68.29 tu templo...los reyes te *ofrecerán* dones
72.10 los reyes de Sabá y...*ofrecerán* dones 7126
106.38 *ofrecieron* en sacrificio a los ídolos
107.22 *ofrezcan* sacrificios de alabanza, y 2076
110.3 tu pueblo se te *ofrecerá*...en el día de
116.17 te *ofreceré* sacrificio de alabanza, e 2076
Pr 21.27 ¡cuánto más *ofreciéndolo* con maldad!
Ec 5.1 acércate más para oír que para *ofrecer* 5414
Is 40.20 pobre escoge, para *ofrecerle*, madera
57.6 ellas derramaste libación, y *ofreciste* 5927
60.7 *ofrecidos* con agrado sobre mi altar, y
66.3 hace ofrenda, como si *ofreciese* sangre 5927
Jer 11.13 altares para *ofrecer* incienso a Baal 6999
14.12 *ofrezcan* holocausto y...no lo aceptaré 5927
19.4 y *ofrecieron* en él incienso a dioses 6999
19.13 sobre cuyos tejados *ofrecieron* incienso 6999
32.29 casas sobre cuyas azoteas *ofrecieron*......... 6999
33.18 que delante de mí *ofrezca* holocausto......... 5927
44.3 a *ofrecer* incienso, honrando a dioses.......... 6999
44.5 dejar...*ofrecer* incienso a dioses ajenos........ 6999
44.8 *ofreciendo* incienso a dioses ajenos en.......... 6999
44.15 sus mujeres habían *ofrecido* incienso......... 6999
44.17,25 *ofrecer* incienso a la reina del cielo 6999
44.18 desde que dejamos de *ofrecer* incienso 6999
44.19 cuando *ofrecimos* incienso a la reina.......... 6999
44.21 el incienso que *ofrecisteis* en...Judá 6999
44.23 *ofrecisteis* incienso y pecasteis contra 6999
48.35 a quien *ofrezca* incienso a sus dioses 6999
Ez 6.13 lugares donde *ofrecieron* incienso a 5414
16.21 los *ofrecieras* a aquellas imágenes como
16.25 y te *ofreciste* a cuantos pasaban, y
20.31 *ofreciendo* vuestras ofrendas, haciendo 5375
43.18 para *ofrecer* holocausto sobre él y para 5927
43.22 *ofrecerás* un macho cabrío sin defecto......... 7126
43.23 *ofrecerás* un becerro de la vacada sin 7126
43.24 y los *ofrecerás* delante de Jehová, y........... 7126
43.24 los *ofrecerán* en holocausto a Jehová.......... 7126
44.7 *ofrecer* mi pan, la grosura y la sangre 7126
44.15 estarán para *ofrecerme* la grosura y la....... 7126
44.27 *ofrecerá* su expiación, dice Jehová el 7126
45.13 esta será la ofrenda que *ofreceréis* 7311
45.14 será que *ofreceréis* un bato de aceite
45.23 *ofrecerá* holocausto a Jehová...becerros
45.24 con cada becerro *ofrecerá* ofrenda de
46.2 pie...mientras los sacerdotes *ofrezcan*
46.4 el holocausto que el príncipe *ofrecerá* a 7126
46.13 *ofrecerás* en...un cordero de un año sin
46.15 *ofrecerán*...el cordero y la ofrenda y el
Dn 2.46 y mandó que le *ofreciesen* presentes 5260
Os 2.8 la plata y el oro que *ofrecían* a Baal
11.2 y a los ídolos *ofrecían* sahumerios............. 6999
14.2 y te *ofreceremos* la ofrenda de...labios 7999
Am 4.5 y *ofreced* sacrificio...con pan leudado 6999
5.22 si me *ofreciereis* vuestros holocaustos 5927
5.25 ¿me *ofrecisteis* sacrificios y ofrendas 5066
Jon 1.16 y *ofrecieron* sacrificio a Jehová, e 2076
2.9 mas yo...te *ofreceré* sacrificios; pagaré
Hab 1.16 y *ofrecerá* sahumerios a sus mallas 6999
Hag 2.14 todo lo que aquí *ofrecen* es inmundo 7126
Mal 1.7 que *ofrecéis* sobre mi altar pan inmundo...... 5066
1.8 cuando *ofrecéis* el animal ciego para el......... 5066
1.8 cuando *ofrecéis* el cojo o...¿no es malo? 5066
1.11 se *ofrece* a...incienso y ofrenda limpia 5066
2.12 y al que *ofrece* ofrenda a Jehová de los 5066
Mt 2.11 le *ofrecieron* presentes: oro...y mirra *4374*
Mr 1.44 **y *ofrece* por tu purificación lo que** *4374*
Lc 1.9 le tocó en suerte *ofrecer* el incienso *2370*
2.24 para *ofrecer* conforme a lo que se dice *1325*
5.14 ***ofrece* por tu purificación, según mandó** *4374*
Hch 7.41 *ofrecieron* sacrificio al ídolo, y en *321*
7.42 me *ofrecisteis* víctimas y sacrificios............. *4374*
8.18 cuando vio Simón...les *ofreció* dinero *4374*
14.13 sacerdote...quería *ofrecer* sacrificios
14.18 impedir que...les *ofreciese* sacrificio
He 5.3 debe *ofrecer* por los pecados, tanto por.......... *4374*
5.7 y Cristo...*ofreciendo* ruegos y súplicas *4374*
7.27 de *ofrecer* primero sacrificios por sus *399*
7.27 lo hizo una vez...*ofreciéndose* a sí mismo
8.3 es necesario que...tenga algo que *ofrecer*....... *4374*
9.7 año, no sin sangre, la cual *ofrece* por sí *4374*
9.14 se *ofreció* a sí mismo sin mancha a Dios *4374*
9.25 y no para *ofrecerse* muchas veces, como *4374*
9.28 Cristo fue *ofrecido* una sola vez para........... *4374*
10.1 los mismos sacrificios que se *ofrecen* *4374*
10.2 otra manera cesarían de *ofrecerse*, pues....... *4374*
10.8 las cuales cosas se *ofrecen* según la ley *4374*
10.11 *ofreciendo*...los mismos sacrificios, que *4374*
10.12 habiendo *ofrecido* una vez para siempre *4374*
11.4 *ofreció* a Dios más excelente sacrificio.......... *4374*
11.17 *ofreció* a Isaac...ofrecía su unigénito.......... *4374*
13.15 *ofrezcamos* siempre a Dios, por medio de...... *399*
Stg 2.21 cuando *ofreció* a su hijo Isaac sobre *399*
1 P 2.5 para *ofrecer* sacrificios espirituales *399*

OFRENDA

Gn 4.3 Caín trajo del fruto de la tierra una *o*.......... 4503
4.4 y miró Jehová con agrado a Abel y a su *o* 4503
4.5 no miró con agrado a Caín y a la *o* suya......... 4503
Éx 20.24 sacrificarás sobre él...tus *o* de paz
25.2 los hijos de Israel que tomen para mí *o*......... 8641
25.2 la diere de su voluntad...tomaréis mi *o*......... 8641
25.3 la *o* que tomaréis de ellos: oro, plata 8641
28.38 hubieren consagrado en...sus santas *o* 4979
29.14 los quemarás a fuego...es *o* por el pecado
29.18 es holocausto de...*o* quemada a Jehová
29.24 todo...como *o* mecida delante de Jehová
29.25 harás arder...Es *o* encendida a Jehová
29.26 y lo mecerás por *o* mecida delante de
29.27 y apartarás el pecho de la *o* mecida, y 8641
29.27 la espaldilla de la *o* elevada, lo que............ 8641
29.28 es *o*...*o* elevada de los hijos de Israel.......... 8641
29.28 porción de ellos elevada en *o* a Jehová 8641
29.41 haciendo conforme a la *o* de la mañana...... 4503
29.41 en olor grato; *o* encendida a Jehová.......... 4503
30.9 no ofreceréis sobre él...*o*; ni tampoco 4503
30.13 mitad de un siclo será la *o* a Jehová........... 8641
30.14 de veinte años arriba, dará la *o* a Jehová 8641
30.15 la *o* a Jehová para hacer expiación por 8641
30.20 para quemar la *o* encendida para Jehová
32.6 y presentaron *o* de paz; y se sentó el
35.5 tomad de entre vosotros *o* para Jehová 8641
35.21 con *o* a Jehová para...del tabernáculo 8641
35.22 y todos presentaban *o* de oro a Jehová
35.24 el que ofrecía *o*...traía a Jehová la *o* 8641
35.29 todos...trajeron *o* voluntaria a Jehová
36.3 tomaron de delante de Moisés toda la *o* 8641
36.3 ellos seguían trayéndole *o* voluntaria
36.6 hombre ni mujer haga más para la *o* del 8641
38.24 todo el oro...de la *o*, fue 29 talentos 8573
40.29 sacrificó sobre él holocausto y *o*, como 4503
Lv 1.2 ofrece *o* a Jehová, de ganado vacuno........... 7133
1.2 ganado vacuno u ovejuno haréis vuestra *o* 7133
1.3 si su *o* fuere holocausto vacuno, macho.......... 7133
1.9,13,17 *o* encendida de olor grato para
1.10 si su *o* para holocausto fuere del rebaño 7133
1.14 la *o* para Jehová fuere holocausto de aves 7133
1.14 presentará su *o* de tórtolas...palominos....... 7133
2.1 su *o* será flor de harina, sobre la cual 7133
2.2 *o* encendida es, de olor grato a Jehová
2.3 lo que resta de la *o* será de Aarón y de
2.3 cosa santísima de las *o* que se queman
2.4 cuando ofrecieres *o* cocida en horno, será...... 4503
2.5 si ofrecieres *o* de sartén, será de flor 4503
2.6 piezas, y echarás sobre ella aceite; es *o*......... 4503
2.7 ofrecieres *o* cocida en cazuela, se hará......... 4503
2.8 y traerás a Jehová la *o* que se hará de.......... 4503
2.9 tomará...de aquella *o* lo que sea para su 4503
2.9 altar; *o* encendida de olor grato a Jehová
2.10 y lo que resta de la *o* será de Aarón y 4503
2.10 es cosa santísima de las *o* que se queman
2.11 ninguna *o* que ofreciereis a Jehová será 4503
2.11 ni de ninguna miel, se ha de quemar *o*
2.12 *o* de primicias las ofreceréis a Jehová......... 7133
2.13 sazonarás con sal toda *o* que presentes 4503
2.13 no harás que falte...de tu *o* la sal del
2.13 del pacto...en toda *o* tuya ofrecerás sal 7133
2.14 si ofrecieres a Jehová *o* de primicias 4503
2.14 el grano desmenuzado ofrecerás como *o*...... 4503
2.15 y pondrás sobre ella incienso; es *o* 4503
2.16 hará arder...es *o* encendida para Jehová
3.1 si su *o* fuere sacrificio de paz...vacuno 7133
3.2 pondrá su mano sobre la cabeza de su *o* 7133
3.3 ofrecerá del...como *o* encendida a Jehová
3.5 del fuego; es *o* de olor grato para Jehová
3.6 si de ovejas fuere su *o* para sacrificio 7133
3.7 ofreciere cordero por su *o*, lo ofrecerá 7133
3.8 pondrá su mano sobre la cabeza de su *o* 7133
3.9 por *o* encendida a Jehová la grosura, la
3.11 vianda es de *o* encendida para Jehová
3.12 fuere cabra su *o*, la ofrecerá delante 7133
3.14 ofrecerá de...su *o* encendida a Jehová 7133
3.16 vianda es de *o* que se quema...a Jehová
4.23 presentará por su *o* un macho cabrío sin...... 7123
4.28 traerá por su *o* una cabra...sin defecto 7123
4.29 su mano sobre la cabeza de la *o* de la
4.32 por su *o* por el pecado trajere cordero 7123
4.33 pondrá su mano sobre la cabeza de la *o*
4.35 arder en...sobre la *o* encendida a Jehová
5.6 traerá...*o* una cabra como *o* de expiación....... 817
5.11 traerá como *o* la décima parte de un efa 7133
5.12 y la hará arder en el altar sobre las *o*
5.13 será del sacerdote, como la *o* de vianda 4503
5.15 carnero sin defecto...en *o* por el pecado
6.14 esta es la ley de la *o*: La ofrecerán los 4503
6.15 tomará de ella...flor de harina de la *o* 4503
6.15 tomará...el incienso que está sobre la *o* 4503
6.17 la he dado a...por su porción de mis *o*
6.18 tocante a las *o* encendidas para Jehová
6.20 es la *o* de Aarón y de sus...*o* perpetua......... 7133
6.21 los pedazos cocidos de la *o* ofrecerás en....... 4503
6.22 sacerdote que...fuere ungido...hará igual *o*
6.23 toda *o* de sacerdote será...quemada; no....... 4503
6.25 degollada la *o* por el pecado delante de........... 0
6.30 no se comerá ninguna *o* de cuya sangre
7.5 hará arder...altar, *o* encendida a Jehová
7.9 toda *o* que se cociere en horno, y todo.......... 4503
7.10 toda *o* amasada con aceite, o seca, será 4503
7.13 con tortas de pan...presentará su *o* en........ 7133
7.14 de toda la *o* presentará una parte por *o*....... 8641
7.16 si el sacrificio de su *o* fuere voto, o 7133
7.25 animal, del cual se ofrece a Jehová *o*
7.29 traerá su *o* del sacrificio...ante Jehová........ 7133
7.30 las *o* que se han de quemar ante Jehová
7.32 al sacerdote para ser elevada en *o*, la 8641
7.34 he tomado de...la espaldilla elevada en *o*
7.35 la porción...de las *o* encendidas a Jehová
7.37 esta es la ley...de la *o*, del sacrificio 4503
7.38 mandó...que ofreciesen sus *o* a Jehová, en 7133
8.21 *o* encendida para Jehová, como Jehová lo
8.27 e hizo mecerlo como *o* mecida delante de
8.28 consagraciones en...*o* encendida a Jehová
8.29 y lo meció, *o* mecida delante de Jehová
9.4 y un carnero...y una *o* amasada con aceite..... 4503
9.7 la *o* del pueblo, y haz la reconciliación.......... 7133
9.15 ofreció también la *o* del pueblo, y tomó........ 7133
9.17 ofreció...la *o*, y llenó de ella su mano.......... 4503
9.21 los meció Aarón como *o* mecida delante de.... 4503
10.12 dijo a...Tomad la *o* que queda de las *o* 4503
10.13 comeréis...de las *o* encendidas a Jehová
10.15 con las *o*...traerán la espaldilla que se
10.15 el pecho que será mecido como *o* mecida
10.18 debíais comer la *o* en el lugar santo
14.12 y lo mecerá como *o* mecida delante de
14.20 hará subir el...y la *o* sobre el altar........... 4503
14.21 cordero para ser ofrecido como *o* mecida
14.21 flor de harina amasada con aceite para *o*.... 4503
14.24 y los mecerá...como *o* mecida delante de
14.31 el otro en holocausto, además de la *o*......... 4503
15.15 sacerdote hará del uno *o* por el pecado
15.30 el sacerdote hará del uno *o* por el pecado
17.4 no lo trajere...para ofrecer *o* a Jehová........ 7133
19.5 cuando ofreciereis...*o* de paz a Jehová
21.6 las *o* encendidas para Jehová y el pan de
21.21 ningún...se acercará para ofrecer las *o*
22.12 si se casare...no comerá de la *o* de las 8641
22.18 ofreciere su *o* en...o como *o* voluntarias 7133
22.21 sacrificio en *o* de paz a Jehová para
22.21 como *o* voluntaria, sea de vacas o de
22.22 ni de ellos pondréis *o* encendida sobre
22.23 podrás ofrecer por *o* voluntaria; pero
22.27 desde el octavo día...será acepto para *o*
23.8 y ofreceréis a...siete días *o* encendida
23.13 *o* será dos décimas de efa de...harina........ 4503
23.13 flor de harina...*o* encendida a Jehová
23.14 hasta que hayáis ofrecido la *o* de...Dios...... 7133
23.15 ofrecisteis la gavilla de la *o* mecida
23.17 traeréis dos panes para *o* mecida, que
23.18 su *o* y sus libaciones, *o* encendida de
23.19 dos corderos...sacrificio de *o* de paz
23.20 los presentará como *o* mecida delante
23.25,27,36(2) ofreceréis *o* encendida a Jehová
23.37 convocaréis...para ofrecer *o* encendida a
23.37 *o*, sacrificio y libaciones, cada cosa........... 4503
23.38 y de todas vuestras *o* voluntarias que
24.7 incienso puro, y...*o* encendida a Jehová
24.9 comerán...de las *o* encendidas a Jehová
27.9 si fuere animal de los que se ofrece *o*.......... 7133
27.11 animal...de que no se ofrece *o* a Jehová 7133
Nm 4.16 la *o* continua y el aceite de la unción 4503
5.9 toda *o* de todas las cosas santas que los 8641
5.15 traerá su mujer...con ella traerá su *o* 7133
5.15 es *o* de celos, *o* recordativa, que trae 4503
5.18 la *o* recordativa, que es la *o* de celos.......... 4503
5.25 tomará...la *o* de los celos, y la mecerá 4503
5.26 un puñado de la *o* en memoria de ella, y....... 4503
6.14 ofrecerá su *o* a Jehová, un cordero de......... 7133
6.14 y un carnero sin defecto por *o* de paz
6.15 y hojaldres sin...y su *o* y sus libaciones........ 4503
6.17 y ofrecerá el carnero en *o* de...a Jehová 2077
6.17 ofrecerá asimismo el sacerdote su *o* y......... 4503
6.18 el fuego que está debajo de la *o* de paz
6.20 sacerdote mecerá aquello como *o* mecida
6.21 que hiciere voto de su *o* a Jehová por 7133
7.3 trajeron sus *o*...seis carros cubiertos y......... 7133
7.10 trajeron *o* para la dedicación del altar 7133
7.10 ofreciendo los...su *o* delante del altar 7133
7.11 ofrecerán su *o*, un príncipe un día, y 7133
7.12 el que ofreció su *o* el primer día fue 7133
7.13,19,25,31,37,43,49,55,61,67,73,79 *o* fue
un plato de plata de 130 siclos 7133,4503
7.13,19,25,31,37,43,49,55,61,67,73,79 harina
amasada con aceite para *o* 4503,7133
7.17,23,29,35,41,47,53,59,65,71,77,83 y para *o* de
paz, dos bueyes.................................. 7133
7.17 esta fue la *o* de Naasón hijo de Aminadab..... 7133
7.23 esta fue la *o* de Natanael hijo de Zuar......... 7133
7.29 esta fue la *o* de Eliab hijo de Helón 7133
7.35 esta fue la *o* de Elisur hijo de Sedeur 7133
7.41 fue la *o* de Selumiel hijo de Zurisadai.......... 7133

7.47 esta fue la o de Eliasaf hijo de Deuel 7133
7.53 esta fue la o de Elisama hijo de Amiud 7133
7.59 esta fue la o de Gamaliel hijo de Pedasur 7133
7.65 esta fue la o de Abidán hijo de Gedeoni 7133
7.71 esta fue la o de Ahiezer hijo de Amisadai 7133
7.77 esta fue la o de Pagiel hijo de Ocrán 7133
7.83 esta fue la o de Ahira hijo de Enán 7133
7.84 fue la o que los príncipes...ofrecieron
7.87 doce los corderos de un año, con su o 4503
7.88 los bueyes de la o de paz, 24 novillos
8.8 con su o de flor de harina amasada con 4503
8.11 y ofrecerá Aarón...en o de los hijos de 8573
8.13 levitas...y los ofrecerás en o a Jehová 8573
8.15 serán purificados, y los ofrecerás en o 8573
8.21 ofreció en o delante de Jehová, e hizo 8573
9.7 seremos impedidos de ofrecer o a Jehová 7133
9.13 no ofreció a su tiempo la o de Jehová 7133
15.3 hagáis o encendida a Jehová, holocaustos
15.4 el que presente su o...traerá como o la 7133
15.6 por cada carnero harás o de dos décimas 4503
15.9 con el novillo una o de tres décimas de 4503
15.10 ofrecerás...en o encendida de olor grato
15.13 para ofrecer o encendida de olor grato 7126
15.14 si hiciere o encendida de olor grato a
15.19 a comer del pan...ofreceréis o a Jehová 8641
15.20 una torta en o; como la o de la era, así 8641
15.21 las primicias de...masa daréis a Jehová o 8641
15.24 con su o y su libación conforme a la ley 4503
15.25 traerán sus o, o encendida a Jehová, y 7133
16.15 dijo a Jehová: No mires a su o, ni aun 4503
18.8 te he dado también el cuidado de mis o 8641
18.9 esto será tuyo de la o...toda o de ellos
18.11 será tuyo: la o elevada de sus dones 8641
18.11 todas las o mecidas de los...de Israel
18.17 o encendida en olor grato a Jehová
18.18 como el pecho de la o mecida y como la
18.19 todas las o elevadas...he dado para ti 8641
18.24 diezmos...que ofrecerán a Jehová en o 8641
18.26 presentaréis de ellos en o mecida a 8641
18.27 se os contará vuestra o como grano de 8641
18.28 ofreceréis también vosotros o a Jehová 8641
18.28 y daréis...la o de Jehová al sacerdote 8641
18.29 de...vuestros dones ofreceréis toda o a 8641
28.2 o, mi pan con mis o encendidas en olor 7133
28.3 esta es la o...que ofreceréis a Jehová
28.5 con un cuarto de hin de aceite de...en o 4503
28.6,13 olor grato, o encendida a Jehová 4503
28.8 la tarde; conforme a la o de la mañana 4503
28.8,24 o encendida en olor grato a Jehová 4503
28.9,12(2),13 de harina amasada con aceite, como o ... 4503
28.19 ofreceréis como o...dos becerros de la
28.20 su o de harina amasada con aceite; tres 4503
28.26 cuando presentéis o nueva a Jehová en 4503
28.28 la o de ellos, flor de harina amasada 4503
28.31 ofreceréis...con sus o, y sus libaciones 4503
29.3,14 y la o de ellos, de flor de harina 4503
29.6 además del holocausto del mes y su o, y 4503
29.6,11,16,19,22,25,28,31,34,38 además del..
. holocausto continuo y su o 4503
29.6,13,36 o encendida a Jehová en olor grato 4503
29.9 sus o, flor de harina amasada con aceite 4503
29.11 un macho cabrío...además de la o de las 4503
29.18,21,24,27,30,33,37 o y sus libaciones con los
becerros 4503
29.39 ofreceréis...además de...o voluntarias
29.39 para vuestras o...para vuestras o de paz 4503
31.29 al sacerdote Eleazar la o de Jehová 8641
31.41 el tributo, para o elevada a Jehová, al 8641
31.50 hemos ofrecido a Jehová o, cada uno de 7133
31.52 todo el oro de la o que ofrecieron a 8641
Dt 12.6 llevaréis...la o elevada de vuestras
12.6 vuestras o voluntarias, y las primicias
12.11 allí llevaréis...las o...de vuestras manos 8641
12.17 ni las o voluntarias, ni las o elevadas 8641
16.17 cada uno con la o de su mano, conforme
18.1 de las o quemadas a Jehová y de...comerán
23.23 pagando la o voluntaria que prometiste
27.7 sacrificarás o de paz, y comerás allí
Jos 8.31 altar de piedras...sacrificaron o de
22.23 para sacrificar...o, o para...o de paz ... 4503,2077
22.27 delante de él con...con nuestras o de paz
22.29 altar para holocaustos, para o o para 4503
Jue 6.18 saque mi o y la ponga delante de ti 4503
13.19 Manoa tomó un cabrito y una o, y los 4503
13.23 no aceptaría de...el holocausto y la o
20.26; 21.4 ofrecieron holocaustos y o de paz
1 S 2.17 los hombres menospreciaban las o de 4503
2.28 di...todas las o de los hijos de Israel
2.29 ¿por qué habéis hollado mis...y mis o 4503
2.29 engordándoos de...de las...o de mi pueblo 4503
3.14 de Elí no será expiada jamás...ni con o 4503
6.8 las joyas...que le habéis de pagar en o
10.8 descenderé yo a ti para...sacrificar o
11.15 y sacrificaron allí o de paz delante
13.9 dijo Saúl: Traedme holocausto y o de paz
26.19 si Jehová te incita...acepte él la o 4503
2 S 1.21 ni seáis tierras de o; porque allí 8641
6.17 sacrificó David...y o de paz delante de
6.18 había acabado de ofrecer los...y o de paz 5927
24.25 sacrificó...o de paz; y Jehová oyó las
1 R 8.64 ofreció allí...las o y la grosura de 4503
8.64 y no cabían en él...las o y la grosura 4503
2 R 12.18 tomó Joás...las o que habían dedicado
16.13 y encendió su holocausto y su o...de paz 4503
16.15 altar encenderás el...y la o de la tarde 4503
16.15 asimismo el holocausto del rey y su o 4503
16.15 holocausto de todo el pueblo...y su o 4503
1 Cr 16.29 dad...traed o, y venid delante de él 4503
21.23 la leña, y trigo para la o, yo lo doy 4503
21.26 un altar...en el que ofreció...o de paz
29.5 ¿y quién quiere hacer hoy o voluntaria
2 Cr 7.7 había ofrecido allí...de las o de paz 4503
7.7 no podían caber los...las o y las grosuras 4503
24.6 la o que Moisés siervo de...impuso a la 4864
24.9 la o que...siervo de Dios había impuesto 4864
24.10 trajeron o, y las echaron en el arca
29.24 hicieron o de expiación con la sangre
29.33 las o fueron 600 bueyes y 3.000 ovejas
29.35 grosura de las o de paz, y libaciones
31.2 y los levitas para ofrecer el...y las o
31.10 desde que comenzaron a traer las o a 8641
31.14 tenía cargo de las o voluntarias para 8641
31.14 cargo...y de la distribución de las o 8641
32.23 muchos trajeron a Jerusalén o a Jehová 4503
33.16 sobre él sacrificios de o de paz y de 2077
Esd 1.4 además de o voluntarias para la casa
2.68 hicieron o voluntarias para la casa de
3.5 además de esto...toda o voluntaria a Jehová
7.16 con las o voluntarias del pueblo y de
7.17 comprarás, pues, sus o y sus libaciones 4503
8.25 o que para la casa...habían ofrecido el 8641
8.28 o voluntaria a Jehová Dios de nuestros
10.19 y ofrecieron como o por su pecado un
Neh 7.70 algunos de los...dieron o para la obra
10.33 para la o continua, para el holocausto 4503
10.34 acerca de la o de la leña, para traerla 7133
10.37 nuestras o, y del fruto de todo árbol 8641
10.39 han de llevar...o del grano, del vino y 8641
12.44 varones sobre las cámaras de...de las o 8641
13.5 guardaban antes las o, el incienso, los 4503
13.5 cual guardaban...la o de los sacerdotes 4503
13.9 e hice volver allí...las o y el incienso 4503
13.31 y para la o de la leña en los tiempos 7133
Sal 20.3 memoria de todas tus o, y acepte tu 4503
40.6 sacrificio y o no te agrada; has abierto 4503
51.19 te agradarán los...o del todo quemada
76.11 están alrededor...traigan o al temible 7862
96.8 a Jehová...traed o, y venid a sus atrios 4503
141.2 el don de mis...como la o de la tarde 4503
Is 1.13 no me traigáis más vana o; el incienso 4503
18.7 será traída o a Jehová de los ejércitos 7862
43.23 no te hice servir con o, ni, incienso 4503
66.3 el que hace o, como si ofreciese sangre 4503
66.20 traerán...por o a Jehová, en caballos 4503
66.20 al modo que los hijos de...traen la o 4503
Jer 7.18 para hacer o a dioses ajenos, para 5262
14.12 y cuando ofrezcan...y o no lo aceptaré 4503
17.26 trayendo holocausto y sacrificio, y o 4503
33.11 voz de los que traigan o de...gracias
33.18 ofrezca holocausto y encienda o, y que 4503
41.5 traían...o e incienso para llevar a la 4503
Ez 16.21 y los ofrecieras a...imágenes como o
20.26 los contaminé en sus o cuando hacían 4979
20.28 allí presentaron o que me irritan, allí 7133
20.31 ofreciendo vuestras o, haciendo pasar 4979
20.39 pero no profanéis más...con vuestras o 4979
20.40 demandaré vuestras o, y las primicias 8641
42.13 los sacerdotes...comerán las santas o 4503
42.13 allí pondrán las o santas, la o y la
43.27 sacrificarán...vuestras o de paz; y me
44.29 la o y la expiación...comerán, y toda 4503
44.30 toda o de todo...será de los sacerdotes 8641
44.30 todo lo que se presente de...vuestras o 8641
45.13 la o que ofreceréis: la sexta parte de 8641
45.15 para o de paz, para expiación por ellos 4503
45.16 dar esta o para el príncipe de Israel 8641
45.17 él dispondrá...la o, el holocausto y las 4503
45.17 y las o de paz, para hacer expiación 4503
45.24 ofrecerá o de un efa, y...carnero un efa 4503
46.2 los sacerdotes ofrezcan...y sus o de paz
46.5 y por o un efa con cada carnero; y con 4503
46.5 con cada cordero una o conforme a sus 4503
46.7 hará o de un efa con el becerro, y un 4503
46.11 las fiestas...será la o un efa con cada 4503
46.12 príncipe libremente hiciere...o de paz
46.12 y sus o de paz, como hace en el día de
46.14 harás...o de la sexta parte de un efa 4503
46.14 o para Jehová continuamente...estatuto 4503
46.15 ofrecerán...cordero y la o y el aceite 4503
46.20 donde los sacerdotes cocerán la o por 4503
46.20 allí cocerán la o, para no sacarla al 4503
46.24 los servidores...cocerán la o del pueblo 2077
Dn 9.27 mitad...hará cesar el sacrificio y la o 4503
Os 8.13 los sacrificios de mis o sacrificaron 1890
14.2 te ofreceremos la o de nuestros labios
Jl 1.9 desapareció de la casa de Jehová la o 4503
1.13 porque quitada es de la casa de...la o 4503
2.14 dejará bendición...esto es, o y libación 4503
Am 4.5 publicad o voluntarias, pues que así lo
5.22 si me ofreciereis...o, no los recibiré 4503
5.22 ni miraré a las o de paz de...animales
5.25 ¿me ofrecisteis sacrificios y o en el 4503
Sof 3.10 hija de mis esparcidos traerá mi o 4503
Mal 1.10 dice...ni de vuestra mano aceptaré o 4503
1.11 en todo lugar se ofrece a mi nombre...o 4503
1.13 trajisteis lo hurtado...presentasteis o 4503
2.12 que ofrece o a Jehová de los ejércitos 4503
2.13 no miraré más a la o, para aceptarla con 4503
3.3 de Leví...traerán a Jehová o en justicia 4503
3.4 y será grata a Jehová la o de Judá y de 4503
3.8 ¿en qué te hemos robado? En...diezmos y o 8641
Mt 5.23 **si traes tu o al altar, y...te acuerdas** *1435*
5.24 **deja allí tu o...reconcíliate primero con** *1435*
5.24 **y anda...y entonces ven y presenta tu o** *1435*
8.4 **y presenta la o que ordenó Moisés, para** *1435*
15.5 **diga...Es mi o a Dios todo aquello con que** *1435*
23.18 **pero si alguno jura por la o que está** *1435*
23.19 **¿cuál es mayor, la o, o el altar que** *1435*
23.19 **¿cuál...o el altar que santifica la o?** *1435*
27.6 lícito echarlas en el tesoro de las o
Mr 7.11 **Corbán (que quiere decir, mi o a Dios)** *1435*
12.41 Jesús sentado delante del arca de la o
Lc 21.1 que echaban sus o en el arca de las o *1435*
21.4 **echaron para las o...de lo que les sobra** *1435*
21.5 el templo estaba adornado de...o votivas *334*
Jn 8.20 en el lugar de las o, enseñando en el
Hch 21.26 había de presentarse la o por cada uno *4376*
24.17 vine a hacer limosnas a...y presentar o *4376*
Ro 15.16 que los gentiles le sean o agradable *4376*
15.26 Acaya tuvieron a bien hacer una o para *2842*
15.31 que la o de mi servicio a...sea acepta
1 Co 16.1 cuanto a la o para los santos, haced *3048*
16.2 que cuando yo llegue no se recojan, o *3048*
2 Co 8.20 nadie nos censure en cuanto a esta o
Ef 5.2 o y sacrificio a Dios en olor fragante *4376*
He 5.1 para que presente o y...por los pecados *1435*
8.3 sacerdote...constituido para presentar o *1435*
8.4 sacerdotes que presentan las o según la *1435*
9.9 presente, según el cual se presentan o y *1435*
10.5 dice: Sacrificio y o no quisiste; mas me *4376*
10.8 y o y holocaustos y expiaciones por el *4376*
10.10 mediante la o del cuerpo de Jesucristo *4376*
10.14 porque con una sola o hizo perfectos *4376*
10.18 remisión...no hay más o por el pecado *4376*
11.4 fe Abel...dando Dios testimonio de sus o *1435*

OFRENDAR
Éx 38.29 bronce *ofrendado* fue de setenta talentos

OFUSCAR
Is 29.9 *ofuscaos* y cegaos; embriagaos, y no
32.3 no se *ofuscarán* entonces los ojos de los 8159
Jer 14.6 se *ofuscaron* porque no había hierba

OG *Rey amorreo en Basán*
Nm 21.33 y salió contra ellos O rey de Basán 5747
32.33 Moisés dio...el reino de O rey de Basán 5747
Dt 1.4 derrotó...O rey de Basán que habitaba 5747
3.1 y nos salió al encuentro O rey de Basán 5747
3.3 entregó también en nuestra mano a O rey 5747
3.4 toda la tierra de Argob, del reino de O 5747
3.10 Salca y Edrei, ciudades del reino de O 5747
3.11 O...había quedado del resto de...gigantes 5747
3.13 Basán, del reino de O, toda la tierra de 5747
4.47 poseyeron...la tierra de O rey de Basán 5747
29.7 y salieron...O rey de Basán delante de 5747
31.4 y hará Jehová...hizo con Sehón y con O 5747
Jos 2.10 lo que habéis hecho...a Sehón y a O 5747
9.10 todo lo que hizo a...y a O rey de Basán 5747
12.4 y el territorio de O rey de Basán, que 5747
13.12 el reino de O en Basán, el cual reinó 5747
13.30 reino de O rey de Basán, y todas las 5747
13.31 y Edrei, ciudades del reino de O en 5747
1 R 4.19 tierra de Galaad...de O rey de Basán 5747
Neh 9.22 y poseyeron...la tierra de O rey de 5747
Sal 135.11 rey amorreo, a O rey de Basán, y a 5747
136.20 O rey de Basán, porque para siempre 5747

OH *Véase el Apéndice*

OHAD *Hijo de Simeón*, Gn 46.10; Éx 6.15 161

OHEL *Descendiente del rey David*, 1 Cr 3.20 169

OÍDAS
Job 42.5 de o te había oído; mas ahora mis ojos 8085

OÍDO
Gn 20.8 dijo todas estas palabras en los o de 241
34.17 no nos prestareis o para circuncidaros 8085
44.18 que hable...una palabra en o de mi señor 241
50.4 si...os ruego que habléis en o de Faraón 241
Éx 15.26 oyeres...y dieres o a sus mandamientos 238
19.5 si diereis o a mi voz, y guardareis mi
24.7 tomó el libro...y lo leyó a o del pueblo
Nm 11.1 que el pueblo se quejó a o de Jehová
11.18 porque habéis llorado en o de Jehová 241
14.28 que según habéis hablado a mis o, así 241
Dt 1.43 hablé, y no disteis o; antes fuisteis 8085
1.45 pero Jehová no escuchó...ni os prestó o 238
5.1 decretos que yo pronuncio...en vuestros o 241
13.3 no darás o a...palabras de tal profeta 8085
13.8 no consentirás con él, ni le prestarás o 8085
29.4 no os ha dado...para ver, ni o para oír 241
31.11 leerás esta ley delante...a o de ellos 241
31.28 y hablaré en sus o estas palabras, y 241
31.30 habló Moisés a o de...la congregación 241
32.44 recitó...este cántico a o del pueblo 241
Jos 20.4 sus razones en o de los ancianos de 241
Jue 7.3 ahora...haz pregonar en o del pueblo 241
9.2 que digáis en o de todos los de Siquem 241
9.3 hablaron por él los hermanos de su madre en o 241
1 S 3.11 quien la oyere, le retiñirán ambos o 241
8.21 oyó Samuel...las refirió en o de Jehová 241
9.15 Jehová había revelado al o de Samuel 241
11.4 dijeron estas palabras en o del pueblo 241
15.14 bramido...este que yo oigo con mis o? 241
18.23 hablaron estas palabras a...o de David 241
22.8 quién me descubra al o cómo mi hijo ha
25.24 permitas que tu sierva hable a tus o
2 S 7.22 todo lo que hemos oído con nuestro o 241
7.27 revelaste al o de tu siervo, diciendo
22.7 y mi clamor llegó a sus o 241
1 R 11.38 prestares o a todas las cosas que 8085
20.25 campo raso...Y él les dio o, y lo hizo 8085
2 R 18.26 en lengua de Judá a o del pueblo que 241
19.28 cuanto tu arrogancia ha subido a mis o 241

21.12 al que lo oyere le retiñarán ambos *o* 241
1 Cr 17.25 revelaste al *o* de tu siervo que le
28.8 de todo Israel...y en *o* de nuestro Dios
2 Cr 6.40 ojos y atentos tus *o* a la oración en 241
7.15 mis ojos y atentos mis *o* a la oración en 241
34.30 leyó a *o* de ellos todas las palabras del 241
Neh 1.6 atento tu *o* y atentos tus ojos para 241
1.11 atento tu *o* a la oración de tu siervo 241
8.3 los *o* de todo el pueblo estaban atentos 241
Est 1.17 este hecho de la reina llegará a *o*
Job 4.12 mas mi *o* ha percibido algo de ello 241
12.11 *o* distingue las palabras, y el paladar 241
13.1 estas cosas...oído y entendido mis *o* 241
13.17 y mi declaración entre en vuestros *o* 241
15.21 estruendos espantosos hay en sus *o*; en 241
28.22 su fama hemos oído con nuestros *o* 241
29.11 los *o* que me oían me...bienaventurado 241
33.8 tú dijiste a *o* míos, y yo oí la voz de 241
33.16 entonces revela al *o* de los hombres 241
34.3 porque el *o* prueba las palabras, como 241
36.10 despierta además el *o* de ellos para 241
36.15 pobre...en la aflicción despertará su *o* 241
Sal 10.17 tú dispones su...y haces atento tu *o* 241
17.6 inclina a mí tu *o*, escucha mi palabra 241
18.6 oyó mi voz...y mi clamor llegó...a sus *o* 241
31.2 inclina a mí tu *o*, líbrame pronto; sé 241
34.15 ojos...atentos sus *o* al clamor de ellos 241
40.6 ofrenda no te agrada; has abierto mis *o* 241
45.10 inclina tu *o*; olvida tu pueblo, y la 241
49.4 inclinaré al proverbio mi *o*; declararé 241
58.4 son como el áspid sordo que cierra su *o* 241
71.2 líbrame en tu...inclina tu *o*, y sálvame 241
78.1 inclinad vuestro *o* a las palabras de mi 238
86.1 inclina, oh Jehová, tu *o*, y escúchame 241
88.2 mi oración a...inclina tu *o* a mi clamor 241
92.11 oirán mis *o* de los que se levantaron 241
94.9 que hizo el *o*, ¿no oirá? El que formó 241
102.2 día de mi angustia; inclina a mí tu *o* 241
116.2 ha inclinado a mí su *o*; por tanto, le 241
130.2 atentos tus *o* a la voz de mi súplica 241
Pr 2.2 haciendo...atento tu *o* a la sabiduría 241
4.20 está atento...inclina tu *o* a mis razones 241
5.1 hijo mío...a mi inteligencia inclina tu *o* 241
5.13 a los queme enseñaban no incliné mi *o* 241
15.31 el *o* que escucha las amonestaciones de 241
18.15 y el *o* de los sabios busca la ciencia 241
20.12 el *o* que oye, y el ojo que ve, ambas 241
21.13 el que cierra su *o* al clamor del pobre 241
22.17 inclina tu *o* y oye las palabras de los 241
23.9 no hables a *o* del necio...menospreciará 241
23.12 aplica...*o* a las palabras de sabiduría 241
25.12 que reprende al sabio que tiene *o* dócil 241
28.9 el que aparta su *o* para no oír la ley 241
Ec 1.8 se sacia el ojo de ver, ni el *o* de oír 241
Is 5.9 ha llegado a mis *o* de parte de Jehová 241
6.10 agrava sus *o*, y ciega sus ojos, para que 241
6.10 ojos, ni oiga con sus *o*, ni su corazón 241
11.3 ojos, ni argüirá por lo que oigan sus *o* 241
22.14 esto fue revelado a mis *o* de parte de 241
30.21 tus *o* oirán a tus espaldas palabra que 241
32.3 ven, y los *o* de los oyentes oirán atentos 241
33.15 que tapa sus *o* para no oír propuestas 241
35.5 ojos...y los *o* de los sordos se abrirán 241
37.17 inclina, oh Jehová, tu *o*, y oye; abre 241
37.29 arrogancia ha subido a mis *o*; pondré 241
42.20 ve muchas cosas...abre los *o* y no oye? 241
43.8 pueblo ciego...a los sordos que tienen *o* 241
48.8 no se abrió antes tu *o*; porque sabía que 241
49.20 los hijos de tu orfandad dirán a tus *o* 241
50.4 despertará mi *o* para que oiga como los 241
50.5 Jehová el Señor me abrió el *o*, y yo no 241
55.3 inclinad vuestro *o*, y venid a mí; oíd, y 241
59.1 la mano...ni se ha agravado su *o* para oír 241
64.4 nunca oyeron, ni *o* percibieron, ni ojo 238
Jer 2.2 clama a los *o* de Jerusalén, diciendo 241
5.21 oíd...pueblo necio...que tiene *o* y no oye 241
6.10 que sus *o* son incircuncisos, y no pueden 241
7.24 y no oyeron ni inclinaron su *o*; antes 241
9.20 vuestro *o* reciba la palabra de su boca 241
11.8; 17.23 no oyeron, ni inclinaron su *o* 241
19.3 todo el que lo oyere, le retiñan los *o* 241
25.4 no oísteis, ni inclinasteis vuestro *o* 241
26.11 como vosotros habéis oído con vuestros *o* 241
26.15 que dijese todas estas palabras en...*o* 241
27.9 no prestéis *o* a vuestros profetas, ni a 8085
28.7 en tus *o* y en los *o* de todo el pueblo 241
29.29 había leído esta carta a *o*...Jeremías 241
34.14 pero...no me oyeron, ni inclinaron su *o* 241
35.15 mas no inclinasteis vuestro *o*, ni me 241
36.6 las palabras de Jehová a los *o* del pueblo 241
36.6 a *o* de todos los de Judá que vienen de 241
36.10,13 leyó en el libro...a *o* del pueblo 241
36.14 toma el rollo en el que leíste a *o* del 241
36.21 leyó en él Jehudí a *o* del rey, y a *o* de 241
37.5 llegó noticia de ello a *o* de los caldeos 8085
44.5 ni inclinaron su *o* para convertirse de 241
Lm 3.8 cuando clamé...cerró los *o* a mi oración
3.56 no escondas tu *o* al clamor de...suspiros 241
Ez 3.10 todas mis palabras...y oye con tus *o* 241
8.18 y gritarán a mis *o* con gran voz, y no 241
9.1 clamó en mis *o* con gran voz, diciendo 241
12.2 y no ven, tienen *o* para oír y no oyen 241
40.4 oye con tus *o*, y pon tu corazón a todas 241
44.5 y oye con tus *o* todo lo que yo hablo 241
Dn 9.18 inclina...tu *o*, y oye; abre tus ojos, y 241
9.19 presta *o*, Señor, y hazlo; no tardes, por 7181
Mi 7.16 pondrán la mano...ensordecerán sus *o* 241
Zac 7.11 espalda, y taparon sus *o* para no oír 241
Mt 10.27 **que oís al *o*, proclamadlo desde las** *3775*
11.15; 13.9 **el que tiene *o* para oír, oiga** *3775*
13.14 **que dijo: De *o* oiréis, y no entenderéis** *189*
13.15 **engrosado, y con los *o* oyen pesadamente** *3775*
13.15 **no vean con los ojos, y oigan con los *o*** *3775*
13.16 **pero bienaventurados...vuestros *o*...oyen** *3775*
13.43 **Padre...El que tiene *o* para oír, oiga** *3775*
Mr 4.9 **dijo: El que tiene *o* para oír, oiga** *3775*
4.23; 7.16 **si alguno tiene *o* para oír, oiga** *3775*
7.35 fueron abiertos sus *o*, y se desató la *189*
8.18 **y teniendo *o* no oís? ¿Y no recordáis?** *3775*
Lc 1.44 de tu salutación a mis *o*, la criatura *3775*
8.8 **gran voz: El que tiene *o* para oír, oiga** *3775*
9.44 **penetren bien en los *o* estas palabras** *3775*
12.3 **que habéis hablado al *o* en los aposentos** *3775*
14.35 **fuera...El que tiene *o* para oír, oiga** *3775*
Hch 7.51 e incircuncisos de corazón y de *o*! *3775*
7.57 se taparon los *o*, y arremetieron a una *3775*
11.22 llegó la noticia de...a *o* de la iglesia *3775*
17.20 pues traes a nuestros *o* cosas extrañas *189*
28.26 diles: De *o* oiréis, y no entenderéis *3775*
28.27 y con los *o* oyeron pesadamente, y sus *3775*
28.27 ojos, y oigan con los *o*, y entiendan *3775*
Ro 11.8 y *o* con que no oigan, hasta el día de *3775*
1 Co 2.9 cosas que ojo no vio, ni *o* oyó, ni *3775*
12.17 ¿dónde estaría el *o*? Si todo fuese *o* *189*
2 Ti 4.4 y apartarán de la verdad el *o* y se *189*
Stg 5.4 han entrado en los *o* del Señor de los *3775*
1 P 3.12 sus *o* atentos a sus oraciones; pero *3775*
Ap 2.7,11,17,29; 3.6,13,22 el que tiene *o*, oiga lo que el Espíritu dice *3775*
13.9 si alguno tiene *o*, oiga *3775*

OIDOR

Dn 3.2 reuniesen los...capitanes, *o*, tesoreros
3.3 reunidos los...*o*, tesoreros, consejeros
Ro 2.13 no son los *o* de la ley los justos, sino *202*
Stg 1.22 sed hacedores...y no tan solamente *o* *202*
1.23 porque si alguno es *o* de la palabra pero *202*
1.25 no siendo *o* olvidadizo, sino hacedor de *202*

OÍR

Gn 3.8 y *oyeron* la voz de Jehová Dios que se 8085
3.10 y él respondió: *Oí* tu voz en el huerto 8085
4.23 y dijo Lamec a...Ada y Zila, *oíd* mi voz 8085
14.14 *oyó* Abram que su pariente estaba prisionero 8085
16.11 he aquí que...Jehová ha *oído* tu aflicción 8085
17.20 en cuanto a Ismael, también te he *oído* 8085
21.6 y cualquiera que lo *oyere*, se reirá 8085
21.12 *oye* su voz, porque en Isaac te será 8085
21.17 y *oyó* Dios la voz del muchacho; y el 8085
21.17 Dios ha *oído* la voz del muchacho en 8085
21.26 me lo hiciste saber, ni yo lo he *oído* 8085
23.6 *óyenos*, señor nuestro; eres un príncipe 8085
23.8 *oídme*, e interceded por mí con Efrón 8085
23.11 no, señor mío, *óyeme*: te doy la heredad 8085
23.13 si te place, te ruego que me *oigas*...Yo 8085
24.52 el criado de Abraham *oyó* sus palabras 8085
26.5 por cuanto *oyó* Abraham mi voz, y guardó
27.5 y Rebeca estaba *oyendo*, cuando hablaba 8085
27.6 yo he *oído* a tu padre que hablaba con 8085
27.34 Esaú *oyó* las palabras de...padre, clamó 8085
29.13 así que *oyó* Labán las nuevas de Jacob 8085
29.33 y dijo: Por cuanto *oyó* Jehová que yo 8085
30.6 y también *oyó* mi voz, y me dio un hijo 8085
30.17 y *oyó* Dios a Lea; y concibió, y dio a 8085
30.22 y la *oyó* Dios, y le concedió hijos 8085
31.1 *oía* Jacob las palabras de los hijos de 8085
34.5 *oyó* Jacob que Siquem había amancillado 8085
37.6 les dijo: *Oíd* ahora este sueño que he 8085
37.17 se han ido de aquí; y yo les *oí* decir 8085
37.21 Rubén *oyó* esto, lo libró de sus manos 8085
39.19 *oyó* el amo de José las palabras que su 8085
41.15 he *oído* decir de ti, que *oyes* sueños 8085
42.2 yo he *oído* que hay víveres en Egipto 8085
43.25 habían *oído* que allí habrían de comer 8085
45.2 y *oyeron* los egipcios, y oyó...de Faraón 8085
45.16 se *oyó* la noticia en la casa de Faraón 8085
49.2 y *oíd*, hijos de Jacob, y escuchad a 8085
Éx 2.15 *oyendo* Faraón...procuró matar a Moisés 8085
2.24 *oyó* Dios el gemido de ellos, y se acordó 8085
3.7 *oído* su clamor a causa de sus exactores 8085
3.18 *oirán* tu voz; e irás...al rey de Egipto 8085
4.1 que ellos no me creerán, ni *oirán* mi voz 8085
4.9 y si aún no creyeren...ni *oyeren* tu voz 8085
4.31 *oyendo* que Jehová había visitado a los 8085
5.2 ¿quién es Jehová...que yo *oiga* su voz?
6.5 he *oído* el gemido de los hijos de Israel 8085
6.30 Yo soy torpe...¿cómo, pues, me ha de *oír* 8085
7.4 Faraón no os *oirá*; mas yo pondré mi mano 8085
7.16 aquí que hasta ahora no has querido *oír* 8085
9.12 endureció el corazón de...y no los *oyó* 8085
11.9 dijo a Moisés: Faraón no os *oirá*, para 8085
15.14 lo *oirán* los pueblos, y temblarán; se 8085
15.26 si *oyeres* atentamente la voz de Jehová 8085
16.7,8,9 él ha *oído* vuestras murmuraciones 8085
16.12 he *oído* las murmuraciones de los hijos 8085
18.1 *oyó* Jetro sacerdote de Madián, suegro 8085
18.19 *oye* ahora mi voz; yo te aconsejaré, y 8085
18.24 *oyó* Moisés la voz de su suegro, e hizo 8085
19.9 una nube espesa, para que el pueblo *oiga* 8085
20.19 dijeron...Habla tú...y nosotros *oiremos* 8085
22.23 ellos clamaren a mí...*oiré* yo su clamor 8085
22.27 yo le *oiré*, porque soy misericordioso 8085
23.13 nombre de...ni se *oirá* de vuestra boca 8085
23.21 guárdate delante de él, y *oye* su voz
23.22 si en verdad *oyeres* su voz e hicieres
28.35 se *oirá* su sonido cuando él entre en el santuario 8085
32.17 cuando *oyó* Josué el clamor del pueblo 8085
32.18 ni voz de alaridos...voz de cantar *oigo* 8085
33.4 y *oyendo* el pueblo esta mala noticia 8085
Lv 10.20 cuando Moisés *oyó* esto, se dio por 8085
24.14 que le *oyeron* pongan sus manos sobre 8085
26.14 si no me *oyereis*, ni hiciereis todos 8085
26.18 si aun con estas cosas no me *oyereis* 8085
26.21 no me quisiereis *oír*, yo añadiré sobre 8085
26.27 si aun con esto no me *oyereis*, sino que 8085
Nm 7.89 cuando entraba Moisés...*oía* la voz que 8085
9.8 y *oiré* lo que ordena Jehová acerca de 8085
11.1 quejó...y lo *oyó* Jehová, y ardió su ira 8085
11.10 *oyó* Moisés al pueblo, que lloraba por 8085
12.2 también por nosotros? Y lo *oyó* Jehová 8085
12.6 y él les dijo: *Oíd* ahora mis palabras 8085
14.13 lo *oirán* luego los egipcios, porque de 8085
14.14 han *oído* que tú, oh Jehová, estabas en 8085
14.15 las gentes que hubieren *oído* tu fama 8085
14.22 me han tentado...y no han *oído* mi voz 8085
14.27 ¿hasta cuándo *oiré* esta...multitud que 8085
16.4 cuando oyó esto Moisés, se postró sobre 8085
16.8 dijo...Moisés...*Oíd* ahora, hijos de Leví 8085
20.10 y les dijo: ¡*Oíd* ahora, rebeldes! ¿Os 8085
20.16 clamamos a Jehová, el cual *oyó* nuestra 8085
21.1 cuando el cananeo, el rey de Arad...*oyó* 8085
22.36 *oyendo* Balac que Balaam venía, salió a 8085
23.18 dijo: Balac, levántate y *oye*; escucha 8085
24.4 dijo el que *oyó* los dichos de Dios, el 8085
24.16 dijo el que *oyó* los dichos de Jehová 8085
30.4 su padre *oyere* su voto, y la obligación 8085
30.5 si su padre le vedare el día que *oyere* 8085
30.7 marido lo *oyere*, y cuando lo o callare 8085
30.8 pero si cuando su marido lo *oyó*, le vedó 8085
30.11 si su marido *oyó*, y calló a ello, y no 8085
30.12 su marido los anuló el día que los *oyó* 8085
30.14 cuanto calló a ello el día que lo *oyó* 8085
30.15 si los anulare después de haberlos *oído* 8085
33.40 el cananeo...*oyó* que habían venido los 8085
Dt 1.16 *oíd* entre vuestros hermanos, y juzgad 8085
1.17 así al pequeño como al grande *oiréis* 8085
1.17 causa...la traeréis a mí, y yo la *oiré* 8085
1.34 *oyó* Jehová la voz de vuestras palabras 8085
2.25 los cuales *oirán* tu fama, y temblarán 8085
4.1 oh Israel, *oye* los estatutos y decretos 8085
4.6 los cuales *oirán* todos estos estatutos 8085
4.10 les haga *oír* mis palabras, las cuales 8085
4.12 *oísteis* la voz...mas a excepción de *oír* 8085
4.28 dioses...que no ven, ni *oyen*, ni comen 8085
4.30 te volvieres a Jehová...y *oyeres* su voz
4.32 pregunta...se haya *oído* otra como ella 8085
4.33 ¿ha *oído* pueblo alguno la voz de Dios 8085
4.36 desde los cielos te hizo *oír* su voz, para 8085
4.36 has *oído* sus palabras de en medio del 8085
5.1 *oye*, Israel, los estatutos y decretos que 8085
5.23 que cuando vosotros *oísteis* la voz de 8085
5.24 hemos *oído* su voz de en medio del fuego 8085
5.25 si *oyéremos* otra vez la voz de Jehová 8085
5.26 que *oiga* la voz...como nosotros la *oímos* 8085
5.27 *oye* todas las cosas que dijere Jehová 8085
5.27 nos dirás...nosotros *oiremos* y haremos 8085
5.28 oyó Jehová la voz,...y me dijo...He *oído* 8085
6.3 *oye*...oh Israel, y cuida de ponerlos por 8085
6.4 *oye*, Israel: Jehová nuestro Dios...uno es 8085
7.12 haber *oído* estos decretos, y haberlos 8085
9.1 *oye*, Israel...vas hoy a pasar el Jordán 8085
9.2 *oído* decir: ¿Quién se sostendrá delante 8085
11.27 bendición, si *oyereis* los mandamientos
11.28 la maldición, si no *oyereis*...apartareis
13.11 para que todo Israel *oiga*, y tema, y no 8085
13.12 si *oyeres* que se dice de alguna de tus 8085
17.4 que *oyeres*...la cosa pareciere de verdad 8085
17.13 todo el pueblo *oirá*, y temerá, y no se 8085
18.14 porque estas naciones...a adivinos *oyen* 8085
18.15 profeta...levantará Jehová...a él *oiréis* 8085
18.16 no vuelva yo a *oír* la voz de Jehová mi 8085
18.19 a cualquiera que no *oyere* mis palabras 8085
19.20 los que quedaren *oirán* y temerán, y no 8085
20.3 *oye*, Israel, vosotros os juntáis hoy en 8085
21.21 quitarás...y todo Israel *oirá*, y temerá 8085
23.5 mas no quiso Jehová tu Dios *oír* a Balaam 8085
26.7 Jehová *oyó* nuestra voz, y vio nuestra 8085
27.10 *oirás*, pues, la voz de Jehová tu Dios
28.1 que si *oyeres*...la voz de Jehová tu Dios 8085
28.2 bendiciones...si *oyeres* la voz de Jehová 8085
28.15 si no *oyeres* la voz de Jehová tu Dios 8085
29.4 Jehová no os ha dado...ni oídos para *oír* 8085
29.19 al *oír* las palabras de esta maldición 8085
30.8 y tú volverás, y *oirás* la voz de Jehová
30.12 ¿quién subirá...y nos lo hará *oír* para 8085
30.13 nos lo traiga y nos lo haga *oír*, a fin 8085
30.17 si...no *oyeres*, y te dejares extraviar 8085
31.12 que *oigan* y aprendan, y teman a Jehová 8085
31.13 los hijos...*oigan*, y aprendan a temer a 8085
32.1 y *oiga* la tierra los dichos de mi boca 8085
33.7 dijo as!: *Oye*, oh Jehová, la voz de Judá 8085
Jos 2.10 hemos *oído* que Jehová hizo secar las 8085
2.11 *oyendo* esto, ha desmayado...corazón; ni 8085
5.1 *oyeron* cómo Jehová había secado las aguas 8085
6.5 *oigáis* el sonido de la bocina, todo el 8085
6.10 no gritaréis, ni se *oirá* vuestra voz, ni
6.20 cuando el pueblo hubo *oído* el sonido de 8085
7.9 los moradores...*oirán*, y nos rodearán, y 8085
9.1 cuando *oyeron* estas cosas todos los reyes 8085
9.3 cuando *oyeron* lo que Josué había hecho 8085
9.9 hemos *oído* su fama, y todo lo que hizo 8085

9.16 tres días...*oyeron* que eran sus vecinos 8085
10.1 *oyó* que Josué había tomado a Hai, y que 8085
11.1 cuando *oyó* esto Jabín...envió mensaje a 8085
14.12 tú *oíste*...que los anaceos están allí 8085
22.11 *oyeron* decir que los hijos de Rubén y 8085
22.12 cuando *oyeron* esto los...de Israel, se 8085
22.30 *oyendo* Finees...les pareció bien todo 8085
24.27 esta piedra...*oído* todas las palabras 8085
Jue 2.17 tampoco *oyeron* a sus jueces, sino que........ 8085
5.3 *oíd*, reyes; escuchad, oh príncipes; yo.......... 8085
5.16 para *oír* los balidos de los rebaños?........... 8085
7.11 y *oirás* lo que hablan; y entonces tus.......... 8085
7.15 cuando Gedeón *oyó* el relato del sueño......... 8085
9.7 *oídme*, varones de...y así os oiga Dios......... 8085
9.30 cuando Zebul...*oyó* las palabras de Gaal...... 8085
9.46 cuando *oyeron* esto...los que estaban en 8085
13.9 Dios *oyó* la voz de Manoa; y el ángel de 8085
14.13 ellos...Propón tu enigma, y lo *oiremos* 8085
19.25 aquellos hombres no le quisieron *oír*......... 8085
20.3 *oyeron* que...de Israel habían subido a........ 8085
20.13 de Benjamín no quisieron *oír* la voz de 8085
Rt 1.6 *oyó*...Jehová había visitado a su pueblo 8085
2.8 *oye*, hija mía, no vayas a espigar a otro......... 8085
1 S 1.13 voz no se *oía*; y Elí la tuvo por ebria 8085
2.22 *oía* de todo lo que sus hijos hacían con 8085
2.23 yo *oigo* de...vuestros malos procederes 8085
2.24 hijos...no es buena fama la que yo *oigo* 8085
2.25 pero ellos no *oyeron* la voz de su padre........ 8085
3.9,10 habla, Jehová, porque tu siervo *oye*.......... 8085
3.11 a quien la *oyere*, le retiñirán...oídos........... 8085
4.6 filisteos *oyeron* la voz de júbilo, dijeron......... 8085
4.14 Elí *oyó* el estruendo de la gritería, dijo......... 8085
4.19 su nuera...*oyendo* el rumor que el arca 8085
7.7 *oyeron* los filisteos que los...de Israel.......... 8085
7.7 *oír* esto los hijos de Israel, tuvieron............ 8085
7.9 clamó Samuel a Jehová...y Jehová le *oyó* 8085
8.7 y dijo Jehová...*Oye* la voz del pueblo en 8085
8.9 *oye* su voz; mas protesta...contra ellos 8085
8.19 el pueblo no quiso *oír* la voz de Samuel
8.21 y *oyó* Samuel...las palabras del pueblo.......... 8085
8.22 dijo...*Oye* su voz, y pon rey sobre ellos 8085
11.6 al *oír* Saúl estas palabras, el Espíritu........... 8085
12.1 yo he *oído* vuestra voz en todo cuanto me 8085
12.14 si temiereis a...y *oyereis* su voz, y no
12.15 mas si no *oyereis* la voz de Jehová, y
13.3 Jonatán atacó...lo *oyeron* los filisteos 8085
13.3 trompeta...diciendo: *Oigan* los hebreos 8085
13.4 todo Israel *oyó* que se decía: Saúl ha 8085
14.22 Efraín, *oyendo* que los filisteos huían......... 8085
14.27 Jonatán no había *oído* cuando su padre...... 8085
15.14 bramido de vacas es este que yo *oigo*......... 8085
15.19 ¿por qué...no has *oído* la voz de Jehová
17.11 *oyendo* Saúl y...Israel estas palabras 8085
17.23 las mismas palabras, y las *oyó* David......... 8085
17.28 *oyéndole* hablar Eliab su hermano mayor 8085
17.31 fueron *oídas* las palabras que David 8085
22.6 *oyó* Saúl que se sabía de David y de los........ 8085
22.7 *oíd* ahora, hijos de Benjamín: ¿Os dará........ 8085
22.12 *oye* ahora, hijo de Ahitob...Y él dijo 8085
23.11 ¿descenderá...como ha *oído* tu siervo?......... 8085
23.25 cuando Saúl *oyó* esto, siguió a David 8085
24.9 ¿por qué *oyes* las palabras de los que 8085
25.4 *oyó* David...Nabal esquilaba sus ovejas 8085
25.35 sube en paz...mira que he *oído* tu voz......... 8085
25.39 que David *oyó* que Nabal había muerto 8085
26.19 el rey...*oiga* ahora las palabras de su........ 8085
28.21 y he *oído* las palabras que tú me has......... 8085
28.22 tú también *oigas* la voz de tu sierva 8085
31.11 mas *oyendo* los de Jabes de Galaad esto 8085
2 S 4.1 *oyó* el hijo de Saúl que Abner había............ 8085
5.17 *oyendo* los filisteos que David había sido 8085
5.17 David lo *oyó*, descendió a la fortaleza 8085
5.24 y cuando *oigas* ruido como de marcha por 8085
7.22 conforme a todo lo que hemos *oído* con 8085
8.9 *oyendo* Toi...que David había derrotado a 8085
10.7 cuando David *oyó* esto, envió a Joab con 8085
11.26 *oyendo* la mujer de Urías que su marido 8085
12.18 hablábamos, y no quería *oír* nuestra voz 8085
13.14 no la quiso *oír*, sino que pudiendo más 8085
13.16 no hay razón...Mas él no la quiso *oír* 8085
13.21 y luego que el rey David *oyó* todo esto........ 8085
14.16 el rey *oirá*, para librar a su sierva de......... 8085
15.3 no tienes quien te *oiga* de parte del rey........ 8085
15.10 cuando *oigáis* el sonido de la trompeta........ 8085
15.35 lo que *oyeres*...se lo comunicarás a los 8085
15.36 me enviaréis aviso de...lo que *oyereis* 8085
16.21 todo el pueblo...*oirá* que te has hecho........ 8085
17.5 a Husai arquita...*oigamos* lo que él dirá........ 8085
17.9 que lo *oyere* dirá...ha sido derrotado.......... 8085
18.5 el pueblo *oyó* cuando dio el rey orden 8085
18.12 *oímos* cuando el rey te mandó a ti y a 241
19.2 *oyó* decir...que el rey tenía dolor por 8085
19.35 ¿*oiré* más la voz de los cantores y de 8085
20.16 *oíd*, o; os ruego que digáis a Joab que 8085
20.17 ella le dijo: *Oye*...el respondió: *Oigo* 8085
22.7 Dios; él *oyó* mi voz desde su templo, y 8085
22.42 clamaron, y...a Jehová, mas no les *oyó*
22.45 extraños...al *oír* de mí, me obedecerán 8085
24.25 Jehová *oyó* las súplicas de la tierra 8085
1 R 1.11 ¿no has *oído* que reina Adonías hijo 8085
1.41 lo *oyó* Adonías, y todos los convidados.......... 8085
1.41 y *oyendo* Joab el sonido de la trompeta........ 8085
1.45 alegría...el alboroto que habéis *oído*.......... 8085
3.11 demandaste...inteligencia para *oír* juicio
3.28 Israel *oyó* aquel juicio que había dado......... 8085
4.34 *oír* la sabiduría de Salomón venían de 8085
5.1 luego que *oyó* que lo habían ungido por 8085
5.7 cuando Hiram *oyó* las palabras de Salomón.... 8085
5.8 he *oído* lo que me mandaste a decir; yo
6.7 martillos ni hachas se *oyeron* en la casa........ 8085
8.28 *oyendo*...la oración que tu siervo hace 8085
8.29 *oigas* la oración que tu siervo haga en......... 8085
8.30 *oye*, pues, la oración de tu siervo, y de 8085
8.30 tú lo *oirás* en el lugar de tu morada, en........ 8085
8.32 tú *oirás* desde el cielo y actuarás, y............ 8085
8.34,36 tú *oirás* en los cielos, y perdonarás 8085
8.39,43,49 *oirás* en los cielos, en el lugar............ 8085
8.42 *oirán* de tu gran nombre, de tu mano 8085
8.45 tú *oirás* en los cielos su oración y su........... 8085
8.52 para *oírlos* en...por lo cual te invocaren 8085
9.3 dijo...Yo he *oído* tu oración y tu ruego 8085
10.1 *oyendo* la reina de Sabá la fama que.......... 8085
10.6 verdad es lo que *oí* en mi tierra de tus......... 8085
10.7 es mayor...que la fama que yo había *oído*..... 8085
10.8 dichosos estos...que...*oyen* tu sabiduría 8085
10.24 para *oír* la sabiduría que Dios había 8085
11.21 *oyendo* Hadad...que David había dormido... 8085
12.2 que cuando lo *oyó* Jeroboam hijo de Nabat.... 8085
12.15 y no *oyó* el rey al pueblo; porque era......... 8085
12.16 vio que el rey no les había *oído*, le............ 8085
12.20 *oyendo* todo Israel que Jeroboam había...... 8085
12.24 y ellos *oyeron* la palabra de Dios, y.......... 8085
13.4 rey Jeroboam *oyó* la palabra del varón de 8085
13.26 *oyéndolo* el profeta...dijo: El varón de........ 8085
14.6 cuando Ahías *oyó* el sonido de sus pies 8085
15.21 *oyendo* esto Baasa, dejó de edificar a 8085
16.16 *oyó* decir: Zimri ha conspirado, y ha 8085
17.22 Jehová *oyó* la voz de Elías, y el alma 8085
18.41 bebe; porque una lluvia grande se *oye*
19.13 cuando lo *oyó* Elías, cubrió su rostro 8085
20.12 cuando él *oyó* esta palabra...dijo a sus....... 8085
20.31 hemos *oído* de...que son reyes clementes 8085
21.15 *oyó* que Nabot había sido apedreado y........ 8085
21.16 *oyendo* Acab que Nabot era muerto, se....... 8085
21.27 cuando Acab *oyó* estas palabras, rasgó 8085
22.19 él dijo: *Oye*, pues, palabra de Jehová 8085
22.28 en seguida dijo: *Oíd*, pueblos todos........... 8085
2 R 3.21 de Moab *oyeron* que los reyes subían......... 8085
5.8 *oyó* el rey de Israel había rasgado 8085
6.30 el rey *oyó* las palabras de aquella mujer 8085
6.32 ¿no se *oye* tras él ruido de los pasos
7.1 *oíd* palabra de Jehová: Así dijo Jehová 8085
7.6 se *oyese* estruendo de carros, ruido de.......... 8085
9.30 cuando Jezabel lo *oyó*, se pintó los ojos........ 8085
11.13 *oyendo* Atalía el estruendo del pueblo......... 8085
13.4 Joacaz oró...Jehová lo *oyó*; porque miró 8085
18.28 *oíd* la palabra del gran rey, el rey de........... 8085
18.32 no *oigáis* a Ezequías...os engaña cuando 8085
19.1 cuando el rey Ezequías lo *oyó*, rasgó sus 8085
19.4 *oirá* Jehová tu Dios todas las palabras 8085
19.4 palabras, las cuales Jehová tu...ha *oído*....... 8085
19.6 no temas por las palabras que has *oído* 8085
19.7 *oirá* rumor, y volverá a su tierra; y haré....... 8085
19.8 porque *oyó* que se había ido de Laquis 8085
19.9 y *oyó* decir que Tirhaca...había salido 8085
19.11 has *oído* lo que han hecho los reyes 8085
19.16 inclina, oh Jehová, tu *oído*, y *oye*...abre 8085
19.16 y *oye* las palabras de Senaquerib, que......... 8085
19.20 lo que me pediste acerca de...he *oído*......... 8085
19.25 ¿nunca has *oído* que desde...yo lo hice........ 8085
20.5 yo he *oído* tu oración, y he visto tus 8085
20.12 *oído* que Ezequías había caído enfermo....... 8085
20.13 Ezequías los *oyó*, y les mostró toda la 8085
20.16 Isaías dijo a...*Oye* palabra de Jehová 8085
21.12 que al que lo *oyere* le retiñirán...oídos 8085
22.11 el rey hubo *oído* las palabras del libro 8085
22.18 por cuanto *oíste* las palabras del libro........ 8085
22.19 *oíste* lo que yo he pronunciado contra........ 8085
22.19 también yo te he *oído*, dice Jehová 8085
23.2 el rey...leyó, *oyéndolo* ellos, todas las 8085
25.23 *oyendo* todos los príncipes del ejército 8085
1 Cr 10.11 *oyendo*...lo que los filisteos habían......... 8085
14.8 *oyendo* los filisteos que David...ungido........ 8085
14.8 cuando David lo *oyó*, salió contra ellos 8085
14.15 así que *oigas* venir un estruendo por 8085
17.20 según todas las cosas que hemos *oído*........ 8085
18.9 y *oyendo* Toi...que David había deshecho 8085
19.8 *oyéndolo* David, envió a Joab con todo 8085
21.28 viendo David que Jehová le había *oído*
28.2 dijo: *Oídme*, hermanos míos, y pueblo mío 8085
2 Cr 6.19 *oír* el clamor y la oración con que 8085
6.20 *oigas* la oración con que tu siervo ora 8085
6.21 que *oigas* el ruego de tu siervo, y de 8085
6.21 *oirás* desde los...que oigas y perdones 8085
6.23 tú *oirás* desde los cielos, y actuarás............ 8085
6.25 tú *oirás* desde los cielos, y perdonarás......... 8085
6.27 los *oirás* en los cielos, y perdonarás el......... 8085
6.30,33,35,39 *oirás* desde los cielos, desde......... 8085
7.12 he *oído* tu oración, y he elegido para 8085
7.14 yo *oiré* desde los cielos, y perdonaré 8085
9.1 *oyendo* la reina de Sabá la...de Salomón......... 8085
9.5 verdad es lo que había *oído* en mi tierra......... 8085
9.6 tú superas la fama que yo había *oído*........... 8085
9.7 y dichosos estos...que...*oyen* tu sabiduría 8085
9.23 *oír* la sabiduría que Dios le había dado......... 8085
10.2 y cuando lo *oyó* Jeroboam hijo de Nabat 8085
10.16 viendo...que el rey no les había *oído* 8085
11.4 ellos *oyeron* la palabra de Jehová y se
13.4 y dijo: *Oídme*, Jeroboam y todo Israel 8085
15.2 dijo: *Oídme*, Asa y todo Judá y Benjamín....... 8085
15.8 *oyó* Asa las palabras y la profecía de 8085
16.5 *oyendo* esto Baasa, cesó de edificar a 8085
18.18 *oíd*...palabra de Jehová: Yo he visto 8085
18.27 Micaías...dijo además: *Oíd*, pueblos todos..... 8085
20.9 clamaremos...y tú nos *oirás* y salvarás 8085
20.15 *oíd*, Judá todo, y vosotros moradores......... 8085
20.20 *oídme*, Judá y moradores de Jerusalén....... 8085
20.29 cuando *oyeron*...Jehová había peleado 8085
23.12 cuando Atalía *oyó* el estruendo de la 8085
24.17 obediencia al rey; y el rey los *oyó* 8085
25.20 Amasías no quiso *oír*; porque era la.......... 8085
28.11 *oídme*...y devolved a los cautivos que 8085
29.5 ¡*oídme*, levitas! Santificaos ahora, y 8085
30.20 y *oyó* Jehová a Ezequías, y sanó al 8085
30.27 la voz de ellos fue *oída*, y su oración 8085
33.13 pues Dios *oyó* su oración y lo restauró 8085
33.19 su oración también, y cómo fue *oído* 8085
34.19 que el rey *oyó* las palabras de la ley......... 8085
34.26 por cuanto *oíste* las palabras del libro........ 8085
34.27 y te humillaste...al *oír* sus palabras.......... 8085
34.27 yo también te he *oído*, dice Jehová 8085
Esd 3.13 clamor...*oía* el ruido hasta de lejos 8085
4.1 *oyendo* los enemigos de Judá y...Benjamín..... 8085
9.3 cuando *oí* esto, rasgué mi vestido y mi.......... 8085
Neh 1.4 cuando *oí* estas palabras me senté y.......... 8085
1.6 atento tu oído...para *oír* la oración de.......... 8085
2.10 *oyéndolo* Sanbalat horonita y Tobías el 8085
2.19 pero cuando lo *oyeron* Sanbalat horonita 8085
4.1 *oyó* Sanbalat que...edificábamos el muro 8085
4.4 *oye*, oh Dios nuestro, que somos objeto de 8085
4.7 *oyendo* Sanbalat y Tobías...que los muros...... 8085
4.15 cuando *oyeron* nuestros enemigos que le 8085
4.20 donde *oyereis* el sonido de la trompeta 8085
5.6 me enojé...cuando *oí* su clamor y estas......... 8085
6.1 cuando *oyeron* Sanbalat y Tobías y Gesem 8085
6.6 se ha *oído* entre las naciones, y Gasmu
6.7 serán *oídas* del rey las tales palabras 8085
6.16 y cuando lo *Oyeron*...nuestros enemigos...... 8085
8.9 el pueblo lloraba *oyendo* las palabras 8085
9.9 *oíste* el clamor de ellos en el Mar Rojo 8085
9.17 no quisieron *oír*, ni se acordaron de tus
9.27,28 a ti, y tú desde los cielos los *oías* 8085
9.29 y no *oyeron* tus mandamientos, sino que....... 8085
12.43 alborozo de Jerusalén fue *oído* desde 8085
13.1 aquel día se leyó...*oyéndolo* el pueblo
13.3 cuando *oyeron*, pues, la ley, separaron 8085
Est 1.18 dirán esto las señoras...que *oigan* el 8085
1.20 el decreto...será *oído* en todo su reino
Job 2.11 luego que *oyeron* todo este mal que le 8085
3.18 los cautivos; no *oyen* la voz del capataz........ 8085
4.16 ojos un fantasma...y quedo, *oí* que decía 8085
5.27 *óyelo*, y conócelo tú para tu provecho 8085
13.1 todas estas cosas han...*oído*...mis oídos 8085
13.6 *oíd* ahora mi razonamiento, y...atentos a 8085
13.17 *oíd* con atención mi razonamiento, y mi...... 8085
15.8 ¿*oíste* tú el secreto de Dios, y está 8085
16.2 muchas veces he *oído* cosas como estas 8085
19.7 clamaré agravio, y no seré *oído*; daré 8085
20.3 la reprensión de mi censura he *oído*, y 8085
21.2 *oíd* atentamente mi palabra, y sea esto......... 8085
22.27 orarás...él te *oirá*; y tú pagarás tus 8085
26.14 y cuán leve es el susurro...*oído* de él! 8085
27.9 ¿*oirá* Dios su clamor cuando la...viniere 8085
28.22 su fama hemos *oído* con nuestros oídos 8085
29.11 que me *oían* me llamaban bienaventurado... 8085
29.21 me *oían*, y esperaban, y callaban a mi......... 8085
30.20 clamo a ti, y no me *oyes*; me presento 8085
31.35 quién me diera quien me *oyese*! He aquí...... 8085
33.1 por tanto, Job, *oye* ahora mis razones, y....... 8085
33.8 yo *oí* la voz de tus palabras que decían......... 8085
33.31 escucha...y *óyeme*; calla, y yo hablaré......... 8085
33.33 y si no, *óyeme* tú a mí; calla, y te............. 8085
34.2 *oíd*, sabios, mis palabras; y vosotros.......... 8085
34.10 varones...*oídme*: Lejos esté de Dios la........ 8085
34.16 *oye*...escucha la voz de mis palabras.......... 8085
34.28 *oye* él el clamor de los necesitados 8085
34.34 dirán...y el hombre sabio que me *oiga* 8085
35.12 allí clamarán, y él no *oirá*, por la
35.13 Dios no *oirá* la vanidad, ni la mirará 8085
36.11 si *oyeren* y les sirvieren, acabarán sus
36.12 si no *oyeren*, serán pasados a espada
37.2 *oíd*...el estrépito de su voz, y el sonido 8085
37.4 aunque sea *oída* su voz, no los detiene 8085
39.7 se burla...no *oye* las voces del arriero
42.4 *oye*, te ruego, y hablaré; te preguntaré 8085
42.5 de *oídas* te había oído; mas ahora mis......... 8085
Sal 4.1 misericordia de mí, y *oye* mi oración........... 8085
4.3 sí; Jehová *oirá* cuando yo a él clamare 8085
5.3 de mañana *oirás* mi voz; de mañana me......... 8085
6.8 porque Jehová ha *oído* la voz de mi lloro 8085
6.9 ha *oído* mi ruego; ha recibido Jehová mi 8085
10.17 deseo de los humildes *oíste*, oh Jehová 8085
17.1 *oye*, oh Jehová, una causa justa; está 8085
17.6 te he invocado, por cuanto tú me *oirás* 8085
18.6 *oyó* mi voz desde su templo, y mi clamor 8085
18.41 clamaron...aun a Jehová, pero no los *oyó*
18.44 al *oír* de mí me obedecieron...extraños 8085
19.3 no hay lenguaje, ni...ni es *oída* su voz.......... 8085
20.1 Jehová te *oiga* en el día de conflicto 6030
20.6 lo *oirá* desde sus santos cielos con la........... 6030
20.9 que el rey nos *oiga* en el día que lo 6030
22.24 ni...sino que cuando clamó a él, le *oyó* 8085
27.7 *oye*, oh Jehová, mi voz con que...clamo......... 8085
28.2 *oye* la voz de mis ruegos cuando clamo a 8085
28.6 bendito sea Jehová, que *oyó* la voz de mis 8085
30.10 *oye*, oh Jehová, y ten misericordia de.......... 8085
31.13 *oigo* la calumnia de muchos; el miedo 8085
31.22 tú *oíste* la voz de mis ruegos cuando.......... 8085
34.2 lo *oirán* los mansos, y se alegrarán 8085
34.4 busqué a Jehová, y él me *oyó*, y me libró........ 8085
34.6 este pobre clamó, y le *oyó* Jehová, y lo......... 8085
34.11 *oídme*; el temor de Jehová os enseñaré......... 8085
34.17 claman los justos, y Jehová *oye*, y los 8085
38.13 mas yo, como si fuera sordo, no *oigo* 8085

2.2 sobre mis pies, y oí al que me hablaba 8085
2.8 oye lo que yo te hablo; no seas rebelde 8085
3.6 y si a ellos te enviara, ellos te oyeran 8085
3.7 no te querrá oír, porque no me quiere o 8085
3.10 todas mis palabras... y oye con tus oídos 8085
3.12 y oí detrás de mí una voz de... estruendo 8085
3.13 oí... el sonido de las alas de los seres
3.17 oirás, pues, tú la palabra de mi boca 8085
3.27 que oye, oiga... no quiere oír, no oiga 8085
6.3 montes de Israel, oíd palabra de Jehová 8085
8.18 gritarán a mis oídos con... y no los oiré 8085
9.5 dijo, oyéndolo yo: Pasad por la ciudad 241
10.5 las alas de los querubines se oía hasta 8085
10.13 a las ruedas, oyéndolo yo... les gritaba 241
12.2 tienen oídos para oír y no oyen, porque 8085
13.2 que profetizan... Oíd palabra de Jehová 8085
16.35 tanto, ramera, oye palabra de Jehová 8085
18.25 oíd... Israel: ¿no es recto mi camino? 8085
19.4 las naciones oyeron de él; fue tomado, en 8085
19.9 su voz no se oyese más sobre los montes 8085
20.47 al bosque del Neguev: Oye la palabra de 8085
23.42 se oyó en ella voz de compañía que se
25.3 hijos de Amón: Oíd palabra de Jehová el 8085
26.13 y no se oirá más el son de tus cítaras 8085
27.30 harán oír su voz sobre ti, y gritarán 8085
33.4 oyere el sonido de la trompeta y no se 8085
33.5 el sonido de la trompeta oyó... y no se 8085
33.7 he puesto... y oirás la palabra de mi boca 8085
33.30 venid... oíd qué palabra viene de Jehová 8085
33.31,32 oirán... pero no las pondrán por obra 8085
34.7,9 tanto, pastores, oíd palabra de Jehová 8085
35.12 yo Jehová he oído todas tus injurias 8085
35.13 y multiplicasteis... palabras... Yo lo oí 8085
36.1,4 montes de Israel, oíd palabra de 8085
36.15 nunca... te haré oír injuria de naciones 8085
37.4 y diles: Huesos... oíd palabra de Jehová 8085
40.4 oye con tus oídos, Y Pon tu corazón a 8085
43.6 y oí uno que me hablaba desde la casa 8085
44.5 oye con tus oídos todo lo que yo hablo 8085
Dn 3.5,7,10,15 al oír el son de la bocina, de 8086
5.14 yo he oído de ti que el espíritu de los 8086
5.16 he oído... que puedes dar interpretaciones 8086
5.23 dioses... que ni ven, ni oyen, ni saben 8086
6.14 cuando el rey oyó el asunto, le pesó en 8086
8.13 oí a un santo que hablaba; y otro de los 8085
8.16 oí una voz de hombre entre las riberas 8086
9.17 Dios... oye la oración de tu siervo, y sus 8085
9.18 inclina... tu oído, y oye; abre tus ojos 8085
9.19 oye, Señor; oh Señor, perdona; presta 8085
10.9 oí el sonido de sus palabras; y al oír 8085
10.12 fueron oídas tus palabras; y a causa de 8085
12.7 oí al varón vestido de lino, que estaba 8085
12.8 y yo oí, mas no entendí... Y dije: Señor 8085
Os 4.1 oíd palabra de Jehová, hijos de Israel 8085
5.1 sacerdotes, oíd esto, y estad atentos 8085
9.17 los desechará, porque ellos no le oyeron 8085
14.8 yo lo oiré, y miraré; yo seré a él como 6030
Jl 1.2 oíd esto, ancianos, y escuchad, todos 8085
Am 3.1 oíd esta palabra que ha hablado Jehová 8085
3.13 oíd y testificad contra... casa de Jacob 8085
4.1 oíd esta palabra, vacas de Basán, que 8085
5.1 oíd esta palabra que yo levanto para 8085
7.16 ahora... oye palabra de Jehová... Tú dices 8085
8.4 oíd... los que explotáis a... menesterosos 8085
8.11 hambre a... de oír la palabra de Jehová 8085
Abd 1 dicho... Hemos oído el pregón de Jehová 8085
Jon 2.2 invoqué en mi... a Jehová, y él me oyó 6030
2.2 desde el... del Seol clamé, y mi voz oíste
Mi 1.2 oíd, pueblos todos; está atenta, tierra 8085
3.1 oíd ahora, príncipes de Jacob, y jefes 8085
3.9 oíd... esto, jefes de la casa de Jacob, y 8085
6.1 oíd ahora lo que dice Jehová: Levántate 8085
6.1 levántate... y oigan los collados tu voz 8085
6.2 oíd, montes, y fuertes cimientos de la 8085
7.7 esperaré al Dios de... el Dios mío me oirá 8085
Nah 2.13 más se oirá la voz de tus mensajeros 8085
3.19 los que oigan tu fama batirán las manos 8085
Hab 1.2 ¿hasta cuándo... clamare, y no oirás? 8085
3.2 oh Jehová, he oído tu palabra, y temí 8085
3.16 oí, y se conmovieron mis entrañas; a la 8085
Sof 2.8 he oído las afrentas de Moab, y los 8085
Hag 1.12 oyó Zorobabel hijo... la voz de Jehová 8085
Zac 6.15 esto sucederá si oyereis obedientes 8085
7.11 antes... taparon sus oídos para no oír 8085
7.12 para no oír la ley ni las palabras que 8085
8.9 los que oís... estas palabras de la boca 8085
8.23 hemos oído que Dios está con vosotros 8085
10.6 porque yo soy Jehová su Dios, y los oiré 6030
13.9 él invocará mi nombre, y yo le oiré, y 6030
Mal 2.2 si no oyereis, y si no decidís de 8085
3.16 y Jehová escuchó Y oyó, y fue escrito 8085
Mt 2.3 oyendo esto, el rey Herodes se turbó 191
2.9 ellos, habiendo oído al rey, se fueron 191
2.18 voz... oída en Ramá, grande lamentación 191
2.22 oyendo que Arquelao reinaba en Judea 191
4.12 cuando Jesús oyó que Juan estaba preso 191
5.21 **oísteis que fue dicho a los... No matarás** 191
5.27 **oísteis... dicho: No cometerás adulterio** 191
5.33 **oído que fue dicho a los... No perjurarás** 191
5.38 **oísteis que fue dicho: Ojo por ojo, y** 191
5.43 **oísteis... fue dicho: Amarás a tu prójimo** 191
6.7 **piensan que por su palabrería serán oídos** 1522
7.24 **que me oye estas palabras, y las hace, le** 191
7.26 **que me oye estas palabras y no las hace** 191
8.10 al oírla Jesús, se maravilló, y dijo a 191
9.12 **al oír esto Jesús, les dijo: Los sanos** 191
10.14 **ni oyere vuestras palabras, salid de** 191
10.27 **lo que oís al oído, proclamadlo desde** 191
11.2 al oír Juan... los hechos de Cristo, le 191
11.4 **haced saber a Juan las cosas que oís y** 191
11.5 **sordos oyen, los muertos... resucitados** 191
11.15 **el que tiene oídos para oír, oiga** 191
12.19 ni nadie oirá en las calles su voz 191
12.24 los fariseos, al oírlo, decían: Este no 191
12.42 **ella vino... oír la sabiduría de Salomón** 191
13.9 **el que tiene oídos para oír, oiga** 191
13.13 **porque... oyendo no oyen, ni entienden** 191
13.14 **de oído oiréis, y no entenderéis; y** 191
13.15 **con los oídos oyen pesadamente, y han** 191
13.15 **oigan con los oídos, y con el corazón** 191
13.16 **bienaventurados... oídos, porque oyen** 191
13.17 **ver... y oír lo que oís, y no lo oyeron** 191
13.18 **oíd, pues... la parábola del sembrador** 191
13.19 **alguno oye la palabra del reino, y no** 191
13.20 **el que oye la palabra, y al momento la** 191
13.22 **el que oye la palabra, pero el afán de** 191
13.23 **es el que oye y entiende la palabra, y** 191
13.43 **el que tiene oídos para oír, oiga** 191
14.1 Herodes... tetrarca oyó la fama de Jesús 191
14.13 oyéndolo Jesús, se apartó de allí en 191
14.13 y cuando la gente lo oyó, le siguió a 191
15.10 **llamando a... les dijo: Oíd, y entended** 191
15.12 ofendieron cuando oyeron esta palabra? 191
17.5 decía: Este es mi Hijo amado... a él oíd 191
17.6 al oír esto los discípulos, se postraron 191
18.15 **si te oyere, has ganado a tu hermano** 191
18.16 **si no te oyere, toma aún contigo a uno** 191
18.17 **si no los oyere... dilo a la iglesia; y** 3878
18.17 **y si no oyere a la iglesia, tenle por** 3878
19.22 oyendo el joven esta palabra, se fue 191
19.25 discípulos, oyendo esto, se asombraron 191
20.24 los diez oyeron esto, se enojaron contra 191
20.30 y dos ciegos... oyeron que Jesús pasaba 191
21.16 ¿oyes lo que éstos dicen? Y Jesús les 191
21.33 **oíd... parábola: Hubo un hombre, padre** 191
21.45 oyendo sus parábolas los... sacerdotes 191
22.7 **al oírlo el rey, se enojó; y enviando** 191
22.22 oyendo... se maravillaron, y dejándole 191
22.33 oyendo esto la gente, se admiraba de 191
22.34 fariseos, oyendo que había hecho callar 191
24.6 **oiréis de guerras y rumores de guerras** 191
25.6 **a la medianoche se oyó... ¡Aquí viene el**
26.65 ahora mismo habéis oído su blasfemia 191
27.13 dijo: ¿No oyes cuántas cosas testifican 191
27.47 decían, al oírlo: A Elías llama éste 191
28.14 y si... lo oyere el gobernador, nosotros 191
Mr 2.1 entró Jesús... se oyó que estaba en casa
2.17 **al oír esto Jesús, les dijo: Los sanos** 191
3.8 Sidón, oyendo cuán grandes cosas hacía 191
3.21 lo oyeron los suyos, vinieron... prenderle 191
4.3 **oíd... aquí, el sembrador salió a sembrar** 191
4.9 **dijo: El que tiene oídos para oír, oiga** 191
4.12 **vean y no perciban; y oyendo, oigan y** 191
4.15 **después que la oyen... viene Satanás, y** 191
4.16 **cuando han oído la palabra, al momento** 191
4.18 **entre espinos: los que oyen la palabra** 191
4.20 **que oyen la palabra y la reciben, y dan** 191
4.23 **si alguno tiene oídos para oír, oiga** 191
4.24 **mirad lo que oís; porque con la medida** 191
4.24 **aun se os añadirá a vosotros los que oís** 191
4.33 la palabra, conforme a lo que podían oír 191
5.27 cuando oyó hablar de Jesús, vino por 191
5.36 pero Jesús, luego que oyó lo que se decía 191
6.2 muchos, oyéndole, se admiraban, y decían 191
6.11 **ni os oyeren, salid de allí, y sacudid** 191
6.14 oyó el rey Herodes la fama de Jesús 191
6.16 al oír esto Herodes, dijo: Este es Juan 191
6.20 oyéndole, se quedaba muy perplejo, pero 191
6.29 oyeron esto sus discípulos, vinieron y 191
6.55 traer... enfermos... donde oían que estaba 191
7.14 **llamando a sí a... les dijo: Oídme todos** 191
7.16 **si alguno tiene oídos para oír, oiga** 191
7.25 luego que oyó de él, vino y se postró 191
7.37 a los sordos oír, y a los mudos hablar 191
8.18 **teniendo oídos no oís? ¿Y no recordáis?** 191
9.7 decía: Este es mi Hijo amado; a él oíd 191
10.41 cuando lo oyeron los diez, comenzaron 191
10.47 y oyendo que era Jesús... comenzó a dar 191
11.14 **jamás coma... Y lo oyeron sus discípulos** 191
11.18 oyeron los escribas y los... sacerdotes 191
12.28 escribas, que los había oído disputar 191
12.29 **oye, Israel; el Señor nuestro Dios, el** 191
12.37 gran multitud del... le oía de buena gana 191
13.7 **cuando oigáis de guerras y de rumores** 191
14.11 al oírlo, se alegraron, y prometieron 191
14.58 oído decir: Yo derribaré este templo 191
14.64 oído la blasfemia; ¿qué os parece? 191
15.35 decían, al oírlo: Mirad, llama a Elías 191
16.11 ellos, cuando oyeron que vivía, y que 191
Lc 1.13 tu oración ha sido oída, y tu mujer 1522
1.41 que cuando oyó Elisabet la salutación 191
1.58 oyeron los vecinos y los parientes que 191
1.66 todos los que las oían las guardaban en 191
2.18 todos los que oyeron, se maravillaron 191
2.20 todas las cosas que habían oído y visto 191
2.46 sentado en... oyéndoles y preguntándoles 191
2.47 todos los que le oían, se maravillaban 191
4.23 **cosas que hemos oído que se han hecho** 191
4.28 al oír estas cosas... se llenaron de ira 191
5.1 se agolpaba... para oír la palabra de Dios 191
5.15 se reunía mucha gente para oírle, y para 191
6.17 de gente... que había venido para oírle 191
6.27 **a vosotros los que oís, os digo: Amad** 191
6.47 **oye mis palabras y las hace, os indicaré** 191
6.49 **mas el que oyó y no hizo, semejante es** 191
7.1 todas sus palabras al pueblo que le oía
7.3 cuando el centurión oyó hablar de Jesús 191
7.9 al oír esto, Jesús se maravilló de él 191
7.22 **saber a Juan lo que habéis visto y oído** 191
7.22 **ven, los cojos andan... los sordos oyen** 191
7.29 cuando lo oyeron, justificaron a Dios 191
8.8 **voz: El que tiene oídos para oír, oiga** 191
8.10 **viendo no vean, y oyendo no entiendan** 191
8.12 **de junto al camino son los que oyen, y** 191
8.13 **son los que habiendo oído, reciben la** 191
8.14 **los que oyen, pero yéndose, son ahogados** 191
8.15 **son los que... retienen la palabra oída** 191
8.18 **mirad, pues, cómo oís; porque a todo el** 191
8.21 **mi madre y... son los que oyen la palabra** 191
8.50 **oyéndole Jesús, le respondió: No temas** 191
9.7 Herodes el tetrarca oyó... todas las cosas 191
9.9 ¿quién... es éste, de quien oigo... cosas? 191
9.35 decía: Este es mi Hijo amado; a él oíd 191
10.16 **el que a vosotros oye, a mí me o; y el** 191
10.24 **ver... y oír lo que oís, y no lo oyeron** 191
10.39 sentándose a los pies de... oía su palabra 191
11.28 **antes bienaventurados los que oyen la** 191
11.31 **vino... para oír la sabiduría de Salomón** 191
12.3 **dicho en tinieblas, a la luz se oirá** 191
14.15 oyendo esto uno de los que... a la mesa 191
14.35 **el que tiene oídos para oír, oiga** 191
15.1 se acercaban a Jesús todos... para oírle 191
15.25 **hijo mayor... oyó la música y las danzas** 191
16.2 **¿qué es esto que oigo acerca de ti? Da** 191
16.14 oían... todas estas cosas los fariseos 191
16.29 **a Moisés y... profetas tienen; óiganlos** 191
16.31 **si no oyen a Moisés y a los profetas** 191
18.6 **y dijo... Oíd lo que dijo el juez injusto** 191
18.22 **oyendo esto, le dijo: Aún te falta una** 191
18.23 él, oyendo esto, se puso muy triste 191
18.26 y los que oyeron esto dijeron: ¿Quién 191
18.36 al oír a la multitud... preguntó qué era 191
19.11 oyendo ellos estas cosas, prosiguió 191
19.48 todo el pueblo estaba suspenso oyéndole 191
20.16 oyeron esto, dijeron: ¡Dios nos libre! 191
20.45 y oyéndole todo el pueblo, dijo a sus
21.9 **oigáis de guerras y de sediciones, no os** 191
21.38 todo el pueblo venía a él... para oírle 191
22.71 porque nosotros mismos lo hemos oído de 191
23.6 Pilato, oyendo decir, Galilea, preguntó 191
23.8 había oído muchas cosas acerca de él, y 191
Jn 1.37 le oyeron hablar los dos discípulos 191
1.40 Andrés... uno de los dos que habían oído 191
3.8 **y oyes su sonido; mas ni sabes de dónde** 191
3.29 amigo del esposo, que... le oye, se goza191
3.32 y lo que vio y oyó, esto testifica; y 191
4.1 fariseos habían oído decir: Jesús hace y 191
4.42 hemos oído, y sabemos... es el Salvador 191
4.47 cuando oyó que Jesús había llegado de 191
5.24 **el que oye mi palabra, y cree al que me** 191
5.25 **muertos oirán... los que la oyeren vivirán** 191
5.28 **que están en los sepulcros oirán su voz** 191
5.30 **según oigo, así juzgo; y mi juicio es** 191
5.37 **nunca habéis oído su voz, ni habéis visto** 191
6.45 **todo aquel que oyó al Padre, y aprendió** 191
6.60 al oírlas... sus discípulos dijeron: Dura 191
6.60 dura es... palabra; ¿quién la puede oír? 191
7.32 oyeron a la gente que murmuraba de él 191
7.40 algunos... oyendo estas palabras, decían 191
7.51 si primero no le oye, y sabe lo que ha 191
8.9 al oír esto, acusados por su conciencia 191
8.26 **yo, lo que he oído de él... hablo al mundo** 191
8.38 **vosotros hacéis lo que habéis oído cerca**
8.40 **os he hablado la verdad, la cual he oído** 191
8.47 **palabras de Dios oye; por esto no las oís** 191
9.27 os lo he dicho, y no habéis querido oír 191
9.27 ¿por qué lo queréis oír otra vez? 191
9.31 sabemos que Dios no oye a los pecadores 191
9.31 si alguno es temeroso de Dios... a ése oye 191
9.32 no se ha oído decir que alguno abriese 191
9.35 oyó Jesús que le habían expulsado; y 191
9.40 al oír esto, le dijeron: ¿Acaso nosotros 191
10.3 **las ovejas oyen su voz; y a sus ovejas** 191
10.8 **y salteadores... no los oyeron las ovejas** 191
10.16 **aquéllas... debo traer, y oirán mi voz** 191
10.20 y está fuera de sí; ¿por qué le oís? 191
10.27 **ovejas oyen mi voz, y yo las conozco** 191
11.4 **oyéndolo... dijo: Esta enfermedad no es** 191
11.6 oyó, pues, que estaba enfermo, se quedó 191
11.20 cuando oyó que Jesús venía, salió a 191
11.29 ella, cuando lo oyó, se levantó de prisa 191
11.41 **Padre, gracias te doy por haberme oído** 191
11.42 **yo sabía que siempre me oyes; pero lo** 191
12.12 día... al oír que Jesús venía a Jerusalén 191
12.18 porque había oído que él había hecho 191
12.29 había oído la voz, decía que había sido 191
12.34 hemos oído de... que el Cristo permanece 191
12.47 **que oye mis palabras, y no las guarda** 191
14.24 **y la palabra que habéis oído no es mía** 191
14.28 **habéis oído que yo os he dicho: Voy, y** 191
15.15 **las cosas que oí de mi Padre, os las** 191
16.13 **sino que hablará todo lo que oyere, y** 191
18.21 **pregunta a los que han oído, qué les** 191
18.37 **aquel que es de la verdad, oye mi voz**
19.8 Pilato oyó decir esto, tuvo más miedo 191
19.13 oyendo esto, llevó fuera a Jesús, y se 191
21.7 Pedro, cuando oyó que era el Señor, se 191
Hch 1.4 **la Promesa... les dijo, oísteis de mí** 191
2.6 uno les oía hablar en su propia lengua 191
2.8 ¿cómo pues, les oímos... hablar cada uno en 191
2.11 les oímos hablar en nuestras lenguas las 191
2.14 esto os sea notorio, y oíd mis palabras 1801
2.22 varones israelitas, oíd estas palabras 191
2.33 derramado esto que vosotros veis y oís 191

2.37 al *oír* esto, se compungieron de corazón 191
3.22 a él *oiréis* en todas las cosas que os 191
3.23 toda alma que no *oiga* a aquel profeta 191
4.4 los que habían *oído* la palabra, creyeron 191
4.20 no podemos dejar de decir lo que...*oído* 191
4.24 habiéndolo *oído*, alzaron...la voz a Dios 191
5.5 al *oír* Ananías estas palabras, cayó y 191
5.5,11 temor sobre todos los que lo *oyeron* 191
5.21 habiendo *oído* esto, entraron de mañana 191
5.24 *oyeron* estas palabras el sumo sacerdote 191
5.33 *oyendo* esto, se enfurecían y querían 191
6.11 que le habían *oído* hablar...contra Moisés 191
6.14 pues le hemos *oído* decir que ese Jesús 191
7.2 hermanos y padres, *oíd*: El Dios de la 191
7.12 cuando *oyó* Jacob...había trigo en Egipto 191
7.29 *oír* esta palabra, Moisés huyó, y vivió
7.34 he *oído* su gemido, y he descendido para 191
7.37 profeta os levantará el Señor...*oiréis* 191
7.54 *oyendo* estas cosas, se enfurecían en sus 191
8.6 *oyendo* y viendo las señales que hacía 191
8.10 a éste *oían* atentamente todos, desde e 4337
8.14 *oyeron* que Samaria había recibido la 191
8.30 *oyó* que leía al profeta Isaías, y dijo 191
9.4 oyó una voz que le decía: Saulo, Saulo 191
9.7 *oyendo* a la...la voz, mas sin ver a nadie 191
9.13 he *oído* de muchos acerca de este hombre 191
9.21 todos los que le *oían* estaban atónitos 191
9.38 los discípulos, *oyendo* que Pedro estaba 191
10.22 hacerte venir...para *oír* tus palabras 191
10.31 Cornelio, tu oración ha sido *oída*, y 1522
10.33 para *oír* todo lo que Dios te ha mandado 191
10.44 Espíritu Santo cayó sobre...los que *oían* 191
10.46 los *oían* que hablaban en lenguas, y que 191
11.1 *oyeron* los apóstoles y los hermanos que 191
11.7 y *oí* una voz que me decía: Levántate 191
11.18 entonces, *oídas* estas cosas, callaron 191
13.7 Sergio...deseaba *oír* la palabra de Dios 191
13.16 varones...y los que teméis a Dios, *oíd*
13.44 la ciudad para *oír* la palabra de Dios 191
13.48 gentiles, *oyendo* esto, se regocijaban 191
14.9 *oyó* hablar a Pablo, el cual, fijando en 191
14.14 *oyeron*...Bernabé y Pablo, rasgaron sus 191
15.7 Dios escogió que los gentiles *oyesen* por 191
15.12 calló, y *oyeron* a Bernabé y a Pablo 191
15.13 diciendo: Varones hermanos, *oídme* 191
15.24 hemos *oído* que algunos que han salido 191
16.14 Lidia, vendedora de...estaba *oyendo* 191
16.25 cantaban himnos...los presos los *oían* 1874
16.38 tuvieron miedo al *oír* que eran romanos 191
17.8 y alborotaron al...*oyendo* estas cosas 191
17.21 cosa...sino en decir o en *oír* algo nuevo 191
17.32 cuando *oyeron* lo de la resurrección 191
17.32 ya te *oiremos* acerca de esto otra vez 191
18.8 los corintios, *oyendo*...eran bautizados 191
18.26 cuando le *oyeron* Priscila y Aquila, le 191
19.2 ni siquiera hemos *oído* si hay Espíritu 191
19.5 cuando *oyeron* esto, fueron bautizados en 191
19.10 judíos y griegos, *oyeron* la palabra del 191
19.26 y *oís* que este Pablo, no solamente en 191
19.28 *oyeron* estas cosas, se llenaron de ira 191
21.12 al *oír* esto, le rogamos...no subiese a 191
21.20 cuando ellos lo *oyeron*, glorificaron a 191
21.22 se reunirá...porque *oirán* que has venido 191
22.1 hermanos y padres, *oíd* ahora mi defensa 191
22.2 al *oír* que les hablaba en lengua hebrea 191
22.7 oí una voz que me decía: Saulo, Saulo 191
22.14 su voluntad, y *oigas* la voz de su boca 191
22.15 testigo suyo...lo que has visto y *oído* 191
22.22 le *oyeron* hasta esta palabra; entonces
22.26 el centurión *oyó* esto, fue y dio aviso 191
23.16 el hijo de...*oyendo* hablar de la celada 191
23.35 te *oiré* cuando vengan tus acusadores 1251
24.4 que nos *oigas* brevemente conforme a tu 191
24.22 Félix, *oídas* estas cosas...les aplazó 191
24.24 le oyó acerca de la fe en Jesucristo 191
25.22 yo también quisiera *oír* a ese hombre 191
25.22 Festo...Y él le dijo: Mañana le *oirás* 191
26.3 por lo cual te ruego que me *oigas* con 191
26.14 *oí* una voz que me hablaba, y decía en 191
26.29 los que hoy me *oyen*, fueseis hechos 191
27.21 haberme *oído*, y no zarpar de Creta tan 3980
28.15 donde, *oyendo* de nosotros los hermanos 191
28.22 pero querríamos *oír* de ti lo que piensas 191
28.26 vé a...De oído *oiréis*, y no entenderéis 191
28.27 con los oídos *oyeron* pesadamente, y sus 191
28.27 y *oigan* con los oídos, y entiendan de 191
28.28 es enviada esta salvación...ellos *oirán* 191
Ro 10.14 ¿Cómo creerán...de quien no han *oído*? 191
10.14 cómo *oirán* sin haber quien...predique? 191
10.17 la fe es por el *oír*, y el o, por la palabra 189
10.18 pero digo: ¿No han *oído*? Antes bien 191
11.8 Dios les dio...y oídos con que no *oigan* 191
15.21 y los que nunca han *oído*...entenderán 191
1 Co 2.9 cosas que ojo no vio, ni oído *oyó*, ni 191
5.1 de cierto se *oye* que hay entre vosotros
11.18 *oigo* que hay entre vosotros divisiones 191
14.21 y ni aun así me *oirán*, dice el Señor 1522
2 Co 6.2 en tiempo aceptable te he *oído*, y en 1873
8.18 cuya alabanza en el evangelio se *oye* por
12.4 donde *oyó* palabras inefables que no le 191
12.6 piense de mí más de lo que...ve, u *oye* 191
Gá 1.13 habéis *oído* acerca de mi conducta en 191
1.23 *oían* decir: Aquel que en otro tiempo nos 191
3.2,5 por las obras de...o por el *oír* con fe? 189
4.21 decidme, los...¿no habéis *oído* la ley? 191
Ef 1.13 vosotros, habiendo *oído* la palabra de 191
1.15 habiendo *oído* de vuestra fe en el Señor 191
3.2 si...habéis *oído* de la administración de 191
4.21 si en verdad le habéis *oído*, y habéis 191
Fil 1.27 *oiga* de vosotros que estáis firmes en 191
1.30 conflicto que...ahora *oís* que hay en mí 191
2.26 porque habíais *oído* que había enfermado 191
4.9 *oísteis* y visteis en mí, esto haced; y 191
Col 1.4 habiendo *oído* de vuestra fe en Cristo 191
1.5 la esperanza...de la cual ya habéis *oído* 4257
1.6 desde el día que *oísteis* y conocisteis la 191
1.9 desde...que lo *oímos*, no cesamos de orar 191
1.23 sin moveros de...evangelio que habéis *oído* 191
1 Ts 2.13 la palabra...que *oísteis* de nosotros 189
2 Ts 3.11 *oímos* que algunos...no trabajando en 191
1 Ti 4.16 salvarás a ti...y a los que te *oyeren* 191
2 Ti 1.13 retén...palabras que de mí *oíste*, en 191
2.2 lo que has *oído* de mí...encarga a hombres 191
4.3 teniendo comezón de *oír*, se amontonarán 189
4.17 que todos los gentiles *oyesen*...Así fui 191
Flm 5 *oigo* del amor y de la fe que tienes 191
He 2.1 atendamos a las cosas que hemos *oído* 191
2.3 nos fue confirmada por los que *oyeron* 191
3.7,15 si *oyereis* hoy su voz 191
3.16 los que, habiendo *oído*, le provocaron? 191
4.2 pero no les aprovechó el *oír* la palabra 191
4.2 ir acompañada de fe en los que la *oyeron* 191
4.7 si *oyereis* hoy su voz, no endurezcáis 191
5.7 fue *oído* a causa de su temor reverente 1522
5.11 cuanto os habéis hecho tardos para *oír* 189
12.19 los que la *oyeron* rogaron que no se les 191
Stg 1.19 todo hombre sea pronto para *oír*, tardo 191
2.5 *oíd*: ¿No ha elegido Dios a los pobres de 191
5.11 habéis *oído* de la paciencia de Job, y 191
2 P 1.18 nosotros *oímos* esta voz...del cielo 191
2.8 viendo y *oyendo* los hechos inicuos de ellos 191
1 Jn 1.1 lo que hemos *oído*, lo que hemos visto 191
1.3 hemos visto y *oído*, eso os anunciamos 191
1.5 este es el mensaje que hemos *oído* de él 191
2.7 es la palabra que habéis *oído* desde el 191
2.18 *oísteis* que el anticristo viene, así 191
2.24 lo que habéis *oído* desde el...permanezca 191
3.11 es el mensaje que habéis *oído* desde el 191
4.3 habéis *oído* que viene, y que ahora ya 191
4.5 eso hablan del mundo, y el mundo los *oye* 191
4.6 conoce a Dios, nos *oye*; el que no...no nos o 191
5.14 que si pedimos alguna cosa...él nos *oye* 191
5.15 si sabemos que él nos *oye* en...tenemos 191
2 Jn 6 que andéis en amor, como...habéis *oído* 191
3 Jn 4 *oír* que mis hijos andan en la verdad 191
Ap 1.3 que *oyen* las palabras de esta profecía 191
1.10 y *oí* detrás de mí una gran voz como de 191
2.7,11,17,29 *oiga* lo que el Espíritu dice a 191
3.3 acuérdate...de lo que has recibido y oído 191
3.6 13,22 oiga lo que el Espíritu dice a las 191
3.20 si alguno oye mi voz y abre la puerta 191
4.1 y la primera voz que *oí*...dijo: Sube acá 191
5.11 *oí* la voz de muchos ángeles alrededor 191
5.13 *oí* decir: Al que está sentado en el trono 191
6.1 y *oí* a uno de los cuatro seres vivientes 191
6.3 *oí* al segundo ser viviente, que decía 191
6.5 *oí* al tercer ser...que decía: Ven y mira 191
6.6 *oí* una voz de en medio de los cuatro seres 191
6.7 *oí* la voz del cuarto ser viviente, que 191
7.4 y *oí* el número de los sellados: 144.000 191
8.13 y *oí* a un ángel volar por en medio del 191
9.13 *oí* una voz de entre los cuatro cuernos 191
9.16 era doscientos millones...Yo *oí* su número 191
9.20 cuales no pueden ver, ni *oír*, ni andar 191
10.4 *oí* una voz...que me decía: Sella las cosas 191
10.8 la voz que *oí* del cielo habló otra vez 191
11.12 y *oyeron* una gran voz del cielo, que 191
12.10 *oí* una gran voz en el cielo, que decía 191
13.9 si alguno tiene oído, *oiga* 191
14.2 *oí* una voz del cielo como estruendo de 191
14.2 la voz que *oí* era como de arpistas que 191
14.13 *oí* una voz que desde el cielo me decía 191
16.1 *oí* una...voz que decía desde el templo a 191
16.5 y *oí* al ángel de las aguas, que decía 191
16.7 también *oí* a otro, que desde el altar 191
18.4 y *oí* otra voz...que decía: Salid de ella 191
18.22 voz de arpistas...no se *oirá* más en ti 191
18.22 ni ruido de molino se *oirá* más en ti 191
18.23 ni voz de esposo y...se *oirá* más en ti 191
19.1 *oí* una gran voz...que decía: ¡Aleluya! 191
19.6 y *oí* como la voz de una gran multitud 191
21.3 y *oí* una gran voz del cielo que decía 191
22.8 Juan soy el que *oyó* y vio estas cosas 191
22.8 después que...*oído* y visto, me postré 191
22.17 el que *oye*, diga: Ven...Y el que tiene 191
22.18 yo testifico a todo aquel que *oye* las 191

OJALÁ

Gn 17.18 dijo...*O* Ismael viva delante de ti 3863
Éx 16.3 o hubiéramos muerto por...de Jehová
Nm 11.29 o todo el pueblo de Jehová fuese profeta
14.2 ¡*o* muriéramos en la...o muriéramos! 3863
20.3 ¡*o* hubiéramos muerto cuando
perecieron nuestros 3863
22.29 ¡*o* tuviera espada en mi mano...te mataría! 3863
Dt 32.29 ¡*o* fueran sabios, que comprendieran esto 3863
Jos 7.7 ¡*o* nos hubiéramos quedado al otro lado 162,136
Jue 9.29 o estuviera este pueblo bajo mi mano
Job 13.5 o callarais por completo 5414
16.21 ¡*o* pudiese disputar el hombre con Dios
Sal 119.5 ¡*o* fuesen ordenados mis caminos 305
1 Co 4.8 ¡y *o* reinaseis, para que...reinásemos 3785
2 Co 11.1 ¡*o* me toleraseis un poco de locura! 3785
Gá 5.12 ¡*o* se mutilasen los que os perturban! 3785
Ap 3.15 **caliente...¡O fueses frío o caliente!** 3785

OJO

Gn 3.5 serán abiertos vuestros o, y seréis como 5869
3.6 era agradable a los o, y árbol codiciable 5869
3.7 entonces fueron abiertos los o de ambos 5869
6.8 pero Noé halló gracia ante los o de Jehová 5869
13.10 alzó Lot sus o, y vio toda la llanura 5869
13.14 alza...tus o, y,mira desde el lugar donde 5869
18.2 alzó sus o y miró, y he aquí tres varones 5869
18.3 si ahora he hallado gracia en tus o, te 5869
19.19 ha hallado...siervo gracia en vuestros o 5869
20.16 que él te es como un velo para los o 5869
21.19 Dios le abrió los o, y vio una fuente 5869
22.4 alzó Abraham sus o, y vio el lugar de 5869
22.13 alzó Abraham sus o y miró, y he aquí a 5869
24.63 y alzando sus o miró, y...los camellos 5869
24.64 Rebeca...alzó sus o, y vio a Isaac, y 5869
27.1 Isaac envejeció, y sus o se oscurecieron 5869
29.17 los o de Lea eran delicados, pero Raquel 5869
30.27 halle yo...gracia en tus o, y quédate 5869
31.10 en celo, alcé yo mis o y vi en sueños 5869
31.12 alza ahora tus o, y verás que todos los 5869
31.40 de noche la...y el sueño huía de mis o 5869
32.5 decirlo a...para hallar gracia en tus o 5869
33.1 alzando Jacob sus o, miró...venía Esaú 5869
33.5 alzó sus o y vio a las mujeres y a los 5869
33.8 el hallar gracia en los o de mi señor 5869
33.10 si he hallado ahora gracia en tus o 5869
33.15 halle yo gracia en los o de mi señor 5869
34.11 halle yo gracia en vuestros o, y daré 5869
37.25 y alzando los o miraron, y he aquí una 5869
38.7 Er...fue malo ante los o de Jehová, y le 5869
38.10 desagradó en o de Jehová lo que hacía 5869
39.4 halló José gracia en sus o, y le servía 5869
39.7 la mujer de su amo puso sus o en José 5869
39.21 gracia en los o del jefe de la cárcel 5869
43.29 alzando José sus o vio a Benjamín su 5869
44.21 traédmelo, y pondré mis o sobre él 5869
45.12 vuestros o ven, y los o de...Benjamín 5869
45.16 y esto agradó en los o de Faraón y de
46.4 haré...y la mano de José cerrará tus o 5869
47.19 ¿por qué moriremos delante de tus o 5869
47.25 hallemos gracia en o de nuestro señor 5869
47.29 si he hallado ahora gracia en tus o, te 5869
48.10 los o de Israel estaban tan agravados 5869
49.12 sus o, rojos de vino, y sus dientes 5869
50.4 si he hallado...gracia en vuestros o, os 5869
Éx 3.21 daré...gracia en los o de los egipcios 5869
4.30 e hizo las señales delante de los o del 5869
11.3 Jehová dio gracia al pueblo en los o de 5869
11.3 gran varón...a los o de...los o del pueblo 5869
13.9,16 será...un memorial delante de tus o 5869
14.10 alzaron sus o, y...los egipcios venían 5869
15.26 e hicieres lo recto delante de sus o 5869
19.11 descenderá a o de todo el pueblo sobre 5869
21.24 o por o, diente por diente, mano por 5869
21.26 hiriere el o de su siervo, o el o de 5869
21.26 si...le dará libertad por razón de su o 5869
24.17 era como un fuego...a los o de...Israel 5869
33.12 y has hallado también gracia en mis o 5869
33.13 si he hallado gracia en tus o, te ruego 5869
33.13 que te conozca, y halle gracia en tus o 5869
33.16 que he hallado gracia en tus o, yo y tu 5869
33.17 por cuanto has hallado gracia en mis o 5869
34.9 si...hallado gracia en tus o, vaya ahora 5869
Lv 4.13 estuviere oculto a los o del pueblo 5869
14.9 raerá...las cejas de sus o y todo su pelo 5869
20.4 cerrare sus o respecto de aquel varón 5869
20.17 muertos a o de los hijos de su pueblo 5869
21.20 o que tenga nube en el o, o que tenga 5869
24.20 rotura por rotura, o por o, diente por 5869
25.53 no se enseñoreara en...delante de tus o 5869
26.16 terror...calentura, que consuman los o 5869
26.45 los saqué de...a los o de las naciones 5869
Nm 10.31 tú conoces...nos serás en lugar de o 5869
11.6 pues nada sino este maná ven nuestros o 5869
11.11 por qué no he hallado gracia en tus o 5869
11.15 muerte, si he hallado gracia en tus o 5869
15.39 no miréis en pos de...y de vuestros o 5869
16.14 no nos...¿Sacarás los o de estos hombres? 5869
19.5 quemar la vaca ante sus o; su cuero y su 5869
22.31 abrió los o de Balaam, y vio al ángel 5869
24.2 alzando sus o, vio a Israel alojado por 5869
24.3,15 dijo Balaam...el varón de o abiertos 5869
24.4,16 el que vio...caído, pero abiertos los o 5869
25.6 trajo una madianita...a o de Moisés y de 5869
27.14 no santificándome en las...a o de ellos 5869
32.5 si hallamos gracia en tus o, dése esta 5869
33.55 aguijones en vuestros o y por espinas 5869
Dt 1.30 hizo...en Egipto delante de vuestros o 5869
3.21 o vieron todo...que Jehová vuestro Dios 5869
3.27 y alza tus o...y mira con tus propios o 5869
4.3 vuestros o vieron lo que hizo Jehová con 5869
4.6 y vuestra inteligencia ante los o de los 5869
4.9 olvides de las cosas que tus o han visto 5869
4.19 alces tus o al cielo, y viendo el sol y 5869
4.25 hiciereis lo malo ante los o de Jehová 5869
4.34 todo lo que hizo...en Egipto ante tus o? 5869
6.8 y estarán como frontales entre tus o 5869
6.18 y haz lo recto y lo bueno ante los o de 5869
6.22 hizo señales y...delante de nuestros o 5869
7.16 no lo perdonará tu o, ni servirás a sus 5869
7.19 de las grandes pruebas que vieron tus o 5869
9.17 tablas...las quebré delante de vuestros o 5869
9.18 haciendo el mal ante los o de Jehová para 5869
10.21 cosas grandes y...que tus o han visto 5869
11.7 vuestros o han visto...obras que Jehová 5869
11.12 están sobre ella los o de Jehová tu Dios 5869

11.18 y serán por frontales entre vuestros o 5869
12.25 hicieres lo recto ante los o de Jehová 5869
12.28 bueno y lo recto ante los o de Jehová 5869
13.8 ni tu o le compadecerá, ni le tendrás 5869
13.18 hacer lo recto ante los o de Jehová tu 5869
15.9 y mires con malos o a tu…menesteroso 5869
16.19 el soborno ciega los o de los sabios, y 5869
17.2 que haya hecho mal ante los o de Jehová 5869
19.21 por vida, o por o, diente por diente 5869
21.7 esta sangre, ni nuestros o lo han visto 5869
21.9 hicieres lo que es recto ante los o de 5869
25.3 se sienta…envilecido delante de tus o 5869
28.31 tu buey será matado delante de tus o 5869
28.32 o lo verán, y desfallecerán por ellos 5869
28.34 enloquecerás…lo que verás con tus o 5869
28.54 mirará con malos o a su hermano, y a 5869
28.56 mirará con malos o al marido de su seno 5869
28.65 te dará Jehová…desfallecimiento de o 5869
28.67 por el miedo…por lo que verán tus o 5869
29.2 Jehová ha hecho delante de vuestros o 5869
29.3 grandes pruebas que vieron vuestros o 5869
29.4 Jehová no os ha dado…ni o para ver, ni 5869
31.29 haber hecho mal ante los o de Jehová 5869
32.10 halló…lo guardó como a la niña de su o 5869
34.4 te he permitido verla con tus o, mas no 5869
34.7 sus o nunca se oscurecieron, ni perdió 5869
Jos 3.7 a engrandecerte delante de los o de 5869
4.14 engrandeció a Josué a los o de…Israel 5869
5.13 Josué cerca…alzó sus o y vio un varón 5869
23.13 os serán…por espinas para vuestros o 5869
24.7 vuestros o vieron lo que hice en Egipto 5869
Jue 2.11; 3.7,12(2); 4.1; 6.1; 10.6; 13.1 lo malo ante
los o de Jehová 5869
13.19 y el ángel hizo milagro ante los o de 7200
13.20 el ángel…subió…ante los o de Manoa 7200
16.21 mas los filisteos le…y le sacaron los o 5869
16.28 de una vez tome venganza…por mis dos o 5869
19.17 y alzando el viejo los o, vio a aquel 5869
Rt 2.2 pos de aquel a cuyos o hallare gracia 5869
2.10 ¿por qué he hallado gracia en tus o para 5869
2.13 dijo…halle yo gracia delante de tus o 5869
1 S 1.18 halle tu sierva gracia delante…tus o 5869
2.33 para consumir tus o y llenar tu alma de 5869
3.2 o comenzaban a oscurecerse de modo que 5869
4.15 sus o se habían oscurecido, de modo que 5869
6.13 y alzando los o vieron el arca, y se 5869
11.2 que a cada uno de…saque el o derecho 5869
12.3 si…he tomado cohecho para cegar mis o 5869
12.16 que Jehová hará delante de vuestros o 5869
12.17 maldad que habéis hecho ante los o de 5869
14.27 panal de miel…y fueron aclarados sus o 5869
14.29 ved…cómo han sido aclarados mis o, por 5869
15.17 aunque eras pequeño en tus propios o 5869
15.19 has hecho lo malo ante los o de Jehová? 5869
16.7 hombre mira lo que está delante de sus o 5869
16.12 rubio, hermoso de o, y de buen parecer 5869
16.22 David esté…ha hallado gracia en mis o 5869
18.5 acepto a los o…a los o de los siervos 5869
18.9 desde…Saúl no miró con buenos o a David 5770
18.20 dicho a Saúl, y le pareció bien a sus o
18.26 pareció bien la cosa a los o de David
20.3 que yo he hallado gracia delante de tus o 5869
20.29 lo tanto, si he hallado gracia en tus o 5869
24.10 han visto hoy tus o cómo Jehová te ha 5869
25.8 hallen…estos jóvenes gracia en tus o 5869
26.21 mi vida ha sido estimada…hoy a tus o 5869
26.24 tu vida ha sido estimada…hoy a mis o 5869
26.24 así sea mi vida a los o de Jehová, y 5869
27.5 si he hallado gracia ante tus o, séame 5869
29.6 mas a los o de los príncipes no agradas 5869
29.9 eres bueno ante mis o, como un ángel de 5869
2 S 6.22 seré bajo a tus o; pero seré honrado 5869
11.27 fue desagradable ante los o de Jehová
12.9 delante de sus o? A Urías heteo heriste 5869
12.11 y tomaré tus mujeres delante de tus o 5869
13.34 alzando sus o el joven…atalaya, miró 5869
14.22 he hallado gracia en tus o, rey señor 5869
15.25 yo hallare gracia ante los o de Jehová 5869
16.22 y se llegó…ante los o de todo Israel 5869
18.24 y alzando sus o, miró, y vio a uno que 5869
22.28 mas tus o están sobre los altivos para 5869
1 R 1.20 o de todo Israel están puestos en ti 5869
1.48 se siente en mi trono, viéndolo mis o 5869
8.29 que estén tus o abiertos de noche y de 5869
8.52 estén, pues, atentos tus o a la oración 5869
9.3 en ella estarán mis o y mi corazón todos 5869
10.7 mis o han visto que ni aun se me dijo la 5869
11.6 hizo Salomón lo malo ante…o de Jehová 5869
11.33 para hacer lo recto delante de mis o 5869
11.38 si…hicieres lo recto delante de mis o 5869
14.4 sus o se habían oscurecido a causa de su 5869
14.8 haciendo solamente lo recto delante…o 5869
14.22; 15.26,34; 16.7,19,25,30; 21.25; 22.52;
2 R 3.2; 8.18,27; 13.2,11; 14.24; 15.9,18,
24,28; 17.2,17; 21.2,6,15,16,20; 23.32,37;
24.9,19; 2 Cr 21.6; 22.4; 29.6; 33.2,6,22;
36.5,9,12 (hacer) lo malo ante los o de Jehová 5869
1 R 15,5,11; 22.43; 2 R 12.2; 14.3; 15.3,34: 18.3; 22.2;
2 Cr 14.2; 20.32; 24.2; 25.2; 26.4; 27.2; 29.2; 34.2
(hacer) lo recto ante los o de Jehová 5869
1 R 20.38 disfrazó, poniéndose una venda…los o
20.41 él se quitó…la venda de sobre sus o
2 R 1.13 sea de valor delante de tus o mi vida
1.14 sea estimada…mi vida delante de tus o
3.18 esto es cosa ligera en los o de Jehová
4.34 poniendo su boca…y sus o sobre sus o 5869
4.35 niño estornudó siete veces, y abrió sus o 5869
6.17 que abras sus o…abrió los o del siervo 5869
6.20 abre los o de…que vean…Y…abrió sus o 5869
7.2,19 lo verás con tus o, mas no comerás de 5869
9.30 se pintó los o con antimonio, y atavió
10.30 ejecutando lo recto delante de mis o 5869
16.2 no hizo lo recto ante los o de Jehová
19.16 abre, oh Jehová, tus o, y mira: y oye 5869
19.22 contra quién…levantado en alto tus o? 5869
22.20 no verán tus o…el mal que yo traigo 5869
25.7 a Sedequías le sacaron los o, y atado 5869
1 Cr 21.16 alzando David sus o, vio al ángel 5869
28.8 ante los o de todo Israel…los preceptos
29.25 engrandeció en extremo a Salomón a o
2 Cr 6.20 tus o estén abiertos sobre esta casa 5869
6.40 que estén abiertos tus o y atentos tus 5869
7.15 ahora estarán abiertos mis o y atentos 5869
7.16 mis o y mi corazón estarán ahí…siempre 5869
9.6 hasta que he venido, y mis o han visto 5869
16.9 o de Jehová contemplan toda la tierra 5869
20.12 no sabemos…y a ti volvemos nuestros o 5869
28.1 Acaz…no hizo lo recto ante los o de
29.8 a escarnio, como veis…con vuestros o 5869
34.28 o no verán todo el mal que yo traigo 5869
Esd 5.5 o de Dios estaban sobre los ancianos 5870
9.8 fin de alumbrar nuestro Dios nuestros o 5869
Neh 1.6 y abiertos tus o para oir la oración 5869
8.5 abrió…el libro a o de todo el pueblo 5869
Est 1.21 agradó esta palabra a los o del rey
2.4 la doncella que agrade a los o del rey
2.4 esto agradó a los o del rey, y lo hizo
2.9 doncella agradó a sus o, y halló gracia
5.2 ella obtuvo gracia ante sus o; y el rey 5869
5.8 si he hallado gracia ante los o del rey 5869
5.14 y agradó esto a los o de Amán, e hizo
7.3 si he hallado gracia en tus o, y si al 5869
8.5 si…yo soy agradable a sus o, que se dé 5869
Job 2.12 los cuales, alzando los o desde lejos 5869
3.10 estaba, ni escondió de mis o la miseria 5869
4.16 paróse delante de mis o un fantasma 5869
7.7 y que mis o no volverán a ver el bien 5869
7.8 los o de los que me ven, no me verán más 5869
7.8 más: fijarás en mí tus o, y dejaré de ser 5869
10.4 ¿tienes…acaso o de carne? ¿Ves tú como 5869
10.18 expirado, y ningún o me habría visto 5869
11.4 dices…yo soy limpio delante de tus o 5869
11.20 pero los o de los malos se consumirán 5869
13.1 que todas estas cosas han visto mis o 5869
14.3 ¿sobre éste abres tus o, y me traes a 5869
15.12 tu corazón te…y por qué guiñan tus o 5869
15.15 ni aun los cielos son limpios…sus o 5869
16.9 furor…contra mí aguzó sus o mi enemigo 5869
17.2 sino…en cuya amargura se detienen mis o 5869
17.5 presa, los o de sus hijos desfallecerán 5869
17.7 mis o se oscurecieron por el dolor, y 5869
18.3 ¿por qué…y a vuestros o somos viles? 5869
19.15 por extraño; forastero fui yo a sus o 5869
19.27 mis o lo verán, y no otro, aunque mi 5869
20.9 el o que le veía, nunca más le verá, ni 5869
21.8 y sus renuevos están delante de sus o 5869
21.20 verán sus o su quebranto, y beberá de 5869
22.29 dirás…y Dios salvará al humilde de o
24.15 el o del adúltero está aguardando la 5869
24.23 sus o están sobre los caminos de ellos 5869
25.5 estrellas son limpias delante de sus o 5869
27.19 acuesta…abrirá sus o, y nada tendrá 5869
28.7 senda que nunca…ni o de buitre la vio 5869
28.10 ríos, y sus o vieron todo lo preciado 5869
28.21 encubierta está a los o de…viviente 5869
29.11 los o que me veían me daban testimonio 5869
29.15 yo era o al ciego, y pies al cojo 5869
31.1 hice pacto con mis o; ¿cómo, pues, había
31.7 si mi corazón se fue tras mis o, y si 5869
31.16 si…hice desfallecer los o de la viuda 5869
32.1 por cuanto él era justo a sus propios o 5869
34.21 o están sobre los caminos del hombre 5869
36.7 no apartará de los justos sus o; antes 5869
39.29 la presa; sus o observan de muy lejos 5869
41.18 sus o son como los párpados del alba 5869
42.5 te había oído; mas ahora mis o te ven 5869
Sal 5.5 insensatos no estarán delante de tus o 5869
6.7 mis o están gastados de sufrir; se han 5869
10.8 sus o están acechando al desvalido 5869
11.4 sus o ven, sus párpados examinan a los 5869
13.3 alumbra mis o, para que no duerma de 5869
15.4 aquel a cuyos o el vil es menospreciado 5869
17.2 mi vindicación; vean tus o la rectitud 5869
17.8 como a la niña de tus o; escóndeme bajo 5869
17.11 puestos sus o para echamos por tierra 5869
18.27 salvarás al…y humillarás los o altivos
19.8 el precepto…es puro, que alumbra los o 5869
25.15 o están siempre hacia Jehová, porque 5869
26.3 tu misericordia está delante de mis o 5869
31.9 se han consumido de tristeza mis o, mi 5869
31.22 cortado soy de delante de tus o; pero 5869
32.8 te enseñaré el…sobre ti fijaré mis o 5869
33.18 el o de Jehová sobre los que le temen 5869
34.15 los o de Jehová están sobre los justos 5869
35.19 ni los que me aborrecen…guiñen el o 5869
35.21 dijeron…ea, nuestros o lo han visto! 5869
36.1 no hay temor de Dios delante de sus o 5869
36.2 lisonjea, por tanto, en sus propios o 5869
38.10 vigor, y aun la luz de mis o me falta 5869
50.21 pero te las pondré delante de tus o 5869
51.4 he hecho lo malo delante de tus o; para 5968
54.7 mis o han visto la ruina de mis enemigos 5968
66.7 sus o atalayan sobre las naciones; los 5869
69.3 han desfallecido mis o esperando a mi 5869
69.23 sean oscurecidos sus o para que no vean 5869
72.14 y la sangre…será preciosa ante sus o 5869
73.7 los o se les saltan de gordura; logran 5869
77.4 no me dejabas pegar los o; estaba yo 5869
79.10 sea notoria en…delante de nuestros o 5869
84.9 y pon los o en el rostro de tu ungido 5027
88.9 mis o enfermaron a causa de mi aflicción 5869
90.4 mil años delante de tus o son como el día 5869
91.8 tus o mirarás y verás la recompensa de 5869
92.11 y mirarán mis o sobre mis enemigos 5869
94.9 ¿no oirá? El que formó el o, ¿no verá? 5869
101.3 no pondré delante de…o cosa injusta 5869
101.5 no sufriré al de o altaneros…vanidoso 5869
101.6 mis o pondré en los fieles de la tierra 5869
101.7 habla…no se afirmará delante de mis o 5869
115.5 boca, mas no hablan; tienen o, mas no 5869
116.8 tú has librado…mis o de lágrimas, y 5869
116.15 estimada es a…o de Jehová la muerte 5869
118.23 y es cosa maravillosa a nuestros o 5869
119.18 abre mis o, y miraré las…de tu ley 5869
119.37 aparta mis o, que no vean la vanidad 5869
119.82 desfallecieron mis o por tu palabra 5869
119.123 mis o desfallecieron por tu salvación 5869
119.136 ríos de agua descendieron de mis o 5869
119.148 se anticiparon mis o a las vigilias 5869
121.1 alzaré mis o a los montes; ¿de dónde 5869
123.1 a ti alcé mis o, a ti que habitas en 5869
123.2 como los o de los siervos miran a la 5869
123.2 como los o de la sierva a la mano de 5869
123.2 así nuestros o miran a Jehová nuestro 5869
131.1 ni mis o se enaltecieron; ni anduve en 5869
132.4 no daré sueño a mis o, ni a…párpados 5869
135.16 boca, y no hablan; tienen o, y no ven 5869
139.16 mi embrión vieron tus o, y en tu libro 5869
141.8 a ti, oh Jehová, Señor, miran mis o 5869
145.15 los o de todos esperan en ti, y tú les 5869
146.8 abre los o a los ciegos; Jehová ama a
Pr 1.17 en vano se tenderá la red ante los o 5869
3.4 y buena opinión ante los o de Dios y de 5869
3.21 mío, no se aparten estas cosas de tus o 5869
4.21 no se aparten de tus o; guárdalas en 5869
4.25 tus o miren lo recto, y diríjanse tus 5869
5.21 los caminos…están ante los o de Jehová 5869
6.4 no des sueño a tus o, ni a tus párpados 5869
6.13 que guiña los o, que habla con los pies 5869
6.17 los o altivos, la lengua mentirosa, las 5869
6.25 tu corazón, ni ella te prenda con sus o 6079
7.2 guarda…y mi ley como las niñas de tus o 5869
10.10 el que guiña el o acarrea tristeza 5869
10.26 como el humo a los o…es el perezoso
15.3 o de Jehová están en todo lugar, mirando 5869
15.30 la luz de los o alegra el corazón, y la 5869
16.30 cierra sus o para pensar perversidades 5869
17.24 los o del necio vagan hasta el extremo 5869
20.12 el oído que oye, y el o que ve, ambas 5869
20.13 el sueño…abre tus o, y te saciarás de 5869
21.4 altivez de o, y orgullo de…son pecado 5869
21.10 mal; su prójimo no halla favor en sus o 5869
22.9 o misericordioso será bendito, porque 5869
22.12 los o de Jehová velan por la ciencia 5869
23.5 ¿has de poner tus o en las riquezas 5869
23.26 dame…y miren tus o por mis caminos 5869
23.29 ay…¿para quién lo amoratado de los o? 5869
23.33 o mirarán cosas extrañas, y tu corazón 5869
25.7 del príncipe a quien han mirado tus o 5869
27.20 o del hombre nunca están satisfechos 5869
28.27 que aparta sus o tendrá…maldiciones 5869
29.13 pobre…Jehová alumbra los o de ambos 5869
30.13 hay generación cuyos o son altivos y 5869
30.17 el o que escarnece a su padre, madre 5869
Ec 1.8 nunca se sacia el o de ver, ni el oído 5869
2.10 no negué a mis o…cosa que descaran, ni 5869
2.14 el sabio tiene sus o en su cabeza, mas 5869
4.8 ni sus o se sacian de sus riquezas, ni 5869
5.11 ¿qué bien, pues…sino verlos con sus o? 5869
6.9 más vale vista de o que deseo que pasa 5869
8.16 ni de noche ni de día ve sueño en sus o 5869
11.7 suave…y agradable a los o ver el sol 5869
11.9 y anda en los…y en la vista de tus o 5869
Cnt 1.15 eres bella; tus o son como palomas 5869
4.1 tus o entre tus guedejas como de paloma 5869
4.9 has apresado mi corazón con uno de tus o 5869
5.12 o, como palomas junto a los arroyos de 5869
6.5 aparta tus o de delante de mí, porque 5869
7.4 o, como los estanques de Hesbón junto a 5869
8.10 que fui en sus o como la que halla paz 5869
Is 1.15 esconderé de vosotros mis o…no oiré 5869
1.16 quitad la iniquidad…delante de mis o 5869
2.11 la altivez de los o del hombre…abatida 5869
3.8 obras…para irritar los o de su majestad 5869
3.16 las hijas de Sion…con o desvergonzados 5869
5.15 y serán bajados los o de los altivos 5869
5.21 ¡ay de los sabios en sus propios o, y de 5869
6.5 porque han visto mis o al Rey, Jehová de 5869
6.10 agrava sus oídos, y ciega sus o, para 5869
6.10 para que no vea con sus o, ni oiga con 5869
10.12 rey…y la gloria de la altivez de sus o 5869
11.3 no juzgará según la vista de sus o, ni 5869
13.18 niños…ni su o perdonará a los hijos 5869
17.7 sus o contemplarán al Santo de Israel 5869
29.10 cerró los o de vuestros profetas, y 5869
29.18 los o de los ciegos verán en medio de 5869
30.20 sino que tus o verán a tus maestros 5869
32.3 no se ofuscarán…los o de los que ven 5869
33.15 el que cierra sus o para no ver cosa 5869
33.17 o verán al Rey en su hermosura; verán 5869
33.20 o verán a Jerusalén, morada de quietud 5869
35.5 los o de los ciegos serán abiertos, y los 5869
37.17 abre, oh Jehová, tus o, y mira; y oye 5869
37.23 ¿contra quién has…levantado tus o en 5869

38.3 he hecho lo... agradable delante de tus o 5869
38.14 gemía como la... alzaba en alto mis o 5869
40.26 levantad en alto vuestros o, y mirad 5869
42.7 para que abras los o de los ciegos, para 5869
43.4 a mis o fuiste de gran estima, fuiste 5869
43.8 sacad al pueblo ciego que tiene o, y a 5869
44.18 cerrados están sus o para no ver, y su 5869
49.5 estimado seré en los o de Jehová, y el 5869
49.18 alza... o alrededor, y mira: todos éstos 5869
51.6 alzad a los cielos vuestros o, y mirad 5869
52.8 o a o verán que Jehová vuelve a traer 5869
52.10 brazo ante los o de todas las naciones 5869
59.10 ciegos, y andamos a tientas como sin o 5869
59.15 vio Jehová, y desagradó a sus o, porque
60.4 alza tus o alrededor y mira, todos éstos 5869
64.4 nunca... ni o ha visto a Dios fuera de ti
65.12 que hicisteis lo malo delante de mis o 5869
65.16 olvidadas, y serán cubiertas de mis o 5869
66.4 que hicieron lo malo delante de mis o 5869
Jer 3.2 alza tus o a las alturas, y ve en qué 5869
4.30 aunque pintes con antimonio tus o, en
5.3 oh Jehová, ¿no miran tus o a la verdad? 5869
5.21 pueblo necio y sin... que tiene o y no ve 5869
7.11 ¿es cueva de ladrones delante de... o esta 5869
7.30 de Judá han hecho lo malo ante mis o 5869
9.1 mis o fuentes de lágrimas, para que llora 5869
9.18 y desháganse nuestros o en lágrimas, y 5869
13.17 se desharán mis o en lágrimas, porque 5869
13.20 alzad vuestros o, y ved a... del norte 5869
14.6 o se ofuscaron porque no había hierba 5869
14.17 derramen mis o lágrimas noche y día, y 5869
16.9 yo haré cesar... delante de vuestros o y 5869
16.17 mis o están sobre todos sus caminos 5869
16.17 ni su maldad se esconde de... de mis o 5869
18.10 si hiciere lo malo delante de mis o, no 5869
19.10 quebrarás la vasija ante los o de los 5869
20.4 caerán por la espada... y tus o lo verán 5869
22.17 tus o y tu corazón no son sino para tu 5869
24.6 pondré mis o sobre ellos para bien, y 5869
29.21 y él los matará delante de vuestros o 5869
31.16 reprime... voz, y de las lágrimas tus o 5869
32.4 y hablará con él... y sus o verán sus o 5869
32.19 tus o están abiertos sobre todos los 5869
32.30 han hecho sino lo malo delante de mis o
34.3 tus o verán los o del rey de Babilonia 5869
34.15 habíais... hecho lo recto delante... mis o 5869
39.7 y sacó los o del rey Sedequías, y le 5869
42.2 quedado unos pocos, como nos ven tus o 5869
51.24 mal que ellos hicieron... delante de... o 5869
52.2 e hizo lo malo ante los o de Jehová 5869
52.10 degolló a los hijos... delante de sus o 5869
52.11 sacó los o a Sedequías, y le ató con 5869
Lm 1.16 mis o, mis o fluyen aguas, porque se 5869
2.11 mis o desfallecieron de lágrimas, se 5869
2.18 no descanses, ni cesen... niñas de tus o 5869
3.48 ríos de aguas echan mis o por el 5869
3.49 mis o destilan y no cesan, porque no hay 5869
3.51 mis o contristaron mi alma por todas las 5869
4.17 han desfallecido nuestros o esperando en 5869
5.17 por esto se entenebrecieron nuestros o 5869
Ez 1.18 llenos de o alrededor en las cuatro 5869
5.8 haré juicios... ante los o de las naciones 5869
5.11 mi o no perdonará, ni tampoco tendré yo 5869
5.14 en oprobio... a los o de todo transeúnte 5869
6.9 a causa de sus o que fornicaron tras sus 5869
7.4,9 mi o no te perdonará, ni... misericordia 5869
8.5 alza ahora tus o... y alcé mis o hacia el 5869
8.18 procederé con furor; no perdonará mi o 5869
9.5 no perdone vuestro o, ni... misericordia 5869
9.10 así, pues, haré yo; mi o no perdonará 5869
10.12 ruedas estaban llenos de o alrededor 5869
10.19 levantaron de la tierra delante de... o 5869
12.2 los cuales tienen o para ver y no ven 5869
12.3 enseres... parte de día delante de sus o 5869
12.4 sacarás tus enseres... delante de sus o 5869
12.5 delante de sus o te abrirás paso por 5869
12.6 delante de sus o los llevarás sobre tus 5869
12.12 cubrirá su... no ver con sus o la tierra 5869
16.5 no hubo o que se compadeciese de ti para 5869
18.6,12,15 alzare sus o a los ídolos 5869
20.7,8 las abominaciones de delante de sus o 5869
20.9 para que no se infamase ante los o de 5869
20.9 las naciones... en cuyos o fui conocido 5869
20.14,22 las... ante cuyos o los había sacado 5869
20.17 los perdonó mi o, pues no los maté, ni 5869
20.24 tras los ídolos de... se les fueron los o 5869
20.41 santificado... a los o de las naciones
21.6 hijo de... gime delante de los o de ellos 5869
22.26 de mis días de reposo apartaron sus o 5869
23.27 no levantarás ya más a ellos tus o, ni 5869
23.40 por amor de ellos te... pintaste tus o 5869
24.16 te quito de golpe el deleite de tus o 5869
24.21 el deseo de vuestros o y el deleite de 5869
24.25 el deleite de sus o y el anhelo de sus 5869
28.18 te puse en ceniza... a los o de todos los 5869
28.25 me santificaré... los o de las naciones 5869
33.25 a vuestros ídolos alzaréis vuestros o 5869
36.23 sea santificado en... delante de sus o 5869
36.34 asolada a o de todos los que pasaron 5869
37.20 los palos... en tu mano delante de sus o 5869
38.16 santificado, oh Gog, delante de sus o 5869
38.23 seré conocido ante los o de... naciones 5869
39.27 sea santificado en ellos ante los o de 5869
40.4 mira con tus o, y oye con tus oídos, y 5869
43.11 descríbelo delante de sus o, para que 5869
44.5 y mira con tus o, y oye con tus oídos 5869
Dn 4.34 yo Nabucodonosor alcé mis o al cielo 5869
7.8 que este cuerno tenía o como de hombre 5869
7.20 este mismo cuerno tenía o, y boca que 5869
8.3 alcé los o y miré, y he aquí un carnero 5869
8.5 macho cabrío... cuerno notable entre sus o 5869
8.21 el cuerno grande que tenía entre sus o 5869
9.18 abre tus o, y mira nuestras desolaciones 5869
10.5 alcé mis o y miré, y he aquí un varón 5869
10.6 Y sus o como antorchas de fuego, y sus 5869
10.15 estaba yo con los o puestos en tierra
Os 2.10 descubriré yo su locura delante de... o 5869
Jl 1.16 arrebatado... de delante de nuestros o 5869
Am 9.3 se escondieren de delante de mis o en 5869
9.4 pondré sobre ellos mis o para mal, y no 5869
9.8 los o de Jehová... están contra el reino 5869
Jon 2.4 dije: Desechado soy de delante... tus o 5869
Mi 4.11 y vean nuestros o su deseo en Sion 5869
7.10 mis o la verán; ahora será hollada como 5869
Hab 1.13 muy limpio eres de o para ver el mal 5869
Sof 3.20 levante... cautiverio delante de... o 5869
Hag 2.3 ¿no es... nada delante de vuestros o? 5869
Zac 1.18 alcé mis o y miré, y he aquí cuatro 5869
2.1 alcé... mis o y miré, y he aquí un varón 5869
2.8 el que os toca, toca a la niña de su o 892
3.9 sobre esta única piedra hay siete o; y 5869
4.10 estos siete son los o de Jehová, que 5869
5.1 de nuevo alcé mis o y miré, y he aquí un 5869
5.5 alza ahora tus o, y mira qué es esto que 5869
5.9 alcé... o, y miré, y he aquí dos mujeres 5869
6.1 de nuevo alcé mis o y miré, y he aquí 4 5869
8.6 si esto pareceré maravilloso a los o de 5869
8.6 será maravilloso delante de mis o? dice 5869
9.1 a Jehová deben mirar los o de... hombres 5869
9.8 no pasará... porque ahora miraré con mis o 5869
11.17 hiera la espada su brazo... su o derecho 5869
11.17 se secará su brazo, y su o... oscurecido 5869
12.4 mas sobre la casa de Judá abriré mis o 5869
14.12 y se consumirán en las cuencas sus o 5869
Mal 1.5 y vuestros o lo verán, y diréis: Sea 5869
Mt 5.29 **si tu o derecho te es ocasión de caer** 3788
5.38 **fue dicho: O por o, y diente por diente** 3788
6.22 **la lámpara del cuerpo es el o; así que** 3788
6.23 **pero si tu o es maligno, todo tu cuerpo** 3788
7.3 **la paja que está en el o de tu hermano** 3788
7.3 **no echas de ver la viga... en tu propio o?** 3788
7.4 **sacar la paja de tu o... viga en el o tuyo** 3788
7.5 **saca primero la viga de tu propio o, y** 3788
7.5 **para sacar la paja del o de tu hermano** 3788
9.29 **les tocó los o, diciendo: Conforme... fe** 5869
9.30 los o de ellos fueron abiertos... Y Jesús 5869
13.15 **han cerrado sus o... que no vean con los o** ... 5869
13.16 **bienaventurados vuestros o, porque ven** 3788
14.19 levantando los o al cielo, bendijo, y 308
17.8 alzando ellos los o, a nadie vieron sino 5869
18.9 **si tu o te es ocasión de caer, sácalo** 5869
18.9 **mejor... entrar con un solo o en la vida** 3788
18.9 **teniendo dos o ser echado en el infierno** 3788
19.24 **pasar un camello por el o de una aguja** 5169
20.33 Señor, que sean abiertos nuestros o 5869
20.34 Jesús, compadecido, les tocó los o, y 5869
21.42 **esto, y es cosa maravillosa a nuestros o** 5869
26.43 o de ellos estaban cargados de sueño 5869
Mr 6.41 y levantando los o al cielo, bendijo 308
7.34 levantando los o al cielo, gimió, y le 308
8.18 **¿teniendo o no veis, y teniendo oídos no** 3788
8.23 escupiendo en sus o, le puso las manos 3659
8.25 le puso otra vez las manos sobre los o 3788
9.47 **si tu o te fuere ocasión de caer, sácalo** 3788
9.47 **el reino... con un o, que teniendo dos o** 3442
10.25 **pasar un camello por el o de un aguja** 5168
12.11 **esto, y es cosa maravillosa a nuestros o?** 3788
14.40 o de ellos estaban cargados de sueño 3788
Lc 1.2 enseñaron los que... lo vieron con sus o
2.30 porque han visto mis o tu salvación 3788
4.20 los o de todos en... estaban fijos en él 3788
6.20 alzando los o hacia... discípulos, decía 3788
6.41 **en el o de tu hermano... en tu propio o?** 3788
6.42 **déjame sacar la paja que está en tu o** 3788
6.42 **no mirando tú la viga que... en el o tuyo?** 3788
6.42 **saca primero la viga de tu propio o, y** 3788
6.42 **la paja que está en el o de tu hermano** 3788
9.16 levantando los o al cielo, los bendijo 3788
10.23 **bienaventurados los o que ven lo que** 3788
11.34 **la lámpara del cuerpo es el o; cuando** 3788
11.34 **tu o es bueno, también todo tu cuerpo** 3788
11.34 **cuando tu o es maligno... tu cuerpo está**
16.23 **y en el Hades alzo sus o, estando en** 3788
18.13 **no quería ni aun alzar los o al cielo** 3788
18.25 **pasar un camello por el o de una aguja** 5168
19.42 **día... Mas ahora está encubierto de tus o** 3788
21.1 levantando los o, vio a los ricos que 308
22.64 vendándole los o, le golpeaban el rostro
24.16 los o de ellos estaban velados, para que 3788
24.31 entonces les fueron abiertos los o, y 3788
Jn 4.35 **alzad vuestros o y mirad los campos** 3788
6.5 alzó Jesús los o, y vio que había venido 3788
9.6 lodo... untó con el lodo los o del ciego 3788
9.10 dijeron: ¿Cómo te fueron abiertos los o? 3788
9.11 **hizo lodo, me untó los o, y me dijo: Vé** 3788
9.14 hecho el lodo, y le había abierto los o 3788
9.15 puso lodo sobre los o, y me lavé, y veo 3788
9.17 ¿qué dices tú del que te abrió los o? 3788
9.21 quién le haya abierto los o, nosotros no 3788
9.26 le... ¿Qué te hizo? ¿Cómo te abrió los o? 3788
9.30 vosotros no sepáis... a mí me abrió los o 3788
9.32 que... abriese los o a uno que nació ciego 3788
10.21 el demonio abrir los o de los ciegos? 3788
11.37 que abrió los o al ciego, haber hecho 3788
11.41 **alzando los o a lo alto, dijo: Padre** 3788
12.40 cegó los o de... y endureció su corazón 3788
12.40 no vean con los o, y entiendan con el 3788
17.1 **levantando los o al cielo, dijo: Padre** 3788
Hch 1.9 recibió una... que le ocultó de sus o 3788
1.10 estando... con los o Puestos en el cielo 816
3.4 fijando en él los o, le dijo: Míranos
3.12 por qué ponéis los o en nosotros, como 816
6.15 al fijar los o en él, vieron su rostro 816
7.55 Esteban... puestos los o en el cielo, vio 816
9.8 Saulo... abriendo los o no veía a nadie 3788
9.18 cayeron de los o como escamas, y recibió 3788
9.40 ella abrió los o, y al ver a Pedro, se 3788
11.6 cuando fijé en él los o 816
13.9 lleno del Espíritu... fijando en él los o 816
14.9 Pablo... fijando en él sus o, y viendo que 816
26.18 **abras sus o, para que se conviertan de** 3788
28.27 y sus o han cerrado... no vean con los o 3788
Ro 3.18 no hay temor de Dios delante de sus o 3788
11.8 Dios les dio... o con que no vean y oídos 3788
11.10 oscurecidos sus o para que no vean, y 3788
1 Co 2.9 cosas que o no vio, ni oído oyó, ni 3788
12.16 si... Porque no soy o, no soy del cuerpo 3788
12.17 todo el cuerpo fuese o, ¿dónde estaría 3788
12.21 ni el o puede decir a la mano: No te 3788
15.52 en un abrir y cerrar de o, a la final 3788
Gá 3.1 ante cuyos o Jesucristo... ya presentado 3788
4.15 os hubierais sacado vuestros propios o 3788
Ef 1.18 alumbrando los o de... entendimiento 3788
6.6; Col 3.22 no sirviendo al o, como los 3788
He 4.13 desnudas y abiertas a los o de aquel 3788
12.2 puestos los o en Jesús, el autor y 872
1 P 3.12 los o del Señor están sobre los justos 3788
2 P 1.16 habiendo visto con nuestros propios o 2030
2.14 tienen los o llenos de adulterio, no se 3788
1 Jn 1.1 lo que hemos visto con nuestros o, lo 3788
2.11 porque las tinieblas le han cegado los o 3788
2.16 los deseos de los o, y la vanagloria de 3788
Ap 1.7 viene... y todo o le verá, y los que le 3788
1.14 como nieve; sus o como llama de fuego 3788
2.18 **que tiene o como llama de fuego, y pies** 3788
3.18 **y unge tus o con colirio, para que veas** 3788
4.6 seres vivientes llenos de o delante y 3788
4.8 alrededor y... dentro estaban llenos de o 3788
5.6 estaba en pie un Cordero... tenía... siete o 3788
7.17 Dios enjugará toda lágrima de los o de 3788
19.12 sus o eran como llama de fuego, y había 3788
21.4 enjugará Dios toda lágrima de los o de 3788

OLA

Job 9.8 extendió... y anda sobre las o del mar 1116
38.11 dije, ahí parará el orgullo de tus o? 1530
Sal 42.7 tus ondas y tus o han pasado sobre mí 4867
Jer 51.42 de la multitud de sus o fue cubierta 1530
51.55 bramarán sus o, y como sonido... aguas 1530
Ez 26.3 subir... como el mar hace subir sus o 1530
Jon 2.3 todas tus ondas y tus o pasaron sobre 1530
Mt 8.24 tempestad... que las o cubrían la barca 2949
14.24 ya la barca estaba... azotada por las o 2949
Mr 4.37 tempestad... y echaba las o en la barca 2949
Lc 8.24 reprendió al viento y a las... o; y cesaron 2830
21.25 **a causa del bramido del mar y de las o** 4535

ÓLEO

2 S 14.2 Y no te unjas con ó, sino preséntate 8081
Est 2.12 esto es, seis meses con ó de mirra 8081
Sal 45.7 ungió... el Dios tuyo, con ó de alegría 8081
133.2 es como el buen ó sobre la cabeza, el 8081
Is 61.3 gloria en lugar de ceniza, ó de gozo 8081
He 1.9 te ungió Dios... con ó de alegría más que 1637

OLER

Gn 27.27 y *olió* Isaac el olor de sus vestidos 7306
Éx 30.38 que hiciere otro como este para *olerlo* 7306
Lv 26.31 y no *oleré* la fragancia de... perfume 7306
Dt 4.28 dioses... ni oyen, ni comen, ni *huelen* 7306
Job 39.25 y desde lejos *huele* la batalla, el 7306
Sal 115.6 oyen; tienen narices, mas no *huelen* 7306

OLFATEAR

Jer 2.24 asna... en su ardor *olfatea* el viento 7602

OLFATO

1 Co 12.17 fuese oído, ¿dónde estaría el o? 3750

OLÍBANO

Ap 18.13 incienso, mirra, o, vino, aceite 3030

OLIMPAS *Cristiano saludado por Pablo*, Ro 16.15 . . 3652

OLIVA

Éx 27.20 mandarás... te traigan aceite puro de o 2132
29.40 harina amasada con... hin de aceite de o 8081
30.24 de casia quinientos... aceite de o un hin 2132
Lv 24.2 traigan... aceite puro de o machacadas 2132
Nm 28.5 con un cuarto de un hin de aceite de o 8081
2 R 18.32 tierra de o, de aceite, y de miel 2132

OLIVAR

Éx 23.11 año así harás con tu viña y con tu o 2132
Dt 6.11 no cavaste, viñas y o que no plantaste 2132
Jos 24.13 de las viñas y o que no plantasteis 2132
Jue 15.5 quemó las mieses... en pie, viñas y o 2132
1 S 8.14 tomará lo mejor de... vuestros o, y las 2132
2 R 5.26 ¿es tiempo de tomar... o, viñas, ovejas 2132
1 Cr 27.28 de los o e higuerales de la Sefela 2132
Neh 5.11 os ruego que les devolváis hoy... sus o 2132
9.25 heredaron... viñas y o, y muchos árboles 2132
Am 4.9 la langosta devoró... y vuestros o; pero 2132
Hch 1.12 volvieron... desde el monte... del *O*, el 1638

OLIVAS

Éx 27.20 traigan aceite puro de o machacadas 2132
29.40 parte de un hin de aceite de o machacadas

O

30.24 de casia quinientos,...y de aceite de o un hin . 2132
Lv 24.2 aceite puro de o machacadas 2132
Nm 28.5 amasada con...aceite de o machacadas 8081
2 R 18.32 tierra de pan y...tierra de o 3323

OLIVO
Gn 8.11 volvió...traía una hoja de o en el pico 2132
Dt 8.8 tierra de vides...o, de aceite y de miel 2132
24.20 cuando sacudes tus o, no recorrerás las 2132
28.40 tendrás o...no te ungirás con el aceite 2132
Jue 9.8 y dijeron al o: Reina sobre nosotros 2132
9.9 el o respondió: ¿He de dejar mi aceite 2132
1 R 6.23 hizo...dos querubines de madera de o 8081
6.31 la entrada...hizo puertas de madera de o 8081
6.32 las dos puertas eran de madera de o 8081
6.33 hizo a...postes cuadrados de madera de o 8081
Neh 8.15 traed ramas de o, de o silvestre, de 2132
Job 15.33 la vid, y derramará su flor como el o 2132
Sal 52.8 yo estoy como o verde en la casa de 2132
128.3 tus hijos como plantas de o alrededor 2132
Is 17.6 y quedarán...como cuando sacuden el o 2132
24.13 como o sacudido...rebuscos después 2132
41.19 en el desierto...acacias, arrayanes y o 8081
Jer 11.16 o verde, hermoso en su fruto y en su 2132
Os 14.6 ramas, y será su gloria como la del o 2132
Hab 3.17 aunque falte el producto del o, y los 2132
Hag 2.19 ni el árbol de o ha florecido todavía 2132
Zac 4.3 junto a él dos o, el uno a la derecha 2132
4.11 ¿qué significan...dos o a la derecha del 2132
4.12 ¿qué significan las dos ramas de o que 2132
Ro 11.17 y tú, siendo o silvestre, has sido *65*
11.17 participante...de la rica savia del o *1636*
11.24 del que por naturaleza es o silvestre *65*
11.24 contra...fuiste injertado en el buen o *2565*
11.24 más éstos...injertados en su propio o? *1636*
Ap 11.4 estos testigos son los dos o, y los *1636*

OLIVOS, MONTE DE LOS
2 S 15.30 David subió la cuesta de los O 2132
Zac 14.4 afirmarán...sobre el monte de los O 2132
14.4 monte de los O se partirá por en medio 2132
Mt 21.1 vinieron a Betfagé, al monte de los O *3735*
24.3 estando él sentado en el monte de los O *3735*
26.30 el himno, salieron al monte de los O *3735*
Mr 11.1 se acercaban...frente al monte de los O *3735*
13.3 se sentó en el monte de los O, frente al *3735*
14.26 el himno, salieron al monte de los O *3735*
Lc 19.29 el monte que se llama de los O, envió *1636*
19.37 cerca de la bajada del monte de los O *3735*
21.37 estaba en el monte...se llama de los O *3735*
22.39 se fue, como solía, al monte de los O *3735*
Jn 8.1 Y Jesús se fue al monte de los O *3735*

OLLA
Éx 16.3 cuando nos sentábamos a las o de carne 5518
Jue 6.19 el caldo en una o, y sacándolo se lo 6517
1 S 2.14 lo metía en el perol, en la o, en el 6517
2 R 4.38 pon una o grande, y haz potaje para 5518
4.39 y las cortó en la o del potaje, pues no 5518
4.40 ¡varón de Dios, hay muerte en esa o! 5518
4,41 la esparció en la o, y dijo: Da de comer 5518
2 Cr 35.13 lo...santificado lo cocieron en o, en 5518
Job 41.20 sale humo, como de una o o caldero 1731
41.31 hace hervir como una o el mar profundo 5518
41.31 mar...lo vuelve como una o de ungüento
Sal 58.9 que vuestras o sientan la llama de los 5518
Ec 7.6 estrépito de los espinos debajo de la o 5518
Is 65.4 en sus o hay caldo de cosas inmundas 3627
Jer 1.13 dije: Veo una o que hierve; y su faz 5518
52.19 copas, o, candeleros, escudillas...oro 4219
Ez 11.3 esta será la o, y nosotros la carne 5518
11.7 muertos que...son la carne, y ella es la o 5518
11.11 la ciudad no os será por o, ni vosotros 5518
24.3 pon una o...y echa también en ella agua 5518
24.6 la o herrumbrosa cuya herrumbre no ha 5518
24.11 asentando...la o vacía sobre sus brasas
Mi 3.3 y los rompéis como...como carnes en o 5518
Zac 14.20 o de la casa de Jehová serán como 5518
14.21 y toda o en...será consagrada a Jehová 5518

OLMO
Os 4.13 debajo de las encinas, álamos y o que 424

OLOR
Gn 8.21 percibió Jehová o grato; y dijo Jehová 7306
27.27 olió Isaac el o de sus vestidos, y le 7381
27.27 mira, el o de mi hijo, como el o del 7381
Éx 29.18 es holocausto de o grato para Jehová 5207
29.25 arder...por o grato delante de Jehová 5207
29.41 y conforme a su libación, en o grato 5207
Lv 1.9,13,17; 2.2,9 ofrenda encendida de o
grato a Jehová 5207
2.12 no subirán sobre el altar en o grato 5207
3.5 fuego; es ofrenda de o grato para Jehová 5207
3.16 vianda es...se quema en o grato a Jehová 5207
4.31; 6.15 hará arder...en o grato a Jehová 5207
6.21 ofrenda ofrecerás en o grato a Jehová 5207
8.21 holocausto de o grato, ofrenda...Jehová 5207
8.28 las consagraciones en o grato, ofrenda 5207
17.6 quemará la grosura en o grato a Jehová 5207
23.13 encendida a Jehová en o gratísimo; y su 5207
23.18 con su ofrenda...de o grato para Jehová 5207
Nm 15.3 o para ofrecer...o grato a Jehová, de 5207
15.7 libación ofrecerás...en o grato a Jehová 5207
15.10,13,14 ofrenda encendida de o grato a 5207
15.24 holocausto en o grato a Jehová, con su 5207
18.17 ofrenda encendida en o grato a Jehová 5207
28.2 con mis ofrendas encendidas en o grato 5207
28.6 es holocausto continuo...o grato, ofrenda 5207
28.8,24 ofrenda encendida...o grato a Jehová 5207
28.13 de o grato, ofrenda encendida a Jehová 5207
28.27 y ofreceréis...en o grato a Jehová, dos 5207
29.2 holocausto en o grato a Jehová...becerro 5207
29.6,13 ofrenda encendida a Jehová en o grato 5207
29.8 y ofreceréis...en o grato, un becerro de 5207
29.36 ofrenda encendida de o grato a Jehová 5207
Ec 10.1 hacen heder y dar mal o al perfume del 887
Cnt 1.3 a más del o de tus suaves ungüentos 7381
1.12 mientras el rey estaba...nardo dio su o 7381
2.13 higos, y las vides en cierne dieron o 7381
4.10 y el o de tus ungüentos que todas las 7381
4.11 o de tus vestidos como el o del Líbano 7381
7.8 vid, y el o de tu boca como de manzanas 7381
7.13 las mandrágoras han dado o, y...frutas 7381
Is 3.20 pelo, los Pomitos de o y los zarcillos 1314
Jer 48.11 su sabor...y su o no se ha cambiado 7381
Ez 16.19 delante de ellas para o agradable 5207
Dn 3.27 ropas...ni siquiera o de fuego tenían 7382
Os 14.7 vid; su o será como de vino del Líbano 2143
Jn 12.3 y la casa se llenó del o del perfume *3744*
2 Co 2.14 manifiesta...el o de su conocimiento *3744*
2.15 para Dios somos grato o de Cristo en los *2175*
2.16 éstos...o de muerte...aquéllos o de vida *3744*
Ef 5.2 ofrenda y sacrificio a...en o fragante *3744*
Fil 4.18 o fragante, sacrificio acepto...Dios *2175*

OLOROSA
Jer 6.20 y la buena caña o de tierra lejana? 6148
Ap 18.12 mercadería de oro...de toda madera o *2367*

OLVIDADO *Véase Olvidar*

OLVIDADIZO
Stg 1.25 no siendo oidor o, sino hacedor de *1953*

OLVIDAR
Gn 27.45 hermano...olvide lo que le has hecho 7911
40.23 no se acordó de José, sino que le olvidó
41.30 y toda la abundancia será olvidada en 7911
41.51 Dios me hizo olvidar todo mi trabajo 5382
Dt 4.9 no te olvides de las cosas que tus ojos 7911
4.23 guardaos, no os olvidéis del pacto de 7911
4.31 ni se olvidará del pacto que les juró a 7911
6.12; 8.11 cuídate de no olvidarte de Jehová 7911
8.14 olvides de Jehová tu Dios, que te sacó 7911
8.19 mas si llegares a olvidarte de Jehová tu 7911
9.7 no olvides que has provocado la ira de 7911
24.19 olvides alguna gavilla en el campo, no 7911
25.19 borrarás la...de Amalec...no le olvides 7911
26.13 no he transgredido...ni me he olvidado 7911
32.18 de la Roca que te creó te olvidaste; te 7876
32.18 te has olvidado de Dios tu creador 7911
Jue 3.7 olvidaron a Jehová...y sirvieron a los
1 S 1.11 y no te olvidares de tu sierva, sino 7911
12.9 y olvidaron a Jehová su Dios, y él los
2 R 17.38 no olvidaréis el pacto que hice con 7911
Job 8.13 los caminos de...los que olvidan a Dios 7911
9.27 si yo dijere: Olvidaré mi queja, dejaré 7911
11.16 olvidarás tu miseria, o te acordarás de 7911
19.14 mis...y mis conocidos se olvidaron de mí 7911
24.20 los olvidará el seno materno; de ellos 7911
28.4 abren minas lejos...en lugares olvidados 7911
39.15 olvida que el pie los puede pisar, y que 7911
Sal 9.12 no se olvidó del clamor de...afligidos 7911
9.17 todas las gentes que se olvidan de Dios 7913
9.18 no para...será olvidado el menesteroso 7911
10.11 dice en su corazón: Dios ha olvidado 7911
10.12 oh Jehová...no te olvides de los pobres 7911
13.1 ¿me olvidarás para siempre? ¿Hasta 7911
31.12 he sido olvidado de su corazón como un 7911
42.9 Roca mía, ¿por qué te has olvidado de mí? 7911
44.17 venido, y no nos hemos olvidado de ti 7911
44.20 si nos hubiésemos olvidado del nombre 7911
44.24 te olvidas de nuestra aflicción, y de 7911
45.10 olvida tu pueblo, y la casa de tu padre 7911
50.22 los que os olvidáis de Dios, no sea que 7911
59.11 no los mates...que mi pueblo no olvide 7911
74.19 no olvides, siempre la congregación de 7911
74.23 no olvides las voces de tus enemigos 7911
77.9 ¿ha olvidado Dios el tener misericordia? 7911
78.7 y no se olviden de las obras de Dios 7911
78.11 sino que se olvidaron de sus obras, y
89.34 no olvidaré mi pacto, ni mudaré lo que 2490
102.4 por lo cual me olvido de comer mi pan 7911
103.2 y no olvides ninguno de sus beneficios 7911
106.13 bien pronto olvidaron sus obras; no
106.21 olvidaron al Dios de su salvación, que
119.16 en tus...no me olvidaré de tus palabras 7911
119.61,109 mas no me he olvidado de tu ley 7911
119.83 odre...pero no he olvidado tus estatutos 7911
119.93 jamás me olvidaré de tus mandamientos 7911
119.139 porque mis enemigos se olvidaron de 7911
119.141,176 no...olvidado de tus mandamientos 7911
119.153 porque de tu ley no me he olvidado 7911
137.5 si me olvidare de ti, oh Jerusalén 7911
Pr 2.17 cual...se olvida del pacto de su Dios 7913
3.1 hijo mío, no te olvides de mi ley, y tu 7911
4.5 no te olvides...de las razones de mi boca 7911
31.5 no sea que bebiendo olviden la ley, y 7911
31.7 beban, y olvídense de su necesidad, y de 7911
Ec 2.16 días venideros ya todo será olvidado 7911
Is 17.10 te olvidaste del Dios de tu salvación 7911
23.16 y rodea la ciudad, oh ramera olvidada 7911
44.21 siervo mío...tú; Israel, no me olvides 5382
49.14 me dejó Jehová, y el Señor se olvidó 7913
49.15 olvidará la mujer de lo que dio a luz 7911
49.15 olvide ella, yo nunca me olvidaré de ti 7911
51.13 ya te has olvidado de Jehová tu Hacedor 7911
54.4 que te olvidarás de la vergüenza de tu 7911
65.11 los que...olvidáis mi santo monte, que 7913
65.16 porque las angustias...serán olvidadas 7913
Jer 2.32 ¿se olvida la virgen de su atavío, o 7911
2.32 mi pueblo se ha olvidado de mí por días 7911
3.21 han...de Jehová su Dios se han olvidado 7911
13.25 te olvidaste de mí y confiaste en la 7911
18.15 mi pueblo me ha olvidado, incensando a 7911
20.11 confusión que jamás será olvidada 7911
23.27 que mi pueblo se olvide de mi nombre 7911
23.27 se olvidaron de mi nombre por Baal? 7911
30.14 todos tus enamorados te olvidaron; no 7911
44.9 ¿os habéis olvidado de las maldades de 7911
50.6 collado, y se olvidaron de sus rediles 7911
Lm 2.6 Jehová ha hecho olvidar las fiestas y 7911
3.17 mi alma se alejó de...me olvidé del bien
5.20 ¿por qué te olvidas...de nosotros, y nos 7911
Ez 22.12 te olvidaste de mí, dice Jehová el 7911
23.35 te has olvidado de mí, y me has echado 7911
Dn 2.5 el asunto lo olvidé; si no me mostráis
Os 2.13 se iba...se olvidaba de mí, dice Jehová
4.6 v porque olvidaste la ley de tu Dios 7911
4.6 también yo me olvidaré de tus hijos 7911
8.14 olvidó...Israel a su Hacedor, y edificó 7911
13.6 por esta causa se olvidaron de mí 7911
Am 8.7 no me olvidaré jamás de todas sus obras 7911
Mi 7.18 olvida el pecado del remanente de su 5674
Mt 16.5 sus discípulos...olvidado de traer pan *1950*
Mr 8.14 olvidado de traer pan, y no tenían sino *1950*
Lc 12.6 **ni uno...está olvidado delante de Dios** *1950*
Fil 3.13 olvidando ciertamente lo que queda *1950*
He 6.10 Dios no es injusto...olvidar vuestra *1950*
12.5 y habéis ya olvidado la exhortación que *1585*
13.2 no os olvidéis de la hospitalidad, porque *1950*
13.16 bien y de la ayuda mutua no os olvidéis *1950*
Stg 1.24 él...se va, y luego olvida cómo era *1950*
2 P 1.9 habiendo olvidado la purificación de *3024,2983*

OLVIDO
Sal 88.12 y tu justicia en la tierra del o? 5388
Ec 8.10 luego puestos en o en la ciudad donde 7911
9.5 los muertos...su memoria es puesta en o 7911
Is 23.15 Tiro será puesta en o...setenta años 7911
Jer 23.39 yo os echare en o, y arrancaré de mí 5382
23.40 eterna confusión que nunca borrará el o 7911
50.5 con pacto eterno que jamás se ponga en o 7911

OMAR *Jefe edomita, hijo de Elifaz,*
Gn 36.11,15; 1 Cr 1.36 201

OMBLIGO
Cnt 7.2 tu o como una taza redonda que no le 8326
Ez 16.4 no fue cortado tu o, ni fuiste lavada 8270

OMEGA
Ap 1.8 **yo soy el Alfa y la O, principio y fin** *5598*
1.11 **el Alfa y la O, el primero y el último** *5598*
21.6,13 yo soy el Alta y la O, el principio y *5598*
22.13 yo soy el Alfa y la O,...**el primero y el último** .. *5598*

OMITIR
Est 6.10 no omitas nada de...lo que has dicho 5307

OMNIPOTENTE
Gn 28.3 Dios o te bendiga, y te...multiplique 7706
35.11 le dijo Dios: Yo soy el Dios o: crece 7706
43.14 el Dios O os dé misericordia delante de 7706
48.3 a José: El Dios O me apareció en Luz en 7706
49.25 por el Dios O, el cual te bendecirá con 7706
Éx 6.3 aparecí a Abraham...a Jacob como Dios O 7706
Nm 24.4,16 dijo el que...vio la visión del O 7706
Job 6.14 aun aquel que abandona el temor del O 7706
22.3 ¿tiene contentamiento el O en que tu 7706
22.17 apártate...¿Y qué les había hecho el O? 7706
22.23 si te volvieres al O, serás edificado 7706
22.26 porque entonces te deleitarás en el O 7706
23.16 Dios ha enervado...me ha turbado el O 7706
27.2 vive Dios...el O, que amargó el alma mía 7706
27.10 se deleitará en el O? ¿Invocará a Dios 7706
27.11 no esconderé lo que hay para con el O 7706
27.13 la herencia que...han de recibir del O 7706
29,5 cuando aún estaba conmigo el O, y mis 7706
31.2 y qué heredad el O desde las alturas? 7706
31.35 mi confianza es que el O testificará 7706
32.8 y el soplo del O le hace que entienda 7706
33.4 me hizo, y el soplo del O me dio vida 7706
34.10 lejos esté de Dios...del O la iniquidad 7706
34.12 Dios no...el O no pervertirá el derecho 7706
35.13 no oirá la vanidad, ni la mirará el O 7706
40.2 ¿es sabiduría contender con el O? El que 7706
Sal 68.14 cuando esparció el O los reyes allí 7706
91.1 habita al...morará bajo la sombra del O 7706
Ez 1.24 oí el sonido...como la voz del O, como 7706
10.5 se oía...como la voz del Dios O cuando 7706

OMRI
1. Rey de Israel
1 R 16.16 por rey sobre Israel a O, general de 6018
16.17 subió O de Gibetón, y con él...Israel 6018
16.21 la mitad del...la otra mitad seguía a O 6018
16.22 el pueblo que seguía a O...y O fue rey 6018
16.23 el año 31 de Asa...comenzó a reinar O 6018
16.24 O compró a Semer el monte de Samaria
16.25 O hizo lo mato ante los ojos de Jehová 6018
16.27 demás hechos de O, y todo lo que hizo 6018
16.28 O durmió con sus padres, y...sepultado 6018
16.29 comenzó a reinar Acab hijo de O sobre 6018
16.30 y reinó Acab hijo de O sobre Israel en 6018
16.30 y Acab hijo de O hizo lo malo ante los 6018
2 R 8.26 Atalía, hija de O rey de Israel 6018
2 Cr 22.2 de su madre fue Atalía, hija de O 6018
Mi 6.16 los mandamientos de O se han guardado 6018
2. Descendiente de Benjamín, 1 Cr 7.8 6018

3. Descendiente de Judá, 1 Cr 9.4 . . . 6018
4. Jefe de la tribu de Isacar en tiempo del rey David, 1 Cr 27.18 . . . 6018

ON
1. Dios de Egipto, Gn 41.45,50; 46.20 . . . 204
2. Rubenita que se rebeló contra Moisés, Nm 16.1 . . . 203

ONAM
1. Descendiente de Seir horeo, Gn 36.23; 1 Cr 1.40 . . . 208
2. Descendiente de Jerameel, 1 Cr 2.26,28 . . . 208

ONÁN *Hijo de Judá*
Gn 38.4 dio a luz un hijo y llamó su nombre *O* . . . 209
38.8 Judá dijo a *O*: Llégate a la mujer de tu . . . 209
38.9 sabiendo *O* que la descendencia no había . . . 209
46.12 los hijos de Judá: Er, *O*, Sela, Fares . . . 209
46.12 Er y *O* murieron en la tierra de Canaán . . . 209
Nm 26.19 de Judá: Er y *O*; y Er y *O* murieron en . . . 209
1 Cr 2.3 hijos de Judá: Er, *O* y Sela. . .Estos . . . 209

ONCE
Gn 32.22 tomó. . .y sus o hijos, y pasó el vado . . . 259,6240
37.9 la luna y o estrellas se inclinaban a mí . . . 259,6240
Éx 26.7 pelo de cabra para. . .o cortinas harás . . . 6249,6240
26.8 una misma medida tendrán las o cortinas . . 6249,6240
36.14 cortinas de pelo de cabra. . .o cortinas . . . 6249,6240
36.15 las o cortinas tenían una misma medida 6249,6240
Nm 29.20 día tercero, o becerros, dos carneros . . 6249,6240
Dt 1.2 o jornadas hay desde Horeb, camino del . . . 259,6240
Jos 15.51 Holón y. . .o ciudades con sus aldeas . . . 259,6240
2 R 23.36 Joacim. . .y o años reinó en Jerusalén . . . 259,6240
24.18 Sedequías. . .reinó en Jerusalén o años . . . 259,6240
2 Cr 36.5 Joacim. . .reinó o años en Jerusalén . . . 259,6240
36.11 Sedequías. . .o años reinó en Jerusalén . . . 259,6240
Jer 52.1 Sedequías. . .reinó o años en Jerusalén . . . 259,6240
Ez 40.49 el ancho o codos, al cual subían por . . . 259,6240
Mt 28.16 los o discípulos se fueron a Galilea . . . *1733*
Mr 16.14 se apareció a los o mismos, estando . . . *1733*
Lc 24.9 dieron nueva de. . .estas cosas a los o . . . *1733*
24.33 y hallaron a los o reunidos, y a los . . . *1733*
Hch 1.26 Matías. . .contado con los o apóstoles . . . *1733*
2.14 poniéndose en pie con los o, alzó la voz . . . *1733*

ONDA
2 S 22.5 me rodearon o de muerte, y torrentes . . . 4867
Sal 42.7 todas tus o y, han pasado sobre mí . . . 4867
65.7 el que sosiega. . .el estruendo de sus o . . . 1530
88.7 ira, y me has afligido con todas tus o . . . 4867
89.9 cuando se levantan. . .o, tú las sosiegas . . . 1530
93.3 los ríos alzaron. . .alzaron los ríos sus o . . . 1796
93.4 más poderoso, que las recias o del mar . . . 4867
107.25 levantar un viento. . .que encrespa sus o . . . 1530
107.29 en sosiego, y se apaciguan sus o . . . 1530
Is 48.18 río, y tu justicia como las o del mar . . . 1530
51.15 yo. . .que agito el mar y hago rugir sus o . . . 1530
Jer 5.22 bramarán sus o, mas no lo pasarán . . . 1530
31.35 parte el mar, y braman sus o; Jehová . . . 1530
Jon 2.3 todas tus o y tus olas pasaron sobre . . . 1530
Zac 10.11 herirá en el mar las o, y se secarán . . . 1530
Stg 1.6 el que duda es semejante a la o del . . . *2830*
Jud 13 fieras o del mar, espuman su. . .vergüenza . . . *2949*

ONDULANTE
Job 39.19 ¿vestiste tú su cuello de crines o? . . . 7483

ONESÍFORO *Cristiano de Efeso*
2 Ti 1.16 tenga. . .misericordia de la casa de *O* . . . *3683*
4.19 saluda a Prisca y a. . .y a la casa de *O* . . . *3683*

ONÉSIMO *Esclavo de Filemón*
Col 4.9 con *O*, amado. . .que es uno de vosotros . . . *3682*
Flm 10 ruego por mi hijo *O*, a quien engendré . . . *3682*

ÓNICE
Gn 2.12 el oro. . .hay allí también bedelio y ó . . . 7718
Éx 25.7 piedras de ó, y piedras de engaste . . . 7718
28.9 y tomarás dos piedras de ó, y grabarás . . . 7718
28.20 la cuarta hilera, un berilo, un ó y un . . . 7718
35.9 piedras de ó y piedras de engaste para . . . 7718
35.27 los príncipes trajeron piedras de ó, y . . . 7718
39.6 labraron las piedras de ó montadas en . . . 7718
39.13 un ó y un jaspe. . .montadas y encajadas . . . 7718
1 Cr 29.2 y piedras de ó, piedras preciosas . . . 7718
Job 28.16 con oro de Ofir, ni con ó precioso . . . 7718
Ez 28.13 era tu vestidura; de. . .berilo y ó; de . . . 7718
Ap 21.20 el quinto, ó; el sexto, cornalina; el . . . *4557*

ONO *Ciudad en Benjamín*
1 Cr 8.12 Semed (el cual edificó *O*, y Lod con . . . 207
Esd 2.33 los hijos de Lod, Hadid y *O*, 725 . . . 207
Neh 6.2 ven y reunámonos. . .en el campo de *O* . . . 207
7.37 los hijos de Lod, Hadid y *O*, 721 . . . 207
11.35 Lod, y *O*, valle de los artífices . . . 207

OPERACIÓN
Is 28.21 obra, y para hacer su o, su extraña o . . . 4639
1 Co 12.6 hay diversidad de o, pero Dios que . . . *1755*
Ef 1.19 según la o del poder de su fuerza . . . *1753*
3.7 me ha sido dado según la o de su poder . . . *1753*

OPERAR
2 Co 1.6 cual se *opera* en el sufrir las mismas . . . *1754*
Ef 1.20 *operó* en Cristo, resucitándole de los . . . *1754*
2.2 espíritu que ahora *opera* en los hijos de . . . *1754*

OPINIÓN
Job 32.6 miedo, y he temido declararos mi o . . . 1843
Pr 3.4 hallarás gracia y buena o ante los ojos . . . 7922
3.7 no Seas sabio en tu propia o; teme a . . . 5869
12.15 el camino del necio es derecho en su o . . . 5869
16.2 del hombre son limpios en su propia o . . . 5869
21.2 todo camino del. . .es recto en si; propia o . . . 5869
26.5 que no se estime sabio en su propia o . . . 5869
26.12 ¿has visto hombre sabio en su propia o? . . . 5869
26.16 en su. . .o el perezoso es más sabio que . . . 5869
28.11 hombre rico es sabio en su propia o . . . 5869
30.12 hay generación limpia en su propia o . . . 5869
Ro 12.16 no seáis sabios en vuestra propia o . . . *1438*
14.1 recibid al. . .no para contender sobre o . . . *1253*

OPONER
1 S 15.2 hizo Amalec. . .*oponérsele* en el camino . . . 7760
2 Cr 35.21 deja de *oponerte* a Dios, quien está
Esd 10.15 Jonatán hijo de. . .se *opusieron* a esto . . . 5975
Dn 10.13 el príncipe. . .de Persia se me *opuso* . . . 5975
Mt 3.14 mas Juan se le *oponía*, diciendo: Yo . . . *1254*
Lc 21.15 **no podrán resistir. . .que se opongan** . . . *436*
Jn 19.12 el que se hace rey, a César se *opone* . . . *483*
Hch 18.6 pero *oponiéndose* y blasfemando éstos . . . *498*
28.19 *oponiéndose*, me vi obligado a apelar a . . . *315*
Ro 13.2 que quien se *opone* a la autoridad, a lo . . . *436*
Gá 5.17 y éstos se *oponen* entre sí, para que . . . *480*
Fil 1.28 nada intimidados por los que se *oponen* . . . *480*
1 Ts 2.15 Dios, y se *oponen* a todos los hombres . . . *1727*
2 Ts 2.4 el cual se *opone* y se levanta contra . . . *480*
1 Ti 1.10 cuanto se *oponga* a la sana doctrina . . . *480*
2 Ti 2.25 corrija a los que se *oponen*, por si . . . *475*
4.15 en gran manera se ha *opuesto* a nuestras . . . *436*

OPORTUNIDAD
Mt 26.16 entonces buscaba o para entregarle . . . *2120*
Mr 14.11 y Judas buscaba o para entregarle
Lc 22.6 y buscaba una o para entregárselo a . . . *2120*
Hch 24.25 vete; pero cuando tenga o te llamaré . . . *2540*
1 Co 16.12 por ahora; pero irá cuando tenga o . . . *2119*
Gá 6.10 que, según tengamos o, hagamos bien . . . *2540*
Fil 4.10 estabais solícitos, os faltaba la o . . . *170*
He 12.17 y no hubo o para el arrepentimiento . . . *5117*

OPORTUNO
Mr 6.21 un día o, en que Herodes, en la fiesta . . . *2121*
He 4.16 para. . .hallar gracia para el o socorro . . . *2121*

OPOSICIÓN
Lv 26.21,23 anduviereis conmigo en o . . . 7147
26.27 no. . .sino que procediereis conmigo en o . . . 7147
26.40 también porque anduvieron conmigo en o . . . 7147
1 Ts 2.2 para anunciaros. . .en medio de gran o . . . *73*

OPRESIÓN
Éx 3.9 la o con que los egipcios los oprimen . . . 3906
Dt 26.7 oyó. . .vio. . .nuestro trabajo y nuestra o . . . 3906
Sal 12.5 la o de los pobres, por el gemido de . . . 7701
42.9; 43.2 ¿por qué andaré enlutado por la o . . . 3906
44.24 y te olvidas de nuestra. . .la o nuestra? . . . 3906
55.3 la voz del enemigo, por la o del impío . . . 6125
Ec 5.8 si o de pobres. . .vieres en la provincia . . . 6233
7.7 ciertamente la o hace entontecer al sabio . . . 6233
Is 54.14 lejos de o, porque no temerás, y de . . . 6233
58.6 soltar las cargas de o, y dejar ir libres . . . 7533
Jer 22.17 sino. . .y para o y para hacer agravio . . . 6233
Ez 22.29 el pueblo de la tierra usaba de o y . . . 6233
Os 12.7 en su mano peso falso, amador de o . . . 6233
Am 3.9 ved las muchas o en medio de ella, y las . . . 6217

OPRESOR, A
Job 6.23 ¿os he dicho. . .libradme de la mano del o . . . 4422
Sal 49.5 cuando la iniquidad de. . .o me rodeare? . . . 6120
72.4 salvará a los hijos del. . .y aplastará al o . . . 6231
119.121 he hecho; no me abandones a mis o . . . 6231
Ec 4.1 la fuerza estaba en la mano de sus o . . . 6231
Is 3.12 los o de mi pueblo son muchachos, y . . . 5065
9.4 tú quebraste. . .el cetro de su o, como en . . . 5065
14.4 ¡cómo paró el o, cómo acabó la ciudad . . . 5065
19.20 clamarán a Jehová a causa de sus o, y . . . 3905
60.17 pondré paz por. . .y justicia por tus o . . . 6486
Jer 21.12; 22.3 librad al oprimido de. . .del o . . . 6231,6216
25.38 asolada fue la tierra por la ira del o . . . 3238
30.20 confirmada; y castigaré a todos sus o . . . 3905
Sof 3.1 ¡ay ciudad rebelde y contaminada y o . . . 3238
3.19 yo apremiaré a todos tus o; y salvaré . . . 6031
Zac 9.8 no pasará más sobre ellos el o; porque . . . 5065

OPRIMIR
Gn 15.13 morará en. . .y será *oprimida* 400 años . . . 6031
Éx 1.12 cuanto más los *oprimían*, tanto más se . . . 6031
3.9 la opresión con que los egipcios. . .*oprimen* . . . 3906
Lv 19.13 no *oprimirás*. . .prójimo, ni le robarás . . . 6231
19.33 extranjero que morare. . .no le *oprimiréis* . . . 3238
Dt 23.16 morará contigo, en. . .no le *oprimirás* . . . 3238
24.14 no *oprimirás* al jornalero. . .menesteroso . . . 6231
28.29,33 serás sino *oprimido*. . .todos los días . . . 6231
28.55,57 el apuro. . .que tu enemigo te *oprimirá* . . . 6693
Jue 2.18 gemidos a causa de. . .que los *oprimían* . . . 1766
4.3 y había *oprimido* con crueldad a. . .Israel . . . 3905
10.8 los cuales *oprimieron*. . .hijos de Israel . . . 7533
10.11 ¿no habéis sido *oprimidos* de Egipto, de
1 Cr 16.21 no permitió que nadie los *oprimiese* . . . 6231
2 Cr 16.10 *oprimió* Asa. . .a algunos del pueblo . . . 7533
Job 10.3 ¿te parece bien que *oprimas*. . .deseches . . . 6231
Sal 10.18 para juzgar al huérfano y al *oprimido* . . . 1790
17.9 de la vista de los malos que me *oprimen* . . . 7703
56.1 porque. . .*oprime* combatiéndome cada día . . . 3905
69.32 lo verán los *oprimidos*, y se gozarán . . . 6041
88.16 sobre mí han. . .y me *oprimen* tus terrores . . . 6789
106.42 sus enemigos los *oprimieron*, y fueron . . . 3905
119.122 no permitas. . .los soberbios me *opriman* . . . 6231
145.14 caen, y levanta a todos los *oprimidos* . . . 3721
Pr 14.31 el que *oprime* al pobre afrenta a su . . . 6231
22.16 el que *oprime* al pobre para aumentar . . . 6231
Ec 4.1 he aquí las lágrimas de los *oprimidos* . . . 6231
Is 14.2 señorearán sobre los que. . .*oprimieron* . . . 5065
23.12 no te alegrarás más, oh *oprimida* virgen . . . 6231
58.3 y *oprimís* a todos vuestros trabajadores
Jer 7.6 no *oprimiereis* al extranjero. . .la viuda . . . 6231
21.12; 22.3 libertad al *oprimido*. . .del opresor . . . 6231
50.33 *oprimidos* fueron los hijos de Israel . . . 6231
Ez 18.7 ni *oprimiere* a ninguno; que al deudor . . . 3238
18.12 al pobre y menesteroso *oprimiere*. . .robos . . . 3238
18.16 *oprimiere* a nadie. . .ni cometiere robos . . . 3238
22.29 y al extranjero *oprimía* sin derecho . . . 6231
45.8 nunca más mis príncipes *oprimirán* a mi . . . 3238
Dn 4.27 misericordias para con los *oprimidos* . . . 6033
Am 4.1 vacas de Basán. . .que *oprimís* a los pobres . . . 6231
6.14 a una nación que os *oprimirá* desde la . . . 3905
Mi 2.2 toman; *oprimen* al hombre y a su casa . . . 6231
Zac 7.10 no *oprimáis* a la viuda, al huérfano . . . 6231
Mr 3.9 causa del gentío. . .que no le *oprimiesen* . . . *2346*
Lc 4.18 **a poner en libertad a los oprimidos** . . . *2352*
8.42 y mientras iba, la multitud le *oprimía* . . . *4846*
8.45 Maestro, la multitud te. . .*oprime*, y dices . . . *598*
Hch 7.24 al ver. . .hiriendo al. . .vengó al *oprimido* . . . *2669*
10.38 y sanando a. . .*oprimidos* por el diablo . . . *2616*
Stg 2.6 ¿no os *oprimen* los ricos, y no son . . . *2616*

OPROBIO
Jos 5.9 he quitado de vosotros el o de Egipto . . . 2781
1 S 17.26 venciere. . .y quitare el o de Israel? . . . 2781
Neh 2.17 edifiquemos el. . .y no estemos más en o . . . 2781
5.9 ser o de las naciones enemigas nuestras? . . . 2781
Job 19.5 engrandecéis. . .contra mí alegáis mi o . . . 2781
Sal 22.6 o de los hombres, y despreciado del . . . 2781
31.11 de todos mis enemigos soy objeto de o . . . 2781
69.19 sabes mi afrenta, mi confusión y mi o . . . 2781
89.41 lo saquean todos. . .es o a sus vecinos . . . 2781
89.50 acuérdate del o. . .o de muchos pueblos . . . 2781
109.25 yo he sido para ellos objeto de o; me . . . 2781
119.22 aparta de mí el o y el menosprecio . . . 2781
119.39 quita de mí el o que he temido, porque . . . 2781
Pr 18.13 al que responde. . .le es fatuidad y o . . . 3639
19.26 el que roba a, es hijo que. . .acarrea o . . . 2659
Is 4.1 permítenos. . .tu nombre, quita nuestro o . . . 2781
30.5 les será para vergüenza y aun para o . . . 2781
43.28 por anatema a Jacob y por o a Israel . . . 1421
Jer 44.8 seáis por maldición y por o a todas . . . 2781
44.12 y serán objeto de execración. . .y de o . . . 2781
49.13 asolamiento, o, soledad y maldición . . . 2781
Lm 3.45 o y abominación en medio de. . .pueblos . . . 5501
3.61 has oído el o de ellos. . .sus maquinaciones . . . 2781
5.1 acuérdate, oh Jehová, de. . .y ve nuestro o . . . 2781
Ez 5.14 te convertiré en soledad y en o entre . . . 2781
5.15 o y escarnio y escarmiento y espanto a . . . 2781
21.28 acerca de los hijos de Amón, y de su o . . . 2781
22.4 por tanto, te he dado en o a las naciones . . . 2781
36.3 se os ha hecho. . .ser el o de los pueblos . . . 1681
36.6 por cuanto habéis llevado el o de las . . . 3639
36.30 para que nunca más recibáis o de hambre . . . 2781
Dn 9.16 Jerusalén y tu pueblo. . .el o de todos . . . 2781
11.18 un príncipe. . .hará volver sobre él su o . . . 2781
Os 12.14 sobre él. . .y su Señor le pagará su o . . . 2781
Jl 2.17 y no entregues al o tu heredad, para . . . 2781
2.19 y nunca más os pondré en o entre las . . . 2781
Mi 6.16 llevaréis, por tanto. . .o de mi pueblo . . . 2781
Sof 3.18 para quienes el o de ella era una carga . . . 2781
1 Ti 4.10 esto mismo trabajamos y sufrimos o . . . *3679*
He 12.2 menospreciando el o, y se sentó a la . . . *152*

OPUESTO, A *(adj.)*
1 S 26.13 entonces pasó David al lado o, y . . . 5676
Neh 12.38 iba del lado o, y yo en pos de él . . . 8145
Lc 8.26 que está en la ribera o a Galilea . . . *495*

OPULENTO, A
2 R 15.20 impuso Manahem. . .sobre todos los. . .o . . . 2428
Ez 27.25 llegaste a ser o, te multiplicaste . . . 4390

ORA *(conj.) Aféresis de Ahora*
2 S 11.25 o a uno, o a otro; refuerza
Job 34.33 o rehúses, o aceptes, y no . . . 3588

ORACIÓN
1 R 8.28 tú atenderás a la o de tu siervo, y . . . 8605
8.28 el clamor y la o que tu siervo hace hoy . . . 8605
8.29 y que oigas la o que tu siervo haga en . . . 8605
8.30 oye, pues, la o de tu siervo, y de tu . . . 8467
8.38 toda o y. . .que hiciere cualquier hombre . . . 8605
8.45 tú oirás en los cielos su o y. . .súplica . . . 8605
8.49 oirás en los cielos. . .su o y su súplica . . . 8605
8.52 estén, pues, atentos tus ojos a la o de . . . 8467
8.54 cuando acabó Salomón. . .esta o y súplica . . . 8605
9.3 yo he oído tu o y tu ruego que has hecho . . . 8605
2 R 19.4 por tanto, eleva o por el remanente . . . 8605
20.5 he oído tu o, y he visto tus lágrimas . . . 8605
2 Cr 6.19 mirarás a la o de tu. . .para oír. . .la o . . . 8605
6.20 que oigas la o con que tu siervo ora en . . . 8605
6.21 oigas el ruego. . .de tu pueblo. . .hicieren o . . . 8469
6.29 toda o y. . .que hiciere cualquier hombre . . . 8605
6.35,39 tú oirás desde los cielos su o y su . . . 8605
6.40 estén. . .atentos tus oídos a la o en este . . . 8605
7.12 he oído tu o, y he elegido para mí este . . . 8605
7.15 y atentos mis oídos a la o en este lugar . . . 8605
30.27 fue oída, y su o llegó a la habitación . . . 8605
33.13 Dios oyó su o y lo restauró. . .a su reino . . . 8467
33.18 los demás hechos de Manasés, y su o a . . . 8605
33.19 o también, y cómo fue oído, todos sus . . . 8605
Neh 1.6,11 atento tu oído. . .la o de tu siervo . . . 8605
1.11 y a la o de tus siervos, quienes desean . . . 8605
11.17 el que empezaba las. . .al tiempo de la o . . . 8605
Job 15.4 tú. . .menoscabas la o delante de Dios . . . 7878
16.17 a pesar de. . .y de haber sido mi o pura . . . 8605
24.12 claman las. . .pero Dios no atiende su
42.9 fueron, pues. . .Jehová aceptó la o de Job
Sal 4.1 ten misericordia de mí, y oye mi o . . . 8605

O

6.9 oído mi ruego; ha recibido Jehová mi *o* 8467
17,86 títs...*o* de David 8605
17.1 escucha mi *o* hecha de labios sin engaño 8605
35.13 con ayuno...y mi *o* se volvía a mi seno 8605
39.12 mi *o*, oh Jehová, y escucha mi clamor 8605
42.8 su cántico...y mi *o* al Dios de mi vida 8605
54.2 oh Dios, oye mi *o*; escucha las razones 8605
55.1 escucha, oh Dios, mi *o*, y no te escondas 8605
55.2 está atento, y respóndeme; clamo en mi *o* 7878
61.1 oye, oh Dios, mi clamor; a mi *o* atiende 8605
65.2 tú oyes la *o*; a ti vendrá toda carne 8605
66.20 Dios, que no echó de sí mi *o*, ni de mí 8605
72.20 aquí terminan las *o* de David, hijo de 8605
80.4 tu indignación contra la *o* de tu pueblo? 8605
84.8 Jehová Dios de los ejércitos, oye mi *o* 8605
86.6 escucha...mi *o*, y está atento a la voz 8605
88.2 llegue mi *o* a tu presencia; inclina tu 8605
88.13 de mañana mi *o* se presentará delante de 8605
90 *tít*...*o* de Moisés, varón de Dios 8605
102 *tít*...*o* del que sufre, cuando...angustiado 8605
102.1 escucha mi *o*, y llegue a ti mi clamor 8605
102.17 considerado la *o* de los desvalidos, y 8605
109.7 salga culpable; y su *o* sea para pecado 8605
119.170 llegue mi *o* delante de ti; líbrame 8467
141.2 suba mi *o* delante de ti como el incienso 8605
141.5 mi *o*...contra las maldades de aquéllos 8605
142 *tít*...*o* que hizo cuando estaba en la cueva 8605
143.1 Jehová, oye mi *o*, escucha mis ruegos 8605
Pr 15.8 mas la *o* de los rectos es su gozo 8605
15.29 lejos...pero él oye la *o* de los justos 8605
28.9 aparta su oído...*o* también es abominable 8605
Is 1.15 cuando multipliquéis la *o*, yo no oiré 8605
26.16 derramaron *o* cuando los castigaste 3908
37.4 eleva, pues, *o* tú por el remanente que 8605
38.2 volvió Ezequías su rostro a...e hizo *o* 6419
38.5 he oído tu *o*, y visto tus lágrimas; he 8605
56.7 monte, y los recrearé en mi casa de *o* 8605
56.7 casa será llamada casa de *o* para todos 8605
Jer 7.16 ni levantes por ellos...ni *o* 8605
11.14 ni levantes por ellos clamor ni *o* 8605
36.7 llegue la *o* de ellos a la presencia de 8467
Lm 3.8 cuando clamé...cerró los oídos a mi *o* 8605
3.44 nube.para que no pasase la *o* nuestra 8605
Dn 9.3 y volví mi rostro a...buscándole en *o* 8605
9.17 oye la *o* de tu siervo, y sus ruegos 8605
9.21 estaba hablando en *o*, cuando el varón 8605
Jon 2.7 mi *o* llegó hasta ti en tu santo templo 8605
Hab 3.1 *o* del profeta Habacuc, sobre Sigionot 8605
Zac 12.10 espíritu de gracia y de *o*...llorarán 8605
Mt 17.21 **pero este género no sale sino con *o*** 4335
21.13 **mi casa, casa de *o* será llamada; mas** 4335
21.22 **y todo lo que pidiereis en *o*, creyendo** 4335
23.14 **como pretexto hacéis largas *o*; por eso** 4336
Mr 9.29 **este...con nada puede salir, sino con *o*** 4335
11.17 **casa será llamada casa de *o* para todas** 4335
12.40 **viudas, y por pretexto hacen largas *o*** 4336
Lc 1.13 tu *o* ha sido oída, y tu mujer Elisabet 1162
2.37 sirviendo de noche y de día...ayunos y *o* 1162
5.33 de Juan ayunan muchas veces y hacen *o* 1162
19.46 **mi casa es casa de *o*; mas vosotros la** 4335
20.47 **viudas, y por pretexto hacen largas *o*** 4336
22.45 cuando se levantó de la *o*, y vino a sus 4335
Hch 1.14 perseveraban unánimes en *o* y ruego 4335
2.42 perseveraban en la doctrina...y en las *o* 4335
3.1 al templo a la hora novena, la de la *o* 4335
6.4 persistiremos en la *o* y en el ministerio 4335
10.4 tus *o*...han subido para memoria delante 4335
10.31 y dijo: Cornelio, tu *o* ha sido oída, y 4335
12.5 la iglesia hacía sin cesar *o* a Dios por 4335
16.13 junto al río, donde solía hacerse la *o* 4335
16.16 que mientras íbamos a la *o*, nos salió 4335
Ro 1.9 mención de vosotros siempre en mis *o* 4335
10.1 *o* a Dios por Israel, es para salvación 1162
12.12 en la tribulación; constantes en la *o* 4335
1 Co 7.5 para ocuparos sosegadamente en la *o* 4335
14.13 lengua...pida en *o* poder interpretarla 4336
2 Co 1.11 vosotros a favor nuestro con la *o* 4336
9.14 asimismo en la *o* de ellos por vosotros 1162
Ef 1.16 haciendo memoria de vosotros en mis *o* 4335
6.18 orando en todo...con toda *o* y súplica en 4335
Fil 1.4 en todas mis *o* rogando con gozo por 1162
1.9 esto pido en *o*, que vuestro amor abunde 4336
1.19 sé que por vuestra *o*...en mi liberación 1162
4.6 sino sean conocidas...en toda *o* y ruego 4335
Col 4.2 perseverad en la *o*, velando en ella 4335
4.12 rogando...por vosotros en sus *o*, para que 4335
1 Ts 1.2 haciendo memoria de vosotros en...*o* 4335
1 Ti 2.1 se hagan rogativas, *o*, peticiones y 4335
4.5 por la palabra...por la *o* es santificado 1783
5.5 es diligente en súplicas y *o* noche y día 4335
2 Ti 1.3 me acuerdo de ti en mis *o* noche y día 1162
Flm 4 haciendo siempre memoria de ti en mis *o* 4335
22 espero que por vuestras *o*...seré concedido 4335
Stg 5.13 está alguno...vosotros afligido? Haga *o* 1162
5.15 y la *o* de fe salvará al enfermo, y el 2171
5.16 orad...La *o* eficaz del justo puede mucho 1162
1 P 3.7 para que vuestras *o* no tengan estorbo 4335
3.12 los ojos...y sus oídos atentos a sus *o* 1162
4.7 acerca; sed, pues, sobrios, y velad en *o* 4335
Ap 5.8 llenas de incienso, que son las *o* de los 4335
8.3 mucho incienso para añadirlo a las *o* de 4335
8.4 subió a la...el humo del incienso con las *o* 4335

ORÁCULO

Pr 16.10 *o* hay en los labios del rey; en juicio 7081
Zac 10.2 los terafines han dado vanos *o*, y los 7080

ORADOR

Is 3.3 consejero, el artífice excelente y el...*o* 3908
Hch 24.1 los ancianos y un...*o* llamado Tértulo 4489

ORAR

Gn 20.7 es profeta, y *orará* por ti, y vivirás 6419
20.17 Abraham *oró* a...y Dios sanó a Abimelec 6419
25.21 *oró* Isaac a Jehová por su mujer, que
Éx 8.8 *orad* a Jehová para que quite las ranas 6279
8.9 cuándo debo *orar* por ti, por tus siervos 6279
8.28 tal que no vayáis más lejos; *orad* por mí 6279
8.30 salió de la presencia de Faraón, y *oró*
9.28 *orad*...para que cesen los truenos de Dios
10.17 os ruego...*oréis* a Jehová vuestro Dios 4994
10.18 salió Moisés de delante...*oró* a Jehová
32.11 Moisés *oró* en presencia de Jehová su 2470
Nm 11.2 el pueblo clamó...y Moisés *oró* a Jehová 6419
21.7 hemos pecado...Moisés *oró* por el pueblo 6419
Dt 3.23 y *oré* a Jehová en...tiempo, diciendo 2603
9.20 también *oré* por Aarón en aquel entonces 6419
9.26 *oré* a Jehová, diciendo: Oh Señor Jehová 6419
Jue 13.8 entonces *oró* Manoa a Jehová, y dijo
1 S 1.10 ella con amargura de alma *oró* a Jehová 6419
1.12 mientras ella *oraba*...delante de Jehová 6419
1.26 aquella mujer que estuvo aquí...*orando* 6419
1.27 por este niño *oraba*, y Jehová me dio lo 6419
2.1 Ana *oró* y dijo: Mi corazón se regocija en 6419
7.5 a todo Israel en Mizpa, y yo *oraré* por 6419
8.6 pero no agradó a Samuel...y Samuel *oró* a 6419
1 R 8.30 cuando *oren* en este lugar...lo oirás 6419
8.33 y *oraren* y te...suplicaren en esta casa 6419
8.42 oirán de...y viniere a *orar* a esta casa 6419
8.44 y *oraren* a Jehová con el rostro hacia 6419
8.47 y *oraren* a ti en la tierra de los que 2607
8.48 *oraren*...con el rostro hacia su tierra 6419
8.59 mis palabras con que he *orado* delante de 2603
13.6 que *ores* por mí, para que mi mano me sea 6419
13.6 varón...*oró* a Jehová, y la mano del rey 2470
2 R 4.33 cerró la puerta tras ambos, y *oró* a 6419
6.17 *oró* Eliseo, y dijo...que abras sus ojos 4994
6.18 *oró* Eliseo a Jehová, y dijo: Te ruego 4994
13.4 mas Joacaz *oró* en presencia de Jehová, y 2470
19.15 y *oró* Ezequías...diciendo: Jehová Dios 6419
20.2 él volvió su rostro a...y *oró* a Jehová 6419
1 Cr 17.25 hallado tu siervo motivo para *orar* 6419
2 Cr 6.19 con que tu siervo *ora* delante de ti 8605
6.20 la oración con que tu siervo *ora* en este 8605
6.26 haber pecado contra ti, si *oraren* a ti 6419
6.32 extranjero que...*orare* hacia esta casa 6419
6.34 y *oraren* a ti hacia esta ciudad que tú
6.37 si se convirtieren, y *oraren* a ti en la 2603
6.38 y *oraren* hacia la tierra que tú diste a 6419
7.1 Salomón acabó de *orar*, descendió fuego 6419
7.14 y *oraren*, y buscaren mi rostro...yo oiré 6419
30.18 mas Ezequías *oró* por ellos, diciendo 6419
32.20 Ezequías y el profeta Isaías...*oraron* 6419
32.24 *oró* a Jehová, quien le respondió, y le 6419
33.12 fue puesto en angustias, *oró* a Jehová 2470
33.13 habiendo *orado* a él, fue atendido; pues 6419
Esd 6.10 *oren* por la vida del rey y por sus 6739
10.1 mientras *oraba* Esdras...se juntó a él una 6739
Neh 1.4 y *oré* delante del Dios de los cielos 6739
2.4 dijo el rey...*oré* al Dios de los cielos 6739
4.9 *oramos* a nuestro Dios, y por causa de ellos 6739
Job 21.15 de qué nos aprovechará que *oremos* a 6293
22.27 entonces *orarás* a él, y él te oirá 6279
33.26 *orará* a Dios, y éste le amará, y verá 6279
42.8 id...y mi siervo Job *orará* por vosotros 6419
42.10 cuando él hubo *orado* por sus amigos, y 6419
Sal 5.2 atento a la voz de...porque a ti *oraré* 6419
32.6 *orará* a ti todo santo en el tiempo en 6419
55.17 tarde y mañana y a mediodía *oraré* y 7878
69.13 a ti *oraba*, oh Jehová, al tiempo de tu 8605
72.15 se *orará* por él continuamente; todo el 6419
109.4 me han sido adversarios; mas yo *oraba* 8605
Is 16.12 Moab...venga a su santuario a *orar*, no 6419
37.15 entonces Ezequías *oró* a Jehová, diciendo 6419
53.12 pecado...y *orado* por los transgresores 6293
Jer 7.16; 11.14 no *ores* por este pueblo, ni 6419
26.19 *oró* en presencia de Jehová, y Jehová 2470
27.18 *oren* ahora a Jehová de los ejércitos 6293
29.12 vendréis y *oraréis* a mí, y yo os oiré 6419
32.16 después que di la carta...*oré* a Jehová 6419
42.4 voy a *orar* a Jehová vuestro Dios, como 6419
42.20 diciendo: *Oro* por nosotros a Jehová 6419
Dn 6.10 y *oraba* y daba gracias delante de su 6739
6.11 hallaron a Daniel *orando* y rogando en 1156
9.4 y *oré* a Jehová mi Dios e hice confesión 6419
9.20 estaba...*orando*, y confesando mi pecado 6419
Jon 2.1 *oró* Jonás a Jehová su Dios desde el 6419
4.2 y *oró* a Jehová y dijo: Ahora, oh Jehová 6419
Mal 1.9 *orad* por el favor de Dios, para que 4994
Mt 5.44 **y *orad* por los que os ultrajan y os** 4336
6.5 **cuando *ores*, no seas como los hipócritas** 4336
6.5 **aman el *orar* en pie en las sinagogas y en** 4336
6.6 **mas tú, cuando *ores*, entra en tu aposento** 4336
6.6 **y cerrada la puerta, *ora* a tu Padre que** 4336
6.7 ***orando*, no uséis vanas repeticiones, como** 4336
6.9 ***oraréis* así: Padre nuestro que estás en** 4336
14.23 subió al monte a *orar* aparte, y cuando 4336
19.13 pusiere las manos sobre ellos, y *orase* 4336
24.20 ***orad*, pues, que vuestra huida no sea en** 4336
26.36 **sentaos aquí, entre tanto que voy...*oro*** 4336
26.39 se postró sobre su rostro, *orando* y 4336
26.41 ***orad*, para que no entréis en tentación** 4336
26.42 ***oró* por segunda vez, diciendo: Padre** 4336
26.44 se fue...y *oró* por tercera vez, diciendo 4336
26.53 **¿acaso piensas que no puedo ahora *orar*** 3870
Mr 1.35 fue a un lugar desierto, y allí *oraba* 4336
6.46 hubo despedido, se fue al monte a *orar* 4336
11.24 **que pidiereis *orando*, creed...y os vendrá** 4336
11.25 **y cuando estéis *orando*, perdonad, si** 4336
13.18 ***orad*, pues, que vuestra huida no sea en** 4336
13.33 ***orad*...no sabéis cuándo será el tiempo** 4336
14.32 **sentaos aquí, entre tanto que yo *oro*** 4336
14.35 se postró en tierra, y *oró* que si fuese 4336
14.38 ***orad*, para que no entréis en tentación** 4336
14.39 fue y *oró*, diciendo las mismas palabras 4336
Lc 1.10 fuera *orando* a la hora del incienso 4336
3.21 bautizado; y *orando*, el cielo se abrió 4336
5.16 se apartaba a lugares desiertos, y *oraba* 4336
6.12 al monte a *orar*, y pasó la noche *orando* 4336
6.28 **bendecid...*orad* por los que os calumnian** 4336
9.18 Jesús *oraba* aparte, estaban con él los 4336
9.28 ocho días después...subió al monte a *orar* 4336
9.29 entre tanto que *oraba*, la apariencia de 4336
11.1 estaba Jesús *orando* en...y cuando terminó 4336
11.1 enséñanos a *orar*, como...Juan enseñó a sus 4336
11.2 **cuando *oréis*, decid: Padre nuestro que** 4336
18.1 una parábola sobre la necesidad de *orar* 4336
18.10 **dos hombres subieron al templo a *orar*** 4336
18.11 **fariseo, puesto en pie, *oraba* consigo** 4336
21.36 ***orando* que seáis...dignos de escapar de** 1189
22.40 **dijo: *Orad* que no entréis en tentación** 4336
22.41 él se apartó...y puesto de rodillas *oró* 4336
22.44 en agonía, *oraba* más intensamente; y 4336
22.46 ***orad* para que no entréis en tentación** 4336
Hch 1.24 y *orando*, dijeron: Tú, Señor, que 4336
4.31 cuando hubieron *orado*, el lugar...tembló 1189
6.6 quienes, *orando*, les impusieron las manos 4336
8.15 *oraron*...que recibiesen el Espíritu Santo 4336
9.11 **a uno llamado Saulo, de Tarso...él *ora*** 4336
9.40 todos, Pedro se puso de rodillas y *oró* 4336
10.2 muchas limosnas...y *oraba* a Dios siempre 1189
10.9 subió a la azotea para *orar*, cerca de la 4336
10.30 mientras *oraba* en mi casa, vi que se 4336
11.5 estaba yo...*orando*, y vi en éxtasis una 4336
12.12 donde muchos estaban reunidos *orando* 4336
13.3 habiendo...*orado*, les impusieron las manos 4336
14.23 *orado* con ayunos, los encomendaron al 4336
16.25 *orando* Pablo y Silas, cantaban himnos 4336
20.36 puso de rodillas, y *oró* con todos ellos 4336
21.5 puestos de rodillas en la playa, *oramos* 4336
22.17 que *orando* en el templo me sobrevino un 4336
28.8 y después de haber *orado*, le impuso las 4336
Ro 15.30 que me ayudéis *orando* por mí a Dios 4335
1 Co 11.4 todo varón que *ora*...cabeza cubierta 4336
11.5 toda mujer que *ora* o profetiza con la 4336
11.13 la mujer *ore*...sin cubrirse la cabeza? 4336
14.14 porque si yo *oro* en lengua desconocida 4336
14.15 *oraré* con el espíritu, pero a también 4336
2 Co 13.7 *oramos*...que ninguna cosa mala hagáis 2172
13.9 y aun *oramos* por vuestra perfección 2172
Ef 6.18 *orando* en todo tiempo con toda oración 4336
Col 1.3 *orando* por vosotros, damos gracias a 4336
1.9 no cesamos de *orar* por vosotros, y de 4336
4.3 *orando* también...por nosotros, para que 4336
1 Ts 3.10 *orando*...que veamos vuestro rostro 1189
5.17 *orad* sin cesar 4336
5.25 hermanos, *orad* por nosotros 4336
2 Ts 1.11 *oramos* siempre por vosotros, para 4336
3.1 por lo demás, hermanos, *orad* por nosotros 4336
1 Ti 2.8 que los hombres *oren* en todo lugar 4336
He 13.18 *orad* por nosotros; pues confiamos en 4336
Stg 5.14 llame a los ancianos...y *oren* por él 4336
5.16 y *orad* unos por otros, para que seáis 4336
5.17 Elías...*oró*...para que no lloviese, y no 4336
5.18 otra vez *oró*, y el cielo dio lluvia, y 4336
Jud 20 vosotros...*orando* en el Espíritu Santo 4336

ÓRBITA

Jue 5.20 desde sus *ó* pelearon contra Sísara 4546

ORDEN

Gn 12.20 Faraón dio *o*...acerca de Abram; y le 6680
25.13 son...nombrados en el *o* de su nacimiento 8435
45.21 les dio José...conforme a la *o* de Faraón 6310
Éx 27.21 las pondrá en *o* Aarón y sus hijos para 6186
28.10 conforme al *o* de nacimiento de ellos
38.21 las que le hicieron por *o* de Moisés por 6310
39.37 lamparillas que debían mantenerse en *o* 4634
40.4 meterás la mesa y la pondrás en *o* 6187
40.23 puso por *o* los panes delante de Jehová 6186
Lv 24.4 en *o* las lámparas delante de Jehová 6186
24.8 lo pondrá...en *o* delante de Jehová, en 6186
Nm 2.17 en el *o* en que acampan; así marchará
4.27 según la *o* de Aarón y de sus hijos será 6310
10.12 y partieron los...según el *o* de marcha
10.28 el *o* de marcha de los hijos de Israel 4550
23.20 he aquí, he recibido *o* de bendecir; él
Dt 31.23 dio *o* a Josué, y dijo: Esfuérzate y 6680
31.25 dio *o* Moisés a los levitas que llevaban 6680
Jue 20.33 Israel...se pusieron en *o* de batalla 6186
1 S 17.2 pusieron en *o* de batalla contra los 6186
17.8 qué os habéis puesto en *o* de batalla? 6186
17.20 ejército salía en *o* de batalla, y daba 6680
17.21 pusieron en *o* de batalla Israel y los 6186
21.8 por cuanto la *o* del rey era apremiante 1697
22.14 sirve a tusó y es ilustre en tu casa 4928
2 S 10.8 de Amón, se pusieron en *o* de batalla 6186
10.9 puso en *o* de batalla contra los sitios 6186
10.17 los sitios se pusieron en *o* de batalla 6186
13.28 y Absalón había dado *o* a sus criados 6680
14.8 tu casa, y yo daré *o* con respecto a ti 6680
17.23 después de poner su casa en *o*...ahorcó 6680

18.5 cuando dio el rey o acerca de Absalón 6680
1 R 17.9 dado o allí a una mujer... te sustente 6680
2 R 22.12 el rey dio o al sacerdote Hilcías 6680
23.4 mandó el... a los sacerdotes de segundo o 6680
1 Cr 9.22 eran 212. por el o de sus linajes
9.32 panes... los cuales ponían por o cada día
15.18 con ellos a sus hermanos del segundo o
21.4 la o del rey pudo más que Joab... Salió 1697
21.6 la o del rey era abominable a Joab 1697
23.28,32 bajo las o de los hijos de Aarón
25.2 Asaf, el cual profetizaba bajo las o del 3027
28.21 todo el pueblo para ejecutar todas tus o 1697
2 Cr 8.14 los porteros por su o a cada puerta 4941
23.10 y puso en o a todo el pueblo, teniendo 5975
Esd 3.4 holocaustos... por o conforme al rito
4.19 por mí fue dada o y buscaron y hallaron . 7761,2942
4.21 dad o que cesen aquellos hombres, y no 2942
4.21 no... hasta que por mí sea dada nueva o 2941
5.3,9 ¿quién os ha dado o para edificar esta ... 7761,2942
5.13 Ciro dio o para que... fuese reedificada 2942
5.17 había sido dada la o para reedificar esta 2942
6.1 rey Darío dio la o de buscar en la casa 2942
6.3 Ciro dio o acerca de la casa de Dios, la 2942
6.8 es dada o de lo que habéis de hacer con 2942
6.11 por mí es dada o, que cualquiera que 2942
6.14 y terminaron, por o del Dios de Israel 2942
7.13 por mí es dada o que todo aquel en mí 2942
7.21 dada o a todos los tesoreros que están 2942
Neh 13.14 acuérdate de mí, oh Dios, en o a esto
Est 1.12 Vasti no quiso comparecer a la o del 1697
1.15 no había cumplido la o del rey Asuero 3982
3.13 la o de destruir, matar y exterminar a
4.5 o de saber qué sucedía, y por qué estaba 6680
8.5 se dé o escrita para revocar las cartas
8.14 los correos... salieron... por la o del rey 1697
9.14 se dio la o en Susa, y colgaron a los 559
Job 10.22 sombra de muerte y sin o, y cuya luz 5468
34.13 ¿y quién puso en o todo el mundo? 7760
Sal 110.4 siempre, según el o de Melquisedec 1700
Cnt 6.4,10 imponente como ejércitos en o
Is 44.7 ¿y quién... pondrá en o delante de mí 7760
Jer 10.12 que puso en o el mundo con su saber 3559
32.13 di o a Baruc delante de ellos, diciendo 6680
37.21 dio o el rey Sedequías, y custodiaron 6680
50.14 poneos en o contra Babilonia alrededor 6186
Ez 21.22 la o de ataque, para dar comienzo a 7760
Dn 3.22 y como la o del rey era apremiante, y 4406
4.26 en cuanto a la o de dejar en la tierra 560
6.24 dio o el rey, y fueron traídos aquellos 560
9.23 principio de tus ruegos fue dada la o 1697
9.23 entiende, pues, la o, y entiende... visión 1697
9.25 desde la salida de la o para restaurar 1697
Jl 2.11 Jehová dará... o delante de su ejército 6213
2.11 fuerte es el que ejecuta su o; porque 1697
Mt 8.9 y tengo bajo mis ó soldados; y digo a
Lc 1.1 han tratado de poner en o la historia *1299*
1.3 me ha parecido... escribírtelas por o, oh *2517*
1.8 ejerciendo... el sacerdocio según el o de *5010*
7.8 tengo soldados bajo mis ó; y digo a éste
Jn 11.57 dado o de que si alguno supiese dónde *1785*
Hch 11.4 comenzó Pedro a contarles por o lo *2517*
15.24 han salido de... a los cuales no dimos o
17.15 recibido o para Silas y Timoteo, de que *1785*
17.26 les ha prefijado el o de los tiempos *2540*
18.23 recorriendo por o la región de Galacia *2517*
1 Co 11.34 demás cosas las pondré en o cuando *1299*
14.40 pero hágase todo decentemente y con o *5010*
15.23 cada uno en su debido o: Cristo, las *5001*
Col 2.5 gozándome y mirando vuestro buen o y *5010*
He 5.6,10; 6.20; 7.11,17,21 sacerdote según el o de *Melquisedec* *5010*
7.11 no fuese llamado según el o de Aarón *5010*

ORDENACIÓN
Sal 119.91 por tu o subsisten todas las cosas 4941
Jer 5.22 por o eterna la cual no quebrantará? 2706

ORDENADAMENTE
Hch 21.24 tú también andas o, guardando la ley *4748*

ORDENADO *Véase Ordenar*

ORDENAMIENTO
Ez 44.15 guardaron el o del santuario cuando 4931

ORDENANZA
Éx 12.43 es la o de la pascua; ningún extraño 2703
15.25 allí les dio estatutos y o, y allí los 4941
18.16 yo... declaro las o de Dios y sus leyes 2706
18.20 y enseña a ellos las o y las leyes, y 2706
Lv 8.35 y guardaréis la o delante de Jehová 4931
18.4 mis o pondréis por obra, y mis estatutos 2708
18.5 guardaréis mis... o, los cuales haciendo 2708
18.26 guardad, pues... mis estatutos y mis o 2708
18.30 guardad... o, no haciendo las costumbres 4931
19.37; 20.22 todas mis o, y ponedlos por obra 2708
22.9 guarden, pues, mi o, para que no lleven 4935
25.18 y guardad mis o, y ponedlos por obra 2708
26,43 por cuanto menospreciaron mis o, y su 2708
26.46 estos son los estatutos, o y leyes que 2708
Nm 9.19 los hijos de Israel guardaban la o de 4931
9.23 partían, guardando la o de Jehová como 4931
19.2 la o de la ley que Jehová ha prescrito 2708
30.16 las o que Jehová mandó a Moisés entre 2706
31.21 la o de la ley que Jehová ha mandado a 2708
35.29 estas cosas os serán por o de derecho 2708
Dt 11.1 guardarás sus o, sus estatutos, sus 2708
1 S 30.25 esto por ley y o, en Israel, hasta 4941
2 R 17.13 y guardad... mis o, conforme a todas 2708
17.34 ni guardan sus estatutos ni sus o, ni 2708
1 Cr 15.13 cuanto no le buscamos según su o 4941
2 Cr 4.20 que las encendiesen... conforme a la o
13.11 guardamos la o de Jehová nuestro Dios 4931
35.13 asaron la pascua al... conforme a la o 4941
Esd 3.10 que alabasen a... según la o de David 3027
Job 38.33 ¿supiste tú las o de los cielos? 2708
Sal 81.4 estatuto es de Israel, o del Dios de 2706
Ez 5.6 y ella cambió mis decretos y mis o en 4941
11.20 para que anden... en mis o, y guarden mis ... 2708
18.9 mis o caminare, y guardare mis decretos 2708
18.17 y anduviere en mis o; éste no morirá 2708
43.18 estas son las o del altar el día en que 2708
44.5 lo que yo hablo... sobre todas las o de 2708
44.8 extranjeros como guardas de las o en mi 4931
44.16 ellos entrarán en... y guardarán mis o 4931
45.14 la o para el aceite será que ofreceréis 2706
Dn 6.15 ningún edicto u o que el rey confirme 7010
6.26 de parte mía es puesta esta o: Que en 2942
9.5 y nos hemos apartado de tus... y de tus o 4941
Am 2.4 y no guardaron sus o, y les hicieron 2706
Zac 1.6 y mis o que mandé a mis siervos... ¿no 2706
3.7 y si guardares mi o... gobernarás mi casa 2706
Mal 4.4 al cual encargué en Horeb o y leyes 2706
Lc 1.6 todos los mandamientos y o del Señor *1345*
Hch 16.4 entregaban las o que habían acordado *2919*
Ro 2.26 si... el incircunciso guardare las o de *1345*
Ef 2.15 de los mandamientos expresados en o *1785*
He 9.1 aun el primer pacto tenía o de culto y *1345*
9.10 consiste sólo de... o acerca de la carne *1345*

ORDENAR
Gn 14.8 *ordenaron* contra ellos batalla en el 6186
Éx 19.21 *ordena* al pueblo que no traspase los 5749
Lv 27.34 los mandamientos que *ordenó* Jehová 4687
Nm 9.8 esperad, y oiré lo que *ordena* Jehová 6680
18.3 guardarán lo que tú *ordenes*, y el cargo 4931
23.4 siete altares he *ordenado*, y en cada uno 6186
28.6 que fue *ordenado* en el monte Sinaí para 6213
Dt 3.21 *ordené* también a Josué... diciendo: Tus 6680
4.2 mandamientos de... Dios que yo os *ordeno* 6680
8.1 por obra... mandamiento que yo os *ordeno* 6680
8.11 cumplir... estatutos que yo te *ordeno* hoy 6680
11.28 apartareis del camino que yo os *ordeno* 6680
15.5 estos mandamientos que yo te *ordeno* hoy 6680
27.1 *ordenó*... al pueblo, diciendo: Guardaréis 6680
27.10 y sus estatutos, que yo te *ordeno* hoy 6680
28.13; 30.8 mandamientos que yo te *ordeno* hoy 6680
30.11 este mandamiento que yo te *ordeno* hoy 6680
33.4 cuando Moisés nos *ordenó* una ley, como 6680
Jos 22.5 cumplir... ley que Moisés... os *ordenó* 4687
Jue 2.20 pueblo traspasa mi pacto que *ordené* 6680
20.20 de Israel *ordenaron* la batalla contra 6186
20.22 Israel volvieron a *ordenar* la batalla 6186
20.22 donde la habían *ordenado* el primer día 6186
20.30 el tercer día, *ordenaron* la batalla 6186
1 S 13.13 el mandamiento... te había *ordenado* 4687
2 S 4.12 David *ordenó*... y ellos los mataron, y 6680
17.14 Jehová había *ordenado* que... frustrara 6680
23.5 pacto... *ordenado* en todas las cosas, y 6186
1 R 1.27 este negocio *ordenado* por mi señor
2.1 David... *ordenó* a Salomón su hijo, diciendo 6680
12.32 *ordenó* también en Bet-el sacerdotes para 6213
13.9 me está *ordenado* por palabra de Jehová 6680
2 R 8.6 rey *ordenó* a un oficial, al cual dijo 5414
9.17 Joram dijo: *Ordena* a un jinete que vaya 559
20.1 le dijo: *Ordena* tu casa, porque morirás 6680
1 Cr 19.9 hijos de Amón... *ordenaron* la batalla
19.10 *ordenó* su ejército contra los sitios
19.11 *ordenó* en batalla contra los amonitas 6186
19.17 a David... y *ordenó* batalla contra ellos 6186
19.17 y cuando David hubo *ordenado* su tropa 6186
21.18 y el ángel de Jehová *ordenó* a Gad que 559
24.19 fue *ordenado* por Aarón su padre, de la 6680
2 Cr 8.14 conforme a lo *ordenado* por David su 4687
13.3 Abías *ordenó* batalla con... y Jeroboam o 631
14.10 salió Asa... y *ordenaron* la batalla en 6186
23.18 *ordenó* Joiada los oficios en la casa de 7760
35.4 como lo *ordenaron* David rey de Israel
Esd 6.13 según el rey Darío había *ordenado*
Neh 9.14 les *ordenaste* el día de reposo santo 6680
13.19 puertas... y *ordené* que no las abriesen 559
Est 9.21 *ordenándoles* que celebrasen el día 6965
9.25 él *ordenó*... que el perverso designio que 559
9.31 les había *ordenado* Mardoqueo el judío y 6965
Job 33.5 respóndeme... *ordena* tus palabras, ponte 6186
37.19 no podemos *ordenar* las ideas a causa de 6186
38.5 ¿quién *ordenó* sus medidas, si lo sabes?
Sal 37.23 por Jehová son *ordenados* los pasos 3559
50.23 al que *ordenare* su camino, le mostraré 7760
68.28 Dios ha *ordenado* tu fuerza; confirma 6680
111.9 siempre ha *ordenado* su pacto; santo y 6680
119.5 ojalá fuesen *ordenados* mis caminos para 2706
119.133 *ordena* mis pasos con tu palabra, y 3559
Pr 8.30 con él estaba yo *ordenándolo* todo, y 525
20.18 pensamientos con el consejo se *ordenan*
21.29 impío... mas el recto *ordena* sus caminos 3559
Is 38.1 dice... *Ordena* tu casa, porque morirás 6680
61.3 *ordenar* que a los afligidos de Sion se 7760
Jer 10.23 ni del hombre... el *ordenar* sus pasos 3559
35.6 nos *ordenó* diciendo: No beberéis... vino 6680
39.11 había *ordenado* a... acerca de Jeremías 6680
Dn 3.19 *ordenó* que el horno se calentase siete 560
Mt 8.4 **presenta la ofrenda que *ordenó* Moisés** *4367*
14.10 *ordenó* decapitar a Juan en la cárcel
18.25 ***ordenó* su señor venderle, y a su mujer** *2753*
20.21 *ordena* que en tu reino se sienten estos
27.10 y las dieron... como me *ordenó* el Señor *4929*
28.16 al monte donde Jesús les había *ordenado* *5021*
Lc 3.13 no exijáis más de lo que os... *ordenado* *1299*
17.10 **hecho todo lo que os ha sido *ordenado*** *1299*
Hch 4.15 *ordenaron* que saliesen del concilio *2753*
7.44 como había *ordenado* Dios cuando dijo a *1299*
10.41 testigos que Dios había *ordenado* de antemano *4401*
12.19 Herodes... *ordenó* llevarlos a la muerte *2753*
13.48 que estaban *ordenados* para vida eterna *5021*
16,22 ropas, *ordenaron* azotarles con varas *2753*
22.10 **se te dirá todo lo que está *ordenado*** *5021*
22.24 *ordenó* que fuese examinado con azotes *2753*
23.2 Ananías *ordenó*... le golpeasen en la boca *2004*
23.31 tomando a Pablo como se les *ordenó*, le *1299*
1 Co 7.17 esto *ordeno* en todas las iglesias *1299*
9.14 *ordenó* el Señor a los que anuncian el *1299*
12.24 pero Dios *ordenó* el cuerpo, dando más *4786*
16.1 haced... de la manera que *ordené* en las *1299*
Gá 3.19 fue *ordenada* por medio de ángeles en *1299*
2 Ts 3.6 pero os *ordenamos*... que os apartéis *3853*
3.10 *ordenábamos* esto: Si alguno no quiere *3853*
He 12.20 no podían soportar lo que se *ordenaba* *1291*

ORDINARIA
Ez 16.27 mi mano, y disminuí tu provisión o 2706

OREB
1. Príncipe madianita ejecutado por Gedeón
Jue 7.25 tomaron a... *O* y Zeeb; y mataron a *O* 6159
7.25 trajeron las cabezas de *O* y de Zeeb a 6159
8.3 Dios ha entregado en vuestras manos a *O* 6159
Sal 83.11 a sus capitanes como a *O* y a Zeeb 6159
2. Peña donde mataron a O
Jue 7.25 mataron a *O* en la peña de *O*, y a 6159
Is 10.26 matanza de Madián en la peña de *O* 6159

OREJA
Gn 35.4 y los zarcillos que estaban en sus o 241
Éx 21.6 le horadará la o con lesna, y será su 241
29.20 la o derecha de Aarón... o de sus hijos 241
32.2 zarcillos... en las o de vuestras mujeres 241
32.3 los zarcillos de oro que tenían en las o 241
Lv 8.23 puso sobre el lóbulo de sus o derechas 241
8.24 de la sangre sobre el lóbulo de sus o 241
14.14,17,25,28 el lóbulo de la o derecha del 241
Dt 15.17 tomarás una lesna, y horadarás su o 241
Sal 115.6 o tienen, mas no oyen... no huelen 241
135.17 o, y no oyen; tampoco hay aliento en 241
Pr 26.17 como el que toma al perro por las o 241
Ez 16.12 puse joyas... y zarcillos en tus o, y 241
23.25 te quitarán tu nariz y tus o, y lo que 241
Am 3.12 que el pastor libra... la punta de una o 241
Mt 26.51 hiriendo a un siervo... le quitó la o *5621*
Mr 7.33 aparte... metió los dedos en las o de *3775*
14.47 hirió al siervo del... cortándole la o *5621*
Lc 22.50 hirió a un... y le cortó la o derecha *3775*
22.51 **dijo: Basta... Y tocando su o, le sanó** *5621*
Jn 18.10 e hirió al... y le cortó la o derecha *5621*
18.26 a quien Pedro había cortado la o, le *5621*
1 Co 12.16 si dijere la o: Porque no soy ojo *3775*

ORÉN *Hijo de Jerameel*, 1 Cr 2.25 767

ORFA *Nuera de Noemí*
Rt 1.4 el nombre de una era *O*, y el nombre de 6204
1.14 y *O* besó a su suegra, mas Rut se quedó 6204

ORFANDAD
Is 47.8 más; no quedaré viuda, ni conoceré o
47.9 dos cosas... en un mismo día, o y viudez
49.20 los hijos de tu o dirán a tus oídos 7923

ORGÍA
Gá 5.21 o, y cosas semejantes a estas; acerca *2970*
1 P 4.3 andando en lascivias... o, disipación y *2970*

ORGULLO
Lv 26.19 quebrantaré la soberbia de vuestro o 1347
Job 38.11 y dije... ahí parará el o de tus olas? 1347
Pr 21.4 o de corazón, y... de impíos, son pecado 7342
Is 25.5 así humillarás el o de los extraños
Dn 5.20 su espíritu se endureció en su o, fue 2103

ORGULLOSO
Is 33.19 no verás a aquel pueblo o, pueblo de 3267
Jer 48.29 Moab, que es... o, altivo y altanero 1347

ORIENTAL
Gn 25.6 los envió... el oriente, a la tierra o 6924
29.1 siguió luego Jacob... la tierra de los o 6924
Éx 10.13 y Jehová trajo un viento o sobre el 6921
10.13 mañana el viento o trajo la langosta 6921
14.21 el mar se retirase por recio viento o 6921
38.13 lado o, al este, cortinas de 50 codos 6924
Lv 16.14 y la rociará con su dedo... al lado o 6924
Jos 4.19 y acamparon en Gilgal, al lado o de 4217
15.5 el límite o es el Mar Salado hasta la 6924
19.13 de allí hacia el lado o a Gat-hefer y 6924
Jue 11.18 y viniendo por el lado o de... Moab 4217,8121
21.19 al lado o del camino que sube de Bet-el .. 4217,8121
1 R 4.30 la sabiduría... que la de todos los o 6924
1 Cr 5.10 habitaron en... la región o de Galaad 4217
2 Cr 29.4 levitas, y los reunió en la plaza o 4217
31.14 Coré hijo de Imna, guarda... la puerta o 4217
Neh 3.29 Semaías hijo... guarda de la puerta *O* 4217
Job 1.3 aquel varón más grande que todos los o 6924
Jer 19.2 el valle... a la entrada de la puerta o 2777
Ez 10.19 pararon a la entrada de la puerta o 6931
11.1 me llevó por la puerta o de la casa de 6931
25.4 aquí yo te entrego por heredad a los o 6931
40.10 la puerta o tenía tres cámaras a cada ... 1870,6921
42.9 debajo de... estaba la entrada al lado o 6921
42.12 que había enfrente del muro al lado o 6921

O

42.16 midió el lado o con la caña de medir 6924
45.7 desde el extremo... hasta el extremo o, y....... 6921
45.7 el límite occidental hasta el límite o 6921
47.18 esto mediréis de límite hasta el mar o 6921
48.1 Dan... desde el lado o hasta el occidental 6921
48.21 de la porción hasta el límite o, y al 6921
48.32 al lado o cuatro mil quinientas cañas......... 6921
Jl 2.20 su faz será hacia el mar o, y su fin 6931
Zac 14.8 la mitad de ellas hacia el mar o, y............. 6931

ORIENTE
Gn 2.8 Dios plantó un huerto en Edén, al o 6924
2.14 es Hidekel... es el que va al o de Asiria 6926
3.24 puso al o del huerto de Edén querubines 6924
4.16 habitó en tierra de Nod, al o de Edén.......... 6926
10.30 fue... hasta la región montañosa del o........ 6924
11.2 salieron de o, hallaron una llanura en......... 6924
12.8 pasó de allí a un monte al o de Bet-el 6924
12.8 teniendo a... Hai al o... edificó allí altar........ 6924
13.11 Lot escogió... y se fue Lot hacia el o 6924
13.14 alza ahora tus ojos, y mira... al o y al 6924
23.17 que estaba en Macpela al o de Mamre, la 6440
23.19 la cueva de la heredad... al o de Mamre
25.6 los envió lejos... hacia el o, a la tierra.......... 6924
28.14 y te extenderás al occidente, al o, al 6924
49.30 de Macpela, al o de Mamre en... Canaán
50.13 en la cueva... de Macpela... al o de Mamre
Éx 27.13 el ancho del atrio por el lado del o 4217
Lv 1.16 el buche y las plumas... hacia el o, en.......... 6924
Nm 2.3 acamparán al o, al este: la bandera del........ 6924
3.38 acamparán delante del tabernáculo al o 6924
10.5 moverán... los que están acampados al o...... 6924
23.7 de Aram me trajo Balac... los montes del o 6924
32.19 tendremos ya nuestra heredad a... al o....... 4217
34.3 al extremo del Mar Salado hacia el o........... 6924
34.10 por límite al o... Hazar-enán hasta Sefam 6924
34.11 este límite desde Sefam a Ribla, al o 6924
34.11 a la costa del mar de Cineret, al o............ 6924
34.15 tomaron su heredad a este lado... al o........ 6924
35.5 mediréis... al lado del o dos mil codos 6924
Dt 3.17 al pie de las laderas del Pisga al o 4217
4.47 reyes de los amorreos que estaban... al o
4.49 y todo el Arabá... al o, hasta el mar del 4217
Jos 7.2 junto a Bet-avén hacia el o de Bet-el............ 6924
11.3 cananeo que estaba al o y al occidente 4217
11.8 siguieron hasta... el llano de Mizpa al o 4217
12.1 el arroyo de Arnón... todo el Arabá al o 4217
12.3 el Arabá hasta el mar de Cineret, al o 4217
12.3 el mar Salado, al o, por el camino de 4217
13.3 Sihor, que está al o de Egipto, hasta el
13.8 heredad... al otro lado del Jordán al o......... 4217
13.27 Cineret al otro lado del Jordán, al o 4217
13.32 al otro lado del Jordán de Jericó, al o 4217
16.1 hasta las aguas de Jericó hacia el o 4217
16.5 límite de su heredad al lado del o fue......... 4217
16.6 el límite... da vuelta hacia el o hasta 4217
17.10 con Aser al norte, y con Isacar al o 4217
18.7 han recibido su heredad... al o, la cual 4217
18.20 el Jordán era el límite al lado del o........... 6924
19.12 gira de Sarid hacia el o, hacia donde.......... 6924
19.27 vuelta hacia el o a Bet-dagón y llega.......... 6924
20.8 al o de Jericó, señalaron a Beser en el......... 4217
Jue 6.3 subían... los hijos del o contra ellos............ 6924
6.33 los del o se juntaron a una, y pasando 6924
7.12 los hijos del o estaban tendidos en el 6924
8.10 de todo el ejército de los hijos del o 6924
8.11 subiendo, pues, Gedeón... al o de Noba 6924
1 S 13.5 subieron y acamparon en Micmas, al o 6926
15.7 llegar a Shur, que está al o de Egipto
26.1 David escondido en... al o del desierto?
26.3 y acampó Saúl en el... al o del desierto
1 R 7.25 y tres miraban al o; sobre éstos se............ 4217
7.39 y colocó el mar al lado... o, hacia el sur........ 6924
17.3 apártate de aquí, y vuélvete al o, y............ 6924
2 R 13.17 y dijo: Abre la ventana que da al o............ 6924
1 Cr 4.39 y llegaron hasta... Gedor hasta el o........... 6924
5.9 habitó... desde el o hasta la entrada del 4217
6.78 al o del Jordán, dieron de la tribu de 4217
7.28 y hacia el o Naarán... Gezer y sus aldeas...... 4217
9.18 los porteros en la puerta del rey... al o 4217
9.24 estaban los porteros... al o... al norte y 4217
12.15 e hicieron huir a... al o y al poniente 4217
26.14 la suerte para la del o cayó a Selemías....... 4217
26.17 al o seis levitas, al norte cuatro de............ 4217
2 Cr 4.4 sobre doce bueyes, tres... y tres al o 4217
5.12 y los levitas cantores... al o del altar........... 4217
Neh 3.26 hasta enfrente de la puerta de... al o 4217
12.37 casa... hasta la puerta de las Aguas, al o 4217
Job 18.20 su día... y pavor caerá sobre los de o
23.8 he aquí yo iré al o, y no lo hallare; y
Sal 75.6 porque ni de o ni de occidente, ni del 4628
103.12 cuanto está lejos el o del occidente 4628
107.3 ha congregado... del o y del occidente........ 4628
Is 2.6 llenos de costumbres traídas del o, y 6924
9.12 o los sirios, y... filisteos del poniente 6924
11.14 saquearán también a los de o; Edom y 3220
41.2 despertó del o al justo, lo llamó para 4217
43.5 a traeré tu generación, y del occidente 4217
46.11 que llamo desde el o al ave, y de tierra 4217
Jer 31.40 la puerta de los caballos al o, será........... 4217
49.28 subid... y destruid a los hijos del o 6924
Ez 8.16 como 25 varones... rostros hacia el o............ 6924
8.16 adoraban al sol, postrándose hacia el o 6924
11.1 puerta oriental... la cual mira hacia el o......... 6931
11.23 se puso sobre el monte que está al o de........ 6924
25.10 los hijos del o contra los hijos de Amón....... 6924
39.11 el valle de los que pasan al o del mar......... 6926
40.6 vino a la puerta que mira hacia el o, y......... 6921
40.19 la anchura... de cien codos hacia el o 6921
40.22 a la medida de la puerta... hacia el o......... 6921
40.23 al o; y midió de puerta a puerta, cien......... 6921
40.32 me llevó al atrio interior hacia el o........... 6921
40.44 una estaba al lado de la puerta del o 6921
41.14 el ancho del... y del espacio abierto al o...... 6921
42.10 hacia el o, enfrente del espacio abierto....... 6921
42.15 por... la puerta que miraba hacia el o.......... 6921
43.1 luego a la puerta... que mira hacia el o........ 6921
43.2 he aquí la gloria del Dios... venía del o 6921
43.4 por la vía de la puerta que daba al o 6921
43.17 el descanso... y sus gradas estaban al o 6921
44.1 hacia la puerta... la cual mira hacia el o....... 6921
46.1 puerta del atrio interior que mira al o......... 6921
46.12 le abrirán la puerta que mira al o, y.......... 6921
47.1 aguas que salían de debajo... hacia el o 6921
47.1 la fachada de la casa estaba al o, y las 6921
47.2 me sacó... al camino de la que mira al o 6921
47.3 salió el varón hacia el o, llevando un 6921
47.8 estas aguas salen a la región del o, y 6930
47.18 del lado del o, en medio de Haurán y de...... 6921
48.2,3,4,5,6,7,8(2),23,24,25,26,27 desde el
lado del o hasta el lado del mar................. 6921
48.10 porción santa... diez mil de anchura al o 6921
48.16 y al lado del o cuatro mil quinientas.......... 6921
48.17 el ejido... al o de doscientas cincuenta........ 6921
48.18 lo que quedare de... diez mil cañas al o....... 6921
Dn 8.9 creció mucho al sur, y al o, y hacia la 4217
11.44 noticias del o y del... lo atemorizarán 4217
Am 8.12 norte hasta el o discurrirán buscando......... 4217
Jon 4.5 salió Jonás... y acampó hacia el o de la......... 6924
Zac 8.7 salvo a mi pueblo de la tierra del o............ 4217
14.4 el monte de los Olivos, que está... al o 6924
14.4 partirá por en medio, hacia el o y hacia 4217
Mt 2.1 vinieron del o a Jerusalén unos magos *395*
2.2 porque su estrella hemos visto en el o *395*
2.9 la estrella que habían visto en el o iba *395*
8.11 **que vendrán muchos del o y del occidente** *395*
24.27 **como el relámpago que sale del o y se** *395*
Lc 13.29 **vendrán del o y del occidente, del** *395*
Ap 16.12 preparado el camino a los reyes del o.......... *395*
21.13 o tres puertas; al norte tres puertas *395*

ORIGEN
Gn 2.4 estos son los o de los cielos y de la 8435
Ez 16.3 tu o, tu nacimiento, es de la tierra 4351
29.14 los llevaré a la... a la tierra de su o 4351
Lc 1.3 diligencia todas las cosas desde su o.............. *509*

ORIGINAL
Dt 17.18 o que está al cuidado de los levitas 5612

ORIGINAR
Lv 13.20 es llaga de lepra que se *originó* en 6524

ORILLA
Gn 22.17 la arena que está a la o del mar; y 8193
41.3 cerca de las vacas hermosas a la o del 6510
41.17 me parecía que estaba a la o del río.......... 8193
Éx 2.3 lo puso en un carrizal a la o del río 8193
14.30 vio a los egipcios muertos a la o del 8193
26.4 harás lazadas de azul en la o de la 8193
26.4 lo mismo harás en la o de la cortina de......... 8193
26.5 y 50 lazadas harás en la o de la cortina......... 7097
26.10 harás 50 lazadas en la o de la cortina 8193
26.10 y 50 lazadas en la o de la cortina de 8193
28.26 en su o que está al lado del efod hacia......... 7098
36.11 lazadas de azul en la o de la cortina........... 8193
36.11 lo mismo en la o de la cortina final de......... 8193
36.12 y otras 50 en la o de la cortina de la 7097
36.17 hizo... 50 lazadas en la o de la cortina......... 7097
36.17 otras 50 lazadas en la o de la cortina.......... 7097
39.19 su o, frente a la parte baja del efod 7098
39.24 e hicieron en las o del manto granadas 7757
39.25 entre las granadas en las o del manto......... 7757
39.26 una campanilla y... en las o del manto 7757
Dt 2.37 a todo lo que está a la o del arroyo
Jos 3.15 pies... fueron mojados a la o del agua 7097
3.15 el Jordán suele desbordarse por... sus o 7097
11.14 como la arena que está a la o del mar......... 8193
13.9,16 Aroer... está a la o del arroyo de Arnón 8193
1 S 13.5 como la arena que está a la o del mar 6924
24.4 se levantó David, y... cortó la o del manto
24.5 porque había cortado la o... manto de Saúl
24.11 mira la o de tu manto... yo corté la o de 3671
2 S 17.11 como la arena que está a la o del
1 R 4.29 como la arena que está a la o del mar 8193
2 R 2.13 volvió, y se paró a la o del Jordán 8193
Sal 104.12 sus o habitan las aves de los cielos
Is 24.15 en las o del mar sea nombrado Jehová.......... 339
Ez 27.3 Tiro, que está asentada a... o del mar 3996
Dn 10.4 estaba yo a la o del gran río Hidekel.......... 3027
Mt 8.28 cuando llegó a la otra o, a la tierra............ *4008*
13.48 **una vez llena, la sacan a la o... recogen**...... *123*
Mr 5.21 pasando otra vez Jesús en... a la otra o *4008*
6.53 vinieron a tierra de... y arribaron a la o *4358*
Lc 5.2 vio dos barcas... cerca de la o del lago
He 11.12 como la arena que está a la o del mar......... *5491*

ORÍN
Mt 6.19 **donde la polilla y el o corrompen, y**............ *1035*
6.20 **donde ni la polilla ni el o corrompen** *1035*

ORINA
2 R 18.27; Is 36.12 expuestos a... beber su o 7890,4325

ORIÓN *Constelación celestial*
Job 9.9 hizo la Osa, el *O* y las Pléyades, y los 3685
38.31 atar... o desatarás las ligaduras de *O*? 3685
Am 5.8 que hace las Pléyades y el *O*, y vuelve.......... 3685

ORLA
Éx 28.33 y en sus o harás granadas de azul 7757
28.34 y otra granada, en toda la o del manto....... 7757

ORNAMENTO
2 S 1.24 adornaba vuestras ropas con o de oro........ 5716
2 Cr 3.6 cubrió... de piedras preciosas para o 8597
20.21 que cantasen y... vestidos de o sagrados
Is 13.19 o de la grandeza de los caldeos, será.......... 8597
Ez 7.20 cuanto convirtieron la gloria de su o 6643

ORNÁN *Jebuseo que vendió su era al rey David (=Arauna)*
1 Cr 21.15 ángel... estaba junto a la era de *O* 771
21.18 altar a Jehová en la era de *O* jebuseo.......... 771
21.20 y volviéndose *O*, vio al ángel, por lo 771
21.20 se escondieron... Y *O* trillaba el trigo 771
21.21 y viniendo David a *O*, miró *O*, y vio a 771
21.22 dijo David a *O*: Dame este lugar de la 771
21.23 y *O* respondió a David: Tómala para ti 771
21.24 rey David dijo a *O*: No, sino... compraré 771
21.25 dio David a *O* por... de 600 siclos de oro 771
21.28 que Jehová le había oído en la era de *O* 771
2 Cr 3.1 en el lugar... en la era de *O* jebuseo............ 771

ORNATO
1 P 3.4 el o de un espíritu afable y apacible

ORO
Gn 2.11 toda la tierra de Havila, donde hay o 2091
2.12 y el o de aquella tierra es bueno; hay.......... 2091
13.2 Abram era riquísimo en... en plata y en o 2091
24.22 le dio el... un pendiente de o que pesaba 2091
24.35 Jehová... le ha dado ovejas y vacas... y o 2091
24.53 sacó el criado alhajas de plata... de o 2091
41.42 Faraón... puso un collar de o en su cuello 2091
44.8 hurtar de casa de tu señor plata ni o?......... 2091
Éx 3.22 pedirá cada mujer a su... alhajas de o 2091
11.2 una a su vecina, alhajas de plata y de o........ 2091
12.35 pidiendo de... alhajas de plata, y de o 2091
20.23 no... de plata, ni dioses de o os haréis 2091
25.3 la ofrenda que tomaréis... o, plata, cobre....... 2091
25.11 la cubrirás de o puro por dentro y por 2091
25.11 sobre ella una cornisa de o alrededor 2091
25.12 fundirás para ella cuatro anillos de o 2091
25.13 unas varas... las cuales cubrirás de o 2091
25.17 harás un propiciatorio de o fino, cuya........ 2091
25.18 harás... dos querubines de o; labrados a 2091
25.24 la cubrirás de o puro, y le harás una 2091
25.24 y le harás una cornisa de o alrededor 2091
25.25 y harás a la moldura una cornisa de o
25.26 harás cuatro anillos de o, los cuales.......... 2091
25.28 harás las varas de... y las cubrirás de o 2091
25.29 platos... cucharas... de o fino los harás....... 2091
25.31 además un candelero de o puro; labrado..... 2091
25.36 una pieza labrada a martillo, de o puro 2091
25.38 despabiladeras y sus platillos, de o 2091
25.39 de un talento de o fino lo harás, con......... 2091
26.6 harás también cincuenta corchetes de o....... 2091
26.29 cubrirás de o las tablas, y harás sus......... 2091
26.29 harás sus anillos de o... o las barras......... 2091
26.32 acacia cubiertas de o... capiteles de o 2091
26.37 cubrirás de o, con sus capiteles de o 2091
28.5 tomarán o, azul, púrpura, carmesí y lino 2091
28.6 harán el efod de o, azul, púrpura... lino 2091
28.8 y su cinto... de o, azul, púrpura, carmesí....... 2091
28.11 piedras... harás alrededor engastes de o 2091
28.13 harás, pues, los engastes de o 2091
28.14 cordones de o fino, los cuales harás en....... 2091
28.15 pectoral del juicio... o, azul, púrpura 2091
28.20 todas estarán montadas en engastes de o 2091
28.22 cordones de hechura de trenzas de o......... 2091
28.23 harás en el pectoral dos anillos de o 2091
28.24 fijarás los dos cordones de o en los.......... 2091
28.26,27 harás también dos anillos de o, los 2091
28.33 entre ellas campanillas de o alrededor........ 2091
28.34 campanilla de o... otra campanilla de o 2091
28.36 harás además una lámina de o fino, y......... 2091
30.3 lo cubrirás de o puro, su cubierta, sus 2091
30.3 y le harás en derredor una cornisa de o 2091
30.4 le harás... dos anillos de o debajo de su......... 2091
30.5 harás las varas de... y las cubrirás de o 2091
31.4 diseños, para trabajar en o, en plata 2091
32.2 apartad los zarcillos de o que están en 2091
32.3 apartó los zarcillos de o que tenían en 2091
32.24 les respondí: ¿Quién tiene o? Apartadlo 2091
32.31 un gran pecado... se hicieron dioses de o..... 2091
35.5 ofrenda para Jehová... o, plata, bronce......... 2091
35.22 joyas de o... presentaban ofrenda de o 2091
35.32 para trabajar en o, en plata y en bronce 2091
36.13 hizo también 50 corchetes de o, con los....... 2091
36.34 cubrió de o las tablas... de o los anillos 2091
36.34 barras; cubrió también de o las barras........ 2091
36.36 cubrió de o, y sus capiteles eran de o 2091
36.38 cubrió de o los capiteles y... molduras........ 2091
37.2 y la cubrió de o... hizo una cornisa de o 2091
37.3 cuatro anillos de o a... cuatro esquinas 2091
37.4 hizo también varas... y las cubrió de o 2091
37.6 hizo asimismo el propiciatorio de o; su 2091
37.7 dos querubines de o, labrados a martillo 2091
37.11 la cubrió de o... hizo una cornisa de o 2091
37.12 hizo en derredor de... una cornisa de o 2091
37.13 hizo... de fundición cuatro anillos de o 2091
37.15 las varas... la mesa, y las cubrió de o......... 2091
37.16 sus cubiertos y sus tazones... de o fino 2091
37.17 hizo asimismo el candelero de o puro 2091
37.22 era una pieza labrada a martillo, de o 2091
37.23 sus despabiladeras y sus platillos, de o 2091
37.24 de un talento de o puro lo hizo, con 2091

37.26 lo cubrió de o puro...una cornisa de o 2091
37.27 dos anillos de o debajo de la cornisa 2091
37.28 e hizo las varas de...y las cubrió de o 2091
38.24 todo el o...el cual fue o de la ofrenda......... 2091
39.2 también el efod de o, de azul, púrpura......... 2091
39.3 batieron láminas de o, y cortaron hilos........ 2091
39.5 el cinto...de o, azul, púrpura, carmesí y 2091
39.6 las piedras...montadas en engastes de o 2091
39.8 pectoral...de o, azul, púrpura, carmesí........ 2091
39.13 montadas y encajadas en engastes de o 2091
39.15 cordones de forma de trenza, de o puro...... 2091
39.16 hicieron...engastes y dos anillos de o 2091
39.16 dos anillos de o en los dos extremos del 2091
39.17 cordones de o en aquellos dos anillos 2091
39.18 dos cordones de o en los dos engastes........ 2091
39.19,20 hicieron...anillos de o que pusieron 2091
39.25 hicieron también campanillas de o puro 2091
39.30 la lámina de la diadema santa de o puro 2091
39.38 el altar de o, el aceite de la unción 2091
40.5 pondrás el altar de o para el incienso 2091
40.26 puso...el altar de o en el tabernáculo 2091
Lv 8.9 y sobre la mitra...puso la lámina de o 2091
Nm 4.11 el altar de o extenderán un paño azul........ 2091
7.14,20,26,32,38,44,50,56,62,68,74,80
una cuchara de o de diez siclos................. 2091
7.84 doce jarros de plata, 12 cucharas de o......... 2091
7.86 doce cucharas de o llenas de incienso 2091
7.86 todo el o de las cucharas, 120 siclos 2091
8.4 del candelero, de o labrado a martillo........... 2091
22.18; 24.13 diese su casa llena de plata y o......... 2091
31.22 ciertamente el o y la plata, el bronce 2091
31.50 hemos ofrecido a Jehová...alhajas de o 2091
31.51 y Moisés y...Eleazar recibieron el o de....... 2091
31.52 todo el o de la ofrenda que ofrecieron........ 2091
31.53 recibieron, pues...el o de los jefes de........ 2091
31.54 recibieron...el o de los jefes de 2091
Dt 7.25 no codiciarás...o de ellas para tomarlo 2091
8.13 y la plata y el o se te multipliquen, y........... 2091
17.17 ni o amontonará para sí en abundancia...... 2091
29.17 sus ídolos...plata y o...tienen consigo........ 2091
Jos 6.19 la plata y el o...consagrados a Jehová........ 2091
6.24 pusieron en el tesoro...de Jehová...el o 2091
7.21 un lingote de o...lo cual codicié y tomé 2091
7.24 tomaron a Acán...lingote de o, sus hijos 2091
22.8 volved a...con o, y bronce, y...vestidos 2091
Jue 8.24 traían zarcillos de o, porque eran 2091
8.26 de los zarcillos de o...1.700 siclos de o......... 2091
1 S 6.4 cinco tumores de o, y 5 ratones de o 2091
6.8 y las joyas de o que le habéis de pagar 2091
6.11 caja con los ratones de o y las figuras......... 2091
6.15 caja...en la cual estaban las joyas de o......... 2091
6.17 tumores de o que pagaron los filisteos......... 2091
6.18 ratones de o fueron conforme al número...... 2091
2 S 1.24 quien adornaba vuestras ropas con...o....... 2091
8.7 y tomó David los escudos de o que traían....... 2091
8.10 Joram llevaba en su...utensilios de...de o..... 2091
8.11 dedicó a Jehová, con la plata y el o que........ 2091
12.30 la corona de la...pesaba un talento de o 2091
21.4 no tenemos...querella...sobre o con Saúl 2091
1 R 6.20 y lo cubrió de o purísimo; asimismo 2091
6.20 asimismo cubrió de o el altar de cedro 2091
6.21 cubrió de o puro la casa por dentro, y......... 2091
6.21 cerró...cadenas de o, y lo cubrió de o 2091
6.22 cubrió, pues, de o...casa de arriba abajo...... 2091
6.22 asimismo cubrió de o todo el altar que 2091
6.28 y cubrió de o los querubines.................. 2091
6.30 y cubrió de o el piso de la casa, por........... 2091
6.32 talló en ellas figuras...las cubrió de o 2091
6.32 cubrió también de o los querubines y las 2091
6.35 cubrió de o ajustado a las talladuras 2091
7.48 un altar de o, y una mesa también de o........ 2091
7.49 cinco candeleros de o...y tenazas de o 2091
7.50 los cántaros...de o...de o los quiciales 2091
7.51 metió Salomón lo...plata, o y utensilios........ 2091
9.11 había traído a Salomón...cuanto o quiso 2091
9.14 había enviado al rey 120 talentos de o......... 2091
9.28 fueron a Ofir y tomaron de allí o, 420 2091
10.2 a Jerusalén con...o en gran abundancia 2091
10.10 y dio ella al rey 120 talentos de o............. 2091
10.11 la flota...que había traído el o de Ofir........ 2091
10.14 el peso del o...era 666 talentos de o.......... 2091
10.16 hizo...200 escudos grandes de o batido....... 2091
10.16 seiscientos siclos de o gastó en cada 2091
10.17 hizo 300 escudos de o batido, en cada 2091
10.17 en cada uno de...gastó tres libras de o........ 2091
10.18 trono de marfil, el cual cubrió de o 2091
10.21 los vasos de beber del rey...eran de o......... 2091
10.21 la vajilla de la casa...era de o fino 2091
10.22 traía o, plata, marfil, monos y pavos 2091
10.25 le llevaban...alhajas de o y de plata.......... 2091
12.28 hizo el rey dos becerros de o, y dijo 2091
14.26 se llevó...los escudos de o que Salomón 2091
15.15 metió en la casa de Jehová...o, plata.......... 2091
15.18 tomando Asa...y el o que había quedado..... 2091
15.19 te envío un presente de plata y de o 2091
20.3 tu plata y tu o son míos, y tus mujeres 2091
20.5 tu o, y tus mujeres y tus hijos me darás........ 2091
20.7 ha enviado a mí...por mi plata y por mi o 2091
22.48 las cuales habían de ir a Ofir por o 2091
2 R 5.5 consigo seis mil piezas de o, y diez.......... 2091
7.8 tomaron de allí plata y o y vestidos, y........... 2091
10.29 en pie los becerros de o que estaban en 2091
12.13 ningún otro utensilio de o ni de plata......... 2091
12.18 todo el o que se halló en los tesoros 2091
14.14 tomó todo el o, y la plata, y todos los.......... 2091
16.8 tomando Acaz...el o que se halló en la 2091
18.14 impuso a Ezequías rey...30 talentos de o 2091
18.16 Ezequías quitó el o de las puertas del......... 2091
18.16 quiciales que el...había cubierto de o 2091
20.13 Ezequías los oyó...mostró...o, y especias..... 2091
23.33 de cien talentos de plata, y uno de o.......... 2091
23.35 Joacim pagó a Faraón la plata y el o 2091
23.35 sacando...y el o del pueblo de la tierra....... 2091
24.13 rompió...los utensilios de o que había........ 2091
25.15 cuencos, los que de o, en o, y los que.......... 2091
1 Cr 18.7 tomó también David los escudos de o........ 2091
18.10 envió...toda clase de utensilios de o.......... 2091
18.11 dedicó a Jehová, con la plata y el o........... 2091
20.2 y la halló de peso de un talento de o........... 2091
21.25 dio David...el peso de 600 siclos de o......... 2091
22.14 he preparado...cien mil talentos de o 2091
22.16 del o, de la plata, del...no hay cuenta 2091
28.14 dio o en peso para las cosas de o, para 2091
28.15 o en peso para los candeleros de o, y........ 2091
28.15 en peso el o para cada candelero y sus....... 2091
28.16 asimismo dio o en peso para las mesas....... 2091
28.17 también o puro...y para las tazas de o 2091
28.18 o...para el altar...los querubines de o 2091
29.2 o para las cosas de o, plata para las........... 2091
29.3 guardo en mi tesoro particular o y plata 2091
29.4 tres mil talentos de o, de o de Ofir, y........... 2091
29.5 o, pues, para las cosas de o, y plata............ 2091
29.7 dieron...5.000 talentos y...dracmas de o 2091
2 Cr 1.15 acumuló...rey plata y o en Jerusalén........ 2091
2.7 un hombre hábil que sepa trabajar en o........ 2091
2.14 cual sabe trabajar en o, plata, bronce 2091
3.4 el pórtico...cubrió por dentro de o puro........ 2091
3.5 ciprés, la cual cubrió de o fino, e hizo........... 2091
3.6 cubrió también...y el o era o de Parvaim....... 2091
3.7 que cubrió la casa...y sus puertas con o 2091
3.8 y lo cubrió de o fino que ascendía a 600 2091
3.9 clavos...de o...Cubrió...de o los aposentos..... 2091
3.10 dos querubines de madera...cubiertos de o ... 2091
4.7 hizo asimismo diez candeleros de o según...... 2091
4.8 hizo diez mesas...hizo cien tazones de o........ 2091
4.19 hizo...el altar de o, y las mesas sobre 2091
4.20 los candeleros y sus lámparas, de o puro...... 2091
4.21 las flores, y tenazas de o, de o finísimo 2091
4.22 las cucharas y los incensarios...de o puro..... 2091
4.22 de o también la entrada de la casa, sus........ 2091
5.1 plata y el o...en los tesoros de la casa 2091
8.18 tomaron de allá 450 talentos de o, y los 2091
9.1 o en abundancia, y piedras preciosas, para 2091
9.9 y dio al rey 120 talentos de o, y gran 2091
9.10 siervos...que habían traído el o de Ofir 2091
9.13 el peso del o que...era 666 talentos de o 2091
9.14 los gobernadores de...traían o y plata a 2091
9.15 hizo...Salomón doscientos paveses de o....... 2091
9.15 paveses...cada uno de...600 siclos de o 2091
9.16 escudos de o batido...300 siclos de o 2091
9.17 trono de marfil, y lo cubrió de o puro......... 2091
9.18 seis gradas, y un estrado de o fijado........... 2091
9.20 toda la vajilla del rey Salomón era de o 2091
9.20 la vajilla de la casa del Líbano, de o 2091
9.21 las naves de Tarsis, y traían o, plata........... 2091
9.24 traía su presente...plata, alhajas de o.......... 2091
12.9 tomó los escudos de o que Salomón había..... 2091
13.8 tenéis con vosotros los becerros de o.......... 2091
13.11 el candelero de o con sus lámparas para..... 2091
15.18 y trajo a la casa de Dios lo...plata, o 2091
16.2 sacó Asa...el o de los tesoros de la casa 2091
16.3 te he enviado plata y o, para que vengas 2091
21.3 había dado muchos regalos de o y plata........ 2091
24.14 hicieron de él...vasos de o y de plata......... 2091
25.24 tomó todo el o y la plata, y todos los 2091
32.27 Ezequías...adquirió tesoros de plata y o 2091
36.3 pagar cien talentos de plata y uno de o........ 2091
Esd 1.4 ayúdenle los hombres de...con plata, o......... 2091
1.6 les ayudaron con plata y o, con bienes y......... 2091
1.9 treinta tazones de o, mil tazones...plata........ 2091
1.10 treinta tazas de o...410 tazas de plata......... 2091
1.11 los utensilios de o y de plata eran 5.400......... 2091
2.69 dieron...61.000 dracmas de o, cinco mil 2091
5.14; 6.5 los utensilios de o y de plata de la 1722
7.15 llevar la plata y el o que el rey y sus 1722
7.16 el o que halles en toda la provincia de......... 1722
7.18 os parezca hacer de la otra plata y o.......... 1722
8.25 les pesé la plata, el o y los utensilios 2091
8.26 utensilios de plata...cien talentos de o......... 2091
8.27 veinte tazones de o de mil dracmas, y 2091
8.27 dos vasos de bronce...preciados como el o 2091
8.28 son santos los...la plata y el o, ofrenda 2091
8.30 y los levitas recibieron el peso...del o 2091
8.33 pesada la plata, el o y los utensilios........... 2091
Neh 7.70 el gobernador dio...mil dracmas de o 2091
7.71 cabezas de familia...20.000 dracmas de o 2091
7.72 del pueblo dio 20.000 dracmas de o............ 2091
Est 1.6 reclinatorios de o y de plata, sobre 2091
1.7 y daban a beber en vasos de o, y vasos 2091
4.11 a quien el rey extendiere el cetro de o 2091
5.2; 8.4 rey extendió a Ester el cetro de o 2091
8.15 con vestido real...y una gran corona de o..... 2091
Job 3.15 o con los príncipes que poseían el o 2091
22.24 tendrás más o que tierra, y...o de Ofir 1220
23.10 él conoce...me probará, y saldré como o..... 2091
28.1 la plata...y el o lugar donde se refina 2091
28.6 piedras son zafiro, y sus polvos de o........... 2091
28.15 no se dará por o, ni su precio será a 5458
28.16 no puede ser apreciada con o de Ofir, ni...... 3800
28.17 el o no se le igualará, ni el diamante 2091
28.17 ni se cambiará por alhajas de o fino 6337
28.19 ella...no se podrá apreciar con o fino.......... 3800
31.24 en el o mi esperanza, y dije al o: Mi 2091
36.19 ¿hará él estima de tus riquezas, del o 1222
42.11 cada uno de ellos le dio...anillo de o 2091
Sal 19.10 deseables...más que el o...o afinado 2091
21.3 corona de o...has puesto sobre su cabeza..... 6337
45.9 está la reina a tu diestra con o de Ofir 3800
45.13 la hija...de brocado de o es su vestido........ 2091
68.13 plata, y sus plumas con amarillez de o 2742
72.15 vivirá, y se le dará del o de Sabá, y........... 2091
105,37 los sacó con plata y o; y no hubo en 2091
115.4 ídolos de ellos son plata y o, obra de 2091
119.72 mejor me es la ley...que millares de o....... 2091
119.127 más que el o, y más que o muy puro........ 2091
135.15 ídolos de las naciones son plata y o 2091
Pr 3.14 plata, y sus frutos más que el o fino 2742
8.10 plata; y ciencia antes que el o escogido........ 2742
8.19 mejor es mi fruto que el o, y que el o........... 2742
11.22 zarcillo de o en el hocico de un cerdo 2091
16.16 mejor es adquirir sabiduría...o preciado..... 2742
17.3 crisol para la plata...hornaza para el o 2091
20.15 hay o y multitud de piedras preciosas........ 2091
22.1 y la buena fama más que la plata y el o 2091
25.11 manzana de o con figuras de plata es la...... 2091
25.12 zarcillo de o y joyel de o fino es 2091
27.21 el crisol prueba la...y la hornaza al el o 2091
Ec 2.8 amontoné también plata y o, y tesoros........... 2091
12.6 se quiebre, y se rompa el cuenco de o 2091
Cnt 1.11 zarcillos de o te haremos, tachonados......... 2091
3.10 su respaldo de o, su asiento de grana 2091
5.11 su cabeza como o finísimo; sus cabellos 6337
5.14 manos, como anillos de o engastados de......... 2091
5.15 sus piernas, como...sobre basas de o fino 6337
Is 2.7 su tierra está llena de plata y o, sus 2091
2.20 arrojará el hombre a los...sus ídolos de o 2091
13.12 haré más precioso que el o fino al varón 6337
13.12 haré...y más que el o de Ofir al hombre 3800
13.17 no se ocuparán de la...ni codiciarán o 2091
14.4 ¡cómo...acabó la ciudad codiciosa de o! 4062
30.22 profanarás...tus imágenes fundidas de o 2091
31.7 en aquel día arrojará...sus ídolos de o 2091
39.2 mostró la casa de su tesoro, plata y o.......... 2091
40.19 el platero le extiende el o y le funde 2091
46.6 sacan o de la bolsa, y pesan plata con 2091
60.6 o e incienso, y publicarán alabanzas de 2091
60.9 traer tus hijos de lejos...su o con ellos 2091
60.17 en vez de bronce traeré o, y por hierro........ 2091
Jer 4.30 aunque te adornes con atavíos de o 2091
10.4 con plata y o lo adornan; con clavos y 2091
10.9 traerán plata batida de Tarsis y o de........... 2091
51.7 copa de o fue Babilonia en la mano de 2091
52.19 lo de o por o, y lo de plata por plata........... 2091
Lm 4.1 ¡cómo se ha ennegrecido el o! ¡Cómo el 2091
4.1 ¡cómo el buen o ha perdido su brillo!.......... 2091
4.2 preciados y estimados más que el o puro 6337
Ez 7.19 arrojarán su plata...o será desechado 2091
7.19 ni su plata ni su o podrá librarlos en 2091
16.13 fuiste adornada de o y de plata, y tu.......... 2091
16.17 tomaste...tus hermosas alhajas de o y 2091
27.22 toda piedra...o, vinieron a tus ferias 2091
28.4 has adquirido o y plata en tus tesoros......... 2091
28.13 de zafiro, carbunclo, esmeralda y o 2091
38.13 quitar plata y o, para tomar ganados y....... 2091
Dn 2.32 la cabeza de esta imagen era de o fino......... 1722
2.35 fueron desmenuzados...la plata y el o......... 1722
2.38 te ha dado...tú eres aquella cabeza de o 1722
2.45 desmenuzó el hierro...la plata y el o 1722
3.1 hizo una estatua de o cuya altura era de 1722
3.5 os postréis y adoréis la estatua de o que........ 1722
3.7 se postraron y adoraron la estatua de o 1722
3.10 que...se postre y adore la estatua de o 1722
3.12 ni adoran la estatua de o...has levantado 1722
3.14 que vosotros no...adoráis la estatua de o 1722
5.2 que trajesen los vasos de o y de plata que 1722
5.3 fueron traídos los vasos de o que habían 1722
5.4 y alabaron a los dioses de o y de plata.......... 1722
5.7 y un collar de o llevará en su cuello, y 1722
5.16 y un collar de o llevarás en tu cuello.......... 1722
5.23 diste alabanza a dioses de plata y o, de......... 1722
5.29 y poner en su cuello un collar de o, y 1722
10.5 un varón...ceñidos sus lomos de o de Ufaz 3800
11.8 y sus objetos preciosos de plata y de o.......... 2091
11.38 al dios de las...honrará con o y plata 2091
11.43 apoderará de los tesoros de o y plata 2091
Os 2.8 y que le multipliqué la plata y el o 2091
8.4 plata y de su o hicieron ídolos para sí 2091
Jl 3.5 porque habéis llevado mi plata y mi o 2091
Nah 2.9 saquead o; no hay fin de las riquezas 2091
Hab 2.19 está cubierto de o y plata, y no hay 2091
Sof 1.18 ni su o podrá librarlos en el día de 2091
Hag 2.8 mía es la plata, y mío es el o, dice............ 2091
Zac 4.2 he aquí un candelabro todo de o, con............ 2091
4.12 tubos de o vierten de sí aceite como o?......... 2091
6.11 tomarás...plata y o, y harás coronas, y.......... 2091
9.3 amontonó plata...o como lodo de las calles...... 2742
13.9 plata, y los probaré como se prueba el o 2091
14.14 o y plata, y ropas de vestir, en gran 2091
Mal 3.3 los afinará como a o y como a plata............. 2091
Mt 2.11 ofrecieron presentes: o, incienso y 5557
10.9 no os proveáis de o, ni plata, ni cobre 5557
23.16 si alguno jura por el o del templo, es 5557
23.17 el o, o el templo que santifica al o? 5557
Hch 3.6 dijo: No tengo plata ni o, pero lo que 5553
17.29 que la Divinidad sea semejante a o, o.......... 5557
20.33 ni plata ni o ni...de nadie he codiciado 5553
1 Co 3.12 si sobre este...alguno edificare o.............. 5557
1 Ti 2.9 ni o, ni perlas...ni vestidos costosos 5557
2 Ti 2.20 no solamente hay utensilios de o y............. 5552
He 9.4 el cual tenía un incensario de o y el 5553
9.4 el arca del pacto cubierta de o por todas 5552
9.4 urna de o que contenía el maná, la vara 5552
Stg 2.2 entra un hombre con anillo de o y con 5554
5.3 vuestro o y plata están enmohecidos; y su 5557
1 P 1.7 vuestra fe, mucho más preciosa que...o......... 5553

1.18 con cosas corruptibles, como o o plata *5553*
3.3 no... de adornos de o o de vestidos lujosos *5553*
Ap 1.12 y vuelto, vi siete candeleros de o *5552*
1.13 ceñido por el pecho con un cinto de o.......... *5552*
1.20 el misterio de... siete candeleros de o *5552*
2.1 anda en medio de los 7 candeleros de o......... *5552*
3.18 te aconsejo que de mí compres o refinado..... *5553*
4.4 ancianos... con coronas de o en sus cabezas *5552*
5.8 y copas de o llenas de incienso, que son......... *5552*
8.3 otro ángel vino... con un incensario de o........ *5552*
8.3 sobre el altar de o... delante del trono *5552*
9.7 en las cabezas tenían como coronas de o *5557*
9.13 voz de entre los... cuernos del altar de o *5552*
9.20 ni dejaron de adorar... las imágenes de o...... *5552*
14.14 tenía en la cabeza una corona de o, y *5552*
15.6 ceñidos alrededor del... con cintos de o........ *5552*
15.7 dio a los siete ángeles siete copas de o......... *5552*
17.4 adornada de o, de piedras preciosas y de...... *5552*
17.4 tenía en la mano un cáliz de o lleno de *5557*
18.12 mercadería de o, de plata, de piedras *5557*
18.16 adornada de o, de piedras preciosas y........ *5557*
21.15 conmigo tenía una caña de medir, de o........ *5552*
21.18 la ciudad era de o puro, semejante al......... *5553*
21.21 y la calle de la ciudad era de o puro *5553*

ORTIGA
Pr 24.31 espinos, o habían ya cubierto su faz.......... 2738
Is 34.13 sus alcázares crecerán espinos, y o........... 2738
55.13 y en lugar de la o crecerá arrayán; y......... 5636
Os 9.6 o conquistará lo deseable de su plata 7057
Sof 2.9 Moab será... campo de o, y mina de sal........ 2738

ORUGA
Sal 78.46 dio también a la o sus frutos, y sus 2625
Is 33.4 serán recogidos como cuando recogen o....... 2625
Jl 1.4 lo que quedó de la o comió el saltón 2625
2.25 os restituiré los años que comió la o............ 2625
Am 4.9 os herí con viento solano y con o; la 2625

OS *Véase el Apéndice*

OSADAMENTE
Mr 15.43 vino y entró o a Pilato, y *5111*

OSADÍA
2 Co 10.2 no tenga que usar de aquella o con.......... *4006*
11.21 pero en lo que otro tenga o... yo tengo o *5111*

OSADO
Job 41.10 nadie hay tan o que lo despierte.............. 393
2 Co 10.1 mas ausente soy o para con vosotros *2292*

OSAÍAS
1. Príncipe de Judá en tiempo de Nehemías, Neh 12.32.. 1955
2. Padre de Jezanías (=*Azarías No. 23)*, Jer 42.1; 43.2 .. 1955

OSAR
2 Cr 17.10 y no *osaron*... guerra contra Josafat
Mt 22.46 ni *osó* ninguno... aquel día preguntarle *5111*
Mr 12.34 entonces... ninguno *osaba* preguntarle *5111*
Lc 20.40 y no *osaron* preguntarle nada más *5111*
Ro 5.7 ser que alguno *osara* morir por el bueno *5111*
15.18 no *osaría* hablar sino de lo que Cristo *5111*
1 Co 6.1 ¿*osa* alguno... ir a juicio delante de *5111*

ÓSCULO
Ro 16.16; 1 Co 16.20; 2 Co 13.12 saludaos unos a otros con ó santo *5370*
1 Ts 5.26 saludad a todos los hermanos con ó.......... *5370*
1 P 5.14 saludaos unos a otros con ó de amor.......... *5370*

OSCURAMENTE
1 Co 13.12 vemos por espejo, o; mas entonces...... *1722,135*

OSCURECER
Gn 15.17 *oscurecido*, se veía un horno humeando 5939
27.1 Isaac envejeció... ojos se *oscurecieron* 3543
Éx 10.15 cubrió... país, y *oscureció* la tierra............ 2821
Lv 13.6 si parece haberse *oscurecido* la llaga 3544
13.39 manchas... algo *oscurecidas*, es empeine 3544
13.56 la plaga se ha *oscurecido* después que........ 3544
Dt 34.7 ojos nunca se *oscurecieron*, ni perdió 3543
1 S 3.2 sus ojos comenzaban a *oscurecerse* de 3544
4.15 sus ojos se habían *oscurecido*, de modo........ 6965
1 R 14.4 ojos se habían *oscurecido* a causa de 6965
18.45 los cielos se *oscurecieron* con nubes........... 6937
Neh 13.19 iba *oscureciendo* a las puertas de........... 6751
Job 3.9 *oscurézcanse* las estrellas de su alba.......... 2821
11.17 aunque *oscureciere*, será como... mañana 6965
17.7 mis ojos se *oscurecieron* por el dolor 3543
18.6 la luz se *oscurecerá*, en su tienda, y se 2821
38.2 ¿quién es ése que *oscurece* el consejo.......... 2821
42.3 ¿quién es el que *oscurece* el consejo sin........ 5956
Sal 69.23 sean *oscurecidos* sus ojos para que 2821
105.28 envió tinieblas que lo *oscurecieron* 2821
Pr 7.9 la tarde del día, cuando ya *oscurecía* 653
Ec 12.2 antes que se *oscurezca* el sol, y la luz 2821
12.3 y se *oscurecerán* los que miran por las 2821
Is 5.30 y en sus cielos se *oscurecerá* la luz 2821
9.19 la ira de Jehová... se *oscureció* la tierra 6272
13.10 y el sol se *oscurecerá* al nacer, y la 2821
24.11 todo gozo se *oscureció*, se desterró la......... 6150
Jer 4.28 y los cielos arriba se *oscurecerán* 6937
Lm 2.1 ¡cómo *oscureció* el Señor en su furor a......... 5743
Ez 30.18 Tafnes se *oscurecerá* el día, cuando 2821
Jl 2.10; 3.15 el sol y la luna se *oscurecerán* 6937
Am 5.8 y hace *oscurecer* el día como noche; el......... 2821
Zac 11.17 y su ojo derecho será... *oscurecido* 3543
Mt 24.29 **sol se *oscurecerá*, y la luna no dará** *4654*
Mr 13.24 **aquellos días... el sol se *oscurecerá*** *4654*
Lc 23.45 y el sol se *oscureció*, y el velo del.............. *4654*
Ro 11.10 *oscurecidos* sus ojos para que no vean *4654*
Ap 8.12 *oscureciese* la tercera parte de ellos *4654*
9.2 se *oscureció* el sol y el aire por el humo......... *4654*

OSCURIDAD
Gn 15.12 temor de una grande o cayó sobre él 2825
Éx 20.21 y Moisés se acercó a la o en la cual 6205
Dt 4.11 monte ardía... con tinieblas, nube y o........... 6205
5.22 habló Jehová a... de la nube y de la o, a 6205
28.29 palparás... como palpa el ciego en la o 653
Jos 24.7 puso o entre vosotros y los egipcios........... 3990
2 S 22.12 tinieblas... o de aguas y densas nubes 2841
1 R 8.12; 2 Cr 6.1 que él habitaría en la o 6205
Job 3.6 ocupe aquella noche la o; no... contada 652
10.22 tierra de o, lóbrega, como sombra de 5890
22.13 Dios? ¿Cómo juzgará a través de la o? 6205
23.17 no fui... ni fue cubierto con o mi rostro?....... 2822
28.3 las piedras que hay en o y en sombra de 2822
29.3 lámpara, a cuya luz yo caminaba en la o 2822
30.26 mal; y cuando esperaba luz, vino la o.......... 652
38.9 cuando puse yo nubes por... por su faja o 6205
40.13 el polvo, encierra sus rostros en la o 6205
Sal 18.11 puso tinieblas por su... o de aguas........... 2824
91.6 pestilencia que ande en o, ni mortandad 652
97.2 nubes y o alrededor de él; justicia y 6205
Pr 4.19 el camino de los impíos es como la o............ 653
7.9 la tarde... en la o y tinieblas de la noche 380
20.20 se le apagará su lámpara en o tenebrosa 2822
Is 4.5 y creará Jehová... nube y o de día, y de.......... 6227
8.22 y he aquí tribulación y... o y angustia........... 4588
9.1 mas no habrá siempre o para la que está....... 4155
29.18 ciegos verán en medio de la o y de las......... 2822
50.3 visto de o los cielos, y... como cilicio 6940
58.10 si dieres... tu o será como el mediodía......... 653
59.9 esperamos luz, y he aquí... andamos en o....... 653
60.2 tinieblas cubrirán la... y o a las naciones 2822
Jer 13.16 que vuestros pies tropiecen en... de o......... 2821
23.12 su camino será como resbaladeros en o 653
Lm 3.6 me dejó en o, como los ya muertos de 2822
Ez 34.12 esparcidas el día del nublado y... la o 6205
Jl 2.2 día de tinieblas y de o, día de nube y 6205
Am 5.20 día de... o, que no tiene resplandor?............ 2822
Mi 3.6 se os hará noche, y o del adivinar 2821
Sof 1.15 día de tiniebla y de o, día de nublado 6205
Hch 13.11 cayeron sobre él o y tinieblas; y.............. *887*
He 12.18 acercado a, a la o, a las tinieblas............. *1105*
2 P 2.4 sino que los entregó a prisiones de o *2217*
2.17 los cuales la más densa o está reservada *4655*
Jud 6 ha guardado bajo o, en prisiones eternas *2217*
13 las cuales está reservada eternamente la o *4655*

OSCURO, A
Gn 30.32 aparte todas las ovejas... de color o.......... 2345
30.33 color o... me ha de tener como de hurto 2345
30.35 todas las de color o entre las ovejas 2345
30.40 y todo lo que era o del hato de Labán 2345
Lv 13.21 ni fuere más profunda que la... sino o 3544
13.26 sino que estuviere o, le encerrará el........... 3544
13.28 la mancha... estuviere o, es la cicatriz.......... 3544
Jos 2.5 se iba a cerrar la puerta, siendo ya o 2822
Is 45.19 no hablé... en un lugar o de la tierra 2822
59.10 estamos en lugares o como muertos
Lm 4.8 o más que la negrura es su aspecto............. 2821
Zac 14.6 en ese día no habrá luz clara, ni o 7087
Mr 1.35 siendo aún muy o, salió y se fue a un.......... *1773*
Jn 6.17 estaba ya o, y Jesús no había venido........... *4653*
20.1 fue de mañana, siendo aún o, al sepulcro....... *4653*
2 P 1.19 una antorcha que alumbra en lugar o.......... *850*

OSEAS
1. =Josué No. 1
Nm 13.8 de la tribu de Efraín, *O* hijo de Nun 1954
13.16 a *O*... le puso Moisés el nombre de Josué 1954
2. Rey de Israel
2 R 15.30 *O* hijo de Ela conspiró contra Peka 1954
17.1 a reinar *O* hijo de Ela en Samaria sobre......... 1954
17.3 y *O* fue hecho su siervo, y le pagaba tributo 1954
17.4 el rey de... descubrió que *O* conspiraba 1954
17.6 en el año nueve de *O*, el rey de Asiria.......... 1954
18.1 en el tercer año de *O*... comenzó a reinar 1954
18.9 que era el año séptimo de *O* hijo de Ela....... 1954
18.10 era el año noveno de *O* rey de Israel 1954
3. Efrainita, funcionario del rey David, 1 Cr 27.20
4. Firmante del pacto de Nehemías, Neh 10.23...... 1954
5. Profeta
Os 1.1 palabra... que vino a *O* hijo de Beeri, en........ 1954
1.2 principio de la palabra... por medio de *O*....... 1954
1.2 dijo Jehová a *O*: Vé, tómate una mujer.......... 1954
Ro 9.25 también en *O* dice: Llamaré pueblo mío *5617*

OSO, A
1 S 17.34 y cuando venía un león, o un o, y 1677
17.36 fuese o, tu siervo lo mataba; y este 1677
17.37 me ha librado de... de las garras del o.......... 1677
2 S 17.8 como la o en el campo cuando le han 1677
2 R 2.24 y salieron dos o del... y despedazaron 1677
Job 9.9 él hizo la *O*, el Orión y las Pléyades.......... 5906
38.32 ¿o guiarás a la *O* Mayor con sus hijos?....... 5906
Pr 17.12 mejor es encontrarse con una o a la.......... 1677
28.15 o hambriento es el príncipe impío que 1677
Is 11.7 la vaca y la o pacerán, sus crías se............ 1677
59.11 gruñimos como o... nosotros, y gemimos 1677
Lm 3.10 para mí como o que acecha, como león....... 1677
Dn 7.5 otra segunda bestia, semejante a un o 1678
Os 13.8 como o que ha perdido los hijos los 1677
Am 5.19 huye... del león, y se encuentra con el o 1677
Ap 13.2 pies como de o, y su boca como boca de........ *715*

OSTENTOSO
1 Ti 2.9 no con peinado o, ni oro, ni perlas............. *4117*
1 P 3.3 vuestro atavío no sea el... peinados o

OTNI *Portero en el templo,* 1 Cr 26.7............. 6273

OTONIEL *Sobrino de Caleb*
Jos 15.17 y la tomó *O*, hijo de Cenaz hermano......... 6274
Jue 1.13 y la tomó *O* hijo de Cenaz 6274
3.9 a *O* hijo de Cenaz, hermano... de Caleb......... 6274
3.11 y reposó la tierra 40 años; y murió *O* 6274
1 Cr 4.13 hijos de Cenaz: *O*... los hijos de *O*............ 6274
27.15 el duodécimo mes era Heldai... de *O* 6274

OTOÑAL
Jud 12 nubes sin agua... árboles o, sin fruto........... *5352*

OTORGAR
Lv 25.24 en toda la tierra... *otorgaréis* rescate......... 5414
1 S 1.17 Dios de Israel te *otorgue* la petición........... 5414
1 Cr 4.10 Jabes... le *otorgó* Dios lo que pidió............ 935
Est 5.6 ¿cuál... petición, y te será *otorgada*?........... 5414
5.8 y si place al rey *otorgar* mi petición y........... 5414
7.2 sea la mitad del reino, te será *otorgada*......... 5414
Job 6.8 y que me *otorgase* Dios lo que anhelo.......... 5414
36.6 no *otorgará* vida al impío, pero a los 2421
2 P 1.11 será *otorgada*... entrada en el reino........... *2023*

OTRO, A *Véase el Apéndice*
Éx 9.14 no hay o como yo en toda la tierra
Dt 4.35 Jehová es Dios, y no hay o fuera de
1 R 8.60 que Jehová es Dios, y que no hay o
2 R 18.5 después ni antes de él hubo o como
Job 1.8; 2.3 que no hay o como él en la tierra
Is 45.14 en ti está Dios, y no hay o fuera de
Fil 2.4 cada cual también por lo de los o

OVEJA
Gn 4.2 fue pastor de o, y Caín fue labrador de 6629
4.4 Abel trajo... de los primogénitos de sus o 6629
12.16 tuvo o, vacas, asnos, siervos, criadas 6629
13.5 también Lot... tenía o, vacas y tiendas 6629
20.14 tomó o y vacas... y se los dio a Abraham 6629
21.27 y tomó Abraham o y... y dio a Abimelec 6629
24.35 Jehová... le ha dado o y vacas, plata y......... 6629
26.14 y tuvo hato de o, y hato de vacas, y........... 6629
29.2 aquí tres rebaños de o que yacían cerca........ 6629
29.3 y abrevaban las o, y volvían la piedra 6629
29.6 he aquí Raquel su hija viene con las o 6629
29.7 dijo... abrevad las o, e id a apacentarlas....... 6629
29.8 y renuevan la piedra... abrevemos las o 6629
29.10 Raquel... y las o de Labán el hermano de....... 6629
30.31 si hicieres... volveré a apacentar tus o 6629
30.32 poniendo aparte todas las o manchadas 3775
30.32 de color, y todas las o de color oscuro 3775
30.33 de color oscuro entre mis o, se me ha 3775
30.35 las de color oscuro entre las o, y las 3775
30.36 y Jacob apacentaba las otras o de Labán...... 6629
30.38 donde venían a beber las o, las cuales........ 6629
30.39 así concebían las o delante de las varas....... 6629
30.40 hato... y no la ponía con las o de Labán 6629
30.41 se hallaban en celo las o más fuertes......... 6629
30.41 Jacob ponía las varas delante de las o 6629
30.42 pero cuando venían las o más débiles......... 6629
30.43 se enriqueció el varón... y tuvo muchas o..... 6629
31.4 y a Lea al campo donde estaban sus o.......... 6629
31.8 las o parían pintados... o parían listados 6629
31.10 que al tiempo que las o estaban en celo 6629
31.19 pero Labán había ido a trasquilar sus o........ 6629
31.38 tus o y... ni yo comí carnero de tus o 6629
31.43 las o son mis o, y todo lo que tú ves............ 6629
32.5 y tengo vacas... o, y siervos y siervas 6629
32.7 las o y las vacas... en dos campamentos 6629
32.14 veinte machos cabríos, doscientas o y........ 7353
33.13 que tengo o y vacas paridas; y si las.......... 6629
33.13 fatigan, en un día morirán todas las o......... 6629
34.28 tomaron sus o y vacas y sus asnos, y lo....... 6629
37.2 José... apacentaba las o con sus hermanos 6629
37.12 fueron sus hermanos a apacentar las o 6629
37.13 tus hermanos apacientan las o en Siquem
37.14 mira cómo están... y cómo están las o, y....... 6629
38.12 subía a los trasquiladores de sus o 1494,6629
38.13 tu suegro sube a... a trasquilar sus o 6629
46.32 son pastores de o... y han traído sus o 6629
46.34 para... es abominación todo pastor de o. 7462,6629
47.1 mi padre y mis... y sus o... han venido de 6629
47.3 a Faraón: Pastores de o son tus siervos... 7462,6629
47.4 no hay pasto para las o de tus siervos 6629
47.17 y José les dio... por el ganado de las o......... 6629
50.8 dejaron en... de Gosén sus niños, y sus o 6629
Éx 2.16 vinieron a... dar de beber a las o de su 6629
2.17 y las defendió, y dio de beber a sus o 6629
2.19 nos sacó el agua, y dio de beber a las o 6629
3.1 apacentando Moisés... o de Jetro su suegro 6629
3.1 o a través del desierto, y llegó hasta 6629
9.3 sobre tus... vacas y o, con plaga gravísima 6629
10.9 ir... con nuestras o y con nuestras vacas 6629
10.24 queden vuestras o y vuestras vacas 6629
12.5 lo tomaréis de las o o de las cabras............ 3532
12.32 tomad también vuestras o y... vacas, como ... 6629
12.38 multitud de toda clase de gentes, y o 6629
20.24 y sacrificarás sobre él... tus o y tus........... 6629

22.1 alguno hurtare buey u o, y lo degollare 7716
22.1 pagará cinco...y por aquella o cuatro o 6629
22.4 el hurto en la mano...sea buey o asno u o 7716
22.9 en toda clase de fraude, sobre buey...o 7716
22.10 si alguno hubiere dado...o,...a guardar 7716
22.30 lo mismo harás...de tu buey y de tu o 6629
34.3 ni o ni bueyes pazcan delante del monte 6629
34.19 mío es...todo primogénito de vaca o de 7716
Lv 1.10 su ofrenda...fuere del rebaño, de las o 3775
3.6 si de o fuere su ofrenda para sacrificio 6629
22.21 sea de...o de o, para que sea aceptado 6629
22.28 sea...o, no degollaréis en un mismo día 7716
27.26 el primogénito...buey u o, de Jehová es 7716
27.32 y todo diezmo de vacas o de o, de todo 6629
Nm 11.22 ¿se degollarán para ellos o y bueyes 6629
15.3 ofrecer en...olor grato...de vacas o de o 6629
15.11 así se hará con cada...cordero de las o 7716
18.17 primogénito de o y...cabra, no redimirás 3775
22.40 Balac hizo matar bueyes y o, y envió a 6629
27.17 congregación...no sea como o sin pastor 6629
31.28 así de las personas como de...de las o 6629
31.30 tomarás...de las o y de todo animal, y 6629
31.32 y fue el botín...que tomaron...675.000 o 6629
31.36 la mitad...fue el número de 337.500 o 6629
31.37 el tributo de las o para Jehová fue 675 6629
31.43 mitad para la congregación...o, 337.500 6629
32.24 edificaos...majadas para vuestras o, y 6792
32.36 Bet-nimra y Bet-arán...majadas para o 6629
Dt 7.13 bendecirá...los rebaños de tus o, en 6629
8.13 vacas y tus o se aumenten, y la plata y 6629
12.6 las primicias de...vacas y de vuestras o 6629
12.17 ni las primicias de tus...o, ni los votos 6629
12.21 podrás matar...o que Jehová te hubiere 6629
14.4 podréis comer: El buey, la o, la cabra 3775
14.26 darás el dinero...por o, por vino, por 6629
15.14 le abastecerás...de tus o, de tu era y 6629
15.19 consagrarás...todo primogénito...de tus o ... 6629
15.19 ni trasquilarás el primogénito de tus o 6629
16.2 sacrificarás la pascua...de las o y de las 6629
18.4 primicias de la lana de tus o le darás 6629
28.4 bendito el fruto...los rebaños de tus o 6629
28.18 maldito el fruto de...rebaños de tus o 6629
28.31 tus o serán dadas a tus enemigos, y no 6629
28.51 no te dejará...ni los rebaños de tus o 6629
32.14 mantequilla de vacas y leche de o, con 6629
Jos 6.21 y destruyeron...los bueyes, las o, y 7716
7.24 tomaron a Acán hijo...sus o, su tienda 6629
Jue 6.4 no dejaban...ni o, ni bueyes, ni asnos 7716
1 S 14.32 tomaron o y vacas y becerros, y los 6629
14.34 me traigan cada uno su vaca, y...su o 7716
15.3 mata a hombres, mujeres...o, camellos y 7716
15.9 perdonaron a Agag, y a lo mejor de las o 6629
15.14 ¿pues qué balido de o...es este que yo 6629
15.15 el pueblo perdonó lo mejor de las o y 6629
15.21 el pueblo tomó del botín o y vacas, las 6629
16.11 queda aún el menor, que apacienta las o 6629
16.19 envíame a David tu,...que está con las o 6629
17.15 apacentar las o de su padre en Belén 6629
17.20 dejando las o al cuidado de un guarda 6629
17.28 ¿y a quién has dejado aquellas pocas o 6629
17.34 siervo era pastor de las o de su padre 5739
22.19 bueyes, asnos y o, todo lo hirió a filo 7716
24.3 cuando llegó a...redil de o en el camino .. 1448,6629
25.2 muy rico, y tenía tres mil o y mil cabras 6629
25.2 aconteció que estaba esquilando sus o en 6629
25.4 oyó David en...que Nabal esquilaba sus o 6629
25.16 que hemos estado con...apacentando las o ... 6629
25.18 tomó...cinco o guisadas, cinco medidas 6629
27.9 se llevaba las o, las vacas, los asnos 6629
30.20 tomó también David...las o y el ganado 6629
2 S 7.8 te tomé del redil, de detrás de las o 6629
12.2 el rico tenía numerosas o y vacas 6629
12.4 no quiso tomar de sus o y de sus vacas 6629
12.4 sino que tomó la o de aquel hombre pobre 6629
17.29 miel, manteca, o, y quesos de vaca para 6629
24.17 hice la maldad; ¿qué hicieron estas o? 6629
1 R 1.9 matando Adonías o y vacas y animales 6629
1.19,25 ha matado...muchas o, y ha convidado 6629
4.23 bueyes de pasto y cien o; sin los ciervos 6629
8.5 estaban con él...sacrificando o y bueyes 6629
8.63 ofreció...120.000 o...Así dedicaron el rey 6629
22.17 yo vi a todo Israel esparcido...como o 6629
2 R 5.26 tomar...o, bueyes, siervos y siervas? 6629
1 Cr 5.21 y tomaron...250.000 o y 2.000 asnos 6629
12.40 trajeron...y bueyes y o en abundancia 6629
17.7 te tomé del redil, de detrás de las o 6629
21.17 el mal; pero estas o, ¿qué han hecho? 6629
27.31 y de las o, Jaziz agareno...Todos estos 6629
2 Cr 5.6 sacrificaron o...que por ser tantos no 6629
7.5 y ofreció el rey Salomón en...120.000 o 6629
14.15 y se llevaron muchas o y camellos, y 6629
15.11 sacrificaron...700 bueyes y siete mil o 6629
18.2 que Acab mató muchas o y bueyes para él 6629
18.16 por los montes como o sin pastor; y dijo 6629
29.33 las ofrendas fueron 600...y tres mil o 6629
30.24 el rey Ezequías...había dado...siete mil o 6629
30.24 los príncipes dieron al...y diez mil o 6629
31.6 dieron...diezmos de las vacas y de las o 6629
32.29 ciudades, y hatos de o y de vacas en 6629
35.7 y dio él rey Josías a los del pueblo o 6629
35.8 para celebrar la pascua, 2.600 y 300
35.9 sacrificios...pascua, 5.000 o y 500 bueyes
Neh 3.1 edificaron la puerta de las O...Ellos 6629
3.32 entre la sala de...y la puerta de las O 6629
5.18 se preparaba...un buey y seis o escogidas 6629
10.36 que traeríamos los primogénitos de...o 6629
12.39 torre de Hamea, hasta la puerta de...O 6629
Job 1.3 su hacienda era siete mil o, tres mil 6629
1.16 fuego...que quemó las o y a...los pastores 6629
31.20 si...del vellón de mis o se calentaron 3532
42.12 porque tuvo 14.000 o, 6.000 camellos 6629
Sal 8.7 o y bueyes, todo ello, y asimismo las 6792
44.11 nos entregas como o al matadero, y nos 6629
44.22 somos contados como o para el matadero 6629
74.1 se ha encendido tu furor contra las o 6629
77.20 condujiste a tu pueblo como o por mano 6629
78.52 hizo salir a su pueblo como o, y los 6629
78.70 y lo tomó de las majadas de las o; de 4356,6629
79.13 nosotros, pueblo tuyo, y o de tu prado 6629
80.1 tú que pastoreas como a o a José, que 6629
95.7 el pueblo de su prado, y o de su mano 6629
100.3 él...pueblo suyo somos, y o de su prado 6629
107.41 y hace multiplicar...como rebaños de o 6629
119.176 yo anduve errante como o extraviada 7716
Pr 27.23 sé diligente en conocer el...de tus o 6629
Ec 2.7 tuve posesión grande de vacas y de o 4735
Cnt 4.2; 6.6 tus dientes como manadas de o 7353
Is 1.11 no quiero sangre de bueyes, ni de o 3532
7.21 que criará un hombre una vaca y dos o 6629
13.14 y como o sin pastor, cada cual mirará 6629
22.13 alegría, matando vacas y degollando o 6629
53.6 todos nosotros nos descarriamos como o 6629
53.7 como o...enmudeció, y no abrió su boca 7353
61.5 extranjeros apacentarán vuestras o, y 6629
65.10 será Sarón para habitación de o, y el 6629
66.3 el que sacrifica o, como si degollase un 7713
Jer 3.24 o, sus vacas, sus hijos y sus hijas 6629
5.17 comerá tus o y tus vacas, comerá...viñas 6629
12.3 arrebátalos como a o para...la matanza 6629
23.1 pastores...dispersan las o de mi rebaño! 6629
23.2 dispersasteis mis o, y las espantasteis 6629
23.3 yo mismo recogeré el remanente de mis o 6629
31.12 y al ganado de las o y de las vacas 6629
50.6 o perdidas fueron mi pueblo...pastores 6629
Ez 24.5 una o escogida...enciende los huesos 6629
25.5 y a los hijos de Amón por majada de o 6629
34.3 coméis la grosura...no apacentáis a las o 6629
34.6 anduvieron perdidas mis o por todos los 6629
34.6 de la tierra fueron esparcidas mis o, y 6629
34.8 y mis o fueron para ser presa de todas 6629
34.8 ni mis pastores buscaron mis o, sino que 6629
34.8 apacentaron a sí...y no apacentaron mis o 6629
34.10 demandaré mis o de su mano, y les haré 6629
34.10 les haré dejar de apacentar las o; ni 6629
34.10 yo libraré mis o de sus bocas, y no les 6629
34.11 iré a buscar mis o, y las reconoceré 6629
34.12 que está en medio de sus o esparcidas 6629
34.12 así reconoceré mis o, y las libraré de 6629
34.15 apacentaré mis o, y yo les daré aprisco 6629
34.17 vosotras, o mías, así ha dicho Jehová 6629
34.17 yo juzgo entre o y o, entre carneros y 7716
34.19 mis o comen lo hollado de vuestros pies 6629
34.20 yo juzgaré entre la o engordada y la o 7716
34.22 salvaré a mis o...y juzgaré entre o y o ... 6629,6629
34.31 y vosotras, o mías, o de mi pasto sois 6629
36.38 como las o consagradas, como las o de 6629
Os 5.6 con sus o...andarán buscando a Jehová 6629
Jl 1.18 fueron asolados los rebaños de las o 6629,5739
Jon 3.7 bueyes y o, no gusten cosa alguna; no 6629
Mi 2.12 reuniré como o de Bosra, como rebaño 6629
5.8 cachorro de...entre las manadas de las o 6629
Hab 3.17 las o sean quitadas de la majada, y 6629
Sof 2.6 será la costa del mar...corrales de o 6629
Zac 10.2 el pueblo vaga como o, y sufre porque 6629
11.4 ha dicho...Apacienta las o de la matanza 6629
11.7 apacenté...las o de la matanza, esto es 6629
11.7 para mí,dos cayados...y apacenté las o 6629
13.7 hiere al pastor, y serán dispersadas...o 6629
Mt 7.15 **profetas, que vienen...vestidos de o** *4263*
9.36 dispersas como o que no tienen pastor *4263*
10.6 **id antes a las o perdidas de la casa de** *4263*
10.16 **yo os envío como a o en medio de lobos** *4263*
12.11 **que tenga una o, y si ésta cayere en** *4263*
12.12 **¿cuánto más vale un hombre que una o?** *4263*
15.24 **no soy enviado sino a las o...de Israel** *4263*
18.12 **os parece? Si un hombre tiene cien o** *4263*
25.32 **como aparta el...las o de los cabritos** *4263*
25.33 **pondrá las o a su derecha...cabritos a** *4263*
26.31 **y las o del rebaño serán dispersadas** *4263*
Mr 6.34 eran como o que no tenían pastor; y *4263*
14.27 **heriré al...y las o serán dispersadas** *4263*
Lc 15.4 **qué hombre...teniendo cien o, si pierde** *4263*
15.6 **he encontrado mi o que se había perdido** *4263*
Jn 2.14 el templo a los que vendían bueyes, o *4263*
2.15 echó fuera del templo a...o y los bueyes *4263*
5.2 cerca de la puerta de las o, un estanque *4262*
10.1 **que no entra por...en el redil de las o** *833,4263*
10.2 **que entra por la...el pastor de las o es** *4263*
10.3 **las o oyen su voz; y a sus o llama por** *4263*
10.4 **las o le siguen, porque conocen su voz** *4263*
10.7 **de cierto os...Yo soy la puerta de las o** *4263*
10.11 **ladrones son...pero no los oyeron las o** *4263*
10.11 **el buen pastor su vida da por las o** *4263*
10.12 **de quien no son propias las o, ve venir** *4263*
10.12 **deja las o y huye, y el lobo arrebata** *4263*
10.12 **el lobo arrebata las o y las dispersa** *4263*
10.13 **es asalariado, y no le importan las o** *4263*
10.14 **y conozco mis o, y las mías me conocen**
10.15 **yo conozco...y pongo mi vida por las o** *4263*
10.16 **tengo otras o que no son de este redil** *4263*
10.26 **no creéis, porque no sois de mis o, como** *4263*
10.27 **mis o oyen mi voz, y yo las conozco, y** *4263*
21.16 **que te amo...Le dijo: Pastorea mis o** *4263*
21.17 **te amo...Jesús le dijo: Apacienta mis o** *4263*
Hch 8.32 leía, Como o a la muerte fue llevado *4263*
Ro 8.36 escrito...contados como o de matadero *4263*
He 11.37 anduvieron...cubiertos de pieles de o *3374*
13.20 a Jesucristo, el gran pastor de las o *4263*
1 P 2.25 vosotros erais como o descarriadas *4263*
Ap 18.13 o, caballos y carros, y esclavos *4263*

OVEJUNO

Lv 1.2 ofrece ofrenda...de ganado vacuno u o 6629

OVERO

Zac 1.8 había caballos alazanes, o y blancos 8320
6.3 y en el cuarto carro caballos o rucios 1261
6.6 los o salieron hacia la tierra del sur 1261

OYENTE

Is 32.3 ven, y los oídos de los o oirán atentos 7181
1 Co 14.16 que ocupa lugar de simple o, ¿cómo *2399*
Ef 4.29 sea buena...a fin de dar gracia a los o *191*
2 Ti 2.14 sino que es para perdición de los o *191*

OZEM

1. Hermano del rey David, 1 Cr 2.15 684
2. Hijo de Jerameel, 1 Cr 2.25 684

OZNI *Descendiente de Gad*, Nm 26.16 244

OZNITA *Descendiente de Ozni*, Nm 26.16 244

O

P

PAARAI *Uno de los 30 valientes de David (=Naarai)*, 2 S 23.35 6474

PABELLÓN

Est 1.6 p era de blanco, verde y azul, tendido
Jer 43.10 Nabucodonosor...extenderá su p sobre 8237
Ez 27.7 de azul y púrpura de las costas...tu p

PÁBILO

Is 42.3 ni apagará el p que humeare; por medio 6594
43.17 caen...fenecen, como p quedan apagados 6594
Mt 12.20 el p que humea no apagará, hasta que *3043*

PABLO *Apóstol*

Hch 13.9 Saulo, que también es P, lleno del *3972*
13.13 P y sus compañeros arribaron a Perge *3972*
13.16 entonces P, levantándose, hecha señal *3972*
13.43 muchos de los judíos...siguieron a P y *3972*
13.45 rebatían lo que P decía, contradiciendo *3972*
13.46 P y...hablando con denuedo, dijeron: A *3972*
13.50 pero...levantaron persecución contra P *3972*
14.9 oyó hablar a P, el cual, fijando en él *3972*
14.11 la gente, visto lo que P había hecho *3972*
14.12 y a P, Mercurio, porque éste era el que *3972*
14.14 cuando lo oyeron...Bernabé y P, rasgaron ... *3972*
14.19 apedreado a P, le arrastraron fuera de *3972*
15.2 como P y Bernabé tuviesen una discusión *3972*
15.2 que subiesen P y Bernabé a Jerusalén, y *3972*
15.12 y oyeron a Bernabé y a P, que contaban *3972*
15.22 enviarlos a Antioquía con P y Bernabé *3972*
15.25 enviarlos a vosotros con...Bernabé y P *3972*
15.35 P y Bernabé continuaron en Antioquía *3972*
15.36 P dijo a Bernabé: Volvamos a visitar *3972*
15.38 a P no le parecía bien llevar...al que *3972*
15.40 y P, escogiendo a Silas, salió *3972*
16.3 quiso P...éste fuese con él; y tomándole *3972*
16.9 se le mostró a P una visión de noche; un *3972*
16.14 que estuviese atenta a lo que P decía *3972*
16.17 siguiendo a P y...daba Voces, diciendo *3972*
16.18 desagradando a P, éste se volvió y dijo *3972*
16.19 sus amos...prendieron a P y a Silas, y *3972*
16.25 medianoche, orando P y Silas, cantaban *3972*
16.28 mas P clamó a gran voz, diciendo: No te *3972*
16.29 se postró a los pies de P y de Silas *3972*
16.36 el carcelero hizo saber...palabras a P *3972*
16.37 pero P les dijo: Después de azotarnos *3972*
17.2 y P, como acostumbraba, fue a ellos, y *3972*
17.4 creyeron, y se juntaron con P y...Silas *3972*
17.10 enviaron de noche a P y a Silas hasta *3972*
17.13 era anunciada la palabra de Dios por P *3972*
17.14 pero...enviaron a P que fuese hacia el mar .. *3972*
17.15 encargado de conducir a P le llevaron *3972*
17.16 mientras P los esperaba en Atenas, su *3972*
17.22 P, puesto en pie en medio del Areópago *3972*
17.33 y así P salió de en medio de ellos *3972*
18.1 cosas, P salió de Atenas y fue a Corinto *3972*
18.5 P estaba entregado por...a la predicación *3972*
18.9 **el Señor dijo a P en visión de...No temas** *3972*
18.12 los judíos se levantaron de...contra P *3972*
18.14 al comenzar P a hablar, Galión dijo a *3972*
18.18 P, habiéndose detenido aún muchos días *3972*
19.1 P...vino a Éfeso, y hallando a ciertos *3972*
19.4 dijo P: Juan bautizó con bautismo de *3972*
19.6 habiéndoles impuesto P las manos, vino *3972*

19.8 y entrando *P* en la sinagoga, habló con
19.9 multitud, se apartó *P* de ellos y separó
19.11 y hacía Dios milagros...por mano de *P* *3972*
19.13 os conjuro por Jesús, el que predica *P* *3972*
19.15 a Jesús conozco, y sé quién es *P*, pero *3972*
19.21 *P* se propuso...ir a Jerusalén, después *3972*
19.26 este *P*, no solamente en Éfeso, sino en *3972*
19.29 a Gayo y...macedonios, compañeros de *P*
19.30 queriendo *P* salir al pueblo, los...no lo........ *3972*
20.1 llamó *P* a los discípulos...y salió para *3972*
20.7 *P* les enseñaba, habiendo de salir al día *3972*
20.9 cuanto *P* disertaba largamente, vencido....... *3972*
20.10 entonces descendió *P* y se echó sobre él *3972*
20.13 navegamos a Asón para recoger allí a *P*...... *3972*
20.16 *P* se había propuesto pasar de largo a........ *3972*
20.37 echándose al cuello de *P*, le besaban *3972*
21.4 a *P* por el Espíritu, que no subiese a *3972*
21.8 otro día, saliendo *P*...fuimos a Cesarea........ *3972*
21.11 tomó el cinto de *P*, y atándose los pies *3972*
21.13 *P* respondió: ¿Qué hacéis llorando y.......... *3972*
21.18 *P* entró con nosotros a ver a Jacobo.......... *3972*
21.26 *P* tomó consigo a aquellos hombres, y *3972*
21.29 quien pensaban que *P* había metido en....... *3972*
21.30 y apoderándose de *P*, le arrastraron *3972*
21.32 ellos vieron...dejaron de golpear a *P*......... *3972*
21.37 a meter a *P* en la fortaleza, dijo al............ *3972*
21.39 dijo *P*: Yo de cierto soy hombre judío *3972*
21.40 *P*, estando en pie en las gradas, hizo *3972*
22.25 *P* dijo al centurión...es lícito azotar *3972*
22.28 *P* dijo: Pero yo lo soy de nacimiento *3972*
22.30 y sacando a *P*, le presentó ante ellos.......... *3972*
23.1 *P*, mirando fijamente al concilio, dijo *3972*
23.3 entonces *P* le dijo: ¡Dios te golpeará a *3972*
23.5 *P* dijo: No sabía, hermanos, que era el *3972*
23.6 *P*, notando que una parte era de saduceos..... *3972*
23.10 temor de que *P* fuese despedazado por *3972*
23.11 **ten ánimo, *P*, pues como has testificado** *3972*
23.12 no...hasta que hubiesen dado muerte a *P* *3972*
23.14 nada hasta que hayamos dado muerte a *P* *3972*
23.16 mas el hijo de la hermana de *P*, oyendo....... *3972*
23.16 entró en la fortaleza, y dio aviso a *P*.......... *3972*
23.17 *P*, llamando a uno de los centuriones *3972*
23.18 *P* me llamó y me rogó que trajese ante *3972*
23.20 que mañana lleves a *P* ante el concilio.......... *3972*
23.24 cabalgaduras en que poniendo a *P*, le *3972*
23.31 soldados, tomando a *P* como se les ordenó.... *3972*
23.33 presentaron también a *P* delante de él *3972*
24.1 ancianos...ante el gobernador contra *P* *3972*
24.10 habiéndole hecho señal...a *P* para que......... *3972*
24.23 mandó al centurión...se custodiase a *P*....... *3972*
24.24 llamó a *P*, y le oyó acerca de la fe en *3972*
24.25 al disertar *P* acerca de la justicia, del
24.26 *P* le diera dinero para que le soltase.......... *3972*
24.27 congraciarse con los...dejó preso a *P* *3972*
25.2 se presentaron ante él contra *P*, y le........... *3972*
25.4 *P* estaba custodiado en Cesarea, adonde *3972*
25.6 sentó en el...y mandó que fuese traído *P* *3972*
25.8 alegando *P* en su defensa: Ni contra la
25.9 respondiendo a *P* dijo: ¿Quieres subir a *3972*
25.10 *P* dijo: Ante el tribunal de César estoy *3972*
25.14 expuso al rey la causa de *P*, diciendo
25.19 ya muerto, al que *P* afirmaba estar vivo *3972*
25.21 como *P* apeló para que se le reservase *3972*
25.23 día...por mandato de Festo fue traído *P*...... *3972*
26.1 Agripa dijo a *P*: Se te permite hablar *3972*
26.1 *P*...extendiendo la mano, comenzó así su...... *3972*
26.24 Festo a gran voz dijo: Estás loco, *P*.......... *3972*
26.28 entonces Agripa dijo a *P*: Por poco me......... *3972*
26.29 *P* dijo: ¡Quisiera Dios que por poco o *3972*
27.1 entregaron a *P*...a un centurión llamado *3972*
27.3 tratando humanamente a *P*, le permitió *3972*
27.9 siendo ya peligrosa la...*P* les amonestaba..... *3972*
27.11 daba más crédito...que a lo que *P* decía *3972*
27.21 *P*, como hacía ya mucho que no comíamos ... *3972*
27.24 diciendo: *P*, no temas; es necesario que....... *3972*
27.31 *P* dijo al centurión y a los soldados *3972*
27.33 *P* exhortaba a todos...comiesen, diciendo *3972*
27.43 queriendo salvar a *P*, les impidió este *3972*
28.3 habiendo recogido *P* algunas ramas secas..... *3972*
28.8 y entró *P* a verle, y después de...orado *3972*
28.15 al verlos, *P* dio gracias a Dios y cobró *3972*
28.16 a *P* se le permitió vivir aparte, con un *3972*
28.17 *P* convocó a los principales de...judíos *3972*
28.25 les dijo *P* esta palabra: Bien habló el *3972*
28.30 y *P* permaneció dos años...en una casa *3972*
Ro 1.1 *P*, siervo de Jesucristo, llamado *3972*
1 Co 1.1 *P*, llamado a...apóstol de Jesucristo *3972*
1.12 dice: Yo soy de *P*; y yo de Apolos; y yo.......... *3972*
1.13 ¿acaso...Fue crucificado *P* por vosotros?...... *3972*
1.13 fuisteis bautizados en el nombre de *P*? *3972*
3.4 diciendo el uno: Yo...soy de *P*; y el otro *3972*
3.5 ¿qué, pues, es *P*, y qué es Apolos?................ *3972*
3.22 *P*, sea Apolos, sea Cefas, sea el mundo......... *3972*
16.21 yo, *P*, os escribo esta salutación de *3972*
2 Co 1.1 *P*, apóstol de Jesucristo...y *3972*
10.1 *P* os ruego por la mansedumbre y ternura..... *3972*
Gá 1.1 *P*, apóstol (no de hombres ni por *3972*
5.2 yo *P* os digo que si os circuncidáis, de........... *3972*
Ef 1.1 *P*, apóstol de Jesucristo por...de Dios *3972*
3.1 por esta causa yo *P*, prisionero de Cristo *3972*
Fil 1.1 *P* y Timoteo, siervos de Jesucristo, a *3972*
Col 1.1 *P*, apóstol de Jesucristo por...de Dios.......... *3972*
1.23 del evangelio...yo *P* fui hecho ministro *3972*
4.18 la salutación de mi propia mano, de *P* *3972*
1 Ts 1.1 *P*, Silvano y Timoteo, a la iglesia de *3972*
2.18 ir a vosotros, yo *P*...una y otra vez *3972*
2 Ts 1.1 *P*, Silvano y Timoteo, a la iglesia *3972*
3.17 salutación es de mi propia mano, de *P*......... *3972*
1 Ti 1.1 *P*, apóstol de Jesucristo por mandato.......... *3972*
2 Ti 1.1 *P*, apóstol...por la voluntad de Dios *3972*
Tit 1.1 *P*, siervo de...y apóstol de Jesucristo *3972*
Flm 1 *P*, prisionero de Jesucristo...al...Timoteo *3972*
9 *P* ya anciano, y...prisionero de Jesucristo *3972*
19 yo *P* lo escribo de mi mano, yo lo pagaré *3972*
2 P 3.15 nuestro amado hermano *P*...ha escrito *3972*

PACER

Gn 41.2,18 siete vacas...*pacían* en el prado 7462
Éx 34.3 ovejas ni bueyes *pazcan* delante del 7462
Job 1.14 y las asnas *paciendo* cerca de ellos........... 7462
Is 11.7 la vaca y la osa *pacerán*, sus crías.............. 7462
Jer 50.19 *pacerá* en el Carmelo y en Basán; y.......... 7462
Mt 8.30 *paciendo* lejos...hato de muchos cerdos *1006*
Mr 5.11 cerca...un gran hato de cerdos *paciendo* *1006*
Lc 8.32 un hato de muchos cerdos que *pacían* *1006*

PACIENCIA

Job 6.11 ¿y cuál mi fin para que tenga aún *p*?.......... 748
Pr 25.15 con larga *p* se aplaca el príncipe, y............. 639
Mt 18.26 **ten *p* conmigo, y yo te lo pagaré todo** *3114*
18.29 **ten *p* conmigo, y yo te lo pagaré todo** *3114*
Lc 18.5 **no sea que viniendo de...me agote la *p*.** *5299*
21.19 **con vuestra *p* ganaréis vuestras almas**....... *5281*
Hch 26.3 lo cual te ruego que me oigas con *p* *3116*
Ro 2.4 ¿o menosprecias las riquezas de su...*p*.......... *463*
3.25 pasado por alto, en su *p*, los pecados *463*
5.3 sabiendo que la tribulación produce *p* *5281*
5.4 y la *p*, prueba; y la prueba, esperanza *5281*
8.25 pero si esperamos...con *p* lo aguardamos..... *5281*
9.22 soportó con mucha *p* los vasos de ira.......... *3115*
15.4 de que por la *p* y la...tengamos esperanza *5281*
15.5 el Dios de la *p*...os dé entre vosotros un *5281*
2 Co 6.4 *p*, en tribulaciones, en necesidades.......... *5281*
12.12 las señales de apóstol han...en toda *p*......... *5281*
Gá 5.22 amor, gozo, paz, *p*, benignidad, bondad *3115*
Ef 4.2 soportándoos con *p* los unos a los otros *3115*
Col 1.11 gloria, para toda *p* y longanimidad........... *5281*
3.12 vestíos...humildad, de mansedumbre, de *p* *3115*
2 Ts 1.4 por vuestra *p* y fe en...persecuciones *5281*
3.5 y el Señor encamine...y a la *p* de Cristo *5281*
1 Ti 6.11 y sigue la...la fe, el amor, la *p*, la *5281*
2 Ti 3.10 tú has seguido mi doctrina...amor, *p*.......... *5281*
4.2 reprende, exhorta con toda *p* y doctrina........ *3115*
Tit 2.2 sanos en la fe, en el amor, en la *p* *5281*
He 6.12 por la fe y la *p* heredan las promesas *3115*
6.15 y habiendo esperado con *p*, alcanzó la *3114*
10.36 porque os es necesaria la *p*, para que *5281*
12.1 corramos con *p* la carrera que tenemos *5281*
Stg 1.3 que la prueba de vuestra fe produce *p* *5281*
1.4 mas tenga la *p* su obra completa, para que..... *5281*
5.7 tened *p* hasta la venida del Señor...Mirad..... *3114*
5.7 aguardando con *p*...que reciba la lluvia......... *3114*
5.8 tened...*p*, y afirmad vuestros corazones.......... *3114*
5.10 tomad como ejemplo...de *p* a los profetas *3115*
5.11 habéis oído de la *p* de Job, y habéis............ *5281*
1 P 3.20 cuando una vez esperaba la *p* de Dios *3115*
2 P 1.6 al dominio propio, *p*; a la *p*, piedad.......... *5281*
3.15 la *p* de nuestro Señor es para salvación *3115*
Ap 1.9 copartícipe vuestro en el reino...la *p*............ *5281*
2.2 **conozco tus obras...tu arduo trabajo y *p*** *5281*
2.3 **y has sufrido, y has tenido *p*...trabajado** *5281*
2.19 **tu *p*, y que tus obras postreras son más** *5281*
3.10 **cuanto has guardado la palabra de mi *p*** *5281*
13.10 aquí está la *p* y la fe de los santos *5281*
14.12 aquí está la *p* de los santos, los que........... *5281*

PACIENTE

1 Ts 5.14 débiles, que seáis *p* para con todos........... *3114*
He 5.2 que se muestre *p* con los ignorantes y.......... *3356*
2 P 3.9 es *p* para con nosotros, no queriendo *3114*

PACIENTEMENTE

Sal 40.1 *p* esperé a Jehová, y se inclinó a mí.......... 6960

PACÍFICAMENTE

Gn 37.4 le aborrecían, y no podían hablarle *p*......... 7965
2 S 8.10 para saludarle *p* y para bendecirle

PACIFICADOR

Mt 5.9 **bienaventurados los *p*, porque ellos**........... *1518*

PACÍFICO, A

Gn 34.21 estos varones son *p* con nosotros, y.......... 8003
1 S 16.4 miedo, y dijeron: ¿Es *p* tu venida?............ 7965
2 S 20.19 yo soy de las *p* y fieles de Israel............ 7999
Job 21.23 morirá en el vigor...todo quieto y *p* 7946
Sal 120.7 yo soy *p*; mas ellos, así que hablo 7965
Jer 49.31 subid contra una noción *p* que vive............ 7961
Stg 3.17 sabiduría que es...pura, después *p* *7516*

PACTAR

2 Cr 7.18 de tu reino, como *pacté* con David 3772
Is 2.6 pueblo...*pactan* con hijos de extranjeros 5606

PACTO

Gn 6.18 estableceré mi *p* contigo, y entrarás 1285
9.9 yo establezco mi *p* con vosotros, y con.......... 1285
9.11 mi *p* con vosotros, y no exterminaré ya......... 1285
9.12 la señal del *p* que yo establezco entre 1285
9.13 mi arco...será por señal del *p* entre mí......... 1285
9.15 me acordaré del *p* mío, que hay entre mí....... 1285
9.16 lo veré, y me acordaré del *p* perpetuo 1285
9.17 esta es la señal del *p* que he establecido....... 1285
15.18 en aquel día hizo Jehová un *p* con Abram 1285
17.2 mi *p* entre mí y ti, y te multiplicaré en 1285
17.4 aquí mi *p* es contigo, y serás padre de.......... 1285
17.7 y estableceré mi *p* entre...por *p* perpetuo 1285
17.9 en cuanto a ti, guardarás mi *p*, tú y tu 1285
17.10 este es mi *p*, que guardaréis entre mí 1285
17.11 por señal del *p* entre mí y vosotros............ 1285
17.13 y estará mi *p* en vuestra carne por *p* 1285
17.14 cortada de su pueblo; ha violado mi *p* 1285
17.19 confirmaré mi *p* con él como *p* perpetuo 1285
17.21 yo estableceré mi *p* con Isaac, el que 1285
21.27 Abraham...Abimelec...e hicieron ambos *p*... 1285
21.32 hicieron *p* en Beerseba; y se levantó.......... 1285
26.28 haya ahora juramento entre...haremos *p*.... 1285
31.44 ven, pues, ahora, y hagamos *p* tú y yo 1285
Éx 2.24 y se acordó de su *p* con Abraham 1285
6.4 establecí mi *p* con ellos, de darles la............ 1285
6.5 yo he oído el...y me he acordado de mi *p*....... 1285
19.5 y guardareis mi *p*, vosotros seréis mi........... 1285
24.7 tomó el libro del *p* y lo leyó a oídos de 1285
24.8 la sangre del *p* que Jehová ha hecho con 1285
31.16 celebrándolo por sus generaciones por *p* 1285
34.10 hago *p* delante de todo tu pueblo; haré 1285
34.27 conforme a estas palabras he hecho *p* 1285
34.28 escribió en tablas las palabras del *p* 1285
Lv 2.13 harás que falte jamás...la sal del *p* 1285
24.8 lo pondrá...en orden...como *p* perpetuo 1285
26.9 haré crecer...afirmaré mi *p* con vosotros 1285
26.15 no ejecutando todos...invalidando mi *p* 1285
26.25 espada vengadora, en vindicación del *p*...... 1285
26.42 yo me acordaré de mi *p* con Jacob, y.......... 1285
26.42 de mi *p* con Isaac...mi *p* con Abraham me ... 1285
26.44 ni los abominaré...invalidando mi *p* con 1285
26.45 me acordaré de ellos por el *p* antiguo 1285
Nm 10.33 el arca del *p*...fue delante de ellos 1285
14.44 el arca del *p*...no se apartaron de en......... 1285
18.19 *p* de sal...delante de Jehová para ti y 1285
25.12 aquí yo establezco mi *p* de paz con él 1285
25.13 tendrá...el *p* del sacerdocio perpetuo 1285
Dt 4.13 él os anunció su *p*, el cual os mandó 1285
4.23 guardaos, no os olvidéis del *p* de Jehová....... 1285
4.31 ni se olvidará del *p* que les juró a tus 1285
5.2 Jehová...Dios hizo *p* con nosotros en Horeb.... 1285
5.3 no con nuestros padres hizo Jehová este *p* 1285
7.9 guarda el *p* y la misericordia a los que 1285
7.12 Jehová tu Dios guardará contigo el *p* y 1285
8.18 a fin de confirmar su *p* que juró a tus 1285
9.9 para recibir...las tablas del *p* que Jehová 1285
9.11 Jehová me dio las dos...las tablas del *p* 1285
9.15 con las tablas del *p* en mis dos manos 1285
10.8 de Leví para que llevase el arca del *p* 1285
17.2 haya hecho mal ante...traspasando su *p*........ 1285
29.1 son las palabras del *p* que Jehová mandó 1285
29.1 además del *p* que concertó con ellos en 1285
29.9 guardaréis, pues, las palabras de este *p*........ 1285
29.12 que entres en el *p* de Jehová tu Dios.......... 1285
29.14 no solamente con vosotros hago...este *p*..... 1285
29.21 todas las maldiciones del *p* escrito en 1285
29.25 dejaron el *p* de Jehová el Dios de sus.......... 1285
31.9 que llevaban el arca del *p* de Jehová, y 1285
31.16 invalidará mi *p* que he concertado con 1285
31.20 y me enojarán, e invalidarán mi *p*.............. 1285
31.25 levitas que llevaban el arca del *p* de........... 1285
31.26 la ley, y ponedlo al lado del arca del *p*........ 1285
33.9 pues ellos guardaron...y cumplieron tu *p* 1285
Jos 3.3 cuando veáis el arca del *p* de Jehová 1285
3.6 tomad el arca del *p*, y pasad delante del......... 1285
3.6 tomaron el arca del *p* y fueron delante 1285
3.8 mandarás a los...que llevan el arca del *p*........ 1285
3.11 arca del *p*...pasará delante de vosotros 1285
3.14 los sacerdotes...llevando el arca del *p*......... 1285
3.17 que llevaban el arca del *p*...en medio del...... 1285
4.7 fueron divididas delante del arca del *p* 1285
4.9 pies de los...que llevaban el arca del *p* 1285
4.18 que llevaban el arca del *p* subieron de 1285
6.6 llevad el arca del *p*, y siete sacerdotes 1285
6.8 bocinas...arca del *p* de Jehová los seguía 1285
7.11 Israel ha pecado...han quebrantado mi *p* 1285
7.15 por cuanto ha quebrantado el *p* de Jehová 1285
8.33 levitas que llevaban el arca del *p* de 1285
23.16 si traspasareis el *p* de Jehová...Dios 1285
24.25 entonces Josué hizo *p* con el pueblo el........ 1285
Jue 2.1 invalidaré jamás mi *p* con vosotros............. 1285
2.2 no hagáis *p* con los moradores de...tierra...... 1285
2.20 traspasa mi *p* que ordené a sus padres......... 1285
20.27 pues el arca del *p* de Dios estaba allí.......... 1285
1 S 4.3 traigamos a...el arca del *p* de Jehová........... 1285
4.4 trajeron de allá el arca del *p* de Jehová.......... 1285
4.4 Ofni y Finees...allí con el arca del *p* de......... 1285
4.5 cuando el arca del *p* de Jehová llegó al 1285
18.3 hicieron *p* Jonatán y David...él le amaba 1285
20.8 ya que has hecho entrar a tu siervo en *p* 1285
20.16 así hizo Jonatán *p* con la casa de David
23.18 y ambos hicieron *p* delante de Jehová......... 1285
2 S 3.12 Abner...a David...haz *p* conmigo.............. 1285
3.13 haré *p* contigo, mas una cosa te pido 1285
3.21 para que hagan contigo *p*, y tú reines 1285
5.3 el rey David hizo *p* con ellos en Hebrón 1285
15.24 levitas que llevaban el arca del *p* de........... 1285
15.24 los levitas...asentaron el arca del *p* 1285
23.5 sin embargo, él ha hecho conmigo *p*............ 1285
1 R 3.15 se presentó delante del arca del *p* 1285
5.12 y hubo paz entre Hiram y...e hicieron *p*....... 1285
6.19 para poner allí el arca del *p* de Jehová 1285
8.1 para traer el arca del *p* de Jehová de la 1285
8.6 metieron el arca del *p*...en su lugar, en......... 1285
8.9 Horeb, donde Jehová hizo *p* con los hijos
8.21 el arca, en la cual está el *p* de Jehová 1285
8.23 que guardas el *p* y la misericordia a tus 1285
11.11 y no has guardado mi *p*...romperé de ti...... 1285
15.19 y rompe tu *p* con Baasa rey de Israel.......... 1285
19.10,14 los hijos de Israel han dejado tu *p* 1285
20.34 yo, dijo...te dejaré partir con este *p*........... 1285

20.34 hizo, pues, p con él, y le dejó ir 1285
2 R 11.17 hizo p entre Jehová y el rey y el 1285
13.23 los miró, a causa de su p con Abraham 1285
17.15 desecharon... y el p que él había hecho 1285
17.35 con los cuales Jehová había hecho p 1285
17.38 no olvidaréis el p qué... con vosotros 1285
18.12 habían quebrantado su p; y todas las 1285
23.2 leyó... las palabras del libro del p que 1285
23.3 hizo p delante de Jehová, de que irían 1285
23.3 y que cumplirían las palabras del p que 1285
23.3 libro. Y todo el pueblo confirmó el p 1285
23.21 que está escrito en el libro de este p 1285
1 Cr 11.3 David hizo con ellos p delante de 1285
15.25 fueron a traer el arca del p de Jehová 1285
15.26 levitas que llevaban el arca del p de 1285
15.28 llevaba todo Israel el arca del p, con 1285
15.29 arca del p... llegó a la ciudad de David 1285
16.6 trompetas delante del arca del p de Dios 1285
16.15 él hace memoria de su p perpetuamente 1285
16.16 del p que concertó con Abraham, y de 1285
16.17 cual confirmó... a Israel por p sempiterno 1285
16.37 allí, delante del arca del p de Jehová 1285
17.1 y el arca del p de... debajo de cortinas 1285
22.19 para traer el arca del p de Jehová, y 1285
28.2 casa en la cual reposara el arca del p 1285
28.18 que con las alas... cubrían el arca del p
2 Cr 5.2 trajesen el arca del p de Jehová de 1285
5.7 metieron el arca del p de... en su lugar 1285
5.10 había hecho p con los hijos de Israel
6.11 el arca, en la cual está el p de Jehová 1285
6.14 que guardas el p y la... con tus siervos 1285
13.5 Jehová dio el reino a David... p de sal? 1285
21.7 causa del p que había hecho con David 1285
23.3 toda la multitud hizo p con el rey en 1285
23.16 p entre sí y todo el pueblo y el rey 1285
29.10 yo he determinado hacer p con Jehová 1285
34.30 y leyó... del libro del p que había sido 1285
34.31 hizo... p de caminar en pos de Jehová y 1285
34.31 poniendo por obra las palabras del p 1285
34.32 conforme al p de Dios... del Dios de sus 1285
Esd 10.3 p con nuestro Dios, que despediremos 1285
Neh 1.5 que guarda el p y la misericordia a los 1285
9.8 hiciste p con él para darle la tierra de 1285
9.32 que guardas el p, y la misericordia, no 1285
13.29 los que contaminan... el p del sacerdocio 1285
Job 5.23 con las piedras del campo tendrás tu p 1285
31.1 hice p con mis ojos; ¿cómo, pues, había 1285
41.4 ¿hará p contigo para que lo tomes por 1285
Sal 25.10 que guardan su p y sus testimonios 1285
25.14 le temen, y a ellos hará conocer su p 1285
44.17 nos ha venido... y no hemos faltado a tu p 1285
50.5 mis santos, los que hicieron conmigo p 1285
50.16 mis leyes, y que tomar mi p en tu boca? 1285
55.20 extendió el inicuo... manos... violó su p 1285
74.20 mira al p... están llenos... de violencia 1285
78.10 no guardaron el p de Dios, ni... su ley 1285
78.37 rectos... ni estuvieron firmes en su p 1285
89.3 hice p con mi escogido; juré a David mi 1285
89.28 misericordia, y mi p será firme con él 1285
89.34 no olvidaré mi p, ni mudaré lo que ha 1285
89.39 rompiste el p de tu siervo... su corona 1285
103.18 sobre los que guardan su p, y los que 1285
105.8 se acordó para siempre de su p; de la 1285
105.10 por decreto, a Israel por p sempiterno 1285
106.45 y se acordaba de su p con ellos, y se 1285
111.5 temen; para siempre se acordará de su p 1285
111.9 para siempre ha ordenado su p; santo y 1285
132.12 si tus hijos guardaren mi p, y mi 1285
Pr 2.17 y se olvida del p de su Dios 1285
Is 24.5 porque... quebrantaron el p sempiterno 1285
28.15 p tenemos hecho con la muerte... el Seol 1285
28.18 será anulado vuestro p con la muerte 1285
33.8 ha anulado el p, aborreció las ciudades 1285
42.6 te pondré por p al pueblo, por luz de 1285
49.8 daré por p al pueblo, para que restaures 1285
54.10 ni el p de mi paz se quebrantará, dijo 1285
55.3 venid... haré con vosotros p eterno, las 1285
56.4 los eunucos que guarden... y abracen mi p 1285
56.6 guarden el día de reposo... y abracen mi p 1285
57.8 ensanchaste tu cama... hiciste con ellos p
59.21 este será mi p con ellos, dijo Jehová 1285
61.8 afirmaré... y haré con ellos p perpetuo 1285
Jer 3.16 no se dirá más: Área del p de Jehová 1285
11.2 oíd las palabras de este p, y hablad a 1285
11.3 maldito el varón que no obedeciere... p 1285
11.6 oíd las palabras de este p, y ponedlas 1285
11.8 sobre ellos todas las palabras de este p 1285
11.10 casa de Judá invalidaron mi p, el cual 1285
14.21 no nos deseches... no invalides tu p con 1285
22.9 porque dejaron el p de Jehová su Dios, y 1285
31.31 en los cuales haré nuevo p con la casa 1285
31.32 no como el p que hice con sus padres el 1285
31.32 ellos invalidaron mi p, aunque fui yo 1285
31.33 pero este es el p que haré con la casa 1285
32.40 y haré con ellos p eterno, que no me 1285
33.20 invalidar mi p con el día y mi p con la 1285
33.21 mi p con... David... mi p con los levitas 1285
33.25 si no permanece mi p con el día y la 1285
34.8 Sedequías hizo p con todo el pueblo en 1285
34.10 había convenido en el p de dejar libre 1285
34.13 hice p con vuestros padres el día que 1285
34.15 y habíais hecho p en mi presencia, en 1285
34.18 traspasaron mi p... las palabras del p 1285
50.5 y juntémonos a Jehová con p eterno que 1285
Ez 16.8 di juramento y entré en p contigo 1285
16.59 menospreciaste... para invalidar el p? 1285
16.60 yo tendré memoria de mi p que concerté 1285
16.60 y estableceré contigo un p sempiterno 1285
16.61 yo te daré por hijas, mas no por tu p 1285
16.62 por mi p que yo confirmaré contigo; y 1285
17.13 p con él, y le hizo prestar juramento 1285
17.14 que guardando el p, permaneciese en pie 1285
17.15 el que rompió el p, ¿podrá escapar? 1285
17.16 el rey que... cuyo p hecho con él rompió 1285
17.18 cuanto menospreció el... y quebrantó el p 1285
17.19 p que ha quebrantado, lo traeré sobre 1285
20.37 y os haré entrar en los vínculos del p 1285
34.25 y estableceré con ellos p de paz, y 1285
37.26 y haré con ellos p de paz, p perpetuo 1285
44.7 y de invalidar mi p con todas vuestras 1285
Dn 9.4 guardas el p... con los que te aman 1285
9.27 y por otra semana confirmará el p con 1285
11.22 del todo destruidos... el príncipe del p 2266
11.23 después del p con él, engañará y subirá 1285
11.28 y su corazón será contra el p santo 1285
11.30 se enojará contra el p santo, y hará 1285
11.30 entenderá con los que abandonen el... p 1285
11.32 seducirá a los violadores del p; mas el 1285
Os 2.18 para ti p con las bestias del campo 1285
6.7 mas ellos, cual Adán, traspasaron el p 1285
8.1 traspasaron mi p, y se rebelaron contra 1285
10.4 jurando en vano al hacer p; por tanto 1285
12.1 hicieron p con los asirios, y el aceite 1285
Am 1.9 no se acordaron del p de hermanos 1285
Hag 2.5 el p que hice con vosotros cuando 3722
Zac 9.11 por la sangre de tu p serás salva; yo 1285
11.10 romper mi p que concerté con todos los 1285
Mal 2.4 que fuese mi p con Leví, ha dicho 1285
2.5 p con él fue de vida y de paz, las cuales 1285
2.8 apartado... habéis corrompido el p de Leví 1285
2.10 ¿profanando el p de nuestros padres? 1285
2.14 desleal, siendo ella... la mujer de tu p 1285
3.1 el ángel del p, a quien deseáis vosotros 1285
Mt 26.28; Mr 14.24 es mi sangre del nuevo p 1242
Lc 1.72 misericordia... acordarse de su santo p 1242
22.20 esta copa es el nuevo p en mi sangre 1242
Hch 3.25 p que Dios hizo con nuestros padres 1242
7.8 y le dio el p de la circuncisión; y así 1242
Ro 9.4 de los cuales son la adopción... el p, la 1242
11.27 y este será mi p con ellos, cuando yo 1242
1 Co 11.25 **esta copa es el nuevo p en mi sangre** 1242
2 Co 3.6 nos hizo ministros... de un nuevo p, no 1242
3.14 cuando leen el antiguo p, les queda el 1242
Gá 3.15 un p, aunque sea de... nadie lo invalida 1242
3.17 el p previamente ratificado por Dios para 1242
4.24 pues estas mujeres son los dos p; el uno 1242
Ef 2.12 y ajenos a los p de la promesa, sin 1242
He 7.22 Jesús es hecho fiador de un mejor p 1242
8.6 suyo, cuanto es mediador de un mejor p 1242
8.8 días... en que estableceré con... un nuevo p 1242
8.9 no como el p que hice con sus padres el 1242
8.9 ellos no permanecieron en mi p, y yo me 1242
8.10 es el p que haré con la casa de Israel 1242
8.13 nuevo p, ha dado por viejo al primero
9.1 aun el primer p tenía ordenanzas de culto
9.4 tenía... el arca del p cubierta de oro por 1242
9.4 que contenía el maná... y las tablas del p 1242
9.15 que, por eso es mediador de un nuevo p 1242
9.15 de las transgresiones... bajo el primer p 1242
9.18 ni aun el primer p fue instituido sin 1242
9.20 esta es la sangre del p que Dios os ha 1242
10.16 es el p que haré con ellos después de 1242
10.29 y tuviere por inmunda la sangre del p 1242
12.24 a Jesús el Mediador del nuevo p, y a 1242
13.20 pastor de... por la sangre del p eterno 1242
Ap 11.19 el arca de su p se veía en el templo 1248

PÁDAN-ARAM *Región en el norte de Mesopotamia*
Gn 25.20 a Rebeca, hija de Betuel arameo de P. 6307
28.2 a P, a casa de Betuel, padre de tu madre 6307
28.5 así envió Isaac a Jacob, el cual fue a P. 6307
28.6 le había enviado a P, para tomar para 6307
28.7 Jacob había obedecido... se había ido a P 6307
31.18 el ganado de... que había obtenido en P 6307
33.18 cuando venía de P; y acampó delante de 6307
35.9 Dios a Jacob, cuando había vuelto de P. 6307
35.26 hijos de Jacob, que le nacieron en P. 6307
46.15 hijos de Lea... dio a luz a Jacob en P. 6307
48.7 yo venía de P, sé me murió Raquel en la 6307

PADECER
Lv 15.33 para la que padece su costumbre, y 1739
22.4 varón... padeciere flujo, no comerá de las 1739
Nm 5.2 echen... a todos los que padecen flujo 2100
2 S 3.29 nunca falte de... Joab quien padezca 2100
Job 20.22 de su abundancia padecerá estrechez 5607
Sal 9.13 mi aflicción que padezco a causa de
103.6 derecho a... los que padecen violencia 6231
Pr 10.3 no dejará padecer hambre al justo; mas
19.15 y el alma negligente padecerá hambre
Is 38.14 Jehová, violencia padezco; fortaléceme 6234
Jer 42.14 Egipto, en la... ni padeceremos hambre
Lm 5.5 padecemos persecución sobre nosotros
Ez 24.13 en tu inmunda lujuria padecerás 2154
Mt 5.10 **los que padecen persecución por causa**
16.21 le era necesario ir a... y padecer mucho 3958
17.12 **el Hijo del Hombre padecerá de ellos** 3958
17.15 es lunático, y padece muchísimo; porque 2560
27.19 he padecido... en sueños por causa de él 3958
Mr 5.25 doce años padecía de flujo de sangre
8.31 era necesario al Hijo del hombre padecer 3958
9.12 **que padezca mucho y sea tenido en nada?** 3958
Lc 8.43 mujer que padecía de flujo de sangre
9.22 **el Hijo del Hombre padezca muchas cosas** 3958
13.2 **porque padecieron... eran más pecadores** 3958
17.25 **es necesario que padezca mucho, y sea** 3958
22.15 **comer... esta pascua antes que padezca!** 3958
23.41 nosotros... justamente padecemos, porque 514
24.26 **era necesario que el Cristo padeciera** 3958
24.46 **fue necesario que el Cristo padeciese** 3958
Hch 1.3 haber padecido, se presentó vivo 3958
3.18 anunciado... su Cristo había de padecer 3958
5.41 tenidos por dignos de padecer afrenta 818
9.16 **cuánto le es necesario padecer por mi** 3958
17.3 era necesario que el Cristo padeciese 3958
26.23 que el Cristo había de padecer, y ser 3805
28.5 él, sacudiendo la... ningún daño padeció 3958
Ro 8.17 que padecemos juntamente con él 4841
1 Co 4.11 padecemos hambre, tenemos sed
4.12 padecemos persecución... la soportamos 430
12.26 un miembro padece, todos los miembros 4841
2 Co 1.6 las mismas aflicciones que... padecemos 3958
4.15 padecemos por amor a vosotros, para que
7.9 para que ninguna pérdida padecieseis por 2210
7.12 por causa del que lo padeció, sino para
11.25 tres veces he padecido naufragio; una
Gá 3.4 ¿tantas cosas habéis padecido en vano? 3958
5.11 ¿por qué padezco persecución todavía? 1377
6.12 para no padecer persecución a causa de 1377
Ef 4.28 compartir con el que padece necesidad
Fil 1.29 él, sino también que padezcáis por él 3958
4.12 así para... como para padecer necesidad 5302
Col 1.24 en lo que padezco por vosotros 3804
1 Ts 2.2 habiendo... padecido y sido ultrajados 4310
2.14 padecido de los de vuestra... nación las 3958
2.14 las mismas cosas que ellas padecieron de 3958
2 Ts 1.5 reino de Dios, por el cual... padecéis
2 Ti 1.12 por lo cual asimismo padezco esto 5278
3.12 quieren vivir piadosamente en... padecerán 1377
He 2.18 él mismo padeció siendo tentado, es 3958
5.8 y aunque era Hijo, por lo que padeció 3958
9.26 padecer muchas veces desde el principio 3958
13.12 santificar... padeció fuera de la puerta 3958
1 P 2.19 si alguno... sufre molestias padeciendo 3958
2.21 Cristo padeció por nosotros, dejándonos 3958
2.23 maldición; cuando padecía, no amenazaba 3958
3.14 cosa padecéis por causa de la justicia 3958
3.17 mejor es que padezcáis haciendo el bien 3958
3.18 padeció una sola vez por los pecados, el 3958
4.1 que Cristo ha padecido por nosotros en la 3958
4.1 quien ha padecido en la carne, terminó con 3958
4.15 así que, ninguno... padezca como homicida 3958
4.16 pero si alguno padece como cristiano, no 3958
4.19 que padecen según la voluntad de Dios 3958
5.10 después que hayáis padecido un poco de 3958
Ap 2.10 **no temas en nada lo que vas a padecer** 3958

PADECIMIENTO
Is 53.10 quiso quebrantarlo, sujetándole a p 2654
Fil 3.10 a fin de... la participación de sus p 3804
2 Ti 3.11 p, como los que me sobrevinieron en 3804
He 2.9 coronado de... a causa del p de la muerte 3804
10.32 días... sostuvisteis gran combate de p 3804
1 P 4.13 sois participantes de los p de Cristo 3804
5.1 yo... testigo de los p de Cristo, que soy 3804
5.9 que los mismos p se van cumpliendo en 3804

PADÓN *Padre de una familia de sirvientes del templo*, Esd 2.44; Neh 7.47 6303

PADRE
Gn 2.24 dejará el hombre a su p y a su madre 1
4.20 Jabal... p de los que habitan en tiendas 1
4.21 Jubal... fue p de todos los que tocan arpa 1
9.18 Cam y Jafet; y Cam es el p de Canaán 3318
9.22 p de Canaán, vio la desnudez de su p, y 1
9.23 Jafet... cubrieron la desnudez de su p 1
9.23 ropa... así no vieron la desnudez de su p 3315
10.21 a Sem, p de todos los hijos de Heber 1,3315
11.28 y murió Harán antes que su p Taré en 1
11.29 hija de Harán, p de Milca y de Isca 1
12.1 vete de tu tierra... de la casa de tu p 1
15.15 y tú vendrás a tus p en paz, y serás 1
17.4 es contigo, y serás p de muchedumbre de 1
17.5 puesto por p de muchedumbre de gentes 1
19.31 nuestro p es viejo, y no queda varón en 1
19.32 ven, demos a beber vino a nuestro p y 1
19.32 conservaremos de nuestro p descendencia 1
19.33,35 dieron a beber vino a su p... noche 1
19.33 entró la mayor, y durmió con su p; mas 1
19.34 aquí, yo dormí la noche pasada con mi p 1
19.34 para que conservemos... p descendencia 1
19.36 las dos hijas de Lot concibieron de su p 1
19.37 el cual es p de los moabitas hasta hoy 1
19.38 el cual es p de los amonitas hasta hoy 1
20.12 también es mi hermana, hija de mi p 1
20.13 hizo salir errante de la casa de mi p 1
22.7 habló Isaac a Abraham su p, y dijo: P 1
22.21 Uz su primogénito... Kemuel p de Aram 1
22.23 Betuel fue el p de Rebeca... Estos son 3205
24.7 que me tomó de la casa de mi p y de la 1
24.23 en casa de tu p lugar donde posemos? 1
24.38 irás a la casa de mi p y a mi parentela 1
24.40 mujer de mi familia y... la casa de mi p 1
26.3 el juramento que hice a Abraham tu p 1
26.15 abierto los criados de Abraham su p en 1
26.18 abierto en los días de Abraham su p, y 1
26.18 y los llamó por los nombres que su p 1
26.24 le dijo: Yo soy el Dios de Abraham tu p 1
27.6 yo he oído a tu p que hablaba con Esaú 1
27.9 haré de ellos viandas para tu p, como a 1
27.10 las llevarás a tu p, y comerá, para que 1
27.12 quizá me palpará mi p, y me tendrá por 1
27.14 hizo guisados, como a su p le gustaba 1
27.18 entonces éste fue a su p y dijo: P mío 1
27.19 y Jacob dijo a su p: Yo soy Esaú tu 1

P

27.22 se acercó Jacob a su p Isaac... le palpó 1
27.26 y le dijo Isaac su p: Acércate ahora, y 1
27.30 salido Jacob de delante de Isaac su p 1
27.31 él también hizo guisados, y trajo a su p 1
27.31 levántese mi p, y coma de la caza de su 1
27.32 Isaac su p le dijo: ¿Quién eres tú? 1
27.34 cuando Esaú oyó las palabras de su p 1
27.34 le dijo: Bendíceme también a mí, p mío 1
27.38 Esaú respondió a su p; ¿No tienes más 1
27.38 ¿no tienes más que una... bendición, p 1
27.38 bendíceme también a mí, p mío... y lloró 1
27.39 Isaac su p habló y le dijo: He aquí, tu 1
27.41 por la bendición con que su p le había 1
27.41 llegarán los días del luto de mi p, y 1
28.2 a casa de Betuel, p de tu madre, y toma 1
28.7 y que Jacob había obedecido a su p y a 1
28.8 las hijas de, parecían mal a Isaac su p 1
28.13 yo soy Jehová, el Dios de Abraham tu p 1
28.21 y si volviere en paz a casa de mi p 1
29.9 con el rebaño de su p, porque ella era 1
29.12 a Raquel que él era hermano de su p, y 1
29.12 y ella corrió, y dio las nuevas a su p 1
31.1 ha tomado todo lo que era de nuestro p 1
31.1 de lo que era de nuestro p ha adquirido 1
31.3 vuélvete a la tierra de tus p, y a tu 1
31.5 veo que el semblante de vuestro p no es 1
31.5 mas el Dios de mi p ha sido conmigo 1
31.6 sabéis que con... he servido a vuestro p 1
31.7 y vuestro p me ha engañado... el salario 1
31.9 así quitó Dios el ganado de vuestro p 1
31.14 ¿tenemos acaso... heredad en la casa... p? 1
31.16 toda... que Dios ha quitado a nuestro p 1
31.18 volverse a Isaac su p en la tierra de 1
31.19 y Raquel hurtó los ídolos de su p 1
31.29 mas el Dios de tu p me habló anoche 1
31.30 porque tenías deseo de la casa de tu p 1
31.35 ella dijo a su p: No se enoje mi señor 1
31.42 si el Dios de mi p... no estuviera conmigo 1
31.53 Dios de Nacor juzgue... y el Dios de sus p 1
31.53 juró por aquel a quien temía Isaac su p 1
32.9 de mi p Abraham, y Dios de mi p Isaac 1
33.19 parte del campo... de Hamor p de Siquem 1
34.4 y habló Siquem a Hamor su p, diciendo 1
34.6 y se dirigió Hamor p de Siquem a Jacob 1
34.11 Siquem también dijo al p de Dina y a 1
34.13 respondieron... a Siquem y a Hamor su p 1
34.19 más distinguido de toda la casa de su p 1
35.18 nombre Benoni... su p lo llamó Benjamín 1
35.22 durmió con Bilha la concubina de su p 1
35.27 vino Jacob a Isaac su p a Mamre, a la 1
36.9 son los linajes de Esaú, p de Edom, en 1
36.24 apacentaba los asnos de Zibeón su p 1
36.43 Edom es el mismo Esaú, p de... edomitas 1
37.1 en la tierra donde había morado su p, en 1
37.2 con los hijos de Zilpa, mujeres de su p 1
37.2 informaba José a su p la mala fama de 1
37.4 y viendo sus hermanos que su p lo amaba 1
37.10 lo contó a su p y... y su p le reprendió 1
37.11 le tenían envidia, mas su p meditaba en 1
37.12 fueron... a apacentar las ovejas de su p 1
37.22 librarlo... para hacerlo volver a su p 1
37.32 y la trajeron a su p, y dijeron: Esto 1
37.35 él no quiso recibir... Y lo lloró su p 1
38.11 quédate viuda en casa de tu p, hasta 1
38.11 se fue Tamar, y estuvo en casa de su p 1
41.51 me hizo olvidar... toda la casa de mi p 1
42.13 el menor está hoy con nuestro p, y otro 1
42.29 venidos a Jacob su p... le contaron todo 1
42.32 somos doce hermanos, hijos de nuestro p 1
42.32 el menor está hoy con nuestro p en la 1
42.35 viendo ellos y su p los atados de su 1
42.36 su p Jacob les dijo: Me habéis privado 1
42.37 y Rubén habló a su p, diciendo: Harás 1
43.2 les dijo su p: Volved, y comprad para 1
43.7 diciendo: ¿Vive aún vuestro p? ¿Tenéis 1
43.8 a Israel su p: Envía al joven conmigo 1
43.11 Israel su p les respondió: Pues que así 1
43.23 el Dios de vuestro p os dio el tesoro 1
43.27 ¿vuestro p, el anciano... lo pasa bien? 1
43.28 bien va a tu siervo nuestro p; aún vive 1
44.17 la copa... vosotros id en paz a vuestro p 1
44.19 mi señor preguntó... ¿Tenéis p o hermano? 1
44.20 respondimos... Tenemos un p anciano, y 1
44.20 y él solo quedó de los... y su p lo ama 1
44.22 el joven no puede dejar a su p... p morirá 1
44.24 cuando llegamos a mi p tu siervo, le 1
44.25 dijo nuestro p... Volved a compramos un 1
44.27 siervo mi p nos dijo: Vosotros sabéis 1
44.30 cuando vuelva yo a tu siervo mi p, si 1
44.31 las canas de tu siervo nuestro p con 1
44.32 salió por fiador del joven con mi p 1
44.32 yo seré culpable ante mi p para siempre 1
44.34 ¿cómo volveré yo a mi p sin el joven? 1
44.34 no ver el mal que sobrevendrá a mi p 1
45.3 dijo José... Yo soy José; ¿vive aún mi p? 1
45.8 Dios, que me ha puesto por p de Faraón 1
45.9 id a mi p y decidle: Así dice tu hijo 1
45.13 haréis... saber a mi p... traed a mi p acá 1
45.18 tomad a vuestro p y... familias y venid 1
45.19 haced esto... traed a vuestro p, y venid 1
45.23 y a su p envió... diez asnos cargados de 1
45.23 y pan y comida, para su p en el camino 1
45.25 llegaron a la tierra de... a Jacob su p 1
46.1 y ofreció sacrificios al Dios de su p 1
46.3 yo soy Dios, el Dios de tu p; no temas 1
46.5 tomaron... a su p Jacob, y a sus niños, y 1
46.29 vino a recibir a Israel su p en Gosén 1
46.31 José dijo a... a la casa de su p: Subiré 1
46.31 la casa de mi p, que... han venido a mí 1
46.34 de ganadería... nosotros y nuestros p 1
47.1 mi p y mis hermanos, y sus ovejas y sus 1
47.3 pastores... así nosotros como nuestros p 1
47.5 habló... Tu p y tus hermanos han venido a 1
47.6 en lo mejor de la... haz habitar a tu p 1
47.7 también José introdujo a Jacob su p, y 1
47.9 de los años de la vida de mis p en los 1
47.11 así José hizo habitar a su p y a sus 1
47.12 alimentaba José a su p... la casa de su p 1
47.30 cuando duerma con mis p, me llevarás de 1
48.1 a José: He aquí tu p está enfermo. Y él 1
48.9 y respondió José a su p: Son mis hijos 1
48.15 Dios en cuya presencia anduvieron mis p 1
48.16 sea perpetuado... y el nombre de mis p 1
48.17 que su p ponía la mano derecha sobre la 1
48.17 y asió la mano de su p, para cambiarla 1
48.18 dijo José a su p: No así, p... éste es el 1
48.19 su p no quiso, y dijo: Lo sé, hijo mío 1
48.21 hará volver a la tierra de vuestros p 1
49.2 de Jacob, y escuchad a vuestro p Israel 1
49.4 subiste al lecho de tu p; entonces te 1
49.8 los hijos de tu p se inclinarán a ti 1
49.25 por el Dios de tu p, el cual te ayudara 1
49.26 las bendiciones de tu p fueron mayores 1
49.28 lo que su p les dijo, al bendecirlos 1
49.29 sepultadme con mis p en la cueva que 1
49.33 Jacob... expiró, y fue reunido con sus p 1
50.1 se echó José sobre el rostro de su p 1
50.2 y mandó José a... que embalsamasen a su p 1
50.5 mi p me hizo jurar, diciendo: He aquí 1
50.5 que vaya yo... y sepulte a mi p, y volveré 1
50.6 y sepulta a tu p, como él te hizo jurar 1
50.7 subió para sepultar a su p; y subieron 1
50.8 José, y sus hermanos, y la casa de su p 1
50.10 José hizo a su p duelo por siete días 1
50.14 que subieron con él a sepultar a su p 1
50.15 hermanos de José que su p era muerto 1
50.16 a José: Tu p mandó antes de su muerte 1
50.17 maldad de los siervos del Dios de tu p 1
50.22 habitó José en... él y la casa de su p 1
Éx 2.16 y dar de beber a las ovejas de su p 1
2.18 y volviendo ellas a Reuel su p, él les 1
3.6 yo soy el Dios de tu p, Dios de Abraham 1
3.13 el Dios de vuestros p me ha enviado a 1
3.15 Jehová, el Dios de vuestros p, el Dios 1
3.16 y diles: Jehová, el Dios de vuestros p 1
4.5 Dios de tus p, el Dios de Abraham, Dios 1
6.14 son los jefes de las familias de sus p 1
6.25 son los jefes de los p de los levitas
10.6 cual nunca vieron tus p ni tus abuelos 1
12.3 un cordero según las familias de los p 1
13.5 tierra... la cual juró a tus p que te daría 1
13.11 metido en... te ha jurado a ti y a tus p 1
15.2 mi Dios... Dios de mi p, y lo enalteceré 1
18.4 el Dios de mi p me ayudó, y me libró de 1
20.5 que visito la maldad de los p sobre los 1
20.12 honra a tu p y a tu madre, para que tus 1
21.15 que hiriere a su p o a su madre, morirá 1
21.17 maldijere a su p o a su madre, morirá 1
22.17 su p no quisiere dársela, él le pesará 1
34.7 la iniquidad de los p sobre los hijos 1
40.15 y los ungirás, como ungiste a su p, y 1
Lv 16.32 para ser sacerdote en lugar de su p 1
18.7 la desnudez de tu p, o... no descubrirás 1
18.8 la desnudez de la mujer de tu p no 1
18.8 no descubrirás; es la desnudez de tu p 1
18.9 la desnudez de tu hermana, hija de tu p 1
18.11 la hija de... de tu p, engendrada de tu p 1
18.12 la desnudez de la hermana de tu p no 1
18.12 no descubrirás; es parienta de tu p 1
18.14 la desnudez del hermano de tu p no
18.14 su mujer; es mujer del hermano de tu p 1
19.3 cada uno temerá a su madre y a su p, y 1
20.9 hombre que maldijere a su p o a... morirá 1
20.9 de cierto morirá; a su p o a su... maldijo 1
20.11 que yaciere con la mujer de su p, la 1
20.11 la desnudez de su p descubrió; ambos 1
20.17 su hermana, hija de su p o hija de su 1
20.19 la desnudez... de la hermana de tu p, no 1
20.20 con la mujer del hermano de su p, la
20.20 desnudez del hermano de su p descubrió 1
21.2 por su madre o por su p, o por su hijo 1
21.9 si comenzare a fornicar, a su p deshonra 1
21.11 ni por su p ni... madre se contaminará 1
22.13 y se hubiere vuelto a la casa de su p 1
22.13 podrá comer del alimento de su p; pero 1
25.41 y a la posesión de su p se restituirá 1
26.39 por la iniquidad de sus p decaerán con 1
26.40 confesarán su... y la iniquidad de sus p 1
Nm 1.2 las casas de sus p, con la cuenta 1
1.4 tribu, cada uno jefe de la casa de sus p 1
1.16 eran... príncipes de las tribus de sus p 1
1.18,20,22,24,26,28,30,32,34,36,38,40,42 las
casas de sus p, conforme a 1
1.44 doce varones, uno por cada casa de sus p 1
1.45 los contados de... por las casas de sus p 1
1.47 los levitas, según la tribu de sus p, no 1
2.2 bajo las enseñas de las casas de sus p 1
2.32 los contados... según las casas de sus p 1
2.34 así marcharon... según las casas de sus p 1
3.4 ejercieron el sacerdocio delante de... su p 1
3.15,20 de Leví según las casas de sus p 1
4.2 la cuenta de los... según las casas de sus p 1
4.22,38 de Gersón... según las casas de sus p 1
4.29,42 de Merari... según las casas de sus p 1
4.34 hijos de Coat... según las casas de sus p 1
4.40 los contados... según las casas de sus p 1
4.46 contaron por... según las casas de sus p 1
6.7 ni aun por su p ni... podrá contaminarse 1
7.2 jefes de las casas de sus p... ofrecieron 1
11.12 la tierra de la cual juraste a sus p? 1
12.14 si su p hubiera escupido en su rostro 1
13.2 cada tribu de sus p enviaréis un varón 1
14.18 que visita la maldad de los p sobre los 1
14.23 la tierra de la cual juré a sus p; no 1
17.2 toma... una vara por cada casa de los p 1
17.2 doce varas conforme a las casas de sus p 1
17.3 cada jefe de... de sus p tendrá una vara 1
17.6 cada príncipe por las casas de sus p una 1
18.1 la casa de tu p... llevaréis el pecado del 1
18.2 tribu de tu p, haz que se acerquen a ti 1
20.15 cómo nuestros p descendieron a Egipto 1
20.15 los egipcios nos maltrataron, y a... p 1
25.15 Cozbi hija de... p de familia en Madián 1
26.2 tomad el censo... por las casas de sus p 1
26.55 por... de las tribus de sus p heredarán 1
27.3 nuestro p murió en el desierto; y él no 1
27.4 será quitado el nombre de nuestro p de 1
27.4 heredad entre los hermanos de nuestro p 1
27.7 una heredad entre los hermanos de su p 1
27.7 traspasarás la heredad de su p a ellas 1
27.10 daréis su herencia a... hermanos de su p 1
27.11 y si su p no tuviere hermanos, daréis 1
30.3 se ligare con obligación en casa de su p
30.4 si su p oyere su voto... y su p callare a 1
30.5 mas si su p le vedare... su p se lo vedó 1
30.16 las ordenanzas... entre el p y su hija 1
30.16 durante su juventud en casa de su p 1
31.26 los jefes de los p de la congregación 1
32.8 hicieron vuestros p, cuando los envié 1
32.14 habéis sucedido en lugar de vuestros p 1
32.28 les encomendó... a los príncipes de los p 1
33.54 por las tribus de vuestros p heredaréis 1
34.14 hijos de Rubén según las casas de sus p 1
34.14 hijos de Gad según las casas de sus p 1
36.1 los príncipes de los p de la familia de 1
36.3 así quitada de la herencia de nuestros p 1
36.4 será quitada... de la tribu de nuestros p 1
36.6 pero en la familia de la tribu de su p 1
36.7 ligado a la heredad de la tribu de sus p 1
36.8 la familia de la tribu de su p se casará 1
36.8 los hijos... cada uno la heredad de sus p 1
36.12 la heredad... quedó en la tribu de... su p 1
Dt 1.8 tierra que Jehová juró a vuestros p 1
1.11 Dios de vuestro p os haga mil veces más 1
1.21 como... el Dios de tus p te ha dicho; no 1
1.35 que juré que había de dar a vuestros p 1
4.1 tierra que... el Dios de vuestros p os da 1
4.31 ni se olvidará del... que les juró a tus p 1
4.37 y por cuanto él amó a tus p, escogió a 1
5.3 no con nuestros p hizo Jehová este pacto 1
5.9 visito la maldad de los p sobre los hijos 1
5.16 honra a tu p y a tu madre, como Jehová 1
6.3 como te ha dicho Jehová el Dios de tus p 1
6.10 en la tierra que juró a tus p Abraham 1
6.18 la buena tierra que Jehová juró a tus p 1
6.23 darnos la tierra que juró a nuestros p 1
7.8 el juramento que juró a vuestros p, os ha 1
7.12 Dios... la misericordia que juró a tus p 1
7.13 la tierra que juró a tus p que te daría 1
8.1 tierra que Jehová prometió... a vuestros p 1
8.3 comida que... ni tus p la habían conocido 1
8.16 con maná... que tus p no habían conocido 1
8.18 de confirmar su pacto que juró a tus p 1
9.5 palabra que Jehová juró a tus p Abraham 1
10.11 posean la tierra que juré a sus p que 1
10.15 de tus p se agradó Jehová para amarlos 1
10.22 con 70 personas descendieron tus p a 1
11.9 de la cual juró Jehová a vuestros p, que 1
11.21 juro a vuestros p que les había de dar 1
12.1 tierra que... el Dios de tus p te ha dado 1
13.6 dioses... que ni tú ni tus p conocisteis 1
13.17 y te multiplique, como lo juró a tus p 1
19.8 Dios ensanchare tu... como lo juró a tus p 1
19.8 toda la tierra que prometió dar a tus p 1
21.13 y llorará a su p y a su madre un mes 1
21.18 que no obedeciere a la voz de su p ni 1
21.19 lo tomarán su p... y lo sacarán ante los 1
22.15 el p de la joven y... sacarán las señales 1
22.16 y dirá el p de la joven a los ancianos 1
22.19 las cuales darán al p de la joven, por 1
22.21 la sacarán a la puerta de la... de su p 1
22.21 vileza en... fornicando en casa de su p 1
22.29 al p de la joven 50 piezas de plata, y 1
22.30 ninguno tomará la mujer de su p, ni 1
24.16 los p no morirán por los hijos, ni los 1
24..16 no morirán... los hijos por los p; cada 1
26.3 la tierra que juró Jehová a nuestros p 1
26.5 un arameo... fue mi p, el cual descendió 1
26.7 clamamos a Jehová el Dios de nuestros p 1
26.15 nos has dado, como juraste a nuestros p 1
27.3 como Jehová el Dios de tus p te ha dicho 1
27.16 maldito el que deshonrare a su p o a su 1
27.20 que se acostare con la mujer de su p 1
27.20 por cuanto descubrió el regazo de su p 1
27.22 el que se acostare con su... hija de su p 1
28.11 en el país que Jehová juró a tus p que 1
28.36 a nación que no conociste... tú ni tus p 1
28.64 a dioses... que no conociste tú ni tus p 1
29.13 como lo juró a tus p Abraham, Isaac y 1
29.25 dejaron el pacto de... el Dios de sus p 1
30.5 tierra que heredaron tus p, y será tuya 1
30.5 bien, y te multiplicará más que a tus p 1
30.9 de la manera que se gozó sobre tus p 1
30.20; 31.7 la tierra que juró Jehová a tus p 1

31.16 he aquí, tú vas a dormir con tus p, y ... 1
31.20 en la tierra que juré a tus p, la cual ... 1
32.6 ¿no es él tu p que te creó? El te hizo ... 1
32.7 pregunta a tu p, y él te declarará; a tus ... 1
32.17 dioses que... no habían temido vuestros p ... 1
33.9 quien dijo de su p y... Nunca los he visto ... 1
Jos 1.6 la tierra de la cual juré a sus p que ... 1
2.12 la haréis vosotros con la casa de mi p ... 1
2.13 salvaréis la vida a mi p y a mi madre ... 1
2.18 reunirás en tu casa a tu p y a tu madre ... 1
2.18 reunirás en... a toda la familia de tu p ... 1
4.6 y cuando vuestros... preguntaren a sus p ... 1
4.21 mañana preguntaren... a sus p, y dijeren ... 1
5.6 la tierra de... Jehová había jurado a sus p ... 1
6.23 y sacaron a Rahab, a su p, a su madre, a ... 1
6.25 salvó la vida a Rahab... la casa de su p ... 1
14.1 les repartieron... los cabezas de los p ... 1
15.13 la ciudad de Quiriat-arba p de Anac, que ... 1
15.18 que pidiese a su p tierras para labrar ... 1
17.1 primogénito de Manasés y p de Galaad, el ... 1
17.4 les dio heredad entre los hermanos del p ... 1
18.3 que os ha dado... el Dios de vuestros p? ... 1
19.47 llamaron a Lesem... nombre de Dan su p ... 1
19.51 las heredades que... los cabezas de los p ... 1
21.1 los p de los levitas vinieron, a Josué ... 1
21.1 a los cabezas de los p de las tribus de ... 1
21.11 les dieron Quiriat-arba del p de Anac ... 1
21.43 la tierra que había jurado dar a sus p ... 1
21.44 a todo lo que había jurado a sus p; y ... 1
22.14 cada uno... era jefe de la casa de sus p ... 1
22.28 altar de... el cual hicieron nuestros p ... 1
24.2 vuestros p habitaron... al otro lado del ... 1
24.2 esto es, Taré, p de Abraham y de Nacor ... 1
24.3 tomé a vuestro p Abraham del otro lado ... 1
24.6 saqué a vuestros p de Egipto; y cuando ... 1
24.6 egipcios siguieron a vuestros p hasta ... 1
24.14,15 los dioses a... sirvieron vuestros p ... 1
24.17 sacó a... y a nuestros p de la tierra de ... 1
24.32 Jacob compró de los hijos de Hamor p de ... 1
Jue 1.14 la persuadió que pidiese a su p un ... 1
2.1 había jurado a vuestros p... No invalidaré ... 1
2.10 aquella generación... fue reunida a sus p ... 1
2.12 dejaron a Jehová el Dios de sus p, que ... 1
2.17 se... del camino en que anduvieron sus p ... 1
2.19 volvían... y se corrompían más que sus p ... 1
2.20 traspasa mi pacto que ordené a sus p, y ... 1
2.22 seguir el camino de Jehová... como... sus p ... 1
3.4 él había dado a sus p por mano de Moisés ... 1
6.13 sus maravillas, que... p nos han contado ... 1
6.15 pobre... yo el menor en la casa de mi p ... 1
6.25 le dijo... Toma un toro del hato de tu p ... 1
6.25 derriba el altar de Baal que tu p tiene ... 1
6.27 temiendo... por la familia de su p y por ... 1
8.32 y fue sepultado en el sepulcro de su p ... 1
9.1 Abimelec... habló con... la casa del p de su ... 1
9.5 viniendo a la casa de su p en Ofra, mató ... 1
9.17 p peleó por vosotros, y expuso su vida ... 1
9.18 levantado hoy contra la casa de mi p, y ... 1
9.28 servid a los varones de Hamor p... Siquem ... 1
9.56 así pagó... el mal que hizo contra su p ... 1
11.1 era hijo de... y el p de Jefté era Galaad ... 1
11.2 no heredarás en la casa de nuestro p ... 1
11.7 ¿no me... me echasteis de la casa de mi p? ... 1
11.36 p mío, si le has dado palabra a Jehová ... 1
11.37 volvió a decir a su p: Concédeme esto ... 1
11.39 pasados los dos meses volvió a su p ... 1
14.2 subió, y lo declaró a su p y a su madre ... 1
14.3 y su p y su madre le dijeron: ¿No hay ... 1
14.3 y Sansón respondió a su p: Tómame ésta ... 1
14.4 p... no sabían que esto venía de Jehová ... 1
14.5 y Sansón descendió con su p y... su madre ... 1
14.6 y no declaró ni a su p ni a su madre lo ... 1
14.9 cuando alcanzó a su p... les dio también ... 1
14.10 vino pues, su p adonde estaba la mujer ... 1
14.15 te quememos a ti y a la casa de tu p ... 1
14.16 ni a mi p ni a mi madre lo he declarado ... 1
14.19 en enojo se volvió a la casa de su p ... 1
15.1 Sansón... el p de ella no lo dejó entrar ... 1
15.2 dijo el p de ella: Me persuadí de que la ... 1
15.6 filisteos y la quemaron a ella y a su p ... 1
16.31 y toda la casa de su p... y le sepultaron ... 1
16.31 Estaol, en el sepulcro de su p Manoa ... 1
17.10 quédate... y serás para mí p y sacerdote ... 1
18.19 vente... que seas nuestro p y sacerdote ... 1
18.29 Dan, conforme al nombre de Dan su p ... 1
19.2 se fue de él a casa de su p, a Belén de ... 1
19.3 ella le hizo entrar en la casa de su p ... 1
19.4 y viéndole el p de la joven, salió a ... 2859
19.4 le detuvo su suegro, el p de la joven, y ... 1
19.5 irse; y el p de la joven dijo a su yerno ... 1
19.6 y el p de la joven dijo al varón: Yo te ... 1
19.8 levantándose... le dijo el p de la joven ... 1
19.9 su suegro, el p de la joven, le dijo: He ... 1
21.22 si vinieren los p de ellas... les diremos ... 1
Rt 2.11 dejando a tu p... venido a un pueblo ... 1
4.17 Obed... Este es p de Isaí, p de David ... 1
1 S 2.25 ellos no oyeron la voz de su p ... 1
2.27 ¿no me manifesté yo... a la casa de tu p ... 1
2.28 di a la casa de tu p todas las ofrendas ... 1
2.30 que tu casa y la casa de tu p andarían ... 1
2.31 cortaré... y el... brazo de la casa de tu p ... 1
8.3 no anduvieron... por los caminos de su p ... 1
9.3 y se habían perdido las asnas de Cis, p de ... 1
9.5 mi p, abandonada la preocupación por las ... 1
9.20 sino para ti y para toda la casa de tu p? ... 1
10.2 tu p ha dejado ya de inquietarse por las ... 1
10.12 respondió... ¿Y quién es el p de ellos? ... 1
12.6 sacó a vuestros p de la tierra de Egipto ... 1
12.7 Jehová ha hecho con vosotros y con... p ... 1
12.8 p clamaron a Jehová... envió a Moisés y a ... 1
12.8 los cuales sacaron a vuestros p de Egipto ... 1
12.15 estará... como estuvo contra vuestros p ... 1
14.1 ven y pasemos... no lo hizo saber a su p ... 1
14.27 no había oído cuando su p juramentó a ... 1
14.28 p ha hecho jurar... al pueblo, diciendo ... 1
14.29 mi p ha turbado el país. Ved ahora cómo ... 1
14.51 Cis p de Saúl, y Ner p de Abner, fueron ... 1
17.15 apacentar las ovejas de su p en Belén ... 1
17.25 eximirá de tributos a la casa de su p ... 1
17.34 siervo era pastor de las ovejas de su p ... 1
18.2 Saúl... no le dejó volver a casa de su p ... 1
18.18 y qué es... la familia de mi p en Israel ... 1
19.2 diciendo: Saúl mi p procura matarte; por ... 1
19.3 junto a mi p... hablaré de ti a mi p, y te ... 1
19.4 Jonatán habló bien de David a Saúl su p ... 1
20.1 o cuál mi pecado contra tu p, para que ... 1
20.2 que mi p ninguna cosa hará, grande ni ... 1
20.2 me ha de encubrir mi p este asunto? No ... 1
20.3 tu p sabe... he hallado gracia delante de ... 1
20.6 si tu p hiciere mención de mí, dirás: Me ... 1
20.8 no hay necesidad de llevarme hasta tu p ... 1
20.9 si yo supiere que mi p ha determinado ... 1
20.10 dijo... ¿Quién me dará aviso si tu p te ... 1
20.12 preguntado a mi p mañana a esta hora ... 1
20.13 si mi p intentare hacerte mal, Jehová ... 1
20.13 Jehová contigo, como estuvo con mi p ... 1
20.32 y Jonatán respondió a su p Saúl y le ... 1
20.33 su p estaba resuelto a matar a David ... 1
20.34 no comió pan... su p le había afrentado ... 1
22.1 casa de su p lo supieron, vinieron allí ... 1
22.3 te ruego que mi p y... estén con vosotros ... 1
22.11 el rey envió... por toda la casa de su p ... 1
22.15 no culpe el rey... a toda la casa de mi p ... 1
22.16 sin duda morirás, toda la casa de tu p ... 1
22.22 a todas las personas de la casa de tu p ... 1
23.17 no te hallará la mano de Saúl mi p, y ... 1
23.17 tú reinarás... aun Saúl mi p así lo sabe ... 1
24.11 p mío, mira la orilla de tu manto $n ... 1
24.21 ni borrarás mi nombre de la... de mi p ... 1
2 S 2.32 lo sepultaron en el sepulcro de su p ... 1
3.7 te has llegado a la concubina de mi p? ... 1
3.8 hoy misericordia con la casa de Saúl tu p ... 1
3.29 de Joab, y sobre toda la casa de su p ... 1
6.21 quien me eligió en preferencia a tu p ... 1
7.12 duermas con tus p, yo levantaré... a uno ... 1
7.14 le seré a él p, y él me será a mí hijo ... 1
9.7 misericordia por amor de Jonatán tu p, y ... 1
9.7 te devolveré... las tierras de Saúl tu p ... 1
10.2 haré misericordia... su p la hizo conmigo ... 1
10.2 envió... siervos para consolarlo por su p ... 1
10.3 que por honrar David a tu p te ha enviado ... 1
13.5 y cuando tu p viniere a visitarte, dile ... 1
14.9 la maldad sea... y sobre la casa de mi p ... 1
15.34 como... he sido siervo de tu p, así seré ... 1
16.3 me devolverá... de Israel el reino de mi p ... 1
16.19 como he servido delante de tu p, así ... 1
16.21 llégate a las concubinas de tu p, que ... 1
16.21 que te has hecho aborrecible a tu p, y ... 1
16.22 se llegó... a las concubinas de su p, ante ... 1
17.8 tu p y los suyos son hombres valientes ... 1
17.8 tu p es hombre de guerra, y no pasará ... 1
17.10 todo Israel sabe que tu p es... valiente ... 1
17.23 fue sepultado en el sepulcro de su p ... 1
19.28 toda la casa de mi p era digna de muerte ... 1
19.37 y que muera... junto al sepulcro de mi p ... 1
21.14 y sepultaron... el sepulcro de Cis su p ... 1
24.17 contra mí, y contra la casa de mi p ... 1
1 R 1.6 su p nunca le había entristecido en ... 1
1.21 cuando mi señor el rey duerma con sus p
2.10 durmió David con sus p, y fue sepultado
2.12 sentó Salomón en el trono de David su p ... 1
2.24 ha puesto sobre el trono de David mi p ... 1
2.26 has llevado el arca... delante de... mi p ... 1
2.26 todas las cosas en que fue afligido mi p ... 1
2.31 quita de... de la casa de mi p la sangre ... 1
2.32 mató a... sin que mi p David supiese nada ... 1
2.44 el mal... que cometiste contra mi p David ... 1
3.3 andando en los estatutos de su p David ... 1
3.6 hiciste gran misericordia a... David mi p ... 1
3.7 puesto a... por rey en lugar de David mi p ... 1
3.14 si anduvieres... como anduvo David tu p ... 1
5.1 que lo habían ungido... en lugar de su p ... 1
5.3 sabes que mi p... no pudo edificar casa al ... 1
5.5 según lo que Jehová habló a David mi p ... 1
6.12 cumpliré... palabra que hablé a David tu p ... 1
7.14 p, que trabajaba en bronce, era de Tiro ... 1
7.51 metió Salomón lo que su p había dedicado ... 1
8.15 habló a David mi p lo que con su mano ... 1
8.17 mi p tuvo en su corazón edificar casa ... 1
8.18 pero Jehová dijo a David mi p; Cuanto a ... 1
8.20 me he levantado en lugar de David mi p ... 1
8.21 el pacto de... que él hizo con nuestros p
8.24 has cumplido a tu siervo David mi p lo ... 1
8.25 a tu siervo... mi p lo que le prometiste ... 1
8.26 la palabra que dijiste a tu... David mi p ... 1
8.34 volverás a la tierra que diste a sus p
8.40 de la tierra que tú diste a nuestros p
8.48 hacia su tierra que tú diste a sus p, y
8.53 cuando sacaste a nuestros p de Egipto
8.57 esté... como estuvo con nuestros p, y no
8.58 decretos, los cuales mandó a nuestros p
9.4 si tú anduvieres... como anduvo David tu p ... 1
9.5 hablé a David tu p, diciendo: No faltará ... 1
9.9 había sacado a sus p de tierra de Egipto
11.4 su corazón no era perfecto... como... su p ... 1
11.6 y no siguió... a Jehová como David su p ... 1
11.12 no lo haré en tus días, por amor a... tu p ... 1
11.17 varones edomitas de los siervos de su p ... 1
11.21 que David había dormido con sus p, y que ... 1
11.27 el portillo de la ciudad de David su p ... 1
11.33 y mis decretos, como hizo David su p ... 1
11.43 durmió Salomón con sus p... fue sepultado ... 1
11.43 sepultado en la ciudad de su p David; y ... 1
12.4,10 tu p agravó nuestro yugo... disminuye tú ... 1
12.4 disminuye... la dura servidumbre de tu p ... 1
12.6 habían estado delante de Salomón su p ... 1
12.9 del yugo que tu p puso sobre nosotros? ... 1
12.10 dedo... más grueso que los lomos de mi p ... 1
12.11 mi p os cargó de pesado yugo, mas yo ... 1
12.11,14 mi p os castigó con azotes, mas yo ... 1
12.14 diciendo: Mi p agravó vuestro yugo, pero ... 1
13.11 le contaron también a su p las palabras ... 1
13.12 su p les dijo: ¿Por qué camino se fue? ... 1
13.22 no entrará tu... en el sepulcro de tus p ... 1
14.15 esta buena tierra que había dado a sus p ... 1
14.20 habiendo dormido con sus p, reinó en su ... 1
14.22 le enojaron más que todo lo que sus p ... 1
14.31 durmió Roboam con sus p... fue sepultado ... 1
14.31 fue sepultado con sus p en la ciudad de ... 1
15.3 no fue... como el corazón de David su p ... 1
15.8 durmió Abiam con sus p, y lo sepultaron ... 1
15.11 Asa hizo lo recto ante... como David su p ... 1
15.12 quitó... ídolos que sus p habían hecho ... 1
15.15 metió en... lo que su p había dedicado ... 1
15.19 haya alianza... como entre mi p y el tuyo ... 1
15.24 durmió Asa con sus p, y fue sepultado ... 1
15.24 sepultado... en la ciudad de David su p ... 1
15.26 andando en el camino de su p, y en los ... 1
16.6 durmió Baasa con sus p, y fue sepultado ... 1
16.28 Omri durmió con sus p, y fue sepultado ... 1
18.18 yo no he turbado... tú y la casa de tu p ... 1
19.4 basta ya... pues no soy yo mejor que mis p ... 1
19.20 que me dejes besar a mi p y a mi madre ... 1
20.34 las ciudades que mi p tomó al tuyo, yo ... 1
20.34 plazas... como mi p las hizo en Samaria ... 1
21.3 que yo te dé a ti la heredad de mis p
21.4 diciendo: No te daré la heredad de mis p ... 1
22.40 y durmió Acab con sus p, y reinó en su ... 1
22.43 anduvo en todo el camino de Asa su p ... 1
22.46 que había quedado en el tiempo de su p ... 1
22.50 durmió Josafat con sus p... fue sepultado ... 1
22.50 sepultado... en la ciudad de David su p ... 1
22.52 y anduvo en el camino de su p, y en el ... 1
22.53 todas las cosas que había hecho su p ... 1
2 R 2.12 Eliseo, clamaba: ¡P mío, p mío ... 1
3.2 lo malo... aunque no como su p y su madre ... 1
3.2 quitó las estatuas... que su p había hecho ... 1
3.13 vé a los profetas de tu p... de tu madre ... 1
4.18 vino a su p, que estaba con los segadores ... 1
4.19 dijo a su p: ¡Ay, mi cabeza, mi cabeza! ... 1
4.19 y el p dijo a un criado: Llévalo a su ... 1
5.13 p mío, si el profeta te mandara alguna ... 1
6.21 el rey... a Eliseo: ¿Los mataré, p mío? ... 1
8.24 durmió Joram con sus p, y fue sepultado ... 1
9.25 y yo íbamos... con la gente de Acab su p ... 1
9.28 siervos... allá le sepultaron con sus p ... 1
10.3 y ponedlo en el trono de su p, y pelead ... 1
10.35 durmió Jehú con sus p, y lo sepultaron ... 1
12.18 que habían dedicado... y Ocozías sus p ... 1
12.21 lo sepultaron con sus p en la ciudad de ... 1
13.9 durmió Joacaz con sus p, y lo sepultaron ... 1
13.13 y durmió Joás con sus p... fue sepultado ... 1
13.14 llorando... dijo: P mío, p mío, carro ... 1
13.25 había tomado... de mano de Joacaz su p ... 1
14.3 hizo lo recto... aunque no como David su p ... 1
14.3 hizo... las cosas que había hecho Joás su p ... 1
14.5 mató a... habían dado muerte al rey su p ... 1
14.6 no matarán a los p por los hijos, ni a ... 1
14.6 a los hijos por los p, sino que cada uno ... 1
14.16 y durmió Joás con... p, y fue sepultado ... 1
14.20 y lo sepultaron en Jerusalén con sus p ... 1
14.21 hicieron rey en lugar de Amasías su p ... 1
14.22 después que el rey durmió con sus p ... 1
14.29 durmió Jeroboam con sus p, los reyes de ... 1
15.3 las cosas que su p Amasías había hecho ... 1
15.7 durmió Azarías con sus p... lo sepultaron ... 1
15.9 e hizo lo malo... como habían hecho sus p ... 1
15.22 durmió Manahem con sus p, y reino en su ... 1
15.34 él hizo lo... que había hecho su p Uzías ... 1
15.38 durmió Jotam con sus p, y fue sepultado ... 1
15.38 sepultado... en la ciudad de David su p ... 1
16.2 no hizo lo recto ante... como David su p ... 1
16.20 durmió el rey Acaz con sus p... sepultado ... 1
17.13 las leyes que yo prescribí a vuestros p ... 1
17.14 endurecieron su cerviz, como... de sus p ... 1
17.15 el pacto que él había hecho con sus p ... 1
17.41 como hicieron sus p... hacen hasta hoy ... 1
18.3 hizo... cosas que había hecho David su p ... 1
19.12 a las naciones que mis p destruyeron ... 1
20.5 así dice Jehová, el Dios de David tu p ... 1
20.17 lo que tus p han atesorado hasta hoy ... 1
20.21 durmió Ezequías con sus p, y reinó en ... 1
21.3 lugares altos que... su p había derribado ... 1
21.8 sea movido de la tierra que di a sus p ... 1
21.15 ira, desde el día que sus p salieron de ... 1
21.18 durmió Manasés con sus p... y reinó en su ... 1
21.20 lo malo, como había hecho Manasés su p ... 1
21.21 anduvo en... caminos en que su p anduvo ... 1
21.21 ídolos a los cuales había servido su p ... 1
21.22 y dejó a Jehová el Dios de sus p, y no ... 1
22.2 anduvo en todo el camino de David su p ... 1
22.13 nuestros p no escucharon las palabras ... 1
22.20 yo te recogeré con tus p... en paz, y no ... 1
23.30 y lo pusieron por rey en lugar de su p ... 1

23.32 él hizo lo malo…que sus *p* habían hecho 1
23.34 Eliaquim hijo, en lugar de Josías su *p* 1
23.37 todas las cosas que sus *p* habían hecho 1
24.6 durmió Joacim con sus *p*, y reinó en su 1
24.9 a todas las cosas que había hecho su *p* 1
1 Cr 2.17 Amasa, cuyo *p* fue Jeter ismaelita 1
2.21 la hija de Maquir *p* de Galaad, la cual 1
2.23 lugares fueron de los hijos de Maquir *p* 1
2.24 Abías mujer de…dio a luz a Asor *p* de 1
2.42 Mesa…el *p* de Zif…Maresa *p* de Hebrón 1
2.44 Sema engendró a Raham *p* de Jorcoam, y 1
2.45 Maón fue hijo de Samai, y…*p* de Bet-sur 1
2.49 también dio a luz a Saaf *p* de Madmana 1
2.49 y a Seva *p* de Macbena y *p* de Gibea 1
2.50 de Efrata: Sobal *p* de Quiriat-jearim 1
2.51 Salma *p* de Belén, y Haref *p* de Bet-gader 1
2.52 los hijos de Sobal *p* de Quiriat-jearim 1
2.55 son los ceneos que vinieron de Hamat *p* de 1
4.3 y estas son las del *p* de Etam: Jezreel 1
4.4 Penuel fue *p* de Gedor, y Ezer *p* de Husa 1
4.4 estos fueron los hijos de Hur…*p* de Belén 1
4.5 Asur *p* de Tecoa tuvo dos mujeres, Hela y 1
4.11 engendró a Mehir, el cual fue *p* de Estón 1
4.12 a Tehina *p* de la ciudad de Nahas; estos 1
4.14 Joab, *p* de los habitantes del valle de 1
4.17 Esdras…engendró a…Isba *p* de Estemoa 1
4.18 Jered *p* de Gedor, a Heber *p* de Soco y a 1
4.18 Jehudaía dio a luz…Jecutiel *p* de Zanoa 1
4.19 fueron el *p* de Keila garmita, y Estemoa 1
4.21 Er *p* de Leca, y Laada *p* de Maresa, y las 1
4.38 las casas de sus *p* fueron multiplicadas 1
5.1 Rubén…mas como violó el lecho de su *p* 1
5.13 hermanos, según las familias de sus *p* 1
5.15 Ahí…fue principal en la casa de sus *p* 1
5.24 jefes de las casas de sus *p*: Efer, Isi 1
5.24 fueron los jefes de las casas de sus *p* 1
5.25 se rebelaron contra el Dios de sus *p*, y 1
7.2 de Tola…jefes de las familias de sus *p* 1
7.4 por las familias de sus *p*, 36.000 hombres 1
7.14 la cual también dio a luz a Maquir *p* de 1
7.22 Efraín su *p* hizo duelo por muchos días 1
7.31 y Malquiel, el cual fue *p* de Birzavit 1
9.19 coreítas por la casa de su *p*, tuvieron 1
9.19 *p* guardaron la entrada del campamento 1
9.35 en Gabaón habitaba Jehiel *p* de Gabaón 25
12.17 véalo…Dios de nuestros *p*, y lo demande 1
12.28 Sadoc…con 22 de los…de la casa de su *p* 1
12.30 varones ilustres en las casas de sus *p* 1
15.12 sois los principales *p* de…los levitas 1
17.11 días sean cumplidos para irte con tus *p* 1
17.13 yo le seré por *p*, y él me será por hijo 25
19.2 con Hanún…su *p* me mostró misericordia 25
19.2 que lo consolasen de la muerte de su *p* 25
19.3 ¿a tu parecer honra David a tu *p*, que 25
21.17 contra mí, y contra la casa de mi *p*, y 1
22.10 yo le seré por *p*; y afirmaré el trono 25
23.24 hijos de Leví en las familias de sus *p* 1
24.2 Nadab y Abiú murieron antes que su *p* 25
24.19 según les fue ordenado por Aarón su *p* 25
24.31 el principal de los *p* igualmente que 1
25.3 seis, bajo la dirección de su *p* Jedutún 25
25.6 bajo la dirección de su *p* en la música 25
26.6 fueron señores sobre la casa de sus *p* 25
26.10 no era el…mas su *p* lo puso por jefe 25
28.4 Dios…me eligió de toda la casa de mi *p* 25
28.4 de la casa de Judá a la familia de mi *p* 25
28.4 de entre los hijos de mi *p* se agradó de 25
28.6 escogido por hijo…le seré a él por *p* 25
28.9 tú, Salomón…reconoce al Dios de tu *p* 25
29.10 oh Jehová, Dios de Israel nuestro *p* 25
29.15 y advenedizos…como todos nuestros *p* 1
29.18 Dios de…Israel nuestros *p*, conserva 1
29.20 toda la…bendijo a Jehová Dios de sus *p* 1
29.23 sentó Salomón…en lugar de David su *p* 25
2 Cr 1.8 con…mi *p* gran misericordia 25
1.9 confírmese…la palabra dada a David mi *p* 25
2.3 como hiciste con David mi *p*, enviándole 25
2.7 con los maestros…los cuales dispuso mi *p* 25
2.14 hijo de…de Dan, mas su *p* fue de Tiro 25
2.14 con…y con los de mi señor David tu *p* 25
2.17 haberlos ya contado David su *p*, y fueron 25
3.1 el monte Moriah…mostrado a David su *p* 25
5.1 las cosas que David su *p* había dedicado 25
6.4 lo que prometió con su boca a David mi *p* 25
6.7 mi *p* tuvo en su corazón edificar casa al 25
6.8 mas Jehová dijo a David mi *p*: Respecto a 25
6.10 me levanté yo en lugar de David mi *p*, y 25
6.15 has guardado a tu siervo David mi *p* lo 25
6.16 cumple a tu siervo David mi *p* lo que le 25
6.25 volver a la tierra que diste…a sus *p* 1
6.31 de la tierra que tú diste a nuestros *p* 1
6.38 hacia la tierra que tú diste a sus *p* 1
7.17 tú anduvieres…como anduvo David tu *p* 25
7.18 pacté con David tu *p*, diciendo: No te 25
7.22 cuanto dejaron a Jehová Dios de sus *p* 1
8.14 conforme a lo ordenado por David su *p* 25
9.31 durmió Salomón con sus *p*…lo sepultaron 25
9.31 lo sepultaron en la ciudad de David su *p* 25
10.4 tu *p* agravó nuestro yugo; ahora alivia 25
10.4 del pesado yugo con que tu *p* nos apremió 25
10.6 habían estado delante de Salomón su *p* 25
10.9 alivia algo del yugo que tu *p* puso sobre 25
10.10 diciendo: Tu *p* agravó nuestro yugo, mas 25
10.10 dedo…más grueso que los lomos de mi *p* 25
10.11 mi *p* os cargó de yugo…mi *p* os castigó 25
10.14 mi *p* hizo pesado…mi *p* os castigó con 25
11.16 ofrecer sacrificios a…el Dios de sus *p* 1
12.16 durmió Roboam con sus *p*, y fue sepultado 1
13.12 no peleéis contra…Dios de vuestros *p* 1
13.18 se apoyaban en Jehová el Dios de sus *p* 1
14.1 durmió Abías con sus *p*, y fue sepultado 1
14.4 a Judá que buscase a…el Dios de sus *p* 1
15.12 que buscarían a Jehová el Dios de sus *p* 1
15.18 a la casa de…lo que su *p* había dedicado 25
16.3 alianza…como la hubo entre tu *p* y mi *p* 25
16.13 durmió Asa con sus *p*, y murió en el año 1
17.2 las ciudades…que su *p* Asa había tomado 25
17.3 en los primeros caminos de David su *p*, y 25
17.4 buscó al Dios de su *p*, y anduvo en sus 25
19.4 los conducía a Jehová el Dios de sus *p* 1
19.8 *p* de familias de Israel, para el juicio 1
20.6 Dios de nuestros *p*, ¿no eres tú Dios en 1
20.32 y anduvo en el camino de Asa su *p*, sin 25
20.33 enderezado su corazón al Dios de sus *p* 1
21.1 durmió Josafat con sus *p*…lo sepultaron 1
21.1 lo sepultaron con sus *p* en la ciudad de 1
21.3 y su *p* les había dado muchos regalos de 25
21.4 fue elevado, pues, Joram al reino de su *p* 25
21.10 había dejado a Jehová el Dios de sus *p* 1
21.12 el Dios de David tu *p* ha dicho así: Por 25
21.12 no has andado en los caminos de…tu *p* 25
21.13 has dado muerte a…a la familia de tu *p* 1
21.19 fuego…como lo habían hecho con sus *p* 1
22.4 después de la muerte de su *p*, ellos le 25
24.18 desampararon la casa de…Dios de sus *p* 1
24.22 misericordia que Joiada *p* de Zacarías 25
24.24 cuanto habían dejado a…Dios de sus *p* 1
25.3 mató a los…que habían matado al rey su *p* 25
25.4 no morirán los *p* por los hijos, ni los 1
25.4 no morirán los…ni los hijos por los *p* 1
25.28 lo trajeron…sepultaron con sus *p* en la 1
26.1 lo pusieron por rey en…de Amasías su *p* 25
26.2 después que el rey Amasías durmió con…*p* 1
26.4 las cosas que había hecho Amasías su *p* 25
26.23 y durmió Uzías con sus *p*…lo sepultaron 1
26.23 lo sepultaron con sus *p* en el campo de 1
27.2 cosas que había hecho Uzías su *p*, salvo 25
27.9 durmió Jotam con sus *p*, y lo sepultaron 1
28.1 no hizo lo recto ante…como David su *p* 25
28.6 por cuanto habían dejado…Dios de sus *p* 1
28.9 Dios de vuestros *p*, por el enojo contra 1
28.25 provocando así a ira…el Dios de sus *p* 1
28.27 durmió Acaz con sus *p*, y lo sepultaron 1
29.2 hizo lo recto…había hecho David su *p* 25
29.5 santificad la casa de Jehová el Dios…*p* 1
29.6 nuestros *p* se han rebelado, y han hecho 1
29.9 he aquí nuestros *p* han caído a espada 1
30.7 *p*…se rebelaron contra…el Dios de sus *p* 1
30.8 no endurezcáis…cerviz como vuestros *p* 1
30.19 a Jehová el Dios de sus *p*, aunque no 1
30.22 dando gracias a Jehová…Dios de sus *p* 1
32.13 lo que yo y mis *p* hemos hecho a todos 1
32.14 qué dios…naciones que destruyeron mis *p* 1
32.15 pudo librar a su…de las manos de mis *p* 1
32.33 y durmió Ezequías con sus *p*…sepultaron 1
33.3 altos que Ezequías su *p* había derribado 1
33.8 la tierra que yo entregué a vuestros *p* 1
33.12 oró…en la presencia del Dios de sus *p* 1
33.20 y durmió Manasés con sus *p*…sepultaron 1
33.22 lo malo…como había hecho Manasés su *p* 1
33.22 los ídolos que su *p* Manasés había hecho 1
33.23 nunca se…como se humilló Manasés su *p* 1
34.2 anduvo en los caminos de David su *p*, sin 1
34.3 comenzó a buscar al Dios de David su *p* 1
34.21 nuestros *p* no guardaron la palabra de 1
34.28 te recogeré con tus *p*, y Serás recogido 1
34.32 conforme al pacto de…del Dios de sus *p* 1
34.33 no se apartaron de en…el Dios de sus *p* 1
35.4 según las familias de vuestros *p*, por 1
35.24 lo sepultaron en los sepulcros de sus *p* 1
36.1 a Joacaz hijo…hizo rey en lugar de su *p* 1
36.15 el Dios de…sus *p* envió…palabra a ellos 1
Esd 2.59 no pudieron demostrar…casa de sus *p* 1
4.15 se busque en el libro de las…de tus *p* 1
5.12 nuestros *p* provocaron a ira al Dios de 1
7.27 bendito Jehová Dios de nuestros *p*, que 1
8.28 ofrenda voluntaria a…Dios de nuestros *p* 1
9.7 desde los días de nuestro *p* hasta este 1
10.11 dad gloria a Jehová Dios de vuestros *p* 1
Neh 1.6 y la casa de mi *p* hemos pecado 1
2.3 la ciudad, casa de los sepulcros de mis *p* 1
2.5 a Judá…ciudad de los sepulcros de mis *p* 1
7.61 no pudieron mostrar la casa de sus *p*, ni 1
9.2 confesaron sus…y las iniquidades de sus *p* 1
9.9 y miraste la aflicción de nuestros *p* en 1
9.16 mas ellos y nuestros *p* fueron soberbios 1
9.23 tierra de la cual habías dicho a sus *p* 1
9.32 el sufrimiento que ha alcanzado a…tu *p* 1
9.34 nuestros *p* no pusieron por obra tu ley 1
9.36 siervos en la tierra…diste a nuestros *p* 1
10.34 según las casas de nuestros *p*, en los 1
13.18 ¿no hicieron así vuestros *p*, y trajo 1
Est 2.7 su *p* y su madre murieron…la adoptó 1
4.14 porque…tú y la casa de tu *p* pereceréis
Job 8.8 disponte para inquirir a los *p* de ellas 1
15.10 mucho más avanzados en días que tu *p* 1
15.18 lo que los sabios nos contaron de sus *p* 1
17.14 a la corrupción he dicho: Mi *p* eres tú 1
29.16 a los menesterosos era *p*, y de la causa 1
30.1 cuyos *p*…desdeñara poner con los perros 1
31.18 creció conmigo como con un *p*, y desde 1
38.28 ¿tiene la lluvia *p*? ¿O quién engendró 1
42.15 les dio su *p* herencia entre sus hermanos 1
Sal 22.4 en ti esperaron nuestros *p*; esperaron 1
27.10 aunque mi *p* y mi madre me dejaran, con 1
39.12 para ti, y advenedizo, como todos mis *p* 1
44.1 hemos oído, nuestros *p* nos han contado 1
45.10 olvida tu pueblo, y la casa de tu *p* 1
45.16 en lugar de tus *p* serán tus hijos, a 1
49.19 entrará en la generación de sus *p*, y 1
68.5 *P* de huérfanos y defensor de viudas 1
78.3 hemos oído…nuestros *p* nos las contaron
78.5 mandó a nuestros *p* que la notificasen a sus hijos ... 1
78.8 no sean como sus *p*, generación contumaz 1
78.12 delante de sus *p*…en la tierra de Egipto 1
78.57 se volvieron y se rebelaron como sus *p* 1
89.26 el me clamará: Mi *p* eres tú, mi Dios 1
95.9 donde me tentaron vuestros *p*, me probaron 1
103.13 como el *p* se compadece de los hijos 1
106.6 pecamos nosotros, como nuestros *p* 1
106.7 nuestros *p* en Egipto no entendieron tus 1
109.14 venga en memoria…la maldad de sus *p* 1
Pr 1.8 oye, hijo mío, la instrucción de tu *p* 1
3.12 ama al…como el *p* al hijo a quien quiere 1
4.1 oíd, hijos, la enseñanza de un *p*, y estad 1
4.3 yo también fui hijo de mi *p*, delicado y 1
6.20 guarda, hijo mío, el mandamiento de tu *p* 1
10.1 el hijo sabio alegra al *p*, pero el hijo 1
13.1 hijo sabio recibe el consejo del *p*, mas 1
15.5 el necio menosprecia el consejo de su *p* 1
15.20 hijo sabio alegra al *p*; mas el hombre 1
17.6 corona…y la honra de los hijos, sus *p* 1
17.21 tristeza…el *p* del necio no se alegrará 1
17.25 el hijo necio es pesadumbre de su *p* 1
19.13 dolor es para su *p* el hijo necio, y 1
19.14 y las riquezas son herencia de los *p* 1
19.26 el que roba a su *p* y…causa vergüenza 1
20.20 al que maldice a su *p*…se le apagará su 1
22.28 los linderos antiguos que pusieron tus *p* 1
23.22 oye a tu *p*, a aquel que te engendró 1
23.24 mucho se alegrará el *p* del justo, y el 1
23.25 alégrense tu *p* y tu madre, y gócese la 1
27.10 no dejes a tu amigo…al amigo de tu *p* 1
28.7 compañero de glotones avergüenza a su *p* 1
28.24 roba a su *p* o…y dice que no es maldad 1
29.3 el…que ama la sabiduría alegra a su *p* 1
30.11 Hay generación que maldice a su *p* 1
30.17 el ojo que escarnece a su *p* y…su madre 1
Is 3.6 a su hermano, de la familia de su *p*, y 1
7.17 hará venir…sobre la casa de tu *p*, días 1
8.4 antes que el niño sepa decir: *P* mío, y 1
9.6 se llamará su…*P* eterno, Príncipe de paz 1
14.21 para el matadero, por la maldad de sus *p* 1
22.21 será *p* al morador de Jerusalén, y a la 1
22.23 por asiento de honra a la casa de su *p* 1
22.24 colgarán de él toda la honra…de su *p* 1
38.5 Dios de David tu *p* dice así: He oído tu 1
38.19 el *p* hará notoria tu verdad a los hijos 1
39.6 y lo que tus *p* han atesorado hasta hoy 1
43.27 Tu primer *p* pecó, y tus enseñadores 1
45.10 del que dice al *p*: ¿Por qué engendraste? 1
51.2 mirad a Abraham vuestro *p*, y a Sara que 1
58.14 daré a comer la heredad de Jacob tu *p* 1
63.16 tú eres nuestro *p*, si bien Abraham nos 1
63.16 tú, oh Jehová, eres nuestro *p*; nuestro 1
64.8 eres nuestro *p*; nosotros barro, y tú el 1
64.11 en la cual te alabaron nuestros *p*, fue 1
65.7 las iniquidades de vuestros *p* juntamente 1
Jer 2.5 ¿qué maldad hallaron en mí vuestros *p* 1
2.27 que dicen a un leño: Mi *p* eres tú; y a 1
3.4 ¿no me llamarás a mí, *P* mío, guiador de 1
3.18 la tierra que hice heredar a vuestros *p* 1
3.19 llamaréis: *P* mío, y no os apartaréis de 1
3.24 consumió el trabajo de nuestros *p* desde 1
3.25 porque pecamos…nosotros y nuestros *p* 1
6.21 tropiezos, y caerán en ellos los *p* y los 1
7.7 tierra que di a vuestros *p* para siempre 1
7.14 lugar que di a vosotros y a vuestros *p* 1
7.18 los *p* encienden el fuego, y las mujeres 1
7.22 no hablé yo con vuestros *p*, ni nada les 1
7.25 desde el día que vuestros *p* salieron de 1
7.26 no me oyeron…e hicieron peor que sus *p* 1
9.14 de los baales, según les enseñaron sus *p* 1
9.16 naciones que ni ellos ni sus *p* conocieron 1
11.4 mandé a vuestros *p* el día que los saqué 1
11.5 que confirme el juramento que hice a…*p* 1
11.7 protesté a vuestros *p* el día que les 1
11.10 se han vuelto a las maldades de sus…*p* 1
11.10 el cual había yo concertado con sus *p* 1
12.6 hermanos y la casa de tu *p*, aun ellos se 1
13.14 y los quebrantaré…los *p* con los hijos 1
14.20 reconocemos…la iniquidad de nuestros *p* 1
16.3 los *p* que los engendren en esta tierra 1
16.7 a beber vaso de consolaciones por su *p* 1
16.11 les dirás: Porque vuestros *p* me dejaron 1
16.12 y vosotros…hecho peor que vuestros *p* 1
16.13 a una tierra que…ni vuestros *p* habéis 1
16.15 volveré a su tierra, la cual di a sus *p* 1
16.19 mentira poseyeron nuestros *p*, vanidad 1
17.22 santificad el…como mandé a vuestros *p* 1
19.4 a dioses…no habían conocido…ni sus *p* 1
20.15 maldito…hombre que dio nuevas a mi *p* 1
22.11 el cual reinó en lugar de Josías su *p* 1
22.15 ¿no comió y bebió tu *p*, e hizo juicio 1
23.27 al modo que sus *p* se olvidaron de mí 1
23.39 y a la ciudad que di a…y a vuestros *p* 1
24.10 la tierra que les di a ellos y a sus *p* 1
25.5 tierra que os dio Jehová…a vuestros *p* 1
30.3 y los traeré a la tierra que di a sus *p* 1
31.9 porque soy a Israel por *p*, y Efraín es 1
31.29 los *p* comieron las uvas agrias y los 1
31.32 no como el pacto que hice con sus *p* el 1
32.18 y castigas la maldad de los *p* en sus 1
32.22 cual juraste a sus *p* que se la darías

34.5 así como quemaron especias por tus p 1
34.13 yo hice pacto con vuestros p el día que 1
34.14 vuestros p no me oyeron, ni inclinaron 1
35.6 de Recab nuestro p nos ordenó diciendo 1
35.8 hemos obedecido a... de nuestro p Jonadab 1
35.10 cosas que nos mandó Jonadab nuestro p 1
35.14 no... por obedecer al mandamiento de su p 1
35.15 y viviréis en la tierra que di a...p 1
35.16 firme el mandamiento que les dio su p 1
35.18 obedecisteis al... de Jonadab vuestro p 1
44.3 ellos no habían conocido... ni vuestros p 1
44.9 os habéis olvidado de las maldades de...p 1
44.10 puse delante de vosotros y... vuestros p 1
44.17 como hemos hecho nosotros y nuestros p 1
44.21 el incienso que ofrecisteis... vuestros p 1
47.3 estruendo... los p no cuidaron a los hijos 1
50.7 ellos pecaron contra Jehová... de sus p 1
Lm 5.3 huérfanos somos sin p; nuestras madres 1
5.7 p pecaron, y han muerto, y... su castigo 1
Ez 2.3 sus p se han rebelado contra mí 1
5.10 p comerán a los hijos... comerán a sus p 1
16.3 di... tu p fue amorreo, y tu madre hetea 1
16.45 madre fue hetea, y vuestro p amorreo 1
18.2 los p comieron las uvas agrias, y los 1
18.4 como el alma del p, así el alma del hijo 1
18.14 viere todos los pecados que su p hizo 1
18.17 éste no morirá por la maldad de su p 1
18.18 su p, por cuanto hizo agravio, despojó 1
18.19 el hijo no llevará el pecado de su p? 1
18.20 hijo no llevará el pecado del p, ni el p 1
20.4 hazles conocer... abominaciones de sus p 1
20.18 andéis en los estatutos de vuestros p 1
20.24 tras los ídolos de sus p se les fueron 1
20.27 aun en esto me afrentaron vuestros p 1
20.30 ¿no os contamináis... a la manera de...p 1
20.36 litigué con vuestros p en el desierto 1
20.42 mano jurando que la daría a vuestros p 1
22.7 al p y a la madre despreciaron en ti; al 1
22.10 la desnudez del p descubrieron en ti, y 1
22.11 violó en ti a su hermana, hija de su p 1
36.28 habitaréis... tierra que di a vuestros p 1
37.25 la cual habitaron vuestros p; en ella 1
44.25 por p o madre... sí podrán contaminarse 1
47.14 jurando... la había de dar a vuestros p 1
Dn 2.23 oh Dios de mis p, te doy gracias 1
5.2 los vasos... su p había traído del templo 2
5.11 en los días de tu p se halló en él luz 2
5.11 al que el... tu p, oh rey, constituyó jefe 2
5.13 aquel Daniel... que mi p trajo de Judea? 2
5.18 Dios, oh rey, dio a..tu p el reino y la 2
9.6 en tu nombre hablaron... a nuestros p y a 1
9.8 de nuestros p; porque contra ti pecamos 1
9.16 por la maldad de nuestros p, Jerusalén 1
11.24 que no hicieron sus p, ni los p de sus p 1
11.37 del Dios de sus p no hará caso, ni del 1
11.38 al dios de las... que sus p no conocieron 1
Os 9.10 la fruta temprana... a vuestros p 1
Jl 1.2 ¿ha acontecido esto... en los días de...p? 1
Am 2.4 de las cuales anduvieron sus p 1
2.7 el hijo y su p se llegan a la misma joven 2
Mi 7.6 hijo deshonra al p, la hija se levanta 2
7.20 misericordia, que juraste a nuestros p 1
Zac 1.2 se enojó Jehová en... contra vuestros p 1
1.4 no seáis como vuestros p, a los cuales 1
1.5 vuestros p, ¿dónde están? y los profetas 1
1.6 mis palabras... ¿no alcanzaron a vuestros p? 1
8.14 pensé haceros mal... p me provocaron a ira 1
13.3 le dirán su p y su... que lo engendraron 2
13.3 su p y su madre que lo engendraron le 2
Mal 1.6 el hijo honra al p, y el siervo a su 2
1.6 si, pues, soy yo p, ¿dónde está mi honra? 2
2.10 ¿no tenemos todos un mismo p? ¿No nos 2
2.10 qué... profanando el pacto de nuestros p? 1
3.7 los días de vuestros p os habéis apartado 1
4.6 hará volver el corazón de los p hacia los 1
4.6 y el corazón de los hijos hacia los p, no 1
Mt 2.22 Arquelao reinaba en... en lugar de... su p 3962
3.9 no penséis decir... Abraham tenemos por p 3962
4.21 y Juan su... en la barca con Zebedeo su p 3962
4.22 dejando... la barca y a su p, le siguieron 3962
5.16 **glorifiquen a vuestro P que está en los** 3962
5.45 **que seáis hijos de vuestro P que está en** 3962
5.48 **sed, pues... perfectos, como vuestro P que** 3962
6.1 **no tendréis recompensa de vuestro P que** 3962
6.4 **tu P que ve en lo secreto te recompensará** 3962
6.6 **y cerrada la puerta, ora a tu P que está** 3962
6.6 **tu P que ve en lo secreto te recompensará** 3962
6.8 **vuestro P sabe de qué... tenéis necesidad** 3962
6.9 **así: P nuestro que estás en los cielos** 3962
6.14 **si perdonáis... os perdonará... P celestial** 3962
6.15 **tampoco vuestro P os perdonará vuestras** 3962
6.18 **no mostrar a los hombres... sino a tu P** 3962
6.18 **P que ve en lo secreto te recompensará** 3962
6.26 **aves, vuestro P celestial las alimenta** 3962
6.32 **vuestro P... sabe que tenéis necesidad de** 3962
7.11 **¿cuánto más vuestro P que está en los** 3962
7.21 **la voluntad de mi P que está en los cielos** 3962
8.21 dijo... que vaya primero y entierre a mi p 3962
10.20 **el Espíritu de vuestro P que habla en** 3962
10.21 **entregará a la muerte... y el p al hijo** 3962
10.21 **y los hijos se levantarán contra los p** 3962
10.25 **si al p de familia llamaron Beelzebú** 1320
10.29 **ni uno de... cae a tierra sin vuestro P** 3962
10.32 **yo también le confesaré delante de mi P** 3962
10.33 **le negaré delante de mi P que está en** 3962
10.35 **en disensión al hombre contra su p, a** 3962
10.37 **el que ama a p o madre más que a mí, no** 3962
11.25 **dijo: Te alabo, P, Señor del cielo y de** 3962
11.26 **sí, P, porque así te agradó** 3962
11.27 **las cosas me fueron entregadas por mi P** 3962
11.27 **y nadie conoce al Hijo, sino el P, ni** 3962
11.27 **ni al P conoce alguno, sino el Hijo, y** 3962
12.50 **hace la voluntad de mi P que está en los** 3962
13.27 **vinieron... los siervos del p de familia** 3617
13.43 **resplandecerán como... en el reino de su P** 3962
13.52 **todo escriba docto... es semejante a un p** 3617
15.4 **honra a tu p y... El que maldiga al p o a** 3962
15.5 **cualquiera que diga a su p o a su madre** 3962
15.6 **ya no ha de honrar a su p o a su madre** 3962
15.13 **toda planta que no plantó mi P celestial** 3962
16.17 **no te lo reveló... sino mi P que está en** 3962
16.27 **en la gloria de su P con sus ángeles** 3962
18.10 **ven... el rostro de mi P que está en los** 3962
18.14 **no es la voluntad de vuestro P... pierda** 3962
18.19 **les será hecho por mi P que está en los** 3962
18.35 **así... mi P celestial hará con vosotros** 3962
19.5 **el hombre dejará p y madre, y se unirá** 3962
19.19 **honra a tu p y a tu madre; y, Amarás a** 3962
19.29 **que haya dejado... p, o madre, o mujer, o** 3962
20.1 **el reino... es semejante a un... P de familia** 3617
20.11 **al recibirlo, murmuraban contra el p de** 3617
20.23 **para quienes está preparado por mi P** 3962
21.31 **¿cuál de... dos hizo la voluntad de su p?** 3962
21.33 **hubo un hombre, p de familia, el cual** 3617
23.9 **no llaméis p vuestro a nadie en la tierra** 3962
23.9 **porque uno es vuestro P, el que está en** 3962
23.30 **si... vivido en los días de nuestros p, no** 3962
23.32 **¡vosotros también llenad la medida... p!** 3962
24.36 **día y la hora nadie sabe... sino sólo mi P** 3962
24.43 **si el p de familia supiese a qué hora** 3611
25.34 **el Rey dirá a... Venid, benditos de mi P** 3962
26.29 **que lo beba nuevo... en el reino de mi P** 3962
26.39 **P mío, si es posible, pase de mí esta** 3962
26.42 **diciendo: P mío, si no puede pasar de mí** 3962
26.53 **que no puedo ahora orar a mi P, y que** 3962
28.19 **bautizándolos en el nombre del P, y del** 3962
Mr 1.20 dejando a su p Zebedeo... le siguieron 3962
5.40 tomó al p y a la madre de la niña, y a 3962
7.10 **honra a tu p...y: El que maldiga al p o a** 3962
7.11 **basta que diga un hombre al p... Es Corbán** 3962
7.12 **y no le dejáis hacer más por su p o por** 3962
8.38 **cuando venga en la gloria de su P con los** 3962
9.21 **preguntó al p: ¿Cuánto tiempo hace que** 3962
9.24 el p del muchacho clamó... Creo; ayuda mi 3962
10.7 **dejará el hombre a su p y a su madre, y** 3962
10.19 **no defraudes. Honra a tu p y a tu madre** 3962
10.29 **que haya dejado... p, o madre, o mujer, o** 3962
11.10 ¡bendito el reino de nuestro p David que 3962
11.25 **para que también vuestro P... os perdone** 3962
11.26 **tampoco vuestro P... cielos os perdonará** 3962
13.12 **y el p al hijo... los hijos contra los p** 3962
13.32 **nadie sabe, ni... ni el Hijo, sino el P** 3962
14.36 **abba, P, todas las cosas son posibles** 3962
15.21 Simón de Cirene, p de Alejandro y de 3962
Lc 1.17 hacer volver los corazones de los p a 3962
1.32 Dios le dará el trono de David su p 3962
1.55 de la cual habló a nuestros p, para con 3962
1.59 llamaban con el nombre de su p, Zacarías 3962
1.62 por señas a su p, cómo le quería llamar 3962
1.67 y Zacarías su p fue lleno del Espíritu 3962
1.72 para hacer misericordia con nuestros p 3962
1.73 juramento que hizo a Abraham nuestro p 3962
2.27 los p del niño... lo trajeron al templo 1118
2.41 iban sus p todos los años a Jerusalén 1118
2.48 tu p y yo te hemos buscado con angustia 3962
2.49 **no sabíais que en los, negocios de mi P** 3962
3.8 tenemos a Abraham por p; porque os digo 3962
6.23 **porque así hacían sus p con los profetas** 3962
6.26 **así hacían sus p con los falsos profetas** 3962
6.36 **como también vuestro P es misericordioso** 3962
8.51 a Juan, y al p y a la madre de la niña 3962
8.56 sus p estaban atónitos; pero Jesús les
9.26 **y en la del P, y de los santos ángeles** 3962
9.42 sanó al muchacho... se lo devolvió a su p 3962
9.59 déjame... primero vaya y entierre a mi p 3962
10.21 **te alabo, oh P, Señor del cielo y deja** 3962
10.21 **los niños. Sí, P, porque así te agradó** 3962
10.22 **las cosas me fueron entregadas por mi P** 3962
10.22 **nadie conoce quién es el Hijo sino el P** 3962
10.22 **ni quién es el P, sino el Hijo, y aquel** 3962
11.2 **decid: P nuestro que estás en los cielos** 3962
11.11 **¿qué p de vosotros, si su hijo le pide** 3962
11.13 **¿cuánto más vuestro P celestial dará el** 3962
11.47 **profetas a quienes mataron vuestros p!** 3962
11.48 **testigos... de los hechos de vuestros p** 3962
12.30 **vuestro P sabe que tenéis necesidad de** 3962
12.32 **vuestro P le ha placido daros el reino** 3962
12.39 **si supiese el p... a qué hora el ladrón** 3611
12.53 **el p contra el hijo... hijo contra el p** 3962
13.25 **que el p de familia se haya levantado** 3617
14.21 **enojado el p de familia, dijo a... siervo** 3617
14.26 **y no aborrece a su p, y madre, y mujer** 3962
15.12 **el menor... dijo a su p: P, dame la parte** 3962
15.17 **casa de mi p tienen abundancia de pan** 3962
15.18 **e iré a mi p, y le diré: P, he pecado** 3962
15.20 **levantándose, vino a su p. Y cuando aún** 3962
15.20 **vio su p, y fue movido a misericordia** 3962
15.21 **p, he pecado contra el cielo y contra** 3962
15.22 **pero el p dijo a sus siervos: Sacad el** 3962
15.27 **y tu p ha hecho matar el becerro gordo** 3962
15.28 **salió... su p, y le rogaba que entrase** 3962
15.29 **dijo al p: He aquí, tantos años te sirvo** 3962
16.24 **dijo: P Abraham, ten misericordia de mí** 3962
16.27 **pues, p, que le envíes a la casa de mi p** 3962
16.30 **no, p Abraham; pero si alguno fuere a** 3962
18.20 **testimonio; honra a tu p y a tu madre** 3962
18.29 **que haya dejado casa, o p, o hermanos, o** 1118
21.16 **seréis entregados aun por vuestros p** 1118
22.11 **decid al p de familia de esa casa: El** 3611,1320
22.29 **un reino, como mi P me lo asignó a mí** 3962
22.42 **P, si quieres, pasa de mí esta copa** 3962
23.34 **Jesús decía: P, perdónalos, porque no** 3962
23.46 **P, en tus manos encomiendo mi espíritu** 3962
24.49 **he aquí, yo enviaré la promesa de mi P** 3962
Jn 1.14 gloria como... unigénito del P 3962
1.18 Hijo, que está en el seno del P, él le 3962
2.16 **y no hagáis de la casa de mi P casa de** 3962
3.35 el P ama al Hijo, y todas las cosas ha 3962
4.12 eres tú mayor que nuestro p Jacob, que 3962
4.20 nuestros p adoraron en este monte, y
4.21 **ni en este monte ni en... adoraréis al P** 3962
4.23 **adorarán al P en espíritu y en verdad** 3962
4.23 **P tales adoradores busca que le adoren** 3962
4.53 **el p... entendió que aquella era la hora** 3962
5.17 **mi P hasta ahora trabaja, y yo trabajo** 3962
5.18 también decía que Dios era su propio P 3962
5.19 **sino lo que ve hacer al P; porque todo** 3962
5.19 **todo lo que el P hace... lo hace el Hijo** 3962
5.20 **porque el P ama al Hijo, y le muestra** 3962
5.21 **como el P levanta a los muertos, y les** 3962
5.22 **P a nadie juzga, sino que todo el juicio** 3962
5.23 **que todos honren al Hijo como honran al P** 3962
5.23 **el que no honra al Hijo, no honra al P** 3962
5.26 **porque como el P tiene vida en sí mismo** 3962
5.30 **la voluntad del que me envió, la del P** 3962
5.36 **las obras que el P me dio... que cumpliese** 3962
5.36 **dan testimonio... que el P me ha enviado** 3962
5.37 **P que me envió ha dado testimonio de mí** 3962
5.43 **yo he venido en nombre de mi P, y no me** 3962
5.45 **no... que yo voy a acusaros delante del P** 3962
6.27 **os dará; porque a éste señaló Dios el P** 3962
6.31 p comieron el maná en el desierto, como
6.32 **mi P os da el verdadero pan del cielo** 3962
6.37 **todo lo que el P me da, vendrá a mí; y al** 3962
6.39 **y esta es la voluntad del P, el que me** 3962
6.42 José, cuyo p y madre nosotros conocemos? 3962
6.44 **a mí, si el P que me envió no le trajere** 3962
6.45 **todo aquel que oyó al P, y aprendió de él** 3962
6.46 **que alguno haya visto al P, sino aquel** 3962
6.46 **que vino de Dios; éste ha visto al P** 3962
6.49 **vuestros p comieron... maná en el desierto** 3962
6.57 **como me envió el P viviente, y yo vivo** 3962
6.57 **vivo por el P, asimismo el que me come** 3962
6.58 **no como vuestros p comieron el mana, y** 3962
6.65 **venir a mí, si no le fuere dado del P** 3962
7.22 **no porque sea de Moisés, sino de los p** 3962
8.16 **yo solo, sino yo y el que me envió, el P** 3962
8.18 **y el P que me envió da testimonio de mí** 3962
8.19 le dijeron: ¿Dónde está tu P? Respondió 3962
8.19 **ni a mí me conocéis, ni a mi P; si a mi** 3962
8.19 **conocieseis, también a mi P conoceríais** 3962
8.27 no entendieron que les hablaba del P 3962
8.28 **sino que según me enseñó el P, así hablo** 3962
8.29 **no me ha dejado solo el P, porque yo hago** 3962
8.38 **yo hablo lo que he visto cerca del P; y** 3962
8.38 **lo que habéis oído cerca de vuestro p** 3962
8.39 le dijeron: Nuestro p es Abraham... Jesús 3962
8.41 **vosotros hacéis las obras de vuestro p** 3962
8.41 le dijeron... un p tenemos, que es Dios 3962
8.42 **dijo: Si vuestro p fuese Dios... amaríais** 3962
8.44 **vosotros sois de vuestro p el diablo, y** 3962
8.44 **y los deseos de vuestro p queréis hacer** 3962
8.44 **porque es mentiroso, y p de mentira** 3962
8.49 **yo no tengo demonio, antes honro a mi P** 3962
8.53 ¿eres tú... mayor que nuestro p Abraham 3962
8.54 **mi P es el que me glorifica, el que** 3962
8.56 **Abraham vuestro p se gozó de que había** 3962
9.2 ¿quién pecó, éste o sus p, para que haya 1118
9.3 **no es que pecó éste, ni sus p, sino para** 1118
9.18 llamaron a los p del que había recibido 1118
9.20 sus p respondieron... Sabemos que éste es 1118
9.22 esto dijeron sus p, porque tenían miedo 1118
9.23 dijeron sus p: Edad tiene, preguntadle 1118
10.15 **como el P me conoce, y yo conozco al P** 3962
10.17 **por eso me ama el P, porque yo pongo mi** 3962
10.18 **a tomar. Este mandamiento recibí de mi P** 3962
10.25 **las obras que yo hago en nombre de mi P** 3962
10.29 **mi P que me las dio, es mayor que todos** 3962
10.29 **las puede arrebatar de la mano de mi P** 3962
10.30 **yo y el P uno somos** 3962
10.32 **muchas... obras os he mostrado de mi P** 3962
10.36 **¿al que el P santificó y envió al mundo** 3962
10.37 **si no hago las obras de mi P, no me** 3962
10.38 **creáis que el P está en mí, y yo en el P** 3962
11.41 **dijo: P, gracias te doy por haberme oído** 3962
12.26 **si alguno me sirviere, mi P le honrará** 3962
12.27 **¿y qué diré? ¿P, sálvame de esta hora?** 3962
12.28 **P, glorifica tu nombre. Entonces vino** 3962
12.49 **el P... me dio mandamiento de lo que he** 3962
12.50 **así... lo hablo como el P me lo ha dicho** 3962
13.1 su hora... que pasase de este mundo al P 3962
13.3 sabiendo Jesús que el P le había dado 3962
14.2 **en la casa de mi P muchas moradas hay** 3962
14.6 **y la vida; nadie viene al P, sino por mí** 3962
14.7 **si me conocieseis... a mi P conoceríais** 3962
14.8 Señor, muéstranos el P, y nos basta 3962
14.9 **el que me ha visto a mí, ha visto al P** 3962
14.9 **¿cómo, pues, dices tú: Muéstranos el P?** 3962
14.10 ¿no crees... soy en el P, y el P en mí? 3962
14.10 **el P que mora en mí, él hace las obras** 3962
14.11 **creedme que yo soy en el P, y el P en mí** 3962
14.12 **y aun mayores hará, porque yo voy al P** 3962
14.13 **que pidiereis al P en mi nombre, lo haré** 3962
14.13 **para que el P sea glorificado en el Hijo** 3962

14.16 **yo rogaré al P, y os dará... Consolador** ... 3962
14.20 **vosotros conoceréis que... estoy en mi P** ... 3962
14.21 **y el que me ama, será amado por mi P** ... 3962
14.23 **y mi P le amará, y vendremos a él, y** ... 3962
14.24 **la palabra... no es mía, sino del P que** ... 3962
14.26 **el Espíritu Santo, a quien el P enviará** ... 3962
14.28 **voy al P; porque el P mayor es que yo** ... 3962
14.31 **que amo al P, y como el P me mandó, así** ... 3962
15.1 **yo soy la vid... y mi P es el labrador** ... 3962
15.8 **esto es glorificado mi P, en que llevéis** ... 3962
15.9 **como el P me ha amado, así también yo** ... 3962
15.10 **yo he guardado los mandamientos de mi P** ... 3962
15.15 **todas las cosas que oí de mi P, os las** ... 3962
15.16 **lo que pidiereis al P en mi nombre, él** ... 3962
15.23 **que me aborrece a mí, a mi P aborrece** ... 3962
15.24 **han visto y han aborrecido a mí y a mi P** ... 3962
15.26 **el Consolador, a quien... enviaré del P** ... 3962
15.26 **el Consolador... el cual procede del P** ... 3962
16.3 **harán esto porque no conocen al P ni a** ... 3962
16.10 **de justicia, por cuanto voy al P, y no** ... 3962
16.15 **todo lo que tiene el P es mío; por eso** ... 3962
16.16 **un poco, y me veréis; porque yo voy al P** ... 3962
16.17 **que es esto que nos dice... yo voy al P?** ... 3962
16.23 **cuanto pidiereis al P en mi nombre, os** ... 3962
16.25 **claramente os anunciaré acerca del P** ... 3962
16.26 **nombre; y no os digo que yo rogaré al P** ... 3962
16.27 **el P mismo os ama, porque vosotros me** ... 3962
16.28 **salí del P, y he venido al mundo; otra** ... 3962
16.28 **otra vez dejo el mundo, y voy al P** ... 3962
16.32 **no estoy solo, porque el P está conmigo** ... 3962
17.1 **dijo: P, la hora ha llegado; glorifica** ... 3962
17.5 **ahora... P, glorifícame tú al lado tuyo** ... 3962
17.11 **P... a los que me has dado, guárdalos en** ... 3962
17.21 **como tú, oh P, en mí, y yo en ti, que** ... 3962
17.24 **P, aquellos que me has dado, quiero que** ... 3962
17.25 **P justo, el mundo no te ha conocido** ... 3962
18.11 **la copa que el P me ha dado, ¿no la he** ... 3962
20.17 **no me toques... aún no he subido a mi P** ... 3962
20.17 **subo a mi P y a vuestro P, a mi Dios** ... 3962
20.21 **como me envió el P, así también yo os** ... 3962
Hch 1.4 que esperasen la promesa del P ... 3962
1.7 **saber... que el P puso en su sola potestad** ... 3962
2.33 habiendo recibido del P la promesa del ... 3962
3.13 el Dios de nuestros p, ha glorificado a ... 3962
3.22 Moisés dijo a los p: El Señor vuestro ... 3962
3.25 del pacto que Dios hizo con nuestros p ... 3962
5.30 el Dios de nuestros p levantó a Jesús, a ... 3962
7.2 varones... y p, oíd: El Dios de la gloria ... 3962
7.2 el Dios de... apareció a nuestro p Abraham ... 3962
7.4 de allí, muerto su p, Dios le trasladó a ... 3962
7.11 hambre... nuestros p no hallaban alimentos ... 3962
7.12 cuando oyó Jacob... envió a nuestros p la ... 3962
7.14 enviando José, hizo venir a su p Jacob ... 3962
7.15 a Egipto... murió él, y también nuestros p ... 3962
7.19 este rey... maltrató a nuestros p, a fin de ... 3962
7.20 fue criado tres meses en casa de su p ... 3962
7.32 soy el Dios de tus p... el Dios de Isaac ... 3962
7.38 estuvo en... con nuestros p, y que recibió ... 3962
7.39 al cual nuestros p no quisieron obedecer ... 3962
7.44 tuvieron nuestros p el tabernáculo del ... 3962
7.45 el cual, recibido... por nuestros p, lo ... 3962
7.45 Dios arrojó de la presencia de nuestros p ... 3962
7.51 como vuestros p, así también vosotros ... 3962
7.52 ¿a cuál de... no persiguieron vuestros p? ... 3962
13.17 Dios... escogió a nuestros p, y enalteció ... 3962
13.32 de aquella promesa hecha a nuestros p ... 3962
13.36 durmió, y fue reunido con sus p, y vio ... 3962
15.10 un yugo que ni nuestros p ni nosotros ... 3962
16.1 hijo de una mujer judía... pero de p griego ... 3962
16.3 porque todos sabían que su p era griego ... 3962
22.1 hermanos y p, oíd ahora mi defensa ante ... 3962
22.3 estrictamente conforme a la ley de... p ... 3962
22.14 el Dios de nuestros p te ha escogido ... 3962
24.14 sirvo al Dios de mis p, creyendo todas ... 3962
26.6 la promesa que hizo Dios a nuestros p ... 3962
28.8 el p de Publio estaba en cama, enfermo ... 3962
28.17 ni contra las costumbres de nuestros p ... 3962
28.25 bien habló el Espíritu... a nuestros p ... 3962
Ro 1.7 paz a vosotros, de Dios nuestro P ... 3962
1.30 altivos... males, desobedientes a los p ... 1118
4.1 halló Abraham, nuestro p según la carne? ... 3962
4.11 para que fuese p de todos los creyentes ... 3962
4.12 p... para los que... siguen las pisadas de ... 3962
4.12 las pisadas de la fe que tuvo nuestro p ... 3962
4.16 la fe de Abraham, el cual es p de todos ... 3962
4.17 como está escrito: Te he puesto por p de ... 3962
4.18 para llegar a ser p de muchas gentes ... 3962
6.4 Cristo resucitó de... por la gloria del P ... 3962
8.15 adopción, por el cual clamamos: ¡Abba, P! ... 3962
9.10 Rebeca concibió de uno... Isaac nuestro p ... 3962
11.28 la elección... amados por causa de los p ... 3962
15.6 glorifiquéis. Dios y P de nuestro Señor ... 3962
15.8 confirmar las promesas hechas a los p ... 3962
1 Co 1.3 gracia y paz... de Dios nuestro P ... 3962
4.15 no tendréis muchos p; pues en Cristo
5.1 tanto que alguno tiene la mujer de su p ... 3962
8.6 el P, del cual proceden todas las cosas ... 3962
10.1 nuestros p todos estuvieron bajo la nube
15.24 cuando entregue el reino al Dios y P ... 3962
2 Co 1.2 paz a vosotros, de Dios nuestro P ... 3962
1.3 bendito sea el Dios y P de nuestro Señor ... 3962
1.3 P de misericordias y Dios de... consolación ... 3962
6.18 seré para vosotros por p, y vosotros me ... 3962
11.31 el Dios y P de nuestro Señor... sabe que ... 3962
12.14 hijos para los p, sino los p para los ... 1118
Gá 1.1 Dios el P que lo resucitó de los ... 3962
1.3 y paz sean a vosotros, de Dios el P y de ... 3962
1.4 conforme a la voluntad... nuestro Dios y P ... 3962
1.14 más celoso de las tradiciones de mis p ... 3967
4.2 está... hasta el tiempo señalado por el p ... 3962
4.6 el Espíritu de... el cual clama: ¡Abba, P! ... 3962
Ef 1.2 y paz a vosotros, de Dios nuestro P y ... 3962
1.3 bendito sea el Dios y P de nuestro Señor ... 3962
1.17 Dios... el P de gloria, os dé espíritu de ... 3962
2.18 tenemos entrada... un mismo Espíritu al P ... 3962
3.14 doblo mis rodillas ante el P de nuestro ... 3962
4.6 un Dios y P de todos, el cual es sobre ... 3962
5.20 siempre gracias por todo al Dios y P, en ... 3962
5.31 dejará el hombre a su p y a su madre, y ... 3962
6.1 hijos, obedeced en el Señor a vuestros p ... 1118
6.2 honra a tu p y a tu madre, que es el ... 3962
6.4 p, no provoquéis a ira a vuestros hijos ... 3962
6.23 paz... de Dios P y del Señor Jesucristo ... 3962
Fil 1.2 paz a vosotros, de Dios nuestro P ... 3962
2.11 que... es el Señor, para gloria de Dios P ... 3962
2.22 como hijo a p ha servido conmigo en el ... 3962
4.20 al Dios y P nuestro sea gloria por los ... 3962
Col 1.2 gracia y paz... de Dios nuestro P ... 3962
1.3 damos gracias a Dios, P de nuestro Señor ... 3962
1.12 con gozo dando gracias al P que nos hizo ... 3962
1.19 cuanto agradó al P que en él habitase ... 3962
2.2 fin de conocer el misterio de Dios el P ... 3962
3.17 dando gracias a Dios P por medio de él ... 3962
3.20 hijos, obedeced a vuestros p en todo ... 1118
3.21 p, no exasperéis a vuestros hijos, para ... 3962
1 Ts 1.1 la iglesia... en Dios P y en el Señor ... 3962
1.1 gracia y... de Dios nuestro P y del Señor ... 3962
1.3 sin cesar delante del Dios y P nuestro ... 3962
2.11 como el p a sus hijos, exhortábamos y ... 3962
3.11 mismo Dios y P... dirija nuestro camino a ... 3962
3.13 en santidad delante de Dios nuestro P ... 3962
2 Ts 1.1 a la iglesia... en Dios nuestro P ... 3962
1.2 paz a vosotros, de Dios nuestro P y del ... 3962
2.16 y Dios nuestro P, el cual nos amó y nos ... 3962
1 Ti 1.2 de Dios nuestro P y de Cristo ... 3962
5.1 no reprendas al... sino exhórtale como a P ... 3962
5.4 a ser piadosos... y a recompensar a sus p ... 4269
2 Ti 1.2 gracia, misericordia y paz, de Dios P ... 3962
3.2 habrá... blasfemos, desobedientes a los p ... 1118
Tit 1.4 gracia, misericordia y paz, de Dios p ... 3962
Flm 3 gracia y... de Dios nuestro P y del Señor ... 3962
He 1.1 Dios, habiendo hablado... a los p por los ... 3962
1.5 yo seré a él P, y él me será a mí hijo? ... 3962
3.9 me tentaron vuestros p; me probaron, y ... 3962
7.3 sin p, sin madre, sin genealogía; que ni ... 540
7.10 aún estaba en los lomos de su p cuando ... 3962
8.9 no como el pacto que hice con sus p el ... 3962
11.23 Moisés... fue escondido por sus p por tres ... 3962
12.7 ¿qué hijo es aquel... el p no disciplina? ... 3962
12.9 tuvimos a nuestros p terrenales que nos ... 3962
12.9 ¿por qué no obedeceremos... al P de los ... 3962
Stg 1.17 desciende de lo alto, del P de las ... 3962
1.27 religión pura... delante de Dios el P es ... 3962
2.21 ¿no fue justificado... Abraham nuestro p ... 3962
3.9 con ella bendecimos al Dios y P, y con ... 3962
1 P 1.2 elegidos según la presciencia de, P ... 3962
1.3 el Dios y P de nuestro Señor Jesucristo ... 3962
1.17 invocáis por P a aquel que sin acepción ... 3962
1.18 la cual recibisteis de vuestros p, no ... 3970
2 P 1.17 cuando él recibió de Dios P honra y ... 3962
3.4 desde el día en que los p durmieron, todas ... 3962
1 Jn 1.2 estaba con el P, y se nos manifestó ... 3962
1.3 nuestra comunión... es con el P, y con su ... 3962
2.1 abogado... con el P, a Jesucristo el justo ... 3962
2.13 escribo a vosotros, p, porque conocéis ... 3962
2.13 hijitos, porque habéis conocido al P ... 3962
2.14 he escrito a vosotros, p, porque habéis ... 3962
2.15 si alguno ama al mundo, el amor del P ... 3962
2.16 vida, no proviene del P, sino del mundo ... 3962
2.22 anticristo, el que niega al P y al Hijo ... 3962
2.23 aquel que niega al... tampoco tiene al P ... 3962
2.23 que confiesa al Hijo, tiene también al P ... 3962
2.24 si... permaneceréis en el Hijo y en el P ... 3962
3.1 mirad cuál amor nos ha dado el P, para ... 3962
4.14 y testificamos que el P ha enviado al ... 3962
5.7 P, el Verbo y el Espíritu Santo; y estos ... 3962
2 Jn 3 paz, de Dios P y del Señor... Hijo del P ... 3962
4 conforme al mandamiento... recibimos del P ... 3962
9 persevera en... ése sí tiene al P y al Hijo ... 3962
Jud 1 a los llamados, santificados en Dios P ... 3962
Ap 1.6 hizo reyes y sacerdotes para Dios, su P ... 3962
2.27 **como yo también la he recibido de mí P** ... 3962
3.5 **y confesaré su nombre delante de mi P** ... 3962
3.21 **y me he sentado con mi P en su trono** ... 3962
14.1 el nombre de él y el de su P escrito en ... 3962

PAFOS *Ciudad en la isla de Chipre*
Hch 13.6 habiendo atravesado... la isla hasta P ... 3974
13.13 zarpado de P, Pablo y sus compañeros ... 3974

PAGA
Dt 23.18 no traerás la p de una ramera ni el ... 868
2 R 9.26 y te daré la p en esta heredad, dijo ... 2513
2 Cr 6.23 juzgarás a tus... dando la p al impío ... 7725
Ec 4.9 mejores son dos... tienen mejor p de su ... 7999
9.5 los muertos nada saben, ni tienen más p ... 7999
Is 40.10 viene... y su p delante de su rostro ... 7939
Jer 51.56 Dios de retribuciones, dará la p ... 1578
Ez 16.31 a ramera, en que menospreciaste la p ... 868
16.34 y tú das la p, en lugar de recibirla ... 868
29.18 para él ni... su ejército hubo p de Tiro ... 7939
29.19 arrebatará... y habrá p para su ejército ... 7939
Jl 3.4 haré yo recaer la p sobre vuestra cabeza ... 1576
3.7 volveré vuestra p sobre vuestra cabeza ... 1576
Zac 8.10 ha habido p de hombre ni p de bestia ... 7939
Ro 6.23 porque la p del pecado es muerte, mas ... 3800

PAGAR
Gn 31.39 arrebatado por las fieras; yo pagaba ... 2308
Éx 2.9 lleva... y criámelo, y yo te lo pagaré ... 7939
21.23 hubiere muerte... pagarás vida por vida ... 5414
21.32 pagará su dueño 30 siclos de plata, y ... 5414
21.34 el dueño de la cisterna pagará el daño ... 7725
21.36 pagará buey por buey, y el buey muerto ... 7999
22.1 por aquel buey pagará cinco bueyes, y por ... 7999
22.4 con el hurto en la mano... pagará el doble ... 7999
22.5 de lo mejor de su campo y... viña pagará ... 7999
22.6 que encendió el fuego pagará lo quemado ... 7999
22.7 ladrón fuere hallado, pagará el doble ... 7999
22.9 los jueces condenaren, pagará el doble ... 7999
22.11 dueño lo aceptará, y el otro no pagará ... 7999
22.13 sido arrebatado por fiera... y no pagará ... 7999
22.14 tomado prestada bestia... deberá pagarla ... 7999
22.15 el dueño estaba presente, no la pagará ... 7999
Lv 5.16 pagará lo que hubiere defraudado ... 5414
25.27 pagará lo que quedare al varón a quien ... 7725
27.8 pero si fuere muy pobre para pagar tu ... 6187
Dt 23.21 a Jehová... no tardes en pagarlo ... 7999
23.23 pagando la ofrenda... que prometiste con ... 5087
32.6 ¿así pagáis a Jehová, pueblo loco e ... 3808,2450
Jue 1.7 yo hice, así me ha pagado Dios ... 7999
9.16 si le habéis pagado conforme a la obra ... 1576
9.56 así pagó Dios a Abimelec el mal que hizo ... 7725
1 S 6.3 enviáis el arca... pagadle la expiación ... 7725
6.4 qué será la expiación que le pagaremos? ... 7725
6.8 las joyas de oro que le habéis de pagar ... 7725
6.17 los tumores... que pagaron los filisteos ... 7725
24.17 me has pagado con bien... yo p con mal ... 1580
24.19 Jehová te pague con bien por lo que en ... 7999
26.23 Jehová pague a cada uno su justicia y ... 7725
2 S 8.2 los moabitas siervos... pagaron tributo
12.6 debe pagar la cordera con cuatro tantos ... 7999
15.7 pagar mi voto que he prometido a Jehová ... 7999
1 R 20.39 vida será... o pagarás un talento ... 8254
21.2 tu viña... te pagaré su valor en dinero ... 3701
2 R 3.4 Mesa rey de... pagaba al rey de Israel ... 7725
4.7 dijo: Vé y vende el aceite, y paga a tus ... 7999
12.11 lo gastaban en pagar a los carpinteros ... 3318
17.3 Oseas fue... su siervo, y le pagaba tributo ... 7725
17.4 no pagaba tributo al rey de Asiria, como
23.35 Joacim pagó a Faraón la plata y el oro ... 3701
2 Cr 36.3 a pagar cien talentos de plata y uno
Esd 4.13 pagarán tributo, impuesto y rentas ... 5415
4.20 y que se les pagaba tributo, impuesto y ... 3052
6.4 el gasto sea pagado por el tesoro del rey ... 3052
Job 6.22 ¿os he dicho yo: Traedme, y pagad por ... 7809
22.27 y él te oirá; y tú pagarás tus votos ... 7999
34.11 él pagará al hombre según su obra, y le ... 7999
Sal 22.25 mis votos pagaré delante de los que ... 7999
31.23 y paga... al que procede con soberbia ... 7999
37.21 el impío toma prestado, y no paga; mas ... 7999
38.20 que pagan mal por bien me son contrarios ... 7999
50.14 sacrifica... y paga tus votos al Altísimo ... 7999
61.8 así cantaré... pagando mis votos cada día ... 5888
62.12 tú pagas a cada uno conforme a su obra ... 7999
65.1 tuya es la... y a ti se pagarán los votos
66.13 entraré en tu casa... te pagaré mis votos ... 7999
69.4 se han... ¿Y he de pagar lo que no robé? ... 7725
76.11 prometed, y pagad a Jehová vuestro Dios ... 7999
103.10 ni nos ha pagado conforme a nuestros ... 1580
116.12 ¿qué pagaré a Jehová por todos sus ... 7725
116.14 pagaré mis votos a Jehová delante de ... 7999
116.18 a Jehová pagaré... mis votos delante de ... 7999
Pr 6.31 es sorprendido, pagará siete veces ... 7999
7.14 había prometido, hoy he pagado mis votos
9.12 si fueres escarnecedor, pagarás tú solo ... 5375
12.14 será pagado según la obra de sus manos ... 7725
19.17 el bien... hecho, se lo volverá a pagar ... 7999
22.27 si no tuvieres para pagar, ¿por qué han ... 7999
25.22 ascuas... cabeza, y Jehová te lo pagará ... 7999
Is 3.11 según las obras de sus... será pagado ... 1576
Jer 16.18 primero pagaré al doble su iniquidad ... 7999
25.14 y yo les pagaré conforme a sus hechos ... 7999
50.29 pagadle según su obra; conforme a todo ... 7999
51.24 pagaré a Babilonia y a todos... de Caldea ... 7999
Ez 23.49 y pagaréis los pecados de... idolatría ... 5414
Os 4.9 castigaré... pagaré conforme a sus obras ... 7725
12.2 a Jacob... le pagará conforme a sus obras ... 7725
12.14 recaer... su Señor le pagará su oprobio ... 7725
Jon 1.3 pagando su pasaje... para irse con ellos ... 5414
2.9 pagaré lo que prometí... La salvación es de ... 7999
Mt 5.26 **no saldrás... hasta que pagues el último** ... 591
16.27 **pagará a cada uno conforme a sus obras** ... 591
17.24 ¿vuestro Maestro no paga las... dracmas? ... 5055
18.25 **no pudo pagar, ordenó su señor venderle** ... 591
18.25 **venderle, y... que se le pagase la deuda** ... 591
18.26,29 ten paciencia... y yo te lo pagaré ... 591
18.28 **él, le ahogaba... Págame lo que me debes** ... 591
18.30 **en la cárcel, hasta que pagase la deuda** ... 591
18.34 **hasta que pagase todo lo que le debía** ... 591
20.8 **llama a los obreros y págales el jornal** ... 591
21.41 labradores, que le paguen el fruto a su ... 591
Lc 7.42 **no teniendo... con qué pagar, perdonó** ... 591
10.35 **de más, yo te lo pagaré cuando regrese** ... 591
12.59 **que hayas pagado aun la última blanca** ... 591
Hch 21.24 paga sus... que se rasuren la cabeza ... 1159
Ro 2.6 pagará a cada uno conforme a sus obras ... 591
12.17 paguéis a nadie mal por mal; procurad ... 591
12.19 mía es la venganza, yo pagaré, dice el ... 457
13.6 pues por esto pagáis también los tributos ... 5055

13.7 *pagad* a todos lo que debéis: al que *591*
1 Ts 5.15 ninguno *pague* a otro mal por mal *591*
2 Ts 1.6 es justo... *pagar* con tribulación a los *467*
2 Ti 4.14 el Señor le *pague* conforme... hechos *591*
Flm 19 yo Pablo lo escribo de... yo lo *pagaré* *661*
He 7.9 así, en Abraham *pagó* el diezmo... Leví
Stg 5.4 no les ha sido *pagado* por vosotros
Ap 18.6 *pagadle* doble según sus obras; en el *591*

PAGIEL *Príncipe de la tribu de Aser,*
Nm 1.13; 2.27; 7.72,77; 10.26 6295

PAGO
Gn 50.15 nos aborrecerá José, y nos dará el *p*
Lv 22.18 que ofreciere su ofrenda en *p* de sus
22.23 que tenga... en *p* de voto no será acepto
Dt 7.10 da el *p* en persona al que le aborrece 8138
7.10 no se demora... en persona le dará el *p* 7999
2 S 3.39 dé el *p* al que mal hace, conforme a su 7999
4.10 y le maté en Siclag en *p* de la nueva 1309
16.8 te ha dado el *p* de toda la sangre de la 7725
2 Cr 20.11 nos dan el *p* viniendo a arrojarnos 1580
Job 21.19 Dios... le dará su *p*, para que conozca 7999
21.31 de lo que él hizo, ¿quién le dará el *p*? 7999
Sal 7.4 si he dado mal *p* al que estaba en paz 1580
40.15 sean asolados en *p* de su afrenta los que 6118
41.10 mas tú... hazme levantar, y les daré el *p* 7999
70.3 sean vueltos atrás, en *p* de su afrenta 6118
94.2 oh Juez de la... da el *p* a los soberbios 1576
109.4 en *p* de mi amor me han sido adversarios
109.20 sea este el *p* de parte de Jehová a los 6468
137.8 bienaventurado el que te diere el *p* de 7999
Pr 24.29 no digas... daré el *p* al hombre según 7725
Is 35.4 nuestro Dios viene con retribución... *p* 7999
59.18 dar el *p*... el *p* dará a los de la costa 1576
65.6 que recompensaré, y daré el *p* en su 7999
66.6 voz de Jehová que da el *p* a sus enemigos 1576
Jer 51.6 tiempo es de venganza... le dará su *p* 1576
Lm 3.64 dales el *p*, oh Jehová, según la obra 1576
Ez 27.15 marfil y ébano te dieron por sus *p*
He 10.30 mía es la venganza, yo daré el *p*, dice *467*

PAHAT-MOAB
1. «Gobernador de Moab», cuya descendencia figura entre los que regresaron del cautiverio
Esd 2.6; 8.4; 10.30; Neh 7.11 los hijos de *P* 6355
Neh 3.11 y Hasub hijo de *P* restauraron otro 6355
2. Firmante del pacto de Nehemías, Neh 10.14 6355

PAI *Ciudad en Edam (=Pau)*, 1 Cr 1.50 6464

PAÍS
Gn 14.7 devastaron todo el *p* de los amalecitas 7704
34.1 salió Dina la... a ver a las hijas del *p* 776
34.21 habitarán en el *p*, y traficarán en él 776
41.34 haga... ponga gobernadores sobre el *p* 776
41.36 aquella provisión en depósito para el *p* 776
41.36 Egipto, y el *p* no perecerá de hambre 776
41.54 hubo hambre en todos los *p*, mas en toda 776
41.56 el hambre... por toda la extensión del *p* 776
42.9,12 ver lo descubierto del *p*... habéis venido 776
Éx 8.16 para que se vuelva piojos por todo el *p* 776
8.17 se volvió piojos en todo el *p* de Egipto 776
8.24 vino... moscas... sobre todo el *p* de Egipto 776
9.9 sarpullido con úlceras en... el *p* de Egipto 776
9.22 la hierba del campo en el *p* de Egipto 776
9.25 el granizo... desgajó... los árboles del *p* 776
10.12 la langosta... suba sobre el *p* de Egipto 776
10.13 trajo un viento oriental sobre el *p* todo 776
10.14 la langosta... y se asentó en todo el *p* 776
10.15 cubrió la faz de todo el *p*... de Egipto 776
10.19 ni una langosta quedó en todo el *p* de 1366
11.10 no envió a los... de Israel fuera de su *p* 776
12.19 leudado, así extranjero... natural del *p* 776
Lv 26.6 la espada no pasará por vuestro *p* 776
Nm 13.20 esforzaos, y tomad del fruto del *p* 776
14.36 toda la congregación, desacreditando aquel *p* ... 776
20.18 respondió: No pasarás por mi *p*; de otra
32.1 vieron... les pareció el *p* lugar de ganado 776
32.17 niños... a causa de los moradores del *p* 776
32.22 sea el *p* sojuzgado delante de Jehová 776
32.29 luego que el *p* sea sojuzgado delante de 776
32.33 dio a los... las ciudades del *p* alrededor 776
33.37 acamparon... la extremidad del *p* de Edom 776
33.52 echaréis... a todos los moradores del *p* 776
33.55 si no echareis a los moradores del *p* 776
Dt 1.25 tomaron en sus manos del fruto del *p* 776
28.11 *p* que Jehová juró a tus padres que les 127
Jos 2.9 los moradores del *p* ya han desmayado 776
2.24 los moradores del *p* desmayan delante de 776
13.6 repartirás tú... el *p* a los israelitas por
Jue 11.21 los amorreos que habitaban en aquel *p* 776
1 S 13.3 hizo Saúl tocar trompeta por todo el *p* 776
14.29 Jonatán: Mi padre ha turbado el *p*... Ved 776
23.27 ven... han hecho una irrupción en el *p* 776
27.9 asolaba David el *p*, y no dejaba con vida 776
2 S 15.23 y todo el *p* lloró en alta voz; pasó 776
18.8 y la batalla se extendió por todo el *p* 776
19.9 rey... ha huido del *p* por miedo de Absalón 7704
1 R 15.12 porque quitó del *p* a los sodomitas 776
18.5 vé por el *p* a todas las fuentes de aguas 776
18.6 dividieron entre sí el *p* para recorrerlo 776
20.7 llamó a todos los ancianos del *p*, y les 776
2 R 8.6 sus tierras desde el día que dejó el *p* 776
11.3 seis años; y Atalía fue reina sobre el *p* 776
11.14 y todo el pueblo del *p* se regocijaba 776
15.20 el rey de Asiria no se detuvo... en el *p* 776
17.5 rey de Asiria invadió todo el *p*, y sitió 776
17.27 vaya... y les enseñe la ley del Dios del *p* 776
25.19 llevaba el registro de la gente del *p* 776
2 Cr 9.28 traían... caballos de... y todos los *p* 776
14.1 cuyos días tuvo sosiego el *p* por 10 años 776
22.12 entre tanto, Atalía reinaba en el *p* 776
23.2 recorrieron el *p* de Judá, y reunieron a
23.21 se regocijó todo el pueblo del *p*; y la 776
32.17 dioses de los *p* no pudieron librar a su 776
32.31 saber del prodigio que había... en el *p* 776
Neh 9.24 y humillaste... a los moradores del *p* 776
Sal 105.35 y comieron toda la hierba de su *p* 776
Cnt 2.12 en nuestro *p* se ha oído la voz de la 776
Jer 14.4 por no haber llovido en el *p*, están 776
52.16 de los pobres del *p* dejó Nabuzaradán 776
Ez 34.13 en todos los lugares habitados del *p* 776
36.24 os recogeré de... y os traeré a vuestro *p* 127
39.14 que vayan por el *p* con los que viajen 776
39.15 y pasarán los que irán por el *p*, y el 776
Dn 11.42 su mano... y no escapará el *p* de Egipto 776
Zac 7.5 habla a todo el pueblo del *p*, y a los 776
10.9 aun en lejanos *p* se acordarán de mí; y
Lc 19.12 **un hombre noble se fue a un *p* lejano** *5561*

PAJA
Gn 24.25 hay en nuestra casa *p* y mucho forraje 8401
24.32 les dio *p* y forraje, y agua para lavar 8401
Éx 5.7 no daréis *p*... vayan ellos y recojan... *p* 8401
5.10 así ha dicho Faraón: Yo no os doy *p* 8401
5.11 id vosotros y recoged la *p* donde la 8401
5.12 pueblo... recoger rastrojo en lugar de *p* 8401
5.13 la tarea de... como cuando se os daba *p* 8401
5.16 no se da *p* a tus siervos, y con todo 8401
5.18 no se os dará *p*, y habéis de entregar 8401
Jue 19.19 tenemos *p* y forraje para nuestros 8401
1 R 4.28 traer cebada y *p* para los caballos 8401
Job 13.25 y a una *p* seca has de perseguir? 5929
21.18 serán como la *p* delante del viento, y 8401
41.27 estima como *p* el hierro, y el bronce 8401
41.28 huir; las piedras de honda le son como *p* 7179
Is 5.24 y la llama devora la *p*, así será 2842
11.7 juntas; y el león como el buey comerá *p* 8401
25.10 será... como es hollada la *p* en el muladar 4963
65.25 león comerá *p* como el buey; y el polvo 8401
Jer 23.28 qué tiene que ver la *p* con el trigo? 8401
Mt 3.12 y quemará la *p* en fuego que nunca se *892*
7.3 **¿y por qué miras la *p* que está en el ojo** *2595*
7.4 **déjame sacar la *p* de tu ojo, y he aquí la** *2595*
7.5 **verás bien para sacar la *p* del ojo de tu** *2595*
Lc 3.17 quemará la *p* en fuego que nunca se *892*
6.41 **¿por qué miras la *p* que está en el ojo** *892*
6.42 **déjame sacar la *p* que está en tu ojo, no** *892*
6.42 **verás bien para sacar la *p* que está , en** *892*

PAJARILLO
Mt 10.29 **¿no se venden dos *p* por un cuarto?** *4765*
10.31 **así... más valéis vosotros que muchos *p*** *4765*
Lc 12.6 **¿no se venden cinco *p* por dos cuartos?** *4765*
12.7 **pues; más valéis vosotros que muchos *p*** *4765*

PÁJARO
Gn 7.14 y toda ave... y todo *p* de toda especie 6833
Job 41.5 ¿jugarás con él como con *p*, o lo atarás 6833
Sal 102.7 como el *p* solitario sobre el tejado 6833
Jer 5.27 como jaula llena de *p*, así están sus 5775

PAJE
1 S 14.6 dijo... Jonatán a su *p* de armas: Ven 5375
14.7 y su *p* de armas le respondió: Haz todo ... 5375,3627
14.12 Jonatán y a su *p*... Jonatán dijo a su *p* 5375
14.13 tras él su *p*... su *p* de armas... los mataba 5375
14.14 matanza que hicieron Jonatán y su *p* de 5375
14.17 aquí faltaba Jonatán y su *p* de armas 5375
16.21 y él le amó... y le hizo su *p* de armas 5375

PALA
Éx 38.3 y *p*; todos sus utensilios los hizo de 3257
2 Cr 4.11 *p*, y tazones; y acabó Hiram la obra 3257
4.16 y calderos, *p* y garfios; de bronce muy 3257
Is 30.24 grano limpio, aventado con *p* y criba 7371
Jer 52.18 llevaron también los calderos, las *p* 3257

PALABRA
Gn 11.1 toda la tierra una sola lengua y... *p* 1697
15.1 vino la *p* de Jehová a Abram en visión 1697
15.4 vino a él *p* de Jehová, diciendo: No te 1697
20.8 dijo todas estas *p* en los oídos de ellos 1697
24.52 cuando el criado de Abraham oyó sus *p* 1697
27.34 Esaú oyó las *p* de su padre, clamó con 1697
27.42 y fueron dichas a Rebeca las *p* de Esaú 1697
31.1 oía Jacob las *p* de los hijos de Labán 1697
34.13 respondieron... a Siquem... *p* engañosas
34.18 y parecieron bien sus *p* a Hamor, y a 1697
37.8 le aborrecieron... de sus sueños y sus *p* 1697
39.17 le habló ella las mismas *p*, diciendo 1697
39.19 oyó el... las *p* que su mujer le hablaba 1697
41.40 y por tu *p* se gobernará todo mi pueblo 6310
42.16 presos, y vuestras *p* serán probadas, si 1697
42.20 verificadas vuestras *p*, y no moriréis 1697
43.7 declaramos conforme a estas *p*... ¿Acaso 1697
44.6 cuando él los alcanzó, les dijo estas *p* 1697
44.10 dijo... ahora sea conforme a vuestras *p* 1697
44.18 que hable tu siervo una *p* en oídos de 1697
44.24 mi padre, le contamos las *p* de mi señor 1697
45.27 le contaron todas las *p* de José, que 1697
Éx 4.10 ¡ay... nunca he sido hombre de fácil *p*
4.15 pondrás en su boca las *p*, y yo estaré 1697
4.28 contó Moisés a Aarón... las *p* de Jehová 1697
5.9 se ocupen... y no atiendan a *p* mentirosas 1697
8.10 conforme a tu *p*, para que conozcas que 1697
8.13 e hizo Jehová conforme a la *p* de Moisés 1697
8.31 Jehová hizo conforme a la *p* de Moisés 1697
9.20 el que tuvo temor de la *p* de Jehová hizo 1697
9.21 que no puso en su corazón la *p* de Jehová 1697
19.6 son las *p* que dirás a los hijos de Israel 1697
19.7 y expuso... *p* que Jehová le había mandado 1697
19.8 Moisés refirió a Jehová las *p* del pueblo 1697
19.9 Moisés refirió las *p* del pueblo a Jehová 1697
20.1 y habló Dios todas estas *p*, diciendo 1697
23.7 *p* de mentira te alejarás, y no matarás
23.8 presente... pervierte las *p* de los justos 1697
24.3 y contó al pueblo todas las *p* de Jehová 1697
24.3 haremos todas las *p* que Jehová ha dicho 1697
24.4 y Moisés escribió todas las *p* de Jehová 1697
34.1 escribiré... *p* que estaban en las tablas 1697
34.27 escribe tú estas *p*... conforme a estas *p* 1697
34.28 y escribió en tablas las *p* del pacto 1697
Lv 24.12 les fuese declarado por *p* de Jehová
Nm 3.16 contó conforme a la *p* de Jehová 6310
3.39 conforme a la *p* de Jehová contaron por 6310
3.51 dio el dinero... conforme a la *p* de Jehová 6310
11.23 ahora verás si se cumple mi *p*, o no 1697
11.24 y salió Moisés y dijo al pueblo las *p* 1697
12.6 les dijo: Oíd ahora mis *p*... Cuando haya 1697
13.3 los envió... conforme a la *p* de Jehová 1697
15.31 por cuanto tuvo en poco la *p* de Jehová 4687
16.31 cuando cesó él de hablar todas estas *p* 1697
22.7 llegaron a Balaam y le dijeron las *p* de 1697
22.18 no puedo traspasar la *p* de Jehová mi 6310
22.35 pero la *p* que yo te diga, esa hablarás 1697
22.38 la *p* que Dios pusiere en mi boca, esa 1697
23.5 y Jehová puso *p* en la boca de Balaam, y 1697
23.16 puso *p* en su boca, y le dijo: Vuelve a 1697
23.18 Balac... escucha mis *p*, hijo de Zipor
30.2 hiciere juramento... no quebrantará su *p* 1697
Dt 1.1 las *p* que habló Moisés a todo Israel a 1697
1.34 oyó Jehová la voz de vuestras *p*, y se 1697
2.26 envié mensajeros desde el... con *p* de paz 1697
4.2 no añadiréis a la *p* que yo os mando, ni 1697
4.10 que yo les haga oír mis *p*, las cuales 1697
4.12 oísteis la voz de... *p*, mas a excepción 1697
4.36 y has oído sus *p* de en medio del fuego 1697
5.5 yo estaba... para declararos la *p* de Jehová 1697
5.22 estas *p* habló Jehová... en el monte, de en 1697
5.28 oyó Jehová la voz de vuestras *p* cuando 1697
5.28 he oído la voz de las *p* de este pueblo 1697
6.6 y estas *p* que... estarán sobre tu corazón 1697
9.5 y para confirmar la *p* que Jehová juró a 1697
9.10 las *p* que os habló Jehová en el monte 1697
10.2 *p* que estaban en las primeras tablas 1697
11.18 pondréis estas mis *p* en vuestro corazón 1697
12.28 escucha todas estas *p* que yo te mando 1697
13.3 no darás oído a las *p* de tal profeta, ni 1697
16.19 ciega... y pervierte las *p* de los justos 1697
17.19 para guardar todas las *p* de esta ley y 1697
18.18 pondré mis *p* en su boca, y él... hablará 1697
18.19 a cualquiera que no oyere mis *p* que él 1697
18.20 la presunción de hablar *p* en mi nombre 1697
18.21 ¿cómo conoceremos la *p* que Jehová no 1697
18.22 y no se... es *p* que Jehová no ha hablado 1697
21.5 la *p* de ellos se decidirá toda disputa 1697
27.3 escribirás en... todas las *p* de esta ley 1697
27.8 escribirás... en las piedras todas las *p* 1697
27.26 el que no confirmare las *p* de esta ley 1697
28.14 si no te apartares de todas las *p* que 1697
28.58 poner por obra todas las *p* de esta ley 1697
29.1 son las *p* del pacto que Jehová mandó a 1697
29.9 guardaréis, pues, las *p* de este pacto 1697
29.19 al oír las *p* de esta maldición, él se 1697
29.29 que cumplamos todas las *p* de esta ley 1697
30.14 muy cerca de ti está la *p*, en tu boca 1697
31.1 fue Moisés y habló estas *p* a todo Israel 1697
31.12 cuiden de cumplir... las *p* de esta ley 1697
31.24 acabó... de escribir las *p* de esta ley 1697
31.28 y hablaré... *p*, y llamaré por testigos 1697
31.30 habló Moisés a... las *p* de este cántico 1697
32.44 y recitó todas las *p* de este cántico a 1697
32.45 acabó Moisés de recitar todas estas *p* 1697
32.46 aplicad vuestro corazón a todas las *p* 1697
32.46 cuiden de cumplir... las *p* de esta ley 1697
33.9 ellos guardaron tus *p*, y cumplieron tu 565
Jos 1.13 acordaos de la *p* que Moisés 1697
1.18 no obedeciere a tus *p* en todas las cosas 1697
3.9 y escuchad las *p* de Jehová vuestro Dios 1697
6.10 ni saldrá *p* de vuestra boca, hasta el 1697
8.8 haréis conforme a la *p* de Jehová; mirad 1697
8.27 tomaron... conforme a la *p* de Jehová que 1697
8.34 después de... leyó todas las *p* de la ley 1697
8.35 no hubo *p* alguna... Josué no hiciese leer 1697
11.15 Josué lo hizo, sin quitar *p* de todo lo
14.10 desde el tiempo que Jehová habló estas *p* 1697
19.50 según la *p* de Jehová... dieron la ciudad 6310
21.45 no faltó *p* de... las buenas promesas que
22.30 las *p* que hablaron los hijos de Rubén 1697
23.14 no ha faltado una *p* de... las buenas *p* 1697
23.15 así como ha venido... toda *p* buena que 1697
23.15 traerá Jehová sobre... toda *p* mala, hasta 1697
24..26 escribió Josué estas *p* en el libro de 1697
24.27 esta piedra... ha oído... las *p* que Jehová 561
Jue 2.4 ángel de Jehová habló estas *p* a 1697
3.19 rey, una *p* secreta tengo que decirte
3.20 y Aod dijo: Tengo *p* de Dios para ti... El 1697
8.3 ira... aplacó, luego que él habló esta *p*
8.8 subió a Peniel, y les dijo las mismas *p*
9.3 hablaron... todas estas *p*; y el corazón de 1697
9.30 cuando Zebul... oyó las *p* de Gaal hijo de 1697
11.11 Jefté habló... sus *p* delante de Jehová 1697
11.35 dado *p* a Jehová, y no podré retractarme
11.36 si le has dado *p* a Jehová, haz de mí
13.12 cuando tus *p* se cumplan; ¿cómo debe ser 1697
13.17 que cuando se cumpla tu *p* te honremos?

16.16 presionándole ella cada día con sus *p* ... 1697
1 S 1.23 solamente que cumpla Jehová su *p* ... 1697
2.3 no multipliquéis *p*... cesen las *p* arrogantes ... 1697
3.1 la *p* de Jehová escaseaba en aquellos días ... 1697
3.7 ni la *p* de Jehová le había sido revelada ... 1697
3.17 y Elí dijo: ¿Qué es la *p* que te habló? ... 1697
3.17 me encubrieres *p* de todo lo que habló ... 1697
3.19 no dejó caer a tierra ninguna de sus *p* ... 1697
3.21 manifestó a Samuel... por la *p* de Jehová ... 1697
8.6 pero no agradó a Samuel esta *p* que dijeron ... 1697
8.10 refirió Samuel todas las *p* de Jehová al ... 1697
8.21 oyó Samuel todas las *p* del pueblo, y las ... 1697
9.27 espera tú... que te declare la *p* de Dios ... 1697
11.4 dijeron estas *p* en oídos del pueblo; y ... 1697
11.5 contaron las *p* de los hombres de Jabes ... 1697
11.6 al oír Saúl estas *p*, el Espíritu de Dios ... 1697
12.14 y no fuereis rebeldes a la *p* de Jehová ... 6310
12.15 si fuereis rebeldes a las *p* de Jehová ... 6310
15.1 ahora... está atento a las *p* de Jehová ... 1697
15.10 y vino *p* de Jehová a Samuel, diciendo ... 1697
15.11 a Saúl, porque... no ha cumplido mis *p* ... 1697
15.13 bendito... yo he cumplido la *p* de Jehová ... 1697
15.22 en que se obedezca a las *p* de Jehová? ... 6963
15.23 por cuanto tú desechaste la *p* de Jehová ... 1697
15.24 he quebrantado... tus *p*, porque temí al ... 1697
15.26 desechaste la *p* de Jehová, y Jehová te ... 1697
16.18 y hombre de guerra, prudente en sus *p* ... 1697
17.11 oyendo Saúl y todo... estas *p* del filisteo ... 1697
17.23 salió de las filas... y habló las mismas *p* ... 1697
17.27 y el pueblo le respondió las mismas *p* ... 1697
17.31 fueron oídas... *p* que David había dicho ... 1697
18.23 hablaron estas *p* a los oídos de David ... 1697
18.24 los criados de... Tales *p* ha dicho David ... 1697
18.26 sus siervos declararon a David estas *p* ... 1697
19.7 llamó Jonatán... le declaró todas estas *p* ... 1697
21.12 David puso en su corazón estas *p*, y tuvo ... 1697
24.7 así reprimió David a sus hombres con *p* ... 1697
24.9 ¿Por qué oyes las *p* de los que dicen ... 1697
24.16 David acabó de decir estas *p* a Saúl ... 1697
25.9 dijeron a Nabal... *p* en nombre de David ... 1697
25.12 y vinieron y dijeron a David... estas *p* ... 1697
25.24 permitas, y escucha las *p* de tu sierva ... 1697
26.19 el rey... oiga ahora las *p* de su siervo ... 1697
28.20 y tuvo gran temor por las *p* de Samuel ... 1697
28.21 y he oído las *p* que tú me has dicho ... 1697
2 S 3.8 se enojó Abner... por las *p* de Is-boset ... 1697
3.11 no pudo responder *p* a Abner... le temía ... 1697
7.4 que vino *p* de Jehová a Natán, diciendo ... 1697
7.7 ¿he hablado yo *p* a alguna de las tribus ... 1697
7.17 conforme a todas estas *p*... habló Natán a ... 1697
7.21 todas estas grandezas has hecho por tu *p* ... 1697
7.25 confirma... siempre la *p* que has hablado ... 1697
7.28 y tus *p* son verdad, y tú has prometido ... 1697
12.9 ¿por qué, pues, tuviste en poco la *p* de ... 1697
14.3 hablarás... Y puso Joab las *p* en su boca ... 1697
14.12 tu sierva hable una *p* a mi señor el rey ... 1697
14.13 hablando... esta *p*, se hace culpable él ... 1697
14.19 él puso en boca de tu sierva... estas *p* ... 1697
15.3 decía: Mira, tus *p* son buenas y justas ... 1697
16.23 era como si se consultase la *p* de Dios ... 1697
19.11 cuando la *p* de todo Israel ha venido al ... 1697
19.29 el rey le dijo: ¿Para qué más *p*? Yo he ... 1697
19.43 las *p* de... Judá fueron más violentas que ... 1697
20.17 ella le dijo: Oye las *p* de tu sierva ... 1697
22.1 habló David... las *p* de este cántico, el ... 1697
22.31 perfecto... y acrisolada la *p* de Jehová ... 565
23.1 estas son las *p* postreras de David. Dijo ... 1697
23.2 ha hablado... y su *p* estado en mi lengua ... 4405
24.4 pero la *p* del rey prevaleció sobre Joab ... 1697
24.11 *p* de Jehová al profeta Gad, vidente de ... 1697
1 R 2.4 confirme Jehová la *p* que me habló ... 1697
2.14 dijo: Una *p* tengo que decirte. Y ella
2.23 contra su vida ha hablado Adonías esta *p* ... 1697
2.27 para que se cumpliese la *p* de Jehová que ... 1697
2.38 Simei dijo al rey: La *p* es buena; como ... 1697
2.42 dijiste: La *p* es buena, yo la obedezco ... 1697
3.12 he hecho conforme a tus *p*... te he dado ... 1697
5.7 Hiram oyó las *p* de Salomón, se alegró en ... 1697
6.11 y vino *p* de Jehová a Salomón, diciendo ... 1697
6.12 cumpliré contigo mi *p* que hablé a David ... 1697
8.20 Jehová ha cumplido su *p* que había dicho ... 1697
8.26 cúmplase la *p* que dijiste a tu siervo ... 1697
8.56 ninguna *p* de todas sus promesas... faltado ... 1697
8.59 estas mis *p* con... estén cerca de Jehová ... 1697
12.7 y respondiéndoles buenas *p* les hablares ... 1697
12.10 a este pueblo que te ha dicho estas *p* ... 1696
12.15 para confirmar la *p* que Jehová había ... 1696
12.16 respondió estas *p*, diciendo: ¿Qué parte
12.22 pero vino *p* de Jehová a Semaías varón de ... 1697
12.24 ellos oyeron la *p* de Dios, y volvieron ... 1697
12.24 y se fueron, conforme a la *p* de Jehová ... 1697
13.1 un varón de Dios por *p* de Jehová vino de ... 1697
13.2 clamó... por *p* de Jehová y dijo: Altar ... 1697
13.4 rey Jeroboam oyó la *p* del varón de Dios ... 1697
13.5 la señal que... había dado por *p* de Jehová ... 1697
13.9 así me está ordenado por *p* de Jehová ... 1697
13.11 le contaron... *p* que había hablado el rey ... 1697
13.17 porque por *p* de Dios me ha sido dicho ... 1697
13.18 un ángel me ha hablado por *p* de Jehová ... 1697
13.20 vino *p* de Jehová al profeta que le había ... 1697
13.26 conforme a la *p* de Jehová que... le dijo ... 6310
13.32 lo que él dijo a voces por *p* de Jehová ... 1697
14.18 lo endechó... conforme a la *p* de Jehová ... 1697
15.29 conforme a la *p* que Jehová habló por su ... 1697
16.1 vino *p* de Jehová a Jehú hijo de Hanani ... 1697
16.7 la *p* de Jehová... había sido contra Baasa ... 1697
16.12 la *p* que Jehová había proferido contra ... 1697
16.34 la *p* que Jehová había hablado por Josué ... 1697
17.1 no habrá lluvia ni rocío... sino por mi *p* ... 1697
17.2,8 vino a él *p* de Jehová, diciendo ... 1697
17.5 él fue e hizo conforme a la *p* de Jehová ... 1697
17.16 conforme a la *p*... había dicho por Elías ... 1697
17.24 que la *p* de Jehová es verdad en tu boca ... 1697
18.1 vino *p* de Jehová a Elías en el tercer año ... 1697
18.21 y si Baal... Y el pueblo no respondió *p* ... 1697
18.31 al cual había sido dada *p* de Jehová ... 1697
19.9 vino a él *p* de Jehová, el cual le dijo ... 1697
20.12 y cuando él oyó esta *p*, estaba bebiendo ... 1697
20.33 se apresuraron a tomar la *p* de su boca
20.35 dijo a su... por *p* de Dios: Hiéreme ahora ... 1697
20.36 por cuanto no has obedecido a la *p* de ... 6963
21.4 triste y enojado, por la *p* que Nabot de ... 1697
21.17,28 vino *p* de Jehová a Elías tisbita ... 1697
21.27 Acab oyó estas *p*, rasgó sus vestidos y ... 1697
22.5 ruego que consultes hoy la *p* de Jehová ... 1697
22.13 *p* de los profetas a una voz anuncian ... 1697
22.13 sea ahora tu *p* conforme a la *p* de ellos ... 1697
22.19 oye, pues, *p* de Jehová: Yo vi a Jehová ... 1697
22.38 conforme a la *p*... Jehová había hablado ... 1697
2 R 1.7 ¿Cómo era aquel varón dijo tales *p*? ... 1697
1.16 ¿no hay Dios en... para consultar en su *p*? ... 1697
1.17 y murió conforme a la *p* de Jehová, que ... 1697
2.22 sanas las aguas... la *p* que habló Eliseo ... 1697
3.12 y Josafat dijo: Este tendrá *p* de Jehová ... 1697
4.44 y les sobró, conforme a la *p* de Jehová ... 1697
5.14 Jordán, conforme a la *p* del varón de Dios ... 1697
6.12 el cual declara al rey de Israel las *p* ... 1697
6.30 cuando el rey oyó las *p* de aquella mujer ... 1697
7.1 dijo... Oíd *p* de Jehová: Así dijo Jehová ... 1697
7.16 por un siclo, conforme a la *p* de Jehová ... 1697
9.5 dijo: Príncipe, una *p* tengo que decirte
9.11 dijo: Vosotros conocéis al hombre y sus *p* ... 7879
9.26 échalo en la... conforme a la *p* de Jehová ... 1697
9.36 esta es la *p* de Dios, la cual él habló ... 1697
10.10 la *p* que Jehová habló sobre la... de Acab ... 1697
10.17 mató a todos... conforme a la *p* de Jehová ... 1697
14.25 restauró los... conforme a la *p* de Jehová ... 1697
15.12 fue la *p* de Jehová que había hablado a ... 1697
18.20 tú dices (pero son *p* vacías): Consejo ... 1697
18.27 decir estas *p* a ti y a tu señor, y no a ... 1697
18.28 oíd la *p* del gran rey, el rey de Asiria ... 1697
18.36 pero el pueblo calló, y no le respondió *p* ... 1697
18.37 vinieron... le contaron las *p* del Rabsaces ... 1697
19.4 oirá Jehová tu Dios las *p* del Rabsaces ... 1697
19.4 para vituperar con *p*, las cuales Jehová ... 1697
19.6 no temas por las *p* que has oído, con las ... 1697
19.16 las *p* de Senaquerib, que ha enviado a ... 1697
19.21 esta es la *p* que Jehová ha pronunciado ... 1697
20.4 vino *p* de Jehová a Isaías, diciendo ... 1697
20.16 Isaías dijo a Ezequías: Oye *p* de Jehová ... 1697
20.19 *p* de Jehová que has hablado, es buena ... 1697
22.11 rey hubo oído las *p* del libro de la ley ... 1697
22.13 y preguntad a... de las *p* de este libro ... 1697
22.13 no escucharon las *p* de este libro, para ... 1697
22.18 al rey de Judá... por cuanto oíste las *p* ... 1697
23.2 leyó... todas las *p* del libro del pacto ... 1697
23.3 cumplirían las *p* del pacto... aquel libro ... 1697
23.16 a la *p* de Jehová que había profetizado ... 1697
23.24 cumplir las *p* de la ley... escritas en el ... 1697
24.2 *p* de Jehová que había hablado por sus ... 1697
1 Cr 10.13 prevaricó... contra la *p* de Jehová ... 1697
11.3 ungieron a David por rey... conforme a la *p* ... 1697
11.10 para hacerle rey sobre... conforme a la *p* ... 1697
12.23 el reino de Saúl, conforme a la *p* de ... 6310
15.15 el arca de... conforme a la *p* de Jehová ... 6310
16.15 de su pacto... la *p* que él mandó para mil ... 6310
17.3 noche vino *p* de Dios a Natán, diciendo ... 6310
17.6 ¿hablé una *p* a alguno de los jueces de ... 6310
17.15 conforme a todas estas *p*... habló Natán ... 6310
17.23 *p* que has hablado... firme para siempre ... 1697
21.19 David subió, conforme a la *p* que Gad ... 1697
22.8 vino a mí *p* de Jehová, diciendo: Tú has ... 1697
23.27 conforme a las postreras *p* de David, se ... 1697
2 Cr 1.9 confírmese... *p* dada a David mi padre
6.10 Jehová ha cumplido su *p* que había dicho ... 1697
6.17 cúmplase tu *p* que dijiste a tu siervo ... 1697
9.6 yo no creía las *p* de ellos, hasta que he ... 1697
10.7 les agradares, y les hablares buenas *p* ... 1697
10.15 Jehová cumpliera la *p* que había hablado ... 1697
11.2 vino *p* de Jehová a Semaías varón de Dios ... 1697
11.4 ellos oyeron la *p* de Jehová y se volvieron ... 1697
12.7 vino *p* de Jehová a Semaías, diciendo: Se ... 1697
15.8 cuando oyó Asa las *p* y la profecía del ... 1697
18.4 ruego que consultes hoy la *p* de Jehová ... 1697
18.12 las *p* de los profetas... anuncian al rey ... 1697
18.12 te ruego que tu *p* sea como la de uno de ... 1697
18.18 oíd, pues, *p* de Jehová: Yo he visto a ... 1697
20.34 están escritos en las *p* de Jehú hijo de
29.15 entraron, conforme al... las *p* de Jehová ... 1697
29.30 que alabasen... con las *p* de David y de ... 1697
30.12 para cumplir... conforme a la *p* de Jehová ... 1697
32.8 y el pueblo tuvo confianza en las *p* de ... 1697
33.18 hechos de Manasés, y... *p* de los videntes ... 1697
33.19 están escritas en las *p* de los videntes ... 1697
34.19 luego que el rey oyó las *p* de la ley ... 1697
34.21 de las *p* del libro que se ha hallado ... 1697
34.21 nuestros padres no guardaron la *p* de ... 1697
34.22 a Hulda... le dijeron las *p* antes dichas ... 1696
34.26 así: Por cuanto oíste las *p* del libro ... 1697
34.27 conmovió... al oír sus *p* sobre este lugar ... 1697
34.30 leyó... *p* del libro del pacto que había ... 1697
34.31 poniendo por obra las *p* del pacto que ... 1697
35.6 hagan conforme a la *p* de Jehová dada por ... 1697
35.22 mas Josías... no atendió a las *p* de Necao ... 1697
36.15 Dios... envió... *p* a ellos por medio de sus
36.16 menospreciaban sus *p*, burlándose de sus ... 1697
36.21,22 para que se cumpliese la *p* de Jehová ... 1697
36.22; Esd 1.1 Ciro rey... hizo pregonar de *p* ... 1697
Esd 1.1 para que se cumpliese la *p* de Jehová ... 1697
8.17 las *p* que habían de hablar a Iddo, y a ... 3318
9.4 los que temían las *p* del Dios de Israel ... 3318
10.12 alta voz: Así se haga conforme a tu *p* ... 1697
Neh 1.1 *p* de Nehemías... Aconteció en el mes ... 1697
1.4 oí estas *p* me senté y lloré, e hice duelo ... 1697
1.8 acuérdate... de la *p* que diste a Moisés tu ... 1697
2.18 declaré... las *p* que el rey me había dicho ... 1697
5.6 me enojé... cuando oí su clamor y estas *p* ... 1697
6.6 la mira, según estas *p*, de ser tú su rey ... 1697
6.7 y ahora serán oídas del rey las tales *p* ... 1697
6.19 las obras de él, y a él le referían mis *p* ... 1697
8.9 el pueblo lloraba oyendo las *p* de la ley ... 1697
8.12 habían entendido las *p* que les habían ... 1697
8.13 se reunieron... entender las *p* de la ley ... 1697
9.8 pacto... cumpliste tu *p*, porque eres justo ... 1697
Est 1.21 agradó esta *p* a los ojos del rey y de ... 1697
4.9 vino Hatac y contó a... las *p* de Mardoqueo ... 1697
4.12 y dijeron a Mardoqueo las *p* de Ester ... 1697
7.8 al proferir el rey esta *p*, le cubrieron ... 1697
9.26 debido a las *p* de esta carta, y por lo ... 1697
9.30 fueron enviadas cartas... con *p* de paz y ... 1697
Job 2.13 así se sentaron... y ninguno le hablaba *p* ... 1697
4.2 te será... pero ¿quién podrá detener las *p*? ... 4405
4.4 al que tropezaba enderezaban tus *p*, y ... 4405
6.3 mar; por eso mis *p* han sido precipitadas ... 1697
6.10 que yo no he escondido las *p* del Santo ... 561
6.25 ¡cuán eficaces son las *p* rectas! Pero ... 561
6.26 ¿pensáis censurar *p*, y los discursos de ... 561
8.2 y las *p* de tu boca serán como viento ... 561
8.10 te hablarán, y de su corazón sacarán *p*? ... 4405
9.14 ¿cuánto menos... yo, y con él *p* escogidas? ... 1697
11.2 ¿las muchas *p* no han de tener respuesta? ... 1697
12.11 el oído distingue las *p*, y el paladar ... 4405
15.3 ¿disputará con *p* inútiles, y con razones ... 4405
15.11 y las *p* que con dulzura se te dicen? ... 1697
15.13 vuelvas... y saques tales *p* de tu boca? ... 4405
16.3 ¿tendrán fin... *p* vacías? ¿O qué te anima ... 1697
16.4 yo podría hilvanar contra vosotros *p*, y ... 4405
16.5 os alentaría con mis *p*, y la consolación
18.2 ¿cuándo pondréis fin a las *p*? Entended ... 4405
19.2 ¿hasta cuándo... y me moleréis con *p*? ... 4405
19.23 ¡quién diese... que mis *p* fuesen escritas! ... 4405
20.29 la heredad que Dios le señala por su *p* ... 4405
21.2 oíd atentamente mi *p*, y sea... el consuelo ... 4405
22.22 de su boca, y pon sus *p* en tu corazón ... 561
23.12 guardé... *p* de su boca más que mi comida ... 561
24.25 si no, ¿quién... reducirá a nada mis *p*? ... 561
26.4 ¿a quién has anunciado *p*, y de quién es ... 4405
29.9 los príncipes detenían sus *p*; ponían la ... 4405
29.22 tras mi *p* no replicaban, y mi razón ... 4405
31.40 me nazcan... Aquí terminan las *p* de Job ... 1697
32.11 he esperado... en tanto que buscabais *p* ... 1697
32.14 Job no dirigió contra mí sus *p*, ni yo ... 561
32.18 porque lleno estoy de *p*, y me apremia ... 4405
33.1 Job, oye ahora... y escucha todas mis *p* ... 1697
33.5 respóndeme... ordena tus *p*, ponte en pie
33.8 dijiste... oí la voz de tus *p* que decían ... 4405
34.2 oíd, sabios, mis *p*; y vosotros, doctos ... 4405
34.3 el oído prueba las *p*, como el paladar ... 4405
34.16 pues... oye esto; escucha la voz de mis *p* ... 4405
34.35 y que sus *p* no son con entendimiento ... 1697
34.37 pecado... y contra Dios multiplica sus *p* ... 561
35.16 Job abre... y multiplica *p* sin sabiduría ... 4405
36.4 porque de cierto no son mentira mis *p* ... 4405
38.2 ése que oscurece... con *p* sin sabiduría? ... 4405
42.7 después que habló Jehová estas *p* a Job ... 1697
Sal 5.1 escucha, oh Jehová, mis *p*; considera ... 561
7 *tít.* acerca de... *p* de Cus hijo de Benjamín ... 1697
12.6 las *p* de Jehová son *p* limpias, como plata ... 565
17.4 por la *p* de tus labios yo me he guardado ... 1697
17.6 Dios; inclina a mí tu oído, escucha mi *p* ... 565
18 *tít.* dirigió a Jehová las *p* de este cántico ... 1697
18.30 acrisolada la *p* de Jehová; escudo es a ... 565
19.2 un día emite *p* a otro día, y una noche ... 562
19.3 no hay lenguaje, ni *p*, ni es oída su voz ... 562
19.4 voz, y hasta el extremo del mundo sus *p* ... 4405
22.1 estás tan lejos... de las *p* de mi clamor? ... 1697
33.4 porque recta es la *p* de Jehová, y toda ... 1697
33.6 la *p* de Jehová fueron hechos los cielos ... 1697
35.20 contra los mansos... piensan *p* engañosas
36.3 las *p* de su boca son iniquidad y fraude ... 1697
45.1 rebosa mi corazón *p* buena; dirijo al rey ... 1697
45.4 cabalga sobre *p* de verdad, de humildad
50.17 aborreces... y echas a tu espalda mis *p* ... 1697
51.4 para que seas reconocido justo en tu *p* ... 1696
52.4 has amado toda suerte de *p* perniciosas ... 1697
55.21 suaviza sus *p* más que el aceite, mas
56.4 en Dios alabaré su *p*; en... he confiado ... 1697
56.10 alabaré su *p*; en Jehová su *p* alabaré ... 1697
59.12 la *p* de sus labios, sean ellos presos ... 1697
64.3 que... lanzan cual saeta suya, *p* amarga ... 1697
68.11 el Señor daba *p*; había grande multitud ... 1697
78.1 inclinad vuestro oído a las *p* de mi boca ... 561
103.20 que ejecutáis su *p*, obedeciendo a la ... 1697
105.8 se acordó... de la *p* que mandó para mil ... 1697
105.19 hasta la hora que se cumplió su *p*, el ... 1697
105.27 puso en ellos las *p* de sus señales, y
105.28 tinieblas... no fueron rebeldes a su *p* ... 1697
105.42 se acordó de su santa *p* dada a Abraham ... 1697
106.12 creyeron a... *p* y cantaron su alabanza ... 1697
106.24 aborrecieron la... no creyeron a su *p* ... 1697
107.11 fueron rebeldes a las *p* de Jehová, y ... 561
107.20 envió su *p*, y los sanó, y los libró de ... 1697
109.3 con, *p* de odio me han rodeado, y pelearon ... 1697
119.9 ¿con qué limpiará el... Con guardar tu *p* ... 1697

119.16 tus estatutos; no me olvidaré de tus *p* 1697
119.17 Haz bien a tu siervo; que viva, y guarde tu *p* 1697
119.25 abatida... alma; vivifícame según tu *p* 1697
119.28 se deshace mi... susténtame según tu *p* 1697
119.38 confirma tu *p* a tu siervo, que te teme 565
119.42 por respuesta... que en tu *p* he confiado 1697
119.43 no quites de mi boca... la *p* de verdad 1697
119.49 acuérdate de la *p* dada a tu siervo, en 1697
119.57 es Jehová; he dicho que guardaré tus *p* 1697
119.58 ten misericordia de mí según tu *p* 565
119.65 bien has hecho con tu... conforme a tu *p* 1697
119.67 descarriado andaba... ahora guardo tu *p* 565
119.74 me verán... porque en tu *p* he esperado 1697
119.81 desfallece mi alma... mas espero en tu *p* 1697
119.82 desfallecieron... ojos por tu *p*, diciendo 565
119.89 siempre... permanece tu *p* en los cielos 1697
119.101 contuve mis pies, para guardar tu *p* 1697
119.103 ¡cuán dulces son a mi paladar tus *p*! 565
119.105 lámpara es a mis pies tu *p*, y lumbrera 1697
119.107 vivifícame, oh Jehová, conforme a... *p* 1697
119.114 escudo eres tú; en tu *p* he esperado 1697
119.116 susténtame conforme a tu *p*, y viviré 565
119.123 mis ojos desfallecieron... por la *p* de 565
119.130 la exposición de tus *p* alumbra; hace 1697
119.133 ordena mis pasos con tu *p*, y ninguna 565
119.139 mis enemigos se olvidaron de tus *p* 1697
119.140 sumamente pura es tu *p*, y la ama tu 565
119.147 me anticipé al alba y... esperé en tu *p* 1697
119.154 defiende... causa... vivifícame con tu *p* 565
119.158 y me disgustaba... no guardaban tus *p* 565
119.160 la suma de tu *p* es verdad, y eterno 1697
119.161 pero mi corazón tuvo temor de tus *p* 1697
119.162 regocijo en tu *p* como el que halla 565
119.169 dame entendimiento conforme a tu *p* 1697
130.5 esperó mi alma; en su *p* he esperado 1697
138.2 has engrandecido... tu *p* sobre todas las 565
139.4 aún no está la *p* en mi lengua, y he aquí 4405
141.6 serán... y oirán mis *p*, que son verdaderas 561
147.15 él envía su *p*... velozmente corre su *p* 1697
147.18 enviará su *p*, y los derretirá... aguas 1697
147.19 ha manifestado sus *p* a Jacob... a Israel 1697
148.8 viento de tempestad que ejecuta su *p* 1697
Pr 1.6 *p* de sabios, y sus dichos profundos 1697
1.23 yo derramaré mi... y os haré saber mis *p* 1697
2.1 si recibieres mis *p*, y mis mandamientos 561
2.16 extraña... la ajena que halaga con sus *p* 561
4.20 hijo mío, está atento a mis *p*; inclina 1697
6.1 hijo... si has empeñado tu *p* a un extraño
6.2 te has enlazado con las *p* de tu boca, y 561
7.5 ajena, y de la extraña que ablanda sus *p* 561
7.21 rindió con la suavidad de sus muchas *p* 3948
10.19 en las muchas *p* no falta pecado; mas el 1697
12.6 las *p* de los impíos son asechanzas para 1697
12.18 hay hombres cuyas *p* son como golpes de 981
12.25 lo abate; mas la buena *p* lo alegra 1697
13.5 el justo aborrece la *p* de mentira; mas
14.23 las vanas *p* de los labios empobrecen 1697
15.1 ira; mas la *p* áspera hace subir el furor 1697
15.23 y la *p* a su tiempo, ¡cuán buena es! 1697
16.20 el entendido en la *p* hallará el bien 1697
17.27 el que ahorra sus *p* tiene sabiduría 561
18.4 aguas profundas son las *p* de la boca del 1697
18.8 *p* del chismoso son como bocados suaves 1697
18.13 al que responde *p* antes de oír, le es 1697
19.7 alejarán... buscará la *p*, y no la hallará 561
22.17 y oye las *p* de los sabios, y aplica tu 1697
22.21 hacerte saber la certidumbre de las *p* 561
22.21 vuelvas a llevar *p* de verdad a los que 561
23.8 vomitarás la... y perderás tus suaves *p* 1697
23.12 aplica... tus oídos a las *p* de sabiduría 561
24.26 los labios del que responde *p* rectas 1697
25.11 de oro con... es la *p* dicha como conviene 1697
26.22 *p* del chismoso son como bocados suaves 1697
29.12 un gobernante atiende la *p* mentirosa
29.19 el siervo no se corrige con *p*; porque 1697
29.20 ¿has visto hombre ligero en sus *p*? Más 1697
30.1 *p* de Agur, hijo de Jaqué; la profecía 1697
30.5 toda *p* de Dios es limpia; él es escudo 565
30.6 no añadas a sus *p*... que no te reprenda 1697
30.8 vanidad y *p* mentirosa aparta de mí; no
31.1 *p* del rey Lemuel; la profecía con que 1697
Ec 1.1 *p* del Predicador, hijo de David, rey 1697
5.2 ni... se apresure a proferir *p* delante de 1697
5.2 no te des... por tanto, sean pocas tus *p* 1697
5.3 de la multitud de las *p* la voz del necio 1697
5.7 abundan las vanidades y las muchas *p*; mas 1697
6.11 las muchas *p* multiplican la vanidad. ¿Qué 1697
8.2 que guardes... la *p* del juramento de Dios 6310
8.4 la *p* del rey es con potestad, ¿y quién le 1697
9.16 la ciencia... y no sean escuchadas sus *p* 1697
9.17 *p* del sabio... son mejores que el clamor 1697
10.12 las *p*... del sabio son llenas de gracia 1697
10.13 el principio de las *p* de su... es necedad 1697
10.14 el necio multiplica *p*, aunque no sabe 1697
10.20 y las que tienen alas harán saber la *p* 1697
12.10 hallar *p* agradables, y... *p* de verdad 1697
12.11 las *p* de los sabios son como aguijones 1697
Is 1.10 príncipes de Sodoma, oíd... *p* de Jehová 1697
2.3 de Sion saldrá la ley, y de Jerusalén la *p* 1697
5.24 y abominaron la *p* del Santo de Israel 565
8.10 proferid *p*, y no será firme, porque Dios 1697
9.8 Señor envió *p* a Jacob, y cayó en Israel 1697
16.13 la *p* que pronunció Jehová sobre Moab 1697
24.3 porque Jehová ha pronunciado esta *p* 1697
28.13 *p*, pues, de Jehová les será mandamiento 1697
28.14 varones burladores... oíd la *p* de Jehová 1697
29.11 y os será toda visión como *p* de libro 1697
29.18 los sordos oirán las *p* del libro, y los 1697
29.21 los que hacen pecar al hombre en *p*; los 1697
30.12 desechasteis esta *p*, y confiasteis en 1697
30.21 oídos oirán a tus espaldas *p* que diga 1697
31.2 y traerá el mal, y no retirará sus *p* 1697
32.7 enredar a los simples con *p* mentirosas 1697
36.5 que tú hablas, no son más que *p* vacías 1697
36.12 ¿acaso me envió... a que dijese estas *p* a 1697
36.13 oíd las *p* del gran rey, el rey de Asiria 1697
36.21 ellos callaron, y no le respondieron *p* 1697
36.22 vinieron a Ezequías... le contaron las *p* 1697
37.4 oirá Jehová tu Dios las *p* del Rabsaces 1697
37.4 para vituperar con las *p* que oyó Jehová 1697
37.6 no temas por las *p* que has oído, con las 1697
37.17 oye todas las *p* de Senaquerib, que ha 1697
37.22 estas son las *p* que Jehová habló contra 1697
38.4 vino *p* de Jehová a Isaías, diciendo 1697
39.5 dijo... Oye *p* de Jehová de los ejércitos 1697
39.8 la *p* de Jehová que has hablado es buena 1697
40.8 mas la *p* del Dios nuestro permanece para 1697
41.26 cierto... no hay quien oiga vuestras *p* 561
41.28 miré... les pregunté, y no respondieron *p* 1697
44.26 el que despierta la *p* de su siervo, y 1697
45.23 de mi boca salió *p* en justicia, y no 1697
50.4 lengua de sabios, para saber hablar *p* al 1697
51.16 en tu boca he puesto mis *p*, y con la 1697
55.11 así será mi *p* que sale de mi boca; no 1697
58.13 ni buscando... ni hablando tus propias *p* 1697
59.13 y proferir de corazón *p* de mentira 1697
59.21 mis *p* que puse en tu boca, no faltarán 1697
66.2 pobre y humilde... y que tiembla a mi *p* 1697
66.5 oíd *p* de Jehová... los que tembláis a su *p* 1697
Jer 1.1 *p* de Jeremías hijo de Hilcías, de los 1697
1.2 *p* de Jehová que le vino en los días de 1697
1.4 vino, pues, *p* de Jehová a mí, diciendo 1697
1.9 me dijo... aquí he puesto mis *p* en tu boca 1697
1.11 *p* de Jehová vino a mí, diciendo: ¿Qué 1697
1.12 yo apresuro mi *p* para ponerla por obra 1697
1.13 vino a... la *p* de Jehová por segunda vez 1697
2.1; 13.8; 16.1; 18.5; 24.4 vino a mí *p* de Jehová 1697
2.4 oíd la *p* de Jehová, casa de Jacob, y todas 1697
2.31 atended vosotros a la *p* de Jehová. ¿He 1697
3.12 vé y clama estas *p* hacia el norte, y di 1697
5.13 como viento, porque no hay en ellos *p* 1697
5.14 dijeron esta *p*, he aquí yo pongo mis *p* 1697
6.10 la *p* de Jehová les es cosa vergonzosa 1697
6.19 no escucharon mis *p*, y aborrecieron 1697
7.1; 11.1; 14.1; 18.1; 21.1; 30.1; 32.1; 34.1,8; 35.1; 40.1;
46.1; 47.1; 49.34 *p* de Jehová que vino a Jeremías .. 1697
7.2 y proclama allí esta *p*, y di: Oíd *p* de 1697
7.4 no fiéis en *p*... mentira, diciendo: Templo 1697
7.8 he aquí, vosotros confiáis en *p* de mentira 1697
7.27 dirás todas estas *p*, pero no te oirán 1697
8.9 he aquí que aborrecieron la *p* de Jehová 1697
9.20 oíd, pues, oh mujeres, *p* de Jehová, y 1697
9.20 y vuestro oído reciba la *p* de su boca 1697
10.1 oíd la *p* que Jehová ha hablado... Israel 1697
11.2 oíd las *p* de este pacto, y hablad a todo 1697
11.3 maldito el... que no obedeciere las *p* de 1697
11.4 oíd mi voz, y cumplid mis *p*, conforme a
11.6 pregona todas estas *p* en las ciudades de 1697
11.6 oíd las *p* de este pacto, y ponedlas por 1697
11.8 traeré sobre ellos todas las *p* de... pacto 1697
11.10 los cuales no quisieron escuchar mis *p* 1697
13.2 y compré el cinto conforme a la *p* de 1697
13.3 a mí segunda vez *p* de Jehová, diciendo 1697
13.10 pueblo malo, que no quiere oír mis *p* 1697
13.12 les dirás, pues, esta *p*... Toda tinaja se 1697
14.17 les dirás, pues, esta *p*: Derramen mis 1697
15.16 fueron halladas tus *p*, y yo las comí 1697
15.16 tu *p* me fue por gozo y por alegría de 1697
17.15 me dicen: ¿Dónde está la *p* de Jehová? 1697
17.20 y diles: Oíd la *p* de Jehová, reyes de 1697
18.2 levántate y vete a... te haré oír mis *p* 1697
18.18 la ley no faltará... ni la *p* al profeta 1697
18.18 venid y no atendamos a ninguna de sus *p* 1697
19.2 proclamarás allí las *p* que yo te hablaré 1697
19.3 dirás, pues: Oíd *p* de Jehová, oh reyes 1697
19.15 han endurecido su... para no oír mis *p* 1697
20.1 oyó a Jeremías que profetizaba estas *p* 1697
20.8 la *p* de Jehová me ha sido para afrenta 1697
21.11 a la casa del rey de... Oíd *p* de Jehová 1697
22.1 a la casa del rey... y habla allí esta *p* 1697
22.2 y di: Oye *p* de Jehová, oh rey de Judá 1697
22.4 si... obedeciereis esta *p*, los reyes que 1697
22.5 si no oyereis estas *p*, por mí mismo he 1697
22.29 ¡tierra... tierra! oye *p* de Jehová 1697
23.9 delante de Jehová, y... de sus santas *p* 1697
23.16 no escuchéis las *p* de los profetas que 1697
23.18 ¿quién estuvo en el secreto... oyó su *p*? 1697
23.18 ¿quién estuvo atento a su *p*, y la oyó 1697
23.22 habrían hecho oír mis *p* a mi pueblo, y 1697
23.28 aquel a quien fuere mi *p*, cuente mi *p* 1697
23.29 ¿no es mi *p* como fuego... como martillo 1697
23.30 contra los profetas... que hurtan mis *p* 1697
23.36 la *p* de cada uno le será por profecía 1697
23.36 pervertisteis las *p* del Dios viviente 1697
23.38 porque dijisteis esta *p*, Profecía de 1697
25.1 *p* que vino a Jeremías acerca de... pueblo 1697
25.3 venido a mí *p* de Jehová, y he hablado 1697
25.8 dicho... por cuanto no habéis oído mis *p* 1697
25.13 y traeré sobre aquella tierra... mis *p* 1697
25.30 profetizarás contra ellos todas estas *p* 1697
26.1 del reinado de... vino esta *p* de Jehová 1697
26.2 habla... *p* que yo te mandé... no retengas *p* 1697
26.5 para atender a las *p* de mis siervos los 1697
26.7 oyeron a Jeremías hablar estas *p* en la 1697
26.12 envió a profetizar... *p* que habéis oído 1697
26.15 me envió... para que dijese todas estas *p* 1697
26.20 profetizó... conforme a... las *p* de Jeremías ... 1697
26.21 oyeron sus *p* el rey Joacim y todos sus 1697
27.12 conforme... estas *p*, diciendo: Someted 1697
27.14 no oigáis las *p* de los profetas que os 1697
27.16 no oigáis las *p* de vuestros profetas que 1697
27.18 si está con ellos la *p* de Jehová, oren 1697
28.6 confirme Jehová tus *p*, con las cuales 1697
28.7 oye... esta *p* que yo hablo en tus oídos y 1697
28.9 cuando se cumpla la *p* del profeta, será 1697
29.1 *p* de la carta que el profeta Jeremías 1697
29.10 buena *p*, para haceros volver a... lugar 1697
29.19 no oyeron mis *p*... que les envié por mis 1697
29.20 oíd, pues, *p* de Jehová, vosotros todos 1697
29.23 y falsamente hablaron en mi nombre *p* 1697
30.2 escríbete en un libro todas las *p* que te 1697
30.4 estas, pues, son las *p* que habló Jehová 1697
31.10 oíd *p* de Jehová, oh naciones, y... decid 1697
31.23 aún dirán esta *p* en la tierra de Judá 1697
27.1; 28.12; 29.30; 32.26; 33.1,19,23; 34.12;
35.12; 36.1,27; 37.6; 43.8 vino *p* de Jehová a Jeremías ... 1697
32.6 dijo... *P* de Jehová vino a mí, diciendo 1697
32.8 y vino a mí Hanameel... conforme a la *p* 1697
32.8 vino... Entonces conocí que era *p* de Jehová ... 1697
33.14 confirmaré la buena *p* que he hablado 1697
34.4 eso, oye *p* de Jehová... No morirás a espada ... 1697
34.5 porque yo he hablado la *p*, dice Jehová 1697
34.6 habló... Jeremías... estas *p* en Jerusalén 1697
34.18 las *p* del pacto que celebraron en mí 1697
35.13 di... ¿No aprenderéis a obedecer mis *p*? 1697
35.14 fue firme la *p* de Jonadab hijo de Recab 1697
36.2 escribe... todas las *p* que te he hablado 1697
36.4 libro, todas las *p* que Jehová le había 1697
36.6 y lee... las *p* de Jehová a los oídos del 1697
36.8 leyendo en el libro las *p* de Jehová en 1697
36.10 leyó en el libro las *p* de Jeremías en 1697
36.11 habiendo oído del libro... las *p* de Jehová 1697
36.13 les contó... todas las *p* que había oído 1697
36.16 oyeron... *p*... contaremos al rey... estas *p* 1697
36.17 cuéntanos ahora cómo escribiste... estas *p* ... 1697
36.18 él me dictaba... estas *p*, y yo escribía 1697
36.20 contaron a oídos del rey todas estas *p* 1697
36.24 rey y todos sus siervos que oyeron... *p* 1697
36.27 quemó el rollo, las *p* que Baruc había 1697
36.28 escribe en él todas las *p* primeras que 1697
36.32 y escribió... las *p* del libro que quemó 1697
36.32 y aun fueron añadidas... muchas otras *p* 1697
37.2 no obedeció él... a las *p* de Jehová, las 1697
37.17 y dijo: ¿Hay *p* de Jehová? Y Jeremías 1697
38.1 *p* que Jeremías hablaba a todo el pueblo 1697
38.4 hace desmayar las... hablándoles tales *p* 1697
38.21 esta es la *p* que me ha mostrado Jehová 1697
38.24 y dijo Sedequías... Nadie sepa estas *p* 1697
39.15 y había venido *p* de Jehová a Jeremías 1697
39.16 traigo mis *p* sobre esta ciudad para mal 1697
42.4 todo lo... os enseñaré; no os reservaré *p* 1697
42.7 de diez días vino *p* de Jehová a Jeremías 1697
42.15 oíd la *p* de Jehová, remanente de Judá 1697
43.1 hablar a todo el pueblo las *p* de Jehová 1697
43.1 estas *p* por las cuales... había enviado 1697
44.1 *p* que vino a Jeremías acerca de... judíos 1697
44.16 la *p* que nos has hablado en nombre de 1697
44.17 pondremos por obra toda *p* que ha salido 1697
44.24 oíd *p* de Jehová, todos los de Judá que 1697
44.26 por tanto, oíd *p* de Jehová, todo Judá 1697
44.28 la *p* de quién ha de permanecer: si la 1697
44.29 de cierto permanecerán mis *p* para mal 1697
45.1 *p* que habló el profeta Jeremías a Baruc 1697
45.1 cuando escribía... *p* de boca de Jeremías 1697
46.13 *p* que habló Jehová al profeta Jeremías 1697
50.1 *p* que habló Jehová contra Babilonia 1697
51.59 *p*... envió el profeta Jeremías a Seraías 1697
51.60 *p* que están escritas contra Babilonia 1697
51.64 dirás... Hasta aquí son las *p* de Jeremías 1697
Lm 1.18 Jehová es justo... contra su *p* me rebelé 6310
2.17 cumplido su *p*, la cual él había mandado 565
Ez 1.3 vino *p* de Jehová al sacerdote Ezequiel 1697
2.6 no les temas, ni tengas miedo de sus *p* 1697
2.6 tengas miedo de sus *p*, ni temas delante 1697
2.7 les hablarás... mis *p*, escuchen o dejen de 1697
3.4 entra a la casa... habla a ellos con mis *p* 1697
3.6 no a muchos pueblos... cuyas *p* no entiendas ... 8193
3.10 toma en tu corazón todas mis *p* que yo 1697
3.16 al cabo... vino a mí *p* de Jehová, diciendo 1697
3.17 oirás... *p* de mi boca, y los amonestarás 1697
6.1; 7.1; 11.14; 12.1,17,21,26; 13.1; 14.2,12; 15.1; 16.1;
17.1,11; 18.1; 20.2,45; 21.1,8,18; 22.1,17,23; 23.1;
24.15; 25.1; 26.1; 27.1; 28.1,11,20; 29.1,17; 30.1,20;
31.1; 32.1,17; 33.1,23; 34.1; 35.1; 36.16; 37.15; 38.1
vino a mí *p* de Jehová, diciendo 1697
6.3 dirás: Montes de Israel, oíd *p* de Jehová 1697
9.11 que el varón... respondió una *p*, diciendo 1697
12.8 y vino a mí *p* de Jehová por la mañana 1697
12.25 cumpliré la *p*... hablaré *p* y la cumpliré 1697
12.28 no se tardará más ninguna de mis *p*, sino 1697
12.28 que la *p* que yo hable se cumplirá, dice 1697
13.2 di a los que profetizan... Oíd *p* de Jehová 1697
13.6 esperan que él confirme la *p* de ellos 1697
14.9 el profeta fuere engañado y hablare *p* 1697
16.35 por tanto, ramera, oye *p* de Jehová 1697
20.46 sur, derrama tu *p* hacia la parte austral
20.47 oye la *p* de Jehová: Así ha dicho Jehová 1697
21.2 rostro... derrama *p* sobre los santuarios
24.1 vino a mí *p* de Jehová en el año noveno 1697
24.20 yo les dije: La *p* de Jehová vino a mí 1697
25.3 Amón: Oíd *p* de Jehová... Así dice Jehová 1697
33.7 oirás la *p* de mi boca, y los amonestarás 1697
33.30 venid ahora... oíd qué *p* viene de Jehová 1697
33.31 oirán tus *p*, y no las pondrán por obra 1697

P

33.32 y oirán tus *p*, pero no las pondrán por ... 1697
34.7,9 por tanto, pastores, oíd *p* de Jehová ... 1697
35.13 multiplicasteis contra mí vuestras *p* ... 1697
36.1,4 montes de Israel, oíd *p* de Jehová ... 1697
37.4 y diles: Huesos secos, oíd *p* de Jehová ... 1697
38.10 en aquel día subirán *p* en tu corazón ... 1697
Dn 4.31 aún estaba la *p* en la boca del rey ... 4406
4.33 hora se cumplió la *p* sobre Nabucodonosor ... 4406
5.10 la reina, por las *p* del rey...entró a la ... 4406
7.11 a causa del sonido de las grandes *p* que ... 4406
7.25 y hablará *p* contra el Altísimo, y a los ... 4406
7.28 aquí fue el fin de sus *p*...En cuanto a mí ... 4406
9.12 cumplido la *p* que habló contra nosotros ... 1697
10.1 el año tercero...fue revelada *p* a Daniel ... 1697
10.1 la *p* era verdadera...él comprendió la *p* ... 4487
10.6 el sonido de sus *P* como el estruendo de ... 1697
10.9 oí el sonido de sus *p*; y al oír...sus *p* ... 1697
10.11 está atento a las *p* que te hablaré, y ... 1697
10.12 oídas tus *p*; y a causa de tus *p* yo he ... 1697
10.15 mientras me decía estas *p*, estaba yo con ... 1697
12.4 cierra las *p* y sella el libro hasta el ... 1697
12.9 pues estas *p* están cerradas y selladas ... 1697
Os 1.1 *p* de Jehová que vino a Oseas hijo de ... 1697
1.2 el principio de la *p* de Jehová por...Oseas ... 1699
4.1 oíd *p* de Jehová, hijos de Israel, porque ... 1697
6.5 por esta...con las *p* de mi boca los maté ... 561
10.4 han hablado *p* jurando en vano al hacer ... 1697
14.2 llevad con vosotros *p* de súplica...volved ... 1697
Jl 1.1 *p* de Jehová que vino a Joel, hijo de ... 1697
Am 1.1 *p* de Amós, que fue uno de los pastores ... 1697
3.1 oíd esta *p* que ha hablado Jehová contra ... 1697
4.1 oíd esta *p*, vacas de Basán, que estáis en ... 1697
5.1 oíd esta *p* que yo levanto para lamentación ... 1697
7.10 la tierra no puede sufrir todas sus *p* ... 1697
7.16 oye *p* de Jehová. Tú dices: No profetices ... 1697
8.11 sed de agua, sino de oír la *p* de Jehová ... 1697
8.12 e irán errantes de...buscando *p* de Jehová ... 1697
Jon 1.1 vino *p* de Jehová a Jonás hijo de Amitai ... 1697
3.1 vino *p* de Jehová por segunda vez a Jonás ... 1697
3.3 y fue a Nínive conforme a la *p* de Jehová ... 1697
Mi 1.1 *p* de Jehová...vino a Miqueas de Moreset ... 1697
2.7 ¿no hacen mis *p* bien al que...rectamente? ... 1697
4.2 de Sion...y de Jerusalén la *p* de Jehová ... 1697
Hab 3.2 oh Jehová, he oído tu *p*, y temí. Oh ... 8088
3.9 juramentos a las tribus fueron *p* segura ... 562
Sof 1.1 *p* de Jehová que vino a Sofonías hijo ... 1697
2.5 *p* de Jehová es contra vosotros...Canaán ... 1697
Hag 1.1,3 *p* de Jehová por medio del profeta ... 1697
1.12 oyó Zorobabel...las *p* del profeta Hageo
2.1,10 vino *p* de Jehová por medio del profeta ... 1697
2.20 vino por segunda vez *p* de Jehová a Hageo ... 1697
Zac 1.1,7 vino *p* de Jehová al profeta Zacarías ... 1697
1.6 mis *p*...¿no alcanzaron vuestros padres? ... 1697
1.13 respondió buenas *p*, *p* consoladoras, al ... 1697
4.6 esta es *p* de Jehová a Zorobabel, que dice ... 1697
4.8; 6.9 vino a mí *p* de Jehová, diciendo ... 1697
7.1,8 vino *p* de Jehová a Zacarías ... 1697
7.4 vino...a mí *p* de Jehová de los ejércitos ... 1697
7.7 ¿no son estas las *p* que proclamó Jehová ... 1697
7.12 para no oír...ni las *p* que Jehová de los ... 1697
8.1,18 vino a mí *p* de Jehová de los ejércitos ... 1697
8.9 los que oís...estas *p* de la boca de los ... 1697
9.1 la profecía de la *p* de Jehová está contra ... 1697
11.11 así conocieron los...que era *p* de Jehová ... 1697
12.1 profecía...*p* de Jehová acerca de Israel ... 1697
Mal 1.1 profecía *p* de Jehová contra Israel ... 1697
2.17 hecho cansar a Jehová con vuestras *p* ... 1697
3.13 vuestras *p* contra mí han sido violentas ... 1697
Mt 4.4 **de toda *p* que sale de la boca de Dios** ... *4487*
7.24 **cualquiera, pues, que me oye estas *p*, y** ... *3056*
7.26 **pero...que me oye estas *p* y no las hace** ... *3056*
7.28 cuando terminó Jesús estas *p*, la gente ... *3056*
8.8 solamente di la *p*, y mi criado sanará ... *3056*
8.16 con la *p* echó fuera a los demonios, y sanó ... *3056*
10.14 **ni oyere vuestras *p*, salid de...ciudad** ... *3056*
12.32 **que dijere alguna *p* contra el Hijo del** ... *3056*
12.36 **de toda *p* ociosa que hablen los hombres** ... *4487*
12.37 **porque por tus *p* serás justificado, y** ... *3056*
12.37 **porque...y por tus *p* serás condenado** ... *3056*
13.19 **cuando alguno oye la *p* del reino y no la** ... *3056*
13.20 **éste es el que oye la *p*, y al momento** ... *3056*
13.21 **al venir...persecución por causa de la *p*** ... *3056*
13.22 **oye la *p*, pero el afán de...ahogan la *p*** ... *3056*
13.23 **el que oye y entiende la *p*, y da fruto** ... *3056*
15.12 fariseos se ofendieron...oyeron esta *p*? ... *3058*
15.23 pero Jesús no le respondió *p*. Entonces ... *3056*
18.16 **en boca de dos...testigos conste toda *p*** ... *4487*
19.1 cuando Jesús terminó estas *p*, se alejó ... *3051*
19.22 oyendo el joven esta *p*, se fue triste ... *3056*
22.15 consultaron...soprenderle en alguna *p* ... *3056*
22.46 y nadie le podía responder *p*; ni osó ... *3056*
24.35 **tierra pasarán, pero mis *p* no pasarán** ... *3056*
26.1 cuando hubo acabado Jesús todas estas *p* ... *3056*
26.44 oró...tercera vez, diciendo las mismas *p* ... *3056*
26.75 Pedro se acordó de las *p* de Jesús, que ... *4487*
27.14 Jesús no le respondió ni una *p*, de tal ... *4487*
Mr 2.2 juntaron muchos...y les predicaba la *p* ... *3056*
4.14 **el sembrador es el que siembra la *p*** ... *3056*
4.15 **son los de...en quienes se siembra la *p*** ... *3056*
4.15 **Satanás, y quita la *p* que se sembró en** ... *3056*
4.16 **que cuando han oído la *p*, al momento la** ... *3056*
4.17 **viene la tribulación...por causa de la *p*** ... *3056*
4.18 **sembrados entre espinos...que oyen la *p*** ... *3056*
4.19 **y ahogan la *p*, y se hace infructuosa** ... *3056*
4.20 **que oyen la *p* y la reciben, y dan fruto** ... *3056*
4.33 con muchas parábolas...les hablaba la *p* ... *3056*
7.13 **invalidando la *p* de Dios con...tradición** ... *3056*
7.29 **por esta *p*, vé; el demonio ha salido de** ... *3056*
8.38 **el que se avergonzare de mí y de mis *p*** ... *3056*
9.10 guardaron la *p*...discutiendo qué sería ... *3056*
9.32 no entendían esta *p*, y tenían miedo de ... *4487*
10.22 él, afligido por esta *p*, se fue triste ... *3056*
10.24 los discípulos se asombraron de sus *p* ... *3056*
12.13 para que le sorprendiesen en alguna *p* ... *3056*
13.31 **tierra pasarán, pero mis *p* no pasarán** ... *3056*
14.39 otra vez...y oró, diciendo las mismas *p* ... *3056*
14.72 Pedro se acordó de las *p* que Jesús le ... *4487*
16.20 confirmando la *p* con las señales que ... *3056*
Lc 1.2 lo vieron...y fueron ministros de la *p* ... *3056*
1.20 quedarás mudo...cuanto no creíste mis *p* ... *3056*
1.29 ella, cuando le vio, se turbó por sus *p* ... *3056*
1.38 sierva...hágase conmigo conforme a tu *p* ... *4487*
2.29 despides a tu siervo...conforme a tu *p* ... *4487*
2.50 mas ellos no entendieron las *p* que les ... *4487*
3.2 *p* de Dios a Juan, hijo de...en el desierto ... *4487*
3.4 como está escrito en el libro de las *p* ... *3056*
4.4 **no sólo de pan...sino de toda *p* de Dios** ... *4487*
4.22 estaban maravillados de las *p* de gracia ... *3056*
4.32 y se admiraban...su *p* era con autoridad ... *3056*
4.36 *p* es esta, que con autoridad y poder ... *3056*
5.1 agolpaba sobre él para oír la *p* de Dios ... *3056*
5.5 le dijo: Maestro...en tu *p* echaré la red ... *4487*
6.47 **y oye mis *p* y las hace, os indicaré a** ... *3056*
7.1 después que hubo terminado todas sus *p* ... *4487*
7.7 pero di la *p*, y mi siervo será sano ... *3056*
8.11 **la parábola: La semilla es la *p* de Dios** ... *3056*
8.12 **el diablo y quita de su corazón la *p*** ... *3056*
8.13 **que habiendo oído, reciben la *p* con gozo** ... *3056*
8.15 **son los que...retienen la *p* oída, y dan** ... *3056*
8.21 **los que oyen la *p* de Dios, y la hacen** ... *3056*
9.26 **se avergonzare de mí y de mis *p*, de éste** ... *3056*
9.28 después de estas *p*, que tomó a Pedro, a ... *3056*
9.44 **os penetren bien en los oídos estas *p*** ... *3056*
9.45 mas ellos no entendían estas *p*, pues les
9.45 pues...y temían preguntarle sobre esas *p*
10.39 sentándose a...pies de Jesús, oía su *p* ... *3056*
11.28 **bienaventurados los que oyen la *p* de** ... *3056*
11.54 procurando cazar alguna *p* de su boca
12.10 **que dijere alguna *p* contra el Hijo del** ... *3056*
18.34 *p* les era encubierto, y no entendían lo ... *4487*
20.20 fin de sorprenderle en alguna *p*, para ... *3056*
20.26 no pudieron sorprenderle en *p* alguna ... *4487*
21.15 **yo os daré *p* y sabiduría, la cual no**
21.33 **y la tierra pasarán...mis *p* no pasarán** ... *3056*
22.61 Pedro se acordó de la *p* del Señor, que ... *3056*
24.8 entonces ellas se acordaron de sus *p* ... *4487*
24.11 les parecían locura las *p* de ellas, y ... *4487*
24.19 poderoso en obra y...*p* delante de Dios y ... *3056*
24.44 **les dijo: Estas son las *p* que os hablé** ... *3056*
Jn 2.22 creyeron...la *p* que Jesús había dicho ... *3056*
3.34 el que Dios envió, las *p* que Dios habla ... *4487*
4.39 creyeron en él por la *p* de la mujer, que ... *3056*
4.41 y creyeron muchos más por la *p* de él ... *3056*
4.50 creyó la *p* que Jesús le dijo, y se fue ... *3056*
5.24 **el que oye mi *p*, y cree al que me envió** ... *3056*
5.38 **ni tenéis su *p* morando en vosotros** ... *3056*
5.47 **si no creéis a...¿cómo creeréis a mis *p*?** ... *4487*
6.60 dura es esta *p*; ¿quién la puede oír? ... *3056*
6.63 **las *p* que yo os he hablado son espíritu** ... *4487*
6.68 Señor, ¿a quién iremos? Tú tienes *p* de ... *4487*
7.40 oyendo estas *p*, decían...es el profeta ... *3056*
8.20 estas *p* habló Jesús en el lugar de las ... *4487*
8.31 **dijo...Si vosotros permaneciereis en mi *p*** ... *3056*
8.37 **porque mi *p* no halla cabida en vosotros** ... *3056*
8.43 **no entendéis...no podéis escuchar mi *p*** ... *2981*
8.47 **el que es de Dios, las *p* de Dios oye; por** ... *4487*
8.51 **el que guarda mi *p*, nunca verá muerte** ... *3056*
8.52 el que guarda mi *p*, nunca sufrirá muerte ... *3056*
8.55 **dijere...pero le conozco, y guardo su *p*** ... *3056*
10.19 volvió a haber disensión...por estas *p* ... *3056*
10.21 decían...Estas *p* no son de endemoniado ... *4487*
10.35 **a aquellos a quienes vino la *p* de Dios** ... *3056*
12.38 para que se cumpliese la *p* del profeta ... *3056*
12.47 **al que oye mis *p*, y no las guarda, yo** ... *4487*
12.48 **no recibe mis *p*...la *p*...ella le juzgará** ... *3056*
14.10 **las *p* que yo os hablo, no las hablo por** ... *4487*
14.23 **que me ama, mi *p* guardará; y mi Padre** ... *3056*
14.24 **el que no me ama, no guarda mis *p*; y la** ... *3056*
14.24 **y la *p* que habéis oído no es mía, sino** ... *3056*
15.3 **ya vosotros estáis limpios por la *p* que** ... *3056*
15.7 **y mis *p* permanecen en vosotros, pedid** ... *4487*
15.20 **acordaos de la *p* que yo os he dicho: El** ... *3056*
15.20 **si han guardado mi *p*, también guardarán** ... *3056*
15.25 **para que se cumpla la *p* que está escrita** ... *3056*
17.6 **eran, y me los diste, y han guardado tu *p*** ... *3056*
17.8 **porque las *p* que me diste, les he dado** ... *4487*
17.14 **he dado tu *p*; y el mundo los aborreció** ... *3056*
17.17 **santifícalos en...verdad; tu *p* es verdad** ... *3056*
17.20 **los que han de creer en mí por la *p* de** ... *3056*
18.32 se cumpliese la *p* que Jesús había dicho ... *3056*
Hch 2.14 esto os sea notorio, y oíd mis *p* ... *4487*
2.22 israelitas, oíd estas *p*: Jesús nazareno ... *3056*
2.40 y con otras muchas *p* testificaba y les ... *3056*
2.41 los que recibieron su *p* fueron bautizados ... *3056*
4.4 pero muchos de los que habían oído la *p* ... *3056*
4.29 concede a...con todo denuedo hablen tu ... *3056*
4.31 todos...hablaban con denuedo la *p* de Dios ... *3056*
5.5 al oír Ananías estas *p*, cayó y expiró ... *3056*
5.20 anunciad al pueblo todas las *p* de esta ... *4487*
5.24 oyeron estas *p* el sumo sacerdote y el ... *3056*
6.2 no es justo que...dejemos la *p* de Dios ... *3056*
6.4 persistiremos...en el ministerio de la *p* ... *3056*
6.7 y crecía la *p* del Señor, y el número de ... *3056*
6.11 oído hablar *p* blasfemas contra Moisés ... *4487*
6.13 no cesa de hablar *p* blasfemas contra ... *4487*
7.22 Moisés...era poderoso en sus *p* y obras ... *3056*
7.29 al oír esta *p*, Moisés huyó, y vivió como ... *3056*
7.38 aquel...que recibió *p* de vida que darnos ... *3051*
8.14 que Samaria había recibido la *p* de Dios ... *3056*
8.25 ellos, habiendo...hablado la *p* de Dios ... *3056*
10.22 de hacerte venir a su casa...oír tus *p* ... *4487*
10.44 aún hablaba Pedro estas *p*, el Espíritu ... *3056*
11.1 los gentiles habían recibido la *p* de Dios ... *3056*
11.14 te hablará *p* por las cuales serás salvo ... *4487*
11.19 no hablando a nadie la *p*, sino sólo a ... *3056*
12.24 la *p* del Señor crecía y se multiplicaba ... *3056*
13.5 anunciaban la *p* de Dios en las sinagogas ... *3056*
13.7 Sergio...deseaba oír la palabra de Dios ... *3056*
13.15 si tenéis alguna *p* de exhortación para ... *3056*
13.26 a vosotros es enviada la *p* de esta ... *3056*
13.27 no conociendo...ni las *p* de los profetas ... *5456*
13.44 toda la ciudad para oír la *p* de Dios ... *3056*
13.46 que se os hablase primero la *p* de Dios ... *3056*
13.48 gentiles...glorificaban la *p* del Señor ... *3056*
13.49 y la *p* del Señor se difundía por toda ... *3056*
14.3 cual daba testimonio a la *p* de su gracia ... *3056*
14.12 porque éste era el que llevaba la *p* ... *3056*
14.25 predicado la *p* en Perge, descendieron a ... *3056*
15.7 oyesen por mi boca la *p* del evangelio ... *3056*
15.15 esto concuerdan las *p* de los profetas ... *3056*
15.24 os han inquietado con *p*, perturbando ... *3056*
15.27 también de *p* os harán saber lo mismo
15.32 y confirmaron a los hermanos con...de *p* ... *3056*
15.35 continuaron...enseñando la *p* del Señor ... *3056*
15.36 en que hemos anunciado la *p* del Señor ... *3056*
16.6 les fue prohibido...hablar la *p* en Asia ... *3056*
16.32 hablaron la *p* del Señor a él y a todos ... *3056*
16.36 carcelero hizo saber estas *p* a Pablo ... *3056*
16.38 hicieron saber estas *p* a los magistrados ... *4487*
17.11 pues recibieron la *p* con toda solicitud ... *3056*
17.13 era anunciada la *p* de Dios por Pablo ... *3056*
18.5 entregado por...a la predicación de la *p*
18.11 y se detuvo...enseñándoles la *p* de Dios ... *3056*
18.15 si son cuestiones de *p*...vedlo vosotros ... *3056*
19.10 y griegos, oyeron la *p* del Señor Jesús ... *3056*
19.20 así crecía y prevalecía...la *p* del Señor ... *3056*
20.2 exhortarles con abundancia de *p*, llegó
20.32 os encomiendo a...y a la *p* de su gracia ... *3056*
20.35 y recordar las *p* del Señor Jesús, que ... *3056*
20.38 doliéndose...por la *p* que dijo, de que ... *3056*
22.22 oyeron hasta esta *p*; entonces alzaron ... *3056*
26.25 sino que hablo *p* de verdad y de cordura ... *4487*
28.25 les dijo Pablo esta *p*: Bien habló el ... *4487*
Ro 3.2 que les ha sido confiada la *p* de Dios ... *3051*
3.4 que seas justificado en tus *p*, y venzas ... *3056*
9.6 no que la *p* de Dios haya fallado; porque ... *3056*
9.9 porque la *p* de la promesa es esta: Por ... *3056*
10.8 cerca de ti está la *p*, en tu boca y en ... *4487*
10.8 mas...Esta es la *p* de fe que predicamos ... *4487*
10.17 oír, y el oír, por la palabra de Dios ... *4487*
10.18 y hasta los fines de la tierra sus *p* ... *4487*
15.18 medio de mí...con la *p* y con las obras ... *3056*
16.18 y con suaves *p*...engañan los corazones ... *2129*
1 Co 1.5 enriquecidos en...*p* y en toda ciencia ... *3056*
1.17 no con sabiduría de *p*, para que no se ... *3056*
1.18 la *p* de la cruz es locura a los que se ... *3056*
2.1 cuando fui a...no fui con excelencia de *p* ... *3056*
2.4 ni mi *p* ni mi...fue con *p* persuasivas de ... *3056*
2.13 también hablamos, no con *p* enseñadas por ... *3056*
4.19 conoceré, no las *p*, sino el poder de los ... *3056*
4.20 el reino de Dios no consiste en *p*, sino ... *3056*
12.8 es dada por el Espíritu *p* de sabiduría ... *3056*
12.8 a otro, *p* de ciencia según el...Espíritu ... *3056*
14.9 la lengua no diereis *p* bien comprensible ... *3056*
14.11 yo ignoro el valor de las *p*, seré como
14.19 en la iglesia prefiero hablar cinco *p* ... *3056*
14.19 que diez mil *p* en lengua desconocida ... *3056*
14.36 ha salido de vosotros la *p* de Dios, o ... *3056*
15.2 si retenéis la *p* que os he predicado, sois
15.54 cumplirá la *p* que está escrita: Sorbida ... *3056*
2 Co 1.18 nuestra *p* a vosotros no es Sí y No ... *3056*
2.17 que medran falsificando la *p* de Dios ... *3056*
4.2 ni adulterando la *p* de Dios, sino por la ... *3056*
5.19 nos encargó...la *p* de la reconciliación ... *3056*
6.7 en *p* de verdad, en poder de Dios, con ... *3056*
8.7 fe, en *p*, en ciencia, en toda solicitud ... *3056*
10.10 corporal débil, y la *p* menospreciable ... *3056*
10.11 que así como somos en la *p* por cartas ... *3056*
11.6 aunque sea tosco en la *p*, no lo soy en ... *3056*
12.4 donde oyó *p* inefables que no le es dado ... *4487*
Gá 5.14 ley en esta sola *p* se cumple: Amarás ... *4487*
6.6 que es enseñado en la *p*, haga partícipe ... *4487*
Ef 1.13 también vosotros, habiendo oído la *p* ... *4487*
4.29 ninguna *p* corrompida salga de vuestra ... *3056*
5.4 ni *p* deshonestas, ni...que no convienen ... *151*
5.6 nadie os engañe con *p* vanas, porque por ... *3056*
5.26 en el lavamiento del agua por la *p* ... *4487*
6.17 y la espada del Espíritu, que es la *p* de ... *4487*
6.19 dada *p* para dar a conocer con denuedo
Fil 1.14 se atreven mucho más a hablar la *p* ... *3056*
2.16 asidos de la *p* de vida, para que en el ... *3056*
Col 1.5 ya habéis oído por la *p* verdadera del ... *3056*
1.25 que anuncie cumplidamente la *p* de Dios ... *3056*
2.4 para que nadie os engañe con *p* persuasivas ... *4086*
3.8 dejad...ira...*p* deshonestas de vuestra boca ... *148*
3.16 la *p* de Cristo more en abundancia en ... *3056*
3.17 todo lo que hacéis, sea de *p* o de hecho ... *3056*
4.3 que el Señor nos abra puerta para la *p* ... *3056*
4.6 sea vuestra *p* siempre con gracia...con sal ... *3056*
1 Ts 1.5 evangelio no llegó...en *p* solamente ... *3056*
1.6 recibiendo la *p* en medio de...tribulación ... *3056*
1.8 sido divulgada la *p* del Señor, no sólo ... *3056*
2.5 porque nunca usamos de *p* lisonjeras, como ... *3056*
2.13 de que cuando recibisteis la *p* de Dios ... *3056*

2.13 no como *p* de hombres, sino... *p* de Dios *3056*
4.15 lo cual os decimos esto en *p* del Señor *3056*
4.18 alentaos... unos a los otros con estas *p*. *3056*
2 Ts 2.2 ni por *p*, ni por carta como si fuera *3056*
2.15 doctrina que habéis aprendido, sea por *p* *3056*
2.17 y os confirme en toda buena *p* y obra *3056*
3.1 que la *p* del Señor corra y sea glorificada *3056*
1 Ti 1.15 *p* fiel y digna de ser recibida por *3056*
3.1 *p* fiel: Si alguno anhela obispado, buena *3056*
4.5 porque por la *p* de Dios y por la oración *3056*
4.6 nutrido con las *p* de la fe y... doctrina *3056*
4.9 *p* fiel es esta, y digna de ser recibida *3056*
4.12 sino sé ejemplo de los creyentes en *p* *3056*
6.3 y no se conforma a las sanas *p* de... Señor *3056*
6.4 acerca de cuestiones y contiendas de *p* *3055*
2 Ti 1.13 retén... las sanas *p* que de mí oíste *3056*
2.9 sufro... mas la *p* de Dios no está presa *3056*
2.11 *p* fiel es esta: Si somos muertos con él *3056*
2.14 que no contiendan sobre *p*, lo cual para *3056*
2.15 como obrero... que usa bien la *p* de verdad *3056*
2.17 *p* carcomerá como gangrena; de los cuales *3056*
4.2 que prediques la *p*; que instes a tiempo *3056*
4.15 gran manera se ha opuesto a nuestras *p* *3056*
Tit 1.3 y a su debido tiempo manifestó su *p* *3056*
1.9 retenedor de la *p* fiel tal como ha sido *3056*
2.5 para que la *p* de Dios no sea blasfemada *3056*
2.8 *p* sana e irreprochable, de modo que el *3056*
3.8 *p* fiel es esta, y en estas cosas quiero *3056*
He 1.3 quien sustenta todas las cosas con la *p* *4487*
2.2 si la *p* dicha por medio de los ángeles fue *3056*
4.2 no les aprovechó el oír la *p*, por no ir *3056*
4.12 porque la *p* de Dios es viva y eficaz, y *3056*
5.12 enseñar... los primeros rudimentos de las *p* *4487*
5.13 leche es inexperto en la *p* de justicia *3056*
6.5 gustaron de la buena *p* de Dios y... poderes *4487*
7.28 la *p* del juramento, posterior a la ley *3056*
11.3 constituido el universo por la *p* de Dios *4487*
13.7 pastores, que os hablaron la *p* de Dios *3056*
13.22 que soportéis la *p* de exhortación, pues *3056*
Stg 1.18 nos hizo nacer por la *p* de verdad *3056*
1.21 recibid con mansedumbre la *p* implantada *3056*
1.22 sed hacedores de la *p*, y no tan solamente *3056*
1.23 es oidor de la *p* pero no hacedor de ella *3056*
3.2 no ofende en *p*, éste es varón perfecto *3056*
1 P 1.23 siendo renacidos... por la *p* de Dios *3056*
1.25 la *p* del Señor permanece para siempre *4487*
1.25 esta es la *p* que... os ha sido anunciada *4487*
2.8 tropiezan en la *p*, siendo desobedientes *3056*
3.1 que no creen a la *p*, sean ganados sin *p* *3056*
4.11 habla, hable conforme a las *p* de Dios *3051*
2 P 1.19 tenemos... la *p* profética más segura *3056*
2.3 harán mercadería de vosotros... *p* fingidas *3056*
2.18 hablando *p* infladas y vanas, seducen con
3.2 tengáis memoria de las *p* que antes han *4487*
3.5 hechos por la *p* de Dios los cielos, y *3056*
3.7 cielos... están reservados por la misma *p* *3056*
1 Jn 1.10 decimos... y su *p* no está en nosotros *3056*
2.5 el que guarda su *p*... el amor de Dios se ha *3056*
2.7 la *p* que habéis oído desde el principio *3056*
2.14 y la *p* de Dios permanece en vosotros, y *3056*
3.18 míos, no amemos de *p* ni de lengua, sino *3056*
3 Jn 10 que hace parloteando con *p* malignas *3056*
Jud 17 tened memoria de las *p*... dichas por los *4487*
Ap 1.2 que ha dado testimonio de la *p* de Dios *3056*
1.3 bienaventurado... los que oyen las *p* de esta *3056*
1.9 isla... Patmos, por causa de la *p* de Dios *3056*
3.8 **has guardado mi *p*, y no has negado mi** *3056*
3.10 **has guardado la palabra de mi paciencia** *3056*
6.9 sido muertos por causa de la *p* de Dios *3056*
12.11 le han vencido por... la *p* del testimonio *3056*
17.17 dar... hasta que se cumplan las *p* de Dios *4487*
19.9 me dijo: Estas son *p* verdaderas de Dios *3056*
20.4 los decapitados por causa... la *p* de Dios *3056*
21.5; 22.6 estas *p* son fieles y verdaderas *3056*
22.7 **bienaventurado el que guarda las *p* de** *3056*
22.9 de los que guardan las *p* de este libro *3056*
22.10 no selles las *p* de la profecía de este *3056*
22.18 testifico a todo aquel que oye las *p* *3056*
22.19 si alguno quitare de las *p* del libro *3056*

PALABRERÍA
Mt 6.7 **que piensan que por su *p* serán oídos** *4180*
1 Ti 1.6 desviándose... se apartaron a vana *p* *3150*
2 Ti 2.16 mas evita profanas y vanas *p*, porque *2757*

PALABRERO
Hch 17.18 decían: ¿Qué querrá decir este *p*? *4691*

PALACIO
1 R 16.18 se metió en el *p* de la casa real, y 759
21.1 tenía allí una viña junto al *p* de Acab 1964
2 R 7.11 lo anunciaron dentro, en el *p* del rey 1004
15.5 Jotam hijo del rey tenía el cargo del *p* 1004
15.25 y lo hirió en... en el *p* de la casa real 759
20.18 tus hijos... serán eunucos en el *p* del 1964
2 Cr 36.19 y consumieron a fuego todos sus *p* 759
Esd 4.14 siendo que nos mantienen del *p*, no 1964
6.2 el *p* que está en la provincia de Media 1002
Neh 2.8 enmaderar las puertas del *p* de la casa 1002
Est 1.5 banquete... en el patio del huerto del *p* 1002
5.9 vio a Mardoqueo a la puerta del *p* del rey
7.7 el rey se levantó... se fue al huerto del *p* 1055
7.8 después el rey volvió del huerto del *p* 1055
Sal 45.8 mirra... desde *p* de marfil te recrean 1964
45.15 con alegría... entrarán en el *p* del rey 1964
48.3 en sus *p* Dios es conocido por refugio 759
48.13 considerad... su antemuro, mirad sus *p* 759
69.25 sea su *p* asolado; en sus tiendas no haya 2918
122.7 la paz... y el descanso dentro de tu *p* 759
144.12 como esquinas labradas como las de un *p* 1964
Pr 30.28 araña que atrapas... está en *p* de rey 1964
Cnt 8.9 edificaremos sobre él un *p* de plata 2918
Is 13.22 en sus *p* aullarán hienas, y chacales 1964
23.13 edificaron sus *p*... la convirtió en ruinas 759
32.14 los *p* quedarán desiertos, la multitud 759
39.7 tomarán, y serán eunucos en el *p* del rey 1964
Jer 6.5 y asaltemos de... y destruyamos sus *p* 759
9.21 muerte... ha entrado en nuestros *p*, para 759
17.27 haré descender fuego... consumirá los *p* 759
29.2 después que salió... la reina, los del *p* 5631
Lm 2.5 destruyó... sus *p*, derribó sus fortalezas 759
2.7 en manos del enemigo los muros de sus *p* 759
Dn 1.4 muchachos... idóneos para estar en el *p* 1964
4.4 estaba tranquilo... y floreciente en mi *p* 1965
4.29 doce... paseando en el *p* real de Babilonia 1965
5.5 sobre lo encalado de la pared del *p* real 1965
6.18 el rey se fue a su *p*, y se acostó ayuno 1965
11.45 plantará las tiendas de su *p* entre los 643
Os 8.14 meteré fuego... el cual consumirá sus *p* 759
Am 1.4 fuego en... y consumirá los *p* de Ben-adad 759
1.7,10,12 prenderé fuego... y consumirá sus *p* 759
1.14 y consumirá sus *p* con estruendo en el 759
2.2 fuego en... y consumirá los *p* de Queriot 759
2.5 fuego... cual consumirá los *p* de Jerusalén 759
3.9 en los *p* de Asdod, y en los *p*... de Egipto 759
3.10 atesorando rapiña y despojo en sus *p* 759
3.11 y derribará tu... y tus *p* serán saqueados 759
4.3 saldréis por... echadas del *p*, dice Jehová 2038
6.8 aborrezco sus *p*; y entregaré al enemigo 759
Mi 5.5 y cuando hollare nuestros *p*, entonces 759
Nah 2.6 las puertas de... y el *p* será destruido 1964
Lc 7.25 **deleites, en los *p* de los reyes están**
11.21 **el hombre fuerte armado guarda su *p*, en** *833*

PALADAR
Job 6.30 ¿acaso no puede mi *p* discernir... cosas 2441
12.11 las palabras, y el *p* gusta las viandas 2938
20.13 no lo dejaba, sino... lo detenía en su *p* 2441
29.10 apagaba, y su lengua se pegaba a su *p* 2441
34.3 el oído... como el *p* gusta lo que uno come 2441
Sal 22.15 mi lengua se pegó a mi *p*, y me has 4455
119.103 dulces son a mi *p* tus palabras! más 6310
137.6 mi lengua se pegue a mi *p*, si de ti no 2441
Pr 5.3 mujer... su *p* es más blando que el aceite 2441
24.13 es buena, y el panal es dulce a tu *p* 2441
Cnt 2.3 me senté, y su fruto fue dulce a mi *p* 2441
5.16 su *p*, dulcísimo, y todo él codiciable 2441
7.9 y tu *p* como el buen vino, que se entra a 2441
Lm 4.4 la lengua del niño de... se pegó a su *p* 2441
Ez 3.26 y haré que se pegue tu lengua a tu *p* 2441

PALADÍN
1 S 17.4 del campamento de los filisteos un *p* 376,1143
17.23 aquel *p*... salió de entre las filas de los 376
17.51 cuando... filisteos vieron a su *p* muerto 1368

PALAL *Uno que ayudó en la restauración del muro de Jerusalén*, Neh 3.25 6420

PALETA
Éx 27.3 sus *p*, sus tazones, sus garfios y sus 3257
Nm 4.14 pondrán... *p*, los garfios, los braseros 3257
1 R 7.45 *p*, cuencos, y todos los utensilios que 3257
2 R 25.14 llevaron también los calderos... las *p* 3257

PALIDECER
Dn 5.6 el rey *palideció*, y sus pensamientos lo 2122
5.9 el rey Belsasar se turbó... *palideció*, y sus 2122
5.10 no te turben tus... ni *palidezca* tu rostro 2122

PÁLIDO
Is 29.22 avergonzado Jacob, ni su rostro se... *p* 2357
Jer 30.6 y se han vuelto *p* todos los rostros 3420
Dn 1.10 vea vuestros rostros más *p* que los de
Jl 2.6 de él... se pondrán *p* todos los semblantes 2342

PALMA
Lv 14.15,26 del aceite... sobre la *p* de su mano 3709
1 S 5.4 la cabeza de Dagón y las dos *p* de sus 3709
25.29 como de en medio de la *p* de una honda 7049
1 R 18.44 veo una pequeña nube como la *p* de la 3709
2 R 9.35 no hallaron de ella más que... las *p* de 3709
Job 34.37 bate *p* contra nosotros, y contra Dios
Is 49.16 que en las *p* de las manos te tengo 3709
Dn 10.10 me pusiese... sobre las *p* de mis manos 3709
Ap 7.9 de ropas blancas, y con *p* en las manos *5404*

PALMADA
Is 55.12 los árboles del... darán *p* de aplauso 4222

PALMERA
Éx 15.27 doce fuentes de aguas, y setenta *p* 8558
Lv 23.40 de *p*, ramas de árboles frondosos, y 8558
Nm 33.9 y vinieron a Elim, donde había... 70 *p* 8558
Dt 34.3 vega de Jericó, ciudad de las *p*, hasta 8558,5899
Jue 1.16 subieron de la ciudad de las *p* con los 8558,5899
3.13 vino e hirió... y tomó la ciudad de las *p* 8558,5899
4.5 y acostumbraba sentarse... la *p* de Débora 8560
1 R 6.29 esculpió... de *p* y de botones de flores 8561
6.32,35 y talló en ellas figuras de... *p* y de 8561
6.32 cubrió... de oro los querubines y las *p* 8561
7.36 e hizo... entalladuras de... leones y de *p* 8561
2 Cr 3.5 y hizo realzar en ella *p* y cadenas 8561
28.15 llevaron hasta Jericó, ciudad de las *p* 8558,5899
Neh 8.15 traed ramas... de arrayán, de *p* y de 8558
Sal 92.12 justo florecerá como la *p*; crecerá 8558
Cnt 7.7 tu estatura es semejante a la *p*, y tus 8558
7.8 yo dije: Subiré a la *p*, asiré sus ramas 8558
Jer 10.5 derechos están como *p*, y no hablan 8560
Ez 40.16 las ventanas... en cada poste había *p* 8561
40.22 sus *p* eran conforme a la medida de la 8561
40.26 y tenía *p*, una de un lado, y otra del 8561
40.31 sus arcos... con *p* en sus postes; y sus 8561
40.34 *p* en sus postes de un lado y de otro 8561
40.37 *p* a cada uno de sus postes de un lado y 8561
41.18 estaba labrada con querubines y *p*, entre
41.18 entre querubín y querubín una *p*; y cada
41.19 rostro de hombre hacia la *p* del un lado 8561
41.19 rostro de león hacia la *p* del otro lado 8561
41.20 había querubines labrados y *p*, por toda 8561
41.25 labrados de querubines y *p*, así como 8561
41.26 había ventanas... y *p* de uno y otro lado 8561
Jl 1.12 el granado también, la *p* y el manzano 8558
Jn 12.13 ramas de *p* y salieron a recibirle, y *5404*

PALMO
Éx 25.25 una moldura... un *p* menor de anchura 2948
28.16 será... de un *p* de largo y un *p* de ancho 7341
37.12 una moldura de un *p* menor de anchura 2948
39.9 su longitud era de un *p*, y de un *p* su 2948
1 S 17.4 y tenía de altura seis codos y un *p* 2239
1 R 7.26 el grueso del mar era de un *p* menor 2947
2 Cr 4.5 y tenía de grueso un *p* menor, y el 2947
Is 40.12 ¿quién midió... y los cielos con su *p* 2239
48.13 mano derecha midió los cielos con el *p* 2946
Ez 40.5 la caña... de seis codos de a codo y *p* 7341
40.43 ganchos, de un *p* menor, dispuestos en
43.13 medidas... (el codo de a codo y *p* menor 2948
43.13 su remate por su borde... de un *p*... Este 7341

PALMOTEAR
Ez 6.11 *palmotea* con tus manos, y golpea con 5221

PALO
Éx 21.20 hiriere a su siervo... con *p*, y muriere 7626
Nm 13.23 racimo... el cual trajeron dos en un *p* 5375
22.27 Balaam se enojó y azotó al asna con... *p* 4731
35.18 si con instrumento de *p*... lo hiriere y 6086
Dt 28.36 y allá servirás... al *p* y a la piedra 6096
1 S 17.43 ¿soy yo perro... que vengas a mí con *p*? 4731
2 S 23.21 pero descendió contra él con un *p* 7626
2 R 6.6 cortó él un *p*, y lo echó allí; e hizo 6086
Is 10.24 contra ti alzará su *p*, a la manera de 7626
28.27 sino que con un *p* se sacude el eneldo 4294
Lm 4.8 su piel está pegada a... seca como un *p* 6086
Ez 20.32 como las... sirven al *p* y a la piedra 6086
21.10 ha despreciado como a un *p* cualquiera 6086
37.16 toma ahora un *p*, y escribe... Para Judá 6086
37.16 otro *p*, y escribe en él: Para José, *p* de 6086
37.19 tomo el *p* de José, que está en la mano 6086
37.19 con el *p* de Judá, y los haré un solo *p* 6086
37.20 y los *p* sobre que escribas estarán en 6086
Hab 2.19 ¡ay del que dice al *p*: Despiértate 6086
Mt 26.47 y con él mucha gente con espadas y *p* *3586*
26.55 **con espadas y con *p* para prenderme** *3586*
Mr 14.43 y con él mucha gente con espadas y *p* *3586*
14.48 **con espadas y con *p* para prenderme** *3586*
Lc 22.52 **ladrón habéis salido con espadas y *p*** *3586*

PALOMA
Gn 8.8 envió... una *p*, para ver si las aguas se 3123
8.9 no halló la *p* donde sentar la planta de su pie 3123
8.10 y volvió a enviar la *p* fuera del arca 3123
8.11 la *p* volvió a él a la hora de la tarde 3123
8.12 envió la *p*, la cual no volvió ya más a 3123
2 R 6.25 de estiércol de *p* por cinco piezas de 1686
Sal 55.6 dije: ¡Quién me diese alas como de *p*! 3123
56 *tít.* La *p* silenciosa en paraje... distante 3128
68.13 como alas de *p* cubiertas de plata, y 3123
Cnt 1.15 aquí eres bella; tus ojos son como *p* 3123
2.14 *p* mía, que estás en los agujeros de la 3123
4.1 tus ojos entre tus guedejas como de *p* 3123
5.2 ábreme, hermana mía... *p* mía, perfecta mía 3123
5.12 sus ojos, como *p* junto a los arroyos de 3123
6.9 una es la *p* mía, la perfecta mía; es la 3123
Is 38.14 gemía como la *p*; alzaba en alto mis 3123
59.11 todos... gemimos lastimeramente como *p* 3123
60.8 que vuelan como... como *p* a sus ventanas? 3123
Jer 48.28 como la *p* que hace nido en la boca 3123
Ez 7.16 y estarán sobre los montes como *p* de 3123
Os 7.11 Efraín fue como *p*... sin entendimiento 3123
11.11 de la tierra de Asiria como *p*; y los 3123
Nah 2.7 sus criadas la llevarán gimiendo como *p* 3123
Mt 3.16 que descendía como *p*, y venía sobre él *4058*
10.16 **sed, pues, prudentes... sencillos como *p*** *4058*
21.12 volcó... las sillas de los que vendían *p* *4058*
Mr 1.10 al Espíritu como *p* que descendía sobre *4058*
11.15 volcó... las sillas de los que vendían *p* *4058*
Lc 3.22 y descendió el Espíritu Santo... como *p* *4058*
Jn 1.32 vi al Espíritu que descendía... como *p* *4058*
2.14 los que vendían bueyes, ovejas y *p*, y a *4058*
2.16 **dijo a los que vendían *p*: Quitad de aquí** *4058*

PALOMINO
Gn 15.9 tráeme... una tórtola también, y un *p* 3123
Lv 1.14 presentará su ofrenda de tórtolas... *p* 3123
5.7 dos *p*, el uno para expiación, y el otro 3123
5.11 no tuviere lo suficiente para... a dos *p* 3123
12.6 traerá... *p* o una tórtola para expiación 3123
12.8 dos *p*, uno para holocausto y otro para 3123
14.22 tórtolas o dos *p*, según pueda; uno será 3123
14.30 ofrecerá... o uno de los *p*, según pueda 3123
15.14 dos tórtolas o dos *p*, y vendrá delante 3123
15.29 tomará consigo dos tórtolas o dos *p*, y 3123
Nm 6.10 día octavo traerá... dos *p* al sacerdote 3123
Lc 2.24 ofrecer... Un par de tórtolas, o dos *p* *4058*

PALPAR
Gn 27.12 me *palpará* mi padre, y me tendrá por 4959
27.21 y te *palparé*... por si eres mi hijo Esaú 4184

P

27.22 acercó Jacob a su padre Isaac...le *palpó* 4959
Éx 10.21 tinieblas...que cualquiera las *palpe* 4959
Dt 28.29 y *palparás* a mediodía como *palpa* el 4959
Jue 16.26 hazme *palpar* las columnas sobre las 4184
Sal 115.7 manos tienen, mas no *palpan*; tienen 4184
Is 59.10 *palpamos* la pared como ciegos, y 1659
Lc 24.39 ***palpad*, y ved; porque un espíritu no** *5584*
Hch 17.27 *palpando*, puedan hallarle, aunque *5584*
He 12.18 al monte que se podía *palpar*, y que *5584*
1 Jn 1.1 y *palparon* nuestras manos tocante al *5584*

PALTI
1. Uno de los doce espías, Nm 13.9 6406
2. Hijo de Lais (=Paltiel No. 2), 1 S 25.44 6406

PALTIEL
1. Príncipe de la tribu de Isacar, Nm 34.26 6409
2. Hijo de Lais (=Palti No. 2), 2 S 3.15

PALTITA *Habitante de Bet-pelet (=Pelonita)*, 2 S 23.26 6407

PÁMPANO
Jn 15.2 **todo *p* que en mí no lleva fruto, lo** *2814*
15.4 **como el *p* no puede llevar fruto por sí** *2814*
15.5 **yo soy la vid, vosotros los *p*; el que** *2814*
15.6 **será echado fuera como *p*, y se secará** *2814*

PAN
Gn 3.19 con el sudor de tu rostro comerás el *p* 3899
14.18 entonces Melquisedec rey...sacó *p* y vino 3899
18.5 y traeré un bocado de *p*, y sustentad 3899
18.6 toma...harina, y amasa y haz *p* cocidos 5692
19.3 hizo...y coció *p* sin levadura, y comieron 4682
21.14 tomó *p*, y un odre de agua, y lo dio 3899
25.34 Jacob dio a Esaú *p* y del guisado de las 3899
27.17 y entregó los guisados y el *p*...Jacob 3899
28.20 y me diere *p* para comer y vestido para 3899
31.54 a sus hermanos a comer *p*; y comieron *p* 3899
37.25 se sentaron a comer *p*; y alzando los 3899
39.6 no se preocupaba de cosa...sino del *p* que 3899
41.54 mas en toda la tierra de Egipto había *p* 3899
41.55 el pueblo clamó a Faraón por *p*. Y dijo 3899
43.25 habían oído que allí habrían de comer *p* 3899
43.31 salió, y se contuvo, y dijo: Poned *p* 3899
43.32 no pueden comer *p* con los hebreos, lo 3899
45.23 trigo, y *p* y comida, para su padre en 3899
47.12 alimentaba José a su padre y a...con *p* 3899
47.13 no había *p* en...la tierra, y el hambre 3899
47.15 danos *p*; ¿por qué moriremos delante de 3899
47.17 les sustentó de *p* por todos sus ganados 3899
47.19 cómpranos a nosotros y a...tierra por *p* 3899
49.20 *p* de Aser será substancioso, y él dara 3899
Éx 12.8 comerán la carne...y *p* sin levadura 4682
12.15 siete días comeréis *p* sin levadura 4682
12.17 y guardaréis la fiesta de los *p* sin 4682
12.18 en el mes primero comeréis los *p* sin 4682
12.20 habitaciones comeréis *p* sin levadura 4682
13.6 siete días comerás *p* sin leudar, y el 4682
13.7 siete días se comerán los *p* sin levadura 4682
16.3 cuando comíamos *p* hasta saciarnos; pues 3899
16.4 he aquí yo os haré llover *p* del cielo 3899
16.8 os dará...en la mañana *p* hasta saciaros 3899
16.12 y por la mañana os saciaréis de *p*, y 3899
16.15 les dijo: Es el *p* que Jehová os da para 3899
16.29 en el sexto día os da *p* para dos días 3899
16.32 que vean el *p* que yo os di a comer en el 3899
23.15 fiesta de los *p* sin levadura guardarás 4682
23.15 siete días comerás los *p* sin levadura 4682
23.18 no ofrecerás con *p* leudo la sangre de
23.25 Jehová...él bendecirá tu *p* y tus aguas 3899
25.30 sobre la mesa el *p* de la proposición
29.2 y *p* sin levadura, y tortas sin levadura 3899,2471
29.23 una torta...de *p*...torta de *p* de aceite 3899
29.23 una hojaldre del canastillo de los *p* 4682
29.32 y el *p* que estará en el canastillo, a 3899
29.34 si sobrare...del *p*, quemarás al fuego 3899
34.18 fiesta de los *p*...siete días comerás *p* 4682
34.28 no comió *p*, ni bebió agua; y escribió 3899
35.13; 39,36 la mesa...el *p* de la proposición
40.23 puso por orden los *p* delante de Jehová 3899
Lv 7.13 con tortas de *p* leudo presentará su 3899,2471
8.2 toma...el canastillo de los *p* sin levadura 4682
8.26 y del canastillo de los *p* sin levadura 4682
8.26 tomó una torta...una torta de *p* de aceite 4682
8.31 y comedla allí con el *p* que está en el 3899
8.32 y lo que sobre...del *p*, lo quemaréis al 3899
21.6 las ofrendas...y el *p* de su Dios ofrecen 3899
21.8 el *p* de tu Dios ofrece; santo será para 3899
21.17 defecto, se acercará para ofrecer el *p* 3899
21.21 no se acercará a ofrecer el *p* de...Dios 3899
21.22 del *p* de su Dios...lo santo...podrá comer 3899
22.25 ofrecerlos como el *p* de vuestro Dios 3899
23.6 la fiesta solemne de los *p* sin levadura 4682
23.14 no comeréis *p*...grano tostado, ni espiga 3899
23.17 dos *p* para ofrenda mecida, que serán de 3899
23.18 y ofreceréis con el *p* siete corderos 3899
23.20 *p* de las primicias y los dos corderos 3899
24.7 y será para el *p* como perfume, ofrenda 3899
26.5 y comeréis vuestro *p* hasta saciaros, y 3899
26.26 cuando...os quebrante el sbstento del *p* 3899
26.26 cocerán diez mujeres vuestro *p* en un 3899
26.26 y os devolverán vuestro *p* por peso; y 3899
Nm 4.7 la mesa...*p* continuo estará sobre ella 3899
6.17 con el canastillo de los *p* sin levadura 4682
9.11 con *p* sin levadura y hierbas...la comerán 4682
14.9 nosotros los comeremos como *p*...amparo 3899
15.19 comencéis a comer del *p* de la tierra 3899
21.5 no hay *p* ni agua...fastidio de este *p* tan 3899
28.2 mi *p* con mis ofrendas encendidas en olor 3899
28.17 siete días se comerán *p* sin levadura 4682
Dt 8.3 que no sólo de *p* vivirá el hombre, mas 3899
8.9 en la cual no comerás el *p* con escasez 3899
9.9 en el monte...sin comer *p* ni beber agua 3899
9.18 no comí *p* ni bebí agua, a causa de todo 3899
10.18 que ama también al extranjero dándole *p* 3899
16.3 no comerás...*p* con levadura; siete días 4682
16.3 *p* sin levadura, *p* de aflicción, porque 3899
16.8 seis días comerás *p* sin levadura, y el 4682
16.16 la fiesta solemne de los *p* sin levadura 4682
23.4 no os salieron a recibir con *p* y agua al 3899
29.6 no habéis comido *p*, ni bebisteis vino ni 3899
Jos 5.11 comieron del fruto de...*p* sin levadura 4682
9.5 todo el *p* que traían...era seco y mohoso 3899
9.12 nuestro *p* lo tomarnos caliente de...casas 3899
Jue 6.19 preparó un cabrito, y *p* sin levadura 4682
6.20 la carne y los *p* sin levadura, y ponlos 4682
6.21 tocó...los *p* sin levadura; y subió fuego 4682
6.21 consumió la carne y los *p* sin levadura 2471
7.13 veía un *p* de cebada que rodaba hasta el 6742
8.5 ruego que deis a la gente...bocados de *p* 3899
8.6 tu mano, para que demos *p* a tu ejército? 3899
8.15 para que demos...*p* a tus hombres cansados 3899
13.16 aunque me detengas, no comeré de tu *p* 3899
19.5 conforta tu corazón con un bocado de *p* 3899
19.19 también tenemos *p* y vino para mí y para 3899
Rt 1.6 Jehová había visitado a...para darles *p* 3899
2.14 ven aquí y come del *p*, y moja tu bocado 3899
1 S 2.5 los saciados se alquilaron por *p*, y los 3899
2.36 postrarse...por...plata y un bocado de *p* 3899
2.36 te ruego...que pueda comer un bocado de *p* 3899
9.7 porque el *p*...se ha acabado, y no tenemos 3899
10.3 llevando...tres tortas de *p*, y el tercero 3899
10.4 dos *p*, los que tomarás de mano de ellos 3899
14.24 cualquiera que coma *p* antes...la noche 3899
14.24 y todo el pueblo no había probado *p* 3899
16.20 y tomó Isaí un asno cargado de *p*, una 3899
17.17 toma...estos diez *p*, y llévalo pronto al 3899
20.24 nueva luna, se sentó el rey a comer *p* 3899
20.34 y no comió *p* el segundo día de la luna 3899
21.3 a mano?...Dame cinco *p*, o lo que tengas 3899
21.4 no tengo *p*...solamente tengo *p* sagrado 3899
21.6 el sacerdote le dio el *p* sagrado, porque
21.6 allí no había otro *p* sino los *p* de la 3899
21.6 quitados de la...para poner *p* calientes
22.13 diste *p* y espada, y consultaste por él 3899
25.11 ¿he de tomar yo ahora mi *p*, mi agua y 3899
25.18 Abigail tomó luego 200 *p*, dos cueros de 1690
25.18 doscientos *p* de higos secos, y lo cargó 3899
28.20 estaba sin fuerzas...no había comido *p* 3899
28.22 pondré...un bocado de *p* para que comas 3899
28.24 tomó...y coció de ella *p* sin levadura 4682
30.11 dieron *p*, y comió, y le dieron a beber 3899
30.12 no había comido *p* ni bebido agua en tres 3899
2 S 3.29 nunca falte...quien tenga falta de *p* 3899
3.35 antes que se ponga el sol gustare yo *p* 3899
6.19 repartió...cada uno un *p*, y un pedazo de 3899
9.10 para que el hijo de tu señor tenga *p* para 3899
12.17 mas él no quiso, ni comió con ellos *p* 3899
12.20 vino...y pidió, y le pusieron *p*, y comió 3899
12.21 muerto él, te levantaste y comiste *p* 3899
16.1 doscientos *p*...cien *p* de higos secos, y 3899
16.2 *p* y las pasas para que coman los criados 3899
1 R 7.48 una mesa...sobre la cual estaban los *p* 3899
13.8 comería *p* ni bebería agua en este lugar 3899
13.9 no comas *p*, ni bebas agua, ni regreses 3899
13.15 le dijo: Ven conmigo a casa, y come *p* 3899
13.16 tampoco comeré *p* ni beberé agua contigo 3899
13.17 dicho: No comas *p* ni bebas agua allí, ni 3899
13.18 a tu casa, para que coma *p* y beba agua 3899
13.19 volvió con él, y comió *p* en su casa, y 3899
13.22 volviste, y comiste *p* y bebiste agua 3899
13.22 Jehová había dicho que no comieses *p* 3899
13.23 cuando había comido *p* y bebido, el que 3899
14.3 diez *p*, y tortas, y una vasija de miel 3899
17.6 le traían *p* y carne por la mañana, y *p* 3899
17.11 ruego que me traigas...un bocado de *p* 3899
17.12 vive Jehová tu...que no tengo *p* cocido 4580
18.4 los escondió...los sustentó con *p* y agua 3899
18.13 escondí a...y los mantuve con *p* y agua? 3899
22.27 y mantenedle con *p* de angustia y con 3899
2 R 4.42 *p* de primicias, veinte *p* de cebada 3899
6.22 pon delante de ellos *p* y agua, para que 3899
18.32 os lleve a una...tierra de *p* y de viñas 3899
23.9 sino que comían *p* sin levadura entre sus 4682
25.3 hasta que no hubo *p* para el pueblo de la 3899
1 Cr 9.32 a su cargo los *p* de la proposición
16.3 y repartió...a cada uno una torta de *p* 3899
23.29 para los *p* de la proposición, para la 7550,4682
2 Cr 2.4 y para la colocación...de los *p* de la
4.19 sobre las cuales se ponían los *p* de la
8.13 en la fiesta de los *p* sin levadura, en 4682
13.11 ponen los *p* sobre la mesa limpia, y el
18.26 sustentadle con *p* de aflicción y agua 3899
30.13 fiesta...de los *p* sin levadura en el mes 4682
30.2 1; 35.17; Esd 6.22 la fiesta...de los *p* sin levadura 4682
Esd 10.6 e ido allá, no comió *p* ni bebió agua 3899
Neh 5.14 ni yo ni...comimos el *p* del gobernador 3899
5.15 tomaron de ellos por el *p* y por el vino 3899
5.18 esto nunca requerí el *p* del gobernador 3899
9.15 les diste *p* del cielo en su hambre, y 3899
10.33 para el *p* de la proposición y para la
13.2 no salieron a recibir a los...con *p* y agua 3899
Job 3.24 antes que mi *p* viene mi suspiro, y mis
15.23 vaga alrededor tras el *p*, diciendo: ¿En 3899
22.7 no diste...detuviste el *p* al hambriento 3899
27.14 hijos...sus pequeños no se saciarán de *p* 3899
28.5 de la tierra nace el *p*, y debajo de ella 3899
33.20 que le hace que su vida aborrezca el *p* 3899
42.11 vinieron...y comieron con él *p* en su casa 3899
Sal 14.4 devoran a...pueblo como si comiesen *p* 3899
37.25 visto...su descendencia que mendigue *p* 3899
41.9 el hombre de mi paz...que de mi *p* comía 3899
42.3 fueron mis lágrimas mi *p* de día y...noche 3899
53.4 devoran a mi pueblo como si comiesen *p* 3899
78.20 brotaron aguas...¿podrá dar también *p*? 3899
78.25 *p* de nobles comió el hombre; les envió 6720
80.5 diste a comer *p* de lágrimas, y a beber 3899
102.4 por lo cual me olvido de comer mi *p* 3899
102.9 lo cual yo como ceniza a manera de *p* 3899
104.14 la hierba...sacando el *p* de la tierra 3899
104.15 el *p* que sustenta la vida del hombre 3899
105.16 trajo...quebrantó todo sustento de *p* 3899
105.40 pidieron...y los sació de *p* del ciclo 3899
109.10 procuren su *p* lejos de sus...hogares
127.2 por demás...y que comáis *p* de dolores 3899
132.15 provisión; a sus pobres saciaré de *p* 3899
146.7 hace justicia...da *p* a los hambrientos 3899
Pr 4.17 porque comen *p* de maldad, y beben vino 3899
6.26 el hombre es reducido a un bocado de *p* 3899
9.5 comed mi *p*, y bebed del vino que yo he 3899
9.17 aguas...el *p* comido en oculto es sabroso 3899
12.9 más...que el que se jacta, y carece de *p* 3899
12.11 el que labra su tierra se saciará de *p* 3899
13.23 el barbecho de los pobres hay mucho *p* 400
14.4 la fuerza del buey hay abundancia de *p* 7794
20.13 abre tus ojos, y te saciarás de *p* 3899
20.17 sabroso es al hombre el *p* de mentira 3899
22.9 será bendito...dio de su *p* al indigente 3899
23.3 no codicies sus...porque es *p* engañoso 3899
23.6 no comas *p* con el avaro, ni codicies sus 3899
25.21 si tu...tuviere hambre, dale de comer *p* 3899
28.3 como lluvia torrencial que deja sin *p* 3899
28.19 el que labra su tierra se saciará de *p* 3899
28.21 por un bocado de *p* prevaricará el hombre 3899
30.8 ni riquezas; manténme del *p* necesario 3899
30.22 por...por el necio cuando se sacia de *p* 3899
31.14 es como nave de mercader; trae su *p* de 3899
31.27 considera los...y no come el *p* de balde 3899
Ec 9.7 anda, y come tu *p* con gozo, y bebe tu 3899
9.11 de los fuertes, ni aun de los sabios el *p* 3899
11.1 echa tu *p* sobre las aguas...lo hallarás 3899
Is 3.1 todo sustento de *p* y todo socorro de 3899
3.7 en mi casa ni hay *p*, ni qué vestir; no 3899
4.1 nosotras comeremos de nuestro *p*, y nos 3899
21.14 moradores...socorred con *p* al que huye 3899
30.20 os dará el Señor *p* de congoja y agua 3899
30.23 dará *p* del fruto de la tierra, y será 3899
33.16 les dará su *p*, y sus aguas serán seguras 3899
36.17 tierra de grano y de vino, tierra de *p* 3899
44.15 enciende también el horno, y cuece *p* 3899
44.19 sobre sus brasas cocí *p*, asé carne, y 3899
51.14 no...en la mazmorra, ni le faltará su *p* 3899
55.2 ¿por qué gastáis el dinero en...no es *p* 3899
55.10 da semilla al que siembra, y *p* al que 3899
58.7 que partas tu *p* con el hambriento, y a 3899
58.10 dieres tu *p* al hambriento, y saciares
Jer 5.17 comerá tu mies y tu *p*, comerá a tus 3899
16.7 ni partirán *p* por ellos en el luto para
31.12 al *p*, al vino, al aceite, y al ganado 1715
37.21 haciéndole dar una torta de *p* al día 3899
37.21 que todo el *p* de la ciudad se gastase 3899
38.9 allí morirá...no hay más *p* en la ciudad 3899
41.1 vino Ismael...y comieron *p* juntos allí 3899
44.17 tuvimos abundancia de *p*, y estuvimos 3899
52.6 hambre...hasta no haber *p* para el pueblo 3899
52.33 y comía *p* en la mesa del rey siempre 3899
Lm 1.11 todo su pueblo buscó su *p* suspirando 3899
4.4 pequeñuelos pidieron *p*, y no hubo quien 3899
5.6 extendimos la mano, para saciarnos de *p* 3899
5.9 con peligro de...vidas traíamos nuestro *p* 3899
Ez 4.9 hazte *p* de ellos el número de los días 3899
4.12 comerás *p* de cebada cocido debajo de la 5692
4.13 así comerán los...de Israel su *p* inmundo 3899
4.15 estiércol de bueyes en...para cocer tu *p* 3899
4.16 he aquí quebrantaré el sustento del *p* en 3899
4.16 y comerán el *p* por peso y con angustia 3899
4.17 para que al faltarles el *p* y el agua, se 3899
5.16 quebrantaré...vosotros el sustento del *p* 3899
12.18 come tu *p* con temblor, y bebe tu agua 3899
12.19 su *p* comerán con temor, y con espanto 3899
13.19 profanarme...por pedazos de *p*, matando 3899
14.13 y le quebrantare el sustento del *p*, y 3899
16.19 mi *p* también, que yo te había dado, la 3899
16.49 la maldad de Sodoma...saciedad de *p*, y 3899
18.7 diere de su *p* al hambriento y cubriere 3899
18.16 al hambriento diere de su *p*, y cubriere 3899
24.17 no hagas luto...ni comas *p* de enlutados 3899
24.22 no os...ni comeréis *p* de hombres en luto 3899
44.3 se sentará allí para comer *p* delante de 3899
44.7 de ofrecer mi *p*, la grosura y la sangre 3899
45.21 siete días; se comerá *p* sin levadura
Os 2.5 mis amantes, que me dan mi *p* y mi agua 3899
9.4 como *p* de enlutados les serán a ellos 3899
9.4 *p* de ellos...ese *p* no entrará en la casa 3899
Jl 2.19 os envío *p*, mosto y aceite, y seréis 1715
Am 4.5 sacrificio de alabanza con *p* leudado 2557
4.6 y hubo falta de *p* en...vuestros pueblos 3899
7.12 huye...come allá tu *p*, y profetiza allá 3899
8.5 semana, y abriremos los graneros del *p* 7668
8.11 no hambre de *p*...sino de oir la palabra 3899
Abd 7 comían tu *p* pusieron lazo debajo de ti 3899
Hag 2.12 ropa, y...el vuelo de ella tocare *p* 3899
Mal 1.7 que ofrecéis sobre mi altar *p* inmundo 3899
Mt 4.3 di que estas piedras se conviertan en *p* *740*

4.4 **no sólo de *p* vivirá el hombre, sino de** *740*
6.11 **el *p* nuestro de cada día, dánoslo hoy** *740*
7.9 **si su hijo le pide *p*, le dará una piedra?** *740*
12.4 **comió los *p* de la proposición, que no les** *740*
14.17 tenemos aquí sino cinco *p* y dos peces *740*
14.19 y tomando los cinco *p* y los dos peces *740*
14.19 partió, y dio los *p* a los discípulos, y *740*
15.2 no se lavan las manos cuando comen *p* *740*
15.26 **no está bien tomar el *p* de los hijos** *740*
15.33 ¿de dónde tenemos nosotros tantos *p* en *740*
15.34 **¿cuántos *p* tenéis? Y ellos dijeron: 7, y** *740*
15.36 tomando los siete *p*...dio gracias, los *740*
16.5 discípulos...habían olvidado de traer *p* *740*
16.7 dentro...Esto dice porque no trajimos *p* *740*
16.8 **¿por qué pensáis dentro...que no tenéis *p*?** *740*
16.9 **acordáis de los cinco *p* entre cinco mil, y** *740*
16.10 **¿ni de los siete *p* entre cuatro mil, y** *740*
16.11 **no entendéis que no fue por el *p* que os** *740*
16.12 que se guardasen de la levadura del *p* *740*
26.17 día de la fiesta de los *p* sin levadura *106*
26.26 tomó Jesús el *p*, y bendijo, y lo partió *740*
Mr 2.26 **comió los *p* de la proposición, de los**
3.20 de modo que ellos ni aun podían comer *p* *740*
6.8 ni alforja, ni *p*, ni dinero en el cinto *740*
6.36 vayan a los campos y aldeas...compren *p* *740*
6.37 y compremos *p* por doscientos denarios, y *740*
6.38 **les dijo: ¿Cuántos *p* tenéis? Id y vedlo** *740*
6.41 tomó los cinco *p* y los dos peces, y *740*
6.41 partió los *p*, y dio a sus discípulos para *740*
6.52 aún no habían entendido lo de los *p*, por *740*
7.2 viendo a...los discípulos de Jesús comer *p* *740*
7.5 no...sino que comen *p* con manos inmundas? *740*
7.27 **no está bien tomar el *p* de los hijos y** *740*
8.4 saciar de *p* a éstos aquí en el desierto *740*
8.5 **¿cuántos *p* tenéis? Ellos dijeron: Siete** *740*
8.6 tomando los 7 *p*, habiendo dado gracias *740*
8.14 habían olvidado de traer *p*, y no tenían *740*
8.14 no tenían sino un *p* consigo en la barca *740*
8.16 sí, diciendo: Es porque no trajimos *p* *740*
8.17 **¿qué discutís, porque no tenéis *p*? ¿No** *740*
8.19 **cuando partí los cinco *p* entre cinco mil** *740*
8.20 **y cuando los siete *p* entre cuatro mil**
14.1 era la...y la fiesta de los *p* sin levadura *106*
14.12 día de la fiesta de los *p* sin levadura *106*
14.22 tomó *p* y bendijo, y lo partió y les dio *740*
Lc 4.3 di a esta piedra que se convierta en *p* *740*
4.4 **no sólo de *p* vivirá el hombre, sino de** *740*
6.4 **y tomó los *p* de la proposición, de los**
7.33 **vino Juan...que ni comía *p* ni bebía vino** *740*
9.3 **ni *p*, ni dinero; ni llevéis dos túnicas** *740*
9.13 dijeron...No tenemos más que cinco *p* y *740*
9.16 tomando los cinco *p* y los dos pescados *740*
11.3 **el *p* nuestro de cada día, dánoslo hoy** *740*
11.5 **va a...y le dice: Amigo, préstame tres *p*** *740*
11.11 **su hijo le pide *p*, le dará una piedra?** *740*
14.15 le dijo: Bienaventurado el que coma *p* en *740*
15.17 **en casa de mi padre tienen...de *p*, y yo** *740*
22.1 cerca la fiesta de los *p* sin levadura *106*
22.7 llegó el día de los *p* sin levadura, en *106*
22.19 tomó el *p* y dio gracias...y lo partió *740*
24.30 tomó el *p* y lo bendijo, lo partió, y *740*
24.35 le habían reconocido al partir el *p* *740*
Jn 6.5 **¿de dónde compraremos *p* para que coman** *740*
6.7 respondió: 200 denarios de *p* no bastarían *740*
6.9 aquí está un muchacho que tiene cinco *p* *740*
6.11 tomó Jesús aquellos *p*, y habiendo dado *740*
6.13 doce cestas de...de los cinco *p* de cebada *740*
6.23 junto al lugar donde habían comido; el *p* *740*
6.26 **me buscais...sino porque comisteis el *p*** *740*
6.31 está escrito: *P* del cielo les dio a comer *740*
6.32 **no os dio Moisés el *p* del cielo, mas mi** *740*
6.32 **mi Padre os da el verdadero *p* del cielo** *740*
6.33 **el *p* de Dios es aquel que descendió del** *740*
6.34 le dijeron: Señor, danos siempre este *p* *740*
6.35 **Jesús les dijo: Yo soy el *p* de vida; el** *740*
6.41 **dicho...soy el *p* que descendió del cielo** *740*
6.48 **yo soy el *p* de vida** *740*
6.50 **este es el *p* que desciende del cielo** *740*
6.51 **yo soy el *p* vivo que descendió del cielo** *740*
6.51 **si alguno comiere de este *p*, vivirá para** *740*
6.51 **y el *p* que yo daré es mi carne, la cual** *740*
6.58 **este es el *p* que descendió del cielo** *740*
6.58 **que come de este *p*, vivirá eternamente** *740*
13.18 el que come *p* conmigo, levantó contra *740*
13.26 a quien yo diere el *p* mojado, aquél es *5596*
13.26 mojando el *p*, lo dio a Judas Iscariote *5596*
21.9 brasas...y un pez encima de ellas, y *p* *740*
21.13 vino, pues, Jesús, y tomó el *p* y les dio *740*
Hch 2.42 partimiento del *p* y en las oraciones *740*
2.46 y partiendo el *p* en las casas, comían *740*
12.3 entonces los días de los *p* sin levadura *106*
20.6 pasados los días de los *p* sin levadura *106*
20.7 reunidos los discípulos para partir el *p* *740*
20.11 después...partido el *p* y comido, habló *740*
27.35 dicho esto, tomó el *p* y dio gracias a *740*
1 Co 5.8 con *p* sin levadura, de sinceridad y *106*
10.16 el *p* que partimos, ¿no es la comunión *740*
10.17 siendo uno solo el *p*, nosotros, con ser *740*
10.17 pues todos participamos de aquel mismo *p* *740*
11.23 que...la noche que fue entregado, tomó *p* *740*
11.26 todas las veces que comiereis este *p*, y *740*
1 Co 11.27 cualquiera que comiere este *p* o *740*
11.28 y coma así del *p*, y beba de la copa *740*
2 Co 9.10 el que da...*p* al que come, proveerá *740*
2 Ts 3.8 ni comimos de balde el *p* de nadie *740*
3.12 trabajando sosegadamente...su propio *p* *740*
He 9.2 en la primera parte...la mesa y los *p*

PANADERO
Gn 40.1 el copero del rey...el *p* delinquieron 644
40.2 enojó Faraón...contra el jefe de los *p* 644
40.5 el copero y el *p* del rey de Egipto, que 644
40.16 viendo el jefe de los *p*...dijo a José 644
40.20 la cabeza del jefe de los *p*, entre sus 644
40.22 hizo ahorcar al jefe de los *p*, como lo 644
41.10 a la prisión...a mí y al jefe de los *p* 644
Jer 37.21 de pan al día, de la calle de los *P* 644

PANAG *Una clase de confitura*
Ez 27.17 con trigos de Minit y *P*...negociaban 6436

PANAL
Jue 14.8 en el cuerpo del león...un *p* de miel 1706
1 S 14.27 y la mojó en un *p* de miel, y llevo 3295,1706
Sal 19.10 que miel, y que la que destila del *p* 5317,6688
Pr 16.24 *p* de miel son los dichos suaves 6688,1706
24.13 es buena, y el *p* es dulce a tu paladar 5317
27.7 el hombre saciado desprecia el *p* de miel 5317
Cnt 4.11 como *p* de miel destilan tus labios 1706
5.1 he comido mi *p* y mi miel, mi vino y mi 1706
Lc 24.42 dieron parte de un pez...un *p* de miel ... *3193,2781*

PANDERO
Éx 15.20 María...tomó un *p*...las mujeres...con *p* 8596
Jue 11.34 su hija que salía a...con *p* y danzas 8596
1 S 10.5 delante de ellos salterio, *p*, flauta 8596
18.6 mujeres...con *p*, con cánticos de alegría 8596
2 S 6.5 danzaban...arpas, salterios, *p*, flautas 8596
Sal 68.25 iban...en medio las doncellas con *p* 8608
81.2 el *p*, el arpa deliciosa y el salterio 8596
149.3 alaben...danza; con *p* y arpa a él canten 8596
150.4 alabadle con *p* y danza...con cuerdas y 8596
Is 24.8 cesó el regocijo de los *p*, se acabó 8596
30.32 cada golpe de...será con *p* y con arpas 8596
Jer 31.4 serás adornada con tus *p*, y saldrás 8596

PANFILIA *Región de Asia Menor*
Hch 2.10 en...*P*, en Egipto y en las regiones de *3828*
13.13 sus compañeros arribaron a Perge de *P* *3828*
14.24 pasando luego por Pisidia, vinieron a *P* *3828*
15.38 que se había apartado de ellos desde *P* *3828*
27.5 atravesado el mar frente a Cilicia y *P* *3828*

PÁNICO
1 S 14.15 hubo *p* en el campamento...tuvieron *p* 2731
Zac 12.4 heriré con *p* a todo caballo, y con 8541
14.13 habrá entre ellos gran *p* enviado por 4103

PANTANO
Ez 47.11 sus *p* y sus lagunas no se sanearán 1207

PAÑAL
Lc 2.7 y lo envolvió en *p*, y lo acostó en un *4683*
2.12 señal: Hallaréis al niño envuelto en *p* *4683*

PAÑO
Nm 4.6 extenderán encima un *p* todo de azul, y 3632
4.7 sobre la mesa de...extenderán un *p* azul 899
4.8 extenderán sobre ella un *p* carmesí, y lo 899
4.9 tomarán un *p* azul y cubrirán el candelero 899
4.11 extenderán un *p* azul, y lo cubrirán con 899
4.12 los pondrán en un *p* azul, y los cubrirán 899
4.13 y extenderán sobre él un *p* de púrpura 899
2 R 8.15 tomó un *p* y lo metió en agua, y lo 4346
Pr 30.4 ¿quién ató las aguas en un *p*? ¿Quién 8071
Ez 27.20 comerciaba contigo en *p* preciosos para 899
Mt 9.16; Mr 2.21 de *p* nuevo en vestido viejo *4470*
Hch 19.12 llevaban...los *p* o delantales de su *4676*

PAÑUELO
Lc 19.20 la cual he tenido guardada en un *p* *4676*

PAPEL
2 Jn 12 no he querido hacerlo por medio de *p* *5489*

PAR
Jue 19.3 llevaba...un criado, y un *p* de asnos 8147
19.10 llegó...con su *p* de asnos ensillados, y 6771
1 S 11.7 tomando un *p* de bueyes, los cortó en 6776
2 S 16.1 salía a recibirle con un *p* de asnos 6776
1 R 19.21 tomó un *p* de bueyes y los mato, y 6776
2 R 5.17 no se dará...carga de un *p* de mulas?
Am 2.6 vendieron...al pobre por un *p* de zapatos
8.6 comprar...necesitados por un *p* de zapatos
Nah 3.13 las puertas...se abrirán de *p* en *p* a
Lc 2.24 ofrecer...un *p* de tórtolas...palominos *2201*

PARÁ *Aldea en Benjamín*, Jos 18.23 6511

PARÁBOLA
Nm 23.7 él tomó su *p*, y dijo: De Aram me trajo 4912
23.18 él tomó su *p*, y dijo: Balac, levántate 4912
24.3,15 tomó su *p*, y dijo: Dijo Balaam hijo 4912
24.20 y viendo a Amalec, tomó su *p* y dijo 4912
24.21 y viendo al cineo, tomó su *p* y dijo 4912
24.23 tomó su *p* otra vez, y dijo: ¡Ay! ¿quién 4912
Ez 17.2 hijo...compón una *p* a la casa de Israel 4912
20.49 ellos dicen de mí: ¿No profiere éste *p*? 4912
24.3 habla por *p* a la casa rebelde, y diles 4912
Os 12.10 y por medio de los profetas usé *p*
Mt 13.3 **les habló muchas cosas por *p*, diciendo** *3850*
13.10 le dijeron: ¿Por qué les hablas por *p*? *3850*
13.13 les hablo por *p*: por que viendo no ven *3850*
13.18 **oíd, pues, vosotros la *p* del sembrador** *3850*
13.24 **les refirió otra *p*, diciendo: El reino** *3850*
13.31 **otra *p* les refirió, diciendo: El reino** *3850*
13.33 ***p* les dijo: El reino de los cielos es** *3850*
13.34 esto habló Jesús por *p*...y sin *p* no les *3850*
13.35 abriré en *p* mi boca; declararé cosas *3850*
13.36 explícanos la *p* de la cizaña del campo *3850*
13.53 cuando terminó Jesús estas *p*, se fue de *3850*
15.15 respondiendo Pedro...Explícanos esta *p* *3850*

21.33 **oíd otra *p*: Hubo un hombre...una viña** *3850*
21.45 oyendo sus *p* los principales sacerdotes *3850*
22.1 Jesús...volvió a hablar en *p*, diciendo *3850*
24.32 **de la higuera aprended la *p*: Cuando ya** *3850*
Mr 3.23 **decía en *p*: ¿Cómo puede Satanás echar** *3850*
4.2 les enseñaba por *p* muchas cosas, y les *3850*
4.10 con los doce le preguntaron sobre la *p* *3850*
4.11 **que están fuera, por *p* todas las cosas** *3850*
4.13 **¿no sabéis esta *p*? ¿Cómo...todas las *p*?** *3850*
4.30 **el reino...o con qué *p* lo compararemos?**
4.33 con muchas *p*...como hablaba la palabra *3850*
4.34 y sin *p* no les hablaba; aunque a sus *3850*
7.17 le preguntaron sus discípulos sobre la *p* *3850*
12.1 **comenzó Jesús a decirles...*p*: Un hombre** *3850*
12.12 que decía contra ellos aquella *p*; pero *3850*
13.28 **de la higuera aprended la *p*: Cuando ya** *3850*
Lc 5.36 **dijo...una *p*: Nadie corta un pedazo de** *3850*
6.39 **les decía una *p*: ¿Acaso puede un ciego** *3850*
8.4 juntándose...gran multitud...les dijo por *p* *3850*
8.9 le preguntaron...¿Qué significa esta *p*? *3850*
8.10 **pero a los otros por *p*, para que viendo** *3850*
8.11 **es, pues, la *p*: La semilla es la palabra** *3850*
12.16 **refirió una *p*, diciendo: La heredad de** *3850*
12.41 ¿dices esta *p* a nosotros, O...todos? *3850*
13.6 **dijo también esta *p*: Tenía un hombre una** *3850*
14.7 la mesa, refirió a los convidados una *p* *3850*
15.3 entonces él les refirió esta *p*, diciendo *3850*
18.1 *p* sobre la necesidad de orar siempre, y *3850*
18.9 menospreciaban a los otros, dijo...esta *p* *3850*
19.11 dijo una *p*, por cuanto estaba cerca de *3850*
20.9 **a decir al...esta *p*; Un hombre plantó una** *3850*
20.19 que contra ellos había dicho esta *p* *3850*
21.29 **les dijo una *p*: Mirad la higuera y todos** *3850*

PARAÍSO
Cnt 4.13 tus renuevos son *p* de granados, con 6508
Is 51.3 Jehová...cambiará su desierto en *p*, y 1588
Lc 23.43 **cierto...hoy estarás contigo en el *p*** *3857*
2 Co 12.4 arrebatado al *p*, donde oyó palabras *3857*
Ap 2.7 **árbol de...está en medio del *p* de Dios** *3857*

PARAJE
Gn 28.11 tomó de las piedras de aquel *p* y puso 4725
2 Cr 20.26 llamaron el...*p* el valle de Beraca 4725
Sal 56 *tít.* paloma silenciosa en *p*...distante
Cnt 2.14 estás en...lo escondido de escarpados *p*

PARALÍTICO
Mt 4.24 endemoniados, lunáticos y *p*...los sanó *3885*
8.6 mi criado está postrado...*p*, gravemente *3885*
9.2 le trajeron un *p*, tendido sobre una cama *3885*
9.2 **dijo al *p*: Ten ánimo, hijo: tus pecados** *3885*
9.6 **(dice...al *p*): Levántate, toma tu cama, y** *3885*
Mr 2.3 vinieron a él unos trayendo un *p*, que *3885*
2.4 techo...bajaron el lecho en que yacía el *p* *3885*
2.5 **Jesús...dijo al *p*: Hijo, tus pecados te** *3885*
2.9 **¿qué es más fácil, decir al *p*...perdonados** *3885*
2.10 **sepáis que...tiene potestad...(dijo al *p*)** *3885*
Lc 5.18 que traían...a un hombre que estaba *p* *3886*
5.24 **(dijo al *p*): A ti te digo: Levántate** *3886*
Jn 5.3 yacía...de enfermos, ciegos, cojos y *p* *3584*
Hch 8.7 voces; y muchos *p* y cojos eran sanados *3886*
9.33 ocho años que estaba en cama, pues era *p* *3886*

PARALIZADA
He 12.12 por lo cual, levantad...las rodillas *p* *3886*

PÁRAMO
Jer 50.12 será la última de las naciones...y *p* 6160

PARÁN *Desierto en la península de Sinaí*
Gn 14.6 monte de Seir, hasta la llanura de *P* 364
21.21 habitó en el desierto de *P*; y su madre 6290
Nm 10.12 se detuvo la nube en el desierto de *P* 6290
12.16 partió...acamparon en el desierto de *P* 6290
13.3 Moisés los envió desde el desierto de *P* 6290
13.26 vinieron a Moisés...en el desierto de *P* 6290
Dt 1.1 las palabras que habló...entre *P*, Tofel 6290
33.2 resplandeció desde el monte de *P*, y vino 6290
1 S 25.1 levantó David...fue al desierto de *P* 6290
1 R 11.18 levantaron de Madián y vinieron a *P* 6290
11.18 tomando consigo hombres de *P*, vinieron 6290
Hab 3.3 vendrá...el Santo desde el monte de *P* 6290

PARAR
Gn 19.17 no mires...ni *pares* en...esta llanura 5975
41.3 se *pararon* cerca de las vacas hermosas 5975
Nm 9.17 donde la nube *paraba*, allí acampaban 7931
21.15 a la corriente...que va a *parar* en Ar
Dt 3.29 *paramos* en...valle delante de Bet-peor 3427
Jos 3.8 hayáis entrado...*pararéis* en el Jordán 5975
4.10 se *pararon* en medio del Jordán hasta que 5975
10.13 y el sol se detuvo y la luna se *paró* 1826
10.13 el sol se *paró* en medio del cielo, y no 5975
1 S 3.10 vino Jehová y se *paró*, y llamó como 3320
6.14 el carro vino...y *paró* allí donde había 5975
17.8 se *paró* y dio voces a los escuadrones de 5975
20.38 gritar...Corre, date prisa, no te *pares* 5975
2 S 2.13 y se *pararon*...a un lado del estanque
20.11 uno de los...de Joab se *paró* junto a él 5975
20.12 el pueblo se *paraba*, apartó a Amasa del 5975
23.12 se *paró* en medio de aquel terreno y lo 3320
2 R 2.7 se *pararon*...lejos; y ellos dos se *p* 5975
2.13 alzó...y se *paró* a la orilla del Jordán 5975
4.15 él la llamó, y ella se *paró* a la puerta 5975
5.9 *paró* a las puertas de la casa de Eliseo 5975
2 Cr 20.17 *paraos*, estad quietos, v ved la 5975
Job 4.16 *paróse* delante de mis ojos un fantasma 5975
21.34 viniendo a *parar* vuestras respuestas en 7604
38.11 y ahí *parará* el orgullo de tus olas? 7896
Pr 8.2 las encrucijadas de las veredas se *para*

P

21.16 a *parar* en la compañía de los muertos....... 7919
Is 14.4 ¿Cómo *paró* el opresor, cómo acabó la......... 7673
Jer 6.16 dijo... *Paraos* en los caminos, y mirad......... 5975
19.14 *paró* en el atrio de la casa de Jehová......... 5975
46.21 sus soldados... huyeron todos sin *pararse* 5975
48.19 *párate* en el camino... moradora de Aroer.... 5975
48.45 a la sombra de Hesbón se *pararon* sin 5975
Ez 1.21 y cuando ellos se *paraban*, se *p* ellas 5975
1.24 alas... Cuando se *paraban*, bajaban sus alas... 5975
1.25 y cuando se *paraban* y bajaban sus alas....... 5975
9.2 entrados, se *pararon* junto al altar de 5975
10.6 que... él entró y se *paró* entre las ruedas 5975
10.17 cuando se *paraban* ellos, se *p* ellas, y......... 5975
10.19 y se *pararon* a la entrada de la puerta 5975
Dn 8.4 ninguna bestia podía *parar* delante de......... 5975
8.7 no tenía fuerzas para *pararse* delante de....... 5975
Abd 14 tampoco debiste haberte *parado* en las 5975
Hab 3.11 sol y la luna se *pararon* en su lugar.......... 5975
Lc 17.12 diez... leprosos, los cuales se *pararon*......... *2476*
24.4 se *pararon* junto a ellas dos varones con *2186*
Hch 5.24 dudaban en qué vendría a *parar* aquello
8.38 y mandó *parar* el carro; y descendieron *2476*
9.7 con Saulo se *pararon* atónitos, oyendo a........ *2476*
Ap 8.3 otro ángel vino... se *paró* ante el altar......... *2476*
12.4 y el dragón se *paró* frente a la mujer *2476*
13.1 *paré* sobre la arena del mar, y vi subir *2476*
18.10 *parándose*... por el temor de su tormento..... *2476*
18.15 los mercaderes... se *pararán* lejos por el *2476*
18.17 los que trabajan en el mar, se *pararon* *2476*

PARCELA
1 Cr 11.13 había allí una *p* de tierra llena de 2513
11.14 se pusieron ellos en medio de la *p* y la........ 2513

PARCIALIDAD
1 Ti 5.21 prejuicios, no haciendo nada con *p*........... *4346*

PARECER *(S.)*
Gn 29.17 Raquel era de lindo... y de hermoso *p*........ 4758
Lv 13.43 como el *p* de la lepra de la piel del 4758
Nm 13.33 éramos... a nuestro *p*, como ¡angostas 5869
Jue 20.7 Israel, dad aquí vuestro *p* y consejo 1697
1 S 16.7 no mires a su *p*, ni a lo grande de su 5027
16.12 era rubio, hermoso de ojos, y de buen *p* 7210
17.42 era muchacho, y rubio, y de hermoso *p*....... 4758
1 R 1.6 era de muy hermoso *p*; y había nacido
1 Cr 19.3 ¿a tu *p* honra David a tu padre, que 5869
Est 2.2 busquen... jóvenes vírgenes de buen *p* 2896
2.3 lleven a... jóvenes vírgenes de buen *p* a Susa ... 4758
2.7 joven era de hermosa figura y de buen *p* 3303
Job 34.33 ¿ha de ser eso según tu *p*? El te 5973
Sal 49.14 se consumirá su buen *p*, y el Seol............ 6736
55.13 tú, hombre, al *p* íntimo mío, mi guía
Is 52.14 fue desfigurado de los hombres su *p*
53.2 seca; no hay *p* en él, ni hermosura; le
Jer 11.16 olivo verde, hermoso en... y en su *p*.......... 3303
Ez 1.28 así era el *p* del resplandor alrededor.......... 4758
Dn 1.4 muchachos... de buen *p*, enseñados en toda.... 4758
Hch 28.6 cambiaron de *p* y dijeron que era un
1 Co 1.10 perfectamente unidos... en un mismo *p*...... *1106*
7.25 mas doy mi *p*, como quien ha alcanzado....... *1106*

PARECER *(v.)*
Gn 16.6 haz con ella lo que bien te *parezca*....... 2896,5869
19.8 haced de ellas como bien os *pareciere*
19.14 *pareció* a sus yernos... que se burlaba
20.15 tierra... habita donde bien te *parezca* ... 2896,5869
21.11 dicho *pareció* grave en gran manera a
21.12 te *parezca* grave a causa del muchacho
28.8 que las hijas de Canaán *parecían* mal a .. 7451,5869
29.20 le *parecieron* como pocos días, porque
34.18 *parecieron* bien sus palabras a Hamor .. 3190,5869
37.30 el joven no *parece*; y yo, ¿adónde iré
40.7 qué *parecen* hoy mal vuestros semblantes?
41.1 sueño. Le *parecía* que estaba junto al río 5975
41.17 me *parecía* que estaba a la orilla del 5975
41.37 el asunto *pareció* bien a Faraón y a sus
42.13 el menor está hoy con... y otro no *parece*
42.32 uno no *parece*, y el menor está hoy con
42.36 José no *parece*, ni Simeón tampoco, y a
Éx 2.12 viendo que no *parecía* nadie, mató al.......... 6437
34.3 ni *parezca* alguno en todo el monte; ni
Lv 13.3 *pareciere* la llaga más profunda que la 4758
13.4 mancha... no *pareciere* más profunda que la .. 4756
13.6 y si *parece* haberse oscurecido la llaga 7200
13.20 si *pareciere* estar más profunda que la 4758
13.25,30 *pareciere*... mas profunda que la piel 4758
13.31 no *pareciere* ser más profunda que la piel.... 4758
13.32 la tiña no *pareciere* haberse extendido
13.32 ni *pareciere* la tiña más profunda que la
13.34 ni *pareciere* ser más profunda que la piel 4758
13.37 le *pareciere* que la tiña está detenida......... 5968
13.43 si *pareciere* la hinchazón de la llaga.......... 7200
13.53 mirare, y no *pareciere* que la plaga se 7200
13.55 *pareciere* que la plaga no ha cambiado........ 7200
13.56 *pareciere* que la plaga se ha oscurecido 7200
14.37 manchas... *parecieren* más profundas que.... 7200
14.44 *pareciere* haberse extendido la plaga en...... 7200
Nm 11.10 oyó... también le *pareció* mal a Moisés
13.33 langostas; y así... *parecíamos* a ellos......... 5869
22.34 ahora, si te *parece* mal, yo me volveré 7489,5889
23.27 *parecerá* bien a Dios que desde allí me .. 3477,5869
24.1 vio Balaam que *parecía* bien a Jehová.......... 2895
32.1 y les *pareció* el país lugar de ganado
Dt 1.23 el dicho me *pareció* bien; y tomé doce 3190,5869
12.8 no haréis... cada uno lo que bien le *parece*
13.14 si *pareciere* verdad, cosa cierta, que
15.18 no te *parezca* duro cuando le enviares 7185
17.4 la cosa *pareciere* de verdad cierta, que
Jos 9.25 que te *pareciere* bueno y recto... hazlo 5869

22.19 si os *parece* que la tierra de vuestra
22.30 oyendo Finees... *pareció* bien todo ello .. 3190,5869
22.33 el asunto *pareció* bien a los hijos de 3190,5869
24.15 y si mal os *parece* servir a Jehová
Jue 8.18 ellos; cada uno *parecía* hijo de rey............ 8389
9.2 ¿qué os *parece* mejor, que os gobiernen 70
10.15 haz tú... como bien te *parezca*; sólo te 5869
17.6 cada uno hacía lo que bien le *parecía*
19.24 y haced con ellas como os *parezca*, y 5869
21.25 cada uno hacía lo que bien le *parecía*
1 S 1.23 haz lo que bien te *parezca*; quédate 5869
3.18 Jehová es; haga lo que bien le *pareciere* 5869
10.14 vimos que no *parecían*, fuimos a Samuel
11.10 que hagáis... lo que bien os *pareciere*......... 5869
14.36 dijeron: Haz lo que bien te *pareciere*.......... 5869
14.40 a Saúl: Haz lo que bien te *pareciere* 5869
18.20 fue dicho a Saúl, y le *pareció* bien a 3477,5869
18.23 ¿os *parece* a vosotros que es poco ser 5869
18.26 *pareció* bien la cosa a... ojos de David ... 3477,5869
24.4 mano, y harás con él como te *pareciere*
29.6 que me ha *parecido* bien tu salida y tu
2 S 3.19 decir a David... lo que *parecía* bien 5869
7.19 te ha *parecido* poco esto, Señor Jehová......... 5869
10.3 *parece* que por honrar David a tu padre....... 5869
10.12 y haga Jehová lo que bien le *pareciere*......... 5869
13.2 le *parecía* a Amnón que sería difícil 5869
15.26 haga de mí lo que bien le *pareciere* 5869
17.4 este consejo *pareció* bien a Absalón y a... 3477,5869
18.4 les dijo: Yo haré lo que bien os *parezca* 5869
18.27 me *parece* el correr del primero como el 7200
19.18 y para hacer lo que a él le *pareciera*.......... 5869
19.27 rey... haz, pues, lo que bien te *parezca*
19.37 pase... haz a él lo que bien te *pareciere*
19.38 y yo haré con él como bien te *parezca*
24.22 y ofrezca mi señor... bien le *pareciere* 5869
1 R 1.40 *parecía* que la tierra se hundía con
21.2 o si mejor te *pareciere*, te pagaré su
2 R 10.5 siervos... haz lo que bien te *parezca*
1 Cr 13.2 dijo David... Si os *parece* bien y si
13.4 la cosa *parecía* bien a todo el pueblo
17.17 aun esto, oh Dios, te ha *parecido* poco
19.13 y haga Jehová lo que bien le *parezca*
21.23 haga mi señor el... que bien le *parezca*
Esd 5.17 si al rey *parece* bien, búsquese en la
7.18 lo que a ti y a... os *parezca* hacer de la.......... 3191
Est 1.19 *parece* bien al rey, salga un decreto........... 2895
3.11 que hagas de 61 lo que bien te *pareciere*....... 5869
8.5 y si le *parece* acertado al rey, y yo soy 2896
8.8 escribid... judíos como bien os *pareciere* 2896
Job 10.3 ¿te *parece* bien que oprimas... la obra
20.13 si le *parecía* bien, y no lo dejaba, sino 2250
41.32 hace... que *parece* que el abismo es cano
41.33 no hay sobre la tierra... se le *parezca*
Sal 74.5 *parecen* a los que levantan el hacha
Pr 14.12 al hombre le *parece* derecho, pero su.......... 6440
16.25 hay camino que *parece* derecho al hombre ... 6440
18.17 justo *parece* el primero que aboga por
Ec 9.13 vi esta sabiduría... me *parece* grande
Is 5.28 cascos de... *parecerán* como de pedernal
29.8 *parece* que come, pero cuando despierta
29.8 *parece* que bebe, pero cuando despierta
Jer 18.4 la hizo otra vasija, según le *pareció*........... 5869
26.14 haced de mí como mejor y... os *parezca* 5869
40.4 si le *parece* bien venir... si no te *p* bien
40.4,5 donde mejor y más cómodo te *parezca*
Ez 1.4 algo que *parecía* como bronce refulgente
1.26 un trono que *parecía* de piedra de zafiro 4758
1.26 semejanza que *parecía* de hombre sentado.... 4758
1.27 vi que *parecía* como fuego, y que tenía 4758
1.28 como *parece* el arco iris que está en el......... 4758
8.2 una figura que *parecía* de hombre; desde....... 4758
8.2 sus lomos para arriba *parecía*
resplandor 4758
10.1 *parecía* como semejanza de un trono que...... 4758
40.2 un edificio *parecido* a una gran ciudad
Dn 1.15 *pareció* el rostro de ellos mejor y más.......... 7200
4.10 me *parecía* ver en medio de la tierra un
6.1 *pareció* bien a Darío constituir sobre el.......... 8232
7.20 y *parecía* más grande que sus compañeros
10.6 su rostro *parecía* un relámpago, y sus 4758
Zac 8.6 si esto *parecerá* maravilloso a los ojos
11.12 si os *parece* bien, dadme mi salario; y 5869
Mt 17.25 **¿qué te *parece*, Simón? Los reyes de** *1380*
18.12 **¿qué os *parece*? Si un hombre tiene cien** *1380*
21.28 **os *parece*? Un hombre tenía dos hijos** *1380*
22.17 qué te *parece*: ¿Es lícito dar tributo *1380*
26.66 ¿qué os *parece*?... Y respondiendo ellos......... *1380*
Mr 14.64 oído la blasfemia; ¿qué os *parece*? *5316*
Lc 1.3 me ha *parecido* también a mí, después de....... *1380*
10.36 **¿quién... te *parece* que fue el**
prójimo del.. *1380*
24.11 les *parecían* locura las palabras de ellas *5316*
Jn 4.19 Señor, me *parece* que tú eres profeta *2334*
5.39 **os *parece* que en ellas tenéis la vida** *1380*
9.9 otros: A él se *parece*... El decía: Yo soy *3664*
11.56 ¿qué... *parece*? ¿No vendrá a la fiesta? *1380*
Hch 15.22 *pareció* bien a los apóstoles y a los.......... *1380*
15.25 nos ha *parecido* bien, habiendo llegado........ *1380*
15.28 ha *parecido* bien al Espíritu Santo, y *1380*
15.34 a Silas le *pareció* bien el quedarse allí *1380*
15.38 a Pablo no le *parecía* bien llevar consigo al
17.18 *parece*... es predicador de nuevos dioses *1380*
25.27 *parece* fuera de razón enviar un preso *1380*
27.13 del sur, *pareciéndoles* que ya tenían lo........ *1380*
Ro 15.27 les *pareció* bueno, y son deudores a *2106*
1 Co 12.22 miembros... que *parecen* más debiles....... *1380*

12.23 aquellos... que nos *parecen* menos dignos *1380*
2 Co 10.9 no *parezca* como... quiero amedrentar *1380*
He 4.1 alguno de... *parezca* no haberlo alcanzado *1380*
12.10 disciplinaban como a ellos les *parecía* ... *3588,1380*
12.11 ninguna disciplina... *parece* ser causa de *1380*
1 P 4.4 les *parece* cosa extraña que vosotros

PARED
Éx 30.3 oro... sus *p* en derredor y sus cuernos 7023
37.26 de oro... sus *p* alrededor, y sus cuernos 7023
Lv 1.15 sangre será exprimida sobre la *p* del.......... 7023
5.9 rociará... la sangre sobre la *p* del altar......... 7023
14.37 se vieren manchas en las *p* de la casa........ 7023
14.37 más profundas que la superficie de la *p*...... 7023
14.39 hubiere extendido en las *p* de la casa......... 7023
Nm 22.24 senda... que tenía *p* a un lado y *p* al......... 1447
22.25 se pegó a la *p*, y apretó contra la *p*........... 7023
1 S 18.11 diciendo: Enclavaré a David a la *p*........... 7023
19.10 enclavar a David con la lanza a la *p*.......... 7023
19.10 Saúl, el cual hirió con la lanza en la *p* 7023
20.25 el rey se sentó... junto a la *p*, y Jonatán....... 6654
1 R 4.33 el cedro... el hisopo que nace en la *p*.......... 7023
6.5 las *p* de la casa alrededor del templo y del....... 7023
6.6 no empotrar las vigas en las *p* de la casa
6.15 cubrió las *p* de la... con tablas de cedro 7023
6.27 el ala de... tocaba una *p*, y... la otra *p*.......... 7023
6.29 y esculpió... las *p* de la casa alrededor 7023
2 R 4.10 hagamos un pequeño aposento de *p*.......... 7023
9.33 y parte de su sangre salpicó en la *p* 7023
20.2 volvió su rostro a la *p*, y oró a Jehová 7023
1 Cr 29.4 plata... cubrir las *p* de las casas 7023
2 Cr 3.7 sus *p*... con oro; y esculpió... en las *p*.......... 7023
3.11,12 ala... llegaba hasta la *p* de la casa 7023
Esd 5.8 ya los maderos están puestos en las *p* 3797
6.3 y que sus *p* fuesen firmes; su altura de............ 787
Job 24.11 dentro de sus *p* exprimen el aceite 7791
Sal 62.3 aplastarle como *p* desplomada y como 7023
Cnt 2.9 está tras nuestra *p*, mirando por las........... 3796
Is 30.13 como grieta... extendiéndose en una *p* 2346
38.2 volvió Ezequías su rostro a la *p*, e hizo 7023
59.10 palpamos la *p* como ciegos, y andamos....... 7023
Ez 8.7 y miré, y he aquí en la *p* un agujero 7023
8.8 cava ahora en la *p*... Y cavé en la *p*, y he.......... 7023
8.10 ídolos de... que estaban pintados en la *p*........ 7023
12.5 abrirás paso por entre la *p*, y saldrás 7023
12.7 me abrí paso por entre la *p* con mi... mano..... 7023
12.12 por la *p* abrirán paso para sacarlo por 7023
13.10 uno edificaba la *p*, y... la recubrían con 2434
13.12 cuando la *p* haya caído, ¿no os dirán 7023
13.14 así desbarataré la *p* que... recubristeis....... 7023
13.15 cumpliré así mi furor en la *p* y en los......... 7023
13.15 no existe la *p*, ni... que la recubrieron 7023
23.14 cuando vio a hombres pintados en la *p*....... 7023
33.30 tu pueblo se mofan de ti junto a las *p*......... 7023
41.6 entraban modillones en la *p* de la casa 7023
41.6 para que no estribasen en la *p* de la casa...... 7023
41.9 ancho de la *p* de afuera de las cámaras 7023
41.12 y la *p* del edificio, de cinco codos de 7023
41.13 el edificio y sus *p*, de cien codos de 7023
41.17 por toda la *p*... por dentro y por fuera......... 7023
41.20 querubines... por toda la *p* del templo......... 7023
41.22 su superficie y sus *p* eran de madera......... 7023
41.25 así como los que había en las *p* y en la 7023
43.8 mediando sólo una *p* entre mí y ellos, han 7023
46.23 y había una *p* alrededor de... los cuatro
46.23 y abajo fogones alrededor de las *p* 2918
Dn 5.5 sobre lo encalado de la *p* del palacio............ 3797
Am 5.19 apoyare su mano en la *p*, y le muerde 7023
Hch 23.3 ¡Dios te golpeará a ti, *p* blanqueada!.......... *5109*
Ef 2.14 hizo uno, derribando la *p* intermedia

PAREJA
Gn 7.2 de todo animal limpio tomarás siete *p*
7.2 que no son limpios, una *p*, el macho y su
7.3 de las aves de los cielos, siete *p*, macho

PARENTELA
Gn 12.1 a Abram: Vete de tu tierra y de tu *p*........... 4138
24.4 que irás a mi tierra y a mi *p*, y tomarás........ 4138
24.7 me tomó de la... y de la tierra cle mi *p* 4138
24.38 que irás a la casa de mi padre y a mi *p*........ 4940
31.3 vuélvete a... a tu *p*, y yo estaré contigo 4138
32.9 vuélvete a tu tierra y a tu *p*, y yo te 4138
Nm 10.30 que me marcharé a mi tierra y a mi *p*........ 4138
Jos 6.23 a Rahab... sacaron a toda su *p*, y los......... 4940
1 Cr 6.61 a los hijos de Coat... de su *p* 4940
Est 2.10 Ester no declaró cual era... ni su *p*............. 4138
Lc 1.61 no hay nadie en tu *p* que se llame con *4772*
Hch 7.3 sal de tu tierra y de tu *p*, y ven a la *4772*
7.14 hizo venir a su padre Jacob, y a... su *p*......... *4772*

PARENTESCO
Dt 25.5 tomará por su mujer, y hará con ella *p*
1 R 3.1 Salomón hizo *p* con Faraón... de Egipto.......... 2859
2 Cr 18.1 pues, Josafat... contrajo *p* con Acab 2859
Ez 11.15 los hombres de tu *p* y toda la casa............ 1353

PARIDA
Gn 32.15 treinta camellas *p* con sus crías, 40 3243
33.13 sabe que... que tengo ovejas y vacas *p*
Sal 78.71 de tras las *p* lo trajo... apacentase a 5763
Is 40.11 llevará; pastoreará... a las recién *p* 5375

PARIENTE, A
Gn 14.14 oyó Abram que su *p* estaba prisionero........ 251
14.16 recobró... a Lot su *p* y sus bienes, y a 251
31.23 Labán tomó a sus *p* consigo, y fue tras 251
31.25 Labán acampó con sus *p* en el monte 251
Éx 32.27 matad cada uno... a su amigo, y a su *p* 251
Lv 18.6 ningún varón se llegue a *p* próxima 7126
18.12 padre no descubrirás; es *p* de tu padre....... 7607

18.13 no descubrirás, porque *p* de tu madre es 7607
18.17 no tomarás la hija de...son *p*, es maldad 7608
20.19 porque al descubrir la desnudez de su *p* 6172
21.2 por su *p* cercano, por su madre o por su 7607
25.25 su *p* más próximo vendrá y rescatará lo...... 7138
25.49 o un *p* cercano de su familia lo rescatará 1320
Nm 5.8 no tuviere *p* al cual sea resarcido el.......... 1350
27.11 daréis su herencia a su *p* más cercano 7607
Rt 2.1 tenía Noemí un *p* de su marido...Booz.......... 3045
2.20 le dijo Noemí: Nuestro *p* es aquel varón 1350
3.2 ¿no es Booz nuestro *p*, con cuyas criadas....... 4130
3.9 yo soy Rut tu...por cuanto eres *p* cercano...... 1350
3.12 que yo soy *p* cercano...hay *p* más cercano 1350
4.1 aquel *p* de quien Booz había hablado, y 1350
4.3 luego dijo al *p*: Noemí, que ha vuelto del........ 1350
4.6 y respondió el *p*: No puedo redimir para 1350
4.8 el *p* dijo a Booz: Tómalo tú...Y se quitó 1350
4.14 Jehová, que hizo que no te faltase hoy *p*....... 1350
2 S 19.42 el rey es nuestro *p*...Mas ¿por qué os
1 R 16.11 mató...sin dejar en ella varón, ni *p*.......... 1350
1 Cr 23.22 los hijos de Cis, sus *p*, las tomaron........... 251
Job 19.14 mis *p* se detuvieron, y mis conocidos 7138
Pr 7.4 mi hermana, y a la inteligencia llama *p*......... 4129
Am 6.10 un *p* tomará a cada uno, y lo quemará
Mr 6.4 **profeta sin honra sino...entre sus *p*, y**......... *4773*
Lc 1.36 tu *p* Elisabet...ha concebido hijo en
1.58 oyeron los vecinos y los *p* que Dios había...... *4773*
2.44 le buscaban entre los *p* y los conocidos *4773*
14.12 **no llames a...tus *p*, ni a vecinos ricos**........ *4773*
21.16 **seréis entregados aun por vuestros...*p*** *4773*
Jn 18.26 uno de los siervos...*p* de aquel a quien *4773*
Hch 10.24 habiendo convocado a sus *p* y amigos *4773*
Ro 9.3 por amor a...que son mis *p* según la carne..... *4773*
16.7 saludad a Andránico y a Junias, mis *p*.......... *4773*
16.11 saludad a Herodión, mi *p*...Saludad a *4773*
16.21 os saludan...Jasón y Sosípater, mis *p* *4773*

PARIHUELA
Nm 4.10 pondrán...y lo colocarán sobre unas *p*....... 4132
4.12 cubrirán...y los colocarán sobre unas *p*....... 4132

PARIR
Gn 30.39 y *parían* borregos listados, pintados......... 3209
31.8 las ovejas *parían* pintados...*p* listados 3205
Job 21.10 *paren*...vacas, y no malogran su cría 5674
39.1 ¿sabes tú el tiempo en que *paren* las............ 3205
39.1 miraste...ciervas cuando están *pariendo*?
39.2 y sabes el tiempo cuando han de *parir*?
Jer 14.5 las ciervas...*parían* y dejaban la cría......... 3205
Ez 31.6 debajo de su ramaje *parían*...las bestias 3205

PARLOTEAR
3 Jn 10 *parloteando* con palabras malignas *5396*

PARMASTA *Hijo de Amán*, Est 9.9 6534

PARMENAS *Uno de los siete diáconos*, Hch 6.5 .. *3937*

PARNAC *Padre de Elizatán No. 2*, Nm 34.25 6535

PAROS
1. Padre de una familia de los que regresaron del cautiverio, Esd 2.3; 8.3; 10.25; Hch 7.8............ 6531
2. Firmante del pacto de Nehemías, Neh 10.14...... 6551

PÁRPADO
Job 3.9 y no venga, ni vea los *p* de la mañana
16.16 con el lloro, y mis *p* entenebrecidos 6079
41.18 y sus ojos son como los *p* del alba 6079
Sal 11.4 *p* examinan a los hijos de los hombres........ 6079
132.4 a mis ojos, ni a mis *p* adormecimiento........ 6079
Pr 4.25 diríjanse tus *p* hacia lo que tienes 6079
6.4 no des sueño...ni a tus *p* adormecimiento 6079
30.13 hay...cuyos *p* están levantados en alto 6079
Jer 9.18 desháganse...*p* se destilen en aguas.......... 6079

PARRA
1 R 4.25 e Israel vivían...uno debajo de su *p*.......... 1612
2 R 4.39 halló una como *p* montés, y de ella 1612
Is 34.4 como se cae la hoja de la *p*, y como 1612

PARRICIDA
1 Ti 1.9 para los *p* y matricidas...homicidas........... *3964*

PARSANDATA *Hijo de Amán*, Est 9.7............ 6577

PARTE
Gn 6.16 un codo de elevación...la *p* de arriba......... 6654
14.5 vino...y los reyes que estaban de su *p*
14.24 la *p* de los varones que...tomarán su *p*....... 2506
19.24 azufre y fuego de *p* de Jehová desde los cielos
27.16 la *p* de su cuello donde no tenía vello
31.14 dijeron: ¿Tenemos acaso *p* o heredad en 2506
33.19 compró una *p* del campo, donde plantó su ... 2513
41.32 que la cosa es firme de *p* de Dios, y que
47.24 las cuatro *p* serán vuestras para sembrar
48.22 dado a ti una *p* más que a tus hermanos 7926
Éx 2.12 entonces miró a todas *p*, y viendo que
16.36 y un gomer es la décima *p* de un efa
26.12 y la *p* que sobra en las cortinas de la......... 5629
27.2 esquinas; los cuernos serán *p* del mismo
28.8 su cinto...de la misma obra, *p* del mismo
28.25 los fijarás a...efod en su *p* delantera
28.27 anillos...fijarás en la *p* delantera de 6763
28.37 por la *p* delantera de la mitra estará
29.40 con cada cordero una décima *p* de un efa
29.40 amasada con la cuarta *p* de un hin de
29.40 para la libación, la cuarta *p* de un hin
30.2 codos; y sus cuernos serán *p* del mismo
30.36 y molerás *p* de él en polvo fino, y lo
39.19 su orilla, frente a la *p* baja del efod........... 5676
39.20 en la *p* delantera...cerca de su juntura....... 3802
Lv 2.16 *p* del grano desmenuzado y del aceite
5.11 traerá...la décima *p* de un efa de flor de
5.16 y añadirá a ello la quinta *p*, y lo dará
6.5 restituirá...y añadirá a ello la quinta *p*
6.20 la décima *p* de un efa de flor de harina
7.14 de toda la ofrenda presentará una *p* por
8.29 del carnero...aquella fue la *p* de Moisés....... 4940
22.14 quinta *p*, y la dará al sacerdote con la
23.13 su libación será de vino, la cuarta *p* de un hin
27.13,15 añadirá a tu valuación la quinta *p*
27.19 añadirá...la quinta *p* del precio de ella
27.27 añadirán...la quinta *p* de su precio; y si
27.31 añadirá la quinta *p* de su precio por ello
Nm 5.7 y añadirá sobre ello la quinta *p*, y lo dará
5.15 la décima *p* de un efa de harina de cebada
8.3 Aarón lo...encendió hacia la *p* anterior
15.4 harina, amasada con la cuarta *p* de un hin
15.5 de vino...ofrecerás la cuarta *p* de un hin
15.6 amasada con la tercera *p* de un hin de
15.7 vino...ofrecerás la tercera *p* de un hin
18.20 ni entre ellos tendrás *p*...Yo soy tu *p*......... 2506
18.32 cuando hubiereis ofrecido la mejor *p* de
19.4 rociará hacia la *p* delantera del tabernáculo
23.10 o el número de la cuarta *p* de Israel?
28.5 la décima *p* de un efa de flor de harina
28.7 su libación, la cuarta *p* de un hin con
28.14 la tercera *p* de un hin con cada carnero
31.36 la mitad, la *p* de los que habían salido........ 2506
Dt 10.9 por lo cual Leví no tuvo *p* ni heredad 2506
12.12 por cuanto no tiene *p* ni heredad con 2506
14.27 levita...no tiene *p* ni heredad contigo 2506
14.29 el levita, que no tiene *p* ni heredad 2506
18.1 la tribu de Leví, no tendrán *p* ni heredad 2506
18.3 derecho de los sacerdotes de *p* del pueblo
19.3 dividirás en tres *p* la tierra que Jehová
25.11 la mujer...asiere de sus *p* vergonzosas
30.4 estuvieren en las *p* más lejanas que hay
Jos 8.20 no pudieron huir ni a una *p* ni a otra
14.4 no dieron *p* a los levitas en la tierra
15.1 la *p* que tocó en suerte a la tribu de los hijos de Judá
15.13 mas a Caleb...dio su *p* entre los hijos de 2506
17.5 le tocaron a Manasés diez *p* además de la..... 2256
17.14 ¿por qué nos has dado una...y una sola *p* 2256
17.17 gran pueblo, y...no tendrás una sola *p* 1486
18.5 dividirán en siete *p*; y Judá quedará en........ 2506
18.6 delinearéis la tierra en siete *p*, y me........... 2506
18.7 levitas ninguna *p* tienen entre vosotros....... 2506
18.9 delineándola por ciudades en siete *p* en 2506
19.9 la *p* de los hijos de Judá era excesiva 2556
22.25 no tenéis vosotros *p* en Jehová; y así 2506
22.27 digan...Vosotros no tenéis *p* en Jehová
24.32 en la *p* del campo que Jacob compró a 2513
Jue 19.1,18 *p* más remota del monte de Efraín......... 3411
19.29 la partió por sus huesos en doce *p*, y la....... 5409
Rt 2.3 aquella *p* del campo era de Booz, el cual........ 2513
2.12 cumplida de *p* de Jehová Dios de Israel
4.3 dijo...Noemí...vende una *p* de las tierras....... 2513
1 S 1.4 daba...todos sus hijos...cada uno su *p* 4490
1.5 a Ana daba una *p* escogida; porque amaba..... 4490
9.8 halla en mi mano la cuarta *p* de un siclo
13.21 la tercera *p* de un siclo por afilar las
16.14 le atormentaba un espíritu malo de *p* de Jehová
16.15 un espíritu malo de *p* de Dios te atormenta
16.16 de *p* de Dios, él toque con su mano, y tengas alivio
16.23 el espíritu malo de *p* de Dios venía sobre Saúl
18.10 que un espíritu malo de *p* de Dios tomó a Saúl
19.9 y el espíritu malo de *p* de Jehová vino sobre Saúl
20.7 la maldad está determinada de *p* de él
25.20 descendió por una *p* secreta del monte
26.19 que no tenga *p* en la heredad de Jehová
30.14 pues hicimos una incursión a la *p* del
30.24 conforme a la *p* del que desciende a la 2506
30.24 la *p* del que queda...les tocará *p* igual........ 2506
2 S 2.15 doce de Benjamín por la *p* de Is-boset hijo de Saúl
3.12 envió Abner mensajeros a David de su *p*, diciendo... 8478
15.3 mas no tienes quien te oiga de *p* del rey
18.2 tercera *p* bajo...Joab, una tercera *p*
18.2 y una tercera *p* al mando de Itai geteа
18.13 otra *p*, habría yo hecho traición contra
19.43 nosotros tenemos en el rey diez *p*, y en
20.1 dijo: No tenemos nosotros *p* en David, ni 2506
1 R 2.33 habrá perpetuamente paz de *p* de Jehová
2.36 no salgas de allí a una *p* ni a otra
5.4 Dios me ha dado paz por todas *p*; pues ni 5439
6.20 el lugar santísimo estaba en la *p* de 6440
7.25 las ancas...estaban hacia la *p* de adentro
7.34 y las repisas eran *p* de la misma basa
10.19 la *p* alta era redonda por el respaldo
12.16 ¿qué *p* tenemos nosotros con David? No 2506
16.21 Israel fue dividido en dos *p*...la mitad......... 2677
2 R 2.12 sus vestidos, los rompió en dos *p* 7168
4.35 se paseó por la casa a una y otra *p*, y
5.25 él dijo: Tu siervo no ha ido a ninguna *p*
6.25 la cuarta *p* de un cab de estiércol de
9.33 *p* de su sangre salpicó en la pared, y en
11.5 tercera *p*...tendrá la guardia de la casa
11.6 otra tercera *p* estará a la puerta de Shur
11.6 tercera *p* a la puerta del postigo de la
11.7 las dos *p* de...que salen el día de reposo....... 3027
16.14 altar...la *p* delantera de la casa, entre 6440
22.14 moraba en...en la segunda *p* de la ciudad
25.30 diariamente le fue dada su comida de *p* del rey
1 Cr 7.28 *p* del occidente Gezer y sus aldeas
13.2 enviaremos a todas *p* por...hermanos que 251
22.18 Dios, el cual os ha dado paz por todas *p*?..... 5439
29.21 muchos sacrificios de *p* de todo Israel
2 Cr 7.7 consagró la *p* central del atrio que 8484
10.16 ¿qué *p* tenemos nosotros con David? No 2506
14.7 Jehová...él nos ha dado paz por todas *p* 5439
15.8 las ciudades...en la *p* montañosa de Efraín
15.15 de Judá...Jehová les dio paz por todas *p*
20.30 Josafat...su Dios le dio paz por todas *p*
23.4 una tercera *p* de vosotros...de porteros
23.5 otra tercera *p*, a la casa del rey; y la
23.5 y la otra tercera *p*, a la puerta del
23.7 los levitas rodearán al rey por todas *p*
23.10 puso en...alrededor del rey por todas *p*...... 3802
36.12 profeta Jeremías, que le hablaba de *p* de Jehová
Esd 7.14 de *p* del rey y de sus siete consejeros
9.8 ha habido misericordia de *p* de Jehová
Neh 2.20 no tenéis *p* ni derecho ni memoria en........ 2506
4.13 las *P* bajas del lugar, detrás del muro 4725
5.11 les devolvéis...la centésima *p* del dinero
5.16 en la obra de este muro restauré mi *p*
9.3 leyeron el libro de...la cuarta *p* del día
9.3 y la cuarta *p* confesaron sus pecados y
10.32 contribuir...la tercera *p* de un siclo
11.1 las otras nueve *p* en las otras ciudades........ 3027
12.47 los levitas consagraban *p* a los hijos de
Est 4.14 y liberación vendrá de alguna otra *p* 4725
7.7 estaba resuelto para él el mal de *p* del rey
Job 18.11 De todas *p* lo asombrarán temores, y le 5439
32.17 yo también responderé mi *p*; también 2506
37.22 viniendo de la *p* del norte la dorada
41.23 las *p* más flojas de...están endurecidas
Sal 31.13 miedo me asalta...todas *p*, mientras......... 5439
50.18 corrías...y con los adúlteros era tu *p*.......... 2506
109.20 sea este el pago de *p* de Jehová a los que me
118.23 de *p* de Jehová es esto, y es cosa
136.13 que dividió el Mar Rojo en *p*, porque 1506
140.9 cuanto a los aue en todas *p* me rodean
Pr 8.31 me regocijo en la *p* habitable de su
23.8 vomitarás la *p* que comiste, y perderás........ 6595
Ec 2.10 gozó...y esta fue mi *p* de toda mi faena 2506
3.22 alegrarse en su trabajo...esta es su *p* 2506
5.18 el bien que yo he visto...esta es su *p*........... 2506
5.19 da facultad para que...tome su *p*, y goce 2506
9.6 nunca más tendrán *p* en...lo que se hace....... 2506
9.9 porque esta es tu *p* en la vida, y en tu........... 2506
Is 5.9 ha llegado a mis oídos de *p* de Jehová
6.13 si quedare aún en ella la décima *p*, ésta volverá
8.18 de *p* de Jehová de los ejércitos, que mora
17.14 esta es la *p* de los que nos aplastan........... 2506
22.5 de angustia y de confusión, de *p* del Señor
22.14 fue revelado a mis oídos de *p* de Jehová
33.4 correrán sobre ellos como de...a otra *p*
38.7 esto te será señal de *p* de Jehová, que
42.25 le puso fuego por todas *p*...no entendió
44.16 *p* del leño quema en el fuego; con *p* de 2677
44.19 *p* de esto quemé en el fuego, y sobre 2677
53.12 yo le daré *p* con los grandes, y con los
57.6 en las piedras lisas del valle está tu *p*.......... 2506
Jer 6.25 espada de enemigo y...hay por todas *p*....... 5439
20.10 oí la murmuración de...temor de todas *p* 5439
22.20 tu voz, y grita hacia todas *p*; porque
34.18 pacto...dividiendo en dos *p* el becerro 1335
34.19 los...que pasaron entre las *p* del becerro 1335
46.5 huyeron sin volver a...miedo de todas *p*
49.35 quiebro el arco de Elam, *p* principal de
51.2 contra ella de todas *p* en el día del mal 5439
51.31 que su ciudad es tomada por todas *p*......... 7097
52.4 todas *p* edificaron contra ella baluartes....... 5439
52.34 se le daba una ración de *p* del rey de......... 1697
Lm 2.22 has convocado de todas *p* mis temores
Ez 3.17 oirás...la palabra...amonestarás de mi *p*
4.11 beberás el agua...la sexta *p* de un hin
5.2 una tercera *p* quemarás a fuego en medio
5.2 tomarás...tercera *p*...tercera *p* esparcirás
5.12 una tercera *p* de ti morirá de pestilencia
5.12 tercera *p* caerá a espada...*p* esparciré a
15.4 la *p* de en medio se quemó; ¿servirá para
16.33 que de todas *p* se llegasen a ti en tus 5439
20.46 derrama tu palabra hacia la *p* austral 3293
33.7 palabra de mi boca, y los amonestarás de mi *p*
36.3 asolaron y os tragaron de todas *p*, para....... 5439
37.21 los recogeré de todas *p*, y los traeré a........ 5439
38.12 que mora en la *p* central de la tierra 3427
39.2 te haré subir de las *p* del norte, y te 3411
39.17 de todas *p* a mi víctima que sacrifico......... 5439
40.2 un edificio parecido a...hacia la *p* sur
45.7 la *p* del príncipe estará junto a lo que
45.11 que el bato tenga la décima *p* del homer
45.11 la décima *p* del homer el efa; la medida
45.13 (2) sexta *p* de un efa por cada homer de
45.14 un bato...que es la décima *p* de un coro
46.14 ofrenda de la sexta *p* de un efa, y la
46.14 la tercera *p* de un hin de aceite para
46.16 si el príncipe diere *p* de su heredad a
46.17 diere *p* a alguno de sus siervos, será
47.13 en que repartiréis...José tendrá dos *p* 2256
48.1 al norte, hacia Hamat, tendrá Dan una *p*
48.2 hasta el lado del mar, tendrá Aser una *p*
48.8 longitud como...de las otras *p*, esto es......... 2506
48.12 tendrán como *p* santísima la porción de
48.21 delante de...*p* dichas será del príncipe....... 6285
48.22 la *p* del príncipe será la comprendida
Dn 1.2 *p* de los utensilios de la casa de Dios 6598
2.15 que este edicto se publique de *p* del rey
2.33 sus pies, en *p* de hierro y en *p* de barro........ 4481
2.41 en *p* de barro cocido...y en *p* de hierro........ 4481
2.42 los dedos...*p* de hierro y en *p* de barro......... 4481
2.42 el reino será en *p* fuerte, y en *p* frágil 4481
4.15 con las bestias sea su *p* entre la hierba........ 2508
4.23 y con las bestias del campo sea su *p*............ 2508
6.26 de *p* mía es puesta esta ordenanza: Que
8.10 *p* del ejército...echó por tierra, y las

11.6 su hijo, y los que estaban de *p* de ella
11.31 y se levantarán de su *p*... que profanarán 2506
12.1 Miguel... que está de *p* de los hijos de tu 5975
Am 4.7 sobre una *p* llovió, y la *p* sobre la cual
7.4 con fuego... y consumió una *p* de la tierra 2506
Mi 1.12 de *p* de Jehová el mal había descendido
Zac 7.12 vino... gran enojo de *p* de Jehová de los 7110
13.8 las dos terceras *p* serán cortadas en ella 6310
13.9 meteré en el fuego a la tercera *p*, y los
Mt 13.4 **p de la semilla cayó junto al camino**
13.5 **p cayó en pedregales, donde no había**
13.7 **y p cayó entre espinos; y los espinos**
13.8 **pero p cayó en buena tierra, y dio fruto**
24.51 **y pondrá su p con los hipócritas; allí** *3313*
26.47 de *p* de... sacerdotes y de los ancianos
Mr 1.45 se quedaba... y venían a él de todas *p* *3840*
4.4 **una p cayó junto al camino, y vinieron las**
4.5 **otra p cayó en pedregales, donde no tenía** *243*
4.7 **otra p cayó entre espinos; y los espinos** *243*
4.8 **pero otra p cayó en buena tierra, y dio**
6.55 a traer de todas *p* enfermos en lechos
14.43 de *p* de los principales sacerdotes y de
16.20 ellos, saliendo, predicaron en todas *p* *3837*
Lc 1.45 se cumplirá lo... dicho de *p* del Señor
2.1 promulgó un edicto de *p* de Augusto César
8.5 **una p cayó junto al camino, y fue hollada**
8.6 **p cayó sobre la piedra; y nacida, se secó**
8.7 **otra p cayó entre espinos, y los espinos**
8.8 **p cayó en buena tierra, y nació y llevó**
9.6 todas las aldeas... y sanando por todas *p* *3837*
10.42 **María ha escogido la buena p, la cual** *3310*
11.36 **si... no teniendo p alguna de tinieblas** *3313*
15.12 **padre, dame la p de los bienes que me** *3313*
19.43 **sitiarán, y por todas p te estrecharán** *3840*
24.42 le dieron *p* de un pez asado, y un panal *3313*
Jn 10.1 **que sube por otra p, ése es ladrón y** *237*
13.8 si no te lavare, no tendrás *p* conmigo *3313*
19.23 e hicieron cuatro *p*... para cada soldado...... *3313*
Hch 1.17 contado... tenía *p* en este ministerio *2819*
1.25 para que tome la *p* de este ministerio y *2819*
5.2 trayendo sólo una *p*, la puso a los pies
8.4 iban por todas *p* anunciando el evangelio *1330*
8.21 no tienes tú *p* ni suerte en este asunto *3310*
21.28 por todas *p* enseña a... contra el pueblo *3837*
23.6 notando que una *p* era de saduceos y otra...... *3313*
23.9 los escribas de la *p* de los fariseos *3313*
27.44 *p* en tablas, *p* en cosas de la nave
28.22 nos es notorio que en todas *p* se habla *3837*
Ro 11.25 endurecimiento en *p*, hasta que haya *3313*
13.1 no hay autoridad sino de *p* de Dios, y
15.15 os he escrito... en *p* con atrevimiento
1 Co 4.17 de la manera que enseño en todas *p* *3837*
11.18 hay entre vosotros divisiones; y en *p* lo creo
13.9 en *p* conocemos, y en *p* profetizamos *3313*
13.10 mas entonces lo que es en *p* se acabará *3313*
13.12 conozco en *p*; pero... como fui conocido *3313*
2 Co 1.14 en *p* habéis entendido... vuestra gloria *3313*
2.3 de *p* de aquellos de quienes me debiera gozar
2.17 como de *p* de Dios, y delante de Dios
4.10 llevando... por todas *p* la muerte de Jesús
6.15 ¿o qué *p* el creyente con el incrédulo? *3310*
7.9 pérdida padecieseis por nuestra *p*
9.3 nuestro gloriarnos... no sea vano en esta *p* *3313*
Gá 2.12 que viniesen algunos de *p* de Jacobo
Ef 4.9 había descendido primero a las *p* más *3313*
He 9.2 en la primera *p*: llamada el Lugar Santo
9.3 tras el segundo velo estaba la *p* del
9.4 arca... cubierta de oro por todas *p*, en la
9.6 en la primera *p*... entran los sacerdotes
9.7 en la segunda *p*, sólo el sumo sacerdote
9.8 que la primera *p* del... estuviese en pie
10.33 por una *p*, ciertamente, con vituperios
12.9 por otra *p*, tuvimos a nuestros padres *1534*
Stg 1.6 arrastrada... y echada de una *p* a otra
1.13 no diga que es tentado de *p* de Dios
1 P 4.14 *p* de ellos, él es blasfemado, pero
Ap 6.8 dada potestad sobre la cuarta *p* de la
8.7 la tercera *p* de los árboles se quemó, y se *3310*
8.8 tercera *p* del mar se convirtió en sangre
8.9 murió la tercera *p* de los seres vivientes
8.9 la tercera *p* de las naves fue destruida
8.10 y cayó sobre la tercera *p* de los ríos
8.11 la tercera *p* de las aguas se convirtió
8.12 tercera *p* del sol, y la tercera *p* de la
8.12 la tercera *p* de las estrellas, para que
8.12 que se oscureciese la tercera *p* de ellos
8.12 no hubiese luz en la tercera *p* del día
9.15 de matar a la tercera *p* de los hombres
9.18 fue muerta la tercera *p* de los hombres
11.13 y la décima *p* de la ciudad se derrumbó
12.4 su cola arrastraba la tercera *p* de las
16.19 la gran ciudad fue dividida en tres *p* *3313*
18.4 de sus pecados, ni recibáis *p* de sus plagas
20.6 bienaventurado y... el que tiene *p* en la *3313*
21.8 tendrán su *p* en el lago que arde con *3313*
22.19 Dios quitará su *p* del libro de la vida *3313*

PARTERA
Gn 35.17 dijo la *p*... también tendrás este hijo 3205
38.28 la *p*... ató a su mano un hilo de grana 3205
Éx 1.15 habló el rey de Egipto a las *p* de las 3205
1.17 pero las *p* temieron a Dios, y no hicieron 3205
1.18 y el rey de Egipto hizo llamar a las *p* 3205
1.19 las *p* respondieron a Faraón: Porque las 3205
1.19 dan a luz antes que la *p* venga a ellas 3205
1.20 Dios hizo bien a las *p*; y el pueblo se........... 3205
1.21 haber las *p* temido a Dios, él prosperó 3205

PARTICIPACIÓN
Fil 3.10 la *p* de sus padecimientos, llegando *2842*
Flm 6 para que la *p* de tu fe sea eficaz en el *2842*

PARTICIPANTE
Ro 11.17 has sido hecho *p* de la raíz y de la....... *1096,4791*
15.27 si los gentiles han sido hechos *p* de sus *2841*
Fil 1.7 vosotros sois *p* conmigo de la gracia........... *2844*
He 3.1 hermanos... *p* del llamamiento celestial *3353*
3.14 somos hechos *p* de Cristo, con tal que *3353*
12.8 sin disciplina, de la cual... han sido *p* *3353*
1 P 4.13 sino gozaos por cuanto sois *p* de los *3353*
5.1 que soy... *p* de la gloria que será revelada *2844*
2 P 1.4 que... llegaseis a ser *p* de la naturaleza *2844*

PARTICIPAR
Lv 19.17 para que no *participes* de su pecado........... 5997
Ez 27.9 a ti... para *participar* de tus negocios.......... 6148
1 Co 9.12 si otros *participan* de este derecho *3348*
9.13 los que sirven al... del altar *participan*?........ *4829*
10.17 todos *participamos* de aquel mismo pan *4829*
10.21 no podéis *participar* de la mesa del........... *3348*
10.30 y si yo con agradecimiento *participo* *3348*
2 Co 8.4 de *participar* en este servicio para *2842*
Gá 2.13 en su simulación *participaban*... otros......... *4942*
Ef 5.11 *participéis* en las obras infructuosas *4790*
Fil 4.14 bien hicisteis en *participar* conmigo *4790*
4.15 ninguna iglesia *participó* conmigo en.......... *2841*
Col 1.12 aptos para *participar* de la herencia *3310*
1 Ti 4.3 *participasen* de ellos los creyentes *3336*
5.22 manos... ni *partícipes* en pecados ajenos....... *2841*
2 Ti 1.8 *participa* de las aflicciones por el.............. *4777*
2.6 labrador, para *participar* de los frutos.......... *3335*
He 2.14 por cuanto los hijos *participaron* de........... *2841*
2.14 él también *participó* de lo mismo, para *2841*
5.13 y todo aquel que *participa* de la leche *3348*
12.10 para que *participemos* de su santidad *3335*
2 Jn 11 el que le dice: ¡Bienvenido! *participa* *2841*

PARTÍCIPE
1 Co 10.18 comen de los... ¿no son *p* del altar?......... *2844*
10.20 no quiero que vosotros os hagáis *p* con....... *2844*
Gá 6.6 *p* de toda cosa buena al que lo instruye *2841*
Ef 5.7 no seáis, pues, *p* con ellos........................ *4830*
He 6.4 y fueron hechos *p* del Espíritu Santo *3353*
Ap 18.4 salid... que no seáis *p* de sus pecados.......... *4790*

PARTICULAR
1 Cr 29.3 yo guardo en mi tesoro *p* oro y plata 5459
Mr 4.34 sus discípulos en *p* les declaraba todo
1 Co 12.11 a cada uno en *p* como él quiere *2398*
12.27 sois el... y miembros cada uno en *p* *3313*
3 Jn 15 saluda... a los amigos, a cada uno en *p* *3686*

PARTIDA
Nm 10.6 moverán... alarma tocarán para sus *p* 4550
Esd 7.9 fue el principio de la *p* de Babilonia 4609
Lc 9.31 y hablaban de su *p*, que iba Jesús a............ *1841*
Hch 20.29 que después de mi *p* entrarán... lobos....... *867*
2 Ti 4.6 porque... tiempo de mi *p* está cercano *359*
2 P 1.15 que después de mi *p* vosotros podáis.......... *1841*

PARTIDOR
Is 3.20 los *p* del pelo, los pomitos de olor y............. 7196
Lc 12.14 **¿quién me ha puesto... como juez o p?** *3312*

PARTIMIENTO
Hch 2.42 perseveraban... en el *p* del pan y en *2800*

PARTIR
Gn 12.9 y Abram *partió* de allí, caminando y 5265
15.10 los *partió* por la mitad... no *p* las aves 1334
20.1 *partió* Abraham a la tierra del Neguev, y...... 5265
35.16 *partieron* de Bet-el; y había aún como 5265
Éx 12.37 *partieron* los... de Israel de Ramesés 5265
13.20 *partieron* de Sucot y acamparon en Etam 5265
15.22 hizo... que *partiese* Israel del Mar Rojo 5265
16.1 *partió* luego de Elim... la congregación......... 5265
17.1 Israel *partió* del desierto de Sin por sus 5265
21.35 *partirán* el dinero... *p* el buey muerto 2673
Lv 2.6 la cual *partirás* en piezas, y echarás............ 6626
Nm 9.17 cuando se alzaba la nube de... *partían* 5265
9.18,20,23 al mandato de Jehová... *partían* 5265
9.19 guardaban la ordenanza de... y no *partían* 5265
9.21(2) la nube se levantaba... *partían*............ 5265
9.22 mas cuando ella se alzaba, ellos *partían*....... 5265
10.12 *partieron* los hijos de Israel... de Sinaí........ 4550
10.13 *partieron* la... vez al mandato de Jehová 5265
10.28 era el orden de marcha... cuando *partían* 4550
10.29 dijo... Nosotros *partimos* para el lugar 5265
10.33 *partieron* del monte de Jehová camino de 5265
11.35 de Kibrot-hataava *partió* el pueblo a 5265
12.16 después el pueblo *partió* de Hazerot, y 5265
20.22 *partiendo* de Cades los hijos de Israel 5265
21.4 *partieron* del monte de Hor, camino del 5265
21.10 después *partieron* los hijos de Israel.......... 5265
21.11 *partiendo* de... acamparon en Ije-abarim..... 5265
21.12 *partieron* de allí, y acamparon en el.......... 5265
21.13 de allí *partieron*, y acamparon al otro......... 5265
22.1 *partieron* los... de Israel, y acamparon en 5265
31.27 y *partirás* por mitades el botín entre 2673
Dt 10.7 *partieron* a Gudgoda, y de Gudgoda a.......... 5265
Jos 3.1 *partieron* de Sitim y vinieron hasta el.......... 5265
3.14 cuando *partió* el pueblo de sus tiendas 5265
Jue 17.8 *partió* de la ciudad de Belén de Judá 3212
18.21 y *partieron*, y pusieron los niños, el........... 3212
19.29 echó mano de su concubina, y la *partió* 5408
1 S 23.28 Saúl... y *partió* contra los filisteos.......... 3212
30.9 *partió*... David, él y los 600 hombres que........ 3212
2 S 6.2 se levantó David y *partió* de Baala de 3212
15.14 David dijo... daos prisa a *partir*, no sea 3212
1 R 3.25 dijo: *Partid* por medio al niño vivo 1504
3.26 la otra dijo: Ni a mí ni a ti; *partidlo* 1504
19.19 *partiendo* él de allí, halló a Eliseo hijo 3212
20.34 y yo... te dejaré *partir* con este pacto 7971
2 R 4.25 *partió*, pues, y vino al varón de Dios 3212
Esd 8.31 *partimos* del río Ahava el doce del mes....... 5265
Job 16.13 *partió* mis riñones, y no perdonó; mi 6398
Ec 10.9 el que *parte* leña, en ello peligra............... 1234
Is 58.7 que *partas* tu pan con el hambriento 6536
Jer 16.7 ni *partirán* pan por ellos en el luto............ 6536
31.35 que *parte* el mar, y braman sus ondas........ 7280
Ez 12.3 prepárate enseres de marcha, y *parte* 1540
12.11 *partiréis* al destierro, en cautividad 5493
Jon 1.3 halló una nave que *partía* para Tarsis.......... 935
1.4 el mar... se pensó que se *partiría* la nave 7665
Zac 14.4 y el monte de los Olivos se *partirá* por 1234
Mt 2.13 después que *partieron* ellos... un ángel......... *402*
14.19 *partió* y dio los panes a los discípulos......... *2806*
15.36 los *partió* y dio a sus discípulos, y los *2806*
26.26 tomó Jesús el pan... y lo *partió*, y dio *2806*
27.35 *partieron* entre sí mis vestidos, y sobre *1266*
27.51 tierra tembló, y las rocas se *partieron* *4977*
Mr 6.41 bendijo, y *partió* los panes, y dio a *2622*
8.6 los *partió*, y dio a sus discípulos para *2806*
8.19 **cuando partí los cinco panes entre 5.000** *2806*
14.22 **y lo partió y les dio, diciendo: Tomad** *2806*
Lc 8.22 que entró en una barca... Y *partieron*........... *321*
9.16 los *partió*, y dio a sus discípulos para.......... *2622*
10.35 **otro día al partir, sacó dos denarios**........... *1831*
12.13 di a mi hermano que *parta* conmigo la *3307*
22.19 **lo partió y les dio, diciendo: Esto es**.......... *2806*
24.30 tomó el pan y lo bendijo, lo *partió*, y *2806*
24.35 le habían reconocido al *partir* el pan *2800*
Jn 19.24 no la *partamos*, sino echemos suertes *4977*
Hch 2.46 *partiendo* el pan en las casas, comían......... *2806*
16.10 procuramos *partir* para Macedonia, dando .. *1831*
20.7 reunidos... para *partir* el pan, Pablo les *2806*
20.11 después de haber subido... *partido* el pan *2806*
25.4 en Cesarea, adonde él mismo *partiría* en...... *1607*
27.35 el pan... y *partiéndolo*, comenzó a comer *2806*
1 Co 10.16 el pan que *partimos*, ¿no es la *2806*
11.24 y habiendo dado gracias, lo *partió*, y *2806*
11.24 **mi cuerpo que por vosotros es partido** *2806*
2 Co 2.13 despidiéndome... *partí* para Macedonia...... *1831*
8.17 por su propia voluntad *partió* para ir a........ *1831*
Fil 1.23 deseo de *partir* y estar con Cristo *360*
4.15 del evangelio, cuando *partí* de Macedonia..... *1831*
1 Ts 1.8 *partiendo* de... ha sido divulgada la *575*
He 4.12 y penetra hasta *partir* el alma y el *3311*

PARTO *(n.) Habitante de Partia*, Hch 2.9 .... *3934*

PARTO *(s.)*
Gn 35.16 dio a luz Raquel... hubo trabajo en su *p*...... 3205
35.17 había trabajo en su *p*, que le dijo la........... 7185
Éx 1.16 cuando asistáis a las hebreas en sus *p*......... 3205
Is 13.8 tendrán dolores como mujer de *p*; se 3205
21.3 angustias... como angustias de mujer de *p*..... 3205
23.4 nunca estuve de *p*, ni di a luz, ni crie 2342
26.18 tuvimos dolores... *p*, dimos a luz viento
42.14 voces como la que está de *p*: asolaré 3205
54.1 regocíjate, oh... la que nunca estuvo de *p*...... 5375
66.7 antes que estuviese de *p*, dio a luz 2342
66.8 en cuanto Sion estuvo de *p*, dio a luz 2342
Jer 4.31 una voz como de mujer que esté de *p* 2470
6.24; 13.2 1; 22.23 dolor como de mujer... de *p*....... 3205
30.6 todo hombre... como mujer que está de *p*...... 3205
49.24 dolores le... como de mujer que está de *p*..... 3205
50.43 angustia le... dolor como de mujer de *p* 3205
Mi 4.9 te ha tomado dolor como de mujer de *p* 3205
4.10 duélete... Sion, como mujer que esta de *p*....... 3205
Ro 8.22 creación gime... está con dolores de *p*........ *4944*
Gá 4.19 sufrir dolores de *p*, hasta que Cristo *5605*
4.27 y clama, tú que no tienes dolores de *p* *5605*
Ap 12.2 encinta, clamaba con dolores de *p*, en.......... *5605*

PARÚA *Padre de Josafat No. 2*, 1 R 4.17 6515

PARVA
Rt 3.2 avienta esta noche la *p* de las cebadas.......... 1637

PARVAIM *Región de Arabia*, 2 Cr 3.6 6516

PASA
1 S 25.18 tomó luego... cien racimos de uvas *p*......... 6778
30.12 le dieron... higos... y dos racimos de *p*......... 6778
2 S 6.19 un pedazo de carne y una torta de *p*.......... 3899
16.1 cien racimos de *p*, cien panes de higos 6778
16.2 panes y las *p* para que coman los criados 3899
1 Cr 12.40 trajeron... tortas de higos, *p*, vino 6778
16.3 y repartió a... a cada uno una torta de *p* 3899
Cnt 2.5 sustentadme con *p*, confortadme con............ 809
Os 3.1 a dioses ajenos, y aman tortas de *p*............. 809

PASAC *Descendiente de Aser*, 1 Cr 7.33.......... 6457

PASADIZO
2 R 16.18 *p* de afuera, el del rey, los quitó 3996

PASADO *Véase Pasar*

PASAJE
Jon 1.3 pagando su *p*, entró en ella para irse.......... 7939
Lc 20.37 **Moisés lo enseñó en el p de la zarza** *942*
Hch 8.32 el *p*... que leía era este: Como oveja........... *4042*

PASAR
Gn 7.4 *pasados* aún siete días, yo haré llover
8.1 hizo *pasar* Dios un viento sobre la tierra 5674
12.6 *pasó* Abram por aquella tierra hasta el......... 5674
12.8 se *pasó* de allí a un monte al oriente de......... 6275
15.17 y una antorcha de fuego que *pasaba* por..... 5674

18.3 Señor... ruego que no *pases* de tu siervo 5674
18.5 y sustentad vuestro... y despues *pasaréis* 5674
18.5 habéis *pasado* cerca de vuestro siervo 5674
19.34 he aquí, yo dormí la noche *pasada* con mi padre
30.32 *pasaré* hoy por todo tu rebaño... aparte 5674
31.21 huyó... y se levantó y *pasó* el Eufrates 5674
31.52 ni yo *pasaré* de este... ni tú pasarás de 5674
32.10 con mi cayado *pasé* este Jordán, y ahora 5674
32.16 *pasad* delante de mí, y poned espacio 5674
32.21 *pasó*, pues, el presente delante de él.......... 5674
32.22 y se levantó... y *pasó* el vado de Jaboc........ 5674
32.23 hizo *pasar* el arroyo a ellos y a todo
32.31 cuando había *pasado* Peniel, le salió el 5674
33.3 él *pasó* delante de ellos y se inclinó a 5674
33.14 *pase* ahora mi señor delante de... siervo...... 5674
37.28 cuando *pasaban*... madianitas mercaderes... 5674
38.12 *pasaron* muchos días, y murió la hija de...... 7235
41.1 *pasados* dos años tuvo Faraón un sueño
43.27 y dijo: ¿Vuestro padre... lo *pasa* bien?
47.21 al pueblo lo hizo *pasar* a las ciudades 5674
50.4 *pasados* los días de su luto, habló José.......... 5674
Éx 12.12 yo *pasaré* aquella noche por la tierra
12.13 y veré la sangre y *pasaré* de vosotros 6452
12.23 Jehová *pasará* hiriendo a los egipcios 5674
12.23 la sangre... *pasará* Jehová aquella puerta.... 6452
12.27 el cual *pasó* por encima de las casas de 5674
12.41 *pasados* los 430 años, en el mismo día
15.16 haya *pasado* tu... haya *p* este pueblo que..... 5674
15.19 los hijos de Israel *pasaron* en seco por 1980
17.5 *pasa* delante del pueblo, y toma contigo 5674
18.8 trabajo que habían *pasado* en el camino 8513
26.28 barra de en medio *pasará* por en medio
32.27 *pasad* y volved de puerta a puerta por 5674
33.19 haré *pasar* todo mi bien delante de tu 5674
33.22 y cuando *pase* mi gloria, yo te pondré 5674
33.22 te cubriré con... hasta que haya *pasado* 5674
34.6 *pasando* Jehová por delante de... proclamó ... 5674
36.33 e hizo que la barra de en medio *pasase*
36.34 anillos... por donde *pasasen* las barras
38.26 los que *pasaron* por el censo, de edad 5674
Lv 26.6 la espada no *pasará* por vuestro país
27.32 diezmo... todo lo que *pasa* bajo la vara....... 5674
Nm 5.30 marido sobre el cual *pasare*... de celos
6.5 no *pasará* navaja sobre su cabeza; hasta 5674
8.7 *pasar* la navaja sobre todo su cuerpo, y
12.15 el pueblo no *pasó* adelante hasta que......... 5265
13.32; 14.7 la tierra por donde *pasamos* para....... 5674
20.17 te rogamos que *pasemos* por tu tierra 5674
20.17 no *pasaremos* por labranza, ni por viña 5674
20.17 hasta que hayamos *pasado* tu territorio....... 5674
20.18 Edom le respondió: No *pasarás* por mí 5674
20.19 déjame solamente *pasar* a pie, nada más..... 5674
20.20 él respondió: No *pasarás*... Y salió Edom 5674
20.21 no quiso Edom dejar *pasar* a Israel por 5674
21.22 *pasaré* por tu tierra; no nos iremos por....... 5674
21.22 camino real iremos, hasta que *pasemos* 5674
21.23 mas Sehón no dejó *pasar* a Israel por su 5674
22.26 el ángel... *pasó* más allá, y se puso en 5674
31.23 que resiste... por fuego lo haréis *pasar* 5674
31.23 y haréis *pasar* por agua todo lo que no........ 5674
32.5 heredad, y no nos hagas *pasar* el Jordán
32.7 desanimáis... no *pasen* a la tierra que les
32.21 todos... *pasáis* armados el Jordán delante
32.27 tus siervos... *pasarán* delante de Jehová...... 5674
32.29 de Rubén *pasan* con vosotros el Jordán 5674
32.30 mas si no *pasan* armados con vosotros........ 5674
32.32 *pasaremos* armados delante de Jehová a...... 5674
33.8 *pasaron*... en medio del mar al desierto 5265
33.51 hayáis *pasado* el Jordán entrando en la 5674
34.4 irá rodeando desde... y *pasará* hasta Zin 5674
34.4 continuará a Hasar-adar, y *pasará* hasta...... 5674
35.10 hayáis *pasado* al otro lado del Jordán 5674
Dt 2.4 *pasando* vosotros por el territorio de 5674
2.13 *pasad* el arroyo de Zered. Y pasamos el 5674
2.14 anduvimos... hasta cuando *pasamos*... Zered .. 5674
2.18 *pasarás* hoy el territorio de Moab, a Ar......... 5674
2.24 salid, y *pasad* el arroyo de Arnón, he 5674
2.27 *pasaré* por tu tierra por el camino ; por 5674
2.28 el agua también... ¡solamente *pasaré* a pie 5674
2.30 Sehón rey de... no quiso que *pasásemos* por ... 5674
3.21 todos los reinos a los cuales *pasarás*........... 5674
3.25 *pase* yo, te ruego, y vea aquella tierra 5674
3.27 y mira con... porque no *pasarás* el Jordán...... 5674
3.28 manda a Josué... él ha de *pasar* delante 5674
4.14 tierra a la cual *pasáis* a tomar posesión 5674
4.21 y juró que yo no *pasaría* el Jordán, ni 5674
4.22 no pasaré el Jordán... vosotros *pasaréis* 5674
4.26 la tierra hacia la cual *pasáis* el Jordán 5674
4.32 si en los tiempos *pasados*... se ha hecho 7223
6.1 la tierra a la cual *pasáis*... para tomarla 5674
9.1 vas hoy a *pasar* el Jordán, para entrar a 5674
9.3 Jehová... que *pasa* delante de ti como fuego 5674
11.8,11 tierra a la cual *pasáis* para tomarla
11.31 *pasáis* el Jordán para ir a poseer la
12.10 *pasaréis* el Jordán, y habitaréis en la......... 3427
18.10 quien haga *pasar* a su hijo o a su hija 4672
21.23 no dejaréis que su cuerpo *pase* la noche...... 3885
27.2 el día que *pases* el Jordán a la tierra 5674
27.3 hayas *pasado* para entrar en la tierra que 5674
27.4 hayas *pasado* el Jordán, levantarás estas 5674
27.12 hayas *pasado* el Jordán, estos estarán 5674
29.16 cómo hemos *pasado* por en medio de las..... 5674
29.16 naciones por las cuales habéis *pasado* 5674
30.13 ¿quién *pasará* por nosotros el mar, para 5674
30.18 *pasando* el Jordán... entrar en posesión...... 5674
31.2 Jehová me ha dicho: No *pasarás*... Jordán..... 5674
31.3 Jehová tu Dios, él *pasa* delante de ti 5674
31.3 Josué será el que *pasará* delante de ti 5674
31.13; 32.47 *pasando* el Jordán, para tomar 5674
34.4 he permitido verla... mas no *pasarás* allá...... 5674
Jos 1.2 levántate y *pasa* este Jordán, tú y todo......... 5674
1.11 *pasad*... en medio del campamento y manda .. 5674
1.11 dentro de tres días *pasaréis* el Jordán 5674
1.14 *pasaréis* armados delante de vuestros......... 5674
2.23 *pasaron*, y vinieron a Josué hijo de Nun 5674
3.1 Jordán, y *reposaron* allí antes de pasarlo 5674
3.4 no habéis *pasado* antes de ahora por este 5674
3.6 tomad el arca... *pasad* delante del pueblo 5674
3.11 el arca... *pasará* delante de vosotros en 5674
3.14 partió el pueblo... para *pasar* el Jordán
3.16 el pueblo *pasó* en dirección de Jericó.......... 5674
3.17 de *pasar* el Jordán; y todo Israel pasó 5674
4.1 cuando... hubo acabado de *pasar* el Jordán 5674
4.3 doce piedras, las cuales *pasaréis* con
4.3 el lugar donde habéis de *pasar* la noche
4.5 dijo... *Pasad* delante del arca de Jehová 5674
4.7 cuando ella *pasó* el Jordán, las aguas........... 5674
4.8 y las *pasaron* al lugar donde acamparon....... 5674
4.10 pararon... el pueblo se dio prisa y *pasó*........ 5674
4.11 el pueblo acabó de *pasar*... pasó el arca 5674
4.12 los hijos de Rubén y... *pasaron* armados....... 5674
4.13 cuarenta mil *pasaron* hacia la llanura......... 5674
4.22 Israel *pasó* en seco por este Jordán 5674
4.23 secó las aguas del... que habíais *pasado* 5674
4.23 el Mar Rojo, el cual secó... que *pasamos* 5674
5.1 había secado... hasta que hubieron *pasado* 5674
6.7 dijo al pueblo: *Pasad*, y rodead la ciudad 5674
6.7 están armados *pasarán* delante del arca de 5674
6.8 sacerdotes... *pasaron* delante del arca de....... 5674
6.11 volvieron luego... y allí *pasaron* la noche
7.7 ¿por qué hiciste *pasar* a este pueblo el
8.10 Josué... *pasó* revista al pueblo, y subió
9.16 *pasados* tres días después que... alianza
10.29 de Maceda *pasó* Josué... a Libna; y peleó 5674
10.31 Josué, y todo Israel... *pasó* de Libna a 5674
10.34 de Laquis *pasó* Josué, y todo Israel con 5674
15.3 *pasando* hasta Zin; y... pasaba a Hezrón 5674
15.4 de allí *pasaba* a Asmón, y salía al arroyo 5674
15.6 y *pasa* al norte de Bet-arabá, y de aquí 5674
15.7 *pasa* hasta las aguas de En-semes, y sale 5674
15.10 *pasa* al lado del monte de Jearim hacia 5674
15.10 desciende a Bet-semes, y *pasa* a Timna 5674
15.11 y *pasa* por el monte de Baala, y sale a 5674
16.2 *pasa* a lo largo del territorio de los 5674
16.6 hasta Taanat-silo, y de aquí *pasa* a Janoa...... 5674
18.13 *pasa* en dirección de Luz, al lado sur
18.18 y *pasa* al lado que... enfrente del Arabá 5674
18.19 y *pasa* el límite al lado... de Bet-hogla 5674
19.13 *pasando* de allí hacia el lado oriental.......... 5674
19.34 de allí *pasaba* a Hucoe, y llegaba hasta....... 3318
22.19 *pasaos* a la tierra de la posesión de 5674
24.11 *pasasteis* el Jordán, y vinisteis a 5674
24.17 pueblos por entre los cuales *pasamos* 5674
Jue 1.8 y *pasaron* a sus habitantes a filo de
3.26 *pasando* los ídolos, se puso a salvo en 5674
3.28 los vados... y no dejaron *pasar* a ninguno...... 5674
6.33 *pasando* acamparon en el valle de Jezreel 5674
8.4 vino Gedeón... y *pasó* él y los 300 hombres...... 5674
9.25 robaban a todos los que *pasaban* junto a 5674
9.26 Gaal... vino con... y se *pasaron* a Siquem 5674
10.9 los hijos de Amón *pasaron* el Jordán para..... 5674
11.17,19 ruego... me dejes *pasar* por tu tierra 5674
11.29 y *pasó* por Galaad... y de allí *p* a Mizpa 5674
11.29 y de Mizpa de... *pasó* a los hijos de Amón 5674
11.39 *pasados* los dos meses volvió a su padre
12.1 y *pasaron* hacia el norte, y dijeron a........... 5674
12.3 arriesgué... *pasé* contra los hijos de Amón...... 5674
12.5 cuando decían... de Efraín: Quiero *pasar*...... 5674
13.5 navaja no *pasará* sobre su cabeza, porque 5927
18.13 *pasaron* al monte de Efraín, y vinieron 5674
19.6 te ruego que quieras *pasar* aquí la noche..... 3885
19.7 insistió su suegro, y volvió a *pasar* allí la noche 3885
19.9 ruego que *paséis* aquí la noche; he aquí 3885
19.10 el hombre no quiso *pasar* allí la noche 3885
19.11 ven... para que *pasemos* en ella la noche 3885
19.12 no iremos a... que *pasaremos* hasta Gabaa.... 5674
19.13 para *pasar* la noche en Gabaa o en Ramá..... 3885
19.14 *pasando*... caminaron, y se les puso el......... 5674
19.15 entrar a *pasar* allí la noche en Gabaa........ 3885
19.15 no hubo quien los acogiese... para *pasar* 3885
19.18 *pasamos* de Belén de Judá a la parte más 5674
19.20 tal que no *pases* la noche en la plaza 3885
20.4 llegué a Gabaa... para *pasar* allí la noche 3885
Rt 2.8 no vayas a espigar a... ni *pases* de 5674
3.13 *pasa* aquí la noche, y cuando sea de día 3885
4.1 y he aquí *pasaba* aquel pariente de quien....... 2009
1 S 1.11 y no *pasará* navaja sobre su 5927
5.8 *pásese* el arca... y pasaron allá el arca.......... 5437
5.9 que cuando la habían *pasado*, la mano de 5437
5.10 han *pasado* a nosotros el arca del Dios......... 5674
7.2 el arca... *pasaron* muchos días, veinte años
9.4 pasó el monte de Efraín... *pasaron* luego 5674
9.4 *pasaron* por la tierra de Benjamín, y no 5674
13.7 algunos de los hebreos *pasaron* el Jordán..... 5674
14.1 *pasemos* a la guarnición de los filisteos
14.4 por donde Jonatán procuraba *pasar* a la...... 4569
14.6 ven, *pasemos* a la guarnición de estos 5674
14.8 Jonatán: Vamos a *pasar* a esos hombres, y 5674
14.17 *pasad* ahora revista, y... pasaron revista
15.4 convocó al... y les *pasó* revista en Telaim 8085
15.12 Saúl... *pasó* adelante y descendió a Gilgal
15.32 dijo... ya *pasó* la amargura de la muerte 5493
16.8 lo hizo *pasar* delante de Samuel, el cual 5674
16.9 hizo luego *pasar* Isaf a Sama... Tampoco 5674
16.10 e hizo *pasar* Isaí siete hijos suyos
20.36 él tiraba... que *pasara* más allá de él
25.37 a Nabal le habían *pasado* los efectos......... 3318
26.13 *pasó* David al lado opuesto, y se puso 5674
26.22 *pase* acá uno de los criados y tómela
27.2 David... se *pasó* a Aquib hijo de Maoc, rey..... 5674
29.2 cuando... los filisteos *pasaban* revista a 5674
29.3 desde el día que se *pasó* a mí hasta hoy
30.10 no pudieron *pasar* el torrente de Besor 5674
2 S 2.15 y *pasaron* en número igual, doce de 5674
2.29 *pasando* el Jordán cruzaron por... Bitrón 5674
6.2 *pasar* de allí el arca de Dios, sobre la
10.17 y *pasando* el Jordán vino a Helam; y los...... 5674
11.27 *pasado* el luto, envió David y la trajo 5493
12.16 David... *pasó* la noche acostado en tierra
13.23 aconteció *pasados* dos años, que Absalón
15.18 y todos sus siervos *pasaban* a su lado 5674
15.22 ven, pues, y *pasa*... Y *pasó* Ital geteo......... 5674
15.23 *pasó* luego toda la gente el... *p* el rey 5674
15.23 y todo el pueblo *pasó* al camino que va....... 5674
15.33 dijo... Si *pasares* conmigo, me serás carga.... 5674
16.1 David *pasó*... más allá de la cumbre del 5674
16.9 me dejes *pasar*, y le quitaré la cabeza 5674
17.8 tu padre es... no *pasará* la noche con el
17.16 *pasa* luego el Jordán, para que no sea
17.20 ya han *pasado* el vado de las aguas 5674
17.21 daos prisa a *pasar* las aguas, porque......... 5674
17.22 *pasaron* el Jordán... uno que no pasase 5674
17.24 y Absalón *pasó* el Jordán con toda la......... 5674
18.1 David, pues, *pasó* revista al pueblo que
18.9 Absalón quedó... el mulo en que iba *pasó*....... 935
18.23 corrió, pues... *pasó* delante del etíope 5674
18.30 rey dijo: Pasa, y ponte allí... Y él *pasó*
19.15 a Gilgal... para hacerle *pasar* el Jordán
19.17 los cuales *pasaron* el Jordán delante del 6743
19.18 cruzaron... para *pasar* a la familia del 5674
19.18 postró... cuando él hubo *pasado* el Jordán ... 5674
19.31 Barzilai... y *pasó* el Jordán con el rey 5674
19.33 dijo... *Pasa* conmigo, y yo te sustentaré....... 5674
19.36 *pasará* tu siervo... más allá del Jordán 5674
19.37 Quimam; que *pase* él con mi señor el rey..... 5674
19.38 *pase* conmigo Quimam, y yo haré con él
19.39 todo el pueblo *pasó* el Jordán; y luego 5674
19.39 el rey hubo... *pasado*... besó a Barzilai, y 5674
19.40 *pasó* a Gilgal, y con él pasó Quimam 5674
19.41 han hecho *pasar* el Jordán al rey y a su
20.12 todo el que *pasaba*, al verle, se detenía 5437
20.13 *pasaron* todos los que seguían a Joab 3014
20.14 *pasó* por todas las tribus de Israel........... 5674
24.5 y *pasando* el Jordán acamparon en Aroer..... 5674
1 R 2.37 día que... *pasares* el torrente de Cedrón 5674
2.39 *pasados* tres años, aconteció que dos
9.8 cualquiera que *pase*... se asombrará, y se 5674
13.25 unos que *pasaban*, y vieron el cuerpo 5674
17.7 *pasados* algunos días, se secó el arroyo
18.1 *pasados* muchos días... palabra de Jehová a
18.29 *pasó* el mediodía, y... siguieron gritando
19.9 metió en una cueva, donde *pasó* la noche
19.11 Jehová que *pasaba*, y un grande... viento..... 5674
19.19 *pasando* Elías por delante de él, echó 5674
20.15 él *pasó* revista a los siervos de los............ 6485
20.15 luego *pasó* revista a todo el pueblo, a......... 6485
20.22 *pasado* un año, el rey de Siria vendrá
20.26 *pasado* un año, Ben-adad *pasó* revista al
20.39 cuando el rey *pasaba*, él dio voces al 5674
21.1 *pasadas* estas cosas, aconteció que Nabot
22.1 tres años *pasaron* sin guerra entre los 3427
2 R 2.8 apartaron... *pasaron* ambos por lo seco 5674
2.9 cuando habían *pasado*, Elías dijo a Eliseo
2.14 las aguas, se apartaron... y *pasó* Eliseo......... 5674
3.6 rey Joram, y *pasó* revista a todo Israel
4.8 un día *pasaba* Eliseo por Sunem; y había 5674
4.8 cuando él *pasaba* por allí, venía a la casa....... 5674
4.9 éste que siempre *pasa* por nuestra casa 5674
6.9 mira que no *pases* por tal lugar, porque 5674
6.26 *pasando* el rey... por el muro, una mujer 5674
6.30 rasgó sus vestidos, y *pasó*... por el muro........ 5674
7.4 *pasemos* al campamento de los sirios; si
8.3 *pasado* los siete años, la mujer volvió de........ 5674
8.21 Joram... *pasó* a Zair, y todos sus carros 5674
14.9 y *pasaron* las fieras que... en el Líbano 5674
16.3 hizo *pasar* por fuego a su hijo, según las....... 5674
17.17 hicieron *pasar* a sus hijos... por fuego......... 5674
21.6 y *pasó* a su hijo por fuego, y se dio a........... 5674
23.10 que ninguno *pasase* su hijo... por fuego a...... 5674
25.11 a los que se habían *pasado* al rey de
1 Cr 12.15 estos *pasaron* el Jordán en el mes 5674
12.19 se *pasaron* a David algunos de Manasés
12.19 con peligro de... cabezas se *pasará* a su
12.20 *pasaron* a él de los de Manasés, Adnas
13.6 *pasar* de allí el arca de Jehová Dios, que
15.3 que *pasasen* el arca de Jehová a su lugar
15.12 *pasad* el arca de Jehová... al lugar que....... 5927
29.30 tiempos que *pasaron* sobre él, y sobre........ 5674
2 Cr 7.21 será espanto a todo el que *pasare* 5674
8.11 *pasó* Salomón a la hija de Faraón, de la
15.9 muchos de Israel se habían *pasado* a él 6908
20.1 *pasadas* estas... vinieron contra Josafat
20.10 tierra no quisiste que *pasase* Israel
20.35 *pasadas* estas cosas, Josafat... amistad
21.9 *pasó* Joram con sus príncipes, y todos......... 5674
21.19 *pasar* muchos días... los intestinos se le
23.15 luego que ella hubo *pasado* la entrada 935
25.18 fieras... *pasaron*, y hollaron el cardo 5674
28.3 *pasar* a sus hijos por fuego, conforme a
30.5 hacer *pasar* pregón por... Israel, desde
30.10 *pasaron*, pues, los correos de ciudad 5674
33.6 y *pasó* sus hijos por fuego en el valle 5674
Esd 6.5 sacó del templo... los *pasó* a Babilonia

7.1 *pasadas* estas cosas, en el reinado de
Neh 2.14 *pasé* luego a la puerta de la Fuente 5674
2.14 pero no había lugar por donde *pasase* la 935
8.15 y *pasar* pregón por todas sus ciudades 5674
9.11 dividiste el mar... *pasaron* por medio de él 5674
Est 2.1 *pasadas* estas cosas, sosegada ya la ira 310
4.2 pues no era lícito *pasar* adentro de la puerta del rey
Job 1.5 habiendo *pasado* en... los días del convite 5362
4.15 al *pasar* un espíritu por delante de mí 2498
6.15 pero... *pasan* como corrientes impetuosas 5674
8.8 pregunta... a las generaciones *pasadas*, y 7223
9.11 *pasará* delante de mí... no lo veré; *p*, y 5674
9.26 *pasaron* cual naves veloces; como... águila 2498
11.10 él *pasa*, y aprisiona, y llama a juicio
11.16 te acordarás de ella como... que *pasaron* 5674
14.5 pusiste límites, de los cuales no *pasará* 5674
15.19 no *pasó* extraño por en medio de ellos 5674
17.11 *pasaron* mis días, fueron arrancados mis 5674
19.8 cercó... mi camino, y no *pasaré*; y sobre 5674
19.10 ha hecho *pasar* mi esperanza como árbol 5422
21.13 *pasan* sus días en prosperidad, y en paz
21.29 ¿no habéis preguntado a los que *pasan* 5674
28.4 abren minas lejos... donde el pie no *pasa*
28.8 nunca la pisaron... ni león *pasó* por ella 5710
29.2 ¡quién me volviese como... meses *pasados!* 6924
30.15 honor, y mi prosperidad *pasó* como nube 5674
31.32 el forastero no *pasaba* fuera la noche 3885
33.28 redimirá su alma para que no *pase* al 5674
34.20 y *pasarán*, y sin mano será quitado el 5674
36.12 si no oyeren, serán *pasados* a espada
37.21 luego que *pasa* el viento y los limpia 5674
38.11 hasta aquí llegarás, y no *pasarás*, y
39.3 hacen salir sus hijos, *pasan*... dolores
Sal 8.8 cuanto *pasa* por los senderos del mar 5674
18.12 por el resplandor... sus nubes *pasaron* 5674
37.36 pero él *pasó*, y he aquí ya no estaba 5674
42.7 todas tus ondas y... han *pasado* sobre mí 5674
48.4 los reyes... se reunieron; *pasaron* todos 5674
57.1 me ampararé... que *pasen* los quebrantos 5674
58.8 *pasen* ellos como el caracol que se deslíe 1980
59.15 no se sacian, *pasen* la noche quejándose
66.6 por el río *pasaron* a pie; allí en él nos 5674
66.12 *pasamos* por el fuego y por el agua, y 935
73.5 no *pasan* trabajos como... otros mortales 5674
78.13 dividió el mar y los hizo *pasar*; detuvo 5674
80.12 la vendimian todos los que *pasan* por 5674
88.5 abandonado... como los *pasados* a espada
88.16 sobre mí han *pasado* tus iras... terrores 5674
89.41 lo saquean todos los que *pasan* por el 5674
90.4 como el día de ayer, que *pasó*, y como 5674
90.10 años... porque pronto *pasan*, y volamos
103.16 que *pasó* el viento por ella, y pereció 5674
124.4 sobre nuestra alma hubiera *pasado* el 5674
124.5 *pasado* sobre nuestra alma las aguas 5674
129.8 ni dijeron los que *pasaban*: Bendición de 5674
136.14 hizo *pasar* a Israel por en medio de 5674
141.10 los impíos... mientras yo *pasaré* adelante 3162
144.4 sus días son como la sombra que *pasa* 5674
Pr 4.15 no *pases* por... apártate de ella, *pasa* 5674
7.8 el cual *pasaba* por la calle, junto a la 5674
9.15 para llamar a los que *pasan* por el camino
10.25 como *pasa* el torbellino, así el malo no 5674
19.11 y su honra es *pasar* por alto la ofensa 5674
22.3 mas los simples *pasan* y reciben el daño 5674
24.30 *pasé* junto al campo... hombre perezoso 5674
26.17 que *pasando* se deja llevar de la ira 5674
27.12 mas los simples *pasan* y llevan el daño 5674
Ec 3.15 fue ya; y Dios restaura lo que *pasó* 7291
6.9 más vale vista de ojos que deseo que *pasa*
6.12 días... los cuales él *pasa* como sombra? 6213
7.10 que los tiempos *pasados* fueron mejores 7223
Cnt 2.11 porque he aquí ha *pasado* el invierno 5674
3.4 apenas hube *pasado*... hallé luego al que 5674
5.6 pero mi amado... había ya *pasado*; y tras
Is 8.7 ríos, y *pasará* sobre todas sus riberas 1980
8.8 y pasando hasta Judá, inundará y *pasará* 2493
8.21 y *pasarán* por la tierra fatigados y 5674
10.28 vino hasta Ajat, *pasó* hasta Migrón; en 5674
10.29 *pasaron* el vado; se alojaron en Geba 4569
11.15 y hará que *pasen* por él con sandalias 1869
13.4 Jehová de los ejércitos *pasa* revista a 622
14.19 vestido de muertos *pasados* a espada, que 2944
16.8 extendieron sus plantas, *pasaron* el mar 5674
18.5 y *pasada* la flor se maduren los frutos 1580
21.13 en el bosque *pasaréis* la noche en Arabia 736
23.2 Sidón, que *pasando* el mar te abastecían 5674
23.6 *pasaos* a Tarsis; aullad, moradores de la 5674
23.10 *pasa* cual río de tu tierra, oh hija de 5674
23.12 levántate para *pasar* a Quitim, y aun 5674
26.20 entra... en tanto que *pasa* la indignación 5674
28.15,18 cuando *pase* el turbión del azote 5674
28.19 que comience a *pasar*, él os arrebatará 5674
28.19 de mañana en mañana *pasará*, de día y de 5674
28.27 ni sobre el comino se *pasa* rueda de
29.5 multitud de... fuertes como tamo que *pasa* 5674
31.9 de miedo *pasará* su fortaleza, y... dejarán 5674
33.21 no andará... ni por él *pasará* gran nave 5674
34.10 asolada... jamás *pasará* nadie por ella 5674
35.8 no *pasará* inmundo por él, sino que él 5674
40.27 mi camino... de mi Dios *pasó* mi juicio? 5674
41.3 los siguió, *pasó* en paz por camino por 5674
41.22 lo que ha *pasado* desde el principio, y 7223
43.2 *pases* por las aguas... *p* por el fuego, no 5674
43.18 no os acordéis de las cosas *pasadas*, ni 7223
45.14 sabeos... se *pasarán* a ti y serán tuyos 5674
45.14 irán en pos de ti, *pasarán* con grillos
46.9 acordaos de las cosas *pasadas* desde los 7223
47.2 descubre las piernas, *pasa* los ríos 5674
48.3 lo que *pasó*, ya antes lo dije, y de mi 7223
48.7 han sido creadas, no en días *pasados*, ni
51.9 despiértate como, en los siglos *pasados*
51.10 del mar para que *pasaran* los redimidos 5674
51.23 inclínate, y *pasaremos* por encima de ti 5674
51.23 cuerpo... como camino, para que *pasaran* 5674
52.4 descendió a Egipto en tiempo *pasado*, para 7223
54.9 que nunca más las aguas de Noé *pasarían* 5674
60.15 que nadie *pasaba* por ti, haré que seas 5674
62.10 *pasad*, *p*... las puertas; barred el camino 5674
65.4 y en lugares escondidos *pasan* la noche
Jer 2.6 una tierra por la cual no *pasó* varón 5674
2.10 *pasad* a las costas de Quitim y mirad 5674
5.22 bramarán sus ondas, mas no lo *pasarán* 5674
8.13 y lo que les he dado *pasará* de ellos 5674
8.20 *pasó* la siega... y... no hemos sido salvos 5674
9.10 desolados hasta no quedar quien *pase*, ni 5674
9.12 desierto, hasta no haber quien *pase*? 5674
13.24 yo los esparciré al... como tamo que *pasa* 5674
14.8 y como... se retira para *pasar* la noche? 3885
18.16; 19.8 que *pasare* por ella se asombrará 5674
21.9 el que saliere y se *pasare* a los caldeos
22.8 *pasarán* junto a esta ciudad, y dirán 5674
28.8 profetas que fueron... en tiempos *pasados*
32.35 para hacer *pasar* por el fuego sus hijos 5674
33.13 *pasarán* ganados por las manos del que 5674
34.18 dividiendo en dos... y *pasando* por medio 5674
34.19 que *pasaron* entre las partes del becerro 5674
37.13 diciendo: Tú te *pasas* a los caldeos
37.14 Jeremías dijo: Falso; no me *paso* a los
38.2 el que se *pasare* a los caldeos vivirá 3318
38.19 judíos que se han *pasado* a los caldeos
41.10 se fue para *pasarse* a los hijos de Amón 3212
46.17 Faraón... dejó *pasar* el tiempo señalado 5674
46.26 será habitado como en los días *pasados*
48.32 tus sarmientos *pasaron* el mar, llegaron 5674
49.17 que *pasare* por ella se asombrará, y 5674
50.13 todo hombre que *pasare* por Babilonia se 5674
51.43 morará nadie, ni *pasará* por ella hijo 5674
52.15 los desertores que se habían *pasado* a
52.25 *pasaba* revista al pueblo de la tierra
Lm 1.12 ¿no os conmueve a cuantos *pasáis* por 5674
2.15 los que *pasaban* por el camino batieron 5674
3.44 para que no *pasase* la oración nuestra 5674
5.2 nuestra heredad ha *pasado* a extraños 2015
Ez 5.1 hazla *pasar* sobre tu cabeza y tu barba 2015
5.17 pestilencia y sangre *pasarán* por... de ti 5674
9.4 *pasa* por en medio de la ciudad, por en 5674
9.5 *pasad* por la ciudad en pos de él, y matad 5674
12.3 *pasarás* de tu lugar a otro lugar a vista 1540
14.15 y si hiciere *pasar* bestias feroces por 5674
14.15 que no haya quien *pase* a causa de las 5674
14.17 espada, *pasa* por la tierra; e hiciere 5674
16.6 y yo *pasé* junto a ti, y te vi sucia en 5674
16.8 *pasé* yo otra vez junto a ti, y te miré 5674
16.15 tus fornicaciones a cuantos *pasaron* 5674
16.25 hiciste... te ofreciste a cuantos *pasaban* 5674
20.26 *pasar* por el fuego a todo primogénito 5674
20.31 haciendo *pasar*... hijos por el fuego, os 5674
20.37 os haré *pasar* bajo la vara, y os haré 5674
23.37 sus hijos... hicieron *pasar* por el fuego 5674
29.11 no *pasará* por ella pie de hombre, ni pie 5674
29.11 pie de animal *pasará*, por ella, ni será 5674
33.28 asolados hasta que no haya quien *pase* 5674
36.34 asolada a ojos... todos los que *pasaron* 5674
37.2 me hizo *pasar* cerca de ellos por todo en 5674
38.17 de quien hablé yo en tiempos *pasados* 5674
39.11 el valle de los que *pasan* al oriente del
39.15 *pasarán* los que irán por el país, y el 5674
41.3 y *pasó* al interior, y midió cada poste
47.3,4 me hizo *pasar* por las aguas hasta los
47.5 y era ya un río que yo no podía *pasar*
47.5 que el río no se podía *pasar* sino a nado 5674
Dn 1.18 *pasados*, pues, los días al fin de los 7118
2.9 respuesta mentirosa... que *pasa* el tiempo
4.16,23 *pasen* sobre él siete tiempos 2499
4.25,32 siete tiempos *pasarán* sobre ti, hasta 2499
7.14 dominio eterno, que nunca *pasará*, y su 5709
11.10 e inundará, y *pasará* adelante; luego 5674
11.20 hará *pasar* un cobrador de tributos por 5674
11.40 entrará por las... e inundará, y *pasará* 5674
Os 10.11 mas yo *pasaré* sobre su lozana cerviz 5674
13.3 como... rocío de la madrugada que se *pasa* 1980
Jl 3.17 será santa, y extraños no *pasarán* más 5674
Am 4.13 y *pasa* sobre las alturas de la tierra
5.5 ni *paséis* a Beerseba; porque Gilgal será 5674
5.17 habrá llanto; porque *pasaré* en medio de 5674
6.2 *pasad* a Calne, y mirad; y de allí id a la 5674
8.5 ¿cuándo *pasará* el mes, y venderemos el 5674
9.11 lo edificaré como en el tiempo *pasado* 5769
Jon 2.3 tus ondas y tus olas *pasaron* sobre mí 5674
Mi 1.11 *pásate*, oh morador de Safir, desnudo 5674
2.8 quitasteis las capas... a los que *pasaban* 5674
2.13 abrirán camino y *pasarán* la puerta, y 5674
2.13 su rey *pasará* delante de ellos, y a la 5674
5.8 como el cachorro de león... cual si *pasare*
7.14 busque pasto... como en el tiempo *pasado* 5769
Nah 1.12 aun así serán talados, y él *pasará* 5674
1.15 porque nunca más volverá a *pasar* por ti 5674
3.19 ¿sobre quién no *pasó* continuamente tu 5674
Hab 1.11 *pasará* como el huracán, y ofenderá 5674
3.10 montes; *pasó* la inundación de las aguas 5674
Sof 2.2 el día se *pase* como el tamo; antes que 5674
2.15 cualquiera que *pasare* junto a... se burlara 5674
3.6 desiertas sus... hasta no quedar quien *pase* 5674
Zac 8.11 ahora no lo haré... como... días *pasados* 7223
9.8 y no *pasará* más sobre ellos el opresor 5674
10.11 y la tribulación *pasará* por el mar, y 5674
Mal 3.4 será grata... como en los días *pasados* 5769
Mt 4.21 *pasando* de allí, vio a... dos hermanos 4260
5.18 **hasta que *pasen* el cielo y la tierra, ni** 3928
5.18 **una jota ni una tilde *pasará* de la ley** 3928
8.18 viéndose Jesús rodeado... mandó *pasar* el 565
8.28 que nadie podía *pasar* por aquel camino 3928
8.33 lo que había *pasado* con los endemoniados 1139
9.1 *pasó* al otro lado y vino a su ciudad 1276
9.9 *pasando* Jesús de allí, vio a un hombre 3855
9.27 *pasando* Jesús de allí, le siguieron dos 3855
12.9 *pasando* de allí, vino a la sinagoga de 3327
14.15 lugar es desierto, y la hora ya *pasada* 3928
15.29 *pasó* Jesús de allí y vino junto al mar 3327
17.20 **monte: *Pásate* de aquí allá, y se pasará** 3327
18.31 **viendo sus consiervos lo que *pasaba*, se** 1096
18.31 **refirieron... todo lo que había *pasado*** 1096
19.24 **es más fácil *pasar* un camello por el** 1330
20.30 y dos ciegos... oyeron que Jesús *pasaba* 3855
24.34 **os digo, que no *pasará* esta generación** 3928
24.35 **tierra *pasarán*, pero mis palabras no *p*** 3928
26.39 mío, si es posible, *pase* de mí esta copa 3928
26.42 **si no puede *pasar* de mí esta copa sin** 3928
27.39 que *pasaban* le injuriaban, meneando la 3898
28.1 *pasado* el día de reposo, al amanecer del
Mr 1.19 *pasando* de allí... vio a Jacobo hijo de 4260
2.14 y al *pasar*, vio a Leví hijo de Alfeo 3855
2.23 al *pasar* él por los sembrados un día de 1223
4.35 **la noche, les dijo: *Pasemos* al otro lado** 1330
5.21 *pasando* otra vez Jesús en una barca a la 1276
7.31 vino... *pasando* por la región de Decápolis
10.25 **más fácil es *pasar* un camello por el ojo** 1525
11.20 y *pasando* por la mañana, vieron que la 3899
13.30 **os digo, que no *pasará* esta generación** 3928
13.31 **y la tierra *pasarán*... mis palabras no *p*** 3928
14.35 si fuese posible, *pasase* de él aquella 3928
15.21 y obligaron a uno que *pasaba*, Simón de 3855
15.29 y los que *pasaban* le injuriaban... ¡Bah! 3899
16.1 *pasó* el día de reposo, María Magdalena 1230
Lc 2.15 *pasemos*... hasta Belén, y veamos esto 1230
4.2 no comió... *pasados* los cuales, tuvo hambre
4.30 él *pasó* por en medio de ellos, y se fue 1330
6.1 que *pasando* Jesús por los sembrados, sus 1223
6.12 al monte... y *pasó* la noche orando a Dios
8.22 **les dijo: *Pasemos* al otro lado del lago** 1330
9.6 y saliendo, *pasaban* por todas las aldeas 1330
10.7 **posad en... No os *paséis* de casa en casa** 3327
10.31 **un sacerdote... viéndole, *pasó* de largo** 492
10.32 **un levita... y viéndole, *pasó* de largo** 492
11.42 ***pasáis* por alto la justicia y el amor** 3928
13.22 *pasaba* Jesús por ciudades y aldeas 1279,2596
13.33 **es necesario que... *pasado* mañana siga mi** 2192
16.17 **fácil es que *pasen* el cielo y la tierra** 3928
16.26 ***pasar* de... no pueden, ni de allá *p* acá** 1224
17.7 **luego le dice: *Pasa*, siéntate a la mesa?** 3928
17.11 yendo... *pasaba* entre Samaria y Galilea 1330
18.25 **es más fácil *pasar* un camello por el ojo** 1525
18.36 oír a la multitud que *pasaba*, preguntó 1279
18.37 y le dijeron que *pasaba* Jesús nazareno 3928
19.1 Jesús en Jericó... *pasando* por la ciudad 1330
19.4 verle; porque había de *pasar* por allí 1330
21.32 **no *pasará* esta generación hasta que todo** 3928
21.33 **y la tierra *pasarán*... mis palabras no *p*** 3928
22.42 **si quieres, *pasa* de mí esta copa; pero** 3911
Jn 4.4 y le era necesario *pasar* por Samaria 1330
5.24 **no vendrá a... ha *pasado* de muerte a vida** 3327
9.1 al *pasar* Jesús, vio a un hombre ciego de 3855
13.1 para que *pasase* de este mundo al Padre
Hch 5.7 *pasado* un... tres horas... entró su mujer
5.15 al *pasar* Pedro... su sombra cayese sobre 2064
7.30 *pasados* cuarenta años, un ángel se le 4137
8.9 magia... haciéndose *pasar* por algún grande
8.40 *pasando*, anunciaba el evangelio en todas 1330
9.23 *pasados*... días, los judíos resolvieron en 5618
11.19 *pasaron*... Fenicia, Chipre y Antioquía 1330
12.10 *pasado* la primera y la segunda guardia 1330
12.10 *pasaron* una calle, y luego el ángel se 4281
13.14 *pasando* de Perge, llegaron a Antioquía
14.16 edades *pasadas* él ha dejado a todas las 3944
14.24 *pasando* luego por Pisidia, vinieron a 1330
15.3 *pasaron* por Fenicia y Samaria, contando 130
15.29 que os abstengáis de lo... *Pasadlo* bien
15.33 *pasando* algún tiempo allí... despedidos 4160
15.41 *pasó* por Siria y Cilicia, confirmando a 1330
16.4 al *pasar* por las ciudades... entregaban las 1279
16.8 y *pasando* junto a Misia, descendieron a 3928
16.9 diciendo: *Pasa* a Macedonia y ayúdanos 1224
17.1 *pasando* por Anfípolis y... a Tesalónica 1353
17.23 *pasando* y... hallé también un altar en el 1330
17.30 pero Dios, habiendo *pasado* por alto los
18.27 queriendo él *pasar* a Acaya... le animaron 1330
19.21 *pasadas* estas cosas, Pablo se propuso 1330
20.6 nosotros, *pasados* los días de los panes
20.16 había propuesto *pasar* de largo a Efeso
20.25 he *pasado* predicando el reino de Dios 1330
21.2 hallando un barco que *pasaba* a Fenicia
23.30 traten delante de ti lo que... *Pásalo* bien 4517
24.17 pero *pasados* algunos años, vine a hacer 1223
25.13 *pasados* algunos días, el rey Agripa y 1230
26.4 mi vida, pues, desde... *pasé* en mi nación
27.9 habiendo *pasado* mucho tiempo, y siendo
27.9 por haber *pasado* ya el ayuno, Pablo les 3928
27.28 *pasando* un... volviendo a echar la sonda
28.11 *pasados* tres meses, nos hicimos a la 3326
Ro 3.25 *pasado* por alto... los pecados pasados 3929
5.12 así la muerte *pasó* a todos los hombres 1330
15.24 porque espero veros al *pasar*, y ser

15.28 *pasaré* entre vosotros rumbo a España ... 565
1 Co 7.31 la apariencia de este mundo se *pasa* ... 3855
7.36 impropio para su hija virgen que *pase* ya de edad ... 5230
10.1 bajo la nube, y todos *pasaron* el mar ... 1330
16.5 iré a... cuando haya *pasado* por Macedonia ... 1330
16.5 pues por Macedonia tengo que *pasar* ... 1330
16.6 que me quede con... o aun *pase* el invierno
2 Co 1.16 y por vosotros *pasar* a Macedonia, y ... 1330
1.23 que por ser indulgente con... no he *pasado* ... 2064
5.17 las cosas viejas *pasaron*; he aquí todas ... 3928
8.10 también a quererlo, desde el año *pasado* ... 4070
9.2 Acaya está preparada desde el año *pasado* ... 4070
Gá 1.18 *pasados* tres años, subí a Jerusalén ... 2596
2.1 después, *pasados* catorce años, subí otra ... 1223
Ef 4.22 en cuanto a la *pasada* manera de vivir ... 4387
Col 4.9 todo lo que acá *pasa*, os lo harán saber
1 Ts 3.4 íbamos a *pasar* tribulaciones, como ha
2 Ts 2.4 el templo... haciéndose *pasar* por Dios
Tit 3.12 allí he determinado *pasar* el invierno
He 10.32 traed a la memoria los días *pasados* ... 4386
11.29 por la fe *pasaron* el Mar Rojo como por ... 1224
12.20 tocare el monte... será... *pasada* con dardo ... 2700
Stg 1.10 él *pasará* como la flor de la hierba ... 3928
1 P 4.3 baste ya el tiempo *pasado* para haber ... 3928
2 P 3.10 cielos *pasarán* con grande estruendo ... 3928
1 Jn 2.8 las tinieblas van *pasando*, y la luz ... 3855
2.17 y el mundo *pasa*, y sus deseos; pero el ... 3855
3.14 sabemos que hemos *pasado* de muerte a ... 3327
Ap 9.12 el primer ay *pasó*; he aquí, vienen aún ... 565
11.14 el segundo ay *pasó*; he aquí, el tercer ... 565
21.1 el primer cielo y la... tierra *pasaron*, y ... 3928
21.4 dolor; porque las primeras cosas *pasaron* ... 565

PASCUA
Éx 12.11 lo comeréis así... es la *P* de Jehová ... 6453
12.21 tomaos corderos por... y sacrificad la *p* ... 6453
12.27 responderéis: Es la víctima de la *p* de ... 6453
12.43 es la ordenanza de la *p*; ningún extraño ... 6453
12.48 extranjero... y quisiere celebrar la *p* ... 6453
34.25 nada del sacrificio de la fiesta de la *p* ... 6453
Lv 23.5 entre las dos tardes, *p* es de Jehová ... 6453
Nm 9.2 de Israel celebrarán la *p* a su tiempo ... 6453
9.4 habló Moisés... para que celebrasen la *p* ... 6453
9.5 celebraron la *p* en el mes primero, a los ... 6453
9.6 pero... no pudieron celebrar la *p* aquel día ... 6453
9.10 que estuviere inmundo... celebrará la *p* ... 6453
9.12 conforme a todos los ritos de la *p* la ... 6453
9.13 mas el que... si dejare de celebrar la *p* ... 6453
9.14 la *p* a Jehová, conforme al rito de la *p* ... 6453
28.16 a los 14 días del mes... la *p* de Jehová ... 6453
33.3 segundo día de la *p* salieron los hijos ... 6453
Dt 16.1 el mes de Abib, y harás *p* a Jehová tu ... 6453
16.2 sacrificarás la *p* a Jehová tu Dios, de ... 6453
16.5 no podrás sacrificar la *p* en cualquiera ... 6453
16.6 sacrificarás la *p* por la tarde a la... sol ... 6453
Jos 5.10 los hijos de Israel... celebraron la *p* ... 6453
5.11 al otro día de la *p* comieron del fruto ... 6453
2 R 23.21 haced la *p* a Jehová vuestro Dios ... 6453
23.22 no había sido hecha tal *p* desde los ... 6453
23.23 hecha aquella *p* a Jehová en Jerusalén ... 6453
2 Cr 30.1 para celebrar la *p* a Jehová Dios de ... 6453
30.2 para ceebrar la *p* en el mes segundo ... 6453
30.5 viniesen a celebrar la *p* a Jehová Dios ... 6453
30.15 sacrificaron la *p*, a los 14 días del ... 6453
30.17 sacrificaban la *p* por todos los que no ... 6453
30.18 y comieron la *p* no conforme a lo que ... 6453
35.1 Josías celebró la *p*... sacrificaron la *p* ... 6453
35.6 sacrificad luego la *p*; y después de ... 6453
35.7 dio el rey... ovejas, corderos... para la *p* ... 6453
35.8 a los sacerdotes, para celebrar la *p* ... 6453
35.9 dieron a... para los sacrificios de la *p* ... 6453
35.11 y sacrificaron la *p*; y esparcían los ... 6453
35.13 y asaron la *p* al fuego conforme a la ... 6453
35.16 para celebrar la *p* y para sacrificar ... 6453
35.17 allí celebraron la *p* en aquel tiempo ... 6453
35.18 nunca fue celebrada una *p* como esta en ... 6453
35.18 ningún rey... celebró *p* tal como la que ... 6453
35.19 esta *p* fue celebrada en el año 18 del ... 6453
Esd 6.19 los de la cautividad celebraron la *p* ... 6453
6.20 sacrificaron la *p* por todos los hijos de ... 6453
Is 30.29 como de noche en que se celebra *p*, y ... 2282
Ez 45.21 tendréis la *p*, fiesta de siete días ... 6453
Mt 26.2 **que dentro de dos días se celebra la *p*** ... 3957
26.17 ¿dónde... preparemos para que comas la *p*... 3957
26.18 **está cerca; en tu casa celebraré la *p*** ... 3957
26.19 discípulos hicieron... y prepararon la *p* ... 3957
Mr 14.1 dos días después era la *p*, y la fiesta ... 3957
14.12 cuando sacrificaban el cordero de la *p* ... 3957
14.12 vayamos a preparar para que comas la *p*? ... 3957
14.14 **el aposento donde he de comer la *p* con** ... 3957
14.16 fueron sus discípulos... prepararon la *p* ... 3957
Lc 2.41 iban... Jerusalén en la fiesta de la *p* ... 3957
22.1 la fiesta de los panes... que se llama la *p* ... 3957
22.7 necesario sacrificar el cordero de la *p* ... 3957
22.8 **id, preparadnos la *p* para que la comamos** ... 3957
22.11 **el aposento donde he de comer la *p* con** ... 3957
22.13 fueron... y hallaron... y prepararon la *p* ... 3957
22.15 **he deseado comer... *p* antes que padezca!** ... 3957
Jn 2.13 estaba cerca la *p* de los judíos; y ... 3957
2.23 en la fiesta de la *p*, muchos creyeron ... 3957
6.4 estaba cerca la *p*, la fiesta de... judíos ... 3957
11.55 y estaba cerca la *p* de los judíos; y ... 3957
11.55 subieron de... a Jerusalén antes de la *p* ... 3957
12.1 seis días antes de la *p*, vino Jesús a ... 3957
13.1 antes de la fiesta... *p*, sabiendo Jesús ... 3957
18.28 no contaminarse, y... poder comer la *p* ... 3957
18.39 costumbre de que os suelte uno en la *p* ... 3957
19.14 era la víspera de la *p*, y como la hora ... 3957
19.31 por cuanto era la víspera de la *p*, a fin ... 4521
19.42 causa de la preparación de la *p* de los ... 2453
Hch 12.4 sacarle al pueblo después de la *p* ... 3957
1 Co 5.7 *p*, que es Cristo, ya fue sacrificada ... 3957
He 11.28 por fe celebró la *p* y la aspersión de ... 3957

PAS-DAMIN *Lugar de una de las victorias de David*, 1 Cr 11.13 ... 6450

PASEAH
1. Descendiente de Judá, 1 Cr 4.12 ... 6454
2. Jefe de una familia de sirvientes del templo, Esd 2.49; Neh 7.51 ... 6454
3. Padre de Joiada No. 5, Neh 3.6

PASEAR
Gn 3.8 Dios... se *paseaba* en el huerto, al aire ... 1980
Éx 2.5 *paseándose* sus doncellas por la ribera ... 1980
2 S 11.2 David... se *paseaba* sobre el terrado de ... 1980
2 R 4.35 *paseó* por la casa a una y otra parte ... 3212
Est 2.11 Mardoqueo se *paseaba* delante del patio ... 1980
Job 22.14 por el circuito del cielo se *pasea* ... 1980
Sal 73.9 su boca... su lengua *pasea* la tierra ... 1980
Pr 30.29 hermoso... y la cuarta *pasea* muy bien ... 3212
Ez 28.14 de las piedras de fuego te *paseabas* ... 1980
Dn 3.25 cuatro varones sueltos, que se *pasean* ... 1980
4.29 *paseando* en el palacio real de Babilonia ... 1980

PASIÓN
Ro 1.26 esto Dios los entregó a *p* vergonzosas ... 3806
7.5 en la carne, las *p* pecaminosas que eran por la ley
Gá 5.24 han crucificado la carne con sus *p* y
Col 3.5 impureza, *p* desordenadas, malos deseos ... 3806
1 Ts 4.5 no en *p* de concupiscencia, como los ... 3806
2 Ti 2.22 huye también de las *p* juveniles, y ... 1939
Stg 4.1 es de vuestras *p*, las cuales combaten ... 2237
5.17 Elías era hombre sujeto a *p* semejantes ... 3663

PASMAR
Lv 26.32 *pasmarán* por ello vuestros enemigos ... 8074
Is 21.4 se *pasmó* mi corazón, el horror me ha ... 8582

PASO
Gn 33.14 al *p* del ganado... y al *p* de los niños ... 5095
Dt 33.3 por tanto, ellos siguieron en tus *p* ... 7272
Jue 11.20 no se fio de Israel para darle *p* ... 5674
1 S 13.23 los filisteos... hasta el *p* de Micmas ... 4569
20.3 que apenas hay un *p* entre mí y la muerte ... 6587
2 S 6.13 habían andado seis *p*, él sacrificó un ... 6806
22.37 ensanchaste mis *p* debajo de mí, y mis ... 6806
2 R 6.32 ¿no se oye... ruido de los *p* de su amo? ... 7272
11.16 le abrieron, pues, *p*; y en el camino por ... 7760
Neh 2.7 me franqueen el *p* hasta que llegue a
Job 14.16 me cuentas los *p*, y no das tregua a ... 6806
18.7 sus *p* vigorosos serán acortados, y su ... 6806
29.6 cuando lavaba yo mis *p* con leche, y la ... 1978
31.4 él mis caminos, y cuenta todos mis *p*? ... 6806
31.7 si mis *p* se apartaron del camino, si mi ... 838
31.37 le contaría el número de mis *p*, y como ... 6806
34.21 sus ojos están sobre... y ve todos sus *p* ... 6806
Sal 17.5 sustenta mis *p* en tus caminos, para ... 734
17.11 han cercado ahora nuestros *p*; tienen ... 838
18.36 ensanchaste mis *p* debajo de mí, y mis ... 6806
37.23 Jehová son ordenados los *p* del hombre ... 4703
40.2 mis pies sobre peña, y enderezó mis *p* ... 838
44.18 ni se han apartado de tu... nuestros *p* ... 838
56.6 se esconden, miran atentamente mis *p* ... 6119
57.6 red han armado a mis *p*; se ha abatido ... 6471
73.2 deslizaron... por poco resbalaron mis *p* ... 7272
74.3 dirige tus *p* a los asolamientos eternos ... 6471
85.13 de él, y sus *p* nos pondrá por camino ... 6471
89 51 tus enemigos han deshonrado los *p* de ... 6119
119.133 ordena... *p* con tu palabra, y ninguna ... 6471
140.4 hombres... han pensado trastornar mis *p* ... 6471
Pr 4.12 anduvieres, no se estrecharán tus *p* ... 6806
5.5 descienden a la... sus *p* conducen al Seol ... 7272
14.15 lo cree; mas el avisado mira bien sus *p*
15.21 mas el hombre entendido endereza sus *p* ... 1980
16.9 su camino; mas Jehová endereza sus *p* ... 6806
20.24 de Jehová son los *p* del hombre; ¿cómo ... 4703
29.5 lisonjea a... red tiende delante de sus *p* ... 6471
Is 26.6 la hollará... los *p* de los menesterosos ... 7272
Jer 10.23 ni del hombre... es el ordenar sus *p* ... 6806
Lm 4.18 cazaron nuestros *p*... no anduviésemos ... 6806
Ez 12.5 delante de sus ojos te abrirás *p* por
12.7 a la tarde me abrí *p* por entre la pared ... 2864
12.12 por la pared abrirán *p* para sacarlo por ... 2864
39.11 obstruirá el *p* a los transeúntes, pues ... 5674
Lc 19.36 y a su *p* tendían sus mantos por el
1 Co 16.7 porque no quiero veros ahora de *p* ... 3938

PASTAR
Éx 22.5 alguno hiciere *pastar* en campo o viña ... 1197
1 Cr 27.29 del ganado que *pastaba* en... Sitrai ... 7462
Is 27.10 allí *pastará* el becerro, allí tendrá ... 7462
Jer 33.12 aún habrá pastores que hagan *pastar* ... 6629

PASTELERÍA
Gn 40.17 de toda clase de... de *p* para Faraón ... 3978,4639

PASTIZAL
Sal 65.12 destilan sobre los *p* del desierto ... 4999
Jer 9.10 lloro... llanto por los *p* del desierto ... 4057
23.10 desierta; los *p* del desierto se secaron ... 4057

PASTO
Gn 47.4 no hay *p* para... ovejas de tus siervos ... 4829
1 R 4.23 veinte bueyes de *p* y cien ovejas, sin ... 7471
1 Cr 4.39 valle, buscando *p* para sus ganados ... 4829
4.40 hallaron gruesos y buenos *p*, y tierra ancha y ... 4829
4.41 por cuanto había allí *p* para sus ganados ... 4829
Job 6.5 ¿acaso... ¿muge el buey junto a su *p*? ... 4829
24.6 en el campo siegan su *p*, y los impíos ... 1098
39.4 sus hijos... crecen con el *p*; salen, y no ... 1250
39.8 lo oculto de los montes es su *p*, y anda ... 4829
Sal 23.2 en lugares de delicados *p* me hará ... 4999
Is 7.25 para *p* de bueyes y para ser hollados
9.5 todo manto... serán quemados, *p* del fuego ... 3980
9.19 y será el pueblo como *p* del fuego; el ... 3980
49.9 y en todas las alturas tendrán sus *p* ... 4830
Jer 25.36 aullido... Porque Jehová asoló sus *p* ... 4830
25.37 los *p* delicados serán destruidos por el ... 7965
Lm 1.6 fueron como ciervos que no hallan *p* ... 4829
Ez 21.32 *p* del fuego, se empapará la tierra de
34.14 en buenos *p* las apacentaré, y en los ... 4829
34.14 en *p* suculentos serán apacentadas sobre ... 4829
34.18 es poco que comáis los buenos *p*, sino ... 4829
34.18 holláis con... lo que de vuestros *p* queda ... 4829
34.31 ovejas mías, ovejas de mi *p*, hombres ... 4830
Os 13.6 en sus *p* se saciaron, y repletos, se ... 4830
Jl 1.18 cuán turbados... porque no tuvieron *p*! ... 4829
1.19 porque fuego consumió los *p* del desierto ... 4999
2.22 porque los *p* del desierto reverdecerán ... 4999
Mi 7.14 busque *p* en Basán y Galaad, como en ... 7462
Jn 10.9 **salvo... entrará, y saldrá, y hallará *p*** ... 3542

PASTOR, A
Gn 4.2 y Abel fue *p* de ovejas, y Caín fue ... 7462
13.7 entre los *p*... de Abram y los *p*... de Lot ... 7462
13.8 entre mis *p* y los tuyos, porque somos ... 7462
26.20 *p* de Gerar riñeron con los *p* de Isaac ... 7462
29.9 Raquel vino con... porque ella era la *p* ... 7462
46.32 y los hombres son *p* de ovejas, porque ... 7462,6629
46.34 los egipcios es abominación todo *p* de ... 7462
47.3 ellos respondieron... *P* de ovejas son tus ... 7462
49.24 por el nombre del *P*, la Roca de Israel ... 7462
Éx 2.17 los *p* vinieron y las echaron de allí ... 7462
2.19 egipcio nos defendió de mano de los *p*, y ... 7462
Nm 27.17 congregación... sea como ovejas sin *p* ... 7462
1 S 17.34 tu siervo era *p* de las ovejas de su ... 7462
21.7 era Doeg... el principal de los *p* de Saúl ... 7462
25.7 tus *p* han estado con nosotros; no les ... 7462
1 R 22.17 Israel como ovejas que no tienen *p* ... 7462
2 R 10.12 llegó a una casa de esquileo de *p*
2 Cr 18.16 por los montes como ovejas sin *p* ... 7462
Job 1.16 fuego... que quemó las ovejas y a los *p* ... 5288
Sal 23.1 Jehová es mi *p*; nada me faltará. En ... 7462
80.1 *p* de Israel, escucha; tú que pastoreas ... 7462
Ec 12.11 las congregaciones, dadas por un *P* ... 7462
Cnt 1.8 ovejas junto a las cabañas de los *p* ... 7462
Is 13.14 y como oveja sin *p*, cada cual mirará
13.20 ni... el árabe, ni *p* tendrán allí majada ... 7462
31.4 y si se reúne cuadrilla de *p* contra él ... 7462
38.12 mi morada ha sido movida... tienda de *p* ... 7473
40.11 como *p* apacentará su rebaño; en... brazo ... 7462
44.28 dice de Ciro: Es mi *p*, y cumplirá todo ... 7462
56.11 los *p* mismos no saben entender; todos ... 7462
63.11 les hizo subir del mar con el *p* de su ... 7462
Jer 2.8 los *p* se rebelaron contra mí, y los ... 7462
3.15 y os daré *p* según mi corazón, que os ... 7462
6.3 contra ella vendrán *p* y sus rebaños; junto ... 7462
10.21 los *p* se infatuaron, y no buscaron a ... 7462
12.10 *p* han destruido mi viña; hollaron mi ... 7462
22.22 a todos tus *p* pastoreará el viento, y ... 7462
23.1 ¡ay de los *p* que destruyen y dispersan ... 7462
23.2 ha dicho Jehová... a los *p* que apacientan ... 7462
23.4 pondré sobre ellas *p* que las apacienten ... 7462
25.34 aullad, *p*, y clamad; revolcaos en el ... 7462
25.35 y se acabará la huida de los *p*, y el ... 7462
25.36 ¡voz de la gritería de los *p*... rebaño ... 7462
31.10 lo reunirá y guardará, como el *p* a su ... 7462
33.12 habrá cabañas de *p* que hagan pastar sus ... 7462
43.12 limpiará la... como el *p* limpia su capa ... 7462
49.19 ¿quién será aquel *p* que me... resistir? ... 7462
50.6 sus *p* las hicieron errar, por los montes ... 7462
50.44 ¿o quién será aquel *p* que... resistirme? ... 7462
51.23 quebrantaré por... ti al *p* y a su rebaño ... 7462
Ez 34.2 profetiza contra los *p*... y di a los *p* ... 7462
34.2 ¡ay de los *p*... apacientan a sí mismos! ... 7462
34.2 ¿no apacientan los *p* a los rebaños? ... 7462
34.5 y andan errantes por falta de *p*, y son ... 7462
34.7 por tanto, *p*, oíd palabra de Jehová ... 7462
34.8 ovejas fueron para ser presa de... sin *p* ... 7462
34.8 ni mis *p* buscaron mis ovejas, sino que ... 7462
34.8 los *p* se apacentaron a sí mismos, y no ... 7462
34.9 por tanto, oh *p*, oíd palabra de Jehová ... 7462
34.10 yo estoy contra los *p*; y demandaré mis ... 7462
34.10 ni los *p* se apacentarán más a sí mismos ... 7462
34.12 como reconoce su rebaño el *p* el día que ... 7462
34.23 levantaré sobre ellas a un *p*, y él las ... 7462
34.23 él las apacentará, y él les será por *p* ... 7462
37.24 será rey... todos ellos tendrán un solo *p* ... 7462
Os 12.12 Jacob huyó... por adquirir mujer fue *p* ... 8104
Am 1.1 palabras de Amós, que fue uno de los *p* ... 5349
1.2 y los campos de los *p* se enlutarán, y se ... 7462
3.12 de la manera que el *p* libra de la boca ... 7462
Mi 5.5 levantaremos contra él siete *p*, y ocho ... 7462
Nah 3.18 durmieron tus *p*, oh rey de Asiria ... 7462
Sof 2.6 será la costa del mar praderas para *p* ... 7462
Zac 10.2 el pueblo... sufre porque no tiene *p* ... 7462
10.3 contra los *p* se ha encendido mi enojo ... 7462
11.3 voz de aullido de *p*, porque... es asolada ... 7462
11.5 dice... ni sus *p* tienen piedad de ellas ... 7462
11.8 y destruí a tres *p* en un mes; pues mi ... 7462
11.15 toma aún los aperos de un *p* insensato ... 7462
11.16 a un *p* que no visitará las perdidas, ni ... 7462
11.17 ¡ay... *p* inútil que abandona el ganado! ... 7462
13.7 levántate... espada, contra el *p*, y contra ... 7462
13.7 hiere al *p*, y... dispersadas las ovejas ... 7462
Mt 9.36 dispersas como ovejas que no tienen *p* ... 4166

25.32 aparta el p las ovejas de los cabritos 4166
26.31 heriré al p, y las ovejas del rebaño 4166
Mr 6.34 porque eran... ovejas que no tenían p 4166
14.27 heriré al p... ovejas serán dispersadas 4166
Lc 2.8 había p en la misma región, que velaban 4166
2.15 los p se dijeron unos a otros: Pasemos 4166
2.18 maravillaron de lo que los p les decían 4166
2.20 volvieron los p glorificando y alabando 4166
Jn 10.2 el que entra por... el p de las ovejas 4166
10.11 yo soy el buen p; el buen p su vida da 4166
10.12 que no es el p... ve venir al lobo y huye 4166
10.14 yo soy el buen p; y conozco mis ovejas 4166
10.16 oirán mi voz; y habrá un rebaño, y un p 4166
Ef 4.11 constituyó a unos... otros, p y maestros 4166
He 13.7 acordaos de vuestros p... imitad su fe
13.17 obedeced a vuestros p, y sujetaos a
13.20 a Jesucristo, el gran p de las ovejas 4166
13.24 saludad a todos vuestros p, y a todos
1 P 2.25 ahora habéis vuelto al P y Obispo de 4166
5.4 y cuando aparezca el Príncipe de los p 750

PASTOREAR

Nm 14.33 vuestros hijos andarán pastoreando 4057
Sal 23.2 junto a aguas de reposo... pastoreará 5095
28.9 pastoréales y susténtales para siempre
49.14 la muerte los pastoreará, y los rectos
67.4 y pastorearás las naciones en la tierra 5148
78.72 los pastoreó con la pericia de sus manos 5148
80.1 tú que pastoreas como a ovejas a José 5090
136.16 pastoreó a su pueblo por el desierto 4057
Is 11.6 el leopardo... y un niño los pastoreará 5090
40.11 pastoreará suavemente a las... paridas 5095
57.18 le pastorearé, y le daré consuelo a él 5148
58.11 Jehová te pastoreará siempre, y en las 5148
63.14 Espíritu de Jehová los pastoreó, como
63.14 pastoreaste a tu pueblo, para hacerte 5090
Jer 22.22 a todos tus pastores pastoreará el 3594
Jn 21.16 te amo. Le dijo: Pastorea mis ovejas
Ap 7.17 el Cordero que está... los pastoreará 3594

PASTORIL

1 S 17.40 las puso en el saco p, en el zurrón 7462

PASUR

1. Príncipe bajo el rey Sedequías (posiblemente =No. 4)
1 Cr 9.12 hijo de P, hijo de Malquías; Masai 6583
Neh 11.12 Zacarías, hijo de P... de Malquías 6583
Jer 21.1 el rey Sedequías envió a él a P hijo 6583
38.1 oyeron... P hijo de Malquías... las palabras 6583
2. Padre de una familia de sacerdotes que regresó del cautiverio, Esd 2.38; 10.22; Neh 7.41 6583
3. Sacerdote que firmó el pacto de Nehemías, Neh 10.3 6583
4. Sacerdote que persiguió al profeta Jeremías (posiblemente =No. 1)
Jer 20.1 el sacerdote P hijo de Imer, que 6583
20.2 azotó P al profeta Jeremías, y lo puso 6583
20.3 P sacó a Jeremías del... tu nombre P, sino 6583
20.6 tú, P, y todos los moradores de tu casa 6583
5. Padre de Gedalías No. 4, Jer 38.1 6583

PATA

Éx 25.26 esquinas que corresponden a sus 4 p 7272
37.13 anillos... correspondían a las cuatro p de 7272
Lv 11.20 insecto alado que anduviere sobre... p
11.21 insecto alado que anda sobre cuatro P
11.21 que tuviere piernas además de sus p para ... 1121
11.23 todo insecto alado que tenga cuatro p 7272
11.27 de... los animales que andan en cuatro p 3709
11.42 todo lo que anda sobre cuatro o más p

PÁTARA *Ciudad y puerto de Licia*, Hch 21.1 3959

PATENTE

Ez 23.18 hizo p sus fornicaciones y descubrió 1540
Fil 1.13 mis prisiones se han hecho p en Cristo 5318
1 Ti 5.24 los pecados de algunos... se hacen p 4271

PATERNO, A

Nm 36.1 jefes de las casas p de los hijos de
36.11 así... se casaron con hijos de sus tíos p 1730
Jos 22.14 un príncipe por cada casa p de todas 1
1 Cr 7.7 cinco jefes de casas p, hombres de 1
7.40 hijos de Aser, cabezas de familias p 1
8.6 jefes de casas p que habitaron en Geba 1
9.9 fueron jefes de familia en sus casas p 1
9.13 jefes de sus casas p... 1.760, hombres 1
24.4 de Eleazar, 16 cabezas de casas p; y 1
24.4 los hijos de Itamar, por sus casas p 1
24.6,31 delante de... jefes de las casas p 1
24.6 una casa p para Eleazar, y otra para 1
24.30 de los levitas conforme a sus casas p 1
26.13 echaron suertes... según sus casas p, para 1
26.21 los jefes de las casas p de Laadán 1
26.26 rey David, y los jefes de las casas p 1
2 Cr 17.14 número de ellos según sus casas p 1
31.17 que eran contados... según sus casas p 1
Esd 1.5 se levantaron los jefes de las casas p 1
2.68 algunos... jefes de las casas p... vinieron 1
3.12 los levitas y de los jefes de las casas p 1
4.2 vinieron a... y a los jefes de las casas p 1
4.3 los demás jefes de las casas p... dijeron 1
8.1 éstos son los jefes de las casas p, y la 1
8.29 delante de... de los jefes de las casas p 1
10.16 jefes de casas p según sus casas p 1

PATIO

2 S 17.18 hombre... que tenía en su p un pozo 2691
2 R 20.4 Isaías saliese hasta la mitad del p 5892
2 Cr 23.5 pueblo estará en los p de la casa 2691
24.21 lo apedrearon... en el p de la casa de 2691
Neh 3.25 la casa del rey... en el p de la cárcel 2691
8.16 tabernáculos... en sus p, en los p de la 2691
Est 1.5 banquete por 7 días en el p del huerto 2691
2.11 Mardoqueo se paseaba delante del p de la 2691
4.11 entra en el p interior para ver al rey 2691
5.1 Ester... entró en el p interior de la casa 2691
5.2 vio a la reina Ester que estaba en el p 2691
6.4 dijo el rey: ¿Quién está en el p? Y Amán 2691
6.4 y Amán había venido al p exterior de la 2691
6.5 he aquí Amán está en el p. Y el rey dijo 2691
Is 34.13 serán morada de chacales, y p para 2681
Jer 32.2 Jeremías estaba preso en el p de la 2691
32.8 vino a mí Hanameel... al p de la cárcel 2691
32.12 los judíos que estaban en el p de la 2691
33.1 estando él... preso en el p de la cárcel 2691
37.21 custodiaron a Jeremías en el p de la 2691
37.21 y quedó Jeremías en el p de la cárcel 2691
38.6 la cisterna... estaba en el p de la cárcel 2691
38.13,28 quedó Jeremías en el p de la cárcel 2691
39.14 tomaron a Jeremías del p de la cárcel 2691
39.15 venido palabra... estando preso en el p 2691
Ez 46.21 me llevó... en cada rincón había un p 2691
46.22 los cuatro rincones del atrio había p 2691
Mt 26.3 reunieron en el p del sumo sacerdote 833
26.58 Pedro le seguía de lejos hasta el p del 833
26.69 Pedro estaba sentado fuera en el p 833
Mr 14.54 Pedro le siguió... hasta dentro del p 833
14.66 estando Pedro abajo, en el p, vino una 833
Lc 22.55 ellos encendido fuego en medio del p 833
Jn 18.15 entró con Jesús al p... sumo sacerdote 833
Hch 12.13 llamó Pedro a la puerta del p, salió 4440
Ap 11.2 p que está fuera del templo, déjalo 833

PATMOS *Isla en el Mar Egeo*

Ap 1.9 yo Juan... estaba en la isla llamada P 3963

PATRIA

He 11.14 esto... dan a entender que buscan una p 3968

PATRIARCA

Hch 2.29 os puede decir libremente del p David 3966
7.8 así Isaac a Jacob, y Jacob a los doce p 3966
7.9 los P... vendieron a José para Egipto; pero 3966
Ro 9.5 de quienes son los p, y de los cuales 3962
He 7.4 a quien aun Abraham el p dio diezmos 3966

PATRIMONIO

Dt 18.8 igual ración... comerá, además de sus p 1

PATROBAS *Cristiano saludado por Pablo*, Ro 16.14 3969

PATRÓN

Jon 1.6 p de la nave se le acercó y le dijo 7727,2259
Hch 27.11 daba más crédito... al p de la nave 3490

PATROS *Alto Egipto*

Is 11.11 pueblo que aún quede en Asiria... P 6624
Jer 44.1 judíos que moraban... en tierra de P 6624
44.15 todo el pueblo que habitaba en... en P 6624
Ez 29.14 los llevaré a la tierra de P, a la 6624
30.14 asolaré a P, y pondré fuego a Zoán, y 6624

PATRUSIM *Habitantes de Patros*, Gn 10.14; 1 Cr 1.12 6625

PAU *Ciudad en Edom (=Pai)*, Gn 36.39 6464

PAULO *Procónsul romano en Chipre*

Hch 13.7 estaba con el procónsul Sergio P 4588

PAVÉS

1 Cr 12.8 valientes... diestros con escudo y p 7420
2 Cr 9.15 hizo... Salomón doscientos p de oro 6793
23.9 los p y los escudos que habían sido del 4043
Sal 35.2 echa mano al escudo y al p, y... ayuda 6793
Jer 46.3 preparad escudo y p, y venid... guerra 4043
Ez 23.24 escudos, p y yelmos pondrán contra ti 6793
38.4 gran multitud con p y escudos, teniendo 6793
39.9 quemarán... p, arcos y saetas, dardos de 6793

PAVIMENTO

1 R 6.15 cubrió... el p con madera de ciprés 6763
2 Cr 7.3 se postraron sobre... el p y adoraron 7531

PAVO

1 R 10.22; 2 Cr 9.21 traía... monos y p reales 8500
Job 39.13 ¿diste tú hermosas alas al p real, o 7443

PAVOR

2 Cr 17.10 y cayó el p de Jehová sobre todos 6343
20.29 p de Dios cayó sobre todos los reinos 6343
Job 13.11 su p habría de caer sobre vosotros 1204
18.20 sobre... y p caerá sobre los de oriente 8074
Sal 53.5 se sobresaltaron de p donde no había 6343
Pr 3.25 no tendrás temor de p repentino, ni 6343
Is 31.9 y sus príncipes, con p, dejarán sus 4032

PAZ

Gn 15.15 tú vendrás a tus padres en p, y serás 7965
26.29 te hemos hecho bien, y te enviamos en p 7965
26.31 Isaac... ellos se despidieron de él en p 7965
28.21 y si volviere en p a casa de mi padre 7965
43.23 les respondió: P a vosotros, no temáis 7965
44.17 él será mi siervo; vosotros id en p a 7965
Éx 4.18 iré... Y Jetro dijo a Moisés: Vé en p 7965
18.23 todo este pueblo irá en p a su lugar 7965
20.24 Y sacrificarás sobre... tus ofrendas de p 8002
24.5 ofrecieron... sacrificios de p a Jehová 8002
29.28 una ofrenda de... de sus sacrificios de p 8002
32.6 y presentaron ofrendas de P; y se sentó 8002
Lv 3.1 si su ofrenda fuere sacrificio de p, si 8002
3.3 ofrecerá del sacrificio de p... ofrenda 8002
3.6 ovejas... su ofrenda para sacrificio de p 8002
3.9 del sacrificio de p ofrecerá por ofrenda 8002
4.10 se quita del buey del sacrificio de p 8002
4.26 como la grosura del sacrificio de p; así 8002
4.31,35 quitada la grosura del sacrificio de p 8002
6.12 él las grosuras de los sacrificios de p 8002
7.11 esta es la ley del sacrificio de p que 8002
7.13 sacrificio de acciones de gracias de p 8002
7.14 que rociare la... de los sacrificios de p 8002
7.15 la carne del sacrificio de p en acción 8002
7.18,20,21 la carne del sacrificio de p 8002
7.29 el que ofreciere sacrificio de p a Jehová 8002
7.29 traerá su... sacrificio de p ante Jehová 8002
7.32 y daréis... de vuestros sacrificios de p 8002
7.33 la sangre de los sacrificios de p, y la 8002
7.34 tomado de los sacrificios de p de los 8002
7.37 esta es la ley del... del sacrificio de p 8002
9.4 buey y un carnero para sacrificio de p 8002
9.18 degolló... el carnero en sacrificio de p 8002
9.22 de hacer... el sacrificio de p, descendió 8002
10.14 de los sacrificios de p de los hijos de 8002
17.5 sacrifiquen... sacrificios de p a Jehová 8002
19.5 ofreciereis sacrificio de ofrenda de p a 8002
22.21 en ofrenda de p a Jehová para cumplir 8002
23.19 corderos... en sacrificio de ofrenda de p 8002
26.6 daré p en la tierra, y dormiréis, y no 7965
Nm 6.14 carnero sin defecto por ofrenda de p 8002
6.17 y ofrecerá el carnero en ofrenda de p a 8002
6.18 el fuego que... debajo de la ofrenda de p 8002
6.26 alce sobre ti su rostro, y ponga en ti p 7965
7.17,23,29,35,41,47,53,59,65,71,77,83 y para ofrenda de p, dos bueyes 8002
7.88 bueyes de la ofrenda de p, 24 novillos 8002
10.10 trompetas... obre los sacrificios de p 8002
15.8 o sacrificio, por especial voto, o de p 8002
25.12 he aquí yo establezco mi pacto de p con 7965
29.39 estas cosas ofreceréis... ofrendas de p 8002
Dt 2.26 y envié mensajeros... con palabras de p 7965
20.10 cuando te acerques... le intimarás la p 7965
20.11 si respondiere: P, y te abriere, todo 7965
20.12 si no hiciere P... y emprendiere guerra 7999
23.6 no procurarás la p de ellos ni su bien 7965
27.7 y sacrificarás ofrendas de p, y comerás 8002
29.19 tendré p, aunque ande en la dureza de 7965
Jos 8.31 un altar... sacrificaron ofrendas de p 8002
9.15 y Josué hizo p con ellos, y celebró con 7965
10.1 habían hecho p con los israelitas, y que 7999
10.4 Gabaón... ha hecho p con Josué y con los 7999
11.19 no hubo ciudad que hiciese p con... Israel 7999
22.23 para ofrecer sobre él ofrendas de p, el 8002
22.27 con nuestras ofrendas de p; y no digan 8002
Jue 4.17 había p entre Jabín la casa de Heber 7965
6.23 dijo: P a ti; no tengas temor, no morirás 7965
8.9 cuando yo vuelva en p, derribaré esta 7965
11.13 Israel tomó mi tierra... devuélvela en p 7965
18.6 les respondió: Id en p; delante de Jehová 7965
19.20 el hombre anciano dijo: P sea contigo 7965
20.26; 21.4 y ofrecieron holocaustos y... de p 8002
21.13 envió luego a hablar... los llamaron en p 8002
1 S 1.17 vé en p... el Dios de Israel te otorgue 7965
7.14 y hubo p entre Israel y el amorreo 7965
10.8 descenderé yo... sacrificar ofrendas de p 8002
11.15 sacrificaron... ofrendas de p delante de 8002
13.9 Saúl: Traedme holocausto y ofrendas de p 8002
20.7 si él dijere: Bien... tendrá p tu siervo 7965
20.13 y te enviaré para que te vayas en p 7965
20.21 vendrás, porque p tienes, y nada malo 7965
20.42 vete en p, porque ambos hemos jurado 7965
25.6 sea p a ti, y p a tu familia, y p a todo 7965
25.35 sube en p a tu casa... que he oído tu voz 7965
29.7 vuélvete... y vete en p para no desagradar 7965
30.21 cuando David llegó... les saludó con p
2 S 3.21 despidió luego a Abner... se fue en p 7965
3.22 Abner no estaba... él se había ido en p 7965
3.23 el rey... le ha despedido, y se fue en p 7965
6.17 holocaustos y ofrendas de p delante de 8002
6.18 ofrecer los holocaustos y ofrendas de p 8002
10.19 hicieron p con Israel y le sirvieron 7999
15.9 el rey le dijo: Vé en p. Y él se levantó 7965
15.27 ¿no eres tú... Vuelve en p a la ciudad 7965
17.3 hayan vuelto, todo el pueblo estará en p 7965
18.28 Ahimaas dijo en alta voz al rey: P. Y se 7965
19.24 desde... hasta el día en que volvió en p 7965
19.30 señor el rey ha vuelto en p a su casa 7965
24.25 sacrificó holocaustos y ofrendas de p 8002
1 R 2.5 derramando en tiempo de p la sangre de 7965
2.6 no dejarás descender... canas al Seol en p 7965
2.13 le dijo: ¿Es tu venida de p?... Sí, de p 7965
2.33 y sobre su trono habrá perpetuamente p 7965
3.15 holocaustos y ofreció sacrificios de p 8002
4.24 señoreaba en... y tuvo p por todos lados 7965
5.4 Dios me ha dado p por todas partes; pues 5117
5.12 y hubo p entre Hiram y Salomón... pacto 7965
8.56 bendito sea Jehová, que ha dado p a su 4496
8.63 y ofreció Salomón sacrificios de p, los 8002
8.64 la grosura de los sacrificios de p, por 8002
8.64 no cabían en él... los sacrificios de p 8002
9.25 ofrecía Salomón... sacrificios de p sobre 8002,8002
20.18 si han salido por p, tomadlos vivos; y 7965
22.17 vi... vuélvase cada uno a su casa en p 7965
22.27 en la cárcel... hasta que yo vuelva en p 7965
22.28 si llegas a volver en p, Jehová no ha 7965
22.44 y Josafat hizo p con el rey de Israel 7999
2 R 4.23 ¿para qué vas... Y ella respondió: P 7965
5.19 y él le dijo: Ve en p... Se fue, pues, y 7965
9.11 salió Jehú a los... y le dijeron: ¿Hay p? 7965
9.17 un jinete que vaya... y les diga: ¿Hay p? 7965
9.18,19 dijo: El rey dice así: ¿Hay p? Y Jehú 7965
9.18,19 ¿qué tienes tú que ver con la p? 7965
9.22 ¿hay p, Jehú? Y él respondió: ¿Qué p, con 7965
16.13 sangre de sus sacrificios de p junto al 8002

18.31 haced conmigo p, y salid a mí, y coma
20.19 habrá al menos p y seguridad, mis días 7965
22.20 serás llevado a tu sepulcro en p, y no......... 7965
1 Cr 12.17 si habéis venido a mí para p y para 7965
12.18 p, p contigo, y p con tus ayudadores 7965
16.1 el arca...ofrecieron...y sacrificios de p 8002
16.2 acabó de ofrecer...los sacrificios de p......... 8002
19.19 los sirios de...concertaron p con David 7999
21.26 que ofreció...ofrendas de p, e invocó a....... 8002
22.9 será varón de p, porque yo le daré p de 7965
22.9 yo daré p y reposo sobre Israel en sus......... 7965
22.18 Dios...os ha dado p por todas partes?........ 3499
23.25 Dios de Israel ha dado p a su pueblo 3499
2 Cr 7.7 y la grosura de las ofrendas de p 8002
14.5 y estuvo el reino en p bajo su reinado 8252
14.6 había p en la...Jehová le había dado p 5117
14.7 Jehová...nos ha dado p por todas partes 5117
15.5 en aquellos tiempos no hubo p, ni para......... 7965
15.15 y Jehová les dio p por todas partes........... 5117
18.16 señor; vuélvase cada uno en p a su casa...... 7965
18.26 en la cárcel...hasta que yo vuelva en p....... 7965
18.27 volvieres en p, Jehová no ha hablado......... 7965
19.1 Josafat rey de Judá volvió en p a su 7965
20.30 Josafat tuvo p...Dios le dio p por todas........ 8252
29.35 hubo...con grosura de las ofrendas de p 8002
30.22 la fiesta...ofreciendo sacrificios de p......... 8002
31.2 levitas para ofrecer...las ofrendas de p 8002
33.16 sacrificó sobre él...ofrendas de p y de 8002
34.28 y serás recogido en tu sepulcro en p, y 7965
Esd 4.17 rey envió esta respuesta...Salud y p 8001
5.7 así estaba escrito...Al rey Darío toda p......... 8001
7.12 Artajerjes rey de reyes, a Esdras...P
9.12 ni procuraréis...su p ni su prosperidad 7965
Neh 9.28 pero una vez que tenían p, volvían a......... 5117
Est 9.22 días en que los judíos tuvieron p de 5117
9.30 cartas a...con palabras de p y de verdad...... 7965
10.3 Mardoqueo...habló p para todo su linaje...... 7965
Job 3.26 no he tenido p, no me asegure, ni............. 5117
5.23 las fieras del campo estarán en p contigo 7999
5.24 que hay p en tu tienda...nada te faltará 7965
21.13 prosperidad, y en p descienden al Seol
22.21 vuelve...en amistad con él, y tendrás p....... 7999
25.2 están con él; él hace p en sus alturas 7965
Sal 4.8 en p me acostaré, y asimismo dormiré......... 7965
7.4 si...mal pago al que estaba en p conmigo 7999
28.3 hablan p con sus prójimos, pero la maldad 7965
29.11 Jehová bendecirá a su pueblo con p.......... 7965
34.14 y haz el bien; busca la p, y síguela 7965
35.20 no hablan p; y contra los mansos de la 7965
35.27 sea exaltado Jehová, que ama la p de su 7965
37.11 mansos...recrearán con abundancia de p.... 7965
37.37 un final dichoso para el hombre de p......... 7965
38.3 ni hay p en mis huesos, a causa de mi 7965
41.9 el hombre de mi p, en quien yo confiaba
55.18 él redimirá en p mi alma de la guerra........ 7965
55.20 sus manos contra los que estaban en p....... 7965
72.3 los montes llevarán p al pueblo, y los......... 7965
72.7 y muchedumbre de p, hasta que no haya...... 7965
85.8 hablará p a su pueblo y a sus santos 7965
85.10 verdad...la justicia y la p se besaron 7965
119.165 mucha p tienen los que aman tu ley......... 7965
120.6 ha morado...con los que aborrecen la p...... 7965
122.6 pedid por la p de Jerusalén...te aman......... 7965
122.7 p dentro de tus muros, y el descanso 7965
122.8 por amor de...diré yo: La p sea contigo 7965
125.5 Jehová los llevará...p sea sobre Israel 7965
128.6 veas a los hijos de...P sea sobre Israel 7965
147.14 él da en tu territorio la p; te hará 7965
Pr 3.2 largura de...y vida y p te aumentarán.......... 7965
3.17 sus caminos son...y todas sus veredas p....... 7965
7.14 sacrificios de p había prometido, hoy.......... 8002
16.7 a sus enemigos hace estar en p con él 7999
17.1 mejor es un bocado seco, y en p, que casa 7962
Ec 3.8 amar...tiempo de guerra, y tiempo de p 7965
Cnt 8.10 desde que fui...como la que halla p 7965
Is 9.6 llamará...Padre eterno, Príncipe de p.......... 7965
9.7 de su imperio y la p no tendrán límite 7965
14.7 toda la tierra está en reposo y en p; se 5117
26.3 tú guardarás en completa p a aquel cuyo....... 7965
26.12 tú nos darás p...porque también hiciste...... 7965
27.5 haga conmigo p, sí, haga p conmigo 7965
32.17 el efecto de la justicia será p; y la............ 7965
32.18 mi pueblo habitará en morada de p, en 7965
33.7 los mensajeros de p llorarán amargamente ... 7965
36.16 haced conmigo p, y salid a mí; y coma
38.17 amargura grande me sobrevino en la p...... 7965
39.8 lo menos, haya p y seguridad en mis días...... 7965
41.3 pasó en p por camino por donde sus pies...... 7965
45.7 que formo...hago la p, y creo la adversidad ... 7965
48.18 fuera entonces tu p como un río, y tu......... 7965
48.22 no hay p para los malos, dijo Jehová 7965
52.7 pies del que anuncia la p, del que trae......... 7965
53.5 el castigo de nuestra p fue sobre él, y.......... 7965
54.10 no...ni el pacto de mi p se quebrantará 7965
54.13 y se multiplicará la p de tus hijos............ 7965
55.12 con p seréis vueltos; los montes y los 7965
57.2 entrará en la p; descansarán en...lechos....... 7965
57.19 p, p al que está lejos y al cercano............ 7965
57.21 no hay p, dijo mi Dios, para los impíos 7965
59.8 no conocieron camino de p, ni...justicia....... 7965
59.8 cualquiera que por...fuere, no conocerá p 7965
60.17 y pondré p por tu tributo, y justicia.......... 7965
66.12 yo extiendo sobre ella p como un río 7965
Jer 4.10 has engañado...diciendo: P tendréis.......... 7965
6.14 y curan la...diciendo: P, p; y no hay p.......... 7965
8.11 con liviandad, diciendo: P, p; y no hay p 7965
8.15 esperamos p, y no hubo bien...curación, y 7965
9.8 con su boca dice p a su amigo, y dentro 7965
12.5 si en la tierra de p no estabas seguro.......... 7965
12.12 espada...no habrá p para ninguna carne 7965
14.13 que en este lugar os daré p verdadera 7965
14.19 esperamos p, y no hubo bien; tiempo de...... 7965
15.5 o quién vendrá a preguntar por tu p?
16.5 yo he quitado mi p de este pueblo, dice 7965
23.17 dicen...P tendréis; y a cualquiera que 7965
28.9 el profeta que profetiza de p, cuando se....... 7965
29.7 y procurad la p de la ciudad a la cual 7965
29.7 rogad...porque en su p tendréis vosotros p.... 7965
29.11 pensamientos de p, y no de mal, para 7965
30.5 hemos oído voz de temblor...y no de p 7965
33.6 les revelaré abundancia de p y de verdad 7965
33.9 temerán y temblarán...de toda la p que yo.... 7965
34.5 en p morirás...y te endecharán, diciendo 7965
38.4 no busca la p de este pueblo, sino el 7965
43.12 limpiará la tierra...y saldrá de...en p........ 7965
Lm 3.17 y mi alma se alejó de la p, me olvidé 7965
Ez 7.25 viene; y buscarán la p, y no la habrá 7965
13.10 mi pueblo, diciendo: P, no habiendo p 7965
13.16 ven para ella visión de p, no habiendo p...... 7965
34.25 y estableceré con ellos pacto de p, y.......... 7965
37.26 y haré con ellos pacto de p...perpetuo 7965
43.27 sacrificarán...y vuestras ofrendas de p 8002
45.15 ofrendas de p, para expiación por ellos 8002
45.17 él dispondrá...las ofrendas de p, para 8002
46.2 sacerdotes ofrezcan...y sus ofrendas de p.... 8002
46.12 hiciere...u ofrendas de p a Jehová, le 8002
46.12 ofrendas de p, como hace en el día de........ 8002
Dn 4.1 toda la tierra: P os sea multiplicada............ 8001
6.25 escribió a todos...P os sea multiplicada 8001
10.19 no temas; la p sea contigo; esfuérzate 7965
11.6 vendrá al rey del norte para hacer la p 4339
11.24 estando la provincia en p y...abundancia 7962
Am 5.22 no los recibiré, ni...las ofrendas de p......... 8002
Abd 7 en p contigo prevalecieron contra ti............ 7965
Mi 3.5 claman: P, cuando tienen algo que comer 7965
5.5 y éste será nuestra p...Cuando el asirio 7965
Nah 1.15 los pies del que...del que anuncia la p....... 7965
Hag 2.9 y daré p en este lugar, dice Jehová de 7965
Zac 6.13 se sentará...consejo de p habrá entre........ 7965
8.10 ni hubo p para el que salía ni para el.......... 7965
8.12 porque habrá simiento de p; la vid dará....... 7965
8.16 según la verdad y lo conducente a la p 7965
8.19 ha dicho...Amad, pues, la verdad y la p 7965
9.10 hablará p a las naciones, y su señorío 7965
Mal 2.5 mi pacto con él fue de vida y de p, las 7965
2.6 en p y en justicia anduvo conmigo, y a.......... 7965
Mt 10.13 **la casa fuere digna, vuestra p vendrá**........ *1515*
10.13 **si no...vuestra p se volverá a vosotros** *1515*
10.34 **para traer p...no...traer p, sino espada** *1515*
Mr 5.34 **fe...vé en p, y queda sana de tu azote** *1515*
9.50 **tened sal en...y tened p los unos con los** *1518*
Lc 1.79 para encaminar...pies por camino de p *1515*
2.14 en la tierra p, buena voluntad para con *1515*
2.29 ahora, Señor, despides a tu siervo en p *1515*
7.50; 8.48 **dijo...tu fe te ha salvado; vé en p**......... *1515*
10.5 **primeramente decid: P sea a esta casa** *1515*
10.6 **hijo de p, vuestra p reposará sobre él** *1515*
11.21 **guarda...palacio, en p está lo que tiene**....... *1515*
12.51 **¿pensáis que he venido para dar p en la** *1515*
14.32 **una embajada y le pide condiciones de p**..... *1515*
19.38 p en el cielo, y gloria en las alturas! *1515*
19.42 **si tú conocieses...lo que es para tu p!** *1515*
24.36 **puso en medio...les dijo: P a vosotros**......... *1515*
Jn 14.27 **la p os dejo, mi p os doy; yo no os**............ *1515*
16.33 **os he hablado para que en mí tengáis p** *1515*
20.19 **vino Jesús, y...les dijo: P a vosotros**.......... *1515*
20.21 **Jesús les dijo otra vez: P a vosotros** *1515*
20.26 **llegó Jesús...y les dijo: P a vosotros**........... *1515*
Hch 7.26 y los ponía en p, diciendo: Varones *4900*
9.31 las iglesias tenían p por toda Judea *3062*
10.36 envió...anunciando el evangelio de la p *1515*
12.20 p, porque su territorio era abastecido *1515*
15.33 fueron despedidos en p por los hermanos *1515*
16.36 así que ahora salid, y marchaos en p.......... *1515*
24.2 debido a ti gozamos de gran p, y muchas *1515*
Ro 1.7 gracia y p a vosotros, de Dios...Padre.......... *1515*
2.10 y honra y p a todo el que hace lo bueno........ *1515*
3.17 y no conocieron camino de p *1515*
5.1 justificados, pues, por la fe, tenemos p *1515*
8.6 pero el ocuparse del Espíritu es vida y p *1515*
10.15 son los pies de los que anuncian la p *1515*
12.18 si es posible...estad en p con todos los *1518*
14.17 justicia, p y gozo en el Espíritu Santo *1515*
14.19 así...sigamos lo que contribuye a la p y *1515*
15.13 os llene de todo gozo y p en el creer *1515*
15.33 y el Dios de p sea con todos vosotros *1515*
16.20 Dios de p aplastará en breve a Satanás *1515*
1 Co 1.3 p a vosotros, de Dios nuestro Padre *1515*
7.15 sujeto a...sino que a p nos llamó Dios *1515*
14.33 Dios no es Dios de confusión, sino de p *1515*
16.11 encaminadle en p, para que venga a mí *1515*
2 Co 1.2 p a vosotros, de Dios nuestro Padre *1515*
13.11 vivid en p; y el Dios de p y de amor *1515,1518*
Gá 1.3 gracia y p sean a vosotros, de Dios el *1515*
5.22 gozo, p, paciencia, benignidad, bondad *1515*
6.16 p y misericordia sea a ellos, y al Israel......... *1515*
Ef 1.2 gracia y p a vosotros, de Dios...Padre *1515*
2.14 él es nuestra p, que de ambos...hizo uno *1515*
2.15 un solo y nuevo hombre, haciendo la p *1515*
2.17 vino y anunció las buenas nuevas de p a........ *1515*
4.3 unidad del Espíritu en el vínculo de la p *1515*
6.15 pies con el apresto del evangelio de la p *1515*
6.23 p sea a los hermanos, y amor con fe, de *1515*
Fil 1.2 p a vosotros, de Dios nuestro Padre *1515*
4.7 p de Dios, que sobrepasa...entendimiento *1515*
4.9 haced; y el Dios de p estará con vosotros *1515*
Col 1.2 gracia y p sean a vosotros, de Dios *1515*
1.20 haciendo la p mediante la sangre de su......... *1517*
3.15 y la p de Dios gobierne en...corazones *1515*
1 Ts 1.1 gracia y p sean a vosotros, de Dios............. *1515*
5.3 digan: P y seguridad, entonces vendrá........... *1515*
5.13 causa de su obra. Tened p entre vosotros....... *1515*
5.23 el Dios de p os santifique por completo *1515*
2 Ts 1.2 p a vosotros, de Dios nuestro Padre *1515*
3.16 y el mismo Señor de p os dé siempre p *1515*
1 Ti 1.2; 2 Ti 1.2 gracia, misericordia y p *1515*
2 Ti 2.22 sigue la justicia, la fe...y la p, con *1515*
Tit 1.4 gracia, misericordia y p, de Dios *1515*
Flm 3 gracia y p a vosotros, de Dios...Padre *1515*
He 7.2 cuyo nombre significa...esto es, Rey de p *1515*
11.31 habiendo recibido a los espías en p............ *1515*
12.14 seguid la p con todos, y la santidad *1515*
13.20 el Dios de p que resucitó...a nuestro *1515*
Stg 2.16 les dice: Id en p, calentaos y saciaos *1515*
3.18 siembra en p para aquellos que hacen la p *1515*
1 P 1.2 gracia y p os sean multiplicadas *1515*
3.11 y haga el bien; busque la p, y sígala............. *1515*
5.14 p sea con todos vosotros...en Jesucristo *1515*
2 P 1.2 gracia y p os sean multiplicadas, en............. *1515*
3.14 hallados por él...irreprensibles, en p *1515*
2 Jn 3 sea con vosotros gracia...y p, de Dios *1515*
3 Jn 15 p sea contigo. Los amigos te saludan *1515*
Jud 2 misericordia y p...os sean multiplicados *1515*
Ap 1.4 gracia y p a vosotros, del que es y que.......... *1515*
6.4 fue dado poder de quitar de la tierra la p *1515*

PECADO

Gn 4.7 si no hicieres...el p está a la puerta............ 2403
18.20 el p de ellos se ha agravado en extremo 2403
20.9 que has atraído sobre mí...tan grande p? 2401
26.10 y hubieras traído sobre nosotros el p.......... 817
31.36 ¿cuál es mi p, para que...hayas venido 2403
50.17 ahora la maldad de tus hermanos y su p 2403
Éx 10.17 que perdonéis mi p solamente esta vez....... 2403
28.43 al altar...para que no lleven p y mueran 5771
29.14 quemarás a fuego...es ofrenda por el p 2403
29.36 cada día ofrecerás...sacrificio por el p........ 2403
30.10 con la sangre del sacrificio por el p 2403
32.21 que has traído sobre él tan gran p? 2401
32.30 vosotros habéis cometido un gran p, pero 2401
32.30 quizá le aplacaré acerca de vuestro p 2403
32.31 pues este pueblo ha cometido un gran p...... 2401
32.32 que perdones ahora su p, y si no, ráeme 2403
32.34 en el día del...castigaré en ellos su p 2403
34.7 que perdona la iniquidad, la rebelión...p....... 2402
34.9 y perdona nuestra iniquidad y nuestro p 2403
Lv 4.3 el sacerdote ungido pecare según el p 2398
4.3 ofrecerá a Jehová, por su p...un becerro 819
4.14 luego que llegue a ser conocido el p que 2403
4.23 conociere su p que cometió, presentará por ... 2403
4.26 el sacerdote hará...la expiación de su p 2403
4.28 que conociere su p que cometió, traerá........ 2403
4.28 cabra sin defecto, por su p que cometió 2403
4.32 por su ofrenda por el p trajere cordero 2403
4.35 expiación de su p que habrá cometido, y 2403
5.1 supo, y no lo denunciaré, él llevará su p 2398
5.6 traerá...por su p...una cordera o una cabra ... 2403
5.6 el sacerdote le hará expiación por su p 2403
5.7 traerá...en expiación por su p que cometió.... 2403
5.10 hará expiación por el p de aquel que lo......... 2403
5.13 en cuanto al p que cometió en alguna de 2403
5.15 carnero sin defecto...en ofrenda por el p 2398
5.16 expiación...por el p, y será perdonado 817
5.17 aun sin hacerlo a sabiendas...llevará su p 2398
6.17 como el sacrificio por el p, y como el 2402
6.25 degollada la ofrenda por el p delante de 2403
6.26 el sacerdote que la ofreciere por el p........... 2398
7.7 como el sacrificio por el p, así es el 2403
7.18 persona que de él comiere llevará su p......... 5771
7.37 es la ley...del sacrificio por el p, del 2403
9.15 y lo ofreció por el p como el primero 2403
14.13 se degüella el sacrificio por el p y el.......... 2403
14.13 como la víctima por el p, así también.......... 2403
14.19 ofrecerá luego...el sacrificio por el p 2403
14.22 uno será para expiación por el p, y el 2403
14.31 uno en sacrificio de expiación por el p 2403
15.15,30 hará del uno ofrenda por el p, y del 2403
Lv 16.15 degollará el macho...expiación por el p........ 2403
16.16 de las impurezas de...y de todos sus p 2403
16.21 y confesará...rebeliones y todos sus p......... 2403
16.25 quemará en el altar la grosura...por el p 2403
16.27 y el macho cabrío inmolados por el p 2403
16.30 y seréis limpios de todos vuestros p 2403
16.34 hacer expiación...todos los p de Israel 2403
19.17 razonarás con tu...no participes de su p 2399
19.22 lo reconciliará...por su p que cometió 2403
19.22 y se le perdonará su p que ha cometido 2403
20.17 descubrió la desnudez de...su p llevará 5771
20.20 su p llevarán; morirán sin hijos 2399
22.9 para que no lleven p por ello, no sea 2399
22.16 les harían llevar la iniquidad del p 819
26.18 castigaros siete veces...por vuestros p 2403
26.21 siete veces más plagas según vuestros p 2403
26.24 heriré aún siete veces por vuestros p........... 2403
26.28 castigaré...siete veces por vuestros p 2403
26.41 humillará su corazón...y reconocerán su p .. 5771
Nm 5.6 cometiere alguno de todos los p con que....... 2403
5.7 aquella persona confesará el p que cometió 2403
5.15 es ofrenda...que trae a la memoria el p 5771
5.31 el hombre será libre...mujer llevará su p....... 5771
9.13 si dejare de celebrar la...llevará su p 2399
12.11 no pongas ahora sobre nosotros este p......... 2403
15.24 el p fue hecho por yerro con ignorancia........ 2403

16.26 para que no perezcáis en todos sus *p* 2403
18.1 tú y tus...llevaréis el *p* del santuario 5771
18.1 tú y...llevaréis el *p* de vuestro sacerdocio 5771
18.9 toda expiación por el *p* de ellos, y toda 2403
18.22 para que no lleven *p* por el cual mueran 2399
18.32 y no llevaréis *p*...hubiereis ofrecido la 2399
27.3 que en su propio *p* murió, y no tuvo hijos 2399
29.11 además de la ofrenda...por el *p*, y del 2403
30.15 los anulare...entonces él llevará el *p* 2403
32.23 mas...sabed que vuestro *p* os alcanzará 2403
Dt 9.18 no comí pan...causa de todo vuestro *p* 2403
9.21 tomé el objeto de vuestro *p*, el becerro 2403
9.27 no mires a...ni a su impiedad ni a su *p* 2403
15.9 él podrá clamar...y se te contará por *p* 2399
19.15 a un solo testigo...en cualquier *p*, en 2403
23.21 lo demandará Jehová tu...y sería *p* en ti 2399
23.22 cuando te abstengas...no habrá en ti *p* 2399
24.15 que no clame contra ti...y sea en ti *p* 2399
24.16 no morirán...cada uno morirá por su *p* 2399
Jos 24.19 no sufrirá vuestras rebeliones y...*p* 2403
1 S 2.17 era...muy grande...el *p* de los jóvenes 2403
12.19 a todos nuestros *p* hemos añadido este 2403
14.38 y ved en qué ha consistido este *p* hoy 2403
15.23 como *p* de adivinación es la rebelión 2403
15.24 Saúl dijo...Perdona, pues, ahora mi *p* 2403
20.1 o cuál mi *p* contra tu padre, para que 2403
25.24 y dijo: Señor mío, sobre mí sea el *p* 5771
2 S 3.8 haces hoy cargo del *p* de esta mujer? 5771
12.13 Jehová ha remitido tu *p*; no morirás 2403
14.32 vea yo...rey, y si hay en mí *p*, máteme 5771
24.10 te ruego que quites el *p* de tu siervo 5771
1 R 8.34 perdonarás el *p* de tu pueblo Israel 2403
8.35 volvieren del *p*, cuando los afligieres 2403
8.36 perdonarás el *p* de tus siervos y de tu 2403
12.30 fue causa de *p*; porque el pueblo iba a 2403
13.34 fue causa de *p* a la casa de Jeroboam 2403
14.16 y él entregará a Israel por los *p* de 2398
14.22 habían hecho en sus *p* que cometieron 2403
15.3 anduvo en todos los *p* que su padre había 2403
15.26 en los *p* con que hizo pecar a Israel 2403
15.30 por los *p* que Jeroboam había cometido 2398
15.34 y en su *p* con que hizo pecar a Israel 2403
16.2 has hecho...provocándome a ira con tus *p* 2398
16.13 por todos los *p* de Baasa y los *p* de Ela 2398
16.19 *p* que había cometido, haciendo pecar 2403
16.19 en su *p* que cometió, haciendo pecar a 2398
16.26 en el *p* con el cual hizo pecar a Israel 2403
16.31; 2 R 3.3; 10.29; 13.2,11; 14.24 2398
15.9,18,24,28 los *p* de Jeroboam hijo de Nabat 2398
2 R 10.31 ni se apartó de los *p* de Jeroboam 2398
12.16 el dinero por el *p*...no se llevaba a la 817
13.6 no se apartaron de los *p* de las casa de 2398
14.6 que cada uno morirá por su propio *p* 2399
17.21 Jeroboam hijo...les hizo cometer gran *p* 2398
17.22 anduvieron en todos los *p* de Jeroboam 2403
21.16 además de su *p*...que hizo pecar a Judá 2403
21.17 hechos de Manasés...y el *p* que cometió 2403
24.3 quitarla de su presencia, por los *p* de 2403
1 Cr 21.3 ¿para qué...que será para *p* a Israel? 819
2 Cr 6.25 perdonarás el *p* de tu pueblo Israel 2403
6.26 y se convirtieren de sus *p*, cuando los 2403
6.27 perdonarás el *p* de tus siervos y de tu 2403
7.14 y perdonaré sus *p*, y sanaré su tierra 2403
24.18 la ira de Dios vino sobre...este su *p* 819
25.4 los padres; mas cada uno morirá por su *p* 2399
28.13 *p* contra Jehová estará sobre nosotros 819
28.13 tratáis de añadir sobre nuestros *p* y 2403
28.22 rey Acaz...añadió mayor *p* contra Jehová ... 4603
33.19 sus *p*, y su prevaricación...escritas en
33.23 pero nunca se...antes bien aumentó el *p* 819
Esd 9.2 ha sido la primera en cometer este *p* 4604
9.7 hasta este día hemos vivido en gran *p* 819
9.13 causa de nuestro gran *p*, ya que tú, Dios 819
10.6 porque se entristeció a causa del *p* de 4604
10.10 habéis pecado...añadiendo así sobre el *p* 819
10.19 y ofrecieron como ofrenda por su *p* un 819
Neh 1.6 confieso los *p* de los hijos de Israel 2403
4.5 su iniquidad, ni su *p* sea borrado delante 2403
9.2 confesaron sus *p*, y las iniquidades de 2403
9.3 confesaron sus *p* y adoraron a Jehová su
9.37 has puesto sobre nosotros por nuestros *p* 2403
10.33 y los sacrificios...por el *p* de Israel 2403
Job 8.4 pecaron...los echó en el lugar de su *p* 2398
10.6 para que inquieras mi...y busques mi *p* 2403
13.23 ¿cuántas iniquidades y *p* tengo yo? 2403
13.23 hazme entender mi transgresión y mi *p* 2403
13.26 me haces cargo de los *p* de mi juventud? 5771
14.16 me cuentas los...no das tregua a mi *p* 2403
31.30 ni aun...al *p* mi lengua, pidiendo 2398
34.37 a su *p* añadió rebeldía; bate palmas 2403
Sal 25.7 de los *p* de mi juventud...rebeliones 2403
25.11 perdonarás también mi *p*, que es grande 2403
25.18 mira mi aflicción...perdona todos mis *p* 2403
32.1 cuya...ha sido perdonada, y cubierto su *p* 2401
32.5 mi *p*...declaré, y no encubrí mi iniquidad 2403
32.5 dije...y tú perdonaste la maldad de mi *p* 2403
38.3 ni hay paz en mis huesos, a causa de...*p* 2403
38.18 confesaré mi...me contristaré por mi *p* 2403
39.11 castigos por el *p* corriges al hombre 5771
51.2 lávame más y más de...y límpiame de mi *p* 2403
51.3 porque...mi *p* está siempre delante de mí 2403
51.5 en maldad...y en *p* me concibió mi madre 2399
51.9 esconde tu rostro mis *p*, y borra todas 2399
59.3 no por falta mía, ni *p* mío, oh Jehová 2403
59.12 por el *p* de su boca, por la palabra de 2403
68.21 la cabeza de...del que camina en sus *p* 817
69.5 tú conoces...y mis *p* no te son ocultos 819
79.9 perdona nuestros *p* por amor de...nombre 2403
85.2 tu pueblo; todos los *p* de ellos cubriste 2403
103.10 ni nos ha pagado conforme a nuestros *p* 2399
109.7 salga culpable...y su oración sea para *p* 2401
109.14 y el *p* de su madre no sea borrado 2403
130.3 si mirares a los *p*, ¿quién, oh Señor 5771
130.8 y él redimirá a Israel de todos sus *p* 5771
Pr 5.22 retenido será con las cuerdas de su *p* 2403
10.16 vida; mas el fruto del impío es para *p* 2403
10.19 en las muchas palabras no falta *p*; mas 6588
11.6 los pecadores serán atrapados en su *p* 1942
14.9 los necios se mofan del *p*; mas entre los 817
14.34 mas el *p* es afrenta de las naciones 2403
16.6 con misericordia y verdad...corrige el *p* 5771
20.9 podrá decir: Yo...limpio estoy de mi *p*? 2403
21.4 orgullo...y pensamiento de impíos, son *p* 2403
24.9 pensamiento...necio es *p*, y abominación 2403
28.13 el que encubre sus *p* no prosperará; mas 6588
Is 1.18 si vuestros *p* fueren como la grana 2399
3.9 porque como Sodoma publican su *p*, no lo 2403
5.18 traen...el *p* como en coyundas de carreta 2402
6.7 he aquí...quitada tu culpa, y limpio tu *p* 2403
22.14 este *p* no os será perdonado hasta que 5771
24.20 se agravará sobre ella su *p*, y caerá 6588
27.9 será todo el fruto, la remoción de su *p* 2403
30.1 hijos que se apartan...añadiendo *p* a *p*! 2403
30.13 este *p* como grieta que amenaza ruina 5771
38.17 echaste tras tus espaldas todos mis *p* 2399
40.2 decidle a voces...que su *p* es perdonado 2403
40.2 que doble ha recibido...por todos sus *p* 2403
43.24 sino pusiste sobre mí la carga de tus *p* 2403
43.25 borro tus...y no me acordaré de tus *p* 2403
44.22 deshice...como niebla tus *p*; vuélvete a 2403
53.5 herido fue por...molido por nuestros *p* 5771
53.6 mas Jehová cargó en él el *p* de...nosotros 5771
53.10 puesto su vida en expiación por el *p* 817
53.12 habiendo él llevado el *p* de muchos, y 2399
58.1 su rebelión, y a la casa de Jacob su *p* 2403
59.2 vuestros *p* han hecho ocultar...su rostro 2403
59.12 y nuestros *p* han atestiguado contra 2403
59.12 iniquidades, y conocemos nuestros *p* 2403
64.5 en...*p* hemos perseverado por largo tiempo... 2403
Jer 2.22 la mancha de tu *p* permanecerá aún 5771
5.25 y vuestros *p* apartaron de vosotros el 2403
14.10 se acordará...maldad, y castigará sus *p* 2403
15.13 entregaré a la rapiña...por todos tus *p* 2403
16.10 ¿qué maldad es la nuestra, o qué *p* es 2403
16.18 pagaré al doble su iniquidad y su *p* 2403
17.1 el *p* de Judá escrito está con cincel de 2403
17.3 todos tus tesoros entregaré al...por el *p* 2403
18.23 ni borres su *p* de delante de tu rostro 2403
30.14 a causa de...y de la multitud de tus *p* 2403
30.15 por...y por tus muchos *p* te he hecho esto 2403
31.34 perdonaré...no me acordaré más de su *p* 2403
33.8 todos sus *p* con que contra mí pecaron 5771
36.3 se arrepienta...y yo perdonaré su...y su *p* 2403
50.20 buscada...*p* de Judá, y no se hallarán 2403
51.5 su tierra fue llena de *p* contra el Santo 817
Lm 1.8 *p* cometió Jerusalén, por lo cual ella 2398
2.14 y no descubrieron tu *p* para impedir tu 5771
3.39 se lamenta...Laméntese el hombre en su *p* 2399
4.6 la iniquidad de...más que el *p* de Sodoma
4.13 es por causa de los *p* de sus profetas 2403
4.22 castigará tu iniquidad, oh...Edom...tus *p* 2403
Ez 3.20 en su *p* morirá, y sus justicias que 2403
16.51 Samaria no cometió ni la mitad de tus *p* 2403
16.52 tu vergüenza en los *p* que tú hiciste 2403
18.14 cual viere todos los *p* que su padre hizo 2403
18.19 el hijo no llevará el *p* de su padre? 5771
18.20 el hijo no llevará el *p* del padre, ni 5771
18.20 ni el padre llevará el *p* del hijo; la 5771
18.21 el impío, si se apartare de todos sus *p* 2403
18.24 por el *p* que cometió, por ello morirá 2403
20.43 os aborreceréis a...a causa de todos...*p* 7451
21.24 traiciones, y descubriendo vuestros *p* 2403
23.49 y pagaréis los *p* de vuestra idolatría 2399
29.16 haga recordar el *p* de mirar en pos de 5771
32.27 mas sus *p* estarán sobre sus huesos, por 5771
33.6 éste fue tomado por causa de su *p*, pero 5771
33.8 tú no hablares...el impío morirá por su *p* 5771
33.9 él morirá por su *p*, pero tú libraste tu
33.10 nuestros *p* están sobre nosotros, y a 2403
33.14 si él se convirtiere de su *p*, e hiciere 2403
33.16 no se le recordará ninguno de sus *p* que 2403
39.23 de Israel fue llevada cautiva por su *p* 5771
40.39 para degollar...el sacrificio por el *p* 2403
42.13 allí pondrán las...el sacrificio por el *p* 2403
43.10 muestra a la...y avergüéncense de sus *p* 5771
44.29 el sacrificio por el *p* comerán, y toda 2403
45.22 sacrificará por sí...un becerro por el *p* 2403
45.23 y por el *p* un macho cabrío cada día 2403
46.20 donde...cocerán la ofrenda por el *p* y la 2403
Dn 4.27 oh rey...tus *p* redime con justicia, y 2408
9.16 a causa de nuestros *p*, y por la maldad 2399
9.20 y confesando mi *p* y el *p* de mi pueblo 2403
9.24 y poner fin al *p*, y expiar la iniquidad 2403
Os 4.8 *p* de mi pueblo comen, y en sus maldad 2403
5.5 cara; Israel y Efraín tropezarán en su *p* 5771
5.15 hasta que reconozcan su *p* y busquen mi 816
8.13 ahora se acordará de...y castigará su *p* 2403
9.9 acordará de su iniquidad, castigará su *p* 2403
10.8 de Avén serán destruidos, el *p* de Israel 2403
12.8 nadie hallará...*p* en todos mis trabajos 5771
13.2 añadieron a su *p*, y de su plata se han 2398
13.12 la maldad de Efraín; su *p* está guardado 5771
14.1 vuelve, oh Israel, a...por tu *p* has caído 5771
Am 1.3,6,9,11,13; 2.1,4,6 por tres *p* de...y por el cuarto . 6588
5.12 porque yo sé de...de vuestros grandes *p* 2403
8.14 que juran por el *p* de Samaria, y dicen 819
Mi 1.5 esto...y por los *p* de la casa de Israel 2403
1.13 fuisteis principio de *p* a la hija de Sion 2403
3.8 para denunciar a Jacob...y a Israel su *p* 2403
6.7 el fruto de mis entrañas por el *p* de mi 2403
6.13 hice...hiriéndote, asolándote por tus *p* 2403
7.18 olvida el *p* del remanente de su heredad 5771
7.19 echará en lo profundo del mar todos...*p* 2403
Zac 3.4 mira que he quitado de ti tu *p*, y te 5771
3.9 y quitaré el *p* de la tierra en un día 5771
13.1 la purificación del *p* y de la inmundicia 2403
14.19 esta será la pena del *p* de Egipto, y 2403
14.19 y del *p* de...naciones que no subieren a 2403
Mt 1.21 porque él salvará a su pueblo de sus *p* *266*
3.6 eran bautizados por él...confesando sus *p* *266*
9.2 **ten ánimo, hijo; tus *p* te son perdonados** *266*
9.5 **decir: Los *p* te son perdonados, o decir** *266*
9.6 **potestad en la tierra para perdonar *p*** *266*
12.31 **todo *p* y blasfemia será perdonado a los** *266*
26.28 **es derramada para remisión de los *p*** *266*
Mr 1.4 predicaba el bautismo de...perdón de *p* *266*
1.5 eran bautizados por él...confesando sus *p* *266*
2.5 **dijo al...Hijo, tus *p* te son perdonados** *266*
2.7 ¿quién puede perdonar *p*, sino sólo Dios? *266*
2.9 ***p* te son perdonados, o...Levántate, toma** *266*
2.10 **potestad en la tierra para perdonar *p*** *266*
3.28 **todos los *p* serán perdonados a los hijos** *266*
4.12 **conviertan, y les sean perdonados los *p*** *266*
Lc 1.77 dar...salvación...para perdón de sus *p* *266*
3.3 del arrepentimiento para perdón de *p* *266*
5.20 **le dijo: Hombre, tus *p* te son perdonados** *266*
5.21 ¿quién puede perdonar *p* sino sólo Dios? *266*
5.23 **decir: Tus *p* te son perdonados, o decir** *266*
5.24 **el Hijo...tiene potestad...para perdonar *p*** *266*
7.47 **digo que sus muchos *p* le son perdonados** *266*
7.48 **a ella le dijo: Tus *p* te son perdonados** *266*
7.49 ¿quién es éste, que también perdona *p*? *266*
11.4 **y perdónanos nuestros *p*, porque también** *266*
24.47 **predicase en su nombre el perdón de *p*** *266*
Jn 1.29 el Cordero...que quita el *p* del mundo *266*
8.7 **esté sin *p* sea el primero en arrojar la** *361*
8.21 **buscaréis, pero en vuestro *p* moriréis** *266*
8.24 **eso os dije que moriréis en vuestros *p*** *266*
8.34 **todo aquel que hace *p*, esclavo es del *p*** *266*
8.46 **¿quién de vosotros me redarguye de *p*?** *266*
9.34 naciste del todo en *p*, ¿y nos enseñas *266*
9.41 **si fuerais ciegos, no tendríais *p*; mas** *266*
9.41 **porque decís: Vemos, vuestro *p* permanece** *266*
15.22 **ni les hubiera hablado, no tendrían *p*** *266*
15.22 **pero ahora no tienen excusa por su *p*** *266*
15.24 **si yo no hubiese hecho...no tendrían *p*** *266*
16.8 **él venga, convencerá al mundo de *p*, de** *266*
16.9 **de *p*, por cuanto no creen en mí** *266*
19.11 **que a ti me ha entregado, mayor *p* tiene** *266*
20.23 **a quienes remitiereis los *p*, les son** *266*
Hch 2.38 bautícese cada uno...perdón de los *p* *266*
3.19 para que sean borrados vuestros *p*; para *266*
5.31 para dar...arrepentimiento y perdón de *p* *266*
7.60 Señor, no les tomes en cuenta este *P* *266*
10.43 en él creyeren, recibirán perdón de *p* *266*
13.38 medio de él se os anuncia perdón de *p* *266*
22.16 levántate y bautízate, y lava tus *p* *266*
26.18 **que reciban, por la fe...perdón de *p* y** *266*
Ro 3.9 judíos y a gentiles, que...están bajo *p* *266*
3.20 por medio de...es el conocimiento del *p* *266*
3.25 de haber pasado por alto...los *p* pasados *265*
4.7 son perdonadas, y cuyos *p* son cubiertos *266*
4.8 el varón a quien el Señor no inculpa de *p* *266*
5.12 el *p* entró en el mundo por un hombre, y *266*
5.12 por el *p* la muerte, así la muerte pasó *266*
5.13 pues antes de la ley, había *p* en el mundo *266*
5.13 pero donde no hay ley, no se inculpa de *p* *266*
5.16 el juicio vino a causa de un solo *p* para *266*
5.20 ley se introdujo para que el *p* abundase *266*
5.20 mas cuando el *p* abundó, sobreabundó la *266*
5.21 para que así como el *p* reinó para muerte *266*
6.1 ¿perseveraremos en el *p*...gracia crezca? *266*
6.2 porque los que hornos muerto al *p*, ¿cómo *266*
6.6 para que el cuerpo del *p* sea destruido *266*
6.6 sea destruido...que no sirvamos más al *p* *266*
6.7 que ha muerto, ha sido justificado del *p* *266*
6.10 en cuanto murió, al *p* murió una vez por *266*
6.11 así...consideraos muertos al *p*, pero vivos *266*
6.12 no reine...el *p* en vuestro cuerpo mortal *266*
6.13 tampoco presentéis...miembros al *p* como *266*
6.14 el *p* no se enseñoreará de vosotros; pues *266*
6.16 del *p* para muerte, o sea de la obediencia *266*
6.17 erais esclavos del *p*, habéis obedecido *266*
6.18 y libertados del *p*, vinisteis a ser *266*
6.20 esclavos del *p*, erais libres acerca de *266*
6.22 libertados del *p* y hechos siervos de Dios *266*
6.23 porque la paga del *p* es muerte, mas la *266*
7.7 ¿qué diremos, pues? ¿La ley es *p*? En *266*
7.7 pero yo no conocí el *p* sino por la ley *266*
7.8 el *p*, tomando ocasión por el mandamiento *266*
7.8 porque sin la ley el *p* está muerto *266*
7.9 pero venido el mandamiento, el *p* revivió *266*
7.11 el *p*, tomando ocasión por el mandamiento *266*
7.13 que el *p*, para mostrarse *p*, produjo en mí *266*
7.13 *p* llegase a ser sobremanera pecaminoso *266*
7.14 la ley es...yo soy carnal, vendido al *p* *266*
7.17 ya no soy yo quien hace...sino el *p* que *266*
7.20 no lo hago yo, sino el *p* que mora en mí *266*
7.23 que me lleva cautivo a la ley del *p* que *266*
7.25 sirvo...mas con la carne a la ley del *p* *266*
8.2 ha librado de la ley del *p* y de la muerte *266*
8.3 Dios, enviando a su Hijo en...carne de *p* *266*
8.3 a causa del *p*, condenó al *p* en la carne *266*

8.10 el cuerpo en... está muerto a causa del *p* *266*
11.27 pacto con ellos, cuando yo quite sus *p* *266*
14.23 y todo lo que no proviene de fe, es *p* *266*
1 Co 6.18 cualquier otro *p*... fuera del cuerpo *266*
15.3 Cristo murió por nuestros *p*, conforme a *266*
15.17 fe es vana; aún estáis en vuestros *p* *266*
15.56 el aguijón... es el *p*, y el poder del *p* *266*
2 Co 5.19 no tomándoles en cuenta a los... sus *p* *3900*
5.21 que no conoció *p*, por nosotros lo hizo *p* *266*
Gá 1.4 se dio a sí mismo por nuestros *p*, para *266*
2.17 y si... ¿es por eso Cristo ministro de *p*? *266*
3.22 mas la Escritura lo encerró todo bajo *p* *266*
Ef 1.7 el perdón de *p* según las riquezas de su *3900*
2.1 estabais muertos en vuestros delitos y *p* *266*
2.5 estando nosotros muertos en *p*, nos dio *3900*
Col 1.14 quien tenemos redención... perdón de *p* *266*
2.13 y a vosotros, estando muertos en *p* y en *3900*
2.13 os dio vida... perdonándoos todos los *p* *3900*
1 Ts 2.16 así colman ellos... la medida de sus *p* *266*
2 Ts 2.3 se manifieste el hombre de *p*, el hijo *266*
1 Ti 5.22 a ninguno, ni participes en *p* ajenos *266*
5.24 *p* de algunos hombres se hacen patentes *266*
2 Ti 3.6 cautivas... mujercillas cargadas de *p* *266*
He 1.3 purificación de nuestros *p* por medio de *266*
2.17 sacerdote... para expiar los *p* del pueblo *266*
3.13 ninguno... endurezca por el engaño del *p* *266*
4.15 uno que fue tentado en todo... pero sin *p* *266*
5.1 para que presente ofrendas y... por los *p* *266*
5.3 debe ofrecer por los *p*, tanto por sí mismo *266*
7.27 ofrecer... sacrificios por sus propios *p* *266*
8.12 nunca más me acordaré de sus *p* y de sus *266*
9.7 por sí mismo y por los *p* de ignorancia *51*
9.26 de sí mismo para quitar de en medio el *p* *266*
9.28 fue ofrecido... para llevar los *p* de muchos *266*
9.28 aparecerá... sin relación con el *p*, para *266*
10.2 vez, no tendrían ya más conciencia de *p* *266*
10.3 pero... cada año se hace memoria de los *p* *266*
10.4 la sangre de los... no puede quitar los *p* *266*
10.6 y expiaciones por el *p* no te agradaron *266*
10.8 y expiaciones por el *p* no quisiste, ni *266*
10.11 sacrificios... nunca pueden quitar los *p* *266*
10.12 ofrecido... sacrificio por los *p*, se ha *266*
10.17 añade... nunca más me acordaré de sus *p* *266*
10.18 remisión... no hay más ofrenda por el *p* *266*
10.26 ya no queda más sacrificio por los *p* *264*
11.25 gozar de los deleites temporales del *p* *266*
12.1 despojémonos de todo... *p* que nos asedia *266*
12.4 no habéis resistido hasta... contra el *p* *266*
13.11 sangre a causa del *p* es introducida en *266*
Stg 1.15 da a luz el *p*; y el *p*... da a luz la *266*
2.9 cometéis *p*, y quedáis convictos por la *266*
4.17 hacer lo bueno, y no lo hace, le es *p* *266*
5.15 hubiere cometido *p*, le serán perdonados *266*
5.20 salvará... alma, y cubrirá multitud de *p* *266*
1 P 2.22 no hizo *p*, ni se halló engaño en su *266*
2.24 llevó él mismo nuestros *p* en su cuerpo *266*
2.24 estando muertos a los *p*, vivamos a la *266*
3.18 Cristo padeció una sola vez por los *p* *266*
4.1 quien ha padecido en... terminó con el *p* *266*
4.8 porque el amor cubrirá multitud de *p* *266*
2 P 1.9 olvidado la purificación de sus... *p* *266*
1 Jn 1.7 y la sangre de... nos limpia de todo *p* *266*
1.8 decimos que no tenemos *p* nos engañamos *266*
1.9 si confesamos nuestros *p*, el es fiel y *266*
1.9 es fiel y justo para perdonar nuestros *p* *266*
2.2 y él es la propiciación por nuestros *p* *266*
2.12 vuestros *p* os han sido perdonados por su *266*
3.4 que comete *p*, infringe también la ley *266*
3.4 la ley, pues el *p* es infracción de la ley *266*
3.5 para quitar nuestros *p*, y no hay *p* en él *266*
3.8 que practica el *p* es del diablo; porque *266*
3.9 que es nacido de Dios, no practica el *p* *266*
4.10 su Hijo en propiciación por nuestros *p* *266*
5.16 alguno viere a su hermano cometer *p* que *264*
5.16 los que cometen *p* que no sea de muerte *266*
5.16 hay *p* de muerte, por el cual yo no digo *266*
5.17 toda injusticia es *p*; pero hay *p* no de *266*
5.18 nacido de Dios, no practica el *p*, pues *266*
Ap 1.5 y nos lavó de nuestros *p* con su sangre *266*
18.4 para que no seáis partícipes de sus *p* *266*
18.5 porque sus *p* han llegado hasta el cielo *266*

PECADOR, A

Gn 13.13 los hombres de Sodoma eran malos y *p* 2400
Nm 32.14 prole de hombres *p*, para añadir aún 2400
1 S 15.18 destruye a los *p* de Amalec, y hazles 2400
Job 24.19 la nieve; así también el Seol a los *p* 2398
Sal 1.1 no anduvo en... ni estuvo en camino de *p* 2400
1.5 ni los *p* en la congregación de los justos 2400
25.8 es Jehová... él enseñará a los *p* el camino 2400
26.9 no arrebates con los *p* mi alma, ni mi 2400
37.16 mejor es... que las riquezas de muchos *p* 7563
37.34 cuando sean destruidos los *p*, los verás 7563
51.13 enseñaré... y los *p* se convertirán a ti 2400
75.10 quebrantaré todo el poderío de los *p* 7563
104.35 sean consumidos de la tierra los *p*, y 2400
Pr 1.10 mío, si los *p* te quisieren engañar, no 2400
11.3 pero destruirá a los *p* la perversidad 898
11.6 mas los *p* serán atrapados en su pecado 898
11.31 el justo... ¡cuánto más el impío y el *p*! 2398
13.6 **guarda**... mas la impiedad trastornará al *p* 2403
13.21 mal perseguirá a los *p*, mas los justos 2403
13.22 la riqueza del *p* está guardada para el 2398
23.17 no tenga tu corazón envidia de los *p* 2400
Ec 2.26 mas al *p* da el trabajo de recoger y 2398
7.26 escapará... mas el *p* quedará en ella preso 2398
8.12 el *p* haga mal cien veces, y prolongue 2398
9.18 mejor es... pero un *p* destruye mucho bien 2398
Is 1.4 ¡oh gente *p*, pueblo cargado de maldad 2398
1.28 rebeldes y *p* a una serán quebrantados 2400
13.9 el día de Jehová... raer de ella a sus *p* 2400
31.7 sus ídolos... han hecho vuestras manos *p* 2399
33.14 los *p* se asombraron en Sion, espanto 2400
53.12 contado con los *p*, habiendo él llevado 2399
65.20 niño... y el *p* de cien años será maldito 2398
Am 9.8 ojos de Jehová... están contra el reino *p* 2401
9.10 espada morirán todos los *p* de mi pueblo 2400
Mt 9.10 publicanos y *p*, que habían venido, se *268*
9.11 ¿Por qué come... con los publicanos y *p*? *268*
9.13 **a justos, sino a *p*, al arrepentimiento** *268*
11.19 **dicen: He aquí un hombre... amigo de... *p*** *268*
26.45 **y el Hijo... es entregado en manos de *p*** *268*
Mr 2.15 muchos publicanos y *p* estaban también *268*
2.16 viéndole comer... con los *p*, dijeron a los *268*
2.16 esto, que él come y bebe con los... y *p*? *268*
2.17 **no... venido a llamar a justos, sino a *p*** *268*
8.38 **se avergonzare... en esta generación... *p*** *268*
14.41 **Hijo... es entregado en manos de los *p*** *268*
Lc 5.8 apártate de mí, Señor... soy hombre *p* *268*
5.30 ¿Por qué coméis y... con publicanos y *p*? *268*
5.32 **a justos, sino a *p* al arrepentimiento** *268*
6.32 **también los *p* aman a los que los aman** *268*
6.33 **porque también los *p* hacen lo mismo** *268*
6.34 **porque también los *p* prestan a los *p*** *268*
7.34 **éste es un... amigo de publicanos y de *p*** *268*
7.37 una mujer de la ciudad, que era *p*, al *268*
7.39 conocería... es la que le toca, que es *p* *268*
13.2 **estos... eran más *p* que todos los galileos?** *268*
15.1 se acercaban a Jesús todos los... *p* para *268*
15.2 éste a los *p* recibe, y con ellos come *268*
15.7 **habrá más gozo en el cielo por un *p* que** *268*
15.10 **hay gozo... por un *p* que se arrepiente** *268*
18.13 **diciendo: Dios, sé propicio a mí, *p*** *268*
19.7 había entrado a posar con un hombre *p* *268*
24.7 que... sea entregado en manos de hombres *p* ... *268*
Jn 9.16 ¿cómo puede un... *p* hacer estas señales? *268*
9.24 nosotros sabemos que ese hombre es *p* *268*
9.25 si es *p*, no lo sé; una cosa sé, que: veo *268*
9.31 sabemos que Dios no oye a los *p*, pero *268*
Ro 3.7 si... ¿por qué aún soy juzgado como *p*? *268*
5.8 siendo aún *p*, Cristo murió por nosotros *268*
5.19 los muchos fueron constituidos *p*, así *268*
Gá 2.15 judíos... y no *p* de entre los gentiles *268*
2.17 también nosotros somos hallados *p*, ¿es *268*
1 Ti 1.9 los impíos y *p*, para los irreverentes *268*
1.15 Cristo Jesús vino... para salvar a los *p* *268*
He 7.26 apartado de los *p*, y hecho... sublime *268*
12.3 sufrió tal contradicción de *p* contra sí *268*
Stg 4.8 *p*, limpiad las manos; y vosotros los *268*
5.20 el que haga volver al *p* del error de su *268*
1 P 4.18 ¿en dónde aparecerá el impío y el *p*? *268*
Jud 15 las cosas duras que los *p*... han hablado *268*

PECAMINOSO, A

Ro 7.5 las pasiones *p* que eran por la ley *266*
7.13 el pecado llegase a ser sobremanera *p* *268*
Col 2.11 echar de vosotros el cuerpo *p* carnal *266*

PECAR

Gn 20.6 también te detuve de *pecar* contra mí 2398
20.9 ¿y en qué *pequé* yo contra ti, que has 2401
39.9 haría yo este... y *pecaría* contra Dios? 2398
42.21 hemos *pecado* contra nuestro hermano 816
42.22 y dije: No *pequéis* contra el joven, y 2398
Éx 9.27 he *pecado* esta vez; Jehová es justo, y 2398
9.34 se obstinó en *pecar*, y endurecieron su 2398
10.16 he *pecado* contra Jehová vuestro Dios 2398
20.20 que su temor esté... para que no *pequéis* 2398
23.33 que te hagan *pecar* contra mí sirviendo 2398
32.33 al que *pecare* contra mí, a éste raeré 2398
Lv 4.2 cuando alguna persona *pecare* por yerro 2398
4.3 ungido *pecare según* el pecado del pueblo 2398
4.22 *pecare* un jefe, e hiciere por yerro algo 2398
4.22 cosas que no se han de hacer, y *pecare* 2398
4.27 si alguna persona del... *pecare* por yerro 2398
5.1 si alguno *pecare* por haber sido llamado a 2398
5.5 *pecare* en... confesará aquello en que pecó 2398
5.11 el que *pecó* traerá como ofrenda... harina 2403
5.15 y *pecare* por yerro en las cosas santas 2398
5.17 si una persona *pecare*, o hiciere alguna 2398
6.2 una persona *pecare* e hiciere prevaricación 2398
6.3 en... cosas en que suele *pecar* el hombre 2398
6.4 habiendo *pecado*... restituirá aquello que 2398
Nm 5.7 y lo dará a aquel contra quien *pecó* 2403
6.11 hará... de lo que *pecó* a causa del muerto 2403
12.11 locamente hemos actuado, y... *pecado* 2403
14.40 henos aquí para subir al... hemos *pecado* 2403
15.27 una persona *pecare* por yerro, ofrecerá 2403
15.28 hará expiación por la... que haya *pecado* 7683
15.28 *pecare* por yerro delante de Jehová, la 2398
16.22 ¿no es un solo hombre el que *pecó*? ¿Por 2398
16.38 los incensarios de estos que *pecaron* 2400
21.7 hemos *pecado* por haber hablado contra 2398
22.34 he *pecado*, porque no sabía que tú te 2398
32.23 habréis *pecado* ante Jehová; y sabed que 2398
Dt 1.41 dijisteis: Hemos *pecado* contra Jehová 2398
9.16 y miré, y... habíais *pecado* contra Jehová 2398
20.18 y *pequéis* contra Jehová vuestro Dios 2398
32.51 porque *pecasteis* contra mí en medio de 4603
Jos 7.11 Israel ha *pecado*, y... han quebrantado 2398
7.20 Acán respondió... he *pecado* contra Jehová 2398
Jue 10.10 hemos *pecado*... hemos dejado a... Dios 2398
10.15 hemos *pecado*; haz tú... como... te parezca 2398
11.27 nada he *pecado* contra ti, mas tú haces 2398
1 S 2.24 pues hacéis *pecar* al pueblo de Jehová 2398
2.25 si *pecare* el hombre contra el hombre, los 2398
2.25 si alguno *pecare* contra Jehová, ¿quién 2398
7.6 dijeron allí: Contra Jehová hemos *pecado* 2398
12.10 hemos *pecado*... hemos dejado a Jehová 2398
12.23 lejos sea de mí que *peque* yo contra 2398
14.33 el pueblo *peca* contra Jehová, comiendo 2398
14.34 no *pequéis* contra Jehová comiendo la 2398
15.24 yo he *pecado*; pues he quebrantado el 2398
15.30 dijo: Yo he *pecado*; pero te ruego que 2398
19.4 no *peque* el rey contra su siervo David 2398
19.5 pues, *pecarás* contra la sangre inocente 2398
24.11 ni he *pecado* contra ti; sin embargo, tú 2398
26.21 he *pecado*; vuélvete, hijo mío David, que 2398
2 S 12.13 David a Natán: *Pequé* contra Jehová 2398
19.20 reconozco haber *pecado*, y he venido hoy 2398
24.10 yo he *pecado* gravemente por haber hecho ... 2398
24.17 David dijo... Yo *pequé*, yo hice la maldad 2398
1 R 8.31 si alguno *pecare* contra su prójimo 2398
8.33 derrotado... por haber *pecado* contra ti 2398
8.35 y no lloviere, por haber ellos *pecado* 2398
8.46 si *pecaren*... no hay hombre que no *peque* 2398
8.47 y dijeren: *Pecamos*, hemos hecho lo malo 2398
8.50 perdonarás a tu pueblo que había *pecado* 2398
14.16 cual pecó, y ha hecho *pecar* a Israel 2398
15.26 pecados con que hizo *pecar* a Israel 2398
15.30 y con los cuales hizo *pecar* a Israel 2398
15.34 su pecado con que hizo *pecar* a Israel 2398
16.2 y has hecho *pecar* a mi pueblo Israel 2398
16.13 *pecaron* e hicieron pecar a Israel 2398
16.19 que cometió, haciendo *pecar* a Israel 2398
16.26 pecado... el cual hizo *pecar* a Israel 2398
18.9 ¿en qué he *pecado*, para que entregues 2398
21.22 y con que has hecho *pecar* a Israel 2398
22.52 de Jeroboam... que hizo *pecar* a Israel 2398
2 R 3.3; 10.29,31; 13.2,6,11; 14.24; 15.9,18,24,28
Jeroboam... que hizo *pecar* a Israel 2398
17.7 hijos de Israel *pecaron* contra Jehová 2398
18.14 yo he *pecado*; apártate de mí, y haré 2398
21.11 ha hecho *pecar* a Judá con sus ídolos 2398
21.16 su pecado con que hizo *pecar* a Judá 2398
23.15 Jeroboam... el que hizo *pecar* a Israel 2398
1 Cr 21.8 he *pecado* gravemente al hacer esto 2398
21.17 yo... soy el que *pequé*... he hecho mal 2398
2 Cr 6.22 si alguno *pecare* contra su prójimo 2398
6.26 cielos se cortaron... por haber *pecado* 2398
6.36 si pecaron... no hay hombre que no *peque* 2398
6.37 oraren a ti... y dijeron: *Pecamos*, hemos 2398
6.39 perdonarás a tu pueblo que *pecó* contra 2398
19.10 no *pequen*... Haciendo así, no pecaréis 816
28.10 mas ¿no habéis *pecado*... contra Jehová 819
Esd 10.2 nosotros hemos *pecado* contra nuestro 4603
10.10 *pecado*, por cuanto tomasteis mujeres 4603
10.13 somos muchos los que hemos *pecado* en 6586
Neh 1.6 yo y la casa de mi padre hemos *pecado* 2398
1.8 si vosotros *pecareis*, yo os dispersaré 4603
6.13 que *pecase*, y les sirviera de mal nombre 2398
9.29 *pecaron* contra tus juicios, los cuales 2398
13.26 no *pecó* por esto Salomón, rey de 2398
13.26 aun a él le hicieron *pecar* las mujeres 2398
Est 1.16 no solamente contra el rey ha *pecado* 5753
Job 1.5 decía... Quizá habrán *pecado* mis hijos 2398
1.22 en todo esto no *pecó* Job, ni atribuyó a 2398
2.10 en todo esto no *pecó* Job con sus labios 2398
7.20 si he *pecado*, ¿qué puedo hacerte a ti 2398
8.4 si tus hijos *pecaron* contra él, él los 2398
10.14 si *pequé*, tú me has observado, y no me 2398
33.27 y al que dijere: *Pequé*, y pervertí lo 2398
35.3 qué provecho tendré de no haber *pecado*? 2403
35.6 si *pecares*, ¿qué habrás logrado contra 2398
Sal 4.4 temblad, y no *pequéis*; meditad en 2398
39.1 atenderé... para no *pecar* con mi lengua 2398
41.4 sana mi alma, porque contra ti he *pecado* 2398
51.4 contra ti solo he *pecado*, y he hecho lo 2398
78.17 pero aún volvieron a *pecar* contra él 2398
78.32 *pecaron* aún, y no dieron crédito a sus 2398
106.6 *pecamos* nosotros, como nuestros padres 2398
119.11 he guardado tus dichos, para no *pecar* 2398
Pr 8.36 que *peca* contra mí, defrauda su alma 2398
14.21 *peca* el que menosprecia a su prójimo 2398
19.2 aquel que se apresura con los pies, *peca* 2398
20.2 el que lo enfurece *peca* contra sí mismo 2398
29.22 levanta... el furioso muchas veces *peca* 6588
Ec 5.6 no dejes que tu boca te haga *pecar*, ni 2398
7.20 no hay... que haga el bien y nunca *peque* 2398
9.2 como al bueno, así al que *peca*; al que 2398
Is 29.21 que hacen *pecar* al hombre en palabra 2398
42.24 ¿no fue Jehová, contra quien *pecamos*? 2398
43.27 tu primer padre *pecó*, y tus enseñadores 2398
64.5 tú te enojaste porque *pecamos*; en los 2398
Jer 2.35 juicio... porque dijiste: No he *pecado* 2398
3.25 porque *pecamos* contra Jehová nuestro 2398
8.14 aguas de hiel, porque *pecamos* contra 2398
14.7 Jehová, actúa... contra ti hemos *pecado* 2398
14.20 padres; porque contra ti hemos *pecado* 2398
32.35 abominación, para hacer *pecar* a Judá 2398
33.8 y su maldad con que *pecaron* contra mí 2398
33.8 sus pecados con que *pecaron* contra mí 2398
37.18 ¿en qué *pequé* contra ti, y contra tus 2398
40.3 *pecasteis* contra Jehová, y no oísteis 2398
44.23 incienso y *pecasteis* contra Jehová, y 2398
50.7 no *pecaremos*, porque ellos pecaron contra 2398
50.14 no escatiméis las saetas, porque *pecó* 2398
Lm 5.7 nuestros padres *pecaron*, y han muerto 2398
5.16 ¡ay ahora de nosotros! porque *pecamos* 2398
Ez 3.21 si al justo... que no peque, y no *pecare* 2398
14.13 la tierra *pecare* contra mí rebelándose 2398
18.4,20 el alma que *pecare*, esa morirá 2398
18.31 transgresiones con que habéis *pecado* 6586
22.4 en tu sangre que derramaste has *pecado* 816

P

28.16 fuiste lleno de iniquidad, y *pecaste* 2398
33.12 justo no podrá vivir...el día que *pecare* 2398
37.23 sus rebeliones con las cuales *pecaron* 2398
45.20 harás...para los que *pecaron* por error 7686
Dn 9.5 hemos *pecado*, hemos cometido iniquidad 2398
9.8 la confusión de rostro...contra ti *pecamos* 2398
9.11 la maldición...porque contra él *pecamos* 2398
9.15 hemos *pecado*, hemos hecho impíamente 2398
Os 4.7 conforme a su...así *pecaron* contra mí 2398
4.15 si fornicas tú...a lo menos no *peque* Judá 816
8.11 altares para *pecar*, tuvo altares para *p* 816
10.9 desde los días de Gabaa has *pecado*, oh 2398
13.1 exaltado en...mas *pecó* en Baal, y murió 816
Mi 7.9 ira...soportaré, porque *pequé* contra él 2398
Hab 2.10 asolaste...has *pecado* contra tu vida 2398
Sof 1.17 ciegos, porque *pecaron* contra Jehová 2398
Mt 18.15 **si tu hermano *peca* contra ti, vé y** 264
18.21 veces perdonaré a...que *peque* contra mí? 264
27.4 yo he *pecado* entregando sangre inocente 264
Lc 15.18,21 padre, he *pecado* contra el cielo 264
17.3 **tu hermano *pecare* contra ti, repréndelo** 264
17.4 **si siete veces al día *pecare* contra ti** 264
Jn 5.14 **mira, has sido sanado; no *peques* más** 264
8.11 **ni yo te condeno; vete, y no *peques* más** 264
9.2 ¿quién *pecó*, éste o sus padres, para que 264
9.3 **no es que *pecó* éste, ni sus padres, sino** 264
Hch 25.8 ni contra...ni contra César he *pecado* 264
Ro 2.12 todos los que sin ley han *pecado*, sin 264
2.12 bajo la ley han *pecado*...serán juzgados 264
3.23 todos *pecaron*, y están destituidos de la 264
5.12 así la muerte...por cuanto todos *pecaron* 264
5.14 aun en los que no *pecaron* a la manera de 264
5.16 como en el caso de aquel uno que *pecó* 264
6.15 ¿*pecaremos*, porque no estamos bajo la 264
1 Co 6.18 que fornica, contra su...cuerpo *peca* 264
7.28 si te casas, no pecas...se casa, no *peca* 264
7.36 haga lo que quiera, no *peca*; que se casen 264
8.12 *pecando* contra los...contra Cristo pecáis 264
15.34 velad...y no *pequéis*; porque algunos no 264
2 Co 11.7 ¿*pequé* yo humillándome a mí mismo 266
12.21 llorar por...los que antes han *pecado* 4258
13.2 lo escribo a los que antes *pecaron*, y a 4258
Ef 4.26 airaos, pero no *pequéis*; no se ponga 264
1 Ti 5.20 que persisten en *pecar*, repréndelos 264
Tit 3.11 el tal...*peca* y está condenado por su 264
He 3.17 fue con los que *pecaron*, cuyos cuerpos 264
10.26 si *pecáremos* voluntariamente después de 264
1 P 2.20 ¿qué gloria...*pecando* sois abofeteados 264
2 P 2.4 no perdonó a los ángeles que *pecaron* 264
2.14 no se sacian de *pecar*, seducen a las 266
1 Jn 1.10 si decimos que no hemos *pecado*, le 264
2.1 hijitos...os escribo para que no *pequéis* 264
2.1 si alguno hubiere *pecado*, abogado tenemos 264
3.6 todo aquel que permanece en él, no *peca* 264
3.6 todo aquel que *peca*, no le ha visto, ni 264
3.8 porque el diablo *peca* desde el principio 264
3.9 no puede *pecar*, porque es nacido de Dios 264

PECECILLO
Mt 15.34 **ellos dijeron: Siete, y unos pocos *p*** 2485
Mr 8.7 también unos pocos *p*; y los bendijo, y 2485
Jn 6.9 que tiene cinco panes de cebada y dos *p* 3795

PECOD *Tribu en Mesopotamia*
Jer 50.21 contra...contra los moradores de *P* 6489
Ez 23.23 *P*, Soa y Coa, y todos los de Asiria 6489

PECTORAL
Éx 25.7 piedras de engaste para el efod y...*p* 2833
28.4 son estas: el *p*, el efod, el manto, la 2833
28.15 el *p* del juicio de obra primorosa; lo 2833
28.22 harás...en el *p* cordones de hechura de 2833
28.23 harás en el *p* dos anillos de oro, los 2833
28.23,24,26 dos anillos...dos extremos del *p* 2833
28.28 y juntarán el *p*...no se separe el *p* del 2833
28.29 y llevará Aarón los...en el *p* del juicio 2833
28.30 pondrás en el *p* del juicio Urim y Tumim 2833
29.5 el *p*, y le ceñirás con el cinto del efod 2833
35.9 piedras de engaste para el efod y...el *p* 2833
35.27 las piedras de los engastes...efod y el *p* 2833
39.8 hizo también el *p* de obra primorosa como 2833
39.9 doble hicieron el *p*; su longitud era de 2833
39.15 hicieron...sobre el *p*...los cordones de 2833
39.16,19 anillos...en los dos extremos del *p* 2833
39.17 aquellos dos anillos a los extremos del *p* 2833
39.21 ataron el *p* por sus anillos a los anillos 2833
39.21 y no se separase el *p* del efod, como 2833
Lv 8.8 le puso encima el *p*, y puso dentro del 2833

PECHO
Gn 3.14 sobre tu *p* andarás, y polvo comerás 1512
49.25 con bendiciones de los *p* y del vientre 7699
Éx 29.26 tomarás el *p* del carnero...lo mecerás 2373
29.27 y apartarás el *p* de la ofrenda mecida 2373
Lv 7.30 traerá la grosura con el *p*; el *p* para 2373
7.31 mas el *p* será de Aarón y de sus hijos 2373
7.34 he tomado de los...el *p* que se mece y la 2373
8.29 tomó Moisés el *p*, y lo meció, ofrenda 2373
9.20 pusieron las grosuras sobre los *p*, y él 2373
9.21 pero los *p*, con la espaldilla derecha 2373
10.14 comeréis...el *p* mecido y la espaldilla 2373
10.15 y el *p* que será mecido como ofrenda 2373
11.42 todo lo que anda sobre el *p*, y todo 1512
Nm 6.20 del sacerdote, además del *p* mecido y 2373
18.18 tuya; como el *p* de la ofrenda mecida 2373
Dt 32.25 así...niño de *p* como al hombre cano 3243
1 S 15.3 mata...niños, y aun los de *p*, vacas 3243
22.19 hirió...niños hasta los de *p*, bueyes 3243
1 R 3.21 me levanté...para dar el *p* a mi hijo 3243
Job 3.12 ¿por qué...qué los *p* para que mamase? 7699
24.9 quitan el *p* a los huérfanos, y de sobre 7699
Sal 22.9 desde que estaba a los *p* de mi madre 7699
Cnt 1.13 manojito de mirra que...entre mis *p* 7699
4.5; 7.3 tus dos *p*, como gemelos de gacela 7699
7.7 es semejante a...y tus *p* a los racimos 7699
7.8 deja que tus *p* sean como racimos de vid 7699
8.1 hermano mío que mamó los *p* de mi madre! 7699
8.8 tenemos una pequeña hermana, Que no tiene *p*
8.10 Yo soy muro, y mis *p* como torres
Is 11.8 el niño de *p* jugará sobre la cueva del áspid 3243
28.9 ¿A los destetados? ¿a los arrancados de los *p*? 7699
32.12 golpeándose el *p* lamentarán...los campos 7699
60.16 el *p* de los reyes mamarás; y conocerás 7699
66.11 que maméis y os saciéis de los *p* de sus 7699
Jer 44.7 destruidos...el niño de *p* de en medio 3243
Lm 4.4 la lengua del niño de *p* se pegó a su 3243
Ez 16.7 *p* se habían formado, y tu pelo había 7699
23.3 allí fueron apretados sus *p*, allí fueron 7699
23.3 allí fueron estrujados sus *p* virginales 7699
23.8 y ellos comprimieron sus *p* virginales 7699
23.21 comprimieron tus *p*...*p* de tu juventud 7699
23.34 y rasgarás tus *p*, porque yo he hablado 7699
Dn 2.32 *p* y sus brazos, de plata; su vientre 2306
Os 2.2 aparte...sus adulterios de entre sus *p* 7699
9.14 dales matriz que aborte, y *p* enjutos 7699
Nah 2.7 llevarán gimiendo...golpeándose sus *p* 3824
Lc 18.13 **se golpeaba el *p*, diciendo: Dios, sé** 4738
23.29 **no concibieron, y los *p* que no criaron** 3149
23.48 la multitud...volvían golpeándose el *p* 4738
Jn 13.25 recostado cerca del *p* de Jesús, le 4738
Ap 1.13 ceñido por el *p* con un cinto de oro 3149
15.6 ceñidos alrededor del *p* con cintos de 4738

PEDAEL *Príncipe de la tribu de Neftalí*, Nm 34.28 6300

PEDAÍAS
1. Padre de Zebuda madre del rey Joacim, 2 R 23.36 6305
2. Padre (o tío) de Zorobabel, 1 Cr 3.18,19 6305
3. Padre de Joel No. 10, 1 Cr 27.20 6305
4. Uno que ayudó en la restauración del muro de Jerusalén, Neh 3.25 6305
5. Uno que ayudó a Esdras en la lectura de la ley, Neh 8.4 6305
6. Ascendiente de Salú No. 1, Neh 11.7 6305
7. Levita, tesorero del templo, Neh 13.13 6305

PEDASUR *Padre de Gamaliel No. 1*, Nm 1.10; 2.20; 7.54,59; 10.23 6301

PEDAZO
Éx 29.17 cortarás el carnero en *p*, y lavarás 5409
Lv 6.21 los *p* cocidos de la ofrenda ofrecerás 6595
Jue 9.53 dejó caer un *p* de una rueda de molino 6400
20.6 la corté en *p*, y la envié por todo el
1 S 15.33 Samuel cortó en *p* a Agag delante de
30.12 le dieron...un *p* de masa de higos secos 6400
2 S 6.19 cada uno...un *p* de carne y una torta 829
11.21 ¿no echó...un *p* de una rueda de molino 6400
1 R 11.30 tomando...la capa...rompió en doce *p* 7168
11.31 dijo...Toma para ti los diez *p*; porque 7168
18.23 y córtenlo en *p*, y pónganlo sobre leña 5408
18.33 cortó el buey en *p*, y lo puso sobre la 7760
2 R 18.4 e hizo *p* la serpiente de bronce que 3807
24.13 rompió en *p*...los utensilios de oro que 7112
2 Cr 23.17 de Baal...e hicieron *p* sus imágenes 7665
25.12 los despeñaron, y todos se hicieron *p* 1234
34.4 e hizo *p* las imágenes del sol...de Asera 1438
Sal 58.7 disparen sus saetas, sean hechas *p* 4135
147.17 echa su hielo como *p*; ante su frío 6595
Is 30.14 lo hacen *p*; tanto, que entre los *p* no 4386
45.2 quebrantaré...cerrojos de hierro haré *p* 1438
Ez 13.19 profanarme...por *p* de pan, matando a 6595
Dn 2.5 seréis hechos *p*, y vuestras casas serán 1917
Os 8.6 será deshecho en *p* el becerro de Samaria 7616
Am 9.1 hazlos *p* sobre la cabeza de todos; y al 1214
Mt 14.20 y recogieron lo que sobró de los *p* 2801
15.37 recogieron...de los *p*, siete canastas 2801
Mr 5.4 las cadenas habían sido hechas *p* por él 1288
6.43 recogieron de los *p* doce cestas llenas 2801
8.8 recogieron de los *p* que habían sobrado 2801
8.19 **¿cuántas cestas...de los *p* recogisteis?** 2801
8.20 **¿cuántas canastas...de los *p* recogisteis?** 2801
Lc 5.36 **nadie corta un *p* de un vestido nuevo** 1915
9.17 recogieron...les sobró, doce cestas de *p* 2801
Jn 6.12 **recoged los *p* que sobraron, para que** 2801
6.13 y llenaron doce cestas de *p*, que de los 2801

PEDERNAL
Éx 4.25 Séfora tomó un *p* afilado y cortó el 6697
Dt 8.15 donde...él te sacó agua de la roca del *p* 2496
32.13 que chupase miel...y aceite del duro *p* 2496
Job 28.9 en el *p* puso su mano, y trastornó de 2496
Is 5.28 los cascos de sus caballos...como de *p* 6864
50.7 por eso puse mi rostro como un *p*, y sé 2496
Ez 3.9 más fuerte que *p* he hecho tu frente 6864

PEDIR
Gn 43.9 te respondo...a mí me *pedirás* cuenta 1245
Éx 3.22 *pedirá* cada mujer a su vecina y a su 7592
10.11 id...esto es lo que vosotros *pedisteis* 1245
11.2 cada uno *pida* a su vecino, y cada uno a 7592
12.35 *pidiendo* de...egipcios alhajas de plata 7592
12.36 dio gracia...y les dieron cuanto *pedían*
Dt 4.7 nuestro Dios en todo cuanto le *pedimos*?) 7121
10.12 ¿qué *pide* Jehová tu Dios de ti, sino que 7592
18.16 conforme a...lo que *pediste* a Jehová tu 7592
18.19 no oyere mis palabras...le *pediré* cuenta 1875
28.12 prestarás a...y tú no *pedirás* prestado 3867
Jos 15.18 él la persuadió que *pidiese* tierras 7592
19.50 la ciudad que él *pidió*, Timnat-sera, en 7592
Jue 1.14 la persuadió que *pidiese* a...un campo 7592
5.25 el *pidió* agua, y ella le dio leche; en 7592
8.26 el peso de los zarcillos...que él *pidió* 7599
1 S 1.20 Samuel...por cuanto lo *pedí* a Jehová 7592
1.27 oraba, y Jehová me dio lo que le *pedí* 7592
2.20 te dé hijos de...en lugar del que *pidió* 7592
8.10 Jehová al pueblo que le había *pedido* rey 7592
12.13 he aquí el rey que...el cual *pedisteis* 7592
12.17 maldad que...*pidiendo* para vosotros rey 7592
12.19 hemos añadido este mal de *pedir* rey para 7592
20.28 David me *pidió*...le dejase ir a Belén 7592
2 S 3.13 te *pido*: No me vengas a ver sin que 7592
12.20 después vino...*pidió*, y le pusieron pan 7599
19.38 lo que tú *pidieres* de mí, yo lo haré 977
1 R 2.20 *pide*, madre mía...yo no te la negaré 7592
2.22 ¿por qué *pides* a Abisag...para Adonías? 7592
3.5 y le dijo Dios: *Pide* lo que quieras que 7592
3.10 agradó...Señor que Salomón *pidiese* esto 7592
3.11 esto, y no *pediste* para ti muchos días 7592
3.11 ni *pediste*...riquezas, ni *p* la vida de 7592
3.13 aun te he dado las cosas que no *pediste* 7592
10.13 a la reina de Sabá...todo lo que *pidió* 7592
12.6 Roboam *pidió* consejo de los ancianos que 3289
12.8 y *pidió* consejo de los jóvenes que se 3289
13.6 te *pido* que ruegues ante la presencia de 6293
20.8 no le obedezcas, ni hagas lo que te *pide*
2 R 2.9 *pide* lo que quieras que haga por ti 7592
2.10 cosa difícil has *pedido*...Si me vieres 7592
4.3 *pide* para ti vasijas prestadas de todas 7592
4.28 y ella dijo: ¿*Pedí* yo hijo a mi señor? 7592
19.20 lo que me *pediste* acerca de Senaquerib 6419
1 Cr 4.10 Jabes...le otorgó Dios lo que *pidió* 7592
17.18 David *pidiendo* de ti para glorificar a
2 Cr 1.7 *pídeme* lo que quieras que yo te dé 7592
1.11 no *pediste* riquezas, bienes o gloria, ni 7592
1.11 ni *pediste* muchos días, sino que has 7592
1.11 sino que has *pedido*...sabiduría y ciencia 7592
2.14 sacar toda forma de diseño que se le *pida*
9.12 dio a la reina...todo lo que ella...*pidió* 7592
20.4 se reunieron...para *pedir* socorro a Jehová
20.4 de Judá vinieron a *pedir* ayuda a Jehová 1245
28.16 envió a *pedir* el rey Acaz a los reyes
Esd 7.6 le concedió el rey todo lo que *pidió* 1246
7.21 todo lo que os *pida* el sacerdote Esdras 7593
8.22 tuve vergüenza de *pedir* al rey tropa y 7592
8.23 *pedimos* a nuestro Dios sobre esto, y él 1245
Neh 2.4 el rey: ¿Qué cosa *pides*? Entonces oré 1245
5.2 hemos *pedido* prestado grano para comer
13.6 al cabo de algunos días *pedí* permiso al 7592
Est 2.13 todo lo que ella *pedía* se le daba, para 559
Job 31.30 mi lengua, *pidiendo* maldición para 7592
Sal 2.8 *pídeme*, y te daré por herencia las 7592
78.18 tentaron a Dios...*pidiendo* comida a su 7592
105.40 *pidieron*, e hizo venir codornices, y 7592
106.15 él les dio lo que *pidieron*; mas envió 7596
122.6 *pedid* por la paz de Jerusalén; sean 7592
137.3 *pedían* que cantásemos, y...nos *p* alegría 7592
142.1 con mi voz *pediré* a Jehová misericordia 2603
Pr 20.4 *pedirá*, pues, en la siega, y no hallará 7592
Is 7.11 *pide* para ti señal de Jehová tu Dios 7592
7.12 y respondió Acaz: No *pediré*...a Jehová 7592
40.14 ¿a quién *pidió* consejo...ser avisado?
58.2 que me buscan...me *piden* justos juicios 7592
Lm 4.4 los pequeñuelos *pidieron* pan, y no hubo
Dn 1.8 *pidió*...al jefe de los eunucos que no se 1245
2.16 Daniel entró y *pidió* al rey que le diese 1156
2.18 que *pidiesen* misericordias del Dios del 1156
2.23 me has revelado lo que te *pedimos*; pues 1156
6.12 *pida* a cualquier dios u hombre fuera de 1156
Mi 6.8 qué *pide* Jehová de ti: solamente hacer 1875
Zac 10.1 *pedid* a Jehová lluvia en la estación 7592
Mt 5.42 **al que te *pida*, dale; y al que quiera** 1155
6.8 **Padre sabe...antes que vosotros le *pidáis*** 154
7.7 ***pedid*, y se os dará; buscad, y hallaréis** 154
7.8 **porque todo aquel que *pide*, recibe; y el** 154
7.9 **si su hijo le *pide* pan, le dará...piedra?** 154
7.10 **¿o si le *pide* un pescado, le dará una** 154
7.11 **dará buenas cosas a los que le *pidan*?** 154
14.7 le prometió...darle todo lo que *pidiese* 154
16.1 le *pidieron* que les mostrase señal del 1905
18.19 **acerca de cualquier cosa que *pidieren*** 154
20.20 postrándose ante él y *pidiéndole* algo 154
20.22 **dijo: No sabéis lo que *pedís*. ¿Podéis** 154
21.22 **lo que *pidiereis* en oración, creyendo** 154
27.20 persuadieron a...que *pidiese* a Barrabás 154
27.58 este fue a Pilato y *pidió* el cuerpo de 154
Mr 6.22 *pídeme*,lo que quieras, y yo te lo daré 154
6.23 y le juró: Todo lo que me *pidas* te daré 154
6.24 dijo a su madre: Qué *pediré*? Y ella le 154
6.25 ella entró...y *pidió* diciendo: Quiero que 154
8.11 a discutir...*pidiéndole* señal del cielo 2212
8.12 **¿por qué *pide* señal esta generación? De** 1934
10.35 querríamos que...hagas lo que *pidiéremos* 154
10.38 **no sabéis lo que *pedís*. ¿Podéis beber** 154
11.24 ***pidiereis* orando, creed...y os vendrá** 154
15.6 les soltaba un...cualquiera que *pidiesen* 154
15.8 *pedir* que hiciese como siempre les había 154
15.43 José...vino...y *pidió* el cuerpo de Jesús 154
Lc 1.63 *pidiendo* una tablilla, escribió...Juan 154
6.30 **a cualquiera que te *pida*, dale; y al que** 154
6.30 **que tome...no *pidas* que te lo devuelva** 523
11.9 **yo os digo: *Pedid*, y se os dará; buscad** 154
11.10 **todo aquel que *pide*, recibe; y el que** 154
11.11 **¿qué padre de...si su hijo le *pide* pan** 154
11.12 ***pide* un huevo, le dará un escorpión?** 154
11.13 **Espíritu Santo a los que se lo *pidan*?** 154
11.16 otros, para tentarle, le *pedían* señal 154
12.20 **vienen a *pedirte* tu alma; y lo que has** 523
12.48 **se le haya confiado, más se le *pedirá*** 2212

14.32 **le envía...y le pide condiciones de paz** 2065
22.31 **Satanás os ha pedido para zarandearos** 1809
23.23 voces, pidiendo que fuese crucificado 154
23.24 sentenció... hiciese lo que ellos pedían 154
23.25 soltó a aquel... a quien habían pedido 154
23.52 a Pilato, y pidió el cuerpo de Jesús 154
Jn 4.9 judío, me pides a mí de beber, que soy 154
4.10 **tú le pedirías, y él te daría agua viva** 154
11.22 sé ahora que todo lo que pidas a Dios 154
14.13 **lo que pidiereis al Padre en mi nombre**
14.14 **si algo pidiereis en mi nombre, yo lo** 154
15.7 **pedid todo lo que queréis, y... será hecho** 154
15.16 **lo que pidiereis al Padre en mi nombre** 154
16.23 **cuanto pidiereis al Padre en mi nombre** 154
16.24 **nada habéis pedido en mi nombre; pedid** 154
16.26 **aquel día pediréis en mi nombre; y no** 154
Hch 3.2 quien ponían... para que pidiese limosna 154
3.10 era el que se sentaba a pedir limosna a
3.14 y pedisteis que se os diese un homicida 154
7.46 pidió proveer tabernáculo para el Dios 154
9.2 y le pidió cartas para las sinagogas de 154
12.20 pedían paz, porque su territorio era 154
13.21 luego pidieron rey, y Dios les dio a 154
13.28 pidieron a Pilato que se le matase 154
16.29 pidiendo luz, se precipitó adentro, y 154
16.39 les pidieron que salieran de la ciudad 2065
19.33 entonces Alejandro, pedido silencio con 2678
25.3 pidiendo contra él, como gracia, que le 154
25.15 judíos, pidiendo condenación contra él 154
Ro 8.26 qué hemos de pedir como conviene, no 4336
1 Co 1.22 judíos piden señales, y los griegos 154
14.13 pida en oración poder interpretarla
2 Co 8.4 pidiéndonos... que les concediésemos el 1189
Gá 2.10 nos pidieron que nos acordásemos de
Ef 3.13 pido que no desmayéis a causa de mis 154
3.20 más abundantemente de lo que pedimos o 154
Fil 1.9 y esto pido en oración, que vuestro
Col 1.9 pedir que... llenos del conocimiento de 154
Stg 1.5 si... tiene falta de sabiduría, pídala 154
1.6 pida con fe, no dudando nada; porque el 154
4.2 pero no tenéis lo que deseáis... no pedís 154
4.3 pedís, y no recibís, porque p mal, para 154
1 Jn 3.22 cosa que pidiéremos la recibiremos 154
5.14 que si pedimos alguna cosa conforme a su 154
5.15 nos oye en cualquiera cosa que pidamos 154
5.16 pedirá, y Dios le dará vida; esto es para 154
5.16 hay... por el cual yo no digo que se pida 2065

PEDREGAL
Mt 13.5 **parte cayó en p, donde no había mucha** 4075
13.20 **y el que fue sembrado en p, éste es el** 4075
Mr 4.5 **otra parte cayó en p, donde no tenía** 4075
4.16 **sembrados en p: los que cuando han oído** 4075

PEDREGOSO
Job 8.17 raíces... enlazándose hasta un lugar p 68

PEDRERÍA
Éx 28.17 lo llenarás de p en cuatro hileras 4396

PEDRISCO
Sal 78.48 entregó al p sus bestias... ganados 1259

PEDRO *Apóstol (=Simón No. 2 y Cefas)*
Mt 4.18 Jesús... vio a dos hermanos, Simón... P 4074
8.14 Jesús a casa de P, y vio a la suegra de 4074
10.2 primero Simón, llamado P, y Andrés su 4074
14.28 respondió P, y dijo: Señor, si eres tú 4074
14.29 y descendiendo P de la barca, andaba 4074
15.15 P, le dijo: Explícanos esta parábola 4074
16.16 respondiendo Simón P, dijo: Tú eres el 4074
16.18 **yo también te digo, que tú eres P, y** 4074
16.22 entonces P, tomándolo aparte, comenzó 4074
16.23 **pero él... dijo a P: ¡Quítate de delante** 4074
17.1 tomó a P, a Jacobo y a Juan su hermano 4074
17.4 P dijo a Jesús: Señor, bueno es para 4074
17.24 vinieron a P los que cobraban las dos 4074
17.26 P le respondió: De los extraños. Jesús 4074
18.21 le acercó P y le dijo: Señor, ¿cuántas 4074
19.27 P, le dijo: He aquí, nosotros lo hemos 4074
26,33 P, le dijo: Aunque... escandalicen de ti 4074
26.35 P le dijo: Aunque... sea necesario morir 4074
26.37 y tomando a P, y a los dos hijos de 4074
26.40 **a P: ¿Así que no habéis podido velar** 4074
26.58 P le seguía de lejos hasta el patio del 4074
26.69 P estaba sentado fuera en el patio 4074
26.73 dijeron a P... tú eres de ellos, porque 4074
26.75 P se acordó de las palabras de Jesús 4074
Mr 3.16 a Simón, a quien... por sobrenombre P 4074
5.37 que le siguiese nadie sino P, Jacobo 4074
8.29 respondiendo P, le... Tú eres el Cristo 4074
8.32 P le tomó... y comenzó a reconvenirle 4074
8.33 **reprendió a P, diciendo: ¡Quítate de** 4074
9.2 Jesús tomó a P, a Jacobo y a Juan, y los 4074
9.5 entonces P dijo a Jesús: Maestro, bueno 4074
10.28 entonces P comenzó a decirle: He aquí 4074
11.21 P, acordándose, le dijo: Maestro, mira 4074
13.3 P, Jacobo, Juan... le preguntaron aparte 4074
14.29 P le dijo: Aunque... escandalicen, yo no 4074
14.33 tomó consigo a P, a Jacobo, y a Juan 4074
14.37 **y dijo a P: Simón, ¿duermes? ¿No has** 4074
14.54 P le siguió de lejos hasta dentro del 4074
14.66 estando P abajo, en el patio, vino una 4074
14.67 a P que se calentaba, mirándole, dijo 4074
14.70 dijeron... a P: Verdaderamente tú eres 4074
14.72 **P se acordó de las palabras que Jesús** 4074
16.7 **pero id, decid... a P, que él va delante** 4074
Lc 5.8 viendo esto Simón P, cayó de rodillas 4074
6.14 a Simón, a quien también llamó P a 4074
8.45 dijo P... Maestro, la multitud te aprieta 4074
8.51 dejó entrar a nadie consigo, sino a P 4074
9.20 respondiendo P, dijo: El Cristo de Dios 4074
9.28 tomó a P, a Juan y a Jacobo, y subió al 4074
9.32 P y los que... estaban rendidos de sueño 4074
9.33 P dijo a Jesús: Maestro, bueno es para 4074
12.41 P le dijo: Señor, ¿dices esta parábola 4074
18.28 P dijo... hemos dejado... posesiones y te 4074
22.8 **Jesús envió a P y a Juan, diciendo: Id** 4074
22.34 **P, te digo que el gallo no cantará hoy** 4074
22.54 le condujeron... Y P le seguía de lejos 4074
22.55 fuego... y P se sentó también entre ellos 4074
22.58 eres de... Y P dijo: Hombre, no lo soy 4074
22.60 y P dijo: Hombre, no sé lo que dices 4074
22.61 el Señor, miró a P; y P se acordó de 4074
22.62 P, saliendo fuera, lloró amargamente 4074
24.12 levantándose P, corrió al sepulcro 4074
Jn 1.40 Andrés, hermano de Simón P, era uno 4074
1.42 **serás llamado Cefas (que quiere decir, P)** 4074
1.44 de Betsaida, la ciudad de Andrés y P 4074
6.8 uno... Andrés, hermano de Simón P... le dijo 4074
6.68 le respondió P: Señor, ¿a quién iremos? 4074
13.6 vino a Simón P; y P le dijo: Señor, ¿tú 4074
13.8 P le dijo: No me lavarás los pies jamás 4074
13.9 dijo Simón P: Señor, no sólo mis pies 4074
13.24 a éste, pues, hizo señas Simón P, para 4074
13.36 le dijo Simón P: Señor, ¿a dónde vas? 4074
13.37 le dijo P: Señor, ¿por qué no te puedo 4074
18.10 P, que tenía una espada, la desenvainó 4074
18.11 **Jesús... dijo a P: Mete tu espada en la** 4074
18.15 y seguían a Jesús... P y otro discípulo 4074
18.16 mas P estaba fuera, a la puerta. Salió 4074
18.16 habló a la portera, e hizo entrar a P 4074
18.17 criada... dijo a P: ¿No eres tú también 4074
18.18 y también con ellos estaba P en pie 4074
18.25 estaba, pues, P en pie, calentándose 4074
18.26 aquel a quien P había cortado la oreja 4074
18.27 negó P otra vez; y en seguida cantó el 4074
20.2 a Simón P y al otro discípulo, aquel a 4074
20.3 salieron P y el otro discípulo, y fueron 4074
20.4 otro discípulo corrió más aprisa que P 4074
20.6 luego llegó Simón P tras él, y entró en 4074
21.2 estaban juntos Simón P, Tomás llamado 4074
21.3 Simón P les dijo: Voy a pescar. Ellos 4074
21.7 a P: ¡Es el Señor! Simón P, cuando oyó 4074
21.11 subió Simón P, y sacó la red a tierra 4074
21.15 **Jesús dijo a... P: Simón, hijo de Jonás** 4074
21.16 P le respondió: Sí, Señor; tú sabes que 4074
21.17 P se entristeció de que le dijese la 4074
21.20 volviéndose P, vio que les seguía el 4074
21.21 cuando P le vio, dijo a Jesús: Señor 4074
Hch 1.13 aposento... donde moraban P y Jacobo 4074
1.15 P se levantó en medio de los hermanos 4074
2.14 P, poniéndose en pie con los once, alzó 4074
2.37 dijeron a P y a los otros apóstoles 4074
2.38 P les dijo: Arrepentíos, y bautícese 4074
3.1 P y Juan subían juntos al templo a la 4074
3.3 vio a P y a Juan que iban a entrar en el 4074
3.4 P, con Juan, fijando en él los ojos, le 4074
3.6 P dijo: No tengo plata ni oro, pero lo 4074
3.11 teniendo asidos a P y a Juan el cojo que 4074
3.12 viendo... P, respondió al pueblo: Varones 4074
4.8 P, lleno del Espíritu Santo, les dijo 4074
4.13 viendo el denuedo de P... y sabiendo que 4074
4.19 mas P y Juan respondieron diciéndoles 4074
5.3 dijo P: Ananías, ¿por qué llenó Satanás 4074
5.8 P le dijo: Dime, ¿vendisteis en tanto la 4074
5.9 y P le dijo: ¿Por qué convinisteis en 4074
5.15 que al pasar P... su sombra cayese sobre 4074
5.29 respondiendo P y... dijeron: Es necesario 4074
8.14 apóstoles... enviaron allá a P y a Juan 4074
8.20 P le dijo: Tu dinero perezca contigo 4074
9.32 que P, visitando a todos, vino también 4074
9.34 y le dijo P: Eneas, Jesucristo te sana 4074
9.38 oyendo que P estaba allí, le enviaron 4074
9.39 levantándose entonces P, fue con ellos 4074
9.40 sacando a todos, P se puso de rodillas 4074
9.40 y ella abrió los ojos y al ver a P, se 4074
10.5 a Simón, el que tiene por sobrenombre P 4074
10.9 P subió a la azotea para orar, cerca de 4074
10.13 le vino una voz: Levántate, P, mata y 4074
10.14 P dijo: Señor, no; porque ninguna cosa 4074
10.17 mientras P estaba perplejo dentro de 4074
10.18 un Simón que tenía por sobrenombre P 4074
10.19 y mientras P pensaba en la visión, le 4074
10.21 P, descendiendo a donde estaban los 4074
10.25 P entró, salió Cornelio a recibirle, y 4074
10.26 mas P le levantó, diciendo: Levántate 4074
10.32 Simón el que tiene por sobrenombre P 4074
10.34 P, abriendo la boca, dijo: En verdad 4074
10.44 mientras aún hablaba P estas palabras 4074
10.45 los fieles de... que habían venido con P 4074
10.47 respondió P: ¿Puede... alguno impedir el 4074
11.2 P subió a Jerusalén, disputaban con él 4074
11.4 P a contarles por orden lo sucedido 4074
11.7 voz que me decía! Levántate, P, mata y 4074
11.13 Simón, el que tiene por sobrenombre P 4074
12.3 viendo... procedió a prender también a P 4074
12.5 P estaba custodiado en la cárcel; pero 4074
12.6 estaba P durmiendo entre dos soldados 4074
12.7 tocando a P en el costado, le despertó 4074
12.11 P, volviendo en sí, dijo: Ahora entiendo 4074
12.13 cuando llamó P a la puerta del patio 4074
12.14 cuando reconoció la voz de P, de gozo 4074
12.14 la nueva de que P estaba a la puerta 4074
12.16 mas P persistía en llamar; y cuando 4074
12.18 alboroto... sobre qué había sido de P 4074
15.7 después de mucha discusión, P se levantó 4074
Gá 1.18 años, subí a Jerusalén para ver a P 4074
2.7 encomendado... a P el de la circuncisión 4074
2.8 el que actuó en P para el apostolado de 4074
2.11 cuando P vino a Antioquía, le resistí 4074
2.14 dije a P... Si tú, siendo judío, vives 4074
1 P 1.1 P, apóstol... a los expatriados de la 4074
2 P 1.1 P, siervo y apóstol de Jesucristo, a 4074

PEGAR
Nm 22.25 asna... se pegó a la pared, y apretó 3905
Dt 13.17 no se pegará a tu mano... del anatema 1692
2 S 20.8 pegado a sus lomos el cinto con una 6775
23.10 y quedó pegada su mano a la espada 1692
2 R 5.27 la lepra de Naamán se te pegará a ti 1692
8.12 a sus fortalezas pegarás fuego, a sus 7971
Job 19.20 y mi carne se pegaron a mis huesos 1692
29.10 voz... su lengua se pegaba a su paladar 1692
31.7 mis ojos, y si algo se pegó a mis manos 1692
38.38 y los terrones se han pegado unos con 1692
41.17 pegado está el uno con el otro; están 1692
Sal 22.15 y mi lengua se pegó a mi paladar, y 1992
77.4 no me dejabas pegar los ojos; estaba yo 8109
102.5 mis huesos se han pegado a mi carne 1692
137.6 mi lengua se pegue a mi paladar, si de 1692
Lm 4.4 la lengua del niño... pegó a su paladar 1692
4.8 su piel está pegada a sus huesos, seca 6821
Ez 3.26 que se pegue tu lengua a tu paladar 1692
29.4 pegaré los peces... a tus escamas, y te 1692
29.4 peces de... saldrán pegados a tus escamas 1692
Lc 10.11 **polvo... se ha pegado a nuestros pies** 2853

PEINADO
1 Ti 2.9 con p ostentoso, ni oro, ni perlas 4117
1 P 3.3 vuestro atavío no sea... p ostentoso 1708

PEKA *Rey de Israel, asesino y sucesor de Pekaía*
2 R 15.25 conspiró contra él P... y lo hirió en 6492
15.27 en el año 52... reinó P hijo de Remalías 6492
15.29 en los días de P rey de Israel, vino 6492
15.30 Oseas hijo... conspiró contra P hijo de 6492
15,31 demás hechos de P... está escrito en el 6492
15.32 el segundo año de P... comenzó a reinar 6492
15.37 a enviar contra Judá a... y a P hijo de 6492
16.1 el año 17 de P... comenzó a reinar Acaz 6492
16.5 Rezín... y P hijo de Remalías... subieron 6492
2 Cr 28.6 P hijo de Remalías mató... 120.000 6492
Is 7.1 Rezín... de Siria y P hijo de Remalías 6492

PEKAÍA *Rey de Israel, hijo y sucesor de Manahem*
2 R 15.22 durmió... reinó en su lugar P su hijo 6492
15.23 el año 50 de... reinó P hijo de Manahem 6492
15.26 demás hechos de P... está escrito en el 6492

PELAÍA *Levita que ayudó a Esdras en la lectura de la ley*, Neh 8.7 6411

PELAÍAS
1. Descendiente de David, 1 Cr 3.24 6411
2. Firmante del pacto de Nehemías, Neh 10.10 6411

PELALÍAS *Sacerdote en tiempo de Esdras*, Neh 11.12 6421

PELATÍAS
1. Descendiente de David, 1 Cr 3.21 6410
2. Capitán de los hijos de Simeón, 1 Cr 4.42 6410
3. Firmante del pacto de Nehemías, Neh 10.22 6410
4. «Principal del pueblo» en tiempo de Ezequiel, Ez 11.1,13 6410

PELDAÑO
Ez 40.26 sus gradas eran de siete p, con sus 4609
40.31,34,37 sus gradas eran de ocho p 4609

PELEA
Éx 32.17 alarido de p hay en el campamento 4421
2 S 22.40 pues me ceñiste de fuerzas para la p 4421
Sal 18.39 pues me ceñiste de fuerzas para la p 4421
Jer 50.42 se prepararán... como hombres a la p 4421

PELEAR
Éx 1.10 se una a nuestros enemigos y pelea 3898
14.14 Jehová peleará por vosotros... estaréis 3898
14.25 porque Jehová pelea por ellos contra 3898
17.8 vino Amalec y peleó contra Israel en 3898
17.9 sal a pelear contra Amalec; mañana yo 3898
17.10 e hizo Josué... peleando contra Amalec 3898
Nm 21.1 peleó contra Israel, y... prisioneros 3898
21.23 y vino a Jahaza y peleó contra Israel 3898
21.33 salió contra ellos Og rey... para pelear 3898
22.11 quizá podré pelear contra él, y echarlo 3898
31.7 pelearon contra Madián, como Jehová lo 6633
31.27 partirás... botín entre los que pelearon
Dt 1.30 vuestro Dios... él peleará por vosotros 3898
1.41 subiremos y pelearemos, conforme a todo 3898
1.42 subáis, ni peleéis, pues no estoy entre 3898
2.32 nos salió Sehón... su pueblo, para pelear 4421
3.1 salió al encuentro Og rey de... para pelear 4421
3.22 Dios, él es el que pelea por vosotros 3898
20.4 Dios va con... para pelear por vosotros 3898
20.19 sities a... ciudad, peleando contra ella 3898
29.7 salieron... para pelear, y los derrotamos 4421
Jos 9.2 concertaron para pelear contra Josué 3898
10.5 cerca de Gabaón, y pelearon contra ella 3898
10.14,42 porque Jehová peleaba por Israel 3898
10.25 enemigos contra los cuales peleáis 3898
10.29 Josué... a Libna; y peleó contra Libna 3898
11.5 se unieron... para pelear contra Israel 3898
22.12 se juntó toda la... a pelear contra ellos 6635
23.3 Dios es quien ha peleado por vosotros 3898
23.10 Jehová... quien pelea por vosotros, como 3898
24.8 los amorreos... pelearon contra vosotros 3898
24.9 Balac... peleó contra Israel; y envió a 3898

P

24.11 los moradores de Jericó *pelearon* contra 3898
Jue 1.1 ¿quién. . . subirá primero a *pelear* contra. 3898
1.3 sube. . . *peleemos* contra el cananeo, y yo. 3898
1.5 y hallaron a Adoni-bezec en. . . y *pelearon* 3898
1.9 de Judá. . . para *pelear* contra el cananeo 3898
5.19 vinieron reyes y *pelearon*. . . *p* los reyes 3898
5.20 *pelearon* las estrellas. . . *p* contra Sisara. 3898
9.17 mi padre *peleó* por vosotros, y expuso su 3898
9.38 ¿no es este. . . Sal, pues, ahora, y *pelea* 3898
9.39 y Gaal salió. . . y *peleó* contra Abimelec 3898
9.45 y Abimelec *peleó* contra la ciudad. . . día 3898
11.6 para que *peleemos* contra los. . . de Amón 3898
11.8 vengas. . . *pelees* contra los hijos de Amón. 3898
11.9 para que *pelee* contra los hijos de Amón. 3898
11.20 Sehón. . . acampó. . . y *peleó* contra Israel. 3898
11.27 mas tú haces mal. . . *peleando* contra mí 3898
11.32 y fue Jefté. . . para *pelear* contra ellos 3898
12.3 habéis subido hoy. . . para *pelear* conmigo? 3898
12.4 reunió Jefté a. . . y *peleó* contra Efraín 3898
20.14 se juntaron. . . para salir a *pelear* contra 4421
20.23 ¿volveremos a *pelear* con. . . de Benjamín 4421
20.28 ¿volveremos aún a salir. . . para *pelear*. 4421
1 S 4.9 oh filisteos. . . sed hombres, y *pelead* 3898
4.10 *pelearon*, pues, los filisteos, e Israel. 3898
7.10 los filisteos llegaron para *pelear* con 4421
13.5 se juntaron para *pelear* contra Israel. 3898
17.9 él pudiere *pelear* conmigo, y me venciere. 3898
17.10 dadme un hombre que *pelee* conmigo 3898
17.19 Saúl y. . . *peleando* contra los filisteos 3898
17.32 tu siervo. . . *peleará* contra este filisteo 3898
17.33 no podrás tú. . . *pelear* con él; porque 3898
18.17 seas. . . y *pelees* las batallas de Jehová. 3898
19.8 salió David y peleó contra los filisteos 3898
23.5 a Keila, y *peleó* contra los filisteos, se. 3898
25.28 mi señor *pelea* las batallas de Jehová 3898
28.1 que. . . reunieron sus fuerzas para *pelear* 3898
28.15 los filisteos *pelean* contra mí, y Dios 3898
29.8 *pelee* contra los enemigos de mi señor el 3898
31.1 los filisteos. . . *pelearon* contra Israel, y 3898
2 S 2.28 el pueblo se detuvo, y. . . ni *peleó* más 3898
8.10 había *peleado* con Hadad-ezer y le había 3898
10.13 se acercó Joab. . . para *pelear* contra los 4421
10.17 sirios. . . batalla contra David y *pelearon* 3898
11.17 y saliendo luego. . . *pelearon* contra Joab. 3898
12.26 Joab *peleaba* contra Rabá de. . . de Amón 3898
21.15 y *pelearon* con los filisteos; y David. 3898
1 R 12.24 no vayáis, ni *peleéis* contra. . . Israel. 3898
20.18 han salido para *pelear*, tomadlos vivos 4421
20.23 si *peleáremos*. . . en la llanura, se verá. 3898
20.25 *pelearemos* con ellos en campo raso, y 3898
20.26 vino a Afec para *pelear* contra Israel. 4421
22.4 ¿quieres venir, a *pelear* contra Ramot de. 4421
22.15 Micaías, iremos a *pelear* contra Ramot. 4421
22.31 no *peleéis* ni con grande ni con chico 3898
22.32 vinieron contra él para *pelear* con él 3898
2 R 3.21 que los reyes subían a *pelear* contra. 3898
8.29 le hicieron. . . cuando *peleó* contra Hazael. 3898
9.15 de las heridas. . . *peleando* contra Hazael 3898
10.3 y *pelead* por la casa de vuestro señor 3898
12.17 Hazael rey. . . *peleó* contra Gat, y la tomó 3898
14.15 cómo *peleó* contra Amasías rey de Judá. 3898
1 Cr 10.1 los filisteos *pelearon* contra Israel. 3898
12.8 hombres de guerra. . . valientes para *pelear*. . . . 4421
12.33 Zabulón. . . dispuestos a *pelear* sin doblez 4421
12.35 los de Dan, dispuestos a *pelear*, 28.600. 4421
12.36 Aser. . . preparados para *pelear*, 40.000 4421
18.10 haber *peleado* con Hadad-ezer y. . . vencido . . . 3898
19.14 se acercó Joab. . . para *pelear* contra los 4421
19.17 David. . . *pelearon* contra él los sirios. 3898
2 Cr 11.1 Roboam. . . para *pelear* contra Israel y 3898
11.4 no subáis, ni *peleéis* contra. . . hermanos 3898
13.12 no *peleéis* contra Jehová el Dios de. 3898
18.14 ¿iremos a *pelear*. . . Ramot de Galaad, o. 4421
18.30 no *peleéis* con chico ni con grande, sino 3898
18.31 lo rodearon para *pelear*; mas Josafat 3898
20.17 no habrá para qué *peleéis* vosotros en 3898
20.29 que Jehová había *peleado* contra los 3898
22.6 *peleando* contra Hazael rey de Siria 3898
25.8 si. . . te esfuerzas para *pelear*, Dios te 4421
26.6 y *peleó* contra los filisteos, y rompió. 3898
32.8 Dios para. . . y *pelear* nuestras batallas. 3898
Neh 4.14 *pelead* por vuestros hermanos. . . hijos 3898
Sal 35.1 *pelea* contra los que me combaten. 3898
56.2 los que *pelean* contra mí con soberbia. 3898
109.3 odio. . . y *pelearon* contra mí sin causa 3898
Is 19.2 y cada uno *peleará* contra su hermano 3898
20.1 el Tartán. . . *peleó* contra Asdod y la tomó 3898
29.7 que *pelean* contra Ariel. . . *p* contra ella 6633
29.8 que *pelearán* contra el monte de Sion 6633
30.32 batalla tumultuosa *peleará* contra ellos 3898
31.4 descenderá a *pelear* sobre el monte de 6633
63.10 les volvió enemigo. . . *peleó* contra ellos 3898
Jer 1.19 *pelearán* contra ti. . . no te vencerán. 3898
15.20 *pelearán* contra ti pero no te vencerán. 3898
21.4 las armas de. . . con que vosotros *peleáis* 3898
21.5 *pelearé* contra vosotros con mano alzada 3898
32.5 si *peleareis* contra los caldeos, no os. 3898
32.24 mano de los caldeos que *pelean* contra. 3898
33.5 vinieron para *pelear* contra los caldeos 3898
34.1 los pueblos, *peleaban* contra Jerusalén 3898
34.7 el ejército. . . *peleaba* contra Jerusalén 3898
34.22 *pelearán* contra ella y la tomarán, y. 3898
37.10 el ejército de los caldeos que *pelean*. 3898
41.12 fueron a *pelear* contra Ismael hijo de. 3898
51.30 los. . . de Babilonia dejaron de *pelear*, se 3898
Dn 10.20 *pelear* contra el príncipe de Persia 3898
11.11 y *peleará* contra el rey del norte; y 3898
Zac 10.5 *pelearán*, porque Jehová estará con. 3898
14.3 saldrá Jehová y *peleará*. . . como peleó en 3898
14.12 pueblos que *pelearon* contra Jerusalén. 3898
14.14 y Judá también *peleará* en Jerusalén. 3898
Jn 18.36 **mis servidores pelearían para que yo**. *75*
1 Co 9.26 *peleo*, no como quien golpea el aire. *4438*
1 Ti 6.12 *pelea* la buena batalla de la fe; echa *73*
2 Ti 4.7 he *peleado* la. . . batalla, he acabado la *75*
Ap 2.16 ***pelearé* contra ellos con la espada de** *4170*
17.14 *pelearán* contra el Cordero, y, vencerá *4170*
19.11 llamada. . . y con justicia juzga y *pelea*. *4170*

PELEG *Hijo de Eber No. 1 y Padre de Reu*
(*=Ragau*), Gn 10.25; 11.16,17,18,19; Cr 1.19,25;
Lc 3.35. . . . . 6389,*5317*

PELET
1. Padre de On No. 2, Nm 16.1. 6431
2. Descendiente de Jerameel, 1 Cr 2.33. 6431
3. Descendiente de Caleb, 1 Cr 2.47. 6404
4. Benjamita que se unió a David en Siclag,
1 Cr 12.3. 6404

PELETEOS *Grupo de filisteos que servía a David*
2 S 8.18 Benaía hijo. . . sobre los cereteos y *p*. 6432
15.18 sus siervos. . . con todos los cereteos y *p*. 6432
20.7 salieron. . . los *p* y todos los valientes 6432
20.23 Benaía hijo de. . . sobre los cereteos y *p* 6432
1 R 1.38 y descendieron. . . los cereteos y los *p* 6432
1.44 el rey ha enviado. . . cereteos y a los *p*. 6432
1 Cr 18.17 Benaía hijo. . . sobre los cereteos y *p* 6432

PELÍCANO
Lv 11.18 el calamón, el *p*, el buitre. 6893
Dt 14.17 el *p*, el buitre, el somormujo 6893
Sal 102.6 soy semejante al *p* del desierto; soy. 6893
Is 34.11 se adueñarán de ella el *p* y el erizo 6893
Sof 2.14 el *p* también y el erizo dormirán en 6893

PELIGRAR
Ec 10.9 el que parte leña, en ello *peligra*. 5533
Lc 8.23 una tempestad de viento. . . y *peligraban* *2793*
1 Co 15.30 por qué. . . *peligramos* a toda hora? *2793*

PELIGRO
Jue 9.17 expuso su vida al *p* para libraros de
2 S 23.17 varones que fueron con *p* de su vida?
1 R 19.3 viendo, pues, el *p*, se levantó y se
1 Cr 11.19 con *p* de sus vidas la han traído?
12.19 con *p* de nuestras cabezas se pasará a
Sal 119.109 mi vida está de continuo en *p*, mas
Pr 24.11 salva a los que están en *p* de muerte
Lm 5.9 con *p* de nuestras vidas traíamos, pan
Hch 19.27 *p* de que este nuestro negocio venga. *2793*
19.40 porque *p* hay de que seamos acusados de *2793*
Ro 8.35 o hambre, o desnudez, o *p*, o espada? *2794*
2 Co 11.23 cárceles. . . *p* de muerte muchas veces
11.26 en caminos. . . *p* de ríos, *p* de ladrones. *2794*
11.26 *p* de los de mi nación, *p* de. . . gentiles *2794*
11.26 *p* en la ciudad, *p* en el desierto *2794*
11.26 *p* en el mar, *p* entre falsos hermanos *2794*

PELIGROSO, A
Hch 27.9 siendo ya *p* la navegación, por haber *2000*
2 Ti 3.1 los postreros días vendrán tiempos *p*. *5467*

PELO
Éx 25.4 púrpura, carmesí, lino. . . *p* de cabras
26.7 harás asimismo cortinas de *p* de cabra
35.6 azul. . . carmesí, lino fino, *p* de cabras
35.23 todo hombre que tenía. . . *p* de cabras
35.26 todas las mujeres. . . hilaron *p* de cabra
36.14 hizo. . . cortinas de *p* de cabra para una
Lv 13.3 el *p* en la llaga se ha vuelto blanco 8181
13.4 pero. ni el *p* se hubiere vuelto blanco 8181
13.10 el cual haya mudado el color del *p*, y 8181
13.20 piel, y su *p* se hubiere vuelto blanco 8181
13.21 y no apareciere en ella *p* blanco, ni 8181
13.25 y si el *p* se hubiere vuelto blanco en 8181
13.26 y no apareciere en la mancha *p* blanco 8181
13.30 y si. . . el *p* de ella fuere amarillento o 8181
13.31 profunda. . . ni hubiere en ella *p* negro. 8181
13.32 ni hubiere en ella *p* amarillento, ni. 8181
13.36 no busque. . . el *p* amarillento; es inmundo 8181
13.37 y que ha salido en ella el *p* negro, la. 8181
14.8 raerá todo su *p*, y se lavará con agua. 8181
14.9 raerá todo el *p* de su cabeza, su barba 8181
14.9 raerá. . . todo su *p*, y lavará sus vestidos. 8181
Nm 31.20 purificaréis. . . obra de *p* de cabra, y
1 S 19.13 acomodó. . . una almohada de *p* de cabra
19.16 almohada de *p* de cabra a su cabecera
2 R 1.8 varón que tenía vestido de *p*, y ceñía. 8181
Esd 9.3 arranqué *p* de mi cabeza y de mi barba. 8181
Job 4.15 hizo que se erizara el *p* de mi cuerpo. 8185
Is 3.20 los partidores del *p*, los pomitos de
7.20 cabeza y *p* de los pies, y aun la barba 8181
Ez 16.7 tu *p* había crecido. . . estabas desnuda y. 8181
Dn 4.33 su *p* creció como plumas de águila, y 8177
7.9 y el *p* de su cabeza como lana limpia 8177
Mt 3.4; Mr 1.6 Juan estaba vestido de *p* de. *2359*

PELONITA *Originario de Bet-pelet*,
1 Cr 11.27,36; 27.10 6397

PELLIZA
Gn 25.25 rubio, y era todo velludo como una *p* 155

PENA
1 S 25.31 señor mío, no tendrás motivo de *p*. 6330
Esd 7.26 a destierro, a *p* de multa, o prisión 6065
Pr 19.19 el de grande ira llevará la *p*; y si 6066
Jer 26.11 en *p* de muerte ha incurrido. . . hombre
26.16 no ha incurrido este. . . en *p* de muerte
Zac 14.19 esta será la *p* del pecado de Egipto 2403
Lc 9.39 le sacude. . . a duras *p* se aparta de él *3425*
Hch 27.7 y llegando a duras *p* frente a Gnido. *3433*
2 Ts 1.9 los cuales sufrirán *p* de. . . perdición *1349,5099*

PENALIDAD
2 Ti 2.3 tú, pues, sufre *p* como buen soldado *2553*
2.9 en el cual sufro *p*, hasta prisiones a. *2553*

PENAR
Éx 21.22 serán *penados*. . . lo que les impusiere. 6064

PENDENCIERO
1 Ti 3.3; Tit 1.7 no dado al vino, no *p*, no *4131*
Tit 3.2 a nadie difamen, que no sean *p*, sino *269*

PENDER
Dt 28.66 tendrás tu vida como algo que *pende*. 8511
Pr 26.7 las piernas del cojo *penden* inútiles

PENDIENTE
Gn 24.22 beber, le dio el hombre un *p* de oro 5141
24.30 cuando vio el *p* y los brazaletes en las. 5141
24.47 le puse un *p* en su nariz, y brazaletes 5141
Cnt 1.10 hermosas son tus mejillas entre los *p*
Is 3.19 los collares, los *p* y los brazaletes 7479

PENDÓN
Sal 20.5 alzaremos *p* en el nombre de. . . Dios 1713
Is 5.26 alzará *p* a naciones lejanas, y silbará 5251
11.10 la raíz de Isaí. . . estará puesta por *p*. 5251
11.12 levantará *p* a las naciones, y juntará 5251
62.10 quitad las piedras, alzad *p* a. . . pueblos 5251

PENETRANTE
Lv 13.55 es corrosión *p*, esté lo raído en el

PENETRAR
Sal 45.5 tus saetas. . . *penetrarán* en el corazón
Pr 18.8; 26.22 y *penetran* hasta las entrañas
Jer 4.18 amargura *penetrará* hasta tu corazón. 5060
Lc 9.44 **os *penetren* bien en los oídos estas**. *5087*
He 4.12 y *penetra* hasta partir el alma y el. *1338*
6.19 ancla. que *penetra* hasta dentro del velo *1525*

PENIEL
1. Lugar cerca del río Jaboc (=Penuel No. 1)
Gn 32.30 y llamó. . . el nombre de aquel lugar, *P*. 6439
32.31 cuando había pasado *P*, le salió el sol 6439
Jue 8.8 a *P*, y les dijo las mismas palabras. 6439
8.8 y los de *P* le respondieron como habían 6439
8.9 y él habló también a los de *P*, diciendo. 6439
8.17 derribó la torre de *P*, y mató a los de. 6439
2. Descendiente de Benjamín, 1 Cr 8.25. 6439

PENINA *Mujer de Elcana No. 2*
1 S 1.2 la otra, *P*. Y *P* tenía hijos, mas Ana 6444
1.4 daba a *P* su mujer, a todos sus hijos y. 6444

PENOSO, A
2 Cr 21.19 muriendo así de enfermedad muy *p*. 7451
Ec 1.13 este *p* trabajo dio Dios a los hijos. 7451

PENSAMIENTO
Gn 6.5 todo designio de los *p* del corazón de 4284
Dt 15.9 de tener en tu corazón *p* perverso. 1697
1 R 18.21 claudicaréis vosotros entre dos *p*?. 5587
1 Cr 28.9 y entiende todo intento de los *p*. 4284
Job 5.12 frustra los *p* de los astutos, para que 4284
17.7 mis ojos. . . mis *p* todos son como sombra 3338
17.11 fueron arrancados mis *p*, los designios. 4180
20.2 por cierto mis *p* me hacen responder, y 5587
21.27 he aquí, yo conozco vuestros *p*, y las 4284
42.2 todo. . . y que no hay *p* que se esconda de ti. 4209
Sal 10.4 malo. . . no hay Dios en ninguno de sus *p* 4209
26.2 pruébame; examina mis. . . *p* y mi corazón 3629
33.11 los *p* de su corazón por. . . generaciones 4284
40.5 tus *p* para con nosotros, no es posible 4284
49.3 boca. . . el *p* de mi corazón inteligencia. 1900
49.11 su. . . *p* es que sus casas serán eternas
56.5 todos los días. . . contra mí son todos sus *p* 4284
64.6 íntimo *p*. . . como su corazón, es profundo
90.9 tu ira; acabamos nuestros años como un *p*
92.5 obras, oh Jehová! Muy profundos son tus *p*. . . . 4284
94.11 los *p* de los hombres, que son vanidad. 4284
94.19 en la multitud de mis *p* dentro de mí 8312
139.2 tú has. . . has entendido desde lejos mis *p* 7454
139.17 ¡cuán preciosos me son, oh Dios, tus *p*! 7454
139.23 examíname. . . pruébame y conoce mis *p*. 8312
140.8 no saques adelante su *p*, para que no
146.4 sale. . . en ese mismo día perecerán sus *p* 6250
Pr 6.18 el corazón que maquina *p* inicuos, los 4284
12.2 mas él condenará al hombre de malos *p* 4209
12.5 los *p* de los justos son rectitud; mas. 4284
15.22 *p* son frustrados donde no hay consejo 4284
15.26 abominación. . . a Jehová los *p* del malo. 4284
16.3 encomienda a. . . y tus *p* serán afirmados 4284
19.21 muchos *p* hay en el corazón del hombre 4284
20.18 los *p* con el consejo se ordenan; y con 4284
21.4 altivez de. . . y *p* de impíos, son pecado 5215
21.5 *p* del diligente. . . tienden a la abundancia. 4284
23.7 cual es su *p* en su corazón, tal es él. 8176
24.8 piensa. . . le llamarán hombre de malos *p* 2803
24.9 el *p* del necio es pecado, y abominación 2154
Ec 10.20 ni aun en tu *p* digas mal del rey, ni 4093
Is 10.7 *p* será desarraigar y cortar naciones
26.3 completa paz a. . . cuyo *p* en ti persevera. 3336
55.7 deje el impío. . . y el hombre inicuo sus *p* 4284
55.8 *p* no son vuestros *p*, ni vuestros caminos 4284
55.9 caminos más altos. . . *p* más que vuestros *p*. 4284
57.11 y no te has acordado. . . ni te vino al *p*?. 3820
59.7 sus pies corren. . . sus *p*, *p* de iniquidad. 4287
65.2 rebelde, el cual anda. . . en pos de sus *p* 4284

65.17 no habrá memoria, ni más vendrá al *p* ... 3820
66.18 porque yo conozco sus obras y sus *p* ... 4284
Jer 3.16 no se dirá más: Arca... ni vendrá al *p* ... 3820
4.14 permitirás en medio de... *p* de iniquidad? ... 4284
6.19 mal sobre este pueblo, el fruto de sus *p* ... 4284
18.12 y haremos cada uno el *p* de... corazón ... 4284
19.5 cosa que no les mandé... ni me vino al *p* ... 3820
20.12 que ves los *p* y el corazón, vea yo tu ... 3629
23.20 que haya cumplido los *p* de su corazón ... 4209
29.11 yo sé los *p* que tengo acerca... *p* de paz ... 4284
30.24 que haya hecho y cumplido los *p* de su ... 4209
32.35 lo cual no les mandé, ni me vino al *p* ... 3820
49.20 sus *p* que ha resuelto sobre... de Temán ... 4284
50.45 los *p* que ha formado contra... los caldeos ... 4284
51.11 porque contra Babilonia es su *p* para ... 4209
51.29 contra Babilonia todo el *p* de Jehová ... 4284
Lm 3.60 has visto toda... todos sus *p* contra mí ... 4284
Ez 38.10 subirán palabras... concebirás mal *p* ... 3842
Dn 2.29 te vinieron *p* por saber lo que había ... 7476
2.30 para que entiendas los *p* de tu corazón ... 7476
4.19 atónito... una hora, y sus *p* lo turbaban ... 7476
5.6 sus *p* lo turbaron, y se debilitaron sus ... 7476
5.10 rey... no te turben tus *p*, ni palidezca tu ... 7476
7.28 mis *p* me turbaron y mi rostro se demudó ... 7476
Am 4.13 el que forma... y anuncia al hombre su *p* ... 7808
Mi 4.12 ellos no conocieron los *p* de Jehová ... 4284
Mt 9.4 **conociendo Jesús los *p* de ellos, dijo** ... *1761*
12.25 **sabiendo Jesús los *p* de ellos, les dijo** ... *1761*
15.19 **porque del corazón salen los malos *p*** ... *1261*
Mr 7.21 **dentro, del corazón... salen los malos *p*** ... *1261*
Lc 1.51 esparció a los soberbios en el *p* de ... *1271*
2.35 que sean revelados los *p* de... corazones ... *1261*
5.22 Jesús entonces, conociendo los *p* de ellos ... *1261*
6.8 mas él conocía los *p* de ellos; y dijo al ... *1261*
9.47 percibiendo los *p* de sus corazones, tomó ... *1261*
11.17 **él, conociendo los *p* de ellos, les dijo** ... *1270*
24.38 **y vienen a vuestro corazón estos *p*?** ... *1261*
Hch 8.22 quizás te sea perdonado el *p* de tu ... *1963*
1 Co 3.20 el Señor conoce los *p* de los sabios ... *1261*
2 Co 10.5 cautivo todo *p* a la obediencia a ... *3053*
Ef 2.3 haciendo la voluntad de la... de los *p* ... *1271*
Fil 4.7 la paz de Dios... guardará... *p* en Cristo ... *3540*
He 4.12 y discierne los *p* y las intenciones ... *1761*
Stg 2.4 ¿no... venís a ser jueces con malos *p*? ... *1261*
1 P 4.1 vosotros también armaos del mismo *p* ... *1771*

PENSAR
Gn 20.10 ¿qué *pensabas*... que hicieses esto? ... 7200
26.7 *pensando* que... los hombres... lo matarían
31.31 pues *pensé* que quizá me quitarías por
44.28 y *pienso* de cierto que fue despedazado
48.11 a José: No *pensaba* yo ver tu rostro, y ... 6419
50.20 *pensasteis* mal contra mí, mas Dios lo ... 2803
Éx 2.14 ¿*piensas* matarme como... al egipcio? ... 559
Nm 33.56 a vosotros como yo *pensé* hacerles a ... 1819
Dt 9.4 no *pienses*... diciendo: Por mi justicia
19.19 haréis a él como él *pensó* hacer a su ... 2161
1 S 18.25 Saúl *pensaba* hacer caer a David en ... 2803
2 S 14.13 ¿por qué... *pensado* tú cosa semejante ... 2803
24.13 *piensa* ahora, y mira qué responderé al ... 3045
Neh 6.2 mas ellos habían *pensado* hacerme mal ... 2803
6.6 que tú y los judíos *pensáis* rebelaros ... 2803
9.17 *pensaron* poner caudillo para volverse a
Est 4.13 no *pienses* que escaparás en la casa ... 1819
Job 6.26 ¿*pensáis* censurar palabras... discursos ... 2803
35.2 ¿*piensas* que es cosa recta lo que has ... 2803
Sal 2.1 y los pueblos *piensan* cosas vanas? ... 1897
35.20 contra los mansos de... *piensen* palabras ... 2803
40.17 afligido yo y... Jehová *pensará* en mí ... 2803
41.1 bienaventurado el que *piensa* en el pobre ... 7919
41.7 contra mí *piensan* mal, diciendo de mí ... 2803
50.21 *pensabas* que de cierto sería yo como ... 1819
73.16 cuando *pensé* para saber esto, fue duro ... 2803
105.25 que contra sus siervos *pensasen* mal
140.4 que han *pensado* trastornar mis pasos ... 2803
144.3 ¿qué es el hombre... que en él *pienses* ... 3045
Pr 6.14 anda *pensando* el mal en todo tiempo ... 2790
12.20 engaño hay en... los que *piensan* el mal ... 2790
12.20 alegría... el de los que *piensan* el bien ... 2790
14.22 ¿no yerran los que *piensan* el mal? ... 2990
14.22 y verdad alcanzarán los que *piensan* el ... 2990
15.28 corazón del justo *piensa* para responder ... 1897
16.9 el corazón del hombre *piensa* su camino ... 2803
16.30 cierra sus ojos... *pensar* perversidades ... 2803
24.2 su corazón *piensa* en robar, e iniquidad ... 1897
24.8 al que *piensa* hacer el mal, le llamarán ... 2803
30.32 si has *pensado* hacer mal, pon el dedo ... 2161
Is 3.15 ¿qué *pensáis*... que majáis mi pueblo y
10.7 él no lo *pensará* así, ni su corazón lo ... 2803
14.24 se hará de la manera que lo he *pensado* ... 3289
32.8 pero el generoso *pensará* generosidades ... 3289
46.11 hablé, y lo haré venir; lo he *pensado* ... 3335
47.7 no has *pensado* en esto, ni te acordaste
57.1 perece el justo, y no hay quien *piense* ... 7760
Jer 4.28 hablé, lo *pensé*, y no me arrepentí ... 2161
18.8 arrepentiré del mal que había *pensado* ... 2803
23.27 ¿no *piensan* cómo hacen que mi pueblo ... 2803
26.3 y me arrepentiré yo del mal que *pienso* ... 2803
36.3 oiga... el mal que yo *pienso* hacerles, y ... 2803
Ez 16.43 ni aun has *pensado* sobre... tu lujuria ... 6213
18.2 ¿qué *pensáis*... los que usáis este refrán
20.32 y no ha de ser lo que habéis *pensado*
Dn 6.3 el rey *pensó* en ponerlo sobre todo el ... 6246
7.25 *pensará* en cambiar los tiempos y la ley ... 5452
Os 5.4 no *piensan* en convertirse a su Dios
7.15 yo los enseñé... contra mí *pensaron* mal ... 2803
Jon 1.4 que se *pensó* que se partiría la nave
Mi 2.1 los que en sus camas *piensan* iniquidad ... 2803
2.3 yo *pienso* contra esta familia un mal del ... 2803
Nah 1.9 ¿qué *pensáis* contra Jehová? El hará ... 2803
Zac 1.6 como Jehová... *pensó* tratarnos conforme ... 2161
7.10 ninguno *piense* mal en su corazón contra ... 2803
8.14 *pensé* haceros mal cuando vuestros padres ... 2161
8.15 así... he *pensado* hacer bien a Jerusalén y ... 2161
8.17 y ninguno de... *piense* mal en su corazón
Mal 1.7 que *pensáis* que la mesa de Jehová es
3.16 y para los que *piensan* en su nombre ... 2803
Mt 1.20 *pensando* él en esto... ángel del Señor ... *1760*
3.9 y no *penséis* decir dentro de vosotros: A ... *1380*
5.17 **no *penséis* que he venido para abrogar** ... *3543*
6.7 **que *piensan* que por su palabrería serán** ... *1380*
9.4 **qué *pensáis* mal en vuestros corazones?** ... *1760*
10.34 **no *penséis* que he venido para traer paz** ... *3543*
16.7 *pensaban* dentro de sí, diciendo: Esto ... *1260*
16.8 **¿por qué *pensáis* dentro de vosotros... pan?** ... *1260*
20.10 **pensaron que habían de recibir más; pero** ... *3543*
22.42 **¿qué *pensáis* del Cristo? ¿De quién es** ... *1380*
24.44 **Hijo... vendrá a la hora que no *pensáis*** ... *1380*
26.53 **¿acaso *piensas* que no puedo ahora orar** ... *1380*
Mr 6.49 ellos... *pensaron* que era un fantasma ... *1380*
13.11 **lo que habéis de decir, ni lo *penséis*** ... *4305*
14.72 Pedro se... Y *pensando* en esto, lloraba ... *1911*
Lc 1.29 y *pensaba* qué salutación sería esta
2.44 *pensando* que estaba entre la compañía ... *3543*
7.43 *pienso* que aquel a quien perdonó más ... *5274*
8.18 **aun lo que *piensa* tener se le quitará** ... *1380*
12.17 **él *pensaba* dentro de sí, diciendo: ¿Qué** ... *1260*
12.40 **a la hora que no *penséis*, el Hijo del** ... *1380*
12.51 **¿*pensáis* que he venido para dar paz en** ... *1380*
13.2 **les dijo: ¿*Pensáis* que estos galileos** ... *1380*
13.4 **¿*pensáis* que eran más culpables que todos** ... *1380*
17.9 **gracias al siervo porque... *Pienso* que no** ... *1380*
19.11 ellos *pensaban* que el reino de Dios se ... *1380*
21.14 **proponed... no *pensar* antes cómo habéis** ... *4304*
24.37 entonces... *pensaban* que veían espíritu ... *1380*
Jn 5.45 ***penséis* que yo voy a acusaros delante** ... *1380*
11.13 ellos *pensaron* que hablaba del reposar ... *1380*
11.50 ni *pensáis* que nos conviene que... muera ... *1260*
13.29 algunos *pensaban*... que Jesús le decía ... *1380*
16.2 **que os mate, *pensará* que rinde servicio** ... *1380*
20.15 *pensando* que era el hortelano, le dijo ... *1380*
21.25 *pienso* que ni aun en el mundo cabrían ... *3633*
Hch 4.25 y los pueblos *piensan* cosas vanas? ... *3191*
7.25 él *pensaba* que sus hermanos comprendían ... *3543*
8.20 porque has *pensado* que el don de Dios se ... *3543*
10.19 mientras Pedro *pensaba* en la visión, le ... *1760*
12.9 le seguía... *pensaba* que veía una visión ... *1380*
13.25 Juan... dijo: ¿Quién *pensáis* que soy? ... *5282*
14.19 apedrearon... *pensando* que estaba muerto ... *3543*
16.27 *pensando* que los presos habían huido ... *3543*
17.29 no debemos *pensar* que la Divinidad sea ... *3543*
21.29 *pensaban* que Pablo había metido en el ... *3543*
26.26 porque no *pienso* que ignora nada de esto ... *3982*
28.22 querríamos oír de ti lo que *piensas* ... *5426*
Ro 2.3 ¿y *piensas* esto, oh hombre... que juzgas ... *3049*
8.5 los que son de la carne *piensan* en las ... *5426*
12.3 que *piense* de sí con cordura, conforme ... *5426*
14.14 para el que *piensa* que algo es inmundo ... *3049*
1 Co 4.6 no *pensar* más de lo que está escrito ... *5426*
4.9 *pienso*, Dios nos ha exhibido a nosotros ... *1380*
7.36 si alguno *piensa* que es impropio para su ... *3543*
7.40 *pienso* que... yo tengo el Espíritu de Dios ... *1380*
10.12 *piensa* estar firme, mire que no caiga ... *1380*
13.11 *pensaba* como niño, juzgaba como niño ... *3049*
14.20 no seáis niños en el modo de *pensar* ... *5424*
14.20 sed... pero maduros en el modo de *pensar* ... *5424*
2 Co 1.17 ¿o lo que *pienso* hacer, lo *p* según ... *1011*
3.5 para *pensar* algo como de nosotros mismos ... *3049*
5.14 de Cristo nos constriñe, *pensando* esto ... *2919*
10.7 esto también *piense* por sí mismo, que ... *3049*
11.5 y *pienso* que en nada he sido inferior a ... *3049*
12.6 nadie *piense* de mí más de lo que en mí ... *3049*
12.19 ¿*pensáis* aún que nos disculpamos con ... *1380*
Gá 5.10 yo confío... no *pensaréis* de otro modo ... *5426*
Fil 1.16 *pensando*... aflicción a mis prisiones ... *3633*
3.4 si alguno *piensa* que tiene de qué confiar ... *1380*
Fil 3.19 el vientre... sólo *piensan* en lo terrenal ... *5426*
4.8 algo digno de alabanza, en esto *pensad* ... *3049*
2 Ts 2.2 no os dejéis mover... modo de *pensar* ... *3563*
He 10.29 mayor castigo *pensáis* que merecerá ... *1380*
11.15 si hubiesen estado *pensando* en aquella ... *3421*
11.19 *pensando* que Dios es poderoso para ... *3049*
Stg 1.7 no *piense*, pues, quien tal haga, que ... *3633*
4.5 ¿o *pensáis* que la Escritura dice en vano ... *1380*

PENTECOSTÉS *La fiesta de las semanas*
Hch 2.1 cuando llegó el día de *P*, estaban todos ... *4005*
20.16 se apresuraba por estar el día de *P* ... *4005*
1 Co 16.8 pero estaré en Efeso hasta *P* ... *4005*

PENUEL
1. Ciudad fortificada por el rey Jeroboam 1 (=Peniel No. 1), 1 R 12.25 ... 6439
2. Descendiente de Judá, 1 Cr 4.4 ... 6439

PEÑA
Éx 17.6 sobre la *p* en Horeb; y golpearás la *p* ... 6697
33.21 junto a mí, y tú estarás sobre la *p* ... 6697
33.22 yo te pondré en una hendidura de la *p* ... 6697
Nm 20.8 hablad a la *p* a vista de ellos; y ella ... 5553
20.8 y les sacarás aguas de la *p*, y darás de ... 5553
20.10 reunieron... delante de la *p*, y les dijo ... 5553
20.10 hemos de hacer salir aguas de esta *p*? ... 5553
20.11 alzó... golpeó la *p* con su vara dos veces ... 5553
23.9 de la cumbre de las *p* lo veré, y desde ... 6697
24.21 dijo: Fuerte es tu... pon en la *p* tu nido? ... 5553
Dt 32.13 e hizo que chupase miel de la *p*, y ... 5553
Jue 6.20 y ponlos sobre esta *p*, y vierte el ... 5553
6.21 subió fuego de la *p*, el cual consumió ... 6697
7.25 y mataron a Oreb en la *p* de Oreb, y a ... 6697
13.19 los ofreció sobre una *p* a Jehová; y el ... 6697
15.8 y habitó en la cueva de la *p* de Etam ... 5553
15.11 vinieron... a la cueva de la *p* de Etam ... 5553
15.13 le ataron... y le hicieron venir de la *p* ... 5553
20.45 huyeron... a la *p* de Rimón, y de ellos ... 5553
20.47 a la *p* de Rimón... y estuvieron en la *p* ... 5553
21.13 Benjamín que estaban en la *p* de Rimón ... 5553
1 S 23.19 ¿no está David escondido... en las *p*
23.25 y descendió a la *p*, y se quedó en el ... 5553
1 R 1.9 matando Adonías ovejas... junto a la *p* ... 68
19.11 quebraba las *p* delante de Jehová; pero ... 5553
1 Cr 11.15 tres de los... descendieron a la *p* ... 6697
Neh 9.15 en su sed les sacaste aguas de la *p* ... 5553
Job 14.18 y las *p* son,removidas de su lugar ... 6697
18.4 y serán removidas de su lugar las *p*? ... 6697
24.8 se mojan, y abrazan... *p* por falta de abrigo ... 6697
39.28 mora en la *p*, en la cumbre del peñasco ... 5553
Sal 40.2 puso mis pies sobre *p*, y enderezó mis ... 5553
78.15 hendió las *p* en el desierto, y les dio ... 6697
78.16 pues sacó de la *p* corrientes, e hizo ... 5553
78.20 aquí ha herido la *p*, y brotaron aguas ... 6697
81.16 trigo, y con miel de la *p* les saciaría ... 6697
104.18 las *p*, madrigueras para los conejos ... 5553
105.41 abrió la *p*, y fluyeron aguas... un río ... 6697
114.8 cambió la *p* en estanque de aguas, y en ... 6697
137.9 el que... estrellare tus niños contra la *p* ... 5553
Pr 30.19 el rastro de la culebra sobre la *p* ... 6697
Cnt 2.14 que estás en los agujeros de la *p*, en ... 5553
Is 2.10 métete en la *p*, escóndete en el Polvo ... 6697
2.19 y se meterán en las cavernas de las *p* ... 6697
10.26 como la matanza de Madián en la *p* de ... 6697
22.16 que esculpe para sí morada en una *p*? ... 5553
48.21 les... abrió la *p*, y corrieron las aguas ... 6697
Jer 13.4 escóndelo... en la hendidura de una *p*
49.16 tú que habitas en cavernas de *p*, que ... 5553
51.25 te haré rodar de las *p*, y te reduciré ... 5553
Ez 26.4 barreré... y la dejaré como una *p* lisa ... 5554
26.14 te pondré como una *p* lisa; tendedero de ... 5553
Am 6.12 ¿correrán los caballos por las *p*? ... 5553
Abd 3 tú que moras en las hendiduras de las *p* ... 5553
Nah 1.6 como fuego, y para él se hienden las *p* ... 6697
Mt 27.60 sepulcro... que había labrado en la *p* ... *4073*
Mr 15.46 en un sepulcro que... cavado en una *p* ... *4073*
Lc 23.53 puso en un sepulcro abierto en una *p* ... *2991*
Ap 6.15 escondieron... entre las *p* de los montes ... *4073*
6.16 y decían... a las *p*: Caed sobre nosotros ... *4073*

PEÑASCO
Jue 6.26 edifica altar... en la cumbre de este *p* ... 4581
1 S 13.6 se escondieron... en *p*, en rocas y en ... 5553
14.4 un *p* agudo de un lado, y otro del otro ... 5553
14.5 uno de los *p* estaba situado al norte ... 8127
24.2 por las cumbres de los *p* de las cabras ... 6697
2 S 21.10 la tendió para sí sobre el *p*, desde ... 6697
2 Cr 25.12 llevaron a la cumbre de un *p*, y de ... 5553
Job 28.10 los *p* cortó ríos, y sus ojos vieron ... 6697
39.28 mora... en la cumbre del *p* y de la roca ... 5553
Is 32.2 sombra de gran *p* en tierra calurosa ... 5553
57.5 sacrificáis los hijos... debajo de los *p* ... 5553
Jer 4.29 en las espesuras... subieron a los *p* ... 3710
16.16 los cazarán... por las cavernas de los *p* ... 5553
48.28 y habitad en *p*, oh moradores de Moab ... 5553

PEOR *(n.)*
1. Monte en Moab, Nm 23.28 ... 6465
2. Dios de los moabitas (=Baal-peor), Jos 22.17 ... 6465

PEOR *(adj.)*
2 S 19.7 esto te será *p* que todos los males ... 7489
1 R 16.25 *p* que todos los que habían reinado ... 7489
Jer 7.26 sino que... hicieron *p* que sus padres ... 7489
16.12 y vosotros habéis hecho *p* que vuestros
Mt 9.16 **el remiendo tira... se hace *p* la rotura** ... *5501*
12.45 **y toma consigo otros siete espíritus *p*** ... *4191*
12.45 **el postrer estado... viene a ser *p* que el** ... *4190*
27.64 será el postrer error *p* que el primero ... *5501*
Mr 2.21 **tira de lo nuevo, y... hace *p* la rotura** ... *5501*
5.26 nada había aprovechado, antes le iba *p* ... *5501*
Lc 11.26 **toma otros siete espíritus *p* que él** ... *4191*
11.26 **el postrer estado... viene a ser *p* que el** ... *4191*
Jn 5.14 **no peques... no te venga alguna cosa *p*** ... *5501*
1 Co 11.17 no os congregáis... sino para lo *p* ... *2276*
1 Ti 5.8 negado la fe, y es *p* que un incrédulo ... *5501*
2 Ti 3.13 y los engañadores irán de mal en *p* ... *5501*
2 P 2.20 su postrer estado viene a ser *p* que ... *5501*

PEPINO
Nm 11.5 de los *p*, los melones, los puerros ... 7180

PEQUEÑEZ
Zac 4.10 que menospreciaron el día de las *p* ... 6996

PEQUEÑITO
Job 3.16 como los *p* que nunca vieron la luz? ... 5768
Lm 2.19 tus manos... implorando la vida de tus *p* ... 5768
2.20 ¿han de comer... los *p* a su tierno cuidado? ... 5768
Zac 13.7 y haré volver mi mano contra los *p* ... 6819
Mt 10.42 **dé a uno de estos *p* un vaso de agua** ... *3398*
Mr 9.42 **que haga tropezar a uno de estos *p* que** ... *3398*
Lc 17.2 **que hacer tropezar a uno de estos *p*** ... *3398*

PEQUEÑO, A
Gn 19.20 esta ciudad está cerca... la cual es *p* ... 4705
19.20 dejadme escapar... allá (¿no es ella *p*?) ... 4705
44.20 y un hermano joven, *p* aún, que le nació ... 6966
Éx 12.4 si la familia fuere tan *p* que no baste ... 4591

P

18.22 grave...y ellos juzgarán todo asunto *p* 6996
18.26 al pueblo...ellos juzgaban todo asunto *p* 6996
Nm 26.56 repartida su...entre el grande y el *p* 4592
Dt 1.17 en el juicio...*p* como al grande oiréis 6996
25.14 ni tendrás en tu casa efa grande y...*p* 6996
1 S 1.24 lo trajo a la casa...y el niño era *p* 5288
2.19 le hacía su madre una túnica *p* y se la 6996
9.21 de Benjamín, de la más *p* de las tribus 6996
9.21 y mi familia ¿no es la más *p* de todas 6810
15.17 aunque eras *p* en tus propios ojos, ¿no 6996
20.35 salió Jonatán...y un muchacho *p* con él 6996
2 S 9.12 tenía Mefi-boset un hijo *p*...Micaía 6996
23.11 había un *p* terreno lleno de lentejas 2513
1 R 2.20 dijo: Una *p* petición pretendo de ti 6996
8.64 el altar de bronce...era *p*, y no cabían 6996
11.17 huyó, y...era entonces Hadad muchacho *p* 6996
17.13 pero hazme a mí primero...una *p* torta 6996
1 Cr 25.8 turnos, entrando el *p* con el grande 6996
26.13 echaron suertes, el *p* con el grande 6996
2 Cr 10.10 mi dedo más *p* es más grueso que los 6996
15.13 que no buscase a...muriese, grande o *p* 6996
34.30 pueblo, desde el mayor hasta el más *p* 6996
Job 8.7 y aunque tu principio haya sido *p*, tu 4705
27.14 sus hijos..sus *p* no se saciarán de pan 6631
Sal 104.25 donde se mueven...seres *p* y grandes 6996
115.13 bendecirá a los que..a *p* y a grandes 6996
119.141 *p* soy yo, y desechado, mas no me he 6810
Pr 30.24 cuatro cosas son de las más *p* de la 6996
Ec 10.1 una *p* locura, al que es estimado como 4592
Cnt 2.15 cazadnos...las zorras *p*, que echan a 6996
8.8 tenemos una *p* hermana que no tiene pechos 6996
Is 1.9 si...no nos hubiese dejado un resto *p* 4213
16.14 y los sobrevivientes serán pocos, *p* y 4213
60.22 el *p* vendrá a ser mil, el menor, un 6996
Jer 8.10 desde el más *p* hasta el más grande 6996
16.6 morirán en esta tierra grandes y *p*; no 6996
31.34 todos me conocerán, desde el más *p* de 6996
48.4 hicieron...se oyese el clamor de sus *p* 6810
49.15 aquí que te haré *p* entre las naciones 6996
49.20 a los más *p* de su rebaño...arrastrarán 6810
50.45 ciertamente a los más *p* de su rebaño 6810
Ez 11.16 les seré por un *p* santuario en las 4592
Dn 7.8 cuerno *p* salía entre ellos, y delante 2192
8.9 de uno de ellos salió un cuerno *p*, que 4704
Am 7.2,5 ¿quién levantará a Jacob? porque es *p* 6996
Abd 2 aquí, *p* te he hecho entre las naciones 6996
Mi 5.2 Belén Efrata, *p* para estar entre las 6218
Nah 3.10 también sus *p* fueron estrellados en
Zac 11.16 pastor...ni buscará la *p*, ni curará 5288
Mt 2.6 no eres la más *p* entre los príncipes de
5.19 **quebrante uno de estos mandamientos...*p*** *1646*
5.19 ***p* será llamado en el reino de los cielos** *1646*
11.11 **el más *p* en el reino...mayor es que él** *3398*
13.32 **es la más *p* de todas las semillas; pero** *3398*
18.6 **que haga tropezar a alguno de estos *p*** *3398*
18.10 **que no menospreciéis a uno de estos *p*** *3398*
18.14 **la voluntad...se pierda uno de estos *p*** *3398*
25.40 **uno de estos mis hermanos más *p*, a mí** *1646*
25.45 **no lo hicisteis a uno de estos más *p*** *1646*
Mr 4.31 **es la más *p* de todas las semillas** *3398*
Lc 7.28 **pero el más *p* en el reino de Dios es** *3398*
9.48 **el que es más *p* entre todos vosotros, ése** *3398*
12.32 **manada *p*...a vuestro Padre le ha placido** *3398*
19.3 pero no podía...pues era *p* de estatura *3398*
Hch 8.10 a éste oían...desde el más *p* hasta el *3398*
15.2 tuviesen una discusión...no *p* con ellos *3641*
19.23 hubo...disturbio no *p* acerca del Camino *3641*
26.22 dando testimonio a *p* y a grandes, no *3398*
27.16 sotavento de una *p* isla llamada Clauda
27.20 y acosados por una tempestad no *p*, ya *3641*
1 Co 6.2 ¿sois indignos de juzgar cosas...*p*? *1646*
15.9 yo soy el más *p* de los apóstoles, que El *1646*
Ef 3.8 soy menos que el más *p* de todos los *1647*
Stg 3.4 naves...gobernadas con un muy *p* timón *1646*
3.5 así también la lengua es un miembro *p* *3398*
3.5 ¡cuán grande bosque enciende un *p* fuego! *3641*
Ap 11.18 el galardón...a los *p* a los grandes *3398*
13.16 *p* y grandes...se les pusiese una marca *3398*
19.5 alabad a nuestro Dios...*p* como grandes *3398*
19.18 comáis carnes de reyes y...*p* y grandes *3398*

PEQUEÑUELO
Nm 16.27 y Datán y Abiram...sus hijos y sus *p* 2945
Job 21.11 salen sus *p* como manada, y sus hijos 5759
Sal 17.14 a sus hijos, y aún sobra para sus *p* 5768
Lm 4.4 los *p* pidieron pan, y no hubo quien se

PERAZIM =*Baal-perazim*, Is 28.21 6559

PERCIBIR
Gn 8.21 y *percibió* Jehová olor grato; y dijo 7306
Job 4.12 mas mi oído ha *percibido* algo de ello 3947
14.9 al *percibir* el agua reverdecerá, y hará 7381
23.8 iré al...al occidente, y no lo *percibiré* 3045
Ec 1.16 corazón ha *percibido* mucha sabiduría
Is 64.4 ni oídos *percibieron*, ni ojo ha visto 238
Mt 13.14 **y viendo veréis, y no *percibiréis*** *1492*
Mr 4.12 **para que viendo, vean y no *perciban*** *1492*
12.15 mas él, *percibiendo* la hipocresía de *1492*
Lc 9.47 Jesús, *percibiendo* los pensamientos *1492*
Hch 28.26 y viendo veréis, y no *percibiréis* *1492*
1 Co 2.14 no *percibe* las cosas...del Espíritu *1209*

PERDER
Éx 22.9 en toda clase de fraude...cosa *perdida* 9
Lv 6.3 hallado lo *perdido* después lo negare 9
6.4 restituirá aquello...lo *perdido* que halló 9
Nm 17.12 *perdidos* somos, todos...somos *p* 6
Dt 22.3 harás con toda cosa de...se le *perdiere* 9
22.9 no sea que se *pierda* todo...la semilla 6942
34.7 sus ojos nunca se, ni *perdió* su vigor 5127
Jue 18.25 y *pierdas*...tu vida y la vida de los 622
1 S 9.3 y se habían *perdido* las asnas de Cis 6
9.20 asnas que...*perdieron*...pierde cuidado de 6
1 R 20.25 otro ejército como el...que *perdiste* 5307
Esd 10.8 *perdiese* toda su hacienda...excluido 2763
Job 4.7 ¿qué inocente se ha *perdido*?...¿en dónde 6
4.20 se *pierden*...sin haber quien repare en 6
4.21 su hermosura, ¿no se *pierde* con ellos
6.18 se apartan...van menguando, y se *pierden* 6
15.33 *perderá* su agraz como la vid, y...flor
29.13 la bendición del que se iba a *perder* 6
Sal 137.5 si me...*pierda* mi diestra su destreza 7911
Pr 1.32 la prosperidad...los echará a *perder* 6
4.16 *pierden* el sueño si no han hecho caer a
13.23 pan, mas se *pierde* por falta de juicio 5595
23.8 vomitarás...*perderás* tus suaves palabras 7843
29.3 que frecuenta rameras *perderá* los bienes 6
Ec 3.6 tiempo de buscar, y tiempo de *perder* 6
5.14 cuales se *pierden* en malas ocupaciones 6
12.5 será una carga, y se *perderá* el apetito 6565
Cnt 2.15 zorras...que echan a *perder* las viñas 2254
Is 9.16 son engañadores...gobernados se *pierden* 1104
19.7 se secarán, se *perderán*, y no serán más
22.25 y la carga...se echará a *perder*; porque
24.7 *perdió* el vino, enfermó la vid, gimieron 56
Jer 17.4 y *perderás* la heredad que yo te di 8058
18.4 la vasija de barro...se echó a *perder* en 7843
31.28 cuidado...trastornar y *perder* y afligir 6
Lm 4.1 ¡cómo el buen oro ha *perdido* su brillo!
Ez 19.5 viendo ella...que se *perdía* su esperanza 6
Os 13.8 como osa que ha *perdido* los hijos los 7909
13.9 te *perdiste*, oh...mas en mí está tu ayuda 7843
Jl 1.10 se secó el mosto, se *perdió* el aceite 7703
1.11 confundíos...se *perdió* la mies del campo 6
Am 5.12 hacéis *perder* su causa a los pobres
Abd 12 alegrado...el día en que se *perdieron* 6
Zac 10.11 herirá...*perderá* el cetro de Egipto 5493
11.9 y la que se *perdiere*, que se *pierda* 3582
13.8 serán cortadas en ella, y se *perderán* 3772
Mt 5.29 **mejor te es que se *pierda* uno de tus** *622*
5.30 **que se *pierda* uno de tus miembros, y no** *622*
9.17 **vino se derrama, y los odres se *pierden*** *622*
10.39 **la *perderá*; y el que *pierde* su vida por** *622*
10.42 **os digo que no *perderá* su recompensa** *622*
16.25 **que quiere salvar su vida, la *perderá*** *622*
16.25 **el que *pierda* su vida por causa de mí** *622*
16.26 **ganare...el mundo, y *perdiere* su alma?** *2210*
18.11 **para salvar lo que se había *perdido*** *622*
18.14 **no...que se *pierda* uno de estos pequeños** *622*
Mr 2.22 **el vino se derrama...odres se *pierden*** *622*
8.35 ***perderá*; y todo el que *pierda* su vida** *622*
8.36 **ganare...el mundo, y *perdiere* su alma?** *2210*
9.41 **os digo que no *perderá* su recompensa** *622*
Lc 5.37 **se derramará, y los odres se *perderán*** *622*
9.24 **que quiera salvar su vida, la *perderá*** *622*
9.24 **el que *pierda* su vida por causa de mí** *622*
9.25 **y se destruye o se *pierde* a sí mismo?** *622*
9.56 **no ha venido para *perder* las almas de** *622*
15.4 **teniendo cien ovejas, si *pierde* una de** *622*
15.4 **tras la que se *perdió*, hasta encontrarla?** *622*
15.6 **he encontrado mi oveja que se...*perdido*** *622*
15.8 **si *pierde* una dracma, no enciende la** *622*
15.9 **encontrado la dracma que había *perdido*** *622*
15.24,32 se había *perdido*, y es hallado *622*
17.33 **la *perderá*; y todo el que la *pierda*, la** *622*
19.10 **y a salvar lo que se había *perdido*** *622*
Jn 3.15,16 no se *pierda*, mas tenga vida eterna *622*
6.12 **que sobraron, para que no *pierda* nada** *622*
6.39 **no *pierda* yo nada, sino que lo resucite** *622*
12.25 **el que ama su vida, la *perderá*; y el** *622*
17.12 **y ninguno de ellos se *perdió*, sino el** *622*
18.9 **de los que me diste, no *perdí* ninguno** *622*
Hch 27.20 habíamos *perdido* toda esperanza de *4014*
27.32 del esquife y lo dejaron *perderse* *1601*
Ro 14.15 *pierda* aquel por quien Cristo murió *622*
1 Co 1.18 cruz es locura a los que se *pierden* *622*
8.11 se *perderá* el hermano débil por quien *622*
2 Co 1.8 *perdimos* la esperanza de conservar *1820*
2.15 olor de Cristo...en los que se *pierden* *622*
4.3 entre los que se *pierden* está encubierto *622*
Ef 4.19 después que *perdieron*...sensibilidad
Fil 3.8 por amor del cual lo he *perdido* todo *2209*
2 Ts 2.10 engaño de...para los que se *pierden* *622*
He 10.35 no *perdáis*, pues, vuestra confianza
Stg 4.12 de la ley, que puede salvar y *perder* *622*
2 Jn 8 no *perdáis* el fruto de vuestro trabajo *622*

PERDICIÓN
2 Cr 22.4 después de...le aconsejaron para su *p* 4889
Job 30.12 y prepararon contra mí caminos de *p* 343
Sal 55.23 Dios, harás descender...al pozo de *p* 7945
Jer 18.17 les mostraré las...en el día de su *p* 343
Mt 7.13 **espacioso el camino que lleva a la *p*** *684*
Jn 17.12 **ninguno...se perdió, sino el hijo de *p*** *684*
Fil 1.28 que para ellos...es indicio de *p*, mas *684*
3.19 el fin de los cuales será *p*, cuyo dios *684*
2 Ts 1.9 los cuales sufrirán pena de eterna *p* *3639*
2.3 se manifieste el hombre de...el hijo de *p* *684*
1 Ti 6.9 lazo...que hunden a los hombres en...*p* *3639*
2 Ti 2.14 sino que es para *p* de los oyentes *2692*
He 10.39 no somos de los que retroceden para *p* *684*
2 P 2.3 la...no se tarda, y su *p* no se duerme *684*
2.12 hablando mal...perecerán en su propia *p* *5356*
3.7 día del juicio y de la *p* de los hombres *684*
3.16 los indoctos...tuercen...para su propia *p* *684*
Ap 17.8 está para subir del abismo e ir a *p* *684*
17.11 y es de entre los siete, y va a la *p* *684*

PÉRDIDA
Hch 27.10 que la navegación va a ser con...*p* *2209*
27.21 sólo para recibir este perjuicio y *p* *2209*
27.22 pues no habrá ninguna *p* de vida entre *580*
1 Co 3.15 la obra...se quemare, él sufrirá *p* *2210*
2 Co 7.9 que ninguna *p* padecieseis por nuestra *2210*
Fil 3.7 he estimado como *p* por amor de Cristo *2209*
3.8 aun estimo todas las cosas como *p* por la *2209*

PERDIDAMENTE
Lc 15.13 **desperdició sus bienes viviendo *p*** *811*

PERDIDO, A *Véase también Perder*
Sal 107.4 anduvieron *p* por el desierto, por la 8582
107.40 hace andar *p*, vagabundos y sin camino 8582
Jer 50.6 ovejas *p* fueron mi pueblo; sus pastores 6
Ez 34.4 ni buscasteis la *p*, sino que os habéis 6
34.6 anduvieron *p* mis ovejas...todos los montes 7686
34.16 buscaré la *p*, y haré volver al redil la 6
Zac 11.16 a un pastor que no visitará las *p*, ni 3582
Mt 10.6 **sino id antes a las ovejas *p* de...Israel** *622*
15.24 **no soy enviado sino a...ovejas *p* de Israel** *622*

PERDIZ
1 S 26.20 como quien persigue una *p* por los 7124
Jer 17.11 como la *p* que cubre lo que no puso 7124

PERDÓN
Lv 4.20 expiación por ellos, y obtendrán *p* 5545
4.26 hará por él la expiación de...y tendrá *p* 5545
6.7 y obtendrá *p* de cualquiera de todas las 5545
Sal 130.4 hay *p*, para que seas reverenciado 5547
Mr 1.4 predicaba el bautismo de...*p* de pecados *859*
3.29 **contra el Espíritu...no tiene jamás *p*** *859*
Lc 1.77 salvación a su pueblo, para *p* de sus *859*
3.3 del arrepentimiento para *p* de pecados *859*
24.47 **el arrepentimiento y el *p* de pecados** *859*
Hch 2.38 bautícese cada uno...*p* de los pecados *859*
5.31 para dar a Israel arrepentimiento y *p* de *859*
10.43 recibirán *p* de pecados por su nombre *859*
13.38 que por medio de él se os anuncia *p* de *859*
26.18 **que reciban, por la fe...*p* de pecados y** *859*
Ef 1.7 el *p* de pecados según las riquezas de *859*
Col 1.14 tenemos redención...el *p* de pecados *859*

PERDONADOR
Sal 86.5 porque tú, Señor, eres bueno y *p*, y 5546
99.8 les fuiste un Dios *p*, y retribuidor de 5375

PERDONAR
Gn 18.24 y no *perdonarás* al lugar por amor a 5375
18.26 *perdonaré* a todo este lugar por amor de 5375
50.17 te ruego que *perdones*...*p* la maldad de 5375
Éx 10.17 ruego ahora que *perdonéis* mi pecado 5375
23.21 no *perdonará* vuestra rebelión, porque 5375
32.32 que *perdones* ahora su pecado, y si no 5375
34.7 que *perdona* la iniquidad, la rebelión y 5375
34.9 *perdona* nuestra iniquidad y...pecado, y 5545
Lv 4.31,35; 5.10,13,16,18 hará...y será *perdonado* 5545
19.22 le *perdonará* su pecado que ha cometido 5545
Nm 14.18 que *perdona* la iniquidad y la rebelión 5375
14.19 *perdona*...la iniquidad de este pueblo 5375
14.19 como has *perdonado* a este pueblo desde 5375
14.20 yo lo he *perdonado* conforme a tu dicho 5545
15.25 y les será *perdonado*, porque yerro es 5545
15.26 será *perdonado* a toda la congregación 5545
15.28 la reconciliará, y le será *perdonado* 5545
30.5 la *perdonará*, por cuanto su padre se lo 5545
30.8 voto...será nulo; y Jehová la *perdonará* 5545
30.12 marido los anuló, y Jehová la *perdonará* 5545
Dt 7.16 no los *perdonará* tu ojo, ni servirás 2347
15.2 *perdonará* a su deudor...hizo empréstito 8059
15.3 tu hermano tuviere tuyo, lo *perdonará* tu 8058
21.8 perdona...y la sangre les será *perdonado* 3722
25.12 le cortarás...la mano; no la *perdonarás* 2347
28.50 gente fiera...que no...*perdonará* al niño
29.20 no querrá Jehová *perdonarlo*, sino que 5545
1 S 15.9 Saúl y el pueblo *perdonaron* a Agag 2550
15.15 pueblo *perdonó* lo mejor de las ovejas 2550
15.24 Saúl...*Perdona*, pues, ahora mi pecado 5375
24.10 matase, pero te *perdoné*, porque dije 2347
25.28 yo te ruego que *perdones* a tu sierva 5375
2 S 21.7 y *perdonó* el rey a Mefi-boset hijo 2550
1 R 8.30 cuando oren en...escucha y *perdona* 5545
8.34,36 *perdonarás* el pecado de tu pueblo 5545
8.39 tú oirás en los cielos...y *perdonarás* 5545
8.50 *perdonarás* a tu pueblo que había pecado 5545
2 R 5.18 en esto *perdone* Jehová a tu siervo 5545
5.18 tal, Jehová *perdone* en esto a tu siervo 5545
24.4 Jehová, por tanto, no quiso *perdonar* 5545
2 Cr 6.21 que oigas el ruego de...y *perdones* 5545
6.25,27 *perdonarás* el pecado de tu pueblo 5545
6.30 tú oirás...y *perdonarás*, y darás a cada 5545
6.39 *perdonarás* a tu pueblo que pecó contra 5545
7.14 oiré...y *perdonaré* sus pecados, y sanaré 5545
36.17 *perdonar* joven ni doncella, anciano ni
Neh 9.17 tú eres Dios que *perdonas*, clemente 5547
13.22 acuérdate de mí, Dios mío, y *perdóname* 2347
Job 7.21 por qué no...y *perdonas* mi iniquidad? 5375
16.13 partió mis riñones, y no *perdonó*; mi 2550
27.22 Dios, pues, descargará...y no *perdonará* 2550
Sal 25.11 *perdonarás*...mi pecado, que es grande 5545
25.18 mi trabajo, y *perdona* todos mis pecados 5375
32.1 cuya transgresión ha sido *perdonada*, y 5375
32.5 y tú *perdonaste* la maldad de mi pecado 5375
65.3 nuestras rebeliones tú las *perdonarás* 3722
78.38 *perdonaba* la maldad, y no los destruía 3722
79.9 *perdona* nuestros pecados por amor de tu 3722
85.2 *perdonaste* la iniquidad de tu pueblo 5375

103.3 es quien *perdona* todas tus iniquidades....... 5545
Pr 6.34 no *perdonará* en el día de la venganza 2550
6.35 no aceptará... rescate, ni querrá *perdonar*
Is 2.9 humillado; por tanto, no los perdones 5375
13.18 niños... ni su ojo *perdonará* a los hijos........ 2357
22.14 este pecado no os será *perdonado* hasta 3722
27.9 será *perdonada* la iniquidad de Jacob, y....... 3722
33.24 al pueblo... será *perdonada* la iniquidad 5375
40.2 que su pecado es *perdonado*; que doble ha 7521
55.7 al Dios... el cual será amplio en *perdonar* 5547
Jer 5.1 que busque verdad; y yo la *perdonaré*.......... 5545
5.7 ¿cómo te he de *perdonar* por esto? Sus 5545
13.14 no *perdonaré*, ni tendré... misericordia........ 2550
18.23 no *perdones* su maldad, ni borres su 3722
21.7 no los *perdonará*, ni tendrá compasión........ 2347
31.34 *perdonaré* la maldad de ellos, y no me........ 5545
33.8 y *perdonaré* todos sus pecados con que........ 5545
36.3 y yo *perdonaré* su maldad y su pecado 5545
50.20 *perdonaré* a los que yo hubiere dejado 5545
51.3 no *perdonéis* a sus jóvenes, destruid........... 2550
Lm 2.2 destruyó el Señor, y no *perdonó* 2550
2.17 destruyó, y no *perdonó*; y ha hecho que........ 2550
2.21 en el día de... degollaste, no *perdonaste* 2550
3.42 y fuimos desleales; tú no *perdonaste*........... 5545
3.43 perseguiste; mataste, y no *perdonaste* 2550
Ez 5.11; 7.4,9; 8.18 mi ojo no *perdonará*, ni tendré...... 2347
9.5 no *perdone* vuestro ojo, ni... misericordia........ 2347
9.10 mi ojo no *perdonará*, ni... misericordia 2347
16.63 cuando yo *perdone* todo lo que hiciste........ 3722
20.17 los *perdonó* mi ojo, pues no los maté 2347
Dn 9.9 de Jehová nuestro Dios es... el *perdonar* 5547
9.19 oye, Señor; oh Señor, *perdona*; presta 5545
Jl 2.17 *perdona*, oh Jehová, a tu pueblo, y no 2347
2.18 Jehová, solícito... *perdonará* a su pueblo 2550
Am 7.2 yo dije: Señor Jehová, *perdona* ahora 5545
Mi 7.18 Dios como tú, que *perdona* la maldad 5375
Mal 3.17 *perdonaré*, como... *perdona* a su hijo 2550
Mt 6.12 **perdónanos... como... perdonamos** *863*
6.14 **si perdonáis a... os perdonará también a** *863*
6.15 **no perdonáis a los hombres sus ofensas** *863*
6.15 **tampoco vuestro Padre os perdonará**........... *863*
9.2 **ten ánimo... tus pecados te son perdonados** *863*
9.5 **decir: Los pecados te son perdonados, o** *863*
9.6 **tiene potestad en... para perdonar pecados**...... *863*
12.31 **pecado y... será perdonado a los hombres**..... *863*
12.31 **blasfemia contra... no les será perdonado**...... *863*
12.32 **dijere alguna palabra... será perdonado** *863*
12.32 **contra el Espíritu... no... será perdonado** *863*
18.21 ¿cuántas veces *perdonaré* a mi hermano *863*
18.27 **señor... le soltó y le perdonó la deuda** *863*
18.32 **malvado, toda aquella deuda te perdoné** *863*
18.35 **no perdonáis de todo corazón cada uno** *863*
Mr 2.5 **hijo, tus pecados te son perdonados**............. *863*
2.7 ¿quién puede *perdonar* pecados, sino sólo *863*
2.9 **tus pecados te son perdonados, o decirle** *863*
2.10 **tiene potestad en... para perdonar pecados** *863*
3.28 **que todos los pecados serán perdonados** *863*
4.12 **no se conviertan, y les sean perdonados**....... *863*
11.25 **perdonad, si tenéis algo contra alguno**......... *863*
11.25 **vuestro Padre que está en... os perdone** *863*
11.26 **no perdonáis, tampoco vuestro Padre que**..... *863*
11.26 **tampoco..os perdonará vuestras ofensas**..... *863*
Lc 5.20 **hombre, tus pecados te son perdonados** *863*
5.21 ¿quién puede *perdonar* pecados sino sólo *863*
5.23 **tus pecados te son perdonados, o decir** *863*
5.24 **tiene potestad en... para perdonar pecados** *863*
6.37 **juzguéis... perdonad, y seréis perdonados** *630*
7.42 **no teniendo... qué pagar, perdonó a ambos** *5483*
7.43 pienso que aquél a quien *perdonó* más *5483*
7.47 **que sus muchos pecados le son perdonados** *863*
7.47 **a quien se le perdona poco, poco ama** *863*
7.48 **le dijo: Tus pecados te son perdonados** *863*
7.49 ¿quién es éste, que... *perdona* pecados?......... *863*
11.4 **perdónanos..nosotros perdonamos** *863*
12.10 **contra el Hijo del... le será perdonado** *863*
12.10 **que blasfemare... no le será perdonado** *863*
17.3 **pecare... si se arrepintiere, perdónale** *863*
17.4 **siete veces... Me arrepiento; perdónale** *863*
23.34 **Padre, perdónalos, porque no saben lo** *863*
Hch 8.22 sea *perdonado* el pensamiento de tu *863*
20.29 rapaces, que no *perdonarán* al rebaño *5339*
Ro 4.7 aquellos cuyas iniquidades... *perdonadas*....... *863*
11.21 porque si Dios no *perdonó* a las ramas *5339*
11.21 naturales, a ti tampoco te *perdonará*.......... *5339*
2 Co 2.7 vosotros más bien debéis *perdonarle* *5483*
2.10 y al que vosotros *perdonáis*, yo también *5483*
2.10 yo lo que he *perdonado*, si algo he *p*, por *5483*
12.13 sido carga? ¡*Perdonadme* este agravio!...... *5483*
Ef 4.32 *perdonándoos*... como Dios... os *perdonó* *5483*
Col 2.13 vida... *perdonándoos* todos los pecados........ *5483*
3.13 y *perdonándoos* unos a otros si alguno *5483*
3.13 de la manera que Cristo os *perdonó*, así *5483*
Stg 5.15 hubiere cometido... le serán *perdonados*....... *863*
2 P 2.4 si Dios no *perdonó* a los ángeles que *5339*
2.5 y si no *perdonó* al mundo antiguo, sino *5339*
1 Jn 1.9 fiel y justo para *perdonar*... pecados *863*
2.12 pecados os han sido *perdonados* por su......... *863*

PERDURABLE
Dn 9.24 para traer la justicia *p*, y sellar la............ 5769
He 10.34 una mejor y *p* herencia en los cielos *3306*

PERDURAR
Dn 6.26 y su dominio *perdurará* hasta el fin........... 5957

PERECEDERO
1 P 1.7 el cual aunque *p* se prueba con fuego *622*

PERECER
Gn 19.15 *perezcas* en el castigo de la ciudad........... 5595
19.17 escapa al monte, no sea que *perezcas* 5595
41.36 depósito... el país no *perecerá* de hambre..... 3792
45.11 que no *perezcas* de pobreza tú y tu casa
Lv 26.38 *pereceréis* entre las naciones, y la................ 6
Nm 4.18 no haréis que *perezca* la tribu de las 3772
16.26 que no *perezcáis* en todos sus pecados........ 5595
16.33 *perecieron* de en medio... congregación.......... 6
17.13 morirá... ¿Acabaremos por *perecer* todos? ... 8552
20.3 hubiéramos muerto cuando *perecieron* 1478
21.29 ¡ay de ti... *Pereciste*, pueblo de Quemos 6
21.30 el reino de... *pereció* Hesbón hasta Dibón........ 6
24.20 Amalec... al fin *perecerá* para siempre........... 8
24.24 mas él también *perecerá* para siempre 8
Dt 4.26 que pronto *pereceréis* totalmente de 6
4.33 ¿ha oído... la voz de Dios... sin *perecer*?
7.20 hasta que *perezcan* los que quedaren y 6
8.19 lo afirmo hoy... que de cierto *pereceréis* 6
8.20 así *pereceréis*, por cuanto no habréis.............. 6
11.17 *perezcáis* pronto de la buena tierra que.......... 6
26.5 arameo a punto de *perecer* fue mi padre.......... 6
28.20 y *perezcas* pronto a causa de la maldad.......... 6
28.22 y te perseguirán hasta que *perezcas* 6
28.24 descenderán sobre... hasta que *perezcas* 8045
28.45 te alcanzarán hasta que *perezcas*; por........ 8045
28.51 y comerá el fruto... hasta que *perezcas* 8045
30.18 protesto hoy que de cierto *pereceréis* 6
32.36 cuando viere que la fuerza *pereció*, y.......... 235
Jos 22.20 aquel hombre no *pereció* solo en su........... 1478
23.13 que *perezcáis* de esta buena tierra que 6
23.16 *pereceréis* prontamente de esta... tierra......... 6
Jue 5.31 así *perezcan* todos tus enemigos, oh............ 6
1 S 2.9 mas los impíos *perecen* en tinieblas 1826
12.25 mal, vosotros y vuestro rey *pereceréis* 5595
26.10 que... o descendiendo en batalla *perezca* 5595
2 S 1.19 ha *perecido* la gloria de Israel sobre 2491
2 S 1.27 cómo... han *perecido* las armas de guerra! 6
2 R 7.13 *perecerán* como toda... ya ha *perecido* 8552
9.8 *perecerá*... la casa de Acab, y destruiré de.......... 6
Est 4.14 tú y la casa de tu padre *pereceréis*.............. 6
4.16 entraré a ver... si perezco, que *perezca* 6
Job 3.3 *perezca* el día en que yo nací, y la 6
4.9 *perecen* por el aliento de Dios, y por el 6
4.11 el león viejo *perece* por falta de presa........... 6
8.13 a Dios, y la esperanza del impío *perecerá* 6
8.22 y la habitación de los impíos *perecerá* 369
14.10 *perecerá* el hombre, ¿y dónde estará él?
14.19 haces... *perecer* la esperanza del hombre 6
15.30 y con el aliento de su boca *perecerá* 5493
18.17 su memoria *perecerá* de la tierra, y no........... 6
19.10 me arruinó por todos lados, y *perezco* 5422
20.7 como su estiércol, *perecerá* para siempre 6
31.19 si he visto que *pereciera* alguno sin 6
33.18 alma... y su vida de que *perezca* a espada 5674
34.15 toda carne *perecería* juntamente, y el......... 1478
36.12 si no oyeren... *perecerán* sin sabiduría 5674
Sal 1.6 mas la senda de los malos *perecerá* 6
2.12 no se enoje, y *perezcáis* en el camino............ 6
9.3 atrás; cayeron y *perecieron* delante de ti 6
9.6 los enemigos han *perecido*; han quedado........... 6
9.6 derribaste, su memoria *pereció* con ellas 5428
9.18 ni la esperanza de los pobres *perecerá* 5428
10.16 de su tierra han *perecido* las naciones 6
37.20 los impíos *perecerán*, y los enemigos.............. 6
39.13 tomaré fuerzas, antes que... y *perezca*
41.5 ¿cuándo morirá, y *perecerá* su nombre? 6
49.10 *perecen* del mismo modo que... el necio 6
49.12,20 semejante a las bestias que *perecen* 1820
68.2 así *perecerán* los impíos delante de Dios 6
71.13 *perezcan* los adversarios de mi alma 3615
73.19 *perecieron*, se consumieron de terrores 8552
73.27 los que se alejan de ti *perecerán*; tú 6
80.16 *perezcan* por la reprensión de tu rostro........... 6
83.10 que *perecieron* en Endor, fueron hechos...... 8045
83.17 siempre; sean deshonrados, y *perezcan*........... 6
92.9 he aquí, *perecerán* tus enemigos; serán 6
102.26 ellos *perecerán*, mas tú permanecerás 6
103.16 que pasó el viento por ella, y *pereció*
112.10 el deseo de los impíos *perecerá* 6
119.92 ya en mi aflicción hubiera *perecido*............ 6
146.4 ese mismo día *perecen* sus pensamientos 6
Pr 10.28 la esperanza de los impíos *perecerá* 6
11.7 muere el... impío, *perece* su esperanza.............. 6
11.7 y la expectación de los malos *perecerá*........... 6
11.10 cuando los impíos *perecen* hay fiesta 6
13.13 que menosprecia el precepto *perecerá* 2254
19.9 falso... y el que habla mentiras *perecerá* 6
21.28 el testigo mentiroso *perecerá*; mas el.............. 6
28.28 *perecen*, los justos se multiplican.................. 6
Ec 7.15 justo hay que *perece* por su justicia 6
Is 5.13 su gloria *pereció* de hambre... se secó......... 7458
14.8 que tú *pereciste*, no ha subido cortador 7901
15.6 se marchitarán los... todo verdor *perecerá*..... 3615
29.14 *perecerá* la sabiduría de sus sabios 6
37.7 haré que en su tierra *perezca* a espada......... 5307
41.11 *perecerán* los que contienden contigo 6
51.6 la misma manera *perecerán* sus moradores ... 4191
51.6 para siempre, mi justicia no *perecerá*.......... 2865
56.5 perpetuo les daré, que nunca *perecerá* 3772
57.1 *perece* el justo, y no hay quien piense 6
59.15 desagradó a... porque *pereció* el derecho
60.12 el reino que no te sirviere *perecerá* 6
Jer 6.21 el vecino y su compañero *perecerán*................ 6
7.28 *pereció* la verdad, y de la... fue cortada 6
8.14 entremos en... y *perezcamos* allí; porque....... 1826
8.14 Jehová... Dios nos ha destinado a *perecer*....... 1826
9.12 ¿por qué causa la tierra ha *perecido*, ha 6
10.15 vana; al tiempo de su castigo *perecerán*.......... 6
10.20 hijos me han abandonado y *perecieron*
27.10 y para que yo os arroje y *perezcáis* 6
27.15 *perezcáis* vosotros y los profetas que 6
31.15 acerca de sus hijos, porque *perecieron*
40.15 se dispersarán, y *perecerá* el resto de............. 6
44.27 serán consumidos... hasta que *perezcan*...... 3615
47.5 Ascalón ha *perecido*, y el resto de su........... 1820
48.36 *perecieron*... riquezas que habían hecho 6
48.46 ¡ay de ti, Moab! *pereció* el pueblo de 6
51.6 que no *perezcáis* a causa de su maldad 1826
51.18 en el tiempo del castigo *perecerán* 6
Lm 1.19 mis ancianos en la ciudad *perecieron*
3.18 *perecieron* mis fuerzas, y mi esperanza 6
Ez 26.17 *pereciste* tú, poblada por gente de 6
37.11 secaron, y *pereció* nuestra esperanza............ 6
Dn 2.18 a fin de que Daniel y... no *pereciesen* 7
Jl 1.12 la vid está seca, y *pereció* la higuera............. 535
Am 1.8 el resto de los filisteos *perecerá*, ha............... 6
3.15 heriré... y las casas de marfil *perecerán*........... 6
Abd 8 ¿no haré que *perezcan* en aquel día, dice.......... 6
Jon 1.6 él tendrá compasión... y no *pereceremos* 6
1.14 que no *perezcamos*... por la vida de este 6
3.9 se apartará... de su ira, y no *pereceremos*? 6
4.10 nació, y en espacio de otra noche *pereció* 6
Mi 4.9 ¿*pereció*... que te ha tomado dolor como 6
Nah 1.15 nunca más volverá... *pereció* del todo........ 3772
Zac 9.5 y *perecerá* el rey de Gaza, y Ascalón 6
Mt 2.18 Raquel que llora... porque *perecieron*
8.25 despertaron... sálvanos, que *perecemos!* *622*
8.32 todo el hato... y *perecieron* en las aguas.......... *599*
26.52 **que tomen espada, a espada perecerán** *622*
Mr 4.38 Maestro, ¿no... cuidado que *perecemos?*........ *622*
Lc 8.24 despertaron... Maestro, que *perecemos!*......... *622*
13.3,5 si no os arrepentís, todos *pereceréis*........... *622*
15.17 **de pan, y yo aquí perezco de hambre!** *622*
21.18 **pero ni un cabello de... cabeza perecerá**....... *622*
Jn 6.27 **trabajad, no por la comida que perece**.......... *622*
10.28 **doy vida eterna; y no perecerán jamás**.......... *622*
11.50 muera... y no que toda la nación *perezca* *622*
Hch 5.37 *pereció* también él, y todos los que *622*
8.20 tu dinero *perezca* contigo, porque has *1519,684*
27.34 pues ni aun un cabello de la... *perecerá* *4098*
Ro 2.12 han pecado, sin ley también *perecerán* *622*
1 Co 2.6 ni de los príncipes de... que *perecen* *2673*
10.9 de ellos le tentaron, y *perecieron* por............. *622*
10.10 algunos... *perecieron* por el destructor......... *622*
15.18 los que durmieron en Cristo *perecieron*......... *622*
2 Co 3.7 la gloria... la cual había de *perecer*
3.11 si lo que *perece* tuvo gloria, mucho más
He 1.11 ellos *perecerán*, mas tú permaneces; y.......... *622*
11.31 por la fe Rahab la ramera no *pereció*......... *4881*
Stg 1.11 cae, y *perece* su hermosa apariencia *622*
2 P 2.12 *perecerán* en su propia perdición *2704*
3.6 el mundo de entonces *pereció* anegado en *622*
3.9 no queriendo que ninguno *perezca*, sino *622*
Jud 11 *perecieron* en la contradicción de Coré........... *622*

PEREGRINACIÓN
Gn 47.9 los días de los años de mi *p* son 130........... 4033
47.9 vida de mis padres en los días de su *p* 4033
Ez 20.38 de la tierra de sus *p* los sacaré; mas.......... 4033
2 Co 8.19 designado... compañero de nuestra *p* *4898*
1 P 1.17 conducíos en... el tiempo de vuestra *p*......... *3940*

PEREGRINO, A
Is 49.21 porque... estaba sola, *p* y desterrada
He 11.13 confesando que eran extranjeros y *p*......... *3927*
1 P 2.11 yo os ruego como a extranjeros y *p* *3927*

PERES
1. Descendiente de Manasés, 1 Cr 7.16............... 6570
2. Voz caldea que significa dividir
Dn 5.28 *P*: Tu reino ha sido roto, y dado a los.......... 6537

PEREZA
Pr 19.15 la *p* hace caer en profundo sueño, y............ 6103
Ec 10.18 por la *p* se cae la techumbre, y por........... 6103

PEREZOSO
Jue 18.9 no seáis *p* en poneros en marcha para 6101
Pr 6.6 vé a la hormiga, oh *p*, mira sus caminos 6102
6.9 *p*, ¿hasta cuándo has de dormir? ¿Cuándo....... 6102
10.26 como... así es el *p* a los que lo envían......... 6102
13.4 el alma del *p* desea, y nada alcanza; mas........ 6102
15.19 el camino del *p* es como seto de espinos 6102
19.24 el *p* mete su mano en el plato, y ni aun 6102
20.4 el *p* no ara a causa del invierno; pedirá 6102
21.25 deseo del *p* le mata, porque sus manos 6102
22.13 el *p*: El león está fuera; seré muerto 6102
24.30 pasé junto al campo del hombre *p*, y 6102
26.13 dice el *p*: El león está en el camino 6102
26.14 como la... así el *p* se vuelve en su cama........ 6102
26.15 mete el *p* su mano en el plato; se cansa........ 6102
26.16 en su propia opinión el *p* es más sabio 6102
Ro 12.11 en lo que requiere diligencia, no *p* *3636*
He 6.12 que no os hagáis *p*, sino imitadores *3576*

PÉREZ-UZA *«El quebrantamiento de Uza»*,
2 S 6.8; 1 Cr 13.11 6560

PERFECCIÓN
Job 11.7 ¿llegarás tú a la *p* del Todopoderoso? 8503
28.3 examinan todo a la *p*, las piedras que 8503
Sal 50.2 de Sion, *p* de hermosura, Dios ha.............. 4359
101.2 entenderé el camino de la *p* cuando........... 8549
101.6 el que ande en el camino de la *p*, éste 8549
119.96 a toda *p* he visto fin... tu mandamiento...... 8502
Cnt 5.12 ojos como palomas... a la *p* colocados ... 5921,4402
Ez 28.12 tú eras el sello de la *p*, lleno de 3632
2 Co 13.9 gozamos... aun oramos por vuestra *p* *2676*
He 6.1 dejando ya los... vamos adelante a la *p*........ *5047*
7.11 si, pues, la *p* fuere por el sacerdocio........... *5051*

P

PERFECCIONAR
Mt 21.16 **los niños...perfeccionaste la alabanza?** 2675
Lc 6.40 **el que fuere perfeccionado, será como** 2675
2 Co 7.1 perfeccionando la santidad en...temor 2005
12.9 mi poder se perfecciona en la debilidad 5048
13.11 perfeccionaos...sed de un mismo sentir 2675
Ef 4.12 fin de perfeccionar a los santos para 2677
Fil 1.6 que comenzó...obra, la perfeccionará 2005
He 2.10 perfeccionase...autor de la salvación 5048
5.9 habiendo sido perfeccionado, vino a ser 5048
7.19 (pues nada perfeccionó la ley), y de la 5048
11.40 no fuesen ellos perfeccionados aparte 5048
Stg 2.22 que la fe se perfeccionó por las obras 5048
1 P 5.10 Dios...él mismo os perfeccione, afirme 2675
1 Jn 2.5 el amor de Dios se ha perfeccionado 5048
4.12 su amor se ha perfeccionado en nosotros 5048
4.17 en esto se ha perfeccionado el amor en 5048
4.18 el que teme, no ha sido perfeccionado 5048

PERFECTO, A
Gn 6.9 Noé, varón...era p en sus generaciones 8549
17.1 yo soy el...anda delante de mí y se p 8549
Nm 19.2 que te traigan una vaca...p, en la cual 8549
32.11 no...por cuanto no fueron p en pos de mí 4390
32.12 excepto Caleb...que fueron p en pos de 4390
Dt 18.13 p serás delante de Jehová tu Dios 8549
32.4 él es la Roca, cuya obra es p, porque 8549
1 S 14.41 dijo Saúl a Jehová Dios...Da suerte p 8549
2 S 22.31 en cuanto a Dios, p es su camino 8549
1 R 8.61 sea...p vuestro corazón para...Jehová 8003
11.4 su corazón no era p con Jehová su Dios 8003
15.3 no fue su corazón p con Jehová su Dios 8003
15.14 Asa fue p para con Jehová toda su vida 8003
1 Cr 12.38 vinieron con corazón p a Hebrón 8003
28.9 Dios...sírvele con corazón p y con ánimo 8003
29.19 da a mi hijo Salomón corazón p, para 8003
2 Cr 15.17 el corazón de Asa fue p en todos 8003
16.9 favor de los que tienen corazón p para 8003
25.2 lo recto ante...aunque no de p corazón 8003
Job 1.1,8; 2.3 p y recto, temeroso de Dios y 8535
8.20 aquí, Dios no aborrece al p, ni apoya 8535
9.20 si me dijere p, esto me haría inicuo 8535
9.22 yo diga: Al p y impío él los consume 8535
12.4 con todo, el justo y p es escarnecido 8549
22.3 provecho de que tú hagas p tus caminos? 8552
37.16 de...las maravillas del p en sabiduría? 8549
Sal 18.30 en cuanto a Dios, p es su camino, y 8549
18.32 Dios es el que...quien hace p mi camino 8549
19.7 la ley de Jehová es p, que convierte el 8549
37.18 conoce Jehová los días de los p, y la 8549
119.1 bienaventurados los p de camino, los 8549
Pr 2.21 tierra, y los p permanecerán en ella 8549
4.18 que va en aumento hasta que el día es p 3559
10.29 el camino de Jehová es fortaleza al p 8537
11.5 la justicia del p enderezará su camino 8549
11.20 mas los p de camino le son agradables 8549
13.6 la justicia guarda al de p camino; mas 8537
28.10 caerá en...mas los p heredarán el bien 8549
29.10 los hombres sanguinarios aborrecen al p 8535
Cnt 5.2 ábreme...p mía, porque mi cabeza está 8511
6.9 mas una es la paloma mía, la p mía; es 8511
Is 18.5 el fruto sea p, y pasada la flor se 8552
Lm 2.15 ¿es esta la ciudad que...de p hermosura 3632
Ez 16.14 era p, a causa de mi hermosura que 3632
27.3 Tiro...has dicho: Yo soy de p hermosura 3632
28.15 p eras en todos tus caminos desde el 8549
Mt 5.48 **sed..p, como vuestro Padre que..es p** 5046
19.21 **si quieres ser p, anda, vende lo que** 5046
Jn 17.23 **para que sean p en unidad, para que** 5048
Ro 12.2 buena voluntad de Dios, agradable y p 5046
1 Co 13.10 cuando venga lo p...que es en parte 5046
2 Co 10.6 para...cuando vuestra obediencia sea p 4137
Ef 4.13 varón p, a la medida de la estatura 5046
Fil 3.12 ya, ni que ya sea p; sino que prosigo 5048
3.15 los que somos p, esto mismo sintamos 5046
Col 1.28 presentar p en Cristo Jesús a todo 5046
3.14 vestíos de amor, que es el vínculo p 5047
4.12 para que estéis firmes, p y completos 5046
2 Ti 3.17 fin de que el hombre de Dios sea p 739
He 7.28 constituye...al Hijo...p para siempre 5048
9.9 presentan ofrendas...que no pueden hacer p ... 5048
9.11 por el más amplio y más p tabernáculo 5046
10.1 nunca puede...hacer p a los que se acercan ... 5048
10.14 hizo p para siempre a los santificados 5048
12.23 los espíritus de los justos hechos p 5048
Stg 1.4 para que seáis p y cabales, sin que 5046
1.17 todo don p desciende de lo alto, del 5046
1.25 el que mira atentamente en la p ley, la 5046
3.2 si...no ofende en palabra, éste es varón p 5046
1 Jn 4.18 que el p amor echa fuera el temor 5046
Ap 3.2 **no he hallado tus obras p delante de** 4137

PERFECTAMENTE
1 R 7.23 p redondo; su altura era de cinco codos, y
Ro 2.27 es incircunciso, pero guarda p la ley
1 Co 1.10 sino que estéis p unidos en una misma mente .. 2675
1 Ts 5.2 sabéis p que el día del Señor vendrá 199

PÉRFIDA
Is 10.6 mandaré contra una nación p, y sobre 2611

PÉRFIDAMENTE
Ez 14.13 cuando la tierra pecare contra mí rebelándose p 4603

PERFUMADOR, A
Éx 30.25 según el arte del p, será el aceite 7543
30.35 harás...un perfume según el arte del p 7543
37.29 el incienso puro...según el arte del p 7543
1 S 8.13 tomará también a vuestras hijas...p 7548

PERFUMAR
Pr 7.17 perfumado mi cámara con mirra, áloes 5130
Os 14.6 sus ramas...y perfumará como el Líbano 7381

PERFUME
Éx 30.35 un p según el arte del perfumador 7004
Lv 16.12 puños llenos del p aromático molido 7004
16.13 pondrá el p sobre el fuego delante de 7004
16.13 la nube del p cubrirá el propiciatorio 7004
24.7 incienso puro, y será para el pan como P 234
26.31 y no oleré la fragancia de vuestro...p 5207
1 Cr 6.49 sobre el altar...p quemaban incienso 7004
9.30 los hijos de los sacerdotes hacían los p 1314
2 Cr 9.24 traía...armas, p, caballos y mulos 1314
16.14 en un ataúd, el cual llenaron de p y 1314
32.27 adquirió...p, escudos, y toda clase de 1314
Est 2.12 mirra y seis meses con p aromáticos 1314
Pr 27.9 el ungüento y el p alegran el corazón 7004
Ec 10.1 hacen heder y dar mal olor al p del 8081
Is 3.24 y en lugar de los p...vendrá hediondez 1314
57.9 y multiplicaste tus p, y enviaste tus 7547
Mt 26.7 vaso de alabastro de p de gran precio 3464
26.12 **al derramar este p sobre mi cuerpo, lo** 3464
Mr 14.3 una mujer con un vaso...de p de nardo 3464
14.4 ¿para qué...hecho este desperdicio de p? 3464
Lc 7.37 trajo un frasco de alabastro con p 3464
7.38 besaba sus pies, y los ungía con el p 3464
7.46 **no...mas ésta ha ungido con p mis pies** 3464
Jn 11.2 María...fue la que ungió al Señor con p 3744
12.3 entonces María tomó una libra de p de 3464
12.3 nardo...la casa se llenó del olor del p 3464
12.5 ¿por qué no fue este p vendido...y dado 3464

PERFUMERO
Neh 3.8 restauró también Hananías, hijo de...p 7546

PERFUMISTA
2 Cr 16.14 diversas especias...por expertos p 4842
Ec 10.1 y dar mal olor al perfume del p; así 7543

PERGAMINO
2 Ti 4.13 trae...los libros, mayormente los p 3200
Ap 6.14 el cielo se desvaneció como un p que 975

PÉRGAMO *Ciudad en la provincia de Asia*
Ap 1.11 **y envíalo a las siete iglesias que P** 4010
2.12 **y escribe al ángel de la iglesia en P** 4010

PERGE *Ciudad en la región de Panfilia*
Hch 13.13 Pablo y...arribaron a P de Panfilia 4011
13.14 pasando de P, llegaron a Antioquía de 4011
14.25 y habiendo predicado la palabra en P 4011

PERICIA
Sal 78.72 los pastoreó con la p de sus manos 8394

PERIDA *Padre de una familia de siervos de Salomón (=Peruda)*, Neh 7.57 6514

PERITO
2 Cr 2.14 sabe trabajar en...con tus hombres p 2450
Jer 10.9 los vestirán de azul y de...obra de p 2450
1 Co 3.10 como p arquitecto puse el fundamento

PERJUDICAR
Dn 6.2 para que el rey no fuese perjudicado 5142

PERJUDICIAL
Esd 4.15 es ciudad rebelde, y p a los reyes 5142

PERJUICIO
Esd 4.22 ¿por qué habrá de crecer el daño en p 5142
Hch 27.10 ves que la navegación va a ser con p 5196
27.21 y no zarpar...sólo para recibir este p 5196

PERJURAR
Os 4.2 perjurar, mentir...adulterar prevalecen 422
Mt 5.33 **dicho...No perjurarás, sino cumplirás** 1964

PERJURO
1 Ti 1.10 para...p, y para cuanto se oponga a 1965

PERLA
Job 28.18 no se hará mención de coral ni de p 1378
Ez 27.16 con p, púrpura...venía a tus ferias 5306
Mt 7.6 **ni echéis vuestras p delante de...cerdos** 3135
13.45 **semejante...mercader que busca buenas p** .. 3135
13.46 **habiendo hallado una p preciosa, fue y** 3135
1 Ti 2.9 no...oro, ni p, ni vestidos costosos 3135
Ap 17.4 adornada...de p, y tenía en la mano un 3135
18.12 mercadería de oro...de p, de lino fino 3135
18.16 y estaba adornada de oro, de...y de p! 3135
21.21 puertas eran doce p; cada una...una p 3135

PERMANECER
Gn 8.22 mientras la tierra permanezca, no 3117
Lv 12.4 permanecerá 33 días purificándose de 3427
Nm 9.18 nube estaba...permanecían acampados 2583
9.22 nube se detenía...permaneciendo sobre él 7931
31.19 permaneced fuera del campamento 7 días
Jos 7.26 montón de piedras, que permanece...hoy
8.29 montón de piedras...permanece hasta hoy
10.27 grandes piedras...las cuales permanecen
Jue 6.24 el cual permanece hasta hoy en Ofra
17.12 levita...permaneció en casa de Micaía
1 S 13.7 Saúl permanecía aún en Gilgal, y todo 5750
2 S 7.29 para que permanezca...delante de ti 1961
1 R 8.11 los sacerdotes no pudieron permanecer 5975
2 R 13.6 la imagen de...permaneció en Samaria 5975
1 Cr 17.24 permanezca...engrandecido tu nombre 539
17.27 la casa de tu siervo...que permanezca
Neh 4.22 cada uno con su criado permanezca 3885
Job 8.15 no permanecerá ella en pie; se asirá 5975
14.2 y huye como la sombra y no permanece 5975
29.19 raíz...en mis ramas permanecía el rocío 3885
Sal 9.7 pero Jehová permanecerá para siempre 3427
19.9 el temor de Jehová es limpio...permanece 5975
33.11 el consejo de Jehová permanecerá para 5975
49.12 mas el hombre no permanecerá en honra 3885
55.19 el que permanece desde la antigüedad 3427
102.12 tú, Jehová, permanecerás para siempre 3427
102.26 ellos perecerán, mas tú permanecerás 5975
111.3 y su justicia permanece para siempre 5975
111.10 tienen...su loor permanece para siempre ... 5975
112.3,9 su justicia permanece para siempre 5975
119.89 permanece tu palabra en los cielos 5324
125.1 no se mueve, sino que permanece para 3427
Pr 2.21 y los perfectos permanecerán en ella 3498
10.25 como pasa el...así el malo no permanece
10.25 mas el justo permanece para siempre 5769
12.7 la casa de los justos permanecerá firme 5975
12.19 el labio veraz permanecerá para siempre 3559
19.21 mas el consejo de Jehová permanecerá 6965
21.28 el hombre que oye, permanecerá en su 5331
28.2 por el hombre...sabio permanece estable 748
Ec 1.4 viene; mas la tierra siempre permanece 5975
Is 7.9 vosotros no creyereis..no permaneceréis 539
40.8 palabra del Dios nuestro permanece para 6965
46.10 mi consejo permanecerá, y haré todo lo 6965
51.8 mi justicia permanecerá perpetuamente
66.22 nueva tierra que yo hago permanecerán 5975
66.22 así permanecerá vuestra descendencia y 5975
Jer 2.22 la mancha de tu pecado permanecerá 3799
33.25 si no permanece mi pacto con el día y
44.28 la palabra de quién ha de permanecer 6965
44.29 de cierto permanecerán mis palabras 6965
Lm 5.19 tú, Jehová, permanecerás para siempre 3427
Ez 3.15 y allí permanecí siete días atónito 3427
17.14 que guardando el pacto, permaneciese 5975
36.34 en lugar de haber permanecido asolada
Dn 2.44 el reino...él permanecerá para siempre 6966
6.26 él es el Dios viviente y permanece por 7011
11.6 ni permanecerá él, ni su brazo; porque 5975
11.17 pero no permanecerá, ni tendrá éxito 5975
Nah 1.6 ¿quién permanecerá delante de su ira? 5975
Hab 2.5 hombre soberbio, que no permanecerá
Zac 5.4 permanecerá en medio de su casa y la 3885
Mt 2.13 permanece allá hasta que yo te diga
11.23 **habría permanecido hasta el día de hoy** 3306
12.25 **o casa dividida contra...no permanecerá** 2476
12.26 **si...¿cómo, pues, permanecerá su reino?** 2476
Mr 3.24 **dividido...tal reino no puede permanecer** 2476
3.25 dividida...tal casa no puede permanecer 2476
3.26 **y se divide, no puede permanece sino** 2476
Lc 1.22 hablaba por señas, y permaneció mudo 1265
9.32 mas permaneciendo despiertos, vieron la
11.18 **Satanás...¿cómo permanecerá su reino?** 2476
22.28 **los que habéis permanecido conmigo en** 1265
Jn 1.32 como paloma, y permaneció sobre él 3306
1.33 descender el...y que permanece sobre él 3306
6.27 **la comida que a vida eterna permanece** 3306
6.56 **el que come mi carne y...en mí permanece** 3306
8.31 **vosotros permaneciereis en mi palabra** 3306
8.44 **no ha permanecido en la verdad, porque** 2476
9.41 **decís: Vemos, vuestro pecado permanece** 3306
12.34 **que el Cristo permanece para siempre** 3306
12.46 cree en mí no permanezca en tinieblas 3306
15.4 **permaneced en mí, y yo en vosotros. Como** 3306
15.4 **llevar fruto...si no permanece en la vid** 3306
15.4 **tampoco vosotros, si no permanecéis en** 3306
15.5 **que permanece en mí...lleva mucho fruto** 3306
15.6 **el que en mí no permanece, será echado** 3306
15.7 **permanecéis...y mis palabras permanecen** ... 3306
15.9 **yo os he amado; permaneced en mi amor** 3306
15.10 **permaneceréis en mi amor; así como yo** 3306
15.10 **yo he guardado...permanezco en su amor** ... 3306
15.16 **y vuestro fruto permanezca; para que** 3306
Hch 11.23 que...permaneciesen fieles al Señor 4347
14.22 exhortándoles a que permaneciesen en 1696
21.10 permaneciendo nosotros allí...descendió 1961
27.31 dijo...Si éstos no permanecen en la nave 3306
27.33 permanecéis en ayunas, sin comer nada 1300
28.30 Pablo permaneció dos años enteros en 3306
Ro 9.11 permaneciese, no por las obras sino 3306
11.22 la bondad...si permaneces en esa bondad 1961
11.23 no permanecieren en incredulidad, serán 1961
1 Co 3.14 si permaneciere la obra de alguno 3306
7.24 llamado, así permanezca para con Dios 3306
13.13 ahora permanecen la fe, la esperanza y 3306
2 Co 3.11 más glorioso será lo que permanece 3306
9.9 dio...su justicia permanece para siempre 3306
Gá 1.18 Pedro, y permanecí con él quince días 1961
2.5 que la verdad del evangelio permaneciese 1265
3.10 maldito todo aquel que no permaneciere 1696
Fil 1.25 sé que quedaré, que aún permaneceré 4839
Col 1.23 si en verdad permanecéis fundados y 1961
1 Ti 2.15 se salvará...si permaneciere en fe 3306
4.15 ocúpate en...cosas; permanece en ellas 2468
5.25 obras; y...no pueden permanecer ocultas
2 Ti 2.13 si fuéremos infieles, él permanece 3306
He 1.11 ellos perecerán, mas tú permaneces 1265
4.1 permaneciendo aún la promesa de entrar
7.3 hecho...permanece sacerdote para siempre 3306
7.24 por cuanto permanece para siempre, tiene 3306
8.9 ellos no permanecieron en mi pacto, y yo 1696
13.1 permanezca el amor fraternal 3306
1 P 1.23 palabra de Dios que vive y permanece 3306
1.25 mas la palabra del Señor permanece para 3306
2 P 3.4 las cosas permanecen así como desde el 1265
1 Jn 2.6 dice que permanece en él, debe andar 3306
2.10 ama a su hermano, permanece en la luz 3306
2.14 la palabra de Dios permanece en vosotros 3306

2.17 que hace la voluntad de Dios *permanece* ... *3306*
2.19 si hubiesen sido... habrían *permanecido* ... *3306*
2.24 lo que habéis oído desde el... *permanezca* ... *3306*
2.24 si lo que... oído... *permanece* en vosotros ... *3306*
2.24 vosotros *permaneceréis* en el Hijo y en ... *3306*
2.27 pero la unción... *permanece* en vosotros ... *3306*
2.27 según ella os ha enseñado, *permaneced* en ... *3306*
2.28 ahora, hijitos, *permaneced* en él, para ... *3306*
3.6 todo aquel que *permanece* en él, no peca ... *3306*
3.9 la simiente de Dios *permanece* en él; y no ... *3306*
3.14 el que no ama a su... *permanece* en muerte ... *3306*
3.24 y el que guarda sus... *permanece* en Dios ... *3306*
3.24 sabemos que él *permanece* en nosotros ... *3306*
4.12 Dios *permanece* en nosotros, y su amor ... *3306*
4.13 esto conocemos que *permanecemos* en él ... *3306*
4.15 Hijo... Dios *permanece* en él, y él en Dios ... *3306*
4.16 y el que *permanece* en amor, *p* en Dios ... *3306*
2 Jn 2 a causa de la verdad que *permanece* en ... *3306*

PERMANENTE
Dt 28.59 plagas grandes y *p*, y enfermedades ... 539
2 S 15.20 vuélvete... Jehová te muestre amor *p*
Is 14.6 que hería a los pueblos... con llaga *p*
He 13.14 porque no tenemos aquí ciudad *p*, sino ... *3306*
1 Jn 3.15 ningún homicida tiene vida... *p* en él ... *3306*

PERMISO
Neh 13.6 al cabo de algunos días pedí *p* al rey ... 7592
Mr 5.13 Jesús les dio *p*. Y saliendo aquellos ... *2010*
Lc 8.32 dejase entrar en ellos; y les dio *p* ... *2010*

PERMITIR
Gn 20.6 y así no te *permití* que la tocases ... 5414
31.7 Dios no le ha *permitido* que me hiciese ... 5414
44.18 que *permitas* que hable tu siervo una ... 4994
47.4 que *permitas* que habiten tus siervos en
Éx 21.8 se le *permitirá* que se rescate, y no
32.25 porque Aarón lo había *permitido*, para
Num 6.21 de lo que sus recursos le *permitieren*
Dt 18.14 a ti no te ha *permitido* esto Jehová ... 3414
34.4 te he *permitido* verla con tus ojos, mas
Jue 13.15 te ruego nos *permitas* detenerte, y
1 S 20.29 *permíteme* ir ahora para visitar a
24.7 no les *permitió* que se levantasen contra ... 5414
25.24 que *permitas* que tu sierva hable a tus
2 S 14.12 que *permitas* que tu sierva hable una
15.7 te ruego me *permitas* que vaya a Hebrón
1 Cr 16.21 no *permitió* que nadie los oprimiese ... 3240
Neh 4.2 ¿se les *permitirá* volver a ofrecer sus
Sal 16.10 ni *permitirás* que tu... vea corrupción ... 5414
30.1 no *permitiste* que... se alegraran de mí
66.9 no *permitió* que nuestros pies resbalasen ... 5414
119.122 no *permitas*... soberbios me opriman
Is 4.1 solamente *permítenos* llevar tu nombre
Jer 4.14 ¿hasta cuándo *permitirás* en medio de
Ez 4.15 te *permito* usar estiércol de bueyes
Mt 8.21 *permíteme* que vaya... y entierre a mi ... *2010*
8.31 *permítenos* ir a aquel hato de cerdos ... *2010*
19.8 **os *permitió* repudiar a vuestras mujeres** ... *2010*
Mr 5.19 Jesús no se lo *permitió*, sino que le ... *863*
5.37 no *permitió* que le siguiese nadie sino ... *863*
10.4 Moisés *permitió* dar carta de divorcio ... *2010*
Jn 18.31 no nos está *permitido* dar muerte a ... *1832*
19.38 que le *permitiese* llevarse el cuerpo de
Hch 2.27 ni *permitirás* que tu... vea corrupción ... *1325*
13.35 dice... No *permitirás* que tu Santo vea ... *1325*
16.7 ir... pero el Espíritu no se lo *permitió* ... *1439*
21.37 dijo al... ¿Se me *permite* decirte algo? ... *1832*
21.39 ruego que me *permitas* hablar al pueblo ... *2010*
21.40 cuando él se lo *permitió*... hizo señal ... *2010*
26.1 se te *permite* hablar por ti mismo... Pablo ... *2010*
27.3 le *permitió* que fuese a los amigos, para
28.16 pero a Pablo se le *permitió* vivir aparte ... *2010*
1 Co 14.34 porque no les es *permitido* hablar ... *2010*
16.7 algún tiempo, si el Señor lo *permite* ... *2010*
1 Ti 2.12 no *permito* a la mujer enseñar, ni ... *2010*
He 6.3 haremos, si Dios en verdad lo *permite* ... *2010*
Ap 11.9 y no *permitirán* que sean sepultados ... *863*
13.7 se le *permitió* hacer guerra contra los
13.14 señales que se le ha *permitido* hacer
13.15 se le *permitió* infundir aliento a la

PERMUTAR
Lv 27.10 y si se *permutare* un animal por otro ... 4171
Ez 48.14 ni lo *permutarán*, ni traspasarán las ... 4171

PERNICIOSA
Sal 52.4 has amado toda suerte de palabras *p* ... 1105
Ez 5.16 arroje yo... las *p* saetas del hambre ... 7451

PERNIQUEBRADO, A
Lv 22.22 *p*, mutilado, verrugoso, sarnoso o ... 7665
Ez 34.4 no vendasteis la *p*, ni volvisteis al ... 7665
34.16 vendaré la *p*, y fortaleceré la débil ... 7665
Zac 11.16 curará la *p*, ni llevará la cansada ... 7665

PEROL
1 S 2.14 y lo metía en el *p*, en la olla, en ... 3595

PERPETUAMENTE
1 S 2.30 tu casa y... andarían delante de mí *p* ... 5769
2 S 2.26 ¿consumirá la espada *p*? ¿No sabes tú ... 5331
7.29 que permanezca *p* delante de ti, porque ... 5769
1 R 2.33 habrá *p* paz de parte de Jehová
2.45 el trono de David será firme *p* delante de Jehová
2 R 8.19 darle lámpara a él y a sus hijos *p* ... 3605,3117
1 Cr 15.2 que lleven el arca de Jehová, y le sirvan *p*
16.15 hace memoria de su pacto *p*, y de la ... 5769
17.27 que permanezca *p* delante de ti, porque ... 5769
28.4 me eligió... que *p* fuese rey sobre Israel ... 5769
28.8 buena tierra... la dejéis en herencia... *p* ... 5769
29.18 conserva *p* esta voluntad del corazón ... 5769
2 Cr 9.8 tu Dios amo a Israel para afirmarlo *p* ... 5769
21.7 que le daría lámpara a él y a sus hijos *p* ... 3605,3117
33.4 Jehová: En Jerusalén estará mi nombre *p* ... 5769
Sal 9.18 ni la esperanza... pobres perecerá *p* ... 5703
74.10 de blasfemar el enemigo *p* tu nombre? ... 5331
77.8 ¿ha cesado... ¿se ha acabado *p* su promesa? ... 5331
84.4 que habitan en tu casa; *p* te alabarán ... 5750
89.1 las misericordias de Jehová cantaré *p* ... 5769
Is 26.4 confiad en Jehová *p*, porque en Jehová ... 5703
34.10 día; *p* subirá su humo; de generación en ... 5769
51.8 justicia permanecerá *p*, y mi salvación ... 5769
Jer 32.39 que me teman *p*, para que tengan bien ... 3605,3117
Am 1.11 violó todo... *p* ha guardado el rencor ... 5331
He 7.25 salvar *p* a los que por él se acercan ... *3838*

PERPETUAR
Gn 48.16 y sea *perpetuado* en ellos mi nombre ... 7121
Sal 72.17 *perpetuará* su nombre mientras dure ... 5125

PERPETUIDAD
Lv 25.23 la tierra no se venderá a *p*, porque ... 6783

PERPETUO, A
Gn 9.12 la señal del pacto que... por siglos *p* ... 5769
9.16 estará el arco... me acordaré del pacto *p* ... 5769
17.7 por pacto *p*, para ser tu Dios, y el de ... 5769
17.8 toda la tierra de Canaán en heredad *p* ... 5769
17.13 mi pacto en vuestra carne por pacto *p* ... 5769
17.19 confirmaré mi pacto con él como pacto *p* ... 5769
48.4 y daré esta tierra a tu... por heredad *p* ... 5769
Éx 12.14 como fiesta solemne... por estatuto *p* ... 5769
12.17 guardaréis la fiesta... por costumbre *p* ... 5769
27.21 estatuto *p* de los hijos de Israel por ... 5769
28.43 estatuto *p* para él, y... su descendencia ... 5769
29.9 y tendrán el sacerdocio por derecho *p* ... 5769
29.28 como estatuto *p* para los hijos de Israel ... 5769
30.8 el incienso; rito *p* delante de Jehová ... 8548
30.21 y lo tendrán por estatuto *p* él y su ... 5769
31.16 día de... por sus generaciones por pacto *p* ... 5769
40.15 su unción les servirá por sacerdocio *p* ... 5769
Lv 3.17 estatuto *p* será por vuestras edades ... 5769
6.18 estatuto *p*... para vuestras generaciones ... 5769
6.20 ofrenda *p*, la mitad a la mañana... tarde ... 8548
6.22 estatuto *p* de Jehová... ella será quemada ... 5769
7.34 y lo he dado a Aarón... como estatuto *p* ... 5769
7.36 ungió... estatuto *p* en sus generaciones ... 5769
10.9 estatuto *p*... para vuestras generaciones ... 5769
10.15 será por derecho *p* tuyo y de tus hijos ... 5769
16.29 y esto tendréis por estatuto *p*: En el ... 5769
16.31 afligiréis vuestras almas... estatuto *p* ... 5769
16.34 y esto tendréis como estatuto *p*, para ... 5769
17.7 tendrán esto por estatuto *p* por... edades ... 5769
23.14 estatuto *p* es por vuestras edades en ... 5769
23.21 estatuto *p* en dondequiera que habitéis ... 5769
23.31,41; 24.3 estatuto *p* por vuestras generaciones ... 5769
24.8 lo pondrá continuamente... como pacto *p* ... 5769
24.9 de Aarón y de sus hijos... por derecho *p* ... 5769
25.34 no se venderá... es *p* posesión de ellos ... 5769
Nm 10.8; 15.15 estatuto *p* por... generaciones ... 5769
18.8,11 he dado... a tus hijos, por estatuto *p* ... 5769
18.19 he dado... por estatuto *p*; pacto de sal *p* ... 5769
18.23 estatuto *p* para vuestros descendientes ... 5769
19.10 estatuto *p* para los hijos de Israel, y ... 5769
19.21 será estatuto *p*; también el que rociare ... 5769
25.13 y tendrá él... el pacto del sacerdocio *p* ... 5769
Jos 14.9 para ti, y... tus hijos en herencia *p* ... 5769
2 S 20.3 que quedaron encerradas... en viudez *p*
23.5 él ha hecho conmigo pacto *p*, ordenado ... 5769
2 Cr 2.4 Dios; lo cual ha de ser *p* en Israel ... 5769
Job 41.4 ¿hará pacto... lo tomes por siervo *p*? ... 5769
Sal 25.6 acuérdate... de tus piedades... que son *p*
45.17 *p* la memoria de tu nombre en todas las ... 5769
78.66 e hirió a sus enemigos... dio *p* afrenta ... 5769
Pr 27.24 será la corona para *p* generaciones? ... 5769
Ec 3.14 todo lo que Dios hace será *p*; sobre ... 5769
Is 35.10; 51.11 gozo *p* será sobre sus cabezas ... 5769
56.5 nombre *p* les daré, que nunca perecerá ... 5769
60.19 que Jehová te será por luz *p*, y el Dios ... 5769
60.20 porque Jehová te será por luz *p*, y los días ... 5769
61.7 poseerán doble honra, y tendrán *p* gozo ... 5769
61.8 afirmaré... obra, y haré con ellos pacto *p* ... 5769
63.12 que los guie... haciéndose así nombre *p* ... 5769
63.16 padre; nuestro Redentor *p* es tu nombre ... 5769
64.9 ni tengas *p* memoria de la iniquidad, he ... 5703
Jer 8.5 este pueblo... rebelde con rebeldía *p*? ... 5331
15.18 ¿por qué fue *p* mi dolor, y mi herida ... 5331
18.16 poner su tierra en... objeto de burla *p* ... 5769
20.11 *p* confusión que jamás será olvidada ... 5769
23.40 y pondré sobre vosotros afrenta *p*, y ... 5769
25.9 pondré por escarnio... y en desolación *p* ... 5769
49.13 todas sus ciudades serán desolaciones *p* ... 5769
51.26 *p* asolamiento serás, ha dicho Jehová ... 5769
Ez 35.5 tuviste enemistad *p*, y entregaste a ... 5769
35.9 pondré en asolamiento *p*, y tus ciudades ... 5769
37.26 pacto de paz, pacto *p* será con ellos ... 5769
46.14 ofrenda para Jehová... por estatuto *p* ... 5769
Dn 12.2 y otros para vergüenza y confusión *p* ... 5769
12.3 los... como las estrellas a *p* eternidad ... 5769
Mi 2.9 a sus niños quitasteis mi *p* alabanza ... 5769
Sof 2.9 Moab será como Sodoma... asolamiento *p* ... 5769

PERPLEJO, A
Dn 5.9 Belsasar se... sus príncipes estaban *p* ... 7672
Mr 6.20 se quedaba muy *p*, pero le escuchaba
Lc 9.7 estaba *p*, porque decían algunos: Juan ... *1280*
24.4 que estando ellas *p* por esto, he aquí se ... *1280*
Hch 2.12 todos atónitos y *p*, diciéndose unos ... *1280*
10.17 Pedro estaba *p* dentro de sí sobre lo ... *1280*
Gá 4.20 pues estoy *p* en cuanto a vosotros ... *639*

PERRILLO
Mt 15.26 **tomar el pan de los... echarlo a los *p*** ... *2952*
15.27 los *p* comen de las migajas que caen de ... *2952*
Mr 7.27 **tomar el pan de los... echarlo a los *p*** ... *2952*
7.28 pero aun los *p*... comen de las migajas de ... *2952*

PERRO
Éx 11.7 Israel... ni un *p* moverá su lengua, para ... 3611
22.31 carne destrozada... a los *p* la echaréis ... 3611
Dt 23.18 no traerás... el precio de un *p* a la ... 3611
Jue 7.5 que lamiere las aguas... como lame el *p* ... 3611
1 S 17.43 ¿soy yo *p*, para que vengas a mí con ... 3611
24.14 ¿a quién persigues? ¿A un *p* muerto? ... 3611
2 S 3.8 ¿soy yo cabeza de *p* que pertenezca a ... 3611
9.8 para que mires a un *p* muerto como yo? ... 3611
16.9 maldice este *p* muerto a mi señor el rey ... 3611
1 R 14.11 el que muera de... lo comerán los *p* ... 3611
16.4 muerto en la ciudad, lo comerán los *p* ... 3611
21.19 donde lamieron los *p* la sangre de Nabot ... 3611
21.19 *p* lamerán también tu sangre, tu misma ... 3611
21.23 los *p* comerán a Jezabel en el muro de ... 3611
21.24 de Acab fuere muerto en... *p* lo comerán ... 3611
22.38 los *p* lamieron su sangre (y también las ... 3611
2 R 8.13 ¿qué es tu siervo, este *p*, para que ... 3611
9.10 a Jezabel la comerán los *p* en el campo ... 3611
9.36 en... comerán los *p* las carnes de Jezabel ... 3611
Job 30.1 padres yo desdeñara poner con los *p* de ... 3611
Sal 22.16 *p* me han rodeado; me ha cercado ... 3611
22.20 libra... alma, del poder del *p* mi vida ... 3611
59.6 volverán a la tarde, ladrarán como *p*, y ... 3611
59.14 vuelvan... a la tarde, ladren como *p* ... 3611
68.23 sangre... y de ella la lengua de tus *p* ... 3611
Pr 26.11 como *p* que vuelve a su vómito, así ... 3611
26.17 como el que toma al *p* por las orejas ... 3611
Ec 9.4 porque mejor es *p* vivo que león muerto ... 3611
Is 56.10 todos ellos *p* mudos, no pueden ladrar ... 3611
56.11 y esos *p* comilones son insaciables; y ... 3611
66.3 sacrifica oveja, como si degollase un *p* ... 3611
Jer 15.3 espada para matar, y *p*... despedazar ... 3611
Mt 7.6 **no deis lo santo a los *p*, ni echéis** ... *2965*
Lc 16.21 **los *p* venían y le lamían las llagas** ... *2965*
Fil 3.2 guardaos de los *p*, guardaos de los ... *2965*
2 P 2.22 el *p* vuelve a su vómito, y la puerca ... *2965*
Ap 22.15 los *p* estarán fuera, y los hechiceros ... *2965*

PERSA *Originario de Persia*
2 Cr 36.20 hasta que vino el reino de los *p* ... 6539
36.22 mas al primer año de Ciro rey de los *p* ... 6539
36.22 Jehová despertó... de Ciro rey de los *p* ... 6539
36.23 así dice Ciro, rey de los *p*: Jehová, el ... 6539
Neh 12.22 hasta el reinado de Darío el *p* ... 6542
Ez 27.10 *p*... fueron en tu ejército tus hombres ... 6539
Dn 5.28 tu reino... dado a los medos y a los *p* ... 6540
6.28 reinado de Darío y... reinado de Ciro el *p* ... 6543

PERSECUCIÓN
Gn 31.36 para que con... hayas venido en mi *p*? ... 1814
2 S 20.10 fueron en *p* de Seba hijo de Bicri ... 7291
Lm 5.5 padecemos *p* sobre nosotros... fatigamos ... 7291
Mt 5.10 **bienaventurados los que padecen *p* por** ... *1377*
13.21 **al venir la aflicción o la *p* por causa** ... *1375*
Mr 4.17 **viene... o la *p* por causa de la palabra** ... *1375*
10.30 **que no reciba... hijos, y tierras, con *p*** ... *1375*
Hch 8.1 hubo una gran *p* contra la iglesia que ... *1375*
11.19 habían sido esparcidos a causa de la *p* ... *2347*
13.50 y levantaron *p* contra Pablo y Bernabé ... *1375*
Ro 8.35 o *p*, o hambre, o desnudez, o peligro ... *1375*
1 Co 4.12 maldicen, y bendecimos; padecemos *p* ... *1377*
2 Co 12.10 gozo... en *p*, en angustias; porque ... *1375*
Gá 5.11 hermanos... ¿por qué padezco *p* todavía? ... *1377*
6.12 para no padecer *p* a causa de la cruz de ... *1377*
2 Ts 1.4 paciencia y fe en todas vuestras *p* ... *1375*
2 Ti 3.11 *p*, padecimientos, como los que me ... *1375*
3.11 en Listra; *p* que he sufrido, y de todas ... *1375*
3.12 quieren vivir piadosamente... padecerán *p* ... *1377*

PERSEGUIDO *Véase Perseguir*

PERSEGUIDOR
Jos 2.7 fue cerrada después que salieron los *p* ... 7291
Neh 9.11 a sus *p* echaste en las profundidades ... 7291
Sal 31.15 líbrame de la mano de... y de mis *p* ... 7291
35.3 saca la lanza, cierra contra mis *p*; di ... 7291
119.157 muchos son mis *p* y mis enemigos, mas ... 7291
Is 30.16 por tanto, serán veloces vuestros *p* ... 7291
Lm 1.3 *p* la alcanzaron entre las estrechuras ... 7291
1.6 y anduvieron sin fuerzas delante del *p* ... 7291
4.19 ligeros fueron nuestros *p* más que las ... 7291
Fil 3.6 en cuanto a celo, *p* de la iglesia; en ... *1377*
1 Ti 1.13 habiendo yo sido antes blasfemo, *p* ... *1376*

PERSEGUIR
Gn 35.5 no *persiguieron* a los hijos de Jacob ... 7291
Éx 15.9 dijo: *Perseguiré*, apresaré, repartiré ... 7291
Lv 26.7 y *persiguiréis* a vuestros enemigos, y ... 7291
26.8 cinco de... *perseguirán* a ciento, y ciento ... 7291
26.8 ciento de vosotros *perseguirán* a 10.000 ... 7291
26.17 huiréis sin que haya quien os *persiga* ... 7291
26.36 el sonido de una hoja... los *perseguirá* ... 7291
26.36 hoja... y caerán sin que nadie los *persiga* ... 7291
26.37 si huyeran... aunque nadie los *persiga* ... 7291
Nm 14.45 los derrotaron, *persiguiéndolos* hasta ... 3807
Dt 1.44 os *persiguieron* como hacen las avispas ... 7291
19.6 que el vengador de... *persiga* al homicida ... 7291
28.22 y te *perseguirán* hasta que perezcas ... 7291
28.45 te *perseguirán*, y te alcanzarán hasta ... 7291
30.7 sobre tus enemigos... que te *persiguieron* ... 7291
32.30 ¿cómo podría *perseguir* uno a mil, y dos ... 7291
Jos 2.22 que volvieron los que los *perseguían* ... 7291
2.22 los que los *persiguieron* buscaron por ... 7291

8.24 desierto a donde los habían *perseguido* 7291
23.10 un varón de vosotros *perseguirá* a mil 7291
Jue 8.4 cansados, mas todavía *persiguiendo* 7291
8.5 y yo *persigo* a Zeba y Zalmuna, reyes de 7291
9.40 mas lo *persiguió* Abimelec, y Gaal huyó 7291
20.45 y fueron *persiguiéndolos*... hasta Gidom 1692
1 S 14.22 los *persiguieron* en aquella batalla 1692
23.28 volvió, por... Saúl de *perseguir* a David 7291
24.1 cuando Saúl volvió de *perseguir* a los 310
24.14 el rey... ¿A quién *persigues*? ¿A un perro 7291
25.29 se haya levantado para *perseguirte* y 7291
26.18 ¿por qué *persigue* así mi señor a su 7291
26.20 como quien *persigue* una perdiz por los 7291
30.8 ¿*perseguiré* a estos merodeadores? ¿Los 7291
2 S 2.26 vuelva de *perseguir* a sus hermanos? 310
2.28 el pueblo se detuvo, y no *persiguió* más 7291
2.30 también volvió de *perseguir* a Abner, y 310
22.38 *perseguiré* a mis enemigos... destruiré 7291
24.13 ¿o que huyas... y que ellos te *persigan*? 7291
2 R 3.24 *persiguieron* matando a los de Moab
14.19 pero le *persiguieron* hasta Laquis, y
2 Cr 14.13 Asa... los *persiguieron* hasta Gerar 7291
Job 13.25 y a una paja seca has de *perseguir*? 7291
19.22 ¿por qué me *perseguís* como Dios, y ni 7291
19.28 decir: ¿Por qué le *perseguimos*? ya que 7291
30.21 con el poder de tu mano me *persigues* 7852
Sal 7.1 sálvame de todos los que me *persiguen* 7291
7.5 *persiga* el enemigo mi alma, y alcáncela 7291
10.2 con arrogancia el malo *persigue* al pobre 1814
10.15 *persigue* la maldad del malo hasta que 1875
18.37 *perseguí* a mis enemigos, y los alcancé 7291
35.6 sea... y el ángel de Jehová los *persiga* 7291
55.3 iniquidad, y con furor me *persiguen* 7852
69.26 porque *persiguieron* al que tú heriste 7291
71.11 *perseguidle* y tomadle, porque no hay 7291
83.15 *persíguelos* así con tu tempestad, y 7291
109.16 y *persiguió* al... afligido y menesteroso 7291
119.84 juicio contra los que me *persiguen*? 7291
119.86 todos... sin causa me *persiguen*; ayúdame 7291
119.150 se acercaron... los que me *persiguen* 7291
119.161 príncipes me han *perseguido* sin causa 7291
142.6 líbrame de los que me *persiguen*, porque 7291
143.3 ha *perseguido* el enemigo mi alma; ha 7291
Pr 13.21 mal *perseguirá* a los pecadores, mas 7291
28.1 huye el impío sin que nadie lo *persiga* 7291
Is 13.14 como gacela *perseguida*, y como oveja 5080
14.6 que hería... y las *perseguía* con crueldad 4783
Jer 17.18 avergüéncense los que me *persiguen* 7291
20.11 los que me *persiguen* tropezarán, y no 7291
29.18 los *perseguiré* con espada, con hambre ... 7291,310
42.16 el hambre... allá en Egipto os *perseguirá* 1692
Lm 3.43 desplegaste la ira y nos *perseguiste* 7291
3.66 *persíguelos* en tu furor, y quebrántalos 7291
4.19 sobre los montes nos *persiguieron*, en 1814
Ez 35.6 sangre te destinaré, y te *perseguirá* 7291
35.6 la sangre no aborreciste... te *perseguirá* 7291
Os 8.3 Israel desechó... enemigo lo *perseguirá* 7291
Am 1.11 porque *persiguió* a espada a... hermano 7291
Nah 1.8 tinieblas *perseguirán* a sus enemigos 7291
Mt 5.11 **mi causa os vituperen y os *persigan*** *1377*
5.12 **porque así *persiguieron* a los profetas** *1377*
5.44 **orad por los... ultrajan y os *persiguen*** *1377*
10.23 **os *persigan* en esta ciudad, huid a la** *1377*
23.34 **unos... *perseguiréis* de ciudad en ciudad** *1377*
Lc 11.49 **unos matarán y a otros *perseguirán*** *1559*
21.12 **os echarán mano, y os *perseguirán*, y** *1377*
Jn 5.16 causa los judíos *perseguían* a Jesús *1377*
15.20 **a mí me han perseguido... os *perseguirán*** *1377*
Hch 7.52 cuál de los profetas no *persiguieron* *1377*
9.4; 22.7; 26.14 **Saulo, ¿por qué me *persigues*?** *1377*
9.5; 22.8; 26.15 **yo soy Jesús... quien tú *persigues*** *1377*
22.4 *perseguía* yo... Camino hasta la muerte *1377*
26.11 enfurecido... los *perseguí* hasta en las *1377*
Ro 12.14 bendecid a los que os *persiguen* *1377*
1 Co 15.9 porque *perseguí* a la iglesia de Dios *1377*
2 Co 4.9 *perseguidos*, mas no desamparados *1377*
Gá 1.13 que *perseguía*... a la iglesia de Dios *1377*
1.23 aquel que en otro tiempo nos *perseguía* *1377*
4.29 *perseguía* al que había nacido según el *1377*
Ap 12.13 el dragón... *persiguió* a la mujer que *1377*

PERSEVERANCIA

Lc 8.15 **retienen la palabra... dan fruto con *p*** *5281*
Ef 6.18 velando en ello con toda *p* y súplica *4343*

PERSEVERAR

1 S 12.25 mas si *perseverareis* en hacer mal
Pr 23.17 *persevera* en el temor de Jehová todo
Is 26.3 aquel cuyo pensamiento en ti *persevera* 5564
64.5 los pecados hemos *perseverado* por largo 5769
Mt 10.22; 24.13; Mr 13.13 el que *persevere*... será salvo *5278*
Hch 1.14 *perseveraban* unánimes en oración y *4342*
2.42 y *perseveraban* en la doctrina de los *4342*
2.46 y *perseverando*... cada día en el templo *4342*
13.43 que *perseverasen* en la gracia de Dios *1961*
26.22 *persevero* hasta el día de hoy, dando *2476*
Ro 2.7 vida eterna a los que, *perseverando* en *5281*
6.1 ¿*perseveraremos* en el pecado para que la *1961*
1 Co 15.1 evangelio... en el cual... *perseveráis* *2476*
Col 4.2 *perseverad* en la oración, velando en *4342*
Stg 1.25 y *persevera* en ella, no siendo oidor *3887*
2 Jn 9 no *persevera* en la doctrina de Cristo *3306*
9 el que *persevera* en... ése sí tiene al Padre *3306*

PERSIA *Reino al oriente de Babilonia*

Esd 1.1 en el primer año de Ciro rey de *P*, para 6539
1.1 despertó... el espíritu de Ciro rey de *P* 6539
1.2 ha dicho Ciro rey de *P*: Jehová el Dios 6539
1.8 los sacó, pues, Ciro rey de *P*, por mano 6539
3.7 conforme a la voluntad de Ciro rey de *P* 6539
4.3 como nos mandó el rey Ciro, rey de *P* 6539
4.5 todo el tiempo de Ciro rey de *P* y hasta 6539
4.5,24 hasta... reinado de Darío rey de *P* 6539
4.7 escribieron... a Artajerjes rey de *P*; y la 6539
4.9 los de *P*, de Erec, de Babilonia, de Susa 670
6.14 por mandato de... y de Artajerjes rey de *P* 6539
7.1 el reinado de Artajerjes rey de *P*, Esdras 6539
9.9 su misericordia delante de los reyes de *P* 6539
Est 1.3 a los más poderosos de *P* y de Media 6539
1.14 príncipes de *P* y de Media que veían la 6539
1.18 dirán esto las señoras de *P* y de Media 6539
1.19 escriba entre las leyes de *P* y de Media 6539
10.2 en... de las crónicas de los reyes, de *P*? 6539
Ez 38.5 *P*, Cus y Fut con ellos; todos ellos 6539
Dn 6.8,12 conforme a la ley de Media y de *P* 6540
6.15 ley de Media y de *P* que ningún edicto u 6540
8.20 cuernos... son los reyes de Media y de *P* 6539
10.1 en el año tercero de Ciro rey de *P* fue 6539
10.13 el príncipe del reino de *P* se me opuso 6539
10.13 vino... y quedé allí con los reyes de *P* 6539
10.20 para pelear contra el príncipe de *P* 6539
11.2 aún habrá tres reyes en *P*, y el cuarto 6539

PÉRSIDA *Cristiana saludada por Pablo*, Ro 16.12 .. *4069*

PERSISTENTE

2 Cr 21.15 salgan a causa de tu *p* enfermedad

PERSISTIR

Dt 1.43 *persistiendo* con altivez subisteis al
Jos 17.12 el cananeo *persistió* en habitar en 3427
Jue 1.27 y el cananeo *persistía* en habitar en 3427
1.35 amorreo *persistió* en habitar en... Heres 3427
2 Cr 26.5 y *persistió* en buscar a Dios en los
Ec 8.3 te apresures... ni en cosa mala *persistas* 5975
Hch 6.4 nosotros *persistiremos* en la oración y *4342*
12.16 *persistía* en llamar; y cuando abrieron *1961*
1 Ti 4.16 *persiste* en ello, pues haciendo, esto *1961*
5.20 los que *persisten* en pecar, repréndelos
2 Ti 3.14 *persiste* tú en lo que has aprendido *3306*

PERSONA

Gn 12.5 y las *p* que habían adquirido en Harán 5315
14.21 dame las *p*, y toma para ti los bienes 5315
17.14 aquella *p* será cortada de su pueblo; ha 5315
36.6 Esaú tomó sus... y todas las *p* de su casa 5315
46.15 treinta y tres las *p* todas de sus hijos 5315
46.18 de Zilpa... dio a luz éstos... dieciséis *p* 5315
46.22 hijos de Raquel... por todas catorce *p* 5315
46.25 de Bilha... dio a luz... por todas siete *p* 5315
46.26 las *p* que vinieron con Jacob a Egipto 5315
46.26 sin las mujeres... todas las *p* fueron 66 5315
46.27 de José... le nacieron en Egipto, dos *p* 5315
46.27 las *p* de la casa de Jacob... fueron 70 5315
Éx 1.5 todas las *p* que le nacieron a Jacob... 70 5315
12.4 tomarán uno según el número de las *p* 5315
16.16 conforme al número de las *p*, tomaréis 5315
21.16 que robare una *p* y la vendiere... morirá 376
21.30 dará por el rescate de su *p* cuanto le 5315
30.12 uno dará a Jehová el rescate de su *p* 5315
30.15,16 para hacer expiación por vuestras *p* 5315
31.14 aquella *p* será cortada de en medio de 5315
Lv 2.1 alguna *p* ofreciere oblación a Jehová
4.2 alguna *p* pecare por yerro en alguno de 5315
4.27 si alguna *p* del pueblo pecare por yerro
5.2 *p* que hubiere tocado... cosa inmunda, sea 5315
5.15 alguna *p* cometiere falta, y pecare por 5315
5.17 una *p* pecare, o hiciere alguna de todas 5315
6.2 *p* pecare e hiciere prevaricación contra 5315
7.18 la *p* que de él comiere llevará su pecado 5315
7.19 toda *p* limpia podrá comer la carne
7.20 la *p* que comiere la carne del sacrificio 5315
7.20,21,27 *p* será cortada de entre su pueblo 5315
7.21 la *p* que tocare alguna cosa inmunda 5315
7.25 *p* que comiere será cortada de entre 5315
11.43 no hagáis abominables vuestras *p* con
11.44 no contaminéis... *p* con ningún animal que
13.39 es empeine que brotó... está limpia la *p*
17.10 rostro contra la *p* que comiere sangre 5315
17.11 la misma sangre hará expiación de la *p* 5315
17.12 ninguna *p* de vosotros comerá sangre, ni 5315
17.15 cualquier *p*, así de los naturales como 5315
18.29 las *p* que las hicieren serán cortadas de 5315
19.8 y la tal *p* será cortada de su pueblo 5315
20.6 y la *p* que atendiere a encantadores o 5315
20.6 yo pondré mi rostro contra la tal *p*, y 5315
20.25 y no contaminéis vuestras *p* con aves 5315
21.11 ni entrará donde haya alguna *p* muerta 5315
22.6 la *p* que lo tocare será inmunda hasta la 5315
23.29 *p* que no se afligiere en este mismo día 5315
23.30 *p* que hiciere trabajo alguno... este día 5315
23.30 destruiré a la tal *p* de entre... pueblo 5315
24.17 que hiere de muerte a cualquiera *p*, que 376
27.2 la estimación de las *p* que se hayan de 5315
27.29 ninguna *p* separada como anatema podrá
Nm 5.7 *p* confesará el pecado que cometió, y
6.6 que se aparte... no se acercará a *p* muerta 5315
9.13 dejare de celebrar... tal *p* será cortada 5315
15.27 una *p* pecare por yerro, ofrecerá una 5315
15.28 y el sacerdote hará expiación por la *p* 5315
15.30 la *p* que hiciere algo con soberbia, así 5315
15.30 esa *p* será cortada de en medio de su 5315
15.31 y menospreció su... será cortada esa *p* 5315
19.11,13 que tocare cadáver de cualquier *p* 5315
19.13 aquella *p* será cortada de Israel; por 5315
19.18 y rociará... las *p* que allí estuvieren, y 5315
19.20 tal *p* será cortada de... la congregación 5315
19.22 la *p* que lo tocare será inmunda hasta 5315
31.19 cualquiera que haya dado muerte a *p* 5315
31.26 la cuenta... de las *p* como de las bestias 120
31.28 así de las *p* como de los bueyes, de los 5315
31.30 tomarás uno de cada cincuenta de las *p* 120
31.35 cuanto a *p*, de mujeres... todas 32.000 5315,120
31.40 y de las *p*, 16.000... para Jehová, 32 *p* 5315,120
31.46 y de las *p*, dieciséis mil 5315,120
31.47 tomó... así de las *p* como de los animales 120
35.30 un solo testigo no hará fe contra una *p* 5315
Dt 1.17 no hagáis distinción de *p* en el juicio 6440
7.10 que da el pago en *p* al que le aborrece
7.10 no se demora con... en *p* le dará el pago
10.17 no hace acepción de *p*, ni toma cohecho 6440
10.22 con setenta *p* descendieron tus padres 5315
16.19 hagas acepción de *p*, ni tomes soborno 6440
20.16 las ciudades... ninguna *p* dejarás con vida
1 S 22.22 ocasionado la muerte a todas las *p* 5315
28.2 yo te constituiré guarda de mi *p* durante
2 S 17.11 y que tú en *p* vayas a la batalla 6440
1 R 19.2 no he puesto tu *p* como uno de ellos
2 R 12.4 el dinero del rescate de cada *p* según
1 Cr 5.21 y tomaron sus ganados... y cien mil *p*
2 Cr 19.7 nuestro Dios no hay... acepción de *p* 6440
Est 2.3 ponga el rey *p* en todas las provincias 6496
Job 13.8 ¿haréis acepción de *p* a su favor? 6440
13.10 si solapadamente hacéis acepción de *p* 6440
32.21 no haré ahora acepción de *p*, ni usare 6440
34.19 a aquel que no hace acepción de *p* de 6440
Sal 82.2 y aceptaréis las *p* de los impíos? 6440
105.18 con grillos; en cárcel fue puesta su *p*
Pr 18.5 tener respeto a la *p* del impío, para 6440
24.23 hacer acepción de *p* en el juicio no es 6440
28.21 hacer acepción de *p* no es bueno, hasta 6440
Jer 43.6 a las hijas del rey y a toda *p* que 5315
52.29 él lleva cautivas de Jerusalén a 832 *p* 5315
52.30 cautiva a 745 *p*... todas las *p*... 4.600 5315
Ez 13.19 matando a las *p* que no deben morir 5315
13.19 dando vida a las *p* que no deben vivir 5315
Jon 4.11 ciudad donde hay más de 120.000 *p* que 120
Mal 2.9 como... en la ley hacéis acepción de *p*
Lc 20.21 que no haces acepción de *p*, sino que *4383*
Hch 2.41 añadieron aquel día como tres mil *p* *5590*
2.43 y sobrevino temor a toda *p*; y muchas *5590*
7.14 venir... en número de setenta y cinco *p* *4381*
10.34 comprendo... Dios no hace acepción de *p* *5590*
27.10 y mucha pérdida... también de nuestras *p* *5590*
27.37 y éramos todas las *p* en la nave 276 .... *5590*
Ro 2.11 no hay acepción de *p* para con Dios *4382*
13.1 sométase toda *p*... autoridades superiores *5590*
16.18 *p* no sirven a nuestro Señor Jesucristo
1 Co 16.16 que os sujetéis a *p* como ellos, y a
16.18 el vuestro; reconoced, pues, a tales *p*
2 Co 1.11 que por muchas *p* sean dadas gracias *4383*
2.6 basta a tal *p* esta reprensión hecha por
10.11 tenga en cuenta tal *p*, que así como
Gá 2.6 me importa; Dios no hace acepción de *p* *4382*
Ef 6.9 y que para él no hay acepción de *p* *4383*
Col 3.25 hiciere, porque no hay acepción de *p* *4382*
Stg 2.1 vuestra fe en... sea sin acepción de *p* *4382*
2.9 si hacéis acepción de *p*, cometéis pecado *4380*
1 P 1.11 escudriñando qué *p*... tiempo indicaba
1.17 sin acepción de *p* juzga según la obra *678*
3.20 arca, en la cual pocas *p*... fueron salvadas *5590*
2 P 2.5 que guardó a Noé... con otras siete *p*
3 Jn 8 nosotros pues, debemos acoger a tales *p*
Jud 16 adulando a las *p* para sacar provecho *4383*
Ap 3.4 **tienes unas pocas *p* en Sardis que no** *3686*

PERSONAL

2 S 23.23 lo puso... como jefe de su guardia *p*
1 Cr 11.25 a éste puso David en su guardia *p*

PERSUADIR

Jos 15.18 la *persuadió* que pidiese a su padre 5496
Jue 1.14 la *persuadió* que pidiese a... un campo 5496
15.2 me *persuadí* de que la aborrecías, y la
2 S 3.35 el pueblo vino para *persuadir* a David
2 Cr 18.2 le *persuadió* que fuese... contra Ramot 5496
32.15 ni os *persuada* de ese modo, ni le creáis 5496
Mt 27.20 ancianos *persuadieron* a la multitud *3982*
28.14 oyere... nosotros le *persuadiremos*, y os *3982*
Lc 16.31 **tampoco se *persuadirán* aunque alguno** *3982*
20.6 *persuadidos* de que Juan era profeta *3982*
Hch 13.43 les *persuadían* a que perseverasen *3982*
14.19 judíos... *persuadieron* a la multitud, y *3982*
18.4 discutía... *persuadía* a judíos y a griegos *3982*
18.13 *persuade* a... honrar a Dios contra la ley *374*
19.8 *persuadiendo* acerca del reino de Dios *3982*
21.14 como no... pudimos *persuadir*, desistimos *3982*
26.28 por poco me *persuades* a ser cristiano *3982*
28.23 *persuadiéndoles* acerca de Jesús, tanto *3982*
2 Co 5.11 *persuadimos* a los hombres, pero a *3982*
10.7 está *persuadido* en sí... que es de Cristo *3982*
Fil 1.6 estando *persuadido* de esto, que el que *3982*
2 Ti 3.14 que has aprendido y te *persuadiste* *4104*
He 6.9 estamos *persuadidos* de cosas mejores *3982*

PERSUASIÓN

Hch 19.26 ha apartado a muchas gentes con *p* *3982*
Gá 5.8 esta *p* no procede de aquel que os llama *3988*

PERSUASIVA

1 Co 2.4 con palabras *p* de humana sabiduría *3981*
Col 2.4 para que nadie os engañe con palabras *P* *4086*

PERTENECER
Lv 6.5 restituirá... a aquel a quien *pertenece*
Nm 1.50 sobre todas las cosas que le *pertenecen*
Dt 29.29 cosas secretas *pertenecen* a Jehová
2 S 3.8 ¿soy yo... perro que *pertenezca* a Judá?
1 R 7.48 enseres que *pertenecían* a la casa de
2 R 14.28 Hamat, que habían *pertenecido* a Judá
Sal 50.11 todo lo que se mueve... me *pertenece*
Ez 48.10 porción santa que *pertenecerá* a los
He 6.9 que *pertenecen* a la salvación, aunque *2192*
1 P 4.11 a quien *pertenecen* la gloria y el
2 P 1.3 las cosas que *pertenecen* a la vida y
Ap 7.10 la salvación *pertenece* a nuestro Dios

PERTENECIENTE
Nm 31.30 de la mitad *p* a los hijos de Israel
1 S 6.18 las ciudades... *p* a los cinco príncipes

PERTRECHO
1 S 8.12 y a que hagan... los *p* de sus carros 3627

PERTURBACIÓN
Stg 3.16 donde hay celos y... hay *p* y toda obra *181*

PERTURBAR
Jue 18.7 nadie... les *perturbase* en cosa alguna 3637
1 Cr 2.7 fue Acán, el que *perturbó* a Israel 5916
Job 3.17 allí los impíos dejan de *perturbar*, y 7267
Dn 2.1 y se *perturbó* su espíritu, y se le fue 6470
Lc 23.14 como un hombre que *perturba* al pueblo *654*
Hch 15.24 os han... *perturbando* vuestras almas *384*
Gá 1.7 hay algunos que os *perturban* y quieren *5015*
5.10 el que os *perturba* llevará la sentencia *5015*
5.12 ¡ojalá se mutilasen los que... *perturban!* *387*

PERUDA *Padre de una familia de siervos de Salomón (=Perida)*, Esd 2.55 6514

PERVERSAMENTE
Jer 9.5 cada uno engaña... ocupan de actuar *p* 5753

PERVERSIDAD
Nm 23.21 en Jacob, ni ha visto *p* en Israel 5999
2 S 22.5; Sal 18.4 y torrentes de *p* me atemorizaron 1100
Sal 28.4 dales... conforme a la *p* de sus hechos 7455
125.5 a los que se apartan tras sus *p*, Jehová 6128
139.24 ve si hay en mí camino de *p*, y guíame 6090
Pr 2.12 librarte... de los hombres que hablan *p* 8419
2.14 mal, que se huelgan en las *p* del vicio 7451
4.24 aparta de ti la *p* de la boca, y aleja de 6143
6.12 depravado, es el que anda en *p* de boca 6143
6.14 *p* hay en su corazón; anda pensando el 8419
10.32 justo... la boca de los impíos habla *p* 8419
11.3 destruirá a los pecadores la *p* de ellos 5558
15.4 mas la *p* de ella es quebrantamiento de 5558
16.30 cierra sus ojos para pensar *p*: mueve 8419
23.33 cosas extrañas, y tu corazón hablará *p* 8419
Is 29.16 vuestra *p* ciertamente será reputada
Ez 9.9 la ciudad está llena de *p*; porque han 4297
11.2 estos son los hombres que maquinan *p*, y 205
22.9 comieron en, hicieron en medio de ti *p* 2154
23.48 mujeres, y no harán según vuestras *p* 2154
23.49 y sobre vosotras pondrán vuestras *p* 2154
Os 9.15 por la *p* de sus obras los echaré de 7451
Ro 1.29 atestados de toda... *p*, avaricia, maldad *4189*

PERVERSIÓN
Lv 18.23 animal para ayuntarse con él; es *p* 8397
20.12 ambos han de morir; cometieron grave *p* 8397
Ec 5.8 si... *p* de derecho y de justicia vieres
7.29 recto, pero ellos buscaron muchas *p* 2810

PERVERSO, A
Nm 14.35 así haré a toda esta multitud *p* que 7451
22.32 porque tu camino es *p* delante de mí 3399
Dt 15.9 de tener en tu corazón pensamiento *p* 1100
32.5 de... es la mancha, generación torcida y *p* 6141
32.20 son una generación *p*, hijos infieles 8419
Jue 19.22 *p*, rodearon la casa, golpeando a la 1100
20.13 entregad, pues... a aquellos hombres *p* 1100
1 S 10.27 *p* dijeron: ¿Cómo nos ha de salvar 1100
20.30 hijo de la *p* y... ¿acaso no sé yo que tú 5753
25.17 él es un hombre tan *p*, que no hay quien 1100
25.25 no haga caso ahora mi señor de ese... *p* 1100
30.22 malos y *p* de entre los que habían ido 1100
2 S 13.13 serías estimado como uno de los *p* 5036
16.7 ¡fuera, fuera, hombre sanguinario y *p!* 1100
20.1 un hombre *p* que se llamaba Seba hijo de 1100
22.27 limpio, y rígido serás para con el *p* 6141
1 R 21.10 poned a dos hombres *p* delante de él 1100
21.13 vinieron entonces dos hombres *p*... y se 1100
21.13 *p* atestiguaron contra Nabot delante de 1100
2 Cr 13.7 se juntaron con él hombres vanos y *p* 1100
Est 9.25 el *p* designio que aquel trazó contra 7451
Job 5.13 que... frustra los designios de los *p* 6617
22.15 la senda... que pisaron los hombres *p* 205
34.18 ¿se dirá al rey: *P*; y a los príncipes 1100
Sal 3.7 los dientes de los *P* quebrantaste 7563
18.26 limpio, y severo serás para con el *p* 6141
71.4 líbrame de... de la mano del *p* y violento 5765
101.4 corazón *p* se apartará de mí... malvado 6141
Pr 3.32 Jehová abomina al *p*; mas su comunión 3868
8.8 boca; no hay en ellas cosa *p* ni torcida 6141
8.13 la soberbia y... y la boca *p*, aborrezco 8419
10.31 del justo... mas la lengua *p* será cortada 8419
11.20 abominación son a Jehová... *p* de corazón 6141
12.8 mas el *p* de corazón será menospreciado 5753
14.17 locuras; y el hombre *p* será aborrecido 4209
16.27 el hombre *p* cava en busca del mal, y en 1100
16.28 el hombre *p* levanta contienda, y el 8419
17.20 el *p* de corazón nunca hallará el bien 2015
19.1 mejor es el, que el de *p* labios y fatuo 6141
19.28 el testigo *p* se burlará del juicio, y 7563
21.8 el camino del hombre *p* es torcido y 2019
22.5 espinos y lazos hay en el camino del *p* 6141
28.6 mejor es el... que el de *p* caminos y rico 6141
28.18 mas el de *p* caminos caerá en alguno 6141
Jer 17.9 engañoso es el corazón... y *p*; ¿quién 605
Ez 7.24 los más *p* de las naciones, los cuales 7451
20.44 ni según vuestras *p* obras, oh... Israel 7451
Dn 2.9 preparáis respuesta mentirosa y *p* que 7844
Nah 1.11 salió el que imaginó... un consejero *p* 1100
Sof 3.5 pero el *p* no conoce la vergüenza 5767
Mt 17.17; Lc 9.41 generación incrédula y *p!* *1294*
Hch 2.40 sed salvos de esta *p* generación *4646*
20.30 hablen cosas *p* para arrastrar tras sí *1294*
1 Co 5.13 quitad... a ese *p* de entre vosotros *4190*
Fil 2.15 medio de una generación maligna y *p* *1294*
2 Ts 3.2 seamos librados de hombres *p* malos *824*
Stg 3.16 donde hay celos... hay... y toda obra *p* *5337*

PERVERTIDAMENTE
Ez 22.11 cada uno contaminó *p* a su nuera 2154

PERVERTIR
Éx 23.6 no *pervertirás* el derecho de... mendigo 5186
23.8 y *pervierte* las palabras de los justos 5557
Dt 16.19 *pervierte* las palabras de los justos 5186
24.4 de *pervertir* la tierra que Jehová... te da 2398
27.19 maldito el que *pervirtiere* el derecho 5186
1 S 8.3 dejándose sobornar y *pervirtiendo* el 5186
Job 8.3 ¿*pervertirá* el Todopoderoso la justicia? 5791
33.27 que dijere: Pequé, y *pervertí* lo recto 5753
34.12 el Omnipotente no *pervertirá* el derecho 5791
Sal 56.5 todos los días... *pervierten* mi causa 6087
Pr 10.9 *pervierte* sus caminos será quebrantado 6140
14.2 el de caminos *pervertidos* lo menosprecia 3868
17.23 soborno... para *pervertir* las sendas de 5186
18.5 para *pervertir* el derecho del justo, no 5186
31.5 *pervierten* el derecho de... los afligidos 8138
Is 29.21 y *pervierten* la causa del justo con
Jer 23.36 *pervertisteis* las palabras del Dios 2015
Mi 3.9 abomináis... y *pervertís* todo el derecho 6140
Lc 23.2 *pervierte* a la nación, y que prohíbe *1294*
Gá 1.7 quieren *pervertir*... evangelio de Cristo *3344*
Tit 3.11 sabiendo que el tal se ha *pervertido* *1612*

PESA
Lv 19.36 balanzas justas, *p* justas y medidas 3976
Dt 25.13 no tendrás en tu bolsa *p* grande y *p* 68
25.15 *p* exacta y justa tendrás, efa cabal y 68
Pr 11.1 el peso falso es... la *p* cabal le agrada 3976
16.11 obra suya son todas las *p* de la bolsa 3976
20.10 *p* falsa y medida falsa... son abominación 68
20.23 abominación son a Jehová las *p* falsas 3976
Is 40.12 pesé los montes... con *p* los collados? 3976
Mi 6.11 tiene balanza... bolsa de *p* engañosas? 3976

PESADO, A
Éx 6.6 yo os sacaré de debajo de las tareas *p* 5450
6.7 que os sacó de debajo de las tareas *p* de 5450
9.18 haré llover granizo muy *p*, cual nunca 3515
18.18 el trabajo es demasiado *p* para ti; no 3515
Nm 11.14 este pueblo, que me es *p* en demasía 3515
1 S 4.18 Elí cayó hacia... era hombre viejo y *p* 3513
1 R 12.4 y del yugo *p* que puso sobre nosotros 3513
12.11 mi padre os cargó de *p* yugo, mas yo 7185
2 Cr 10.4 *p* yugo con que tu padre nos apremió 7185
10.11 mi padre os cargó de yugo *p*, yo añadiré 3515
10.14 mi padre hizo *p* vuestro yugo, pero yo 3513
Sal 38.4 como carga *p* se han agravado sobre mí 3513
66.11 pusiste sobre nuestros lomos *p* carga 4157
Pr 27.3 *p* es la piedra, y la arena pesa; mas 3514
27.3 mas la ira del necio es más *p* que ambas 3513
Is 9.4 quebraste su *p* yugo, y la vara de su 5448
Lm 3.7 me cercó... ha hecho más *p* mis cadenas 3513
Zac 12.3 Jerusalén por piedra *p* a todos los 4614
Mt 23.4 **atan cargas *p* y difíciles de llevar** *926*

PESADAMENTE
Mt 13.15; Hch 28.27 y con los oídos oyen *p* *917*

PESADOR
Is 33.18 ¿qué del *p* del tributo? ¿qué del que 8254

PESADUMBRE
Pr 17.25 necio es *p* de su padre, y amargura 3708

PESAR *(S.)*
2 S 11.25 tengas *p* por esto, porque la espada 7489,5869
1 Cr 13.11 David tuvo *p*, porque Jehová había 2734
Esd 10.2 mas a *p* de esto, aún hay esperanza para Israel
Job 16.17 *p* de no haber iniquidad en mis manos
Ec 7.3 mejor es el *p* que la risa; porque con 3708
Is 47.9 a *p* de la multitud de tus hechizos y
Jn 12.37 a *p* de que había hecho tantas señales
Gá 2.4 a *p* de los falsos hermanos introducidos

PESAR *(v.)*
Gn 23.16 y *pesó* Abraham a Efrón el dinero que 8254
24.22 pendiente de oro que *pesaba* medio siclo 4948
24.22 siclo, y dos brazaletes que *pesaban* diez 4948
45.5 ni os *pese* de haberme vendido acá; porque 6087
Éx 22.17 le *pesará* plata conforme a la dote de
1 S 2.3 Dios... a él toca el *pesar* las acciones 8505
15.11 me *pesa* haber puesto por rey a Saúl 5162
2 S 12.30 quitó la corona... *pesaba* un talento 4948
14.26 *pesaba* el cabello... 200 siclos de peso 8254
18.12 aunque me *pesaras* mil siclos de plata 8254
21.16 Isbi-benob... lanza *pesaba* 300 siclos de 4948
24.10 hubo censado al... le *pesó* en su corazón 5606
2 R 25.16 las basas que... no fue posible *pesar* 4948
Esd 8.25 les *pesé* la plata, el oro... utensilios 8254
8.26 *pesé*... en manos de ellos 650 talentos de 8254
8.29 que los *peséis* delante de los príncipes 8254
8.33 el cuarto día fue luego *pesada* la plata 8254
Est 3.9 y yo *pesaré* 10.000 talentos de plata 8254
4.7 plata que Amán... *pesaría* para los tesoros 8254
Job 6.2 ¡oh, que *pesasen* justamente mi queja y 8254
6.3 *pesarían* ahora más que la arena del mar 3513
31.6 *péseme* Dios en balanzas de justicia, y 8254
Sal 56.7 *pésalos* según su iniquidad, oh Dios
58.2 hacéis *pesar* la violencia de... manos en 6424
62.9 *pesándolos* a todos... serán menos que nada... 5927
Pr 16.2 los caminos... Jehová *pesa* los espíritus 8505
21.2 opinión; pero Jehová *pesa* los corazones 8505
24.12 lo entenderá el que *pesa* los corazones? 8505
27.3 pesada es la piedra, y la arena *pesa* 5192
Ec 7.27 *pesando* las cosas una por una para
Is 26.7 eres recto, *pesas* el camino del justo 6424
40.12 midió... y *pesó* los montes con balanza 8254
46.6 sacan oro de la bolsa, y *pesan* plata con 8254
Jer 32.9 le *pesé* el dinero; diecisiete siclos 8254
32.10 la hice certificar con... y *pesé* el dinero 8254
Ez 5.1 toma... una balanza de *pesar* y divide los 4948
Dn 5.27 Tekel: *Pesado* has sido en balanza, y 8625
6.14 *pesó* en gran manera, y resolvió librar
Zac 11.12 *pesaron* por mi salario 30 piezas de 8254
2 Co 7.8 os contristé con la carta, no me *pesa* *3338*

PESCA
Lc 5.9 por la *p* que habían hecho, el temor se *61*

PESCADO
Nm 11.5 nos acordamos del *p* que comíamos en 1710
2 Cr 33.14 a la entrada de la puerta del *P*, y 1709
Neh 3.3 de Senaa edificaron la puerta del *P* 1709
12.39 la puerta Vieja y a la puerta del *P* 1709
13.16 tirios que traían *p* y toda mercadería 1709
Sof 1.10 voz de clamor desde la puerta del *P* 1709
Mt 7.10 **le pide un *p*, le dará una serpiente?** *2486*
Lc 5.5 hemos estado trabajando, y nada hemos *p*
9.13 no tenemos más que cinco panes y dos *p* *2486*
9.16 tomando... los dos *p*, levantando los ojos *2486*
11.11 ***p*, en lugar de *p*, le dará una serpiente** *2486*
Jn 21.13 y tomó el pan y les dio, y... del *p* *3795*

PESCADOR
Job 41.7 ¿cortarás... con arpón de *p* su cabeza? 1709
Is 19.8 los *p* también se entristecerán; harán 1771
Jer 16.16 yo envío muchos *p*... y los pescarán 1728
Ez 47.10 y junto a él estarán los *p*, y desde 1728
Am 4.2 y a... descendientes con anzuelos de *p* 1728
Mt 4.18 echaban la red en el... porque eran *p* *231*
4.19 **venid en pos de... y os haré *p* de hombres** *231*
Mr 1.16 echaban la red en el... porque eran *p* *231*
1.17 **venid en pos de mí, y haré que seáis *p*** *231*
Lc 5.2 y los *p*... descendido... lavaban sus redes *231*
5.10 **no temas; desde ahora serás *p* de hombres** *2221*

PESCAR
Jer 16.16 y los *pescarán*, y después enviaré 1770
Lc 5.4 **boga... echad vuestras redes para *pescar*** *61*
5.5 estado trabajando, y nada hemos *pescado*
Jn 21.3 Simón Pedro les dijo: Voy a *pescar* *232*
21.3 fueron... aquella noche no *pescaron* nada *4084*
21.10 **traed de... peces que acabáis de *pescar*** *4084*

PESEBRE
Job 39.9 el búfalo servirte... o quedar en tu *p*? 18
Is 1.3 buey conoce... el asno el *p* de su señor 18
Lc 2.7 acostó en un *p*, porque no había lugar *5336*
2.12 hallaréis al niño envuelto en... en un *p* *5336*
2.16 hallaron a... y al niño acostado en el *p* *5336*
13.15 **¿no desata... su asno del *p* y lo lleva a** *5336*

PESO
Gn 43.21 costal, nuestro dinero en su justo *p* 4948
Éx 30.34 especias aromáticas... todo en igual *p*
Lv 19.35 injusticia... en *p* ni en otra medida 4948
26.26 pan... y os devolverán vuestro pan por *p* 4948
Nm 7.13,19,25,31,37,43,49,55,61,67,73,79
un plato de... siclos de *p* 4948
Jos 7.21 un lingote de oro de *p* de 50 siclos 4948
Jue 8.26 fue el *p* de los zarcillos de oro que 4948
16.29 Sansón... echó todo su *p* sobre ellas, su 5564
1 S 17.5 era el *p* de la cota cinco mil ciclos 4948
2 S 14.26 pesaba el cabello... 200 siclos de *p* 68
1 R 7.47 no inquirió Salomón el *p* del bronce 4948
10.14 el *p* del oro... cada año era 666 talentos 4948
1 Cr 20.2 la halló de *p* de un talento de oro 4948
21.25 dio David a... el *p* de 600 siclos de oro 4948
22.3 mucho bronce sin *p*, y madera de cedro 4948
28.14 y dio oro en *p* para las cosas de oro 4948
28.14 y plata en *p* para todas las cosas de 4948
28.15 oro en *p* para los candeleros de oro, y 4948
28.15 en *p* el oro para cada candelero y sus 4948
28.15 plata en *p* para cada candelero y sus 4948
28.16 asimismo dio oro en *p* para las mesas 4948
28.17 oro; para cada taza por *p*; y para las 4948
28.17 tazas de plata, por *p* para cada taza 4948
28.18 además, oro puro en *p* para el altar del 4948
2 Cr 3.9 el *p* de los clavos era de uno hasta 4948
4.18 enseres... no pudo saberse el *p* del bronce 4948
9.13 *p* del oro que venía a Salomón cada año 4948
Esd 8.30 levitas recibieron el *p* de la plata 4948
8.34 por cuenta y por *p* se entregó todo, y se 4948
8.34 se apuntó todo aquel *p* en aquel tiempo 4948
Job 28.15 oro, ni su precio será a *p* de plata 8254
28.25 al dar *p* al viento, y poner las aguas 4948
Pr 11.1 *p* falso es abominación a Jehová; mas 68

P

16.11 p y balanzas justas son de Jehová; obra 6425
Is 21.15 huye, ante... ante el p de la batalla 3514
Jer 52.20 el p del bronce de todo esto era 4948
Lm 5.13 desfallecieron bajo el p de la leña
Ez 4.10 la comida... será de p de veinte siclos 4946
4.16 y comerán el pan por p y con angustia 4948
Os 12.7 mercader que tiene en su mano p falso 3976
Hch 21.35 era llevado en p por los soldados a *941*
2 Co 4.17 más excelente y eterno p de gloria *922*
He 12.1 despojémonos de todo p y del pecado *3591*
Ap 16.21 cayó... granizo como del p de un talento *5006*

PESTE
Éx 5.3 para que no venga sobre nosotros con p 1698
Dt 32.24 y devorados de fiebre... y de p amarga 6986
2 S 24.13 que tres días haya p en tu tierra? 1698
24.15 y Jehová envió la p sobre Israel desde 1698
1 Cr 21.12 o por tres días... la p en la tierra 1698
21.14 así Jehová envió una p en Israel, y 1698
21.17 contra... y no venga la p sobre tu Pueblo 4046
Sal 91.3 el te librará... de la p destructora 1698
Ez 12.16 escapen de la espada, del hambre... p 1698
Mt 24.7 **y habrá p, y hambres, y terremotos en** *3061*

PESTILENCIA
Lv 26.25 enviaré p entre vosotros, y seréis 1698
1 R 8.37 si en la tierra hubiere... p, tizoncillo 1698
2 Cr 6.28 si hubiere p, si hubiere tizoncillo 1698
7.13 si mandare... o si enviare p a mi pueblo 1698
20.9 si mal... p, o hambre, nos presentaremos 1698
Sal 91.6 p que ande en oscuridad, ni mortandad 1698
Jer 14.12 que los consumiré con espada... con p 1698
21.6 hombres y... bestias morirán de p grande 1698
21.7 entregaré... a los que queden de la p, de 1698
21.9 el que quedare en... morirá a espada... de p .. 1698
24.10 enviaré sobre ellos espada, hambre y p 1698
27.8 castigaré a tal nación con espada y... p 1698
27.13 ¿por qué moriréis tú y tu pueblo... de p 1698
28.8 profetizaron... y p contra muchas tierras 1698
29.17 he aquí envío yo... espada, hambre y p 1698
29.18 los perseguiré con espada... y con p, y 1698
32.24 a causa de la... del hambre y de la p 1698
32.36 entregada será... espada, a hambre y a p 1698
34.17 promulgó libertad... a la p y al hambre 1698
38.2 morirá a espada, o de hambre, o de p 1698
42.17 en Egipto... morirán... de hambre y de p 1698
42.22 de hambre y de p moriréis en el lugar 1698
Jer 44.13 castigaré a los que... con hambre y con p 1698
Ez 5.12 una tercera parte de ti morirá de p 1698
5.17 p y sangre pasarán por en medio de ti 1698
6.11 con espada y con hambre y con p caerán 1698
6.12 el que esté lejos morirá de p, el que 1698
7.15 de fuera espada, de dentro p y hambre 1698
7.15 la ciudad lo consumirá el hambre y la p 1698
14.19 o si enviare p sobre esa tierra y... ira 1698
14.21 espada, hambre, fieras y p, para cortar 1698
28.23 enviaré a ella p y sangre en sus calles 1698
33.27 fortalezas y en... cuevas, de p morirán 1698
38.22 litigaré contra él con p y con sangre 1698
Lc 21.11 **y en diferentes lugares hambres y p** *3061*

PESTILENCIAL
Sal 41.8 cosa p se ha apoderado de él; y el 1100

PESTILENTE
Ap 16.2 vino una úlcera... p sobre los hombres *2556*

PETAÍAS
1. Padre de una familia de sacerdotes, 1 Cr 24.16 ... 6611
2. Uno de los que se casaron con extranjeras en tiempo de Esdras, Esd 10.23 6611
3. Levita que ayudó a Esdras en la lectura de la ley, Neh 9.5 6611
4. Consejero de Zorobabel, Neh 11.24 6611

PETICIÓN
Jue 8.24 les dijo Gedeón: Quiero haceros una p 7596
1 S 1.17 el Dios de Israel te otorgue la p que 7596
1 R 2.16 yo te hago una p; no me la niegues 7596
2.20 una pequeña p pretendo de ti; no me la 7596
2 R 6.18 los hirió... conforme a la p de Eliseo 1697
Est 5.3 ¿qué tienes, reina... y cuál es tu p? 1246
5.6 ¿cuál es tu p, y te será otorgada? ¿Cuál 7596
5.7 respondió Ester y... Mi p y mi demanda es 7596
5.8 y si place al rey otorgar mi p y conceder 7596
7.2 ¿cuál es tu p, reina Ester, y te será 7596
7.3 séame dada mi vida por mi p, y mi pueblo 7596
9.12 ¿cuál... es tu p? y te será concedida; ¿o 7596
Job 6.8 ¡quién me diera que viniese mi p, y que 7596
Sal 20.5 pendón... conceda Jehová todas tus p 4862
21.2 deseo... no le negaste la p de sus labios 782
37.4 y él te concederá las p de tu corazón 4862
Dn 6.7 demande p de cualquier dios u hombre 1159
6.13 sino que tres veces al día hace su p 1159
Fil 4.6 sean conocidas vuestras p delante de *155*
1 Ti 2.1 hagan... p y acciones de gracias, por *1783*
1 Jn 5.15 tenemos las p que le hayamos hecho *155*

PETOR *Ciudad en Mesopotamia*
Nm 22.5 envió mensajeros a Lalaam hijo... en P 6604
Dt 23.4 alquilaron contra ti a Balaam... de P 6604

PETUEL *Padre del profeta Joel,* Jl 1.1 6602

PEULTAI *Portero del templo,* 1 Cr 26.5 6469

PEZ
Gn 1.26 señoree en los p del mar, en las aves 1710
1.28 señoread en los p del mar, en las aves 1710
9.2 en todos los p del mar; en vuestra mano 1709
Éx 7.18 y los p que hay en el río morirán, y 1710
7.21 los p que había en el río murieron; y 1710
Nm 11.22 ¿o se juntarán... todos los p del mar 1710
Dt 4.18 p alguno que haya en el agua debajo 1710
1 R 4.33 disertó sobre... reptiles y sobre los p 1709
Job 12.8 los p del mar te lo declararán también 1709
Sal 8.8 las aves... los p del mar; todo cuanto 1709
105.29 volvió... aguas en sangre, y mató sus p 1710
Ec 9.12 los p que son presos en la mala red 1709
Is 19.10 todos los que hacen viveros para p 5315
50.2 p se pudren por falta de agua, y mueren 1710
Ez 29.4 pegaré los p de tus ríos a tus escamas 1710
29.4 los p de... saldrán pegados a tus escamas 1710
29.5 dejaré en el desierto a ti y a... los p 1710
38.20 que los p del mar, las aves del cielo 1709
47.9 p por haber entrado allá estas aguas, y 1710
47.10 serán los p... como los p del Mar Grande 1710
Os 4.3 por lo cual... aun los p del mar morirán 1709
Jon 1.17 pero Jehová tenía preparado un gran p 1709
1.17 y estuvo Jonás en el vientre del p tres 1709
2.1 oró Jonás a... Dios desde el vientre del p 1710
2.10 mandó Jehová al p, y vomitó a Jonás en 1709
Hab 1.14 sean los hombres como los p del mar 1709
Sof 1.3 destruiré... los p del mar, y cortaré a 1709
Mt 12.40 **estuvo Jonás en el vientre del gran p** *2785*
13.47 **una red, que recoge de toda clase de p**
14.17 no tenemos... sino cinco panes y dos p *2486*
14.19 y tomando... los dos p, y levantando los *2486*
15.36 y tomando... p, dio gracias, los partió *2486*
17.27 **y el primer p que saques, tómalo, y al** *2486*
Mr 6.38 y al saberlo, dijeron: Cinco, y dos p *2486*
6.41 tomó los cinco panes y los dos p, y *2486*
6.41 tomó... y repartió los dos p entre todos *2486*
6.43 y recogieron de... lo que sobró de los p *2486*
Lc 5.6 encerraron gran cantidad de p, y su red *2486*
24.42 dieron parte de un p asado, y un panal *2486*
Jn 6.11 asimismo de los p, cuanto querían *3795*
21.6 podían sacar, por la gran cantidad de p *2486*
21.8 vinieron con... arrastrando la red de p *2486*
21.9 brasas puestas, y un p encima de ellas *3795*
21.10 **traed de los p que acabáis de pescar** *3795*
21.11 sacó la red a... llena de grandes p, 153 .... *2486*
1 Co 15.39 otra la de los p, y otra la de las *2486*

PEZUÑA
Éx 10.26 nuestros ganados... no quedará ni una p 6541
Lv 11.3 todo el que tiene p hendida y que rumia 6541
11.4 pero de los que rumian o que tienen p 6541
11.4 porque rumia pero no tiene p hendida, lo 6541
11.5 el conejo, porque rumia, pero no tiene p 6541
11.6 la liebre, porque rumia, pero no tiene p 6541
11.7 cerdo... tiene p, y es de p hendidas, pero 6541
11.26 de p, pero que no tiene p hendida, ni 6541
Dt 14.6 todo animal de p, que tiene hendidura 6541
14.7 estos no...entre los que tienen p hendida 6541
14.7 porque rumian, mas no tienen p hendida 6541
14.8 ni cerdo... tiene p hendida, mas no rumia 6541
Sal 69.31 buey, o becerro que tiene cuernos y p 6536
Ez 32.13 ni más...pie de hombre, ni p de bestia 6541
Zac 11.16 que comerá la carne... romperá sus p 6541

PIADOSAMENTE
2 Ti 3.12 que quieren vivir p en Cristo Jesús *2153*
Tit 2.12 vivamos en... siglo sobria, justa y p *2153*

PIADOSO, A
Éx 34.6 misericordioso y p; tardo para la ira 2587
Dt 33.8 Tumim y tu Urim sean para tu varón p 2623
2 Cr 35.26 de Josías, y sus obras p conforme a 2617
Neh 9.17 Dios... clemente y p, tardo para la ira 2587
Sal 4.3 que Jehová ha escogido al p para sí 2623
12.1 salva, oh Jehová... se acabaron los p 2623
86.2 guarda mi alma, porque soy p; salva tú 2623
Is 57.1 los p mueren, y no hay quien entienda 2617
Lm 4.10 las manos de mujeres p cocieron a sus 7362
Jon 4.2 sabía yo que... eres Dios clemente y p 2587
Lc 2.25 y este hombre, justo y p, esperaba la *2126*
Hch 2.5 varones p, de todas las naciones bajo *2126*
8.2 hombres p llevaron a enterrar a Esteban *2126*
10.2 p y temeroso de Dios con toda su casa *2126*
13.43 de los prosélitos p siguieron a Pablo *4576*
13.50 pero los judíos instigaron a mujeres p *4576*
17.4 de los griegos p gran número, y mujeres *4576*
17.17 que discutía en la... con los judíos y p *4576*
22.12 Ananías, varón p según la ley *2152*
1 Ti 5.4 aprendan éstos primero a ser p para *2151*
2 P 2.9 el Señor librar de tentación a los p *2152*
3.11 vosotros andar en santa y p manera de *2150*

PIBESET Ciudad en Egipto, Ez 30.17 6364

PICO
Gn 8.11 que traía una hoja de olivo en el p 6310

PIE
Gn 8.9 no halló la... sentar la planta de su p 7272
18.4 un poco de agua, y lavad vuestros p; y 7272
19.2 y os hospedéis, y lavaréis vuestros p 7272
24.32 agua para lavar los p de él, y los p 7272
35.8 Débora... y fue sepultada al p de Bet-el 8478
41.44 sin ti ninguno alzará su mano ni su p 7272
43.24 y lavaron sus p, y dio de comer a sus 7272
49.10 ni el legislador de entre sus p, hasta 7272
49.33 encogió sus p en la cama, y expiró, y 7272
Éx 3.5 quita tu calzado de tus p, porque el 7272
4.25 cortó el prepucio de... y lo echó a sus p 7272
12.9 asada... cabeza con sus p y sus entrañas 3767
12.11 vuestro calzado en vuestros p... bordón 7272
12.37 como seiscientos mil hombres de a p, sin 7273
19.17 a Dios; y se detuvieron al p del monte 8482
21.24 ojo por ojo, diente por diente, p por p 7272
22.6 y al... quemare mieses amontonadas o en p ... 7054
24.4 edificó un altar al p del monte, y doce 8478
24.10 debajo de sus p como un embaldosado de 7272
25.31 su p, su caña, sus copas, sus manzanas 3409
29.12 derramarás toda... sangre al p del altar 3247
29.20 sobre el dedo pulgar de los p derechos 7272
30.19 se lavarán Aarón y... las manos y los p 7272
30.21 se lavarán las manos y los p, para que 7272
32.19 las tablas... las quebró al p del monte 8478
33.8 cada cual estaba en p a la puerta de su 5324
37.17 el candelero... su p, su caña, sus copas 3409
40.31 hijos lavaban en ella sus manos y sus p 7272
Lv 4.7,18,25,30,34 el resto de la sangre al p del altar ... 3247
5.9 que sobrare... lo exprimirá al p del altar 3247
8.15 echó la demás sangre al p del altar, y 3247
8.23 y sobre el dedo pulgar de su p derecho 7272
8.24 y sobre los pulgares de sus p derechos 7272
9.9 y derramó el resto de la sangre al p del 3247
13.12 cubriere... desde la cabeza hasta sus p 7272
14.14,17,25,28 el pulgar de su p derecho 7272
21.19 que tenga quebradura de p o rotura de .. 7667,7272
Nm 5.18 hará... estar en p a la mujer delante de
8.4 desde su p hasta... era labrado a martillo 3409
11.21 seiscientos mil de a p es el pueblo en 7273
20.19 déjame solamente pasar a p, nada más 7272
22.25 apretó contra la pared el p de Balaam 7272
31.5 fueron dados... doce mil en p de guerra
Dt 2.5 ni aun lo que cubre la planta de un p
2.28 el agua también... solamente pasaré a p 7272
3.17 al p de las laderas del Pisga al oriente
4.11 os pusisteis al p del monte; y el monte 8478
4.49 del Arabá, al p de las laderas del Pisga 8478
8.4 ni el p se te ha hinchado en estos 40 años 7272
11.10 donde... regabas con tu p, como huerto 7272
11.24 todo lugar que pisare la... de vuestro p 7272
19.21 ojo por ojo, diente por diente... p por p 7272
20.2 se pondrá en p el sacerdote y hablará
25.9 le quitará el calzado del p... escupirá 7272
28.35 la planta de tu p hasta tu coronilla 7272
28.56 que nunca la planta de su p intentaría 7272
28.57 recién nacido que sale de entre sus p 7272
28.65 ni la planta de tu p tendrá reposo; pues 7272
29.5 calzado se ha envejecido sobre vuestro p 7272
32.35 a su tiempo su p resbalará, porque el 7272
33.24 bendito... sea Aser... moje en aceite su p 7272
Jos 1.3 todo lugar que pisare la planta de... p 7272
3.13 las plantas de los p de los sacerdotes 7272
3.15 los p de los sacerdotes... fueron mojados 7272
4.3 del lugar donde están firmes los p de los 7272
4.9 donde estuvieron los p de los sacerdotes 7272
4.18 los p de los... estuvieron en lugar seco 7272
5.15 quita el calzado de tus p... lugar... santo 7272
8.33 Israel... de p a uno y otro lado del arca 5975
9.5 zapatos viejos y recosidos en sus p, con 7272
10.24 poned vuestros p sobre los cuellos de 7272
10.24 pusieron sus p sobre... cuellos de ellos 7272
11.3 y al heveo al p de Hermón en tierra de 7272
12.3 el sur al p de las laderas del Pisga 8478
13.5 Baal-gad al p del monte Hermón, hasta la
14.9 la tierra que holló tu p será para ti, y 7272
Jue 1.6 y le cortaron los pulgares... de los p 7272
1.7 cortados los pulgares... manos y de sus p 8478
3.24 duda él cubre sus p en la sala de verano 7272
4.15 Sísara descendió del carro, y huyó a p 7272
4.17 y Sísara huyó a p a la tienda de Jael 7272
5.15 Isacar se precipitó a p en el valle 7272
5.27 entre sus p... entre sus p cayó encorvado 7272
15.5 y quemó las mieses amontonadas y en p 7054
19.21 se lavaron los p, y comieron y bebieron 7272
20.2 en la reunión del... 400.000 hombres de a p ... 376,7273
Rt 3.4 descubrirás sus p, y te acostarás allí 4772
3.7 ella vino... le descubrió los p y se acostó 4772
3.8 aquí, una mujer estaba acostada a sus p 4772
3.14 después que durmió a sus p... se levanto 4772
1 S 2.9 él guarda los p de sus santos, mas los 7272
4.10 cayeron de... treinta mil hombres de a p 7273
14.13 subió... trepando con sus manos y sus p 7272
15.4 y les pasó revista en... 200.000 de a p 7273
24.3 entró Saúl en ella para cubrir sus p 7272
25.24 y se echó a sus p, y dijo: Señor mío 7272
25.41 para lavar los p de los siervos de mi 7272
2 S 2.18 este Asael era ligero de p como una 7272
3.34 ni tus p ligados con grillos; caíste como 7272
4.4 Jonatán... tenía un hijo lisiado de los p 7272
4.12 les cortaron las manos y los p, y los 7272
8.4 tomó David de ellos 20.000 hombres de a p 376,7273
9.3 aún... un hijo de Jonatán, lisiado de los p 7272
9.13 Mefi-boset... y estaba lisiado de ambos p 7272
10.6 tomaron... veinte mil hombres de a p, del 7273
11.8 Urías: Desciende a tu casa, y lava tus p 7272
14.25 su p hasta su... no había en él defecto 7272
15.18 hombres que habían venido a p desde Gat
15.30 la cabeza cubierta y los p descalzos 3182
18.30 ponte allí. Y él pasó, y se quedó de p 5975
19.24 no había lavado sus p, ni... su barba 7272
21.20 doce dedos en... y otros doce en los p 7272
22.10 descendió... tinieblas debajo de sus p 7272
22.34 hace mis p como de ciervas, y me hace 7272
22.37 ensanchaste... y mis p no han resbalado 7272
22.39 y los herirė... caerán debajo de mis p 7272
1 R 2.5 y en los zapatos que tenía en sus p 7272
5.3 sus enemigos bajo las plantas de sus p 7272
8.14 la congregación de Israel estaba de p 5975
8.55 puesto en p, bendijo a... la congregación 5975
14.6 Ahías oyó el sonido de sus p, al entrar 7272
14.12 al poner tu p en la ciudad, morirá el 7272
15.23 los días de su vejez enfermó de los p 7272
20.29 en un solo día cien mil hombres de a p 7273
2 R 4.27 luego que llegó a... se asió de sus p 7272

4.37 se echó a sus *p*, y se inclinó a tierra 7272
5.11 en *p* invocará el nombre de Jehová...Dios..... 5975
9.35 no hallaron...más que...*p*, y las palmas....... 7272
10.9 en *p* dijo a todo...Vosotros sois justos......... 5975
10.29 y dejó en *p* los becerros de oro...Bet-el
13.7 había quedado...diez mil hombres de a *p*..... 7273
13.21 que...revivió, y se levantó sobre sus *p*........ 7272
18.28 Rabsaces se puso en *p* y clamó a gran....... 5975
19.24 con las de mis *p* todos los ríos................ 6471
21.8 el *p* de Israel sea movido de la tierra.......... 7272
23.3 y poniéndose el rey en *p*...hizo pacto.......... 5975
1 Cr 18.4 tomó David...20.000 hombres de a *p*
19.18 y mató David de...40.000 de a *p*
20.6 el cual tenía seis dedos en *p* y manos
28.2 el rey David, puesto en *p* dijo: Oídme.......... 6965
28.2 para el estrado de los *p* de nuestro Dios
2 Cr 3.13 estaban en *p* con los rostros hacia
6.3 toda la congregación de Israel estaba en *p*..... 5975
7.6 tocaban trompetas...Israel estaba en *p*......... 5975
16.12 Asa enfermó gravemente de los *p*, y en....... 7272
18.34 estuvo el rey de Israel en *p* en...carro
20.5 Josafat se puso en *p* en la asamblea de........ 5975
20.13 todo Judá estaba en *p* delante de............. 5975
20.20 Josafat, estando en *p*, dijo: Oídme, Judá...... 5975
24.20 puesto en *p*, donde estaba más alto que....... 5975
30.27 los sacerdotes y levitas, puestos en *p*......... 6965
33.8 nunca más quitaré el *p* de Israel de la......... 7272
34.31 estando el rey en *p* en su sitio, hizo........... 5975
Neh 9.2 estando en *p*, confesaron sus pecados........ 5975
9.3 y puestos de *p* en su lugar, leyeron el.......... 6965
9.21 sus vestidos no...ni se hincharon sus *p*........ 7272
Est 8.3 se echó a sus *p*, llorando y rogándole.......... 7272
8.4 Ester se...y se puso en *p* delante del rey....... 6965
Job 2.7 una sarna...desde la planta del *p* hasta....... 7272
8.15 su casa, mas no permanecerá ella en *p*........ 5975
12.5 aquel cuyos *p* van a resbalar es como una..... 7272
13.27 pones...mis *p* en el cepo, y observas.......... 7272
13.27 trazando un límite para las...de mis *p*........ 7272
18.8 red será echada a sus *p*, y sobre mallas....... 7272
23.11 mis *p* han seguido sus pisadas; guardé........ 7272
28.4 abren minas lejos...donde el *p* no pasa......... 7272
29.8 ancianos se levantaban, y estaban de *p*....... 5975
29.15 yo era ojos al ciego, y *p* al cojo.............. 7272
30.12 empujaron mis *p*, y prepararon contra........ 7272
31.5 si anduve...si mi *p* se apresuró a engaño...... 7272
33.5 puedes; ordena tus palabras, ponte en *p*...... 3320
33.11 puso mis *p* en el cepo, y vigiló todas.......... 7272
39.15 olvida que el *p* los puede pisar, y que......... 7272
Sal 8.6 manos; todo lo pusiste debajo de sus *p*........ 7272
9.15 la red que escondieron fue tomado su *p*....... 7272
17.5 mis pasos en...para que mis *p* no resbalen..... 6471
18.9 había densas tinieblas debajo de sus *p*........ 7272
18.33 hace mis *p* como de ciervas, y me hace........ 7272
18.36 ensanchaste...y mis *p* no han resbalado....... 7166
18.38 herí de modo...cayeron debajo de mis *p*....... 7272
20.8 nosotros nos levantamos, y estamos en *p*...... 5749
22.16 malignos; horadaron mis manos y mis *p*........ 7272
25.15 ojos...porque él sacará mis *p* de la red........ 7272
26.12 mi *p* ha estado en rectitud; en las............. 7272
31.8 mano...pusiste mis *p* en lugar espacioso....... 7272
36.11 no venga *p* de soberbia contra mí, y............ 7272
37.31 la ley...por tanto, sus *p* no resbalarán......... 838
38.16 no se alegren de...cuando mi *p* resbale....... 7272
40.2 puso mis *p* sobre peña, y enderezó mis........ 7272
47.3 él someterá...las naciones debajo de...*p*....... 7272
56.13 has librado mi alma...y mis *p* de caída........ 7272
58.10 sus *p* lavará en la sangre del impío........... 6471
66.6 por el río pasaron a *p*; allí en él nos........... 7272
66.9 no permitió que nuestros *p* resbalasen......... 7272
68.23 porque tu *p* se enrojecerá de sangre de....... 7272
69.2 cieno profundo, donde no puedo hacer *p*....... 4613
73.2 cuanto a mí, casi se deslizaron mis *p*.......... 7272
76.7 ¿Y quién podrá estar en *p* delante de ti........ 5975
91.12 para que tu *p* no tropiece en piedra.......... 7272
94.18 yo decía: Mi *p* resbala...me sustentaba....... 7272
99.5 postraos ante el estrado de sus *p*; él
105.18 afligieron sus *p* con grillos...cárcel.......... 7272
110.1 a tus enemigos por estrado de tus *p*
115.7 tienen *p*, mas no andan; no hablan con........ 7272
116.8 tú has librado mi...mis *p* de resbalar.......... 7272
119.59 caminos, y volví...*p* a tus testimonios........ 7272
119.101 de todo mal camino contuve mis *p*, para... 7272
119.105 lámpara es a mis *p* tu palabra, y............ 7272
121.3 no dará tu *p* al resbaladero, ni se............. 7272
122.2 *p* estuvieron dentro de tus puertas, oh........ 7272
132.7 postraremos ante el estrado de sus *p*
Pr 1.15 hijo mío...aparta tu *p* de sus veredas.......... 7272
1.16 porque sus *p* corren hacia el mal, y van........ 7272
3.23 entonces andarás...y tu *p* no tropezará........ 7272
3.26 y él preservará tu *p* de quedar preso.......... 7272
4.26 examina la senda de tus *p*, y todos tus......... 7272
4.27 no te desvíes a la...aparta tu *p* del mal........ 7272
5.5 sus *p* descienden a la muerte; sus pasos........ 7272
6.13 que guiña los ojos, que habla con los *p*........ 7272
6.18 los *p* presurosos para correr al mal............ 7272
6.28 sobre brasas sin que sus *p* se quemen?........ 7272
7.11 rencillosa sus *p* no pueden estar en casa...... 7272
19.2 y aquel que se apresura con los *p*, peca....... 7272
25.17 detén tu *p* de la casa de tu vecino, no......... 7272
25.19 como diente roto y *p* descoyuntado es la...... 7272
26.6 el que se corta los *p* y bebe su daño, así....... 7272
Ec 5.1 fueres a la casa de Dios, guarda tu *p*........... 7272
Cnt 5.3 lavado mis *p*; ¿cómo los he de ensuciar........ 7272
7.1 hermosos son tus *p* en las sandalias, oh........ 6471
Is 1.6 desde la planta del *p* hasta 15 cabeza........... 7272
3.13 Jehová está en *p* para litigar, y está........... 5975
3.16 van danzando, y haciendo son con los *p*........ 7272
6.2 con dos cubrían sus *p*, y con dos volaban....... 7272

7.20 cabeza y pelo de los *p*, y aun la barba.......... 7272
20.2 quita...descalza las sandalias de tus *p*......... 7272
23.7 ciudad...Sus *p* la llevarán a morar lejos....... 7272
26.6 hollará *p*, los *p* del afligido, los pasos........ 7272
28.3 con los *p* será pisoteada la corona de.......... 7272
36.13 Rabsaces se puso en *p* y gritó a gran.......... 5975
37.25 con las pisadas de mis *p* secaré...ríos........ 6741
41.3 pasó...donde sus *p* nunca habían entrado..... 7272
47.2 descubre tus guedejas, descalza los *p*
49.23 lamerán el polvo de tus *p*; y conocerás........ 7272
52.7 ¿cuán hermosos son...los *p* del que trae....... 7272
58.13 si retrajeres del día de reposo tu *p*........... 7272
59.7 sus *p* corren al mal, se apresuran para......... 7272
60.13 vendrá...y yo honraré el lugar de mis *p*...... 7272
60.14 a las pisadas de tus *p* se encorvarán......... 7272
66.1 mi trono, y la tierra estrado de mis *p*
Jer 2.25 guarda tus *p* de andar descalzos, y tu......... 7272
12.5 corriste con los de a *p*, y te cansaron.......... 7273
13.16 que vuestros *p* tropiecen en montes de....... 7272
14.10 en vagar, y no dieron reposo a sus *p*.......... 7272
18.22 cavaron...y a mis *p* han escondido lazos...... 7272
38.22 tus amigos; hundieron en el cieno tus *p*....... 7272
46.14 ponte en *p* y prepárate, porque espada....... 3320
Lm 1.13 ha extendido red a mis *p*, me volvió.......... 7272
2.1 no se acordó del estrado de sus *p* en el
3.34 desmenuzar bajo los *p* a...encarcelados....... 7272
Ez 1.7 *p* de ellos eran derechos, y la planta............ 7272
1.7 la planta de sus *p* como planta de *p* de........ 7272
2.1 me...Ponte sobre tus *p*, y hablaré contigo....... 7272
2.2 y me afirmó sobre mis *p*, y oí al que me......... 7272
3.24 me afirmó sobre mis *p*, y me habló, y me....... 7272
6.11 y golpea con tu *p*, y di: ¡Ay, por todas......... 7272
17.14 guardando el pacto, permaneciese en *p*....... 5975
24.17 tus zapatos en tus *p*, y no te cubras........... 7272
24.23 zapatos en vuestros *p*; no endecharéis........ 7272
25.6 golpeaste con tu *p*, y te gozaste en el.......... 7272
29.11 no pasará...*p* de hombre, ni *p* de animal...... 7272
31.4 sus ríos corrían alrededor de su *p*, y a.......... 4302
32.2 ríos, y enturbiabas las aguas con tus *p*......... 7272
32.13 ni más las enturbiará *p* de hombre, ni......... 7272
34.18 también hollàis con vuestros *p* lo que.......... 7272
34.18 enturbiáis además con vuestros *p* las.......... 7272
34.19 ovejas comen lo hollado de vuestros *p*......... 7272
34.19 beben lo que con...*p* habéis enturbiado....... 7272
37.10 y vivieron, y estuvieron sobre sus *p*.......... 7272
43.7 lugar donde posaré las plantas de mis *p*....... 7272
46.2 entrará...y estará en *p* junto al umbral......... 5975
Dn 2.31 imagen...estaba en *p* delante de ti, y.......... 6966
2.33 sus *p*, en parte de hierro y en parte de......... 7271
2.34 hirió a la imagen en sus *p* de hierro y.......... 7271
2.41 lo que viste de los *p*...en parte de barro........ 7271
2.42 por ser los dedos de los *p* en parte de.......... 7271
3.3 estaban en *p* delante de la estatua que.......... 6966
7.4 se puso enhiesta sobre los *p* a manera de....... 7271
7.7 las sobras hollaba con sus *p*, y era muy......... 7271
7.19 desmenuzaba...sobras hollaba con sus *p*....... 7271
8.18 caí...y él me tocó, y me hizo estar en *p*
10.6 sus *p* como de color de bronce bruñido......... 4772
10.11 y ponte en *p*...me puse en *p* temblando....... 5975
12.5 he aquí otros dos que estaban en, *p*, el......... 5975
Am 2.15 ni escapará el ligero de *p*, ni el que.......... 7272
Nah 1.3 marcha...nubes son el polvo de sus *p*.......... 7272
1.6 ¿y quién quedará en *p* en el ardor de su
1.15 montes los *p* del que trae buenas nuevas....... 7272
Hab 2.1 y sobre la fortaleza afirmaré el *p*, y
3.5 y a sus *p* salían carbones encendidos........... 7272
3.19 el cual hace mis *p* como de ciervas, y.......... 7272
Zac 3.5 dijo...Y el ángel de Jehová estaba en *p*........ 5975
14.4 se afirmarán sus *p*...sobre el monte de......... 7272
14.12 corromperá estando ellos sobre sus *p*........ 5975
Mal 3.2 estar en *p* cuando él se manifieste?............ 5975
4.3 ceniza bajo las plantas de vuestros *p*, en....... 7272
Mt 4.6 para que no tropieces con tu *p* en piedra........ *4228*
5.35 ni por la tierra...es el estrado de sus *p* *4228*
6.5 ellos aman el orar en *p* en las sinagogas *2476*
10.14 salid...sacudid el polvo de vuestros *P* *4228*
14.13 oyó, le siguió a *p* desde las ciudades........ *3979*
15.30 pusieron a los *p* de Jesús, y los sanó......... *4228*
18.8 si tu mano o tu *p* te es ocasión de caer......... *4228*
18.8 teniendo...dos *p* ser echado en el fuego....... *4228*
18.29 postrándose a sus *p*, le rogaba diciendo...... *4228*
22.13 atadle de *p* y manos, y echadle en las........ *4228*
22.44 a tus enemigos por estrado de tus *P*?.......... *4228*
27.11 Jesús...en *p* delante del gobernador; y......... *2476*
28.9 ellas...abrazaron sus *p*, y le adoraron......... *4228*
Mr 5.22 y luego que le vio, se postró a sus *p*........... *4228*
6.11 sacudid el polvo...debajo de vuestros *p* *4228*
6.33 muchos fueron allá a *p* desde...ciudades....... *3979*
7.25 una mujer...oyó...vino y se postró a sus *p*...... *4228*
9.45 tu *p* te fuere ocasión de caer, córtalo *4228*
9.45 teniendo dos *p* ser echado en el infierno *4228*
12.36 ponga a tus enemigos por estrado de...*p* *4228*
Lc 1.11 un ángel...puesto en *p* a la derecha del........ *2476*
1.79 encaminar nuestros *p* por camino de paz........ *4228*
4.11 para que no tropieces con tu *p* en piedra....... *4228*
6.8 la mano...Y él, levantándose, se puso en *p*...... *2476*
7.38 estando detrás de él a sus *p*, llorando........... *4228*
7.38 comenzó a regar con lágrimas sus *p*, y......... *4228*
7.38 besaba sus *p*, y los ungía con el perfume....... *4228*
7.44 no me diste agua para mis *p*; mas ésta *4228*
7.44 mas ésta ha regado mis *p* con lágrimas *4228*
7.45 mas ésta...no ha cesado de besar mis *P* *4228*
7.46 mas ésta ha ungido con perfume mis *p* *4228*
8.28 postrándose a sus *p* exclamó a gran voz
8.35 sentado a los *p* de Jesús, vestido, y en......... *4228*
8.41 postrándose a los *p* de Jesús, le rogaba......... *4228*
8.47 vino...y postrándose a sus *p*, le declaró
9.5 salid...y sacudid el polvo de vuestros *p* *4228*

10.11 el polvo...que se ha pegado a nuestros *p*
10.39 la cual, sentándose a los *p* de Jesús, oía....... *4228*
15.22 poned un anillo en...y calzado en sus *p* *4228*
17.16 y se postró...a sus *p* dándole gracias.......... *4228*
18.11 el fariseo, puesto en *p*, oraba consigo *2476*
19.8 Zaqueo, puesto en *p*, dijo al Señor: He.......... *2476*
20.43 ponga a tus enemigos por estrado de *P*
21.36 y de estar en *p* delante del Hijo del *2476*
24.39 mis manos y mis *p*, que yo mismo soy *4228*
24.40 diciendo esto, les mostró las...y los *p*......... *4228*
Jn 7.37 se puso en *p* y alzó la voz, diciendo............ *2476*
11.2 fue la que...enjugó los *p* con sus cabellos...... *4228*
11.32 se postró a sus *p*, diciéndole: Señor, si........ *4228*
11.44 atadas las manos y los *p* con vendas........... *4228*
12.3 ungió los *p* de Jesús, y los enjugó con.......... *4228*
13.5 comenzó a lavar los *p* de los discípulos........ *4228*
13.6 Pedro...dijo: Señor, ¿tú me lavas los *p*?........ *4228*
13.8 Pedro le dijo: No me lavarás los *p* jamás....... *4228*
13.9 Señor, no sólo mis *p*, sino también las........ *4228*
13.10 no necesita sino lavarse los *p*, pues.......... *4228*
13.12 que, después que les hubo lavado los *p*....... *4228*
13.14 si yo, el Señor...he lavado vuestros *p*......... *4228*
13.14 también debéis lavaros los *p* los unos a....... *4228*
18.18 estaban en *p* los siervos...hacía frío.......... *2476*
18.18 y también con ellos estaba Pedro en *p*........ *2476*
18.25 estaba, pues, Pedro en *p*, calentándose....... *2476*
20.12 el uno a la cabecera, y el otro a los *p*........ *4228*
Hch 2.14 poniéndose en *p* con los once, alzó la........ *2476*
2.35 ponga a tus enemigos por estrado de...*p*
3.7 al momento se le afirmaron los *p* y los........... *939*
3.8 saltando, se puso en *p* y anduvo; y entró........ *2476*
4.14 viendo al hombre...estaba en *p* con ellos....... *2476*
4.35 lo ponían a los *p* de los apóstoles; y se......... *4228*
4.37 el precio...puso a los *p* de los apóstoles........ *4228*
5.2 parte, la puso a los *p* de los apóstoles........... *4228*
5.9 he aquí a la puerta los *p* de los que han......... *4228*
5.10 cayó a los *p* de él, y expiró; y cuando.......... *4228*
5.20 en *p* en el templo, anunciad al pueblo.......... *2476*
5.23 los guardas afuera de *p* ante las puertas...... *2476*
7.5 no le dio...ni aun para asentar un *p*; pero....... *4228*
7.33 dijo el Señor: Quita el calzado de tus *p*....... *4228*
7.49 trono, y la tierra el estrado de mis *p*
7.58 pusieron sus ropas a los *p* de un Saulo......... *4228*
10.25 Cornelio...postrándose a sus *p*, adoró........ *4228*
11.13 un ángel, que se puso en *p* y le dijo........... *2476*
13.25 digno de desatar el calzado de los *p*.......... *4228*
13.51 sacudiendo contra ellos el polvo de...*p*....... *4228*
14.8 sentado, imposibilitado de los *p*, cojo.......... *4228*
14.10 dijo a...Levántate derecho sobre tus *p*........ *4228*
16.9 un varón macedonio estaba en *p*. Pasa a....... *2476*
16.24 metió...y les aseguró los *p* en el cepo......... *4228*
16.29 se postró a los *p* de Pablo y de Silas
17.22 puesto en *p* en medio del Areópago, dijo...... *2476*
21.11 atándose los *p* y las manos, dijo: Esto......... *4228*
21.40 Pablo...en *p* en las gradas, hizo señal......... *2476*
22.3 soy judío...instruido a los *p* de Gamaliel....... *4228*
26.16 levántate, y ponte sobre tus *p*; porque *4228*
27.21 Pablo...puesto en *p* en medio de ellos......... *2476*
Ro 3.15 Sus *p* se apresuran para derramar sangre........ *4228*
10.15 son los *p* de los que anuncian la paz.......... *4228*
11.20 tú por la fe estás en *p*. No...sino teme........ *2476*
14.4 para su propio señor está en *p*, o cae.......... *4739*
16.20 aplastará...a Satanás bajo vuestros *p*......... *4228*
1 Co 12.15 si dijere el *p*: Porque no soy mano.......... *4228*
12.21 la cabeza a los *p*: No tengo necesidad........ *4228*
15.25 a todos sus enemigos debajo de sus *p*........ *4228*
15.27 las cosas las sujetó debajo de sus *p*......... *4228*
Ef 1.22 sometió todas las cosas bajo sus *p*, y......... *4228*
6.15 calzados los *p* con...evangelio de la paz....... *4228*
1 Ti 5.10 si ha lavado los *p* de los santos; si......... *4228*
He 1.13 ponga...enemigos por estrado de tus *p*
2.8 todo lo sujetaste bajo sus *p*. Porque en.......... *4228*
9.8 que la primera parte del...estuviese en *p*....... *4714*
10.13 enemigos sean puestos por estrado de...*p*
12.13 haced sendas derechas para vuestros *p*...... *4228*
Stg 2.3 y decís al pobre: Estate tú allí en *p*............ *5286*
Ap 1.13 de una ropa que llegaba hasta los *p*............ *4228*
1.15 y sus *p* semejantes al bronce bruñido.......... *4228*
1.17 cuando le vi, caí como muerto a sus *p*......... *4228*
2.18 y *p* semejantes al bronce bruñido, dice *4228*
3.9 yo haré que vengan y se postren a tus *p* *4228*
5.6 en medio de...estaba en *p* un Cordero como.... *2476*
6.17 su ira. ¿y quién podrá sostenerse en *p*?......... *2476*
7.1 a cuatro ángeles en *p* sobre los cuatro.......... *2476*
7.11 los ángeles estaban en *p* alrededor del........ *2476*
8.2 vi a los siete ángeles...en *p* ante Dios........... *2476*
10.1 el sol, y sus *p* como columnas de fuego........ *4228*
10.2 y puso su *p* derecho sobre el mar, y el......... *4228*
10.5 ángel que vi en *p* sobre el mar y sobre......... *4228*
10.8 del ángel que está en *p* sobre el mar y......... *4228*
11.4 dos candeleros que están en *p* delante......... *4228*
11.11 espíritu...y se levantaron sobre sus *p*........ *4228*
12.1 una mujer...con la luna debajo de sus *p*........ *4228*
13.2 *p* como de oso, y su boca como boca de....... *4228*
14.1 el Cordero estaba en *p* sobre el monte de...... *3476*
15.2 en *p* sobre el mar de vidrio, con...arpas........ *3476*
19.10 me postré a sus *p* para adorarle. Y él......... *4228*
19.17 vi a un ángel que estaba en *p* en el sol....... *2476*
20.12 vi a los muertos...de *p* ante Dios; y los........ *2476*
22.8 me postré para adorar a los *p* del ángel....... *4228*

PIEDAD

Job 22.4 viene a juicio contigo...causa de tu *p*?
Sal 25.6 acuérdate, oh Jehová, de tus *p* y de........... 2617
51.1 ten *p* de mí, oh Dios, conforme a tu............. 2603
51.1 conforme a la multitud de tus *p* borra.......... 7356
69.16 mírame conforme a la multitud de tus *p*...... 7356

77.9 ¿ha olvidado…encerrado con ira sus *p*? 7356
Is 9.19 el hombre no tendrá *p* de su hermano 2550
14.1 Jehová tendrá *p* de Jacob, y…escogerá a 7355
26.10 mostrará *p* al malvado, y no aprenderá 2603
30.18 esperará para tener *p* de vosotros, y 7355
63.7 misericordias, y…la multitud de sus *P* 2617
63.15 ¿dónde está tu celo…tus *p* para conmigo? ... 7356
Jer 13.14 no perdonaré, ni…*p* ni misericordia 2347
16.5 he quitado mi…mi misericordia y mis *P* 7356
Os 6.4 la *p* vuestra es como nube de la mañana 2617
Am 5.15 quizá Jehová…tendrá *p* del remanente 2587
Jon 4.11 ¿y no tendré yo *p* de Nínive, aquella 2387
Hab 1.17 y no tendrá *p* de aniquilar naciones 2550
Zac 1.12 Jehová…¿hasta cuándo no tendrás *p* de 7355
7.9 haced misericordia y *p* cada cual con su 2617
10.6 porque de ellos tendré *p*, y serán como 7355
11.5 matan…ni sus pastores tienen *p* de ellas 2550
11.6 no tendré ya más *p* de los moradores de 2550
Mal 1.9 orad por el…que tenga *p* de nosotros 2603
Hch 3.12 si por nuestro poder o *p* hubiésemos *2150*
1 Ti 2.2 que vivamos…en toda *p* y honestidad *2150*
2.10 corresponde a mujeres que profesan *p* *2317*
3.16 grande es el misterio de la *p*: Dios fue *2150*
4.7 desecha…fábulas…Ejercítate para la *p* *2150*
4.8 pero la *p* para todo aprovecha, pues tiene *2150*
6.3 y a la doctrina que es conforme a la *p* *2150*
6.5 que toman la *p* como fuente de ganancia *2150*
6.6 pero gran ganancia es la *p* acompañada de *2150*
6.11 sigue la justicia, la *p*, la fe, el amor *2150*
2 Ti 3.5 tendrán apariencia de *p*, pero negarán *2150*
Tit 1.1 y el conocimiento…que es según la *p* *2150*
2 P 1.3 las cosas que pertenecen a…y a la *p* *2150*
1.6 al dominio…paciencia; a la paciencia, *p* *2150*
1.7 a la *p*, afecto fraternal; y al afecto *2150*

PIEDRA

Gn 11.3 les sirvió el ladrillo en lugar de *p* 68
28.11 y tornó de las *p*…y puso a su cabecera 68
28.18 se levantó Jacob de mañana, y tomó la *p* 68
28.22 esta *p* que he puesto por señal, será 68
29.2 había una gran *p* sobre la boca del pozo 68
29.3 y revolvían la *p* de la boca del pozo 68
29.3 y volvían la *p* sobre la boca del pozo a 68
29.8 remuevan la *p* de la boca del pozo, para 68
29.10 acercó Jacob y removió la *p*…del pozo 68
31.13 Dios de Bet-el, donde tú ungiste la *p* 4676
31.45 Jacob tomó una *p*…la levantó por señal 68
31.46 y dijo Jacob a…Recoged *p*. Y tomaron *p* 68
35.14 una señal de *p*, y derramó sobre ella 68
Éx 7.19 los vasos de madera como en los de *p* 68
15.5 descendieron a las profundidades como *p* 68
15.16 a la grandeza de…enmudezcan como una 68
17.12 tomaron una *p*, y la pusieron debajo de 68
20.25 me hicieres altar de *p*, no las labres 68
21.18 si…hiriere a su…con *p* o con el puño 68
24.12 sube…te daré tablas de *p*, y la ley, y 68
25.7 *p* de ónice, y *p* de engaste para el efod 68
28.9 tornarás dos *p* de ónice, y grabarás en 68
28.10 en una *p*, y los otros seis…la otra *p* 68
28.11 obra de grabador en *p*, como…de sello 68
28.11 grabar las dos *p* con los nombres de los 68
28.12 pondrás las dos *p* sobre las hombreras 68
28.12 para *p* memoriales a los hijos de Israel 68
28.17 lo llenarás de…en cuatro hileras de *p* 68
28.17 hilera de una *p* sárdica, un topacio 68
28.21 las *p* serán según los nombres de los 68
31.5 en artificio de *p* para engastarlas, y 68
31.18 tablas de *p* escritas con…dedo de Dios 68
34.1 dijo a Moisés: Alísate dos tablas de *p* 68
34.4 alisó dos tablas de *p* como las primeras 68
34.4 y llevó en su mano las dos tablas de *p* 68
35.9 *p* de ónice y *p* de engaste para el efod 68
35.27 trajeron *p* de ónice, y las *p* de los 68
35.33 en la talla de *p* de engaste, y en obra 68
39.6 y labraron las *p* de ónice montadas en 68
39.7 *p* memoriales para los hijos de Israel 68
39.10 engastaron en él cuatro hileras de *p* 68
39.14 y las *p* eran conforme a los nombres de 68
Lv 14.40 arrancarán las *p* en que estuviere la 68
14.42 y tomarán otras *p* y…en lugar de las *p* 68
14.43 plaga…después que hizo arrancar las *p* 68
14.45 derribará…tal casa, sus *p*, sus maderos 68
26.1 ni pondréis…*p* pintada para inclinaros 68
Nm 33.52 y destruiréis todos sus ídolos de *p*
35.17 con *p* en la mano…lo hiriere y muriere 68
35.23 caer sobre él alguna *p* que pudo matarlo 68
Dt 4.13 su pacto…escribió en dos tablas de *p* 68
4.28 serviréis allí a dioses…de madera y *p* 68
5.22 y las escribió en dos tablas de *p*, las 68
8.9 cuyas *p* son hierro, y de…sacarás cobre 68
9.9 yo subí al…para recibir las tablas de *p* 68
9.10 dio Jehová las dos tablas de *p* escritas 68
9.11 me dio las dos tablas de *p*, las tablas 68
10.1 Jehová me dijo: Lábrate dos tablas de *p* 68
10.3 labré dos tablas de *p* como las primeras 68
27.2 levantarás *p* grandes, y las revocarás 68
27.4 levantarás estas *p* que yo os mando hoy 68
27.5 edificarás allí un altar a Jehová…de *p* 68
27.6 *p* enteras edificarás el altar de Jehová 68
27.8 escribirás…en las *p* todas las palabras 68
28.36,64 y allá servirás a…al palo y a la *p* 68
29.17 habéis visto…sus ídolos de madera y *p* 68
Jos 4.3 tomad de…doce *p*, las cuales pasaréis 68
4.5 cada uno de…tome una *p* sobre su hombro 68
4.6,21 diciendo: ¿Qué significan estas *p*? 68
4.7 estas *p* servirán de monumento…a Israel 68
4.8 tomaron doce *p* de en medio del Jordán 68
4.9 levantó doce *p* en medio del Jordán, en el 68
4.20 en Gilgal las doce *p* que habían traído 68
7.26; 8.29 levantaron…un gran montón de *p* 68
8.31 un altar de *p* enteras sobre las cuales 68
8.32 escribió allí sobre las *p*…una copia de 68
10.11 Jehová arrojó…p…murieron por las *p* 68
10.18 grandes *p* a la entrada de la cueva, y 68
10.27 pusieron…*p* a la entrada de la cueva 68
15.6 aquí sube a la *p* de Bohán hijo de Rubén 68
18.17 desciende a la *p* de Bohán hijo de Rubén 68
24.26 y tomando una gran *p*, la levantó allí 68
24.27 esta *p* nos servirá de testigo, porque 68
Jue 9.5 mató a sus hermanos…sobre una misma 68
9.18 matado a…70 varones sobre una misma *p* 68
20.16 tiraban una *p* con la honda a un cabello 68
1 S 6.14 y el carro vino al…había una gran *p* 68
6.15 joyas…las pusieron sobre aquella gran *p* 68
6.18 la gran *p* sobre la cual pusieron el arca
7.12 tomó…una *p* y la puso entre Mizpa y Sen 68
14.33 dijo…rodadme ahora acá una *p* grande 68
17.40 y escogió cinco *p* lisas del arroyo, y 68
17.49 tomó de allí una *p*…la *p* quedó clavada 68
17.50 así venció…al filisteo con honda y *p* 68
20.19 días…y esperarás junto a la *p* de Ezel 68
25.37 desmayó su corazón…quedó como una *p* 68
2 S 12.30 quitó la corona…enía *p* preciosas 68
16.6 y arrojando *p* contra David, y contra 68
16.13 Simei iba por…arrojando *p* delante de él 68
17.13 hasta que no se encuentre allí ni una *p* 68
18.17 y levantaron sobre él un montón…de *p* 68
20.8 estando ellos cerca de la *p*…en Gabaón 68
1 R 5.17 trajesen *p* grandes, *p* costosas, para 68
5.17 los cimientos de la casa, y *p* labradas 68
6.7 fabricaron de *p* que traían ya acabadas 68
6.18 casa…Todo era cedro; ninguna *p* se veía 68
6.36 el atrio interior de tres hileras de *p* 1496
7.9 todas aquellas obras fueron de *p* costosas 68
7.10 cimiento era de *p* costosas, *p* grandes 68
7.10 *p* de diez codos y *p* de ocho codos 68
7.11 allí hacia arriba eran también *p* costosas 68
7.12 había tres hileras de *p* labradas, y una 1496
8.9 tablas de *p* que allí había puesto Moisés 68
10.2 vino a Jerusalén con un…y *p* preciosas 68
10.10 y dio ella al rey…oro…y *p* preciosas 68
10.11 traía también de Ofir…y *p* preciosas 68
10.27 la plata llegara a ser como *p*, y los 68
15.22 quitaron de Ramá la *p* y la madera con 68
18.31 tomando Elías 12 *p*, conforme al número 68
18.32 edificó con las *p* un altar…de Jehová 68
18.38 consumió…a leña, las *p* y el polvo, y 68
2 R 3.19 destruiréis con *p* toda tierra fértil 68
3.25 las tierras fértiles echó cada uno su *p* 68
3.25 que en Kir-hareset solamente dejaron *p* 68
12.12 y en comprar la madera y *p* de cantería 68
16.17 el mar de…lo puso sobre el suelo de *p* 68
19.18 obra de manos de hombres, madera o *p* 68
22.6 madera y *p* de cantería para reparar la 68
1 Cr 12.2 usaban de ambas manos para tirar *p* 68
20.2 la corona…y había en ella *p* preciosas 68
22.2 canteros que labrasen *p* para edificar 68
22.14 he preparado madera y *p*, a lo cual tú 68
29.2 y *p* de ónice, *p* preciosas, *p* negras 68
29.2 *p* de…colores…*p* preciosas, *p* de mármol 68
29.8 todo el que tenía *p* preciosas las dio 68
2 Cr 1.15 acumuló el rey plata y oro…como *p* 68
2.14 sabe trabajar en oro…en *p* y en madera 68
3.6 cubrió también la casa de *p* preciosas 68
9.1 la reina de Sabá…vino…con…*p* preciosas 68
9.9 y dio al rey…aromáticas, y *p* preciosas 68
9.10 de Ofir, trajeron madera…y *p* preciosas 68
9.27 acumuló el rey plata…como *p*, y cedros 68
16.6 y se llevaron de Ramá la *p* y la madera 68
26.14 y Uzías preparó…hondas para tirar *p* 68
26.15 hizo…para arrojar saetas y grandes *p* 68
32.27 y adquirió…oro, *p* preciosas, perfumes 68
34.11 que comprasen *p* de cantería, y madera 68
Esd 5.8 la cual se edifica con *p* grandes; y 69
6.4 y tres hileras de *p* grandes, y una de 69
Neh 4.2 ¿resucitarán…*p* que fueron quemadas? 68
4.3 lo que ellos edifican del muro de *p*, si 68
9.11 echaste…como una *p* en profundas aguas 68
Job 5.23 con las *p* del campo tendrás tu pacto 68
6.12 es mi fuerza la de las *p*, o es mi carne 68
14.19 las *p* se desgastan con el agua impetuosa 68
18.15 *p* de azufre…esparcida sobre su morada 1614
19.24 fuesen esculpidas en *p* para siempre! 6697
22.24 tendrás…como *p* de arroyos oro de Ofir 6697
28.2 el hierro se…y de la *p* se funde el cobre 68
28.3 las *p* que hay en oscuridad y en sombra 68
28.6 cuyas *p* con zafiro, y sus polvos de oro 68
28.18 sabiduría es mejor que las *p* preciosas
29.6 y la *p* me derramaba tíos de aceite! 6697
38.6 ¿sobre qué…¿o quién puso su *p* angular 68
38.30 aguas se endurecen a manera de *p*, y se 68
41.24 corazón es firme como una *p*, y fuerte 68
41.28 saeta no…*p* de honda le son como paja 6870
Sal 91.12 para que tu pie no tropiece en *p* 68
102.14 tus siervos aman sus *p*, y del polvo 68
118.22 la *p* que desecharon los edificadores 68
Pr 3.15 mas preciosa es que las *p* preciosas
8.11 porque mejor es la…que las *p* preciosas
17.8 *p* preciosa es el soborno para el que lo 68
20.15 hay oro y multitud de *p* preciosas; mas
24.31 y su cerca de *p* estaba ya destruida 68
26.8 como quien liga la *p* en la honda, así 68
26.27 que revuelve la *p*, sobre él le volverá 68
27.3 pesada es la *p*, y la arena pesa; mas la 68
30.26 conejos, pueblo…ponen su casa en la *p* 6697
31.10 estima sobrepasa…la de las *p* preciosas
Ec 3.5 tiempo de esparcir *p*, y…de juntar *p* 68
10.9 quien corta *p*, se hiere con ellas; el 68
Is 7.19 en las cavernas de las *p*, y en todos 5553
8.14 por *p* para tropezar, y por tropezadero 6697
19.13 que son la *p* angular de sus familias
27.9 haga todas las *p* del altar como *p* de cal 68
28.16 yo he puesto en Sion…una *p*, *p* probada 68
30.30 hará oír su…tempestad y *p* de granizo 68
37.19 no eran dioses, sino obra…madera y *p* 68
48.21 les hizo brotar agua de la *p*; abrió la 6697
51.1 mirad a la *p* de donde fuisteis cortados 6697
54.11 yo cimentaré tus *p* sobre carbunclo; y 68
54.12 tus ventanas pondré de *p* preciosas, tus 68
54.12 *p* de carbunclo, y toda tu muralla de *p* 68
57.6 en las *p* lisas del valle está tu parte
60.17 en lugar de *p* hierro; y pondré paz por 68
62.10 quitad…p, alzad pendón a los pueblos 68
Jer 2.27 dicen…a una *p*: Tú me has engendrado 68
3.9 tierra…adulteró con la *p* y con el leño 68
5.3 endurecieron sus rostros más que la *p*, no 5553
18.14 ¿faltará la nieve…de la *p* del campo? 6697
21.13 moradora del…y de la *p* de la llanura 6697
23.29 ¿no…como martillo que quebranta la *p*? 5553
43.9 toma con tu mano *p* grandes, y cúbrelas 68
43.10 y pondré su trono sobre estas *p* que he 68
51.26 nadie tomará de…*p* para esquina, ni *p* 68
51.63 le atarás una *p*, y lo echarás en medio 68
Lm 3.9 cercó mis caminos con *p* labrada, torció 1496
3.53 ataron mi vida en…pusieron *p* sobre mí 68
4.1 las *p* del santuario están esparcidas por 68
Ez 1.26 de un trono que parecía de *p* de zafiro 68
10.1 como una *p* de zafiro, que parecía como 68
11.19 quitaré el corazón de *p* de en medio de 68
13.11 enviaré *p* de granizo que la hagan caer 68,417
13.13 y *p* de granizo con enojo para consumir 68,417
20.32 naciones…que sirvan al palo y a la *p* 68
24.7 sobre una *p* alisada la ha derramado; no 5553
24.8 pondré su sangre sobre la dura *p*, para 5553
26.12 pondrán tus *p* y tu madera y tu polvo en 68
27.22 con toda *p* preciosa, y oro, vinieron a 68
28,13 de toda *p* preciosa era tu vestidura 68
28.14 en medio de las *p* de fuego te paseabas 68
28.16 te arrojé de entre las *p* del fuego, oh 68
36.26 quitaré…el corazón de *p*, y os daré un 68
38.22 y haré llover sobre él…*p* de granizo 68,417
40.42 las cuatro mesas…eran de *p* labrada, de 68
Dn 2.34 estabas mirando, hasta que una *p* fue 68
2.35 la *p* que hirió a la imagen fue hecha un 68
2.45 viste que del monte fue cortada una *p* 68
5.4 alabaron a los dioses de…madera y de *p* 68
5.23 diste alabanza a dioses…*p*, que ni ven 68
6.17 traída una *p* y puesta sobre la puerta 68
11.38 lo honrará…con *p* preciosas y con cosas 68
Am 5.11 edificasteis casas de *p* labrada, mas 1496
Mi 1.6 Samaria…derramaré sus *p* por el valle 68
Hab 2.11 porque la *p* clamará desde el muro, y 68
2.19 del que dice…a la *p* muda: Levántate! 68
Hag 2.15 meditad…antes que pongan *p* sobre *p* 68
Zac 3.9 he aquí aquella *p*…sobre esta única *p* 68
4.7 él sacará la primera *p* con aclamaciones 68,7222
5.4 y la consumirá, con sus maderas y sus *p* 68
9.15 y hollarán las *p* de la honda, y beberán 68
9.16 como *p* de diadema serán enaltecidos en 68
10.4 saldrá la *p* angular, de él la clavija 68
12.3 pondré a Jerusalén por *p* pesada a todos 68
Mt 3.9 levantar hijos a Abraham…de estas *p* *3037*
4.3 si…di que estas *p* se conviertan en pan *3037*
4.6 para que no tropieces con tu pie en *p* *3037*
7.9 **que si su hijo le pide pan, le dará una *p*?** *3037*
18.6 **le colgase al cuello una *p* de molino de** ... *3458,3684*
21.42 **la *p* que desecharon los edificadores ha** *3037*
21.44 **cayere sobre esta *p* será quebrantado** *3037*
24.2 **no quedará aquí *p* sobre *p*, que no sea** *3037*
27.60 de hacer rodar una gran *p* a la entrada *3037*
27.66 sellando la *p* y poniendo la guardia *3037*
28.2 un ángel…removió la *p*, y se sentó sobre *3037*
Mr 5.5 andaba dando voces…e hiriéndose con *p* *3037*
9.42 **se le atase una *p* de molino al cuello** *3037*
12.10 **la *p* que desecharon los edificadores ha** *3037*
13.1 Maestro, mira qué *p*, y qué edificios *3037*
13.2 **¿ves…no quedará *p* sobre *p*, que no sea** *3037*
15.46 rodar una *p* a la entrada del sepulcro *3037*
16.3 ¿quién nos *removerá la* *p* de la entrada *3037*
16.4 cuando miraron, vieron removida la *p* *3037*
Lc 3.8 levantar hijos a Abraham…de estas *p* *3037*
4.3 si…di a esta *p* que se convierta en pan *3037*
4.11 para que no tropieces con tu pie en *p* *3037*
8.6 **parte cayó sobre la *p*; y nacida, se seco** *4073*
8.13 **los de sobre la *p* son los que habiendo** *4073*
11.11 **si su hijo le pide pan, le dará una *p*?** *3037*
17.2 **que se le atase…una *p* de molino y se le** *3458*
19.40 **que si éstos callaran, las *p* clamarían** *3037*
19.44 **y no dejarán en ti *p* sobre *p*, por** *3037*
20.17 **la *p* que desecharon los edificadores** *3037*
20.18 **todo el que cayere sobre aquella *p*, será** *3037*
21.5 el templo estaba adornado de hermosas *p* *3037*
21.6 **días vendrán en…no quedará *p* sobre *p*** *3037*
22.41 apartó…distancia como de un tiro de *p* *3037*
24.2 y hallaron removida la *p* del sepulcro *3037*
Jn 2.6 y estaban allí seis tinajas de *p* para *3035*
8.7 **sea el primero en arrojar la *p* contra ella** *3037*
8.59 tomaron entonces *p* para arrojárselas *3037*
10.31 entonces los judíos volvieron a tomar *p* *3034*
11.38 una cueva, y tenía una *p* puesta encima *3037*
11.39 **Jesús: Quitad la *p*. Marta, la hermana** *3037*
11.41 entonces quitaron la *p* de donde había *3037*

20.1 María...y vio quitada la p del sepulcro 3037
Hch 4.11 Jesús es la p reprobada por vosotros 3037
17.29 que la Divinidad sea semejante a...o p 3037
Ro 9.32 pues tropezaron en la p de tropiezo 3037
9.33 pongo en Sion p de tropiezo y roca de 4073
1 Co 3.12 alguno edificare oro...p preciosas 3037
2 Co 3.3 no en tablas de p, sino en tablas de 3035
3.7 si el ministerio de muerte grabado...en p 3037
Ef 2.20 la principal p del ángulo Jesucristo
1 P 2.4 acercándoos a él, p viva, desechada 3037
2.5 como p vivas, sed edificados como casa 3037
2.6 pongo en Sion la principal p del ángulo 3037
2.7 la p que los edificadores desecharon, ha 3037
2.8 P de tropiezo, y roca que hace caer 3037
Ap 4.3 semejante a p de jaspe y de cornalina 3037
9.20 ni dejaron de adorar a...imágenes de...p 3035
17.4 y adornada...de p preciosas y de perlas 3037
18.12 mercadería de oro...de p preciosas, de 3037
18.16 adornada...de p preciosas y de perlas! 3037
18.21 tomó una p, como una gran p de molino 3458
21.11 y su fulgor era semejante al de una p 3037
21.11 fulgor...como p de jaspe, diáfana como 3037
21.19 y los cimientos...adornados con toda p 3037

PIEDRECITA
Ap 2.17 **daré una p blanca, y en la p escrito** 5586

PIEL
Gn 3.21 Dios hizo al hombre y...túnicas de p 5785
27.16 y cubrió sus manos...con las p de los 5785
Éx 25.5 p de carneros teñidas...p de tejones 5785
26.14 harás...la tienda una cubierta de p de 5785
26.14 y una cubierta de p de tejones encima 5785
29.14 pero la carne...y su p y su estiércol 5785
34.29,30,35 la p de su rostro resplandecía 5785
35.7 p de carneros teñidas de rojo, p de 5785
35.23 que tenía...p de carneros...p de tejones 5785
36.19 e hizo...una cubierta de p de carneros 5785
36.19 otra cubierta de p de tejones encima 5785
39.34 la cubierta de p de carnero teñidas de 5785
39.34 la cubierta de p de tejones, el velo 5785
Lv 4.11 la p del becerro, y toda su carne, con 5785
7.8 p del holocausto que ofreciere será para 5785
8.17 su p, su carne y su estiércol, lo quemó 5785
9.11 la carne y la p las quemó al fuego fuera 5785
11.32 sea cosa de madera, vestido, p, saco 5785
13.2 tuviere en la p de su cuerpo hinchazón 5785
13.2 hubiere en la p de su cuerpo como llaga 5785
13.3 mirará la llaga en la p del cuerpo; si 5785
13.3,20,25,30 pareciere...más profunda que la p 5785
13.4 si en la p de su cuerpo hubiere mancha 5785
13.4,21,26,31,32,34 pareciere más profunda que la p 5785
13.5 llaga...no habiéndose extendido en la P 5785
13.6 y si parece...que no ha cundido en la P 5785
13.7 pero si se extendiere la erupción en la P 5785
13.8 que la erupción se ha extendido en la P 5785
13.10 si apareciere tumor blanco en la p, el 5785
13.11 es lepra crónica en la p de su cuerpo 5785
13.12 cundiendo por la p...cubriere toda la p 5785
13.18 y cuando en la p...hubiere divieso, y se 5785
13.22 se fuere extendiendo por la p, entonces 5785
13.24 en la p del cuerpo quemadura de fuego 5785
13.27,35 se hubiere ido extendiendo por la P 5785
13.28 no se hubiere extendido en la p, sino 5785
13.34 si la tiña no hubiere cundido en la p 5785
13.36 y si la tiña hubiere cundido en la p 5785
13.38 tuviere en la p de su cuerpo manchas 5785
13.39 si en la p...aparecieren manchas blancas 5785
13.39 empeine que brotó en la p; está limpia 5785
13.43 parecer de la lepra de la p del cuerpo 5785
15.17 toda p sobre la cual cayere la emisión 5785
16.27 y quemarán en el fuego su p, su carne 5785
Nm 4.6 pondrán sobre ella la cubierta de p de 5785
4.8,11 lo cubrirán con la cubierta de p de 5785
4.10 pondrán...en una cubierta de p de tejones 5785
4.12 y los cubrirán con una cubierta de p de 5785
4.14 extenderán...la cubierta de p de tejones 5785
4.25 llevarán...la cubierta de p de tejones que
31.20 purificaréis...toda prenda de p, y toda 5785
Job 2.4 p por p, todo,lo que el hombre tiene 5785
7.5 mi carne está mi p hendida y abominable 5785
10.11 me vestiste de p y carne, y me tejiste 5785
16.15 cilicio sobre mi p, y puse mi cabeza en 1539
18.13 la enfermedad roerá su p, y...miembros 5785
19.20 p y mi carne se pegaron a mis huesos 5785
19.20 he escapado...con...la p de mis dientes 5785
19.26 después de deshecha esta mi p, en mi 5785
30.30 mi p se ha ennegrecido y se me cae, y 5785
41.7 ¿cortarás tú con cuchillo su p, o con 5785
Jer 13.23 ¿Mudará el etíope su p, y el leopardo
Lm 3.4 hizo envejecer mi carne y mi p 5785
4.8 su p está pegada a sus huesos, seca como 5785
5.10 nuestra p se ennegreció como un horno 5785
Ez 37.6 os cubriré de p, y pondré en vosotros 5785
37.8 y la p cubrió por encima de ellos; pero 5785
Mi 3.2 les quitáis su p y su carne de sobre los 5785
3.3 les desolláis su p de sobre ellos, y les 5785
He 11.37 cubiertos de p de ovejas y de cabras 1192

PIERNA
Éx 29.17 y lavarás sus intestinos y sus p, y 3767
Lv 1.9 lavará con agua los intestinos y las p 3767
1.13 y lavará las entrañas y las p con agua 3767
4.11 sus p, sus intestinos y su estiércol 3767
8.21 lavó luego...las p, y quemó Moisés todo 3767
9.14 luego lavó los intestinos y las p, y los 3767
11.21 todo insecto...que tuviere p...para saltar 3767
Dt 28.35 herirá...con maligna pústula...en las p 3767
1 S 17.6 sobre sus p traía grebas de bronce 7272
Pr 26.7 las p del cojo penden inútiles; así 7785
Cnt 5.15 p, como columnas de mármol fundadas 7785
Is 3.20 las cofias, los atavíos de las p, los 6807
47.2 los pies, descubre las p, pasa los ríos 7785
Ez 24.4 de carne...buenas piezas, p y espalda 3409
Dn 2.33 sus p, de hierro; sus pies, en parte 8243
Am 3.12 la manera que el pastor libra...dos p 7785
Jn 19.31 rogaron...que se les quebrasen las p 4628
19.32 soldados, y quebraron las p al primero 4628
19.33 a Jesús como le...no le quebraron las p 4628

PIEZA
Gn 37.28 le vendieron...por veinte p de plata
45.22 a Benjamín dio trescientas p de plata
Éx 25.19 de una p con el propiciatorio harás
25.36 manzanas y sus brazos serán de una p
25.36 todo ello una p labrada a martillo, de
37.8 de una p con el propiciatorio hizo los
37.22 todo era una p labrada a martillo, de
37.25 el altar...y sus cuernos de la misma p
38.2 cuernos...los cuales eran de la misma p
Lv 1.6 el holocausto, y lo dividirá en sus p 5409
1.8 hijos de Aarón acomodarán las p...el altar 5409
1.12 lo dividirá en sus p, con su cabeza y la 5409
2.6 cual partirás en p, y echarás sobre ella 6595
9.13 le presentaron el holocausto p por p, y 5409
Dt 22.19 le multarán en cien p de plata, las
22.29 dará al padre...50 p de plata, y ella
Jos 24.32 Jacob compró...por cien p de dinero
1 R 7.35 y en lo alto de la basa había una p
10.29 y el carro por seiscientas p de plata
2 R 5.5 llevando consigo...seis mil p de oro
6.25 cabeza de un asno se vendía por 80 p de
6.25 cab de estiércol...por cinco p de plata
1 Cr 16.3 repartió a...p de carne, y una torta 829
2 Cr 1.17 un carro por 600 p de plata...caballo
Job 42.11 cada uno...le dio una p de dinero y un
Sal 68.30 todos se sometan con sus p de plata 7518
Ez 24.4 junta sus p de carne...todas buenas p 5409
24.6 por sus p, por sus p sácala, sin echar 5409
Zac 11.12 pesaron por mi salario treinta p de
11.13 y tomé las treinta p de plata, y las
Mt 26.15 ellos le asignaron treinta p de plata
27.3 devolvió...las treinta p de plata a los
27.5 y arrojando las p de plata en el templo
27.6 tomando las p de plata, dijeron: Nos es
27.9 tomaron las treinta p de plata, precio
Hch 19.19 la cuenta...cincuenta mil p de plata

PI-HAHIROT *Lugar en Egipto*
Éx 14.2 delante de P, entre Migdol y el mar 6367
14.9 los alcanzaron acampados...al lado de P 6367
Nm 33.7 salieron de Etam y volvieron sobre P 6367
33.8 salieron de P y pasaron por en medio del 6367

PILA
Gn 24.20 vació su cántaro en la p, y corrió 8268
Éx 2.16 agua para llenar las p y dar de beber 7298

PILAR
Gn 35.20 levantó Jacob un p sobre su sepultura 4676
Jue 9.6 cerca de la llanura del p...en Siquem 5324
16.3 dos puertas de la ciudad con sus dos p 4201
1 S 1.9 Elí estaba sentado...a un p del templo 4201

PILATO *Procurador romano de Judea*
Mt 27.2 entregaron a Poncio P, el gobernador 4091
27.13 P entonces le dijo: ¿No oyes cuántas 4091
27.17 dijo P: ¿A quién queréis que os suelte 4091
27.22 P les dijo: ¿Qué, pues, haré de Jesús 4091
27.24 viendo P que nada adelantaba, sino que 4091
27.58 éste fue a P y pidió el cuerpo de Jesús 4091
27.58 entonces P mandó...se le diese el cuerpo 4091
27.62 se reunieron los...sacerdotes...ante P 4091
27.65 P les dijo: Ahí tenéis una guardia; id 4091
Mr 15.1 llevaron a Jesús...y le entregaron a P 4091
15.2 P le preguntó: ¿Eres tú el Rey de los 4091
15.4 preguntó P, diciendo: ¿Nada respondes? 4091
15.5 Jesús ni...de modo que P se maravillaba 4091
15.9 P les respondió diciendo: ¿Queréis que 4091
15.12 respondiendo P, les dijo otra vez: ¿Qué 4091
15.14 P les decía: ¿Pues qué mal ha hecho? 4091
15.15 P, queriendo satisfacer al pueblo, les 4091
15.43 vino y entró osadamente a P, y pidió el 4091
15.44 P se sorprendió de que...hubiese muerto 4091
Lc 3.1 siendo gobernador de Judea Poncio P, y 4091
13.1 cuya sangre P había mezclado con los 4091
23.1 la muchedumbre de...llevaron a Jesús a P 4091
23.3 entonces P le preguntó, diciendo: ¿Eres 4091
23.4 P dijo a los principales sacerdotes, y 4091
23.6 P, oyendo decir, Galilea, preguntó si el 4091
23.11 Herodes con sus...volvió a enviarle a P 4091
23.12 hicieron amigos P y Herodes aquel día 4091
23.13 P, convocando a los...sacerdotes, a los 4091
23.20 les habló...P, queriendo soltar a Jesús 4091
23.24 entonces P sentenció que se hiciese lo 4091
23.52 fue a P, y pidió el cuerpo de Jesús 4091
Jn 18.29 salió P...y les dijo: ¿Qué acusación 4091
18.31 dijo P: Tomadle vosotros...y juzgadle 4091
18.33 P volvió a entrar en el pretorio, y 4091
18.35 P le respondió: ¿Soy yo acaso judío? 4091
18.37 dijo entonces P: ¿Luego, eres tú rey? 4091
18.38 le dijo P: ¿Qué es la verdad? Y cuando 4091
19.1 que, entonces tomó P a Jesús, y le azotó 4091
19.4 P salió otra vez, y les dijo: Mirad, os 4091
19.5 salió...P les dijo: ¡He aquí el hombre! 4091
19.6 P les...Tomadle vosotros, crucificadle 4091
19.8 cuando P oyó decir esto, tuvo más miedo 4091
19.10 dijo P: ¿A mí no me hablas? ¿No sabes 4091
19.12 procuraba P soltarle; pero los judíos 4091
19.13 P, oyendo esto, llevó fuera a Jesús 4091
19.15 P les dijo: ¿A vuestro Rey...crucificar? 4091
19.19 escribió...P un título, que puso sobre 4091
19.21 dijeron a P...No escribas: Rey de los 4091
19.22 respondió P: Lo que he escrito, he 4091
19.31 rogaron a P que se les quebrasen las 4091
19.38 rogó a P que le permitiese llevarse el 4091
19.38 y P se lo concedió. Entonces vino, y 4091
Hch 3.13 entregasteis y negasteis delante de P 4091
4.27 se unieron en esta...Herodes y Poncio P 4091
13.28 muerte, pidieron a P que se le matase 4091
1 Ti 6.13 dio testimonio...delante de Poncio P 4091

PILDAS *Hijo de Nacor*, Gn 22.22 6394

PILHA *Firmante del pacto de Nehemías*, Neh 10.24 6401

PILOTO
Ez 27.8 sabios, oh Tiro...ellos fueron tus p 2259
27.27 p, tus calafateadores y los agentes de 2259
27.29 los p del mar se quedarán en tierra 2259
Hch 27.11 el centurión daba más crédito al p 2942
Ap 18.17 y todo p, y todos los que viajan en 2942

PILTAI *Sacerdote en tiempo de Joiacim*, Neh 12.17 6408

PILLAJE
Jer 17.3 todos tus tesoros entregaré al p por 957
Nah 3.1 ¡ay de ti, ciudad...sin apartarte del p! 2964

PIM *Peso y moneda =2/3 de un siclo*
1 S 13.21 el precio era un p por las rejas de

PINÁCULO
Mt 4.5; Lc 4.9 le puso sobre el p del templo 4419

PINGÜE
Is 30.23 dará pan del fruto de...abundante y p 8082

PINO
Is 41.19 pondré en la soledad cipreses, p 8410
44.14 planta p, que se críe con la lluvia 766
60.13 la gloria del Líbano vendrá a ti...p 8410
Ez 27.6 bancos de p de las costas de Quitim

PINÓN *Jefe de Edom*, Gn 36.41; 1 Cr 1.52 6373

PINTADO, A
Gn 30.33 la que no fuere p ni manchada en las 5348
30.39 borregos listados, p y salpicados de 5348
31.8 los p serán tu salario...ovejas parían p 5348
31.10 los machos que cubrían a las hembras...p 5348
31.12 todos los machos...son...p y abigarrados 5348
Lv 26.1 ni...piedra p para inclinarse a ellas
Ez 8.12 cada uno en sus cámaras p de imágenes?
23.14 vio a...imágenes de caldeos p de color

PINTAR
2 R 9.30 Jezabel lo oyó, se *pintó* los ojos con 6320
Jer 4.30 aunque *pintes* con antimonio tus ojos 6320
22.14 casa...y la cubre de cedro, y la *pinta* 4886
Ez 8.10 ídolos...estaban *pintados* en la pared
23.14 hombres *pintados* en la pared, imágenes
23.40 *pintaste* tus ojos, y te ataviaste con 3583

PINTURA
Is 2.16 naves...y sobre todas las p apreciadas 7914

PIOJO
Éx 8.16 para que se vuelva p por todo el país 3654
8.17 se volvió p, así en los hombres como en 3654
8.17 se volvió p en todo el país de Egipto 3654
8.18 sacar p con sus encantamientos; pero no 3654
8.18 hubo p tanto en los hombres como en las 3654
Sal 105.31 y vinieron...p en todos sus términos 3654

PIRA
Is 30.33 cuya p es de fuego, y mucha leña 784

PIRATÓN *Población en Efraín*, Jue 12.15 6552

PIRATONITA *Originario de Piratón*, Jue 12.13,15; 2 S 23.30; 1 Cr 11.31; 27.14 6553

PIREAM *Rey amorreo de Jarmut*, Jos 10.3 6502

PISADA
Job 23.11 mis pies han seguido sus p; guardé 838
Sal 77.19 sendas...tus p no fueron conocidas 6119
Is 37.25 con las p de mis pies secaré todos 3709
60.14 y a las p de tus pies se encorvarán 3709
Ro 4.12 las p de la fe que tuvo nuestro padre 2487
2 Co 12.18 ¿no hemos procedido...las mismas p? 2487
1 P 2.21 dejándonos ejemplo...que sigáis sus p 2487

PISADOR
Is 16.10 no pisará vino en los lagares el p 1869
Am 9.13 p de las uvas al que lleve la simiente 1869

PISAR
Dt 1.36 a él le daré la tierra que *pisó*, y a 1869
11.24 lugar que *pisare* la planta de vuestro 1869
11.25 temor de...sobre...la tierra que *pisareis* 1869
Jos 1.3 os he entregado...todo lugar que *pisare* 1869
Jue 9.27 y *pisaron* la uva e hicieron fiesta 1869
1 S 5.5 no *pisan* el umbral de Dagón en Asdod 1869
2 S 22.43 como lodo de las calles los *pisé* y 1869
Neh 13.15 que *pisaban* en lagares en el día de 1869
Job 22.15 senda...*pisaron* los hombres perversos 1869
24.11 *pisan* los lagares, y mueren de sed 1869
28.8 nunca la *pisaron* animales fieros, ni león 1869

P

39.15 y olvida que el pie los puede *pisar*, y 1869
Sal 91.13 el león y el áspid *pisarás*; ollarás 1869
Is 16.10 no *pisará* vino en...lagares el pisador 1869
41.25 lodo, y como *pisa* el barro el alfarero 7429
63.2 ropas como del que ha *pisado* en lagar? 1869
63.3 he *pisado* yo solo el lagar, y de los 1869
63.3 los *pisé* con mi ira, y los hollé con mi 1869
Jer 48.33 no *pisarán* con canción; la canción 1869
Mi 6.15 *pisarás* aceitunas, mas no te ungirás 1869
Nah 3.14 lodo, *pisa* el barro, refuerza el horno 7429
Ap 14.20 *pisado* el lagar fuera de la ciudad *3961*
19.15 y él *pisa* el lagar del vino del furor *3961*

PISGA *Cumbre al oriente del Mar Muerto*
Nm 21.20 la cumbre de *P*, que mira hacia el 6449
23.14 lo llevó...a la cumbre de *P*, y edificó 6449
Dt 3.17 al pie de las laderas del *P* al oriente 6449
3.27 sube a la cumbre del *P* y alza tus ojos 6449
4.49 del Arabá, al pie de las laderas del *P* 6449
34.1 subió Moisés de...a la cumbre del *P* 6449
Jos 12.3 el sur al pie de las laderas del *P* 6449
13.20 Bet-peor...las laderas de *P*, Bet-jesimot 6449

PISIDIA *Región en Asia Menor*
Hch 13.14 de Perge, llegaron a Antioquía de *P* *4099*
14.24 pasando luego...*P*, vinieron a Panfilia *4099*

PISO
Gn 6.16 y le harás *p* bajo, segundo y tercero
Jue 16.27 y en el *p* alto había como tres mil 1406
1 R 6.30 y cubrió de oro el *p* de la casa, por 7172
Ez 41.6 cámaras...30 en cada uno de los tres *p*
41.7 del *p* inferior se podía subir al de en
41.16 y las cámaras alrededor de los tres *p*
42.3 las unas enfrente de las otras en tres *p*
42.6 estaban en tres *p*, y no tenían columnas
Hch 20.9 vencido del sueño cayó del tercer *p*

PISÓN *Río en el huerto de Edén*, Gn 2.11 6376

PISÓN
Pr 27.22 aunque majes al necio en un...con el *p* 5940

PISOTEADO *Véase Pisotear*

PISOTEADOR
Is 16.4 el *p* será consumido de sobre la tierra 1869

PISOTEAR
Sal 56.2 todo el día mis enemigos me *pisotean* 7602
Is 16.8 *pisotearon* sus generosos sarmientos
28.3 será *pisoteada* la corona de soberbia de 7429
28.18 pase...azote, seréis de él *pisoteados* 4823
41.25 *pisoteará* príncipes como lodo, y como 1869
42.22 este es pueblo saqueado y *pisoteado* 8154
Dn 8.7 lo derribó...en tierra, y lo *pisoteó*, y 7429
8.10 parte...echó por tierra, y las *pisoteó* 7429
8.13 el santuario y el...para ser *pisoteados*? 4823
Am 2.7 *pisotean* en...cabezas de los desvalidos 7602
Mt 7.6 **no sea que las *pisoteen*, y se vuelvan** *2662*
He 10.29 merecerá el que *pisoteare* al Hijo de *2662*

PISPA *Descendiente de Aser*, 1 Cr 7.38 6462

PITÓN
1. Ciudad de almacenamiento en Egipto, Éx 1.11 6619
2. Descendiente del rey Saúl, 1 Cr 8.35; 9.41 6377

PLACER *(s.)*
Est 8.17 judíos tuvieron alegría...y día de *p* 8057
Pr 18.2 no toma *p* el necio en la inteligencia 2654
Ec 2.2 enloqueces; y al *p*: ¿De qué sirve esto? 8057
2.10 negué...ni aparté mi corazón de *p* alguno 8057
10.19 por el *p* se hace el banquete, y el vino 7814
11.9 y tome *p* tu corazón en los días de tu 3190
Ez 16.37 reuniré a...con los cuales tomaste *p* 6148
Jl 1.16 arrebatado...el *p* de la casa de...Dios? 8057
Am 6.7 el duelo de los que se entregan a los *p*
Lc 8.14 **son ahogados por...y los *p* de la vida** *2237*
2 Co 12.15 yo con el mayor *p* gastaré lo mío *2236*
1 Ti 5.6 que se entrega a los *p*...está muerta *4684*

PLACER *(v.)*
Gn 23.13 si te *place*, te ruego que me oigas
Nm 36.6 cásense como a ellas les *plazca*, pero 5869
2 S 18.11 me hubiera *placido* darte diez siclos
1 R 5.8 lo que te *plazca* acerca de la madera 2656
Neh 2.5 *place* al rey, y tu siervo ha hallado 2895
2.7 si le *place* al rey, que se me den cartas 2895
Est 3.9 si *place* al rey...que sean destruidos 2895
5.4 si *place* al rey, vengan hoy el rey y Amán 2895
5.8 y si *place* al rey otorgar mi petición y 2895
7.3 si al rey *place*, séame dada mi vida por 2895
8.5 si *place* al rey, y si he hallado gracia 2896
9.13 si *place* al rey, concédase...que hagan 2896
Dn 5.21 Dios...pone sobre él al que le *place*
Lc 12.32 **Padre le ha *placido* daros el reino** *2106*

PLAGA
Gn 12.17 Jehová hirió a Faraón...con grandes *p* 5061
Éx 9.3 la mano de Jehová estará...*p* gravísima 1698
9.14 yo enviaré...vez todas mis *p* a tu corazón 4096
9.15 para herirte a ti y a tu pueblo de *p* 1698
10.17 que quite de mí al menos esta *p* mortal
11.1 una *p* traeré aún sobre Faraón y sobre 5061
12.13 y no habrá en vosotros *p* de mortandad 5063
Lv 13.47 en un vestido hubiere *p* de lepra, ya 5061
13.49 *p* fuere verdosa, o rojiza, en vestido 5061
13.49 *p* es de lepra, y se ha de mostrar al 5061
13.50 el sacerdote mirará la *p*, y encerrará 5061
13.51 mirará la *p*...se hubiere extendido la *p* 5061
13.51 si...lepra maligna es la *p*; inmunda será 5061
13.52 vestido...en que hubiere tal *p*, porque 5061
13.53 no pareciere que la *p* se haya extendido 5061
13.54 mandará que laven donde está la *p*, y lo 5061
13.55 mirará...la *p*...que la *p* no ha cambiado 5061
13.55 no se haya extendido la *p*, inmunda es 5061
13.56 que la *p* se ha oscurecido después que 5061
13.57 al fuego aquello en que estuviere la *p* 5061
13.58 le quitare la *p*, se lavará segunda vez 5061
13.59 esta es la ley para la *p* de la lepra del 5061
14.3 si ve que está sana la *p* de la lepra del 5061
14.32 para el que hubiere tenido *p* de lepra 5061
14.34 si pusiere yo *p* de lepra en alguna casa 5061
14.35 algo como *p* ha aparecido en mi casa 5061
14.36 antes que entre a mirar la *p*, para que 5061
14.37 examinará la *p*; y si se vieren manchas 5061
14.39 *p* se hubiere extendido en las paredes 5061
14.40 las piedras en que estuviere la *p*, y las 5061
14.43 la *p* volviere a brotar en aquella casa 5061
14.44 haberse extendido la *p* en la casa, es 5061
14.48 viere que la *p* no se ha extendido en la 5061
14.48 limpia la casa...la *p* ha desaparecido 5061
14.54 es la ley acerca de toda *p* de lepra y 5061
26.21 siete veces...*p* según vuestros pecados 4347
Nm 8.19 que no haya *p* en los hijos de Israel 5063
11.33 e hirió Jehová al pueblo con una *p* muy 4347
14.37 que habían hablado mal...murieron de *p* 4046
Dt 7.15 las malas *p* de Egipto, que tú conoces 4064
24.8 cuanto a la *p* de la lepra, ten cuidado 5061
28.59 Jehová aumentará...tus *p* y las *p* de tu 4347
28.59 aumentará...*p* grandes y permanentes 4347
28.61 toda *p* que no está escrita en el libro 4347
29.22 cuando vieren las *p* de aquella tierra 4347
1 S 4.8 que hirieron a Egipto con toda *p* en 4347
6.4 una misma *p* ha afligido a todos vosotros 4046
2 S 24.25 Jehová oyó las...cesó la *p* en Israel 4046
1 R 8.37 hubiere...cualquier *p* o enfermedad que 5061
8.38 cualquiera sintiere la *p* en su corazón 5061
2 Cr 6.28 cualquiera *p* o enfermedad que sea 5061
21.14 Jehová herirá a tu pueblo de una gran *p* 5061
Sal 38.11 amigos...se mantienen lejos de mi *p* 5061
39.10 quita de sobre mí tu *p*; estoy consumido 5061
64.7 Dios los herirá...de repente serán sus *p* 5061
91.10 no te sobrevendrá...*p* tocará tu morada 5061
106.30 levantó Finees e hizo...se detuvo la *p* 4046
Jer 14.17 es quebrantada la...de *p* muy dolorosa 4347
Zac 14.12 será la *p* con que herirá Jehová a 4046
14.15 así tambiénserá la *p* de los caballos 4046
14.18 vendrá la *p* con que Jehová herirá las 4046
Mr 3.10 tocarle, cuantos tenían *p* caían sobre *3148*
Lc 7.21 sanó a muchos de enfermedades y *p*, y *3148*
Hch 24.5 hemos hallado que...hombre es una *p* *3061*
Ap 9.18 *p* fue muerta la tercera parte de los
9.20 los...que no fueron muertos con estas *p* *4127*
11.6 poder...para herir la tierra con toda *p* *4127*
15.1,6 siete ángeles que tenían las siete *p* *4127*
15.8 que se hubiesen cumplido las siete *p* de *4127*
16.9 de Dios, que tiene poder sobre estas *p* *4127*
16.21 blasfemaron...Dios por la *p* del granizo *4127*
16.21 porque su *p* fue sobremanera grande *4127*
18.4 sus pecados, ni recibáis parte de sus *p* *4127*
18.8 por lo cual en un solo día vendrán sus *p* *4127*
21.9 las siete copas llenas de las siete *p* *4127*
22.18 Dios traerá sobre él las *p* que están *4127*

PLAGADA
Lv 13.50 encerrará la cosa *p* por siete días 5061

PLAN
Est 9.24 había ideado...un *p* para destruirlos 2803

PLANA
Jer 36.23 leído tres o cuatro *p*, lo rasgó el 1817

PLANCHA
Nm 16.38 harán de ellos *p* batidas para cubrir 6341
Jue 8.26 oro, sin las *p* y joyeles y vestidos 7720
Ez 4.3 tómate también una *p* de hierro, y ponla 4227

PLANO
1 Cr 28.11 David dio a Salomón su hijo el *p* 8403
28.12 el *p* de...las cosas que tenía en mente 8403

PLANTA
Gn 1.29 que os he dado toda *p* que da semilla 6212
1.30 vida, toda *p* verde les será para comer 6212
2.5 toda *p* del campo antes que fuese en la 7880
3.18 y cardos te producirá, y comerás *p* del 6212
8.9 no halló la paloma donde sentar la *p* de 3709
9.3 las legumbres y *p* verdes, os lo he dado 6212
Dt 2.5 no os daré...lo que cubre la *p* de un pie
11.24 todo lugar que pisare...*p* de vuestro pie 3709
28.35 desde la *p* de tu pie hasta tu coronilla 3709
28.56 nunca la *p* de su pie intentaría sentar 3709
28.65 ni la *p* de tu pie tendrá reposo; pues 3709
Jos 1.3 lugar que pisare la *p* de vuestro pie 3709
3.13; 4.18 *p* de los pies de los sacerdotes 3709
2 S 14.25 la *p* de su pie hasta su coronilla no 3709
1 R 5.3 Jehová puso sus enemigos bajo las *p* de 3709
2 R 19.24 secado con las *p* de mis pies...ríos 3709
Job 2.7 sarna maligna desde la *p* del pie hasta 3709
13.27 trazando un límite para las *p* de...pies 8328
14.9 reverdecerá, y hará copa como *p* nueva 5194
Sal 80.15 la *p* que plantó tu diestra, y el 3657
128.3 tus hijos como *p* de olivo alrededor de 8363
144.12 sean nuestros hijos como *p* crecidas en 5195
Is 1.6 desde la *p* del pie hasta la cabeza no 3709
5.7 y los hombres de Judá *p* deliciosa suya 5194
16.8 se extendieron sus *p*, pasaron el mar 7976
17.10 por...sembrarás *p* hermosas, y plantarás 5193
Ez 1.7 *p* de sus pies como *p* de pie de becerro 3709
34.29 levantaré para ellos una *p* de renombre 4302
43.7 el lugar donde posaré las *p* de mis pies 3709
Mal 4.3 cuales serán ceniza bajo las *p*...pies 3709
Mt 15.13 ***p* que no plantó mi Padre celestial** *5451*

PLANTAR
Gn 2.8 Jehová Dios *plantó* un huerto en Edén 5193
9.20 a labrar la tierra, y *plantó* una viña 5193
12.8 *plantó* su tienda, teniendo a Bet-el al 5186
21.33 *plantó* Abraham un árbol tamarisco en 5143
26.25 *plantó* allí su tienda; y abrieron allí 5186
33.19 compró...campo...donde *plantó* su tienda 5186
35.21 Israel, y *plantó* su tienda más allá de 5186
Éx 15.17 *plantarás* en el monte de tu heredad 5193
Lv 19.23 *plantéis*...clase de árboles frutales 5193
Nm 24.6 río, como áloes *plantados* por Jehová 5193
Dt 6.11 viñas y olivares que no *plantaste*, y 5193
16.21 no *plantarás* ningún árbol para Asera 5193
20.6 ha *plantado* viña, y no ha disfrutado de 5193
28.30 *plantarás* viña, y no la disfrutarás 5193
28.39 *plantarás* viñas...pero no beberás vino 5193
Jos 24.13 viñas...que no *plantasteis*, coméis 5193
Jue 4.11 había *plantado*...tiendas en el valle 5186
2 S 7.10 lo *plantaré*, para que habite en su 5193
2 R 19.29 y *plantaréis* viñas, y comeréis el 5193
1 Cr 17.9 he *plantado* para que habite en él 5193
Sal 1.3 árbol *plantado* junto a corrientes de 5193
44.2 echaste las naciones, y los *plantaste* 5193
80.8 echaste las naciones, y la *plantaste* 5193
80.15 la *planta* que plantó tu diestra, y el 5193
92.13 *plantados* en la casa de Jehová, en los 5193
104.16 los cedros del Líbano que él *plantó* 5193
107.37 y *plantan* viñas, y rinden abundante 5193
Pr 31.16 *planta* viña del fruto de sus manos 5192
Ec 2.4 edifiqué...casas, *planté* para mí viñas 5193
2.5 y *planté* en ellos árboles de todo fruto 5193
3.2 de *plantar*, y...de arrancar lo *plantado* 5193
Is 5.2 la había...*plantado* de vides escogidas 5193
17.10 sembrarás...*plantarás* sarmiento extraño 5193
17.11 día que las *plantes*, las harás crecer 5194
37.30 *plantaréis* viñas, y comeréis su fruto 5193
40.24 como si nunca hubieran sido *plantados* 5193
44.14 *planta* pino, que se críe con la lluvia 5193
65.21 *plantarán* viñas, y comerán el fruto de 5193
65.22 ni *plantarán* para que otro coma; porque 5193
Jer 1.10 puesto...para edificar y para *plantar* 5193
2.21 te *planté* de vid escogida...verdadera 5193
6.3 junto a...*plantarán* sus tiendas alrededor 8628
11.17 Jehová...que te *plantó* ha pronunciado 5193
12.2 los *plantaste*, y echaron raíces...fruto 5193
17.8 árbol *plantado* junto a las aguas, que 8362
18.9 en un instante hablaré de...para *plantar* 5193
24.6 bien...los *plantaré* y no los arrancaré 5193
29.5,28 *plantad* huertos, y comed del fruto 5193
31.5 aún *plantarás* viñas en los montes de 5193
31.5 *plantarán* los que plantan, y disfrutarán 5193
31.28 tendré cuidado de ellos para...*plantar* 5193
32.41 los *plantaré* en esta tierra en verdad 5193
35.7 ni *plantaréis* viña, ni la retendréis 5193
42.10 si os quedareis quietos...os *plantaré* 5193
45.4 arranco a los que *planté*, y a toda esta 5193
Ez 17.5 la *plantó* junto a aguas abundantes, la 5193
17.8 fue *plantada*, para que hiciese ramas y 8362
17.10 aquí está *plantada*; ¿será prosperada? 8362
17.22 tomaré yo del cogollo...y lo *plantaré* 8362
17.22 *plantaré* sobre el monte alto y sublime 8362
17.23 en el monte alto de Israel lo *plantaré* 8362
19.10 en medio de la viña, *plantada* junto a 8362
19.13 y ahora está *plantada* en el desierto 8362
25.4 y *plantarán* en ti sus tiendas...comerán 8628
28.26 habitarán...*plantarán* viñas, y vivirán 5193
36.36 que yo...*planté* lo que estaba desolado 5193
Dn 11.45 *plantar* las tiendas...entre los mares 5193
Am 5.11 *plantasteis*...viñas, mas no beberéis el 5193
9.14 *plantarán* viñas, y beberán el vino de 5193
9.15 los *plantaré* sobre su tierra, y nunca 5193
Mi 1.6 de Samaria...tierra para *plantar* viñas 5193
Sof 1.13 *plantarán* viñas...no beberán el vino 5193
Mt 15.13 **toda planta que no *plantó* mi Padre** *5452*
21.33 **hubo un hombre...el cual *plantó* una viña** *5452*
Mr 12.1 **un hombre *plantó* una viña, la cercó de** *5452*
Lc 13.6 **tenía un hombre una higuera *plantada*** *5452*
17.6 **desarráigate, y *plántate* en el mar; y os** *5452*
17.28 **comían, bebían...*plantaban*, edificaban** *5452*
20.9 **un hombre *plantó* una viña, la arrendó a** *5452*
Ro 6.5 si fuimos *plantados* juntamente con él *4854*
1 Co 3.6 yo *planté*, Apolos regó...crecimiento *5452*
3.7 así que ni el que *planta* es algo, ni el *5452*
3.8 que *planta* y el que riega son una misma *5452*
9.7 ¿quién *planta* viña y no come de su fruto? *5452*

PLANTÍO
1 Cr 4.23 y moraban en medio de *p* y cercados 5196
Is 60.21 renuevos de mi *p*, obra de mis manos 4302
61.3 y serán llamados árboles...*p* de Jehová 4302
Ez 17.7 regada por ella por los surcos de su *p* 4302

PLAÑIDERA
Jer 9.17 llamad *p* que vengan; buscad...hábiles 6969

PLAÑIR
Jer 16.4 no serán *plañidos* ni enterrados; serán 5594
16.6 no se enterrarán, ni los *plañirán*, ni 5594

PLATA
Gn 13.2 Abram era riquísimo en...en *p* y en oro 3701
20.16 he dado mil monedas de *p* a tu hermano 3701
23.15 la tierra vale 400 siclos de *p*; ¿qué es 3701
23.16 pesó Abraham y Efrón...400 siclos de *p* 3701
24.35 le ha dado...*p* y oro, siervos y siervas 3701
24.53 sacó el criado alhajas de *p* y...de oro 3701

37.28 le vendieron a...por veinte piezas de p 3701
44.2 la copa de p, en la boca del costal del 3701
44.4 ¿por qué habéis robado mi copa de p? 3701
44.8 de hurtar de casa de tu señor p ni oro? 3701
45.22 a Benjamín dio...trescientas piezas de p 3701
Éx 3.22 pedirá...alhajas de p, alhajas de oro 3701
11.2 pida...su vecina, alhajas de p y de oro 3701
12.35 pidiendo de los egipcios alhajas de p 3701
20.23 no hagáis...dioses de p, ni dioses de 3701
21.32 pagará su dueño treinta siclos de p 3701
22.7 alguno diere a su prójimo p...a guardar 3701
22.17 pesará p conforme a la dote...vírgenes 3701
25.3 ofrenda que tomaréis de ellos: oro, p 3701
26.19 y harás cuarenta basas de p debajo de 3701
26.21 y sus cuarenta basas de p; dos basas 3701
26.25 serán ocho tablas, con sus basas de p 3701
26.32 sus capiteles de oro, sobre basas de p 3701
27.10,11 capiteles de las columnas y...de p 3701
27.17 estarán ceñidas de p...capiteles de p 3701
31.4 para trabajar en oro, en p y en bronce 3701
35.5 ofrenda para...traerá a Jehová; oro, p 3701
35.24 todo el que ofrecía ofrenda de p o de 3701
35.32 para trabajar en oro, en p y en bronce 3701
36.24 cuarenta basas de p debajo de...tablas 3701
36.26 cuarenta basas de p; dos basas debajo 3701
36.30 eran...ocho tablas, y sus basas de p 16 3701
36.36 y fundió para ellas cuatro basas de p 3701
38.10,11,12,17,19 los capiteles...y sus molduras, de p 3701
38.17 las cubiertas de las cabezas de...de p 3701
38.17 las columnas del atrio...molduras de p 3701
38.19 basas de bronce y sus capiteles de p 3701
38.25 p de...empadronados de la congregación 3701
38.27 cien talentos de p para fundir...basas 3701
Lv 5.15 conforme a...estimación en siclos de p 3701
27.3 lo estimarás en cincuenta siclos de p 3701
27.6 estimarás al varón en cinco siclos de p 3701
27.6 estimarás...la mujer en tres siclos de p 3701
27.16 se valorará en cincuenta siclos de p 3701
Nm 7.13,19,25,31,37,43,49,55,61,67,73,79 plato
de p...jarro de p 3701
7.84 doce platos de p, doce jarros de p, 12 3701
7.85 toda la p de la vajilla, 2.400 siclos 3701
10.2 hazte dos trompetas de p; de obra de 3701
22.18; 24.13 diese su casa llena de p y oro 3701
31.22 oro y la p, el bronce, hierro, estaño 3701
Dt 7.25 no codiciarás p...para tornarlo para ti 3701
8.13 la p y el oro se te multipliquen, y todo 3701
17.17 ni p ni oro amontonará...en abundancia 3701
22.19 le multarán en cien piezas de p, las 3701
22.29 dará al padre de la joven 50 piezas de p 3701
29.17 ídolos...de p y oro, que tienen consigo 3701
Jos 6.19 toda la p...sean consagrados a Jehová 3701
6.24 pusieron en el tesoro de, la p y el oro 3701
7.21 vi entre los despojos...200 siclos de p 3701
22.8 volved a vuestras tiendas...con p, con oro 3701
Jue 9.4 dieron setenta siclos de p del templo 3701
16.5 cada uno...te dará mil cien siclos de p 3701
17.2 los mil cien siclos de p que te fueron 3701
17.3 él devolvió los mil cien siclos de p a 3701
17.4 tomó su madre 200 siclos de p y los dio 3701
17.10 y yo te daré diez siclos de p por año 3701
1 S 2.36 a postrarse...por una moneda de p y un 3701
9.8 he aquí...la cuarta parte de un siclo de p 3701
2 S 8.10 Joram llevaba...utensilios de p, de 3701
8.11 dedicó a Jehová, con la p y el oro que 3701
18.11 hubiera placido darte diez siclos de p 3701
18.12 aunque me pesaras mil siclos de p, no 3701
21.4 no tenemos...querella sobre p ni sobre oro 3701
24.24 David compró la era...por 50 siclos de p 3701
1 R 7.51 metió Salomón...p, oro y utensilios 3701
10.21 la vajilla de...de oro fino; nada de p 3701
10.22 y traía oro, p, marfil, monos y pavos 3701
10.25 todos le llevaban...alhajas de oro y de p 3701
10.27 que en...la p llegara a ser como piedras 3701
10.29 el carro por seiscientas piezas de p 3701
15.15 metió en la casa de...oro, p y alhajas 3701
15.18 entonces tomando Asa toda la p y el oro 3701
15.19 yo te envío un presente de p y de oro 3701
16.24 Omri compró a...por dos talentos de p 3701
20.3 tu p y tu oro son míos, y tus mujeres 3701
20.5 tu p y tu oro, y tus mujeres...me darás 3701
20.7 ha enviado a mí...por mi p y por mi oro 3701
20.39 por la suya, o pagarás un talento de p 3701
2 R 5.5 llevando consigo diez talentos de p 3701
5.22 te ruego que les des un talento de p, y 3701
5.23 ató dos talentos de p en dos bolsas, y 3701
5.26 ¿es tiempo de tomar p, y de...siervas? 3701
6.25 cabeza de un asno...por 80 piezas de p 3701
6.25 de estiércol de...por cinco piezas de p 3701
7.8 y tomaron de allí p y oro y vestidos, y 3701
12.13 aquel dinero...no se hacían tazas de p 3701
12.13 ningún otro utensilio...de p se hacía 3701
14.14 y tomó...la p, y todos los utensilios 3701
15.19 Manahem dio a Pul mil talentos de p 3701
15.20 cada uno cincuenta siclos de p, para 3701
16.8 tomando Acaz la p...que se halló en la 3701
18.14 impuso a Ezequías...300 talentos de p 3701
18.15 toda la p que fue...hallada en la casa 3701
20.13 Ezequías...mostró...p, oro, y especias 3701
23.33 multa de cien talentos de p, y uno de 3701
23.35 y Joacim pagó a Faraón la p y el oro 3701
23.35 sacando la p y el oro del pueblo de la 3701
25.15 los que de p, en P; todo lo llevó el 3701
1 Cr 18.10 le envió...utensilios de oro, de p 3701
18.11 el rey David dedicó a Jehová, con la p 3701
19.6 Hanún...enviaron mil talentos de p para 3701
22.14 un millón de talentos de p, y bronce 3701
22.16 de la p, del bronce y...no hay cuenta 3701
28.14 y p en peso para todas las cosas de p 3701
28.15 y para los candeleros de p, p en peso 3701
28.16 del mismo modo p para las mesas de p 3701
28.17 para las tazas de p, por peso para cada 3701
29.2 he preparado para...p para las cosas de p 3701
29.3 guardo en mi tesoro particular oro y p 3701
29.4 siete mil talentos de p refinada para 3701
29.5 p para las cosas de p, y para toda la 3701
29.7 diez mil talentos de p, 18.000...bronce 3701
2 Cr 1.15 acumuló el rey p y oro en Jerusalén 3701
1.17 un carro por seiscientas piezas de p, y 3701
2.7 un hombre hábil que sepa trabajar en...p 3701
2.14 el cual sabe trabajar en oro, p, bronce 3701
5.1 puso la p...en los tesoros de la casa de 3701
9.14 los gobernadores de la...traían oro y p 3701
9.20 en los días de...la p no era apreciada 3701
9.21 y traían oro, p, marfil, monos y pavos 3701
9.24 éstos traía su presente, alhajas de p 3701
9.27 y acumuló el rey p en Jerusalén como 3701
15.18 trajo a la casa de Dios lo que...p, oro 3701
16.2 sacó Asa la p y el oro de los tesoros 3701
16.3 he aquí yo te he enviado p y oro, para 3701
17.11 traían de los filisteos...tributos de p 3701
21.3 padre les había dado muchos regalos...p 3701
24.14 e hicieron de él...vasos de oro y de p 3701
25.6 tomó a sueldo por cien talentos de p, a 3701
25.24 el oro y la p, y todos los utensilios 3701
27.5 le dieron...de Amón cien talentos de p 3701
32.27 adquirió tesoros de p y oro, piedras 3701
36.3 a pagar cien talentos de p y uno de oro 3701
Esd 1.4 ayúdenle los hombres de su lugar con p 3701
1.6 y todos...les ayudaron con p y oro, con 3701
1.9 mil tazones de p, veintinueve cuchillos 3701
1.10 tazas de oro, otras 410 tazas de p, y 3701
1.11 los utensilios de oro y de p eran 5.400 3701
2.69 dieron...cinco mil libras de p, y cien 3701
5.14 utensilios de oro y de p de la casa de 3701
6.5 los utensilios de oro y de p de la casa 3701
7.15 llevar la p y el oro que el rey y sus 3701
7.16 la p y el oro que halles en...Babilonia 3701
7.18 y lo que...os parezca hacer de la otra p 3701
7.22 hasta cien talentos de p, cien coros de 3701
8.25 les pesé la p, el oro y los utensilios 3701
8.26 650 talentos de p, y utensilios de p por 3701
8.28 son santos los utensilios...la p y el oro 3701
8.30 los levitas recibieron el peso de la p 3701
8.33 al cuarto día fue luego pesada la p, el 3701
Neh 5.15 tomaron...más de 40 siclos de p, y aun 3701
7.71 los cabezas...dieron...2.200 libras de p 3701
7.72 del pueblo dio...dos mil libras de p, y 3701
Est 1.6 en anillos de p y columnas de mármol 3701
1.6 los reclinatorios de oro y de p, sobre 3701
3.9 yo pesaré diez mil talentos de p a los 3701
3.11 p que ofreces sea para ti, y asimismo 3701
4.7 dio noticia de la p que Amán había dicho 3701
Job 3.15 con los...que llenaban de p sus casas 3701
22.25 tu defensa, y tendrás p en abundancia 3701
27.16 amontone p como polvo, y prepare ropa 3701
27.17 vestirá, y el inocente repartirá la p 3701
28.1 la p tiene sus veneros, y el oro lugar 3701
28.15 por oro, ni su precio será a peso de p 3701
Sal 12.6 como p refinada en horno de tierra 3701
66.10 tú...nos ensayaste como se afina la p 3701
68.13 como alas de paloma cubiertas de p, y 3701
68.30 todos se sometan con sus piezas de p 3701
105.37 los sacó con p y oro; y no hubo en sus 3701
115.4 los ídolos de ellos son p y oro, obra 3701
119.72 mejor me es...que millares de oro y p 3701
135.15 los ídolos de las naciones son p y oro 3701
Pr 2.4 como a la p la buscares...escudriñares 3701
3.14 es mejor que la ganancia de la p, y sus 3701
8.10 recibid mi enseñanza, y no p; y ciencia 3701
8.19 oro...y mi rédito mejor que la p escogida 3701
10.20 p escogida es la lengua del justo; mas 3701
16.16 y adquirir inteligencia...más que la p 3701
17.3 el crisol para la p, y la hornaza para 3701
22.1 y la buena fama más que la p y el oro 3701
25.4 quita las escorias de la p, y saldrá 3701
25.11 manzana de oro con figuras de p es la 3701
26.23 como escoria de p...labios lisonjeros 3701
27.21 el crisol prueba la p, y la hornaza el 3701
Ec 2.8 me amontoné también p y oro, y tesoros 3701
12.6 antes que la cadena de p se quiebre, y 3701
Cnt 1.11 zarcillos de oro te...tachonados de p 3701
3.10 hizo sus columnas de p, su respaldo de 3701
8.9 edificaremos sobre él un palacio de p; si 3701
8.11 traer mil monedas de p por su fruto 3701
Is 1.22 tu p se ha convertido en escorias, tu 3701
2.7 su tierra está llena de p y oro, sus 3701
2.20 día arrojará el hombre...sus ídolos de p 3701
7.23 mil vides que valían mil siclos de p 3701
13.17 no se ocuparán de la p, ni codiciarán 3701
30.22 profanarás la...de tus esculturas de P 3701
31.7 arrojará el hombre sus ídolos de p y sus 3701
39.2 y les mostró la casa de su tesoro, p y 3701
40.19 el platero le...y le funde cadenas de p 3701
46.6 oro de la bolsa, y pesan p con balanzas 3701
48.10 he aquí te he purificado, y no como a p 3701
60.9 para traer tus hijos de lejos, su p y su 3701
60.17 y por hierro p, y por madera bronce, y 3701
Jer 6.30 p desechada los llamarán...los desechó 3701
10.4 con p y oro lo adornan; con clavos y 3701
10.9 p batida de Tarsis y oro de Ufaz; obra 3701
32.9 pesé el dinero; diecisiete siclos de p 3701
52.19 lo de p por p, se llevó el capitán de 3701
Ez 7.19 arrojarán su p en las calles, y su oro 3701
7.19 ni su p ni su oro podrá librarlos en el 3701
16.13 así fuiste adornada de oro y de p, y tu 3701
16.17 tomaste...alhajas de oro y de p que yo 3701
22.18 ellos...en escorias de p se convirtieron 3701
22.20 como quien junta p y bronce y hierro y 3701
22.22 como se funde la p en medio del horno 3701
27.12 con p, hierro...comerciaba en tus ferias 3701
28.4 y has adquirido oro y p en tus tesoros 3701
38.13 para quitar p y oro, para tomar ganados 3701
Dn 2.32 pecho y sus brazos, de p; su vientre 3702
2.35 fueron desmenuzados el...la p y el oro 3702
2.45 la cual desmenuzó...barro, la p y el oro 3702
5.2 que trajesen los vasos de oro y de p que 3702
5.4 y alabaron a los dioses...de p, de bronce 3702
5.23 diste alabanza a dioses de p y oro, de 3702
11.8 y sus objetos preciosos de p y de oro 3701
11.38 honrará con...p, con piedras preciosas 3701
11.43 se apoderará de los tesoros de oro y p 3701
Os 2.8 y que le multipliqué la p y el oro que 3701
3.2 la compré...para mí por quince siclos de p 3701
8.4 de su p y de su oro hicieron ídolos para 3701
9.6 la ortiga conquistará lo deseable de su p 3701
13.2 y de su p se han hecho según...imágenes 3701
Jl 3.5 porque habéis llevado mi p y mi oro, y 3701
Nah 2.9 saquead p...no hay fin de las riquezas 3701
Hab 2.19 está cubierto de oro y p, y no hay 3701
Sof 1.18 ni su p...podrá librarlos en el día 3701
Hag 2.8 mía es la p, y mío es el oro, dice 3701
Zac 6.11 tomarás...p y oro, y harás coronas, y 3701
9.3 amontonó p como polvo, y oro como lodo 3701
11.12 pesaron por mi salario treinta piezas de p 3701
11.13 tomé las treinta piezas de p, y las
eché en la casa 3701
13.9 los fundiré como se funde la p, y los probaré 3701
14.14 oro y p, y ropas de vestir, en gran
abundancia 3701
Mal 3.3 se sentará para afinar y limpiar la p 3701
3.3 los afinará como a oro y como a p, y traerán 3701
Mt 10.9 **No os proveáis de oro, ni p, ni cobre**
26.15 ellos le asignaron treinta piezas de p
27.3 devolvió...las treinta piezas de p a los principales
27.5 arrojando las piezas de p en el templo, salió
27.6 tomando las piezas de p, dijeron
27.9 tomaron las treinta piezas de p, precio del
apreciado
Hch 3.6 No tengo p ni oro, pero lo que tengo te doy
17.29 la Divinidad sea semejante a oro, o p, o piedra
19.19 hallaron que era 50.000 piezas de p *694*
19.24 que hacía de p templecillos de Diana *693*
20.33 ni p ni oro ni vestido de...he codiciado *694*
1 Co 3.12 edificare oro, p, piedras preciosas *696*
2 Ti 2.20 no solamente hay utensilios...de p *693*
Stg 5.3 vuestro oro y p están enmohecidos; y *696*
1 P 1.18 con cosas corruptibles, como oro o p *694*
Ap 9.20 ni dejaron de adorar...imágenes de...p *693*
18.12 mercadería de oro, de p, de piedras *696*

PLATERO

Neh 3.8 junto...restauró Uziel hijo...de los p 6884
3.31 restauró Malquías hijo del p, hasta la 6885
3.32 restauraron los p y los comerciantes 6884
Is 40.19 el p le extiende el oro y le funde 6884
41.7 carpintero animó al p, y el que alisaba 6884
46.6 alquilan un p para hacer un dios de ello 6884
Hch 19.24 un p llamado Demetrio, que hacía de *695*

PLÁTICA

Lc 24.17 **les dijo: ¿Qué p son estas que tenéis** *3056*
1 Ti 6.20 evitando las profanas p sobre cosas *2757*

PLATILLO

Éx 25.38; 37.23 despabiladeras y sus p, de oro 4289
Nm 4.9 sus p, y todos sus utensilios del aceite 4289

PLATO

Éx 25.29 harás también sus p, sus cucharas, sus 7086
37.16 sus p, sus cucharas, sus cubiertos y 7086
Nm 7.13,19,25,31,37,43,49,55,61,67,73,79 p de
plata de 130 siclos 3701
7.84 doce p de plata, doce jarros de plata 3701
7.85 cada p de 130 siclos, y cada jarro de 3701
2 R 21.13 limpiaré a Jerusalén...limpia un p 6747
Pr 19.24 el perezoso mete su mano en el p, y 6747
26.15 mete el perezoso su mano en el p; se 6747
Mt 14.8 dame aquí en un p la cabeza de Juan *4094*
14.11 fue traída su cabeza en un p, y dada a *4094*
23.25 **limpiéis lo de fuera del vaso y del p** *3953*
23.26 **limpia primero lo de dentro...y del p** *3953*
26.23 **el que mete la mano conmigo en el p** *5165*
Mr 6.25 me des en un p la cabeza de Juan el *4094*
6.28 trajo su cabeza en un p y la dio a la *4094*
14.20 **es uno de los...que moja conmigo en el p** *5165*
Lc 11.39 **limpiáis lo de fuera del vaso y del p** *4094*

PLAYA

Mt 13.2 sentó, y toda la gente estaba en la p *123*
Jn 21.4 se presentó Jesús en la p...no sabían *123*
Hch 21.5 puestos de rodillas en la p, oramos *123*
27.39 pero veían una ensenada que tenía p, en *123*
27.40 izada...la vela...enfilaron hacia la p *123*

PLAZA

Nm 13.19 si son campamentos o p fortificadas 4013
Dt 13.16 juntarás...su botín en medio de la p 7339
Jue 19.15 se sentaron en la p de la ciudad 7339
19.17 a aquel caminante en la p de la ciudad 7339
19.20 con tal que no pases la noche en la p 7339
2 S 1.20 ni déis las nuevas en...p de Ascalón 2351
21.12 los habían hurtado de la p de Bet-sán 7339
1 R 20.34 y haz p en Damasco para ti, como mi 2351
22.10 en la p junto a la entrada de...Samaria 4725
2 Cr 18.9 sentados...en la p junto a la entrada
29.4 los levitas...los reunió en la p oriental 7339

32.6 y los hizo reunir en la p de la puerta 7339
Esd 10.9 se sentó...en la p de la casa de Dios 7339
Neh 8.1 se juntó todo el pueblo...en la p que 7339
8.3 leyó en el libro delante de la p que está 7339
8.16 en la p de la puerta de las Aguas, y en 7339
8.16 tabernáculos...p de la puerta de Efraín 7339
Est 4.6 a ver a Mardoqueo a la p de la ciudad 7339
6.9 y llévenlo en el caballo por la p de la 7339
6.11 y lo condujo...por la p de la ciudad, e 7339
Job 29.7 y en la p hacía preparar mi asiento 7339
Sal 55.11 y el engaño no se apartan de sus p 7339
144.14 no...ni grito de alarma en nuestras p 7339
Pr 1.20 la sabiduría clama...su voz en las p 7339
5.16 y tus corrientes de aguas por las p? 7339
7.12 está en la calle, otras veces en las p 7339
Cnt 3.2 y rodearé...por las calles y por las p 7784
Is 15.3 en sus terrados y en sus p aullarán 2351
59.14 la verdad tropezó en la p, y la equidad 7339
Jer 5.1 buscad en sus p a ver...halláis hombre 2351
9.21 para exterminar...a los jóvenes de las p 7339
44.17 en las ciudades...en las p de Jerusalén 2351
49.26; 50.30 sus jóvenes caerán en sus p, y 7339
Lm 2.11 desfallecía el niño y el que...en las p 7339
Ez 16.24 y te hiciste altar en todas las p 7339
16.31 y haciendo tus altares en todas las p! 7339
Dn 9.25 se volverá a edificar la p y el muro 7339
Am 5.16 todas las p habrá llanto, y en todas 7339
Nah 2.4 los carros se precipitarán a las p, con 2351
Mt 11.16 **muchachos que se sientan en las p, y** *58*
20.3 **otros que estaban en la p desocupados** *58*
23.7 **y las salutaciones en las p, y que los** *58*
Mr 7.4 volviendo de la p, si no se lavan, no *58*
12.38 **gustan...aman las salutaciones en las p** *58*
Lc 7.32 **a los muchachos sentados en la p, que** *58*
11.43 **amáis las...y las salutaciones en las p** *58*
13.26 **y bebido, y en nuestras p enseñaste** *4113*
14.21 **ve pronto por las p...y trae acá a los** *4113*
20.46 **aman las salutaciones en las p, y las** *58*
Hch 17.17 la p cada día con los que concurrían *58*
Ap 11.8 y sus cadáveres estarán en la p de la *4113*

PLAZO
Éx 9.5 y Jehová fijó p, diciendo: Mañana hará 4150
1 S 13.8 él esperó...conforme al p que Samuel 4150
13.11 que tú no venías dentro del p señalado 4150
18.26 a David...y antes que el p se cumpliese 3117
Job 14.13 me pusieres p, y de mí te acordaras! 2706
Sal 102.13 porque es tiempo...el p ha llegado
Dn 11.27 nada, porque el p aún no habrá llegado 4150
11.35 depurados, porque aun para esto hay p 4150

PLEBEYO
Sal 49.2 así los p como los nobles, el rico y

PLEGARIA
1 R 8.28 atenderás a la oración de tu...a su p 8467
8.52 atentos tus...a la p de tu pueblo Israel 8467

PLEITEAR
Is 45.9 ¡ay del que *pleitea* con su Hacedor! 7378
Jer 2.9 con los hijos de vuestros...*pleitearé* 7378
1 Co 6.6 el hermano con el hermano *pleitea* en

PLEITO
Éx 23.6 no pervertirás el derecho de...en su p 7379
Dt 1.12 ¿cómo llevaré yo solo...y vuestros p? 7379
25.1 si hubiere p entre algunos, y acudieren 7379
2 S 15.2 a cualquiera que tenía p y venía al 7379
15.4 que viniesen a mí todos los que tienen p 7379
Pr 3.30 no tengas p con nadie sin razón, si no 7378
18.18 la suerte pone fin a los p, y decide 4079
22.10 echa fuera...escarnecedor...cesará el p 1779
25.8 no entres apresuradamente en p, no sea 7378
26.17 se deja llevar de la ira en p ajeno es 7379
Is 34.8 año de retribuciones en el p de Sion 7379
49.25 tu p yo lo defenderé, y yo salvaré a 3401
Ez 44.24 los casos de p...estarán para juzgar 7379
Os 12.2 p tiene Jehová con Judá para castigar 7379
Mi 6.2 el p de Jehová; porque Jehová tiene p 7379
Hab 1.3 violencia...p y contienda se levantan 4066
Mt 5.40 **al que quiera ponerte a p y quitarte** *2919*
Hch 19.38 Demetrio y...tienen p contra alguno *3056*
1 Co 6.7 una falta...tengáis p entre vosotros *3551*
Gá 5.20 p, celos, iras, contiendas, disensiones *2054*
1 Ti 6.4 nacen envidias, p, blasfemias, malas *2054*
Stg 4.1 ¿de dónde vienen las guerras y los p *2054*

PLENITUD
Dt 33.16 mejores dádivas de la tierra y su p 4393
1 Cr 16.32 resuene el mar, y su p; alégrese el 4393
Job 26.3 p de inteligencia has dado a conocer? 7230
Sal 16.11 de la vida; en tu presencia hay p de 7648
24.1 de Jehová es la tierra y su p; el mundo 4393
50.12 no te lo diría mío es el mundo y su p 4393
89.11 tuyos...el mundo y su p, tu lo fundaste 4393
96.11 gócese la tierra; brame el mar y su p 4393
98.7 brame el mar y su p, el mundo y los que 4393
Jer 47.2 inundarán la tierra y su p, la ciudad
Ez 12.19 su tierra será despojada de su p, por
Jn 1.16 de su p tomamos todos, y gracia sobre *4138*
Ro 11.25 que haya entrado la p de los gentiles *4138*
1 Co 10.26,28 del Señor es la tierra y su p *4138*
Ef 1.23 p de Aquel que todo lo llena en todo *4138*
3.19 que seáis llenos de toda la p de Dios *4138*
4.13 a la medida de la estatura de la p de *4138*
Col 1.19 agradó al...que en él habitase toda p *4138*
2.9 porque en él habita...la p de la Deidad *4138*

PLENO, A
2 S 12.12 secreto; mas yo haré esto...a p sol 5048
Est 9.29 suscribieron con p autoridad...carta 3605
Sof 2.4 saquearán a Asdod en p día, y Ecrón 6672
Ro 11.12 y si...¿Cuánto más su p restauración? *4138*
Col 2.2 todas las riquezas de p entendimiento *4132*
3.10 se va renovando hasta el conocimiento p
1 Ts 1.5 y en p certidumbre, como bien sabéis
He 6.11 el fin, para p certeza de la esperanza *4136*
10.22 acerquémonos...en p certidumbre de fe *4136*

PLENAMENTE
Ro 4.21 p convencido de que era también poderoso 4135
14.5 Cada uno esté p convencido en
su propia mente *4135*
Ef 3.18 seáis p capaces de comprender

PLÉYADES *Constelación celestial*
Job 9.9 hizo la Osa, el Orión y las P, y los 3598
38.31 ¿podrás tú atar los lazos de las P, o 3598
Am 5.8 buscad al que hace las P y el Orión, y 3598

PLIEGUE
Job 15.27 la gordura...hizo p sobre sus ijares 6371

PLOMADA
2 R 21.13 extenderé sobre Jerusalén...la p de 4949
Am 7.7 a plomo, y en su mano una p de albañil 594
7.8 dijo: ¿Qué ves, Amós?...Una p de albañil 594
7.8 pongo p de albañil en medio de...Israel 594
Zac 1.16 y la p será tendida sobre Jerusalén 6961,6957
4.10 y verán la p en la mano de Zorobabel 68,913

PLOMO
Éx 15.10 se hundieron como p en las impetuosas 5777
Nm 31.22 plata, el bronce, hierro, estaño y p 5777
Job 19.24 y con p fuesen esculpidas en piedra 5777
Jer 6.29 por el fuego se ha consumido el p; en 5777
Ez 22.18 todos ellos son...p en medio del horno 5777
22.20 como quien junta...hierro y p y estaño 5777
27.12 con plata...p comerciaba en tus ferias 5777
Am 7.7 Señor estaba sobre un muro hecho a p 594
Zac 5.7 levantaron la tapa de p, y una mujer 5777
5.8 y echó la masa de p en la boca del efa 5777

PLUMA
Lv 1.16 le quitará el buche y las p, lo cual 5133
Dt 32.11 el águila que...los lleva sobre sus p 3671
Job 39.13 ¿diste tú...o alas y p al avestruz? 84
Sal 45.1 mi lengua es p de escribiente muy 5842
68.13 de plata, y sus p con amarillez de oro 84
91.4 con sus p te cubrirá, y debajo de sus 84
Jer 8.8 ha cambiado en mentira la p mentirosa 5842
Ez 17.3 gran águila...de p de diversos colores 5133
17.7 también otra gran águila...y de muchas p 5133
Dn 4.33 su pelo creció como p de águila, y sus
3 Jn 13 no quiero escribírtelas con tinta y p *2563*

POBLACIÓN
Dt 12.12 y el levita que habite en vuestras p 8179
12.15 podrás matar y comer carne en...tus p 8179
12.17 ni comerás en tus p el diezmo de tu 8179
12.18 tú, tu...y el levita que habita en tus p 8179
14.21 extranjero que está en tus p la darás 8179
14.27 y, no desampararás al levita...en tus p 8179
14.29 el huérfano y la...que hubiere en tus p 8179
15.22 en...p lo comerás; el inmundo lo mismo 8179
16.14 huérfano y la viuda que viven en tus p 8179
Jos 13.30 territorio de ellos fue...sesenta p 5892
Hch 8.25 en muchas p...anunciaron el evangelio *2968*

POBLAR
Gn 10.5 de éstos se *poblaron* las costas, cada
Jer 50.39 nunca más...*poblada* ni se habitará 3422
Ez 26.17 pereciste tú, *poblada* por gente de 3427
26.20 haré...para que nunca más seas *poblada* 3427
38.12 las tierras desiertas ya *pobladas*, y 3427

POBRE
Éx 22.25 prestares dinero...p que está contigo 6041
23.3 ni al p distinguirás en su causa 1800
23.11 para que coman los p de tu pueblo; y 34
30.15 ni...ni el p disminuirá del medio ciclo 1800
Lv 14.21 si fuere p, y no tuviere para tanto 1800
19.10 para el p y...el extranjero lo dejarás 6041
19.15 ni favoreciendo al p ni complaciendo al 1800
23.22 para el p y...el extranjero la dejarás 6041
27.8 si fuere muy p para pagar tu estimación 4134
Dt 15.7 ni cerrarás tu...contra tu hermano p 34
15.11 abrirás tu mano al p y al menesteroso 34
24.12 si el hombre fuere p, no te acostarás 6041
24.14 no oprimirás al jornalero p...ya sea de 6041
24.15 pues es p, y con él sustenta su vida 6041
Jue 6.15 mi familia es p en Manasés, y yo el 1800
Rt 3.10 busca de los jóvenes, sean p o ricos 1800
1 S 2.8 levanta del polvo al p, y del muladar 1800
18.23 yo un hombre p y de ninguna estima? 1800
2 S 12.1 había dos hombres...rico, y el otro p 7326
12.3 el p no tenía más que una sola corderita 7326
12.4 sino que tomó la oveja de aquel hombre p 7326
2 R 24.14 llevó...no quedó nadie, excepto los p 1803
25.12 de los p de la tierra dejó Nabuzaradán 1803
Est 9.22 enviar porciones...y dádivas a los p 34
Job 5.15 libra de la espada al p, de la boca 34
20.10 sus hijos solicitarán el favor de los p 1800
20.19 Por cuanto quebrantó y desamparó a los p 1800
24.4 y todos los p de la tierra se esconden 6035
24.9 quitan...y de sobre el p toman la prenda 6041
24.14 se levanta...mata al p y al necesitado 6041
29.12 porque yo libraba al p que clamaba, y 6041
31.16 si estorbé el contento de los p, e hice 1800
34.19 que no...ni respeta más al rico que al p 1800
34.28 venir delante de él el clamor del p 1800
36.15 al p librará de su pobreza, y en la 6041
Sal 9.9 Jehová será refugio del p, refugio para 6041
9.18 porque...ni la esperanza de los p perecerá 6041
10.2 con arrogancia el malo persigue al p 6041
10.9 acecha para arrebatar al p; arrebata al 6041
10.9 oculto...arrebata al p trayéndolo a su red 6041
10.12 alza tu mano; no te olvides de los p 6041
12.5 la opresión de los p, por el gemido de 6041
14.6 del consejo del p se han burlado, pero 6041
34.6 p clamó, y le oyó Jehová, y lo libró de 6041
35.10 que libras...al p...del que le despoja? 6041
37.14 para derribar al p y al menesteroso 6041
41.1 bienaventurado el que piensa en el p; en 1800
49.2 los nobles, el rico y el p juntamente 34
68.10 tu bondad, oh Dios, has provisto al p 6041
72.13 misericordia del p y...la vida de los p 1800
107.41 levanta de la miseria al p, y hace 34
109.31 él se pondrá a la diestra del p, para 34
112.9 da a los P; su justicia permanece para 34
113.7 él levanta del polvo al p...menesteroso 1800
132.15 su provisión; a sus p saciaré de pan 34
Pr 10.15 y el desmayo de los p es su pobreza 1800
13.7 hay quienes pretenden ser p, y tienen 7326
13.8 sus riquezas; pero el p no oye censuras 7326
13.23 en el barbecho de los p hay mucho pan 7326
14.20 el p es odioso aun a su amigo; pero 7326
14.21 el que tiene misericordia de los p es 6041
14.31 el que oprime al p afrenta a su Hacedor 1800
14.31 que tiene misericordia del p, lo honra 34
17.5 que escarnece al p afrenta a su Hacedor 7326
18.23 el p habla con ruegos, mas el rico 7326
19.1 mejor es el p que camina en integridad 7326
19.4 amigos; mas el p es apartado de su amigo 1800
19.7 todos los hermanos del p le aborrecen 7326
19.17 a Jehová presta el que da al p, y el 1800
19.22 pero mejor es el p que el mentiroso 7326
21.13 el que cierra su oído al clamor del p 1800
22.2 el rico y el p se encuentran; a ambos 7326
22.7 el rico se enseñorea de los p, y el que 7326
22.16 el que oprime al p para aumentar sus 1800
22.22 no robes al p, porque es p...afligido 1800
28.3 el hombre p y robador de los p es como 7326
28.6 mejor es el p que camina en...integridad 1800
28.8 Para aquel que se compadece
de los p las aumenta 1800
28.11 rico...mas el p entendido lo escudriña 1800
28.15 es el príncipe impío sobre el pueblo p 1800
28.27 el que da al p no tendrá pobreza; mas 7326
29.7 conoce el justo la causa de los p; mas 1800
29.13 el p y el usurero se encuentran; Jehová 7326
29.14 del rey que juzga con verdad a los p 1800
30.9 siendo p, hurte, y blasfeme el nombre 3423
30.14 para devorar a los p de la tierra, y a 6041
31.9 defiende la causa del p y...menesteroso 6041
31.20 alarga su mano al p, y extiende sus 6041
Ec 4.13 mejor es el muchacho p y sabio, que el 4542
4.14 para reinar, aunque en su reino nació p 7326
5.8 si opresión de los p y perversión de derecho 7326
6.8 ¿qué más...el p que supo caminar entre los 6041
9.15 se halla en ella un hombre p, sabio, el 4542
9.15 y nadie se acordaba de aquel hombre p 4542
9.16 la ciencia del p sea menospreciada, y no 4542
Is 3.14 despojo del p está en vuestras casas 6041
3.15 majáis mi...y moléis las caras de los p? 6041
10.2 para apartar del juicio a los p, y para 6041
11.4 sino que juzgará con justicia a los p 1800
14.30 los primogénitos...p serán apacentados 1800
25.4 porque fuiste fortaleza al p, fortaleza 1800
29.19 aun los más p...se gozarán en el Santo 34
32.7 trama...para hablar en juicio contra el p 6041
40.20 el p escoge...madera que no se apolille 5533
49.13 Jehová...de sus p tendrá misericordia 6041
58.7 a los p errantes albergues en casa; que 6041
66.2 pero miraré a aquel que es p y humilde 6041
Jer 2.34 aun en tus...se halló sangre de los p 34
5.4 pero yo dije: Ciertamente éstos son p 1800
5.28 prósperos...causa de los p no juzgaron 34
20.13 ha librado el alma del p de mano de los 34
39.10 a los p del pueblo que no tenían nada 1800
40.7 había encomendado...los p de la tierra 1800
52.15 hizo transportar...a los p del pueblo 1803
52.16 mas de los p del país dejó Nabuzaradán 1803
Ez 18.12 al p y menesteroso oprimiere...robos 6041
18.17 apartare su mano del p, interés y usura 6041
Am 2.6 vendieron...al p por un par de zapatos 34
4.1 que oprimís a los p y quebrantáis a los 1800
5.11 puesto que vejáis al p y recibís de él 1800
5.12 sé que...hacéis perder su causa a los p 34
8.4 los que...arruináis a los p de la tierra 6041
8.6 para comprar los p por dinero, y los 1800
Hab 3.14 regocijo era como para devorar al p 6041
Sof 3.12 dejaré en...ti un pueblo humilde y p 1800
Zac 7.10 no oprimáis a...al extranjero ni al p 6041
11.7 apacenté, pues, las...los p del rebaño 6041
11.11 y así conocieron los p del rebaño que 6041
Mt 5.3 **bienaventurados...p en espíritu, porque** *4434*
11.5 **ven...y a los p es anunciado el evangelio** *4434*
19.21 **vende...dalo a los p, y tendrás tesoros** *4434*
26.9 porque esto podía...haberse dado a los p *4434*
26.11 **siempre tendréis p con vosotros, pero** *4434*
Mr 10.21 **dalo a los p, y tendrás tesoro en el** *4434*
12.42 vino una viuda p, y echó dos blancas *4434*
12.43 **esta viuda p echó más que todos los que** *4434*
14.5 haberse vendido...y haberse dado a los p *4434*
14.7 **siempre tendréis a los p con vosotros, y** *4434*
Lc 4.18 **ungido para dar buenas nuevas a los p** *4434*
6.20 **decía: Bienaventurados vosotros los p** *4434*

7.22 **ven... y a los *p* es anunciado el evangelio** *4434*
14.13 **cuando hagas banquete, llama a los *p*** *4434*
14.21 **trae acá a los *p*, los mancos, los cojos** *4434*
18.22 **vende todo lo que tienes, y dalo a los *p*** *4434*
19.8 la mitad de mis bienes doy a los *p*; y si *4434*
21.2 vio también a una viuda muy *p*, que echaba *3998*
21.3 **digo, que esta viuda *p* echó más que todos** *4434*
Jn 12.5 ¿por qué no...vendido...y dado a los *p*? *4434*
12.6 dijo esto, no porque se cuidara de los *p* *4434*
12.8 **a los *p* siempre los tendréis... mas a mí** *4434*
13.29 compra lo que...que diese algo a los *p* *4434*
Ro 15.26 a bien hacer una ofrenda para los *p* *4434*
1 Co 13.3 mis bienes para dar de comer a los *p* *4434*
2 Co 6.10 como *p*, mas enriqueciendo a muchos *4434*
8.9 que por amor a vosotros se hizo *p*, siendo *4433*
9.9 como está escrito: Repartió, dio a los *p* *3993*
Gá 2.10 pidieron que nos acordásemos de los *p* *4434*
4.9 os volvéis de nuevo a los...*p* rudimentos *4434*
He 11.37 espada...*p*, angustiados, maltratados *5302*
Stg 2.2 si...entre un *p* con vestido andrajoso *4434*
2.3 y decís al *p*: Estate tú allí en pie, o *4434*
2.5 ha elegido Dios a los *p* de este mundo *4434*
2.6 pero vosotros habéis afrentado al *p*. ¿No *4434*
Ap 3.17 **no sabes que tú eres un... miserable, *p*** *4434*
13.16 ricos y *p*, libres y esclavos, se les *4434*

POBRECILLA
Is 10.30 que se oiga hacia Lais, *p* Anatot 6041

POBRECITA
Is 54.11 *p*, fatigada...tempestad, sin consuelo 6041

POBREZA
Gn 45.11 que no perezcas de *p* tú y tu casa, y 3423
Job 30.3 por causa de la *p* y del hambre andaban 2639
36.15 al pobre librará de su *p*, y...aflicción 6040
Pr 6.11 así vendrá...y tu *p* como hombre armado 7389
10.15 y el desmayo de los pobres es su *p* 7389
11.24 hay quienes retienen...pero vienen a *p* 4270
13.18 *p*...tendrá el que menosprecia el consejo 7389
21.5 el que se apresura...de cierto va a la *p*
24.34 así vendrá...y tu *p* como hombre armado 7389
28.19 que sigue a los ociosos se llenará de *p* 7389
28.22 avaro, y no sabe que le ha de venir *p* 2639
28.27 el que da al pobre no tendrá *p*; mas el 4270
30.8 no me des *p* ni riquezas; manténme del 7389
Mr 12.44; Lc 21.4 mas ésta, de su *p* echó todo *5304*
2 Co 8.2 su profunda *p* abundaron en riquezas *4432*
8.9 vosotros con su *p* fueseis enriquecidos *4432*
Ap 2.9 **conozco tus... tu *p* (pero tú eres rico)** *4432*

POCO, A *Véase también el Apéndice*
Gn 30.30 porque *p* tenías antes de mi venida, y 4592
47.9 *p* y malos han sido los días de los años
Éx 16.18 no...ni faltó al que había recogido *p* 4591
Nm 13.18 si es fuerte o débil, si *p* o numeroso
16.13 ¿es *p* que nos hayas hecho venir de una 4592
Dt 4.27 quedaréis *p*...entre las naciones a las
7.22 Jehová...echará a estas naciones...*p* a *p* 4592
33.6 viva Rubén, y...y no sean *p* sus varones
Jos 7.3 no fatigues a todo el pueblo...son *p*
1 S 2.30 que me desprecian serán tenidos en *p* 7043
10.27 y le tuvieron en *p*, y no le trajeron
18.23 ¿os parece...que es *p* ser yerno del rey 7043
2 S 12.8 y si esto fuera *p*, te habría añadido 4592
12.9 ¿por qué, pues, tuviste en *p* la palabra 959
19.43 ¿por qué, pues, nos habéis tenido en *p*? 7043
1 Cr 16.19 eran *p* en número, *p* y forasteros en
17.17 y aun esto, oh Dios, te ha parecido *p* 4592
Neh 9.32 no sea tenido en *p*...el sufrimiento que 4591
Job 10.20 ¿no son *p* mis días? Cesa, pues, y 4592
15.11 ¿en tan *p* tienes las consolaciones de 4592
31.13 tenido en *p* el derecho de mi siervo y 4592
Sal 37.16 mejor es lo *p* del justo, que las 4592
105.12 cuando ellos eran *p*...y forasteros en
Pr 6.30 no tienen en *p* al ladrón si hurta para 936
15.16 mejor es lo *p* con el temor de Jehová 4592
15.32 tiene en *p* la disciplina menosprecia su 3988
16.8 mejor es lo *p* con justicia que...frutos 4592
Is 7.13 ¿os es *p* el ser molestos a los hombres 4592
16.14 los sobrevivientes serán *p*, pequeños y
49.6 *p* es para mí que tú seas mi siervo para 7043
Jer 33.24 han tenido en *p* a mi pueblo, hasta 5006
42.2 de muchos hemos quedado unos *p*, como
Lm 4.9 porque éstos murieron *p* a *p* por falta
Ez 5.3 tomarás también de allí...*p* en número
16.47 si esto fuera *p* y muy *p*, te corrompiste 4592,6962
Hag 1.9 buscáis...y halláis *p*; y encerráis en
Mt 20.16 **muchos son llamados, mas *p* escogidos**
22.14 **muchos son llamados, y *p* escogidos**
25.23 **sobre *p* has sido fiel, sobre mucho te**
Lc 13.23 dijo: Señor, ¿son *p* los que se salvan?
19.17 **cuanto en lo *p* has sido fiel, tendrás** *1646*
Jn 6.7 para que cada uno de ellos tomase un *p* *1024*
12.35 **aún por un *p* está la luz entre vosotros** *3398*
13.33 hijitos, aún estaré con vosotros un *p* *8040*
14.19 **todavía un *p*, y el mundo no me verá** *3397*
16.16,17,19 un *p*, y no me veréis; y de...un *p* *3397*
16.18 **¿qué quiere decir con: Todavía un *p*?** *3397*
Hch 26.29 por *p* o por mucho, no solamente tú *3397*
28.2 los naturales nos trataron con
no *p* humanidad *5177*
1 Co 16.11 por tanto, nadie le tenga en *p*, sino *1848*
1 Ti 4.12 ninguno tenga en *p* tu juventud, sino *7706*

PODADERA
Is 18.5 podará con *p* las ramitas, y cortará y

PODAR
Lv 25.3 seis años *podarás* tu viña y recogerás 2168
25.4 séptimo año...no sembrarás...ni *podarás* 2168
Is 5.6 no será *podada* ni cavada, y crecerán 2167
18.5 entonces *podará* con podaderas...ramitas 2168

PODER *(s.)*
Gn 31.29 *p* hay en mi mano para haceros mal 410
31.32 aquel en cuyo *p* hallares tus dioses, no
35.4 los dioses ajenos que había en *p* de ellos
39.4 él...entregó en su *p* todo lo que tenía 3072
44.16 aquel en cuyo *p* fue hallada la copa
44.17 el varón en cuyo *p* fue hallada la copa
49.3 principal en dignidad, principal en *p* 5794
Éx 9.16 te he puesto para mostrar en ti mi *p* 3581
15.6 tu diestra...ha sido magnificada en *p*; tu 3581
15.7 con la grandeza de tu *p* has derribado a 1347
15.13 lo llevaste con tu *p* a tu santa morada 5797
32.11 sacaste...con gran *p* y con mano fuerte? 3581
Lv 25.28 estará en *p* del que lo compró hasta 3027
25.30 quedará...en *p* de aquel que la compró
Nm 14.13 oirán...sacaste a este pueblo con tu *p* 3581
14.17 ruego que sea magnificado el *p* del 3581
21.26 Sebón...tomado de su *p* toda su tierra 3027
31.49 de los hombres...que están en nuestro *p* 3027
Dt 2.36 las entregó Jehová...Dios en nuestro *p*
4.37 te sacó de Egipto con...y con su gran *p* 3581
8.17 *p* y la fuerza de mi mano me han traído 3581
8.18 él te da el *p* para hacer las riquezas 3581
9.29 y tu heredad, que sacaste con tu gran *p* 3581
34.12 en el gran *p* y en los hechos grandiosos 2389
Jos 17.17 eres gran pueblo, y tienes grande *p* 3581
Jue 5.21 de Cisón. Marcha, oh alma mía, con *p* 5797
17.2 aquí el dinero está en mi *p*; yo lo tomé
1 S 2.1 mi *p* se exalta en Jehová; mi boca se
2.4 los fuertes...los débiles se ciñeron de *p* 2428
2.10 dará *p* a su Rey, y exaltará el poderío 5797
10.6 el Espíritu...vendrá sobre ti con *p*, y
10.10; 11.6 el Espíritu...vino sobre él con *p*
2 R 13.5 dio...y salieron del *p* de los sirios 3027
17.36 a Jehová, que os sacó...con grande *p* y 3581
19.26 sus moradores fueron de corto *p*; fueron 3027
22.9 lo han entregado en *p* de los que hacen
1 Cr 16.11 buscad a Jehová y su *p*; buscad su 5797
16.27 alabanza y...*p* y alegría en su morada 5797
16.28 tributad a Jehová...a Jehová gloria y *p* 5797
25.5 Hemán, vidente del rey...para exaltar su *p*
29.11 tuya es, oh Jehová...y el *p*, la gloria 1369
29.12 en tu mano está la fuerza y el *p*, y en 3581
29.12 en tu mano el hacer grande y el dar *p* 1369
29.30 todo lo relativo a su reinado, y su *p* 1369
2 Cr 6.41 para habitar...tú y el arca de tu *p* 5797
13.20 nunca más tuvo Jeroboam *p* en los días 3581
16.9 mostrar su *p* a favor de los que tienen 2388
20.6 ¿no está en tu mano tal fuerza y *p*, que 3581
25.8 en Dios está el *p*, o para ayudar, o para 3581
Esd 4.23 les hicieron cesar con *p* y violencia 2429
8.22 su *p* y su furor contra todos los que le 5797
Neh 1.10 los cuales redimiste con tu gran *p* 3581
Est 1.4 para mostrar...la magnificencia de su *p* 1420
10.2 su *p* y autoridad, y el relato sobre la 8633
Job 5.20 te salvará de...y del *p* de la espada 3027
6.23 y redimidme del *p* de los violentos? 6184
12.13 con Dios está la sabiduría y el *p*; suyo 1369
12.16 con él está el *p* y la sabiduría; suyo 5797
23.9 si muestra su *p* al norte, yo no lo veré
24.22 pero a los fuertes adelantó con su *p* 3581
26.2 ¿en qué ayudaste al que no tiene *p*? 3581
26.12 él agita el mar con su *p*, y con...hiere 3581
26.14 pero el trueno de su *p*, ¿quién lo puede 1369
30.21 cruel...con el *p* de tu mano me persigues 6108
31.23 contra cuya majestad yo no tendría *p*
36.19 del oro, o de todas las fuerzas del *p*? 3581
36.22 Dios es excelso en su *p*; ¿qué enseñador 3581
37.23 él es Todopoderoso...grande en *p*; y en 3581
Sal 18.32 Dios es el que me ciñe de *p*, y quien 2428
21.1 el rey se alegra en tu *p*, oh Jehová; y en 5797
21.13 engrandécete, oh Jehová, en tu *p* 1369
22.20 libra...mi alma, del *p* del perro mi vida 3027
29.1 tributad...dad a Jehová la gloria y el *p* 5797
29.11 Jehová dará *p* a su pueblo...bendecirá 5797
49.15 Dios redimirá mi vida del *p* del Seol 3027
54.1 oh Dios, sálvame...con tu *p* defiéndeme 1369
59.9 a causa del *p* del enemigo esperaré en 5797
59.11 dispérsalos con tu *p*, y abátelos, oh 2428
59.16 pero yo cantaré de tu *p*, y alabaré de 5797
62.11 veces he oído esto: Que de Dios es el *p* 5797
63.2 para ver tu *p* y tu gloria, así como te 5797
65.6 tú, el que afirma los montes con su *p* 1369
66.3 por la grandeza de tu *p* se someterán a 5797
66.7 él señorea con su *p* para siempre; sus 1369
68.34 atribuid *p* a Dios; sobre Israel es su
68.34 sobre Israel...su *p* está en los cielos
71.18 que anuncie tu *p* a la posteridad, y tu 1369
74.13 dividiste el mar con tu *p*...monstruos
75.5 no hagáis alarde de vuestro *p*...erviz
75.10 pero el *p* del justo será exaltado
77.14 tú...hiciste notorio en los pueblos tu *p*
78.26 cielo, y trajo con su *p* el viento sur 5797
80.2 despierta tu *p* delante de Efraín, de
84.7 irán de *p* en *p*; verán a Dios en Sion
86.16 da tu *p* a tu siervo, y guarda a al hijo
89.17 por tu...voluntad acrecentarás nuestro *p*
89.24 él, y en mi nombre será exaltado su *p*
89.48 ¿qué...¿librará su vida del *p* del Seol?
90.11 ¿quién conoce el *p* de tu ira, y tu 5797
93.1 Jehová se vistió, se ciñó de *p*. Afirmó
96.6 alabanza y...*p* y gloria en su santuario
96.7 pueblos, dad a Jehová la gloria y el *p*
105.4 buscad a Jehová y su *p*; buscad...rostro
106.8 él los salvó...para hacer notorio su *p* 1369
106.41 los entregó en *p* de las naciones, y
107.2 los que ha redimido del *p* del enemigo
110.2 enviará desde Sion la vara de tu *p*
110.3 se te ofrecerá...en el día de tu *p*, en 2428
111.6 el *p* de sus obras manifestó a su pueblo 3581
112.9 siempre; su *p* será exaltado en gloria
132.8 levántate, oh...tú y el arca de tu *p*
132.17 allí haré retoñar el *p* de David; he
145.6 *p* de tus hechos...hablarán los hombres
145.11 de tu reino digan, y hablen de tu *p* 1369
147.5 grande...el Señor nuestro, y de mucho *p* 3581
Pr 3.27 no te...cuando tuvieres *p* para hacerlo 410
8.14 yo soy la inteligencia; mío es el *p* 1369
18.21 la muerte y la vida están en *p* de la 3027
Is 8.7 es, al rey de Asiria con todo su *p*; él 3519
10.13 con el *p* de mi mano lo he hecho, y con 3581
11.2 reposará sobre él el Espíritu de...y de *p* 1369
11.15 Jehová...levantará su mano con el *p* de 5868
23.10 de Tarsis, porque no tendrás ya más *p* 4206
33.13 vosotros...estáis cerca, conoced mi *p* 1369
37.27 sus moradores fueron de corto *p*; fueron 3027
40.10 aquí que Jehová el Señor vendrá con *p* 2389
40.26 tal es...su fuerza, y el *p* de su dominio 3581
47.14 no salvarán sus vidas del *p* de la llama 3027
50.2 ¿no hay en mí *p* para librar? He aquí que 3581
51.9 despiértate, vístete de *p*, oh brazo de 5797
52.1 vístete de *p*, oh Sion; vístete tu ropa 5797
63.1 éste...que marcha en la grandeza de su *p*? 3581
63.15 ¿dónde está tu celo, y tu *p*...conmigo? 1369
64.7 nos dejaste marchitar en *p* de nuestras
Jer 10.5 ni...mal, ni para hacer bien tienen *p*
10.12 el que hizo la tierra con su *p*, el que 3581
16.21 haré conocer mi mano y mi *p*, y sabrán 1369
27.5 con mi gran *p* y con mi brazo extendido 3581
32.17 hiciste el cielo y la...con tu gran *p* 3581
38.10 toma en tu *p* treinta hombres de aquí
38.11 tomó Ebed-melec en su *p* a los hombres
48.25 cortado es el *p* de Moab, y su brazo
51.15 el que hizo la tierra con su *p*, el que 3581
Lm 2.17 y enalteció el *p* de tus adversarios
Ez 17.9 sin gran *p* ni...gente para arrancarla 2220
22.6 cada uno según su *p*, se esfuerzan en 2220
23.5 cometió fornicación aun estando en mi *p*
29.21 haré retoñar el *p* de la casa de Israel
30.18 cuando quebrante yo allí el *p* de Egipto
35.5 entregaste a...Israel al *p* de la espada 3027
Dn 2.20 porque suyos son el *p* y la sabiduría 1370
2.37 el Dios del cielo te ha dado reino, *p* 2632
3.27 el fuego no había tenido *p* alguno sobre 7981
4.30 que yo edifiqué...con la fuerza de mi *p* 2632
6.27 ha librado a Daniel del *p* de los leones 3028
8.4 ni había quien escapase de su *p*; y hacía 3028
8.7 no hubo quien librase al carnero de su *p* 3581
8.24 su *p* se fortalecerá, mas no con fuerza 3581
11.3 el cual dominará con gran *p* y hará su 4474
11.16 la tierra gloriosa...consumida en su *p*
11.17 para venir con el *p* de todo su reino 8633
12.7 se acabe la dispersión del *p* del pueblo 3027
Os 12.3 hermano, y con su *p* venció al ángel 8280
Am 6.13 hemos adquirido *p* con nuestra fuerza? 2392
Mi 2.1 el mal...porque tienen en su mano el *p*! 410
3.8 mas yo estoy lleno de *p* del Espíritu de 3581
5.4 él estará, y apacentará con *p* de Jehová 5797
Nah 1.3 Jehová es tardo para la...y grande en *p* 3581
2.1 cíñete los lomos, refuerza mucho tu *p* 3581
Hab 2.9 su nido, para escaparse del *p* del mal! 3709
3.4 de su mano, y allí estaba escondido su *p* 5797
Mt 6.13 **tuyo es el reino, y el *p*, y la gloria** *1411*
14.2 es Juan...y por eso actúan en él estos *p* *1411*
22.29 **ignorando las Escrituras y el *p* de Dios** *1411*
24.30 **sobre las nubes... con *p* y gran gloria** *1411*
26.64 **sentado a la diestra del *p* de Dios, y** *1411*
Mr 5.30 **conociendo... *p* que había salido de él** *1411*
6.14 Juan el...por eso actúan en él estos *p* *1411*
9.1 **hayan visto el reino de Dios venido con *p*** *1411*
12.24 **ignoráis... Escrituras, y el *p* de Dios?** *1411*
13.26 **vendrá en las nubes con gran *p* y gloria** *1411*
14.62 **sentado a la diestra del *p* de Dios, y** *1411*
Lc 1.17 irá delante de él con el...*p* de Elías *1411*
1.35 y el *p* del Altísimo te cubrirá con su *1411*
4.14 volvió en el *p* del Espíritu a Galilea *1411*
4.36 con...*p* manda a los espíritus inmundos *1411*
5.17 el *p* del Señor estaba con él para sanar *1411*
6.19 porque *p* salía de él y sanaba a todos *1411*
8.46 **porque yo he conocido que ha salido *p* de** *1411*
9.1 *p* y autoridad sobre todos los demonios *1411*
12.5 **después... tiene *p* de echar en el infierno** *1849*
20.20 para entregarle al *p* y...del gobernador *746*
21.27 **vendrá en una nube con *p* y gran gloria** *1411*
22.69 **se sentará a la diestra del *p* de Dios** *1411*
24.49 **hasta que seáis investidos de *p* desde** *1411*
Jn 10.18 ***p* para ponerla, y... *p* para volverla a** *1849*
Hch 1.8 **pero recibiréis *p*, cuando haya venido** *1411*
3.12 por nuestro *p* o piedad hubiésemos hecho *1411*
4.33 gran *p* los apóstoles daban testimonio de *1411*
5.4 y vendida, ¿no estaba en tu *p*? ¿Por qué *1849*
6.8 y Esteban, lleno de gracia y de *p*, hacía *1411*
8.10 diciendo: Este es el gran *p* de Dios *1411*
8.19 diciendo: Dadme también a mí este *p*, para *1849*
10.38 Dios ungió con...*p* a Jesús de Nazaret *1411*
20.32 la palabra de su gracia, que tiene *p* *1410*
26.10 habiendo recibido *p* de los principales *1849*
26.12 iba yo a Damasco con *p* y en comisión de *1849*
Ro 1.4 declarado Hijo de Dios con *p*, según el *1411*
1.16 es *p* de Dios para salvación a todo aquel *1411*
1.20 cosas invisibles...su eterno *p* y deidad *1411*
9.17 para mostrar en ti mi *p*, y para que mi *1411*

P

9.22 y hacer notorio su *p*, soportó con mucha *1411*
15.13 que abundéis en esperanza por el *p* del *1411*
15.19 señales...en el *p* del Espíritu de Dios *1411*
1 Co 1.18 pero a los que se salvan...*p* de Dios *1411*
1.24 Cristo *p* de Dios, y sabiduría de Dios *1411*
2.4 sino con demostración del Espíritu y de *p*....... *1411*
2.5 no esté fundada en...sino en el *p* de Dios *1411*
4.19 y conoceré...sino el *p* de los que andan........ *1411*
4.20 el reino...no consiste en palabras...en *p* *1411*
5.4 con el *p* de nuestro Señor Jesucristo............ *1411*
6.14 también a nosotros nos levantará...su *p*....... *1411*
15.43 siembra en debilidad, resucitará en *p* *1411*
15.56 es el pecado, y el *p* del pecado, la ley *1411*
2 Co 4.7 que la excelencia del *p* sea de Dios *1411*
6.7 en *p* de Dios, con armas de justicia a *1411*
12.9 mi *p* se perfecciona en la debilidad............ *1411*
12.9 para que repose sobre mí el *p* de Cristo *1411*
13.4 fue...en debilidad, vive por el *p* de Dios *1411*
13.4 pero viviremos con él por el *p* de Dios......... *1411*
Ef 1.19 grandeza de su *p* para con nosotros los........ *1411*
1.19 según la operación del *p* de su fuerza *2904*
1.21 sobre todo...*p* y señorío, y sobre todo *1849*
3.7 ha sido dado según la operación de su *p*........ *1411*
3.16 el ser fortalecidos con *p* en el hombre *2904*
3.20 es poderoso...el *p* que actúa en nosotros *1411*
6.10 fortaleceos en el...en el *p* de su fuerza *2904*
Fil 3.10 conocerle, y el *p* de su resurrección *1411*
3.21 *p* con el cual puede también sujetar a *1411*
Col 1.11 fortalecidos con todo *p*, conforme a *2904*
2.12 mediante la fe en el *p* de Dios que le
1 Ts 1.5 también en *p*, en el Espíritu Santo............. *1411*
2 Ts 1.7 manifieste...con los ángeles de su *p*............ *1411*
1.9 excluidos de la...y de la gloria de su *p* *2479*
1.11 cumpla todo...y toda obra de fe en su *p* *1411*
2.9 gran *p* y señales y prodigios mentirosos *1411*
2.11 Dios les envía un *p* engañoso, para que........ *1753*
2 Ti 1.7 sino de *p*, de amor y de dominio propio........ *1411*
1.8 sino participa de las...según el *p* de Dios........ *1411*
He 1.3 quien sustenta...con la palabra de su *p* *1411*
6.5 gustaron de...y los *p* del siglo venidero......... *1411*
7.16 según el *p* de una vida indestructible *1411*
1 P 1.5 que sois guardados por el *p* de Dios............ *1411*
4.11 ministre conforme al *p* que Dios da, para...... *2479*
2 P 1.3 nos han sido dadas por su divino *p*............. *1411*
1.16 hemos dado a conocer el *p* y la venida de...... *1411*
Ap 4.11 Señor, digno eres de recibir...y el *p*........... *1411*
5.12 el Cordero...es digno de tomar el *p*, las *1411*
5.13 al Cordero, sea...el *p*, por los siglos de *2904*
6.4 le fue dado *p* de quitar de la tierra la
7.2 se les había dado el *p* de hacer daño a.......... *1849*
7.12 la honra y el *p*...sean a nuestro Dios por *1849*
9.3 les dio *p*, como tienen *p* los escorpiones......... *1849*
9.10 en sus colas tenían *p* para dañar a los......... *1849*
9.19 el *p* de los caballos estaba en su boca.......... *1849*
11.6 éstos tienen *p* para cerrar el cielo, a........... *1849*
11.6 *p* sobre las aguas para convertirlas en *1849*
11.17 has tomado tu gran *p*, y has reinado *1411*
12.10 ha venido..el *p*, y el reino de...Dios *1849*
13.2 y el dragón le dio su *p* y su trono, y *1411*
14.18 otro ángel, que tenía *p* sobre el fuego *1849*
15.8 y el templo se llenó de humo...por su *p*......... *1411*
16.9 de Dios que tiene *p* sobre estas plagas......... *1849*
17.13 y entregarán su *p* y su autoridad a la......... *1411*
18.1 vi a otro ángel descender...con gran *p* *1849*
19.1 gloria y *p* son del Señor Dios nuestro.......... *1411*

PODER *(v.) Véase también el Apéndice*

Gn 13.16 si alguno *puede* contar el polvo de........... 3201
15.5 cuenta las estrellas...las *puedes* contar 3201
16.10 que no *podrá* ser contada a causa de la
19.19 no *podré* escapar al monte, no sea que
29.8 no *podemos*, hasta que se junten todos
31.35 porque no me *puedo* levantar delante de
32.12 arena del mar, que no se *puede* contar
32.25 el varón vio que no *podía* con él, tocó
34.14 no *podemos*...esto de dar nuestra hermana
41.8 quien los *pudiese* interpretar a Faraón
43.32 egipcios no *pueden* comer pan con los
44.34 no *podré*, por no ver el mal...mi padre
45.1 no *podía* ya José contenerse delante de
Éx 8.18 para sacar piojos...pero no *pudieron*
40.35 no *podía* Moisés entrar...el tabernáculo 3201
Lv 10.10 para *poder* discernir entre lo santo
14.22 dos palominos, según *pueda*; uno será 5381
14.30 o uno de los palominos, según *pueda*
25.31 *podrán* ser rescatadas, y saldrán en el
26.37 no *podréis* resistir delante...enemigos
27.29 ninguna...anatema *podrá* ser rescatada
Nm 6.20 después el nazareo *podrá* beber vino
11.14 no *puedo* yo solo soportar...este pueblo...... 3201
13.30 porque más *podremos* nosotros que ellos..... 3201
14.16 no *pudo* Jehová meter este pueblo en la...... 3201
22.37 y Balac dijo...¿No *puedo* yo honrarte? 3201
22.38 mas ¿*podré* ahora hablar alguna cosa?
23.20 él dio bendición, y no *podré* revocarla
Dt 1.9 yo os hablé...Yo solo no *puedo* llevaros......... 3201
7.17 naciones...¿cómo las *podré* exterminar?
9.28 por cuanto no *pudo* Jehová introducirlos...... 3201
17.15 no *podrás* poner sobre ti a...extranjero
24.4 no *podrá* su primer marido...volverla a
28.35 te herirá...sin que *puedas* ser curado
32.39 y no hay quien *pueda* librar de mi mano
Jos 7.13 no *podrás* hacer frente a tus enemigos
Jue 14.14 no *pudieron* declararle el enigma en
21.18 nosotros no les *podemos* dar mujeres de
Rt 1.11 hijos...*puedan* ser vuestros maridos?
1 S 6.20 ¿quién *podrá* estar delante de Jehová......... 3201
17.9 *pudiere* pelear conmigo, y me venciere........ 3201
17.9 si yo *pudiere* más que él, y lo venciere
2 S 10.11 si los sirios *pudieren* más que yo, tú
10.11 si los hijos de Amón *pudieren* más que
12.23 ¿*podré* yo hacerle volver? Yo voy a él
13.14 *pudiendo* más que ella, la forzó, y se
1 R 9.21 hijos de Israel no *pudieron* acabar 3201
16.22 el pueblo que seguía a Omri *pudo* más
2 R 3.26 atacar al rey de Edom...no *pudieron*
8.1 vete tú y...tu casa a vivir donde *puedas*
1 Cr 21.4 la orden del rey *pudo* más que Joab
2 Cr 5.14 no *podían* los sacerdotes estar allí
13.7 perversos, y *pudieron* más que Roboam
32.13 ¿*pudieron* los dioses de las naciones 3201
32.14 ¿cómo *podrá* vuestro Dios libraros de........ 3201
Esd 10.13 y no *podemos* estar en la calle; ni 3581
Job 6.30 ¿acaso...no *puede* mi paladar discernir
28.16 no *puede* ser apreciada con oro de Ofir
33.5 respóndeme si *puedes*; ordena...palabras
38.31 ¿*podrás* tú...los lazos de las Pléyades
41.10 quién, pues, *podrá* estar delante de mí?
42.2 yo conozco que todo lo *puedes*, y que no
Sal 76.7 quién *podrá* estar en pie delante de
Is 29.11 dirá: No *puedo*, porque está sellado
36.9 *podrás* resistir a un capitán, al menor
57.20 tempestad, que no *puede* estarse quieto
64.5 los pecados...¿*podremos* acaso ser salvos?
Jer 3.5 has...hecho cuantas maldades *pudiste*
13.23 ¿*podréis* vosotros hacer bien, estando
18.6 ¿no *podré* yo hacer de vosotros como este
19.11 una vasija...que no se *puede* restaurar
20.9 un fuego...traté de sufrirlo, y no *pude*
24.2 malos, que de malos no se *podían* comer
24.8 higos...que de malos no se *pueden* comer
29.17 higos...que de tan malos no se *pueden*
31.37 si los cielos arriba se *pueden* medir
33.20 si *pudiereis* invalidar mi pacto con el
33.21 *podrá* también invalidarse mi pacto con
38.5 el rey nada *puede* hacer contra vosotros
49.10 descubriré sus...y no *podrá* esconderse...... 3201
49.23 se derritieron en...no *pueden* sosegarse
Lm 1.14 en manos contra las cuales no *podré* 3201
Ez 7.19 ni su plata ni su oro *podrá* librarlos 3201
Dn 2.26 ¿*podrás* tú hacerme conocer el sueño......... 3546
4.18 *puedes*, porque mora en ti el espíritu de 3201
10.17 *podrá* el siervo de mi señor hablar con
Jon 1.13 mas no *pudieron*, porque el mar se iba
Hab 2.19 a la piedra muda...¿*Podrá* él enseñar?
Mal 3.2 quién *podrá* soportar...de su venida?
3.2 ¿o quién *podrá* estar en pie cuando él se
Mt 6.27 **quién...*podrá*, por mucho que se afane**
9.15 ***pueden* los que están de bodas tener luto**
9.28 **les dijo: ¿Creéis que *puedo* hacer esto?**........ *1410*
12.29 **¿Cómo *puede* alguno entrar en la casa**
16.3 **las señales de los tiempos no *podéis*!**
19.25 diciendo: ¿Quién, pues, *podrá* ser salvo?
20.22 **¿podéis beber del...le dijeron: *Podemos***...... *1410*
26.53 **que no *puedo* ahora orar a mi padre, y**
Mr 2.19 **¿acaso *pueden* los que están de bodas**
6.19 Herodías...deseaba matarle, y no *podía*
8.4 ¿de dónde *podrá* alguien saciar de pan a
9.18 dije a...lo echasen fuera, y no *pudieron*
9.43,45 al fuego que no *puede* ser apagado
10.26 entre sí: ¿Quién, pues, *podrá* ser salvo?
10.38 ***podéis* beber del vaso que yo bebo, o**
10.39 ellos dijeron: *Podemos*. Jesús les dijo
14.5 porque *podía* haberse vendido por más de
14.8 **ésta ha hecho lo que *podía*; porque se ha**
Lc 3.8 Dios *puede* levantar hijos a Abraham aun *1410*
9.40 rogué...le echasen fuera, y no *pudieron*
12.25 **quién de vosotros *podrá*...añadir a su**
12.26 **pues si no *podéis* ni aun lo que es menos**..... *1410*
13.24 **muchos procurarán entrar, y no *podrán***..... *2480*
14.26 **no aborrece...no *puede* ser mi discípulo**
14.27 **no lleva su...no *puede* ser mi discípulo**
14.32 **y si no *puede*...le envía una embajada y**
14.33 **no renuncia...no *puede* ser mi discípulo**
16.2 **porque ya no *podrás* más ser mayordomo**
16.3 **me quita la...Cavar, no *puedo*; mendigar**
16.26 **pasar de aquí a...no *pueden*, ni de allá**
18.26 dijeron: ¿Quién, pues, *podrá* ser salvo?
19.3 no *podía* a causa de la multitud, pues era
20.36 **porque no *pueden* ya más morir, pues son**
Jn 3.4 *puede* un hombre nacer siendo viejo?
3.4 ¿*puede* acaso entrar por segunda vez en el
3.27 no *puede* el hombre recibir nada, si no
5.19 **digo: No *puede* el Hijo hacer nada por sí**
5.44 **¿cómo *podéis*...creer, pues recibís gloria**
7.7 **no *puede* el mundo aborreceros a vosotros**
9.16 decían: ¿Cómo *puede* un hombre pecador
11.37 ¿no *podía* éste, que abrió los ojos al
Hch 8.31 ¿y cómo *podré*, si...no me enseñare?
8.37 si crees de todo corazón, bien *puedes*
10.47 ¿*puede* acaso alguno impedir el agua
13.39 la ley...no *pudisteis* ser justificados
17.15 viniesen a...lo más pronto que *pudiesen*
19.16 y dominándolos, *pudo* más que ellos, de
25.5 los que de vosotros *puedan*...desciendan
25.16 y *pueda* defenderse de la acusación
26.32 dijo...*Podía* este hombre ser puesto en
27.39 acordaron varar, si *pudiesen*, la nave
Ro 8.7 no se sujetan a la ley...tampoco *pueden*
8.8 según la...carne no *pueden* agradar a Dios
1 Co 16.6 *podrá* ser que me quede con vosotros
2 Co 1.4 para que *podamos*...consolar a los que....... *1410*
13.8 nada *podemos* contra la verdad, sino por
Gá 4.15 si hubieseis *podido*...hubierais sacado
6.7 Dios no *puede* ser burlado: pues todo lo
Ef 6.11 para que *podáis* estar firmes contra........... *1410*
Fil 3.21 el poder con el cual *puede*...sujetar *1410*
4.13 todo lo *puedo* en Cristo que me fortalece
1 Ts 2.6 *podíamos* seros carga como apóstoles
He 7.25 *puede* también salvar perpetuamente a....... *1410*
Stg 1.13 Dios no *puede* ser tentado por el mal
2.14 no tiene obras? ¿*Podrá* la fe salvarle?
3.8 que es un mal que no *puede* ser refrenado
5.16 la oración eficaz del justo *puede* mucho
2 P 1.15 *podáis*...tener memoria de estas cosas *2192*
Ap 5.3 ninguno...*podía* abrir el libro, ni aun *1410*
6.17 ira...¿y quién *podrá* sostenerse en pie?........ *1410*
9.20 imágenes...las cuales no *pueden* ver, ni
13.4 bestia, y quién *podrá* luchar contra ella?

PODERÍO

1 S 2.10 dará...y exaltará el *p* de su Ungido........... 7161
1 R 15.23 y todo su *p*, y todo lo que hizo, y 1369
16.5 su *p*, ¿no está todo escrito en el libro 1369
2 R 20.20 los...hechos de Ezequías, y todo su *p* 1369
Job 35.9 se lamentan por el *p* de los grandes.......... 7227
Sal 21.13 poder; cantaremos y alabaremos tu *p* 1369
75.10 quebrantaré todo el *p* de los pecadores 7161
78.61 entregó a cautiverio su *p*, y su gloria 5797
148.14 él ha exaltado el *p* de su pueblo 7161
Is 36.5 digo que el consejo y *p* para la guerra 1369
Jer 10.6 grande eres...grande tu nombre en *p*
Lm 2.3 cortó con...su ira todo el *p* de Israel........... 7161
Ez 24.21 la gloria de vuestro *p*, el deseo de 5797
30.6 la altivez de su *p* caerá; desde Migdol 5797
30.18 y cesará en ella la soberbia de su *p* 5797
32.29 los cuales con su *p* fueron puestos con
32.30 avergonzados de su *p*, yacen también
33.28 soledad, y cesará la soberbia de su *p*.......... 5797
Mi 7.16 naciones...se avergonzarán de todo su *p*
Zac 9.4 y herirá en el mar su *p*, y ella será 2428

PODEROSAMENTE

Hch 19.20 y prevalecía *p* la palabra del Señor *2596,2904*
Col 1.29 potencia de él, la cual actúa *p* en mí *1722,1411*

PODEROSO, A

Gn 10.8 Cus engendró a Nimrod...el primer *p* en 1368
26.13 y se engrandeció hasta hacerse muy *P* 1431
26.16 mucho más *p* que nosotros te has hecho...... 6105
49.24 su arco se mantuvo *p*, y los brazos de 46
Éx 14.8 los...de Israel habían salido con mano *p* 7311
Nm 33.3 salieron los...de Israel con mano *p*, a 7311
Dt 3.24 tú has comenzado a mostrar...tu mano *p* 2389
4.34 con guerra, y mano *p* y brazo extendido....... 2389
6.21 y Jehová nos sacó de Egipto con mano *p* 2389
7.1 siete naciones mayores y más *p* que tú 6099
7.8 os ha sacado Jehová con mano *p*, y os ha........ 2389
7.19 la mano *p* y el brazo extendido con que 2389
9.1 entrar a desposeer a naciones...más *p* que..... 6099
9.26 pueblo...que sacaste de Egipto con mano *p* ... 2389
10.17 Dios grande, *p* y temible, que no hace 1368
11.2 ni visto...mano *p*, y su brazo extendido........ 2389
11.23 desposeeréis naciones grandes y más *p* 6093
32.27 nuestra mano *p* ha hecho todo esto, y 7311
Jos 4.24 conozcan que la mano de Jehová es *p* 2389
Jue 5.13 marchó por él en contra de los *p* 1368
1 S 4.8 ¿quién nos librará...estos dioses *p*?............. 117
2 S 15.12 Absalón...la conspiración se hizo *p*........... 533
22.18 me libró de *p* enemigo, y de los que 5794
1 R 19.11 un...*p* viento que rompía los montes 2389
2 R 15.20 e impuso Manahem...sobre todos los *p*...... 1368
24.15 llevó cautivos...a los *p* de la tierra 193
1 Cr 1.10 Nimrod...llegó a ser *p* en la tierra............ 1368
28.1 reunió David...los más *p* y valientes de........ 1368
29.24 *p*...prestaron homenaje al rey Salomón...... 1368
2 Cr 6.32 hubiere venido...a causa...tu mano *p* 2389
13.21 Abías se hizo más *p*, Tomó 14 mujeres........ 2388
14.11 ayuda al *p* o al que no tiene fuerzas!
26.8 a Uzías, y...se había hecho altamente *p* 2388
26.13 el ejército de...de 307.500 guerreros *p*........ 1368
26.15 porque fue ayudado...hasta hacerse *p* 2388
28.7 Zicri, hombre *p*...mató a Maasías hijo de 1368
Esd 7.28 y de todos los príncipes *p* del rey.............. 1368
Neh 1.10 los cuales redimiste...con tu mano *p* 2389
Est 1.3 teniendo...a los más *p* de Persia y de 2428
Job 9.4 él es sabio de corazón, y *p* en fuerzas............ 533
12.19 lleva despojados...y trastorna a los *p* 386
34.20 pasarán, y sin mano será quitado el *p* 47
36.5 es grande...es *p* en fuerza de sabiduría 3524
Sal 18.17 me libró de mi *p* enemigo, y de los........... 5794
22.29 adorarán todos los *p* de la tierra; se
24.8 Jehová el fuerte...Jehová el *p* en batalla 1368
29.1 tributad a Jehová, oh hijos de los *p* 1121,410
50.3 delante de él, y tempestad *p* le rodeará........ 5794
52.1 ¿por qué te jactas de maldad, oh *p*? 1368
59.3 acechando...se han juntado contra mí *p* 5794
68.33 que cabalga...he aquí dará su voz, *p* voz 5797
69.4 se han hecho *p* mis enemigos, los que me...... 6105
71.16 vendré a...hechos *p* de Jehová el Señor 1369
76.4 eres tú, *p* más que los montes de caza
89.8 Jehová...¿quién como tú? *P* eres, Jehová 2626
89.10 tu brazo *p* esparciste a tus enemigos.......... 5797
89.19 puesto el socorro sobre uno que es *p* 1368
93.4 Jehová...es más *p* que el estruendo de las 117
103.20 vosotros sus ángeles, *p* en fortaleza......... 3581
106.2 ¿quién expresará las *p* obras de Jehová?..... 1369
112.2 su descendencia será *p* en la tierra; la 1368
135.10 destruyó a muchas...y mató a reyes *p* 6099
136.18 mató a reyes *p*, porque para siempre es...... 117
145.4 celebrará tus...anunciará tus *p* hechos 1369

145.12 hacer saber…sus *p* hechos, y la gloria 1369
Pr 18.18 suerte pone fin…decide entre los *p* 6099
Ec 6.10 contender con Aquel que es más *p* que 8623
7.19 fortalece al sabio más que diez *p* que.......... 7989
Is 28.2 Jehová tiene uno que es fuerte y *p* 3524
40.23 él, convierte en nada a los *p*, y a los
62.8 juró Jehová por su mano…por su *p* brazo..... 5797
Jer 20.11 Jehová está conmigo como *p* gigante 1368
32.18 Dios grande, *p*, Jehová de…ejércitos......... 1368
Ez 7.24 y haré cesar la soberbia de los *p*, y 5794
17.13 se llevó consigo a los *p* de la tierra 352
31.11 yo lo entregaré en manos del *p* de las 410
31.12 y lo destruirán…los *p* de las naciones
32.12 todos ellos serán los *p* de las naciones........ 1368
32.18 y despéñalo a él, y a…las naciones *p* 117
38.15 a caballo, gran multitud y *p* ejército 7227
Dn 9.15 sacaste tu pueblo…Egipto con mano *p*........ 2389
11.5 y se hará *p*; su dominio será grande.......... 2388
Mi 4.3 corregirá a naciones *p* hasta muy lejos......... 6099
Sof 3.17 está en medio de ti, *p*, él salvará.............. 1368
Mt 3.11 es más *p* que yo; él os bautizará en............ *2478*
Mr 1.7 viene tras mí el que es más *p* que yo *2478*
Lc 1.49 porque me ha hecho grandes cosas el *p* *1415*
1.52 quitó de los tronos a los *p*, y exaltó a........... *1413*
1.69 y nos levantó un *p* Salvador en la casa *2768*
3.16 pero viene uno más *p* que yo, de quien *2478*
24.19 *p* en obra y en palabra delante de Dios....... *1415*
Hch 7.22 Moisés…era *p* en sus palabras y obras *1415*
18.24 varón elocuente, *p* en las Escrituras.......... *1415*
Ro 4.21 *p* para hacer…lo que había prometido.......... *1415*
11.23 pues *p* es Dios para volverlos a injertar *1415*
14.4 *p* es el Señor para hacerle estar firme......... *1415*
1 Co 1.26 no sois…muchos *p*, ni muchos nobles *1415*
2 Co 9.8 *p* es Dios para hacer que abunde en.......... *1415*
10.4 armas…no son carnales, sino *p* en Dios *1415*
13.3 no es débil…sino que es *p* en vosotros.......... *1414*
Ef 3.20 a Aquel que es *p* para hacer todas las *1410*
2 Ti 1.12 estoy seguro que es *p* para guardar *1415*
He 2.18 *p* para socorrer a los que son tentados........ *1410*
11.19 que Dios es *p* para levantar aun de entre..... *1415*
1 P 5.6 humillaos, pues, bajo la *p* mano de Dios......... *2900*
Jud 24 aquel que es *p* para guardaros sin caída *1410*
Ap 6.15 los *p*, y todo siervo…se escondieron............ *1415*
18.8 será quemada…porque *p* es Dios el Señor *2478*
18.21 un ángel *p* tomó una piedra, como una *2478*

PODREDUMBRE
Is 5.24 así será su raíz como *p*, y su flor se 4716

PODRIDO, A
Job 41.27 estima como…el bronce como leño *p* 7539
Is 1.6 sana, sino herida, hinchazón y *p* llaga........... 2961
Stg 5.2 vuestras riquezas están *p*, y…ropas *4595*

PODRIR *Véase Pudrir*

POETA
Hch 17.28 como algunos…*p* también han dicho *4163*

POLILLA
Job 4.19 y que serán quebrantados por la *p*! 6211
13.28 mi cuerpo…como vestido que roe la *p* 6211
27.18 edificó su casa como la *p*, y…enramada 6211
Sal 39.11 deshaces como *p* lo más estimado de 6211
Is 50.9 como ropa de…serán comidos por la *p* 6211
51.8 como a vestidura los comerá *p*, como a......... 6211
Os 5.12 seré como *p* a Efraín, y como carcoma......... 6211
Mt 6.19 **no os hagáis tesoros en…donde la *p*** *4597*
6.20 **donde ni la *p* ni el orín corrompen, y** *4597*
Lc 12.33 **donde ladrón no llega ni *p* destruye** *4597*
Stg 5.2 y vuestras ropas están comidas de *p*........... *4598*

PÓLUX *Véase Cástor y Pólux*

POLVO
Gn 2.7 formó al hombre del *p* de la tierra, y........... 6083
3.14 sobre tu pecho andarás, y *p* comerás........... 6083
3.19 vuelvas a…pues *p* eres, y al *p* volverás 6083
13.16 tu descendencia como el *p* de la tierra 6083
13.16 alguno puede contar el *p* de la tierra.......... 6083
18.27 he comenzado a hablar a…aunque soy *p* 6083
28.14 tu descendencia como el *p* de la tierra 6083
Éx 8.16 extiende tu vara y golpea el *p* de la............ 6083
8.17 y golpeó el *p* de la tierra, el cual se 6083
8.17 el *p* de la tierra se volvió piojos en............. 6083
9.9 a ser *p* sobre toda la tierra de Egipto 80
30.36 y molerás parte de él en *p* fino, y lo
32.20 el becerro…molió hasta reducirlo a *p*......... 1854
Nm 5.17 tomará…del *p* que hubiere en el suelo 6083
23.10 ¿quién contará el *p* de Jacob, o el 6083
Dt 9.21 reducido a *p*; y eché el *p* de él en el............ 6083
28.24 dará…por lluvia a tu tierra *p* y ceniza 6083
Jos 7.6 él y los ancianos…echaron *p* sobre sus 6083
1 S 2.8 levanta del *p* al pobre, y del muladar 6083
2 S 16.13 Simei iba…delante…esparciendo *p* 6083
22.43 como *p* de la tierra los molí; como lodo........ 6083
1 R 16.2 levanté del *p* y te puse por príncipe............ 6083
18.38 y consumió…el *p*, y aun lamió el agua 6083
20.10 *p* de Samaria no bastará a los puños de...... 6083
2 R 13.7 los había puesto como el *p* para hollar 6083
23.6 la imagen…convirtió en *p*, y echó el *p*......... 6083
23.12 rey…arrojó el *p* al arroyo del Cedrón........ 6083
23.15 y lo hizo *p*, y puso fuego a la imagen 6083
2 Cr 1.9 sobre un pueblo numeroso como el *p* 6083
34.4 y esparció el *p* sobre los sepulcros de 1854
Neh 4.2 ¿resucitarán de…del *p* las piedras que
Job 2.12 esparcieron *p* sobre sus cabezas hacia....... 6083
4.19 en casas…cuyos cimientos están en el *p*....... 6083
5.6 porque la aflicción no sale del *p*, ni la 6083
7.5 mi carne está vestida…de costras de *p* 6083
7.21 porque ahora dormiré en el *p*, y si me.......... 6083
8.19 ciertamente…del *p* mismo nacerán otros 6083
10.9 diste forma; ¿y en *p* me has de volver? 6083
14.8 raíz, y su tronco fuere muerto en el *p*
14.19 agua…que se lleva el *p* de la tierra 6083
16.15 cosí cilicio…puse mi cabeza en el *p* 6083
17.16 Seol…juntamente descansarán en el *p*....... 6083
19.25 vive, y al fin se levantará sobre el *p*
20.11 su juventud, mas con él en el *p* yacerán 6083
21.26 yacerán ellos en el *p*, y gusanos los........... 6083
27.16 amontone plata como *p*, y prepare ropa 6083
28.2 el hierro se saca del *p*, y de la piedra
28.6 cuyas piedras son zafiro, y sus *p* de oro 6083
30.19 lodo, y soy semejante al *p* y a la ceniza 6083
34.15 perecería…y el hombre volvería al *p* 6083
38.38 cuando el *p* se ha convertido en dureza 6083
39.14 sus huevos, y sobre el *p* los calienta 6083
40.13 encúbrelos a todos en el *p*, encierra.......... 6083
42.6 por tanto…me arrepiento en *p* y ceniza....... 6083
Sal 7.5 huelle en…y mi honra ponga en el *p*........... 6083
18.42 y los molí como *p* delante del viento 6083
22.15 y me has puesto en el *p* de la muerte 6083
22.29 se postrarán…los que descienden al *p* 6083
30.9 te alabará el *p*? ¿Anunciará tu verdad? 6083
44.25 nuestra alma está agobiada hasta el *p* 6083
72.9 ante él se…y sus enemigos lamerán el *p* 6083
78.27 hizo llover sobre ellos carne como *p* 6083
102.14 aman…y del *p* de ella tienen compasión 6083
103.14 él conoce…se acuerda de que somos *p*...... 6083
104.29 hálito, dejan de ser, y vuelven al *p*........... 6083
113.7 él levanta del *p* al pobre, y al…alza 6083
119.25 abatida hasta el *p* está mi alma 6083
Pr 8.26 ni los campos, ni el principio del *p*............. 6083
Ec 3.20 es hecho del *p*, y…volverá al mismo *p* 6083
12.7 el *p* vuelve a la tierra, como era, y el 6083
Cnt 3.6 sahumada de mirra y de…*p* aromático?......... 81
Is 2.10 escóndete en el *p*, de la presencia 6083
5.24 su flor se desvanecerá como *p*; porque 80
17.13 serán…como el *p* delante del torbellino
25.12 y abatirá…echará a tierra, hasta el *p* 6083
26.5 la humilló hasta la tierra…hasta el *p*........... 6083
26.19 ¡despertad y cantad, moradores del *p*! 6083
29.4 saldrá del *p*, y…susurrará desde el *p*........... 6083
29.5 muchedumbre de tus enemigos será como....... 80
34.7 sangre, y su *p* se engrasará de grosura 6083
34.9 se convertirán en brea, y su *p* en azufre....... 6083
40.12 con tres dedos juntó el *p* de la tierra 6083
40.15 como menudo *p* en las balanzas le son 7834
40.15 que hace desaparecer las islas como *p* 7834
41.2 de reyes; los entregó a su espada como *p*...... 6083
47.1 desciende y siéntate en el *p*…Babilonia 6083
49.23 te adorarán…lamerán el *p* de tus pies 6083
52.2 sacúdete del *p*; levántate y siéntate............ 6083
65.25 el *p* será el alimento de la serpiente.......... 6083
Jer 17.13 escritos en el *p*, porque dejaron a 776
25.34 y clamad; revolcaos en el *p*, mayorales
Lm 2.10 echaron *p* sobre sus cabezas…cilicio.......... 6083
3.29 ponga su boca en el *p*, por si aún hay 6083
Ez 24.7 tierra para que fuese cubierta con *p* 6083
26.4 barreré de ella hasta su *p*, y la dejaré 6083
26.10 de sus caballos te cubrirá el *p* de ellos.......... 80
26.12 y pondrán…tu *p* en medio de las aguas 6083
27.30 *p* sobre sus cabezas, y se revolcarán 6083
Dn 12.2 los que duermen en el *p* de la tierra 6083
Am 2.7 pisotean en el *p* de la tierra…cabezas.......... 6083
Mi 1.10 revuélcate en el *p* de Bet-le-afra................ 6083
7.17 lamerán el *p* como la culebra; como las 6083
Nah 1.3 marcha en…nubes son el *p* de sus pies 80
Sof 1.17 la sangre de ellos…derramada como *p*....... 6083
Zac 9.3 y amontonó plata como *p*, y oro como 6083
Mt 10.14 **salid…sacudid el *p* de vuestros pies** *2868*
Mr 6.11 **sacudid el *p*…de vuestros pies, para** *5522*
Lc 9.5 ***p* de vuestros pies en testimonio contra**........ *2868*
10.11 **el *p*…que se ha pegado a nuestros pies** *2868*
Hch 13.51 sacudiendo contra ellos el *p* de sus *2868*
22.23 ellos gritaban…y lanzaban *p* al aire *2868*
Ap 18.19 *p* sobre sus cabezas, y dieron voces 5522

POLLINO
Gn 49.11 atando a la vid su *p*, y a la cepa el 5895
Job 11.12 hará entendido, cuando un *p* de asno 5895
Zac 9.9 cabalgando sobre…un *p* hijo de asna 1121
Mt 21.2 **hallaréis una asna atada…*p* con ella**......... *4454*
21.5 Rey…sobre un *p*, hijo de animal de carga *4454*
21.7 y trajeron el asna y el *p*, y pusieron............ *4454*
Mr 11.2 **en ella, hallaréis un *p* atado, en el** *4454*
11.4 hallaron el *p* atado afuera a la puerta......... *4454*
11.5 les dijeron: ¿Qué hacéis desatando el *p*?....... *4454*
11.7 trajeron el *p* a Jesús, y echaron sobre *4454*
Lc 19.30 **entrar en ella hallaréis un *p* atado** *4454*
19.33 cuando desataban el *p*, sus dueños les........ *4454*
19.33 les dijeron: ¿Por qué desatáis el *p*? *4454*
19.35 habiendo echado sus mantos sobre el *p* *4454*
Jn 12.15 **tu Rey viene, montado sobre un *p* de** *4454*

POLLO
Dt 22.6 cuando encuentres…algún nido…con *p*........ 667
22.6 y la madre echada sobre los *p* o sobre......... 1121
22.7 dejarás ir a la…tomarás los *p* para ti 1121
32.11 como el águila…revolotea sobre sus *p* 1469
Is 34.13 serán…para los *p* de los avestruces 1323
34.15 sacará sus *p*, y los juntará debajo de 7091
43.20 chacales y los *p* del avestruz; porque.... 1323,3284

POLLUELO
Job 38.41 cuando sus *p* claman a Dios, y andan 3206
39.30 sus *p* chupan la sangre; y donde hubiere 667
Sal 84.3 golondrina nido…donde ponga sus *p*.......... 667
Jer 50.39 allí morarán…en ella *p* de avestruz 1323,3284
Mt 23.37 **como la gallina junta sus *p* debajo de**........ *3556*
Lc 13.34 **la gallina a sus *p* debajo de sus alas**.......... *3555*

POMITO
Is 3.20 las cofias…*p* de olor y los zarcillos........ 1004,5315

POMPA
Hch 25.23 viniendo Agripa y Berenice con…*p*......... *5325*

PONCIO PILATO *Véase Pilato*

PONER
Gn 1.17 las *puso* Dios en la expansión de los 5414
2.8 y *puso* allí al hombre que había formado 7760
2.15 hombre, y lo *puso* en el huerto de Edén........ 3240
2.20 y *puso* Adán nombre a toda bestia y ave....... 7121
3.15 y *pondré* enemistad entre ti y la mujer 7896
3.24 y *puso* al oriente…de Edén querubines........ 7931
4.15 Jehová *puso* señal en Caín, para que no....... 7760
6.16 y *pondrás* la puerta del arca a su lado......... 7760
9.13 mi arco he *puesto* en las nubes, el cual 5414
9.23 y la *pusieron* sobre sus propios hombros 7760
12.19 *poniéndome* en ocasión de tomarla para
13.12 fue *poniendo* sus tiendas hasta Sodoma....... 167
15.10 y *puso* cada mitad una enfrente de la 5414
15.17 que *puesto* el sol, y ya oscurecido, se
16.9 vuélvete a…y *ponte* sumisa bajo su mano
17.2 y *pondré* mi pacto entre mí y ti, y te
17.5 te he *puesto* por padre de muchedumbre de
18.8 el becerro…y lo *puso* delante de ellos 5414
19.16 y lo sacaron y lo *pusieron* fuera de la 3240
21.14 dio a Agar, *poniéndolo* sobre su hombro 5414
21.28 entonces *puso* Abraham siete corderas 5324
21.29 siete corderas que has *puesto* aparte?........ 5324
22.6 la leña…y la *puso* sobre Isaac su hijo 7760
22.9 Isaac *puso* en el altar sobre la leña............ 7760
24.2 *pon* ahora tu mano debajo de mi muslo 7760
24.9 el criado *puso* su mano debajo del muslo 7760
24.10 *puesto* en camino, llegó…a la ciudad
24.33 le *pusieron* delante qué comer; mas él........ 7760
24.47 le *puse* un pendiente en su nariz, y 7760
27.37 le he *puesto* por señor tuyo, y le he
28.11 el sol se había *puesto*; y tomó de las 935
28.11 y tomó de las piedras de…y *puso* a su........ 7760
28.18 piedras que había *puesto* de cabecera........ 7760
28.22 y esta piedra que he *puesto* por señal 7760
30.32 yo pasaré…*poniendo* aparte…las ovejas
30.35 Labán…y las *puso* en mano de sus hijos...... 5414
30.36 y *puso* tres días de camino entre sí y 7760
30.38 y *puso* las varas…delante del ganado 3322
30.40 y *ponía* con su…rebaño los listados y 7896
30.40 y *ponía* su hato aparte, y no lo *p* con 7896
30.41 *ponía* las varas delante de las ovejas......... 7760
30.42 venían…ovejas…débiles, no las *ponía* 7760
31.18 *puso* en camino todo su ganado, y todo....... 5090
31.34 Raquel…los *puso* en una albarda de un...... 7760
31.37 *ponlo* aquí delante de mis hermanos y de 7760
32.16 pasad…y *poned* espacio entre manada y 7760
33.2 y *puso* las siervas y sus niños delante.......... 7760
37.22 echadlo en esta…no *pongáis* mano en él 7971
37.34 *puso* cilicio sobre sus lomos, y guardó 7760
38.14 se *puso* a la entrada de Enaim junto al
39.7 la mujer de su amo *puso* sus ojos en José 5375
39.8 ha *puesto* en mi mano todo lo que tiene
39.16 ella *puso* junto a sí la ropa de José 3241
39.20 y lo *puso* en la cárcel, donde estaban......... 5414
40.3 *puso* en prisión en la casa del capitán 5414
40.15 aquí por qué me *pusiesen* en la cárcel 7760
41.33 y *póngalo* sobre la tierra de Egipto........... 7896
41.34 y *ponga* gobernadores sobre el país, y
41.41 yo te he *puesto* sobre toda la tierra........... 5414
41.42 quitó su anillo…y lo *puso* en la mano 5414
41.42 y *puso* un collar de oro en su cuello 7760
41.43 lo *puso* sobre toda la tierra de Egipto 5414
41.48 *poniendo* en cada ciudad el alimento del 5414
42.17 entonces los *puso* juntos en la cárcel 622
42.25 el dinero…*poniéndolo* en su saco, y les
42.26 ellos *pusieron* su trigo sobre sus asnos 5375
43.9 si no lo *pongo* delante de ti, seré para 3322
43.22 quién haya *puesto* nuestro dinero en 7760
43.31 lavó…y se contuvo, y dijo: *Poned* pan 7760
43.32 *pusieron* para él aparte, y…para ellos 7760
44.1 *pon* el dinero de cada uno en la boca de....... 7760
44.2 *pondrás* mi copa, la copa de plata, en 7760
44.21 traédmelo, y *pondré* mis ojos sobre él 7760
45.8 sino Dios, que me ha *puesto* por padre 7760
45.9 me ha *puesto* por señor de todo Egipto 7760
47.6 si…*ponlos* por mayorales del ganado mío
47.26 José lo *puso* por ley hasta hoy sobre
47.29 te ruego que *pongas* tu mano debajo de 7760
48.4 y te *pondré* por estirpe de naciones
48.14 extendió su mano derecha, y la *puso* 7896
48.17 su padre *ponía* la mano derecha sobre....... 7896
48.18 *pon* tu mano derecha sobre su cabeza 7760
48.20 como…*puso* a Efraín antes de Manasés...... 7760
50.26 José…fue *puesto* en un ataúd en Egipto 3455
Éx 1.11 *pusieron*…comisarios de tributos que 7760
2.3 *puso* en un carrizal a la orilla del río 7760
2.4 una hermana suya se *puso* a lo lejos…ver 3320
2.10 y le *puso* por nombre Moisés, diciendo
2.14 ¿quién te ha *puesto* a ti por príncipe y 7760
2.22 le *puso* por nombre Gersón, porque dijo........ 7121
3.22 *pondréis* sobre vuestros hijos y…hijas.......... 7760
4.15 *pondrás* en su boca las palabras, y yo 7760
4.20 Moisés tomó…y los *puso* sobre un asno 7392
4.21 las maravillas que he *puesto* en tu mano 7760
5.14 los capataces…habían *puesto* sobre ellos 7760

5.21 *poniéndoles* la espada en la mano para 5414
7.4 *pondré* mi mano sobre Egipto, y sacaré a. 5414
7.15 y tú *ponte* a la ribera delante de él, y 5324
8.20 dijo a Moisés. . .*ponte* delante de Faraón. 3320
8.23 yo *pondré* redención entre mi pueblo y el 7760
9.10 ceniza. . . y se *pusieron* delante de Faraón. 5975
9.13 levántate de. . . y *ponte* delante de Faraón. 3320
9.16 te he *puesto* para mostrar en ti mi poder
9.21 el que no *puso* en su corazón la palabra
12.7 la sangre. . .*pondrán* en los dos postes y 5414
14.19 nube. . . apartó y se *puso* a sus espaldas. 5975
15.23 amargas. . . le *pusieron* el nombre de Mata . . . 7121
16.33 *pon* en ella un gomer de maná, y ponlo. 3241
16.34 Aarón lo *puso* delante del Testimonio 3241
17.12 una piedra, y la *pusieron* debajo de él 7760
17.12 hubo. . . firmeza hasta que se *puso* el sol
18.21 y *ponlos* sobre el pueblo por jefes de 7760
18.25 *puso* por jefes sobre el pueblo, sobre
20.18 viéndolo el pueblo. . .*pusieron* de lejos 5975
21.13 no. . . sino que Dios lo *puso* en sus manos 7760
23.31 *pondré* en tus manos a los moradores de. 5414
24.6 la sangre. . .*puso* en tazones, y esparció 7760
25.12,26 anillos. . .*pondrás* en sus. . . esquinas. 935
25.16 *pondrás* en el arca el testimonio que 5414
25.21 y *pondrás* el propiciatorio encima del. 5414
25.21 en el arca *pondrás* el testimonio que 5414
25.30 y *pondrás* sobre la mesa el pan de la 5414
26.32 lo *pondrás* sobre 4 columnas de madera 5414
26.33 *pondrás* el velo debajo de los corchetes 5414
26.34 *pondrás* el propiciatorio sobre el arca 5414
26.35 *pondrás* la mesa fuera del velo, y el 7760
26.35 y *pondrás* la mesa al lado del norte 5414
27.5 y la *pondrás* dentro del cerco del altar 5414
27.21 las *pondrá* en orden Aarón y sus hijos
28.12 y *pondrás* las dos piedras sobre. . . efod 7760
28.23,26 anillos. . .*pondrás* a los dos extremos 5414,7760
28.25 *pondrás* los dos extremos de. . . cordones 5414
28.30 *pondrás* en el pectoral. . . Urim y Tumim 5414
28.37 y la *pondrás* con un cordón de azul, y 5414
29.3 las *pondrás* en un canastillo, y en el 5414
29.6 y *pondrás* la mitra. . .*p* la diadema santa. 7760
29.10,15,19 pondrán. . . manos sobre la cabeza. 5564
29.12 y *pondrás* sobre los cuernos del altar 5414
29.17 las *pondrás* sobre sus trozos y sobre su 5414
29.20 la *pondrás* sobre el lóbulo de la oreja 5414
29.24 lo *pondrás* todo en las manos de Aarón 7760
30.6 y lo *pondrás* delante del velo que está 5414
30.18 fuente de bronce. . .*pondrás* en ella agua 5414
30.33 ungüento. . .*pusiere* de él sobre extraño. 5414
30.36 lo *pondrás* delante del testimonio en 5414
31.6 he *puesto* con él. . . he *p* sabiduría en el. 5414
32.26 *puso* Moisés a la puerta del campamento 5975
32.27 *poned* cada uno. . . espada sobre su muslo 7760
33.4 vistieron luto, y ninguno se *puso* sus. 7896
33.9 la nube descendía y se *ponía* a la puerta 5975
33.22 te *pondré* en una hendidura de la peña 7760
34.33 Moisés. . .*puso* un velo sobre su rostro 5414
34.35 volvía Moisés a *poner* el velo sobre su. 7725
35.34 ha *puesto* en su corazón el que pueda 5414
36.2 corazón había *puesto* Jehová sabiduría 5414
37.13 anillos. . . los *puso* a las cuatro esquinas. 5414
38.4 un enrejado. . .*puso* por debajo de su cerco
39.7 y las *puso* sobre las hombreras del efod 7760
39.16 *pusieron* dos anillos de oro en los dos 5414
39.18 *pusieron* sobre las hombreras del efod 5414
39.19 que *pusieron* en los dos extremos del. 7760
39.20 *pusieron*. . . las dos hombreras del efod 5414
39.25 *pusieron* campanillas entre:. . . granadas. 5414
39.31 y *pusieron* en ella un cordón de azul
40.3 y *pondrás* en él el arca del testimonio 7760
40.4 meterás la mesa y la *pondrás* en orden
40.5 *pondrás* el altar de oro para. . . incienso 5414
40.5 *pondrás* la cortina delante a la entrada 7760
40.6 *pondrás* el altar del holocausto delante. 5414
40.7 *pondrás* la fuente entre. . .*p* agua en ella. 5414
40.8 *pondrás* el atrio alrededor, y la cortina. 5414
40.18 y colocó sus tablas, y *puso* sus barras 5414
40.19 *puso* la sobrecubierta encima del mismo 7760
40.20 el testimonio y lo *puso* dentro del arca 5114
40.21 metió el arca. . .*puso* el velo extendido 7760
40.22 *puso* la mesa. . . el tabernáculo de reunión 5114
40.23 *puso* por orden los panes delante de 6186
40.24 *puso* el candelero en el tabernáculo de. 7760
40.26 *puso*. . . el altar de oro en el tabernáculo 7760
40.28 *puso* asimismo la cortina a la entrada. 7760
40.30 *puso* la fuente entre. . . y *p* en ella agua 5414
40.33 *puso* la cortina a la entrada del atrio. 5414
Lv 1.4 *pondrá* su mano. . . cabeza del holocausto 5564
1.7 hijos del sacerdote Aarón *pondrán* fuego. 5414
2.1 su ofrenda. . . y *pondrá* sobre ella incienso 5414
2.15 *pondrás* sobre ella aceite, y *p* sobre ella 7760
3.2,8,13 *pondrá* su mano sobre la cabeza de. 5564
4.4,24,29,33 *pondrá* su mano sobre la cabeza. 5564
4.7 *pondrá* de esa sangre sobre los cuernos. 5414
4.15 los ancianos. . .*pondrán* sus manos sobre la . . . 5564
4.18,25,30,34 sangre *pondrá* sobre los cuernos 5414
5.11 no *pondrá*. . . ella aceite, ni. . .*p* incienso 7760
6.10 y el sacerdote se *pondrá*, su vestidura 3847
6.10 las cenizas. . . las *pondrá* junto al altar 3847
6.11 *pondrá* otras ropas, y sacará las cenizas 6584
6.12 sacerdote *pondrá* en él leña cada mañana 3518
8.7 *puso* sobre él la túnica, y le ciñó con el 5414
8.7 *puso* sobre él el efod, y lo ciñó con el 5414
8.8 *puso* encima el pectoral, y *p* dentro del 7760
8.9 *puso* la mitra sobre. . .*p* la lámina de oro. 7760
8.14 y Aarón Y sus hijos *pusieron* sus manos 5564
8.15 *puso* con su dedo sobre los cuernos del. 5414
8.18,22 *pusieron* sus manos sobre la cabeza. 5564
8.23 sangre, y la *puso* sobre el lóbulo de la 5414
8.24 *puso* Moisés de la sangre. . . el lóbulo de. 5414
8.26 una hojaldre, y lo *puso* con la grosura. 7760
8.27 y lo *puso* todo en las manos de Aarón, y 5414
9.5 vino. . . la congregación y se *puso* delante 5975
9.9 *puso* de ella sobre los cuernos del altar. 5414
9.20 *pusieron* las grosuras sobre los pechos. 7760
10.1 *pusieron* en ellos fuego. . .*p* incienso, y. 5414
11.38 si se hubiere *puesto* agua en la semilla 5414
14.14 la *pondrá* el sacerdote sobre el lóbulo 5414
14.17 del aceite. . .*pondrá* el sacerdote sobre 5414
14.18,29 *pondrá* sobre la cabeza del que se. 5414
14.25 sangre. . . y la *pondrá* sobre el lóbulo de 5414
14.28 sacerdote *pondrá* del aceite que tiene 5414
14.34 si *pusiere* yo plaga de lepra en alguna. 5414
14.42 y las *pondrán* en lugar de las piedras 935
16.13 y *pondrá* el perfume sobre el fuego 5414
16.18 la *pondrá* sobre los cuernos del altar. 5975
16.21 y *pondrá* Aarón sus dos manos sobre la. 5564
16.21 *poniéndolos*. . . sobre la cabeza del macho 5414
16.23 quitará. . . vestiduras. . . las *pondrá* allí 6584
16.24 después de *ponerse* sus vestidos saldrá. 3847
17.10 *pondré* mi rostro contra la persona que. 5414
18.4 mis ordenanzas *pondréis* por obra, y mis
18.23 ni mujer. . . se *pondrá* delante de animal 5975
19.14 delante del ciego no *pondrás* tropiezo. 5414
19.19 y no te *pondrás* vestidos con mezcla de. 5414
19.37 guardad. . .*ponedlos* por obra. Yo Jehová
20.3,5 *pondré* mi rostro contra aquel varón . . . 5414,7760
20.6 *pondré* mi rostro contra la tal persona 5414
20.8,22 mis estatutos. . . y *ponedlos* por obra 5414
22.7 cuando el sol se *pusiere*, será limpio 935
22.22 ni de ellos *pondréis* ofrenda encendida. 3320
24.4 sobre el candelero puro *pondrá* siempre
24.6 las *pondrás* en dos hileras, seis en cada 7760
24.7 *pondrás*. . . sobre cada hilera incienso puro 5414
24.8 lo *pondrá*. . . en orden delante de Jehová
24.12 y lo *pusieron* en la cárcel, hasta que. 3240
24.14 *pongan* sus manos sobre la cabeza de él 5564
25.18 *ponedlos* por obra, y habitaréis en la
26.1 ni *pondréis* en. . . tierra piedra pintada. 5414
26.3 y guardareis. . . y los *pusiereis* por obra
26.10 *pondréis* fuera lo añejo para guardar
26.11 *pondré* mi morada en medio de vosotros 5414
26.17 *pondré* mi rostro contra vosotros, y 5414
26.30 *pondré* vuestros cuerpos muertos sobre. 5414
27.11 animal será *puesto* delante. . . sacerdote
Nm 1.50 *pondrás* a. . . levitas en el tabernáculo 6485
4.6 y *pondrán*. . . la cubierta. . . le *p* sus varas 7760
4.7 y *pongrán* sobre ella las escudillas, las 5414
4.8,11 lo cubrirán con. . . le *pondrán* sus varas 7760
4.10 y lo *pondrán* con todos sus utensilios 5414
4.12 *pondrán* en un paño azul, y los cubrirán 5414
4.14 *pondrán* sobre él todos sus instrumentos 5414
4.14 del altar. . . y le *pondrán* además las varas
4.19 Aarón. . .*pondrán* a cada uno en su oficio. 7760
5.15 ni *pondrá* sobre ella incienso, porque 5414
5.16 se acerque y se *ponga* delante de Jehová 5975
5.18 y *pondrá* sobre sus manos la ofrenda 5414
6.18 los cabellos. . . los *pondrá* sobre el fuego 5414
6.19 las *pondrá* sobre las manos del nazareo. 5414
6.26 Jehová alce su rostro y *ponga* en ti paz. 7760
6.27 *pondrán* mi nombre sobre los. . . de Israel. 5414
8.10 *pondrán* los. . . sus manos sobre los levitas 5414
8.12 los levitas *pondrán* sus manos sobre las 5564
11.11 *puesto* la carga. . . este pueblo sobre mí 7760
11.17 tomaré del espíritu. . . y *pondré* en ellos 7760
11.25 tomó. . . y lo *puso* en los setenta varones
11.29 Jehová *pusiera* su espíritu sobre ellos 5414
12.5 Jehová descendió. . . y se *puso* a la puerta. 5975
12.11 no *pongas*. . . sobre nosotros este pecado. 7896
13.16 Oscas. . .*puso* Moisés el nombre de Josué
14.12 a ti te *pondré* sobre gente más grande
15.34 y lo *pusieron* en la cárcel, porque no 3240
15.38 y *pongan* en cada franja. . . un cordón de 5414
15.39 os acordéis de. . . para *ponerlos* por obra
16.7 *poned* fuego en ellos, y *p* en. . . incienso 5414
16.16 *poneos* mañana delante de Jehová; tú, y
16.17 y *poned* incienso en ellos, y acercaos 5414
16.18 *pusieron* en ellos fuego, y echaron en 7760
16.18 se *pusieron* a la puerta del tabernáculo 5975
16.27 *pusieron* a las puertas de sus tiendas. 5324
16.46 *pon* en él fuego del altar. . .*p* incienso. 7760
16.47 él *puso* incienso, e hizo expiación por 5414
16.48 se *puso* entre los muertos y los vivos 5975
17.4 las *pondrás* en el tabernáculo de reunión 3241
17.7 Moisés *puso* las varas delante de Jehová 3241
19.2 sobre la cual no se haya *puesto* yugo
19.9 vaca y las *pondrá* fuera del campamento 3242
21.8 una serpiente. . . y *ponla* sobre una asta. 7760
21.9 una serpiente. . . la *puso* sobre una asta 7760
21.29 *puestos* sus hijos en huida, y sus hijas
22.22 el ángel de Jehová se *puso* en el camino. 3320
22.24 el ángel. . . se *puso* en una senda de viñas 5975
22.26 el ángel de. . . se *puso* en una angostura. 5975
22.34 no sabía que tú te *ponías* delante de mí 5324
22.38 la palabra que Dios *pusiere* en mi boca. 7760
23.3 Balaam dijo. . .*Ponte* junto a. . . holocausto. 3320
23.5 *puso* palabra en la boca de Balaam, y le. 7760
23.12 decir lo que Jehová *ponga* en mi boca?. 7760
23.15 *ponte* aquí junto a tu holocausto, y yo 3320
23.16 Jehová. . .*puso* palabra en su boca, y le. 7760
24.1 sino. . .*puso* su rostro hacia el desierto. 7896
24.21 fuerte es tu. . .*pon* en la peña tu nido 7760
27.16 *ponga* Jehová, Dios. . . un varón sobre la
27.18 a Josué hijo. . .*pondrás* tu mano sobre él. 5564
27.19 *pondrás* delante del sacerdote Eleazar 5975
27.20 *pondrás* de tu dignidad sobre él, para. 5414
27.21 *pondrá* delante del sacerdote Eleazar. 5975
27.22 lo *puso* delante del sacerdote Eleazar 5975
27.23 y *puso* sobre él sus manos, y le dio el 5564
32.38 y *pusieron* nombres a las ciudades que. 7121
32.41 Jair. . . y les *puso* por nombre Havot-jair 7121
Dt 1.13 que yo los *ponga* por vuestros jefes. 7760
1.15 varones sabios y. . . y los *puse* por jefes. 5414
2.25 comenzaré a *poner* tu temor. . . sobre los. 5414
4.6 guardadlos. . . y *ponedlos* por obra; porque
4.8 como. . . esta ley que yo *pongo* hoy delante 5414
4.11 y os *pusisteis* al pie del monte; y el. 5975
4.13 pacto, el cual os mandó *poner* por obra
4.14 que los *pusieseis* por obra en la tierra
4.26 *pongo* hoy por testigos al cielo y a la
4.44 ley que Moisés *puso* delante de. . . Israel 7760
5.1 oye. . . guardadlos, para *ponerlos* por obra. 7121
5.31 a fin de que los *pongan* ahora por obra
6.1 *pongáis* por obra en la tierra a la cual
6.3 oye. . . y cuida de *ponerlos* por obra, para
6.25 cuidemos de *poner* por obra todos estos
7.12 y haberlos guardado y *puesto* por obra
7.15 plagas de Egipto. . . no las *pondrá* sobre 7760
7.15 *pondrá* sobre. . . los que te aborrecieren
8.1 *poner* por obra todo mandamiento que yo
9.14 yo te *pondré* sobre una nación fuerte y
10.2 escribiré en. . . y las *pondrás* en el arca 7760
10.5 y *puse* las tablas en el arca que había 7760
11.18 *pondréis* estas mis palabras en. . . corazón. . . . 7760
11.25 miedo y temor de. . .*pondrá* Jehová. . . Dios. . . . 5414
11.26 *pongo* hoy delante de. . . la bendición y la 5414
11.29 *pondrás* la bendición sobre el monte 5414
12.1 cuidaréis de *poner* por obra en la tierra
12.5,11,21 escogiere. . .*poner* allí su nombre . . . 7760,7931
14.23,24; 16.11 lugar. . .*poner* allí su nombre . . . 7931,7760
16.18 jueces y oficiales *pondrás* en todas tus
17.14 *pondré* un rey sobre mí, como todas las 7760
17.15 *pondrás* por rey. . . al que Jehová tu Dios 7760
17.15 de entre tus hermanos *pondrás* rey sobre 7760
17.15 no *podrás* poner sobre ti a. . . extranjero 5414
17.19 para guardar todas. . .*ponerlos* por obra
18.18 y *pondré* mis palabras en su boca, y él 5414
19.9 estos mandamientos. . .*ponerlos* por obra
20.2 se *pondrá* en pie el sacerdote y hablará
23.11 cuando se hubiere *puesto* el sol, podrá
23.24 podrás comer. . . no *pondrás* en tu cesto
24.13 devolverás la prenda. . . el sol se *ponga* 7725
24.15 no se *pondrá* el sol sin dárselo; pues
25.4 no *pondrás* bozal al buey cuando trillare
26.2 y las *pondrás* en una canasta, e irás al 7760
26.4 y la *pondrá* delante del altar de Jehová 3240
26.6 y *pusieron* sobre nosotros. . . servidumbre. 5414
26.16 cuida, pues, de *ponerlos* por obra con
27.15 escultura o imagen. . .*pusiere* en oculto 7760
28.1 *poner* por obra todos sus mandamientos 6213
28.8 y sobre todo. . . en que *pusieres* tu mano
28.13 te *pondrá* Jehová por cabeza, y no por 5414
28.20 y asombro en todo cuanto *pusieres* mano. 4916
28.36 y al rey que hubieres *puesto* sobre ti 6965
28.48 *pondrá* yugo de hierro sobre tu cuello. 5414
28.52 *pondrá* sitio. . . tus ciudades, hasta que
28.58 si no cuidares de *poner* por obra todas
29.9 guardaréis, pues. . . las *pondréis* por obra
30.7 y *pondrá* Jehová todas estas maldiciones. 5414
30.8 *pondrás* por obra todos sus mandamientos
30.15 he *puesto* delante de ti hoy la vida y 5414
30.19 que os he *puesto* delante la vida y la. 5414
31.15 la columna de. . . se *puso* sobre la puerta
31.19 *ponlo* en boca de ellos, para que este. 7760
31.26 este libro. . . y *ponedlo* al lado del arca 7760
33.10 *pondrán* el incienso delante de ti, y el
34.9 Moisés había *puesto* sus manos sobre él. 5564
Jos 1.4 hasta el gran mar donde se *pone* el sol
2.6 manojos de lino que tenía *puestos* en el
6.23 y los *pusieron* fuera del campamento de
6.24 *pusieron* en el tesoro. . . la plata y el oro. 5414
7.23 trajeron. . . lo *pusieron* delante de Jehová 3322
8.2 *pondrás*. . . emboscada a la ciudad detrás de 7760
8.4 atended, *pondréis* emboscada a la ciudad
8.9 fueron. . . se *pusieron* entre Bet-el y Hai 3427
8.12 como 5.000 hombres. . .*puso* en emboscada 7760
8.14 *puesta* emboscada a espaldas de la ciudad
8.29 cuando el sol se *puso*, mandó Josué que
10.13 el sol. . . no se apresuró a *ponerse* casi 5975
10.18 y *poned* hombres. . . para que los guarden 6485
10.24 *poned* vuestros pies sobre los cuellos. 7760
10.24 y *pusieron* sus pies sobre los cuellos. 7760
10.27 y cuando el sol se iba a *poner*, mandó
10.27 *pusieron* grandes piedras a la entrada 7760
11.11 y mataron a. . . y a Hazor *pusieron* fuego
22.25 ha *puesto* por lindero el Jordán entre
22.34 de Gad *pusieron* por nombre al altar Ed
23.4 el Jordán hasta. . . donde se *pone* el sol
24.7 el *puso* oscuridad entre vosotros y los 7760
Jue 1.8 Jerusalén. . .*pusieron* fuego a la ciudad 7971
1.17 en Sefat. . . y *pusieron* por nombre. . . Horma . . . 7121
1.23 y la casa de José *puso* espías en Bet-el
3.26 Aod escapó, y. . . se *puso* a salvo en Seirat
4.21 pero Jael. . .*poniendo* un mazo en su mano
5.2 haberse *puesto* al frente los caudillos en
6.18 saque mi ofrenda y la *ponga* delante de 3240
6.19 y *puso* la carne en un canastillo, y el 7760
6.20 y *ponlos* sobre esta peña, y vierte el 5975
6.37 yo *pondré* un vellón de lana en la era 3322
7.5 lamiere las aguas. . . aquél *pondrás* aparte 3322
7.22 *puso* la espada de. . . contra su compañero. 7760
8.31 un hijo, y le *puso* por nombre Abimelec. 7760
9.7 fue y se *puso* en la cumbre del monte de. 5975
9.18 habéis *puesto* por rey. . . a Abimelec hijo

9.25 los de Siquem *pusieron*... asechadores que 7760
9.26 de Siquem *pusieron* en él su confianza
9.32 levántate... y *pon* emboscadas en el campo
9.34 *pusieron* emboscada contra Siquem con 4
9.35 y Gaal... *puso* a la entrada de la puerta 5975
9.43 y *puso* emboscadas en el campo; y cuando
9.48 una rama... se la *puso* sobre sus hombros 7760
9.49 y las *pusieron* junto a la fortaleza, y 7760
9.50 Tebes, y *puso* sitio a Tebes, y la tomó
13.24 un hijo, y le *puso* por nombre Sansón 7121
14.18 antes que el sol se *pusiese*, los de la
15.4 fue... y *puso* una tea entre cada dos colas 7760
16.25 a Sansón... *pusieron* entre las columnas...... 5975
17.4 cual fue *puesta* en la casa de Micaías.......... 5414
18.9 no seáis perezosos en *poneros* en marcha
18.19 *pon* la mano sobre tu boca, y vente con 7760
18.21 y *pusieron* los niños, el ganado y el........... 7760
19.14 se les *puso* el sol junto a Gabaa, que
20.29 y *puso* Israel emboscadas alrededor de 7760
20.33 y se *pusieron* en orden de batalla en 4725
20.36 emboscadas que habían *puesto* detrás de 5414
20.48 *pusieron* fuego a todas las ciudades que...... 7971
21.20 id, y *poned* emboscadas en las viñas
Rt 1.20 porque en grande amargura me ha *puesto* 7121
3.15 midió seis medidas... se las *puso* encima 7896
4.16 Noemí... *puso* en su regazo, y fue su aya 7896
1 S 1.20 le *puso* por nombre Samuel, diciendo......... 7121
5.2 la metieron... y la *pusieron* junto a Dagón 3322
6.7 a las cuales no haya sido *puesto* yugo
6.8 el arca de... y la *pondréis* sobre el carro 5414
6.8 las joyas... *pondréis* en una caja al lado.......... 7760
6.11 luego *pusieron* el arca... sobre el carro........ 7760
6.15 las *pusieron* sobre aquella gran piedra........ 7760
6.18 piedra sobre la cual *pusieron* el arca.......... 3240
7.1 el arca... la *pusieron* en casa de Abinadab
7.12 tomó... una piedra y la *puso* entre Mizpa...... 7760
7.12 le *puso* por nombre Eben-ezer, diciendo 7121
8.1 envejecido, *puso* a sus hijos por jueces
8.11 vuestros hijos... los *pondrá* en sus carros...... 7760
8.12 *pondrá*... a que aren sus campos y sieguen 7760
8.22 dijo... Oye su voz, y *pon* rey sobre ellos
9.24 la *puso* delante de Saúl... ponlo delante 7760
10.19 y habéis dicho... *pon* rey sobre nosotros...... 7760
10.23 *puesto* en medio, era mas alto que todo....... 3320
11.2 y *ponga* esta afrenta sobre todo Israel 7760
12.1 he oído vuestra voz... y os he *puesto* rey
12.13 que Jehová ha *puesto* rey sobre vosotros 5414
14.21 se *pusieron* del lado de los israelitas
14.24 de Israel... *puestos* en apuro aquel día
15.5 y viniendo... *puso* emboscada en el valle
15.11 pesa haber *puesto* por rey a Saúl, porque 4427
15.35 se arrepentía de haber *puesto* a Saúl
17.2 se *pusieron* en orden de batalla contra
17.8 ¿para qué os habéis *puesto* en orden de 5975
17.21 *pusieron* en orden de batalla Israel y
17.23 aquel paladín que se *ponía* en medio de
17.38 Saúl... *puso* sobre su cabeza un casco de..... 5414
17.40 piedras... las *puso* en el saco pastoril......... 7760
17.51 entonces corrió David y se *puso* sobre 5975
17.54 las armas de él las *puso* en su tienda 7760
18.5 lo *puso* Saúl sobre gente de guerra, y era 7760
19.13 una estatua, y la *puso* sobre la cama 7760
21.6 para *poner* panes calientes el día que 7760
21.12 David *puso* en su corazón estas palabras 7760
23.8 para descender a... y *poner* sitio a David 8085
23.28 *pusieron* a... por nombre Sela-hama-lecot 7121
24.10 Jehová te ha *puesto* hoy en mis manos
26.13 David... se *puso* en la cumbre del monte...... 5975
28.8 disfrazó Saúl, y se *puso* otros vestidos 3847
28.9 ¿por qué, pues, *pones* tropiezo a mi vida
28.22 *pondré* yo delante de ti un bocado de......... 7760
30.14 una incursión... *pusimos* fuego a Siclag
31.10 y *pusieron* sus armas en el templo de......... 7760
2 S 1.9 te ruego que te *pongas* sobre mí y me
1.10 yo entonces me *puse* sobre él y le maté........ 5975
2.24 *puso* el sol cuando llegaron al collado
3.35 si antes que se *ponga* el sol gustare yo
5.9 y le *puso* por nombre la Ciudad de David....... 7121
6.3 *pusieron* el arca de Dios sobre un carro 7392
6.17 la *pusieron* en... en medio de una tienda....... 3322
7.11 el día en que *puse* jueces sobre... Israel
7.18 entró... David y se *puso* delante de Jehová 3427
7.23 *ponerle* nombre, y para hacer grandezas
8.6 *puso* luego David guarnición en Siria de........ 7760
8.14 y *puso* guarnición en Edom... *p* guarnición 7760
10.8 Amón, se *pusieron* en orden de batalla a
10.9 se *puso* en orden de batalla contra los
10.17 sitios se *pusieron* en orden de batalla
11.15 *poned* a Urías al frente, en lo más recio 3051
11.16 *puso* a Urías en el lugar donde sabía que
12.20 vino a su... y le *pusieron* pan, y comió 7760
12.27 he *puesto* sitio a Rabá, y he tomado la
12.30 y fue *puesta* sobre la cabeza de David
13.11 y cuando ella se las *puso* delante para
13.19 *puesta* su mano sobre su cabeza, se fue 7760
13.33 no *ponga* mi señor el rey en su corazón
14.3 rey... Y *puso* Joab las palabras en su boca..... 7760
14.19 *puso* en boca de tu sierva todas estas 7760
15.2 Absalón... se *ponía* a un lado del camino 7121
15.4 ¡quien me *pusiera* por juez en la tierra
16.22 *pusieron* para Absalón una tienda sobre 7896
17.23 después de *poner* su casa en orden, se 7760
18.1 y *puso* sobre ellos jefes de millares y 7760
18.4 *puso* el rey a la entrada de la puerta 5975
18.30 rey dijo: *Pasa*, y ponte allí. Y él pasó.......... 5975
19.28 tú *pusiste* a tu siervo entre... tu mesa
20.3 *puso* en reclusión, y les dio alimentos.......... 5414
20.15 y *pusieron* baluarte contra la ciudad 5975

22.12 *puso* tinieblas por su... alrededor de sí
23.23 lo *puso* David como jefe de su guardia 7760
1 R 1.7 se había *puesto* de acuerdo con Joab
1.20 los ojos de... Israel están *puestos* en ti
1.28 ella entró a... y se *puso* delante del rey 5975
2.5 *poniendo* sangre de... en el talabarte que....... 5414
2.15 todo Israel había *puesto* en mí su rostro 7760
2.24 Jehová... me ha *puesto* sobre el trono 3427
2.35 el rey *puso* en su lugar a Benaía hijo de
2.35 y a Sadoc *puso* el rey por sacerdote en........ 5414
3.7 me has *puesto* a mí... por rey en lugar de
3.20 hijo... lo *puso* a su lado, y *p* al lado mío 7901
5.3 hasta que Jehová *puso* sus enemigos bajo 5414
5.5 tu hijo, a quien yo *pondré* en lugar tuyo......... 5414
6.19 *poner* allí el arca del pacto de Jehová 5414
6.27 *puso*... querubines dentro de la casa en 5414
7.16 que fuesen *puestos* sobre las... columnas 5414
7.17 capiteles que se habían de *poner* sobre
7.21 la columna... le *puso* por nombre Jaquín 7121
7.22 y *puso* en las cabezas de las columnas
7.39 *puso* cinco basas a la mano derecha de 5414
8.9 tablas... que allí había *puesto* Moisés en 3240
8.21 y he *puesto* en ella lugar para el arca 7760
8.22 luego se *puso* Salomón delante del altar....... 5975
8.55 *puesto* en pie, bendijo a toda... Israel.......... 5975
9.3 para *poner* mi nombre en ella para siempre..... 7760
9.6 mis estatutos que yo he *puesto* delante de 5414
9.13 les *puso* por nombre, la tierra de Cabul 7121
10.9 se agradó de ti para *ponerte* en el trono 5414
10.9 *puesto* por rey, para que hagas derecho....... 5414
10.17 el rey los *puso* en la casa del bosque 5414
10.20 leones *puestos*... sobre las seis gradas........ 5975
10.24 la sabiduría que Dios había *puesto* en 5414
10.26 los... *puso* en las ciudades de los carros
11.36 ciudad... para *poner* en ella mi nombre 7760
12.4 del yugo pesado que *puso* sobre nosotros...... 5414
12.9 yugo que tu padre *puso* sobre nosotros?........ 5414
12.29 y *puso* uno en Bet-el, y el otro en Dan......... 7760
13.29 el cuerpo del varón... *puso* sobre el asno 3241
13.30 y *puso* el cuerpo en su sepulcro; y le.......... 3241
13.31 *poned* mis huesos junto a los suyos........... 7760
14.12 y al *poner* tu pie en la ciudad, morirá
14.21 eligió de... para *poner* allí su nombre 7760
14.28 los *ponían* en la cámara de... a guardia
16.2 y te *puse* por príncipe sobre mi pueblo
16.3 *pondré* su casa como la casa de Jeroboam
16.16 *puso*... rey sobre Israel a Omri, general
16.34 a precio de Segub su hijo menor *puso*........ 5324
17.19 él lo tomó de... y lo *puso* sobre su cama 7901
18.23 y pónganlo sobre leña, pero no pongan 7760
18.23 lo *pondré* sobre leña, y ningún fuego *p* 7760
18.25 e invocad... mas no *pongáis* fuego debajo 7760
18.33 cortó el buey... y lo *puso* sobre la leña....... 7760
18.42 Elías... *puso* su rostro entre las rodillas 7760
19.2 si... no he *puesto* tu persona como la de
19.11 y *ponte* en el monte delante de Jehová 5975
19.13 salió, se *puso* a la puerta de la cueva 5975
20.24 saca a los... y *pon* capitanes en lugar de...... 7760
20.31 *pongamos*... cilicio en nuestros lomos, y 7760
20.38 y el profeta... se *puso* delante del rey......... 5875
20.38 disfrazó, *poniéndose* una venda sobre 5975
21.9 así... *poned* a Nabot delante del pueblo........ 3427
21.10 *poned* a dos hombres perversos delante...... 3427
21.12 y *pusieron* a Nabot delante del pueblo......... 3427
21.22 y *pondré* tu casa como la... de Jeroboam
21.27 y *puso* cilicio sobre su carne, ayunó 7901
22.21 salió un espíritu, y se *puso* delante 5975
22.23 Jehová ha *puesto* espíritu de mentira 5414
22.30 y tú *ponte* tus vestidos. Y el rey de 3847
2 R 1.13 se *puso* de rodillas delante de Elías
2.20 una vasija nueva, y *poned* en ella sal 7760
3.21 juntaron... y se *pusieron* en la frontera........ 5975
4.4 y cuando un... esté llena, *ponla* aparte.......... 5265
4.10 aposento de... y *pongamos* allí cama, mesa 7760
4.21 subió, y lo *puso* sobre la cama del varón........ 7901
4.29 *pondrás* mi báculo sobre el rostro del 7760
4.31 había *puesto* el báculo sobre el rostro 7760
4.34 *poniendo* su boca sobre la boca de él.......... 7901
4.38 *pon* una olla grande, y haz potaje para......... 3239
4.43 *pondré* esto delante de cien hombres?......... 5414
4.44 lo *puso* delante de ellos, y comieron 5414
5.15 se *puso* delante de él, y dijo: He aquí........... 5975
5.23 y lo *puso* todo a cuestas a dos de sus 5414
5.25 él entró, y se *puso* delante de su señor........ 5975
6.22 *pon* delante de ellos pan y agua, para que..... 7760
7.17 el rey *puso* a la puerta a aquel príncipe 6485
8.9 Hazael... se *puso* delante de él, y dijo: Tu 5975
8.15 y lo *puso* sobre el rostro de Ben-adad.......... 6566
8.20 rebeló Edom... y *pusieron* rey sobre ellos
9.9 yo *pondré* la casa de Acab como la casa de
9.13 lo *puso* debajo de Jehú en un trono alto 7760
10.3 y *ponedlo* en el trono de su padre, y 7760
10.7 *pusieron* sus cabezas en canastas, y se 7760
10.8 *ponedlas* en dos montones a la entrada 7760
10.16 verás... Lo *pusieron*, pues, en su carro
10.24 Jehú *puso* fuera a 80 hombres, y les.......... 7760
10.24 hombres que yo he *puesto* en vuestras
11.11 los de la guardia se *pusieron* en fila.......... 5975
11.12 rey, le *puso* la corona y el testimonio 5414
11.18 el sacerdote *puso* guarnición sobre la......... 7760
12.9 un arca... y la *puso* junto al altar, a la 5414
12.9 sacerdotes... *ponían* allí todo el dinero 5414
13.7 había *puesto* como el polvo para hollar
13.16 *pon* tu mano sobre el arco. Y puso él......... 7392
13.16 *puso* Eliseo sus manos sobre las manos 7760
16.14 *puso* al lado del altar hacia el norte 5414
16.17 él, y lo *puso* sobre el suelo de piedra 5414
16.19 los demás hechos que *puso* por obra Acaz

17.6 y los *puso* en Halah, en Habor junto al 3427
17.24 y los *puso* en las ciudades de Samaria........ 3427
17.26 gentes que tú... *pusiste* en... de Samaria...... 3427
17.29 y los *pusieron* en los templos de los........... 3240
17.34 Jacob, al cual *puso* el nombre de Israel
17.37 cuidaréis... de *ponerlos* por obra, y no
18.5 en Jehová... de Israel *puso* su esperanza
18.11 y los *puso* en Halab, en Habor junto al 5148
18.12 no las habían escuchado, ni *puesto* por
18.28 el Rabsaces se *puso* en pie y clamó a......... 5975
19.7 he aquí *pondré* yo en él un espíritu, y.......... 5414
19.28 yo *pondré* mi garfio en tu nariz, y mi 7760
20.7 tomándola, la *pusieron* sobre la llaga.......... 7760
21.4 dicho: Yo *pondré* mi nombre en Jerusalén..... 7760
21.7 *puso* una imagen... que él había hecho, en..... 7760
21.7 *pondré* mi nombre... siempre en esta casa..... 7760
21.24 *puso*... por rey en su lugar a Josías su
22.5 lo *pongan* en manos de los que hacen la
23.3 y *poniéndose* el rey en pie... hizo pacto 5975
23.5 quitó a... sacerdotes... que habían *puesto*...... 7673
23.15 lo hizo polvo, y *puso* fuego a la imagen
23.30 y sus siervos lo *pusieron* en un carro 7392
23.30 tomó a Joacaz... y lo *pusieron* por rey en..... 5975
23.33 lo *puso* preso Faraón Necao en Ribla en
23.34 Faraón Necao *puso* por rey a Eliaquim
24.17 rey... *puso* por rey en lugar de Joaquín
25.22 *puso* por gobernador a Gedalías hijo de
25.23 el rey... había *puesto* por gobernador a
25.28 *puso* su trono más alto que los tronos 5414
1 Cr 6.31 que David *puso* sobre el servicio de 5975
6.48 los levitas fueron *puestos* sobre todo el 5414
7.23 un hijo, al cual *puso* por nombre Bería 7121
9.32 los panes... los cuales *ponían* por orden
10.10 y *pusieron* sus armas en el templo de......... 7760
11.14 *pusieron* ellos en medio de la parcela 3320
11.25 éste *puso* David en su guardia personal...... 7760
12.18 y David... los *puso* entre los capitanes 5414
12.31 Manasés... venir a *poner* a David por rey
12.38 para *poner* a David por rey sobre todo
12.38 un mismo ánimo para *poner* a David por
14.17 y Jehová *puso* el temor de David sobre
15.22 *puesto* para dirigir el canto, porque.......... 3256
16.1 el arca... *pusieron* en medio de la tienda 3322
16.4 *puso* delante del arca de... los levitas 5414
17.10 y desde el tiempo que *puse* los jueces
18.6 y *puso* David guarnición en... de Damasco 7760
18.13 *puso* guarnición en Edom, y todos los 7760
19.11 *puso* luego el resto de la gente en mano...... 5414
20.2 y fue *puesta* sobre la cabeza de David
20.3 sacó... al pueblo... y lo *puso* a trabajar
22.13 *poner* por obra los estatutos y decretos
22.19 *poned*... corazones... en buscar a Jehová..... 5414
26.10 Simri el jefe... padre lo *puso* por jefe
27.24 el número no fue *puesto* en el registro........ 5927
28.2 el rey David, *puesto* en pie dijo: Oidme 6965
28.4 para *ponerme* por rey sobre todo Israel
28.7 si él se esforzare a *poner* por obra mis
2 Cr 1.8 a mí me has *puesto* por rey en lugar
1.9 tú me has *puesto* por rey sobre un pueblo
1.11 a mi pueblo, sobre el cual te he *puesto*
1.14 carros... los cuales *puso* en las ciudades....... 3240
2.11 Jehová... ha *puesto* por rey sobre ellos 5414
3.16 cadenas... y las *puso* sobre los capiteles 5414
3.16 hizo cien granadas... *puso* en las cadenas 5414
4.6 diez fuentes, y *puso* cinco a la derecha 5414
4.7 diez candeleros de oro... *puso* en el templo 5414
4.8 hizo diez mesas y las *puso* en el templo......... 3240
4.19 las mesas sobre las cuales se *ponían* los
5.1 Salomón... *puso* la plata... en los tesoros de 5414
5.10 las dos tablas que Moisés había *puesto* 5414
6.11 y en ella he *puesto* el arca, en la cual 7760
6.12 se *puso*... Salomón delante del altar de 5975
6.13 un estrado... *puesto* en medio del atrio 5414
6.13 *puso* sobre él, y se arrodilló delante 5414
7.19 mandamientos que he *puesto* delante de 5414
7.20 la *pondré* por burla y escarnio de todos 5414
8.9 hijos de Israel no *puso* Salomón siervos 5414
8.16 el día en que se *pusieron* los cimientos
9.8 para *ponerte* sobre su trono como rey para 5414
9.8 por eso te ha *puesto* por rey sobre ellos
9.16 y los *puso* el rey en la casa del bosque......... 5414
9.25 los cuales *puso* en las ciudades de los
10.9 alivia del yugo que tu padre *puso* sobre 5414
11.11 fortalezcas, y *puso* en ellas capitanes 5414
11.12 y en todas las ciudades *puso* escudos y
11.16 que habían *puesto* su corazón en buscar 5414
11.22 *puso* Roboam a Abías hijo de... por jefe
12.13 en Jerusalén... *poner* en ella su nombre 7760
13.11 y *ponen* los panes sobre la mesa limpia
14.4 mandó a Judá... *pusiese* por obra la ley y
16.14 *pusieron* en un ataúd, el cual llenaron........ 7901
17.2 *puso* ejércitos en todas las ciudades........... 5414
17.19 sin los que el rey había *puesto* en las 5414
18.20 salió un espíritu que se *puso* delante 5975
18.22 *puesto* espíritu de mentira en la boca 5414
18.26 *poned* a éste en la cárcel... con pan de 7760
18.34 en el carro... y murió al *ponerse* el sol
19.5 *puso* jueces en todas las ciudades... Judá 5975
19.8 *puso*... Josafat en Jerusalén a algunos de...... 5975
20.5 Josafat se *puso* en pie en la asamblea 5975
20.21 pueblo, *puso* a algunos que cantasen y 5975
20.22 Jehová *puso* contra los hijos de Amón......... 5414
21.8 se rebeló Edom... y *pusieron* rey sobre sí
23.10 *puso* en orden a todo el pueblo... espada 5975
23.11 hijo del rey, y le *pusieron* la corona 5414
23.19 *puso* también porteros a las puertas de
24.5 vosotros *poned* diligencia en el asunto
24.5 pero los levitas no *pusieron* diligencia

P

24.8 un arca, la cual *pusieron* fuera, a la 5414
24.11 estaba *puesto* por el sumo sacerdote, y 7725
24.20 *puesto* en pie, donde estaba más alto 5975
25.5 les *puso* jefes de millares y de centenas
25.5 *puso* en lista a todos los de veinte años
25.14 y los *puso* ante sí por dioses, y los 5975
25.16 ¿te han *puesto* a ti por consejero del 5414
26.1 lo *pusieron* por rey en lugar de Amasías
26.18 se *pusieron* contra el rey Uzías, y le
29.23 expiación, y *pusieron* sobre ellos sus 5564
29.25 *puso*...levitas en la casa de Jehová con 5975
30.27 sacerdotes...*puestos* en pie, bendijeron
32.6 *puso* capitanes de guerra sobre el pueblo 5414
33.7 *puso* una imagen...en la casa de Dios, de 7760
33.7 en esta...*pondré* mi nombre para siempre 7760
33.12 fue *puesto* en angustias, oró a Jehová
33.14 y *puso* capitanes de ejército en todas 7760
33.25 el pueblo...*puso* por rey en su lugar a
34.4 imágenes del sol, que estaban *puestas*
34.31 *poniendo* por obra...palabras del pacto 5975
35.2 *puso*...a los sacerdotes en sus oficios 5975
35.3 dijo...*Poned* el arca santa en la casa que 5414
35.24 *pusieron* en un segundo carro que tenía 7392
36.7 y los *puso* en su templo en Babilonia 935
Esd 1.7 había *puesto* en la casa de sus dioses 5414
3.8 y *pusieron* a los levitas de veinte años 5329
3.10 *pusieron* a los sacerdotes vestidos de 5975
5.8 los maderos están *puestos* en las paredes 7760
5.14 a quien había *puesto* por gobernador 7761
5.16 este Sesbasar vino y *puso* los cimientos 3052
6.5 de oro...sean *puestos* en la casa de Dios 5182
6.12 pueblo que *pusiere* su mano para cambiar 7972
6.18 *pusieron* a los sacerdotes en sus turnos 6966
7.25 *pon* jueces...gobiernen a todo el pueblo 4483
7.27 que *puso* tal cosa en el corazón del rey 5414
8.17 *puse* en boca de ellos las palabras que
8.20 *puso* para el ministerio de los levitas 5414
10.4 contigo; esfuérzate...*pon* mano a la obra
Neh 1.9 los *pusiereis* por obra...os recogeré 7931
2.12 lo que Dios había *puesto* en mi corazón 5414
4.9 *pusimos* guarda contra ellos de día y de 5975
4.13 *puse* al pueblo por familias, con sus 5975
6.1 no había *puesto* las hojas en las puertas 5975
6.7 y que has *puesto* profetas que proclamen 5975
7.5 *puso* Dios en mi corazón que reuniese a los 5414
8.8 leían en el libro de...y *ponían* el sentido 7760
9.3 *puestos* de pie...leyeron el libro de la ley 6965
9.7 a Abram...y le *pusiste* el nombre Abraham 7760
9.17 pensaron *poner* caudillo para volverse a 5414
9.34 padres no *pusieron* por obra tu ley, ni
9.37 los reyes que has *puesto* sobre nosotros 5414
12.31 *puse* dos coros grandes que fueron en 5975
12.44 *puestos* varones sobre las cámaras de 6485
13.11 Y los reuní y los *puse* en sus puestos 5975
13.13 y *puse* por mayordomo de ellos al...Sadoc
13.19 *puse* a las puertas algunos de...criados 5975
13.26 y Dios lo había *puesto* por rey sobre 5414
13.30 *puse* a los sacerdotes...por sus grupos 5975
Est 2.3 y *ponga* el rey personas en todas las 6485
2.17 y *puso* la corona real en su cabeza, y 7760
2.21 procuraban *poner* mano en el rey Asuero 7971
3.1 honró, y *puso* su silla sobre todos los 7760
3.6 tuvo en poco *poner* mano en Mardoqueo 7971
4.5 que él había *puesto* al servicio de ella 5975
6.2 procurado *poner* mano en el rey Asuero 7971
8.2 Ester *puso* a Mardoqueo sobre la casa de 5414
8.4 y Ester...se *puso* en pie delante del rey 5975
9.16 y se *pusieron* en defensa de su vida, y 5975
Job 1.12 solamente no *pongas* tu mano sobre él 7971
5.11 *pone* a los humildes en altura, y a los 7760
7.12 un monstruo...para que me *pongas* guarda? 7760
7.17 y para que *pongas* sobre él tu corazón
7.20 si...¿por qué me *pones* por blanco tuyo
9.33 no hay...árbitro que *ponga* su mano sobre 7896
12.6 cuyas manos él ha *puesto* cuanto tienen 935
13.27 *pones*...mis pies en el cepo, y observas
14.5 *pusiste* límites, de los cuales no pasará 6213
14.13 *pusieses* plazo, y de mí te acordaras! 7896
16.12 me despedazó, y me *puso* por blanco suyo 6965
16.15 mi piel, y *puse* mi cabeza en el polvo 5953
17.6 él me ha *puesto* por refrán de pueblos 3322
17.12 *pusieron* la noche por día, y la luz se 7760
18.2 ¿cuándo *pondréis* fin a las palabras? 7760
20.4 desde...que fue *puesto* el hombre sobre la 7760
21.5 espantaos, y *poned* la mano sobre la boca 7760
22.22 la ley...*pon* sus palabras en tu corazón 7760
26.10 *puso* límite a la superficie de...aguas
28.3 a las tinieblas *ponen* término, y examinan 7760
28.9 en el pedernal *puso* su mano, y trastornó 7971
28.25 al viento, y *poner* las aguas por medida 6213
29.9 palabras; *ponían* la mano sobre su boca 7760
30.1 yo desdeñara *poner* con los perros de mi 7896
31.24 si *puse* en el oro mi esperanza, y dije 7760
33.5 si *puedes*; ordena tus palabras, ponte 3201
33.11 *puso* mis pies en el cepo, y vigiló 7760
34.13 ¿y quién *puso* en orden todo el mundo? 7760
34.14 él *pusiese* sobre el hombre su corazón 5975
36.7 con los reyes los *pondrá* en trono para
37.15 cómo Dios las *pone* en concierto, y hace 7760
38.6 basas? ¿o quién *puso* su piedra angular 3384
38.9 cuando *puse* yo nubes por vestidura suya 7760
38.10 mi decreto, le *puse* puertas y cerrojo 7760
38.36 quién *puso* la sabiduría en el corazón? 7896
38.37 ¿quién *puso* por cuenta los cielos con
39.6 asno...al cual yo *puse* casa en la soledad 7760
39.27 se remonta el...y *pone* en alto su nido?
40.4 yo soy vil...Mi mano *pongo* sobre mi boca 7760
41.2 ¿*pondrás* tú soga en sus narices...garfio 7760
41.8 *pon* tu mano sobre él; te acordarás de la 7760
Sal 2.6 pero yo he *puesto* mi rey sobre Sion
3.6 de gente, que *pusieren* sitio contra mí 7896
7.5 mi vida, y mi honra *ponga* en el polvo 7931
8.1 has *puesto* tu gloria sobre los cielos 5414
8.6 manos; todo lo *pusiste* debajo de sus pies 7896
9.20 *pon*...Jehová, temor en ellos; conozcan 7896
12.5 *pondré* en salvo al que por ello suspira 7896
13.2 ¿hasta cuándo *pondré* consejos en mi alma
16.8 Jehová he *puesto* siempre delante de mí 7737
17.3 me has *puesto* a prueba, y nada inicuo 6884
17.11 tienen *puestos* sus ojos para echarnos 7896
18.11 *puso* tinieblas por su escondedero, por 7896
19.4 en ellos *puso* tabernáculo para el sol 7760
21.3 corona de...has *puesto* sobre su cabeza 7896
21.5 honra y majestad has *puesto* sobre él 7737
21.9 los *pondrás* como horno de fuego en el 7896
21.12 tú los *pondrás* en fuga; en tus cuerdas
22.15 me has *puesto* en el polvo de la muerte
27.5 él me...sobre una roca me *pondrá* en alto 7311
31.8 *pusiste* mis pies en lugar espacioso 5975
31.20 los *pondrás*...a cubierto de contención
33.7 él junta...*pone* en depósitos los abismos 5414
39.8 no me *pongas* por escarnio del insensato 5337
40.2 *puso* mis pies sobre peña, y enderezó mis 6965
40.3 *puso* luego en mi boca cántico nuevo 5414
40.4 bienaventurado el...que *puso* en Jehová 4009
44.13 nos *pones* por afrenta de...vecinos, por 6213
44.14 nos *pusiste* por proverbio entre las 6213
46.8 que ha *puesto* asolamientos en la tierra 7760
50.1 el nacimiento del sol hasta donde se *pone* 7121
50.20 contra el hijo de tu...*ponías* infamia
50.21 pero...las *pondré* delante de tus ojos
52.7 el...que no *puso* a Dios por su fortaleza 7760
53.5 los huesos del que *puso* asedio contra ti
54.3 vida; no han *puesto* a Dios delante Le sí 7760
59.1 *ponme* a salvo de los que se levantan 5337
62.10 las riquezas, no *pongáis* el corazón en 7896
66.2 cantad la...*poned* gloria en su alabanza 7760
66.11 *pusiste* sobre nuestros lomos pesada 7760
69.11 *puse*...cilicio por mi vestido, y vine a 5414
69.21 me *pusieron* además hiel por comida, y 5414
69.27 *pon* maldad sobre su maldad, y no entren 5414
69.29 a mí...tu salvación...me *ponga* en alto
73.9 *ponen* su boca contra el cielo, y...lengua 8371
73.18 has *puesto* en deslizaderos...harás caer 7896
73.28 *puesto* en Jehová el Señor mi esperanza 7896
74.4 han *puesto* sus divisas por señales 7760
74.7 han *puesto* a fuego tu santuario, han 7971
78.5 y *puso* ley en Israel, la cual mandó a 7760
78.7 fin de que *pongan* en Dios su confianza 7760
78.19 ¿podrá *poner* mesa en el desierto?
78.43 cuando *puso* en Egipto sus señales, y
80.6 nos *pusiste* por escarnio a...vecinos, y 7760
83.11 *pon* a sus capitanes como a Oreb...Zeeb 7896
83.13 *ponlos* como torbellinos...hojarascas 7896
Sal 84.3 la golondrina...donde *ponga* sus polluelos 7896
84.9 *pon* los ojos en el rostro de tu ungido 5027
85.13 él, y sus pasos nos *pondrá* por camino 7760
86.14 violentos...no te *pusieron* delante de sí 7760
88.6 me has *puesto* en el hoyo profundo, en 7896
88.8 me has *puesto* por abominación a ellos 7896
88.18 mis conocidos has *puesto* en tinieblas 7368
89.19 he *puesto* el socorro sobre uno que es 7737
89.25 *pondré* su mano sobre el mar, y sobre 7760
89.27 yo también le *pondré* por primogénito 5414
89.29 *pondré* su descendencia para siempre, y 2233
90.8 *pusiste* nuestras maldades delante de ti 7896
91.9 porque has *puesto* a Jehová, que es mi 7760
91.14 por cuanto en mí ha *puesto* su amor, yo
91.14 libraré; le *pondré* en alto, por cuanto
101.3 no *pondré* delante de mis ojos...injusta 7896
101.6 ojos *pondré* en los fieles de la tierra
103.18 se acuerdan de...para *ponerlos* por obra
104.3 el que *pone* las nubes por su carroza 7760
104.9 *pusiste* término el cual no traspasarán 7760
104.20 *pones* las tinieblas, y es la noche; en 7896
105.18 pies...en cárcel fue *puesta* su persona 935
105.21 lo *puso* por señor de su casa, y por 7760
105.27 *puso* en ellos las palabras de...señales
109.6 *pon* sobre él al impío, y Satanás esté 6485
109.31 él se *pondrá* a la diestra del pobre 5975
110.1 que *ponga* a tus enemigos por estrado de 7896
113.3 desde el...del sol hasta donde se *pone*
118.5 me respondió JAH, *poniéndome* en lugar
119.30 he *puesto* tus juicios delante de mí 7737
119.110 me *pusieron* lazo los impíos, pero yo 5414
119.166 tus mandamientos he *puesto* por obra
132.11 tu descendencia *pondré* sobre tu trono 7896
139.5 me rodeaste, y sobre mí *pusiste* tu mano 7896
140.5 han tendido red...me han *puesto* lazos 7896
140.7 tú *pusiste* a cubierto mi cabeza en el
141.3 *pon* guarda a mi boca, oh Jehová; guarda 7896
148.6 les *puso* ley que no será quebrantada 5414
Pr 1.11 *pongamos* asechanzas para derramar
1.18 a su *propia* sangre ponen asechanzas, y
8.29 cuando *ponía* al mar su estatuto, para 7760
9.2 víctimas, mezcló su vino, y *puso* su mesa
18.18 suerte *pone* fin a los pleitos, y decide
22.28 los linderos...que *pusieron* tus padres 6213
23.2 y *pon* cuchillo a tu garganta, si tienes 7760
23.5 ¿has de *poner* tus ojos en las riquezas 5774
24.32 miré, y lo *puse* en mi corazón; lo vi
24.33 *poniendo* mano sobre mano otro poco
29.8 escarnecedores *ponen* la ciudad en llamas
29.25 el temor del hombre *pondrá* lazo; mas el
30.26 los conejos...*ponen* su casa en la piedra 7760
30.32 hacer mal, *pon* el dedo sobre tu boca
Ec 1.5 se *pone* el sol, y se apresura a volver
3.11 y ha *puesto* eternidad en el corazón de 5414
7.2 y el que vive lo *pondrá* en su corazón 5414
8.9 he *puesto* mi corazón en todo lo que hay 5414
8.10 *puestos* en olvido en la ciudad donde 6965
9.5 porque su memoria es *puesta* en olvido
Cnt 6.12 mi alma me *puso* entre los carros de 7760
8.6 *ponme* como un sello sobre tu corazón 7760
Is 1.7 ciudades *puestas* a fuego, vuestra tierra
3.4 y les *pondré* jóvenes por príncipes, y 5414
5.20 *ponen* lo amargo por dulce, y lo dulce por 7760
7.6 *pongamos* en medio de ella por rey al hijo
8.3 dijo...*Ponle* por nombre Maher-salal-hasbaz
9.10 cortaron...en su lugar *pondremos* cedros
10.5 mi furor, en su mano he *puesto* mi ira
10.6 lo *ponga* para ser hollado como lodo de
11.10 la raíz de Isaí...*puesta* por pendón a 5975
14.17 *puso* el mundo como un desierto...asoló 7760
15.1 fue destruida Ar de...*puesta* en silencio
16.3 *pon* tu sombra en medio del día como la 7896
21.5 *ponen* la mesa, extienden tapices; comen 6186
21.6 vé, *pon* centinela que haga saber lo que 5975
22.22 y *pondré* la llave de la casa de David 7901
22.25 caerá, y la carga que sobre él se *puso*
23.15 Tiro será *puesta* en olvido por 70 años
26.1 salvación *puso* Dios...muros y antemuro 7896
27.4 ¿quién *pondrá* contra mí en batalla 5414
28.15 porque hemos *puesto* nuestro refugio en 7760
28.16 he *puesto* en Sion por fundamento una
28.25 *pone* el trigo en hileras, y la cebada 7760
29.2 yo *pondré* a Ariel en apretura, y será 6693
29.7 pelean...y los que la *ponen* en apretura 6693
29.10 *puso* velo sobre las cabezas...videntes
30.2 y *poner* su esperanza en la sombra de
31.1 esperanza *ponen* en carros...son muchos
33.18 ¿qué del que *pone* en lista las casas 5608
34.15 *pondrá* sus huevos, y sacará sus pollos 4422
36.13 Rabsaces se *puso* en pie y gritó a gran 5975
37.7 yo *pondré* en él un espíritu, y oirá un 7971
37.29 *pondré*, pues, mi garfio en tu nariz, y 7760
38.21 masa de higos, y *pónganla* en la llaga 4799
41.15 te he *puesto* por trillo, trillo nuevo
41.19 *pondré* en la soledad cipreses, pinos 7760
41.22 y *pondremos* nuestro corazón en ello
42.1 siervo...he *puesto* sobre él mi Espíritu 5414
42.6 te *pondré* por pacto al pueblo, por luz 7121
42.22 *puestos* para despojo, y no hay quien 957
42.25 le *puso* fuego por todas partes, pero no 7760
43.1 te redimí; te *puse* nombre, mío eres tú 7121
43.24 *pusiste* sobre mí la carga de...pecados
43.28 *puse* por anatema a Jacob y por oprobio 5414
44.7 quién...lo *pondrá* en orden delante de mí
45.3 el Dios de Israel, que te *pongo* nombre
45.4 te *puse* sobrenombre...no me conociste 7121
45.6 hasta donde se *pone*, que no hay más que
46.1 sus imágenes fueron *puestas* sobre bestias 7164
46.13 *pondré* salvación en Sion, y mi gloria 5414
49.2 y *puso* mi boca como espada aguda, me 7760
49.2 y me *puso* por saeta bruñida, me guardó 7760
50.7 por eso *puse* mi rostro como un pedernal 7760
51.5 esperan...en mi brazo *ponen* su esperanza 3176
51.16 y en tu boca he *puesto* mis palabras, y 7760
51.23 lo *pondré* en mano de tus angustiadores 7760
51.23 *pusiste* tu cuerpo como tierra, y como 7760
52.13 que mi siervo...será *puesto* muy en alto 5375
53.10 cuando haya *puesto* su vida...el pecado 7760
54.12 tus ventanas *pondré* de piedras preciosas 7760
57.7 el monte alto y empinado *pusiste* tu cama 7760
57.8 tras la puerta y el...*pusiste* tu recuerdo 7760
59.14 se retiró, y la justicia se *puso* lejos 5975
59.15 el que se apartó del mal fue *puesto* en
59.21 y mis palabras que *puse* en tu boca, no 7760
60.17 *pondré* paz por tu tributo, y justicia 7760
60.20 no se *pondrá* jamás tu sol, ni menguará
62.2 te será *puesto* un nombre nuevo, que la 7121
62.6 muros, oh Jerusalén, he *puesto* guardas 6485
62.7 que...la *ponga* por alabanza en la tierra 7760
63.11 ¿dónde el que *puso* en medio de él su 7760
65.11 monte, que *ponéis* mesa para la Fortuna 6186
66.19 y *pondré* entre ellos señal, y enviaré 7760
Jer 1.9 he aquí he *puesto* mis palabras en tu 5414
1.10 te he *puesto* en este día sobre naciones 6485
1.12 yo apresuro mi palabra para *ponerla* por 6213
1.15 y *pondrá* cada uno su campamento a la 5414
1.18 yo te he *puesto* en este día como ciudad 5414
3.19 ¿cómo os *pondré* por hijos, y os daré la 7896
4.7 para *poner* tu tierra en desolación; tus 7760
5.14 he aquí yo *pongo* mis palabras en tu boca 5414
5.22 que *puse* arena por término al mar, por 7760
5.26 como quien *pone* lazos, pusieron trampa 5324
5.28 se engordaron y se *pusieron* lustrosos
6.17 *puse* también sobre vosotros atalayas 6965
6.21 he aquí yo *pongo* a este pueblo tropiezos 5414
6.26 *ponte* luto como por hijo único, llanto
6.27 por fortaleza te he *puesto* en mi pueblo 5414
7.2 *ponte* a la puerta de la casa de Jehová 5975
7.10 ¿vendréis y os *pondréis* delante de mí en 5975
7.30 *pusieron* sus abominaciones en la casa 7760
9.8 paz...y dentro de sí *pone* sus asechanzas 7760
10.12 que *puso* en orden el mundo con su saber
11.6 oíd las palabras de...y *ponedlas* por obra
11.13 *pusiste* los altares de ignominia...Baal 7760
12.11 *puesta* en asolamiento, y lloró sobre mí 7760
13.2 compré el cinto...lo *puse* sobre mis lomos 7760
13.21 ¿qué dirás cuando él *ponga*...sobre ti a 6485
14.6 asnos monteses se *ponían* en las alturas 5975
15.9 dolor...su sol se *puso* siendo aún de día 5414

15.20 y te *pondré* en este pueblo por muro 5337
17.5 maldito el varón que... *pone* carne por su
17.11 como... perdiz que cubre lo que no *puso*
17.19 ha dicho Jehová: Ve y *ponte* a la puerta 5975
17.19 *ponte* en todas las puertas de Jerusalén
18.16 *poner* su tierra en desolación, objeto 7760
18.20 acuérdate que me *puse* delante de ti para 5975
18.21 sus maridos sean *puestos* a muerte, y sus..... 5414
19.8 *pondré* a esta ciudad por espanto y burla 7760
19.12 haré... *poniendo* esta ciudad como Tofet 5414
20.2 azotó... al profeta... y lo *puso* en el cepo 5414
21.8 *pongo* delante de vosotros camino de vida..... 5414
21.10 mi rostro he *puesto* contra esta ciudad 7760
23.4 y *pondré*... pastores que las apacienten 6965
23.40 *pondré* sobre vosotros afrenta perpetua
24.1 dos cestas de higos *puestas* delante del 3259
24.6 *pondré* mis ojos sobre ellos para bien 7760
24.8 como los... *pondré* a Sedequías rey de Judá
25.9 destruiré, y los *pondré* por escarnio y 7760
25.11 esta tierra será *puesta* en ruinas y en
25.18 para *ponerlos* en ruinas, en escarnio y 5414
26.2 *ponte* en el atrio de la casa de Jehová 5975
26.4 en mi ley, la cual *puse* ante vosotros........... 5414
26.6 yo *pondré* esta casa como Silo, y esta.......... 5414
26.6 y esta ciudad la *pondré* por maldición a 5414
27.2 hazte coyundas... *ponlos* sobre tu cuello....... 5414
27.6 ahora yo he *puesto* todas estas tierras......... 5414
27.8 a la nación y... que no *pusiere* su cuello........ 5414
28.14 yugo de hierro *puse* sobre el cuello de........ 5414
29.17 los *pondré* como los higos malos, que de...... 5414
29.22 *póngate* Jehová como a Sedequías y como.... 7760
29.26 Jehová te ha *puesto* por sacerdote en 5414
29.26 de todo hombre loco... *poniéndolo* en el 5414
30.8 no lo volverán... a *poner* en servidumbre
31.21 establécete señales, *ponte* majanos........... 5324
32.3 Sedequías rey de... lo había *puesto* preso
32.14 *ponlas* en una vasija de barro, para que...... 5414
32.25 cómprate la heredad por... y *pon* testigos
32.29 vendrán los caldeos... la *pondrán* a fuego
32.34 *pusieron* sus abominaciones en la casa....... 7121
32.40 *pondré* mi temor en el corazón de ellos....... 5414
32.44 y harán escritura... y *pondrán* testigos
33.25 yo no he *puesto* las leyes del cielo y........... 7760
34.17 os *pondré* por afrenta ante todos los 5414
35.5 *puse* delante de... los recabitas tazas y
37.4 porque todavía no... *puesto* en la cárcel 5414
37.8 ciudad... la tomarán y la *pondrán* a fuego
37.10 caldeos... y *pondrán* esta ciudad a fuego
37.15 le azotaron y le *pusieron* en prisión en 5414
37.18 ¿en qué pequé... para que me *pusieseis* en.... 5414
38.7 habían *puesto* a Jeremías en la cisterna 5414
38.12 *pon* ahora esos trapos viejos y ropas......... 7760
38.17 esta ciudad no será *puesta* a fuego, y
38.18 la *pondrán* a fuego, y tú no escaparás
39.8 y los caldeos *pusieron* a fuego la casa
40.5 rey... ha *puesto* sobre todas las ciudades
40.7 el rey... había *puesto* a Gedalías hijo de
40.10 tomad... *ponedlos* en vuestros almacenes 7760
40.11 que había *puesto* sobre ellos a Gedalías 6485
41.2 aquel a quien el rey de... había *puesto*
41.18 había *puesto* para gobernar la tierra
43.10 *pondré* su trono sobre estas piedras que 7760
43.12 *pondrá* fuego a los templos de... dioses
44.6 Judá... *puestas* en soledad y en destrucción
44.10 los cuales *puse* delante de vosotros y 5414
44.17 *pondremos* por obra toda palabra que ha
44.22 vuestra tierra... *puesta* en asolamiento
44.25 confirmáis... y *ponéis*... votos por obra
46.4 y *poneos* con yelmos; limpiad las lanzas 3320
46.14 decid: *Ponte* en pie y prepárate, porque 3320
47.7 contra la costa del mar, allí te *puso*............ 3259
48.46 tus hijos fueron *puestos* presos para
49.2 sus ciudades serán *puestas* a fuego, e
49.38 *pondré* mi trono en Elam, y destruiré......... 7760
50.3 *pondrá* su tierra en asolamiento, y no 7896
50.5 con pacto... que jamás se *ponga* en olvido
50.14 *poneos* en... contra Babilonia alrededor
50.24 *puse* lazos, y fuiste tomada... Babilonia
51.2 se *pondrán* contra ella de todas partes
51.12 reforzad la guardia, *poned* centinelas......... 5375
51.12 y aun *pondrá* en efecto lo que ha dicho....... 6965
51.29 para *poner* la tierra de Babilonia en 7760
51.39 en medio de su calor... *pondré* banquetes
52.11 lo *puso* en la cárcel hasta... que murió 5786
52.32 hizo *poner* su trono sobre los tronos de 5414
Lm 3.12 y me *puso* como blanco para la saeta......... 5324
3.29 *ponga* su boca en el polvo, por si aún.......... 5414
3.53 ataron mi vida en... *pusieron* piedra sobre 3034
4.19 en el desierto nos *pusieron* emboscadas
Ez 2.1 *ponte* sobre tus pies, y hablaré contigo 5975
3.17 te he *puesto* por atalaya a la casa de 5414
3.20 si... y *pusiere* yo tropiezo delante de él......... 5414
3.25 *pondrán* sobre ti cuerdas, y con ellas te 5414
4.1 tómate un adobe, y *ponlo* delante de ti.......... 5414
4.2 *pondrás* contra ella sitio, y edificarás........... 5414
4.2 y *pondrás* delante de ella campamento, y....... 5414
4.3 *ponla* en lugar de muro de hierro entre 5414
4.4 y *pondrás* sobre él la maldad de la casa 7760
4.8 he aquí que he *puesto* sobre ti ataduras
4.9 *ponlos* en una vasija, y hazte pan de ellos
5.5 la *puse* en medio de las naciones y de las 7760
6.2 *pon* tu rostro hacia los montes de Israel......... 7760
6.5 *pondré* los cuerpos muertos de los hijos 5414
7.3 *pondré* sobre ti todas tus abominaciones
7.4 antes *pondré* sobre ti tus caminos, y en
7.8 furor... *pondré* sobre ti tus abominaciones 5414
7.9 según tus caminos *pondré* sobre ti, y en 5414
9.4 y *ponles* una señal en la frente a los 8427
10.7 tomó de él y lo *puso* en las manos del que 5414
10.18 la gloria... se *puso* sobre los querubines...... 5975
11.7 vuestros muertos que habéis *puesto* en........ 7760
11.19 espíritu nuevo *pondré* dentro de ellos 5414
11.23 y se *puso* sobre el monte que está al.......... 5975
13.17 *pon* tu rostro contra las hijas de tu 7760
14.3 estos hombres han *puesto* sus ídolos en 5927
14.4,7 hubiere *puesto*... ídolos en su corazón 7760
14.8 y *pondré* mi rostro contra aquel hombre 5414
14.8 le *pondré* por señal y por escarmiento 5414
15.4 *puesta* en el fuego para ser consumida........ 5414
15.7 *pondré* mi rostro contra ellos; aunque......... 5414
15.7 cuando *pusiere* mi rostro contra ellos 7760
16.11 *puse* brazaletes en tus brazos y collar........ 5414
16.14 a causa de mi hermosura que yo *puse*........ 7760
16.18 y mi incienso *pusiste* delante de ellas 5414
16.19 la miel... *pusiste* delante de ellas para........ 5414
17.4 lo *puso* en una ciudad de comerciantes......... 7760
17.5 la *puso* en un campo bueno para sembrar..... 7760
17.5 la plantó junto... la *puso* como un sauce 7760
19.5 tomó otro de sus... y lo *puso* por leoncillo...... 7760
19.9 lo *pusieron* en una jaula y lo llevaron.......... 5414
19.9 lo *pusieron* en las fortalezas, para que 5414
20.19 guardad mis preceptos, y *ponedlos* por....... 8104
20.21 mis decretos para *ponerlos* por obra......... 8104
20.24 no *pusieron* por obra mis decretos, sino
20.28 allí *pusieron*... su incienso agradable......... 7760
20.46 *pon* tu rostro hacia el sur, derrama tu......... 7760
21.2 hijo de... *pon* tu rostro contra Jerusalén 7760
21.15 en todas las puertas... he *puesto* espanto 5414
21.19 y *pon* una señal al comienzo de cada
21.22 para *poner* arietes contra las puertas 7760
22.20 mi ira, y os *pondré* allí, y os fundiré
22.30 que se *pusiese* en la brecha delante de 5975
23.24 paveses y yelmos *pondrán* contra ti en 7760
23.24 y yo *pondré* delante de ellos el juicio 5414
23.25 *pondré* mi celo contra ti, y procederán 5414
23.31 yo, pues, *pondré* su cáliz en tu mano 5414
23.41 y sobre ella *pusiste* mi incienso y mi.......... 7760
23.42 sabeos, *pusieron* pulseras en sus manos...... 5414
23.49 sobre vosotros *pondrán*... perversidades...... 5414
24.2 rey de Babilonia *puso* sitio a Jerusalén........ 5564
24.3 *pon* una olla, ponla, y echa... en ella agua 8239
24.8 yo *pondré* su sangre sobre la dura piedra 5414
24.17 *pon* tus zapatos en tus pies, y no te 7760
25.2 *pon* tu rostro hacia los hijos de Amón 7760
25.4 *pondrán* en ti sus apriscos y plantarán......... 3425
25.5 *pondré* a Rabá... habitación de camellos 5414
25.14 y *pondré* mi venganza contra Edom en......... 5414
26.8 y *pondrá* contra ti torres de sitio, y............ 5414
26.9 y *pondrá* contra ti arietes, contra tus......... 5414
26.12 *pondrán* tus piedras y tu madera y tu 7760
26.14 te *pondré* como una peña lisa... de redes
26.20 y te *pondré* en las profundidades de la 3427
28.2 *puesto* tu corazón como corazón de Dios 5414
28.6 cuanto *pusiste* tu corazón como... de Dios 5414
28.14 yo te *puse* en el santo monte de Dios
28.17 delante de... te *pondré* para que miren 5414
28.18 y te *puse* en ceniza sobre la tierra a
28.21 *pon* tu rostro hacia Sidón, y profetiza 7760
29.4 yo, pues, *pondré* garfios en tus quijadas 5414
29.10 y *pondré* la... de Egipto en desolación 5414
29.12 *pondré* la tierra de Egipto en soledad 5414
30.8 sabrán que... cuando *ponga* fuego a Egipto..... 5414
30.13 y en la tierra de Egipto *pondré* temor 5414
30.14 y *pondré* fuego a Zoán, y haré juicios
30.16 *pondré* fuego a Egipto; Sin tendrá gran 5414
30.21 no ha sido vendado *poniéndole* medicinas
30.21 ni *poniéndole* faja para ligarlo, a fin 7760
30.24 *pondré* mi espada en su mano... quebraré...... 5414
30.25 cuando yo *ponga* mi espada en la mano........ 5414
32.5 *pondré* tus carnes sobre los montes, y 5414
32.8 *pondré* tinieblas sobre tu tierra, dice 5414
32.23 sepulcros fueron *puestos* a los lados de........ 5414
32.25 medio de los muertos le *pusieron* lecho........ 5414
32.25 fue *puesto* su espanto en la tierra de
32.25 él fue *puesto* en medio de los muertos 5414
32.27 espadas *puestas* debajo de sus cabezas........ 5414
32.29 fueron *puestos* con los muertos a espada...... 5414
32.32 porque *puse* mi terror en la tierra de.......... 7901
33.2 tomare un hombre... lo *pusiere* por atalaya..... 5414
33.7 *puesto* por atalaya a la casa de Israel 5414
33.31 oirán tus... y no las *pondrán* por obra
33.32 y oirán... pero no las *pondrán* por obra
35.2 *pon* tu rostro hacia el monte de Seir, y 7760
35.9 *pondré* en asolamiento perpetuo, y tus 5414
36.4 ciudades... que fueron *puestas* por botín......... 957
36.26 nuevo, y *pondré* espíritu nuevo dentro 5414
36.27 *pondré* dentro de vosotros mi Espíritu........ 5414
36.27 guardéis mis preceptos, y los *pongáis*
37.1 me *puso* en medio de un valle que estaba...... 5157
37.6 *pondré* tendones sobre vosotros, y haré 5414
37.6 piel, y *pondré* en vosotros espíritu, y........... 5414
37.14 y *pondré* mi Espíritu en vosotros, y 5414
37.19 los *pondré* con el palo de Judá, y los.......... 5414
37.24 mis... guardarán, y los *pondrán* por obra
37.26 y *pondré* mi santuario entre ellos para 5414
38.2 *pon* tu rostro contra Gog en tierra de 7760
38.4 y *pondré* garfios en tus quijadas, y te 5414
38.12 para *poner* tus manos sobre las tierras
39.15 *pondrá* junto a ellos una señal, hasta......... 1129
39.21 y *pondré* mi gloria entre las naciones 5414
39.21 verán mi... mi mano que sobre ellos *puse*...... 7760
40.2 me *puso* sobre un monte muy alto, sobre 5117
40.4 y *pon* tu corazón a todas las cosas que 7760
40.42 sobre éstas *pondrán* los utensilios con 3240
42.13 allí *pondrán* las ofrendas santas, la 3241
43.8 porque *poniendo* ellos su umbral junto a 5414
43.11 todas sus reglas, y las *pongan* por obra
43.20 *pondrás* en los cuatro cuernos del altar 5414
44.5 *pon* atención, y mira con tus ojos, y oye 7760
44.5 *pon* atención a las entradas de la casa 7760
44.8 habéis *puesto* extranjeros como guardas 7760
44.14 les *pondré*... por guardas encargados de
45.19 y *pondrá* sobre los postes de la casa
Dn 1.7 el jefe de... *puso* nombres; *p* a Daniel 7760
1.9 *puso* Dios a Daniel en gracia y en buena 5414
1.11 Melsar, que estaba *puesto* por el jefe 4487
2.8 conozco... que vosotros *ponéis* dilaciones
2.21 el muda los... quita reyes, y *pone* reyes 6966
2.24 al cual el rey había *puesto* para matar 4483
2.49 que *pusiera* sobre los negocios de la........... 4483
3.12 los cuales *pusiste* sobre los negocios........... 4483
4.12 se *ponían* a la sombra las bestias del
5.12 cual el rey *puso* por nombre Beltsasar 7123
5.21 Dios... que *pone* sobre él al que le place 6966
5.26 contó Dios tu reino, y le ha *puesto* fin
5.29 y *poner* en su cuello un collar de oro
6.3 el rey pensó en *ponerlo* sobre... el reino 3966
6.17 fue traída una piedra y *puesta* sobre la........ 7760
6.26 de parte mía es *puesta* esta ordenanza......... 7761
7.4 suelo y se puso enhiesta sobre los pies.......... 6966
7.9 que fueron *puestos* tronos, y se sentó un........ 7412
8.15 se *puso* delante de mí uno con apariencia 5975
9.10 leyes que él *puso* delante de nosotros.......... 5414
9.24 para... *poner* fin al pecado, y expiar la
10.10 hizo que me *pusiese* sobre mis rodillas 5128
10.11 y *ponte* en pie; porque a ti he sido 5975
10.11 mientras hablaba esto... me *puse* en pie....... 5975
10.15 yo con los ojos *puestos* en tierra, y........... 5414
11.11 y *pondrá* en campaña multitud grande....... 5975
11.13 a *poner* en campaña una multitud mayor 5975
11.31 y *pondrán* la abominación desoladora 5414
Os 1.4 dijo Jehová: *Ponle* por nombre Jezreel 7121
1.6 *ponle* por nombre Lo-ruhama, porque no me ... 7121
1.9 *ponle* por nombre Lo-ammi, porque vosotros ... 7121
2.3 que yo... la *ponga* como el día en que nació..... 3322
8.1 *pon* a tu boca trompeta... Como águila viene
11.4 yugo... y *puse* delante de ellos la comida....... 5186
11.8 ¿cómo podré yo... *ponerte* como a Zeboim?.... 7761
Jl 2.6 *pondrán* pálidos todos los semblantes
2.19 y nunca más os *pondré* en oprobio entre 5414
Am 7.8 *pongo* plomada... en medio de mi pueblo 7760
8.9 que haré que se *ponga* el sol a mediodía
8.10 haré *poner* cilicio sobre todo lomo, y
9.4 y *pondré* sobre ellos mis ojos para mal 7760
Abd 4 y entre las estrellas *pusieres* tu nido 7760
7 comían tu pan *pusieron* lazo debajo de ti......... 7760
Jon 1.14 ni *pongas* sobre nosotros la sangre........... 5414
Mi 3.6 sobre los profetas se *pondrá* el sol, y
4.7 *pondré* a la coja como remanente, y a la........ 7760
6.16 para que yo te *pusiese* en asolamiento......... 5414
7.16 verán, y... *pondrán* la mano sobre su boca 7760
Nah 1.14 allí *pondré* tu sepulcro... fuiste vil 7760
3.6 te afrentaré, y te *pondré* como estiércol 7760
Hab 1.12 Jehová, para juicio lo *pusiste*; y tú 7760
2.9 que codicia... para *poner* en alto su nido......... 7760
Sof 2.3 los que *pusisteis* por obra su juicio
3.19 os *pondré* por alabanza y por renombre
3.20 os *pondré* para renombre y para alabanza.... 5414
Hag 1.8 y *pondré* en ella mi voluntad, y seré
2.15 antes que *pongan* piedra sobre piedra en 7760
2.23 te *pondré* como anillo de sellar; porque 7760
Zac 3.5 *pongan* mitra limpia sobre su cabeza 7760
3.5 *pusieron*... mitra limpia sobre su cabeza 7760
3.9 aquella piedra que *puse* delante de Josué....... 5414
5.11 cuando esté preparada la *pondrán* sobre 3240
6.11 *pondrás* en la cabeza del sumo sacerdote 7760
7.12 *pusieron* su corazón como diamante, para 7760
8.7 salvo... de la tierra donde se *pone* el sol ... 3996,8121
9.6 *pondré* fin a la soberbia de los filisteos 3772
9.13 Sion... te *pondré* como espada de valiente 7760
10.3 los *pondrá* como su caballo de honor en........ 7760
11.7 al uno *puse* por nombre Gracia, y al otro........ 7121
12.2 yo *pongo* a Jerusalén por copa que hará 7760
12.3 *pondré* a Jerusalén por piedra pesada a 7760
12.6 *pondré*... capitanes de Judá como brasero..... 7760
Mal 1.11 donde el sol nace hasta donde se *pone*
Mt 1.25 dio a luz... y le *puso* por nombre Jesús *2564*
3.10 el hacha está *puesta* a la raíz de los *2749*
4.5 y le *puso* sobre el pináculo del templo *2476*
5.15 ni... una luz y se *pone* debajo de un almud *5087*
5.25 *ponte* de acuerdo con... adversario pronto *3860*
5.40 que quiera *ponerte* a pleito y quitarte
9.16 *pone* remiendo de paño nuevo en vestido...... *1911*
9.18 ven y *pon* tu mano sobre ella, y vivirá *2007*
10.35 *poner* en disensión al hombre contra su...... *1369*
12.18 *pondré* mi Espíritu sobre él, y a los *5087*
15.30 y los *pusieron* a los pies de Jesús, y............ *4496*
16.23 no *pones* la mira en las cosas de Dios *5426*
18.2 y llamando... a un niño, lo *puso* en medio........ *2476*
18.19 si dos de vosotros se *pusieren* de acuerdo *4856*
19.13 para que *pusiese* las manos sobre ellos *2007*
19.15 habiendo *puesto* sobre ellos las manos *2007*
21.7 *pusieron* sobre ellos sus mantos; y él........... *1940*
22.44 que *ponga* a tus enemigos por estrado de *5087*
23.4 *ponen* sobre los hombros de los hombres...... *2007*
24.45 *puso* su señor sobre su casa para que......... *2525*
24.47 que sobre todos sus bienes le *pondrá*......... *2525*
24.51 y *pondrá* su parte con los hipócritas *5087*
25.21,23 sobre mucho te *pondré*; entra en *2525*
25.33 *pondrá* las ovejas a su derecha, y los.......... *2476*
27.9 precio *puesto* por los hijos de Israel
27.29 y *pusieron* sobre su cabeza una corona *4120*
27.31 le *pusieron* sus vestidos, y le llevaron......... *2007*
27.37 y *pusieron* sobre su cabeza su causa *2007*

P

27.48 *poniéndola* en una caña, le dio a beber....... 4060
27.60 lo *puso* en su sepulcro nuevo, que había...... 5087
27.66 ellos... sellando... y *poniendo* la guardia...... 3326
28.6 ved el lugar donde fue *puesto* el Señor......... 2749
28.14 oyere... nosotros... os *pondremos* a salvo . 4160,275
Mr 1.32 luego que el sol se *puso*, le trajeron........... 1416
2.21 *pone* remiendo de paño nuevo en vestido...... 1976
3.3 al hombre que... Levántate y *ponte* en medio
3.16 a Simón, a quien *puso* por sobrenombre.. 2007,3686
4.21 la luz para *ponerla* debajo del almud, o....... 2007
4.21 ¿no es para *ponerla* en el candelero?.......... 5087
5.23 *pon* las manos sobre ella para que sea........ 2007
6.5 que sanó... *poniendo* sobre ellos las manos..... 2007
6.29 su cuerpo, y los *pusieron* en un sepulcro....... 5087
6.41 dio a... para que los *pusiesen* delante; y......... 1325
7.32 le rogaron que le *pusiera* la mano encima..... 2007
8.6 dio a... para que los *pusiesen* delante; y......... 3908
8.6 y los *pusieron* delante de la multitud........... 3908
8.7 y mandó que también los *pusiesen* delante...... 3908
8.23 *puso* las manos encima, y le preguntó si........ 2007
8.25 *puso* otra vez las manos sobre los ojos......... 2007
8.33 no *pones* la mira en las cosas de Dios
9.36 a un niño, y lo *puso* en medio de ellos.......... 2476
10.16 *poniendo* las manos sobre... los bendijo...... 5087
12.36 que *ponga* tus enemigos por estrado de...... 5087
13.14 *puesta* donde no debe estar el que lee....... 2476
15.17 y *poniéndole*... corona tejida de espinas...... 4120
15.19 y *puestos* de rodillas le... reverencias......... 5087
15.20 y le *pusieron* sus propios vestidos, y.......... 1746
15.36 *poniéndola* en una caña, le dio a beber....... 4060
15.46 lo *puso* en un sepulcro... cavado en una...... 2698
15.47 María madre... miraban dónde lo *ponían*.... 5087
16.6 mirad el lugar en donde le *pusieron*........... 5087
16.18 sobre los enfermos *pondrán* sus manos...... 2007
Lc 1.1 tratado de *poner* en orden la historia............ 392
1.11 *puesto* en pie a la derecha del altar del........ 2476
2.21 le *pusieron* por nombre Jesús, el cual.......... 2564
2.21 le había sido *puesto* por el ángel antes
2.34 he aquí, éste está *puesto* para caída y......... 2749
3.9 el hacha... *puesta* a la raíz de los árboles....... 2749
4.9 y le *puso* sobre el pináculo del templo.......... 2476
4.18 a *poner* en libertad a los oprimidos............. 649
4.40 al *ponerse* el sol, todos los que tenían.......... 1416
4.40 él, *poniendo* las manos sobre cada uno de
5.18 llevarle adentro y *ponerle* delante de.......... 5087
5.19 *poniéndole* en medio, delante de Jesús
5.36 y lo *pone* en un vestido viejo; pues si.......... 1911
6.8 al hombre... Levántate, y *ponte* en medio....... 2476
6.8 dijo... Y él, levantándose, se *puso* en pie....... 2476
6.48 cavó... *puso* el fundamento sobre la roca....... 5087
7.8 yo soy hombre *puesto* bajo autoridad, y......... 5021
8.16 una luz... ni la *pone* debajo de la cama........ 5087
8.16 sino que la *pone* en un candelero para........ 2007
9.16 dio... para que los *pusiesen* delante de......... 3908
9.47 Jesús... tomó a un niño y lo *puso* junto a....... 2476
9.62 ninguno... *poniendo* su mano en el arado..... 1911
10.8 reciban, comed lo que os *pongan* delante...... 3908
10.34 *poniéndole* en su cabalgadura, lo llevó....... 1913
11.6 un amigo... no tengo qué *ponerle* delante....... 3908
11.33 nadie *pone* en oculto la luz encendida........ 5087
12.14 hombre, ¿quién me ha *puesto*... como juez... 2525
12.42 al cual su señor *pondrá* sobre su casa........ 2525
12.44 que le *pondrá* sobre todos sus bienes........ 2525
12.46 vendrá... y le *pondrá* con los infieles......... 5087
13.13 *puso* las manos sobre ella; y ella se........... 2007
13.29 que después que haya *puesto* el cimiento...... 5087
15.5 la encuentra, la *pone* sobre sus hombros....... 2007
15.22 *poned* un anillo en su mano, y calzado....... 1325
16.26 gran sima está *puesta* entre nosotros
18.11 fariseo, *puesto* en pie, oraba consigo.......... 2476
18.23 oyendo esto, se *puso* muy triste, porque
19.8 Zaqueo, *puesto* en pie, dijo al Señor: He....... 2476
19.21 que tomas lo que no *pusiste*, y siegas......... 5087
19.22 que tomo lo que no *puse*, y que siego......... 5087
19.23 no *pusiste* mi dinero en el banco, para....... 1325
20.43 que *ponga* a tus enemigos por estrado de.... 5087
22.41 él se apartó... y *puesto* de rodillas oró
23.26 y le *pusieron* encima la cruz para que........ 2007
23.53 lo *puso* en un sepulcro abierto en una........ 5087
23.53 el cual aún no se había *puesto* a nadie........ 2749
23.55 vieron el... y cómo fue *puesto* su cuerpo...... 5087
24.36 se *puso* en medio de ellos, y les dijo.......... 2476
Jn 6.28 *poner* en práctica las obras de Dios?
7.37 se *puso* en pie y alzó la voz, diciendo.......... 2476
8.3 trajeron una mujer... *poniéndola* en medio..... 2476
9.15 *puso* lodo sobre los ojos, y me lavé, y......... 2007
10.15 Padre; y *pongo* mi vida por las ovejas........ 5087
10.17 *pongo* mi vida, para volverla a tomar....... 5087
10.18 quita, sino que yo de mí mismo la *pongo*...... 5087
10.18 poder para *ponerla*, y tengo poder para...... 5087
11.34 ¿dónde le *pusisteis*?... Señor, ven y ve........ 5087
11.38 una cueva, y tenía una piedra *puesta*......... 1945
11.41 de donde había sido *puesto* el muerto......... 2749
13.2 el diablo ya había *puesto* en... de Judas........ 906
13.5 *puso* agua en un lebrillo, y comenzó a.......... 906
13.37 no... seguir ahora? Mi vida *pondré* por ti...... 5087
13.38 ¿tu vida *pondrás* por mí? De cierto, de........ 5087
15.13 que uno *ponga* su vida por sus amigos........ 5087
15.16 y os he *puesto* para que... llevéis fruto....... 5087
19.2 una corona... la *pusieron* sobre su cabeza...... 2007
19.19 un título, que *puso* sobre la cruz, el........... 5087
19.29 *poniéndola* en un hisopo... la acercaron....... 4060
19.41 cual aún no había sido *puesto* ninguno....... 5087
19.42 porque... estaba cerca, *pusieron* a Jesús...... 5087
20.2 Señor, y no sabemos dónde le han *puesto*...... 5087
20.5 vio los lienzos *puestos* allí... no entró........ 2749
20.6 entró en el... y vio los lienzos *puestos* allí...... 2749
20.7 y el sudario... no *puesto* con los lienzos........ 2749
20.12 el cuerpo de Jesús había sido *puesto*......... 2749
20.13 mi Señor, y no sé dónde le han *puesto*........ 5087
20.15 dime dónde lo has *puesto*... lo llevaré......... 5087
20.19 Jesús... *puesto* en medio, les dijo: Paz........ 2476
20.26 y se *puso* en medio y les dijo: Paz a........... 2476
20.27 *pon* aquí tu dedo, y mira mis manos; y....... 5342
21.9 vieron brasas *puestas*, y un pez encima........ 1945
Hch **1.7 que el Padre *puso* en su sola potestad........ 5087**
1.10 ellos con los ojos *puestos* en el cielo............ 3936
1.10 se *pusieron* junto a ellos dos varones
2.14 Pedro, *poniéndose* en pie con los once......... 2476
2.35 *ponga* a tus enemigos por estrado de tus...... 5087
3.2 quien *ponían* cada día a la puerta del.......... 5087
3.8 saltando, se *puso* en pie y anduvo; y entró...... 2476
3.12 ¿o por qué *ponéis* los ojos en nosotros
3.13 éste había resuelto *ponerle* en libertad......... 630
4.3 y los *pusieron* en la cárcel hasta el día.......... 5087
4.7 y *poniéndoles* en medio, les preguntaron....... 2476
4.23 y *puestos* en libertad, vinieron a los
4.35 y lo *ponían* a los pies de los apóstoles......... 5087
4.36 los apóstoles *pusieron* por sobrenombre....... 1941
4.37; 5.2 *puso* a los pies de los apóstoles............ 5087
5.4 ¿por qué *pusiste* esto en tu corazón?............ 5087
5.15 los *ponían* en camas y lechos, para que....... 5087
5.18 apóstoles y los *pusieron* en la cárcel........... 1911
5.20 *puestos* en pie en el templo, anunciad......... 2476
5.25 los varones que *pusisteis* en la cárcel.......... 5087
5.40 de azotarlos... los *pusieron* en libertad........ 4341
6.13 y *pusieron* testigos falsos que decían.......... 2476
7.10 lo *puso* por gobernador sobre Egipto y......... 1325
7.16 y *puestos* en el sepulcro que a precio.......... 5087
7.26 y los *ponía* en paz, diciendo: Varones......... 4900
7.27,35 ¿quién te ha *puesto* por gobernante......... 2525
7.55 Esteban... *puestos* los ojos en el cielo
7.58 testigos *pusieron* sus ropas a los pies.......... 659
7.60 *puesto* de rodillas, clamó a gran voz............ 2476
9.12 *pone* las manos encima para que recobre..... 2007
9.17 Ananías... *poniendo* sobre él las manos......... 2007
9.37 después de lavada, la *pusieron* en una......... 5087
9.40 todos, Pedro se *puso* de rodillas y oró
10.30 que se *puso* delante de mí un varón con...... 2476
10.42 él es el que Dios ha *puesto* por Juez de....... 3724
11.13 *puso* en pie y le dijo: Envía hombres a....... 2476
12.4 le *puso* en la cárcel, entregándole a 4.......... 5087
13.29 del madero, lo *pusieron* en el sepulcro......... 5087
13.47 te he *puesto* para luz de los gentiles.......... 5087
15.10 *poniendo* sobre la cerviz de... discípulos...... 2007
16.34 y llevándolos a su casa, les *puso* la............ 3908
17.22 *puesto* en pie en medio... Areópago, dijo...... 2476
18.10 ninguno *pondrá* sobre ti la mano para....... 2007
20.3 siéndole *puestas* asechanzas por... judíos...... 1096
20.36 se *puso* de rodillas, y oró con todos
21.5 *puestos* de rodillas en la playa, oramos
23.24 en que *poniendo* a Pablo, le llevasen......... 1913
26.16 pero levántate, y *ponte* sobre tus pies........ 2476
26.16 *ponerte* por ministro y testigo de las......... 4400
26.32 podía este... ser *puesto* en libertad, si......... 630
27.15 no pudiendo *poner* proa al viento, nos......... 3361
27.21 *puesto* en pie... dijo: Habría sido por.......... 2476
Ro 3.25 quien Dios *puso* como propiciación por....... 4388
4.17 te ha *puesto* por padre de muchas gentes...... 5087
9.33 *pongo* en Sion piedra de tropiezo y roca....... 5087
14.13 decidid no *poner* tropiezo... al hermano...... 5087
1 Co 3.10 *puse* el fundamento, y otro edifica.......... 5087
3.11 nadie puede *poner* otro... que está puesto...... 5087
6.4 si... ¿*ponéis* para juzgar a los que son de....... 2523
8.13 no... para no *poner* tropiezo a mi hermano.... 4624
9.9 está escrito: No *pondrás* bozal al buey
9.12 no *poner* ningún obstáculo al evangelio
9.27 y lo *pongo* en servidumbre, no sea que........ 1396
10.27 lo que se os *ponga* delante, comed, sin........ 3908
11.34 demás cosas las *pondré* en orden cuando.... 1299
12.28 unos *puso* Dios en la iglesia... apóstoles...... 5087
15.25 que haya *puesto* a todos sus enemigos........ 5087
16.2 cada uno de vosotros *ponga* aparte algo....... 5087
2 Co 3.13 Moisés, que *ponía* un velo sobre su......... 5087
3.15 el velo está *puesto* sobre el corazón de
8.8 sino para *poner* a prueba, por medio de la...... 1381
8.16 Dios que *puso* en el corazón de Tito la......... 1325
Ef 4.26 no se *ponga* el sol sobre vuestro enojo......... 1931
5.13 cosas, cuando son *puestas* en evidencia....... 5319
Fil 1.17 *puesto* para la defensa del evangelio.......... 2749
1.23 de ambas cosas estoy *puesto* en estrecho
Col 3.2 *poned* la mira en las cosas de arriba.......... 5426
1 Ts 3.3 sabéis que para esto estamos *puestos*......... 2749
5.9 no nos ha *puesto* Dios para ira, sino para...... 5087
1 Ti 1.12 por fiel, *poniéndome* en el ministerio........ 5087
5.9 sea *puesta* en la lista sólo la viuda no
5.18 no *pondrás* bozal al buey que trilla
6.17 ni *pongan* la esperanza en las riquezas
Flm 18 te dañó, o te debe, *ponlo* a mi cuenta........... 1677
He 1.13 que *ponga* a tus enemigos por estrado......... 5087
2.7 le *pusiste* sobre las obras de tus manos........ 2525
6.18 asirnos de la esperanza *puesta* delante........ 4295
8.10 *pondré* mis leyes en la mente de ellos.......... 1325
10.13 sus enemigos sean *puestos* por estrado........ 5087
10.16 *pondré* mis leyes en sus corazones, y en...... 1325
12.16 tenía *puesta* la mirada en el galardón
11.34 *pusieron* en fuga ejércitos extranjeros
11.37 apedreados, aserrados, *puestos* a prueba
12.2 *puestos* los ojos en Jesús, el autor y.......... 4295
Stg 3.3 nosotros *ponemos* freno en la boca de.......... 906
3.6 la lengua está *puesta*... nuestros miembros
1 P 2.6 *pongo* en Sion la principal piedra del.......... 659
2 P 1.5 *poniendo*... diligencia por esto mismo.......... 3923
2.6 *poniéndolas* de ejemplo a los que habían....... 4160
1 Jn 3.16 en que él *puso* su vida por nosotros.......... 5087
3.16 nosotros debemos *poner* nuestras vidas....... 5087
Jud 7 fueron *puestas* por ejemplo, sufriendo el........ 4295
Ap **1.17 *puso* su diestra sobre mí, diciéndome......... 2007**
2.14 *poner* tropiezo ante los hijos de Israel......... 906
3.8 *puesto* delante de ti una puerta abierta......... 1325
6.12 sol se *puso* negro como tela de cilicio
10.2 y *puso* su pie derecho sobre el mar, y el....... 5087
13.16 hacía que... se les *pusiese* una marca en
17.17 Dios ha *puesto*... el ejecutar lo que él
17.17 *ponerse* de acuerdo, y dar su reino a la....... 1325
20.3 y lo encerró, y *puso* su sello sobre él

PONIENTE
1 Cr 12.15 hicieron huir a... al oriente y al *p*........... 4628
Is 9.12 del oriente los... los filisteos del *p*
Dn 8.4 el carnero hería con los cuernos al *p*........... 4628
8.5 macho cabrío venía del lado del *p* sobre......... 4628
Lc 12.54 **cuando veis la nube que sale del *p*** 1424

PONTO *Región en el norte de Asia Menor*
Hch 2.9 Judea... Capadocia, en el *P* y en Asia.......... 4195
18.2 un judío llamado Aquila, natural del *P*......... 4195
1 P 1.1 a los expatriados... en el *P*, Galacia............ 4195

PONZOÑA
Dt 32.33 veneno de serpientes es su vino, y *p*.......... 2534

PONZOÑOSA
Dt 32.32 las uvas de ellos son uvas *p*, racimos......... 7219

POPA
Mr 4.38 en la *p*, durmiendo sobre un cabezal........... 4403
Hch 27.29 echaron cuatro anclas por la *p*, y........... 4403
27.41 la *p* se abría con a violencia del mar........... 4403

POPULACHO
Job 30.12 a la mano derecha se levantó el *p*........... 6526

POPULOSA
Lm 1.1 ¡cómo ha quedado sola la ciudad *p*!............ 5971

POQUITO
Is 26.20 escóndete un *p*, por un momento, en.......... 4592
28.10 sobre línea, un *p* allí, otro *p* allá.............. 2191
28.13 un *p* allí, otro *p* allá; hasta que vayan......... 2191
2 Co 11.16 para que yo también me glorie un *p*......... 3397
He 10.37 aún un *p*, y el que ha de venir vendrá

POQUERT-HAZEBAIM *Padre de una familia de siervos de Salomón*, Esd 2.57; Neh 7.59....... 6380

PORATA *Hijo de Amán*, Est 9.8................. 6334

PORCIO FESTO *Procurador romano*, Hch 24.27 .. 4201

PORCIÓN
Gn 43.34 *p* de Benjamín era cinco veces mayor....... 4864
Éx 16.4 y recogerá diariamente la *p* de un día.......... 1697
16.22 sexto día recogieron doble *p* de comida
29.26 el pecho del carnero de... y será *p* tuya....... 4490
29.28 *p* de ello elevada en ofrenda a Jehová........ 8641
Lv 6.17 la he dado... por su *p* de mis ofrendas......... 2506
7.33 recibirá la espaldilla derecha como *p*......... 4940
7.35 es la *p* de Aarón y la *p* de sus hijos, de
Nm 18.29 de todo lo mejor de... ofreceréis la *p*
36.3 será quitada de la *p* de nuestra heredad...... 1486
Dt 32.9 la *p* de Jehová es su pueblo; Jacob la.......... 2506
33.21 le fue reservada... la *p* del legislador......... 2513
Jos 18.10 repartió Josué la tierra... por sus *p*.......... 4286
1 S 9.23 dijo Samuel... Trae acá la *p* que te di.......... 4490
2 R 2.9 una doble *p* de tu espíritu sea sobre........... 6310
1 Cr 16.18 daré la tierra de... *p* de tu heredad.......... 2256
2 Cr 31.4 que diese la *p*... a los sacerdotes y........... 4521
31.15 dar con fidelidad a sus hermanos sus *p*....... 4256
31.19 cargo de dar sus *p* a todos los varones........ 4490
Neh 8.10 y enviad *p* a los que no tienen nada........... 4490
8.12 y todo el pueblo se fue... a obsequiar *p*........ 4490
12.44 *p* legales para los sacerdotes y levitas........ 4521
12.47 consagraban... sus *p* a los levitas, y los........ 1697
13.10 *p* para los levitas no les habían sido.......... 4521
Est 9.19,22 enviar *p* cada uno a su vecino.............. 4490
Job 20.29 esta es la *p* que Dios prepara... impío........ 2506
24.18 ligeros... su *p* es maldita en la tierra......... 2513
27.13 esta es... a *p* del hombre impío, y la.......... 2506
Sal 11.6 azufre... será la *p* del cáliz de ellos........... 4521
16.5 Jehová es la *p* de mi herencia y de mi......... 4490
17.14 cuya *p* la tienen en esta vida, y cuyo.......... 2506
63.10 los destruirán... serán *p* de los chacales....... 4521
73.26 la roca... y mi *p* es Dios para siempre......... 2506
105.11 te daré la... como *p* de vuestra heredad
119.57 mi *p* es Jehová; he dicho que guardaré....... 2506
142.5 y mi *p* en la tierra de los vivientes........... 2506
Jer 10.16 no es así la *p* de Jacob; porque él............ 2506
13.25 esta es... la *p* que yo he medido para ti........ 4490
51.19 no es como ellos la *p* de Jacob; porque...... 2506
Lm 3.24 *p* es Jehová, dijo mi alma; por tanto.......... 2506
Ez 45.1 apartaréis una *p* para Jehová, que le
48.8 la *p* que reservaréis de 25.000 cañas de
48.9 la *p* que reservaréis para Jehová tendrá...... 8641
48.10 la *p*... que pertenecerá a los sacerdotes....... 8641
48.12 tendrán... la *p* de la tierra reservada.......... 8642
48.18 lo que quedare... delante de la *p* santa........ 8641
48.18 que será lo que quedará de la *p* santa........ 8641
48.20 toda la *p*... reservaréis como *p* para el........ 8641
48.21 que quedare a uno y otro lado de la *p*......... 8641
48.21 la *p* hasta el límite oriental... *p* santa......... 8641
48.22 desde la *p* de los levitas y la *p* de la.......... 272
48.23 el lado del mar, tendrá Benjamín una *p*
48.29 y estas son sus *p*, ha dicho Jehová el......... 4256
Dn 1.8 no contaminarse con la *p* de la comida........ 6598
1.15 el de los otros... que comían de la *p* de......... 6598
1.16 Melsar se llevaba la *p* de... de ellos y el........ 6598
Mi 2.4 ha cambiado la *p* de mi pueblo. ¡Cómo......... 2506
Hab 1.16 con ellas engordó su *p*, y engrasó su......... 2506

PORFIADO
Jer 6.28 son rebeldes, *p*, andan chismeando 5637

PORFIAR
Gn 19.3 él *porfió* con ellos mucho, y fueron 6484
1 S 28.23 *porfiaron* con él... y él les obedeció 6555
2 S 13.25 y aunque *porfió* con él, no quiso ir 6555
Jer 2.29 qué *porfías* conmigo? Todos vosotros 7378
Lc 23.5 ellos *porfiaban*, diciendo: Alborota al *2001*

PÓRFIDO
Est 1.6 plata, sobre losado de *p* y de mármol

PORTADA
1 S 21.13 y escribía en las *p* de las puertas 1817
2 Cr 4.9 las *p* del atrio, y cubrió de bronce 1817

PORTAL
Ez 40.9 midió... entrada del *p*, de ocho codos 8179
40.9 la puerta del *p* estaba por el lado de 8179
40.10 también... una medida los *p* a cada lado 8179
40.11 midió... longitud del *p*, de trece codos 8179
40.14 y midió... cada poste del atrio y del *p* 8179
40.16 ventanales... en sus *p* por dentro de la 8179
40.18 en proporción a la longitud de los *p* 8179
40.24 midió sus *p*... conforme a estas medidas 8179
40.38 cámara, y su puerta con postes de *p* 8179
41.15 el templo de dentro, y los *p* del atrio 8179
41.25 un *p* de madera por fuera a la entrada 8179
46.2,8 entrará por el camino del *p* de la 8179

PORTAR
Éx 22.25 no te *portarás* con él como logrero
Nm 24.18 Seir... Israel se *portará* varonilmente 6213
1 S 18.5 salía David... *portaba* prudentemente 7919
18.15 viendo... se *portaba* tan prudentemente 7919
Job 15.25 extendió su... y se *portó* con soberbia
Jer 12.1 tienen... los que se *portan* deslealmente?
Mal 2.10 ¿por qué... nos *portamos* deslealmente
1 Co 16.13 *portaos* varonilmente, y esforzaos

PORTE
Tit 2.3 las ancianas... sean reverentes en su *p* *2688*

PORTENTO
Jer 32.20 tú hiciste señales y *p* en tierra de 4159
32.21 sacaste a tu pueblo... con señales y *p* 4159

PORTENTOSA
2 Cr 2.9 casa... edificar ha de ser grande y *p* 6381

PORTERO, A
2 S 4.6 la *p* de la casa había estado limpiando 7778
18.26 y dio voces el atalaya al *p*, diciendo 7778
2 R 7.11 *p* gritaron, y lo anunciaron dentro 7778
1 Cr 9.17 los *p*: Salum, Acub, Talinón, Ahimán 7778
9.18 han sido estos los *p* en la puerta del 7778
9.21 Zacarías hijo de Meselemías era *p* de la 7778
9.23 eran *p* por sus turnos a las puertas de 5921
9.24 y estaban los *p* a los cuatro lados; al 7778
9.26 cuatro... de los *p* levitas estaban en el 7778
15.18 Uni... Micnías, Obed-edom y Jeiel, los *p* 7778
15.23 Berequías y Elcana eran *p* del arca 7778
15.24 Obed-edom y Jehías... también *p* del arca 7778
16.38 a Obed-edom hijo de... y a Hosa como *p* 7778
16.42 Dios; y a los hijos de Jedutún para *p* 8179
23.5 cuatro mil *p*, y cuatro mil para alabar 7778
26.1 también fueron distribuidos los *p*: de 7778
26.12 éstos se hizo la distribución de los *p* 7778
26.19 estas son las distribuciones de los *p* 7778
2 Cr 8.14 los *p* por su orden a cada puerta 7778
23.4 estarán de *p* con los sacerdotes y los 7778
23.19 también *p* a las puertas de la casa de 7778
34.13 de los levitas había... gobernadores y *p* 7778
35.15 también los *p* estaban a cada puerta 7778
Esd 2.42 hijos de los *p*: los hijos de Salum 7778
2.70 y habitaron... los *p* y los sirvientes del 7778
7.7 subieron... *p* y sirvientes del templo, en 7778
7.24 a todos los... *p*, sirvientes del templo 7778
10.24 los cantores, Eliasib; y de los *p*: Salum 7778
Neh 7.1 luego... fueron señalados *p* y cantores 7778
7.45 *p*: Los hijos de Salum, los hijos de Ater 7778
7.73 habitaron... los *p*, los cantores, los del 7778
10.28 *p* y cantores, los sirvientes del templo 7778
10.39 allí estarán... los *p* y los cantores: y 7778
11.19 *p*, Acub, Talmón y sus hermanos, guardas 7778
12.25 eran *p* para la guardia a las entradas 7778
12.45 habían cumplido... los cantores y los *p* 7778
12.47 y todo Israel... daba alimentos... a los *p* 7778
13.5 que estaba mandado dar a los levitas... *p* 7778
Ez 44.11 servirán... como *p* a las puertas de la 6486
Mr 13.34 **yéndose lejos... al *p* mandó que velase** *2377*
Jn 10.3 **a éste abre el *p*, y las ovejas oyen su** *2377*
18.16 y habló a la *p*, e hizo entrar a Pedro *2377*
18.17 *p* dijo a Pedro: ¿No eres tú también de *2377*

PÓRTICO
1 R 6.3 el *p*... tenía veinte codos de largo a lo 197
7.6 *p* de columnas, que tenía cincuenta codos 197
7.6 y este *p* estaba delante de las primeras 197
7.7 hizo... *p* del trono en que había de juzgar 197
7.7 el *p* del juicio, y lo cubrió de cedro del 197
7.8 la casa... en otro atrio dentro del *p*, era 197
7.8 edificó... una casa... semejante a la del *p* 197
7.19 los capiteles... en el *p*, tenían forma de 197
7.21 estas columnas erigió en el *p* del templo 197
2 R 16.18 asimismo el *p* para... días de reposo 4329
1 Cr 28.11 David dio a Salomón... el plano del *p* 197
2 Cr 3.4 el *p*... era de veinte codos de largo 197
8.12 sobre el altar... edificado delante del *p* 197
15.8 reparó el altar de... estaba delante del *p* 197
29.7 cerraron las puertas del *p*, y apagaron 197
29.17 del mismo mes vinieron al *p* de Jehová 197
Ez 40.48 llevó al *p*... y midió cada poste del *p* 197
Ez 40.49 la longitud del *p*, veinte codos, y el 197
41.26 ventanas estrechas... a los lados del *p* 197
Jn 5.2 hay... un estanque... el cual tiene cinco *p* *4745*
10.23 Jesús andaba en... por el *p* de Salomón *4745*
Hch 3.11 concurrió a ellos al *p* que se llama *4745*
5.12 estaban... unánimes en el *p* de Salomón *4745*

PORTILLO
1 R 11.27 cerró el *p* de la ciudad de David su 6556
2 R 12.5 reparen los *p* del templo dondequiera 919
Neh 4.7 ya los *p* comenzaban a ser cerrados 6555
6.1 y que no quedaba en él *p* (aunque hasta 6556
Job 30.14 por *p* ancho, se revolvieron sobre mí
Is 58.12 llamado reparador de *p*, restaurador 6556
Ez 26.10 cuando entre... como por *p* de ciudad 1234
Am 9.11 cerraré sus *p* y levantaré sus ruinas 6556

PORVENIR
Is 42.23 atenderá y escuchará respecto al *p*? 268
Jer 31.17 esperanza hay también para tu *p* 319

POS *Véase el Apéndice*

POSADA
Éx 4.24 en una *p* Jehová le salió al encuentro 4411
Hch 28.23 vinieron a él muchos a la *p*, a los *3578*

POSAR
Gn 24.23 ¿hay en casa de... lugar donde *posemos*? 3885
24.25 hay en nuestra casa... lugar para *posar* 3885
Nm 11.25 cuando *posó* sobre ellos el espíritu 5117
Jos 2.1 en casa de una ramera... y *posaron* allí 3885
Jue 18.2 hasta... casa de Micaía, y allí *posaron* 3885
2 S 21.10 ninguna ave... se *posase* sobre ellos 5117
Ez 8.1 se *posó* sobre mí la mano de Jehová el 5307
32.4 haré *posar* sobre ti... las aves del cielo 7931
43.7 el lugar donde *posaré* las plantas de mis
Mt 10.11 **digno, y *posad* allí hasta que salgáis** *3306*
21.17 salió fuera de... a Betania, y *posó* allí *835*
Mr 6.10 **casa, *posad* en ella hasta que salgáis** *3306*
Lc 10.7 ***posad* en aquella misma casa, comiendo** *3306*
19.5 **hoy es necesario que *pose* yo en tu casa** *3306*
19.7 entrado a *posar* con un hombre pecador *2647*
Hch 10.6 *posa* en casa de cierto Simón curtidor *3885*
16.15 nos rogó... entrad en mi casa, y *posad* *3306*
21.8 entrando en casa de Felipe el... *posamos* *3306*

POSEEDOR
Pr 1.19 codicia, la cual quita la vida... sus *p* 1167
Ec 7.12 la sabiduría excede... da vida a sus *p* 1167
Mi 1.15 aun os traeré nuevo *p*, oh moradores

POSEER
Gn 22.17 *poseerá* las puertas de sus enemigos 3423
24.60 *posean* tus... la puerta de sus enemigos 3423
Lv 20.24 *poseeréis* la tierra de ellos, y yo os 3423
20.24 la daré para que la *poseáis* por heredad 3423
Nm 18.23 no *poseerán* heredad entre... de Israel
18.24 entre los hijos de... no *poseerán* heredad
32.18 hasta que... *posean* cada uno su heredad 5159
36.8 los hijos de Israel *posean*... a heredad 5159
Dt 1.8 y *poseed* la tierra que Jehová juró a 3423
4.1 entréis y *poseáis* la tierra que Jehová 3423
4.22 vosotros *pasaréis*, y poseeréis... tierra 3423
4.47 *poseyeron* su tierra, y la tierra de Og 3423
5.33 días en la tierra que habéis de *poseer* 3423
6.18 y entres y *poseas* la buena tierra que 3423
8.1 y *poseáis* la tierra que Jehová prometió 3423
9.4 me ha traído Jehová a *poseer* esta tierra 3423
9.5 ni por la rectitud de tu... entras a *poseer* 3423
9.23 subid y *poseed* la tierra que yo os he 3423
10.11 *posean* la tierra que juré a sus padres 3423
11.8 *poseáis* la tierra a la cual pasáis para 3423
11.31 pasáis... para ir a *poseer* la tierra que 3423
12.29 naciones adonde tú vas para *poseerlas* 3423
19.2 Jehová tu Dios te da para que la *poseas* 3423
19.14 en la heredad que *poseas*... no reducirás 3423
21.1 Jehová tu Dios te da para que la *poseas* 3423
25.19 te da por heredad para que la *poseas* 3423
33.23 a Neftalí... *posee* el occidente y el sur 3423
Jos 1.11 a *poseer* la tierra que Jehová... os da 3423
1.15 *posean* la tierra que Jehová tu... les da 3423
12.1 cuya tierra *poseyeron* al otro lado del 3423
13.1 años y queda aún mucha tierra por *poseer* 3423
17.18 tú... lo *poseerás* hasta sus límites más
18.3 seréis negligentes... a *poseer* la tierra 3423
21.43 dio... la *poseyeron* y habitaron en ella 3423
23.5 y vosotros *poseeréis* sus tierras, como 3423
24.4 el monte de Seir, para que lo *poseyese* 3423
24.8 y *poseísteis* su tierra, y los destruí 3423
Jue 2.6 cada uno a su heredad para *poseería* 3423
11.24 te hiciere poseer... ¿no lo *poseerías* tú? 3423
11.24 lo que desposeyó... Dios... lo *poseeremos* 3423
18.7 Lais... ni había quien *poseyese* el reino 3423
2 R 17.24 *poseyeron* a Samaria, y habitaron en 3423
1 Cr 28.8 para que *poseáis* la buena tierra, y 3423
Esd 9.11 tierra a la cual entráis para *poseerla* 3423
Neh 9.15 que entrasen a *poseer* la tierra, por 3423
9.22 y *poseyeron* la tierra de Sehón... de Og 3423
9.23 padres que habían de entrar a *poseerla* 3423
9.24 hijos vinieron y *poseyeron* la tierra, y 3423
Job 3.15 con los príncipes que *poseían* el oro 3423
Sal 69.35 Judá; y habitarán allí, y la *poseerán* 3423
Pr 8.22 Jehová me *poseía* en el principio, ya 7069
16.22 manantial de vida es... al que lo *posee*
19.8 el que *posee* entendimiento ama su alma 1167
Ec 8.8 ni la impiedad librará al que la *posee* 7069
Is 14.2 y la casa de Israel los *poseerá* por 5157
14.21 no se levanten, ni *posean* la tierra, ni 3423
57.13 en mí confía... y *poseerá* mi santo monte 5157
61.7 en sus tierras *poseerán* doble honra, y 3423
63.18 poco tiempo lo *poseyó* tu santo pueblo 3423
65.9 y mis escogidos *poseerán* por heredad la
Jer 12.14 heredad que hice *poseer* a mi pueblo 5159
16.19 mentira *poseyeron* nuestros padres, y no 5157
32.43 *poseerán* heredad en esta tierra de la
Ez 7.24 los más perversos... *poseerán* las casas 3423
33.24 Abraham era uno, y *poseyó* la tierra 3423
33.25 diles... y *poseeréis* vosotros la tierra? 3423
33.26 hicisteis... habréis de *poseer* la tierra? 3423
46.18 de lo que él *posee* dará herencia a sus 272
Dn 7.18 y *poseerán* el reino hasta el siglo 2631
Am 9.12 *posean* el resto de Edom, y a todas las 3423
Abd 19 del Neguev *poseerán* el monte de Esaú 3423
19 *poseerán* también los campos de Efraín, y 3423
20 cautivos de... *poseerán* lo de los cananeos 3423
20 Sefarad *poseerán* las ciudades del Neguev 3423
Hab 1.6 los caldeos... *poseer* las moradas ajenas 3423
Zac 2.12 Jehová *poseerá* a Judá su heredad en 5157
8.12 haré que el remanente... *posea* todo esto 5157
Lc 11.21 **guarda su... en paz está lo que *posee***
12.15 **la abundancia de los bienes que *posee*** *5224*
12.33 **vended lo que *poseéis*, y dad limosna** *5224*
14.33 **que no renuncia a todo lo que *posee*, no** *5224*
Hch 4.32 decía ser suyo propio... lo que *poseía* *5224*
4.34 los que *poseían*... o casas, las vendían *2935*
1 Co 7.30 que compran, como si no *poseyesen* *2722*
2 Co 6.10 teniendo nada, mas *poseyéndolo* todo *2722*

POSESIÓN
Gn 13.6 sus *p* eran muchas, y no podían morar 7399
23.9 me la dé, para *p* de sepultura en medio 272
23.20 como una *p* para sepultura, recibida de 272
34.10 y negociad en ella, y tomad en ella *p* 270
36.43 según sus moradas en la tierra de su *p* 272
47.11 José... les dio *p* en la tierra de Egipto 272
47.27 y tomaron *p* de ella, y se aumentaron 270
Éx 23.30 multipliques y tomes *p* de la tierra 272
Lv 14.34 os doy en *p*... la tierra de vuestra *p* 272
25.10,13 volveréis cada uno a vuestra *p* 272
25.24 en... la tierra de vuestra *p* otorgaréis 272
25.25 empobreciere y vendiere algo de su *p* 272
25.27 pagará lo que quedare... volverá a su *p* 272
25.28 al jubileo saldrá, y él volverá a su *p* 272
25.32 podrán rescatar... las ciudades de su *p* 272
25.33 saldrá de la casa... de la ciudad de su *p* 272
25.33 son la *p* de ellos entre los... de Israel 272
25.34 no se venderá... es perpetua *p* de ellos 272
25.41 y a la *p* de sus padres se restituirá 272
25.45 de los forasteros... podréis tener por *p* 272
25.46 los podréis dejar... como *p* hereditaria 272
27.16 si alguno dedicare de la tierra de su *p* 272
27.21 tierra... la *p* de ella será del sacerdote 272
27.28 su *p*, todo lo consagrado será cosa de 272
Nm 13.30 subamos luego, y tomemos *p* de ella 3423
14.24 Caleb... su descendencia la tendrá en *p* 3423
27.7 les darás la *p* de una heredad entre los 272
32.29 si... les daréis la tierra de Galaad en *p* 272
32.30 si no pasan... tendrán *p* entre vosotros 272
32.32 y la *p* de... será a este lado del Jordán 272
34.18 un príncipe, para dar la *p* de la tierra 5157
35.2 manda a... que den a los levitas, de la *p* 5159
35.8 cada uno dará... según la *p* que heredará 5159
35.28 homicida volverá a la tierra de su *p* 272
36.2 por sorteo diese la tierra a los... en *p* 5159
36.2 que dé la *p* de Zelofehad... a sus hijas 5159
Dt 1.21 y toma *p* de ella, como Jehová el Dios 3423
2.9 no te daré *p* de su tierra; porque yo he 3425
2.12 en la tierra que les dio Jehová por *p* 3425
2.19 no te daré *p* de la tierra de los... de Amón 3425
2.24 comienza a tomar *p* de ella, y entra en 3423
2.31 comienza a tomar *p* de ella para que la 3423
4.5 en la cual entráis para tomar *p* de ella 3423
4.14 la tierra a la cual pasáis a tomar *p* de 3423
4.26 pasáis el Jordán para tomar *p* de ella 3423
5.31 obra en la tierra que yo les doy por *p* 3423
12.1 Dios... ha dado para que tomes *p* de ella 3423
15.4 tu Dios te da... para que la tomes en *p* 3423
17.14 tomes *p* de ella y la habites, y digas 3423
23.20 tierra donde vas para tomar *p* de ella 3423
26.1 entrado... tomes *p* de ella y la habites 3423
26.18 tú eres pueblo suyo, de su exclusiva *p* 2423
28.21,63; 30.16 a la cual entras para tomar *p* de ella ... 2423
30.18 adonde vais... para entrar en *p* de ella 2423
31.13; 32.47 pasando el Jordán, para tomar *p* 2423
Jos 1.11 poseer la tierra que... Dios os da en *p* 2423
1.15 dado reposo a... y entraréis en *p* de ella 2423
12.6 dio aquella tierra en *p* a los rubenitas 3425
12.7 y Josué dio la tierra en *p* a... de Israel 3425
18.2 siete tribus... no habían repartido su *p* 5159
19.47 tomaron *p* de ella y habitaron en ella 3427
19.51 entregaron por suerte en *p* a... de Israel 5157
21.12 dieron a Caleb... de Jefone, por *p* suya 272
21.41 ciudades... levitas en medio de la *p* de 272
22.4 regresad a... a la tierra de vuestras *p* 272
22.7 de Manasés había dado Moisés *p* en Basán
22.9 ir... a la tierra de sus *p*, de la cual se 270
22.19 si... la tierra de vuestra *p* es inmunda 272
22.19 pasaos a la tierra de la *p* de Jehová 272
22.19 pasaos a la... y tomad *p* entre nosotros 272
24.28 envió Josué al pueblo, cada uno a su *p* 272
24.32 en Siquem... y fue *p* de los hijos de José 5159
Jue 18.1 de Dan buscaba *p*... no había tenido *p* 5159
18.9 en marcha para ir a tomar *p* de la tierra

P

20.6 la envié por todo el territorio de la *p* 5159
Rt 4.5 que restaures el nombre del...sobre su *p* 5159
1 S 14.47 después de haber tomado *p*...reinado
1 R 21.16 descender a la...para tomar *p* de ella 3423
21.18 a la cual ha descendido para tomar *p* 3423
1 Cr 9.2 los primeros...que entraron en sus *p* 272
28.1 la hacienda y *p* del rey y de sus hijos 4735
2 Cr 11.14 los levitas dejaban sus...y sus *p* 272
20.11 arrojarnos de la...que tú nos diste en *p* 3425
31.1 se volvieron todos los...cada uno a su *p* 272
Neh 11.3 de Judá habitaron cada uno en su *p* 272
Sal 2.8 como *p* tuya los confines de la tierra 272
105.21 lo puso...por gobernador de todas sus *p* 5159
135.4 JAH ha escogido a...a Israel por *p* suya
Pr 4.7 y sobre...tus *p* adquiere inteligencia 7069
Ec 2.7 siervos...*p* grande de vacas y de ovejas 4735
Is 14.23 la convertiré en *p* de erizos, y en 4180
Ez 11.15; 33.24 nos es dada la tierra en *p* 4180
35.10 tomaré *p* de ellas; estando allí Jehová 3423
36.12 tomarán *p* de ti, y les serás por heredad 3423
38.12 que se hace de ganado y *p*, que mora en 7075
38.13 tomar ganados y *p*...grandes despojos? 7075
44.28 no les daréis *p* en Israel...yo soy su *p* 272
45.5 lo cual será para los levitas...*p* para sí 272
45.7 junto a la *p* de la ciudad, delante de lo 272
45.7 y delante de la *p* de la ciudad, desde el 272
45.8 esta tierra tendrá por *p* en Israel, y 272
46.16 parte de...*p* de ellos será por herencia 272
46.18 nada de...para no defraudarlos de su *p* 272
46.18 que ninguno de mi...sea echado de su *p* 272
48.20 reservaréis...y para la *p* de la ciudad 272
48.21 uno y otro lado de la...*p* de la ciudad 272
Am 2.10 para que entraseis en *p* de la tierra 3423
Abd 17 y la casa de Jacob recuperará sus *p* 4180
Mt 19.22; Mr 10.22 fue triste...tenía muchas *p* *2933*
Lc 18.28 dejado nuestras *p* y te hemos seguido
Hch 7.5 le prometió que se la daría en *p*, y a *2697*
7.45 con Josué al tomar *p* de la tierra de los *2697*
Ef 1.14 hasta la redención de la *p* adquirida *4047*

POSESIONAR
Jos 22.9 tierra...la cual se habían *posesionado* 270

POSIBILIDAD
Lv 27.8 conforme a la *p* del que hizo el voto 5381
Neh 5.5 no tenemos *p* de rescatarlas, porque 3027
5.8 según nuestras *p* rescatamos a nuestros 1767
Ez 46.5 ofrenda conforme a sus *p*, y un hin de
46.7,11 con los corderos, conforme a sus *p*

POSIBLE
2 R 25.16 no fue *p* pesar todo esto
Esd 9.15 porque no es *p* estar en tu presencia 1415
Sal 40.5 No es *p* contarlos ante ti 1415
Mt 19.26 **es imposible; mas para Dios todo es *p*** *1415*
24.24 **manera que engañarán, si fuere *p*, aun** *1415*
26.39 si es *p*, pase de mí esta copa; pero no *1415*
Mr 9.23 **si puedes creer, al que cree todo es *p*** *1415*
10.27 **porque todas las cosas son *p* para Dios** *1415*
13.22 **engañar, si fuese *p*...a los escogidos** *1415*
14.35 si fuese *p*, pasase de él aquella hora *1415*
14.36 **Padre, todas las cosas son *p* para ti** *1415*
Lc 13.33 **no es *p* que un profeta muera fuera de** *1415*
18.27 **que es imposible para...es *p* para Dios** *1415*
Hch 20.16 estar...si le fuese *p*, en Jerusalén
Ro 12.18 si es *p*...en paz con todos los hombres *1415*

POSTE
Éx 12.7 la sangre, y la pondrán en los dos *p* 4201
12.22 el dintel y los dos *p* con la sangre que 4201
12.23 cuando vea la sangre en...en los dos *p* 4201
21.6 le hará estar junto a la puerta o al *p* 4201
Dt 6.9 y las escribirás en los *p* de tu casa 4201
11.10 las escribirás en los *p* de tu casa 4201
1 R 6.31 umbral y los *p* eran de cinco esquinas 4201
6.33 hizo a...*p* cuadrados de madera de olivo 4201
7.5 todas las puertas y los *p* eran cuadrados 4201
Pr 8.34 día, aguardando a los *p* de mis puertas 4201
Ez 40.6 midió un *p* de la puerta...y el otro *p* 4201
40.7 y cada *p* de la puerta...dentro, una caña 4201
40.9 de ocho codos, y sus *p* de dos codos 352
40.14 midió los *p*, de sesenta codos, cada *p* 352
40.16 las ventanas...en cada *p* había palmeras 352
40.21 sus *p*...eran como la medida de la puerta 352
40.26 palmeras...otra del otro lado, en sus *p* 352
40.29 sus *p* y...eran conforme a estas medidas 352
40.31 arcos...al atrio, con palmeras en sus *p* 352
40.33 eran...sus *p*...conforme a estas medidas 352
40.34 con palmeras en sus *p* de un lado y de 352
40.36 sus cámaras, sus *p*...ventanas alrededor 352
40.37 *p* caían afuera al atrio, con palmeras 352
40.37 palmeras a cada uno de sus *p* de un lado 352
40.38 cámara, y su puerta con *p* de portales 352
40.48 midió cada *p* del pórtico, cinco codos 352
40.49 columnas junto a los *p*, una de un lado 352
41.1 midió los *p*, siendo el ancho seis codos 352
41.3 midió cada *p* de la puerta, de dos codos 352
41.21 *p* del templo era cuadrado, y el frente 4201
45.19 pondrá sobre los *p* de la casa, y sobre 4201
45.19 y sobre los *p* de las puertas del atrio 4201

POSTERIDAD
Gn 45.7 para preservaros *p* sobre la tierra, y 7611
1 R 14.10 barreré la *p* de la casa de Jeroboam 310
16.3 yo barreré la *p* de Baasa, y la *p* de su 310
21.21 traigo mal...y barreré tu *p* y destruiré 310
Sal 22.30 la *p* le servirá; esto será contado 2233
37.38 mas...la *p* de los impíos será extinguida
71.18 hasta que anuncie tu poder a la *p*, y tu 1755
109.13 su *p* sea destruida...borrado su nombre 319
Jer 33.26 no tomar...quien sea señor sobre la *p* 2233

POSTERIOR
Éx 26.22 y para el lado *p*...harás seis tablas
26.23 las esquinas del...en los dos ángulos *p* 3411
26.27; 36.32 cinco barras para las...del lado *p* 3411
He 7.28 la palabra del juramento, *p* a la ley

POSTIGO
2 R 11.6 otra tercera parte a la puerta del *p*

POSTRAR
Gn 17.3 Abram se *postró*...y Dios habló con él 5307
17.17 Abraham se *postró* sobre su rostro, y 5307
18.2 de su tienda a recibirlos, y se *postró* 7812
37.10 vendremos yo y tu madre...a *postrarnos* 7812
44.14 se *postraron* delante de él en tierra 5307
50.18 vinieron...y se *postraron* delante de él 5307
Lv 9.24 pueblo, alabaron, y se *postraron* sobre 5307
Nm 14.5 Moisés y...*postraron* sobre sus rostros 5307
16.4 oyó...Moisés, se *postró* sobre su rostro 5307
16.22 y ellos se *postraron*...y dijeron: Dios 5307
16.45; 20.6 se *postraron* sobre sus rostros 5307
Dt 9.18 *postré* delante de Jehová como antes 5307
9.25 me *postré*...y 40 noches estuve *postrado* 5307
Jos 5.14 Josué, *postrándose* sobre su rostro 5307
7.6 Josué...*postró* en tierra sobre su rostro 5307
7.10 por qué te *postras* así sobre tu rostro? 5307
Jue 13.20 los cuales se *postraron* en tierra 5307
1 S 2.36 vendrá a *postrarse* delante de él por 7812
5.3 he aquí Dagón *postrado* en tierra delante 5307
5.4 que Dagón había caído *postrado* en tierra 5307
20.41 se inclinó...*postrándose* hasta la tierra 5307
25.23 se bajó...y *postrándose* sobre su rostro 5307
2 S 1.2 llegando a David, se *postró* en tierra 5307
9.6 vino Mefi-boset...*postró* sobre su rostro 5307
14.4 y *postrándose* en tierra sobre su rostro 5307
14.22 y Joab se *postró* en...e hizo reverencia 5307
19.18 Simei hijo...se *postró* delante del rey 5307
1 R 1.23 entró al...se *postró* delante del rey 5307
18.7 se *postró* sobre su rostro, y dijo: ¿No 5307
18.39 viéndolo todo el pueblo, se *postraron* 5307
18.42 *postrándose*...puso su rostro entre las 1457
2 R 2.15 vinieron...y se *postraron* delante de 7812
1 Cr 16.29 *postraos* delante de Jehová en la
21.16 David y...*postraron* sobre sus rostros 5307
21.21 Ornán...se *postró* en tierra ante David 7812
2 Cr 7.3 se *postraron* sobre sus rostros en el 3766
20.18 Judá y...se *postraron* delante de Jehová 5307
Esd 9.5 me *postré* de rodillas, y extendí mis 3766
10.1 *postrándose* delante de la casa de Dios 5307
Job 1.20 Job se...y se *postró* en tierra y adoró 5307
Sal 17.13 sal a su encuentro, *póstrales*; libra 3766
22.29 se *postrarán* delante de él todos los 3766
37.24 el hombre cayere, no quedará *postrado* 2904
44.25 nuestro cuerpo está *postrado* hasta la 7743
72.9 ante él se *postrarán* los moradores del 3766
72.11 los reyes se *postrarán* delante de él 7812
95.6 adoremos y *postrémonos*; arrodillémonos 3766
97.7 los ídolos, *póstrense* a él...los dioses 7812
99.5 y *postraos* ante el estrado de sus pies 7812
99.9 y *postraos* ante su santo Monte, porque 7812
106.19 *postraron* ante una imagen de fundición 7812
116.6 guarda...estaba yo *postrado*, y me salvó 7812
132.7 nos *postraremos* ante el estrado de sus 7812
138.2 me *postraré* hacia tu santo templo, y 7812
143.3 enemigo...ha *postrado* en tierra mi vida
Is 44.17 se *postra* delante de él, lo adora, y 5456
44.19 ¿me *postraré* delante de un tronco de 5456
46.1 se *postró* Bel, se abatió Nebo...imágenes 3766
46.6 alquilan un platero...*postran* y adoran 5456
Jer 8.2 al sol y...ante quienes se *postraron* 7812
13.10 va en pos de...para *postrarse* ante ellos 7812
16.11 ante ellos se *postraron*, y me dejaron 7812
Ez 1.28 y cuando yo la vi, me *postré* sobre mi 7198
3.23 estaba la gloria...y me *postré* sobre mi 5307
8.16 adoraban...*postrándose* hacia el oriente 7812
9.8 me *postré* sobre mi rostro, y clamé y dije 5307
11.13 me *postré* rostro a tierra y clamé con 5307
43.3 como una visión...*postré* sobre mi rostro 5307
44.4 la gloria de...me *postré* sobre mi rostro 5307
Dn 2.46 rey Nabucodonosor se *postró* sobre su 5457
3.5 al oír...os *postréis* y adoréis la estatua 5308
3.6 y cualquiera que no se *postre* y adore 5308
3.7 se *postraron* y adoraron la estatua de oro 5457
3.10 que...se *postre* y adore la estatua de oro 5308
3.11 el que no se *postre* y adore, sea echado 5308
3.15 os *postréis* y adoréis la estatua que he 5457
8.17 me asombré, y me *postré* sobre mi rostro 5308
Sof 1.5 que...se *postran* al ejército del cielo 7812
1.5 a los que se *postran* jurando por Jehová 7812
Mt 2.11 y al entrar...*postrándose*, lo adoraron *4098*
4.9 todo esto te daré, si *postrado* me adorares *4352*
8.2 aquí vino un leproso y se *postró* ante él *4352*
8.6 Señor, mi criado está *postrado* en casa *906*
8.14 vio a la suegra de éste *postrada* en cama *906*
9.18 un hombre principal y se *postró* ante él *4352*
15.25 y se *postró* ante él, diciendo: ¡Señor *4352*
17.6 al oír...se *postraron* sobre sus rostros *4098*
18.26 aquel siervo, *postrado*, le suplicaba *4098*
18.29 su consiervo, *postrándose* a sus pies *4098*
20.20 *postrándose* ante él y pidiéndole algo *4352*
26.39 se *postró* sobre su rostro, orando y *4098*
Mr 3.11 al verle, se *postraban* delante de él *4363*
5.22 luego que le vio, se *postró* a sus pies *4098*
5.33 mujer...vino y se *postró* delante de él *4363*
7.25 una mujer...vino y se *postró* a sus pies *4363*
14.35 se *postró* en tierra, y oró que si fuese *4098*
Lc 4.7 si tú *postrado* me adorares...erán tuyos *4352*
5.12 se *postró* con el rostro en tierra y le *4098*
8.28 *postrándose* a sus pies exclamó a gran *4363*
8.41 Jairo...*postrándose* a los pies de Jesús *4098*
8.47 la mujer...y *postrándose* a sus pies, le *4363*
17.16 se *postró* rostro en tierra a sus pies *4098*
Jn 11.32 *postró* a sus pies, diciéndole: Señor *4098*
Hch 10.25 Cornelio...y *postrándose* a sus pies *4098*
16.29 *postró* a los pies de Pablo y de Silas *4363*
1 Co 10.5 quedaron *postrados* en el desierto *2693*
14.25 *postrándose* sobre el rostro, adorará a *4352*
Ap 3.9 **haré que vengan y se *postren* a tus pies** *4352*
4.10 los 24 ancianos se *postran* delante del *4352*
5.8 se *postraron* delante del Cordero; todos *4098*
5.14 los 24 ancianos se *postraron* sobre sus *4098*
7.11 se *postraron* sobre sus rostros delante *4098*
11.16 ancianos...*postraron* sobre sus rostros *4098*
19.4 se *postraron* en tierra y adoraron a Dios *4098*
19.10 yo me *postré* a sus pies para adorarle *4098*
22.8 me *postré* para adorar a los pies del *4098*

POSTRE *(m. adv.)*
Dt 8.16 probándote, para a la *p* hacerte bien 319
Pr 29.21 siervo mimado...la *p* será su heredero 319

POSTRER
Dt 24.3 si hubiere muerto el *p* hombre que la 314
Job 8.7 tu *p* estado será muy grande 319
42.12 bendijo Jehová el *p* estado de Job 319
Jer 9.26 y a todos los arrinconados en el *p* rincón 7112
Mt 12.45 **el *p* estado de aquel hombre viene a ser** *2078*
27.64 será el *p* error peor que el primero *2078*
Lc 11.26 **será el *p* error peor que el primero** *2078*
1 Co 15.26 el *p* enemigo que será destruido es la *2078*
15.45 el *p* Adán, espíritu vivificante *2078*
2 P 2.20 su *p* estado viene a...ue el primero *2078*
Jud 18 En el *p* tiempo habrá burladores, que *2078*

POSTRERO, A
Gn 47.2 y de los *p* de sus hermanos tomó cinco
Éx 4.8 de la primera...creerán a la voz de la *p* 314
Nm 24.14 ha de hacer a tu pueblo en los *p* días 319
Dt 4.30 si en los *p* días te volvieres a Jehová 319
24.3 hubiere muerto el *p* hombre que la tomó 314
31.29 y que os ha de venir mal en los *p* días 319
Rt 3.10 el *p*...has hecho mejor tu *p* bondad 314
2 S 19.11,12 los *p* en hacer volver al rey? 314
23.1 estas son las palabras *p* de David. Dijo 314
1 Cr 23.27 conforme a las *p* palabras de David 314
29.29 los hechos del rey David, primeros y *p* 314
2 Cr 9.29 los hechos de Salomón, primeros y *p* 314
12.15 las cosas de Roboam, primeras y *p*, ¿no 314
16.11 he aquí los hechos de Asa, primeros y *p* 314
20.34 demás hechos de Josafat, primeros y *p* 314
25.26 demás hechos de Amasías, primeros y *p* 314
26.22 los demás hechos de Uzías, primeros y *p* 314
28.26 sus caminos, primeros y *p*, he aquí están 314
35.27 sus hechos, primeros y *p*, he aquí están 314
Esd 8.13 los hijos de Adonicam, los *p*, cuyos 314
Job 8.7 pequeño, tu *p* estado será muy grande 319
42.12 bendijo Jehová el *p* estado de Job más 319
Sal 22.30 será contado...hasta la *p* generación 2233
Is 2.2 acontecerá en lo *p* de los tiempos, que 319
13.5 vienen de lejana tierra, de lo *p* de los 7093
24.16 de lo *p* de la tierra oímos cánticos 3671
30.8 que quede hasta el día *p*, eternamente y
41.4 yo Jehová, el primero, y yo...con los *p* 314
44.6 soy el primero, y yo soy el *p*, y fuera 314
48.12 yo mismo...el primero, yo también el *p* 314
48.20 dad...llevadlo hasta lo *p* de la tierra 7097
49.6 seas mi salvación hasta lo *p* de la tierra 7097
Jer 9.26 todos los arrinconados en el *p* rincón 7112
10.13 subir las nubes de lo *p* de la tierra 7097
23.20 los *p* días lo entenderéis cumplidamente 319
48.47 volver a los cautivos de Moab en lo *p* 319
Dn 2.28 lo que ha de acontecer en los *p* días 320
10.14 ha de venir a tu pueblo en los *p* días 314
11.29 mas no será la *p* venida como la primera 314
Am 9.1 *p* de ellos mataré a espada; no habrá 319
Mi 4.1 los *p* tiempos que el monte de la casa 319
Hag 2.9 la gloria *p*...será mayor que la primera 314
Mt 12.45 **el *p* estado de aquel hombre...peor** *2078*
19.30 **muchos primeros serán *p*, y *p*, primeros** *2078*
20.8 **comenzando desde...*p* hasta los primeros** *2078*
20.12 **estos *p* han trabajado una sola hora, y** *2078*
20.14 **pero quiero dar a este *p*, como a ti** *2078*
20.16 **muchos primeros serán *p*, y...*p*, primeros** *2078*
27.64 y será el *p* error peor que el primero *2078*
Mr 9.35 **quiere ser el primero, será el *p* de** *2078*
10.31 **muchos primeros serán *p*, y...*p*, primeros** *2078*
Lc 11.26 **el *p* estado de aquel hombre...peor que** *2078*
13.30 **hay *p* que serán primeros, y primeros...*p*** *2078*
Jn 6.39 **pierda yo nada...resucite en el día *p*** *2078*
6.40,44,54 y yo le resucitaré en el día *p* *2078*
8.9 salían uno a uno...más viejos hasta los *p* *2078*
11.24 yo sé que resucitará en la...en el día *p* *2078*
12.48 **la palabra...ella le juzgará en el día *p*** *2078*
Hch 2.17 en los *p* días, dice Dios, derramaré *2078*
1 Co 4.9 Dios nos ha exhibido...como *p*, como *2078*
15.26 y el *p* enemigo que será...es la muerte *2078*
15.45 alma...el *p* Adán, espíritu vivificante *2078*
1 Ti 4.1 en los *p* tiempos algunos apostatarán *5305*
2 Ti 3.1 los *p* días vendrán tiempos peligrosos *2078*
He 1.2 en estos *p* días nos ha hablado por el *2078*
Stg 5.3 habéis acumulado tesoros...los días *p* *2078*
1 P 1.5 para ser manifestada en el tiempo *p* *2078*
1.20 pero manifestado en los *p* tiempos por *2078*
2 P 2.20 su *p* estado viene a ser peor que el *2078*

3.3 en los p días vendrán burladores, andando 2078
Jud 18 decían: En el p tiempo habrá burladores 2078
Ap 2.8 **primero y el p, el que estuvo muerto y** 2078
2.19 **que tus obras p son más que las primeras** 2078
15.1 siete ángeles que tenían las 7 plagas p 2078
21.9 siete copas llenas de las siete plagas p 2078

POSTRIMERÍA
Nm 23.10 muera yo la...y mi p sea como la suya 319
Is 41.22 sepamos...su p, y hacednos entender 319
47.7 no has pensado...ni te acordaste de tu p 319
Jer 17.11 las dejará, y en su p será insensato 319
Am 8.10 la volveré como...su p como día amargo 319

POTAJE
Gn 25.29 guisó Jacob un p; y volviendo Esaú 5138
Rt 2.14 se sentó...y él le dio del p, y comió 7039
2 R 4.38 pon una olla grande, y haz p para los 5138
4.39 y volvió, y las cortó en la olla del p 5138

POTENCIA
Job 9.19 si habláremos de su p, por cierto es 3581
Sal 20.6 salva...la p salvadora de su diestra 1369
29.4 voz de Jehová con p; voz de Jehová con 3581
71.18 y tu p a todos los que han de venir 2220
78.4 contando...p, y las maravillas que hizo 5807
89.17 porque tú eres la gloria de su p, y por 5797
Mt 24.29; Mr 13.25; Lc 21.26 las p de los cielos serán ... 1411
Ro 15.19 con p de señales y prodigios, en el 1411
1 Co 15.24 haya suprimido...toda autoridad y p 1411
Col 1.11 poder, conforme a la p de su gloria 2904
1.29 según la p de él, la cual actúa en mí
2 P 2.11 los ángeles, que son mayores...y en p 2479
Jud 25 sea gloria y...p, ahora y por todos los 1849
Ap 18.3 enriquecido de la p de sus deleites 1411

POTENTADO
Sal 89.6 semejante...entre los hijos de los p? 410

POTENTE
Sal 89.13 tuyo es el brazo p; fuerte es tu 1369
140.7 p salvador mío, tú pusiste a cubierto 5797
Is 30.30 y Jehová hará oír p voz, y hará ver 1935
Dn 4.3 cuán p sus maravillas! Su reino, reino 8624
Ap 18.2 y clamó con voz p, diciendo: Ha caído 3173

POTESTAD
Job 38.33 ¿dispondrás tú de su p en la tierra? 4896
Ec 8.4 pues la palabra del rey es con p, ¿y 7983
8.8 tenga p sobre el espíritu para retener 7983
8.8 retener...ni p sobre el día de la muerte 7983
Is 22.21 entregaré en sus manos tu p; y será 4475
Mt 9.6 **el Hijo del Hombre tiene p en la tierra** 1849
9.8 Dios, que había dado tal p a los hombres 1849
20.25 **que son grandes ejercen sobre ellas p** 2715
28.18 **toda p me es dada en el cielo y en la** 1849
Mr 2.10 **que el Hijo del Hombre tiene p en la** 1849
10.42 **que...sus grandes ejercen sobre ellas p** 2715
Lc 4.6 a ti te daré toda esta p, y la gloria 1849
5.24 **Hijo...tiene p en la tierra para perdonar** 1849
10.19 **p de hollar serpientes y escorpiones** 1849
22.53 **vuestra hora, y la p de las tinieblas** 1849
Jn 1.12 les dio p de ser hechos hijos de Dios 1849
17.2 **le has dado p sobre toda carne, para que** 1849
Hch 1.7 **sazones, que el Padre puso en su sola p** 1849
4.7 ¿con qué p...habéis hecho vosotros esto? 1411
26.18 **conviertan...de la p de Satanás a Dios** 1849
Ro 8.38 ni p, ni lo presente, ni lo por venir 1411
9.21 ¿no tiene p el alfarero sobre el barro 1849
1 Co 7.4 la mujer no tiene p sobre su...cuerpo 1850
7.4 tampoco tiene el marido p sobre su propio 1850
Ef 2.2 conforme al príncipe de la p del aire 1849
3.10 a los principados y p en los lugares 1849
6.12 sino contra p, contra los gobernadores de 1849
Col 1.13 ha librado de la p de las tinieblas 1849
1.16 sean p; todo fue creado por medio de él 1849
2.10 que es la cabeza de todo principado y p 1849
2.15 a los principados y a las p, los exhibió 1849
1 P 3.22 a él están sujetos...autoridades y p 1411
2 P 2.10 no temen decir mal de...p superiores 1849
Jud 8 estos...y blasfeman de las p superiores 1849
Ap 6.8 le fue dada p sobre la cuarta parte de 1849
20.6 segunda muerte no tiene p sobre éstos 1849

POTIFAR *Oficial de Faraón No. 2*
Gn 37.36 lo vendieron en Egipto a P, oficial 6318
39.1 llevado, pues, José a Egipto, P...compró 6318

POTIFERA *Suegro de José No. 1,*
Gn 41.45,50; 46.20 6319

POZO
Gn 14.10 Sidim estaba lleno de p de asfalto 2564
16.14 llamó al p: P del Viviente que me ve 875
21.25 reconvino a Abimelec a causa de un p 875
21.30 sirvan de testimonio...yo cavé este p 875
24.11 fuera de la ciudad, junto a un p de 875
24.20 y corrió otra vez al p para sacar agua 875
24.62 venía Isaac del p...Viviente que me ve
25.11 y habitó Isaac junto al p del Viviente 883
26.15 los p que habían abierto los criados de 875
26.18 Y volvió a abrir Isaac los p de agua 875
26.19 los siervos...hallaron allí un p de aguas 875
26.20 por eso llamó el nombre del p Esek 875
26.21 y abrieron otro p, y también riñeron 875
26.22 y abrió otro p, y no riñeron sobre él 875
26.25 abrieron allí los siervos de Isaac un p 875
26.32 dieron nuevas acerca del p que habían 875
29.2 miró, y vio un p en el campo; y he aquí 875
29.2 porque de aquel p abrevaban los ganados 875
29.2 había una gran piedra sobre la boca del p 875
29.3 y revolvían la piedra de la boca del p 875
29.3 y volvían la piedra sobre la boca del p 875
29.8 y remuevan la piedra de la boca del p 875
29.10 acercó Jacob y removió la piedra...del p 875
Éx 2.16 sentado junto al p, siete hijas que
7.24 hicieron p alrededor del río para beber
21.33 abriere un p, o cavare cisterna, y no 953
Nm 20.17 ni beberemos agua de p; por el 875
21.16 es el p del cual Jehová dijo a Moisés 875
21.17 este cántico: Sube, oh p; a él cantad 875
21.18 p, el cual cavaron los...con sus báculos 875
21.22 no beberemos las aguas de los p; por el 875
1 S 19.22 llegando al gran p que está en Secú 953
2 S 3.26 lo hicieron volver desde el p de Sira 953
17.18 tenía...un p, dentro del cual se metieron 875
17.19 manta, la extendió sobre la boca del p 875
17.21 salieron del p y se fueron, y dieron 375
23.15 ¡quién me diera...agua del p de Belén 953
23.16 agua del p de Belén que estaba junto a 953
2 R 10.14 degollaron junto al p de la casa de 953
18.31 coma...y beba cada uno las aguas de su p 953
1 Cr 11.17 diera...de las aguas del p de Belén 953
11.18 sacaron agua del p de Belén, que está 953
Sal 7.15 p ha cavado, y lo ha ahondado; y en 953
40.2 me hizo sacar del p...del lodo cenagoso 953
55.23 descender aquéllos al p de perdición 875
69.15 no me...ni el p cierre sobre mí su boca 875
Pr 5.15 bebe el...los raudales de tu propio p 875
23.27 porque abismo...y p angosto la extraña 875
Ec 12.6 fuente, y la rueda sea rota sobre el p 953
Cnt 4.15 fuente de huertos, p de aguas vivas 875
Is 30.14 halla tiesto...para sacar agua del p 1360
36.16 coma...y beba cada cual las aguas de su p 953
Lc 14.5 **su buey cae en algún p, no lo sacará** 5421
Jn 4.6 el p de Jacob...se sentó así junto al p 4077
4.11 Señor, no tienes con qué sacarla, y el p 5421
4.12 que nos dio este p, del cual bebieron él 5421
Ap 9.1 y se le dio la llave del p del abismo 5421
9.2 abrió el p del...y subió humo del p como 5421
9.2 se oscureció el sol...por el humo del p 5421

PRÁCTICA
Lv 20.23 y no andéis en las p de las naciones 2708
2 R 16.3 las p abominables de las naciones que
Jn 6.28 ¿qué...hacer para poner en p las obras 2038

PRACTICAR
Lv 18.30 costumbres...que *practicaron* antes de 6312
Dt 18.10 ni quien *practique* adivinación, ni
1 S 17.39 no puedo andar...nunca lo *practiqué* 5254
Sal 111.10 buen entendimiento...que *practican* 6213
Pr 17.8 es el soborno para el que lo *practica*
Ez 13.23 no...ni *practicaréis* más adivinación 7080
Jn 3.21 **el que *practica* la verdad viene a la** 4160
Hch 19.19 los que habían *practicado* la magia 4238
Ro 1.32 que los que *practican* tales cosas son 4238
1.32 se complacen con los que las *practican* 4238
2.2 contra los que *practican* tales cosas es 4238
12.13 los santos; *practicando* la hospitalidad 1377
Gá 5.21 *practican* tales cosas no heredarán el 4238
1 Ti 5.10 si ha *practicado* la hospitalidad; si
5.10 si ha...si ha *practicado* toda buena obra 1872
He 9.9 hacer perfecto...que *practica* ese culto
1 Jn 1.6 mentimos, y no *practicamos* la verdad 4160
3.8 el que *practica* el pecado es del diablo 4160
3.9 es nacido de Dios, no *practica* el pecado 4160
5.18 no *practica* el pecado, pues Aquel que 264
Ap 22.11 que es justo, *practique* la justicia

PRADERA
Jue 20.33 Israel salieron de su lugar, de la p 4629
Is 19.7 la p de junto al río, de junto a la 6169
Jl 1.20 y fuego consumió las p del desierto 4999
Sof 2.6 será la costa del mar p para pastores 5116

PRADO
Gn 41.2 siete vacas, hermosas...pacían en el p 260
41.18 subían siete vacas...que pacían en el p 260
Job 8.11 ¿junco sin lodo? ¿Crece el p sin agua? 260
Sal 74.1 tu furor contra las ovejas de tu p? 4830
79.13 nosotros, pueblo tuyo, y ovejas de tu p 4830
95.7 nosotros el pueblo de su p, y ovejas de 4830
100.3 pueblo suyo somos, y ovejas de su p 4830

PRECEDER
Pr 15.33 y a la honra *precede* la humildad 6440
Ec 1.10 en los siglos que nos han *precedido* 6440
1.11 no hay memoria de lo que *precedió*, ni 7223
1 Ts 4.15 no *precederemos* a los que durmieron 5348

PRECEPTO
Gn 26.5 y guardó mi p, mis mandamientos, mis 4931
1 R 2.3 los p de Jehová tu Dios, andando en 4931
1 Cr 28.8 guardad...p de Jehová vuestro Dios 4687
2 Cr 19.10 en causas de sangre, entre ley y p 4687
33.8 guarden...la ley, los estatutos y los p 4941
Neh 1.7 no hemos guardado los...p que diste a 4687
Sal 19.8 el p de Jehová es puro, que alumbra 4687
103.20 palabra, obedeciendo a la voz de su p 1697
Pr 13.13 el que menosprecia el p perecerá por 4687
Ez 20.19 y guardad mis p, y ponedlos por obra 4941
36.27 y haré que andéis en...y guardéis mis p 4941
37.24 ellos...andarán en mis p, y mis estatutos 4941
Col 2.20 como si vivieseis en...os sometéis a p 1379

PRECIADO, A
Esd 8.27 dos vasos de bronce...p como el oro 2530
Job 28.10 cortó...y sus ojos vieron todo lo p 3366
Pr 16.16 mejor es adquirir sabiduría que oro p
24.4 se llenarán las cámaras de todo bien p 3368
Ec 2.8 me amontoné...plata y oro, y tesoros p 5459
Is 2.16 naves...y sobre todas las pinturas p 2532
Lm 4.2 los hijos de Sien, p y estimados más que 3368

PRECIO
Gn 23.9 heredad; que por su justo p me la dé 3701
23.13 yo daré el p de la heredad; tómalo de 3701
31.15 y aun se ha comido del todo nuestro p? 3701
Éx 21.30 le fuere impuesto p de rescate...dará
Lv 25.16 cuanto mayor fuere...aumentarás el p 4736
25.16 menor fuere el número, disminuirás el p 4736
25.50 apreciarse el p de su venta conforme al 3701
27.8 quien fijará el p...fijará p el sacerdote 6186
27.19 añadirá...la quinta parte del p de ella 3701
27.23 y aquel día dará tu p señalado, cosa 6187
27.27 añadirán sobre...la quinta parte de su p 6187
27.31 añadirá la quinta parte de su p por ello
Nm 18.16 por el p de cinco siclos, conforme al 3701
20.19 si bebiéremos tus...daré el p de ellas 5414,4377
35.31 no tomaréis p por la vida del homicida 3724
35.32 ni tampoco tornaréis p del que huyó a su 3724
Dt 23.18 no traerás...ni el p de un perro a la 4242
1 S 13.21 y el p era un pim por las rejas de 6477
1 S 24.24 sino por p te lo compraré; porque no 4242
1 R 16.34 a p de la vida de Abiram...a p de la
1 Cr 21.22 la era...dámelo por su cabal p, para 3701
21.24 no, sino que...la compraré por su justo p 3701
Job 28.15 por oro, ni su p será a peso de plata 4242
Sal 44.12 has vendido a...no exigiste ningún p 4242
49.8 la redención de su vida es de gran p, y 3365
Pr 17.16 qué sirve el p en la mano del necio 4242
27.26 son...los cabritos para el p del campo 4242
Is 45.13 soltará mis cautivos, no por p ni por 4242
55.1 venid, comprad sin dinero y sin p, vino 4242
Jer 15.13 entregaré a la rapiña sin ningún p 4242
Lm 5.4 dinero; compramos nuestra leña por p
Ez 22.12 p recibieron en...para derramar sangre
Dn 11.38 lo honrará con...con cosas de gran p 3368
11.39 se hará de...y por p repartirá la tierra 4242
Am 8.5 subiremos el p, y falsearemos...balanza
Mi 3.11 y sus sacerdotes enseñan por p, y sus 4242
Zac 11.13 ¡hermoso p con que me han apreciado 3365
Mt 26.7 perfume de gran p, y lo derramó sobre 927
26.9 esto podía haberse vendido a gran p, y
27.6 no es lícito echarlas...es p de sangre 5092
27.9 p del apreciado, según p puesto por lo 5092
Mr 14.3; Jn 12.3 perfume de nardo...de mucho p 4185
Hch 4.34 vendían, y traían el p de lo vendido 5092
4.37 trajo el p y lo puso a los pies de los 5536
5.2 y sustrajo del p, sabiéndolo también su 5092
5.3 para que mintieses...y sustrajeses del p 5092
7.16 que a p de dinero compró Abraham de los 6948
19.19 hecha la cuenta de su p, hallaron que 5092
1 Co 6.20 porque habéis sido comprados por p 5092
7.23 por p fuisteis comprados; no os hagáis 5092

PRECIOSÍSIMA
Ap 21.11 fulgor...semejante al de una piedra p 5093

PRECIOSO, A
Gn 24.53 dio cosas p a su hermano y a su madre 4030
27.15 tomó Rebeca los vestidos de Esaú...los p
1 S 26.21 mi vida ha sido estimada p hoy a tus 3365
26.24 como tu vida ha sido estimada p hoy a
2 S 12.30 la corona de la...y tenía piedras p 3368
1 R 10.2 vino a Jerusalén con un...y piedras p 3368
10.10 y dio ella al rey...de oro...y piedras p 3368
10.11 también de Ofir...sándalo, y piedras p 3368
20.6 tornarán y llevarán todo lo p que tengas 4261
2 R 20.13 y Ezequías...les mostró...ungüentos p 5238
1 Cr 20.2 la corona...había en ella piedras p 3368
29.2 de madera; y piedras de ónice, piedras p
29.2 toda clase de piedras p, y...de mármol en 3368
29.8 todo el que tenía piedras p las dio para
2 Cr 3.6 cubrió también la casa de piedras p 3368
9.1 la reina de Sabá...especias...y piedras p 3368
9.9 dio al rey...piedras p; nunca hubo tales 3368
9.10 trajeron madera de sándalo, y piedras p 3368
20.25 hallaron...así vestidos como alhajas p 2530
21.3 padre les había dado...plata, y cosas p 4030
32.27 adquirió...piedras p, perfumes, escudos 3368
36.10 juntamente con los objetos p
de la casa de Jehová 2532
Esd 1.6 les ayudaron con plata...y con cosas p 4030
Job 28.16 Ofir, ni con ónice p, ni con zafiro 3368
28.18 la sabiduría es mejor que las piedras p 6443
Sal 36.7 ¡cuán p, oh Dios, es tu misericordia! 3368
72.14 la sangre de ellos será p ante sus ojos 3365
126.6 y llorando el que lleva la p semilla 4901
139.17 p me son, oh Dios, tus pensamientos! 3365
Pr 3.15 más p es que las piedras p; y todo lo 3368
6.26 pan; y la mujer caza la p alma del varón 3368
8.11 mejor el la sabiduría que las piedras p 3368
12.27 haber p del hombre es la diligencia 3368
17.8 piedra p es el soborno para el que lo 2580
20.15 hay oro y multitud de piedras p; mas 3366
20.15 mas los labios prudentes son joya p 3366
21.20 tesoro p y aceite hay en la casa del
31.10 su estima sobrepasa...de las piedras p 6443
Is 13.12 haré más p que el oro fino al varón 3365
28.16 piedra...angular, p, de cimiento estable 3368
39.2 les mostró...ungüento p, toda su casa de 5238
44.9 y lo más p de ellos para nada es útil 2530
54.12 tus ventanas pondré de piedras p, tus 2656
54.12 puertas...toda tu muralla de piedras p 2656
64.11 nuestras cosas p han sido destruidas 4261
Jer 12.10 convirtieron...soledad mi heredad p 2532
15.19 si entresacares lo p de lo vil, serás 3368

P

20.5 entregaré asimismo...y todas sus cosas *p* 3368
25.34 seáis degollados...caeréis como vaso *p* 2532
31.20 ¿no es Efraín hijo *p* para mí? ¿No es 3357
Lm 1.10 su mano el enemigo a todas sus cosas *p* 4261
1.11 Dieron por la comida todas sus cosas *p* 4261
Ez 26.12 y tus casas *p* destruirán; y pondrán 2532
27.20 Dedán comerciaba...paños *p* para carros 2667
27.22 piedra *p*, y oro, vinieron a tus ferias 3368
27.24 ropas *p*, enlazadas con cordones, y en
28.13 de toda piedra *p* era tu vestidura de 3368
Dn 11.8 aun...sus objetos *p* de plata y de oro 2532
11.38 lo honrará...con piedras *p* y con cosas 3368
11.43 se apoderará...de todas las cosas *p* de 2530
Os 13.15 saqueará el tesoro...de sus *p* alhajas 2532
Jl 3.5 y mis cosas *p* y hermosas metisteis en 4261
Am 6.6 se ungen con los ungüentos más *p*; y no
Mt 13.46 **que habiendo hallado una perla *p*, fue** *4186*
Lc 7.25 **los que tienen vestidura *p* y viven en** *1741*
Hch 20.24 ni estimo *p* mi vida para mí mismo *5093*
1 Co 3.12 alguno edificare...piedras *p*, madera *5093*
Stg 5.7 cómo el labrador espera el *p* fruto de *5093*
1 P 1.7 vuestra fe, mucho más *p* que el oro, el *5093*
1.19 con la sangre *p* de Cristo, como de un *5093*
2.4 a él, piedra viva...para Dios escogida y *p* *1784*
2.6 en Sien la principal piedra...escogida, *p* *1784*
2.7 para, vosotros, pues, los que creéis...es *p* *5092*
2 P 1.1 alcanzado...una fe igualmente *p* que la *2472*
1.4 nos ha dado *p* y grandísimas promesas, para *5093*
Ap 17.4 adornada de...de piedras *p* y de perlas *5093*
18.12 mercadería de oro...piedras *p*, de perlas *5093*
18.12 de todo objeto de madera *p*, de cobre *5093*
18.16 adornada de...de piedras *p* y de perlas! *5093*
21.19 cimientos...adornados con toda piedra *p* *5093*

PRECIPICIO
Mi 1.4 como las aguas que corren por un *p* 4174

PRECIPITADA
Job 6.3 por eso mis palabras han sido *p* 3886

PRECIPITADAMENTE
Sal 106.33 espíritu, y habló *p* con sus labios 981
Hch 19.36 os apacigüéis, y que nada hagáis *p* *4312*

PRECIPITAR
Dt 11.4 cómo *precipitó* las aguas del Mar Rojo
Jue 5.15 Isacar se *precipitó* a pie en el valle
Job 18.7 y su mismo consejo lo *precipitará* 7993
Nah 2.4 los carros se *precipitarán* a las plazas 1984
Mt 8.32 hato de cerdos se *precipitó* en el mar *3729*
Mr 5.13 el hato se *precipitó* en el mar por un *3729*
Lc 8.33 hato se *precipitó* por un despeñadero *3729*
Hch 16.29 pidiendo luz, se *precipitó* adentro *1530*
Ap 8.8 gran montaña...fue *precipitada* en el mar *906*

PRECISO
Job 37.20 ¿será *p* contarle cuando yo hablare?
1 Co 11.19 porque es *p* que...haya disensiones *1163*
15.25 *p* es que él reine hasta que haya puesto 1163
Tit 1.11 a los cuales es *p* tapar la boca; que *1163*

PRECURSOR
He 6.20 donde Jesús entró por nosotros como *p* *4274*

PREDECIR
1 Ts 3.4 *predecíamos* que...pasar tribulaciones *4302*

PREDESTINAR
Ro 8.29 los *predestinó* para que fuesen hechos *4309*
8.30 a los que *predestinó*, a...también llamó *4309*
1 Co 2.7 Dios *predestinó* antes de los siglos *4304*
Ef 1.5 en amor habiéndonos *predestinado* para *4309*
1.11 *predestinados* conforme al propósito del *4309*

PREDICACIÓN
Mt 12.41 **se arrepintieron a la *p* de Jonás, y he** *2782*
Lc 11.32 **a la *p* de Jonás se arrepintieron, y he** *2782*
Hch 18.5 Pablo estaba entregado...a la *p* de la
Ro 16.25 confirmaros según...evangelio y la *p* *2782*
1 Co 1.21 salvar a los...por la locura de la *p* *2782*
2.4 ni mi *p* fue con palabras persuasivas de *2782*
15.14 Cristo no resucitó, vana es...nuestra *p* *2782*
Fil 4.15 que al principio de la *p* del evangelio
2 Ti 4.17 para que por mí fuese cumplida la *p* *2782*
Tit 1.3 manifestó su palabra por medio de la *p* *2782*

PREDICADOR
Ec 1.1 palabras del *P*, hijo de David, rey en 6953
1.2 vanidad de vanidades, dijo el *P*; vanidad 6953
1.12 el *P* fui rey sobre Israel en Jerusalén 6953
7.27 esto he hallado, dice el *P*, pesando las 6953
12.8 vanidad de vanidades, dijo el *P*, todo es 6953
12.9 y cuanto más sabio fue el *P*, tanto más 6953
12.10 procuró el *P* hallar palabras...de verdad 6953
Hch 17.18 parece que es *p* de nuevos dioses *2604*
1 Ti 2.7 yo fui constituido *p* y apóstol (digo *2783*
2 Ti 1.11 fui constituido *p*, apóstol y maestro *2783*

PREDICAR
Is 61.1 me ha enviado a *predicar* buenas nuevas 1319
Lm 2.14 *predicaron* vanas profecías y extravíos 2372
Jon 3.4 *predicaba* diciendo: De aquí a 40 días 7121
Mt 3.1 vino Juan el Bautista *predicando* en el *2784*
4.17 entonces comenzó Jesús a *predicar*, y a *2784*
4.23 y *predicando* el evangelio del reino, y *2784*
9.35 enseñando en...y *predicando* el evangelio *2784*
10.7 **yendo, *predicad*, diciendo: El reino de** *2784*
11.1 se fue...a *predicar* en las ciudades de *2784*
24.14 ***predicado* este evangelio del reino en** *2784*
26.13 **os digo que dondequiera que se *predique*** *2784*
Mr 1.4 bautizaba Juan...*predicaba* el bautismo *2784*
1.7 y *predicaba* diciendo: Viene tras mí el *2784*
1.14 Jesús vino...*predicando* el evangelio del *2784*
1.38 **vamos a...para que *predique* también allí** *2784*
1.39 y *predicaba*...en toda Galilea, y echaba *2784*
2.2 ya no cabían...y les *predicaba* la palabra *2980*
3.14 doce, para...y para enviarlos a *predicar* *2784*
6.12 *predicaban*...los hombres se arrepintiesen *2784*
13.10 **que el evangelio sea *predicado* antes a** *2784*
14.9 **os digo que dondequiera que se *predique*** *2784*
16.15 **id por todo...y *predicad* el evangelio a** *2784*
16.20 saliendo, *predicaron* en todas partes *2784*
Lc 3.3 fue por toda la...*predicando* el bautismo *2784*
4.19 **a *predicar* el año agradable del Señor** *2784*
4.44 y *predicaba* en las sinagogas de Galilea *2784*
8.1 iba...*predicando*...el evangelio del reino *2784*
9.2 y los envió a *predicar* el reino de Dios *2784*
24.47 **se *predicase* en su hombre...el perdón de** *2784*
Hch 5.42 no cesaban de...*predicar* a Jesucristo *2097*
8.5 entonces Felipe...les *predicaba* a Cristo *2784*
9.20 *predicaba* a Cristo en las sinagogas *2784*
10.37 después del bautismo que *predicó* Juan *2784*
10.42 nos mandó que *predicásemos* al pueblo *2784*
13.24 antes de su venida, *predicó* Juan el *4296*
14.7 y allí *predicaban* el evangelio *2097*
14.25 habiendo *predicado* la palabra en Perge *2980*
15.21 Moisés...tiene...quien lo *predique* en las *2784*
17.18 les *predicaba* el evangelio de Jesús, y de *2097*
19.13 conjuro por Jesús, el que *predica* Pablo *2784*
20.25 entre quienes he pasado *predicando* el *2784*
28.31 *predicando* el reino de Dios y enseñando *2784*
Ro 2.21 que *predicas* que no se ha de hurtar *2784*
10.8 esta es la palabra de fe que *predicamos* *2784*
10.14 cómo oirán sin haber quién les *predique*? *2784*
10.15 cómo *predicarán* si no fueren enviados? *2784*
15.20 me esforcé a *predicar* el evangelio, no *2097*
1 Co 1.17 sino a *predicar* el evangelio; no con *2097*
1.23 nosotros *predicamos* a Cristo crucificado *2784*
9.18 que *predicando* el evangelio, presente *2097*
15.1 el evangelio que os he *predicado*, el cual *2097*
15.2 retenéis la palabra que os he *predicado* *2097*
15.11 sea...así *predicamos*, y así habéis creído *2784*
15.12 si se *predica* de Cristo que resucitó de *2784*
2 Co 1.19 que...ha sido *predicado* por nosotros *2784*
2.12 cuando llegué a Troas para *predicar* el
4.5 no nos *predicamos* a nosotros mismos, sino *2784*
11.4 si viene alguno *predicando* a otro Jesús *2784*
11.4 otro Jesús que el que os hemos *predicado* *2784*
11.7 por cuanto os he *predicado* el evangelio *2784*
Gá 1.9 alguno os *predica* diferente evangelio *2097*
1.16 que yo le *predicase* entre los gentiles *2097*
1.23 nos perseguía, ahora *predica* la fe que *2097*
2.2 expuse en...el evangelio que *predico* entre *2784*
5.11 si aún *predico* la circuncisión, ¿por qué *2784*
Fil 1.15 verdad, *predican* a Cristo por envidia *2784*
Col 1.23 el cual se *predica* en toda la creación *2784*
1 Ts 2.9 os *predicamos* el evangelio de Dios *2784*
1 Ti 3.16 *predicado* a los gentiles, creído en *2784*
5.17 los que trabajan en *predicar* y enseñar *3056*
2 Ti 4.2 que *prediques* la palabra; que instes *2784*
1 P 1.12 los que os han *predicado* el evangelio *2097*
3.19 en el cual también fue y *predicó* a los *2784*
4.6 también ha sido *predicado* el evangelio a *2097*
Ap 14.6 el evangelio eterno para *predicarlo* a *2097*

PREDOMINAR
Dn 11.7 entrará en la fortaleza...*predominará* 2388

PREEMINENCIA
Col 1.18 cabeza...para que en todo tenga la *p* *4409*

PREFECTO
Neh 11.9 Joel hijo de Zicri era el *p* de ellos 6496
Hch 28.16 el centurión entregó los presos al *p* *4759*

PREFERENCIA
Dt 21.16 dar el...con *p* al hijo de la aborrecida 6440
2 S 6.21 quien me eligió en *p* a tu padre y a 6440

PREFERENTE
Sal 137.6 a Jerusalén como *p* asunto de mi 5927

PREFERIR
Jer 40.5 si *prefieres* quedarte, vuélvete a
Ro 12.10 *prefiriéndoos* los unos a los otros *4285*
1 Co 9.15 porque *prefiero* morir, antes que
14.19 pero en la iglesia *prefiero* hablar cinco *2309*

PREFIJAR
Hch 17.26 *prefijado* el orden de los tiempos *3724*

PREGÓN
1 R 22.36 salió un *p*...diciendo: ¡Cada uno a 7440
2 Cr 30.5 *p* por todo Israel, desde Beerseba 5674,6963
Neh 8.15 y pasar *p* por todas sus ciudades y 5674
Jer 4.19 has oído, oh alma mía, *p* de guerra 8643
Abd 1 hemos oído el *p* de Jehová, y mensajero 8052

PREGONAR
Gn 41.43 y *pregonaron* delante de él: ¡Doblad 7121
Éx 32.5 y *pregonó* Aarón, y dijo: Mañana será 7121
36.6 *pregonar*...ningún hombre ni mujer haga 5674
Lv 13.45 el leproso en...*pregonará*: ¡Inmundo! 7121
25.10 y *pregonaréis* libertad en la tierra a 7121
Dt 15.2 es *pregonada* la remisión de Jehová 7121
Jue 7.3 ahora...*pregonar* en oídos del pueblo 7121
2 Cr 20.3 Josafat...hizo *pregonar* ayuno a todo 7121
24.9 hicieron *pregonar* en Judá que trajesen 6963
36.22 hizo *pregonar* de palabra y también por 5674,6963
Esd 1.1 Ciro...el cual hizo *pregonar* de palabra 5674,6963
10.7 hicieron *pregonar* en Judá...se reuniesen 5674,6963
Est 6.9 *pregonen* delante de él: Así se hará 7121
6.11 e hizo *pregonar* delante de él: Así se 7121
Jer 4.5 *pregonad*, juntaos, y decid: Reuníos 8085
11.6 *pregona* todas estas palabras en...Judá 7121
Jon 1.2 y ve a Nínive...y *pregona* contra ella 7121
Lc 4.18 **a *pregonar* libertad a los cautivos, y** *2784*
Ap 5.2 ángel fuerte que *pregonaba* a gran voz *2784*

PREGONERO
Dn 3.4 el *p* anunciaba en alta voz: Mándase a 3744
2 P 2.5 sino que guardó a Noé, *p* de justicia *2783*

PREGUNTA
1 R 10.1 la reina de Sabá...a probarle con *p* 2420
10.3 Salomón le contestó todas sus *p*, y nada 1697
2 Cr 9.1 para probar a Salomón con *p* difíciles 2420
9.2 pero Salomón le respondió a todas sus *p* 1697
Jer 38.14 haré una *p*; no me encubras ninguna 7592
Mt 21.24 **yo también os haré una *p*, y si me la** *2065*
Mr 11.29; Lc 20.3 os haré yo también una *p* *3056*
Lc 23.9 le hacía muchas *p*...nada le respondió *1905*

PREGUNTAR
Gn 24.47 le *pregunté*, y...¿De quién eres hija? 7592
24.57 llamemos a la doncella y *preguntémosle*
24.65 había *preguntado* al criado: ¿Quién es
26.7 le *preguntaron* acerca de su mujer; y él 7592
32.17 si Esaú...te *preguntare*, diciendo: ¿De
32.29 Jacob le *preguntó*...Declárame...nombre 7592
32.29 ¿por qué me *preguntas* por mi nombre? 7592
37.15 *preguntó* aquel hombre, diciendo: ¿Qué 7592
38.21 y *preguntó* a los hombres de aquel lugar 7592
40.7 *preguntó* a aquellos oficiales de Faraón 7592
43.7 *preguntó* expresamente por nosotros y por 7592
43.27 les *preguntó* José cómo estaban, y dijo 7592
44.19 mi señor *preguntó* a sus...¿Tenéis padre 7592
Éx 3.13 si ellos me *preguntaren*: ¿Cuál es su
13.14 te *pregunte* tu hijo, diciendo: ¿Qué es 7592
18.7 *preguntaron* el uno al otro cómo estaban 7592
Lv 10.16 Moisés *preguntó* por el macho cabrío
Dt 4.32 *pregunta*...si en los tiempos pasados 7592
6.20 cuando te *preguntare* tu hijo, diciendo 7592
12.30 no *preguntes*...de sus dioses, diciendo
13.14 buscarás y *preguntarás* con diligencia
17.9 vendrás a los sacerdotes...y *preguntarás*
32.7 *pregunta* a tu padre, y él te declarará 7592
Jos 4.6 cuando vuestros hijos *preguntaren* a 7592
4.21 *preguntaren* vuestros hijos a sus padres 7592
Jue 4.20 y te *preguntare*, diciendo: ¿Hay aquí
8.14 tomó a un joven de los...y le *preguntó*
12.5 los de Galaad te *preguntaban*: ¿Eres tú
13.6 y no le *pregunté* de dónde ni quién era 7592
13.18 ¿por qué *preguntas* por mi nombre, que 7592
18.5 *pregunta*...a Dios, para que sepamos si 7592
18.15 a la casa del...levita...y le *preguntaron*
20.27 los hijos de Israel *preguntaron* a Jehová
1 S 6.2 *preguntaron*: ¿Qué haremos del arca de
10.22 *preguntaron*...a Jehová si aún no había
17.22 *preguntó* por sus hermanos, si estaban
17.30 apartándose...*preguntó* de igual manera
17.56 rey. *Pregunta* de quién es, hijo ese joven
19.22 *preguntó*...dónde están Samuel y David? 7592
20.12 cuando le haya *preguntado* a mi padre
25.8 *pregunta* a tus criados, y ellos te lo 7592
28.7 vaya a ella y por medio de ella *pregunte*
28.16 dijo: ¿Y para qué me *preguntas* a mí, si
2 S 1.3 le *preguntó* David: ¿De dónde vienes? 7592
1.8 y me *preguntó*: ¿Quién eres tú? Y yo le
9.4 el rey le *preguntó*: ¿Dónde está? Y Siba
11.3 envió...a *preguntar* por aquella mujer, y
11.7 David le *preguntó* por la salud de Joab 7592
14.18 no me encubras nada...yo te *preguntare*
20.18 quien *preguntare*, pregunte en Abel; y
2 R 6.6 varón de Dios *preguntó*: ¿Dónde cayó?
8.6 *preguntando* el rey a la mujer, ella se 7592
22.13 id y *preguntad* a Jehová por mí, y por
22.18 enviado para que *preguntaseis* a Jehová
2 Cr 18.5 y les *preguntó* ¿Iremos a la guerra
18.6 profeta de...para que...de él *preguntemos*?
18.7 por el cual podemos *preguntar* a Jehová
18.19 y Jehová *preguntó*: ¿Quién inducirá a
31.9 *preguntó* Ezequías a los sacerdotes y a 1875
Esd 5.4 *preguntaron*: ¿Cuáles son los nombres
5.9 *preguntamos* a los ancianos, diciéndoles 7592
5.10 *preguntamos* sus nombres para hacértelo 7593
Neh 1.2 les *pregunté* por los judíos que habían 7592
Est 1.13 *preguntó* entonces el rey a los sabios
1.15 les *preguntó* qué se había de hacer con
3.3 siervos del rey...*preguntaron* a Mardoqueo
Job 8.8 *pregunta*...a las generaciones pasadas, y
12.7 *pregunta* ahora a las bestias, y ellas te
21.29 ¿no habéis *preguntado* a los que pasan 7592
31.14 él *preguntara*, ¿qué le respondería yo? 6485
38.3 yo te *preguntaré*, y tú me contestarás 7592
40.7 yo te *preguntaré*, y tú me responderás 7592
42.4 ruego, te *preguntaré*, y tú me enseñarás 7592
Sal 35.11 malvados...lo que no sé me *preguntan*
41.5 enemigos dicen mal de mí, *preguntando*
Ec 4.8 ni se *pregunta*: ¿Para quién trabajo yo
7.10 nunca de esto *preguntarás* con sabiduría
Is 8.19 *preguntad* a los encantadores y a los 1875
19.3 su consejo; y *preguntarán* a sus imágenes 1875
21.12 *preguntad* si queréis, *p*; volved, venid
30.2 apartan...y no han *preguntado* de mi boca 7592
41.28 *pregunté* de...y ningún consejero hubo 7592
41.28 les *pregunté*, y no respondieron palabra 7592
45.11 dice...*Preguntadme* de las cosas por venir 7592
65.1 fui buscado por los que no *preguntaban* 7592
Jer 3.16 yo *preguntaba*: ¿Cómo os pondré por
6.16 *preguntad* por las sendas antiguas, cuál 7592
8.2 sol y a la luna...a quienes *preguntaron* 1875
15.2 si te *preguntaren*: ¿A dónde saldremos? 7592

15.5 o quién vendrá a *preguntar* por tu paz? 7592
18.13 así dijo Jehová: *Preguntad* ahora a las 7592
23.33 cuando te *preguntare* este pueblo, o el 7592
36.17 *preguntaron*... a Baruc... Cuéntanos ahora . . . 7592
37.17 le *preguntó* el rey secretamente en su 7592
38.27 vinieron... a Jeremías, y le *preguntaron* 7592
48.19 *pregunta* a la que va huyendo, y a la que 7592
50.5 *preguntarán* por el camino de Sion, hacia 7592
Ez 14.7 y viniere al profeta para *preguntarle*
34.6 no hubo... ni quien *preguntase* por ellas 1245
37.18 y cuando te *pregunten* los hijos de tu
Dn 2.10 ningún rey... *preguntó* cosa semejante 7593
7.16 y le *pregunté* la verdad acerca de todo 1156
8.13 otro de los santos *preguntó* a aquél que
Os 4.12 mi pueblo a su ídolo... *pregunta*, y el 7592
Hag 2.11 *pregunta*... a los sacerdotes acerca de 7592
Zac 13.6 *preguntarán*: ¿Qué heridas son estas
Mt 2.4 *preguntó*; dónde había de nacer el Cristo *4441*
11.3 *preguntarle*: ¿Eres tú aquel que había de
12.10 y *preguntaron* a Jesús, para... acusarle *1905*
16.13 *preguntó* a sus discípulos, diciendo *2065*
17.10 sus discípulos le *preguntaron*... ¿Por qué *1905*
22.23 vinieron... los saduceos... y le *preguntaron* . . . *1905*
22.35 intérprete de la... *preguntó* por tentarle *1905*
22.41 estando juntos los... Jesús les *preguntó* *1905*
22.46 osó alguno desde aquel día *preguntarle* *1905*
27.11 **éste le *preguntó*, diciendo: ¿Eres tú el** *1905*
Mr 4.10 los doce le *preguntaron*... la parábola *2065*
5.9 **le *preguntó*: ¿Cómo te llamas? Y respondió** *1905*
7.5 le *preguntaron*... los fariseos... ¿Por qué *1905*
7.17 le *preguntaron* sus discípulos sobre la *1905*
8.5 **les *preguntó*: ¿Cuántos panes tenéis? Ellos** *1905*
8.23 las manos encima, y le *preguntó* si veía *1905*
8.27 en el camino *preguntó* a sus discípulos *1905*
9.11 le *preguntaron*, diciendo: ¿Por qué dicen *1905*
9.16 **les *preguntó*: ¿Qué disputáis con ellos?** *1905*
9.21 **Jesús *preguntó*... ¿Cuánto tiempo hace que** . . . *1905*
9.28 discípulos le *preguntaron* aparte: ¿Por *1905*
9.32 ellos no... y tenían miedo de *preguntarle* *1905*
9.33 **en casa, les *preguntó*: ¿Qué disputabais** *1905*
10.2 le *preguntaron*... si era lícito al marido *1905*
10.10 los discípulos a *preguntarle* de lo mismo *1905*
10.17 le *preguntó*: Maestro bueno, ¿qué haré *1905*
12.18 vinieron... los saduceos... y le *preguntaron* . . . *1905*
12.28 le *preguntó*: ¿Cuál es el... mandamiento *1905*
12.34 Dios... Y ya ninguno osaba *preguntarle* *1905*
13.3 y Pedro, Jacobo... le *preguntaron* aparte *1905*
14.60 sacerdote... *preguntó* a Jesús, diciendo *1905*
14.61 el sumo sacerdote le volvió a *preguntar* *1905*
15.2 Pilato le *preguntó*: ¿Eres tú el Rey de *1905*
15.4 *preguntó* Pilato... ¿Nada respondes? Mira *1905*
Mr 15.44 Pilato... *preguntó* si ya estaba muerto *1905*
Lc 1.62 *preguntaron* por señas a su padre, cómo
2.46 sentado en... Oyéndoles y *preguntándoles* *1905*
3.10 y la gente le *preguntaba*... ¿qué haremos? *1905*
3.14 le *preguntaron* unos soldados, diciendo *1905*
3.15 *preguntándose* todos... si acaso Juan sería
6.9 **os *preguntaré* una cosa: ¿Es lícito en día** *1905*
7.19 envió a Jesús, para *preguntarle*: ¿Eres
7.20 para *preguntarte*: ¿Eres tú el que había
8.9 le *preguntaron*, diciendo: ¿Qué significa *1905*
8.30 **y le *preguntó* Jesús... diciendo: ¿Cómo te** *1905*
9.18 **les *preguntó*, diciendo: ¿Quién dice la** *1905*
9.45 temían *preguntarle* sobre esas palabras *2065*
15.26 **llamando... le *preguntó* qué era aquello** *4441*
17.20 *preguntado*... cuándo había de venir el *1905*
18.18 le *preguntó*... Maestro bueno, ¿qué haré *1905*
18.36 al oír a la multitud... *preguntó* qué era *4441*
18.40 traerle a... y cuando llegó, le *preguntó* *1905*
19.31 **si alguien os *preguntare*: ¿Por qué lo** *2065*
20.21 le *preguntaron*... Maestro, sabemos que *1905*
20.27 algunos de los saduceos... *preguntaron* *1905*
20.40 y no osaron *preguntarle* nada más *1905*
21.7 *preguntaron*... Maestro, ¿cuándo será esto? . . . *1905*
22.64 y le *preguntaban*, diciendo: Profetiza *1905*
22.68 **si os *preguntare*, no me responderéis** *2065*
23.3 Pilato le *preguntó*... ¿Eres tú el Rey de *1905*
23.6 Pilato... *preguntó* si el hombre era galileo *1905*
Jn 1.19 que le *preguntasen*: ¿Tú, quién eres? *2065*
1.21 y le *preguntaron*: ¿Qué pues? ¿Eres tú *2065*
1.25 *preguntaron*... ¿Por qué, pues, bautizas *2065*
4.27 ¿Qué *preguntas*? o, ¿Qué hablas con ella? *2212*
4.52 les *preguntó* a qué hora había comenzado
5.12 le *preguntaron*: ¿Quién es el que te dijo *2065*
8.7 insistieran en *preguntarle*, se enderezó *2065*
9.2 *preguntaron* sus discípulos... ¿quién pecó *2065*
9.15 a *preguntarle*... cómo había recibido la *2065*
9.19 les *preguntaron*... ¿Es éste vuestro hijo *2065*
9.21,23 edad tiene, *preguntadle* a él *2065*
11.56 se *preguntaban* unos a... ¿Qué os parece?
13.24 que *preguntase* quién era aquel de quien *4441*
16.5 **ninguno de... me *pregunta*: ¿A dónde vas?** *2065*
16.19 **Jesús conoció que querían *preguntarle*** *2065*
16.19 **¿*preguntáis* entre vosotros acerca de** *2065*
16.23 **en aquel día no me *preguntaréis* nada** *2065*
16.30 y no necesitas que nadie te *pregunte* *2065*
18.7 **pues, a *preguntarles*: ¿A quién buscáis?** *1905*
18.19 sumo sacerdote *preguntó* a Jesús acerca *2065*
18.21 **por qué me *preguntas* a mí? *Pregunta* a** *1905*
21.12 ninguno de los... se atrevía a *preguntarle* *1833*
Hch 1.6 le *preguntaron*... Señor, ¿restaurarás el *1905*
4.7 les *preguntaron*: ¿Con qué potestad... o en *4441*
5.27 trajeron... el sumo sacerdote les *preguntó* *1905*
10.17 *preguntando* por la casa de... llegaron *1331*
10.18 *preguntaron* si moraba allí un Simón que *4441*
10.29 que *pregunto*: ¿Por qué causa me habéis *4441*
21.33 *preguntó* quién era y qué había hecho *4441*
23.19 le *preguntó*: ¿Qué es lo que tienes que *2065*

23.34 leída la... *preguntó* de qué provincia era *1905*
25.20 le *pregunté* si quería ir a Jerusalén y *3004*
Ro 10.20 me manifesté a los que no *preguntaban* *1905*
1 Co 10.25,27 comed, sin *preguntar* nada por *350*
14.35 algo, *pregunten* en casa a sus maridos *1905*

PREJUICIO
1 Ti 5.21 que guardes estas cosas sin *p*, no *4299*

PREMIAR
2 S 22.21; Sal 18.20 me ha *premiado* conforme 1580
Pr 13.21 justos serán *premiados* con el bien 6662

PREMIO
2 S 18.22 si no recibirás *p* por las nuevas? 1309
1 Co 9.24 corren, pero uno solo se lleva el *p*? *1017*
Fil 3.14 al *p* del supremo llamamiento de Dios *1017*
Col 2.18 nadie... prive de vuestro *p*, afectando *2603*
2 P 2.15 Balaam... cual amó el *p* de la maldad *3408*

PREMURA
2 R 7.15 los sitios habían arrojado por la *p* 2648
Sal 31.22 yo en mi *p*: Cortado soy de delante 2648

PRENDA
Gn 38.17 dijo: Dame una *p* hasta que lo envíes 6162
38.18 entonces Judá dijo: ¿Qué *p* te daré? 6162
38.20 para que éste recibiese la *p* de la mujer 6162
Éx 22.26 tomares en *p* el vestido de tu prójimo 2254
Nm 31.20 purificaréis todo... toda *p* de pieles
Dt 24.6 no tomarás en *p* la muela del molino, ni 2254
24.6 sería tomar en *p* la vida del hombre 2254
24.10 no entrarás en su casa para tomarle *p* 5667
24.11 hombre a quien prestaste te sacará la *p* 5667
24.12 si... no te acostarás reteniendo aún su *p* 5667
24.13 devolverás la *p* cuando el sol se ponga 5667
24.17 ni tornarás en *p* la ropa de la viuda 2254
1 S 17.18 mira... tus hermanos... toma *p* de ellos 6161
Job 22.6 sacaste *p* a tus hermanos sin causa, y 2254
24.3 asno... y toman en *p* el buey de la viuda 2254
24.9 quitan... y de sobre el pobre toman la *p* 2254
Pr 20.16 toma *p* del que sale fiador por los 2254
27.13 y al que fía a la extraña... tómale *p* 2254
Ez 18.7 que al deudor devolviere su *p*, que no 2258
18.12 no devolviere la *p*, o alzare sus ojos 2258
18.16 la *p* no retuviere, ni cometiere robos 2258
33.15 el impío restituyere la *p*, devolviere 2258
Hab 2.6 había de acumular sobre sí *p* tras *p*? 5671

PRENDER *Véase también Preso*
Éx 22.6 *prendiere* fuego, y al quemar espinos 3318
Jos 8.8 la hayáis tomado, le *prenderéis* fuego 3341
8.19 ciudad... se apresuraron a *prenderle* fuego
Jue 1.6 le *prendieron*, y le cortaron... pulgares 7291
8.12 *prendió* a los dos reyes de Madián, Zeba 7291
9.49 y *prendieron* fuego con... a la fortaleza 6871
9.52 llegó hasta... torre para *prenderle* fuego 8313
15.10 a *prender* a Sansón hemos subido, para 631
15.12 nosotros hemos venido para *prenderte* y 631
15.13 te *prenderemos*, y te entregaremos en 631
1 S 19.14 cuando Saúl envió... *prender* a David 3947
30.1 asolado a Siclag... habían *prendido* fuego 8313
2 S 4.10 yo le *prendí*, y le maté en Siclag en 270
14.30 tiene allí cebada; id y *prendedle* fuego
14.30 los siervos, *prendieron* fuego al campo
14.31 ¿por qué han *prendido* fuego... mi campo?
1 R 13.4 desde el altar, dijo: ¡*Prendedle*! Mas 8610
16.18 *prendió* fuego a la casa consigo; y así 8313
18.40 *prended* a los profetas... los *prendieron* 8610
2 R 6.13 mirad... para que yo envíe a *prenderlo* 3947
10.14 él dijo: *Prendedlos* vivos... Y después que 8610
24.12 y lo *prendió* el rey de Babilonia en el 3947
Job 5.13 *prende* a los sabios en la astucia de 3920
18.9 lazo *prenderá* su calcañar; se afirmará 270
36.8 y si estuvieren *prendidos* en grillos, y 631
Sal 35.8 y la red que él escondió lo *prenda* 3920
56 *tít.* los filisteos le *prendieron* en Gat 270
Pr 5.22 *prenderán* al impío sus... iniquidades, y 3920
6.25 corazón, ni ella te *prenda* con sus ojos 3947
Cnt 4.9 *prendiste* mi corazón, hermana, esposa 3823
Jer 18.22 cavaron hoyo para *prenderme*, y a mis 3920
36.26 que *prendiesen* a Baruc el escribiente 3947
37.14 él no lo escuchó, sino *prendió* Irías a 8610
52.9 *prendieron* al rey, y le hicieron venir 8610
Am 1.4 *prenderé* fuego... consumirá sus palacios 7971
1.7 *prenderé* fuego en el muro de Gaza, y 7971
1.10 *prenderé* fuego en el muro de Tiro, y 7971
1.12 *prenderé* fuego en Temán, y consumirá sus 7971
2.2 *prenderé* fuego en Moab, y consumirá los 7971
2.5 *prenderé*, por tanto, fuego en Judá, el 7971
Mt 14.3 porque Herodes había *prendido* a Juan *2902*
26.4 *prender* con engaño a Jesús, y matarle *2902*
26.48 al que yo besare, ése es; *prendedle* *2902*
26.50 echaron mano a Jesús, y le *prendieron* *2902*
26.55 **salido con espadas y... para *prenderme*?** *4815*
26.55 **cada día... enseñando... no me *prendisteis*** *4815*
26.57 los que *prendieron* a Jesús le llevaron *2902*
Mr 3.21 oyeron los suyos, vinieron... *prenderle* *2902*
6.17 Herodes había enviado y *prendido* a Juan *2902*
12.12 procuraban *prenderle*, porque entendían *2902*
14.1 buscaban los... cómo *prenderle* por engaño *2902*
14.44 ése... *prendedle*, y llevadle con seguridad *2902*
14.46 ellos le echaron mano, y le *prendieron* *2902*
14.48 **habéis salido... con palos para *prenderme*?** . . *4815*
14.49 **cada día... enseñando... no me *prendisteis*** . . . *2902*
14.51 le seguía, cubierto el... y le *prendieron* *2902*
Lc 22.54 y *prendiéndole*, le llevaron... a casa *4815*
Jn 7.30 procuraban *prenderle*; pero ninguno le *4084*
7.32 y los fariseos enviaron... le *prendiesen* *4084*
7.44 algunos de ellos querían *prenderle*; pero *4084*
8.20 nadie le *prendió*, porque aún no había

10.39 procuraron otra vez *prenderle*, pero él *4084*
11.57 lo manifestase, para que le *prendiesen* *4084*
18.12 judíos, *prendieron* a Jesús y le ataron *4815*
Hch 1.16 guía de los que *prendieron* a Jesús *4815*
2.23 *prendisteis* y matasteis por... de inicuos *2983*
9.14 tiene autoridad de... para *prender* a todos *1210*
12.3 procedió a *prender* también a Pedro. Eran *4815*
16.19 sus amos... *prendieron* a Pablo y a Silas *1949*
21.33 el tribuno, le *prendió* y le mandó atar *1949*
22.4 *prendiendo* y entregando en cárceles a *1195*
24.6 *prendiéndole*, quisimos juzgarle conforme *2902*
26.21 *prendiéndome* en el... intentaron matarme . . . *4815*
28.3 y una víbora... se le *prendió* en la mano *2510*
1 Co 3.19 *prende* a los sabios en la astucia de *1405*
2 Co 11.32 guardaba la ciudad... para *prenderme* *4084*
12.16 como soy astuto, os *prendí* por engaño *2983*
Ap 20.2 y *prendió* al dragón, la serpiente *2902*

PREÑAR
Sal 7.14 se *preñó* de iniquidad, y dio a luz 2030

PREÑEZ
Gn 3.16 dijo: Multiplicaré... dolores en tus *p* 2032
Job 39.2 ¿contaste tú los meses de su *p*, y sabes

PREOCUPACIÓN
1 S 9.5 padre, abandonada la *p* por las asnas
2 Co 11.28 agolpa... la *p* por todas las iglesias *3308*

PREOCUPAR
Gn 39.6 con él no se *preocupaba* de cosa alguna
39.8 mi señor no se *preocupa* conmigo de lo que . . . 3045
45.20 no os *preocupéis* por vuestros
enseres 5869,2347,5921
Mt 10.19 **no os *preocupéis* por... o qué hablaréis** *3309*
Mr 13.11 **no os *preocupéis*... qué habéis de decir** *4305*
Lc 10.40 Marta se *preocupaba* con... quehaceres *4049*
12.11 **no os *preocupéis* por cómo... de responder** . . . *3309*
12.29 **no os *preocupéis* por lo que habéis de** *2212*
1 Co 12.25 que los miembros todos se *preocupen* *3309*

PREPARACIÓN
Mt 27.62 al día... después de la *p*, se reunieron *3904*
Mr 15.42 era la *p*, es decir, la víspera del día *3904*
Lc 23.54 Era día de la *p*, y estaba para comenzar el . . . *3904*
Jn 19.14 Era la *p* de la pascua, y como la hora sexta . . . *3904*
19.31 por cuanto era la *p* de la pascua *3904*
19.42 por causa de la *p*... pusieron a Jesús *3904*

PREPARAR
Gn 18.7 al criado... se dio prisa a *prepararlo* 6213
18.8 leche, y el becerro que había *preparado* 6213
24.31 he *preparado* la casa, y el lugar para 6437
27.17 guisados y el pan que había *preparado* 6213
43.16 y degüella una res y *prepárala*, pues 3559
43.25 *prepararon* el presente entretanto que 3559
Éx 12.16 *preparéis* lo que cada... haya de comer
12.39 tenido tiempo ni para *prepararse* comida 6213
15.17 en el lugar... que tú has *preparado*, oh 3559
16.5 *prepararán* para guardar el doble de lo 3559
19.11 y estén *preparados* para el día tercero 3559
19.15 estad *preparados* para el tercer día; no 3559
23.20 introduzca... lugar que yo he *preparado* 3559
34.2 *prepárate*... y sube de mañana al monte de 3559
Lv 6.21 sartén se *preparará* con aceite; frita 6213
7.9 todo lo que fuere *preparado* en sartén o 6213
Nm 23.1,29 *prepárame* aquí siete becerros y 7 3559
Dt 1.41 y os *preparasteis* para subir al monte 1951
32.35 lo que les está *preparado* se apresura
Jos 1.11 *preparaos* comida, porque dentro de 3 3559
Jue 6.19 Gedeón, *preparó* un cabrito, y panes 6213
13.15 detenerte, y os *prepararemos* un cabrito 6213
1 S 7.3 y *preparad* vuestro corazón a Jehová 3559
25.11 he de tomar... mi carne que he *preparado*
2 S 12.4 la *preparó* para aquel que había venido 6213
13.5 y *prepare* delante de mí alguna vianda 6213
13.10 tomando... hojuelas que había *preparado* 6213
1 R 5.18 *prepararon* la madera y la cantería 3559
17.12 *prepararlo* para mí y para mi hijo, para 6213
18.23 yo *prepararé* el otro buey, y lo pondré 6213
18.25 un buey, y *preparadlo* vosotros primero 6213
18.26 ellos tomaron el buey... y lo *prepararon* 6213
18.33 *preparó* luego la leña, y cortó el buey 6213
2 R 6.23 entonces se les *preparó* una... comida 3739
1 Cr 12.36 de Aser... y *preparados* para pelear 6186
12.39 sus hermanos habían *preparado* para ellos . . 3559
15.3 su lugar, el cual le había él *preparado* 3559
15.12 el arca... el lugar que le he *preparado* 3559
22.3 asimismo *preparó* David mucho hierro para . . 3559
22.5 y la casa... yo le *prepararé* lo necesario 3559
22.14 he *preparado*... cien mil talentos de oro 3559
22.14 *preparado* madera y piedra, a lo cual tú 3559
23.29 lo *preparado* en sartén, para lo tostado
28.2 y había ya *preparado* todo para edificar 3559
29.2 he *preparado* para la casa de mi Dios, oro 3559
29.3 cosas que he *preparado* para la casa del 3559
29.16 toda esta abundancia... hemos *preparado* 3559
2 Cr 1.4 al lugar que él le había *preparado* 3559
2.9 me *preparen* mucha madera, porque la casa . . . 3559
3.1 lugar que... había *preparado* en la era de 3559
8.16 obra de Salomón estaba *preparada* desde 3559
16.14 *preparadas* por expertos perfumistas 7543
26.14 y Uzías *preparó* para todo el ejército 3559
27.6 Jotam... *preparó* sus caminos delante de 3559
29.19 hemos *preparado*... todos los utensilios 3559
29.36 que Dios hubiese *preparado* el pueblo 3559
30.18 ha *preparado* su corazón para buscar a
31.11 *preparasen* cámaras en... y las prepararon . . 3559
35.4 *preparaos* según las familias de... padres 3559
35.6 *preparad* a vuestros hermanos para que 3559
35.10 *preparado*... el servicio, los sacerdotes 3559

P

35.14(2) prepararon para ellos mismos y para 3559
35.15 hermanos los levitas preparaban para 3559
35.16 así fue preparado todo el servicio de 3559
Esd 7.10 Esdras había preparado su corazón para 3559
Neh 5.18 que se preparaba para cada día era 6213
5.18 también eran preparados para mí aves, y 6213
8.10 porciones a los que no tienen...preparado 6213
Est 5.4 vengan...al banquete que he preparado 6213
5.8 Amán a otro banquete que les prepararé 6213
5.14 agradó esto a...e hizo preparar la horca 6213
6.4 en la horca que él le tenía preparada 3559
7.10 horca que él había hecho preparar para 3559
8.13 judíos estuviesen preparados...aquel día 6264
Job 15.23 que le está preparado día de tinieblas 3559
17.1 días, y me está preparado el sepulcro
18.12 y a su lado...preparado quebrantamiento 3559
20.29 la porción que Dios prepara al...impío
27.16 como polvo, y prepare ropa como lodo 3559
27.17 la habrá preparado él, mas el justo se 3559
28.27 él...la preparó y la descubrió también 3559
29.7 en la plaza hacía preparar mi asiento 3559
30.12 pies, y prepararon contra mí caminos de 5549
36.16 y te preparará mesa llena de grosura 5183
38.41 ¿quién prepara al cuervo su alimento 3559
Sal 7.12 armado...su arco, y lo ha preparado 3559
7.13 asimismo ha preparado armas de muerte 3559
61.7 prepara misericordia y verdad para que 4487
65.9 preparas el grano de ellos, cuando así 3559
147.8 que prepara la lluvia para la tierra 3559
Pr 6.8 prepara en...verano su comida, y recoge
19.29 preparados están juicios para los 3559
24.27 prepara tus labores fuera, y disponlas 3559
30.25 las hormigas...en el verano preparan su 3559
Is 14.21 preparad sus hijos para el matadero 3559
30.33 Tofet ya...está...preparado para el rey 3559
40.3 voz que clama...Preparad camino a Jehová 6437
40.19 el artífice prepara la imagen de talla
44.16 con parte de él come...prepara un asado
Jer 22.7 prepararé contra ti destruidores, cada 6942
23.19 la tempestad que está preparada caerá
30.23 la tempestad que se prepara, sobre la
46.3 preparad escudo y pavés, y venid a la
46.14 prepárate, porque espada devorará tu 3559
50.9 se prepararán contra ella, y será tomada
50.42 se prepararán contra ti como hombres a
51.27 alzad bandera en la...preparad pueblos 6942
51.28 preparad contra ella naciones...de Media 6942
Ez 7.14 prepararán todas las cosas, y no habrá 3559
12.3 prepárate enseres de marcha, y parte de 6213
21.15 dispuesta está...preparada para degollar 4593
23.41 y fue preparada mesa delante de él, y 6186
28.13 flautas estuvieron preparados para ti 3559
38.7 prepárate y apercíbete...sé tú su guarda 3559
Dn 2.9 preparáis respuesta mentirosa...decidme 2164
Os 6.11 para...Judá, está preparada una siega 3559
Am 4.12 prepárate para...encuentro de tu Dios 3559
Jon 1.17 Jehová tenía preparado un gran pez 4487
4.6 y preparó Jehová Dios una calabacera, la 4487
4.7 Dios preparó un gusano, el cual hirió la 4487
4.8 preparó Dios un recio viento solano, y el 4487
Nah 2.3 el día que se prepare, temblarán las 3559
2.5 se acordará...y la defensa se preparará 3559
Sof 1.7 porque Jehová ha preparado sacrificio 3559
Zac 5.11 y cuando esté preparada la pondrán 3559
Mal 3.1 el cual preparará el camino delante de 6437
Mt 3.3 clama en...Preparad el camino del Señor 2090
11.10 **el cual preparará tu camino delante de** 2680
20.23 **aquellos para quienes está preparado** 2090
22.4 **decid...He aquí, he preparado mi comida** 2090
22.8 **las bodas a la verdad están preparadas** 2092
24.44 **por tanto...vosotros estad preparados** 2092
25.10 **las que estaban preparadas entraron con** 2092
25.34 **venid...heredad el reino preparado para** 2090
25.41 **fuego...preparado para el diablo y sus** 2090
26.12 **a fin de prepararme para la sepultura**
26.17 ¿dónde quieres que preparemos para que 2090
26.19 y los discípulos...prepararon la pascua 2090
Mr 1.2 cual preparará tu camino delante de ti 2680
1.3 preparad el camino del Señor; enderezad 2090
10.40 **aquellos para quienes está preparado** 2090
14.12 que vayamos a preparar para que comas 2090
14.15 **aposento...preparad para nosotros allí** 2092
14.16 sus discípulos...y prepararon la pascua 2090
Lc 1.17 para preparar al Señor un pueblo bien 2680
1.76 irás delante...para preparar sus caminos 2090
2.31 has preparado en presencia de todos los 2090
3.4 que clama...Preparad el camino del Señor 2090
7.27 **cual preparará tu camino delante de ti** 2680
12.40 **también estad preparados, porque a la** 2092
12.47 **no se preparó, ni hizo...a su voluntad** 2090
14.17 **envió a decir...ya todo está preparado** 2092
17.8 **prepárame la cena, cíñete, y sírveme** 2090
22.8 **id, preparadnos la pascua para que la** 2090
22.9 dijeron: ¿Dónde quieres...la preparemos 2090
22.12 **un gran aposento alto...preparad allí** 2090
22.13 fueron, pues...y prepararon la pascua 2090
23.56 vueltas...prepararon especias aromáticas 2090
24.1 trayendo las especias...habían preparado 2090
Jn 14.2 **voy...a preparar lugar para vosotros** 2090
14.3 **si me fuere y os preparare lugar, vendré** 2090
Hch 10.10 pero mientras le preparaban algo, le 3903
23.23 preparasen para la hora tercera de la 2090
23.24 y que preparasen cabalgaduras en que 3903
25.3 preparando...una celada para matarte en
Ro 9.22 soportó...los vasos de ira preparados 4282
9.23 los vasos de misericordia que él preparó 4282
1 Co 2.9 Dios ha preparado para los que le aman 2090
14.8 ¿quién se preparará para la batalla? 3903
2 Co 9.2 está preparada desde el año pasado 3903
9.3 que como lo he dicho, estéis preparados 3903
9.5 preparasen primero vuestra generosidad 2092
10.16 para gloriarnos en lo que...preparado 2092
12.14 vez estoy preparado para ir a vosotros 2093
Ef 2.10 las cuales Dios preparó de antemano 4282
2 Ti 3.17 sea perfecto, enteramente preparado 1822
Flm 22 prepárame también alojamiento; porque 2090
He 10.5 no quisiste; mas me preparaste cuerpo 2675
11.7 por la fe Noé...con temor preparó el arca 2680
11.16 Dios...porque les ha preparado...ciudad 2090
1 P 1.5 preparada para ser manifestada en el 2092
3.15 preparados para presentar defensa con 2092
3.20 mientras se preparaba el arca, en la cual 2680
4.5 darán cuenta al que está preparado para 2093
Ap 9.7 a caballos preparados para la guerra 2090
9.15 que estaban preparados para la hora, día 2090
12.6 tiene lugar preparado por Dios, para que 2090
16.12 para que estuviese preparado el camino 2090
18.6 cáliz en que...preparó bebida, preparadle
19.7 las bodas...y su esposa se ha preparado 2090

PREPARATIVO
1 Cr 22.5 y David...hizo *p* en gran abundancia 3559
29.19 haga...la casa para la cual yo he hecho *p* 3559
Lc 9.52 entraron en una aldea...para hacerle *p* 2090
Hch 21.15 hechos ya los *p*, subimos a Jerusalén 643

PREPUCIO
Gn 17.11 circuncidaréis...la carne de vuestro *p* 6190
17.14 que no hubiere circuncidado...de su *p* 6190
17.23 circuncidó la carne del *p* de ellos en 6190
17.24 años cuando circuncidó la carne de su *p* 6190
17.25 cuando fue circuncidada la carne de su *p* 6190
Éx 4.25 y cortó el *p* de su hijo, y lo echó a 6190
Dt 10.16 circuncidad...el *p* de vuestro corazón 6190
1 S 18.25 no desea...sino cien *p* de filisteos 6190
18.27 trajo David los *p* de ellos y los entregó 6190
2 S 3.14 la cual desposé conmigo por cien *p* de 6190
Jer 4.4 quitad...*p* de vuestro corazón, varones 6190

PRESA
Gn 49.9 cachorro de león, Judá; de la *p* subiste 2964
49.27 Benjamín es lobo...la mañana comerá la *p* 5706
Nm 14.3 mujeres y nuestros niños sean por *p*? 957
14.31 los cuales dijisteis que serían por *p* 957
23.24 no se echará hasta que devore la *p*, y 2964
2 R 21.14 serán para *p* y despojo de todos sus 957
Job 4.11 el león viejo perece por falta de *p* 2964
9.26 como el águila que se arroja sobre la *p* 400
17.5 al que denuncia a sus amigos como *p*, los
29.17 y de sus dientes hacía soltar la *p* 2964
38.39 ¿cazarás...la *p* para el león? ¿Saciarás 2964
39.29 acecha la *p*; sus ojos observan de muy 400
Sal 17.12 son como león que desea hacer *p*, y 2963
104.21 los leoncillos rugen tras la *p*, y para 2964
124.6 no nos dio por *p* a los dientes de ellos 2964
Is 5.29 crujirá los dientes, y arrebatará la *p* 2964
10.6 para que quite despojos, y arrebate *p*, y 957
31.4 el cachorro de león ruge sobre la *p*, y 2964
Jer 2.14 Israel...¿por qué ha venido a ser *p*? 957
30.16 todos los que hicieron *p* de ti daré en *p* 7998
Ez 7.21 será *p* de los impíos de la tierra, y 957
13.21 no estarán más como *p* en vuestra mano 4686
19.3 aprendió a arrebatar la *p*, y a devorar 2964
19.6 y él...aprendió a arrebatar la *p*, devoró 2964
22.25 conjuración...como león...que arrebata *p* 2964
22.27 príncipes...como lobos que arrebatan *p* 2964
34.5 y son *p* de todas las fieras del campo
34.8 para ser *p* de todas las fieras del campo 2964
36.5 para que sus expulsados fuesen *p* suya 957
Am 3.4 ¿rugirá el león en la selva sin haber *p*? 2964
Nah 2.12 llenaba de *p* sus cavernas, y de robo 2964
3.16 mercaderes...la langosta hizo *p*, y voló 6584
Hab 1.9 toda ella vendrá a la *p*; el terror va
2 P 2.12 como...nacidos para *p* y destrucción

PRESAGIO
Is 8.18 yo y...somos por señales y *p* en Israel 4159

PRESBITERIO
1 Ti 4.14 con la imposición de las manos del *p* 4244

PRESCIENCIA
1 P 1.2 elegidos según la *p* de Dios Padre en 4268

PRESCRIBIR
Nm 19.2 la ordenanza...que Jehová ha prescrito 6680
Dt 10.13 sus estatutos, que yo te prescribo 6680
11.8,13,22,27; 27,1 mandamientos que yo os
prescribo 6680
19.9; 28.1 mandamientos que yo te prescribo 6680
1 R 13.21 el mandamiento que...había prescrito 6680
2 R 17.13 las leyes que yo prescribí a...padres 6680
17.15 los testimonios que él había prescrito 5715
17.34 los mandamientos que prescribió Jehová 6680
18.6 los mandamientos que Jehová prescribió 6680
1 Cr 16.40 la ley...que él prescribió a Israel 6680
Esd 9.11 prescribiste por medio de...profetas 6680
Neh 9.14 mano...les prescribiste mandamientos 6680
Job 36.23 ¿quién le ha prescrito su camino? ¿Y 6485
Is 10.1 ¡ay de los que...y prescriben tiranía 3789
Lc 2.39 haber cumplido con todo lo prescrito 2596

PRESENCIA
Gn 3.8 se escondieron de la *p* de Jehová Dios 6440
4.14 me echas hoy de...y de tu *p* me esconderé 6440
16.6 como Sarai la afligía, ella huyó de su *P* 6440
23.10 a Abraham, en *p* de los hijos de Het, de 241
23.11 *p* de los hijos de mi pueblo te la doy 5869
23.13 respondió a Efrón en *p* del pueblo de la 241
23.16 el dinero que...en *p* de los hijos de Het 241
23.18 en *p* de los hijos de Het y de todos los 5869
24.40 Jehová, en cuya *p* he andado, enviará 6440
25.18 y murió en *p* de todos sus hermanos 6440
27.7 te bendiga en *p* de Jehová antes que yo 6440
39.6 era José de hermoso semblante y bella *p*
44.28 uno salió de mi *p*, y pienso de cierto
45.1 José...clamó: Haced salir de mi *p* a todos
47.10 Jacob bendijo...salió de la *p* de Faraón 6440
48.15 el Dios en cuya *p* anduvieron mis padres 6440
Éx 5.1 entraron a la *p* de Faraón y le dijeron
5.20 vista...cuando salían de la *p* de Faraón
7.20 golpeó las aguas...en *p* de Faraón y de 5889
8.1 entra a la *p* de Faraón y dile: Jehová ha
8.12 salieron Moisés y...de la *p* de Faraón
8.29 al salir yo de tu *p*, rogaré a Jehová que
8.30 Moisés salió de la *p* de Faraón, y oró a
9.1 entra a la *p* de Faraón, y dile: Jehová
9.30 tú ni...temeréis todavía la *p* de Jehová
9.33 salido Moisés de la *p* de Faraón, fuera
10.1 a Moisés: Entra a la *p* de Faraón; porque
10.11 servid. Y los echaron de la *p* de Faraón 5869
11.8 y salió muy enojado de la *p* de Faraón
16.9 acercaos a la *p* de Jehová...él ha oído 6440
17.6 Moisés lo hizo así en *p* de los ancianos 5869
19.7 expuso en *p* de ellos...estas palabras que 7760
32.11 Moisés oró en *p* de Jehová su Dios, y 2470
33.14 mi *p* irá contigo, y te daré descanso 6440
33.15 si tu *p* no ha de ir conmigo, no nos 6440
34.11 yo echo de delante de tu *p* al amorreo 6440
34.24 yo arrojaré a las naciones de tu *p*, y 6440
Lv 1.5 degollará el becerro en la *p* de Jehová 6440
4.15 en *p* de Jehová degollarán aquel becerro 6440
10.3 en *p* de todo el pueblo seré glorificado
22.3 inmundicia sobre sí será cortado de...*p* 6440
Nm 10.35 y huyan de tu *p* los que te aborrecen 6440
16.46 el furor ha salido de la *p* de Jehová
19.3 a Eleazar...y la hará degollar en su *p* 6440
27.19 congregación; y le darás el cargo en *p* 5869
Dt 2.12 los arrojaron de su *p*, y habitaron en 6440
4.37 de Egipto con su *p* y con su gran poder 6440
4.38 para echar de delante de tu *p* naciones 6440
7.19 con...los pueblos de cuya *p* tú temieres
25.2 entonces el juez...hará azotar en su *p*
29.10 todos estáis hoy en *p* de Jehová...Dios 6440
31.7 a Josué, y le dijo en *p* de todo Israel 5869
Jos 4.11 pasó el arca, y los...en *p* del pueblo 6440
8.33 Israel...de pie...en *p* de los sacerdotes 5048
10.12 Josué habló a...en *p* de los israelitas 6440
23.5 las echará...las arrojará de vuestra *p* 6440
Jue 14.16 lloró la mujer de Sansón en *p* de él 5921
14.17 ella lloró en *p* de él, los siete días que 5921
20.26 la casa...se sentaron allí en *p* de Jehová 6440
21.2 estuvieron allí hasta la...en *p* de Dios 6440
Rt 4.4 la compres en *p* de los que están aquí 5048
1 S 2.18 Samuel ministraba en la *p* de Jehová
3.1 Samuel ministraba a Jehová en *p* de Elí 6440
17.24 los varones de Israel...huían de su *p*
21.6 habían sido quitados de la *p* de Jehová 6440
21.10 David..huyó de la *p* de Saúl, y se fue 6440
22.4 los trajo, pues, a la *p* del rey de Moab
26.19 mas...malditos sean ellos en *p* de Jehová 6440
2 S 3.26 saliendo Joab de la *p* de David, envió
22.13 por el resplandor de su *p* se...carbones 5048
1 R 1.28 ella entró a la *p* del rey, y se puso 6440
1.32 Sadoc...y ellos entraron a la *p* del rey 6440
1.50 mas Adonías, temiendo de la *p* de Salomón 3372
8.22 en *p* de toda la congregación de Israel 5048
9.3 he oído tu...ruego que has hecho en mi *p* 6440
13.6 que ruegues ante la *p* de Jehová tu Dios 6440
17.1 vive Jehová Dios de Israel, en cuya *p* 6440
18.15 vive Jehová de los...en cuya *p* estoy, que 6440
2 R 3.14 vive Jehová...en cuya *p* estoy, que si 6440
5.16 vive Jehová, en cuya *p* estoy, que no 10 6440
13.4 Mas Joacaz oró en *p* de Jehová
13.23 no quiso...echarlos de delante de su *p* 6440
15.10 Salum hijo...lo hirió en *p* de su pueblo 6905
17.20 los entregó en...hasta echarlos de su *p* 6440
22.19 y rasgaste tus vestidos, y lloraste en mi *p* 6440
23.27 también quitaré de mi *p* a Judá, como 6440
24.3 contra Judá...para quitarla de su *p*, por 6440
24.20 la ira de...hasta que los echó de su *p* 6440
25.7 degollaron a los hijos de Sedequías en *p* 6440
1 Cr 16.30 temed en su *p*, toda la tierra; el 6440
24.6 escribió sus nombres en *p* del rey y de 6440
2 Cr 6.12 se puso luego Salomón...en *p* de toda 5048
7.20 y esta casa que...yo la arrojaré de mi *p* 6440
19.2 ha salido de la *p* de Jehová ira contra 6440
19.11 los levitas...oficiales en *p* de vosotros 6440
28.3 arrojado de la *p* de los hijos de Israel 6440
33.12 humillado...la *p* del Dios de sus padres
34.27 lloraste en mi *p*, yo también te he oído 6440
Esd 9.15 no es posible estar en tu *p* a causa 6440
Neh 2.1 no había estado antes triste en su *p* 6440
8.3 leyó...*p* de hombres y mujeres y de todos 5048
Est 1.11 que trajesen a...Vasti a la *p* del rey 6440
6.1 las memorias y...que las leyeran en su *p* 6440
9.25 mas cuando Ester vino a la *p* del rey, él 6440
Job 1.11; 2.5 blasfema contra ti en tu misma *p* 6440
2.7 salió Satanás de la *p* de Jehová, e hirió 6440
13.16 él...porque no entrará en su *p* el impío 6440
23.15 lo cual yo me espanto en su *p*...tiemblo 6440
Sal 16.11 vida; en tu *p* hay plenitud de gozo 6440
17.2 de tu *p* proceda mi vindicación; vean tus 6440
18.12 por el resplandor de su *p*, sus nubes 5048
21.6 porque...lo llenaste de alegría con tu *p* 6440
23.5 aderezas mesa delante de mí en *p* de mis 5048
31.20 en lo secreto de tu *p* los esconderás 6440

68.1 y huyan de su *p* los que le aborrecen 6440
68.8 destilaron los cielos ante la *p* de Dios 6440
88.2 llegue mi oración a tu *p*; inclina tu oído 6440
95.2 ante su *p* con alabanza; aclamémosle con 6440
100.2 servid a... venid ante su *p* con regocijo 6440
114.7 a la *p* de Jehová tiembla la tierra, a 6440
114.7 tiembla la... a la *p* del Dios de Jacob 6440
119.58 tu *p* supliqué de todo corazón; ten 6440
139.7 ¿a dónde me iré... dónde huiré de tu *p*? 6440
140.13 tu nombre; los rectos morarán en tu *p* 6440
Pr 17.18 y sale por fiador en *p* de su amigo 6440
25.5 aparta al impío de la *p* del rey, y su 6440
Ec 8.3 no te apresures a irte de su *p*, ni en 6440
8.12 les irá bien a... los que temen ante su *p* 6440
8.13 cuanto no teme delante de la *p* de Dios 6440
Is 2.10 escóndete... de la *p* temible de Jehová
2.19 se meterán en... por la *p* temible de Jehová 6343
2.21 por la *p* formidable de Jehová, y por el 6343
16.4 Moab; sé para ellos escondedero de la *p* 6440
19.16 y temerán en la *p* de la mano alta de 8573
20.6 donde nos acogimos... ser libres de la *p*
30.11 quitad de nuestra *p* al Santo de Israel
31.8 Asiria... huirá de la *p* de la espada, y sus
48.19 nunca su nombre sería... ni raído de mi *p* 6440
64.1 oh, si... a tu *p* se escurriesen los montes 6440
64.2 fuego... y las naciones temblasen a tu *p* 6440
Jer 6.7 continuamente en mi *p*, enfermedad y
7.15 os echaré de mi *p*, como eché a... Efraín 6440
15.1 este pueblo; échalos de mi *p*, y salgan 6440
16.17 ni su maldad se esconde de la *p* de mis
17.16 que de mi boca ha salido, fue en tu *p* 5227
23.39 y arrancaré de mi *p* a vosotros y a la 6440
26.19 temió a Jehová, y oró en *p* de Jehová 2470
28.11 habló Hananías en la *p* de todo el pueblo 5869
32.31 hoy, para que la haga quitar de mi *p*
34.15 y habíais hecho pacto en mi *p*, en la 6440
34.18 no... del pacto que celebraron en mi *p* 6440
35.11 de la *p*... de los caldeos y de la *p* del 6440
35.19 varón que esté en mi *p* todos los días 6440
36.7 llegue la oración de... a la *p* de Jehová 6440
36.9 que promulgaron ayuno en la *p* de Jehová 7121
38.14 hizo traer al profeta Jeremías a su *p*
39.6 degolló... los hijos de Sedequías en *p* de
39.16 y sucederá esto en aquel día en *p* tuya 6440
42.9 para presentar vuestros ruegos en su *p* 6440
42.11 no temáis de la *p* del rey de... de su *p*
52.3 a causa de la ira de... a echarlos de su *p* 6440
Lm 2.19 derrama... corazón ante la *p* del Señor 6440
3.35 torcer el derecho del... la *p* del Altísimo 6440
4.16 no respetaron la *p* de los sacerdotes, ni 6440
Ez 16.41 y harán en ti juicios en *p* de muchas 5869
38.20 los hombres que... temblarán ante mi *p* 6440
Dn 2.24 llévame a la *p* del rey... le mostraré la 6925
2.36 la interpretación... diremos en *p* del rey 6925
5.1 rey Belsasar... en *p* de los mil bebía vino 6903
5.24 de su *p* fue enviada la mano que trazó
6.11 Daniel orando y rogando en *p* de su Dios 6925
6.26 teman y tiemblen ante la *p* del Dios de
10.12 humillarte en la *p* de tu Dios, fueron 6440
Jon 1.3 se levantó para huir de la *p* de Jehová 6440
1.3 irse... a Tarsis, lejos de la *p* de Jehová 6440
1.10 ellos sabían que huía de la *p* de Jehová 6440
Nah 1.5 tierra se conmueve a su *p*, y el mundo 6440
Sof 1.7 calla en la *p* de Jehová el Señor, porque 6440
Mal 3.14 que andemos afligidos en *p* de Jehová 6440
Lc 1.38 la sierva... Y el ángel se fuede su *p*
1.76 porque irás delante de la *p* del Señor *4383*
2.31 la cual has preparado en *p* de todos los *2596*
5.25 levantándose en *p* de ellos, y tomando el *1799*
18.40 deteniéndose, mandó traerle a su *p*
Jn 20.30 otras señales en *p* de sus discípulos *1799*
Hch 2.28 la vida; me llenarás de gozo con tu *p* *4383*
3.16 completa sanidad en *p* de todos vosotros *561*
3.19 que vengan de la *p* del Señor tiempos de *4383*
4.10 por... este hombre está en vuestra *p* sano *1799*
5.41 salieron de la *p* del concilio, gozosos *4383*
7.45 Dios arrojó de la *p* de nuestros padres
9.15 **llevar mi nombre en *p* de los gentiles** *1799*
10.33 nosotros estamos aquí en la *p* de Dios *1799*
27.35 tomó el pan y dio gracias a Dios en *p* *1799*
1 Co 1.29 a fin de que nadie se jacte en su *p* *1799*
2 Co 2.10 si... por vosotros lo he hecho en *p* de *4383*
10.10 mas la *p* corporal débil, y la palabra *3952*
Fil 1.26 por mi *p* otra vez entre vosotros
2.12 habéis obedecido, no... en mi *p* solamente *3952*
2 Ts 1.9 excluidos de la *p* del Señor y de la *4383*
He 4.13 cosa... que no sea manifiesta en su *p* *1799*
Ap 7.9 delante del trono y en la *p* del Cordero *1799*
8.4 subió a la *p* de Dios el humo... incienso *1799*
13.12 ejerce toda la autoridad... en *p* de ella *1799*
13.14 las señales que... hacer en *p* de la bestia *1799*

PRESENTAR

Gn 41.46 fue *presentado* delante de Faraón rey
43.15 Egipto, y se *presentaron* delante de José 4503
47.2 tomó... y los *presentó* delante de Faraón 3322
47.7 a Jacob... lo *presentó* delante de Faraón 5975
Éx 22.8 el dueño... será *presentado* a los jueces 7126
23.15 ninguno se *presentará*... las manos vacías 7200
23.17 *presentará* todo varón delante de Jehová 7200
29.23 de los panes sin... *presentado* a Jehová 6440
32.6 ofrecieron... *presentaron* ofrendas de paz 5066
34.2 *preséntate* ante mí sobre la cumbre del 5324
34.20 ninguno se *presentará*... las manos vacías 7200
34.23 tres veces en el año se *presentará* todo 7200
34.24 cuando subas para *presentarte* delante 7200
35.22 *presentaban* ofrenda de oro a Jehová 5130
Lv 1.14 *presentará* su ofrenda de tórtolas, o 7126
2.8 y la *presentaras* al sacerdote, el cual la 7126
2.13 sazonarás con sal... ofrenda que *presentes*
4.23 *presentará* por... ofrenda un macho cabrío 935
7.13 con tortas de pan... *presentará* su ofrenda 7133
7.14 de toda la ofrenda *presentará* una parte
9.12 los hijos de... le *presentaron* la sangre 4672
9.13 le *presentaron* el holocausto pieza por 4672
9.18 los hijos de... lo *presentaron* la sangre 4672
14.11 *presentará* delante de Jehová al que se 5975
16.7 dos... cabríos y los *presentará* delante de 5975
16.10 *presentará* vivo delante de Jehová para 5975
23.20 *presentará* como ofrenda mecida delante
Nm 5.9 toda ofrenda... *presentaren* al sacerdote 7126
5.30 la *presentará*... delante de Jehová, y el 5975
8.13 y *presentarás* a los levitas delante de
15.4 que *presente* su ofrenda a Jehová traerá 7126
18.9 toda expiación... que me han de *presentar*
18.12 las primicias... que *presentarán* a Jehová 6213
18.26 *presentaréis* de ellos en ofrenda mecida 8641
27.2 *presentaron* delante de Moisés y delante 5975
28.26 *presentéis* ofrenda nueva a Jehová en 7126
Dt 11.32 decretos que yo *presento* hoy delante 5414
16.16 ninguno se *presentará*... las manos vacías 7200
19.17 dos litigantes se *presentarán* delante 5975
26.3 te *presentarás* al sacerdote que hubiere
31.11 viniere... Israel a *presentarse* delante 7200
Jos 20.4 *presentará* a la puerta de la ciudad 5975
24.1 llamó... y se *presentaron* delante de Dios 3320
Jue 5.25 en tazón de nobles le *presentó* crema 7126
6.19 se lo *presentó* debajo de aquella encina 3318
9.33 tú harás, según se *presente* la ocasión 4372
1 S 1.22 lo lleve y sea *presentado* delante de 7200
4.2 filisteos *presentaron* la batalla a Israel
10.19 ahora... *presentaos* delante de Jehová por 3320
2 S 10.9 viendo... se le *presentaba* la batalla
14.2 *preséntate* como una mujer que... de duelo
1 R 3.15 *presentó* delante del arca del pacto 5975
3.16 rameras, y se *presentaron* delante de él 5975
20.33 Ben-adad entonces se *presentó* a Acab 3318
2 Cr 1.10 *presentarme* delante de este pueblo
20.9 nos *presentaremos* delante de esta casa 5975
29.21 y *presentaron* siete novillos... carneros 5975
29.31 *presentad* sacrificios y alabanzas en 935
29.31 y la multitud *presentó* sacrificios y 935
Job 1.6 *presentarse* delante de Jehová los hijos 3320
2.1 los hijos de... para *presentarse* delante de 3320
30.20 clamo a... me *presento*, y no me atiendes 5975
31.37 y como príncipe me *presentaría* ante él
Sal 5.3 de mañana me *presentaré* delante de ti 5186
42.2 ¿cuándo... me *presentaré* delante de Dios? 7200
88.13 mi oración se *presentará* delante de ti 6923
Is 1.12 cuando venís a *presentaros* delante de 7200
41.21 *presentad* vuestras pruebas, dice el Rey 5066
43.9 *presenten* sus testigos, y justifíquense
44.11 ellos se juntarán, se *presentarán*, se
Jer 42.9 me enviasteis para *presentar*... ruegos 5307
Ez 20.28 *presentaron* ofrendas que me irritan 5414
44.30 toda ofrenda de todo lo que se *presente* 5975
Dn 1.5 al fin de ellos se *presentasen* delante 5975
2.2 a magos... y se *presentaron* delante del rey 5975
Mi 6.6 ¿con qué me *presentaré* ante Jehová, y 6924
6.6 ¿me *presentaré* ante él con holocaustos
Zac 6.5 salen después de *presentarse* delante 3320
Mal 1.8 *preséntalo*, pues, a tu príncipe 5066
1.13 trajisteis lo... y *presentasteis* ofrenda 4503
Mt 5.24 **y entonces ven y *presenta* tu** *4374*
8.4 **presenta la ofrenda que ordenó Moisés** *4374*
14.11 la cabeza... y ella la *presentó* a su madre *5342*
18.24 **fue *presentado* uno que le debía 10.000** *4374*
19.13 le fueron *presentados* unos niños, para *4374*
22.19 **mostradme la... le *presentaron* un denario** *4374*
26.60 muchos testigos falsos se *presentaban* *4334*
Mr 10.13 y le *presentaban* niños para que los *4374*
10.13 reprendían a los que los *presentaban* *4374*
Lc 2.9 se les *presentó* un ángel del Señor, y *2186*
2.22 le trajeron... para *presentarle* al Señor *3936*
2.38 *presentándose* en... daba gracias a Dios *2186*
5.12 se *presentó* un hombre lleno de lepra, el *1189*
6.29 **una mejilla, *preséntale* también la otra** *3930*
22.47 él aún hablaba, se *presentó* una turba *2400*
23.14 dijo: Me habéis *presentado* a éste como *2400*
23.36 le escarnecían... *presentándole* vinagre *4374*
Jn 21.4 se *presentó* Jesús en la playa; mas los *2476*
Hch 1.3 a quienes también... se *presentó* vivo
5.27 trajeron, los *presentaron* en el concilio *2476*
6.6 *presentaron* ante los apóstoles, quienes *2476*
7.26 se *presentó* a unos de ellos que reñían
9.41 llamando a los santos... la *presentó* viva *3936*
12.7 se *presentó* un ángel del Señor, y una *2186*
16.20 *presentándolos* a... magistrados, dijeron *4317*
19.31 recado, rogándole que no se *presentase* *1325*
21.26 *presentarse* la ofrenda por cada uno de *4374*
22.25 Pablo dijo al centurión que estaba *presente* *2476*
22.30 sacando a Pablo, le *presentó* ante ellos *2476*
23.11 **se le *presentó* el Señor y le dijo: Ten** *2186*
23.33 *presentaron* también a Pablo delante de *3936*
24.17 a hacer limosnas... y *presentar* ofrendas
25.2 se *presentaron* ante él contra Pablo, y *3870*
25.7 *presentando* contra él muchas y graves *5342*
25.15 fui... se me *presentaron* los principales
25.18 ningún cargo *presentaron* de los que yo *2018*
Ro 6.13 tampoco *presentéis* vuestros miembros *3936*
6.13 *presentaos* vosotros mismos a Dios como *3936*
6.19 así como... *presentasteis* vuestros miembros *3936*
6.19 *presentad* vuestros miembros para servir *3936*
12.1 *presentéis*... cuerpos en sacrificio vivo *3936*
1 Co 4.6 lo he *presentado* como ejemplo en mí *3345*
9.18 *presente* gratuitamente el evangelio de
2 Co 4.14 *presentará* juntamente con vosotros *3936*
11.2 para *presentaros* como una virgen pura *3936*
Gá 3.1 ante cuyos ojos Jesucristo... *presentado* *4270*
Ef 5.27 a fin de *presentársela* a sí mismo, una *3936*
Col 1.22 para *presentaros* santos y sin mancha *3936*
1.28 a fin de *presentar* perfecto en Cristo *3936*
2 Ti 2.15 procura... *presentarte* a Dios aprobado *3936*
Tit 2.7 *presentándote*... como ejemplo de buenas
He 5.1 para que *presente* ofrendas y sacrificios *4374*
8.3 *presentar* ofrendas y sacrificios; por lo *4374*
8.4 aún sacerdotes que *presentan* las ofrendas *4374*
9.9 según el cual se *presentan* ofrendas y *1764*
9.24 para *presentarse*... por nosotros ante Dios *1718*
9.26 se *presentó* una vez para siempre por el *5319*
1 P 3.15 *presentar* defensa con mansedumbre y
Jud 24 *presentaros* sin mancha delante de su *2476*

PRESENTE

Gn 32.13 tomó de... un *p* para su hermano Esaú 4503
32.18 es un *p* de tu siervo Jacob, que envía 4503
32.20 dijo: Apaciguaré su ira con el *p* que va 4503
32.21 pasó... el *p* delante de él; y él durmió 4503
33.10 acepta mi *p*, porque he visto tu rostro 4503
33.11 acepta, te ruego... *p* que te he traído 1293
43.11 tomad de... y llevad a aquel varón un *p* 4503
43.15 entonces tomaron aquellos varones el 4503
43.25 y ellos prepararon el *p* entretanto que 4503
43.26 le trajeron el *p* que tenían en su mano 4503
Éx 22.15 si el dueño estaba *p*, no la pagará
23.8 no recibirás *p*; porque el *p* ciega a los 7810
Nm 18.9 todo *p*... será cosa muy santa para ti
Dt 29.15 sino con los que están aquí *p* hoy con 5975
Jue 3.15 enviaron con él un *p* a Eglón rey de 4503
3.17 entregó el *p* a Eglón rey de Moab; y era 4503
3.18 que hubo entregado el *p*, despidió a la 4503
20.2 los jefes... *p* en la reunión del pueblo de 3320
1 S 10.27 y no le trajeron *p*; mas él disimuló 4503
25.27 ahora este *p* que tu sierva ha traído 1293
30.26 he aquí un *p* para vosotros del botín 1293
2 S 11.8 Urías... fue enviado *p* de la mesa real 4864
20.4 convócame a los... y hállale tú aquí *p* 5975
1 R 4.21 y traían *p*, y sirvieron a Salomón 4503
10.25 todos le llevaban cada año sus *p*... oro 4503
13.7 ven conmigo a casa, y... y yo te daré un *p* 4991
15.19 yo te envío un *p* de plata y de oro; vé 7810
2 R 5.15 te ruego que recibas algún *p* de tu 1293
8.8 toma en tu mano un *p*, y vé a recibir al 4503
8.9 tomó... Hazael... un *p* de entre los bienes 4503
16.8 la plata... envió al rey de Asiria un *p* 7810
20.12 envió mensajeros con... y *p* a Ezequías 4503
1 Cr 18.2 moabitas fueron siervos de David... *p* 4503
18.6 hechos siervos de David, trayéndole *p* 4503
2 Cr 9.24 cada uno de éstos traía su *p*... de oro 4503
17.5 en su mano, y todo Judá dio a Josafat *p* 4503
17.11 de los filisteos *p* a Josafat, y tributos 4503
26.8 y dieron los amonitas *p* a Uzías, y se 4503
32.23 muchos trajeron a... *p* a Ezequías rey de 4030
35.7 para todos los que se hallaron *p*; esto 4672
Esd 8.25 habían ofrecido... todo Israel allí *p* 4672
Sal 45.12 y las hijas de Tiro vendrán con *p* 4503
72.10 los reyes de Tarsis y de las... traerán *p* 814
Pr 29.4 afirma... mas el que exige *p* la destruye 8641
Is 39.1 envió cartas y *p* a Ezequías... enfermo 4503
52.6 yo mismo que hablo, he aquí estaré *p* 4503
57.6 ellas derramaste libación, y ofreciste *p* 4503
Jer 40.5 dio el capitán... un *p*, y le despidió 4864
44.15 todas las mujeres que estaban *p*, una 5975
Ez 16.33 les diste *p*, para que de todas partes 5083
45.25 en cuanto al *p* y en cuanto al aceite
Dn 2.46 mandó que le ofreciesen *p* e incienso 4504
Os 10.6 llevado a Asiria como *p* al rey Jareb 4503
Mt 2.11 ofrecieron *p*: oro, incienso y mirra *1435*
Lc 19.24 **a los... *p*: Quitadle la mina, y dadla** *3936*
23.48 los que estaban *p* en este espectáculo
Jn 19.26 **vio Jesús... discípulo... que estaba *p*** *3936*
Hch 22.20 estaba *p*, y consentía en su muerte *2186*
23.4 que estaban *p* dijeron: ¿Al sumo... injurias? *3936*
25.18 estando *p* los acusadores, ningún cargo *2476*
Ro 8.18 las aflicciones del tiempo *p* no son *3568*
8.38 ni potestades, ni lo *p*, ni lo por venir *1764*
1 Co 3.22 sea lo *p*, sea lo por venir, todo es *1764*
5.3 peyo *p* en espíritu, ya como *p* he juzgado *3918*
2 Co 5.8 ausentes del cuerpo, y *p* al Señor *1736*
5.9 tanto procuramos... o ausentes o *p*, serie *1736*
10.1 estando *p*... soy humilde entre vosotros *4383*
10.2 ruego... que cuando esté *p*, no tenga que *3918*
10.11 seremos también en hechos, estando *p* *3918*
13.2 ahora digo otra vez como si estuviera *p* *3918*
13.10 para no usar de severidad cuando esté *p* *3918*
Gá 1.4 librarnos del *p* siglo malo, conforme a *1764*
4.18 siempre, y no solamente cuando estoy *p* *3918*
2 Ts 2.7 hay quien al *p* lo detiene, hasta que
1 Ti 4.8 tiene promesa de esta vida *p*, y de la *3568*
He 9.9 es símbolo para el tiempo *p*, según el *1764*
9.11 estando ya *p* Cristo, sumo sacerdote de
12.11 que ninguna disciplina al *p* parece ser *3918*
2 P 1.12 y estéis confirmados en la verdad *p* *3918*

PRESERVACIÓN

Gn 45.5 para *p* de vida me envió Dios delante 4241
He 10.39 de los que tienen fe para *p* del alma *4047*

PRESERVAR

Gn 45.7 y Dios me envió delante... *preservaros* 7760
Éx 1.17 que *preservaron* la vida a los niños 2421
1.18 habéis *preservado* la vida a los niños? 2421

P

1.22 nazca, y a toda hija *preservad* la vida 2421
1 S 25.39 y ha *preservado* del mal a su siervo 2820
2 S 8.2 y un cordel entero para *preservarles* la
2 R 23.18 y así fueron *preservados* sus huesos
Job 21.30 el malo es *preservado* en el día de la 2820
Sal 12.7 de esta generación los *preservarás* 5341
19.13 *preserva*... siervo de las soberbias; que 2820
66.9 es quien *preservó* la vida a nuestra alma 7760
79.11 *preserva* a los sentenciados a muerte 3498
Pr 2.8 el que... *preserva* el camino de sus santos 8104
2.11 guardará; te *preservará* la inteligencia 8104
3.26 y él *preservará* tu pie de quedar preso 8104
Is 31.5 amparará Jehová... librando, *preservando* 4422
2 Ti 4.18 *preservará* para su reino celestial *4982*

PRESIDIR
Jue 5.10 los que *presidís* en juicio, y vosotros 3427
1 S 19.20 profetas... y a Samuel que... *presidía* 5324
1 R 8.16 David para que *presidiese* en... Israel 5921
2 Cr 19.11 Amarías será el que os *presida* en 5921
Sal 29.10 Jehová *preside* en el diluvio, y se 3427
Is 32.1 rey, y príncipes *presidirán* en juicio 8323
Jer 20.1 el sacerdote Pasur... que *presidía* como
Ro 12.8 el que *preside*, con solicitud; el que *4291*
1 Ts 5.12 *presiden* en el Señor, y os amonestan *4291*

PRESIONAR
Jue 14.17 se lo declaró, porque le *presionaba*
16.16 que *presionándole* ella cada día con sus 6693

PRESO *Véase también Prender*
Gn 39.20 en la cárcel, donde estaban los *p* del 615
39.22 entregó... el cuidado de todo los *p* que 615
40.3 en la casa, la cárcel donde José estaba *p* 631
42.16 a uno de vosotros... y vosotros quedad *p*
42.19 *p* en la casa de vuestra cárcel uno de 631
2 R 23.33 y lo puso *p* Faraón Necao en Ribla en 631
25.6 *p*, pues, el rey, le trajeron al rey de
Sal 59.12 Sean ellos *p* en su soberbia 3920
79.11 llegue delante de ti el gemido de... *p* 616
102.20 oír el gemido de los *p*, para soltar a 615
Pr 3.26 él preservará tu pie de quedar *p* 3921
6.2 has quedado *p* en los dichos de tus labios 3920
Ec 7.26 mas el pecador quedará en ella *p* 3920
9.12 como los peces que son *p* en la mala red 270
Is 10.4 sin mí se inclinarán entre... *p*, y entre 616
14.17 que puso a sus *p* nunca abrió la cárcel? 615
24.18 de en medio del foso será *p* en la red 3920
28.13 y sean quebrantados, enlazados y *p* 3920
42.7 para que saques de la cárcel a los *p*, y 616
49.9 para que digas a los *p*: Salid; y a los 631
51.14 el *p* agobiado será libertado pronto; no 6818
61.1 libertad... y a los *p* apertura de la cárcel 631
Jer 6.11 porque será *p* tanto el marido como la mujer 3920
32.2 Jeremías estaba *p* en el patio de la 4307
32.3 porque Sedequías rey... lo había puesto *p*
33.1 estando él aún *p* en el patio de la cárcel 4307
39.15 había venido palabra a... estando *p* en el 4307
48.44 y el que saliere del hoyo será *p* en el lazo 3920
48.46 hijos fueron puestos *p* para cautividad 7628
50.24 y el que saliere del hoyo será *p* en el lazo 3920
Ez 12.13 extenderé mi red sobre él, y caerá *p* 8610
17.20 y será *p* en mi lazo, y lo haré venir a
Babilonia 8610
Zac 9.11 he sacado tus *p* de la cisterna en que 615
Mt 4.12 Jesús oyó que Juan estaba *p*, volvió a *3860*
27.15 gobernador soltar al pueblo un *p*, el que *1198*
27.16 y tenían entonces un *p*... llamado Barrabas *1198*
Mr 15.6 el día de la fiesta les soltaba un *p* *1198*
15.7 Barrabás *p* con sus compañeros de motín *1210*
Hch 9.2 si hallase... los trajese *p* a Jerusalén *1210*
9.21 para llevarlos *p* ante los principales *1210*
12.4 y habiéndole tomado *p*, le puso en la *4084*
16.25 cantaban himnos a Dios... los *p* los oían *1198*
16.27 matar... pensando que los *p* habían huido *1198*
22.5 y fui a Damasco para traer *p* a Jerusalén *1210*
23.18 y dijo: El *p* Pablo me llamó y me rogó *1198*
24.27 Félix congraciarse con... dejó *p* a Pablo *1210*
25.14 un hombre ha sido dejado *p* por Félix *1198*
25.27 enviar un *p*, y no informar de... cargos *1198*
27.1 entregaron a Pablo y a algunos otros *p* *1202*
27.42 soldados acordaron matar a los *p* para *1202*
28.16 el centurión entregó los *p* al prefecto *1198*
28.17 he sido entregado *p* desde Jerusalén en *1198*
Ef 4.1 yo pues, *p* en el Señor, os ruego que *1198*
Col 4.3 el misterio de Cristo, por... estoy *p* *1210*
2 Ti 1.8 ni de mí, *p* suyo, sino participa de *1198*
2.9 sufro... mas la palabra de Dios no está *p* *1198*
He 10.34 de los *p* también os compadecisteis *1199*
13.3 acordaos de... *p*, como si estuvieseis *p* *1198*
13.3 como si estuvieseis *p* juntamente co ellos *4887*

PRESTADO *Véase Prestar*

PRÉSTAMO
Jer 15.10 nunca he dado ni tomado en *p*, y 5383

PRESTAR
Gn 34.17 mas si no nos *prestareis* oído para 8085
Éx 22.14 hubiere tomado *prestada* bestia de su 7592
22.25 *prestares* dinero a uno de mi pueblo, al 3867
Dt 1.45 Jehová no escuchó... ni os *prestó* oído 8085
13.8 no consentirás con... ni le *prestarás* oído 8085
15.6 *prestarás*... mas tú no tomarás *prestado* 5670
15.8 abrirás a él tu mano... *prestarás* lo que 5670
24.10 entregares a tu prójimo... *prestada*, no 5383
24.11 a quien *prestaste* te sacará la prenda 5383
28.12 *prestarás* a... y tú no pedirás prestado 3867
28.44 *prestará* a ti, y tú no le prestarás a 3867
1 S 15.22 el *prestar* atención que la grosura 7181
1 R 11.38 si *prestares* oído a todas las cosas 8085
2 R 4.3 ve y pide para ti vasijas *prestadas* 7592
6.5 diciendo: ¡Ah, señor mío, era *prestada*! 7592
1 Cr 29.24 *prestaron* homenaje al rey Salomón
Neh 3.5 grandes no se *prestaron* para ayudar a 935
5.2 hemos pedido *prestado* grano para comer y
5.4 tomado *prestado* dinero para el tributo 3867
5.10 y mis criados les hemos *prestado* dinero
Job 32.12 os he *prestado* atención, y he aquí que 995
Sal 37.21 el impío toma *prestado*, y no paga 3867
37.26 en todo... tiene misericordia, y *presta* 3867
112.5 hombre de bien... misericordia, y *presta* 3867
Pr 17.18 el hombre falto de... *presta* fianzas
19.17 a Jehová *presta* el que da al pobre, y 3867
22.7 toma *prestado* es siervo del que *presta* 3867
Is 24.2 al que *presta*, al que toma *prestado* 3867
Jer 27.9 no *prestéis* oído a vuestros profetas 8085
Ez 17.13 le hizo *prestar* juramento; y se llevó 935
18.8 no *prestare* a interés ni tomare usura 5392
18.13 *prestare* a interés y tomare usura 3947
29.18 a su ejército *prestar* un arduo servicio 5647
29.18 por el servicio que *prestó* contra ella 5647
Dn 9.19 Señor; oh Señor, perdona; *presta* oído, Señor 7181
Mi 6.9 *prestad* atención al castigo, y a quien 8085
Mt 5.42 **quiera tomar de ti *prestado*, no se lo** *1155*
Lc 6.34 **y si *prestáis* a aquellos de quienes** *1155*
6.34 ***prestan* a los pecadores, para recibir** *1155*
6.35 **y *prestad*, no esperando de ello nada** *1155*
11.5 **y le dice: Amigo, *préstame* tres panes** *5531*
1 Ti 1.4 ni *presten* atención a fábulas y genealogías *4327*
3 Jn 5 *prestas* algún servicio a los hermanos *4160*

PRESTEZA
Dn 9.21 el varón Gabriel... volando con *p*, vino 3288

PRESTO
Jn 7.6 **no... mas vuestro tiempo siempre está *p*** *2092*

PRESUNCIÓN
Dt 18.20 profeta que tuviere la *p* de hablar 2102
18.22 *p* la habló el tal profeta; no tengas 2087
Pr 21.24 que obra en la insolencia de su *p* 2086

PRESUNTUOSO
Pr 21.24 escarnecedor es el nombre del... *p* que 6213

PRESUROSO, A
Pr 1.16 pies corren... van *p* a derramar sangre 8210
6.18 inicuos, los pies *p* para correr al mal
Hab 1.6 yo levanto a los caldeos, nación... *p* 4116

PRETENDER
Éx 21.13 el que no *pretendía* herirlo, sino que 6658
Jue 11.23 así... ¿*pretendes* tú apoderarte de él? 3423
1 R 2.20 una pequeña petición *pretendo* de ti 7598
Pr 13.7 hay quienes *pretenden* ser ricos, y no
13.7 y hay quienes *pretenden* ser pobres, y
27.16 *pretender* contenerla es como refrenar 6845
Fil 3.13 no *pretendo* haberlo ya alcanzado, pero *2638*

PRETEXTO
Mt 23.14 **como *p* hacéis largas oraciones; por** *4392*
Mr 12.40; Lc 20.47 por *p*... largas oraciones *4392*
Fil 1.18 *p* o por verdad, Cristo es anunciado *4392*
1 P 2.16 la libertad como *p* para hacer lo malo *1942*

PRETIL
Dt 22.8 cuando edifiques casa nueva, harás *p* 4624

PRETORIO
Mt 27.27 los soldados... llevaron a Jesús al *p* *4232*
Mr 15.16 esto es, al *p*, y convocaron a toda la *4232*
Jn 18.28 llevaron a Jesús de... de Caifás al *p* *4232*
18.28 no entraron en el *p*... no contaminarse *4232*
18.33 Pilato volvió a entrar en el *p*, y llamó *4232*
19.9 entró otra vez en el *p*, y dijo a Jesús *4232*
Hch 23.35 mandó que le custodiasen en el *p* de *4232*
Fil 1.13 se han hecho patentes... en todo el *p* *4232*

PREVALECER
Gn 7.24 y *prevalecieron*... aguas sobre la tierra 1396
Éx 17.11 alzaba Moisés su... Israel *prevalecía* 1396
17.11 él bajaba su mano, *prevalecía* Amalec 1396
18.11 en lo que se... *prevaleció* contra ellos 5921
Jos 10.8 y ninguno... *prevalecerá* delante de ti 5975
Jue 3.10 y *prevaleció*... contra Cusan-risataim 5810
6.2 mano de Madián *prevaleció* contra Israel 5810
1 S 26.25 sin duda emprenderás... *prevalecerás* 3201
2 S 11.23 *prevalecieron* contra nosotros los 1396
24.4 la palabra del rey *prevaleció* sobre Joab 2388
2 R 25.3 los nueve días... *prevaleció* el hambre 2388
2 Cr 13.18 y los hijos de Judá *prevalecieron* 553
14.11 Dios; no *prevalezca* contra ti el hombre 6113
Job 36.9 y que *prevalecieron* sus rebeliones 1396
Sal 12.4 por nuestra lengua *prevaleceremos* 1396
21.11 maquinaciones, mas no *prevalecerán* 1396
65.3 las iniquidades *prevalecen* contra mí; mas 1396
129.2 mucho... mas no *prevalecieron* contra mí 3201
Ec 4.12 si alguno *prevaleciere* contra uno, dos 8630
Jer 5.22 no *prevalecerán*; bramarán sus ondas 3201
20.10 se engañará... *prevaleceremos* contra él 3201
20.11 tropezarán, y no *prevalecerán*; serán 3201
38.22 han *prevalecido* contra ti tus amigos 3201
52.6 mes, *prevaleció* el hambre en la ciudad 2388
Lm 1.16 son destruidos... el enemigo *prevaleció* 1396
Dn 11.12 derribará a muchos... no *prevalecerá* 5810
11.25 mas no *prevalecerá*... le harán traición 5975
Os 4.2 matar, hurtar y adulterar *prevalecen*
12.4 venció al ángel, y *prevaleció*; lloró, y 3201
Abd 7 estaban en paz... *prevalecieron* contra ti 3201
Mt 16.18 **las puertas del Hades no *prevalecerán*** *2729*
Lc 23.23 las voces de ellos y... *prevalecieron* *2729*
Jn 1.5 tinieblas no *prevalecieron* contra ella *2638*
Hch 19.20 así crecía y *prevalecía*... la palabra *2480*
Ap 12.8 no *prevalecieron*, ni se halló ya lugar *2480*

PREVARICACIÓN
Lv 6.2 e hiciere *p* contra Jehová... y negare a 4604
26.40 por su *p* con que prevaricaron contra 4604
Jos 7.1 los hijos de Israel cometieron una *p* 4604
22.20 ¿no cometió Acán hijo... *p* en el anatema 4604
22.22 si fue... *p* contra Jehová, no nos salves 4604
2 Cr 33.19 su *p*... donde edificó lugares altos 4604
Esd 9.4 a causa de la *p* de los del cautiverio 4604
Job 14.17 tienes sellada en saco mi *p*, y tienes 6588
Pr 12.13 el impío es enredado en la *p* de sus 6588
Is 24.16 han prevaricado con *p* de desleales 898
Ez 15.8 por cuanto cometieron *p*, dice Jehová 4604
17.20 entraré en juicio con él por su *p* con 4604
Dn 8.12 y a causa de la *p* le fue entregado el 6588
8.13 ¿hasta cuándo durará... y la *p* asoladora 6588
9.24 para terminar la *p*, y poner fin al pecado 6588

PREVARICADOR
Sal 119.158 veía a los *p*, y me disgustaba 898
Pr 2.22 y los *p* serán de ella desarraigados 898
13.2 bien; mas el alma de los *p* hallará el mal 898
21.18 rescate del justo... por los rectos, el *p* 898
22.12 Jehová... él trastorna las cosas de los *p* 898
23.28 y multiplica entre los hombres los *p* 898
25.19 diente roto... es la confianza en el *p* 898
Is 1.23 príncipes, *p* y compañeros de ladrones 5637
21.2 *p* prevarica, y el destructor destruye 898
24.16 *p* han prevaricado; y han prevaricado 898
46.8 tened vergüenza; volved en vosotros, *p* 6556
Jer 9.2 porque todos ellos... congregación de *p* 898
Sof 3.4 sus profetas son livianos, hombres *p* 900

PREVARICAR
Lv 26.40 su prevaricación con que *prevaricaron* 4604
Nm 5.6 los hombres *prevarican* contra Jehová y 4604
31.16 ellas fueron causa de que... *prevaricasen* 4604
Jos 22.16 transgresión es... con que *prevaricáis* 4604
1 S 14.33 él dijo: Vosotros habéis *prevaricado* 898
1 Cr 2.7 Acán, el que... *prevaricó* en el anatema 4603
10.13 por su rebelión con que *prevaricó* contra 4604
2 Cr 6.24 fuere derrotado... haber *prevaricado* 2398
26.18 sal del santuario... has *prevaricado*, y 4603
28.19 y había *prevaricado* gravemente contra 4603
Neh 13.27 de *prevaricar* contra nuestro Dios 4603
Pr 16.10 rey; en juicio no *prevaricará* su boca 4603
28.21 un bocado de pan *prevaricará* el hombre 6586
Is 21.2 el *prevaricador prevarica*, y... destruye 898
24.16 han *prevaricado*... *p* con *prevaricación* 898
43.27 y tus enseñadores *prevaricaron* contra 2398
59.13 el *prevaricar* y mentir contra Jehová 6586
Jer 2.29 todos vosotros *prevaricasteis* contra 6586
3.13 contra Jehová tu Dios has *prevaricado* 6586
3.20 así *prevaricasteis* contra mí, oh... Israel 898
Ez 18.24 por su rebelión con que *prevaricó* 4604
39.26 su rebelión con que *prevaricaron* contra 4603
Os 5.7 contra Jehová *prevaricaron*, porque han 898
6.7 ellos, cual Adán... *prevaricaron* contra mí 5674
Am 4.4 id a Bet-el, y *prevaricad*; aumentad en 6586
Mal 2.11 *prevaricó* Judá, y en... y en Jerusalén 898

PREVER
Gá 3.8 *previendo* que Dios había de justificar *4275*

PREVIAMENTE
Gá 3.17 El pacto *p* ratificado por Dios para con Cristo *4300*

PRIMERIZA
Jer 4.31 angustia como de *p*; voz de la hija de 1069

PRIMERO, A
Gn 8.5 el *p* del mes, se descubrieron las cimas 259
8.13 en el mes *p*, el día *p* del mes, las aguas 7223
10.8 Nimrod, quien llegó a ser el *p* poderoso
25.25 y salió el *p* rubio, y era todo velludo 7223
26.1 además de la *p* hambre que hubo en los 7223
28.19 aunque Luz era el nombre de la ciudad *p* 7223
32.17 y mandó al *p*... Si Esaú mi hermano te 7223
38.28 ató a su mano... diciendo: Este salió *p* 7223
41.20 vacas flacas... devoraban a las siete *p* 7223
41.50 antes que viniese el *p* año del hambre
43.18 por el dinero que fue devuelto... *p* vez 8462
Éx 4.8 ni obedecieren a la voz de la *p* señal 7223
12.2 mes... será éste el *p* en los meses del año 7223
12.15 el *p* día haréis que no haya levadura en 7223
12.15 comiere leudado desde el *p* día hasta el 7223
12.16 el *p* día habrá santa convocación, y 7223
12.18 mes *p* comeréis los panes sin levadura 7223
13.12 asimismo todo *p* nacido de tus animales 6363
23.16 *p* frutos de tus labores, que hubieres 1061
23.19 de los *p* frutos... traerás a la casa de 7225
26.4 de la última cortina de la *p* unión; lo
26.5 cincuenta lazadas harás en la *p* cortina
34.1 alísate dos tablas de piedra como las *p* 7223
34.1 las palabras que estaban en las tablas *p* 7223
34.4 alisó dos tablas de piedra como las *p* 7223
34.19 todo *p* nacido, mío es; y de tu ganado 6363
34.26 primicias de los *p* frutos de tu tierra 7223
36.11 hizo lazadas... al extremo de la *p* serie
36.12 cincuenta lazadas hizo en la *p* cortina
36.17 cortina final al extremo de la *p* serie
39.10 la *p* hilera era un sardio... la *p* hilera 259
40.2 en el *p* día del mes *p* harás levantar el 259

40.17 el día *p* del *p* mes, en el segundo año 259
Lv 4.21 y lo quemará como quemó el *p* becerro 7223
5.8 cual ofrecerá *p* el que es para expiación 7223
9.15 y lo ofreció por el pecado como el *p* 7223
19.23 incircunciso lo *p* de su fruto; 3 años
23.5 el mes *p*, a los catorce del mes, entre 7223
23.7 *p* día tendréis santa convocación; ningún 7223
23.10 traeréis... por primicia de los *p* frutos 7225
23.24 al *p* del mes tendréis día de reposo, una 259
23.35 *p* día habrá santa convocación; ningún 7223
23.39 *p* día será de reposo, y el octavo día 7223
23.40 y tomaréis el *p* día ramas con fruto de 7223
Nm 1.1 habló Jehová... el día *p* del mes segundo 259
1.18 reunieron a... en el día *p* del mes segundo 259
3.12 los *p* nacidos entre los hijos de Israel 1060
6.12 y los días *p* serán anulados, por cuanto 1121
7.12 y el que ofreció, el *p* día fue Naason 7223
8.16 son dedicados... en lugar de todo *p* nacido 1060
9.1 habló Jehová a Moisés... mes *p*, diciendo 7223
9.5 celebraron la pascua en el mes *p*, a los 7223
10.13 partieron la *p* vez al mandato de Jehová 7223
10.14 bandera... de Judá comenzó a marchar *p* 7223
13.20 cómo es... Y era el tiempo de las *p* uvas
15.20 lo *p* que amaséis, ofreceréis una torta 7225
20.1 llegaron... desierto de Zin, en el mes *p* 7223
24.1 Balaam... no fue, como la *p* y segunda vez
28.16 en el mes *p*... será la pascua de Jehová 7223
28.18 *p* día será santa convocación; ninguna 7223
29.1 *p* del mes, tendréis santa convocación 259
33.3 de Ramesés salieron en el mes *p*, a los 7223
33.3 salieron... a los quince días del mes *p* 7223
33.38 el sacerdote Aarón... murió... el *p* del mes 259
Dt 1.3 *p* del mes, Moisés habló a los... de Israel 259
10.1 lábrate dos tablas de piedra como las *p* 7223
10.2 las palabras que estaban en las *p* tablas 7223
10.3 labré dos tablas de... como las *p*, y subí 7223
10.4 escribió en... conforme a la *p* escritura 7223
10.10 yo estuve en el monte como los *p* días 7223
13.9 tu mano se alzará *p* sobre él para matarle 7223
16.4 carne que matares en la tarde del *p* día 7223
17.7 la mano de los testigos caerá *p* sobre él 7223
24.4 no podrá su *p* marido... volverla a tomar 7223
Jos 4.19 pueblo subió... el día diez del mes *p* 7223
8.6 dirán: Huyen de nosotros como la *p* vez 7223
21.10 para ellos fue la suerte en *p* lugar 7223
Jue 1.1 ¿quién... subirá *p* a pelear contra los 8462
20.18 ¿quién subirá... el *p* en la guerra contra 8462
20.18 y Jehová respondió: Judá será el *p* 8462
20.22 lugar donde la habían ordenado el *p* día 7223
20.39 ellos han caído... como en la *p* batalla 7223
Rt 3.10 mejor tu postrera bondad que la *p*, no 7223
1 S 2.16 quemen la grosura *p*, y después toma
14.14 la *p* matanza que hicieron Jonatán y su 7223
14.35 este altar fue el *p* que edificó a Jehová 2490
2 S 3.13 no me vengas a ver... *p* traigas a Mical 6440
18.27 parece el correr del *p* como el correr 7223
19.20 he venido... el *p* de toda la casa de José 7223
19.43 ¿no hablamos... los *p*, respecto de hacer 7223
21.9 siete... muertos en los *p* días de la siega 7223
23.19 ser su jefe; mas no igualó a los tres *p*
23.23 renombrado... pero no igualó a los tres *p*
1 R 7.6 este pórtico estaba delante de las *p*
17.13 pero hazme a mí *p*... una pequeña torta 7223
18.25 y preparadlo vosotros *p*, pues que sois 7223
20.17 y los siervos de los... salieron los *p* 7223
2 R 1.14 y ha consumido a los dos *p* capitanes 7223
25.18 tomó entonces... al *p* sacerdote Seraías
25.27 *p* año de su reinado, libertó a Joaquín
1 Cr 9.2 los *p*... que entraron en sus posesiones 7223
11.6 que *p* derrote a los jebuseos será... jefe 7223
11.6 Joab hijo... subió el *p*, y fue hecho jefe 7223
11.21,25 el más... pero no igualó a los tres *p*
12.9 Ezer el *p*, Obadías el segundo, Eliab el 7218
12.15 éstos pasaron el Jordán en el mes *p* 7223
15.13 pues por no haberlo hecho así la *p* vez 7223
16.5 Asaf el *p*; el segundo después... Zacarías 7218
23.8 los hijos de Laadán, tres: Jehiel el *p* 7218
23.11 Jahat era el *p*, y Zina el segundo; pero 7218
24.7 la *p* suerte tocó a Joiarib, la segunda a 7223
25.9 la *p* suerte salió por Asaf, para José 7223
27.2 sobre la *p* división del *p* mes... Jasobeam 7223
27.3 él fue jefe de... las compañías del *p* mes 7223
29.29 los hechos del rey David, *p* y postreros 7223
2 Cr 3.3 la *p*, la longitud, de sesenta codos 7223
9.29 demás hechos de Salomón, *p* y postreros 7223
12.15 las cosas de Roboam, *p* y postreras, ¿no 7223
16.11 los hechos de Asa, *p* y postreros, están 7223
17.3 porque anduvo en los *p* caminos de David 7223
20.34 demás hechos de Josafat, *p* y postreros 7223
25.26 hechos de Amasías, *p* y postreros, ¿no 7223
26.22 demás hechos de Uzías, *p* y postreros 7223
28.26 todos sus caminos, *p* y postreros, he 7223
29.3 en el *p* año de su reinado, en el mes *p* 7223
29.17 a santificarse el día *p* del mes *p*, y 7223
29.17 y en el día 16 del mes *p* terminaron 7223
35.1 la pascua a los catorce días del mes *p* 7223
35.27 y sus hechos, *p* y postreros, he aquí 7223
36.22 mas al *p* año de Ciro rey de los persas 259
Esd 1.1 el *p* año de Ciro rey de Persia, para 259
3.6 desde el *p* día del mes séptimo comenzaron 259
3.12 muchos de... que habían visto la casa *p* 7223
5.13 en el año *p* de Ciro rey de Babilonia, el 2298
6.3 el año *p* del rey Ciro, el mismo rey Ciro 2298
6.19 la pascua a los catorce días del mes *p* 7223
7.5 de Eleazar, hijo de Aarón, *p* sacerdote 7218
7.9 el día *p* del mes fue el principio de la 259
7.9 y al *p* del mes quinto llegó a Jerusalén 7223
8.31 partimos... el doce del mes *p*, para ir a 7223

9.2 mano... ha sido la *p* en cometer este pecado 7223
10.16 sentaron el *p* día del mes décimo para 259
10.17 terminaron el juicio... *p* día del mes *p* 259
Neh 5.15 los *p* gobernadores que fueron antes 7223
8.2 trajo la ley... el *p* día del mes séptimo 259
8.18 y leyó... desde el *p* día hasta el último 7223
Est 1.14 príncipes... sentaban los *p* del reino 7223
3.7 en el mes *p*, que es el mes de Nisán, en 7223
3.12 escribanos del rey en el mes *p*, al día 7223
Job 8.12 con todo, se seca *p* que toda hierba 6440
15.7 ¿naciste tú *p* que Adán... formado antes 7223
41.11 ¿quién me ha dado a mí *p*, para que yo
42.12 bendijo... postrer estado... más que el *p* 7225
42.14 llamó el nombre de la *p*, Jemima, el de 7223
Pr 18.17 justo parece el *p* que aboga... causa 7223
Is 9.1 la *p* vez a la tierra de Zabuló y a la 7223
28.4 la fruta temprana, la *p* del verano, la 7223
41.4 yo Jehová, el *p*, y yo... con los postreros 7223
41.27 yo soy el *p* que he enseñado estas cosas 7223
42.9 se cumplieron las cosas *p*, y yo anuncio 7223
43.9 ¿quién de... que nos haga oír las cosas *p*? 7223
43.27 tu *p* padre pecó, y tus enseñadores 7223
44.6 soy el *p*, y yo soy el postrero, y fuera 7223
48.12 yo mismo... el *p*, yo también el postrero 7223
61.4 levantarán los asolamientos *p*... ciudades 7223
65.16 porque las angustias *p* serán olvidadas 7223
65.17 yo crearé... y de lo *p* no habrá memoria 7223
Jer 11.10 han vuelto a las maldades de sus *p*
16.18 pero *p* pagaré al doble su iniquidad y su pecado
25.1 el cual era el año *p* de Nabucodonosor rey 7224
34.5 como quemaron especias por... los reyes *p* 7223
36.28 las palabras *p* que estaban en el *p* rollo 7223
50.17 es Israel... el rey de Asiria lo devoró *p* 7223
52.31 el año *p* de su reinado, alzó la cabeza
Ez 10.11 lugar adonde se volvía la *p*, en pos
10.14 la *p* era rostro de querubín; la segunda 259
16.55 con sus hijas, volverán a su *p* estado 6927
16.55 también... volveréis a vuestro *p* estado 6927
23.16 se enamoró de ellos a *p* vista, y les
26.1 aconteció... el día *p* del mes, que vino 259
29.17 aconteció... el mes *p*, el día *p* del mes 7223
30.20 en el mes *p*, a los siete días del mes 7223
31.1 el día *p* del mes, que vino a mí palabra 259
32.1 el día *p* del mes, que vino a mí palabra de Jehová 259
40.21 eran como la medida de la puerta *p*; 50 7223
44.30 y las primicias de todos los *p* frutos 7225
45.18 el mes *p*, el día *p* del mes, tomarás de 7223
45.21 el mes *p*, a los catorce días del mes 7223
Dn 1.21 y continuó Daniel hasta el año *p* del 259
7.1 en el *p* año de Belsasar rey de Babilonia 2298
7.4 *p* era como león, y tenía alas de águila 6933
7.8 fueron arrancados tres cuernos de los *p* 6933
7.24 otro, el cual será diferente de los *p* 6933
8.21 el cuerno grande que tenía... es el rey *p* 7223
9.1 en el año *p* de Darío hijo de Asuero, de 259
9.2 en el año *p* de su reinado, yo Daniel miré 259
10.4 el día veinticuatro del mes *p* estaba yo 7223
10.12 el *p* día que dispusiste tu corazón a 7223
11.1 el año *p* de Darío el medo, estuve para 259
11.13 en campaña una multitud mayor que la *p* 7223
11.29 no será la postrera venida como la *p* 7223
Os 2.7 iré y me volveré a mi *p* marido; porque 7223
Jl 2.23 os ha dado la *p* lluvia a su tiempo, y 7223
Mi 4.8 hasta ti vendrá el señorío *p*, el reino 7223
7.1 para comer; mi alma deseó los *p* frutos
Hag 1.1 *p* día del mes, vino palabra de Jehová 259
2.3 que haya visto esta casa en su gloria *p* 7223
2.9 la gloria postrera... será mayor que la *p* 7223
Zac 1.4 a los cuales clamaron los *p* profetas 7223
4.7 él sacará la *p* piedra con aclamaciones de 7222
6.2 en el *p* carro había caballos alazanes, en 7223
7.7 proclamó Jehová por medio de... profetas *p*
7.12 enviaba por... por medio de los profetas *p* 7223
12.7 y librará Jehová las tiendas de Judá *p* 7223
14.10 hasta el lugar de la puerta *p*, hasta 7223
Mt 5.24 **anda, reconcíliate *p* con tu hermano** *4412*
7.5 **saca *p* la viga de tu propio ojo... veras** *4412*
8.21 permíteme... vaya *p* y entierre a mi padre *4412*
10.2 estos: *p* Simón, llamado Pedro, y Andrés *4413*
12.29 **entrar en la casa del... si *p* no le ata?** *4412*
12.45 **el postrer estado... a ser peor que el *p*** *4413*
13.30 **diré a... Recoged *p* la cizaña, y atadla** *4412*
14.8 instruida *p* por su madre, dijo: Dame aquí *4264*
17.10 dicen... es necesario que Elías venga *p*? *4412*
17.11 **Elías viene *p*, y restaurará todas las** *4412*
17.25 **le habló *p*, diciendo: ¿Qué te parece** *4399*
17.27 ***p* pez que saques, tómalo, y al abrirle** *4413*
19.30 **muchos *p* serán postreros, y postreros, *p*** *4412*
20.8 **comenzando... los postreros hasta los *p*** *4413*
20.10 **al venir también los *p*, pensaron que** *4413*
20.16 ***p* serán postreros, y los postreros *p*** *4413*
20.27 **el que quiera ser el *p* entre vosotros** *4413*
21.28 **y acercándose al *p*, le dijo: Hijo, vé** *4413*
21.31 **hizo la voluntad de... Dijeron ellos: El *p*** *4413*
21.36 **de nuevo otros siervos, más que los *p*** *4413*
22.25 el *p* se casó, y murió; y no teniendo *4413*
22.38 **este es el *p* y grande mandamiento** *4413*
23.6 **y aman los *p* asientos... y las *p* sillas** *4411*
23.26 **limpia *p* lo de dentro del vaso y del** *4412*
26.17 el *p* día de la fiesta de los panes sin *4413*
27.64 y será el postrer error peor que el *p* *4413*
28.1 día... al amanecer del *p* día de la semana *3391*
Mr 4.28 ***p* hierba, luego espiga, después grano** *4412*
7.27 **deja *p* que se sacien los hijos, porque** *4412*
9.11 dicen... es necesario que Elías venga *p*? *4412*
9.12 **Elías... vendrá *p*, y restaurará todas las** *4412*
9.35 **si... quiere ser el *p*, será el postrero** *4413*

10.31 ***p* serán postreros, y los postreros, *p*** *4413*
10.44 **el que... quiera ser el *p*, será siervo de**
12.20 el *p* tomó esposa, y murió sin dejar *4413*
12.28 ¿cuál es el *p* mandamiento de todos? *4413*
12.29 **el *p* mandamiento... es: Oye, Israel; el** *4413*
12.39 **las *p* sillas... y los *p* asientos en las** *4410,4411*
14.12 el *p* día de la fiesta de los panes sin *4413*
16.2 muy de mañana, el *p* día de la semana *3391*
16.9 habiendo... resucitado... *p* día de la semana *4413*
Lc 2.2 este *p* censo se hizo siendo... gobernador *4413*
6.42 **saca *p* la viga de tu... ojo, y entonces** *4412*
9.59 déjame que *p* vaya y entierre a mi padre *4412*
9.61 que me despida *p* de los que están en mi *4412*
11.26 **el postrer estado... ser peor que el *p*** *4413*
11.43 **que amáis las *p* sillas en las sinagogas** *4410*
13.30 **postreros que serán *p*, y *p* que serán** *4413*
14.7 cómo escogían los *p* asientos a la mesa *4411*
14.8 **no te sientes en el *p* lugar, no sea que** *4411*
14.18 **el *p* dijo: He comprado una hacienda, y** *4413*
14.28 **no se sienta *p* y calcula los gastos, a** *4412*
14.31 **rey, no se sienta *p* y considera si puede** *4412*
16.5 **amo, dijo al *p*: ¿Cuánto debes a mi amo?** *4413*
17.25 **pero *p* es necesario que padezca mucho** *4412*
19.16 **vino el *p*, diciendo: Señor, tu mina ha** *4413*
20.29 y el *p* tomó esposa, y murió sin hijos *4413*
20.46 **las *p* sillas... y los *p* asientos en las** *4411*
21.9 **necesario que estas cosas acontezcan *p*** *4412*
24.1 el *p* día de la semana, muy de mañana *3891*
Jn 1.15,30 antes de mí; porque era *p* que yo *1715,4413*
1.41 éste halló *p* a su hermano Simón, y le *4413*
2.10 dijo: Todo hombre sirve *p* el buen vino *4412*
5.4 y el que *p* descendía al... quedaba sano de *4413*
6.62 **viereis al Hijo... subir adonde estaba *p*?** *4386*
7.51 ¿juzga... ley a un hombre si *p* no le oye
8.7 **sea el *p* en arrojar la piedra contra ella** *4413*
10.40 donde *p* había estado bautizando Juan *4412*
19.32 soldados, y quebraron las piernas al *p* *4413*
20.1 el *p* día de la semana, María Magdalena *3391*
20.4 corrió más aprisa... llegó *p* al sepulcro *4413*
20.8 entró el... que había venido *p* al sepulcro *4413*
20.19 de aquel mismo día, el *p* de la semana *3391*
Hch 1.1 en el *p* tratado, oh Teófilo, hablé *4413*
7.12 trigo... envió a nuestros padres la *p* vez *4412*
11.26 se les llamó cristianos por *p* vez en *4412*
12.10 habiendo pasado la *p*... segunda guardia *4413*
13.46 que se os hablase *p* la palabra de Dios *4412*
15.14 Dios visitó por *p* vez a los gentiles *4412*
16.12 y de allí a Filipos, que es la *p* ciudad *4413*
20.7 el *p* día de la semana, reunidos los *3391*
20.18 cómo me he comportado... desde el *p* día *4413*
26.23 y ser el *p* de la resurrección de los *4413*
27.43 se echasen los *p*, y saliesen a tierra *4413*
Ro 3.2 *p*... que les ha sido confiada la palabra *4412*
11.35 quién le dio a él *p*, para que le fuese *4272*
16.5 a Epeneto... que es el *p* fruto de Acaya *536*
1 Co 11.18 en *p* lugar, cuando os reunís como *4412*
14.30 le fuere revelado a otro... calle el *p* *4413*
15.45 hecho el *p* hombre Adán alma viviente *4413*
15.46 lo espiritual no es *p*, sino lo animal *4412*
15.47 el *p* hombre es de la tierra, terrenal *4413*
16.2 *p* día de la semana cada uno de vosotros *3391*
2 Co 1.15 con esta confianza... ir *p* a vosotros *4386*
8.12 *p* hay la voluntad dispuesta, será acepta *4295*
9.5 exhortar a los hermanos que fuesen *p* a *4281*
9.5 y preparasen *p* vuestra generosidad antes *4294*
10.14 fuimos los *p* en llegar hasta vosotros
Ef 4.9 sino que también había descendido *p* a *4412*
6.2 honra... es el *p* mandamiento con promesa *4413*
Fil 1.5 vuestra comunión en... desde el *p* día *4413*
1 Ts 4.16 los muertos en Cristo resucitarán *p* *4412*
1 Ti 1.15 salvar a... de los cuales yo soy el *p* *4413*
1.16 mostrase en mí el *p* toda su clemencia *4413*
2.13 porque Adán fue formado *p*, después Eva *4413*
3.10 sean sometidos a prueba *p*, y entonces *4412*
5.4 aprendan éstos *p* a ser piadosos para con *4412*
5.12 condenación... haber quebrantado su *p* fe *4413*
2 Ti 1.5 la cual habitó *p* en tu abuela Loida *4412*
2.6 para participar de los... debe trabajar *p* *4413*
4.16 en mi *p* defensa ninguno estuvo a mi lado *4413*
He 4.6 aquellos a quienes *p* se les anunció la *4386*
5.12 enseñar cuáles son los *p* rudimentos de *746*
7.27 necesidad... de ofrecer *p* sacrificios por *4386*
8.7 *p* hubiera sido sin defecto, ciertamente *4413*
8.13 nuevo pacto, ha dado por viejo al *p* *4413*
9.1 aun el *p* pacto tenía ordenanzas de culto *4413*
9.2 en la *p* parte... estaba el candelabro, la *4413*
9.6 en la *p* parte del tabernáculo entran los *4413*
9.8 *p* parte del tabernáculo estuviese en pie *4413*
9.15 de las transgresiones... bajo el *p* pacto *4413*
9.18 ni aun el *p* pacto fue instituido sin *4413*
10.8 diciendo *p*: Sacrificio y ofrenda *511*
10.9 quita lo *p*, para establecer esto último *4413*
1 P 4.17 y si *p* comienza por nosotros, ¿cuál *4412*
2 P 1.20 entendiendo *p*, que ningúna profecía *4412*
2.20 su postrer estado... a ser peor que el *p* *4413*
3.3 sabiendo *p* esto: que en los postreros días *4412*
1 Jn 4.19 le amamos a él, porque él nos amó *p* *4413*
3 Jn 9 Diótrefes... le gusta tener el *p* lugar *5383*
Ap 1.11 **yo soy el Alta y la Omega, el *p* y el** *4413*
1.17 **él... No temas; yo soy el *p* y el último** *4413*
2.4 **tengo contra ti, que has dejado tu *p* amor** *4413*
2.5 **y arrepiéntete, y haz las *p* obras; pues** *4413*
2.8 **el *p* y el postrero, el que estuvo muerto** *4413*
2.19 **tus obras postreras son más que las *p*** *4413*
4.1 y la *p* voz que oí, como de trompeta... dijo *4413*
4.7 el *p* ser viviente era semejante a un león *4413*
8.7 *p* ángel tocó la trompeta, y hubo granizo *4413*
9.12 *p* ay pasó; he aquí, vienen aún dos ayes

13.12 y ejerce...la autoridad de la p bestia 4413
13.12 hace que...adoren a la p bestia, cuya......... 4413
16.2 el p, y derramó su copa sobre la tierra 4413
20.5 mil años. Esta es la p resurrección............ 4413
20.6 el que tiene parte en la p resurrección 4413
21.1 el p cielo y la p tierra pasaron, y el............ 4413
21.4 ni dolor; porque las p cosas pasaron 4413
21.19 el p cimiento era jaspe; el segundo 4413
22.13 **yo soy el Alfa y la Omega, el p y el** 4413

PRIMERAMENTE
Jos 8.33 para que bendijesen p al pueblo de Israel
Mt 6.33 **Mas buscad p el reino de Dios y su justicia**.... 4412
Mr 16.9 apareció p a María Magdalena............... 4413
Lc 10.5 **cualquier casa donde entréis, p decid** 4412
12.1 comenzó a decir a sus discípulos, p............ 4412
Jn 18.13 le llevaron p a Anás; porque................. 4412
Hch 3.26 p, Dios, habiendo levantado a su Hijo 4412
26.20 anuncié p a los que están en Damasco
y Jerusalén...................................... 4412
Ro 1.8 P doy gracias a mi Dios mediante Jesucristo ... 4412
1.16 para salvación a todo aquel que cree;
al judío p 4412
2.9 hace lo malo, el judío p y también el griego 4412
2.10 hace lo bueno, al judío p y también al griego .. 4412
10.19 ¿No ha conocido esto Israel? P Moisés dice ... 4413
1 Co 12.28 p apóstoles, luego profetas, lo tercero 4412
15.3 p os he enseñado lo que asimismo recibí 4413
2 Co 8.5 se dieron p al Señor, y luego a nosotros 4412
Ef 1.12 nosotros los que p esperábamos en Cristo 4276
He 2.3 habiendo sido anunciada p por el Señor 746
7.2 cuyo nombre significa p Rey de justicia y 4412
Stg 3.17 la sabiduría que es de lo alto es p pura 4412

PRIMICIA
Éx 22.29 no demorarás la p de tu cosecha ni de 4395
23.19 las p de los primeros frutos...traerás 7225
34.22 fiesta...de las p de la siega del trigo.......... 1061
34.26 las p de...llevarás a la casa de Jehová 7225
Lv 2.12 ofrenda de p las ofreceréis a Jehová 7225
2.14 si ofrecieres a Jehová ofrenda de p 1061
2.14 grano...ofrecerás como ofrenda de tus p....... 1061
23.10 una gavilla por p de los primeros frutos...... 7225
23.17 dos panes...cocidos...como p para Jehová... 1061
23.20 con el pan de las p y los dos corderos
Nm 15.21 las p de vuestra masa daréis a Jehová 7225
18.12 las p de ello, que...para ti las he dado 7225
18.13 las p de todas las cosas...serán tuyas 1061
28.26 día de las p, cuando presentéis ofrenda 1061
Dt 12.6 llevaréis...las p de vuestras vacas y 1062
12.17 ni las p de tus vacas, ni de tus ovejas 1062
14.23 las p de tus manadas y de tus ganados 1062
18.4 las p de tu grano, de tu vino y de tu............ 7225
18.4 las p de la lana de tus ovejas le darás 7225
26.2 tomarás de las p de todos los frutos que....... 7225
26.10 he traído las p del fruto de la tierra 7225
1 S 15.21 tomó...las p del anatema, para ofrecer...... 7225
2 R 4.42 trajo al varón de Dios panes de p, 20 1061
2 Cr 31.5 de Israel dieron muchas p de grano 7225
31.12 depositaron las p y los diezmos y los 8641
Neh 10.35 las p de nuestra tierra, y las p del 1061
10.37 traeríamos...las p de nuestras masas 7225
12.44 cámaras...de las ofrendas, de las p y 7225
13.31 para la ofrenda de la leña...para las p......... 1061
Sal 78.51 las p de su fuerza en las tiendas de.......... 1061
105.36 hirió de muerte...p de toda su fuerza 1060
Pr 3.9 honra a...con las p de todos tus frutos.......... 7225
Jer 2.3 santo era Israel a Jehová, p de...frutos 7225
Ez 20.40 demandaré...y las p de vuestros dones....... 7225
44.30 y las p de todos los primeros frutos 7225
44.30 al sacerdote las p de...vuestras masas 7225
48.14 no...ni traspasarán las p de la tierra.......... 7225
Ro 8.23 nosotros...tenemos las p del Espíritu........... 536
11.16 si las p son santas, también lo es la............ 536
1 Co 15.20 mas...p de los que durmieron es hecho....... 536
15.23 orden; Cristo, las p; luego los que son......... 536
16.15 que la familia de...es las p de Acaya 536
Stg 1.18 para que seamos p de sus criaturas 536
Ap 14.4 redimidos de entre...como p para Dios 536

PRIMOGÉNITO
Gn 4.4 y Abel trajo...de los p de sus ovejas............ 1062
10.15 y Canaán engendró a Sidón su p, a Het 1060
22.21 Uz su p, Buz su hermano, Kemuel padre 1060
25.13 el p de Ismael, Nebaiot; luego Cedar 1060
27.19 y Jacob dijo a su padre...soy Esaú tu p 1060
27.32 él le dijo: Yo soy tu hijo, tu p, Esaú 1060
35.23 los hijos de Lea: Rubén el p de Jacob 1060
36.15 hijos de Elifaz, p de Esaú: los jefes............ 1060
38.6 después Judá tomó mujer para su p Er, la 1060
38.7 Er, el p de Judá, fue malo ante los ojos 1060
41.51 y llamó José el nombre del p, Manasés 1060
46.8 que entraron en Egipto...Rubén, el p de........ 1060
48.14 colocando así...aunque Manasés era el p 1060
48.18 no así, padre mío, porque éste es el p 1060
49.3 Rubén, tú eres mi p, mi fortaleza, y el 1060
Éx 4.22 Jehová ha dicho así: Israel es...mi p........... 1060
4.23 he aquí yo voy a matar a tu hijo, tu p 1060
6.14 los hijos de Rubén, el p de Israel: Hanoc....... 1060
11.5 morirá todo p en tierra de Egipto, desde 1060
11.5 desde el p de Faraón...hasta el p de la 1060
11.5 y morirá todo...y todo p de las bestias......... 1060
12.12 heriré a todo p en la tierra de Egipto......... 1060
12.29 hirió a todo p en la tierra de Egipto 1060
12.29 el p de Faraón...hasta el p del cautivo 1060
12.29 Jehová hirió a...todo p de los animales....... 1060
13.2 conságrame todo p...los hijos de Israel........ 1060
13.13 p de asno redimirás con un cordero; y 6363
13.13 también redimirás al p de tus hijos............ 1060
13.15 morir en la tierra de Egipto a todo p 1060
13.15 el p humano hasta el p de la bestia............ 1060
13.15 yo sacrifico...p macho, y redimo al p......... 1060
22.29 tu lagar. Me darás el p de tus hijos 1060
34.19 mío es...todo p de vaca o de oveja, que....... 6363
34.20 redimirás con cordero el p del asno; y........ 6363
34.20 redimirás todo p de tus hijos; y ninguno...... 1060
Lv 27.26 pero el p de los animales, que por la 1060
Nm 1.20 los hijos de Rubén, p de Israel, por 1060
3.2 son...Nadab el p, Abiú, Eleazar e Itamar 1060
3.12 a los levitas...en lugar de todos los p 1060
3.13 mío es todo p...todos los p en Israel, así 1060
3.13 hice morir a todos los p en la tierra de 1060
3.40 cuenta todos los p varones de...de Israel...... 1060
3.41 levitas...en lugar de todos los p...los p 1060
3.42 contó Moisés...p de los hijos de Israel......... 1060
3.43 y todos los p varones...de un mes arriba 1060
3.45 los levitas en lugar de todos los p de.......... 1060
3.46 para el rescate de los 273 de los p de 1060
3.50 recibió de los p de los hijos de Israel........... 1060
8.16 he tomado para mí en lugar de los p de 1060
8.17 mío es todo p...día que herí a todo p en 1060
8.18 tomado a los levitas en lugar de...los p........ 1060
18.15 pero harás que se redima el p del hombre ... 1060
18.15 harás redimir el p de animal inmundo 1060
18.17 el p de vaca, el p de oveja y el p de 1060
26.5 Rubén, p de Israel; los hijos de Rubén 1060
33.4 mientras enterraban los egipcios a...p......... 1060
Dt 15.19 consagrarás a Jehová...todo p macho......... 1060
15.19 no te servirás del p de tus vacas, ni...el p..... 1060
21.15 si...el hijo p fuere de la aborrecida........... 1060
21.16 al hijo de la aborrecida, que es el p........... 1060
21.17 al hijo de la...reconocerá como p, para 1060
25.6 el p que ella diere a luz sucederá en el 1060
33.17 como el p de su toro es su gloria, y sus 1060
Jos 6.26 sobre su p eche los cimientos de ella.......... 1060
17.1 p de José...Maquir, p de Manasés y padre 1060
Jue 8.20 a Jeter su p: Levántate, y mátalos 1060
1 S 8.2 el nombre de su hijo p fue Joel, y el 1060
17.13 Eliab el p, el segundo Abinadab, y el
2 S 3.2 su p fue Amnón, de Ahinoam jezreelita 1060
1 R 16.34 a precio de...su p echó el cimiento 1060
2 R 3.27 arrebató a su p que había de reinar 1060
1 Cr 1.13 Canaán engendró a Sidón su p, y a 1060
1.29 el p de Ismael, Nebaiot; después Cedar........ 1060
2.3 Er, p de Judá, fue malo delante de Jehová 1060
2.13 Isaí engendró a Eliab su p, el segundo......... 1060
2.25 de Jerameel p de Hezrón fueron Ram su p 1060
2.27 hijos de Ram p de Jerameel fueron Maaz 1060
2.42 los hijos de Caleb...Mesa su p, que fue 1060
2.50 hijos de Hur p de Efrata: Sobal padre 1060
3.1 estos son los hijos de David...Amnón el p....... 1060
3.15 y los hijos de Josías: Johanán su p, el......... 1060
4.4 los hijos de Hur p de Efrata, padre de 1060
5.1,3 los hijos de Rubén p de Israel................. 1060
5.1 él era p, mas como...no fue contado por p...... 1060
6.28 los hijos de Samuel: el p Vasni, y Abías 1060
8.1 Benjamín engendró a Bela su p, Asbel el 1060
8.30 hijo p Abdón, y Zur, Cis, Baal, Nadab.......... 1060
8.39 los hijos de Esec...Ulam su p, Jehús el.......... 1060
9.5 los silonitas, Asaías el p, y sus hijos 1060
9.31 Matatías...p de Salum coreíta, tenía a su...... 1060
9.36 y su hijo p Abdón, luego Zur, Cis, Baal.......... 1060
26.2 los hijos de Meselemías: Zacarías el p 1060
26.4 Semaías el p, Jozabad el segundo, Joa.......... 1060
26.10 no era el p, mas su padre lo puso por 1060
2 Cr 21.3 el reino a Joram, porque él era el p.......... 1060
Neh 10.36 asimismo los p de nuestros hijos y........... 1060
10.36 traeríamos los p de nuestras vacas y......... 1060
Job 1.13 bebían vino en casa de su hermano el p...... 1060
1.18 bebiendo vino en casa de su hermano el p..... 1060
18.13 sus miembros devorará el p de la muerte 1060
Sal 78.51 hizo morir a todo p en Egipto, las............ 1060
89.27 también le pondré por p, el más excelso...... 1060
105.36 hirió de muerte a todos los p en su 1060
135.8 es quien hizo morir a los p de Egipto 1060
136.10 hirió a Egipto en sus p, porque para 1060
Is 14.30 los p de los pobres serán apacentados 1060
Jer 31.9 Israel por padre, y Efraín es mi p............. 1060
Ez 20.26 hacían pasar por el fuego a todo p 6363
Mi 6.7 ¿daré mi p por mi rebelión, el fruto de 1060
Zac 12.10 por él como quien se aflige por el p 1060
Mt 1.25 no la conoció hasta que dio a luz su...p 4416
Lc 2.7 y dio a luz a su hijo p, y lo envolvió............ 4416
Ro 8.29 que él sea el p entre muchos hermanos 4416
Col 1.15 es la imagen...el p de toda creación.......... 4416
1.18 el p de entre los muertos, para que en.......... 4416
He 1.6 y otra vez, cuando introduce al P en el mundo 4416
11.28 el que destruía a los p no los tocase 4416
12.23 a la congregación de los p que están 4416
Ap 1.5 el p de los muertos, y el soberano de 4416

PRIMOGENITURA
Gn 25.31 respondió: Véndeme en este día tu p......... 1062
25.32 Esaú...¿para qué, pues, me servirá la p?
25.33 dijo...él le juró, y vendió a Jacob su p 1062
25.34 comió y bebió...menospreció Esaú la p....... 1062
27.36 se apoderó de mi p, y he...mi bendición...... 1062
43.33 se sentaron...el mayor conforme a su p........ 1062
Lv 27.26 el primogénito...por la p es de Jehová 1060
Dt 21.16 no podrá dar el derecho de p al hijo........... 1069
21.17 su vigor, y suyo es el derecho de la p 1062
1 Cr 5.1 derechos de p fueron dados a...José 1062
5.2 que Judá...mas el derecho de p fue de José 1062
He 12.16 que por una sola comida vendió su p........... 4415

PRIMOR
Ez 28.13 los p de tus tamboriles y flautas............. 4399

PRIMOROSA
Éx 26.1 y lo harás con querubines de obra p........... 2803
26.31 harás un velo de...será hecho de obra p 2803
28.6 harán el efod de oro, azul...de obra p 2803
28.8 su cinto de obra p que estará sobre él......... 2805
28.15 harás...pectoral del juicio de obra p 2803
36.8 las hicieron con querubines de obra p......... 2803
36.35 velo...lo hizo con querubines de obra p 2803
39.3 hilos para tejerlos entre...con labor p......... 2803
39.8 hizo también el pectoral de obra p como 2803

PRINCIPADO
Pr 8.23 eternamente tuve el p...el principio
Is 9.6 y el p sobre su hombro; y se llamará 4951
Ro 8.38 ni p, ni potestades, ni lo presente............... 746
Ef 1.21 todo p y autoridad y poder y señorío 746
3.10 dada a conocer por...la iglesia...a los p......... 746
6.12 lucha...sino contra p, contra potestades........ 746
Col 1.16 p, sean potestades; todo fue creado........... 746
2.10 que es la cabeza de todo p y potestad........... 746
2.15 despojando a los p y a las potestades 746

PRINCIPAL
Gn 49.3 Rubén, tú...p en dignidad, p en poder 3499
49.4 impetuoso como...aguas, no serás el p 3498
Nm 3.32 el p de los jefes...será Eleazar hijo 5387
11.16 reúneme setenta varones de los...sus p 7860
20.19 por el camino p iremos; y si bebiéremos
Dt 1.15 p de vuestras tribus, varones sabios 7218
Jos 10.24 dijo a los p de la gente de guerra 7101
Jue 8.6 y los p de Sucot respondieron: ¿Están 8269
8.14 le dio por escrito los nombres de los p......... 8269
16.18 envió a llamar a los p de los filisteos...p....... 5633
16.23 los p de los filisteos se juntaron para 5633
16.27 todos los p de los filisteos estaban allí 5633
16.30 cayó la casa sobre los p, y sobre todo 5633
1 S 2.29 engordándoos de lo p de...las ofrendas....... 7225
14.38 venid acá...los p del pueblo, y sabed 6438
21.7 era Doeg...el p de los pastores de Saúl 47
22.9 Doeg...era el p de los siervos de Saúl
2 S 23.8 Joseb-basebet el...p de los capitanes.......... 7218
23.18 y Abisai hermano...el p de los treinta 7218
1 R 3.4 Gabaón...aquél era el lugar alto p, y 1419
4.5 Zabud hijo...ministro p y amigo del rey 3548
5.16 los p oficiales de Salomón que estaban 8269
8.1 Salomón reunió...los p de las familias de....... 5387
10.15 sin lo de los...y de los p de la tierra 6346
21.8 escribió cartas...a los p que moraban en...... 2205
21.11 los p que moraban en su ciudad,
hicieron 2205
2 R 10.1 escribió cartas...a los p de Jezreel 2205
10.6 los hijos del rey...estaban con los p de 1419
25.19 tomó...el p escriba del ejército, que 8269
1 Cr 4.38 son los p entre sus familias; y las 5387
5.6 Beera su hijo, el...era p de los rubenitas........ 5387
5.12 Joel fue el p en Basán; el segundo Safán........ 7218
5.15 Ahí hijo...fue p en la casa de sus padres 7218
8.28 éstos fueron jefes p de familias por sus........ 7218
9.26 p de los porteros levitas estaban en el......... 1368
11.10 los p de los valientes que David tuvo 7218
11.15 tres de los treinta p descendieron a la........ 7218
12.3 p Ahiezer, después Joás, hijos de Semaa 7218
12.23 el número de los p que estaban listos......... 7218
12.28 Sadoc...veintidós de los p de la casa de 8269
12.32 de los hijos de Isacar, doscientos p
15.5 de Coat, Uriel el p, y sus hermanos, 120 8269
15.6 de Merari, Asaías el p, y sus hermanos 8269
15.7 de los hijos de Gersón, Joel el p, y sus 8269
15.8 Elizafán, Semaías el p, y sus hermanos 8269
15.9 Hebrón, Eliel el p, y sus hermanos, 80 8269
15.10 Uziel, Aminadab el p, y sus hermanos 8269
15.12 vosotros que sois los p padres de las 7218
15.16 dijo David a los p de los levitas, que 8269
15.22 Quenanías, p de los levitas en...música 8269
22.17 mandó David a todos los p de Israel que 8269
23.2 juntando a todos los p de Israel, y a 8269
24.4 había más varones p que de...de Itamar
24.31 el p de los padres igualmente que el.......... 7218
26.12 alternando los p de los varones en la......... 7218
27.1 éstos son los p de los hijos de Israel 7218
28.1 reunió David...a todos los p de Israel 8269
2 Cr 8.10 y tenía Salomón 250 gobernadores p 8269
23.20 llamó...a los p, a los que gobernaban
24.23 destruyeron en el pueblo a todos los p
28.12 se levantaron algunos varones de los p
29.20 rey Ezequías reunió los p de la ciudad
31.12 cargo de ello al levita Conanías, el p
36.14 p sacerdotes...aumentaron la iniquidad
Esd 7.28 yo...reuní a los p de Israel para que
8.16 Mesulam, hombres p, asimismo a Joiarib
8.24 aparté...doce de los p de los sacerdotes
Neh 6.17 cartas de los p de Judá a Tobías, y
10.29 se reunieron con sus hermanos y sus p
11.16 de los p de los levitas, capataces de
11.17 el p, el que empezaba las alabanzas y........ 7218
12.24 los p de los levitas: Hasabías, Serebías 7218
Job 29.10 voz de los p se apagaba, y su lengua
Sal 4,5,6,8,9,11,12,13,14,18,19,20,21,22,31,36,
39,40,41,42,44,45,46,47,49,51,52,53,54,55,56,57,58,59,
60,61,62,64,65,66,67,68,69,70,75,76,77,80,81,84,85,88,
109,139,140 *títs.* al músico p.......................... 5329
Pr 1.21 clama en los p lugares de reunión; en 7218
Cnt 4.14 con todas las p especias aromáticas.......... 7218
Jer 49.35 el arco de Elam...p de su fortaleza 7225
51.59 profeta Jeremías a Seraías...p camarero
52.24 tomó también...a Seraías el p sacerdote 7218

52.25 y al p secretario de la milicia, que pasaba revista ... 8269
Ez 11.1 a Jaazanías... a Pelatías... p del pueblo ... 8269
17.4 arrancó el p de sus renuevos y lo llevó ... 7218
17.22 del p de sus renuevos cortaré un tallo ... 7218
27.22 lo p de toda especiería y toda piedra ... 7218
Dn 7.1 luego escribió... relató lo p del asunto ... 7217
10.13 he aquí Miguel, uno de los p príncipes ... 7223
Am 6.1 los notables y p entre las naciones, a ... 7225
Mi 5.5 levantaremos contra él... ocho hombres p
Mt 2.4 convocados... los p sacerdotes... preguntó ... 749
9.18 vino un hombre p y se postró ante él ... 749
9.23 al entrar Jesús en la casa del p, viendo ... 758
16.21 padecer... de los p sacerdotes y de los ... 749
20.18 será entregado a los p sacerdotes y a ... 749
21.15 los p sacerdotes y los escribas, viendo ... 749
21.23 los p sacerdotes y... se acercaron a él ... 749
21.45 p sacerdotes... entendieron que hablaba ... 749
26.3 p sacerdotes, los escribas... reunieron ... 749
26.14 llamaba Judas... fue a los p sacerdotes ... 749
26.47 de parte de los p sacerdotes y de los ... 749
26.59 los p sacerdotes y los ancianos y todo ... 749
27.1 venida la mañana, todos los p sacerdotes ... 749
27.3 devolvió... plata a los p sacerdotes y a ... 749
27.6 los p sacerdotes, tomando las piezas de ... 749
27.12 siendo acusado por los p sacerdotes y ... 749
27.20 pero los p sacerdotes... persuadieron a ... 749
27.41 los p sacerdotes, escarneciéndole con ... 749
27.62 se reunieron los p sacerdotes y los ... 749
28.11 y dieron aviso a los p sacerdotes de ... 749
Mr 5.22 los p de la sinagoga, llamado Jairo ... 752
5.35 vinieron de casa del p de la sinagoga ... 752
5.36 dijo al p de la sinagoga: No temas, cree ... 752
5.38 vino a casa del p de la sinagoga, y vio ... 752
6.21 Herodes... daba una cena a... p de Galilea ... 4413
8.31 ser desechado por... los p sacerdotes y por ... 749
10.33 será entregado a los p sacerdotes y a ... 749
11.18 oyeron los escribas y los p sacerdotes ... 749
11.27 templo, vinieron a él los p sacerdotes ... 749
12.30 y amarás al... Este es el p mandamiento ... 749
14.1 buscaban los p sacerdotes... cómo prenderle ... 749
14.10 Judas Iscariote... fue a los p sacerdotes ... 749
14.43 con él mucha gente... de parte de los p ... 749
14.53 se reunieron todos los p sacerdotes y ... 749
14.55 los p sacerdotes... buscaban testimonio ... 749
15.1 tenido consejo los p sacerdotes con los ... 749
15.3 y los p sacerdotes le acusaban mucho ... 749
15.10 le habían entregado los p sacerdotes ... 749
15.11 los p sacerdotes incitaron a la multitud ... 749
15.31 también los p sacerdotes, escarneciendo ... 749
Lc 8.41 vino... Jairo, que era p de la sinagoga ... 758
8.49 vino uno de casa del p de la sinagoga ... 752
9.22 y sea desechado por... los p sacerdotes y ... 749
13.14 pero el p de la sinagoga, enojado de que ... 752
18.18 un hombre p le preguntó... Maestro bueno ... 758
19.47 los p sacerdotes... procuraban matarle ... 749
19.47 y los p del pueblo procuraban matarle ... 4413
20.1 llegaron los p sacerdotes y los escribas ... 749
20.19 procuraban los p sacerdotes y... escribas ... 749
22.2 p sacerdotes y... buscaban cómo matarle ... 749
22.4 éste fue y habló con los p sacerdotes ... 749
22.52 Jesús dijo a los p sacerdotes, a los ... 749
22.66 de día, se juntaron... los p sacerdotes ... 749
23.4 Pilato dijo a los p sacerdotes, y a la ... 749
23.10 estaban los p sacerdotes y... escribas ... 749
23.13 Pilato, convocando a los p sacerdotes ... 749
23.23 voces de ellos y de los p sacerdotes ... 749
24.20 cómo le entregaron los p sacerdotes y ... 749
Jn 3.1 había... Nicodemo, un p entre los judíos ... 758
7.32 los p sacerdotes... enviaron alguaciles ... 749
7.45 alguaciles vinieron a los p sacerdotes ... 749
11.47 p sacerdotes y... reunieron el concilio ... 749
11.57 los p sacerdotes... habían dado orden de ... 749
12.10 los p sacerdotes acordaron dar muerte ... 749
18.3 tomando... alguaciles de los p sacerdotes ... 749
18.35 tu nación, y los p... te han entregado a ... 749
19.6 cuando le vieron los p sacerdotes y los ... 749
19.15 los p sacerdotes: No tenemos más rey que ... 749
19.21 a Pilato los p sacerdotes... No escribas ... 749
Hch 4.23 lo que los p sacerdotes les habían ... 749
5.24 oyeron... y los p sacerdotes, dudaban en ... 749
9.14 aquí tiene autoridad de los p sacerdotes ... 749
9.21 vino... para llevarlos presos ante los p ... 749
13.15 los p de la sinagoga mandaron a decirles ... 752
13.50 judíos instigaron... a los p de la ciudad ... 4413
15.22 a Silas, varones p entre los hermanos ... 2233
18.8 Crispo, el p de la sinagoga, creyó en ... 752
18.17 griegos, apoderándose de Sóstenes, p ... 752
22.30 y mandó venir a los p sacerdotes y a ... 749
23.14 los cuales fueron a los p sacerdotes ... 749
25.2 los p sacerdotes... se presentaron ante ... 4413
25.15 se me presentaron los p sacerdotes y ... 749
25.23 entrando... con los tribunos y p hombres ... 1851
26.10 recibido poderes de los p sacerdotes ... 749
26.12 iba yo... en comisión de los p sacerdotes ... 749
28.7 había propiedades del hombre p de la isla ... 4413
28.17 Pablo convocó a los p de los judíos, a ... 4413
Ef 2.20 siendo la p piedra... Jesucristo mismo ... 204
He 8.1 el punto p de lo que venimos diciendo ... 2774
1 P 2.6 pongo en Sion la p piedra del ángulo ... 204

PRÍNCIPE

Gn 12.15 la vieron los p de Faraón... alabaron ... 8269
17.20 doce p engendrará, y haré de él una ... 5387
21.22 Abimelec, y Ficol p de su ejército, a
21.32 Abimelec, y Ficol p... volvieron a tierra
23.6 eres un p de Dios entre nosotros; en lo ... 5387
25.16 hijos de Ismael... 12 p por sus familias ... 5387
34.2 la vio Siquem... p de aquella tierra, y la ... 5387
Éx 2.14 ¿quién te ha puesto a ti por p y juez ... 8269
16.22 los p de la... lo hicieron saber a Moisés ... 5387
22.28 jueces, ni maldecirás al p de tu pueblo ... 5387
24.11 no extendió su mano sobre los p de los ... 678
34.31 los p de la congregación volvieron a ... 5387
35.27 los p trajeron piedras de ónice, y las ... 5387
Nm 1.16 p de... tribus de sus padres, capitanes ... 5387
1.44 los cuales contaron... con los p de Israel ... 5387
7.2 p de Israel... p de las tribus... ofrecieron ... 5387
7.3 cada dos p un carro, y cada uno un buey ... 5387
7.10 p trajeron ofrendas para la dedicación ... 5387
7.10 ofreciendo los p su... delante del altar ... 5387
7.11 ofrecerán... un p un día, y otro p otro ... 5387
7.18 día ofreció Natanael hijo de Zuar, p de ... 5387
7.24 Eliab hijo... p de los hijos de Zabulón ... 5387
7.30 Elisur hijo de... p de los hijos de Rubén ... 5387
7.36 Selumiel hijo... p de los hijos de Simeón ... 5387
7.42 Eliasaf hijo de... p de los hijos de Gad ... 5387
7.48 p de los hijos de Efraín, Elisama hijo ... 5387
7.54 el p de los hijos de Manasés, Gamaliel ... 5387
7.60 el p de los hijos de Benjamín, Abidán ... 5387
7.66 el décimo día, el p de los hijos de Dan ... 5387
7.72 el undécimo... el p de los hijos de Aser ... 5387
7.78 el p de los hijos de Neftalí, Ahira hijo ... 5387
7.84 fue la ofrenda que los p de... ofrecieron ... 5387
10.4 congregarán ante ti los p, los jefes de ... 5387
13.2 de cada tribu... cada uno p entre ellos ... 5387
13.3 todos aquellos varones eran p... Israel ... 5387
16.2 se levantaron contra Moisés con 250... p ... 5387
17.2 una vara... de todos los p de ellos, doce ... 5387
17.6 los p... le dieron varas; cada p por las ... 5387
21.18 pozo, el cual... cavaron los p del pueblo ... 8269
22.8 así los p de Moab se quedaron con Balaam ... 8269
22.13 así Balaam se levantó... y dijo a los p ... 8269
22.14 p de Moab... vinieron a Balac y dijeron ... 8269
22.15 volvió Balac a enviar otra vez más p ... 8269
22.21 así Balaam se... fue con los p de Moab ... 8269
22.35 vé... Así Balaam fue con los p de Balac ... 8269
22.40 hizo matar bueyes... y envió a... y a los p ... 8269
23.6 junto a su holocausto, él y todos los p ... 8269
23.17 que él estaba... y con él los p de Moab ... 8269
25.4 toma a... los p del pueblo, y ahórcalos ... 7218
25.15 de Zur, p de pueblos, padre de familia ... 8269
25.18 lo tocante a Cozbi hija del p de Madián ... 8269
27.2 presentaron... delante de los p y de toda ... 8269
30.1 habló Moisés a los p de las tribus de los ... 8269
31.13 y salieron... los p de la congregación, a ... 5387
32.2 y hablaron... a los p de la congregación ... 5387
32.28 y a Josué hijo... y los p de los padres ... 7218
34.18 tomaréis también de cada tribu un p ... 5387
34.22 de la tribu de... Dan, el p Buqui hijo de ... 5387
34.23 de Manasés, el p Haniel hijo de Efod ... 5387
34.24 de Efraín, el p Kemuel hijo de Siftán ... 5387
34.25 Zabulón, el p Elizafán hijo de Parnac ... 5387
34.26 de Isacar, el p Paltiel hijo de Azán ... 5387
34.27 de la... Aser, el p Ahiud hijo de Selomi ... 5387
34.28 de Neftalí, el p Pedael hijo de Amiud ... 5387
36.1 llegaron los p de los padres... de Galaad ... 7218
36.1 hablaron delante de Moisés y de los p ... 5387
Dt 5.23 vinisteis a mí, todos los p... tribus ... 7218
33.16 de aquel que es p entre sus hermanos ... 7218
Jos 5.14 p del ejército de Jehová he venido ... 8269
5.15 p... de Jehová respondió a Josué: Quita ... 8269
9.15 lo juraron los p de la congregación ... 5387
9.18 los p de... les habían jurado por Jehová ... 5387
9.18 la congregación murmuraba contra los p ... 5387
9.19 los p respondieron a... la congregación ... 5387
9.21 dijeron... de ellos los p: Dejadlos vivir ... 5387
9.21 vida, según les habían prometido los p ... 5387
13.3 los cinco p de los filisteos, el asdodeo ... 5633
13.21 derrotó a... los p de Madián... p de Sebón ... 5387
17.4 estas vinieron delante... los p, y dijeron ... 5387
22.14 y a diez p con él: un p por cada casa ... 5387
22.30 oyendo... los p de la congregación, y los ... 5387
22.32 Finees... y los p, dejaron a los hijos ... 5387
23.2 llamó a todo Israel... sus p, sus jueces ... 7218
24.1 llamó a los ancianos... sus p, sus jueces ... 7218
Jue 3.3 cinco p de los filisteos, todos los ... 5633
5.3 oíd, reyes; escuchad, oh p; yo cantaré a ... 7336
5.14 de Maquir descendieron p, y de Zabulón ... 2710
7.25 a dos p de los madianitas, Oreb y Zeeb ... 8269
8.3 Dios ha entregado... a Oreb... p de Madián ... 8269
10.18 los p... Galaad dijeron el uno al otro ... 8269
16.5 vinieron a ella los p de los filisteos ... 5633
16.8 los p de los... le trajeron siete mimbres ... 5633
1 S 2.8 para hacerle sentarse con p y heredar ... 5081
5.8 convocaron... todos los p de los filisteos ... 5633
5.11 reunieron a todos los p de los filisteos ... 5633
6.4 conforme al número de... p de los filisteos ... 5633
6.4 plaga ha afligido a todos... a vuestros p ... 5633
6.12 los p de los filisteos fueron tras ellas ... 5633
6.16 vieron esto los cinco p de los filisteos ... 5633
6.18 ciudades... pertenecientes a los cinco p ... 5633
7.7 subieron los p... contra Israel; y al oír ... 5633
9.16 al cual ungirás por p sobre mi pueblo ... 5057
10.1 ¿no te ha ungido Jehová por p sobre su ... 5057
13.14 ha designado para que sea p sobre su ... 5057
18.30 salieron a campaña los p de... filisteos ... 8269
25.30 ti, y te establezca por p sobre Israel ... 5057
29.2 los p de los filisteos pasaban revista ... 5633
29.3 dijeron los p... Aquis respondió a los p ... 8269
29.4 los p de los filisteos se enojaron contra ... 8269
29.6 hoy; mas a los ojos de los p no agradas ... 5633
29.7 vete en paz, para no desagradar a los p ... 5633
29.9 los p de los filisteos me han dicho: No ... 8269
2 S 3.38 ¿no sabéis que un p y... ha caído hoy ... 8269
5.2 Jehová te ha dicho... serás p sobre Israel ... 5057
6.21 para constituirme por p sobre el pueblo ... 5057
7.8 yo te tomé del... para que fueses p sobre ... 5057
8.18 peleteos; y los hijos de David eran los p
10.3 los p de los hijos de Amón dijeron a ... 8269
19.6 que nada te importan tus p y siervos ... 8269
1 R 1.35 que sea p sobre Israel y sobre Judá ... 5057
9.22 sus p, sus capitanes, comandantes de sus ... 8269
14.7 yo te... te hice p sobre mi pueblo Israel ... 5057
15.20 envió los p de los ejércitos que tenía ... 8269
16.2 y te puse por p sobre mi pueblo Israel ... 5057
20.14 por mano de los siervos de los p de las ... 8269
20.15 él pasó revista a los siervos de los p ... 8269
20.17 y los siervos de los p... los primeros ... 8269
20.19 salieron, pues... los siervos de los p ... 8269
2 R 7.2 p sobre cuyo brazo el rey se apoyaba ... 3068
7.17 el rey puso a la puerta a aquel p sobre
7.19 aquel p había respondido al varón de Dios ... 3068
9.5 él entró, he aquí los p... estaban sentados ... 8269
9.5 dijo: P, una palabra tengo que... A ti, p ... 8269
10.11 mató... de la casa de Acab... todos sus p ... 3045
11.14 los p... junto al rey; y todo el pueblo ... 8269
20.5 vuelve, y di a Ezequías, p de mi pueblo ... 3068
24.12 salió Joaquín rey... sus p y sus oficiales ... 8269
24.14 y llevó en cautiverio a... a todos los p ... 8269
25.9 todas las casas de los p quemó a fuego ... 3068
25.23 oyendo todos los p del ejército, ellos ... 8269
1 Cr 2.10 engendró a Naasón, p de los... de Judá ... 5387
5.2 Judá llegó a ser el mayor sobre... y el p ... 5057
5.7 sus hermanos... tenían por p a Jeiel y a ... 7218
7.3 los hijos de Israhías... por todos, cinco p ... 7218
7.40 éstos fueron hijos de Aser... jefes de p ... 5387
9.11 hijo de Ahitob, p de la casa de Dios ... 5057
11.2 serás p sobre Israel mi pueblo Israel ... 5057
11.42 Adina hijo de Siza rubenita, p de los rubenitas ... 7218
12.20 se pasaron a él... p de millares de los ... 7218
12.27 Joiada, p de los del linaje de Aarón ... 5057
17.7 yo te tomé... que fueses p sobre mi pueblo ... 5057
18.17 los hijos de David eran los p cerca del ... 7223
19.3 p de los hijos de Amón dijeron a Hanún ... 8269
21.2 dijo David a... y a los p del pueblo: Id ... 7223
24.5 hubo p del santuario, y p de la casa de ... 8269
24.6 escribió... presencia del rey y de los p ... 8269
28.21 los p, y todo el pueblo para ejecutar ... 8269
29.6 los p de las tribus de Israel, jefes de ... 8269
29.22 y ante Jehová le ungieron por p, y a ... 5057
29.24 p... prestaron homenaje al rey Salomón ... 8269
2 Cr 1.2 convocó... los p de todo Israel, jefes ... 5387
5.2 reunió... a todos los p de las tribus, los ... 5387
6.5 ni he escogido varón que fuese p sobre mi ... 5057
11.22 a Abías hijo de... por p de sus hermanos ... 5057
12.5 Semaías a Roboam y a los p de Judá, que ... 8269
12.6 los p de Israel y el rey se humillaron ... 8269
17.7 al tercer año de su reinado envió sus p ... 8269
19.11 y Zebadías... p de la casa de Judá, en ... 5057
21.4 Joram... mató a espada... de los p de Israel ... 8269
21.9 pasó Joram con sus p, y todos sus carros ... 8269
22.8 halló a los p de Judá, y a los hijos de ... 8269
23.2 reunieron... a los p de las familias de ... 7218
23.13 los p y los trompeteros junto al rey ... 8269
24.17 vinieron los p de Judá y ofrecieron ... 8269
28.14 los cautivos y el botín delante de los p ... 8269
28.21 despojó... la casa real, y las de los p ... 8269
29.30 Ezequías y los p dijeron a los levitas ... 8269
30.2 y el rey había tomado consejo con sus p ... 8269
30.6 con cartas de mano al rey y de sus p por ... 8269
30.12 cumplir el mensaje del rey y de los p ... 8269
30.24 los p dieron al pueblo mil novillos y ... 8269
31.8 y los p vinieron y vieron los montones ... 8269
31.13 rey... y de Azarías, p de la casa de Dios ... 5057
32.3 consejo con sus p y con sus... valientes ... 8269
32.31 lo referente a los mensajeros de los p ... 8269
35.8 sus p dieron con liberalidad al pueblo ... 8269
36.18 tesoros... del rey y de sus p... lo llevó ... 8269
Esd 1.8 dio por cuenta a Sesbasar p de Judá ... 5387
7.28 delante del rey y de... los p poderosos ... 8269
8.20 a quienes David con los p puso para el ... 8269
8.25 ofrecido el rey... y sus p, y todo Israel ... 8269
8.29 hasta que los peséis delante de los p de ... 8269
9.1 los p vinieron a mí, diciendo: El pueblo ... 8269
9.2 la mano de los p y de los gobernadores ha ... 8269
10.5 y juramentó a los p de los sacerdotes ... 8269
10.8 conforme al acuerdo de los p y de los ... 8269
10.14 sean nuestros p los que se queden en ... 8269
Neh 9.32 él sufrimiento que ha alcanzado a... p ... 8269
9.34 nuestros p... no pusieron por obra tu ley ... 8269
9.38 firmada por nuestros p, por... levitas y ... 8269
11.11 hijo de Ahitob, p de la casa de Dios ... 5057
12.7 estos eran los p de los sacerdotes y sus ... 7218
12.31 hice luego subir a los p de Judá sobre ... 8269
12.32 iba tras... Osaías con la mitad de los p ... 8269
Est 1.3 banquete a todos sus p y cortesanos ... 8269
1.3 delante... gobernadores y p de provincias ... 8269
1.11 mostrar a... pueblos y a los p su belleza ... 8269
1.14 y estaban... siete p de Persia y de Media ... 8269
1.16 dijo Memucán delante del rey y de los p ... 8269
1.16 sino contra todos los p, y contra todos ... 8269
1.18 y entonces dirán... a todos los p del rey ... 8269
1.21 agradó... a los ojos del rey y de los p ... 8269
2.18 hizo... banquete a todos sus p y siervos ... 8269
3.1 honró, y puso su silla sobre todos los p ... 8269
3.12 mandó... a los p de cada pueblo, a cada ... 6346
5.11 con que le había honrado sobre los p y ... 8269
6.9 en mano de alguno de los p más nobles del ... 8269
8.9 se escribió... a los... p de las provincias ... 8269
9.3 y todos los p de... apoyaban a los judíos ... 8269
Job 3.15 o con los p que poseían el oro, que ... 8269
12.19 lleva despojados a los p, y trastorna ... 3548

12.21 él derrama menosprecio sobre los *p*, y ... 5081
21.28 ¿qué hay de la casa del *p*, y qué de la ... 5081
29.9 los *p* detenían sus palabras; ponían la ... 8269
31.37 pasos, y como *p* me presentaría ante él ... 5057
34.18 al rey: Perverso; y a los *p*: Impíos? ... 5081
34.19 que no hace acepción de persona de *p* ... 8269
Sal 2.2 *p* consultarán unidos contra Jehová y ... 7336
45.16 a quienes harás *p* en toda la tierra ... 8269
47.9 los *p* de los pueblos se reunieron como ... 5081
68.27 *p* de Judá...*p* de Zabulón...*p* de Neftalí ... 8269
68.31 vendrán *p* de Egipto...se apresurará a ... 2831
76.12 cortará él el espíritu de...p; temible ... 5057
82.7 pero...como cualquiera de los *p* caeréis ... 8269
83.11 como a Zeba y Zalmuna a todos sus *p* ... 5257
107.40 él esparce menosprecio sobre los *p*, y ... 5081
113.8 sentar con los *p*, con los *p* de su pueblo ... 5081
118.9 mejor es confiar en Jehová que...en *p* ... 5081
119.23 *p* también se sentaron y hablaron contra ... 8269
119.161 *p* me han perseguido sin causa, pero ... 8269
146.3 no confiéis en los *p*, ni en hijo de ... 5981
148.11 los *p* y todos los jueces de la tierra ... 8269
Pr 8.15 los reyes, y los *p* determinan justicia ... 7336
8.16 por mí dominan los *p*, y...los gobernadores ... 8269
14.28 la falta de pueblo la debilidad del *p* ... 7333
17.7 ¡cuánto menos al *p* el labio mentiroso! ... 5081
19.10 ¡cuánto menos al siervo ser señor...*p*! ... 8269
25.7 y no que seas humillado delante del *p* ... 5081
25.15 con larga paciencia se aplaca el *p*, y ... 7101
28.2 por la rebelión de la tierra sus *p* son ... 8269
28.15 león...el *p* impío sobre el pueblo pobre ... 4910
28.16 *p* falto de entendimiento...la extorsión ... 5057
29.26 muchos buscan el favor del *p*; mas de ... 4910
31.4 no es de los reyes...de los *p* la sidra ... 7336
Ec 10.4 espíritu del *p* se exaltare contra ti ... 4910
10.5 un mal...a manera de error emanado del *p* ... 7989
10.7 y *p* que andaban como siervos sobre la ... 8269
10.16 tu rey...y tus *p* banquetean de mañana! ... 8369
10.17 y tus *p* comen a su hora, para reponer ... 8269
Cnt 7.1 hermosos son tus pies...oh hija de *p*! ... 5081
Is 1.10 *p* de Sodoma, oíd la palabra de Jehová ... 7101
1.23 tus *p*, prevaricadores y compañeros de ... 8269
3.4 pondré jóvenes por *p*, y muchachos serán ... 8269
3.6 tú serás nuestro *p*, y toma en tus manos ... 7101
3.7 diciendo: No...no me hagáis *p* del pueblo ... 7101
3.14 Jehová vendrá a juicio...y contra sus *p* ... 8269
9.6 se llamará su nombre...eterno, *p* de paz ... 8269
10.8 él dice: Mis *p*, ¿no son todos reyes? ... 8269
13.2 alzad...para que entren por puertas de *p* ... 5081
14.9 levantar de...a todos los *p* de la tierra ... 4428
19.11 ciertamente son necios los *p* de Zoán ... 8269
19.13 los *p* de Zoán, se han engañado los *p* de ... 8269
19.20 les enviará salvador y *p* que los libre
21.5 ¡levantaos, oh *p*, ungid el escudo! ... 8269
22.3 todos tus *p* juntos huyeron del arco ... 7101
23.8 negociantes eran *p*, cuyos mercaderes ... 8269
30.4 estén sus *p* en Zoán, y sus embajadores ... 8269
31.9 sus *p*, con pavor, dejarán sus banderas ... 8269
32.1 reinará un rey, y *p* presidirán en juicio ... 8269
34.12 llamarán a sus *p*, *p* sin reino; y todos ... 8269
41.25 pisoteará *p* como lodo, y como pisa el ... 5461
43.28 yo profané los *p* del santuario, y puse ... 8269
49.7 verán reyes, y se levantarán *p*...porque ... 8269
Jer 1.18 yo te he puesto...contra los reyes...*p* ... 8269
2.26 se avergonzará la...sus *p*, sus sacerdotes ... 8269
4.9 desfallecerá...el corazón de los *p*, y los ... 8269
8.1 sacarán...los huesos de sus *p*...fuera de ... 8269
17.25 entrarán...sus *p*, los varones de Judá y ... 8269
20.1 el sacerdote Pasur...que presidía como *p* ... 5057
24.1 de haber transportado...a los *p* de Judá ... 8269
24.8 pondré a...sus *p* y al resto de Jerusalén ... 8269
25.18 reyes, a sus *p*, para ponerlos en ruinas ... 8269
25.19 a Faraón rey...a sus siervos, a sus *p* y ... 8269
26.10 y los *p* de Judá oyeron estas cosas, y ... 8269
26.11 hablaron...a los *p* y a todo el pueblo ... 8269
26.12 habló Jeremías a todos los *p* y a todo ... 8269
26.16 y dijeron los *p* y todo el pueblo a los ... 8269
26.21 y oyeron sus palabras el rey...sus *p*, y ... 8269
29.2 después que salió el rey...los *p* de Judá ... 8269
30.21 de ella saldrá su *p*, y de en medio de ... 8269
32.32 la maldad de...sus *p*, sus sacerdotes y ... 8269
34.10 oyeron todos los *p*, y todo el pueblo ... 8269
34.19 los *p* de Judá y a los *p* de Jerusalén ... 8269
34.21 a sus *p* los entregaré en mano de sus ... 8269
35.4 estaba junto al aposento de los *p*, que ... 8269
36.12 *p* estaban allí sentados...todos los *p* ... 8269
36.14 enviaron todos los *p* a Jehudí hijo de ... 8269
36.19 dije rol, los *p* a Baruc: Vé y escóndete ... 8269
36.21 oídos de todos los *p* que junto al rey ... 8269
37.14 sino prendió...lo llevó delante de los *p* ... 8269
37.15 los *p* se airaron contra Jeremías, y le ... 8269
38.4 dijeron los *p* al rey: Muera ahora este ... 8269
38.17 si te entregas en seguida a los *p* del ... 8269
38.18 si no te entregas a los *p* del rey de ... 8269
38.22 las mujeres...serán sacadas a los *p* del ... 8269
38.25 los *p* oyeren que yo he hablado contigo ... 8269
38.27 vinieron luego todos los *p* a Jeremías ... 8269
39.3 y entraron todos los *p* del rey...demás *p* ... 8269
39.13 el Rabmag y...los *p* del rey de Babilonia ... 8269
40.13 los *p* de la gente de guerra que estaban ... 8269
41.1 algunos *p* del rey y diez hombres con él ... 7227
41.11 y oyeron...los *p* de la gente de guerra ... 8269
44.17 como hemos hecho...reyes y nuestros *p* ... 8269
44.21 y vuestros *p* y el pueblo de la tierra? ... 8269
48.7 en cautiverio, sus sacerdotes y sus *p* ... 8269
49.3 Mileom fue llevado en cautiverio...sus *p* ... 8269
49.38 en Elam, y destruiré a su rey y a su *p* ... 8269
50.35 espada contra...*p* y contra sus sabios ... 8269
51.23 a jefes y a *p* quebrantaré por medio de ... 6346
51.28 de Media, sus capitanes y todos sus *p* ... 6346
51.57 y embriagaré a sus *p* y a sus sabios, a ... 8269
52.10 degolló en Ribla a todos los *p* de Judá ... 8269
Lm 1.5 sus enemigos han sido hechos *p*, sus ... 7218
1.6 sus *p* fueron como ciervos que no hallan ... 8269
2.2 por tierra...humilló al reino y a sus *p* ... 8269
2.9 su rey y sus *p* están entre las naciones ... 8269
5.12 los *p* colgaron de las manos...los viejos ... 8269
Ez 7.27 el rey se enlutará, y el *p* se vestirá ... 5387
12.10 profecía se refiere al *p* en Jerusalén ... 5387
12.12 *p* que está en medio de ellos llevarán ... 5387
17.12 y tomó a...a sus *p*, y los llevó consigo ... 8269
19.1 levanta endecha sobre los *p* de Israel ... 5387
21.12 será ella sobre todos los *p* de Israel ... 5387
21.25 impío *p* de Israel, cuyo día ha llegado ... 5387
22.6 los *p* de Israel...esfuerzan en derramar ... 5387
22.27 sus *p* en...son como lobos que arrebatan ... 8269
26.16 los *p* del mar descenderán de sus tronos ... 5387
27.21 los *p* de Cedar traficaban contigo en ... 5387
28.2 hijo de hombre, di al *p* de Tiro: Así ha ... 5057
30.13 no habrá más *p* de la tierra de Egipto ... 5387
32.29 todos sus *p*, los cuales con su poderío ... 5387
32.30 los *p* del norte, todos ellos, y todos ... 5257
34.24 y mi siervo David *p* en medio de ellos ... 5387
37.25 y mi siervo David será *p* de ellos para ... 5387
38.2 de Magog, *p* soberano de Mesec y Tubal ... 5387
38.3 he aquí, yo estoy contra ti, oh Gog, *p* ... 5387
38.13 y todos sus *p*, te dirán: ¿Has venido a ... 3715
39.1 yo estoy contra ti, oh Gog, *p* soberano ... 5387
39.18 y beberéis sangre de *p* de la tierra ... 5387
44.3 cuanto al *p*, por ser el *p*, él se sentará ... 5387
45.7 y la parte del *p* estará junto a lo que ... 5387
45.8 nunca más mis *P* oprimirán a mi pueblo ... 5387
45.9 así ha dicho...¡Basta ya, oh *p* de Israel! ... 5387
45.16 dar esta ofrenda para el *p* de Israel ... 5387
45.17 *p* corresponderá el dar el holocausto ... 5387
45.22 día el *p* sacrificará por sí mismo y por ... 5387
46.2 y el *p* entrará por el camino del portal ... 5387
46.4 el holocausto que el *p* ofrecerá a Jehová ... 5387
46.8 y cuando el *p* entrare, entrará por el ... 5387
46.10 el *p*, cuando...entrará en medio de ellos ... 5387
46.12 mas cuando el *p*...hiciere holocausto ... 5397
46.16 si el *p* diere parte de su heredad a sus ... 5387
46.17 hasta el año del jubileo, y volverá al *p* ... 5387
46.18 y el *p* no tomará nada de la herencia ... 5387
48.21 del *p* será lo que quedare a uno y otro ... 5387
48.21 delante de las partes dichas será del *P* ... 5387
48.22 parte del *p* será la comprendida desde ... 5387
Dn 1.3 trajese de...del linaje real de los *p* ... 6579
2.10 además...ningún rey, *p* ni señor preguntó ... 7990
5.1 rey...hizo un gran banquete a mil de sus *p* ... 7261
5.3 y bebieron en ellos el rey y sus *p*, sus ... 7261
5.9 el rey Belsasar...y sus *p* estaban perplejos ... 7261
5.10 por las palabras del rey y de sus *p*, entró ... 7261
6.7 *p* y capitanes han acordado por consejo ... 324
6.17 selló el rey...y con el anillo de sus *p* ... 7261
8.11 aun se engrandeció contra el *p* de los ... 8269
8.25 se levantará contra el *P* de los *p*, pero ... 8269
9.6 que en tu nombre hablaron a...nuestros *p* ... 8269
9.8 la confusión de rostro...de nuestros *p* y ... 8269
9.25 hasta el Mesías *P*, habrá siete semanas ... 5057
9.26 pueblo de un *p* que ha de venir destruirá ... 5057
10.13 mas el *p* del reino de Persia se me opuso ... 8269
10.13 Miguel, uno de los principales *p*, vino ... 8269
10.20 para pelear contra el *p* de Persia; y al ... 8269
10.20 al terminar con...el *p* de Grecia vendrá ... 8269
10.21 ayuda contra él, sino Miguel vuestro *P* ... 8269
11.5 mas uno de sus *p* será más fuerte que él ... 8269
11.18 mas un *p* hará cesar su afrenta, y aun ... 7101
11.22 destruidos, junto con el *p* del pacto ... 5057
12.1 Miguel, el gran *p* que está de parte de ... 8269
Os.3.4 Israel sin rey, sin *p*, sin sacrificio ... 8269
4.18 fornicaron...*p* amaron lo que avergüenza ... 4043
5.10 *p* de Judá fueron como los que traspasan ... 8269
7.3 con su maldad alegran al rey, y a los *p* ... 8269
7.5 los *p* lo hicieron enfermar con copas de ... 8269
7.16 cayeron sus *p* a espada por la soberbia ... 8269
8.4 constituyeron *p*, mas yo no lo supe; de su ... 8269
8.10 afligidos...la carga del rey y de los *p* ... 8269
9.15 no los amaré más...sus *p* son desleales ... 8269
13.10 de los cuales dijiste: Dame rey y *p*? ... 8269
Am 1.15 su rey irá en cautiverio, él y...sus *p* ... 8269
2.3 mataré con él a todos sus *p*, dice Jehová ... 8269
Mi 3.1 oíd ahora, *p* de Jacob, y jefes de la ... 7101
7.3 el *p* demanda...juez juzga por recompensa ... 8269
7,5 no creáis en amigo, ni confiéis en *p*; de ... 8269
Nah 3.17 tus *p* serán como langostas, y tus ... 4502
Hab 1.10 de los *p* hará burla; se reirá de toda ... 7336
Sof 1.8 día del sacrificio...castigaré a los *p* ... 8269
3.3 *p* en medio de ella son leones rugientes ... 8269
Mal 1.8 preséntalo, pues, a tu *p*; ¿acaso se ... 6346
Mt 2.6 no eres la más pequeña entre los *p* de ... *2232*
9.34 por el *p* de los demonios echa fuera los ... *758*
12.24 no...sino por Beelzebú, *p* de los demonios ... *758*
Mr 3.22 por el *p* de los demonios echaba fuera ... *758*
6.21 daba una cena a sus *p* y tribunos y a los ... *3175*
Lc 11.15 por Beelzebú, *p* de los demonios, echa ... *758*
Jn 12.31 el *p* de este mundo será echado fuera ... *758*
14.30 **porque viene el *p* de este mundo, y él** ... *758*
16.11 **el *p* de este mundo ha sido ya juzgado** ... *758*
Hch 4.26 y los *p* se juntaron en uno contra el ... *758*
5.31 Dios ha exaltado con...por *P* y Salvador ... *747*
23.5 está: No maldecirás a un *p* de tu pueblo ... *758*
1 Co 2.6 de los *p* de este siglo, que perecen ... *758*
2.8 ninguno de los *p* de este siglo conoció ... *758*
Ef 2.2 conforme al *p* de la potestad del aire ... *758*
1 P 5.4 cuando aparezca el *P* de los pastores ... *750*

PRINCIPIO
Gn 1.1 el *p* creó Dios los cielos y la tierra ... 7225
41.21 su apariencia...era aún mala, como al *p* ... 8462
43.20 descendimos al *p* a comprar alimentos ... 8462
49.3 Rubén...mi fortaleza, y el *p* de mi vigor ... 7225
Éx 12.2 este mes os será *p* de los meses; para ... 7218
Nm 10.10 en los *p* de vuestros meses, tocaréis ... 7218
Dt 11.12 sobre ella los ojos...Dios, desde el *p* ... 7225
21.17 porque él es el *p* de su vigor, y suyo ... 7225
Jue 7.19 al *p* de la guardia de la medianoche ... 7218
1 S 3.12 contra Elí...desde el *p* hasta el fin
2 S 7.10 ni...inicuos le aflijan más, como al *p* ... 7223
17.9 y si al *p* cayeren algunos de los tuyos ... 8462
21.10 la tendió para...desde el *p* de la siega ... 8462
1 R 6.1 cuarto año del *p* del reino de Salomón
20.9 haré todo lo que mandaste a...al *p*; mas ... 7223
2 R 17.25 *p*, cuando comenzaron a habitar allí ... 8462
Esd 4.6 en el *p* de su reinado, escribieron ... 8462
7.9 mes fue el *p* de la partida de Babilonia ... 7223
Job 8.7 aunque tu *p* haya sido pequeño...grande ... 7225
40.19 él es el *p* de los caminos de Dios; el ... 7725
Sal 77.5 consideraba los días desde el *p*, los ... 6924
102.25 desde el *p* tú fundaste la tierra, y los ... 6440
111.10; Pr 1.7 el *p* de la sabiduría es el temor de ... 7225
Pr 8.22 Jehová me poseía en el *p*...de antiguo ... 7225
8.23 tuve el principado, desde el *p*, antes de ... 7218
8.26 los campos, ni el *p* del polvo del mundo ... 7218
9.10 temor de Jehová es el *p* de la sabiduría ... 8462
20.21 bienes que se adquieren de prisa al *p* ... 7223
Ec 3.11 a entender la obra...el *p* hasta el fin ... 7218
7.8 mejor es el fin del negocio que su *p* ... 7225
10.13 el *p* de las palabras...boca es necedad ... 8462
Is 1.26 restauraré tus jueces como al *p*, y tus ... 8462
18.2,7 pueblo temible desde su *p* y después ... 1973
40.21 ¿nunca os lo han dicho desde el *p*? ¿No ... 7218
41.4 quién llama las generaciones desde el *p*? ... 7218
41.22 dígannos lo que ha pasado desde el *p* ... 7223
41.26 ¿quién lo anunció desde el *p*, para que ... 7218
45.21 ¿quién hizo oír esto desde el *p*, y lo ... 6924
46.10 que anuncio lo por venir desde el *p*, y ... 6924
48.16 desde el *p* no hablé en secreto; desde ... 7218
60.9 naves de Tarsis desde el *p*, para traer ... 7223
Jer 7.12 Silo, donde hice morar mi nombre al *p* ... 7223
17.12 trono de gloria, excelso desde el *p*, es ... 7223
26.1; 27.1 el *p* del reinado de Joacim hijo ... 7225
28.1 en el *p* del reinado de Sedequías rey de ... 7225
33.7 haré volver...los restableceré como al *p* ... 7223
33.11 los cautivos de la tierra como al *p*, ha ... 7223
49.34 acerca de Elam, en el *p* del reinado de ... 7225
Lm 5.21 Jehová...renueva...días como al...*p* ... 6924
Ez 21.21 ha detenido...al *p* de los dos caminos ... 7218
36.11 y os haré mayor bien que en vuestros *p* ... 7221
40.1 al *p* del año, a los diez días del mes, a ... 7218
Dn 9.21 a quien había visto en la visión al *p* ... 8462
9.23 al *p* de tus ruegos fue dada la orden, y ... 8462
Os 1.2 el *p* de la palabra de Jehová por...Oseas ... 8462
9.10 como la fruta...de la higuera en su *p* vi ... 7225
Jl 2.23 lluvia temprana y tardía como al *p* ... 7223
Mi 1.13 fuisteis *p* de pecado a la hija de Sion ... 7225
5.2 y sus salidas son desde el *p*, desde los ... 6924
Hab 1.12 ¿no eres tú desde el *p*, oh Jehová ... 6924
Mt 19.4 **el que los hizo al *p*, varón y hembra** ... *746*
19.8 **Moisés os permitió...mas al *p* no fue así** ... *746*
24.8 **y todo esto será *p* de dolores** ... *746*
24.21 **cual no ha habido desde el *p* del mundo** ... *746*
Mr 1.1 *p* del evangelio de Jesucristo, Hijo de ... *746*
10.6 **pero al *p*...varón y hembra los hizo Dios** ... *746*
13.8 **habrá hambres y alborotos; *p* de dolores** ... *746*
13.19 **cual nunca ha habido desde el *p* de la** ... *746*
Lc 1.2 que desde el *p* lo vieron con sus ojos ... *746*
1.70 santos profetas que fueron desde el *p*
Jn 1.1 en el *p* era el Verbo, y el Verbo era ... *746*
1.2 éste era en el *p* con Dios ... *746*
2.11 este *p* de señales hizo Jesús en Caná de ... *746*
6.64 Jesús sabía desde el *p* quiénes eran los ... *746*
8.25 **les dijo: Lo que desde el *p* os he dicho** ... *746*
8.44 **él ha sido homicida desde el *p*, y no ha** ... *746*
9.32 desde el *p* no se ha oído decir...abriese
12.16 no las entendieron sus discípulos al *p* ... *4412*
15.27 **porque habéis estado conmigo desde el *p*** ... *746*
16.4 **no os lo dije al *p*, porque yo estaba con** ... *746*
Hch 11.15 Espíritu...como sobre nosotros al *p* ... *746*
26.4 la cual desde el *p* pasé en mi nación, en ... *746*
26.5 saben que yo desde el *p*...viví fariseo ... *509*
Fil 4.15 al *p* de la predicación del evangelio ... *746*
Col 1.18 que es el *p*, el primogénito de entre ... *746*
2 Ts 2.13 que Dios os haya escogido desde el *p* ... *746*
Tit 1.2 prometió desde antes del *p* de...siglos
He 1.10 el *p* fundaste la tierra, y los cielos ... *746*
3.14 hasta el fin nuestra confianza del *p* ... *746*
7.3 que ni tiene *p* de días, ni fin de vida ... *746*
9.26 padecer muchas veces desde el *p*...mundo ... *2602*
2 P 3.4 permanecen así como desde el *p* de la ... *746*
1 Jn 1.1 lo que era desde el *p*, lo que hemos ... *746*
2.7 mandamiento...que habéis tenido desde el *p* ... *746*
2.7 es la palabra que habéis oído desde el *p* ... *746*
2.13 porque conocéis al que es desde el *p* ... *746*
2.14 habéis conocido al que es desde el *p* ... *746*
2.24 que habéis oído desde el *p*, permanezca ... *746*
2.24 oído desde el *p* permanece en vosotros ... *746*
3.8 diablo; porque el diablo peca desde el *p* ... *746*
3.11 el mensaje que habéis oído desde el *p* ... *746*
2 Jn 5 el que hemos tenido desde el *p*, que nos ... *746*
6 que andéis en amor...habéis oído desde el *p* ... *746*
Ap 1.8 **soy el Alta y la Omega, *p* y fin, dice** ... *746*
3.14 **el *p* de la creación de Dios, dice esto** ... *746*
13.8 del Cordero que fue inmolado desde el *p* ... *2602*

P

11.40 Salomón *procuró* matar a Jeroboam, pero . . . 1245
1 Cr 21.3 ¿para qué *procura* mi señor esto, que . . . 1245
2 Cr 9.23 los reyes. . .*procuraban* ver el rostro . . . 1245
24.6 le dijo: ¿Por qué no has *procurado* que . . . 1875
Esd 9.12 ni *procuraréis* jamás su paz ni su . . . 1875
Neh 2.10 viniese alguno para *procurar* el bien . . . 1245
6.14 de los otros. . .que *procuraban* infundirme miedo . . . 1245
Est 2.15 ninguna cosa *procuró* sino lo que dijo . . . 1245
2.21 y *procuraban* poner mano en el rey Asuero . . . 1245
3.6 *procuró* Amán destruir a todos los judíos . . . 1245
6.2 que habían *procurado* poner mano en. . .Asuero . . . 1245
9.2 sobre los que habían *procurado* su mal, y . . . 1245
10.3 *procuró* el bienestar de su pueblo y. . .paz . . . 1875
Sal 37.32 acecha el impío. . .y *procura* matarlo . . . 1245
38.12 *procuran* mi mal hablan iniquidades . . . 1245
71.24 confundidos los que mi mal *procuraban* . . . 1245
109.10 *procuren* su pan lejos de sus. . .hogares . . . 1875
Pr 11.27 el que *procura* el bien buscará favor . . . 7836
30.32 si. . .has *procurado* enaltecerte, o si has
Ec 12.10 *procuró*. . .hallar palabras agradables . . . 1245
Jer 26.21 rey *procuró* matarle. . .huyó a Egipto . . . 1245
29.7 *procurad* la paz de la. . .ciudad a la cual . . . 1875
Dn 8.15 mientras yo. . .*procuraba* comprenderla . . . 1245
Zac 12.9 yo *procuraré* destruir. . .las naciones . . . 1245
Mt 2.20 los que *procuraban* la muerte del niño . . . *2212*
Mr 12.12 *procuraban* prenderle. . .entendían que . . . *2212*
Lc 5.18 *procuraban* llevarle adentro y ponerle . . . *2212*
6.19 toda la gente *procuraba* tocarle, porque . . . *2212*
9.9 ¿quién, pues, es éste. . .Y *procuraba* verle . . . *2212*
11.54 *procurando* cazar alguna palabra de su . . . *2212*
12.58 **procura en el camino arreglarte con él** . . . *1325*
13.24 **muchos *procurarán* entrar, y no podrán** . . . *2212*
17.33 **todo el que *procure* salvar su vida, la** . . . *2212*
19.3 *procuraba* ver quién era Jesús; pero no . . . *2212*
19.47 y los principales. . .*procuraban* matarle . . . *2212*
20.19 *procuraban*. . .los escribas echarle mano . . . *2212*
Jn 5.16 *procuraban* matarle, porque hacía estas . . . *2212*
5.18 los judíos aun más *procuraban* matarle . . . *2212*
7.1 no. . .porque los judíos *procuraban* matarle . . . *2212*
7.4 ninguno que *procura* darse a conocer hace . . . *4160*
7.19 **ninguno. . .cumple la ley? ¿Por qué *procuráis*** . *2212*
7.20 Demonio tienes; ¿quién *procura* matarte? . . . *2212*
7.30 *procuraban* prenderle; pero ninguno le . . . *2212*
8.37 ***procuráis* matarme, porque mi palabra no** . . . *2212*
8.40 ***procuráis* matarme a mí, hombre que os he** . . . *2212*
10.39 *procuraron* otra vez prenderle, pero él . . . *2212*
11.8 ahora *procuraban* los judíos apedrearte . . . *2212*
19.12 *procuraba* Pilato soltarle. . .daban voces . . . *2212*
Hch 9.29 disputaban. . .estos *procuraban* matarle . . . *2212*
13.8 *procurando* apartar de la fe al procónsul . . . *2212*
16.10 vio. . .*procuramos* partir para Macedonia . . . *2212*
17.5 asaltando. . .*procuraban* sacarlos al pueblo . . . *2212*
21.31 *procurando* ellos matarle, se le avisó . . . *2212*
24.16 *procuro* tener. . .una conciencia sin ofensa . . . *778*
27.30 marineros *procuraron* huir de la nave
Ro 10.3 ignorando la justicia de Dios, y *procurando* . . . *2212*
11.3 yo he quedado, y *procuran* matarme? . . . *2212*
12.17 *procurad* lo bueno delante de todos los . . . *4306*
1 Co 7.21 si puedes hacerte libre, *procúralo* . . . *5530*
7.27 ligado a mujer? No *procures* soltarte . . . *2212*
7.27 estás libre de mujer? No *procures* casarte . . . *2212*
10.33 yo. . .no *procurando* mi propio beneficio . . . *2212*
12.31 *procurad*, pues, los dones mejores. Mas . . . *2212*
14.1 y *procurad* los dones espirituales, pero . . . *2206*
14.12 *procurad* abundar en. . .para edificación . . . *2212*
14.39 así que, hermanos, *procurad* profetizar . . . *2206*
2 Co 5.9 tanto *procuramos*. . .serle agradables
8.21 *procurando* hacer las cosas honradamente . . . *4306*
Gá 2.10 lo cual. . .*procuré* con diligencia hacer . . . *4704*
1 Ts 2.17 más *procuramos*. . .ver vuestro rostro . . . *4704*
4.11 y que *procuréis* tener tranquilidad, y
2 Ti 2.15 *procura* con diligencia presentarte
4.9 *procura* venir pronto a verme . . . *4704*
4.21 *procura* venir antes del invierno . . . *4704*
Tit 3.8 los que creen. . .*procuren* ocuparse
He 4.11 *procuremos*. . .entrar en aquel reposo
8.7 no se hubiera *procurado* lugar. . .el segundo . . . *2212*
12.17 no hubo. . .aunque la *procuró* con lágrimas . . . *1567*
2 P 1.10 más *procurad*. . .firme vuestra vocación
1.15 yo *procuraré*. . .que después de mi partida . . . *4704*
3.14 *procurad*. . .ser hallados por él sin mancha

PRODIGAR
Ez 16.41 haré. . .que ceses de *prodigar* tus dones

PRODIGIO
Éx 11.10 hicieron. . .estos *p* delante de Faraón . . . 4159
15.11 ¿quién como tú. . .Jehová. . .hacedor de *p*? . . . 6382
Dt 13.1 profeta, o. . .y te anunciare señal o *p* . . . 4159
13.2 y si se cumpliere. . .*p* que él te anunció . . . 4159
34.11 señales y *p* que Jehová le envió a hacer . . . 4159
1 Cr 16.12 sus *p*, y de los juicios de su boca . . . 4159
2 Cr 32.31 saber del *p* que había acontecido en . . . 4159
Sal 71.7 *p* he sido a muchos, y tú mi refugio . . . 4159
105.5 acordaos. . .de sus *p* y de los juicios de . . . 4159
105.27 señales, y sus *p* en la tierra de Cam . . . 4159
135.9 señales y *p* en medio de ti, oh Egipto
Is 29.14 excitaré yo la admiración. . .con un *p* . . . 6382
Jl 2.30 y daré *p* en el cielo y en la tierra . . . 4159
Mt 24.24 **harán grandes. . .*p*, de tal manera que** . . . *5059*
Mr 13.22 **harán señales y *p*, para engañar, si** . . . *5059*
Jn 4.48 **si no viereis señales y *p*, no creeréis** . . . *5059*
Hch 2.19 daré *p* arriba en el cielo, y señales . . . *5059*
2.22 las maravillas, *p*. . .que Dios hizo entre . . . *5059*
4.30 que se hagan. . .*p* mediante el nombre de tu . . . *5059*
5.12 hacían muchas señales y *p* en el pueblo . . . *5059*
6.8 Esteban. . .hacía grandes *p* y señales entre . . . *5059*
7.36 los sacó, habiendo hecho *p* y señales en . . . *5059*
14.3 se hiciesen por las manos. . .señales y *p* . . . *5059*
Ro 15.19 potencia de señales y *p*, en el poder . . . *5059*
2 Co 12.12 señales de apóstol. . .*p* y milagros . . . *5059*
2 Ts 2.9 gran poder y señales y *p* mentirosos . . . *5059*
He 2.4 con señales y *p* y diversos milagros y . . . *5059*

PRODUCIR
Gn 1.11 dijo. . .*Produzca* la tierra hierba verde . . . 1876
1.12 *produjo*, pues, la tierra hierba verde . . . 3318
1.20 *produzcan* las aguas seres vivientes, y . . . 8317
1.21 ser viviente que las aguas *produjeron* . . . 8317
1.24 *produzca* la tierra seres vivientes según . . . 3318
3.18 espinos y cardos te *producirá*, y comerás . . . 6769
41.47 siete años. . .tierra *produjo* a montones . . . 6213
Éx 9.9 y *producirá* sarpullido con úlceras en . . . 6524
9.10 y hubo sarpullido que *produjo* úlceras . . . 6524
Nm 17.8 la vara. . .había. . .*producido* almendras . . . 1580
Dt 29.18 no. . .raíz que *produzca* hiel y ajenjo . . . 6509
29.23 *producirá*, ni crecerá en ella hierba . . . 6779
Job 40.20 los montes *producen* hierba para él . . . 5375
Sal 104.14 él hace *producir* el heno para las . . . 3318
105.30 su tierra *produjo* ranas hasta en las . . . 8317
147.8 que hace a los montes *producir* hierba
Pr 10.31 boca del justo *producirá* sabiduría . . . 5107
Is 5.10 diez yugadas de viña *producirán* un . . . 6213
5.10 y un homer de semilla *producirá* un efa . . . 6213
34.1 oiga la. . .el mundo y todo lo que *produce* . . . 6631
45.8 *prodúzcanse* la salvación y la justicia . . . 6509
55.10 hace germinar y *producir*, y da semilla . . . 3205
57.19 *produciré* fruto de labios: Paz, paz al . . . 1254
61.11 como la tierra *produce* su renuevo, y . . . 3318
Jer 10.13 a su voz se *produce* muchedumbre de . . . 3318
51.16 su voz se *producen* tumultos de aguas . . . 3318
Hag 1.11 sobre todo lo que la tierra *produce* . . . 3318
Mt 13.23 **y *produce* a ciento, a sesenta, y a** . . . *4160*
21.43 **a gente que *produzca* los frutos de él** . . . *4160*
Mr 4.8 **creció, y *produjo* a treinta, a sesenta** . . . *5342*
Lc 12.16 **la heredad de. . .había *producido* mucho** . . . *2164*
19.18 **señor, tu mina ha *producido* cinco minas** . . . *4160*
Hch 23.7 *produjo* disensión entre. . .fariseos y . . . *1096*
Ro 4.15 la ley *produce* ira; pero donde no hay . . . *2716*
5.3 que la tribulación *produce* paciencia . . . *2716*
7.8 mas el pecado. . .*produjo* en mí toda codicia . . . *2716*
7.13 el pecado. . .*produjo* en mí la muerte por . . . *2716*
1 Co 14.7 *producen* sonidos, como la flauta o . . . *1325*
2 Co 4.17 leve tribulación. . .*produce*. . .gloria . . . *2716*
7.10 *produce* arrepentimiento para salvación . . . *2716*
7.10 pero la tristeza del mundo *produce* muerte . . . *2716*
7.11 ¡qué solicitud *produjo* en vosotros, qué . . . *2716*
9.11 cual *produce*. . .acción de gracias a Dios . . . *2716*
Fil 2.13 Dios es el que en vosotros *produce* . . . *1754*
He 6.7 la tierra. . .*produce* hierba provechosa . . . *616*
6.8 la que *produce* espinos y. . .es reprobada . . . *1627*
Stg 1.3 que la prueba de. . .fe *produce* paciencia . . . *2716*
3.12 ¿puede. . .la higuera *producir* aceitunas, o . . . *4160*
5.18 dio lluvia, y la tierra *produjo* su fruto . . . *985*
Ap 22.2 el árbol de la vida, que *produce* doce . . . *4160*

PRODUCTO
Lv 25.12 jubileo. . .el *p* de la tierra comeréis . . . 8393
26.4 la tierra rendirá sus *p*, y el árbol del . . . 2981
26.20 tierra no dará su *p*, y los árboles de . . . 2981
Nm 18.27 y se os contará. . .y como *p* del lagar . . . 4395
18.30 como *p* de la era, y como *p* del lagar . . . 8393
Dt 14.22 diezmarás todo el *p* del grano que . . . 8393
14.28 todo el diezmo de tus *p* de aquel año . . . 8393
33.14 frutos del sol, con el rico *p* de la luna . . . 1645
Pr 18.20 boca. . .se saciará del *p* de sus labios . . . 8393
Is 45.5 y el que extiende la tierra y sus *p* . . . 7554
Ez 27.16 Edom traficaba. . .la multitud de tus *p* . . . 4639
27.18 Damasco comerciaba. . .por tus muchos *p* . . . 4639
Hab 3.17 aunque falte el *p* del olivo, y los . . . 4639
Zac 8.12 y dará su *p* la tierra, y los cielos . . . 2981

PROEZA
Dt 3.24 ¿qué dios hay en. . .que haga obras y *p*
2 S 23.20 de un varón esforzado, grande en *p* . . . 6467
Sal 60.12 en Dios haremos *p*, y él hollará a . . . 2428
108.13 haremos *p*, y él hollará a. . .enemigos . . . 2428
118.15 los justos; la diestra de Jehová hace *p* . . . 2428
150.2 alabadle por sus *p*; alabadle conforme
Lc 1.51 hizo *p* con su brazo; esparció a los . . . *2904*

PROFANAR
Éx 20.25 si alzares herramienta. . .lo *profanarás* . . . 2490
31.14 de reposo. . .el que lo *profanare*. . .morirá . . . 2490
Lv 19.8 por cuanto *profanó* lo santo de Jehová . . . 2490
19.12 no. . .*profanando* así el nombre de tu Dios . . . 2490
20.3 a Moloc. . .y *profanando* mi santo nombre . . . 2490
21.6 y no *profanarán* el nombre de su Dios . . . 2490
21.12 ni *profanará* el santuario de su Dios . . . 2490
21.15 para que no *profane* su descendencia en . . . 2490
21.23 que no *profane* mi santuario, porque yo . . . 2490
22.2 no *profanen* mi santo nombre. Yo Jehová . . . 2490
22.9 no sea que así mueran cuando la *profanen* . . . 2490
22.15 no *profanarán*, pues, las cosas santas . . . 2490
22.32 no *profanéis* mi santo nombre, para que . . . 2490
Dt 22.30 ni *profanará* el lecho de su padre
2 R 23.8 *profanó* los lugares altos. . .incienso . . . 2930
23.10 *profanó* a Tofet, que está en el valle . . . 2930
23.13 *profanó* el rey los lugares altos que . . . 2930
Neh 13.17 ¿qué. . .hacéis, *profanando* así el día . . . 2490
13.18 vosotros. . .*profanando* el día de reposo? . . . 2490
Sal 74.7 han *profanado* el tabernáculo de tu . . . 2490
79.1 oh Dios. . .han *profanado* tu santo templo . . . 2430
89.31 si *profanaren* mis estatutos, y no
89.39 has *profanado* su corona hasta la tierra . . . 2490
Is 30.22 *profanarás* la cubierta de. . .esculturas . . . 2430
43.28 yo *profané* los príncipes del santuario . . . 2490
47.6 *profané* mi heredad, y los entregué en . . . 2490
56.2,6 el día de reposo para no *profanarlo* . . . 2490
Jer 34.16 habéis vuelto y *profanado* mi nombre . . . 2490
Ez 5.11 por haber *profanado* mi santuario con . . . 2930
7.21 será presa de los impíos. . .la *profanarán* . . . 2490
7.22 entrarán en él invasores y lo *profanarán* . . . 2490
7.24 cesar. . .sus santuarios serán *profanados* . . . 2490
13.19 ¿y habéis de *profanarme* entre mi pueblo . . . 2490
20.13,16 y mis días de reposo *profanaron* . . . 2490
20.21,24 *profanaron* mis días de reposo . . . 2490
20.39 pero no *profanéis* más mi santo nombre . . . 2490
22.8 mis. . .y mis días de reposo has *profanado* . . . 2490
22.26 yo he sido *profanado* en medio de ellos . . . 2490
23.38 día, y *profanaron* mis días de reposo . . . 2490
24.21 yo *profano* mi santuario, la gloria de . . . 2490
25.3 cuando mi santuario era *profanado*, y la . . . 2490
28.18 tus maldades. . .*profanaste* tu santuario . . . 2490
36.20 *profanaron* mi santo nombre, diciéndose . . . 2490
36.21 dolor al ver mi santo nombre *profanado* . . . 2490
36.22 nombre, el cual *profanasteis* vosotros . . . 2490
36.23 nombre, *profanado* entre las naciones . . . 2490
36.23 el cual *profanasteis* vosotros en medio . . . 2490
39.7 y nunca más dejaré *profanar* mi. . .nombre . . . 2490
43.7 nunca más *profanará* la casa de Israel mi . . . 2430
Dn 11.31 tropas que *profanarán* el santuario y . . . 2490
Am 2.7 se llegan a. . .*profanando* mi santo nombre . . . 2490
Mi 4.11 dicen: Sea *profanada*, y vean nuestros . . . 2610
Mal 1.12 vosotros lo habéis *profanado* cuando . . . 2490
2.10 *profanando* el pacto de nuestros padres? . . . 2490
2.11 porque Judá ha *profanado* el santuario de . . . 1351
Mt 12.5 **en el templo *profanan* el día de reposo** . . . *953*
Hch 21.28 este. . .ha *profanado* este santo lugar . . . *2840*
24.6 intentó también *profanar* el templo . . . *953*

PROFANO, A
Lv 10.10 poder discernir entre lo santo y lo *p* . . . 2455
1 S 21.5 aunque el viaje es *p*; ¿cuánto más no
Ez 21.25 tú, *p* e impío príncipe de Israel, cuyo . . . 2491
22.26 lo santo y lo *p* no hicieron diferencia . . . 2455
42.20 separación. . .el santuario y el lugar *p* . . . 2455
44.23 hacer diferencia entre lo santo y lo *p* . . . 2455
48.15 las cinco mil cañas. . .que quedan. . .serán *p* . . 2455
1 Ti 1.9 ley fue dada para. . .irreverentes y *p* . . . *952*
4.7 desecha las fábulas *p* y de viejas . . . *952*
6.20 evitando. . .*p* pláticas sobre cosas vanas . . . *952*
2 Ti 2.16 evita *p* y vanas palabrerías, porque . . . *952*
He 12.16 no sea que haya algún. . .*p*, como Esaú . . . *952*

PROFECÍA
2 Cr 9.29 escritos. . .en la *p* de Abías silonita . . . 5016
9.29 escritos en. . .y en la *p* del vidente Iddo . . . 5016
15.8 cuando oyó Asa. . .la *p* del profeta Azarías . . . 5016
32.32 escritos en la *p* del profeta Isaías . . . 2377
Esd 6.14 conforme a la *p* del profeta Hageo y . . . 5017
Neh 6.12 sino que hablaba aquella *p* contra mí . . . 5016
Pr 29.18 sin *p* el pueblo se desenfrena; mas . . . 2377
30.1 la *p* que dijo el varón a Itiel, a Itiel . . . 4853
31.1 Lemuel: la *p* con que le enseñó su madre . . . 4853
Is 13.1 *p* sobre Babilonia, revelada a Isaías . . . 4853
14.28 el año que murió el rey Acaz fue esta *p*
15.1 *p* sobre Moab. . .de noche fue destruida Ar . . . 4853
17.1 *p* sobre Damasco. . .Damasco dejará de ser . . . 4853
19.1 *p* sobre Egipto. He aquí que Jehová monta . . . 4853
21.1 *p* sobre el desierto del mar. . .así viene . . . 4853
21.11 *p* sobre Duma. . .Me dan voces de Seir . . . 4853
21.13 *p* sobre Arabia. En el bosque pasaréis . . . 4853
22.1 *p* sobre el valle de la visión. ¿Qué tienes . . . 4853
23.1 *p* sobre Tiro. Aullad, naves de Tarsis . . . 4853
30.6 *p* sobre. . .bestias del Neguev: Por tierra . . . 4853
Jer 15.17 senté. . .ni me engreí a causa de tu *p*
23.33 cuál es la *p* de. . .les dirás: Esta es la *p* . . . 4853
23.34 al pueblo que dijere: *P* de Jehová, yo . . . 4853
23.36 nunca más. . .decir: *P* de Jehová; porque . . . 4853
23.36 la palabra de cada uno le será por *p* . . . 4853
23.38 si dijereis: *P* de Jehová. . .*P* de Jehová . . . 4853
23.38 enviado a deciros: No digáis: *P* de Jehová . . . 4853
Lm 2.14 que te predicaron vanas *p* y extravíos . . . 4864
Ez 12.10 diles. . .Esta *p* se refiere al príncipe . . . 4853
Dn 9.24 sellar la visión y la *p*, y ungir al . . . 5030
Os 12.10 y aumenté la *p*, y por medio de los . . . 4853
Mi 3.6 de la *p* se os hará noche, y oscuridad . . . 2377
Nah 1.1 *p* sobre Nínive. Libro de la visión de . . . 2377
Hab 1.1 la *p* que vio el profeta Habacuc . . . 2377
Zac 9.1 *p* de la palabra de Jehová está contra . . . 4853
12.1 *p* de. . .palabra de Jehová acerca de Israel . . . 4853
Mal 1.1 *p* de. . .palabra de Jehová contra Israel . . . 4853
Mt 13.14 **que se cumple en ellos la *p* de Isaías** . . . *4394*
Ro 12.6 si el de *p*, úsese conforme a la medida . . . *4394*
1 Co 12.10 otro, el hacer milagros; a otro, *p* . . . *4394*
13.2 y si tuviese *p*, y entendiese todos los . . . *4394*
13.8 *p* se acabarán, y cesarán las lenguas, y . . . *4394*
14.6 si no os hablare con revelación. . .o con *p* . . . *4394*
14.22 la *p*, no a los incrédulos, sino a los . . . *4394*
1 Ts 5.20 no menospreciéis las *p* . . . *4394*
1 Ti 1.18 que conforme a las *p* que se hicieron . . . *4394*
4.14 fue dado mediante *p* con la imposición de . . . *4394*
2 P 1.20 que ninguna *p* de la escritura es de . . . *4394*
1.21 nunca la *p*. . .traída por voluntad humana . . . *4394*
Ap 1.3 y los que oyen las palabras de esta *p* . . . *4394*
11.6 fin de que no llueva en los días de su *p* . . . *4394*
19.10 el testimonio. . .es el espíritu de la *p* . . . *4394*
22.7 **que guarda las palabras de la *p* de este** . . . *4394*
22.10 no selles las palabras de la *p* de este . . . *4394*
22.18 oye las palabras de la *p* de este libro . . . *4394*
22.19 quitare de las palabras del. . .de esta *p* . . . *4394*

PROFERIR

Lv 5.4 que el hombre *profiere* con juramento 981
Nm 23.11 y he aquí has *proferido* bendiciones 1288
Dt 33.7 y esta bendición *profirió* para Judá
1 R 16.12 palabra que Jehová había *proferido* 1696
Est 7.8 al *proferir* el rey esta palabra, le 3318
Job 15.2 ¿*proferirá* el sabio vana sabiduría, y 6030
Sal 39.3 fuego, y así *proferí* con mi lengua 1696
59.7 he aquí *proferirán* con su boca; espadas 5042
59.12 la maldición y mentira que *profieren* 5608
Ec 5.2 corazón se apresure a *proferir* palabra 3318
Is 8.10 *proferid* palabra, y no será firme 1696
59.13 *proferir* de corazón palabras…mentira 1897
Jer 1.16 *proferiré* mis juicios contra los que 1696
Ez 20.49 de mí: ¿No *profiere* éste parábolas? 4911
35.12 tus injurias que *proferiste* contra los 559
Jud 9 Miguel…no se atrevió a *proferir* juicio

PROFESAR

Ro 1.22 *profesando*…sabios, se hicieron necios *5335*
2 Co 9.13 por la obediencia que *profesáis* al *3671*
1 Ti 2.10 como corresponde a…*profesan* piedad *1861*
6.21 *profesando* algunos, se desviaron de la *1861*
Tit 1.16 *profesan* conocer a Dios, pero con los *3670*

PROFESIÓN

1 Ti 6.12 habiendo hecho la buena *p* delante de *3671*
6.13 dio testimonio de la buena *p* delante de *3671*
He 3.1 apóstol y sumo sacerdote de nuestra *p* *3671*
4.14 el Hijo de Dios, retengamos nuestra *p* *3671*
10.23 la *p* de nuestra esperanza, porque fiel *3671*

PROFETA *Véase también Profetisa*

Gn 20.7 porque es *p*, y orará por ti, y vivirás 5030
Éx 7.1 he constituido dios…y Aarón será tu *p* 5030
Nm 11.29 ojalá…el pueblo de Jehová fuese *p* 5030
12.6 cuando haya entre vosotros *p* de Jehová 5030
Dt 13.1 cuando se levantare en medio de ti *p* 5030
13.3 no darás oído a las palabras de tal *p* 5030
13.5 tal *p* o soñador…ha de ser muerto, por 5030
18.15 *p* de en medio de ti…levantará Jehová 5030
18.18 *p* les levantaré de en medio de…como tú 5030
18.20 *p* que tuviere la presunción de hablar 5030
18.20 hablare en nombre de…el tal *p* morirá 5030
18.22 el *p* hablare en nombre de Jehová, y no 5030
18.22 con presunción la habló el tal *p*; no 5030
34.10 nunca más se levantó *p* en…como Moisés 5030
Jue 6.8 envió…un varón *p*, el cual les dijo 5030
1 S 3.20 Israel…conoció que Samuel era fiel *p* 5030
9.9 al que hoy se llama *p*…llamaba vidente 5030
10.5 entres…encontrarás una compañía de *p* 5030
10.10 aquí la compañía de los *p* que venía a 5030
10.11 con los *p*…¿Saúl también entre los *p*? 5030
10.12 proverbio: ¿También Saúl entre los *p*? 5030
19.20 mensajeros…vieron una compañía de *p* 5030
19.24 aquí se dijo: ¿También Saúl entre los *p*? 5030
22.5 pero el *p* Gad dijo a David: No te estés 5030
28.6 pero Jehová no le respondió…ni por *p* 5030
28.15 Dios…no me responde más, ni por…de *p* 5030
2 S 7.2 dijo el rey al *p* Natán: Mira ahora, yo 5030
12.25 envió un mensaje por medio de Natán *p* 5030
24.11 palabra de Jehová al *p* Gad, vidente de 5030
1 R 1.8 y el *p* Natán, Simei, Rei y todos los 5030
1.10 pero no convidó al *p* Natán, ni a Benaía 5030
1.22 mientras aún hablaba…vino el *p* Natán 5030
1.23 diciendo: He aquí el *p* Natán; el cual 5030
1.32 llamadme…al *p* Natán, y a Benaía hijo de 5030
1.34 y allí lo ungirá el…Sadoc y el *p* Natán 5030
1.38 descendieron…el *p* Natán, Benaía hijo de 5030
1.44 rey ha enviado…al *p* Natán, y a Benaía 5030
1.45 Sadoc y el *p* Natán lo han ungido por rey 5030
11.29 le encontró en el…el *p* Ahías silonita 5030
13.11 moraba entonces en Bet-el un viejo *p* 5030
13.18 soy *p* como tú, y un ángel me ha hablado 5030
13.20 vino palabra de Jehová al *p* que le había 5030
13.25 lo dijeron…donde el viejo *p* habitaba 5030
13.26 oyéndolo el *p*…dijo: El varón de Dios 5030
13.29 tomó el *p* el cuerpo del varón de Dios 5030
13.29 el *p* viejo vino a la ciudad…enterrarle 5030
14.2 allá está el *p* Ahías, el que me dijo que 5030
14.18 había hablado por su siervo el *p* Ahías 5030
16.7 la palabra de Jehová por el *p* Jehú hijo 5030
16.12 proferido contra Baasa por medio del *p* 5030
18.4 porque cuando Jezabel destruía a los *p* 5030
18.4 Abdías tomó a cien *p* y los escondió de 5030
18.13 Jezabel mataba a los *p*…escondí a…los *p* 5030
18.19 los 450 *p* de Baal, y los 400 *p* de Asera 5030
18.20 y reunió a los *p* en el monte Carmelo 5030
18.22 sólo yo he quedado *p* de Jehová; mas de 5030
18.22 mas de los *p* de Baal hay 450 hombres 5030
18.25 Elías dijo a los *p* de Baal: Escogeos un 5030
18.36 acercó el *p* Elías y dijo: Jehová Dios 5030
18.40 dijo: Prended a los *p* de Baal, para que 5030
19.1 y de cómo había matado a…a todos los *p* 5030
19.10,14 matado a espada a tus *p*; y sólo yo 5030
19.16 a Eliseo…ungirás para que sea *p* en tu 5030
20.13 *p* vino a Acab rey de Israel, y le dijo 5030
20.22 vino luego el *p* al rey de Israel y le 5030
20.35 un varón de los hijos de los *p* dijo a 5030
20.38 el *p* se fue, y se puso delante del rey 5030
20.41 rey de Israel conoció que era de los *p* 5030
22.6 el rey de…reunió a los *p*…400 hombres 5030
22.7 ¿hay aún aquí algún *p* de Jehová, por el 5030
22.10 y todos los *p* profetizaban delante de 5030
22.12 los *p* profetizaban de la misma manera 5030
22.13 de los *p*…anuncian al rey cosas buenas 5030
22.22 espíritu de mentira en boca de…sus *p* 5030
22.23 puesto espíritu de mentira en…tus *p* 5030
2 R 2.3 saliendo a Eliseo los hijos de los *p* 5030
2.5 se acercaron a Eliseo los hijos de los *p* 5030
2.7 vinieron 50…de los hijos de los *p*, y se 5030
2.15 los hijos de los *p* que estaban en Jericó 5030
3.11 dijo: ¿No hay aquí *p* de Jehová, para que 5030
3.13 vé a los *p* de tu padre, y a los *p* de tu 5030
4.1 una…de las mujeres de los hijos de los *p* 5030
4.38 los hijos de los *p* estaban con él, por 5030
4.38 y haz potaje para los hijos de los *p* 5030
5.3 rogase mi señor al *p* que está en Samaria 5030
5.8 venga ahora a mí, y sabrá que hay *p* en 5030
5.13 si el *p* te mandara alguna gran cosa, ¿no 5030
5.22 vinieron…jóvenes de los hijos de los *p* 5030
6.1 los hijos de los *p* dijeron a Eliseo: He 5030
6.12 que el *p* Eliseo está en Israel, el cual 5030
9.1 el *p* Eliseo llamó a uno…hijos de los *p* 5030
9.4 fue…el joven, el *p*, a Ramot de Galaad 5030
9.7 yo vengue la sangre de mis siervos los *p* 5030
10.19 llamadme, pues…a todos los *p* de Baal 5030
14.25 Jonás hijo de Amitai, *p*…de Gat-hefer 5030
17.13 amonestó…por medio de todos los *p* y de 5030
17.13 que os he enviado por medio de…los *p* 5030
17.23 lo había dicho por medio de todos los *p* sus siervos 5030
19.2 y envió a Eliaquim…al *p* Isaías hijo de 5030
20.1 Ezequías cayó enfermo…vino…el *p* Isaías 5030
20.11 *p* Isaías clamó a Jehová; e hizo volver 5030
20.14 el *p* Isaías vino al rey Ezequías, y te 5030
21.10 habló…por medio de sus siervos los *p* 5030
23.2 subió el rey…con los…*p* y con todo el 5030
23.18 los huesos del *p* que había venido de 5030
24.2 la palabra…que había hablado por…los *p* 5030
1 Cr 16.22 no toquéis…ni hagáis mal a mis *p* 5030
17.1 dijo David al *p* Natán…yo habito en casa 5030
29.29 en las crónicas del *p* Natán, y en las 5030
2 Cr 9.29 escritos en los libros del *p* Natán 5030
12.5 entonces vino el *p* Semaías a Roboam y a 5030
12.15 escritas en los libros del *p* Semaías y 5030
13.22 están escritos en la historia de Iddo *p* 5030
18.5 el rey de Israel reunió a 400 *p*, y les 5030
18.6 ¿hay aún aquí algún *p* de Jehová, para 5030
18.9 todos los *p* profetizaban delante de ellos 5030
18.11 profetizaban todos los *p*, diciendo: Sube 5030
18.12 de los *p*…anuncian al rey cosas buenas 5030
18.21,22 espíritu de mentira en la boca de…*p* 5030
20.20 creed a sus *p*, y seréis prosperados 5030
21.12 y le llegó una carta del *p* Elías, que 5030
24.19 envió *p* para que los volviesen a Jehová 5030
25.15 envió a él un *p*, que le dijo: ¿Por qué 5030
25.16 hablándole el *p* estas cosas…respondió 5030
25.16 el *p* dijo…Yo sé que Dios ha decretado 5030
26.22 fueron escritos por el *p* Isaías, hijo 5030
28.9 allí un *p* de Jehová que se llamaba Obed 5030
29.25 al mandamiento de David…y del *p* Natán 5030
29.25 procedía de Jehová por medio de sus *p* 5030
32.20 el rey…y el *p* Isaías…oraron por esto 5030
32.32 escritos en la profecía del *p* Isaías 5030
35.18 pascua…desde los días de Samuel el *p* 5030
36.12 no se humilló delante del *p* Jeremías 5030
36.16 hacían escarnio de…burlándose de sus *p* 5030
Esd 5.1 profetizaron Hageo y…*p*, a los judíos 5029
5.2 con ellos los *p* de Dios que les ayudaban 5030
6.14 conforme a la profecía del *p* Hageo y de 5029
9.11 por medio de tus siervos los *p*, diciendo 5030
Neh 6.7 has puesto *p* que proclamen acerca de 5030
6.14 otros *p* que procuraban infundirme miedo 5030
9.26 mataron a tus *p* que protestaban contra 5030
9.30 y les testificaste…por medio de tus *p* 5030
9.32 todo el sufrimiento que ha alcanzado…*p* 5030
Sal 51 *tít*. después de…vino a él Natán el *p* 5030
74.9 no vemos ya…señales; no hay más *p*, ni 5030
105.15 no toquéis, dijo…ni hagáis mal a mis *p* 5030
Is 3.2 el juez y el *p*, el adivino y el anciano 5030
9.15 el *p* que enseña mentira, es la cola 5030
28.7 el sacerdote y el *p* erraron con sidra 5030
29.10 cerró los ojos de vuestros *p*, y puso 5030
30.10 que dicen a…los *p*: No nos profeticéis 5030
37.2 cubiertos de cilicio, *p* Isaías hijo de 5030
38.1 vino a él el *p* Isaías hijo de Amoz, y le 5030
39.3 el *p* Isaías vino al rey Ezequías, y le 5030
Jer 1.5 te conocí…te di por *p* a las naciones 5030
2.8 y los *p* profetizaron en nombre de Baal 5030
2.26 sus príncipes, sus sacerdotes y sus *p* 5030
2.30 espada devoró a vuestros *p* como león 5030
4.9 en aquél día, dice…maravillarán los *p* 5030
5.13 los *p* serán como viento, porque no hay 5030
5.31 *p* profetizaron mentira, y…sacerdotes 5030
6.13 desde el *p* hasta el sacerdote, todos son 5030
7.25 envié todos los *p* mis siervos…sin cesar 5030
8.1 sacarán los huesos…los huesos de los *p* 5030
8.10 el *p* hasta el sacerdote…hacen engaño 5030
13.13 lleno de embriaguez a…sacerdotes y *p* 5030
14.13 los *p* les dicen: No veréis espada, ni 5030
14.14 Jehová: Falsamente profetizan los *p* en 5030
14.15 tanto, así ha dicho Jehová sobre los *p* 5030
14.15 con espada y…serán consumidos esos *p* 5030
14.18 porque tanto el *p* como el sacerdote 5030
18.18 la ley no faltará…ni la palabra al *p* 5030
20.2 y azotó Pasur al *p* Jeremías, y lo puso 5030
23.9 a causa…*p* mi corazón está quebrantado 5030
23.11 el *p* como el sacerdote son impíos; aun 5030
23.13 en los *p* de Samaria he visto desatinos 5030
23.14 en los *p* de Jerusalén he visto torpezas 5030
23.15 ha dicho…contra aquellos *p*: He aquí 5030
23.15 de los *p* de Jerusalén…la hipocresía 5030
23.16 no escuchéis las palabras de los *p* que 5030
23.21 no envié yo aquellos *p*…ellos corrían 5030
23.25 yo he oído lo que aquellos *p* dijeron 5030
23.26 en el corazón de los *p* que profetizan 5030
23.28 el *p* que tuviere un sueño, cuente el 5030
23.30 que yo estoy contra los *p*, dice Jehová 5030
23.31 contra los *p* que endulzan sus lenguas 5030
23.33 cuando te preguntare…el *p*…les dirás 5030
23.34 y al *p*, al sacerdote o al pueblo que 5030
23.37 dirás al *p*: ¿Qué te respondió Jehová 5030
25.2 habló el *p* Jeremías a todo el pueblo de 5030
25.4 envió Jehová…todos sus siervos los *p* 5030
26.5 las palabras de mis siervos los *p*, que 5030
26.7 los sacerdotes, los *p* y todo el pueblo 5030
26.8 los *p* y todo el pueblo le echaron mano 5030
26.11 hablaron los sacerdotes y los *p* a los 5030
26.16 a los sacerdotes y *p*: No ha incurrido 5030
27.9 vosotros no prestéis oído a vuestros *p* 5030
27.14 no oigáis las palabras de los *p* que os 5030
27.15 os arroje y perezcáis vosotros y los *p* 5030
27.16 no oigáis las palabras de vuestros *p* 5030
27.18 si ellos son *p*, y si está con ellos la 5030
28.1 Hananías…*p* que era de Gabaón, me habló 5030
28.5 respondió el *p* Jeremías al *p* Hananías 5030
28.6 el *p* Jeremías: Amén, así lo haga Jehová 5030
28.8 los *p* que fueron antes de mí y antes de 5030
28.9 el *p* que profetiza de paz, cuando se 5030
28.9 cuando se cumpla la palabra del *p*, será 5030
28.9 conocido como el *p* que Jehová en…envió 5030
28.10 el *p* Hananías quitó el yugo del…del *p* 5030
28.12 que el *p* Hananías rompió el yugo…del *p* 5030
28.15 dijo el *p* Jeremías al *p* Hananías…oye 5030
29.1 carta que el *p* Jeremías envió…a los…*p* 5030
29.8 no os engañen vuestros *p* que están entre 5030
29.15 Jehová nos ha levantado *p* en Babilonia 5030
29.19 no oyeron mis palabras…siervos los *p* 5030
29.29 leído esta carta a oídos del *p* Jeremías 5030
32.2 el *p* Jeremías estaba preso en el patio 5030
32.32 reyes…sus *p*, y los varones de Judá y 5030
34.6 habló el *p* Jeremías a Sedequías rey de 5030
35.15 y envié a vosotros…mis siervos los *p* 5030
36.8 hizo conforme…que le mandó Jeremías *p* 5030
36.26 que prendiesen a Baruc…y al *p* Jeremías 5030
37.2 a las palabras…dijo por el *p* Jeremías 5030
37.3 que dijesen al *p* Jeremías: Ruega ahora 5030
37.6 vino palabra de Jehová al *p* Jeremías 5030
37.13 Irías…apresó al *p* Jeremías, diciendo 5030
37.19 dónde están vuestros *p* que…diciendo 5030
38.9 mal hicieron estos…con el *p* Jeremías 5030
38.10 haz sacar al *p* Jeremías de la cisterna 5030
38.14 traer al *p* Jeremías a su presencia, en 5030
42.2 al *p* Jeremías: Acepta…nuestro ruego 5030
42.4 el *p* Jeremías les dijo: He oído. He aquí 5030
43.6 al *p* Jeremías y a Baruc hijo de Nerías 5030
44.4 todos mis siervos los *p*, desde temprano 5030
45.1 palabra que habló el *p* Jeremías a Baruc 5030
46.1 palabra de Jehová que vino al *p* Jeremías 5030
46.13 habló Jehová al *p* Jeremías acerca de la 5030
47.1; 49.34 palabra…que vino al *p* Jeremías 5030
50.1 hablo Jehová…por medio del *p* Jeremías 5030
51.59 palabra…envió el *p* Jeremías a Seraías 5030
Lm 2.9 sus *p*, tampoco hallaron visión de Jehová 5030
2.14 tus *p* vieron para ti vanidad y locura 5030
2.20 ¿han de ser muertos…sacerdote y el *p*? 5030
4.13 por causa de los pecados de sus *p*, y las 5030
Ez 2.5 siempre conocerán que hubo *p* entre ellos 5030
7.26 buscarán respuesta del *p*, mas la ley se 5030
13.2 hijo de hombre, profetiza contra los *p* 5030
13.3 ¡ay de los *p* insensatos, que andan en pos 5030
13.4 zorras en los desiertos fueron tus *p*, oh 5030
13.9 mi mano contra los *p* que ven vanidad y 5030
13.16 los *p* de Israel que profetizan acerca 5030
14.4 y viniere al *p*, yo Jehová responderé al 5030
14.7 y viniere al *p* para preguntarle por mí 5030
14.9 y cuando el *p* fuere engañado y hablare 5030
14.9 yo Jehová engañé al tal *p*; y extenderé 5030
14.10 como la maldad…será la maldad del *p* 5030
22.25 conjuración de sus *p* en medio de ella 5030
22.28 *p* recubrían con lodo suelto…vanidad 5030
33.33 viniere…sabrán que hubo *p* entre ellos 5030
38.17 de quien hablé yo…por…los *p* de Israel 5030
Dn 9.2 años de que habló Jehová al *p* Jeremías 5030
9.6 no hemos obedecido a tus siervos los *p* 5030
9.10 la voz…por medio de sus siervos los *p* 5030
Os 4.5 v caerá también contigo el *p* de noche 5030
6.5 los corté por medio de los *p*, con las 5030
9.7 necio es el *p*…insensato es el varón de 5030
9.8 el *p* es lazo de cazador en…sus caminos 5030
12.10 hablado a los *p*, y aumenté la profecía 5030
12.10 y por medio de los *p* usé parábolas 5030
12.13 por un *p*…subir…por un *p* fue guardado 5030
Am 2.11 levanté de vuestros hijos para *p*, y de 5030
2.12 *p* mandasteis diciendo: No profeticéis 5030
3.7 que revele su secreto a sus siervos los *p* 5030
7.14 no soy *p*, ni soy hijo de *p*, sino que soy 5030
Mi 2.11 si…este tal será el *p* de este pueblo 5197
3.5 así ha dicho Jehová acerca de los *p* que 5030
3.6 sobre los *p* se pondrá el sol, y el día 5030
3.7 y serán avergonzados los *p*, y…adivinos 2374
3.11 por precio, y sus *p* adivinan por dinero 5030
Hab 1.1 la profecía que vio el *p* Habacuc 5030
3.1 oración del *p* Habacuc, sobre Sigionot 5030
Sof 3.4 *p* son livianos, hombres prevaricadores 5030
Hag 1.1,3; 2.1,10 vino palabra…por medio del *p* 5030
1.12 oyó…las palabras del *p* Hageo, como le 5030
Zac 1.1 vino palabra de Jehová al *p* Zacarías 5030
1.4 clamaron los primeros *p*, diciendo: Así ha 5030
1.5 y los *p*, ¿han de vivir para siempre? 5030
1.6 ordenanzas que mandé a mis siervos los *p* 5030
1.7 palabra de Jehová al *p* Zacarías hijo de 5030

7.3 a los *p*, diciendo: ¿Lloraremos en el mes 5030
7.7 que proclamó Jehová por medio de los *p* 5030
7.12 enviaba por... por medio de los *p* primeros 5030
8.9 oís... estas palabras de la boca de los *p* 5030
13.2 haré cortar de la tierra a los *p* y al 5030
13.4 los *p* se avergonzarán de su visión cuando 5030
13.5 y dirá: No soy *p*; labrador... de la tierra 5030
Mal 4.5 os envío el *p* Elías, antes que venga 5030
Mt 1.22 lo dicho... por medio del *p*, cuando dijo *4396*
2.5 Belén... porque así está escrito por el *p* *4396*
2.15 por medio del *p*, cuando dijo: De Egipto *4396*
2.17 lo que fue dicho por el *p* Jeremías, cuando *4396*
2.23 dicho por los *p*... habría de ser llamado *4396*
3.3 éste es aquel de quien habló el *p* Isaías *4396*
4.14 que se cumpliese lo dicho por el *p* Isaías *4396*
5.12 **persiguieron a los *p* que fueron antes de** *4396*
5.17 **que he venido para abrogar la ley o los *p*** *4396*
7.12 haced vosotros... esto es la ley y los *p* *4396*
7.15 **guardaos de los falsos *p*, que vienen a** *4396*
8.17 que se cumpliese lo dicho por el *p* Isaías *4396*
10.41 **el que recibe a un *p*, por cuanto es *p*** *4396*
10.41 **que recibe... recompensa de *p* recibirá** *4396*
11.9 **ver? ¿A un *p*? Sí, os digo, y más que *p*** *4396*
11.13 **los *p* y la ley profetizaron hasta Juan** *4396*
12.17 se cumpliese lo dicho por el *p* Isaías *4396*
12.39 **no le será... sino la señal del *p* Jonás** *4396*
13.17 **muchos *p*... desearon ver lo que veis, y** *4396*
13.35 para que se cumpliese lo dicho por el *p* *4396*
13.57 **no hay *p* sin honra, sino en su propia** *4396*
14.5 pero temía... porque tenían a Juan por *p* *4396*
16.4 **le será dada, sino la señal del *p* Jonás** *4396*
16.14 y otros, Jeremías, o alguno de los *p* *4396*
21.4 para que se cumpliese lo dicho por el *p* *4396*
21.11 es Jesús el *p*, de Nazaret de Galilea *4396*
21.26 tememos al... todos tienen a Juan por *p* *4396*
21.46 temían al pueblo... éste le tenía por *p* *4396*
22.40 **de estos... depende toda la ley y los *p*** *4396*
23.29 **porque edificáis los sepulcros de los *p*** *4396*
23.30 **no... sus cómplices en la sangre de los *p*** *4396*
23.31 **hijos de aquellos que mataron a los *p*** *4396*
23.34 **yo os envío *p* y sabios y escribas; y de** *4396*
23.37 **matas a los *p*, y apedreas a los que te** *4396*
24.11 **falsos *p* se levantarán, y engañarán a** *5578*
24.15 **abominación... de que habló el *p* Daniel** *4396*
24.24 **levantarán falsos Cristos, y falsos *p*** *5578*
26.56 **que se cumplan, las Escrituras de los *p*** *4396*
27.9 se cumplió lo dicho por el *p* Jeremías *4396*
27.35 para que se cumpliese lo dicho por el *p* *4396*
Mr 1.2 está escrito en Isaías el *p*: He aquí yo *4396*
6.4 **no hay *p* sin honra sino en su... tierra** *4396*
6.15 otros decían: Es un *p*, o alguno de los *p* *4396*
8.28 otros, Elías; y otros, alguno de los *p* *4396*
11.32 todos tenían a Juan como un verdadero *p* *4396*
13.14 **abominación... de que habló el *p* Daniel** *4396*
13.22 **Cristos y falsos *p*, y harán señales y** *5578*
Lc 1.70 como habló por boca de sus santos *p* *4396*
1.76 tú, niño, *p* del Altísimo serás llamado *4396*
3.4 en el libro de las palabras del *p* Isaías *4396*
4.17 y se le dio el libro del *p* Isaías; y *4396*
4.24 **ningún *p* es acepto en su propia tierra** *4396*
4.27 **muchos leprosos había... en tiempo del *p*** *4396*
6.23 **porque así hacían sus padres con los *p*** *4396*
6.26 **así hacían sus padres con los falsos *p*** *5578*
7.16 un gran *p* se ha levantado entre nosotros *4396*
7.26 **ver? ¿A un *p*? Sí, os digo, y más que *p*** *4396*
7.28 **no hay mayor *p* que Juan el Bautista** *4396*
7.39 si fuera *p*, conocería quién y qué clase *4396*
9.8 algún *p* de los antiguos ha resucitado *4396*
9.19 otros, Elías; y otros, que algún *p* de *4396*
10.24 **muchos *p* y reyes desearon ver lo que** *4396*
11.47 **que edificáis los sepulcros de los *p*** *4396*
11.49 **les enviaré *p* y apóstoles; y de ellos** *4396*
11.50 **se demande... la sangre de todos los *p*** *4396*
13.28 **cuando veáis... todos los *p* en el reino** *4396*
13.33 **no... que un *p* muera fuera de Jerusalén** *4396*
13.34 **¡Jerusalén, Jerusalén... matas a los *p*** *4396*
16.16 **la ley y los *p* eran hasta Juan; desde** *4396*
16.29 **a Moisés y a los *p* tienen; óiganlos** *4396*
16.31 **si no oyen a Moisés y a los *p*, tampoco** *4396*
18.31 **cumplirán... las cosas escritas por los *p*** *4396*
20.6 porque están persuadidos... que Juan era *p* ... *4396*
24.19 de Jesús nazareno, que fue varón *p* *4396*
24.25 **para creer todo lo que los *p* han dicho!** *4396*
24.27 siguiendo por todos los *p*... declaraba *4396*
24.44 **lo que está escrito de mí... en los *p* y** *4396*
Jn 1.21 no soy... ¿Eres tú el *p*? Y respondió: No *4396*
1.23 clama... Enderezad... como dijo el *p* Isaías *4396*
1.25 tú no eres el Cristo, ni Elías, ni el *p*? *4396*
1.45 de quien escribió Moisés... así como los *p* *4396*
4.19 le dijo... Señor, me parece que tú eres *p* *4396*
4.44 el *p* no tiene honra en su propia tierra *4396*
6.14 este... es el *p* que había de venir al mundo *4396*
6.45 **está en los *p*: Y serán todos enseñados** *4396*
7.40 decían: Verdaderamente éste es el *p* *4396*
7.52 que de Galilea nunca se ha levantado *p* *4396*
8.52 Abraham murió; y los *p*, y tú dices: El *4396*
8.53 ¡y los *p* murieron! ¿Quién te haces a ti *4396*
9.17 ¿qué dices tú del... Y él dijo: Que es *p* *4396*
12.38 se cumpliese la palabra del *p* Isaías *4396*
Hch 2.16 mas esto es lo dicho por el *p* Joel *4396*
2.30 siendo *p*, y sabiendo que con juramento *4396*
3.18 anunciado por boca de todos sus *p*, que *4396*
3.21 de que habló... por boca de sus santos *p* *4396*
3.22 Dios os levantará *p* de entre vuestros *4396*
3.23 toda alma que no oiga a aquel *p*, será *4396*
3.24 y todos los *p* desde Samuel en adelante *4396*
3.25 vosotros sois los hijos de los *p*, y del *4396*
7.37 *p* os levantará el Señor vuestro Dios de *4396*
7.42 como está escrito en el libro de los *p* *4396*
7.48 no habita en templos... como dice el *p* *4396*
7.52 ¿a cuál de los *p* no persiguieron... padres? *4396*
8.28 volvía sentado en... leyendo al *p* Isaías *4396*
8.30 oyó que leía al *p* Isaías, y dijo: Pero *4396*
8.34 ¿de quién dice el *p* esto; de sí mismo, o *4396*
10.43 de éste dan testimonio todos los *p*, que *4396*
11.27 días unos *p* descendieron de Jerusalén *4396*
13.1 en la iglesia... Antioquía, *p* y maestros *4396*
13.6 hallaron a cierto mago, falso *p*, judío *5578*
13.15 después de la lectura de la ley y de... *p* *4396*
13.20 años, les dio jueces hasta el *p* Samuel *4396*
13.27 palabras de los *p* que se leen todos los *4396*
13.40 que no venga... lo que está dicho en los *p* *4396*
15.15 esto concuerdan las palabras de los *p* *4396*
15.32 y Judas y Silas... ellos también eran *p* *4396*
21.10 descendió de Judea un *p*, llamado Agabo *4396*
24.14 que en la ley y en los *p* están escritas *4396*
26.22 fuera de las cosas que los *p* y Moisés *4396*
26.27 ¿crees, oh rey Agripa, a los *p*? Yo sé *4396*
28.23 por la ley de Moisés como por los *p* *4396*
28.25 bien habló el Espíritu... por medio del *p* *4396*
Ro 1.2 él había prometido antes por sus *p* en *4396*
3.21 Dios, testificada por la ley y por los *p* *4396*
11.3 Señor, a tus *p* han dado muerte, y tus *4396*
16.26 por las Escrituras de los *p*, según el *4397*
1 Co 12.28 unos puso Dios... apóstoles, luego *p* *4396*
12.29 ¿son todos apóstoles? ¿son todos *p*? *4396*
14.29 los *p* hablen dos o tres, y los demás *4396*
14.32 los espíritus de los *p*... sujetos a los *p* *4396*
14.37 se cree *p*, o espiritual, reconozca que *4396*
Ef 2.20 edificados sobre el fundamento de... *p* *4396*
3.5 como ahora es revelado a sus santos... y *p* *4396*
4.11 constituyó a... *p*: a otros, evangelistas *4396*
1 Ts 2.15 mataron al Señor... y a sus propios *p* *4396*
Tit 1.12 uno de ellos, su propio *p*, dijo: Los *4396*
He 1.1 habiendo hablado... los padres por los *p* *4396*
11.32 de David, así como de Samuel y de los *p* *4396*
Stg 5.10 como ejemplo de... de paciencia a los *p* *4396*
1 P 1.10 los *p* que profetizaron de la gracia *4396*
2 P 2.1 hubo también falsos *p* entre el pueblo *5578*
2.16 una muda bestia... refrenó la locura del *p* *4396*
3.2 de las palabras dichas... por los santos *p* *4396*
1 Jn 4.1 porque muchos falsos *p* han salido por *5578*
Ap 10.7 como... lo anunció a sus siervos los *p* *4396*
11.10 estos dos *p* habían atormentado a los *4396*
11.18 de dar el galardón a tus siervos los *p* *4396*
16.6 cuando derramaron la sangre... de los *p* *4396*
16.13 vi salir... de la boca del falso *p*, tres *4396*
18.10 alégrate sobre ella... apóstoles y *p* *4396*
18.24 y en ella se halló la sangre de los *p* y *4396*
19.20 fue apresada, y con ella el falso *p* que *4396*
20.10 donde estaban la bestia y el falso *p* *4396*
22.6 el Dios de los espíritus de los *p*, ha *4396*
22.9 soy consiervo tuyo, de, los *p*, y de los *4396*

PROFÉTICA

2 P 1.19 tenemos... la palabra *profética* más segura, a *4397*

PROFETISA

Éx 15.20 y María la *p*... tomó un pandero en su 5031
Jue 4.4 gobernaba... Débora, *p*, mujer de Lapidot 5031
2 R 22.14 a la *p* Hulda, mujer de Salum hijo de 5031
2 Cr 34.22 fueron a Hulda *p*, mujer de Salum 5031
Neh 6.14 también acuérdate de Noadías *p*, y de 5031
Is 8.3 me llegué a la *p*, la cual concibió, y 5031
Lc 2.36 estaba también... Ana, *p*, hija de *4398*
Ap 2.20 **que esa mujer Jezabel, que se dice *p*** *4398*

PROFETIZAR

Nm 11.25 sobre ellos el espíritu, *profetizaron* 5012
11.26 Eldad y... *profetizaron* en el campamento 5012
11.27 Eldad y... *profetizan* en el campamento 5012
1 S 10.5 una compañía de profetas... *profetizando* 5012
10.6 *profetizarás* con ellos, y serás mudado 5012
10.10 el espíritu de Dios vino... y *profetizó* 5012
10.11 vieron que *profetizaba* con los profetas 5012
10.13 y cesó de *profetizar*, y llegó al lugar 5012
19.20 compañía de profetas que *profetizaban* 5012
19.20 los mensajeros de... también *profetizaron* 5012
19.21 otros mensajeros... también *profetizaron* 5012
19.21 por tercera vez... también *profetizaron* 5012
19.23 siguió... *profetizando* hasta que llegó a 5012
19.24 también... *profetizó*... delante de Samuel 5012
1 R 22.8 por que nunca me *profetiza* bien, sino 5012
22.10 todos los profetas *profetizaban* delante 5012
22.12 los profetas *profetizaban* de la misma 5012
22.18 ninguna cosa buena *profetizará*... de mí 5012
2 R 23.16 había *profetizado* el varón de Dios 7121
23.17 varón de Dios... y *profetizó* estas cosas 7121
1 Cr 25.1 hijos de Asaf... para que *profetizasen* 5012
25.2 el cual *profetizaba* bajo las órdenes del 5012
25.3 Jedutún, el cual *profetizaba* con arpa 5012
2 Cr 18.7 nunca me *profetiza* cosa buena, sino 5012
18.9 profetas *profetizaban* delante de ellos 5012
18.11 *profetizaban*... profetas, diciendo: Sube 5012
18.17 que no me *profetizaría* bien, sino mal? 5012
20.37 Eliezer hijo... *profetizó* contra Josafat 5012
Esd 5.1 *profetizaron* Hageo y Zacarías hijo de 5013
Is 30.10 dicen: No nos *profeticéis* lo recto 2372
30.10 cosas halagüeñas, *profetizad* mentiras 2372
Jer 2.8 *profetizaron* en nombre de Baal, y 5012
5.31 los profetas *profetizaron* mentira, y los 5012
11.21 no *profetices* en nombre de Jehová, para 5012
14.14 falsamente *profetizan* los profetas en 5012
14.14 y engaño de su corazón os *profetizan* 5012
14.15 profetas que *profetizan* en mi nombre 5012
14.16 pueblo a quien *profetizan* será echado 5012
19.14 de Tofet, adonde le envió... a *profetizar* 5012
20.1 Pasur... oyó a Jeremías que *profetizaba* 5012
20.6 a los cuales has *profetizado* con mentira 5012
23.13 *profetizaban* en nombre de Baal... errar 5012
23.16 no escuchéis las palabras... *profetizan* 5012
23.21 no les hablé, mas ellos *profetizaban* 5012
23.25 *profetizando* mentira en mi nombre... soñé... 5012
23.26 *profetizan* mentira, y que *p* el engaño 5012
23.32 estoy contra los que *profetizan* sueños 5012
25.13 *profetizado* por Jeremías contra todas 5012
25.30 *profetizarás* contra ellos todas estas 5012
26.9 ¿por qué has *profetizado* en nombre de 5012
26.11 porque *profetizó* contra esta ciudad 5012
26.12 Jehová me envió a *profetizar* contra 5012
26.18 Miqueas... *profetizó* en tiempo de... rey 5012
26.20 un hombre que *profetizaba*... Urías hijo 5012
26.20 el cual *profetizó* contra esta ciudad 5012
27.10 ellos... *profetizan* mentira, para haceros 5012
27.14 no oigáis las... os *profetizan* mentira 5012
27.15 ellos *profetizan* falsamente en mi nombre 5012
27.15 perezcáis vosotros y... que os *profetizan* 5012
27.16 profetas que os *profetizan*... *p* mentira 5012
28.6 *profetizaste* que los utensilios de la 5012
28.8 los profetas que... *profetizaron* guerra 5012
28.9 el profeta que *profetiza* de paz, cuando 5012
29.9 porque falsamente os *profetizan* ellos en 5012
29.21 os *profetizan* falsamente en mi nombre 5012
29.26 hombre loco que *profetice*, poniéndolo 5012
29.27 Jeremías de Anatot, que os *profetiza*? 5012
29.31 *profetizó* Semaías, y yo no lo envié, y 5012
32.3 ¿por qué *profetizas* tú diciendo: Así ha 5012
37.19 vuestros profetas que os *profetizaban* 5012
Ez 4.7 y descubierto tu brazo, *profetizarás* 5012
6.2 tu rostro hacia los montes... y *profetiza* 5012
11.4 por tanto *profetiza* contra ellos; *p*, hijo 5012
11.13 aconteció que mientras yo *profetizaba* 5012
12.27 es... para lejanos tiempos *profetiza* éste 5012
13.2 *profetiza* contra los... que *profetizan*, y 5012
13.2 los que *profetizan* de su propio corazón 5012
13.16 los profetas de Israel que *profetizan* 5012
13.17 las hijas de tu pueblo que *profetizan* 5012
13.17 pon tu rostro... *profetiza* contra ellas 5012
20.46 *profetiza* contra el bosque del Neguev 5012
21.2 y *profetiza* contra la tierra de Israel 5012
21.9 *profetiza*, y di... La espada está afilada 5012
21.14 *profetiza*, y bate una mano contra otra 5012
21.28 *profetiza*, y di... de los hijos de Amón 5012
21.29 *profetizan* vanidad... adivinan mentira
22.28 *profetizándoles* vanidad y adivinándoles
25.2 hijos de Amón, y *profetiza* contra ellos 5012
28.21 pon tu rostro hacia Sidón, y *profetiza* 5012
29.2 y *profetiza* contra él y contra... Egipto 5012
30.2 *profetiza*, y di: Así ha dicho Jehová el 5012
34.2 *profetiza* contra los pastores... *p*, y di 5012
35.2 el monte de Seir, y *profetiza* contra él 5012
36.1 *profetiza* a los montes de Israel, y di 5012
36.3 *profetiza*... y di: Así ha dicho Jehová el 5012
36.6 *profetiza* sobre la tierra de Israel, y 5012
37.4 *profetiza* sobre estos huesos, y diles 5012
37.7 *profeticé*, pues, como me fue mandado 5012
37.7 hubo un ruido mientras yo *profetizaba* 5012
37.9 *profetiza* al espíritu, *p*... Espíritu, ven 5012
37.10 y *profeticé* como me había mandado, y 5012
37.12 *profetiza*, y diles... os haré subir de 5012
38.2 pon tu rostro contra Gog... y *profetiza* 5012
38.14 *profetiza*, hijo de hombre, y di a Gog 5012
38.17 *profetizaron*... que yo te había de traer 5012
39.1 tú... *profetiza* contra Gog, y di: Así ha 5012
Jl 2.28 *profetizarán*... hijos y vuestras hijas 5012
Am 1.1 Amos... que *profetizó* acerca de Israel en
2.12 mandasteis diciendo: No *profeticéis* 5012
3.8 si habla Jehová... ¿quién no *profetizará*? 5012
7.12 de Judá, y come allá tu pan, y *profetiza* 5012
7.13 y no *profetices* más en Bet-el, porque es 5012
7.15 dijo: Ve y *profetiza* a mi pueblo Israel 5012
7.16 tú dices: No *profetices* contra Israel 5012
Mi 2.6 no *profeticéis*... a los que *profetizan* 5197
2.6 no les *profeticen*, porque no... vergüenza 5197
2.11 te *profetizaré* de vino y de sidra; éste 5197
Zac 13.3 que cuando alguno *profetizare* aún, le 5197
13.3 padre... le traspasarán cuando *profetizare* 5197
13.4 se avergonzarán de... cuando *profetizaren* 4395
Mt 7.22 **Señor, ¿no *profetizamos* en tu nombre** *4395*
11.13 **los profetas y la ley *profetizaron* hasta** *4395*
15.7 **bien *profetizó* de vosotros Isaías... dijo** *4395*
26.68 *profetízanos*, Cristo, quién... te golpeó *4395*
Mr 7.6 **bien *profetizó* de vosotros Isaías, como** *4395*
14.65 de puñetazos, y a decirle: *Profetiza* *4395*
Lc 1.67 Zacarías su padre... *profetizó*, diciendo *4395*
22.64 *profetiza*, ¿quién es el que te golpeó? *4395*
Jn 11.51 *profetizó* que Jesús había de morir *4395*
Hch 2.17 hijos y vuestras hijas *profetizarán* *4395*
2.18 derramaré... mi Espíritu, y *profetizarán* *4395*
19.6 y hablaban en lenguas, y *profetizaban* *4395*
21.9 cuatro hijas doncellas que *profetizaban* *4395*
1 Co 11.4 todo varón que ora o *profetiza* con *4395*
13.9 en parte conocemos... y en... *profetizamos* *4395*
14.1 dones... pero sobre todo que *profeticéis* *4395*
14.3 el que *profetiza* habla a los hombres para *4395*
14.4 el que *profetiza*, edifica a la iglesia *4395*
14.5 en lenguas, pero más que *profetizaseis* *4395*
14.5 porque mayor es el que *profetiza* que el *4395*
14.24 pero si todos *profetizan*, y entra algún *4395*
14.31 porque podéis *profetizar* todos uno por *4395*
14.39 así que, hermanos, procurad *profetizar* *4395*
1 P 1.10 los profetas que *profetizaron* de la gracia *4395*
Jud 14 también *profetizó* Enoc, séptimo desde *4395*
Ap 10.11 *profetices* otra vez sobre... pueblos *4395*
11.3 daré a mis dos testigos que *profeticen* *4395*

PROFUNDIDAD
Éx 15.5 los...descendieron a las p como piedra........4688
Dt 32.22 mi ira, y arderá hasta las p del Seol..........8482
Neh 9.11 a sus perseguidores echaste en las p 4688
Job 12.22 él descubre las p de las tinieblas 6013
17.16 a la p del Seol descenderán...el polvo........3381
36.30 su luz, y cobija con ella las p del mar.........8328
Sal 68.22 dijo...te haré volver de las p del mar........4688
86.13 has librado mi alma de las p del Seol.........8482
95.4 en su mano están las p de la tierra, y..........4278
107.24 ellos han visto...sus maravillas en las p.....4688
Pr 25.3 y para la p de la tierra, y para el 6011
Is 44.23 oh...gritad con júbilo, p de la tierra...........8482
44.27 dice a las p: Secaos, y tus...haré secar 6683
51.10 el que transformó en camino las p del........4615
57.9 lejos, y te abatiste hasta la p del Seol
Ez 26.20 te pondré en las p de la tierra, como 8482
Zac 10.11 se secarán todas las p del río; y la...........4688
Mt 13.5; Mr 4.5 brotó...no tenía p de tierra.............*899*
Ro 11.33 ¡oh p de las riquezas de la sabiduría *899*
Ef 3.18 cuál sea la anchura, la longitud, la p *899*
Ap 2.24 **lo que ellos llaman las p de Satanás** *899*

PROFUNDO, A
Gn 2.21 Dios hizo caer sueño p sobre Adán, y 8639
Lv 13.3,20,25,30 pareciere...más p que la piel 6013
13.4,21,26,31,34 no pareciere más p que la piel 6013
13.32 ni pareciere la tiña más p que la piel.........6013
14.37 manchas...las cuales parecieren más p que..8217
1 S 26.12 un p sueño...había caído sobre ellos.........8639
Neh 9.11 echaste...como una piedra en p aguas 4688
Job 11.8 más p que el Seol; ¿cómo la conocerás? 6013
26.5 las sombras tiemblan en lo p, los mares y
41.31 hace hervir como una olla el mar p, y lo......4688
Sal 64.6 íntimo pensamiento de cada uno...es p.......6013
69.2 estoy hundido en cieno p, donde no puedo.....4615
69.14 sea yo libertado...de lo p de las aguas 4615
88.6 me has Puesto en el hoyo p...en lugares p......4688
92.5 tus obras...Muy p son tus pensamientos 6009
130.1 de lo p, oh Jehová, a ti clamo 4615
139.15 entretejido en lo más p de la tierra..........8482
140.10 echados...abismos p de donde no salgan....4113
Pr 1.6 palabras de sabios, y sus dichos p
9.18 que sus convidados están en lo p del Seol......6010
18.4 aguas p son las palabras de la boca del 6013
19.15 la pereza hace caer en p sueño, y el...........8639
20.5 aguas p es el consejo en el corazón del........6013
20.27 la cual escudriña lo más p del corazón 2315
22.14 fosa p es la boca de la mujer extraña..........6013
23.27 abismo p es la ramera, y pozo angosto 6013
Ec 7.24 que fue; y lo muy p, ¿quién lo hallará?.........6013
Is 7.11 ya sea de abajo en lo p, o de arriba 6009
30.33 Tofet...p y ancho, cuya pira es de fuego......6009
Jer 49.8,30 habitad en lugares p...moradores 6009
Lm 3.55 invoqué tu nombre...desde la cárcel p........8482
Ez 3.5 no eres enviado a pueblo de habla p ni
3.6 a muchos pueblos de habla p ni de lengua
27.34 seas quebrantada...en lo p de las aguas 8482
31.14 están destinados...a lo p de la tierra 8482
31.16 fueron consolados en lo p de la tierra 8482
31.18 derribado serás...en lo p de la tierra.........8482
32.18 y despéñalo a él...a lo p de la tierra.........8482
32.24 descendieron incircuncisos a lo mas p 8482
Dn 2.22 él revela lo p y lo escondido; conoce 5994
10.9 caí sobre mi rostro en un p sueño, con 7290
Os 5.2 y haciendo víctimas han bajado...lo p...........6009
Am 9.3 si se escondieren de...en lo p del mar 7172
Jon 2.3 echaste a lo p, en medio de los mares 4688
Mi 7.19 echará en lo p del...nuestros pecados.........4688
Mt 18.6 **y que se le hundiese en lo p del mar**...........*3989*
Hch 20.9 rendido de un sueño p, por cuanto *901*
Ro 8.39 ni lo p, ni ninguna otra cosa creada *899*
1 Co 2.10 todo lo escudriña, aun lo p de Dios *899*
2 Co 8.2 y su p pobreza abundaron en riquezas *899*

PROFUNDAMENTE
Is 31.6 se rebelaron p los hijos de Israel 6009
Jn 11.38 Jesús, p conmovido otra vez, vino al sepulcro

PROFUSAMENTE
Is 35.2 florecerá p, y también se alegrará y 6524

PROGENITOR
Gn 49.26 mayores que las bendiciones de mis p 2029

PROGRESO
Fil 1.12 han redundado más bien para el p del

PROHIBICIÓN
Dn 6.9 firmó...el rey Darío el edicto y la p 633

PROHIBIR
Dt 2.37 lugar alguno que...Dios había *prohibido* 6680
4.23 imagen...cosa que...Dios te ha *prohibido* 6680
17.3 inclinado a ellos...cual yo he *prohibido*
Jer 36.5 se me ha *prohibido* entrar en la casa
Mr 9.38 se lo *prohibimos*, porque no nos seguía *6680*
9.39 **no se lo *prohibáis*; porque ninguno hay** *2967*
Lc 9.49 se lo *prohibimos*, porque no sigue con *2967*
9.50 **no se lo *prohibáis*; porque el que no es** *2967*
23.2 *prohibe* dar tributo a César, diciendo que *2967*
Hch 16.6 fue *prohibido* por el Espíritu Santo *2967*
1 Ti 4.3 *prohibirán* casarse, y mandarán *2967*
3 Jn 10 que quieren recibirlos se lo *prohibe* *2967*

PROHIJAR
Éx 2.10 *prohijó*, y le puso por nombre Moisés

PRÓJIMO
Éx 2.13 dijo al que...¿Por qué golpeas a tu p? 7453
10.23 ninguno vio a su p, ni nadie se levantó 251
20.16 no hablarás contra...p falso testimonio 7453
20.17 no codiciarás la casa de tu p...su buey.......7453
20.17 no codiciarás la mujer de tu p, ni su..........7453
20.17 no codiciarás...ni cosa alguna de tu p........7453
21.14 ensoberbeciere contra su p y lo matare 7453
21.18 y uno hiriere a su p con piedra o con.........7453
21.35 si el buey de...hiriere al buey de su p 7453
22.7 diere a su p plata o alhajas a guardar.........7453
22.8 ha metido su mano en los bienes de su p 7453
22.9 jueces condenaren, pagará el doble a...p 7453
22.10 hubiere dado a su p asno, o...a guardar 7453
22.11 no metió su mano a los bienes de su p........7453
22.14 tomado prestada bestia a su p, y fuere 7453
22.26 si tomares en prenda el vestido de tu p.......7453
Lv 6.2 negare a su p lo encomendado o dejado 5997
6.2 una persona...robare o calumniare a su p 5997
18.20 no tendrás acto...con la mujer de tu p 5997
19.13 no oprimirás a tu p, ni le robarás. No 7453
19.15 el juicio...con justicia juzgarás a tu p.........5997
19.16 no atentarás contra la vida de tu p 7453
19.17 razonarás con tu p...que no participes.......5997
19.18 no...sino amarás a tu p como a ti mismo.....7453
20.10 cometiere adulterio con la mujer de...p
24.19 que causare lesión en su p, según hizo 5997
25.14 cuando vendiereis algo a vuestro p, o 5997
25.14 o comprareis de mano de vuestro p, no
25.15 conforme al número...comprarás de tu p....5997
25.17 no engañe ninguno a su p, sino temed a
Dt 4.42 que matase a su p sin intención, sin 7453
5.20 no dirás falso testimonio contra tu p 7453
5.21 la mujer de tu p, ni...la casa de tu p, ni........7453
5.21 no codiciarás la...ni cosa alguna de tu p 7453
15.2 obligó a su p; no lo demandará...a su p 7453
19.4 aquel que hiriere a su p sin intención..........7453
19.5 el que fuere con su p al monte a cortar........7453
19.5 cabo, y diere contra su p y éste muriere
19.6 por cuanto no tenía enemistad con su p
19.11 que aborreciere a su p y lo acechare, y.......7453
19.14 no reducirás los límites de la...de tu p
22.24 el hombre...humilló a la mujer de su p.......7453
22.26 levanta contra su p y le quita la vida 7453
23.24 en la viña de tu p, podrás comer uvas 7453
23.25 mies de tu p, podrás arrancar espigas 7453
23.25 mas no aplicarás hoz a la mies de tu p 7453
24.10 entregares a tu p alguna cosa prestada 7453
27.17 maldito el que redujere el límite de...p.......7453
27.24 maldito...que hiriere a su p ocultamente.....7453
Jos 20.5 por cuanto hirió a su p por accidente..........7453
1 S 15.28 lo ha dado a un p tuyo mejor que tú 7453
2 S 12.11 tomaré tus mujeres...las daré a tu p.........7453
1 R 8.31; 2 Cr 6.22 alguno pecare contra su p..........7453
Job 16.21 disputar el hombre con...como con su p 7453
31.9 si estuve acechando a la puerta de mi p 7453
Sal 12.2 habla mentira cada uno con su p 7453
15.3 el que no calumnia...ni hace mal a su p 7453
28.3 hablan paz con sus p, pero la maldad está.....7453
101.5 al que...infama a su p, yo lo destruiré..........7453
Pr 3.28 no digas a tu p: Anda, y vuelve...daré 7453
3.29 no intentes mal contra tu p que habita 7453
6.3 ya que has caído en la mano de tu p; ve
6.29 es el que se llega a la mujer de su p 7453
11.9 el hipócrita con la boca daña a su p; mas......7453
11.12 el que carece de...menosprecia a su p 7453
12.26 el justo sirve de guía a su p; mas el 7453
14.21 peca el que menosprecia a su p; mas el.........7453
16.29 hombre malo lisonjea a su p, y le hace 7453
21.10 el mal; su p no halla favor en sus ojos 7453
24.28 no seas sin causa testigo contra tu p 7453
25.8 sepas qué hacer al fin, después que tu p.......7453
25.18 el hombre que habla contra su p falso.........7453
29.5 hombre que lisonjea a su p, red tiende 7453
Ec 4.4 despierta la envidia del...contra su p.............7453
Is 19.2 cada uno peleará contra...contra su p...........7453
Jer 5.8 cual relinchaba tras la mujer de su p 7453
7.5 hiciereis justicia entre el hombre y su p 7453
22.13 edifica su...sirviéndose de su p de balde 7453
29.23 cometieron adulterio con las...de sus p 7453
31.34 y no enseñará más ninguno a su p, ni 7453
34.15 anunciando cada uno libertad a su p..........7453
Ez 18.6 ídolos...ni violare la mujer de su p 7453
18.11 los montes, o violare la mujer de su p 7453
18.15 de Israel; la mujer de su p no violare 7453
22.11 hizo abominación con la mujer de su p........7453
22.12 a tus p defraudaste con violencia; te 7453
33.26 contaminasteis cada...la mujer de su p 7453
Hab 2.15 ¡ay del que da de beber a su p! ¡Ay.........7453
Zac 8.16 hablad verdad cada cual con su p...paz......7453
8.17 ninguno...piense mal en su...contra su p 7453
Mt 5.43 **oísteis que fue dicho: Amarás a tu p** *4139*
19.19; 22.39; Mr 12.31 **amarás a tu p como a** *4139*
Mr 12.33 amar al p como a uno mismo, es más........*4139*
Lc 10.27 amarás al...y a tu p como a ti mismo *4139*
10.29 pero...dijo a Jesús: ¿Y quién es mi p?.........*4139*
10.36 **¿quién, pues...te parece que fue el p**..........*4139*
Hch 7.27 el que maltrataba a su p le rechazo..........*4139*
Ro 13.8 el que ama al p, ha cumplido la ley
13.9 resume: Amarás a tu p como a ti mismo *4139*
13.10 el amor no hace mal al p; así que el *4139*
15.2 cada uno de nosotros agrade a su p en *4139*
Gá 5.14 la ley...Amarás a tu p como a ti mismo *4139*
Ef 4.25 hablad verdad cada uno con su p; porque......*4139*
He 8.11 ninguno enseñará a su p, ni ninguno............*4139*
Stg 2.8 amarás a tu p como a ti mismo, bien............*4139*

PROLE
Gn 15.3 mira que no me has dado p...heredero 2233
Lv 22.13 no tuviere p y se hubiere vuelto a 2233
Nm 32.14 p de hombres pecadores, para añadir
Job 5.25 y tu p como la hierba de la tierra.............6631

PROLONGACIÓN
Dt 30.20 él es vida para ti, y p de tus días................753
Jer 15.15 no me reproches en la p de tu enojo
Dn 4.27 vez será eso una p de tu tranquilidad 754

PROLONGADAMENTE
Jos 6.5 cuando toquen p el cuerno de carnero.........4900

PROLONGAR
Dt 4.40 y *prolongues* tus días sobre la tierra............748
5.16 para que sean *prolongados* tus días, y 748
6.2 vida, para que tus días sean *prolongados* 748
11.9 que os sean *prolongados* los días sobre.........748
17.20 de que *prolongue* sus días en su reino 748
22.7 que te vaya bien, y *prolongues* tus días 748
25.15 que tus días sean *prolongados* sobre la........748
30.18 no *prolongaréis* vuestros días sobre la.........748
32.47 haréis *prolongar* vuestros días sobre la 748
Pr 28.16 que aborrece la avaricia *prolongará* 748
Ec 8.12 haga mal cien veces, y *prolongue* sus 748
8.13 ni le serán *prolongados* los días, que............748
Jer 31.3 tanto, te *prolongué* mi misericordia
Ez 12.22 van *prolongando* los días, y...visión?..........748
Dn 7.12 pero les había sido *prolongada* la vida

PROMESA
Jos 21.45 no faltó palabra de todas las...p que
1 R 8.56 ninguna...de todas sus p...ha faltado 1697
Esd 10.19 en p de que despedirían sus mujeres
Neh 9.38 nosotros hacemos...p, y la escribimos
Sal 77.8 ¿se ha acabado perpetuamente su p?..........562
Ec 5.4 a Dios haces p, no tardes en cumplirla
Lc 24.49 **he aquí, yo enviaré la p de mi Padre** *1860*
Hch 1.4 **sino que esperasen la p del Padre, la** *1860*
2.33 y habiendo recibido del Padre la p del.........*1860*
2.39 para vosotros es la p, y para vuestros *1860*
7.17 pero cuando se acercaba el tiempo de la p *1860*
13.23 conforme a la p, Dios levantó a Jesús.........*1860*
13.32 anunciamos el evangelio de aquella p *1860*
23.21 y ahora están listos esperando tu p...........*1860*
26.6 por la esperanza de la p que hizo Dios *1860*
26.7 p cuyo cumplimiento esperan que han de
Ro 4.13 no por la ley fue dada a Abraham...la p *1860*
4.14 si...vana resulta la fe, y anulada la p *1860*
4.16 a fin de que la p sea firme para toda su *1860*
4.20 tampoco dudó...de la p de Dios, sino que......*1860*
9.4 de los cuales son la...el culto y las p *1860*
9.8 los que son hijos según la p son contados *1860*
9.9 porque la palabra de la p es esta: Por *1860*
15.8 para confirmar las p hechas a los padres *1860*
2 Co 1.20 las p de Dios son en él Sí, y en él.............*1860*
7.1 que, amados, puesto que tenemos tales p *1860*
Gá 3.14 la fe recibiésemos la p del Espíritu *1860*
3.16 a Abraham fueron hechas las p, y a su *1860*
3.17 ley...no lo abroga, para invalidar la p *1860*
3.18 si la...es por la ley, ya no es por la p............*1860*
3.18 pero Dios la concedió a...mediante la p *1860*
3.19 viniese la simiente a quien fue...la p *1861*
3.21 la ley es contraria a las p de Dios?............*1860*
3.22 para que la p...fuese dada a los creyentes.....*1860*
3.29 linaje de...sois, y herederos según la p *1860*
4.23 la carne; mas el de la libre, por la p *1860*
4.28 así...nosotros, como Isaac, somos...de la p *1860*
Ef 1.13 sellados con el Espíritu Santo de la p *1860*
2.12 ajenos a los pactos de la p, sin...Dios..........*1860*
3.6 y coparticipes de la p en Cristo Jesús *1860*
6.2 honra a...es el primer mandamiento con p.....*1860*
1 Ti 4.8 tiene p de esta vida presente, y de *1860*
2 Ti 1.1 según la p de...vida que es en Cristo *1860*
He 4.1 permaneciendo aún la p de entrar en su *1860*
6.12 de aquellos que por la fe...heredan las p *1860*
6.13 porque cuando Dios hizo la p a Abraham *1861*
6.15 y habiendo esperado con...alcanzó la p *1860*
6.17 mostrar más...a los herederos de la p la *1860*
7.6 los diezmos, y bendijo al que tenía las p.........*1860*
8.6 mejor pacto, establecido sobre mejores p.........*1860*
9.15 los llamados reciban la p de la herencia.......*1860*
10.36 hecho la voluntad de...obtengáis la p *1860*
11.9 con Isaac y...coherederos de la misma p *1860*
11.17 el que había recibido las p ofrecía su.........*1860*
11.33 alcanzaron p, taparon bocas de leones.......*1860*
2 P 1.4 nos ha dado preciosas y grandísimas p *1862*
3.4 ¿dónde está la p de su advenimiento?............*1860*
3.9 el Señor no retarda su p, según algunos *1860*
3.13 esperamos, según sus p, cielos nuevos y *1862*
1 Jn 2.25 la p que él nos hizo, la vida eterna *1860*

PROMETER
Éx 12.25 tierra que Jehová os...como *prometió*........1696
Nm 10.29 Jehová ha *prometido* el bien a Israel
32.11 la tierra que *prometí* con juramento a
Dt 1.11 ¡Jehová...bendiga, como os ha *prometido* 1696
8.1 y poseáis la tierra que Jehová *prometió*
9.28 no pudo Jehová...que les había *prometido* 1696
12.11 votos que hubiereis *prometido* a Jehová......5087
12.17 votos que *prometieres*, ni las ofrendas
19.8 y te diere toda la tierra que *prometió*..........1696
23.22 mas cuando te abstengas de *prometer*, no 5088
23.23 lo cumplirás, conforme lo *prometiste* 1696
23.23 pagando la ofrenda...que *prometiste* con 5087
26.18 pueblo suyo...como te lo ha *prometido*.......1696
Jos 9.21 les habían *prometido* los príncipes 1696
22.4 dado reposo a...como lo había *prometido*.....1696
Jue 11.36 de mí conforme a lo que *prometiste*
2 S 7.28 has *prometido* este bien a tu siervo 1696
15.7 a pagar mi voto...he *prometido* a Jehová......5087
1 R 8.24 que has cumplido...lo que le *prometiste* 1696

P

8.25 cumple...lo que le *prometiste*, diciendo 1696
2 R 8.19 había *prometido* darle lámpara a él y 559
2 Cr 6.4 cumplido lo que *prometió* con su boca 1696
6.15 que has guardado...lo que le *prometiste* 1696
6.16 cumple a tu siervo...que le has *prometido* 1696
15.12 *prometieron*...que buscarían a Jehová el 1285
31.6 las cosas que habían *prometido* a...Dios 6942
Sal 76.11 *prometed*, y pagad a Jehová vuestro 5087
132.2 juró a...y *prometió* al Fuerte de Jacob 5087
Pr 7.14 sacrificios de paz había *prometido*; hoy 5088
Ec 5.5 mejor es que no *prometas*, y no que *p* y 5087
Jon 2.9 sacrificios; pagaré lo que *prometí* 5087
Mal 1.14 que...*promete*, y sacrifica...lo dañado 5087
Mt 14.7 le *prometió*...darle todo lo que pidiese *3670*
Mr 14.11 alegraron, y *prometieron* darle dinero *1861*
Hch 7.5 *prometió* que se la daría en posesión *1861*
Ro 1.2 había *prometido* antes por sus profetas *4279*
4.21 para hacer todo lo que había *prometido* *1861*
2 Co 9.5 vuestra generosidad antes *prometida*
Tit 1.2 Dios, que no miente, *prometió* desde *1861*
He 10.23 firme...porque fiel es el que *prometió* *1861*
11.9 como extranjero en la tierra *prometida* *1860*
11.11 que era fiel quien lo había *prometido* *1861*
11.13 sin haber recibido lo *prometido*, sino *1860*
11.39 todos éstos...no recibieron lo *prometido* *1860*
12.26 pero ahora ha *prometido*, diciendo: Aun *1861*
Stg 1.12 Dios ha *prometido* a los que le aman *1861*
2.5 reino que ha *prometido* a los que le aman? *1861*
2 P 2.19 *prometen* libertad, y son ellos mismos *1861*

PROMINENTE
2 Cr 32.33 lo sepultaron en el lugar más *p* de 4608

PROMOTOR
Hch 24.5 y *p* de sediciones entre...los judíos *2795*

PROMOVER
Pr 15.18 hombre iracundo *promueve* contiendas 1624

PROMULGACIÓN
Ro 9.4 de los cuales son...la *p* de la ley, el *3548*

PROMULGAR
1 R 21.12 y *promulgaron* ayuno, y pusieron a 7121
Jer 34.8 hizo pacto...para *promulgarles* libertad 7121
34.17 promulgar cada uno a...*promulgo* libertad 7121
36.9 que *promulgaron* ayuno en la presencia de 7121
Dn 6.7 *promulgues* un edicto...y lo confirmes
Lc 2.1 que se *promulgó* un edicto de parte de

PRONOSTICAR
Is 47.13 cuentan los meses, para *pronosticar* 3045

PRONÓSTICO
Is 20.3 señal y *p* sobre Egipto y sobre Etiopía

PRONTITUD
Ro 9.28 el Señor ejecutará su sentencia...con *p* *4932*

PRONTA
Sal 119.173 esté tu mano *p* para socorrerme

PRONTAMENTE
Gn 24.46 y bajó *p* su cántaro de encima de sí, y dijo 4116
Jos 8.19 y levantándose *p* de su lugar los que estaban 4120
10.6 sube *p* a nosotros para defendernos
y ayudarnos 4120
23.16 y pereceréis *p* de esta buena tierra que él 4120
Jue 13.10 y la mujer corrió *p* a avisarle a su marido 4116
20.37 los hombres de las emboscadas acometieron *p*
1 S 25.23 cuando Abigail vio a David, se
bajó *p* del asno 4116
Esd 6.12 yo Darío he dado el decreto; sea cumplido *p* 629
7.21 escriba de la ley del Dios del cielo,
se le conceda *p* 629
7.23 sea hecho *p* para la casa del Dios del cielo 149
7.26 y la ley del rey, sea juzgado *p*, sea a muerte, a 629
Est 2.9 por lo que hizo darle *p* atavíos y alimentos 926
3.15 salieron los correos *p* por mandato del rey 1765
Dn 2.25 Arioc llevó *p* a Daniel ante el rey
Mr 6.25 entonces ella entró *p* al rey, y pidió diciendo *4710*
Hch 22.18 **date prisa, y sal *p* de Jerusalén** *4692*

PRONTO *Véase también el Apéndice*
1 Cr 12.33 *p* para la guerra, con toda clase de
Sal 57.7 *p* está mi corazón, oh Dios, mi corazón
119.173 tu mano *p* para socorrerme, porque tus
Mal 3.5 seré *p* testigo contra los hechiceros
Jn 13.27 dijo: Lo que vas a hacer, hazlo más *p*
2 Co 8.11 que como estuvisteis *p* a querer, así
10.6 estando *p* para castigar...desobediencia

PRONUNCIAR
Gn 49.21 Neftalí...*pronunciará* dichos hermosos
Nm 30.6 *pronunciare*...con que obligue su alma 4008
30.8 lo que *pronunció*...con que ligó su alma 4008
Dt 5.1 oye...decretos que yo *pronuncio* hoy en 1696
27.13 estarán...para *pronunciar* la maldición
Jue 12.6 Sibolet, porque no podía *pronunciarlo* 1696
1 R 20.40 tu sentencia; tú la has *pronunciado*
2 R 9.25 Jehová *pronunció* esta sentencia sobre
19.21 es la palabra que Jehová ha *pronunciado* 1696
22.19 oíste lo que yo he *pronunciado* contra 1696
25.6 el rey...*pronunciaron* contra él sentencia 1696
Job 27.4 no...ni mi lengua *pronunciará* engaño 1897
Sal 58.1 oh...¿*pronunciáis* en verdad justicia? 1696
66.14 que *pronunciaron* mis labios y habló mi 4475
94.4 ¿hasta cuándo *pronunciarán*, hablarán 5042
Is 14.4 *pronunciarás* este proverbio contra el
16.13 la palabra que Jehová *pronunció* sobre 1696
24.3 porque Jehová ha *pronunciado*...palabra 1696
59.3 vuestros labios *pronuncian* mentira, habla 1696
Jer 4.12 yo *pronunciaré* juicios contra ellos 1696
11.17 Jehová de...ha *pronunciado* mal contra ti 1696
52.9 al rey, y...*pronunció* sentencia contra él 1696
2 P 2.11 no *pronuncian* juicio...contra ellas

PROPAGAR
Pr 10.18 y el que *propaga* calumnia es necio 3318
Hch 7.19 la muerte...para que no se *propagasen*

PROPICIACIÓN
Ro 3.25 a quien Dios puso como *p* por medio de *2435*
1 Jn 2.2 él es la *p* por nuestras pecados; y no *2434*
4.10 envió a su Hijo...*p* por nuestros pecados *2434*

PROPICIATORIO
Éx 25.17 un *p* de oro fino, cuya longitud será 3727
25.18 labrados a...en los dos extremos del *p* 3727
25.19 una pieza con el *p* harás los querubines 3727
25.20 las alas, cubriendo con sus alas el *p* 3727
25.20 mirando al *p*...rostros de los querubines 3727
25.21 pondrás el *p* encima del arca, y en el 3727
25.22 hablaré contigo de sobre el *p*, de entre 3727
26.34 el *p* sobre el arca del testimonio en el 3727
30.6 pondrás...delante del *p* que está sobre el 3727
31.7 el *p* que está sobre ella, y todos los 3727
35.12 el arca y sus varas, el *p*, el velo de 3727
37.6 hizo...el *p* de oro puro, su longitud de 3727
37.7 querubines...en los dos extremos del *p* 3727
37.8 una pieza con el *p* hizo los querubines 3727
37.9 querubines...cubriendo con sus alas el *p* 3727
37.9 sus rostros el uno...miraban hacia el *p* 3727
39.35 arca del testimonio y sus varas, el *p* 3727
40.20 colocó las...y encima el *p* sobre el arca 3727
Lv 16.2 delante del *p* que está sobre el arca 3727
16.2 porque...apareceré en la nube sobre el *p* 3727
16.13 y la nube del perfume cubrirá el *p* que 3727
16.14 la rociará...el *p*...hacia el *p* esparcirá 3727
16.15 esparcirá sobre el *p* y delante del *p* 3727
Nm 7.89 la voz que le hablaba de encima del *p* 3727
1 Cr 28.11 el plano del pórtico...la casa del *p* 3727
He 9.5 querubines de gloria que cubrían el *p* *2435*

PROPICIO, A
Gn 41.16 será el que dé respuesta *p* a Faraón 7965
2 S 21.14 Dios fue *p* a la tierra después de
24.23 Arauna al rey: Jehová tu Dios te sea *p* 7521
2 Cr 30.18 Jehová, que es bueno, sea *p* a todo 3722
Esd 8.23 pedimos a nuestro Dios...él nos fue *p*
Sal 77.7 el Señor...no volverá más a sernos *p*? 7520
85.1 fuiste *p* a tu tierra, oh Jehová; volviste 7520
142.7 me rodearán los justos...tú me serás *p* 1580
Lc 18.13 **diciendo: Dios, sé *p* a mí, pecador** *2433*
He 8.12 seré *p* a sus injusticias, y nunca más *2436*

PROPIEDAD
Gn 23.4 dadme *p* para sepultura entre vosotros 272
23.18 como *p* de Abraham, en presencia de los 4736
Éx 21.21 no será castigado, porque es de su *p* 3701
Nm 33.53 os la he dado para que sea vuestra *p* 3423
Dt 19.14 no reducirás los límites de la *p* de 3423
Ez 45.6 *p* de la ciudad señalaréis cinco mil 272
Hch 2.45 y vendían sus *p* y sus bienes, y lo *2933*
28.7 había *p* del hombre principal de la isla *5564*

PROPIETARIO
2 R 3.4 Mesa...era *p* de ganados, y pagaba al

PROPIO, A *Véase también el Apéndice*
Jn 10.4 **y cuando ha sacado fuera todas las *p*** *2398*
1 Co 11.13 ¿es *p* que la mujer ore a Dios sin
16.4 y si fuere *p* que yo también vaya, irán

PROPONER
Gn 33.8 ¿qué te *propones* con...estos grupos que
Éx 21.1 estas son las leyes que les *propondrás* 7760
Dt 31.21 porque yo conozco lo que se *proponen*
Jue 14.12 yo os *propondré* ahora un enigma, y 2330
14.13 y ellos respondieron: *Propón* tu enigma 2330
14.16 el enigma que *propusiste* a los hijos de 2330
2 R 12.17 se *propuso*...subir contra Jerusalén 7760
1 Cr 21.10 tres cosas te *propongo*; escoge de 5186
2 Cr 7.11 que Salomón se *propuso* hacer en la
Ec 2.3 *propuse* en mi corazón agasajar mi carne 8446
Ez 17.2 *propón* una figura, y compón...parábola 2330
37.18 nos enseñarás qué te *propones* con eso?
Dn 1.8 y Daniel *propuso*...no contaminarse con 7760
Lc 21.14 **proponed en vuestros corazones no** *5087*
Hch 12.4 *proponía* sacarle al pueblo después de *321*
19.21 se *propuso* en espíritu ir a Jerusalén *5087*
20.16 había *propuesto* pasar de largo a Efeso
Ro 1.13 que muchas veces me he *propuesto* ir a *4388*
1 Co 2.2 *propuse* no saber entre vosotros cosa
2 Co 1.17 al *proponerme* esto, ¿usé quizá de *1011*
9.7 cada uno dé como *propuso* en su corazón *4255*
Ef 1.9 el cual se había *propuesto* en sí mismo *4388*

PROPORCIÓN
1 R 7.36 entalladuras...con *p* en el espacio de 4626
Ez 40.18 en *p* a la longitud de los portales

PROPOSICIÓN
Éx 25.30 pondrás sobre la mesa el pan de la *p*
35.13 la mesa y sus varas...y el pan de la *p*
39.36 mesa, todos sus vasos, y el pan de la *p*
Nm 4.7 la mesa de la *p* extenderán un paño azul
1 S 21.6 no había...pan sino los panes de la *p*
1 R 7.48 sobre la...estaban los panes de la *p*
1 Cr 9.32 tenían a su cargo los panes de la *p*
23.29 asimismo para los panes de la *p*, para
28.16 dio oro en peso para las mesas de la *p*
2 Cr 2.4 la colocación...de los panes de la *p*
4.19 las mesas...se ponían los panes de la *p*
29.18 ya hemos limpiado...la mesa de la *p* con
Neh 10.33 para el pan de la *p* y para la ofrenda
Mt 12.4 **y comió los panes de la *p*, que no les**
Mr 2.26 **en la casa...y comió los panes de la *p***
Lc 6.4 **entró en la...y tomó los panes de la *p***
He 9.2 en la primera parte...los panes de la *p*

PROPÓSITO
Jue 5.16 de Rubén hubo grandes *p* del corazón 2714
1 Cr 28.2 yo tenía el *p* de edificar una casa 3824
Esd 4.5 sobornaron además...para frustrar sus *p* 6098
Sal 138.8 cumplirá su *p* en mí; tu misericordia 2617
Hch 11.23 que con *p* de corazón permaneciesen *4286*
Ro 8.28 los que conforme a su *p* son llamados *4286*
9.11 que el *p* de Dios conforme a la elección *4286*
Ef 1.11 conforme al *p* del que hace todas las *4286*
3.11 conforme al *p* eterno que hizo en Cristo *4286*
2 Ts 1.11 cumpla todo *p* de bondad y toda obra
1 Ti 1.5 el *p* de este mandamiento es el amor *5056*
2 Ti 1.9 según el *p* suyo y la gracia que nos *4286*
3.10 mi doctrina...*p*, fe, longanimidad, amor *4286*
Ap 17.13 tienen un mismo *p*, y entregarán su *1106*

PROPUESTA
Is 33.15 sus oídos para no oír *p* sanguinarias
Hch 6.5 agradó la *p* a...la multitud; y eligieron *3056*

PRORRUMPIR
Is 44.23 *prorrumpid*, montes, en alabanza 7440
49.13 y *prorrumpid* en alabanza, oh montes 7440
Hch 24.21 *prorrumpí* en alta voz: Acerca de la *2896*
Gá 4.27 *prorrumpe* en júbilo y clama, tú que no *994*

PROSEGUIR
Jue 18.26 *prosiguieron* los...de Dan su camino 3212
Job 17.9 *proseguirá* el justo su camino, y el 270
35.1 *prosiguió* Eliú en su razonamiento, y dijo 6030
Os 6.3 y *proseguiremos* en conocer a Jehová 7291
Zac 4.4 *proseguí* y hablé...a aquel ángel que
Lc 19.11 *prosiguió* Jesús y dijo una parábola *4369*
Fil 3.12 que *prosigo*, por ver si logro asir *1377*
3.14 *prosigo* a la meta, al premio del supremo *1377*

PROSÉLITO
Mt 23.15 **recorréis mar y tierra...hacer un *p*** *4339*
Hch 2.10 y romanos aquí...tanto judíos como *p* *4339*
6.5 a Parmenas, y a Nicolás *p* de Antioquía *4339*
13.43 de los *p* piadosos siguieron a Pablo y a *4339*

PROSPERAR
Gn 24.21 si Jehová había *prosperado* su viaje 6743
24.40 ángel contigo, y *prosperará* tu camino 6743
24.42 si tú *prosperas* ahora mi camino por el 6743
24.56 ya que Jehová ha *prosperado* mi camino 6743
26.13 fue *prosperado*, y se engrandeció hasta 1980
26.22 Rehobot...Jehová nos ha *prosperado*, y
39.3 que él hacía, Jehová lo hacía *prosperar* 6743
39.23 lo que él hacía, Jehová lo *prosperaba* 6743
Éx 1.21 las parteras...él *prosperó* sus familias
Dt 28.29 no serás *prosperado* en tus caminos 6743
29.9 que *prosperéis* en todo lo que hiciereis 7919
Jos 1.7 seas *prosperado* en todas las cosas que 7919
1.8 entonces harás *prosperar* tu camino, y todo 6743
Jue 17.13 ahora sé que Jehová me *prosperará* 3190
18.5 que sepamos si ha de *prosperar* este viaje 6743
1 R 2.3 que *prosperes* en todo lo que hagas y 7919
22.12 a Ramot de Galaad, y serás *prosperado* 6743
22.15 sube, y serás *prosperado*, y Jehová la 6743
2 R 18.7 y adondequiera que salía, *prosperaba* 7919
1 Cr 22.11 Jehová esté contigo, y...*prosperado* 6743
22.13 serás *prosperado*, si cuidares de poner 6743
29.23 y fue *prosperado*; y le obedeció...Israel 6743
2 Cr 7.11 Salomón se propuso...fue *prosperado* 6743
13.12 de Israel, no peleéis...no *prosperaréis* 6743
14.7 edificaron, pues, y fueron *prosperados* 6743
18.11 sube contra Ramot...y serás *prosperado* 6743
18.14 subid, y seréis *prosperados*, pues serán 6743
20.20 creed...profetas, y seréis *prosperados* 6743
26.5 en que buscó a Jehová, él le *prosperó* 6743
31.21 buscó a su Dios, lo...y fue *prosperado* 6743
32.30 fue *prosperado* Ezequías en todo lo que 6743
Esd 5.8 obra se hace...y *prospera* en sus 6744
6.14 de los judíos edificaban y *prosperaban* 6744
Neh 2.20 Dios de los cielos...nos *prosperará* 6743
Job 12.6 *prosperan* las tiendas de los ladrones 7951
15.29 no *prosperará*, ni durarán sus riquezas 6238
Sal 1.3 no cae, y todo lo que hace, *prosperará* 6743
37.7 te alteres con motivo del que *prospera* 6743
45.4 tu gloria sé *prosperado*; cabalga sobre 6743
49.18 a su alma, y sea loado cuando *prospere* 3190
118.25 te ruego...nos hagas *prosperar* ahora 6743
122.6 paz...sean *prosperados* los que te aman 7951
Pr 11.25 el alma generosa será *prosperada* 1878
13.4 alma de los diligentes será *prosperada* 1878
28.13 que encubre sus pecados no *prosperará* 6743
28.25 mas el que confía en Jehová *prosperará* 1878
Is 48.15 por tanto, será *prosperado* su camino 6743
52.13 he aquí que mi siervo será *prosperado*
53.10 la voluntad...será en su mano *prosperada* 6743
54.17 ninguna arma...contra ti *prosperará* 6743
55.11 y será *prosperada* en aquello para que 6743
Jer 2.37 desechó...y no *prosperarás* por ellos 6743
10.21 tanto, no *prosperaron*, y todo su ganado 7919
12.1 ¿por qué es *prosperado* el camino de los 6743
12.16 ellos serán *prosperados* en medio de mi
20.11 serán avergonzados en...no *prosperarán* 7919
46.27 Jacob, y descansará y será *prosperado*
Lm 1.5 sus aborrecedores fueron *prosperados* 7919
Ez 16.13 y *prosperaste* hasta llegar a reinar 6743
17.9 así ha dicho Jehová...¿Será *prosperada*? 6743
17.10 aquí está plantada; ¿será *prosperada*? 6743

17.15 ¿será *prosperado*, escapará el que estas...... 6743
Dn 6.28 Daniel *prosperó* durante el reinado de........ 6744
8.12 echó... e hizo cuanto quiso, y *prosperó*........ 6743
8.24 y causará grandes ruinas, y *prosperará*....... 6743
8.25 hará *prosperar* el engaño en su mano; y....... 6743
11.36 y *prosperará*, hasta que sea consumada...... 6743
Mal 3.15 hacen impiedad no sólo son *prosperados*
1 Co 16.2 aparte algo, según haya *prosperado*......... *2137*
3 Jn 2 deseo que tú seas *prosperado* en todas.......... *2137*
2 que tengas salud, así como *prospera* tu alma..... *2137*

PROSPERIDAD
Dt 10.13 que guardes los... para que tengas *p*?........ 2896
Esd 9.12 ni procuraréis jamás su paz ni su *p*.......... 2896
Job 15.21 en la *p* el asolador vendrá sobre él.......... 7965
21.13 sus días en *p*, y en paz descienden al......... 2896
30.15 combatieron como... mi *p* pasó como nube... 3444
Sal 30.6 en mi *p* dije yo: No seré... conmovido......... 7959
68.6 Dios... saca a los cautivos a *p*; mas los
73.3 tuve envidia... viendo la *p* de los impíos....... 7965
Pr 1.32 la *p* de los necios los echará a perder......... 7962
17.8 adondequiera que se vuelve, halla *p*........... 7919
Jer 22.21 te he hablado en tus *p*, mas dijiste........... 7962

PRÓSPERO, A
Gn 39.2 Jehová estaba con José, y fue varón *p*........ 6743
Job 8.6 ti, y hará *p* la morada de tu justicia............ 7999
16.12 *p* estaba, y me desmenuzó; me arrebató...... 7961
Jer 5.28 con todo, se hicieron *p*, y la causa de......... 6743
22.30 a quien nada *p* sucederá en todos los........ 6743
Ro 1.10 tenga... un *p* viaje para ir a vosotros.......... *2137*

PROSTITUCIÓN
2 R 23.7 derribó los lugares de *p* idolátrica
Ez 23.29 fornicaciones, y tu lujuria y tu *p*.............. 8457
Os 2.4 ni tendré misericordia... son hijos de *p*......... 2183

PROSTITUIR
Lv 19.29 para que no se *prostituya* la tierra........... 2181
20.5 fornicaron... *prostituyéndose* con Moloe....... 2181
20.6 adivinos, para *prostituirse* tras de ellos........ 2181
Nm 15.39 en pos de los cuales os *prostituyáis*.......... 2181
Jue 8.27 Israel se *prostituyó* tras de ese efod.......... 2181
8.33 volvieron a *prostituirse* yendo tras los......... 2181
1 Cr 5.25 *prostituyeron* siguiendo a los dioses......... 2181
Sal 106.39 y se *prostituyeron* con sus hechos.......... 2181
Jer 3.2 en qué lugar no te hayas *prostituido*............ 2181
Ez 16.15 *prostituiste* a causa de tu renombre.......... 2181
23.7 se *prostituyó* con ellos, con todos los.......... 8457
Os 2.5 porque su madre se *prostituyó*; la que.......... 2181
5.3 ahora, oh Efraín, te has *prostituido*, y.......... 2181

PROTECCIÓN
Esd 9.9 para... darnos *p* en Judá y en Jerusalén....... 1447
Job 17.3 fianza, oh Dios; sea mi *p* cerca de ti......... 6148

PROTECTOR
Ez 28.14 querubín grande, *p*, yo te puse en el.......... 5526
28.16 eché del monte de Dios... querubín *p*......... 5526

PROTEGER
1 R 8.59 que él *proteja* la causa de su siervo........... 6213

PROTEGIDO
Sal 83.3 han entrado en consejo contra tus *p*.......... 6845

PROTESTAR
Gn 43.3 varón nos *protestó* con ánimo resuelto........ 5749
Dt 21.7 *protestarán* y dirán: Nuestras manos.......... 6030
30.18 *protesto* hoy que de cierto pereceréis......... 5046
1 S 8.9 *protesta*... contra ellos, y muéstrales........... 5749
1 R 2.42 y te *protesté* diciendo: El día que............. 5749
Neh 9.26 tus profetas que *protestaban* contra......... 5749
10.29 se reunieron... para *protestar* y jurar.......... 423
Jer 11.7 *protesté* a vuestros padres el día que......... 5749
Hch 20.26 os *protesto* en el día de hoy, que

PROVECHO
Gn 37.26 ¿qué *p* hay en que matemos a... hermano.... 1215
Job 5.27 aquí... óyelo, y conócelo tú para tu *p*
15.3 ¿disputará con palabras... razones sin *p*?..... 3276
22.2 ¿traerá el hombre *p* a Dios?... a sí mismo...... 5532
22.3 o *p* de que tú hagas perfectos... caminos?..... 1214
35.3 ¿qué... o qué *p* tendré de no haber pecado?... 3276
Sal 30.9 ¿qué *p* hay en mi muerte... descienda......... 1215
Pr 10.2 los tesoros de maldad no serán de *p*........... 3276
Ec 1.3 ¿qué *p* tiene el hombre de... su trabajo.......... 3504
2.11 todo era vanidad... sin *p* debajo del sol........ 3504
3.9 ¿qué *p* tiene el que trabaja, de aquello.......... 3504
5.9 el *p* de la tierra es para todos; el rey............ 3504
Is 30.5 ni los socorre, ni les trae *p*; antes.............. 3276
30.6 tesoros... un pueblo que no les será de *p*....... 3276
44.10 fundió una imagen... para nada es de *p*?
49.4 en vano y sin *p* he consumido mis fuerzas..... 1214
56.11 cada uno busca su propio *p*, cada uno
Jer 16.19 mentira poseyeron... no hay en ellos *p*...... 3276
23.32 ningún *p* hicieron a este pueblo, dice.......... 3276
Hch 18.27 de gran *p* a los que... habían creído
1 Co 7.35 esto lo digo para vuestro *p*; no para......... *4851*
12.7 dada... manifestación del Espíritu para *p*...... *4851*
Fil 1.25 permaneceré... para vuestro *p* y gozo......... *4297*
Tit 3.9 evita las cuestiones... vanas y sin *p*
Flm 20 sí... tenga yo algún *p* de ti en el Señor.......... *3685*
Jud 16 adulando a las personas para sacar *p*......... *5622*

PROVECHOSO, A
Job 22.2 para sí mismo es *p* el hombre sabio.......... 5532
Ec 7.11 buena es... y *p* para los que ven el sol......... 3148
10.10 pero la sabiduría es *p* para dirigir........... 3504
1 Ti 4.8 el ejercicio corporal para poco es *p*........... *5624*
He 6.7 la tierra que bebe la... produce hierba *p*
12.10 pero éste para lo que nos es *p*, para.......... *4851*
13.17 no quejándose, porque esto no os es *p*......... *255*

PROVECHOSAMENTE
Is 48.17 yo soy Jehová Dios tuyo, que te enseña *p*...... 3276

PROVEER
Gn 22.8 Dios se *proveerá* de cordero para el.......... 7200
22.14 llamó Abraham... lugar, Jehová *proveerá*.... 3070
22.14 en el monte de Jehová será *provisto*
27.37 de trigo y de vino le he *provisto*; ¿qué......... 5564
41.33 *provéase*... Faraón de un varón prudente
1 S 16.1 de sus hijos me he *provisto* de rey............. 7200
2 S 14.14 *provee* medios para no alejar de sí........... 2803
1 R 12.16 ¡*provee* ahora en tu casa, David!
Sal 68.10 por tu bondad... has *provisto* al pobre....... 3559
144.13 graneros... *provistos* de toda suerte de...... 6329
Pr 2.7 *provee* de sana sabiduría a los rectos
Ez 20.6 la tierra que les había *provisto*, que
Nah 3.14 *provéete* de agua para el asedio
Mt 10.9 **no os *proveáis* de oro, ni plata, ni**............. *2532*
Lc 12.20 **lo que has *provisto*, ¿de quién será?**.......... *2090*
Hch 7.46 *proveer* tabernáculo para el Dios de
Ro 13.14 y no *proveáis* para los deseos de la........... *4307*
2 Co 9.10 el que da semilla al que... *proveerá*.......... *5524*
1 Ti 5.8 si alguno no *provee* para los suyos............. *4306*
He 11.40 *proveyendo* Dios alguna cosa mejor.......... *4265*

PROVENIR
Ro 14.23 lo que no *proviene* de fe, es pecado
1 Co 2.12 sino el espíritu que *proviene* de Dios
2 Co 3.5 nuestra competencia *proviene* de Dios
5.18 y todo esto *proviene* de Dios, quien nos
Gá 4.24 uno *proviene* del monte Sinaí, el cual
2 P 3.5 tierra, que *proviene* del agua y por el
1 Jn 2.16 no *proviene* del Padre, sino... mundo

PROVERBIO
1 S 10.12 se hizo *p*: ¿También Saúl entre los........... 4912
24.13 como dice el *p* de los antiguos: De los......... 4912
1 R 4.32 compuso tres mil *p*, y sus cantares............ 4912
9.7 e Israel será por *p*... a todos los pueblos........ 4912
Sal 44.14 pusiste por *p* entre las naciones............. 4912
49.4 inclinaré al *p* mi oído; declararé con.......... 4912
69.11 puse... cilicio... y vine a serles por *p*.......... 4912
78.2 abriré mi boca en *p*; hablaré... escondidas.... 4912
Pr 1.1 los *p* de Salomón, hijo de David, rey............ 4912
1.6 para entender *p* y declaración, palabras....... 4912
10.1 los *p* de Salomón. El hijo sabio alegra.......... 4912
25.1 *p* de Salomón, los cuales copiaron los.......... 4912
26.7 cojo... así es el *p* en la boca del necio.......... 4912
26.9 tal es el *p* en la boca de los necios............. 4912
Ec 12.9 enseñó sabiduría... y compuso muchos *p*...... 4912
Is 14.4 pronunciarás este *p* contra el rey de.......... 4912
2 P 2.22 les ha acontecido lo del verdadero *p*.......... *3942*

PROVERBISTA
Nm 21.27 por tanto dicen los *p*: Venid a Hesbón....... 4911

PROVINCIA
Jos 12.23 el rey de Dor, de la *p* de Dor, otro........... 5299
17.11 Manasés en Isacar y en Aser a... tres *p*....... 5316
1 R 4.13 tenía también la *p* de Argob... Basán......... 2256
20.14,17 siervos de los príncipes de las *p*.......... 4082
20.15 pasó revista a los siervos... de las *p*.......... 4082
20.17 los siervos de los príncipes de las *p*.......... 4082
20.19 salieron... los siervos de los... de las *p*........ 4082
2 R 23.33 puso preso Faraón... en la *p* de Hamat....... 776
1 Cr 8.8 y Saharaim engendró... en la *p* de Moab
Esd 2.1 son los hijos de la *p* que subieron del.......... 4082
4.10 hizo habitar... las demás *p* del otro lado
4.15 ciudad rebelde, y perjudicial... a las *p*......... 4083
5.8 que fuimos a la *p* de Judea, a la casa del
6.2 en el palacio que está en la *p* de Media.......... 4082
7.16 plata y el oro que halles en toda la *p*.......... 4082
Neh 1.3 en la *p*, están en gran mal y afrenta.......... 4082
3.14 gobernador de la *p* de Bet-haquerem; él....... 6418
7.6 estos son los hijos de la *p* que subieron......... 4082
11.3 jefes de la *p* que moraron en Jerusalén........ 4082
Est 1.1 Asuero que reinó desde... sobre 127 *p*.......... 4082
1.3 teniendo delante de él a... príncipes de *p*....... 4082
1.16 pueblos que hay en todas las *p* del rey......... 4082
1.22 cartas a todas las *p* del rey... a cada *p*......... 4082
2.3 ponga el rey personas en todas las *p* de........ 4082
2.18 y disminuyó tributos a las *p*, e hizo y.......... 4082
3.8 hay un pueblo esparcido... *p* de tu reino........ 4082
3.12 los capitanes que estaban sobre cada *p*....... 4082
3.12 a cada *p* según su escritura, y a cada.......... 4082
3.13 enviadas cartas... a todas las *p* del rey........ 4082
3.14 que se dio por mandamiento en cada *p*........ 4082
4.3 en cada *p*... donde el mandamiento del rey..... 4082
4.11 el pueblo de las *p* del rey, saben que............ 4082
8.5 destruir a los judíos que están en... las *p*........ 4082
8.9 se escribió... a... los príncipes de las *p*.......... 4082
8.9 se escribió... a... 127 *p*; a cada *p* según su....... 4082
8.11 y acabar con toda fuerza armada
del pueblo o *p*.. 4082
8.12 en todas las *p* del rey Asuero, en el día........ 4082
8.13 que había de darse por decreto en cada *p*..... 4082
8.17 en cada *p* y en cada ciudad donde llegó........ 4082
9.2 los judíos se reunieron... las *p* del rey........... 4082
9.3 los príncipes de las *p*... apoyaban a los......... 4082
9.4 Mardoqueo... su fama iba por todas las *p*...... 4082
9.12 qué habrán hecho en las otras *p* del rey?...... 4082
9.16 los otros judíos que estaban en las *p*........... 4082
9.20 cartas a... judíos que estaban en... las *p*....... 4082
9.28 celebrados por todas las... *p* y ciudades....... 4082
9.30 enviadas cartas a... a las 127 *p* del rey.......... 4082
Sal 48.2 hermosa *p*, el gozo de toda la tierra.......... 5131
Ec 2.8 me amontoné... tesoros... de reyes y de *p*....... 4082
5.8 si opresión de pobres y... vieres en la *p*......... 4082
Lm 1.1 la señora de *p* ha sido hecha tributaria........ 4082
Ez 19.8 arremetieron... las gentes de las *p* de.......... 4082
Dn 2.48 gobernador de toda la *p* de Babilonia......... 4083
2.49 que pusiera sobre los negocios de la *p*......... 4083
3.1 la levantó en... Dura, en la *p* de Babilonia...... 4083
3.2 se reuniesen... los gobernadores de las *p*....... 4082
3.3 reunidos... los gobernadores de las *p*, a........ 4082
3.12 pusiste sobre los negocios de la *p* de.......... 4083
3.30 el rey engrandeció a Sadrac... en la *p* de...... 4082
8.2 Susa... capital del reino en la *p* de Elam........ 4083
11.24 estando la *p* en paz y en abundancia......... 4082
11.41 y muchas *p* caerán; mas éstas escaparán
Mt 3.5 salía a él... toda la *p* de alrededor del.......... *4066*
Mr 1.5 salían a él toda la *p* de Judea, y todos.......... *5561*
1.28 difundió su fama por toda la *p*... Galilea....... *4066*
Lc 3.1 Felipe tetrarca... de la *p* de Traconite........... *5561*
15.13 **se fue lejos a una *p* apartada; y allí**.......... *5561*
15.14 **vino una gran hambre en aquella *p*, y**....... *5561*
Hch 13.49 la palabra... se difundía por toda... *p*....... *5561*
16.6 y atravesando Frigia y la *p* de Galacia......... *5561*
16.12 Filipos... es la primera ciudad de la *p*......... *3310*
23.34 leída la carta, preguntó de qué *p* era......... *1885*
25.1 llegado, pues, Festo a la *p*, subió de............ *1885*
2 Co 11.32 en Damasco, el gobernador de la *p*

PROVISIÓN
Gn 14.11 tomaron toda la riqueza... todas sus *p*........ 400
41.35 junten toda la *p* de estos buenos años......... 400
41.36 esté aquella *p* en depósito para el país........ 400
Jos 9.11 nos dijeron: Tomad... *p* para el camino....... 6720
9.14 tomaron... *p*... y no consultaron a Jehová...... 6718
Jue 7.8 y habiendo tomado *p* para el pueblo, y........ 6720
1 S 22.10 y le dio *p*, y... la espada de Goliat............ 6720
2 S 19.32 Barzilai... y él había dado *p* al rey
1 R 4.22 la *p* de Salomón... era de 30 coros de......... 3899
9.19 todas las ciudades donde Salomón tenía *p*
20.27 tomando *p* fueron al encuentro de ellos
1 Cr 12.40 trajeron... *p* de harina, tortas de
26.15 y a sus hijos la casa de *p* del templo........... 624
26.17 al sur... y a la casa de *p* de dos en dos......... 624
2 Cr 8.6 las ciudades de *p* que Salomón tenía
11.11 fortalezas, y puso en ellas... *p*, vino y......... 3978
11.23 y les dio *p* en abundancia, y... mujeres....... 4202
17.13 tuvo muchas *p* en las ciudades de Judá
31.10 comido... quedado esta abundancia de *p*..... 1995
Neh 13.15 acerca del día en que vendían las *p*......... 6718
Sal 132.15 bendeciré abundantemente su *p*; a......... 6718
Pr 15.6 en la casa del justo hay gran *p*; pero........... 2633
17.1 paz, que casa de contiendas llena de *p*
Is 23.3 su *p* procedía de las sementeras que
Jer 40.5 le dio el capitán de la guardia *p* y............. 737
Ez 16.27 y disminuí tu *p*... y te entregué a la
Dn 1.5 señaló el rey... *p* de la comida del rey.......... 1697

PROVISTO *Véase Proveer*

PROVOCACIÓN
Dt 32.27 de no haber temido la *p* del enemigo
1 R 15.30 por su *p* con que provocó a enojo a.......... 3708
2 R 23.26 por todas las *p* con que Manasés le.......... 3708
He 3.8,15 vuestros corazones, como en la *p*............ *3894*

PROVOCAR
Dt 9.7 has *provocado* la ira de Jehová tu Dios
9.8 en Horeb *provocasteis* a ira a Jehová, y
9.22 en Tabera... *provocasteis* a ira a Jehová
32.16 lo *provocaron* a ira con abominaciones
32.21 me *provocaron* a ira con sus ídolos; yo
32.21 yo... los *provocaré* a ira con una nación
Jue 2.12 dioses... y *provocaron* a ira a Jehová
1 S 17.25 se adelanta para *provocar* a Israel.......... 2778
17.26 que *provoque* a los escuadrones del Dios..... 2778
17.36 porque ha *provocado* al ejército... Dios........ 2778
17.45 el Dios de... a quien tu has *provocado*........ 2778
1 R 15.30 que *provocó* a enojo a Jehová Dios
16.2 has... *provocándome* a ira con tus pecados
16.7 *provocándole* a ira con las obras de sus
16.13 *provocando* a enojo con sus vanidades a
16.26 *provocando* a ira a Jehová... sus ídolos
16.33 para *provocar* la ira de Jehová Dios de
21.22 rebelión con que me *provocaste* a ira......... 3708
22.53 y lo adoró, y *provocó* a ira a Jehová
2 R 17.11 malas para *provocar* a ira a Jehová
17.17 hacer lo malo ante... *provocándole* a ira
21.6 a hacer lo malo... para *provocarlo* a ira
21.15 y me han *provocado* a ira, desde el día
22.17 *provocándome* a ira con toda la obra de
23.19 los lugares altos... para *provocar* a ira
25.19 ¿para qué *provocas* un mal en que........... 1624
28.25 *provocando* así a ira a Jehová el Dios
34.25 *provocándome* a ira con todas las obras
Esd 5.12 nuestros padres *provocaron* a ira al.......... 7265
Neh 9.26 te *provocaron* a ira, y se rebelaron
Job 12.6 los que *provocan* a Dios viven seguros....... 7264
Sal 78.41 Dios, y *provocaban* al Santo de Israel........ 8428
78.58 le *provocaron* a celo con sus imágenes
106.29 *provocaron*... ira de Dios con sus obras
Pr 30.33 que *provoca* la ira causará contienda........ 4330
Is 1.4 *provocaron* a ira al Santo de Israel, se.......... 5006
65.3 que en mi rostro me *provoca* de continuo
Jer 7.18 ofrendas a dioses... *provocarme* a ira
7.19 ¿me *provocarán* ellos a ira?... ¿No obran
11.17 *provocándome* a ira con incensar a Baal
25.6 ni me *provoquéis* a ira con la obra de
25.7 no me habéis oído... *provocarme* a ira con
32.29 libaciones a dioses... para *provocarme* a
32.30 no han hecho más que *provocarme* a ira
50.24 aun presa, porque *provocaste* a Jehová...... 1624
Ez 8.3 imagen del celo... que *provoca* a celos

16.43 me *provocaste* a ira en todo esto, por ... 7264
Os 12.14 ha *provocado* a Dios con amarguras
Zac 8.14 vuestros padres me *provocaron* a ira
Lc 11.53 *provocarle* a que hablase de muchas ... *653*
Ro 10.19 os *provocaré* a celos con un pueblo ... *3863*
10.19 con pueblo insensato os *provocaré* a ira ... *3863*
11.11 los gentiles, para *provocarles* a celos ... *3863*
11.14 *provocar* a celos a los de mi sangre, y ... *3863*
1 Co 10.22 ¿o *provocaremos* a celos al Señor? ... *3863*
Ef 6.4 no *provoquéis* a ira a vuestros hijos ... *3949*
He 3.16 quienes fueron los que... *provocaron?* ... *3893*

PRÓXIMO, A
Lv 18.6 ningún varón se llegue a parienta *p* ... 7607
25.25 su pariente más *p* vendrá y rescatará
Sof 1.14 cercano está el día grande... y muy *p* ... 7138
Fil 2.30 por la obra de... estuvo *p* a la muerte ... *1448*
He 6.8 está *p* a ser maldecida, y su fin es el ... *1451*
8.13 por viejo y se envejece... *p* a desaparecer ... *1451s*

PROYECTAR
Éx 35.32 *proyectar* diseños, para trabajar en

PRUDENCIA
1 R 4.29 y Dios dio a Salomón sabiduría y *p* ... 8394
1 Cr 22.12 y Jehová te dé entendimiento y *p* ... 998
Pr 1.3 para recibir el consejo de *p*, justicia
2.2 tu oído... si inclinares tu corazón a la *p* ... 8394
2.3 si clamares a la... y a la *p* dieres tu voz ... 8394
3.5 fíate de... y no te apoyes en tu propia *p* ... 998
23.9 porque menospreciará la *p* de... razones
24.3 edificará la casa, y con *p* se afirmará ... 8394
Is 40.14 ¿quién... le mostró la senda de la *p*? ... 8394
Ez 28.4 con tu *p* has acumulado riquezas, y has ... 8394
Abd 8 que perezcan... la *p* del monte de Esaú? ... 8394
Lc 1.17 de los rebeldes a la *p* de los justos ... *5428*
Hch 24.2 bien gobernadas en el pueblo por tu *p* ... *4307*

PRUDENTE
Gn 41.33 provéase ahora Faraón de un varón *p* ... 995
1 S 16.18 hombre de guerra, *p* en sus palabras ... 995
1 Cr 27.32 Jonatán tío de David era... varón *p* ... 995
2 Cr 2.12 dio al rey David un hijo sabio... y *p* ... 7922
Sal 2.10 ahora, pues, oh reyes, sed *p*; admitid ... 7919
Pr 1.2 para entender... para conocer razones *p* ... 998
10.13 en los labios del *p* se halla sabiduría ... 995
10.19 mas el que refrena sus labios es *p* ... 7919
11.12 menosprecia a su... mas el hombre *p* calla ... 8394
12.16 el que no hace caso de la injuria es *p* ... 6175
13.16 hombre *p* procede con sabiduría; mas el ... 6175
14.8 la ciencia del *p* está en entender su ... 6175
14.18 mas los *p* se coronarán de sabiduría ... 6175
14.33 en el corazón del *p* reposa la sabiduría ... 995
15.5 que guarda la corrección vendrá a ser *p* ... 6191
16.21 el sabio de corazón es llamado *p*, y la ... 995
16.23 el corazón del sabio hace *p* su boca, y
17.2 el siervo *p* se enseñoreará del hijo que ... 7919
17.27 de espíritu *p* es el hombre entendido
19.14 los padres; mas de Jehová la mujer *p* ... 7919
20.15 oro... mas los labios *p* son joya preciosa
23.4 no te afanes por hacerte rico; sé *p*, y ... 998
28.7 el que guarda la ley es hijo *p*; mas el ... 995
Ec 9.11 ni de los *p* las riquezas, ni de los ... 2450
Is 5.21 los que son *p* delante de sí mismos! ... 995
10.13 y con mi sabiduría, porque he sido *p* ... 995
19.11 el consejo de los *p*... se ha desvanecido ... 2450
Os 14.9 ¿quién es sabio... *p* para que lo sepa? ... 995
Am 5.13 por tanto, el *p* en tal tiempo calla ... 7919
Mt 7.24 **compararé a un hombre *p*, que edificó** ... *5429*
10.16 **sed *p* como serpientes, y sencillos como** ... *5429*
24.45 **¿quién es, pues, el siervo fiel y *p*, al** ... *5429*
25.2 **cinco de ellas eran *p* y cinco insensatas** ... *5429*
25.4 **mas las *p* tomaron aceite en sus vasijas** ... *5429*
25.8 **las insensatas dijeron a las *p*: Dadnos** ... *5429*
25.9 **mas las *p* respondieron... Para que no nos** ... *5429*
Lc 12.42 **¿quién es el mayordomo fiel y *p* al** ... *5429*
Hch 13.7 el procónsul Sergio Paulo, varón *p* ... *4908*
1 Co 4.10 mas vosotros *p* en Cristo; nosotros ... *5429*
1 Ti 3.2 obispo sea... *p*, decoroso, hospedador ... *3524*
Tit 2.2 serios, *p*, sanos en la fe, en el amor ... *4998*
2.5 a ser *p*, castas, cuidadosas de su casa ... *4998*
2.6 exhorta asimismo a... jóvenes a que sean *p* ... *4993*

PRUDENTEMENTE
1 S 18.5 salía David a dondequiera... portaba *p* ... 7919
18.14 y David se conducía *p* en... sus asuntos ... 7919
18.15 viendo Saúl que se portaba tan *p*, tenía ... 7919
Dn 2.14 Daniel habló... *p* a Arioc, capitán de ... 5843

PRUEBA
Dt 4.34 tomar para sí una nación... con *p*, con ... 4531
7.19; 29.3 las grandes *p* que vieron tus ojos ... 4531
1 S 17.39 y probó a... nunca había hecho la *p* ... 5254
Job 10.17 renuevas contra mí tus *p*, y aumentas
Sal 17.3 has puesto a *p*, y nada inicuo hallaste ... 974
Is 41.21 presentad vuestras *p*, dice el Rey de
Dn 1.12 ruego que hagas la *p* con tus siervos ... 5254
Lc 8.13 **creen... en el tiempo de la *p* se apartan** ... *3986*
22.28 **que habéis permanecido conmigo en mis *p*** ... *3986*
Hch 1.3 se presentó vivo con... *p* indubitables ... *5039*
20.19 y *p* que me han venido por... los judíos ... *3986*
Ro 5.4 y la paciencia, *p*; y la *p*, esperanza ... *1382*
2 Co 2.9 la *p* de si vosotros sois obedientes ... *1382*
8.2 que en grande *p* de tribulación... su gozo ... *1382*
8.8 no hablo... para poner a *p*, por medio de
8.24 ante las iglesias la *p* de vuestro amor ... *1732*
13.3 buscáis una *p* de que habla Cristo en mí ... *1382*
Gá 4.14 no... por la *p* que tenía en mi cuerpo ... *3986*
6.4 así... cada uno someta a *p* su propia obra ... *1381*
1 Ti 3.10 también sean sometidos a *p* primero ... *1381*
He 11.37 puestos a *p*, muertos a filo... espada ... *1381*
Stg 1.2 gozo cuando os halléis en diversas *p* ... *3986*
1.3 que la *p* de vuestra fe produce paciencia ... *1383*
1.12 cuando haya resistido la *p*, recibirá la
1 P 1.6 tengáis que... afligidos en diversas *p* ... *3986*
1.7 a *p* vuestra fe, mucho más preciosa que ... *1383*
4.12 no os sorprendáis del fuego de *p* que os
Ap 3.10 **te guardaré de la hora de la *p* que ha** ... *3986*

PÚBLICAMENTE
Jn 7.26 pues mirad, habla *p*, y no le dicen nada ... *3954*
18.20 **yo *p* he hablado al mundo; siempre he** ... *3954*
Hch 16.37 azotarnos *p* sin sentencia judicial ... *1219*
18.28 refutaba *p* a los judíos, demostrando ... *1219*
20.20 rehuido de anunciaros y enseñaros, *p* y ... *1219*
Col 2.15 los exhibió *p*, triunfando sobre ellos

PUBLICANO
Mt 5.46 **si... ¿no hacen también lo mismo los *p*?** ... *5057*
9.10 *p* y... se sentaron... a la mesa con Jesús y ... *5057*
9.11 ¿por qué come vuestro Maestro con los *p* ... *5057*
10.3 Mateo el *p*, Jacobo hijo de Alfeo, Lebeo ... *5057*
11.19 **he aquí un... amigo de *p* y de pecadores** ... *5057*
18.17 **si no oyere a la... tenle por gentil y *p*** ... *5057*
21.31 **los *p* y... van delante... al reino de Dios** ... *5057*
21.32 no... pero los *p* y las rameras le creyeron ... *5057*
Mr 2.15 muchos *p*... estaban también a la mesa ... *5057*
2.16 los escribas... viéndole comer con los *p* ... *5057*
2.16 que él come y bebe con los *p* y pecadores? ... *5057*
Lc 3.12 vinieron... unos *p* para ser bautizados ... *5057*
5.27 **salió, y vio a un *p* llamado Leví, sentado** ... *5057*
5.29 y había mucha compañía de *p* y de otros ... *5057*
5.30 qué coméis y bebéis con *p* y pecadores? ... *5057*
7.29 los *p*... lo oyeron, justificaron a Dios ... *5057*
7.34 **es un hombre... amigo de *p* y de pecadores** ... *5057*
15.1 se acercaban a Jesús... los *p* y pecadores ... *5057*
18.10 **subieron... uno era fariseo, y el otro *p*** ... *5057*
18.11 **doy gracias porque no soy como... este *p*** ... *5057*
18.13 **el *p*... no quería ni aun alzar los ojos** ... *5057*
19.2 llamado Zaqueo, que era jefe de los *p*, y ... *754*

PUBLICAR
Esd 8.21 y *publiqué* ayuno allí junto al río ... 7121
Est 1.22 y que se *publicase* esto en la lengua ... 1696
3.14 fue *publicada* a todos los pueblos, a fin ... 1540
Sal 2.7 yo *publicaré* el decreto; Jehová me ha ... 5608
9.11 *publicad* entre los pueblos sus obras ... 5046
40.10 *publicado* tu fidelidad y tu salvación ... 559
51.15 abre... y *publicará* mi boca tu alabanza
71.15 boca *publicará* tu justicia y tus hechos
102.21 para que *publique* en Sion el nombre de56080
107.22 y *publiquen* sus obras con júbilo ... 5608
145.6 tus hechos... y yo *publicaré* tu grandeza ... 5608
Pr 12.23 el corazón de los necios *publica* la ... 7121
Is 3.9 porque como Sodoma *publican* su pecado ... 5046
43.21 este pueblo he... mis alabanzas *publicará*
48.3 lo dije... lo *publiqué*, lo hice pronto, y ... 5046
48.20 *publicadlo*, llevadlo hasta lo postrero ... 5046
52.7 del que *publica* salvación, del que dice ... 8085
57.12 yo *publicaré* tu justicia y tus obras ... 5046
60.6 traerán... *publicarán* alabanzas de Jehová
61.1 a *publicar* libertad a los cautivos, y a ... 7121
66.19 *publicarán* mi gloria entre las naciones ... 5046
Jer 50.2 anunciad en... *publicad*, y no encubráis ... 8085
Dn 2.13 se *publicó* el edicto de que los sabios
2.15 este edicto se *publique* de parte del rey
Am 4.5 y *publicad* ofrendas voluntarias, pues ... 8085
Mr 1.45 ido él, comenzó a *publicarlo* mucho, y ... *2784*
5.20 fue, y comenzó a *publicar* en Decápolis ... *2784*
Lc 8.39 **se fue, *publicando* por toda la ciudad** ... *2784*

PÚBLICO, A
Mt 6.4,18 tu Padre que... te recompensará en *p* ... *1722,5318*
6.6 **tu Padre que ve en lo secreto te recompensará en *p*** ... *1722,5318*
9.9 sentado al banco de los tributos *p* ... *5058*
Mr 2.14; Lc 5.27 al banco de los tributos *p* ... *5058*
Hch 5.18 mano... y los pusieron en la cárcel *p* ... *1219*

PUBLIO *Hombre principal de Malta*
Hch 28.7 del hombre principal de la isla... *P* ... *4196*
28.8 el padre de *P* estaba en cama, enfermo ... *4196*

PUDENTE *Cristiano en Roma*, 2 Ti 4.21 ... *4227*

PUDIENTE
Job 22.8 el hombre *p* tuvo la tierra, y habitó ... 2220

PUDOR
Sof 2.1 congregaos y meditad, oh nación sin *p*
1 Ti 2.9 mujeres se atavíen... con *p* y modestia ... *127*

PUDRICIÓN
Jl 2.20 y subirá su *p*, porque hizo grandes ... 6709
Hab 3.16 *p* entró en mis huesos, y dentro de ... 7538

PUDRIR
Pr 10.7 mas el nombre de los impíos se *pudrirá* ... 7537
Is 10.27 y el yugo se *pudrirá* a causa de la ... 2254
50.2 sus peces se *pudren* por falta de agua ... 887
Jer 13.7 aquí que el cinto se había *podrido* ... 7843
13.9 así haré *podrir* la soberbia de Judá, y ... 7843
Jl 1.17 el grano se *pudrió* debajo de... terrones ... 5685

PUEBLO
Gn 11.6 dijo Jehová: He aquí el *p* es uno, y ... 5971
17.14 aquella persona será cortada de su *p* ... 5971
17.16 naciones; reyes de *p* vendrán de ella ... 5971
19.4 el *p* junto, desde el más joven hasta el ... 5971
23.7 y se inclinó al *p* de aquella tierra, a ... 5971
23.11 en presencia de los hijos de mi *p* te lo ... 5971
23.12 se inclinó delante del *p* de la tierra ... 5971
23.13 y respondió a... en presencia del *p* de la ... 5971
25.8 y murió Abraham en... y fue unido a su *p* ... 5971
25.17 Ismael, y murió, y fue unido a su *p* ... 5971
25.23 dos *p* serán divididos desde tus entrañas ... 3816
25.23 el un *p* será más fuerte que el otro *p* ... 3816
26.10 por poco hubiera dormido alguno del *p* ... 5971
26.11 Abimelec mandó a todo el *p*, diciendo ... 5971
27.29 sírvante *p*, y naciones se inclinen a ti ... 5971
28.3 haga... hasta llegar a ser multitud de *p* ... 5971
32.7 distribuyó el *p* que tenía consigo, y las ... 5971
34.16 habitaremos... vosotros, y seremos un *p* ... 5971
34.22 esta condición... para que seamos un *p* ... 5971
35.6 Jacob... él y todo el *p* que con él estaba ... 5971
35.29 fue recogido a su *p*, viejo y lleno de ... 5971
41.40 por tu palabra se gobernará todo mi *p* ... 5971
41.55 el hambre... el *p* clamó a Faraón por pan ... 5971
42.6 José... le vendía a todo el *p* de la tierra ... 5971
47.21 y al *p* lo hizo pasar a las ciudades ... 5971
47.23 dijo al *p*: He aquí os he comprado hoy ... 5971
48.19 también él vendrá a ser un *p*, y será ... 5971
49.10 venga Siloh... a él se congregarán los *p* ... 5971
49.16 Dan juzgará a su *p*, como una de las ... 5971
49.29 les dijo: Yo voy a ser reunido con mi *p* ... 5971
50.20 hoy, para mantener con vida a mucho *p* ... 5971
Éx 1.8 que no conocía a José; y dijo a su *p*
1.9 el *p* de los hijos de Israel es mayor y ... 5971
1.20 el *p* se multiplicó y se fortaleció en ... 5971
1.22 Faraón mandó a todo su *p*... Echad al río ... 5971
3.7 la aflicción de mi *p* que está en Egipto ... 5971
3.10 que saques de Egipto a mi *p*, los hijos ... 5971
3.12 hayas sacado de Egipto al *p*, serviréis ... 5971
3.21 yo daré a este *p* gracia en los ojos de ... 5971
4.16 él hablará por ti al *p*; él te será a ti ... 5971
4.21 corazón, de modo que no dejará ir al *p* ... 5971
4.30 hizo las señales delante de... ojos del *p* ... 5971
4.31 el *p* creyó... Jehová había visitado a los ... 5971
5.1 deja ir a mi *p* a celebrarme fiesta en el ... 5971
5.4 por qué hacéis cesar al *p* de su trabajo? ... 5971
5.5 he aquí el *p* de la tierra es ahora mucho ... 5971
5.6 y mandó... a los cuadrilleros del pueblo ... 5971
5.7 de aquí en adelante no daréis paja al *p* ... 5971
5.10 saliendo los cuadrilleros del *p* y sus ... 5971
5.10 hablaron al *p*, diciendo: Así ha dicho ... 5971
5.12 el *p* se esparció por toda la tierra de ... 5971
5.16 tus siervos son azotados, y el *p* tuyo es ... 5971
5.22 dijo: Señor, ¿por qué afliges a este *p*? ... 5971
5.23 afligido a este *p*... no has librado a tu *p* ... 5971
6.7 y os tomaré por mi *p* y seré vuestro Dios ... 5971
7.4 sacaré a... mi *p*, los hijos de Israel, de ... 5971
7.14 endurecido, y no quiere dejar ir al *p* ... 5971
7.16; 8.1,20 deja ir a mi *p*... que me sirva ... 5971
8.3 río criará ranas... en tu *p*, en tus hornos ... 5971
8.4 ranas subirán... sobre tu *p* y sobre todos ... 5971
8.8 para que quite las ranas de mí y de mi *p* ... 5971
8.8 orad... dejaré ir a tu *p* para que ofrezca ... 5971
8.9 orar por... tu *p*, para que las ranas sean ... 5971
8.11 las ranas se irán... de tu *p*, y solamente ... 5971
8.21 porque si no dejas ir a mi *p*, he aquí ... 5971
8.21 enviaré... sobre tu *p* y sobre tus casas ... 5971
8.22 apartaré... Gosén, en la cual habita mi *p* ... 5971
8.23 pondré redención entre mi *p* y el tuyo ... 5971
8.29 moscas se vayan de Faraón... su *p* mañana ... 5971
8.29 no dejando ir al *p* a dar sacrificio a ... 5971
8.31 quitó todas aquellas moscas de... de su *p* ... 5971
8.32 endureció... su corazón, y no dejó ir al *p* ... 5971
9.1,13 así: Deja ir a mi *p*, para que me sirva ... 5971
9.7 Faraón se endureció, y no dejó ir al *p* ... 5971
9.14 y sobre tu *p*, para que entiendas que no ... 5971
9.15 para herirte a ti y a tu *p* de plaga, y ... 5971
9.17 te ensoberbeces contra mi *p*, para no ... 5971
9.27 vez; Jehová es justo, y yo y mi *p* impíos ... 5971
10.3 mí? Deja ir a mi *p*, para que me sirva ... 5971
11.2 habla ahora al *p*, y que cada uno pida a ... 5971
11.3 y Jehová dio gracia al *p* en los ojos de ... 5971
11.3 tenido por gran varón... a los ojos del *p* ... 5971
11.8 vete, tú y todo el *p* que está debajo de ... 5971
12.6 lo inmolará toda la congregación del *p* ... 5712
12.27 libró... Entonces el *p* se inclinó y adoró ... 5971
12.31 salid de en medio de mi *p* vosotros y los ... 5971
12.33 los egipcios apremiaban al *p*, dándose ... 5971
12.34 llevó el *p* su masa antes que se leudase ... 5971
12.36 y Jehová dio gracia al *p* delante de los ... 5971
13.3 Moisés dijo al *p*: Tened memoria de este ... 5971
13.17 dejó ir al *p*, Dios no los llevó por el ... 5971
13.17 se arrepienta el *p* cuando vea la guerra ... 5971
13.18 el *p* rodease por el camino del desierto ... 5971
13.22 nunca se apartó de delante del *p*... nube ... 5971
14.5 y fue dado aviso al rey... que el *p* huía ... 5971
14.5 el corazón de Faraón... volvió contra el *p* ... 5971
14.6 y unció su carro, y tomó consigo su *p* ... 5971
14.13 y Moisés dijo al *p*: No temáis; estad ... 5971
14.31 *p* temió a Jehová, y creyeron a Jehová ... 5971
15.13 condujiste en tu misericordia a este *p* ... 5971
15.14 oirán los *p*, y temblarán... los filisteos ... 5971
15.16 pasado tu *p*... este *p* que tú rescataste ... 5971
15.24 el *p* murmuró contra Moisés, y dijo: ¿Qué ... 5971
16.4 el *p* saldrá, y recogerá diariamente la ... 5971
16.27 algunos del *p* salieron en el séptimo día ... 5971
16.30 así el *p* reposó el séptimo día ... 5971
17.1 y no había agua para que el *p* bebiese ... 5971
17.2 altercó el *p* con Moisés, y dijeron... agua ... 5971
17.3 que el *p* tuvo allí sed, y murmuró contra ... 5971
17.4 ¿qué haré con este *p*? De... me apedrearán ... 5971
17.5 pasa delante del *p*, y toma contigo de los ... 5971
17.6 y saldrán de ella aguas, y beberá el *p* ... 5971
17.13 Josué deshizo a Amalec y a su *p* a filo ... 5971
18.1 que Dios había hecho... y con Israel su *p* ... 5971

18.10 libró al *p* de la mano de los egipcios.......... 5971
18.13 al día...se sentó Moisés a juzgar al *p*........ 5971
18.13 el *p* estuvo delante de Moisés desde la........ 5971
18.14 viendo...todo lo que él hacía con el *p*........ 5971
18.14 ¿qué es esto que haces tú con el *p*?........... 5971
18.14 ¿por qué...todo el *p* está delante de ti........ 5971
18.15 el *p* viene a mí para consultar a Dios......... 5971
18.18 desfallecerás del...tú, y también este *p*....... 5971
18.19 oye...Está tú por el *p* delante de Dios........ 5971
18.21 escoge tú de entre todo el *p* varones......... 5971
18.21 ponlos sobre el *p* por jefes de millares....... 5971
18.22 juzgarán al *p* en todo tiempo; y todo.......... 5971
18.23 también...este *p* irá en paz a su lugar........ 5971
18.25 y los puso por jefes sobre el *p*, sobre........ 5971
18.26 juzgaban al *p* en todo tiempo; el asunto...... 5971
19.5 seréis mi especial tesoro sobre...los *p*......... 5971
19.7 llamó a los ancianos del *p*, y expuso en........ 5971
19.8 todo el *p* respondió...ha dicho, haremos...... 5971
19.8 Moisés refirió a Jehová...palabras del *p*...... 5971
19.9 yo vengo a ti en una nube...que el *p* oiga...... 5971
19.9 y Moisés refirió las palabras del *p* a........... 5971
19.10 ve al *p*, y santifícalos hoy y mañana.......... 5971
19.11 Jehová descenderá a ojos de todo el *p*........ 5971
19.12 y señalarás término al *p* en derredor........ 5971
19.14 descendió Moisés...*p*, y santificó al *p*........ 5971
19.15 y dijo al *p*: Estad preparados para el......... 5971
19.16 se estremeció todo el *p* que estaba en........ 5971
19.17 y Moisés sacó del campamento al *p* para..... 5971
19.21 ordena al *p* que no traspase los límites....... 5971
19.23 *p* no podrá subir al monte Sinaí, porque..... 5971
19.24 los sacerdotes y el *p* no traspasen el......... 5971
19.25 entonces Moisés descendió y...dijo al *p*...... 5971
20.18 todo el *p* observaba el estruendo y los........ 5971
20.18 humeaba; y viéndolo el *p*, temblaron, y....... 5971
20.20 y Moisés respondió al *p*: No temáis........... 5971
20.21 *p* estuvo a lo lejos, y Moisés se acercó........ 5971
21.8 no la podrá vender a *p* extraño cuando....... 5971
22.25 cuando prestares dinero a uno de mi *p*....... 5971
22.28 no...ni maldecirás al príncipe de tu *p*........ 5971
23.11 dejarás libre...coman los pobres de tu *p*..... 5971
23.27 consternaré a todo *p* donde entres, y te...... 5971
24.2 ellos no se acerquen, ni suba el *p* con.......... 5971
24.3 contó al *p*...y todo el *p* respondió a una....... 5971
24.7 tomó el libro...y lo leyó a oídos del *p*......... 5971
24.8 tomó la sangre y roció sobre el *p*, y dijo........ 5971
30.33 compusiere...será cortado de entre su *p*..... 5971
30.38 para olerlo, será cortado de entre su *p*...... 5971
31.14 persona será cortada de en medio de...*p*.... 5971
32.1 viendo el *p* que...tardaba en descender....... 5971
32.3 *p* apartó los zarcillos de oro que tenían....... 5971
32.6 y se sentó el *p* a comer y a beber, y se........ 5971
32.7 tu *p* que sacaste de...se ha corrompido....... 5971
32.9 he visto a este *p*...es *p* de dura cerviz......... 5971
32.11 se encenderá tu furor contra tu *p*, que....... 5971
32.12 y arrepiéntete de este mal contra tu *p*........ 5971
32.14 mal que dijo que había de hacer a su *p*....... 5971
32.17 oyó Josué el clamor del *p* que gritaba........ 5971
32.21 a Aarón: ¿Qué te ha hecho este *p*, que........ 5971
32.22 tú conoces al *p*, que es inclinado a mal....... 5971
32.25 y viendo...que el *p* estaba desenfrenado..... 5971
32.28 cayeron del *p* en aquel día como 3.000........ 5971
32.30 al *p*: Vosotros habéis cometido un gran....... 5971
32.31 pues este *p* ha cometido un gran pecado..... 5971
32.34 ve...lleva a este *p* a donde te he dicho........ 5971
32.35 Jehová hirió al *p*, porque habían hecho....... 5971
33.1 sube de aquí, tú y el *p* que sacaste de......... 5971
33.3 pero yo no subiré...eres *p* de dura cerviz..... 5971
33.4 y oyendo el *p* esta mala noticia...luto.......... 5971
33.5 vosotros sois *p* de dura cerviz; en un......... 5971
33.8 el *p* se levantaba, y cada cual estaba.......... 5971
33.10 viendo todo el *p* la columna de nube que..... 5971
33.12 saca este *p*; y tú no me has declarado........ 5971
33.13 ojos: y mira que esta gente es *p* tuyo......... 5971
33.16 hallado gracia en tus ojos, yo y tu *p*.......... 5971
33.16 que yo y tu *p*...apartados de todos los *p*...... 5971
34.9 un *p* de dura cerviz; y perdona nuestra........ 5971
34.10 hago pacto delante de todo tu *p*; haré........ 5971
34.10 y verá todo el *p* en...la obra de Jehová....... 5971
36.5 el *p* trae mucho más de lo...para la obra...... 5971
36.6 mandó...se le impidió al *p* ofrecer más......... 5971
Lv 4.3 sacerdote ungido pecare según el...del *p*....... 5971
4.13 y si toda la congregación...ojos del *p*........... 6951
4.27 si alguna persona del *p* pecare por yerro...... 5971
7.20,21,25,27 será cortada de entre su *p*............ 5971
9.7 haz la reconciliación por ti y por el *p*........... 5971
9.7 haz también la ofrenda del *p*, y haz la............ 5971
9.15 ofreció...ofrenda del *p*, y tomó el macho....... 5971
9.15 cabrío que era para la expiación del *p*......... 5971
9.18 degolló también el buey...que era del *p*....... 5971
9.22 después alzó Aarón sus manos hacia el *p*...... 5971
9.23 Moisés y...y salieron y bendijeron al *p*........ 5971
9.23 la gloria de...se apareció a todo el *p*.......... 5971
9.24 fuego de...y viéndolo todo el *p*, alabaron...... 5971
10.3 en presencia de...el *p* seré glorificado........ 5971
16.15 cabrío en expiación por el pecado del *p*....... 5971
16.24 su holocausto, y el holocausto del *p*........... 5971
16.24 y hará la expiación por sí y por el *p*............ 5971
16.33 expiación por el altar...por todo el *p*.......... 5971
17.4 será cortado el tal varón de entre su *p*........ 5971
17.9 tal varón será igualmente cortado de su *p*..... 5971
17.10 comiere sangre...cortaré de entre su *p*....... 5971
18.29 hicieren serán cortadas de entre su *p*........ 5971
19.8 y la tal persona será cortada de su *p*.......... 5971
19.16 no andarás chismeando entre tu *p*. No......... 5971
19.18 ni guardarás rencor a los hijos de tu *p*....... 5971
20.2 morirá; el *p* de la tierra lo apedreará.......... 5971
20.3 y lo cortaré de entre su *p*, por cuanto......... 5971
20.4 si el *p* de...cerrare sus ojos respecto de....... 5971
20.5 le cortaré de entre su *p*, con todos los......... 5971
20.6 tal persona, y la cortaré de entre su *p*......... 5971
20.17 serán muertos a ojos de...hijos de su *p*....... 5971
20.18 ambos serán cortados de entre su *p*........... 5971
20.24 yo Jehová...que os he apartado de los *p*...... 5971
20.26 apartado de los *p* para que seáis míos....... 5971
21.1 no se contaminen por un muerto en sus *p*..... 5971
21.4 no se contaminará como...hombre de su *p*.... 5971
21.14 sino tomará de su *p* una virgen por mujer.... 5971
21.15 que no profane su descendencia en sus *p*.... 5971
23.29 no se afligiere...será cortada de su *p*........ 5971
23.30 yo destruiré a la tal persona de...su *p*........ 5971
26.12 vuestro Dios, y vosotros seréis mi *p*.......... 5971
Nm 5.21 te haga...execración en medio de tu *p*....... 5971
5.27 la mujer será maldición en medio de su *p*...... 5971
9.13 tal persona será cortada de entre su *p*........ 5971
11.1 aconteció que el *p* se quejó a oídos de......... 5971
11.2 entonces el *p* clamó a Moisés, y Moisés........ 5971
11.8 *p* se esparcía y lo recogía, y lo molía........... 5971
11.10 oyó Moisés al *p*, que lloraba por sus.......... 5971
11.11 que has puesto la carga de todo este *p*....... 5971
11.12 ¿concebí yo a...este *p*? ¿Lo engendré yo...... 5971
11.13 conseguiré yo carne para dar...este *p*?...... 5971
11.14 no puedo yo solo soportar a todo este *p*...... 5971
11.16 que tu sabes que son ancianos del *p* y........ 5971
11.17 llevarán contigo la carga del *p*, y no.......... 5971
11.18 pero al *p* dirás: Santificaos para mañana.... 5971
11.21 dijo Moisés: 600.000 de a pie es el *p*.......... 5971
11.24 y dijo al *p* las palabras de Jehová............ 5971
11.24 reunió a los setenta...ancianos del *p*......... 5971
11.29 ojalá todo...el *p* de Jehová fuese profeta..... 5971
11.32 el *p* estuvo levantado todo aquel día y........ 5971
11.33 ira...se encendió en el *p*, e hirió...al *p*........ 5971
11.34 cuanto allí sepultaron al *p* codicioso......... 5971
11.35 Kibrot-hataava partió el *p* a Hazerot......... 5971
12.15 *p* no pasó...hasta que se reunió María........ 5971
12.16 el *p* partió de Hazarot, y acamparon en...... 5971
13.18 y observad...el *p* que la habita, si es......... 5971
13.28 *p* que habita aquella tierra es fuerte........ 5971
13.30 Caleb...callar al *p* delante de Moisés......... 5971
13.31 mas...no podremos subir contra aquel *p*..... 5971
13.32 todo el *p*...hombres de grande estatura...... 5971
14.1 y dio voces; y el *p* lloró aquella noche.......... 5971
14.9 ni temáis al *p* de esta tierra; porque........... 5971
14.11 ¿hasta cuándo me ha de irritar este *p*?....... 5971
14.13 lo oirán...sacaste a este *p* con tu poder...... 5971
14.14 oh Jehová, estabas en medio de este *p*........ 5971
14.15 y que has hecho morir a este *p* como a....... 5971
14.16 no pudo...meter este *p* en la tierra de........ 5971
14.19 perdona ahora la iniquidad de este *p*........ 5971
14.19 perdonado a este *p* desde Egipto hasta....... 5971
14.39 dijo estas cosas...el *p* se enlutó mucho....... 5971
15.26 ellos, por cuanto es yerro de todo el *p*........ 5971
15.30 esa...será cortada de en medio de su *p*....... 5971
16.41 vosotros habéis dado muerte al *p* de........ 5971
16.47 la mortandad había comenzado en el *p*...... 5971
16.47 incensario...e hizo expiación por el *p*........ 5971
20.1 llegaron...acampó el *p* en Cades; y allí......... 5971
20.3 y habló el *p* contra Moisés, diciendo........... 5971
20.20 y salió Edom contra él con mucho *p*, y......... 5971
20.24 Aarón será reunido a su *p*...no entrará........ 5971
20.26 Aarón será reunido a su *p*, y...morirá......... 5971
21.2 en efecto entregares este *p* en mi mano........ 5971
21.4 Edom; y se desanimó el *p* por el camino........ 5971
21.5 habló el *p* contra Dios y contra Moisés......... 5971
21.6 envió entre el *p* serpientes ardientes.......... 5971
21.6 mordían al *p*, y murió mucho *p* de Israel...... 5971
21.7 el *p* vino a Moisés y dijo: Hemos pecado........ 5971
21.7 ruega a Jehová...Y Moisés oró por el *p*......... 5971
21.16 a Moisés: Reúne al *p*, y les daré agua.......... 5971
21.18 pozo, el cual...cavaron los príncipes del *p*.... 5971
21.23 juntó Sehón todo su *p* y salió contra.......... 5971
21.29 ¡ay de ti, Moab! Pereciste, *p* de Quemos...... 5971
21.33 salió...Og rey...y todo su *p*, para pelear...... 5971
21.34 lo he entregado, a él y a todo su *p*, y a........ 5971
22.3 y Moab tuvo gran temor a causa del *p*.......... 5971
22.5 un *p* ha salido de Egipto...cubre la faz......... 5971
22.5 al río en la tierra de los hijos de su *p*.......... 5971
22.6,17 ven, pues, ahora...maldíceme este *p*........ 5971
22.11 este *p* que ha salido de Egipto cubre la........ 5971
22.12 a Balaam: No vayas...ni maldigas al *p*........ 5971
22.41 desde allí vio a los mas cercanos del *p*....... 5971
23.9 he aquí un *p* que habitará confiado, y no...... 5971
23.24 he aquí el *p* que como león se levantará...... 5971
24.14 yo me voy ahora a mi *p*; por tanto, ven....... 5971
24.14 lo que este *p* ha de hacer a tu *p* en........... 5971
25.1 el *p* empezó a fornicar con las hijas de........ 5971
25.2 invitaban al *p* a los sacrificios de sus......... 5971
25.2 y el *p* comió, y se inclinó a sus dioses.......... 5971
25.3 acudió el *p* a Baal-peor; y el furor de........... 5971
25.4 todos los príncipes del *p*, y ahórcalos........... 5971
25.15 Zur, príncipe de *p*, padre de familia en......... 523
26.4 contaréis el *p* de 20 años arriba, como
27.13 serás reunido a tu *p*, como fue...Aarón........ 5971
31.2 venganza...después serás recogido a tu *p*..... 5971
31.3 habló al *p*, diciendo: Armaos algunos de........ 5971
32.15 él volverá...y destruiréis a todo este *p*........ 5971
33.14 Refidim, donde el *p* no tuvo aguas para...... 5971
Dt 1.28 *p* es mayor y más alto que nosotros............ 5971
2.4 manda al *p*, diciendo: Pasando vosotros......... 5971
2.10,21 *p* grande y numeroso, y alto, como.......... 5971
2.16 murieron...los hombres de guerra de...el *p*... 5971
2.25 a poner tu temor...sobre los *p* debajo de
2.32 salió Sehón...él y todo su *p*, para pelear....... 5971
2.33 y lo derrotamos a él y a...y a todo su *p*.......... 5971
3.1 salió al encuentro Og rey de...y todo su *p*...... 5971
3.2 tu mano he entregado a él y a todo su *p*........ 5971
3.3 en nuestra mano a Og rey...y a todo su *p*....... 5971
3.28 él ha de pasar delante de este *p*, y él........... 5971
4.6 ante los ojos de los *p*, los cuales oirán.......... 5971
4.6 *p* sabio y entendido, nación grande es esta..... 5971
4.10 reúneme el *p*, para que yo les haga oír........ 5971
4.19 tu Dios los ha concedido a todos los *p*......... 5971
4.20 para que seáis el *p* de su heredad, como....... 5971
4.27 os esparcirá entre los *p*, y quedaréis.......... 5971
4.33 ¿ha oído *p*...la voz de Dios, hablando de...... 5971
5.28 he oído la voz...de este *p*, que ellos te......... 5971
6.14 en pos de...dioses de los *p* que están en....... 5971
7.6 tú eres *p* santo...para serle un *p* especial...... 5971
7.6 más que todos los *p* que están sobre la......... 5971
7.7 no por ser vosotros más que todos los *p*........ 5971
7.7 erais el más insignificante de todos...*p*......... 5971
7.14 bendito serás más que todos los *p*; no......... 5971
7.16 consumirás...*p* que te da Jehová tu Dios...... 5971
7.19 así hará...Dios con todos los *p* de cuya........ 5971
9.2 un *p* grande y alto, hijos de los anaceos......... 5971
9.6 no es por...porque *p* duro de cerviz eres....... 5971
9.12 tu *p* que sacaste de...se ha corrompido....... 5971
9.13 he observado a ese *p*...*p* duro de cerviz....... 5971
9.26 no destruyas a tu *p* y a tu heredad que........ 5971
9.27 no mires a la dureza de este *p*, ni a su......... 5971
9.29 son tu *p* y tu heredad, que sacaste con......... 5971
10.11 marches delante del *p*, para que entren...... 5971
10.15 y escogió...de entre todos los *p*, como........ 5971
13.7 dioses de los *p* que están en vuestros.......... 5971
13.9 tu mano...y después la mano de todo el *p*..... 5971
14.2 eres *p* santo a Jehová tu Dios, y Jehová....... 5971
14.2 le seas un *p* único de entre todos los *p*......... 5971
14.21 véndela a un...tú eres *p* santo a Jehová....... 5971
16.18 cuales juzgarán al *p* con justo juicio.......... 5971
17.7 testigos...y después la mano de todo el *p*...... 5971
17.13 y todo el *p* oirá, y temerá, y no se............. 5971
17.16 ni hará volver al *p* a Egipto con el fin......... 5971
18.3 y este será el derecho...de parte del *p*......... 5971
20.1 si vieres caballos...*p* más grande que tú....... 5971
20.2 pondrá en pie el sacerdote y hablará al *p*..... 5971
20.5 y los oficiales hablarán al *p*, diciendo.......... 5971
20.8 y volverán los oficiales a hablar al *p*........... 5971
20.9 cuando...oficiales acaben de hablar al *p*....... 5971
20.9 tomarán el mando a la cabeza del *p*............ 5971
20.11 todo el *p* que en ella fuere hallado te......... 5971
20.16 de las ciudades de estos *p* que Jehová......... 5971
21.8 perdona a tu *p* Israel, al cual redimiste......... 5971
21.8 y no culpes de sangre inocente a tu *p*.......... 5971
26.15 bendice a tu *p* Israel, y a la tierra.............. 5971
26.18 ha declarado hoy que tú eres *p* suyo, de...... 5971
26.19 que seas un *p* santo a Jehová tu Dios......... 5971
27.1 ordenó Moisés, con los ancianos...al *p*........ 5971
27.9 hoy has venido a ser *p* de Jehová tu Dios...... 5971
27.11 y mandó Moisés al *p* en...día, diciendo........ 5971
27.12 el monte Gerizim para bendecir al *p*........... 5971
27.15 y todo el *p* responderá y dirá: Amén........... 5971
27.16,17,18,19,20,21,22,23,24,25,26 el que...Y
dirá todo el *p*: Amén............................. 5971
28.9 te confirmará Jehová por *p* santo suyo......... 5971
28.10 verán todos los *p*...el nombre de Jehová...... 5971
28.32 y tus hijas serán entregadas a otro *p*.......... 5971
28.33 el fruto de...comerá *p* que no conociste....... 5971
28.37 servirás de refrán y de burla a...los *p*.......... 5971
28.64 y Jehová te esparcirá por todos los *p*.......... 5971
29.13 para confirmarte hoy como su *p*, y para....... 5971
30.3 volverá a recogerte de entre todos los *p*....... 5971
31.7 tú entrarás con este *p* a la tierra que........... 5971
31.12 harás congregar al *p*, varones y mujeres...... 5971
31.16 *p*...fornicará tras los dioses ajenos de......... 5971
32.6 así pagáis a Jehová, *p* loco e ignorante?....... 5971
32.8 estableció los límites de los *p* según el......... 5971
32.9 la porción de Jehová es su *p*; Jacob la.......... 5971
32.21 los moveré a celos con un *p* que no es *p*....... 5971
32.36 Jehová juzgará a su *p*, y por amor de.......... 5971
32.43 alabad, naciones, a su *p*, porque él............ 5971
32.43 hará expiación por la tierra de su *p*............ 5971
32.44 y recitó...este cántico a oídos del *p*............ 5971
32.50 sé unido a tu *p*, así como murió Aarón......... 5971
32.50 como murió Aarón...y fue unido a su *p*......... 5971
33.3 aun amó a su *p*; todos los consagrados......... 5971
33.5 cuando se congregaron los jefes del *P*........... 5971
33.7 oye, oh Jehová, la voz...llévalo a su *p*........... 5971
33.17 con ellas acorneará a los *p* juntos hasta....... 5971
33.19 llamarán a los *p* a su monte; allí................ 5971
33.21 vino en la delantera del *p*; con Israel.......... 5971
33.29 ¿quién como tú, *p* salvo por Jehová........... 5971
Jos 1.2 pasa este Jordán, tú y todo este *p*, a............ 5971
1.6 repartirás a este *p* por heredad la tierra........ 5971
1.10 mandó a los oficiales del *p*, diciendo........... 5971
1.11 mandad al *p*, diciendo: Preparaos comida...... 5971
3.3 mandaron al *p*, diciendo: Cuando veáis el....... 5971
3.5 y Josué dijo al *p*: Santificaos, porque........... 5971
3.6 tornad el arca del...y pasad delante del *p*....... 5971
3.6 tomaron el arca...y fueron delante del *p*....... 5971
3.14 cuando partió el *p* de sus tiendas para......... 5971
3.14 los sacerdotes delante del *p* llevando el....... 5971
3.16 aguas...el *p* pasó en dirección de Jericó........ 5971
3.17 el *p* hubo acabado de pasar el Jordán.......... 5971
4.2 tomad del *p* doce hombres, uno de cada......... 5971
4.10 había mandado a Josué que dijese al *p*........ 5971
4.10 se pararon...y el *p* se dio prisa y pasó.......... 5971
4.11 todo el *p* acabó de pasar, también pasó........ 5971
4.11 el arca de Jehová...en presencia del *p*......... 5971
4.19 el *p* subió del Jordán el día diez del............. 5971
4.24 los *p*...conozcan que la mano de Jehová........ 5971
5.4 *p* que había salido de Egipto, los varones....... 5971
5.5 todos los del *p*...estaban circuncidados......... 5971
5.5 todo el *p* que había nacido en el desierto........ 5971
6.5 la bocina, todo el *p* gritará a gran voz........... 5971
6.5 subirá el *p*...uno derecho hacia adelante....... 5971

6.7 y dijo al p: Pasad, y rodead la ciudad 5971
6.8 y así que Josué hubo hablado al p, los 5971
6.10 Josué mandó al p... no gritaréis, ni se 5971
6.16 Josué dijo al p: Gritad, porque Jehová......... 5971
6.20 el p gritó, y los sacerdotes tocaron las......... 5971
6.20 cuando el p hubo oído... la bocina, gritó 5971
6.20 el p subió luego a la ciudad, cada uno 5971
7.3 no suba todo el p, sino suban... dos mil 5971
7.3 Hai; no fatigues a todo el p yendo allí........... 5971
7.4 subieron allá del p como tres mil hombres...... 5971
7.5 por lo cual el corazón del p desfalleció 5971
7.7 hiciste pasar a este p el Jordán, para........... 5971
7.13 santifica al p, y di: Santificaos para 5971
8.1 he entregado... Hai, a su p, a su ciudad 5971
8.5 yo y todo el p... conmigo nos acercaremos...... 5971
8.9 y Josué se quedó... noche en medio del p 5971
8.10 pasó revista al p, y subió él, con los............ 5971
8.10 Josué... subió... delante del p contra Hai....... 5971
8.13 dispusieron al p; todo el campamento al....... 5971
8.14 el rey de Hai, él y su p se apresuraron......... 5971
8.16 y todo el p que estaba en Hai se juntó 5971
8.20 el p que iba huyendo hacia el desierto......... 5971
8.33 bendijesen primeramente al p de Israel 5971
10.7 subió Josué... y todo el p de guerra con él 5971
10.21 todo el p volvió sano y salvo a Josué......... 5971
10.33 a él y a su p destruyó Josué, hasta no......... 5971
14.8 hicieron desfallecer el corazón del p 5971
17.14 siendo nosotros un p tan grande, y que....... 5971
17.15 si sois p tan grande, subid al bosque 5971
17.17 tú eres gran p, y tienes grande poder 5971
24.2 dijo Josué a todo el p: Así dice Jehová 5971
24.16 entonces el p respondió y dijo: Nunca 5971
24.17 todos los p por entre los cuales pasamos..... 5971
24.18 Jehová arrojó de... a todos los p, y al 5971
24.19 Josué dijo al p: No podréis servir a........... 5971
24.21 p... dijo a Josué: No, sino que a Jehová 5971
24.22 respondió al p: Vosotros sois testigos......... 5971
24.24 p respondió a Josué: A Jehová nuestro 5971
24.25 Josué hizo pacto con el p el mismo día 5971
24.27 Josué a todo el p: He aquí esta piedra 5971
24.28 y envió Josué al p... uno a su posesión......... 5971
Jue 1.16 subieron... fueron y habitaron con el p 5971
2.4 el ángel... habló... el p alzó su voz y lloró 5971
2.6 Josué había despedido al p, y los hijos.......... 5971
2.7 p había servido a Jehová todo el tiempo 5971
2.12 tras... los dioses de los p que estaban.......... 5971
2.20 por cuanto este p traspasa mi pacto que 5971
4.13 y reunió Sísara... el p que con él estaba 5971
5.2 por haberse ofrecido voluntariamente el p 5971
5.9 para los que... os ofrecisteis entre el p......... 5971
5.11 marchará hacia... puertas el p de Jehová 5971
5.13 el p de Jehová marchó por él en contra 5971
5.14 en pos de ti, Benjamín, entre tus p; de 5971
5.18 p de Zabulón expuso su vida a la muerte 5971
7.1 levantándose, pues... Gedeón, y todo el p 5971
7.2 el p... es mucho para que yo entregue a los..... 5971
7.3 ahora, pues, haz pregonar en oídos del p....... 5971
7.3 y se devolvieron de los del p 22.000, y 5971
7.4 Jehová dijo a Gedeón: Aún es mucho el p....... 5971
7.5 llevó el p a las aguas; y Jehová dijo a 5971
7.6 y todo el resto del p se dobló sobre sus 5971
7.8 y habiendo tomado provisiones para el p....... 5971
9.29 estuviera este p bajo mi mano, pues yo 5971
9.32 levántate, pues... y el p que está contigo 5971
9.33 cuando él y el p... salgan contra ti, tú........... 5971
9.34 levantándose... Abimelec y todo el p que 5971
9.35 Abimelec y todo el p... de la emboscada 5971
9.36 viendo Gaal al p, dijo a Zebul: He aquí......... 5971
9.38 ¿no es este el p que tenías en poco?............ 5971
9.42 el p salió al campo; y fue dado aviso a 5971
9.43 he aquí el p que salía de la ciudad; y........... 5971
9.45 tomó la ciudad, y mató al p que en ella 5971
9.48 diciendo al p que estaba con él: Lo que 5971
9.49 todo el p cortó también cada uno su rama..... 5971
10.18 y el p de Galaad dijeron el uno al otro......... 5971
11.11 y el p lo eligió por su caudillo y jefe 5971
11.21 Jehová... entregó a Sehón y a todo su p 5971
11.23 desposeyó al amorreo delante de su p......... 5971
12.2 yo y mi p teníamos una gran contienda con ... 5971
14.3 ¿no hay mujer... en todo nuestro p, para 5971
14.16 el enigma que propusiste a los... de mi p 5971
14.17 y ella lo declaró a los hijos de su p............ 5971
16.24 y viéndolo el p, alabaron a su dios............. 5971
16.30 cayó la casa sobre... y sobre todo el p 5971
18.7 vieron que el p... en ella estaba seguro 5971
18.10 llegaréis a un p confiado y... una tierra 5971
18.20 tomó el efod... y se fue en medio del p 5971
18.27 llegaron a... al p tranquilo y confiado 5971
20.2 los jefes de todo el p, de... las tribus 5971
20.2 presentes en la reunión del p de Dios 5971
20.8 todo el p, como... se levantó, y dijeron 5971
20.10 hombres... que lleven víveres para el p....... 5971
20.22 reanimándose el p... volvieron a ordenar 5971
20.26 subieron... el p, y vinieron a la casa 5971
20.31 salieron... Benjamín al encuentro del p....... 5971
20.31 y comenzaron a herir a algunos del p......... 5971
21.2 el p a la casa de Dios, y se estuvieron.......... 5971
21.4 y al día siguiente el p se levantó de............ 5971
21.9 fue contado el p, y no hubo allí varón.......... 5971
21.15 el p tuvo compasión de Benjamín, porque 5971
Rt 1.6 había visitado a su p para darles pan........... 5971
1.10 dijeron... nosotras iremos contigo a tu p........ 5971
1.15 he aquí tu cuñada se ha vuelto a su p y 5971
1.16 iré yo... tu p será mi p, y tu Dios mi Dios......... 5971
2.11 has venido a un p que no conociste antes...... 5971
3.11 la gente de mi p sabe que eres... virtuosa....... 5971
4.4 compres en presencia de... ancianos de mi p ... 5971
4.9 a todo el p: Vosotros sois testigos hoy........... 5971
4.11 dijeron todos los del p que estaban a la........ 5971
1 S 2.13 costumbre de los sacerdotes con el p 5971
2.23 porque yo oigo de todo este p vuestros 5971
2.24 hijos míos... hacéis pecar al p de Jehová 5971
2.29 engordándoos de... las ofrendas de mi p 5971
4.3 volvió el p al campamento, los ancianos 5971
4.4 envió el p a Silo, y trajeron de allá el 5971
4.17 también fue hecha gran mortandad en el p ... 5971
5.10 el arca del... para matarnos... a nuestro p..... 5971
5.11 y no nos mate a nosotros ni a nuestro p 5971
6.19 Dios... hizo morir del p a 50.070 hombres...... 5971
6.19 lloró el p... Jehová lo había herido con 5971
8.7 dijo Jehová... Oye la voz del p en todo lo........ 5971
8.10 refirió Samuel... palabras de Jehová al p...... 5971
8.19 pero el p no quiso oír la voz de Samuel........ 5971
8.21 oyó Samuel todas las palabras del p, y 5971
9.2 hijo... Saúl... sobrepasaba a cualquiera del p ... 5971
9.12 el p tiene hoy un sacrificio en el lugar......... 5971
9.13 el p no comerá hasta que él haya llegado...... 5971
9.16 sobre mi p Israel, y salvará a mi p de.......... 5971
9.16 he mirado a mi p, por cuanto su clamor....... 5971
9.17 varón del cual... éste gobernará a mi p......... 5971
9.24 guardó, cuando dije: Yo he convidado al p..... 5971
10.1 te ha ungido Jehová... sobre su p Israel? 5159
10.11 el p decía... ¿Qué le ha sucedido al hijo........ 5971
10.17 Samuel convocó al p delante de Jehová 5971
10.23 en medio del p... más alto que todo el p....... 5971
10.24 Samuel dijo a todo el p: ¿Habéis visto 5971
10.24 que no hay semejante a él en todo el p? 5971
10.24 el p clamó con alegría... ¡Viva el rey!......... 5971
10.25 recitó luego al p las leyes del reino........... 5971
10.26 y envió Samuel a todo el p... a su casa
11.4 dijeron estas palabras en oídos del p 5971
11.4 dijeron... y todo el p alzó su voz y lloró 5971
11.5 dijo Saúl: ¿Qué tiene el p, que llora?............ 5971
11.7 temor de Jehová sobre el p, y salieron......... 5971
11.11 dispuso Saúl al p en tres compañías.......... 5971
11.12 el p... dijo a Samuel: ¿Quiénes son los 5971
11.14 mas Samuel dijo al p: Venid, vamos a 5971
11.15 fue todo el p a Gilgal, e invistieron 5971
12.6 Samuel dijo al p: Jehová... es testigo............ 5971
12.18 y todo el p tuvo gran temor de Jehová......... 5971
12.19 dijo todo el p a Samuel: Ruega por tus......... 5971
12.20 y Samuel respondió al p: No temáis 5971
12.22 Jehová no desamparará a su p, por su 5971
12.22 porque Jehová ha querido haceros p suyo.... 5971
13.2 y envió al resto del p... a sus tiendas............ 5971
13.4 se juntó el p en pos de Saúl en Gilgal 5971
13.5 p numeroso como la arena que está a la........ 5971
13.6 estrecho (porque el p estaba en aprietos 5971
13.7 Saúl... y todo el p iba tras él temblando......... 5971
13.8 Samuel no venía... y el p se le desertaba....... 5971
13.11 vi que el p se me desertaba, y que tú 5971
13.14 ha designado... sea príncipe sobre su p 5971
13.16 Saúl... y el p que con ellos se hallaba 5971
13.22 ni lanza en mano de ninguno del p que....... 5971
14.3 no sabía el p que Jonatán se hubiese ido 5971
14.17 Saúl dijo al p que... Pasad ahora revista...... 5971
14.20 juntando Saúl... el p que con él estaba........ 5971
14.24 Saúl había juramentado al p, diciendo 5971
14.24 apuro... Y todo el p no había probado pan ... 5971
14.25 p llegó a un bosque, donde había miel
14.26 entró... el p en el bosque, y he aquí que....... 5971
14.26 no hubo quien... el p temía el juramento...... 5971
14.27 cuando su padre había juramentado al p...... 5971
14.28 habló uno del p, diciendo: Tu padre ha 5971
14.28 padre ha hecho jurar solemnemente al p..... 5971
14.28 diciendo: Maldito sea... Y el p desfallecía..... 5971
14.30 ¿cuánto más si el p hubiera comido... hoy 5971
14.31 hirieron... pero el p estaba muy cansado 5971
14.32 se lanzó el p sobre el botín, y tomaron 5971
14.32 becerros... y el p los comió con sangre 5971
14.33 p peca contra Jehová, comiendo la carne 5971
14.34 esparcíos por el p, y decidles que me......... 5971
14.34 trajo todo el p cada cual por su mano 5971
14.38 venid acá todos los principales del p 5971
14.39 no hubo en... el p quien le respondiese 5971
14.40 el p respondió a Saúl: Haz lo que bien......... 5971
14.41 cayó sobre Jonatán... y el p salió libre......... 5971
14.45 el p dijo a Saúl: ¿Ha de morir Jonatán......... 5971
14.45 no... Así el p libró de morir a Jonatán 5971
15.1 que te ungiese por rey sobre su p Israel........ 5971
15.4 Saúl... convocó al p y les pasó revista en 5971
15.8 pero a todo el p mató a filo de espada.......... 5971
15.9 y Saúl y el p perdonaron a Agag, y a lo......... 5971
15.15 el p perdonó lo mejor de las ovejas y 5971
15.21 mas el p tomó del botín ovejas y vacas 5971
15.24 yo he pecado; pues... porque temí al p......... 5971
15.30 que me honres delante de los... de mi p........ 5971
17.27 el p le respondió las mismas palabras......... 5971
17.30 le dio el p la misma respuesta de antes....... 5971
18.5 David... era acepto a los ojos de todo el p...... 5971
18.13 jefe... y salía y entraba delante del p 5971
23.8 y convocó Saúl a todo el p a la batalla 5971
26.5 el p estaba acampado en derredor de él....... 5971
26.14 dio voces David al p, y a Abner hijo de 5971
26.15 uno del p ha entrado a matar a... el rey 5971
27.12 se ha hecho abominable a su p de Israel 5971
30.6 porque el p hablaba de apedrearlo, pues 5971
30.6 el p estaba en amargura de alma, cada uno ... 5971
30.21 salieron a recibir a David y al p que........... 5971
31.9 que llevaran las buenas nuevas al... al p....... 5971
2 S 1.4 el p huyó de la... muchos del p cayeron 5971
1.12 ayunaron... por el p de Jehová y por la.......... 5971
2.26 ¿hasta cuándo no dirás al p que... vuelva....... 5971
2.27 el p hubiera dejado de seguir... hermanos 5971
2.28 el p se detuvo, y no persiguió más a los 5971
2.30 juntando a todo el p, faltaron de los 5971
3.18 por la mano de mi... David libraré a mi p....... 5971
3.31 dijo David a Joab, y a todo el p... Rasgad 5971
3.32 el rey... lloró... lloró también todo el p......... 5971
3.34 y todo el p volvió a llorar sobre él 5971
3.35 todo el p vino para persuadir a David......... 5971
3.36 todo el p supo esto, y le agradó; pues 5971
3.36 todo lo que el rey hacía agradaba a... p 5971
3.37 el p... entendió aquel día, que no había......... 5971
5.2 ha dicho: Tú apacentarás a mi p Israel 5971
5.12 engrandecido su reino por amor de su p 5971
6.2 partió... con todo el p que tenía consigo 5971
6.18 bendijo al p en el nombre de Jehová de........ 5971
6.19 repartió a todo el p, y a... la multitud 5971
6.19 y se fue todo el p, cada uno a su casa.......... 5971
6.21 me eligió... príncipe sobre el p de Jehová...... 5971
7.7 haya mandado apacentar a mi p de Israel...... 5971
7.8 fueses príncipe sobre mi p, sobre Israel 5971
7.10 además, yo fijaré lugar a mi p Israel 5971
7.11 día en que puse jueces sobre mi p Israel....... 5971
7.23 ¿y quién como tu p, como Israel, nación 5971
7.23 porque fue Dios para rescatarlo por p 5971
7.23 por amor de tu p que rescataste para ti 5971
7.24 estableciste a tu p Israel por p tuyo............ 5971
8.15 administraba justicia y equidad a... su p........ 5971
10.12 esforcémonos por nuestro p, y por las........ 5971
10.13 acercó Joab, y el p que con él estaba 5971
11.7 David le preguntó... y por la salud del p 5971
12.28 reúne, pues... al p que queda, y acampa...... 5971
12.29 y juntando David a... p, fue contra Rabá 5971
12.31 volvió David con todo el p a Jerusalén........ 5971
14.13 has pensado tú... contra el p de Dios? 5971
14.15 porque el p me atemorizó; y tu sierva 5971
15.12 y aumentaba el p que seguía a Absalón 5971
15.17 salió... con todo el p que le seguía, y.......... 5971
15.23 el p pasó al camino que va al desierto......... 5971
15.24 y subió Abiatar después que todo el p 5971
15.30 todo el p... cubrió cada uno su cabeza......... 5971
16.6 todo el p... estaban a su derecha y a su......... 5971
16.14 el rey y todo el p... llegaron fatigados 5971
16.18 de aquel que eligiere... este p y todos......... 5971
16.21 p... oirá que te has hecho aborrecible a
17.2 todo el p... huirá, y mataré al rey solo 5971
17.3 así haré volver a ti todo el p (pues tú 5971
17.3 hayan vuelto, todo el p estará en paz........... 5971
17.8 tu padre... no pasará la noche con el p 5971
17.9 p que sigue a Absalón ha sido derrotado 5971
17.16 que no sea destruido el rey y todo el p......... 5971
17.22 David se levantó, y todo el p que con 5971
17.28 trajeron a David y al p... camas, taza
17.29 porque decían: El p está hambriento y 5971
18.1 pasó revista al p que tenía consigo, y.......... 5971
18.2 y envió David al p, una tercera parte.......... 5971
18.2 y dijo el rey al p: Yo también saldré 5971
18.3 p dijo: No saldrás; porque si nosotros 5971
18.4 mientras salía todo el p de ciento en........... 5971
18.5 y todo el p oyó cuando dio el rey orden 5971
18.6 salió, pues, el p al campo contra Israel 5971
18.7 allí cayó el p de Israel delante de los 5971
18.16 tocó... el p se volvió de seguir a Israel 5971
18.16 se volvió de... porque Joab detuvo al p 5971
19.2 volvió... victoria en luto para todo el p......... 5971
19.2 oyó decir el p... que el rey tenía dolor 5971
19.3 y entró el p aquel día en la ciudad.............. 5971
19.3 entrar a escondidas el p avergonzado que 5971
19.8 y fue dado aviso a todo el p, diciendo.......... 5971
19.8 y vino todo el p delante del rey; pero 5971
19.9 el p disputaba en todas las tribus de............ 5971
19.39 todo el p pasó el Jordán; y luego que 5971
19.40 y todo el p de Judá acompañaba al rey......... 5971
19.40 pasó... también la mitad del p de Israel 5971
20.12 que todo el p se paraba, apartó a Amasa 5971
20.15 p... trabajaba por derribar la muralla.......... 5971
20.22 la mujer fue luego a todo el p con su 5971
22.28 tú salvas al p afligido, mas tus ojos 5971
22.44 me has librado de las contiendas del p 5971
22.44 cabeza... p que yo no conocía me servirá..... 5971
22.48 el Dios que... y sujeta p debajo de mí 5971
23.10 se volvió el p... para recoger el botín 5971
23.11 p había huido delante de los filisteos 5971
24.2 haz un censo del p, para que yo sepa el 5971
24.3 añada... Dios al p cien veces tanto como 5971
24.4 rey, para hacer el censo del p de Israel......... 5971
24.9 dio el censo del p al rey; y fueron los 5971
24.10 después que David hubo censado al p, le 5971
24.15 murieron del p, desde... 70.000 hombres...... 5971
24.16 dijo al ángel que destruía al p: Basta 5971
24.17 cuando vio al ángel que destruía al p........... 5971
24.21 un altar... que cese la mortandad del p......... 5971
1 R 1.39 y dijo... el p: ¡Viva el rey Salomón!.............. 5971
1.40 subió todo el p en pos de él, y cantaba.......... 5971
3.2 el p sacrificaba en los lugares altos............. 5971
3.8 tu siervo está en medio de tu p... p grande...... 5971
3.9 para juzgar a tu p... gobernar este tu p.......... 5971
4.34 para oír la... venían de todos los p y de......... 5971
5.7 que dio hijo sabio a David sobre este p 5971
5.16 tenían a cargo el p que hacía la obra............ 5971
6.13 habitaré en... y no dejaré a mi p Israel 5971
8.16 desde el día que saqué de Egipto a mi p 5971
8.16 a David... que presidiese en mi p Israel......... 5971
8.30 oye, pues, la oración... y de tu p Israel 5971
8.33 tu p Israel fuere derrotado delante de.......... 5971
8.34,36 oirás... y perdonarás el pecado de tu p 5971
8.36 tierra, la cual diste a tu p por heredad 5971
8.38 y toda súplica que hiciere... tu p Israel 5971
8.41 el extranjero, que no es de tu p Israel.......... 5971
8.43 los p de la tierra conozcan tu nombre 5971
8.43 te teman, como tu p Israel, y entiendan......... 5971
8.44 p saliere en batalla contra sus enemigos 5971

8.50 y perdonarás a tu *p* que había pecado 5971
8.51 porque ellos son tu *p* y tu heredad, el 5971
8.52 atentos...a la plegaria de tu *p* Israel 5971
8.53 tú los apartaste...de entre todos los *p* 5971
8.56 bendito...que ha dado paz a su *p* Israel 5971
8.59 que él proteja la causa...de su *p* Israel 5971
8.60 todos los *p*...sepan que Jehová es Dios 5971
8.66 y al octavo día despidió al *p*...se fueron 5971
8.66 beneficios que Jehová había hecho a...*p* 5971
9.7 e Israel será por...refrán a todos los *p* 5971
9.20 *p* que quedaron de los amorreos, heteos 5971
9.23 sobre el *p* que trabajaba en aquella obra 5971
12.5 aquí a tres días volved a mí. Y el *p* se fue 5971
12.7 si tú fueres hoy siervo de este *p* y lo 5971
12.9 respondamos a este *p*, que me ha hablado 5971
12.10 así hablarás a este *p* que te ha dicho 5971
12.12 vino Jeroboam con todo el *p* a Roboam 5971
12.13 el rey respondió al *p* duramente, dejando 5971
12.15 y no oyó el rey al *p*...era designio de 5971
12.16 el *p* vio que el rey no les había oído 5971
12.23 habla a...y a los demás del *p*, diciendo 5971
12.27 si este *p* subiere a ofrecer sacrificios 5971
12.27 corazón de este *p* se volverá a su señor 5971
12.28 y dijo al *p*: Bastante habéis subido a
12.30 el *p* iba a adorar delante de uno hasta 5971
12.31 e hizo sacerdotes de entre el *p*, que no 5971
13.33 volvió a hacer sacerdotes...de entre el *p* 5971
14.2 dijo que yo había de ser rey sobre este *p* 5971
14.7 te levanté de en medio del *p*, y te hice 5971
14.7 y te hice príncipe sobre mi *p* Israel 5971
16.2 te puse por príncipe sobre mi *p* Israel 5971
16.2 por cuanto...has hecho pecar a mi *p* Israel 5971
16.15 y el *p* había acampado contra Gibetón 5971
16.16 el *p*...oyó decir: Zimri ha conspirado 5971
16.21 *p* de Israel fue dividido en dos partes 5971
16.21 la mitad del *p* seguía a Tibni hijo de 5971
16.22 el *p* que seguía a Omri pudo más que el 5971
18.21 y acercándose Elías a todo el *p*, dijo 5971
18.21 y si Baal...Y el *p* no respondió palabra 5971
18.22 Elías volvió a decir al *p*: Sólo yo he 5971
18.24 el *p* respondió, diciendo: Bien dicho 5971
18.30 Elías a todo el *p*...el *p* se le acercó 5971
18.37 que conozca este *p* que tú...eres el Dios 5971
18.39 viéndolo...el *p*, se postraron y dijeron 5971
19.21 carne, y la dio al *p* para que comiesen 5971
20.8 el *p* le respondieron: No le obedezcas 5971
20.10 no bastará a los puños de todo el *p* que 5971
20.15 pasó revista a todo el *p*, a todos los 5971
20.42 tu vida será por...y tu *p* por el suyo 5971
21.9 cartas...y poned a Nabot delante del *p* 5971
21.12 ayuno, y pusieron a Nabot delante del *p* 5971
21.13 contra Nabot delante del *p*, diciendo 5971
22.4 yo soy como tú, y mi *p* como tu *p*, y mío 5971
22.28 dijo Micaías...En seguida dijo: Oíd, *p* 5971
22.43 el *p* sacrificaba...y quemaba incienso 5971
2 R 3.7 yo soy como tú; mi *p* como tu *p*, y mis 5971
4.13 respondió: Yo habito en medio de mi *p* 5971
6.30 rasgó...y el *p* vio el cilicio que traía 5971
7.16 *p* salió, y saqueó el campamento de los 5971
7.17,20 lo atropelló el *p*...el *p* le atropelló 5971
8.21 atacó a los de...y el *p* huyó a sus tiendas 5971
9.6 te he ungido...sobre Israel, *p* de Jehová 5971
10.9 dijo a todo el *p*: Vosotros sois justos 5971
10.18 después reunió Jehú a todo el *p*, y les 5971
11.13 oyendo...el estruendo del *p*...entró al *p* 5971
11.14 y todo el *p* del país se regocijaba, y 5971
11.17 hizo pacto entre Jehová y el rey y el *p* 5971
11.17 que serían *p* de Jehová...el rey y el *p* 5971
11.18 todo el *p*...entró en el templo de Baal 5971
11.19 el *p* de la tierra, y llevaron al rey 5971
11.20 el *p*...se regocijó, y la ciudad estuvo 5971
12.3 el *p* aún sacrificaba y quemaba incienso 5971
12.8 en no tomar más dinero del *p*, ni tener 5971
14.4 el *p* aún sacrificaba y quemaba incienso 5971
14.21 el *p* de Judá tomó a Azarías, que era de 5971
15.4 el *p* sacrificaba aún y quemaba incienso 5971
15.5 el cargo del palacio, gobernando al *p* 5971
15.10 Salum...y lo hirió en presencia de su *p* 5971
15.35 *p* sacrificaba aún, y quemaba incienso 5971
16.15 el holocausto de todo el *p* de la tierra 5971
17.32 hicieron del bajo *p* sacerdotes de los
18.26 a oídos del *p* que está sobre el muro 5971
18.36 el *p* calló, y no le respondió palabra 5971
20.5 y di a Ezequías, príncipe de mi *p*: Así 5971
21.24 el *p*...mató a...los que habían conspirado 5971
21.24 y puso el *p*...por rey...a Josías su hijo 5971
22.4 recoja el dinero...que han recogido del *p* 5971
22.13 preguntad a Jehová por mí, y por el *p* 5971
23.2 subió el rey...con todo el *p*, desde el 5971
23.3 el rey...Y todo el *p* confirmó el pacto 5971
23.6 echó el polvo sobre los sepulcros...del *p* 5971
23.21 mandó el rey a...el *p*...Haced la pascua 5971
23.30 el *p*...tomó a Joacaz...pusieron por rey 5971
23.35 sacando la plata y...del *p* de la tierra 5971
24.14 no quedó...excepto los pobres del *p* de 5971
25.3 que no hubo pan para el *p* de la tierra 5971
25.11 los del *p*...llevó cautivos Nabuzaradán 5971
25.19 tomó...y 60 varones del *p* de la tierra 5971
25.22 al *p* que...dejó en tierra de Judá, puso 5971
25.26 levantándose todo el *p*...fueron a Egipto 5971
1 Cr 4.32 aldeas fueron Etam...y Asán; cinco *p* 5892
5.25 siguiendo a los dioses de los *p* de la 5971
10.9 para dar las nuevas a sus ídolos y el *p* 5971
11.2 tú apacentarás a mi *p* Israel, y tú serás 5971
11.2 y tú serás príncipe sobre Israel mi *p* 5971
11.13 huyendo el *p* delante de los filisteos 5971
13.4 porque la cosa parecía bien a todo el *p* 5971
14.2 que había exaltado su reino sobre su *p* 5971
16.2 David...bendijo al *p*...nombre de Jehová 5971
16.8 alabad...dad a conocer en los *p* sus obras 5971
16.20 y andaban de...y de un reino a otro *p* 5971
16.24 cantad...en todos los *p* sus maravillas 5971
16.26 todos los dioses de los *p* son ídolos 5971
16.28 tributad a...oh familias de los *p*, dad 5971
16.36 dijo todo el *p*, Amén, y alabó a Jehová 5971
16.43 y todo el *p* se fue cada uno a su casa 5971
17.6 los cuales mandé que apacentasen a mi *p* 5971
17.7 que fueses príncipe sobre mi *p* Israel 5971
17.9 he dispuesto lugar para mi *p* Israel, y 5971
17.10 que puse los jueces sobre mi *p* Israel 5971
17.11 ¿y qué *p* hay en la...como tu *p* Israel 5971
17.21 cuyo Dios fuese y...redimiese un *p*, para 5971
17.21 echando a...naciones de delante de tu *p* 5971
17.22 a tu *p* Israel por *p* tuyo para siempre 5971
18.14 David...juzgaba con justicia a todo su *p* 5971
19.13 esforcémonos por nuestro *p*, y por las 5971
19.14 se acercó Joab y el *p* que...para pelear 5971
19.18 mas el *p* sirio huyó delante de Israel
19.19 el *p* sirio nunca más quiso ayudar a los
20.3 y sacó también al *p* que estaba en ella 5971
20.3 volvió David con todo el *p* a Jerusalén 5971
21.2 dijo David a Joab y a los príncipes del *p* 5971
21.3 añada Jehová a su *p* cien veces más, rey 5971
21.4 dio la cuenta del número del *p* de David
21.17 ¿no soy yo el que hizo contar el *p*? Yo 5971
21.17 tu mano...y no venga la peste sobre tu *p* 5971
21.22 la era...que cese la mortandad en el *p* 5971
22.18 ha sometida delante de...y de su *p* 5971
23.25 Dios...ha dado paz a su *p* Israel, y él 5971
28.2 oídme...*p* mio. Yo tenía el propósito de 5971
28.21 el *p* para ejecutar todas sus órdenes 5971
29.9 y se alegró el *p* por haber contribuido 5971
29.14 ¿quién soy yo, y quién es mi *p*, para 5971
29.17 he visto con alegría que tu *p*...ha dado 5971
29.18 conserva...esta voluntad del...de tu *p* 5971
2 Cr 1.9 me has puesto...sobre un *p* numeroso 5971
1.10 dame...para presentarme delante de este *p* 5971
1.10 porque ¿quién podrá gobernar a este tu *p* 5971
1.11 has pedido...ciencia para gobernar a mi *p* 5971
2.11 porque Jehová amó a su *p*, te ha puesto 5971
2.18 por capataces para hacer trabajar al *p* 5971
6.5 desde el día que saqué a mi *p* de...Egipto 5971
6.5 varón que fuese príncipe sobre mi *p* Israel 5971
6.6 a David he elegido...que esté sobre mi *p* 5971
6.21 oigas el ruego de tu siervo, y de tu *p* 5971
6.24 tu *p* Israel fuere derrotado delante del 5971
6.25,27 perdonarás el pecado de tu *p* Israel 5971
6.27 tu tierra, que diste por heredad a tu *p* 5971
6.29 todo ruego que hiciere...todo tu *p* Israel 5971
6.32 extranjero que no fuere de tu *p* Israel 5971
6.33 los *p* de,la tierra conozcan tu nombre 5971
6.33 te teman así como tu *p* Israel, y sepan 5971
6.34 si tu *p* saliere a la guerra contra sus 5971
6.39 y perdonarás a tu *p* que pecó contra ti 5971
7.4 el rey y todo el *p* sacrificaron víctimas 5971
7.5 así dedicaron la casa...el rey y todo el *p* 5971
7.10 del mes...envió al *p* a sus casas, alegres 5971
7.10 beneficios...Jehová había hecho...a su *p* 5971
7.13 si yo...o si enviare pestilencia a mi *p* 5971
7.14 si se humillare mi *p*, sobre el cual mi 5971
7.20 la pondré por...escarnio de todos los *p* 5971
8.7 todo el *p* que había quedado de los heteos 5971
10.5 él les dijo: Volved a mí...Y el *p* se fue 5971
10.6 ¿cómo aconsejáis...que responda a este *p*? 5971
10.7 si te condujeres humanamente con este *p* 5971
10.9 ¿qué aconsejáis...respondamos a este *p* 5971
10.10 dirás al *p* que te ha hablado diciendo 5971
10.12 vino, pues, Jeroboam con todo el *p* a 5971
10.15 no escuchó el rey al *p*; porque la causa 5971
10.16 respondió el *p* al...diciendo: ¿Qué parte 5971
12.3 el *p* que venía con él de Egipto, esto es 5971
13.9 sacerdotes a la manera de los *p* de otras 5971
14.13 y Asa, y el *p*...los persiguieron hasta 5971
16.10 y oprimió Asa...tiempo a algunos del *p* 5971
17.9 recorrieron...las ciudades enseñando al *p* 5971
18.3 yo soy como tú, y mi *p* como tu *p*; iremos 5971
18.27 Micaías dijo...Dijo además: Oíd, *p* todos 5971
19.4 Josafat...pero daba vuelta y salía al *p* 5971
20.7 ¿no echaste tú...delante de tu *p* Israel 5971
20.21 habido consejo con el *p*, puso a algunos 5971
20.25 viniendo...Josafat y su *p* a despojarlos 5971
20.33 el *p* aún no había enderezado su corazón 5971
21.14 Jehová herirá a tu *p* de una gran plaga 5971
23.5 el *p* estará en los patios de la casa de 5971
23.6 todo el *p* hará guardia delante de Jehová 5971
23.10 y puso en orden a todo el *p*, teniendo 5971
23.12 Atalía...vino al *p* a la casa de Jehová 5971
23.13 el *p* de la tierra mostraba alegría, y 5971
23.16 hizo pacto entre sí y todo el *p* y el rey 5971
23.16 Joiada hizo pacto...serían *p* de Jehová 5971
23.17 entró todo el *p* en el templo de Baal 5971
23.20 llamó después...a los que gobernaban el *p* 5971
23.20 todo el *p* de la tierra, para conducir 5971
23.21 se regocijó todo el *p* del país; y la 5971
24.10 el *p* se gozaron, y trajeron ofrendas 5971
24.20 en pie, donde estaba más alto que el *p* 5971
24.23 destruyeron en el *p* a...los principales 5971
25.11 Amasías, sacó a su *p*, y vino al Valle 5971
25.15 dioses...que no libraron a su *p* de tus 5971
26.1 el *p* de Judá tomó a Uzías, el cual tenía 5971
26.21 Jotam su...gobernando al *p* de la tierra 5971
27.2 hizo...pero el *p* continuaba corrompiéndose 5971
29.36 alegró Ezequías con todo el *p*, de que 5971
29.36 que Dios hubiese preparado el *p*; porque 5971
30.3 ni el *p* se había reunido en Jerusalén 5971
30.18 gran multitud del *p* de Efraín y Manasés 5971
30.20 y oyó Jehová a Ezequías, y sanó al *p* 5971
30.24 los príncipes dieron al *p* mil novillos
30.27 los sacerdotes...en pie bendijeron al *p* 5971
31.4 mandó...al *p* que habitaba en Jerusalén 5971
31.8 bendijeron a Jehová, y a su *p* Israel 5971
31.10 porque Jehová ha bendecido a su *p*; y ha 5971
32.4 reunió mucho *p*, y cegaron...las fuentes 5971
32.6 puso capitanes de guerra sobre el *p*, y 5971
32.8 el *p* tuvo confianza en las palabras de 5971
32.13 lo que...hemos hecho a todos los *p* de 5971
32.14 ¿qué dios...que pudiese salvar a su *p* 5971
32.15 si ningún dios...pudo librar a su *p* de 5971
32.17 no pudieron librar a su *p* de mis manos 5971
32.18 clamaron a gran voz...al *p* de Jerusalén 5971
32.19 como contra los dioses de los *p* de la 5971
33.10 habló Jehová a Manasés y a su *p*, mas 5971
33.17 *p* aún sacrificaba en los lugares altos 5971
33.25 el *p* de la tierra mató a todos los que 5971
33.25 *p* de la tierra puso por rey en su lugar 5971
34.30 todo el *p*, desde el mayor hasta el más 5971
35.3 ahora servid a Jehová...y a su *p* Israel 5971
35.5 de vuestros hermanos los hijos del *p*, y 5971
35.7 y dio el rey Josías a los del *p* ovejas 5971
35.8 también sus príncipes dieron...al *p* y a 5971
35.12 dar conforme a...de las familias del *p* 5971
35.13 lo repartieron rápidamente a todo el *p* 5971
36.1 el *p* de la tierra tomó a Joacaz hijo de 5971
36.14 *p*, aumentaron la iniquidad, siguiendo 5971
36.15 él tenía misericordia de su *p* y de su 5971
36.16 subió la ira de Jehová contra su *p*, y 5971
36.23 quien haya...de todo su *p*, sea Jehová 5971
Esd 1.3 quien haya...de su *p*, sea Dios con él 5971
2.2 el número de los varones del *p* de Israel 5971
2.70 y habitaron los...los del *p*, los cantores 5971
3.1 juntó el *p* como un...hombre en Jerusalén 5971
3.3 tenían miedo de los *p* de las tierras, y 5971
3.11 el *p* aclamaba con gran júbilo, alabando 5971
3.13 no podía distinguir el *p* el clamor de 5971
3.13 porque clamaba el *p* con gran júbilo, y 5971
4.4 el *p* de la tierra intimidó al *p* de Judá 5971
4.10 y los demás *p* que el grande y glorioso 524
5.12 casa y llevó cautivo al *p* a Babilonia 5971
6.12 destruya a todo...*p* que pusiere su mano 5971
7.13 todo aquel...del *p* de Israel...quiera ir 5971
7.16 las ofrendas...del *p* y de los sacerdotes 5971
7.25 pon jueces y...que gobiernen a todo el *p* 5971
8.15 habiendo buscado entre el *p* y entre los 5971
8.36 los cuales ayudaron al *p* y a la casa de 5971
9.1 el *p*...no se han separado de los *p* de las 5971
9.2 ha sido mezclado con los *p* de las tierras 5971
9.11 es a causa de la inmundicia de los *p* de 5971
9.14 y a emparentar con *p* que cometen estas 5971
10.1 se juntó a él...lloraba el *p* amargamente 5971
10.2 tomamos mujeres extranjeras de los *p* de 5971
10.9 sentó todo el *p* en la plaza de la casa 5971
10.11 apartaos de los *p* de las tierras, y de 5971
10.13 pero el *p* es mucho, y el tiempo lluvioso 5971
Neh 1.8 pecaréis, yo os dispersaré por los *p* 5971
1.10 ellos, pues, son tus siervos y tu *p*, los 5971
4.6 edificamos...el *p* tuvo ánimo para trabajar 5971
4.13 puse al *p* por familias, con sus espadas 5971
4.14 me levanté y dije...al resto del *p*: No 5971
4.19 dije...al resto del *p*: La obra es grande 5971
4.22 entonces al *p*: Cada uno con su criado 5971
5.1 hubo gran clamor del *p* y de sus mujeres 5971
5.13 alabaron a...Y el *p* hizo conforme a esto 5971
5.15 abrumaron al *p*, y tomaron de ellos por 5971
5.15 y aun sus criados se enseñoreaban del *p* 5971
5.18 porque la servidumbre de este *p*...grave 5971
5.19 Dios...y de todo lo que hice por este *p* 5971
7.4 poco *p* dentro de ella, y no había casas 5971
7.5 que reuniese a...y al *p*, para que fuesen 5971
7.7 el número de los varones del *p* de Israel 5971
7.72 el resto del *p* dio 20.000 dracmas de oro 5971
7.73 y habitaron...los del *p*, los sirvientes 5971
8.1 se juntó todo el *p* como un solo hombre en 5971
8.3 y los oídos de todo el *p* estaban atentos 5971
8.5 abrió...Esdras el libro a ojos de todo el *p* 5971
8.5 más alto que todo el *p*...*p* estuvo atento 5971
8.6 el *p* respondió: ¡Amén! ¡Amén! alzando sus 5971
8.7 los levitas...hacían entender al *p* la ley 5971
8.7 la ley; y el *p* estaba atento en su lugar 5971
8.9 y los levitas que hacían entender al *p* 5971
8.9 a todo el *p*: Día santo es a Jehová...Dios 5971
8.9 *p* lloraba oyendo las palabras de la ley 5971
8.11 los levitas...hacían callar a todo el *p* 5971
8.12 todo el *p* se fue a comer y a beber, y a 5971
8.13 se reunieron los cabezas...de todo el *p* 5971
8.16 salió, pues, el *p*, y trajeron ramas e 5971
9.10 señales...contra todo el *p* de su tierra 5971
9.22 les diste reinos y *p*, y los repartiste 5971
9.24 a los *p* de la tierra, para que hiciesen 5971
9.30 entregaste en mano de los *p* de la tierra 5971
9.32 el sufrimiento que ha alcanzado a...tu *p* 5971
10.14 cabezas del *p*: Paros, Pahat-moab, Elam 5971
10.28 resto del *p*, los sacerdotes, levitas 5971
10.28 los que se habían apartado de los *p* de 5971
10.30 no daríamos nuestras hijas a los *p* de 5971
10.31 si los *p* de la tierra trajesen a vender 5971
10.34 echamos...suertes...los levitas y el *p* 5971
11.1 habitaron los jefes del *p* en Jerusalén 5971
11.1 el resto del *p* echó suertes para traer 5971
11.2 y bendijo el *p* a todos los varones que 5971
11.24 servicio del rey en todo negocio del *p* 5971
12.30 purificaron al *p*, y las puertas, y el 5971
12.38 y yo...con la mitad del *p* sobre el muro 5971
13.1 se leyó en el libro de...oyéndolo el *p* 5971

13.24 hablaban conforme a... lengua de cada *p* 5971
Est 1.5 otro banquete... a todo el *p* que había 5971
1.11 para mostrar a los *p* y a los príncipes 5971
1.16 ha pecado... contra todos los *p* que hay en 5971
1.22 cartas... a cada *p* conforme a su lenguaje 5971
1.22 se publicase esto en la lengua de su *p* 5971
2.10 no declaró cuál era su *p* ni su parentela 5971
2.20 no había declarado su nación ni su *p* 5971
3.6 ya le habían declarado cuál era el *p* de 5971
3.6 destruir a todos los... al *p* de Mardoqueo 5971
3.8 dijo... Hay un *p* esparcido... entre los *p* en 5971
3.8 sus leyes son diferentes de las de todo *p* 5971
3.11 asimismo el *p*, para que hagas de él lo 5971
3.12 mandó Amán... a los príncipes de cada *p* 5971
3.12 su escritura, y a cada *p* según su lengua 5971
3.14 fue publicada a todos los *p*, a fin de que 5971
4.8 y a interceder delante de él por su *p* 5971
4.11 y el *p* de las provincias del rey, saben 5971
7.3 séame dada mi vida... mi *p* por mi demanda 5971
7.4 hemos sido vendidos, yo y mi *p*, para ser 5971
8.6 ¿cómo... ver el mal que alcanzará a mi *p*? 5971
8.9 cada *p* conforme a su lengua, a los judíos 5971
8.11 y acabar con toda fuerza armada del *p* o 5971
8.13 para que fuese conocido por todos los *p* 5971
8.17 y muchos de entre los *p* de la tierra se 5971
9.2 el temor... había caído sobre todos los *p* 5971
10.3 procuró el bienestar de su *p* y habló paz 5971
Job 12.2 ciertamente vosotros sois el *p*, y con 5971
12.24 quita el entendimiento a... jefes del *p* 5971
17.6 me ha puesto por refrán de *p*, y delante 5971
18.19 no tendrá hijo ni nieto en su *p*, ni 5971
34.20 se alborotarán los *p*, y pasarán, y sin 5971
34.30 que no reine el... para vejaciones del *p* 5971
36.20 la noche, en que los *p* desaparecen de 5971
36.31 por esos medios castiga a los *p*, a la 5971
Sal 2.1 gentes, y los *p* piensan cosas vanas? 3816
3.8 la salvación es de Jehová; sobre tu *p* sea 5971
7.7 rodeará congregación de *p*, y sobre ella 3816
7.8 Jehová juzgará a los *p*; júzgame... Jehová 5971
9.8 juzgará al mundo... y a los *p* con rectitud 3816
9.11 cantad... publicad entre los *p* sus obras 5971
14.4 que devoran a mi *p* como si comiesen pan 5971
14.7 hiciere volver a los cautivos de su *p* 5971
18.27 porque tú salvarás al *p* afligido 5971
18.43 me has librado de las contiendas del *p* 5971
18.43 cabeza... *p* que yo no conocía me sirvió 5971
18.47 el Dios que... y somete *p* debajo de mí 5971
22.6 oprobio de... hombres, y despreciado del *p* 5971
22.31 a *p* no nacido aún, anunciarán que él 5971
28.8 Jehová es la fortaleza de su *p*, y el
28.9 salva a tu *p*, y bendice a tu heredad 5971
29.11 poder a su *p*... bendecirá a su *p* con paz 5971
33.10 y frustra las maquinaciones de los *p* 5971
33.12 *p* que él escogió como heredad para sí 5971
35.18 confesaré... te alabaré entre numeroso *p* 5971
42.4 entre voces... de alabanza del *p* en fiesta
44.2 tú... afligiste a los *p*, y los arrojaste 3816
44.12 vendido a tu *p* de balde; no exigiste 5971
45.5 saetas... con que caerán *p* debajo de ti 5971
45.10 oye... olvida tu *p*, y la casa de tu padre 5971
45.12 implorarán tu favor los ricos del *p* 5971
45.17 te alabarán los *p* eternamente y para 5971
47.1 *p* todos, batid... manos; aclamad a Dios 5971
47.3 él someterá a los *p* debajo de nosotros 5971
47.9 los príncipes de los *p* se reunieron como 5971
47.9 se reunieron como *p* del Dios de Abraham 5971
49.1 oíd esto, *p* todos; escuchad, habitantes 5971
50.4 convocará... tierra, para juzgar a su *p* 5971
50.7 oye, *p* mío, y hablaré; escucha, Israel 5971
53.4 que devoran a mi *p* como si comiesen pan 5971
53.6 hiciere volver de la cautividad a su *p* 5971
56.7 pésalos... y derriba en tu furor a los *p* 5971
57.9 alabaré entre los *p*, oh Señor; cantaré 5971
59.11 no los mates, para que mi *p* no olvide 5971
60.3 has hecho ver a tu *p* cosas duras; nos 5971
62.8 esperad en él en todo tiempo, oh *p* 5971
66.8 bendecid, *p*, a nuestro Dios, y haced oír 5971
67.3,5 te alaben los *p*, oh... los *p* te alaben 5971
67.4 porque juzgarás los *p* con equidad, y 5971
67.5 te alaben los *p*... todos los *p* te alaben 5971
68.7 Dios, cuando tú saliste delante de tu *p* 5971
68.30 la multitud de toros con los... de los *p* 5971
68.35 el Dios de Israel, él da... vigor a su *p* 5971
72.2 él juzgará a tu *p* con justicia, y a tus 5971
72.3 montes llevarán paz al *p*, y los collados 5971
72.4 juzgará a los afligidos del *p*, salvará 5971
73.10 por eso Dios hará volver a su *p* aquí 5971
74.18 y *p* insensato ha blasfemado tu nombre 5971
77.14 Dios... hiciste notorio en los *p* tu poder 5971
77.15 con tu brazo redimiste a tu *p*, a los 5971
77.20 condujiste a tu *p* como ovejas por mano 5971
78.1 escucha, *p* mío, mi ley; inclinad vuestro 5971
78.20 ¿podrá dar... ¿dispondrá carne para su *p*? 5971
78.52 hizo salir a su *p* como ovejas, y los 5971
78.62 entregó también su *p* a la espada, y se 5971
78.71 para que apacentase a Jacob su *p*, y a 5971
79.13 nosotros, *p* tuyo, y ovejas de tu prado 5971
80.4 indignación contra la oración de tu *p*? 5971
81.8 oye, *p* mío, y te amonestaré. Israel, si 5971
81.11 mi *p* no oyó mi voz, e Israel no quiso 5971
81.13 ¡oh, si me hubiera oído mi *p*, si en mis 5971
83.3 contra tu *p* han consultado... secretamente 5971
85.2 perdonaste la iniquidad de tu *p*; todos 5971
85.6 vida, para que tu *p* se regocije en ti? 5971
85.8 hablará paz a su *p* y a sus santos, para 5971
87.6 Jehová contará al inscribir a los *p*; éste 5971
89.15 bienaventurado el *p* que sabe aclamarte 5971
89.19 sobre... he exaltado a un escogido de mi *p* 5971
89.50 oprobio de muchos *p*, que llevo en mi 5971
94.5 a tu *p*, oh Jehová, quebrantan, y a tu 5971
94.8 entended, necios del *p*... vosotros, fatuos 5971
94.14 porque no abandonará Jehová a su *p*, ni 5971
95.7 nosotros el *p* de su prado, y ovejas de 5971
95.10 *p* es que divaga de corazón, y no han 5971
96.3 proclamad entre... los *p* sus maravillas 5971
96.5 dioses de los *p* son ídolos; pero Jehová 5971
96.7 tributad a Jehová, oh familias de los *p* 5971
96.10 Jehová... juzgará a los *p* en justicia 5971
96.13 juzgará al mundo... a los *p* con su verdad 5971
97.6 los cielos anunciaron... *p* vieron su gloria 5971
98.9 juzgará al mundo... a los *p* con rectitud 5971
99.1 Jehová reina; temblarán los *p*. El está 5971
99.2 es grande, y exaltado sobre todos los *p* 5971
100.3 él... *p* suyo somos, y ovejas de su prado 5971
102.18 el *p* que está por nacer alabará a JAH 5971
102.22 los *p* y los reinos se congreguen en uno 5971
105.1 alabad... dad a conocer sus obras en los *p* 5971
105.13 y andaban de... de un reino a otro *p* 5971
105.20 el señor de los *p*, y le dejó ir libre 5971
105.24 multiplicó su *p* en gran manera, y lo 5971
105.25 cambió... para que aborreciesen a su *p* 5971
105.43 sacó a su *p* con gozo; con júbilo a sus 5971
105.44 dio y las labores de los *p* heredaron 3816
106.4 según tu benevolencia para con tu *p* 5971
106.27 y humillar su *p* entre las naciones, y
106.34 no destruyeron a los *p* que Jehová les 5971
106.40 encendió... furor de Jehová sobre su *p* 5971
106.48 bendito Jehová... y diga todo el *p*, Amén 5971
107.32 exáltenlo en la congregación del *p*, y 5971
108.3 alabaré, oh Jehová, entre los *p*; a ti 5971
110.3 tu *p* se te ofrecerá voluntariamente en 5971
111.6 el poder de sus obras manifestó a su *p* 5971
111.9 redención ha enviado a su *p*... su pacto 5971
113.8 sentar con... con los príncipes de su *p* 5971
114.1 cuando salió... la casa de Jacob del *p* 5971
116.14,18 pagaré... votos delante de todo su *p* 5971
117.1 alabad a Jehová... *p* todos, alabadle 523
125.2 así Jehová está alrededor de su *p* desde 5971
135.12 dio la tierra... heredad a Israel su *p* 5971
135.14 porque Jehová juzgará a su *p*, y se 5971
136.16 al que pastoreó a su *p* por el desierto 5971
144.15 bienaventurado el *p*... el *p* cuyo Dios es 5971
148.11 los reyes de la tierra y todos los *p* 3816
148.14 exaltado el poderío de su *p*; alábenle 5971
148.14 alábenle todos sus... el *p* a él cercano 5971
149.4 Jehová tiene contentamiento en su *p* 5971
149.7 venganza entre... y castigo entre los *p* 3816
Pr 11.14 donde no hay dirección... caerá el *p* 5971
11.26 que acapara el grano, el *p* lo maldecirá 3816
14.28 multitud del *p* está la gloria del rey 5971
14.28 la falta de *p* la debilidad del príncipe 3816
24.24 los *p* lo maldecirán, y le detestarán las 5971
28.15 es el príncipe impío sobre el *p* pobre 5971
29.2 cuando... justos dominan, el *p* se alegra 5971
29.2 mas cuando domina el impío, el *p* gime 5971
29.18 sin profecía el *p* se desenfrena; mas el 5971
30.25 hormigas, *p* no fuerte, y en el verano 5971
30.26 los conejos, *p* nada esforzado, y ponen 5971
Ec 4.16 no tenía fin la muchedumbre del *p* que 5971
12.9 más sabio fue... más enseñó sabiduría al *p* 5971
Is 1.3 Israel no... mi *p* no tiene conocimiento 5971
1.4 ¡oh gente pecadora, *p* cargado de maldad 5971
1.10 escuchad la ley de... Dios, *p* de Gomorra 5971
2.3 vendrán... *p*, y dirán: Venid, y subamos al 5971
2.4 y juzgará entre... y reprenderá a muchos *p* 5971
2.6 has dejado tu *p*, la casa de Jacob, porque 5971
3.5 el *p* se hará violencia unos a otros, cada 5971
3.7 ni hay pan; no me hagáis príncipe del *p* 5971
3.12 los opresores de mi *p* son muchachos, y 5971
3.12 *p* mío, los que te guían te engañan, y 5971
3.13 Jehová está en pie... para juzgar a los *p* 5971
3.14 a juicio contra los ancianos de su *p* y 5971
3.15 ¿qué pensáis vosotros que majáis mi *p* y 5971
5.13 mi *p* fue llevado cautivo, porque no tuvo 5971
5.25 se encendió el furor de... contra su *p*, y 5971
6.5 en medio de *p* que tiene labios inmundos 5971
6.9 y di a este *p*: Oíd bien, y no entendáis 5971
6.10 engruesa el corazón de este *p*, y agrava 5971
7.2 se le estremeció su... y el corazón de su *p* 5971
7.8 Efraín... quebrantado hasta dejar de ser *p* 5971
7.17 Jehová hará venir sobre ti, sobre tu *p* 5971
8.6 desechó este *p* las aguas de Siloé, que 5971
8.9 reuníos, *p*, y seréis quebrantados; oíd 5971
8.11 que no caminase por el camino de este *p* 5971
8.12 las cosas que este *p* llama conspiración 5971
8.19 dijeren... ¿No consultará el *p* a su Dios? 5971
9.2 el *p* que andaba en tinieblas vio gran luz 5971
9.9 sabrá todo el *p*, Efraín y los moradores 5971
9.13 el *p* no se convirtió al que lo castigaba 5971
9.16 gobernadores de este *p* son engañadores 5971
9.19 la ira... será el *p* como pasto del fuego 5971
10.2 y para quitar el derecho a los... de mi *p* 5971
10.6 y sobre el *p* de mi ira le enviaré, para 5971
10.13 quité... territorios de los *p*, y saqueé 5971
10.14 mi mano como nido las riquezas de los *p* 5971
10.22 porque si tu *p*, oh Israel, fuere como 5971
10.24 así: *P* mío... de Sion, no temas de Asiria 5971
11.10 estará puesta por pendón a los *p*, será 5971
11.11 para recobrar el remanente de su *p* que 5971
11.16 habrá camino para el remanente de su *p* 5971
12.4 célebres en los *p* sus obras, recordad 5971
13.4 estruendo de multitud... como de mucho *p* 5971
13.14 cada cual mirará hacia su *p*, y cada uno 5971
14.2 tomarán los *p*, y los traerán a su lugar 5971
14.6 que hería a los *p* con furor, con llaga 5971
14.20 tú destruiste tu tierra, mataste a tu *p* 5971
14.32 ella se acogerán los afligidos de su *p* 5971
17.12 multitud de muchos *p* que harán ruido 5971
17.13 los *p* harán estrépito como de ruido de
18.2 andad... al *p* temible desde su principio 5971
18.7 del *p* de elevada estatura... del *p* temible 5971
19.25 bendito el *p* mío Egipto, y el asirio 5971
21.10 *p* mío, trillado y aventado, os he dicho
22.4 de la destrucción de la hija de mi *p* 5971
23.13 *p* no existía; Asiria la fundó para sí 5971
24.2 y sucederá así como al *p*... al sacerdote 5971
24.4 se... enfermaron los altos *p* de la tierra 5971
24.13 así será en medio de... los *p*, como olivo 5971
25.3 te dará gloria el *p* fuerte, te temerá 5971
25.6 Jehová de... hará... a todos los *p* banquete 5971
25.7 con que están cubiertos todos los *p*, y 5971
25.8 quitará la afrenta de su *p* de toda la 5971
26.11 avergonzarán los que envidian a tu *p* 5971
26.15 aumentaste el *p*, oh... aumentaste el *p* 1471
26.20 *p* mío, entra en tus aposentos, cierra 5971
27.11 porque aquel no es *p* de entendimiento 5971
28.5 será por corona de... al remanente de su *p* 5971
28.11 y en extraña lengua hablará a este *p* 5971
28.14 que gobernáis a este *p*... en Jerusalén 5971
29.13 *p* se acerca a mí con su boca, y con sus 5971
29.14 excitaré yo la admiración de este *p* con 5971
30.5 todos se avergonzarán del *p* que no les 5971
30.6 sus tesoros... a un *p* que no les será de 5971
30.9 este *p* es rebelde, hijos mentirosos 5971
30.19 *p* morará en Sion, en Jerusalén; nunca 5971
30.26 que vendare Jehová la herida de su *p* 5971
30.28 freno estará en las quijadas de los *p* 5971
32.13 sobre la tierra de... *p* subirán espinos 5971
32.18 y mi *p* habitará en morada de paz, en 5971
33.3 los *p* huyeron a la voz del estruendo; las 5971
33.12 y los *p* serán como cal quemada; como 5971
33.19 aquel *p* orgulloso, *p* de lengua difícil 5971
33.24 al *p* que more en ella le será perdonada 5971
34.1 vosotros, *p*, escuchad. Oiga la tierra 3816
34.5 descenderá... y sobre el *p* de mi anatema 5971
36.11 no... lo oye el *p* que está sobre el muro 5971
40.1 consolaos, *p* mío, dice vuestro Dios 5971
40.7 la hierba se seca... como hierba es el *p* 5971
41.1 escuchadme, costas, y esfuércense los *p* 3816
42.5 que da aliento al *p* que mora sobre ella 5971
42.6 y te pondré por pacto al *p*, por luz de 5971
42.22 este es *p* saqueado y pisoteado, todos 5971
43.8 sacad al *p* ciego que tiene ojos, y a los 5971
43.9 congréguense a... y júntense todos los *p* 3816
43.20 aguas... para que beba mi *p*, mi escogido 5971
43.21 este *p* he creado para mí; mis alabanzas 5971
44.7 como hago yo desde que establecí el *p* 5971
47.6 enojé contra mi *p*, profané mi heredad 5971
49.1 oídme, costas, y escuchad, *p* lejanos 3816
49.8 daré por pacto al *p*, para que restaures 5971
49.13 Jehová ha consolado a su *p*, y de sus 5971
49.22 he aquí... a los *p* levantaré mi bandera 5971
51.4 atentos a mí, *p* mío, y oídme, nación mía 5971
51.4 la ley, y mi justicia para luz de los *p* 5971
51.5 mi justicia... mis brazos juzgarán a los *p* 5971
51.7 oídme... *p* en cuyo corazón está mi ley 5971
51.16 tierra, y diciendo a Sion: *P* mío eres tú 5971
51.22 dijo... tu Dios, el cual aboga por su *p* 5971
52.4 mi *p* descendió a Egipto en tiempo pasado 5971
52.5 qué... ya que mi *p* es llevado injustamente? 5971
52.6 mi *p* sabrá mi nombre por esta causa en 5971
52.9 Jehová ha consolado a su *p*, a Jerusalén 5971
53.8 fue... y por la rebelión de mi *p* fue herido 5971
55.4 yo lo di por testigo a los *p*, por jefe 3816
56.3 me apartará totalmente Jehová de su *p* 5971
56.7 será... casa de oración para todos los *p* 5971
57.14 quitad los tropiezos del camino de mi *p* 5971
58.1 anuncia a mi *p* su rebelión, y a la casa 5971
60.21 y tu *p*, todos ellos serán justos, para 5971
60.22 el pequeño vendrá a ser mil... *p* fuerte 1471
61.9 y sus renuevos en medio de los *p*, todos 5971
62.10 barred el camino al *p*... pendón a los *p* 5971
62.12 llamarán *P* Santo, Redimidos de Jehová 5971
63.3 de los *p* nadie había conmigo; los pisé 5971
63.6 con mi ira hollé los *p*, y los embriagué 5971
63.8 dijo... mi *p* son, hijos que no mienten; y 5971
63.11 acordó... de Moisés y de su *p*, diciendo 5971
63.14 así pastoreaste a tu *p*, para hacerte 5971
63.18 poco tiempo lo... tu santo *p*; nuestros 5971
64.9 mira ahora, *p* tuyo somos todos nosotros 5971
65.2 extendí... manos todo el día a *p* rebelde 5971
65.3 *p* que en mi rostro me provoca de... a ira 5971
65.10 majada de vacas, para mi *p* que me buscó 5971
65.18 que yo traigo... alegría, y a su *p* gozo 5971
65.19 me gozaré con mi *p*; y nunca más se oirá 5971
65.22 según los días... serán los días de mi *p* 5971
Jer 1.18 te he puesto... contra... *p* de la tierra 5971
2.11 mi *p* ha trocado su gloria por lo que no 5971
2.13 dos males ha hecho mi *p*: me dejaron a mí 5971
2.31 ¿por qué ha dicho mi *p*: Somos libres 5971
2.32 pero mi *p* se ha olvidado de mí por... días 5971
4.10 en gran manera has engañado a este *p* y a 5971
4.11 en aquel tiempo se dirá a este *p* y a 5971
4.11 viento seco de... vino a la hija de mi *p* 5971
4.22 porque mi *p* es necio, no me conocieron 5971
5.14 pongo... este *p* por leña, y los consumirá 5971
5.21 *p* necio y sin corazón, que tiene ojos y 5971
5.23 este *p* tiene corazón falso y rebelde; se 5971
5.26 porque fueron hallados en mi *p* impíos 5971
5.31 y mi *p* así lo quiso. ¿Qué, pues, haréis 5971
6.14 y curan la herida de mi *p* con liviandad 5971
6.19 yo traigo mal sobre este *p*, el fruto de 5971
6.21 yo pongo a este *p* tropiezos, y caerán en 5971
6.22 aquí que viene *p* de la tierra del norte 5971

6.26 hija de mi *p*, cíñete de cilicio...ceniza 5971
6.27 por fortaleza te he puesto en mi *p*, por 5971
7.12 ved lo que le hice por la maldad de mi *p* 5971
7.16 tu...no ores por este *p*, ni levantes por 5971
7.23 seré...Dios, y vosotros me seréis por *p* 5971
8.5 ¿por qué es este *p* de Jerusalén rebelde 5971
8.7 pero mi *p* no conoce el juicio de Jehová 5971
8.11 y curaron la herida de la hija de mi *p* 5971
8.19 voz del clamor de la hija de mi *p*, que 5971
8.21 quebrantado estoy por...la hija de mi *p* 5971
8.22 no hubo medicina para la hija de mi *p*? 5971
9.1 que llore...los muertos de la hija de mi *p*? 5971
9.2 que dejase a mi *p*, y de ellos me apartase? 5971
9.7 ¿qué más he de hacer por la hija de mi *p*? 5971
9.15 que a este *p* yo les daré a comer ajenjo 5971
10.3 costumbres de los *p* son vanidad; porque 5971
10.25 derrama tu enojo sobre los *p* que no te 1471
11.4 me seréis por *p*, y yo seré a...por Dios 5971
11.14 no ores por este *p*, ni levantes por ellos 5971
12.14 heredad que hice poseer a mi *p* Israel 5971
12.16 y si...aprendieren los caminos de mi *p* 5971
12.16 como enseñaron a mi *p* a jurar por Baal 5971
12.16 ellos serán prosperados en medio de mi *p* 5971
13.10 *p* malo, que no quiere oír mis palabras 5971
13.11 para que me fuesen por *p* y por fama, por 5971
14.10 acerca de este *p*: Se deleitaron en vagar 5971
14.11 dijo...No ruegues por este *p* para bien 5971
14.16 y el *p* a quien profetizan será echado 5971
14.17 es quebrantada la virgen hija de mi *p* 5971
15.1 si...no estaría mi voluntad con este *p* 5971
15.7 y dejé sin hijos a mi *p* y lo desbaraté 5971
15.20 te pondré en este *p* por muro...de bronce 5971
16.5 porque yo he quitado mi paz de este *p* 5971
16.10 cuando anuncies a este *p* todas estas 5971
17.19 ponte a la puerta de los hijos del *p* 5971
18.7 en un instante hablaré contra *p* y contra 1471
18.8 si esos *p* se convirtieren de su maldad 1471
18.15 mi *p* me ha olvidado, incensando a lo que 5971
19.1 lleva contigo de los ancianos del *p*, y de 5971
19.11 así quebrantaré a este *p* y a esta ciudad 5971
19.14 se paró en el atrio...dijo a todo el *p* 5971
21.7 entregaré a...al *p* y a los que queden de 5971
21.8 y a este *p* dirás: Así ha dicho Jehová 5971
22.2 oye palabra...tú, y tus siervos, y tu *p* 5971
22.4 entrarán...ellos, y sus criados y su *p* 5971
23.2 dicho...a los pastores que apacientan mi *p* 5971
23.13 Baal, e hicieron errar a mi *p* de Israel 5971
23.22 habrían hecho oír mis palabras a mi *p* 5971
23.27 hacen que mi *p* se olvide de mi nombre 5971
23.32 y hacen errar a mi *p* con sus mentiras 5971
23.32 ningún provecho hicieron a este *p*, dice 5971
23.33 te preguntare este *p*, o el profeta, o 5971
23.34 al *p* que dijere: Profecía de Jehová, yo 5971
24.7 me serán por *p*, y yo les seré...por Dios 5971
25.1 acerca de todo el *p* de Judá en el año 5971
25.2 habló el Profeta Jeremías a todo el *p* y a 5971
25.19 a Faraón rey de Egipto...y a todo su *p* 5971
25.24 a todos los reyes de *p* mezclados que
26.7 profetas y todo el *p* oyeron a Jeremías 5971
26.8 terminó de hablar...hablase a todo el *p* 5971
26.8 todo el *p* le echaron mano, diciendo: De 5971
26.9 todo el *p* se juntó contra Jeremías en 5971
26.11 hablaron...a todo el *p*, diciendo: En pena 5971
26.12 habló Jeremías...a todo el *p*, diciendo 5971
26.16 y dijeron los príncipes y todo el *p* a 5971
26.17 hablaron a...la reunión del *p*, diciendo 5971
26.18 Miqueas de Moreset...habló a todo el *p* 5971
26.24 que no lo entregasen en las manos del *p* 5971
27.12 Babilonia, y servidle a él y a su *p*, y 5971
27.13 ¿por qué moriréis tú y tu *p* a espada, de 5971
27.16 a los sacerdotes y a todo este *p* hablé 5971
28.1 me habló...delante...todo el *p*, diciendo 5971
28.5 respondió el...delante de todo el *p* que 5971
28.7 hablo en tus oídos y en los...de todo el *p* 5971
28.11 y habló Hananías en presencia de...el *p* 5971
28.15 has hecho confiar en mentira a este *p* 5971
29.1 el profeta Jeremías envió...a todo el *p* 5971
29.16 así ha dicho...de todo el *p* que mora en 5971
29.25 enviaste cartas en tu nombre a...el *p* 5971
29.32 no tendrá varón que more entre este *p* 5971
29.32 no...ni verá el bien que haré yo a mi *p* 5971
30.3 que haré volver a los cautivos de mi *p* 5971
30.22 y me seréis por *p*, y yo...vuestro Dios 5971
31.1 yo seré por Dios a...me serán a mí por *p* 5971
31.2 *p* que escapó de la espada halló gracia 5971
31.7 oh Jehová, salva a tu *p*, el remanente de 5971
31.14 y mi *p* será saciado de mi bien, dice 5971
31.33 seré...por Dios, y ellos me serán por *p* 5971
32.21 y sacaste a tu *p* Israel de...Egipto con 5971
32.38 me serán por *p*, y yo seré a...por Dios 5971
32.42 traje sobre este *p* todo este gran mal 5971
33.24 que habla este *p*, diciendo: Dos familias 5971
33.24 y han tenido en poco a mi *p*, hasta no 5971
34.1 todos los *p*, peleaban contra Jerusalén 5971
34.8 hizo pacto con todo el *p* en Jerusalén 5971
34.10 el *p* que había convenido en el pacto de 5971
34.19 y los sacerdotes y a todo el *p* de la 5971
35.16 Recab...pero este *p* no me ha obedecido 5971
36.6 las palabras de Jehová a los oídos del *p* 5971
36.7 la ira que ha expresado...contra este *p* 5971
36.9 el *p* de Jerusalén y...el *p* que venía de 5971
36.10 Baruc leyó en el libro...a oídos del *p* 5971
36.13 Baruc leyó en el libro a oídos del *p* 5971
36.14 el rollo en el que leíste a oídos del *p* 5971
37.2 no obedeció él ni...ni el *p* de la tierra 5971
37.4 Jeremías entraba y salía en medio del *p* 5971
37.12 para irse...apartarse de en medio del *p* 5971
37.18 ¿en qué pequé contra ti...contra este *p* 5971
38.1 las palabras que Jeremías hablaba a...el *p* 5971
38.4 hace desmayar...el *p*...no busca la paz...*p* 5971
39.8 pusieron al fuego la...y las casas del *p* 5971
39.9 al resto del *p*...con todo el resto del *p* 5971
39.10 a los pobres del *p* que no tenían nada 5971
39.14 lo sacase a casa; y vivió entre el *p* 5971
40.5 a Gedalías...vive con él en medio del *p* 5971
40.6 habitó con él en medio del *p* que había 5971
41.10 llevó Ismael cautivo a...el resto del *p* 5971
41.10 a las hijas del rey y a todo lo el *p* que 5971
41.13 todo el *p* que estaba con Ismael vio a 5971
41.14 el *p* que Ismael había traído cautivo de 5971
41.16 tomaron a todo el resto del *p* que había 5971
42.1,8 el *p* desde el menor hasta el mayor 5971
43.1 de hablar a todo el *p* todas las palabras 5971
43.4 no obedeció...p, a la voz de Jehová para 5971
44.15 el *p* que habitaba en tierra de Egipto 5971
44.20 todo el *p*...el *p* que le había respondido 5971
44.21 vuestros príncipes y el *p* de la tierra? 5971
44.24 dijo Jeremías a todo el *p*, y a...mujeres 5971
46.16 levántate y volvámonos a nuestro *p*, y 5971
46.24 entregada será en manos del *p* del norte 5971
48.42 y Moab...destruido hasta dejar de ser *p* 5971
48.46 ¡ay de ti, Moab! pereció el *p* de Quemos 5971
49.1 su *p* se ha establecido en sus ciudades? 5971
50.6 ovejas perdidas fueron mi *p*...pastores 5971
50.9 reunión de grandes *p* de la tierra del 1471
50.16 cada uno volverá el rostro hacia su *p* 5971
50.37 contra todo el *p* que está en medio de
50.41 aquí viene un *p* del norte, y una nación 5971
51.7 fue Babilonia...su vino bebieron los *p* 1471
51.27 alzad bandera...preparad *p* contra ella 1471
51.45 salid de en medio de ella, *p* mío, y 5971
51.58 vano trabajaron los *p*, y las naciones 5971
52.6 el hambre...hasta no haber pan para el *p* 5971
52.15 a los pobres del *p*...la otra gente del *p* 5971
52.15 y a todo el resto de la multitud del *p* 5971
52.25 pasaba revista al *p*...60 hombres del *p* 5971
52.28 es el *p* que Nabucodonosor llevó cautivo 5971
Lm 1.7 cayó su *p* en mano del enemigo y no hubo 5971
1.11 su *p* buscó su pan suspirando; dieron por 5971
1.18 oíd ahora, *p* todos, y ved mi dolor; mis 5971
2.11 del quebrantamiento de la hija de mi *p* 5971
3.14 fui escarnio a todo mi *p*, burla de ellos 5971
3.45 volviste en oprobio y...en medio de los *p* 5971
3.48 el quebrantamiento de la hija de mi *p* 5971
4.3 hija de mi *p* es cruel como los avestruces 5971
4.6 aumentó la iniquidad de la hija de mi *p* 5971
4.10 del quebrantamiento de la hija de mi *p* 5971
Ez 3.5 no eres enviado a *p* de habla profunda 5971
3.6 muchos *p* de habla profunda ni de lengua 5971
3.11 entra...a los hijos de tu *p*, y háblales 5971
7.27 las manos del *p* de la tierra temblarán 5971
11.1 Jaazanías...Pelatías...principales del *p* 5971
11.17 os recogeré de los *p*, y os congregaré 5971
11.20 guarden mis decretos...y me sean por *p* 5971
12.19 al *p* de la tierra: Así ha dicho Jehová 5971
13.9 no estarán en la congregación de mi *p* 5971
13.10 cuanto engañaron a mi *p*, diciendo: Paz 5971
13.17 pon tu rostro contra las hijas de tu *p* 5971
13.18 ¿habéis de cazar las almas de mi *p*, para 5971
13.19 ¿y habéis de profanarme entre mi *p* por 5971
13.19 mintiendo a mi *p*...escucha la mentira? 5971
13.21,23 y libraré a mi *p* de vuestra mano 5971
14.8 cortaré de en medio de mi *p*; y sabréis 5971
14.9 lo destruiré de en medio de mi *p* Israel 5971
14.11 y me sean por *p*, y yo les sea por Dios 5971
18.18 e hizo en...de su *p* lo que no es bueno 5971
20.34 os sacaré de entre los *p*, y os reuniré 5971
20.35 os traeré al desierto de los *p*, y allí 5971
20.41 cuando os haya sacado de entre los *p* 5971
21.12 porque ésta será sobre mi *p*, será ella 5971
21.12 caerán...a espada juntamente con mi *p* 5971
22.29 el *p* de la tierra usaba de opresión y 5971
23.24 vendrán contra ti carros...multitud de *p* 5971
24.18 hablé al *p* por la mañana, y a la tarde 5971
24.19 y me dijo el *p*: ¿No nos enseñarás qué 5971
25.7 cortaré de entre los *p*, y te destruiré 5971
25.14 pondré mi venganza...en manos de mi *p* 5971
26.7 y carros y jinetes, y tropas y mucho *p* 5971
26.11 a tu *p* matará a filo de espada, y tus 5971
26.20 descender con los...*p* de otros siglos 5971
27.3 que trafica con los *p* de muchas costas 5971
27.33 saciabas...*p*; a los reyes de la tierra 5971
27.36 mercaderes en los *p* silbarán contra ti 5971
28.19 los que te conocieron de entre los *p* se 5971
28.25 recoja a la casa de Israel de los *p* 5971
29.13 años recogeré a Egipto de entre los *p* 5971
30.11 él, y con él su *p*, los más fuertes de 5971
31.2 di a Faraón rey...y a su *p*: ¿A quién te
31.12 se irán de su sombra todos los *p* de la 5971
31.18 este es Faraón y todo su *p*, dice Jehová 1995
32.3 sobre ti mi red con reunión de muchos *p* 5971
32.9 y entristeceré el corazón de muchos *p* 5971
32.10 y dejaré atónitos por ti a muchos *p*, y 5971
32.12 con espadas de fuertes haré caer tu *p* 1995
32.20 es entregado; traedlo a él y a...sus *p* 1995
33.2 hijo...habla a los hijos de tu *p*, y diles 5971
33.2 el *p* de la tierra tomare un hombre de su 5971
33.3 viere...y tocare trompeta y avisare al *p* 5971
33.6 y el *p* no se apercibiere, y viniendo la 5971
33.12 di a los hijos de tu *p*: La justicia del 5971
33.17 dirán los hijos de tu *p*: No es recto 5971
33.30 los hijos de tu *p* se mofan de ti junto 5971
33.31 y vendrán...como viene el *p*...como *p* mío 5971
34.13 yo las sacaré de los *p*, y las juntaré 5971
34.30 estoy con ellos, y ellos son mi *p*, la 5971
36.3 se os ha hecho...ser el oprobio de los *p* 5971
36.8 mas...llevaréis vuestro fruto para mi *p* 5971
36.12 y haré andar...sobre vosotros, a mi *p* 5971
36.15 ni más llevarás denuestos de *p*, ni harás 5971
36.20 éstos son *p* de Jehová, y de la tierra 5971
36.28 y vosotros me seréis por *p*, y yo seré 5971
37.12 yo abro vuestros sepulcros, *p* mío, y os 5971
37.13 os saque de vuestras sepulturas, *p* mío 5971
37.18 cuando te pregunten los hijos de tu *p* 5971
37.23 y me serán por *p*, y yo a ellos por Dios 5971
37.27 seré...por Dios, y ellos me serán por *p* 5971
38.6 Gomer, y...sus tropas...muchos *p* contigo 5971
38.8 recogida de muchos *p*, a los montes de 5971
38.9 subirás tú...tropas, y muchos *p* contigo 5971
38.12 el *p* recogido de entre las naciones, que 5971
38.14 cuando mi *p* Israel habite con seguridad 5971
38.15 vendrás...tú y muchos *p* contigo, todos 5971
38.16 subirás contra mi *p* Israel...te traeré 5971
38.22 haré llover sobre...*p* que están con él 5971
39.4 caerás tú y...y los *p* que fueron contigo 5971
39.7 haré notorio mi...en medio de mi *p* Israel 5971
39.13 los enterrará todo el *p* de la tierra 5971
39.27 los saque de entre los *p*, y los reúna 5971
42.14 y así se acercarán a lo que es del *p* 5971
44.11 el holocausto y la víctima para el *p* 5971
44.19 cuando salgan...al *p*, se quitarán las 5971
44.19 no santificar al *p* con sus vestiduras 5971
44.23 y enseñarán a mi *p* a hacer diferencia 5971
45.8 nunca...mis príncipes oprimirán a mi *p* 5971
45.9 quitad vuestras imposiciones de sobre mi *p* 5971
45.16 *p*...estará obligado a dar esta ofrenda 5971
45.22 sacrificará...por todo el *p* de la tierra 5971
46.3 adorará el *p* de...delante de Jehová, a la 5971
46.9 cuando el *p*...entrare delante de Jehová 5971
46.18 y el príncipe no tomará nada de...del *p* 5971
46.18 fin de que ninguno de mi *p* sea echado de 5971
46.20 para no sacarla...santificando así al *p* 5971
46.24 servidores de...cocerán la ofrenda del *p* 5971
Dn 2.44 jamás...será el reino dejado a otro *p* 5972
3.4 voz: Mándase a vosotros, oh *p*, naciones y 5971
3.7 al oír todos los *p* el son de la bocina, de 5971
3.7 todos los *p*...se postraron y adoraron la 5971
3.29 que todo *p*, nación...que dijere blasfemia 5971
4.1 Nabucodonosor rey, a todos los *p*, naciones 5971
5.19 los *p*...temblaban y temían delante de él 5971
6.25 Darío escribió a todos los *p*, naciones 5972
7.14 que todos los *p*, naciones y...le sirvieran 5972
7.27 que el reino...sea dado al *p* de los santos 5972
8.24 destruirá...fuertes y al *p* de los santos 5971
9.6 hablaron a...y a todo el *p* de la tierra 5971
9.15 sacaste tu *p* de la tierra de Egipto con 5971
9.16 Jerusalén y tu *p* son el oprobio de todos 5971
9.19 tu nombre es invocado sobre tu ciudad...*p* 5971
9.20 estaba...confesando...el pecado de mi *p* 5971
9.24 semanas están determinadas sobre tu *p* y 5971
9.26 y el *p* de un príncipe que ha de venir 5971
10.14 saber lo que ha de venir a tu *p* en los 5971
11.14 turbulentos de tu *p* se levantarán para 5971
11.32 el *p* que conoce a su Dios se esforzará 5971
11.33 y los sabios del *p* instruirán a muchos 5971
12.1 que está de parte de los hijos de tu *p* 5971
12.1 pero en aquel tiempo será libertado tu *p* 5971
12.7 se acabe la dispersión del poder del *p* 5971
Os 1.9 no sois mi *p*, ni yo seré vuestro Dios 5971
1.10 les fue dicho: Vosotros no sois *p* mío 5971
2.23 diré a Lo-ammi: Tú eres *p* mío, y él dirá 5971
4.4 *p* es como los que resisten al sacerdote 5971
4.6 mi *p* fue destruido...le faltó conocimiento 5971
4.8 del pecado de mi *p* comen, y en su maldad 5971
4.9 será el *p* como el sacerdote...y le pagaré 5971
4.12 mi *p* a su ídolo de madera pregunta, y el 5971
4.14 por tanto, el *p* sin entendimiento caerá 5971
6.11 cuando...haga volver el cautiverio de mi *p* 5971
7.8 Efraín se ha mezclado con los demás *p* 5971
9.1 hasta saltar de gozo como los *p*, pues has 5971
10.5 su *p* lamentará a causa del becerro, y sus 5971
10.10 *p* se juntarán sobre ellos cuando sean 5971
10.14 tanto, en tus *p* se levantará alboroto 5971
11.7 mi *p* está adherido a la rebelión contra 5971
Jl 1.6 porque *p* fuerte e innumerable subió a 1471
2.2 vendrá un *p* grande y fuerte; semejante a 5971
2.5 como *p* fuerte dispuesto para la batalla 5971
2.6 delante de él temerán los *p*; se pondrán 5971
2.16 reunid al *p*, santificad...reunión, juntad 5971
2.17 digan: Perdona, oh Jehová, a tu *p*, y no 5971
2.17 ¿por qué han de decir entre los *p*: Dónde 5971
2.18 Jehová, solicito por...perdonará a su *p* 5971
2.19 y dirá a su *p*: He aquí yo os envío pan 5971
2.26,27 y nunca jamás será mi *p* avergonzado 5971
3.2 entraré en juicio...a causa de mi *p*, y de 5971
3.3 echaron suertes sobre mi *p*, y dieron los 5971
3.14 muchos *p* en el valle de la decisión 1995
3.16 Jehová será la esperanza de su *p*, y la 5971
Am 1.5 el *p* de Siria será transportado a Kir 5971
1.6 llevó cautivo a todo un *p* para entregarlo
1.9 entregaron a todo un *p* cautivo a Edom, y
3.6 ¿se tocará la...y no se alborotará el *p*? 5971
4.6 y hubo falta de pan en todos vuestros *p* 4725
7.8 pongo plomada de...en medio de mi *p* Israel 5971
7.15 y me dijo: Ve y profetiza a mi *p* Israel 5971
8.2 ha venido el fin sobre mi *p* Israel; no lo 5971
9.10 a espada morirán...los pecadores de mi *p* 5971
9.14 y traeré del cautiverio a mi *p* Israel 5971
Abd 1 y levantémonos contra este *p* en batalla
13 no...haber entrado por la puerta de mi *p* 5971
Jon 1.8 ¿cuál es tu tierra, y de qué *p* eres? 5971
Mi 1.2 *p* todos; está atenta, tierra, y cuanto 5971
1.9 su llaga...llegó hasta la puerta de mi *p* 5971
2.4 él ha cambiado la porción de mi *p*. ¡Cómo 5971

2.8 que ayer era mi *p*, se ha levantado contra 5971
2.9 a las mujeres de mi *p* echasteis fuera de 5971
2.11 vino... este tal será el profeta de este *p* 5971
3.3 comeis asimismo la carne de mi *p*, y les 5971
3.5 de los profetas que hacen errar a mi *p* 5971
4.1 por cabecera de... y correrán a él los *p* 5971
4.3 y él juzgará entre muchos *p*, y corregirá 5971
4.5 aunque todos los *p* anden cada uno en el 5971
4.13 desmenuzarás a muchos *p*; y consagrarás 5971
5.7 el remanente... será en medio de muchos *p* 5971
5.8 en medio de muchos *p*, como el león entre 5971
6.2 Jehová tiene pleito con su *p*, y altercará 5971
6.3 *p* mío, ¿qué te he hecho, o en qué te he 5971
6.5 *p* mío, acuérdate... qué aconsejó Balac rey 5971
6.16 llevaréis, por tanto, el oprobio de mi *p* 5971
7.14 apacienta tu *p* con tu cayado, el rebaño 5971
Nah 3.4 que seduce... a los *p* con sus hechizos 5971
3.13 tu *p* será como mujeres en medio de ti 5971
3.18 tu *p* se derramó por los montes, y no hay 5971
Hab 2.5 gentes, y juntó para sí todos los *p* 5971
2.8 tú has... todos los otros *p* te despojarán 5971
2.10 asolaste muchos *p*, y has pecado contra 5971
2.13 los *p*, pues, trabajarán para el fuego 5971
3.13 para socorrer a tu *p*, para socorrer a tu 5971
3.16 cuando suba al *p* el que lo invadirá con 5971
Sof 1.11 aullad... el *p* mercader es destruido 5971
2.5 ¡ay de... del *p* de los cereteos! La palabra 1471
2.8 los denuestos... con que deshonraron a mi *p* ... 5971
2.9 el remanente de mi *p* los saqueará, y el 5971
2.9 Moab... el remanente de mi *p* los heredará 1471
2.10 engrandecieron contra el *p* de Jehová 5971
3.9 devolveré yo a los *p* pureza de labios 5971
3.12 y dejaré en medio de ti un *p* humilde y 5971
3.20 para alabanza entre todos los *p* de la 5971
Hag 1.2 *p* dice: No ha llegado aún el tiempo 5971
1.12 y oyó Zorobabel... y todo el resto del *p* 5971
1.12 la voz... y temió el *p* delante de Jehová 5971
1.13 Hageo, enviado de Jehová, habló... al *p* 5971
1.14 despertó Jehová el espíritu de... del *p* 5971
2.2 habla ahora a... y al resto del *p*, diciendo 5971
2.4 cobrad ánimo, *p* todo de la tierra, dice 5971
2.14 así es este *p* y esta gente delante de mí 5971
Zac 2.11 y se unirán muchas... y me serán por *p* 5971
7.2 el *p* de Bet-el había enviado a Sarezer
7.5 a todo el *p* del país, y a los sacerdotes 5971
8.6 maravilloso a los ojos del remanente de... *p* 5971
8.7 yo salvo a mi *p* de la tierra del oriente 5971
8.8 y me serán por *p*, y yo seré a ellos por 5971
8.11 no lo haré con el remanente de este *p* 5971
8.12 el remanente de este *p* posea todo esto 5971
8.20 aún vendrán *p*, y habitantes de... ciudades 5971
8.22 y vendrán muchos *p* y fuertes naciones a 5971
9.16 los salvará... Dios como rebaño de su *p* 5971
10.2 lo cual el *p* vaga como ovejas, y sufre
10.9 bien que los esparciré entre los *p*, aun 5971
11.10 mi pacto que concerté con todos los *p* 5971
12.2 a Jerusalén... hará temblar a todos los *p* 5971
12.3 a Jerusalén por piedra pesada a... los *p* 5971
12.4 todo caballo de los *p* heriré con ceguera 5971
12.6 y consumirán a... a todos los *p* alrededor 5971
13.9 diré: *P* mío; y él dirá: Jehová es mi Dios 5971
14.2 mas el resto del *p* no será cortado de la 5971
14.12 con que herirá Jehová a todos los *p* que 5971
Mal 1.4 *p* contra el cual Jehová está indignado 5971
2.7 y de su boca el *p* buscará la ley; porque
2.9 os he hecho viles y bajos ante todo el *p* 5971
Mt 1.21 JESÚS... salvará a su *p* de sus pecados *2992*
2.4 convocados... escribas del *p*, les preguntó *2992*
2.6 un guiador, que apacentará a mi *p* Israel *2992*
4.16 el *p* asentado en tinieblas vio gran luz *2992*
4.23; 9.35 enfermedad y toda dolencia en el *p* *2992*
13.15 **el corazón de este *p* se ha engrosado, y** *2992*
14.5 Herodes quería matarle, pero temía al *p* *3793*
15.8 **este *p* de labios me honra; mas su corazón** *2992*
21.23 y los ancianos del *p* se acercaron a él *2992*
21.26 tememos al *p*... tienen a Juan por profeta *3793*
21.46 temían al *p*, porque éste le tenía por *3793*
26.3 y los ancianos del *p* se reunieron en el *2992*
26.5 no... para que no se haga alboroto en el *p* *2992*
26.47 de parte de... y de los ancianos del *p* *2992*
27.1 los ancianos del *p* entraron en consejo *2992*
27.15 acostumbraba... soltar al *p* un preso, el *3793*
27.24 agua y se lavó las manos delante del *p* *3793*
27.25 todo el *p*, dijo: Su sangre sea sobre *2992*
27.64 y lo hurten, y digan al *p*: Resucitó de *2992*
Mr 7.6 ***p* de labios me honra, mas su corazón** *2992*
10.1 volvió el *p* a juntarse a él, y de nuevo *3793*
11.18 todo el *p* estaba admirado de su doctrina *3793*
11.32 temían al *p*, pues todos tenían a Juan *2992*
12.37 gran multitud del *p* le oía de buena gana *3793*
12.41 miraba cómo el *p* echaba dinero en el *3793*
14.2 y decían... que no se haga alboroto del *p* *2992*
15.15 queriendo satisfacer al *p*, les soltó a *3793*
Lc 1.10 la multitud del *p* estaba fuera orando *2992*
1.17 preparar al Señor un *p* bien dispuesto *2992*
1.21 el *p* estaba esperando a Zacarías, y se *2992*
1.68 Dios... que ha visitado y redimido a su *p* *2992*
1.77 para dar conocimiento de salvación a su *p* *2992*
2.10 de gran gozo, que será para todo el *p* *2992*
2.31 preparado en presencia de todos los *p* *2992*
2.32 a los gentiles, y gloria de tu *p* Israel *2992*
3.15 *p* estaba en expectativa... si acaso Juan *2992*
3.18 con... anunciaba las buenas nuevas al *p* *2992*
3.21 todo el *p* se bautizaba, también Jesús fue *2992*
7.1 terminado... sus palabras al *p* que le oía *2992*
7.16 un gran profeta... Dios ha visitado a su *p* *2992*
7.29 el *p*... cuando lo oyeron, justificaron a *2992*
8.47 le declaró delante de todo el *p* por qué *2992*

13.17 el *p* se regocijaba por todas las cosas *3793*
18.43 *p*, cuando vio... dio alabanza a Dios *2992*
19.47 los principales del *p* procuraban matarle *2992*
19.48 porque... el *p* estaba suspenso oyéndole *2992*
20.1 que enseñando Jesús al *p* en el templo *2992*
20.6 todo el *p* nos apedreará; porque están *2992*
20.9 comenzó luego a decir al *p* esta parábola *2992*
20.19 los escribas echarle mano... temieron al *p* *2992*
20.26 sorprenderle... delante del *p*, sino que *2992*
20.45 oyéndole... el *p*, dijo a sus discípulos *2992*
21.23 **gran calamidad en... e ira sobre este *p*** *2992*
21.38 *p* venía a él por la mañana, para oírle *2992*
22.2 buscaban... matarle; porque temían al *p* *2992*
22.6 buscaba... entregárselo a espaldas del *p* *3793*
22.66 de día, se juntaron los ancianos del *p* *2992*
23.5 alborota al *p*, enseñando por toda Judea *2992*
23.13 convocando... a los gobernantes, y al *p* *2992*
23.14 éste como un hombre que perturba al *p* *2992*
23.27 y le seguía gran multitud del *p*, y de *2992*
23.35 el *p* estaba mirando; Y... los gobernantes *2992*
24.19 poderoso en obra... delante de todo el *p* *2992*
Jn 7.12 pero otros... No, sino que engaña al *p* *3793*
8.2 *p* vino a él; y sentado él, los enseñaba *2992*
11.50 conviene que un hombre muera por el *p* *2992*
18.14 que un solo hombre muriese por el *p* *2992*
Hch 2.47 Dios, y teniendo favor con todo el *p* *2992*
3.9 y todo el *p* le vio andar y alabar a Dios *2992*
3.11 el *p*... concurrió a ellos al pórtico que *2992*
3.12 al *p*: Varones israelitas, ¿por qué os *2992*
3.23 que no oiga a... será desarraigada del *p* *2992*
4.1 hablando ellos al *p*, vinieron sobre ellos *2992*
4.2 que enseñasen al *p*, y anunciasen en Jesús *2992*
4.8 gobernantes del *p*, y ancianos de Israel *2992*
4.10 sea notorio a... y a todo el *p* de Israel *2992*
4.17 para que no se divulgue más entre el *p* *2992*
4.21 modo de castigarles, por causa del *p* *2992*
4.25 las gentes, y los *p* piensan cosas vanas? *2992*
4.27 se unieron... los gentiles y el *p* de Israel *2992*
5.12 se hacían... señales y prodigios en el *p* *2992*
5.13 ellos; mas el *p* los alababa grandemente *2992*
5.20 anunciad al *p*... las palabras de esta vida *2992*
5.25 aquí... están en el templo, y enseñan al *p* *2992*
5.26 porque temían ser apedreados por el *p* *2992*
5.34 doctor de la ley, venerado de todo el *p* *2992*
5.37 Judas el galileo... en pos de sí a mucho *p* *2992*
6.8 Esteban... prodigios y señales entre el *p* *2992*
6.12 soliviantaron al *p*, a los ancianos y a *2992*
7.17 el *p* creció y se multiplicó en Egipto *2992*
7.19 este rey, usando de astucia con nuestro *p*
7.34 he visto la aflicción de mi *p* que está *2992*
10.2 que hacía muchas limosnas al *p*, y oraba *2992*
10.41 no a todo el *p*, sino a los testigos que *2992*
10.42 y nos mandó que predicásemos al *p*, y *2992*
12.4 se proponía sacarle al *p* después de la *2992*
12.11 todo lo que el *p* de los judíos esperaba *2992*
12.22 *p* aclamaba gritando: ¡Voz de Dios, y no *1218*
13.15 alguna palabra de exhortación para el *p* *2992*
13.17 el Dios de este *p* de Israel escogió a *2992*
13.17 el Dios... enalteció al *p*, siendo ellos *2992*
13.24 predicó Juan el... a todo el *p* de Israel *2992*
13.31 cuales ahora son sus testigos ante el *p* *2992*
15.14 para tomar de ellos *p* para su nombre *2992*
16.22 y se agolpó el *p* contra ellos; y los *3793*
17.5 asaltando la... procuraban sacarlos al *p* *1218*
17.8 alborotaron al *p* y a las autoridades de *3793*
18.10 **porque yo tengo mucho *p* en esta ciudad** *2992*
19.4 diciendo al *p* que creyesen en aquel de *2992*
19.30 queriendo... salir al *p*... no le dejaron *1218*
19.33 quería hablar en su defensa ante el *p* *1218*
21.28 todas partes enseña a todos contra el *p* *2992*
21.30 la ciudad se conmovió, y se agolpó el *p* *2992*
21.36 del *p* venía detrás, gritando: ¡Muera! *2992*
21.39 te ruego que me permitas hablar al *p* *2992*
21.40 Pablo... hizo señal con la mano al *p* *2992*
23.5 está: No maldecirás a un príncipe de tu *p* *2992*
24.2 cosas son bien gobernadas en el *p* por tu *1484*
26.17 **librándote de tu *p*, y de los gentiles** *2992*
26.23 para anunciar luz al *p* y a los gentiles *2992*
28.17 no habiendo hecho nada contra el *p* *2992*
28.26 ve a este *p*, y diles: De oído oiréis *2992*
28.27 el corazón de este *p* se ha engrosado *2992*
Ro 9.25 llamaré *p* mío al que no era mi *p*, y *2992*
9.26 donde se les dijo: Vosotros no sois *p* *2992*
10.19 os provocaré a... con un *p* que no es *p* *1484*
10.19 yo... con *p* insensato os provocaré a ira *1484*
10.21 todo el día extendí mis... a un *p* rebelde *2992*
11.1 digo, pues: ¿Ha desechado Dios a su *p*? *2992*
11.2 no ha desechado Dios a su *p*, al cual *2992*
15.10 vez dice: Alegraos, gentiles, con su *p* *2992*
15.11 los gentiles, y magnificadle todos los *p* *2992*
1 Co 10.7 se sentó el *p* a comer y a beber, y *2992*
14.21 con otros labios hablaré a este *p*; y ni *2992*
2 Co 6.16 y seré su Dios, y ellos serán mi *p* *2992*
Ef 2.14 que de ambos *p* hizo uno, derribando la
Tit 2.14 para... purificar para sí un *p* propio *2992*
He 2.17 sacerdote... expiar los pecados del *p* *2992*
4.9 tanto, queda un reposo para el *p* de Dios *2992*
5.3 debe ofrecer por los pecados... por el *p* *2992*
7.5 de tomar del *p* los diezmos según la ley *2992*
7.11 porque bajo él recibió el *p* la ley), ¿qué *2992*
7.27 propios pecados, y luego por los del *p*
8.10 seré a ellos... ellos me serán a mí por *p* *2992*
9.7 sí... y por los pecados de ignorancia del *p* *2992*
9.19 habiendo anunciado Moisés... a todo el *p* *2992*
9.19 y roció el mismo libro y... a todo el *p* *2992*
10.30 y otra vez: El Señor juzgará a su *p* *2992*
11.25 escogiendo... ser maltratado con el *p* *2992*

13.12 Jesús, para santificar al *p* mediante *2992*
1 P 2.9 sois... *p* adquirido por Dios, para que *2992*
2.10 no erais *p*, pero... ahora sois *p* de Dios *2992*
2 P 2.1 pero hubo... falsos profetas entre el *p* *2992*
Jud 5 Señor, habiendo salvado al *p* sacándolo *2992*
Ap 5.9 de todo linaje y lengua y *p* y nación *2992*
7.9 de todas naciones y tribus y *p* y lenguas *2992*
10.11 que profetices otra vez sobre muchos *p* *2992*
11.9 y los de los *p*... verán sus cadáveres por *2992*
13.7 se le dio autoridad sobre... *p*, lengua y *1484*
14.6 predicarlo a... a toda nación... lengua y *p* *2992*
17.15 las aguas que has visto donde la... son *p* *2992*
18.4 salid de ella, *p* mío, para que no seáis *2992*
21.3 él morará con ellos; y ellos serán su *p* *2992*

PUERCO, A

Sal 80.13 la destroza el *p* montés, y la bestia 2386
2 P 2.22 la *p* lavada a revolcarse en el cieno *5300*

PUERRO

Nm 11.5 nos acordamos... los *p*, las cebollas y 2682

PUERTA

Gn 4.7 no hicieres bien, el pecado está a la *p* 6607
6.16 y pondrás la *p* del arca a su lado; y le 6607
7.16 macho y hembra... y Jehová le cerró la *p*
18.1 estando él sentado a la *p* de su tienda 6607
18.2 salió corriendo de la *p* de su tienda a 6607
18.10 Sara escuchaba a la *p* de la tienda, que 6607
19.1 y Lot estaba sentado a la *p* de Sodoma 8179
19.6 Lot salió... a la *p*, y cerró la *p* tras sí 1817,6607
19.9 a Lot, y se acercaron para romper la *p* 1817
19.10 metieron a Lot en casa... y cerraron la *p* 1817
19.11 a los hombres que estaban a la *p* de la 6607
19.11 manera que se fatigaban buscando la *p* 6607
22.17 y tu descendencia poseerá las *p* de sus 8179
23.10,18 todos los que entraban por la *p* de 8179
24.60 y posean tus descendientes la *p* de sus 8179
28.17 cosa que casa de Dios, y *p* del cielo 8179
34.20 Hamor y Siquem su... a la *p* de su ciudad 8179
34.24 los que salían por la *p* de la ciudad 8179
34.24 a cuantos salían por la *p* de su ciudad 8179
Éx 12.22 ninguno de... salga de las *p* de su casa 6607
12.23 pasará Jehová aquella *p*, y no dejará 6607
20.10 tu extranjero que está dentro de tus *p* 8179
21.6 y le hará estar junto a la *p* o al poste 1817
26.36 para la *p* del tabernáculo una cortina 6607
27.16 para la *p* del atrio habrá una cortina 8179
29.4 llevarás a Aarón... la *p* del tabernáculo 6607
29.11 el becerro... a la *p* del tabernáculo de 6607
29.32 comerán la carne... la *p* del tabernáculo 6607
29.42 *p* del tabernáculo de reunión, delante 6607
32.26 se puso Moisés a la *p* del campamento 8179
32.27 y volved de *p* a *p* por el campamento, y 8179
33.8 cual estaba en pie a la *p* de su tienda 6607
33.9 de nube... se ponía a la *p* del tabernáculo 6607
33.10 la columna de nube que estaba a la *p* del 6607
33.10 levantaba cada uno a la *p* de su tienda 6607
35.15 la cortina de la *p* para la entrada del 6607
35.17 sus basas, la cortina de la *p* del atrio 8179
36.37 el velo para la *p* del tabernáculo, de 6607
38.8 espejos de... mujeres que velaban a la *p* 6607
38.15 de uno y otro lado de la *p* del atrio 8179
38.30 del cual fueron hechas las basas de la *p* 6607
38.31 las basas de la *p* del atrio, y todas las 8179
40.12 llevarás a Aarón... a la *p* del tabernáculo 6607
Lv 1.3 lo ofrecerá a la *p* del tabernáculo de 6607
1.5 altar, el cual está a la *p* del tabernáculo 6607
3.2 y la degollará a la *p* del tabernáculo de 6607
4.4 traerá el becerro a la *p* del tabernáculo 6607
4.7,18 altar... que está a la *p* del tabernáculo 6607
8.3 y reúne toda la congregación a la *p* del 6607
8.4 y se reunió la congregación a la *p* del 6607
8.31 hervid la carne a la *p* del tabernáculo 6607
8.33 de la *p* del tabernáculo de... no saldréis 6607
8.35 a la *p*... del tabernáculo... estaréis día y 6607
10.7 ni saldréis de la *p* del tabernáculo de 6607
12.6 una tórtola... a la *p* del tabernáculo de 6607
14.11 aquellas cosas, a la *p* del tabernáculo 6607
14.23 estas cosas al... a la *p* del tabernáculo 6607
14.38 el sacerdote saldrá de la casa a la *p* 6607
15.14 vendrá delante de... a la *p* del tabernáculo ... 6607
15.29 los traerá al... a la *p* del tabernáculo 6607
16.7 los presentará... a la *p* del tabernáculo 6607
17.4,9 no lo trajere a la *p* del tabernáculo 6607
17.5 sus sacrificios... a la *p* del tabernáculo 6607
17.6 sobre el altar de... a la *p* del tabernáculo 6607
19.21 y él traerá... a la *p* del tabernáculo de 6607
Nm 3.25 la cortina de la *p* del tabernáculo de 6607
3.26 la cortina de la *p* del atrio, que está 6607
4.25 la cortina de la *p* del tabernáculo de 6607
4.26 la cortina de la *p* del atrio, que está 6607
6.10 dos palominos... a la *p* del tabernáculo de 6607
6.13 nazareo... vendrá a la *p* del tabernáculo 6607
6.18 el nazareo raerá a la *p* del tabernáculo 6607
10.3 reunirá ante ti a la *p* del tabernáculo 6607
11.10 lloraba... cada uno a la *p* de su tienda 6607
11.16 tráelos a la *p* del tabernáculo... contigo
12.5 la nube... se puso a la *p* del tabernáculo 6607
16.18 se pusieron a la *p* del tabernáculo del 6607
16.19 había hecho juntar... congregación a la *p* 6607
16.27 y se pusieron a las *p* de sus tiendas 6607
16.50 volvió Aarón a... a la *p* del tabernáculo 6607
20.6 y se fueron... a la *p* del tabernáculo de 6607
25.6 lloraban ellos a la *p* del tabernáculo 6607
27.2 se presentaron... a la *p* del tabernáculo 6607
Dt 3.5 todas estas eran ciudades... *p* y barras 1817
5.14 ni el extranjero que está dentro de tus *p* 8179
6.9; 11.20 las escribirás en los... y en tus *p* 8179

12.21 comerás en tus *p*...todo lo que deseares 8179
15.17 horadarás su oreja contra la *p*, y será 1817
17.5 sacarás a tus *p* al hombre o a la mujer 8179
21.19 lo sacarán...la la *p* del lugar donde viva 8179
22.15 a los ancianos de la ciudad, en la *p* 8179
22.21 entonces la sacarán a la *p* de la casa 6607
22.24 sacaréis a ambos a la *p* de la ciudad 8179
25.7 su cuñada a la *p*, a los ancianos, y dirá 8179
31.15 la columna de nube se puso sobre la *p* 6607
Jos 2.5 cuando se iba a cerrar la *p*...salieron 8179
2.7 y la *p* fue cerrada después que salieron 8179
2.19 que saliere fuera de las *p* de tu casa 1817
6.26 eche...y sobre su hijo menor asiente sus *p* 8179
7.5 y los siguieron desde la *p* hasta Sebarim 8179
8.29 su cuerpo...echasen a la *p* de la ciudad 8179
20.4 y el...se presentará a la *p* de la ciudad 8179
Jue 3.23 Aod...cerró tras sí las *p* de la sala 1817
3.24 viendo las *p* de la sala cerrada, dijeron 1817
3.25 él no abría las *p* de la sala, tomaron la 1817
4.20 él le dijo: Estate a la *p* de la tienda 6607
5.8 nuevos dioses, la guerra estaba a las *p* 8179
5.11 entonces marchará hacia las *p* el pueblo 8179
9.35 Gaal hijo...se puso a la entrada de la *p* 8179
9.40 heridos muchos hasta la entrada de la *p* 8179
9.44 se detuvieron a la entrada de la *p* de la 8179
9.51 y cerrando...las *p*, se subieron al techo
9.52 la *p* de la torre para prenderle fuego 6607
11.31 cualquiera que saliere de las *p* de mi 1817
16.2 toda aquella noche a la *p* de la ciudad 8179
16.3 tomando las *p* de la ciudad con sus dos 1817
18.16 estaban armados...a la entrada de la *p* 8179
18.17 la entrada de la *p* con los seiscientos 8179
19.22 que...rodearon la casa, golpeando a la *p* 6607
19.26 vino...y cayó delante de la *p* de la casa 6607
19.27 se levantó su...y abrió las *p* de la casa 1817
19.27 mujer...estaba tendida delante de la *p* 6607
Rt 4.1 Booz subió a la *p* y se sentó allí; y he 8179
4.10 muerto no se borre...de la *p* de su lugar 8179
4.11 todos los del pueblo que estaban a la *p* 8179
1 S 2.22 con las mujeres que velaban a la *p* del 6607
3.15 Samuel...abrió las *p* de la casa de Jehová 1817
4.18 Elí cayó hacia atrás de...al lado de la *p* 8179
9.18 acercándose...a Samuel en medio de la *p* 8179
17.52 siguieron...a los...hasta las *p* de Ecrón 8179
21.13 y escribía en las portadas de las *p*, y 1817
23.7 entrando en ciudad con *p* y cerraduras 8179
2 S 3.27 Joab lo llevó aparte en medio de la *p* 8179
10.8 en orden de batalla a la entrada de la *p* 8179
11.9 Urías durmió a la *p* de la casa del rey 6607
11.23 retroceder hasta la entrada de la *p* 8179
13.17 échame a ésta...y cierra tras ella la *p* 8179
13.18 la echó fuera, y cerró la *p* tras ella 8179
15.2 ponía a un lado del camino junto a la *p* 8179
18.4 y se puso el rey a la entrada de la *p* 8179
18.24 y David estaba sentado entre las dos *p* 8179
18.24 atalaya había ido al terrado sobre la *p* 8179
18.33 el rey...subió a la sala de la *p*, y lloró 8179
19.8 levantó el rey y se sentó a la *p*, y fue 8179
19.8 dado aviso...el rey está sentado a la *p* 8179
23.15,16 agua del pozo de Belén...junto a la *p* 8179
1 R 6.8 la *p* del aposento de...al lado derecho 6907
6.31 a la entrada...hizo *p* de madera de olivo 1817
6.32 dos *p* eran de madera de olivo; y talló 1817
6.33 hizo a la *p*...postes cuadrados...de olivo 6907
6.34 pero las dos *p* eran de madera de ciprés 1817
6.34 dos hojas de una *p* giraban...de la otra *p* 1817
7.5 todas las *p* y los postes eran cuadrados 6607
7.50 de oro...las *p* de la casa...*p* del templo 1817
14.6 oyó el sonido...al entrar ella por la *p* 6607
14.27 quienes custodiaban la *p* de la casa 6607
16.34 a precio de...su hijo menor puso sus *p* 1817
17.10 y cuando llegó a la *p* de la ciudad, he 6607
19.13 y salió, y se puso a la *p* de la cueva 6607
22.10 junto a la entrada de la *p* de Samaria 8179
2 R 4.5 y cerró la *p* encerrándose ella y sus 1817
4.15 y él la llamó, y ella se paró a la *p* 6607
4.21 sobre la cama...cerrando la *p*, se salió
4.33 cerró la *p* tras ambos, y oró a Jehová 1817
5.9 y se paró a las *p* de la casa de Eliseo 6607
6.32 cerrad la *p*, e impedidle la entrada 1817
7.1 y dos seahs de cebada...a la *p* de Samaria 8179
7.3 a la entrada de la puerta 4 hombres leprosos 8179
7.10 y gritaron a los...de la *p* de la ciudad
7.17 y el rey puso a la *p* a aquel príncipe 8179
7.18 vendido por un ciclo...a la *p* de Samaria 8179
9.3 abriendo la *p*, echa a huir, y no esperes 1817
9.10 en seguida abrió la *p*, y echó a huir 1817
9.31 cuando entraba a Jehu por la *p*, ella dijo 8179
10.8 dos montones a la entrada de la *p* hasta 8179
11.6 tercera parte estará a la *p* de Shur, y 8179
11.6 la otra tercera parte a la *p* del postigo 8179
11.19 por el camino de la *p* de la guardia a la 8179
12.9 que guardaban la *p* ponían allí...el dinero 5592
14.13 la *p* de Efraín hasta la *p* de la esquina 8179
15.16 saqueó porque no le habían abierto las *p*
15.35 edificó él la *p* más alta de la casa de 8179
18.16 Ezequías quitó el oro de las *p*...templo 1817
22.4 que han recogido...los guardianes de la *p* 5592
23.4 mandó el rey...a los guardianes de la *p* 5592
23.8 derribó los altares de las *p* que estaban 8179
23.8 de la *p* de Josué...a la *p* de la ciudad 8179
25.4 huyeron de noche...por el camino de la *p* 8179
1 Cr 9.18 han sido...porteros en la *p* del rey
9.19 guardando las *p* del tabernáculo, como 5592
9.21 Zacarías hijo...era portero de la *p* del 6607
9.22 escogidos para guardas en las *p*, eran 5592
9.23 eran porteros...a las *p* de la casa de 8179
11.17,18 del pozo de Belén, que está a la *p* 8179
22.3 mucho hierro para la clavazón de las *p* 1817
26.13 suertes, al pequeño con el...para cada *p* 8179
26.15 y para Obed-edom la *p* del sur, y a sus
26.16 Hosa...la *p* de Salequet, en el camino de 8179
2 Cr 3.7 que cubrió la casa...y sus *p*, con oro 1817
4.9 las portadas...cubrió de bronce las *p* de 1817
4.22 de oro...*p* interiores...las *p* de la casa 1817
8.5 reedificó a Bet-horón la de...con muros, *p* 8179
8.14 porteros por su orden a cada *p*; porque 8179
14.7 y cerquémoslas de muros con torres, *p* y 8179
18.9 junto a la entrada de la *p* de Samaria 8179
23.5 otra tercera parte, a la *p* del Cimiento 8179
23.15 ella hubo pasado la entrada de la *p* de 8179
23.19 también porteros a las *p* de la casa de 8179
23.20 llegaron a la mitad de la *p* mayor de la 8179
24.8 arca...fuera, a la *p* de la casa de Jehová 8179
25.23 derribó...la *p* de Efraín hasta la *p* del 8179
26.9 junto a la *p* del ángulo, y...*p* del valle 8179
27.3 edificó...la *p* mayor de la casa de Jehová 8179
28.24 cerró las *p* de la casa de Jehová, y se 1817
29.3 abrió las *p* de la casa de Jehová, y las 1817
29.7 cerraron las *p* del pórtico, y apagaron 1817
31.2 alabasen dentro de las *p* de los atrios 8179
31.14 guarda de la *p* oriental, tenía cargo de 8179
32.6 los hizo reunir en la plaza de la *p* de la 8179
33.14 edificó el muro...a la entrada de la *p* 8179
34.9 los levitas que guardaban la *p* habían 5592
35.15 también los porteros estaban a cada *p* 8179
Neh 1.3 derribado, y sus *p* quemadas a fuego 8179
2.3 la ciudad...sus *p* consumidas por el fuego? 8179
2.8 enmaderar las *p* del palacio de la casa 8179
2.13 salí de noche por la *p*...la *p* del Muladar 8179
2.13 *p* que estaban consumidas por el fuego 8179
2.14 pasé...la *p* de la Fuente, y al estanque 8179
2.15 y entré por la *p* del Valle, y me volví 8179
2.17 y sus *p* consumidas por el fuego; venid 8179
3.1 Eliasib...y edificaron la *p* de las ovejas 8179
3.1 levantaron sus *p* hasta la torre de Hamea 1817
3.3 los hijos de Senaa edificaron la *p* del 1817
3.3,6,13 levantaron sus *p*, con sus cerraduras 1817
3.6 la *p* Vieja fue restaurada por Joiada hijo 1817
3.13 y mil codos del...hasta la *p* del Muladar 1817
3.13 la *p* del Valle la restauró Hanún con los 1817
3.14 reedificó la *p* del Muladar Malquías hijo 1817
3.14 y levantó sus *p*, sus cerraduras y sus 1817
3.15 Salum hijo...restauró la *p* de la Fuente 1817
3.15 y levantó sus *p*, sus cerraduras y sus 1817
3.20 desde la esquina hasta la *p* de la casa 6607
3.26 restauraron hasta enfrente de la *p* de las 1817
3.28 desde la *p* de los Caballos restauraron 8179
3.29 Semaías hijo de...guarda de la *p* Oriental 8179
3.31 enfrente de la *p* del Juicio, y hasta la 8179
3.32 entre la sala de...y la *p* de las ovejas 8179
6.1 hasta...no había puesto las hojas en las *p* 1817
6.10 cerremos las *p* del templo, porque vienen 1817
7.1 el muro fue edificado, y colocadas las *p* 1817
7.3 no se abran las *p* de Jerusalén hasta que 8179
7.3 no se abran...cerrad las *p* y atrancadlas 1817
8.1 el pueblo...delante de la *p* de las aguas 8179
8.3 la plaza que está delante de la *p* de las 8179
8.16 en la plaza de la *p* de las aguas, y en 8179
8.16 aguas, y en la plaza de la *p* de Efraín 8179
11.19 guardas en las *p*, ciento setenta y dos 8179
12.25 porteros para...a las entradas de las *p* 8179
12.30 y purificaron al pueblo...*p*, y el muro 8179
12.31 sobre el muro, hacia la *p* del muladar 8179
12.37 a la *p* de la Fuente...subieron por las 8179
12.37 casa de David hasta la *p* de las aguas 8179
12.39 desde la *p* de Efraín hasta la *p* vieja 8179
12.39 la *p* del pescado...la *p* de las ovejas 8179
12.39 y se detuvieron en la *p* de la Cárcel 8179
13.19 iba oscureciendo a las *p* de Jerusalén 8179
13.19 se cerrasen las *p*, y ordené que no las 8179
13.19 y puse a las *p* algunos de mis criados 8179
13.22 levitas que viniesen a guardar las *p* 8179
Est 2.19 Mardoqueo estaba sentado a la *p* del 8179
2.21 días, estando Mardoqueo sentado a la *p* 8179
2.21 eunucos del rey, de la guardia de la *p* 5592
3.2,3 los siervos del rey que estaban a la *p* 8179
4.2 vino hasta delante de la *p* del rey; pues 8179
4.6 a la plaza de la...delante de la *p* del rey 8179
5.1 su trono...enfrente de la *p* del aposento 6607
5.9 cuando vio a Mardoqueo a la *p* del palacio 8179
5.13 veo al judío Mardoqueo sentado a la *p* 8179
6.2 eunucos del rey, de la guardia de la *p* 5592
6.10 judío Mardoqueo, que se sienta a la *p* 8179
6.12 Mardoqueo volvió a la *p* real, y Amán se 8179
Job 3.10 no cerró las *p* del vientre donde yo 1817
5.4 en la *p* serán quebrantados, y no habrá 8179
29.7 cuando yo salía a la *p* a juicio, y en 8179
31.9 si estuve acechando a la *p* de mi prójimo 6607
31.21 aunque viese que me ayudaran en la *p* 8179
31.32 el forastero...mis *p* abría al caminante 1817
31.34 atemorizó, y callé, y no salí de mi *p* 6607
38.8 ¿quién encerró con *p* el mar, cuando de 1817
38.10 establecí sobre él...le puse *p* y cerrojo 1817
38.17 ¿te han sido descubiertas las *p* de la 8179
38.17 has visto las *p* de la sombra de muerte? 1817
41.14 ¿quién abrirá las *p* de su rostro? Las 1817
Sal 9.13 que me levantas de las *p* de la muerte 8179
9.14 cuente yo...en las *p* de la hija de Sion 8179
24.7,9 alzad...*p*, vuestras cabezas...*p* eternas 6607
69.12 hablaban...los que se sentaban a la *p* 8179
78.23 a las nubes...y abrió las *p* de los cielos 1817
84.10 escogería antes estar a la *p* de la casa 5605
87.2 ama Jehová a las *p* de Sion más que todos 8179
100.4 entrad por sus *p* con acción de gracias 8179
107.16 porque quebrantó las *p* de bronce, y 8179
107.18 y llegaron hasta las *p* de la muerte 8179
118.19 abridme las *p* de la justicia; entraré 8179
118.20 es *p* de Jehová; por ella entrarán los 8179
122.2 nuestros pies estuvieron dentro...tus *p* 8179
127.5 cuando hablare con los enemigos en la *p* 8179
141.3 oh Jehová; guarda la *p* de mis labios 1817
147.13 porque fortificó los cerrojos de tus *p* 8179
Pr 1.21 las *p* de la ciudad dice sus razones 8179
5.8 aleja de ella...y no te acerques a la *p* 6607
8.3 el lugar de las *p*...a la entrada de las *p* 6607
8.34 velando a mis *p*...a los postes de mis *p* 6607
9.14 se sienta en una silla a la *p* de su casa 6607
14.19 inclinarán...impíos a las *p* del justo 8179
17.19 que abre demasiado la *p* busca su ruina 6607
22.22 no...ni quebrantes en la *p* al afligido 8179
24.7 alta está...en la *p* no abrirá él su boca 8179
26.14 como la *p* gira sobre sus quicios, así 8179
31.23 su marido es conocido en las *p*, cuando 8179
31.31 dadle...y alábenla en las *p* sus hechos 8179
Ec 12.4 *p* de afuera se cerrarán, por lo bajo 1817
Cnt 7.4 estanques...junto a la *p* de Bat-rabim 8179
7.13 a nuestras *p* hay toda suerte de...frutas 8179
8.9 si fuere *p*, la guarneceremos con tablas 1817
Is 3.26 sus *p* se entristecerán y enlutarán, y 8179
6.4 los quiciales de las *p* se estremecieron 5592
13.2 alzad la voz...entren por *p* de príncipes 6607
14.31 aúlla, oh *p*; clama, oh ciudad; disuelta 8179
22.7 valles...los de a caballo acamparon a la *p* 8179
24.12 desolada, y con ruina...derribada la *p* 8179
26.2 abrid las *p*, y entrará la gente justa 8179
26.20 pueblo mío, entra...cierra tras ti tus *p* 1817
28.6 a los que rechacen la batalla en la *p* 8179
29.21 que arman lazo al que reprendía en la *p* 8179
38.10 mitad de mis días iré a las *p* del Seol 8179
45.1 para abrir delante de él *p*, y las *p* no 8179
45.2 quebrantaré *p* de bronce, y cerrojos de 8179
54.12 tus *p* de piedras de carbunclo, y toda 8179
57.8 tras la *p* y...umbral pusiste tu recuerdo 1817
60.11 tus *p* estarán de continuo abiertas 8179
60.18 a tus muros llamarás...y tus *p* Alabanza 8179
62.10 pasad por las *p*; barred el camino al 8179
Jer 1.15 pondrá cada uno su campamento a...*p* 8179
7.2 a la *p* de la casa de Jehová, y proclama 8179
7.2 los que entráis por estas *p* para adorar 8179
14.2 se enlutó Judá, y sus *p* se despoblaron 8179
15.7 con aventador hasta las *p* de la tierra 8179
17.19 ponte a la *p* de los hijos del pueblo 8179
17.19 ve...y ponte en todas las *p* de Jerusalén 8179
17.20 moradores de...que entráis por estas *p* 8179
17.21 guardaos de...y de meterla por las *p* de 8179
17.24 no metiendo carga por las *p* de...ciudad 8179
17.25 entrarán por las *p* de esta ciudad, en 8179
17.27 ni meterla por las *p* de Jerusalén en día 8179
17.27 descender fuego en sus *p*, y consumiré 8179
19.2 de Hinom, que está a la entrada de la *p* 8179
20.2 lo puso en el cepo...en la *p* superior de 8179
22.2 oye...y tu pueblo que entra por estas *p* 8179
22.4 entrarán montados...por las *p* de esta casa 8179
22.19 echándole fuera de las *p* de Jerusalén 8179
26.10 en la entrada de la *p* nueva de la casa 8179
31.38 desde la torre...hasta la *p* del Ángulo 8179
31.40 la esquina de la *p* de los caballos al 8179
35.4 el aposento...hijo de Salum, guarda de la *p* 5592
36.10 a la entrada de la *p* nueva de la casa 8179
37.13 cuando fue a la *p* de Benjamín, estaba 8179
38.7 estando sentado el rey...*p* de Benjamín 8179
39.3 príncipes...acamparon a la *p* de en medio 8179
39.4 la *p* entre los dos muros; y salió el rey 8179
43.9 en el enladrillado que está a la *p* de la 8179
49.31 una nación...que ni tiene *p* ni cerrojos 8179
51.58 sus altas *p* serán quemadas a fuego; en 8179
52.7 y salieron de la...por el camino de la *p* 8179
Lm 1.4 sus *p* están asoladas, sus sacerdotes 8179
2.9 sus *p* fueron echadas por tierra, destruyó 8179
4.12 que el enemigo y el...entrara por las *p* 8179
5.14 los ancianos no se ven más en la *p* 8179
Ez 8.3 la entrada de la *p* de adentro que mira 6607
8.5 al norte, junto a la *p* del altar...imagen 8179
8.8 cava...Y cavé en la pared, y he aquí una *p* 6607
8.14 me llevó a la entrada,de la *p* de la casa 6607
9.2 venían del camino de la *p* de arriba que 8179
10.4 encima del querubín al umbral de la *p*
10.19 pararon a la entrada de la *p* oriental 6607
11.1 y me llevó por la *p* oriental de la casa 6607
11.1 la entrada de la *p* veinticinco hombres 8179
21.15 en todas las *p*...he puesto espanto de 8179
21.22 orden...para poner arietes contra las *p* 8179
26.2 ea, bien; quebrantada está la que era *p* 8179
26.10 entre por tus *p* como por portillos de 8179
33.30 mofan...junto a las paredes y a las *p* 6607
38.11 sin muros, y no tienen cerrojos ni *p* 8179
40.3 tenía un cordel de...y él estaba a la *p* 8179
40.6 vino a la *p* que mira hacia el oriente 8179
40.6 midió un poste de la *p*, de una caña de 8179
40.7 cada poste de la *p*...la entrada de la *p* 8179
40.8 la entrada de la *p* por dentro, una caña 8179
40.9 y la *p* del portal estaba por el lado de 8179
40.10 la *p* oriental tenía tres cámaras a cada 8179
40.11 midió el ancho de la entrada de la *p*, de 8179
40.13 midió la *p* desde el techo de una cámara 8179
40.13 midió la...25 codos de ancho, *p* contra *p* 6607
40.15 desde el frente de la *p* de la entrada 8179
40.15 hasta el frente...de la *p* interior, 50 8179
40.16 y en sus portales por dentro de la *p* 8179
40.18 el enlosado a los lados de las *p*, en 8179
40.19 midió la anchura desde...la *p* de abajo 8179
40.20 y de la *p* que estaba hacia el norte en 8179
40.21 sus arcos eran como la medida de la *p* 8179

40.22 eran conforme a la medida de la *p* que....... 8179
40.23 *p* del atrio interior... enfrente de la *p*......... 8179
40.23 del atrio... midió de *p* a *p*, cien codos......... 8179
40.24 y he aquí una *p* hacia el sur; y midió......... 8179
40.27 había también *p* hacia el sur del atrio........ 8179
40.27 midió de *p* a *p* hacia el sur cien codos........ 8179
40.28 me llevó después en el... a la *p* del sur........ 8179
40.28 y midió la *p* del sur conforme a estas......... 8179
40.32 y midió la *p* conforme a éstas medidas....... 8179
40.35 llevó luego a la *p* del norte, y midió........... 8179
40.38 cámara, y su *p* con postes de portales........ 8179
40.39 en la entrada de la *p* había dos mesas........ 8179
40.40 a la entrada de la *p* del norte, había.......... 8179
40.40 otro lado... entrada de la *p*, dos mesas....... 8179
40.41 cuatro mesas a un lado, y... junto a la *p*...... 8179
40.44 y fuera de la *p* interior, en el atrio............ 8179
40.44 en el atrio... al lado de la *p* del norte......... 8179
40.44 una estaba al lado de la *p* del oriente......... 8179
40.48 anchura de la *p* tres codos de un lado........ 8179
41.2 el ancho de la *p* eran de diez codos, y......... 6607
41.2 y los lados de la *p*, de cinco codos de.......... 6607
41.3 midió cada poste de la *p*, de dos codos......... 6607
41.3 y la *p*, de seis codos; y la anchura de.......... 6607
41.11 la *p* de cada cámara salía al espacio......... 6607
41.11 una *p* hacia el norte, y otra *p* hacia el........ 6607
41.17 por encima de la *p*, y hasta la casa de........ 6607
41.20 hasta encima de la *p* había querubines....... 6607
41.23 el templo y el santuario tenían dos *p*......... 1817
41.24 en cada *p* había dos hojas... que giraban..... 1817
41.24 dos hojas en una *p*, y otras dos en la otra..... 1817
41.25 en las *p* del templo había labrados de........ 1817
42.2 delante de la *p* del norte su longitud era....... 6607
42.4 un corredor del... y sus *p* daban al norte...... 6607
42.11 y todas sus salidas, conforme a sus *p* y....... 6607
42.12 así también eran las *p* de las cámaras....... 6607
42.12 había una *p* al comienzo del corredor que.... 6607
42.15 y luego... me sacó por el camino de la *p*...... 8179
43.1 me llevó luego a la *p*, a la *p* que mira......... 8179
43.4 por la vía de la *p* que daba al oriente.......... 8179
44.1 me hizo volver hacia la *p* exterior del......... 8179
44.2 esta *p* estará cerrada; no se abrirá, ni......... 8179
44.3 por el vestíbulo de la *p* entrará, y por......... 8179
44.4 llevó hacia la *p* del norte por delante.......... 8179
44.11 servirán... como porteros a las *p* de la....... 8179
44.17 cuando entren por las *p* del atrio, se......... 8179
44.17 y cuando ministren en las *p* del atrio......... 8179
45.19 y sobre los postes de las *p* del atrio.......... 8179
46.1 *p* del atrio interior que mira al oriente........ 8179
46.2 entrará por el... portal de la *p* exterior........ 8179
46.2 estará en pie junto al umbral de la *p*.......... 8179
46.2 paz, y adorará junto a la entrada de la *p*...... 8179
46.2 pero no se cerrará la *p* hasta la tarde......... 8179
46.3 adorará el pueblo... a la entrada de la *p*....... 6607
46.8 entrará por el camino del portal de la *p*....... 8179
46.9 entrare por la *p* del norte saldrá por la....... 8179
46.9 el que entrare... saldrá por la *p* del sur........ 8179
46.9 el que entrare por la *p* del sur saldrá......... 8179
46.9 que entrare... saldrá por la *p* del norte........ 8179
46.9 no volverá por la *p* por donde entró, sino....... 8179
46.12 le abrirán la *p* que mira al oriente, y......... 8179
46.12 día... y cerrarán la *p* después que saliere...... 8179
46.19 por la entrada que estaba hacia la *p*, a........ 8179
47.2 me sacó por el camino de la *p* del norte....... 8179
47.2 por el camino exterior, fuera de la *p*, al........ 8179
48.31 *p* de la ciudad serán según los nombres...... 8179
48.31 tres *p* al norte: la *p* de Rubén, una; la........ 8179
48.31 la *p* de Judá, otra; la *p* de Leví, otra.......... 8179
48.32 al lado oriental... tres *p*: la *p* de José........ 8179
48.32 *p* de Benjamín, otra; la *p* de Dan, otra........ 8179
48.33 al lado del sur... tres *p*: la *p* de Simeón....... 8179
48.33 la *p* de Isacar, otra; la *p* de Zabulón.......... 8179
48.34 al lado occidental... tres *p*: la *p* de Gad....... 8179
48.34 *p* de Aser, otra; la *p* de Neftalí, otra......... 8179
Dn 3.26 Nabucodonosor se acercó... *p* del horno...... 8651
6.17 una piedra y puesta sobre la *p* del foso......... 6433
Os 2.15 y el valle de Acor por *p* de esperanza......... 6607
Am 5.10 aborrecieron al reprensor en la *p* de......... 8179
9.1 y estremézcanse las *p*, y hazlos pedazos
Abd 11 extraños entraban por sus *p*, y echaban....... 8179
13 haber entrado por la *p* de mi pueblo en el...... 8179
Mi 1.9 llegó hasta la *p* de mi pueblo, hasta............ 8179
1.12 el mal había descendido hasta la *p* de......... 8179
2.13 pasarán la *p*, y saldrán por ella; y su.......... 8179
Nah 2.6 *p* de los ríos se abrirán, y el palacio.......... 8179
3.13 las *p* de tu tierra se abrirán de par en......... 8179
Sof 1.9 castigaré... todos los que saltan la *p*......... 4670
1.10 voz de clamor desde la *p* del Pescado, y....... 8179
1.10 y habrá en... aullido desde la segunda *p*
2.14 las ventanas; habrá desolación en las *p*....... 5592
Zac 8.16 lo conducente a la paz en vuestras *p*......... 8179
11.1 Líbano, abre tus *p*, y consuma el fuego........ 1817
14.10 habitada... desde la *p* de Benjamín hasta...... 8179
14.10 de la *p* primera, hasta la *p* del Ángulo....... 8179
Mal 1.10 ¿quién también hay... que cierre las *p*....... 1817
Mt 6.6 **cerrada la *p*, ora a tu Padre que está**.......... *2374*
7.13 **entrad por la *p* estrecha... ancha es la *p***...... *4439*
7.14 **estrecha es la *p*, y angosto el camino**.......... *4439*
16.18 **las *p* del Hades no prevalecerán contra**...... *4439*
24.33 **cosas, conoced que está cerca, a las *p***........ *2374*
25.10 **entraron con él a las... y se cerró la *p***........ *2374*
26.71 saliendo él a la *p*, le vio otra, y dijo........... *4440*
Mr 1.33 y toda la ciudad se agolpó a la *p*.............. *2374*
2.2 juntaron... que ya no cabían ni aun a la *p*....... *2374*
11.4 hallaron el pollino atado afuera a la *p*......... *2374*
13.29 **cosas, conoced que está cerca, a las *p***........ 2374
Lc 7.12 **llegó cerca de la *p* de la ciudad, he**............ *4439*
11.7 **la *p* ya está cerrada, y mis niños están**......... *2374*
13.24 **esforzaos a entrar por la *p* angosta**.......... *4439*
13.25 **cerrado la *p*... llamar a la *p*, diciendo**........ *2374*
16.20 **Lázaro... estaba echado a la *p* de aquél**...... *4440*
Jn 5.2 hay en Jerusalén, cerca de la *p* de las
10.1 **el que no entra por la *p* en el redil de**......... *2374*
10.2 **el que entra por la *p*, el pastor de las**.......... *2374*
10.7 **de cierto, de cierto os digo: Yo soy la *p***........ *2374*
10.9 **yo soy la *p*; el que por mí entrare, será**........ *2374*
18.16 mas Pedro estaba fuera, a la *p*. Salió......... *2374*
20.19 estando las *p* cerradas en... vino Jesús....... *2374*
20.26 llegó Jesús, estando las *p* cerradas, y......... *2374*
Hch 3.2 ponían cada día a la *p* del templo que......... *2374*
3.10 el que se sentaba a pedir limosna a la *p*....... *4439*
5.9 a la *p* los pies de los que han sepultado......... *2374*
5.19 abriendo de noche las *p* de la cárcel y......... *2374*
5.23 y los guardas afuera de pie ante lass *p*........ *2374*
9.24 ellos guardaban las *p* de día y de noche....... *4439*
10.17 he aquí los hombres que... llegaron a la *p*.... *4440*
12.6 los guardas delante de la *p* custodiaban....... *2374*
12.10 llegaron a la *p*... que daba a la ciudad........ *4440*
12.13 cuando llamó Pedro a la *p* del patio......... *4440*
12.14 la voz de Pedro, de gozo no abrió la *p*........ *4440*
14.13 toros y guirnaldas delante de las *p*........... *4440*
14.27 abierto la *p* de la fe a los gentiles............ *2374*
16.13 un día de reposo salimos fuera de la *p*
16.26 y al instante se abrieron todas las *p*.......... *2374*
16.27 y viendo abiertas las *p* de la cárcel.......... *2374*
21.30 fuera... e inmediatamente cerraron las *p*..... *2374*
1 Co 16.9 se me ha abierto *p* grande y eficaz.......... *2374*
2 Co 2.12 aunque se me abrió *p* en el Señor.......... *2374*
Col 4.3 para que el Señor nos abra *p* para la.......... *2374*
He 13.12 también Jesús... padeció fuera de la *p*....... *4439*
Stg 5.9 he aquí, el juez está delante de la *p*........... *2374*
Ap 3.8 **he puesto delante de ti una *p* abierta**........... *2374*
3.20 **yo estoy a la *p* y llamo; si alguno oye**.......... *2374*
3.20 **si... oye mi voz y abre la *p*, entraré a él**........ *2374*
4.1 he aquí una *p* abierta en el cielo; y la........... *2374*
21.12 con doce *p*; y en las *p*, doce ángeles........... *4440*
21.13 al oriente tres *p*; al norte tres *p*; al.......... *4440*
21.13 al sur tres *p*; al occidente tres *p*............ *4440*
21.15 para medir la ciudad, sus *p* y su muro........ *4440*
21.21 *p* eran doce perlas... las *p* era una perla..... *4440*
21.25 sus *p* nunca serán cerradas de día, pues..... *4440*
22.14 y para entrar por las *p* en la ciudad.......... *4440*

PUERTO

Gn 49.13 Zabulón en *p* de mar... para *p* de naves..... 2348
Jue 5.17 se mantuvo Aser... y se quedó en sus *p*....... 4664
Sal 107.30 y así los guías al *p* que deseaban........... 4231
Hch 20.15 y al otro día tomamos *p* en Samos
27.2 una nave... que iba a tocar los *p* de Asia....... *5117*
27.8 llegamos a un lugar que llaman Buenos *P*..... *2568*
27.12 siendo incómodo el *p* para invernar, la....... *3040*
27.12 arribar a Fenice, *p* de Creta que mira........ *3040*

PUESTA

Éx 22.26 prenda... la *p* del sol se lo devolverás......... 8121
Dt 16.6 sacrificarás la pascua... a la *p* del sol.......... 8121
1 R 22.36 a la *p* del sol salió un pregón por.......... 8121
Dn 6.14 hasta la *p* del sol trabajó... librarle........... 8121

PUESTO

Gn 40.13 cabo de tres días... restituirá a tu *p*.......... 3653
41.13 así fue: yo fui restablecido en mi *p*, y......... 3653
Jue 7.11 descendió... hasta los *p* avanzados de........ 7097
7.21 se estuvieron firmes cada uno en su *p*.......... 8478
1 R 20.24 saca a los reyes cada uno de su *p*............ 4725
2 Cr 35.10 los sacerdotes se colocaron en sus *p*......... 5977
35.15 los cantores... de Asaf estaban en su *p*........ 4612
Neh 13.11 oficiales... reuní y los puse en sus *p*......... 5977
Is 22.19 te arrojaré de tu lugar, y de tu *p* te........... 4612

PUJANTE

Pr 24.5 fuerte, y de *p* vigor el hombre docto............ 553

PUL *Rey de Asiria (=Tiglat-pileser)*

2 R 15.19 *P* rey de Asiria a atacar la tierra.......... 6322
15.19 Manahem dio a *P* mil talentos de plata......... 6322
1 Cr 5.26 Dios... excitó el espíritu de *P* rey de.......... 6322

PULGA

1 S 24.14 rey... ¿A quién persigues?... ¿A una *p*?....... 6550
26.20 salido el rey de Israel a buscar una *p*......... 6550

PULGAR

Éx 29.20 sobre el dedo *p* de las manos derechas........ 931
29.20 y sobre el dedo *p* de los pies derechos......... 931
Lv 8.23 sobre el dedo *p* de su mano derecha, y.......... 931
8.23 y sobre el dedo *p* de su pie derecho............ 931
8.24 puso Moisés... sobre los *p* de sus manos......... 931
8.24 puso... sobre los *p* de sus pies derechos.......... 931
14.14,17,25,28 sobre el *p* de su mano derecha......... 931
14.14,17,25,28 y sobre el *p* de su pie derecho.......... 931
Jue 1.6 le cortaron los *p* de las manos y de........ 931,3027
1.7 reyes, cortados los *p* de sus manos y de..... 931,3027

PULGÓN

1 R 8.37 si en la tierra hubiere... langosta o *p*......... 2625
2 Cr 6.28 si hubiere... *p*; o si los sitiaren sus.......... 2625
Sal 105.34 vinieron langostas, y *p* sin número......... 3218
Nah 3.15 te devorará como *p*; multiplícate como...... 3218

PULIR

Ez 21.9 espada está afilada, y también *pulida*......... 4803
21.10 afilada, *pulida* está para que relumbre...... 4803
21.11 y la dio a *pulir* para tenerla a mano.......... 4803
21.11 la espada está afilada, y está *pulida*.......... 4803
21.28 la espada... está *pulida* con resplandor...... 4803

PÚLPITO

Neh 8.4 Esdras estaba sobre un *p* de madera que..... 4026

PULSERA

Ez 23.42 y pusieron *p* en sus manos, y bellas.......... 6781

PUNÓN *Lugar donde acampó Israel.*

Nm 33.42,43.............................. 6325

PUNTA

Lv 19.27 no... ni dañaréis la *p* de vuestra barba....... 6285
21.5 tonsura... ni raerán la *p* de su barba, ni....... 6285
Dt 22.12 te harás flecos en las cuatro *p* de tu.......... 3671
Jue 6.21 tocó con la *p* la carne y los panes
1 S 14.27 alargó la *p* de una vara que traía............ 7097
14.43 un poco de miel con la *p* de la vara que...... 7097
15.27 él se asió de la *p* de su manto, y éste.......... 3671
1 R 6.24 desde la *p* de una ala... *p* de la otra.......... 7098
Est 5.2 entonces vino Ester y tocó la *p* del............ 7218
Job 20.25 la *p* relumbrante saldrá por su hiel
Pr 23.34 el que está en la *p* de un mastelero........... 7218
Is 17.6 dos o tres frutos en la *p* de la rama............ 7218
Jer 17.1 está con cincel... y con *p* de diamante......... 6856
Am 3.12 el pastor libra... o la *p* de una oreja........... 915
Lc 16.24 **que moje la *p* de su dedo en agua, y**........... *206*
Hch 10.11 que atado de las cuatro *p* era bajado........ *746*
11.5 por las cuatro *p* era bajado del cielo............ *746*

PUNTO

Gn 19.13 el clamor contra ellos ha subido de *p*
Dt 26.5 un arameo a *p* de perecer fue mi padre
2 R 19.3 porque los hijos están a *p* de nacer
Sal 38.17 pero yo estoy a *p* de caer.................... 3559
Pr 7.22 al *p* se marchó tras ella
12.16 el necio al *p* da a conocer su ira
Is 37.3 hijos han llegado hasta el *p* de nacer
Jer 49.36 los cuatro vientos de los cuatro *p*
Os 13.13 hijo... detenerse al *p* mismo de nacer........ 4866
Lc 7.2 siervo... estaba enfermo y a *p* de morir.......... *3195*
Jn 4.47 sanase a su hijo... estaba a *p* de morir......... *3195*
Hch 23.30 al *p* le he enviado a ti, intimando
Fil 2.27 verdad estuvo enfermo, a *p* de morir.......... *3897*
He 8.1 *p* principal de lo que venimos diciendo
Stg 2.10 ofendiere en un *p*, se hace culpable

PUNTUALMENTE

Éx 12.28 los hijos de Israel fueron e hicieron *p* así
Esd 6.8 sean dados *p* a esos varones los gastos
6.13 hicieron *p* según el rey Darío había ordenado.. 629

PUNZADA

Sal 73.21 mi alma, y en mi corazón sentía *p*........... 8150

PUÑADO

Éx 9.8 *p* de ceniza de un horno, y la esparcirá.... 4393,2651
Lv 6.15 tomará... un *p* de la flor de harina de.......... 7062
Nm 5.26 tomará... un *p* de la ofrenda en memoria.... 7061
1 R 17.12 un *p* de harina tengo en la tinaja....... 4390,3709
Sal 72.16 echado un *p* de grano en la tierra........... 6451
Ez 13.19 de profanarme entre... por *p* de cebada...... 8168

PUÑAL

Jue 3.16 Aod se había hecho un *p* de dos filos......... 2719
3.21 Aod... tomó el *p* de su lado derecho, y se....... 2719
3.22 no sacó el *p* de su vientre; y salió el............ 2719

PUÑETAZO

Mt 26.67 y le dieron de *p*, y... le abofeteaban.......... *2852*
Mr 14.65 darle de *p*, y a decirle: Profetiza............. *2852*

PUÑO

Éx 21.18 hiriere a su... con piedra o con el *p*............ 106
Lv 2.2 de ello tomará el sacerdote su *p* lleno..... 4393,7062
5.12 el sacerdote tomará de ella su *p* lleno.... 4393,7062
16.12 y sus *p* llenos del perfume aromático.......... 2651
1 R 20.10 el polvo... no bastará a los *p* de todo.......... 8168
Pr 30.4 ¿quién encerró los vientos en sus *p*?........... 2651
Ec 4.6 más vale un *p*... descanso, que ambos *p*
Is 58.4 y para herir con el *p* inicuamente; no........... 106

PUR *«La suerte»*

Est 3.7 echada *P*, esto es, la suerte, delante............ 6332
9.24 Amán... había echado *P*, que quiere decir..... 6332
9.26 llamaron a estos días... por el nombre *P*....... 6332

PUREZA

Sof 3.9 devolveré yo a los pueblos *p* de labios......... 1305
2 Co 6.6 en *p*, en ciencia, en longanimidad, en........... *54*
1 Ti 4.12 ejemplo de los creyentes en... fe y *p*............ *47*
5.2 jovencitas, como a hermanas, con toda *p*.......... *47*

PURIFICACIÓN

Lv 12.4 cuando sean cumplidos los días de su *p*....... 2893
12.6 los días de su *p* fueren cumplidos, por......... 2892
13.35 extendiendo en la piel después de su *p*....... 2893
14.23 octavo día de su *p* traerá estas cosas......... 2893
14.32 para el que... no tuviere más para su *p*......... 2893
15.13 contará siete días desde su *p*... lavará........ 2891
Nm 6.9 por tanto... día de su *p* raerá su cabeza........ 2893
19.9 las guardará... Israel para el agua de *p*........ 5079
19.13 el agua de la *p* no fue rociada sobre él....... 2398
19.20 no fue rociada sobre él el agua de la *p*........ 2398
19.21 que rociare el agua de la *p* lavará sus........ 5079
19.21 que tocare el agua de la *p* será inmundo..... 5079
31.23 en las aguas de *p* habrá de purificarse....... 5079
1 Cr 23.28 y en la *p* de toda cosa santificada........... 2893
2 Cr 30.19 según los ritos de *p* del santuario............ 2893
Ez 44.26 después de su *p*, le contarán 7 días........... 2893
Os 8.5 ellos, hasta que no pudieron alcanzar *p*........ 5356
Zac 13.1 un manantial... para la *p* del pecado y
Mr 1.44 **ofrece por tu *p* lo que Moisés mandó**.......... *2512*
Lc 2.22 cuando se cumplieron los días de la *p*........... *2512*
5.14 **y ofrece por tu *p*, según mandó Moisés**........ *2512*
Jn 2.6 conforme al rito de la *p* de los judíos............ *2512*
3.25 discusión entre... judíos acerca de la *p*........... *2512*
Hch 21.26 el cumplimiento de los días de la *p*............ *49*
He 1.3 efectuado la *p* de nuestros pecados por........ *4160*
9.13 si la... santifican para la *p* de la carne.......... *2514*
2 P 1.9 olvidado la *p* de sus antiguos pecados.......... *2512*

PURIFICADO *Véase Purificar*

PURIFICADOR
Mal 3.2 él es como fuego *p*, y como jabón de 6884

PURIFICAR
Éx 29.36 y *purificarás* el altar cuando hagas
Lv 8.15 *purificó* el altar; y echó la...sangre 2398
12.4 ella permanecerá 33 días *purificándose* 2893
12.5 días estará *purificándose* de su sangre 2893
14.4 que se tomen para el que se *purifica* dos 2891
14.7 siete veces sobre el que se *purifica* de 2891
14.8 el que se *purifica* lavará sus vestidos 2891
14.11 el sacerdote que le *purifica* presentará 2891
14.14,17,25,28 el lóbulo de la oreja...que se *purifica*... 2891
14.18 sobre la cabeza del que se *purifica* 2891
14.19,31 hará...por el que se ha de *purificar* 2891
14.52 *purificará* la casa con la sangre de la 2398
15.15 el sacerdote le *purificará* de su flujo3722
15.30 la *purificará* el sacerdote delante de 3722
16.16 así *purificará* el santuario, a causa de 3722
Nm 8.7 lavarán...vestidos, y serán *purificados* 2891
8.15 purificados, y los *ofrecerás* en ofrenda 2891
8.21 los levitas se *purificaron*, y lavaron sus 2891
8.21 hizo Aarón expiación...para *purificarlos* 2398
19.12 tercer día se *purificará* con aquella agua 2398
19.12 y si...no se *purificare*, no será limpio 2398
19.13 que tocare cadáver...y no se *purificare* 2398
19.19 cuando lo haya *purificado*...lavará luego 2398
19.20 que fuere inmundo, y no se *purificare* 2398
31.19 y os *purificaréis* al tercer día y al 2398
31.20 asimismo *purificaréis* todo vestido, y 2398
31.23 en las aguas de...habrá de *purificarse* 2398
1 S 20.26 dijo...de seguro no está *purificado* 2398
2 S 11.4 luego ella se *purificó* de su inmundicia 6942
2 Cr 30.17 por...los que no se habían *purificado* 2889
30.18 no se habían *purificado*, y comieron la 2891
30.19 no esté *purificado* según los ritos del
Esd 6.20 y los levitas se habían *purificado* a 2891
Neh 12.30 se *purificaron* los sacerdotes y los 2891
12.30 y *purificaron* al pueblo, y las puertas 2891
13.22 que se *purificasen* y viniesen a guardar 2891
Job 41.25 a causa de su...hacen por *purificarse* 2398
Sal 12.6 como plata en...*purificada* siete veces 2212
51.7 *purifícame* con hisopo, y seré limpio 2891
Pr 20.30 malo, y el castigo *purifica* el corazón 8562
Is 25.6 banquete de vinos...vinos *purificados* 2212
48.10 te he *purificado*, y no como a plata; te 6884
52.11 *purificaos* los que lleváis...utensilios 1305
66.17 y los que se *purifican* en los huertos 2891
Jer 13.27 ¿cuánto tardarás tú en *purificarte*? 2891
Ez 43.20 sangre...así lo limpiarás y *purificarás* 2398
43.22 y purificarán el altar...lo *purificaron* 2398
45.18 un becerro...y *purificarás* el santuario 2398
Dn 8.14 2.300...el santuario será *purificado* 6663
12.10 limpios, y emblanquecidos y *purificados*
Jn 11.55 y muchos subieron...para *purificarse* *48*
Hch 15.9 *purificando* por la fe sus corazones *2511*
21.24 *purifícate* con ellos, y paga...gastos *48*
21.26 habiéndose *purificado* con ellos, entró *48*
24.18 me hallaron *purificado* en el templo, no *48*
Ef 5.26 *purificado* en el lavamiento del agua *2511*
Tit 2.14 y *purificar* para sí un pueblo propio *2511*
He 9.22 casi todo es *purificado*, según la ley *2511*
9.23 las figuras de...fuesen *purificadas* así *2511*
10.22 *purificados* los...de mala conciencia
Stg 4.8 limpiad...*purificad* vuestros corazones *48*
1 P 1.22 habiendo *purificado* vuestras almas *48*
1 Jn 3.3 se *purifica* a sí mismo, así como él *48*

PURIM *Fiesta de los judíos*
Est 9.26 por esto llamaron a estos días *P*, por 6332
9.28 que estos días de *P* no dejarían de ser 6332
9.29 con plena autoridad...carta referente a *P* 6332
9.31 para confirmar estos días de *P* en sus 6332
9.32 estas celebraciones acerca de *P*, y esto 6332

PURÍSIMO
1 R 6.20 lo cubrió de oro *p*; asimismo cubrió 5462
7.49 cinco candeleros de oro *p* a la...derecha 5462
7.50 asimismo los cántaros...tazas...de oro *p* 5462
10.18 un gran trono...el cual cubrió de oro *p* 6338

PURO, A
Éx 25.11 y la cubrirás de oro *p* por dentro y 2889
25.24 la cubrirás de oro *p*, y le harás una 2889
25.31 un candelero de oro *p*; labrado a mano 2889
25.36 todo ello una pieza labrada...de oro *p* 2889
25.38 también sus despabiladeras...de oro *p* 2889
27.20 traigan aceite *p* de olivas machacadas 2134
30.3 lo cubrirás de oro *p*, su cubierta, sus 2889
30.34 toma especias...e incienso *p*; de todo en 2134
30.35 harás...incienso, un perfume...*p* y santo 2889
37.2 cubrió de oro *p* por dentro y por fuera 2889
37.6 hizo asimismo el propiciatorio de oro *p* 2889
37.11 cubrió de oro *p*, y le hizo una cornisa 2889
37.17 asimismo el candelero de oro *p*, labrado 2889
37.22 todo era una pieza labrada...de oro *p* 2889
37.23 hizo...sus despabiladeras y...de oro *p* 2889
37.24 un talento de oro *p* lo hizo, con todos 2889
37.26 lo cubrió de oro *p*, su cubierta y sus 2889
37.29 hizo...el incienso *p*, aromático, según 2889
39.15 sobre el pectoral los cordones...oro *p* 2889
39.25 hicieron también campanillas de oro *p* 2889
39.30 la lámina de la diadema santa de oro *p* 2889
39.37 el candelero *p*, sus lamparillas, las 2889
Lv 24.2 aceite *p* de olivas machacadas, para 2134
24.7 pondrás...incienso *p*, y será para el pan 2134
Dt 28.56 la tierna...de *p* delicadeza y ternura
1 R 5.11 daba a Hiram...20 coros de aceite *p* 3795
6.21 que Salomón cubrió de oro *p* la casa por 5462
1 Cr 28.17 oro *p* para los garfios, para los 2889
28.18 oro *p* en peso...el altar del incienso 2212
2 Cr 3.4 pórtico...cubrió por dentro de oro *p* 2889
4.20 los candeleros y sus lámparas, de oro *p* 5462
4.22 cucharas y...incensarios eran de oro *p* 5462
9.17 un gran trono de...y lo cubrió de oro *p* 2889
9.20 y toda la vajilla de la casa...de oro *p* 5462
Job 11.4 tú dices: Mi doctrina es *p*, y yo soy 2134
16.17 a pesar de...de haber sido mi oración *p* 2134
Sal 19.8 precepto de Jehová es *p*, que alumbra 1249
24.4 el limpio de manos y *p* de corazón; el que 1249
51.4 tu palabra, y tenido por *p* en tu juicio 2889
119.127 más que el oro, y más que oro muy *p* 2889
119.140 sumamente *p* es tu palabra, y la ama 2889
Is 1.25 limpiaré hasta lo más *p* tus escorias 2889
44.20 diga: ¿No es *p* mentira lo que tengo en 2889
Lm 4.2 preciados y estimados más que el oro *p* 2889
4.7 sus nobles fueron más *p* que la nieve, más 2889
Os 14.4 los amaré de *p* gracia; porque mi ira 2889
Mr 14.3 con un vaso de...de perfume de nardo *p*
Jn 12.3 tomó una libra de perfume de nardo *p*
2 Co 11.2 para presentaros como una virgen *p* *53*
Ef 1.5 hijos suyos...según el *p* afecto de su *2107*
Fil 4.8 todo lo *p*, todo lo amable, todo lo que *53*
1 Ti 5.22 no impongas...las manos...Consérvate *p* *53*
Tit 1.15 todas las cosas son *p* para los *p*, mas *2513*
1.15 mas para los corrompidos...nada les es *p* *2513*
He 10.22 fe...y lavados los cuerpos con agua *p* *2513*
Stg 1.27 religión *p* y sin mácula delante de *2513*
3.17 pero la sabiduría que es de lo alto...*p* *53*
1 P 1.22 amaos unos a otros...de corazón *p* *2513*
1 Jn 3.3 purifica a sí mismo, así como él es *p* *53*
Ap 14.10 sido vaciado *p* en el cáliz de su ira
21.18 pero la ciudad era de oro *p*, semejante *2513*
21.21 y la calle de la ciudad era de oro *p* *2513*

PÚRPURA
Éx 25.4 *p*, carmesí, lino fino, pelo de cabras 713
26.1 diez cortinas de lino torcido, azul, *p* 713
26.31 un velo de...*p*, carmesí y lino torcido 713
26.36; 27.16 cortina de...azul, *p* y carmesí 713
28.5 tomarán...azul, *p*, carmesí y lino torcido 713
28.6 harán el efod de oro...*p*, carmesí y lino 713
28.8 y su cinto...de oro, azul, *p*, carmesí y 713
28.15 pectoral...de oro, azul, *p*, carmesí y 713
28.33 harás granadas de azul, *p* y carmesí 713
35.6 *p*, carmesí, lino fino, pelo de cabras 713
35.23 todo hombre que tenía azul, *p*, carmesí 713
35.25 traían...azul, *p*, carmesí o lino fino 713
35.35 de bordado en azul, en *p*, en carmesí 713
36.8 diez cortinas de lino...azul, *p* y carmesí 713
36.35 hizo...velo de azul, *p*, carmesí y lino 713
36.37 para la puerta del...de azul, *p*, carmesí 713
38.18 la cortina...*p*, carmesí y lino torcido 713
38.23 recamador en azul, *p*, carmesí y lino 713
39.1 *p* y carmesí hicieron las vestiduras del 713
39.2 hizo también el efod de oro, de azul, *p* 713
39.3 hilos para tejerlos entre el azul, la *p* 713
39.5 el cinto del efod que...azul, *p*, carmesí 713
39.8 el pectoral...de oro, azul, *p*, carmesí y 713
39.24 granadas de azul, *p*, carmesí y lino 713
39.29 el cinto de lino...azul, *p* y carmesí, de 713
Nm 4.13 y extenderán sobre él un paño de *p* 713
Jue 8.26 vestidos de *p* que traían los reyes de 713
2 Cr 2.7 que sepa trabajar en...*p*, en grana y 710
2.14 sabe trabajar...en *p* y en azul, en lino 713
3.14 hizo...el velo de azul, *p*, carmesí y lino 713
Est 1.6 tendido sobre cuerdas de lino y *p* en 713
8.15 con vestido real...y un manto de lino y *p* 713
Pr 31.22 hace...de lino fino y *p* es su vestido 713
Cnt 7.5 el cabello de tu cabeza como la *p* del 713
Jer 10.9 los vestirán de azul y de *p*, obra de 713
Lm 4.5 que se criaron entre *p* se abrazaron a 8144
Ez 23.6 vestidos de *p*...jóvenes codiciables 8504
27.7 de azul y *p* de las costas de Elisa era 713
27.16 con...*p*, vestidos bordados, linos finos 713
Dn 5.7 será vestido de *p*, y un collar de oro 711
5.16 serás vestido de *p*, y un collar de oro 711
5.29 mandó Belsasar vestir a Daniel de *p*, y 711
Mr 15.17 le vistieron de *p*, y poniéndole una *4209*
15.20 le desnudaron la *p*, y le pusieron sus *4209*
Lc 16.19 **un hombre rico, que se vestía de *p* y** *4209*
Jn 19.2 corona...vistieron con un manto de *p* *4210*
19.5 y salió Jesús, llevando...el manto de *p* *4210*
Hch 16.14 mujer llamada Lidia, vendedora de *p* *4211*
Ap 17.4 mujer estaba vestida de *p* y escarlata *4209*
18.12 mercadería...de *p*, de seda, de escarlata *4209*
18.16 vestida de lino fino...*p* y de escarlata *4210*

PUSILÁNIME
Dt 20.8 dirán: ¿Quién es hombre medroso y *p*? 4549
2 Cr 13.7 porque Roboam era joven y *p*, y no

PÚSTULA
Dt 28.35 herirá Jehová con maligna *p* en las 7822

PUT =*Libia*, Jer 46.9 6319

PUTEOLI *Puerto en Italia*, Hch 28.13 .... *4223*

P

Q

QUEBAR *Río en Mesopotamia*
Ez 1.1 estando yo...junto al río *Q*, los cielos 3529
1.3 la tierra de los caldeos, junto al río *Q* 3529
3.15 que moraban junto al río *Q*, y me senté 3529
3.23 gloria que había visto junto al río *Q* 3529
10.15 es el ser viviente que vi en el río *Q* 3529
10.20 vi debajo del Dios de...junto al río *Q* 3529
10.22 de los rostros que vi junto al río *Q* 3529
43.3 eran como la visión que vi junto al río *Q* 3529

QUEBRADO *Véase Quebrar*

QUEBRADURA
Lv 21.19 varón que tenga *q* de pie o rotura de 7272,7667
Nah 3.19 no hay medicina para tu *q*; tu herida 7667

QUEBRANTADO *Véase Quebrantar*

QUEBRANTAHUESOS
Lv 11.13 no se comerán...águila, el *q*, el azor 6538
Dt 14.12 que no podréis comer: el águila, el *q* 6538

QUEBRANTAMIENTO
1 S 5.9 la mano...contra la ciudad con gran *q* 4103
Job 18.12 serán...a su lado estará preparado *q* 343
30.13 desbarataron...se aprovecharon de mi *q* 1942
31.3 ¿no hay *q* para el impío, y extrañamiento 343
31.29 me alegré en el *q* del que me aborrecía 6365
Sal 35.8 véngale el *q* sin que lo sepa, y la 7722
35.8 la red...lo prenda; con *q* caiga en ella 7722
Pr 15.4 perversidad de ella es *q* de espíritu 7667
16.18 antes del *q* es la soberbia, y antes de 7667
18.7 la boca del necio es *q* para sí, y sus 4288
18.12 antes del *q* se eleva el corazón del 7667
24.22 su *q* vendrá de repente; y el *q* de ambos 343
Is 15.5 levantarán grito de *q* por el camino 7667
47.11 sobre ti *q*, el cual no podrás remediar 1943
51.19 te han acontecido...*q*, hambre y espada 7667
59.7 pies...destrucción y *q* hay en sus caminos 7667
60.18 ni *q* en tu territorio, sino que a tus 7667
65.14 dolor...por el *q* de espíritu aullaréis 7667
Jer 4.6 hago venir mal del norte, y *q* grande 7667
4.20 *q* sobre *q* es anunciado; porque toda la 7667
6.1 del norte se ha visto mal, y *q* grande 7667
8.21 quebrantado estoy por el *q* de la hija de 7667
10.19 ¡ay de mí, por mi *q*! mi llaga es muy 7667
14.17 gran *q* es quebrantada la virgen hija de 7667
17.18 día malo, y quebrántalos con doble *q* 7670
30.12 incurable es tu *q*, y dolorosa tu llaga 7667
30.15 ¿por qué gritas a causa de tu *q*?...dolor 7667
46.21 porque vino sobre ellos el día de su *q* 343
48.3 ¡voz de clamor de...destrucción y gran *q*! 7667
48.16 cercano está el *q* de Moab para venir 7451
49.8 el *q* de Esaú traeré sobre él en el tiempo 343
50.22 estruendo de guerra en la tierra, y *q* 7667
51.54 el gran *q* de la tierra de los caldeos 7667
Lm 2.11 a causa del *q* de la hija de mi pueblo 7667
2.13 grande como el mar es tu *q*; ¿quién te 7667
3.48 ríos de aguas...por el *q* de la hija de mi 7667
4.10 en el día del *q* de la hija de mi pueblo 7667
Ez 7.26 *q* vendrá sobre *q*, y habrá rumor sobre 1943
21.6 gime con *q* de tus lomos y con amargura 7670
Am 6.6 beben...no se afligen por el *q* de José 7667
Abd 13 haber entrado por...en el día de su *q* 343
Sof 1.10 aquel día...gran *q* desde los collados 7667

QUEBRANTAR
Éx 15.6 tu diestra...ha *quebrantado* al enemigo 7492
Lv 26.19 *quebrantaré* la soberbia de...orgullo 7665
26.26 cuando yo os *quebrante* el sustento del 7665
Nm 14.41 ¿por qué *quebrantáis* el mandamiento 5674
30.2 no *quebrantará* su palabra; hará...todo lo 2490
Dt 7.23 él las *quebrantará* con grande destrozo 2000
28.33 serás sino...*quebrantado* todos los días 7533
Jos 7.11 han *quebrantado* mi pacto que yo les 5674
7.15 ha *quebrantado* el pacto de Jehová, y ha 5674
Jue 4.15 y Jehová *quebrantó* a Sísara, a todos 2000
10.8 y *quebrantaron* a los hijos de Israel en 7492
1 S 2.10 serán *quebrantados* sus adversarios 2865
15.24 pues he *quebrantado* el mandamiento de 5674
2 S 5.20 *quebrantó* Jehová a...enemigos delante 6555
1 R 13.26 león, que le ha *quebrantado* y matado 7665
2 R 18.12 sino que habían *quebrantado* su pacto 5674
1 Cr 13.11 Jehová había *quebrantado* a Uza; por 6556
15.13 Dios nos *quebrantó*, por cuanto no le 6555
2 Cr 24.20 ¿por qué *quebrantáis*...mandamientos 5674
Est 1.19 escríba...para que no sea *quebrantado* 5674
Job 4.10 los dientes de los son *quebrantados* 5421
4.19 que serán *quebrantados* por la polilla! 1792
5.4 en la puerta serán *quebrantados*, y no 1792
6.9 y que agradara a Dios *quebrantarme*; que 1792

9.17 porque me ha *quebrantado* con tempestad 7779
13.25 ¿a la hoja arrebatada has de *quebrantar* 6206
16.14 me quebrantó de quebranto en *quebranto* 6555
20.19 *quebrantó* y desamparó a los pobres, robó 7533
24.20 un árbol los impíos serán *quebrantados* 7665
29.17 y *quebrantaba* los colmillos del inicuo 7665
30.24 ¿clamarán... cuando él los *quebrantare?* 6365
34.24 *quebrantará* a..fuertes sin indagación 7489
34.25 los trastorne en... y sean *quebrantados* 1792
38.15 y el brazo enaltecido es *quebrantado* 7665
40.12 y *quebranta* a los impíos en su sitio 1915
Sal 2.9 los *quebrantarás* con vara de hierro 7489
3.7 los dientes de los perversos *quebrantaste* 7665
10.15 *quebranta* tú el brazo del inicuo, y 7665
29.5 voz de Jehová que *quebranta* los cedros 7665
29.5 *quebrantó* Jehová los cedros del Líbano 7665
34.18 cercano... Jehová a los *quebrantados* de 7665
34.20 huesos; ni uno... será *quebrantado* 7665
44.19 para que nos *quebrantases* en el lugar 1794
51.17 de Dios son el espíritu *quebrantado*; al 7665
55.19 Dios oirá, y los *quebrantará* luego, el 6031
60.1 tú nos has desechado, nos *quebrantaste* 6555
69.20 el escarnio ha *quebrantado* mi corazón 7665
74.13 *quebrantaste* cabezas de monstruos en 7665
75.10 *quebrantaré*... poderío de los pecadores 1438
77.4 estaba yo *quebrantado*, y no hablaba 6470
89.10 *quebrantaste* a Rahab como a herido de 1792
89.22 no... ni hijo de iniquidad lo *quebrantará* 6031
89.23 sino que *quebrantaré* delante de él a 3807
90.3 vuelves al hombre hasta ser *quebrantado* 1793
94.5 tu pueblo... *quebrantan*, y a tu heredad 1792
105.16 hambre... *quebrantó* todo sustento... pan 7665
106.42 fueron *quebrantados* debajo de su mano 3665
107.12 por eso *quebrantó* con el trabajo sus 3665
107.16 porque *quebrantó* las puertas de bronce 7665
109.16 persiguió... al *quebrantado* de corazón 5218
110.5 *quebrantará* a los reyes en el día de su 4272
110.6 *quebrantará*... cabezas en muchas tierras 4272
119.20 *quebrantada* está mi alma de desear tus 1638
147.3 él sana a los *quebrantados* de corazón 7665
148.6 les puso ley que no será *quebrantada*
Pr 6.15 será *quebrantado*, y no habrá remedio 7665
10.9 pervierte sus caminos será *quebrantado* 3045
13.20 se junta con necios será *quebrantado* 7321
22.22 ni *quebrantes* en la puerta al afligido 1792
25.15 la lengua blanda *quebranta* los huesos 7665
29.1 de repente será *quebrantado*, y no habrá 7665
Is 1.28 pero los rebeldes... serán *quebrantados* *7667*
7.8 Efraín será *quebrantado* hasta dejar de 2844
8.9 reuníos, pueblos, y seréis *quebrantados* 2844
8.9 ceñíos, y seréis *quebrantados*... seréis *q* 2844
8.15 tropezarán... caerán, y serán *quebrantados* ... 7665
14.5 *quebrantó* Jehová el báculo de los impíos 7665
14.25 que *quebrantaré* al asirio en mi tierra 7665
21.9 todos los ídolos de sus dioses *quebrantó* 7665
24.5 falsearon el derecho, *quebrantaron* el 6565
24.10 *quebrantada*... la ciudad por la vanidad 7665
24.19 será *quebrantada* del todo la tierra 7489
28.13 sean *quebrantados*, enlazados y presos 7665
28.28 ni lo *quebranta* con los dientes de su 2000
30.31 con la voz de Jehová será *quebrantada* 2865
45.2 yo iré... *quebrantaré* puertas de bronce 7665
53.10 con todo eso, Jehová quiso *quebrantarlo* 1792
54.10 ni el pacto de mi paz se *quebrantará* 4131
57.15 habito... con el *quebrantado* y humilde 1793
57.15 para vivificar el corazón... *quebrantados* 1792
58.6 y dejar ir libres a los *quebrantados*, y 5423
61.1 a vendar a los *quebrantados* de corazón 7665
Jer 1.17 no te haga yo *quebrantar* delante de 2865
2.16 de Tafnes te *quebrantaron* la coronilla 7462
5.22 ordenación eterna la cual no *quebrantará*
8.21 *quebrantado* estoy... la hija de mi pueblo 7667
13.14 los *quebrantaré* el uno contra el otro 5310
14.17 de gran *quebrantamiento* es quebrantada 7665
17.18 quebrántalos con doble *quebrantamiento* 7665
19.11 así *quebrantará* a este pueblo y a esta 7665
23.9 mi corazón está *quebrantado* dentro de mí 7665
23.29 como martillo que *quebranta* la piedra? 7665
28.2 *quebranté* el yugo del rey de Babilonia 7665
28.4 *quebrantaré* el yugo del rey de Babilonia 7665
48.4 Moab fue *quebrantada*; hicieron que se 7665
48.20 avergonzó Moab, porque fue *quebrantado* ... 2865
48.25 cortado es el... y su brazo *quebrantado* 7665
48.38 *quebranté* a Moab como a vasija que no 7665
48.39 ¡lamentad! ¡Cómo ha sido *quebrantado!* 2865
50.36 contra sus valientes, y... *quebrantados* 2865
51.20 por medio de ti *quebrantaré* naciones 7843
51.21 *quebrantaré* caballos y... *q* carros y a 5310
51.22 tu medio *quebrantaré* hombres y mujeres 5310
51.22 por medio de ti *quebrantaré* viejos y 5310
51.22 y por tu medio *quebrantaré* jóvenes y 5310
51.23 *quebrantaré* por medio de ti al pastor 5310
51.23 *quebrantaré* por tu medio a labradores 5310
51.23 príncipes *quebrantaré* por medio de ti 5310
Lm 1.15 contra mí compañía para *quebrantar* a 7665
2.9 destruyó y *quebrantó* sus cerrojos; su 7665
3.4 hizo envejecer mi... *quebrantó* mis huesos 7665
3.66 y *quebrántalos* de debajo de los cielos 8045
Ez 4.16 he aquí *quebrantaré* el sustento del pan 7665
5.11 profanado mi santuario... te *quebrantaré* 1639
5.16 *quebrantaré* entre vosotros el sustento 4889
6.9 yo me *quebranté* a causa de su corazón 7665
14.13 y le *quebrantare* el sustento del pan 7665
17.18 menospreció el... y *quebrantó* el pacto 6565
17.19 mi pacto que ha *quebrantado*, lo traeré 6331
26.2 *quebrantada* está la que era puerta de 7665
27.26 viento solano te *quebrantó* en medio de 7665
27.34 en que seas *quebrantada* por los mares 7665
30.8 sean *quebrantados* todos sus ayudadores 7665
30.18 *quebrante* yo allí el poder de Egipto 7665
32.28 serás *quebrantado* entre... incircuncisos 7665
38.4 te *quebrantaré*, y pondré garfios en tus 7725
39.2 te *quebrantaré*, y te conduciré y te haré 8338
Dn 2.40 como el hierro desmenuza... *quebrantará* 1854
7.25 a los santos del Altísimo *quebrantara* 1080
8.25 *quebrantado*, aunque no por mano humana ... 7665
8.27 y yo Daniel quedé *quebrantado*, y estuve 1961
11.4 reino será *quebrantado* y repartido hacia 7665
11.20 en pocos días será *quebrantado*, aunque 7665
11.26 aun los que coman de... le *quebrantarán* 7665
Os 5.11 Efraín... *quebrantado* en juicio, porque 7533
Am 4.1 pobres y *quebrantáis* a los menesterosos 7533
Mi 3.3 *quebrantáis* los huesos y los rompéis 6746
Hab 2.17 destrucción de... fieras te *quebrantará* 962
Mt 5.19 **cualquiera que *quebrante* uno de estos** *3089*
15.2 *quebrantan* la tradición de los ancianos? *3845*
15.3 **¿por qué... *quebrantáis* el mandamiento de** ... *3845*
21.44 **cayere sobre... piedra será *quebrantado*** *4917*
Lc 4.18 **a sanar a los *quebrantados* de corazón** *4937*
20.18 **el que cayere sobre... será *quebrantado*** *4917*
Jn 5.18 no sólo *quebrantaba* el día de reposo *3089*
7.23 **para que la ley de... no sea *quebrantada*** *3089*
10.35 **la Escritura no puede ser *quebrantada*** *3089*
Hch 21.13 llorando y *quebrantándome* el corazón *4919*
23.3 *quebrantando* la ley me mandas golpear? *3891*
1 Ti 5.12 por haber *quebrantado* su primera fe *114*

QUEBRANTO

Dt 28.20 Jehová enviará contra ti... *q* y asombro 4103
2 S 22.19 me asaltaron en el día de mi *q*; mas 343
Neh 2.2 el rey... No es esto sino *q* de corazón 7455
Job 16.14 quebrantó de *q* en *q*; corrió contra mí 6555
21.17 es apagada, y viene sobre ellos su *q* 343
21.20 verán sus ojos su *q*, y beberá de la ira 3589
Sal 18.18 me asaltaron en el día de mi *q*, mas 343
57.1 alas me ampararé hasta que pasen los *q* 1942
Is 53.3 varón de dolores, experimentado en *q* 2483
Jer 48.5 a la bajada de... oyeron clamor de *q* 7667
Lm 3.47 temor y lazo fueron... asolamiento y *q* 7667
Abd 13 haber mirado su mal en el día de su *q* 343
Ro 3.16 pies... *q* y desventura hay en sus caminos *4938*

QUEBRAR

Éx 12.46 se comerá... ni *quebraréis* hueso suyo 7665
13.13 no lo redimieres, *quebrarás* su cerviz 6202
23.24 y *quebrarás* totalmente sus estatuas 7665
32.19 tablas... y las *quebró* al pie del monte 7665
34.1 sobre... las tablas primeras que *quebraste* 7665
34.13 sus altares, y *quebraréis* sus estatuas 5422
34.20 no lo redimieres, *quebrarás* su cerviz 6202
Lv 6.28 vasija de barro en que... será *quebrada* 7665
11.33 será inmunda... y *quebraréis* la vasija 7665
15.12 la vasija... que tocare... será *quebrada* 7665
Nm 9.12 no dejarán... ni *quebrarán* hueso de él 7665
Dt 7.5 *quebraréis* sus estatuas, y destruiréis 7665
9.17 y las *quebré* delante de vuestros ojos 7665
10.2 en las primeras tablas que *quebraste* 7665
12.3 y *quebraréis* sus estatuas, y... imágenes 7665
21.4 *quebrarán* la cerviz de la becerra allí
21.6 becerra cuya cerviz fue *quebrada* en el 6202
Jue 7.19 *quebraron* los cántaros que llevaban 5310
7.20 *quebrando* los cántaros tomaron... las teas 7665
1 S 2.4 arcos de los fuertes fueron *quebrados* 2844
1 R 13.3 el altar se *quebrará*, y la ceniza que 2009
19.11 *quebraba* las peñas delante de Jehová 2009
2 R 10.27 y *quebraron* la estatua de Baal, y 5422
18.4 *quebró* las imágenes, y cortó... de Asera 7665
23.14 y *quebró* las estatuas, y derribó las 7665
25.13 *quebraron* los caldeos las columnas de 7665
2 Cr 14.3 *quebró* las imágenes, y destruyó los 7665
28.24 los *quebró*, y cerró las puertas de la 7112
31.1 *quebraron* las estatuas y destruyeron las 7665
34.7 cuando hubo... *quebrado*... las esculturas 1438
Job 22.9 brazos de... huérfanos fueron *quebrados* 1792
31.22 mi... y el hueso de mi brazo sea *quebrado* 7665
39.15 puede *quebrarlos* la bestia del campo 2115
Sal 31.12 he venido a ser como un vaso *quebrado* 7665
37.15 espada entrará... su arco será *quebrado* 7665
37.17 los brazos de los impíos serán *quebrados* 7665
46.9 que *quiebra* el arco, corta la lanza, y 7665
48.7 con viento solano *quiebras* tú las naves 7665
58.6 *quiebra* sus dientes en sus bocas; *q*, oh 5422
74.6 con... han *quebrado* todas sus entalladuras 1986
76.3 *quebró* las saetas del arco, el escudo, la 7665
105.33 y *quebró* los árboles de su territorio 7665
Pr 22.8 la vara de su insolencia se *quebrará* 3615
Ec 12.6 que la cadena de plata se *quiebre*, y 7533
12.6 el cántaro se *quiebre* junto a la fuente 7665
Is 9.4 tú *quebraste* su pesado yugo, y la vara 2865
14.29 por haberse *quebrado* la vara del que te 7665
22.25 será *quebrado* y caerá, y la carga que 1438
27.11 sus ramas se sequen, serán *quebradas* 7665
28.24 ¿romperá y *quebrará* los terrones de la 7702
30.14 se *quebrará* como se quiebra un vaso de 7665
42.3 no *quebrará* la caña cascada, ni apagará 7665
Jer 5.5 ellos *quebraron* el yugo, rompieron las 7665
11.16 fuego sobre él, y *quebraron* sus ramas 7489
15.12 ¿puede alguno *quebrar* el hierro... norte 7489
19.10 *quebrarás* la vasija ante los ojos de 7665
19.11 como quien *quiebra* una vasija de barro 7665
22.28 este hombre Conías... vasija... *quebrada* 5310
28.10 quitó el yugo del cuello... y lo *quebró* 7665
28.13 yugos de madera *quebraste*, mas en vez 7665
30.8 día... yo *quebraré* su yugo de tu cuello 7665
43.13 *quebrará* las estatuas de Bet-semes, que 7665
48.17 ¡cómo se *quebró* la vara fuerte... báculo 7665
49.35 *quiebro* el arco de Elam... su fortaleza 7665
50.2 destruidas son... *quebrados* son sus ídolos 2865
50.23 ¡cómo... cortado y *quebrado* el martillo 7665
51.56 el arco de ellos fue *quebrado*; porque 2865
52.17 los caldeos *quebraron* las columnas de 7665
Lm 3.16 dientes *quebró* con cascajo, me cubrió 1638
Ez 6.4 vuestras imágenes... sol serán *quebradas* 7665
6.6 ídolos serán *quebrados*... imágenes del sol 7665
19.12 sus ramas fuertes fueron *quebradas* y se 6531
23.34 y lo agotarás, y *quebrarás* sus tiestos 1633
29.7 cuando te tomaron... te *quebraste*, y les 7533
29.7 cuando se apoyaron en ti, te *quebraste* 7665
30.21 he *quebrado* el brazo de Faraón rey de 7665
30.22 y *quebraré* sus brazos, el fuerte y el 7665
30.24 mas *quebraré* los brazos de Faraón, y 7665
31.12 por todos los arroyos de... será *quebrado* 3772
Dn 6.24 leones... y *quebraron* todos sus huesos 1855
8.7 le *quebró* sus dos cuernos, y el carnero 7665
8.8 aquel gran cuerno fue *quebrado*, y en su 7665
8.22 y en cuanto al cuerno que fue *quebrado* 7665
Os 1.5 día *quebraré* yo el arco de Israel en 7665
10.11 arará Judá, *quebrará* sus terrones Jacob 7702
Am 1.5 y *quebraré* los cerrojos de Damasco, y 7665
Nah 1.13 ahora *quebraré* su yugo de sobre ti 7665
Zac 9.10 los arcos de guerra serán *quebrados* 3772
11.10 tomé... mi cayado Gracia, y lo *quebré* 6565
11.14 *quebré* luego el otro cayado, Ataduras 6565
Mt 12.20 caña cascada no *quebrará*, y el pábilo *2608*
Mr 14.3 *quebrando* el vaso... se lo derramó sobre *4937*
Jn 19.31 que se les *quebrasen* las piernas *2608*
19.32 vinieron... y *quebraron* las piernas al *2608*
19.33 a Jesús... no le *quebraron* las piernas *2608*
19.36 escritura: No será *quebrado* hueso suyo *4937*
Ap 2.27 **serán *quebradas* como vaso de alfarero** *4937*

QUEDAR

Gn 7.23 *quedó*... Noé, y los que con él estaban 4229
11.31 vinieron hasta Harán, y se *quedaron* allí 3427
19.2 que en la calle nos *quedaremos* esta noche 3885
19.30 porque tuvo miedo de *quedarse* en Zoar 3427
19.31 no *queda* varón en la tierra que entre
23.17 *quedó* la heredad de Efrón que estaba en
23.20 *quedó* la heredad y la cueva que en ella
27.1 ojos se oscurecieron *quedando* sin vista
29.19 mejor es que te la dé... *quédate* conmigo 3427
30.27 yo ahora gracia en tus ojos, y *quédate*
32.24 se *quedó* Jacob solo; y luchó con él un 3498
35.1 sube a Bet-el, y *quédate* allí; y haz allí 3427
38.11 *quédate* viuda en casa de tu padre, hasta 3427
42.16 enviad a uno... y vosotros *quedad* presos 631
42.19 *quede* preso en la casa de... cárcel uno 631
42.38 ha muerto, y él solo ha *quedado*; y si 7604
44.20 él solo *quedó* de los hijos de su madre 3498
44.33 que *quede* ahora tu siervo en lugar del
45.1 no *quedó* nadie con él, al darse a conocer 5975
45.6 aún *quedan* cinco años en los cuales ni
45.11 pues aún *quedan* cinco años de hambre
47.18 nada... *quedado* delante de nuestro señor 7604
Éx 8.9 las ranas... solamente *queden* en el río 7604
8.11 las ranas... solamente *quedarán* en el río 7604
8.31 aquellas moscas de... sin que *quedara* una 7604
10.5 ella comerá... lo que os *quedó* del granizo 6413
10.15 no *quedó* cosa verde en árboles ni en 3498
10.19 ni una langosta *quedó* en todo el país 7604
10.24 *queden* vuestras ovejas y vuestras vacas 3322
10.26 ganados irán... no *quedará* ni una pezuña ... 7604
12.10 lo que *quedare*... quemaréis en el fuego 3498
14.21 en seco, y las aguas *quedaron* divididas
14.28 y cubrieron... no *quedó* de ellos ni uno 7604
23.11 de lo que *quedare* comerán las bestias 3499
23.18 ni la grosura de... *quedará* de la noche 3885
23.29 para que no *quede* la tierra desierta 8077
25.15 varas *quedarán* en los anillos del arca 1961
36.13 enlazó... *quedó* formado un tabernáculo 259
Lv 7.16 que de él *quedare*, lo comerán al día 3498
7.17 que *quedare* de la carne del sacrificio 3498
10.12 a Aarón, y... hijos que habían *quedado* 3498
10.12 dijo... Tomad la ofrenda que *queda* de las 3498
10.16 los hijos que habían *quedado* de Aarón 3498
11.32 agua, y *quedará* inmundo hasta la noche
11.32 metido en agua... entonces *quedará* limpio
14.17,18 que *quedare* del aceite que tiene en ... 3499,3498
19.6 lo que *quedare*... será quemado en el fuego 3498
25.27 pagará lo que *quedare* al varón a quien 5736
25.30 la casa... *quedará*... en poder de aquel que ... 6965
25.52 y si *quedare* poco tiempo hasta el año 7604
26.36 a los que *queden*... infundiré... cobardía 7604
26.39 los que *queden* de vosotros decaerán en 7604
27.14 casa... según la valorare... así *quedará* 6965
27.17 y si... conforme a tu estimación *quedará* 6965
27.18 conforme a los años que *quedaren* hasta 3498
27.19 la quinta parte... se le *quedará* para él 6965
Nm 11.26 habían *quedado*... uno Eldad y el otro 7604
11.35 partió el pueblo... se *quedó* en Hazerot 2698
12.12 no *quede* ella... como el que nace muerto
14.38 Josué... y Caleb... *quedaron* con vida, de 2421
21.35 hirieron a él... sin que le *quedara* uno 7604
22.8 príncipes de Moab... *quedaron* con Balaam ... 3427
24.19 destruirá lo que *quedare* de la ciudad 8300
26.65 y no *quedó* varón de ellos, sino Caleb 3498
32.6 la guerra, y vosotros os *quedaréis* aquí? 3427
32.17 y nuestros niños *quedarán* en ciudades 3427
36.12 la heredad de ellas *quedó* en la tribu 4294
Dt 3.4 no *quedó* ciudad que no les tomásemos
3.11 Og rey... había *quedado* del resto de los 7604
3.19 hijos... *quedarán* en las ciudades que os 3427
4.27 *quedaréis* pocos en... entre las naciones 7604
5.31 tú *quédate* aquí conmigo, y te diré todo 5975
7.20 hasta que perezcan los que *quedaren* y los 7604

16.4 de la carne...no *quedará* hasta la mañana....3885
19.20 los que *quedaren* oirán y temerán, y no......7604
21.13 se *quedará* en tu casa; y llorará a su.........3427
24.11 te *quedarás* fuera, y el hombre a quien.......5975
28.54 al resto de sus hijos que le *quedaren*
28.55 no haberle *quedado* nada, en el asedio.......3498
28.62 y *quedaréis* pocos en número, en lugar.......7604
32.36 viere...que no *queda* ni siervo ni libre........5800
Jos 1.14 mujeres...*quedarán* en la tierra que.........3427
2.11 ha *quedado* más aliento en hombre alguno....6965
2.17 *quedaremos* libres de este juramento con......5355
2.20 *quedaremos* libres de este tu juramento.......5355
5.8 se *quedaron* en...lugar en el campamento......3427
7.7 ¡ojalá nos hubiéramos *quedado* al otro lado....3427
8.9 Josué se *quedó* aquella noche en medio del.....3427
8.17 no *quedó* hombre en Hai...que no saliera.....7604
8.22 no *quedó* ninguno de ellos que escapase.......8300
10.20 los que *quedaron* de ellos se metieron........8277
10.26 *quedaron* colgados...hasta caer la noche
11.11 mataron...sin *quedar* nada que respirase....3498
11.22 ninguno de...anaceos *quedó* en la tierra.....3498
11.22 solamente *quedaron* en Gaza, en Gat y en...7604
12.4 de Og rey de Basán, que había *quedado* de....3499
13.1 viejo...*queda* aún mucha tierra por poseer....7604
13.2 esta es la tierra que *queda*; todos los..........7604
13.12 Og...*quedado* del resto de los refaítas.......7604
15.63 y ha *quedado* el jebuseo en Jerusalén........3427
16.10 *quedó* el cananeo en medio de Efraín.........3427
18.2 habían *quedado*...de Israel siete tribus.........3498
18.5 y Judá *quedará* en su territorio al sur.........5975
18.11 el territorio...*quedó* entre los hijos de.........5975
20.6 *quedará*...hasta que comparezca en juicio....3427
21.20 los que *quedaban* de los hijos de Coat........3498
21.34 levitas que *quedaban*, se les dio de la.........3498
23.4 así las destruidas como las que *quedan*........7604
23.7 naciones que han *quedado* con vosotros.......7604
23.12 os uniereis...naciones que han *quedado*.....7604
Jue 4.16 ejército de Sisara...no *quedar* ni uno.........7604
5.6 *quedaron* abandonados los caminos, y los
5.7 las aldeas *quedaron* abandonadas en Israel
5.16 ¿por qué te *quedaste* entre los rediles.........3427
5.17 Galaad se *quedó* al otro lado del Jordán.......7931
5.17 se mantuvo Aser...se *quedó* en sus puertos....1481
5.27 cayó encorvado entre sus...*quedó* tendido
6.37 el vellón...*quedando* seca...la otra tierra
6.39 que solamente el vellón *quede* seco, y el
6.40 sólo el vellón *quedó* seco, y...la tierra
7.3 se devolvieron de...y *quedaron* diez mil........7604
8.10 que habían *quedado* de todo el ejército........3498
9.5 *quedó* Jotam el hijo menor de Jerobaal.........3498
9.41 y Abimelec se *quedó* en Aroma; y Zebul.......3427
11.17 se *quedó*, por tanto, Israel en Cades..........3427
17.10 *quédate* en mi casa...levita se *quedó*.........3427
18.24 tomasteis...dioses...¿qué más me *queda*?
19.4 le detuvo...*quedó* en su casa tres días.........3427
19.20 tu necesidad toda *quede* solamente a mi
21.7,16 mujeres para los que han *quedado*?........3498
Rt 1.2 llegaron, pues, a...Moab, y se *quedaron*
1.3 y murió...y *quedó* ella con sus dos hijos........7604
1.5 *quedando* así la mujer desamparada de sus....7604
1.13 ¿habíais de *quedaros* sin casar por amor.......5702
1.14 Orfa besó a su suegra, mas Rut se *quedó*......1692
2.18 después de haber *quedado* saciada
1 S 1.22 lo lleve...se *quede* allá para siempre........3427
1.23 *quédate* hasta que lo destetes; solamente......3427
1.23 *quedó* la mujer, y crió a su hijo hasta.........3427
2.36 el que hubiere *quedado* en tu casa vendrá.....3498
5.4 habiéndole *quedado* a Dagón el tronco.........7604
5.7 no *quede* con nosotros el arca del Dios.........3427
11.11 los que *quedaron*...no *q* dos de...juntos......7604
13.16 Saúl...y Jonatán...se *quedaron* en Gabaa....3427
16.11 él respondió: *Queda* aún el menor, que.........7604
17.49 la piedra *quedó* clavada en la frente
18.1 el alma de Jonatán *quedó* ligada con la.......7194
20.25 se sentó...lugar de David *quedó* vacío
20.27 que el asiento de David *quedó* vacío
22.23 *quédate* conmigo...pues conmigo a salvo.....3427
23.14 David se *quedó*...en el desierto de Zif.......3427
23.18 David se *quedó* en Hores, y Jonatán se.......3427
23.25 David...se *quedó* en el desierto de Maón.....3427
25.34 no le hubiera *quedado* con vida a Nabal......3498
25.37 su corazón...se *quedó* como una piedra
30.9 el torrente...donde se *quedaron* algunos......3498
30.10 se *quedaron* atrás doscientos...cansados....5975
30.21 a los 200 hombres que habían *quedado*
30.21 hecho *quedar* en el torrente de Besor.......3427
30.24 así ha de ser la parte del que *queda*
2 S 4.4 huyó...se le cayó el niño y *quedó* cojo
6.20 ¡cuán honrado ha *quedado* hoy el rey de
9.1 ¿ha *quedado* alguno de la casa de Saúl, a.......3498
9.3 ¿no ha *quedado* nadie de la casa de Saúl
9.3 ha *quedado* un hijo de Jonatán, lisiado
10.5 *quedaos* en Jericó hasta que os vuelva........3427
11.1 Rabá; pero David se *quedó* en Jerusalén......3427
11.12 *quédate* aquí aún hoy...se *quedó* Urías.......3427
12.28 reúne...al pueblo que *queda*, y acampa......3499
13.20 y se *quedó* Tamar desconsolada en casa.....3427
13.30 los hijos...ninguno de ellos ha *quedado*......3498
14.7 así apagarán el ascua que me ha *quedado*....7604
15.19 vuélvete y *quédate* con el rey; porque........3427
15.29 volvieron el arca...y se *quedaron* allá........3427
16.3 él se ha *quedado* en Jerusalén, porque........3498
16.18 de aquel seré yo, y con él me *quedaré*........3427
17.16 no te *quedes* esta noche en los vados del.....3885
18.9 Absalón *quedó* suspendido entre el cielo......5414
18.30 pasa, y...Y él pasó, y se *quedó* de pie.........5975
19.7 porque...no *quedará* ni un hombre contigo....3427
20.3 *quedaron* encerradas hasta que murieron....2424
20.15 y pusieron baluarte...y *quedó* sitiada........5975
20.23 así *quedó* Joab sobre todo el ejército
22.16 *quedaron* al descubierto los cimientos
1 R 7.30 venir a *quedar* debajo de la fuente
8.8 y sacaron las varas...*quedaron* hasta hoy
9.20 los pueblos que *quedaron* de los amorreos....3498
9.21 a sus hijos que *quedaron* en la tierra..........3498
10.5 y sus holocaustos...se *quedó* asombrada
12.20 sin *quedar* tribu alguna que siguiese
13.6 la mano del rey...*quedó* como era antes
15.18 tomando Asa...el oro que había *quedado*....3498
15.21 dejó de edificar...y se *quedó* en Tirsa........2308
17.17 tan grave que no *quedó* en él aliento.........3498
18.5 hierba...que no nos *quedemos* sin bestias
18.22 sólo yo he *quedado* profeta de Jehová........3498
19.5 echándose debajo del...se *quedó* dormido
19.10,14 sólo yo he *quedado*, y me buscan para.....3498
19.18 yo haré que *queden* en Israel siete mil.........3498
20.30 cayó sobre 27.000...que habían *quedado*.....3498
22.46 de los sodomitas que había *quedado* en......7604
2 R 2.2,4 *quédate* ahora aquí, porque Jehová..........3427
2.6 y Elías le dijo: Te ruego que te *quedes*...........3427
2.18 volvieron a Eliseo, que se había *quedado*......3498
4.7 y tú y tus hijos vivid de lo que *quede*............3498
4.10 que cuando él viniere...se *quede* en él
4.11 vino él...y se *quedó* en aquel aposento.........3498
5.14 se zambulló siete veces...*quedó* limpio
6.31 si la cabeza de Eliseo...*queda* sobre él........5975
7.4 si nos *quedamos* aquí, también moriremos
7.13 cinco de los caballos que han *quedado*........7604
7.13 los que *quedan* acá también perecerán.........7604
10.11 mató...a todos los que habían *quedado*......7604
10.11 la casa de Acab...que no *quedó* ninguno.....7604
10.17 todos los que habían *quedado* de Acab.......7604
13.7 no le había *quedado* gente a Joacaz, sino
13.19 hubieras derrotado a...hasta no *quedar*
14.10 gloríate pues, mas *quédate* en tu casa.........3427
17.18 y no *quedó* sino sólo la tribu de Judá..........7604
19.4 oración por el remanente que aún *queda*......7611
19.30 que hubiere *quedado* de la casa de Judá.....7604
19.36 Senaquerib...volvió a Nínive...se *quedó*.....7604
20.13 ninguna cosa *quedó* que Ezequías no les.....3498
20.15 nada *quedó* en mis,...que no les mostrase....3498
20.17 llevando a Babilonia, sin *quedar* nada.........3498
24.14 no *quedó* nadie, excepto los pobres del.......7604
25.11 que habían *quedado* en...llevó cautivos.....7604
25.11 los que habían *quedado* de la gente común....3499
1 Cr 4.43 a los que habían *quedado* de Amalec.........3498
6.61 a los hijos de Coat que *quedaron* de su.........3498
6.70 de los hijos de Coat que habían *quedado*......3498
6.77 los hijos de Merari que habían *quedado*........3498
13.2 hermanos que han *quedado* en...de Israel....7604
24.20 los hijos de Leví que *quedaron*: Subael........3498
2 Cr 8.7 pueblo que había *quedado* de los heteos.......3498
8.8 los hijos de los que habían *quedado* en la.........3498
9.4 a la casa de Jehová, se *quedó* asombrada
14.13 y cayeron...no *quedar* en ellos aliento
21.17 no le *quedó* más hijo...Joacaz el menor.......7604
24.14 trajeron al...lo que *quedaba* del dinero........7605
25.19 tu corazón se...*Quédate* ahora en tu casa....3427
29.35 y *quedó* restablecido el servicio de la..........3559
30.6 remanente que ha *quedado* de la mano de....7604
31.10 comido...y ha *quedado* esta abundancia......3498
Esd 1.4 a todo el que haya *quedado*...ayúdenle........7604
4.24 *quedó* suspendida hasta el año segundo
9.8 hacer que nos *quedase* un remanente libre
9.14 que *quedara* remanente ni quien escape......7611
9.15 puesto que hemos *quedado* un remanente
10.14 príncipes los que se *queden* en lugar de......5975
Neh 1.2 que habían *quedado* de la cautividad.........7604
1.3 los que *quedaron* de la cautividad, allí.........7604
6.1 y que no *quedaba* en él portillo (aunque........3498
13.20 y se *quedaron* fuera de Jerusalén una y.......3885
13.21 ¿por qué os *quedáis*...delante del muro.......3885
Est 7.7 *quedó* Amán para suplicarle a la reina.........5975
Job 4.16 y *quedo*, oí que decía..........................5975
14.7 si el árbol...aún *queda* de él esperanza
20.21 no *quedó* nada que no comiese; por tanto....8300
20.26 devorará lo que *quede* en su tienda............8300
22.20 fuego consumió lo que de ellos *quedó*.........3499
27.15 los que de él *quedaren*, en muerte serán......8300
37.20 por más que el hombre razone, *quedará*
39.9 ¿querrá el búfalo...*quedar* en tu pesebre?....3885
Sal 9.6 han *quedado* desolados para siempre
18.15 *quedaron* al descubierto los cimientos
37.24 el hombre cayere, no *quedará* postrado
68.12 y las que se *quedaban* en casa repartían
76.8 la tierra tuvo temor y *quedó* suspensa.........8252
106.11 sus enemigos; no *quedó* ni uno de ellos.......3498
119.116 no *quede* yo avergonzado...esperanza
Pr 3.26 él preservará tu pie de *quedar* preso
6.2 *quedado* preso en los dichos de tus labios
6.29 no *quedará* impune ninguno que la tocare
16.5 altivo de...ciertamente no *quedará* impune
17.5 el que se alegra de la...no *quedará* sin
19.5,9 testigo falso no *quedará* sin castigo
Ec 5.14 los hijos...nada les *queda* en la mano
7.26 mas el pecador *quedará* en ella preso
8.15 que esto le *quede* de su trabajo los días
11.3 lugar que el árbol cayere, allí *quedará*
Is 1.8 *queda* la hija de Sion como enramada en........3498
4.3 acontecerá que el que *quedare* en Sion, y.......3498
5.6 haré que *quede* desierta; no será podada
5.9 las muchas casas han de *quedar* asoladas
6.13 si *quedare* aún en ella la décima parte
6.13 que al ser cortados aún *queda* el tronco
7.22 miel comerá el que *quede* en medio de la......3498
10.19 y los árboles que *queden* en su bosque.......7605
10.20 hayan *quedado*...*q* de la casa de Jacob......7605
11.11 para recobrar...su pueblo que aún *quede*....7605
11.16 habrá camino para el...el que *quedó* de......7605
14.30 raíz, y destruiré lo que de ti *quedare*.........7605
14.31 no *quedará* uno solo en sus asambleas.......7605
17.3 lo que *quede* de Siria será como la gloria.......7605
17.6 y *quedarán* en él rebuscos, como cuando.......7605
17.9 frutos que *quedan* en los renuevos y en.......5800
23.1 destruida en Tiro hasta no *quedar* casa
24.12 la ciudad *quedó* desolada, y con ruina........7604
24.22 en prisión *quedarán* encerrados, y serán
30.8 que *quede* hasta el día postrero...siempre
30.17 que *quedéis* como mástil en la cumbre de....3498
32.14 porque los palacios *quedarán* desiertos......5800
37.4 oración tú por el...que aún ha *quedado*.......7611
37.31 que hubiere *quedado* de la casa de Judá.....7604
39.6 a Babilonia todo...ninguna cosa *quedará*.....3498
43.17 fenecen, como pábilo *quedan* apagados
47.8 no *quedaré* viuda, ni conoceré orfandad.......3427
47.14 no *quedará* brasa para calentarse, ni
53.11 verá el fruto de...su alma, y *quedará*
65.4 *quedan* en los sepulcros, y en lugares.........3427
Jer 4.7 tus ciudades *quedarán* asoladas y sin
4.29 y no *quedó* en ellas morador alguno...........3427
8.3 escogerá la muerte...el resto que *quede*........7604
8.3 arroje yo a los que *queden*, dice Jehová.........7604
8.13 no *quedarán* uvas en la vid, ni higos en
9.10 desolados hasta no *quedar* quien pase, ni
9.11 en desolación en que no *quede* morador
11.23 no *quedará* remanente de ellos, pues yo......7611
15.9 lo que de ella *quede*, lo entregaré a la........7611
18.21 *queden* sus mujeres sin hijos, y viudas........7909
21.7 a los que *queden* de la pestilencia, de.........7604
21.9 el que *quedare* en esta ciudad morirá a........3427
24.8 al resto de Jerusalén que *quedó* en esta.......7604
25.33 como estiércol *quedarán* sobre la faz
26.9 será asolada hasta no *quedar* morador?
27.18 utensilios que han *quedado* en la casa de.....3498
27.19 acerca de...los utensilios que *quedan* en.....3498
27.21 utensilios que *quedaron* en la casa de........3498
29.1 los ancianos que habían *quedado* de los.......3499
34.7 las ciudades de Judá que habían *quedado*.....7604
34.7 ciudades...de Judá estas habían *quedado*.....7604
34.22 y reduciré a...hasta no *quedar* morador
35.11 ocultémonos...en Jerusalén nos *quedamos*...3427
36.29 no *queden* en ella hombres ni animales?
37.10 *quedasen* de...solamente hombres heridos...7604
37.21 *quedó* Jeremías en el patio de la cárcel......3427
38.2 el que se *quedare* en esta ciudad morirá......3427
38.4 las manos de los hombres...han *quedado*.....7604
38.13,28 y *quedó* Jeremías en el patio de la.........3427
38.22 las mujeres que han *quedado* en casa del....7604
39.9 el resto del pueblo que había *quedado*........7604
39.10 *quedar* en tierra de Judá a los pobres........3427
40.5 si prefieres *quedarte*, vuélvete...con él
40.6 en medio del pueblo que había *quedado*.......7604
40.10 *quedaos* en...ciudades que habéis tomado...7604
41.10 el pueblo que en Mizpa había *quedado*.......7604
42.2 pues de muchos hemos *quedado* unos pocos...7611
42.10 si os *quedareis* quietos en esta tierra.........3427
42.17 no habrá de ellos quien *quede* vivo, ni.........8300
43.4 no obedeció...*quedarse* en tierra de Judá.....3427
44.7 destruidos...sin que os *quede* remanente.........7611
44.14 no habrá...quien *quede* vivo para volver.....8300
44.22 hasta *quedar* sin morador, como está hoy
46.19 y será asolada hasta no *quedar* morador
47.4 para destruir...todo aliado que les *queda*.....8300
48.9 desiertas sus ciudades hasta no *quedar*.......3427
48.11 *quedó* su sabor en él, y su olor no se.........5975
50.26 venid...destruidla; que no le *quede* nada......7611
51.36 mar, y haré que su corriente *quede* seca
51.62 no *quedar* en él morador, ni hombre ni.......3427
52.15 pueblo que había *quedado* en la ciudad......7604
Lm 1.1 ¡cómo ha *quedado*...la ciudad populosa!.......3427
2.22 no hubo quien escapase ni *quedase* vivo.......8300
Ez 5.10 esparciré a...vientos...lo que *quedare*.........7611
6.12 el que *quede* y sea asediado morirá de........7604
7.11 ninguno *quedará* de ellos, ni...multitud
7.13 no volverá a lo vendido, aunque *queden*
9.6 matad...hasta que no *quede* ninguno; pero
9.8 cuando ellos iban matando y *quedé* yo solo......7604
12.20 ciudades habitadas *quedarán* desiertas
14.15 tierra...*quedare* desolada de modo que no
14.16 ellos solos...la tierra *quedaría* desolada
14.22 *quedará* en ella un remanente, hijos e........3498
17.21 los que *queden* serán esparcidos a todos......7604
19.14 no ha *quedado* en ella vara fuerte para
23.25 y lo que te *quedare* caerá a espada...............319
25.16 y destruiré el resto que *queda* en la...........7611
27.29 pilotos del mar se *quedarán* en tierra.........5975
29.18 toda cabeza ha *quedado* calva, y toda
32.15 la tierra *quede*...de todo cuanto en ella hay
34.18 holláis...que de vuestros pastos *queda*.......3499
34.18 enturbiáis además con...las que *quedan*?....3498
36.36 las naciones que *queden*...sabrán que yo....7604
39.14 para enterrar a los que *queden* sobre........3498
41.9 ancho...igual al espacio que *quedaba* de......3240
41.11 puerta...salía al espacio que *quedaba*........3240
41.11 el ancho del espacio que *quedaba* era de.....3240
42.1 del espacio abierto que *quedaba* enfrente
47.11 sus pantanos y...*quedarán* para salinas.....5414
48.15 las cinco mil cañas...que *quedan* de las......3498
48.18 lo que *quedare* de longitud delante de........3498
48.18 que será lo que *quedará* de la porción.........3498
48.21 del príncipe será lo que *quedare* a uno.......3498
Dn 2.35 sin que de ellos *quedara* rastro
4.19 Daniel...*quedó* atónito casi una hora, y
4.26 significa que tu reino te *quedará* firme

8.27 y yo Daniel *quedé* quebrantado, y estuve
10.8 *quedé*, pues...solo, y vi esta gran visión 3498
10.8 no *quedó* fuerza en mí, antes mi fuerza 7604
10.13 y *quedé* allí con los reyes de Persia........... 3498
10.16 han sobrevenido...y no me *queda* fuerza..... 7604
10.17 faltó la fuerza, y no me *quedó* aliento 5975
Os 9.3 no *quedarán* en la tierra de Jehová, sino 7604
Jl 1.4 que *quedó* de la oruga comió el saltón........... 3499
1.4 que *quedó* del saltón comió el revoltón 3499
1.4 comió lo que del revoltón había *quedado* 8300
1.7 la desnudó...sus ramas *quedaron* blancas...... 3499
Am 6.9 si diez hombres *quedaren* en una casa 3498
Abd 14 haber entregado a los que *quedaban* en....... 8300
18 ni aun resto *quedará* de la casa de Esaú 8300
Mi 7.1 cuando...y no *queda* racimo para comer
Nah 1.6 quién *quedará* en pie en el ardor de 6965
1.14 no *quede* ni memoria de tu nombre; de la
Sof 3.6 desiertas...hasta no *quedar* quien pase
3.6 hasta no *quedar* hombre...no *q* habitante
Hag 1.6 bebéis, y no *quedáis* satisfechos; os
2.3 ¿quién ha *quedado*...que haya visto esta 7604
Zac 7.14 fue...sin *quedar* quien fuese ni viniese
9.7 *quedará*...un remanente para nuestro Dios 7604
11.9 las que *quedaren*, que cada una coma la 7604
13.8 perderán; mas la tercera *quedará* en ella 3498
Mt 5.22 ***quedará* expuesto al infierno de fuego**
14.36 todos los que lo tocaron, *quedaron* sanos
17.18 y éste *quedó* sano desde aquella hora
24.2 **que no *quedará* aquí piedra sobre piedra** *863*
26.38 **muerte; *quedaos* aquí, y velad conmigo** *3306*
28.4 los guardas...se *quedaron* como muertos...... *1096*
Mr 1.42 lepra se fue de aquél, y *quedó* limpio
1.45 *quedaba* fuera en los lugares desiertos
3.31 *quedándose* afuera, enviaron a llamarle....... *2476*
5.34 **hija...ve en paz, y *queda* sana de tu azote**
6.20 oyéndole, se *quedaba* muy perplejo, pero
6.56 todos los que le tocaban *quedaban* sanos
9.26 *quedó* como muerto, de modo que muchos
13.2 **no *quedará* piedra sobre piedra, que no** *863*
14.34 **está muy triste...*quedaos* aquí y velad** *3306*
Lc 1.20 ahora *quedarás* mudo...hasta el día en
1.56 *quedó* María con ella como tres meses *3306*
2.43 *quedó* el niño Jesús en Jerusalén, sin *5278*
8.47 mujer vio que no había *quedado* oculta
9.4 **cualquier casa, *quedad* allí, y de allí** *3306*
21.6 **días vendrán en que no *quedará* piedra** *863*
24.29 *quedarse*...Quédate con nosotros, porque *3306*
24.29 entró, pues, a *quedarse* con ellos *3306*
24.49 **pero *quedaos* vosotros en la...Jerusalén** *3306*
Jn 1.39 se *quedaron* con él aquel día; porque *3306*
4.40 le rogaron que se *quedase*...y se quedó........ *3306*
5.4 *quedaba* sano de cualquier enfermedad que
7.9 y habiéndoles dicho...se *quedó* en Galilea *3306*
8.9 *quedó* solo Jesús, y la mujer que estaba......... *2641*
8.35 **y el esclavo no *queda* en la casa para** *3306*
10.40 otro lado del Jordán...y se *quedó* allí......... *3306*
11.6 se *quedó* dos días más en...donde estaba...... *3306*
11.20 salió a...pero María se *quedó* en casa
11.54 se alejó...*quedó* allí con sus discípulos........ *1304*
12.24 **que si el grano de trigo...y muere, *queda***
solo.. *3306*
19.31 que los cuerpos no *quedasen* en la cruz......... *3306*
21.22,23 *quede* hasta que yo venga, ¿qué a ti?....... *3306*
Hch 5.4 ¿no se te *quedaba* a ti? y vendida, ¿no *3306*
9.43 se *quedó* muchos días en Jope en casa de...... *3306*
10.45 *quedaron* atónitos de que también sobre
10.48 rogaron que se *quedase* por algunos días..... *1961*
12.16 cuando...le vieron, se *quedaron* atónitos
12.19 descendió de...a Cesarea y se *quedó* allí *1304*
14.28 se *quedaron* allí mucho tiempo con los *1304*
15.34 a Silas le pareció bien el *quedarse* allí *1961*
16.15 casa, y posad...Y nos obligó a *quedarnos*...... *3306*
17.14 y Silas y Timoteo se *quedaron* allí *5278*
18.3 se *quedó* con ellos, y trabajaban juntos *3306*
18.20 le rogaban que se *quedase* con ellos por....... *3306*
19.22 él se *quedó* por algún tiempo en Asia......... *1907*
20.6 en Troas, donde nos *quedamos* siete días...... *1304*
21.4 *quedamos* allí siete días; y ellos decían *1961*
21.7 los hermanos, *quedamos* con ellos un día *3306*
27.17 arriaron...velas y *quedaron* a la deriva
27.41 la proa, hincada, *quedó* inmóvil, y la.......... *3306*
28.14 rogaron que nos *quedásemos* con ellos *1961*
Ro 3.19 y todo el mundo *quede* bajo el juicio de Dios... *1096*
3.27 ¿dónde, pues, está la jactancia? *Queda*
7.2 si el marido muere, ella *queda* libre de
11.3 sólo yo he *quedado*, y procuran matarme...... *5275*
11.5 *quedado* un remanente escogido por gracia... *3062*
1 Co 7.8 que bueno les fuera *quedarse* como yo........ *3306*
7.11 y si se separa, *quédese* sin casar, o........... *3306*
7.18 siendo circunciso? *Quédese* circunciso......... *3306*
7.20 en el...en que fue llamado, en él se *quede* *3306*
7.26 que hará bien el hombre en *quedarse* como
7.40 pero...más dichosa será si se *quedare* así *3306*
10.5 por lo cual *quedaron* postrados en el
14.14 pero mi entendimiento *queda* sin fruto
16.6 podrá ser que me *quede* con vosotros, o *3887*
2 Co 3.14 *queda* el mismo velo no descubierto *3306*
Fil 1.24 *quedar* en la carne es más necesario *1961*
1.25 y confiado en esto, sé que *quedaré*, que *3306*
3.13 hago: olvidando...lo que *queda* atrás, y
1 Ts 3.1 acordamos *quedarnos* solos en Atenas *2641*
4.15 que habremos *quedado* hasta la venida del.... *4035*
4.17 hayamos *quedado*, seremos arrebatados *4035*
1 Ti 1.3 como...rogué que te *quedases* en Efeso *3306*
5.5 viuda y ha *quedado* sola, espera en Dios........ *3443*
2 Ti 4.20 *Erasto* se *quedó* en Corinto...Trófimo *3306*
He 4.9 *queda* un reposo para el pueblo de Dios.......... *620*
7.18 *queda*, pues, abrogado el mandamiento
10.26 no *queda* más sacrificio por los pecados....... *620*
12.27 remoción...que *queden* las inconmovibles.... *3306*
Stg 2.9 y *quedáis* convictos por la ley como
Ap 17.6 la vi, *quedé* asombrado con gran asombro

QUEDORLAOMER *Rey de Elam No. 2*
Gn 14.1 *q* rey de Elam, y Tidal rey de Goim............ 3540
14.4 doce años habían servido a Q, y en el......... 3540
14.5 el año decimocuarto vino Q, y los reyes........ 3540
14.9 esto es, contra *q* rey de Elam, Tidal rey 3540
14.17 cuando volvía de la derrota de *q* y de 3540

QUEFAR-HAAMONI *Población en Benjamín*,
Jos 18.24 3726

QUEHACER
Lc 10.40 pero Marta se preocupaba con muchos *q* *1248*

QUEJA
Nm 17.5 haré cesar de delante de mí las *q* de 8519
17.10 y harás cesar sus *q* de delante de mí 8519
Job 6.2 ¡oh, que pesasen justamente mi *q* y mi......... 3708
7.13 me consolará mi...mi cama atenuará mis *q* ... 7878
9.27 si yo dijere: Olvidaré mi *q*, dejaré mi 7878
10.1 mi alma hastiada...daré libre curso a mi *q* 7878
Sal 64.1 escucha, oh Dios, la voz de mi *q* 7879
142.2 delante de él expondré mi *q*; delante de 7878
Pr 23.29 ¿para quién las *q*? ¿Para quién las 7879
Hab 2.1 y qué he de responder tocante a mi *q*......... 8433
Col 3.13 perdonándoos unos a otros...tuviere *q* *3437*

QUEJAR
Éx 5.15 vinieron a Faraón y se *quejaron* a él........... 6817
Nm 11.1 el pueblo se *quejó* a oídos de Jehová........... 596
14.2 *quejaron* contra Moisés y contra Aarón 3885
14.27 hijos de Israel, que de mí se *quejan*?.......... 3885
Job 7.11 *quejaré* con la amargura de mi alma 7878
21.4 ¿acaso me *quejo* yo de algún hombre?......... 7114
Sal 59.15 y si no...pasen la noche *quejándose* 7646
77.3 me *quejaba*, y desmayaba mi espíritu 7878
Is 38.14 como...y como la golondrina me *quejaba* 1897
He 13.17 no *quejándose*, porque esto no os es.......... *4727*
Stg 5.9 hermanos, no os *quejéis* unos contra........... *4727*

QUELAL *Uno de los que se casaron con mujeres extranjeras en tiempo de Esdras*, Esd 10.30... 3636

QUELIÓN *Hijo de Elimelec*
Rt 1.2 nombres de sus hijos eran Mahlón y Q.......... 3630
1.5 y murieron también los dos, Mahlón y Q........ 3630
4.9 adquirido...lo que fue de *q* y de Mahlón 3630

QUELUB
1. Descendiente de Judá, 1 Cr 4.11 3620
2. Padre de Ezri, 1 Cr 27.26 3620

QUELUBAI *Hijo de Hezron (=Caleb No. 2)*,
1 Cr 2.9 3621

QUELÚHI *Uno de los que se casaron con mujeres extranjeras en tiempo de Esdras*, Esd 10.35... 3622

QUEMADO *Véase Quemar*

QUEMADURA
Éx 21.25 *q* por *q*, herida por herida, golpe............. 3355
Lv 13.24 hubiere en la piel del...*q* de fuego............ 4348
13.25 profunda...es lepra que salió en la *q* 4348
13.28 es la cicatriz de la *q*; el sacerdote 4348
13.28 es la cicatriz...porque señal de la *q* 4348
Is 3.24 lugar de ropa...*q* en vez de hermosura 3587

QUEMAR
Gn 38.24 y Judá dijo: Sacadla, y sea *quemada* 8313
Éx 3.3 veré...qué causa la zarza no se *quema* 1197
12.10 lo que quedare...*quemaréis* en el fuego 8313
22.6 cuando...al *quemar* espinos quemare mieses... 3318
22.6 que encendió el fuego pagará lo *quemado*....... 7999
29.13 la grosura...lo *quemarás* sobre el altar 6999
29.14 *quemarás* a fuego fuera del campamento 8313
29.18 y *quemarás*...el carnero sobre el altar 5930
29.18 el carnero...es ofrenda *quemada* a Jehová... 5930
29.34 *quemarás* al fuego lo...hubiere sobrado....... 8313
30.1 harás...un altar para *quemar* el incienso 4729
30.7 *quemará* incienso...cuando aliste...lo *q* 6999
30.8 al anochecer, *quemará* el incienso; rito........ 6999
30.20 para *quemar* la ofrenda encendida para 6999
32.20 tomó el becerro...lo *quemó* en el fuego........ 8313
40.27 *quemó* sobre él incienso aromático, como 6999
Lv 2.3,10 de las ofrendas que se *queman* para.......... 6999
2.11 ninguna miel, se ha de *quemar* ofrenda 6999
3.16 vianda es...que se *quema* en olor grato 6999
4.12 lo *quemará* al fuego sobre la leña; en.......... 8313
4.12 donde se echan las cenizas será *quemado*..... 8313
4.21 lo quemará como *quemó* el primer becerro ... 8313
4.26 *quemará* toda su grosura sobre el altar 6999
6.12 y *quemará* sobre él las grosuras de los 6999
6.22 es estatuto perpetuo de...será *quemada* 6999
6.23 toda ofrenda de sacerdote será...*quemada*
6.30 mas no se comerá...al fuego será *quemada* ... 8313
7.17 lo que quedare...será *quemado* en el fuego ... 8313
7.19 no se comerá; al fuego será *quemada* 8313
7.30 las ofrendas que se han de *quemar* ante
8.17 lo *quemó* al fuego fuera del campamento 8313
8.21 *quemó* Moisés...el carnero sobre el altar...... 5930
8.32 lo que sobre de...lo *quemaréis* al fuego........ 8313
9.11 la carne...las *quemó* al fuego fuera del......... 8313
9.13 holocausto...hizo *quemar* sobre el altar 6999
9.14 *quemó* sobre el holocausto en el altar 6999
9.17 ofreció...la hizo *quemar* sobre el altar 6999
9.20 las grosuras...las *quemó* sobre el altar......... 6999
10.2 fuego de delante de Jehová y los *quemó* 784
10.15 con las ofrendas...que se han de *quemar*
10.16 se halló que había sido *quemado*; y se 8313
13.52 será *quemado* el vestido...al fuego será *q* 8313
13.55 plaga, inmunda es; la *quemarás* al fuego 8313
13.57 *quemarás*...aquello en que estuviere la 8313
16.25 y *quemará* en el altar la grosura del 6999
16.27 *quemarán* en el fuego su piel, su carne 8313
16.28 el que los *quemare* lavará sus vestidos 8313
17.6 *quemará* la grosura...olor grato a Jehová..... 6999
19.6 lo que *quedare*...será quemado en el fuego.... 8313
20.14 *quemarán* con fuego a él y a ellas, para 8313
21.9 hija...a su padre deshonra; *quemada* será 8313
Nm 5.26 lo *quemará* sobre el altar, y después 6999
16.39 con que los *quemados* habían ofrecido 8313
18.17 *quemarás* la grosura de ellos, ofrenda 6999
19.5 hará *quemar* la vaca...su cuero...hará *q*...... 8313
19.8 el que la *quemó* lavará sus vestidos en 8313
19.17 tomarán de la ceniza de la vaca *quemada*.... 8316
Dt 7.5 *quemaréis* sus esculturas en el fuego 8313
7.25 las esculturas de sus dioses *quemarás*......... 8313
9.21 tomé...el becerro...y lo *quemé* en el fuego 8313
12.31 aun...a sus hijas *quemaban* en el fuego 8313
18.1 las ofrendas *quemadas* a Jehová...comerán
Jos 7.15 el que fuere...anatema, será *quemado* 8313
7.25 y los *quemaron* después de apedrearles 784
8.28 *quemó* a Hai y la redujo a un montón de 8313
11.6 caballos, y sus carros *quemarás* a fuego....... 8313
11.9 desjarretó...y sus carros *quemó* a fuego 8313
11.13 no...*quemó* Israel; únicamente a Hazor *q* 8313
Jue 12.1 nosotros *quemaremos* tu casa contigo 8313
14.15 que no te *quememos* a ti y a la casa de 8313
15.5 y *quemó* las mieses amontonadas y en pie..... 1197
15.6 los filisteos...*quemaron* a ella y a su padre.... 8313
15.14 volvieron como lino *quemado* con fuego...... 1197
18.27 hirieron a filo de...y *quemaron* la ciudad 8313
1 S 2.15 antes de *quemar* la grosura, venía el.......... 6999
2.16 le respondía: *Quemen* la grosura primero 6999
2.28 que...*quemase* incienso, y llevase efod 6999
30.3 ciudad...estaba *quemada*, y sus mujeres y...... 784
31.12 y viniendo a Jabes, los *quemaron* allí......... 8313
2 S 5.21 sus ídolos, y David y...los *quemaron*.......... 5375
23.7 arma...y son del todo *quemados* en su lugar ... 784
1 R 3.3 *quemaba* incienso en los lugares altos 6999
9.16 había subido y tomado a Gezer, y...*quemó*.... 8313
9.25 y *quemaba* incienso sobre el que estaba....... 5930
11.8 cuales *quemaban* incienso...a sus dioses 6999
12.33 subió al altar para *quemar* incienso 6999
13.1 Jeroboam...al altar para *quemar* incienso 6999
13.2 que queman sobre ti...*quemarán* huesos de... 8313
15.13 deshizo Asa el ídolo de su...y lo *quemó*....... 8313
22.43 el pueblo...y *quemaba* incienso en ellos 6999
2 R 10.26 sacaron las estatuas...las *quemaron* 5930
12.3; 14.4; 15.4; 15.35 sacrificaba...y *quemaba*
incienso en...lugares altos 6999
16.4 y *quemó* incienso en los lugares altos.......... 6999
17.11 *quemaron* allí incienso en...lugares altos 6999
17.31 los de Sefarvaim *quemaban* sus hijos en 8313
18.4 le *quemaban* incienso los hijos de Israel........ 6999
22.17 dejaron...y *quemaron* incienso a dioses 6999
23.4 para Baal...los *quemó* fuera de Jerusalén..... 8313
23.5 *quemasen* incienso en los lugares altos........ 6999
23.5 los que *quemaban* incienso a Baal, al sol 6999
23.6 la imagen...*quemó* en el valle del Cedrón 8313
23.8 lugares altos donde...*quemaban* incienso 6999
23.11 y *quemó* al fuego los carros del sol 784
23.15 aquel altar...lo *quemó*, y lo hizo polvo........ 8313
23.16 los huesos...y los *quemó* sobre el altar 8313
23.20 y *quemó* sobre ellos huesos de hombres 8313
25.9 *quemó* la casa de Jehová, y la casa del 8313
25.9 las casas de los príncipes *quemó* a fuego...... 8313
1 Cr 6.49 *quemaban* incienso, y ministraban en 5930
14.12 dioses, y David dijo que los *quemasen* 784
23.13 sus hijos...para que *quemasen* incienso 6999
2 Cr 2.4 *quemar* incienso aromático delante de 5930
2.6 sólo para *quemar* incienso delante de él........ 6999
13.11 *queman* para Jehová los holocaustos cada ... 5930
15.16 la *quemó* junto al torrente de Cedrón 8313
25.14 dioses de...Seir...y les *quemó* incienso........ 6999
26.16 entrando en el...para *quemar* incienso 6999
26.18 no te corresponde a...*quemar* incienso 6999
26.18 Aarón...son consagrados para *quemarlo* 6999
28.3 *quemó*...incienso en el valle...de Hinom 1197
28.4 *quemó* incienso en los lugares altos, en........ 6999
28.25 para *quemar* incienso a los dioses ajenos 6999
29.7 no *quemaron* incienso, ni sacrificaron......... 5930
29.11 seáis sus ministros...*queméis* incienso 6999
32.12 de este solo altar...*quemaréis* incienso?....... 6999
34.5 *quemó* además...huesos de los sacerdotes 8313
36.19 y *quemaron* la casa de Dios, y...a fuego 8313
Neh 1.3 muro...y sus puertas *quemadas* a fuego 784
4.2 del polvo las piedras que fueron *quemadas*..... 8313
Neh 10.34 para *quemar* sobre el altar de Jehová 1197
Job 1.16 que *quemó* las ovejas y a los pastores 784
Sal 46.9 lanza, y *quema* los carros en el fuego 784
51.19 te agradarán...ofrenda del todo *quemada* ... 5930
74.8 *quemado* todas las sinagogas de Dios en 8313
80.16 *quemada* a fuego...asolada; perezcan por 784
83.14 fuego que *quema* el monte, como llama 3857
102.3 mis huesos cual tizón están *quemados* 2787
106.18 fuego en...la llama *quemó* a los impíos....... 784
Pr 6.28 brasas sin que sus pies se *quemen*?............ 3554
Is 9.5 todo manto revolcado en...serán *quemados*...... 784
27.4 cardos? Yo los hollaré...*quemaré* a una 6702
33.12 y los pueblos serán como cal *quemada* 4955
33.12 como espinos cortados serán *quemados*....... 784
43.2 pases por el fuego, no te *quemarás*, ni 784
44.15 de él se sirve...el hombre para *quemar* 1197
44.16 parte del leño *quema* en el fuego; con 5930
44.19 parte de esto *quemé* en el fuego...cocí 784
47.14 fuego los *quemará*, no salvarán...vidas 8313

65.3 ira...*quemando* incienso sobre ladrillos....... 6999
65.7 *quemaron* incienso sobre los montes, y........ 6999
66.3 que *quema* incienso, como si bendijese a...... 2142
Jer 2.15 *quemadas*...sus ciudades, sin morador....... 3341
6.29 se *quemó* el fuelle, por el fuego se ha........... 784
7.31 para *quemar* al fuego a sus hijos y a sus....... 8313
11.12 dioses a quienes *queman* ellos incienso
19.5 *quemar* con fuego a sus hijos...Baal...... 5930,8313
21.10 será entregada, y la *quemará* a fuego......... 784
32.29 vendrán., pondrán a fuego y la *quemarán*.... 8313
34.2 entregaré esta ciudad al...y la *quemará*....... 8313
34.5 *quemaron*...las *quemarán* por ti......... 4955,8313
34.22 y la tomarán, y la *quemarán* con fuego....... 8313
36.25 rogaron al rey que no *quemase*...rollo....... 8313
36.27 después que el rey *quemó* el rollo, las........ 8313
36.28 en el primer rollo que *quemó* Joacim rey..... 8313
36.29 tú *quemaste* este rollo, diciendo: ¿Por........ 8313
36.32 todas las palabras del libro que *quemó*........ 784
38.23 serás apresado, y a esta ciudad *quemará*...... 784
43.12 *quemará*, y a ellos los llevará cautivos........ 8313
43.13 los templos de los dioses de...*quemará*........ 784
48.45 salió fuego...y *quemó* el rincón de Moab...... 784
50.32 fuego...y *quemaré* todos sus alrededores...... 784
51.25 peñas, y te reduciré a monte *quemado*....... 8316
51.32 y los baluartes *quemados* a fuego, y se........ 784
51.58 altas puertas serán *quemadas* a fuego........ 784
52.13 *quemó* la casa de Jehová, y la casa del........ 784
Ez 5.2 una tercera parte *quemarás* a fuego en.......... 217
5.4 los echarás...y en el fuego los *quemarás*....... 8313
15.4 la parte de en medio se *quemó*; ¿servirá........ 784
15.5 la hubiere consumido, y fuere *quemada*?........ 784
16.41 *quemarán* tus casas a fuego, y harán en...... 8313
20.47 y serán *quemados* en ella...los rostros....... 6866
23.37 a sus hijos...por el fuego, *quemándolos*....... 402
24.10 la salsa; y los huesos serán *quemados*......... 784
24.11 que se caldee, y se *queme* su fondo, y......... 2787
39.9 *quemarán* armas, escudos, paveses, arcos..... 5400
39.9 los *quemarán* en el fuego por siete años...... 1197
39.10 no...sino *quemarán* las armas en el fuego.... 1197
43.21 el becerro...*quemarás* conforme a la ley..... 8313
Dn 3.27 ni aun el cabello de...se había *quemado*...... 2761
7.11 entregado para ser *quemado* en el fuego...... 3346
Am 2.1 *quemó* los huesos del rey de Edom hasta....... 8313
6.10 lo *quemará* para sacar los huesos de casa..... 5635
Abd 18 casa de...los *quemarán* y los consumirán...... 784
Mi 1.7 todos sus dones serán *quemados* en fuego...... 8313
Mt 3.12 *quemará* la paja en fuego que nunca se....... *2618*
13.6 **pero salido el sol, se quemó, y porque**........ *2739*
13.30 **atadla en manojos para *quemarla*; pero**...... *2618*
13.40 **como se arranca...se *quema* en el fuego**...... *4442*
22.7 **oírlo el rey, se enojó...*quemó* su ciudad**....... *1714*
Mr 4.6 **pero salido el sol, se *quemó*...se secó**.......... *2739*
Lc 3.17 y *quemará* la paja en fuego que nunca........ *4442*
Hch 19.19 trajeron los libros y los *quemaron*......... *2618*
1 Co 3.15 si la obra de alguno se *quemare*, él.......... *4442*
7.9 mejor es casarse que estarse *quemando*....... *4448*
13.3 si entregase mi cuerpo para ser *quemado*..... *2545*
He 6.8 próxima a...y su fin es el ser *quemada*......... *2740*
13.11 son *quemados* fuera del campamento.......... *2618*
2 P 3.10 tierra y las obras...serán *quemadas*.......... *2618*
3.12 elementos, siendo *quemados*, se fundirán...... *4448*
Ap 8.7 árboles se *quemó*...se *q* toda la hierba......... *4442*
16.8 fue dado *quemar* a los hombres con fuego..... *4442*
16.9 hombres se *quemaron* con el gran calor........ *2739*
17.16 y devorarán sus carnes, y la *quemarán*....... *4442*
18.8 día vendrán sus plagas...y será *quemada*..... *4442*

QUEMOS *Dios de los moabitas*
Nm 21.29 ¡ay de...Moab! Pereciste, pueblo de *Q*....... 3645
Jue 11.24 lo que te hiciere poseer *Q* tu dios............ 3645
1 R 11.7 edificó Salomón un lugar alto a *Q*............ 3645
11.33 adorado...a *Q* dios de Moab, y a Moloc....... 3645
2 R 23.13 a *Q* ídolo abominable de Moab, y a.......... 3645
Jer 48.7 y *Q* será llevado en cautiverio, sus.......... 3645
48.13 se avergonzará Moab de *Q*, como...Israel.... 3645
48.46 ¡ay de..Moab! pereció el pueblo de, *Q*........ 3645

QUENAANA
1. Padre de Sedequías No. 1, 1 R 22.11,24; 2 Cr 18.10,23.................................... 3668
2. Descendiente de Benjamín, 1 Cr 7.10............ 3668

QUENANI *Levita que ayudó a Esdras en la lectura de la ley,* Neh 9.4 3662

QUENANÍAS
1. Levita cantor en tiempo de David, 1 Cr 15.22,27.. 3663
2. Gobernador y juez bajo el rey David, 1 Cr 26.29.. 3663

QUERÁN *Hijo de Disán,* Gn 36.26; 1 Cr 1.41 3763

QUERELLA
Nm 14.27 las *q* de los hijos de Israel, que de........... 8519
2 S 21.4 no tenemos nosotros *q* sobre plata ni

QUERELLOSO
Jud 16 *q*, que andan según sus propios deseos......... *3202*

QUERER
Gn 24.5 la mujer no *querrá* venir en pos de mí........... 14
24.8 si la mujer no *quisiere* venir en pos de........... 14
24.39 yo...Quizás la mujer no *querrá* seguirme...... 194
27.46 dijo Rebeca...¿para qué *quiero* la vida?...... 2416
37.35 mas él no *quiso* recibir consuelo, y dijo
39.8 él no *quiso*, y dijo a la mujer de su amo........ 3985
48.19 su padre no *quiso*, y dijo: Lo sé, hijo.......... 3985
Éx 4.23 dejes ir a mi hijo...mas no has *querido*........ 3985
4.24 le salió al encuentro, y *quiso* matarlo
7.14 Faraón...y no *quiere* dejar ir al pueblo........ 3985
7.16 he aquí que hasta ahora no has *querido*
8.2 y si no lo *quisieres* dejar ir, he aquí.............. 3986
9.2 no lo *quieres* dejar ir, y lo detienes............. 3986
10.3 no *querrás* humillarte delante de mí?.......... 3985
10.27 Jehová endureció...y no *quiso* dejarlos......... 14
12.48 si algún extranjero...*quisiere* celebrar
16.28 ¿hasta cuándo no *querréis* guardar mis
22.17 si su padre no *quiere* dársela, él le 3985
Lv 26.21 no me *quisiereis* oír, yo añadiré sobre
27.13 y si lo *quisiere* rescatar, añadirá...la quinta.. 7522
27.19 y si el que dedicó...*quisiere* redimirla
27.31 y si alguno *quisiere* rescatar algo del
Nm 20.21 no *quiso*...Edom dejar pasar a Israel....... 3985
22.13 porque Jehová no me *quiere* dejar ir con..... 3985
22.14 a Balac y dijeron: Balaam no *quiso* venir..... 3985
Dt 1.26 no *quisisteis* subir...fuisteis rebeldes............ 14
2.30 Sehón rey...no *quiso* que pasásemos por el...... 14
7.7 no por ser...os ha *querido* Jehová y os ha...... 2836
7.8 y *quiso* guardar el juramento que juró a
10.10 me escuchó...no *quiso* Jehová destruirte....... 14
23.5 mas no *quiso* Jehová tu Dios oír a Balaam....... 14
25.7 el hombre no *quisiere* tomar a su cuñada...... 2654
25.7 mi cuñado no *quiere* suscitar nombre en...... 3985
25.7 mi cuñado...no *quiere* emparentar conmigo
25.8 levantare y dijere: No *quiero* tomarla 2654
25.9 será hecho al...que no *quiere* edificar
29.20 no *querrá* Jehová perdonarlo, sino que....... 5545
Jos 24.10 mas yo no *quise* escuchar a Balaam 14
Jue 8.24 les dijo...*Quiero* haceros una petición........ 7592
11.17 al rey de Moab, el cual tampoco *quiso*......... 14
12.5 *quiero* pasar, los de Galaad les preguntaban
13.16 si *quieres* hacer holocausto, ofrécelo
13.23 si...nos *quisiera* matar, no aceptaría de...... 2654
19.6 te ruego que *quieras* pasar aquí la noche...... 2974
19.10 el hombre no *quiso* pasar allí la noche......... 14
19.25 aquellos hombres no le *quisieron* oír 14
20.13 Benjamín no *quisieron* oír la voz de sus......... 14
Rt 3.13 mas si él no te *quisiere* redimir................ 2654
4.4 si tú *quieres* redimir, redime; y si no *quieres*
1 S 2.16 después toma tanto como *quieras*; él........... 8378
8.19 pero el pueblo no *quiso* oír la voz de Samuel
12.22 Jehová ha *querido* haceros pueblo suyo...... 2974
15.9 no lo *quisieron* destruir; mas todo lo que......... 14
18.22 rey...todos sus siervos te *quieren* bien......... 157
21.9 si *quieres* tomarla, tómala; porque aquí no hay
22.17 no *quisieron* extender sus manos para 14
26.23 no *quise* extender mi mano contra el ungido.... 14
31.4 su escudero no *quería*...tenía gran temor 14
2 S 1.23 Saúl y Jonatán, amados y *queridos* 5273
2.21 Asael no *quiso* apartarse de en pos de él 14
2.23 y no *queriendo* él irse, lo hirió Abner.......... 3985
5.6 (*queriendo* decir: David no puede entrar acá).... 559
6.10 David no *quiso* traer para sí el arca de Jehová .. 14
12.4 éste no *quiso* tomar de sus ovejas y de......... 2550
12.17 mas él no *quiso*, ni comió con ellos pan......... 14
12.18 le hablábamos, y no *quería* oír nuestra
13.9 las sacó delante de él...él no *quiso* comer 3985
13.14 no la *quiso* oír, sino que pudiendo más 14
13.16 mayor mal es este...él no la *quiso* oír........... 14
13.25 aunque porfió con él, no *quiso* ir, mas......... 14
14.16 me *quiere* destruir a mí y a mi hijo juntamente
14.29 él no *quiso* venir; y...no *quiso* venir 14
21.4 ni *queremos* que muera hombre de Israel
23.7 sino que el que *quiere* tocarlos
23.16 mas él no la *quiso* beber, sino que la............ 14
23.17 no *quiso* beberla. Los tres valientes hicieron esto.................................... 14
24.13 ¿*quieres* que te vengan siete años de
1 R 3.5 dijo...Pide lo que *quieras* que yo te dé
5.10 y madera de ciprés, toda la que *quiso* 2656
9.1 y todo lo que Salomón *quiso* hacer 2654
9.11 Hiram...había traído...y cuanto oro quiso 2656
9.19 y todo lo que Salomón *quiso* edificar en Jerusalén 2836
10.13 a la reina de Sabá...lo que ella *quiso*......... 2656
13.33 y a quien *quería* lo consagraba para que fuese.. 2655
20.35 hiéreme...Mas el otro no *quiso* herirle 3985
21.6 que si más *quería*, le daría otra viña........... 5414
21.15 no te la *quiso* dar por dinero; porque Nabot no vive
22.4 ¿*quieres* venir conmigo a pelear contra Ramot de Galaad?
22.49 vayan mis siervos con...Josafat no *quiso* 14
2 R 2.1 cuando *quiso* Jehová alzar a Elías en
2.9 pide lo que *quieras* que haga por ti, antes
4.13 dijo él...¿qué *quieres* que haga por ti?
5.16 que aceptara alguna cosa...él no *quiso*........ 3985
8.19 Jehová no *quiso* destruir a Judá, por amor a 14
10.6 si sois míos, y *queréis* obedecerme, tomad
13.23 no *quiso* destruirlos ni...de su presencia hasta hoy... 14
24.4 por la sangre...Jehová...no *quiso* perdonar..... 14
1 Cr 10.4 escudero no *quiso*...tenía mucho miedo 14
11.18 mas él no la *quiso* beber...la derramó.......... 14
11.19 no la *quiso* beber. Esto hicieron aquellos 14
17.27 ahora has *querido* bendecir la casa de tu siervo... 2894
19.19 nunca más *quiso* ayudar a los hijos de Amón ... 14
29.5 ¿y quién *quiere* hacer hoy ofrenda 5068
2 Cr 1.7 Dios...le dijo: Pídeme lo que *quieras*
1.11 ni la vida de los que te *quieren* mal.......... 3117
8.6 y todo lo que Salomón *quiso* edificar en 2836
9.12 dio a la reina de Sabá...lo que ella *quiso* 2656
11.22 puso Roboam a Abías...porque *quería* hacerle
18.3 ¿*quieres* venir conmigo contra Ramot de Galaad?
20.10 a cuya tierra no *quisiste* que pasase Israel
21.7 Jehová no *quiso* destruir la casa de David 14
25.16 déjate de eso...*quieres* que te maten?
25.20 mas Amasías no *quiso* oír; porque era la
25.20 Dios, que los *quería* entregar en mano
Esd 7.13 aquel...que *quiera* ir contigo a Jerusalén, vaya
Neh 9.17 no *quisieron* oír, ni se acordaron de
9.24 que hiciesen de ellos como *quisieran*
Est 1.12 la reina Vasti no *quiso* comparecer a
2.14 salvo si el rey la *quería* y era llamada......... 2654
7.8 ¿*querrás* también violar a la reina en mi
9.5 hicieron con sus enemigos como *quisieron*
9.24 y había echado Pur, que *quiere* decir suerte
Job 6.7 las cosas que mi alma no *quería* tocar
6.28 pues, si *queréis*, miradme, y ved si............. 2974
7.15 y *quiso* la muerte más que mis huesos......... 4194
9.3 *quisiere* contender con él, no le podrá
13.3 yo hablaría...*querría* razonar con Dios 2654
17.3 porque ¿quién *querría* responder por mí?
21.14 porque no *queremos* el conocimiento de...... 2654
22.15 ¿*quieres* tú seguir la senda antigua que
33.32 habla, porque yo te *quiero* justificar.......... 2654
39.9 ¿*querrá* el búfalo servirte...o quedar en
Sal 40.13 *quieras*, oh Jehová, librarme; Jehová 7521
51.16 no *quieres* sacrificio, que yo lo daría 2654
51.16 que yo lo daría; no *quieres* holocausto........ 7521
78.10 de Dios, ni *quisieron* andar en su ley 3985
81.11 mi pueblo no oyó...e Israel no me *quiso*
105.22 para que reprimiera...como él *quisiese*..... 5315
109.17 no *quiso* la bendición, y ella se alejó......... 2654
111.2 buscadas de todos los que las *quieren* 2656
115.3 Dios está...todo lo que *quiso* ha hecho 2654
132.13 Sion; la *quiso* por habitación para sí......... 183
132.14 aquí habitaré, porque la he *querido*........... 183
135.6 todo lo que Jehová *quiere*, lo hace, en 2654
142.4 pues no hay quien me *quiera* conocer
Pr 1.10 hijo mío, si los pecadores te *quisieren* engañar
1.24 llamé, y no *quisisteis* oír, extendí
1.25 consejo...y mi reprensión no *quisiste*............ 14
1.30 ni *quisieron* mi consejo, y...reprensión 14
3.12 como el padre al hijo a quien *quiere*........... 7521
6.35 *querrá* perdonar, aunque multipliques los dones
21.1 Jehová; a todo lo que *quiere* lo inclina
21.7 por cuanto no *quisieron* hacer juicio
21.25 porque sus manos no *quieren* trabajar
Ec 3.1 todo lo que se *quiere*...tiene su hora............ 2656
3.17 un tiempo para todo lo que se *quiere* y 2656
8.3 no te...porque él hará todo lo que *quiere* 2654
8.6 para todo lo que *quisieres* hay tiempo y......... 2656
Cnt 2.7; 3.5; 8.4 ni hagáis velar...hasta que *quiera*..... 2654
Is 1.5 ¿por qué *querréis* ser castigados aún?
1.11 no *quiero* sangre de bueyes...ovejas, ni 2654
1.19 si *quisiereis* y oyereis, comeréis el bien 14
1.20 no *quisiereis* y fuereis rebeldes, seréis
21.12 noche; preguntad si *queréis*, preguntad
28.12 este es el reposo...mas no *quisieron* oír 14
30.9 que no *quisieron* oír la ley de Jehová
30.15 reposo seréis salvos...Y no *quisisteis* 14
42.24 no *quisieron* andar en sus caminos, ni oyeron .. 14
44.28 Ciro...y cumplirá todo lo que yo *quiero* 2656
46.10 mi consejo...haré todo lo que *quiero* 2656
53.10 Jehová *quiso*...sujetándole a padecimiento .. 2654
55.11 sino que hará lo que yo *quiero*, y será 2654
56.4 escojan lo que yo *quiero*, y abracen mi 2654
58.2 que me buscan cada día, y *quieren* saber...... 2654
58.2 me piden...juicios, y *quieren* acercarse........ 2654
Jer 3.3 y no *quisiste* tener vergüenza.................. 3985
5.3 *quisieron* recibir corrección;...no *quisieron* 3985
5.31 y mi pueblo así lo *quiso*...¿Qué, pues 157
8.5 el engaño, y no han *querido* volverse 3985
9.6 muy engañadores no *quisieron* conocerme 2654
9.24 porque estas cosas *quiero*, dice Jehová 2654
11.10 los cuales no *quisieron* escuchar mis palabras.. 3985
13.10 este pueblo malo, que no *quiere* oír mis palabras.. 3987
20.4 seas un terror a...que bien te *quieren* 157
20.6 Pasur, y...todos los que bien te *quieren*......... 157
25.28 y si no *quieren* tomar la copa de tu mano para beber 3985
27.5 hice la tierra...la di a quien yo *quise* 5869,3474
31.15 Raquel...no *quiso* ser consolada acerca....... 3985
36.25 que no quemase...rollo, no los *quiso* oír....... 8085
38.21 pero si no *quieres* entregarte, esta es la palabra 3986
50.33 los retuvieron; no los *quisieron* soltar 3985
Ez 3.7 no te *querrá* oír, porque no me *quiere* 8085
3.27 el que no *quiera* oír, no oiga; porque 2308
18.23 ¿*quiero* yo la muerte del impío? dice 2654
18.32 no *quiero* la muerte del que muere, dice...... 2654
20.4 ¿*quieres* tú juzgarlos? ¿Los *quieres* juzgar tú
20.8 se rebelaron contra mí, y no *quisieron*........... 14
21.16 hiere a la izquierda, adonde *quiera* que
33.11 no *quiero* la muerte del impío, sino que....... 2654
Dn 4.17 a quien él *quiere* lo da, y constituye 6634
4.19 el sueño...para los que mal te *quieren*
4.25,32 el Altísimo...lo da a quien él *quiere* 6634
5.19 a quien *quería* mataba, y a quien *q* daba 6634
5.19 a quien *quería*, y a quién *q* humillaba......... 6634
8.12 y echó...e hizo cuanto *quiso*, y prosperó
Os 5.11 porque *quiso* andar en pos de vanidades...... 2974
6.6 misericordia *quiero*, y no sacrificio............ 2654
8.13 no los *quiso* Jehová; ahora se acordará 7521
11.5 no volverá...porque no se *quisieron* convertir
11.7 ninguno absolutamente me *quiere* enaltecer
Jl 3.4 ¿*queréis* vengaros de mí? Y si de mí os vengáis
Am 4.5 publicad ofrendas...que así lo *queréis* 157
5.18 ¿para qué *queréis* este día de Jehová?.......... 183
Jon 1.14 Jehová, has hecho como has *querido*.......... 2654
Zac 7.11 pero no *quisieron* escuchar, antes
Mt 1.19 no *quería* infamarla, quiso dejarla *2309*
2.18 Raquel que..y no *quiso* ser consolada.......... *2309*

5.40 **y al que *quiera* ponerte a pleito y quitarte la** . . 2309
5.42 **y al que *quiera* tomar de ti prestado, no se lo** . . 2309
7.12 todas las cosas que *queráis* que... hagan. 2309
8.2 Señor, si *quieres*, puedes limpiarme
8.3 **y le tocó, diciendo: *Quiero*, sé limpio**. 2309
9.13; 12.7 **misericordia *quiero*, y no sacrificio** 2309
11.14 **si *queréis* recibirlo,... Elías que había de venir** 2309
11.27 **y aquel a quien el Hijo lo *quiera* revelar**. *1014*
12.46 su madre y sus hermanos... y le *querían* hablar. *2212*
12.47 tu madre y tus hermanos... y te *quieren* hablar. *2212*
13.28 **¿*quieres*... que vayamos y la arranquemos?** . . 2309
14.5 y Herodes *quería* matarle, pero temía al pueblo. 2309
15.28 **es tu fe; hágase contigo como *quieres*** 2309
15.32 **enviarlos en ayunas no *quiero*, no sea**. 2309
16.24 **si alguno *quiere* venir en... niéguese a sí mismo**. 2309
16.25 **el que *quiera* salvar su vida, la perderá** 2309
17.4 si *quieres*, hagamos aquí tres enramadas 2309
17.12 **hicieron con él todo lo que *quisieron*** *3745*
18.23 **a un rey que *quiso* hacer cuentas con sus** 2309
18.30 **él no *quiso*, sino fue y le echó en la**. 2309
19.17 **mas si *quieres* entrar en la vida, guarda** 2309
19.21 **si *quieres* ser perfecto, anda, vende**
20.14 **pero *quiero* dar a este postrero, como a ti** 2309
20.15 **lícito hacer lo que *quiero* con lo mío?** 2309
20.21 **¿qué *quieres*? Ella le dijo: Ordena que**. 2309
20.26 **el que *quiera* hacerse grande... será vuestro servidor**
20.27 **y el que *quiera* ser el primero entre**
20.32 **y les dijo: ¿Qué *queréis* que os haga?**. 2309
21.29 **él, dijo: No *quiero*; pero después... fue**. 2309
22.3 **envió a sus siervos a llamar... éstos no *quisieron* venir** 2309
23.4 **pero ellos ni con un dedo *quieren* moverlas** . . . 2309
23.8 **vosotros no *queráis* que os llamen Rabí**
23.37 **¡cuántas veces *quise*... y no *quisiste*!**. 2309
26.15 ¿qué me *queréis* dar, y yo os lo entregaré?. . . . 2309
26.17 ¿dónde *quieres*... para que comas la pascua? . 2309
26.39 pero no sea como yo *quiero*, sino como 2309
27.15 soltar al... un preso, el que *quisiesen* 2309
27.17 dijo... ¿A quién *queréis* que os suelte. 2309
27.21 ¿a cuál de los... *queréis* que os suelte? 2309
27.34 pero después de haberlo probado, no *quiso* . . 2309
27.43 confió en... líbrele ahora si le *quiere*. 2309
Mr 1.40 le dijo: Si *quieres*, puedes limpiarme 2309
1.41 **y le tocó, y le dijo: *Quiero*, sé limpio** 2309
3.13 monte, y llamó a sí a los que él *quiso* 2309
6.22 pídeme lo que *quieras*, y yo te lo daré. 2309
6.25 *quiero*... en un plato la cabeza de Juan 2309
6.26 el rey se entristeció mucho; pero... no *quiso* . . . 2309
6.48 vino a ellos... y *quería* adelantárseles. 2309
7.11 **Corbán que *quiere* decir, mi ofrenda a**
7.24 no *quiso* que nadie lo supiese; pero no. 2309
8.34 **dijo: Si alguno *quiere* venir en pos de mí** *3748*
8.35 **todo el que *quiera* salvar su vida, la**
9.13 **le hicieron todo lo que *quisieron*, como** *3745*
9.30 salido... no *quería* que nadie lo supiese 2309
9.35 **si alguno *quiere* ser el primero, será** 2309
10.35 Maestro, *querríamos* que nos hagas lo que . . . 2309
10.36 **él les dijo: ¿Qué *queréis* que os haga?** 2309
10.43 ***quiera* hacerse grande entre vosotros** 2309
10.44 **que... *quiera* ser el primero, será siervo**. 2309
10.51 **¿qué *quieres* que te haga? Y el ciego le**. 2309
14.7 **cuando *queráis* les podréis hacer bien**. *3752*
14.12 ¿dónde *quieres* que vayamos a preparar 2309
14.36 **mas no lo que yo *quiero*, sino lo que tú** 2309
15.9 ¿*queréis*... os suelte al Rey de los judíos?. 2309
15.12 ¿qué, pues, *queréis* que haga del... Rey 2309
15.15 *queriendo* satisfacer al pueblo, les soltó a *1014*
Lc 1.62 preguntaron... cómo le *quería* llamar. 2309
4.6 sido entregada, y a quien *quiero* la doy 2309
5.12 Señor, si *quieres*, puedes limpiarme 2309
5.13 **le tocó, diciendo: *Quiero*; sé limpio** 2309
5.39 **beba del añejo, *quiere* luego el nuevo**. 2309
6.31 **como *queréis* que hagan los, con vosotros** 2309
7.2 el siervo de... a quien éste *quería* mucho. *1784*
8.20 tu madre y tus hermanos están fuera y *quieren* verte 2309
9.23 **si alguno *quiere* venir... niéguese a sí mismo** . . 2309
9.24 **todo el que *quiera* salvar su vida, la perderá** . . 2309
9.54 ¿*quieres* que mandemos... fuego del cielo 2309
10.22 **y aquel a quien el Hijo lo *quiera* revelar**. *1014*
10.29 pero él, *queriendo* justificarse a sí mismo. 2309
12.49 **¿y qué *quiero*, si ya se ha encendido?** 2309
13.31 sal, y vete de aquí, porque Herodes te *quiere* matar 2309
13.34 **quise juntar a tus hijos... no *quisiste*!**. 2309
14.28 **¿quién de vosotros, *queriendo* edificar una torre** 2309
15.28 **entonces se enojó, y no *quería* entrar**. 2309
16.26 **los que *quisieren* pasar de aquí a vosotros, no pueden** 2309
18.4 **no *quiso* por algún tiempo; pero después**. 2309
18.13 **el publicano... no *quería* ni aun alzar los**. 2309
18.41 **diciendo: ¿Qué *quieres* que te haga?**
19.14 **no *queremos* que... reine sobre nosotros** 2309
19.27 **enemigos que no *querían* que yo reinase** 2309
22.9 ellos... ¿Dónde *quieres* que la preparemos? 2309
22.42 **si *quieres*, pasa de mí esta copa; pero** *1014*
23.20 les habló otra vez Pilato, *queriendo* soltar a Jesús 2309
Jn 1.42 **serás llamado Cefas (que *quiere* decir, Pedro**
1.43 *quiso* Jesús ir a Galilea, y halló a 2309
3.8 **el viento sopla de donde *quiere*, y oyes** 2309

5.6 **Jesús lo vio... le dijo: ¿*Quieres* ser sano?**. 2309
5.21 **así... el Hijo a los que *quiere* da vida** 2309
5.35 **y vosotros *quisisteis* regocijaros por un**. 2309
5.40 **y no *queréis* venir a mí para que tengáis** 2309
6.11 asimismo de los peces, cuanto *querían* 2309
6.67 **¿*queréis* acaso iros también vosotros?**. 2309
7.1 andaba Jesús en Galilea; pues no *quería* andar en Judea. 2309
7.17 **el que *quiera* hacer la voluntad de Dios** 2309
7.44 *querían* prenderle; pero ninguno le echó 2309
8.44 **y los deseos de vuestro padre *queréis* hacer**
9.27 os lo he dicho, y no habéis *querido* oír
9.27 dicho... ¿por qué lo *queréis* oír otra vez?. 2309
9.27 *queréis* también... haceros sus discípulos? 2309
12.21 diciendo: Señor, *quisiéramos* ver a Jesús 2309
15.7 **pedid... lo que *queréis*, y os será hecho** 2309
16.18 ¿qué *quiere* decir con: Todavía un poco?
16.19 Jesús conoció que *querían* preguntarle, y les dijo 2309
17.24 ***quiero* que donde yo estoy... ellos estén** 2309
18.39 ¿*queréis*, pues, que os suelte al Rey de *1014*
20.16 le dijo: ¡Raboni! (que *quiere* decir, Maestro)
21.18 **joven, te ceñías, e ibas donde *querías*** 2309
21.18 **otro, y te llevará a donde no *quieras*** 2309
21.22,23 si *quiero* que él quede hasta que. 2309
Hch 1.19 Acéldama, que *quiere* decir, Campo de sangre
2.12 diciéndose unos a otros: ¿Qué *quiere* decir esto?
5.28 *queréis* echar... la sangre de ese hombre *1014*
5.33 ellos, oyendo esto, se enfurecían y *querían* matarlos *1011*
7.28 ¿*quieres* tú matarme, como mataste ayer al egipcio? 2309
7.39 nuestros padres no *quisieron* obedecer. 2309
9.6 dijo: Señor, ¿qué *quieres* que yo haga? 2309
9.36 una discípula llamada Tabita,... *quiere* decir, Dorcas
10.10 *quiso* comer; pero... sobrevino un éxtasis. 2309
13.22 David... quien hará todo lo que yo *quiero*. 2307
14.13 la muchedumbre *quería* ofrecer sacrificios. . . 2309
15.37 Bernabé *quería* que llevasen consigo a
16.3 *quiso* Pablo que éste fuese con él; y 2309
17.18 ¿qué *querrá* decir este palabrero? 2309
17.20 *queremos*, pues, saber qué quiere decir esto
18.15 porque yo no *quiero* ser juez de estas cosas . . *1014*
18.21 vez volveré a vosotros, si Dios *quiere* 2309
18.27 *queriendo* él pasar a Acaya, los hermanos. . . . *1014*
19.30 *queriendo* Pablo salir al pueblo, los
19.33 *quería* hablar en su defensa ante el pueblo. . . 2309
20.13 allí a Pablo... *queriendo* él ir por tierra *3195*
22.30 *queriendo* saber... por la cual le acusaban los judíos
23.15 *queréis* indagar alguna cosa más cierta acerca *3195*
23.28 y *queriendo* saber la causa por qué le acusaban
24.6 *quisimos* juzgarle conforme a nuestra ley 2309
24.27 *queriendo* Félix congraciarse con los 2309
25.9 pero Festo, *queriendo* congraciarse con los judíos 2309
25.20 pregunté si *quería* ir a Jerusalén y allá ser juzgado
25.22 también *quisiera* oír a ese hombre... Mañana le oirás
26.5 *quieren* testificarlo, conforme a la más rigurosa. 2309
26.29 ¡*quisiera* Dios que por poco o por mucho *2172*
27.30 como que *querían* largar las anclas de proa. . *3195*
27.43 *queriendo* salvar a Pablo, les impidió este intento *1014*
28.18 *querían* soltar, por no haber en mí ninguna
28.22 pero *querríamos* oír de ti lo que piensas. *515*
Ro 1.13 no *quiero*, hermanos, que ignoréis que 2309
7.15 pues no hago lo que *quiero*, sino lo que 2309
7.16 si lo que no *quiero*, esto hago, apruebo 2309
7.18 el *querer* el bien está en mí, pero no el. 2309
7.19 bien que *quiero*, sino el mal que no *q* 2309
7.20 si hago lo que no *quiero*... no lo hago yo 2309
7.21 *queriendo* yo hacer el bien, hallo esta 2309
9.16 así que no depende del que *quiere*, ni del 2309
9.18 quien *quiere*, tiene misericordia, y al que *quiere* 2309
9.22 *queriendo* mostrar su ira y hacer notorio. 2309
11.25 no *quiero*, hermanos, que ignoréis este 2309
13.3 ¿*Quieres*, pues, no temer la autoridad? 2309
16.19 *quiero* que seáis sabios para el bien 2309
1 Co 1.12 *quiero* decir, que cada uno de vosotros dice
4.19 pero iré pronto... si el Señor *quiere*. 2309
4.21 ¿qué *queréis*? ¿Iré a vosotros con vara. 2309
7.7 *quisiera*... que todos los hombres fuesen. 2309
7.28 tendrán aflicción de la carne,... la *quisiera*
7.32 *quisiera*... que estuvieseis sin congoja 2309
7.36 haga lo que *quiera*, no peca; que se case. 2309
7.39 libre es para casarse con *quien* quiera 2309
10.1 no *quiero*... ignoréis que nuestros padres. 2309
10.20 no *quiero* que... os hagáis partícipes con 2309
10.27 incrédulo os invita, y *queréis*, ir, de 2309
11.3 *quiero* que sepáis que Cristo es la cabeza de todo 2309
11.16 eso, si alguno *quiere* ser contencioso
12.1 no *quiero*, hermanos, que ignoréis acerca 2309
12.11 repartiendo a cada uno... como él *quiere* *1014*
12.18 ha colocado los miembros... como él *quiso* . . . 2309
14.5 *quisiera* que todos... hablaseis en lenguas 2309
14.35 si *quieren* aprender algo, pregunten... a sus . . 2309
15.38 Dios le da el cuerpo como él *quiso*, y 2309
16.7 no *quiero* veros ahora de paso, pues espero . . . 2309
2 Co 1.8 no *queremos* que ignoréis acerca de 2309
1.15 *quise* ir primero a vosotros, para... una
5.4 *quisiéramos* ser desnudados, sino revestidos. . . . 2309

5.8 más *quisiéramos* estar ausentes del cuerpo. *2106*
8.10 no sólo a hacerlo... también a *quererlo*
8.11 que como estuvisteis prontos a *querer*. 2309
10.9 como que os *quiero* amedrentar por cartas
12.6 si *quisiera* gloriarme, no sería insensato. 2309
12.20 temo que... no os halle tales como *quiero* 2309
12.20 y yo sea hallado de... cual no *queréis* 2309
Gá 1.7 *quieren* pervertir el evangelio de Cristo. 2309
3.2 esto solo *quiero* saber de vosotros 2309
4.9 a los cuales os *queréis* volver a esclavizar? 2309
4.17 sino que *quieren* apartaros de nosotros para que 2309
4.20 *quisiera* estar con vosotros... y cambiar de tono 2309
4.21 los que *queréis* estar bajo la ley: ¿no 2309
5.17 para que no hagáis lo que *quisiereis*. 2309
6.12 todos los que *quieren* agradar en la carne. 2309
6.13 pero *quieren* que vosotros os circuncidéis 2309
Ef 6.6 como los que *quieren* agradar a los hombres
Fil 1.12 *quiero* que sepáis... que las cosas que
2.13 produce así el *querer* como el hacer, por 2307
Col 1.27 a quienes Dios *quiso* dar... riquezas 2309
2.1 *quiero* que sepáis cuán gran lucha 2309
3.22 como los que *quieren* agradar a los hombres
4.12 y completos en todo lo que Dios *quiere* 2307
1 Ts 2.8 *querido* entregaros... nuestras vidas *2106*
2.8 porque habéis llegado a sernos... *queridos*. *27*
2.18 por lo cual *quisimos* ir a vosotros. 2309
4.13 tampoco *queremos*... que ignoréis acerca de. . . 2309
2 Ts 3.10 si alguno no *quiere* trabajar, tampoco coma . 2309
1 Ti 1.7 *queriendo* ser doctores de la ley, sin. 2309
2.4 el cual *quiere* que todos los hombres sean 2309
2.8 *quiero*... que los hombres oren en todo lugar . . . *1014*
5.11 rebelan contra Cristo, *quieren* casarse 2309
5.14 *quiero*... que las viudas jóvenes se casen. *1014*
6.9 que *quieren* enriquecerse caen en tentación *1014*
2 Ti 3.12 *quieren* vivir piadosamente en Cristo Jesús . . 2309
Tit 3.8 y en estas cosas *quiero* que insistas. *1014*
Flm 13 yo *quisiera* retenerle conmigo
1.14 pero nada *quise* hacer sin tu consentimiento . . 2309
He 6.17 *queriendo* Dios mostrar... inmutabilidad *1014*
10.5 dice: Sacrificio y ofrenda no *quisiste*. 2309
10.8 y expiaciones por el pecado no *quisiste*. 2309
Stg 2.20 mas *quieres* saber,... la fe sin obras es muerta? 2309
3.4 por donde el que las gobierna *quiere*
4.4 pues, que *quiera* ser amigo del mundo, se. *1014*
4.15 si el Señor *quiere*, viviremos y haremos. 2309
1 P 3.10 el que *quiere* amar la vida y ver días. 2309
3.17 si la voluntad de Dios así lo *quiere*. 2307
2 P 3.9 no *queriendo* que ninguno perezca, sino *1014*
2 Jn 12 no he *querido* hacerlo por medio de papel
3 Jn 10 y a los que *quieren* recibirlos se lo prohíbe
13 pero no *quiero* escribírtelas con tinta y pluma . . 2309
Jud 5 *quiero* recordaros... que... destruyó a los. *1014*
Ap 2.21 **pero no *quiere* arrepentirse de su fornicación**
11.5 si alguno *quiere*... de la boca de ellos 2309
11.5 si alguno *quiere*... debe morir él de la misma manera 2309
11.6 herir la tierra... cuantas veces *quieran* 2309
17.17 ha puesto... el ejecutar lo que él *quiso* *1106*
22.17 el que *quiera*, tome del agua de la vida 2309

QUERIOT
1. Aldea en Judá, Jos 15.25. 7152
2. Ciudad de Moab
Jer 48.24 sobre *Q*, sobre Bosra y sobre todas. 7152
Am 2.2 fuego... y consumirá los palacios de *Q*. 7152

QUERIT *Arroyo en Galaad donde se escondió el profeta Elías*, 1 R 17.3,5. 3747

QUEROS *Padre de una familia de sirvientes del templo*, Esd 2.44; Neh 7.47 7026

QUERUB *jefe entre los que regresaron del cautiverio*, Esd 2.59; Neh 7.61 3743

QUERUBÍN
Gn 3.24 puso al oriente del huerto de Edén *q*. 3742
Éx 25.18 harás también dos *q* de oro; labrados 3742
25.19 un *q* en un extremo, y un *q* en el otro 3742
25.19 una pieza con el propiciatorio... los *q* 3742
25.20 los *q* extenderán por encima las alas. 3742
25.20 al propiciatorio los rostros de los *q*. 3742
25.22 hablaré... de entre los dos *q* que están 3742
26.1 cortinas... harás con *q* de obra primorosa. 3742
26.31 un velo... hecho de obra primorosa, con *q*. . . . 3742
36.8 las hicieron con *q* de obra primorosa 3742
36.35 el velo... hizo con *q* de obra primorosa 3742
37.7 los dos *q* de oro, labrados a martillo. 3742
37.8 un *q* a un extremo, y otro *q* al otro. 3742
37.8 de una pieza... los *q* a sus dos extremos 3742
37.9 y los *q* extendían sus alas por encima 3742
Nm 7.89 de entre los dos *q*; y hablaba con él 3742
1 S 4.4 el arca del... que moraba entre los *q* 3742
2 S 6.2 Jehová de los... que mora entre los *q*. 3742
22.11 cabalgó sobre un *q*, y voló; voló sobre 3742
1 R 6.23 hizo... en el lugar santísimo dos *q* de 3742
6.24 una ala del *q* tenía... la otra ala del *q* 3742
6.25 el otro *q* tenía diez codos... ambos *q* eran. 3742
6.27 puso estos *q* dentro de la casa en el 3742
6.28 y cubrió de oro los *q* 3742
6.29 esculpió... *q*, de palmeras y de botones 3742
6.32 y talló... figuras de *q*, de palmeras y de. 3742
6.32 oro; cubrió... de oro los *q* y las palmeras 3742
6.35 y talló en ellas *q* y palmeras y botones. 3742
7.29 había figuras de leones... bueyes y de *q* 3742
7.36 hizo... entalladuras de *q*, de leones y de 3742
8.6 el arca del... debajo de las alas de los *q*. 3742

8.7 los *q* tenían...así cubrían los *q* el arca 3742
2 R 19.15 Dios...que moras entre los *q*, sólo 3742
1 Cr 13.6 Jehová Dios, que mora entre los *q* 3742
28.18 oro puro...para el carro de los *q* de oro 3742
2 Cr 3.7 con oro; y esculpió *q* en las paredes 3742
3.10 dentro del lugar santísimo hizo dos *q* 3742
3.11 la longitud de las alas de los *q* era de 3742
3.11 una ala...la cual tocaba el ala del otro *q* 3742
3.12 ala del otro *q*...tocaba el ala del otro *q* 3742
3.13 estos *q* tenían las alas extendidas por 3742
3.14 también el velo...e hizo realzar *q* en él 3742
5.7 el arca del pacto...bajo las alas de los *q* 3742
5.8 los *q* extendían las alas...los *q* cubrían 3742
Sal 18.10 cabalgó sobre un *q*, y voló; voló 3742
80.1 tú que...que estás entre *q*, resplandece 3742
99.1 está sentado sobre los *q*, se conmoverá 3742
Is 37.16 Dios de Israel, que moras entre los *q* 3742
Ez 9.3 y la gloria...se elevó de encima del *q* 3742
10.1 sobre...los *q* como una piedra de zafiro 3742
10.2 entra en medio...ruedas debajo de los *q* 3742
10.2 de carbones encendidos de entre los *q* 3742
10.3 y los *q* estaban a la mano derecha de la 3742
10.4 se elevó de encima del *q* al umbral de la 3742
10.5 el estruendo de las alas de los *q* se oía 3742
10.6 toma fuego de entre las...de entre los *q* 3742
10.7 *q* extendió su mano...de en medio de los *q* 3742
10.8 apareció en los *q* la figura de una mano 3742
10.9 junto a los *q*, junto a cada *q* una rueda 3742
10.14 la primera era rostro de *q*; la segunda 3742
10.15 y se levantaron los *q*; este es el ser 3742
10.16 andaban los *q*...los *q* alzaban sus alas 3742
10.18 gloria de Jehová...se puso sobre los *q* 3742
10.19 alzando los *q* sus alas, se levantaron 3742
10.20 los mismos seres...y conocí que eran *q* 3742
11.22 alzaron los *q* sus alas, y las ruedas en 3742
28.14 tú, *q* grande, protector, yo te puse en 3742
28.16 te arrojé de entre las...oh *q* protector 3742
41.18 estaba labrada con *q* y palmeras, entre 3742
41.18 entre *q* y *q* una palmera; y cada *q* tenía 3742
41.20 encima de la puerta había *q* labrados 3742
41.25 en las puertas del...había labrados de *q* 3742
He 9.5 sobre ella los *q* de gloria que cubrían *5502*

QUESALÓN *Ciudad en la frontera de Judá*, Jos 15.10 3693

QUESED *Hijo de Nacor y Milca*, Gn 22.22 3777

QUESIL *Ciudad en el Neguev de Judá*, Jos 15.30 3686

QUESO
1 S 17.18 estos diez *q* de leche los llevarás 2757,2461
2 S 17.29 miel, manteca, ovejas, y *q* de vaca 8194
Job 10.10 me vaciaste...y como *q* me cuajaste? 1385

QUESULOT *Población en la frontera de Isacar*, Jos 19.18 3694

QUEZIB *Lugar donde vivió Judá cuando nació su hijo Sela (=Aczib No. 1)*, Gn 38.5 3580

QUICIAL
1 R 7.50 oro los *q* de las puertas de la casa 6596
2 R 18.16 de los *q* que...había cubierto de oro 547
Is 6.4 los *q* de las puertas se estremecieron 520

QUICIO
Pr 26.14 como la puerta gira sobre sus *q*, así 6735

QUIDÓN *Nombre (o dueño) de la era donde murió Uza*, 1 Cr 13.9 3592

QUIÉN *Véase el Apéndice*
Gn 27.18 Isaac respondió...¿*q* eres, hijo mío? 4310
27.32 Isaac su padre le dijo: ¿*Q* eres tú? 4310
32.17 ¿de *q* eres...para *q* es esto que llevas 4310
Éx 10.8 dijo: Andad...¿*Q* son los que han de ir? 4310
32.26 y dijo: ¿*Q* está por Jehová? Júntese 4310
Jos 9.8 ¿*q* sois vosotros, y de dónde venís? 4310
1 S 18.18 David...¿*Q* soy yo, o qué es mi vida 4310
26.14 y dijo: ¿*Q* eres tú que gritas al rey? 4310
26.15 dijo David...¿y *q* hay como tú en Israel? 4310
30.13 dijo...¿De *q* eres tú, y de dónde eres? 4310
2 R 6.11 ¿*q* de los nuestros es del...de Israel? 4310
9.32 él entonces...dijo: ¿ *q* está conmigo? ¿*q*? 4310
1 Cr 17.16 ¿*q* soy yo, y cuál es mi casa, para 4310
29.14 ¿*q* soy yo, y *q* es mi pueblo, para que 4310
Est 7.5 ¿*q* es...que ha ensoberbecido su corazón 4310
Job 9.24 cubre...Si no es él, ¿*Q* es? ¿Dónde está? 4310
12.3 *q* habrá que no pueda decir otro tanto? 4310
38.2 ¿*q* es ése que oscurece el consejo con 4310
42.3 ¿*q* es el que oscurece el consejo sin 4310
Sal 35.10 mis huesos dirán: Jehová, ¿*q* como tú 4310
89.8 ¿*q* como tú? Poderosos eres, Jehová, y tu 4310
113.5 ¿*q* como Jehová nuestro Dios, que se 4310
Pr 30.9 que...te niegue, y diga: ¿*Q* es Jehová? 4310
Cnt 6.10 ¿*q* es ésta que se muestra como el alba 4310
8.5 ¿*q* es ésta que sube del desierto 4310
Mt 16.15 **dijo: Y vosotros, ¿*q* decís que soy?** *5101*
19.25 diciendo: ¿*Q*, pues, podrá ser salvo? *5101*
21.10 la ciudad se conmovió, diciendo: ¿*Q* es *5101*
Mr 8.27 **Jesús...¿*Q* dicen los hombres que soy** *5101*
Lc 9.9 ¿*q*...éste, de quien oigo tales cosas? *5101*
22.64 profetiza, ¿*q* es el que te golpeó? *5101*
Jn 1.22 ¿pues *q* eres? para que demos respuesta *5101*
8.53 y los profetas murieron! ¿*Q* te haces a *5101*
21.12 se atrevía a preguntarle: ¿Tú, *q* eres? *5101*
1 P 3.13 ¿y *q* es aquel que os podrá hacer daño *5101*
Ap 7.13 éstos...¿*q* son, y de dónde han venido?
13.4 diciendo: ¿*Q* como la bestia, y *q* podrá *5101*

QUIENQUIERA
2 S 17.9 *q* que lo oyere dirá
Ro 2.1 *q* que seas tú que juzgas
Gá 5.10 llevará la sentencia, *q* que sea

QUIETO, A
Gn 25.27 pero Jacob era varón *q*...en tiendas 8535
1 Cr 4.40 hallaron...tierra ancha...*q* y reposada 8252
2 Cr 18.5 ¿iremos a la guerra...o me estaré *q*? 2308
18.14 ¿iremos a pelear contra...me estaré *q*? 2308
20.17 paraos, estad *q*, y ved la salvación de
Job 21.23 éste morirá en el...todo *q* y pacífico 7961
Sal 46.10 estad *q*, y conoced que yo soy Dios 7503
83.1 oh...no calles, oh Dios, ni te estés *q* 8252
Is 18.4 me estaré *q*, y los miraré desde mi morada 8252
30.7 di voces...su fortaleza sería estarse *q* 7673
57.20 no puede estarse *q*, y sus aguas arrojan 8252
64.12 ¿te estarás *q*, oh Jehová, sobre estas
Jer 42.10 si os quedareis *q* en esta tierra, os
48.11 *q* estuvo Moab desde su juventud, y sobre 7599
Hab 3.16 bien estaré *q* en el día de la angustia 5117
Zac 1.11 aquí toda la tierra está reposada y *q* 8252
1 Ti 2.2 para que vivamos *q* y reposadamente *2263*

QUIETUD
Ec 9.17 las palabras del sabio escuchadas en *q* 5183
Is 30.15 en *q* y en confianza será...fortaleza 8252
33.20 tus ojos verán a Jerusalén, morada de *q* 7600

QUIJADA
Dt 18.3 darán al sacerdote...las *q* y el cuajar 3895
Jue 15.15 y hallando una *q* de asno fresca aún 3895
15.16 con la *q* de un asno, un montón, dos 3895
15.16 con la *q* de un asno maté a mil hombres 3895
15.17 arrojó de...la *q*, y llamó a aquel lugar 3895
1 S 17.35 le echaba mano de la *q*, y lo hería 2206
Job 41.2 narices, y horadarás con garfio su *q*? 3895
Is 30.28 freno estará en las *q* de los pueblos 3895
Ez 29.4 pondré garfios en tus *q*, y pegaré los 3895
38.4 y pondré garfios en tus *q*, te sacaré 3895

QUILEAB *Segundo hijo de David (=Daniel No. 1)*, 2 S 3.3 3609

QUILMAD *Lugar en Mesopotamia*, Ez 27.23 3638

QUIMAM *Hijo de Barzilai galaadita*
2 S 19.37 he aquí a tu siervo *Q*; que pase él 3643
19.38 pues pase conmigo *Q*, y yo haré con él 3643
19.40 y con él pasó *Q*; y todo el pueblo de 3643

QUINCE *Véase también Quince mil*
Gn 7.20 *q* codos más alto subieron las aguas 2568,6240
Éx 16.1 vino al...a los *q* días del segundo mes 6240
27.14 cortinas a un lado...serán de *q* codos 2568,6240
27.15 al otro lado, *q* codos de cortinas; sus 2568,6240
38.14 un lado cortinas de *q* codos, sus tres 2568,6240
38.15 al otro lado...cortinas de *q* codos, con 2568,6240
Lv 23.6 a los *q* días de este mes es la fiesta 2568,6240
23.34 a los *q* días de este mes séptimo será 2568,6240
23.39 a los *q* días del mes séptimo, cuando 2568,6240
27.7 al varón lo estimarás en *q* siclos, y a 2568,6240
Nm 28.17 a los *q* días...mes, la fiesta solemne 2568,6240
29.12 a los *q* días del mes séptimo tendréis 2568,6240
33.3 salieron...a los *q* días del mes primero 2568,6240
2 S 9.10 tenía Siba *q* hijos y veinte siervos 2568,6240
19.17 asimismo Siba...con sus *q* hijos y sus 2568,6240
1 R 7.3 las vigas...cada hilera tenía *q* columnas 2568,6240
12.32 fiesta solemne en...a los *q* días del mes 2568,6240
12.33 sacrificó, pues...a los *q* días del mes 2568,6240
2 R 14.17 Amasías hijo...vivió después...*q* años 2568,6240
14.23 año *q* de Amasías...comenzó a reinar 2568,6240
20.6 añadiré a tus días *q* años, y te libraré 2568,6240
2 Cr 25.25 vivió Amasías...*q* años después de la 2568,6240
Est 9.18 y del mismo reposaron y lo hicieron 2568,6240
Is 38.5 he aquí que yo añado a tus días *q* años 2568,6240
Ez 32.17 *q* días del mes, que vino a mí palabra 2568,6240
45.12 veinte siclos...*q* siclos...serán una mina 2568,6240
45.25 los *q* días del mes, en la fiesta, hará 2568,6240
Os 3.2 compré...para mí por *q* siclos de plata 2568,6240
Jn 11.18 Betania estaba cerca de...*q* estadios *1178*
Hch 27.28 a echar la sonda, hallaron *q* brazas *1178*
Gá 1.18 ver a Pedro, y permanecí con él *q* días *1178*

QUINCE MIL
Jue 8.10 su ejército como de *15.000* hombres 505

QUINIENTOS *Véase también Quinientos cincuenta, etc.*
Gn 5.32 siendo Noé de *q* años, engendró a Sem .. 2568,3967
11.11 vivió Sem...*q* años, y engendró hijos 2568,3967
Éx 30.23 mirra excelente *q* siclos, y de canela 2568,3967
30.24 casia *q*, según el siclo del santuario 2568,3967
Nm 31.28 de *q*, uno, así de las personas como 2568,3967
1 Cr 4.42 *q* hombres,...de los hijos de Simeón 2568,3967
2 Cr 35.9 dieron...cinco mil ovejas y *q* bueyes 2568,3967
Est 9.6 y destruyeron los judíos a *q* hombres 2568,3967
9.12 Susa...los judíos han matado a *q* hombres 2568,3967
Job 1.3 hacienda...*q* yuntas de bueyes, *q* asnas .. 2568,3967
Ez 42.16,17,18,19 *q* cañas de la caña de medir 2568,3967
42.20 *q* cañas de longitud y *q* cañas de 2568,3967
45.2 será...*q* cañas de longitud y *q* de 2568,3967
Lc 7.41 **el uno le debía *q* denarios, y el otro** *4001*
1 Co 15.6 apareció a más de *q* hermanos a la *4001*

QUINIENTOS CINCUENTA
1 R 9.23 sobre las obras eran *550* 2568,3967,2572

QUINIENTOS MIL
2 S 24.9 los de Judá *500.000* hombres 2568,3967,505
2 Cr 13.17 cayeron...de Israel 500.000 hombres 2568,3967,505

QUINIENTOS NOVENTA Y CINCO
Gn 5.30 y vivió Lamec, después que...*595* años 2568,3967,8673,2568

QUINIENTOS TREINTA
Neh 7.70 gobernador dio para...*530* vestiduras 2568,3967,7970

QUINTAR
Gn 41.34 y *quinte* la tierra de Egipto en los 2567

QUINTO, A
Gn 1.23 y fue la tarde y la mañana el día *q* 2549
30.17 Lea...concibió, y dio a luz el *q* hijo a 2549
47.24 de los frutos daréis el *q* a Faraón, y 2549
47.26 señalando para Faraón el *q*, excepto sólo 2569
Lv 5.16 añadirá a ello la *q* parte, y lo dará 2549
6.5 restituirá...y añadirá a ello la *q* parte 2549
19.25 mas al *q* año comeréis el fruto de él 2549
22.14 añadirá a ella una *q* parte, y la dará 2549
27.13 añadirá sobre tu valuación la *q* parte 2549
27.15 añadirá...la *q* parte del valor de ella 2549
27.19 añadirá...la *q* parte del precio de ella 2549
27.27 añadirán sobre...la *q* parte de su precio 2549
27.31 añadirá la *q* parte de su precio por ello 2549
Nm 5.7 y añadirá sobre ello la *q* parte, y lo 2549
7.36 el *q* día, Selumiel hijo de Zurisadai 2549
29.26 el *q* día, nueve becerros, dos carneros 2549
33.38 el sacerdote Aarón...allí murió...el mes *q* 2549
Jos 19.24 la *q* suerte correspondió a...de Aser 2549
Jue 19.8 al *q* día, levantándose de mañana para 2549
2 S 2.23 lo hirió Abner...por la *q* costilla, y 2570
3.4 Adonías hijo...*q*, Sefatías hijo de Abital 2549
3.27 Joab...le hirió por la *q* costilla, y murió 2549
20.10 éste le hirió con ella en la *q* costilla 2570
1 R 14.25 al *q* año del rey Roboam subió Sisac 2549
2 R 8.16 el *q* año de Joram hijo de Acab, rey 2568
25.8 en el mes *q*, a los siete días del mes 2549
1 Cr 2.14 el cuarto Natanael, el *q* Radai 2549
3.3 *q*, Sefatías, de Abital; el sexto, Itream 2549
8.2 Noha el cuarto, y Rafa el *q* 2549
12.10 Mismana el cuarto, Jeremías el *q* 2549
24.9 la *q* a Malquías, la sexta a Mijamín 2549
25.12 la *q* para Netanías, con sus hijos y sus 2549
26.3 Elam el *q*, Johanán el sexto, Elioenai el 2549
26.4 tercero, el cuarto Sacar, el *q* Natanael 2549
27.8 *q* jefe para el *q* mes era Samhut izraíta 2549
2 Cr 12.2 en el *q* año del rey...subió Sisac rey 2549
Esd 7.8 llegó a...en el mes *q* del año séptimo 2549
7.9 y al primero del mes *q* llegó a Jerusalén 2549
Neh 6.5 envió...para decir lo mismo por *q* vez 2568
Jer 1.3 cautividad de Jerusalén en el mes *q* 2549
28.1 en el *q* mes, que Hananías hijo de Azur 2549
36.9 y aconteció en el año *q* de Joacim hijo 2549
52.12 y en el mes *q*, a los diez días del mes 2549
Ez 1.2 en el *q* año de la deportación del rey 2549
20.1 en el mes *q*, a los diez días del mes, que 2549
Zac 7.3 diciendo: ¿Lloraremos en el mes *q*? 2549
7.5 cuando ayunasteis y llorasteis en el *q* y 2549
8.19 el ayuno del *q*, el ayuno del séptimo 2549
Ap 6.9 cuando abrió el *q* sello, vi bajo el *3991*
9.1 el *q* ángel tocó la trompeta, y vi una *3991*
16.10 *q* ángel derramó su copa sobre el trono *3991*
21.20 el *q*, ónice; el sexto, cornalina; el *3991*

QUÍO *Isla en el Mar Egeo*, Hch 20.15 .... *5508*

QUIRIAT *Ciudad de Judá (=Quiriat-jearim)*, Jos 18.28 7156

QUIRIATAIM
1. Ciudad de Moab, posteriormente de Rubén
Nm 32.37 y los hijos de Rubén edificaron...*Q* 7156
Jos 13.19 *Q*, Sibma, Zaret-sahar en el monte 7156
Jer 48.1 *q* fue tomada; fue confundida Misgab 7156
48.23 sobre *Q*, sobre Bet-gamul...Bet-meón 7156
Ez 25.9 tierras deseables de...Baal-meón y *Q* 7156
2. Ciudad en Neftalí, 1 Cr 6.76 7156

QUIRIAT-ARBA *Nombre antiguo de Hebrón*
Gn 23.2 murió Sara en *Q*, que es Hebrón, en 7153
Jos 14.15 mas el nombre de Hebrón fue antes *Q* 7153
15.13 a Caleb...dio...la ciudad de *q* padre de 704
15.54 Humta, *q* (la cual es Hebrón) y Sior; 9 7153
20.7 señalaron a Cedes...y *q* (que es Hebrón) 7153
21.11 dieron *q* del padre de Anac, la cual es 704
Jue 1.10 en Hebrón, la cual se llamaba antes *Q* 7153
Neh 11.25 de Judá habitaron en *q* y sus aldeas 7153

QUIRIAT-BAAL *Quiriat-jearim No. 1*, Jos 15.60; 18.14 7154

QUIRIAT-HUZOT *Ciudad en Moab*, Nm 22.39 7155

QUIRIAT-JEARIM
1. Ciudad en Judá
Jos 9.17 sus ciudades eran Gabaón...Beerot y *Q* 7157
15.9 sale...rodeando luego a Baala, que es *Q* 7157
15.60; 18.14 Quiriat-baal (que es *Q*) y Rabá 7157
18.15 el lado del sur es desde el extremo de *Q* 7157
Jue 18.12 fueron y acamparon en *q* en Judá, por 7157
18.12 a aquel lugar...está al occidente de *Q* 7157
1 S 6.21 enviaron mensajeros a...de *Q*, diciendo 7157
7.1 vinieron los de *q* llevaron el arca de 7157
7.2 desde el día que llegó el arca a *Q*...años 7157
1 Cr 13.5 que trajesen el arca de Dios de *Q* 7157
13.6 subió David con todo Israel a Baala de *Q* 7157
2 Cr 1.4 David había traído el arca...de *q* al 7157
Esd 2.25; Neh 7.29 de *Q*, Cafira y Beerot, 743 7157
Jer 26.20 Urías hijo de Semaías, de *Q*, el cual 7157
2. Descendiente de Judá
1 Cr 2.50 los hijos de Hur...Sobal padre de *Q* 7157

Q

2.52 hijos de Sobal padre de *q* fueron Haroe....... 7157
2.53 y las familias de *q* fueron los itritas........... 7157

QUIRIAT-SANA =*Quiriat-seler*, Jos 15.49........ 7158

QUIRIAT-SEFER *Nombre antiguo de Debir*
Jos 15.15 y el nombre de Debir era antes *Q*........... 7158
15.16 que atacare a *Q*...le daré mi hija Acsa....... 7158
Jue 1.11 fue a...Debir, que antes se llamaba *Q*........ 7158
1.12 que atacare a *q* y la tomare, yo le daré........ 7158

QUISI Levita *cantor (=Cusaías)*, 1 Cr 6.44....... 7029

QUISIÓN *Ciudad levítica en Isacar (=Cisón No. 1)*, Jos 19.20.................... 7191

QUISLEU *Mes noveno en el calendario hebreo*, Neh 1.1; Zac 7.1.................... 3691

QUISLÓN *Padre de Elidad*, Nm 34.21........... 3692

QUISLOT-TABOR *Ciudad en el límite de Zabulón e Isacar (=Quesulot)*, Jos 19.12... 3696

QUITAR
Gn 8.13 *quitó* Noé la cubierta del arca, y miró........ 5493
19.9 respondieron: *Quita* allá; y añadieron
21.25 pozo de agua, que...le habían *quitado*....... 1497
30.23 hijo, y dijo: Dios ha *quitado* mi afrenta........ 622
31.9 *quitó* Dios el ganado de vuestro padre........ 5337
31.16 la riqueza que Dios ha *quitado* a...padre.... 5337
31.31 pensé...*quitarías* por fuerza a tus hijas...... 1497
35.2 *quitad* los dioses ajenos que hay entre........ 5493
37.23 *quitaron* a José su túnica, la túnica de
38.7 Er...fue malo...y le *quitó* Jehová la vida
38.10 Jehová...a él también le *quitó* la vida
38.14 se *quitó* ella los vestidos de su viudez......... 5921
38.19 se fue, y se *quitó* el velo de sobre sí
40.19 *quitará* Faraón tu cabeza de sobre ti......... 5375
41.42 Faraón *quitó* su anillo de su mano, y lo....... 5493
49.10 no será *quitado* el cetro de Judá, ni el....... 5493
Éx 3.5 dijo: No te acerques; *quita* tu calzado........... 5394
8.8 orad a Jehová para que *quite* las ranas de..... 5493
8.9 para que las ranas sean *quitadas* de ti y
8.31 y *quitó* todas aquellas moscas de Faraón...... 5493
9.15 de plaga, y serás *quitado* de la tierra.......... 3582
10.17 *quite* de mí al menos esta plaga mortal....... 5493
10.19 *quitó* la langosta y la arrojó en el Mar....... 5375
14.25 y *quitó* las ruedas de sus carros, y los........ 5493
21.14 de mi altar lo *quitarás* para que muera...... 3947
23.25 *quitaré* toda enfermedad de en medio de..... 5493
25.15 varas quedarán...no se *quitarán* de ella..... 5403
33.5 *quítate*...tus atavíos, para que yo sepa........ 3381
34.34 Moisés...*quitaba* el velo hasta que salía...... 5493
Lv 1.15 le *quitará* la cabeza, y hará que arda
1.16 *quitará* el buche y las plumas, lo cual.......... 5493
3.4,10,15 con los riñones *quitará* la grosura........ 5493
3.9 cola...la cual *quitará* a raíz del espinazo....... 5493
4.9 con los riñones *quitará* la grosura de sobre.... 5493
4.10 de la manera que se *quita* del buey del........ 7311
4.19 *quitará* toda la grosura y la hará arder....... 7311
4.31,35 y le *quitará* toda su grosura, de la.......... 5493
4.31,35 fue *quitada* la grosura del sacrificio........ 7311
6.11 *quitará* sus vestiduras y se pondrá otras...... 6584
7.4 con los riñones *quitará* la grosura de sobre.... 5493
13.58 que se le *quitare* la plaga, se lavará.......... 5493
14.42 las pondrán en lugar de las...*quitadas*....... 3947
16.23 Aarón...*quitará* las vestiduras de lino......... 6584
26.6 haré *quitar* de...tierra las malas bestias...... 7673
Nm 4.13 *quitarán* la ceniza del altar, y...paño
21.7 que *quite* de nosotros estas serpientes......... 5493
27.4 será *quitado* el nombre de nuestro padre..... 1639
36.3 la herencia de ellas será así *quitada* de....... 1639
36.3 y será *quitada* de la porción de nuestra....... 1639
36.4 así la heredad de ellas será *quitada* de la...... 1639
Dt 7.15 *quitará* Jehová de ti toda enfermedad......... 5493
12.32 no añadirás a ello, ni de ello *quitarás*........ 1639
13.5; 17.7; 19.19; 21.21; 22.21,24; 24.7 y así
quitarás el mal de en medio de ti............... 1197
17.12 y *quitarás* el mal de en medio de Israel....... 1197
19.13 *quitarás* de Israel la sangre inocente......... 1197
21.9 *quitarás* la culpa de la sangre inocente........ 1197
21.13 se *quitará* el vestido de su cautiverio
22.22 morirán...así *quitarás* el mal de Israel....... 1197
22.26 alguno se levanta...y le *quita* la vida
25.9 se acercará...y le *quitar* el calzado del........ 2502
27.25 soborno para *quitar* la vida al inocente
29.19 de que con la embriaguez *quite* la sed
Jos 5.9 hoy he *quitado* de vosotros el oprobio
5.15 *quita* el calzado de tus pies, porque el......... 5394
7.13 hasta que hayáis *quitado* el anatema de....... 5394
8.29 mandó Josué que *quitasen* del madero su..... 3381
10.27 mandó...los *quitasen* de los maderos, y...... 3381
11.15 así Josué lo hizo, sin *quitar* palabra
24.14 y *quitad* de entre vosotros los dioses......... 5493
24.23 *quitad*, pues, ahora los dioses ajenos......... 5493
Jue 10.16 *quitaron* de entre sí...dioses ajenos......... 5493
15.6 Sansón...porque le *quitó* su mujer y la dio.... 3947
20.13 los matemos, y *quitemos* el mal de Israel..... 1197
Rt 3.15 *quítate* el manto que traes sobre ti........... 3051
4.7 el uno se *quitaba* el zapato y lo daba a......... 8025
4.8 a Booz: Tómalo tú...Y se *quitó* el zapato......... 8025
1 S 7.3 *quitad* los dioses ajenos y a Astarot............ 5493
7.4 hijos de Israel *quitaron* a los baales y.......... 5493
17.26 que venciere...y...*quitare* el oprobio de..... 5493
18.4 Jonatán se *quitó* el manto que llevaba......... 6584
20.15 el nombre de Jonatán sea *quitado* de la
21.6 habían sido *quitados* de la presencia de....... 5493
21.6 panes...el día que aquéllos fueron *quitados*... 3947
24.11 tú andas a caza de mi vida...*quitármela*...... 3947
28.17 Jehová ha *quitado* el reino de tu mano........ 7167
30.22 no les daremos del botín que...*quitado*....... 5337
31.12 *quitaron* el cuerpo de Saúl y...del muro...... 3947
2 S 3.15 Is-boset...*quitó* a su marido Paltiel........... 3947
4.11 he de demandar...y *quitaros* de la tierra?..... 1197
7.15 de Saúl, al cual *quité* de delante de ti.......... 5493
12.30 *quitó* la corona de la cabeza de su rey....... 3947
14.14 ni Dios *quita* la vida, sino que provee
16.9 me dejes pasar, y le *quitaré* la cabeza......... 5493
17.8 osa cuando le han *quitado* sos cachorros...... 7909
24.10 *quites* el pecado de tu siervo, porque......... 5674
1 R 2.31 y *quita* de mí...la sangre que Joab ha........ 5493
11.34 no *quitaré* nada del reino de sus manos...... 3947
11.35 *quitaré* el reino de la mano de su hijo........ 3947
15.12 *quitó*...a los sodomitas, y *q*...los ídolos....... 5674
15.14 sin embargo, los...altos nose *quitaron*....... 5493
15.22 *quitaron* de Ramá la piedra y la madera..... 5375
19.4 *quítame* la vida, pues no soy yo mejor que..... 3947
19.10,14 y me buscan para *quitarme* la vida........ 3947
20.41 él se *quitó* de pronto la venda de sobre
22.43 los lugares altos no fueron *quitados*.......... 5493
2 R 2.3,5 que Jehová te *quitará* hoy a tu señor......... 2347
2.9 pide...antes de que yo sea *quitado* de ti........ 3947
2.10 si me vieres cuando fuere *quitado* de ti........ 3947
3.2 *quitó* las estatuas de Baal que su padre........ 5493
4.27 se acercó Giezi para *quitarla*; pero el
12.3;15.4 los lugares altos no se *quitaron*........... 5493
14.4;15.35 lugares altos no fueron *quitados*......... 5493
16.17 les *quitó* las fuentes...*q* también el mar...... 5493
16.18 *quitó* el templo de Jehová, por causa
17.18 airó...los *quitó* de delante de rostro.......... 5493
17.23 Jehová *quitó* a Israel de delante de su........ 5493
18.4 él *quitó* los lugares altos, y quebró las......... 5493
18.16 Ezequías *quitó* el oro de las puertas del...... 7112
18.22 cuyos lugares altos y altares ha *quitado*...... 5493
23.5 y *quitó* a los sacerdotes idólatras que......... 7760
23.11 *quitó*...los caballos que...dedicado al sol..... 7673
23.19 los lugares altos...*quitó* también Josías...... 5493
23.27 *quitaré* de...a Judá, como *quité* a Israel...... 5493
24.3 Judá...para *quitarla* de su presencia, por..... 5493
1 Cr 5.25 de los pueblos...Jehová había *quitado*....... 8045
17.13 no *quitaré* de él mi misericordia, como....... 5493
17.13 como la *quité* de aquel que fue antes......... 5493
21.8 te ruego que *quites* la iniquidad de tu......... 5674
2 Cr 14.3 *quitó* los altares del culto extraño.......... 5493
14.5 *quitó*...los lugares altos y las imágenes........ 5493
15.8 oyó Asa...*quitó* los ídolos abominables de..... 3920
15.17 los lugares altos no eran *quitados* de......... 5493
17.6 *quitó* los lugares altos y las imágenes
19.3 has *quitado* de la...las imágenes de Asera.... 1197
20.33 los lugares altos no fueron *quitados*.......... 5493
30.14 *quitaron* los altares...*q* también todos
32.12 que ha *quitado* sus lugares altos y sus........ 5493
33.8 nunca más *quitaré* el pie de Israel de la....... 5493
33.15 *quitó* los dioses ajenos, y el ídolo de
34.33 *quitó* Josías todas las abominaciones de
35.23 *quitadme* de...estoy gravemente herido
36.3 el rey de Egipto lo *quitó* de Jerusalén
Neh 4.23 ni yo...nos *quitamos* nuestro vestido......... 6584
5.10 grano; *quitémosles* ahora este gravamen...... 5800
Est 3.10 el rey *quitó* el anillo de su mano,y........... 5493
4.4 hacerle *quitar* el cilicio; mas él no los.......... 5493
8.2 y se *quitó* el rey el anillo que recogió de........ 5674
Job 1.21 dijo...Jehová dio, y Jehová *quitó*; sea......... 3947
7.21 ¿y por qué no *quitas* mi rebelión, y............ 5674
9.34 *quite* de sobre mí su vara, y su terror.......... 5493
12.20 priva...y *quita* a los ancianos el concejo..... 3947
12.24 *quita* el entendimiento a los jefes de.......... 5493
13.14 ¿por qué *quitaré* yo mi carne con mis......... 5375
19.9 me ha...*quitado* la corona de mi cabeza........ 5493
24.9 *quitan* el pecho a los huérfanos,y de.......... 2254
24.10 a los hambrientos *quitan* las gavillas......... 5375
27.2 vive Dios, que ha *quitado* mi derecho, y........ 5493
27.5 muera, no *quitaré* de mí mi integridad........ 5493
27.8 impío...cuando Dios le *quitare* la vida?........ 7953
33.17 *quitar* al hombre de su obra, y apartar....... 5493
34.5 justo, y Dios me ha *quitado* mi derecho........ 5493
34.20 y sin mano será *quitado* el poderoso.......... 5493
36.18 no sea que en su ira te *quite* con golpe....... 5496
38.15 la luz de los impíos es *quitada* de ellos....... 4513
42.10 *quitó* Jehová la aflicción de Job, cuando...... 7725
S 31.13 consultan...e idean *quitarme* la vida.......... 3947
39.10 *quita* de...mí tu plaga; estoy consumido...... 5493
51.11 no...y no *quites* de mí tu santo espíritu...... 3947
78.30 no habían *quitado* de sí su anhelo, aún
84.11 no *quitará* el bien a los que andan en........ 4513
89.33 mas no *quitaré* de él mi misericordia......... 6331
94.6 matan, y a los huérfanos *quitan* la vida
104.29 les *quitas* el hálito, dejan de ser............. 622
119.39 *quita* de mí el oprobio que he temido
119.43 no *quites* de mi boca...la palabra de........ 5337
Pr 1.19 cual *quita* la vida de sus poseedores........... 3947
15.1 la blanda respuesta *quita* la ira; mas......... 7725
20.16 *quítale* su ropa al que salió por fiador........ 3947
22.27 han de *quitar* tu cama de debajo de ti?....... 3947
25.4 *quita* las escorias de la plata, y saldrá......... 1898
25.20 es como el que *quita* la ropa en tiempo........ 5710
27.13 *quítale* su ropa al que salió fiador por........ 3947
Ec 11.10 *quita*, pues, de tu corazón el enojo.......... 5493
Cnt 5.7 me *quitaron* mi manto de encima los......... 5375
Is 1.16 *quitad* la iniquidad de vuestras obras......... 5493
1.25 y limpiaré...y *quitaré* toda tu impureza....... 5493
2.18 y *quitará* totalmente los ídolos............... 2498
3.1 *quita* de Jerusalén...al sustentador y al........ 5493
3.18 en aquel día *quitará* el Señor el atavío........ 5493
4.1 llevar tu nombre, *quita* nuestro oprobio....... 2388
5.5 le *quitaré* su vallado, y será consumida......... 5493
5.23 los que...y al justo *quitan* su derecho!......... 5493
5.29 se la llevarán con...y nadie se la *quitará*...... 5337
6.7 es *quitada* tu culpa, y limpio tu pecado......... 5493
7.20 el pelo de...y aun la barba también *quitará*... 5595
8.4 será *quitada* la riqueza de Damasco y los...... 5376
10.2 para *quitar* el derecho a los afligidos.......... 1497
10.6 para que *quite* despojos, y arrebate presa..... 7997
10.13 *quité* los territorios de los pueblos............ 5493
10.27 su carga será *quitada* de tu hombro, y....... 5493
14.25 y su carga será *quitada* de su hombro........ 5493
16.10 *quitado* es el gozo y...del campo fértil......... 622
18.5 podará con...cortará y *quitará* las ramas..... 5493
20.2 *quita* el cilicio de tus lomos, y descalza....... 6605
22.25 el clavo hincado el...firme será *quitado*...... 4185
25.8 *quitará* la afrenta de su pueblo de toda....... 5493
30.11 *quitad* de nuestra presencia al santo de...... 7673
30.20 maestros nunca más te serán *quitados*....... 3670
32.6 vacía...y *quitando* la bebida al sediento
36.7 aquel cuyos altares hizo *quitar* Ezequías...... 5493
49.24 ¿será *quitado* el botín al valiente?............ 3947
51.22 he aquí he *quitado* de tu mano el cáliz....... 3947
53.8 por cárcel y por juicio fue *quitado*; y......... 3947
57.1 de delante de la aflicción es *quitado* el......... 622
57.14 *quitad* los tropiezos del camino de mi........ 7311
58.9 si *quitares* de en medio de ti el yugo........... 5493
62.10 *quitad* las piedras, alzad pendón a los....... 5619
Jer 4.1 si *quitares* de...mí tus abominaciones......... 5493
4.4 y *quitad* el prepucio de vuestro corazón........ 5493
5.10 *quitad* las almenas de sus muros, porque...... 5493
16.5 he *quitado* mi paz de este pueblo, dice.......... 622
27.20 no *quitó* Nabucodonosor rey...cuando......... 3947
28.10 Hananías *quitó* el yugo del cuello del......... 3947
28.16 te *quito* de sobre la faz de la tierra........... 7971
32.31 para que la haga *quitar* de mi presencia..... 5493
48.2 venid, y *quitémosla* de entre...naciones
51.55 y *quitará* de ella la mucha jactancia
Lm 2.6 *quitó* su tienda como enramada de huerto
Ez 11.18 volverán...y *quitarán*...sus idolatrías......... 5493
11.19 y *quitaré* el corazón de piedra de en......... 5493
16.50 abominación...y cuando lo vi las *quité*....... 5493
21.26 *quita* la corona; esto no será más así......... 7311
23.25 te *quitarán* tu nariz y tus orejas, y lo......... 5493
24.6 olla...cuya herrumbre no ha sido *quitada*!..... 3318
24.16 *quito* de golpe el deleite de tus ojos........... 3947
26.16 *quitarán* sus mantos, y desnudarán sus
34.25 paz, y *quitaré* de la tierra las fieras........... 7673
36.26 *quitaré*...corazón de piedra, y os daré......... 5493
38.13 *quitar* plata y oro,para tomar ganados......... 962
42.5 las galerías *quitaban* de ellas más que de
44.19 cuando salgan...*quitarán* las vestiduras...... 6584
45.9 *quitad* vuestras imposiciones de sobre mi...... 7311
Dn 2.21 él muda los...*quita* reyes, y pone reyes........ 5709
4.14 *quitadle* el follaje, y dispersad su fruto........ 5426
4.31 se te dice...reino ha sido *quitado* de ti......... 5709
7.12 *quitado* a las otras bestias su dominio.......... 5709
7.26 y le *quitarán* su dominio para que sea......... 5709
8.11 por él fue *quitado* el continuo sacrificio....... 7311
9.26 *quitará* la vida al Mesías, mas no por sí....... 3772
11.31 tropas...*quitarán* el continuo sacrificio....... 5493
12.11 desde...que sea *quitado* el...sacrificio........ 5493
Os 1.6 no me compadeceré...los *quitaré* del todo...... 5375
2.9 *quitaré* mi lana y mi lino que había dado....... 3947
2.17 porque *quitaré* de su boca los nombres de..... 5493
2.18 y *quitaré* de la tierra arco y espada y
4.11 fornicación...y mosto *quitan* el juicio........ 3947
9.12 si llegaren a grandes sus...los *quitaré*......... 7921
13.11 te di rey en...y te lo *quité* en mi ira.......... 3947
14.2 *quita* toda iniquidad, y acepta el bien......... 5375
Jl 1.5 porque os es *quitado* de vuestra boca........... 3772
1.13 *quitada* es de la casa...la ofrenda y la........ 4513
Am 2.3 y *quitaré* el juez de en medio de él, y......... 3772
5.23 *quita* de mí la multitud de tus cantares....... 5493
Jon 4.3 te ruego que me *quites* la vida; porque........ 3947
Mi 1.11 llanto de Bet-esel os *quitará* su apoyo
2.4 ¡cómo nos *quitó* nuestros campos! Los dio...... 5375
2.8 *quitasteis* las capas atrevidamente a los....... 6584
2.9 niños *quitasteis* mi perpetua alabanza......... 3947
3.2 les *quitáis* su piel y su carne de sobre......... 1497
Hab 3.17 las ovejas sean *quitadas* de la majada....... 1504
Sof 3.11 *quitaré*...a los que se alegran en tu.......... 5493
Zac 3.4 ángel...*Quitadle* esas vestiduras viles........ 5493
3.4 dijo: Mira que ha *quitado* de ti tu pecado....... 5674
3.9 *quitaré* el pecado de la tierra en undía........ 5493
9.7 *quitaré* la sangre de su boca...sus dientes...... 5493
13.2 *quitaré* de...los nombres de las imágenes..... 3772
Mt 5.40 **y *quitarte* la túnica, déjale...la capa**........... *2983*
9.15 días cuando el esposo les será *quitado*.......... *522*
13.12 pero...aun lo que tiene le será *quitado*........ *142*
16.23 ¡*quítate* de delante de mí, Satanás!........... *5217*
21.21 si...dijereis: *Quítate* y échate en el mar....... *142*
21.43 el reino de...será *quitado* de vosotros........ *142*
25.28 *quitadle*, pues, el talento, y dadlo al
25.29 al que...aun lo que tiene le será *quitado*
26.51 hiriendo a un siervo...le *quitó* la oreja
27.31 le *quitaron* al manto, le pusieron sus
Mr **2.20 cuando el esposo les será *quitado*, y**
3.4 ¿es lícito...salvar la vida, o *quitarla*?
4.15 y *quita* la palabra que se sembró en sus
4.25 que no tiene...lo que tiene se le *quitará*
8.33 ¡*quítate* de delante de mí, Satanás!................ *142*
11.23 este monte: *Quítate* y échate en el mar......... *142*
15.46 y *quitándolo*, lo envolvió en la sábana......... *2507*
Lc 1.25 se dignó *quitar* mi afrenta entre los............ *851*
1.52 *quitó* de los tronos a los poderosos, y
5.35 días cuando el esposo les será *quitado*.......... *522*
6.9 ¿es lícito en...salvar la vida, o *quitarla*?
8.12 y *quita* de su corazón la palabra, para......... *142*
8.18 y a todo el que no tiene...se le *quitará*
10.42 buena parte, la cual no le será *quitada*........ *851*
11.22 le *quita* todas sus armas...y reparte el........ *142*
11.52 habéis *quitado* la llave de la ciencia........... *142*

12.5 **después de haber *quitado* la vida, tiene**
16.3 **porque mi amo me *quita* la mayordomía** *851*
16.4 **que cuando me *quite* de la mayordomía, me** ... *3179*
19.24 ***quitadle* la mina, y dadla al que tiene** *142*
19.26 **al que no tiene, aun lo... se le *quitará*** *142*
23.53 *quitándolo*, lo envolvió en una sábana *2507*
Jn 1.29 el Cordero... *quita* el pecado del mundo *142*
2.16 **dijo... *Quitad* de aquí esto, Y no lo hagáis** *142*
10.18 **nadie me la *quita*, sino que yo de mí** *2983*
11.39 **dijo Jesús: *Quitad* la piedra... Marta, la** *142*
11.41 entonces *quitaron* la piedra de donde *142*
13.4 se *quitó* su manto, y tomando una toalla
15.2 **que en mí no lleva fruto, lo *quitará*** *142*
16.22 **gozará... nadie os *quitará* vuestro gozo** *142*
17.15 **no ruego que los *quites* del mundo, sino** *142*
19.31 quebrasen las... y fuesen *quitados* de allí *142*
20.1 María... vio *quitada* la piedra del sepulcro *142*
Hch 7.33 *quita* el calzado de tus pies, porque *3089*
8.33 porque fue *quitada* de la tierra de su vida *142*
13.22 *quitado* esté... levantó por rey a David *3179*
13.29 *quitándolo* del madero, lo pusieron en *2507*
22.22 *quita* de la tierra a tal hombre, porque *142*
24.7 el tribuno... le *quitó* de nuestras manos *520*
Ro 11.27 mi pacto... cuando yo *quite* sus pecados *851*
1 Co 5.2 *quitado* de en medio de vosotros el que *1808*
5.13 *quitad*, pues, a ese perverso de entre *1808*
6.15 ¿*quitaré*, pues, los miembros de Cristo *142*
2 Co 3.14 velo... el cual por Cristo es *quitado* *2673*
3.16 conviertan al Señor, el velo se *quitará* *4014*
11.12 para *quitar* la ocasión de aquellos que *1581*
12.8 he rogado al Señor, que lo *quite* de mí *2673*
Gá 5.11 se ha *quitado* el tropiezo de la cruz *2673*
Ef 4.31 *quítense* de vosotros toda amargura *142*
Col 2.14 *quitándola* de en medio y clavándola *142*
2 Ts 2.7 hasta que el... sea *quitado* de en medio *1096*
2 Ti 1.10 el cual *quitó* la muerte y sacó a luz *2673*
He 9.26 vez... para *quitar* de en medio el pecado *115*
10.4 sangra de... no puede *quitar* los pecados *851*
10.9 *quita* lo primero, para establecer esto *337*
10.11 que nunca pueden *quitar* los pecados *4014*
1 P 3.21 *quitando* las inmundicias de la carne *595*
1 Jn 3.5 apareció para *quitar* nuestros pecados *142*
Ap 2.5 ***quitaré* tu candelero de su lugar, si no** *2795*
6.4 dado poder de *quitar* de la tierra la paz *2983*
22.19 si alguno *quitare* de las palabras del *851*
22.19 Dios *quitará* su parte del libro de la *851*

QUITIM
1. Hijo de Javán, Gn 10.4; 1 Cr 1.7 3794
2. La isla de Chipre
Nm 24.24 vendrán naves de... de Q, y afligirán 3794
Is 23.1 desde la tierra de *q* les es revelado 3794
23.12 levántate para pasar a Q, y aún allí 3794
Jer 2.10 pasad a las costas de *q* y mirad; y 3794
Ez 27.6 tus bancos de pino de las costas de Q 3794
Dn 11.30 vendrán contra él naves de Q, y él 3794

QUITLIS *Ciudad en Judá*, Jos 15.40 3798

QUITRÓN *Población de Zabulón*, Jue 1.30 7003

QUIÚN *Dios de Mesopotamia*, Am 5.26 3594

QUIZÁ
Gn 16.2 *q* tendré hijos de ella. Y 194
18.24 *q* haya cincuenta justos dentro 194
18.28 *q* faltarán de cincuenta justos 194
18.29 *q* se hallarán allí cuarenta 194
18.30 *q* se hallarán allí treinta. Y 194
18.31 *q* se hallarán allí veinte. No 194
18.32 *q* se hallarán allí diez. No 194
24.39 *q* la mujer no querrá seguirme 194
26.9 *q* moriré por causa de ella 6435
27.12 *q* me palpará mi padre, y me 194
31.31 pues pensé que *q* me quitarías 6435
32.20 *q* le seré acepto 194
43.12 *q* fue equivocación 194
50.15 *q* nos aborrecerá José, y nos 3863
Éx 32.30 *q* le aplacaré acerca de 194
Nm 22.6 *q* yo pueda herirlo y echarlo de 194
22.11 *q* podré pelear contra él y 194
23.3 *q* Jehová me vendrá al 194
Jos 9.7 *q* habitáis en medio de 194
14.12 *q* Jehová estará conmigo, y 194
1 S 6.5 *q* aliviará su mano de sobre 194
9.5 porque, *q* mi padre, abandonada 6435
9.6 *q* nos dará algún indicio 194
14.6 *q* haga algo Jehová por
2 S 14.15 *q* el hará lo que su sierva
16.12 *q* mirará Jehová mi aflicción
1 R 18.27 *q* está meditando, o tiene 194
2 R 2.16 *q* lo ha levantado el espíritu
19.4 *q* oirá Jehová tu Dios todas 194
Job 1.5 *q* habrán pecado mis hijos, y 194
Is 37.4 *q* oirá Jehová tu Dios las
47.12 *q* podrás mejorarte, quizá te fortalecerás 194
Jer 20.10 *q* se engañará, decían y 194
21.2 *q* Jehová hará con nosotros
26.3 *q* oigan, y se vuelvan cada uno
36.3 *q* oiga la casa de Judá todo el
36.7 *q* llegue la oración de ellos a
51.8 *q* sane
Am 5.15 *q* Jehová Dios de los
Jon 1.6 *q* él tendrá compasión de *194*
Sof 2.3 *q* seréis guardados en el día 194
Lc 20.13 *q* **cuando le vean a él, le** *2481*
Hch 8.22 si *q* te sea perdonado el *686*
1 Co 7.16 si *q* harás salvo a tu marido? *1487*
7.16 si *q* harás salva a tu mujer? *1487*
2 Co 1.17 ¿usé *q* de ligereza? ¿O lo que
12.21 y *q* tenga que llorar por muchos
2 Ti 2.25 por si *q* Dios les conceda que *3379*
Flm 15 porque *q* para esto se apartó de *5029*

R

RAAMA
1. Hijo de Cus, Gn 10.7; 1 Cr 1.9(2) 7484
2. Tribu descendiente de No. 1, Ez 27.22 7484

RAAMÍAS *Uno que regresó del cautiverio con Zorobabel (=Reelaías)*, Neh 7.7 7485

RABÁ
1. Ciudad capital de Amón
Dt 3.11 su cama... ¿no está en *R* de los hijos de 7237
Jos 13.25 hasta Aroer, que está enfrente de *R* 7237
2 S 11.1 sitiaron a *R*; pero David se quedó en 7237
12.26 Joab peleaba contra *R* de los... de Amón 7237
12.27 yo he puesto sitio a *R*, y he tomado la 7237
12.29 fue contra *R*, y combatió contra ella 7237
17.27 hijo de Nahas, de *R* de los hijos de Amón 7237
1 Cr 20.1 vino y sitió a *R*!... y Joab batió a *R* 7237
20.2 tomó David la corona de... del rey de *R* 7237
Jer 49.2 haré oír clamor de guerra en *R* de los 7237
49.3 clamad, hijas de *R*, vestíos de cilicio 7237
Ez 21.20 por donde venga la espada a *R* de los 7237
25.5 pondré a *R* por habitación de camellos 7237
Am 1.14 encenderé fuego en el muro de *R*, y 7237
2. Ciudad en Judá, Jos 15.60 7237

RABÍ
Mt 23.7 **y que los hombres los llamen: *R*, *R*** *4461*
23.8 **pero vosotros no queráis que os llamen *R*** *4461*
Jn 1.38 ellos le dijeron: *R*!... ¿dónde moras? *4461*
1.49 *R*, tú eres el Hijo de Dios; tú eres el *4461*
3.2 R, sabemos que has venido de Dios como *4461*
3.26 *R*, mira que el que estaba contigo al *4461*
4.31 sus discípulos le rogaban, diciendo: *R* *4461*
6.25 le dijeron: *R*, ¿cuándo llegaste acá? *4461*
9.2 *R*, ¿quién pecó, éste o sus padres, para *4461*
11.8 *R*, ahora procuraban... judíos apedrearte *4461*

RABIT *Población en la frontera de Isacar*, Jos 19.20 7245

RABMAG *Título de un funcionario de Babilonia*, Jer 39.3,13 7248

RABONI
Jn 20.16 dijo: ¡*R*! (que quiere decir, Maestro) *4462*

RABSACES *Título de un funcionario de Asiria o Babilonia*
2 R 18.17 el rey de Asiria envió... al *R*, con un 7262
18.19 les dijo el *R*: Decid ahora a Ezequías 7262
18.26 dijo... Joa, al *R*!... rogamos que hables a 7262
18.27 el *R* les dijo: ¿Me ha enviado mi señor 7262
18.28 el *R* se puso en pie y clamó a gran voz 7262
18.37 vinieron... contaron las palabras del *R* 7262
19.4 oirá Jehová tu Dios... las palabras del *R* 7262
19.8 regresando el *R*, halló al rey de Asiria 7262
Is 36.2 envió al *R* con un gran ejército desde 7262
36.4 cuales dijo el *R*!... Decid ahora a Ezequías 7262
36.11 dijeron... al *R*: Te rogamos que hables a 7262
36.12 y dijo el *R*: ¿Acaso me envió mi señor 7262
36.13 entonces el *R* se puso en pie y gritó a 7262
36.22 vinieron... contaron las palabras del *R* 7262
37.4 quizá oirá... tu Dios las palabras del *R* 7262
37.8 *R*, halló al rey de Asiria que combatía 7262

RABSARIS *Eunuco principal, título de un funcionario de Asiria o Babilonia*, 2 R 18.17; Jer 39.3,13 ... 7249

RACAL *Aldea en Judá*, 1 S 30.29 7403

RACAT *Ciudad fortificada en Nettalí*, Jos 19.35 .. 7557

RACIMO
Gn 40.10 en la vid... viniendo a madurar sus *r* 811
Nm 13.23 cortaron un sarmiento con... *r* de uvas 811
13.24 Valle de Escol, por el *r* que cortaron 811
Dt 32.32 vid... uvas ponzoñosas, *r* muy amargos 811
1 S 25.18 Abigail tomó... cien *r* de uvas pasas 811
30.12 le dieron... higos secos y dos *r* de pasas 811
2 S 16.1 cien *r* de pasas, cien panes de higos 6778
Cnt 1.14 *r* de flores de alheña en las viñas de 6778
7.7 tu estatura... palmera, y tus pechos a los *r* 6778
7.8 deja que tus pechos sean como *r* de vid 6778
Is 65.8 como si alguno hallase mosto en un *r* 6778
Mi 7.1 han rebuscado... y no queda *r* para comer 6778
Ap 14.18 vendimia los *r* de la tierra, porque *1009*

RACIÓN
Gn 47.22 sacerdotes tenían *r*... comían la *r* 2706
Dt 18.8 igual *r* a la de los otros comerá 2506
Pr 31.15 y da comida a su... y *r* a sus criadas 2506
Jer 52.34 se le daba una *r* de parte del rey de 1697
Dn 1.5 y les señaló el rey *r* para cada día, de 1697
1.13 que comen de la *r* de la comida del rey 6598
Lc 12.42 **casa, para que a tiempo les dé su *r*?** *4620*

RACIONAL
Ro 12.1 en sacrificio... que es vuestro culto *r* *3050*

RACÓN *Aldea en Dan*, Jos 19.46 7542

RADAI *Quinto hijo de Isaí de Belén*, 1 Cr 2.14 ... 7288

RADICAR
Jue 5.14 de Efraín vinieron los radicados en 8328

RAER
Gn 6.7 *raeré* de sobre la faz de la tierra a 4229
7.4 *raeré*... de la tierra a todo ser viviente 4229
7.23 y fueron *raídos* de la tierra, y quedó 4229
Éx 17.14 *raeré* del todo la memoria de Amalec 4229
32.12 *raerlos* de sobre la faz de la tierra 3615
32.32 si no, *ráeme* ahora de tu libro que has 4229
32.33 al que pecare contra mí, a éste *raeré* 3615
Lv 13.55 esté lo *raído* en... o en el revés de
14.8 y *raerá* todo su pelo, y se lavará con 1548
14.9 *raerá*... el pelo de su cabeza, su barba y 1548
21.5 ni *raerán* la punta de su barba, ni en su 1548
Nm 6.9 día de su purificación *raerá* su cabeza 1548
6.18 el nazareo *raerá*... su cabeza consagrada 1548
6.19 que fuere *raída* su cabeza consagrada 1548
Dt 12.3 sus dioses, y *raeréis* su nombre de aquel 6
1 R 13.34 *raída* de sobre la faz de la tierra 8045
15.29 mató... la casa de Jeroboam... hasta *raerla* ... 8045
2 R 14.27 no había determinado *raer* el nombre 4229
Sal 69.28 sean *raídos* del libro de... vivientes 4229
Is 3.17 *raerá* la cabeza de las hijas de Sion 5596
7.20 día el Señor *raerá* con navaja alquilada 1548
13.9 la tierra... *raer* de ella a los pecadores 8045
14.22 y *raeré* de Babilonia el nombre y el 3772
48.19 nunca su nombre sería cortado, ni *raído* 8045
55.13 por señal eterna que nunca será *raída* 3772
Jer 16.6 ni se *raerán* los cabellos por ellos 7139
38.11 tomó... trapos viejos y ropas *raídas* y 4418
38.12 pon... trapos viejos y ropas *raídas* y 4418
41.5 ochenta hombres, *raída* la barba y rotas 1548
48.37 toda cabeza será rapada, y... barba *raída* 1639
Ez 27.31 *raerán* por ti los cabellos... cilicio 7139
Mi 1.16 *ráete* y trasquílate por los hijos de 7139
Sof 1.3 *raeré* a los hombres de sobre la faz 3772

RAFA
1. Hijo de Benjamín, 1 Cr 8.2 7498
2. Descendiente del rey Saúl (=Refaías No. 4), 1 Cr 8.37 7498

RAFAEL *Portero del templo en tiempo de David*, 1 Cr 26.7 7501

RAFU *Padre de Palti No. 1*, Nm 13.9 7505

RAGAU *Ascendiente de Jesucristo (=Reu)*, Lc 3.35 .... *4466*

RAGÜEL *Suegro de Moisés (=Jetro)*, Nm 10.29 ... 7467

RAHAB
1. Ramera habitante de Jericó
Jos 2.1 entraron en casa de una ramera que... *R* 7343
2.3 el rey de... envió a decir a *R*: Saca a los 7343
6.17 solamente *R* la ramera vivirá, con todos 7343
6.23 sacaron a *R*, a su padre, a su madre, a 7343
6.25 mas Josué salvó la vida a *R* la ramera 7343
He 11.31 por la fe *R*!... no pereció juntamente con *4460*
Stg 2.25 *R* la... ¿no fue justificada por obras *4460*
2. Voz poética que se refiere a Egipto
Sal 87.4 yo me acordaré de *R* y de Babilonia 7294
89.10 tú quebrantaste a *R* como a herido de 7294
Is 51.9 ¿no eres tú el que cortó a *R*, y el que 7294
3. Mujer de Salomón y madre de Booz (posiblemente =No. 1), Mt 1.5 .... *4477*

RAHAM *Descendiente de Judá*, 1 Cr 2.44 7357

RAÍDO, A *Véase también Raer*
Lv 13.55 lo *r* en el derecho o en el revés de 7146
Jer 38.11 tomó de allí... ropas *r* y andrajosas 4418
38.12 pon ahora esos trapos viejos y ropas *r* 4418

RAÍZ
Lv 3.9 cola... la cual quitará a *r* del espinazo
Dt 29.18 haya... *r* que produzca hiel y ajenjo 8328
2 R 19.30 volverá a echar *r* abajo, y llevará 8328
Job 5.3 yo he visto al necio que echaba *r*, y en 8327
8.17 entretejiendo sus *r* junto a una fuente 8328
14.8 si se envejeciere en la tierra su *r*, y 8328
18.16 abajo se secarán sus *r*, y arriba serán 8328
19.28 ya que la *r* del asunto se halla en mí 8328
28.9 su mano, y trastornó de *r* los montes 8328
29.19 mi *r* estaba abierta junto a las aguas 8328
30.4 recogían... *r* de enebro para calentarse 8328
Sal 80.9 hiciste arraigar sus *r*, y llenó la 8327
Pr 12.3 la *r* de los justos no será removida 8328
12.12 el impío... la *r* de los justos dará fruto 8328
Is 5.24 será su *r* como podredumbre, y su flor 8328
11.1 de Isaí, y un vástago retoñará de sus *r* 8328
11.10 la *r* de Isaí, la cual estará puesta por 8328
14.29 de la *r* de la culebra saldrá áspid, y 8328

14.30 haré morir de hambre tu r, y destruiré....... 8328
27.6 días vendrán cuando Jacob echará r.......... 8327
37.31 volverá a echar r abajo, Y dará fruto......... 8328
40.24 como si nunca...hubiera tenido r en la......... 8327
53.2 subirá cual renuevo...y r de tierra seca....... 8328
Jer 12.2 plantaste, y echaron r; crecieron y............ 8327
12.17 arrancaré esa nación, sacándola de r y...... 5428
17.8 junto a la corriente echará sus r, y no........ 8328
Ez 17.6 sus r estaban debajo de ella; así que.......... 8328
17.7 que esta vid juntó cerca de ella sus r.......... 8328
17.9 arrancará sus r, y destruirá su fruto.......... 8328
17.9 ni mucha gente para arrancarla de sus r...... 8328
31.7 porque su r estaba junto a muchas aguas..... 8328
Dn 4.15,23 cepa de sus r dejaréis en la tierra.......... 8330
4.26 orden de dejar...cepa de las r del árbol....... 8330
11.7 un renuevo de sus r se levantará sobre....... 8328
Os 9.16 Efraín fue herido, su r está seca, no.......... 8328
14.5 Israel...extenderá sus r como el Líbano....... 8328
Am 2.9 destruí su fruto arriba y sus r abajo.......... 8328
Zac 6.12 el Renuevo, el cual brotará de sus r
Mal 4.1 abrasará...no les dejará ni r ni rama.......... 8328
Mt 3.10 también el hacha está puesta a la r de........ *4491*
13.6 **se quemó; y porque no tenía r, se secó**........ *4491*
13.21 **pero no tiene r...es de corta duración**........ *4491*
Mr 4.6 **se quemó; y porque no tenía r, se secó**........ *4491*
4.17 **pero no tienen r en sí, sino que son de**........ *4491*
11.20 la higuera se había secado desde las r......... *4491*
Lc 3.9 hacha está puesta a la r de los árboles.......... *4491*
8.13 **no tienen r; creen por algún tiempo, y**......... *4491*
Ro 11.16 y si la r es santa...lo son las ramas............ *4491*
11.17 has sido hecho participante de la r y......... *4491*
11.18 no sustentas tú a la r, sino la r a ti............ *4491*
15.12 dice Isaías: Estará la r de Isaí, y el............ *4491*
1 Ti 6.10 r de...los males es el amor al dinero.......... *4491*
He 12.15 que brotando alguna r de amargura, os....... *4491*
Ap 5.5 el León de...la r de David, ha vencido.......... *4491*
22.16 **yo soy la r y el linaje de David, la**............. *4491*

RAM
1. Ascendiente del rey David (=Aram No. 1),
Rt 4.19; 1 Cr 2.9,10.............................. 7410
2. Hijo de Jerameel, 1 Cr 2.25,27..................... 7410
3. Ascendiente de Eliú No. 5, Job 32.2................. 7410

RAMÁ
1. Ciudad en Benjamín, Jos 18.25; Esd 2.26;
Neh 7.30; 11.33.................................. 7414
Jue 4.5 la palmera de Débora, entre R y Bet-el........ 7414
19.13 ven...para pasar la noche en Gabaa o en S.. 7414
1 R 15.17 edificó a R, para no dejar a ninguno.......... 7414
15.21 oyendo esto Baasa, dejó de edificar a R....... 7414
15.22 y quitaron de R la piedra y la madera........ 7414
2 Cr 16.1 subió Baasa rey de...y fortificó a R.......... 7414
16.5 oyendo...Baasa, cesó de edificar a R, y........ 7414
16.6 se llevaron de R la piedra y la madera........ 7414
Is 10.29 Geba, R tembló; Gabaa de Saúl huyó......... 7414
Jer 40.1 capitán de...guardia le envió desde R........ 7414
Os 5.8 tocad...trompeta en R: sonad alarma en........ 7414
Mt 2.18 voz fue oída en R!...Raquel que llora a........ *4471*
2. Ciudad en la frontera de Aser, Jos 19.29......... 7414
3. Ciudad en Neftalí, Jos 19.36....................... 7414
4. Ciudad en Efraín
1 S 1.19 y volvieron y fueron a su casa en R........... 7414
2.11 Elcana se volvió a su casa en R; y el.......... 7414
7.17 volvía a R, porque allí estaba su casa.......... 7414
8.4 ancianos...vinieron a R para ver a Samuel..... 7414
15.34 se fue luego Samuel a R, y Saúl subió........ 7414
16.13 levantó luego Samuel, y se volvió a R......... 7414
1 S 19.18 vino a Samuel en R, y le dijo todo lo.......... 7414
19.19 he aquí que David está en Naiot en R........ 7414
19.22 él mismo fue a R; y llegando al...pozo........ 7414
19.22 respondió: He aquí están en Naiot en R...... 7414
19.23 y fue a Naiot en R!...llegó a Naiot en R...... 7414
20.1 después David huyó de Naiot en R, y vino..... 7414
25.1 Samuel...y lo sepultaron en su casa en R...... 7414
28.3 y le habían sepultado en R, su ciudad........ 7414
Jer 31.15 voz fue oída en R, llanto y lloro................ 7414

RAMA
Gn 49.22 r fructífera es José, r...junto a una.......... 1121
Lv 23.40 tomaréis el primer día r con fruto de........ 6529
23.40 r de palmeras, r de árboles frondosos........ 6059
Dt 24.20 no recorrerás las r que hayas dejado......... 6288
Jue 9.48 Abimelec...cortó una r de los árboles........ 7754
9.49 el pueblo cortó también cada uno su r........ 7754
2 S 18.9 y el mulo entró por debajo de las r............ 7730
Neh 8.15 salid al monte, y traed r de olivo............ 5929
8.16 trajeron r e hicieron tabernáculos, cada...... 5929
Job 15.30 no escapara...la llama secará sus r........ 3127
18.16 raíces, y arriba serán cortadas sus r......... 7105
29.19 aguas, y en mis r permanecía el rocío........ 7105
Sal 104.12 las aves de los...cantan entre las r......... 6073
Pr 11.28 mas los justos reverdecerán como r.......... 5929
Cnt 7.8 dije: Subiré a la palmera, asiré sus r.......... 5577
Is 9.14 cortará de...r y caña en un mismo día......... 3712
17.6 en la punta de la r...r más fructíferas........ 534
17.9 como los frutos que quedan en...en las r....... 2793
18.5 entonces podará...cortará y quitará las r..... 5189
19.15 cosa que haga la cabeza o la cola, la r....... 3712
27.10 allí tendrá su majada, y acabará sus r........ 5585
27.11 r se sequen, serán quebradas; mujeres........ 7105
Jer 11.16 hizo encender fuego...quebraron sus r....... 1808
Ez 17.6 sus r miraban al águila, y sus raíces........... 1808
17.7 y extendió hacia ella sus r, para ser........... 1808
17.8 hiciese r y diese fruto, y...fuese vid........... 6057
17.23 lo plantaré, y alzará r, y dará fruto, y........ 6057
17.23 las aves...a la sombra de sus r habitarán.... 1808
19.11 se elevó su estatura por...entre las r......... 1808
19.12 r fuertes fueron quebradas y se secaron..... 4294
19.14 y ha salido fuego de la vara de sus r........... 905
31.3 era...de hermosas r, de frondoso ramaje....... 6057
31.3 el asirio...su copa estaba entre densas r...... 5688
31.5 se multiplicaron sus r, y a causa de las........ 5634
31.6 en sus r hacían nido todas las aves del........ 5589
31.7 hermoso en su...con la extensión de sus r..... 1808
31.8 las hayas no fueron semejantes a sus r........ 5589
31.9 lo hice hermoso con la multitud de sus r....... 5589
31.10 levantado...entre densas r, su corazón....... 5688
31.12 sus r caerán sobre los montes...valles........ 6288
31.13 sobre sus restarán todas las bestias.......... 6288
36.8 daréis vuestras r, y llevaréis vuestro.......... 6057
Dn 4.12 sus r hacían morada las aves del cielo........ 6056
4.14 y cortad sus r, quitadle el follaje, y............ 6056
4.14 váyanse las bestias...y las aves de sus r....... 6056
4.21 en cuyas r anidaban las aves del cielo......... 6056
Os 14.6 se extenderán sus r, y será su gloria.......... 3127
Jl 1.7 asoló mi vid, y...sus r quedaron blancas......... 8299
Zac 4.12 ¿qué significan las dos r de olivo que......... 7641
Mal 4.1 abrasará...no les dejará ni raíz ni r.......... 6057
Mt 13.32 **aves del cielo y hacen nidos en sus r**......... *2798*
21.8 otros cortaban r de los árboles, y las.......... *2798*
24.32 **ya su r está tierna, y brotan las hojas**........ *2798*
Mr 4.32 **echa grandes r, de tal manera que las**........ *2798*
11.8 otros cortaban r de los árboles, y las.......... *4746*
13.28 **ya su r está tierna, y brotan las hojas**........ *2798*
Lc 13.19 **las aves del cielo anidaron en sus r**.......... *2798*
Jn 12.13 tomaron r de...y salieron a recibirle.......... *902*
Hch 28.3 habiendo recogido Pablo algunas r............ *5434*
Ro 11.16 y si la raíz es santa...lo son las r.............. *2798*
11.17 si algunas de las r fueron desgajadas......... *2798*
11.18 no te jactes contra las r: y si...jactas.......... *2798*
11.19 las r, dirás, fueron desgajadas para que...... *2798*
11.21 si Dios no perdonó a las r naturales, a........ *2798*
11.24 éstos, que son las r naturales, serán.......... *2798*

RAMAJE
Is 10.33 desgajará el r con violencia, y los............ 6288
Ez 17.6 y brotó, y se hizo una vid de mucho r
31.3 el asirio frondoso r y de grande altura........ 2793
31.5 tanto...se alargó su r que había echado....... 6288
31.6 debajo de su r parían todas las bestias........ 6288
31.8 ni los castaños fueron semejantes a su r....... 6288
31.12 todos los arroyos...y será quebrado su r..... 6288

RAMATAIM *Población en Efraín (=Ramá No. 4),*
1 S 1.1.. 7436

RAMAT DEL NEGUEV *Población en Judá*
(=Baalat-beer), Jos 19.8.................... 7418

RAMAT-LEHI *Lugar donde Sansón mató a mil filisteos (=Lehi),* Jue 15.17................... 7437

RAMAT-MIZPA *Población en Gad,* Jos 13.26..... 7434

RAMATITA *Originario de Ramá,* 1 Cr 27.27..... 7435

RAMERA
Gn 34.31 tratar a nuestra hermana como a...r?....... 2181
38.15 la vio Judá, y la tuvo por r, porque........... 2181
38.21 ¿dónde está la r...No ha estado aquí r........ 6948
38.22 también...dijeron: Aquí no ha estado r........ 6948
Lv 21.7 con mujer r o infame no se casarán, ni........ 2181
21.14 no tomará viuda...ni r, sino tomará de....... 2181
Dt 23.17 no haya r...entre las hijas de Israel.......... 6948
23.18 no traerás la paga de una r ni...perro........ 2181
Jos 2.1 fueron, y entraron en casa de una r........... 2181
6.17 solamente Rahab la r vivirá, con todos........ 2181
6.22 entrad en casa de la...r, y haced salir de...... 2181
6.25 Josué salvó la vida de Rahab la r, y a......... 2181
Jue 11.1 Jefté...era hijo de una mujer r, y el.......... 2181
16.1 fue Sansón a...y vio allí a una mujer r......... 2181
1 R 3.16 vinieron al rey dos mujeres r, y se........... 2181
22.38 las r se lavaban allí), conforme a la.......... 2181
Pr 6.26 a causa de la...r el hombre es reducido....... 2181
7.10 sale...con atavío de r y astuta de corazón...... 2181
23.27 porque abismo profundo es la r, y pozo....... 2181
29.3 el que frecuenta r perderá los bienes.......... 2181
Is 1.21 ¿cómo te has convertido en r...ciudad........ 2181
23.15 años, cantará Tiro canción como de r......... 2181
23.16 y rodea la ciudad, oh r olvidada; haz......... 2181
Jer 2.20 debajo de todo árbol...echabas como r........ 2181
3.3 y has tenido frente de r, y no quisiste......... 2181
5.7 y en casa de r se juntaron en compañías....... 2181
Ez 16.30 cosas, obras de una r desvergonzada.......... 2181
16.31 no fuiste semejante a r, en que...paga......... 2181
16.33 todas las r les dan dones; mas tú diste........ 2181
16.35 por tanto, r, oye palabra de Jehová........... 2181
16.41 haré que dejes de ser r, y que ceses de........ 2181
23.44 han venido...como quien viene a mujer r..... 2181
Os 4.14 porque ellos mismos se van con r, y............ 2181
9.1 amaste salario de r en todas las eras de....... 2181
Jl 3.3 niños por una r, y vendieron las niñas.......... 2181
Am 7.17 tu mujer será r en medio de la ciudad......... 2181
Mi 1.7 de dones de r los juntó, y a dones de r......... 2181
Nah 3.4 a causa...de las fornicaciones de la r.......... 2181
Mt 21.31 **las r van delante...al reino de Dios**.......... *4204*
21.32 **pero los publicanos y las r le creyeron**....... *4204*
Lc 15.30 **tu hijo...ha consumido tus bienes con r**....... *4204*
1 Co 6.15 ¿quitaré...los haré miembros de una r?...... *4204*
6.16 ¿o no sabéis que el que se une con una r....... *4204*
He 11.31 Rahab la r no pereció juntamente con......... *4204*
Stg 2.25 Rahab la r, ¿no fue justificada por............ *4204*
Ap 17.1 la sentencia contra la gran r, la que........... *4204*
17.5 BABILONIA...LA MADRE DE LAS R,
Y DE LAS....................................... *4204*
17.15 las aguas...donde la r se sienta, son.......... *4204*
17.16 éstos aborrecerán a la r, y la dejarán......... *4204*
19.2 juzgado a la gran r que ha corrompido a....... *4204*

RAMESÉS
1. La tierra de Gosén
Gn 47.11 les dio posesión...en la tierra de R........... 7486
Éx 12.37 partieron los hijos de Israel de R............. 7486
Nm 33.3 de R salieron en el mes primero, a los........ 7486
33.5 salieron...los hijos de Israel de R, y.......... 7486
2. Ciudad real en No. 1, Éx 1.11.................... 7486

RAMIA *Uno de los que se casaron con mujeres extranjeras en tiempo de Esdras,* Esd 10.25... 7422

RAMITA
Is 18.5 entonces podará con podaderas las r........... 2150

RAMO
Ez 8.17 aquí que aplican el r a sus narices............. 2156

RAMOT
1. Ciudad fortificada en Galaad
Dt 4.43 R en Galaad para los gaditas, y Golán.......... 7216
Jos 20.8 Rubén, R en Galaad de la tribu de Gad........ 7216
21.38 de la tribu de Gad, R de Galaad con sus...... 7433
1 R 4.13 el hijo de Geber en R de Galaad; éste......... 7433
22.3 ¿no sabéis que R de Galaad es nuestra........ 7216
22.4 ¿quieres...a pelear contra R de Galaad?...... 7433
22.6 ¿Iré a la guerra contra R de Galaad, o........ 7433
22.12 profetizaban de la...Sube a R de Galaad..... 7433
22.15 ¿iremos a pelear contra R de Galaad, o...... 7433
22.20 para que suba y caiga en R de Galaad?...... 7433
22.29 subió...el rey de Israel...R de Galaad........ 7433
2 R 8.28 a la guerra con Joram...R de Galaad......... 7433
8.29 los sirios le hicieron frente a R, cuando....... 7414
9.1 toma esta redoma en...y vé a R de Galaad...... 7433
9.4 fue...el joven, el profeta, a R de Galaad........ 7433
9.14 Joram guardando a R de Galaad con todo.... 7433
1 Cr 6.80 de Gad, R de Galaad con sus ejidos........... 7216
2 Cr 18.2 que fuese con él contra R de Galaad.......... 7433
18.3 ¿quieres...conmigo contra R de Galaad?...... 7433
18.5 ¿iremos a la guerra contra R de Galaad....... 7433
18.11 diciendo: Sube contra R de Galaad, y......... 7433
18.14 ¿iremos a pelear contra R de Galaad, o....... 7433
18.19 para que suba y caiga en R de Galaad........ 7433
18.28 subieron, pues, el rey de...a R de Galaad.... 7433
22.5 fue a la guerra con Soram...a R de Galaad.... 7433
22.6 de las heridas que le habían hecho en R....... 7414
2. Ciudad en el Neguev (=Ramat del Neguev),
1 S 30.27..................................... 7418
3. Ciudad levítica en Isacar (=Jarmut No. 2),
1 Cr 6.73...................................... 7216
4. Uno de los que se casaron con mujeres extranjeras en tiempo de Esdras, Esd 10.29...... 3406

RANA
Éx 8.2 castigaré con r todos tus territorios............ 6854
1.3 y el río criará r, las cuales subirán y............ 6854
8.4 las r subirán sobre ti, sobre tu pueblo.......... 6854
8.5 haga subir r sobre la tierra de Egipto.......... 6854
8.6 y subieron r que cubrieron la tierra de.......... 6854
8.7 hicieron venir r sobre la tierra de Egipto...... 6854
8.8 que quite las r de mí y de mi pueblo, y.......... 6854
8.9 para que las r sean quitadas de ti y de......... 6854
8.11 las r se irán de ti, y de tus casas, de.......... 6854
8.12 clamó...tocante a las r que había mandado... 6854
8.13 murieron las r de las casas...los campos...... 6854
Lv 11.29 por inmundos...la r según su especie........ 6632
Sal 78.45 envió...moscas...r que los destruían......... 6854
105.30 tierra produjo r hasta en las cámaras...... 6854
Ap 16.13 tres espíritus inmundos a manera de r........ *944*

RAPACIDAD
Lc 11.39 **pero por dentro estáis llenos de r y**............ *724*

RAPAR
Dt 14.1 no...ni os *raparéis* a causa de muerto......... 7144
21.12 y ella *rapará* su cabeza, y cortará sus...... 1548
Jue 16.17 fuere *rapado*, mi fuerza se apartará......... 1548
16.19 le *rapó* las siete guedejas de su cabeza...... 1548
16.22 comenzó a crecer, después que...*rapado*...... 1548
2 S 10.4 les *rapó* la mitad de la barba...cortó......... 1548
1 Cr 19.4 Hanún tomó los siervos...y los *rapó*......... 1548
Is 3.24 *rapada* en lugar de la compostura del......... 7144
15.2 toda cabeza de ella será *rapada*, y toda...... 7144
22.12 a *raparse* el cabello y a vestir cilicio........ 7144
Jer 25.23 a todos los que se *rapan* las sienes
47.5 Gaza fue *rapada*, Ascalón ha perecido, y...... 7144
48.37 toda cabeza será *rapada* y toda barba....... 7144
Ez 7.18 y todas sus cabezas estarán *rapadas*.......... 7144
44.20 y no se *raparán* su cabeza, ni dejarán...... 1548
Am 8.10 haré poner...y que se *rape* toda cabeza...... 7144
Hch 18.18 *rapado* la cabeza en Cencrea, porque....... *2751*
1 Co 11.5 lo mismo es que si se hubiese *rapado*........ *3587*
11.6 si le es vergonzoso a la mujer *raparse*....... *3587*

RAPAZ
Sal 22.13 abrieron...como león r y rugiente
Mt 7.15 **de ovejas, pero por dentro son lobos r**......... *727*
Hch 20.29 en medio de vosotros lobos r, que no......... *926*

RÁPIDA
Is 32.4 y la lengua...hablará r y claramente

RÁPIDAMENTE
2 Cr 29.36 alegró...porque la cosa fue hecha r........ 6597
35.13 pascua...repartieron r a todo el pueblo

RAPIÑA
Gn 15.11 descendían aves de r sobre...cuerpos........ 5861
Sal 62.10 no confiéis en la violencia, ni...r.............. 1498
Pr 21.7 la r de los impíos los destruirá, por........... 7701
Is 59.6 son obras de iniquidad, y obra de r............ 2555
Jer 12.9 ¿es mi heredad para mí como ave de r........ 6641
12.9 están contra ella aves de r en derredor?...... 6641

15.13 entregaré a la *r* sin ningún precio, por 957
Ez 23.46 yo...las entregaré a turbación y a *r* 957
34.22 mis ovejas, y nunca más serán para *r* 957
39.4 a aves de *r* de toda...he dado por comida 5861
45.9 ¡basta ya, oh...Dejad la violencia y la *r* 7701
Am 3.10 atesorando *r* y despojo en...palacios 7701
Jon 3.8 camino, de la *r* que hay en sus manos 2555
Mi 6.12 sus ricos se colmaron de *r*, y...mentira 2555
Nah 3.1 ¡ay de ti, ciudad...toda llena...de *r* 6563
Hab 2.17 la *r* del Líbano caerá sobre ti, y la 2555

RAQUEL *Mujer de Jacob*
Gn 29.6 he aquí *R* su hija viene con las ovejas 7354
29.9 ellos, *R* vino con el rebaño de su padre 7354
29.10 que cuando Jacob vio a *R*, hija de Labán 7354
29.11 Jacob besó a *R*, y alzó su voz y lloró 7354
29.12 y Jacob dijo a *R* que él era hermano de 7354
29.16 mayor Lea, y el nombre de la menor, *R* 7354
29.17 *R* era de lindo semblante y de hermoso 7354
29.18 y Jacob amó a *R*, y dijo: Yo te serviré 7354
29.18 yo te serviré siete años por *R* tu hija 7354
29.20 así sirvió Jacob por *R* siete años; y le 7354
29.25 Jacob dijo a...¿No te he servido por *R*? 7354
29.28 hizo Jacob así...y él le dio a *R* su hija 7354
29.29 dio Labán a *R* su hija su sierva Bilha 7354
29.30 y se llegó también a *R*, y la amó...más 7354
29.31 Lea...le dio hijos; pero *R* era estéril 7354
30.1 viendo *R* que no daba hijos a Jacob, tuvo 7354
30.2 Jacob se enojó contra *R*, y dijo: ¿Soy yo 7354
30.6 dijo entonces *R*: Me juzgó Dios, y...oyó 7354
30.7 concibió otra vez Bilha la sierva de *R* 7354
30.8 dijo *R*: Con luchas...he contendido con mi 7354
30.14 dijo *R* a Lea: Te ruego que me des de las 7354
30.15 *R*: Pues dormirá contigo esta noche por 7354
30.22 y se acordó Dios de *R*, y la oyó Dios 7354
30.25 cuando *R* hubo dado a luz a José, que 7354
31.4 envió, pues, Jacob, y llamó a *R* y a Lea 7354
31.14 respondieron *R* y Lea, y le dijeron 7354
31.19 ido...y *R* hurtó los ídolos de su padre 7354
31.32 Jacob no sabía que *R* los había hurtado 7354
31.33 salió de la...y entró en la tienda de *R* 7354
31.34 pero tomó *R* los ídolos y los puso en una 7354
33.1 repartió él los niños entre Lea y *R* y 7354
33.2 luego a Lea...y a *R* y a José los últimos 7354
33.7 después llegó José y *R*, y...se inclinaron 7354
Gn 35.16 dio a luz *R*, y hubo trabajo en su parto 7354
35.19 murió *R*, y fue sepultada en el camino 7354
35.20 esta es la señal de la sepultura de *R* 7354
35.24 los hijos de *R*: José y Benjamín 7354
35.25 los hijos de Bilha, sierva de *R*: Dan y 7354
46.19 los hijos de *R*, mujer de Jacob: José y 7354
46.22 los hijos de *R*, que nacieron a Jacob 7354
46.25 los hijos de Bilha, la que dio Labán a *R* 7354
48.7 cuando yo venía de...se me murió *R* en la 7354
Rt 4.11 Jehová haga a la mujer...como a *R* y a 7354
1 S 10.2 dos hombres junto al sepulcro de *R* 7354
Jer 31.15 *R* que lamenta por sus hijos, y no 7354
Mt 2.18 *R* que llora a sus hijos, y no quiso *4478*

RASCAR
Job 2.8 y tomaba Job un tiesto para *rascarse* 1623

RASGAR
Gn 37.29 no halló a José...y *rasgó* sus vestidos 7167
37.34 Jacob *rasgó* sus vestidos, y puso cilicio 7167
44.13 *rasgaron* sus vestidos, y cargó cada uno 7167
Lv 10.6 ni *rasguéis* vuestros vestidos en señal 6533
13.45 el leproso...llevará vestidos *rasgados* 7167
21.10 sumo sacerdote...ni *rasgará* sus vestidos 6533
22.24 con testículos...magullados, *rasgados* o 5423
1 S 15.27 asió de...su manto, y éste se *rasgó* 7167
15.28 Jehová ha *rasgado* hoy de ti el reino 7167
2 S 1.11 asiendo de sus vestidos, los *rasgó* 7167
3.31 dijo David a...*Rasgad* vuestros vestidos 7167
13.19 *rasgó* la ropa...de que estaba vestida 7167
13.31 David, *rasgó* sus vestidos, y se echó en 7167
13.31 criados...también *rasgaron* sus vestidos 7167
15.32 salió...*rasgados* sus vestidos, y tierra 7167
1 R 21.27 *rasgó* sus vestidos y puso cilicio 7167
2 R 5.7 *rasgó* sus vestidos, y dijo: ¿Soy...Dios 7167
5.8 que el rey de...había *rasgado* sus vestidos 7167
5.8 rey: ¿Por qué has *rasgado* tus vestidos? 7167
6.30 rey...*rasgó* sus vestidos, y pasó así por 7167
11.14 Atalía, *rasgando* sus vestidos, clamó a 7167
18.37 y Joa...vinieron a Ezequías, *rasgados* sus 7167
19.1 Ezequías lo oyó, *rasgó* sus vestidos y se 7167
22.11 el rey hubo oído las...*rasgó* sus vestidos 7167
22.19 *rasgaste* tus vestidos, y lloraste en mí 7167
2 Cr 23.13 Atalía *rasgó* sus vestidos, y dijo 7167
34.19 el rey oyó...la ley, *rasgó* sus vestidos 7167
34.27 *rasgaste* tus vestidos y lloraste en mí 7167
Esd 9.3 cuando oí esto, *rasgué* mi vestido y mi 7167
9.5 y habiendo *rasgado* mi vestido y mi manto 7167
Est 4.1 que supo Mardoqueo...*rasgó* sus vestidos 7167
Job 1.20 Job se levantó, y *rasgó* su manto, y 7167
2.12 cada uno de ellos *rasgó* su manto, y los 7167
Is 36.22 Sebna...vinieron a Ezequías, *rasgados* 7167
37.1 Ezequías oyó esto, *rasgó* sus vestidos 7167
Jer 16.6 se *rasgarán* ni se raerán los cabellos 7139
36.23 lo *rasgó* el rey con un cortaplumas de 7167
36.24 temor ni *rasgaron* sus vestidos el rey 7167
Ez 23.34 *rasgarás* tus pechos...he hablado, dice 5423
Jl 2.13 *rasgad* vuestro corazón, y no vuestros 7167
Mt 26.65 *rasgó* sus vestiduras, diciendo: ¡Ha *1284*
27.51 el velo del templo se *rasgó* en dos, de *4977*
Mr 14.63 *rasgando* su vestidura, dijo: ¿Qué más *1284*
15.38 el velo del templo se *rasgó* en dos, de *4977*
Lc 23.45 velo del templo se *rasgó* por la mitad *4977*
Hch 14.14 *rasgaron* sus ropas, y se lanzaron *1284*
16.22 los magistrados, *rasgándoles* las ropas *4048*

RASGUÑADO
Jer 41.5 raída la barba y rotas las ropas, y *r* 1413

RASGUÑO
Lv 19.28 no haréis *r* en vuestro cuerpo por un 8296
21.5 ni...de su barba, ni en su carne harán *r* 8296
Jer 48.37 sobre toda mano habrá *r*, y cilicio 1417

RASO
1 R 20.25 pelearemos con ellos en campo *r*, y 4334

RASPAR
Lv 14.41 y hará *raspar* la casa...y derramarán 7106
14.41 derramarán fuera...el barro que *rasparen* ... 7096
14.43 casa, después que hizo...*raspar* la casa 7096

RASTRO
Pr 30.19 el *r* del águila...el *r* de la culebra 1870
30.19 el *r* de la nave...y el *r* del hombre en 1870
Dn 2.35 el viento sin que de ellos quedara *r* 1870

RASTROJO
Éx 5.12 el pueblo se esparció...para recoger *r* 7179
Is 5.24 como la lengua del fuego consume el *r* 7179
33.11 concebisteis hojarascas, *r* daréis a luz 7179

RASURAR
Lv 13.33 que se *rasure*, pero no *rasurará* el 1548
Job 1.20 Job se levantó...*rasuró* su cabeza, y se 1494
Is 15.2 ella será rapada, y toda barba *rasurada* 7144
Hch 21.24 paga...para que se *rasuren* la cabeza *3587*

RATIFICAR
Sal 119.106 juré y *ratifiqué* que guardaré tus 6965
Gá 3.15 un pacto...una vez *ratificado*, nadie lo *2964*
3.17 el pacto...*ratificado* por Dios para con *4300*

RATÓN
Lv 11.29 tendréis por inmundos...el *r*, la rana 5909
1 S 6.4 cinco *r* de oro, porque una misma plaga 5909
6.5 y de vuestros *r* que destruyen la tierra 5909
6.11 la caja con los *r* de oro y las figuras 5909
6.18 los *r* de oro fueron conforme al número 5909
Is 66.17 que comen carne de...abominación y *r* 5909

RAUDAL
Pr 5.15 bebe el agua de...*r* de tu propio pozo 5140

RAYADO
Gn 30.35 Labán apartó aquel día los machos...*r* 2921

RAYAR
Gn 19.15 al *rayar* el alba, los ángeles daban 5927
32.24 luchó con él...hasta que *rayaba* el alba 5927
32.26 déjame, porque *raya* el alba...Y Jacob 5927

RAYO
1 R 7.33 *r*, sus cubos...todo era de fundición 1354
Sal 77.17 tronaron los...y discurrieron tus *r* 2687
78.48 sus bestias, y sus ganados a los *r* 7565
Hab 3.4 *r* brillantes salían de su mano, y allí 7161
Lc 10.18 **veía a Satanás...del cielo como un *r*** *796*

RAZA
Nm 13.33 hijos de Anac, *r* de los gigantes, y

RAZÓN
Éx 21.26 le dará libertad por *r* de su ojo 8478
Nm 18.8 de Israel...por *r* de la unción
31.49 han tomado *r* de los hombres de guerra 7218
Dt 1.22 a su regreso nos traigan *r* del camino 1697
23.10 por *r* de alguna impureza acontecida de los
Jos 20.4 expondrá sus *r* en oídos de
Jue 11.28 el rey...de Amón no atendió a las *r* 1697
2 S 13.16 ella le respondió: No hay *r*, mayor
1 R 1.14 yo entraré tras ti y reafirmaré tus *r* 1697
9.15 *r* de la leva que el rey Salomón impuso 1697
Job 15.3 ¿disputará con...y con *r* sin provecho? 3198
29.22 mi palabra...y mi *r* destilaba sobre ellos 4405
32.11 he esperado a vuestras *r*, he escuchado 1697
32.12 quien redarguya a...y responda a sus *r* 561
32.14 Job...ni yo le responderé con vuestras *r* 4405
33.1 Job, oye ahora mis *r*, y escucha todas mis 1697
33.3 mis *r* declararán la rectitud...corazón 561
33.13 él no da cuenta de ninguna de sus *r* 1697
33.32 si tienes *r*, respóndeme; habla, porque
34.6 ¿he de mentir yo contra mi *r*? Dolorosa 4941
35.4 yo te responderé *r*, y a tus compañeros
36.2 porque todavía tengo *r*...defensa de Dios
Sal 44.16 por *r* del enemigo y del vengativo 6440
54.2 oh Dios, oye...escucha las *r* de mi boca 1697
68.29 *r* de tu templo en Jerusalén los reyes
Pr 1.2 para entender...para conocer *r* prudentes 561
1.21 de las puertas de la ciudad dice sus *r* 561
3.30 no tengas pleito con nadie sin *r*, si no 561
4.4 decía: Retenga tu corazón mis *r*; guarda 1697
4.5 te olvides ni te apartes de...*r* de mi boca 561
4.10 oye, hijo mío, y recibe mis *r*, y se te 561
4.20 a mis palabras; inclina tu oído a mis *r* 561
5.7 pues...no os apartéis de las *r* de mi boca 561
7.1 hijo mío, guarda mis *r*, y atesora contigo 561
7.24 hijos...estad atentos a las *r* de mi boca 561
8.8 justas son todas las *r* de mi boca; no hay 561
11.22 es la mujer hermosa y apartada de *r* 2940
19.27 te hacen divagar de las *r* de sabiduría 561
23.9 porque menospreciará la prudencia de...*r* 4405
Ec 7.25 fijé mi corazón para...inquirir...la *r* 2808
7.27 las cosas una por una para hallar la *r* 2808
Cnt 1.4 nos acordaremos de tus...con *r* te aman
Is 32.9 mi voz; hijas confiadas, escuchad mi *r* 565
52.4 descendió...y el asirio lo cautivó sin *r* 657
Dn 4.34 y mi *r* me fue devuelta; y bendije al 4486
4.36 mi *r* me fue devuelta; y la majestad de 4486
Hch 19.40 causa por lo cual podamos dar *r* de *3056*
25.27 me parece fuera de *r* enviar un preso y
Ro 13.5 no solamente por *r* del castigo, sino
1 Co 5.12 ¿qué *r* tendría yo para juzgar a los
Fil 4.15 ninguna iglesia participó...en *r* de
1 P 3.15 os demande *r* de la esperanza que hay *3056*

RAZONABLE
Pr 8.9 son...*r* a los que han hallado sabiduría 3477

RAZONAMIENTO
Dt 32.2 destilará como el rocío mi *r*; como la 565
1 S 25.33 bendito sea tu *r*, y bendita tú, que 2940
Job 13.6 oíd ahora mi *r*, y estad atentos a los 8433
13.17 oíd...mi *r*, y mi declaración entre en 4405
32.15 no respondieron...se les fueron los *r*
35.1 prosiguió Eliú en su *r*, y dijo 6030
Ro 1.21 se envanecieron en sus *r*, y su necio
2.15 y acusándoles o defendiéndoles sus *r* *3053*

RAZONAR
Lv 19.17 *razonarás* con tu prójimo, para que
Job 13.3 hablaría...y querría *razonar* con Dios 3198
23.7 el justo *razonaría* con él; y yo escaparla 3198
37.20 por más que el hombre *razone*, quedará 559

REAFIRMAR
1 R 1.14 yo entraré...y *reafirmaré* tus razones 4390

REAÍA
1. Descendiente de Judá (=Haroe), 1 Cr 4.2 7211
2. Descendiente de Rubén, 1 Cr 5.5 7211
3. Jefe de una familia de sirvientes del templo,
Esd 2.47; Neh 7.50 7211

REAL
Nm 20.17 el camino *r* iremos, sin apartarnos a 4428
21.22 el camino *r* iremos, hasta que pasemos 4428
Jos 10.2 Gabaón era...como una de las ciudades *r* 4467
1 S 27.5 ha de morar tu siervo...la ciudad *r*? 4467
2 S 11.2 paseaba sobre el terrado de la casa *r* 4428
11.8 Urías...fue enviado presente de la mesa *r* 4428
12.26 Joab peleaba contra...tomó la ciudad *r* 4410
14.26 pesaba...cabello...200 siclos de peso *r* 4428
1 R 9.1 acabado...casa de Jehová, y la casa *r* 4428
9.10 edificado...casa de Jehová y la casa *r* 4428
10.12 balaustres para la...para las casas *r* 4428
10.22 y traía oro...marfil, monos y pavos *r* 8500
11.14 Hadad edomita, de sangre *r*, el...en Edom ... 4428
14.26 tomó los tesoros...tesoros de la casa *r* 4428
14.27 custodiaban la puerta de la casa *r* 4428
16.18 se metió en el palacio de la casa *r* 4428
22.10 vestidos de sus ropas *r*, en la plaza 899
2 R 11.1 Atalía...destruyó...la descendencia *r* 4467
15.25 lo hirió en el palacio de la casa *r* 4428
16.8 en los tesoros de la casa *r*, envió al 4428
18.15 la plata...en los tesoros de la casa *r* 4428
24.13 sacó de allí...los tesoros de la casa *r* 4428
25.25 vino Ismael...de la estirpe *r*, y con él 4410
2 Cr 9.11 el rey hizo gradas...en las casas *r* 4428
9.21 traían plata, marfil, monos y pavos *r* 4428
16.2 sacó Asa la plata y el oro...de la casa *r* 4428
18.9 en su trono, vestidos con sus ropas *r* 899
18.29 dijo el rey de...tú vístete tus ropas *r* 899
22.10 Atalía...exterminó...la descendencia *r* 4467
26.21 Jotam su hijo tuvo cargo de la casa *r* 4428
26.23 Uzías...en el campo de los sepulcros *r* 4428
28.21 despojó Acaz...la casa *r*, y las de los 4428
Est 1.5 en el patio del huerto del palacio *r* 4428
1.7 daban a beber...mucho vino *r*, de acuerdo 4438
1.9 hizo banquete...en la casa *r* del rey Asuero 4438
1.19 salga un decreto *r* de vuestra majestad 4438
2.3 jóvenes vírgenes...a Susa, residencia *r* 1002
2.5 había en Susa residencia *r* un...Mardoqueo 1002
2.8 reunido...doncellas en Susa residencia *r* 1002
2.16 fue...Ester llevada al rey...a su casa *r* 4438
2.17 y puso la corona *r* en su cabeza, y la 4438
2.18 dio mercedes conforme a la generosidad *r* 4428
5.1 vistió Ester su vestido *r*, y entró en el 4438
5.1 estaba el rey sentado...en el aposento *r* 4438
6.4 Aman había venido al patio...de la casa *r* 4438
6.8 y traigan el vestido *r* de que el rey se 4438
6.8 la corona *r* que está puesta en su cabeza 4438
6.10 Mardoqueo, que se sienta a la puerta *r* 4428
6.12 Mardoqueo volvió a la puerta *r*, y Arnán 4428
8.10 en caballos veloces...de los repastos *r*
8.15 salió Mardoqueo...con vestido *r* de azul 4438
9.11 de los muertos en Susa, residencia *r* 1002
Jer 38.7 oyendo Ebed-melec...de la casa *r*, que 4428
41.1 vino Ismael hijo de...de la descendencia *r* 4410
Ez 17.13 también a uno de la descendencia *r* 4410
Dn 1.3 trajese...del linaje *r* de los príncipes 4410
4.29 paseando en el palacio *r* de Babilonia 4437
4.30 yo edifiqué para casa *r* con la fuerza de 4437
5.5 escribía...sobre...la pared del palacio *r* 4430
6.7 que promulgues un edicto *r* y lo confirmes 4430
6.12 fueron luego...le hablaron del edicto *r* 4430
Hch 12.21 Herodes, vestido de ropas *r*, se sentó *937*
Stg 2.8 en verdad cumplís la ley *r*, conforme *937*
1 P 2.9 vosotros sois...*r* sacerdocio, nación *934*

REALIDAD
Gn 43.20 ay, señor nuestro, nosotros en *r* de
Is 48.3 lo publiqué, lo hice pronto, y fue *r* 935

REALIZAR
Is 41.4 ¿quién hizo y *realizó* esto?...Yo Jehová 6213

REALMENTE
Gá 3.4 en vano? si es que *r* fue en vano

REALZAR
2 Cr 3.5 *realzar* en ella palmeras y cadenas
3.14 el velo...hizo *realzar* querubines en él 5927

REANIMAR
Jue 15.19 recobró su espíritu, y se *reanimó* 2421
20.22 *reanimándose*...volvieron a ordenar la 2388
Sal 68.9 tu heredad exhausta tú la *reanimaste* 3811

REANUDAR
Job 29.1 volvió Job a *reanudar* su discurso, y 3254

REASUMIR
Job 27.1 *reasumió* Job su discurso, y dijo 3254

REBA *Uno de los cinco príncipes de Madián derrotados por Moisés*, Nm 31.8; Jos 13.21 7254

REBAJAR
Lv 27.18 años...y se *rebajará* de tu estimación 1639

REBAÑO
Gn 21.28 puso Abraham 7 corderas del *r* aparte
29.2 tres *r* de ovejas que yacían cerca de él 6629
29.3 juntaban allí todos los *r*; y revolvían 5739
29.8 no podemos, hasta que se junten...los *r* 5739
29.9 ellos, Raquel vino con el *r* de su padre 6629
29.10 y abrevó el *r* de Labán hermano de su 6629
30.32 yo pasaré hoy por todo tu *r*, poniendo 6629
30.40 y ponía con su propio *r* los listados y 6629
Lv 1.10 su ofrenda...fuere del *r*, de las ovejas 6629
5.6 traerá...una hembra de los *r*, una cordera 6629
5.15,18; 6.6 un carnero sin defecto de los *r* 6629
Dt 7.13 bendecirá...los *r* de tus ovejas, en la 6251
28.4 bendito el fruto de...los *r* de tus ovejas 6251
28.18 maldito el fruto...y los *r* de tus ovejas 6251
28.51 y no te dejará...ni los *r* de tus ovejas 6251
Jos 14.4 ejidos de ellas para sus ganados y *r* 7075
Jue 5.16 quedaste...oír los balidos de los *r*? 5739
1 S 8.17 diezmará también vuestros *r*, y seréis 6629
2 Cr 35.7 dio el rey Josías...cabritos de los *r* 6629
Esd 10.19 por su pecado un carnero de los *r* 6629
Sal 49.14 como a *r* que son conducidos al Seol 6629
78.52 y los llevó por el desierto como un *r* 6629
107.41 hace multiplicar las familias como *r* 6629
Pr 27.23 diligente...mira con cuidado por tus *r* 6629
Cnt 1.7 yo como errante junto a los *r* de tus 5739
1.8 vé, sigue las huellas del *r*, y apacienta 6629
Is 40.11 como pastor apacentará su *r*; en su 5739
63.11 les hizo subir...con el pastor de su *r*? 6629
Jer 6.3 contra ella vendrán pastores y sus *r* 5739
13.17 porque el *r* de Jehová fue hecho cautivo 5739
13.20 alzad...¿Dónde está el *r* que te fue dado 5739
23.1 ¡ay de los...dispersan las ovejas de mi *r* 6629
25.34 revolcaos en el polvo, mayorales del *r* 6629
25.35 se acabará la...el escape de los...del *r* 6629
25.36 aullido de los mayorales del *r*! porque 6629
31.10 lo...y guardará, como el pastor a su *r* 5739
31.24 habitará allí Judá...y los que van con *r* 5739
49.20 más pequeños de su *r* los arrastrarán 6629
50.8 los machos cabríos que van delante del *r* 6629
50.17 *r* descarriado es Israel...lo dispersaron 7716
50.45 más pequeños de su *r* los arrastrarán 6629
51.23 quebrantaré por...ti al pastor y a su *r* 5739
Ez 34.2 ¿no apacientan los pastores a los *r*? 6629
34.8 mi *r* fue para ser robado, y mis ovejas 6629
34.12 como reconoce su *r* el pastor el día que 5739
36.37 multiplicaré los hombres como se...los *r* 6629
36.38 ciudades...serán llenas de *r* de hombres 6629
43.25 sacrificarán...carnero sin tacha del *r* 6629
45.15 una cordera del *r* de doscientas, de las 6629
Jl 1.18 fueron asolados los *r* de las ovejas 5739
Am 6.4 comen los corderos del *r*, y...novillos 6629
Mi 2.12 lo reuniré...*r* en medio de su aprisco 5739
4.8 oh torre del *r*, fortaleza de la hija de 5739
7.14 apacienta tu pueblo...el *r* de tu heredad 6629
Sof 2.14 *r* de ganado harán en ella majada 5739
Zac 9.16 los salvará...Jehová su Dios como *r* de 6629
10.3 pero Jehová...visitará su *r*, la casa de 5739
11.7 apacenté...esto es, a los pobres del *r* 6629
11.11 y así conocieron los pobres del *r* que 6629
Mal 1.14 teniendo machos en su *r*, promete, y 5739
Mt 26.31 **las ovejas del *r* serán dispersadas** 4167
Lc 2.8 guardaban las vigilias de...sobre su *r* 4167
Jn 10.16 **traer, y oirán mi voz; y habrá un *r*** 4167
Hch 20.28 mirad por vosotros, y por todo el *r* 4168
20.29 lobos rapaces, que no perdonarán al *r* 4168
1 Co 9.7 apacienta el *r* y no toma de la...del *r*? 4167

REBAÑUELO
1 R 20.27 acamparon...como dos *r* de cabras, y 2835

REBATIR
Hch 13.45 judíos...*rebatían* lo que Pablo decía 483

REBECA *Mujer de Isaac*
Gn 22.23 y Betuel fue el padre de *R*!...Estos son 7259
24.15 he aquí *R*!...salía con su cántaro sobre 7259
24.29 *R* tenía un hermano...se llamaba Labán 7259
24.45 aquí *R*, que salía con su cántaro sobre 7259
24.51 he ahí *R* delante de ti; tómala y vete 7259
24.53 sacó...alhajas...y vestidos, y dio a *R* 7259
24.58 y llamaron a *R*, y le dijeron: ¿Irás tú 7259
24.59 entonces dejaron ir a *R* su hermana, y 7259
24.60 bendijeron a *R*, y le dijeron: Hermana 7259
24.61 se levantó *R*!...y el criado tomó a *R*, y 7259
24.64 *R* también alzó sus ojos, y vio a Isaac 7259
24.67 la trajo Isaac...y tomó a *R* por mujer, y 7259
25.20 cuarenta años cuando tomó por mujer a *R* 7259
25.21 y oró Isaac a...y concibió *R* su mujer 7259
25.28 amó Isaac a Esaú...mas *R* amaba a Jacob 7259
26.7 pensando que...lo matarían por causa de *R* 7259
26.8 vio a Isaac que acariciaba a *R* su mujer 7259
26.35 y fueron amargura de espíritu...y para *R* 7259
27.5 y *R* estaba oyendo, cuando hablaba Isaac 7259
27.6 *R* habló a Jacob su hijo, diciendo: He 7259
27.11 Jacob dijo a *R* su madre: He aquí, Esaú 7259
27.15 y tomó *R* los vestidos de Esaú su hijo 7259
27.42 fueron dichas a *R* las palabras de Esaú 7259
27.46 y dijo *R* a Isaac: Fastidio tengo de mi 7259
28.5 a Labán...hermano de *R* madre de Jacob y 7259
29.12 dijo a Raquel que él era...era hijo de *R* 7259
35.8 entonces murió Débora, ama de *R*, y fue 7259
49.31 allí sepultaron a Isaac y a *R* su mujer 7259
Ro 9.10 cuando *R* concibió de uno, de Isaac 4479

REBELAR
Gn 14.4 años...en el decimotercero se *rebelaron* 4775
Nm 26.9 que se *rebelaron* contra Moisés y Aarón 5327
26.9 Coré, cuando se *rebelaron* contra Jehoyá 5327
Jos 22.18 vosotros os *rebeláis*...contra Jehová 4775
22.19 pero no os *rebeléis* contra Jehová, ni 4775
22.19 pasaos...ni os *rebeléis* contra nosotros 4775
22.29 que nos *rebelemos* contra Jehová, o que 4775
1 R 1.5 Adonías hijo de..se *rebeló*, diciendo 5375
8.50 infracciones con que se hayan *rebelado* 6586
2 R 1.1 de la muerte de Acab, se *rebeló* Moab 6586
3.5 pero muerto Acab, el rey de Moab se *rebeló* 6586
3.7 el rey de Moab se ha *rebelado* contra mí 6586
8.20 en el tiempo de él se *rebeló* Edom contra 6586
8.22 también se *rebeló* Libna...el mismo tiempo 6586
18.7 él se *rebeló* contra el rey de Asiria, y 4775
18.20 ¿en qué confías, que te has *rebelado* 4775
24.1 pero luego volvió y se *rebelo* contra él 4775
24.20 y Sedequías se *rebeló* contra el rey de 4775
1 Cr 5.25 pero se *rebelaron* contra el Dios de 4603
2 Cr 12.2 se habían *rebelado* contra Jehová, en 4603
13.6 Jeroboam hijo de...*rebeló* contra su señor 4775
21.8 los días de éste se *rebeló* Edom contra el 6586
26.16 porque se *rebeló* contra Jehová su Dios 4603
29.6 nuestros padres se han *rebelado*, y han 4603
30.7 padres...que se *rebelaron* contra Jehová 4603
36.13 *rebeló*...contra Nabucodonosor, al cual 4775
Esd 4.19 *rebela*, y se forma en ella sedicion 4776
Neh 2.19 ¿qué es...¿Os *rebeláis* contra el rey? 4775
6.6 he oído...tú y los judíos pensáis *rebelaros* 4775
9.26 te provocaron...y se *rebelaron* contra 4775
9.29 *rebelaron*, endurecieron su cerviz, y no 4775
Sal 5.10 fuera, porque se *rebelaron* contra ti 4784
25.3 serán avergonzados los que se *rebelan* 899
59.5 todos los que se *rebelan* con iniquidad 898
78.17 *rebelándose* contra el Altísimo en el 4784
78.40 ¡cuántas veces se *rebelaron* contra el 4784
78.57 sino que...se *rebelaron* como sus padres 4784
106.7 se *rebelaron* junto al mar, el Mar Rojo 4784
106.33 porque hicieron *rebelar* a su espíritu 4784
106.43 ellos se *rebelaron* contra su consejo 4784
Is 1.2 crie hijos, y...se *rebelaron* contra mi 6586
1.5 ¿todavía os *rebelaréis*? Toda cabeza esta 5627
31.6 contra quien se *rebelaron* profundamente 5627
36.5 ¿en quién confías para que te *rebeles* 4775
66.24 los hombres que se *rebelaron* contra mi 6586
Jer 2.8 y los pastores se *rebelaron* contra mi 6586
4.17 porque se *rebeló* contra mí, dice Jehova 4784
5.11 resueltamente se *rebelaron* contra mí la 6586
33.8 sus pecados con...contra mí se *rebelaron* 6586
52.3 y se *rebeló* Sedequías contra el rey de 4775
Lm 1.18 Jehová es...contra su palabra me *rebelé* 4784
3.42 nos hemos *rebelado*, y fuimos desleales 4784
Ez 2.3 a gentes...que se *rebelaron* contra mí 4784
2.3 y sus padres se han *rebelado* contra mí 6586
14.13 la tierra pecare contra mí *rebelándose* 4603
17.15 *rebeló* contra él, enviando embajadores 4775
17.20 prevaricación con que...se ha *rebelado* 4604
20.8 mas ellos se *rebelaron* contra mí, y no 4784
20.13 se *rebeló* contra mí la casa de Israel 4784
20.21 mas los hijos se *rebelaron* contra mí; no 4784
20.38 apartaré de entre...los que se *rebelaron* 4775
33.12 no lo librará el día que se *rebelare* 6588
39.23 cuanto se *rebelaron* contra mí, y yo los 4603
Dn 9.7 rebelión con que se *rebelaron* contra ti 4603
9.9 Dios...aunque contra él nos hemos *rebelado* 4775
Os 7.13 ¡ay de...porque contra mí se *rebelaron* 6586
7.14 no clamaron a mí...se *rebelaron* contra mi 5493
8.1 traspasaron...pacto, y se *rebelaron* contra 5674
13.16 será asolada...se *rebeló* contra su Dios 4784
Sof 3.11 obras con que te *rebelaste* contra mí 6586
Ro 7.23 otra ley...que se *rebela* contra la ley 497
1 Ti 5.11 se *rebelan* contra...quieren casarse

REBELDE
Éx 23.21 no le seas *r*; porque él no perdonará 4843
Nm 14.9 no seáis *r* contra Jehová, ni temáis al 4775
17.10 que se guarde por señal a los hijos *r* 4805
20.10 ¡oíd ahora, *r*! ¿Os hemos de hacer salir 4784
20.24 por cuanto fuisteis *r* a mi mandamiento 4784
27.14 fuisteis *r* a mi mandato en el...de Zin 4784
Dt 1.26,43 fuisteis *r* al mandato de Jehová 4784
9.7 desde el día que...habéis sido *r* a Jehová 4784
9.23 fuisteis *r* al mandato de Jehová, y no le 4784
9.24 *r* habéis sido a Jehová desde el día que 4784
21.18 si alguno tuviere un hijo contumaz y *r* 4784
21.20 este nuestro hijo es...*r*, no obedece a 4784
31.27 que aun viviendo yo...sois *r* a Jehová 4784
Jos 1.18 que fuere *r* a tu mandamiento, y no 4784
22.16 edificándoos altar para ser *r* contra 4775
1 S 12.14 no fuereis *r* a la palabra de Jehová 4784
12.15 si fuereis *r* a las palabras de Jehová 4784
20.30 hijo de la...*r*, ¿acaso no sé yo que tú 4780
1 R 13.21 has sido *r* al mandato de Jehová, y 4784
13.26 el varón de Dios...que fue *r* al mandato 4784
Esd 4.12 y edifican la ciudad *r* y mala...muros 4779
4.15 y sabrás que esta ciudad es ciudad *r*, y 4779
Job 24.13 ellos son los que, *r* a la luz, nunca 4775
Sal 66.7 naciones; los *r* no serán enaltecidos 5637
68.6 saca...mas los *r* habitan en tierra seca 5637
68.18 tomaste dones para los hombres...los *r* 5637
78.8 generación contumaz y *r*; generación que 4784
105.28 oscurecieron...no fueron *r* a su palabra 4784
107.11 por cuanto fueron *r* a las palabras de 4784
Pr 17.11 *r* no busca sino el mal, y mensajero 7451
Is 1.20 si no quisiereis y fuereis *r*, seréis 4784
1.28 pero los *r*...serán quebrantados, y los que 6586
30.9 pueblo es *r*, hijos mentirosos, hijos que 4805
48.8 por tanto te llamé *r* desde el vientre 6586
50.5 oído, y yo no fui *r*, ni me volví atrás 4784
57.4 ¿no sois vosotros hijos *r*, generación 6588
57.17 siguió *r* por el camino de su corazón 7726
63.10 ellos fueron *r*, e hicieron enojar su 4784
65.2 extendí...manos todo el día a pueblo *r* 5637
Jer 3.6 has visto lo que ha hecho la *r* Israel? 4878
3.7 no se volvió...vio su hermana la *r* Judá 901
3.8 vio que por haber fornicado la *r* Israel 4878
3.8 pero no tuvo temor la *r* Judá su hermana 898
3.10 su hermana la *r* Judá no se volvió a mí 901
3.11 me dijo...Ha resultado justa la *r* Israel 4878
3.12 vuélvete, oh *r* Israel, dice Jehová; no 4878
3.14 convertíos, hijos *r*, dice Jehová; porque 7726
3.22 convertíos, hijos *r*, y sanaré vuestras 7726
5.23 este pueblo tiene corazón falso y *r*; se 4784
6.28 son *r*, porfiados, andan chismeando; son 5637
8.5 ¿por qué es este pueblo de Jerusalén *r*
Ez 2.3 te envío...a gentes *r* que se rebelaron 4775
2.5 si no escucharen, porque son una casa *r* 4805
2.6 ni temas delante de ellos, porque son...*r* 4805
2.7 o dejen de escuchar; porque son muy *r* 4805
2.8 no seas *r* como la casa *r*; abre tu boca 4805
3.9 ni tengas miedo...ellos, porque son casa *r* 4805
3.26 varón que reprende; porque son casa *r* 4805
3.27 no quiera oír, no oiga; porque casa *r* 4805
12.2 habitas en medio de casa *r*, los cuales 4805
12.2 y no ven...y no oyen, porque son casa *r* 4805
12.3 si tal vez atienden, porque son casa *r* 4805
12.9 ¿no te ha dicho la...casa *r*: ¿Qué haces? 4805
12.25 en vuestros días, oh casa *r*, hablaré 4805
17.12 a la casa *r*: ¿No habéis entendido qué 4805
20.38 apartaré de entre vosotros a los *r*, y 4775
24.3 habla por parábola a la casa *r*, y diles 4775
44.6 dirás a los *r*, a la casa de Israel: Así 4775
Dn 9.5 hemos sido *r*, y nos hemos apartado de 4775
Os 14.9 son rectos...mas los *r* caerán en ellos 6586
Sof 3.1 ¡ay de la ciudad *r* y contaminada y 4754
Lc 1.17 de los *r* a la prudencia de los justos 545
Hch 26.19 rey...no fui *r* a la visión celestial 545
Ro 10.21 día extendí mis manos a un pueblo *r* 544
15.31 que sea librado de los *r* que están en 544
Tit 1.16 siendo abominables y *r*, reprobados 545
3.3 nosotros también éramos...*r*, extraviados 545

REBELDÍA
Nm 14.33 ellos llevarán vuestras *r*, hasta que 2184
Job 34.37 porque a...pecado añadió *r*; bate palmas 6588
Jer 2.19 y tus *r* te condenarán; sabe, pues, y 4878
8.5 ¿por qué es este...rebelde con *r* perpetua? 4878
Tit 1.6 no estén acusados de disolución ni...*r* 506

REBELIÓN
Éx 23.21 él no perdonará vuestra *r*, porque mi 6588
34.7 perdona la iniquidad, la *r* y el pecado 6588
Lv 16.16 así purificará el santuario...sus *r* 6588
16.21 confesará...sus *r* y todos sus pecados 6588
Nm 14.18 Jehová...perdona la iniquidad y la *r* 6588
16.49 14.700, sin los muertos por la *r* de
Dt 13.5 aconsejó *r* contra Jehová vuestro Dios
31.27 yo conozco tu *r*, y tu dura cerviz; he 4805
Jos 22.22 si fue por *r*...contra Jehová, no nos 4779
24.19 santo...no sufrirá vuestras *r* y...pecados 6588
1 S 15.23 como pecado de adivinación es la *r* 4805
1 R 21.22 por la *r* con que me provocaste a ira 3708
1 Cr 9.1 transportados a Babilonia por su *r* 4604
10.13 murió Saúl por su *r* con que prevaricó 4604
Esd 4.15 forman en medio de ella *r*, por lo que 4779
Neh 9.17 en su *r* pensaron poner caudillo para 4805
Job 7.21 y por qué no quitas mi *r*, y perdonas 6588
35.6 si tus *r* se multiplicaren, ¿qué le harás 6588
36.9 obra de ellos, y que prevalecieron sus *r* 6588
Sal 19.13 íntegro, y estaré limpio de gran *r* 6588
25.7 pecados de...y de mis *r*, no te acuerdes 6588
51.1 ten piedad de mí, oh Dios...borra mis *r* 6588
51.3 porque yo reconozco mis *r*, y mi pecado 6588
65.3 contra mí...nuestras *r* tú las perdonarás 6588
89.32 castigaré con vara su *r*, y con azotes 6588
103.12 hizo alejar de nosotros nuestras *r* 6588
107.17 a causa del camino de su *r*, y a causa 6588
Pr 28.2 por la *r* de...sus príncipes son muchos 6588
Is 43.25 yo soy el que borro tus *r* por amor de 6588
44.22 yo deshice como una nube tus *r*, y como 6588
50.1 y por vuestras *r* fue repudiada vuestra 6588
53.5 él herido fue por nuestras *r*, molido por 6588
53.8 porque...por la *r* de mi pueblo fue herido 6588
58.1 y anuncia a mi pueblo su *r*, y a la casa 6588
59.12 porque nuestras *r* se han multiplicado 6588
59.13 el prevaricar y...hablar calumnia y *r* 5627
Jer 3.22 convertíos, hijos...sanaré vuestras *r* 7726
5.6 porque sus *r* se han multiplicado, se han 4878
14.7 nuestras *r* se han multiplicado, contra 6588
28.16 morirás en este año, porque hablaste *r* 4878
29.32 a Semaías...contra Jehová ha hablado *r* 5627
Lm 1.5 la afligió por la multitud de sus *r*; sus 6588

1.7 se acordó de los días de su...y de sus *r*
1.14 el yugo de mis *r* ha sido atado por su 6588
1.22 haz...como hiciste conmigo por todas mis *r* ... 6588
Ez 14.11 ni se contamine más en todas sus *r*. 6588
18.24 por su *r* con que prevaricó, y por el 4604
20.27 en esto...cuando cometieron *r* contra mí 4604
33.10 nuestras *r*...están sobre nosotros, y a 6588
37.23 con sus abominaciones y con todas sus *r* 6588
37.23 salvaré de todas sus *r* con las cuales 6588
39.24 conforme a sus *r* hice con ellos, y de. 6588
39.26 toda su *r* con que prevaricaron contra 4603
Dn 9.7 los has echado a causa de su *r* con que. 4603
Os 11.7 mi pueblo está adherido a la *r* contra 4878
14.4 yo sanaré su *r*, los amaré de pura gracia 4878
Am 3.14 que castigue las *r* de Israel, castigaré 6588
4.4 y prevaricad; aumentad en Gilgal la *r*, y 6586
5.12 porque yo sé de vuestras muchas *r*, y de 6588
Mi 1.5 la *r* de Jacob...¿Cuál es la *r* de Jacob 6588
1.13 en vosotros se hallaron las *r* de Israel 6588
3.8 para denunciar a Jacob su *r*, y a Israel 6588
6.7 ¿daré mi primogénito por mi *r*, el fruto 6588

REBOSAR
Sal 23.5 mi cabeza con...mi copa está *rebosando* 7310
45.1 *rebosa* mi corazón palabra buena; dirijo 7370
96.12 los árboles del...*rebosarán* de contento
119.171 mis labios *rebosarán* alabanza cuando..... 5042
Pr 3.10 graneros...lagares *rebosarán* de mosto 6555
18.4 aguas...arroyo que *rebosa*...la sabiduría...... 5042
Is 10.22 la destrucción...*rebosará* justicia 7857
Jl 2.24 los lagares *rebosarán* de vino y aceite 7783
3.13 el lagar está lleno, *rebosan* las cubas 7783
Zac 1.17 dice...Aún *rebosarán* mis ciudades con 2896
Lc 6.38 **medida...remecida y *rebosando* darán en** *5240*

REBOZO
Ez 24.17 no te cubras con *r*, ni comas pan de 8222
24.22 no os cubriréis con *r*, ni comeréis pan 8222

REBUSCAR
Lv 19.10 no *rebuscarás* tu viña, ni recogerás. 5953
Dt 24.21 vendimies tu viña, no *rebuscarás* tras 5953
Jer 6.9 *rebuscarán* como a...el resto de Israel 5953
Mi 7.1 como cuando han *rebuscado* después de la 5953

REBUSCO
Jue 8.2 el *r* de Efraín mejor que la vendimia. 5955
Is 17.6 quedarán en él *r*, como cuando sacuden 5955
24.13 sacudido, como *r* después de la vendimia..... 5955
Jer 49.9 ¿no habrían dejado *r*? Si ladrones de 5955
Abd 5 si...vendimiadores, ¿no dejarían algún *r*? 5955

RECA *Lugar en Judá*, 1 Cr 4.12 7397

RECAB
1. Uno de los dos asesinos de Is-boset
2 S 4.2 el nombre de uno era...el del otro, *R*. 7394
4.5 *R* y Baana, fueron y entraron en...Is-boset 7394
4.6 fue así como *R* y...se introdujeron en la 7394
4.9 David respondió a *R* y a su hermano Baana 7394
2. Padre de jonadab No. 2
2 R 10.15 se encontró con Jonadab hijo de *R* 7394
10.23 y entró Jehú con Jonadab hijo de *R* en 7394
1 Cr 2.55 los...de Hamat padre de la casa de *R* 7394
Neh 3.14 Malquías hijo de *R*, gobernador de la. 7394
Jer 35.6 Jonadab hijo de *R!*...ordenó diciendo. 7394
35.8 hemos obedecido a la voz de...hijo de *R*. 7394
35.14 palabra de Jonadab hijo de *R*, el cual 7394
35.16 Jonadab hijo de *R* tuvieron por firme 7394
35.19 no faltará de Jonadab hijo de *R!*...varón 7394

RECABITA *Descendiente de Recab No. 2*
Jer 35.2 vé a casa de los *r* y habla con ellos. 7397
35.3 sus hijos, y a toda la familia de los *r* 7397
35.5 puse delante de los hijos de...los *r* tazas. 7397
35.18 y dijo Jeremías a la familia de los *r*. 7397

RECADO
Pr 26.6 el que envía *r* por mano de un necio. 1697
Hch 19.31 le enviaron *r*, rogándole que no se

RECAER
Jue 9.24 la sangre...*recayera* sobre Abimelec su 7760
1 R 2.33 sangre...de ellos *recaerá* sobre...Joab. 7725
8.32 y haciendo *recaer* su proceder sobre su
2 Cr 6.23 haciendo *recaer* su proceder sobre su 5414
Est 9.25 designio...*recayera* sobre su cabeza 7725
Job 19.4 haya errado, sobre mí *recaería* mi error 3885
Ez 9.10 haré *recaer* el camino de ellos sobre. 5414
Os 12.14 hará *recaer* sobre él la sangre que ha 7725
Jl 3.4 haré yo *recaer* la paga sobre vuestra. 7725
He 6.6 y *recayeron*, sean otra vez renovados *3895*

RECAMADO *Véase Recamar*

RECAMADOR
Éx 26.36 una cortina...lino torcido, obra de *r*. 4639,7551
27.16 cortina de...lino torcido, de obra de *r* 7551
28.39 harás también un cinto de obra de *r* 7551
36.37 hizo...el velo...lino torcido, obra de *r* 7551
38.18 la cortina de la entrada...de obra de *r* 7551
38.23 Aholiab...*r* en azul, púrpura, carmesí y 7551
39.29 el cinto de lino torcido...de obra de *r*. 7551

RECAMAR
Pr 7.16 *recamadas* con cordoncillo de Egipto. 2405
Cnt 3.10 *recamado* de amor por las doncellas 7528

RECAPACITAR
Job 4.7 *recapacita*...qué inocente se ha perdido?
Lm 3.21 esto *recapacitaré* en mi corazón, por 7725

RECHAZAR
2 Cr 6.42 no *rechaces* a tu ungido; acuérdate 7725
Is 28.6 fuerzas a los que *rechacen* la batalla 7725
Jn 12.48 **me *rechaza*, y no recibe mis palabras** *114*
Hch 7.27 el que maltrataba a su...le *rechazó* *683*
7.35 este Moisés, a quien habían *rechazado* *720*
Jud 8 *rechazan* la autoridad y blasfeman de las *114*

RECIBIR
Gn 4.11 para *recibir* de tu mano la sangre de 3947
14.17 salió el rey de Sodoma a *recibirlo* al. 7125
18.2 salió corriendo de...a *recibirlos*, y se 7125
19.1 viéndolos Lot, se levantó a *recibirlos*. 7125
19.21 *recibido* también tu súplica sobre esto. 5375
23.20 posesión...*recibida* de los hijos de Het
29.13 Labán, corrió a *recibirlo*, y lo abrazó. 7125
32.6 viene a *recibirte*, y 400 hombres con él. 7125
33.10 pues que con tanto favor me has *recibido* 3947
37.35 mas él no quiso *recibir* consuelo, y dijo
38.20 para que éste *recibiese* la prenda de la 3947
43.23 paz a vosotros...*recibí* vuestro dinero 935
46.29 a *recibir* a Israel su padre en Gosén. 7125
Éx 4.14 él saldrá a *recibirte*, y al verte se 7125
4.27 vé a *recibir* a Moisés al desierto...Y él. 7125
18.7 Moisés salió a *recibir* a su suegro, y se. 7125
19.17 sacó del...al pueblo para *recibir* a Dios 7125
22.15 alquilada, *reciba* el dueño el alquiler 935
23.8 no *recibirás* presente...el presente ciega 3947
Lv 7.33 el que...*recibirá* la espaldilla derecha 3225
Nm 3.50 y *recibió* de los primogénitos de los 3947
7.6 Moisés *recibió* los carros y los bueyes 3947
18.28 todos vuestros diezmos que *recibáis* de. 3947
22.36 salió a *recibirlo* a la ciudad de Moab 7125
23.20 he aquí, he *recibido* orden de bendecir 3947
31.13 salieron Moisés y...a *recibirlos* fuera. 7123
31.51 Moisés y el...*recibieron* el oro de ellos. 3947
31.54 *recibieron*, pues...el oro de los jefes 3947
Dt 9.9 yo subí...*recibir* las tablas de piedra. 3947
23.4 no os salieron a *recibir* con pan y agua. 6923
27.25 maldito el que *recibiere* soborno para 3947
33.3 en tus pasos, *recibiendo* dirección de ti 5375
33.11 *recibe* con agrado la obra de sus manos 7521
Jos 13.8 rubenitas...*recibieron* ya su heredad 3947
16.4 *recibieron*...su heredad los hijos de José
18.7 Gad...y Rubén...han *recibido* su heredad 3947
20.4 le *recibirán* consigo dentro de la ciudad 622
21.20 Coat, *recibieron* por suerte ciudades de 5892
Jue 4.18 saliendo Jael a *recibir* a Sísara, le 7125
4.22 Jael salió a *recibirlo*, y le dijo Ven 7125
11.31 cualquiera que saliere de...a *recibirme* 7125
11.34 volvió...su hija que salía a *recibirle*. 7125
19.4 el padre de la joven, salió a *recibirle*. 7125
19.18 voy...y no hay quien me *reciba* en casa. 622
1 S 13.10 y Saúl salió a *recibirle*...saludarle 622
16.4 los ancianos...salieron a *recibirle* con
18.6 para *recibir* al rey Saúl, con panderos. 7125
25.35 *recibió* David...lo que le había traído 3947
25.39 Jehová, que juzgó...mi afrenta *recibida*
30.21 ellos salieron a *recibir* a David y al. 7125
2 S 6.20 y saliendo Mical a *recibir* a David. 7125
16.1 Siba...que salía a *recibirle* con un par de...... 7135
18.22 si no *recibirás* premio por las nuevas?
18.31 y dijo: *Reciba* nuevas mi señor el rey
19.15 Judá vino a Gilgal para *recibir* al rey. 7125
19.16 descendió con...a *recibir* al rey David. 7125
19.20 he venido...a *recibir* a mi señor el rey. 7125
19.24 Mefi-boset...descendió a *recibir* al rey 7125
19.25 vino él a Jerusalén a *recibir* al rey 7125
19.42 ¿hemos *recibido* de él algún regalo?
1 R 2.8 descendió a *recibirme* al Jordán, y yo. 7125
2.19 rey se levantó a *recibirla*, y se inclinó. 7125
2 R 2.15 vinieron a *recibirle*, y se postraron 7125
4.26 que vayas ahora corriendo a *recibirla*. 7125
5.15 te ruego que *recibas* algún presente de 3947
5.21 se bajó del cerro para *recibirle*, y dijo 7125
5.26 cuando el hombre volvió de...a *recibirte*? 7125
8.8 presente, y vé a *recibir* al varón de Dios 7125
12.5 *recíbanlo* los sacerdotes, cada uno de 3947
1 Cr 12.18 David los *recibió*, y los puso entre 6901
19.5 envió a *recibirles*, porque estaban muy 7125
29.14 y de lo *recibido* de tu mano te damos
2 Cr 29.22 los sacerdotes *recibieron* la sangre 6901
30.16 esparcían la sangre que *recibían* de. 6901
35.11 sangre *recibida* de mano de los levitas
Esd 8.30 *recibieron* el peso de la plata y del
Neh 10.37 los levitas *recibirían* las décimas
10.38 cuando...levitas *recibiesen* el diezmo
13.2 cuanto no salieron a *recibir* a los hijos. 6923
Job 2.10 ¿qué? ¿*Recibiremos* de Dios el bien, y. 6901
2.10 bien, y el mal no lo *recibiremos*? En. 6901
3.12 ¿por qué me *recibieron* las rodillas?
7.3 he *recibido* meses de calamidad, y noches
27.13 herencia que...violentos han de *recibir*. 3947
35.7 darás a él? ¿O qué *recibirá* de tu mano? 3947
Sal 6.9 ha oído...ha *recibido* Jehová mi oración 3947
24.5 *recibirá* bendición de Jehová, y justicia 5375
73.24 me has...después me *recibirás* en gloria 3947
Pr 1.3 para *recibir* el consejo de prudencia. 3947
2.1 hijo mío, si *recibieres* mis palabras, y 3947
4.10 oye, hijo mío, y *recibe* mis razones, y. 3947
8.10 *recibid* mi enseñanza, y no plata; y 3947
10.8 el sabio de...*recibirá* los mandamientos 3947
13.1 hijo sabio *recibe* el consejo del padre 8085
13.18 que guarda la corrección *recibirá* honra
19.20 escucha...y *recibe* la corrección, para. 3947
22.3 mas los simples pasan y *reciben* el daño
Is 14.9 que en tu venida saliesen a *recibirte*. 7125
24.2 al que da a logro, así al que lo *recibe*
33.15 el que sacude sus manos para no *recibir*
40.2 doble ha *recibido* de la mano de Jehová 3947
Jer 2.30 azotado...no han *recibido* corrección 3947
5.3 no les...no quisieron *recibir* corrección. 3947
9.20 y vuestro oído *reciba* la palabra de su 3947
17.23 oído...para no oír, ni *recibir* corrección 3947
32.33 no escucharon para *recibir* corrección 3947
Ez 16.32 lugar de su marido *recibe* a ajenos 3947
16.34 tú das la paga, en lugar de *recibirla*
16.61 *recibas* a tus hermanas, las mayores que 3947
18.17 interés y usura no *recibiere*; guardare. 3947
22.12 precio *recibieron* en ti para derramar. 3947
36.30 nunca más *recibáis* oprobio de hambre 3947
47.8 en el mar, *recibirán* sanidad las aguas
47.9 y *recibirán* sanidad; y vivirá todo lo
Dn 2.6 me mostrareis...*recibiréis* de mí dones. 6902
7.18 después *recibirán* el reino los santos del. 6902
7.22 llegó...y los santos *recibieron* el reino 2631
12.13 te levantarás para *recibir* tu heredad
Am 5.11 vejáis...*recibís* de él carga de trigo 3947
5.12 que afligís al justo, y *recibís* cohecho 3947
5.22 y si me ofreciereis...no los *recibiré*, ni 7521
Sof 3.2 ni *recibió* la corrección; no confió en 3947
3.7 me temerá; *recibirá* corrección, y no será 3947
Hag 1.6 a jornal *recibe* su jornal en saco roto. 7936
Mt 1.20 José hijo de...no temas *recibir* a María. *3880*
1.24 despertando José del...*recibió* a su mujer *3880*
5.4 **los que lloran...ellos *recibirán* consolación**
5.5 **porque ellos *recibirán* la tierra...heredad**
7.8 **porque todo aquel que pide, *recibe*; y el**. *2983*
10.8 **de gracia *recibisteis*, dad de gracia** *2983*
10.14 **y si alguno no os *recibiere*, ni oyere** *1209*
10.40 **el que a vosotros *recibe*, a mí me *r*; y** *1209*
10.40 **que me *recibe* a mí, *r* al que me envió** *1209*
10.41 ***recibe*...recompensa de profeta *recibirá*** *2983*
10.41 **y el que *recibe* a un justo por cuanto** *2983*
10.41 **es justo, recompensa de justo *recibirá*** *2983*
11.14 **si queréis *recibirlo*, él es aquel Elías**. *1209*
13.20 **oye la palabra, y...la *recibe* con gozo** *2983*
18.5 ***reciba*...a un niño como este...me *recibe*** *1209*
19.11 **no todos son capaces de *recibir* esto** *5562*
19.12 **sea capaz de *recibir* esto, que lo reciba** *5562*
19.29 ***recibirá* cien veces más, y heredará la**. *2983*
20.7 **la viña, y *recibiréis* lo que sea justo** *293*
20.9 **los que...*recibieron* cada uno un denario** *2983*
20.10 **pensaron que habían de *recibir* más; pero** ... *2983*
20.10 **ellos *recibieron* cada uno un denario** *2983*
20.11 **y al *recibirlo*, murmuraban contra el**. *2983*
20.34 ojos, y en seguida *recibieron* la vista *308*
21.22 **que pidiereis...creyendo, lo *recibiréis*** *2983*
21.34 **envió...para que *recibiesen* sus frutos** *2983*
23.14 **por esto recibiréis mayor condenación**. *2983*
25.1 **vírgenes...salieron a *recibir* al esposo** *529*
25.6 **clamor: ¡Aquí viene...salid a *recibirle!*** *529*
25.16,20 **que había *recibido* cinco talentos**. *2983*
25.17 **que había *recibido* dos, ganó...otros dos** *2983*
25.18 **el que había *recibido* uno fue y cavó en** *2983*
25.22 **que había *recibido* dos talentos, dijo** *2983*
25.24 **el que había *recibido* un talento, dijo**. *2983*
25.27 **hubiera *recibido* lo que es mío con los**. *2865*
Mr 4.16 **la palabra, al momento la *reciben* con** *2983*
4.20 **que oyen la palabra y la *reciben*, y dan**. *3858*
6.11 **si en algún lugar no os *recibieren* ni os** *1209*
9.37 **el que *reciba*...a un niño...me *recibe* a mí**. *1209*
9.37 **el que a mí me *recibe*, no me *r* a mí sino** *1209*
10.15 **el que no *reciba* el reino de Dios como**. *1209*
10.30 **no *reciba* cien veces más ahora en este**. *2983*
11.24 **creed que lo *recibiréis*, y os vendrá** *2983*
12.2 **para que *recibiese* de éstos del fruto de**. *2983*
12.40 **devoran...*recibirán* mayor condenación** *2983*
16.19 fue *recibido* arriba en el cielo, y se *353*
Lc 6.34 **prestáis a...quienes esperáis *recibir*** *618*
6.34 **prestan a los...para *recibir* otro tanto**. *618*
8.13 **los que habiendo oído, *reciben* la palabra** *1209*
8.40 le *recibió* la multitud con gozo; porque. *588*
9.5 **no os *recibieren*, salid de aquella ciudad**. *1209*
9.11 él les *recibió*, y les hablaba del reino. *1209*
9.48 **que *reciba* a este niño...a mí me recibe** *1209*
9.48 **que me *recibe* a mí, *r* al que me envió** *1209*
9.51 en que él había de ser *recibido* arriba *354*
9.53 no le *recibieron*, porque su aspecto era *1209*
10.8 **donde entréis, y os *reciban*, comed lo que** *1209*
10.10 **ciudad donde entréis, y no os *reciban*** *1209*
10.38 una mujer...Marta le *recibió* en su casa *5264*
11.10 **porque todo aquel que pide, *recibe*; y**. *2983*
12.47 **no se preparó...*recibirá* muchos azotes**
15.2 éste a los pecadores *recibe*, y con ellos. *4327*
15.27 **padre...por haberle *recibido* bueno y sano**.... *618*
16.4 **haré para que...me *reciban* en sus casas** *1209*
16.9 **que...os *reciban* en las moradas eternas** *1209*
16.25 **acuérdate que *recibiste* tus bienes en**. *618*
18.17 **no *recibe* el reino de Dios como un niño** *1209*
18.30 **que no haya de *recibir* mucho más en este**..... *618*
18.41 y él dijo: Señor, que *reciba* la vista *308*
18.42 **le dijo: *Recíbela*, tu fe te ha salvado** *308*
19.6 él descendió aprisa, y le *recibió* gozoso *5264*
19.12 **se fue...para *recibir* un reino y volver** *2983*
19.15 **vuelto él, después de *recibir* el reino**. *2983*
19.23 **lo hubiera *recibido* con los intereses?**
20.47 **devoran...*recibirán* mayor condenación** *2983*
23.41 *recibimos* lo que merecieron nuestros *618*
Jn 1.11 a lo suyo...los suyos no le *recibieron*. *3880*
1.12 todos los que le *recibieron*, a los que *2983*
3.11 **testificamos; y no *recibís*...testimonio** *2983*
3.27 no puede el hombre *recibir* nada, si no *2983*
3.32 testifica; y nadie *recibe* su testimonio *2983*
3.33 que *recibe* su testimonio, éste atestigua *2983*
4.36 **y el que siega *recibe* salario, y recoge** *2983*

4.45 cuando vino a Galilea, los...le *recibieron* *1209*
4.51 sus siervos salieron a *recibirle*, y le *528*
5.34 **pero yo no *recibo* testimonio de hombre** *2983*
5.41 **gloria de los hombres no *recibo*** *2983*
5.43 **no me *recibís*; si otro...ése *recibiréis*** *2983*
5.44 ***recibís* gloria los unos de los otros, y** *2983*
6.21 con gusto le *recibieron* en la barca, la *2983*
7.23 **si *recibe* el hombre la circuncisión en** *2983*
7.39 del Espíritu que habían de *recibir* los *2983*
9.11 **vé al...fui, y me lavé, y *recibí* la vista** *308*
9.15 a preguntarle...había *recibido* la vista *308*
9.18 no creían...que había *recibido* la vista *308*
9.18 padres del que había *recibido* la vista *308*
10.18 **este mandamiento *recibí* de mi Padre** *2983*
12.13 tomaron ramas...y salieron a *recibirle* *5222*
12.18 la gente a *recibirle*, porque había oído *5221*
12.48 **no *recibe* mis palabras, tiene quien le** *2983*
13.20 **que *recibe* al que yo enviare, me *r* a mí** *2983*
13.20 **el que me *recibe* a mí, *r* al que me envió** *2983*
14.17 **al cual el mundo no puede *recibir*, porque** *2983*
16.24 **pedid, y *recibiréis*, para que vuestro** *2983*
17.8 **y ellos las *recibieron*, y han conocido** *2983*
19.27 hora el discípulo la *recibió* en su casa *2983*
20.22 **y les dijo: *Recibid* el Espíritu Santo** *2983*
Hch 1.2 hasta el día en que fue *recibido* arriba *353*
1.8 **pero *recibiréis* poder, cuando haya venido** *2983*
1.9 le *recibió* una nube que le ocultó de sus *5274*
1.22 hasta el día en que...fue *recibido* arriba *353*
2.33 habiendo *recibido* del Padre la promesa *2983*
2.38 y *recibiréis* el don del Espíritu Santo *2983*
2.41 así...los que *recibieron* su palabra fueron *588*
3.5 atento, esperando *recibir* de ellos algo *2983*
3.21 es necesario que el cielo *reciba* hasta *1209*
7.38 que *recibió* palabras de vida que darnos *1209*
7.45 el cual, *recibido*...por nuestros padres *1237*
7.53 que *recibisteis* la ley por...de ángeles *2983*
7.59 decía: Señor Jesús, *recibe* mi espíritu *1209*
8.14 que Samaria había *recibido* la palabra *1209*
8.15 oraron...que *recibiesen* el Espíritu Santo *2983*
8.17 las manos, y *recibían* el Espíritu Santo *2983*
8.19 a quien yo impusiere las manos *reciba* el *2983*
9.17 para que *recibas* la vista y seas lleno del *308*
9.18 los ojos...y *recibió* al instante la vista *308*
10.22 ha *recibido* instrucciones de un santo
10.25 salió Cornelio a *recibirle*, y...adoró *4876*
10.43 *recibirán* perdón de pecados...su nombre *2983*
10.47 que han *recibido* el Espíritu Santo *2983*
11.1 los gentiles habían *recibido* la palabra *1209*
15.4 *recibidos* por la iglesia y los apóstoles *588*
16.21 que no nos es lícito *recibir* ni hacer *3858*
16.24 *recibido* este mandato, los metió en el *2983*
17.7 a los cuales Jasón ha *recibido*; y todos *5264*
17.11 *recibieron* la palabra...toda solicitud *1209*
17.15 y habiendo *recibido* orden para Silas y *2983*
18.27 y escribieron a los...que le *recibiesen* *588*
19.2 ¿*recibisteis* el Espíritu Santo cuando *2983*
20.24 ministerio que *recibí* del Señor Jesús *2983*
20.35 **más bienaventurado es dar que *recibir*** *2983*
21.17 los hermanos nos *recibieron* con gozo *1209*
22.5 de quienes también *recibí* cartas para *1209*
22.13 dijo: Hermano Saulo, *recibe* la vista *308*
22.18 **no *recibirán* tu testimonio acerca de** *3858*
24.3 lo *recibimos* en todo tiempo y en todo *588*
24.27 *recibió* Félix...sucesor a Porcio Festo
26.10 *recibido* poderes de los...sacerdotes *2983*
26.18 ***reciban*, por la fe..perdón de pecados** *2983*
27.21 sólo para *recibir* este perjuicio y daño
28.2 nos *recibieron* a...a causa de la lluvia *4355*
28.7 llamado Publio...nos *recibió* y hospedó *324*
28.15 salieron a *recibirnos* hasta el Foro de *529*
28.21 ni hemos *recibido* de Judea cartas acerca *1209*
28.30 y *recibía* a todos los que a él venían *588*
Ro 1.5 *recibimos* la gracia y el apostolado *2983*
1.27 *recibiendo* en sí mismos la retribución *618*
4.11 *recibió* la circuncisión como señal, como *2983*
5.11 hemos *recibido* ahora la reconciliación *2983*
5.17 que *reciben* la abundancia de la gracia *2983*
8.15 no...*recibido* el espíritu de esclavitud *2983*
8.15 habéis *recibido* el espíritu de adopción *2983*
14.1 *recibid* al débil en la fe, pero no para *4355*
14.3 no juzgue...porque Dios le ha *recibido* *4355*
15.7 *recibíos* los...también Cristo nos *recibió* *4355*
16.2 la *recibáis* en el Señor, como es digno *4327*
1 Co 2.12 no hemos *recibido* el espíritu del *2983*
3.8 cada uno *recibirá* su recompensa conforme *2983*
3.14 si permaneciere la...*recibirá* recompensa *2983*
4.5 y entonces cada uno *recibirá* su alabanza
4.7 qué tienes que no hayas *recibido*? Y si *2983*
4.7 y si lo *recibiste*, ¿por qué te glorías *2983*
4.7 glorias como si no lo hubieras *recibido*? *2983*
9.10 el que trilla, con esperanza de *recibir*
9.25 para *recibir* una corona corruptible, pero *2983*
11.23 *recibí*...lo que también os he enseñado *3880*
12.26 si un miembro *recibe* honra, todos los
14.5 para que la iglesia *reciba* edificación *2983*
15.1 el evangelio...el cual también *recibisteis* *3880*
15.3 os he enseñado lo que asimismo *recibí* *3880*
2 Co 4.1 según la misericordia...hemos *recibido* *1653*
5.10 cada uno *reciba* según lo que haya hecho *2865*
6.1 que no *recibáis* en vano la gracia de Dios *1209*
6.17 no toquéis lo inmundo; y yo os *recibiré* *1523*
7.15 cómo lo *recibisteis* con temor y temblor *1209*
8.17 pues a la verdad *recibió* la exhortación *1209*
11.4 *recibís* otro espíritu que el que...*recibido* *2983*
11.8 otras iglesias, *recibiendo* salario para *2983*
11.16 o de otra manera, *recibidme* como a loco *1209*
11.24 cinco veces he *recibido* cuarenta azotes *2983*
Gá 1.9 diferente evangelio del...habéis *recibido* *3880*
1.12 yo ni lo *recibí* ni lo aprendí de hombre *3880*
3.2 ¿*recibisteis* el Espíritu por las obras de *2983*
3.14 fe *recibiésemos* la promesa del Espíritu *2983*
4.5 de que *recibiésemos* la adopción de hijos *618*
4.14 me *recibisteis* como a un ángel de Dios *1209*
Ef 4.16 *recibe* su crecimiento...ir edificándose
6.8 ése *recibirá* del Señor, sea siervo o sea *2865*
Fil 2.29 *recibidle*, pues, en el Señor, con *4327*
4.9 lo que...*recibisteis* y oísteis y visteis *3880*
4.15 en razón de dar y *recibir*, sino vosotros *3028*
4.18 todo lo he *recibido*, y tengo abundancia *1209*
4.18 habiendo *recibido* de Epafrodito lo que *1209*
Col 2.6 la manera que habéis *recibido* al Señor *3880*
3.24 que del Señor *recibiréis* la recompensa *618*
3.25 el que...*recibirá* la injusticia que hiciere *2865*
4.10 acerca del...habéis *recibido* mandamientos *1209*
4.10 Marcos...si fuere a vosotros, *recibidle* *2983*
4.17 cumplas el ministerio que *recibiste* en *3880*
1 Ts 1.6 *recibiendo* la palabra en medio de gran *1209*
1.9 la manera en que nos *recibisteis*, y cómo
2.13 cuando *recibisteis* la palabra de Dios que *3880*
2.13 *recibisteis* no como palabra de hombres *1209*
4.17 nubes para *recibir* al Señor en el aire *529*
2 Ts 2.10 no *recibieron* el amor de la verdad *1209*
3.6 no según la enseñanza que *recibisteis* de *3880*
1 Ti 1.13 fui *recibido* a misericordia porque *1653*
1.15 palabra fiel y digna de ser *recibida* por *594*
1.16 pero por esto fui *recibido* a misericordia *1653*
3.16 en el mundo, *recibido* arriba en gloria *353*
4.9 palabra fiel es...y digna de ser *recibida* *594*
Flm 12 tú, pues, *recíbele* como a mí mismo *4355*
15 quizás para que le *recibieses* para siempre *528*
17 por compañero, *recíbele* como a mí mismo *4355*
He 2.2 desobediencia *recibió* justa retribución *2983*
6.7 produce hierba...*recibe* bendición de Dios *3335*
7.1 salió a *recibir* a Abraham que volvía de *4876*
7.5 los que de...de Leví *reciben* el sacerdocio *2983*
7.8 ciertamente *reciben* los diezmos hombres *2983*
7.9 pagó el diezmo también Leví, que *recibe* *2983*
7.11 porque bajo él *recibió* el pueblo la ley *3549*
9.15 los llamados *reciban* la promesa de la *2983*
10.26 si pecáremos...después de haber *recibido* *2983*
11.8 para salir al lugar que había de *recibir* *2983*
11.11 Sara...*recibió* fuerza para concebir; y *2983*
11.13 murieron todos...sin haber *recibido* lo *2983*
11.17 había *recibido* las promesas ofrecía su *324*
11.19 figurado, también le volvió a *recibir* *2865*
11.31 habiendo *recibido* a los espías en paz *1209*
11.35 mujeres *recibieron*, sus muertos mediante *1983*
11.39 aunque...fe, no *recibieron* lo prometido *2865*
12.6 y azota a todo el que *recibe* por hijo *3858*
12.28 así que, *recibiendo* nosotros un reino *3880*
Stg 1.7 no piense...que *recibirá* cosa alguna *2983*
1.12 *recibirá* la corona de vida, que Dios ha *2983*
1.21 *recibid* con mansedumbre la palabra *1209*
2.25 *recibió* a los mensajeros y los envió por *5264*
3.1 sabiendo que *recibiremos*...condenación *2983*
4.3 pedís, y no *recibís*, porque pedís mal *2983*
5.7 con paciencia hasta que *reciba* la lluvia *2983*
1 P 1.18 cual *recibisteis* de vuestros padres
4.10 cada uno según el don que ha *recibido* *2983*
5.4 *recibiréis* la corona incorruptible de *2865*
2 P 1.17 cuando él *recibió* de Dios Padre honra *2983*
2.13 *recibiendo* el galardón de su injusticia *2865*
1 Jn 2.27 la unción que vosotros *recibisteis* *2983*
3.22 cosa que pidiéremos la *recibiremos* de él *2983*
5.9 si *recibimos* el testimonio de los hombres *2983*
2 Jn 4 conforme al mandamiento que *recibimos* *2983*
8 que no...sino que *recibáis* galardón completo *618*
10 no trae esta doctrina, no lo *recibáis* en *2983*
3 Jn 9 escrito...pero Diótrefes...no nos *recibe* *1926*
10 no *recibe* a los hermanos, y a los que *1926*
Ap 2.17 **ninguno conoce sino aquel...lo *recibe*** *2983*
2.27 **yo también la he *recibido* de mi Padre** *2983*
3.3 **acuérdate, pues, de lo que has *recibido*** *2983*
4.11 Señor, digno eres de *recibir* la gloria y *2983*
14.9 y *recibe* la marca en su frente o en su *293*
14.11 no tienen reposo...que *reciba* la marca *2983*
17.12 diez reyes, que aún no han *recibido* reino *2983*
17.12 por una hora *recibirán* autoridad como *2983*
18.4 que no...ni *recibáis* parte de sus plagas *2983*
19.20 engañado a los que *recibieron* la marca *2983*
20.4 los que *recibieron* facultad de juzgar *2983*
20.4 que no *recibieron* la marca en sus frentes *2983*

RECIÉN
Dt 24.5 fuere *r* casado, no saldrá a la guerra
28.57 al *r* nacido que sale de entre sus pies 7988
Is 11.8 y el *r* destetado extenderá su mano
40.11 como pastor...pastoreará...*r* paridas 5763
Hch 18.2 halló a un judío...*r* venido de Italia *4373*
1 P 2.2 desead, como niños *r* nacidos, la leche *738*

RECINTO
2 R 11.15 dijo: Sacadla fuera del *r* del templo 7713
2 Cr 23.14 dijo: Sacadla fuera del *r*, y al que 7713
Ez 43.12 el *r* entero, todo en...será santísimo
45.4 y servirá...*r* sagrado para el santuario

RECIO, A
Éx 14.21 que el mar se retirase por *r* viento 5794
2 S 11.15 a Urías...en lo más *r* de la batalla 2389
Sal 93.4 más poderoso..que las *r* ondas del mar 117
Pr 30.33 el que *r* se suena las narices sacará 4330
Is 27.8 él los remueve con su *r* viento en el 7186
28.2 como ímpetu de *r* aguas que inundan 3524
Jer 11.16 la voz de *r* estrépito hizo encender 1419
Jon 4.8 preparó Dios un *r* viento solano, y el 2759
Hch 2.2 un viento *r* que soplaba, el cual llenó *972*

RECIPIENTE
Nm 19.17 sobre ella agua corriente en un *r* 3627

RECITAR
Dt 32.44 *recitó*...las palabras de este cántico 1696
32.45 acabó...*recitar* todas estas palabras a 1696
1 S 10.25 Samuel *recitó*...al pueblo las leyes 1696
2 Cr 35.25 cantoras *recitan* esas lamentaciones 559

RECLINATORIO
Est 1.6 los *r* de oro y de plata, sobre losado 4296
Cnt 1.12 mientras el rey estaba en su *r*, mi 4524

RECLUIR
Lc 1.24 y se *recluyó* en casa por cinco meses *4032*

RECLUSIÓN
2 S 20.3 y las puso en *r*, y les dio alimentos 4931

RECOBRAR
Gn 14.16 *recobró* todos los bienes, y también 7725
Jue 11.26 ¿por qué no las habéis *recobrado* en 5337
15.19 y él bebió, y *recobró* su espíritu
2 R 16.6 rey de Edom *recobró* Elat para Edom 7725
Is 11.11 Jehová alzará...su mano para *recobrar* 7069
Jer 41.16 que había *recobrado* de Ismael hijo 7775
Dn 10.19 *recobré* las fuerzas, y dije: Hable
Mr 10.51 **dijo: Maestro, que *recobre* la vista** *308*
10.52 **en seguida *recobró* la vista, y seguía** *308*
Hch 9.12 **pone las manos...para que *recobre* la** *308*
9.19 habiendo tomado alimento, *recobró* fuerzas *2983*
22.13 en aquella misma hora *recobré* la vista *308*

RECODO
Mr 11.4 el pollino atado afuera...en el *r* del 296

RECOGER
Gn 29.7 no es tiempo...de *recoger* el ganado 622
31.46 *recoged* piedras...Y tomaron piedras e 3950
35.29 fue *recogido* a su pueblo, viejo y lleno 622
41.35 *recojan* el trigo bajo la mano...Faraón 6908
41.49 *recogió* José trigo como arena del mar 6651
47.14 *recogió* José todo el dinero que había 3950
Éx 5.7 vayan...y *recojan* por sí mismos la paja 7197
5.11 id vosotros y *recoged* la paja donde la
5.12 para *recoger* rastrojo en lugar de paja 7197
9.19 envía...*recoger* tu ganado, y todo lo que 5756
16.4 *recogerá*...la porción de un día, para que 3950
16.5 doble de lo que suelen *recoger* cada día 3950
16.16 *recoged* de él cada uno según lo...comer 3950
16.17 así; y *recogieron* unos más, otros menos 3950
16.18 y no sobró al que había *recogido* mucho
16.18 ni faltó al que había *recogido* poco; cada
16.18 cada uno *recogió* conforme a...de comer 3950
16.21 *recogían* cada mañana, cada uno según lo 3950
16.22 el sexto día *recogieron* doble porción 3950
16.26 seis días lo *recogeréis*; mas el séptimo 3950
16.27 salieron en el séptimo día a *recoger* 3950
23.10 años sembrarás tu tierra, y *recogerás* 622
23.16 hayas *recogido*...frutos de tus labores 622
27.3 harás...calderos para *recoger* la ceniza 1878
19.10 ni *recogerás* el fruto caído de tu viña 3950
23.39 cuando hayáis *recogido* el fruto de la 622
25.3 podarás tu viña y *recogerás* sus frutos 622
25.20 no...ni hemos de *recoger* nuestros frutos 622
Nm 11.8 el pueblo se esparcía y lo *recogía*, y 3950
11.32 y *recogieron* codornices; el que menos 622
11.32 el que menos, *recogió* diez montones 622
15.32 hallaron a un hombre que *recogía* leña 7197
15.33 los que le hallaron *recogiendo* leña, lo 7197
19.9 un hombre limpio *recogerá* las cenizas de 3950
Nm 19.10 el que *recogió* las cenizas de la vaca 622
31.2 haz...después serás *recogido* a tu pueblo 622
Dt 11.14 y *recogerás* tu grano, tu vino y tu 622
22.2 *recogerás* en tu casa, y estará contigo
24.19 no volverás para *recogerla*; será para 3947
28.38 sacarás mucha semilla...*recogerás* poco 622
28.39 y labrarás, pero no...ni *recogerás* uvas 103
30.3 volverá a *recogerte* de entre todos los 6908
30.4 de allí te *recogerá* Jehová tu Dios, y 6908
Jue 1.7 setenta reyes, *recogían* las migajas 3950
Rt 2.2 ir...y *recogeré* espigas en pos de aquel 3950
2.7 que me dejes *recoger*...tras los segadores 3950
2.15 que *recoja*...espigas entre las gavillas 3950
2.16 lo dejaréis para que lo *recoja*, y no la 3950
2.17 y desgranó lo que había *recogido*, y fue 3950
2.18 y su suegra vio lo que había *recogido* 3950
1 S 20.38 el muchacho de...*recogió* las saetas 3950
2 S 14.14 aguas...no pueden volver a *recogerse* 622
21.13 *recogieron*...los huesos de los ahorcados 622
23.10 volvió el pueblo...para recoger el botín
1 R 17.10 una mujer viuda...allí *recogiendo* leña 7197
17.12 ahora *recogía* dos leños, para entrar y 7197
2 R 4.39 salió uno...*recoger* hierbas, y halló 3950
22.4 sacerdote...y dile que *recoja* el dinero 622
22.4 el dinero...que han *recogido* del pueblo 622
22.9 tus siervos han *recogido* el dinero que 5413
22.20 yo te *recogeré* con tus padres...en paz 622
1 Cr 16.35 *recógenos*, y líbranos de...naciones 6908
2 Cr 20.25 tres días...*recogiendo* el botín 962
24.5 y *recoged* dinero de todo Israel, para 6908
24.11 así lo hacían...y *recogían* mucho dinero 622
28.24 *recogió* Acaz los utensilios de la casa 622
34.9 los levitas...habían *recogido* de mano de 622
34.28 yo te *recogeré* con tus...y serás recogido 622
Neh 1.9 os *recogeré*, y os traeré al lugar que 6908
12.44 para *recoger* en ellas, de los ejidos de 3664
Est 8.2 se quitó el rey el anillo que *recogió* 5674
Job 5.26 como...trigo que se *recoge* a su tiempo 5927
30.4 *recogían* malvas entre los arbustos, y 6998
34.14 *recogiese* así su espíritu y su aliento 622

39.12 para que *recoja* tu semilla, y la junte........... 622
Sal 27.10 dejaran, con todo, Jehová me *recogerá*........ 622
39.6 riquezas, y no sabe quién las *recogerá*.......... 622
41.6 su corazón *recoge* para sí iniquidad, y......... 6908
104.22 se *recogen*, y se echan en sus cuevas......... 622
104.28 les das, *recogen*; abres tu mano, se.......... 3950
106.47 y *recógenos* de entre las naciones, para..... 6908
147.2 a los desterrados de Israel *recogerá*.......... 3664
Pr 6.8 y *recoge* en el tiempo de la siega su.............. 103
10.5 *recoge* en el verano es hombre entendido....... 103
13.11 *recoge* con mano laboriosa las aumenta...... 6908
Ec 2.26 el pecador da el trabajo de *recoger* y........... 622
Cnt 5.1 he *recogido* mi mirra y mis aromas; he......... 717
6.2 descendió a su...para *recoger* los lirios......... 3950
Is 10.14 se *recogen* los huevos abandonados, así......... 622
17.5 como cuando el segador *recoge* la mies.......... 622
17.5 será...como el que *recoge* espigas en el........ 3950
22.9 *recogisteis* las aguas del estanque de.......... 6908
33.4 despojos serán *recogidos*...*recogen* orugas..... 622
43.5 del oriente...del occidente te *recogeré*......... 6908
54.7 te *recogeré* con grandes misericordias.......... 6908
Jer 7.18 los hijos *recogen* la leña, los padres........... 3950
8.2 no serán *recogidos* ni enterrados; serán......... 622
9.22 como manojo...que no hay quien lo *recoja*...... 622
10.17 *recoge* de las tierras tus mercaderías.......... 622
23.3 *recogeré* el remanente de mis ovejas de......... 6908
25.33 yacerán...se endecharán ni se *recogerán*...... 622
40.12 y *recogieron* vino y abundantes frutos......... 622
49.5 y no habrá quien *recoja* a los fugitivos......... 6908
Ez 11.17 yo os *recogeré* de los pueblos, y os............ 6908
28.25 cuando *recoja* a la casa de Israel de los...... 6908
29.5 te...no serás *recogido*, ni serás juntado......... 6908
29.13 *recogeré* a Egipto de entre los pueblos........ 6908
29.19 y *recogerá* sus despojos, y arrebatará.......... 962
36.24 os *recogeré* de todas las tierras, y os.......... 6908
37.21 y los *recogeré* de todas partes, y los........... 6908
38.8 vendrás a la...*recogida* de muchos pueblos.... 6908
38.12 sobre el pueblo *recogido* de entre las.......... 622
Os 9.6 Egipto los *recogerá*, Menfis...enterrará........ 6908
Am 7.14 soy boyero, y *recojo* higos silvestres.......... 1103
Mi 2.12 *recogeré*...resto de Israel; lo reuniré.......... 6908
4.6 la que cojea, y *recogeré* la descarriada.......... 6908
6.14 comerás, y no...*recogerás*, mas no salvarás.... 5253
7.1 como cuando han *recogido* los frutos del........ 622
Nah 2.11 donde se *recogía* el león y la leona
Hab 1.9 vendrá...*recogerá* cautivos como arena........ 622
1.15 los *recogerá* con su red, y los juntará........... 622
Sof 3.19 que cojea, y *recogeré* la descarriada.......... 6908
Hag 1.6 sembráis mucho, y *recogéis* poco................ 935
Zac 10.10 *recogeré* de Asiria; y los traeré a............ 6908
Mt 3.12 y *recogerá* su trigo en el granero, y............ *4863*
6.26 aves...ni siegan, ni *recogen* en graneros...... *4863*
7.16 ¿acaso se *recogen* uvas de los espinos, o....... *4816*
12.30 y el que conmigo no *recoge*, desparrama...... *4863*
13.30 *recoged* primero la cizaña, y atadla en........ *4816*
13.30 la cizaña...pero *recoged* el trigo en mi......... *4863*
13.41 *recogerán*...los que sirven de tropiezo........ *4816*
13.47 red, que...*recoge* de toda clase de peces...... *4863*
13.48 *recogen* lo bueno en cestas, y lo malo......... *4816*
14.20 *recogieron* lo que...doce cestas llenas.......... *142*
15.37 *recogieron* lo que sobró...siete canastas....... *142*
16.9 os acordáis...cuántas cestas *recogisteis*?...... *2983*
16.10 panes...cuántas canastas *recogisteis*?........ *2983*
25.24 siegas...y *recoges* donde no esparciste........ *4823*
25.26 sabías...y que *recojo* donde no esparcí.......... *4863*
25.35 tuve sed...forastero, y me *recogisteis*........ *4863*
25.38 ¿y cuándo te...forastero, y te *recogimos*....... *4863*
25.43 forastero, y no me *recogisteis*; estuve........ *4863*
Mr 6.43 *recogieron* de los pedazos doce cestas.......... *142*
8.8 y *recogieron* de los pedazos...7 canastas.......... *142*
8.19 ¿cuántas cestas llenas de...*recogisteis*?......... *142*
8.20 ¿cuántas canastas llenas de...*recogisteis*?...... *142*
Lc 3.17 y *recogerá* el trigo en su granero, y............ *4863*
9.17 saciaron; y *recogieron* lo que les sobró........... *142*
11.23 el que conmigo no *recoge*, desparrama......... *4863*
Jn 4.36 **y *recoge* fruto para vida eterna, para**........ *4863*
6.12 *recoged* los pedazos que sobraron, para........ *4863*
6.13 *recogieron*, pues, y llenaron doce cestas........ *4863*
15.6 y los *recogen*, y los echan en el fuego........... *4863*
Hch 7.21 hija de Faraón le *recogió* y le crio.............. *337*
10.16 aquel lienzo volvió a ser *recogido* en............ *353*
20.13 Asón para *recoger* allí a Pablo, ya que........... *353*
27.16 dificultad pudimos *recoger* el esquife
28.3 habiendo *recogido* Pablo algunas ramas....... *4962*
1 Co 16.2 que cuando yo llegue no se *recojan*.......... *3048*
2 Co 8.15 el que *recogió* mucho, no tuvo más

RECOMENDACIÓN

2 Co 3.1 ¿o tenemos necesidad...de cartas de *r*........ *4956*
3.1 tenemos necesidad de...de *r* de vosotros?....... *4956*

RECOMENDAR

Sal 119.138 testimonios, que has *recomendado*........ 6680
Ro 16.1 os *recomiendo*...nuestra hermana Febe......... *4921*
2 Co 3.1 a *recomendarnos* a nosotros mismos?......... *4921*
4.2 *recomendándonos* a toda conciencia humana... *4921*
5.12 no nos *recomendamos*...otra vez a vosotros.... *4921*
6.4 nos *recomendamos*...como ministros de Dios... *4921*

RECOMPENSA

Gn 30.18 dijo Lea: Dios me ha dado mi *r*, por.......... 7939
2 S 19.36 por qué me ha de dar...tan grande *r*?........ 1578
2 Cr 15.7 esforzaos...hay *r* para vuestra obra........... 7939
Job 15.31 no confíe el...porque ella será su *r*.......... 8011
Sal 10.14 para dar la *r* con tu mano; a ti se............ 5414
91.8 ojos mirarás y verás la *r* de los impíos.......... 8011
Pr 24.14 si la hallares tendrás *r*, y al fin tu............ 319
Is 1.23 aman el soborno, y van tras las *r*; no........... 8021
40.10 he aquí que su *r* viene con él, y su paga...... 7939
49.4 mi causa está delante...mi *r* con mi Dios
62.11 he aquí su *r* con él, y delante de él su......... 7939
Dn 5.17 da tus *r* a otros...Leeré la escritura........... 5023
Abd 15 contigo; tu *r* volverá sobre tu cabeza.......... 1576
Mi 7.3 el juez juzga por *r*; y el grande habla........... 7966
Mt 5.46 **si amáis a los que...¿qué *r* tendréis?**......... *3408*
6.1 no tendréis *r* de vuestro Padre que está........ *3408*
6.2,5,16 cierto os digo que ya tienen su *r*........... *3408*
10.41 es profeta, *r* de profeta recibirá; y el......... *3408*
10.41 y el que recibe a...*r* de justo recibirá......... *3408*
10.42 de cierto os digo que no perderá su *r*......... *3408*
16.26 ¿o qué *r* dará el hombre por su alma?......... *465*
Mr 8.37 **¿o qué *r* dará el hombre por su alma??**........ *465*
9.41 de cierto os digo que no perderá su *r*.......... *3408*
1 Co 3.8 cada uno recibirá su *r* conforme a su......... *3408*
3.14 si permaneciere la obra de...recibirá *r*......... *3408*
9.17 si lo hago de buena voluntad, *r* tendré......... *3408*
Col 3.24 del Señor recibiréis la *r*, porque a............. *469*

RECOMPENSAR

Rt 2.12 Jehová *recompense* tu obra...cumplida........ 7999
2 S 22.21 a la limpieza...me ha *recompensado*......... 7725
22.25 me ha *recompensado* Jehová conforme a..... 7725
Sal 18.20 conforme a la limpieza...*recompensado*..... 7725
18.24 me ha *recompensado* Jehová conforme a..... 7725
Pr 11.31 justo será *recompensado* en la tierra........ 7999
13.13 teme el mandamiento será *recompensado*.... 7999
Is 65.6 que *recompensaré*, y daré el pago en su........ 7999
Mt 6.4,6,18 Padre...te *recompensará* en público........ *591*
Lc 14.12 **vuelvan a convidar, y...*recompensado***........ *468*
14.14 ellos no te pueden *recompensar*, pero te....... *467*
14.14 te será *recompensado* en la resurrección....... *467*
Ro 11.35 dio...para que le fuese *recompensado*?........ *467*
1 Ti 5.4 y a *recompensar* a sus padres; porque...... *287,591*
Ap 22.12 **para *recompensar*...según sea su obra**...... *3408*

RECONCILIACIÓN

Lv 9.7 haz la *r* por ti...y haz la *r* por ellos............. 3722
16.6 Aarón...hará la *r* por sí y por su casa.......... 3722
16.10 para hacer la *r* sobre él, para enviarlo....... 3722
16.11 Aarón...y hará la *r* por sí y por su casa..... 3722
Ro 5.11 por quien hemos recibido ahora la *r*........... *2643*
11.15 si su exclusión es la *r* del mundo, ¿qué........ *2643*
2 Co 5.18 Dios...nos dio el ministerio de la *r*........... *2643*
5.19 nos encargó a nosotros la palabra de la *r*..... *2644*

RECONCILIAR

Lv 8.15 lo santificó para *reconciliar* sobre él.......... 3722
10.17 la dio él, para que sean *reconciliados*.......... 3722
14.21 para ser ofrecido...para *reconciliarse*........ 3722
14.29 para *reconciliarlo* delante de Jehová.......... 3722
19.22 lo *reconciliará* el sacerdote delante de....... 3722
23.28 *reconciliaros* delante de Jehová...Dios....... 3722
Nm 8.19 *reconcilien* a los hijos de Israel, para......... 3722
15.28 la *reconciliará*, y le será perdonado........... 3722
28.22; 29.5 macho cabrío...para *reconciliaros*...... 3722
2 Cr 29.24 ofrenda...*reconciliar* a todo Israel.......... 2398
Mt 5.24 ***reconcíliate* primero con tu hermano**.......... *1259*
Ro 5.10 fuimos *reconciliados* con Dios por la........... *2644*
5.10 *reconciliados*, seremos salvos por su vida...... *2644*
1 Co 7.11 o *reconcíliese* con su marido; y que.......... *2644*
2 Co 5.18 de Dios, quien nos *reconcilió* consigo........ *2644*
5.19 estaba en Cristo *reconciliando* consigo al...... *2643*
5.20 os rogamos en nombre de...*Reconciliaos*...... *2644*
Ef 2.16 mediante la cruz *reconciliar* con Dios............ *604*
Col 1.20 por medio de él *reconciliar* consigo............ *604*
1.21 y a vosotros...ahora os ha *reconciliado*.......... *604*

RECONOCER

Gn 30.33 cuando vengas a *reconocer* mi salario
31.32 delante...*reconoce* lo que yo tenga tuyo........ 5234
37.32 *reconoce*...es la túnica de tu hijo, o no........ 5234
37.33 y él la *reconoció*, y dijo: La túnica de.......... 5234
38.26 Judá los *reconoció*, y dijo: Más justa.......... 5234
Éx 2.25 miró Dios a...Israel, y los *reconoció*........... 3045
Lv 13.3 sacerdote le *reconocerá*, y le declarará......... 7200
13.6 día el sacerdote le *reconocerá* de nuevo........ 7200
13.8 si *reconociéndolo* el sacerdote ve que
13.13 le *reconocerá*; y si la lepra hubiere.......... 7200
13.27 el sacerdote la *reconocerá*...es llaga de....... 7200
26.41 se humillará...y *reconocerán* su pecado........ 7521
Nm 13.2 tú hombres que *reconozcan* la tierra de...... 8446
13.16 que Moisés envió a *reconocer* la tierra........ 8446
13.17 los envió...Moisés a *reconocer* la tierra....... 8446
13.21 y *reconocieron* la tierra...hasta Rehob........ 8446
13.25 y volvieron de *reconocer* la tierra al.......... 8446
13.32 mal...de la tierra que habían *reconocido*...... 8446
13.32 por donde pasamos para *reconocerla*, es....... 8446
14.6 de los que habían *reconocido* la tierra.......... 8446
14.7 tierra...donde pasamos para *reconocería*...... 8446
14.34 los días...en que *reconocisteis* la tierra........ 8446
14.36 que Moisés envió a *reconocer* la tierra........ 8446
14.38 que habían ido a *reconocer* la tierra.......... 8446
21.32 también envió Moisés a *reconocer* a Jazer.... 7270
Dt 1.22 varones...que nos *reconozcan* la tierra......... 2658
1.24 llegaron hasta...*reconocieron* la tierra.......... 7270
1.33 iba delante de...para *reconoceros* el lugar..... 8446
8.5 *reconoce*...que como castiga el hombre a su.... 3045
21.17 al hijo de...*reconocerá* como primogénito.... 5234
33.9 y no *reconoció* a sus hermanos, ni a sus........ 5234
Jos 2.1 dos espías...Andad, *reconoced* la tierra......... 7200
6.22 a los...que habían *reconocido* la tierra.......... 7270
6.25 Josué había enviado a *reconocer* a Jericó...... 7270
7.2 reconoced la tierra...y *reconocieron* a Hai....... 7270
14.7 Moisés...me envió...a *reconocer* la tierra....... 7270
23.14 *reconoced*, pues...que no ha faltado una...... 3045
Jue 18.2 que *reconociesen* y explorasen bien la......... 2713
18.2 y les dijeron: Id y *reconoced* la tierra........... 2713
18.3 *reconocieron* la voz del joven levita............. 5234
18.14,17 que habían ido a *reconocer* la tierra........ 7270
Rt 2.10 he hallado gracia...que me *reconozcas*......... 5234
2.19 dijo...Bendito sea el que te ha *reconocido*...... 5234
3.14 que...pudieran *reconocerse* unos a otros...... 5234
2 S 10.3 ¿no ha enviado David...para *reconocer*........ 7270
19.20 *reconozco* haber pecado, y he venido hoy..... 3045
1 R 18.7 cuando lo *reconoció*, se postró sobre.......... 5234
2 R 9.17 a un jinete que vaya a *reconocerlos*........... 7125
9.18 fue...el jinete a *reconocerlos*, y dijo............. 7125
1 Cr 19.3 e inquirir, y *reconocer* la tierra?............. 2713
28.9 hijo mío, *reconoce* al Dios de tu padre.......... 3045
2 Cr 33.13 *reconoció* Manasés que Jehová era.......... 3045
Job 37.7 los hombres todos *reconozcan* su obra........ 3045
Sal 51.3 porque yo *reconozco* mis rebeliones.......... 3045
51.4 seas *reconocido* justo en tu palabra, y
88.12 ¿serán *reconocidas* en las tinieblas tus....... 3045
100.3 *reconoced* que Jehová es Dios; él nos.......... 3045
Pr 3.6 *reconócelo* en todos tus caminos; y él.......... 3045
Is 61.9 todos los que los vieren, *reconocerán*........... 5234
Jer 3.13 *reconoce*...tu maldad, porque contra.......... 3045
14.20 *reconocemos*...Jehová, nuestra impiedad..... 3045
31.19 y después que *reconocí* mi falta, herí.......... 3045
Ez 34.11 buscar mis ovejas, y las *reconoceré*........... 1239
34.12 *reconoce* su rebaño el pastor el día que....... 1243
34.12 así *reconoceré* mis ovejas, y las libraré....... 1239
Dn 4.26 que *reconozcas* que el cielo gobierna.......... 3046
4.32 que *reconozcas* que el Altísimo tiene el........ 3046
5.21 hasta que *reconoció* que el Altísimo Dios....... 3046
11.39 honores a los que le *reconozcan*, y por....... 5230
Os 2.8 y ella no *reconoció* que yo le daba el............ 3045
5.15 *reconozcan* su pecado y busquen mi rostro
Mr 6.33 muchos...vieron ir, y le *reconocieron*.......... *1921*
Lc 24.31 abiertos los ojos, y le *reconocieron*........... *1921*
24.35 le habían *reconocido* al partir el pan.......... *1097*
Jn 7.26 ¿habrán *reconocido*...éste es el Cristo?......... *1097*
Hch 3.10 *reconocían* que era el que se sentaba......... *1921*
4.13 *reconocían* que habían estado con Jesús......... *1921*
12.14 cuando *reconoció* la voz de Pedro, de.......... *1921*
27.39 no *reconocían* la tierra, pero veían una........ *1921*
1 Co 14.37 *reconozca* que lo que os escribo son......... *1921*
16.18 *reconoced*, pues, a tales personas............. *1921*
Gá 2.9 y *reconociendo* la gracia que me había.......... *1097*
1 Ts 5.12 que *reconozcáis* a los que trabajan........... *1492*
Ap 3.9 **vengan...*reconozcan* que yo te he amado**....... *1097*

RECONOCIMIENTO

Ez 39.14 al cabo de siete meses harán el *r*............. 2713

RECONSTRUIR

Is 44.26 las ciudades...*reconstruidas* serán, y.......... 6965

RECONVENCIÓN

Pr 15.10 la *r* es molesta al que deja el camino.......... 4148

RECONVENIR

Gn 21.25 Abraham *reconvino* a Abimelec a causa...... 3198
Jue 8.1 hombres de Efraín...le *reconvinieron*.......... 7378
Mt 11.20 comenzó a *reconvenir* a las ciudades.......... *3679*
16.22 Pedro...aparte, comenzó a *reconvenirle*....... *2008*
Mr 8.32 tomó aparte, y comenzó a *reconvenirle*....... *2008*

RECORDAR

Nm 10.9 y seréis *recordados* por Jehová...Dios......... 2142
Dt 31.21 pues será *recordado* por la boca de sus
1 Cr 16.4 *recordasen* y confesasen y loasen a.......... 2142
Est 9.28 días serían *recordados* y celebrados.......... 2142
9.28 y que su...jamás dejaría de *recordarles*........ 2142
Sal 38 tít...salmo de David, para *recordar*............. 2142
79.8 no *recuerdes* contra...las iniquidades de 2142
89.47 *recuerda* cuán breve es mi tiempo; ¿por....... 2142
137.7 *recuerda* contra los hijos de Edom el día...... 2142
Is 12.4 *recordad* que su nombre es engrandecido....... 2142
23.16 reitera la canción...que seas *recordada*...... 2142
43.26 hazme *recordar*, entremos en juicio........... 2142
Ez 18.22 no...serán *recordadas*; en su justicia........ 2142
29.16 haga *recordar* el pecado de mirar en pos...... 2142
33.13 todas sus justicias no serán *recordadas*...... 2142
33.16 no se le *recordará*...de sus pecados que...... 2142
Zac 13.2 quitaré...nunca más serán *recordados*....... 2142
Mr 8.18 **¿teniendo ojos no...¿Y no *recordáis*?**........ *3221*
Jn 14.26 ***recordará* todo lo que yo os he dicho**......... *5279*
Hch 10.31 y tus limosnas han sido *recordadas*......... *3415*
20.35 *recordar* las palabras del Señor Jesús......... *3421*
Ro 15.15 para haceros *recordar*, por la gracia.......... *1878*
1 Co 4.17 os *recordará* mi proceder en Cristo............ *363*
2 Ti 2.14 *recuérdales* esto...que no contiendan......... *5279*
Tit 3.1 *recuérdales*...sujeten a los gobernantes
2 P 1.12 no dejaré de *recordaros*...estas cosas.......... *5279*
3 Jn 10 *recordaré*...obras que hace parloteando.......... *5279*
Jud 5 quiero *recordaros*, ya...lo habéis sabido......... *5279*
Ap 2.5 ***recuerda*...de dónde has caído...y haz las**...... *3221*

RECORDATIVA

Nm 5.15 es...ofrenda *r*, que trae a la memoria el...... 2146
5.18 la ofrenda *r*, que es la ofrenda de celos........ 2146

RECORRER

Gn 41.46 y *recorrió* toda la tierra de Egipto........... 5674
Dt 24.20 no *recorrerás* las ramas...dejado tras
Jos 3.2 los oficiales *recorrieron* el campamento....... 5974
18.4 envíe...*recorran* la tierra, y la describan...... 1980
18.8 id, *recorred* la tierra y delineadla, y............ 1980
18.9 fueron, pues...y *recorrieron* la tierra........... 5674
2 S 24.2 dijo el rey...*Recorre* ahora todas las........... 7751
24.8 que hubieron *recorrido* toda la tierra........... 7751
1 R 18.6 dividieron...el país para *recorrerlo*............ 5674
1 Cr 21.4 salió...Joab, y *recorrió* todo Israel............ 1980
2 Cr 17.9 y *recorrieron*...las ciudades de Judá.......... 5437
23.2 los cuales *recorrieron* el país de Judá.......... 5437
Jer 5.1 *recorred* las calles de Jerusalén, y............. 7751
Zac 1.10 que Jehová ha enviado a *recorrer* la........... 1980

R

1.11 hemos *recorrido* la tierra, y he aquí toda 1980
4.10 los ojos de...que *recorren* toda la tierra 7751
6.7 se afanaron por ir a *recorrer* la tierra 1980
6.7 id, recorred la...Y *recorrieron* la tierra 1980
Mt 4.23 *recorrió* Jesús toda Galilea, enseñando *4013*
9.35 *recorría* Jesús...las ciudades y aldeas *4013*
10.23 **que no acabaréis de *recorrer* todas las**
23.15 **recorréis mar y tierra para hacer un** *4013*
Mr 6.6 y *recorría* las...de alrededor, enseñando *4013*
6.55 *recorriendo* toda la tierra...comenzaron *4063*
Hch 18.23 *recorriendo*...la región de Galacia y *1330*
19.1 Pablo, después de *recorrer* las regiones *1330*
19.21 después de *recorrer* Macedonia y Acaya *1330*
20.2 después de *recorrer* aquellas regiones *1330*

RECORTAR
Ez 44.20 su cabello...lo *recortarán* solamente 3697

RECOSIDO
Jos 9.5 y zapatos viejos y *r* en sus pies, con 2921

RECOSTAR
Gn 18.4 agua...y *recostaos* debajo de un árbol 8172
49.14 Isacar, asno fuerte que se *recuesta* 7257
Cnt 4.1; 6.5 manada de cabras que se *recuestan* 1570
8.5 ésta que sube...*recostada* sobre su amado? 7514
Mt 8.20 **el Hijo del...no tiene dónde *recostar* su** *2827*
14.19 mandó a la gente *recostarse* sobre la *347*
15.35 mandó a la multitud que se *recostase* *377*
Mr 6.39 mandó que hiciesen *recostar* a todos *347*
6.40 se *recostaron* por grupos, de ciento en *377*
8.6 mandó a la multitud que se *recostase* en *377*
Lc 9.58 **el Hijo del...no tiene dónde *recostar* la** *2827*
Jn 6.10 **haced recostar la gente...*recostaron*** *377*
6.11 los discípulos entre los que...*recostados* *377*
13.23 uno...estaba *recostado* al lado de Jesús *345*
13.25 *recostado* cerca del pecho de Jesús, le *1968*
21.20 en la cena se había *recostado* al lado *377*

RECREAR
Neh 12.43 Dios los había *recreado* con grande 8055
Sal 37.11 se *recrearán* con abundancia de paz 6026
45.8 desde palacios de marfil te *recrean* 8056
51.8 se *recrearan* los huesos que has abatido 1523
Pr 5.19 te satisfagan...y en su amor *recréate* 7686
10.23 mas la sabiduría *recrea* al hombre de
Is 56.7 y los *recrearé* en mi casa de oración 8055
Ro 15.32 sea *recreado* juntamente con vosotros *4875*
2 P 2.13 comen con vosotros, se *recrean* en sus *1792*

RECREO
Is 32.18 en habitaciones seguras, y en *r* de

RECTAMENTE
Nm 36.5 la tribu de los hijos de José habla *r* 3651
Neh 9.33 *r* has hecho, mas nosotros hemos hecho 571
Sal 58.1 ¿juzgáis *r*, hijos de los hombres? 4339
75.2 al tiempo que señalaré yo juzgaré *r* 4339
Pr 2.7 provee...es escudo a los que caminan *r* 8537
Ec 12.10 procuró...escribir *r* palabras de verdad 3476
Jer 8.6 oí; no hablan *r*, no hay hombre que se 3651
Ez 18.9 y guardare mis decretos para hacer *r* 571
Mi 2.7 ¿no hacen mis...bien al que camina *r*? 3477
Lc 7.43 **aquél a quien perdonó...*R* has juzgado** *3723*
20.21 Maestro, sabemos que dices y enseñas *r* *3723*
Gá 2.14 pero cuando vi que no andaban *r*...dije *3716*

RECTITUD
Dt 9.5 ni por la *r* de...corazón entras a poseer 3476
32.4 todos sus caminos son *r*; Dios de verdad 4941
1 R 3.6 anduvo...con *r* de corazón para contigo 3483
1 Cr 29.17 yo sé, Dios Mío...que la *r* te agrada 3476
29.17 con *r* de mi corazón...te he ofrecido todo 4339
Job 29.14 me cubría...manto y diadema era mi *r* 4941
33.3 mis razones declararán la *r* de mi corazón 3476
42.8 no habéis hablado de mí con *r*, como mi
Sal 9.8 juzgará al mundo...a los pueblos con *r* 4339
17.2 proceda...vindicación; vean tus ojos la *r* 4339
25.21 integridad y *r* me guarden, porque en ti 3476
26.12 pie ha estado en *r*...bendeciré a Jehová 4334
27.11 guíame por senda de *r*...a causa de mis 4334
37.28 Jehová ama la *r*, y no desampara a sus 4941
98.9 juzgará al mundo...a los pueblos con *r* 4339
99.4 confirmas la *r*; tú has hecho en Jacob 4941
111.8 para siempre, hechos en verdad y en *r* 3477
119.7 te alabaré con *r* de corazón cuando 3476
143.10 buen espíritu me guíe a tierra de *r* 4941
Pr 12.5 los pensamientos de los justos son *r* 4941
14.2 el que camina en su *r* teme a Jehová; mas 3476
Ec 2.21 ¡que el hombre trabaje...con *r*, y que 3788
8.10 en la ciudad donde habían actuado con *r* 4339
Is 26.7 camino del justo es *r*; tú, que eres 4339
26.10 justicia; en tierra de *r* hará iniquidad 5229
45.19 Yo soy Jehová que hablo...que anuncio *r* 4339
59.9 por esto se alejó...no nos alcanzó la *r* 6666

RECTO, A
Éx 15.26 e hicieres lo *r* delante de sus ojos 3477
Nm 23.10 muera yo la muerte de los *r*, y mi 3477
Dt 6.18 lo *r* y bueno ante los ojos de Jehová 3477
12.25 hicieres lo *r* ante los ojos de Jehová 3477
12.28 haciendo...lo *r* ante los ojos de Jehová 3477
13.18 para hacer lo *r* ante...Jehová tu Dios 3477
21.9 hicieres lo que es *r* ante los ojos de 3477
32.4 es la Roca...Dios de verdad...es justo y *r* 3477
Jos 9.25 lo que te pareciere bueno y *r*...hazlo 3477
1 S 6.12 las vacas...seguían camino *r*, andando 3225
12.23 os instruiré en el camino bueno y *r* 3477
29.6 vive Jehová, que tú has sido *r*, y que me 3477
2 S 22.24 fui *r* para con él, y me he guardado 8549
22.26 con el...y *r* para con el hombre íntegro 8549
1 R 11.33 para hacer lo *r* delante de mis ojos 3477
11.38 y si...hicieres lo *r* delante de mis ojos 3477
14.8 tú no...solamente lo *r* delante de mis ojos 3477
15.5 David había hecho lo *r* ante los ojos de 3477
15.11 Asa hizo lo *r* ante los ojos de Jehová 3477
22.43 haciendo lo *r* ante los ojos de Jehová 3477
2 R 10.3 escoged al mejor y al más *r* de los 3477
10.15 ¿es *r* tu corazón, como el mío es *r* con 3225
10.30 cuanto has hecho bien ejecutando lo *r* 3225
12.2 y Joás hizo lo *r* ante los ojos de Jehová 3477
14.3; 15.3,34 lo *r* ante los ojos de Jehová 3477
16.2 y no hizo lo *r* ante los ojos de Jehová 3477
17.9 hicieron...cosas no *r* contra Jehová su 3651
18.3; 22.2 hizo lo *r* ante los ojos de Jehová 3477
2 Cr 14.2; 24.2; 25.2; 26.4; 27.2; 29.2; 34.2
hizo...lo *r* ante los ojos de Jehová 3477
20.32 haciendo lo *r* ante los ojos de Jehová 3477
28.1 mas no hizo lo *r* ante los ojos de Jehová 3477
29.34 los levitas fueron más *r* de corazón para 3477
31.20 ejecutó lo bueno, *r* y verdadero delante 3477
Neh 9.13 les diste juicios *r*, leyes verdaderas 3477
Job 1.1,8; 2.3 perfecto y *r*, temeroso de Dios 3477
4.7 y ¿en dónde han sido destruidos los *r*? 6662
6.25 ¡cuán eficaces son las palabras *r*! Pero 3476
8.6 si fueres limpio y *r*, ciertamente luego 3477
17.8 *r* se maravillarán de esto, y el inocente 3477
33.27 al que dijere: Pequé, y pervertí lo *r* 3477
35.2 ¿piensas que es cosa *r* lo que has dicho 4941
42.7 porque no habéis hablado de mí lo *r*, como 3559
Sal 7.10 en Dios, que salva a los *r* de corazón 3477
11.2 asaetear en oculto a los *r* de corazón 3477
11.7 justicia; el hombre *r* mirará su rostro 3477
18.23 fui *r* para con él, y me he guardado de 8549
18.25 con el...y *r* para con el hombre íntegro 8549
19.8 los mandamientos de Jehová son *r*, que 3477
25.8 bueno y *r* es Jehová...él enseñará a los 3477
32.11 y cantad con júbilo...los *r* de corazón 3477
33.4 porque *r* es la palabra de Jehová, y toda 3477
36.10 extiende...tu justicia a los *r* de corazón 3477
37.14 su arco...para matar a los de *r* proceder 3477
49.14 los *r* se enseñorearán de ellos por la 3477
51.10 y renueva un espíritu *r* dentro de mí 3559
64.10 y se gloriarán todos los *r* de corazón 3477
78.37 pues sus corazones no eran *r* con él, ni 3559
92.15 anunciar que Jehová mi fortaleza es *r* 3477
94.15 y en pos de ella irán todos los *r* de 3477
97.11 justo, y alegría para los *r* de corazón 3477
107.42 véanlo los *r*, y alégrense, y todos los 3477
111.1 alabaré a...en la compañía y...de los *r* 3477
112.2 la generación de los *r* será bendita 3477
112.4 resplandeció en...tinieblas luz a los *r* 3477
119.128 eso estimé *r* todos tus mandamientos 3474
119.137 justo eres...Jehová, y *r* tus juicios 3477
119.138 tus testimonios...son *r* y muy fieles 6664
125.4 haz bien...los que son *r* en su corazón 3477
140.13 los justos...*r* morarán en tu presencia 3477
Pr 2.7 él provee de sana sabiduría a los *r*; es 3477
2.21 *r* habitarán la tierra, y...perfectos 3477
4.25 tus ojos miren lo *r*, y diríjanse tus 5227
4.26 de tus pies, y todos tus caminos sean *r*
8.6 hablaré...y abriré mis labios para cosas *r* 4339
8.9 son *r* al que entiende, y razonables a los 3477
11.3 la integridad de los *r* los encaminará 3477
11.6 la justicia de los *r* los librará; mas los 3477
11.11 por la bendición de los *r* la ciudad será 3477
12.6 impíos...mas la boca de los *r* los librará 3477
14.9 necios...entre los *r* hay buena voluntad 3477
14.11 casa...pero florecerá la tienda de los *r* 3477
15.8 mas la oración de los *r* es su gozo 3477
15.19 la vereda de los *r*, como una calzada 3477
16.13 de los reyes...aman al que habla lo *r* 3477
16.17 el camino de los *r* se aparta del mal 3477
17.26 ni herir a los nobles que hacen lo *r* 3477
20.11 muchacho...su conducta fuere limpia y *r* 3477
21.2 camino del hombre es *r* en su...opinión 3477
21.8 es torcido...los hechos del limpio son *r* 3477
21.18 el impío, y por los *r*, el prevaricador 3477
21.29 su rostro; mas el *r* ordena sus caminos 3477
23.16 cuando tus labios hablaren cosas *r* 4339
24.26 los labios del que responde palabras *r* 5228
28.10 que hace errar a los *r* por el mal camino 3477
29.10 mas los *r* buscan su contentamiento 3477
29.27 abominación es al impío el de caminos *r* 3477
Ec 7.29 que Dios hizo al hombre *r*, pero ellos 3477
Is 26.7 que eres *r*, pesas el camino del justo 3477
28.26 su Dios le instruye, y le enseña lo *r*
30.10 los profetas: No nos profeticéis lo *r* 5229
33.15 el que camina en justicia y habla lo *r* 4339
Jer 23.10 carrera...mala, y su valentía no es *r*
26.14 haced de mí como...y más *r* os parezca
34.15 habíais...hecho lo *r* delante de mis ojos 3477
Ez 18.25 dijereis: No es *r* el camino del Señor 8505
18.25 ¿no es *r* mi camino? ¿no son vuestros 8505
18.29 aún dijere: No es *r* el camino del Señor 8505
18.29 ¿no son *r* mis caminos, casa de Israel? 8505
18.29 ciertamente, vuestros caminos no son *r* 8505
33.17 tu pueblo: No es *r* el camino del Señor 8505
33.17 el camino de ellos es el que no es *r* 8505
33.20 dijisteis: No es *r* el camino del Señor 8505
Os 14.9 porque los caminos de Jehová son *r*, y 3477
Am 3.10 no saben hacer lo *r*, dice Jehová 5229
5.10 ellos...y al que hablaba lo *r* abominaron 8549
Mi 7.2 ninguno hay *r* entre los hombres; todos 3477
7.4 es como el espino; es más *r*, como zarzal 3477
Hab 2.4 aquel cuya alma no es *r*, se enorgullece 3474
Lc 8.15 **que con corazón bueno y *r* retienen la** *2570*
Hch 8.21 tu corazón no es *r* delante de Dios *2117*
13.10 de trastornar los caminos *r* del Señor? *2117*
Col 4.1 amos, haced lo que es justo y *r* con *2471*
2 P 2.15 han dejado el camino *r*, y...extraviado *2117*

RECUBRIDOR
Ez 13.11 a los *r* con lodo suelto, que caerá 2902

RECUBRIR
Lv 14.42 tomarán...barro y *recubrirán* la casa 2902
14.43 brotar en...después que fue *recubierta* 2902
14.48 extendido...después que fue *recubierto* 2902
Ez 13.10 los otros la *recubrían* con lodo suelto 2902
13.12 ¿dónde está...con que la *recubristeis*? 2902
13.14 la pared...*recubristeis* con lodo suelto 2902
13 15 cumpliré...y en los que la *recubrieron* 2902
13 15 no...la pared, ni los que la *recubrieron* 2902
22.28 sus profetas *recubrían* con lodo suelto 2902

RECUERDO
Nm 16.40 en *r* para los hijos de Israel, de que 2146
Is 26.14 y destruiste y deshiciste todo su *r* 2143
57.8 tras la puerta y el umbral pusiste tu *r* 2146

RECUPERAR
1 S 30.19 todas las cosas...lo *recuperó* David 7725
2 S 8.3 al ir éste a *recuperar* su territorio 7725
Abd 17 casa de Jacob *recuperará* sus posesiones 3423

RECURRIR
Dt 17.8 *recurrirás* al lugar que...Dios escogiere 5927
Sal 71.3 una roca de refugio, adonde *recurra* 935

RECURSO
Nm 6.21 además de lo que sus *r* le permitieren 5381

RED
1 R 7.17 había trenzas a manera de *r*, y unos 7638
7.18 hileras de granadas alrededor de la *r* 7639
7.20 globo, el cual estaba rodeado por la *r* 7639
7.41 y dos *r* que cubrían los dos capiteles 7639
7.42 granadas para las dos *r*, dos...en cada *r* 7639
2 R 25.17 y sobre el capitel...una *r* y granadas 7639
25.17 igual labor...la otra columna con su *r* 7639
2 Cr 4.12 dos *r* para cubrir las dos esferas de 7639
4.13 dos *r*, dos hileras de granadas en cada *r* 7639
Job 18.8 *r* será echada a...pies, y sobre mallas 7568
19.6 sabed ahora que Dios...envuelto en su *r* 4685
Sal 9.15 en la *r* que escondieron fue tomado 7568
10.9 arrebata al pobre trayéndolo a su *r* 7568
25.15 ojos...porque él sacará mis pies de la *r* 7568
31.4 sácame de la *r* que han escondido para mí 7568
35.7 sin causa escondieron para mí su *r* en un 7568
35.8 sepa, y la *r* que él escondió lo prenda 7568
57.6 *r* han armado a mis pasos; se ha abatido 7568
66.11 nos metiste en la *r*; pusiste sobre 4686
140.5 han tendido *r* junto a la senda; me han 7568
141.10 caigan los impíos a una en...*r*, mientras 4365
Pr 1.17 en vano se tenderá la *r* ante los ojos 7568
7.23 como el ave que se apresura a la *r*, y no 6341
12.12 codicia el impío la *r* de los malvados 4686
29.5 el hombre que lisonjea...*r* tiende delante 7568
Ec 7.26 a la mujer cuyo corazón es lazos y *r* 2764
9.12 los peces que son presos en la mala *r* 4686
Is 8.14 lazo y por *r* al morador de Jerusalén 4170
19.8 desfallecerán los que extienden *r* sobre 4364
19.9 lino...los que tejen *r* serán confundidos 2355
19.10 porque todas sus *r* serán rotas; y se
24.17 y *r* sobre ti, oh morador de la tierra 6341
24.18 el que saliere de...será preso en la *r* 6341
51.20 estuvieron...como antílope en la *r*...de 4364
Jer 52.22 con una *r* y granadas alrededor del 7639
52.23 ellas eran ciento sobre la *r* alrededor 7639
Lm 1.13 ha extendido *r* a mis pies, me volvió 7568
Ez 12.13 yo extenderé mi *r* sobre él, y caerá 7568
17.20 extenderé sobre él mi *r*, y será 7568
19.8 extendieron sobre él su *r*, y en el foso 7568
26.5 tendedero de *r* será en medio del mar 2764
26.14 una peña lisa; tendedero de *r* serás, y 2764
32.3 yo extenderé sobre ti mi *r* con reunión 7568
32.3 así ha dicho...te harán subir con mi *r* 2764
47.10 hasta En-eglaim será su tendedero de *r* 2764
Os 5.1 habéis sido lazo en Mizpa, y *r* tendida 7564
7.12 cuando fueren, tenderé sobre ellos mi *r* 7568
Mi 7.2 sangre; cada cual arma *r* a su hermano 2764
Hab 1.15 los recogerá con su *r*, y los juntará 2764
1.16 esto hará sacrificios a su *r*, y ofrecerá 2764
1.17 ¿vaciará por eso...*r*, y no tendrá piedad 2764
Mt 4.18 y Andrés su hermano, que echaban la *r* *293*
4.20 dejando al instante las *r*, le siguieron *1350*
4.21 vio a otros dos...que remendaban sus *r* *1350*
13.47 **el reino de los...es semejante a una *r*** *4522*
Mr 1.16 vio a Simón y...echaban la *r* en el mar *293*
1.18 y dejando luego sus *r*, le siguieron *1350*
1.19 vio a Jacobo hijo...que remendaban las *r* *1350*
Lc 5.2 barcas...los pescadores...lavaban sus *r* *1350*
5.4 **adentro, y echad vuestras *r* para pescar** *1350*
5.5 Maestro...mas en tu palabra echaré la *r* *1350*
5.6 gran cantidad de peces, y su *r* se rompía *1350*
Jn 21.6 **echad la *r* a la derecha de la barca** *1350*
21.8 vinieron con...arrastrando la *r* de peces *1350*
21.11 y sacó la *r* a tierra...la *r* no se rompió *1350*
Ro 11.9 sea vuelto su convite en trampa y en *r* *3803*

REDARGÜIR
Job 32.12 no hay de vosotros...*redarguya* a Job 3198
Jn 8.46 **de vosotros me *redarguye* de pecado?** *1651*
2 Ti 3.16 útil...para *redargüir*, para corregir *1650*
4.2 *redarguye*, reprende, exhorta con toda *1651*

REDECILLA
Is 3.18 aquel día quitará el Señor el...las *r* 7636

REDENCIÓN
Éx 8.23 yo pondré *r* entre mi pueblo y el tuyo 6304
Rt 4.7 esta costumbre en Israel tocante a la *r* 1353
Job 33.24 que lo libró de descender al... halló *r* 3724
Sal 49.8 la *r* de su vida es de gran precio, y 6306
111.9 *r* ha enviado a su pueblo... ha ordenado 6304
130.7 hay misericordia, y abundante *r* con él 6304
Lc 2.38 hablaba del niño... que esperaban la *r* *3085*
21.28 levantad... cabeza... vuestra *r* está cerca *629*
Ro 3.24 mediante la *r* que es en Cristo Jesús *629*
8.23 esperando la... la *r* de nuestro cuerpo *629*
1 Co 1.30 justificación, santificación y *r* *629*
Ef 1.7 en quien tenemos *r* por su sangre, el *629*
1.14 hasta la *r* de la posesión adquirida, para *629*
4.30 cual fuisteis sellados para el día de la *r* *629*
Col 1.14 en quien tenemos *r* por su sangre, el *629*
He 9.12 una vez... habiendo obtenido eterna *r* *3085*

REDENTOR
Job 19.25 que mi *R* vive, y al fin se levantará 1350
Sal 19.14 boca... oh Jehová, roca mía, y *r* mío 1350
78.35 era su refugio, y el Dios Altísimo su *r* 1350
Is 41.14 yo soy... y el Santo de Israel es tu *R* 1350
43.14 Jehová, *R* vuestro, el Santo de Israel 1350
44.6 así dice Jehová Rey de Israel, y su *R* 1350
44.24 dice Jehová, tu *R*, que te formó desde 1350
47.4 nuestro *R*, Jehová de los... es su nombre 1350
48.17 así ha dicho Jehová, *R* tuyo, el Santo 1350
49.7 ha dicho Jehová, *R* de Israel, el Santo 1350
49.26 y conocerá todo hombre que yo... *R* tuyo 1350
54.5 tu *R*, el Santo de Israel; Dios de toda 1350
54.8 tendré compasión de ti, dijo Jehová tu *R* 1350
59.20 y vendrá el *R* a Sion, y a los que se 1350
60.16 yo Jehová soy el Salvador tuyo y *R* tuyo 1350
63.16 Jehová... nuestro *R* perpetuo es tu nombre 1350
Jer 50.34 el *R* de ellos es el Fuerte; Jehová 1350

REDIL
Jue 5.16 te quedaste entre los *r*, para oír los 4942
1 S 24.3 llegó a un *r* de ovejas en el camino 1448,6629
2 S 7.8; 1 Cr 17.7 te tomé del *r*, de detrás 5116
Jer 50.6 anduvieron... y se olvidaron de sus *r* 7258
Ez 34.4 ni volvisteis al *r* la descarriada, ni
34.14 allí dormirán en buen *r*, y en pastos 5116
34.16 haré volver al *r* la descarriada, vendaré
Jn 10.1 **el que no entra... en el *r* de las ovejas** *833*
10.16 **tengo otras ovejas que no son de este *r*** *833*

REDIMIR
Éx 6.6 os *redimiré* con brazo extendido, y con 1350
13.13 todo primogénito de asno *redimirás* con 6299
13.13 no lo *redimieres*, quebrarás su cerviz 6299
13.13 *redimirás* al primogénito de tus hijos 6299
13.15 yo... *redimo* al primogénito de mis hijos 6299
15.13 condujiste... este pueblo que *redimiste* 1350
34.20 *redimirás* con cordero el primogénito del 6299
34.20 no lo *redimieres*, quebrarás su cerviz 6299
34.20 *redimirás* todo primogénito de tus hijos 6299
Lv 25.29 tendrá facultad de *redimirla* hasta el 1353
25.29 año será el término de poderse *redimir* 1353
27.2 de las personas que se hayan de *redimir*
27.19 si el que dedicó la... quisiere *redimirla* 1350
Nm 3.49 que excedían el número de los *redimidos* 6306
18.15 harás que se *redima* el primogénito del 6299
18.15 harás *redimir* el primogénito de animal 6299
18.17 el primogénito de cabra, no *redimirás* 6299
Dt 9.26 y a tu heredad que has *redimido* con tu 6299
21.8 perdona a tu pueblo... el cual *redimiste* 6299
Rt 2.20 es... uno de los que pueden *redimirnos* 1350
3.13 si él te *redimiere*, bien, *redímate*; mas 1350
3.13 no te quisiere redimir, yo te *redimiré* 6299
4.4 si tú quieres *redimir*, *redime*; y si no 6299
4.4 si no quisieres *redimir*, decláramelo para 1350
4.4 no hay otro que redima sino... Yo *redimiré* 1350
4.6 respondió... No puedo *redimir* para mí, no 1350
4.6 redime tú... porque yo no podré *redimir* 1350
2 S 4.9 vive Jehová que ha *redimido* mi alma 6299
1 R 1.29 vive Jehová, que ha *redimido* mi alma 6299
1 Cr 17.21 cuyo Dios fuese y se *redimiese* un 6299
Neh 1.10 los cuales *redimiste* con tu gran poder 6299
Job 6.23 dicho *redimidme* del poder... violentos? 6299
33.28 Dios *redimirá* su alma para que no pase 6299
Sal 25.22 *redime*, oh Dios, a Israel de todas 6299
26.11 mas... *redímeme*, y ten misericordia de mí 6299
31.5 tú me has *redimido*, oh Jehová, Dios de 6299
34.22 Jehová *redime* el alma de sus siervos 6299
44.26 *redímenos* por causa de tu misericordia 6299
49.7 en manera alguna *redimir* al hermano, ni 6299
49.15 Dios *redimirá*... vida del poder del Seol 6299
55.18 él *redimirá* en paz mi alma de la guerra 6299
69.18 acércate a mi alma, *redímela*; líbrame 1350
71.23 alegrarán... mi alma, la cual *redimiste* 6299
72.14 de engaño y de violencia *redimirá* sus 1350
74.2 la que *redimiste* para hacerla la tribu 1350
77.15 con tu brazo *redimiste* a tu pueblo, a 1350
78.42 del día que los *redimió* de la angustia 6299
107.2 díganlo los *redimidos* de Jehová, los que 1350
107.2 que ha *redimido* del poder del enemigo 1350
119.154 defiende mi causa, y *redímeme* 1350
130.8 *redimirá* a Israel de todos sus pecados 6299
144.7 *redímeme*, y sácame de las muchas aguas 5337
Is 29.22 Jehová, que *redimió* a Abraham, dice 6299
35.9 ni fiera... para que caminen los *redimidos* 1350
35.10 y los *redimidos* de Jehová volverán, y 6299
43.1 no temas, porque yo te *redimí*; te puse 1350
44.22 yo... vuélvete a mí, porque yo te *redimí* 1350
44.23 Jehová *redimió* a Jacob, y en Israel será 1350
48.20 *redimió* Jehová a Jacob su siervo 1350
50.2 se ha acortado mi mano para no *redimir*? 6304
51.10 del mar para que pasaran los *redimidos*? 1350
51.11 ciertamente volverán los *redimidos* de 6299
52.9 ha consolado a... a Jerusalén ha *redimido* 1350
62.12 les llamarán... *Redimidos* de Jehová; y a 1350
63.4 día... el año de mis *redimidos* ha llegado 1350
63.9 en su amor y en su clemencia los *redimió* 1350
Jer 15.21 *redimiré* de la mano de los fuertes 6299
31.11 Jehová *redimió* a Jacob, lo *r* de mano 6299
Lm 3.58 abogaste... la causa... *redimiste* mi vida 1350
Dn 4.27 tus pecados *redime* con justicia, y tus 6562
Os 7.13 los *redimí*, y ellos hablaron mentiras 6299
13.14 de la mano del Seol los *redimiré*, los 1350
Mi 4.10 te *redimirá* Jehová de la mano de tus 1350
6.4 yo... de la casa de servidumbre te *redimí* 6299
Zac 10.8 los reuniré, porque los he *redimido* 6299
Lc 1.68 que ha visitado y *redimido* a su pueblo *4160,3085*
24.21 él era el que había de *redimir* a Israel *3084*
Gá 3.13 Cristo nos *redimió* de la maldición de *1805*
4.5 *redimiese* a los que estaban bajo la ley *1805*
Col 4.5 con los de afuera, *redimiendo* el tiempo *1805*
Tit 2.14 se dio... *redimirnos* de toda iniquidad *3084*
Ap 5.9 y con tu sangre nos has *redimido* para *59*
14.3 aquellos... que fueron *redimidos* de entre *59*
14.4 estos fueron *redimidos*... como primicias *59*

RÉDITO
Pr 8.19 y mi *r* mejor que la plata escogida 8393

REDOMA
1 S 10.1 tomando... Samuel una *r* de aceite, la 6378
2 R 9.1 toma esta *r* de aceite en tu mano, y vé 6378
9.3 toma luego la *r* de aceite, y derrámala 6378
Sal 56.8 pon mis lágrimas en tu *r*; ¿no están 4997

REDONDO, A
Éx 16.14 cosa menuda, *r*... como una escarcha 2636
1 R 7.23 hizo fundir... un mar... perfectamente *r* 5696
7.31 la boca era *r*, de la misma hechura del 5696
7.31 con sus tableros... eran cuadrados, no *r* 5696
7.35 en lo alto de la basa... una pieza *r* de 5696
7.41 los capiteles *r* que estaban en lo alto 1543
7.41 redes... cubrían los dos capiteles *r* que 1543
7.42 cubrir los dos capiteles *r* que estaban 1543
10.19 y la parte alta era *r* por el respaldo 5696
2 Cr 4.2 un mar de fundición... enteramente *r* 5696
Cnt 7.2 tu ombligo como una taza *r* que no le 5469

REDUCIR
Éx 32.20 y lo molió hasta *reducirlo* a polvo 2912
Lv 26.22 y os *reduzcan* en número, y vuestros 4591
Dt 9.21 moliéndolo muy bien... *reducido* a polvo 3190
19.14 en la heredad... no *reducirás* los límites 5253
27.17 maldito el que *redujere* el límite de su 5253
Jos 8.28 y la *redujo* a un montón de escombros 7760
Jue 16.16 alma fue *reducida* a mortal angustia 7114
2 R 19.25 *reducir* las ciudades fortificadas a
2 Cr 28.20 los asirios... lo *redujo* a estrechez 6696
Job 24.25 ¿quién... *reducirá* a nada mis palabras? 7760
Sal 79.1 han... *redujeron* a Jerusalén a escombros 7760
Pr 6.26 el hombre es *reducido* a un bocado de
24.10 fueres flojo... tu fuerza será *reducida* 6862
Is 15.1 fue destruida Kir... *reducida* a silencio 1820
21.17 de los... hijos de Cedar, serán *reducidos* 4591
37.26 para *reducir* las ciudades fortificadas a
41.15 los molerás, y collados *reducirás* a tamo 7760
Jer 9.11 *reduciré* a Jerusalén a un montón de 5414
27.7 *reducirán* a servidumbre muchas naciones
34.22 *reduciré* a soledad las ciudades de Judá 5414
51.25 haré rodar... te *reduciré* a monte quemado 5414
Ez 21.27 a ruina, a ruina, a ruina lo *reduciré*
Os 2.12 *reduciré* a un matorral, y las comerán
Nah 2.13 *reduciré* a humo tus carros, y espada
Zac 7.14 serás *reducida* a llanura; él sacará la
Hch 5.36 fueron dispersados Y *reducidos* a nada *1096*
7.6 y que los *reducirían* a servidumbre y los *1402*
Gá 2.4 libertad... para *reducirnos* a esclavitud *2615*
2 P 2.6 *reduciéndolas* a ceniza y poniéndolas *2632*

REDUNDAR
Fil 1.12 *redundado* más bien para el progreso *2064*

REEDIFICAR
Jos 6.26 hombre que... *reedificare* esta ciudad 1129
19.50 él *reedificó* la ciudad y habitó en ella 1129
Jue 18.28 *reedificaron* la ciudad, y habitaron 1129
21.23 *reedificaron* las ciudades, y habitaron 1129
1 R 12.25 *reedificó* Jeroboam a Siquem en el 1129
12.25 saliendo de allí, *reedificó* a Penuel 1129
16.34 en su... Hiel de Bet-el *reedificó* a Jericó 1129
2 R 14.22 *reedificó* él a Elat, y la restituyó 1129
2 Cr 8.2 *reedificó*... las ciudades que Hiram 1129
8.5 *reedificó* a Bet-horón la de arriba... abajo 1129
33.3 porque él *reedificó* los lugares altos que 1129
Esd 2.68 hicieron ofrendas... para *reedificarla* 5975
4.13 que si aquella ciudad fuere *reedificada* 1124
4.16 que si esta ciudad fuere *reedificada*, y 1124
4.21 no sea esa ciudad *reedificada* hasta que 1124
5.2 comenzaron a *reedificar* la casa de Dios 1124
5.11 *reedificamos* la casa que ya muchos años 1124
5.13 que esta casa de Dios fuese *reedificada* 1124
5.15 y sea *reedificada* la casa de Dios en su 1124
5.17 orden para *reedificar* esta casa de Dios 1124
6.3 fuese la casa *reedificada* como lugar para 1124
6.7 *reedifiquen* esa casa de Dios en su lugar 1124
6.8 es dada orden... para *reedificar* esa casa 1124
Neh 2.5 envíame a Judá, a la... y la *reedificaré* 1129
3.13 ellos la *reedificaron*, y levantaron sus 1129
3.14 *reedificó* la puerta del... Malquías hijo 1129
Neh 3.14 él la *reedificó*, y levantó sus puertas 2388
3.15 él la *reedificó*, la enmaderó y levantó 2388
7.4 poco pueblo... no había casas *reedificadas* 1129
Job 3.14 reyes... que *reedifican* para sí ruinas 1129
Sal 69.35 Dios... *reedificará*... ciudades de Judá 1129
Is 25.2 no sea ciudad, ni nunca... *reedificado* 1129
44.26 a las ciudades... sus ruinas *reedificaré* 1129
61.4 *reedificarán* las ruinas antiguas, y 1129
Ez 36.33 ciudades... ruinas serán *reedificadas* 1129
36.36 yo *reedifiqué* lo que estaba derribado 1129
Hag 1.2 que la casa de Jehová sea *reedificada* 1129
1.8 y traed madera, y *reedificad* la casa; y 1129
Mt 26.61 derribar... en tres días *reedificarlo* *3618*
27.40 y en tres días; lo *reedificas*, sálvate *3618*
Mr 15.29 derribas... en tres días lo *reedificas* *3618*
Hch 15.16 *reedificaré* el tabernáculo de David *456*

REELAÍAS *Uno que regresó del cautiverio con Zorobabel*, Esd 2.2 7480

REFA *Descendiente de Efraín*, 1 Cr 7.25 7506

REFAÍAS
1. *Descendiente de David*, 1 Cr 3.21 7509
2. *Descendiente de Simeón*, 1 Cr 4.42 7509
3. *Guerrero de la tribu de Isacar*, 1 Cr 7.2 7509
4. *Descendiente del rey Saúl*, 1 Cr 9.43 7509
5. *Uno que ayudó en la restauración del muro de Jerusalén*, Neh 3.9 7509

REFAIM *Valle cerca de Jerusalén*
Jos 15.8 cual está al extremo del valle de *R* 7497
18.16 Hinom... está al norte en el valle de *R* 7497
2 S 5.18,22 se extendieron por el valle de *R* 7497
23.13 el campamento... estaba en el valle de *R* 7497
1 Cr 11.15 de los filisteos en el valle de *R* 7497
14.9 vinieron los filisteos... por el valle de *R* 7497
Is 17.5 el que recoge espigas en el valle de *R* 7497

REFAÍTAS *Antigua tribu de Palestina*
Gn 14.5 derrotaron a los *r* en Astarot Karnaim 7497
15.20 los heteos, los ferezeos, los *r* 7497
Jos 12.4 Og rey de... que había quedado de los *r* 7497
13.12 Og... había quedado del resto de los *r* 7497
17.15 desmontes allí en la tierra de los... *r* 7497

REFERENTE
2 Cr 32.31 mas en lo *r* a los mensajeros de
Est 9.29 suscribieron con... esta carta *r* a Purim

REFERIR
Éx 19.8 Moisés *refirió* a Jehová las palabras 7725
19.9 y Moisés *refirió* las palabras del pueblo 5046
1 S 8.10 *refirió* Samuel... las palabras de Jehová 559
8.21 oyó Samuel... *refirió* en oídos de Jehová 1696
17.31 palabras... las *refirieron* delante de Saúl 5046
25.37 a Nabal... *refirió* su mujer estas cosas 5046
2 Cr 34.28 ellos *refirieron* al rey la respuesta 7725
Neh 6.19 él, y a él le *referían* mis palabras 3318
Est 5.11 y les *refirió* Amán la gloria de sus 5608
Ez 12.10 esta profecía se *refiere* al príncipe
Dn 8.26 la visión... se ha *referido* es verdadera 560
Mt 13.24 **les *refirió* otra parábola... El reino**
13.31 **otra parábola les *refirió*, diciendo: El**
18.31 **fueron y *refirieron* a su señor todo lo** *1285*
Lc 12.16 les *refirió* una parábola, diciendo *2036*
14.7 *refirió* a los convidados una parábola
15.3 él les *refirió* esta parábola, diciendo *2036*
18.1 les *refirió* Jesús una parábola sobre la *3004*
Hch 14.27 *refirieron* cuán grandes cosas había *312*
15.4 *refirieron*... cosas que Dios había hecho *312*
Ro 15.17 gloriarme... lo que a Dios se *refiere*
Col 4.7 que a mí se *refiere*, os lo hará saber
4.8 que conozca lo que a vosotros se *refiere*
He 2.17 sacerdote en lo que a Dios se *refiere*
5.1 a favor de... en lo que a Dios se *refiere*

REFIDIM *Lugar donde acampó Israel*
Éx 17.1 acamparon en *R*; y no había agua para 7508
17.8 vino Amalec y peleó contra Israel en *R* 7508
19.2 salido de *R*, y llegaron al desierto de 7508
Nm 33.14 y acamparon en *R*, donde el pueblo no 7508
33.15 salieron de *R* y acamparon en el... Sinaí 7508

REFINAR
1 Cr 29.4 y 7.000 talentos de plata *refinada* 2212
Job 28.1 plata... y el oro lugar donde se *refina* 6884
Sal 12.6 son... como plata *refinada* en horno de 6884
Pr 8.19 mejor es mi fruto que... el oro *refinado*
Is 25.6 hará... banquete de vinos *refinados*, de 8105
Jer 9.7 yo los *refinaré* y los probaré; porque 6884
Ap 3.18 **que de mí compres oro *refinado* en fuego** *4448*

REFLEXIONAR
Dt 4.39 y *reflexionar* en tu corazón que Jehová 7725
1 S 25.17 *reflexiona* y ve lo que has de hacer 7200
Sal 143.5 *reflexionaba* en... obras de tus manos 7878
Pr 20.25 voto... después de hacerlo, *reflexionar*
Jer 12.11 porque no hubo hombre... *reflexionase* 7760

REFORMAR
He 9.10 hasta el tiempo de *reformar* las cosas *1357*

REFORZAR
2 S 11.25 *refuerza* tu ataque contra la ciudad
2 Cr 11.11 *reforzó* también las fortalezas, y 2388
Is 54.2 tus cuerdas, y *refuerza* tus estacas 2388
Jer 51.12 *reforzad*... guardia, poned centinelas 2388
Nah 2.1 ciñete los lomos, *refuerza* mucho tu 2388
3.14 *refuerza* tus fortalezas; entra en el lodo 2388
3.14 lodo, pisa el barro, *refuerza* el horno 4013

REFRÁN
Dt 28.37 servirás de *r* y de burla a todos los 8148
1 R 9.7 Israel será por... *r* a todos los pueblos 8148
Job 13.12 vuestras máximas son *r* de ceniza, y

R

17.6 me ha puesto por *r* de pueblos, y delante 4914
30.9 soy objeto de su burla, y les sirvo de *r* 4405
Jer 24.9 por infamia, por ejemplo, por *r* y por 4912
Ez 12.22 ¿qué *r* es este que tenéis vosotros 4912
12.23 haré cesar este *r*, y no repetirán más. . . *r* 4912
16.44 el que usa de *r* te aplicará a ti el *r* 4911
18.2 los que usáis este *r* sobre la tierra di 4911
18.3 nunca más tendréis por qué usar este *r* 4911
Mi 2.4 levantarán sobre vosotros *r*, y se hará 4912
Hab 2.6 ¿no han de levantar. . . éstos *r* sobre él 2420
Lc 4.23 **me diréis este *r*: Médico, cúrate a ti** *3850*

REFRENAR
Est 5.10 pero se *refrenó* Amán y vino a su casa 662
Job 7.11 tanto, no *refrenaré* mi boca; hablaré. 2820
Sal 40.9 no *refrené* mis labios, Jehová, tú lo. 3607
Pr 10.19 el que *refrena* sus labios es prudente 2820
27.16 es como *refrenar* el viento, o sujetar 6845
Stg 1.26 cree religioso. . . no *refrena* su lengua *5468*
3.2 varón. . . capaz. . . de *refrenar* todo el cuerpo *5469*
3.8 que es un mal que no puede ser *refrenado* *183*
1 P 3.10 *refrene* su lengua de mal, y. . . labios *3973*
2 P 2.16 voz de. . . *refrenó* la locura del profeta *2967*

REFRESCAR
Lc 16.24 **moje. . . su dedo. . . y *refresque* mi lengua** 2711

REFRIGERIO
Éx 23.12 y tome *r* el hijo de tu sierva, y el. 5314
Pr 3.8 será medicina a. . . y *r* para tus huesos 8250
25.13 el mensajero. . . al alma de su señor da *r* 7725
Is 28.12 y este es el *r*; mas no quisieron oír 4774
Hch 3.19 la presencia del Señor tiempos de *r*. *403*

REFUERZO
Hch 27.17 usaron de *r* para ceñir la nave; y *996*

REFUGIAR
Nm 35.6 para que el homicida se *refugie* allá. 4733
35.12 os serán. . . para *refugiarse* del vengador 4733
35.25 ciudad. . . en la cual se había *refugiado* 4733
35.26 de su ciudad de. . . en la cual se *refugió*. 4733
Dt 32.37 ¿donde. . . la roca en que se *refugiaban*
Rt 2.12 bajo cuyas alas has venido a *refugiarte* 2620
2 S 10.14 huyeron. . . se *refugiaron* en la ciudad 935
17.13 si se *refugiare* en alguna ciudad, todos
Sal 17.7 tú que salvas a los que se *refugian*. 2620
71.1 en ti, oh Jehová, me he *refugiado*; no 2620
143.9 líbrame. . . oh Jehová; en ti me *refugio* 3680

REFUGIO
Lv 26.25 si buscareis *r* en vuestras ciudades. 4733
Nm 35.6 seis ciudades serán de *r*, las cuales. 4733
35.11 ciudades de *r* tendréis, donde huya el 4733
35.13 que daréis, tendréis seis ciudades de *r* 4733
35.14 y tres. . . las cuales serán ciudades de *r* 4733
35.15 serán de *r* para los hijos de Israel, y. 4733
35.25 lo hará volver a su ciudad de *r*, en la 4733
35.26 fuera de los límites de su ciudad de *r*. 4733
35.27 fuera del límite de la ciudad de su *r* 4733
35.28 en su ciudad de *r* deberá aquél habitar. 4733
35.32 precio del que huyó a su ciudad de *r* 4733
Dt 33.27 el eterno Dios es tu *r*, y acá abajo 4585
Jos 20.2 y diles: Señalaos las ciudades de *r*. 4733
20.3 os servirán de *r* contra el vengador de 4733
21.13 dieron Hebrón con. . . como ciudad de *r*. 4733
21.21 Siquem con sus ejidos como ciudad de *r*. 4733
21.27 a Golán en Basán como ciudad de *r* para 4733
21.32 Cedes. . . ciudad de *r* para los homicidas 4733
21.38 Ramot de Galaad. . . ciudad de *r* para. 4733
1 S 2.2 de ti, y no hay *r* como el Dios nuestro 6697
2 S 22.3 el fuerte de mi salvación, mi alto *r* 4498
1 Cr 6.57 de Judá dieron. . . ciudad de *r*. . . Hebrón 4733
6.67 les dieron la ciudad de *r*, Siquem con sus. 4733
Job 11.20 y no tendrán *r*; y su esperanza será
Sal 9.9 será *r* del pobre, *r* para el tiempo de. 4869
18.2 Jehová, roca mía y castillo. . . mi alto *r* 4869
28.8 Jehová es la. . . el *r* salvador de su ungido 5797
31.4 sácame de la red que. . . pues tú eres mi *r* 4581
32.7 eres mi *r*; me guardarás de la angustia 5643
46.7,11 Jehová. . . nuestro *r* es el Dios de Jacob. 4869
48.3 en sus palacios Dios es conocido por *r*. 4869
59.16 mi amparo y *r* en el día de mi angustia. 4498
59.17 porque eres, oh Dios, mi *r*, el Dios de 4869
61.3 tú has sido mi *r*, y torre fuerte delante. 4026
62.2 es mi roca y, mi *r*, no resbalaré mucho 4869
62.6 él solamente es. . . es mi *r*, no resbalaré 4869
62.7 en Dios está mi roca fuerte, y mi *r*. 4268
62.8 esperad en él en todo. . . Dios es nuestro *r*. 4268
71.3 sé para mí una roca de *r*, donde recurra 4583
71.7 como prodigio he sido. . . y tu mi *r* fuerte 4268
78.35 se acordaban de que Dios era su *r*, y el. 6697
90.1 Señor, tú nos has sido *r* de generación en 4583
94.22 Jehová me ha sido por *r*, y mi Dios por 4268
142.4 no tengo *r*, ni hay quien cuide de. . . vida 4498
Is 4.6 para *r* y escondedero contra el turbión. 4268
17.10 y no te acordaste de la roca de tu *r*. 4581
25.4 *r* contra el turbión, sombra contra el 4268
28.15 hemos puesto nuestro *r* en la mentira 4268
28.17 y granizo barrerá el *r* de la mentira. 4268
32.2 escondedero contra el viento, y como *r*. 5643
33.16 fortaleza de rocas será su lugar de *r*. 4869
Jer 16.19 *r* mío en el tiempo de la aflicción 4498
17.17 no me. . . pues mi *r* eres tú en el día malo. 4009
Nah 3.11 serás. . . buscarás *r* a causa del enemigo 4581

REFULGENTE
Ez 1.4 fuego algo que parecía como bronce *r*
1.27 vi apariencia como de bronce *r*. . . fuego 784
8.2 y desde sus lomos. . . aspecto de bronce *r*. 784
Ap 1.15 pies semejantes al bronce bruñido, *r*. *4448*

REFUTAR
Hch 18.28 *refutaba* públicamente a los judíos. *1246*

REGALO
Gn 24.10 criado. . . fue, tornando toda clase de *r* 2898
2 S 19.42 rey? ¿Hemos recibido de él algún *r*? 5379
2 Cr 21.3 les había dado muchos *r* de oro y de. 4979
Ap 11.10 y se enviarán *r* unos a otros; porque *1435*

REGAR
Gn 2.6 vapor, el cual *regaba* toda. . . la tierra. 8248
2.10 salía de Edén un río para *regar* el huerto 8248
Dt 11.10 y *regabas* con tu pie, como huerto de 8248
Job 21.24 sus huesos serán *regados* de tuétano 8248
37.11 *regando*. . . llega a disipar la densa nube 7377
Sal 6.6 lecho, *riego* mi cama con mis lágrimas. 4529
65.9 visitas la tierra, y la *riegas*; en gran 4325
104.13 *riega* los montes desde sus aposentos 8248
Ec 2.6 hice estanques. . . *regar* de ellos el bosque 4325
Is 16.9 te *regaré* con mis lágrimas, oh Hesbón 7301
27.3 cada momento la *regaré*; la guardaré de 8248
55.10 no vuelve allá, sino que *riega* la tierra. 7301
Ez 17.7 ser *regada* por ella por los surcos de 8248
32.6 y *regaré* de tu sangre la tierra donde 8248
Jl 3.18 una fuente. . . y *regará* el valle de Sitim. 8248
Lc 7.38 comenzó a *regar* con lágrimas sus pies *1026*
7.44 **mas ésta ha *regado* mis pies con lágrimas**. *1026*
1 Co 3.6 Apolos *regó*; pero el crecimiento lo *4222*
3.7 ni. . . es algo, ni el que *riega*, sino Dios *4222*
3.8 planta y el que *riega* son una misma cosa. *4222*

REGATÓN
2 S 2.23 lo hirió Abner con el *r* de la lanza. 310

REGAZO
Dt 27.20 por cuanto descubrió el *r* de su padre 3671
Rt 4.16 Noemí. . . lo puso en su *r*, y fue su aya 2436
1 R 17.19 tomó de su *r*, y lo llevó al aposento 2436
Pr 16.33 suerte se echa en el *r*; mas de Jehová. 2436
Lm 2.12 derramando sus almas en el *r* de sus 2436
Lc 6.38 **medida. . . remecida. . . darán en vuestro *r*** *2859*

REGEM *Descendiente de Caleb*, 1 Cr 2.47 7276

REGEM-MELEC *Un enviado del pueblo de Bet-el para consultar a los sacerdotes*, Zac 7.2 7278

REGENERACIÓN
Mt 19.28 **de cierto os digo que en la *r*, cuando** *3824*
Tit 3.5 por el lavamiento de la *r* y por la. *3824*

REGIA
Est 1.11 trajesen a. . . Vasti. . . con la corona *r*. 4438

RÉGIMEN
Ro 7.6 bajo el *r* nuevo. . . y no bajo el *r* viejo

REGIO Pueblo en el sur de Italia, Hch 28.13. . . . . *4484*

REGIÓN
Gn 10.30 de Sefar, hasta la *r* montañosa del
Éx 7.19 y haya sangre por toda la *r* de Egipto 776
Jos 10.40 hirió. . . toda la *r* de las montañas, del 776
11.2 los reyes que estaban en la *r* del norte
11.2 los reyes. . . en las *r* de Dor al occidente
Jue 18.7 nadie en aquella *r* les perturbase en. 776
18.9 hemos explorado la *r*, y hemos visto que. 776
1 S 13.18 tercer escuadrón marchaba hacia la *r*. 1366
1 R 4.24 señoreaba en toda la *r* al oeste del
1 Cr 5.10 habitaron. . . la *r* oriental de Galaad. 776
Esd 4.16 la *r* de más allá del río no será tuya 2508
9.11 inmundicia de los pueblos de aquella *r* 776
Neh 3.9,12,16 gobernador de la mitad de la *r*. 6418
3.15 gobernador de la *r* de Mizpa, restauró la. 6418
3.17 gobernador de. . . la *r* de Keila, por su *r*. 6418
3.18 gobernador de la mitad de la *r* de Keila 6418
12.28 la *r* alrededor de Jerusalén como de las
Ez 38.15 vendrás de tu lugar. . . las *r* del norte. 3411
47.8 estas aguas salen a la *r* del oriente, y. 1552
Sof 3.10 la *r* más allá de los ríos de Etiopía
Mt 2.22 pero avisado por. . . fue a la *r* de Galilea
4.13 Capernaum. . . la *r* de Zabulón y de Neftalí *3725*
4.16 los asentados en *r* de sombra de muerte. *5561*
15.21 saliendo. . . fue a la *r* de Tiro y de Sidón *3313*
15.22 una mujer. . . que había salido de aquella *r*. . . . *3725*
15.39 en la barca, y vino a la *r* de Magdala *3725*
16,13 viniendo. . . a la *r* de Cesarea de Filipo *3313*
19.1 y fue a las *r* de Judea al otro lado del *3725*
Mr 5.1 lado del mar, a la *r* de los gadarenos. *5561*
5.10 que no los enviase fuera de aquella *r* *5561*
7.24 allí, se fue a la *r* de Tiro y de Sidón *3181*
7.31 a salir de la *r* de Tiro. . . vino por Sidón. *3725*
7.31 Galilea, pasando por la *r* de Decápolis *3725*
8.10 en la barca. . . vino a la *r* de Dalmanuta *3313*
10.1 vino a la *r* de Judea y al otro lado del. *3725*
Lc 2.8 pastores en la misma *r*, que velaban y *5561*
3.3 él fue por toda la *r* contigua al Jordán. *4066*
7.17 se extendió la fama de él por toda la *r* *4066*
8.37 la multitud de la *r*. . . gadarenos le rogó *4066*
Jn 11.54 se alejó de allí a la *r* contigua al *5561*
11.55 subieron de aquella *r* a Jerusalén antes *5561*
Hch 2.10 en las *r* de Africa más allá de Cirene *3313*
14.6 huyeron a Listra. . . toda la *r* circunvecina. *4066*
18.23 recorriendo por orden la *r* de Galacia. *5561*
19.1 Pablo, después de recorrer las *r*. . . vino *3313*
20.2 de recorrer aquellas *r*, y de exhortarles *3313*
Ro 15.23 no teniendo más campo en estas *r*, y *2824*
2 Co 11.10 esta mi gloria en las *r* de Acaya *2824*
Gá 1.21 después fui a las *r* de Siria. . . Cilicia *2824*
Ef 6.12 huestes. . . de maldad en las *r* celestes

REGIR
Sal 22.28 de Jehová. . . y el *regirá* las naciones 4910
Ro 15.12 que se levantará a *regir* los gentiles. *757*
Ap 2.27 **las *regirá* con vara de hierro, y serán** *4165*
12.5 un hijo. . . que *regirá* con vara de hierro. *4165*
19.15 él las *regirá* con vara de hierro; y él *4165*

REGISTRAR
1 R 20.6 mis siervos. . . *registrarán* tu casa, y 2664
1 Cr 26.31 se *registraron*, y fueron hallados 1875
Est 9.32 y esto fue *registrado* en un libro 3789
Is 4.3 los que en Jerusalén estén *registrados*. 3789
30.8 escribe. . . y *registrala* en un libro, para 2710

REGISTRO
2 R 25.19 que llevaba el *r* de la gente del país. 6633
1 Cr 4.22 volvieron a Lehem, según *r* antiguos
27.24 no fue puesto en el *r* de las crónicas. 4557
2 Cr 12.15 ¿no están. . . en el *r* de las familias?
Esd 2.62; Neh 7.64 buscaron. . . *r* de genealogías 3791

REGLA
Is 44.13 el carpintero tiende la *r*, lo señala 4910
Ez 43.11 para que guarden toda. . . y todas sus *r* 2708
2 Co 10.13 conforme a la *r* que Dios nos ha dado *2583*
10.15 muy engrandecidos. . . conforme a nuestra *r*. . *2583*
Gá 6.16 todos los que anden conforme a esta *r* *2583*
Fil 3.16 sigamos una misma *r*, sintamos una *2583*

REGOCIJAR
Éx 32.6 a beber, y se levantó a *regocijarse* 6711
Lv 23.40 y os *regocijaréis* delante de Jehová 8055
1 S 2.1 mi corazón se *regocija* en Jehová, mi. 8055
6.13 vieron el arca y se *regocijaron* cuando 8055
2 R 11.14 el pueblo. . . se *regocijaba*, y tocaban 8055
11.20 el pueblo de la tierra se *regocijó*, y 8055
1 Cr 13.8 se *regocijaban* delante de Dios con 8055
2 Cr 6.41 tus santos se *regocijen* en tu bondad 8055
23.21 y se *regocijó* todo el pueblo del país 8055
Neh 12.43 sacrificaron aquel día. . . *regocijaron* 8055
Est 8.15 ciudad de Susa. . . se alegró y *regocijó* 6670
Job 21.12 y se *regocijan* al son de la flauta. 8055
31.29 si. . . me *regocijé* cuando le halló el mal. 8055
38.7 se *regocijaban* todos los hijos de Dios?
Sal 5.11 se *regocijen* los que aman tu nombre 8055
9.2 alegraré y me *regocijaré* en ti; cantaré. 5970
35.9 entonces. . . se *regocijará*, en su salvación 7797
60.8 mi calzado; me *regocijaré* sobre Filistea 7321
63.7 en la sombra de tus alas me *regocijaré* 7442
85.6 no. . . para que tu pueblo se *regocije* en ti?. 8055
96.12 *regocíjese* el campo, y todo lo que en. 7442
97.1 Jehová reina; *regocíjese* la tierra 1523
104.34 dulce será mi. . . me *regocijaré* en Jehová 8056
108.9 calzado; me *regocijaré* sobre Filistea 7321
109.28 avergonzado, y *regocíjese* tu siervo. 8055
119.16 me *regocijaré* en tus estatutos; no me. 8173
119.47 y me *regocijaré* en tus mandamientos 8173
119.70 sebo, mas yo en tu ley me he *regocijado* 8173
119.117 *regocijaré* siempre en tus estatutos. 8159
119.162 me *regocijo* en tu palabra como el que 7797
132.9 de justicia, y se *regocijen* tus santos 7442
149.5 *regocíjense* los santos por su gloria, y. 5937
Pr 8.31 me *regocijo* en la parte. . . de su tierra 7832
13.19 el deseo cumplido *regocija* el alma; pero. 6148
24.17 cayere tu enemigo, no te *regocijes*, y. 8055
Is 5.14 fausto, y el que en él se *regocijaba*. 5938
8.6 y se *regocijó* con Rezín y con el hijo de. 4885
12.6 *regocíjate* y canta, oh moradora de Sion 6670
14.8 aun los cipreses se *regocijaron*. . . de ti 8055
16.10 viñas no cantarán, ni se *regocijarán*. 7321
39.2 y se *regocijó* con ellos Ezequías, y les 8056
41.16 te *regocijarás* en Jehová, te gloriarás. 1523
54.1 *regocíjate*, oh estéril, la que no daba 7442
Jer 31.7 *regocijaos* en Jacob con alegría, y dad 7442
Ez 35.14 para que toda la tierra se *regocije*. 8055
Os 10.5 sacerdotes que en él se *regocijaban* 1523
Hab 1.15 lo cual se alegrará y se *regocijará* 8055
Sof 3.14 gózate y *regocíjate* de todo corazón. 5973
3.17 amor, se *regocijará* sobre ti con cánticos 7797
Mt 2.10 al ver. . . *regocijaron* con muy grande gozo. *5463*
18.13 **os digo que se *regocija* más por aquella** *5463*
Lc 1.14 muchos se *regocijarán* de su nacimiento *5463*
1.47 espíritu se *regocija* en Dios mi Salvador *21*
1.58 oyeron los vecinos. . . *regocijaron* con ella *4796*
10.20 **no os *regocijéis* de que los espíritus se** *5463*
10.20 **sino *regocijaos*. . . nombres están escritos** *5463*
10.21 hora Jesús se *regocijó* en el Espíritu *21*
12.19 **años; repósate, come, bebe, *regocíjate*** *2165*
13.17 pero todo el pueblo se *regocijaba* por. *5463*
15.24 **es hallado. . . Y comenzaron a *regocijarse*** *2165*
15.32 **necesario hacer fiesta y *regocijarnos*** *2165*
Jn 5.35 **quisisteis *regocijaros* por un tiempo** *21*
14.28 **si me amarais, os habríais *regocijado*** *5463*
20.20 y los. . . se *regocijaron* viendo al Señor. *5463*
Hch 7.41 y en las obras de sus. . . se *regocijaron* *2165*
11.23 *regocijó*, y exhortó a todos a que con *5463*
13.48 gentiles, oyendo esto, se *regocijaban*. *5463*
15.31 leído. . . *regocijaron* por la consolación *5463*
16.34 se *regocijó* con. . . de haber creído a Dios *21*
1 Co 16.17 *regocijo* con la venida de Estéfanas. *5463*
2 Co 7.7 mi, de manera que me *regocijé* aún más *5463*
Gá 4.27 *regocíjate*, oh estéril, tú que no das *2165*
Fil 2.17 me gozo y *regocijo* con todos vosotros *4796*
2.18 gozaos y *regocijaos*. . . vosotros conmigo. *4796*
4.4 *regocijaos* en el Señor siempre. . . digo: ¡*R*! *5463*
2 Jn 4 mucho me *regocijé* porque he hallado a. *5463*
3 Jn 3 *regocijé* cuando vinieron los hermanos *5463*
Ap 11.10 los moradores. . . tierra se *regocijarán* *5463*

REGOCIJO
2 Cr 30.26 hubo entonces gran *r* en Jerusalén 8057
Esd 6.22 celebraron con *r* la fiesta solemne de 8057
Est 9.18 y lo hicieron día de banquete y de *r*. 8057
9.19 día de *r*, y para enviar porciones cada 8057
Sal 98.8 los ríos . . . los montes todos hagan *r* 7442
100.2 servid . . . venid ante su presencia con *r* 8057
126.5 sembraron con lágrimas, con *r* segaran 7440
126.6 mas volverá a venir con *r*, trayendo sus 7440
Is 24.8 cesó el *r* de los panderos, se acabó el. 4885
Jer 30.19 saldrá . . . voz de nación que está en *r*. 7832
48.33 será cortada la alegría y el *r* de los. 8057
Hab 3.14 cuyo *r* era como para devorar al pobre. 5951

REGRESAR
Gn 31.55 Labán . . . *regresó* y se volvió a su lugar. 7725
Dt 16.7 por la mañana *regresarás* y volverás a 6737
Jos 22.4 volved, *regresad* a vuestras tiendas 7725
22.32 *regresaron* de la tierra de Galaad a los 7725
Jue 11.31 saliere . . . a recibirme, cuando *regrese*. 7725
18.26 y Micaía . . . volvió y *regresó* a su casa 7725
Rt 1.6 levantó . . . y *regresó* de los campos de Moab 7725
1 S 27.9 asolaba David el país . . . y *regresaba* a. 7725
2 S 8.13 *regresaba* de derrotar a los sirios 7725
1 R 13.9 ni *regreses* por el camino que fueres 7725
13.10 *regresó* . . . por otro camino, y no volvió. 7725
13.12 el camino por donde había *regresado* el
13.17 ni *regreses* . . . el camino por donde fueres 7725
2 R 4.22 yo vaya . . . al varón de Dios, y *regrese*. 7725
19.8 *regresando* el Rabsaces, halló al rey de. 7725
2 Cr 20.27 para *regresar* a Jerusalén gozosos 7725
Jer 32.44 yo haré *regresar* sus cautivos, dice. 7725
40.12 estos judíos *regresaron* . . . de todos los. 7725
42.12 tendrá misericordia . . . y os hará *regresar* 7725
Mt 2.12 *regresaron* a su tierra por otro camino *402*
Lc 2.43 al *regresar* ellos, acabada la fiesta *5290*
7.10 al *regresar* a casa los que habían sido *5290*
10.35 **gastes . . . yo te lo pagaré cuando *regrese*** *1880*
12.36 **aguardan a que su señor *regrese* de las**. *360*
Jn 9.7 fue entonces . . . se lavó, y *regresó* viendo

REGRESO
Dt 1.22 y a su *r* nos traigan razón del camino

REHABÍAS *Hijo de Eliezer y nieto de Moisés,*
1 Cr 23.17; 26.25 7345
1 Cr 23.17 mas los hijos de *R* fueron muchos 7345
24.21 y de los hijos de *R*, Isías el jefe. 7345

REHÉN
2 R 14.14 a los hijos tomó en *r*, y volvió a 1121,8594
18.23 te ruego que des *r* a mi señor, el rey 6148
Is 36.8 te ruego que des *r* al rey de Asiria 6148

REHOB
1. Ciudad en el límite norte de Canaán (=Bet-rehob)
Nm 13.21 el desierto de Zin hasta *R*, entrando 7340
2 S 10.8 los sirios de Soba, de *R*, de Is-tob. 7340
2. Ciudad en la frontera de Aser, Jos 19.28,30;
21.31; Jue 1.31; 1 Cr 6.75. 7340
3. Padre de Hadad-ezer, rey de Soba, 2 S 8.3,12 7340
4. Firmante del pacto de Nehemías, Neh 10.11 7340

REHOBOT
1. Ciudad edomita, Gn 10.11; 36.37; 1 Cr 1.48. 7344
2. Pozo que abrió Isaac, Gn 26.22 7344

REHUIR
Hch 20.20 cómo nada que fuese útil he *rehuido*
20.27 no he *rehuido* anunciaros . . . el consejo de. *5288*

REHUM
1. Uno que regresó de Babilonia con Zorobabel
(=*Nehum*), Esd 2.2; Neh 12.3. 7348
2. Oficial del gobierno de Persia
Esd 4.8 *R* canciller y Simsai . . . escribieron una 7348
4.9 escribieron *R* canciller y Simsai . . . y los 7348
4.17 a *R* canciller, a Simsai . . . Salud y paz 7348
4.23 la carta del rey . . . fue leída delante de *R* 7348
3. Levita que ayudó a restaurar el muro de Jerusalén, Neh 3.17 7348
4. Firmante del pacto de Nehemías, Neh 10.25. 7348

REHUSAR
Gn 22.12 por cuanto no, me *rehusaste* tu hijo 2820
22.16 no me has *rehusado* tu hijo, tu único 2820
Éx 10.4 y si aún *rehúsas* dejarlo ir, he aquí 3986
Rt 2.20 pues no ha *rehusado* a los vivos la 5800
1 S 28.23 él *rehusó* diciendo: No comeré . . . Pero. 3985
Job 34.33 él te retribuirá, ora *rehúses*, ora. 3988
Sal 77.2 descanso; mi alma *rehusaba* consuelo 3985
Pr 23.13 *rehúses* corregir al muchacho; porque. 4513
Mt 5.42 **tomar de ti prestado, no . . . lo *rehúses***
Jn 3.36 pero el que *rehúsa* creer en el Hijo
Hch 25.11 digno de muerte he . . . no *rehuso* morir *3868*
He 11.24 por la fe . . . *rehusó* llamarse hijo de *720*

REI *Oficial de «los grandes de David»*, 1 R 1.8 . . . 7472

REINA
1 R 10.1 oyendo la *r* de Sabá la fama . . . Salomón 4436
10.4 la *r* de Sabá vio toda la sabiduría de 4436
10.10 especias, como la *r* de Sabá dio al rey. 4436
10.13 Salomón dio a la *r* . . . lo que ella quiso. 4436
11.3 setecientas mujeres *r* y 300 concubinas. 8282
11.19 por mujer . . . la hermana de la *r* Tahpenes 1377
15.13 privó a su madre Maaca de ser *r* madre 1377
2 R 10.13 saludar a los . . . a los hijos de la *r*. 1377
11.3 escondido en . . . seis años; y Atalía fue *r*. 4427
2 Cr 9.1 oyendo la *r* de . . . la fama de Salomón 4436
9.3 y viendo la *r* de Sabá la sabiduría de 4436
9.9 nunca . . . como las que dio la *r* de Sabá al 4436
9.12 rey Salomón dio a la *r* . . . lo que ella quiso. 4436
Neh 2.6 el rey me dijo (y la *r* estaba sentada 7694
Est 1.9 *r* Vasti hizo banquete para las mujeres 4436
1.11 a la *r* Vasti a la presencia del rey con 4436
1.12 mas la *r* Vasti no quiso comparecer a la. 4436
1.15 se había de hacer con la *r* Vasti según. 4436
1.16 contra el rey ha pecado la *r* Vasti, sino 4436
1.17 porque este hecho de la *r* llegará a oídos 4436
1.17 el rey Asuero mandó traer . . . a la *r* Vasti. 4436
1.18 las señoras . . . que oigan el hecho de la *r* 4436
1.19 rey haga *r* a otra que sea mejor que ella 4438
2.17 el rey amó . . . la hizo *r* en lugar de Vasti. 4427
2.22 Mardoqueo . . . lo denunció a la *r* Ester, y 4436
4.4 *r* tuvo gran dolor, y envió vestidos para 4436
5.2 vio a la *r* Ester que estaba en el patio. 4436
5.3 dijo el rey: ¿Qué tienes, *r* Ester, y cuál 4436
5.12 la *r* Ester a ninguno hizo venir con el. 4436
7.1 fue . . . el rey con Amán al banquete de la *r* 4436
7.2 ¿cuál es tu petición, *r* Ester, y te será 4436
7.3 la *r* Ester respondió y dijo: Oh rey, si 4436
7.5 el rey . . . dijo a la *r* Ester: ¿Quién es, y 4436
7.6 se turbó Amán delante del rey y de la *r*. 4436
7.7 quedó Arnán para suplicarle a la *r* Ester 4436
7.8 ¿querrás también violar a la *r* en . . . casa?. 4436
8.1 el rey Asuero dio a la *r* Ester la casa de. 4436
8.7 respondió el rey Asuero a la *r* Ester y a. 4436
9.12 el rey a la *r* Ester: En Susa capital del 4436
9.29 y la *r* Ester . . . y Mardoqueo . . . suscribieron 4436
9.31 según les había ordenado . . . y la *r* Ester 4436
Sal 45.9 está la *r* a tu diestra con oro de Ofir 7694
Cnt 6.8 sesenta son las *r*, y 80 las concubinas. 4436
6.9 vieron . . . *r* y las concubinas, y la alabaron 4436
Is 49.23 reyes serán tus ayos . . . *r* tus nodrizas. 8282
Jer 7.18 para hacer tortas a la *r* del cielo y. 4446
13.18 di al rey y a la *r*: Humillaos, sentaos. 1377
29.2 después que salió el rey Jeconías, la *r* 1377
44.17,18 ofrecer incienso a la *r* del cielo 4446
44.19 ofrecimos incienso a la *r* del cielo, y le. 4446
44.25 de ofrecer incienso a la *r* del cielo. 4446
Dn 5.10 la *r*, por las palabras del rey . . . entró 4433
Nah 2.7 la *r* será cautiva; mandarán que suba 5324
Mt 12.42; Lc 11.31 **la *r* del Sur se levantará** *938*
Hch 8.27 un etíope, funcionario de Candace *r* *938*
Ap 18.7 estoy sentada como *r*, y no soy viuda *938*

REINADO
1 S 14.47 después de . . . tomado posesión del *r* 4410
2 R 24.12 prendió . . . en el octavo año de su *r*. 4427
25.1 aconteció a los nueve años de su *r*, en 4427
25.27 primer año de su *r*, libertó a Joaquín. 4427
1 Cr 4.31 estas fueron sus ciudades hasta el *r* 4427
26.31 en el año cuarenta del *r* de David se 4438
29.30 con todo lo relativo a su *r*, y su poder. 4438
2 Cr 3.2 a edificar . . . en el cuarto año de su *r* 4438
14.5 altos . . . y estuvo el reino en paz bajo su *r*. 4467
15.10 en el mes tercero del año . . . del *r* de Asa 4438
15.19 tierra hasta los 35 años del *r* de Asa. 4438
16.1 en el año 36 del *r* de Asa, subió Baasa 4438
16.12 el año 39 de su *r*, Asa enfermó . . . los pies 4438
16.13 durmió Asa con sus . . . en el año 41 de su *r* 4427
17.7 al tercer año de su *r* envió sus príncipes. 4427
29.3 el primer año de su *r*, en el mes primero 4427
34.3 ocho años de su *r*, siendo aún muchacho 4427
34.8 los 18 años de su *r* . . . envió a Safán hijo 4427
Esd 4.5 y hasta el *r* de Darío rey de Persia 4438
4.6 en el *r* de Asuero . . . el principio de su *r*. 4438
4.24 hasta el año segundo del *r* de Darío rey 4437
6.15 que era el sexto año del *r* del rey Darío. 4437
7.1 el *r* de Artajerjes rey de Persia, Esdras 4438
Neh 12.22 los sacerdotes, hasta el *r* de Darío 4438
Est 1.3 el tercer año de su *r* hizo banquete a 4427
2.16 llevada al rey . . . el año séptimo de su *r*. 4438
Jer 1.2 vino en . . . el año decimotercero de su *r*. 4427
26.1; 27.1 el principio del *r* de Joacim hijo
28.1; 49.34 el principio del *r* de Sedequías
51.59 con Sedequías . . . en el cuarto año de su *r* 4427
52.4 a los 9 años de su *r*, en el mes décimo 4427
52.12 el año 19 del *r* de Nabucodonosor rey de 4427
52.31 año primero de su *r*, alzó la cabeza de 4438
Dn 1.1 en el año tercero del *r* de Joacim rey. 4438
2.1 en el segundo año del *r* de Nabucodonosor 4438
6.28 durante el *r* de Darío y . . . el *r* de Ciro el. 4437
8.1 en el año tercero del *r* del rey Belsasar 4438
8.23 al fin del *r* de éstos . . . los transgresores 4438
9.2 el año primero de su *r*, yo Daniel miré. 4427

REINAR
Gn 36.31 los reyes que *reinaron* en . . . de Edom 4427
36.31 antes que *reinase* rey sobre . . . de Israel. 4427
36.32 Bela hijo de Beor *reinó* en Edom; y el 4427
36.33 murió Bela, y *reinó* en su lugar Jobab 4427
36.34 murió Jobab, y en su lugar *reinó* Husam 4427
36.35 murió Husam, y *reinó* en su lugar Hadad. 4427
36.36 murió Hadad, y . . . *reinó* Samla de Masreca . . . 4427
36.37 murió Samla, y *reinó* en su lugar Saúl. 4427
36.38 murió . . . en lugar suyo *reinó* Baal-hanán. 4427
36.39 y murió . . . y *reinó* Hadad en lugar suyo 4427
37.8 ¿*reinarás* . . . o señorearás sobre nosotros 4427
Éx 15.18 Jehová *reinará* eternamente y . . . siempre. 4427
Jos 13.10 Sehón rey . . . el cual *reinó* en Hesbón. 4427
13.12 todo el reino de Og . . . *reinó* en Astarot. 4427
13.21 el reino de Sehón . . . que *reinó* en Hesbón. 4427
Jue 4.2 Jabín rey de . . . el cual *reinó* en Hazor 4427
9.8 dijeron al olivo: *Reina* sobre nosotros 4427
9.10,14 a la . . . Anda tú, *reina* sobre nosotros 4427
9.12 vid: Pues ven tú, *reina* sobre nosotros 4427
1 S 8.7 han desechado para que no *reine* sobre. 4427
8.9 cómo les tratará el rey que *reinará* sobre 4427
8.11 hará el rey que *reinará* sobre vosotros 4427
11.12 que decían: ¿Ha de *reinar* Saúl sobre. 4427
12.12 que ha de *reinar* sobre nosotros un rey. 4427
12.14 como el rey que *reina* . . . servís a Jehová 4427
13.1 *reinado* Saúl un año; y cuando hubo *r* dos 4427
16.1 yo desechado . . . que no *reine* sobre Israel?. 4427
23.17 y tú *reinarás* sobre Israel, y yo seré 4427
24.20 como yo entiendo que tú has de *reinar* 4428
2 S 2.10 Is-boset . . . comenzó a *reinar* . . . y *reinó* 4427
2.11 David *reinó* en Hebrón sobre la casa de. 4428
3.21 y tú *reines* como lo desea tu corazón 4428
5.2 cuando Saúl *reinaba* . . . sacabas a Israel a 4428
5.4 cuando comenzó a *reinar*, y reinó 40 años 4427
5.5 en Hebrón *reinó* sobre Judá siete años y 4427
5.5 y en Jerusalén *reinó* treinta y tres años. 4427
8.15 *reinó* David sobre todo Israel; y David. 4427
10.1 Amón, y *reinó* en lugar suyo Hanún su hijo 4427
15.10 oigáis . . . trompeta diréis: Absalón *reina* 4427
16.8 Saúl, en lugar del cual tú has *reinado* 4427
1 R 1.5 Adonías . . . rebeló, diciendo: Yo *reinaré*. 4427
1.11 ¿no has oído que *reina* Adonías hijo de 4427
1.13,17 Salomón tu hijo *reinará* después de. 4427
1.13 juraste . . . ¿Por qué, pues, *reina* Adonías? 4427
1.18 Adonías *reina*, y tú . . . ahora . . . no lo sabes 4427
1.24 ¿has dicho . . . Adonías *reinará* después de. 4427
1.30 tu hijo Salomón *reinará* después de mí 4427
1.35 sentará en mi trono, y él *reinará* por mí 4427
2.11 los días que *reinó* David sobre Israel 4427
2.11 siete años *reinó* en Hebrón, y 33 años *r*. 4427
2.15 para que yo *reinara*; mas el reino fue 4427
4.1 *reinó*, pues . . . Salomón sobre todo Israel. 4428
11.25 aborreció a Israel, y *reinó* sobre Siria. 4427
11.37 y tú *reinarás* en todas las cosas que 4427
11.42 que Salomón *reinó* en Jerusalén . . . 40 años . . . 4427
11.43 sepultado . . . y *reinó* en su lugar Roboam. 4427
12.17 *reinó* Roboam sobre los hijos de Israel 4427
14.19 cómo *reinó* . . . está escrito en el libro de. 4427
14.20 tiempo que *reinó* Jeroboam fue de 22 años . . . 4427
14.20 Jeroboam . . . *reinó* en su lugar Nadab su 4427
14.21 Roboam hijo de Salomón *reinó* en Judá 4427
14.21 41 años era Roboam . . . comenzó a *reinar* 4427
14.21 y diecisiete años *reinó* en Jerusalén 4427
14.31 Roboam . . . *reinó* en su lugar Abiam su hijo . . . 4427
15.1 año . . . Abiam comenzó a *reinar* sobre Judá 4427
15.2 *reinó* tres años en . . . su madre fue Maaca 4427
15.8 durmió Abiam . . . y *reinó* Asa su hijo en su 4427
15.9 año 20 . . . Asa comenzó a *reinar* obre Judá 4427
15.10 *reinó* cuarenta y un años en Jerusalén 4427
15.24 Asa . . . *reinó* en su lugar Josafat su hijo 4427
15.25 Nadab . . . comenzó a *reinar* sobre Israel en . . . 4427
15.25 Nadab hijo . . . *reinó* sobre Israel dos años 4427
15.28 lo mató . . . Baasa . . . y *reinó* en lugar suyo 4427
15.33 comenzó a reinar Baasa . . . *reinó* 24 años 4427
16.6 y durmió Baasa . . . y *reinó* en su lugar Ela 4427
16.8 comenzó a *reinar* Ela . . . y *reinó* dos años 4427
16.10 Zimri . . . lo mató . . . y *reinó* en lugar suyo. 4427
16.11 que llegó a *reinar* y estuvo sentado en. 4427
16.15 comenzó a *reinar* Zimri, y *reinó* 7 días 4427
16.23 año . . . comenzó a *reinar* Omri sobre Israel . . . 4427
16.23 *reinó* 12 años; en Tirsa *reinó* seis años. 4427
16.25 peor que todos los que habían *reinado* 4438
16.28 Omri . . . *reinó* en lugar suyo Acab su hijo. 4427
16.29 comenzó a *reinar* Acab . . . el año 38 de Asa 4427
16.30 *reinó* Acab hijo . . . sobre Israel . . . 22 años 4427
16.30 más que todos los que *reinaron* antes de
16.33 más que todos los reyes . . . que *reinaron*
22.40 Acab . . . *reinó* en su lugar Ocozías su hijo 4427
22.41 Josafat . . . comenzó a *reinar* sobre Judá en 4427
22.42 Josafat . . . comenzó a *reinar*, y *reinó* 25 4427
22.50 Josafat . . . y en su lugar *reinó* Joram su 4427
22.51 Ocozías hijo de Acab comenzó a *reinar* 4427
22.51 Ocozías . . . y *reinó* dos años sobre Israel 4427
2 R 1.17 *reinó* en su lugar Joram . . . segundo año. 4427
3.1 Joram . . . comenzó a *reinar*, y *reinó* 12 años 4427
3.27 a su primogénito que había de *reinar* en 4427
8.15 de Ben-adad . . . y *reinó* Hazael en su lugar 4427
8.16 comenzó a *reinar* Joram hijo de Josafat 4427
8.17 comenzó a *reinar*, y ocho años *reinó* en 4427
8.24 y *reinó* en lugar suyo Ocozías, su hijo 4427
8.25 comenzó a *reinar* Ocozías hijo de Joram 4427
8.26 de 22 años . . . comenzó a *reinar*, y *reinó* 4427
9.29 año . . . comenzó a *reinar* Ocozías sobre Judá . . . 4427
10.35 durmió Jehú . . . *reinó* en su lugar Joacaz 4427
10.36 *reinó* Jehú sobre Israel . . . fue de 28 años 4427
11.21 era Joás de siete años, comenzó a *reinar*. 4427
12.1 comenzó a *reinar* Joás . . . y *reinó* 40 años. 4427
12.21 sepultaron . . . y *reinó* en su lugar Amasías 4427
13.1 comenzó a *reinar* Joacaz . . . *reinó* 17 años. 4427
13.9 Joacaz . . . *reinó* en su lugar Joás su hijo 4427
13.10 comenzó a *reinar* Joás . . . y *reinó* 16 años 4427
13.24 Hazael rey . . . y *reinó* en su lugar Ben-adad . . . 4427
14.1 comenzó a *reinar* Amasías hijo de Joás. 4427
14.2 cuando comenzó a *reinar* . . . y 29 años *reinó* 4427
14.16 durmió Joás . . . *reinó* en su lugar Jeroboam 4427
14.23 *reinar* Jeroboam hijo . . . y *reinó* 41 años 4427
14.29 Jeroboam . . . y *reinó* en su lugar Zacarías. 4427
15.1 año 27 . . . comenzó a *reinar* Azarías hijo de 4427
15.2 comenzó a *reinar* Azarías . . . 52 años reinó 4427
15.7 durmió . . . *reinó* en su lugar Jotam su hijo 4427
15.8 en el año 38 de Azarías . . . *reinó* Zacarías 4427
15.10 lo hirió . . . lo mató, y *reinó* en su lugar. 4427
15.13 Salum . . . comenzó a *reinar* . . . y *reinó* un mes . . 4427
15.14 a Salum . . . lo mató, y *reinó* en su lugar. 4427
15.17 el año 39 . . . *reinó* Manahem hijo de Gadi 4427
15.22 Manahem . . . y *reinó* en su lugar Pekaía su 4427
15.23 año 50 de Azarías . . . *reinó* Pekaía hijo 4427
15.25 conspiró contra él Peka . . . *reinó* en su 4427
15.27 *reinó* Peka . . . en Samaria; y *r* veinte años. 4427
15.30 y *reinó* en su lugar, a los 20 años de 4427

15.32 comenzó a *reinar* en Jotam hijo de Uzías 4427
15.33 cuando comenzó a *reinar*...*reinó* 16 años 4427
15.38 durmió Jotam...y *reinó* su lugar Acaz 4427
16.1 el año 17...comenzó a *reinar* Acaz hijo de 4427
16.2 cuando comenzó a *reinar*...*reinó*...16 años 4427
16.20 Acaz...*reinó* en su lugar su hijo Ezequías 4427
17.1 comenzó a *reinar* Oseas...y *reinó* 9 años 4427
18.1 comenzó a *reinar* Ezequías hijo de Acaz 4427
18.2 cuando comenzó a *reinar*...*reinó*...29 años 4427
19.37 y *reinó* en su lugar Esar-hadón su hijo 4427
20.21 Ezequías...*reinó* en su lugar Manasés su 4427
21.1 Manasés...comenzó a *reinar*, y *reinó*...55 4427
21.18 durmió Manasés...*reinó* en su lugar Amón 4427
21.19 Amón...comenzó a *reinar*, y *reinó* 2 años 4427
21.26 sepultado...y *reinó* en su lugar Josías 4427
22.1 Josías comenzó a *reinar*...*reinó*...31 años 4427
23.31 Joacaz...a *reinar*, y *reinó* tres meses en 4427
23.33 puso preso Faraón...para que no *reinase* 4427
23.36 Joacim...a *reinar*...y once años *reinó* en 4427
24.6 Joacim...y *reinó* en su lugar Joaquín su 4427
24.8 Joaquín...a *reinar*, y *reinó*...tres meses 4427
24.18 Sedequías...*reinar*, y *reinó*...once años 4427
1 Cr 1.43 son los reyes que *reinaron* en...Edom 4427
1.43 antes que *reinase* rey sobre...de Israel 4427
1.44 muerto Bela, *reinó* en su lugar Jobab 4427
1.45 muerto Johab, *reinó* en su lugar Husam 4427
1.46 muerto Husam, *reinó* en su lugar Hadad 4427
1.47 muerto Hadad, *reinó*...Samla de Masreca 4427
1.48 muerto también Samla, *reinó* en...Saúl de 4427
1.49 y muerto Saúl, *reinó*...Baal-hanán hijo de 4427
1.50 muerto Baal-hanán, *reinó* en su...Hadad 4427
3.4 *reinó* siete años...en Jerusalén *r* 33 años 4427
11.2 mientras Saúl *reinaba*, tú eras quien 4428
16.31 y digan en las naciones: Jehová *reina* 4427
18.14 *reinó* David sobre todo Israel...juzgaba 4427
19.1 murió Nabas...y *reinó* en su lugar su hijo 4427
29.26 *reinó* David hijo de...sobre todo Israel 4427
29.27 el tiempo que *reinó*...Israel fue 40 años 4427
29.27 *reinó* en Hebron, y 33 *r* en Jerusalén 4427
29.28 murió...y *reinó* en su lugar Salomón su 4427
2 Cr 1.13 volvió Salomón...y *reinó* sobre Israel 4427
9.30 *reinó* Salomón...en...Israel cuarenta años 4427
9.31 Salomón...y *reinó* en su lugar Roboam su 4427
10.17 *reinó* Roboam sobre los hijos de...Judá 4427
12.13 fortalecido...Roboam, *reinó* en Jerusalén 4427
12.13 de 41 años...a *reinar*, y 17 años *reinó* 4427
12.16 Roboam...*reinó* en su lugar Abías su hijo 4427
13.1 del rey Jeroboam, *reinó* Abías sobre Judá 4427
13.2 *reinó* tres años en Jerusalén...El nombre 4427
14.1 Abías...y *reinó* en su lugar su hijo Asa 4427
17.1 *reinó* en su lugar Josafat su hijo, el cual 4427
20.31 *reinó* Josafat sobre Judá; de 35 años 4427
20.31 comenzó a *reinar*, y *reinó* 25 años en 4427
21.1 Josafat...y *reinó* en su lugar Joram su 4427
21.5,20 comenzó a *reinar*...y *reinó* ocho años 4427
22.1 *reinó* Ocozías, hijo de Joram rey de Judá 4427
22.2 Ocozías comenzó a *reinar*...*reinó* un año 4427
22.12 entre tanto, Atalía *reinaba* en el país 4427
23.3 *reinará*, como Jehová ha dicho respecto de 4427
24.1 Joás...comenzó a *reinar*, y 40 años *reinó* 4427
24.27 Joás...*reinó* en su lugar Amasías su hijo 4427
25.1 cuando comenzó a *reinar*, y 29 años *reinó* 4427
26.3 Uzías...comenzó a *reinar*, y 52 años *reinó* 4427
26.23 durmió Uzías...y *reinó* Jotam su hijo en 4427
27.1,8 comenzó a *reinar*, y 16 años *reinó* en 4427
27.9 Jotam...y *reinó* en su lugar Acaz su hijo 4427
28.1 Acaz...comenzó a *reinar*, y 16 años *reinó* 4427
28.27 y *reinó* en su lugar Ezequías su hijo 4427
29.1 a *reinar* Ezequías...y *reinó* 29 años en 4427
29.19 desechado el rey Acaz, cuando *reinaba* 4438
32.33 Ezequías...y *reinó* en su lugar Manasés 4427
33.1 Manasés...comenzó a *reinar*, y...*reinó* en 4427
33.20 Manasés...*reinó* en su lugar Amón su hijo 4427
33.21 Amón...comenzó a *reinar*...dos años *reinó* 4427
34.1 Josías...comenzó a *reinar*..31 años *reinó* 4427
36.2 Joacaz...comenzó a *reinar*, y tres...*reinó* 4427
36.5 comenzó a *reinar* Joacim...y *reinó* 11 años 4427
36.8 Joacim...y *reinó* en su lugar Joaquín su 4427
36.9 Joaquín...comenzó a *reinar*, y *reinó* tres 4427
36.11 Sedequías...comenzó a *reinar*, y...*reinó* 4427
Esd 8.1 Babilonia, *reinando* el rey Artajerjes 4438
Est 1.1 Asuero que *reinó* desde la India hasta 4427
2.4 la doncella que agrade...*reine* en lugar de 4427
Job 34.30 haciendo que no *reine* el hombre impío 4427
Sal 47.8 *reinó* Dios sobre las naciones...sentó 4427
93.1 Jehová *reina*; se vistió...ciñó de poder 4427
96.10 decid entre las naciones: Jehová *reina* 4427
97.1 Jehová *reina*; regocíjese la tierra 4427
99.1 Jehová *reina*; temblarán los pueblos 4427
146.10 *reinará* Jehová para siempre; tu Dios 4427
Pr 8.15 por mí *reinan* los reyes, y...príncipes 4427
30.22 por el siervo cuando *reina*; por el necio 4427
Ec 4.14 porque de la cárcel salió para *reinar* 4427
Is 24.23 Jehová...*reine* en el monte de Sion y 4427
32.1 en justicia *reinará* un rey, y príncipes 4427
33.6 *reinarán* en...la sabiduría y la ciencia 530
37.38 y *reinó* en su lugar Esar-hadón su hijo 4427
52.7 del que dice a Sion: ¡Tu Dios *reina!* 4427
Jer 22.11 el cual *reinó* en lugar de Josías su 4427
22.15 ¿*reinarás*, porque te rodeas de cedro? 4427
22.30 el trono de David, ni *reinar* sobre Judá 4910
23.5 levantaré...renuevo...y *reinará* como Rey 4427
33.21 tener hijo que *reine* sobre su trono 4427
37.1 lugar de Conías...*reinó* el rey Sedequías 4427
52.1 cuando comenzó a *reinar*, y reinó 11 años 4427
Ez 16.13 prosperaste hasta llegar a *reinar* 4410
17.16 donde habita el rey que le hizo *reinar*

20.33 con mano...he de *reinar* sobre vosotros 4427
Mi 4.7 Jehová *reinará* sobre ellos en el monte 4427
Mt 2.22 oyendo que Arquelao *reinaba* en Judea 936
Lc 1.33 y *reinará* sobre la casa de Jacob para 936
19.14 diciendo: No queremos que éste *reine* 936
19.27 no querían que yo *reinase* sobre ellos 936
Ro 5.14 *reinó* la muerte...Adán hasta Moisés 936
5.17 si por la transgresión...*reinó* la muerte 936
5.17 mucho más *reinarán* en vida por uno solo 936
5.21 así como el pecado *reinó*...la gracia reine 936
6.12 no *reine*...el pecado en vuestro cuerpo 936
1 Co 4.8 ya estáis ricos, sin nosotros *reináis* 936
4.8 ¡Y ojalá *reinaseis*, para que...*reinásemos* 4821
15.25 preciso es que él *reine* hasta que haya 936
2 Ti 2.12 sufrimos, también *reinaremos* con él 4821
Ap 5.10 reyes...y *reinaremos* sobre la tierra 936
11.15 él *reinará* por los siglos de los siglos 936
11.17 has tomado tu gran poder, y has *reinado* 936
17.18 la mujer...es la gran ciudad que *reina* 2192,932
19.6 Señor nuestro Dios Todopoderoso *reina!* 936
20.4 vivieron y *reinaron* con Cristo mil años 936
20.6 sacerdotes...y *reinarán* con él mil años 936
22.5 *reinarán* por los siglos de los siglos 936

REINO
Gn 10.10 fue el comienzo de su *r* Babel, Erec 4467
20.9 atraído...sobre mí *r* tan grande pecado? 4467
Éx 19.6 vosotros me seréis un *r* de sacerdotes 4467
Nm 21.30 mas devastamos el *r* de ellos; pereció
24.7 enaltecerá su rey...*r* será engrandecido 4438
32.33 Moisés dio...el *r* de Sehón...el *r* de Og 4467
Dt 3.4 tierra de Argob, del *r* de Og en Basán 4467
3.10 y Edrel, ciudades del *r* de Og en Basán 4467
3.13 todo Basán, del *r* de Og, toda la tierra 4467
3.21 hará Jehová a todos los *r* a los cuales 4467
17.18 cuando se siente sobre el trono de su *r* 4467
17.20 fin de que prolongue sus días en su *r* 4467
28.25 serás vejado...todos los *r* de la tierra 4467
Jos 11.10 Hazor había sido antes cabeza de...*r* 4467
12.12 el *r* de Og en Basán, el cual reinó en 4468
13.21 las ciudades...todo el *r* de Sehón rey de 4468
13.27 Bet-aram...del *r* de Sehón rey de Hesbón 4468
13.30 todo el *r* de Og rey de Basán, y todas 4468
13.31 ciudades del *r* de Og en Basán, para los 4468
Jue 18.7 Lais...ni había quien poseyese el *r*
1 S 10.16 asunto del *r*...no le descubrió nada 4410
10.18 os libré...de mano de todos los *r* que os 4467
10.25 recitó luego al pueblo las leyes del *r* 4410
11.14 a Gilgal para que renovemos allí el *r* 4410
13.13 ahora Jehová hubiera confirmado tu *r* 4467
13.14 ahora tu *r* no será duradero...Jehová se 4467
15.28 ha rasgado hoy de ti el *r* de Israel, y 4468
18.8 y a mí miles; no le falta más que el *r* 4410
20.31 el hijo de...ni tú estarás firme, ni tu *r* 4438
24.20 *r* de Israel ha de ser en tu mano firme 4467
28.17 Jehová ha quitado el *r* de tu mano, y lo 4467
2 S 3.10 trasladando el *r* de la casa de Saúl 4467
3.28 dijo: Inocente soy yo y mi *r*, delante de 4467
5.12 había engrandecido su *r* por amor de su 4467
7.12 de ti a uno de tu linaje...y afirmaré su *r* 4467
7.13 afirmaré para siempre el trono de su *r* 4467
7.16 será afirmada tu casa y tu *r* para siempre 4467
16.3 devolverá la...de Israel el *r* de mi padre 4468
16.8 ha entregado el *r* en mano de tu...Absalón 4410
1 R 1.46 Salomón...ha sentado en el trono del *r* 4410
2.12 Salomón...su *r* fue firme en gran manera 4438
2.15 dijo: Tú sabes que el *r* era mío, y que 4410
2.15 el *r* fue traspasado, y vino a ser de mi 4410
2.22 demanda también para él el *r*; porque él 4410
2.46 *r* fue confirmado en la mano de Salomón 4467
4.21 y Salomón señoreaba sobre todos los *r* 4467
6.1 principio del *r* de Salomón sobre Israel 4427
9.5 afirmaré el trono de tu *r* sobre Israel 4467
10.20 en ningún otro *r* se había hecho trono 4467
11.11 romperé de ti el *r*, y lo entregaré a 4467
11.13 no romperé todo el *r*, sino que daré una 4467
11.31 que yo rompo el *r* de la mano de Salomón 4467
11.34 pero no quitaré nada del *r* de sus manos 4467
11.35 quitaré el *r* de la mano de su hijo, y 4410
12.21 y hacer volver el *r* a Roboam hijo de 4410
12.26 ahora se volverá el *r* a la casa de David 4467
14.8 rompí el *r* de la casa de David y te lo 4467
15.29 y cuando él vino al *r*, mató a toda la 4427
18.10 no ha habido...*r* adonde mi señor no haya 4467
18.10 a *r* y a naciones él ha hecho jurar que 4467
2 R 14.5 cuando hubo afirmado...el *r*, mató a los 4467
15.19 que le ayudara a confirmarse en el *r* 4467
19.15 sólo tú eres Dios de todos los *r* de la 4467
19.19 sepan todos los *r*...sólo tu...eres Dios 4467
1 Cr 10.14 traspasó el *r* a David hijo de Isaí 4410
11.10 los que le ayudaron en su *r*, con todo 4438
12.23 vinieron a David...traspasarle el *r* de 4438
14.2 y que había exaltado su *r* sobre...Israel 4438
16.20 y andaban de...y de un *r* a otro pueblo 4467
17.11 uno de entre tus hijos, y afirmaré su *r* 4438
17.14 que lo confirmaré en mi casa y en mi *r* 4438
22.10 afirmaré el trono de su *r* sobre Israel 4438
28.5 que se siente en el trono del *r* de Jehová 4438
28.7 confirmaré su *r* para siempre, si él se 4438
29.11 tuyo, oh Jehová, es el *r*...eres excelso 4467
29.22 dieron...la investidura del *r* a Salomón 4428
29.25 dio tal gloria en su *r*, cual ningún rey 4428
29.30 sobre todos los *r* de aquellas tierras 4467
2 Cr 1.1 Salomón hijo de...fue afirmado en su *r* 4438
2.1 Salomón edificar casa...y casa para su *r* 4438
2.12 que edifique casa a...y casa para su *r* 4438
7.18 confirmaré el trono de tu *r*, como pacté 4438
9.19 jamás fue...trono semejante en *r* alguno 4467

11.1 para pelear...hacer volver el *r* a Roboam 4467
11.17 fortalecieron el *r* de Judá, y...Roboam 4438
12.1 Roboam había consolidado el *r*, dejó la ley 4438
12.8 y qué es servir a los *r* de las naciones 4467
13.5 Jehová Dios de Israel dio el *r* a David 4467
13.8 tratáis de resistir al *r* de Jehová en 4467
14.5 Judá...estuvo el *r* en paz bajo su reinado 4467
17.5 Jehová, por tanto, confirmó el *r* en su 4467
17.10 pavor de Jehová sobre todos los *r* de las 4467
20.6 tienes dominio sobre todos los *r* de las 4467
20.29 el pavor de Dios cayó sobre todos los *r* 4467
20.30 y el *r* de Josafat tuvo paz, porque su 4467
21.3 había dado el *r* a Joram, porque él era 4467
21.4 fue elevado, pues, Joram al *r* de su padre 4467
22.9 Ocozías no tenía fuerzas...retener el *r* 4467
23.20 sentaron al rey sobre el trono del *r* 4467
25.3 confirmado en el *r*, mató a los siervos 4467
29.21 expiación por el *r*, por el...y por Judá 4467
32.15 si ningún dios de...*r* pudo librar a su 4467
33.13 oyó su oración y lo restauró a...a su *r* 4467
36.20 cautivos...hasta que...el *r* de los persas 4438
36.22 Ciro...hizo pregonar de...por todo su *r* 4438
36.23 Dios...me ha dado todos los *r* de la tierra 4467
Esd 1.1 Ciro...hizo pregonar de...por todo su *r* 4438
1.2 Dios...me ha dado todos los *r* de la tierra 4467
7.13 todo aquel en mi *r*, del pueblo de Israel 4437
7.23 ira contra el *r* del rey y de sus hijos? 4437
Neh 1.1 año...estando yo en Susa, capital del *r* 1002
9.22 les diste *r* y pueblos, y los repartiste 4467
9.35 ellos en su *r* y en tu mucho bien que les 4438
Est 1.2 fue afirmado...sobre el trono de su *r* 4438
1.2 el trono...estaba en Susa capital del *r* 4438
1.4 para mostrar...gloria de su *r*, el brillo 4438
1.5 el pueblo que había en Susa capital del *r* 4438
1.14 del rey, y se sentaban los primeros del *r* 4428
1.20 y el decreto que...será oído en todo su *r* 4438
2.3 todas las provincias de su *r*, que lleven 4438
3.6 destruir a...los judíos que había en el *r* 4438
3.8 distribuido entre...las provincias de tu *r* 4438
3.15 el edicto fue dado en Susa capital del *r* 4428
4.14 sabe si para esta hora has llegado al *r*? 4438
5.3 dijo el...Hasta la Mitad del *r* se te dará 4438
5.6; 7.2 la mitad del *r*, te será concedida 4438
5.14 el edicto fue dado en Susa capital del *r* 4428
9.6 en Susa capital del *r* mataron los...a 500 4438
9.12 Susa capital del *r* los judíos han matado 4428
Sal 22.28 de Jehová es el *r*, y él regirá las 4410
45.6 cetro de justicia es el cetro de tu *r* 4438
46.6 naciones, titubearon los *r*; dio él su voz 4467
68.32 *r* de la tierra, cantad a Dios, cantad 4467
79.6 y sobre los *r* que no invocan tu nombre 4467
102.22 pueblos y los *r* se congreguen en uno 4467
103.19 su trono, y su *r* domina sobre todos 4438
105.13 y andaban de...de un *r* a otro pueblo 4467
145.11 la gloria de tu *r* digan, y hablen de 4438
145.12 para hacer saber...la gloria...de su *r* 4438
145.13 tu *r* es *r* de todos los siglos, y tu 4438
Ec 4.14 para reinar, aunque en su *r* nació pobre 4438
Is 9.7 sobre el trono de David y sobre su *r* 4467
10.10 como halló mi mano los *r* de los ídolos 4467
13.4 estruendo de ruido de *r*, de naciones 4467
13.19 Babilonia, hermosura de *r* y ornamento 4467
14.16 ¿es éste aquel...que trastornaba los *r* 4467
17.3 cesará el socorro de...y el *r* de Damasco 4467
19.2 uno...ciudad contra ciudad, y *r* contra *r* 4467
23.11 extendió su mano...hizo temblar los *r* 4467
23.17 vez fornicará con todos los *r* del mundo 4467
34.12 llamarán a...príncipes, príncipes sin *r* 4467
37.16 eres Dios de todos los *r* de la tierra 4467
37.20 que todos los *r*...conozcan que sólo tú 4467
47.5 porque nunca...te llamarán señora de *r* 4467
60.12 o el *r* que no te sirviere perecerá, y 4467
62.3 diadema de *r* en la mano del Dios tuyo 4467
Jer 1.10 que te he puesto en este día sobre...*r* 4467
1.15 convoco a todas las familias de los *r* del 4467
10.7 y en todos sus *r*, no hay semejante a ti 4467
15.4 para terror a todos los *r* de la tierra 4467
18.7 hablaré contra pueblos y contra *r*, para 4467
18.9 en un instante hablaré de...y del *r*, para 4467
24.9 los daré por escarnio...a todos los *r* de 4467
25.26 a todos los *r* del mundo que están sobre 4467
27.8 al *r* que no sirviere a Nabucodonosor rey 4467
28.8 profetizaron...contra muchas tierras...*r* 4467
29.18 los daré por escarnio a todos los *r* de 4467
34.1 su ejército, y todos los *r* de la tierra 4467
34.17 os pondré por afrenta ante todos los *r* 4467
49.28 y de los *r* de Hazor, los cuales asoló 4467
51.20 quebrantaré...medio de ti destruiré *r* 4467
51.27 juntad contra ella los *r* de Ararat, de 4467
Lm 2.2 echó por tierra...humilló al *r* y a sus 4467
Ez 17.14 para que el *r* fuese abatido y no se 4467
29.14 Egipto...y allí serán un *r* despreciable 4467
29.15 en comparación con los...*r* será humilde 4467
37.22 ni nunca más serán divididos en dos *r* 4467
Dn 1.20 mejores que...los magos...en todo su *r* 4438
2.37 el Dios del cielo te ha dado *r*, poder 4437
2.39 de ti se levantará otro *r* inferior al tuyo 4437
2.39 y luego un tercer *r* de bronce, el cual 4437
2.40 y el cuarto *r* será fuerte como hierro 4437
2.41 en parte de hierro, será un *r* dividido 4437
2.42 el *r* será en parte fuerte, y en parte 4437
2.44 levantará un *r* que no será...destruido, ni 4437
2.44 jamás...ni será el *r* dejado a otro pueblo 4437
2.44 desmenuzará y consumirá a todos estos *r* 4437
4.3 señales...Su *r*, *r* sempiterno, y su señorío 4437
4.17 Altísimo gobierna el *r* de los hombres 4437
4.18 todos los sabios de mi *r* no han podido 4437
4.25 que el Altísimo tiene dominio en el *r* de 4437

4.26 cepa...significa que tu *r* te quedará firme.....4437
4.31 se te dice...El *r* ha sido quitado de ti..........4437
4.32 tiene el dominio en el *r* de los hombres........4437
4.34 dominio es...y su *r* por todas las edades.......4437
4.36 la majestad de mi *r*, mi dignidad y mi..........4437
4.36 restablecido en mi *r*, y mayor grandeza.......4437
5.7 lea esta...y será el tercer señor en el *r*.........4437
5.11 en tu *r* hay un hombre en el cual mora el......4437
5.16 vestido...serás el tercer señor en el *r*..........4437
5.18 dio a...tu padre el *r* y la grandeza, la..........4437
5.20 orgullo, fue depuesto del trono de su *r*.........4437
5.21 tiene dominio sobre el *r* de los hombres.......4437
5.26 MENE: Contó Dios tu *r*, y le ha puesto.........4437
5.28 PERES: Tu *r* ha sido roto, y dado a los.........4437
5.29 y proclamar...era el tercer señor del *r*........4437
5.31 Darío de Media tomó el *r*, siendo de 62........4437
6.1 constituir sobre el *r* 120 sátrapas, que..........4437
6.1 sátrapas, que gobernasen en todo el *r*..........4437
6.3 el rey pensó en ponerlo sobre todo el *r*..........4437
6.4 acusar a Daniel en lo relacionado al *r*..........4437
6.7 los gobernadores del *r*...han acordado por.....4437
6.26 en todo el dominio de mi *r* todos teman........4437
6.26 *r* no será jamás destruido, y su dominio.......4437
7.14 y le fue dado dominio, gloria y *r*, para.........4437
7.14 eterno...y su *r* uno que no será destruido.....4437
7.18 los santos...poseerán el *r* hasta el siglo.......4437
7.22 llegó el...y los santos recibieron el *r*..........4437
7.23 un cuarto *r*...diferente de...los otros *r*........4437
7.24 significan que de aquel *r* se levantarán........4437
7.27 el *r*...y la majestad de los *r* debajo de..........4437
7.27 *r* es *r* eterno, y todos los dominios le..........4437
8.2 en Susa...la capital del *r* en la provincia.......4428
8.22 que cuatro *r* se levantarán de esa nación......4428
9.1 Darío...que vino a ser rey sobre el *r* de.........4438
10.13 mas el príncipe del *r* de Persia se me.........4438
11.2 levantará a todos contra el *r* de Grecia........4438
11.4 su *r* será quebrantado y repartido hacia......4438
11.4 porque su *r* será arrancado, y será para......4438
11.9 así entrará en el *r* el rey del sur, y............4438
11.17 para venir con el poder de todo su *r*..........4438
11.20 pasar...de tributos por la gloria del *r*........4438
11.21 al cual no darán la honra del *r*; pero..........4438
11.21 pero vendrá sin aviso y tomará el *r* con......4438
Os 1.4 y haré cesar el *r* de la casa de Israel..........4468
Am 6.2 si son aquellos *r* mejores que estos *r*..........4467
7.13 no profetices...en Bet-el...capital del *r*........4467
9.8 los ojos de Jehová...contra el *r* pecador........4467
Abd 21 subirán salvadores...el *r* será de Jehová......4410
Mi 4.8 vendrá el...el *r* de la hija de Jerusalén........4467
Nah 3.5 mostraré a las...y a los *r* tu vergüenza.......4467
Sof 3.8 juntar los *r*, para derramar sobre ellos.........4467
Hag 2.22 y trastornaré el trono de los *r*, y.............4467
2.22 y destruiré la fuerza de los *r* de las............4467
Mt 3.2 porque el *r* de los cielos...ha acercado..........932
4.8 mostró todos los *r* del mundo y la gloria.........932
4.17 **arrepentíos, porque el *r* de los cielos**..........932
4.23 ellos, y predicando el evangelio del *r*..........932
5.3,10 porque de ellos es el *r* de los cielos............932
5.19 **muy pequeño será llamado en el *r* de los**.......932
5.19 **éste será llamado grande en el *r* de los**.........932
5.20 **si...no entraréis en el *r* de los cielos**............932
6.10 **venga tu *r*...Hágase tu voluntad, como en**.....932
6.13 **tuyo es el *r*, y el poder, y la gloria**..............932
6.33 **buscad primeramente el *r* de Dios y su**.........932
7.21 **no todo...entrará en el *r* de los cielos**...........932
8.11 **se sentarán con...en el *r* de los cielos**...........932
8.12 **mas los hijos del *r* serán echados a las**.........932
9.35 ellos, y predicando el evangelio del *r*..........932
10.17 **yendo...El *r* de los cielos se ha acercado**......932
11.11 **el más pequeño en el *r*...mayor es que él**.....932
11.12 **el *r* de los cielos sufre violencia, y**.............932
12.25 ***r* dividido contra sí mismo, es asolado**..........932
12.26 **fuera...¿cómo, pues, permanecerá su *r*?**......932
12.28 **si...ha llegado a vosotros el *r* de Dios**..........932
13.11 os es dado saber los misterios del *r*............932
13.19 **cuando alguno oye la palabra del *r*, y**..........932
13.24 **el *r* de los cielos es semejante a un**.............932
13.31 ***r* de los cielos es semejante al grano**...........932
13.33 **el *r* de les cielos es semejante a la**..............932
13.38 **la buena semilla son los hijos del *r***............932
13.41 **recogerán de su *r*...los que sirven de**..........932
13.43 **los justos resplandecerán...en el *r* de**..........932
13.44 ***r*...es semejante a un tesoro escondido**.........932
13.45 **el *r* de los...es semejante a un mercader**......932
13.47 **asimismo el *r*...es semejante a una red**........932
13.52 **escriba docto en el *r*...es semejante a**.........932
16.19 **te daré las llaves del *r* de los cielos**............932
16.28 **al Hijo del Hombre viniendo en su *r***............932
18.1 ¿quién es el mayor en el *r* de...cielos?............932
18.3 **si no...no entraréis en el *r* de los cielos**.........932
18.4 **ése es el mayor en el *r* de los cielos**..............932
18.23 ***r* de los cielos es semejante a un rey**............932
19.12 **se hicieron eunucos por causa del *r* de**.........932
19.14 **porque de...tales es el *r* de los cielos**...........932
19.23 **difícilmente entrará un rico en el *r* de**..........932
19.24 **de una aguja, que entrar un rico en el *r***........932
20.1 **porque el *r* de los cielos es semejante a**.........932
20.21 **que en tu *r* se sienten estos dos hijos**...........932
21.31 **van delante de vosotros al *r* de Dios**............932
21.43 **el *r* de Dios será quitado de vosotros**............932
22.2 **el *r* de los cielos es semejante a un rey**..........932
23.13 **cerráis el *r* de los cielos delante de**..............932
24.7 **se levantará nación contra...y *r* contra *r***.........932
24.14 **será predicado este evangelio del *r* en**..........932
25.1 **el *r* de los cielos será semejante a diez**..........932
25.14 **el *r* de los cielos es como un hombre que**.......932
25.34 **heredad el *r* preparado para vosotros**.........932
26.29 **día en que lo beba...en el *r* de mi Padre**.......932
Mr 1.14 predicando el evangelio del *r* de Dios..........932
1.15 **diciendo...y el *r* de Dios se ha acercado**........932
3.24 **si un *r* está dividido contra...*r* no puede**.......932
4.11 **es dado saber el misterio del *r* de Dios**.........932
4.26 **es el *r* de Dios...como cuando un hombre**.......932
4.30 **¿a qué haremos semejante el *r* de Dios**.........932
6.23 pidas te daré, hasta la mitad de mi *r*............932
9.1 **que hayan visto el *r* de Dios venido con**..........932
9.47 **entrar en el *r* de Dios con un ojo, que**..........932
10.14 **dejad a...de los tales es el *r* de Dios**...........932
10.15 **que no reciba el *r* de Dios como un niño**.......932
10.23 **¡cuán difícilmente entrarán en el *r* de**.........932
10.24 **difícil les es entrar en el *r* de Dios**.............932
10.25 **de una aguja, que entrar un rico en el *r***.......932
11.10 ¡bendito el *r* de nuestro padre David..........932
12.34 **le dijo: No estás lejos del *r* de Dios**............932
13.8 **se levantará nación contra...y *r* contra *r***.......932
14.25 **día en que lo beba nuevo en el *r* de Dios**.......932
15.43 José...que también esperaba el *r* de Dios......932
Lc 1.33 reinará sobre la...y su *r* no tendrá fin..........932
4.5 en un momento todos los *r* de la tierra...........932
4.43 **que...anuncie el evangelio del *r* de Dios**.......932
6.20 **pobres...porque vuestro es el *r* de Dios**.......932
7.28 **el mas pequeño en el *r* de Dios es mayor**.......932
8.1 anunciando el evangelio del *r* de Dios, y.........932
8.10 **dado conocer los misterios del *r* de Dios**........932
9.2 envió a predicar el *r* de Dios, y a sanar...........932
9.11 les hablaba del *r* de Dios...y sanaba a los.......932
9.27 **no gustarán la muerte...vean el *r* de Dios**......932
9.60 **deja que...tú vé, y anuncia el *r* de Dios**.........932
9.62 **hacia atrás...es apto para el *r* de Dios**.........932
10.9 **se ha acercado a vosotros el *r* de Dios**..........932
10.11 **sabed que el *r* de Dios se ha acercado**.........932
11.2 **venga tu *r*...Hágase tu voluntad, como en**......932
11.17 ***r* dividido contra sí mismo, es asolado**.........932
11.18 **¿cómo permanecerá su *r*? ya que decís**........932
11.20 **ciertamente el *r* de Dios ha llegado a**..........932
12.31 **mas buscad el *r* de Dios, y todas estas**.........932
12.32 **vuestro Padre le ha placido daros el *r***.........932
13.18 **¿a qué es semejante el *r* de Dios, y con**.........932
13.20 **decir: ¿A qué compararé el *r* de Dios?**.........932
13.28 **cuando veáis a Abraham, en el *r* de Dios**......932
13.29 **se sentarán a la mesa en el *r* de Dios**...........932
14.15 dijo...el que coma pan en el *r* de Dios............932
16.16 **desde entonces el *r* de...es anunciado**.........932
17.20 **cuándo había de venir el *r* de Dios, les**.........932
17.20 **el *r* de Dios no vendrá con advertencia**.........932
17.21 **aquí el *r* de Dios está entre vosotros**...........932
18.16 **no...porque de los tales es el *r* de Dios**.........932
18.17 **que no recibe el *r* de Dios como un niño**.......932
18.24 **difícilmente entrarán en el *r* de Dios**...........932
18.25 **de una aguja, que entrar un rico en el *r***.......932
18.29 **haya dejado casa, o...por el *r* de Dios**..........932
19.11 pensaban que el *r* de...se manifestaría..........932
19.12 **fue a un país...recibir un *r* y volver**.............932
19.15 **después de recibir el *r*, mandó llamar**..........932
21.10 **levantará nación contra...y *r* contra *r***.........932
21.31 **así...sabed que está cerca el *r* de Dios**.........932
22.16 **no...hasta que se cumpla en el *r* de Dios**......932
22.18 **de la vid, hasta que el *r* de Dios venga**.........932
22.29 **yo, pues, os asigno un *r*, como mi Padre**.......932
22.30 **que comáis y bebáis a mi mesa en mi *r***........932
23.42 acuérdate de mí cuando vengas en tu *r*.........932
23.51 éste, que también esperaba el *r* de Dios.........932
Jn 3.3 **no naciere...no puede ver el *r* de Dios**..........932
3.5 **que no...no puede entrar en el *r* de Dios**.........932
18.36 ***r* no es de este mundo; si mi *r* fuera**............932
18.36 **a los judíos; pero mí *r* no es de aquí**............932
Hch 1.3 y hablándoles acerca del *r* de Dios.............932
1.6 Señor, ¿restaurarás el *r* a Israel en este..........932
8.12 que anunciaba, iba el evangelio del *r* de Dios...932
14.22 a través de...entremos en el *r* de Dios...........932
19.8 habló persuadiendo acerca del *r* de Dios........932
20.25 entre quienes he pasado predicando el *r*......932
28.23 les testificaba el *r* de Dios desde la............932
28.31 predicando el *r* de Dios y enseñando..........932
Ro 14.17 el *r* de Dios no es comida ni bebida............932
1 Co 4.20 *r* de Dios no consiste en palabras.............932
6.9 los injustos no heredarán el *r* de Dios?............932
6.10 ni los ladrones...heredarán el *r* de Dios.........932
15.24 el fin, cuando entregue el *r* al Dios y............932
15.50 sangre no pueden heredar el *r* de Dios.........932
Gá 5.21 tales cosas no heredarán el *r* de Dios..........932
Ef 5.5 tiene herencia en el *r* de Cristo y de..............932
Col 1.13 y trasladado al *r* de su amado Hijo..........932
4.11 me ayudan en el *r* de Dios, y han sido...........932
1 Ts 2.12 Dios, que os llamo a su *r* y gloria..............932
2 Ts 1.5 que seáis tenidos por dignos del *r* de..........932
2 Ti 4.1 juzgará...en su manifestación y...su *r*.........932
4.18 el Señor...preservará para su *r* celestial.......932
He 1.8 cetro de equidad es el cetro de tu *r*..............932
11.33 que por fe conquistaron *r*, hicieron............932
12.28 recibiendo nosotros un *r* inconmovible........932
Stg 2.5 y herederos del *r* que ha prometido a...........932
2 P 1.11 será otorgada amplia...entrada en el *r*........932
Ap 1.9 copartícipe...en el *r* y en la paciencia............932
11.15 los *r* del mundo han venido a ser de...........932
12.10 ahora ha venido...el *r* de nuestro Dios.........932
16.10 su *r* se cubrió de tinieblas, y mordían..........932
17.12 diez reyes, que aún no han recibido *r*...........932
17.17 y dar su *r* a la bestia, hasta que se..............932

REINTEGRO
Dt 15.3 del extranjero demandarás el *r*; pero..........5065

REÍR
Gn 17.17 Abraham se postró...y se *rió*, y dijo..........6711
18.12 se *rió*, pues, Sara entre sí, diciendo...........6711
18.13 ¿por qué se ha *reído* Sara diciendo...........6711
18.15 Sara negó...No me *reí*...que te has *reído*.....6711
21.6 entonces elijo...Dios me ha hecho *reír*.........6712
21.6 cualquiera...lo oyere, se *reirá* conmigo........6711
2 Cr 30.10 correos...mas se *reían* y se burlaban de....7832
Job 5.22 de la destrucción y...hambre te *reirás*........7832
9.23 se *ríe* del sufrimiento de los inocentes.........3932
29.24 si me *reía* con ellos, no lo creían; y no.........7832
30.1 ahora se *ríen* de mí los más jóvenes que.......7832
Sal 2.4 el que mora en los cielos se *reirá*; el............7832
37.13 el Señor se *reirá* de él; porque ve que.........7832
52.6 verán los justos...*reirán* de él, diciendo........7832
59.8 mas tú, Jehová, te *reirás* de ellos; te............7832
Pr 1.26 yo me *reiré* en vuestra calamidad, y...........7832
29.9 se enoje o que se *ría*, no tendrá reposo........7832
31.25 su vestidura, y se *ríe* de lo por venir..........7832
Ec 3.4 y tiempo de *reír*; tiempo de endechar...........7832
Ez 22.5 y las que están lejos se *reirán* de ti............7046
Hab 1.10 se *reirá* de toda fortaleza...y pasara.........7832
Lc 6.21 **los que ahora lloráis, porque *reiréis***............1070
6.25 **¡ay de vosotros, los que ahora *reís*!**............1070

REITERAR
Is 23.16 *reitera* la canción...seas recordada

REJA
1 S 13.20 afilar cada uno la *r* de su arado, su..........4282
13.21 era un pim por las *r* de arado y por los........855
Is 2.4 volverán sus espadas en *r* de arado, y............855

REJILLA
Éx 27.4 un enrejado...obra de *r*, y sobre la *r*...........7568
27.5 llegará la *r* hasta la mitad del altar............7568
38.4 hizo...enrejado de bronce de obra de *r*...4639,7568

REJUVENECER
Sal 103.5 que te *rejuvenezcas* como el águila..........2318

RELACIÓN
Dt 19.15 en *r* con cualquiera ofensa cometida
1 R 6.12 con *r* a esta casa...si anduvieres en
Dn 6.5 si no la hallamos...en *r* con la ley de
He 9.28 aparecerá...sin *r* con el pecado, para

RELACIONADO
Nm 18.7 en todo lo *r* con el altar, y del velo
Dn 6.4 para acusar a Daniel en lo *r* al reino...........6655

RELÁMPAGO
Éx 19.16 al tercer día...vinieron truenos y *r*...........1300
20.18 todo el pueblo observaba el...y los *r*..........3940
2 S 22.15 dispersó; y lanzó *r*, y los destruyó............1300
Job 28.26 lluvia, y camino al *r* de los truenos..........2385
38.25 al turbión, y camino a los *r* y truenos.........2385
38.35 ¿enviarás, los *r*, para que ellos vayan?........1300
Sal 18.14 los dispersó; lanzó *r*, y los destruyó..........1300
77.18 torbellino; tus *r* alumbraron el mundo........1300
97.4 sus *r* alumbraron el mundo; la tierra..........1300
135.7 hace los *r* para la lluvia; saca de sus.........1300
144.6 despide *r* y disípalos, envía tus saetas........1300
Jer 10.13 los *r* con la lluvia, y saca el viento..........1300
51.16 hace *r* con la lluvia, y saca el viento..........1300
Ez 1.13 resplandecía, y del fuego salían *r*.............1300
1.14 seres...corrían y volvían a semejanza de *r*.....965
Dn 10.6 y su rostro parecía un *r*, y sus ojos............1300
Nah 2.4 los carros...rodarán...correrán como *r*......1300
Zac 9.14 su dardo saldrá como *r*; y Jehová el..........1300
10.1 pedid...Jehová hará *r*, y os dará lluvia........2385
Mt 24.27 **como el *r* que sale del oriente y se**............796
28.3 su aspecto era como un *r*, y su vestido...........796
Lc 17.24 **como el *r* que al fulgurar resplandece**.........796
Ap 4.5 y del trono salían *r* y truenos y voces.............796
8.5 hubo truenos, y voces, y *r*, y un terremoto........796
11.19 y hubo *r*, voces, truenos, un terremoto..........796
16.18 *r* y voces y truenos, y un gran temblor..........796

RELATAR
2 R 5.4 le *relató* diciendo: Así y así ha dicho...........5046
Dn 7.1 luego...*relató* lo principal del asunto............560

RELATIVO
1 Cr 29.30 todo lo *r* a su reinado, y su poder

RELATO
Jue 7.15 cuando Gedeón oyó el *r* del sueño y su.......4557
Est 10.2 el *r* sobre la grandeza de Mardoqueo.........6575

RELEVO
Job 10.17 aumentas, tu furor como tropas de *r*

RELIEVE
1 R 7.29 tableros...unas añadiduras de bajo *r*.........4174

RELIGIÓN
Hch 25.19 ciertas cuestiones acerca de su *r*...........1175
26.5 conforme a...de nuestra *r*, viví fariseo........2356
Stg 1.26 no refrena su...la *r* del tal es vana............2356
1.27 la *r* pura y sin mácula delante de Dios.........2356

RELIGIOSO
Hch 17.22 atenienses...observo que sois muy *r*........1174
Stg 1.26 si alguno se cree *r* entre vosotros.............2357

RELINCHAR
Jer 5.8 cada cual *relinchaba* tras la mujer de..........6670
50.11 llenasteis...*relinchasteis* como caballos......6670

RELINCHO
Jer 8.16 oyó...sonido de los *r* de sus corceles..........4684
13.27 *r*, la maldad de tu fornicación sobre..........4684

RELIQUIA
2 S 14.7 no dejando a mi marido nombre ni *r*..........7611

RELOJ
2 R 20.11 volver la sombra...en el *r* de Acaz...........4609
Is 38.8 el sol, en el *r* de Acaz, diez grados..............4609

RELUCIENTE
Dt 32.41 afilare mi *r* espada, y echare mano a 1300

RELUMBRANTE
Job 20.25 saeta... la punta *r* saldrá por su hiel 1300

RELUMBRAR
Ez 21.10 afilada, pulida... para que *relumbre* 1300
21.15 ¡ah! dispuesta está para que *relumbre* 1300

RELLENAR
Lc 3.5 todo valle se *rellenará*, y se bajará *4137*

REMALÍAS *Padre de Peka rey de Israel*
2 R 15.25 y conspiró contra él Peka hijo de *R* 7425
15.27 en el año 52 de... reinó Peka hijo de *R* 7425
15.30 y Oseas... conspiró contra Peka hijo de *R* 7425
15.32 en el segundo año de Peka hijo de *R* rey 7425
15.37 a enviar contra Judá... a Peka hijo de *R* 7425
16.1 en el año 17 de Pelea hijo de *R*, comenzó 7425
16.5 y Peka hijo de *R*!... subieron a Jerusalén 7425
2 Cr 28.6 porque Peka hijo de *R* mató en Judá 7425
Is 7.1 Siria y Peka hijo de *R*, rey de Israel 7425
7.4 por el ardor de la ira... y del hijo de *R* 7425
7.5 con Efraín y con el hijo de *R*, diciendo 7425
7.9 y la cabeza de Samaria el hijo de *R*!... Si 7425
8.6 se regocijó con Rezín y con el hijo de *R* 7425

REMANENTE
2 R 19.4 eleva oración por el *r* que aún queda 7611
19.31 saldrá de Jerusalén *r*, y del monte de 7611
2 Cr 30.6 él se volverá al *r* que ha quedado de 7604
34.9 recogido de mano... de todo el *r* de Israel 7611
34.21 consultad a Jehová... por el *r* de Israel
Esd 9.8 para hacer que nos quedase un *r* libre
9.13 Dios nuestro... nos diste un *r* como este 6413
9.14 ¿no... sin que quedara *r* ni quien escape? 7611
9.15 un *r* que ha escapado, como en este día 7604
Neh 1.3 *r*, los que quedaron de la cautividad 7604
Is 10.21 el *r* volverá, el *r* de Jacob volverá 7605
10.22 las arenas del mar, el *r* de él volverá 7605
11.11 otra vez su mano para recobrar el *r* de 7605
11.16 y habrá camino para el *r* de su pueblo 7605
14.22 y raeré de Babilonia el nombre y el *r* 7605
28.5 por corona de gloria... al *r* de su pueblo 7605
37.4 eleva, pues, oración tú por el *r* que aún 7611
37.32 de Jerusalén saldrá un *r*... monte de Sion 7611
49.6 restaures el *r* de Israel; también te di 5336
Jer 11.23 y no quedará *r* de ellos... traeré mal 7611
23.3 y yo mismo recogeré el *r* de mis ovejas 7611
25.20 a Ascalón, a Gaza, a... y al *r* de Asdod 7611
31.7 decid: Oh Jehová, salva... el *r* de Israel 7611
42.15 oíd la palabra de Jehová, *r* de Judá 7611
42.19 Jehoyá habló... oh *r* de Judá: No vayáis 7611
43.5 tomó johanán hijo... a todo el *r* de Judá 7611
44.7 ser destruidos el... sin qlie os quede *r* 7611
Ez 9.8 ¡ah... ¿destruirás a todo el *r* de Israel 7611
11.13 ¿destruirás del todo al *r* de Israel? 7611
14.22 quedará en ella un *r*, hijos e hijas, que 6413
23.25 y tu *r* será consumido por el fuego 319
Jl 2.32 salvación... *r* al cual él habrá llamado 8300
Am 5.15 quizá Jehová... tendrá piedad del *r* de 7611
Abd 17 monte de Sion habrá un *r* que se salve 6413
Mi 4.7 pondré a la coja como *r*, y... como nación 7611
5.7 el *r* de Jacob será en medio de... pueblos 7611
5.8 el *r* de Jacob será entre las naciones, en 7611
7.18 y olvida el pecado del *r* de su heredad? 7611
Sof 2.7 lugar para el *r* de la casa de Judá 7611
2.9 el *r* de mi pueblo los saqueará, y el *r* de 3499
3.13 *r* de Israel no hará injusticia ni dirá 7611
Zac 8.6 parecerá maravilloso a los ojos del *r* 7611
8.11 no lo haré con el *r* de este pueblo como 7611
8.12 haré que el *r* de este pueblo posea todo 7611
9.7 quedará también un *r* para nuestro Dios 7604
Ro 9.27 la arena del mar... sólo el *r* será salvo *2640*
11.5 así ha quedado un *r* escogido por gracia *3005*

REMAR
Mr 6.48 viéndoles *remar* con gran fatiga... vino *1643*
Jn 6.19 habían *remado* como 25 o 30 estadios *1643*

REMATE
Nm 34.5 este límite... sus *r* serán al occidente
1 R 7.9 obras... de piedras costosas... hasta los *r* 2947
7.31 la boca de la... entraba un codo en el *r* 3805
7.31 la boca era... de la misma hechura del *r* 3805
Ez 43.13 *r* por su borde alrededor, de un palmo

REMECER
Lc 6.38 **medida... *remecida* y rebosando darán en** *4531*

REMEDIAR
Is 47.11 quebrantamiento... no podrás *remediar*

REMEDIO
2 Cr 36.16 que subió la ira de... y no hubo ya *r* 4832
Pr 6.15 de repente... quebrantado, y no habrá *r* 4832
17.22 el corazón alegre constituye buen *r* 1456
Is 57.10 cansaste, pero no dijiste: No hay *r* 2976
Jer 2.25 no hay *r*... porque a extraños he amado 2976
14.19 qué nos hiciste herir sin que haya *r*? 4832

REMENDAR
Jos 9.4 cueros viejos de vino... y *remendados* 6887
Mt 4.21 que *remendaban* sus redes; y los llamó *2675*
Mr 1.19 vio a Jacobo... que *remendaban* las redes *2675*

REMERO
Ez 27.8 los moradores de Sidán... fueron tus *r* 7751
27.9 las naves, del mar y los *r*... fueron a ti 4419
27.26 en muchas aguas te engolfaron tus *r* 7751
27.27 tus *r*, tus pilotos, tus calafateadores 4419
27.29 *r* y... los pilotos del mar se quedarán en 4419

REMET *Población en la frontera de Isacar,* Jos 19.21 7432

REMIENDO
Mt 9.16 **nadie pone *r* de paño nuevo en vestido** *1915*
9.16 **tal *r* tira del vestido, y se hace peor**
Mr 2.21 **nadie pone *r* de paño nuevo en vestido** *1915*
2.21 **el mismo *r* nuevo tira de lo viejo, y** *4138*
Lc 5.36 **sino que el *r* sacado de él no armoniza** *1915*

REMISIÓN
Dt 15.1 cada siete años harás *r* 8059
15.2 y esta es la manera de la *r*: perdonará 8059
15.2 perdonará... es pregonada la *r* de Jehová 8058
15.9 cerca está el año séptimo, el de la *r* 8059
31.10 en el año de la *r*, en la fiesta de los 8059
Mt 26.28 **es derramada para *r* de los pecados** *859*
He 9.15 la *r* de las transgresiones que había *629*
9.22 sin derramamiento de sangre no... hace *r* *859*
10.18 hay *r* de éstos, no hay más ofrenda por *859*

REMITIR
2 S 12.13 ha *remitido* tu pecado; no morirás 5674
Neh 10.31 año séptimo... *remitiríamos* toda deuda 4855
Lc 23.7 le *remitió* a Herodes, que en aquellos *375*
23.15 ni aun Herodes, porque os *remití* a él *375*
Jn 20.23 **remitiereis los pecados... *remitidos*** 863

REMO
Is 33.21 por el cual no andará galera de *r*, ni 7885
Ez 27.6 de encinas de Basán hicieron tus *r*; tus 4880
27.29 descenderán de sus naves... que toman *r* 4880

REMOCIÓN
Is 27.9 este será todo el fruto, la *r* de su 5493
He 12.27 indica la *r* de las cosas movibles *3331*

REMOLINO
Is 9.18 bosque, y serán alzados como *r* de humo 1348

REMONTAR
Job 39.27 ¿se *remonta* el águila... pone en alto 1361
Abd 4 si te *remontares* como águila, y aunque 1361

REMORDIMIENTO
1 S 25.31 no tendrás motivo de pena ni *r* por

REMOTO, A
Jue 19.1 moraba... en la parte más *r* del monte
19.18 a la parte más *r* del monte de Efraín
2 R 19.23 me alojaré en sus más *r* lugares, en
Sal 65.5 esperanza... de los más *r* confines del 7350

REMOVER
Gn 13.18 Abram... *removiendo* su tienda, vino y 167
29.8 *remuevan* la piedra de la boca del pozo 1556
29.10 se acercó Jacob y *removió* la piedra de 1556
2 S 7.10 en su lugar y nunca más sea *removido* 7264
1 Cr 17.9 habite en él y no sea más *removido* 7264
Job 9.6 *remueve* la tierra de su lugar, y hace 7264
14.18 y las peñas son *removidas* de su lugar 6275
18.4 serán *removidas* de su lugar las peñas? 6275
Sal 46.2 no temeremos... la tierra sea *removida* 4171
104.5 fundó la tierra... no será jamás *removida* 4131
Pr 10.30 el justo no será *removido* jamás; pero 4131
12.3 la raíz de los justos no será *removida* 4131
Is 24.20 ebrio, y será *removida* como una choza 5110
27.8 el los *remueve* con su recio viento en el 1898
Lm 1.8 pecado cometió... ella ha sido *removida* 5206
Mt 28.2 llegando, *removió* la piedra, y se sentó *617*
Mr 16.3 ¿quién nos *removerá* la piedra de la *617*
16.4 vieron *removida* la piedra... muy grande *617*
Lc 24.2 y hallaron *removida* la piedra del *617*
Ap 6.14 monte y... isla se *removió* de su lugar *2795*

REMUNERACIÓN
Nm 18.31 es vuestra *r* por vuestro ministerio 7939
Rt 2.12 tu *r* sea cumplida de parte de Jehová 4905
Pr 22.4 honra y vida son la *r* de la humildad 6239

RENACER
1 P 1.3 nos hizo *renacer* para una esperanza *313*
1.23 *renacidos*, no de simiente corruptible *313*

RENCILLA
Éx 17.7 llamó... por la *r* de los hijos de Israel 7379
Nm 20.13 estas son las aguas de la *r*, por las
20.24 fuisteis rebeldes... en las aguas de la *r*
27.14 rebeldes a... en la *r* de la congregación 4808
27.14 estas son las aguas de la *r* de Cades en
Sal 55.9 he visto violencia y *r* en la ciudad 7399
Pr 10.12 el odio despierta *r*... el amor cubrirá 4090
15.18 el que tarda en airarse apacigua la *r* 7399
23.29 para quién el dolor? ¿Para quién las *r*? 4079
Ez 47.19 desde Tamat hasta las aguas de las *r* 4808
48.28 límite desde... hasta las aguas de las *r* 4808

RENCILLOSO, A
Pr 7.11 alborotadora y *r*, sus pies no pueden 5637
21.9 vivir... que con mujer *r* en casa espaciosa 4090
21.19 mejor... que con la mujer *r* e iracunda 4066
25.24 en... que con mujer *r* en casa espaciosa 4094
26.21 y el hombre *r* para encender contienda 4066
27.15 gotera... y la mujer *r*, son semejantes 4066

RENCOR
Lv 19.18 no te vengarás, ni guardarás *r* a los 5201
Am 1.11 violó... perpetuamente ha guardado el *r* 5678
1 Co 13.5 no busca... no se irrita, no guarda *r*

RENDIR
Lv 26.4 la tierra *rendirá* sus productos, y el 5414
Dt 14.22 diezmarás todo el... grano que *rindiere* 3318
2 S 11.25 refuerza tu ataque... que la *rindas* 2040
2 R 21.3 una imagen de Asera... y *rindió* culto a 7812
1 Cr 5.20 agarenos... se *rindieron* en sus manos 5414
2 Cr 33.3 hizo imágenes de... y les *rindió* culto 7812
Sal 107.37 siembran... y *rinden* abundante fruto 6213
Pr 7.21 *rindió* con la suavidad de sus palabras 5186
Jer 50.15 se *rindió*; han caído sus cimientos 5414
51.64 se hundirá Babilonia... y serán *rendidos* 3286
Lc 9.32 Pedro y los... estaban *rendidos* de sueño *916*
Jn 16.2 **mate, pensará que *rinde* servicio a Dios** *4374*
Hch 7.42 los entregó a que *rindiesen* culto al *3000*
20.9 un joven... *rendido* de un sueño profundo

RENFÁN *Dios de los caldeos*, Hch 7.43 *4481*

RENGLÓN
Is 28.10,13 *r* tras *r*, línea sobre línea, un 6957

RENOMBRADO
2 S 23.19 era el más *r* de los treinta, y llegó 3513
23.23 fue *r* entre los treinta, pero no igualó 3513

RENOMBRE
Gn 6.4 desde la antigüedad fueron varones de *r* 8034
Nm 16.2 príncipes... del consejo, varones de *r* 8034
Rt 4.11 tú seas ilustre... y seas de *r* en Belén 8034
2 S 23.18 a quienes mató, y ganó *r* con los tres 8034
23.22 Benaía... ganó *r* con los tres valientes 8034
1 Cr 11.20 Abisal... jefe... ganó *r* con los tres 8034
22.5 la casa... *r* y honra en todas las tierras 8034
Ez 16.14 tu *r* entre las naciones a causa de tu 8034
16.15 pero... y te prostituiste a causa de tu *r* 8034
23.23 y varones de *r*, que montan a caballo 7121
34.29 levantaré para ellos una planta de *r* 8034
Dn 9.15 hiciste *r* cual lo tienes hoy; hemos 8034
Sof 3.19 y os pondré por... *r* en toda la tierra 8034
3.20 os pondré para *r* y para alabanza entre 8034

RENOVACIÓN
Ro 12.2 sino transformaos por medio de la *r* de *342*
Tit 3.5 salvó... por la *r* en el Espíritu Santo *342*

RENOVAR
Jue 7.19 acababan de *renovar* los centinelas 6965
1 S 11.14 vamos... que *renovemos* allí el reino 2318
Job 10.17 *renuevas* contra mí tus pruebas, y 2318
29.20 mi honra se *renovaba* en mí, y mi arco 2498
Sal 51.10 y *renueva* un espíritu recto dentro 2318
104.30 son creados, y *renuevas* la faz de la 2318
Lm 5.21 *renueva* nuestros días como... principio 2318
2 Co 4.16 el interior... *renueva* de día en día *341*
Ef 4.23 y *renovaos* en el espíritu de vuestra *365*
Col 3.10 va *renovando* hasta el conocimiento *341*
He 6.6 otra vez *renovados* para arrepentimiento *340*

RENTA
1 R 10.14 oro que Salomón tenía de *r* cada año
2 Cr 24.27 la multiplicación que hizo de las *r* 4853
32.28 hizo depósitos para las *r* del grano, del 8393
Esd 4.13 no pagarán tributo, impuesto y *r*, y 1983
4.20 que se les pagaba tributo, impuesto y *r* 1983
7.24 ninguno podrá imponerles tributo... ni *r* 1983

RENUEVO
Nm 17.8 la vara de Aarón... había... arrojado *r* 6525
Job 8.16 árbol... y sus *r* salen sobre su huerto 3318
14.7 el árbol... retoñará... y sus *r* no faltarán 3127
15.32 será cortado... y sus *r* no reverdecerán 3712
20.28 los *r* de su casa serán transportados 2981
21.8 su vista, y sus *r* están delante de sus 6631
Sal 65.10 ablandas con lluvias, bendices sus *r* 6780
80.11 sus vástagos hasta... hasta el río sus *r* 3127
80.15 la planta... el *r* que para ti afirmaste 1121
Cnt 4.13 tus *r* son paraíso de granados, con 7973
Is 4.2 el *r* de Jehová será para hermosura y 6780
17.9 como los frutos que quedan en los *r* y en 534
25.5 harás marchitar el *r* de los robustos 2158
27.6 Jacob echará... florecerá y echará *r* Israel 6524
44.3 derramaré... y mi bendición sobre tus *r* 6631
48.19 los *r* de tus entrañas como los granos 6631
53.2 subirá cual *r* delante de él, y como raíz 3126
60.21 *r* de mi plantío, obra de mis manos, para 5342
61.9 y sus *r* en medio de los pueblos; todos 6631
61.11 porque como la tierra produce su *r*, y 6779
Jer 23.5 levantaré a David *r* justo, y reinará 6780
33.15 haré brotar a David un *R* de justicia 6780
Ez 17.4 arrancó el principal de sus *r* y lo llevó 3242
17.22 del principal de sus *r* cortaré un tallo 6788
Dn 11.7 un *r* de sus raíces se levantará sobre 5342
Zac 3.8 he aquí, yo traigo a mi siervo el *R* 6780
6.12 he aquí el varón cuyo nombre es el *R*, el 6780

RENUNCIAR
Lc 14.33 **cualquiera... que, no *renuncia* a todo** *657*
2 Co 4.2 *renunciamos* a lo oculto y vergonzoso *550*
Tit 2.12 que, *renunciando* a la impiedad y a los *720*

REÑIDA
2 S 2.17 batalla fue muy *r* aquel día, y Abner 7188

REÑIR
Gn 26.20 los pastores de Gerar *riñeron* con los 7378
26.21 abrieron otro pozo, y también *riñeron* 7378
26.22 abrió otro pozo, y no *riñeron* sobre él 7378
31.36 Jacob se enojó, y *riñó* con Labán... ¿Qué 7378
45.24 y él les dijo: No *riñáis* por el camino 7264
Éx 2.13 salió y vio a dos hebreos que *reñían* 5327
21.18 si algunos *riñeren*, y uno hiriere a su 7378

21.22 si algunos *riñeren*, e hirieren a mujer 5327
Lv 24.10 el hijo de. . . *riñeron* en el campamento. 5327
Dt 25.11 si algunos *riñeren* uno con otro, y 5327
2 S 14.6 tu sierva tenía dos hijos, y. . . *riñeron* 5327
Neh 13.25 *reñí* con ellos, y los maldije, y herí 7378
Is 54.9 no me enojaré contra ti, ni te *reñiré*. 1605
Hch 7.26 presentó a unos de ellos que *reñían*. *3164*

REO
Éx 22.3 autor de la muerte será *r* de homicidio
Mt 26.66 ¿qué os parece? Y. . . ¡Es *r* de muerte! *1777*
Mr 3.29 **no tiene jamás perdón, sino que es *r***

REPARADO *Véase Reparar*

REPARADOR
Is 58.12 llamado *r* de portillos, restaurador de 1443

REPARAR
Nm 21.27 venid. . . y *repárese* la ciudad de Sehón. 3559
2 R 12.5 y *reparen* los portillos del templo 2388
12.6 en el año 23. . . aún no habían *reparado* los. 2388
12.7 qué no *reparáis* las grietas del templo? 2388
12.7 no. . . sino dadlo para *reparar* las grietas. 2388
12.8 ni tener el cargo de *reparar* las grietas. 2388
12.11 en pagar a los. . . que *reparaban* la casa
12.12 y piedra de. . . para *reparar* las grietas. 2388
12.12 que se gastaba en la casa para *repararla* 2393
12.14 y con él *reparaban* la casa de Jehová. 2388
22.5 la obra. . . *reparar* las grietas de la casa. 2388
22.6 piedra de cantería para *reparar* la casa. 2388
1 Cr 11.8 y Joab *reparó* el resto de la ciudad 2421
26.27 consagrado. . . *reparar* la casa de Jehová 2388
2 Cr 15.8 Asa. . . *reparó* el altar de Jehová que 2318
24.5 para que cada año sea *reparada* la casa 2388
24.12 y carpinteros que *reparasen* la casa de. 2388
29.3 abrió las puertas de la casa. . . las *reparó* 2388
33.16 *reparó*. . . el altar de Jehová, y sacrificó 1129
34.8 Joa. . . para que *reparasen* la casa de Jehová. . . 2388
34.10 la obra. . . *reparar* y restaurar el templo. 918
35.20 luego de haber *reparado* Josías la casa 3559
Esd 4.12 levantan. . . y *reparan* los fundamentos 2338
Neh 3.8 dejaron *reparada* a Jerusalén hasta el. 2388
4.7 oyendo. . . que los muros de. . . eran *reparados*
Job 4.20 se pierden. . . sin haber quien *repare* en. 7760
Pr 25.10 no sea. . . tu infamia no pueda *repararse*
Cnt 1.6 no *reparéis* en que soy morena, porque
Hch 15.16 *repararé* sus ruinas, y lo volveré a *456*

REPARTICIÓN
Nm 34.29 hiciesen la *r* de las heredades a los

REPARTIDO *Véase Repartir*

REPARTIMIENTO
Jos 14.5 así lo hicieron. . . en el *r* de la tierra 2505
2 Cr 35.12 dar conforme a los *r* de las familias 4653
Neh 11.36 los levitas, en los *r* de Judá y de. 4256
Pr 21.1 como los *r* de las aguas, así está el
He 2.4 *r* del Espíritu Santo según su voluntad *3311*

REPARTIR
Gn 2.10 de allí se *repartía* en cuatro brazos 6504
10.25 en sus días fue *repartida* la tierra; y el 6385
33.1 *repartió* él los niños entre Lea y Raquel 2673
49.27 lobo. . . a la tarde *repartirá* los despojos 2505
Éx 15.9 apresaré, *repartiré* despojos; mi alma 2505
Nm 26.53 entre éstos se *repartirá* la tierra en 2505
26.55 pero la tierra será *repartida* por suerte 2505
26.56 conforme a la suerte será *repartida* su. 2505
34.13 esta es la tierra que se os *repartirá*
34.17 los varones que os *repartirán* la tierra 5187
Jos 1.6 *repartirás* a este pueblo por heredad
13.6 *repartirás* tú. . . el país a los israelitas 5307
13.7 *reparte*, pues, ahora esta tierra. . . a las 2505
13.32 es lo que Moisés *repartió* en heredad en. 5157
14.1 *repartieron* el sacerdote Eleazar, Josué. 5157
18.2 tribus. . . no habían *repartido* su posesión 2505
18.10 y allí *repartió* Josué la tierra a los. 2505
19.49 que acabaron de *repartir* la tierra en 2505
19.51 en Silo. . . acabaron de *repartir* la tierra 2505
23.4 os he *repartido* por suerte, en herencia. 5307
Jue 5.30 han hallado. . . y lo están *repartiendo*? 2505
7.16 y *repartiendo* los 300 hombres en tres 2673
9.43 la *repartió* en tres compañías, y puso. 2673
2 S 6.19 *repartió* a todo el pueblo, y a toda. 2505
1 Cr 6.60 ciudades, *repartidas* por sus linajes
16.3 *repartió* a. . . a cada uno una torta de pan 2505
23.6 los *repartió* David en grupos conforme a 2505
24.3 David. . . los *repartió* por sus turnos en el 2505
24.4 *repartieron* así: de los hijos de Eleazar 2505
24.5 *repartieron*, pues, por suerte los unos 2505
26.31 jefe de los hebronitas *repartidos* en su
2 Cr 35.13 y lo *repartieron*. . . a todo el pueblo 7323
Neh 9.22 diste. . . y los *repartiste* por distritos 2505
13.13 ellos tenían que *repartir* a sus hermanos 2505
Job 21.17 Dios en su ira les *reparte* dolores! 2305
27.17 justo. . . y el inocente *repartirá* la plata 2505
38.24 ¿por qué camino se *reparte* la luz, y se 2505
38.25 *repartió* conducto al turbión, y camino 6385
41.6 ¿lo *repartirán* entre los mercaderes? 2673
Sal 22.18 *repartieron* entre sí mis vestidos. 2505
60.6 *repartiré* a Siquem, y mediré el valle de 2505
68.12 que se quedaban. . . *repartían* los despojos 2505
78.55 *repartió* sus tierras en heredad, e hizo 5307
108.7 *repartiré* a Siquem, y mediré el valle 2505
112.9 *reparte*, da a los pobres; su justicia 6340
Pr 11.24 quienes *reparten*, y les es añadido 6340
16.19 *repartir* despojos con los soberbios. 2505
Ec 11.2 *reparte* a siete, y aun a ocho; porque 5414
Is 7.6 vamos, y *repartámosla* entre nosotros 1234
9.3 como se gozan cuando *reparten* despojos. 2505
23.8 esto sobre Tiro, la que *repartía* coronas 5849
33.23 se *repartirá*. . . botín de muchos despojos. 2505
34.17 su mano les *repartió* con cordel; para 2505
53.12 y con los fuertes *repartirá* despojos 5312
Lm 4.4 pidieron pan, y no hubo. . . lo *repartiese*. 6566
Ez 45.1 cuando *repartáis* por suertes la tierra 5307
47.13 los límites en que *repartiréis* la tierra
47.21 *repartiréis*. . . esta tierra entre vosotros 2505
48.29 esta es la tierra que *repartiréis* por. 3307
Dn 11.4 reino será quebrantando y *repartido* 2673
11.24 botín, despojos y riquezas *repartirá* a 967
11.39 hará. . . y por precio *repartirá* la tierra. 2505
Jl 3.2 esparcieron. . . y *repartieron* mi tierra 2505
Am 7.17 tu tierra será *repartida* por suertes 2505
Mi 2.4 nos quitó. . . dio y los *repartió* a otros. 2505
2.5 no habrá quien. . . *reparta* heredades en la
Zac 14.1 de ti serán *repartidos* tus despojos 2505
Mt 27.35 *repartieron* entre sí sus vestidos. *1266*
Mr 6.41 y *repartió* los dos peces entre todos *3307*
15.24 *repartieron* entre sí sus vestidos *1266*
Lc 11.22 **quita todas sus, y *reparte* el botín** *1239*
15.12 **padre, dame. . . y les *repartió* los bienes**. *1244*
22.17 **tomad esto, y *repartidlo* entre vosotros** *1266*
23.34 **y *repartieron* entre sí sus vestidos** *1266*
Jn 6.11 habiendo dado gracias, los *repartió* *1239*
19.24 *repartieron* entre sí mis vestidos, y *1266*
Hch 2.3 se les aparecieron lenguas *repartidas*
2.45 y vendían sus. . . y lo *repartían* a todos. *1266*
4.35 *repartía* a cada uno según su necesidad *1239*
Ro 12.3 medida de fe que Dios *repartió* a cada *3307*
12.8 el que *reparte*, con liberalidad; el que *3330*
1 Co 7.17 cada uno como el Señor le *repartió*. *3307*
12.11 *repartiendo* a cada uno en particular. *1244*
13.3 si *repartiese* todos mis bienes para dar *5595*
2 Co 9.9 escrito: *Repartió*, dio a los pobres. *1325*

REPASTO
Est 8.10 veloces procedentes de los *r* reales

REPENTE *(m. adv.)*
Jos 10.9 Josué vino a ellos de *r*, habiendo. 6597
11.7 y toda la gente. . . vino de *r* contra
1 S 4.19 le sobrevinieron sus dolores de *r* 7279
Job 9.23 si azote. . . de *r*, se ríe. . . de 6597
Sal 6.10 volverán y serán avergonzados de *r*. 7281
64.4 íntegro; de *r* lo asaetean, y no temen 6597
64.7 Dios los herirá. . . de *r* serán sus plagas 6597
73.19 han sido asolados de *r*! Perecieron, se
Pr 6.15 por tanto, su calamidad vendrá de *r*. 6597
24.22 porque su quebrantamiento vendrá de *r* 6597
29.1 de *r* será quebrantado, y no habrá para. 6621
Ec 9.12 el tiempo malo, cuando cae de *r* sobre. 6597
Is 47.9 dos cosas te vendrán de *r* en un. . . día 7281
47.11 y destrucción. . . vendrá de *r* sobre ti. 6597
Jer 4.20 de *r* son destruidas mis tiendas. 6597
15.8 hice que de *r* cayesen terrores sobre 6597
18.22 cuando. . . sobre ellos ejército de *r* 6597
Hab 2.7 ¿no se levantarán de *r* tus deudores, y. 6621
Mr 13.36 **que cuando venga de *r*, no os halle** *1810*
Lc 9.39 sucede que. . . le toma, y de *r* da voces *1810*
21.34 **venga de *r* sobre vosotros aquel día**. *160*
Hch 2.2 de *r* vino del cielo un estruendo como *869*
16.26 sobrevino de *r* un gran terremoto, de. *869*
22.6 yendo. . . de *r* me rodeó mucha luz del cielo. *1810*
28.6 esperando que él. . . o cayese muerto de *r* *869*

REPENTINAMENTE
Is 29.5 y será *r*, en un momento 6597
30.13 cuya caída viene súbita y *r*. 6597
Lc 2.13 y *r* apareció con el ángel una. *1810*
Hch 9.3 cerca de Damasco, *r* le rodeó *1810*

REPENTINO, A
Dt 28.22 Jehová te herirá. . . con calamidad *r* y
Job 22.10 lazos alrededor. . . te turba espanto *r* 6597
Pr 3.25 no tendrás temor de pavor *r*, ni de la. 6597
1 Ts 5.3 vendrá sobre ellos destrucción *r*, como. *160*
2 P 2.1 atrayendo sobre. . . mismos destrucción *r*. *5031*

REPETICIÓN
Mt 6.7 **no uséis vanas *r*, como los gentiles**. *945*

REPETIDA
2 Co 8.22 diligencia hemos comprobado *r* veces. *4178*

REPETIDAMENTE
Jos 24.10 por lo cual os bendijo *r*, y os libré

REPETIR
Dt 6.7 las *repetirás* a tus hijos, y hablarás 8150
Jue 5.11 allí *repetirán* los triunfos de Jehová 8567
Pr 26.11 así es el necio que *repite* su necedad 8138
Ez 12.23 no *repetirán*. . . este refrán en Israel
Gá 1.9 ahora lo *repito*: Si alguno os predica *3004*

REPISA
1 R 7.30 cuatro esquinas había *r* de fundición. 3802
7.34 las cuatro *r* de las cuatro esquinas de 3802
7.34 basa. . . las *r* eran parte de la misma basa. 3802

REPLETO
Os 13.6 y *r*, se ensoberbeció su corazón; por 7646

REPLICAR
Gn 18.27 Abraham *replicó* y dijo: He aquí ahora. 6030
Rt 4.5 *replicó* Booz: El mismo día que compres
Job 29.22 tras mi palabra no *replicaban*, y mi
Lc 14.6 y no le podían *replicar* a estas cosas *470*
Hch 10.29 al ser llamado, vine sin *replicar*. *369*

REPONER
Ec 10.17 *reponer* sus fuerzas y no para beber!

REPOSADAMENTE
1 Ti 2.2 para que vivamos quieta y *r* en toda. *2272*

REPOSADO, A
1 Cr 4.40 hallaron. . . tierra ancha. . . quieta y *r* 7961
Job 3.26 no he. . . no me aseguré, ni estuve *r* 5117
Jer 48.11 quieto estuvo Moab desde. . . estado *r* 8252
Am 6.1 ¡ay de. . . *r* en Sion y de los confiados. 7600
Zac 1.11 aquí toda la tierra está *r* y quieta 8252
1.15 estoy muy airado contra. . . que están *r*. 7600

REPOSAR
Gn 2.2 Dios. . . *reposó* el día séptimo de toda la. 7673
2.3 porque en él *reposó* de toda la obra que 7673
8.4 *reposó* el arca en el mes séptimo, a los. 5117
Éx 16.30 así el pueblo *reposó* el séptimo día 7673
20.11 *reposó* en el séptimo día; por tanto 5117
23.12 y al séptimo día *reposarás*, para que 7673
24.16 gloria de Jehová *reposó* sobre el monte 7931
31.17 seis. . . y en el séptimo día cesó y *reposó*. 7673
Lv 26.35 descansará por lo que no *reposó* en los. 7673
Nm 11.26 sobre los cuales. . . *reposó* el espíritu 5117
22.8 les dijo: *Reposad* aquí esta noche, y yo. 3885
22.19 os ruego. . . que *reposéis* aquí esta noche 3427
Dt 33.20 como león *reposa*, y arrebata brazo y 7931
Jos 3.1 vinieron hasta el Jordán, y *reposaron*. 3885
Jue 3.11 y *reposó* la tierra cuarenta años. 8252
3.30 Israel; y *reposó* la tierra ochenta años. 8252
5.31 fuerza. . . Y la tierra *reposó* cuarenta años 8252
8.28 y *reposó* la tierra cuarenta años en los 8252
2 R 2.15 espíritu de Elías *reposó* sobre Eliseo 5117
1 Cr 28.2 la cual *reposara* el arca del pacto. 4496
2 Cr 36.21 el tiempo de su asolamiento *reposó*. 7676
Esd 8.32 llegamos. . . y *reposamos* allí tres días. 3427
Est 9.17 *reposaron* en el día catorce del mismo 5118
9.18 el 15 del mismo *reposaron* y lo hicieron. 5118
Job 3.5 *repose* sobre él nublado que lo haga. 1350
3.13 ahora estaría yo muerto, y *reposaría* 5117
3.18 también *reposan* los cautivos; no oyen la 7599
30.17 y los dolores que me roen no *reposan* 7901
30.27 mis entrañas se agitan, y no *reposan* 1826
Sal 16.9 carne también *reposará* confiadamente 7931
62.5 en Dios solamente *reposa*, porque de él. 1826
88.7 sobre mí *reposa* tu ira. . . me has afligido 5564
125.3 no *reposará* la vara de la impiedad sobre 5117
127.2 por demás es. . . y vayáis tarde a *reposar*. 3427
Pr 14.33 el corazón del. . . *reposa* la sabiduría. 5117
Ec 2.23 de noche su corazón no *reposa*. . . Esto
7.9 el enojo *reposa* en el seno de los necios 5117
11.6 y a la tarde no dejes *reposar* tu mano. 3240
Cnt 1.13 de mirra, que *reposa* entre mis pechos 3885
Is 7.4 dile: Guarda, y *repósate*; no temas, ni. 8252
10.32 aún vendrá día cuando *reposará* en Nob 5975
11.2 *reposará* sobre él el Espíritu de Jehová. 5117
14.1 lo hará *reposar* en su tierra; y a ello 3240
25.10 mano de Jehová *reposará* en este monte 5117
62.6 que os acordáis de Jehová, no *reposéis* 1824
Jer 30.23 sobre la cabeza de. . . impíos *reposará*
47.6 ¿hasta cuándo reposarás? Vuelve. . . *reposa*. . . . 8252
47.7 ¿cómo *reposarás*. . . Jehová te ha enviado 8252
50.34 abogará. . . para hacer *reposar* la tierra 7280
Ez 21.17 y haré *reposar* mi ira. Yo Jehová he 5117
37.14 y os haré *reposar* sobre vuestra tierra
44.30 *repose* la bendición en vuestras casas 5117
Dn 12.13 y tú irás hasta el fin, y *reposarás*. 5117
Am 6.4 duermen en. . . *reposan* sobre sus lechos 5628
Nah 3.18 *reposaron* tus valientes; tu pueblo 7931
Sof 1.12 castigaré a los hombres que *reposan* 7087
Zac 6.8 mira. . . hicieron *reposar* mi Espíritu en 5117
Lc 10.6 **vuestra paz *reposará*, sobre él; y si no** *1879*
12.19 **años; *repósate*, come, bebe, regocíjate** *373*
Jn 11.13 pensaron que hablaba del *reposar* del. *2681*
2 Co 12.9 ***repose* sobre mí el poder de Cristo** *1981*
He 4.4 *reposó* Dios de todas sus obras en el. *2664*
4.10 ha *reposado* de sus obras, como Dios de *2663*
1 P 4.14 el glorioso Espíritu de Dios *reposa* *373*

REPOSO
Éx 8.15 pero viendo Faraón que le habían dado *r* 7309
16.23 es el santo día de *r*, el *r* consagrado a 7677
16.25 comedlo hoy. . . hoy es día de *r* para Jehová. . . . 7676
16.26 el séptimo día es día de *r*, en él no se 7676
16.29 mitad que Jehová os dio el día de *r*. 7676
20.8 acuérdate del día de *r* para santificarlo 7676
20.10 el séptimo día es *r* para Jehová tu Dios. 7676
20.11 Jehová bendijo el día de *r*. . . santificó 7676
31.13 guardaréis. . . días de *r*; porque es señal 7676
31.14 guardaréis el día de *r*, porque santo es. 7676
31.15 el día. . . es día de *r* consagrado a Jehová 7676
31.15 cualquiera que trabaje en el día de *r*. 7676
31.16 guardarán. . . día de *r* los hijos de Israel. 7676
35.2 el día séptimo os será santo, día de *r* 7677
35.3 no encenderéis fuego en. . . en el día de *r*. 7676
Lv 16.31 de *r* es para vosotros, y afligiréis 7677
19.3 temerá a su. . . y mis días de *r* guardaréis 7676
19.30 mis días de *r* guardaréis, y mi santuario 7676
23.3 trabajará, mas el séptimo día será de *r*. 7677
23.3 día de *r* es de Jehová en dondequiera 7677
23.11 el día siguiente del día de *r* la mecera 7676
23.15 el día que sigue al día de *r*, desde el 7676
23.16 el día siguiente del séptimo día de *r* 7676
23.24 primero del mes tendréis día de *r*, una 7677
23.32 día de *r* será a vosotros, y afligiréis 7677
23.32 de tarde a tarde guardaréis vuestro *r*. 7676
23.38 además de los días de *r* de Jehová, de. 7676
23.39 siete días; el primer día será de *r*, y el. 7677
23.39 y el octavo día será también día de *r* 7677
24.8 día de *r* lo pondrá. . . delante de Jehová 7676
25.2 os doy, la tierra guardará *r* para Jehová 7676

R

25.4 la tierra tendrá descanso, *r* para Jehová 7677
25.5 tu viñedo... año de *r* será para la tierra 7677
26.2 mis días de *r*, y tened en reverencia mi 7676
26.34 entonces la tierra gozará sus días de *r* 7673
26.35 en los días de *r* cuando habitabais en 7673
26.43 gozará sus días de *r*, estando desierta 7676
Nm 15.32 hombre que recogía leña en día de *r* 7676
28.9 mas el día de *r*, dos corderos de un año 7676
28.10 el holocausto de cada día de *r*, además 7676
Dt 3.20 que Jehová dé *r* a vuestros hermanos, así 5117
5.12 guardarás el día de *r* para santificarlo 7676
5.14 mas el séptimo día es *r* a Jehová tu Dios 5117
5.15 te ha mandado que guardes el día de *r* 7676
12.9 no habéis entrado al *r* y a la heredad que 4496
12.10 él os dará *r* de todos vuestros enemigos 5117
28.65 ni la planta de tu pie tendrá *r*; pues 4494
Jos 1.13 Jehová vuestro Dios os ha dado *r*, y 5117
1.15 Jehová haya dado *r* a vuestros hermanos 5117
21.44 Jehová les dio *r* alrededor, conforme a 5117
22.4 Dios ha dado *r* a vuestros hermanos, como 5117
23.1 que Jehová diera *r* a Israel de todos sus 5117
2 S 7.1 le había dado *r* de todos sus enemigos 5117
2 R 4.23 hoy? No es nueva luna, ni día de *r* 7676
11.5 tendrá la guardia... del rey el día de *r* 7676
11.7 las dos partes de... que salen el día de *r* 7676
11.9 los que entraban el día de *r* y los que 7676
11.9 y los que salían el día de *r*, vinieron al 7676
11.20 y la ciudad estuvo en *r*, habiendo sido 8252
16.18 asimismo el pórtico para los días de *r* 7676
1 Cr 6.31 la casa... después que el arca tuvo *r* 4494
9.32 panes... ponían por orden cada día de *r* 7676
22.9 yo daré paz y *r* sobre Israel en sus días 8253
23.31 los holocaustos a Jehová los días de *r* 7676
2 Cr 2.4 y para holocaustos... en los días de *r* 7676
6.41 levántate ahora para habitar en tu *r*, tú 5118
8.13 ofreciesen cada cosa... en los días de *r* 7676
23.4 los que entran el día de *r*, estarán de 7676
23.8 entraban el día de *r*... salían el... de *r* 7676
31.3 para los holocaustos de los días de *r* 7676
32.22 salvó Jehová a... dio *r* por todos lados
36.21 hasta que la tierra hubo gozado de *r* 7673
Neh 9.14 ordenaste el día de *r* santo para ti 7676
10.31 a vender mercaderías... en día de *r*, nada 7676
10.33 ofrenda... los días de *r*, las nuevas lunas 7676
13.15 que pisaban en lagares en el día de *r* 7676
13.15 traían a Jerusalén en día de *r*; y los 7676
13.16 pescado... y vendían en día de *r* a... Judá 7676
13.17 qué... hacéis, profanando así el día de *r*? 7676
13.18 ira sobre Israel profanando el día de *r*? 7676
13.19 antes del día de *r*, dije... se cerrasen 7676
13.19 hasta después del día de *r*; y puse a las 7676
13.19 que en día de *r* no introdujeran carga 7676
13.21 desde entonces no vinieron en día de *r* 7676
Neh 13.22 viniesen... para santificar el día del *r* 7676
Job 7.2 el jornalero espera el *r* de su trabajo
34.29 si él diere *r*, ¿quién inquietará? Si 8252
Sal 22.2 clamo... de noche, y no hay para mi *r* 1747
23.2 pastos... junto a aguas de *r* me pastoreará 4496
92 tít. cántico para el día de *r* 7676
95.11 en mi furor que no entrarían en mi *r* 4496
116.7 vuelve... alma mía, a tu *r*, porque Jehová 4496
132.8 levántate, oh Jehová, al lugar de tu *r* 4496
132.14 este es para siempre el lugar de mi *r* 4496
139.3 has escudriñado mi andar y mi *r*, y todos 7252
Pr 6.10 cruzar por un poco las manos para *r* 8142
19.23 y con él vivirá lleno de *r* el hombre 3885
29.9 que se enoje o que se ría, no tendrá *r* 5183
Ec 6.5 no ha visto... más *r* tiene éste que aquél 5183
Is 1.13 luna... y día de *r*... no lo puedo sufrir 7676
14.3 el día que Jehová te dé *r* de tu trabajo 5117
14.7 toda la tierra está en *r* y en paz; se 5117
23.12 pasar a Quitim, y aun allí no tendrás *r* 5117
28.12 este es el *r*; dad *r* al cansado; y este 4496
30.15 dijo... En descanso y en *r* seréis salvos 5183
32.17 la labor de la justicia, *r* y seguridad 8252
32.18 mi pueblo habitará... y en recreos de *r* 4496
34.14 la lechuza también... hallará para sí *r* 7180
56.2 que guarda el día de *r* para no profanarlo 7676
56.4 a los eunucos que guarden mis días de *r* 7676
56.6 todos los que guarden el día de *r* para 7676
58.13 si retrajeres del día de *r* tu pie, de 7676
66.1 ¿dónde está... y dónde el lugar de mi *r*? 4496
66.23 de día de *r* en día de *r*, vendrán todos 7676
Jer 14.10 deleitaron... no dieron *r* a sus pies 2820
17.21 guardaos... de llevar carga en el día de *r* 7676
17.22 ni saquéis carga de... en el día de *r*, ni 7676
17.22 sino santificad el día de *r*, como mandé 7676
17.24 no metiendo carga por... en el día de *r* 7676
17.24 sino que santificareis el día de *r*, no 7676
17.27 no me oyereis... santificar el día de *r* 7676
17.27 no traer carga ni meterla... en día de *r* 7676
31.2 halló gracia... Israel iba en busca de *r* 7280
Lm 1.16 alejó... consolador que dé *r* a mi alma 7725
2.6 ha hecho olvidar... los días de *r* en Sion 7676
5.5 nos fatigamos, y no hay para nosotros *r* 5117
Ez 20.12 les di también mis días de *r*, para 7676
20.13 mis días de *r* profanaron en gran manera ... 7676
20.16 mis días de *r* profanaron, porque tras 7676
20.20 santificad mis días de *r*, y sean por 7676
20.21 se rebelaron... profanaron mis días de *r* 7676
20.24 y profanaron mis días de *r*, y tras los 7676
22.8 santuarios... mis días de *r* has profanado 7676
22.26 de mis días de *r* apartaron sus ojos, y 7676
23.38 aun esto más... profanaron mis días de *r* 7676
44.24 fiestas... y santificarán mis días de *r* 7676
45.17 dar el holocausto... en los días de *r* y 7676
46.1 el día de *r* se abrirá; se abrirá también 7676
46.3 adorará el pueblo... en los días de *r* y en 7676
46.4 ofrecerá a Jehová en el día de *r* será 6 7676
46.12 su holocausto... como hace en el día de *r* 7676
Os 2.11 haré cesar todo su gozo... sus días de *r* 7676
Mi 2.10 porque no es este el lugar de *r*, pues 4496
Nah 1.12 aunque *r* tengan, y... así serán talados 8003
Mt 12.1 Jesús por los sembrados en un día de *r* *4521*
12.2 lo que no es lícito hacer en el día de *r* *4521*
12.5 cómo en el día de *r* los sacerdotes en el *4521*
12.5 profanan el día de *r*, y son sin culpa? *4521*
12.8 Hijo del Hombre es Señor del día de *r* *4521*
12.10 a Jesús... ¿Es lícito sanar en el día de *r*? *4521*
12.11 si ésta cayere en un hoyo en día de *r* *4521*
12.12 lícito hacer el bien en los días de *r* *4521*
12.43 anda por lugares secos, buscando *r*, Y *372*
24.20 que vuestra huida no sea... en día de *r* *4521*
28.1 pasado el día de *r*... a ver el sepulcro *4521*
Mr 1.21 los días de *r*, entrando en la sinagoga *4521*
2.23 los sembrados un día de *r*, sus discípulos *4521*
2.24 ¿por qué hacen en el día de *r* lo que no *4521*
2.27 día de *r* fue hecho por causa del hombre *4521*
2.27 y no el hombre por causa del día de *r* *4521*
2.28 el Hijo del... es Señor aun del día de *r* *4521*
3.2 ver si en el día de *r* le sanaría, a fin *4521*
3.4 ¿es lícito en los días de *r* hacer bien, o *4521*
6.2 llegado el día de *r*, comenzó a enseñar en *4521*
15.42 la preparación... la víspera del día de *r* *4521*
16.1 pasó el día de *r*... compraron especias *4521*
Lc 4.16 y en el día de *r* entró en la sinagoga *4521*
4.31 Jesús... y les enseñaba en los días de *r* *4521*
6.1 un día de *r*, que pasando Jesús por los *1207*
6.2 que no es lícito hacer en los días de *r*? *4521*
6.5 Hijo del Hombre es Señor aun del día de *r* *4521*
6.6 en otro día de *r*... él entró en la sinagoga *4521*
6.7 para ver si en el día de *r* lo sanaría, a *4521*
6.9 ¿es lícito en día de *r* hacer bien, o... mal? *4521*
11.24 anda por lugares secos, buscando *r*; y *372*
13.10 enseñaba Jesús en una... en el día de *r* *4521*
13.14 que Jesús hubiese sanado en el día de *r* *4521*
13.14 en éstos, pues, venid... y no en día de *r* *4521*
13.15 ¿no desata en el día de *r* su buey o su *4521*
13.16 ¿no se le debía desatar... el día de *r*? *4521*
14.1 un día de *r*... habiendo entrado para comer ... *4521*
14.3 habló a... ¿Es lícito sanar en el día de *r* *4521*
14.5 no lo sacará... aunque sea en día de *r*? *4521*
23.54 pascua... estaba para rayar el día de *r* *4521*
23.56 y descansaron el día de *r*, conforme al *4521*
Jn 5.9 tomó su lecho... era día de *r* aquel día *4521*
5.10 día de *r*; no te es lícito llevar tu lecho *4521*
5.16 porque hacía estas cosas en el día de *r* *4521*
5.18 porque no sólo quebrantaba el día de *r* *4521*
7.22 y en el día de *r* circuncidáis al hombre *4521*
7.23 si recibe... la circuncisión en el día de *r* *4521*
7.23 porque en el día de *r* sané... un hombre? *4521*
9.14 y era día de *r* cuando Jesús había hecho *4521*
9.16 no... de Dios, porque no guarda el día de *r* *4521*
19.31 no quedasen en la cruz en el día de *r* *4521*
19.31 aquel día de *r* era de gran solemnidad *4521*
Hch 1.12 está cerca de... camino de un día de *r* *4521*
7.49 ¿qué casa... ¿o cuál es el lugar de mi *r*? *4521*
13.14 entraron en la sinagoga un día de *r* y *4521*
13.27 profetas que se leen todos los días de *r* *4521*
13.42 el siguiente día de *r* les hablasen de *4521*
13.44 siguiente día de *r* se juntó casi toda *4521*
15.21 Moisés... donde es leído cada día de *r* *4521*
16.13 un día de *r* salimos fuera de la puerta *4521*
17.2 y por tres días de *r* discutió con ellos *4521*
18.4 discutía en la sinagoga... los días de *r* *4521*
2 Co 2.13 no tuve *r* en mi espíritu, por... Tito *425*
7.5 ningún *r* tuvo nuestro cuerpo, sino que en *425*
Col 2.16 días de fiesta, luna nueva o días de *r* *4521*
2 Ts 1.7 y a vosotros, datos *r* con nosotros *425*
He 3.11 juré en mi ira: No entrarán en mi *r* *2663*
3.18 juró que no entrarían en su *r*, sino a *2663*
4.1 la promesa de entrar en su *r*, alguno de *2663*
4.3 pero los que hemos creído entramos en el *r* *2663*
4.3 tanto, juré en mi ira, No entrarán en mi *r* *2663*
4.5 y otra vez aquí: No entrarán en mi *r* *2663*
4.8 porque si Josué les hubiera dado el *r*, no *2663*
4.9 tanto, queda un *r* para el pueblo de Dios *4520*
4.10 porque el que ha entrado en su *r*, también *2663*
4.11 procuremos, pues, entrar en aquel *r*, para *2663*
Ap 14.11 y no tienen *r* de día ni de noche los *372*

REPRENDER

Gn 31.42 pero Dios vio... y te *reprendió* anoche 3198
37.10 su padre le *reprendió*, y le dijo: ¿Qué 1605
Rt 2.16 para que lo recoja, y no la *reprendáis* 1605
Neh 5.7 *reprendí* a los nobles y a... oficiales 7378
13.11 entonces *reprendí* a los oficiales, y 7378
13.17 y *reprendí* a los señores de Judá y les 7378
Job 6.25 pero ¿qué *reprende* la censura vuestra? 3198
Sal 6.1 Jehová, no me *reprendas* en tu enojo 3198
9.5 *reprendiste* a las naciones, destruiste al 1605
38.1 Jehová, no me *reprendas* en tu furor, ni 3198
50.8 no te *reprenderé* por tus sacrificios, ni 3198
50.21 te *reprenderé*, y las pondré delante de 3198
94.10 el que castiga a las... ¿no *reprenderá*? 3198
106.9 *reprendió* al Mar Rojo y lo secó, y les 1605
119.21 *reprendiste* a los soberbios... malditos 1605
141.5 que me *reprenda* será un... bálsamo que no . 3198
Pr 9.7 que *reprende* al impío, se atrae mancha 3198
9.8 no *reprendas* al escarnecedor, para que no 3198
15.12 escarnecedor no ama al que le *reprende* 3198
24.25 que lo *reprendieren* tendrán felicidad 3198
25.12 es el que *reprende* al sabio que tiene 3198
28.23 que *reprende* al hombre, hallará después 3198
29.1 hombre que *reprendido* endurece la cerviz 8433
30.6 no añadas a sus... para que no te *reprenda* 3198
Is 2.4 juzgará... y *reprenderá* a muchos pueblos 3198
17.13 pero Dios los *reprenderá*, y huirán lejos 1605
29.21 que arman lazo al que *reprendía* en la 3198
Jer 29.27 no has *reprendido* ahora a Jeremías 1605
Ez 3.26 y no serás a ellos varón que *reprende* 3198
Os 4.4 contienda ni *reprenda* a hombre, porque 3198
Zac 3.2 dijo... Jehová te *reprenda*, oh Satanás 1605
3.2 que ha escogido a Jerusalén te *reprenda* 1605
Mal 3.11 *reprenderé* también... al devorador, y 1605
Mt 8.26 ***reprendió* a los vientos y al mar; y** *2008*
17.18 y *reprendió* Jesús al demonio, el cual *2008*
18.15 ve y *repréndele* estando tú y él solos *1651*
19.13 niños, los discípulos les *reprendieron* *2008*
20.31 gente les *reprendió* para que callasen *2008*
Mr 1.25 **Jesús le *reprendió*, diciendo: ¡Cállate** *2008*
3.12 mas él les *reprendía* mucho para que no le *2008*
4.39 **levantándose, *reprendió* al viento... al mar** *2008*
8.33 ***reprendió* a Pedro, diciendo: ¡Quítate de** *2008*
9.25 ***reprendió* al espíritu inmundo, diciendo** *2008*
10.13 y los discípulos *reprendían* a los que *2008*
10.48 muchos le *reprendían* para que callase *2008*
Lc 3.19 Herodes el... siendo *reprendido* por Juan *1651*
4.35 **Jesús le *reprendió*, diciendo: Cállate, y** *2008*
4.39 inclinándose... *reprendió* a la fiebre; y la *2008*
4.41 él los *reprendía* y no les dejaba hablar *2008*
8.24 él, *reprendió* al viento y a las olas; y *2008*
9.42 pero Jesús *reprendió* al espíritu inmundo *2008*
9.55 ***reprendió*, diciendo: Vosotros no sabéis** *2008*
17.3 **tu hermano pecare contra ti, *repréndele*** *2008*
18.15 viendo los discípulos, les *reprendieron* *2008*
18.39 te *reprendían* para que callase; pero él *2008*
19.39 le... Maestro, *reprende* a tus discípulos *2008*
23.40 el otro, le *reprendió*, diciendo; ¿Ni aun *2008*
Jn 3.20 **para que sus obras no sean *reprendidas*** *1651*
Ef 5.11 tinieblas, sino más bien *reprendedlas* *1651*
1 Ti 5.1 no *reprendas* al anciano... exhórtale *1969*
5.20 *repréndelos* delante de todos, para que *1651*
2 Ti 4.2 *reprende*, exhorta con toda paciencia *2008*
Tit 1.13 *repréndelos* duramente, para que sean *1651*
2.15 exhorta y *reprende* con toda autoridad *1651*
He 8.8 *reprendiéndolos* dice: He aquí vienen
12.5 ni desmayes cuando eres *reprendido* por *1651*
2 P 2.16 fue *reprendido* por su iniquidad; pues *1649,2192*
1 Jn 3.20 pues si nuestro corazón nos *reprende* *2607*
3.21 si nuestro corazón no nos *reprende* *2607*
Jud 9 él, sino que dijo: El Señor te *reprenda* *2008*
Ap 3.19 **yo *reprendo* y castigo a todos los que** *1651*

REPRENSIÓN

2 S 22.16 a la *r* de Jehová, por el soplo del 1606
2 R 19.3 este día es día de angustia, de *r* y 8433
Job 20.3 la *r* de mi censura he oído, y me hace 4148
26.11 columnas del cielo... se espantan a su *r* 1606
Sal 18.15 a tu *r*, oh Jehová, por el soplo del 1606
38.14 un hombre bueno... en cuya boca no hay *r* ... 8433
76.6 a tu *r*, oh Dios de Jacob, el carro y el 1606
80.16 fuego... perezcan por la *r* de tu rostro 1606
104.7 a tu *r* huyeron; al sonido de tu trueno 1606
Pr 1.23 volveos a mi *r*... derramaré mi espíritu 8433
1.25 que desechasteis... y mi *r* no quisisteis 8433
1.30 mi consejo, y menospreciaron toda *r* mía 8433
5.12 consejo, y mi corazón menospreció la *r* 8433
6.23 y camino de vida las *r* que te instruyen 8433
10.17 la vida... pero quien desecha la *r*, yerra 8433
12.1 mas el que aborrece la *r* es ignorante 8433
13.1 hijo sabio... el burlador no escucha las *r* 1606
17.10 *r* aprovecha al entendido, mas que cien 1606
27.5 mejor es *r* manifiesta que amor oculto 8433
Ec 7.5 mejor es... la *r* del sabio que la canción 1606
Is 37.3 día de angustia, de *r* y de blasfemia 8433
50.2 he aquí que con mi *r* hago secar el mar 1606
66.15 ira con furor, y su *r* con llama de fuego 1606
Ez 5.15 cuando yo haga en ti juicios... *r* de ira 8433
25.17 haré en ellos... venganzas con *r* de ira 8433
2 Co 2.6 basta a tal persona esta *r* hecha por *2009*
1 Ti 6.14 que guardes el mandamiento sin... ni *r* *423*

REPRENSOR

Am 5.10 ellos aborrecieron al *r* en la puerta 3198

REPRIMIR

1 S 24.7 así *reprimió* David a sus hombres con 8156
Sal 68.30 *reprime* la reunión de gentes armadas 1605
76.10 la ira... *reprimirás* el resto de las iras 2296
85.3 *reprimiste* todo tu enojo; te apartaste 5375
105.22 que *reprimiera* a sus grandes como él 631
Is 48.9 para alabanza mía la *reprimiré* para 2413
Jer 31.16 *reprime* del llanto tu voz, y de las 4513
Ez 24.17 *reprime* el suspirar, no hagas luto de 1826

REPROBADO, A

Ro 1.28 los entregó a una mente *r*, para hacer *96*
2 Co 13.5 está en vosotros, a menos que estéis *r* *96*
13.6 que conoceréis que nosotros no estamos *r* *96*
13.7 lo bueno, aunque nosotros seamos como *r* *96*
Tit 1.16 rebeldes, *r* en cuanto a toda buena obra *96*

REPROBAR

Hch 4.11 es la piedra *reprobada* por vosotros *1848*
He 6.8 la que produce espinos y... es *reprobada* *96*

RÉPROBO

2 Ti 3.8 corruptos de... *r* en cuanto a la fe *96*

REPROCHAR

Job 13.10 él os *reprochará*... hacéis acepción de 3198
27.6 no me *reprochará* mi corazón en... mis días ... 2778
Jer 15.15 no me *reproches* en la prolongación 3947
Mr 16.14 *reprochó* su incredulidad y dureza de *3679*

REPROCHE
Job 33.10 buscó r contra mí, y me tiene por su 8569
Sal 15.3 ni admite r alguno contra su vecino 2781
Stg 1.5 cual da a todos abundantemente y sin r 3679

REPTIL
Gn 6.7 raeré... hasta el r y las aves del cielo 7431
6.20 de todo r de la tierra según su especie 7431
7.14 todo r que se arrastra sobre la tierra 7431
7.21 murió... todo r que se arrastra sobre la 8318
7.23 destruido... desde el hombre hasta... los r 7431
8.17 los animales... de todo r... sacarás contigo 7431
8.19 y todo r y toda ave... salieron del arca 7431
Lv 5.2 hubiere tocado... cadáver de r inmundo 8318
11.41 todo r que se arrastra sobre la tierra 8318
22.5 cualquier r por el cual será inmundo 8318
1 R 4.33 disertó... sobre los r y sobre... peces 7431
Sal 148.10 bestia y todo animal... r y volátiles 7431
Ez 8.10 toda forma de r y bestias abominables 7431
Hab 1.14 r que no tienen quien los gobierne? 7431
Hch 10.12; 11.6 cuadrúpedos... r y aves del cielo 2062
Ro 1.23 de hombre corruptible, de aves... y de r 2062

REPUDIADA
Lv 21.14 no tomará viuda, ni r, ni infame ni 1644
22.13 la hija del sacerdote fuere viuda o r 1644
Nm 30.9 pero todo voto de viuda o r, con que 1644
Ez 44.22 ni viuda ni r tomará por mujer, sino 1644
Mt 5.32 **que se casa con la r, comete adulterio** 630
19.9 **y el que se casa con la r, adultera**

REPUDIAR
Lv 21.7 ni con mujer repudiada de su marido 1644
Is 50.1 la carta de... con la cual yo la repudié? 3748
50.1 y por vuestras rebeliones fue repudiada 7971
Is 54.6 como a la esposa de la... que es repudiada 3988
Mt 5.31 **cualquiera que repudie a su mujer, dele** 630
5.32 **el que repudia a su mujer, a no ser por** 630
19.3 ¿es lícito al hombre repudiar a su mujer 630
19.7 mandó... carta de divorcio, y repudiarla? 630
19.8 **os permitió repudiar a vuestras mujeres** 630
19.9 **cualquiera que repudia a su mujer, salvo** 630
Mr 10.2 lícito al marido repudiar a su mujer 630
10.4 Moisés permitió dar carta... y repudiarla 630
10.11 **repudia a su mujer y se casa con otra** 630
10.12 **y si la mujer repudia a su marido y se** 630
Lc 16.18 **el que repudia a su mujer, y se casa** 630
16.18 **que se casa con la repudiada del marido** 630

REPUDIO
Is 50.1 ¿qué es de la carta de r de vuestra 3748
Jer 3.8 la había despedido y dado carta de r 3748
Mal 2.16 Dios... ha dicho que él aborrece el r 7971

REPUGNANTE
Ez 7.20 ídolos, por eso... lo convertí en cosa r 8251

REPUTACIÓN
Gá 2.2 en privado a los que tenían cierta r 1380
2.6 de los que tenían r de ser algo (lo que 5100
2.6 pues, los de r nada nuevo me comunicaron
Col 2.23 cosas tienen... cierta r de sabiduría

REPUTAR
Is 29.16 reputada como el barro del alfarero 2803

REQUEM
1. Uno de los cinco reyes de Madián derrotados por Moisés, Nm 31.8; Jos 13.21 7552
2. Ciudad en Benjamín, Jos 18.27 7552
3. Dos descendientes de Caleb, 1 Cr 2.43,44 7552
4. Nieto de Manasés No. 1, 1 Cr 7.16 7552

REQUERIR
1 S 20.16 requiéralo Jehová de la mano de los
Esd 7.20 lo que se requiere para la casa de tu 2819
Neh 5.18 nunca requerí el pan del gobernador 1245
Hch 23.15 requerid al tribuno que le traiga 1718
Ro 12.11 que requiere diligencia, no perezosos
1 Co 4.2 requiere, cada uno sea hallado fiel 2212
Ef 4.17 esto, pues, digo y requiero en el Señor 3143

RES
Gn 43.16 y degüella una r y prepárala, pues 2874

RESA *Ascendiente de Jesucristo,* Lc 3.27 4488

RESALTAR
Ro 3.5 hace resaltar la justicia de Dios, ¿qué 4921

RESARCIR
Éx 21.34 pagará... daño, resarciendo a su dueño 7725
22.12 si... sido hurtado, resarcirá a su dueño 7999
Nm 5.8 pariente al cual sea resarcido el daño 7725

RESBALADERO
Sal 121.3 no dará su pie al r, ni se dormirá 4132
Jer 23.12 su camino será como r en oscuridad 2519

RESBALADIZO
Sal 35.6 su camino tenebroso y r, y el ángel 2519

RESBALAR
Dt 32.35 a su tiempo su pie resbalará, porque 4131
2 S 22.37 pasos, y mis pies no han resbalado 4571
Job 12.5 cuyos pies van a resbalar es como una 4571
Sal 13.4 mis enemigos se... si yo resbalara 4131
15.5 el que hace estas cosas, no resbalará 4131
17.5 sustenta mis... que mis pies no resbalen 4131
18.36 mis pasos... y mis pies no han resbalado 4571
37.31 ley... por tanto, sus pies no resbalarán 4571
38.16 resbale, no se engrandezcan sobre mí 4131
62.2 salvación; es mi refugio, no resbalaré 4131
62.6 es mi roca y... mi refugio, no resbalaré 4131
66.9 y no permitió... nuestros pies resbalasen 4131
73.2 casi se... por poco resbalaron mis pasos 8210
94.18 decía: Mi pie resbala, tu... me sustentaba 4131
112.6 no resbalará jamás; en memoria eterna 4131
116.8 tú has librado mi... mis pies de resbalar 1762
Pr 26.28 y la boca lisonjera hace resbalar 1762

RESCATADO *Véase Rescatar*

RESCATADOR
Lv 25.26 el hombre no tuviere r, y consiguiere 1353

RESCATAR
Éx 15.16 pasado este pueblo que tú rescataste 7069
21.8 permitirá que se rescate, y no la podrá 6299
Lv 19.20 yaciere con... no estuviere rescatada 6299
25.25 vendrá y rescatará lo que su hermano 1350
25.30 si no fuere rescatada dentro de un año 1350
25.31 podrán ser rescatadas, y saldrán en el 1353
25.32 podrán rescatar... casas en las ciudades 1353
25.48 podrá ser rescatado; uno... lo rescatará 1353
25.49 tío lo rescatará, o un pariente... lo r 1350
25.49 si... alcanzaren, él mismo se rescatará 1350
25.54 si no se rescatare en esos años, en el 1350
27.13 si lo quisiere rescatar, añadirá sobre 1350
27.15 si el que dedicó su... descare rescatarla 1350
27.20 si él no rescatare... no la rescatará más 1350
27.27 lo rescatarán conforme a tu estimación 6299
27.27 no lo rescataren, se venderá conforme a 6299
27.28 ni se rescatará... cosa consagrada, que 6299
27.29 ninguna... anatema podrá ser rescatada 6299
27.31 si... quisiere rescatar algo del diezmo 1350
27.33 el que se dio... no podrán ser rescatados 1350
Dt 7.8 os ha rescatado de servidumbre de la 6299
13.5 y te rescató de casa de servidumbre, y 6299
15.15 Jehová tu Dios te rescató; por tanto yo 6299
24.18 que de allí te rescató Jehová tu Dios 6299
28.31 ovejas... no tendrás quien te las rescate 3467
2 S 7.23 fue Dios para rescatarlo por pueblo 6299
7.23 de tu pueblo que rescataste para ti de 6299
1 Cr 17.21 pueblo, que tú rescataste de Egipto 6299
Neh 5.5 no tenemos posibilidad de rescatarlas
5.8 según nuestras posibilidades rescatamos 7069
Sal 35.17 rescata mi alma de sus destrucciones 7725
103.4 el que rescata del hoyo tu vida, el que 1350
106.10 y los rescató de mano del adversario 1350
136.24 y nos rescató de nuestros enemigos 6261
144.10 que rescata de maligna espada a David 6475
144.11 rescátame... de la mano de los hombres 6475
Is 1.27 Sion será rescatada con juicio, y los 6299
49.24 ¿será rescatado el cautivo de un tirano? 4422
49.25 el cautivo será rescatado del valiente 4422
52.3 por tanto, sin dinero seréis rescatados 1350
1 P 1.18 fuisteis rescatados... manera de vivir 3084
2 P 2.1 y aun negarán al Señor que los rescató

RESCATE
Éx 21.30 le fuere impuesto precio de r... dará 6306
21.30 dará por el r de su persona cuanto le 6306
30.12 cada... dará a Jehová el r de su persona 3724
Lv 25.24 en toda la... otorgaréis r a la tierra 1353
25.26 y consiguiere lo suficiente para el r 1353
25.51 devolverá para su r, del dinero por el 1353
25.52 y devolverá su r conforme a sus años 1353
Nm 3.46 y para el r de los 273 de... que exceden 6302
3.48 darás a Aarón y... el dinero del r de los 6302
3.49 tomó, pues, Moisés el dinero del r de los 6306
3.51 y Moisés dio el dinero de los r a Aarón 6306
18.16 de un mes harás efectuar el r de ellos 6299
2 R 12.4 el dinero del r de cada persona según
Job 36.18 no puedas apartar de ti con gran r 3724
Sal 49.7 podrá... redimir al... ni dar a Dios su r 3724
Pr 6.35 no aceptará ningún r, ni... perdonar 3724
13.8 el r de la vida del... está en sus riquezas 3724
21.18 r del justo es el impío, y por los 3724
Is 43.3 a Egipto he dado por tu r, a Etiopía 3724
Jer 32.8 a ti corresponde el r; cómprala para 1353
Mt 20.28; Mr 10.45 dar su vida en r por muchos 3083
1 Ti 2.6 se dio a sí mismo en r por todos, de 487
He 11.35 no aceptando el r, a fin de obtener 629

RESCOLDO
Gn 18.6 toma... haz panes cocidos debajo del r

RESEF
1. Ciudad conquistada por los asirios
2 R 19.12 R, y los hijos de Edén que estaban 7530
Is 37.12 acaso libraron sus dioses... Harán, R 7530
2. Descendiente de Efraín, 1 Cr 7.25 7566

RESÉN *Ciudad en Asiria,* Gn 10.12 7449

RESENTIDO
Hch 4.2 r de que enseñasen al pueblo... en Jesús

RESERVAR
Gn 12.12 matarán... a ti te reservarán la vida 2421
39.9 ninguna cosa me ha reservado sino a ti 2820
Nm 18.9 las cosas santas, reservadas del fuego
Dt 33.21 allí le fue reservada la porción del 5603
1 S 9.24 aquí lo que estaba reservado; ponlo 7604
1 R 3.6 has reservado esta gran misericordia 8104
Job 20.26 todas... están reservadas para 2244
38.23 reservados para el tiempo de angustia 2820
Sal 27.5 me ocultará en lo reservado de su 5641
Is 15.7 riquezas... y las que habrán reservado 6486
Jer 42.4 os enseñaré; no os reservaré palabra 4513
Ez 48.8 la porción que reservaréis de 25.000 7311
48.9 la porción que reservaréis para Jehová 7311
48.12 porción de la tierra reservada, junto 8641
48.20 la porción reservada de 25.000 cañas 7311
48.20 reservaréis... porción para el santuario 7311
Jn 2.10 has reservado el buen vino hasta ahora 5083
Hch 25.21 apeló para que se le reservase para 5083
Ro 11.4 he reservado siete mil hombres, que no 2641
1 P 1.4 una herencia... reservada en los cielos 5083
2 P 2.4 los entregó... ser reservados al juicio 5083
2.9 y reservar a los injustos... ser castigados 5083
2.17 la más densa oscuridad está reservada 5083
3.7 reservados... para el fuego en el día del 5083
Jud 13 para las cuales... reservada... oscuridad 5083

RESIDENCIA
Est 2.3 lleven a... las jóvenes... a Susa, r real 1002
2.5 había en Susa r real un varón judío cuyo 1002
2.8 habían reunido... doncellas en Susa r real 1002
9.11 dio cuenta... del número... en Susa, r real 1002

RESIDENTE
Hch 2.10 y romanos aquí r, tanto judíos como 1927
17.21 los... r allí, en ninguna otra cosa se

RESIDIR
Lv 16.16 el cual reside entre ellos en medio 6875
1 R 15.18 Ben-adad... cual residía en Damasco 3427

RESINA
Ez 27.17 aceite y r negociaban en tus mercados 6875

RESISTENCIA
Stg 5.6 dado muerte al justo, y él no os hace r 498

RESISTIR
Lv 26.37 ante la espada... no podréis resistir 8617
Nm 22.32 he salido para resistirte, porque tu 3427
31.23 lo que resiste el fuego, por fuego lo 935
31.23 pasar por agua... que no resiste el fuego 935
Jos 11.20 que resistiesen con guerra a Israel 7125
23.9 hoy nadie ha podido resistir delante de 5975
2 R 10.4 aquí, dos reyes no pudieron resistirle 5975
10.4 he aquí... ¿cómo le resistiremos nosotros? 5975
18.24 ¿Cómo... podrás resistir a un capitán, al 7725
2 Cr 13.8 vosotros tratáis de resistir al reino 2388
20.6 y poder, que no hay quien te resista? 3320
32.10 ¿en quién confiáis... resistir el sitio 3427
Est 9.2 y nadie los pudo resistir, porque el 5975
Job 8.15 él... se asirá de ella, mas no resistirá 6965
Sal 147.17 ante su frío, ¿quién resistirá? 5975
Pr 30.31 y el rey, a quien nadie resiste 510
Ec 4.12 alguno prevaleciere... dos le resistirán 5975
Is 36.9 cómo... podrás resistir a un capitán, al 7725
Jer 49.19 aquel pastor que me podrá resistir? 5975
50.44 será aquel pastor que podrá resistirme? 5975
Ez 13.5 para que resista firme en la batalla 5975
Dn 11.15 porque no habrá fuerzas para resistir 5975
Os 4.4 tu pueblo es como los que resisten al 7378
Am 2.15 el que maneja el arco no resistirá, ni 5975
Mt 5.39 **os digo: No resistáis al que es malo** 436
Lc 21.15 **cual no podrán resistir ni contradecir** 436
Hch 6.10 no podían resistir a la sabiduría y 436
7.51 resistís siempre al Espíritu Santo; como 496
13.8 les resistía Elimas, el mago (pues así 436
23.9 ha hablado... ángel, no resistamos a Dios 2313
Ro 9.19 ¿quién ha resistido a su voluntad? 436
13.2 a lo establecido por Dios resiste; y los 436
13.2 los que resisten, acarrean condenación 436
1 Co 10.13 tentados más de lo... podéis resistir 436
Gá 2.11 Pedro vino a... le resistí cara a cara 436
Ef 6.13 para que podáis resistir en el día malo 436
2 Ti 3.8 Janes y Jambres resistieron a Moisés 436
3.8 así también éstos resisten a la verdad 436
He 12.4 porque aún no habéis resistido hasta 478
Stg 1.12 haya resistido la prueba, recibirá 1384
4.6 Dios resiste a los soberbios, y da gracia 498
4.7 resistid al diablo, y huirá de vosotros 436
1 P 5.5 porque: Dios resiste a los soberbios 498
5.9 resistid firmes en la fe, sabiendo que 436

RESOLUCIÓN
Jue 5.15 de Rubén hubo grandes r del corazón 2711
Dn 4.17 y por dicho de los santos la r, para 3983

RESOLVER
Dt 1.5 resolvió... declarar esta ley, diciendo
Rt 1.18 viendo Noemí que estaba tan resuelta 553
3.18 hasta... sepas cómo se resuelve el asunto 5307
1 S 2.25 Jehová había resuelto hacerlos morir
20.33 padre estaba resuelto a matar a David 3615
25.17 mal está ya resuelto contra nuestro amo 3615
Est 7.7 que estaba resuelto para él el mal de 3615
Sal 17.3 resuelto... boca no haga transgresión 2161
Jer 49.20 pensamientos que ha resuelto sobre 2803
Dn 5.12 y descifrar enigmas y resolver dudas 8271
5.16 he oído... puedes... resolver dificultades 8271
6.14 y resolvió librar a Daniel; y hasta la 1079
Hch 3.13 había resuelto ponerle en libertad 2919
9.23 los judíos resolvieron en consejo matarle
1 Co 7.37 resuelto... guardar a su hija virgen 2919

RESONANTE
2 Cr 30.21 cantando... instrumentos r a Jehová 5797
Sal 150.5 alabadle con címbalos r; alabadle con 8088

RESONAR
Jue 5.22 resonaron los cascos de los caballos 1986
1 Cr 15.16 que resonasen y alzasen la voz con 8085
16.32 resuene el mar, y su... alégrese el campo 7481
Jer 48.36 mi corazón resonará como flautas por 1993
Lm 2.7 hicieron resonar su voz en la casa de 6963
1 Co 13.1 vengo a ser como metal que resuena 8085

RESOPLIDO
Job 39.20 el r de su nariz es formidable 1935

R

RESPALDO
1 R 10.19 la parte alta era redonda por el *r* 310
Cnt 3.10 su *r* de oro, su asiento de grana, su 7507

RESPECTO *Véase el Apéndice*

RESPETAR
Job 34.19 ni *respeta* más al rico que al pobre 5234
Lm 4.16 no *respetaron* la presencia...sacerdotes 5375
5.12 no *respetaron* el rostro de los viejos 1921
Dn 3.12 varones, oh rey, no te han *respetado*
6.13 Daniel...no te *respeta* a ti, oh rey, ni 7761
11.37 ni *respetará* a dios alguno, porque sobre 995
Lc 18.2 **ni temía a Dios, ni *respetaba* a hombre** *1788*
Ef 5.33 ame a...y la mujer *respete* a su marido *5399*

RESPETO
Dt 28.50 fiera de...que no tendrá *r* al anciano 5375
1 S 25.35 que he oído tu voz, y te he tenido *r* 5375
2 R 3.14 si no tuviese *r* al rostro de Josafat 5375
Pr 18.5 tener *r* a la persona del impío, para 5375
Is 3.3 capitán...el hombre de *r*, el consejero
22.11 aguas...y no tuvisteis *r* al que lo hizo 7200
Mt 21.37; Mr 12.6 **diciendo: Tendrán *r* a...hijo** *1788*
Lc 18.4 **ni temo a Dios, ni tengo *r* a hombre** *1788*
20.13 **quizás cuando le vean a él...tendrán *r*** *1788*
Ro 13.7 pagad...al que *r*, *r*; al que honra, honra *5401*
1 P 2.18 sujetos con todo *r* a vuestros amos *5401*

RESPETUOSA
1 P 3.2 considerando vuestra conducta...y *r* *5401*

RESPIRACIÓN
Ec 3.19 y una misma *r* tienen todos; ni tiene 7307

RESPIRADERO
Job 32.19 está como el vino que no tiene *r*, y 6605

RESPIRAR
Jos 11.11 sin quedar nada que *respirase*; y a 5397
Job 32.20 hablaré, pues, y *respiraré*; abriré 7304
Sal 27.12 falsos, y los que *respiran* crueldad 5307
150.6 todo lo que *respira* alabe a JAH...Aleluya 5397
Hch 9.1 Saulo, *respirando*...amenazas y muerte *1709*

RESPIRO
Est 4.14 *r* y liberación vendrá de alguna otra 2020

RESPLANDECER
Éx 34.29 que la piel de su rostro *resplandecía* 7160
Nm 6.25 haga *resplandecer* su rostro sobre ti 215
Dt 33.2 *resplandeció* desde el monte de Parán 3313
Job 3.4 día...ni claridad sobre él *resplandezca* 3313
18.5 no *resplandecerá* la centella de su fuego 5050
22.28 y sobre tus caminos *resplandecerá* luz 5050
29.3 hacía *resplandecer* sobre mi cabeza su 1984
31.26 si he mirado al sol cuando *resplandecía* 1984
37.15 y hace *resplandecer* la luz de su nube? 3313
41.32 hace *resplandecer* la senda, que parece 215
Sal 31.16 haz *resplandecer* tu rostro sobre tu 215
50.2 de Sion, perfección de...ha *resplandecido* 3313
67.1 *resplandecer* su rostro sobre nosotros 215
80.1 que estás entre querubines, *resplandece* 3313
80.3,7,19 haz *resplandecer* tu rostro, y 215
112.4 *resplandeció* en las tinieblas luz a los 2224
119.135 haz que tu rostro *resplandezca* sobre 215
139.11 aun la noche *resplandecerá* alrededor 216
139.12 ti, y la noche *resplandece* como el día 215
Pr 23.31 cuando *resplandece* su color en la copa
Is 9.2 de muerte, luz *resplandeció* sobre ellos 5050
60.1 *resplandece*; porque ha venido tu luz, y 215
60.5 verás, y *resplandecerás*; se maravillará
Ez 1.13 y el fuego *resplandecía*, y del fuego 5051
32.7 y la luna no hará *resplandecer* su luz
32.10 *resplandecer* mi espada delante de sus 5774
43.2 y la tierra *resplandecía* a causa de su 215
Dn 9.17 haz que tu rostro *resplandezca* sobre 215
12.3 *resplandecerán* como el...del firmamento 2094
Mt 4.16 a los asentados...luz les *resplandeció*
13.43 **los justos *resplandecerán* como el sol** *1584*
17.2 y *resplandeció* su rostro como el Sol, y *2989*
Lc 17.24 **que al fulgurar *resplandece* desde un** *797,2989*
Jn 1.5 la luz en las tinieblas *resplandece*, y *5316*
Hch 12.7 y una luz *resplandeció* en la cárcel *2989*
2 Co 4.4 para que no le *resplandezca* la luz *826*
4.6 de las tinieblas *resplandeciese* la luz *2989*
4.6 que *resplandeció* en nuestros corazones *2989*
Fil 2.15 medio de la cual *resplandecéis* como *5316*
Ap 1.16 rostro...como el sol cuando *resplandece* *5316*

RESPLANDECIENTE
Éx 34.30 y he aquí la piel de su rostro era *r* 7160
34.35 veían que la piel de su rostro era *r* 7160
Job 25.5 he aquí que ni aun la misma luna será *r* 166
Mr 9.3 sus vestidos se volvieron *r*, muy blancos *4744*
Lc 9.29 rostro se hizo...su vestido blanco y *r* *1823*
24.4 se pararon...dos varones con vestiduras *r* *797*
Hch 10.30 delante de mí un varón con vestido *r* *2986*
Ap 15.6 ángeles...vestidos de lino limpio y *r*
19.8 se vista de lino fino, limpio y *r*; porque
22.1 me mostró un río limpio...*r* como cristal
22.16 **soy la raíz...la estrella *r* de la mañana** *2986*

RESPLANDOR
2 S 22.13 el *r* de su presencia se encendieron 5051
23.4 como el *r* del sol en una mañana sin nubes
Sal 18.12 por el *r* de su presencia, sus nubes 5051
78.14 les guió...toda la noche con *r* de fuego 216
Is 2.10 escóndete en el...del *r* de su majestad 1926
2.19,21 por el *r* de su majestad...se levante 1926
4.5 nube y oscuridad de día, y de noche *r* de 1926
13.10 se oscurecerá...y la luna no dará su *r* 5050
59.9 esperamos luz...r, y andamos en oscuridad 5054
60.3 luz, y los reyes al *r* de tu nacimiento 5051
60.19 ni el *r* de la luna te alumbrará, sino 5051
62.1 hasta que salga como *r* su justicia, y 5051
66.11 y os deleitéis con el *r* de su gloria
Ez 1.4 y alrededor de él un *r*, y en medio del 5051
1.27 parecía como fuego, y...tenía *r* alrededor 5051
1.28 el arco iris...el parecer del *r* alrededor 5051
8.2 y desde sus lomos para arriba parecía *r* 2096
10.4 el atrio se llenó del *r* de la gloria de 5051
21.28 dirás...para consumir está pulida con *r* 1300
Dn 12.3 resplandecerán como...*r* del firmamento 2096
Jl 2.10; 3.15 y las estrellas retraerán su *r* 5051
Am 5.20 y no luz; oscuridad, que no tiene *r*? 5051
Nah 3.3 *r* de espada, y *r* de lanza; y multitud 3851,1300
Hab 3.4 el *r* fue como la luz; rayos brillantes 5051
3.11 a la luz de...y al *r* de tu fulgente lanza 5051
Mt 24.29 **no dará su *r*, y las estrellas caerán** *5338*
Mr 13.24 **se oscurecerá, y la luna no dará su *r*** *5338*
Lc 2.9 y la gloria del Señor los rodeó de *r* *4034*
11.36 **cuando una lámpara te alumbra con su *r*** *5461*
Hch 9.3 yendo...le rodeó un *r* de luz del cielo *4015*
26.13 una luz...que sobrepasaba el *r* del sol *2987*
2 Ts 2.8 y destruirá con el *r* de su venida *2015*
He 1.3 siendo el *r* de su gloria, y la imagen *541*

RESPONDER
Gn 3.2 la mujer *respondió* a la serpiente: Del 559
3.10 y él *respondió*: Oí tu voz en el huerto 559
3.12 *respondió*: La mujer que me diste...me dio 559
4.9 *respondió*: No sé...¿Soy yo acaso guarda de 559
4.15 y le *respondió* Jehová...que mate a Caín 559
14.22 y *respondió* Abram al rey de Sodoma: He 559
15.2 *respondió* Abram: Señor Jehová, ¿qué me 559
15.8 y él *respondió*: Señor Jehová, ¿en qué 559
16.6 y *respondió* Abram a Sarai: He aquí, tu 559
16.8 *respondió*: Huyo de delante de Sarai mi 559
17.19 *respondió* Dios...tu mujer te dará a luz 559
18.9 está Sara...*respondió*: Aquí en la tienda 559
18.26 *respondió* Jehová: Si hallare...50 justos 559
18.29 *respondió*: No lo haré por amor a los 40 559
18.30 *respondió*: No lo haré si hallare allí 559
18.31,32 no la destruiré, *respondió*, por amor 559
19.2 ellos *respondieron*: No, que en la calle 559
19.9 *respondieron*. Quita allá; y añadieron 559
19.21 *respondió*: He aquí he recibido también 559
20.11 Abraham *respondió*: Porque dije para mí 559
21.24 y *respondió* Abraham: Yo juraré 559
21.26 *respondió* Abimelec: No sé quién haya 559
21.30 él *respondió*: Que estas siete corderas 559
22.1 dijo: Abraham...Y él *respondió*: Heme aquí 559
22.7 mío...Y él *respondió*: Heme aquí, mi hijo 559
22.8 *respondió* Abraham: Dios se proveerá de 559
22.11 Abraham, Abraham...él *respondió*: Heme 559
23.5 *respondieron* los hijos de Het a Abraham 6030
23.10 y *respondió* Efrón heteo a Abraham, en 6030
23.13 y *respondió* a Efrón en presencia del 1696
23.14 *respondió* Efrón a Abrabam, diciéndole 6030
24.5 el criado le *respondió*: Quizá la mujer 559
24.14 ella *respondiere*: Bebe, y también daré 559
24.18 ella *respondió*. Bebe, señor...mío; y se 559
24.24 ella *respondió*: Soy hija de Betuel hijo 559
24.40 me *respondió*: Jehová, en cuya presencia 559
24.44 *respondiere*: Bebe tú, y también para 559
24.47 y ella *respondió*: Hija de Betuel hijo 559
24.50 Labán y Betuel *respondieron* y dijeron 559
24.55 *respondieron* su hermano y su madre 559
24.57 *respondieron*...Llamemos a la doncella y 559
24.58 ¿irás tu con...ella *respondió*: Sí, iré 559
24.65 y el criado había *respondido*: Este es 559
25.23 *respondió* Jehová: Dos naciones hay en 559
25.31 Jacob *respondió*: Véndeme en este día tu 559
26.7 *respondió*: Es mi hermana...tuvo miedo de 559
26.9 e Isaac le *respondió*...dije: Quizá moriré 559
26.28 y ellos *respondieron*: Hemos visto que 559
27.1 le dijo: Hijo mío...Y él *respondió*: Heme 559
27.13 su madre *respondió*: Hijo mío, sea sobre 559
27.18 e Isaac *respondió*: Heme aquí; ¿quién 559
27.20 y él *respondió*, Porque Jehová tu Dios 559
27.24 ¿eres tú mi...Esaú? Y Jacob *respondió* 559
27.36 Esaú *respondió*: Bien llamaron su...Jacob 559
27.37 Isaac *respondió* y dijo a Esaú: He aquí 6030
27.38 Esaú *respondió* a su padre: ¿No tienes 559
29.4 y ellos *respondieron*: De Harán somos 559
29.8 *respondieron*: No podemos, hasta que se 559
29.19 Labán *respondió*: Mejor es que te la dé 559
29.26 y Labán *respondió*: No se hace así en 559
30.15 *respondió*: ¿Es poco que hayas tomado mi 559
30.27 y Labán le *respondió*: Halle yo ahora 559
30.29 *respondió*: Tú sabes cómo te he servido 559
30.31 y *respondió* Jacob: No me des nada; si 559
30.33 *responderá* por mí mi honradez mañana 6030
31.14 *respondieron* Raquel y Lea, y le dijeron 6030
31.31 *respondió* Jacob y dijo a Labán: Porque 6030
31.36 y *respondió* Jacob y dijo a Labán: ¿Qué 6030
31.43 *respondió* Labán y dijo a Jacob: Las 6030
32.26 Jacob le *respondió*: No te dejaré, si no 559
32.27 es tu nombre? Y él *respondió*: Jacob 559
32.29 varón *respondió*: ¿Por qué me preguntas 559
33.5 y él *respondió*: Son los niños que Dios 559
33.8 y Jacob *respondió*: El hallar gracia en 559
34.13 pero *respondieron* los hijos de Jacob a 559
34.31 pero ellos *respondieron*: ¿Había él de 559
35.3 haré allí altar al Dios que me *respondió* 6030
37.8 *respondieron* sus hermanos: ¿Reinarás tú 559
37.13 te enviaré...Y él *respondió*: Heme aquí 559
37.16 José *respondió*. Busco a mis hermanos 559
37.17 aquel hombre *respondió*: Ya se han ido 559
38.17 él *respondió*: Yo te enviaré del ganado 559
38.18 ella *respondió*: Tu sello, tu cordón, y 559
40.18 *respondió* José...Los tres canastillos tres 6030
41.16 *respondió* José a Faraón, diciendo: No 6030
41.25 *respondió* José a Faraón: El sueño de 559
41.28 lo que *respondo* a Faraón. Lo que Dios 1696
42.7 *respondieron*: De la tierra de Canaán 559
42.10 *respondieron*: No, señor nuestro, sino 559
42.13 *respondieron*: Tus siervos somos doce 559
42.22 Rubén les *respondió*, diciendo: ¿No os 6030
43.3 *respondió* Judá, diciendo: Aquel varón 559
43.7 *respondieron*: Aquel varón nos preguntó 559
43.9 yo te *respondo* por él; a mí me pedirás 6148
43.11 Israel...les *respondió*: Pues que así es 559
43.23 *respondió*: Paz a vosotros, no temáis 559
43.28 ellos *respondieron*: Bien va a tu siervo 559
44.7 le *respondieron*: ¿Por qué dice nuestro 559
44.17 José *respondió*: Nunca yo tal haga. El 559
44.20 y *respondimos* a mi señor: Tenemos un 559
44.26 nosotros *respondimos*: No podemos ir; si 559
45.3 y sus hermanos no pudieron *responderle* 6030
46.2 Jacob, Jacob. Y él *respondió*: Heme aquí 559
47.3 ellos *respondieron* a Faraón: Pastores de 559
47.9 Jacob *respondió*...Los días de los años de 559
47.25 y ellos *respondieron*: La vida nos has 559
47.30 y José *respondió*: Haré como tú dices 559
48.9 y *respondió* José a su padre: Son mis 559
50.19 les *respondió* José: No temáis; ¿acaso
Éx 1.19 y las parteras *respondieron* a Faraón 559
2.8 la hija de Faraón *respondió*: Vé...fue la 559
2.14 él *respondió*: ¿Quién te ha puesto a ti 559
2.19 ellas *respondieron*: Un varón egipcio 559
3.4 lo llamó Dios...Y él *respondió*: Heme aquí 559
3.11 Moisés *respondió* a Dios: ¿Quién soy yo 559
3.12 *respondió*: Ve, porque yo estaré contigo 559
3.13 si...me preguntaren...¿qué les *responderé* 559
3.14 *respondió* Dios a Moisés: YO SOY EL QUE 559
4.1 Moisés *respondió*...que ellos no me creerán 6030
4.2 ¿qué es eso que...Y él *respondió*: Una vara 559
4.11 Jehová le *respondió*: ¿Quién dio la boca 559
5.2 Faraón *respondió*: ¿Quién es Jehová, para 559
5.17 *respondió*: Estáis ociosos, sí, ociosos 559
6.1 Jehová *respondió* a Moisés: Ahora verás lo 559
6.12 *respondió* Moisés delante de Jehová: He 1696
6.30 Moisés *respondió*...Jehová...soy torpe de 559
7.9 Faraón os *respondiere* diciendo: Mostrad 1696
8.10 y Moisés *respondió*: Se hará conforme a 559
8.26 Moisés *respondió*: No conviene que...así 559
8.29 *respondió* Moisés: He aquí, al salir yo 559
9.29 y le *respondió* Moisés: Tan pronto salga 559
10.9 Moisés *respondió*. Hemos de ir...niños y 559
10.25 Moisés *respondió*...nos darás sacrificios 559
10.29 y Moisés *respondió*: Bien has dicho; no 559
12.27 *responderéis*: Es la víctima...la pascua 559
15.21 María les *respondía*: Cantad a Jehová 6030
18.15 Moisés *respondió* a su suegro: Porque 559
19.8 pueblo *respondió* a una, y dijeron: Todo 6030
19.19 Moisés hablaba, y Dios le *respondía* con 6030
20.20 Moisés *respondió* al pueblo: No temáis 559
23.2 ni *responderás* en litigio inclinándote 6030
24.3 el pueblo *respondió* a una voz, y dijo 6030
32.18 él *respondió*: No es voz de alaridos de 559
32.22 *respondió* Aarón: No se enoje mi señor 559
32.24 y yo les *respondí*: ¿Quién tiene oro? 559
32.33 *respondió* a Moisés: Al que pecare contra 559
33.15 Moisés *respondió*: Si tu presencia no ha 559
33.19 *respondió*: Yo haré pasar todo mi bien 559
Lv 10.19 *respondió* Aarón a Moisés: He aquí hoy 1696
Nm 9.8 Moisés les *respondió*: Esperad, y oiré 559
10.30 y él le *respondió*: Yo no iré, sino que 559
11.23 Jehová *respondió* a Moisés: ¿Acaso se 559
11.28 *respondió* Josué...ayudante de Moisés 6030
11.29 Moisés le *respondió*: ¿Tienes tú celos 559
12.14 *respondió* Jehová a Moisés: Pues si su 559
14.13 pero Moisés *respondió* a Jehová: Lo oirán 559
16.12 mas ellos *respondieron*: No iremos allá 559
20.18 Edom le *respondió*: No pasarás por mi 559
20.20 él *respondió*: No pasarás. Y salió Edom 559
22.10 Balaam *respondió* a Dios: Balac hijo de 559
22.18 Balaam *respondió* y dijo a los siervos 6030
22.29 Balaam *respondió* al asna: Porque te has 559
22.30 ¿he acostumbrado...Y él *respondió*: No 559
22.38 Balaam *respondió* a Balac...yo he venido 559
23.12 *respondió* y dijo: ¿No cuidaré de decir 6030
23.26 Balaam *respondió* y dijo a Balac: ¿No 559
24.12 Balaam le *respondió*: ¿No lo declaré yo 559
27.6 y Jehová *respondió* a Moisés, diciendo 559
27.15 *respondió* Moisés a Jehová, diciendo 1696
32.6 *respondió* Moisés a los hijos de Gad y 559
32.20 *respondió* Moisés: Si lo hacéis así, si 559
32.31 los hijos de Gad...Rubén *respondieron* 6030
Dt 1.14 *respondisteis* y dijisteis: Bueno es 6030
1.41 entonces *respondisteis* y...Hemos pecado 6030
20.11 si *respondiere*: Paz, y te abriere, todo 6030
27.15 todo el pueblo *responderá* y dirá: Amén 6030
29.25 y *responderán*: Por cuanto dejaron el 559
31.21 este cántico *responderá* en su cara como 6030
Jos 1.16 *respondieron* a Josué...haremos todas 6030
2.14 le *respondieron*: Nuestra vida responderá 559
2.21 ella *respondió*: Sea así como habéis dicho 559
4.7 *responderéis*: Que las aguas del Jordán 559
5.14 él *respondió*: No; mas como Príncipe del 559
5.15 el Príncipe...*respondió* a Josué: Quita 559
7.20 y Acán *respondió* a Josué...yo he pecado 559
9.7 los de Israel *respondieron* a los heveos 559
9.8 *respondieron* a Josué...somos tus siervos 559
9.9 *respondieron*: Tus siervos han venido de 559
9.19 los príncipes *respondieron*...hemos jurado 559
9.24 y ellos *respondieron* a Josué y dijeron 6030

15.19 *respondió*: Concédeme un don; puesto 559
17.15 y Josué les *respondió*: Si sois pueblo 559
17.17 Josué *respondió* a la casa de José, a 559
22.21 los hijos de Rubén y...Gad...*respondieron* 6030
22.28 *responderemos*: Mirad el símil del altar 559
24.16 el pueblo *respondió* y dijo: Nunca tal 6030
24.22 y Josué *respondió* al pueblo: Vosotros 559
24.22 y ellos *respondieron*: Testigos somos 559
24.24 pueblo *respondió*...A Jehová...serviremos 559
Jue 1.2 y Jehová *respondió*: Judá subirá; he 559
1.15 ella...le *respondió*: Concédeme un don 559
4.8 Barac le *respondió*: Si tú fueres...yo iré 559
4.20 ¿hay aquí alguno? tú *responderás* que no 559
5.29 sus damas le *respondían*, y aún ella se 559
5.29 damas...aun ella se *respondía* a sí misma
6.13 Gedeón le *respondió*: Ah, señor mío, si 559
6.15 le *respondió*: Ah, señor mío, ¿con qué 559
6.17 *respondió*: Yo te ruego que si he hallado 559
6.18 y él *respondió*: Yo esperaré hasta que 559
6.31 Joás *respondió* a todos los que estaban 559
7.14 su compañero *respondió*...Esto no es otra 6030
8.2 los cuales él *respondió*: ¿Qué he hecho yo 559
8.6 de Sucot *respondieron*: ¿Están ya Zeba y 559
8.8 *respondieron* como habían respondido los 6030
8.18 ellos *respondieron*: Como tú, así eran 559
8.23 Gedeón *respondió*: No seré señor sobre 559
8.25 ellos *respondieron*: De buena gana te los 559
9.9 olivo *respondió*: ¿He de dejar mi aceite 559
9.11 *respondió* la higuera: ¿He de dejar mi 559
9.13 la vid les *respondió*: ¿He de dejar mi 559
9.15 y la zarza *respondió*...Si en verdad me 559
9.36 y Zebul le *respondió*: Tú ves la sombra 559
9.38 Zebul le *respondió* ¿Dónde está...tu boca 559
10.11 Jehová *respondió* a los hijos de Israel 559
10.15 hijos de Israel *respondieron* a Jehová 559
11.7 Jefté *respondió* a los ancianos de Galaad 559
11.8,10 los ancianos...*respondieron* a Jefté 559
11.13 rey...*respondió* a los mensajeros de Jefté 559
11.36 ella...le *respondió*: Padre mío, si le has 559
12.2 y Jefté les *respondió*: Yo y mi pueblo 559
12.5 ¿eres tú efrateo? Si él *respondía*: No 559
13.13 el ángel...*respondió* a Manoa: La mujer 559
13.16 y el ángel de Jehová *respondió* a Manoa 559
13.18 el ángel...*respondió*: ¿Por qué preguntas 559
13.23 y su mujer le *respondió*: Si Jehová nos 559
14.3 Sansón *respondió*...Tómame ésta por mujer 559
14.13 y ellos *respondieron*: Propón tu enigma 559
14.16 él *respondió*...He aquí que ni a mi padre 559
14.18 y él les *respondió*: Si no araseis con 559
15.10 ellos *respondieron*: A prender a Sansón 559
15.11 él les *respondió*: Yo les he hecho como 559
15.12 y Sansón les *respondió*: Juradme que 559
15.13 ellos le *respondieron*...No; solamente te 559
16.7 le *respondió* Sansón: Si me ataren con 559
17.9 el levita le *respondió*: Soy de Belén de 559
18.4 les *respondió*...De esta y de esta manera ha 559
18.6 y el sacerdote les *respondió*: Id en paz 559
18.8 dijeron: ¿Qué hay? Y ellos *respondieron* 559
18.19 y ellos le *respondieron*: Calla, pon la 559
18.24 *respondió*: Tomasteis mis dioses que yo 559
19.12 señor le *respondió*: No iremos a ninguna 559
19.18 *respondió*: Pasamos de Belén de Judá a 559
19.28 dijo: Levántate...pero ella no *respondió* 559
20.4 el varón...*respondió* y dijo: Yo llegué a 559
20.18 Jehová *respondió*: Judá será el primero 559
20.23 Jehová...*respondió*: Subid contra ellos 559
Rt 1.11 Noemí *respondió*: Volveos, hijas mías 559
1.16 *respondió* Rut: No me ruegues que te deje 559
1.20 ella les *respondía*: No me llaméis Noemí 559
2.2 me dejes ir...le *respondió*: Vé, hija mía 559
2.4 y ellos *respondieron*: Jehová te bendiga 559
2.6 el criado...*respondió* y dijo: Es la joven 559
2.11 y *respondiendo* Booz, le dijo: He sabido 559
2.22 Noemí *respondió*...Mejor es, hija mía, que 559
3.5 *respondió*: Haré todo lo que tú me mandes 559
3.9 él dijo: ¿Quién eres? Y ella *respondió* 559
4.4 no hay otro...Y él *respondió*: Yo redimiré 559
4.6 *respondió* el pariente: No puedo redimir 559
1 S 1.15 Ana le *respondió* diciendo: No señor 559
1.17 Elí *respondió*...Vé en paz, y el Dios de 559
1.23 Elcana...le *respondió*...Haz lo que bien te 559
2.16 y si el hombre le *respondía*: Quemen la 559
2.16 él *respondía*: No, sino dámela ahora; de 559
3.4 Jehová llamó a Samuel; y él *respondió* 559
3.16 llamando...Elí...él *respondió*: Heme aquí 559
4.17 y el mensajero *respondió*...Israel huyó 559
4.20 no *respondió*, ni se dio por entendida 1696
5.8 *respondieron*: Pásese el arca del Dios de 559
6.4 ellos *respondieron*: Conforme al número de 559
8.18 mas Jehová no os *responderá* en aquel día 6030
9.6 le *respondió*: He aquí ahora hay en esta 559
9.7 *respondió* Saúl a su criado: Vamos ahora 559
9.8 volvió el criado a *responder* a Saúl...He 559
9.12 *respondiéndoles*, dijeron: Sí; helo allí 559
9.19 Samuel *respondió* a Saúl, diciendo: Yo soy 559
9.21 *respondió*...¿No soy yo hijo de Benjamín 559
10.12 alguno de allí *respondió*...¿Y quién es el 559
10.14 *respondió*: A buscar las asnas; y como 559
10.16 y Saúl *respondió* a su tío: Nos declaró 559
10.22 *respondió* Jehová: He aquí que él está 559
11.2 Nabas...les *respondió*: Con esta condición 559
11.9 *respondieron* a los mensajeros...diréis a 559
12.5 no habéis hallado...*respondieron*: Así es 559
12.20 Samuel *respondió* al pueblo: No temáis 559
13.11 Saúl *respondió*: Porque vi que el pueblo 559
14.7 su paje...le *respondió*: Haz todo lo que 559
14.12 los hombres...*respondieron* a Jonatán y 559
14.29 *respondió* Jonatán: Mi padre ha turbado 559

14.39 no hubo en todo...quien le *respondiese* 6030
14.40 el pueblo *respondió*...Haz lo que bien te 559
14.44 Saúl *respondió*: Así me haga Dios y aun 559
15.15 Saúl *respondió*: De Amalec...han traído 559
15.16 déjame declararte...él le *respondió*: Di 559
15.20 y Saúl *respondió* a Samuel: Antes bien 559
15.26 Samuel *respondió*...No volveré contigo 559
16.2 Jehová *respondió*: Toma...una becerra de 559
16.5 él *respondió*: Sí...a ofrecer sacrificio 559
16.7 Jehová *respondió* a Samuel: No mires a su 559
16.11 él *respondió*: Queda aún el menor, que 559
16.17 Saúl *respondió*...Buscadme, pues, ahora 559
16.18 uno de...*respondió* diciendo: He aquí yo 559
17.27 el pueblo le *respondió* las...palabras 559
17.29 David *respondió*: ¿Qué he hecho...ahora? 559
17.34 David *respondió* a Saúl: Tu siervo era 559
17.55 ¿de quién es hijo...Y Abner *respondió* 559
17.58 David *respondió*: Yo soy hijo de...Isaí 559
18.18 David *respondió*...¿Quién soy yo, o qué 559
19.14 Saúl envió...ella *respondió*...Está enfermo 559
19.17 y Mical *respondió* a Saúl: Porque él me 559
19.22 uno *respondió*: He aquí están en Naiot 559
20.5 *respondió*, que mañana será nueva luna 559
20.10 si tu padre te *respondiere* ásperamente? 6030
20.28 y Jonatán *respondió* a...David me pidió 6030
20.32 Jonatán *respondió* a su padre Saúl y le 559
21.2 *respondió* David al sacerdote...El rey me 559
21.4 sacerdote *respondió*...No tengo pan común 559
21.5 David *respondió* al sacerdote, y le dijo 559
21.9 y el sacerdote *respondió*: La espada de 559
22.9 Doeg...*respondió*...Yo vi al hijo de Isaí 559
22.14 entonces Ahimelec *respondió* al rey, y 559
23.2 y Jehová *respondió* a David: Vé, ataca a 559
23.4 Jehová le *respondió* y dijo: Levántate 559
23.12 ¿me...Y Jehová *respondió*: Os entregarán 559
25.10 Nabal *respondió* a los...¿Quién es David 559
26.9 David *respondió* a Abisai: No le mates 559
26.14 ¿no *respondes*, Abner? Entonces Abner 6030
26.14 Abner *respondió* y dijo: ¿Quién eres tú 559
26.17 David *respondió*: Mi voz es, rey señor 559
26.22 David *respondió*...He aquí la lanza del 559
28.2 David *respondió* a...Muy bien, tú sabrás 559
28.6 Jehová no le *respondió* ni por sueños, ni 559
28.7 criados le *respondieron*...hay una mujer 559
28.11 y él *respondió*...Hazme venir a Samuel 559
28.13 la mujer *respondió*...He visto dioses que 559
28.14 ella *respondió*: Un hombre anciano viene 559
28.15 y Saúl *respondió*: Estoy muy angustiado 559
28.15 Dios se ha apartado...y no me *responde* 6030
29.3 Aquis *respondió*...¿No es éste David, el 559
29.8 David *respondió* a Aquis: ¿Qué he hecho? 559
29.9 Aquis *respondió* a David...sé que tú eres 559
30.13 *respondió* el joven...Yo soy siervo de un 559
30.22 todos los malos...*respondieron* y dijeron 559
2 S 1.3 *respondió*: Me he escapado...de Israel 559
1.4 *respondió*: El pueblo huyó de la batalla 559
1.6 el joven...*respondió*: Casualmente vine al 559
1.8 ¿quién eres tú?...*respondí*...Soy amalecita 559
1.13 *respondió*: Yo soy hijo de un extranjero 559
2.1 ¿subiré a...Y Jehová le *respondió*: Sube 559
2.14 dijo Abner...Joab *respondió*: Levántense 559
2.20 ¿no eres tú Asael? Y él *respondió*: Sí 559
2.27 y Joab *respondió*: Vive Dios, que si no 559
3.11 y él no pudo *responder* palabra a Abner 7725
4.9 David *respondió* a Recab y a...Vive Jehová 559
5.19 ¿iré contra...Jehová *respondió* a David: Vé 559
5.23 le *respondió*: No subas, sino rodéalos 559
6.21 David *respondió* a Mical: Fue delante de 559
9.2 ¿eres tú Siba? Y él *respondió*: Tu siervo 559
9.3 y Siba *respondió* al rey: Aún ha quedado 559
9.4 Siba *respondió* al rey: He aquí, está en 559
9.6 Mefi-boset...*respondió*: He aquí tu, siervo 559
9.11 *respondió* Siba al rey: Conforme a todo 559
11.11 y Urías *respondió*...El arca e Israel y 559
12.19 niño? Y ellos *respondieron*: Ha muerto 559
12.22 él *respondió*: Viviendo aún el niño, yo 559
13.4 y Amnón le *respondió*: Yo amo a Tamar la 559
13.12 ella...*respondió*: No, hermano mío, no me 559
13.16 ella le *respondió*: No hay razón; mayor 559
13.25 *respondió* el rey a Absalón: No, hijo mío 559
13.26 el rey le *respondió*: ¿Para qué ha de ir 559
14.5 ella *respondió*: Yo a la verdad soy...viuda 559
14.11 *respondió*: Vive Jehová, que no caerá ni 559
14.18 David *respondió*...no me encubras nada 559
14.19 la mujer *respondió*...Vive tu alma, rey 559
14.32 Absalón *respondió*, yo he enviado por ti 559
15.2 él *respondía*: Tu siervo es de una de las 559
15.21 *respondió* Itai al rey, diciendo: Vive 559
16.2 Siba *respondió*: Los asnos son para que 559
16.3 Siba *respondió* al rey...él se ha quedado 559
16.4 *respondió* Siba inclinándose: Rey señor 559
16.10 y el rey *respondió*: ¿Qué tengo yo con 559
16.18 y Husai *respondió* a Absalón: No, sino que 559
17.20 la mujer les *respondió*: Ya han pasado 559
18.11 Joab *respondió* al hombre...Y viéndolo tú 559
18.14 *respondió* Joab: No malgastaré mi tiempo 559
18.20 *respondió* Joab...no llevarás las nuevas 559
18.23 *respondió*: Sea como fuere, yo correré
18.27 y *respondió* el rey...es hombre de bien 559
18.29 Ahimaas *respondió*: Vi yo un...alboroto 559
18.32 el etíope *respondió*: Como aquel joven 559
19.21 *respondió* Abisai...¿No ha de morir por 559
19.26 él *respondió*: Rey señor mío, mi siervo 559
19.42 Judá *respondieron* a todos los de Israel 6030
19.43 *respondieron* los...de Israel, y dijeron 6030
20.17 ¿eres tú Joab? Y él *respondió*: Yo soy 559
20.17 ella le dijo: Oye...él *respondió*: oigo 559
20.20 Joab *respondió*...Nunca tal, nunca tal 559

21.4 gabaonitas le *respondieron*: No tenemos 559
21.5 *respondieron* al rey: De aquel hombre que 559
24.3 Joab *respondió* al rey: Añada Jehová tu 559
24.13 qué *responderé* al que me ha enviado 1697
24.21 David *respondió*...Para comprar...la era 559
1 R 1.17 le *respondió*: Señor mío, tú juraste 559
1.28 rey David *respondió*...Llamadme a Betsabé 559
1.36 Benaía...*respondió* al rey y dijo: Amén 559
1.43 Jonatán *respondió*...David ha hecho rey a 559
2.13 venida de paz? El *respondió*: Sí, de paz 559
2.22 el rey Salomón *respondió*...¿Por qué pides 559
2.30 al rey...Así dijo Joab, y así me *respondió* 559
3.27 el rey *respondió*...Dad a aquélla el hijo 559
11.22 Faraón le *respondió*: ¿Por qué? ¿Qué te 559
11.22 él *respondió*. Nada; con todo, te ruego 559
12.6 ¿cómo aconsejáis...que *responda* a este 1697
12.7 y *respondiéndoles* buenas palabras les 6030
12.9 que *respondamos* a este pueblo, que me 1697
12.10 los jóvenes...le *respondieron* diciendo 559
12.13 y el rey *respondió* al pueblo duramente 559
12.16 le *respondió* estas palabras, diciendo 559
13.6 *respondiendo* el rey, dijo al varón de 559
13.16 él *respondió*: No podré volver contigo 559
14.5 y así le *responderás*, pues cuando ella 559
17.12 y ella *respondió*: Vive Jehová tu Dios 559
18.8 *respondió*...Yo soy; vé, di a tu amo: Aquí 559
18.10 han *respondido*: No está aquí; y a reinos 559
18.18 él *respondió*: Yo no he turbado a Israel 559
18.21 Baal...Y el pueblo no *respondió* palabra 6030
18.24 el Dios que *respondiere* por...fuego, ése 6030
18.24 y todo el pueblo *respondió*...Bien dicho 6030
18.26 diciendo: ¡Baal, *respóndenos*! Pero no 6030
18.26 pero no había voz, ni quien *respondiese* 6030
18.29 hubo ninguna voz, ni quién *respondiese* 6030
18.37 *respóndeme*, Jehová, *r*, para que conozca 6030
19.10,14 *respondió*: He sentido un vivo celo 6030
20.4 rey de Israel *respondió* y dijo: Como tú 6030
20.8 pueblo le *respondieron*: No le obedezcas 6030
20.9 él *respondió* a los embajadores...Decid al 6030
20.11 rey...*respondió* y dijo: Decidle que no 6030
20.14 y *respondió* Acab: ¿Por mano de quién? 6030
20.14 ¿quién comenzará la...Y él *respondió*: Tú 6030
20.32 *respondió*: Si él vive aún, mi hermano 6030
21.3 y Nabot *respondió*...Guárdeme Jehová de 6030
21.4 palabra que Nabot...le había *respondido* 6030
21.6 él *respondió*: Porque hablé con Nabot de 6030
21.6 y él *respondió*: Yo no te daré mi viña 559
21.20 *respondió*: Te he encontrado, porque te 559
22.4 Josafat *respondió* al rey...Yo soy como 559
22.8 rey de Israel *respondió* a Josafat: Aún 559
22.14 Micaías *respondió*: Vive Jehová, que lo 559
22.15 le *respondió*: Sube, y serás prosperado 559
22.25 Micaías *respondió*...tú lo verás en aquel 559
2 R 1.6 *respondieron*: Encontramos a un varón 559
1.8 *respondieron*: Un varón que tenía vestido 559
1.10,12 *respondió*...si yo soy varón de Dios 6030
2.5 ¿sabes...*respondió*: Sí, yo lo sé; callad 559
3.7 *respondió*: Iré, porque yo soy como tú; mi 559
3.8 él *respondió*: Por el camino del desierto 559
3.11 y uno de los siervos...*respondió* y dijo 559
3.13 rey de Israel le *respondió*: No; porque 559
4.13 ella *respondió*: Yo habito en medio de mi 559
4.14 Giezi *respondió*...que ella no tiene hijo 559
4.23 ¿para qué vas a...Y ella *respondió*: Paz 559
4.29 si alguno te saludare, no le *respondas* 6030
4.43 y *respondió* su sirviente: ¿Cómo pondré 559
6.3 que vengas con...Y él *respondió*: Yo iré 559
6.22 él le *respondió*: No los mates...¿Matarías 559
6.28 ella *respondió*: Esta mujer me dijo: Da 559
7.2 un príncipe...*respondió* al varón de Dios 559
7.13 entonces *respondió* uno de sus siervos y 559
7.19 había *respondido* al...Si Jehová hiciese 559
8.12 *respondió*: Porque sé el mal que harás a 559
8.13 *respondió* Eliseo: Jehová me ha mostrado 559
8.14 y él *respondió*: Me dijo que...sanarás 559
9.19 y Jebú *respondió*: Qué tienes tú que ver 559
9.22 él *respondió*: ¿Qué paz, con...de Jezabel 559
18.36 pero el pueblo...no le *respondió* palabra 6030
18.36 del rey...había dicho: No le *respondáis* 6030
19.6 Isaías...*respondió*: Así diréis a vuestro 559
20.9 *respondió* Isaías: Esta señal tendrás de 559
20.10 Ezequías *respondió*: Fácil cosa es que 559
20.14 Ezequías le *respondió*: De...Babilonia 559
20.15 Ezequías *respondió*: Vieron todo lo que 559
23.17 *respondieron*: Este es el sepulcro del 559
1 Cr 21.12 qué *responderé* al que me ha enviado 1697
21.23 Ornán *respondió* a David: Tómala para ti 559
21.26 quien le *respondió* por fuego desde los 6030
2 Cr 2.11 Hiram...de Tiro *respondió* por escrito 559
7.22 *responderá*: Por cuanto dejaron a Jehová 559
9.2 pero Salomón le *respondió*, sus preguntas 5046
10.6 dijo: ¿Cómo aconsejáis...que *responda* a 1697
10.9 qué aconsejáis vosotros que *respondamos* 1697
10.13 el rey les *respondió* ásperamente; pues 6030
10.16 *respondió* el pueblo al rey, diciendo 7725
18.3 *respondió*: Yo soy como tú, y mi pueblo 559
18.7 el rey...*respondió* a Josafat: Aún hay aquí 559
18.7 *respondió* Josafat: No hable así el rey 559
18.14 *respondió*: Subid, y seréis prosperados 559
18.24 Micaías *respondió*...tú lo verás aquel día 559
25.9 el varón...*respondió*: Jehová puede darte 559
25.16 él le *respondió*: ¿Te han puesto a ti por 559
29.31 *respondiendo* Ezequías, dijo: Vosotros 6030
32.24 oró a Jehová, quien le *respondió*, y le 559
34.23 ella *respondió*: Jehová Dios de Israel 559
Esd 5.5 entonces *respondieron* por carta sobre 8421
5.11 *respondieron*...Nosotros somos siervos del 6600
10.2 *respondió* Secanías hijo...y dijo a Esdras 6030

R

10.12 y *respondió* toda la asamblea, y dijeron 6030
Neh 5.8 callaron...no tuvieron qué *responder* 1696
5.13 *respondió* toda la congregación: ¡Amén......... 559
6.4 enviaron...les *respondí* de la misma manera ... 7725
8.6 todo el pueblo *respondió*: ¡Amén! ¡Amén! 6030
Est 4.13 Mardoqueo que *respondiesen* a Ester 7725
4.15 Ester dijo que *respondiesen* a Mardoqueo
5.5 *respondió* el rey: Daos prisa, llamad a 559
5.7 *respondió* Ester y dijo: Mi petición y mi 6039
6.3 *respondieron* los servidores del rey, sus.......... 559
6.5 y los servidores del rey le *respondieron*.......... 559
6.7 *respondió* Amán al rey: Para el varón cuya 559
7.3 Ester *respondió* y...Oh rey, si he hallado 6030
7.5 *respondió* el rey...¿Quién es, y dónde está....... 559
8.7 *respondió* el rey Asuero...he dado a Ester 559
9.13 y *respondió* Ester: Si place al rey 559
Job 1.7 *respondiendo* Satanás...dijo: De rodear 6030
1.9 *respondiendo* Satanás...dijo: ¿Acaso teme...... 6030
2.2 *respondió* Satanás...De rodear la tierra, y 6030
2.4 *respondiendo* Satanás, dijo...Piel por piel 6030
4.1; 15.1; 22.1 *respondió* Elifaz temanita, y 6030
5.1 pues, da voces; ¿habrá quién te *responda*?...... 6030
6.1; 12.1 *respondió* entonces Job, y dijo 6030
8.1; 18.1; 25.1 *respondió* Bildad suhita, y 6030
9.1; 16.1; 19.1; 21.1; 23.1; 26.1; 42.1 *respondió* Job, y dijo 6030
9.3 no le podrá *responder* a una cosa entre......... 6030
9.14 ¿cuánto menos le *responderé*...y hablare...... 6030
9.15 aunque fuese yo justo, no *respondería* 6030
9.16 si yo le invocara, y él me *respondiese* 6030
9.32 no es hombre...para que yo le *responda* 6030
11.1; 20.1 *respondió* Zofar naamatita, y dijo 6030
12.4 uno...que invoca a Dios, y él le *responde* 6030
13.22 llama luego, y yo *responderé*; o yo 6030
13.22 llama...o yo hablaré, y *respóndeme* tú......... 7725
14.15 entonces llamarás, y yo te *responderé* 6030
16.3 palabras...¿O qué te anima a *responder*? 6030
17.3 porque ¿quién querría *responder* por mi
19.16 llamé a mi siervo, y no *respondió*; de 6030
20.1 *Respondió* Zofar naamatita, y dijo............. 6030
20.2 mis pensamientos me hacen *responder*, y...... 6030
20.3 hace *responder* el...de mi inteligencia......... 6030
23.5 yo sabría lo que él me *respondiese*, y 6030
31.14 él preguntara, ¿qué le *respondería* yo 6030
32.1 cesaron estos tres...de *responder* a Job 6030
32.3 en ira...porque no hallaban qué *responder*.... 6030
32.6 *respondió* Eliú hijo...dijo: Yo soy joven 6030
32.12 redarguya a...y *responda* a sus razones 6030
32.14 ni yo...*responderé* con vuestras razones 7725
32.15 se espantaron, no *respondieron* más; se 6030
32.16 más bien callaron y no *respondieron* 6030
32.17 por eso yo también *responderé* mi parte...... 6030
32.20 pues...abriré mis labios, y *responderé*........ 6030
33.5 *respóndeme* si puedes; ordena...palabras 7725
33.12 te *responderé* que mayor es Dios que el....... 6030
33.32 si tienes razones, *respóndeme*; habla 7725
35.4 yo te *responderé* razones, y a...contigo 4405
38.1; 40.1 *respondió* Jehová a Job...y dijo.......... 6030
40.2 el que disputa con Dios, *responda* a esto....... 6030
40.3; 42.1 *respondió* Job a Jehová, y dijo 6030
40.4 aquí que yo soy vil; ¿qué te *responderé*? 7725
40.5 una vez hablé, mas no *responderé*; aun dos 6030
40.6 *respondió* Jehová a Job desde el...y dijo....... 6030
40.7 yo te preguntaré, y tú me *responderás*......... 3045
Sal 3.4 él me *respondió* desde su monte santo 6030
4.1 *respóndeme* cuando clamo, oh Dios de mi 6030
13.3 *respóndeme*, oh Jehová Dios mío; alumbra 6030
22.2 Dios mío, clamo de día, y no *respondes* 6030
27.7 oye...ten misericordia de mí, y *respóndeme* ... 6030
38.15 porque..tú *responderás*, Jehová Dios mío 6030
55.2 está atento, y *respóndeme*; clamo en mi........ 6030
65.5 *responderás* tú en justicia, oh Dios de.......... 6030
69.16 *respóndeme*, Jehová, porque benigna es...... 6030
81.7 te *respondí* en lo secreto del trueno 6030
86.7 en...te llamaré, porque tú me *respondes*....... 6030
91.15 me invocará, y yo le *responderé*; con él 6030
99.6 invocaban a Jehová, y él les *respondía* 6030
99.8 Jehová Dios nuestro, tú les *respondías*......... 6030
102.2 apresúrate a *responderme* el día que te 6030
108.6 para...salva con tu diestra y *respóndeme* 6030
118.5 angustia invoqué a JAH, y me *respondió* 6030
119.26 te he manifestado...y me has *respondido* ... 6030
119.145 clamé con todo mi corazón; *respóndeme* ... 6030
120.1 estando en angustia, y él me *respondió*....... 6030
138.3 el día que clamé, me *respondiste*; me 6030
143.1 mis ruegos; *respóndeme* por tu verdad 6030
143.7 *respóndeme* pronto, oh Jehová, porque....... 6030
Pr 1.28 entonces me llamarán, y no *responderé*........ 6030
15.28 el corazón del...piensa para *responder* 6030
18.13 al que *responde* palabra antes de oír, le 7725
18.23 con ruegos, mas el rico *responde* durezas 6030
24.26 labios del que *responde* palabras rectas...... 1697
26.4 nunca *respondas* al necio de acuerdo con 6030
26.5 *responde* al necio como merece su necedad ... 6030
27.11 tendré que *responder* al que me agravie...... 1697
Cnt 5.6 lo busqué...lo llamé, y no me *respondió* 6030
Is 6.8 *respondí* yo: Heme aquí, envíame a mí............ 559
6.11 y *respondió* él: Hasta que las ciudades.......... 559
7.12 *respondió* Acaz: No pediré, y no tentaré 559
8.19 *responded*: ¿No consultará el pueblo a 1897
14.32 y qué se *responderá* a los mensajeros de 6030
21.12 el guarda *respondió*: La mañana viene, y...... 559
30.19 oír la voz de tu clamor te *responderá*......... 6030
36.21 y no le respondieron...No le *respondáis*...... 6030
39.3 y Ezequías *respondió*: De...de Babilonia........ 559
40.6 *respondí*: ¿Qué tengo que decir a voces?........ 559
41.28 les pregunté, y no *respondieron* palabra 7725
46.7 le gritan, y tampoco *responde*, ni libra......... 6030
50.2 nadie, y cuando llamé, nadie *respondió*?....... 6030
65.12 por cuanto llamé, y no *respondisteis*.......... 6030
65.24 antes que clamen, *responderé* yo...oído 6030
66.4 porque llamé, y nadie *respondió*; hablé........ 6030
Jer 7.13 sin cesar...llamé, y no *respondisteis* 6030
7.27 dirás...los llamarás y no te *responderán* 6030
11.5 y *respondí* y dije: Amén, oh Jehová 6030
22.9 y se les *responderá*: Porque dejaron el.......... 559
23.35 así diréis...¿Qué ha *respondido* Jehová 6030
23.37 ¿qué te *respondió* Jehová, y qué habló........ 6030
28.5 entonces *respondió* el profeta Jeremías 559
33.3 clama a mí, y yo te *responderé*...enseñaré..... 6030
35.17 hablé...los llamé, y no han *respondido* 6030
38.27 les *respondió* conforme a...lo que el rey...... 5046
42.4 todo lo que Jehová os *respondiere*, os lo 6030
44.15 las mujeres que...*respondieron* a Jeremías... 6030
44.20 el pueblo que le había *respondido* esto 6030
Ez 4.15 *respondió*...te permito usar estiércol........... 559
9.11 varón...*respondió* una palabra, diciendo...... 7725
14.4 *responderé* al que viniere conforme a la....... 6030
14.7 yo Jehová le *responderé* por mí mismo 6030
20.3 vivo yo, que yo no os *responderé*, dice 5002
20.31 he de *responderos* yo...no os responderé
Dn 2.5 *respondió* el rey y dijo a los caldeos 6032
2.7 *respondieron* por segunda vez...diga el rey 6032
2.8 rey *respondió*...ponéis dilaciones, porque 6032
2.10 caldeos *respondieron* delante del rey, y........ 6032
2.26 *respondió* el rey y dijo a Daniel, al cual........ 6032
2.27 Daniel *respondió*...El misterio que el rey 6032
3.16 Mesae y Abed-nego *respondieron* al rey 6032
3.16 no es necesario...*respondamos* sobre este..... 6032
3.24 *respondieron* al rey: Es verdad, oh rey......... 6032
4.19 Beltsasar *respondió* y dijo: Señor mío, el....... 6032
5.17 Daniel *respondió* y dijo...Tus dones sean 6032
6.12 *respondió* el rey...Verdad es, conforme a 6032
6.13 *respondieron*...Daniel...de los hijos de los..... 6032
6.21 entonces Daniel *respondió* al rey: Oh rey...... 4449
12.9 él *respondió*: Anda, Daniel, pues estas 559
Os 2.21 aquel tiempo *responderé*, dice Jehová 6030
2.21 yo responderé a los...ellos *responderán* 6030
2.22 la tierra *responderá* al trigo, al vino 6030
2.22 al aceite, y ellos *responderán* a Jezreel 6030
4.12 madera pregunta, y el leño le *responde*........ 5046
Jl 2.19 *responderá*...He aquí yo os envío pan.......... 6030
Am 7.14 *respondió* Amos...No soy profeta, ni soy 6030
8.2 ¿qué ves, Amos? Y *respondí*: Un canastillo 552
Jon 1.9 él les *respondió*: Soy hebreo, y temo 559
1.12 él les *respondió*: Tomadme y echadme al 559
4.9 y él *respondió*: Mucho me enojo, hasta la 559
Mi 3.4 clamaréis a Jehová, y no os *responderá* 6030
6.3 qué te he molestado? *Responde* contra mí 6030
6.5 y qué le *respondió* Bataam hijo de Beor......... 6030
Hab 2.1 qué he de *responder* tocante a mi queja....... 7725
2.2 Jehová me *respondió*...Escribe la visión........ 6030
2.11 la tabla del enmaderado le *responderá* 6030
Hag 2.12 *respondieron*...sacerdotes y dijeron 6030
2.13 y *respondieron* los sacerdotes...Inmunda 6030
2.14 *respondió* Hageo...Así es este pueblo y........ 6030
Zac 1.10 aquel varón...*respondió*...Estos son los...... 6030
1.12 *respondió* el ángel de Jehová y dijo: Oh........ 6030
1.13 Jehová *respondió* buenas palabras...ángel.... 6030
1.19 me *respondió*: Estos son los cuernos que........ 559
1.21 me *respondió*, diciendo: Aquéllos son los........ 559
2.2 me *respondió*: A medir a Jerusalén, para 559
4.2 *respondí*: He mirado...aquí un candelabro 559
4.5 ángel...*respondió*..¿No sabes qué es esto? 6030
4.6 *respondió*...Esta es palabra de Jehová a 6030
4.13 y me *respondió*...¿No sabes qué es esto? 559
5.2 ves? Y *respondí*. Veo un rollo que vuela.......... 559
5.11 me *respondió*: Para que le sea edificada........ 559
6.4 *respondí*...dije...Señor mío, ¿qué es esto 6030
6.5 y el ángel me *respondió*...Estos son los 6030
13.6 él *responderá*: Con ellas fui herido en........... 559
Mal 2.12 al que vela y al que *responde*, y al que........ 6030
Mt 3.15 **le *respondió*: Deja ahora, porque así** *611*
4.4 ***respondió*...Escrito está: No sólo de pan**......... *611*
8.8 *respondió* el centurión y dijo: Señor, no *611*
11.4 ***respondiendo*...dijo: Id, y haced saber a**........ *611*
11.25 ***respondiendo* Jesús...Te alabo, Padre**......... *611*
12.38 *respondieron* algunos de los escribas y *611*
12.39 **él *respondió* y les dijo: La generación** *611*
12.48 ***respondiendo*...dijo: ¿Quién es mi madre** *611*
13.11 *respondiendo*...dijo: Porque a vosotros *611*
13.37 ***respondiendo*...dijo: El que siembra la**......... *611*
13.51 **¿habéis...Ellos *respondieron*: Sí, Señor** *3004*
14.28 le *respondió* Pedro...Señor, si eres tú *611*
15.3 ***respondiendo* él...dijo: ¿Por qué también** *611*
15.13 ***respondiendo* él, dijo: Toda planta que** *611*
15.15 *respondiendo* Pedro...dijo: Explícanos......... *611*
15.23 Jesús no le *respondió* palabra...Entonces *611*
15.24 **él *respondiendo*, dijo: No soy enviado** *611*
15.26 ***respondiendo* él...No está bien tomar el**....... *611*
15.28 ***respondiendo*...dijo: Oh mujer, grande es**..... *611*
16.2 ***respondiendo*, les dijo: Cuando anochece**....... *611*
16.16 *respondiendo*...Pedro, dijo: Tú eres el *611*
16.17 ***respondió* Jesús: Bienaventurado eres**......... *611*
17.11 ***respondiendo* Jesús...dijo: A la verdad**........ *611*
17.17 ***respondiendo*...¡Oh generación incrédula** *611*
17.26 Pedro le *respondió*: De los extraños *3004*
19.4 **él, *respondiendo*, les dijo: ¿No habéis**........... *611*
19.27 *respondiendo* Pedro...hemos dejado todo *611*
20.13 ***respondiendo*, dijo...Amigo, no te hago** *611*
20.22 **Jesús *respondiendo*, dijo: No sabéis lo**......... *611*
21.21 ***respondiendo*...dijo...que si tuviereis fe** *611*
21.24 ***respondiendo* Jesús...haré una pregunta** *611*
21.27 y *respondiendo* a...dijeron: No sabemos....... *611*
21.29 ***respondiendo* él, dijo: No quiero; pero**......... *611*
21.30 ***respondiendo* él, dijo: Sí, señor, voy** *611*
22.1 *respondiendo* Jesús, les volvió a hablar *611*
22.29 ***respondiendo* Jesús, les dijo: Erráis** *611*
22.46 y nadie le podía *responder* palabra; ni......... *611*
24.2 ***respondiendo* él, les dijo: ¿Veis todo** *2036*
24.4 ***respondiendo* Jesús, les dijo: Mirad que** *611*
25.9 **las prudentes *respondieron*...Para que no** *611*
25.12 ***respondiendo*, dijo...que no os conozco** *611*
25.26 ***respondiendo* su señor, le dijo: Siervo** *611*
25.37 **justos le *responderán* diciendo: Señor** *611*
25.40 ***respondiendo* el Rey...dirá: De cierto os** *611*
25.44 ***responderán*, diciendo: Señor, ¿cuándo**........ *611*
25.45 **les *responderá*...De cierto os digo que** *611*
26.23 **él *respondiendo*, dijo: El que mete la**........... *611*
26.25 *respondiendo* Judas, el...dijo: ¿Soy yo *611*
26.33 *respondiendo* Pedro, le dijo...yo nunca *611*
26.62 dijo: ¿No *respondes* nada? ¿Qué testifican *611*
26.66 *respondiendo* ellos, dijeron: ¡Es reo de *611*
27.12 siendo acusado por los...nada *respondió*...... *611*
27.14 Jesús no le *respondió* ni una palabra *611*
27.21 y *respondiendo* el gobernador, les dijo......... *611*
27.25 *respondiendo* todo el pueblo, dijo: Su *611*
28.5 el ángel, *respondiendo*, dijo...No temáis *611*
Mr 3.33 **él les *respondió*...¿Quién es mi madre**......... *611*
5.9 y *respondió* diciendo: Legión me llamo........... *611*
6.37 ***respondiendo*...dijo: Dadles vosotros de**........ *611*
7.6 ***respondiendo* él, les dijo: Hipócritas** *611*
7.28 *respondió* ella y le dijo: Sí, Señor; pero........... *611*
8.4 le *respondieron*: ¿De dónde podrá alguien *611*
8.28 *respondieron*: Unos, Juan el Bautista *611*
8.29 *respondiendo* Pedro, le dijo: Tú eres el........... *611*
9.12 ***respondiendo* él, les dijo: Elías a la** *611*
9.17 *respondiendo* uno...dijo: Maestro, traje a....... *611*
9.19 ***respondiendo* él...dijo: ¡Oh generación**......... *611*
9.38 *respondió* diciendo: Maestro, hemos visto....... *611*
10.3 ***respondiendo*, les dijo: ¿Qué os mandó** *611*
10.5 ***respondiendo* Jesús...dijo: Por la dureza**....... *611*
10.20 *respondiendo*...dijo: Maestro, todo esto......... *611*
10.24 ***respondiendo*, volvió a decirles: Hijos** *611*
10.29 ***respondió* Jesús y dijo: De cierto os**........... *611*
10.51 ***respondiendo*...le dijo: ¿Qué quieres que**...... *611*
11.22 ***respondiendo* Jesús, les dijo: Tened fe** *611*
11.29 **Jesús *respondiendo*, les dijo: Os haré**.......... *611*
11.29 **una pregunta; *respondedme*, y os diré**........ *611*
11.30 **¿era del cielo, o de los...*Respondedme*** *611*
11.33 que, *respondiendo*, dijeron...No sabemos...... *611*
11.33 ***respondiendo* Jesús, les dijo: Tampoco** *611*
12.17 ***respondiendo* Jesús...dijo: Dad a César**....... *611*
12.24 ***respondiendo*...les dijo: ¿No erráis por** *611*
12.28 sabía que les había *respondido* bien, le *611*
12.29 **le *respondió*: El primer mandamiento de** *611*
12.34 viendo que había *respondido* sabiamente...... *611*
13.2 **Jesús, *respondiendo*, le dijo: ¿Ves estos**......... *611*
13.5 **Jesús, *respondiéndoles*, comenzó a decir**........ *611*
14.20 ***respondiendo*, les dijo: Es uno de los**.......... *611*
14.40 durmiendo...y no sabían qué *responderle* *611*
14.48 **y *respondiendo* Jesús, les dijo: ¿Como** *611*
14.60 ¿no *respondes* nada? ¿Qué testifican *611*
14.61 él callaba, y nada *respondía*...El sumo *611*
15.2 ***respondiendo* él, le dijo: Tú lo dices**............. *611*
15.4 ¿nada *respondes*? Mira de cuántas cosas *611*
15.5 Jesús ni aun con eso *respondió*: de modo *611*
15.9 Pilato les *respondió*...¿Queréis que os........... *611*
15.12 *respondiendo* Pilato, les dijo otra vez *611*
Lc 1.19 *respondiendo* el ángel, le dijo: Yo soy *611*
1.35 *respondiendo*...dijo: El Espíritu Santo *611*
1.60 pero *respondiendo* su madre, dijo: No; se *611*
3.11 *respondiendo*, les dijo: El que tiene dos.......... *611*
3.16 *respondió* Juan...a todos: Yo a la verdad *611*
4.4 **Jesús, *respondiéndole*, dijo: Escrito está** *611*
4.8 ***respondiendo* Jesús, le dijo: Vete de mí** *611*
4.12 ***respondiendo* Jesús, le dijo: Dicho está** *611*
5.5 *respondiendo* Simón...y nada hemos pescado ... *611*
5.22 ***respondiendo* les dijo: ¿Qué caviláis en**.......... *611*
5.31 ***respondiendo* Jesús, les dijo: Los que** *611*
6.3 ***respondiendo*...dijo: ¿Ni aun esto habéis**......... *611*
7.22 ***respondiendo*...Id, haced saber a Juan lo** *611*
7.40 ***respondiendo*...le dijo: Simón, una cosa**......... *611*
7.43 *respondiendo* Simón, dijo: Pienso que............ *611*
8.21 ***respondiendo*, les dijo: Mi madre y mis** *611*
8.50 **le *respondió*: No temas; cree solamente**.......... *611*
9.19 *respondieron*: Unos, Juan el Bautista *611*
9.20 *respondiendo* Pedro, dijo: El Cristo de *611*
9.41 ***respondiendo* Jesús...¿Hasta cuándo he de** *611*
9.49 *respondiendo* Juan, dijo: Maestro, hemos *611*
10.27 *respondiendo*, dijo: Amarás al Señor tu......... *611*
10.28 **le dijo: Bien has *respondido*; haz esto**.......... *611*
10.30 ***respondiendo*...dijo...hombre descendía**...... *611*
10.41 ***respondiendo* Jesús...dijo: Marta, Marta**...... *611*
11.7 **y aquél, *respondiendo* desde adentro, le** *611*
11.45 *respondiendo* uno de los intérpretes de........ *611*
12.11 **cómo o qué habréis de *responder*, o que** *611*
13.2 ***respondiendo* Jesús...dijo: ¿Pensáis que** *611*
13.8 **él...*respondiendo*, le dijo: Señor, déjala**........ *611*
13.15 **el Señor le *respondió*...Hipócrita, cada** *611*
13.25 **él *respondiendo* os dirá: No sé de dónde**........ *611*
15.29 **él, *respondiendo*, dijo al padre: He aquí** *611*
17.17 ***respondiendo* Jesús, dijo: ¿No son diez** *611*
17.20 ***respondió*...El reino de Dios no vendrá** *611*
17.37 *respondiendo*, le dijeron: ¿Dónde, Señor?...... *611*
18.7 **día y noche? ¿Se tardará en *responderles*?** *3114*
19.31 ***responderéis* así...el Señor lo necesita** *2046*
19.40 ***respondiendo*, les dijo: Os digo que si**.......... *611*
20.3 ***respondiendo* Jesús, les dijo: Os haré yo**........ *611*
20.3 **os haré yo...una pregunta; *respondedme*** *2036*
20.7 y *respondieron* que no sabían de dónde......... *611*
20.24 **quién...Y *respondiendo* dijeron: De César** *611*
20.34 ***respondiendo*...les dijo: Los hijos de** *611*
20.39 *respondiéndole* algunos de los escribas........ *611*

21.14 **habéis de *responder* en vuestra defensa** *626*
22.51 **_respondiendo_ Jesús, dijo: Basta ya** *611*
22.68 **si os preguntare, no me *responderéis*** *611*
23.3 **y *respondiéndole* él, dijo: Tú lo dices** *611*
23.9 preguntas, pero él nada le *respondió* *611*
23.40 *respondiendo* el otro...¿Ni aun temes tú *611*
24.18 *respondiendo* uno de ellos...Cleofas, le *611*
Jn 1.21 eres tú el profeta? Y *respondió*: No *611*
1.26 Juan les *respondió*...Yo bautizo con agua *611*
1.48 **_respondió_ Jesús y...Antes que Felipe te** *611*
1.49 *respondió* Natanael y le dijo: Rabí, tú *611*
1.50 **_respondió_ Jesús...¿Porque te dije: Te vi** *611*
2.18 *respondieron*...¿Qué señal nos muestras *611*
2.19 **_respondió_ Jesús y les dijo: Destruid** *611*
3.3 **_respondió_ Jesús...que no naciere de nuevo** *611*
3.5 **_respondió_ Jesús...que no naciere de agua** *611*
3.9 *respondió* Nicodemo...¿Cómo puede hacerse *611*
3.10 **_respondió_ Jesús y le...¿Eres tú maestro de** *611*
3.27 *respondió*...No puede el hombre recibir *611*
4.10 **_respondió_ Jesús...Si conocieras el don** *611*
4.13 **_respondió_ Jesús...Cualquiera que bebiere** *611*
4.17 *respondió* la mujer y...No tengo marido *611*
5.7 le *respondió* el enfermo, no tengo quien *611*
5.11 les *respondió*: El que me sanó, él mismo *611*
5.17 **y Jesús les *respondió*: Mi Padre hasta** *611*
5.19 **_respondió_...No puede el Hijo hacer nada** *611*
6.7 *respondió*: Doscientos denarios de pan no *611*
6.26 **_respondió_ Jesús...me buscáis, no porque** *611*
6.29 **_respondió_...Esta es la obra de Dios, que** *611*
6.43 **_respondió_...No murmuréis entre vosotros** *611*
6.68 *respondió* Simón Pedro: Señor, ¿a quién *611*
6.70 **les *respondió*: ¿No os he escogido yo a** *611*
7.16 **_respondió_...Mi doctrina no es mía, sino** *611*
7.20 *respondió* la multitud...Demonio tienes *611*
7.21 **Jesús *respondió*...Una obra hice, y todos** *611*
7.46 alguaciles *respondieron*: ¡Jamás hombre *611*
7.47 *respondieron*: ¿También vosotros habéis *611*
7.52 *respondieron*...¿Eres tú también galileo? *611*
8.14 **_respondió_...Aunque yo doy testimonio de** *611*
8.19 **_respondió_ Jesús: Ni a mí me conocéis, ni** *611*
8.33 *respondieron*: Linaje de Abraham somos *611*
8.34 **_respondió_...aquel que hace pecado, esclavo** *611*
8.39 *respondieron*...Nuestro padre es Abraham *611*
8.48 *respondieron*...dijeron...eres samaritano *611*
8.49 **_respondió_ Jesús: Yo no tengo demonio** *611*
8.54 **_respondió_ Jesús: Si yo me glorifico a mí** *611*
9.3 **_respondió_ Jesús: No es que pecó éste, ni** *611*
9.11 *respondió* él y dijo: Aquel hombre que se *611*
9.20 padres *respondieron*...Sabemos que éste es *611*
9.25 *respondió*...Si es pecador, no lo sé; una *611*
9.27 él les *respondió*: Ya os lo he dicho, y no *611*
9.30 *respondió*...Pues esto es lo maravilloso *611*
9.34 *respondieron*...naciste del todo en pecado *611*
9.36 *respondió* él y dijo: ¿Quién es, Señor *611*
9.41 **Jesús les *respondió*: Si fuerais ciegos** *2036*
10.25 **Jesús les *respondió*: Os lo he dicho, y** *611*
10.32 **les *respondió*: Muchas buenas obras os he** *611*
10.33 *respondieron* los judíos, diciendo: Por *611*
10.34 **Jesús les *respondió*: ¿No está escrito en** *611*
11.9 **_respondió_ Jesús: ¿No tiene el día doce** *611*
12.23 **_respondió_...Ha llegado la hora para que** *611*
12.30 **_respondió_ Jesús...No ha venido esta voz** *611*
12.34 *respondió*; la gente: Nosotros hemos oído *611*
13.7 **_respondió_ Jesús...Lo que yo hago, tú no lo** *611*
13.8 **Jesús le *respondió*: Si no te lavare, no** *611*
13.26 **_respondió_ Jesús: A quien yo diere el pan** *611*
13.36 **Jesús le *respondió*: A donde yo voy no** *611*
13.38 **Jesús le *respondió*: ¿Tu vida pondrás por** *611*
14.23 **_respondió_ Jesús y...dijo: El que me ama** *611*
16.31 **Jesús les *respondió*: ¿Ahora creéis?** *611*
18.5 *respondieron*: A Jesús nazareno...Jesús *611*
18.8 **_respondió_ Jesús: Os he dicho que yo soy** *611*
18.20 **Jesús le *respondió*: Yo públicamente he** *611*
18.22 le dio...¿Así *respondes* al sumo sacerdote? *611*
18.23 **Jesús le *respondió*: Si he hablado mal** *611*
18.30 *respondieron* y le dijeron: Si éste no *611*
18.34 **Jesús le *respondió*: ¿Dices tú esto por** *611*
18.35 le *respondió*:¿Soy yo acaso judío? Tu *611*
18.36 **_respondió_ Jesús: Mi reino no es de este** *611*
18.37 **_respondió_ Jesús: Tú dices que yo soy** *611*
19.7 *respondieron*: Nosotros tenemos una ley *611*
19.11 **_respondió_...Ninguna autoridad tendrías** *611*
19.15 *respondieron*...No tenemos más rey que *611*
19.22 *respondió* Pilato: Lo que he escrito, he *611*
20.28 Tomás *respondió* y...¡Señor mío, y Dios *611*
21.5 **¿tenéis algo de comer? Le *respondieron*** *611*
21.15,16 le *respondieron* Sí, Señor; tú sabes *3004*
21.17 le *respondió*: Señor, tú lo sabes todo *2036*
Hch 3.12 Pedro, *respondió*; al pueblo: Varones *611*
4.19 Juan *respondieron*...Juzgad si es justo *611*
5.29 *respondieron*...Es necesario obedecer a *611*
8.24 *respondiendo*...Simón, dijo: Rogad...por *611*
8.34 *respondiendo* el eunuco, dijo a Felipe *611*
8.37 *respondiendo*, dijo: Creo que Jesucristo *611*
9.10 **Ananías...él *respondió*: Heme aquí, Señor**
9.13 Ananías *respondió*: Señor, he oído de *611*
10.47 *respondió* Pedro: ¿Puede acaso alguno *611*
11.9 la voz me *respondió* del...por segunda vez *611*
15.13 Jacobo *respondió*...Varones hermanos *611*
19.15 *respondiendo* el espíritu malo, dijo: A *611*
21.13 Pablo *respondió*: ¿Qué hacéis llorando *611*
22.8 *respondí*: ¿Quién eres, Señor? Y me dijo *611*
22.28 *respondió* el tribuno: Yo con una gran *611*
24.10 Pablo...*respondió*: Porque sé que desde *611*
25.4 *respondió* que Pablo estaba custodiado *611*
25.9 *respondiendo* a Pablo dijo: ¿Quieres subir *611*
25.12 Festo...*respondió*: A César has apelado *611*
25.16 a éstos *respondí* que no es costumbre de *611*
2 Co 5.12 tengáis con qué *responder* a los que
Col 4.6 para que sepáis cómo debéis *responder* *611*
1 P 2.23 no *respondía* con maldición; cuando

RESPONDONES

Tit 2.9 siervos...que agraden...que no sean *r* *488*

RESPUESTA

Gn 37.14 cómo están las ovejas, y tráeme la *r* 1697
41.16 Dios será el que dé *r* propicia a Faraón 6030
Nm 22.8 yo os daré *r* según Jehová me hablare 1697
Jos 22.32 de Israel, a los cuales dieron la *r* 1697
1 S 14.37 Saúl...Jehová no le dio *r* aquel día 6030
17.30 preguntó...le dio el pueblo la misma *r* 6030
18.24 los criados...le dieron la *r*, diciendo
2 S 14.17 de consuelo la *r* de mi señor el rey 1697
15.28 yo me detendré en...hasta que venga *r* de.... 1697
1 R 2.30 volvió con la *r* al rey, diciendo: Así 1697
20.9 los embajadores fueron, y le dieron la *r* 1697
2 R 14.9 Joás...envió a...esta *r*: El cardo que
22.20 yo traigo...Y ellos dieron al rey la *r* 1697
2 Cr 34.28 yo te...ellos refirieron al rey la *r* 1697
Esd 4.17 rey envió esta *r*: A Rehum canciller
Neh 2.20 en *r* les dije: El Dios de los cielos 1697
Job 11.2 las muchas palabras no han de tener *r*?...... 6030
21.29 preguntado...y no habéis conocido su *r*
21.34 viniendo a parar vuestras *r* en falacia?
32.5 viendo Eliú que no había *r* en la boca de
34.36 causa de sus *r* semejantes a las de los
Sal 119.42 y daré por *r*...que en tu palabra he
Pr 15.1 blanda *r* quita la ira; mas la palabra
15.23 el hombre se alegra con la *r* de su boca
16.1 son...mas de Jehová es la *r* de la lengua
Ez 7.26 y buscarán *r* del profeta, mas la ley 2377
Dn 2.9 preparáis *r* mentirosa y perversa que 4406
Mi 3.7 cerrarán sus labios...no hay *r* de Dios
Lc 2.47 y todos los...se maravillaban...de sus *r* *612*
20.26 sino que maravillados de su *r* *612*
Jn 1.22 para que demos *r* a los que nos enviaron *612*
19.9 ¿de dónde eres tú?...Jesús no le dio *r* *612*
Ro 11.4 pero ¿qué le dice la divina *r*? Me he

RESQUEBRAJAR

Jer 14.4 *resquebrajó* la...por no haber llovido 2865

RESTABLECER

Gn 41.13 yo fui *restablecido* a mi puesto, y el 7725
2 Cr 29.35 quedó *restablecido* el servicio de 3559
Is 38.16 tú me *restablecerás*, y harás que viva 2492
62.7 deis...hasta que *restablezca* a Jerusalén 3559
Jer 33.7 y los *restableceré* como al principio 1129
Dn 4.36 fui *restablecido* en mi reino, y mayor 8627
Mr 8.25 y fue *restablecido*, y vio...claramente *600*

RESTANTE

Ro 11.16 las primicias...también...la masa *r* *5445*

RESTAR

Lv 2.3,10 *resta* de la ofrenda será de Aarón 3498
Jos 21.40 *restaban* de...familias de los levitas 3498
23.12 y os uniereis a lo que *resta* de estas 3499
1 R 19.7 come, porque largo camino te *resta*
Job 9.22 cosa *resta* que yo diga: Al perfecto y
1 Co 7.29 *resta*, pues...los que tienen esposa *3588,3063*
1 P 4.2 vivir el tiempo que *resta* en la carne *1954*

RESTAURACIÓN

2 Cr 24.27 la *r* de la casa de Jehová, he aquí 3247
Hch 3.21 el cielo reciba hasta...la *r* de todas *605*
Ro 11.12 la riqueza...¿cuánto más su plena *r*? *4138*

RESTAURADO *Véase Restaurar*

RESTAURADOR

Rt 4.15 *r* de tu alma, y sustentará tu vejez 7725
Is 58.12 llamado...*r* de calzadas para habitar 7725

RESTAURAR

Rt 4.5 *restaures* el nombre del muerto sobre 6965
4.10 por mi mujer a Rut...*restaurar* el nombre 6965
1 R 9.17 *restauró* pues, Salomón a Gezer y a 1129
13.6 mano me sea *restaurada*...se le *restauró* 7725
2 R 5.10 lávate...y tu carne se te *restaurará* 7725
14.25 *restauró* los límites de Israel desde la 7725
2 Cr 24.4 decidió *restaurar* la casa de Jehová 2318
24.13 y por sus manos la obra fue *restaurado*
33.13 Dios oyó su...y lo *restauró* a Jerusalén 7725
34.10 obra...para reparar y *restaurar* el templo 918
Esd 9.9 para...*restaurar* sus ruinas, y darnos 5975
Neh 3.4 junto a ellos *restauró* Meremot hijo de 2388
3.4 al lado de ellos *restauró*; Mesulam hijo de 2388
3.4 junto a...*restauró* Sadoc hijo de Baana 2388
3.5 e inmediato a...*restauraron* los tecoítas 2388
3.6 la puerta Vieja fue *restaurada* por Joiada 2388
3.7 junto a ellos *restauró* Melatías gabaonita 2388
3.8 *restauró* Uziel hijo de Harhaía, de los 2388
3.8 cual *restauró* también Hananías, hijo de 2388
3.9 junto a ellos *restauró* también Refaías 2388
3.10 *restauró* junto a ellos...Jedaías hijo de 2388
3.10 junto...*restauró* Hatús hijo de Hasabnías 2388
3.11 *restauraron* otro tramo, y la torre de los 2388
3.12 junto a...*restauró* Salum hijo de Halohes 2388
3.13 puerta del Valle la *restauró* Hanún con 2388
3.15 Salum...*restauró* la puerta de la Fuente 2388
3.16 después de él *restauró* Nehemías hijo de 2388
3.17 tras él *restauraron* los levitas; Rehum 2388
3.17 junto a él *restauró* Hasabías, gobernador 2388
3.18 después de él *restauraron* sus hermanos 2388
3.19 *restauró* Ezer hijo de Jesúa, gobernador 2388
3.20 Baruc hijo...*restauró* otro tramo, desde 2388
3.21 tras él *restauró* Meremot hijo de Urías 2388
3.22 *restauraron* los sacerdotes, los varones 2388
3.23 después de...*restauraron* Benjamín y Hasub .. 2388
3.23 después de éstos *restauró* Azarías hijo 2388
3.24 después *restauró* Binúi hijo de Henadad 2388
3.26 *restauraron* hasta enfrente de la puerta 2388
3.27 después...*restauraron* los tecoítas otro 2388
3.28 la puerta de los Caballos *restauraron* los 2388
3.29 después de ellos *restauró* Sadoc hijo de 2388
3.29 después de él *restauró* Semaías hijo de 2388
3.30 Hanún hijo sexto...*restauraron* otro tramo 2388
3.30 después de ellos *restauró* Mesulam hijo 2388
3.31 después de él *restauró* Malquías hijo del 2388
3.32 la puerta...*restauraron* los plateros y los 2388
5.16 la obra de este muro *restauré* mi parte 2388
Job 33.26 y *restaurará* al hombre su justicia 7725
Sal 80.3 Dios, *restáuranos*; haz resplandecer 7725
80.7,19 Dios de los ejércitos, *restáuranos* 7725
85.4 *restáuranos*...Dios de nuestra salvación 7725
Ec 3.15 fue ya; y Dios *restaura* lo que pasó 1245
Is 1.26 *restauraré*...jueces como al principio 7725
49.6 para que *restaures* el remanente de Israel 7725
49.8 por pacto...para que *restaures* la tierra 6965
61.4 *restaurarán* las ciudades arruinadas, los 2318
Jer 15.19 si te convirtieres, yo te *restauraré* 7725
19.11 una vasija...que no se puede *restaurar* 7495
27.22 después los traeré y los *restauraré* a 7722
Ez 35.9 tus ciudades nunca más se *restaurarán* 7725
Dn 9.25 la orden para *restaurar*...a Jerusalén 7725
Nah 2.2 Jehová *restaurará* la gloria de Jacob 7725
Zac 8.3 yo he *restaurado* a Sion, y moraré en 7725
9.12 os anuncio que os *restauraré* el doble 7725
Mt 12.13 le fue *restaurada* sana como la otra *600*
17.11 **Elías viene primero, y *restaurará* todas** *600*
Mr 3.5 extendió, y la mano le fue *restaurada* *600*
9.12 **Elías viene primero, *restaurará* todas** *600*
Lc 6.10 lo hizo así, y su mano fue *restaurada* *600*
Hch 1.6 Señor, ¿*restaurarás* el reino a Israel *600*
Gá 6.1 que sois espirituales, *restauradle* con *2675*

RESTITUCIÓN

Éx 22.3 ladrón hará completa *r*; si no tuviere 7999

RESTITUIR

Gn 40.13 te *restituirá* a tu puesto, y darás la 7725
Lv 6.4 habiendo pecado y...*restituirá* aquello 7725
6.5 lo *restituirá* por entero...añadirá a ello 7999
24.18,21 que hiere...animal ha de *restituirlo* 7999
25.41 y a la posesión de sus...se *restituirá* 7725
1 S 7.14 *restituidas* a Israel las ciudades que 7725
1 S 12.3 atestiguad contra mí...os lo *restituiré* 7725
2 S 3.14 *restitúyeme* mi mujer Mical, la cual 5414
1 R 20.34 las ciudades que...yo las *restituiré* 7725
2 R 13.25 y *restituyó* las ciudades a Israel 7725
14.22 a Elat, y la *restituyó* a Judá, después 7725
14.28 y cómo *restituyó* al dominio de Israel 7725
2 Cr 24.13 *restituyeron* la casa de Dios a su 5975
26.2 Elot, y la *restituyó* a Judá después que 7725
Esd 7.19 los *restituirás* delante de Dios en 8000
Job 9.12 ¿quién le hará *restituir*? ¿Quién le 7725
20.18 *restituirá* el trabajo conforme a los 7725
41.11 ¿quién me ha dado a...que yo *restituya*? 7999
Is 1.17 *restituid* al agraviado, haced justicia 833
42.22 despojo...no hay quien diga: *Restituid* 7725
Ez 33.15 impío *restituyere* la prenda...vivirá 7725
Jl 2.25 os *restituiré* los años que comió la 7999
He 13.19 que yo os sea *restituido* más pronto *600*

RESTO

Lv 4.7,18,25,30,34; 9.9 el *r* de la sangre al pie del altar .. 3605
Nm 31.32 el botín, el *r* del botín que tomaron 3499
Dt 3.11 había quedado del *r* de los gigantes 3499
3.13 el *r* de Galaad...lo di a la media tribu 3499
28.54 y al *r* de sus hijos que le quedaren 3499
Jos 13.12 había quedado del *r* de los refaítas 3499
13.27 en el valle, Bet-aram...*r* del reino de Sehón .. 3499
21.26 ciudades para el *r* de las familias de 3498
Jue 5.13 entonces marchó el *r* de los nobles 8300
7.6 el *r* del pueblo se dobló sobre sus rodillas 3499
1 S 13.2 y envió al *r*...cada uno a sus tiendas 3499
2 S 10.10 entregó...el *r* del ejército en mano 3499
21.2 los gabaonitas...del *r* de los amorreos 3499
1 R 16.20 el *r* de los hechos de Zimri, y la 3499
22.39 el *r* de los hechos de Acab, y todo lo 3499
22.46 barrió...*r* de los sodomitas que había 3499
2 R 13.8 el *r* de los hechos de Joacaz, y todo 3499
21.14 desampararé el *r* de mi heredad, y lo 7611
1 Cr 11.8 y Joab reparó el *r* de la ciudad 7605
19.11 luego el *r* de la gente en mano de 3499
Neh 4.14 dije a...y al *r* del pueblo: No temáis 3499
4.19 y al *r* del pueblo: La obra es grande y 3499
7.72 el *r* del pueblo dio veinte mil dracmas 7611
10.28 *r* del pueblo, los sacerdotes, levitas 7605
11.1 el *r* del pueblo echó suertes para traer 7605
11.20 y el *r* de Israel, de los sacerdotes y 7605
Sal 76.10 alabará; tú reprimirás el *r* de las 2296
Is 1.9 si...no nos hubiese dejado un *r* pequeño 8300
38.10 yo dije...privado soy del *r* de mis años 3499
44.19 ¿haré del *r* de él una abominación? ¿Me 3499
46.3 oídme, oh casa de Jacob, y todo el *r* de 7611
Jer 6.9 rebuscarán como a vid el *r* de Israel 7611
8.3 escogerá la muerte...todo el *r* que quede 7611
24.8 pondré a Sedequías...y al *r* de Jerusalén 3499
27.19 del *r* de los utensilios que quedan en 3499
39.9 al *r* del pueblo...con todo el *r* del pueblo 3499
40.15 dispersarán, y perecerá el *r* de Judá? 7611
41.10 llevó Ismael cautivo...el *r* del pueblo 7611
41.16 tomaron a todo el *r* del pueblo que había 7611
42.2 ruego...por todo este *r* (pues de muchos 7611
44.12 tomaré el *r* de Judá que volvieron sus 7611
44.14 del *r* de los de Judá que entraron en la 7611

R

44.28 sabrá...el *r* de Judá que ha entrado en....... 7611
47.4 destruirá...al *r* de la costa de Caftor.......... 7611
47.5 Ascalón ha perecido, y el *r* de su valle......... 7611
52.15 a todo el *r* de la multitud del pueblo.......... 7611
Ez 6.8 dejaré un *r*, de modo que tengáis entre......... 3498
25.16 destruiré el *r* que queda en la costa.......... 7611
Am 1.8 *r* de los filisteos perecerá, ha dicho............ 7611
9.12 para que aquellos...posean el *r* de Edom...... 7611
Abd 18 ni aun *r* quedará de la casa de Esaú........... 8300
Mi 2.12 recogeré ciertamente el *r* de Israel............ 7611
5.3 el *r*...se volverá con los hijos de Israel.......... 3499
Sof 1.4 exterminaré...*r* de Baal, y el nombre de....... 7605
Hag 1.12 y oyó...todo el *r* del pueblo, la voz........... 7611
1.14 despertó...espíritu de...el *r* del pueblo......... 7611
2.2 habla ahora...al *r* del pueblo, diciendo.......... 7611
Zac 14.2 el *r* del pueblo no será cortado de la......... 3499
Hch 15.17 el *r* de los hombres busque al Señor........ *2645*
Ap 12.17 fue a hacer guerra contra el *r* de la.......... *3062*

RESTREGAR
Lc 6.1 espigas...*restregándolas* con las manos......... *5597*

RESUCITAR
Neh 4.2 ¿*resucitarán* de los montones del polvo....... 2421
Is 26.14 han fallecido, no *resucitarán*; porque......... 6965
26.19 tus muertos...sus cadáveres *resucitarán*..... 6965
Os 6.2 tercer día nos *resucitará*, y viviremos.......... 2421
Mt 10.8 ***resucitad* muertos, echad...demonios; de**..... *1453*
11.5 **sordos oyen, los muertos son *resucitados***...... *1453*
14.2 Juan el Bautista; ha *resucitado* de los.......... *1453*
16.21 ser muerto, y *resucitar* al tercer día.......... *1453*
17.9 **hasta que el...*resucite* de los muertos**.......... *450*
17.23 **mas al tercer día *resucitará*. Y ellos**.......... *1453*
20.19 **crucifiquen...al tercer día *resucitará***.......... *450*
26.32 **pero después que haya *resucitado*, iré**........ *1453*
27.63 dijo...Después de tres días *resucitaré*........ *1453*
27.64 y digan...*Resucitó* de entre los muertos....... *1453*
28.6 no está aquí...ha *resucitado*, como dijo....... *1453*
28.7 decid...que ha *resucitado* de los muertos...... *1453*
Mr 6.14 dijo: Juan el Bautista ha *resucitado*........... *1453*
6.16 Juan...que ha *resucitado* de los muertos....... *1453*
8.31 muerto, y *resucitar* después de tres días....... *1453*
9.9 cuando...hubiese *resucitado* de los muertos..... *450*
9.10 qué sería aquello de *resucitar* de los............ *305*
9.31 **pero después...*resucitará* al tercer día**........ *450*
10.34 **matarán; mas al tercer día *resucitará***........ *450*
12.23 cuando *resuciten*, ¿de cuál de ellos será....... *450*
12.25 **cuando *resuciten* de los muertos, ni se**......... *450*
12.26 **que los muertos *resucitan*, ¿no habéis**........ *1453*
14.28 **pero después que haya *resucitado*, iré**......... *1453*
16.6 ha *resucitado*, no está aquí; mirad el......... *1453*
16.9 habiendo, pues, *resucitado* Jesús por la......... *450*
16.14 a los que le habían visto *resucitado*........... *1453*
Lc 7.22 **los muertos son *resucitados*, y a los**.......... *1453*
9.7 decían...Juan ha *resucitado* de los muertos..... *1453*
9.8,19 algún profeta de los...ha *resucitado*.......... *450*
9.22 **que sea muerto, y *resucite* al tercer día**........ *1453*
18.33 **matarán; mas al tercer día *resucitará***......... *450*
20.37 **que los muertos han de *resucitar*, aun**......... *1453*
24.6 no está aquí, sino que ha *resucitado*........... *1453*
24.7 crucificado, y *resucite* al tercer día............. *450*
24.34 que decían: Ha *resucitado* el Señor........... *1453*
24.46 ***resucitase* de los muertos al tercer día**........ *450*
Jn 2.22 cuando *resucitó*...acordaron que había......... *1453*
6.39 **sino que lo *resucite* en el día postrero**.......... *450*
6.40,44,54 **le *resucitaré* en el día postrero**............ *450*
11.23 **Jesús le dijo: Tu hermano *resucitará***......... *450*
11.24 yo sé que *resucitará* en la resurrección....... *450*
12.1 a quien había *resucitado* de los muertos....... *1453*
12.9 ver a Lázaro, a quien había *resucitado*......... *1453*
12.17 a Lázaro...y le *resucitó* de los muertos........ *1453*
20.9 que era necesario que él *resucitase* de.......... *450*
21.14 tercera vez...después de haber *resucitado*... *1453*
Hch 2.32 este Jesús *resucitó* Dios, de lo cual........... *450*
3.15 al Autor de...a quien Dios ha *resucitado*....... *1453*
4.10 y a quien Dios *resucitó* de los muertos......... *1453*
10.41 y bebimos con él después que *resucitó*......... *450*
13.33 Dios ha cumplido...*resucitando* a Jesús....... *450*
17.3 padeciese, y *resucitase* de los muertos.......... *450*
26.8 cosa increíble que Dios *resucite* a los.......... *1453*
Ro 4.25 *resucitado* para nuestra justificación.......... *1453*
6.4 como Cristo *resucitó* de los muertos por......... *1453*
6.9 Cristo, habiendo *resucitado*...ya no muere...... *1453*
7.4 de otro, del que *resucitó* de los muertos......... *1453*
8.34 el que también *resucitó*, el que además......... *1453*
14.9 para esto murió y *resucitó*, y volvió a........... *450*
1 Co 15.4 *resucitó* al tercer día, conforme a............ *1453*
15.12 si se predica de Cristo que *resucitó*.......... *1453*
15.13 porque si no...tampoco Cristo *resucitó*....... *1453*
15.14 si Cristo no *resucitó*, vana...vuestra fe....... *1453*
15.15 hemos testificado...él *resucitó* a Cristo........ *1453*
15.15 al cual no *resucitó*, si en verdad los.......... *1453*
15.15 si en verdad los muertos no *resucitan*........ *1453*
15.16 no resucitan, tampoco Cristo *resucitó*......... *1453*
15.17 y si Cristo no *resucitó*, vuestra fe es.......... *1453*
15.20 mas...Cristo ha *resucitado* de los muertos.... *1453*
15.29 ninguna manera los muertos *resucitan*?...... *1453*
15.32 si los muertos no *resucitan*, comamos y....... *1453*
15.35 alguno: ¿Cómo *resucitarán* los muertos?...... *1453*
15.42 se siembra...*resucitará* en incorrupción....... *1453*
15.43 se siembra en deshonra, *resucitará* en......... *1453*
15.43 se siembra en debilidad, *resucitará* en......... *1453*
15.44 animal, *resucitará* cuerpo espiritual........... *1453*
15.52 muertos serán *resucitados* incorruptibles.... *1453*
2 Co 1.9 en Dios que *resucita* a los muertos............ *1453*
4.14 sabiendo que el que *resucitó* al Señor.......... *1453*
4.14 a nosotros...*resucitará* con Jesús, y nos....... *1453*
5.15 para aquel que murió y *resucitó* por ellos...... *1453*
Gá 1.1 por Dios el Padre que lo *resucitó* de............ *1453*
Ef 1.20 operó en Cristo, *resucitándole* de los........... *1453*
2.6 y juntamente con él nos *resucitó*...sentar....... *4891*
Col 2.12 fuisteis también *resucitados* con él............ *1453*
3.1 si, pues, habéis *resucitado* con Cristo........... *4891*
1 Ts 1.10 al cual *resucitó* de los muertos, a............. *1453*
4.14 si creemos que Jesús murió y *resucitó*......... *450*
4.16 muertos en Cristo *resucitarán* primero......... *450*
2 Ti 2.8 *resucitado* de los muertos conforme........... *1453*
He 13.20 el Dios de paz, que *resucitó*...Señor
1 P 1.21 quien le *resucitó* de los muertos y le........... *1453*

RESUELTAMENTE
Jer 5.11 porque *r* se rebelaron contra
Ro 10.20 Isaías dice *r*: fui hallado de los................ *662*
2 Co 10.2 dispuesto a proceder *r* contra............... *5111*

RESUELTO *Véase también Resolver*
Gn 43.3 aquel varón nos protestó con ánimo *r*........ 5749
2 Cr 32.5 con ánimo *r* edificó Ezequías todos.......... 2388

RESULTADO
He 13.7 cuál haya sido el *r* de su conducta............. *1545*

RESULTAR
Dt 19.18 y si aquel testigo *resultare* falso
22.20 si *resultare*...no se halló virginidad en
1 S 20.12 si *resultare* bien...enviaré a ti para
1 Cr 7.9 jefes de familias *resultaron* 20.200
Jer 3.11 ha *resultado* justa la rebelde Israel
Ro 4.14 si...vana *resulta* la fe, y anulada la
7.10 mandamiento que...me *resultó* para muerte
2 Co 7.14 gloriarnos con Tito *resultó* verdad........... *1096*
Fil 1.19 que...esto *resultará* en mi liberación........... *576*
1.22 si el vivir...*resulta*...en beneficio de la........ *2590*
1 Ts 2.1 que nuestra visita a...no *resultó* vana
3.5 y que nuestro trabajo *resultase* en vano

RESUMIR
Ro 13.9 otro mandamiento, en esta...se *resume*.......... *346*

RESURRECCIÓN
Mt 22.23 los saduceos, que dicen que no hay *r*.......... *386*
22.28 en la *r*, pues, ¿de cuál de los siete............. *386*
22.30 **porque en la *r* ni se casarán ni se darán**...... *386*
22.31 **pero respecto a la *r* de los muertos, ¿no**....... *386*
27.53 después de la *r* de él, vinieron a la............ *1454*
Mr 12.18 los saduceos, que dicen que no hay *r*........... *386*
12.23 en la *r*, pues...¿de cuál de ellos será........... *386*
Lc 14.14 **pero te será recompensado en la *r* de**......... *386*
20.27 los saduceos, los cuales niegan haber *r*.......... *386*
20.33 en la *r*, pues, ¿de cuál de ellos será............ *386*
20.35 **por dignos de alcanzar...la *r* de entre**......... *386*
20.36 **son hijos de Dios, al ser hijos de la *r***........... *386*
Jn 5.29 **saldrán a *r* de vida...*r* de condenación**.......... *386*
11.24 sé que resucitará en la *r*, en el día............ *386*
11.25 **le dijo Jesús: Yo soy la *r* y la vida**............. *386*
Hch 1.22 hecho testigo con nosotros, de su *r*............ *386*
2.31 habló de la *r* de Cristo, que su alma no.......... *386*
4.2 y anunciasen...la *r* de entre los muertos......... *386*
4.33 daban testimonio de la *r* del Señor Jesús....... *386*
17.18 les predicaba el evangelio, y de la *r*........... *386*
17.32 cuando oyeron lo de la *r* de los muertos......... *386*
23.6 acerca...la *r* de los muertos se me juzga.......... *386*
23.8 porque los saduceos dicen que no hay *r*.......... *386*
24.15 que ha de haber *r* de los muertos, así........... *386*
24.21 acerca de la *r* de los...soy juzgado hoy.......... *386*
26.23 ser el primero de la *r* de los muertos............ *386*
Ro 1.4 declarado Hijo...con poder...por la *r* de.......... *386*
6.5 si...así también lo seremos en la de su *r*......... *386*
1 Co 15.12 ¿cómo dicen...no hay *r* de muertos?........ *386*
15.13 si no hay *r* de muertos, tampoco Cristo......... *386*
15.21 también por un hombre la *r* de...muertos....... *386*
15.42 así también es la *r* de los muertos. Se........... *386*
Fil 3.10 fin de conocerle, y el poder de su *r*............ *386*
3.11 si en alguna manera llegase a la *r* de........... *1815*
2 Ti 2.18 diciendo que la *r* ya se efectuó, y............ *386*
He 6.2 doctrina...de la *r* de los muertos y del........... *386*
11.35 recibieron sus muertos mediante *r*; mas......... *386*
11.35 no aceptando...a fin de obtener mejor *r*........ *386*
1 P 1.3 por la *r* de Jesucristo de los muertos............ *386*
3.21 ahora nos salva...por la *r* de Jesucristo.......... *386*
Ap 20.5 hasta...mil años...Esta es la primera *r*.......... *386*
20.6 el que tiene parte en la primera *r*, la............. *386*

RETAGUARDIA
Nm 10.25 de los hijos de Dan...a *r* de todos los.......... 622
Dt 25.18 desbarató la *r* de todos los débiles............ 2179
Jos 6.9 la *r* iba tras el arca, mientras las............... 622
6.13 *r* iba tras el arca de Jehová, mientras.......... 622
10.19 seguid a...enemigos, y heridles la *r*........... 2179
1 S 29.2 David y sus hombres iban en la *r* con........... 314
2 S 10.9 se le presentaba la batalla...a la *r*............ 268
1 Cr 19.10 el ataque...sido dispuesto...por la *r*........... 268
Is 58.8 de ti, y la gloria de Jehová será tu *r*............. 622

RETAMA
Jer 17.6 será como la *r* en el desierto, y no............ 6176
48.6 salvad vuestra vida, y sed como *r* en el......... 6176

RETARDAR
Sal 119.60 apresuré y no me *retardé* en guardar....... 4102
2 P 3.9 el Señor no *retarda* su promesa, según.......... *1019*

RETENCIÓN
Ec 2.3 *r* de la necedad, hasta ver cuál fuese

RETENEDOR
Tit 1.9 *r* de la palabra fiel tal como ha sido............. *472*

RETENER
Lv 19.13 no *retendrás* el salario del jornalero........... 3885
Dt 24.12 no te acostarás *reteniendo*...su prenda
Jue 7.8 *retuvo* a aquellos trescientos hombres.......... 2388
1 R 11.34 lo *retendré* por rey todos los días
2 Cr 22.9 fuerzas para poder *retener* el reino.......... 6113
Job 2.3 que todavía *retiene* su integridad, aun.......... 2388
2.9 *retienes* tu integridad? Maldice a Dios, y........ 2388
Sal 40.11 no *retengas* de mí tus misericordias.......... 3607
Pr 3.18 bienaventurados...los que la *retienen*.......... 8551
4.4 *retenga* tu corazón mis razones, guarda........ 8551
4.13 *retén* el consejo, no los dejes; guárdalo........ 5341
5.22 *retenido*...con las cuerdas de su pecado
11.24 hay quienes *retienen* más de lo que es........ 2820
Ec 8.8 tenga potestad, para *retener* el espíritu......... 3607
Jer 2.13 cisternas rotas que no *retienen* agua.......... 3557
26.2 te mandé hablarles; no *retengas* palabra...... 1639
35.7 ni plantaréis viña, ni la *retendréis*
50.33 que los tomaron cautivos los *retuvieron*...... 2388
Ez 18.16 la prenda no *retuviere*, ni cometiere.......... 2254
Dn 11.6 ella no podrá *retener* la fuerza de su.......... 6113
Mi 7.18 no *retuvo*...siempre su enojo, porque.......... 2388
Lc 8.15 **son los que...*retienen* la palabra oída**......... *2722*
Jn 20.23 **los *retuviereis*, les son retenidos**.............. *2902*
Hch 2.24 era imposible que fuese *retenido* por
5.4 *reteniéndola*, ¿no se te quedaba a ti? y......... *3306*
1 Co 11.2 *retenéis* las instrucciones tal como........... *2722*
15.2 *retenéis* la palabra que os he predicado....... *2722*
1 Ts 5.21 examinadlo todo; *retened* lo bueno........... *2722*
2 Ts 2.15 estad firmes, y *retened* la doctrina........... *2902*
2 Ti 1.13 *retén* la forma de las sanas palabras......... *2192*
Flm 13 yo quisiera *retenerle* conmigo, para que....... *2722*
He 3.6 si *retenemos* firme...la confianza y el........... *2722*
3.14 que *retengamos* firme...nuestra confianza.... *2722*
4.14 teniendo...*retengamos* nuestra profesión........ *2902*
Ap 2.13 ***retienes* mi nombre, y no has negado mi**...... *2902*
2.14 **los que *retienen* la doctrina de Balaam**........ *2902*
2.15 ***retienen* la doctrina de los nicolaítas**........... *2902*
2.25 **pero lo que tenéis, *retenedlo* hasta que**.......... *2902*
3.11 **vengo pronto; *retén* lo que tienes, para**......... *2902*
19.10 tus...que *retienen* el testimonio de Jesús...... *2192*

RETIÑIR
1 S 3.11; 2 R 21.12 le *retiñirán* ambos oídos............ 6750
Jer 19.3 que lo oyere, le *retiñan* los oídos.............. 6750
1 Co 13.1 vengo a ser como...címbalo que *retiñe*....... *214*

RETIRAR
Gn 8.3 se *retiraron* las aguas al cabo de 150
8.8 para ver si las aguas se habían *retirado*........ 7043
8.11 Noé que las aguas se habían *retirado* de...... 7043
Éx 10.28 *retírate* de mí; guárdate que no veas
14.21 hizo Jehová que el mar se *retirase* por
Jos 8.26 Josué no *retiró* su mano...con la lanza....... 7725
Jue 9.51 a la cual se *retiraron*...los hombres........... 5127
Rt 3.7 Booz...se *retiró* a dormir a un lado del........... 935
2 S 11.15 a Urías al frente...y *retiraos* de él........... 7725
20.22 se *retiraron* de la ciudad, cada uno a su...... 6327
2 R 12.18 a Hazael...él se *retiró* de Jerusalén.......... 5927
2 Cr 16.3 Baasa...a fin de que se *retire* de mí........... 5927
35.22 mas Josías no se *retiró*, sino que se........... 5437
Neh 9.20 y no *retiraste* tu maná de su boca, y........... 4513
Job 37.7 así hace *retirarse* a todo hombre, para
Is 31.2 traerá el mal...no *retirará* sus palabras.......... 5493
59.14 y el derecho se *retiró*, y la justicia............ 5253
Jer 14.8 y como caminante que se *retira* para.......... 5186
37.5 los caldeos...se *retiraron* de Jerusalén......... 5927
37.11 el ejército de los caldeos se *retiró* de......... 5927
Lm 2.3 *retiró*...su diestra frente al enemigo............. 7725
Mr 3.7 Jesús se *retiró* al mar con...discípulos.......... *402*
Lc 9.10 se *retiró* aparte, a un lugar desierto............ *5298*
Jn 6.15 volvió a *retirarse* al monte él solo.............. *402*
Hch 23.19 y *retirándose* aparte, le preguntó............ *402*
26.31 y cuando se *retiraron*...hablaban entre......... *402*
28.25 al *retirarse*...dijo Pablo esta palabra........... *630*

RETOÑAR
Job 14.7 *retoñará*...y sus renuevos no faltarán........ 2498
Sal 132.17 allí haré *retoñar* el poder de David.......... 6779
Is 11.1 y un vástago *retoñará* de sus raíces.......... 6509
Ez 29.21 haré *retoñar* el poder de la casa de.......... 6779

RETOÑO
Is 15.6 se marchitarán los *r*...verdor perecerá........ 1877

RETOZAR
Job 40.20 toda bestia del campo *retoza* allá........... 7832

RETRACTAR
Jue 11.35 dado palabra...y no podré *retractarme*..... 7725
Sal 132.11 Jehová a David, y no se *retractará*.......... 7725

RETRAER
Sal 74.11 ¿por qué *retraes* tu mano? ¿Por qué......... 7725
Is 58.13 *retrajeres* del día de reposo tu pie........... 7725
Lm 2.8 no *retrajo* su mano de la destrucción........... 7725
Ez 18.8 que de la maldad *retrajere* su mano, e......... 7725
20.22 *retraje* mi mano a causa de mi nombre......... 7725
Jl 2.10,15 estrellas *retraerán* su resplandor.............. 622
Gá 2.12 pero después...se *retraía* y se apartaba....... *5288*

RETRIBUCIÓN
Dt 32.35 mía es la venganza y la *r*, a su................. 8005
32.41 yo...daré la *r* a los que me aborrecen.......... 7999
Is 34.8 día de...año de *r* en el pleito de Sion........... 7966
35.4 que vuestro Dios viene con *r*, con pago........ 1576
47.3 haré *r*, y no se librará hombre alguno.......... 5359
Jer 46.10 será para Jehová Dios de...día de *r*.......... 5360
50.28 para dar en Sion las nuevas de la *r* de....... 5360

51.56 porque Jehová, Dios de *r*, dará la paga 1578
Os 9.7 vinieron los días de la *r*; e Israel lo 7966
Lc 21.22 **son días de *r*, para que se cumplan**
Ro 1.27 recibiendo en sí mismos la *r* debida a *489*
11.9 dice: Sea vuelto...en tropezadero y en *r* *468*
2 Ts 1.8 dar *r* a los que no conocieron a Dios *1557*
He 2.2 y toda transgresión y...recibió justa *r* *3405*

RETRIBUIDOR
Sal 99.8 les fuiste un Dios...y *r* de sus obras 5358

RETRIBUIR
Job 34.11 le *retribuirá* conforme a su camino
34.33 te *retribuirá*, ora rehúses, ora aceptes 7999
Is 59.18 *retribuir* con ira a sus enemigos, y 7999

RETROCEDER
Jue 20.39 Israel *retrocedieron* en la batalla 2015
2 S 11.23 hicimos *retroceder* hasta la entrada
2 R 20.9 ¿avanzará la sombra...o *retrocederá* 10 7725
Sal 44.10 nos hiciste *retroceder* delante del 268
Is 14.27 su mano...¿quién la hará *retroceder?* 7725
Jer 46.5 ¿por qué...vi medrosos, *retrocediendo?* 7725
Jn 18.6 **cuando les dijo: Yo soy, *retrocedieron*** *3694,1519*
He 10.38 *retrocediere*, no agradará a mi alma *5288*
10.39 nosotros no somos de los que *retroceden* *5289*

REU *Hijo de Peleg y padre de Serug (=Ragau)*, Gn 11.18,19,20,21; 1 Cr 1.25 7466

REUEL
1. Hijo de Esaú y Basemat, Gn 36.4,10,13,17(2); 1 Cr 1.35,37
2. Suegro de Moisés (=Jetro), Éx 2.18
3. Padre de Eliasaf No. 1 (=Deuel), Nm 2.14
4. Descendiente de Benjamín, 1 Cr 9.8

REÚMA *Concubina de Nacor*, Gn 22.24 7208

REUNIDO *Véase también Reunir*
Hch 1.15 y los *r* eran como 120 en número

REUNIÓN
Gn 1.10 Dios...a la *r* de las aguas llamó Mares 4723
Éx 27.21 el tabernáculo de *r*, afuera del velo 4150
28.43 cuando entren en el tabernáculo de *r* 4150
29.4 y llevarás a Aarón y a...tabernáculo de *r* 4150
29.10 becerro delante del tabernáculo de *r* 4150
29.11 y matarás al becerro...tabernáculo de *r* 4150
29.30 venga al tabernáculo de *r* para servir 4150
29.32 comerán...la puerta del tabernáculo de *r* 4150
29.42 será...a la puerta del tabernáculo de *r* 4150
29.44 y santificaré el tabernáculo de *r* y el 4150
30.16 para el servicio del tabernáculo de *r* 4150
30.18 entre el tabernáculo de *r* y el altar 4150
30.20 entren en el tabernáculo de *r*...lavarán 4150
30.26 con él ungirás el tabernáculo de *r*, el 4150
30.36 y lo pondrás...en el tabernáculo de *r* 4150
31.7 tabernáculo de *r*, el arca del testimonio 4150
33.7 levantó...y lo llamó el Tabernáculo de *R* 4150
33.7 al tabernáculo de *r* que estaba fuera del 4150
35.21 ofrenda...la obra del tabernáculo de *r* 4150
38.8 mujeres que velaban a la puerta del...de *r* 4150
38.30 hechas las basas...del tabernáculo de *r* 4150
39.32 acabada...la obra...del tabernáculo de *r* 4150
39.40 todos los utensilios...tabernáculo de *r* 4150
40.2 harás levantar el...el tabernáculo de *r* 4150
40.6 el altar...entrada del tabernáculo de *r* 4150
40.7 la fuente entre el tabernáculo de *r* y el 4150
40.12 llevarás a Aarón y a...tabernáculo de *r* 4150
40.22 puso la mesa en el tabernáculo de *r*, al 4150
40.24 puso el candelero en...tabernáculo de *r* 4150
40.26 el altar de oro en el tabernáculo de *r* 4150
40.29 altar...a la entrada...tabernáculo de *r* 4150
40.30 la fuente entre el tabernáculo de *r* y 4150
40.32 cuando entraban en el tabernáculo de *r* 4150
40.34 una nube cubrió el tabernáculo de *r*, y 4150
40.35 y no podía Moisés entrar en el...de *r* 4150
Lv 1.1 habló con él desde el tabernáculo de *r* 4150
1.3 ofrecerá a la puerta del tabernáculo de *r* 4150
1.5 cual está a la puerta del tabernáculo de *r* 4150
3.2 la degollará a la...del tabernáculo de *r* 4150
3.8,13 la degollará delante...tabernáculo de *r* 4150
4.4 traerá el becerro a...del tabernáculo de *r* 4150
4.5 sangre...y la traerá al tabernáculo de *r* 4150
4.7,18 altar...que está en el tabernáculo de *r* 4150
4.7,18 altar...la puerta del tabernáculo de *r* 4150
4.14 lo traerán delante del tabernáculo de *r* 4150
4.16 meterá de la sangre...el tabernáculo de *r* 4150
6.16 el atrio del tabernáculo de *r* lo comerán 4150
6.26 será comida...atrio del tabernáculo de *r* 4150
6.30 de cuya sangre se metiere en el...de *r* 4150
8.3 reúne...a la puerta del tabernáculo de *r* 4150
8.4 reunió...a la puerta del tabernáculo de *r* 4150
8.31 carne a la puerta del tabernáculo de *r* 4150
8.33 de la puerta del...de *r* no saldréis en 4150
8.35 a la puerta...de *r* estaréis día y noche 4150
9.5 llevaron lo...delante del tabernáculo de *r* 4150
9.23 Moisés y Aarón en el tabernáculo de *r* 4150
10.7 ni saldréis de la...del tabernáculo de *r* 4150
10.9 no beberéis vino...en el tabernáculo de *r* 4150
12.6 una tórtola para...a la puerta del...de *r* 4150
14.11,23; 15.14,29 puerta del tabernáculo de *r* 4150
16.7 cabríos...la puerta del tabernáculo de *r* 4150
16.16 misma manera hará...al tabernáculo de *r* 4150
16.17 ningún hombre...en el tabernáculo de *r* 4150
16.20 expiar...el tabernáculo de *r* y el altar
16.23 vendrá Aarón al tabernáculo de *r*, y se
16.33 hará la expiación por...tabernáculo de *r*
17.4,9 no lo trajere a...del tabernáculo de *r* 4150
17.5,6 a la puerta del tabernáculo de *r* al 4150
19.21 traerá...a la puerta del tabernáculo de *r* 4150
23.37 a las que convocaréis santas *r*, para 4150
24.3 en el tabernáculo de *r*, las dispondrá 4150
Nm 1.1 habló Jehová a...en el tabernáculo de *r* 4150
2.2 alrededor del tabernáculo de *r* acamparán 4150
2.17 luego irá el tabernáculo de *r*, con el 4150
3.7 delante del tabernáculo de *r* para servir 4150
3.8 utensilios del tabernáculo de *r*, y todo 4150
3.25 a cargo...Gersón, en el tabernáculo de *r* 4150
3.25 la cortina de la...del tabernáculo de *r* 4150
3.38 al oriente, delante del tabernáculo de *r* 4150
4.3,23,30 para servir en el tabernáculo de *r* 4150
4.4 oficio de...Coat en el tabernáculo de *r* 4150
4.15 cargas...de Coat en el tabernáculo de *r* 4150
4.25 llevarán las cortinas...tabernáculo de *r* 4150
4.25 la cortina de la...del tabernáculo de *r* 4150
4.28 es el servicio de...en el tabernáculo de *r* 4150
4.31 todo su servicio en el tabernáculo de *r* 4150
4.33 ministerio en el tabernáculo de *r*, bajo 4150
4.35,39,43 ministrar en el tabernáculo de *r* 4150
4.37,41 que ministran en el tabernáculo de *r* 4150
4.47 cargo de obra en el tabernáculo de *r* 4150
6.10 tórtolas...la puerta del tabernáculo de *r* 4150
6.13 nazareo...la puerta del tabernáculo de *r* 4150
6.18 raerá a la puerta del tabernáculo de *r* 4150
7.5 serán para el servicio...tabernáculo de *r* 4150
7.89 cuando entraba...en el tabernáculo de *r* 4150
8.9 se acerquen delante del tabernáculo de *r* 4150
8.15 ministrar en el tabernáculo de *r*; serán 4150
8.19 que ejerzan el...en el tabernáculo de *r* 4150
8.22 para ejercer su...en el tabernáculo de *r* 4150
8.24 ministerio en el...del tabernáculo de *r* 4150
8.26 servirán...en el tabernáculo de *r*, para 4150
10.3 se reunirá...puerta del tabernáculo de *r* 4150
11.16 setenta...la puerta del tabernáculo de *r* 4150
12.4 salid vosotros tres al tabernáculo de *r* 4150
14.10 gloria...mostró en el tabernáculo de *r* 4150
16.18 pusieron a la puerta...tabernáculo de *r* 4150
16.19 Coré...a la puerta del tabernáculo de *r* 4150
16.42 miraron hacia el tabernáculo de *r*, y he 4150
16.43 vinieron...delante del tabernáculo de *r* 4150
16.50 volvió...a la puerta del tabernáculo de *r* 4150
17.4 pondrás en el tabernáculo de *r* delante 4150
18.4 y tendrán el cargo del tabernáculo de *r* 4150
18.6 en el ministerio del tabernáculo de *r* 4150
18.21 ellos sirven en el...del tabernáculo de *r* 4150
18.22 y no se acercarán...al tabernáculo de *r* 4150
18.23 harán el servicio del tabernáculo de *r* 4150
18.31 vuestro ministerio en...tabernáculo de *r* 4150
19.4 rociará hacia la...del tabernáculo de *r* 4150
20.6 fueron...a la puerta del tabernáculo de *r* 4150
25.6 lloraban...la puerta del tabernáculo de *r* 4150
27.2 puerta del tabernáculo de *r*, y dijeron 4150
31.54 oro...y lo trajeron al tabernáculo de *r* 4150
Dt 31.14 esperad en el tabernáculo de *r* para 4150
31.14 y esperaron en el tabernáculo de *r* 4150
Jos 18.1 y erigieron allí el tabernáculo de *r* 4150
19.51 Silo...a la entrada del tabernáculo de *r* 4150
Jue 20.2 jefes...presentes en la *r* del pueblo 6951
21.5 ¿quién de todas...Israel no subió a la *r* 6951
21.8 que ninguno de...había venido al...a la *r* 6951
1 S 2.22 que velaban a...del tabernáculo de *r* 4150
1 R 8.4 llevaron el arca...y el tabernáculo de *r* 4150
1 Cr 6.32 servían delante de...tabernáculo de *r* 4150
9.21 era portero de la...del tabernáculo de *r* 4150
23.32 tuviesen la guarda del tabernáculo de *r* 4150
2 Cr 1.3 allí estaba el tabernáculo de *r* de 4150
1.6 altar de bronce...en el tabernáculo de *r* 4150
1.13 en Gabaón, delante del tabernáculo de *r* 4150
5.5 llevaron el arca, y el tabernáculo de *r* 4150
20.14 vino el Espíritu de...en medio de la *r* 6951
30.13 y se reunió en Jerusalén...una vasta *r* 6951
Sal 26.5 aborrecí la *r* de los malignos, y con 6951
68.30 reprime la *r* de gentes armadas...toros 2416
82.1 Dios está en la *r* de los dioses...juzga 5712
107.32 exáltenlo...la *r* de ancianos lo alaben 4186
Pr 1.21 clama en los principales lugares de *r* 1993
Cnt 6.13 algo como la *r* de dos campamentos 4246
Jer 6.11 sobre la *r* de los jóvenes igualmente 5475
26.17 de los ancianos...hablaron a toda la *r* 6951
50.9 y hago subir...*r* de grandes pueblos de la 6951
Ez 32.3 yo extenderé sobre ti mi red con *r* de 6951
Jl 2.16 reunid al pueblo, santificad la *r* 6951
2 Ts 2.1 la venida de...Jesucristo, y nuestra *r* *1997*

REUNIR
Gn 41.48 *reunió* todo el alimento de los siete 6908
49.29 dijo: Yo voy a ser *reunido* con mi pueblo 622
49.33 y expiró, y fue *reunido* con sus padres 622
Éx 3.16 vé, y *reúne* a los ancianos de Israel 622
4.29 y *reunieron* a todos los ancianos de los 622
29.42 me *reuniré* con vosotros, para hablaros 4150
29.43 allí me *reuniré* con los hijos de Israel
Lv 8.3 *reúne*...la congregación a la puerta del 6950
8.4 y se *reunió* la congregación a la puerta 6950
Nm 1.18 y *reunieron* a toda la congregación en 5712
8.9 *reunirás* a toda la congregación de...Israel 6950
10.3 la congregación se *reunirá* ante ti a la 5712
10.7 para *reunir* la congregación tocaréis, mas 6950
11.16 *reúneme* 70 varones de los ancianos de 622
11.24 Moisés...*reunió* a los setenta varones de 622
12.15 no pasó...hasta que se *reunió* María con
20.8 *reúne* la congregación, tú y Aarón tu 6950
20.10 *reunieron*, a la congregación delante de 6950
20.24,26 Aarón será *reunido* a su pueblo 622
21.16 dijo...*Reúne* al pueblo, y les daré agua 622
27.13 serás *reunido* a tu...como fue *r*...Aarón 622
Dt 4.10 me dijo: *Reúneme* el pueblo, para que 6950
Jos 2.18 *reunirás* en tu casa a tu padre y a tu
18.1 toda la congregación...se *reunió* en Silo 4150
24.1 *reunió* Josué a...las tribus de Israel en 622
Jue 2.10 aquella generación...*reunida* a...padres 622
4.13 y *reunió* Sisara todos sus carros, 900 2199
6.34 Gedeón...abiezeritas se *reunieron* con él 2199
9.47 que estaban *reunidos* todos los hombres 6908
11.20 *reuniendo* Sehón toda su gente, acampó 622
12.1 se *reunieron* los varones de Efraín, y 6817
12.4 *reunió* Jefté a...los varones de Galaad 6908
20.1 se *reunió* la congregación como un solo 6950
1 S 5.11 y *reunieron* a todos los príncipes de 622
7.5 *reunid* a todo Israel en Mizpa, y yo oraré 6908
7.6 y se *reunieron* en Mizpa, y sacaron agua 6908
7.7 oyeron los filisteos...*reunidos* en Mizpa 6908
13.11 que los filisteos estaban *reunidos* en 622
14.48 *reunió* un ejército y derrotó a Amalec 6213
28.1 que los filisteos *reunieron* sus fuerzas 6908
2 S 6.1 David volvió a *reunir*...los escogidos 3254
10.15 pero los sirios...se volvieron a *reunir* 622
10.17 David, *reunió* a todo Israel, y pasando 622
12.28 *reúne*...al pueblo que queda, y acampa 622
23.9 se habían *reunido* allí para la batalla 622
23.11 los filisteos se habían *reunido* en Lehi 622
1 R 8.1 Salomón *reunió* ante sí...a los ancianos 6950
8.2 se *reunieron* todos los varones de Israel 6950
8.5 toda la congregación...que se había *reunido* 5712
12.21 Roboam...*reunió* a toda la casa de Judá 6950
18.20 y *reunió* a los profetas en el...Carmelo 6908
22.6 el rey de Israel *reunió* a los profetas 6908
2 R 3.13 Jehová ha *reunido* a estos tres reyes
6.24 Ben-adad rey de...*reunió* todo su ejército 6908
10.18 después *reunió* Jehú a todo el pueblo, y 6908
23.1 el rey mandó *reunir*...todos los ancianos 622
1 Cr 13.2 enviaremos...se *reúnan* con nosotros 6951
13.5 David *reunió* a...Israel, desde Sihor de 6950
15.4 *reunió*...David a los hijos de Aarón y a 662
19.17 *reunió* a...Israel, y cruzando el Jordán 622
22.2 mandó David...*reuniese* a los extranjeros 3664
28.1 *reunió* David en...principales de Israel 6950
29.17 tu pueblo, *reunido* aquí...ha dado para
2 Cr 5.2 Salomón *reunió*...los ancianos de Israel 6950
5.6 la congregación de...que se había *reunido* 5712
10.1 en Siquem se había *reunido* todo Israel
11.1 Roboam...*reunió* de la casa de Judá y de 6950
12.5 *reunidos* en Jerusalén por...Sisac, y les 622
15.9 después *reunió* a todo Judá y Benjamín 6908
15.10 se *reunieron* en Jerusalén, en el mes 6908
18.5 el rey de Israel *reunió* a 400 profetas 6908
20.4 y se *reunieron* los de Judá para pedir 6908
23.2 y *reunieron* a los levitas de todas las 6908
24.5 y *reunió* a los sacerdotes y los levitas 6908
25.5 *reunió*...Amasías a Judá...les puso jefes 6908
29.4 levitas...los *reunió* en la plaza oriental 622
29.15 éstos *reunieron* a sus hermanos, y se 622
29.20 *reunió* los principales de la ciudad 622
30.3 ni el pueblo se...*reunido* en Jerusalén 622
30.13 y se *reunió* en Jerusalén mucha gente 6951
32.4 *reunió* mucho pueblo, y cegaron todas las 6908
32.6 hizo *reunir* en la plaza de la puerta 6908
34.17 han *reunido* el dinero que se halló en 622
34.29 *reunió* a todos los ancianos de Judá y 622
Esd 7.28 yo...*reuní* a los principales de Israel 6908
8.15 los *reuní* junto al río que viene a Abava 6908
10.7 todos los hijos...*reuniesen* en Jerusalén 6908
10.9 los hombres...se *reunieron* en Jerusalén 6908
Neh 4.20 donde oyereis...la trompeta, *reuníos* 6908
6.2 *reunámonos* en alguna de las aldeas en el 3162
6.10 me dijo: *Reunámonos* en la casa de Dios
7.5 puso Dios en mi corazón que *reuniese* a 6908
8.13 se *reunieron* los cabezas de las familias 622
9.1 el día 24 del mismo mes se *reunieron* los 622
10.29 se *reunieron* con sus hermanos y sus
12.28 *reunidos* los hijos de los cantores, así 622
13.11 y los *reuní* y los puse en sus puestos 6908
Est 2.8 habían *reunido* a muchas doncellas en 6908
2.19 vírgenes eran *reunidas* la segunda vez 6908
4.16 *reúne* a todos los judíos que se hallan 3664
8.11 rey daba facultad...para que se *reuniesen* 6950
9.2 los judíos se *reunieron* en sus ciudades 6950
Job 12.23 las naciones, y las vuelve a *reunir*
30.7 entre las matas, y se *reunían* debajo de 5596
Sal 41.7 *reunidos* murmuran contra mí todos los 3162
47.9 los príncipes de los pueblos se *reunieron* 622
48.4 aquí los reyes de la tierra se *reunieron* 3259
56.6 se *reúnen*, se esconden, miran...mis pasos 1481
Is 8.9 *reuníos* pueblos, y seréis quebrantados 7489
11.12 y *reunirá* los esparcidos de Judá de los 6908
13.4 de ruido de reinos, de naciones *reunidas* 622
16.3 *reúne* consejo, haz juicio; pon tu sombra
27.12 hijos de Israel, seréis *reunidos* uno a 3950
31.4 si se *reúne* cuadrilla de pastores contra
34.16 mandó, y los *reunió* su mismo Espíritu 6908
45.20 *reuníos*, y venid; juntaos todos los 6908
49.18 todos éstos se han *reunido*, han venido 6908
56.8 el que *reúne* a los dispersos de Israel 6908
Jer 4.5 *reuníos*...en las ciudades fortificadas 4390
8.14 *reuníos*, y entremos en las...fortificadas 622
12.9 *reuníos*, vosotras...las fieras del campo 622
21.4 yo los *reuniré* en medio de esta ciudad 622
29.14 os *reuniré*, de todas las naciones y de 6908
31.8 y los *reuniré* de los fines de la tierra 6908
31.10 el que esparció a Israel lo *reunirá* y 6908
32.37 yo los *reuniré* de todas las tierras a 6908
40.15 los judíos que se han *reunido* a ti se 6908
Ez 16.37 que yo *reuniré* a todos tus enamorados 6908
16.37 y los *reuniré* alrededor de ti y les 6908
20.34 os *reuniré* de las tierras en que estáis 6908
22.19 que yo os *reuniré* en medio de Jerusalén 6908

38.7 tú y toda tu multitud que se ha reunido ... 6950
38.13 *reunido* tu multitud para tomar botín ... 6950
39.17 *reuníos* de todas partes a mi víctima ... 622
39.27 los *reúna* de la tierra de sus enemigos ... 6950
39.28 *reúna* sobre su tierra, sin dejar allí a ... 3664
Dn 3.2 envió...a que se *reuniesen* los sátrapas ... 3673
3.3 fueron...*reunidos* los sátrapas...capitanes ... 3673
11.10 *reunirán*...grandes ejércitos; y vendrá ... 622
Jl 2.16 *reunid* al pueblo...juntad a los ancianos ... 622
3.2 *reuniré* a todas las naciones, y las haré ... 6908
Am 3.9 *reuníos* sobre los montes de Samaria, y ... 622
Mi 2.12 lo *reuniré* como ovejas de Bosra, como ... 7760
Hab 2.5 antes *reunió* para sí todas las gentes ... 622
Sof 3.8 determinación es *reunir* las naciones ... 622
3.18 *reuniré* a los fastidiados por causa del ... 622
3.20 en aquel tiempo os *reuniré* yo; pues os ... 6908
Zac 10.8 los *reuniré*, porque los he redimido ... 6908
14.2 yo *reuniré* a...las naciones para combatir ... 622
14.14 serán *reunidas* las riquezas de todas las ... 622
Mt 25.32 **y serán *reunidas*...todas las naciones** ... *4863*
26.3 los ancianos...se *reunieron* en el patio
26.57 adonde estaban *reunidos* los escribas y ... *4863*
27.17 *reunidos*, pues...dijo Pilato: ¿A quién ... *4863*
27.27 *reunieron* alrededor de él...la compañía ... *4863*
27.62 se *reunieron* los principales sacerdotes
28.12 y *reunidos* con los ancianos, y habido ... *4863*
Mr 4.1 se *reunió* alrededor de él mucha gente ... *4863*
5.21 se *reunió* alrededor...una gran multitud ... *4863*
14.53 y se *reunieron* todos los principales ... *4905*
Lc 5.15 y se *reunía* mucha gente para oírle, y ... *4905*
9.1 habiendo *reunido* a sus doce discípulos ... *4779*
15.6 ***reúne* a...amigos y vecinos, diciéndoles** ... *4779*
15.9 ***reúne* a sus amigas y...diciendo: Gozaos** ... *4779*
24.33 hallaron a los once *reunidos*, y a los ... *4867*
Jn 11.47 y los fariseos *reunieron* el concilio ... *4863*
18.2 muchas veces...se había *reunido* allí con
18.20 **donde se *reúnen* todos los judíos, y nada**
20.19 donde los discípulos estaban *reunidos*
Hch 1.6 que se habían *reunido* le preguntaron ... *4905*
4.5 se *reunieron* en Jerusalén...los ancianos y
4.26 se *reunieron* los reyes de la tierra, y ... *4863*
10.27 y halló a muchos que se habían *reunido* ... *4905*
12.12 donde muchos estaban *reunidos* orando ... *4863*
13.36 David...fue *reunido* con sus padres, y vio
14.27 habiendo llegado, y *reunido* a la iglesia ... *4863*
15.6 *reunieron* los apóstoles y los ancianos ... *4863*
15.30 y *reuniendo* a la...entregaron la carta ... *4863*
16.13 hablamos a las...que se habían *reunido* ... *4905*
19.25 a los cuales, *reunidos* con los obreros ... *4867*
19.32 más no sabían por qué se habían *reunido* ... *4905*
20.6 y en cinco días nos *reunimos* con ellos
20.7 *reunidos* los discípulos para partir el ... *4863*
20.8 lámparas en el...donde estaban *reunidos* ... *4863*
20.14 cuando se *reunió* con nosotros en Asón ... *4820*
21.18 se hallaban *reunidos* todos los ancianos
21.22 multitud se *reunirá* de cierto, porque ... *4905*
28.17 luego que estuvieron *reunidos*, les dijo ... *4779*
1 Co 5.4 *reunidos* vosotros y mi espíritu, con ... *4863*
11.18 cuando os *reunís* como iglesia, oigo que ... *4905*
11.20 cuando...os *reunís*...no es comer la cena ... *4905*
11.33 cuando os *reunís* a comer, esperaos unos ... *4905*
11.34 casa, para que no os *reunáis* para juicio ... *4905*
14.23 si...la iglesia se *reúne* en un solo lugar ... *4905*
14.26 cuando os *reunís*, cada uno...tiene salmo ... *4905*
Ef 1.10 de *reunir* todas las cosas en Cristo ... *346*
Ap 16.14 *reunirlos* a la batalla de aquel día ... *4863*
16.16 los *reunió* en el lugar que en hebreo se ... *4863*
19.19 vi...los reyes...*reunidos* para guerrear ... *4863*
20.8 a fin de *reunirlos* para la batalla; el ... *4863*

REVELACIÓN
1 R 14.6 aquí yo soy enviado a ti con *r* dura
Mt 2.12 siendo avisados por *r* en sueños que no
2.22 pero avisado por *r* en sueños, se fue a
Lc 2.32 luz para *r* a los gentiles, y gloria de ... *602*
Ro 2.5 ira y de la *r* del justo juicio de Dios ... *602*
16.25 la *r* del misterio que se ha mantenido ... *602*
1 Co 14.6 no os hablare con *r*, o con ciencia ... *602*
14.26 lengua, tiene *r*, tiene interpretación ... *602*
2 Co 12.1 pero vendré a las...a las *r* del Señor ... *602*
12.7 que la grandeza de las *r* no me exaltase ... *602*
Gá 1.12 ni lo recibí...sino por *r* de Jesucristo ... *602*
2.2 pero subí según una *r*, y para no correr ... *602*
Ef 1.17 Padre de gloria, os dé espíritu...de *r* ... *602*
3.3 por *r* me fue declarado el misterio, como ... *602*
1 P 4.13 en la *r* de su gloria os gocéis con ... *602*
Ap 1.1 *r* de Jesucristo, que Dios le dio, para ... *602*

REVELAR
Dt 29.29 mas las *reveladas* son para nosotros ... 1540
1 S 3.7 ni la palabra...le había sido *revelada* ... 1540
9.15 Jehová había *revelado* al oído de Samuel ... 1540
2 S 7.27 tú...*revelaste* al oído de tu siervo ... 1540
2 R 4.27 Jehová me ha...y no me lo ha *revelado* ... 5046
1 Cr 17.25 tú, Dios mío, *revelaste* al oído de ... 1540
Job 33.16 *revela* al oído de los hombres, y les
Is 13.1 profecía sobre Babilonia, *revelada* a ... 2372
22.14 esto fue *revelado* a mis oídos de parte ... 1540
23.1 desde la tierra de Quitim...es *revelado* ... 1540
Jer 33.6 les *revelaré* abundancia de paz y de ... 1540
Dn 2.19 el secreto fue *revelado* a Daniel en ... 1541
2.22 él *revela* lo profundo y lo escondido ... 1541
2.23 ahora me has *revelado* lo que te pedimos ... 3046
2.27 ni magos ni adivinos lo pueden *revelar*
2.28 pero hay un Dios...*revela* los misterios ... 1541
2.29 el que *revela* los misterios te mostró lo ... 1541
2.30 a mí me ha sido *revelado* este misterio ... 1541
2.47 es Dios...y el que *revela* los misterios ... 1541
2.47 Dios...pues pudiste *revelar* este misterio ... 1541
10.1 fue *revelada* palabra a Daniel, llamado ... 1540
Am 3.7 sin que *revele* su secreto a sus siervos ... 1540
Mt 11.25 **sabios...y las *revelaste* a los niños** ... *601*
11.27 **aquel a quien el Hijo lo quiera *revelar*** ... *601*
16.17 **porque no te lo *reveló* carne ni sangre** ... *601*
Lc 2.26 sido *revelado* por el Espíritu Santo ... *5537*
2.35 que sean *revelados* los pensamientos de ... *601*
10.21 **las has *revelado* a los niños...Sí, Padre** ... *601*
10.22 **aquel a quien el Hijo lo quiera *revelar*** ... *601*
Jn 12.38 **a quién se ha *revelado* el brazo del** ... *601*
Ro 1.17 la justicia de Dios se *revela* por fe ... *601*
1.18 la ira de Dios se *revela* desde el cielo ... *601*
1 Co 2.10 *reveló* a nosotros por el Espíritu ... *601*
3.13 por el fuego será *revelada*; y la obra de ... *601*
14.30 y si algo le fuere *revelado* a otro que ... *601*
Gá 1.16 *revelar* a su Hijo en mí, para que yo ... *601*
3.23 para aquella fe que iba a ser *revelada* ... *601*
Ef 3.5 es *revelado* a sus santos apóstoles y ... *601*
Fil 3.15 su...esto también os lo *revelará* Dios ... *601*
1 P 1.12 se les *reveló* que no para sí mismos ... *601*
5.1 participante...gloria que será *revelado* ... *601*

REVENTAR
Hch 1.18 se *reventó* por la mitad, y todas sus ... *2997*

REVERDECER
Nm 17.8 la vara de Aarón...había *reverdecido* ... 6524
Job 14.9 percibir el agua *reverdecerá*, y hará ... 6524
15.32 cortado...sus renuevos no *reverdecerán* ... 7488
Pr 11.28 los justos *reverdecerán* como ramas ... 6524
Is 66.14 y vuestros huesos *reverdecerán* como ... 6524
Ez 7.10 ha florecido la vara, ha *reverdecido* ... 6524
17.24 verde, e hice *reverdecer* el árbol seco ... 6524
Jl 2.22 los pastos del desierto *reverdecerán* ... 1876
He 9.4 la vara de Aarón que *reverdeció*, y las ... *985*

REVERENCIA
Gn 43.28 vive...Y se inclinaron, e hicieron *r* ... 7812
Lv 19.30 mi santuario tendréis en *r*...Yo Jehová ... 3372
26.2 y tened en *r* mi santuario...Yo Jehová ... 7812
Nm 22.31 y Balaam hizo *r*, y se inclinó sobre ... 6915
1 S 24.8 inclinó su rostro a tierra, e hizo *r* ... 7812
28.14 y humillando el rostro a tierra hizo...*r* ... 7812
2 S 1.2 llegando...se postró en tierra e hizo *r* ... 7812
9.6 y vino Mefi-boset...e hizo *r*...Y dijo David ... 7812
14.4 postrándose en, hizo *r*, y dijo: ¡Socorro ... 7812
14.22 Joab...hizo *r*, y después que bendijo al ... 7812
18.21 y el etíope hizo *r* ante Joab, y corrió ... 7812
1 R 1.16 Betsabé se inclinó, e hizo *r* al rey ... 7812
1.31 Betsabé...haciendo *r* al rey, dijo: Viva ... 7812
Is 45.14 te harán *r* y te suplicarán diciendo
Mr 15.19 escupían, y...de rodillas le hacían *r* ... *4352*
He 12.28 sirvamos a Dios agradándole con...y *r* ... *127*
1 P 3.15 presentar defensa con...*r* ante todo el

REVERENCIAR
Neh 1.11 quienes desean *reverenciar* tu nombre ... 3372
Sal 130.4 perdón, para que seas *reverenciado*

REVERENTE
Tit 2.3 las ancianas...sean *r* en su porte; no ... *2412*
He 5.7 Cristo...fue oído a causa de su temor *r* ... *2124*

REVÉS
Lv 13.55 esté lo raído en el derecho o en el *r*

REVESTIR
1 R 6.15 *revistiéndola* de madera por dentro
2 Co 5.2 deseando ser *revestidos* de aquella ... *1902*
5.4 no...ser desnudados, sino *revestidos*, para ... *1902*
Gá 3.27 en Cristo, de Cristo estáis *revestidos* ... *1746*
Col 3.10 *revestido* del nuevo, el cual conforme ... *1746*
1 P 5.5 todos, sumisos...*revestíos* de humildad ... *1463*

REVISTA
Jos 8.10 Josué...pasó *r* al pueblo, y subió él ... 6485
1 S 14.17 pasad ahora *r*, y ved...pasaron *r*, y ... 6485
15.4 les pasó *r* en Telaim, 200.000 de a pie ... 6485
29.2 filisteos pasaban *r* a sus compañías de
2 S 18.1 David...pasó *r* al pueblo que tenía ... 6485
1 R 20.15 pasó *r*...los siervos de los príncipes ... 6485
20.15 luego pasó *r* a todo el pueblo, a todos ... 6485
20.26 Ben-adad pasó *r* al ejército de...sirios ... 6485
2 R 3.6 salió...Joram, y pasó *r* a todo Israel ... 6485
Is 13.4 Jehová de los ejércitos pasa *r* a las ... 6485
Jer 52.25 que pasaba *r* al pueblo de la tierra ... 6633

REVIVIR
Gn 45.27 viendo Jacob los...su espíritu *revivió* ... 2421
1 R 17.22 alma del niño volvió a él, y *revivió* ... 2421
2 R 13.21 *revivió*, y se levantó sobre sus pies ... 2421
Lc 15.24 **este mi hijo muerto era, y ha *revivido*** ... *326*
15.32 **tu hermano era muerto, y ha *revivido*** ... *326*
Ro 7.9 venido el...el pecado *revivió* y yo morí ... *326*
Fil 4.10 habéis *revivido* vuestro cuidado de mí ... *330*

REVOCAR
Nm 23.20 dio bendición, y no podré *revocarla* ... 7725
Dt 27.2 piedras grandes...las *revocarás* con cal
27.4 estas piedras...y las *revocarás* con cal
Est 8.5 orden escrita para *revocar* las cartas ... 7725
8.8 edicto...se sella...no puede ser *revocado* ... 7725
Is 45.23 no será *revocada*...doblará toda rodilla ... 7725
Ez 7.13 porque la visión...no se *revocará*, y a ... 7725
Dn 6.8 que no pueda ser *revocado*, conforme a ... 8133
Am 1.3,6,9,11,13; 2.1,4,6 por tres pecados
de...no *revocaré* su castigo ... 7725

REVOLCAR
2 S 20.12 y Amasa...*revolcándose* en su sangre ... 1556
Is 9.5 y todo manto *revolcado* en sangre, serán ... 1556
Jer 6.26 *revuélcate* en ceniza; ponte luto como ... 6428
25.34 *revolcaos* en el polvo, mayorales del ... 6428
48.26 *revuélquese* Moab sobre su vómito, y sea ... 5606
Ez 27.30 echarán polvo...se *revolcarán* en ceniza ... 6428
Mi 1.10 *revuélcate* en el polvo de Bet-le-afra ... 6428
Mr 9.20 quien cayendo en tierra se *revolcaba* ... *2947*
2 P 2.22 y la puerca...a *revolcarse* en el cieno ... *2946*

REVOLOTEAR
Dt 32.11 el águila...*revolotea* sobre sus pollos

REVOLTÓN
Jl 1.4 y lo que quedó del saltón comió el *r* ... 3218
1.4 langosta comió lo que del *r* había quedado ... 3218
2.25 los años que comió...el *r* y la langosta ... 3218

REVOLTOSO
Jer 48.45 Moab, y la coronilla de los hijos *r*

REVOLVER
Gn 3.24 espada...que se *revolvía* por todos lados ... 2015
29.3 *revolvían* la piedra de la boca del pozo ... 1556
Job 30.14 se *revolvieron* sobre mi calamidad ... 1556
30.15 se han *revuelto* turbaciones sobre mí ... 2015
37.12 por sus designios se *revuelven* las nubes ... 2015
Pr 17.20 que *revuelve* con su lengua caera en
26.27 y al que *revuelve* la piedra, sobre él ... 1556
Lm 3.3 contra mí volvió y *revolvió* su mano ... 7725

REVUELTA
Mr 15.7 que habían cometido homicidio en una *r* ... *4714*

REY
Gn 14.1 días de Amrafel *r* de Sinar, Arioc *r* ... 4428
14.1 Quedorlaomer *r* de Elam, y Tidal *r* de ... 4428
14.2 éstos...guerra contra Bera *r* de Sodoma ... 4428
14.2 Birsa *r* de Gomorra, contra Sinab *r* de ... 4428
14.2 Semeber *r* de Zeboim, y contra el *r* de ... 4428
14.5 vino...y los *r* que estaban de su parte ... 4428
14.8 el *r* de Sodoma, el *r* de Gomorra, el *r* ... 4428
14.8 de Adma, el *r* de Zeboim y el *r* de Bela ... 4428
14.9 esto es, contra Quedorlaomer *r* de Elam ... 4428
14.9 Tidal *r* de Goim, Amrafel *r* de Sinar, y ... 4428
14.9 Arioe *r* de Elasari cuatro *r* contra cinco ... 4428
14.10 huyeron el *r* de Sodoma y el de Gomorra ... 4428
14.17 volvía de la derrota de...y de los *r* que ... 4428
14.17 salió...*r* de Sodoma a recibirlo al valle ... 4428
14.17 al valle de Saye, que es el Valle del *R* ... 4428
14.18 Melquisedec, *r* de Salem y sacerdote del ... 4428
14.21 el *r* de Sodonia dijo a Abram: Dame las ... 4428
14.22 y respondió Abram al *r* de Sodoma: He ... 4428
17.6 haré naciones de ti, y *r* saldrán de ti ... 4428
17.16 ser madre...*r* de pueblos vendrán de ella ... 4428
20.2 Abimelec *r* de Gerar envió y tomó a Sara ... 4428
26.1 a Abimelec *r* de los filisteos, en Gerar ... 4428
26.8 Abimelec, *r* de los filisteos, mirando por ... 4428
35.11 una nación y...y *r* saldrán de tus lomos ... 4428
36.31 los *r* que reinaron en la tierra de Edom ... 4428
36.31 que reinase *r* sobre los hijos de Israel ... 4428
39.20 cárcel, donde estaban los presos del *r* ... 4428
40.1 el copero del *r* y...contra su señor el *r* ... 4428
40.5 el copero y el panadero del *r* de Egipto ... 4428
40.20 *r* hizo banquete a todos sus sirvientes
41.46 fue presentado delante de Faraón *r* de ... 4428
49.20 el pan de Aser...él dará deleites al *r* ... 4428
Éx 1.8 se levantó sobre Egipto un nuevo *r* que ... 4428
1.15 habló el *r* de Egipto a las parteras de ... 4428
1.17 y no hicieron como les mandó el *r*, sino ... 4428
1.18 *r* de Egipto hizo llamar a las parteras ... 4428
2.23 después de...días murió el *r* de Egipto ... 4428
3.18 irás tú, y los ancianos de Israel, al *r* ... 4428
3.19 yo sé que el *r* de Egipto no os dejará ir ... 4428
5.4 *r* de Egipto les dijo: Moisés y Aarón, ¿por ... 4428
6.11 y habla a Faraón *r* de Egipto, que deje ... 4428
6.13 mandamiento...y para Faraón *r* de Egipto ... 4428
6.27 estos son los que hablaron a Faraón *r* de ... 4428
6.29 di a Faraón *r* de Egipto todas las cosas ... 4428
14.5 dado aviso al *r* de Egipto, que el pueblo ... 4428
14.8 endureció Jehová el corazón de Faraón *r* ... 4428
Nm 20.14 embajadores al *r* de Edom desde Cades ... 4428
21.1 cananeo, el *r* de Arad, que habitaba en ... 4428
21.21 embajadores a Sehón *r* de los amorreos ... 4428
21.26 Hesbón era la ciudad de Sehón *r* de los ... 4428
21.26 tenido guerra antes con el *r* de Moab ... 4428
21.29 en huida...por Sehón *r* de los amorreos ... 4428
21.33 salió contra ellos Og *r* de Basán, él y ... 4428
21.34 harás de él como hiciste de Sehón *r* de ... 4428
22.4 Balac hijo de...era entonces *r* de Moab ... 4428
22.10 Balac...*r* de Moab, ha enviado a decirme ... 4428
23.7 dijo: De Aram me trajo Balac, *r* de Moab ... 4428
23.21 Dios está con él, y júbilo de *r* en él ... 4428
24.7 enaltecerá su *r* más que Agag, y su reino ... 4428
31.8 mataron, los *r* de Madián, Evi, Requem ... 4428
31.8 mataron...cinco *r* de Madián; también a ... 4428
32.33 el reino de Sehón *r* amorreo...de Og *r* de ... 4428
33.40 el cananeo, *r* de Arad, que habitaba en ... 4428
Dt 1.4 que derrotó a Sehón *r* de los amorreos ... 4428
1.4 a Og *r* de Basán que habitaba en Astarot ... 4428
2.24 aquí he entregado en tu mano a Sehón *r* ... 4428
2.26 y envié mensajeros...a Sehón *r* de Hesbón ... 4428
2.30 Sehón *r* de Hesbón no quiso...pasásemos ... 4428
3.1 nos salió al encuentro Og *r* de Basán para ... 4428
3.2 y harás con él como hiciste con Sehón *r* ... 4428
3.6 las destruimos, como...a Sehón *r* de Hesbón ... 4428
3.8 tomamos...de manos de los dos *r* amorreos ... 4428
3.11 Og *r* de Basán había quedado del resto de ... 4428
3.21 lo que...Dios ha hecho a aquellos dos *r* ... 4428
4.46 en la tierra de Sehón *r* de los amorreos ... 4428
4.47 poseyeron su tierra, y la tierra de Og *r* ... 4428
4.47 dos *r*...estaban de este lado del Jordán ... 4428
7.8 y os ha rescatado...de Faraón *r* de Egipto ... 4428
7.24 entregará sus *r* en tu mano...destruirás ... 4428
11.3 obras que hizo en...a Faraón *r* de Egipto ... 4428

17.14 pondré un *r* sobre mí, como todas las 4428
17.15 pondrías por *r*...que Jehová...escogiere 4428
17.15 de entre tus hermanos pondréis *r* sobre 4428
28.36 te llevará a ti, y al *r* que hubieres 4428
29.7 y salieron Sehón *r* de Hesbón y Og *r* de 4428
31.4 con Sehón y con Og, *r* de los amorreos 4428
33.5 fue *r* en Jesurún...las tribus de Israel 4428
Jos 2.2 dado aviso al *r* de Jericó, diciendo 4428
2.3 el *r*...envió a decir a Rahab: Saca a los 4428
2.10 lo que habéis hecho a los dos *r* de los 4428
5.1 todos los *r* de los amorreos...oyeron como 4428
5.1 *r* de los cananeos que estaban cerca del 4428
6.2 entregado en tu mano a Jericó y a su *r* 4428
8.1 he entregado en tu mano al *r* de Hai, a su 4428
8.2 y Hai ya su *r*...hiciste a Jericó y a su *r* 4428
8.14 viéndolo el *r* de Hai, él y su pueblo se 4428
8.23 tomaron vivo al *r* de Hai, y lo trajeron 4428
8.29 al *r* de Hai lo colgó de un madero hasta 4428
9.1 cuando oyeron...*r* que estaban a este lado 4428
9.10 lo que hizo a los dos *r* de los amorreos 4428
9.10 a Sehón *r* de Hesbón, y a Og *r* de Basán 4428
10.1 cuando Adonisedec *r* de Jerusalén oyó que 4428
10.1 Jericó y a su *r*, así hizo a Hai y a su *r* 4428
10.3 Adonisedec *r* de Jerusalén envió a Hoham 4428
10.3 envió a Hoham *r* de Hebrón, a Piream *r* de 4428
10.3 Jafía *r* de Laquis y a Debir *r* de Eglón 4428
10.5 y 5 *r* de los amorreos...el *r* de Jerusalén 4428
10.5 el *r* de Hebrón, el *r* de Jarmut, el *r* de 4428
10.5 y el *r* de Eglón, se juntaron y subieron 4428
10.6 todos los *r* de los amorreos...han unido 4428
10.16 los cinco *r* huyeron, y se escondieron 4428
10.17 cinco *r* habían sido hallados escondidos 4428
10.22 abrid...cueva, y sacad...a esos cinco *r* 4428
10.23 cinco *r*...*r* de Jerusalén...*r* de Hebrón 4428
l0.23 *r* de Jarmut...*r* de Laquis...*r* de Eglón 4428
10.24 Poned vuestros pies sobre...de estos *r* 4428
10.28 día tomó Josué a Maceda...y mató a su *r* 4428
10.28 hizo al *r* de Maceda como...*r* de Jericó 4428
10.30 Jehová la entregó...y a su *r* en manos de 4428
10.30 e hizo a su *r* de...como...al *r* de Jericó 4428
10.33 *r* de Gezer subió en ayuda de Laquis; mas 4428
10.37 la hirieron a filo de espada, a su *r* y a 4428
10.39 tomó, y a su *r*...y a todas sus ciudades 4428
10.39 Libna y a su *r*, así...a Debir y a su *r* 4428
10.40 hirió...y a todos sus *r*...sin dejar nada 4428
10.42 todos estos *r* y...tomó Josué de una vez 4428
11.1 cuando oyó esto Jabín *r* de Hazor, envió 4428
11.1 Jabín...envió mensaje a Jobab *r* de Madón 4428
11.1 mensaje...al *r* de Simrón, al *r* de Acsaf 4428
11.2 y a los *r* que estaban en la región del 4428
11.5 todos estos *r* se reunieron, y vinieron 4428
11.10 tomó...a Hazor, y mató a espada a su *r* 4428
11.12 las ciudades de aquellos *r*, y a...los *r* 4428
11.17 tomó...todos sus *r*, y los hirió y mató 4428
11.18 mucho tiempo tuvo guerra Josué con, *r* 4428
12.1 estos son los *r*...que...Israel derrotaron 4428
12.2 Sehón *r* de los...que habitaba en Hesbón 4428
12.4 el territorio de Og *r* de Basán, que había 4428
12.5 mitad de Galaad, territorio de Sehón *r* 4428
12.7 *r* de la tierra que derrotaron Josué y los 4428
12.9 *r* de Jericó, tino: el *r* de Hai, que está 4428
11.10 el *r* de Jerusalén, otro; el *r* de Hebrón 4428
12.11 *r* de Jarmut, otro; el *r* de Laquis, otro 4428
12.12 el *r* de Eglón, otro; el *r* de Gezer, otro 4428
12.13 *r* de Debir, otro; el *r* de Geder, otro 4428
12.14 el *r* de Horma, otro; el *r* de Arad, otro 4428
12.15 *r* de Libna, otro; el *r* de Adulam, otro 4428
12.16 *r* de Maceda, otro; el *r* de Bet-el, otro 4428
12.17 el *r* de Tapúa, otro; el *r* de Hefer, otro 4428
12.19 el *r* de Afee, otro; el *r* de Sarón, otro 4428
12.19 el *r* de Madón, otro; el *r* de Hazor, otro 4428
12.20 *r* de Simron-merón...el *r* de Acsaf, otro 4428
12.21 el *r* de Taanac, otro; el *r* de Meguido 4428
12.22 *r* de Cedes, otro; el *r* de Jocneam, otro 4428
12.23 *r* de Dor...otro; el *r* de Goim en Gilgal 4428
12.24 el *r* de Tirsa, otro; treinta y un *r* por 4428
13.10 las ciudades de Sehón *r* de los amorreos 4428
13.21 todo el reino de Sehón *r* de los amorreos 4428
13.27 resto del reino de Sehón *r* de Hesbón 4468
13.30 el reino de Og *r* de Basán, y todas las 4428
24.9 se levantó Balac...*r* de los moabitas, y 4428
24.12 arrojaron...a los dos *r* de los amorreos 4428
Jue 1.7 setenta *r*, cortados los pulgares de 4428
3.8 los vendió en manos de...*r* de Mesopotamia 4428
3.10 entregó en...a Cusan-risataim *r* de Siria 4428
3.12 y Jehová fortaleció a Eglón *r* de Moab 4428
3.14 sirvieron...a Eglón *r* de los moabitas 18 4428
3.15 enviaron con él un presente a Eglón *r* de 4428
3.17 y entregó el presente a Eglón *r* de Moab 4428
3.19 dijo: *R*, una palabra secreta tengo que 4428
3.24 vinieron los siervos de, *r*, los cuales
4.2 los vendió en mano de Jabín *r* de Canaán 4428
4.17 había paz entre Jabín *r* de Hazor y la 4428
4.23 Así abatió Dios...a Jabín, *r* de Canaán 4428
4.24 fue endureciéndose...contra Jabín *r* de 4428
5.3 oíd, *r*...escuchad, oh príncipes; yo cantaré 4428
5.19 vinieron *r* y pelearon...pelearon los *r* de 4428
8.5 yo persigo a Zeba y Zalmuna, *r* de Madián 4428
8.12 y prendió a los dos *r* de Madián, Zeba y 4428
8.18 eran ellos...cada uno parecía hijo de *r* 4428
8.26 de púrpura que traían los *r* de Madián 4428
9.6 y fueron y eligieron a Abimelec por *r* 4428
9.8 fueron una vez los árboles a elegir *r* 4428
9.15 si en...me elegís por *r* sobre vosotros 4428
9.16 habéis procedido en hacer *r* a Abimelec 4427
9.18 habéis puesto por *r*...Abimelec hijo de 4427
11.12 Jefté mensajeros al *r* de los amonitas 4428
11.13 el *r* de los amonitas respondió a los 4428
11.14 volvió a enviar otros mensajeros al *r* 4428
11.17 Israel envió mensajeros al *r* de Edom 4428
11.17 pasar...pero el *r* de Edom no los escuchó 4428
11.17 también al *r* de Moab, el cual tampoco 4428
11.19 a Sehón *r* de los amorreos, *r* de Hesbón 4428
11.25 tú...que Bulac hijo de Zipor, *r* de Moab? 4428
11.28 el *r* de...Amón no atendió a las razones 4428
17.6; 18.1 aquellos días no había *r* en Israel 4428
19.1 en aquellos días, cuando no había *r* en 4428
21.25 no había *r* en Israel; cada uno hacía lo 4428
1 S 2.10 poder a su *R!*...y exaltará el poderío 4428
8.5 constitúyenos ahora un *r* que nos juzgue 4428
8.6 no agradó a Samuel...que dijeron: Danos un *r* 4428
8.9 y muéstrales como les tratará el *r* que 4428
8.10 Jehová al pueblo que le había pedido *r* 4428
8.11 así hará el *r* que reinará sobre vosotros 4428
8.18 clamaréis...a causa de vuestro *r* que os 4428
8.19 dijo: No, sino...habrá *r* sobre nosotros 4428
8.20 naciones, y nuestro *r* nos gobernará, y 4428
8.22 dijo a...Oye su voz, y pon *r* sobre ellos 4428
10.19 habéis dicho...sino pon *r* sobre nosotros 4428
10.24 el pueblo clamo...diciendo: ¡Viva el *r!* 4428
11.15 invistieron allí a Saúl por *r* delante 4427
12.1 yo he oído vuestra voz...y os he puesto *r* 4428
12.2 aquí, vuestro *r* va delante de vosotros 4428
12.9 y él los vendió...en mano del *r* de Moab 4428
12.12 que Nahas *r* de los hijos de Amón venía 4428
12.12 que ha de reinar sobre nosotros un *r* 4428
12.12 que Jehová vuestro Dios era vuestro *r* 4428
12.13 aquí el *r*...veis que Jehová ha puesto *r* 4428
12.14 si tanto vosotros como el *r*...servís a 4428
12.17 maldad que...pidiendo para vosotros *r* 4428
12.19 hemos añadido este mal de pedir *r* para 4428
12.25 mal, vosotros y vuestro *r* pereceréis 4428
14.47 Saúl hizo guerra...contra los *r* de Soba 4428
15.1 Jehová me envió a que te ungiese por *r* 4428
15.8 y tomó vivo a Agag *r* de Amalec, pero a 4428
15.11 pesa haber puesto por *r* a Saúl, porque 4428
15.17 Jehová te ha ungido por *r* sobre Israel? 4428
15.20 y fui a...y he traído a Agag *r* de Amalec 4428
15.23,26 te ha desechado para que no seas *r* 4428
15.32 traedme a Agag *r* de Amalec. Y Agag vino 4428
15.35 haber puesto a Saúl por *r* sobre Israel 4427
16.1 a Isaí...de sus hijos me he provisto de *r* 4428
17.25 al que le venciere, el *r* le enriquecerá 4428
17.56 tu alma, oh *r*, que no lo sé. Y el *r* dijo 4428
18.6 para recibir al *r* Saúl, con cánticos de 4428
18.18 ¿quién soy yo...que yo sea yerno del *r*? 4428
18.22 el *r* te ama, y...sé, pues, yerno del *r* 4428
18.23 ¿os parece...que es poco ser yerno del *r* 4428
18.25 así a David: El *r* no desea la dote, sino 4428
18.25 tomada venganza de los enemigos del *r* 4428
18.26 pareció bien la...para ser yerno del *r* 4428
18.27 entregó todos al *r*...hacerse yerno del *r* 4428
19.4 dijo: No peque el *r* contra...siervo David 4428
20.5 yo acostumbro sentarme con el *r* a comer 4428
20.24 nueva luna, se sentó el *r* a comer pan 4428
20.25 el *r* que se sentó en su silla, como solía 4428
20.29 por esto...no ha venido a la mesa del *r* 4428
21.2 el *r* me encomendó un asunto, y me dijo 4428
21.8 por cuanto la orden del *r* era apremiante 4428
21.10 David...huyó..y se fue a Aquis *r* de Gat 4428
21.11 ¿no es éste David, el *r* de la tierra? 4428
21.12 y David...tuvo gran temor de Aquis *r* de 4428
22.3 y se fue David de...y dijo al *r* de Moab 4428
22.4 los trajo, pues, a la presencia del *r* 4428
22.11 el *r* envió por...y todos vinieron al *r* 4428
22.14 entonces Abimelec respondió al *r*, y 4428
22.14 yerno también del *r*, que sirve a tus 4428
22.15 culpe el *r* de cosa alguna a su siervo 4428
22.16 el *r* dijo: Sin duda morirás, Ahimelec 4428
22.17 dijo el *r* a la gente de su guardia que 4428
22.17 los siervos del *r* no quisieron...matar 4428
22.18 *r* a Doeg: Vuelve tú, y arremete contra 4428
23.20 por tanto, *r*, desciende pronto ahora 4428
23.20 nosotros lo entregaremos en la...del *r* 4428
24.8 ¡mi señor el *r!*...Saúl miró hacia atrás 4428
24.14 ¿tras quién ha salido el *r* de Israel? 4428
25.36 Nabal...en su casa como banquete de *r* 4428
26.14 dijo: ¿Quién eres tú que gritas al *r*? 4428
26.15 ¿por qué, pues, no has guardado al *r* 4428
26.15 uno...ha entrado a matar a tu señor el *r* 4428
26.16 mira pues...dónde está la lanza del *r* 4428
26.17 y David respondió: Mi voz es, *r* señor 4428
26.19 ruego...que el *r* mi señor oiga ahora las 4428
26.20 ha salido el *r* de...a buscar una pulga 4428
26.22 he aquí la lanza del *r*; pase acá uno de 4428
27.2 se pasó a Aquis hijo de Maoc, *r* de Gat 4428
27.6 Sielag vino a ser de los *r* de Judá hasta 4428
28.13 el *r* le dijo: No temas...¿Qué has visto? 4428
29.3 ¿no es éste David, el siervo de Saúl *r* 4428
29.8 contra los enemigos de mi señor el *r*? 4428
2 S 2.4 ungieron allí a David por *r* sobre la 4428
2.7 de Judá me han ungido por *r* sobre ellos 4428
2.9 y lo hizo *r* sobre Galaad, sobre Gesuri 4427
3.3 Absalón hijo de Maaca, hija de Talmai *r* 4428
3.17 ya tiempo procurabais que David fuese *r* 4428
3.21 y juntaré a mi señor el *r* a todo Israel 4428
3.23 Abner hijo de Ner ha venido al *r*, y él 4428
3.24 vino al *r*, y le dijo: ¿Qué has hecho? 4428
3.31 y el *r* David iba detrás del féretro 4428
3.32 y alzando el *r* su voz, lloró junto al 4428
3.33 y endechando el *r* al mismo Abner, decía 4428
3.36 todo lo que el *r* hacía agradaba a todo 4428
3.37 que no había procedido del *r* el matar a 4428
3.38 dijo el *r* a sus siervos: ¿No sabéis que 4428
3.39 y yo soy débil hoy, aunque ungido *r*; y 4428
4.8 al *r*: He aquí la cabeza de Is-boset hijo 4428
4.8 Jehová ha vengado hoy a mi señor el *r*, de 4428
5.3 vinieron...al *r*...el *r* David hizo pacto con 4428
5.3 y ungieron a David por *r* sobre Israel 4428
5.6 marchó el *r* con sus hombres a Jerusalén 4428
5.11 Hiram *r*...Tiro envió embajadores a David 4428
5.12 Jehová le había confirmado por *r* sobre 4428
5.17 David había sido ungido...*r* sobre Israel 4428
6.12 dado aviso al *r* David, diciendo: Jehová 4428
6.16 que Mical...vio al *r* David que saltaba 4428
6.20 ¡cuán honrado ha quedado...el *r* de Israel 4428
7.1 que cuando ya el *r* habitaba en su casa 4428
7.2 dijo el *r* al profeta Natán: Mira ahora 4428
7.3 y Natán dijo al *r*: Anda, y haz todo lo 4428
7.18 entró el *r*...se puso delante de Jehová 4428
8.3 derrotó...a Hadad-ezer...*r* de Soba, al ir 4428
8.5 para dar ayuda a Hadad-ezer *r* de Soba 4428
8.8 de Beta...tomó el *r*...cantidad de bronce 4428
8.9 oyendo Toi *r* de Hamat, que David había 4428
8.10 envió Toi a Joram su hijo al *r* David 4428
8.11 los cuales el *r* David dedicó a Jehová 4428
8.12 del botín de Hadad-ezer hijo...*r* de Soba 4428
9.2 el *r* le dijo: ¿Eres tú Siba?...Tu siervo 4428
9.3 el *r* le dijo: ¿No ha quedado nadie de la 4428
9.3 y Siba respondió al *r*: Aún ha quedado un 4428
9.4 entonces el *r* le preguntó: ¿Dónde está? 4428
9.4 y Siba respondió al *r*: He aquí, está en 4428
9.5 entonces envió el *r* David, y le trajo de 4428
9.9 el *r* llamó a Siba...y le dijo: Todo lo que 4428
9.11 respondió Siba al *r*: Conforme a todo lo 4428
9.11 todo lo que ha mandado...el *r* a su siervo 4428
9.11 Mefi-boset, dijo el *r*, comerá a mi mesa 4428
9.11 a mi mesa, como uno de los hijos del *r* 4428
9.13 moraba Mefi-boset...comía...la mesa del *r* 4428
10.1 que murió el *r* de los hijos de Amón, y 4428
10.5 el *r* mandó...Quedaos en Jericó hasta que 4428
10.6 tomaron...del *r* de Maaca mil hombres, y 4428
10.19 todos los *r* que ayudaban a Hadad-ezer 4428
11.1 el tiempo que salen los *r* a la guerra 4428
11.8 saliendo Urías de la casa del *r*, le fue 4428
11.9 durmió a la puerta de la casa del *r* con 4428
11.19 acabes de contar al *r*...los asuntos de 4428
11.20 el *r* comenzare a enojarse, y te dijere 4428
11.24 murieron algunos de los siervos del *r* 4428
12.7 te ungí por *r* sobre Israel, y te libré 4428
12.30 quitó la corona de la cabeza de su *r* 4428
13.4 hijo del *r*, ¿por qué de día en día vas 4428
13.6 se acostó...Amnón...y vino el *r* a visitarle 4428
13.6 dijo Amnón al *r*: Yo te ruego que venga 4428
13.13 hables al *r*, que él no me negará a ti 4428
13.18 que vestían las hijas vírgenes de los *r* 4428
13.21 luego que el *r* David oyó todo esto, se 4428
13.23 convidó Absalón a todos los hijos del *r* 4428
13.24 vino Absalón al *r*, y dijo: He aquí, tu 4428
13.25 respondió el *r* a Absalón: No, hijo mío 4428
13.26 el *r* le respondió: ¿Para qué ha de ir 4428
13.27 dejó ir con él...a todos los hijos del *r* 4428
13.29 se levantaron todos los hijos del *r*, y 4428
13.30 ha dado muerte a todos los hijos del *r* 4428
13.32 no diga...han dado muerte a...hijos del *r* 4428
13.33 no ponga mi señor el *r* en su corazón 4428
13.33 todos los hijos del *r* han sido muertos 4428
13.35 dijo...al *r*: He allí los hijos del *r* que 4428
13.36 he aquí los hijos del *r* que vinieron 4428
13.36 el mismo *r* y todos sus siervos lloraron 4428
13.37 Absalón huyó...fue a Talmai...*r* de Gesur 4428
13.39 el *r* David deseaba ver a Absalón; pues 4428
14.1 corazón del *r* se inclinaba por Absalón 4428
14.3 y entrarás al *r*, y le hablarás de esta 4428
14.4 entró...al *r*, y postrándose en tierra 4428
14.4 y postrándose en...dijo: ¡Socorro, oh *r*. 4428
14.5 el *r* le dijo: ¿Qué tienes? Y...respondió 4428
14.8 el *r* dijo a la mujer: Vete a tu casa, y 4428
14.9 mujer...dijo al *r*: *R* señor mío, la maldad 4428
14.9 sea...mas el *r* y su trono sean sin culpa 4428
14.10 y el *r* dijo: Al que hablare contra ti 4428
14.11 oh *r*, que te acuerdes de Jehová tu Dios 4428
14.12 que tu sierva hable...a mi señor el *r*. 4428
14.13 porque hablando el *r* esta palabra, se 4428
14.13 el *r* no hace volver a su desterrado 4428
14.15 yo venido ahora para decir esto al *r* mi 4428
14.15 hablaré ahora al *r*, quizá él hará lo que 4428
14.16 el *r* oirá, para librar a su sierva de 4428
14.17 consuelo la respuesta de mi señor el *r*. 4428
14.17 mi señor el *r* es como un ángel de Dios 4428
14.18 y la mujer dijo: Hable mi señor el *r* 4428
14.19 y el *r* dijo: ¿No anda la mano de Joab 4428
14.19 vive tu alma, *r* señor mío, que no hay 4428
14.19 de todo lo que mi señor el *r* ha hablado 4428
14.21 el *r* dijo a Joab: He aquí yo hago esto 4428
14.22 después que bendijo al *r*, dijo: Hoy ha 4428
14.22 *r* señor mío, pues ha hecho el *r* lo que 4428
14.24 *r* dijo: Váyase a su casa, y no vea mi 4428
14.24,28 Absalón...no vio el rostro del *r* 4428
14.29 mandó Absalón por Joab...enviarlo al *r*. 4428
14.32 el fin de enviarte al *r* para decirle 4428
14.32 vea yo ahora el rostro del *r*; y si hay 4428
14.33 vino, pues, Joab al *r*, y...lo hizo saber 4428
14.33 llamó a Absalón, el cual vino al *r*, e 4428
14.33 se inclinó...delante del *r*; y el *r* besó a 4428
15.2 pleito y venía al *r* a juicio...le llamaba 4428
15.3 no tienes quien te oiga de parte del *r* 4428
15.6 hacía con...los israelitas que venían al *r* 4428
15.7 Absalón dijo al *r*...me permitas que vaya 4428
15.9 el *r* le dijo: Vé en paz...Y él se levantó 4428
15.15 los siervos del *r* dijeron al *r*: He aquí 4428
15.15 a todo lo que nuestro señor el *r* decida 4428
15.16 el *r* entonces salió, con toda su familia 4428
15.16 dejó el *r* diez mujeres concubinas, para 4428

15.17 y salió, pues, el *r* con todo el pueblo 4428
15.18 y todos los geteos...iban delante del *r* 4428
15.19 el *r* a Itai geteo: ¿Para qué vienes tú 4428
15.19 vuélvete y quédate con el *r*; porque tú 4428
15.21 respondió Itai al *r*, Vive Dios, y vive 4428
15.21 y vive mi señor el *r*, que...o para muerte 4428
15.21 mi señor el *r* estuviere, allí estará 4428
15.23 asimismo pasó el *r*, y todo el pueblo al 4428
15.25 el *r* a Sadoc: Vuelve el arca de Dios a 4428
15.27 además el *r*...¿No eres tú el vidente? 4428
15.34 y dijeres...*R*, yo seré tu siervo; como 4428
15.35 lo que oyeres en la casa del *r*, se lo 4428
16.2 dijo el *r* a Siba: ¿Qué es esto? Y Siba 4428
16.2 asnos...para que monte la familia del *r* 4428
16.3 dijo el *r*: ¿Dónde...Siba respondió al *r* 4428
16.4 el *r* dijo a Siba: He aquí, sea tuyo todo 4428
16.4 *r* señor mío, halle yo gracia delante de 4428
16.5 vino el *r* David hasta Bahurim; y he aquí 4428
16.6 piedras contra...los siervos del *r* David 4428
16.9 dijo al *r*: ¿Por qué maldice este perro 4428
16.9 maldice...perro muerto a mi señor el *r*? 4428
16.10 *r* respondió: ¿Qué tengo yo con vosotros 4428
16.14 el *r* y...el pueblo...llegaron fatigados 4428
16.16 vino...dijo Husai: Viva el *r*, viva el *r*! 4428
17.2 todo el pueblo...huirá, y mataré al *r* solo 4428
17.16 no sea destruido el *r* y todo el pueblo 4428
17.17 fueron y...lo hicieron saber al *r* David 4428
17.21 y dieron aviso al *r* David, diciéndole 4428
18.2 dijo el *r* al pueblo: Yo también saldré 4428
18.4 el *r* les dijo: Yo haré lo que bien os 4428
18.4 se puso el *r* a la entrada de la puerta 4428
18.5 y el *r* mandó a Joab, a Abisai y a Itai 4428
18.5 pueblo oyó cuando dio el *r* orden acerca 4428
18.12 no extendería yo...contra el hijo del *r* 4428
18.12 cuando el *r* te mandó...diciendo: Mirad 4428
18.13 que al *r* nada se le esconde, y tú mismo 4428
18.18 erigido una columna...en el valle del *r* 4428
18.19 ¿correré...y daré al *r* las nuevas de que 4428
18.20 nueva, porque el hijo del *r* ha muerto 4428
18.21 vé tú, y di al *r* lo que has visto. Y el 4428
18.25 atalaya dio...voces...lo hizo saber al *r* 4428
18.25 el *r* dijo: Si viene solo, buenas nuevas 4428
18.26 y el *r* dijo: Este también es mensajero 4428
18.27 respondió el *r*: Ese es hombre de bien 4428
18.28 Ahimaas dijo en alta voz al *r*: Paz 4428
18.28 inclinó a tierra delante del *r*, y dijo 4428
18.28 habían levantado sus manos contra...el *r* 4428
18.29 el *r* dijo: ¿El joven Absalón está bien? 4428
18.29 cuando envió Joab al siervo del *r* y a 4428
18.30 el *r* dijo: Pasa, y ponte allí. Y él pasó 4428
18.31 reciba nuevas mi señor el *r*, que hoy 4428
18.32 el *r*...dijo al etíope: ¿El joven Absalón 4428
18.32 como aquel...sean los enemigos de...el *r* 4428
18.33 el *r* se turbó, y subió a la sala de la 4428
19.1 que el *r* llora, y hace duelo por Absalón 4428
19.2 oyó decir...el *r* tenía dolor por su hijo 4428
19.4 *r*, cubierto el rostro, clamaba en alta 4428
19.5 Joab vino al *r* en la casa, y dijo: Hoy 4428
19.8 se levantó el *r* y se sentó a la puerta 4428
19.8 he aquí el *r* está sentado a la puerta 4428
19.8 vino todo el pueblo delante del *r*; pero 4428
19.9 el *r* nos ha librado de mano de...enemigos 4428
19.10 estáis callados...de hacer volver al *r*? 4428
19.11 el *r* David envió a los sacerdotes Sadoc 4428
19.11 los postreros en hacer volver el *r* a su 4428
19.11 ha venido al *r* para hacerle volver a su 4428
19.12 seréis...postreros en hacer volver al *r*? 4428
19.14 para que enviasen a decir al *r*: Vuelve 4428
19.15 volvió...el *r*, y vino hasta el Jordán 4428
19.15 y Judá vino a Gilgal para recibir al *r* 4428
19.16 y descendió con...a recibir al *r* David 4428
19.17 cuales pasaron el Jordán delante del *r* 4428
19.18 para pasar a la familia del *r*, y para 4428
19.18 Simei hijo de...se postró delante del *r* 4428
19.19 al *r*: No me culpe mi señor de iniquidad 4428
19.19 en que mi señor el *r* salió de Jerusalén 4428
19.19 males...no los guarde el *r* en su corazón 4428
19.20 y he venido...a recibir a mi señor el *r* 4428
19.23 dijo el *r*...No morirás. Y el *r* se lo juró 4428
19.24 Mefi-boset...descendió a recibir al *r* 4428
19.24 desde el día en que el *r* salió hasta el 4428
19.25 vino él...a recibir al *r*, el *r* le dijo 4428
19.26 *r* señor mío, mi siervo me engañó; pues 4428
19.26 un asno, y montaré en él, e iré al *r* 4428
19.27 calumniado a tu siervo delante de...el *r* 4428
19.27 mi señor el *r* es como un ángel de Dios 4428
19.28 era digna de muerte delante de...el *r* 4428
19.28 ¿qué derecho...aún para clamar más al *r* 4428
19.29 el *r* le dijo: ¿Para qué más palabras? 4428
19.30 Mefi-boset dijo al *r*: Deja que él las 4428
19.30 pues que mi señor el *r* ha vuelto en paz 4428
19.31 Barzilai...pasó el Jordán con el *r*, para 4428
19.32 él había dado provisiones al *r* cuando 4428
19.33 el *r* dijo a Barzilai: Pasa conmigo, y 4428
19.34 Barzilai dijo al *r*: ¿Cuántos años más 4428
19.34 para que yo suba con el *r* a Jerusalén? 4428
19.35 de ser...una carga para mi señor el *r*? 4428
19.36 un poco más allá del Jordán con el *r* 4428
19.36 por qué me ha de dar el *r*...recompensa? 4428
19.37 que pase él con mi señor el *r*, y haz 4428
19.38 y el *r* dijo: Pues pase conmigo Quimam 4428
19.39 el *r* hubo...pasado, el *r* besó a Barzilai 4428
19.40 *r*...pasó a Gilgal, y con él pasó Quimam 4428
19.40 todo el pueblo de Judá acompañaba al *r* 4428
19.41 los hombres de Israel vinieron al *r* 4428
19.41 han hecho pasar el Jordán al *r* y a su 4428
19.42 Israel: Porque el *r* es nuestro pariente 4428
19.42 mas...¿hemos nosotros comido algo del *r* 4428
19.43 tenemos en el *r* diez partes, y en el 4428
19.43 respecto de hacer volver a nuestro *r*? 4428
20.2 mas los de Judá siguieron a su *r* desde 4428
20.3 tomó el *r* las diez mujeres concubinas 4428
20.4 después dijo el *r* a Amasa: Convócame a 4428
20.21 ha levantado su mano contra el *r* David 4428
20.22 tocó...Y Joab se volvió al *r* a Jerusalén 4428
21.2 el *r* llamó a los gabaonitas, y les habló 4428
21.5 respondieron al *r*: De aquel hombre que 4428
21.6 los ahorquemos...el *r* dijo: Yo los daré 4428
21.7 perdonó el *r* a Mefi-boset...de Jonatán 4428
21.8 tomó el *r* a dos hijos de Rizpa hija de 4428
21.14 hicieron todo lo que el *r* había mandado 4428
22.51 él salva gloriosamente a su *r*, y usa 4428
24.2 dijo el *r* a Joab...Recorre ahora todas 4428
24.3 Joab respondió al *r*: Añada Jehová tu 4428
24.3 cien veces...y que lo vea mi señor el *r* 4428
24.3 ¿por qué se complace en esto mi...el *r*? 4428
24.4 la palabra del *r* prevaleció sobre Joab 4428
24.4 salió, pues, Joab, con...de delante del *r* 4428
24.9 y Joab dio el censo del pueblo al *r* 4428
24.20 Arauna...vio al *r* y a sus siervos que 4428
24.20 inclinó delante del *r* rostro a tierra 4428
24.21 dijo: ¿Por qué viene...el *r* a su siervo? 4428
24.22 ofrezca...el *r* lo que bien le pareciere 4428
24.23 todo esto, oh *r*, Arauna lo da al *r* 4428
24.23 dijo Arauna al *r*: Jehová tu Dios te sea 4428
24.24 el *r* dijo a Arauna: No, sino por precio 4428
1 R 1.1 *r* David era viejo y avanzado en días 4428
1.2 busquen para mi señor el *r*...joven virgen 4428
1.2 para que esté delante del *r* y lo abrigue 4428
1.2 abrigue...entrará en calor mi señor el *r* 4428
1.3 a Abisag sunamita, y la trajeron al *r* 4428
1.4 ella abrigaba al *r*...el *r* nunca la conoció 4428
1.9 convidó a...hijos del *r*, y...siervos del *r* 4428
1.13 y entra al *r* David, y dile: *R* señor mío 4428
1.14 y estando tú aún hablando con el *r*, yo 4428
1.15 a la cámara del *r*; y el *r* era muy viejo 4428
1.16 hizo reverencia al *r*. Y el *r* dijo: ¿Qué 4428
1.18 Adonías reina, y tú...señor *r*...no lo sabes 4428
1.19,25 convidado a todos los hijos del *r* 4428
1.20 *r* señor mío, los ojos de todo Israel 4428
1.20,27 sentar en el trono de mi señor el *r* 4428
1.21 cuando mi señor el *r* duerma con...padres 4428
1.22 mientras aún hablaba ella con el *r*, he 4428
1.23 dieron aviso al *r*, diciendo: He aquí el 4428
1.23 Natán...entró al *r*...postró delante del *r* 4428
1.24 y dijo Natán: *R* señor mío, ¿has dicho tú 4428
1.25 y ha convidado a todos los hijos del *r* 4428
1.25 de él, y han dicho: ¡Viva el *r* Adonías! 4428
1.27 ¿es este...ordenado por mi señor el *r*, sin 4428
1.28 entonces el *r*...dijo: Llamadme a Betsabé 4428
1.28 ella entró...*r*, y se puso delante del *r* 4428
1.29 el *r* juró diciendo: Vive Jehová, que ha 4428
1.31 ante el *r*...haciendo reverencia al *r*, dijo 4428
1.31 viva mi señor el *r* David para siempre 4428
1.32 el *r* David dijo: Llamadme al sacerdote 4428
1.32 y ellos entraron a la presencia del *r* 4428
1.33 y el *r* les dijo: Tomad con vosotros los 4428
1.34 y allí lo ungirán...como *r* sobre Israel 4428
1.34 trompeta, diciendo: ¡Viva el *r* Salomón! 4428
1.36 Benaía hijo...respondió al *r* y dijo: Amén 4428
1.36 así lo diga Jehová, Dios de mi señor el *r* 4428
1.37 que Jehová ha estado con mi señor el *r* 4428
1.37 mayor su trono que el...de mi señor el *r* 4428
1.38 montaron a Salomón en la mula del *r*, y lo 4428
1.39 dijo todo el pueblo: ¡Viva el *r* Salomón! 4428
1.43 y dijo...el *r* David ha hecho *r* a Salomón 4428
1.44 *r* ha enviado con él a...en la mula del *r* 4428
1.45 Sadoc y el...lo han ungido por *r* en Gibón 4428
1.47 siervos del *r* han venido a bendecir...*r* 4428
1.47 haga mayor su...Y el *r* adoró en la cama 4428
1.48 *r* ha dicho así: Bendito sea Jehová Dios 4428
1.51 Adonías tiene miedo del *r* Salomón, pues 4428
1.53 envió el *r*...vino, y se inclinó ante el *r* 4428
2.17 dijo: Yo te ruego que hables al *r* Salomón 4428
2.18 Betsabé dijo: Bien...hablaré por ti a *r* 4428
2.19 vino Betsabé al *r*...Y el *r* se levantó a 4428
2.20 *r* le dijo: Pide, madre mía, que yo no te 4428
2.22 el *r* Salomón respondió...¿Por qué pides 4428
2.23 el *r* Salomón juró por Jehová, diciendo 4428
2.25 el *r*...envió por mano de Benaía hijo de 4428
2.26 el *r* dijo al sacerdote Abiatar: Vete a 4428
2.30 el *r* ha dicho que salgas. Y él dijo: No 4428
2.30 y Benaía volvió con esta respuesta al *r* 4428
2.31 *r* le dijo: Haz como él ha dicho; mátale 4428
2.35 el *r* puso en su lugar a Benaía hijo de 4428
2.35 a Sadoc puso el *r* por sacerdote en lugar 4428
2.36 después envió el *r* e hizo venir a Simei 4428
2.38 y Simei dijo al *r*: La palabra es buena 4428
2.38 como el *r*...dicho, así lo hará tu siervo 4428
2.39 dos siervos...huyeron a Aquis...*r* de Gat 4428
2.42 *r* envió e hizo venir a Simei, y le dijo 4428
2.44 dijo...el *r* a Simei: Tú sabes todo el mal 4428
2.45 y el *r* Salomón será bendito, y el trono 4428
2.46 el *r* mandó a Benaía...el cual salió y lo 4428
3.1 Salomón hizo parentesco con Faraón *r* de 4428
3.4 e iba el *r* a Gabaón...aquél era el lugar 4428
3.7 me has puesto...por *r* en lugar de David 4427
3.13 que entre los *r* ninguno haya como tú en 4428
3.16 vinieron al *r* dos mujeres rameras, y se 4428
3.22 otra mujer...Así hablaban delante del *r* 4428
3.23 el *r* entonces dijo: Esta dice: Mi hijo 4428
3.24 el *r*: Traedme una espada. Y trajeron al *r* 4428
3.25 el *r* dijo: Partid por medio al niño vivo 4428
3.26 habló al *r*...y dijo: ¡Ah, señor mío! dad 4428
3.27 el *r* respondió y dijo: Dad a aquélla el 4428
3.28 Israel oyó...juicio que había dado el *r* 4428
3.28 y temieron al *r*...había en él sabiduría 4428
4.1 reinó, pues, el *r* Salomón sobre...Israel 4428
4.5 Zabud...ministro principal y amigo del *r* 4428
4.7 gobernadores...mantenían al *r* y a su casa 4428
4.19 la tierra de Sehón *r* de los amorreos y 4428
4.19 y de Og *r* de Basán; éste era el único 4428
4.24 señoreaba...sobre todos los *r* al oeste 4428
4.27 gobernadores mantenían al *r* Salomón, y 4428
4.27 todos los que a la mesa del *r*...venían 4428
4.34 venían de...de todos los *r* de la tierra 4428
5.1 Hiram *r* de Tiro envió también sus siervos 4428
5.1 oyó que lo habían ungido por *r* en lugar 4428
5.13 el *r*...decretó leva en todo Israel, y la 4428
5.17 mandó el *r* que trajesen piedras grandes 4428
6.2 casa que el *r* Salomón edificó a Jehová 4428
7.13 envió el *r*...hizo venir de, Tiro a Hiram 4428
7.14 vino al *r* Salomón, e hizo toda su obra 4428
7.45 utensilios que Hiram hizo al *r* Salomón 4428
7.46 todo lo hizo fundir el *r* en la llanura 4428
7.51 la obra que dispuso hacer el *r* Salomón 4428
8.2 se reunieron con el *r* Salomón todos los 4428
8.5 el *r* Salomón...estaban...delante del arca 4428
8.14 volviendo el *r* su rostro, bendijo a toda 4428
8.62 *r*, y todo Israel...sacrificaron víctimas 4428
8.63 así dedicaron el *r* y...Israel la casa de 4428
8.64 día santificó el *r* el medio del atrio, el 4428
8.66 y ellos, bendiciendo al *r*, se fueron a 4428
9.11 Hiram *r* de Tiro había traído a Salomón 4428
9.11 el *r* Salomón dio a Hiram veinte ciudades 4428
9.14 había enviado al *r* 120 talentos de oro 4428
9.15 es la razón de la leva que el *r*...impuso 4428
9.16 Faraón el *r* de Egipto había subido y 4428
9.26 hizo...el *r* Salomón naves en Ezión-geber 4428
9.28 tomaron...oro...lo trajeron al *r* Salomón 4428
10.3 y nada hubo que el *r* no le contestase 4428
10.6 al *r*: Verdad es lo que oí en mi tierra 4428
10.9 puesto por *r*, para que hagas derecho y 4428
10.10 y dio ella al *r* 120 talentos de oro, y 4428
10.10 como la reina de Sabá dio al *r* Salomón 4428
10.12 hizo el *r* balaustres para la casa de 4428
10.13 y el *r* Salomón dio a la reina de Sabá 4428
10.15 lo de todos los *r* de Arabia, y de los 4428
10.16 hizo...el *r* Salomón 200 escudos grandes 4428
10.17 y el *r* los puso en la casa del bosque 4428
10.18 hizo...el *r* un gran trono de marfil, el 4428
10.21 los vasos de beber del *r*...eran de oro 4428
10.22 el *r* tenía en el mar una flota de naves 4428
10.23 excedía el *r* Salomón a todos los *r* de 4428
10.26 en las ciudades...con el *r* en Jerusalén 4428
10.27 e hizo el *r* que en Jerusalén la plata 4428
10.28 los mercaderes del *r* compraba caballos 4428
10.29 así los adquirían...los *r* de los heteos 4428
11.1 el *r* Salomón amó...mujeres extranjeras 4428
11.18 vinieron...a Faraón *r* de Egipto, el cual 4428
11.23 huido de su amo Hadad-ezer, *r* de Soba 4428
11.24 a Damasco...y le hicieron *r* en Damasco 4428
11.26 Jeroboam hijo...alzó su mano contra el *r* 4428
11.27 la causa...éste alzó su mano contra el *r* 4428
11.34 lo retendré por *r* todos los días de su 5387
11.37 y tú reinarás...y serás *r* sobre Israel 4428
11.40 Jeroboam...huyó a...a Sisac *r* de Egipto 4428
12.1 había venido a Siquem para hacerle *r* 4427
12.2 huido delante del *r* Salomón, y habitaba 4428
12.6 el *r*...pidió consejo de los ancianos que 4428
12.12 a Roboam, según el *r* lo había mandado 4428
12.13 y el *r* respondió al pueblo duramente 4428
12.15 y no oyó el *r* al pueblo; porque era 4428
12.16 pueblo vio que el *r* no les había oído 4428
12.18 el *r* Roboam se apresuró a subirse en 4428
12.20 y le hicieron *r* sobre todo Israel, sin 4427
12.23 habla a Roboam...*r* de Judá, y a toda la 4428
12.27 volverán a su señor Roboam *r* de Judá 4428
12.27 a mí, y se volverán a Roboam *r* de Judá 4428
12.28 hizo el *r* dos becerros de oro, y dijo 4428
13.4 el *r* Jeroboam oyó la palabra del varón 4428
13.6 respondiendo el *r*, dijo al varón de Dios 4428
13.6 oró a...y la mano del *r* se le restauró 4428
13.7 el *r* dijo al varón de Dios: Ven conmigo 4428
13.8 pero el varón de Dios dijo al *r*: Aunque 4428
13.11 las palabras que había hablado al *r* 4428
14.2 que yo había de ser *r* sobre este pueblo 4428
14.14 y Jehová levantará...un *r* sobre Israel 4428
14.19 en el libro de las historias de los *r* 4428
14.25 quinto año del *r* Roboam subió Sisac *r* 4428
14.27 hizo el *r* Roboam escudos de bronce, y 4428
14.28 cuando el *r* entraba en la casa de Jehová 4428
15.1 el año 18 del *r* Jeroboam hijo de Nabat 4428
15.9 el año 20 de Jeroboam *r* de Israel, Asa 4428
15.16,32 guerra entre Asa y Baasa *r* de Israel 4428
15.17 y subió Baasa *r* de Israel contra Judá 4428
15.17 para no dejar...salir ni entrar a Asa *r* 4428
15.18 envió el *r* Asa a Ben-adad...*r* de Siria 4428
14.29; 15.7,23,31; 16.5,14,20,27; 22.39,45
en el libro de las crónicas de los *r* 4428
15.19 rompe tu pacto con Baasa *r* de Israel 4428
15.20 y Ben-adad consintió con el *r* Asa, y 4428
15.22 entonces el *r* Asa convocó a todo Judá 4428
15.22 y edificó el *r* Asa con ello a Geba de 4428
15.25 en el segundo año de Asa *r* de Judá; y 4428
15.28 lo mató...el tercer año de Asa *r* de Judá 4428
15.33 tercer año de Asa *r* de Judá, comenzó a 4428
16.8 en el año 26 de Asa *r* de Judá comenzó a 4428
16.10 lo mató, en el año 27 de Asa *r* de Judá 4428
16.15 el año 27 de Asa *r* de Judá, comenzó a 4428
16.16 oyó decir: Zimri...ha dado muerte al *r* 4428
16.16 puso aquel mismo día por *r* sobre Israel 4427
16.21 seguía a Tibni hijo de...para hacerlo *r* 4427
16.22 pudo más...y Tibni murió, y Omri fue *r* 4428

16.23 el año 31 de Asa *r* de Judá, comenzó a 4428
16.29 a reinar Acab... año 38 de Asa *r* de Judá 4428
16.31 por mujer a Jezabel, hija de Et-baal *r* 4428
16.33 haciendo así Acab más que todos los *r* 4428
19.15 vé... y ungirás a Hazael por *r* de Siria 4428
19.16 a Jehú hijo... ungirás por *r* sobre Israel 4428
20.1 Ben-adad *r* de Siria juntó con él..32 *r* 4428
20.2 y envió mensajeros... a Acab *r* de Israel 4428
20.4 el *r* de Israel... dijo: Como tú dices, *r* 4428
20.7 *r* de Israel llamó a todos los ancianos 4428
20.9 decid al *r*... Haré todo lo que mandaste 4428
20.11 el *r* de Israel respondió... no se alabe 4428
20.12 oyó esta... estando bebiendo con los *r* 4428
20.13 un profeta vino a Acab *r* de Israel, y 4428
20.16 Ben-adad bebiendo... y los *r*, los 32 a 4428
20.20 el *r* de Siria... se escapó en un caballo 4428
20.21 el *r* de Israel, e hirió la gente de a 4428
20.22 vino luego el profeta al *r* de Israel 4428
20.22 pasado un año, el *r* de Siria vendrá 4428
20.23 los siervos del *r* de Siria le dijeron 4428
20.24 saca a los *r* cada uno de su puesto, y 4428
20.28 vino... el varón de Dios al *r* de Israel 4428
20.31 hemos oído de los *r*... son *r* clementes 4428
20.31 salgamos al *r* de Israel, a ver si por 4428
20.32 vinieron al *r* de Israel y le dijeron 4428
20.38 y se puso delante del *r* en el camino 4428
20.39 cuando el *r* pasaba, él dio voces al *r* 4428
20.40 el *r*... le dijo: Esa será tu sentencia 4428
20.41 el *r*... conoció que era de los profetas 4428
20.43 el *r* de Israel se fue a su casa triste 4428
21.1 junto al palacio de Acab *r* de Samaria 4428
21.7 le dijo: ¿Eres tú ahora *r* sobre Israel?
21.10 digan: Tú has blasfemado a Dios y al *r* 4428
21.13 diciendo... ha blasfemado a Dios y al *r* 4428
21.18 encontrarte con Acab *r* de Israel, que 4428
22.2 que Josafat *r* de Judá descendió al *r* de 4428
22.3 el *r* de Israel dijo a sus siervos: ¿No 4428
22.3 para tomarla de mano del *r* de Siria? 4428
22.4 y Josafat respondió al *r* de Israel: Yo 4428
22.5 Josafat al *r* de Israel: Yo te ruego que 4428
22.6 *r* de Israel reunió a los profetas, como 4428
22.6,12,15 Jehová la entregará en mano del *r* 4428
22.8 *r* de Israel respondió... Aún hay un varón 4428
22.8 mal... Y Josafat dijo: No hable el *r* así 4428
22.9 el *r* de... llamó a un oficial, y le dijo 4428
22.10 el *r* de Israel y Josafat *r*... sentados 4428
22.13 a una voz anuncian al *r* cosas buenas 4428
22.15 al *r*, y el *r* le dijo: Micaías, ¿iremos 4428
22.16 el *r* le dijo: ¿Hasta cuántas veces he 4428
22.18 el *r* de Israel dijo a Josafat: ¿No te 4428
22.26 el *r* de Israel dijo: Toma a Micaías, y 4428
22.26 a Micaía... llévalo... a Joás hijo del *r* 4428
22.27 así ha dicho el *r*: Echad a éste en la 4428
22.29 subió... el *r* de Israel con Josafat *r* de 4428
22.30 y el *r* de Israel dijo a Josafat: Yo me 4428
22.30 y el *r* de Israel se disfrazó, y entró 4428
22.31 el *r* de Siria había mandado a sus 32 4428
22.31 chico, sino sólo contra el *r* de Israel 4428
22.32 es el *r* de Israel... el *r* Josafat gritó 4428
22.33 viendo... que no era el *r* de Israel, se 4428
22.34 e hirió al *r*... por entre las junturas de 4428
22.35 el *r* estuvo en su carro delante de los 4428
22.37 murió, pues, el *r*... y sepultaron al *r* 4428
22.41 en el cuarto año de Acab *r* de Israel 4428
22.44 y Josafat hizo paz con el *r* de Israel 4428
22.47 no había... *r* en Edom; había gobernador 4428
22.47 Edom; había gobernador en lugar de *r* 4428
22.51 a reinar sobre... el año 17 de Josafat *r* 4428
2 R 1.3 encontrarte con los mensajeros del *r* 4428
1.5 cuando los mensajeros se volvieron al *r*
1.6 y volveos al *r* que os envió, y decidle 4428
1.9,11 dijo: Varón de Dios, el *r* ha dicho 4428
1.11 volvió el *r* a enviar a él otro capitán
1.15 él se levantó, y descendió con él al *r* 4428
1.17 año de Joram hijo de Josafat, *r* de Judá 4428
1.18; 8.23; 10.34; 12.19; 13.8,12; 14.15,18,28;
15.6,11,15,21,26,31,36; 16.19; 20.20; 21.17,25;
23.28; 24.5 en el libro de las crónicas de los *r* 4428
3.1 Joram... comenzó... el año 18 de Josafat *r* 4428
3.4 entonces Mesa *r* de Moab era propietario 4428
3.4 pagaba al *r* de Israel cien mil corderos 4428
3.5 *r* de Moab se rebeló contra el *r* de Israel 4428
3.6 salió entonces de Samaria el *r* Joram, y 4428
3.7 decir a Josafat *r* de Judá: El *r* de Moab 4428
3.9 salieron... el *r* de Israel, el *r* de Judá 4428
3.9 salieron... el *r* de Edom... por el desierto 4428
3.10 el *r* de Israel dijo: ¡Ah! que ha llamado 4428
3.10 ha llamado Jehová a estos tres *r* para 4428
3.11 y uno de los siervos del *r*... respondió 4428
3.12 descendieron... el *r* de Israel... *r* de Edom 4428
3.13 Eliseo dijo al *r* de Israel: ¿Qué tengo 4428
3.13 el *r*... le respondió: No; porque Jehová 4428
3.13 reunido a estos tres *r* para entregarlos 4428
3.14 no tuviese respeto al rostro... *r* de Judá 4428
3.21 oyeron... *r* subían a pelear contra ellos 4428
3.23 los *r* se han vuelto uno contra otro, y 4428
3.26 el *r* de Moab vio que era vencido en la 4428
3.26 atacar al *r* de Edom; mas no pudieron 4428
4.13 ¿necesitas que hable por ti al *r*, o al 4428
5.1 Naamán, general... ejército del *r* de Siria 4428
5.5 le dijo el *r*... yo enviaré cartas al *r* de 4428
5.6 cartas para el *r* de Israel, que decían 4428
5.7 que el *r* de Israel leyó las cartas, rasgó 4428
5.8 *r* de Israel había rasgado sus vestidos 4428
5.8 Eliseo... envió a decir al *r*: ¿Por qué has 4428
5.18 que cuando... el *r* entrare en el templo
6.8 tenía el *r* de Siria guerra contra Israel 4428
6.9 el varón de Dios... a decir al *r* de Israel 4428
6.10 el *r* de Israel envió a aquel lugar que 4428
6.11 el corazón del *r* de Siria se turbó por 4428
6.11 quién de... nuestros es del *r* de Israel? 4428
6.12 no, *r*... sino que el profeta Eliseo está 4428
6.12 declara al *r*... las palabras que tú hablas 4428
6.14 envió el *r* allá gente de a caballo, y 4428
6.21 cuando el *r* de Israel... hubo visto, dijo 4428
6.24 que Ben-adad *r* de Siria reunió todo su 4428
6.26 pasando el *r*... por el muro, una mujer le 4428
6.26 una mujer le... dijo: Salva, *r* señor mío 4428
6.28 dijo el *r*: ¿Qué tienes? Ella respondió 4428
6.30 el *r* oyó las palabras de aquella mujer 4428
6.32 el *r* envió a él un hombre... Mas antes que
7.2 y un príncipe... cuyo brazo el *r* se apoyaba 4428
7.6 el *r* de Israel ha tomado a sueldo contra 4428
7.6 a los *r* de los heteos y a los *r* de los 4428
7.9 entremos y demos la nueva en casa del *r* 4428
7.11 anunciaron dentro, en el palacio del *r* 4428
7.12 se levantó el *r* de noche, y dijo a sus 4428
7.14 envió el *r* al campamento de los sirios 4428
7.15 volvieron los... y lo hicieron saber al *r* 4428
7.17 el *r* puso a la puerta a aquel príncipe 4428
7.17 había dicho... cuando el *r* descendió a él 4428
7.18 había hablado al *r*, diciendo: Dos seahs 4428
8.3,5 para implorar al *r* por su casa y por 4428
8.4 había el *r* hablado con Giezi, criado del 4428
8.5 contando al *r* cómo había hecho vivir a 4428
8.5 dijo Giezi: *R* señor mío, esta es la mujer 4428
8.6 preguntando el *r* a la... ella se lo contó 4428
8.6 el *r* ordenó a un oficial, al cual dijo 4428
8.7 y Ben-adad *r* de Siria estaba enfermo, al 4428
8.8 y el *r* dijo a Hazael: Toma en tu mano un 4428
8.9 tu hijo Ben-adad *r* de Siria me ha enviado 4428
8.13 me ha mostrado que tú serás *r* de Siria 4428
8.16 año de Joram hijo de Acab, *r* de Israel 4428
8.16 y siendo Josafat *r* de Judá, comenzó a 4428
8.16 reinar Joram hijo de Josafat, *r* de Judá 4428
8.18 anduvo en el camino de los *r* de Israel
8.20 se rebeló Edom... y pusieron *r* sobre ellos 4428
8.25 doce de Joram hijo de Acab, *r* de Israel 4428
8.25 reinar Ocozías hijo de Joram, *r* de Judá 4428
8.26 su madre fue Atalía, hija de Omri *r* de 4428
8.28 a la guerra... contra Hazael *r* de Siria 4428
8.29 y el *r* Joram se volvió a Jezreel para 4428
8.29 cuando peleó contra Hazael *r* de Siria 4428
8.29 y descendió Ocozías hijo de Joram *r* de 4428
9.3,6,12 yo te he ungido por *r* sobre Israel 4428
9.13 y tocaron corneta, y dijeron: Jehú es *r* 4427
9.14 Ramot... por causa de Hazael *r* de Siria 4428
9.15 se había vuelto el *r* Joram a Jezreel 4428
9.15 Joram... peleando contra Hazael *r* de Siria 4428
9.16 Ocozías *r* de Judá, que había descendido 4428
9.18,19 dijo: El *r* dice así: ¿Hay paz? Y Jehú 4428
9.21 salieron Joram *r* de Israel y Ocozías *r* 4428
9.27 viendo esto Ocozías *r* de Judá, huyó por 4428
9.34 id ahora... sepultadla, pues es hija de *r* 4428
10.4 he aquí, dos *r* no pudieron resistirle 4428
10.5 no elegiremos por *r* a ninguno, haz lo que 4427
10.6 hijos del *r*... estaban con los principales 4428
10.7 tomaron a los hijos del *r*, y degollaron 4428
10.8 traído las cabezas de los hijos del *r* 4428
10.13 halló... hermanos de Ocozías *r* de Judá 4428
10.13 hemos venido a saludar a... hijos del *r* 4428
11.2 Josaba hija del *r* Joram... tomó a Joás 4428
11.2 y los sacó... de entre los hijos del *r* a 4428
11.4 los metió... y les mostró el hijo del *r* 4428
11.5 tendrá la guardia de la casa del *r* el 4428
11.7 guardia de la casa de Jehová junto al *r* 4428
11.8 estaréis alrededor del *r*... todos lados 4428
11.8 con el *r* cuando salga, y cuando entre 4428
11.10 los escudos que habían sido del *r* David 4428
11.11 se pusieron en fila... en derredor del *r* 4428
11.12 al hijo del *r*... le hicieron *r* ungiéndole 4428
11.12 batiendo las manos dijeron: ¡Viva el *r*! 4428
11.14 *r* estaba junto a la columna, conforme 4428
11.14 príncipes y los trompeteros junto al *r* 4428
11.16 donde entran los de a... a la casa del *r* 4428
11.17 pacto entre Jehová y el *r* y el pueblo 4428
11.17 pacto... asimismo entre el *r* y el pueblo 4428
11.19 llevaron al *r* desde la casa de Jehová 4428
11.19 vinieron por el... a la casa del *r*, y, se 4428
11.19 y se sentó el *r* en el trono de los *r* 4428
11.20 Atalía muerta a... junto a la casa del *r* 4428
12.6 en el año 23 del *r* Joás aún no habían 4428
12.7 llamó... *r* Joás al sumo sacerdote Joiada 4428
12.10 venía el secretario del *r*... y contaban 4428
12.17 Hazael *r* de Siria, y peleó contra Gat 4428
12.18 tomó Joás *r* de Judá... las ofrendas que 4428
12.18 Josafat y Joram y Ocozías... *r* de Judá 4428
12.18 el oro que se halló... en la casa del *r* 4428
12.18 el oro... y lo envió a Hazael *r* de Siria 4428
13.1 en el año 23 de Joás hijo de Ocozías, *r* 4428
13.3 los entregó en mano de Hazael *r* de Siria 4428
13.4 Joacaz oró en... el *r* de Siria los afligía 4428
13.7 pues el *r* de Siria los había destruido 4428
13.10 el año 37 de Joás *r* de Judá, comenzó a 4428
13.12 que guerreó contra Amasías *r* de Judá 4428
13.13 fue sepultado en... con los *r* de Israel 4428
13.14 y descendió a él Joás *r* de Israel, y 4428
13.16 dijo Eliseo al *r*... Pon tu mano sobre el 4428
13.16 puso... sus manos sobre las manos del *r* 4428
13.18 el *r* de Israel las hubo tomado, le dijo 4428
13.22 Hazael... *r* de Siria, afligió a Israel 4428
13.24 murió Hazael *r* de Siria, y reinó en su 4428
14.1 el año segundo de Joás hijo de Joacaz *r* 4428
14.1 a reinar Amasías hijo de Joás *r* de Judá 4428
14.5 siervos que habían dado muerte al *r* su 4428
14.9 mensajeros a Joás... hijo de *r* de Israel 4428
14.9 Joás *r* de... envió a Amasías *r*... respuesta 4428
14.11 por lo cual subió Joás *r* de Israel, y 4428
14.11 se vieron las caras él y... *r* de Judá, en 4428
14.13 Joás *r* de Israel tomó a Amasías *r* de 4428
14.14 tomó todo... los tesoros de la casa del *r* 4428
14.15 y cómo peleó contra Amasías *r* de Judá 4428
14.16 fue sepultado en... con los *r* de Israel 4428
14.17 hijo de Joás, *r* de Judá, vivió después 4428
14.17 muerte de Joás hijo de Joacaz... *r* de 4428
14.21 y lo hicieron *r* en lugar de Amasías su 4427
14.22 después que el *r* durmió con sus padres 4428
14.23 el año 15 de Amasías hijo de Joás *r* de 4428
14.29 durmió Jeroboam con... los *r* de Israel 4428
15.1 año 27 de Jeroboam *r* de Israel, comenzó 4428
15.1 a reinar Azarías hijo de Amasías, *r* de 4428
15.5 hirió al *r* con lepra, y estuvo leproso 4428
15.5 Jotam hijo del *r* tenía el cargo... palacio 4428
15.8 en el año 38 de Azarías *r* de Judá, reinó 4428
15.13 reinar en el año 39 de Uzías *r* de Judá 4428
15.17 el año 39 de Azarías *r* de Judá, reinó 4428
15.19 vino Pul *r* de Asiria a atacar la tierra 4428
15.20 para dar al *r* de... *r* de Asiria se volvió 4428
15.23 el año 50 de Azarías *r* de Judá, reinó 4428
15.27 el año 52 de Azarías *r* de Judá, reinó 4428
15.29 en los días de Peka *r* de Israel, vino 4428
15.29 vino Tiglat-pileser *r* de los asirios 4428
15.32 demás hechos de Peka hijo de Remalías *r* 4428
15.32 a reinar Jotam hijo de Uzías *r* de Judá 4428
15.37 enviar contra Judá a Rezín *r* de Siria 4428
16.1 comenzó a reinar Acaz hijo de Jotam *r* de 4428
16.3 anduvo en el camino de los *r* de Israel 4428
16.5 Rezín *r* de Siria y Peka hijo... *r* de Israel 4428
16.6 el *r* de Edom recobró Elat para Edom, y 4428
16.7 Acaz envió embajadores a... *r* de Asiria 4428
16.7 defiéndeme de mano del *r* de Siria, y de 4428
16.7 defiéndeme de... y de mano del *r* de Israel 4428
16.8 Acaz... envió al *r* de Asiria un presente 4428
16.9 atendió al *r* de Asiria; pues subió el *r* 4428
16.10 fue el *r* Acaz a encontrar... *r* de Asiria 4428
16.10 vio el *r* Acaz el altar que estaba en 4428
16.11 a todo lo que el *r* Acaz había enviado 4428
16.11 entre tanto... el *r* Acaz venía de Damasco 4428
16.12 *r* vino... y vio el altar, se acercó el *r* 4428
16.15 el *r* Acaz... diciendo: En el gran altar 4428
16.15 y el holocausto del *r* y su ofrenda, y 4428
16.16 todas las cosas que el *r* Acaz le mandó 4428
16.17 cortó el *r*... los tableros de las basas 4428
16.18 pasadizo... del *r*, los quitó del templo 4428
16.18 los quitó del... por causa del *r* de Asiria 4428
16.20 durmió el *r* Acaz con sus padres, y fue
17.1 año... de Acaz *r* Je Judá, comenzó a reinar 4428
17.2 lo malo... aunque no como los *r* de Israel 4428
17.3 contra éste subió Salmanasar *r* de los 4428
17.4 el *r* de... descubrió que Oseas conspiraba 4428
17.4 porque había enviado embajadores a So, *r* 4428
17.4 y no pagaba tributo al *r* de Asiria, como 4428
17.4 por lo que el *r* de Asiria le detuvo, y 4428
17.5 y el *r* de Asiria invadió todo el país, y 4428
17.6 el *r* de Asiria tomó Samaria, y llevó a 4428
17.7 sacó... bajo la mano de Faraón *r* de Egipto 4428
17.8 los estatutos que hicieron los *r* de Israel 4428
17.21 ellos hicieron *r* a Jeroboam hijo de Nabat 4427
17.24 trajo el *r* de Asiria gente de... Cuta, de 4428
17.26 dijeron... al *r* de Asiria: Las gentes que 4428
17.27 el *r* de Asiria mandó, diciendo: Llevad 4428
18.1 en el tercer año de Oseas... *r* de Israel 4428
18.1 a reinar Ezequías hijo de Acaz *r* de Judá 4428
18.5 ni antes de él... entre todos los *r* de Judá 4428
18.7 se rebeló contra el *r* de Asiria, y no le 4428
18.9 el cuarto año del *r* Ezequías, que era el 4428
18.9 el año séptimo de Oseas hijo de Ela, *r* de 4428
18.9 subió Salmanasar *r* de los asirios contra 4428
18.10 era el año noveno de Oseas *r* de Israel 4428
18.11 el *r* de Asiria llevó cautivo a Israel 4428
18.13 los catorce años del *r* Ezequías, subió 4428
18.13 Senaquerib *r* de Asiria contra todas las 4428
18.14 Ezequías *r* de Judá envió a decir al *r* 4428
18.14 y el *r* de Asiria impuso a Ezequías *r* de 4428
18.16 los quiciales que el mismo *r*... cubierto 4428
18.16 quitó el oro de... y lo dio al *r* de Asiria 4428
18.17 el *r* de... envió contra el *r* Ezequías al 4428
18.18 llamaron luego al *r*, y salió a ellos 4428
18.19 a Ezequías: Así dice el gran *r* de Asiria 4428
18.21 tal es Faraón *r* de Egipto para todos que 4428
18.23 ruego que des rehenes a... el *r* de Asiria 4428
18.28 la palabra del gran *r*, el *r* de Asiria 4428
18.29 así ha dicho el *r*: No os engañe Ezequías 4428
18.30 ciudad no será entregada en mano del *r* 4428
18.31 dice el *r* de Asiria: Haced conmigo paz 4428
18.33 ha librado su tierra... del *r* de Asiria? 4428
18.36 había mandamiento del *r*... había dicho 4428
19.1 cuando el *r* Ezequías lo oye, rasgó sus 4428
19.4 a quien el *r* de los asirios su señor ha 4428
19.5 vinieron... los siervos del *r* Ezequías a 4428
19.6 me han blasfemado los siervos del *r* de 4428
19.8 halló al *r* de Asiria combatiendo contra 4428
19.9 Tirhaca *r* de Etiopía había salido para 4428
19.10 así diréis a Ezequías *r* de Judá: No te 4428
19.10 Jerusalén no será entregada en... del *r* 4428
19.11 han hecho los *r* de Asiria a todas las 4428
19.13 ¿dónde está el *r* de Hamat, el *r* de... Iva? 4428
19.13 ¿dónde... el *r* de la ciudad de Sefarvaim 4428
19.17 que los *r* de Asiria han destruido las 4428
19.20 que me pediste acerca de Senaquerib *r* 4428
19.32 así dice Jehová acerca del *r* de Asiria 4428
19.36 Senaquerib *r* de Asiria se fue... a Nínive 4428
20.6 te libraré a ti... de mano del *r* de Asiria 4428
20.12 *r* de Babilonia, envió mensajeros con 4428

R

20.14 Isaías vino al *r* Ezequías, y le dijo 4428

20.18 y serán eunucos en el palacio del *r* de 4428

21.3 una imagen de...como había hecho Acab *r*. 4428

21.11 por cuanto Manasés *r* de Judá ha hecho 4428

21.23 los siervos de Amón...mataron al *r* en 4428

21.24 mató a todos los...conspirado contra el *r* 4428

21.24 puso el pueblo...*r* en su lugar a Josías 4427

22.3 los 18 años del *r* Josías...envió el *r* a 4428

22.9 viniendo...Safán al *r*, dio cuenta al *r* 4428

22.10 escriba Safán declaró al *r*, diciendo 4428

22.10 libro. Y lo leyó Safán delante del *r*. 4428

22.11 cuando el *r* hubo oído las palabras del 4428

22.12 el *r* dio orden...a Asaías siervo del *r* 4428

22.16 este libro que ha leído el *r* de Judá 4428

22.18 al *r* de Judá...diréis...ha dicho Jehová 4428

22.20 y ellos dieron al *r* la respuesta 4428

23.1 el *r* mandó reunir...a todos los ancianos 4428

23.2 subió el *r* a la casa de Jehová con todos 4428

23.3 y poniéndose el *r* en pie...hizo pacto 4428

23.4 mandó el *r* al sumo sacerdote Hilcías, a 4428

23.5 sacerdotes idólatras que...puesto los *r* 4428

23.11 los caballos que los *r*...dedicado al sol 4428

23.12 derribó...el *r* los altares que estaban 4428

23.12 altares...que los *r* de Judá habían hecho 4428

23.13 profanó el *r* de los lugares altos que 4428

23.13 Salomón *r* de...había edificado a Astoret 4428

23.19 lugares altos que...habían hecho los *r* 4428

23.21 mandó el *r*...Haced la pascua a Jehová 4428

23.22 tiempos de los *r* de Israel...*r* de Judá 4428

23.23 a los 18 años del *r* Josías fue hecha 4428

23.25 no hubo otro *r* antes de él...ni después 4428

23.29 Necao *r* de Egipto subió contra el *r* de 4428

23.29 Faraón...y salió contra él el *r* Josías 4428

23.30 tomó a Joacaz...y lo pusieron por *r* en 4427

23.34 Faraón...puso por *r* a Eliaquim hijo de 4427

24.1 subió en...Nabucodonosor *r* de Babilonia 4428

24.7 y nunca más el *r* de Egipto salió de su 4428

24.7 el *r* de Babilonia te tomó todo lo...suyo 4428

24.10 subieron...los siervos de...*r* de Babilonia 4428

24.11 vino...*r* de Babilonia contra la ciudad 4428

24.12 salió...*r* de Judá al *r* de Babilonia, él 4428

24.12 y lo prendió el *r* de Babilonia en el 4428

24.13 que había hecho Salomón *r* de Israel en 4428

24.15 cautivos a...madre del *r*...mujeres del *r* 4428

34.16 los...llevó, cautivos el *r* de Babilonia

24.17 el *r*...puso por *r* en lugar de Joaquín a 4427

24.20 y Sedequías se rebeló contra el *r* de 4428

25.1 Nabucodonosor *r* de Babilonia vino con 4428

25.2 hasta el año undécimo del *r* Sedequías 4428

25.4 los dos muros, junto a los huertos del *r* 4428

25.4 y el *r* se fue por el camino del Arabá

25.5 el ejército de los caldeos siguió al *r* 4428

25.6 preso, pues, el *r*, le trajeron al *r* de 4428

25.8 siendo el año 19 de Nabucodonosor *r* de 4428

25.8 vino a Jerusalén Nabuzaradán...del *r* de 4428

25.9 quemó...la casa del *r*, y todas las casas 4428

25.11 que se babían pasado al *r* de Babilonia 4428

25.19 cinco varones de los consejeros del *r* 4428

25.20 y los llevó a Ribla al *r* de Babilonia 4428

25.21 el *r* de...los hirió y mató en Ribla, en 4428

25.22 al pueblo que...*r* de Babilonia dejó en 4428

25.23 que el *r*...había puesto por gobernador 4428

25.24 servid al *r* de Babilonia, y os irá bien 4428

25.27 del cautiverio de Joaquín *r* de Judá, en 4428

25.27 *r* de Babilonia...libertó a Joaquín *r* de 4428

25.28 trono más alto que los tronos de los *r* 4428

25.30 le fue dada su comida de parte del *r* 4428

1 Cr 1.43 éstos son los *r* que reinaron...Edom 4428

1.43 antes que reinase *r* sobre los...Israel 4428

3.2 Absalón hijo de Maaca, hija de Talmai *r* 4428

4.23 moraban allá con el *r*, ocupados en su 4428

4.41 vinieron en días de Ezequías *r* de Judá 4428

5.6 fue transportado por Tiglat-pileser *r* de 4428

5.17 fueron contados por...en días de Jotam *r* 4428

5.17 contados...días de Jeroboam *r* de Israel 4428

5.26 el Dios de...excitó el espíritu de Pul *r*. 4428

5.26 y el espíritu de Tigiat-pileser *r* de los 4428

9.1 escritos en el libro de los *r* de Israel 4428

9.18 han sido...porteros en la puerta del *r* 4428

11.3 vinieron...los ancianos...al *r* en Hebrón 4428

11.3 y ungieron a David por *r* sobre Israel 4428

11.10 hacerle *r* sobre Israel, conforme a la 4427

12.31 lista para venir a poner a David por *r*. 4427

12.38 poner a David por *r* sobre todo Israel 4427

12.38 mismo ánimo para poner a David por *r* 4427

14.1 Hiram *r* de...envió a David embajadores 4428

14.2 Jehová lo había confirmado como *r* sobre 4428

14.8 filisteos que David había sido ungido *r* 4428

15.29 Mical, hija...vio al *r* David que saltaba 4428

16.21 antes por amor de ellos castigó a los *r* 4428

17.16 y entró el *r* David...delante de Jehová 4428

18.3 derrotó David a Hadad-ezer *r* de Soba, en 4428

18.5 los sirios de...en ayuda de Hadad-ezer *r* 4428

18.9 y oyendo Toi *r* de Hamat que David había 4428

18.9 deshecho todo el ejército de...*r* de Soba 4428

18.10 envió a Adoram su hijo al *r* David, para 4428

18.11 los cuales el *r* David dedicó a Jehová 4428

18.17 hijos...eran los príncipes cerca del *r* 4428

19.1 que murió Nahas *r* de los hijos de Amón 4428

19.5 el *r* mandó que les dijeran: Estaos en 4428

19.7 tomaron a sueldo...al *r* de Maaca y a su 4428

19.9 los *r* que habían venido estaban aparte en 4428

20.1 que suelen los *r* salir a la guerra, que 4428

20.2 tomó David la corona de...del *r* de Rabá 4428

21.3 añada Jehová a su pueblo...*r* señor mío 4428

21.4 la orden del *r* pudo más que Joab...Salió 4428

21.6 la orden del *r* era abominable a Joab 4428

21.23 mi señor el *r* lo que bien le parezca 4428

21.24 el *r* David dijo it Ornán: No, sino que 4428

23.1 hizo a Salomón su hijo *r* sobre Israel 4427

24.6 escribió sus nombres en presencia del *r* 4428

24.31 echaron suertes...delante del *r* David 4428

25.2 cual profetizaba bajo las órdenes del *r* 4428

25.5 Hemán, vidente del *r* en las cosas de Dios 4428

25.6 y Hemán estaban por disposición del *r* 4428

26.26 que había consagrado el *r* David, y los 4428

26.30 obra de Jehová, y en el servicio del *r* 4428

26.32 los cuales el *r* David constituyo sobre 4428

26.32 las cosas de Dios Y los negocios del *r*. 4428

27.1 que servían al *r* en todos los negocios 4428

27.24 no fue puesto en...crónicas del *r* David 4428

27.25 Azmavet...a su cargo los tesoros del *r* 4428

27.31 eran administradores de la...del *r* David 4428

27.32 Jebiel hijo...estaba con los hijos del *r* 4428

27.33 consejero del *r*, y Husai...amigo del *r* 4428

27.34 Joab era el general del ejército del *r* 4428

28.1 reunió David...jefes...que servían al *r* 4428

28.1 toda la hacienda y posesión del *r* y de 4428

28.2 y levantándose el *r* David...dijo: Oídme 4428

28.4 Dios de Israel me eligió...*r* sobre Israel 4427

28.4 se agradó de mí para ponerme por *r* sobre 4428

29.1 después dijo el *r* David a...la asamblea 4428

29.6 administradores de la hacienda del *r*. 4428

29.10 alegró mucho el *r* David, y bendijo a

29.20 adoraron delante de Jehová y del *r* 4428

29.23 se sentó Salomón por *r* en el trono de 4428

29.24 los hijos del *r*...homenaje al *r* Salomón 4428

29.25 dio tal gloria, cual ningún *r* la tuvo 4428

29.29 hechos del *r* David, están escritos en 4428

2 Cr 1.8 mí me has puesto por *r* en lugar suyo 4427

1.9 tú me has puesto por *r* sobre un pueblo 4427

1.11 pueblo...sobre el cual te he puesto por *r* 4427

1.12 y gloria, como nunca tuvieron los *r* que 4428

1.14 los cuales puso...con el *r* en Jerusalén 4428

1.15 y acumuló el *r* plata y oro en Jerusalén 4428

1.16 mercaderes del *r* compraban por contrato 4428

1.17 así compraban...los *r*...heteos...*r* de Siria 4428

2.3 envió a decir Salomón a Hiram *r* de Tiro 4428

2.11 Hiram *r* de Tiro respondió por escrito 4428

2.11 Jehová te ha puesto por *r* sobre ellos 4428

2.12 dio al *r* David un hijo sabio, entendido 4428

4.11 y acabó Hiram la obra que hacía al *r*. 4428

4.16 hizo...sus enseres Hiram-abi al *r* Salomón 4428

4.17 los fundió el *r* en los llanos del Jordán 4428

5.3 se congregaron con el *r*...los varones de 4428

5.6 y el *r*...y toda tu congregación de Israel 4428

6.3 volviendo el *r* su rostro, bendijo a toda 4428

7.4 *r* y todo el pueblo sacrificaron víctimas 4428

7.5 y ofreció el *r* Salomón en...22.000 bueyes 4428

7.5 dedicaron la casa de Dios el *r* y todo el 4428

7.6 los instrumentos...había hecho el *r* David 4428

7.11 terminó, pues, Salomón...la casa del *r* 4428

8.11 mujer no morará en la casa de David *r*. 4428

8.15 no se apartaron del mandamiento del *r* 4428

8.18 talentos de oro, y los trajeron al *r* 4428

9.5 y dijo al *r*: Verdad es lo que había oído 4428

9.8 para ponerte sobre...como *r* para Jehová 4428

9.9 y dio al *r* 120 talentos de oro, y gran 4428

9.9 como las que dio la reina de Sabá al *r* 4428

9.11 de la madera de sándalo el *r* hizo gradas 4428

9.12 el *r* Salomón dio a la reina de Sabá todo 4428

9.12 dio...más de lo que ella había traído al *r* 4428

9.14 los *r* de Arabia...oro y plata a Salomón 4428

9.15 el *r* Salomón 200 paveses de oro batido 4428

9.16 los puso el *r* en la casa del bosque del 4428

9.17 hizo además el *r* un gran trono de marfil 4428

9.20 la vajilla del *r*...era de oro, y toda la 4428

9.21 porque la flota del *r* iba a Tarsis con 4428

9.22 excedió el *r* Salomón a todos los *r* de la 4428

9.23 *r*...procuraban ver el rostro de Salomón 4428

9.25 jinetes...puso en...con el *r* en Jerusalén 4428

9.26 y tuvo dominio sobre todos los *r* desde 4428

9.27 y acumuló el *r* plata en...como piedras, y 4428

10.1 se había reunido...Israel para hacerlo *r* 4427

10.2 Jeroboam...huido a causa del *r* Salomón 4428

10.6 el *r*...tomó consejo con los ancianos que 4428

10.12 según el *r* les había mandado diciendo 4428

10.13 el *r* les respondió ásperamente; pues 4428

10.13 pues dejó el *r* Roboani el consejo de los 4428

10.15 y no escuchó el *r* al pueblo; porque la 4428

10.16 viendo todo...que el *r* no les había oído 4428

10.16 respondió el pueblo al *r*...¿Qué parte 4428

10.18 envió luego el *r* Roboam a Adoram, que 4428

10.18 se apresuró el *r*, y...huyó a Jerusalén 4428

11.3 habla a Roboam hijo de Salomón, *r* de 4428

11.22 puso Roboam a Abías...quería hacerle *r* 4428

12.2 el quinto año del *r*...subió Sisac *r* de 4428

12.6 los príncipes de...y el *r* se humillaron 4428

12.9 subió...Sisac *r* de Egipto a Jerusalén, y 4428

12.9 y tomó...y los tesoros de la casa del *r* 4428

12.10 hizo el *r* Roboam escudos de bronce, y 4428

12.10 custodiaban la entrada de la casa del *r*. 4428

12.11 el *r* iba a la casa de Jehová, venían los 4428

13.1 a los 18 años del *r*...reinó Abías sobre 4428

15.16 aun a Maaca madre del *r* Asa...la depuso 4428

16.1 subió Baasa *r* de Israel contra Judá, y 4428

16.1 salir ni entrar a ninguno al *r* Asa, *r* de 4428

16.2 sacó Asa...y envió a Ben-adad *r* de Siria 4428

16.3 alianza que tienes con Baasa *r* de Israel 4428

16.4 consintió Ben-adad con el *r* Asa, y envió 4428

16.6 el *r* Asa tomó a todo Judá, y se llevaron 4428

16.7 vino el vidente Hanani a Asa *r* de Judá 4428

16.7 cuanto te has apoyado en el *r* de Siria 4428

16.7 el ejército del *r* de Siria ha escapado 4428

16.11 escritos en el libro de los *r* de Judá 4428

17.19 éstos eran siervos del *r*, sin los que 4428

17.19 que el *r* había puesto en las ciudades 4428

18.3 dijo Acab *r* de Israel a Josafat *r* de Judá 4428

18.4 dijo Josafat al *r* de Israel: Te ruego 4428

18.5 el *r* de Israel reunió a 400 profetas, y 4428

18.5 porque Dios los entregará en mano del *r* 4428

18.7 el *r* de Israel respondió a Josafat: Aún 4428

18.7 y respondió Josafat: No hable así el *r*. 4428

18.8 el *r* de Israel llamó a un oficial, y le 4428

18.9 el *r* de Israel y Josafat *r* de...sentados 4428

18.11 Jehová la entregará en mano del *r* 4428

18.12 a una voz anuncian al *r* cosas buenas 4428

18.13 mi Dios me dijere...hablaré. Y vino al *r* 4428

18.14 el *r* le dijo: Micaías, ¿iremos a pelear 4428

18.15 el *r* le dijo: ¿Hasta cuántas veces te 4428

18.17 el *r* de Israel dijo a Josafat: ¿No te 4428

18.19 ¿quién inducirá a Acab *r* de Israel, para 4428

18.25 el *r* de Israel dijo: Tomad a Micaías 4428

18.25 y llevadlo a Amón...y a Joás hijo del *r*. 4428

18.26 el *r* ha dicho así: Poned a éste en la 4428

18.28 subieron...el *r* de Israel, y Josafat *r* 4428

18.29 dijo el *r* de Israel a Josafat: Yo me 4428

18.29 y se disfrazó el *r* de Israel, y entró 4428

18.30 el *r* de Siria mandado a los capitanes 4428

18.30 con grande, sino sólo con el *r* de Israel 4428

18.31 dijeron: Este es el *r* de Israel. Y lo 4428

18.32 viendo los...que no era el *r* de Israel 4428

18.33 hirió al *r* de...entre las junturas y el 4428

18.34 que estuvo el *r* de Israel en pie en el 4428

19.1 Josafat *r* de Judá volvió en paz a su casa 4428

19.11 Zebadías...en todos los negocios del *r*. 4428

20.15 oíd, Judá...y tú, *r* Josafat...Jehová os 4428

20.34 se hace mención en el libro de los *r* 4428

20.35 Josafat *r*...trabó amistad con Ocozías *r* 4428

21.2 estos fueron hijos de Josafat *r* de Judá 4428

21.6 anduvo en el camino de los *r* de Israel 4428

21.8 rebeló Edom contra...y pusieron *r* sobre sí 4428

21.12 no...ni en los caminos de Asa *r* de Judá 4428

21.13 has andado el camino de los *r* de Israel 4428

21.17 todos los bienes que...en la casa del *r* 4428

21.20 sepultaron...no en los sepulcros de...*r*. 4428

22.1 hicieron *r* en lugar de Joram a Ocozías 4428

22.1 reinó Ocozías, hijo de Joram *r* de Judá 4428

22.5 fue a la guerra con Joram...*r* de Israel 4428

22.5 fue a la guerra...contra Hazaci *r* de Siria 4428

22.6 en Ramot, peleando contra Hazael *r* de 4428

22.6 descendió Ocozías hijo de Joram, *r* de 4428

22.11 Josabet, hija del *r*, tomó a Joás hijo 4428

22.11 tomó...de entre los demás hijos del *r* 4428

22.11 así lo escondió Josabet, hija del *r*. 4428

23.3 pacto con el *r*...He aquí el hijo del *r* 4428

23.5 otra tercera parte, a la casa del *r*; y 4428

23.7 rodearán al *r* por...y estaréis con el *r* 4428

23.9 escudos que habían sido del *r* David, y 4428

23.10 puso...alrededor del *r* por todas partes 4428

23.11 sacaron al hijo del *r*...lo proclamaron *r* 4428

23.11 lo ungieron, diciendo luego: ¡Viva el *r*! 4428

23.12 estruendo...de los que aclamaban al *r* 4428

23.13 vio al *r*...y los trompeteros junto al *r* 4428

23.15 pasado la entrada de...de la casa del *r*. 4428

23.16 pacto entre sí y todo el pueblo y el *r* 4428

23.20 conducir al *r* desde la casa de Jehová 4428

23.20 la casa del *r*, sentaron al *r* sobre el 4428

24.6 el *r* llamó al sumo sacerdote Joiada y 4428

24.8 mandó, pues, el *r* que hiciesen un arca 4428

24.11 llevar el arca al secretario del *r* por 4428

24.11 venía el escriba del *r*...y llevaban el 4428

24.12 el *r* y Joiada lo daban a los que hacían 4428

24.14 trajeron al *r*...que quedaba del dinero 4428

24.16 y lo sepultaron...con los *r*, por cuanto 4428

24.17 los príncipes de...al *r*; y el *r* los oyó 4428

24.21 por mandato del *r* lo apedrearon hasta 4428

24.22 así el *r* Joás no se acordó de...Joiada 4428

24.23 enviaron todo el botín al *r* a Damasco 4428

24.25 David, pero no en los sepulcros de los *r* 4428

24.27 escrito en la historia del...de los *r*. 4428

25.3 mató a los...que habían matado al *r* su 4428

25.7 dijo: *R*, no vaya contigo el ejército de 4428

25.16 te han puesto a ti por consejero del *r*? 4428

25.17 Amasías *r* de...envió a decir a Joás...*r*. 4428

25.18 Joás *r* de...envió a decir a Amasías *r*. 4428

25.21 Joás *r* de...se vieron...él y Amasías *r* 4428

25.23 y Joás *r* de Israel apresó...a Amasías *r*. 4428

25.24 tomó...los tesoros de la casa del *r*, y 4428

25.25 vivió Amasías...*r*...la muerte de Joás...*r*. 4428

25.26; 27.7; 32.32; 35.27; 36.8 escritos en el libro de los *r* 4428

26.1 y lo pusieron por *r* en lugar de Amasías 4428

26.2 y la restituyó a Judá después que el *r*. 4428

26.11 y de Hananías, uno de los jefes del *r*. 4428

26.13 para ayudar al *r* contra los enemigos 4428

26.18 y se pusieron contra el *r* Uzías, y le 4428

26.21 el *r* Uzías fue leproso hasta el día de 4428

27.5 él guerra con el *r* de los hijos de Amón 4428

28.2 anduvo en los caminos de los *r* de Israel 4428

28.5 lo entregó en manos del *r* de los sirios 4428

28.5 entregado en manos del *r* de Israel, el 4428

28.7 además Zicri...mató a Maasías hijo del *r*. 4428

28.7 mató...y a Elcana, segundo después del *r* 4428

28.16 a pedir el *r* Acaz a los *r* de Asiria que 4428

28.19 humillado a Judá por causa de Acaz *r* de 4428

28.20 vino contra él Tiglat-pileser *r* de los 4428

28.21 despojó...para dar al *r* de los asirios 4428

28.22 además el *r* Acaz...añadió mayor pecado 4428

28.23 los dioses de los *r* de Siria les ayudan 4428

28.26 escritos en el libro de los *r* de Judá 4428

28.27 Acaz, no...en los sepulcros de los *r*. 4428

29.15 conforme al mandamiento del *r* y las 4428

29.18 vinieron al *r* Ezequías y le dijeron 4428

29.19 todos los...había desechado el *r* Acaz........4428
29.20 el *r* Ezequías reunió los principales..........4428
29.23 acercar delante del *r*...machos cabríos......4428
29.24 mandó el *r* hacer el holocausto y la..........4428
29.25 al mandamiento...de Gad vidente del *r*......4428
29.27 los instrumentos de David *r* de Israel.........4428
29.29 se inclinó el *r*, y todos los que con...........4428
29.30 el *r* Ezequías y los príncipes dijeron..........4428
30.2 y el *r* había tomado consejo...príncipes.......4428
30.4 esto agradó al *r* y a toda la multitud...........4428
30.6 correos con cartas de mano del *r* y de.........4428
30.6 con cartas...como el *r* lo había mandado......4428
30.6 quedado de la mano de los *r* de Asiria.........4428
30.12 para cumplir el mensaje del *r* y de...........4428
30.24 porque Ezequías *r* de Judá había dado.......4428
30.26 de Salomón hijo de David *r* de Israel.........4428
31.3 el *r* contribuyó de su propia hacienda.........4428
31.13 por mandamiento del *r* Ezequías y de........4428
32.1 Senaquerib *r* de los asirios e invadió..........4428
32.4 ¿por qué han de hallar los *r*...aguas..........4428
32.7 ni tengáis miedo del *r* de Asiria, ni de.........4428
32.8 confianza en las palabras de Ezequías *r*.......4428
32.9 Senaquerib *r* de...para decir a Ezequías *r*.....4428
32.10 así ha dicho Senaquerib *r* de los asirios......4428
32.11 nos librará de la mano del *r* de Asiria?.......4428
32.20 mas el *r* Ezequías y el...oraron por esto......4428
32.21 destruyó...el campamento del *r* de Asiria....4428
32.22 salvó Jehová...de las manos...*r* de Asiria....4428
33.11 contra él los generales...del *r* de los.........4428
33.18 está escrito en las actas de los *r* de..........4428
33.25 mató a todos los...conspirado contra el *r*....4428
33.25 el pueblo...por *r* en su lugar a Josías.........4428
34.11 edificios que habían destruido los *r* de.......4428
34.16 y Safán lo llevó al *r*, y le contó el...........4428
34.18 Safán al *r*...El sacerdote Hilcías me dio un...4428
34.18 libro...Y leyó Safán en él delante del *r*.......4428
34.19 luego que el *r* oyó las palabras de la.........4428
34.20 mandó...a Asaías siervo del *r*, diciendo......4428
34.22 y los del *r* fueron a Hulda profetisa..........4428
34.24 en el libro que leyeron delante del *r*..........4428
34.26 mas al *r* de Judá, que os ha enviado a........4428
34.28 y ellos refirieron al *r* la respuesta...........4428
34.29 el *r* envió y reunió a todos los ancianos.......4428
34.30 subió el *r* a la casa de Jehová, y con él........4428
34.31 estando el *r* en pie en su sitio, hizo...........4428
35.3 la casa que edificó Salomón...*r* de Israel......4428
35.4 lo ordenaron David *r* de Israel y Salomón.....4428
35.7 dio el *r* Josías a...de la hacienda del *r*.......4428
35.10 turnos, conforme al mandamiento del *r*......4428
35.15 al mandamiento...Jedutún vidente del *r*......4428
35.18 ni ningún *r*...como la que celebró el *r*.........4428
35.19 fue celebrada en el año 18 del *r* Josías.......4428
35.20 *r* de Egipto subió para hacer guerra en......4428
35.21 ¿qué tengo yo contigo, *r* de Judá? Yo no......4428
35.23 los flecheros tiraron contra el *r* Josías.......4428
35.23 dijo el *r* a sus siervos: Quitadme de...........4428
36.1 a Joacaz hijo de Josías, y lo hizo *r* en.........4428
36.3 y el *r* de Egipto lo quitó de Jerusalén..........4428
36.4 y estableció el *r* de...a Eliaquim...por *r*.......4428
36.6 contra él Nabucodonosor *r* de Babilonia......4428
36.10 constituyó a Sedequías...*r* sobre Judá.........4428
36.17 trajo contra ellos al *r* de los caldeos..........4428
36.18 los tesoros de la casa del *r*...lo llevó..........4428
36.22 el primer año de Ciro *r* de los persas.........4428
36.22 Jehová despertó el espíritu de Ciro *r*..........4428
36.23 así dice Ciro, *r* de los persas: Jehová..........4428
Esd 1.1 en el primer año de Ciro *r* de Persia.........4428
1.1 despertó Jehová el espíritu de Ciro *r* de........4428
1.2 así ha dicho Ciro *r* de Persia: Jehová el.........4428
1.7 el *r* Ciro sacó los utensilios de la casa..........4428
1.8 los sacó...Ciro *r* de Persia, por mano de.........4428
2.1 que Nabucodonosor *r* de...llevado cautivos....4428
3.7 conforme a...voluntad de Ciro *r* de Persia.......4428
3.10 según la ordenanza de David *r* de Israel......4428
4.2 a él ofrecemos...desde los días de...*r* de........4428
4.3 como nos mandó el *r* Ciro, *r* de Persia..........4428
4.5 sobornaron...el tiempo de Ciro *r* de Persia.....4428
4.5 y hasta el reinado de Darío *r* de Persia..........4428
4.7 escribieron...a Artajerjes *r* de Persia; y..........4428
4.8 escribieron una carta...al *r* Artajerjes............4430
4.11 al *r* Artajerjes: Tus siervos...saludan.............4430
4.12 sea notorio al *r*, que los judíos que...............4430
4.13 sea notorio al *r*, que si aquella ciudad...........4430
4.13 y el erario de los *r* será menoscabado...........4430
4.14 no nos es justo ver...menosprecio del *r*.........4430
4.14 cual hemos enviado a hacerlo saber al *r*.......4430
4.15 es ciudad rebelde, y perjudicial a los *r*.........4430
4.16 hacemos saber al *r* que si esta ciudad..........4430
4.17 *r* envió esta respuesta: A Rehum...Salud.......4430
4.19 se levanta contra los *r* y se rebela, y.............4430
4.20 hubo...*r* fuertes que dominaron en todo lo.....4430
4.22 de crecer el daño en perjuicio de los *r*?.........4430
4.23 copia la carta del *r* Artajerjes fue leída.........4430
4.24 el año segundo del reinado de Darío *r*.........4430
5.6 la carta que Tatnai...enviaron al *r* Darío..........4430
5.7 estaba escrito en ella: Al *r* Darío...paz.........4430
5.8 sea notorio al *r*, que fuimos a la...casa..........4430
5.11 edificó y terminó el gran *r* de Israel............4430
5.12 los entregó en mano de...*r* de Babilonia.......4430
5.13 el año primero de Ciro *r* de Babilonia.........4430
5.13 *r* Ciro dio orden para que esta casa de........4430
5.14 *r* Ciro los sacó del templo de Babilonia........4430
5.17 y ahora, si al *r* parece bien, búsquese.........4430
5.17 la casa de los tesoros del *r* que está en........4430
5.17 por el *r* Ciro había sido dada la orden..........4430
5.17 se nos envíe a decir la voluntad del *r*.........4430
6.1 el *r* Darío dio la orden de buscar en la...........4430
6.3 en el año primero del *r* Ciro, el mismo *r*........4430
6.4 el gasto sea pagado por el tesoro del *r*..........4430
6.8 que de la hacienda del *r*, que...sean dados.....4430
6.10 oren por la vida del *r* y por sus hijos...........4430
6.12 destruya a todo *r* y pueblo que pusiere........4430
6.13 hicieron...según el *r* Darío había ordenado...4430
6.14 por mandato...de Artajerjes *r* de Persia.......4430
6.15 era el sexto año del reinado del *r* Darío.......4430
6.22 había vuelto el corazón del *r* de Asiria........4428
7.1 en el reinado de Artajerjes *r* de Persia..........4428
7.6 concedió el *r* todo lo que pidió, porque..........4428
7.7 Jerusalén...séptimo año del *r* Artajerjes........4428
7.8 en el mes quinto del año séptimo del *r*..........4428
7.11 copia de la carta que dio el *r* Artajerjes.......4428
7.12 Artajerjes *r* de *r*, a Esdras, sacerdote..........4428
7.14 de parte del *r* y de sus siete consejeros........4428
7.15 llevar...el oro que el *r* y sus consejeros........4428
7.20 lo darás de la casa de los tesoros del *r*.........4428
7.21 y por mí, Artajerjes *r*, es dada orden a.........4428
7.23 contra el reinado del *r* y de sus hijos?..........4428
7.26 que no cumpliere la ley...y la ley del *r*.........4428
7.27 que puso tal cosa en el corazón del *r*..........4428
7.28 delante del *r* y de sus consejeros, y de.........4428
7.28 de todos los príncipes poderosos del *r*.........4428
8.1 de Babilonia, reinando el *r* Artajerjes..........4428
8.22 vergüenza de pedir al *r* tropa y gente.........4428
8.22 porque habíamos hablado al *r*, diciendo........4428
8.25 ofrenda que...habían ofrecido el *r* y sus.......4428
8.36 y entregaron los despachos del *r* a sus.........4428
9.7 nuestros *r* y nuestros sacerdotes hemos.........4428
9.7 hemos sido entregados en manos de los *r*.......4428
9.9 misericordia delante de los *r* de Persia..........4428
Neh 1.11 tu siervo, yo servía de copero al *r*...........4428
2.1 Nisán, en el año veinte del *r* Artajerjes..........4428
2.1 en el mes...tomé el vino y los serví al *r*..........4428
2.2 dijo el *r*: ¿Por qué está triste tu rostro?..........4428
2.3 dije al *r*: Para siempre viva el *r*...¿Cómo.......4428
2.4 me dijo el *r*: ¿Qué cosa pides? Entonces.........4428
2.5 dije al *r*: Si le place al *r*, y tu siervo..............4428
2.6 el *r* me dijo (y la reina estaba sentada..........4428
2.6 agradó al *r* enviarme, después que yo le........4428
2.7 dije al *r*: Si le place al *r*, que se me den..........4428
2.8 carta para Asaf guarda del bosque del *r*........4428
2.8 lo concedió el *r*, según la...mano de Jehová....4428
2.9 vine luego a...y les di las cartas del *r*.............4428
2.9 y el *r* envió...capitanes del ejército y.............4428
2.14 pasé...al estanque del *R*; pero no había.......4428
2.18 declaré...las palabras que el *r* me había.......4428
2.19 ¿qué es esto...¿Os rebeláis contra el *r*.........4428
3.15 estanque de Siloé hacia el huerto del *r*........4428
3.25 y la torre...que sale de la casa del *r*.............4428
5.4 tomado prestado dinero...el tributo del *r*.......4428
5.14 mandó el *r* que fuese gobernador de ellos.......4428
5.14 el año veinte del *r* Artajerjes hasta el...........4428
6.6 edificas tú...con la mira...de ser tú su *r*..........4428
6.7 ¡hay *r* en Judá! Y ahora serán oídas del *r*.......4428
7.6 de los que llevó cautivos Nabucodonosor *r*.....4428
9.22 y poseyeron...la tierra del *r* de Hesbón........4428
9.22 poseyeron...la tierra de Og *r* de Basán........4428
9.24 y a sus *r*, y a los pueblos de la tierra...........4428
9.32 el sufrimiento que ha alcanzado a...*r*, a..........4428
9.32 días de los *r* de Asiria hasta este día..........4428
9.34 nuestros *r*...no pusieron por obra tu ley.......4428
9.37 y se multiplica su fruto para los *r* que..........4428
11.23 porque había mandamiento del *r* acerca......4428
11.24 y Petaías...estaba al servicio del *r* en...........4428
13.6 en el año 32 de Artajerjes *r* de...fui al *r*.........4428
13.6 cabo de algunos días pedí permiso al *r*..........4428
13.26 ¿no pecó por esto Salomón, *r* de Israel?........4428
13.26 en muchas naciones no hubo *r* como él...........4428
13.26 Dios lo había puesto por *r* sobre todo...........4428
Est 1.2 cuando fue afirmado el *r* Asuero sobre..........4428
1.5 hizo el *r* otro banquete por siete días en.........4428
1.7 vino...de acuerdo con la generosidad del *r*.......4428
1.8 porque así lo había mandado el *r* a todos.........4428
1.9 banquete...en la casa real del *r* Asuero............4428
1.10 estando el corazón del *r* alegre del vino.........4428
1.10 siete eunucos que servían delante del *r*.........4428
1.11 trajesen a...Vasti a la presencia del *r*..............4428
1.12 Vasti no quiso comparecer a la orden *r*...........4428
1.12 *r* se enojó mucho, y se encendió en ira..........4428
1.13 preguntó entonces el *r* a los sabios que........4428
1.13 así acostumbraba el *r* con todos los que........4428
1.14 siete príncipes...que veían la cara del *r*.........4428
1.15 no había cumplido la orden del *r* Asuero.........4428
1.16 y dijo Memucán delante del *r* y de los............4428
1.16 no solamente contra el *r* ha pecado la............4428
1.16 pueblos...en todas las provincias del *r*...........4428
1.17 el *r* Asuero mandó traer delante de sí a..........4428
1.18 dirán esto...a todos los príncipes del *r*...........4428
1.19 si parece bien al *r*, salga un decreto............4428
1.19 Vasti no venga más delante del *r* Asuero........4428
1.19 y el *r* haga reina a otra que sea mejor...........4428
1.20 el decreto que dicte el *r* será oído en............4428
1.21 agradó...a los ojos del *r* y...los príncipes.........4428
1.21 hizo el *r* conforme al dicho de Memucán.........4428
1.22 envió cartas a todas las provincias del *r*.........4428
2.1 sosegada...ira del *r* Asuero, se acordó de..........4428
2.2 y dijeron los criados del *r*...cortesanos............4428
2.2 busquen para el *r* jóvenes vírgenes de............4428
2.3 ponga el *r* personas en...las provincias de.......4428
2.3 al cuidado de Hegai eunuco del *r*, guarda.........4428
2.4 la doncella que agrade a los ojos del *r*...........4428
2.4 esto agradó a los ojos del *r*, y lo hizo...............4428
2.6 fueron llevados con Jeconías *r* de Judá, a.........4428
2.6 a quien hizo transportar Nabucodonosor *r*.......4428
2.8 cuando se divulgó el mandamiento...del *r*.........4428
2.8 Ester también fue llevada a la casa del *r*.........4428
2.9 le dio...siete doncellas...de la casa del *r*.........4428
2.12 tiempo de cada...para venir al *r* Asuero.........4428
2.13 la doncella venía así al *r*...Todo lo que..........4428
2.13 ataviada con ello...hasta la casa del *r*............4428
2.14 casa...al cargo de Saasgaz eunuco del *r*.........4428
2.14 no venía...al *r*, salvo si el *r* la quería............4428
2.15 llegó a Ester...el tiempo de venir al *r*...........4428
2.15 lo que dijo Hegai eunuco del *r*, guarda.........4428
2.16 fue, pues, Ester llevada al *r* Asuero a............4428
2.17 *r* amó a Ester más que a todas las otras........4428
2.18 hizo...el *r* un gran banquete a todos sus........4428
2.19,21 Mardoqueo...sentado a la puerta del *r*......4428
2.21 se enojaron...dos eunucos del *r*, de la...........4428
2.21 y procuraban poner mano en el *r* Asuero......4428
2.22 lo dijo al *r* en nombre de Mardoqueo...........4428
2.23 caso en el libro de las crónicas del *r*............4428
3.1 el *r* Asuero engrandeció a Amán hijo de.........4428
3.2 los siervos del *r*...a la puerta del *r* se............4428
3.2 así lo había mandado el *r*; pero Mardoqueo....4428
3.3 los siervos del *r* que estaban a la puerta.........4428
3.3 ¿por qué traspasas el mandamiento del *r*?......4428
3.7 el año duodécimo del *r* Asuero, fue echada......4428
3.8 y dijo Amán al *r* Asuero: Hay un pueblo.........4428
3.8 no guardan las leyes del *r*, y al *r* nada............4428
3.9 place al *r*, decrete que sean destruidos..........4428
3.9 para que sean traídos a los tesoros del *r*.........4428
3.10 el *r* quitó el anillo de su mano, y lo dio..........4428
3.12 fueron llamados los escribanos del *r* en........4428
3.12 lo que mandó Amán, a los sátrapas del *r*.......4428
3.12 en nombre del *r* Asuero fue escrito, y............4428
3.12 escrito, y sellado con el anillo del *r*.............4428
3.13 de correos a todas las provincias del *r*.........4428
3.15 salieron los correos...por mandato del *r*.......4428
3.15 y el *r* y Amán se sentaron a beber; pero........4428
4.2 y vino hasta delante de la puerta del *r*...........4428
4.2 no era lícito pasar...de la puerta del *r*...........4428
4.3 donde el mandamiento del *r* y su decreto........4428
4.5 llamó a Hatac, uno de los eunucos del *r*.........4428
4.6 a la plaza de, delante de la puerta del *r*..........4428
4.7 la plata que Aman...para los tesoros del *r*.......4428
4.8 fuese ante el *r* a suplicarle...interceder..........4428
4.11 todos los siervos del *r*, y el pueblo de............4428
4.11 pueblo de las provincias del *r*, saben que.......4428
4.11 en el patio interior para ver al *r*, sin...........4428
4.11 aquel a quien el *r* extendiere el cetro de........4428
4.11 no he sido llamada para ver al *r* estos...........4428
4.13 que escaparás en la casa del *r* más que..........4428
4.16 entonces entraré a ver al *r*, aunque no..........4428
5.1 entró...el patio interior de la casa del *r*..........4428
5.1 del aposento del *r*; y estaba el *r* sentado..........4428
5.2 y el *r* extendió a Ester el cetro de oro............4428
5.3 dijo el *r*: ¿Qué tienes, reina Ester, y..............4428
5.4 si place al *r*, vengan hoy el *r* y Amán al..........4428
5.4 al banquete que he preparado para el *r*...........4428
5.5 respondió el *r*: Daos prisa, llamad a Amán......4428
5.5 vino, pues, el *r* con Amán al banquete que......4428
5.6 dijo el *r* a Ester...¿Cuál es tu petición............4428
5.8 si he hallado gracia ante los ojos del *r*..........4428
5.8 si place al *r*...que venga el *r* con Amán a.........4428
5.8 haré conforme a lo que el *r* ha mandado........4428
5.9 vio a Mardoqueo a la puerta del...del *r*...........4428
5.11 con que el *r* le había engrandecido, y.............4428
5.11 había honrado sobre los, siervos del *r*...........4428
5.12 Ester a ninguno hizo venir con el *r* al............4428
5.12 mañana estoy convidado por ella con el *r*......4428
5.13 veo...Mardoqueo sentado a la puerta del *r*.....4428
5.14 al *r* que cuelguen a Mardoqueo en ella.........4428
5.14 y entra alegre con el *r* al banquete..............4428
6.1 se le fue el sueño al *r*, y dijo que le..............4428
6.2 el complot de...dos eunucos del *r*, de la..........4428
6.2 que habían procurado poner mano en el *r*.......4428
6.3 dijo el *r*: ¿Qué honra o qué distinción............4428
6.3 respondieron los servidores del *r*, sus............4428
6.4 el *r*: ¿Quién está en el patio? Y Amán.............4428
6.4 hablarle al *r* para que hiciese colgar a...........4428
6.5 y los servidores del *r* le respondieron.............4428
6.5 Amán está en el...Y el *r* dijo: Que entre..........4428
6.6 el *r* le dijo: ¿Qué se hará al hombre cuya.......4428
6.6 se hará al hombre cuya honra desea el *r*?.......4428
6.6 a quién deseará el *r* honrar más que a mí?.......4428
6.7 al *r*: Para el varón cuya honra desea el *r*.........4428
6.8 traigan el vestido...de que el *r* se viste...........4428
6.8 caballo en que el *r* cabalga, y la corona..........4428
6.9 alguno de los príncipes más nobles del *r*.........4428
6.9 vistan a aquel varón cuya honra desea el *r*.....4428
6.9,11 se hará al varón cuya honra desea el *r*......4428
6.10 entonces el *r* dijo a Amán: Date prisa............4428
6.14 los eunucos de, *r* llegaron apresurados.........4428
7.1 fue, pues, el *r* con Amán al banquete de.........4428
7.2 dijo el *r* a Ester: ¿Cuál es tu petición.............4428
7.3 oh *r*, si he hallado gracia en tus ojos..............4428
7.3 y si al *r* place, séame dada mi vida por...........4428
7.4 nuestra muerte sería para el *r* un daño.........4428
7.5 respondió el *r* Asuero, y dijo...¿Quién es.........4428
7.6 turbó Amán delante del *r* y de la reina...........4428
7.7 *r* se levantó del banquete, encendido en.........4428
7.7 estaba resuelto...el mal de parte del *r*...........4428
7.8 después el *r* volvió del huerto del palacio........4428
7.8 dijo el *r*: ¿Querrás también violar a la...........4428
7.8 al proferir el *r* esta palabra...cubrieron..........4428
7.9 dijo uno de los eunucos que servían al *r*.........4428
7.9 Mardoqueo...había hablado bien por el *r*.........4428
7.9 entonces el *r* dijo: Colgadlo en ella..............4428
7.10 colgaron a...y se apaciguó la ira del *r*...........4428
8.1 el *r* Asuero dio a la reina Ester la casa............4428
8.1 y Mardoqueo vino delante del *r*, porque.........4428
8.2 se quitó el *r* el anillo que recogió de..............4428
8.3 volvió, Ester a hablar delante del *r*, y...............4428
8.4 el *r* extendió a Ester el cetro de oro...............4428

8.4 levantó, y se puso en pie delante del *r* 4428
8.5 si place al *r*, y si he hallado gracia 4428
8.5 y si le parece acertado al *r*, y yo soy 4428
8.5 los judíos...en todas las provincias del *r* 4428
8.7 respondió el *r* Asuero a la reina Ester y 4428
8.8 escribid, en nombre del *r*, y selladlo con 4428
8.8 y selladlo con el anillo del *r*, porque un 4428
8.8 del *r*, y se sella con el anillo del *r*, no 4428
8.9 fueron llamados los escribanos del *r* en 4428
8.10 y escribió en nombre del *r* Asuero, y lo 4428
8.10 y lo selló con el anillo del *r*, y envió 4428
8.11 que el *r* daba facultad a los judíos que 4428
8.12 día en todas las provincias del *r* Asuero 4428
8.14 correos...salieron...por la orden del *r* 4428
8.15 y salió Mardoqueo de delante del *r* con 4428
8.17 ciudad donde llegó el mandamiento del *r* 4428
9.1 debía ser ejecutado el mandamiento del *r* 4428
9.2 judíos se reunieron en...provincias del *r* 4428
9.3 y oficiales del *r*, apoyaban a los judíos 4428
9.4 Mardoqueo era grande en la casa del *r* 4428
9.11 le dio cuenta al *r* acerca del número de 428
9.12 y dijo el *r* a la reina Ester: En Susa 428
9.12 ¿qué habrán hecho en...provincias del *r*? 4428
9.13 si place al *r*, concédase...a los judíos 4428
9.14 y mandó el *r* que se hiciese así...Se dio 4428
9.16 los otros judíos...en las provincias del *r* 4428
9.20 que estaban en todas las provincias del *r* 4428
9.25 cuando Ester vino a la presencia del *r* 4428
9.30 cartas...a las 127 provincias del *r*, con 4428
10.1 *r* Asuero impuso tributo sobre la tierra 4428
10.2 la grandeza, con que el *r* le engrandecio 4428
10.2 en el libro de las crónicas de los *r* de 4428
10.3 Mardoqueo...fue el segundo después del *r* 4428
Job 3.14 con los *r* y con los consejeros de la 4428
15.24 esforzarán...como un *r* dispuesto para la 4428
18.14 y al *r* de los espantos será conducido 4428
29.25 el jefe, y moraba como *r* en el ejército 4428
34.18 dirá al *r*: Perverso; y a los príncipes 4428
36.7 bien con los *r* los pondrá en trono para 4428
41.34 alta; es *r* sobre todos los soberbios 4428
Sal 2.2 se levantarán los *r* de la tierra, y 4428
2.6 yo he puesto mi *r* sobre Sion, mi santo 4428
2.10 ahora, pues, oh *r*, sed prudentes; admitid 4428
5.2 está atento a la voz...*R* mío y Dios mío 4428
10.16 Jehová es *R* eternamente y para siempre 4428
18.50 triunfos da a su *r*, y hace misericordia 4428
20.9 salva, Jehová; que el *R* nos oiga en el día 4428
21.1 el *r* se alegra en tu poder, oh Jehová 4428
21.7 por cuanto el *r* confía en Jehová, y en 4428
24.7,9 oh puertas...y entrará el *R* de gloria 4428
24.8,10 ¿quién es este *R* de gloria? Jehová 4428
24.10 Jehová de los...él es el *R* de la gloria 4428
29.10 y se sienta Jehová como *r* para siempre 4428
33.16 el *r* no se salva por la...del ejército 4428
44.4 tú oh Dios, eres mi *r*; manda salvación 4428
45.1 dirijo al *r* mi canto; mi lengua es pluma 4428
45.5 tus saetas...penetrarán...enemigos del *r* 4428
45.9 hijas de *r* están entre tus ilustres: está 4428
45.11 deseará el *r* tu hermosura; e inclínate 4428
45.13 toda gloriosa es la hija del *r* en su 4428
45.14 con vestidos bordados será llevada al *r* 4428
45.15 y gozo; entrarán en el palacio del *r* 4428
47.2 temible; *R* grande sobre toda la tierra 4428
47.6 cantad a Dios, cantad; cantad a nuestro *R* 4428
47.7 porque Dios es el *R* de toda la tierra 4428
48.2 el monte de Sion...la ciudad del gran *R* 4428
48.4 he aquí los *r* de la tierra se reunieron 4428
61.6 días sobre días añadirás al *r*; sus años 4428
63.11 el *r* se alegrará en Dios; será alabado 4428
68.12 huyeron, huyeron *r* de ejércitos, y las 4428
68.14 cuando esparció...los *r* allí, fue como 4428
68.24 los caminos de mi Dios, de mi *R*, en el 4428
68.29 por razón de...los *r* te ofrecerán dones 4428
72.1 da tus juicios al *r*, y...al hijo del *r* 4428
72.10 los *r* de Tarsis y de...traerán presentes 4428
72.10 los *r* de Sabá y de Seba ofrecerán dones 4428
72.11 todos los *r* se postrarán delante de él 4428
74.12 pero Dios es mi *r* desde tiempo antiguo 4428
76.12 cortará él...temible es a los *r* de la 4428
84.3 cerca de tus altares, oh Jehová...*R* mío 4428
89.18 Jehová es nuestre escudo, y nuestro *r* 4428
89.27 el más excelso de los *r* de la tierra 4428
95.3 Jehová...*R* grande sobre todos los dioses 4428
98.6 sonidos de bocina, delante del *r* Jehová 4428
99.4 la gloria del *r* ama el juicio...rectitud 4428
102.15 y todos los *r* de la tierra tu gloria 4428
105.14 y por causa de ellos castigó a los *r* 4428
105.20 envió el *r*, y le soltó; el señor de los 4428
105.30 ranas hasta en las cámaras de sus *r* 4428
110.5 quebrantará a los *r* en el día de su ira 4428
119.46 hablaré de...delante de los *r*, y no me 4428
135.10 destruyó a muchas...mató a *r* poderosos 4428
135.11 a Sehón *r* amorreo, a Og *r* de Basán 4428
135.11 de Basán, y a todos los *r* de Canaán 4428
136.17 al que hirió a grandes *r*, porque para 4428
136.18 a *r* poderosos, porque para siempre es 4428
136.19 a Sebón *r* amorreo, porque para siempre 4428
136.20 y a Og *r* de Basán, porque para siempre 4428
138.4 te alabarán...todos los *r* de la tierra 4428
144.10 tú, el que da victoria a los *r*, el que 4428
145.1 te exaltaré, mi Dios, mi *R*, y bendeciré 4428
148.11 los *r* de la tierra y todos los pueblos 4428
149.2 Israel...hijos de Sion se gocen en su *R* 4428
149.8 para aprisionar a sus *r* con grillos, y 4428
Pr 1.1 de Salomón, hijo de David, *r* de Israel 4428
8.15 por mí reinan los *r*, y los príncipes 4428
14.28 en la multitud de...está la gloria del *r* 4428
14.35 benevolencia del *r* es para...entendido 4428
16.10 oráculo hay en los labios del *r*...juicio 4428
16.12 abominación es a los *r* hacer impiedad 4428
16.13 labios justos...contentamiento de los *r* 4428
16.14 la ira del *r* es mensajero de muerte, mas 4428
16.15 en la alegría del...del *r* está la vida 4428
19.12 como rugido de...de león es la ira del *r* 4428
20.2 como rugido...de león es el terror del *r* 4428
20.8 el *r* que...con su mirar disipa todo mal 4428
20.26 *r* sabio avienta a los impíos, y sobre 4428
20.28 misericordia y verdad guardan al *r*, y 4428
21.1 así está el corazón del *r* en la mano de 4428
22.11 por la gracia...tendrá la amistad del *r* 4428
22.29 visto hombre...Delante de los *r* estará 4428
24.21 teme a Jehová, hijo mío, y al *r*; no te 4428
25.1 copiaron los varones de Ezequías, *r* de 4428
25.2 Dios...pero honra del *r* es escudriñarlo 4428
25.3 corazón de los *r*, no hay investigación 4428
25.5 aparta al impío de la presencia del *r* 4428
25.6 no te alabes delante del *r*, ni estés en 4428
29.4 el *r* con el juicio afirma la tierra; mas 4428
29.14 del *r* que juzga con verdad a los pobres 4428
30.27 las langostas, que no tienen *r*, y salen 4428
30.28 la araña que...y está en palacios de *r* 4428
30.31 cabrío, y el *r*, a quien nadie resiste 4428
31.1 palabras del *r* Lemuel; la profecía con 4428
31.3 ni tus caminos a lo que destruye a los *r* 4428
31.4 no es de los *r*, oh...de los *r* beber vino 4428
Ec 1.1 palabras del Predicador...de David, *r* en 4428
1.12 yo el Predicador fui *r* sobre Israel en 4428
2.8 me amontoné...tesoros preciados de *r* y de 4428
2.12 podrá hacer el...que venga después del *r*? 4428
4.13 muchacho pobre...que el *r* viejo y necio 4428
5.9 todos; el *r* mismo está sujeto a los campos 4428
8.2 aconsejo...guardes el mandamiento del *r* 4428
8.4 pues la palabra del *r* es con potestad 4428
9.14 viene contra ella un gran *r*, y la asedia 4428
10.16 ¡ay de ti, tierra...tu *r* es muchacho, y 4428
10.17 ¡bienaventurada...tu *r* es hijo de nobles 4428
10.20 ni aun en...pensamiento digas mal del *r* 4428
Cnt 1.4 el *r* me ha metido en sus cámaras; nos 4428
1.12 mientras el *r* estaba en su reclinatorio 4428
3.9 *r* Salomón se hizo una carroza de madera 4428
3.11 ved al *r* Salomón con la corona con que 4428
7.5 como la púrpura del *r* suspendida en los 4428
Is 1.1 de Uzías, Jotam, Acaz y Ezequías, *r* de 4428
6.1 en el año que murió el *r* Uzías vi yo al 4428
6.5 porque han visto mis ojos al *R*, Jehová de 4428
7.1 aconteció en los días de Acaz...*r* de Judá 4428
7.1 que Rezín *r* de Siria y Peka...*r* de Israel 4428
7.6 en medio de ella por *r* al hijo de Tabeel 4428
7.16 la tierra de los dos *r* que tú temes será 4428
7.17 Jehová hará venir sobre...al *r* de Asiria 4428
7.20 con el *r* de Asiria, cabeza y pelo de los 4428
8.4 los despojos de Samaria delante del *r* de 4428
8.7 esto es, al *r* de Asiria con todo su poder 4428
8.21 se enojarán y maldecirán a su *r* y a su 4428
10.8 dice: Mis príncipes, ¿no son todos *r*? 4428
10.12 la soberbia del corazón del *r* de Asiria 4428
14.4 pronunciarás este proverbio contra el *r* 4428
14.9 hizo levantar de...*r* de las naciones 4428
14.18 todos los *r* de las naciones...yacen con 4428
14.28 en el año que murió el *r* Acaz fue esta 4428
19.4 *r* violento se enseñoreará de ellos, dice 4428
19.11 yo soy hijo de los sabios...*r* antiguos? 4428
20.1 cuando lo envió Sargón *r* de Asiria, y 4428
20.4 llevará el *r* de Asiria a los cautivos de 4428
20.6 libres de la presencia del *r* de Asiria 4428
23.15 Tiro será puesta en...como días de un *r* 4428
24.21 castigará...a los *r* de la tierra sobre 4428
30.33 Tofet ya de...está dispuesto...para el *r* 4428
32.1 para justicia reinará un *r*, y príncipes 4428
33.17 tus ojos verán al *R* en su hermosura 4428
33.22 porque...Jehová es nuestro *R*; él mismo 4428
36.1 el año catorce del *r*...*r* de Asiria subió 4428
36.2 *r* de Asiria envió...contra el *r* Ezequías 4428
36.4 gran *r*, el *r* de Asiria, dice así: ¿Qué 4428
36.6 tal es Faraón *r* de Egipto para con todos 4428
36.8 te ruego que des rehenes al *r* de Asiria 4428
36.13 palabras del gran rey, el *r* de Asiria 4428
36.14 el *r* dice así: No os engañe Ezequías 4428
36.15 esta ciudad en manos del *r* de Asiria 4428
36.16 así dice el *r* de Asiria: Haced conmigo 4428
36.18 su tierra de la mano del *r* de Asiria? 4428
36.21 *r* así lo había mandado, diciendo: No le 4428
37.1 cuando el *r* Ezequías oyó esto, rasgó su 4428
37.4 al cual el *r* de Asiria su señor envió 4428
37.6 blasfemado los siervos del *r* de Asiria 4428
37.8 al *r* de Asiria que combatía contra Libna 4428
37.9 mas oyendo decir de Tirhaca *r* de Etiopía 4428
37.10 no será entregada en mano del *r* de Asiria 4428
37.11 oíste lo que han hecho los *r* de Asirla 4428
37.13 el *r* de Hamat, el *r* de Arfad, y el *r* de 4428
37.18 los *r* de Asiria destruyeron...comarcas 4428
37.21 me rogaste sobre Senaquerib *r* de Asiria 4428
37.33 así dice Jehová acerca del *r* de Asiria 4428
37.37 entonces Senaquerib *r* de Asiria se fue 4428
38.6 y te libraré a...de mano del *r* de Asiria 4428
39.1 Merodac-baladán hijo...*r*...envió cartas y 4428
39.3 el profeta Isaías vino al *r* Ezequías, y 4428
39.7 y serán eunucos en el palacio del *r* de 4428
41.2 le hizo enseñorear de *r*; los entregó a 4428
41.21 presentad...pruebas, dice el *r* de Jacob 4428
43.15 Jehová...Creador de Israel, vuestro *R* 4428
44.6 dice Jehová *R* de Israel, y su Redentor 4428
45.1 sujetar naciones...y desatar lomos de *r* 4428
49.7 verán *r*, y se levantarán príncipes, y 4428
49.23 *r* serán tus ayos, y...reinas tus nodrizas 4428
52.15 los *r* cerrarán ante él la boca, porque 4428
57.9 al *r* con ungüento, y multiplicaste tus 4428
60.3 y los *r* al resplandor de tu nacimiento 4428
60.10 extranjeros edificarán...*r* te servirán 4428
60.11 a ti sean traídas...y conducidos...sus *r* 4428
60.16 el pecho de los *r* mamarás; y conocerás 4428
62.2 entonces verán...todos los *r* tu gloria 4428
Jer 1.2 vino en los días de Josías...*r* de Judá 4428
1.3 le vino también en días de Joacim...*r* de 4428
1.3 de Sedequías hijo de Josías, *r* de Judá 4428
1.18 yo te he puesto...contra los *r* de Judá 4428
2.26 se avergonzará la...sus *r*, sus príncipes 4428
3.6 dijo Jehová en días del *r* Josías: ¿Has 4428
4.9 aquel día...desfallecerá el corazón del *r* 4428
8.1 sacarán los huesos de los *r* de Judá, y los 4428
8.19 no está Jehová en Sion?...en ella su *R*? 4428
10.7 ¿quién no te temerá, oh *R* de...naciones? 4428
10.10 él es Dios vivo y *R* eterno; a su ira 4428
13.13 a los *r* de la estirpe de David que se 4428
13.18 al *r* y a la reina: Humillaos, sentaos 4428
15.4 a causa de Manasés hijo de...*r* de Judá 4428
17.19 por la cual entran y salen los *r* de Judá 4428
17.20 oíd la palabra de Jehová, *r* de Judá, y 4428
17.25 entrarán...los *r* y los príncipes que se 4428
19.3 dirás, pues: Oíd palabra de Jehová, oh *r* 4428
19.4 a dioses...no habían conocido...ni los *r* 4428
19.13 las casas de los *r* de...serán como...Tofet 4428
20.4 a todo Judá entregaré en manos del *r* de 4428
20.5 daré todos los tesoros de los *r* de Judá 4428
21.1 el *r* Sedequías envió a él a Pasur hijo 4428
21.2 Nabucodonosor *r* de...hace guerra contra 4428
21.4 las armas...con que peleáis contra el *r* 4428
21.7 Sedequías *r*...en mano de...*r* de Babilonia 4428
21.10 esta ciudad...en mano del *r* de Babilonia 4428
21.11 y a la casa del *r* de Judá dirás: Oíd 4428
22.1 dijo...Desciende a la casa del *r* de Judá 4428
22.2 di: Oye palabra de Jehová, oh *r* de Judá 4428
22.4 si...obedeciereis esta palabra, los *r* que 4428
22.6 dicho...acerca de la casa del *r* de Judá 4428
22.11 acerca de Salum hijo de Josías, *r* de 4428
22.18 acerca de Joacim hijo de Josías, *r* de 4428
22.24 Conías hijo de Joacim *r* de Judá fuera 4428
22.25 te entregaré en mano de...*r* de Babilonia 4428
23.5 levantaré a...renuevo...y reinará como *R* 4428
24.1 *r* de Babilonia a Jeconías...*r* de Judá 4428
24.8 así...pondré a Sedequías *r* de Judá, a sus 4428
25.1 el año cuarto de Joacim hijo...*r* de Judá 4428
25.1 era el año primero de Nabucodonosor *r* de 4428
25.3 el año trece de Josías...*r* de Judá, hasta 4428
25.9 tomaré a...*r* de Babilonia, mi siervo, y 4428
25.11 servirán...naciones al *r* de Babilonia 4428
25.12 castigaré al *r* de Babilonia y...nación 4428
25.14 ellas serán sojuzgadas por...grandes *r* 4428
25.18 a las ciudades de Judá y a sus *r*, y a 4428
25.19 a Faraón *r* de Egipto, a sus siervos, a 4428
25.20 todos los *r*...de Uz, y a todos los *r* de 4428
25.22 todos los *r* de Tiro, a...los *r* de Sidón 4428
25.22 *r* de las costas que están de ese lado 4428
25.24 *r* de Arabia, a todos los *r* de pueblos 4428
25.25 los *r* de Zimri...*r* de Elam...*r* de Media 4428
25.26 los *r* del...y el *r* de Babilonia beberá 4428
26.1 reinado de Joacim hijo de Josías, *r* de 4428
26.10 subieron de la casa del *r* a la casa de 4428
26.18 profetizó en tiempo de Ezequías *r* de 4428
26.19 ¿acaso lo mataron Ezequías *r* de Judá 4428
26.21 oyeron...el *r* Joacim...*r* procuró matarle 4428
26.22 el *r* Joacim envió hombres a Egipto, a 4428
26.23 trajeron al *r* Joacim, el cual lo mató a 4428
27.1 reinado de Joacim hijo de Josías, *r* de 4428
27.3 enviarás al *r* de Edom, y al *r* de Moab, y 4428
27.3 *r* de los hijos de Amón, y al *r* de Tiro 4428
27.3 y al *r* de Sidón...vienen...a Sedequías *r* 4428
27.6 he puesto...en mano de Nabucodonosor *r* 4428
27.7 y la reduzcan a servidumbre...grandes *r* 4428
27.8 reino que no sirviere a Nabucodonosor *r* 4428
27.8 no...debajo del yugo del *r* de Babilonia 4428
27.9,14 os hablan diciendo: No serviréis al *r* 4428
27.11 que sometiere su cuello al yugo del *r* 4428
27.12 hablé...a Sedequías *r* de Judá conforme 4428
27.12 cuellos al yugo del *r* de Babilonia, y 4428
27.13 dicho...de la nación que no sirviere al *r* 4428
27.17 servid al *r* de Babilonia y vivid; ¿por 4428
27.18 los utensilios...en la casa del *r* de Judá 4428
27.20 no quitó Nabucodonosor *r* de Babilonia 4428
27.20 transportó...a Jeconías hijo...*r* de Judá 4428
27.21 que quedaron...en la casa del *r* de Judá 4428
28.1 de Sedequías *r* de Judá, en el año cuarto 4428
28.2 quebranté el yugo del *r* de Babilonia 4428
28.3 los utensilios...*r* de Babilonia tomó de 4428
28.4 y yo haré volver...a Jeconías...*r* de Judá 4428
28.4 quebrantaré el yugo del *r* de Babilonia 4428
28.11 romperé el yugo de Nabucodonosor *r* de 4428
28.14 que sirvan a...*r* de Babilonia, y han de 4428
29.2 que salió el *r* Jeconías, la reina, los 4428
29.3 a quienes envió Sedequías *r* de Judá a 4428
29.3 envió...a Nabucodonosor *r* de Babilonia 4428
29.16 ha dicho Jehová acerca del *r* que está 4428
29.21 los entrego yo en mano...*r* de Babilonia 4428
29.22 a Acab, a quienes asó al fuego el *r* de 4428
30.9 servirán a Jehová...Dios y a David su *r* 4428
32.1 año décimo de Sedequías *r* de Judá, que 4428
32.2 entonces el ejército del *r* de Babilonia 4428
32.2 de la cárcel que estaba en la casa del *r* 4428
32.3 Sedequías *r*...Judá lo había puesto preso 4428
32.3 yo entrego...en mano del *r* de Babilonia 4428
32.4 Sedequías *r* de Judá no escapará de la 4428
32.4 será entregado en mano...*r* de Babilonia 4428
32.28 ciudad...en mano de Nabucodonosor *r* de 4428
32.32 sus *r*, sus príncipes, sus sacerdotes y 4428

32.36 entregada...en mano del *r* de Babilonia...... 4428
33.4 las casas de los *r* de Judá, derribadas......... 4428
34.1 Nabucodonosor *r* de Babilonia y todo su...... 4428
34.2 vé y habla a Sedequías *r* de Judá, y dile....... 4428
34.2 yo entregaré...ciudad al *r* de Babilonia....... 4428
34.3 ojos verán los ojos del *r* de Babilonia.......... 4428
34.4 palabra de Jehová, Sedequías *r* de Judá....... 4428
34.5 como quemaron especias por...*r* primeros.... 4428
34.6 habló...Jeremías a Sedequías *r* de Judá....... 4428
34.7 el ejército del *r* de Babilonia peleaba.......... 4428
34.21 Sedequías *r* de Judá...los entregaré en...... 4428
34.21 en mano del ejército del *r* de Babilonia....... 4428
35.1 en días de Joacim hijo de Josías, *r* de.......... 4428
35.11 que cuando...*r* de Babilonia subió a la....... 4428
36.1 cuarto año de Joacim hijo de Josías, *r*......... 4428
36.9 el año quinto de Joacim hijo...*r* de Judá....... 4428
36.12 descendió a la casa del *r*, al aposento........ 4428
36.16 sin duda contaremos al *r* todas estas......... 4428
36.20 entraron a...*r*...contaron a oídos del *r*......... 4428
36.21 y envió el *r* a Jehudí a que tomase el......... 4428
36.21 a oídos del *r*...que junto al *r* estaban......... 4428
36.22 el *r* estaba en la casa de invierno en......... 4428
36.23 lo rasgó el *r* con un cortaplumas de.......... 4428
36.24 *r* y todos sus siervos que oyeron todas........ 4428
36.25 rogaron al *r*...no quemase aquel rollo....... 4428
36.26 mandó el *r*...que prendiesen a Baruc el....... 4428
36.27 y vino palabra...después que el *r* quemó..... 4428
36.28 en el primer rollo que quemó Joacim *r*....... 4428
36.29 dirás a...*r* de Judá...quemaste este rollo..... 4428
36.29 vendrá el *r* de Babilonia, y destruirá......... 4428
36.30 acerca de Joacim *r* de Judá: No tendrá....... 4428
36.32 libro que quemó en el fuego Joacim *r*........ 4428
37.1 reinó el *r* Sedequías hijo de Josías, al.......... 4428
37.1 Nabucodonosor *r*...constituyó por *r* en la..... 4428
37.3 y envió el *r* Sedequías a Jucal hijo de......... 4428
37.7 diréis así al *r* de Judá, que os envió a.......... 4428
37.17 *r* envió y le sacó; y le preguntó el *r*......... 4428
37.17 y dijo más: En mano del *r* de Babilonia....... 4428
37.18 Jeremías al *r* Sedequías: ¿En qué pequé...... 4428
37.19 diciendo: No vendrá el *r* de Babilonia........ 4428
37.20 ahora pues, oye, te ruego, oh *r* mi señor...... 4428
37.21 dio orden el *r* Sedequías, y custodiaron...... 4428
38.3 esta ciudad en manos del ejército del *r*........ 4428
38.4 dijeron...al *r*: Muera ahora este hombre...... 4428
38.5 dijo el *r*...el *r* nada puede hacer contra....... 4428
38.7 y estando sentado el *r* a la puerta de.......... 4428
38.8 Ebed-melec...de la casa del *r* y habló al *r*..... 4428
38.9 señor el *r*, mal hicieron estos varones......... 4428
38.10 mandó el *r* al mismo etíope Ebed-melec...... 4428
38.11 y entró a la casa del *r* debajo de la........... 4428
38.14 envió el *r*...Y dijo el *r* a Jeremías: Te........ 4428
38.16 el *r* Sedequías en secreto a Jeremías......... 4428
38.17 si te entregas...a los príncipes del *r*.......... 4428
38.18 no te entregas a los príncipes del *r*........... 4428
38.19 y dijo el *r* Sedequías...Tengo temor de....... 4428
38.22 que han quedado en casa del *r* de Judá...... 4428
38.22 serán sacadas a los príncipes del *r* de.......... 4428
38.23 que por mano del *r* de Babilonia serás....... 4428
38.25 qué hablaste con el *r*...qué te dijo el *r*........ 4428
38.26 supliqué al *r* que no me hiciese volver........ 4428
38.27 respondió conforme a todo lo que el *r*........ 4428
39.1 en el noveno año de Sedequías *r* de Judá...... 4428
39.1 vino Nabucodonosor *r* de Babilonia con....... 4428
39.3 y entraron...príncipes del *r* de Babilonia...... 4428
39.3 los demás príncipes del *r* de Babilonia....... 4428
39.4 Sedequías *r* de...huyeron...huerto del *r*....... 4428
39.4 y salió el *r* por el camino del Arabá........ 4428
39.5 estaba Nabucodonosor *r*...y le sentenció...... 4428
39.6 degolló el *r*...a los hijos de Sedequías........ 4428
39.6 degollar el *r* de Babilonia a todos los.......... 4428
39.7 y sacó los ojos del *r* Sedequías, y le........... 4428
39.8 caldeos pusieron a fuego la casa del *r*.......... 4428
39.13 envió...los príncipes del *r* de Babilonia...... 4428
40.5 al cual el *r*, ha puesto sobre todas las.......... 4428
40.7 que el *r*...había puesto a Gedalías hijo de..... 4428
40.9 servid al *r* de Babilonia, y os irá bien......... 4428
40.11 *r* de Babilonia había dejado a algunos........ 4428
40.14 ¿no sabes que Baalis *r* de los hijos de........ 4428
41.1 algunos príncipes del *r* y diez hombres........ 4428
41.2,18 el *r* de Babilonia había puesto para........ 4428
41.9 había hecho el *r* Asa a causa de Baasa *r*....... 4428
41.10 llevó Ismael cautivo...las hijas del *r*......... 4428
42.11 no temáis de la presencia del *r* de.......... 4428
43.6 a las hijas del *r* y a toda persona que.......... 4428
43.10 tomaré a Nabucodonosor *r* de Babilonia..... 4428
44.9 de las maldades de los *r* de Judá, de las....... 4428
44.17 nuestros *r* y nuestros príncipes, en las....... 4428
44.21 incienso que ofrecisteis...vuestros *r*......... 4428
44.30 entrego a...*r* de Egipto en mano de sus...... 4428
44.30 a Sedequías *r*...en mano...*r* de Babilonia.... 4428
45.1 el año cuarto de Joacim hijo de Josías *r*....... 4428
46.2 contra el ejército de Faraón Necao *r* de....... 4428
46.2 destruyó Nabucodonosor *r* de Babilonia....... 4428
46.2 en el año cuarto de Joacim...*r* de Judá........ 4428
46.13 habló...de la venida de...*r* de Babilonia...... 4428
46.17 Faraón *r* de Egipto es destruido; dejó......... 4428
46.18 dice el *R*, cuyo nombre es Jehová de los...... 4428
46.25 yo castigo...a Egipto...dioses y a sus *r*....... 4428
46.26 entregaré...en mano de Nabucodonosor *r*... 4428
48.15 destruido fue Moab...ha dicho el *R*, cuyo...... 4428
49.28 Hazor, los cuales asoló Nabucodonosor *r*.... 4428
49.30 porque tomó consejo...Nabucodonosor *r*..... 4428
49.34 en el...reinado de Sedequías *r* de Judá....... 4428
49.38 destruiré a su *r* y a príncipe, dice........... 4428
50.17 Israel...*r* de Asiria lo devoró primero........ 4428
50.17 Nabocodonosor *r* de...lo deshuesó después.. 4428
50.18 yo castigo al *r*...como castigaré al *r* de....... 4428
50.41 viene un...una nación grande y muchos *r*.... 4428
50.43 oyó la noticia el *r* de Babilonia, y sus......... 4428
51.11 ha despertado...el espíritu de los *r* de........ 4428
51.28 los *r* de Media, sus capitanes y todos......... 4428
51.31 para anunciar al *r* de Babilonia que su....... 4428
51.34 devoró, me desmenuzó Nabucodonosor *r*.... 4428
51.57 dice el *R*, cuyo nombre es Jehová de los...... 4428
51.59 iba con Sedequías *r* de Judá a Babilonia..... 4428
52.3 y se rebeló Sedequías contra el *r* de........... 4428
52.4 vino...*r* de Babilonia, él y su ejército.......... 4428
52.5 hasta el undécimo año del *r* Sedequías......... 4428
52.7 muros que había cerca del jardín del *r*........ 4428
52.8 el ejército...siguió al *r*, y alcanzaron a........ 4428
52.9 prendieron al *r*...hicieron venir al *r* de....... 4428
52.10 degolló el *r* de Babilonia a los hijos........... 4428
52.11 el *r* de...le sacó los ojos a Sedequías......... 4428
52.12 el año diecinueve...de Nabucodonosor *r*..... 4428
52.12 solía estar delante del *r* de Babilonia......... 4428
52.13 quemó...la casa del *r*, y todas las casas...... 4428
52.15 que se habían pasado al *r* de Babilonia....... 4428
52.20 había hecho el *r* Salomón en la casa de...... 4428
52.25 siete hombres de los consejeros...del *r*....... 4428
52.26 y los llevó al *r* de Babilonia en Ribla.......... 4428
52.27 el *r* de Babilonia los hirió, y los mató......... 4428
52.31 del cautiverio de Joaquín *r* de Judá, en....... 4428
52.31 Evil-merodae *r* de...lo sacó de la cárcel...... 4428
52.31 alzó la cabeza de Joaquín *r* de Judá y lo...... 4428
52.32 sobre los tronos de los *r* que estaban........ 4428
52.33 y comía pan en la mesa del *r* siempre........ 4428
52.34 una ración de parte del *r* de Babilonia....... 4428
Lm 2.6 en el ardor de su ira ha desechado al *r*......... 4428
2.9 su *r* y sus príncipes...entre las naciones......... 4428
4.12 nunca los *r* de la tierra, ni todos los........... 4428
Ez 1.2 año de la deportación del *r* Joaquín, a.......... 4428
7.27 El *r* se enlutará, y el príncipe se vestirá de..... 4428
17.12 que el *r* de Babilonia vino a Jerusalén......... 4428
17.12 y tomó a tu *r* y a sus príncipes, y los.......... 4428
17.16 donde habita el *r* que le hizo reinar.......... 4428
19.9 llevaron al *r* de Babilonia; lo pusieron......... 4428
19.11 ella tuvo varas fuertes para cetros de *r*...... 4428
19.14 y no ha quedado...vara...para cetro de *r*.... 4428
21.19 donde venga la espada del *r* de Babilonia..... 4428
21.21 el *r* de Babilonia se ha detenido en una....... 4428
24.2 el *r* de Babilonia puso sitio a Jerusalén....... 4428
26.7 contra Tiro a...*r* de Babilonia, *r* de *r*.......... 4428
27.33 a los *r* de la tierra enriqueciste con la........ 4428
27.35 sus *r* temblarán de espanto; demudarán..... 4428
28.12 levanta endechas sobre el *r* de Tiro, y........ 4428
28.17 delante de los *r* te pondré...miren en ti...... 4428
29.2 pon tu rostro contra Faraón *r* de Egipto........ 4428
29.3 yo estoy contra ti, Faraón *r* de Egipto......... 4428
29.18 Nabucodonosor *r* de Babilonia hizo a su..... 4428
29.19 yo doy a...*r* de Babilonia, la tierra de......... 4428
30.10 de Egipto por mano de Nabucodonosor *r*..... 4428
30.21 he quebrado el brazo de...*r* de Egipto......... 4428
30.22 heme aquí contra Faraón *r* de Egipto, y...... 4428
30.24,25 fortaleceré los brazos del *r* de............ 4428
30.25 yo ponga mi espada en la mano del *r* de...... 4428
31.2 di a Faraón *r* de Egipto, y a su pueblo......... 4428
32.2 levanta endechas sobre...*r* de Egipto, y....... 4428
32.10 sus *r* tendrán horror grande a causa de...... 4428
32.11 espada del *r* de Babilonia vendrá sobre...... 4428
32.29 allí Edom, sus *r* y todos sus príncipes......... 4428
37.22 un *r* será a todos ellos por *r*; y nunca........ 4428
37.24 mi siervo David será *r* sobre ellos, y.......... 4428
43.7 nunca más profanará...ni ellos ni sus *r*........ 4428
43.7 ni con los cuerpos muertos de sus *r* en........ 4428
43.9 arrojarán...los cuerpos muertos de sus *r*....... 4428
Dn 1.1 el año tercero del reinado de Joacim *r*........ 4428
1.1 vino Nabucodonosor *r* de Babilonia...sitió...... 4428
1.2 el Señor entregó en sus manos a Joacim *r*...... 4428
1.3 dijo el *r* a Aspenaz, jefe de sus eunucos........ 4428
1.4 e idóneos para estar en el palacio del *r*......... 4428
1.5 les señaló el *r* ración...de la comida del *r*...... 4428
1.5 al fin de...se presentasen delante del *r*......... 4428
1.8 no contaminarse con...de la comida del *r*....... 4428
1.10 temo a mi señor el *r*, que señaló vuestra....... 4428
1.10 pues...condenaréis para con el *r* mi cabeza... 4428
1.13 muchachos que comen...de la comida del *r*... 4428
1.15 de los...que comían de la...comida del *r*....... 4428
1.18 días...había dicho el *r* que los trajesen........ 4428
1.19 *r* habló con ellos, y no fueron hallados......... 4428
1.19 así, pues, estuvieron delante del *r*............ 4428
1.20 en todo asunto de...que el *r* les consultó...... 4428
1.21 Daniel hasta el año primero del *r* Ciro........ 4428
2.2 llamar el *r* a magos, astrólogos...caldeos....... 4428
2.2 vinieron...y se presentaron delante del *r*....... 4428
2.3 el *r* les dijo: He tenido un sueño, y mi......... 4428
2.4 hablaron...caldeos al *r* en lengua aramea...... 4428
2.4 *r*, para siempre vive; di el sueño a tus.......... 4430
2.5 respondió el *r*...El asunto lo olvidé; si......... 4430
2.7 diga el *r* el sueño a sus siervos, y le............ 4430
2.8 *r* respondió...Yo conozco ciertamente que..... 4430
2.10 respondieron delante del *r*, y dijeron.......... 4430
2.10 no hay...pueda declarar el asunto del *r*........ 4430
2.10 ningún *r*...señor preguntó cosa semejante.... 4430
2.11 el asunto que el *r* demanda es difícil, y........ 4430
2.11 y no hay quien lo pueda declarar al *r*........... 4430
2.12 el *r* con ira...mandó que matasen a todos..... 4430
2.14 Arioc, capitán de la guardia del *r*, que......... 4430
2.15 dijo a Arioc capitán del *r*: ¿Cuál es la.......... 4430
2.15 este edicto se publique de parte del *r*......... 4430
2.16 y pidió al *r* que le diese tiempo, y que......... 4430
2.16 que él mostraría la interpretación al *r*......... 4430
2.21 él...quita *r*, y pone *r*; da la sabiduría.......... 4430
2.23 nos has dado a conocer el asunto del *r*........ 4430
2.24 al cual el *r* había puesto para matar a.......... 4430
2.24 llévame a la presencia del *r*, y yo le........... 4430
2.25 llevó prontamente a Daniel ante el *r*, y........ 4430
2.25 he hallado...dará al *r* la interpretación....... 4430
2.26 respondió el *r* y dijo a Daniel, al cual.......... 4430
2.27 Daniel respondió delante del *r*, diciendo....... 4430
2.27 el misterio que el *r* demanda, ni sabios........ 4430
2.27 magos ni adivinos lo pueden revelar al *r*...... 4430
2.28 y él ha hecho saber al *r* Nabucodonosor....... 4430
2.29 estando...oh *r*, en tu cama, te vinieron........ 4430
2.30 sino para que se dé a conocer al *r* la.......... 4430
2.31 oh *r*, veías, y he aquí una gran imagen........ 4430
2.36 interpretación de él...en presencia del *r*...... 4430
2.37 tú, oh *r*, eres *r* de *r*; porque el Dios del......... 4430
2.44 en los días de estos *r* el Dios del cielo......... 4430
2.45 el gran Dios ha mostrado al *r* lo que ha........ 4430
2.46 el *r* Nabucodonosor se postró sobre su........ 4430
2.47 el *r* habló a Daniel, y dijo: Ciertamente....... 4430
2.47 y Señor de los *r*, y el que revela los............ 4430
2.48 entonces el *r* engrandeció a Daniel, y le....... 4430
2.49 Daniel solicitó del *r*...que pusiera sobre...... 4430
2.49 y Daniel estaba en la corte del *r*............... 4430
3.1 *r* Nabucodonosor hizo una estatua de oro...... 4430
3.2 envió el *r*...que se reuniesen los sátrapas........ 430
3.2,3 (2),5,7 la estatua que el *r*...levantado.......... 4430
3.9 al *r* Nabucodonosor: *R*, para siempre vive...... 4430
3.10 oh *r*, has dado una ley que todo hombre....... 4430
3.12 estos varones, oh *r*, no te han respetado....... 4430
3.13 traídos estos varones delante del *r*............ 4430
3.16 respondieron al *r*...No es necesario que...... 4430
3.17 Dios...y de tu mano, oh *r*, nos librará.......... 4430
3.18 y si no, sepas, oh *r*, que no serviremos a....... 4430
3.22 como la orden del *r* era apremiante, y lo...... 4430
3.24 entonces el *r*...se espantó, y se levantó........ 4430
3.24 ellos respondieron al *r*: Es verdad, oh *r*........ 4430
3.27 se juntaron...los consejeros del *r*, para........ 4430
3.28 y que no cumplieron el edicto del *r*, y.......... 4430
3.30 el *r* engrandeció a Sadrac...y Abed-nego....... 4430
4.1 Nabucodonosor *r*, a todos los pueblos...Paz.... 4430
4.18 el *r* Nabucodonosor he visto este sueño....... 4430
4.19 *r* habló y dijo: Beltsasar, no te turbes......... 4430
4.22 tú mismo eres, oh *r*, que creciste y te.......... 4430
4.23 a lo que vio el *r*, un vigilante y santo........... 4430
4.24 esta es la interpretación, oh *r*, y la............. 4430
4.24 la sentencia...venido sobre mi señor el *r*....... 4430
4.27 *r*, acepta mi consejo: tus pecados redime...... 4430
4.28 todo esto vino sobre el *r* Nabucodonosor...... 4430
4,30 habló el *r* y dijo: ¿No es ésta la gran........... 4430
4.31 aún estaba la palabra en la boca del *r*......... 4430
4.31 se te dice, *r*...El reino ha sido quitado......... 4430
4.37 y glorifico al *R* del cielo, porque todas......... 4430
5.1 el *r* Belsasar hizo un gran banquete a mil...... 4430
5.2 que bebiesen en ellos el *r* y sus grandes........ 4430
5.3 y bebieron en ellos el *r* y sus príncipes......... 4430
5.5 una mano...el *r* veía la mano que escribía....... 4430
5.6 el *r* palideció, y sus pensamientos lo............ 4430
5.7 el *r* gritó en alta voz que hiciesen venir........ 4430
5.7 dijo el *r* a los sabios de...Cualquiera que....... 4430
5.8 introducidos todos los sabios del *r*; pero........ 4430
5.8 leer...ni mostrar al *r* su interpretación.......... 4430
5.9 *r* Belsasar se turbó...y palideció, y sus.......... 4430
5.10 la reina, por las palabras del *r* y de sus........ 4430
5.10 *r*, vive para siempre; no te turben tus......... 4430
5.11 el *r*...tu padre, oh *r*, constituyó jefe........... 4430
5.12 al cual el *r* puso por nombre Beltsasar........ 4430
5.13 Daniel fue...delante del *r*...Y dijo el *r* a........ 4430
5.17 Daniel...dijo delante del *r*: Tus dones.......... 4430
5.17 leeré la escritura al *r*, y le daré la............ 4430
5.18 Dios, oh *r*, dio a Nabucodonosor tu padre...... 4430
5.30 la misma noche fue muerto Belsasar *r* de...... 4430
6.2 diesen cuenta...el *r* no fuese perjudicado....... 4430
6.3 el *r* pensó en ponerlo sobre todo el reino....... 4430
6.6 se juntaron delante del *r*, y le dijeron.......... 4430
6.6 le dijeron...¡*R* Darío, para siempre vive!........ 4430
6.7,12 de cualquier...hombre fuera de ti, oh *r*...... 4430
6.8 oh *r*, confirma el edicto y fírmalo, para......... 4430
6.9 firmó, pues, el *r* Darío el edicto y la............. 4430
6.12 fueron luego ante el *r* y le hablaron del........ 4430
6.12 respondió el *r*...Verdad es, conforme a la...... 4430
6.13 dijeron delante del *r*: Daniel, que es de....... 4430
6.13 no te respeta a ti, oh *r*, ni acata el............. 4430
6.14 cuando el *r* oyó el asunto, le pesó en........... 4430
6.15 rodearon al *r* y le dijeron: Sepas, oh *r*........ 4430
6.15 ningún edicto...que el *r* confirme puede........ 4430
6.16 el *r* mandó, y trajeron a Daniel, y le........... 4430
6.16 *r* dijo a Daniel: El Dios tuyo, a quien........... 4430
6.17 la cual selló el *r* con su anillo y con........... 4430
6.18 *r* se fue a su palacio, y se acostó ayunó.......... 430
6.19 el *r*...se levantó muy de mañana, y fue......... 4430
6.21 respondió al *r*...Oh *r*, vive para siempre...... 4430
6.22 aun delante de ti, oh *r*, yo no he hecho........ 4430
6.24 dio orden el *r*, y fueron traídos aquellos....... 4430
6.25 el *r* Darío escribió a todos los pueblos......... 4430
7.1 el primer año de Belsasar *r* de Babilonia....... 4430
7.17 cuatro grandes bestias son cuatro *r* que........ 4430
7.24 los diez cuernos...se levantarán diez *r*........ 4430
7.24 se levantará otro...y a tres *r* derribará......... 4430
8.1 el año tercero del reinado del *r* Belsasar....... 4428
8.20 cuernos...son los *r* de Media y de Persia....... 4428
8.21 el macho cabrío es el *r* de Grecia, y el......... 4428
8.21 y el cuerno grande que...es el *r* primero....... 4428
8.23 se levantará un *r* altivo de rostro y............ 4428
8.27 atendí los negocios del *r*; pero estaba......... 4428
9.1 que vino a ser *r* sobre el reino de los........... 4427
9.6 que en tu nombre hablaron a nuestros *r*, a...... 4428
9.8 de nuestros *r*, de nuestros príncipes y de....... 4428
10.1 el año tercero de Ciro *r* de Persia fue.......... 4428
10.13 vino...y quedé allí con los *r* de Persia......... 4428
11.2 aún habrá tres *r* en Persia, y el cuarto......... 4428
11.3 se levantará luego un *r* valiente, el cual........ 4428
11.5 se hará fuerte el *r* del sur; mas uno de......... 4428

11.6 y la hija del *r* del sur vendrá al *r* del 4428
11.7 con ejército contra el *r* del norte, y 4428
11.8 por años se mantendrá él contra el *r* del 4428
11.9 así entrará en el reino el *r* del sur, y 4428
11.11 por lo cual se enfurecerá el *r* del sur, y 4428
11.11 saldrá y peleará contra el *r* del norte 4428
11.13 *r* del norte volverá a poner en campana 4428
11.14 levantarán muchos contra el *r* del sur 4428
11.15 el *r* del norte, y levantará baluartes 4428
11.25 fuerzas y su ardor contra el *r* del sur 4428
11.25 y el *r* del sur se empeñará en la guerra 4428
11.27 corazón de estos dos *r* será para hacer 4428
11.36 *r* hará su voluntad, y se ensoberbecerá 4428
11.40 el *r* del sur contenderá con él; y el *r* 4428
Os 1.1 en días de Uzías... Ezequías, *r* de Judá 4428
1.1 en días de Jeroboam hijo de... *r* de Israel 4428
3.4 muchos días estarán los hijos de... sin *r* 4428
3.5 buscarán a Jehová su Dios, y a David su *r* 4428
5.1 y estad atentos... y casa del *r*, escuchad 4428
5.13 enviará al *r* Jareb; mas él no os podrá 4428
7.3 su maldad alegran al *r*, y a los príncipes 4428
7.5 en el día de nuestro *r* los príncipes lo 4428
7.7 cayeron todos sus *r*; no hay entre ellos 4428
8.4 ellos establecieron *r*, pero no escogidos 4428
8.10 serán afligidos... por la carga del *r* y de 4428
10.3 no tenemos *r*, porque no temimos a Jehová 4428
10.3 dirán... ¿y qué haría el *r* por nosotros? 4428
10.6 será él llevado a... presente al *r* Jareb 4428
10.7 de Samaria fue cortado su *r* como espuma 4428
10.15 a la mañana será del todo cortado el *r* 4428
11.5 el asirio mismo será su *r*, porque no se 4428
13.10 ¿dónde está tu *r*, para que te guarde 4428
13.11 te di *r* en mi furor, y te lo quité en 4428
Am 1.1 profetizó... en días de Uzías *r* de Judá 4428
1.1 y en días de Jeroboam hijo de Joás, *r* de 4428
1.15 su *r* irá en cautiverio, él y todos sus 4428
2.1 porque quemó los huesos del *r* de Edom 4428
7.1 heno tardío después de las siegas del *r* 4428
7.10 a decir a Jeroboam *r* de Israel: Amós se 4428
7.13 no profetices más en... es santuario del *r* 4428
Jon 3.6 llegó la noticia hasta el *r* de Nínive 4428
3.7 e hizo proclamar... por mandato del *r* y de 4428
Mi 1.1 a Miqueas... en días de Jotam... *r* de Judá 4428
1.14 las casas de Aczib... para engaño a los *r* 4428
2.13 y su *r* pasará delante de ellos, y a la 4428
4.9 ¿no hay *r* en ti? ¿Pereció tu consejero 4428
6.5 acuérdate... qué aconsejó Balac *r* de Moab 4428
Nah 3.18 durmieron... pastores, oh *r* de Asiria 4428
Hab 1.10 escarnecerá a los *r*, y de... príncipes 4428
Sof 1.1 en días de Josías hijo de Amón, *r* de 4428
1.8 castigaré... a los hijos del *r*, y a todos 4428
3.15 Jehová es *R* de Israel en medio de ti 4428
Hag 1.1 el año segundo del *r* Darío, en el mes 4428
1.15 del mes sexto... segundo año del *r* Darío 4428
Zac 7.1 el año cuarto del *r* Darío vino palabra 4428
9.5 perecerá el *r* de Gaza, y Ascalón no será 4428
9.9 aquí tu *r* vendrá a ti, justo y salvador 4428
11.6 entregaré los hombres... en mano de su *r* 4428
14.5 del terremoto en los días de Uzías *r* de 4428
14.9 Jehová será *r* sobre toda la tierra... En 4428
14.10 desde la torre... hasta los lagares del *r* 4428
14.16 subirán de año en año para adorar al *R* 4428
14.17 no subieren... para adorar al *R*, Jehová 4428
Mal 1.14 porque yo soy Gran *R*, dice Jehová de 4428
Mt 1.6 Isaí engendró al *r* David, y el *r* David 935
2.1 cuando Jesús nació... en días del *r* Herodes 935
2.2 ¿dónde está el *r* de los judíos... nacido? 935
2.3 oyendo esto, el *r* Herodes se turbó, y toda 935
2.9 habiendo oído al *r*, se fueron; y he aquí 935
5.35 **ni por Jerusalén... la ciudad del gran *R*** 935
10.18 **ante gobernadores y *r* seréis llevados** 935
11.8 **delicadas, en las casas de los *r* están** 935
14.9 el *r* se entristeció; pero a causa del 935
17.25 **los *r* de la tierra, ¿de quiénes cobran** 935
18.23 **reino de los cielos es semejante a un *r*** 935
21.5 la hija de Sion: He aquí, tu *R* viene a ti 935
22.2 **reino de los cielos es semejante a un *r*** 935
22.7 **al oírlo el *r*, se enojó; y enviando sus** 935
22.11 **y entró el *r* para ver a los convidados** 935
22.13 **el *r* dijo a los que servían: Atadle de** 935
25.34 **el *R* dirá a los de su derecha: Venid** 935
25.40 **el *R*, les dirá: De cierto os digo que** 935
27.11 ¿eres tú el *R* de los judíos? Y Jesús 935
27.29 escarnecían... ¡Salve, *R* de los judíos! 935
27.37 ESTE ES JESÚS, EL *R* DE LOS JUDÍOS 935
27.42 si es el *R* de Israel, descienda ahora 935
Mr 6.14 oyó el *r* Herodes la fama de Jesús 935
6.22 el *r* dijo a la muchacha: Pídeme lo que 935
6.25 entró... al *r*, y pidió diciendo: Quiero que 935
6.26 el *r* se entristeció mucho; pero a causa 935
6.27 *r*, enviando uno de la guardia, mandó 935
13.9 **y delante de gobernadores y de *r* os** 935
15.2 preguntó: ¿Eres tú el *R* de los judíos? 935
15.9 ¿queréis... os suelte al *R* de los judíos? 935
15.12 haga del que llamáis *R* de los judíos? 935
15.18 a saludarle: ¡Salve, *R* de los judíos! 935
15.26 de su causa era: EL *R* DE LOS JUDÍOS 935
15.32 el Cristo, *R* de Israel, descienda ahora 935
Lc 1.5 en los días de Herodes, *r* de Judea, un 935
7.25 **los que... en los palacios de los *r* están** 935
10.24 **muchos profetas y *r* desearon ver lo que** 935
14.31 **¿o qué *r*, al marchar a... contra otro *r*** 935
19.38 ¡bendito el *r* que viene en el nombre del 935
21.12 **seréis llevados ante *r* y... gobernadores** 935
22.25 **los *r* de las naciones se enseñorean de** 935
23.2 diciendo que él mismo es el Cristo... *r* 935
23.3 preguntó... ¿Eres tú el *R* de los judíos? 935
23.37 si tú eres el *R* de los judíos, sálvate 935
23.38 un título... ESTE ES EL *R* DE LOS JUDÍOS 935
Jn 1.49 eres el Hijo de Dios; tú eres el *R* de 935
4.46 en Capernaum un oficial del *r*, cuyo hijo 935
4.49 oficial del *r* le dijo: Señor, desciende 935
6.15 venir para apoderarse de él y hacerle *r* 935
12.13 ¡bendito el que viene... el *R* de Israel! 935
12.15 tu *R* viene, montado sobre un pollino de 935
18.33 le dijo: ¿Eres tú el *r* de los judíos? 935
18.37 le dijo... Pilato: ¿Luego, eres tú *r*? 935
18.37 **respondió Jesús: Tú dices que yo soy *r*** 935
18.39 pues, que os suelte al *R* de los judíos? 935
19.3 y le decían: ¡Salve, *R* de los judíos! 935
19.12 todo el que se hace *r*, a César se opone 935
19.14 dijo a los judíos: He aquí vuestro *R*! 935
19.15 les dijo: ¿A vuestro *R* he de crucificar? 935
19.15 sacerdotes: No tenemos más *r* que César 935
19.19 decía: Jesús nazareno, *R* de los judíos 935
19.21 no escribas: *R* de los judíos; sino, que 935
19.21 sino, que él dijo: Soy *R* de los judíos 935
Hch 4.26 se reunieron los *r* de la tierra, y los 935
7.10 gracia y... delante de Faraón *r* de Egipto 935
7.18 que se levantó en Egipto otro *r* que no 935
9.15 **llevar mi nombre en presencia de... de *r*** 935
12.1 el *r* Herodes echó mano a algunos de la 935
12.20 Blasto, que era camarero mayor del *r* 935
12.20 territorio era abastecido por... del *r* 935
13.21 pidieron *r*, y Dios les dio a Saúl hijo 935
13.22 les levantó por *r* a David, de quien dio 935
17.7 de César, diciendo que hay otro *r*, Jesús 935
25.13 días, el *r* Agripa y Berenice vinieron 935
25.14 Festo expuso al *r* la causa de Pablo 935
25.24 dijo: *R* Agripa, y todos los varones que 935
25.26 he traído ante... ti, oh *r* Agripa, para 935
26.2 me tengo por dichoso, oh *r* Agripa, de que 935
26.7 por esta esperanza, oh *r*... soy acusado 935
26.13 oh *r*, yendo por el camino, vi una luz 935
26.19 por lo cual, oh *r*... no fui rebelde a la 935
26.26 pues el *r* sabe estas cosas, delante de 935
26.27 ¿crees, oh *r* Agripa, a los profetas? 935
26.30 se levantó el *r*, y el gobernador, y 935
2 Co 11.32 el gobernador de la provincia del *r* 935
1 Ti 1.17 *R* de los siglos, inmortal, invisible 935
2.2 por los *r* y por todos los que están en 935
6.15 Soberano, *R* de *r*, y Señor de señores 935
He 7.1 Melquisedec, *r* de Salem, sacerdote del 935
7.1 que volvía de la derrota de los *r*, y le 935
7.2 cuyo nombre significa... *R* de justicia, y 935
7.2 y también *R* de Salem, esto es, *R* de paz 935
11.23 vieron... y no temieron el decreto del *r* 935
11.27 dejó a Egipto no temiendo la ira del *r* 935
1 P 2.13 someteos... sea el *r*, como a superior 935
2.17 amad a los... Temed a Dios... Honrad al *r* 935
Ap 1.5 y el soberano de los *r* de la tierra 935
1.6 y nos hizo *r* y sacerdotes para Dios, su 935
5.10 nos has hecho para... Dios *r* y sacerdotes 935
6.15 y los *r* de la tierra... se escondieron en 935
9.11 tienen por *r*... al ángel del abismo, cuyo 935
10.11 profetices otra vez sobre muchos... y *r* 935
15.3 justos y... tus caminos, *R* de los santos 935
16.12 preparado el camino a los *r* del oriente 935
16.14 y van a los *r* de la tierra en todo el 4428
17.2 con la cual han fornicado los *r* de la 4428
17.10 y son siete *r*... Cinco de ellos han caído 4428
17.12 y los diez cuernos... son diez *r*, que aún 4428
17.12 por una hora recibirán autoridad como *r* 4428
17.14 los vencerá, porque él es Señor... *R* de *r* 4428
17.18 es la gran ciudad que reina sobre los *r* 4428
18.3,9 *r* de la tierra han fornicado con ella 4428
19.16 escrito este nombre: *R* DE *R* Y SEÑOR DE 4428
19.18 que comáis carnes de *r* y de capitanes 4428
19.19 vi a la bestia, a los *r* de la tierra y a 4428
21.24 y los *r* de la tierra traerán su gloria 4428

REZIA *Guerrero de la tribu de Aser*, 1 Cr 7.39 7525

REZÍN
1. Rey de Damasco en tiempo de Ahaz y Peka
2 R 15.37 enviar contra Judá a *R* rey de Siria 7526
16.5 *R* rey de... y Peka... subieron a Jerusalén 7526
16.9 la tomó, y llevó cautivos a... y mató a *R* 7526
Is 7.1 *R* rey de Siria y Peka hijo de Remalías 7526
7.4 el ardor de la ira de *R* y de Siria, y del 7526
7.8 y la cabeza de Damasco, *R*; y dentro de 65 7526
8.6 regocijó con *R* y con el hijo de Remalías 7526
9.11 pero Jehová levantará los enemigos de *R* 7526
2. Padre de una familia de sirvientes del templo,
Esd 2.48; Neh 7.50 7526

REZÓN *Príncipe arameo, adversario de Salomón*, 1 R 11.23 7331

RIBAI *Padre de Itai No.* 2, 2 S 23.29; 1 Cr 11.31 7380

RIBERA
Éx 2.5 paseándose sus doncellas por la *r* del 2975
7.15 ponte a la *r* delante de él, y toma en tu 2975
Nm 13.29 el cananeo habita... a la *r* del Jordán 3027
Dt 2.36; 4.48 Aroer, que está junto a la *r* del 8193
Jue 5.17 se mantuvo Aser a la *r* del mar, y se 2348
7.12 como la arena que está a la *r* del mar en
1 R 9.26 está junto a Elot en la *r* del Mar Rojo 8193
1 Cr 12.15 se había desbordado por todas sus *r* 1428
Is 8.7 hace subir... y pasará sobre todas sus *r* 1415
19.7 la pradera de junto al... a la *r* del río, y 6310
44.4 como sauces junto a las *r* de las aguas 2988
Jer 46.6 junto a la *r* del Eufrates tropezaron 5104
Ez 32.2 enturbiabas las aguas... hollabas sus *r* 5104
34.13 las apacentaré... por las *r*, y en todos 650
47.6 me llevó, y me hizo volver por la *r* del 8193
47.7 en la *r* del río había muchísimos árboles 8193
47.12 junto al río, en la *r*... toda clase de 8193
Dn 8.6 el carnero... que yo había visto en la *r* 180
8.16 una voz de hombre entre las *r* del Ulai
Mt 14.22 hizo... ir delante de él a la otra *r* 4008
Mr 6.45 ir delante... a Betsaida, en la otra *r* 4008
8.13 dejándolos, volvió... se fue a la otra *r* 4008
Lc 8.26 gadarenos... en la *r* opuesta a Galilea

RIBLA *Ciudad en Siria*
Nm 34.11 bajará este límite desde Sefam a *R* 7247
2 R 23.33 lo puso preso Faraón Necao en *R* en 7247
25.6 le trajeron al rey de Babilonia en *R*, y 7247
25.20 y los llevó a *R* al rey de Babilonia 7247
25.21 y el rey de Babilonia los... mató en *R* 7247
Jer 39.5 le tomaron, y le hicieron subir a *R* 7247
39.6 degolló el... en presencia de éste en *R* 7247
52.9 a *R* en tierra de Hamat, donde pronunció 7247
52.10 también degolló en *R* a... los príncipes 7247
52.26 y los llevó al rey de Babilonia en *R* 7247
52.27 rey... los mató en *R* en tierra de Hamat 7247

RICO, A
Éx 30.15 ni el *r* aumentará... pobre disminuirá 6223
Dt 33.14 del sol, con el *r* producto de la luna 4022
Rt 2.1 tenía Noemí un pariente de su... hombre *r* 2428
3.10 en busca de los jóvenes, sean pobres o *r* 6223
1 S 25.2 era muy *r*, y tenía tres mil ovejas y 1419
2 S 12.1 dos hombres en una ciudad, el uno *r* 6223
12.2 el *r* tenía numerosas ovejas y vacas 6223
12.4 vino uno de camino al hombre *r*, y éste 6223
19.32 era Barzilai muy anciano... hombre muy *r* 1419
2 Cr 32.23 trajeron a... *r* presentes a Ezequías
Job 27.19 *r* se acuesta, pero por última vez 6223
34.19 hace... ni respeta más al *r* que al pobre 7771
Sal 45.12 implorarán tu favor los *r* del pueblo 6223
49.2 los nobles, el *r* y el pobre juntamente 6223
Pr 10.15 las riquezas del *r* son su ciudad 6223
13.7 hay quienes pretenden ser *r*, y no tienen 6238
14.20 pobre es... muchos son los que aman al *r* 6223
18.11 las riquezas del *r* son su... como un muro 6223
18.23 con ruegos, mas el *r* responde durezas 6223
22.2 el *r* y el pobre se encuentran; a ambos 6223
22.7 el *r* se enseñorea de los pobres, y el que 6223
22.16 que da al *r*, ciertamente se empobrecerá 6223
23.4 no te afanes por hacerte *r*; sé prudente 6238
28.6 mejor... que el de perversos caminos y *r* 6223
28.11 hombre *r* es sabio en su propia opinión 6223
28.22 se apresura a ser *r* el avaro, y no sabe 1952
Ec 5.12 al *r* no le deja dormir la abundancia 6223
10.6 los *r* están sentados en lugar bajo 6223
10.20 ni en lo secreto de tu... digas mal del *r* 6223
Is 5.17 devorarán los campos desolados de... *r* 4220
53.9 mas con los *r* fue en su muerte; aunque 6223
Jer 3.19 os daré... *r* heredad de las naciones? 6643
5.27 de engaño; así se hicieron grandes y *r* 6223
9.23 sabio... ni el *r* se alabe en sus riquezas 6223
51.13 la que moras entre aguas... *r* en tesoros 7277
Mi 6.12 sus *r* se colmaron de rapiña, y sus 6223
Mt 19.23 **difícilmente entrará un *r* en el reino** 4145
19.24 **ojo... que entrar un *r* en el reino de Dios** 4145
27.57 vino un hombre *r* de Arimatea, llamado 4145
Mr 10.25 **que entrar un *r* en el reino de Dios** 4145
12.41 miraba cómo... muchos *r* echaban mucho 4145
Lc 1.53 colmó de bienes... a los *r* envió vacíos 4147
6.24 **mas ¡ay de vosotros, *r*! porque ya tenéis** 4145
12.16 **la heredad de... *r* había producido mucho** 4145
12.21 **hace... tesoro, y no es *r* para con Dios** 4145
16.1 **había un hombre *r* que tenía un mayordomo** 4145
16.19 **un hombre *r*, que se vestía de púrpura** 4145
16.21 **las migajas que caían de la mesa del *r*** 4145
16.22 **y murió también el *r*, y fue sepultado** 4145
18.23 se puso muy triste, porque era muy *r* 4145
18.25 **ojo... que entrar un *r* en el reino de Dios** 4145
19.2 Zaqueo... era jefe de los publicanos, y *r* 4145
21.1 vio a los *r* que echaban sus ofrendas en 4145
Ro 10.12 *r* para con todos los que le invocan 4145
11.17 participante... de la *r* savia del olivo 4096
1 Co 4.8 ya estáis saciados, ya estáis *r*, sin 4145
2 Co 8.9 por amor a... se hizo pobre, siendo *r* 4145
Ef 2.4 Dios, que es *r* en misericordia, por su 4145
1 Ti 6.17 a los *r*... manda que no sean altivos 4145
6.18 hagan bien, que sean *r* en buenas obras 4145
Stg 1.10 pero el que es *r*, en su humillación 4145
1.11 también se marchitará el *r* en todas sus 4145
2.5 Dios a los pobres... para que sean *r* en fe 4145
2.6 ¿no os oprimen los *r*, y no son ellos los 4145
5.1 ¡vamos ahora, *r*! Llorad y aullad por las 4145
Ap 2.9 **yo conozco... tu pobreza (pero tú eres r)** 4145
3.17 **tú dices: Yo soy *r*, y me he enriquecido** 4145
3.18 **que de mí compres oro... para que seas *r*** 4145
6.15 los *r*, los capitanes... se escondieron en 4145
13.16 *r* y pobres... se les pusiese una marca en 4145

RIEGO
Gn 13.10 la llanura del Jordán... era de *r*, como 4945
Is 58.11 dará vigor... y serás como huerto de *r* 7302
Jer 31.12 y su alma será como huerto de *r*, y 7302

RIENDA
2 R 9.23 Joram volvió las *r* y huyó, y dijo a
2 Cr 18.33 vuelve las *r*, y sácame del campo
Pr 25.28 el hombre cuyo espíritu no tiene *r* 4623
29.11 el necio da *r* suelta a toda su ira, mas

RIFAT *Hijo de Gomer y nieto de Jafet*, Gn 10.3; 1 Cr 1.6 7384

RÍGIDO
2 S 22.27 el limpio, y *r* serás... con el perverso 6617

RIGOR
Éx 1.14 todo su servicio...los obligaban con *r* 6531
Lv 25.53 no se enseñoreará...con *r* delante de 6531
Job 35.15 su ira no castiga, ni inquiere con *r* 6580

RIGUROSA
Hch 26.5 a la más *r* secta de nuestra religión *196*

RIGUROSAMENTE
Mt 9.30 **Jesús les encargó *r*, diciendo: Mirad**
12.16 les encargaba *r* que no le descubriesen
Mr 1.43 entonces le encargó *r*, y le despidió
Lc 9.21 nadie dijesen esto, encargándoselo *r*

RIMÓN
1. Población en el Neguev de Judá, Jos 15.32;19.7;
1 Cr 4.32 *(=En-rimón)*; Zac 14.10 7417
2. Población en Zabulón, Jos 19.13; 1 Cr 6.77 7417
3. Peña cerca de Gabaa
Jue 20.45 huyeron hacia el...la peña de *R*; y de........ 7417
20.47 peña de *R!*...estuvieron en la peña de *R*...... 7417
21.13 de Benjamín que estaban en la peña de *R*.... 7417
4. Padre de Baana y Recab, asesinos de Is-boset,
2 S 4.2,5,9 7417
5. Dios de los sirios
2 R 5.18 rey entrare en el templo de *R* para 7417
5.18 si yo...me inclinare en el templo de *R* 7417

RIMÓN-PERES *Lugar donde acampó Israel*,
Nm 33.19,20 7428

RINA *Descendiente de Judá*, 1 Cr 4.20 7441

RINCÓN
Lv 19.9; 23.22 no segaréis hasta el último *r* 6285
1 S 24.3 estaban sentados en los *r* de la cueva 3411
2 Cr 23.10 desde el *r* derecho del templo hasta 3802
28.24 Acaz...se hizo altares...en todos los *r* 6438
Pr 21.9 mejor es vivir en un *r* del terrado que 6438
25.24 mejor es estar en un *r* del terrado que 6438
Jer 9.26 a...los arrinconados en el postrer *r* 6285
48.45 y quemó el *r* de Moab, y la coronilla de....... 6285
49.32 los vientos, arrojados hasta el último *r* 6285
Ez 46.21 cuatro *r*...y en cada *r* había un patio......... 4742
46.22 en los cuatro *r* del atrio había patios 4742
Am 3.12 así escaparán los...que moran...en el *r* 6285
6.10 dirá al que estará en los *r* de la casa 3411
Hch 26.26 pues no se ha hecho esto en algún *r* *1137*

RIÑÓN
Éx 29.13,22; Lv 3.4,10,15 los dos *r* y la grosura.......... 3629
Lv 3.4,10,15 y con los *r* quitará la grosura de 3629
4.9; 7.4 los dos *r*...y con los *r*...la grosura 3629
8.16,25 tomó...los dos *r*, y la grosura de ellos....... 3629
9.10 hizo arder...altar la grosura con los *r*.......... 3629
9.19 la grosura...*r*, y la grosura del hígado......... 3629
Job 16.13 partió mis *r*, y no perdonó; mi hiel 3629
Is 34.6 engrasada...grosura de *r* de carneros 3629

RÍO
Gn 2.10 salía de Edén un *r*...regar el huerto 5104
2.13 nombre del segundo *r* es Gihón; éste es 5104
2.14 el nombre del tercer *r* es Hidekel; éste.......... 5104
2.14 es Hidekel...y el cuarto *r* es el Eufrates 5104
15.18 daré esta tierra, desde el *r* de Egipto 5104
15.18 daré...hasta el *r* grande, el *r* Eufrates......... 5104
41.1 Faraón...parecía que estaba junto al *r* 2975
41.2 que del *r* subían siete vacas, hermosas 2975
41.3 que tras ellas subían del *r* otras siete 2975
41.3 se pararon cerca de...a la orilla del *r* 2975
41.17 me parecía que estaba a la orilla del *r* 2975
41.18 que del *r* subían siete vacas de gruesas....... 2975
Éx 1.22 echad al *r* a todo hijo que nazca, y a........... 2975
2.3 lo puso en un carrizal a la orilla del *r*............ 2975
2.5 hija de Faraón descendió a lavarse al *r*.......... 2975
2.5 paseándose sus...por la ribera del *r*, vio......... 2975
4.9 las aguas del *r*...aguas que tomarás del *r* 2975
7.15 vé por la mañana a Faraón...él sale al *r* 2975
7.17 golpearé con...el agua que está en el *r*.......... 2975
7.18 y los peces que hay en el *r* morirán, y 2975
7.18 hederá el *r*...asco de beber el agua del *r* 2975
7.19 tu vara...sobre sus *r*, sobre sus arroyos 2975
7.20 golpeó las aguas que había en el *r*, en 2975
Éx 7.20 las aguas...*r* se convirtieron en sangre.......... 2975
7.21 los peces que había en el *r* murieron; y.......... 2975
7.21 *r* se corrompió...no pudieron beber de él 2975
7.24 hicieron pozos alrededor...*r* para beber 2975
7.24 porque no podían beber...las aguas del *r* 2975
7.25 siete días después que Jehová hirió el *r*........ 2975
8.3 y el *r* criará ranas, las cuales subirán y.......... 2975
8.5 extiende tu mano...sobre los *r*, arroyos y....... 2975
8.9 las ranas...que solamente queden en el *r* 2975
8.11 y las ranas...solamente quedarán en el *r*....... 2975
8.20 sale al *r*, y dile: Jehová ha dicho así............ 4325
17.5 toma...vara con que golpeaste el *r*, y vete 2975
Lv 11.9 todos los que tienen aletas...en los *r*........... 5158
11.10 no tienen aletas...en el mar y en los *r* 5158
Nm 22.5 junto al *r* en la tierra de...su pueblo 5104
24.6 huertos junto al *r*, como áloes plantados....... 5104
Dt 1.7 Líbano, hasta el gran *r*, el *r* Eufrates............ 5104
11.24 el *r* Eufrates hasta el mar occidental 5104
Jos 1.4 desde el desierto y...hasta el gran *r* 5104
15.47 hasta el *r* de Egipto, y el Mar Grande 5104
24.2 padres habitaron...otro lado del *r*, esto 5104
24.3 y yo tomé a...Abraham del otro lado del *r*...... 5104
24.14,15 vuestros padres...al otro lado del *r*......... 5104
2 S 8.3 recuperar su territorio al *r* Eufrates 5104
1 R 8.65 entran en Hamat hasta el *r* de Egipto.......... 5104
2 R 5.12 Farfar, *r* de Damasco, ¿no son mejores 5104
17.6 los puso en...junto al *r* Gozán, y en las 5104
18.11 los puso...en Habor junto al *r* Gozán, y 5104
19.24 he secado con las...todos los *r* de Egipto 2975
23.29 Necao rey de Egipto subió...*r* Eufrates....... 5104
24.7 le tomó...desde el *r* de Egipto hasta el *r* 5158
1 Cr 5.9 habitó también...desde el *r* Eufrates 5104
5.26 y los llevó...a Hara y al *r* Gozán, hasta........ 5104
11.32 Hurai del *r* Gaas, Abiel arbatita.............. 5158
18.3 asegurar su dominio junto al *r* Eufrates 5104
Esd 4.10 demás provincias del otro lado del *r* 5103
4.11 siervos del otro lado del *r* te saludan 5103
4.16 la región de más allá del *r* no será tuya 5103
4.17 a los...del otro lado del *r*: Salud y paz 5103
4.20 dominaron en...lo que hay más allá del *r*...... 5103
5.3,6 Tatnai gobernador del otro lado del *r*.......... 5103
5.6 los gobernadores que...al otro lado del *r* 5103
6.6,13 Tatnai gobernador del otro lado del *r*......... 5103
6.6 que estáis al otro lado del *r*, alejaos de.......... 5103
6.8 la hacienda...tributo del otro lado del *r* 5103
7.21 tesoreros que están al otro lado del *r*.......... 5103
7.25 el pueblo que está al otro lado del *r* 5103
8.15 los reuní junto al *r* que viene a Ahava 5104
8.21 y publiqué ayuno allí junto al *r* Ahava 5104
8.31 y partimos del *r* Ahava el doce del mes 5104
8.36 del rey a...capitanes del otro lado del *r* 5104
Neh 2.7,9 los gobernadores al otro lado del *r*........ 5104
3.7 bajo...del gobernador del otro lado del *r* 5104
Job 14.11 las aguas...y el *r* se agota y se seca 5104
20.17 no verá...los *r*, los torrentes de miel.......... 5104
22.16 fundamento fue como un *r* derramado?...... 5104
28.10 de los peñascos cortó *r*, y...ojos vieron 2975
28.11 detuvo los *r* en su nacimiento, e hizo 5104
29.6 y la piedra me derramaba *r* de aceite!......... 6388
40.23 sale de madre el *r*, pero él no se inmuta 5104
Sal 24.2 él la fundó...y la afirmó sobre los *r*........... 5104
46.4 del *r* sus corrientes alegran la ciudad 5104
65.9 el *r* de Dios, lleno de aguas, preparas 5104
66.6 el mar en seco; por el *r* pasaron a pie 5104
72.8 dominará...desde el *r* hasta los confines 5104
74.15 abriste la fuente y el *r*; secaste *r*.............. 5158
78.16 la peña...e hizo descender aguas como *r*..... 5104
78.44 volvió sus *r* en sangre, y...corrientes......... 5140
80.11 sus vástagos...hasta el *r* sus renuevos......... 5104
89.25 su mano sobre...sobre los *r* su diestra 5104
93.3 alzaron los *r*...los *r* alzaron su sonido 5104
93.3 oh Jehová...alzaron los *r* sus ondas 5104
98.8 los *r* batan las manos, los montes todos......... 5104
105.41 corrieron por los sequedales como un *r*..... 5104
107.33 él convierte los *r* en desierto, y los.......... 5104
119.136 *r* de agua descendieron de mis ojos 6388
137.1 junto a los *r* de Babilonia...sentábamos 5104
Ec 1.7 los *r* todos van al mar, y el mar no se 5158
1.7 de donde los *r* vinieron, allí vuelven de 5158
Cnt 8.7 apagar el amor, ni lo ahogarán los *r* 5104
Is 7.18 en el fin de los *r* de Egipto, y a la.............. 2975
7.20 con los que habitan al otro lado del *r*.......... 5104
8.7 Señor hace subir sobre ellos aguas de *r* 5104
8.7 subirá sobre todos sus *r*, y pasará sobre......... 5104
11.15 y levantará su mano con el...sobre el *r*....... 5104
18.1 ¡ay de la tierra...tras los *r* de Etiopía.......... 5104
18.2,7 gente...cuya tierra es surcada por *r*.......... 5104
19.5 mar faltarán, y el *r* se agotará y secará 5104
19.6 se alejarán los *r*, se agotarán y secarán 5104
19.7 junto al *r*, de junto a la ribera del *r* 2975
19.7 y toda sementera del *r*, se secarán, se 2975
19.8 harán duelo...que echan anzuelo en el *r* 2975
23.3 su provisión procedía...de la mies del *r* 2975
23.10 cual *r* de tu tierra, oh hija de Tarsis 2975
27.12 que trillará Jehová desde el *r* Eufrates 5104
30.25 habrá *r* y corrientes de aguas el día de....... 6388
33.21 lugar de *r*, de arroyos muy anchos, por 5103
37.25 mis pies secaré todos los *r* de Egipto 2975
41.18 en las alturas abriré *r*, y fuentes en 5103
42.15 los *r* tornaré en islas, y secaré los 5103
43.2 cuando pases...por los *r*, no te anegarán........ 5103
43.19 abriré camino en el...y *r* en la soledad 5103
43.20 daré...*r* en la soledad, para que beba mi...... 5103
44.3 yo derramaré, y *r* sobre la tierra árida 5140
44.27 que dice a...Secaos, y tus *r* haré secar 5103
47.2 pies, descubre las piernas, pasa los *r*........... 5103
48.18 fuera entonces tu paz como un *r*, y tu 5104
50.2 convierto los *r* en desierto; sus peces 5103
59.19 porque vendrá el enemigo como *r*, mas el 5104
66.12 yo extiendo sobre ella paz como un *r*.......... 5104
Jer 46.2 cerca del *r* Eufrates en Carquemis, a 5104
46.7 como *r*, y cuyas aguas se mueven como *r*?...... 5104
46.8 como *r* se ensancha, y...se mueven como *r* 5104
46.10 porque sacrificio...junto al *r* Eufrates........ 5104
Lm 3.48 *r* de aguas echan mis ojos por...pueblo.......... 6388
Ez 1.1 estando yo en medio...junto al *r* Quebar 5104
1.3 en la tierra de los caldeos, junto al *r* 5104
3.15 cautivos...que moraban junto al *r* Quebar 5104
3.23 como la gloria que había visto junto al *r*........ 5104
10.15 el ser viviente que vi en el *r* Quebar 5104
10.20 vi debajo del Dios...junto al *r* Quebar 5104
10.22 de los rostros que vi junto al *r* Quebar 5104
29.3 gran dragón que yace en medio de sus *r* 2975
29.4 pegaré los peces de tus *r* a tus escamas 2975
29.4 los peces de tus *r* saldrán pegados a tus....... 2975
29.5 en el desierto a ti y a...peces de tus *r*........... 2975
29.10 aquí yo estoy contra ti, y contra tus *r*......... 2975
30.12 secaré los *r*, y entregaré la tierra en 2975
31.4 aguas...sus *r* corrían alrededor de su pie 5104
31.15 hice cubrir por él el...y detuve sus *r*.......... 5104
32.2 secabas tus *r*, y enturbiabas las aguas.......... 5104
32.14 y haré correr sus *r* como aceite, dice 5104
43.3 como la visión que vi junto al *r* Quebar 5104
47.5 era ya un *r* que yo no podía pasar, porque 5158
47.5 que el *r* no se podía pasar sino a nado.......... 5158
47.6 y me hizo volver por la ribera del *r*............ 5158
47.7 que en la ribera del *r* había...árboles a 5158
47.9 por dondequiera que entraren estos dos *r*..... 5158
47.9 y vivirá todo lo que entrare en este *r* 5158
47.12 junto al *r*, en la ribera...crecerá toda 5158
Dn 7.10 un *r* de fuego...salía de delante de él 5103
8.2 pues, en visión, estando junto al *r* Ulai........... 180
8.3 aquí un carnero que estaba delante del *r* 180
8.6 que yo había visto en la ribera del *r*, y 180
10.4 estaba yo a la orilla del gran *r* Hidekel 5104
12.5 a este lado del *r*, y...al otro lado del *r*.......... 2975
12.6,7 al...que estaba sobre las aguas del *r*.......... 2975
Am 8.8 subirá como un *r*, y crecerá y mermará 2975
8.8 y crecerá y mermará como el *r* de Egipto........ 2975
9.5 y crecerá toda como un *r*...el *r* de Egipto 2975
Mi 7.12 las ciudades fortificadas hasta el *R* 5104
Nah 1.4 amenaza al mar...y agosta todos los *r*.......... 5104
2.6 puertas de los *r* se abrirán, y el palacio 5104
Hab 3.8 ¿te airaste, oh Jehová, contra los *r*?........... 5104
3.8 ¿contra los *r* te airaste? ¿Fue tu ira 5104
3.9 se descubrió...hendiste la tierra con *r*.......... 5104
Sof 3.10 región más allá de los *r* de Etiopía............ 5104
Zac 9.10 desde el *r* hasta...fines de la tierra........... 5104
10.11 y se secarán...las profundidades del *r* 2975
Mt 7.25,27 y vinieron *r*, y soplaron vientos............ *4215*
Mr 1.5 eran bautizados por él en el *r* Jordán *4215*
Lc 6.48 ***r* dio con ímpetu contra aquella casa**.......... *4215*
6.49 **contra la cual el *r* dio con ímpetu, y** *4215*
Jn 7.38 **de su interior correrán *r* de agua viva**......... *4215*
Hch 16.13 salimos fuera, la puerta, junto al *r* *4215*
2 Co 11.26 peligros de *r*, peligros de ladrones *4215*
Ap 8.10 cayó sobre la tercera parte de los *r* *4215*
9.14 que están atados junto al gran *r* Eufrates...... *4215*
12.15 y la serpiente arrojó...agua como un *r* *4215*
12.15 para que fuese arrastrada por el *r*............ *4215*
12.16 tragó el *r* que el dragón había echado........ *4215*
16.4 derramó su copa sobre los *r*, y sobre las........ *4215*
16.12 derramó...copa sobre el gran *r* Eufrates..... *4215*
22.1 me mostró un *r* limpio de agua de vida *4215*
22.2 uno y otro lado del *r*, estaba el árbol............ *4215*

RIQUEZA
Gn 14.11 tomaron...la *r* de Sodoma...Gomorra....... 7399
15.14 y después de esto saldrán con gran *r*......... 7399
31.1 que era de nuestro padre ha adquirido...*r* 3519
31.16 *r* que Dios ha quitado a nuestro padre 6239
45.20 *r* de la tierra de Egipto será vuestra
Dt 8.17 digas...Mi poder...me han traído esta *r*....... 2428
8.18 da el poder para hacer las *r*, a fin de......... 2428
Jos 22.8 a vuestras tiendas con grandes *r*, con 5233
1 S 17.25 el rey le enriquecerá con grandes *r*.......... 6239
1 R 3.11 ni pediste para ti *r*, ni pediste la 6239
3.13 te he dado...que no pediste, *r* y gloria 6239
10.23 así excedía el rey...en *r* y en sabiduría 6239
1 Cr 29.12 las *r* y la gloria proceden de ti, y 6239
29.28 murió...lleno de días, de *r* y de gloria 6239
2 Cr 1.11 y no pediste *r*, bienes o gloria, ni 6239
1.12 te daré *r*, bienes y gloria, como nunca......... 6239
9.22 y excedió...los reyes de la tierra en *r* y 6239
17.5 Josafat...tuvo *r* y gloria en abundancia 6239
18.1 tenía, pues, Josafat *r* y...en abundancia........ 6239
20.25 hallaron...muchas *r*, así vestidos como....... 7399
32.27 y tuvo Ezequías *r* y gloria, muchas en 6239
32.29 adquirió...Dios le había dado muchas *r* 7399
Est 1.4 para mostrar él las *r* de la gloria de 6239
5.11 y les refirió Amán la gloria de sus *r* 6239
Job 11.6 los secretos...de doble valor que las *r!*
15.29 ni durarán sus *r*, ni extenderá por la 2428
20.15 devoró *r*, pero las vomitará; de su............ 2428
21.7 impíos...se envejecen, y aun crecen en *r*? 2428
31.25 si me alegré...mis *r* se multiplicasen 2428
36.19 ¿hará él estima de tus *r*, del oro, o de.......... 7769
Sal 37.16 poco...que las *r* de muchos pecadores....... 1995
39.6 amontona *r*, y no sabe quién las recogerá
49.6 y de la muchedumbre de sus *r* se jactan 6239
49.10 sabios...perecen...y dejan a otros sus *r* 2428
52.7 sino que confió en la multitud de sus *r*......... 6239
62.10 aumentan las *r*, no pongáis el corazón 2428
73.12 impíos, sin ser turbados...alcanzaron *r* 2428
112.3 bienes y *r* hay en su casa...su justicia 6239
119.14 me he gozado en el...mas que de toda *r*..... 1952
Pr 1.13 hallaremos *r* de toda clase...despojos 1952
3.16 en su mano derecha; en su izquierda, *r* y 6239
8.18 *r* y la honra están conmigo; *r* duraderas......... 6239
10.15 las *r* del rico son su ciudad fortificada........ 1952
11.4 no aprovecharán las *r* en el día de la ira 1952
11.16 tendrá honra, y los fuertes tendrán *r*.......... 6239
11.28 el que confía en sus *r* caerá; mas los 6239
13.7 pretenden ser pobres, y tienen muchas *r* 1952
13.8 el rescate de la vida del...está en sus *r* 6239
13.11 las *r* de vanidad disminuirán; pero el......... 1952
13.22 la *r* del pecador esta guardada para el....... 2428
14.24 las *r* de los sabios son su corona; pero......... 6239
18.11 las *r* del rico son su ciudad fortificada........ 1952
19.4 las *r* traen muchos amigos; mas el pobre 1952
19.14 las *r* son herencia de los padres; mas 1952
22.1 de más estima es el buen nombre que...*r*....... 6239
22.4 *r*...son la remuneración de la humildad y 6239
23.5 ¿has de poner tus ojos en las *r*, siendo
27.24 las *r* no duran para siempre; ¿y será la........ 2633
28.8 el que aumenta sus *r* con usura y crecido....... 1952
30.8 no me des pobreza ni *r*; manténme del pan.... 6239
Ec 4.8 ni sus ojos se sacian de sus *r*, ni se 6239
5.13 *r* guardadas por sus dueños para su mal 6239
5.19; 6.2 hombre a quien Dios da *r* y bienes.......... 6239
9.11 sabios el pan, ni de los prudentes las *r* 6239
Is 8.4 quitada la *r* de Damasco y los despojos......... 2428
10.14 y halló mi mano...las *r* de los pueblos......... 2428
15.7 por tanto, las *r* que habrán adquirido 3502

30.6 llevan sobre lomos de...r, y sus tesoros........2428
60.5 las r de las naciones hayan venido a ti........2428
60.11 a ti sean traídas las r de las naciones........2428
61.6 comeréis las r de las naciones, y con su.......2428
Jer 9.23 el valiente, ni el rico se alabe en...r...........6239
15.13 r y tus tesoros entregaré a la rapiña.........2428
17.11 es el que injustamente amontona r; en.......6239
20.5 entregaré...la r de esta ciudad; todo su.......2633
48.36 porque perecieron las r que habían hecho...3502
Ez 26.12 robarán tus r y saquearán tus...casas.......2428
27.12 por la abundancia de todas tus r; con........1952
27.18 comerciaba...la abundancia de toda tu r.....1952
27.27 tus r, tus mercaderías, tu tráfico, tus.........1952
27.33 la multitud de tus r y de tu comercio.........6239
28.4 con tu prudencia has acumulado r, y has.......2428
28.5 contrataciones has multiplicado tus r........2428
28.5 y a causa de tus r se ha enaltecido tu..........2428
29.19 tomará sus r, y recogerá sus despojos.........1995
30.4 tomarán sus r, y serán destruidos sus.........1995
30.10 destruiré las r de Egipto por mano de........1995
Dn 11.2 y el cuarto se hará de grandes r más.........6239
11.2 al hacerse fuerte con sus r, levantará.........6239
11.13 vendrá apresuradamente...con muchas r....7399
11.24 despojos y r repartirá a sus soldados.........7399
11.28 volverá a su tierra con gran r, y su...........7399
Os 12.8 he enriquecido, he hallado r para mí...........202
Mi 4.13 consagrarás a Jehová su botín, y sus r........2428
Nah 2.9 no hay fin de las r y suntuosidad de
Zac 14.14 serán reunidas las r de...las naciones......2428
Mt 6.24 **no podéis servir a Dios y a las r**...............*3126*
13.22 **y el engaño de las r ahogan la palabra**.......*4149*
Mr 4.19 **pero los afanes...y el engaño de las r**........*4149*
10.23 **difícilmente entrarán...los que tienen r!**.....*5536*
10.24 **cuán difícil...los que confían en las r!**.......*5536*
Lc 8.14 **son ahogados por los afanes y las r y**.........*4149*
16.9 **ganad amigos por medio de las r injustas**.....*3126*
16.11 **si en las r injustas no fuisteis fieles**..........*3126*
16.13 **otro...No podéis servir a Dios y a las r**.....*3126*
18.24 **¡cuán difícilmente entrarán...tienen r!**......*5536*
Hch 19.25 de este oficio obtenemos nuestra r...........*2142*
Ro 2.4 ¿o menosprecias las r de su benignidad........*4149*
9.23 para hacer notorias las r de su gloria........*4149*
11.12 y si su transgresión es la r del mundo........*4149*
11.12 si...su defección la r de los gentiles.........*4149*
11.33 profundidad de las r de la sabiduría Y........*4149*
2 Co 8.2 que...abundaron en r de su generosidad.....*4149*
Ef 1.7 perdón de pecados...las r de su gracia..........*4149*
1.18 las r de la gloria de su herencia en los.........*4149*
2.7 mostrar en...las abundantes r de su gracia.....*4149*
3.8 anunciar...las inescrutables r de Cristo........*4149*
3.16 que os dé, conforme a las r de su gloria........*4149*
Fil 4.19 conforme a sus r en gloria en Cristo...........*4149*
Col 1.27 Dios quiso dar a conocer las r de su..........*4149*
2.2 todas las r de pleno conocimiento, a fin........*4149*
1 Ti 6.17 ni pongan la esperanza en las r, las..........*4149*
He 11.26 teniendo por mayores r el vituperio...........*4149*
Stg 5.2 vuestras r están podridas, y...ropas............*4149*
Ap 5.12 es digno de tomar el poder, las r, la...........*4149*
18.17 una hora han sido consumidas tantas r.......*4149*
18.19 todos...se habían enriquecido de sus r.......*5094*

RIQUÍSIMO
Gn 13.2 Abram era r en ganado, en plata y en........3513

RISA
Job 8.21 llenará tu boca de r, y tus labios de...........7814
Sal 126.2 entonces nuestra boca...llenará de r..........7814
Pr 14.13 aun en la r tendrá dolor el corazón..........7814
Ec 2.2 a la r dije: Enloqueces; y al placer..............7814
7.3 mejor es el pesar que la r, porque con..........7814
7.6 la r del necio es como el estrépito de...........7814
Stg 4.9 vuestra r se convierta en lloro, y...............*1071*

RISSA *Donde acampó Israel*, Nm 33.21,22.......7446

RITMA *Donde acampó Israel*, Nm 33.18,19......7575

RITO
Éx 12.25 cuando entréis en...guardaréis este r........5656
12.26 os dijeren vuestros hijos: ¿Qué es...r..........5656
13.10 guardarás este r en su tiempo de año en......2708
30.8 quemará el incienso; r perpetuo delante.......4941
Lv 5.10 hará holocausto conforme al r; así el..........4941
9.16 ofreció el holocausto, e hizo según el r........4941
Nm 9.3 conforme a todos sus r...la celebraréis........2708
9.12 conforme a todos los r de la pascua la.........2708
9.14 conforme al r de la pascua...la celebrará......4941
9.14 mismo r tendréis, tanto el extranjero..........2708
1 Cr 23.31 según su número...acuerdo con su r......4941
2 Cr 30.19 no esté purificado según los r de
Esd 3.4 holocaustos cada día...conforme al r..........4941
Neh 8.18 el octavo día...asamblea, según el r..........4941
Lc 2.27 hacer por él conforme al r de la ley............*1480*
Jn 2.6 al r de la purificación de los judíos
Hch 15.1 si no os circuncidáis conforme al r............*1485*

RIVAL
Lv 18.18 con su hermana, para hacerla su r...........6887
1 S 1.6 su r la irritaba, enojándola...porque...........6869

RIZPA *Concubina del rey Saúl*
2 S 3.7 una concubina que se llamaba R, hija..........7532
21.8 pero tomó el rey a dos hijos de R hija..........7532
21.10 R!...tomó...tela de cilicio y la tendió..........7532
21.11 fue dicho a David lo que hacía R hija.........7532

ROBADOR
Jue 2.14 los entregó en manos de r que los............8154
Pr 23.28 ella, como r, acecha, y multiplica
28.3 hombre pobre y r de los pobres es como......6231
Abd 5 vinieran...r de noche...¿no hurtarían lo........7703

ROBAR
Gn 34.29 y *robaron* todo lo que había en casa..........962
44.4 ¿por qué habéis *robado* mi copa de plata?
Éx 21.16 que *robare* una persona y la vendiere........1589
Lv 6.2 bien *robare* o calumniare a su prójimo
6.4 restituirá aquello que *robó*, o el daño de
19.13 no oprimirás a...prójimo, ni le *robarás*.......1497
Dt 28.29 no serás sino...*robado* todos los días.........1497
Jue 9.25 asechadores que *robaban* a todos los.........1497
21.23 tomaron mujeres...*robándolas* de entre.......1497
1 S 23.1 filisteos combaten...y *roban* las eras..........8154
2 S 15.6 *robaba* Absalón el corazón de los de..........1589
Job 20.10 sus manos devolverán lo que él *robó*
20.19 cuanto...*robó* casas, y no las edificó..........1497
24.2 traspasan los linderos, *roban* los ganados.....1497
24.5 salen a su obra madrugando para *robar*......2964
27.8 del impío, por mucho que hubiere *robado*.....7953
Sal 69.4 se han...¿Y he de pagar lo que no *robé*?......7909
Pr 17.12 a la cual han *robado* sus cachorros..........7909
19.26 el que *roba* a su padre y ahuyenta a su.......7703
22.22 no *robes* al pobre, porque es pobre, ni........1497
24.2 su corazón piensa en *robar*, e iniquidad.......7701
28.24 el que *roba* a su padre o a su madre, y........962
Is 10.2 despojar a...y *robar* a los huérfanos!............962
Jer 22.3 ni *robéis* al extranjero...al huérfano
Ez 26.12 *robarán* tus riquezas y saquearán tus.......7997
33.15 si el...devolviere lo que hubiere *robado*.......1500
34.8 cuanto mi rebaño fue para ser *robado*, y.......957
39.10 y robarán a los que les *robaron*, dice..........962
Am 1.11 y en su furor le ha *robado* siempre, y
Mi 2.2 codician las heredades, y las *roban*; y..........5375
Mal 3.8 *¿robará* el hombre a...me habéis *robado*......6906
3.8 y dijisteis: ¿En qué te hemos *robado*? En.........962
3.9 vosotros...nación toda, me habéis *robado*......6906

ROBLE
Is 6.13 pero como el r y la encina, que al ser............437

ROBO
1 S 30.19 del r, y de todas las cosas que les............7998
Esd 9.7 hemos sido entregados...a espada...a r........961
Pr 4.17 comen pan de maldad, y beben vino de r......2555
Jer 6.7 maldad; injusticia y r se oyen en ella...........7701
Ez 18.7 no cometiere r, y que diere de su pan..........1500
18.12 cometiere r, no devolviere la prenda, o.........1497
18.16 ni cometiere r; al hambriento diere de.........1497
22.29 el pueblo de...cometía r, al afligido y..........1498
Nah 2.12 llenaba de presa...y de r sus guaridas.......2966
2.13 cortaré de la tierra tu r, y nunca más..........2964
Hab 2.8,17 a causa de...de los r de la tierra...........2555
Sof 1.9 que llenan las casas...de r y de engaño..........2555
Mt 23.25 **pero por dentro estáis llenos de r y**............*724*

ROBOAM *Rey de Judá, hijo y sucesor de Salomón*
1 R 11.43 durmió...reinó en su lugar R su hijo.........7346
12.1 R fue a Siquem...todo Israel había venido.....7346
12.3 vino...Jeroboam...y hablaron a R, diciendo...7346
12.6 el rey R pidió consejo de los ancianos.........7346
12.12 vino Jeroboam con todo el pueblo a R.........7346
12.17 reinó R sobre los hijos de Israel que..........7346
12.18 R envió a Adoram, que estaba sobre los......7346
12.18 R se apresuró a subirse en un carro y.........7346
12.21 y cuando R vino a Jerusalén, reunió a.........7346
12.21 volver el reino a R hijo de Salomón..........7346
12.23 habla a R hijo de Salomón, rey de Judá......7346
12.27 volverá a su señor R!...se volverán a R......7346
14.21 R hijo de Salomón reinó en Judá...De 40......7346
14.21 años era R cuando comenzó a reinar, y......7346
14.25 al quinto año del rey R subió Sisac rey.......7346
14.27 hizo el rey R escudos de bronce, y los.........7346
14.29 demás hechos de R, y todo lo que hizo.........7346
14.30; 15.6 y hubo guerra entre R y Jeroboam......7346
14.31 durmió R con sus padres...fue sepultado.....7346
1 Cr 3.10 hijo de Salomón fue R, cuyo hijo fue.........7346
2 Cr 9.31 durmió Salomón...reinó en su lugar R......7346
10.1 R fue a Siquem, porque en Siquem se había...7346
10.3 Jeroboam, y todo Israel, y hablaron a R.......7346
10.6 el rey R tomó consejo con los ancianos.........7346
10.12 vino...Jeroboam...a R al tercer día...........7346
10.13 dejó el...R el consejo de los ancianos.........7346
10.17 reinó R sobre los hijos de Israel que..........7346
10.18 envió...R a Adoram, que tenía cargo de......7346
10.18 se apresuró el rey R, y subiendo en su.........7346
11.1 cuando vino R a Jerusalén, reunió de la.......7346
11.1 para pelear...hacer volver el reino a R.........7346
11.3 habla a R hijo de Salomón, rey de Judá.........7346
11.5 habitó R!...Jerusalén, y edificó ciudades.......7346
11.17 y confirmaron a R hijo de Salomón, por......7346
11.18 y tomó R por mujer a Mahalat hija de.........7346
11.21 R amó a Maaca...sobre todas sus mujeres...7346
11.22 puso R a Abías hijo de Maaca por jefe.........7346
12.1 R había consolidado el reino, dejó la ley.......7346
12.2 en el quinto año del rey R subió Sisac..........7346
12.5 entonces vino el profeta Semaías a R y a......7346
12.10 hizo el rey R escudos de bronce, y los.........7346
12.13 R, reinó...R de 41 años cuando comenzó a...7346
12.13 y el nombre de la madre de R fue Naama...7346
12.15 las cosas de R!...¿no están escritas en.......7346
12.15 y entre R y Jeroboam...guerra constante....7346
12.16 durmió R con sus padres...fue sepultado.....7346
13.7 pudieron más que R!...porque R era joven....7346
Mt 1.7 Salomón engendró a R, R a Abías...a Asa......*4497*

ROBUSTECER
Job 21.8 descendencia se *robustece* a su vista.........3559

ROBUSTO, A
Éx 1.19 no son como las egipcias; pues son r..........2422
1 Cr 26.8 hombres r y fuertes para el servicio..........2428
Sal 78.31 hizo morir a los más r de ellos, y............4942
90.10 si en las más r son ochenta años, con.........1369
Is 10.16 Jehová...enviará debilidad sobre sus r........4942
25.3 te dará...te temerá la ciudad de gentes r......6164
25.5 así...harás marchitar el renuevo de los r......6184
Jer 5.15 gente r, gente antigua, gente cuya.............386
48.14 somos...valientes, y r para la guerra?........1368
49.19 como león subirá...contra la bella y r.........386
Ez 17.8 y diese fruto, y para que fuese vid r
Dn 1.15 el rostro de ellos mejor y más r que..........1277
Mi 4.7 pondré...la descarriada como nación r........6099

ROCA
Gn 49.24 el nombre del Pastor, la R de Israel............68
Dt 8.15 él te sacó agua de la r del pedernal............6697
32.4 es la R, cuya obra es perfecta, porque.........6697
32.15 hizo, y menospreció la R de su salvación.....6697
32.18 de la R que te creó te olvidaste; te has.........6697
32.30 su R no los hubiese vendido, y Jehová........6697
32.31 la r de ellos no es como nuestra R, y..........6697
32.37 sus dioses, la r en que se refugiaban.........6697
1 S 13.6 se escondieron...en r y en cisternas..........5553
2 S 22.2 Jehová es mi r y mi fortaleza, y mí...........5553
22.32 ¿y qué r hay fuera de nuestro Dios?..........6697
22.47 viva Jehová, y bendita sea mi r...Dios........6697
23.3 me habló la R de Israel: Habrá un justo........6697
Job 30.6 habitaban en las cavernas...y en las r........3710
39.28 mora...la cumbre del peñasco y de la r......5553
Sal 18.2 r mía y castillo mío, y mi libertador...........5553
18.31 ¿y qué r hay fuera de nuestro Dios?..........6697
18.46 bendita sea mi r, y enaltecido sea el..........6697
19.14 de ti, oh Jehová, r mía, y redentor mío.........6697
27.5 su morada; sobre una r me pondrá en alto....6697
28.1 a ti clamaré, oh Jehová, R mía, no te..........6697
31.2 mi r fuerte, y fortaleza para salvarme.........6697
31.3 porque tú eres mi r y mi castillo; por..........5553
42.9 R mía, ¿por qué te has olvidado de mí?........5553
61.2 llévame a la r que es más alta que yo..........6697
62.2,6 él solamente es mi r y mi salvación..........6697
62.7 en Dios está mi r fuerte, y mi refugio.........6697
71.3 sé para mí una r de refugio...recurra yo........6697
71.3 has...porque tú eres mi r y mi fortaleza.......5553
73.26 r de mi corazón...es Dios para siempre......6697
89.26 eres...mi Dios, y la r de mi salvación..........6697
94.22 me ha sido...Dios por r de mi con.............6697
95.1 cantemos con júbilo a la r de nuestra.........6697
114.8 cual cambió...en fuente de aguas la r..........6697
144.1 bendito...Jehová, mi r, quien adiestra..........6697
Is 2.21 se meterá en las hendiduras de las r...........5553
17.10 no te acordaste de la r de tu refugio..........6697
33.16 fortaleza de r será su lugar de refugio.......5553
Hab 1.12 tú, oh R, lo fundaste para castigar............6697
3.13 descubriendo el cimiento hasta la r..........6676
Mt 7.24 **prudente...edificó su casa sobre la r**.........*4073*
7.25 **y no cayó...estaba fundada sobre la r**.........*4073*
16.18 **y sobre esta r edificaré mi iglesia**............*4073*
27.51 la tierra tembló, y las r se partieron..........*4073*
Lc 6.48 **cavó...puso el fundamento sobre la r**.........*4073*
6.48 **mover, porque estaba fundada sobre la r**.....*4073*
Ro 9.33 pongo en Sion piedra de...y r de caída..........*4073*
1 Co 10.4 bebían de la r...y la r era Cristo..........*4073*
1 P 2.8 piedra de tropiezo, y r que hace caer..........*4073*

ROCIAR
Éx 24.8 tomó la sangre Y *roció*...el pueblo, y..........2236
29.16 con su sangre *rociarás* sobre el altar..........2236
29.20 y *rociarás* la sangre sobre el altar............2236
29.21 *rociarás* sobre Aarón, sobre...vestiduras.....5137
Lv 1.5 y la *rociarán* alrededor sobre el altar..........2236
1.11; 3.2,8,13 hijos de Aarón *rociarán* su sangre
sobre el altar..................................2236
4.6 y *rociará* de aquella sangre siete veces.........5137
4.17 y *rociará* siete veces delante de Jehová.........5137
5.9 *rociará* de la sangre...la pared del altar.........5137
7.2 y *rociará* su sangre alrededor...el altar.........2236
7.14 del sacerdote que *rociare* la sangre de.........2236
8.11 *roció* de él sobre el altar siete veces..........5137
8.19,24 y *roció* Moisés la sangre...el altar..........2236
8.30 *roció* sobre Aarón, y...sobre sus hijos.........5137
9.12,18 sangre, la cual *roció*...sobre el altar.........2236
14.7 *rociará*...sobre el que se purifica de la..........5137
14.27 su dedo...*rociará* del aceite que tiene..........5137
14.51 mojará...y *rociará* la casa siete veces..........5137
16.14 de la sangre...y la *rociará* con su dedo..........5137
Nm 8.7 *rocía* sobre ellos el agua de...expiación.........5137
18.17 la sangre de...*rociarás* sobre el altar..........2236
19.4 tomará...sangre...*rociará* hacia la parte.........5137
19.13 el agua de la...no fue *rociada* sobre él..........2236
19.18 mojará en el...y *rociará* sobre la tienda.........5137
19.19 el limpio *rociará* sobre el inmundo al.........5137
19.20 no fue *rociada* sobre él el agua de la..........2236
19.21 el que *rociare* el...lavará sus vestidos..........5137
Is 45.8 *rociad*, cielos, de arriba...destilen
Ez 22.24 ni *rociada* con lluvia en el día del............1656
He 9.13 si la sangre...*rociadas* a los inmundos..........*4472*
9.19 *roció* el mismo libro y también a todo..........*4472*
9.21 *roció*...con la sangre el tabernáculo y..........*4472*
12.24 a la sangre *rociada* que habla mejor..........*4473*
1 P 1.2 obedecer y ser *rociados* con la sangre..........*4473*

ROCÍO
Gn 27.28 Dios, pues, te dé del r del cielo, y..............2919
27.39 será...y del r de los cielos de arriba............2919
Éx 16.13 por la mañana descendió r en derredor.........2919
16.14 cuando el r cesó de descender, he aquí.........2919
Nm 11.9 cuando descendía el r...maná descendía.....2919
Dt 32.2 destilará como el r mi razonamiento............2919
33.13 bendita de Jehová sea...con el r, y con..........2919
33.28 vino; también sus cielos destilarán r..........2919
Jue 6.37 el r estuviere en el vellón solamente...........2919

6.38 exprimió el vellón y sacó de él el *r*, un . . . 2919
6.39 el vellón quede. . . y el *r* sobre la tierra . . . 2919
6.40 vellón quedó seco, y en. . . la tierra hubo *r* . . . 2919
2 S 1.21 ni *r* ni lluvia caiga sobre vosotros . . . 2919
17.12 como cuando el *r* cae sobre la tierra . . . 2919
1 R 17.1 no habrá lluvia ni *r* en estos años . . . 2919
Job 29.19 aguas, y en. . . ramas permanecía el *r* . . . 2919
38.28 ¿o quién engendró las gotas del *r*? . . . 2919
Sal 72.6 como el *r* que destila sobre la tierra . . . 2919
110.3 la aurora tienes tú el *r* de tu juventud . . . 2919
133.3 el *r* de Hermón, que desciende sobre los . . . 2919
Pr 3.20 con su ciencia. . . destilan *r* los cielos . . . 2919
19.12 y su favor como el *r* sobre la hierba . . . 2919
Cnt 5.2 ábreme. . . mi cabeza está llena de *r*, mis . . . 2919
Is 18.4 como nube de *r* en el calor de la tierra . . . 2919
26.19 porque tu *r* es cual *r* de hortalizas, y . . . 2919
Dn 4.15,23 sea mojado con el *r* del cielo, y . . . 2920
4.25 con el *r* del cielo serás bañado; y siete . . . 2920
4.33 su cuerpo se mojaba con el *r* del cielo . . . 2920
5.21 su cuerpo fue mojado con el *r* del cielo . . . 2920
Os 6.4 la piedad. . . es como el *r* de la madrugada . . . 2919
13.3 como el *r* de la madrugada que se pasa . . . 2919
14.5 yo seré a Israel como *r*; él florecerá . . . 2919
Mi 5.7 el remanente. . . será. . . como el *r* de Jehová . . . 2919
Zac 8.12 y los cielos darán su *r*; y haré que . . . 2919

RODADO
Zac 6.3 y en el cuarto carro caballos. . . rucios *r*

RODAR
Nm 36.9 ande la heredad *rodando* de una tribu . . . 5437
Jos 10.18 *rodad* grandes piedras a la entrada . . . 1556
Jue 7.13 un pan de cebada que *rodaba* hasta el . . . 2015
1 S 14.33 *rodadme* ahora acá una piedra grande . . . 1556
Pr 20.26 rey. . . sobre ellos hace *rodar* la rueda
Is 22.18 te echará a *rodar* con ímpetu, como a . . . 6802
Jer 51.25 estoy contra ti, y te haré *rodar* de . . . 1556
Nah 2.4 con estruendo *rodarán* por las csalles
Mt 27.60 *rodar* una gran piedra a la entrada . . . *4351*
Mr 15.46 e hizo *rodar* una piedra a la entrada . . . *4351*

RODAS *Isla en el Mar Egeo*, Hch 21.1

RODE *Muchacha en la casa de María No 8*, Hch 12.13 . . . *4498*

RODEAR
Gn 2.11 el que *rodea* toda la tierra de Havila . . . 5437
2.13 es el que *rodea* toda la tierra de Cus . . . 5437
19.4 *rodearon* la casa los nombres de. . . Sodoma . . . 5437
Éx 13.18 el pueblo *rodease* por el camino del
Nm 21.4 partieron. . . *rodear* la tierra de Edom . . . 5437
34.4 este límite os irá *rodeando* desde el sur . . . 5437
34.5 *rodeará* este límite desde Asmón hasta el . . . 5437
Dt 2.1 *rodeamos* el monte de Seir por. . . tiempo . . . 5437
2.3 habéis *rodeado*. . . monte; volveos al norte . . . 5437
Jos 6.3 *rodearéis*. . . la ciudad todos los hombres . . . 5437
6.7 dijo al pueblo: Pasad, y *rodead* la ciudad . . . 5437
7.9 nos *rodearán*, y borrarán nuestro nombre . . . 5921
15.9 y *rodea* este límite desde la cumbre del . . . 8388
15.9 límite. . . *rodeando* luego a Baala, que es . . . 8388
15.11 *rodea* a Sicrón, y pasa por el monte de . . . 8388
19.13 pasando de allí. . . a Rimón *rodeando* a Nea
Jue 11.18 *rodeó* la tierra de Edom y..de Moab . . . 5437
16.2 y lo *rodearon*, y acecharon toda. . . noche . . . 5437
19.22 hombres. . . *rodearon* la casa, golpeando a . . . 5437
20.5 *rodearon* contra mí la casa por la noche . . . 5437
2 S 5.23 no subas, sino *rodéalos*, y vendrás a . . . 5437
18.15 de Joab *rodearon* e hirieron a Absalón . . . 5437
22.5 me *rodearon* ondas de muerte, y torrentes . . . 661
22.6 ligaduras del Seol me *rodearon*. . . muerte . . . 5437
1 R 5.3 por las guerras que le *rodearon*, hasta
7.15 y *rodeaba* a una y otra un hilo de doce . . . 5437
7.20 globo, el cual estaba *rodeado* por la red . . . 5439
7.24 *rodeaban* aquel mar. . . unas bolas como . . . 5439
2 R 3.9 anduvieron *rodeando* por el desierto . . . 5437
3.25 los honderos la *rodearon* y la destruyeron
1 Cr 14.14 no subas tras ellos, sino *rodéalos* . . . 5437
2 Cr 18.31 *rodearon* para pelear; mas Josafat . . . 5437
23.7 levitas *rodearán* al rey por todas partes . . . 5362
Job 1.7; 2.2 de *rodear* la tierra y de andar por
16.13 me *rodearon* sus flecheros, partió mis . . . 5437
22.14 las nubes te *rodearon*, y no ve; y por . . . 5643
40.22 árboles. . . los sauces del arroyo lo *rodean* . . . 5437
Sal 5.12 como con un escudo lo *rodearás* de tu . . . 5844
7.7 *rodeará* congregación de pueblos, y sobre . . . 5437
18.4 *rodearon* ligaduras de muerte, y torrentes . . . 661
18.5 ligaduras del Seol me *rodearon*. . . lazos . . . 5437
22.12 me han *rodeado* muchos toros; fuertes . . . 5437
22.16 perros me han *rodeado*; me ha cercado . . . 5437
27.6 levantará mi cabeza sobre. . . que me *rodean* . . . 5439
32.7 con cánticos de liberación me *rodearás* . . . 5437
32.10 mas al que espera en Jehová, le *rodea* . . . 5437
40.12 me han *rodeado* males sin número; me . . . 661
44.13 por. . . y por burla de los que nos *rodean* . . . 5439
48.12 andad alrededor de Sion, y *rodeadla* . . . 5362
49.5 la iniquidad de mis opresores me *rodeare*? . . . 5437
50.3 fuego. . . y tempestad poderosa le *rodeará* . . . 5439
55.10 día y noche la *rodean* sobre sus muros
59.6 volverán a la tarde. . . *rodearán* la ciudad . . . 5437
59.14 vuelvan. . . a la tarde, y *rodeen* la ciudad . . . 5439
88.17 han *rodeado* como aguas continuamente . . . 5362
89.8 poderoso eres. . . y tu fidelidad te *rodea* . . . 5439
109.3 con palabras de odio me han *rodeado*, y . . . 5437
116.3 me *rodearon* ligaduras de muerte. . . Seol . . . 661
118.10 todas las naciones me *rodearon*; mas en . . . 5437
118.11 me *rodearon* y me asediaron; mas en el . . . 5437
118.12 me *rodearon* como abejas. . . como fuego . . . 5437
119.61 compañías de impíos me han *rodeado* . . . 5749
139.5 detrás y delante me *rodeaste*, y sobre . . . 6696
140.9 a los que en todas partes me *rodean*, la . . . 4524
142.7 *rodearán* los justos, porque tú me serás . . . 3803
Ec 1.6 el viento tira hacia. . . y *rodea* al norte . . . 5437
Cnt 3.2 me levantaré ahora, y *rodearé* por la
3.7 sesenta valientes la *rodean*, y. . . fuertes
Is 15.8 el llanto *rodeó* los límites de Moab . . . 5362
23.16 y *rodea* la ciudad, oh ramera olvidada
50.11 encendéis fuego, y os *rodeáis* de teas . . . 247
61.10 me *rodeó* de manto de justicia, como a . . . 3771
Jer 22.15 ¿reinarás. . . te *rodeas* de cedro? ¿No . . . 8474
31.22 cosa nueva. . . la mujer *rodeará* al varón . . . 5437
31.39 saldrá. . . el cordel de. . . y *rodeará* a Goa . . . 5437
49.3 de Rabá. . . endechad, y *rodead* los vallados . . . 7751
52.21 columna. . . cordón de 12 codos la *rodeaba* . . . 5437
Lm 3.5 mí, y me *rodeó* de amargura y de trabajo . . . 5362
Ez 11.12 según..de las naciones que os *rodean* . . . 5439
26.17 infundían terror. . . los que la *rodeaban*? . . . 3427
28.24 aguijón. . . en medio de cuantos la *rodean* . . . 5439
42.19 *rodeó* al lado del occidente, y midió . . . 5437
Dn 6.15 *rodearon* al rey y le dijeron: Sepas, oh . . . 7284
Os 2.6 yo *rodearé* de espinos su camino, y la . . . 7753
7.2 ahora les *rodearán* sus obras; delante de . . . 5437
11.12 me *rodeó* Efraín de mentira, y la casa . . . 5437
Jon 2.3 me echaste a. . . y me *rodeó* la corriente . . . 5437
2.5 las aguas me *rodearon*. . . *rodeóme* el abismo . . . 661
Mi 5.1 *rodéate*. . . de muros, hija de guerreros . . . 1413
Nah 3.8 *rodeada* de aguas, cuyo baluarte era el . . . 5439
Mt 8.18 viéndose Jesús *rodeado* de mucha gente
Lc 2.9 he aquí. . . la gloria del Señor los *rodeó* . . . *4034*
9.31 quienes aparecieron *rodeados* de gloria
19.43 **tus enemigos te *rodearán* con vallado** . . . *4033*
21.20 **cuando viereis a Jerusalén *rodeada* de** . . . *2944*
Jn 10.24 le *rodearon* los judíos y le dijeron . . . *2944*
Hch 9.3 *rodeó* un resplandor de luz del cielo . . . *4015*
9.39 le *rodearon* todas las viudas, llorando . . . *3936*
14.20 *rodeándole* los discípulos, se levantó . . . *2944*
22.6 de repente me *rodeó* mucha luz del cielo . . . *4015*
25.7 lo *rodearon* los judíos que habían venido . . . *4026*
26.13 me *rodeó* a mí y a los que iban conmigo . . . *4034*
He 5.2 él también está *rodeado* de debilidad . . . *4029*
11.30 de Jericó después de *rodearlos* 7 días . . . *2944*
Ap 20.9 *rodearon* el campamento de los santos . . . *2944*

RODILLA
Gn 30.3 dará a luz sobre mis *r*, y yo también . . . 1290
41.43 pregonaron. . . de él: ¡Doblad la *r*!; y lo . . . 1290
48.12 entonces José los sacó de entre sus *r* . . . 1290
50.23 los hijos. . . criados sobre las *r* de José . . . 1290
Dt 28.35 herirá Jehová con. . . pústula en las *r* . . . 1290
Jue 7.5 que se doblare sobre sus *r* para beber . . . 1290
7.6 el resto del pueblo se dobló sobre sus *r* . . . 1290
16.19 hizo que él se durmiese sobre sus *r*, y . . . 1290
1 R 8.54 se levantó de estar de *r* delante del . . . 1290
18.42 Ellas subió. . . puso su rostro entre las *r* . . . 1290
19.18 siete mil *r* no se doblaron ante Baal . . . 1290
2 R 1.13 puso de *r* delante de Elías y le rogó . . . 1290
4.20 sentado en. . . *r* hasta el mediodía, y murió . . . 1290
Esd 9.5 me postré de *r*, y extendí mis manos a . . . 1290
Job 3.12 ¿por qué me recibieron las *r*? ¿Y a qué . . . 1290
4.4 enseñabas. . . y esforzabas las *r* que decaían . . . 1290
Sal 109.24 mis *r* están debilitadas a causa del . . . 1290
Is 35.3 manos cansadas, afirmad las *r* endebles . . . 1290
45.23 a mí se doblará toda *r*, y jurará toda . . . 1290
66.12 traídos, y sobre las *r* seréis mimados . . . 1290
Ez 7.17; 21.7 toda *r* será débil como el agua . . . 1290
47.4 me hizo pasar por las aguas hasta las *r* . . . 1290
Dn 5.6 rey. . . sus *r* daban la una contra la otra . . . 755
10.10 que me pusiese sobre mis *r* y sobre las . . . 1290
Nah 2.10 temblor de *r*, dolor en las entrañas . . . 1290
Mt 27.29 hincando la *r* delante de él. . . ¡Salve . . . *1120*
Mr 1.40 e hincada la *r*, le dijo: Si quieres . . . *1120*
10.17 e hincando la *r*. . . le preguntó: Maestro . . . *1120*
15.19 y puestos de *r* le hacían reverencias . . . *1119*
Lc 5.8 Pedro, cayó de *r* ante Jesús, diciendo . . . *1119*
22.41 se apartó de ellos. . . y puesto de *r* oró . . . *5087,1119*
Hch 7.60 puesto de *r*, clamó a gran voz: Señor . . . *5087,1119*
9.40 sacando a todos, Pedro. . . puso de *r* . . . *5087,1119*
20.36 se puso de *r*, y oró con todos ellos . . . *5087,1119*
21.5 todos. . . puestos de *r* en la playa . . . *5087,1119*
Ro 11.4 no han doblado la *r* delante de Baal . . . *1119*
14.11 que ante mí se doblará toda *r*, y toda . . . *1119*
Ef 3.14 esta causa doblo mis *r* ante el Padre . . . *1119*
Fil 2.10 en el nombre de Jesús se doble toda *r* . . . *1119*
He 12.12 levantad las manos. . . las *r* paralizadas . . . *1119*

RODILLO
1 S 17.7 el asta de su lanza era como un *r* de . . . 4500
2 S 21.19 el asta. . . era como el *r* de un telar . . . 4500
1 Cr 11.23 traía una lanza como un *r* de tejedor . . . 4500
20.5 el asta de cuya. . . era como un *r* de telar . . . 4500

ROER
Job 13.28 carcoma. . . vestido que *roe* la polilla
18.13 la enfermedad *roerá* su piel, y a sus . . . 398
30.17 y los dolores que me *roen* no reposan

ROGAR
Gn 13.9 yo te *ruego* que te apartes de mí. . . Si . . . 4994
16.2 *ruego*, pues, que te llegues a mi sierva . . . 4994
18.3 si. . . te *ruego* que no pases de tu siervo . . . 4994
19.2 os *ruego* que vengáis a casa de vuestro . . . 4994
19.7 *ruego*, hermanos míos, que no hagáis tal . . . 4994
19.18 les dijo: No, yo os *ruego*, señores míos . . . 4994
23.13 *ruego* que me oigas. Yo daré el precio . . . 4994
24.12 te *ruego*, el tener hoy buen encuentro . . . 4994
24.14 baja tu cántaro, te *ruego*, para que yo . . . 4994
24.17 te *ruego* que me des a beber un poco de . . . 4994
24.23 te *ruego* que me digas: ¿hay en casa de . . . 4994
24.43 dame. . . te *ruego*, un poco de agua de tu . . . 4994
24.45 le dije: Te *ruego* que me des de beber . . . 4994
25.30 *ruego* que me des a comer de ese guiso . . . 4994
30.14 te *ruego* que me des de las mandrágoras . . . 4994
33.10 te *ruego*; si he hallado ahora gracia en . . . 4994
33.11 acepta, te *ruego*, mi presente que te he . . . 4994
34.8 hija; os *ruego* que se la deis por mujer . . . 4994
37.16 te *ruego* que me muestres dónde están . . . 4994
40.14 *ruego* que uses conmigo de misericordia . . . 4994
42.21 vimos la angustia de. . . cuando nos *rogaba* . . . 2603
44.18 *ruego* que permitas que hable tu siervo . . . 4994
44.33 te *ruego*. . . que quede ahora tu siervo en . . . 4994
47.4 *rogamos* ahora que permitas que habiten . . . 4994
47.29 te *ruego* que pongas tu mano debajo de . . . 4994
47.29 te *ruego* que no me entierres en Egipto . . . 4994
50.4 os *ruego* que habléis en oídos de Faraón . . . 4994
50.5 *ruego*. . . que vaya yo ahora y sepulte a mi . . . 4994
50.17 te *ruego* que perdones ahora la maldad . . . 4994
50.17 te *rogamos* que perdones la maldad de los . . . 4994
Éx 4.13 envía, te *ruego*, por medio del que . . . 4994
8.29 *rogaré* a Jehová que las. . . moscas se vayan . . . 6293
10.17 os *ruego* ahora que perdonéis mi pecado . . . 4994
32.31 te *ruego*, pues este pueblo ha cometido
33.13 *ruego* que me muestres ahora tu camino . . . 4994
33.18 te *ruego* que me muestres tu gloria . . . 4994
Nm 10.31 él le dijo: Te *ruego* que no nos dejes . . . 4994
11.15 si así lo. . . te *ruego* que pie des muerte . . . 4994
12.13 te *ruego*, oh Dios, que la sanes ahora . . . 4994
14.17 te *ruego* que sea magnificado el poder . . . 4994
20.17 te *rogamos* que pasemos por tu tierra . . . 4994
21.7 *ruega* a Jehová que quite. . . estas serpientes . . . 4994
22.6 ahora, te *ruego*, maldíceme este pueblo . . . 4994
22.16 Balac. . . Te *ruego* que no dejes de venir a . . . 4994
22.19 os *ruego*. . . que reposéis aquí esta noche . . . 4994
23.13 te *ruego* que vengas conmigo a otro lugar . . . 4994
23.27 dijo. . . Te *ruego* que vengas, te llevaré a . . . 4994
Dt 3.25 te *ruego*, y vea aquella tierra buena . . . 4994
Jos 2.12 *ruego* pues. . . que me juréis por Jehová . . . 4994
Jue 4.19 *ruego* me des de beber un poco de agua . . . 4994
6.17 te *ruego* que si he hallado gracia. . . de ti . . . 4994
6.18 *ruego* que no te vayas de aquí hasta que . . . 4994
6.39 te *ruego* que. . . el vellón quede seco, y el . . . 4994
8.5 *ruego* que deis a la gente. . . bocados de pan . . . 4994
9.2 os *ruego* que digáis en oídos de todos los . . . 4994
10.15 te *rogamos* que nos libres en este día . . . 4994
11.17,19 te *ruego* que me dejes pasar por tu . . . 4994
13.8 yo te *ruego* que aquel varón de Dios que . . . 4994
13.15 te *ruego* nos permitas detenerte, y te . . . 4994
14.2 una mujer. . . os *ruego* que me la toméis por . . . 4994
16.6 te *ruego*. . . me declares en qué consiste tu . . . 4994
16.10 descúbreme. . . te *ruego*, cómo podrás ser . . . 4994
16.28 fortaléceme. . . *ruego*. . . esta vez, oh Dios . . . 4994
19.6 dijo. . . te *ruego* que quieras pasar aquí la . . . 4994
19.9 *ruego* que paséis aquí la noche; he aquí . . . 4994
19.23 *ruego* que no cometáis este mal; ya que . . . 4994
Rt 1.16 respondió Rut: No me *ruegues*. . . te deje . . . 6293
2.2 dijo. . . Te *ruego* que me dejes ir al campo . . . 4994
2.7 *ruego* que me dejes recoger y juntar tras . . . 4994
1 S 2.25 contra Jehová, ¿quién *rogará* por él? . . . 6293
2.36 te *ruego* que me agregues a alguno de los . . . 4994
3.17 Elí dijo. . . Te *ruego* que no me la encubras . . . 4994
9.18 *ruego* que me enseñes dónde está la casa . . . 4994
10.15 te *ruego* me declares qué os dijo Samuel . . . 4994
12.19 *ruega* por tus siervos a Jehová tu Dios . . . 4994
12.23 peque yo. . . cesando de *rogar* por vosotros . . . 4994
15.30 te *ruego* que me honres delante de los . . . 4994
16.22 yo te *ruego* que esté David conmigo, pues . . . 4994
20.6 *rogó* mucho que lo dejase ir corriendo a . . . 4994
20.29 *ruego* que me dejes ir, porque nuestra . . . 4994
22.3 te *ruego* que mi padre y mi madre estén . . . 4994
23.11 te *ruego* que lo declares a tu siervo . . . 4994
25.8 *ruego* que des lo que tuvieres a mano a . . . 4994
25.24 *ruego* que permitas que tu sierva hable . . . 4994
25.28 te *ruego* que perdones a tu sierva esta . . . 4994
26.19 *ruego*. . . que el rey mi señor oiga ahora . . . 4994
28.8 *ruego* que me adivines por el espíritu de . . . 4994
28.22 te *ruego*. . . que tú también oigas la voz . . . 4994
30.7 dijo. . . te *ruego* que me acerques el efod . . . 4994
2 S 1.4 David le dijo. . . Te *ruego* que me lo digas . . . 4994
1.9 *ruego* que te pongas sobre mí y me mates . . . 4994
12.16 David *rogó* a Dios por el niño; y ayunó . . . 1245
13.5,6 te *ruego* que venga mi hermana Tamar . . . 4994
13.13 *ruego*. . . que hables al rey, que él no me . . . 4994
13.24 yo *ruego* que venga el rey y sus siervos . . . 4994
13.26 *ruego* que venga. . . Amnón mi hermano . . . 4994
13.28 os *ruego* que miréis cuando el corazón . . . 7200
14.2 te *ruego* que finjas estar de duelo, y te . . . 4994
14.11 ella. . . Te *ruego*, oh rey, que te acuerdes . . . 4994
14.12 *ruego* que permitas que tu sierva hable . . . 4994
14.18 yo te *ruego* que no me encubras nada de . . . 4994
15.7 te *ruego* me permitas que vaya a Hebrón . . . 4994
16.9 *ruego* que me dejes pasar, y le quitaré . . . 4994
19.37 yo te *ruego* que dejes volver a tu siervo . . . 4994
20.16 *ruego* que digáis a Joab que venga acá . . . 4994
24.10 *ruego* que quites el pecado de tu siervo . . . 4994
24.17 te *ruego* que tu mano se vuelva contra mí . . . 4994
1 R 2.17 yo te *ruego* que hables al rey Salomón . . . 4994
8.33 y te *rogaren* y suplicaren en esta casa . . . 6419
8.35 *rogaren* en este. . . y confesaren tu nombre . . . 6419
11.22 nada; con todo, te *ruego* que me dejes ir
13.6 que *ruegues* ante la presencia de Jehová . . . 6419
17.10 te *ruego* que me traigas un poco de agua . . . 4994
17.11 *ruego* que me traigas. . . un bocado de pan . . . 4994
17.21 *ruego* que hagas volver el alma de este . . . 4994
19.20 te *ruego* que me dejes besar a mi padre y . . . 4994
20.32 Ben-adad dice. . . *ruego* que viva mi alma . . . 4994
22.5 te *ruego* que consultes hoy la palabra de . . . 4994
2 R 1.13 le *rogó*, diciendo: Varón de Dios, te . . . 4994
1.13 te *ruego* que sea de valor delante de tus . . . 4994
2.6 y Elías le dijo: Te *ruego* que te quedes . . . 4994

2.9 te *ruego*...una doble porción de tu espíritu 4994
4.10 yo te *ruego* que hagamos un...aposento de 4994
4.22 *ruego* que envíes conmigo a alguno de los 4994
4.26 *ruego* que vayas ahora...a recibirla, y le 4994
5.3 si *rogase* mi señor al profeta que está en
5.15 te *ruego* que recibas algún presente de tu 4994
5.17 *ruego*, pues, ¿de esta tierra no se dará......... 4994
5.22 te *ruego* que les des un talento de plata........ 4994
5.23 dijo...Te *ruego* que tomes dos talentos
6.3 uno: Te *rogamos* que vengas con tus siervos 4994
6.17 te *ruego*, oh Jehová, que abras sus ojos........ 4994
6.18 te *ruego* que hieras con ceguera a esta 4994
8.4 *ruego* que me cuentes todas las maravillas 4994
18.23 yo te *ruego* que des rehenes a mi señor....... 4994
18.26 te *rogamos* que hables a tus siervos en 4994
19.19 sálvanos, te *ruego*, de su mano, para que 4994
20.3 te *ruego*...te *r* que hagas memoria de que 577
1 Cr 21.8 *ruego* que quites la iniquidad de tu 4994
21.13 *ruega* que...caiga en la mano de Jehová
2 Cr 6.24 y *rogare* delante de ti en esta casa........... 6419
6.40 te *ruego* que estén abiertos tus ojos y........... 4994
18.4 te *ruego* que consultes hoy la palabra de 4994
18.12 te *ruego* que tu palabra sea como la de....... 4994
Neh 1.5 te *ruego*, oh Jehová, Dios de los cielos 577
1.11 te *ruego*, oh Jehová, esté ahora atento 4994
Neh 5.11 *ruego* que les devolváis hoy sus tierras 4994
Est 8.3 *rogándole* que hiciese nula la maldad de 2603
Job 8.5 buscares a...y *rogares* al Todopoderoso 2603
9.15 fuese...antes habría de *rogar* a mi juez........ 2603
19.17 por los hijos de...entrañas le *rogaba* 2589
42.4 oye, te *ruego*, y hablaré; te preguntaré 4994
Sal 118.25 sálvanos...te *ruego*; te *r*, oh Jehová 577
119.108 te *ruego*...que te sean agradables los 4994
Is 36.8 *ruego* que des rehenes al rey de Asiria 4994
36.11 te *rogamos* que hables a tus siervos en 4994
37.21 lo que me *rogaste* sobre Senaquerib rey....... 6419
38.3 Jehová, te *ruego* que te acuerdes ahora........ 577
44.17 lo adora, y le *ruega* diciendo: Líbrame........ 6419
45.20 los que *ruegan* a un dios que no salva 6419
Jer 7.16 tú...ni me *ruegues*; porque no te oiré 6419
14.11 no *ruegues* por este pueblo para bien 6419
15.11 si no te he *rogado* por su bien, si no he 6293
29.7 y *rogad* por ella a Jehová; porque en su 6419
36.25 *rogaron* al rey...no quemase aquel rollo 6293
37.3 *ruega* ahora por nosotros a Jehová...Dios..... 6419
37.20 te *ruego*, oh rey mi señor; caiga ahora........ 4944
42.2 *ruega* por nosotros a Jehová tu Dios por 6419
Dn 1.12 te *ruego* que hagas la prueba con tus 4994
6.11 y hallaron a Daniel orando y *rogando* en...... 2604
Os 12.4 lloró, y le *rogó*; en Bet-el le halló.............. 2603
Jon 1.14 te *rogamos*...Jehová, que no perezcamos...... 577
4.3 oh Jehová, te *ruego* que me quites la vida....... 4994
Mt 8.5 Jesús...vino a él un centurión, *rogándole*....... *3870*
8.31 y los demonios le *rogaron* diciendo: Si *3870*
8.34 le *rogaron* que se fuera de sus contornos *3870*
9.38 rogad...al Señor de la mies, que envíe *1189*
14.36 *rogaban* que les dejase tocar...su manto *3870*
15.23 le *rogaron*, diciendo: Despídela, pues *2065*
18.29 rogaba diciendo: Ten paciencia conmigo *3870*
18.32 toda aquella deuda te perdoné...rogaste *3870*
Mr 1.40 vino a él un leproso, *rogándole*...dijo *3870*
5.10 le *rogaba*...que no los enviase fuera de........ *3870*
5.12 le *rogaron* todos los demonios, diciendo *3870*
5.17 y comenzaron a *rogarle* que se fuera de *3870*
5.18 le *rogaba* que le dejase estar con él........... *3870*
5.23 le *rogaba* mucho, diciendo: Mi hija está......... *3870*
6.56 *rogaban* que les dejase tocar siquiera el *3870*
7.26 *rogaba* que echase fuera de...al demonio....... *2065*
7.32 le *rogaron* que le pusiera la mano encima *3870*
8.22 le trajeron un ciego, y le *rogaron* que le........ *3870*
Lc 4.38 una gran fiebre; y le *rogaron* por ella........... *2065*
5.3 le *rogó* que la apartase de tierra un poco *2065*
5.12 y le *rogó*, diciendo: Señor, si quieres *1189*
7.3 le envió...*rogándole* que viniese y sanase........ *2065*
7.4 y le *rogaron* con solicitud, diciéndole: Es *3870*
7.36 uno de...*rogó* a Jesús que comiese con él *2065*
8.28 exclamó...Te *ruego* que no me atormentes *1189*
8.31 *rogaban* que no los mandase ir al abismo....... *3870*
8.32 le *rogaron* que los dejase entrar en ellos....... *3870*
8.37 toda la multitud...le *rogó* que se marchase *2065*
8.38 hombre...*rogaba* que le dejase estar con él.... *1189*
8.41 Jairo...le *rogaba* que entrase en su casa......... *3870*
9.38 te *ruego* que veas a mi hijo, pues es el *1189*
9.40 *rogué* a tus discípulos que le echasen *1189*
10.2 rogad al Señor de la mies...envíe obreros *1189*
11.37 le *rogó* un fariseo que comiese con él......... *2065*
14.18 necesito ir a...te ruego que me excuses *2065*
14.19 y voy a probarlos...ruego que me excuses *2065*
15.28 salió...su padre, y le rogaba que entrase
16.27 te ruego...padre, que le envíes a la casa *2065*
22.32 yo he rogado por ti, que tu fe no falte *1189*
Jn 4.31 discípulos le *rogaban*, diciendo: Rabí *2065*
4.40 samaritanos...y le *rogaron* que se quedase *2065*
4.47 *rogó* que descendiese y sanase a su hijo *2065*
12.21 *rogaron*...Señor, quisiéramos ver a Jesús *2065*
14.16 y yo rogaré al Padre, y os dará otro *2065*
16.26 y no os digo que yo rogaré al Padre por *2065*
17.9 ruego por ellos; no r por el mundo, sino *2065*
17.15 no ruego que los quites del mundo, sino *2065*
17.20 mas no ruego solamente por éstos, sino *2065*
19.31 *rogaron* a...se les quebrasen las piernas *2065*
19.38 José...*rogó* a Pilato que le permitiese *2065*
Hch 3.3 vio...les *rogaba* que le diesen limosna
8.22 *ruega* a Dios, si quizás te sea perdonado....... *1189*
8.24 *rogad* vosotros por mí al Señor, para que *1189*
8.31 *rogó* a Felipe que subiese y se sentara *3870*
8.34 te *ruego* que me digas: ¿de quién dice el *1189*
9.38 *rogarle*: No tardes en venir a nosotros......... *3870*
10.48 le *rogaron* que se quedase...algunos días..... *2065*
13.42 gentiles les *rogaron* que...les hablasen *3870*
16.9 un varón macedonio...en pie, *rogándole* y..... *3870*
16.15 *rogó* diciendo: Si habéis juzgado que yo *3870*
16.39 viniendo, les *rogaron*; y sacándolos, les *3870*
18.20 le *rogaban* que se quedase con ellos por...... *2065*
19.31 recado, *rogándole* que no se presentase...... *3870*
21.12 le *rogamos*...que no subiese a Jerusalén *3870*
21.39 pero te *ruego* que me permitas hablar al *1189*
23.18 *rogó* que trajese ante ti a este joven *2065*
23.20 *rogarte* que mañana lleves a Pablo ante *2065*
24.4 pero...te *ruego* que nos oigas brevemente *3870*
25.2 presentaron...contra Pablo, y le *rogaron* *3870*
26.3 cual te *ruego* que me oigas con paciencia...... *1189*
27.34 os *ruego* que comáis por vuestra salud *3870*
28.14 nos *rogaron* que nos quedásemos con ellos ... *3870*
Ro 1.10 *rogando* que...tenga...un próspero viaje...... *1189*
12.1 os *ruego* por las misericordias de Dios.......... *3870*
15.30 os *ruego*...que me ayudéis orando por mí *3870*
16.17 *ruego*, hermanos, que os fijéis en los.......... *3870*
1 Co 1.10 *ruego*..habléis todos una misma cosa *3870*
4.13 nos difaman, y *rogamos*; hemos venido a
4.16 por tanto, os *ruego* que me imitéis............. *3870*
16.12 le *rogué* que fuese a vosotros con los *3870*
16.16 *ruego* que os sujetéis a personas como
2 Co 2.8 os *ruego* que confirméis el amor para *3870*
5.20 como si Dios *rogase*...rogamos en nombre *3870*
10.1 yo Pablo os *ruego* por la mansedumbre y...... *3870*
10.2 *ruego*...que cuando esté presente, no tenga ... *1189*
12.8 tres veces he *rogado* al Señor, que lo *3870*
12.18 *rogué* a Tito, y envié con él al hermano *3870*
Gá 4.12 *ruego*, hermanos, que os hagáis como yo...... *1189*
Ef 4.1 os *ruego* que andéis como es digno de la *3870*
Fil 1.4 *rogando* con gozo por todos vosotros........... *1162*
4.2 *ruego* a Erodia y a...que sean de un mismo *3870*
4.3 te *ruego* también a ti, compañero fiel que
Col 4.12 os saluda Epafras...siempre *rogando*........... *75*
1 Ts 4.1 os *rogamos*...en el Señor Jesús, que de........ *2065*
4.10 *rogamos*...que abundéis en ello más y más *3870*
5.12 os *rogamos*...que reconozcáis a los que *2065*
5.14 os *rogamos*...que amonestéis a los ociosos *3870*
2 Ts 2.1 con respecto a la venida...os *rogamos* *2065*
1 Ti 1.3 como te *rogué*...te quedases en Efeso........... *3870*
Flm 9 más bien te *ruego* por amor, siendo como......... *3870*
10 te *ruego* por...Onésimo, a quien engendré en ... *3870*
He 12.19 oyeron *rogaron* que no se les hablase
13.19 os *ruego* que lo hagáis así, para que yo *3870*
13.22 os *ruego*, hermanos, que soportéis la *3870*
1 P 2.11 amados, yo os *ruego* como a extranjeros *3870*
5.1 *ruego* a los ancianos...entre vosotros, yo *3870*
2 Jn 5 te *ruego*, señora...que nos amemos unos *2065*

ROGATIVA
1 Ti 2.1 exhorto ante todo, a que se hagan *r* *1162*

ROGEL *Manantial cerca de Jerusalén*
Jos 15.7 y pasa hasta...y sale a la fuente de *R*......... 5883
18.16 y de allí desciende a la fuente de *R* 5883
2 S 17.17 estaban junto a la fuente de *R*, y fue 5883
1 R 1.9 peña...cerca de la fuente de *R*, convidó........ 5883

ROGELIM *Ciudad en Galaad*, 2 S 17.27, 19.31.... 7274

ROHGA *Descendiente de Aser*, 1 Cr 7.34 7303

ROJEAR
Pr 23.31 no mires al vino cuando *rojea*, cuando......... 119

ROJIZA
Lv 13.19 una hinchazón, o una mancha blanca *r*........ 125
13.24 hubiere...mancha blanquecina, *r* o blanca 125
13.42 cuando...hubiere llaga blanca *r*, lepra 125
13.43 si pareciere la hinchazón de...blanca *r* 125
13.49 la plaga fuere...*r*, en vestido o en cuero........ 125
14.37 si se vieren...manchas verdosas o *r*, las 125

ROJO, A
Gn 25.30 te ruego que me des a comer...guiso *r*........ 122
49.12 ojos, *r* del vino, y sus dientes blancos 2447
Éx 25.5; 26.14; 35.7,23; 36.19; 39.34 pieles de carneros
teñidas de *r*... 119
2 R 3.22 vieron los de Moab...las aguas *r* como 122
Is 1.18 si fueren *r* como el carmesí, vendrán a 119
27.2 día cantad acerca de la viña del vino *r* 2561
63.1 ¿quién es este que viene...con vestidos *r*?
63.2 ¿por qué es *r* tu vestido, y tus ropas 122
Hch 7.36 habiendo hecho prodigios..., y en el Mar *R*,
y en *2063*
He 11.29 pasaron el Mar *R* como por tierra seca *2063*

ROLLO
Sal 40.7 en el *r* del libro está escrito de mí............. 4039
Jer 36.2 toma un *r* de libro, y escribe en él 4039
36.4 escribió Baruc...en un *r* de libro, todas......... 4039
36.6 entra tú...y lee de este *r* que escribiste 4039
36.14 toma el *r*...tomó el *r* en su mano y vino......... 4039
36.20 atrio...depositado el *r* en el aposento 4039
36.21 a que tomase el *r*, el cual lo tomó del 4039
36.23 el *r* se consumió sobre el fuego que en 4039
36.25 rogaron al rey que no quemase aquel *r* 4039
36.27 palabra...después que el rey quemó el *r* 4039
36.28 otro *r*...el primer *r* que quemó Joacim 4039
36.29 tú quemaste este *r*, diciendo: ¿Por qué........ 4039
36.32 tomó...otro *r* y lo dio a Baruc hijo de 4039
Ez 2.9 una mano...y en ella había un *r* de libro......... 4040
3.1 este *r*, y vé y habla a la casa de Israel........... 4040
3.3 llena tus entrañas de este *r* que yo te doy....... 4040
Zac 5.1 alcé mis ojos...he aquí un *r* que volaba......... 4040
5.2 un *r* que vuela, de veinte codos de largo 4040
5.3 que hurta (como está de un lado del *r*)
5.3 que jura...(como está del otro lado del *r*)
He 10.7 en el *r* del libro está escrito de mí *2777*

ROMA *Ciudad capital del imperio romano*
Hch 18.2 que todos los judíos saliesen de *R* *4516*
19.21 allí, me será necesario ver también a *R* *4516*
23.11 así es necesario que testifiques...en R *4516*
28.14 con ellos siete días; y luego fuimos a *R*....... *4516*
28.16 llegamos a *R*, el centurión entregó los........ *4516*
Ro 1.7 a...los que estáis en *R*, amados de Dios.......... *4516*
1.15 así...también a vosotros que estáis en *R*........ *4516*
2 Ti 1.17 cuando estuvo en *R*, me buscó...halló *4516*

ROMANO *Ciudadano del imperio romano*
Jn 11.48 vendrán los *r*, y destruirán nuestro........... *4514*
Hch 2.10 *r* aquí residentes, tanto judíos como.......... *4516*
16.21 no nos es lícito...hacer, pues somos *r*......... *4514*
16.37 siendo ciudadanos *r*, nos echaron en la....... *4514*
16.38 los magistrados...miedo al oír que eran *r* *4514*
22.25 ¿os es lícito azotar a un ciudadano *r*.......... *4514*
22.26 qué...Porque este hombre es ciudadano *r* ... *4514*
22.27 dime, ¿eres tú ciudadano *r*? El dijo: Sí *4514*
22.29 el tribuno, al saber que era ciudadano *r* *4514*
23.27 yo...habiendo sabido que era ciudadano *r* ... *4514*
25.16 que no es costumbre de los *r* entregar........ *4514*
28.17 he sido entregado...en manos de los *r*........ *4514*

ROMANTI-EZER *Levita, músico en tiempo del rey David*, 1 Cr 25.4,31 7320

ROMPER
Gn 7.11 *rotas* todas las fuentes del...abismo 1234
19.9 y se acercaron para *romper* la puerta......... 7665
Éx 28.32 de obra tejida...para que no se *rompa* 7167
39.23 con un borde...para que no se *rompiese*
Lv 26.13 y *rompí* las coyundas de vuestro yugo......... 7665
Nm 14.6 Jesús...Caleb...*rompieron* sus vestidos 7167
Jos 7.6 entonces Josué *rompió* sus vestidos, y 7167
Jue 9.53 dejó caer un...y le *rompió* el cráneo............ 7533
11.35 cuando él la vio, *rompió* sus vestidos 7167
16.9 y él *rompió* los mimbres, como se rompe 5423
16.12 él las *rompió* de sus brazos como un hilo...... 5423
1 R 11.11 *romperé* de ti el reino...lo entregaré 7167
11.12 no lo...lo *romperé* de la mano de tu hijo 7167
11.13 no *romperé* todo el reino, sino que daré 7167
11.30 la capa nueva...*rompió* en doce pedazos...... 7167
11.31 yo *rompo* el reino de la mano de Salomón.... 7167
13.5 altar se *rompió*, y se derramó la ceniza 7167
14.8 y *rompí* el reino de la casa de David y.......... 7167
15.19 *rompe* tu pacto con Baasa rey de Israel 6565
19.11 poderoso viento que *rompía* los montes 7665
22.48 mas no fueron, porque se *rompieron* en....... 7665
2 R 2.12 sus vestidos...*rompió* en dos partes 7167
14.13 y *rompió* el muro de Jerusalén desde la 6555
24.13 *rompió*...todos los utensilios de oro que....... 7112
1 Cr 11.18 *rompieron* por el campamento de los....... 1234
14.11 Dios *rompió*...como se rompen las aguas 6555
2 Cr 20.37 naves se *rompieron*, y no pudieron ir........ 7665
26.6 y *rompió* el muro de Gat, y el muro de.......... 6555
36.19 *rompieron* el muro de Jerusalén...fuego 5422
Job 12.18 él *rompe* las cadenas de los tiranos 6605
26.8 las nubes no se *rompen* debajo de ellas......... 1234
32.19 mi corazón...se *rompe* como odres nuevos... 1234
Sal 2.3 *rompamos* sus ligaduras, y echemos de 5423
89.39 *rompiste* el pacto de tu siervo...corona....... 5010
107.14 los sacó de las...y *rompió* sus prisiones 5423
116.16 siervo tuyo soy...has *roto* mis prisiones 6605
124.7 se *rompió* el lazo, y escapamos nosotros 7665
141.7 como quien hiende y *rompe* la tierra 6398
Ec 3.7 tiempo de *romper*, y tiempo de coser 7167
4.12 y cordón de tres dobleces no se *rompe* 5423
12.6 se *rompa* el cuenco de oro, y el cántaro 7533
12.6 la fuente, y la rueda sea *rota* sobre el 7665
Is 5.27 ni se le *romperá* la correa...sandalias.......... 5423
19.10 porque todas sus redes serán *rotas*; y se...... 1792
28.24 ¿*romperá* y...los terrones de la tierra?........ 7702
33.20 no...ni ninguna de sus cuerdas será *rota*...... 5423
58.6 dejar ir libres...y que *rompáis* todo yugo?...... 5423
64.1 si *rompieses* los cielos, y descendieras 7167
Jer 2.20 desde muy atrás *rompiste* tu yugo y 7665
5.5 quebraron el yugo, *rompieron* las coyundas 7665
28.11 de esta manera *romperé* el yugo de...rey..... 7665
28.12 Hananías *rompió* el yugo del cuello del....... 7665
30.8 *romperé* tus coyundas, y extranjeros no 7665
48.12 vaciarán sus vasijas, y *romperán* sus......... 5310
Ez 13.11 di...y viento tempestuoso la *romperá*......... 1234
13.13 haré que la *rompa* viento tempestuoso 1234
13.21 *romperé* asimismo vuestros velos mágicos 7167
17.15 el que *rompió* el pacto, ¿podrá escapar? 6565
17.16 el rey...cuyo pacto hecho con él *rompió*........ 6565
29.7 quebraste, y les *rompiste* todo el hombro 1234
29.7 y les *rompiste* sus lomos enteramente 7533
34.27 cuando *rompa* las coyundas de su yugo 7665
Dn 2.40 como el hierro...*rompe* todas las cosas 2827
5.28 PERES: Tu reino ha sido *roto*, y dado a 6537
Mi 3.3 y los *rompéis* como para el caldero, y 6746
Neh 1.13 quebraré su...y *romperé* tus coyundas....... 7665
Zac 11.10 para *romper* mi pacto...con...pueblos 6565
11.14 para *romper* la hermandad entre Judá y...... 6565
11.16 comerá la carne...y *romperá* sus pezuñas.... 6561
Mt 9.17 odres se rompen, y el vino se derrama *4486*
Mr 2.22 vino nuevo rompe los odres, y el vino *4486*
Lc 5.6 cantidad de peces, y su red se *rompía* *1284*
5.36 no solamente rompe el nuevo, sino que el *4977*
5.37 manera, el vino nuevo romperá los odres........ *4486*
8.29 *rompiendo* las cadenas, era impelido por...... *1284*
Jn 21.11 siendo tantos, la red no se *rompió* *4977*

RONDAR
Cnt 3.3; 5.7 los guardas que *rondan* la ciudad

ROÑOSO
Lv 22.22 *r*, no ofreceréis estos a Jehová, ni 3217

ROPA

Gn 9.23 y Jafet tomaron la r, y la pusieron 8071
38.19 se fue...y se vistió las r de su viudez 899
39.12 asió por su r, diciendo: Duerme conmigo 899
39.12 dejó u r en las manos de ella, y huyó.......... 899
39.13 que le había dejado su r en sus manos 899
39.15 dejó junto a mí su r, y huyó y salió 899
39.16 ella puso junto a sí la r de José, hasta.......... 899
39.18 y grité, él dejó su r junto a mí y huyó 899
41.42 lo hizo vestir de r de lino finísimo, y 899
Lv 6.11 pondrá otras r, y sacará las cenizas
Dt 22.5 traje...ni el hombre vestirá r de mujer 8071
22.11 no vestirás r de lana y lino juntamente 8162
24.13 que pueda dormir en su r, y te bendiga........ 8008
24.17 ni tomarás en prenda la r de la viuda 899
Jue 5.30 la r de color bordada de ambos lados
1 S 17.38 Saúl vistió a David con sus r, y puso 4055
18.4 el manto...dio a David, y otras r suyas 4055
19.13 tomó luego Mical...y la cubrió con la r 899
27.9 se llevaba...las r, y regresaba a Aquis.......... 899
2 S 1.24 adornaba vuestras r con ornamentos......... 3830
12.20 David...cambió sus r, y entró a la casa....... 8071
13.19 rasgó la r de...de que estaba vestida 3801
14.2 te vistas r de luto, y no te unjas con 899
20.8 Joab estaba ceñido de su r, y sobre ella........ 4055
1 R 1.1 le cubrían de r, pero no se calentaba 899
22.10 vestidos de sus r reales, en la plaza........... 899
2 Cr 18.9 su trono, vestidos con sus r reales 899
18.29 me disfrazaré...tú vístete tus r reales 899
Esd 3.10 vestidos de sus r y con trompetas, y 3847
Job 22.6 y despojaste de sus r a los desnudos 899
24.7 al desnudo hacen dormir sin r, sin tener 3830
27.16 amontone plata...y prepare r como lodo 4403
Sal 22.18 mis vestidos...mi r echaron suertes 3830
Pr 20.16 quítale su r al que salió por fiador............ 899
25.20 como el que quita la r en tiempo de frío 899
27.13 quítale su r al que salió fiador por el 899
31.21 toda su familia está vestida de r dobles....... 3847
Cnt 5.3 me he desnudado de mi r, ¿cómo me he 3801
Is 3.22 las r de gala, los mantoncillos, los 4254
3.24 lugar de r de gala ceñimiento de cilicio......... 5364
4.1 nosotras...y nos vestiremos de nuestras r 8071
50.9 ellos se envejecerán como r de vestir........... 899
51.6 la tierra se envejecerá como r de vestir......... 899
52.1 Sion; vístete tu r hermosa, oh Jerusalén 899
59.17 tomó r de venganza por vestidura, y se........ 899
63.2 tus r como del que ha pisado en lagar?......... 3830
63.3 su sangre salpicó...y manché todas mis r....... 899
Jer 38.11 tomó...allí trapos viejos y r raídas.......... 4418
38.12 pon ahora esos trapos viejos y r raídas....... 4418
41.5 ochenta...raída la barba y rotas las r 7167
Ez 16.39 te despojarán de tus r, se llevarán............ 899
23.12 de los asirios...vestidos de r y armas......... 3847
26.16 desnudarán sus r bordadas; de espanto 899
27.24 en cajas de r preciosas, enlazadas con 1264
Dn 3.27 sus r estaban intactas, y ni siquiera........... 5622
Am 2.8 las r empeñadas se acuestan junto a............ 899
Hag 2.12 llevare carne...en la falda de su r 899
Zac 3.4 mira...te he hecho vestir de r de gala 3847
3.5 pusieron mitra limpia...le vistieron las r 899
14.14 oro...y r de vestir, en gran abundancia 899
Mt 27.35 mis vestidos, y sobre mi r echaron 2441
Mr 12.38 **que gustan de andar con largas r, y** 4749
16.5 joven...cubierto de una larga r blanca 4749
Lc 8.27 no vestía r, ni moraba en casa, sino............ 2440
20.46 **gustan de andar con r largas, y aman**....... 4749
23.11 vistiéndole de una r espléndida; y 2066
Jn 19.24 y sobre mi r echaron suertes...Y así.......... 2441
21.7 oyó que era el Señor, se ciñó la r 1903
Hch 7.58 pusieron sus r a los pies de...Saulo 2440
12.21 Herodes, vestido de r reales, se sentó......... 2066
14.14 cuando lo oyeron...rasgaron sus r, y se 2440
16.22 rasgándoles las r, ordenaron azotarles......... 2440
22.20 guardaba las r de los que le mataban 2440
22.23 gritaban y arrojaban sus r y lanzaban 2440
1 Ti 2.9 las mujeres se atavíen de r decorosa 2689
Stg 2.2 entra un hombre con...con r espléndida 2066
2.3 miráis con...al que trae la r espléndida......... 2066
5.2 y vuestras r están comidas de polilla 2440
Jud 23 aborreciendo aun la r contaminada por 5509
Ap 1.13 vestido de una r que llegaba hasta 4158
4.4 vi...24 ancianos, vestidos de r blancas 2440
7.9 vestidos de r blancas, y con palmas en.......... 4749
7.13 éstos que están vestidos de r blancas 4749
7.14 lavado sus r, y las han emblanquecido.......... 4749
16.15 **bienaventurado el que...y guarda sus r**...... 2440
19.13 vestido de una r teñida en sangre; y 4016
22.14 bienaventurados los que lavan sus r

ROS *Hijo de Benjamín*, Gn 46.21 7220

ROSA

Cnt 2.1 yo soy la r de Sarón, y el lirio de.............. 2261
Is 35.1 yermo se gozará y florecerá como la r 2261

ROSTRO

Gn 3.19 con el sudor de tu r comerás el pan 639
9.23 vueltos sus r...no vieron la desnudez de........ 6440
17.3 entonces Abram se postró sobre su r, y........ 6440
17.17 Abraham se postró sobre su r, y se rió 6440
32.20 apaciguaré su ira...después veré su r 6440
33.10 he visto tu r, como si...el r de Dios 6440
38.15 Judá...porque ella había cubierto su r 6440
42.6 José, y se inclinaron a él r a tierra.............. 639
43.3,5 no veréis mi r si no traéis a vuestro.......... 639
43.31 lavó su r y salió, y se contuvo, y dijo 6440
44.23 no descinde con...no veréis más mi r 6440
44.26 no podremos ver el r del varón, si no.......... 6440
46.30 que he visto tu r, y sé que aún vives 6440
48.11 no pensaba yo ver tu r, y he aquí Dios........ 6440
50.1 se echó José sobre el r de su padre, y.......... 6440
Éx 3.6 Moisés cubrió su r, porque tuvo miedo 6440
10.10 ¡mirad...el mal...delante de vuestro r!
10.28 guárdate que no veas más mi r, porque 6440
10.28 cualquier día que vieres mi r, morirás........ 6440
10.29 bien has dicho; no veré más tu r............. 6440
25.20 r el uno en frente del otro, mirando 6440
25.20 mirando al propiciatorio los r de los 6440
33.19 pasar todo mi bien delante de tu r, y
33.20 no podrás ver mi r; porque no me verá....... 6440
33.23 verás mis espaldas...no se verá mi r 6440
34.29 Moisés...la piel de su r resplandecía 6440
34.30,35 piel de su r era resplandeciente 6440
34.33 acabó Moisés...puso un velo sobre su r 6440
34.35 al mirar los hijos de...el r de Moisés 6440
34.35 y volvía Moisés a poner el velo...su r......... 6440
37.9 querubines...r el uno enfrente del otro........ 6440
Lv 9.24 alabaron, y se postraron sobre sus r 6440
17.10 yo pondré mi r contra la persona que 6440
19.32 las canas...y honrarás el r del anciano....... 6440
20.3,5 yo pondré mi r contra el tal varón 6440
20.6 yo pondré mi r contra la tal persona 6440
26.13 y os he hecho andar con el r erguido
26.17 pondré mi r contra vosotros, y seréis......... 6440
Nm 6.25 Jehová haga resplandecer su r sobre 6440
6.26 Jehová alce sobre ti su r, y ponga en 6440
12.14 si su padre hubiera escupido en su r 6440
14.5 se postraron sobre sus r delante de 6440
16.4 oyó esto Moisés, se postró sobre su r 6440
16.22,45 y ellos se postraron sobre sus r............ 6440
20.6 se postraron sobre sus r, y la gloria 6440
22.31 Balaam hizo...y se inclinó sobre su r.......... 6440
24.1 sino que puso su r hacia el desierto............ 6440
Dt 25.9 le escupirá en el r, y hablará y dirá........... 6440
28.50 gente fiera de r...no tendrá respeto al 6440
31.17 y esconderé de ellos mi r...consumidos 6440
31.18 esconderé mi r en aquel día, por todo 6440
32.20 y dijo: Esconderé de ellos mi r, veré 6440
Jos 5.14 Josué, postrándose sobre su r...adoró......... 6440
7.6 se postró...sobre su r delante del arca 6440
7.10 ¿por qué te postras así sobre tu r?............. 6440
8.20 los...de Hai volvieron el r, y al mirar
23.9 podido resistir delante de vuestro r
Jue 18.23 volvieron sus r, y dijeron a Micaía........... 6440
Rt 2.10 bajando su r se inclinó a tierra 6440
1 S 17.49 filisteo...cayó sobre su r en tierra 6440
24.8 David inclinó su r a tierra, e hizo.............. 6440
25.23 y postrándose sobre su r...se inclinó a 6440
25.41 se levantó e inclinó su r a tierra, y............ 6440
28.14 Saúl...humillando el r a tierra, hizo........... 6440
2 S 2.22 ¿cómo levantaré...r delante de Joab.......... 6440
7.16 será afirmada tu casa...delante de tu r
9.6 se postró sobre su r e hizo reverencia 6440
14.4 postrándose en tierra sobre su r, hizo 639
14.22 Joab se postró en tierra sobre su r 6440
14.24 y no vea mi r...y no vio el r del rey 6440
14.28 estuvo Absalón...y no vio el r del rey......... 6440
14.32 vea yo ahora el r del rey; y si hay en 6440
14.33 inclinó su r a tierra delante del r 6440
19.4 mas el rey, cubierto el r, clamaba en 6440
19.5 hoy has avergonzado el r de todos tus......... 6440
24.20 Arauna, se inclinó...rey, r a tierra 6440
1 R 1.23 se postró...inclinando su r a tierra 6440
1.31 Betsabé se inclinó...con su r a tierra 6440
2.15 que todo Israel había puesto en mí su r......... 6440
8.14 volviendo el rey su r, bendijo a toda 6440
8.44 oraren a...con el r hacia la ciudad que
8.48 y oraren a ti con el r hacia su tierra
18.7 postró sobre su r y dijo: ¿No eres tú 6440
18.42 y Elías...puso su r entre las rodillas 6440
19.13 cubrió su r con su manto, y salió, y 6440
21.4 y se acostó...y volvió su r, y no comió 6440
2 R 3.14 no tuviese respeto al r de Josafat 6440
4.29 pondrás mi báculo sobre el r del niño 6440
4.31 había puesto el báculo sobre el r del 6440
8.15 un paño...lo puso sobre el r de Ben-adad....... 6440
9.32 alzando él...su r hacia la ventana, dijo 6440
17.18 Jehová...los quitó de delante de su r 6440
17.23 quitó a Israel de delante de su r, como 6440
20.2 volvió su r a la pared, y oró a Jehová.......... 6440
1 Cr 12.8 sus r eran como r de leones, y eran.......... 6440
16.11 a Jehová y...buscad su r continuamente 6440
21.16 David y los...se postraron sobre sus r......... 6440
2 Cr 3.13 querubines...con los r hacia la casa.......... 6440
6.3 volviendo el rey su r, bendijo a toda la......... 6440
7.3 se postraron sobre sus r en...y adoraron....... 6440
7.14 buscaren mi r, y se convirtieren de sus 6440
9.23 reyes...procuraban ver el r de Salomón....... 6440
20.3 humilló su r para consultar a Jehová
20.18 entonces Josafat se inclinó r a tierra 639
29.6 y apartaron sus r del tabernáculo de 639
30.9 Jehová...no apartará de vosotros su r........... 639
Esd 9.6 confuso...estoy para levantar...r a ti............. 639
9.7 y a vergüenza que cubre nuestro r, como....... 639
Neh 2.2 me dijo...¿Por qué está triste tu r?............. 6440
2.3 ¿cómo no estará triste mi r, cuando la 6440
Est 7.8 al proferir...le cubrieron el r a Amán........... 6440
Job 4.16 ojos un fantasma, cuyo r yo no conocí
9.24 cubre el r de sus jueces...Si no es él........... 6440
11.15 levantarás tu r limpio de mancha, y.......... 6440
13.20 no...entonces no me esconderé de tu r
13.24 ¿por qué escondes tu r, y me cuentas......... 6440
14.20 se va; demudarás su r, y le despedirás........ 6440
15.27 gordura cubrió su r, e hizo pliegues 6440
16.8 que se levanta...para testificar en mi r......... 6440
16.16 mi r está inflamado con el lloro, y 6440
22.26 te deleitarás...y alzarás a Dios tu r 6440
23.17 ni fue cubierto con oscuridad mi r? 6440
24.15 diciendo: No me verá...y esconde su r........ 6440
29.24 lo creían; y no abatían la luz de mi r.......... 6440
30.10 y aun de mi r no detuvieron su saliva......... 6440
30.11 eso se desenfrenaron delante de mi r
34.29 si escondiere el r, ¿quién lo mirará?.......... 6440
39.22 ni vuelve el r delante de la espada
40.13 polvo, encierra sus r en la oscuridad 6440
41.14 ¿quién abrirá las puertas de su r?............ 6440
Sal 4.6 alza sobre nosotros...la luz de tu r 6440
10.4 por la altivez de su r, no busca a Dios 639
10.11 Dios...encubierto su r; nunca lo verá......... 6440
11.7 es justo...el hombre recto mirará su r......... 6440
13.1 ¿hasta cuándo esconderás tu r de mí?......... 6440
17.15 en cuanto a mí, veré tu r en justicia 6440
21.12 en tus...dispondrás saetas contra sus r 6440
22.24 del afligido, ni de él escondió su r 6440
24.6 los que buscan tu r, oh Dios de Jacob.......... 6440
27.8 dicho de ti: Buscad mi r...Tu r buscaré 6440
27.9 no escondas tu r de mí...No apartes con 6440
30.7 Jehová...escondiste tu r, fui turbado 6440
31.16 haz resplandecer tu r sobre tu siervo 6440
34.5 miraron...sus r no fueron avergonzados...... 6440
44.3 los libró...tu brazo, y la luz de tu r 6440
44.15 cada día...confusión de mi r me cubre 6440
44.24 ¿por qué escondes tu r, y te olvidas.......... 6440
51.9 esconde tu r de mis pecados, y borra 6440
67.1 haga resplandecer su r sobre nosotros 6440
69.7 he sufrido...confusión ha cubierto mi r 6440
69.17 no escondas de tu siervo tu r, porque........ 6440
80.3,7 resplandecer tu r, y seremos salvos.......... 6440
80.16 perezcan por la reprensión de tu r............ 6440
80.19 resplandecer tu r, y seremos salvos 6440
83.16 llena sus r de vergüenza, y busquen........... 6440
84.9 y pon los ojos en el r de tu ungido 6440
88.14 Jehová...¿Por qué escondes de mí tu r? 6440
89.14 juicio, y verdad van delante de tu r........... 6440
89.15 andará, oh Jehová, a la luz de tu r............ 6440
90.8 de ti, nuestros yerros a la luz de tu r........... 6440
102.2 no escondas de mí tu r en el día de mi........ 6440
104.15 el aceite que hace brillar el r, y el 6440
104.29 escondes tu r, se turban; les quitas 6440
105.4 buscad a Jehová...buscad siempre su r 6440
119.135 haz que tu r resplandezca sobre tu 6440
132.10 siervo no vuelvas de tu ungido el r 6440
143.7 no escondas de mí tu r, no venga yo a 6440
Pr 7.15 buscando diligentemente tu r, y te he......... 6440
15.13 el corazón alegre hermosea el r, mas 6440
16.15 la alegría del r del rey está la vida 6440
17.24 en el r del entendido...la sabiduría
21.29 el hombre impío endurece su r; mas el 6440
25.23 y el r airado la lengua detractora 6440
27.17 así el hombre aguza el r de su amigo.......... 6440
27.19 como en el agua el r corresponde al r 6440
Ec 7.3 con la tristeza del r se enmendará el 6440
8.1 la sabiduría del hombre ilumina su r, y.......... 6440
Cnt 2.14 muéstrame tu r, hazme oír tu voz 4758
Is 3.9 apariencia de sus r testifica contra............... 6440
6.2 con dos cubrían sus r, con dos cubrían 6440
8.17 escondió su r de la casa de Jacob, y 6440
8.21 y maldecirán...levantando el r en alto
9.15 anciano y venerable de r es la cabeza
13.8 asombrará cada cual...sus r, r de llama........ 6440
22.17 que Jehová...de cierto te cubrirá el r
25.8 y enjugará...toda lágrima de todos los r....... 6440
29.22 avergonzado...ni su r se pondrá pálido 6440
30.27 su r encendido, y con llamas de fuego 639
30.30 hará ver...furor de r y llama de fuego........... 639
38.2 volvió Ezequías su r a la pared, e hizo.......... 6440
40.10 recompensa...su paga delante de su r
49.23 el r inclinado a tierra te adorarán............. 639
50.6 no escondí mi r de injurias...esputos 6440
50.7 por eso puse mi r como un pedernal, y 6440
53.3 y como que escondimos de él el r, fue........... 6440
54.8 con un poco de ira escondí mi r de ti 6440
57.17 y le herí, escondí mi r y me indigné
59.2 ocultar de vosotros su r para no oír 6440
64.7 por lo cual escondiste de nosotros tu r......... 6440
65.3 en mi r me provoca de continuo a ira 6440
Jer 2.27 me volvieron la cerviz, y no el r................ 6440
5.3 endurecieron sus r más que la piedra, no........ 6440
13.26 descubriré...tus faldas delante de tu r 6440
18.17 les mostraré las espaldas y no el r............ 6440
18.23 ni borres su pecado de delante de tu r......... 6440
21.10 mi r he puesto contra esta ciudad para......... 6440
30.6 y se han vuelto pálidos todos los r 6440
32.33 y me volvieron la cerviz, y no el r............ 6440
33.5 escondí mi r de esta ciudad a causa de 6440
42.15 volviereis vuestros r para entrar en............ 6440
42.17 volvieron sus r para entrar en Egipto 6440
44.11 vuelvo mi r contra vosotros para mal 6440
44.12 volvieron sus r y para ir a tierra de 6440
50.5 de Sion, hacia donde volverán sus r 6440
50.16 cada uno volverá el r hacia su pueblo
51.51 la confusión cubrió nuestros r, porque 6440
Lm 5.12 no respetaron el r de los viejos 6440
Ez 1.28 cuando yo la vi, me postré sobre mi r.......... 6440
2.4 de duro r y de empedernido corazón 2389,3870
3.8 hecho tu r fuerte contra los r de ellos........... 6440
3.23 estaba la gloria...me postré sobre mi r......... 6440
4.3 afirmarás luego tu r contra ella, y será......... 6440
4.7 al asedio de Jerusalén afirmarás tu r, y 6440
6.2 pon tu r hacia los montes de Israel, y........... 6440
7.18 en todo r habrá vergüenza, y...rapadas......... 6440
7.22 apartaré de ellos mi r, y será violado........... 6440
8.16 r hacia el oriente, y adoraban al sol 6440
9.8 postré sobre mi r, y clamé y dije: ¡Ah 6440
10.14 cuatro...La primera era r de querubín........ 6440

10.22 la semejanza de sus *r* era la de los *r* ... 6440
11.13 me postré *r* a tierra y clamé con gran ... 6440
12.6 cubrirás tu *r*, y no mirarás la tierra ... 6440
12.12 cubrirá su *r* para no ver con sus ojos ... 6440
13.17 pon tu *r* contra las hijas de tu pueblo ... 6440
14.3,4 tropiezo de su maldad delante...*r* ... 6440
14.6 y apartad vuestro *r* de...abominaciones ... 6440
14.7 establecido delante de su *r* el tropiezo ... 6440
14.8 y pondré mi *r* contra aquel hombre, y le ... 6440
15.7 y pondré mi *r* contra ellos; aunque del ... 6440
15.7 y sabréis...cuando pusiere mi *r* contra ... 6440
20.46 tu *r* hacia el sur, derrama tu palabra ... 6440
20.47 y serán quemados en ella todos los *r* ... 6440
21.2 pon tu *r* contra Jerusalén...y profetiza ... 6440
25.2 pon tu *r* hacia los hijos de Amón, y ... 6440
27.35 sus reyes temblarán...demudarán sus *r* ... 6440
28.21 hijo de hombre, pon tu *r* hacia Sidón ... 6440
29.2 pon tu *r* contra Faraón rey de Egipto, y ... 6440
32.10 resplandecer mi espada delante de...*r*
35.2 hombre, pon tu *r* hacia el monte de Seir ... 6440
38.2 pon tu *r* contra Gog en tierra de Magog ... 6440
39.23 escondí de ellos mi *r*, y los entregué ... 6440
39.24 conforme a su...de ellos escondí mi *r* ... 6440
39.29 ni esconderé más de ellos mi *r*, porque ... 6440
41.18 labrada...y cada querubín tenía dos *r* ... 6440
41.19 un *r* de hombre...un *r* de león hacia la ... 6440
43.3 como la visión...y me postré sobre mi *r* ... 6440
44.4 miré...la gloria...me postré sobre mi *r* ... 6440
Dn 1.10 vea vuestros *r* más pálidos que los ... 6440
1.13 compara luego nuestros *r* con los *r* de ... 4758
1.15 el *r* de ellos mejor y más robusto que ... 4758
2.46 rey Nabucodonosor se postró sobre su *r* ... 600
3.19 y se demudó el aspecto de su *r* contra ... 600
5.10 rey...no te turben...ni palidezca tu *r* ... 2122
7.28 y mi *r* se demudó; pero guardé el asunto ... 2122
8.17 me asombré, y me postré sobre mi *r* ... 6440
8.18 caí dormido en tierra sobre mi *r*; y él ... 6440
8.23 rey altivo de *r* y entendido en enigmas ... 6440
9.3 volví mi *r* a Dios el Señor, buscándole ... 6440
9.7 y nuestra la confusión de *r*, como en el ... 6440
9.8 oh Jehová, nuestra es la confusión de *r* ... 6440
9.17 tu *r* resplandezca sobre tu santuario ... 6440
10.6 su *r* parecía un relámpago, y sus ojos ... 6440
10.9 caí sobre mi *r* en...con mi *r* en tierra ... 6440
11.17 afirmará luego su *r* para venir con el ... 6440
11.18 volverá después su *r* a las costas, y ... 6440
11.19 volverá su *r* a las fortalezas de su ... 6440
Os 2.2 aparte, pues...fornicaciones de su *r* ... 6440
5.15 que reconozcan su pecado y busquen mi *r* ... 6440
Mi 3.4 antes esconderá...su *r* en aquel tiempo ... 6440
Nah 2.10 dolor en las entrañas, *r* demudados ... 6440
3.5 contra ti...descubriré tus faldas en tu *r* ... 6440
Hab 3.5 delante de su *r* iba mortandad, y a
Mal 2.3 he aquí...os echaré al *r* el estiércol ... 6440
Mt 6.16 **ellos demudan sus *r* para mostrar a los** ... *4383*
6.17 **tú...ayunes, unge tu cabeza y lava tu *r*** ... *4383*
17.2 resplandeció su *r* como el sol, y sus ... *4383*
17.6 postraron sobre sus *r*, y tuvieron gran ... *4383*
18.10 **ven siempre el *r* de mi Padre que está** ... *4383*
26.39 postró sobre su *r*, orando y diciendo ... *4383*
26.67 le escupieron en el *r*, y le dieron de ... *4383*
Mr 14.65 cubrirle el *r* y a darle de puñetazos ... *4383*
Lc 5.12 postró con el *r* en tierra y le rogó ... *4383*
9.29 la apariencia de su *r* se hizo otra, y ... *4383*
9.51 arriba, afirmó su *r* para ir a Jerusalén ... *4383*
17.16 postró *r* en tierra...dándole gracias ... *4383*
22.64 le golpeaban el *r*, y le preguntaban ... *4383*
24.5 tuvieron temor, y bajaron el *r* a tierra ... *4383*
Jn 11.44 atadas...el *r* envuelto en un sudario ... *4383*
Hch 6.15 vieron su *r* como el *r* de un ángel ... *4383*
20.25 yo sé que ninguno de...verá más mi *r* ... *4383*
20.38 que dijo, de que no verían más su *r* ... *4383*
1 Co 14.25 postrándose sobre el *r*, adorará ... *4383*
2 Co 3.7 no pudieron fijar la vista en el *r* ... *4383*
3.7 a causa de la gloria de su *r*, la cual ... *4383*
3.13 Moisés, que ponía un velo sobre su *r* ... *4383*
Col 2.1 por todos los que nunca han visto mi *r* ... *4383*
1 Ts 2.17 procuramos con...deseo ver vuestro *r* ... *4383*
3.10 orando de...para que veamos vuestro *r*, y ... *4383*
Stg 1.23 considera en un espejo su *r* natural ... *4383*
1 P 3.12 el *r* del Señor está contra aquellos ... *4383*
Ap 1.16 *r* era como el sol cuando resplandece ... *3799*
4.7 el tercero tenía *r* como de hombre; y el ... *4383*
5.14 los...ancianos se postraron sobre su *r*
6.16 y escondednos del *r* de aquel que está ... *4383*
7.11 y se postraron sobre sus *r* delante del ... *4383*
10.1 su *r* era como el sol, y sus pies como ... *4383*
11.16 se postraron sobre sus *r*, y adoraron ... *4383*
22.4 verán su *r*, y su nombre estará en sus ... *4383*

ROTO, A *Véase también Romper*
Jos 9.4 cueros viejos de vino, *r* y remendados ... 1234
9.13 estos cueros de vino...helos aquí ya *r* ... 1234
1 S 4.12 llegó...*r* sus vestidos y tierra sobre ... 7167
2 S 1.2 vino uno...*r* sus vestidos, y tierra ... 7167
Pr 23.21 y el sueño hará vestir vestidos *r* ... 7167
25.19 como diente *r* y pie descoyuntado es la ... 7465
Jer 2.13 cisternas *r* que no retienen agua ... 7665
10.20 destruida, y todas mis cuerdas están *r* ... 5423
41.5 venían...raída la barba y *r* las ropas ... 7167
51.30 incendiadas...sus casas, *r* sus cerrojos ... 7665
Hag 1.6 trabaja...recibe su jornal en saco *r* ... 5344

ROTURA
Lv 21.19 tenga quebradura de pie o *r* de mano ... 3027
24.20 *r* por *r*, ojo por ojo, diente por diente ... 7667
Sal 60.2 hendido; sana sus *r*, porque titubea ... 7667
Mt 9.16 **tal remiendo tira...se hace peor la *r*** ... *4978*
Mr 2.21 **tira de lo viejo, y se hace peor la *r*** ... *4978*

RUBÉN *Primogénito de Jacob y la tribu que formó su posteridad*
Gn 29.32 a luz un hijo, y llamó su nombre *R* ... 7205
30.14 fue *R*!...y halló mandrágoras en el campo ... 7205
35.22 fue *R* y durmió con Bilha la concubina ... 7205
35.23 Lea: *R* el primogénito de Jacob; Simeón ... 7205
37.21 cuando *R* oyó esto, lo libró de sus ... 7205
37.22 dijo *R*!...No derraméis sangre; echadlo ... 7205
37.29 *R* volvió a la cisterna, y no halló a ... 7205
42.22 entonces *R* les respondió, diciendo ... 7205
42.37 *R* habló a su padre, diciendo: Harás ... 7205
46.8 en Egipto...*R* el primogénito de Jacob ... 7205
46.9 los hijos de *R*: Hanoc, Falú, Hezrón ... 7205
48.5 míos son; como *R* y Simeón, serán míos ... 7205
49.3 *R*!...eres mi primogénito, mi fortaleza ... 7205
Éx 1.2 *R*, Simeón, Leví, Judá ... 7205
6.14 hijos de *R*, el primogénito de Israel ... 7205
6.14 y Carmi; estas son las familias de *R* ... 7205
Nm 1.5 la tribu de *R*, Elisur hijo de Sedeur ... 7205
1.20 los hijos de *R*, primogénito de Israel ... 7205
1.21 los contados de la tribu de *R* fueron ... 7205
2.10 campamento de *R* estará al sur, por sus ... 7205
2.10 el jefe de los hijos de *R*, Elisur hijo ... 7205
2.16 el campamento de *R*, 151.450, por sus ... 7205
7.30 cuarto día, Elisur...de los hijos de *R* ... 7205
10.18 luego...la bandera del campamento de *R* ... 7205
13.4 de la tribu de *R*, Samúa hijo de Zacur ... 7205
16.1 On...de los hijos de *R*, tomaron gente ... 7205
26.5 *R*, primogénito de Israel...hijos de *R* ... 7205
32.1 los hijos de *R*!...tenían una muy inmensa ... 7205
32.2 vinieron...los hijos de *R*, y hablaron a ... 7205
32.6 respondió Moisés a...y a los hijos de *R* ... 7205
32.25 hablaron los...los hijos de *R* a Moisés ... 7205
32.29 si...los hijos de *R* pasan con vosotros ... 7205
32.31 los hijos de *R* respondieron diciendo ... 7205
32.33 a los hijos de *R*, y a la media tribu ... 7205
32.37 hijos de *R* edificaron Hesbón, Eleale ... 7205
34.14 los hijos de *R*!...han tomado su heredad ... 7205
Dt 11.6 con Datán...hijos de Eliab hijo de *R* ... 7205
27.13 estos estarán...*R*, Gad, Aser, Zabulón ... 7205
29.8 y la dimos por heredad a *R* y a Gad y ... 7206
33.6 viva *R*, y no muera; y no sean pocos ... 7205
Jos 4.12 los hijos de *R* y...pasaron armados ... 7205
13.15 Moisés a la tribu de los hijos de *R* ... 7205
13.23 límite del territorio de...hijos de *R* ... 7205
13.23 esta fue la heredad de los hijos de *R* ... 7205
15.6 sube a la piedra de Bohán hijo de *R* ... 7205
18.7 *R*!...han recibido su heredad al otro lado ... 7205
18.17 desciende...piedra de Bohán hijo de *R* ... 7205
20.8 a Beser...en la llanura de la tribu de *R* ... 7205
21.7 de la tribu de *R*, de las doce ciudades ... 7205
21.36 de la tribu de *R*, Deser con sus ejidos ... 7205
22.9 los hijos de *R* y...de Gad...se volvieron ... 7205
22.10 hijos de *R*!...edificaron allí un altar ... 7205
22.11 que los hijos de *R*!...habían edificado ... 7205
22.13 enviaron...a los hijos de *R* y a...Gad ... 7205
22.15 los cuales fueron a los hijos de *R* y ... 7205
22.21 hijos de *R* y...respondieron y dijeron ... 7205
22.25 ha puesto por lindero...oh hijos de *R* ... 7205
22.30 palabras que hablaron los hijos de *R* ... 7205
22.31 dijo Finees...a los hijos de *R*, a los ... 7205
22.32 dejaron a los hijos de *R*!...y regresaron ... 7205
22.33 en que habitaban los hijos de *R* y los ... 7205
22.34 hijos de *R*!...pusieron por nombre...Ed ... 7205
Jue 5.15,16 las familias de *R* hubo grandes ... 7205
2 R 10.33 la tierra de...Gad, de *R* y de Manasés ... 7205
1 Cr 2.1 son los hijos de Israel: *R*, Simeón ... 7205
5.1 los hijos de *R* primogénito de Israel ... 7205
5.3 los hijos de *R*!...Hanoc, Falú, Hezrón y ... 7205
5.18 los hijos de *R* y de...hombres valientes ... 7205
6.63 los hijos de Merari...de la tribu de *R* ... 7205
6.78 de la tribu de *R*, Beser en el desierto ... 7205
Ez 48.6 desde...hasta el lado del mar, *R*, otra ... 7205
48.7 junto al límite de *R*, desde el lado del ... 7205
48.31 la puerta de *R*, una; la puerta de Judá ... 7205
Ap 7.5 de la tribu de *R*, doce mil sellados ... *4502*

RUBENITA *Descendiente de Rubén*
Nm 26.7 familias de los *r*; y fueron contados ... 7206
Dt 3.12 tierra...la di a los *r* y a los gaditas ... 7206
3.16 y a los *r*, di de Galaad hasta el arroyo ... 7206
4.43 Beser en el desierto...para los *r*; Ramot ... 7206
Jos 1.12 habló Josué a los *r* y gaditas y a la ... 7206
12.6 dio aquella tierra en posesión a los *r* ... 7206
13.8 porque los *r*...recibieron ya su heredad ... 7206
22.1 Josué llamó a los *r*, a los gaditas, y a ... 7206
1 Cr 5.6 Beera su hijo...era principal de los *r* ... 7206
5.26 el cual transportó a los *r* y gaditas y ... 7206
11.42 Adina hijo de...*r*, príncipe de los *r*, y ... 7206
12.37 de los *r* y gaditas y...Manasés, 120,000 ... 7206
26.32 el rey David constituyó sobre los *r* ... 7206
27.16 el jefe de los *r* era Eliezer hijo de ... 7206

RUBÍES
Ez 27.16 con...corales y *r* venía a tus ferias ... 3539

RUBIO
Gn 25.25 salió el primero *r*, y era...velludo ... 132
1 S 16.12 era *r*, hermoso...y de buen parecer ... 132
17.42 era muchacho, *r*, y de hermoso parecer ... 132
Cnt 5.10 mi amado es blanco y *r*, señalado ... 132
Lm 4.7 más *r* eran sus cuerpos que el coral ... 119

RUBORIZAR
2 R 8.11 le miró...hasta hacerlo *ruborizarse* ... 954

RUCIO
Zac 6.3 el cuarto...caballos overos *r* rodados ... 1261

RUDA
Lc 11.42 **diezmáis...la *r*, y toda hortaliza, y** ... *4076*

RUDIMENTO
Gá 4.3 en esclavitud bajo los *r* del mundo ... *4747*
4.9 volvéis de nuevo a los...pobres *r*, a los ... *4747*
Col 2.8 a los *r* del mundo, y no según Cristo ... *4747*
2.20 habéis muerto...cuanto a los *r* del mundo ... *4747*
He 5.12 a enseñar cuáles son los primeros *r* ... *4747*
6.1 dejando ya...*r* de la doctrina de Cristo ... *746*

RUDO
Pr 30.2 más *r* soy yo que ninguno, ni tengo ... 1197

RUECA
Pr 31.19 aplica su mano...y sus manos a la *r* ... 6418

RUEDA
Éx 14.25 quitó las *r* de sus carros...transtornó ... 212
Jue 5.28 qué las *r* de sus carros se detienen? ... 6417
9.53 dejó caer un pedazo de una *r* de molino ... 7393
2 S 11.21 ¿no echó...pedazo de una *r* de molino ... 7393
1 R 7.30 cada basa tenía cuatro *r* de bronce ... 212
7.32 las cuatro *r*...los ejes de las *r* nacían ... 212
7.32 altura de cada *r* era de un codo y medio ... 212
7.33 forma de las *r* era como...*r* de un carro ... 212
Pr 20.26 el rey...sobre ellos hace rodar la *r* ... 212
Ec 12.6 antes que...la *r* sea rota sobre el pozo ... 1534
Is 5.28 y las *r* de sus carros como torbellino ... 1534
28.27 sobre el comino se pasa *r* de carreta ... 212
28.28 ni lo comprime con la *r* de su carreta ... 1536
Jer 18.3 del alfarero...trabajaba sobre la *r* ... 70
47.3 por el estruendo de sus *r*, los padres ... 1534
Ez 1.15 *r* sobre la tierra junto a los seres ... 212
1.16 el aspecto de las *r* y...era semejante al ... 212
1.16 apariencia...eran como *r* en medio de *r* ... 212
1.19 cuando...seres vivientes andaban, las *r* ... 212
1.19 cuando los seres...se levantaban...las *r* ... 212
1.20,21 las *r*...se levantaban tras ellos ... 212
1.20,21 el espíritu de los seres...en las *r* ... 212
3.13 el sonido de las *r* delante de ellos, y ... 212
10.2 entra en medio de las *r* debajo de los ... 1534
10.6 diciendo: Toma fuego de entre las *r* ... 1534
10.6 fuego...él entró y se paró entre las *r* ... 212
10.9 cuatro *r*...junto a cada querubín una *r* ... 212
10.9 el aspecto de las *r* era como...crisólito ... 212
10.12 las *r*...llenos de ojos...en sus cuatro *r* ... 212
10.13 las *r*, oyéndolo yo, se les gritaba: ¡*R*! ... 212
10.16 andaban las *r*...*r* tampoco se apartaban ... 212
10.19 las *r* se alzaron al lado de ellos; y ... 212
11.22 alzaron...querubines sus alas, y las *r* ... 212
23.24 vendrán contra ti carros, carretas y *r* ... 1534
26.10 el estruendo...de las *r* y de los carros ... 1534
Dn 7.9 trono...las *r* del mismo, fuego ardiente ... 1535
Nah 3.2 fragor de *r*, caballo atropellador, y ... 212
Stg 3.6 lengua...inflama la *r* de la creación ... *5164*

RUEGO
Gn 16.2 te ruego...atendió Abram al *r* de Sarai ... 6963
1 R 9.3 oído tu oración y tu *r* que has hecho ... 8467
2 Cr 6.19 tú mirarás a la oración de...a su *r* ... 8467
6.21 oigas el *r* de tu siervo, y de tu pueblo ... 8469
6.29 y todo *r* que hiciere cualquier hombre ... 8467
6.35,39 tú oirás desde...su oración y su *r* ... 8467
Job 41.3 ¿multiplicará él *r* para contigo? ... 8469
Sal 6.9 ha oído mi *r*; ha recibido Jehová mi ... 8467
28.2 oye la voz de mis *r* cuando clamo a ti ... 8469
28.6 bendito sea...que oyó la voz de mis *r* ... 8469
31.22 tú oíste la voz de mis *r* cuando a ti ... 8469
86.6 escucha...está atento a la voz de mis *r* ... 8469
102.17 y no habrá desechado el *r* de ellos ... 8605
140.6 escucha, oh Jehová, la voz de mis *r* ... 8469
143.1 Jehová, oye mi oración, escucha mis *r* ... 8469
Pr 18.23 el pobre habla con *r*, mas el rico
Jer 3.21 llanto...*r* de los hijos de Israel ... 8469
42.2 acepta ahora nuestro *r* delante de ti, y ... 8467
42.9 me enviasteis para presentar vuestros *r* ... 8467
Dn 9.3 buscándole en oración y *r*, en ayuno ... 8469
9.17 oye la oración de tu siervo, y sus *r* ... 8469
9.18 no elevamos nuestros *r*...confiados en ... 8469
9.20 y derramaba mi *r* delante de Jehová mi ... 8467
9.23 al principio de tus *r* fue dada la orden ... 8469
Hch 1.14 perseveraban unánimes en oración y *r* ... *1162*
2 Co 8.4 con muchos *r* que les concediésemos ... *1189*
Fil 4.6 delante de Dios en toda oración y *r* ... *1162*
He 5.7 ofreciendo *r* y súplicas con...clamor y ... *2428*

RUFIÁN
Ez 23.20 y se enamoró de sus *r*, cuya lujuria ... 6370

RUFO
1. Hijo de Simeón de Cirene, Mr 15.21 ... *4504*
2. Cristiano saludado por Pablo, Ro 16.13 ... *4504*

RUGIDO
Job 4.10 los *r* del león, y los...son quebrantados ... 7581
Pr 19.12 como *r* de cachorro...la ira del rey ... 5099
20.2 como *r* de cachorro...el terror del rey ... 5099
Is 5.29 su *r* será como de león; rugirá ... 7581
Jer 12.8 contra mí dio su *r*; por...la aborrecí ... 5414,6963
Ez 19.7 fue desolada...al estruendo de sus *r* ... 7581
Am 3.4 leoncillo su *r* desde su guarida, si
Zac 11.3 estruendo de *r* de cachorros de leones ... 7581

RUGIENTE
Job 4.10 los bramidos del *r*, y los dientes de ... 7580
Sal 22.13 abrieron...boca como león rapaz y *r* ... 7580
Pr 28.15 león *r*...es el príncipe impío sobre ... 5098
Ez 22.25 ella, como león *r* que arrebata presa ... 7580
Sof 3.3 sus príncipes en medio...son leones *r*
1 P 5.8 adversario el diablo, como león *r* ... *5612*

RUGIR
Jue 14.5 un león...que venía *rugiendo* hacia él 7580
Sal 83.2 que *rugen* tus enemigos, y los que te
104.21 los leoncillos *rugen* tras la presa, y 7580
Is 5.29 *rugirá* a manera de leoncillo, crujirá........... 5098
31.4 como el león y el...*ruge* sobre la presa 1897
51.15 agito el mar y hago *rugir* sus ondas 1993
Jer 2.15 cachorros del león *rugieron* contra........... 7580
25.30 Jehová *rugirá* desde lo...*r* fuertemente 7580
50.42 su voz *rugirá* como el mar, y montarán 1993
51.38 todos a una *rugirán* como leones; como 7580
Os 11...10 él *rugirá* como león; *r*, y los hijos 7580
Jl 3.16 Jehová *rugirá* desde Sion, y dará su............ 7580
Am 1.2 Jehová *rugirá* desde Sion, y dará su voz....... 7580
3.4 ¿*rugirá* el león en la...sin haber presa? 7580
3.8 si el león *ruge*, ¿quién no temerá? Si............ 7580
Ap 10.3 y clamó a gran voz, como *ruge* un león *3455*

RUHAMA *«Compadecida», Voz poética*, Os 2.1 .. 7355

RUIDO
Jue 5.11 lejos del *r* de los arqueros, en los 6963
2 S 5.24 oigas *r* como de marcha por las copas........ 6963
2 R 6.32 ¿no se oye tras él el *r* de los pasos 6963
7.6 se oyese...*r* de caballos, y estrépito de.......... 6963
Esd 3.13 júbilo, y se oía el *r* hasta de lejos 6963
Sal 72.16 su fruto hará *r* como el Líbano, y 7493
Ec 12.4 por lo bajo del *r* de la muela; cuando 6963
Is 13.4 de *r* de reinos, de naciones reunidas 6963
17.12 que harán *r* como estruendo del mar, y 1993
17.13 estrépito como de *r* de muchas aguas 7588
29.6 por Jehová...serás visitada...con gran *r* 6963
Jer 25.10 que desaparezca...*r* de molino y luz......... 6963
Ez 1.24 *r* de muchedumbre, como *r* de un ejército 6963
37.7 hubo un *r* mientras yo profetizaba, y he........ 6963
Ap 9.9 el *r* de sus alas era como el estruendo.......... *5456*
18.22 en ti, ni *r* de molino se oirá más en ti *5456*

RUIN
Is 32.5 el *r* nunca más será llamado generoso 5036
32.6 el *r* hablará ruindades, y su corazón 5036

RUINA
Dt 13.16 ciudad...llegará a ser un montón de *r*........ 8510
2 Cr 26.16 su corazón se enalteció para su *r*........... 7843
28.23 fueron éstos su *r*, y la de todo Israel
Esd 9.9 restaurar sus *r*, y darnos protección 2723
Job 3.14 los reyes...que reedifican para sí *r*........... 2723
15.28 habitó las ciudades...que estaban en *r* 3583
Sal 54.7 ojos han visto la *r* de mis enemigos
106.36 a sus ídolos...fueron causa de su *r*.......... 4170
107.20 envió...los sanó, y los libró de su *r* 7825
Pr 3.25 de la *r* de los impíos cuando viniere 7722
17.19 el que abre demasiado la...busca su *r*........ 7667
29.16 mas los justos verán la *r* de ellos 4658
Ec 10.12 labios del necio causan su propia *r*........... 1104
Is 3.6 príncipe, y toma en tus manos esta *r* 4384
17.1 Damasco dejará de...y será montón de *r*...... 4654
23.13 sus palacios; él la convirtió en *r* 4654
24.12 ciudad...con *r* fue derribada la puerta 7591
25.2 convertiste...la ciudad fortificada en *r* 4654
30.13 grieta que amenaza *r*, extendiéndose en 5307
44.26 serás habitada...y sus *r* reedificaré 2723
58.12 y los tuyos edificarán las *r* antiguas 2723
61.4 reedificarán...*r* antiguas, y levantarán........ 8074
Jer 9.11 reduciré a Jerusalén a un montón de *r* 1530
25.11 toda esta tierra será puesta en *r* y en 2733
25.18 para ponerlos en *r*, en escarnio y en 2733
26.18 Jerusalén vendrá a ser montones de *r*........ 5856
49.2 será convertida en...*r*, y sus ciudades 8077
49.32 de todos lados les traeré su *r*, dice............. 343
50.26 convertidla en...*r*, y destruidla; que 6194
51.37 será Babilonia montones de *r*, morada 1530
Ez 18.30 y no os será la iniquidad causa de *r* 4383
21.27 a *r*, a *r*, a *r* lo reduciré, y esto no............ 5754
31.13 sobre su *r* habitarán...aves del cielo 4658
36.4 ha dicho Jehová...a las *r* y asolamientos 8076
36.10 serán habitadas, y edificadas las *r* 2723
36.33 ciudades, y las *r* serán reedificadas 2723
Dn 8.24 y causará grandes *r*, y prosperará, y 7843
Am 9.11 levantaré sus *r*, y lo edificaré como........... 2034
Mi 1.6 haré, pues, de Samaria montones de *r*
3.12 y Jerusalén vendrá a ser montones de *r*
Mt 7.27 **aquella casa...cayó, y fue grande su *r*** *4431*
Lc 6.49 **cayó, y fue grande la *r* de aquella** *4485*
Hch 15.16 y repararé sus *r*, y lo volveré a............ *2679*

RUINDAD
Is 32.6 el ruin hablará *r*, y su corazón 5039

RUMA *Pueblo de Zebuda, madre del rey Joacim*, 2 R 23.36 7316

RUMBO
Job 6.18 se apartan de la senda de su *r*, van........... 1870
Jl 2.7 cada cual marchará...y no torcerá su *r* 734
Hch 16.11 vinimos con *r* directo a Samotracia......... *2113*
21.1 zarpamos y fuimos con *r* directo a Cos *4144*
Ro 15.28 pasaré entre vosotros *r* a España

RUMIAR
Lv 11.3 el que...y que *rumia*, éste comeréis 1625
11.4 de los que *rumian* o que tienen pezuña........ 1625
11.4,5,6 porque *rumia* pero no tiene pezuña........ 1625
11.7 el cerdo...tiene pezuñas...pero no *rumia* 1625
11.26 que no tiene pezuña hendida, ni *rumia* 1625
Dt 14.6 y que *rumiare* entre los animales, ese 1625
14.7 *rumian* o entre los que tienen pezuña 1625
14.7 no comeréis...conejo; porque *rumian*, mas.... 1625
14.8 cerdo...tiene pezuña hendida...no *rumia* 1625

RUMOR
Éx 23.1 no admitirás falso *r*...testigo falso 8088
1 S 4.19 el *r* que el arca de Dios había sido 8052
2 S 13.30 a David el *r* que decía: Absalón ha........... 8052
13.33 no ponga...el rey en su corazón ese *r*
2 R 19.7; Is 37.7 oirá *r*, y volverá a su 8052
Jer 10.22 voz de *r* viene, y alboroto grande............ 6963
51.46 ni temáis a causa del *r* que se oirá 8052
51.46 vendrá el *r*, y después en otro año *r*......... 8052
Ez 7.26 habrá *r* sobre *r*, y buscarán respuesta......... 8052
Mt 24.6 **y oiréis de guerras y *r* de guerras**.............. *189*
Mr 13.7 **oigáis de guerras y de *r* de guerras**............ *189*

RUT *Mujer moabita, ascendiente del rey David*
Rt 1.4 el nombre de la otra, *R*; y habitaron 7327
1.14 Orfa besó a su suegra, mas *R* se quedó.......... 7327
1.16 respondió *R*: No me ruegues que te deje.......... 7327
1.22 volvió Noemí, y *R* la moabita...con ella........ 7327
2.2 *R*!...dijo a Noemí: Te ruego que me dejes 7327
2.8 Booz dijo a *R*: Oye, hija mía, no vayas 7327
2.21 y *R*!...dijo: Además de esto me ha dicho 7327
2.22 y Noemí respondió a *R*!...Mejor es, hija 7327
3.9 respondió: Yo soy *R* tu sierva; extiende 7327
4.5 tomar también a *R* la moabita, mujer del 7327
4.10 y que también tomo por mi mujer a *R* la......... 7327
4.13 Booz...tomó a *R*, y ella fue su mujer............ 7327
Mt 1.5 Booz engendró de *R* a Obed, y Obed a *4503*

S

SAAF *Nombre de dos descendientes de Caleb*, 1 Cr 2.47,49 8174

SAALABÍN *=Saalbim*, Jos 19.42................. 8169

SAALBIM *Ciudad amorrea en Dan (=Saalabín)*, Jue 1.35; 1 R 4.9............................... 8169

SAALBONITA *Originario de Saalbim*, 2 S 23.32; 1 Cr 11.33 8170

SAALIM *Región en Benjamín*, 1 S 9.4 8171

SAARAIM
1. Ciudad en Judá, Jos 15.36; 1 S 17.52 8189
2. Ciudad en Simeón (=Saruhén), 1 Cr 4.31.......... 8189

SAASGAZ *Eunuco del rey Asuero*, Est 2.14 8190

SABÁ *Región en Arabia*
1 R 10.1 la reina de *S* la fama que Salomón 7614
10.4 la reina de *S* vio toda la sabiduría de.......... 7614
10.10 como la reina de *S* dio al rey Salomón 7614
10.13 a la reina de *S* todo lo que ella quiso 7614
2 Cr 9.1 oyendo la...de *S* la fama de Salomón......... 7614
9.3 la reina de *S* la sabiduría de Salomón 7614
9.9 como las que dio la reina de *S* al rey........... 7614
9.12 Salomón dio a la reina de *S* todo lo que 7614
Job 6.19 caminantes de *S* esperaron en ellas 7614
Sal 72.10 los reyes de *S* y de Seba ofrecerán 7614
72.15 vivirá, y se le dará del oro de *S*, y.............. 7614
Is 60.6 vendrán todos los de *S*; traerán oro e 7614
Jer 6.20 ¿para qué a mí este incienso de *S*, y 7614
Ez 27.22 mercaderes de *S*...fueron también tus 7614
27.23 y los mercaderes de *S*, de Asiria y de......... 7614
38.13 *S* y Dedán, y los mercaderes de Tarsis 7614

SABACTANI *Palabra aramea*
Mt 27.46 diciendo: Elí, Elí, ¿lama *s*?................... *4518*
Mr 15.34 **diciendo: Eloi, Eloi, ¿lama *s*?** *4518*

SÁBADO *Véase Reposo*

SÁBANA
Éx 12.34 sus masas envueltas en sus *s* sobre........... 8071
Mt 27.59 cuerpo, lo envolvió en una *s* limpia........... *4616*
Mr 14.51 cubierto el cuerpo con una *s*; y le *4616*
14.52 mas él, dejando la *s*, huyó desnudo *4616*
15.46 compró una *s*, y...lo envolvió en la *s*.......... *4616*
Lc 23.53 lo envolvió en una *s*, y lo puso en *4616*

SABEOS *Tribu en Arabia*
Job 1.15 y acometieron los *s* y los tomaron, y.......... 7614
Is 45.14 los *s*, hombres de elevada estatura............ 5436
Ez 23.42 fueron traídos los *s* del desierto, y............ 5436
Jl 3.8 los venderán a los *s*, nación lejana 7615

SABER *(s.)*
1 S 2.3 porque el Dios de todo *s* es Jehová, y........... 1844
Job 36.3 tomaré mi *s* desde lejos, y atribuiré 1843
Pr 1.5 oirá el sabio, y aumentará el *s*, y el 3948
9.9 sabio; enseña al justo, y aumentará su *s* 3948
12.23 el hombre cuerdo encubre su *s*; mas el 1847
16.21 y la dulzura de labios aumenta el *s*........... 3948
Jer 10.12 que puso en orden el mundo con su *s*........ 2451

SABER *(v.)*
Gn 3.5 sino que *sabe* Dios...seréis como Dios 3045
3.5 seréis como Dios, *sabiendo* el bien y el.......... 3045
3.22 como uno de nosotros, *sabiendo* el bien 3045
4.9 respondió: No *sé*. ¿Soy yo acaso guarda 3045
9.24 Noé...*supo* lo que le había hecho su hijo 3045
18.19 *sé* que mandará a sus hijos y a su casa 3045
18.21 si han consumado su...y si no, lo *sabré*........ 3045
20.6 *sé* que con integridad de tu corazón has....... 3045
20.7 *sabe* que de cierto morirás tú, y todos 3045
21.26 Abimelec: No *sé* quién haya hecho esto........ 3045
21.26 tampoco tú me lo hiciste *saber*, ni yo 3045
24.21 *saber* si Jehová había prosperado su 3045,
24.28 hizo *saber* en casa de su madre estas.......... 5046
27.2 ya soy viejo, no *sé* el día de mi muerte 3045
28.16 Jehová está en este...y yo no lo *sabía* 3045
30.26 *sabes* los servicios que te he hecho 3045
30.29 tú *sabes* cómo te he servido, y cómo 3045
31.6 *sabéis* que con...mis fuerzas he servido 3045
31.20 engañó a Labán...no haciéndole *saber* 5046
31.27 no me lo hiciste *saber* para que yo
te despidiera 5046
31.32 Jacob no *sabía* que Raquel los había 3045
33.13 señor *sabe* que los niños son tiernos.......... 3045
34.7 vinieron del campo cuando lo *supieron*........ 8085
35.22 fue Rubén...lo cual llegó a *saber* Israel....... 8085
38.9 y *sabiendo* Onán que la descendencia no....... 3045
38.16 pues no *sabía* que era su nuera; y ella........ 3045
41.39 que Dios te ha hecho *saber* todo esto
42.23 ellos no *sabían* que los entendía José.......... 3045
42.34 para que yo *sepa* que no sois espías........... 3045
43.7 ¿acaso podíamos *saber* que él nos diría........ 3045
43.22 no *sabemos* quién haya puesto...dinero
44.15 *sabéis* que un hombre...sabe adivinar? 3045
44.27 vosotros *sabéis* que dos hijos me dio.......... 3045
45.13 haréis...*saber* a mi padre...mi gloria
46.30 he visto tu rostro, y *sé* que aún vives
46.31 y lo haré *saber* a Faraón, y le diré
47.1 vino José y lo hizo *saber* a Faraón, y........... 5046
48.2 y se le hizo *saber* a Jacob, diciendo 5046
48.19 *sé*, hijo mío, lo *s*; también él vendrá 3045
Éx 3.19 *sé* que el rey de Egipto no os dejará 3045
6.7 *sabréis* que yo soy Jehová vuestro Dios 3045
7.5 y *sabrán* los egipcios que yo soy Jehová 3045
8.22 a fin de que *sepas* que yo soy Jehová en 3045
9.29 para que *sepas* que de Jehová es la tierra 3045
9.30 yo *sé* que ni tú ni tus siervos temeréis 3045
10.2 señales...que *sepáis* que yo soy Jehová......... 3045
10.7 no *sabes*...que Egipto está ya destruido? 3045
10.26 y no *sabemos* con qué hemos de servir a 3045
11.7 *sepáis* que Jehová hace diferencia entre........ 3045
14.4,18 *sabrán* los egipcios que yo soy Jehová 3045
16.6 la tarde *sabréis* que Jehová os ha sacado....... 3045
16.12 saciaréis...y *sabréis* que yo soy Jehová........ 3045
16.15 ¿qué es esto? porque no *sabían* qué era 3045
16.22 vinieron y...lo hicieron *saber* a Moisés 5046
23.9 *sabéis* cómo es el alma del extranjero 3045
31.13 es señal...que *sepáis* que yo soy Jehová 3045
32.1,23 no *sabemos* qué le haya acontecido.......... 3045
33.5 para que yo *sepa* lo que te he de hacer 3045
34.29 no *sabía* Moisés, su rostro resplandecía 3045
36.1 Jehová dio...para *saber* hacer toda la obra ... 3045
Lv 5.1 testigo que...*supo*, y no lo denunciare 3045
5.2 que no lo *supiere*, será inmunda y habrá
5.3 después llegare a *saberlo*, será culpable......... 3045
23.43 *sepan*...en tabernáculos hice yo habitar 3045
Nm 11.16 tú *sabes* que son ancianos del pueblo.......... 3045
20.14 tú has *sabido* todo el trabajo que nos.......... 3045
22.6 *sé* que el que tú bendigas será bendito.......... 3045
22.19 para que yo *sepa* qué me vuelva a decir 3045
22.34 no *sabía* que tú te ponías delante de mí 3045
24.16 y el que *sabe* la ciencia del Altísimo 3045
32.23 y *sabed* que vuestro pecado os alcanzará 3045
Dt 1.39 hijos que no *saben*...bueno ni lo malo 3045
2.7 él *sabe* que andas por este gran desierto 3045
3.19 ganados (yo *sé* que tenéis mucho ganado) 3045
4.35 para que *supieses* que Jehová es Dios, y 3045
8.2 para *saber* lo que había en tu corazón, si 3045
8.3 hacerte *saber* que no sólo de pan vivirá 3045
9.6 *sabe* que no es por tu justicia que...te da 3045
11.2 con vuestros hijos que no han *sabido* ni 3045
13.3 para *saber* si amáis a Jehová...Dios con......... 3045
20.20 el árbol que *sepas* que no lleva fruto 3045
21.1 muerto...y no se *supiere* quién lo mató 3045
29.6 *supierais* que yo soy Jehová vuestro Dios....... 3045
29.16 *sabéis* cómo habitamos en la tierra de 3045,
31.13 los hijos de ellos que no *supieron*, oigan 3045
31.29 porque yo *sé* que después de mi muerte 3045
Jos 2.4 vinieron...pero no *supe* de dónde eran 3045
2.5 hombres se salieron, y no *sé* a dónde han........ 3045
2.9 *sé* que Jehová os ha dado esta tierra 3045
3.4 *sepáis* el camino por donde habéis de ir 3045
8.14 no *sabiendo* que estaba puesta emboscada.... 3045
14.6 *sabes* lo que Jehová dijo a Moisés, varón 3045
22.22 Jehová...él *sabe*, y hace saber a Israel 3045
23.13 *sabed* que Jehová...Dios no arrojará más...... 3045
24.31 *sabían*...obras que Jehová había hecho........ 3045
Jue 3.4 probar con ellos a Israel, para *saber* 3045
13.16 no *sabía* Manoa que aquél fuese ángel 3045

14.4 mas...no *sabían* que esto venía de Jehová 3045,
15.11 ¿no *sabes* tú que los filisteos dominan 3045
16.9 y no se *supo* el secreto de su fuerza 3045
16.20 él no *sabía* que Jehová...apartado de él 3045
17.13 *sé* que Jehová me prosperará, porque 3045
18.5 pregunta...a Dios, para que *sepamos* si 3045
18.14 ¿no *sabéis* que en estas casas hay efod 3045
20.34 no *sabían*...ya el desastre se acercaba 3045
Rt 2.11 he *sabido* todo lo que has hecho con
3.11 la gente de mi pueblo *sabe* que eres mujer virtuosa 3045
3.14 dijo: No se *sepa* que vino mujer a la 3045
3.18 que *sepas* cómo se resuelve el asunto 3045
4.4 y yo decidí hacértelo *saber*, y decirte 3045
4.4 si no...decláramelo para que yo lo *sepa* 3045
1 S 3.13 yo juzgaré...la iniquidad que él *sabe* 3045
4.6 *supieron* que el arca...había sido traída 3045
6.2 hacednos *saber* de qué manera la hemos 3045
6.9 *sabremos* que...esto ocurrió por accidente 3045
14.1 pasemos...y no lo hizo *saber* a su padre 5046
14.3 no *sabía* el pueblo que Jonatán se había 3045
14.12 subid a...y os haremos *saber* una cosa
14.38 *sabed*...qué ha consistido este pecado 3045
16.2 dijo...Si Saúl lo *supiera*, me mataría 8085
16.16 que busquen a alguno que *sepa* tocar el arpa 3045
16.18 que *sabe* tocar, y es valiente y vigoroso y 3045
17.46 la tierra *sabrá* que hay Dios en Israel 3045
17.47 *sabrá*...esta congregación que Jehová no 3045
17.56 vive tu alma, oh rey, que no lo *sé*
19.3 hablaré a...y te haré *saber* lo que haya 5046
19.21 lo *supo* Saúl, envió otros mensajeros 5046
20.3 padre *sabe*, dirá: No sepa esto Jonatán 3045
20.7 *sabe* que la maldad está determinada de 3045
20.9 yo *supiere* que mi padre ha determinado 3045
20.12 si...enviaré a ti para hacértelo *saber*
20.13 si no te lo hiciere *saber* y te enviare
20.30 no *sé* yo que tú has elegido al hijo de 3045
21.2 nadie *sepa*...del asunto a que te envío 3045
22.1 cuando...lo *supieron*, vinieron allí a él 8085
22.3 hasta que *sepa* lo que Dios hará de mí 3045
22.6 oyó Saúl que se *sabía* de David y de los 8085
22.15 porque tu siervo ninguna cosa *sabe* de 3045
22.17 *sabiendo*...huía, no me lo descubrieron 3045
22.22 *sabía* que estando allí aquel día Doeg 3045
22.22 Doeg...él lo había de hacer *saber* a Saúl 3045
23.17 tú reinarás...Saúl mi padre así lo *sabe* 3045
25.7 he *sabido* que tienes esquiladores. Ahora 8085
25.11 darla a hombres que no *sé* de dónde son? 3045
26.4 David...*supo* con certeza que Saúl había 3045
28.2 bien, tú *sabrás* lo que hará tu siervo 3045
28.9 tú *sabes* lo que Saúl ha hecho, cómo ha 3045
29.9 *sé* que tú eres bueno ante mis ojos, como 3045
2 S 1.5 dijo...¿Cómo *sabes* que han muerto Saúl 3045
1.10 *sabía* que no podía vivir después de su 3045
2.26 no *sabes* tú que el final será amargura? 3045
3.25 venido...para *saber* todo lo que tú haces 3045
3.26 tras Abner...sin que David lo *supiera* 3045
3.28 cuando David *supo*...dijo: Inocente soy yo 8085
3.36 todo el pueblo *supo* esto, y le agradó
3.38 ¿no *sabéis* que un príncipe y...ha caído 3045
7.11 Jehová te hace *saber* que él te hará casa 5046
7.21 has hecho...haciéndolas *saber* a tu siervo 3045
10.5 se le hizo *saber* esto a David, envió a 5046
11.5 a hacerlo *saber* a David...Estoy encinta 5046
11.10 hicieron *saber* esto a David, diciendo 5046
11.16 puso a Urías...donde *sabía* que estaban 3045
11.18 envió Joab e hizo *saber* a David todos 5046
11.20 ¿no *sabíais* lo que suelen arrojar desde 3045
12.18 hacerle *saber* que el niño había muerto 5046
12.22 ¿quién *sabe* si Dios tendrá compasión de 3045
14.33 vino...Joab al rey, y se lo hizo *saber* 5046
15.11 iban en su sencillez, sin *saber* nada 3045
17.8 *sabes* que tu padre y...hombres valientes 3045
17.10 todo Israel *sabe* que tu padre...valiente 3045
17.17 y se lo hicieron *saber* al rey David 5046
17.18 joven, el cual lo hizo *saber* a Absalón 5046
17.19 boca del pozo...y nada se *supo* del asunto 3045
18.25 atalaya dio voces...lo hizo *saber* al rey 5046
18.29 vi yo un gran alboroto...no *sé* qué era 3045
19.22 no *sé* yo que hoy soy rey sobre Israel? 3045
24.2 haz un censo...que yo *sepa* el número de 3045
24.13 vino...Gad a David, y se lo hizo *saber* 3045
1 R 1.11 que reina Adonías...sin *saberlo* David 3045
1.18 ahora Adonías reina, y tú...no lo *sabes* 3045
1.51 se lo hicieron *saber* a Salomón, diciendo 3045
2.5 ya *sabes* tú lo que me ha hecho Joab hijo de 3045
2.9 y *sabes* cómo debes hacer con él; y harás 3045
2.15 él dijo: Tú *sabes* que el reino era mío 3045
2.29 le hizo *saber* a Salomón que Joab había 5046
2.32 mató a...sin que mi padre David *supiese* 3045
2.37 *sabe* de cierto que el día que salieres y 3045
2.42 que salieres...*sabe* de cierto que morirás? 3045
2.44 *sabes* todo el mal...tu corazón bien sabe 3045
3.7 yo soy joven, y no *sé* cómo entrar ni salir 3045
5.3 tú *sabes* que mi padre...no pudo edificar 3045
5.6 tú *sabes*...que ninguno hay entre nosotros 3045
8.60 los pueblos de...*sepan* que Jehová es Dios 3045
18.12 de Jehová te llevará adonde yo no *sepa* 3045
22.3 dijo a...¿No *sabéis* que Ramot de Galaad 3045
2 R 2.3,5 ¿*sabes* que Jehová te quitará...lo sé 3045
4.1 tú *sabes* que tu siervo era temeroso de 3045
4.39 cortó en la olla...no *sabía* lo que era 3045
5.6 *sabe*...yo envío a ti a mi siervo Naamán 2009
5.8 a mí, y *sabrá* que hay profeta en Israel 3045
7.12 *saben* que tenemos hambre, y han salido 3045
7.15 volvieron los...y lo hicieron *saber* al rey 5046
8.12 porque *sé* el mal que harás a...de Israel 3045
10.10 *sabed*...palabra que Jehová habló sobre 3045
19.19 que *sepan* todos los reinos...eres Dios 3045
1 Cr 12.32 *sabían* lo que Israel debía hacer 3045
17.10 te hago *saber*...Jehová te edificará casa 5046
21.2 haced censo...el número...que yo lo *sepa* 3045
29.17 *sé*...que tú escudriñas los corazones, y 3045
2 Cr 2.7 un hombre hábil que *sepa* trabajar en oro 2450
2.8 yo *sé* que tus siervos saben cortar madera 3045
2.14 el cual *sabe* trabajar en oro, plata, bronce y 3045
2.14 asimismo *sabe* esculpir toda clase de figuras
4.18 no pudo *saberse* el peso del bronce 3045
6.33 y *sepan* que tu nombre es invocado sobre 3045
12.8 que *sepan* lo que es servirme a mí, y que 3045
13.5 *sabéis*...que Jehová...dio el reino a David 3045
20.12 no *sabemos* qué hacer, y a ti volvemos 3045
25.16 yo *sé* que Dios ha decretado destruirte 3045
32.13 ¿no habéis *sabido* lo que yo y mis padres 3045
32.31 enviaron a él para *saber* del prodigio 3045
Esd 4.14 hemos enviado a hacerlo *saber* al rey 3046
4.15 *sabrás* que esta ciudad es ciudad rebelde 3046
4.16 hacemos *saber* al rey que si esta ciudad 3046
5.10 para hacértelo *saber*, para escribirte los 3046
7.24 os hacemos *saber* que a...los sacerdotes 3046
Neh 2.16 no *sabían*...a dónde yo había ido, ni 3045
4.11 no *sepan*, ni vean, hasta que entremos en 3045
8.15 que hiciesen *saber*, y pasar pregón por 8085
9.10 porque *sabías* que habían procedido con 3045
13.7 *supe* del mal que había hecho Eliasib por 995
13.24 porque no *sabían* hablar judaico, sino 5234
Est 1.13 con todos los que *sabían* la ley y el 5234
2.11 para *saber* cómo le iba a Ester, y cómo 3045
4.1 luego que *supo*...todo lo que se había hecho 3045
4.5 mandó a...con orden de *saber* qué sucedía 3045
4.11 *saben* que cualquier hombre o mujer que 3045
4.14 quién *sabe* si para esta hora has llegado 3045
Job 3.23 vida al hombre que no *sabe* por donde
5.24 *sabrás*...hay paz en tu tienda; visitarás 3045
8.9 nosotros somos de ayer, y nada *sabemos* 3045
9.2 yo *sé* que es así: ¿y cómo se justificará 3045
9.5 arranca...y no *saben* quién los trastornó 3045
9.28 turban...*sé* que no me tendrás por inocente 3045
10.7 aunque tú *sabes* que no soy impío, y que 1847
10.13 estas cosas, *sé* que están cerca de ti 3045
13.2 como vosotros lo *sabéis*, lo sé yo; no soy 1847
13.18 yo expusiere...*sé* que seré justificado 3045
14.21 tendrán honores, pero él no lo *sabrá* 3045
15.9 ¿qué *sabes* tú que no sepamos?...entiendes 3045
15.23 *sabe*...está preparado día de tinieblas 3045
19.6 *sabed* ahora que Dios me ha derribado, y 3045
19.25 yo *sé* que mi Redentor vive, y al fin se 3045
19.29 furor...para que *sepáis* que hay un juicio 3045
20.4 ¿no *sabes*...que así fue siempre, desde 3045
22.13 ¿y dirás tú: ¿Qué *sabe* Dios? ¿Cómo 3045
23.3 me diera el *saber* dónde hallar a Dios! 3045
23.5 yo *sabría* lo que él me respondiese, y 3045
30.23 *sé* que me conduces a la muerte, y a la 3045
32.22 porque no *sé* hablar lisonjas 3045
33.3 y lo que *saben* mis labios, lo hablarán 1847
34.33 retribuirá...dí, si no, lo que tú *sabes* 3045
37.15 ¿*sabes* tú...Dios las pone en concierto 3045
38.4 házmelo *saber*, si tienes inteligencia 5046
38.5 ¿quién ordenó sus medidas, si lo *sabes*? 3045
38.18 ¿has considerado tú...Declara si *sabes* 3045
38.21 ¡tú lo *sabes!* Pues entonces ya habías 3045
38.33 ¿*supiste* tú las ordenanzas de...cielos 3045
39.1 ¿*sabes* tú el tiempo en que paren las 3045
39.2 y *sabes* el tiempo cuando han de parir? 3045
Sal 4.3 *sabed*...Jehová ha escogido al piadoso 3045
35.8 el quebrantamiento sin que lo *sepa*, y la 3045
35.11 malvados; de lo que no *sé* me preguntan 3045
39.4 hazme *saber*, Jehová, mi fin, y cuánta sea 3045
39.4 de mis días; *sepa* yo cuán frágil soy 3045
39.6 amontona...y no *sabe* quien las recogerá 3045
40.9 aquí, no refrené mis labios, tú lo *sabes* 3045
56.9 vueltos...esto *sé*, que Dios está por mí 3045
59.13 *sépase* que Dios gobierna en Jacob hasta 3045
69.19 tú *sabes* mi afrenta, mi confusión y mi 3045
71.15 boca publicará...aunque no *sé* su número 3045
73.11 ¿cómo *sabe* Dios? ¿Y hay conocimiento 3045
73.16 cuando pensé para *saber* esto, fue duro 3045
74.9 ni entre nosotros hay quien *sepa* hasta 3045
78.6 para que lo *sepa* la generación venidera 3045
82.5 no *saben*, no entienden...tiemblan todos 3045
89.15 bienaventurado el que *sabe* aclamarte 3045
92.6 el hombre necio no *sabe*, y el insensato 3045
94.10 ¿no *sabrá* el que enseña al hombre la
135.5 yo *sé* que Jehová es grande, y el Señor 3045
139.4 y he aquí, oh Jehová, tú la *sabes* toda 3045
139.14 estoy maravillado, y mi alma lo *sabe* 3045
140.12 yo *sé* que Jehová tomará a su cargo la 3045
143.8 hazme *saber* el camino por donde ande 3045
145.12 para hacer *saber*...Sus poderosos hechos 3045
Pr 1.23 volveos...y os haré *saber* mis palabras 3045
4.19 la oscuridad; no *saben* en qué tropiezan 3045
7.23 y no *sabe* que es contra su vida, hasta 3045
9.18 no *saben* que allí están los muertos; que 3045
10.32 los labios del justo *saben* hablar lo que agrada 3045
22.19 te las he hecho *saber* hoy a ti también 3045
22.21 para hacerte *saber* la certidumbre de las 3045
24.12 si dijeres: Ciertamente no lo *supimos* 3045
25.8 no sea que no *sepas* qué hacer al fin
26.16 más sabio que siete que *sepan* aconsejar
27.1 porque no *sabes* qué dará de sí el día 3045
28.22 y no *sabe* que te ha de venir pobreza 3045
30.4 ¿cuál es su nombre, y...hijo, si *sabes*?
30.18 son ocultas; aun tampoco *sé* la cuarta 3045
Ec 2.19 ¿quién *sabe* si será sabio o necio el 3045
3.21 ¿quién *sabe* que el espíritu de...hombres 3045
5.1 los necios; porque no *saben* que hacen mal 3045
6.8 pobre que *supo* caminar entre los vivos? 3045
6.10 y se *sabe* que es hombre y que no puede 3045
6.12 ¿quién *sabe* cuál es el bien del hombre 3045
7.22 corazón *sabe* que tú también dijiste mal 3045
7.25 fijé mi corazón para *saber* y examinar 3045
8.1 ¿y quién como el que *sabe* la declaración 3045
8.7 pues no *sabe* lo que ha de ser; y el cuándo 3045
8.12 *sé*...les irá bien a los que a Dios temen 3045
9.1 que sea amor o...no lo *saben* los hombres 3045
9.5 los que viven *saben*...los muertos nada *s* 3045
10.14 aunque no *sabe* nadie lo que ha de ser
10.14 ¿y quién le hará *saber* lo que después
10.15 los necios...no *saben* por dónde ir a la 3045
10.20 que tienen alas harán *saber* la palabra 5046
11.2 porque no *sabes* el mal que vendrá sobre 3045
11.5 tú no *sabes* cuál es el camino del viento 3045
11.6 porque no *sabes* cuál es lo mejor, si esto 3045
11.9 pero *sabe*, que sobre todas estas cosas 3045
Cnt 1.7 hazme *saber*...dónde apacientas, dónde 5046
1.8 si tú no lo *sabes*, oh hermosa...vé, sigue 3045
5.8 que le hagáis *saber* que estoy enferma de 5046
6.12 antes que lo *supiera*, mi alma me puso 3045
Is 5.19 venga el consejo...para que lo *sepamos* 3045
7.15 hasta que *sepa* desechar lo malo y escoger lo bueno 3045
7.16 *sepa* desechar lo malo y escoger lo bueno 3045
8.4 antes que el niño *sepa* decir: Padre mío, y 3045
9.9 y la *sabrá* todo el pueblo, Efraín y los 3045
12.5 hecho...sea *sabido* esto por toda la tierra 3045
19.12 o te hagan *saber* qué es lo que Jehová 3045
21.6 pon centinela que haga *saber* lo que vea 5046
29.11 el cual si dieren al que *sabe* leer, y le dijeren
29.12 al que no *sabe* leer...dirá: No sé leer
32.4 corazón de...necios entenderá para *saber* 1847
39.1 porque *supo* que había estado enfermo, y 8085
40.21 ¿no *sabéis?* ¿No habéis oído? ¿Nunca os 3045
40.28 ¿no has *sabido*...que el Dios eterno es 3045
41.22 digannos...*sepamos* también...postrimería 3045
41.23 que *sepamos* que vosotros sois dioses 3045
41.26 desde el principio, para que *sepamos* 3045
42.16 a los ciegos por camino que no *sabían* 3045
44.18 no *saben* ni entienden; porque cerrados 3045
45.3 que *sepas* que yo soy Jehová, el Dios de 3045
45.6 que se *sepa* desde el nacimiento del sol 3045
47.11 vendrá...mal, cuyo nacimiento no *sabrás* 3045
47.11 y destrucción que no *sepas* vendrá de 3045
48.6 te he hecho oír cosas...que tú no *sabías* 3045
48.7 que no digas: He aquí que yo lo *sabía* 3045
48.8 porque *sabía* que siendo desleal habías 3045
50.4 para *saber* hablar palabras al cansado 3045
50.7 pedernal, y *sé* que no seré avergonzado 3045
52.6 pueblo *sabrá* mi nombre por esta causa en 3045
56.11 y los pastores mismos no *saben* entender
58.2 me buscan...y quieren *saber* mis caminos 1847
Jer 1.6 he aquí, no *sé* hablar, porque soy niño 3808
2.19 *sabe*, pues, y ve cuán malo y amargo 3045
4.22 el mal, pero hacer el bien no *supieron* 3045
6.15 ni aun *saben* tener vergüenza
8.12 ni *supieron* avergonzarse; caerán, por tanto
11.18 y Jehová me lo hizo *saber*, y lo conocí 3045
13.12 ¿no *sabemos* que toda tinaja se llenará 3045
15.15 tú lo *sabes*...*s* que por amor de ti sufro 3045
16.21 y mi poder, y *sabrán* que mi nombre es 3045
17.16 ni deseé día de calamidad, tú lo *sabes* 3045
26.15 mas *sabed* de cierto que si me matáis 3045
29.11 *sé* los pensamientos que tengo acerca de 3045
29.23 lo cual yo *sé* y testifico, dice Jehová 3045
31.10 hacedlo *saber* en las costas que están 5046
36.19 vé y escóndete...nadie *sepa* dónde estáis 3045
38.24 a Jeremías: Nadie *sepa* estas palabras 3045
40.14 ¿no *sabes* que Baalis rey de los hijos 3045
40.15 mataré a Ismael hijo...ningún...lo *sabrá* 3045
41.4 día después...cuando nadie lo *sabía* aún 3045
42.19 no vayáis a Egipto; *sabed* ciertamente 3045
42.20 haznos *saber* todas las cosas...dijere 5046
42.22 *sabed* de cierto que a espada, de hambre 3045
44.15 *sabían* que sus mujeres habían ofrecido 3045
44.28 *sabrá*...el resto de Judá que ha entrado 3045
44.29 *sepáis* que de cierto permanecerán mis 3045
46.14 haced *saber* en Migdol; haced *s*...Menfis 5046
48.17 todos los que *sabéis* su nombre, decid 3045
50.2 anunciad en las naciones, y haced *saber* 5046
50.24 fuiste tomada, oh...y tú no lo *supiste* 3045
Ez 5.13 y *sabrán* que yo Jehová he hablado en 3045
6.7 los muertos caerán...y *sabréis* que yo soy 3045
6.10 y *sabrán* que yo soy Jehová; no en vano 3045
6.13 y *sabréis* que yo soy Jehová, cuando sus 3045
7.4 ojo no te perdonará...*sabréis* que yo soy 3045
7.9 *sabréis* que yo Jehová soy el que castiga 3045
7.27 los juzgaré; y *sabrán* que yo soy Jehová 3045
11.10 os juzgaré, y *sabréis* que yo soy Jehová 3045
11.12 y *sabréis* que yo soy Jehová; porque no 3045
12.15 y *sabrán* que yo soy Jehová, cuando los 3045
12.16 escapen de...y *sabrán* que yo soy Jehová 3045
12.20 será asolada; y *sabréis* que...soy Jehová 3045
13.9 ni...volverán; *sabréis* que yo soy Jehová 3045
13.14 consumidos...y *sabréis* que yo soy Jehová 3045
13.21 libraré a mi pueblo...y *sabréis* que yo 3045
13.23 libraré mi...*sabrás* que yo soy Jehová 3045
14.8 lo cortaré...y *sabréis* que yo soy Jehová 3045
15.7 mi rostro...y *sabréis* que yo soy Jehová 3045
16.62 por mi pacto...y *sabrás* que yo soy Jehová 3045
17.21 y *sabréis* que yo Jehová he hablado 3045
17.24 y *sabrán*...que yo Jehová abatí el árbol 3045
20.12 para que *supiesen* que yo soy Jehová que 3045
20.20 *sepáis* que yo soy Jehová vuestro Dios 3045
20.26 desolarlos y hacerles *saber* que yo soy 3045

20.38 entrarán; y *sabréis* que yo soy Jehová 3045
20.42 y *sabréis* que yo soy Jehová, cuando os 3045
20.44 *sabréis* que yo soy Jehová... cuando haga 3045
21.5 y *sabrá* toda carne que yo Jehová saqué 3045
22.16 degradada... y *sabrás* que yo soy Jehová 3045
22.22 y *sabréis* que yo Jehová habré derramado 3045
23.49 idolatría; y *sabréis* que yo soy Jehová 3045
24.24 esto ocurra, *sabréis* que yo soy Jehová 3045
24.27 por señal, y *sabrán* que yo soy Jehová 3045
25.5 pondré a Rabá por... y *sabréis* que yo soy 3045
25.7 te cortaré... y *sabrás* que yo soy Jehová 3045
25.11 Moab haré juicios, y *sabrán* que yo soy 3045
25.17 *sabrán* que yo soy Jehová, cuando haga 3045
26.6 serán muertas... *sabrán* que yo soy Jehová 3045
28.22 *sabrán* que yo soy Jehová, cuando haga 3045
28.23 con espada... y *sabrán* que yo soy Jehová 3045
28.24 nunca más... y *sabrán* que yo soy Jehová 3045
28.26 haga... *sabrán* que yo soy Jehová su Dios 3045
29.6 y *sabrán*... de Egipto que yo soy Jehová 3045
29.9 y *sabrán* que yo soy Jehová; por cuanto 3045
29.16 haga recordar... *sabrán* que yo soy Jehová ... 3045
29.21 y abriré tu boca... y *sabrán* que yo soy 3045
30.8 *sabrán* que yo soy Jehová, cuando ponga 3045
30.19 en Egipto, y *sabrán* que yo soy Jehová 3045
30.25 y *sabrán* que yo soy Jehová, cuando yo 3045
30.26 dispersaré... y *sabrán* que yo soy Jehová 3045
32.15 cuando mate... *sabrán* que yo soy Jehová 3045
33.29 y *sabrán* que yo soy Jehová... convierta 3045
33.33 *sabrán* que hubo profeta entre ellos 3045
34.27 seguridad; y *sabrán* que yo soy Jehová 3045
34.30 *sabrán* que yo Jehová... estoy con ellos 3045
35.4 serás asolado... *sabrás* que yo soy Jehová 3045
35.9 te pondré... y *sabréis* que yo soy Jehová 3045
35.12 *sabrás* que... he oído todas tus injurias 3045
35.15 asolado será... *sabrán* que yo soy Jehová 3045
36.11 haré morar... *sabréis* que yo soy Jehová 3045
36.23 *sabrán* las naciones que yo soy Jehová 3045
36.32 no lo hago por vosotros... *sabedlo* bien 3045
36.36 *sabrán* que yo reedifiqué lo que estaba 3045
36.38 de hombres; y *sabrán* que yo soy Jehová 3045
37.3 ¿vivirán estos... Señor Jehová, tú lo *sabes* 3045
37.6 y viviréis; y *sabréis* que yo soy Jehová 3045
37.13 *sabréis* que yo soy Jehová, cuando abra 3045
37.14 *sabréis* que yo Jehová hablé, y lo hice 3045
37.28 y *sabrán*... yo Jehová santifico a Israel 3045
38.14 habite con seguridad, ¿no lo *sabrás* tú? 3045
38.23 seré conocido... *sabrán* que yo soy Jehová 3045
39.6 enviaré fuego... *sabrán* que yo soy Jehová 3045
39.7 *sabrán*... que yo soy Jehová, el Santo en 3045
39.22 *sabrá* la casa de Israel que yo... su Dios 3045
39.23 *sabrán* las, que la casa de Israel fue 3045
39.28 y *sabrán* que yo soy... su Dios, cuando 3045
Dn 2.3 mi espíritu se ha turbado por *saber* el 3045
2.9 *sepa* que me podéis dar su interpretación 3045
2.15 Arioc hizo *saber* a Daniel lo que había 3046
2.17 fue... e hizo *saber* lo que había a Anania 3046
2.28 él ha hecho *saber* al rey Nabucodonosor 3046
2.29 oh rey... por *saber* lo que había de ser 3046
3.18 *sepas*, oh rey, que no serviremos a tus 3046
5.22 no has humillado tu... *sabiendo* todo esto 3046
5.23 ni ven, ni oyen, ni *saben*; y al Dios en 3046
6.10 *supo* que el edicto había sido firmado 3046
6.15 *sepas*, oh rey, que es ley de Media y de 3046
7.19 tuve deseo de *saber* la verdad acerca de 3046
9.25 *sabe*... y entiende, que desde la salida de 3045
10.14 para hacerte *saber* lo que ha de venir 995
10.20 me dijo: ¿*Sabes* por qué he venido a ti? 3045
Os 7.9 canas le han cubierto, y él no lo *supo* 3045
7.9 devoraron extraños su fuerza... no lo *supo* 3045
8.4 constituyeron príncipes... yo no lo *supe* 3045
14.9 ¿quién es... y prudente para que lo *sepa*? 3045
Jl 2.14 ¿quién *sabe* si volverá y... arrepentirá 3045
Am 3.10 no *saben* hacer lo recto, dice Jehová 3045
5.12 yo *sé* de vuestras muchas rebeliones, y 3045
5.12 yo... *sé* que afligís al justo, y recibís 3045
5.16 y a endecha a los que *sepan* endechar 3045
Jon 1.7 que *sepamos* por causa de quién nos ha 3045
1.10 *sabían* que huía... la presencia de Jehová 3045
1.12 *sé* que por mi causa ha venido esta gran 3045
3.9 ¿quién *sabe* si se volverá y... arrepentirá
4.2 porque *sabía* yo que tú eres Dios clemente 3045
4.11 personas que no *saben* discernir entre su 3808
Mi 3.1 ¿no concierne a vosotros *saber* lo que 3045
Zac 2.9 *sabréis* que Jehová de los... me envió 3045
4.5 me dijo: ¿No *sabes* qué es esto? Y dije 3045
4.13 ¿no *sabes* qué es esto? Y dije: Señor mío 3045
Mal 2.4 *sabréis* que yo os envié... mandamiento 3045
Mt 2.8 y cuando le halléis, hacédmelo *saber*
6.3 des limosna, no *sepa* tu izquierda lo que 1097
6.8 Padre *sabe* de qué cosas tenéis necesidad 1492
6.32 vuestro Padre celestial *sabe* que tenéis 1492
7.11 si vosotros... *sabéis* dar buenas dádivas 1492
9.6 que *sepáis* que el Hijo del Hombre tiene 1492
9.30 les encargó... Mirad que nadie lo *sepa* 1097
10.26 nada... ni oculto, que no haya de *saberse* 1097
11.4 y haced *saber* a Juan las cosas que oís
12.7 si *supieseis* qué significa: Misericordia 1097
12.15 *sabiendo* esto Jesús, se apartó de allí 1097
12.25 *sabiendo* Jesús los pensamientos de ellos 1492
13.11 es dado *saber* los misterios del reino 1097
15.12 ¿*sabes* que los fariseos se ofendieron 1492
16.3 *sabéis* distinguir el aspecto del cielo 1097
20.22 no *sabéis* lo que pedís... ¿Podéis beber 1492
20.25 dijo: *Sabéis* que los gobernantes de las 1492
21.27 y respondiendo a... dijeron: No *sabemos*
22.16 *sabemos* que eres amante de la verdad 1492
24.32 brotan... *sabéis* que el verano está cerca 1097
24.36 del día y la hora nadie *sabe*, ni aun los 1492
24.42 porque no *sabéis* a qué hora ha de venir 1492
24.43 *sabed* esto, que si el padre de familia 1097
24.43 *supiese* a qué hora el ladrón habría de 1492
24.50 vendrá el señor... a la hora que no *sabe* 1097
25.13 no *sabéis* el día ni la hora en que el 1492
25.26 *sabías* que siego donde no sembré, y que 1492
26.2 *sabéis* que dentro de dos días se celebra 1492
26.70 él negó... diciendo: No *sé* lo que dices 1492
27.18 *sabía*... por envidia le habían entregado 1492
27.65 les dijo... id... aseguradlo como *sabéis* 1492
28.5 porque yo *sé* que buscáis a Jesús, el que 1492
Mr 1.24 tienes... Jesús nazareno?... *Sé* quién eres 1492
2.10 para que *sepáis* que el Hijo del Hombre 1492
4.11 os es dado *saber* el misterio del reino 1097
4.13 y les dijo: ¿No *sabéis* esta parábola? 1492
4.27 la semilla... crece sin que él *sepa* cómo 1492
5.33 la mujer... *sabiendo* lo que en ella había 1492
5.43 les mandó mucho que nadie lo *supiese*, y 1097
6.20 *sabiendo* que era varón justo y santo, y 1492
6.38 al *saberlo*, dijeron: Cinco, y dos peces 1097
7.24 no quiso que nadie lo *supiese*; pero no 1097
9.6 no *sabía* lo que hablaba, pues estaban 1492
9.30 salido... no quería que nadie lo *supiese* 1097
10.19 los mandamientos *sabes*: No adulteres 1492
10.38 no *sabéis* lo que pedís... ¿Podéis beber 1492
10.42 les dijo: *Sabéis* que los que son tenidos 1492
11.33 dijeron a Jesús: No *sabemos*... Entonces
12.14 Maestro, *sabemos* que eres hombre veraz 1492
12.28 y *sabía* que les había respondido bien 1492
13.28 brotan las hojas, *sabéis* que el verano 1097
13.32 de aquel día y de la hora nadie *sabe*, ni 1492
13.33 porque no *sabéis* cuándo será el tiempo 1492
13.35 no *sabéis* cuándo vendrá el señor de la 1492
14.40 durmiendo... y no *sabían* qué responderle 1492
14.68 negó... No le conozco, ni *sé* lo que dices 1492
16.10 lo hizo *saber* a los que habían estado 518
16.13 ellos fueron y lo hicieron *saber* a los 518
Lc 2.43 se quedó... sin que lo *supiesen* José y 1097
2.49 ¿no *sabíais* que en los negocios de mi 1492
4.41 demonios... *sabían* que él era el Cristo
5.24 para que *sepáis* que el Hijo del Hombre 1492
7.22 haced *saber* a Juan lo que habéis visto 518
7.37 al *saber* que Jesús estaba a la mesa en 1921
8.53 se burlaban... *sabiendo* que estaba muerta 1492
9.11 cuando la gente lo *supo*, le siguió; y él 1097
9.33 Pedro dijo a... no *sabiendo* lo que decía 1492
9.55 vosotros no *sabéis* de qué espíritu sois 1492
10.11 pero esto *sabed*, que el reino de Dios 1097
11.13 si vosotros... *sabéis* dar buenas dádivas 1492
11.44 hombres que andan encima no lo *saben* 1492
12.2 nada... ni oculto, que no haya de *saberse* 1097
12.30 Padre *sabe* que tenéis necesidad de estas 1492
12.39 *sabed* esto, que si supiese el padre de 1097
12.46 vendrá el señor... a la hora que no *sabe* 1097
12.56 *sabéis* distinguir el aspecto del cielo 1381
13.25 respondiendo... dirá: No *sé* de dónde sois 1492
13.27 dirá: Os digo que no *sé* de dónde sois 1492
14.21 el siervo, hizo *saber* estas cosas a su
16.4 ya *sé* lo que haré para que cuando se me 1097
18.20 los mandamientos *sabes*... no matarás; no 1492
19.15 *saber* lo que había negociado cada uno 1097
19.22 juzgo... *Sabías* que yo era hombre severo 1492
20.7 respondieron que no *sabían* de dónde fuese
20.21 *sabemos* que dices y enseñas rectamente 1492
21.20 *sabed*... que su destrucción ha llegado 1097
21.30 *sabéis* por... que el verano está ya cerca 1097
21.31 *sabed* que está cerca el reino de Dios 1097
22.60 Pedro dijo: Hombre, no *sé* lo que dices 1492
23.7 al *saber* que era de la jurisdicción de 1921
23.34 Padre, perdónalos... no *saben* lo que hacen .. 1492
24.18 no has *sabido* las cosas que en ella han 1097
Jn 2.9 sin *saber* él... lo sabían los sirvientes 1492
2.25 pues él *sabía* lo que había en el hombre 1097
3.2 Rabí, *sabemos* que has venido de Dios como 1492
3.8 mas ni *sabes* de dónde viene, ni a dónde
3.10 ¿eres tú maestro de... y no *sabes* esto? 1097
3.11 lo que *sabemos* hablamos, y lo que hemos 1492
4.22 adoráis lo que no *sabéis*; nosotros 1492
4.22 nosotros adoramos lo que *sabemos*; porque ... 1492
4.25 *sé* que ha de venir el Mesías, llamado el 1492
4.32 yo tengo una comida... vosotros no *sabéis* 1492
4.42 *sabemos*... éste es el Salvador del mundo 1492
5.6 *supo* que llevaba ya mucho tiempo así, le 1097
5.13 el que había sido sanado no *sabía* quién 1492
5.32 y *sé* que el testimonio que da de mí es 1492
6.6 porque él *sabía* lo que había de hacer 1492
6.61 *sabiendo*... discípulos murmuraban de esto ... 1492
6.64 *sabía*... quiénes eran los que no creían, y 1492
7.15 *sabe* éste letras, sin haber estudiado? 1492
7.27 éste, *sabemos* de dónde es; mas cuando 1492
7.27 venga el Cristo, nadie *sabrá* de dónde 1097
7.28 a mí me conocéis, y *sabéis* de dónde soy 1492
7.49 esta gente que no *sabe* la ley, maldita 1097
7.51 si... no le oye, y *sabe* lo que ha hecho? 1097
8.14 porque *sé* de dónde he venido y a dónde 1492
8.14 no *sabéis* de dónde vengo, ni a dónde voy 1492
8.37 *sé* que sois descendientes de Abraham 1097
9.12 dijeron: ¿Dónde está él? El dijo: No *sé* 1492
9.20 *sabemos* que éste es nuestro hijo, y que 1492
9.21 cómo vea ahora, no lo *sabemos*; o quién 1492
9.21 nosotros tampoco lo *sabemos*; edad tiene 1492
9.24 nosotros *sabemos*... ese hombre es pecador ... 1492
9.25 no lo sé; una cosa *sé*, que habiendo yo 1492
9.29 *sabemos* que Dios ha hablado a Moisés 1492
9.29 respecto a ése, no *sabemos* de dónde sea 1492
9.30 que... no *sepáis* de dónde sea, y a mí me 1492
9.31 *sabemos* que Dios no oye a los pecadores 1492
11.22 *sé* ahora que todo lo que pidas a Dios 1492
11.24 yo *sé* que resucitará en la resurrección 1492
11.42 yo *sabía* que siempre me oyes; pero lo 1492
11.49 Caifás... dijo: Vosotros no *sabéis* nada 1492
11.57 de que si alguno *supiese* dónde estaba 1097
12.9 los judíos *supieron*... que él estaba allí 1097
12.35 anda en tinieblas, no *sabe* a dónde va 1492
12.50 y *sé* que su mandamiento es vida eterna 1492
13.1 *sabiendo* Jesús que su hora había llegado 1492
13.3 *sabiendo* Jesús que el Padre le había dado 1492
13.11 *sabía* quién le iba a entregar; por eso 1492
13.12 y les dijo: ¿*Sabéis* lo que os he hecho? 1097
13.17 si *sabéis* estas cosas, bienaventurados 1492
13.18 yo *sé* a quienes he elegido; mas para que 1492
14.4 y *sabéis* a dónde voy, y s el camino 1492
14.5 dijo Tomás: Señor, no *sabemos* a dónde vas 1492
14.5 cómo, pues, podemos *saber* el camino?
15.15 porque el siervo no *sabe* lo que hace su señor ... 1492
15.18 *sabed* que a mí me ha aborrecido antes 1097
16.13 os hará *saber* las cosas que... de venir 1097
16.14,15 tomará de lo mío, y os lo hará *saber*
16.30 entendemos que *sabes* todas las cosas 1492
18.4 Jesús, *sabiendo* todas las cosas que le 1492
18.21 he aquí, ellos *saben* lo que yo he dicho 1492
19.10 hablas? ¿No *sabes* que tengo autoridad 1492
19.28 *sabiendo* Jesús... todo estaba consumado 1492
19.35 y él *sabe* que dice verdad, para que 1492
20.2 llevado... no *sabemos* dónde le han puesto 1492
20.13 han llevado... no *sé* dónde le han puesto 1492
20.14 y vio a Jesús... no *sabía* que era Jesús 1492
21.4 los discípulos no *sabían* que era Jesús 1492
21.12 quién eres? *sabiendo* que era el Señor 1492
21.15,16,17 ¿me amas?... tú *sabes* que te amo 1492
21.24 *sabemos* que su testimonio es verdadero 1492
Hch 1.7 **no os toca a vosotros *saber*... tiempos** 1097
2.22 Dios hizo...como vosotros mismos *sabéis* 1492
2.30 *sabiendo* que con juramento Dios le había 1492
2.36 *sepa*... toda la casa de Israel, que a este 1097
3.17 *sé* que por ignorancia lo habéis hecho 1492
4.13 *sabiendo* que eran hombres sin letras, y 2638
5.2 sustrajo del precio, *sabiéndolo* también 4894
5.7 entró... no *sabiendo* lo que había acontecido 1492
7.40 este... no *sabemos* qué le haya acontecido 1492
9.30 *supieron* esto los hermanos, le llevaron 1921
10.28 vosotros *sabéis* cuán abominable es para 1987
10.37 *sabéis* lo que se divulgó por toda Judea 1492
12.9 no *sabía* que era verdad lo que hacía el 1492
12.17 y dijo: Haced *saber* esto a Jacobo y a
13.38 *sabed*, pues, esto, varones hermanos; que 1110
14.6 habiéndolo *sabido*, huyeron a Listra y
15.7 *sabéis* cómo... Dios escogió que... gentiles 1987
15.27 Silas, los cuales... harán *saber* lo mismo 518
16.3 todos *sabían* que su padre era griego 1492
16.36 el carcelero hizo *saber* estas... a Pablo 518
16.38 *saber* estas palabras a los magistrados 312
17.13 *supieron* que... en Berea era anunciada la 1097
17.19 ¿podremos *saber* qué es... de que hablas? 1097
17.20 queremos... *saber* qué quiere decir esto 1097
19.15 a Jesús conozco, y *sé* quién es Pablo 1987
19.25 *sabéis* que de este oficio obtenemos 1987
19.32 más no *sabían* por qué se habían reunido 1492
19.35 no *sabe* que la ciudad de los efesios es 1492
20.18 vosotros *sabéis* cómo me he comportado 1987
20.22 sin *saber* lo que allá me ha de acontecer 1492
20.25 *sé* que ninguno de... verá más mi rostro 1492
20.29 *sé* que después de mi partida entrarán 1492
20.34 *sabéis* que para lo que... sido necesario 1097
21.37 me permite... Y el dijo: ¿*Sabes* griego? 1097
22.19 Señor, ellos *saben* que yo encarcelaba y 1987
22.24 para *saber* por qué causa clamaban así 1921
22.29 el tribuno, al *saber* que era ciudadano 1921
22.30 *saber* de cierto la causa por la cual le 1097
23.5 dijo: No *sabía*... era el sumo sacerdote 1492
23.27 yo... habiendo *sabido* que era ciudadano 3129
23.28 y queriendo *saber* la causa por qué le 1097
24.10 *sé* que desde hace muchos años eres juez 1987
25.10 he hecho ningún agravio, como tú *sabes* 1921
26.5 también *saben* que yo desde el principio 4267
26.26 pues el rey *sabe* estas cosas, delante 1987
26.27 ¿crees, oh rey Agripa... Yo *sé* que crees 1492
28.1 ya... *supimos* que la isla se llamaba Malta 1921
28.28 *sabed*... a los gentiles es enviada esta 1110
Ro 2.2 *sabemos* que el juicio de Dios 1492
3.19 *sabemos* que todo lo que la ley dice, lo 1492
5.3 *sabiendo*... tribulación produce paciencia 1492
6.3 ¿o no *sabéis* que todos los que hemos sido 50
6.6 *sabiendo* esto... fue crucificado juntamente con 1097
6.9 *sabiendo* que Cristo, habiendo resucitado 1492
6.16 ¿no *sabéis* que si os sometéis a alguien 1492
7.14 *sabemos* que la ley es espiritual; mas yo 1492
7.18 y yo *sé* que en mí, esto es, en mi carne 1492
8.22 *sabemos* que toda la creación gime a una 1492
8.26 pues qué hemos de pedir... no lo *sabemos* 1492
8.27 *sabe* cuál es la intención del Espíritu 1492
8.28 *sabemos* que a los que aman a Dios, todas 1492
11.2 no *sabéis* qué dice de Elías la Escritura 1492
11.18 *sabe* que no sustentas tú a la raíz, sino
14.14 yo *sé*, y confío en el Señor Jesús 1492
15.29 *sé* que cuando vaya a vosotros, llegaré 1492
1 Co 1.16 no *sé* si he bautizado a algún otro 1492
2.2 me propuse no *saber*... cosa alguna sino a 1492
2.11 ¿quién de los... *sabe* las cosas del hombre 1492
2.12 que *sepamos* lo que Dios nos ha concedido 1492
3.16 ¿no *sabéis* que sois templo de Dios, y que 1492
5.6 ¿no *sabéis* que un poco de levadura leuda 1492
6.2 no *sabéis* que los santos han de juzgar al 1492
6.3 ¿o no *sabéis* que hemos de juzgar a los 1492
6.9 ¿no *sabéis* que los injustos no heredarán 1492
6.15 ¿no *sabéis* que vuestros cuerpos son 1492

S

13.54 ¿de dónde tiene éste esta *s* y... milagros? *4678*
Mr 6.2 decían... ¿Y qué *s* es esta que le es dada *4678*
Lc 2.40 el niño crecía y... y se llenaba de *s* *4678*
2.52 Jesús crecía en *s* y en estatura, y en *4678*
7.35 **la *s* es justificada por todos sus hijos** *4678*
11.31 **ella vino de... para oír la *s* de Salomón** *4678*
11.49 **por eso la *s* de Dios también dijo: Les** *4678*
21.15 **porque yo os daré palabra y *s*, la cual** *4678*
Hch 6.3 llenos... de *s*, a quienes encarguemos de *4678*
6.10 no podían resistir a la *s* y al Espíritu *4678*
7.10 le dio... *s* delante de Faraón rey de Egipto *4678*
7.22 fue enseñado Moisés en toda la *s* de los *4678*
Ro 11.33 las riquezas de la *s* y de la ciencia *4678*
1 Co 1.17 a predicar el... no con *s* de palabras *4678*
1.19 escrito: Destruiré la *s* de los sabios, y *4678*
1.20 ¿no ha enloquecido Dios la *s* del mundo? *4678*
1.21 pues ya que en la *s* de Dios, el mundo no *4678*
1.21 el mundo no conoció a Dios mediante la *s* *4678*
1.22 piden señales, y los griegos buscan *s* *4678*
1.24 para... Cristo poder de Dios, y *s* de Dios *4678*
1.30 el cual nos ha sido hecho por Dios *s* *4678*
2.1 no fui con excelencia de palabras o de *s* *4678*
2.4 fue con palabras persuasivas de humana *s* *4678*
2.5 vuestra fe no esté fundada en la *s* de los *4678*
2.6 hablamos *s*... *s*, no de este siglo, ni de los *4678*
2.7 mas hablamos *s* de Dios... *s* oculta, la cual *4678*
2.13 no con palabras enseñadas por *s* humana *4678*
3.19 la *s* de este mundo es insensatez para con *4678*
12.8 éste es dada por el Espíritu palabra de *s* *4678*
2 Co 1.12 no con *s* humana, sino con la gracia de *4678*
Ef 1.8 sobreabundar... en toda *s* e inteligencia *4678*
1.17 el Padre de gloria, os dé espíritu de *s* *4678*
3.10 la multiforme *s* de Dios sea ahora dada *4678*
Col 1.9 conocimiento de su voluntad en toda *s* *4678*
1.28 y enseñando a todo hombre en toda *s*, a *4678*
2.3 están escondidos todos los tesoros de la *s* *4678*
2.23 tienen a la verdad cierta reputación de *s* *4678*
3.16 y exhortándoos unos a otros en toda *s* *4678*
Stg 1.5 si alguno de... tiene falta de *s*, pídala *4678*
3.15 porque esta *s* no es la que desciende de *4678*
3.17 la *s* que es de lo alto es... pura, después *4678*
2 P 3.15 hermano Pablo, según la *s* que le ha *4678*
Ap 5.12 la *s*, la fortaleza, la honra, la gloria *4678*
7.12 la gloria y la *s* y la acción de gracias *4678*
13.18 hay *s*... cuente el número de la bestia *4678*
17.9 para la mente que tenga *s*... Las siete *4678*

SABIENDAS *(m. adv)*
Lv 5.17 sin hacerlo a *s*, es culpable, y llevará 3045
Jos 20.3 que matare a... por accidente y no a *s*

SABIO, A
Gn 41.8 hizo llamar a... y a todos sus *s*; y les 2450
41.33 provéase ahora... un varón prudente y *s* 2450
41.39 todo esto, no hay entendido ni *s* como tú 2450
Éx 1.10 seamos *s* para con él, para que no se 2449
7.11 llamó también Faraón *s* y hechiceros, e 2450
28.3 y tú hablarás a todos los *s* de corazón 2450
31.6 puesto sabiduría en el ánimo de todo *s* 2450
35.10 todo *s* de corazón... vendrá y hará todas 2450
35.25 las mujeres *s* de... hilaban con sus manos 2450
36.1 hombre *s* de corazón a quien Jehová dio 2450
36.2 Moisés llamó... a todo varón *s* de corazón 2450
36.8 *s* de corazón de entre los que hacían la 2450
Dt 1.13 dadme de entre... varones *s* y entendidos 2450
1.15 tomé a... varones *s* y expertos, y los puse 2450
4.6 pueblo *s* y entendido, nación grande es esta 2450
16.19 porque el soborno ciega los ojos de los *s* 2450
32.29 fueran *s*, que comprendieran esto, y se 2449
2 S 14.20 es *s* conforme a la sabiduría de un 2450
20.16 mujer *s* dio voces en la ciudad, diciendo 2450
1 R 2.9 hombre *s* eres, y sabes cómo debes hacer 2450
3.12 te he dado corazón *s* y entendido, tanto 2450
4.31 fue más *s* que todos los hombres, más que 2449
5.7 bendito sea hoy... que dio hijo *s* a David 2450
2 Cr 2.12 Jehová... dio al rey David un hijo *s* 2450
Est 1.13 preguntó... el rey a los *s* que conocían 2450
6.13 le dijeron sus *s*, y Zeres su mujer: Si 2450
Job 5.13 prende a los *s* en la astucia de ellos 2450
9.4 él es *s* de corazón, y poderoso en fuerzas 2450
15.2 ¿proferirá el *s* vana sabiduría... viento 2450
15.18 lo que los *s* nos contaron de sus padres 2450
17.10 y venid... y no hallaré entre vosotros *s* 2450
22.2 para sí mismo es provechoso el hombre *s* 7919
32.9 no son los *s* los de mucha edad, ni los 2449
34.2 oíd, *s*, mis palabras, y... estadme atentos 2450
34.34 inteligentes... y el hombre *s* que me oiga 2450
35.11 nos hace *s* más que a las aves del cielo? 2449
37.24 que cree en su propio corazón ser *s* 2450
Sal 19.7 el testimonio de... hace *s* al sencillo 2449
49.10 verá que aun los *s* mueren; que perecen 2450
94.8 y vosotros, fatuos, ¿cuándo seréis *s*? 7919
107.43 ¿quién es *s* y guardará estas cosas, y 2450
119.98 me has hecho más *s* que mis enemigos 2449
Pr 1.5 oirá el *s*, y aumentará el saber, y el 2450
1.6 palabras de *s*, y sus dichos profundos 2450
3.7 no seas *s* en tu propia opinión; teme a 2450
3.35 los *s* heredarán honra, mas los necios 2450
6.6 vé a la hormiga... mira sus caminos, y sé *s* 2450
8.33 atended el consejo, y sed *s*, y no lo 2450
9.8 corrige al *s*, y te amará 2450
9.9 da al *s*, y será más *s*; enseña al justo, y 2450
9.12 fueres *s*, para ti lo serás; y si fueres 2449
10.1 el hijo *s* alegra al padre, pero el hijo 2450
10.8 el *s*... recibirá los mandamientos; mas el 2450
10.14 los *s* guardan la sabiduría; mas la boca 2450
11.14 no hay dirección *s*, caerá el pueblo 2450
11.29 y el necio será siervo del *s* de corazón 2450
11.30 árbol de vida; y el que gana almas es *s* 2450
12.15 necio... el que obedece al consejo es *s* 2450
12.18 mas la lengua de los *s* es medicina 2450
13.1 el hijo *s* recibe el consejo del padre 2450
13.14 la ley del *s* es manantial de vida para 2450
13.20 el que anda con *s*, *s* será; mas el que 2450
14.1 la mujer *s* edifica su casa; mas la necia 2450
14.3 mas los labios de los *s* los guardarán 2450
14.16 el *s* teme y se aparta del mal; mas el 2450
14.24 riquezas de los *s* son su corona; pero 2450
15.2 la lengua de los *s* adornará la sabiduría 2450
15.7 la boca de los *s* esparce sabiduría; no así 2450
15.12 escarnecedor no... ni se junta con los *s* 2450
15.20 hijo *s* alegra al padre; mas el hombre 2450
15.31 el oído que escucha... entre los *s* morará 2450
16.14 la ira del rey... el hombre *s* la evitará 2450
16.21 el *s* de corazón es llamado prudente, y 2450
16.23 el corazón del *s* hace prudente su boca 2450
17.28 necio, cuando calla, es contado por *s* 2450
18.15 y el oído de los *s* busca la ciencia 2450
19.20 escucha el... para que seas *s* en tu vejez 2449
20.1 cualquiera que por ellos yerra no es *s* 2449
20.18 y con dirección *s* se hace la guerra
20.26 el rey *s* avienta a los impíos, y sobre 2450
21.11 es castigado, el simple se hace *s* 2449
21.11 y cuando se le amonesta al *s*, aprende 2450
21.20 tesoro precioso... hay en la casa del *s* 2450
21.22 tomó el *s* la ciudad de los fuertes, y 2450
22.17 oye las palabras de los *s*, y aplica tu 2450
23.15 si tu corazón fuere *s*, también a mí se 2449
23.19 sé *s*, y endereza tu corazón al camino 2449
23.24 y el que engendra *s* se gozará con él 2450
24.5 hombre *s* es fuerte, y de pujante vigor 2450
24.23 también estos son dichos de los *s* 2450
25.12 que reprende al *s* que tiene oído dócil 2450
26.5 que no se estime *s* en su propia opinión 2450
26.12 has visto hombre *s* en su propia opinión? 2450
26.16 en su... opinión el perezoso es más *s* que 2450
27.11 sé *s*, hijo mío, y alegra mi corazón, y 2449
28.2 mas por el hombre... *s* permanece estable 3045
28.11 el hombre rico es *s* en su propia opinión 2450
29.8 en llamas, mas los *s* apartan la ira 2450
29.9 si el hombre *s* contendiere con el necio 2450
29.11 toda su ira, mas el *s* al fin la sosiega 2450
30.24 cuatro cosas son... son más *s* que los *s* 2450
Ec 2.14 el *s* tiene sus ojos en su cabeza, mas 2450
2.15 he trabajado hasta... por hacerme más *s*? 2450
2.16 ni del *s* ni del necio habrá memoria para 2450
2.16 pues... también morirá el *s* como el necio 2450
2.19 ¿quién sabe si será *s* o necio el que se 2450
4.13 mejor es el muchacho pobre y *s*, que el 2450
6.8 porque ¿qué más tiene el *s* que el necio? 2450
7.4 el corazón de los *s*... en la casa del luto 2450
7.5 mejor es oír la reprensión del *s* que la 2450
7.7 la opresión hace entontecer al *s*, y las 2450
7.16 ni seas *s* con exceso; ¿por qué habrás de 2449
7.19 la sabiduría fortalece al *s* más que diez 2450
7.23 seré *s*; pero la sabiduría se alejó de mí 2450
8.1 ¿quién como el *s*? ¿y quién como el que 2450
8.5 el corazón del *s* discierne el tiempo y el 2450
8.17 aunque diga el *s* que la conoce, no por 2450
9.1 los justos, y los *s*, y sus obras, están 2450
9.11 ni aun de los *s* el pan, ni de... prudentes 2450
9.15 se halla en ella un hombre pobre, *s*, el 2450
9.17 palabras del *s*... mejores que el clamor del 2450
10.1 al que es estimado como *s* y honorable 2451
10.2 el corazón del *s* está a su mano derecha 2450
10.12 las palabras... del *s* son llenas de gracia 2450
12.9 y cuanto más *s* fue el Predicador, tanto 2450
12.11 las palabras de los *s* son como aguijones 2450
Is 5.21 ¡ay de los *s* en sus propios ojos, y de 2450
19.11 soy hijo de los *s*, e hijo de los reyes 2450
19.12 ¿dónde están ahora aquellos tus *s*? Que 2450
29.14 porque perecerá la sabiduría de sus *s* 2450
31.2 pero él también es *s*, y traerá el mal 2450
40.20 se busca un maestro *s*, que le haga una 2450
44.25 deshago... que hago volver atrás a los *s* 2450
50.4 el Señor me dio lengua de *s*, para saber 3928
50.4 despertará mi oído... que oiga como los *s* 3928
Jer 4.22 son *s* para hacer el mal, pero hacer 2450
8.8 ¿cómo decís: Nosotros somos *s*, y la ley 2450
8.9 los *s* se avergonzaron, se espantaron y 2450
9.12 ¿quién es varón *s* que entiende esto? ¿y a 2450
9.23 no se alabe el *s* en su sabiduría, ni en 2450
10.7 entre todos los *s* de las naciones y en 2450
18.18 la ley no faltará... ni el consejo al *s* 2450
49.7 ¿se ha acabado el consejo en los *s* ¿Se 2451
50.35 espada... contra sus príncipes y... sus *s* 2450
51.57 embriagaré a sus príncipes y a sus *s*, a sus ... 2450
Ez 27.8 tus *s*, oh Tiro, estaban en ti; ellos 2450
28.3 he aquí que tú eres más *s* que Daniel; no 2450
Dn 1.4 *s* en ciencia y de buen entendimiento 2451
2.12 que matasen a todos los *s* de Babilonia 2445
2.13 de que los *s* fueran llevados a la muerte 2445
2.14 que había salido para matar a los *s* de 2445
2.18 pereciesen con los otros *s* de Babilonia 2445
2.21 da la sabiduría a los *s*, y la ciencia a 2445
2.24 el rey había puesto para matar a los *s* 2445
2.24 dijo así: No mates a los *s* de Babilonia 2445
2.27 el misterio... ni *s*... lo pueden revelar al 2445
2.48 jefe supremo de todos los *s* de Babilonia 2445
4.6 mandé que vinieran... los *s* de Babilonia 2445
4.18 todos los *s* de mi reino no han podido 2445
5.7 dijo el rey a los *s*... Cualquiera que lea 2445
5.8 fueron introducidos todos los *s* del rey 2445
5.15 ahora fueron traídos delante de mí *s* y 2445
11.33 los *s* del pueblo instruirán a muchos 7919
11.35 también algunos de los *s* caerán para 7919
Os 13.13 un hijo no *s*, porque ya hace tiempo 2450
14.9 ¿quién es *s* para que entienda esto, y 2450
Abd 8 ¿no haré que perezcan en... los *s* de Edom 2450
Mi 6.9 Jehová clama... es *s* temer a tu nombre 8454
Zac 9.2 éste: Tiro y Sidón, aunque sean muy *s* 2449
Mt 11.25 **escondiste estas cosas de los *s* y de** *4680*
23.34 **yo os envío... *s* y escribas; y de ellos** *4680*
Lc 10.21 **porque escondiste estas cosas de los *s*** *4680*
Ro 1.14 a griegos y... a *s* y a no *s* soy deudor *4680*
1.22 profesando ser *s*, se hicieron necios *4680*
12.16 no seáis *s* en vuestra propia opinión *4680*
16.19 pero quiero que seáis *s* para el bien *4680*
16.27 al único y *s* Dios, sea gloria mediante *4680*
1 Co 1.19 destruiré la sabiduría de los *s*, y *4680*
1 Co 1.20 ¿dónde está el *s*? ¿Dónde está el *4680*
1.25 porque lo insensato de Dios es más *s* que *4680*
1.26 que no sois muchos *s* según la carne; ni *4680*
1.27 que lo necio del... para avergonzar a los *s* *4680*
3.18 si alguno de vosotros se cree *s* en este *4680*
3.18 hágase ignorante, para que llegue a ser *s* *4680*
3.19 él prende a los *s* en la astucia de ellos *4680*
3.20 el Señor conoce los pensamientos de los *s* *4680*
6.5 no hay entre vosotros *s*, ni aun uno, que *4680*
Ef 5.15 cómo andéis, no como necios sino como *s* *4680*
1 Ti 1.17 único y *s* Dios, sea honor y gloria *4680*
2 Ti 3.15 las cuales te pueden hacer *s* para la *4679*
Stg 3.13 ¿quién es *s* y entendido... vosotros? *4680*
3.13 muestre por... sus obras en *s* mansedumbre ... *4680*
Jud 25 único y *s* Dios... sea gloria y majestad *4680*

SABOR
Éx 16.31 Maná... su *s* como de hojuelas con miel 2940
Nm 11.8 molía... su *s* era como *s* de aceite nuevo 2940
Jer 48.11 quedó su *s* en él, y su olor no se ha 2940

SABROSO
Pr 9.17 dulces, y el pan comido en oculto es *s* 5276
20.17 *s* es al hombre el pan de mentira; pero 6156

SABTA *Hijo de Cus*, Gn 10.7; 1 Cr 1.9 5454

SABTECA *Hijo de Cus*, Gn 10.7; 1 Cr 1.9 5455

SACAR *(n.)*
1. Hijo de Ahiam (=Sarar), 1 Cr 11.35 7940
2. Levita, portero del templo, 1 Cr 26.4 7940

SACAR *(v.)*
Gn 3.23 y lo *sacó* Jehová del huerto del Edén 7971
8.17 los animales... *sacarás* contigo; y vayan 3318
14.18 Melquisedec... sacerdote... *sacó* pan y vino ... 3318
15.7 yo soy Jehová, que te *saqué* de Ur de los 3318
19.5 a Lot... *Sácalos*, para que los conozcamos 3318
19.8 las *sacaré* fuera, y haced de ellas como 3318
19.12 todo lo que tienes... *sácalo* de este lugar 3318
19.16 y lo *sacaron* y lo pusieron fuera de la 3318
24.19 para tus camellos *sacaré* agua, hasta que 7579
24.20 y corrió... para *sacar* agua, y sacó para 7579
24.44 también para tus camellos *sacaré* agua 7579
24.45 descendió a la fuente, y *sacó* agua; y le 7579
24.53 *sacó* el criado alhajas de plata y... oro 3318
37.28 *sacaron* ellos a José de la cisterna, y 4900
38.24 y Judá dijo: *Sacadla*, y sea quemada 3318
38.25 cuando la *sacaban*, envió a decir a su 3318
38.28 que *sacó* la mano el uno, y la partera 5414
40.14 hagas mención... y me *saques* de esta casa ... 3318
41.14 lo *sacaron*... de la cárcel, y se afeitó 7323
43.23 paz a vosotros... Y *sacó* a Simeón a ellos 3318
48.12 José los *sacó* de entre sus rodillas 3318
Éx 2.10 Moisés... Porque de las aguas lo *saqué* 4871
2.16 vinieron a *sacar* agua para llenar las 1802
2.19 *sacó* el agua, y dio de beber a las ovejas 1802
3.8 y *sacarlos* de aquella tierra a una tierra 5927
3.10 para que *saques* de Egipto a mi pueblo 3318
3.11 *saque* de Egipto a los hijos de Israel? 3318
3.12 cuando hayas *sacado* de Egipto al pueblo 3318
3.17 yo os *sacaré* de la aflicción de Egipto 5927
4.6 cuando la *sacó*... que su mano estaba leprosa .. 3318
4.7 al *sacarla* de nuevo... como la otra carne 3318
6.6 os *sacaré* de debajo de las tareas pesadas 3318
6.7 yo soy Jehová... que os *sacó* de... de Egipto 3318
6.13 que *sacasen* a los hijos de Israel de la 935
6.26 dijo: *Sacad* a los hijos de Israel de la 3318
6.27 hablaron a Faraón... para *sacar* de Egipto 3318
7.4 *sacaré* a mis ejércitos... hijos de Israel 3318
7.5 *saque* a los hijos de Israel de en medio 3318
8.18 para *sacar* piojos con sus encantamientos 3318
12.17 *saqué* vuestras huestes de la tierra de 3318
12.21 *sacad* y tomaos corderos por... familias 4900
12.39 de la masa que habían *sacado* de Egipto 3318
12.42 haberlos *sacado* en ella de la tierra de 3318
12.51 *sacó* Jehová a los hijos de Israel de la 3318
13.3 Jehová os ha *sacado* de... con mano fuerte 3318
13.8 hizo conmigo cuando me *sacó* de Egipto 3318
13.9 con mano fuerte te *sacó* Jehová de Egipto 3318
13.14 dirás: Jehová nos *sacó* con mano fuerte 3318
13.16 por cuanto Jehová nos *sacó* de Egipto con 3318
14.11 nos has *sacado* para que muramos en el 3947
14.11 ¿por qué has... nos has *sacado* de Egipto? 3318
15.9 *sacaré* mi espada, los destruirá mi mano 7324
16.3 nos habéis *sacado* a este desierto para 3318
16.6 que Jehová os ha *sacado* de la tierra de 3318
16.32 a comer... cuando yo os *saqué* de... Egipto 3318
18.1 Jehová había *sacado* a Israel de Egipto 3318
19.17 y Moisés *sacó* del campamento al pueblo 3318
20.2 yo soy... te *saqué* de la tierra de Egipto 3318
29.46 yo soy Jehová... que los *saqué* de... Egipto 3318
32.1,23 Moisés, el varón que nos *sacó* de la 5927
32.4 tus dioses, que te *sacaron* de la tierra 5927
32.7 que *sacaste* de... Egipto se ha corrompido 5927
32.8 estos son tus dioses, que te *sacaron* de la 5927
32.11 tu pueblo, que tú *sacaste* de la tierra 3318

32.12 para mal los *sacó*, para matarlos en los 3318
33.1 sube... tú y el pueblo que *sacaste* de la 5927
33.12 me dices a mí: *Saca* este pueblo; y tú 5927
33.15 no ha de ir conmigo, no nos *saques* de 5927
Lv 4.12 el becerro *sacará* fuera del campamento 3318
4.21 *sacará* el becerro fuera del campamento 3318
6.11 *sacará* las cenizas fuera del campamento 3318
10.4 acercaos y *sacad* a vuestros hermanos de 5375
10.5 y los *sacaron* con sus túnicas fuera del 5375
11.40 el que *sacare* el cuerpo muerto, lavará 5375
14.45 *sacarán* todo fuera de la ciudad a lugar 3318
16.27 *sacarán* fuera del campamento el becerro 935
19.36; 22.33 os *saqué* de la tierra de Egipto 3318
23.43 cuando los *saqué* de la tierra de Egipto 3318
24.14 *saca* el blasfemo fuera del campamento 3318
24.23 *sacaron* del campamento al blasfemo y 3318
25.38 os *saqué* de la tierra de Egipto, para 3318
25.42 mis siervos, los cuales *saqué* yo de la 3318
25.55 siervos míos, a los cuales *saqué* de la 3318
26.13 os *saqué* de la tierra de Egipto, para 3318
26.45 cuando los *saqué* de la tierra de Egipto 3318
Nm 14.13 medio de ellos *sacaste* a este pueblo 5927
15.36 entonces lo *sacó* la congregación fuera 3318
15.41 yo... que os *saqué* de la tierra de Egipto 3318
16.14 ¿*sacarás* los ojos de estos hombres? No 5365
17.9 entonces *sacó* Moisés todas las varas de 3318
19.3 él la *sacará* fuera del campamento, y la 3318
20.8 les *sacarás* aguas de la peña, y darás a 3318
20.16 y envió un ángel, y nos *sacó* de Egipto 3318
23.22 los ha *sacado* de Egipto; tiene fuerzas 3318
24.8 Dios lo *sacó* de Egipto; tiene fuerzas 3318
27.17 los *saque* y los introduzca, para que la 3318
Dt 1.27 nos ha *sacado* de tierra de Egipto, para 3318
4.20 y os ha *sacado* del horno de hierro, de 3318
4.37 te *sacó* de Egipto con su presencia y con 3318
5.6 yo soy Jehová tu Dios, que te *saqué*... Egipto 3318
5.15 tu Dios te *sacó* de allá con mano fuerte 3318
6.12 que te *sacó* de la tierra de Egipto, de 3318
6.21 y Jehová nos *sacó* de... con mano poderosa 3318
6.23 *sacó* de allá, para traernos y darnos la 3318
7.8 os ha *sacado* Jehová con mano poderosa, y 3318
7.19 el brazo... con que Jehová tu Dios te *sacó* 3318
8.9 tierra... y de cuyos montes *sacarás* cobre 2672
8.14 olvides de... te *sacó* de tierra de Egipto 3318
8.15 él te *sacó* agua de la roca del pedernal 3318
9.12 que *sacaste* de Egipto se ha corrompido 3318
9.26 que *sacaste* de Egipto con mano poderosa 3318
9.28 digan los de la tierra de donde... *sacaste* 3318
9.28 los *sacó* para matarlos en el desierto 3318
9.29 ellos son tu pueblo... que *sacaste* con tu 3318
13.5 Dios que te *sacó* de tierra de Egipto y 3318
13.10 te *sacó* de tierra de Egipto, de casa de 3318
14.28 *sacarás*... el diezmo de tus productos de 3318
16.1 en el mes de Abib te *sacó* Jehová tu Dios 3318
17.5 *sacarás*... al hombre o... que hubiere hecho 3318
19.12 los ancianos... lo *sacarán* de allí, y lo 3947
20.1 está contigo, el cual te *sacó* de tierra 5927
21.19 *sacarán* ante los ancianos de su ciudad 3318
22.15 *sacarán* las señales de la virginidad de 3318
22.21 la *sacarán* a la puerta de la casa de su 3318
22.24 los *sacaréis*... a la puerta de la ciudad 3318
24.11 a quien prestaste te *sacará* la prenda 3318
26.2 primicias de... los frutos que *sacares* de
26.8 nos *sacó* de Egipto con mano fuerte, con 3318
26.13 he *sacado* lo consagrado de mi casa, y 1197
28.38 *sacarás* mucha semilla... recogerás poco 3318
29.11 el que corta... hasta el que *saca* tu agua 7579
29.25 cuando los *sacó* de la tierra de Egipto 3318
Jos 2.3 *saca* a los hombres que han venido a ti 3318
6.23 y los espías entraron y *sacaron* a Rahab 3318
6.23 y también *sacaron* a toda su parentela 3318
9.23 y *saque* el agua para la casa de mi Dios 7579
10.22 abrid la... y *sacad*... a esos cinco reyes 3318
10.23 y *sacaron* de la cueva a aquellos cinco 3318
18.11 *sacó* la suerte de la tribu de... Benjamín 5927
19.9 fue *sacada* la heredad de los... de Simeón
24.5 envié... herí a Egipto... y después os *saqué* 3318
24.6 *saqué* a vuestros padres de Egipto... mar 3318
24.17 Jehová... es el que nos *sacó* a nosotros 5927
Jue 2.1 yo os *saqué* de Egipto, y os introduje 5927
2.12 los había *sacado* de la tierra de Egipto 3318
3.22 no *sacó* el puñal de su vientre; y salió 8025
6.8 hice... y os *saqué* de la casa de servidumbre 3318
6.13 ¿no nos *sacó* Jehová de Egipto? Y ahora 5927
6.18 *saque* mi ofrenda y la ponga delante de 3318
6.19 en una olla, y *sacándolo* se lo presentó 3318
6.30 *saca* a tu hijo para que muera, porque ha 3318
6.38 exprimió el vellón y *sacó*... un tazón lleno 4680
8.10 habían caído 120.000... que *sacaban* espada ... 8025
9.54 *saca* tu espada y mátame, para que no se 8025
16.21 mas los filisteos... le *sacaron* los ojos 5365
19.22 *saca* al hombre que ha entrado en tu casa 3318
19.24 he aquí mi hija virgen... las *sacaré* ahora 3318
19.25 tomando aquel... a su concubina, la *sacó* 3318
20.2,17 de Israel... 400.000... *sacaban* espada 8025
20.15 Benjamín... 26,000... que *sacaban* espada 8025
20.25 otros 18.000 hombres de... *sacaban* espada ... 8025
20.35 mataron... todos los cuales *sacaban* espada .. 8025
20.46 murieron... 25.000... que *sacaban* espada 8025
Rt 2.9 y bebe del agua que *sacan* los criados 7579
2.18 *sacó* también... lo que le había sobrado 3318
1 S 2.14 metía... todo lo que *sacaba* el garfio 5927
7.6 y se reunieron en Mizpa, y *sacaron* agua 7579
8.8 el día que los *saqué* de Egipto hasta hoy 5927
10.18 yo *saqué* a Israel de Egipto, y os libré 5927
11.2 que a cada uno de... *saque* el ojo derecho 5365
12.6 *sacó* a vuestros padres de la... de Egipto 5927
12.8 los cuales *sacaron* a vuestros padres de 3318
17.51 *sacándola*... acabó de matar, y le cortó 8025
31.4 dijo Saúl... *Saca* tu espada, y traspásame 8025
2 S 5.2 tú quien *sacabas* a Israel a la guerra 3318
7.6 el día en que *saqué* a los hijos de Israel 5927
12.30 y *sacó* muy grande botín de la ciudad 3318
12.31 *sacó* además a la gente que estaba en ella 3318
13.9 las *sacó* delante de él; mas él no quiso 3332
22.17 me tomó; me *sacó* de las muchas aguas 4871
22.20 y me *sacó* a lugar espacioso; me libró
23.16 los tres... *sacaron* agua del pozo de Belén 7579
24.9 hombres fuertes que *sacaban* espada, y los 8025
1 R 8.8 *sacaron* las varas, de manera que sus 748
8.16 el día que *saqué* de Egipto a mi pueblo 3318
8.21 el pacto... cuando los *sacó* de... de Egipto 3318
8.51 tu pueblo... el cual tú *sacaste* de Egipto 3318
8.53 *sacaste* a nuestros padres de Egipto, oh 3318
9.9 dejaron a Jehová su... que había *sacado* a 935
20.24 *saca* a los reyes cada uno de su puesto 5493
21.10 y entonces *sacadlo*, y apedreadlo para 3318
22.34 y *sácame* del campo, pues estoy herido 3318
2 R 10.22 *saca* vestiduras... les sacó vestiduras 3318
10.26 *sacaron* las estatuas del templo de Baal 3318
11.2 tomó a Joás hijo... y lo *sacó* furtivamente 1589
11.12 *sacando* luego Joiada al hijo del rey, le 3318
11.15 *sacadla* fuera del recinto del templo, y 3318
17.7 Dios, que los *sacó* de tierra de Egipto 5927
17.36 mas a Jehová, que os *sacó* de... de Egipto 3318
23.4 mandó el rey... que *sacasen* del templo de 3318
23.6 hizo... *sacar* la imagen de Asera fuera de 3318
23.16 envió y *sacó* los huesos de... sepulcros 3947
23.35 *sacando* la plata y el oro del pueblo de 5065
24.13 *sacó*... los tesoros de la casa de Jehová 3316
25.7 a Sedequías le *sacaron* los ojos, y atado 5786
25.27 a Joaquín rey... *sacándolo* de la cárcel
1 Cr 9.28 por cuenta, y por cuenta se *sacaban*
10.4 *saca* tu espada y traspásame con ella, no 8025
11.2 tú eras quien *sacaba* a la guerra a Israel 3318
11.18 y *sacaron* agua del pozo de Belén, que 7579
17.5 el día que *saqué* a los hijos de Israel 5927
20.1 que Joab *sacó* las fuerzas del ejército 5090
20.2 esto *sacó* de la ciudad muy grande botín 3318
20.3 *sacó*... al pueblo que estaba en ella, y lo 3318
21.5 todo Israel 1.100.000 que *sacaban* espada 8025
21.5 y de Judá 470.000... que *sacaban* espada 8025
2 Cr 2.14 y *sacar* toda forma de diseño que se
6.5 desde el día... *saqué* a mi pueblo de Egipto 3318
7.22 que los *sacó* de la tierra de Egipto, y 3318
16.2 *sacó* Asa la plata y el oro de... la casa 3318
18.33 *sácame* del campo, porque estoy... herido 3318
23.11 entonces *sacaron* al hijo del rey, y le 3318
23.14 *sacadla* fuera del recinto, y al que la 3318
25.11 *sacó* a su pueblo, y vino al Valle de la 5090
29.5 casa... y *sacad* del santuario la inmundicia 3318
29.16 *sacaron*... inmundicia que hallaron en el 3318
34.14 *sacar* el dinero que había sido traído 3318
35.24 sus siervos lo *sacaron* de aquel carro 6574
Esd 1.7 Ciro *sacó* los utensilios de la casa de 3318
1.7 Nabucodonosor había *sacado* de Jerusalén 3318
1.8 los *sacó*... Ciro rey, de Persia, por mano de 3318
5.14 Nabucodonosor había *sacado* del templo 5312
5.14 rey Ciro los *sacó* del templo de Babilonia 5312
6.5 los cuales Nabucodonosor *sacó* del templo 5312
Neh 9.7 lo *sacaste* de Ur de los caldeos, y le 3318
9.15 en su sed les *sacaste* aguas de la peña 3318
Job 5.5 su mies... *sacarán* de entre los espinos 3947
8.10 ellos... de su corazón *sacarán* palabras? 3318
10.18 ¿por qué me *sacaste* de la matriz? 3318
12.22 él... *saca* a luz la sombra de muerte 3318
15.13 que... *saques* tales palabras de tu boca? 3318
20.15 devoró... de su vientre las *sacará* Dios 3423
22.6 *sacaste* prenda a tus hermanos sin causa
28.2 hierro se *saca* del polvo, y de la piedra 3947
35.3 dijiste: ¿Qué ventaja *sacaré* de ello?
38.32 ¿*sacarás* tú... las constelaciones de los 3318
41.1 ¿*sacarás* tú al leviatán con anzuelo, o con 4900
Sal 18.16 me tomó, me *sacó* de las muchas aguas 4871
18.19 me *sacó* a lugar espacioso; me libró 3318
22.9 pero tú eres el que me *sacó* del vientre 1518
25.15 porque él *sacará* mis pies de la red 3318
25.17 han aumentado; *sácame* de mis congojas 3318
31.4 *sácame* de la red que han escondido, para 3318
35.3 *saca* la lanza... contra mis perseguidores 7324
40.2 hizo *sacar* del pozo de la desesperación 5927
66.12 pasamos por... y nos *sacaste* a abundancia ... 3318
68.6 *saca* a los cautivos a prosperidad; mas 3318
69.14 *sácame* del lodo, y no sea yo sumergido 5337
71.6 de las entrañas... fuiste el que me *sacó* 1491
78.16 pues *sacó* de la peña corrientes, e hizo 3318
104.14 la hierba, *sacando* el pan de la tierra 3318
105.37 los *sacó* con plata y oro; y no hubo en 3318
105.43 *sacó* a su pueblo con gozo; con júbilo 3318
107.14 *sacó* de las tinieblas y de la sombra de 3318
135.7 hace... *saca* de sus depósitos los vientos 3318
136.11 que *sacó* a Israel de en medio de ellos 3318
140.8 no *saques* adelante su pensamiento, para
142.7 *saca* mi alma de la cárcel... que alabe tu 3318
143.11 tu justicia *sacarás* mi alma de angustia 3318
144.7 redímeme, y *sácame* de las muchas aguas 5337
Pr 30.17 los cuervos... lo *saquen*, y lo devoren 5365
30.33 el que bate la leche *sacará* mantequilla 3318
30.33 recio se suena las narices *sacará* sangre 3318
Ec 5.10 el que ama el mucho tener, no *sacará*
Is 12.3 *sacaréis* con gozo aguas de las fuentes 7579
22.6 Elam tomó aljaba... y Kir *sacó* el escudo
30.14 no se halla tiesto... o para *sacar* agua 2834
34.15 allí... *sacará* sus pollos, y los juntará
Is 40.26 él *saca* y cuenta su ejército; a todas 3318
42.7 que *saques* de la cárcel a los presos, y 3318
43.8 *sacad* al pueblo ciego que tiene ojos, y a 3318
43.17 el que *saca* carro y caballo, ejército y 3318
46.6 *sacan* oro de la bolsa, y pesan plata con
54.16 y que *saca* la herramienta para su obra 3318
65.9 *sacaré* descendencia de Jacob, y de Judá 3318
Jer 7.22 nada les mandé... el día que los *saqué* 3318
8.1 *sacarán* los huesos de los reyes de Judá 3318
10.13 hace... *saca* el viento de sus depósitos 3318
11.4 mandé a... padres el día que los *saqué* de 3318
12.17 arrancaré esa nación, *sacándola* de raíz 5428
17.22 ni *saquéis* carga de vuestras casas en 3318
20.3 y el día siguiente Pasur *sacó* a Jeremías 3318
26.23 *sacaron* a Urías de Egipto y lo trajeron 3318
31.32 el día que tomé su mano para *sacarlos* de 3318
32.21 *sacaste* a tu pueblo Israel de la tierra 3318
34.13 pacto... el día que los *saqué* de... Egipto 3318
37.17 Sedequías envió y le *sacó*... preguntó el 3947
38.10 y haz *sacar* al profeta... de la cisterna 3318
38.13 este modo *sacaron* a Jeremías con sogas 4900
38.22 mujeres... serán *sacadas* a los príncipes 3318
38.23 *sacarán*... tus mujeres y tus hijos a los 4672
39.7 y *sacó* los ojos del rey Sedequías, y le 5786
39.14 *sacase* a casa; y vivió entre el pueblo 3318
50.25 y *sacó* los instrumentos de su furor 3318
51.10 Jehová *sacó* a luz nuestras justicias 3318
51.16 hace... y *saca* el viento de sus depósitos 3318
51.44 *sacaré* de su boca lo que se ha tragado 3318
52.11 le *sacó* los ojos a Sedequías, y le ató 5786
52.31 alzó la cabeza... y lo *sacó* de la cárcel 3218
Ez 4.2 sitio... y *sacarás* contra ella baluarte
11.7 os *sacaré* a vosotros de en medio de ella 3318
11.9 y os *sacaré* de en medio de ella, y os 3318
12.4 *sacarás* tus enseres de día delante de sus 3318
12.6 delante de sus ojos... de noche los *sacarás* 3318
12.7 *saqué* mis enseres de día, como enseres 3318
12.12 por la pared abrirán paso para *sacarlo* 3318
20.6 que los *sacaría* de la tierra de Egipto 3318
20.9 actué... *sacarlos* de la tierra de Egipto 3318
20.10 los *saqué* de la... de Egipto, y los traje 3318
20.14,22 ante cuyos ojos los había *sacado* 3318
20.34 y os *sacaré* de entre los pueblos, y os 3318
20.38 de la tierra de sus... los *sacaré*, mas a 3318
20.41 os haya *sacado* de entre los pueblos, y os 3318
21.3 *sacaré* mi espada de su vaina, y cortaré 3318
21.5 que yo Jehová *saqué* mi espada de su vaina ... 3318
24.6 por sus piezas *sácala*, sin echar suerte 3318
28.18 yo, pues, *saqué* fuego de en medio de ti 3318
29.4 y te *sacaré* de en medio de tus ríos, y 5927
34.13 y yo las *sacaré* de los pueblos, y las 3318
37.13 abra... y os *saque* de vuestras sepulturas 5927
38.4 y te *sacaré* a ti y a todo tu ejército 3318
38.8 fue *sacada* de las naciones, y todos ellos 3318
39.3 y *sacaré* tu arco de tu mano izquierda 5221
39.27 cuando los *saque* de entre los pueblos
42.15 me *sacó* por el camino de la puerta que 3318
46.20 allí cocerán... para no *sacarla* al atrio 3318
46.21 luego me *sacó* al atrio exterior, y me 3318
47.2 me *sacó* por el camino de la puerta del 3318
Dn 6.23 *sacar* a Daniel del... fue Daniel sacado 5267
9.15 Dios... que *sacaste* tu pueblo de... Egipto 3318
Os 9.13 Efraín *sacará* sus hijos a la matanza 3318
Am 6.10 y lo quemará para *sacar* los huesos de 3318
Jon 2.6 mas tú *sacaste* mi vida de la sepultura 5927
Mi 2.3 del cual no *sacaréis* vuestros cuellos 4185
7.9 Jehová... me *sacará* a luz; veré su justicia 3318
Hab 1.15 *sacará* a todos con anzuelo... recogerá 5927
Sof 3.5 de mañana *sacará* a luz su juicio, nunca 5414
Hag 2.16 venían al lagar para *sacar* cincuenta 2834
Zac 4.7 él *sacará* la... piedra con aclamaciones 3318
9.11 yo he *sacado* tus presos de la cisterna
Mt 5.29 **sácalo, y échalo de ti; pues mejor te** *1808*
7.4 **dirás a, Déjame *sacar* la paja de tu ojo** *1544*
7.5 ***saca* primero la viga de tu propio ojo, y** *1544*
7.5 **y entonces verás bien para *sacar* la paja** *1544*
12.20 hasta que *saque* a victoria el juicio
12.35 **del buen tesoro del... *saca* buenas cosas** *1544*
12.35 **malo, del mal tesoro *saca* malas cosas** *1544*
13.48 **y una vez llena, la *sacan* a la orilla** *307*
13.52 ***saca* de su tesoro cosas nuevas y cosas** *1544*
17.27 **el primer pez que *saques*, tómalo, y al** *305*
18.9 **ocasión de caer, *sácalo* y échalo de ti** *1807*
26.51 *sacó* su espada, e hiriendo a un siervo *645*
Mr 8.23 tomando la mano del ciego, le *sacó* *1806*
9.47 **tu ojo te fuere ocasión de caer, *sácalo*** *1544*
14.47 *sacando* la espada, hirió al siervo del *4685*
15.20 después... le *sacaron* para crucificarle *1806*
Lc 5.36 **el remiendo *sacado* de él no armoniza**
6.42 **déjame *sacar* la paja que está en tu ojo** *1544*
6.42 ***saca* primero la viga de tu propio ojo, y** *1544*
6.42 **verás bien para *sacar* la paja que está** *1544*
6.45 **bueno, del buen tesoro de... *saca* lo bueno** *4393*
6.45 **del mal tesoro... *saca* lo malo; porque de** *4393*
10.35 ***sacó* dos denarios, y los dio al mesonero** *1544*
14.5 **no lo *sacará* inmediatamente, aunque sea** *385*
15.22 **el padre dijo... *Sacad* el mejor vestido** *1627*
24.50 los *sacó* fuera hasta Betania, y alzando *1806*
Jn 2.8 ***sacad* ahora, y llevadlo al maestresala** *501*
2.9 los sirvientes que habían *sacado* el agua *501*
4.7 vino una mujer de Samaria a *sacar* agua *501*
4.11 le dijo: Señor, no tienes con qué *sacarla* *502*
4.15 no tenga yo sed, ni venga aquí a *sacarla* *501*
10.3 **sus ovejas llama por nombre, y las *saca*** *1806*
10.4 **cuando ha *sacado* fuera todas las propias** *1544*
21.6 **la echaron, y ya no la podían *sacar*, por** *1670*
21.11 *sacó* la red a tierra, llena de... peces *1670*
Hch 5.6 los jóvenes... *sacándolo*, lo sepultaron *1627*
5.9 los pies de los que... y te *sacarán* a ti *1627*
5.10 la *sacaron*, y la sepultaron junto a su *1627*

5.15 *sacaban* los enfermos a las calles, y los *1627*
5.19 ángel del Señor, abriendo... y *sacándolos*...... *1806*
5.34 mandé que *sacasen* fuera... los apóstoles *4160*
7.36 éste los *sacó*, habiendo hecho prodigios *1806*
7.40 este Moisés, que nos *sacó* de la tierra.......... *1806*
9.40 *sacando* a todos... puso de rodillas y oró
12.4 se proponía *sacarle* al pueblo después de....... *321*
12.6 cuando Herodes le iba a *sacar*, aquella *4254*
12.17 el Señor le había *sacado* de la cárcel......... *1806*
13.17 y con brazo levantado los *sacó* de ella........ *1806*
16.27 viendo... *sacó* la espada y se iba a matar..... *4685*
16.30 y *sacándolos*, les dijo: Señores, ¿qué.......... *4254*
16.37 no... sino vengan ellos mismos a *sacarnos*.... *1806*
16.39 *sacándolos*, les pidieron que salieran......... *1806*
17.5 los judíos... procuraban *sacarlos* al pueblo....... *71*
19.33 y *sacaron* de... la multitud a Alejandro *4264*
21.38 y *sacó* al desierto los 4.000 sicarios?.......... *1806*
22.30 *sacando* a Pablo, le presentó ante ellos
Gá 4.15 hubierais *sacado* vuestros propios ojos *1846*
1 Ti 6.7 nada... y sin duda nada podremos *sacar*....... *1627*
2 Ti 1.10 quitó la muerte y *sacó* a luz la vida........... *5461*
He 8.9 para *sacarlos* de la tierra de Egipto *1806*
11.34 evitaron... *sacaron* fuerzas de debilidad
Jud 5 *sacándolo* de Egipto, después destruyó a
16 adulando a... personas para *sacar* provecho

SACERDOCIO
Éx 29.9 y tendrán el s por derecho perpetuo........... 3550
31.10 las vestiduras de... para que ejerzan el s 3547
35.19 las vestiduras de... para servir en el s 3547
39.41 las vestiduras... para ministrar en el s 3547
40.15 y su unción les servirá por s perpetuo........ 3550
Nm 3.3 los cuales consagró para ejercer el s 3547
3.4 Itamar ejercieron el s delante de Aarón 3547
3.10 y constituirás a... para que ejerzan su s 3550
16.10 hizo acercar... ¿Procuráis también el s?...... 3550
18.1 tú y... llevaréis el pecado de vuestro s 3550
18.7 tus hijos contigo guardaréis vuestro s 3550
18.7 he dado en don el servicio de vuestro s 3550
25.13 tendrá él, y su... el pacto del s perpetuo 3550
Dt 10.6 en lugar suyo tuvo el s su hijo Eleazar 3547
Jos 18.7 el s de Jehová es la heredad de ellos.......... 3550
1 R 2.27 así echó Salomón a Abiatar del s de 3548
1 Cr 6.10 Azarías, el que tuvo el s en la casa............ 3547
24.2 hijos, Eleazar e Itamar ejercieron el s 3547
Esd 2.62; Neh 7.64 fueron excluidos del s 3550
13.29 que contaminan el s, y el pacto del s.......... 3550
Os 4.6 yo te echaré del s; y porque olvidaste........... 3547
Lc 1.8 aconteció que ejerciendo Zacarías el s.......... *2407*
1.9 conforme a la costumbre del s, le tocó en *2405*
He 7.5 de entre los hijos de Leví reciben el s *2405*
7.11 si, pues, la perfección fuera por el s *2420*
7.12 porque cambiado el s, necesario es que........ *2420*
7.14 la cual nada habló Moisés tocante al s *2420*
7.24 cuanto permanece... tiene un s inmutable *2420*
1 P 2.5 sed edificados como casa... y s santo *2406*
2.9 mas vosotros sois linaje escogido, real s *2406*

SACERDOTAL
Esd 2.69 dieron al tesorero... cien túnicas s............ 3548
Neh 7.70 el gobernador dio... 530 vestiduras s......... 3548
7.72 el resto del pueblo dio... 67 vestiduras s 3548

SACERDOTE
Gn 14.18 Melquisedec, rey de Salem y s del 3548
41.45,50; 46.20 Asenat, hija de Potifera s............ 3548
47.22 tierra de los s no compró, por cuanto 3548
47.22 cuanto los s tenían ración de Faraón......... 3548
47.26 excepto sólo la tierra de los s, que no......... 3548
Éx 2.16 siete hijas que tenía el s de Madián............ 3548
3.1 las ovejas de Jetro su suegro, s de Madián...... 3548
18.1 oyó Jetro s de Madián, suegro de Moisés 3548
19.6 me seréis un reino de s, y gente santa 3548
19.22 se santifiquen los s que se acercan a 3548
19.24 los s y el pueblo no traspasen el límite........ 3548
28.1 Aarón... y a sus hijos... para que sean mis s ... 3547
28.3 para consagrarle para que sea mi s
28.4 y para sus hijos, para que sean mis s 3547
28.41 y los... santificarás, para que sean mis s...... 3547
29.1 para consagrarlos, para que sean mis s 3547
29.30 que de sus hijos tome su lugar como s 3548
29.44 santificaré... a Aarón y... que sean mis s 3547
30.30 y los consagrarás para que sean mis s 3547
31.10 las vestiduras santas para Aarón el s 3547
35.19 las sagradas vestiduras de Aarón el s 3547
38.21 la dirección de Itamar hijo del s Aarón....... 3548
39.41 las sagradas vestiduras para Aarón el s...... 3547
40.13 a Aarón... consagrarás, para que sea mi s.... 3547
40.15 los ungirás... serán mis s, y su unción 3547
Lv 1.5 y los s hijos de... ofrecerán la sangre 3548
1.7 los hijos del s Aarón pondrán fuego sobre 3548
1.8 los s... acomodarán las piezas, la cabeza y 3548
1.9 y el s hará arder todo sobre el altar 3548
1.11 los s... rociarán su sangre sobre el altar......... 3548
1.12 y el s las acomodará sobre la leña que 3548
1.13 el s lo ofrecerá todo, y lo hará arder........... 3548
1.15 y el s la ofrecerá sobre el altar, y le............ 3548
1.17 el s la hará arder sobre el altar, sobre......... 3548
2.2 la traerá a los s, hijos de Aarón; y de 3548
2.2 tomará el s su puño lleno de la flor de 3548
2.8 traerás... ofrenda... y la presentarás al s 3548
2.9 tomará el s de aquella ofrenda lo que sea 3548
2.16 el s hará arder el memorial de él, parte 3548
3.2 los s... rociarán su sangre sobre el altar........ 3548
3.11,16 el s hará arder esto sobre el altar 3548
4.3 si el s ungido pecare según el pecado del 3548
4.5 y el s... tomará de la sangre del becerro 3548
4.6,17 y mojará el s su dedo en la sangre 3548
4.7 s pondrá de esa sangre sobre los cuernos 3548
4.10,31 y el s la hará arder sobre el altar........... 3548
4.16 el s... meterá de la sangre del becerro en...... 3548
4.20 de él; así hará el s expiación por ellos 3548
4.25,30,34 su dedo el s tomará de la sangre......... 3548
4.26 así el s hará por él la expiación de su.......... 3548
4.31 así hará el s expiación por él, y será........... 3548
4.35 el s la hará arder en el altar sobre la.......... 3548
4.35 le hará el s expiación de su pecado que....... 3548
5.6 y el s le hará expiación por su pecado 3548
5.8 los traerá al s, el cual ofrecerá primero 3548
5.10 así el s hará expiación por el pecado de 3548
5.12 la traerá, pues al s, y el s tomará de 3548
5.13 y hará el s expiación por él en cuanto 3548
5.13 el sobrante será del s, como la ofrenda......... 3548
5.16 añadirá... la quinta parte y lo dará al s........ 3548
5.16 el s hará expiación por él con el carnero 3548
5.18 traerá... al s para expiación, según tú lo....... 3548
5.18 el s le hará expiación por el yerro que.......... 3548
6.6 traerá... un carnero... lo dará al s para la 3548
6.7 y el s hará expiación por él delante de.......... 3548
6.10 y el s se pondrá su vestidura de lino 3548
6.12 que el s pondrá en él leña cada mañana........ 3548
6.22 s que... fuere ungido... hará igual ofrenda..... 3548
6.23 toda ofrenda de s será... quemada; no se 3548
6.26 el s que la ofreciere por el pecado, la.......... 3548
6.29 todo varón de entre los s la comerá; es 3548
7.5 s lo hará arder sobre el altar, ofrenda.......... 3548
7.6 todo varón de entre los s la comerá; será 3548
7.7 será del s que hiciere la expiación con.......... 3548
7.8 el s que ofreciere holocausto de alguno......... 3548
7.9 toda ofrenda... será del s que lo ofreciere 3548
7.14 será del s que rociare la sangre de los......... 3548
7.31 la grosura la hará arder el s en el altar 3548
7.32 daréis al s para ser elevada en ofrenda 3548
7.34 y lo he dado a Aarón el s y a sus hijos 3548
7.35 que él los consagró para ser s de Jehová 3547
12.6 traerá un cordero de un año para... al s....... 3548
12.8 y el s hará expiación por ella, y será........... 3548
13.2 a Aarón el s o a uno de sus hijos los s.......... 3548
13.3 mirará la llaga en la piel del cuerpo 3548
13.3 s le reconocerá, y le declarará inmundo........ 3548
13.4 el s encerrará al llagado por siete días 3548
13.5 y al séptimo día el s lo mirará; y si la 3548
13.5 s le volverá a encerrar por otros siete 3548
13.6 el s le reconocerá de nuevo; y si parece 3548
13.6 el s lo declarará limpio; era erupción........... 3548
13.7 después que él se mostró al s para ser.......... 3548
13.7 limpio, deberá mostrarse otra vez al s........... 3548
13.8 si reconociéndolo el s ve que la erupción 3548
13.9 hubiere llaga de lepra... será traído al s......... 3548
13.11 y le declarará inmundo el s, y no le............ 3548
13.12 si brotare... hasta donde pueda ver el s 3548
13.15 s mirará la carne viva, y lo declarará 3548
13.16 la carne viva cambiare y... vendrá al s 3548
13.17 el s mirará; y... el s declarará limpio al........ 3548
13.19 una mancha blanca... será mostrado al s..... 3548
13.20 el s mirará... el s lo declarará inmundo....... 3548
13.21 el s la considerare... el s le encerrará 3548
13.22 si... el s lo declarará inmundo; es llaga 3548
13.23 cicatriz del... y el s lo declarará limpio 3548
13.25 el s la mirará... s lo declarará inmundo 3548
13.26 mas si el s la mirare, y no apareciere 3548
13.26 sino... le encerrará el s por siete días.......... 3548
13.27 el s la reconocerá... el s lo declarará 3548
13.28 el s lo declarará limpio, porque señal 3548
13.30 el s mirará la llaga... el s le declarará 3548
13.31 cuando el s hubiere mirado la llaga de 3548
13.31 s encerrará... días al llagado de la tiña........ 3548
13.32 el s mirará la llaga; y si la tiña no 3548
13.33 y el s encerrará por otros siete días al......... 3548
13.34 mirará el s la tiña... el s lo declarará 3548
13.36 el s la mirará; y si la tiña hubiere............. 3548
13.36 no busque el s el pelo amarillento; es......... 3548
13.37 está limpio, y limpio lo declarará el s......... 3548
13.39 s mirará, y si en la piel de su cuerpo 3548
13.43 el s lo mirará, y si pareciere... la llaga......... 3548
13.44 leproso es, es inmundo... el s lo declarará 3548
13.49 es de lepra, y se ha de mostrar al s 3548
13.50 s mirará la plaga, y encerrará la cosa......... 3548
13.53 y si el s mirare, y no pareciere que 3548
13.54 s mandará que laven donde está la plaga 3548
13.55 el s mirará después que la plaga fuere 3548
13.56 mas si el s la viere, y pareciere que........... 3548
14.2 la ley para el leproso... Será traído al s 3548
14.4 el s mandará luego que se tomen para él....... 3548
14.5 y mandará el s matar una avecilla en un 3548
14.11 el s que le purifica presentará delante 3548
14.12 y tomará el s un cordero y lo ofrecerá......... 3548
14.13 así... la víctima por la culpa es del s 3548
14.14 el s tomará de la sangre de la víctima 3548
14.14 pondrá el s sobre el lóbulo de la oreja 3548
14.15 s tomará del log de aceite, y lo echará......... 3548
14.17 aceite... pondrá el s sobre el lóbulo de........ 3548
14.18 hará el s expiación por él delante de 3548
14.19 ofrecerá luego el s el sacrificio por el 3548
14.20 y hará subir el s el holocausto y la............ 3548
14.20 así hará el s expiación por él, y será.......... 3548
14.23 traerá estas cosas al s, a la puerta del........ 3548
14.24 el s tomará el cordero de la expiación......... 3548
14.24 y los mecerá el s como ofrenda mecida........ 3548
14.25 y el s tomará de la sangre de la culpa 3548
14.26 el s echará del aceite sobre la palma de 3548
14.27 el s rociará del aceite que tiene en su 3548
14.28 el s pondrá del aceite que tiene en su......... 3548
14.29 lo que sobre del aceite que el s tiene.......... 3548
14.31 y hará el s expiación por el que se ha 3548
14.35 y dará aviso al s, diciendo: Algo como 3548
14.36 el s mandará desocupar la casa antes que ... 3548
14.36 y después el s entrará a examinarla.......... 3548
14.38 el s saldrá de la casa a la puerta de 3548
14.39 volverá el s, y la examinará; y si la 3548
14.40 mandará el s, y arrancarán las piedras 3548
14.44 entonces el s entrará y la examinará......... 3548
14.48 mas si entrare el s y la examinare, y 3548
14.48 el s declarará limpia la casa, porque......... 3548
15.14 vendrá delante de Jehová... los dará al s 3548
15.15 el s hará... ofrenda... el s le purificará......... 3548
15.29 tomará... y los traerá al s, a la puerta 3548
15.30 el s hará del uno ofrenda por el pecado 3548
15.30 la purificará el s delante de Jehová del....... 3548
16.32 hará la expiación el s que fuere ungido 3548
16.32 y consagrado para ser s en lugar de su....... 3547
16.33 hará expiación... por los s y por todo el 3548
17.5 que los traigan... al s, y sacrifiquen ellos....... 3548
17.6 el s esparcirá la sangre sobre el altar 3548
19.22 lo reconciliará el s delante de Jehová 3548
21.1 habla a los s hijos de Aarón, y diles que 3548
21.7 ni con... porque el s es santo a su Dios.......... 3548
21.9 la hija del s, si comenzare a fornicar 3548
21.10 el sumo s... no descubrirá su cabeza, ni 3548
21.21 varón de la descendencia del s Aarón, en 3548
22.10 huésped del s... no comerán cosa sagrada.... 3548
22.11 cuando el s comprare algún esclavo por 3548
22.12 la hija del s, si se casare con varón............ 3548
22.13 si la hija del s fuere viuda o repudiada 3548
22.14 yerro... la dará al s con la cosa sagrada...... 3548
23.10 traeréis al s una gavilla por primicia......... 3548
23.11 s mecerá la gavilla delante de Jehová 3548
23.20 el s los presentará como ofrenda mecida..... 3548
23.20 serán cosa sagrada a Jehová para el s 3548
27.8 llevado ante el s... le fijará precio el s.......... 3548
27.11 el animal será puesto delante del s............ 3548
27.12 el s lo valorará, sea bueno o sea malo 3548
27.12 conforme a la estimación del s, así será 3548
27.14 la valorará el s, sea buena o sea mala 3548
27.14 según la valorare el s, así quedará 3548
27.18 el s hará la cuenta del dinero conforme 3548
27.21 tierra... la posesión de ella será del s.......... 3548
27.23 entonces el s calculará con él la suma........ 3548
Nm 3.3 s ungidos, a los cuales consagró para 3547
3.6 hazla estar delante del s Aarón, para que 3548
3.32 será Eleazar hijo del s Aarón, jefe de 3548
4.16 pero a cargo de Eleazar hijo del s Aarón 3548
4.28,33 bajo la dirección de Itamar hijo del s 3548
5.8 dará la indemnización... entregándola al s 3548
5.9 ofrenda de... presentaren al s, suya será 3548
5.10 lo que cualquier, diere al s, suyo será........... 3548
5.15 marido traerá su mujer al s, y con ella 3548
5.16 el s hará que ella se acerque y se ponga........ 3548
5.17 tomará el s del agua santa en un vaso de....... 3548
5.17 tomará... el s del polvo que hubiere en el 3548
5.18 y hará el s estar en pie a la mujer 3548
5.18 el s tendrá en la mano las aguas amargas..... 3548
5.19 el s la conjurará y le dirá: Si ninguno.......... 3548
5.21 el s conjurará a la mujer con... maldición 3548
5.23 el s escribirá estas maldiciones en un 3548
5.25 el s tomará de... la ofrenda de los celos........ 3548
5.26 tomará el s un puñado de la ofrenda en 3548
5.30 y el s ejecutará en ella toda esta ley 3548
6.10 y día octavo traerá... dos palominos al s........ 3548
6.11 el s ofrecerá el uno en expiación, y el.......... 3548
6.16 s lo ofrecerá delante de Jehová, y hará......... 3548
6.17 ofrecerá asimismo el s su ofrenda y sus 3548
6.19 después tomará el s la espaldilla cocida 3548
6.20 el s mecerá aquello como ofrenda mecida 3548
6.20 será cosa santa del s, además del pecho 3548
7.8 bajo la mano de Itamar hijo del s Aarón......... 3548
10.8 de Aarón, los s, tocarán las trompetas.......... 3548
15.25 s hará expiación por... la congregación 3548
15.28 el s hará expiación por la persona que........ 3548
16.37 di a Eleazar hijo del s Aarón, que tome 3548
16.39 y el s Eleazar tomó los incensarios de 3548
18.28 daréis... la ofrenda de Jehová al s Aarón..... 3548
19.3 la daréis a Eleazar el s, y él la sacará.......... 3548
19.4 Eleazar el s tomará de la sangre con su 3548
19.6 tomará el s madera de cedro, e hisopo 3548
19.7 el s lavará luego sus vestidos, lavará 3548
19.7 y será inmundo el s hasta la noche 3548
25.7 Eleazar, hijo del s Aarón, y se levantó 3548
25.11 Finees hijo de Eleazar, hijo... s Aarón 3548
26.1 a Moisés y a Eleazar hijo del s Aarón.......... 3548
26.3 el s Eleazar hablaron con ellos en los........... 3548
26.63 los contados por Moisés y el s Eleazar........ 3548
26.64 ninguno hubo... contados por... el s Aarón ... 3548
27.2 se presentaron... y delante del s Eleazar 3548
27.19 y lo pondrás delante del s Eleazar, y 3548
27.21 él se pondrá delante del s Eleazar, y le 3548
27.22 puso delante del s Eleazar, y de toda 3548
31.6 Finees hijo del s... fue a la guerra con 3548
31.12 trajeron a... y al s Eleazar... los cautivos 3548
31.13 y salieron Moisés y el s... a recibirlos.......... 3548
31.21 el s... dijo a los hombres de guerra que....... 3548
31.26 la cuenta del botín... tú y el s Eleazar......... 3548
31.29 darás al s Eleazar la ofrenda de Jehová...... 3548
31.31 e hicieron Moisés y el s Eleazar como 3548
31.41 y dio Moisés el tributo... al s Eleazar 3548
31.51 el s Eleazar recibieron el oro de ellos 3548
31.54 recibieron, pues, Moisés y el s... el oro......... 3548
32.2 de Gad... hablaron a Moisés y al s Eleazar 3548
32.28 les encomendó Moisés al s Eleazar, y a....... 3548
33.38 y subió el s Aarón al monte de Hor........... 3548
34.17 os repartirán la tierra: El s Eleazar 3548
35.25 y morará en ella hasta que muera el... s....... 3548
35.28 aquél habitar hasta que muera el sumo s 3548
35.28 que haya muerto el sumo s... volverá a la 3548

S

35.32 a vivir en...hasta que muera el sumo *s* 3548
Dt 17.9 y vendrás a los *s* levitas, y al juez 3548
17.12 con soberbia, no obedeciendo al *s* que 3548
17.18 que está al cuidado de los *s* levitas 3548
18.1 los *s* levitas, es decir, toda la tribu de 3548
18.3 el derecho de los *s* de parte del pueblo 3548
18.3 darán al *s* la espaldilla, las quijadas y 3548
19.17 se presentarán...delante de los *s* y de 3548
20.2 pondrá en pie el *s* y hablará al pueblo 3548
21.5 entonces vendrán los *s* hijos de Leví 3548
24.8 todo lo que os enseñaren los *s* levitas 3548
26.3 presentarás al *s* que hubiere en aquellos 3548
26.4 el *s* tomará la canasta de tu mano, y la 3548
27.9 Moisés, con los *s* levitas, habló a todo 3548
31.9 esta ley, y la dio a los *s* hijos de Leví 3548
Jos 3.3 el arca...y los levitas *s* que la llevan 3548
3.6 y habló Josué a los *s*...Tomad el arca del 3548
3.8 mandarás a los *s* que llevan el arca del 3548
3.13 cuando las plantas de los pies de los *s* 3548
3.14 los *s* delante del pueblo llevando el arca 3548
3.15 los pies de los *s*...fueron mojados a la 3548
3.17 mas los *s*...estuvieron en seco, firmes en 3548
4.3 lugar donde están firmes los pies de los *s* 3548
4.9 lugar donde estuvieron los pies de los *s* 3548
4.10 *s*...se pararon en medio del Jordán hasta 3548
4.11 también pasó el arca de Jehová, y los *s* 3548
4.16 los *s* que llevan el arca del testimonio 3548
4.17 Josué mandó a los *s*, diciendo: Subid del 3548
4.18 que cuando los *s* que llevaban el arca del 3548
4.18 pies de los *s* estuvieron en lugar seco 3548
6.4 siete *s* llevarán siete bocinas de cuernos 3548
6.4 al séptimo día...los *s* tocarán las bocinas 3548
6.6 llamando, pues, Josué...a los *s*, les dijo 3548
6.6 arca...y siete *s* lleven bocinas de cuerno 3548
6.8 los siete *s*, llevando las siete bocinas 3548
6.9 los hombres armados iban delante de los *s* 3548
6.12 Josué...y los *s* tomaron el arca de Jehová 3548
6.13 los siete *s*, llevando las siete bocinas 3548
6.16 los *s* tocaron las bocinas la séptima vez 3548
6.20 y los *s* tocaron las bocinas; y aconteció 3548
8.33 Israel...en presencia de los *s* levitas que 3548
14.1 les repartieron el *s* Eleazar, Josué hijo 3548
17.4 éstas vinieron delante del *s* Eleazar y de 3548
19.51 las heredades que el *s* Eleazar y Josué 3548
20.6 hasta la muerte del que fuere sumo *s* en 3548
21.1 levitas vinieron al *s* Eleazar, a Josué 3548
21.4 los hijos de Aarón el *s*, que eran de los 3548
21.13 y a los hijos del *s* Aarón dieron Hebrón 3548
21.19 todas las ciudades de los *s*...son trece 3548
22.13 y enviaron...a Finees hijo del *s* Eleazar 3548
22.30 oyendo Finees el *s* y los príncipes de 3548
22.31 y dijo Finees hijo del *s* Eleazar a los 3548
22.32 y Finees hijo del *s* Eleazar, y los príncipes 3548
Jue 17.5 consagró a uno de sus hijos para...*s* 3548
17.10 quédate en...y serás para mí padre y *s* 3548
17.12 al levita, y aquel joven le servía de *s* 3548
17.13 me prosperará...tengo un levita por *s* 3548
18.4 Micaía...me ha tomado para que sea su *s* 3548
18.6 el *s* les respondió: Id en paz; delante de 3548
18.17 estaba el *s* a la entrada de la puerta 3548
18.18 y el *s* les dijo: ¿Qué hacéis vosotros? 3548
18.19 que seas nuestro padre y *s*...¿Es mejor 3548
18.19 ¿es mejor que seas tú *s* en casa de un 3548
18.20 alegró el corazón del *s*, el cual tomó 3548
18.24 tomasteis mis dioses que yo hice y al *s* 3548
18.27 con el *s* que tenía, llegaron a Lais, al 3548
18.30 Jonatán hijo de...él y sus hijos fueron *s* 3548
1 S 1.3 estaban...Ofni y Finees, *s* de Jehová 3548
1.9 mientras el *s* Elí estaba sentado en una 3548
2.11 el niño ministraba a...delante del *s* Elí 3548
2.13 era costumbre de los *s* con el pueblo, que 3548
2.13 venía el criado del *s* mientras se cocía 3548
2.14 lo que sacaba el garfio, el *s* lo tomaba 3548
2.15 venía el criado del *s*, y decía al que 3548
2.15 da carne que asar para el *s*; porque no 3548
2.28 le escogí por mi *s* entre todas las tribus 3548
2.35 suscitaré un *s* fiel, que haga conforme a 3548
5.5 los *s*...que entran en el templo de Dagón 3548
6.2 los filisteos, llamando a los *s* y adivinos 3548
14.3 *s* de Jehová en Silo, llevaba el efod 3548
14.19 hablaba Saúl con el *s*...dijo Saúl al *s* 3548
14.36 dijo...el *s*: Acerquémonos aquí a Dios 3548
21.1 vino David a Nob, al *s* Ahimelec; y se 3548
21.2 respondió David al *s* Ahimelec: El rey me 3548
21.4 *s* respondió a David...No tengo pan común 3548
21.5 y David respondió al *s*, y le dijo: En 3548
21.6 el *s* le dio el pan sagrado, porque allí 3548
21.9 el *s* respondió: La espada de Goliat el 3548
22.11 el rey envió por el *s* Ahimelec hijo de 3548
22.11 rey envió por...los *s* que estaban en Nob 3548
22.17 dijo...Volveos y matad a los *s* de Jehová 3548
22.17 no quisieron...matar a los *s* de Jehová 3548
22.18 arremete contra...*s*...acometió a los *s* 3548
22.19 a Nob, ciudad de los *s*, hirió a filo 3548
22.21 como Saúl había dado muerte a los *s* de 3548
23.9 David...dijo a Abiatar *s*: Trae el efod 3548
30.7 dijo David al *s* Abiatar...Yo te ruego que 3548
2 S 8.17 Sadoc hijo...y Ahimelec hijo...eran *s* 3548
15.27 dijo...el rey al *s* Sadoc: ¿No eres tú el 3548
15.35 ¿no estarán allí...los *s* Sadoc y Abiatar? 3548
15.35 lo comunicarás a los *s* Sadoc y Abiatar 3548
17.15 dijo...Husai a los *s* Sadoc y Abiatar: Así 3548
19.11 David envió a los *s*...diciendo: Hablad a 3548
20.25 Seva era escriba, y Sadoc y Abiatar, *s* 3548
20.26 e Ira jaireo fue también *s* de David 3548
1 R 1.7 había puesto de acuerdo...el *s* Abiatar 3548
1.8 pero el *s* Sadoc, y Benaía hijo de Joiada 3548
1.19 y ha convidado...al *s* Abiatar, y a Joab 3548
1.25 y ha convidado a...y también al *s* Abiatar 3548
1.26 pero ni a mí...ni al *s* Sadoc, ni a Benaía 3548
1.32 llamadme al *s* Sadoc, al profeta Natán, y 3548
1.34 lo ungirán el *s* Sadoc y el profeta Natán 3548
1.38 y descendieron el *s* Sadoc, el profeta 3548
1.39 tomando el *s*...el cuerno del aceite del 3548
1.42 he aquí vino Jonatán hijo del *s* Abiatar 3548
1.44 el rey ha enviado con él al *s* Sadoc y al 3548
1.45 *s* Sadoc y...Natán lo han ungido por rey 3548
2.22 ya tiene también al *s* Abiatar, y a Joab 3548
2.26 el rey dijo al *s* Abiatar: Vete a Anatot 3548
2.35 y a Sadoc puso el rey por *s* en lugar de 3548
4.2 jefes que tuvo: Azarías hijo del *s* Sadoc 3548
4.4 Benaía...ejército; Sadoc y Abiatar, los *s* 3548
8.3 vinieron todos...y los *s* tomaron el arca 3548
8.4 los utensilios...los cuales llevaban los *s* 3548
8.6 los *s* metieron el arca del...en su lugar 3548
8.10 cuando los *s* salieron del santuario, la 3548
8.11 *s* no pudieron permanecer para ministrar 3548
12.31 hizo *s* de entre el pueblo, que no eran 3548
12.32 en Bet-el *s* para los lugares altos que él 3548
13.2 el cual sacrificará sobre ti a los *s* de 3548
13.33 volvió a hacer *s* de los lugares altos 3548
13.33 que fuese de los *s* de los lugares altos 3548
2 R 10.11 mató entonces Jehú...a sus *s*, hasta 3548
10.19 los profetas de Baal...y a todos sus *s* 3548
11.9 hicieron todo como el *s* Joiada les mandó 3548
11.9 los que entraban...vinieron al *s* Joiada 3548
11.10 el *s* dio a los jefes...las lanzas y los 3548
11.15 *s* Joiada mandó a los jefes de centenas 3548
11.15 *s* dijo que no la matasen en el templo 3548
11.18 el templo...y mataron a Matán *s* de Baal 3548
11.18 el *s* puso guarnición sobre la casa de 3548
12.2 todo el tiempo que le dirigió el *s* Joiada 3548
12.4 dijo a los *s*: Todo el dinero consagrado 3548
12.5 recíbanlo los *s*, cada uno de mano de sus 3548
12.6 no habían reparado los *s* las grietas del 3548
12.7 llamó...Joás al sumo *s* Joiada y a los *s* 3548
12.8 los *s* consintieron en no tomar más dinero 3548
12.9 el sumo *s* Joiada tomó un arca e hizo en 3548
12.9 los *s*...ponían allí todo el dinero que se 3548
12.10 venía el secretario del rey y el sumo *s* 3548
12.16 el dinero por el pecado...era de los *s* 3548
16.10 al *s* Urías el diseño y la descripción 3548
16.11 el *s* Urías edificó el altar; conforme 3548
16.11 lo hizo el *s* Urías, entre tanto que el 3548
16.15 mandó el rey Acaz al *s* Urías, diciendo 3548
16.16 e hizo el *s* Urías conforme a todas las 3548
17.27 llevad allí a alguno de los *s*...de allá 3548
17.28 uno de los *s* que habían llevado cautivo 3548
17.32 e hicieron del pueblo...*s* de los lugares 3548
19.2 envió...los ancianos de los *s*, cubiertos 3548
22.4 al sumo *s*...y dile que recoja el dinero 3548
22.8 el sumo *s* Hilcías al escriba Safán: He 3548
22.10 el *s* Hilcías me ha dado un libro...leyó 3548
22.12 el rey dio orden al *s* Hilcías, a Ahicam 3548
22.14 fueron el *s* Hilcías, y...a la profetisa 3548
23.2 subió el rey a...con los *s* y profetas y 3548
23.4 mandó el rey al sumo *s* Hilcías, a los *s* 3548
23.5 quitó a los *s* idólatras...lugares altos 3548
23.8 e hizo venir...*s* de las ciudades de Judá 3548
23.8 profanó...donde los *s* quemaban incienso 3548
23.9 los *s* de...no subían al altar de Jehová 3548
23.20 mató...a todos los *s* de los lugares altos 3548
23.24 en el libro que el *s*...había hallado en 3548
25.18 tomó entonces el...al primer *s* Seraías 3548
25.18 al segundo *s* Sofonías, y tres guardas 3548
1 Cr 9.2 los primeros moradores...israelitas, *s* 3548
9.10 de los *s*: Jedaías, Joiarib, Jaquín 3548
9.30 los hijos de los *s* hacían los perfumes 3548
13.2 enviaremos...por los *s* y levitas que han 3548
15.11 y llamó David a los *s* Sadoc y Abiatar 3548
15.14 *s*...se santificaron para traer el arca 3548
15.24 y Eliezer, *s*, tocaban las trompetas 3548
16.6 también los *s* Benaía...sonaban...trompetas 3548
16.39 al *s* Sadoc, y a los *s* sus hermanos 3548
18.16 Sadoc hijo de...y Abimelec hijo...eran *s* 3548
23.2 juntando a todos los...a los *s* y levitas 3548
24.6 escribió...nombres...delante de Sadoc el *s* 3548
24.6,31 jefes de las casas paternas de los *s* 3548
27.5 el jefe...era Benaía, hijo del sumo *s* Joiada 3548
28.13 los grupos de los *s* y de los levitas 3548
28.21 he aquí los grupos de los *s* y de los 3548
29.22 ungieron por príncipe, y a Sadoc por *s* 3548
2 Cr 4.6 el mar era para que los *s* se lavaran 3548
4.9 hizo el atrio de los *s*, y el gran atrio 3548
2 Cr 5.5 el arca...los *s* y los levitas los llevaron 3548
5.7 los *s* metieron el arca del...en su lugar 3548
5.11 y cuando los *s* salieron del santuario 3548
5.11 todos los *s*...habían sido santificados 3548
5.12 cantores...y con ellos 120 *s* que tocaban 3548
5.14 y no podían los *s* estar...para ministrar 3548
6.41 sean vestidos de salvación tus *s*, y tus 3548
7.2 y no podían entrar los *s* en la casa de 3548
7.6 los *s* desempeñaban...*s* tocaban trompetas 3548
8.14 y constituyó los turnos de los *s* en sus 3548
8.14 levitas en sus cargos...delante de los *s* 3548
8.15 no se apartaron del...en cuanto a los *s* 3548
11.13 los *s* y levitas que...se juntaron a él 3548
11.15 designó sus...*s* para los lugares altos 3548
13.9 ¿no habéis arrojado vosotros a los *s* de 3548
13.9 y os habéis designado *s* a la manera de 3548
13.9 y así sea *s* de los que no son dioses? 3548
13.10 *s* que ministran...son los hijos de Aarón 3548
13.12 sus *s* con las trompetas del júbilo para 3548
13.14 clamaron...y los *s* tocaron las trompetas 3548
15.3 muchos días ha estado Israel sin...sin *s* 3548
17.8 y con ellos a los *s* Elisama y Joram 3548
19.8 puso también Josafat...de los levitas y *s* 3548
19.11 el *s* Amarías será el que os presida en 3548
22.11 lo escondió Josabet...mujer del *s* Joiada 3548
23.4 estarán de porteros con los *s* y...levitas 3548
23.6 los *s* y...que ministran; éstos entrarán 3548
23.8 todo como lo había mandado el *s* Joiada 3548
23.8 porque el *s* Joiada no dio licencia a las 3548
23.9 dio también el *s* Joiada a los jefes de 3548
23.14 *s* Joiada mandó que salieran los jefes 3548
23.14 el *s* había mandado que no la matasen en 3548
23.17 mataron delante de...a Matán, *s* de Baal 3548
23.18 bajo la mano de los *s* y levitas, según 3548
24.2 hizo Joás lo recto...días de Joiada el *s* 3548
24.5 reunió a los *s* y los levitas, y les dijo 3548
24.6 el rey llamó al sumo *s* Joiada y le dijo 3548
24.11 y el que estaba puesto por el sumo *s* 3548
24.20 el Espíritu...sobre Zacarías hijo del *s* 3548
24.25 la sangre de los hijos de Joiada el *s* 3548
26.17 entró tras el *s* Azarías, y con él 80 *s* 3548
26.18 corresponde...sino a los *s* hijos de Aarón 3548
26.19 y en su ira contra los *s*, la lepra le 3548
26.19 le brotó en la frente, delante de los *s* 3548
26.20 le miró el sumo *s*...y todos los *s*, y he 3548
29.4 e hizo venir a los *s* y levitas, y los 3548
29.16 y entrando los *s* dentro de la casa de 3548
29.21 y dijo a los *s* hijos de Aarón que los 3548
29.22 y los *s* recibieron la sangre, y la 3548
29.24 los *s* los mataron, e hicieron ofrenda 3548
29.26 los instrumentos...y los *s* con trompetas 3548
29.34 los *s* eran pocos, y no bastaban para 3548
29.34 hasta que los demás *s* se santificaron 3548
29.34 más rectos...para santificarse que los *s* 3548
30.3 no había suficientes *s* santificados, ni 3548
30.15 y los *s* y los levitas...se santificaron 3548
30.16 los *s* esparcían la sangre que recibían 3548
30.21 glorificaban a Jehová...levitas y los *s* 3548
30.24 y muchos *s* ya se habían santificado 3548
30.25 alegró, pues...Judá, como también los *s* 3548
30.27 *s* y levitas, puestos en pie, bendijeron 3548
31.2 arregló...la distribución de los *s* y de 3548
31.2 los *s* y los...para ofrecer el holocausto 3548
31.4 al pueblo...que diese la porción...a los *s* 3548
31.9 preguntó Ezequías a...*s* y a los levitas 3548
31.10 y el sumo *s* Azarías...le contestó: Desde 3548
31.15 en las ciudades de los *s*, para dar con 3548
31.17 los que eran contados entre los *s* según 3548
31.19 los *s*, que estaban en los ejidos de sus 3548
31.19 porciones a...los varones de entre los *s* 3548
34.5 quemó además los huesos de los *s* sobre 3548
34.9 al sumo *s* Hilcías, y dieron el dinero 3548
34.14 el *s* Hilcías halló el libro de la ley 3548
34.18 diciendo: El *s* Hilcías me dio un libro 3548
34.30 *s*, los levitas y todo el pueblo, desde 3548
35.2 puso también a los *s* en sus oficios, y 3548
35.8 también sus príncipes dieron...a los *s* 3548
35.8 dieron a los *s*, para celebrar la pascua 3548
35.10 los *s* se colocaron en sus puestos, y 3548
35.11 la pascua; y esparcían los *s* la sangre 3548
35.14(2) prepararon para ellos...para los *s* 3548
35.14 porque los *s*...estuvieron ocupados hasta 3548
35.18 la que celebró el rey Josías, con los *s* 3548
36.14 todos los...*s*, y el pueblo, aumentaron 3548
Esd 1.5 se levantaron...los *s* y levitas, todos 3548
2.36 los *s*: Los hijos de...de la casa de Jesúa 3548
2.61 los hijos de los *s*: los hijos de Habaía 3548
2.63 que hubiese *s* para consultar con Urim y 3548
2.70 habitaron los *s*, los levitas...ciudades 3548
3.2 se levantaron Jesúa...y sus hermanos los *s* 3548
3.8 *s* y los levitas, y todos los que habían 3548
3.10 pusieron a los *s* vestidos de sus ropas 3548
3.12 y muchos de los *s*, de los levitas y de 3548
6.9 aceite, conforme a lo que dijeren los *s* 3549
6.16 los *s*, los levitas y los demás que habían 3549
6.18 pusieron a los *s* en sus turnos, y a los 3549
6.20 los *s* y los levitas se habían purificado 3548
6.20 la pascua...por sus hermanos los *s*, y por 3548
7.5 hijo de Eleazar, hijo de Aarón, primer *s* 3548
7.7 y con él subieron...*s*, levitas, cantores 3549
7.11 de la carta que dio el rey...al *s* Esdras 3548
7.12 a Esdras, *s* y escriba erudito en la ley 3549
7.13 sus *s* y levitas, que quiera ir contigo 3549
7.16 las ofrendas voluntarias del...y de los *s* 3549
7.21 lo que os pida el *s* Esdras...le conceda 3548
7.24 que a todos los *s* y levitas, cantores 3549
8.15 habiendo buscado entre...y entre los *s* 3548
8.24 aparté...doce de los principales de los *s* 3548
8.29 los peséis delante...príncipes de los *s* 3548
8.30 los *s* y los levitas recibieron el peso 3548
8.33 pesada la plata...por mano del *s* Meremot 3548
9.1 y los *s* y levitas no se han separado de 3548
9.7 nuestros *s* hemos sido entregados en...mano 3548
10.5 juramentó a los príncipes de los *s* y de 3548
10.10 y se levantó el *s* Esdras y les dijo 3548
10.16 fueron apartados el *s* Esdras, y ciertos 3548
10.18 de los hijos de los *s* que habían tomado 3548
Neh 2.16 a los judíos y *s*, ni a los nobles y 3548
3.1 entonces se levantó el sumo *s* Eliasib con 3548
3.1 sus hermanos los *s*, y edificaron la puerta 3548
3.20 la puerta de la casa de Eliasib sumo *s* 3548
3.22 después...restauraron los *s*, los varones 3548
3.28 desde la puerta de los...restauraron los *s* 3548
5.12 convoqué a los *s*, y les hice jurar que 3548
7.39 *s*: los hijos de Jedaía, de la casa de 3548
7.63 los *s*: los hijos de Habaía, los hijos de 3548
7.65 hasta que hubiese *s* con Urim y Tumim 3548
7.73 habitaron los *s*, los levitas...ciudades 3548
8.2 el *s* Esdras trajo la ley delante de la 3548
8.9 y el *s* Esdras...dijeron a todo el pueblo 3548

8.13 se reunieron...*s* y levitas, a Esdras el ... 3548
9.32 todo el sufrimiento que ha alcanzado...*s* ... 3548
9.34 nuestros *s*...no pusieron por obra tu ley ... 3548
9.38 firmada...nuestros levitas y nuestros *s* ... 3548
10.8 Maazías, Bilgai y Semaías; éstos eran *s* ... 3548
10.28 los *s*, levitas, porteros y cantores, los ... 3548
10.34 echamos...suertes los *s*, los levitas y el ... 3548
10.36 los *s* que ministran en la casa de...Dios ... 3548
10.37 traeríamos...para los *s*, a las cámaras ... 3548
10.38 que estaría el *s* hijo de Aarón con los ... 3548
10.39 allí estarán los...los *s* que ministran ... 3548
11.3 *s* y levitas, los sirvientes del templo ... 3548
11.10 los *s*: Jedaías hijo de Joiarib, Jaquín ... 3548
11.20 y el resto...de los *s* y de los levitas ... 3548
12.1 *s* y levitas que subieron con Zorobabel ... 3548
12.7 estos eran los príncipes de los *s* y sus ... 3548
12.12 *s* jefes de familias fueron: de Seraías ... 3548
12.22 fueron inscritos...también los *s*, hasta ... 3548
12.26 en los días del...del *s* Esdras, escriba ... 3548
12.30 y se purificaron los *s* y los levitas ... 3548
12.35 los hijos de los *s* iban con trompetas ... 3548
12.41 y los *s* Eliacim, Maaseías, Miniamín ... 3548
12.44 recoger...porciones legales para los *s* ... 3548
12.44 gozo...con respecto a los *s* y levitas ... 3548
13.4 el *s* Eliasib, siendo jefe de la cámara ... 3548
13.5 guardaban antes...y la ofrenda de los *s* ... 3548
13.13 puse por mayordomos de...al *s* Selemías ... 3548
13.28 hijo del sumo *s* Eliasib era yerno de ... 3548
13.30 puse a los *s* y levitas por sus grupos ... 3548
Sal 78.64 *s* cayeron a espada, y sus viudas no ... 3548
99.6 Moisés y Aarón entre sus *s*, y Samuel ... 3548
110.4 eres *s* para siempre según el orden de ... 3548
132.9 tus *s* se vistan de justicia...tus santos ... 3548
132.16 vestiré de salvación a sus *s*, y sus ... 3548
Is 8.2 junté conmigo por testigos...al *s* Urías ... 3548
24.2 sucederá...como al pueblo, también al *s* ... 3548
28.7 *s* y el profeta erraron con sidra, fueron ... 3548
37.2 envió...los ancianos de los *s*, cubiertos ... 3548
61.6 y vosotros seréis llamados *s* de Jehová ... 3548
66.21 tomaré también de ellos...*s* y levitas ... 3548
Jer 1.1 Jeremías...de los *s* que estuvieron en ... 3548
1.18 te he puesto...contra los reyes...sus *s* ... 3548
2.8 los *s* no dijeron: ¿Dónde está Jehová? ... 3548
2.26 ellos, sus reyes, sus príncipes, sus *s* y ... 3548
4.9 los *s* estarán atónitos, y se maravillarán ... 3548
5.31 los *s* dirigían por manos de ellos; y mi ... 3548
6.13 desde el profeta hasta el *s*, todos son ... 3548
8.1 sacarán los huesos...los huesos de los *s* ... 3548
8.10 desde el...hasta el *s* todos hacen engaño ... 3548
13.13 lleno de embriaguez...los *s* y profetas ... 3548
14.18 tanto el profeta como el *s* anduvieron ... 3548
18.18 la ley no faltará al *s*, ni el consejo ... 3548
19.1 lleva contigo...de los ancianos de los *s* ... 3548
20.1 el *s* Pasur hijo de Imer, que presidía ... 3548
21.1 envió...a Pasur hijo de Malquías y al *s* ... 3548
23.11 el profeta como el *s* son impíos; aun en ... 3548
23.33 cuando te preguntare este pueblo...el *s* ... 3548
23.34 al *s* o al pueblo que dijere: Profecía ... 3548
26.7 *s*, los profetas y todo el pueblo oyeron ... 3548
26.8 los *s* y los profetas y...le echaron mano ... 3548
26.11 entonces hablaron los *s* y los profetas ... 3548
26.16 dijeron...el pueblo a los *s* y profetas ... 3548
27.16 *s* y a todo este pueblo hablé diciendo ... 3548
28.1 me habló en...delante de los *s* y de todo ... 3548
28.5 respondió el...Jeremías...delante de los *s* ... 3548
29.1 de la carta que...Jeremías envió...a los *s* ... 3548
29.25 cartas...al *s* Sofonías...y a todos los *s* ... 3548
29.26 ha puesto por *s* en lugar del *s* Joiada ... 3548
29.29 el *s* Sofonías había leído esta carta a ... 3548
31.14 el alma del *s* satisfaré con abundancia ... 3548
32.32 toda la maldad de...sus *s* y sus profetas ... 3548
33.18 ni a los *s* y levitas faltará varón que ... 3548
33.21 David...y mi pacto con los levitas y *s* ... 3548
34.19 los *s* y a todo el pueblo de la tierra ... 3548
37.3 envió el rey Sedequías a...al *s* Sofonías ... 3548
48.7 Quemos será llevado en cautiverio, sus *s* ... 3548
49.3 Milcom fue llevado en cautiverio, sus *s* ... 3548
52.24 también...el principal *s*...el segundo *s* ... 3548
Lm 1.4 sus puertas están asoladas, sus *s* gimen ... 3548
1.19 *s* y mis ancianos en la ciudad perecieron ... 3548
2.6 en...de su ira ha desechado al rey y al *s* ... 3548
2.20 ¿han de ser muertos...el *s* y el profeta? ... 3548
4.13 maldades de sus *s*, quienes derramaron en ... 3548
4.16 no respetaron la presencia de los *s*, ni ... 3548
Ez 1.3 palabra de Jehová al *s* Ezequiel hijo de ... 3548
7.26 ley se alejará del *s*, y de los ancianos ... 3548
22.26 sus *s* violaron mi ley, y contaminaron ... 3548
40.45,46 cámara...los *s* que hacen la guardia ... 3548
42.13 cámaras santas en las cuales los *s* que ... 3548
42.14 *s* entren, no saldrán del lugar santo ... 3548
43.19 *s* levitas que son del linaje de Sadoc ... 3548
43.24 y los *s* echarán sal sobre ellos, y los ... 3548
43.27 *s* sacrificarán sobre el altar vuestros ... 3548
44.13 no se acercarán...para servirme como *s* ... 3548
44.15 mas los *s* levitas hijos de Sadoc, que ... 3548
44.21 ninguno de los *s* beberá vino cuando haya ... 3548
44.22 por mujer...viuda que fuere viuda de *s* ... 3548
44.30 y toda ofrenda de todo...será de los *s* ... 3548
44.30 asimismo daréis al *s* las primicias de ... 3548
44.31 ninguna cosa mortecina...comerán los *s* ... 3548
45.4 lo consagrado de esta...será para los *s* ... 3548
45.19 *s* tomará de la sangre de la expiación ... 3548
46.2 estará en pie...mientras los *s* ofrezcan ... 3548
46.19 trajo...a las cámaras santas de los *s* ... 3548
46.20 donde los *s* cocerán la ofrenda por el ... 3548
48.10 porción santa que pertenecerá a los *s* ... 3548
48.11 los *s* santificados...guardaron fidelidad ... 3548
48.13 al lado de los límites de la de los *s* ... 3548
Os 4.4 tu pueblo es como los que resisten al *s* ... 3548
4.9 y será el pueblo como el *s*; le castigaré ... 3548
5.1 *s*, oíd esto, y estad atentos, casa de ... 3548
6.9 una compañía de *s* mata en el camino hacia ... 3548
10.5 *s* que en él se regocijaban por su gloria ... 3549
Jl 1.9 *s* ministros de Jehová están de duelo ... 3548
1.13 ceñíos y lamentad, *s*; gemid, ministros ... 3548
2.17 altar lloren los *s* ministros de Jehová ... 3548
Am 7.10 el *s* Amasías de Bet-el envió a decir ... 3548
Mi 3.11 *s* enseñan por precio, y sus profetas ... 3548
Sof 1.4 de los ministros idólatras con sus *s* ... 3548
3.4 *s* contaminaron el santuario, falsearon la ... 3548
Hag 1.1 vino...a Josué hijo de Josadac, sumo *s* ... 3548
1.12 oyó...Josué...sumo *s*, y todo el resto del ... 3548
1.14 despertó...espíritu de Josué hijo...sumo *s* ... 3548
2.2 habla...y a Josué hijo de Josadac, sumo *s* ... 3548
2.4 esfuérzate...Josué hijo de Josadac, sumo *s* ... 3548
2.11 pregunta ahora a los *s* acerca de la ley ... 3548
2.12 si...Y respondieron los *s* y dijeron: No ... 3548
2.13 respondieron los *s*, y dijeron: Inmunda ... 3548
Zac 3.1 me mostró el sumo *s* Josué, el cual ... 3548
3.8 escucha...Josué sumo *s*, tú y tus amigos ... 3548
6.11 pondrás en la cabeza del sumo *s* Josué ... 3548
6.13 y habrá *s* a su lado; y consejo de paz ... 3548
7.3 a hablar a los *s* que estaban en la casa ... 3548
7.5 a los *s*, diciendo: Cuando ayunasteis y ... 3548
Mal 1.6 dice Jehová de los...a vosotros, oh *s* ... 3548
2.1 oh *s*, para vosotros es este mandamiento ... 3548
2.7 porque los labios del *s* han de guardar ... 3548
Mt 2.4 y convocados todos los principales *s* ... 749
8.4 ve, muéstrate al *s*, y presenta la ofrenda ... 2409
12.4 no les era lícito...solamente a los *s*? ... 2409
12.5 los *s* en el templo profanan el día de ... 2409
16.21 y padecer mucho de...los principales *s* ... 749
20.18 **será entregado a los principales *s* y a** ... 749
21.15 pero los principales *s* y los escribas ... 749
21.23 los principales *s* y...se acercaron a él ... 749
21.45 los...*s* y los fariseos, entendieron que ... 749
26.3 los...*s*, los escribas, y...se reunieron en ... 749
26.3 en el patio del sumo *s* llamado Caifás ... 749
26.14 llamaba Judas...fue a los principales *s* ... 749
26.47 de parte de los principales *s* y de los ... 749
26.51 e hiriendo a un siervo del sumo *s*, le ... 749
26.57 a Jesús le llevaron al sumo *s* Caifás ... 749
26.58 le seguía...hasta el patio del sumo *s* ... 749
26.59 y los principales *s*...falso testimonio ... 749
26.62 el sumo *s*, le dijo: ¿No respondes nada? ... 749
26.63 sumo *s* le dijo: Te conjuro por el Dios ... 749
26.65 sumo *s* rasgó sus vestiduras, diciendo ... 749
27.1 los principales *s*...entraron en consejo ... 749
27.3 las treinta piezas de plata a los...*s* y ... 749
27.6 *s*, tomando las piezas de plata, dijeron ... 749
27.12 y siendo acusado por los principales *s* ... 749
27.20 los...*s* y los ancianos persuadieron a la ... 749
27.41 los principales *s*, escarneciéndole con ... 749
27.62 se reunieron los...*s* y los fariseos ante ... 749
28.11 y dieron aviso a los principales *s* de ... 749
Mr 1.44 **sino vé, muéstrate al *s*, y ofrece por** ... 2409
2.26 **cómo entró en la...siendo Abiatar sumo *s*** ... 2409
2.26 **no es lícito comer sino a los *s*, y aun** ... 749
8.31 ser desechado...por los principales *s* y ... 749
10.33 **entregado a los principales *s* y a los** ... 749
11.18 oyeron los escribas y los principales *s* ... 749
11.27 templo, vinieron a él los principales *s* ... 749
14.1 buscaban los...*s* y...prenderle por engaño ... 749
14.10 Judas...fue a los...*s* para entregárselo ... 749
14.43 con él mucha gente...de parte de los...*s* ... 749
14.47 hirió al siervo del sumo *s*, cortándole ... 749
14.53 trajeron, pues, a Jesús al sumo *s*; y se ... 749
14.53 reunieron todos los principales *s* y los ... 749
14.54 lejos hasta dentro del patio del sumo *s* ... 749
14.55 *s* y...buscaban testimonio contra Jesús ... 749
14.60 sumo *s*, levantándose...preguntó a Jesús ... 749
14.61 sumo *s* le volvió a preguntar, y le dijo ... 749
14.63 sumo *s*, rasgando su vestidura, dijo ... 749
14.66 vino una de las criadas del sumo *s* ... 749
15.1 tenido consejo los principales *s* con los ... 749
15.3 y los principales *s* le acusaban mucho ... 749
15.10 por envidia le habían entregado los...*s* ... 749
15.11 los...*s* incitaron a la multitud para que ... 749
15.31 principales *s*, escarneciendo, se decían ... 749
Lc 1.5 un *s* llamado Zacarías, de la clase de ... 2409
3.2 y siendo...*s* Anás y Caifás, vino palabra ... 749
5.14 **dijo, muéstrate al *s*, y ofrece por tu** ... 2409
6.4 **no es lícito comer sino sólo a los *s*, y** ... 2409
9.22 **sea desechado por...los principales *s* y** ... 749
10.31 **que descendió un *s* por aquel camino** ... 2409
17.14 **los vio, les dijo: Id, mostraos a los *s*** ... 2409
19.47 los principales *s*...procuraban matarle ... 749
20.1 llegaron los principales *s* y...escribas ... 749
20.19 procuraban...*s* y los escribas echarle ... 749
22.2 principales *s* y...buscaban cómo matarle ... 749
22.4 éste fue y habló con los principales *s* ... 749
22.50 de ellos hirió a un siervo del sumo *s* ... 749
22.52 Jesús dijo a los...*s*, a los jefes de la ... 749
22.54 condujeron a casa del sumo *s*...Y Pedro ... 749
22.66 se juntaron...los principales *s* y los ... 749
23.4 y Pilato dijo a los principales *s*, y a ... 749
23.10 *s* y los escribas acusándole con gran ... 749
23.13 Pilato, convocando a los principales *s* ... 749
23.23 las voces de...de los...*s* prevalecieron ... 749
24.20 y cómo le entregaron los principales *s* ... 749
Jn 1.19 los judíos enviaron...*s* y levitas para ... 2409
7.32 los principales *s*...enviaron alguaciles ... 749
7.45 alguaciles vinieron a los principales *s* ... 749
11.47 *s* y los fariseos reunieron el concilio ... 749
11.49 Caifás, uno de ellos, sumo *s* aquel año ... 749
11.51 como era el sumo *s* aquel año, profetizó ... 749
11.57 *s* y los fariseos habían dado orden de ... 749
12.10 los principales *s* acordaron dar muerte ... 749
18.3 compañía de soldados, y alguaciles de...*s* ... 749
18.10 hirió al siervo del sumo *s*, y le cortó ... 749
18.13 suegro de Caifás, que era sumo *s* aquel ... 749
18.15 este discípulo era conocido del sumo *s* ... 749
18.15 y entró con Jesús al patio del sumo *s* ... 749
18.16 salió, pues, el...era conocido del sumo *s* ... 749
18.19 el sumo *s* preguntó a Jesús acerca de sus ... 749
18.22 diciendo: ¿Así respondes al sumo *s*? ... 749
18.24 Anás...le envió atado a Caifás, el sumo *s* ... 749
18.26 de los siervos del sumo *s*...¿No te vi yo ... 749
18.35 y los principales *s*, te han entregado a ... 749
19.6 cuando le vieron los...*s* y los alguaciles ... 749
19.15 respondieron los...*s*: No tenemos más rey ... 749
19.21 dijeron a Pilato los principales *s* de los ... 749
Hch 4.1 vinieron...*s* con el jefe de la guardia ... 2409
4.6 sumo *s* Anás, y Caifás y Juan y Alejandro ... 749
4.6 los que eran de la familia de los sumos *s* ... 749
4.23 contaron todo lo que los principales *s* ... 749
5.17 levantándose el sumo *s* y todos los que ... 749
5.21 vinieron el sumo *s* y los...y convocaron ... 749
5.24 oyeron...el sumo *s*...y los principales *s* ... 749
5.27 los trajeron...y el sumo *s* les preguntó ... 2409
6.7 también muchos de los *s* obedecían a la ... 2409
7.1 el sumo *s* dijo entonces: ¿Es esto así? ... 749
9.1 respirando aún amenazas...vino al sumo *s* ... 749
9.14 aquí tiene autoridad de los principales *s* ... 749
9.21 acá, para llevarlos presos ante los...*s*? ... 749
14.13 *s* de Júpiter...trajo toros y guirnaldas ... 2409
19.14 hijos de un tal Esceva...jefe de los *s* ... 749
22.5 el sumo *s*...me es testigo, y todos los ... 749
22.30 mandó venir a los principales *s* y a todo ... 749
23.2 el sumo *s* Ananías ordenó...le golpeasen ... 749
23.4 dijeron: ¿Al sumo *s* de Dios injurias? ... 749
23.5 no sabía, hermanos, que era el sumo *s* ... 749
23.14 los cuales fueron a los principales *s* ... 749
24.1 descendió el sumo *s* Ananías con algunos ... 749
25.2 *s* y los más influyentes de los judíos se ... 749
25.15 se me presentaron los principales *s* y ... 749
26.10 recibido poderes de los principales *s* ... 749
26.12 iba yo...en comisión de los principales *s* ... 749
He 2.17 a ser misericordioso y fiel sumo *s* en ... 749
3.1 tanto...considerad al apóstol y sumo *s* de ... 749
4.14 teniendo un gran sumo *s* que traspasó los ... 749
4.15 un sumo *s* que no pueda compadecerse de ... 749
5.1 todo sumo *s* tomado de entre los hombres ... 749
5.5 a sí mismo haciéndose sumo *s*, sino el que ... 749
5.6 tú eres *s* para siempre, según el orden de ... 2409
5.10 fue declarado por Dios sumo *s* según el ... 749
6.20 Jesús entró por nosotros...hecho sumo *s* ... 749
7.1 Melquisedec, rey de...*s* del Dios Altísimo ... 2409
7.3 hecho semejante al Hijo de...permanece *s* ... 2409
7.11 se levantase otro *s*, según el orden de ... 2409
7.15 a semejanza de...se levanta un *s* distinto ... 2409
7.17,21 eres *s* para siempre, según el orden ... 2409
7.21 los otros...sin juramento fueron hechos *s* ... 2409
7.23 otros *s* llegaron a ser muchos, debido a ... 2409
7.26 porque tal sumo *s* nos convenía...santo ... 749
7.27 tiene necesidad...como aquellos sumos *s* ... 749
7.28 les constituye sumos *s* a débiles hombres ... 749
8.1 que tenemos tal sumo *s*, el cual se sentó a ... 749
8.3 porque todo sumo *s* está constituido para ... 749
8.4 ni siquiera sería *s*, habiendo aún *s* que ... 2409
9.6 entran los *s*...para cumplir los oficios ... 2409
9.7 el sumo *s* una vez al año, no sin sangre ... 749
9.11 pero estando ya presente Cristo, sumo *s* ... 749
9.25 entra el sumo *s* en el Lugar Santísimo ... 749
10.11 todo *s* está día tras día ministrando ... 2409
10.21 y teniendo un gran *s* sobre la casa de ... 2409
13.11 sangre...es introducida...por el sumo *s* ... 749
Ap 1.6 nos hizo reyes y *s* para Dios, su Padre ... 2409
5.10 has hecho para nuestro Dios reyes y *s* ... 2409
20.6 serán *s* de Dios y de Cristo, y reinarán ... 2409

SACIAR

Éx 15.9 mi alma se *saciará* de ellos; sacaré ... 4390
16.3 comíamos pan hasta *saciarnos*; pues nos ... 7648
16.8 dará...y en la mañana pan hasta *saciaros* ... 7648
16.12 y por la mañana os *saciaréis* de pan, y ... 7646
Lv 25.19 comeréis hasta *saciaros*, y habitaréis ... 7648
26.5 y comeréis vuestro pan hasta *saciaros* ... 7648
26.26 por peso...comeréis, y no os *saciaréis* ... 7646
Dt 6.11 viñas...y luego que comas y te *sacies* ... 7646
8.10 y comerás y te *saciarás*, y bendecirás a ... 7646
8.12 te *sacies*, y edifiques buenas casas en ... 7646
11.15 daré también...y comerás, y te *saciarás* ... 7646
14.29 el levita...y comerán y serán *saciados* ... 7646
23.24 podrás comer uvas hasta *saciarte*; mas ... 7648
26.12 y comerán en tus aldeas, y se *saciarán* ... 7646
31.20 y comerán y se *saciarán*, y engordarán ... 7646
33.23 Neftalí, *saciado* de favores, y lleno de ... 7649
Rt 2.14 comió hasta que se *sació*, y le sobró ... 7646
2.18 que le había sobrado después de...*saciada* ... 7648
1 S 2.5 los *saciados* se alquilaron por pan, y ... 7646
2 Cr 31.10 hemos comido y nos hemos *saciado*
Neh 9.25 *saciaron*, y se deleitaron en tu gran ... 7646
Job 19.22 y ni aun de mi carne os *saciáis*? ... 7646
27.14 sus pequeñuelos no se *saciarán* de pan ... 7646
31.31 ¿quién no se ha *saciado* de su carne? ... 7646
38.27 *saciar* la tierra desierta e inculta, y ... 7646
38.39 *saciarás* el hambre de los leoncillos? ... 4390
Sal 17.14 *sacian* a sus hijos, y aun sobra para ... 7646
22.26 comerán los humildes, y serán *saciados* ... 7646
36.8 *saciados* de la grosura de tu casa, y tú ... 7301
37.19 en los días de hambre serán *saciados* ... 7646
59.15 y si no se *sacian*, pasen...quejándose ... 7646

S

63.5 como de meollo y... será *saciada* mi alma 7646
65.4 seremos *saciados* del bien de tu casa 7646
78.25 pan... les envió comida hasta *saciarles* 7648
78.29 comieron, y se *saciaron*; les cumplió 7646
81.16 Dios..con miel de la peña les *saciaría* 7649
90.14 de mañana *sácianos* de tu misericordia 7646
91.16 lo *saciaré* de larga vida, y le mostraré 7646
103.5 el que *sacia* de bien tu boca, de modo 7646
104.13 del fruto de sus... se *sacia* la tierra 7646
104.28 das... abres tu mano, se *sacian* de bien 7646
105.40 pidieron... los *sació* de pan del cielo 7649
107.9 *sacia* al alma menesterosa, y llena de 7646
132.15 provisión; a sus pobres *saciaré* de pan 7646
147.14 te hará *saciar* con lo mejor del trigo 7646
Pr 5.10 que extraños se *sacien* de tu fuerza 7646
6.30 *saciar* su apetito cuando tiene hambre 4390
11.25 el que *saciare*, él también será saciado 3384
12.11 que labra su tierra se *saciará* de pan 7646
12.14 hombre será *saciado* de bien del fruto 7646
13.25 el justo come hasta *saciar* su alma; mas 7648
18.20 se *saciará* del producto de sus labios 7646
20.13 abre tus ojos, y te *saciarás* de pan 7646
27.7 el... *saciado* desprecia el panal de miel 7646
27.20 el Seol y el Abadón nunca se *sacian* 7646
28.19 que labra su tierra se *saciará* de pan 7646
30.9 no sea que me *sacie*, y te niegue, y diga 7646
30.15 tres cosas hay que nunca se *sacian*; aun 7646
30.16 la tierra que no se *sacia* de aguas, y 7646
30.22 por el necio cuando se *sacia* de pan 7646
Ec 1.8 nunca se *sacia* el ojo de ver, ni el oído 7646
4.8 ni sus ojos se *sacian* de sus riquezas, ni 7646
5.10 el que ama el dinero, no se *saciará* de 7646
6.3 su alma no se *sació* del bien, y también 7646
6.7 boca, y con todo eso su deseo no se *sacia* 4390
Is 9.20 comerá a la izquierda, y no se *saciará* 7646
23.18 para que coman hasta *saciarse*, y vistan 7654
43.24 ni me *saciaste* con... de tus sacrificios 7301
44.16 prepara un asado, y se *sacia*; después 7646
55.2 gastáis el dinero... en lo que no *sacia*? 7654
58.10 hambriento, y *saciares* al alma afligida 7646
58.11 en las sequías *saciará* tu alma, y dará 7646
66.11 que maméis y os *saciéis* de los pechos 7646
Jer 5.7 los *sacié*, y adulteraron, y en casa de 7646
31.14 mi pueblo será *saciado* de mi bien, dice 7646
31.25 y *saciaré* a toda alma entristecida 7301
46.10 la espada devorará y se *saciará*, y se 7646
50.10 todos los que la saquearen se *saciarán* 7646
50.19 Efraín y en Galaad se *saciará* su alma 7646
Lm 5.6 extendimos la mano, para *saciarnos* de 7646
Ez 5.13 *saciaré* en ellos mi enojo, y tomaré 3615
7.19 el día... no *saciarán* su alma, ni llenarán 7646
16.28 con los asirios, por no haberte *saciado* 7646
16.28 fornicaste con... y tampoco te *saciaste* 7646
16.29 caldeos, y tampoco con esto te *saciaste* 7646
16.42 *saciaré* mi ira sobre ti, y se apartará
24.13 hasta que yo *sacie* mi ira sobre ti
27.33 *saciabas* a muchos pueblos; a los reyes 7646
32.4 y *saciaré* de ti a las fieras de... tierra 7646
39.19 comeréis grosura hasta *saciaros*, y 7654
39.20 *saciaréis* sobre mi mesa, de caballos 7646
Os 4.10 comerán... no se *saciarán*; fornicarán
13.6 en sus pastos se *saciaron*, y repletos 7646
Jl 2.19 y seréis *saciados* de ellos; y nunca 7646
2.26 comeréis hasta *saciaros*, y alabaréis el 7646
Am 4.8 venían... beber agua, y no se *saciaban* 7646
Mi 6.14 comerás, y no te *saciarás*... no salvarás 7646
Hab 2.5 es como la muerte, que no se *saciará* 7646
Hag 1.6 coméis, y no os *saciáis*; bebéis, y no
Mt 5.6 **que tienen hambre y sed... serán *saciados*** *5526*
14.20 comieron... y se *saciaron*; y recogieron *5526*
15.33 para *saciar* a una multitud tan grande? *5526*
15.37 comieron... *saciaron*; y recogieron lo que *5526*
Mr 6.42 y comieron todos, y se *saciaron* *5526*
7.27 **primero que se *sacien* los hijos, porque** *5526*
8.4 *saciar* de pan a éstos aquí en el desierto? *5526*
8.8 comieron, y se *saciaron*; y recogieron de *5526*
Lc 6.21 **bienaventurados los... seréis *saciados*** *5526*
6.25 **¡ay de... los que ahora estáis *saciados*!** *1705*
9.17 comieron... y se *saciaron*; y recogieron lo *5526*
16.21 **y ansiaba *saciarse* de las migajas que** *5526*
Jn 6.12 **y cuando se hubieron *saciado*, dijo a** *1705*
6.26 **porque comisteis el pan y os *saciasteis*** *5526*
1 Co 4.8 ya estáis *saciados*, ya estáis ricos *2880*
Fil 4.12 estar *saciado* como para tener hambre *5526*
Stg 2.16 id en paz, calentaos y *saciaos*, pero *5526*
2 P 2.14 no se *sacian* de pecar, seducen a las *180*
Ap 19.21 las aves se *saciaron* de las carnes *5526*

SACIEDAD

Ez 16.49 fue la maldad de Sodoma... *s* de pan 7653

SACO

Gn 42.25 mandó José que llenaran... *s* de trigo 3627
42.25 dinero de cada uno... poniéndolo en su *s* 8242
42.27 abriendo uno de ellos su *s* para dar de 8242
42.28 mi dinero se me ha... helo aquí en mi *s* 572
42.35 vaciando ellos sus *s*... el *s* de cada uno 8242
43.11 de lo mejor de la tierra en vuestros *s* 3627
Lv 11.32 piel, *s*, sea cualquier instrumento 8242
Jos 9.4 y tomaron *s* viejos sobre sus asnos, y 8242
1 S 17.40 piedras... las puso en el *s* pastoril
Job 14.17 tienes sellada en *s* mi prevaricación 6872
Hag 1.6 a jornal recibe su jornal en *s* roto 6872

SACRIFICAR

Éx 8.26 si *sacrificáramos* la... de los egipcios 2076
10.25 nos darás... holocaustos que *sacrifiquemos* ... 2077
12.21 tomaos corderos... *sacrificad* la pascua 7819
13.15 por esta causa yo *sacrifico* para Jehová 2076
20.24 *sacrificarás* sobre él tus holocaustos 2076
40.29 el altar... *sacrificó* sobre él holocausto 5927
Lv 17.5 traigan... los que *sacrifican* en medio 2077
17.5 y *sacrifiquen* ellos sacrificios de paz 2076
17.7 nunca más *sacrificarán*... a los demonios 2077
22.29 *sacrificaréis* de manera... sea aceptable 2077
Nm 9.12 no dejarán del animal *sacrificado* para
Dt 15.21 hubiere... defecto... no lo *sacrificarás* 2076
16.2 *sacrificarás* la pascua a Jehová tu Dios 2076
16.5 *sacrificar* la pascua en cualquiera de las 2076
16.6 *sacrificarás* la pascua por la tarde a la 2076
27.7 *sacrificarás* ofrendas de paz, y comerás 2076
32.17 *sacrificaron* a los demonios, y no a Dios 2076
33.19 allí *sacrificarán* sacrificios de justicia 2076
Jos 8.31 altar... y *sacrificaron* ofrendas de paz 2076
22.23 o para *sacrificar* holocausto u ofrenda 5927
Jue 6.26 tomando el segundo toro, *sacrifícalo*
1 S 2.15 y decía al que *sacrificaba*: Da carne 2076
6.15 de Bet-semes *sacrificaron* holocaustos y 2076
7.9 Samuel tomó un cordero de... y lo *sacrificó* 5927
7.10 Samuel *sacrificaba* el holocausto, los 5927
10.8 descenderé yo a... *sacrificar* ofrendas de 2077
11.15 y *sacrificaron* allí ofrendas de paz 2076
15.15 lo mejor de para *sacrificarlas* a Jehová 2076
2 S 6.13 él *sacrificó* un buey y un carnero 2076
6.17 *sacrificó* David holocaustos y ofrendas 5927
24.25 y *sacrificó* holocaustos y ofrendas de 5927
1 R 3.2 el pueblo *sacrificaba* en los lugares 2076
3.3 solamente *sacrificaba* y quemaba incienso 2076
3.4 y *sacrificaba*... mil holocaustos *s* Salomón 2076
3.15 y *sacrificó* holocaustos y... sacrificios 6213
8.5 *sacrificando* ovejas y bueyes, que por la 2076
8.62 *sacrificaron* víctimas delante de Jehová 2077
12.32 Jeroboam... y *sacrificó* sobre un altar 5927
12.33 *sacrificó*, pues, sobre el altar que él 5927
13.2 *sacrificará* sobre ti a los sacerdotes de 2076
22.43 el pueblo *sacrificaba* aún, y quemaba 2076
2 R 3.27 lo *sacrificó* en holocausto sobre el 5927
5.17 tu siervo no *sacrificará*... a otros dioses 6213
12.3; 14.4; 15.4,35 el pueblo aún *sacrificaba*
y quemaba incienso 2076
16.4 y *sacrificó* y quemó incienso en los lugares 2076
17.32 sacerdotes... *sacrificaban* para ellos en 6213
1 Cr 15.26 *sacrificaron* siete novillos y siete 2076
16.40 que *sacrificasen*... holocaustos a Jehová 5927
21.24 ni *sacrificaré* holocausto que nada me 5927
29.21 y *sacrificaron* víctimas a Jehová, y 2076
2 Cr 5.6 *sacrificaron* ovejas y bueyes, que por 2076
7.4 *sacrificaron* víctimas delante de Jehová 2077
15.11 *sacrificaron* para Jehová, del botín que 2076
24.14 *sacrificaban* holocaustos... en la casa de 5927
28.4 *sacrificó* y quemó... en los lugares altos 2076
29.7 ni *sacrificaron* holocausto en... al Dios 5927
29.27 entonces mandó Ezequías *sacrificar* el 5927
30.15 *sacrificaron* la pascua, a los 14 días 7819
30.17 *sacrificaban* la pascua por todos los que 7821
30.22 de lo *sacrificado* en la fiesta solemne 2077
33.16 *sacrificó* sobre él sacrificios... de paz 2076
33.17 el pueblo aún *sacrificaba* en los... altos 2076
35.1 *sacrificaron* la pascua a los 14 días del 7819
35.6 *sacrificad* luego la pascua; y después de 7819
35.11 *sacrificaron* la pascua; y esparcían la 7811
2 Cr 35.16 para *sacrificar* los holocaustos sobre 5927
Esd 6.20 *sacrificaron* la pascua por todos los 7819
Neh 12.43 *sacrificaron*... día numerosas víctimas 2076
Sal 27.6 y yo *sacrificaré* en su tabernáculo 2076
50.14 *sacrifica* a Dios alabanza, y paga tus 2076
50.23 el que *sacrifica* alabanza me honrará 2076
54.6 *sacrificaré* a ti; alabaré tu nombre, oh 2076
106.37 *sacrificaron* sus hijos y sus hijas a 2076
Ec 9.2 al que *sacrifica*, y al que no *s*; como 2076
Is 57.5 que *sacrificáis* los hijos en los valles 7819
65.3 ira, *sacrificando* en huertos, y quemando 2076
66.3 el que *sacrifica* buey es como si matase 5927
66.3 el que *sacrifica* oveja, como si... perro 2076
Jer 48.35 quien *sacrifique* sobre los lugares 5927
Ez 16.20 tus hijos... los *sacrificaste* a ellas 2076
20.28 allí *sacrificaron* sus víctimas, y allí 2076
23.39 habiendo *sacrificado* sus hijos a sus 7819
39.17 *sacrifico*... sacrificio grande sobre los 2076
39.19 víctimas que para vosotros *sacrifiqué* 2076
43.25 *sacrificarán* un macho cabrío cada día 6213
43.25 *sacrificarán* el becerro de la vacada y 6213
43.27 sacerdotes *sacrificarán* sobre el altar 6213
45.22 el príncipe *sacrificará* por sí mismo y 6213
46.13 un cordero... cada mañana lo *sacrificarás* 6213
Os 4.13 las cimas de los montes *sacrificaron* 2076
4.14 se van... y con malas mujeres *sacrifican* 2076
8.13 en los sacrificios... *sacrificaron* carne 2076
11.2 los baales *sacrificaban*, y a los ídolos 2076
12.11 en Gilgal *sacrificaron* bueyes, y sus 2076
13.2 dicen a los hombres que *sacrifican*, que 2076
Zac 14.21 todos los que *sacrificaren* vendrán 2076
Mal 1.14 el que... *sacrifica* a Jehová lo dañado 2076
2.3 el estiércol de... animales *sacrificados*
Mr 14.12 cuando *sacrificaban* el cordero de la *2380*
Lc 22.7 era necesario *sacrificar* el cordero de *2380*
Hch 15.29 abstengáis de lo *sacrificado* a los *1494*
21.25 que se abstengan de lo *sacrificado* a los *1494*
1 Co 5.7 nuestra pascua... ya fue *sacrificada* por *2380*
8.1 en cuanto a lo *sacrificado* a los ídolos *1494*
8.4 las viandas que se *sacrifican* a los ídolos *1494*
8.7 comen como *sacrificado* a ídolos, y su *1494*
8.10 a comer de lo *sacrificado* a los ídolos? *1494*
10.19 o que sea algo lo que se *sacrifica* a los *1494*
10.20 lo que los gentiles *sacrifican*, a los *2380*
10.20 gentiles... a los demonios lo *sacrifican* *2380*
10.28 esto fue *sacrificado* a los ídolos; no *1494*
2 Ti 4.6 yo ya estoy para ser *sacrificado*, y *4689*
Ap 2.14 **a comer de cosas *sacrificadas* a los** *1494*
2.20 **a comer cosas *sacrificadas* a los ídolos** *1494*

SACRIFICIO

Gn 46.1 ofreció *s* al Dios de su padre Isaac 2076
Éx 3.18 y ofrezcamos, *s* a Jehová nuestro Dios 2076
5.3 ofreceremos *s* a Jehová nuestro Dios, para 2076
5.8 diciendo: Vamos y ofrezcamos *s* a... Dios 2076
5.17 eso decís: Vamos y ofrezcamos *s* a Jehová 2076
8.8 dejaré ir a... para que ofrezca *s* a Jehová 2076
8.25 ofreced *s* a vuestro Dios en la tierra 2076
8.27 y ofreceremos *s* a Jehová nuestro Dios 2076
8.28 ir para que ofrezcáis *s* a Jehová... Dios 2076
8.29 dejando ir al pueblo a dar *s* a Jehová 2076
10.25 también nos darás *s* y holocaustos que 2077
18.12 tomó Jetro... holocaustos y *s* para Dios 2077
22.20 que ofreciere *s* a dioses... será muerto 2076
23.18 con pan leudo la sangre de mi *s*, ni la 2077
24.5 ofrecieron holocaustos y... como *s* de paz 2076
29.28 *s* de paz, porción de ellos elevada en 2077
29.36 cada día ofrecerás el becerro del *s* por 6213
30.10 expiación... con la sangre del *s* por el
32.8 le han ofrecido *s*, y han dicho: Israel 2076
34.15 ofrecerán *s* a sus... y comerás de sus *s* 2276
34.25 leudada junto con la sangre de mi *s*, ni 2077
34.25 ni se dejará hasta la mañana nada del *s* 2077
Lv 3.1 si su ofrenda fuere *s* de paz... de ganado 2077
3.3 luego ofrecerá del *s* de paz... encendida a 2077
3.6 de ovejas fuere su ofrenda para *s* de paz 2077
3.9 *s* de paz ofrecerá por ofrenda encendida 2077
4.10 que se quita del buey del *s* de paz; y el 2077
4.26 el altar, como la grosura del *s* de paz 2077
4.31,35 fue quitada la grosura del *s* de paz 2077
5.16 expiación por él con el carnero del *s* por
6.12 y quemará... las grosuras de los *s* de paz
6.17 como el *s* por el pecado, y como el *s* por
6.25 esta es la ley del *s* expiatorio; en el
7.1 esta es la ley del *s* por la culpa; es cosa
7.7 como el *s* por el pecado... es el *s* por la
7.11 es la ley del *s* de paz que se ofrecerá 2077
7.12 por *s* de acción de gracias tortas sin 2077
7.13 ofrenda en el *s* de acciones de gracias 2077
7.14 que rociare la sangre de los *s* de paz 2077
7.15 la carne del *s* de... se comerá en el día 2077
7.16 mas si el *s* de su ofrenda fuere voto, o 2077
7.16 será comido en el día que ofreciere su *s* 2077
7.17 que quedare... del *s* hasta el tercer día 2077
7.18 si se comiere de la carne del *s* de paz 2077
7.20 la persona que comiere la... del *s* de paz 2077
7.21 tocare... y comiere la carne del *s* de paz 2077
7.29 ofreciere *s* de paz a Jehová, traerá su 2077
7.29 su ofrenda del *s* de paz ante Jehová 2077
7.30 mecido como *s* mecido delante de Jehová
7.32 al sacerdote... la espaldilla... *s* de paz 2077
7.33 ofreciere la sangre de los *s* de paz, y
7.34 he tomado de los *s* de paz de los hijos 2077
7.37 esta es la ley del... del *s* por el pecado
7.37 ley... del *s* por la culpa... y del *s* de paz 2077
9.4 un buey y un carnero para *s* de paz, que 2076
9.18 degolló... buey y el carnero en *s* de paz 2076
9.22 después de hacer... el *s* de paz, descendió
10.14 dados de los *s* de paz de los hijos de 2077
10.19 y si hubiera yo comido hoy del *s* de
14.13 donde se degüella el *s* por el pecado
14.17 encima de la sangre del *s* por la culpa
14.19 ofrecerá luego el... el *s* por el pecado 6213
14.31 uno en *s* de expiación por el pecado, y
16.25 y quemará... grosura del *s* por el pecado
17.5 fin de que traigan los hijos de... sus *s* 2077
17.5 y sacrifiquen ellos *s* de paz a Jehová 2077
17.7 nunca más sacrificarán sus *s*... demonios 2076
17.8 varón de... que ofreciere holocausto o *s* 2077
19.5 cuando ofreciereis *s* de ofrenda de paz 2077
22.21 alguno ofreciere *s* en ofrenda de paz 2077
22.27 acepto para ofrenda de *s* encendido a
22.29 ofreciereis *s* de acción de gracias a 2077
23.19 dos corderos... en *s* de ofrenda de paz 6213
23.37 *s* y libaciones, cada cosa en su tiempo 2077
Nm 10.10 trompetas... sobre los *s* de paz, y os 2077
15.3 holocausto, o *s*, por especial voto, o 2077
15.5 vino... además... del *s*, por cada cordero 2077
15.8 ofrecieres novillo en holocausto o *s* por 2077
25.2 invitaban al pueblo a los *s* de... dioses 2077
Dt 12.6,11 allí llevaréis... vuestros *s*... diezmos 2077
12.27 la sangre de tus *s* será derramada sobre 2077
17.1 no ofrecerás en *s*... buey o cordero en el 2076
18.3 los que ofrecieren en *s* buey o cordero 2077
32.38 comían la grosura de sus *s*, y bebían el 2077
33.19 allí sacrificarán *s* de justicia, por lo 2077
Jos 13.14 *s* de Jehová Dios de... son su heredad 801
22.26 un altar, no para holocausto, ni para *s* 2077
22.27 el servicio de Jehová... con nuestros *s* 2077
22.28 hicieron... no para... o *s*, sino para que 2077
22.29 edificando... o para *s*, además del altar 2077
Jue 2.5 Boquim, y ofrecieron allí *s* a Jehová 2076
16.23 se juntaron para ofrecer *s* a Dagón su 2077
1 S 1.3 varón subía... para ofrecer *s* a Jehová 2076
1.4 llegaba el día en que Elcana ofrecía *s*
1.21 para ofrecer a Jehová el *s* acostumbrado 2077
2.13 era costumbre... cuando alguno ofrecía *s* 2077
2.19 subía con su marido para ofrecer el *s* 2077
2.29 habéis hollado mis *s* y mis ofrendas, que 2077
3.14 la casa de Elí no será expiada... ni con *s* 2077
6.15 y dedicaron *s* a Jehová en aquel día 2077
9.12 pueblo tiene hoy un *s* en el lugar alto 2077
9.13 no... por cuanto él es el que bendice el *s* 2077

15.21 tomó…para ofrecer *s* a Jehová tu Dios....... 2076
15.22 el obedecer es mejor que los *s*, y el 2077
16.2 y di: A ofrecer *s* a Jehová he venido 2076
16.3 llama a Isaí al *s*, y yo te enseñaré lo 2077
16.5 vengo a ofrecer *s*…venid conmigo al *s* 2076
16.5 santificando él a Isaí…los llamó al *s*....... 2077
20.6 de su familia celebran allá el *s* anual....... 2077
20.29 nuestra familia celebra *s* en la ciudad....... 2077
2 S 15.12 y mientras Absalón ofrecía los *s* 2077
1 R 3.15 sacrificó holocaustos y ofreció *s* de 6213
8.63 y ofreció Salomón *s* de paz, los cuales 2077
8.64 ofreció allí…la grosura de los *s* de paz 4503
8.64 y no cabían…la grosura de los *s* de paz
9.25 ofrecía…*s* de paz sobre el altar que él 5927
11.8 sus mujeres…ofrecían *s* a sus dioses 2076
12.27 pueblo subiere a ofrecer *s* en la casa....... 2077
12.32 así hizo en Bet-el, ofreciendo *s* a los 2076
18.29 hasta la hora de ofrecerse el *s*, pero....... 4503
2 R 3.20 por la mañana, cuando se ofrece el *s* 4503
5.17 no…ni ofrecerá *s* a otros dioses, sino....... 2077
10.19 uno; porque tengo un gran *s* para Baal....... 2077
10.24 cuando ellos entraron para hacer *s* y 2077
16.12 acercó el rey a él, y ofreció *s* en él....... 5927
16.13 y esparció la sangre de sus *s* de paz
16.15 esparcirás sobre él…la sangre del *s* 2077
17.35 no…ni les serviréis, ni les haréis *s* 2076
17.36 a Jehová…temeréis…y a éste haréis *s* 2076
1 Cr 6.49 Aarón y…ofrecían *s* sobre el altar
16.1 trajeron el arca…ofrecieron…*s* de paz
16.2 y cuando David acabó de ofrecer…los *s*
21.28 Jehová le había oído en…ofreció *s* allí 2076
23.29 la flor de harina para el *s*, para las....... 4503
29.21 ofrecieron…*s* de parte de todo Israel 2077
2 Cr 7.5 ofreció el rey Salomón en *s*…bueyes 2077
7.12 y he elegido…este lugar por casa de *s*....... 2076
11.16 vinieron a Jerusalén para ofrecer *s* a 2076
28.23 ofreció *s* a los dioses de Damasco que....... 2076
28.23 yo también ofreceré *s* a ellos para que 2076
29.31 presentad *s* y alabanzas en la casa de....... 2077
29.31 y la multitud presentó *s* y alabanzas 2077
30.22 ofreciendo *s* de paz, y dando gracias a 2076
33.16 y sacrificó sobre él *s* de ofrendas de....... 2076
33.22 ofreció *s* y sirvió a todos los ídolos 2076
34.4 los sepulcros de los que les habían…*s*....... 2076
34.25 han dejado, y han ofrecido *s* a dioses
35.9 a los levitas para los *s* de la pascua
35.14 ocupados hasta la noche en el *s* de los....... 5927
Esd 3.5 las nuevas lunas…y todo *s* espontáneo
4.2 a él ofrecemos *s* desde los días de…rey 2076
6.3 casa reedifica como lugar para ofrecer *s*....... 1685
6.10 ofrezcan *s* agradables al Dios del cielo
9.4 muy angustiado hasta la hora del *s* de la 4503
9.5 a la hora del *s* de la tarde me levanté de....... 4503
Neh 4.2 les permitirá volver a ofrecer sus *s*?....... 2076
10.33 *s* de expiación por el pecado de Israel....... 2077
Sal 4.5 ofreced *s* de justicia, y confiad en....... 2077
27.6 yo sacrificaré en su tabernáculo *s* de....... 2077
40.6 *s* y ofrenda no te agrada; has abierto....... 2077
50.5 los que hicieron conmigo pacto con *s*....... 2077
50.8 no te reprenderé por tus *s*, ni por tus....... 2077
51.16 porque no quieres *s*, que yo lo daría....... 2077
51.17 *s* de Dios son el espíritu quebrantado 2077
51.19 entonces te agradarán los *s* de justicia 2077
66.15 ofreceré en *s* bueyes y machos cabríos
69.31 agradará a Jehová más que *s* de buey, o
106.28 se…y comieron los *s* de los muertos....... 2077
106.38 ofrecieron en *s* a los ídolos de Canaán 2076
107.22 ofrezcan *s* de ¡Alabanza, y publiquen sus....... 2076
116.17 te ofreceré *s* de alabanza, e invocaré 2077
119.108 te sean agradables los *s*…de mi boca
Pr 7.14 *s* de paz había prometido…he pagado
15.8 *s* de los impíos es abominación a Jehová 2077
21.3 juicio es a Jehová más agradable que *s*....... 2077
21.27 el *s* de los impíos es abominación 2077
Ec 5.1 más para oír que para ofrecer el *s* de 2077
Is 1.11 ¿para qué me sirve, dice…vuestros *s*?....... 2077
19.21 y los de Egipto…harán *s* y oblación 2077
34.6 Jehová tiene *s* en Bosra, y…matanza en....... 2077
40.16 fuego, ni todos sus animales para el *s*
43.23 ni a mí me honraste con tus *s*; no te 2077
43.24 ni me saciaste con la grosura de tus *s* 2077
56.7 y sus *s* serán aceptos sobre mi altar....... 2077
57.7 tu cama; allí también subiste a hacer *s* 2077
Jer 6.20 aceptables, ni vuestros *s* me agradan....... 2077
7.21 holocaustos sobre vuestros *s*, y comed la 2077
11.15 ¿crees que los *s*…evitarte el castigo?....... 2077
17.26 trayendo holocausto y *s*, y ofrenda e 2077
17.26 trayendo *s* de alabanza a la…de Jehová 2077
33.18 ofrenda, y que haga *s* todos los días....... 2077
46.10 *s* será para Jehová…en tierra del norte....... 2077
Ez 39.17 *s* grande sobre los montes de Israel 2076
40.39 degollar sobre ellas…*s* por el pecado
40.42 los utensilios con que degollarán…el *s* 2077
42.13 allí pondrán las…y el *s* por el pecado
44.29 el *s* por el pecado comerán, y toda cosa 4503
45.15 una cordera del rebaño…para *s*, y para 4503
45.17 dar…el *s* y la libación en las fiestas 4503
46.13 y ofrecerás en *s* a Jehová…un cordero
Dn 8.11 y por él fue quitado el continuo *s*, y
8.12 el ejército junto con el continuo *s*; y
8.13 ¿hasta cuándo durará la visión del…*s*
9.21 a mí como a la hora del *s* de la tarde 4503
9.27 la semana hará cesar el *s* y la ofrenda 2077
11.31 profanarán…y quitarán el continuo *s*
12.11 el tiempo que sea quitado el continuo *s*
Os 3.4 estarán…sin *s*, sin estatua, sin efod 2077
4.19 los ató…y de sus *s* serán avergonzados 2077
6.6 porque misericordia quiero, y no *s*, y 2077
8.13 en los *s* de mis ofrendas sacrificaron....... 2076
9.4 a Jehová, ni sus *s* le serán gratos; como 2077
Am 4.4 a Bet-el…y traed de mañana vuestros *s* 2077
4.5 y ofreced *s* de alabanza con pan leudado
5.25 ¿me ofrecisteis *s* y…en el desierto en....... 2077
Jon 1.16 y ofrecieron *s* a Jehová, e hicieron 2076
2.9 mas yo con voz de alabanza te ofreceré *s*....... 2076
Hab 1.16 por esto hará *s* a su red, y ofrecerá....... 2076
Sof 1.7 Jehová ha preparado *s*, y ha dispuesto 2076
1.8 en el día del *s* de Jehová castigaré a los 2076
Mal 1.8 ofrecéis el animal ciego para el *s*, ¿no....... 2076
Mt 9.13; 12.7 **misericordia quiero, y no *s***....... *2378*
Mr 9.49 **con fuego, y todo *s* será salado con sal**....... *2378*
12.33 el amarle…es más que todos los…y *s* *2378*
Lc 13.1 sangre Pilato había mezclado con los *s* *2378*
Hch 7.41 un becerro, y ofrecieron *s* al ídolo *2378*
7.42 ¿acaso me ofrecisteis víctimas y *s* en el....... *2378*
14.13 sacerdote de Júpiter…quería ofrecer *s*....... *2380*
14.18 impedir que la multitud les ofreciese *S* *2380*
Ro 12.1 presentéis vuestros cuerpos en *s* vivo *2378*
1 Co 10.18 los que comen de los *s*, ¿no son....... *2378*
Ef 5.2 ofrenda y *s* a Dios en olor fragante *2378*
Fil 2.17 sea derramado…sobre el *s* y servicio *2378*
4.18 olor fragante, *s* acepto, agradable a Dios....... *2378*
He 5.1 presente ofrendas y *s* por los pecados....... *2378*
7.27 de ofrecer primero *s* por sus propios....... *2378*
8.3 constituido para presentar ofrendas y *s* *2378*
9.9 se presentan ofrendas y *s* que no pueden....... *2378*
9.23 celestiales mismas, con mejores *s* que *2378*
9.26 se presentó una vez…el *s* de sí mismo....... *2378*
10.1 por los mismos *s* que se ofrecen…cada año *2378*
10.3 en estos *s* cada año se hace memoria de
10.5 dice: *S* y ofrenda no quisiste; mas me *2378*
10.8 *s* y ofrenda y holocaustos y expiaciones *2378*
10.11 y ofreciendo muchas veces los mismos *s*....... *2378*
10.12 Cristo, habiendo ofrecido…un solo *s* por *2378*
10.26 si…ya no queda más *s* por los pecados....... *2378*
11.4 Abel ofreció…más excelente *s* que Caín....... *2378*
13.15 ofrezcamos…*s* de alabanza, es decir....... *2378*
13.16 hacer bien…de tales *s* se agrada Dios....... *2378*
1 P 2.5 para ofrecer *s* espirituales aceptables *2378*

SACRILEGIO

Ro 2.22 que abominas de los ídolos, ¿cometes *s*....... *2416*

SACRÍLEGO

Hch 19.37 traído a estos hombres, sin ser *s* ni *2417*

SACUDIR

Dt 24.20 *sacudas* tus olivos, no recorrerás las 2251
Jue 6.11 Gedeón estaba *sacudiendo* el trigo en....... 2251
1 R 14.15 Jehová *sacudirá* a Israel al modo que 5221
Neh 5.13 además *sacudí* mi vestido, y dije: Así....... 5287
5.13 así sacuda Dios de…sea *sacudido* y vacío 5287
Job 38.13 que sean *sacudidos* de ella los impíos? 5287
Sal 44.5 por medio de ti *sacudiremos*…enemigos
109.23 voy como…soy *sacudido* como langosta 5287
Is 17.6 cuando *sacuden* el olivo; dos o tres en....... 5363
24.13 olivo *sacudido*, como rebuscos después 5363
28.27 sino que con un palo se *sacude* el eneldo 2251
33.9 y Basán y el Carmelo fueron *sacudidos*....... 5287
33.15 el que *sacude* sus manos para no recibir 5287
52.2 *sacúdete* del polvo…Jerusalén; suelta las....... 5287
Ez 21.21 ha *sacudido* las saetas, consultó a sus
Nah 3.12 higueras con brevas, si las *sacuden*....... 5128
Sof 2.15 que pasare…burlará y *sacudirá* su mano 5128
Mt 10.14 **y *sacudid* el polvo de vuestros pies**....... *1621*
11.7 **a ver…¿Una caña *sacudida* por el viento?**....... *4531*
Mr 1.26 el espíritu inmundo, *sacudiéndole* con *4682*
6.11 **allí, y *sacudid* el polvo que está debajo**....... *1621*
9.18 cual, dondequiera que le toma, le *sacude* *4486*
9.20 vio…*sacudió* con violencia al muchacho
9.26 *sacudiéndole* con violencia, salió; y él....... *4682*
Lc 7.24 **ver…¿Una caña *sacudida* por el viento?**....... *4531*
9.5 **y *sacudid* el polvo de vuestros pies en** *660*
9.39 que un espíritu…le *sacude* con violencia *4682*
9.42 el demonio…y le *sacudió* con violencia....... *4952*
10.11 **el polvo…lo *sacudimos* contra vosotros**....... *631*
Hch 13.51 *sacudiendo* contra ellos el polvo de *1621*
16.26 los cimientos de la cárcel se *sacudían* *4531*
18.6 dijo, *sacudiéndose* los vestidos: Vuestra....... *1621*
28.5 *sacudiendo* la víbora en el fuego, ningún *660*
Ap 6.13 cuando…*sacudida* por un fuerte viento....... *4579*

SADOC

1. Sacerdote en tiempo del rey David
2 S 8.17 *S* hijo…y Abimelec…eran sacerdotes....... 6659
15.24 iba *S*, y con él todos los levitas que 6659
15.25 pero dijo el rey a *S*: Vuelve el arca de 6659
15.27 dijo…el rey al sacerdote *S*: ¿No eres 6659
15.29 *S* y Abiatar volvieron el Arca de Dios a....... 6659
15.35 ¿no estarán…los sacerdotes *S* y Abiatar?....... 6659
15.35 se lo comunicarás a los sacerdotes *S* y 6659
15.36 están…Ahimaas el de *S*, y Jonatán el de 6659
17.15 dijo luego Husai a los…*S* y Abiatar: Así 6659
18.19 Ahimaas hijo de *S* dijo: ¿Correré ahora 6659
18.22 Ahimaas hijo de *S* volvió a decir a Joab 6659
18.27 parece…el correr de Ahimaas hijo de *S*....... 6659
19.11 y el rey David envió a los…*S* y Abiatar....... 6659
20.25 era escriba, y *S* y Abiatar, sacerdotes 6659
1 R 1.8 sacerdote *S*, y Benaía hijo de Joiada 6659
1.26 ni al sacerdote *S*, ni a Benaía hijo de 6659
1.32 David dijo: Llamadme al sacerdote *S*, al 6659
1.34 lo ungirán el sacerdote *S* y el profeta....... 6659
1.38 y descendieron el sacerdote *S*, el…Natán 6659
1.39 y tomando el…*S* el cuerno del aceite del 6659
1.44 el rey ha enviado con él al sacerdote *S* y 6659
1.45 el sacerdote *S* y…Natán lo han ungido por....... 6659
2.35 a *S* puso el rey por sacerdote en lugar de 6659
4.2 los jefes…Azarías hijo del sacerdote *S* 6659
4.4 el ejército; *S* y Abiatar, los sacerdotes 6659
1 Cr 6.8 Ahitob engendró a *S*, *S*…a Ahimaas....... 6659
6.53 *S* su hijo, Ahimaas su hijo 6659
15.11 llamó David a…sacerdotes *S* y Abiatar 6659
16.39 al sacerdote *S*, y a los…sus hermanos....... 6659
18.16 *S* hijo de…y Abimelec…eran sacerdotes....... 6659
24.3 *S* de los hijos de Eleazar…los repartió 6659
24.6 sus nombres…delante de *S* el sacerdote....... 6659
24.31 echaron suertes…delante del rey…y de *S*....... 6659
27.17 de los levitas, Hasabías…de Aarón, *S* 6659
29.22 le ungieron por…y a *S* por sacerdote 6659
2 Cr 31.10 Azarías, de la casa de *S*…contestó 6659
Esd 7.2 de Salum, hijo de *S*, hijo de Abitob....... 6659
Ez 40.46 estos son los hijos de *S*, los cuales 6659
43.19 levitas que son del linaje de *S*, que se....... 6659
44.15 los…levitas hijos de *S*, que guardaron....... 6659
48.11 los sacerdotes..de los hijos de *S* que 6659
2. Abuelo del rey Jotam, 2 R 15.33;2 Cr 27.1....... 6659
3. Descendiente de No. 1, 1 Cr 6.12; 9.11; Neh 11.11....... 6659
4. «Joven valiente» que se unió a David en Hebrón, 1 Cr 12.28 6659
5. Nombre de dos que ayudaron en la restauración del muro de Jerusalén, Neh 3.4,29....... 6659
6. Firmante del pacto de Nehemías, Neh 10.21....... 6659
7. Escriba en tiempo de Nehemías, Neh 13.13....... 6659
8. Ascendiente de Jesucristo, Mt 1.14....... *4524*

SADRAC *Compañero de Daniel (=Ananías No. 4)*

Dn 1.7 jefe de los eunucos puso…a Ananías, *S* 7714
2.49 pusiera sobre los negocios…a *S*, Mesac 7715
3.12 varones judíos…S, Mesac y Abed-nego....... 7715
3.13 ira…que trajesen a *S*, Mesac y Abed-nego....... 7715
3.14 *S*, Mesac y Abed-nego, que vosotros no 7715
3.16 *S*, Mesac y Abed-nego respondieron al rey 7715
3.19 demudó el…de su rostro contra *S*, Mesac 7715
3.20 mandó…atasen a *S*, Mesac y Abed-nego 7715
3.22 a aquellos que habían alzado a *S*, Mesac 7715
3.23 *S*, Mesac y Abed-nego, cayeron atados 7715
3.26 *S*…siervos del Dios Altísimo, salid y 7715
3.26 entonces *S*, Mesac y Abed-nego salieron....... 7715
3.28 bendito sea el Dios de ellos…*S*, Mesac 7715
3.29 que dijere blasfemia contra el Dios de *S*....... 7715
3.30 rey engrandeció a *S*, Mesac y Abed-nego 7715

SADUCEOS *Secta de los judíos*

Mt 3.7 al ver él que…*s* venían a su bautismo *4523*
16.1 vinieron los fariseos…*s* para tentarle *4523*
16.6 **mirad, guardaos de la levadura…de los *s***....... *4523*
16.11 **os guardaseis de la levadura de, los *s*?**....... *4523*
16.12 se guardasen…de la doctrina…de los *s* *4523*
22.23 vinieron a él los *s*, que dicen que no *4523*
22.34 oyendo que había hecho callar a los *s* *4523*
Mr 12.18 vinieron a él los *s*, que dicen que no....... *4523*
Lc 20.27 llegando entonces algunos de los *s*, los....... *4523*
Hch 4.1 jefe de la guardia del templo, y los *s*....... *4523*
5.17 la secta de los *s*, se llenaron de celos....... *4523*
23.6 notando que una parte era de *s* y otra de *4523*
23.7 disensión entre los fariseos y los *s*, y la *4523*
23.8 los *s* dicen que no hay resurrección, ni *4523*

SAETA

Nm 24.8 sus huesos, y las traspasará con sus *s* 2671
Dt 32:23 sobre ellos; emplearé en ellos mis *s*....... 2671
32.42 embriagaré de sangre mis *s*, y mi espada 2671
1 S 20.20 y yo tiraré tres *s* hacia aquel lado....... 2671
20.21 busca las *s*…Y si dijere al criado: He 2671
20.21 he allí las *s* más acá de ti, tómalas....... 2671
20.22 yo dijere…He allí las *s* más allá de ti 2671
20.36 dijo…Corre y busca las *s* que yo tirare....... 2671
20.36 tiraba la *s* de modo que pasara…allá 2671
20.37 llegando…muchacho adonde estaba la *s*....... 2671
20.37 dio voces…¿No está la *s* más allá de ti? 2671
20.38 el muchacho…recogió las *s*, y vino a su 2678
2 S 22.15 envió sus *s*, y los dispersó; y lanzó 2671
2 R 9.24 la *s* salió por su corazón, y él cayo....... 2678
13.15 toma un arco y unas *s*…Tomó él…unas *s* 2671
13.17 *s* de salvación de…y *s* de…contra Siria 2671
13.18 volvió a decir: Toma las *s*…Y luego que 2671
19.32 no entrará en esta…ni echará *s* en ella 2671
1 Cr 12.2 ambas manos para tirar…*s* con arco 2671
2 Cr 26.15 para arrojar *s* y grandes piedras....... 2671
Job 6.4 las *s* del Todopoderoso están en mí, cuyo 2671
20.25 *s* le traspasará y saldrá de su cuerpo
41.28 *s* no le hace huir; las piedras de honda 1121,7198
Sal 7.13 ha preparado…ha labrado *s* ardientes....... 2671
11.2 los malos…disponen sus *s* sobre la cuerda 2671
18.14 envió sus *s*, y los dispersó…destruyó 2671
21.12 en tus cuerdas dispondrás *s* contra sus
38.2 tus *s* cayeron sobre mí, y sobre mí ha 2671
45.5 *s* agudas, con que caerán pueblos debajo....... 2671
57.4 sus dientes son lanzas y *s*, y su lengua....... 2671
58.7 cuando disparen…*s*, sean hechas pedazos 2671
64.3 lanzan cual *s* suya, palabra amarga....... 2671
64.7 Dios los herirá con *s*; de repente serán 2671
76.3 allí quebró las *s* del arco, el escudo, la....... 2671
91.5 no temerás el…ni *s* que vuele de día 2671
120.4 agudas *s* de valiente…brasas de enebro 2671
127.4 como *s* en mano del valiente, así son 2671
144.6 y disípalos, envía tus *s* y túrbalos....... 2671
Pr 7.23 no…hasta que la *s* traspasa su corazón 2671
25.18 *s* aguda es el hombre que habla contra....... 2671
26.18 enloquece, y echa llamas y *s* y muerte....... 2671
Is 5.28 *s* estarán afiladas, y todos sus arcos 2671
7.24 con *s* y arco irán allá, porque toda la....... 2671
37.33 no entrará en esta…ni arrojará *s* en ella....... 2671
49.2 me puso por *s* bruñida, me guardó en su 2671
Jer 9.8 *s* afilada es la lengua de ellos; engaño 2671
50.14 tirad contra ella, no escatiméis las *s*....... 2671

51.11 limpiad las *s*, embrazad los escudos; ha 2671
Lm 3.12 arco, y me puso como blanco para la *s*........ 2671
3.13 hizo entrar en mis entrañas las *s* de su........ 2671
Ez 5.16 arroje yo las perniciosas *s* del hambre 2671
21.21 sacudido las *s*, consultó a sus ídolos 2671
39.3 arco... derribaré tus *s* de tu mano derecha 2671
39.9 y quemarán... *s*, dardos de mano y lanzas 2671
Hab 3.11 a la luz de tus *s* anduvieron, y al............ 2671

SAF *Gigante matado por Sibecai*, 2 S 21.18...... 5593

SAFÁN
1. Oficial bajo el rey Osías
2 R 22.3 envió el rey a *S*... la casa de Jehová.......... 8227
22.8 dijo... Hilcías al escriba *S*: He hallado.......... *8227*
22.8 e Hilcías dio el libro a *S*, y lo leyó *8227*
22.9 viniendo luego... *S* al rey, dio cuenta al *8227*
22.10 el escriba *S* declaró al rey, diciendo *8227*
22.10 un libro... Y lo leyó *S* delante del rey.......... *8227*
22.12 rey dio orden... al escriba *S* y a Asaías *8227*
22.14 fueron... *S* y Asaías, a la profetisa Hulda *8227*
2 Cr 34.8 envió a *S* hijo de Azalía, a Maasías 8227
34.15 dijo al escriba *S*... y dio... el libro a *S* 8227
34.16 y *S* lo llevó al rey... contó el asunto 8227
34.18 declaró el... *S* al rey... Y leyó *S* en el 8227
34.20 y mandó a Hilcías... y a *S* escriba, y a 8227
Jer 36.10 el aposento de Gemarías hijo de *S*........... 8227
36.11 Micaías hijo de Gemarías, hijo de *S* 8227
36.12 Gemarías hijo de *S*, Sedequías hijo de 8227
2. Padre de Ahicam y de Elasa No. 4.
Posiblemente =No. 1, 2 R 22.12; 25.22.............. 8227
2 Cr 34.20; Jer 26.24; 29.3; 39.14......................... 8227
40.5,9,11; 41.2; 43.6 8227
3. Jefe de la tribu de Gad, 1 Cr 5.12................ 8223
4. Padre de Jaazanías No. 3, Ez 8.11............... 8227

SAFAT
1. Uno de los doce espías de Josué, Nm 13.5 8202
2. Padre del profeta Eliseo, 1 R 19.16,19; 2 R 3.11; 6.31 8202
3. Descendiente del rey David, 1 Cr 3.22............. 8202
4. Jefe de la tribu de Gad en Basán, 1 Cr 5.12....... 8202
5. Ganadero del rey David, 1 Cr 27.29.............. 8202

SAFIR *Lugar no identificado*, Mi 1.11 8208

SAFIRA *Mujer de Ananías No. 5*, Hch 5.1 .... *4551*

SAGACIDAD
Pr 1.4 dar *s* a los simples, y a los jóvenes 6195
Dn 8.25 con su *s* hará prosperar el engaño en......... 7922

SAGAZ
Lc 16.8 **los hijos de este siglo son más *s* en** *5429*

SAGAZMENTE
2 Cr 11.23 obró *s*, y esparció a... sus hijos por 995
Lc 16.8 **alabó el amo al... por haber hecho *s*** *5430*

SAGE *Padre de Jonatán No. 5*, 1 Cr 11.34........ 7681

SAGRADO, A
Éx 28.2 harás vestiduras *s* a Aarón tu hermano 6944
28.4 hagan, pues, las vestiduras *s* para Aarón...... 6944
30.37 este incienso... será cosa *s* para Jehová 6944
35.19 las *s* vestiduras de Aarón el sacerdote......... 6944
35.21 con ofrenda a... y para las *s* vestiduras....... 6944
39.1 asimismo hicieron las vestiduras *s* para 6944
39.41 las *s* vestiduras para Aarón el sacerdote 6944
40.13 harás vestir a Aarón las vestiduras *s*......... 6944
Lv 14.13 también... del sacerdote; es cosa muy *s*........ 6944
16.32 se vestirá... de lino, las vestiduras *s* 6944
22.3 todo varón... que se acercara a las cosas *s* 6944
22.4 no comerá de las cosas *s* hasta que esté 6944
22.6 no comerá de las cosas *s* antes que haya 6944
22.7 después podrá comer las cosas *s*, porque....... 6944
22.10 ningún extraño comerá cosa *s*... huésped 6944
22.10 huésped... jornalero, no comerán cosa *s*........ 6944
22.12 si se casara... no comerá... de las cosas *s*..... 6944
22.14 que por yerro comiere cosa *s*, añadirá 6944
22.14 y la dará al sacerdote con la cosa *s*.......... 6944
23.20 serán cosa *s* a Jehová para el sacerdote....... 6944
27.10 él y el dado en cambio de él serán *s* 6944
27.33 el que se dio en cambio serán cosas *s* 6944
1 S 21.4 pan... a la mano, solamente tengo pan *s* 6944
21.6 el sacerdote le dio el pan *s*, porque allí 6944
1 R 8.4 llevaron... los utensilios *s* que estaban 6944
2 Cr 8.11 ha entrado el arca de Jehová, son *s*............ 6944
20.21 que cantasen... vestidos de ornamentos *s*..... 6944
Ez 45.4 servirá... recinto *s* para el santuario 4720
1 Co 9.13 que los que trabajan en las cosas *s* *2413*
2 Ti 3.15 la niñez has sabido las *S* Escrituras *2413*

SAHADUTA *Véase Jegar Sahaduta*, Gn 31.47.... 3026

SAHARAIM *Descendiente de Benjamín*, 1 Cr 8.8... 7842

SAHAZIMA *Población en la frontera de Isacar*, Jos 19.22 7831

SAHUMAR
Cnt 3.6 ¿quién es ésta... *sahumada* de mirra y de 6999

SAHUMERIO
Sal 66.15 holocaustos de... con *s* de carneros.......... 7004
Os 11.2 a los baales... a los ídolos ofrecían *s*.......... 6999
Hab 1.16 ofrecerá *s* a sus mallas; porque con 6999

SAJAR
Dt 14.1 no os *sajaréis*, ni os raparéis a causa 1413
1 R 18.28 ellos clamaban... voces, y se *sajaban* 1413
Jer 47.5 su valle; ¿hasta cuándo te *sajarás*?............ 1413

SAL
Gn 19.26 mujer de Lot... se volvió estatua de *s*........ 4417
Lv 2.13 y sazonarás con *s* toda ofrenda que 4417
2.13 la *s*... en toda ofrenda tuya ofrecerás *s* 4417
Nm 18.19 pacto de *s* perpetuo es delante de........... 4417
Dt 29.23 azufre y *s*, abrasada toda su tierra 4417
Jos 15.62 la ciudad de la *S* y En-gadi.................... 5898
Jue 9.45 y asoló la ciudad, y la sembró de *s*............. 4417
2 S 8.13 David... destrozó... en el Valle de la *S*......... 4417
2 R 2.20 una vasija nueva, y poned en ella *s* 4417
2.21 saliendo él a... echó dentro la *s*, y dijo 4417
14.7 a diez mil edomitas en el valle de la *S* 4417
1 Cr 18.12 destrozó en el valle de la *S* a diez.......... 4417
2 Cr 13.5 dio el reino a David... bajo pacto de *s*?....... 4417
25.11 y vino al Valle de la *S*, y mató de los.......... 4417
Esd 6.9 *s*, vino y aceite, conforme a... dijeren 4417
7.22 y cien batos de aceite; y *s* sin medida 4417
Job 6.6 ¿se comerá lo desabrido sin *s*? ¿Habrá 4417
Sal 60 *tít*... a doce mil... en el valle de la *S* 4417
Ez 16.4 ni salada con *s*, ni fuiste envuelta con 4414
43.24 y los sacerdotes echarán *s* sobre ellos........ 4417
Sof 2.9 que Moab será como Sodoma... mina de *s* 4417
Mt 5.13 **sois la *s* de... si la *s* se desvaneciere** *217*
Mr 9.49 **y todo sacrificio será salado con *s*** *251*
9.50 **es la *s*; mas si la *s* se hace insípida** *217*
9.50 **tened *s* en vosotros mismos; y tened paz**........ *217*
Lc 14.34 **buena es la *s*; mas si la *s* se hiciere** *217*
Col 4.6 sea vuestra palabra... sazonada con *s* *217*

SALA *(n.) Hijo de Arfaxad y padre de Heber*, Gn 10.24; 11.12,13,14,15; Lc 3.35 4527,7974

SALA *(s.)*
Jue 3.20 estando él sentado... en su *s* de verano 5944
3.23 Aod... cerró tras sí las puertas de la *s* 5944
3.24 viendo las puertas de la *s* cerradas............ 5944
3.24 duda él cubre sus pies en la *s* de verano 2315
3.25 porque él no abría las puertas de la *s* 5944
1 S 9.22 Samuel tomó... y los introdujo a la *s* 5944
2 S 18.33 subió a la *s* de la puerta, y lloró.............. 5944
2 R 1.2 Ocozías cayó por la ventana de una *s*.......... 5944
23.12 los altares... sobre la azotea de la *s* de 5944
Neh 3.31 restauró... y hasta la *s* de la esquina
3.32 entre la *s* de la esquina y la puerta de
Jer 22.13 edifica su casa... sus *s* sin equidad.......... 5944
22.14 dice: Edificaré para mí... y *s* airosas.......... 5944
Dn 5.10 la reina... entró a la *s* del banquete 1005
Hch 9.37 después de lavada... pusieron en una *S* *5253*
9.39 le llevaron a la *s*, donde le rodearon.......... *5253*

SALADA *Véase también Mar Salado y Salar*
Stg 3.12 así... ninguna fuente puede dar agua *s*......... *252*

SALAF *Padre de Hanún No. 2*, Neh 3.30 6764

SALAI
1. Benjamita en Jerusalén en tiempo de Nehemías, Neh 11.8.. 5543
2. Familia levítica (=Salú No. 2), Neh 12.20 5543

SALAMINA *Ciudad de Chipre*
Hch 13.5 llegados a *S*, anunciaban la palabra *4529*

SALAR
Ez 16.4 ni *salada* con sal, ni fuiste envuelta............ 4414
Mt 5.13 **se desvaneciere, ¿con qué será *salada*?** *233*
Mr 9.49 **serán *salados* con fuego... *s* con sal** *233*

SALARIO
Gn 29.15 Labán a Jacob: Dime cuál será tu *s* 4909
30.28 y dijo: Señálame tu *s*, y yo lo daré 7939
30.32 las ovejas manchadas... y esto será mi *s*...... 7939
30.33 cuando vengas a reconocer mi *s*; toda la 7939
31.7 ha cambiado el *s* diez veces; pero Dios 4909
31.8 los pintados serán tu *s*... listados... tu *s* 7939
31.41 te serví... has cambiado mi *s* diez veces 4909
Lv 19.13 no retendrás el *s* del jornalero en tu........... 6468
25.53 como con el tomado a *s*... hará con él; no..... 7916
1 R 5.6 y yo te daré por tus siervos el *s* que............ 7939
Jer 22.13 ¡ay... no dándole el *s* de su trabajo! 2600
31.16 *s* hay para tu trabajo, dice Jehová, y 7939
Os 2.12 *s* son, *s* que me han dado mis amantes 866
8.9 subieron a... Efraín con *s* alquiló amantes 8566
9.1 amaste *s* de ramera en todas las eras de 868
Zac 11.12 dadme mi *s*... Y pesaron por mi *s* 30.......... 7939
Mal 3.5 testigo contra... que defraudan en su *s*......... 7939
Lc 3.14 les dijo... y contentaos con vuestro *s* 3800
10.7 **den; porque el obrero es digno de su *s*** *3408*
Jn 4.36 **el que siega recibe *s*, y recoge fruto** *3800*
Hch 1.18 con el *s* de su iniquidad adquirió un........... *3408*
Ro 4.4 al que obra, no se le cuenta el *s* como *3408*
2 Co 11.8 a otras iglesias, recibiendo *s* para *3800*
1 Ti 5.18 **al buey... Digno es el obrero de su *s*** *3408*

SALATIEL *Padre de Zorobabel*, 1 Cr 3.17; Esd 3.2,8; 5.2; Neh 12.1; Hag 1.1,12,14; 2.2,23; Mt 1.12; Lc 3.27.................. 4528,7597

SALCA *Ciudad amorrea (posteriormente de Gad) en Basán*, Dt 3.10; Jos 12.5; 13.11, 1 Cr 5.11...... 5548

SALEM *Ciudad del rey Melquisedec (probablemente =Jerusalén)*
Gn 14.18 Melquisedec, rey de *S* y sacerdote del 8004
Sal 76.2 en *S* está su tabernáculo, y... en Sion 8004
He 7.1 este Melquisedec, rey de *S*, sacerdote *4532*
7.2 cuyo nombre significa... también Rey de *S*...... *4532*

SALEQUET *Puerta del atrio del templo en Jerusalén*, 1 Cr 26.16 7996

SALIDA
Éx 19.1 el mes tercero de la *s* de los hijos de.......... 3318
23.16; 34.22 la fiesta de la... a la *s* del año...... 3318,8622
Nm 1.1; 9.1 el segundo año de su *s* de... Egipto.......... 3318
33.2 escribió sus *s* conforme a sus jornadas 4161
33.2 son sus jornadas con arreglo a sus *s* 4161
33.38 a los 40 años de la *s* de los hijos de 3318
Jos 17.9 límite de Manasés... sus *s* son al mar 8444
1 S 29.6 me ha parecido bien tu *s* y tu entrada.......... 3318
2 S 3.25 para enterarse de tu *s* y de tu entrada 4161
2 R 19.27 he conocido... tu *s* y tu entrada, y tu 3318
Sal 19.6 de un extremo de los cielos es su *s* 4161
65.8 tú haces alegrar las *s* de la mañana y de 4161
121.8 guardará tu *s* y tu entrada desde ahora 3318
144.14 no tengamos asalto, ni que hacer *s*, ni....... 3318
Is 37.28 he conocido tu condición, tu *s* y tu............. 3318
Ez 42.11 todas sus *s*, conforme a sus puertas 4161
43.11 sus *s* y sus entradas, y todas sus formas...... 4161
44.5 pon atención... todas las *s* del santuario 4161
48.30 estas son las *s* de la ciudad: al lado........... 8444
Dn 9.25 desde la *s* de la orden para restaurar......... 4161
Os 6.3 como el alba está dispuesta su *s*, y 4161
Mi 5.2 sus *s* son desde el principio, desde los 4163
Mt 22.9 **id... a las *s* de los caminos, y llamad**
1 Co 10.13 juntamente con la tentación la *s*........... *1545*
He 11.22 mencionó la *s* de los hijos de Israel........... *1841*

SALIM *Lugar de manantiales cerca de Enón*, Jn 3.23 .... *4530*

SALINA
Ez 47.11 pantanos y... lagunas... quedarán para *s*..... 4417

SALIR
Gn 2.10 y *salía* de Edén un río para regar el 3318
4.8 dijo Caín a su... Abel: *Salgamos* al campo
4.16 *salió*, pues, Caín de delante de Jehová......... 3318
8.7 envió un cuervo, el cual *salió*, y estuvo.......... 3318
8.16 *sal* del arca tú, y tu mujer, y tus hijos 3318
8.18 *salió* Noé, y sus hijos, su mujer, y las.......... 3318
8.19 según sus especies, *salieron* del arca 3318
9.10 todos los que *salieron* del arca hasta 3318
9.18 los hijos de Noé que *salieron* del arca 3318
10.11 de esta tierra *salió* para Asiria, y............. 3318
10.14 de donde *salieron* los filisteos, y a
11.2 cuando *salieron* de oriente, hallaron una
11.31 tomó Taré a Abram su hijo... y *salió* con...... 3318
12.4 y era Abram de... cuando *salió* de Harán...... 3318
12.5 y *salieron* para ir a tierra de Canaán 3318
14.8 y *salieron* el rey de Sodoma, el rey de 3318
14.17 *salió* el rey de Sodoma a recibirlo al 3318
15.14 después de... *saldrán* con gran riqueza 3318
17.6 haré naciones de ti, y reyes *saldrán* de 3318
18.2 *salió* corriendo de la puerta de su tienda a
19.6 Lot *salió* a ellos a la puerta, y cerró 3318
19.14 *salió* Lot y habló a sus yernos, los que 3318
19.14 levantaos, *salid* de este lugar; porque 3318
19.23 el sol *salía*... cuando Lot llegó a Zoar
20.13 cuando Dios me hizo *salir* errante de la
21.14 *salió* y anduvo errante por el desierto........ 3212
24.5 tu hijo a la tierra de donde *saliste*?
24.11 hora en que *salen* las doncellas por agua..... 3318
24.13 hijas de los varones de... *salen* por agua 3318
24.15 *salía* con su *cántaro* sobre su hombro 3318
24.43 doncella que *saliere* por agua, a la cual 3318
24.45 aquí Rebeca, que *salía* con su cántaro......... 3318
24.50 de Jehová ha *salido* esto; no podemos 3318
24.63 había *salido* Isaac a meditar al campo 3318
25.25 *salió* el primero rubio, y era... velludo......... 3318
25.26 *salió* su hermano, trabada su mano al......... 3318
27.3 toma... arco... *sal* al campo y tráeme caza..... 3318
27.30 apenas había *salido* Jacob de delante 3318
28.10 *salió*, pues, Jacob de Beerseba, y fue 3318
30.16 *salió* Lea a él, y le dijo: Llégate a 3318
31.13 levántate ahora y *sal* de esta tierra 3318
31.33 *salió* de la tienda de Lea, y entró en 3318
32.1 le *salieron* al encuentro ángeles de Dios
32.31 había pasado Peniel, le *salió* el sol
34.1 *salió* Dina la hija de Lea, la cual ésta 3318
34.24 obedecieron... todos los que *salían* por......... 3318
34.24 a cuantos *salían* por la puerta de su........... 3318
35.5 y *salieron*, y el terror de Dios estuvo
35.11 procederán de ti, y reyes *saldrán* de 3318
35.18 al *salírsele* el alma... llamó su nombre 3318
35.21 y *salió* Israel, y plantó su tienda más
36.18 jefes que *salieron* de Aholibama mujer
38.28 un hilo... diciendo: Este *salió* primero 3318
38.29 he aquí *salió* su hermano; y ella dijo............ 3318
38.30 después *salió* su hermano, el que tenía 3318
39.12 dejó su ropa en las manos de... y *salió*......... 3318
39.15 dejó junto a mí su ropa, y huyó y *salió*......... 3318
41.6 que después de ellas *salían* otras siete......... 6779
41.45 *salió* José por toda la tierra de Egipto.......... 3318
41.46 y *salió* José de delante de Faraón, y 3318
42.15 vive Faraón, que no *saldréis* de aquí............ 3318
43.31 salió, y se contuvo, y dijo: Poned pan 3318
44.4 habiendo ellos *salido* de la ciudad, de 3318
44.28 el uno *salió* de mi presencia, y pienso 3318
44.32 tu siervo *salió* por fiador del joven con
45.1 y clamó: Haced *salir* de mi presencia a......... 3318
46.1 *salió* Israel con todo lo que tenía, y vino
47.10 Jacob... *salió* de la presencia de Faraón...... 3318
Éx 2.11 *salió* a sus hermanos, y los vio en sus.......... 3318
2.13 día... *salió* y vio a dos hebreos que reñían 3318
3.21 para que cuando *salgáis*, no vayáis con
4.14 que él *saldrá* a recibirte, y al verte se........... 3318
4.24 le *salió* al encuentro, y quiso matarlo
5.10 *saliendo* los cuadrilleros del pueblo y........... 3318
5.20 estaban a la vista... cuando *salían* de la 3318
7.15 vé... a Faraón, he aquí que él *sale* al río 3318
8.12 *salieron* Moisés y Aarón de la presencia........ 3318
8.20 Faraón; he aquí él *sale* al río; y dile 3318
8.29 aquí, al *salir* yo de tu presencia, rogaré 3318
8.30 Moisés *salió* de la presencia de Faraón......... 3318
9.29 tan pronto *salga*... y los truenos cesarán 3318

9.33 *salido* Moisés de la presencia de Faraón 3318
10.6 se volvió y *salió* de delante de Faraón 3318
10.18 *salió* Moisés de delante de Faraón, y oró 3318
11.4 a la medianoche yo *saldré* por en medio 3318
11.8 después... yo saldré... Y *salió* muy enojado 3318
12.22 ninguno de... *salga* de las puertas de su 3318
12.31 les dijo: *Salid* de en medio de mi pueblo 3318
12.41 el mismo día... *salieron* de la tierra de........ 3318
13.3 día, en el cual habéis *salido* de Egipto 3318
13.4 vosotros *salís* hoy, en el mes de Abib 3318
14.8 Israel habían *salido* con mano poderosa 3318
15.20 *salieron* en pos de ella con panderos y 3318
15.22 Israel... y *salieron* al desierto de Shur 3318
16.1 mes después que *salieron* de... de Egipto 3318
16.4 el *pueblo saldrá*, y recogerá diariamente 3318
16.27 salieron en el séptimo día a recoger.......... 3318
16.29 y nadie *salga* de él en el séptimo día.......... 3318
17.6 golpearás la peña, y *saldrán* de... aguas........ 3318
17.9 y *sal* a pelear contra Amalec; mañana yo...... 3318
18.7 Moisés *salió* a recibir a su suegro, y se 3318
19.2 habían *salido* de Refidim, y llegaron al........ 5265
21.2 siervo hebreo... al séptimo *saldrá* libre 3318
21.3 entró solo, solo *saldrá*; si tenía mujer.......... 3318
21.3 tenía mujer, *saldrá* él y su mujer con él........ 3318
21.4 sus hijos serán de su amo, y él *saldrá*.......... 3318
21.5 dijere... amo a mi señor... no *saldré* libre 3318
21.7 su hija... no saldrá ella como suelen *salir*...... 3318
21.11 y si... ella *saldrá* de gracia, sin dinero 3318
23.15 mes de Abib... en él *saliste* de Egipto 3318
25.32 *saldrán* seis brazos de sus lados; tres......... 3318
25.33,35 seis brazos que *salen* del candelero 3318
28.35 se oirá su sonido cuando... *salga*, para 3318
32.24 eché en el fuego, y *salió* este becerro......... 3318
33.7 buscaba a Jehová, *salía* al tabernáculo........ 3318
33.8 que cuando *salía* Moisés al tabernáculo 3318
34.18 en el mes de Abib *saliste* de Egipto 3318
34.34 él, se quitaba el velo hasta que *salía*.......... 3318
34.34 *saliendo*, decía a los hijos de Israel........... 3318
35.20 *salió* toda la congregación de... Israel......... 3318
37.18 de sus lados *salían* seis brazos; tres 3318
37.19 los seis brazos que *salían* del candelero...... 3318
37.21 conforme a los seis brazos que *salían* 3318
Lv 8.33 la puerta del tabernáculo... no *saldréis* 3318
9.23 y *salieron* y bendijeron al pueblo; y la 3318
9.24 y *salió* fuego de delante de Jehová, y 3318
10.2 *salió* fuego de... y los quemó, y murieron 3318
10.7 ni *saldréis*... del tabernáculo de reunión........ 3318
13.25 piel, es lepra que *salió* en la quemadura 6524
13.29 que le *saliere* llaga en la cabeza, o en........ 5061
13.37 y que ha *salido* en ella el pelo negro.......... 6779
14.3 y éste *saldrá* fuera del campamento y lo....... 3318
14.38 sacerdote *saldrá* de la casa a la puerta........ 3318
16.17 en el tabernáculo... hasta que él *salga* 3318
16.18 *saldrá* al altar que... delante de Jehová....... 3318
16.24 después... *saldrá*, y hará su holocausto........ 3318
21.12 ni *saldrá* del santuario, ni profanará.......... 3318
24.10 hijo... *salió* entre los hijos de Israel........... 3318
25.28 y al jubileo *saldrá*, y él volverá a su.......... 3318
25.30 poder de aquel... no *saldrá* en el jubileo 3318
25.31 ser rescatadas, y *saldrán* en el jubileo........ 3318
25.33 comprare de... *saldrá* de la casa vendida..... 3318
25.41 *saldrá* libre de tu casa; él y sus hijos.......... 3318
25.54 en el año del jubileo *saldrá*, él y sus 3318
27.21 sino que cuando *saliere* en el jubileo........... 3318
Nm 1.3 que pueden *salir* a la guerra en Israel......... 3318
1.20,22,24,26,28,30,32,34,36,38,40,42,45
los que podían *salir* a la guerra............. 3318
10.9 *saliereis* a la guerra en vuestra tierra 935
10.34 nube... sobre ellos... desde que *salieron* 5265
11.20 hasta que os *salga* por las narices, y la 3318
11.20 diciendo: ¿Para qué *salimos*... de Egipto?..... 3318
11.24 y *salió* Moisés y dijo al pueblo las 3318
12.4 *salid* vosotros tres... salieron ellos tres 3318
12.5 Jehová... llamó a Aarón... y *salieron* ambos ... 3318
12.12 al *salir* del vientre de su madre, tiene 3318
14.25 volveos mañana y *salid* al desierto
14.41 ¿Por qué... Esto tampoco os *saldrá* bien
16.27 *salieron* y se pusieron a las puertas de 3318
16.35 también *salió* fuego de delante de Jehová.... 3318
16.46 el furor ha *salido* de la presencia de 3318
20.10 ¿os hemos de hacer *salir* aguas de esta........ 3318
20.11 golpeó la peña... *salieron* muchas aguas 3318
20.18 de otra manera, *saldré* contra ti armado...... 3318
20.20 *salió* Edom contra él con mucho pueblo 3318
21.13 y que *sale* del territorio del amorreo 3318
21.23 y *salió* contra Israel en el desierto............. 3318
21.28 porque fuego *salió* de Hesbón, y llama 3318
21.33 *salió* contra ellos Og rey de Basán, él 3318
22.5 diciendo: Un pueblo ha *salido* de Egipto 3318
22.11 pueblo que ha *salido* de Egipto cubre la....... 3318
22.32 yo he *salido* para resistirte, porque tu........ 3318
22.36 oyendo Balac que... *salió* a recibirlo a 3318
23.16 y Jehová *salió* al encuentro de Balaam
24.17 *saldrá* Estrella de Jacob, y... cetro de......... 1869
24.19 Jacob *saldrá* el dominador, y destruirá........ 3318
26.2 censo de... que pueden *salir* a la guerra 3318
26.4 que habían *salido* de tierra de Egipto 3318
27.17 que *salga*... y que entre delante de ellos 3318
27.21 el dicho de él *saldrán*, y por el dicho 3318
30.2 hará conforme... lo que *salió* de su boca....... 3318
30.12 lo que *salió* de sus labios... será nulo 4161
31.13 *salieron* Moisés y... a recibirlos fuera 3318
31.27 entre... los que *salieron* a la guerra, y 3318
31.28 tributo de los hombres... que *salieron* a 3318
31.36 de los que habían *salido* a la guerra, fue 3318
33.1 jornadas de los... que *salieron* de... Egipto...... 3318
33.3 de Ramesés *salieron* en el mes primero, a..... 5265
33.3 el segundo día de la pascua *salieron* los 3318

33.5 *salieron*... hijos de Israel de Ramesés, y 5265
33.6 *salieron* de Sucot y acamparon en Etam....... 5265
33.7 *salieron* de Etam y... sobre Pi-hahirot, que..... 5265
33.8 *salieron* de Pi-hahirot y pasaron por en 5265
33.9 *salieron* de Mara y vinieron a Elim, donde..... 5265
33.10 *salieron* de Elim y acamparon junto al 5265
33.11 *salieron* del Mar Rojo y acamparon en el..... 5265
33.12 *salieron* del desierto... y acamparon en 5265
33.13 *salieron* de Dofca y acamparon en Alús 5265
33.14 *salieron* de Alús y acamparon en Refidim 5265
33.15 *salieron* de Refidim y acamparon en el....... 5265
33.16 *salieron* del... de Sinaí y acamparon en 5265
33.17 *salieron* de Kibrot-hataava y acamparon..... 5265
33.18 *salieron* de Hazerot y acamparon... Ritma ... 5265
33.19 *salieron* de Ritma y acamparon en Rimón.... 5265
33.20 *salieron* de Rimón-peres y acamparon en 5265
33.21 *salieron* de Libna y acamparon en Rissa 5265
33.22 *salieron*... Rissa y acamparon en Ceelata 5265
33.23 *salieron* de Ceelata y acamparon en el....... 5265
33.24 *salieron* del monte de Sefer y acamparon 5265
33.25 *salieron* de... y acamparon en Macelot 5265
33.26 *salieron* de Macelot y acamparon... Tahat..... 5265
33.27 *salieron* de Tahat y acamparon en Tara....... 5265
33.28 *salieron* de Tara y acamparon en Mitca....... 5265
33.29 *salieron*... Mitca y acamparon... Hasmona ... 5265
33.30 *salieron* de... y acamparon en Moserot 5265
33.31 *salieron* de... y acamparon en Bene-jaacán... 5265
33.32 *salieron* de Bene-jaacán y acamparon en.... 5265
33.33 *salieron* del monte de Gidgad... Jotbata 5265
33.34 *salieron* de Jotbata y acamparon... Abrona .. 5265
33.35 *salieron* de... y acamparon en Ezión-geber ... 5265
33.36 *salieron* de Ezión-geber y acamparon en 5265
33.37 y *salieron* de Cades y acamparon en el....... 5265
33.41 *salieron* del monte de Hor y acamparon...... 5265
33.42 *salieron* de Zalmona y acamparon... Punón .. 5265
33.43 *salieron* de Punón y acamparon en Obot 5265
33.44 *salieron* de... y acamparon en Ije-abarim..... 5265
33.45 *salieron* de Ije-abarim y acamparon en....... 5265
33.46 *salieron* de Dibón-gad y acamparon en....... 5265
33.47 *salieron* de Almón-diblataim y acamparon ... 5265
33.48 *salieron* de los montes de Abarim... Moab..... 5265
35.26 mas si el homicida *saliere* fuera de los
Dt 1.19 *salidos* de Horeb, anduvimos todo aquel....... 5265
1.44 *salió* a vuestro encuentro el amorreo, que..... 3318
2.1 *salimos* al desierto, camino del Mar Rojo
2.23 los caftoreos que *salieron* de Caftor los 3318
2.24 *salid*, y pasad el arroyo de Arnón; he........... 3318
2.32 nos *salió* Sehón al encuentro, él y todo 3318
3.1 y nos *salió* al encuentro Og rey de Basán........ 3318
4.45 habló Moisés... cuando *salieron* de Egipto 3318
4.46 cual derrotó... cuando *salieron* de Egipto....... 3318
8.3 de todo lo que *sale* de la boca de Jehová........ 4161
9.7 desde... que *saliste* de la tierra de Egipto 3318
10.6 después *salieron* los hijos de Israel de
11.10 no es como la... de donde habéis *salido*........ 3318
13.13 han *salido*... medio de ti hombres impíos 3318
16.3 porque aprisa *saliste* de tierra de Egipto 3318
16.3 te acuerdes del día en que *saliste* de la 3318
16.6 pascua... a la hora que *saliste* de Egipto 3318
18.6 cuando *saliere* un levita de alguna de tus....... 935
20.1 *salgas* a la guerra contra tus enemigos.......... 3318
21.2 *saldrán* y medirán la distancia hasta las 3318
21.10 cuando *salieres* a la guerra contra tus.......... 3318
23.4 no os *salieron* a recibir con pan y agua
23.4 recibir con... cuando *salisteis* de Egipto........ 3318
23.9 cuando *salieres* a campaña... te guardarás 3318
23.10 si hubiere... *saldrá* fuera del campamento 3318
23.12 tendrás un lugar fuera... adonde *salgas* 3318
23.23 lo que hubiere *salido* de tus labios, lo......... 4161
24.2 y *salida* de su casa, podrá ir y casarse.......... 3318
24.5 recién casado, no *saldrá* a la guerra, ni 3318
24.9 hizo... a María... después que *salisteis* de....... 3318
25.17 que hizo Amalec... cuando *salías* de Egipto... 3318
25.18 te *salió* al encuentro en el camino, y
28.6 serás en tu entrar, y bendito en tu *salir*......... 3318
28.7 por un camino *saldrán* contra ti, y por 3318
28.19 maldito serás en tu entrar, y... tu *salir*......... 3318
28.25 por un camino *saldrás* contra ellos, y.......... 3318
28.57 al recién nacido que *sale* de entre sus 3318
29.7 *salieron* Sehón rey de Hesbón y Og rey de..... 3318
31.2 de 120 años; no puedo más *salir* ni entrar 3318
33.18 alégrate, Zabulón, cuando *salieres*; y tú........ 3318
Jos 1.8 harás prosperar... todo te *saldrá* bien
2.5 esos hombres se *salieron*, y no sé a dónde 3318
2.7 puerta fue cerrada después que *salieron* 3318
2.10 hizo secar las aguas... cuando *salisteis* 3318
2.19 *saliere* fuera de las puertas de tu casa.......... 3318
3.3 *saldréis* de vuestro lugar y marcharéis en 5265
5.4 todo el pueblo que había *salido* de Egipto 3318
5.4 muerto en... después que *salieron* de Egipto.... 3318
5.5 todos los del pueblo que habían *salido*.......... 3318
5.5 había nacido... después que hubieron *salido*.... 3318
5.6 los hombres... que habían *salido* de Egipto 3318
6.1 estaba cerrada... nadie entraba ni *salía* 3318
6.10 voz, ni *saldrá* palabra, de vuestra boca......... 3318
6.22 entrad... haced *salir* de allí a la mujer 3318
8.5 cuando *salgan*... huiremos delante de ellos...... 3318
8.6 y ellos *saldrán* tras nosotros, hasta que......... 3318
8.14 ciudad *salieron* al encuentro de Israel......... 3318
8.17 no quedó hombre en Hai... que no *saliera* 3318
8.22 *salieron* de la ciudad a su encuentro; y 3318
9.12 pan lo tomamos... el día que *salimos* para...... 3318
9.17 *salieron* los hijos de Israel, y al tercer
11.4 estos *salieron*, y... todos sus ejércitos 3318
13.5 todo el Líbano hacia donde *sale* el sol
14.11 es mi fuerza... para *salir* y para entrar......... 3318
15.3 y *salía* hacia el sur de la subida de 3318
15.4 a Asmón, y *salía* al arroyo de Egipto... y......... 3318

15.7 pasa hasta... y *sale* a la fuente de Rogel 8444
15.9 *sale* a las ciudades del monte de Efrón 3318
15.11 *sale*... al lado de Ecrón... y *s* a Jabneel........ 3318
16.2 de Bet-el *sale* a Luz, y pasa a lo largo 3318
16.3 Bet-horón... y hasta Gezer; y *sale* al mar......... 8444
16.7 de Janoa... toca Jericó y *sale* a Jordán.......... 3318
16.8 se vuelve hacia el mar, al... y *sale* al mar 8444
18.12 viene a *salir* al desierto de Bet-avén 8444
18.14 tuerce... y viene a *salir* a Quiriat-baal 8444
18.15 y *sale* al occidente, a la fuente de las 3318
18.17 se inclina... el norte y *sale* a En-semes 3318
19.12 y gira... *sale* a Daberat, y sube a Jafía......... 3318
19.13 pasando... *sale* a Rimón rodeando a Nea 3318
19.14 viniendo a *salir* al valle de Jefte-el............ 8444
19.27 llega a Zabulón, al valle... *sale* a Cabut....... 3318
19.29 *sale* al mar desde el territorio de Aczib....... 8444
19.33 abarcó... hasta Lacum, y *sale* al Jordán 8444
Jue 1.24 a un hombre que *salía* de la ciudad 3318
2.15 por dondequiera que *salían*, la mano de....... 3318
3.10 *salió* a batalla, y Jehová entregó en su 3318
3.19 *salieron* de delante de él todos los que......... 3318
3.22 no sacó el puñal... y *salió* el estiércol 3318
3.23 y *salió* Aod al corredor, y cerró tras sí.......... 3318
3.24 hubo *salido*, vinieron los siervos del rey 3318
4.14 dijo... ¿No ha *salido* Jehová delante de ti? 3318
4.18 y *saliendo* Jael a recibir a Sísara, le 3318
4.22 Jael *salió* a recibirlo, y le dijo: Ven............ 3318
5.4 cuando *saliste* de Seir, oh Jehová, cuando 3318
5.31 sean como el sol cuando *sale* en su fuerza..... 3318
6.8 os hice *salir* de Egipto, y os saqué de la
6.35 Aser... los cuales *salieron* a encontrarles...... 5927
9.15 *salga* fuego de la zarza y devore a los 3318
9.20 fuego *salga* de Abimelec... *s* de... Siquem 3318
9.27 *saliendo* al campo, vendimiaron... viñedos 3318
9.29 y diría a... Aumenta tus ejércitos, y *sal* 3318
9.33 la mañana al *salir* el sol madruga y cae
9.33 cuando él y el pueblo... *salgan* contra ti 3318
9.35 Gaal... *salió*, y se puso a la entrada de.......... 3318
9.38 ¿no es... *Sal* pues, ahora, y pelea con él......... 3318
9.39 y Gaal *salió* delante de los de Siquem 3318
9.42 pueblo *salió* al campo; y fue dado aviso 3318
9.43 el pueblo que *salía* de la ciudad; y se 3318
11.3 hombres ociosos, los cuales *salían* con él...... 3318
11.31 cualquiera que *saliere* de las puertas de 3318
11.34 y he aquí su hija que *salía* a recibirle......... 3318
14.14 les dijo: Del devorador *salió* comida.......... 3318
14.14 y del fuerte *salió* dulzura... Y ellos no 3318
15.14 Lehi, los filisteos *salieron* gritando a
15.19 en Lehi... *salió* de allí agua, y él bebió 3318
16.20 se dijo: Esta vez *saldré* como las otras 3318
18.7 aquellos 5 hombres *salieron*, y vinieron 3212
18.11 *salieron* de allí, de Zora y de Estaol
19.4 el padre de la joven, *salió* a recibirle
19.23 *salió*... el dueño de la casa y les dijo 3318
19.27 abrió las... y *salió* para seguir su camino..... 3318
20.1 *salieron* todos los hijos de Israel, y se.......... 3318
20.14 para *salir* a pelear contra los hijos de Israel.. 3318
20.20 y *salieron*... a combatir contra Benjamín 3318
20.21 *saliendo*... Gabaa los hijos de Benjamín 3318
20.25 *saliendo* Benjamín de Gabaa contra ellos 3318
20.28 ¿volveremos... a *salir* contra... Benjamín 3318
20.31 *salieron* los... de Benjamín al encuentro 3318
20.33 las emboscadas de... *salieron* de un lugar 1518
20.42 los que *salían* de las... los destruyan en
21.21 cuando veáis *salir*... salid... y arrebatad....... 3318
21.24 *saliendo* de allí cada uno a su heredad 3318
Rt 1.7 *salió*... del lugar donde había estado............ 3318
1.13 la mano de Jehová ha *salido* contra mí.......... 3318
2.22 mejor... que *salgas* con sus criadas, y que........ 3318
1 S 4.1 *salió* Israel a encontrar en batalla a 3318
7.11 y *saliendo* los hijos de Israel de Mizpa......... 3318
8.20 rey nos gobernará, y *saldrá* delante de 3318
9.11 unas doncellas que *salían* por agua, a las 3318
9.26 se levantó Saúl, y *salieron*... él y Samuel 3318
10.3 te *saldrán* al encuentro tres hombres que
11.3 nadie que nos defienda, *saldremos* a ti 3318
11.7 bueyes del que no *saliere* en pos de Saúl....... 3318
11.7 cayó temor... *salieron* como un solo hombre... 3318
11.10 mañana *saldremos* a vosotros, para que 3318
13.10 Saúl *salió* a recibirle, para saludarle 3318
13.17 y *salieron* merodeadores del campamento ... 3318
14.11 hebreos, que *salen* de las cavernas en........ 3318
14.41 sobre Jonatán... y el pueblo *salió* libre
15.6 *salid* de entre los de Amalec, para que 3318
16.4 los ancianos... *salieron* a recibirle con
17.4 *salió*... de los filisteos un paladín, el 3318
17.20 llegó al... cuando el ejército *salía* en............ 3318
17.23 Goliat... *salió* de entre las filas de los
17.25 no habéis visto... hombre que ha *salido*?
17.3 5 *salía* yo tras él, y lo hería, y... libraba 3318
17.55 vio a David que *salía* a encontrarse con....... 3318
18.5 y *salía* David a dondequiera que Saúl le....... 3318
18.6 David volvió de... *salieron* las mujeres de 3318
18.13 y *salía* y entraba delante del pueblo.......... 3318
18.16 porque... *salía* y entraba delante de ellos..... 3318
18.30 *salieron* a campaña los príncipes de los....... 3318
18.30 vez que *salían*, David tenía más éxito 3318
19.3 yo *saldré* y estaré junto a mi padre en......... 3318
19.8 *salió* David y peleó contra los filisteos 3318
20.11 salgamos al... Y *salieron* ambos al campo 3318
20.35 al otro día... *salió* Jonatán al campo, al........ 3318
21.5 *salí*, ya los vasos de los jóvenes eran 3318
23.13 *salieron* de Keila, y anduvieron de un 3318
23.13 escapado de Keila, y desistió de *salir*.......... 3318
23.15 Saúl había *salido* en busca de su vida 3318
24.7 *saliendo* de la cueva, siguió su camino
24.8 David... y *saliendo* de la cueva dio voces........ 3318
24.13 de los impíos *saldrá* la impiedad; así 3318

24.14 ¿tras quién ha *salido* el rey de Israel? 3318
25.20 venían... y ella les *salió* al encuentro
26.20 ha *salido* el rey de Israel a buscar una 3318
28.1 que has de *salir* conmigo a campaña, tú 3318
30.21 *salieron* a recibir a David y al pueblo 3318
2 S 2.12 Abner..*salió* de Mahanaim a Gabaón 3318
2.13 Joab... *salieron* y los encontraron junto al 3318
2.23 le *salió* la lanza por la espalda, y cayó 3318
3.26 *saliendo* Joab de la Presencia de David 3318
5.24 Jehová *saldrá* delante de ti a herir el 3318
6.20 *saliendo* Mical... dijo: ¡Cuán honrado ha 3318
10.8 *saliendo* los hijos de Amón, se pusieron 3318
10.16 hizo *salir* a los sirios que estaban al 3318
11.1 tiempo que *salen* los reyes a la guerra 3318
11.8 y *saliendo* Urías de la casa del rey, le 3318
11.13 y *salió* a la tarde a dormir en su cama 3318
11.17 *saliendo* luego... de la ciudad, pelearon 3318
11.23 prevalecieron... los hombres que *salieron* 3318
13.9 echad fuera de... Y todos *salieron* de allí 3318
15.16 el rey... *salió*, con toda su familia en 3318
15.17 *salió*, pues, el rey con todo el pueblo 3318
15.24 que todo el pueblo hubo acabado de *salir* 5674
15.32 aquí Husái... que le *salió* al encuentro
16.1 Siba... que *salía* a recibirle con un par de
16.5 *salía* uno de... de Saúl... y *s* maldiciendo 3318
16.11 mi hijo que ha *salido* de mis entrañas 3318
17.21 aquellos *salieron* del pozo y se fueron 5927
18.2 el rey... Yo también *saldré* con vosotros 3318
18.3 el pueblo dijo: No *saldrás*; porque si 3318
18.4 mientras *salía*... el pueblo de ciento en 3318
18.6 *salió*, pues, el pueblo al campo contra 3318
19.7 que si no *sales*, no quedará ni un hombre 3318
19.19 día en que... el rey *salió* de Jerusalén 3318
19.24 el día en que el rey *salió* hasta el día 3212
20.7 *salieron* en pos de él... *s* de Jerusalén 3318
20.8 en Gabaón, les *salió* Amasa al encuentro
21.17 nunca más... *saldrás* con nosotros a la 3318
22.46 y *saldrán* temblando de sus encierros
24.4 *salió*, pues, Joab, con los capitanes del 3318
24.7 *salieron* al Neguev de Judá en Beerseba 3318
24.20 *saliendo* entonces Arauna, se inclinó 3318
1 R 2.30 le dijo: El rey ha dicho que *salgas* 3318
2.36 no *salgas* de allí a una parte ni a otra 3318
2.37 que el día que *salieres*... sin duda morirás 3318
2.42 el día que *salieres* y fueses acá o allá 3318,
2.46 Benaía hijo de... *salió* y lo hirió, y murió 3318
3.7 soy joven, y no sé cómo entrar ni *salir* 3318
6.1 después que... de Israel *salieron* de Egipto 3318
7.31 en el remate que *salía* para arriba de la
7.35 molduras y tableros, los cuales *salían*
8.9 hizo pacto... cuando *salieron* de... de Egipto 3318
8.10 los sacerdotes *salieron* del santuario 3318
8.19 no... sino tu hijo que *saldrá* de tus lomos 3318
8.44 si tu pueblo *saliere* en batalla contra 3318
9.12 *salió* Hiram... para ver las ciudades que 3318
10.29 venía y *salía* de Egipto, el carro por 3318
11.29 que *saliendo* Jeroboam de Jerusalén, le 3318,
12.25 y *saliendo* de allí, reedificó a Penuel 3318
15.17 para no dejar a... *salir* ni entrar a Asa 3318
19.11 le dijo: *Sal* fuera, y ponte en el monte 3318
19.13 Elías... *salió*, y se puso a la puerta de 3318
20.16 *salieron* a... Y estaba Ben-adad bebiendo 3318
20.17 los siervos de... *salieron* los primeros 3318
20.17 aviso... Han *salido* hombres de Samaria 3318
20.18 si han *salido* por paz... *s* para pelear 3318
20.19 *salieron*... de la ciudad los siervos de 3318
20.21 y *salió* el rey de Israel, e hirió la 3318
20.31 y *salgamos* al rey de Israel, a ver si 3318
20.39 tu siervo *salió* en medio de la batalla 3318
22.21 y *salió* un espíritu y se puso delante 3318
22.22 *saldré*, y seré espíritu de mentira en 3318
22.36 *salió* un pregón... ¡Cada uno a su ciudad
2 R 2.3 *saliendo* a Eliseo los hijos... profetas 3318
2.21 y *saliendo*... echó dentro la sal, y dijo 3318
2.23 *salieron* unos muchachos de la ciudad, y 3318
2.24 *salieron* dos osos... despedazaron de ellos 3318
3.6 *salió* entonces de Samaria el rey Joram 3318
3.9 *salieron*, pues, el rey de Israel, el rey
4.21 lo puso y cerrando la puerta, se *salió* 3318
4.37 entró... después tomó a su hijo, y *salió* 3318
4.39 y *salió* uno al campo a recoger hierbas 3318
5.2 y de Siria habían *salido* bandas armadas 3318
5.5 *salió*... llevando consigo diez talentos de 3212
5.11 *saldrá*... invocará el nombre de Jehová su 3318
5.27 *salió* de delante de él leproso, blanco 3318
6.15 y *salió* el que servía al varón de Dios 3318
7.12 ellos... han *salido* de las tiendas y se han 3318
7.12 cuando hayan *salido*... los tomaremos vivos 3318
7.16 el pueblo *salió*, y saqueó el campamento 3318
8.3 *salió* para implorar al rey por su casa y 3318
9.11 *salió* Jehú a los siervos de su señor 3318
9.21 *salieron* Joram... y Ocozías rey de Judá 3318
9.21 y *salieron* a encontrar a Jehú, al cual 3318
9.24 saeta *salió* por su corazón, y él cayó 3318
10.9 *salió* él, y estando en pie dijo a todo 3318
11.7 dos partes... que *salen* el día de reposo 3318
11.8 y estaréis con el rey cuando *salga*, y 3318
11.9 que *salían* el día de reposo, vinieron 3318
13.5 dio... y *salieron* del poder de los sirios 3318
18.7 él, y adondequiera que *salía*, prosperaba 3318
18.18 y *salió* a ellos Eliaquim... de Hilcías 3318
18.31 haced conmigo paz, y *salid* a mí, y coma 3318
19.9 Tirhaca... había *salido* para hacerle guerra 3318
19.31 porque *saldrá* de Jerusalén remanente 3318
19.35 aquella misma noche *salió* el ángel de 3318
20.4 antes que Isaías *saliese*... vino palabra 3318
20.18 de tus hijos que *saldrán* de ti... tomarán 3318
21.15 día que sus padres *salieron* de Egipto 3318

23.29 Necao... y *salió* contra él el rey Josías
24.7 nunca más el rey de Egipto *salió* de su 3318
24.12 *salió* Joaquín rey... al rey de Babilonia 3318
1 Cr 1.12 de éstos *salieron* los filisteos y los 3318
2.53 de los cuales *salieron* los zoratitas y 3318
5.16 habitaron... ejidos de Sarón hasta *salir*
5.18 en la guerra eran 44.760 que *salían* a 3318
7.11 jefes... 17.200 que *salían* a combatir en 3318
12.17 David *salió* a ellos... les habló diciendo 3318
12.33 de Zabulón 50.000, que *salían* a campaña 3318
14.8 cuando David lo oyó, *salió* contra ellos 3318
14.15 *sal*... porque Dios saldrá delante de ti 3318
19.9 los hijos de Amón *salieron*, y ordenaron 3318
20.1 que suelen los reyes *salir* a la guerra 3318
21.4 *salió*... Joab, y recorrió todo Israel, y 3318
21.21 *saliendo* de la era, se postró en tierra 3318
25.9 la primera suerte *salió* por Asaf, para 3318
26.14 *salió* la suerte suya para la del norte 3318
27.1 las divisiones que entraban y *salían* cada 3318
2 Cr 5.9 hicieron *salir* las barras, de modo que
5.10 hecho pacto... cuando *salieron* de Egipto 3318
5.11 los sacerdotes *salieron* del santuario 3318
6.9 sino tu hijo que *saldrá* de tus lomos, él 3318
6.34 si tu pueblo *saliere* a la guerra contra sus 3318
14.9 y *salió* contra ellos Zera etíope con un 3318
14.10 *salió* Asa contra él, y ordenaron la 3318
15.2 y *salió* al encuentro de Asa, y le dijo 3318
15.5 no hubo paz, ni para... para el que *salía* 3318
16.1 no dejar *salir* ni entrar a... al rey Asa 3318
18.20 *salió* un espíritu que se puso... y dijo 3318
18.21 *saldré* y seré espíritu de mentira en la 3318
19.2 y le *salió* al encuentro el vidente Jehú 3318
19.2 ha *salido* de la presencia de Jehová ira
19.4 pero daba vuelta y *salía* al pueblo, desde 3318
20.17 no temáis ni... *salid* mañana contra ellos 3318
20.20 por la mañana, *salieron* al desierto de 3318
20.20 mientras ellos *salían*, Josafat... dijo 3318
20.21 mientras *salía* la gente armada, y que 3318
21.15 intestinos, hasta que se te *salgan* a
21.19 los intestinos se le *salieron* por la
22.7 venido, *salió* con Joram contra Jehú hijo 3318
23.7 estaréis con el rey... entre y cuando *salga* 3318
23.8 los que *salían* el día de reposo; porque 3318
23.14 Joiada mandó que *salieran* los jefes de 3318
24.5 les dijo: *Salid* por las ciudades de Judá 3318
25.5 trescientos mil... para *salir* a la guerra 3318
26.6 y *salió* y peleó contra los filisteos, y 3318
26.11 cuales *salían* a la guerra en divisiones 3318
26.18 oh Uzías... *Sal* del santuario, porque has 3318
26.20 le hicieron *salir*... se dio prisa a *s*
28.9 Obed, el cual *salió* delante del ejército 3318
31.1 todos *salieron* por las ciudades de Judá 3318
35.20 Necao rey de... y *salió* Josías contra él 3318
Neh 2.13 *salí* de noche por la puerta del Valle 3318
3.25 torre alta que *sale* de la casa del rey 3318
4.21 del alba hasta que *salían* las estrellas 3318
8.15 *salid* al monte, y traed ramas de olivo 3318
8.16 *salió*, pues, el pueblo, y trajeron ramas 3318
13.2 cuanto no *salieron* a recibir a los hijos
Est 1.19 si parece bien... *salga* un decreto real 3318
3.7 y *salió* el mes duodécimo, que es el mes
3.15 *salieron* los correos... por mandato del rey 3318
4.6 *salió*, pues, Hatac a ver a Mardoqueo, a 3318
5.9 *salió* Amán aquel día contento y alegre de 3318
8.14 los correos... *salieron* a toda prisa por 3318
8.15 *salió* Mardoqueo de delante del rey con 3318
Job 1.12 y *salió* Satanás de delante de Jehová 3318
1.21 desnudo *salí* del vientre de mi madre, y 3318
2.7 *salió* Satanás de la presencia de Jehová 3318
3.11 ¿por qué no morí... o expiré al *salir* del 3318
5.6 porque la aflicción no *sale* del polvo, ni 3318
8.16 sol, y sus renuevos *salen* sobre su huerto 3318
9.7 él manda al sol, y no *sale*; y sella las 2224
14.2 *sale* como una flor y es cortado, y huye 3318
20.25 le traspasará y *saldrá* de su cuerpo 3318
20.25 la punta relumbrante *saldrá* por su hiel 1980
21.11 *salen* sus pequeñuelos como manada, y 7971
23.10 mas él... me probará, y *saldré* como oro 3318
24.5 *salen* a su obra madrugando para robar 3318
28.11 detuvo... hizo *salir* a luz lo escondido 3318
29.7 cuando yo *salía* a la puerta a juicio, y 3318
31.34 temor... y callé, y no *salí* de mi puerta 3318
37.2 su voz, y el sonido que *sale* de su boca 3318
38.8 el mar, cuando se derramaba *saliéndose* de 3318
38.29 ¿de qué vientre *salió* el hielo? Y la 3318
39.3 hacen *salir* sus hijos, pasan sus dolores 6398
39.4 sus hijos... *salen*, y no vuelven a ellas 3318
39.21 fuerza, *sale* al encuentro de las armas 3318
40.23 he aquí, *sale* de madre el río, pero él
41.19 de su boca *salen* hachones de fuego 1980
41.20 de sus narices *sale* humo, como de una 3318
41.21 enciende los... y de su boca *sale* llama 3318
Sal 14.7 que de Sion *saliera* la salvación de
17.13 *sal* a su encuentro, póstrales; libra mi
18.45 y *salieron* temblando de sus encierros 2727
19.4 por toda la tierra *salió* su voz, y hasta 3318
19.5 y éste, como esposo que *sale* de su tálamo 3318
21.3 le has *salido*... con bendiciones de bien 6923
41.6 iniquidad, y al *salir* fuera la divulgan 3318
44.9 nos has... no *sales* con nuestros ejércitos 3318
53.6 ¡oh, si *saliera* de Sion la salvación de
60.10 no, *salías*, oh... con nuestros ejércitos? 3318
68.7 cuando tú *saliste* delante de tu pueblo 3318
78.52 hizo *salir* a su pueblo como ovejas, y 5265
81.5 cuando *salió* por la tierra de Egipto 3318
88.8 has... encerrado estoy, y no puedo *salir* 3318
89.34 ni mudaré lo que ha *salido* de... labios 4161
104.22 *sale* el sol, se recogen, y se echan 2224

104.23 *sale* el hombre a su labor, y a su 3318
105.38 Egipto se alegró de que *salieran* 3318
108.11 y no *salías*... con nuestros ejércitos? 3318
109.7 cuando fuere juzgado, *salga* culpable
114.1 cuando *salió* Israel de Egipto, la casa 3318
140.10 abismos profundos de donde no *salgan*
146.4 *sale* su aliento, y vuelve a la tierra 3318
Pr 6.1 si *salieres* fiador por tu amigo, si has
7.10 mujer le *sale* al encuentro, con atavío 7125
7.15 tanto, he *salido* a encontrarte, buscando 7125
11.15 será afligido el que *sale* por fiador de
12.13 mas el justo *saldrá* de la tribulación 3318
17.18 y *sale* por fiador en presencia de su
20.16 quítale su ropa al que *salió* por fiador
20.16 y toma prenda del que *sale* fiador por
22.10 echa fuera al escarnecedor, y *saldrá* la 3318
22.26 los que *salen* por fiadores de deudas
25.4 quita las escorias... y *saldrá* alhaja al 3318
27.13 quítale su ropa al que *salió* fiador por
27.25 *saldrá* la grama, aparecerá la hierba 1540
30.27 langostas... *salen* todas por cuadrillas 3318
Ec 1.5 *sale* el sol, y se pone el sol... a volver 2224
4.14 de la cárcel *salió* para reinar, aunque 3318
5.15 *salió* del vientre de su madre, desnudo 3318
7.18 aquel que a Dios teme, *saldrá* bien en 3318
Cnt 3.11 *salid*, oh doncellas de Sion, y ved al 3318
5.6 y tras su hablar *salió* mi alma... Lo busqué
7.11 ven... *salgamos* al campo, moremos en las 3318
Is 2.3 de Sion *saldrá* la ley, y de Jerusalén 3318
7.3 a Isaías: *Sal* ahora al encuentro de Acaz 3318
11.1 *saldrá* una vara del tronco de Isaí, y un 3318
14.9 que en tu venida *saliesen* a recibirte
14.29 de la raíz de la culebra *saldrá* áspid 3318
21.14 *salid* a encontrar al sediento; llevadle
24.18 el que *saliere* de en medio del foso será 5927
26.21 Jehová *sale* de su lugar para castigar 3318
28.29 esto *salió* de Jehová de los ejércitos 3318
29.4 y tu habla *saldrá* del polvo; y será tu
30.6 de donde *salen* la leona y el león, la
30.22 apartarás como... ¡*Sal* fuera! les dirás
36.3 y *salió* a él Eliaquim hijo de Hilcías 3318
36.16 haced conmigo paz, y *salid* a mí; y coma 3318
37.9 ha *salido* para hacerte guerra; al oírlo 3318
37.32 de Jerusalén *saldrá* un remanente, y del 3318
37.36 y *salió* el ángel de Jehová y mató a 3318
39.7 de tus hijos que *saldrán* de ti, y que 3318
42.9 antes que *salgan* a luz, yo os las haré 6779
42.13 Jehová *saldrá* como gigante... de guerra 3318
43.19 hago cosa nueva; pronto *saldrá* a luz 6779
45.23 de mi boca *salió* palabra en justicia 3318
48.1 los que *salieron* de las aguas de Judá 3318
48.3 lo que pasó... dije, y de mi boca *salió* 3318
48.20 salid de Babilonia, huid de entre los 3318
49.9 para que digas a los presos: *Salid*; y 3318
49.17 destruidores y tus asoladores *saldrán* 3318
51.4 de mí *saldrá* la ley, y mi justicia para 3318
51.5 ha *salido* mi salvación, y mis... juzgarán 3318
52.11 *salid* de ahí, no... *s* de en medio de ella 3318
52.12 porque no *saldréis* apresurados, ni iréis 3318
55.11 así será mi palabra que *sale* de mi boca 3318
55.12 porque con alegría *saldréis*, y con paz 3318
59.5 que... si los apretaren, *saldrán* víboras 1234
62.1 que *salga* como resplandor su justicia 3318
64.5 *saliste* al encuentro del que con alegría
66.24 *saldrán*, y verán los cadáveres de los 3318
Jer 2.37 de allí *saldrás* con tus manos sobre 3318
4.4 no sea que mi ira *salga* como fuego, y se 3318
4.7 el destruidor de... ha *salido* de su lugar 3318
5.6 cualquiera que... *saliere* será arrebatado 3318
6.25 no *salgas* al campo, ni andes por... camino 3318
7.25 desde el día que... *salieron*... de Egipto 3318
11.11 yo traigo... mal del que no podrán *salir*
14.18 si *salgo* al campo, he aquí muertos a 3318
15.1 dijo... échalos de mi presencia, y *salgan* 3318
15.2 si te preguntaren: ¿A dónde *saldremos*? 3318
17.16 lo que de mi boca ha *salido*, fue en tu 4161
17.19 por la cual entran y *salen* los reyes de 3318
19.2 *saldrás* al valle del hijo de Hinom, que 3318
20.18 ¿para qué *salí* del vientre? ¿Para ver 3318
21.9 el que *saliere* y se pasare a los caldeos 3318
21.12 para que mi ira no *salga* como fuego, y 3318
22.11 de Salum... que *salió* de este lugar: No 3318
23.15 de los profetas de... *salió* la hipocresía 3318
23.19 la tempestad de Jehová *saldrá* con furor 3318
29.2 después que *salió* el rey Jeconías, la 3318
29.16 vuestros hermanos que no *salieron* con 3318
30.19 y *saldrá* de ellos acción de gracias, y
30.21 *saldrá* su príncipe, y... *s* su señoreador 3318
30.23 la tempestad de Jehová *sale* con furor 3318
31.4 adornada con... *saldrás* en alegres danzas 3318
31.39 *saldrá* más allá el cordel de la medida 3318
37.4 y Jeremías entraba y *salía* en medio del 3318
37.5 el ejército de Faraón había *salido* de 3318
37.7 el ejército de Faraón que había *salido* 3318
37.12 *salía* Jeremías de Jerusalén para irse a 3318
38.8 Ebed-melec *salió* de la casa del rey y 3318
39.4 y *salieron* de noche de la ciudad por el 3318
39.4 y *salió* el rey por el camino del Arabá 3318
41.6 de Mizpa les *salió* al encuentro... Ismael 3318
43.12 limpiará la tierra de Egipto... y *saldrá* 3318
44.17 palabra que ha *salido* de nuestra boca 3318
46.9 *salgan* los valientes; los etíopes y los 3318
46.22 voz *saldrá* como de serpiente; porque 3212
48.44 el que *saliere* del hoyo será preso en 5927
48.45 mas *salió* fuego de Hesbón, y llama de 3318
50.8 y *salid* de la tierra de los caldeos, y 3318
51.45 *salid* de en medio de ella, pueblo mío 3318

52.7 y salieron de la ciudad de noche por el 3318
Lm 3.7 cercó por...lados, y no puedo salir 3318
3.38 la boca del Altísimo no sale lo malo y lo 3318
Ez 1.13 resplandecía, y del...salían relámpagos 3318
3.22 levántate, y sal al campo, y allí hablaré 3318
3.23 me levanté y salí al campo; y he aquí que 3318
3.25 con ellas te ligarán, y no saldrás entre 3318
5.4 de allí saldrá el fuego a toda la casa de 3318
7.10 salido la mañana; ha florecido la vara 3318
9.7 salid...Y salieron, y mataron en la ciudad 3318
10.7 en manos del que...el cual lo tomó y salió 3318
10.19 ellos salieron...las ruedas se alzaron 3318
12.4 saldrás por la tarde...como quien sale en 3318
12.5 te abrirás paso por entre la...y saldrás 3318
12.7 salí de noche, y...llevé sobre los hombros 3318
12.12 príncipe...llevarán a cuestas...y saldrán 3318
16.14 salió tu renombre entre las naciones a 3318
19.14 ha salido fuego de la vara de sus ramas 3318
21.4 mi espada saldrá de su vaina contra toda 3318
21.19 de una misma tierra salgan ambos; y pon 3318
24.12 y no salió de ella su mucho herrumbre 3318
27.33 cuando tus mercaderías salían de las 3318
29.4 peces de...saldrán pegados a tus escamas
30.9 saldrán mensajeros de delante de mí en 3318
36.20 éstos son...de la tierra de él han salido 3318
39.9 los moradores de las...de Israel saldrán 3318
41.11 puerta de cada cámara salía al espacio
42.14 no saldrán del lugar santo al atrio 3318
44.3 vestíbulo...y por ese mismo camino saldrá 3318
44.19 salgan al atrio exterior, al atrio de 3318
46.2 y el príncipe entrará por...después saldrá 3318
46.8 el príncipe...por el mismo camino saldrá 3318
46.9 que entrare...saldrá por la puerta del sur 3318
46.9 del sur saldrá por la puerta del norte 3318
46.9 sino que saldrá por la de enfrente de ella 3318
46.10 ellos; y cuando ellos salieren, él saldrá 3318
46.12 saldrá, y cerrarán...después que saliere 3318
47.1 he aquí aguas que salían de debajo del 3318
47.2 vi que las aguas salían del lado derecho 6379
47.3 salió el varón hacia el oriente, llevando 3318
47.8 estas aguas salen a la región del oriente 3318
47.12 porque sus aguas salen del santuario 3318
Dn 2.14 había salido para matar a los sabios 5312
3.26 siervos del Dios Altísimo, salid y venid 5312
3.26 Sadrac...salieron de en medio del fuego 5312
7.8 otro cuerno pequeño salía entre ellos, y 5559
7.10 un río de fuego...salía de delante de él en 5312
7.20 del otro que le había salido, delante del 5559
8.8 en su lugar salieron otros cuatro cuernos 5927
8.9 de uno de ellos salió un cuerno pequeño 3318
9.22 Daniel...he salido para darte sabiduría 3318
11.11 saldrá y peleará contra el rey del norte 3318
11.23 y subirá, y saldrá vencedor con poca gente
11.44 y saldrá con gran ira para destruir y 3318
Os 6.5 y tus juicios serán como luz que sale 3318
13.3 y como el humo que sale de la chimenea
Jl 2.16 salga de su cámara el novio, y de su 3318
3.18 saldrá una fuente de la casa de Jehová 3318
Am 4.3 saldréis por las brechas una tras otra 3318
5.3 la ciudad que salga con mil, volverá con 3318
5.3 la que salga con ciento volverá con diez 3318
Jon 4.5 y salió Jonás de la ciudad, y acampó 3318
4.8 al salir el sol, preparó Dios un...viento
Mi 1.3 Jehová sale de su lugar, y descenderá 3318
1.11 el morador de Zaanán no sale; el llanto 3318
2.13 y pasarán la puerta, y saldrán por ella 3318
4.2 de Sion saldrá la ley, y de Jerusalén la 3318
4.10 ahora saldrás de la ciudad y morarás en 3318
5.2 Belén...de ti me saldrá el que será Señor 3318
7.15 maravillas como el día que saliste de 3318
Nah 1.11 de ti salió el que imaginó mal contra 3318
3.17 salido el sol se van, y no se conoce el 5074
Hab 1.4 el juicio no sale según la verdad; por 3318
1.4 al justo, por eso sale torcida la justicia 3318
3.4 rayos brillantes salían de su mano, y allí
3.5 y a sus pies salían carbones encendidos 3318
3.13 saliste para socorrer a tu pueblo, para 3318
Hag 2.5 pacto que...cuando salisteis de Egipto 3318
Zac 2.3 salía aquel ángel...otro ángel le salió 3318
5.3 es la maldición que sale sobre la faz de 3318
5.4 yo la he hecho salir, dice Jehová de los 3318
5.5 salió aquel ángel que hablaba conmigo, y 3318
5.5 tus ojos, y mira qué es esto que sale 3318
5.6 él dijo: Este es un efa que sale...Además 3318
5.9 dos mujeres que salían, y traían viento 3318
6.1 he aquí cuatro carros que salían de entre 3318
6.5 estos son los cuatro vientos...que salen 3318
6.6 el carro...salía hacia la tierra del norte
6.6 y los blancos salieron tras ellos, y los 3318
6.6 overos salieron hacia la tierra del sur 3318
6.7 los alazanes salieron y se afanaron por 3318
6.8 los que salieron hacia la tierra del norte 3318
8.10 ni hubo paz para el que salía ni para el 3318
9.14 ellos, y su dardo saldrá como relámpago 3318
10.4 de él saldrá la piedra angular, de él la 3318
14.3 saldrá Jehová y peleará con aquellas 3318
14.8 que saldrán de Jerusalén aguas vivas, la 3318
Mal 4.2 saldréis, y saltaréis como becerros de 3318
Mt 2.6 de ti saldrá un guiador, que apacentará 1831
3.5 y salía a él Jerusalén, y toda Judea, y 1607
4.4 **toda palabra que sale de la boca de Dios** 1607
5.26 **no saldrás...hasta que pagues el último** 1831
5.45 **hace salir su sol sobre malos y buenos** 393
8.28 endemoniados que salían de los sepulcros 1831
8.32 salieron, y se fueron a aquel hato de 1831
8.34 la ciudad salió al encuentro de Jesús 1831
9.31 pero salidos ellos, divulgaron la fama 1831
9.32 mientras salían ellos...le trajeron un 1831

10.11 **entréis...posad allí hasta que salgáis** 1831
10.14 **ni oyere...salid de aquella casa o ciudad** 1831
11.7 **¿qué salisteis a ver al desierto? ¿Una** 1831
11.8 **¿o qué salisteis a ver? ¿A un hombre** 1831
11.9 **¿qué salisteis a ver? ¿A un profeta? Sí** 1831
12.14 salidos los fariseos, tuvieron consejo 1831
12.43 **cuando el espíritu inmundo sale del** 1831
12.44 **dice: Volveré a mi casa de donde salí** 1831
13.1 aquel día salió Jesús de la casa y se 1831
13.3 **he aquí, el sembrador salió a sembrar** 1831
13.6 **pero salido el sol, se quemó; y porque no**
13.26 **y cuando salió la hierba y dio fruto** 985
13.49 **saldrán los ángeles, y apartarán a los** 1831
14.14 saliendo Jesús, vio una gran multitud 1831
15.11 **lo que sale de la boca, esto contamina** 1607
15.18 **lo que sale de la boca, del corazón s** 1607
15.19 **corazón salen los malos pensamientos** 1831
15.21 saliendo Jesús...se fue a la región de 1831
15.22 una mujer cananea que había salido de 1831
17.18 reprendió...al demonio, el cual salió 1831
17.21 **este género no sale sino con oración y** 1607
18.28 **saliendo aquel siervo, halló a uno de** 1831
20.1 **salió por la mañana a contratar obreros** 1831
20.3 **saliendo...vio a otros que estaban en la** 1821
20.5 **salió otra vez cerca de las horas sexta** 1831
20.6 **saliendo cerca de la hora undécima, halló** 1831
20.29 al salir ellos de Jericó, le seguía una 1607
21.17 salió fuera de la ciudad, a Betania, y 1831
22.10 **y saliendo los siervos por los caminos** 1831
24.1 cuando Jesús salió del templo y se iba 1831
24.26 **mirad, está en el desierto, no salgáis** 1831
24.27 **como el relámpago que sale del oriente** 1831
25.1 **vírgenes...salieron a recibir al esposo** 1831
25.6 **aquí viene el esposo; salid a recibirle!** 1881
26.30 himno, salieron al monte de los Olivos 1831
26.55 **habéis salido con espadas y con palos** 1831
26.71 saliendo él a la puerta, le vio otra, y 1831
26.75 y saliendo fuera, lloró amargamente 1831
27.5 arrojando las...salió, y fue y se ahorcó 402
27.32 salían, hallaron a un hombre de Cirene 1831
27.53 saliendo de los sepulcros, después de 1831
28.8 ellas, saliendo del sepulcro con temor 1831
28.9 Jesús les salió al encuentro, diciendo
Mr 1.5 salían a él toda la provincia de Judea 1607
1.25 **Jesús...diciendo: ¡Cállate, y sal de él!** 1831
1.26 y el...clamando a gran voz, salió de él 1831
1.29 al salir de la sinagoga, vinieron a casa 1831
1.35 salió y se fue a un lugar desierto, y allí 1831
2.12 tomando su lecho, salió...de manera que 1831
2.13 volvió a salir al mar; y toda la gente 1831
3.6 salidos los fariseos, tomaron consejo con 1831
4.3 **oíd: He aquí, el sembrador salió a sembrar** 1831
4.6 **salido el sol, se quemó; y porque no tenía**
4.22 **ni escondido, que no haya de salir a luz** 2064
5.2 y cuando salió él de la barca...vino a su 1831
5.8 **le decía: Sal de este hombre, espíritu** 1831
5.13 y saliendo aquellos espíritus inmundos 1831
5.14 salieron a ver qué era aquello que había 1831
5.30 conociendo en sí...poder que había salido 1831
6.1 salió Jesús de allí y vino a su tierra, y 1831
6.10 **en ella hasta que salgáis de aquel lugar** 1831
6.11 **salid de allí, y sacudid el polvo que está** 1607
6.12 saliendo, predicaban que los hombres se 1831
6.24 saliendo...dijo a su madre: ¿Qué pediré 1831
6.34 y salió Jesús y vio una gran multitud 1831
6.54 y saliendo ellos de la barca...le conoció 1831
7.15 **lo que sale de él...contamina al hombre** 1607
7.19 **no entra...sino en el vientre, y sale a** 1607
7.20 **lo que del hombre sale, eso contamina al** 1607
7.21 **del corazón...salen los malos pensamientos** .. 1607
7.23 **todas estas maldades de dentro salen, y** 1607
7.29 **dijo...vé; el demonio ha salido de tu hija** 1831
7.30 que el demonio había salido, y a la hija 1831
7.31 volviendo a salir de la región de Tiro 1831
8.27 salieron Jesús y sus discípulos por las 1831
9.25 **mando, sal de él, y no entres...más en él** 1831
9.26 sacudiéndole con violencia, salió; y él 1831
9.29 **este género con nada puede salir, sino** 1831
9.30 habiendo salido...caminaron por Galilea 1831
10.17 al salir él para seguir su camino, vino 1607
10.46 al salir de Jericó él y sus discípulos 1607
11.12 cuando salieron de Betania, tuvo hambre 1831
11.19 al llegar la noche, Jesús salió de la 1607
13.1 saliendo Jesús del templo, le dijo uno 1607
14.13 **y os saldrá al encuentro un hombre que**
14.26 himno, salieron al monte de los Olivos 1831
14.48 **¿como contra un ladrón habéis salido** 1831
14.68 y salió a la entrada; y cantó el gallo 1831
16.2 vinieron al sepulcro, ya salido el sol
16.20 saliendo, predicaron en todas partes 1831
Lc 1.22 pero cuando salió, no les podía hablar 1831
3.7 y decía a las multitudes que salían para 1607
4.22 de las palabras de...que salían de su boca 1607
4.35 **reprendió, diciendo: Cállate, y sal de él** 1831
4.35 **el demonio, derribándole en...salió de él** 1831
4.36 y poder manda a los espíritus...y salen? 1831
4.38 Jesús...salió de la sinagoga, y entró en
4.41 salían demonios de muchos, dando voces 1831
4.42 salió y se fue a un lugar desierto; y 1831
5.27 después de...salió, y vio a un publicano 1831
6.19 poder salía de él y sanaba a todos 1831
7.24 **¿qué salisteis a ver al desierto? ¿Una** 1831
7.25 **mas ¿qué salisteis a ver? ¿A un hombre** 1831
7.26 **¿qué salisteis a ver? ¿A un profeta? Sí** 1831
8.2 de la que habían salido siete demonios 1831
8.5 **el sembrador salió a sembrar su semilla** 1831
8.17 **escondido, que no haya de...salir a luz** 2064
8.29 porque mandaba...que saliese del hombre 1831

8.33 demonios, salidos del hombre, entraron 1831
8.35 y salieron a ver lo que había sucedido 1831
8.35,38 de quien habían salido los demonios 1831
8.46 **he conocido que ha salido poder de mí** 1831
9.4 **entréis, quedad allí, y de allí salid** 1831
9.5 **que no os recibieren, salid de aquella** 1831
9.6 saliendo, pasaban por todas las aldeas 1831
9.37 una gran multitud les salió al encuentro
10.10 **ciudad...saliendo por sus calles, decid** 1831
11.14 salido el demonio, el mudo habló; y la 1831
11.24 **cuando el espíritu inmundo sale...hombre** ... 1831
11.24 **dice: Volveré a mi casa de donde salí** 1831
12.54 **nube que sale del poniente, decís: Agua** 393
12.59 **digo que no saldrás de allí, hasta que** 1831
13.31 sal, y vete de aquí, porque Herodes te 1831
15.28 **salió...su padre, y le rogaba que entrase** 1831
17.12 le salieron al...diez hombres leprosos
17.29 **mas el día en que Lot salió de Sodoma** 1831
21.37 saliendo, se estaba en el monte que se 1831
22.10 **saldrá al encuentro un hombre que lleva**
22.39 saliendo, se fue, como solía, al monte 1831
22.52 **como...habéis salido con espadas y palos?** .. 1831
22.62 y Pedro, saliendo...lloró amargamente 1831
Jn 1.46 ¿de Nazaret puede salir algo de bueno?
4.3 salió de Judea...se fue otra vez a Galilea 863
4.30 salieron de la ciudad, y vinieron a él 1831
4.43 después, salió de allí y fue a Galilea 565
4.51 sus siervos salieron a recibirle, y le
5.29 **saldrán a resurrección de vida; mas los** 1607
7.3 le dijeron...Sal de aquí, y vete a Judea 3327
8.9 acusados por su conciencia, salían uno 1831
8.42 **yo de Dios he salido, y he venido; pues** 1831
8.59 pero Jesús se escondió y salió del templo 1831
10.9 **y entrará, y saldrá, y hallará pastos**
11.20 Marta, cuando oyó...salió a encontrarle
11.31 que María...había salido, la siguieron 1831
11.44 el que había muerto salió, atadas las 1831
12.13 tomaron ramas de palmera y salieron a 1831
13.3 que había salido de Dios, y a Dios iba 1831
13.30 él...hubo tomado el bocado, luego salió 1831
13.31 cuando hubo salido, dijo Jesús; Ahora 1831
16.27 **y habéis creído que yo salí de Dios** 1831
16.28 **salí del Padre, y he venido al mundo** 1831
16.30 por esto creemos que has salido de Dios 1831
17.8 **y han conocido verdaderamente que salí de ti** . 1831
18.1 salió con sus discípulos al otro lado del 1831
18.16 salió...el discípulo que era conocido del 1831
18.29 salió Pilato a ellos, y les dijo: ¿Qué 1831
18.38 salió otra vez a los judíos, y les dijo 1831
19.4 salió...y les dijo: Mirad, os lo traigo 1831
19.5 y salió Jesús, llevando la corona de 1831
19.17 y él, cargando su cruz, salió al lugar 1831
19.34 abrió...al instante salió sangre y agua 1831
20.3 y salieron Pedro y el otro discípulo 1831
Hch 1.21 el Señor Jesús entraba y salía entre
4.15 les ordenaron que saliesen del concilio 565
5.41 salieron...gozosos de haber sido tenidos 4198
7.3 dijo: Sal de tu tierra y de tu parentela 1831
7.4 salió de la tierra...caldeos y habitó en 1831
7.7 y después de esto saldrán y me servirán 1831
8.7 tenían espíritus inmundos, salían éstos 1831
9.28 y estaba con ellos...y entraba y salía
10.25 salió Cornelio a recibirle, y...adoró
12.9 saliendo, le seguía; pero no sabía que 1831
12.10 y salidos, pasaron una calle, y luego el 1831
12.13 salió a escuchar una muchacha llamada
12.17 y dijo...Y salió, y se fue a otro lugar 1831
13.42 cuando salieron ellos de la sinagoga 1826
14.20 al día siguiente salió con Bernabé para 1831
15.24 que algunos que han salido de nosotros 1831
15.40 salió encomendado por los hermanos a la 1831
16.13 y un día de reposo salimos fuera de la 1831
16.16 nos salió al encuentro una muchacha que 528
16.18 te mando...que salgas de ella...Y salió 1831
16.19 pero viendo sus amos que había salido 1831
16.36 así que ahora salid, y marchaos en paz 1831
16.39 les pidieron que salieran de la ciudad 1831
16.40 saliendo de la cárcel, entraron en casa 1831
17.15 viniesen a él lo más pronto...salieron 1826
17.33 y así Pablo salió de en medio de ellos 1831
18.1 Pablo salió de Atenas y fue a Corinto 5563
18.2 que todos los judíos saliesen de Roma 5563
18.7 y saliendo de allí, se fue a la casa de 1831
18.23 salió, recorriendo...región de Galacia 1831
19.12 de ellos, y los espíritus malos salían 1831
19.30 y queriendo Pablo salir al pueblo, los
20.1 se despidió y salió para ir a Macedonia 1831
20.7 Pablo...habiendo de salir al día siguiente 1826
20.11 largamente hasta el alba; y así salió 1831
21.5 salimos, acompañándoles todos, con sus 1831
21.7 saliendo de Tiro y arribando a Tolemaida
21.8 otro día, saliendo Pablo y los que con él 1831
22.18 **me decía...sal prontamente de Jerusalén** 1831
27.43 que pudiesen nadar...saliesen a tierra
27.44 así todos se salvaron saliendo a tierra
28.15 salieron a recibirnos hasta el Foro de 1831
Ro 10.18 por toda la tierra ha salido la voz 1831
1 Co 5.10 os sería necesario salir del mundo 1831
14.36 ¿acaso ha salido de vosotros la palabra 1831
15.37 no es el cuerpo que ha de salir, sino
2 Co 6.17 lo cual, salid de en medio de ellos 1831
Ef 4.29 ninguna palabra corrompida salga...boca 1607
He 3.16 ¿no fueron todos los que salieron de 1831
7.1 Melquisedec...salió a recibir a Abraham
7.5 hayan salido de los lomos de Abraham 1831
7.10 cuando Melquisedec le salió al encuentro
11.8 Abraham...obedeció para salir al lugar que ... 1831
11.8 fe Abraham...salió sin saber a dónde iba 1831

S

11.12 de uno...*salieron* como las estrellas del
11.15 pensando en aquella de donde *salieron*....... *1831*
12.13 lo cojo no se *salga* del camino, sino que....... *1624*
13.13 *salgamos*...a él, fuera del campamento....... *1831*
Stg 1.11 porque cuando *sale* el sol con calor............ *393*
2 P 1.19 lucero de la mañana *salga* en vuestros......... *393*
1 Jn 2.19 *salieron* de nosotros, pero no eran de........ *1831*
2.19 *salieron* para que se manifestase que no
4.1 falsos profetas han *salido* por el mundo........ *1831*
2 Jn 7 engañadores han *salido* por el mundo, que
3 Jn 7 ellos *salieron* por amor del nombre de.......... *1831*
Ap 1.16 de su boca *salía* una espada aguda de
3.12 **columna en...y nunca más *saldrá* de allí**..... *1831*
4.5 y del trono *salían* relámpagos y truenos........ *1607*
6.2 un arco...y *salió* venciendo, y para vencer..... *1831*
6.4 y *salió* otro caballo, bermejo; y al que.......... *1831*
7.2 que subía de donde *sale* el sol, y tenía
7.14 estos son los que han *salido* de la gran........ *2064*
9.3 y del humo *salieron* langostas sobre la.......... *1831*
9.17 de su boca *salían* fuego, humo y azufre........ *1607*
9.18 humo y el azufre que *salían* de su boca........ *1607*
11.5 si alguno quiere dañarlos, *sale* fuego de....... *1607*
14.15 del templo *salió* otro ángel, clamando........ *1831*
14.17 *salió* otro ángel del templo que está en....... *1831*
14.18 *salió* del altar otro ángel, que tenía........... *1831*
14.20 del lagar *salió* sangre hasta los frenos....... *1831*
15.6 del templo *salieran* los siete ángeles que....... *1831*
16.13 vi *salir* de la boca del dragón, y de la
16.17 *salió* una gran voz del templo del cielo....... *1831*
18.4 oí otra voz...*Salid* de ella, pueblo mío.......... *1831*
19.5 y *salió* del trono una voz que decía............ *1831*
19.15 de su boca *sale* una espada aguda, para...... *1607*
19.21 fueron muertos con la espada que *salía*...... *1607*
20.8 y *saldrá* a engañar a las naciones que......... *1831*
22.1 un río...que *salía* del trono de Dios y del...... *1607*

SALISA *Región de Efram o de Benjamín*, 1 S 9.4... 8031

SALIVA
1 S 21.13 y dejaba correr la *s* por su barba............ 7388
Job 7.19 no me soltarás...hasta que trague mi *s*?...... 7536
30.10 y aun de mi rostro no detuvieron su *s*........ 7536
Jn 9.6 hizo lodo con la *s*, y untó con el lodo............ *4427*

SALMA *Descendiente de Caleb*, 1 Cr 2.51,54..... 8007

SALMAI *Padre de una familia de sirvientes del templo*, Esd 2.46; Neh 7.48.......... 8073,8014

SALMÁN =*Salmanasar*, Os 10.14............... 8020

SALMANASAR *Rey de Asiria*, 2 R 17.3; 18.9...... 8022

SALMO
Jue 5.3 cantaré *s* a Jehová, el Dios de Israel
1 Cr 16.9 cantad a él, cantadle *s*; hablad de............ 2167
Sal 3,4,5,6,8,9,11,12,13,14,15,18,19,20,21,22,23,24,25,26,
27,28,29,30,31,32,34,35,36,37,38,39,40,41,51,61,62,63,
64,68,69,70,101,103,108,109,110,138,139,140,141,143,
144 *títs*...*s* de David................................ 4210
30 *tít*...*s* cantado en la dedicación de la Casa...... 4210
46 *tít*...de los hijos de Coré...*S* sobre Alamot...... 7892
47,48,49 *títs*...*s* de los hijos de Coré............... 4210
50,73,75,76,77,79,80,81,82,83 *títs*...*s* de Asaf......... 4210
57.7 mi corazón está...cantaré, y trovaré *s*.......... 4210
65 *tít*...al músico principal...*S*...de David.......... 4210
66 *tít*...al músico principal...Cántico...*S*........... 4210
67 *tít*...al músico principal; en Neginot...*S*.......... 4210
68.4 cantad...cantad *s* a su nombre; exaltad al..... 4210
84,85,88 *títs*...*s* para los hijos de Coré.............. 4210
87 *tít*...a los hijos de Coré...*S*, Cántico............. 4210
92 *tít*...*s*...Cántico para el día de reposo............ 4210
92.1 bueno...cantar *s* a tu nombre, oh Altísimo..... 4210
98.4 levantad la voz, y aplaudid, y cantad *s*......... 4210
98 *tít*...*S*.. 4210
98.5 cantad *s* a Jehová con arpa; con arpa y....... 4210
100.145 *títs*...*s* de alabanza........................ 4210,
104.33 a mi Dios cantaré *s* mientras viva........... 4210
105.2 cantadle, cantadle *s*; hablad de todas.......... 4210
108.1 cantaré y entonaré *s*; esta es mi gloria....... 4210
108.3 te...a ti cantaré *s* entre las naciones......... 4210
135.3 cantad *s* a su nombre...él es benigno........ 4210
138.1 delante de los dioses te cantaré *s*............ 4210
146.2 vida; cantaré *s* a mi Dios mientras viva....... 4210
147.1 porque es bueno cantar *s* a nuestro Dios
Is 12.5 cantad *s* a Jehová, porque ha hecho
Lc 20.42 **David dice en...los *S*: Dijo el Señor**........... *5568*
24.44 **todo lo que está escrito de...en los *s***......... *5568*
Hch 1.20 está escrito en el libro de los *S*............... *5568*
13.33 está escrito también en el *s* segundo.......... *5568*
13.35 en otro *s*: No permitirás que tu Santo......... *5568*
1 Co 14.26 cada uno de vosotros tiene *s*, tiene......... *5568*
Ef 5.19 hablando entre vosotros con *s*...himnos....... *5568*
Col 3.16 cantando...al Señor con *s* e himnos y......... *5568*

SALMODIA
Am 5.23 no escucharé las *s* de...instrumentos......... 2172

SALMÓN
1. Monte cerca de Siquem
Jue 9.48 entonces subió Abimelec al monte de *S*....... 6756
Sal 68.14 como si hubiese nevado en el monte *S*....... 6756
2. Hijo de Naasón y padre de Booz, Rt 4.20,21;
1 Cr 2.11; Mt 1.4,5; Lc 3.32........ *4533*,8009,8012,8007
3. Uno de los 30 valientes de David, 2 S 23.28....... 6756
4. Cabo oriental de la isla de Creta, Hch 27.7....... *4534*

SALOMÉ *Discípula de Jesucristo*
Mr 15.40 mujeres...entre las cuales estaban...*S*....... *4539*
16.1 María Magdalena...*S*, compraron especias... *4539*

SALOMÓN *Rey de Israel, hijo y sucesor de David*
2 S 5.14 le nacieron...Samúa, Sobab, Natán, *S*........ 8010
12.24 llamó su nombre *S*, al cual amó Jehová...... 8010
1 R 1.10 pero no convidó al...ni a *S* su hermano...... 8010,
1.11 a Betsabé madre de *S*, diciendo: ¿No has...... 8010
1.12 que conserves tu vida, y la de tu hijo *S*......... 8010
1.13,17 *S* tu hijo reinará después de mí, y él........ 8010
1.19 Joab...mas a *S* tu siervo no ha convidado..... 8010
1.21 yo y mi hijo *S*...tenidos por culpables......... 8010
1.26 ni a mí...ni a *S* tu siervo, ha convidado....... 8010
1.30 tu hijo *S* reinará después de mí, y él se........ 8010
1.33 a *S* mi hijo en mi mula, y llevadlo a............ 8010
1.34 y tocaréis...diciendo: ¡Viva el rey *S*!........... 8010
1.37 esté con *S*, y haga mayor su trono que el...... 8010
1.38 y montaron a *S* en la mula del rey David...... 8010
1.39 ungió a *S*; y tocaron trompeta, y dijo.......... 8010
1.39 y dijo todo el pueblo: ¡Viva el rey *S*!........... 8010
1.43 nuestro señor...David ha hecho rey a *S*....... 8010
1.46 también *S* se ha sentado en el trono del....... 8010
1.47 Dios haga bueno el nombre de *S* más que..... 8010
1.50 Adonías, temiendo de la presencia de *S*....... 8010
1.51 se lo hicieron saber a *S*, diciendo: He.......... 8010
1.51 Adonías tiene miedo del rey *S*, pues se........ 8010
1.51 júreme hoy el rey *S* que no matará a su....... 8010
1.52 *S* dijo: Si él fuere hombre de bien, ni........... 8010
1.53 envió el rey *S*, y lo trajeron del altar.......... 8010
1.53 se inclinó ante el rey *S*...Y *S* le dijo.......... 8010
2.1 que David...ordenó a *S* su hijo, diciendo........ 8010
2.12 se sentó *S* en el trono de David su padre...... 8010
2.13 Adonías hijo...vino a Betsabé madre de *S*..... 8010
2.17 dijo: Yo te ruego que hables al rey *S*........... 8010
2.19 Betsabé al rey *S*...hablarle por Adonías....... 8010
2.22 rey *S* respondió...¿Por qué pides a Abisag.... 8010
2.23 el rey *S* juró por Jehová, diciendo: Así......... 8010
2.25 el rey *S* envió por mano de Benaía hijo........ 8010
2.27 así echó *S* a Abiatar del sacerdocio de........ 8010
2.29 y se le hizo saber a *S* que Joab había.......... 8010
2.29 envió *S* a Benaía hijo...diciendo: Vé, y......... 8010
2.41 luego fue dicho a *S* que Simei había ido....... 8010
2.45 rey *S* será bendito, y el trono de David........ 8010
2.46 el reino fue confirmado en la mano de *S*...... 8010
3.1 *S*...parentesco con Faraón rey de Egipto....... 8010
3.3 *S* amó a Jehová, andando en los estatutos...... 8010
3.4 mil holocaustos sacrificaba *S* sobre aquel...... 8010
3.5 se le apareció Jehová a *S* en Gabaón una...... 8010
3.6 *S* dijo: Tú hiciste gran misericordia a tu....... 8010
3.10 agradó delante del Señor que *S* pidiese....... 8010
3.15 cuando *S* despertó, vio que era sueño......... 8010
4.1 reinó, pues, el rey *S* sobre todo Israel.......... 8010
4.7 *S* doce gobernadores sobre todo Israel, los..... 8010
4.11 éste tenía por mujer a Tafat hija de *S*......... 8010
4.15 también por mujer a Basemat hija de *S*....... 8010
4.21 *S* señoreaba sobre todos los reinos desde..... 8010
4.21 sirvieron a *S* todos los días que vivió.......... 8010
4.22 la provisión de *S* para...era de 30 coros....... 8010
4.25 Judá e Israel vivían seguros...días de *S*....... 8010
4.26 además de esto, *S* tenía 40.000 caballos........ 8010
4.27 y estos gobernadores mantenían al rey *S*..... 8010
4.27 todos los que a la mesa del rey *S* venían....... 8010
4.29 Dios dio a *S* sabiduría y prudencia muy....... 8010
4.30 mayor la sabiduría de *S* que la de todos....... 8010
4.34 y para oír la sabiduría de *S* venían de......... 8010
5.1 Hiram rey...envió también sus siervos a *S*..... 8010
5.2 entonces *S* envió a decir a Hiram............... 8010
5.7 Hiram oyó las palabras de *S*, se alegró en...... 8010
5.8 envió Hiram a decir a *S*: He oído lo que......... 8010
5.10 dio, pues, Hiram a *S* madera de cedro y....... 8010
5.11 y *S* daba a Hiram 20.000 coros de trigo........ 8010
5.11 de aceite puro...daba *S* a Hiram cada año.... 8010
5.12 Jehová, pues, dio a *S* sabiduría como le....... 8010
5.12 paz entre Hiram y *S*, e hicieron pacto......... 8010
5.13 el rey *S* decretó leva en todo Israel, y.......... 8010
5.15 tenía...*S* 70.000 que llevaban las cargas....... 8010
5.16 sin los principales oficiales de *S* que........... 8010
5.18 los albañiles de *S*...prepararon la madera.... 8010
6.1 del principio del reino de *S* sobre Israel........ 8010
6.2 casa que el rey *S* edificó a Jehová tenía........ 8010
6.11 y vino palabra de Jehová a *S*, diciendo........ 8010
6.14 así, pues, *S* labró la casa y la terminó......... 8010
6.21 *S* cubrió de oro puro la casa por dentro....... 8010
7.1 edificó *S* su propia casa en trece años.......... 8010
7.8 edificó también *S* para la hija de Faraón....... 8010
7.13 el rey *S*, e hizo venir de Tiro a Hiram.......... 8010
7.14 pues, vino al rey *S*, e hizo toda su obra........ 8010
7.40 terminó toda la obra que hizo a *S* para........ 8010
7.45 los utensilios que Hiram hizo al rey *S*......... 8010
7.47 y no inquirió *S* el peso del bronce de.......... 8010
7.48 hizo *S*...los enseres que pertenecían a la...... 8010
7.51 la obra que dispuso hacer el rey *S* para....... 8010
7.51 metió *S* lo que David su...había dedicado..... 8010
8.1 *S* reunió ante sí...los ancianos de Israel........ 8010
8.2 reunieron con el rey *S* todos los varones....... 8010
8.5 rey *S*, y toda...Israel...delante del arca......... 8010
8.12 dijo *S*: Jehová ha dicho...habitaría en la...... 8010
8.22 se puso *S* delante del altar de Jehová, en...... 8010
8.54 cuando acabó *S* de hacer toda esta oración... 8010
8.63 ofreció *S* sacrificios de paz, los cuales......... 8010
8.65 en aquel tiempo *S* hizo fiesta, y con él......... 8010
9.1 cuando *S* hubo acabado...que *S* quiso hacer... 8010
9.2 Jehová apareció a *S* la segunda vez, como...... 8010
9.10 *S* ya había edificado las dos casas, la.......... 8010
9.11 Hiram rey de...había traído a *S* madera de... 8010
9.11 que el rey *S* dio a Hiram veinte ciudades...... 8010
9.12 para ver las ciudades que *S* le había dado..... 8010
9.15 la razón de la leva que el rey *S* impuso........ 8010
9.16 la dio en dote a su hija la mujer de *S*.......... 8010
9.17 restauró...*S* a Gezer y a la...Bet-horón....... 8010
9.19 las ciudades donde *S* tenía provisiones........ 8010
9.19 todo lo que *S* quiso edificar en Jerusalén...... 8010
9.21 hizo *S* que sirviesen con tributo hasta......... 8010
9.22 a ninguno de...Israel impuso *S* servicio....... 8010
9.23 los que *S* había hecho jefes...eran 550......... 8010
9.24 la hija de Faraón...a su casa que *S* le.......... 8010
9.25 ofrecía *S* tres veces cada año holocaustos y... 8010
9.26 también el rey *S* naves en Ezión-geber........ 8010
9.27 y envió Hiram en...con los siervos de *S*....... 8010
9.28 tomaron de allí oro...trajeron al rey *S*........ 8010
10.1 oyendo la reina de Sabá la fama que *S*........ 8010
10.2 cuando vino a *S*, le expuso todo lo que......... 8010
10.3 y *S* le contestó todas sus preguntas, y.......... 8010
10.4 la reina de...vio toda la sabiduría de *S*........ 8010
10.10 especias...la reina de Sabá dio al rey *S*...... 8010
10.13 el rey *S* dio a la reina...que ella quiso........ 8010
10.13 a la reina...además de lo que *S* le dio........ 8010
10.14 del oro que *S* tenía de renta cada año........ 8010
10.16 hizo...rey *S* 200 escudos grandes de oro..... 8010
10.21 los vasos de beber del rey *S* eran de oro..... 8010
10.21 plata...en tiempo de *S* no era apreciada..... 8010
10.23 excedía el rey *S* a todos los reyes de la...... 8010
10.24 la tierra procuraba ver la cara de *S*.......... 8010
10.26 y juntó *S* carros y gente de a caballo......... 8010
10.28 traían de Egipto caballos y lienzos a *S*....... 8010
11.1 rey *S* amó, además de la hija de Faraón....... 8010
11.2 a éstas, pues, se juntó *S* con amor............. 8010
11.4 *S* era ya viejo, sus mujeres inclinaron......... 8010
11.5 porque *S* siguió a Astoret, diosa de los......... 8010
11.6 hizo *S* lo malo ante los ojos de Jehová......... 8010
11.7 edificó *S* un lugar alto a Quemos, ídolo........ 8010
11.9 y se enojó Jehová contra *S*, por cuanto........ 8010
11.11 dijo Jehová a *S*: Por cuanto ha habido........ 8010
11.14 Jehová suscitó...adversario a *S*: Hadad...... 8010
11.23 por adversario contra *S* a Rezón hijo de..... 8010
11.25 y fue adversario...todos los días de *S*........ 8010
11.26 Jeroboam...siervo de *S*, cuya madre se...... 8010
11.27 esta: *S*, edificando a Milo, cerró el............ 8010
11.28 y viendo *S*...que era hombre activo, le....... 8010
11.31 yo rompo el reino de la mano de *S*, y......... 8010
11.40 por esto *S* procuró matar a Jeroboam........ 8010
11.40 estuvo en Egipto hasta la muerte de *S*........ 8010
11.41 los demás hechos de *S*, y todo lo que......... 8010
11.41 ¿no está...el libro de los hechos de *S*?........ 8010
11.42 los días que *S* reinó...fueron 40 años......... 8010
11.43 durmió *S* con sus padres, y, sepultado........ 8010
12.2 en Egipto, adonde había huido...del rey *S*..... 8010
12.6 ancianos que habían estado delante de *S*...... 8010
12.21 volver el reino a Roboam hijo de *S*........... 8010
12.23 habla a Roboam hijo de *S*, rey de Judá....... 8010
14.21 Roboam hijo de *S* reinó en Judá...De 41...... 8010
14.26 los escudos de oro que *S* había hecho........ 8010
2 R 21.7 Jehová había dicho a David y a Y su.......... 8010
23.13 *S* rey...había edificado a Astoret ídolo....... 8010
24.13 los utensilios de oro que había hecho *S*...... 8010
25.16 basas que *S* había hecho para la casa de..... 8010
1 Cr 3.5 cuatro le nacieron en Jerusalén...y *S*......... 8010
3.10 hijo de *S* fue Roboam, cuyo hijo...Abías....... 8010
6.10 el sacerdocio en la casa que *S* edificó......... 8010
6.32 hasta que *S* edificó la casa de Jehová.......... 8010
14.4 que le nacieron en Jerusalén...Natán, *S*....... 8010
18.8 con el que *S* hizo el mar de bronce, las........ 8010
22.5 y dijo David: *S* mi hijo es muchacho y de....... 8010
22.6 llamó entonces David a *S* su hijo, y le......... 8010
22.7 David a *S*: Hijo mío, en mi corazón tuve........ 8010
22.9 nombre será *S*, y yo daré paz y reposo......... 8010
22.17 mandó David...que ayudasen a *S* su hijo..... 8010
23.1 David ya viejo y...hizo a *S* su hijo rey.......... 8010
28.5 eligió a mi hijo *S* para que se siente........... 8010
28.6 *S* tu hijo, él edificará mi casa y mis............ 8010
28.9 y tú, *S*...reconoce al Dios de tu padre......... 8010
28.11 dio a *S* su hijo el plano del pórtico........... 8010
28.20 dijo además David a *S* su hijo: Anímate....... 8010
29.1 *S* mi hijo ha elegido Dios; él es joven.......... 8010
29.19 da a mi hijo *S* corazón perfecto, para........ 8010
29.22 dieron...la investidura del reino a *S*.......... 8010
29.23 sentó *S* por rey en el trono de Jehová........ 8010
29.24 todos los...prestaron homenaje al rey *S*...... 8010
29.25 Jehová engrandeció...a *S* a ojos de todo..... 8010
29.28 y murió...y reinó en su lugar *S* su hijo........ 8010
2 Cr 1.1 *S* hijo de...fue afirmado en su reino.......... 8010
1.2 y convocó *S* a todo Israel, a jefes de........... 8010
1.3 fue *S*...al lugar alto que había en Gabaón...... 8010
1.5 tabernáculo de...al cual fue a consultar *S*...... 8010
1.6 subió, pues, *S* allá delante de Jehová, al........ 8010
1.7 apareció Dios a *S* y le dijo: Pídeme lo que...... 8010
1.8 *S* dijo a Dios: Tú has tenido con David mi....... 8010
1.11 dijo Dios a *S*: Por cuanto hubo esto en......... 8010
1.13 volvió *S* a Jerusalén, y reinó...Israel.......... 8010
1.14 y juntó *S* carros y gente de a caballo.......... 8010
1.16 compraban...caballos y lienzos...para *S*...... 8010
2.1 determinó...*S* edificar casa al nombre de...... 8010
2.2 designó *S* 70.000 hombres que llevasen......... 8010
2.3 y envió a decir *S* a Hiram rey de Tiro........... 8010
2.11 Hiram rey...respondió por escrito...a *S*....... 8010
2.17 contó *S* todos los hombres extranjeros........ 8010
3.1 comenzó *S* a edificar la casa de Jehová......... 8010
3.3 medidas que dio *S* a los cimientos de la........ 8010
4.11 acabó Hiram la obra que hacía al rey *S*....... 8010
4.16 hizo...enseres Hiram-abi al rey *S* para la..... 8010
4.18 *S* hizo...enseres en número tan grande que... 8010
4.19 hizo *S*...los utensilios para la casa de......... 8010
5.1 acabada toda la obra que hizo *S* para la........ 8010
5.1 metió *S* las cosas...padre había dedicado...... 8010
5.2 *S* reunió en Jerusalén a los ancianos de........ 8010
5.6 rey *S*, y toda la congregación de Israel......... 8010
6.1 dijo *S*: Jehová ha dicho que él habitaría........ 8010
6.12 puso...*S* delante del altar de Jehová, en....... 8010
6.13 *S* había hecho un estrado de bronce de......... 8010
7.1 *S* acabó de orar, descendió fuego de los........ 8010
7.5 y ofreció el rey *S* en sacrificio 22.000........... 8010

7.7 *S* consagró la parte central del atrio que 8010
7.7 en el altar de bronce que *S* había hecho 8010
7.8 hizo *S* fiesta siete días, y con él todo 8010
7.10 beneficios que Jehová había hecho...a *S* 8010
7.11 terminó, pues, *S* la casa de Jehová, y la 8010
7.11 lo que *S* se propuso hacer en la casa de 8010
7.12 apareció Jehová a *S* de noche, y le dijo 8010
8.1 *S* había edificado la casa de Jehová y su 8010
8.2 reedificó *S* las ciudades que Hiram...dado 8010
8.3 después vino *S* a Hamat de Soba y la tomó 8010
8.6 las ciudades de provisiones que *S* tenía 8010
8.6 lo que *S* quiso edificar en Jerusalén, en 8010
8.8 los hijos...hizo *S* tributarios hasta hoy 8010
8.9 de Israel no puso *S* siervos en su obra 8010
8.10 y tenía *S* 250 gobernadores principales 8010
8.11 pasó *S* a la hija de Faraón, de la ciudad 8010
8.12 ofreció *S* holocaustos a Jehová sobre el 8010
8.16 la obra de *S* estaba preparada desde el 8010
8.17 entonces *S* fue a Ezión-geber y a Elot, a 8010
8.18 cuales fueron con los siervos de *S* a Ofir 8010
8.18 talentos de oro, y los trajeron al rey *S* 8010
9.1 oyendo la reina de Sabá la fama de *S*, vino 8010
9.1 la reina de Sabá...vino...para probar a *S* 8010
9.1 luego que vino a *S*, habló con él todo lo 8010
9.2 *S* le respondió a todas sus preguntas, y 8010
9.2 y nada hubo que *S* no le contestase 8010
9.3 viendo la reina...la sabiduría de *S*, y la 8010
9.9 como las que dio la reina de Sabá al rey *S* 8010
9.10 siervos de *S*, que había traído el oro de 8010
9.12 *S* dio a la reina de...lo que ella quiso 8010
9.13 el peso del oro que venía a *S* cada año 8010
9.14 los gobernadores...traían oro y plata a *S* 8010
9.15 hizo...el rey *S* doscientos paveses de oro 8010
9.20 la vajilla del rey *S* era de oro, y toda la 8010
9.20 los días de *S* la plata no era apreciada 8010
9.22 excedió el rey *S* a todos los reyes de la 8010
9.23 los reyes procuraban ver el rostro de *S* 8010
9.25 tuvo...*S* cuatro mil caballerizas para sus 8010
9.28 traían...caballos para *S*, de Egispto y de 8010
9.29 los demás hechos de *S*...¿no están todos 8010
9.30 reinó *S* en Jerusalén...todo Israel 40 8010
9.31 durmió *S* con sus padres, y lo sepultaron 8010
10.2 Jeroboam...había huido a causa del rey *S* 8010
10.6 ancianos que había estado delante del *S* 8010
11.3 habla a Roboam hijo de *S*, rey de Judá 8010
11.17 y confirmaron a Roboam hijo de *S*, por 8010
11.17 años anduvieron en el camino de...de *S* 8010
12.9 tomó los escudos de...que *S* había 8010
13.6 pero Jeroboam...siervo de *S*...se levantó 8010
13.7 y pudieron más que Roboam hijo de *S* 8010
30.26 desde los días de *S* hijo de David rey 8010
33.7 había dicho Dios a David y a *S* su hijo 8010
35.3 el arca santa en la casa que edificó *S* 8010
35.4 como lo ordenaron David rey...y *S* su hijo 8010
Esd 2.55 hijos de los siervos de *S:* los hijos 8010
2.58 todos los...hijos de los siervos de *S*, 392 8010
Neh 7.57 hijos de los siervos de *S:* los hijos 8010
7.60 todos los...hijos de los siervos de *S*, 392 8010
11.3 templo y los hijos de los siervos de *S* 8010
12.45 conforme al estatuto de David y de *S* 8010
13.26 ¿no pecó por esto *S*, rey de Israel? 8010
Sal 72,127 *títs*...para *S* 8010
Pr 1.1 proverbios de *S*, hijo de David, rey de 8010
10.1 proverbios de *S*...El hijo sabio alegra al 8010
25.1 también estos son proverbios de *S*, los 8010
Cnt 1.1 cantar de los cantares, el cual es de *S* 8010
1.5 pero codiciable...como las cortinas de *S* 8010
3.7 es la litera de *S*; sesenta valientes la 8010
3.9 el rey *S* se hizo una carroza de madera del 8010
3.11 y ved al rey *S* con la corona con que le 8010
8.11 *S* tuvo una viña en Baal-hamón, la cual 8010
8.12 las mil serán tuyas, oh *S*, y doscientas 8010
Jer 52.20 había hecho el rey *S* en la casa de 8010
Mt 1.6 David engendró a *S* de la que fue mujer *8010*
1.7 *S* engendró a Roboam, Roboam a Abías, y *4672*
6.29 **ni aun *S* con toda su gloria se vistió** *4672*
12.42 **oír la sabiduría de *S*...aquí más que *S*** *4672*
Lc 11.31 **sabiduría de *S*, y he aquí más que *S*** *4672*
12.27 **ni aun *S* con toda su gloria se vistió** *4672*
Jn 10.23 Jesús andaba en...por el pórtico de *S* *4672*
Hch 3.11 concurrió a ellos al pórtico...de *S* *4672*
5.12 y estaban...unánimes en el pórtico de *S* *4672*
7.47 mas *S* le edificó casa *4672*

SALPICADO, A
Gn 30.32 aparte, las ovejas manchadas y *s* de 5348
30.35 todas las cabras manchadas y *s* de color 5348
30.39 parían borregos...*s* de diversos colores 5348

SALPICAR
Lv 6.27 *salpicare* su sangre sobre el vestido 5137
2 R 9.33 y parte de su sangre *salpicó* en la 5137
Is 63.3 sangre *salpicó* mis vestidos, y manché 5137

SALSA
Ez 24.10 para consumir la carne y hacer la *s* 7543

SALTAR
Éx 21.27 hiciere *saltar* un diente de su siervo 5307
Lv 11.21 piernas...para *saltar* con ellas sobre 5425
Dt 19.5 *saltare* el hierro del cabo, y diere 5394
33.22 cachorro de león que *salta* desde Basán 2178
2 S 1.20 que no *salten* de gozo las hijas de los
6.16 que Mical...vio al rey David que *saltaba* 6339
1 R 18.26 andaban *saltando* cerca del altar que 6452
1 Cr 15.29 Mical...vio al rey David que *saltaba* 7832
Job 21.11 manada, y sus hijos andan *saltando* 7540
21.12 al son de tamboril y de cítara *saltan*
37.1 se estremece mi corazón, y *salta* de su 5425
Sal 29.6 hizo *saltar* como becerros; al Líbano 7540
68.3 justos se alegrarán...*saltarán* de alegría 8057
73.7 ojos se les *saltan* de gordura; logran con 3318
114.4 los montes *saltaron* como carneros, los 7540
114.6 oh...¿por qué *saltasteis* como carneros 7540
Cnt 2.8 aquí él viene *saltando* sobre los montes 1801
Is 13.21 y allí *saltarán* las cabras salvajes 7540
35.6 entonces el cojo *saltará* como un ciervo 1801
Os 9.1 no te alegres, oh Israel, hasta *saltar*
Jl 2.5 *saltarán* sobre las cumbres de...montes 7540,0
Nah 3.2 y fragor de ruedas...y carro que *salta* 7540
Sof 1.9 castigaré...a todos los que *saltan* la 1801
Mal 4.2 *saltaréis* como becerros de la manada 6335
Lc 1.41 oyó...la criatura *saltó* en su vientre *4640*
1.44 criatura *saltó* de alegría en mi vientre *4640*
Jn 4.14 **fuente de agua que *salte*...vida eterna** *242*
Hch 3.8 y *saltando*, se puso en pie y anduvo *1814*
3.8 entró con...*saltando*, y alabando a Dios *242*
14.10 dijo...Levántate...Y él *saltó*, y anduvo *242*
19.16 *saltando* sobre ellos y dominándolos *2177*

SALTEADOR
Os 7.1 y entra el ladrón, y el *s* despoja por
Jn 10.1 **sube por otra parte, ése es ladrón y *s*** *7027*
10.8 **antes de mí vinieron, ladrones son y *s*** *3027*

SALTERIO
1 S 10.5 profetas...y delante de ellos *s*, arpa 5035
2 S 6.5 danzaban...con...*s*, panderos, flautas y 5035
1 R 10.12 hizo...arpas...y *s* para los cantores 5035
1 Cr 13.8 se regocijaban...arpas, *s*, tamboriles 5035
15.16 que designasen de sus...a cantores con...*s* 5035
15.20 Maasías y Benaía, con *s* sobre Alamot 5035
15.28 llevaba...el arca...al son de *s* y arpas 5035
16.5 con sus instrumentos de *s* y arpas; pero 3627
25.1 que profetizasen con arpas, *s* y címbalos 5035
25.6 con...*s* y arpas, para el ministerio del 5035
2 Cr 5.12 los levitas cantores...con...*s* y arpas 5035
9.11 el rey hizo...arpas y *s* para los cantores 5035
20.28 y vinieron a Jerusalén con *s*, arpas y 5035
29.25 puso...levitas en la casa de Jehová...*s* 5035
Neh 12.27 para hacer la dedicación...con...*s* y 5035
Sal 33.2 aclamad...cantadle con *s* y decacordio 5035
57.8 despierta, alma mía; despierta, *s* y arpa 5035
71.22 yo te alabaré con instrumento de *s*, oh 5035
81.2 entonad canción, y tañed el pandero...*s* 5035
92.3 el decacordio y en el *s*, en tono suave 5035
108.2 despiértate, *s* y arpa; despertaré al 5035
144.9 Dios...con *s*, con decacordio cantaré a ti 5035
150.3 a son de bocina; alabadle con *s* y arpa 5035
Dn 3.5,7,10,15 oír el son de la bocina...del *s* 6460

SALTÓN
Jl 1.4 comió el *s*, y lo que quedó del *s* comió 697
2.25 los años que comió la oruga, el *s*, el 3218

SALU *Padre de Zimri No. 1*, Nm 25.14 5543

SALÚ
1. Benjamita de entre los que regresaron de Babilonia, 1 Cr 9.7; Neh 11.7 5543
2. Familia levítica (=Salai No. 2), Neh 12.7 5543

SALUD
2 S 11.7 la *s* de Joab, y por la *s* del pueblo
Esd 4.17 a Rehum canciller, a Simsai...*S* y paz
Pr 13.17 mal...mas el mensajero fiel acarrea *s* 4832
Hch 15.23 los hermanos de entre los gentiles...*s* *5463*
23.26 Claudio Lisias al...gobernador Félix: *S* *5463*
27.34 os ruego que comáis por vuestra *s*, pues *4991*
Stg 1.1 a las doce tribus que están en la...*S* *5463*
3 Jn 2 que tengas *s*, así como prospera tu alma *5190*

SALUDAR
1 S 10.4 los cuales luego que te hayan *saludado* 7965
13.10 Saúl salió a recibirle, para *saludarle* 1288
25.5 e id a Nabal, y *saludadle* en mi nombre
25.14 David envió...*saludasen* a nuestro amo 1288
30.21 cuando David llegó...les *saludo* con paz 7592,7968
2 S 8.10 envió Toi a Joram su...para *saludarle* 7592,7968
2 R 4.29 no lo *saludes*...si alguno te saludare 1288
10.13 a *saludar* a los hijos del rey, y a los 7965
10.15 después que lo hubo *saludado*, le dijo 1288
1 Cr 18.10 envió a Adoram su...para *saludarle*
Esd 4.11 tus siervos del otro lado...te *saludan*
Mt 5.47 **Y si *saludáis* a...hermanos solamente** *782*
10.12 **y al entrar en la casa, *saludadla*** *782*
Mr 9.15 la gente...corriendo a él, le *saludaron* *782*
15.18 comenzaron luego a *saludarle*: ¡Salve *782*
Lc 1.40 y entró en casa...y *saludó* a Elisabet *782*
10.4 **alforja, ni calzado; y a nadie *saludéis*** *782*
Hch 18.22 subió para *saludar* a la iglesia, y *782*
21.7 y habiendo *saludado* a los hermanos, nos *782*
21.19 después de haberles *saludado*, les contó *782*
25.13 el rey Agripa y...para *saludar* a Festo *782*
Ro 16.3 *saludad* a Priscila y a Aquila, mis *782*
16.5 *saludad*...a la iglesia de...*S* a Epeneto *782*
16.6 *saludad* a María, la cual ha trabajado *782*
16.7 *saludad* a Andrónico y a Junias, mis *782*
16.8 *saludad* a Amplias, amado mío en el Señor *782*
16.9 *saludad* a Urbano, nuestro colaborador en *782*
16.10 *saludad* a Apeles...*S* a los de la casa de *782*
16.11 *saludad* a Herodión...*S* a los de la casa *782*
16.12 *saludad* a Trifena y a...*S* a la...Pérsida *782*
16.13 *saludad* a Rufo, escogido en el Señor, y *782*
16.14 *saludad* a Asíncrito, a Fiegonte, a *782*
16.15 *saludad* a Filólogo, a Julia, a Nereo *782*
16.16 *saludaos* los unos...Os saludan todas las *782*
16.21 os *saludan* Timoteo mi colaborador y *782*
16.22 yo Tercio, que...os *saludo* en el Señor *782*
16.23 os *saluda* Gayo...Os *s* Erasto, tesorero *782*
1 Co 16.19 las iglesias de Asia os *saludan* *782*
16.19 Aquila y Priscila...os *saludan* mucho en *782*
16.20 os *saludan*...los hermanos...Saludaos los *782*
2 Co 13.12 *saludaos* unos a...con ósculo santo *782*
13.13 todos los santos os *saludan* *782*
Fil 4.21 *saludad* a todos los santos en Cristo *782*
4.21 los hermanos que están conmigo os *saludan* *782*
4.22 los santos os *saludan*, y especialmente *782*
Col 4.10 Aristarco, mi compañero de...os *saluda* *782*
4.12 os *saluda* Epafras, el cual es uno de *782*
4.14 os *saluda* Lucas el médico amado, y Demas *782*
4.15 *saludad* a los hermanos que...en Laodicea *782*
1 Ts 5.26 *saludad* a...los hermanos con ósculo *782*
2 Ti 4.19 *saluda* a Prisca y a Aquila, y a la *782*
4.21 Eubulo te *saluda*, y Pudente...Claudia *782*
Tit 3.15 todos los que están conmigo te *saludan* *782*
3.15 *saluda* a los que nos aman en la fe *782*
Flm 23 te *saludan* Epafras, mi compañero de *782*
He 11.13 y *saludándolo*, y confesando que eran *782*
13.24 *saludad* a...Los de Italia os saludan *782*
1 P 5.13 iglesia...Marcos mi hijo, os *saludan* *782*
5.14 *saludaos* unos a otros con ósculo de amor *782*
2 Jn 13 los hijos de tu hermana...te *saludan* *782*
3 Jn 15 los amigos te saludan...*Saluda* tú a los *782*

SALUM
1. Rey de Israel, asesino y sucesor de Zacarías
2 R 15.10 contra él conspiró *S* hijo de Jabes 7967
15.13 *S* hijo...comenzó a reinar en el año 39 7967
15.14 Manahem hijo...hirió a *S* hijo de Jabes 7967
15.15 demás hechos de *S*...están escritos en 7967
2. Marido de la profetisa Hulda, 2 R 22.14; 2 Cr 34.22 7967
3. Descendiente de Jerameel, 1 Cr 2.40,41 7967
4. Rey de Judá, hijo y sucesor del rey Josías (=Joacaz)
1 Cr 3.15 el tercero Sedequías, el cuarto *S* 7967
Jer 22.11 ha dicho Jehová acerca de *S* hijo de 7967
5. Descendiente de Simeón, 1 Cr 4.25 7967
6. Sumo sacerdote, hijo de Sadoc y padre de Hilcías, 1 Cr 6.12,13; Esd 7.2 7967
7. Hijo de Neftalí, 1 Cr 7.13 7967
8. Padre de una familia de porteros del templo, 1 Cr 9.17,19,31; Esd 2.42; Neh 7.45 7967
9. Hombre principal de Efraín en tiempo del rey Peka, 2 Cr 28.12 7967
10. Nombre de dos de los que se casaron con extranjeras en tiempo de Esdras, Esd 10.24,42 7967
11. Nombre de dos que ayudaron en la restauración del muro de Jerusalén, Neh 3.12,15 7967
12. Tío del profeta Jeremías, Jer 32.7 7967
13. Padre de Maasías No. 17, Jer 35.4 7967

SALUTACIÓN
Mt 23.7 **las *s* en las plazas, y que los hombres** *783*
Mr 12.38 **los escribas...aman las *s* en las plazas** *783*
Lc 1.29 se turbó...y pensaba qué *s* sería esta *783*
1.41 que cuando oyó Elizabet la *s* de María *783*
1.44 tan pronto como llegó la voz de tu *s* a *783*
11.43 **que amáis las...y las *s* en las plazas** *783*
20.46 **escribas, que...aman las *s* en las plazas** *783*
1 Co 16.21 yo, Pablo, os escribo esta *s* de mi *783*
Col 4.18 la *s* de mi propia mano, de Pablo *783*
2 Ts 3.17 la *s* es de mi propia mano, de Pablo *783*

SALVACIÓN
Gn 49.18 tu *s* esperé, oh Jehová 3444
Éx 14.13 no temáis; estad firmes, y ved la *s* 3444
15.2 Jehová es mi...mi cántico, y ha sido mi *s* 3444
Dt 32.15 al Dios...menospreció la Roca de su *s* 3444
Jue 15.18 tú has dado esta grande *s* por mano de 3444
1 S 2.1 mi boca...por cuanto me alegré en tu *s* 3444
11.13 porque hoy Jehová ha dado *s* en Israel 8668
12.7 los hechos de *s* que Jehová ha hecho con 6666
14.45 que ha hecho esta grande *s* en Israel? 3444
19.5 y Jehová dio gran *s* a todo Israel...Tú lo 8668
2 S 22.3 y el fuerte de mi *s*, mi alto refugio 3468
22.36 me diste asimismo el escudo de tu *s*, y 3468
22.47 viva...y engrandecido sea el Dios de mi *s* 3468
23.5 no haga él florecer toda mi *s* y mi deseo 3468
2 R 5.1 por medio de él...Jehová *s* a Siria
13.17 saeta de *s* de...de *s* contra Siria 8668
1 Cr 16.23 cantad a...proclamad de día...su *s* 3444
16.35 y decid: Sálvanos, oh Dios, *s* nuestra 3468
2 Cr 6.41 sean vestidos de *s* tus sacerdotes 8668
20.17 estad quietos, y ved la *s* de Jehová con 3444
Job 13.16 él...será mi *s*, porque no entrará en 3444
Sal 3.2 dicen de mí: No hay para él *s* en Dios 3444
3.8 la *s* es de Jehová; sobre tu pueblo sea tu 3444
9.14 que cuente yo todas tus...me goce en tu *s* 3444
13.5 mas yo...mi corazón se alegrará en tu *s* 3444
14.7 ¡oh, que de Sion saliera la *s* de Israel! 3444
18.2 mi...y la fuerza de mi *s*, mi alto refugio 3468
18.35 me diste asimismo el escudo de tu *s*; tu 3468
18.46 roca, y enaltecido sea el Dios de mi *s* 3468
20.5 alegraremos en tus *s*, y alzaremos pendón 3444
21.1 rey se alegra...y en tu *s*, ¡cómo se goza! 3444
21.5 grande es su gloria en tu *s*; honra y 3444
22.1 ¿por qué estás tan lejos de mi *s*, y de 3467
24.5 él recibirá...y justicia del Dios de *s* 3468
25.5 porque tú eres el Dios de mi *s*; en ti 3468
27.1 Jehová es mi...y mi *s*; ¿de quién temeré? 3468
27.9 no me...ni me desampares, Dios de mi *s* 3468
35.3 saca la lanza...di a mi alma: Yo soy tu *s* 3444
35.9 entonces mi alma...se regocijará en su *s* 3444
37.39 pero la *s* de los justos es de Jehová 8668
38.22 apresúrate a ayudarme, oh Señor, mi *s* 8668
40.10 he publicado tu fidelidad y tu *s*; no 8668
40.16 digan...los que aman tu *s*: Jehová sea 8668
42.5,11; 43.5 de alabarle, *s* mía y Dios mío 3444
44.4 oh Dios, eres mi rey; manda *s* a Jacob 3444

50.23 ordenare su...le mostraré la *s* de Dios 3468
51.12 vuélveme el gozo de tu *s*, y espíritu 3468
51.14 líbrame de homicidios, oh...Dios de mi *s* 8668
53.6 ¡oh, si saliera de Sion la *s* de Israel! 3444
62.1 en Dios solamente está...de él viene mi *s* 3444
62.2,6 él solamente es mi roca y mi *s*; es mi 3444
62.7 en Dios está mi *s* y mi gloria; en Dios 3468
65.5 Dios de nuestra *s*, esperanza de todos 3468
67.2 sea conocido...en todas las naciones tu *s* 3444
68.19 bendito el Señor...el Dios de nuestra *s* 3444
69.13 Dios...por la verdad de tu *s*, escúchame 3468
69.29 a mí...tu *s*, oh Dios, me ponga en alto 3444
70.4 y digan siempre los que aman tu *s*...Dios 3444
71.15 publicará...tus hechos de *s* todo el día 8668
74.12 es...el que obra *s* en medio de la tierra 3444
78.22 por cuanto...ni habían confiado en su *s* 3444
79.9 ayúdanos, oh Dios de nuestra *s*, por la 3468
85.4 restáuranos, oh Dios de nuestra *s*, y haz 3468
85.7 oh Jehová, tu misericordia, y danos tu *s* 3468
85.9 cercana está su *s* a los que le temen, para 3468
88.1 Jehová, Dios de mi *s*, día y noche clamo 3444
89.26 mi...eres tú, mi Dios, y la roca de mi *s* 3444
91.16 lo saciaré de...vida, y le mostraré mi *s* 3444
95.1 cantemos...júbilo a la roca de nuestra *s* 3468
96.2 cantad a...anunciad de día en día su *s* 3444
98.2 Jehová ha hecho notoria su *s*; a vista de 3444
98.3 la tierra han visto la *s* de nuestro Dios 3444
106.4 acuérdate de mí, oh...visítame con tu *s* 3444
106.21 olvidaron al Dios de su *s*, que había 3467
116.13 tomaré la copa de la *s*, e invocaré el 3444
118.14 cántico es JAH, y él me ha sido por *s* 3444
118.15 de júbilo y de *s* hay en las tiendas de 3444
118.21 porque me has oído, y me fuiste por *s* 3444
119.41 venga a mí...tu *s*, conforme a tu dicho 8668
119.81 desfallece mi alma por tu *s*, mas espero 8668
119.123 mis ojos desfallecieron por tu *s*, y 3444
119.155 lejos está de los impíos la *s*, porque 3444
119.166 tu *s* he esperado, oh Jehová, y tus 3444
119.174 he deseado tu *s*, oh Jehová, y tu ley 3444
132.16 vestiré de *s* a sus sacerdotes, y sus 3468
146.3 no confiéis en...porque no hay en él *s*
149.4 hermoseará a los humildes con la *s* 3444
Is 12.2 he aquí Dios es *s* mía; me aseguraré y 3444
12.2 es JAH Jehová, quien ha sido *s* para mí 3444
12.3 sacaréis...aguas de las fuentes de la *s* 3444
17.10 porque te olvidaste del Dios de tu *s* 3444
25.9 nos gozaremos y nos alegraremos en su *s* 3444
26.1 ciudad...*s* puso Dios por muros y antemuro 3444
33.2 sé también nuestra *s* en tiempo de la 3444
33.6 y abundancia de *s*; el temor de Jehová 3444
45.8 rociad...prodúzcanse la *s* y la justicia 3468
45.17 será salvo en Jehová con *s* eterna; no 8668
46.13 no se alejará, y mi *s* no se detendrá 8668
46.13 pondré *s* en Sion, y mi gloria en Israel 8668
49.6 seas mi *s* hasta lo postrero de la tierra 3444
49.8 y en el día de *s* te ayudé; y te guardaré 3444
51.5 ha salido mi *s*, y mis brazos juzgarán a 3468
51.6 mi *s* será para siempre, mi justicia no 3444
51.8 permanecerá...mi *s* por siglos de siglos 3444
52.7 del que publica *s*, del que dice a Sion 3444
52.10 los confines de la tierra verán la *s* del 3444
54.17 y su *s* de mí vendrá, dijo Jehová 6666
56.1 porque cercana está mi *s* para venir, y 3444
58.8 nacerá tu luz...tu *s* se dejará ver pronto 724
59.11 esperamos...s, y se alejó de nosotros 3444
59.17 una coraza, con yelmo [le *s* en su cabeza 3444
60.18 sino que a tus muros llamarás *S*, y a 3444
61.10 me vistió con vestiduras de *s*, me rodeó 3468
62.1 y su *s* se encienda como una antorcha 3444
Jer 3.23 en Jehová...Dios está la *s* de Israel 8668
Lm 3.26 bueno es esperar en silencio la *s* de 8668
Jl 2.32 porque en el monte de Sion...habrá *s* 6413
Jon 2.9 pagaré lo...prometí...La *s* es de Jehová 3444
Mi 7.7 esperaré al Dios de mi *s*; el Dios mío 3468
Hab 3.18 yo...y me gozaré en el Dios de mi *s* 3468
Mal 4.2 de justicia, y en sus alas traerá *s* 4832
Lc 1.71 *s* de nuestros enemigos, y de la mano *4991*
1.77 para dar conocimiento de *s* a su pueblo *4991*
2.30 porque han visto mis ojos tu *s* *4992*
3.6 y verá toda carne la *s* de Dios *4992*
19.9 **le dijo: Hoy ha venido la *s* a esta casa** *4991*
Jn 4.22 **adoráis lo que...*s* viene de los judíos** *4991*
Hch 4.12 y en ningún otro hay *s*; porque no hay *4991*
13.26 a vosotros es enviada la palabra de...*s* *4991*
13.47 seas para *s* hasta lo último de la tierra *4991*
16.17 son...quienes os anuncian el camino de *s* *4991*
28.28 que a los gentiles es enviada esta *s* de *4992*
Ro 1.16 es poder de Dios para *s* a todo aquel *4991*
10.1 mi oración a Dios por Israel, es para *s* *4991*
10.10 pero con la boca se confiesa para *s* *4991*
11.11 la *s* a los gentiles, para provocarles *4991*
13.11 está más cerca de nosotros nuestra *s* *4991*
2 Co 1.6 si...atribulados, es para vuestra...*s* *4991*
1.6 si somos consolados, es para vuestra...*s* *4991*
6.2 he oído, y en día de *s* te he socorrido *4991*
6.2 he aquí ahora el tiempo...ahora el día de *s* *4991*
7.10 produce arrepentimiento para *s*, de que *4991*
Ef 1.13 habiendo oído...evangelio de vuestra *s* *4991*
6.17 tomad el yelmo de la *s*, y la espada del *4991*
Fil 1.28 de perdición, mas para vosotros de *s* *4991*
2.12 ocupaos en vuestra *s* con temor y temblor *4991*
1 Ts 5.8 y con la esperanza de *s* como yelmo *4991*
5.9 *s* por medio de nuestro Señor Jesucristo *4991*
2 Ts 2.13 os haya escogido...para *s*, mediante *4991*
2 Ti 2.10 que ellos también obtengan la *s* que *4991*
3.15 hacer sabio para la *s* por la fe que es *4991*
Tit 2.11 la gracia, se ha manifestado para *s* *4992*
He 1.14 de los que serán herederos de la *s*? *4991*
2.3 ¿cómo...si descuidamos una *s* tan grande? *4991*
2.10 perfeccionase...al autor de la *s* de ellos *4991*
5.9 ser autor de eterna *s* para todos los que *4991*
6.9 cosas mejores, y que pertenecen a la *s* *4991*
1 P 1.5 para alcanzar la *s* que está preparada *4991*
1.9 fin de vuestra fe, que es la *s* de...almas *4991*
1.10 y diligentemente indagaron acerca de...*s* *4991*
2.2 leche...para que por ella crezcáis para *s*
2 P 3.15 paciencia de nuestro Señor es para *s* *4991*
Jud 3 de escribiros acerca de nuestra común *s* *4991*
Ap 7.10 la *s* pertenece a nuestro Dios que está *4991*
12.10 ha venido la *s*, el poder, y el reino de *4991*
19.1 ¡aleluya! *S* y honra y gloria y poder son *4991*

SALVADOR, A

2 S 22.3 mi...*S* mío; de violencia me libraste 3467
2 R 13.5 dio Jehová *s* a Israel, y salieron del 3467
Sal 20.6 oirá...con la potencia *s* de su diestra 3467
28.8 Jehová es...y el refugio *s* de su ungido 3444
140.7 Jehová Señor, potente *s*...tú pusiste a 3444
Is 19.20 les enviará *s* y príncipe que los libre 3467
43.3 porque yo Jehová, Dios tuyo...soy tu *S* 3467
45.21 Dios justo y *S*; ningún otro fuera de 3467
49.26 conocerá...que yo Jehová soy *S* tuyo y 3467
60.16 conocerás que yo Jehová soy el *S* tuyo 3467
62.11 a la hija de Sion: He aquí viene tu *S* 3468
63.8 ciertamente mi pueblo son...y fue su *s* 3467
Os 13.4 no conocerás, pues...otro *s* sino a mí 3467
Abd 21 subirán *s* al monte de Sion para juzgar 3467
Zac 9.9 tu rey vendrá a ti, justo y *s*, humilde 3467
Lc 1.47 mi espíritu se regocija en Dios mi *S* *4990*
1.69 y nos levantó un poderoso *S* en la casa *4991*
2.11 ha nacido...un *S*, que es Cristo el Señor *4990*
Jn 4.42 y sabemos que...éste es el *S* del mundo *4990*
Hch 5.31 ha exaltado con su...por Príncipe y *S* *4990*
13.23 Dios levantó a Jesús por *S* a Israel *4990*
Ef 5.23 Cristo es cabeza de la...y él es su *S* *4990*
Fil 3.20 de donde también esperamos al *S*, al *4990*
1 Ti 1.1 Pablo...por mandato de Dios nuestro *S* *4990*
2.3 esto es bueno...delante de Dios nuestro *S* *4990*
4.10 esperamos en el Dios viviente...es el *S* *4990*
2 Ti 1.10 manifestada por la aparición de...*S* *4990*
Tit 1.3 encomendada por mandato de...nuestro *S* *4990*
1.4 y paz, de...del Señor Jesucristo nuestro *S* *4990*
2.10 adornen la doctrina de Dios nuestro *S* *4990*
2.13 la manifestación gloriosa de nuestro...*S* *4990*
3.4 bondad de Dios nuestro *S*, y su amor para *4990*
3.6 el cual derramó...por Jesucristo nuestro *S* *4990*
2 P 1.1 por la justicia de nuestro Dios y *S* *4990*
2.20 escapado de...por el conocimiento del...*S* *4990*
3.2 tengáis memoria...del mandamiento del...*S* *4990*
3.18 creced en...el conocimiento de nuestro...*S* *4990*
1 Jn 4.14 ha enviado al Hijo, el *S* del mundo *4990*
Jud 25 al único y sabio Dios, nuestro *S*, sea *4990*

SALVAJE

Is 13.21 habitarán...allí saltarán las cabras *s*
34.14 la cabra *s* gritará a su compañero; la 338

SALVAR

Gn 19.20 dejadme escapar...y *salvaré* mi vida 2421
Éx 14.30 así *salvó* Jehová aquel día a Israel 3467
Nm 10.9 y seréis *salvos* de vuestros enemigos 3467
Dt 4.42 huyendo a...ciudades *salvase* su vida 2425
20.4 vuestro Dios va con vosotros...*salvaros* 3467
28.29 oprimido y...y no habrá quien te *salve* 3467
33.29 pueblo *salvo* por Jehová, escudo de tu 3467
Jos 2.13 *salvaréis* la vida a mi padre y a mí 2431
6.25 Josué *salvó* la vida a Rahab la ramera 2431
22.22 si fue...prevaricación...no nos *salves* 3467
Jue 3.31 Samgar hijo...también *salvó* a Israel 3467
6.14 y *salvarás* a Israel de...los madianitas 3467
6.15 ah, señor...¿con qué *salvaré* yo a Israel? 3467
6.36 si has de *salvar* a Israel por mi mano 3467
6.37 entenderé que *salvarás* a Israel por mi 3467
7.2 Israel se alabe...Mi mano me ha *salvado* 3467
7.7 con estos 300 hombres que...os *salvaré* 3467
13.5 comenzará a *salvar* a Israel de mano de 3467
1 S 4.3 el arca...entre nosotros nos *salve* de 3467
9.16 y *salvará* a mi pueblo de...los filisteos 3467
10.27 dijeron: ¿Cómo nos ha de *salvar* éste? 3467
14.6 pues no es difícil para Jehová *salvar* con 3467
14.23 así *salvó* Jehová a Israel aquel día 3467
14.39 porque vive Jehová que *salva* a Israel 3467
17.47 Jehová no *salva* con espada y con lanza 3467
19.11 su mujer avisó a David...Si no *salvas* tu 4422
2 S 19.9 ha *salvado* de mano de los filisteos 5337
22.4 invocaré a...y seré *salvo* de mis enemigos 3467
22.28 tú *salvas* al pueblo afligido, mas tus 3467
22.42 clamaron, y no hubo quien los *salvase* 3467
22.51 él *salva* gloriosamente a su rey, y usa 3444
1 R 19.3 levantó y se fue para *salvar* su vida
20.31 a ver si por ventura te *salva* la vida 2421
2 R 6.26 mujer...y dijo: *Salva*, rey señor mío 3467
6.27 dijo: Si no te *salva* Jehová, ¿de dónde 3467
6.27 te puedo *salvar* yo? ¿Del granero, o del 3467
7.7 así...habían huido para *salvar* sus vidas
14.27 los *salvó* por mano de Jeroboam hijo de 3467
19.19 oh Jehová Dios...*sálvanos*, te ruego, de 3467
19.31 saldrá de...de Sion los que se *salven* 6413
19.34 yo ampararé esta ciudad para *salvarla* 3467
1 Cr 16.35 y decid: *Sálvanos*, oh...recógenos 3467
2 Cr 12.7 antes los *salvaré* en breve, y no se 6413
20.9 clamaremos a ti, y...nos oirás y *salvarás* 3467
32.14 ¿qué dios...pudiese *salvar* a su pueblo 5337
32.22 así *salvó* Jehová a Ezequías y a los 3467
Neh 6.11 entraría al templo para *salvarse* la 2425
9.27 los *salvasen* de mano de sus enemigos 3467
Job 5.20 en el hambre te *salvará* de la muerte 6299
20.20 ni *salvará* nada de lo que codiciaba 4422
22.29 dirás...Dios *salvará* al humilde de ojos 3467
40.14 confesaré...podrá *salvarte* tu diestra 3467
Sal 3.7 levántate, Jehová; *sálvame*, Dios mío 3467
6.4 oh Jehová, libra mi alma; *sálvame* por tu 3467
7.1 *sálvame* de todos los que me persiguen, y 3467
7.10 mi escudo está en Dios, que *salva* a los 3467
12.1 *salva*, oh Jehová, porque se acabaron los 3467
17.7 *salvas* a los que se refugian a tu diestra 3467
18.3 invocaré a...y seré *salvo* de mis enemigos 3467
18.27 porque tú *salvarás* al pueblo afligido 3467
18.41 clamaron, y no hubo quien *salvase*; aun 3467
20.6 conozco que Jehová *salva* a su ungido 3467
20.9 *salva*, Jehová; que el Rey nos oiga en el 3467
22.8 *sálvele*, puesto que en él se complacía 5337
22.21 *sálvame* de la boca del león, y líbrame 3467
28.9 *salva* a tu pueblo, y bendice a...heredad 3467
31.2 sé tu mi roca...fortaleza para *salvarme* 3467
31.16 tu siervo: *sálvame* por tu misericordia 3467
33.16 el rey no se *salva* por la multitud del 3467
33.17 vano para *salvarse* es el caballo; la 4422
34.18 y *salva* a los contritos de espíritu 3467
44.6 ni mi espada me *salvará* 3467
37.40 los libertará de los impíos...*salvará* 3467
54.1 oh Dios, *sálvame* por tu nombre, y con 3467
55.16 mi a Dios clamaré; y Jehová me *salvará* 3467
57.3 y me *salvará* de la infamia del que me 3467
59.2 líbrame...*sálvame* de hombres sanguinarios 3467
60.5 se libren...*salva* con tu diestra, y óyeme 3467
68.20 Dios, nuestro Dios ha de *salvarnos*, y 4190
69.1 *sálvame*, oh Dios, porque las aguas han 3467
69.35 Dios *salvará* a Sion, y reedificará las 3467
71.2 socórreme y...inclina tu oído y *sálvame* 3467
71.3 tú has dado mandamiento para *salvarme* 3467
72.4 *salvará* a los hijos del menesteroso, y 3467
72.13 tendrá...*salvará* la vida de los pobres 3467
76.9 *salvar* a todos los mansos de la tierra 3467
80.2 despierta tu poder...y ven a *salvarnos* 3444
80.3,7,19 haz resplandecer...seremos *salvos* 3467
86.2 *salva* tú...a tu siervo que en ti confía 3467
98.1 diestra lo ha *salvado*, y su santo brazo 3467
106.8 los *salvó* por amor de su nombre, para 3467
106.10 los *salvó* de mano del enemigo, y los 3467
106.47 *sálvanos*, Jehová...recógenos de entre 3467
108.6 *salva* con tu diestra y respóndeme 3467
109.26 *sálvame* conforme a tu misericordia 3467
116.6 guarda...estaba yo postrado, y me *salvó* 3467
118.25 oh Jehová, *sálvanos* ahora, te ruego 3427
119.94 tuyo soy yo, *sálvame*, porque he buscado 3467
119.117 sosténme, y seré *salvo*...regocijaré 3467
119.146 *sálvame*, y guardaré tus testimonios 3467
138.7 contra la ira...me *salvará* tu diestra 3467
145.19 oirá...clamor de ellos, y los *salvará* 3467
Pr 20.22 espera a Jehová, y él te *salvará* 3467
24.11 *salva* a los que están en peligro de
28.18 el que en integridad camina será *salvo* 3467
Is 25.9 Dios, le hemos esperado, y...*salvará* 3467
30.15 en descanso y en reposo seréis *salvos* 3467
31.5 amparará Jehová...preservando y *salvando* 4422
33.22 porque Jehová es...él mismo nos *salvará* 3467
35.4 que vuestro Dios...vendrá, y os *salvará* 3467
37.32 y del monte de Sion los que se *salven* 6413
37.35 ampararé a esta ciudad para *salvarla* 3467
38.20 Jehová me *salvará*; por tanto cantaremos 3467
43.11 yo...y fuera de mí no hay quien *salve* 3467
43.12 yo anuncié, y *salvé*, e hice oír, y no 3467
45.15 encubres, Dios de Israel, que *salvas* 3467
45.17 *salvo* en Jehová con salvación eterna 3467
45.20 los que ruegan a un dios que no *salva* 3467
45.22 mirad a mí, y sed *salvos*, todos los 3467
47.14 no *salvarán* sus vidas del poder de la 5337
47.15 cada uno irá...no habrá quién te *salve* 3467
49.25 lo defenderé, y yo *salvaré* a tus hijos 3467
50.8 cercano está de mí el que me *salva* 6663
59.1 no se ha acortado la mano...para *salvar* 3467
59.16 y lo *salvó* su brazo, y le afirmó su 3467
63.1 hablo en justicia, grande para *salvar* 3467
63.5 me *salvó* mi brazo, y me sostuvo mi ira 3467
63.9 y el ángel de su faz los *salvó*; en su 3467
64.5 los pecados...¿podremos acaso ser *salvos*? 3467
Jer 4.14 lava tu corazón...para que seas *salva* 3467
8.20 siega...y nosotros no hemos sido *salvos* 3467
11.12 clamarán a los dioses...podrán *salvar* 3467
17.14 sálvame, y seré *salvo*; porque tú eres 3467
23.6 en sus días serás *salvo* Judá, e Israel 3467
30.10 soy el que te *salvo* de lejos a ti y a 3467
30.11 yo estoy contigo para *salvarte*, dice 3467
31.7 y decid: Oh Jehová, *salva* a tu pueblo 3467
33.16 Judá será *salvo*, y Jerusalén habitará 3467
42.11 estoy yo para *salvaros* y libraros de 3467
46.27 porque he aquí yo te *salvaré* de lejos 3467
48.6 *salvad* vuestra vida, y sed como retama 4422
51.45 *salvad* cada uno su vida del ardor de la 4422
Lm 4.17 aguardamos a una...que no puede *salvar* 3467
Ez 34.22 yo *salvaré* a mis ovejas, y nunca más 3467
37.23 y los *salvaré* de todas sus rebeliones 3467
38.8 la tierra *salvada* de la espada, recogida
Dn 6.27 él *salva* y libra, y hace señales y 7804
Os 1.7 *salvaré* por Jehová...no los *s* con arco 3467
Jl 2.32 que invocare el nombre de...será *salvo* 4422
Am 2.15 ni el que cabalga en...*salvará* su vida 4422
Abd 17 de Sion habrá un remanente que se *salve*
Mi 6.14 mas no salvarás, y lo que *salvares*, lo 6403
Hab 1.2 voces a ti a causa de...y no *salvarás*? 3467
Sof 3.17 Jehová está en medio de...él *salvará* 3467
3.19 y *salvaré* a la que cojea, y recogeré la 3467
Zac 8.7 yo *salvo* a mi pueblo de la tierra del 3467
8.13 Israel...os *salvaré* y seréis bendición 3467

9.11 por la sangre de tu pacto serás salva
9.16 los salvará en aquel día Jehová su Dios 3467
Mt 1.21 él salvará a su pueblo de sus pecados 4982
8.25 sus discípulos...sálvanos, que perecemos! 4982
9.21 si tocare solamente su manto, seré salva 4982
9.22 ten ánimo, hija; tu fe te ha salvado 4982
9.22 y la mujer fue salva desde aquella hora 4982
10.22 el que persevere hasta el...será salvo 4982
14.30 dio voces, diciendo: ¡Señor, sálvame! 4982
16.25 que quiera salvar su vida, la perderá 4982
18.11 ha venido para salvar lo que...perdido 4982
19.25 diciendo: ¿Quién, pues, podrá ser salvo? 4982
24.13 que persevere hasta el fin será salvo 4982
24.22 no fuesen acortados, nadie sería salvo 4982
27.40 tú que derribas el...sálvate a ti mismo 4982
27.42 a otros salvó, a sí...no se puede salvar 4982
Mr 3.4 ¿es lícito...salvar la vida, o quitarla? 4982
5.23 las manos sobre ella para que sea salva 4982
5.28 decía: Si tocare...su manto, seré salva 4982
5.34 tu fe te ha hecho salva; vé en paz, y 4982
8.35 que quiera salvar su vida, la perderá 4982
8.35 pierda su vida por...causa...la salvará 4982
10.26 se asombraban...¿Quién...podrá ser salvo 4982
10.52 Jesús le dijo: Vete, tu fe te ha salvado 4982
13.13 mas el que persevere hasta...será salvo 4982
13.20 no hubiese acortado...nadie sería salvo 4982
15.30 sálvate a ti mismo, y desciende de la 4982
15.31 otros salvó, a sí...no se puede salvar 4982
16.16 creyere y fuere bautizado, será salvo 4982
Lc 6.9 ¿es lícito...¿salvar la vida, o quitarla? 4982
7.50 él dijo...Tu fe te ha salvado, vé en paz 4982
8.12 y quita...para que no crean y se salven 4982
8.36 les contaron cómo había sido salvado el 4982
8.48 él...Hija, tu fe te ha salvado; vé en paz 4982
8.50 no temas; cree solamente, y serás salva 4982
9.24 el que quiera salvar su vida, la perderá 4982
9.24 su vida por causa de mí, éste la salvará 4982
9.56 perder las almas de...sino para salvarlas 4982
13.23 Señor, ¿son pocos los que se salvan? 4982
17.19 levántate, vete; tu fe te ha salvado 4982
17.33 que procure salvar su vida, la perderá 4982
17.33 y todo el que la pierda, la salvará 4982
18.26 esto dijeron: ¿quién...podrá ser salvo? 4982
18.42 le dijo: Recíbela, tu fe te ha salvado 4982
19.10 vino...a salvar lo que se había perdido 4982
23.35 a otros salvó; sálvese a sí mismo, si 4982
23.37 si tú eres el Rey...sálvate a ti mismo 4982
23.39 tú eres el Cristo, sálvate a ti mismo 4982
Jn 3.17 sino para que el mundo sea salvo por 4982
5.34 mas digo esto, para que...seáis salvos 4982,
10.9 yo soy...el que por mí entrare, será salvo 4982
12.27 qué diré? ¿Padre, sálvame de esta hora? 4982
12.47 no he venido a...sino a salvar al mundo 4982
Hch 2.21 todo aquel que invocare...será salvo 4982
2.40 sed salvos de esta perversa generación 4982
2.47 cada día a...los que habían de ser salvos 4982
4.12 otro nombre...en que podamos ser salvos 4982
11.14 palabras por las cuales serás salvo tú 4982
15.1 no os circuncidáis...no podéis ser salvos 4982
15.11 que por la gracia del...seremos salvos 4982
16.30 dijo...¿qué debo hacer para ser salvo? 4982
16.31 cree en el...y serás salvo, tú y tu casa 4982
27.20 ya...perdido toda esperanza de salvarnos 4982
27.31 si éstos...vosotros no podéis salvaros 4982
27.43 queriendo salvar a Pablo, les impidió 1295
27.44 que todos se salvaron saliendo a tierra 1295
Ro 5.9 en su sangre, por él seremos salvos de 4982
5.10 estando reconciliados, seremos salvos por 4982
8.24 porque en esperanza fuimos salvos, pero 4982
9.27 mar, tan sólo el remanente será salvo 4982
10.9 creyeres en tu corazón que...serás salvo 4982
10.13 que invocare el nombre del...será salvo 4982
11.14 por si...hacer salvos a algunos de ellos 4982
11.26 Israel será salvo, como está escrito 4982
1 Co 1.18 a los que se salvan...poder de Dios 4982
1.21 salvar a los creyentes por la locura de 4982
3.15 si bien él mismo será salvo, aunque así 4982
5.5 que el espíritu sea salvo en el día del 4982
7.16 sabes...si quizá harás salvo a tu marido? 4982
7.16 ¿o qué...si quizá harás salva a tu mujer? 4982
9.22 para que de todos modos salve a algunos 4982
10.33 sino el de muchos, para que sean salvos 4982
15.2 por el cual asimismo...sois salvos, si no 4982
2 Co 2.15 olor de Cristo en los que se salvan 4982
Ef 2.5 nos dio vida...(por gracia sois salvos) 4982
2.8 por gracia sois salvos por medio de la fe 4982
1 Ts 2.16 hablar a...para que éstos se salven 4982
2 Ts 2.10 no recibieron...verdad para ser salvos 4982
1 Ti 1.15 Cristo...vino al mundo para salvar a 4982
2.4 el cual quiere...los hombres sean salvos 4982
2.15 pero se salvará engendrando hijos, si 4982
4.16 persiste en ello, pues...te salvarás a ti 4982
2 Ti 1.9 salvó y llamó con llamamiento santo 4982
Tit 3.5 nos salvó, no por obras de justicia 4982
He 7.25 salvar...a los que por él se acercan a 4982
9.28 vez...para salvar a los que le esperan 4991
11.7 preparó el arca en que su...se salvase 4991
Stg 1.21 la cual puede salvar vuestras almas 4982
2.14 si alguno dice...¿Podrá la fe salvarle? 4982
4.12 el dador de la ley, que puede salvar y 4982
5.15 y la oración de fe salvará al enfermo 4982
5.20 salvará de muerte un alma, y cubrirá 4982
1 P 3.20 cual pocas personas...fueron salvadas 1295
3.21 el bautismo que corresponde...nos salva 4982
4.18 si el justo con dificultad se salva, ¿en 4982
Jud 5 que el Señor, habiendo salvado al pueblo 4982
23 a otros salvad, arrebatándolos del fuego 4982
Ap 21.24 las naciones que hubieren sido salvas 4982

SALVE
Mt 26.49 acercó a Jesús y dijo: ¡S, Maestro! 5463
27.29 le escarnecían...¡S, Rey de los judíos! 5463
28.9 les salió al encuentro, diciendo: ¡S! 5463
Mr 15.18 a saludarle: ¡S, Rey de los judíos! 5463
Lc 1.28 entrando el...dijo: ¡S, muy favorecida! 5463
Jn 19.3 le decían: ¡S, Rey de los judíos! y le 5463

SALVO *Véase también Salvar*
Gn 33.18 Jacob llegó sano y s a la...de Siquem
Jos 10.21 el pueblo volvió sano y s a Josué
Jue 3.26 Aod escapó, y...se puso a s en Seirat 4422
1 S 22.23 quédate...pues conmigo estarás a s 4931
24.19 a su enemigo, y lo dejará ir sano y s?
1 R 15.5 s en lo tocante a Urías heteo
2 Cr 27.2 s que no entró en el santuario
Est 2.14 s si el rey la quería y era llamada
4.11 s aquel a quien el rey extendiere el cetro de oro 905
Job 21.9 sus casas están a s de temor, ni viene 7965
Sal 12.5 pondré en s al que por ello suspira 3468
59.1 ponme a s de los que se levantan contra
Dn 2.11 s los dioses...con la carne 3861
Mt 19.9 s por causa de fornicación, y se casa 1508
28.14 si esto lo oyere...os pondremos a s
Mr 6.5 s que sanó a unos pocos enfermos 1508
6.20 Herodes...le guardaba a s; y oyéndole
Hch 8.1 s los apóstoles 4133
20.23 s que el Espíritu Santo...me da testimonio 4133
23.24 llevasen en s a Félix el gobernador 1295
28.1 estando ya a s, supimos que la isla se 1295

SAMA
1. Jefe edomita, Gn 36.13,17, 1 Cr 1.37 8048
2. Tercer hijo de Isaí de Belén, 1 S 16.9;17.13 8048
3. Uno de los tres primeros valientes de David, 2 S 23.11 8048
4. Nombre de tres de los 30 valientes de David, 2 S 23.25,33; 1 Cr 11.44 8091
5. Descendiente de Aser, 1 Cr 7.37 8037

SAMAI
1. Descendiente de Jerameel, 1 Cr 2.28(2),32 8060
2. Descendiente de Caleb, 1 Cr 2.44,45 8060
3. Descendiente de Judá, 1 Cr 4.17 8060

SAMAQUÍAS *Portero del templo*, 1 Cr 26.7 5565

SAMARIA
1. Ciudad capital del reino de Israel
1 R 13.32 lugares altos...en las ciudades de S 8111
16.24 Omri compró a Semer el monte de S por 8111
16.24 el nombre de la ciudad que edificó, S 8111
16.28 Omri durmió con...y fue sepultado en S 8111
16.30 reinó Acab hijo de...sobre Israel en S 8111
16.32 el templo de Baal que él edificó en S 8111
18.2 fue, pues, Elías...hambre era grave en S 8111
20.1 Ben-adad rey...sitió a S, y la combatió 8111
20.10 el polvo de S no bastará a los puños de 8111
20.17 le dio aviso...Han salido hombres de S 8111
20.34 plazas en...como mi padre las hizo en S 8111
20.43 el rey de Israel se fue a...y llegó a S 8111
21.1 viña junto al palacio de Acab rey de S 8111
21.18 a encontrarte con Acab rey...está en S 8111
22.10 junto a la entrada de la puerta de S 8111
22.37 traído a S; y sepultaron al rey en S 8111
22.38 y lavaron el carro en el estanque de S 8111
22.51 Ocozías hijo de...comenzó a reinar...en S 8111
2 R 1.2 Ocozías cayó...la casa que tenía en S 8111
1.3 sube a encontrarte con los...del rey de S 8111
2.25 al monte Carmelo, y de allí volvió a S 8111
3.1 Joram hijo...comenzó a reinar en S sobre 8111
3.6 salió entonces de S el rey Joram, y pasó 8111
5.3 si rogase...al profeta que está en S, él 8111
6.19 seguidme, y yo os guiaré...los guió a S 8111
6.20 cuando llegaron a S, dijo Eliseo...abre 8111
6.20 y miraron, y se hallaban en medio de S 8111
6.24 Ben-adad rey de Siria reunió...sitió a S 8111
6.25 gran hambre en S, a consecuencia...sitio 8111
7.1 y dos seahs de cebada...a la puerta de S 8111
7.18 vendido por un siclo...a la puerta de S 8111
10.1 tenía Acab en S setenta hijos; y Jehú 8111
10.1 Jehú escribió cartas y las envió a S a 8111
10.12 luego se levantó de allí para ir a S 8111
10.17 luego que Jehú hubo llegado a S, mató 8111
10.17 mató...que habían quedado de Acab en S 8111
10.35 durmió Jehú con...y lo sepultaron en S 8111
10.36 reinó Jehú sobre Israel en S...28 años 8111
13.1 comenzó a reinar Joacaz hijo de...en S 8111
13.6 la imagen de Asera permaneció en S 8111
13.9 durmió Joacaz con...y lo sepultaron en S 8111
13.10 comenzó a reinar Joás...en S; y reinó 8111
13.13 Joás fue sepultado en S con los reyes 8111
14.14 los hijos tomó en rehenes, y volvió a S 8111
14.16 sepultado en S con los reyes de Israel 8111
14.23 comenzó a reinar Jeroboam hijo de...en S 8111
15.13 Salum hijo de Jabes...reinó un mes en S 8111
15.14 vino a S, e hirió a Salum hijo de...en S 8111
15.17 reinó Manahem hijo...sobre Israel...en S 8111
15.23 reinó Pekaía hijo de...sobre Israel en S 8111
15.25 lo hirió en S, en el palacio de la casa 8111
15.27 en el año 52 de...reinó Peka hijo...en S 8111
17.1 comenzó a reinar Oseas hijo de Ela en S 8111
17.5 el rey de Asiria invadió...y sitió a S, y 8111
17.6 rey de Asiria tomó S, y llevó a Israel 8111
17.24 los puso en las ciudades de S, en lugar 8111
17.24 y poseyeron a S, y habitaron en sus 8111
17.26 que tú...pusiste en las ciudades de S 8111
17.28 vino uno de los sacerdotes...cautivo de S 8111
17.29 templos de...que habían hecho los de S 8111
18.9 Salmanasar rey de los asirios contra S 8111
18.10 el año noveno de Oseas...fue tomada S 8111
18.34 ¿pudieron éstos librar a S de mi mano? 8111
21.13 y extenderé...Jerusalén el cordel de S 8111
23.18 los huesos del profeta que...venido de S 8111
23.19 los lugares altos...en las ciudades de S 8111
2 Cr 18.2 descendió a S para visitar a Acab 8111
22.9 buscando a Ocozías...había escondido en S 8111
25.13 invadieron las...desde S hasta Bet-horón 8111
25.24 el oro y la plata...después volvió a S 8111
28.8 tomado de ellos...botín que llevaron a S 8111
28.9 salió delante del...cuando entraba en S 8111
28.15 los llevaron hasta...y ellos volvieron a S 8111
Esd 4.10 e hizo habitar en las ciudades de S 8115
4.17 a los demás...que habitan en S, y a los 8115
Neh 4.2 habló delante de...y del ejército de S 8111
Is 7.9 cabeza de Efraín es S, y la cabeza de S 8111
8.4 despojos de S delante del rey de Asiria 8111
9.9 y la sabrá...Efraín y los moradores de S 8111
10.9 ¿no es Calno como...y S como Damasco? 8111
10.10 siendo sus imágenes más que las de...S 8111
10.11 como hice a S y a sus ídolos, ¿no haré 8111
36.19 el dios de...¿Libraron a S de mi mano? 8111
Jer 23.13 los profetas de S he visto desatino 8111
31.5 aún plantarás viñas en los montes de S 8111
41.5 venían unos hombres de...de Silo y de S 8111
Ez 16.46 hermana mayor es S, ella y sus hijas 8111
16.51 S no cometió ni la mitad de tus pecados 8111
16.53 volver...los cautivos de S y de sus hijas 8111
16.55 S con sus hijas, volverán a su primer 8111
23.4 llamaron: S, Ahola; y Jerusalén, Aholiba 8111
23.33 de dolor...por el cáliz de tu hermana S 8111
Os 7.1 se descubrió la...y las maldades de S 8111
8.5 tu becerro, oh S, te hizo alejarte; se 8111
8.6 será deshecho en pedazos el becerro de S 8111
10.5 serán atemorizados los moradores de S 8111
10.7 S fue cortado su rey como espuma sobre 8111
13.16 S será asolada, porque se rebeló contra 8111
Am 3.9 reuníos sobre los montes de S, y ved 8111
3.12 así escaparán los...que moran en S en el 8111
4.1 vacas de Basán...estáis en el monte de S 8111
6.1 ¡ay...de los confiados en el monte de S 8111
8.14 que juran por el pecado de S, y dicen 8111
Abd 19 poseerán...de Efraín, y los campos de S 8111
Mi 1.1 Miqueas...que vio sobre S y Jerusalén 8111
1.5 ¿cuál es la rebelión de Jacob? ¿No es S? 8111
1.6 haré, pues, de S montones de ruinas, y 8111
Hch 8.5 Felipe, descendiendo a la ciudad de S 8111
8.9 ciudad, y había engañado a la gente de S 8111
8.14 oyeron que S había recibido la palabra 8111
2. Provincia romana entre Galilea y judea
Lc 17.11 yendo Jesús...pasaba entre S y Galilea 4540
Jn 4.4 y le era necesario pasar por S 4540
4.5 vino...a una ciudad de S llamada Sicar 4540
4.7 una mujer de S a sacar agua; y Jesús le 4540
Hch 1.8 me seréis testigos en Jerusalén...en S 4540
8.1 esparcidos por las tierras de Judea y...S 4540
9.31 las iglesias tenían paz por...Galilea y S 4540
15.3 pasaron por...S, contando la conversión 4540

SAMARITANO, A *Habitante de Samaria No. 2*
Mt 10.5 no vayáis, y en ciudad de s no entréis 4541
Lc 9.52 y entraron en una aldea de los s para 4541
10.33 pero un s, que iba de camino, vino cerca 4541
17.16 postró...dándole gracias; y éste era s 4541
Jn 4.9 la mujer s le dijo: ¿Cómo tú, siendo 4541
4.9 que soy mujer s...judíos y s no se tratan 4541
4.39 muchos de los s...creyeron en él por la 4541
4.40 vinieron los s a él y le rogaron que se 4541
8.48 ¿no decimos bien nosotros que tú eres s 4541
Hch 8.25 en...poblaciones de los s anunciaron 4541

SAMGAR *Juez de Israel*
Jue 3.31 S hijo de Anat, el cual mató a 600 8044
5.6 los días de S hijo de Anat, en los días 8044

SAMGAR-NEBO *Príncipe del rey de Babilonia*, Jer 39.3 5562

SAMHUT *Oficial del rey David*, 1 Cr 27.8 8049

SAMIR
1. Aldea en Judá, Jos 15.48 8069
2. Aldea en Efraín
Jue 10.1 Tola...habitaba en S en el monte de 8069
10.2 juzgó...y murió, y fue sepultado en S 8069
3. Levita en tiempo del rey David, 1 Cr 24.24 8053

SAMLA *Rey edomita*, Gn 36.36,37; 1 Cr 1.47,48 8072

SAMOS *Isla en el Mar Egeo*, Hch 20.15 4544

SAMOT *Uno de los 30 valientes de David*, 1 Cr 11.27 8054

SAMOTRACIA *Isla en el Mar Egeo*, Hch 16.11 4543

SAMSERAI *Descendiente de Benjamín*, 1 Cr 8.26 8125

SAMÚA
1. Uno de los doce espías, Nm 13.4 8051
2. Hijo del rey David (=Simea No. 2), 2 S 5.14; 1 Cr 14.4 8051
3. Padre de Abda No. 2, Neh 11.17 8051
4. Sacerdote que regresó de Babilonia con Zorobabel, Neh 12.18 8051

SAMUEL *Profeta y último juez de Israel*
1 S 1.20 puso por nombre S, diciendo...lo pedí 8050
2.18 S ministraba en la presencia de Jehová 8050
2.21 y el joven S crecía delante de Jehová 8050
2.26 el joven S iba creciendo, y era acepto 8050
3.1 S ministraba a Jehová en presencia de Elí 8050
3.3 S estaba durmiendo en el templo de Jehová 8050
3.4 Jehová llamó a S; y él respondió: Heme 8050

3.6 a llamar otra vez a *S*...Y levantándose *S* 8050
3.7 y *S* no había conocido aún a Jehová, ni 8050
3.8 Jehová, pues, llamó la tercera vez a *S* 8050
3.9 Elí a *S*: Ve y acuéstate; y si te llamare........... 8050
3.9 así se fue *S*, y se acostó en su lugar............. 8050
3.10 y llamó...¡*S*, *S*! Entonces *S* dijo: Habla 8050
3.11 a *S*: He aquí haré yo una cosa en Israel........ 8050
3.15 y *S* estuvo acostado hasta la mañana, y 8050
3.15 y *S* temía descubrir la visión a Elí 8050
3.16 llamando...Elí a *S*, le dijo: Hijo mío, *S*.......... 8050
3.18 *S* se lo manifestó todo, sin encubrirle.......... 8050
3.19 *S* creció, y Jehová estaba con él, y no.......... 8050
3.20 Israel...conoció que *S* era fiel profeta......... 8050
3.21 Jehová se manifestó a *S* en Silo por la......... 8050
4.1 *S* habló a todo Israel...Por aquel tiempo 8050
7.3 habló *S* a...la casa de Israel, diciendo 8050
7.5 y *S* dijo: Reunid a todo Israel en Mizpa 8050
7.6 y juzgó *S* a los hijos de Israel en Mizpa 8050
7.8 dijeron...Israel a *S*: No ceses de clamar 8050
7.9 *S* tomó un cordero...clamó *S* a Jehová por 8050
7.10 que mientras *S* sacrificaba el holocausto 8050
7.12 tomó luego *S* una piedra y la puso entre....... 8050
7.13 contra los filisteos todos los días de *S*.......... 8050
7.15 juzgó *S* a Israel...el tiempo que vivió 8050
8.1 habiendo *S* envejecido, puso a sus hijos......... 8050
8.4 ancianos...vinieron a Ramá para ver a *S* 8050
8.6 pero no agradó a *S* esta...*S* oró a Jehová....... 8050
8.7 dijo Jehová a *S*: Oye la voz del pueblo 8050
8.10 refirió *S* todas las palabras de Jehová......... 8050
8.19 pero el pueblo no quiso oír la voz de *S*......... 8050
8.21 y oyó *S* todas las palabras del pueblo.......... 8050
8.22 Jehová dijo a *S*: Oye su voz, y pon rey 8050
8.22 dijo *S*...Idos cada uno a vuestra ciudad 8050
9.14 he aquí *S* venía hacia ellos para subir......... 8050
9.15 había revelado al oído de *S*, diciendo.......... 8050
9.17 luego que *S* vio a Saúl, Jehová le dijo 8050
9.18 acercándose, pues, Saúl a *S* en medio de 8050
9.19 y *S* respondió a Saúl, diciendo: Yo soy........ 8050
9.22 entonces *S* tomó a Saúl y a su criado, los 8050
9.23 dijo *S* al cocinero: Trae acá la porción......... 8050
9.24 *S* dijo...come...y Saúl comió...día con *S*....... 8050
9.26 *S* llamó a Saúl...salieron ambos, él y *S* 8050
9.27 *S* a Saúl: Di al criado que se adelante 8050
10.1 tomando entonces *S* una redoma de aceite 8050
10.9 volver él la espalda para apartarse de *S* 8050
10.14 como vimos que no parecían, fuimos a *S* 8050
10.15 yo te ruego me declares qué os dijo *S* 8050
10.16 del reino, de que *S* le había hablado........... 8050
10.17 *S* convocó al pueblo delante...en Mizpa...... 8050
10.20 haciendo *S* que se acercasen todas las 8050
10.24 *S* dijo a todo el pueblo: ¿Habéis visto 8050
10.25 *S* recitó luego al pueblo las leyes del 8050
10.26 envió *S*...el pueblo cada uno a su casa 8050
11.7 del que no saliere en pos de Saúl y...*S* 8050
11.12 el pueblo...dijo a *S*: ¿Quiénes son los......... 8050
11.14 *S* dijo al pueblo: Venid, vamos a Gilgal 8050
12.1 dijo *S*...He aquí, yo he oído vuestra voz 8050
12.6 *S* dijo al pueblo: Jehová que designó a.......... 8050
12.11 envió a Jerobaal, a Barac, a Jefté y a *S*........ 8050
12.18 *S* clamó a Jehová, y Jehová dio truenos 8050
12.18 y todo el pueblo tuvo gran temor de...*S* 8050
12.19 dijo todo el pueblo a *S*: Ruega por tus 8050
12.20 y *S* respondió al pueblo: No temáis........... 8050
13.8 al plazo que *S* había dicho...*S* no venía 8050
13.10 cuando él acababa de ofrecer el...aquí *S*..... 8050
13.11 entonces *S* dijo: ¿Qué has hecho?............. 8050
13.13 *S* dijo a Saúl: Locamente has hecho; no........ 8050
13.15 y levantándose *S*, subió de Gilgal a............ 8050
15.1 *S* dijo a Saúl: Jehová me envió a que te 8050
15.10 y vino palabra de Jehová a *S*, diciendo 8050
15.11 y se apesadumbró *S*, y clamó a Jehová 8050
15.12 madrugó...*S* para ir...fue dado aviso a *S* 8050
15.13 vino, pues, *S* a Saúl, y Saúl le dijo............. 8050
15.14 *S*...dijo: ¿Pues qué balido de ovejas y.......... 8050
15.16 dijo *S* a Saúl: Déjame declararte lo que........ 8050
15.17 y dijo *S*: Aunque eras pequeño en tus......... 8050
15.20 respondió a *S*: Antes bien he obedecido 8050
15.22 *S* dijo: ¿Se complace Jehová tanto en.......... 8050
15.24 Saúl dijo a *S*: Yo he pecado; pues he........... 8050
15.26 *S* respondió a Saúl: No volveré contigo........ 8050
15.27 volviéndose *S* para irse, él se asió de 8050
15.28 *S* le dijo: Jehová ha rasgado hoy de ti 8050
15.31 y volvió *S* tras Saúl, y adoró Saúl a........... 8050
15.32 dijo *S*: Traedme a Agag rey de Amalec 8050
15.33 *S* dijo: Como tu espada dejó...sin hijos 8050
15.33 *S* cortó en pedazos a Agag delante de 8050
15.34 se fue luego *S* a Ramá, y Saúl subió a 8050
15.35 y nunca después vio *S* a Saúl en toda.......... 8050
15.35 su vida; y *S* lloraba a Saúl; y Jehová........... 8050
16.1 dijo Jehová a *S*: ¿Hasta cuándo llorarás 8050
16.2 y dijo *S*: ¿Cómo iré? Si Saúl lo supiera......... 8050
16.4 hizo...*S* como le dijo Jehová; y luego que 8050
16.7 y Jehová respondió a *S*: No mires a su.......... 8050
16.8 lo hizo pasar delante de *S*, el cual dijo.......... 8050
16.10 hijos suyos delante de *S*; pero *S* dijo 8050
16.11 *S* a Isaí: ¿Son estos todos tus hijos?........... 8050
16.11 dijo *S* a Isaí: Envía por él; porque no 8050
16.13 *S* tomó el cuerno del aceite, y lo ungió........ 8050
16.13 se levantó luego *S*, y se volvió a Ramá........ 8050
19.18 y vino a *S* en Ramá, y le dijo todo lo 8050
19.18 y él y *S* se fueron y moraron en Naiot 8050
19.20 y a *S* que estaba allí y los presidía............ 8050
19.22 diciendo: ¿Dónde están *S* y David? Y uno..... 8050
19.24 él profetizó igualmente delante de *S* 8050
25.1 murió *S*, y se juntó todo Israel, y lo 8050
28.3 *S* había muerto, y todo Israel lo había 8050
28.11 dijo: Y él respondió: Hazme venir a *S*.......... 8050
28.12 viendo la mujer a *S*, clamó en alta voz........ 8050
28.14 Saúl entonces entendió que era *S*, y 8050
28.15 *S* dijo a Saúl: ¿Por qué...has inquietado...... 8050
28.16 *S* dijo: ¿Y para qué me preguntas a mí 8050
28.20 tuvo gran temor por las palabras de *S* 8050
1 Cr 6.28 los hijos de *S*: el primogénito Vasni.......... 8050
6.33 el cantor Hemán hijo de Joel, hijo de *S* 8050
9.22 cuales constituyó en su oficio David y *S* 8050
11.3 y la palabra de Jehová por medio de *S* 8050
26.28 había consagrado el vidente *S*, y Saúl 8050
29.29 están escritos en...las crónicas de *S* 8050
2 Cr 35.18 una pascua...desde los días de *S* el......... 8050
Sal 99.6 *S* entre los que invocaron su nombre 8050
Jer 15.1 si Moisés y *S* se pusieran delante de 8050
Hch 3.24 los profetas desde *S*...han anunciado........ *4545*
13.20 años, les dio jueces hasta el profeta *S* *4545*
He 11.32 el tiempo me faltaría contando...de *S*........ *4545*

SANADOR
Éx 15.26 ninguna enfermedad...soy Jehová tu *s*....... 7495

SANAR *Véase también Sano*
Gn 20.17 Abraham oró...y Dios *sanó* a Abimelec...... 7495
Lv 13.18 cuando...hubiere divieso, y se *sanare* 7495
13.24 hubiere en lo *sanado* del fuego mancha
13.37 la tiña está *sanada*; él está limpio, y 7495
Nm 12.13 te ruego, oh Dios, que la *sanes* ahora........ 7495
Dt 32.39 yo hiero, y yo *sano*; y no hay quien 7495
Jos 5.8 gente, se quedaron...hasta que *sanaron* 2421
2 R 1.2 consultad a Baal-zebub...si he de *sanar* 2421
2.21 yo *sané* estas aguas, y no habrá más en 7495
5.3 si rogase mi señor...*sanaría* de su lepra......... 622
5.6 mi siervo Naamán, para que lo *sanes* de, su 622
5.7 envíe...a que *sane* un hombre de su lepra?...... 622
5.11 y tocará el lugar, y *sanará* la lepra 622
8.8 y consulta...¿*Sanaré* de esta enfermedad?....... 2421
8.9 ti, diciendo: ¿*Sanaré* de esta enfermedad? 2421
8.10 le dijo: Ve, dile: Seguramente *sanarás*......... 2421
8.14 ¿qué...Me dijo que seguramente *sanarás*...... 2421
20.5 yo te *sano*; al tercer día subirás a la........... 7495
20.7 higos...pusieron sobre la llaga, y *sanó* 2421
20.8 ¿qué señal tendré de que...me *sanará*, y 7495
2 Cr 7.14 perdonaré sus...y *sanaré* su tierra 7495
30.20 oyó Jehová a Ezequías, y *sanó* al pueblo...... 7495
Sal 6.2 *sáname*, oh Jehová, porque mis huesos 7495
30.2 Jehová Dios...a ti clamé, y me *sanaste*.......... 7495
41.4 dije...*sana* mi alma...Contra ti he pecado..... 7495
60.2 temblar la tierra, la...*sana* sus roturas........ 7495
103.3 es quien...que *sana* todas tus dolencias 7495
107.20 envió su palabra, y los *sanó*, y los 7495
147.3 él *sana* a los quebrantados de corazón 7495
Is 19.22 y *sanará*...les será clemente y los *s* 7495
38.9 escritura de Ezequías...enfermó y *sanó* 2421
38.21 higos...pónganla en la llaga, y *sanará* 2421
57.18 he visto sus caminos; pero le *sanaré*......... 7495
57.19 Paz, paz al...dijo Jehová; y lo *sanaré* 7495
Jer 3.22 convertíos, hijos rebeldes, y *sanaré* 7495
17.14 *sáname*, y seré *sano*...salvo................. 7495
30.13 no hay quien juzgue tu...para *sanarte*........ 8085
30.17 mas yo...*sanaré* tus heridas, dice Jehová...... 7495
51.8 tomad bálsamo para su dolor, quizá *sane* 7495
51.9 curamos a Babilonia, y no ha *sanado*.......... 7495
Lm 2.13 tu quebrantamiento; ¿quién te *sanará*?....... 7495
Os 5.13 él no os podrá *sanar*, ni os curará la 7495
14.4 *sanaré* su rebelión, los amaré de pura......... 7495
Mt 4.23 *sanando* toda enfermedad y...dolencia en *2323*
4.24 le trajeron...los afligidos...y los *sanó*......... *2323*
8.7 y Jesús le dijo: Yo iré y le *sanaré* *2323*
8.8 solamente di la palabra, y...criado *sanará* *2390*
8.13 y su criado fue *sanado* en aquella...hora *2390*
8.16 echó fuera...y *sanó* a todos los enfermos...... *2323*
9.35 *sanando* toda enfermedad y toda dolencia *2323*
10.1 autoridad...para *sanar* toda enfermedad *2323*
10.8 *sanad* enfermos, limpiad leprosos...echad *2323*
12.10 ¿es lícito *sanar* en el día de reposo?.......... *2323*
12.15 le siguió mucha gente, y *sanaba* a todos *2323*
12.22 y le *sanó*, de tal manera que el ciego *2323*
13.15 oigan...y se conviertan, y yo los *sane* *2390*
14.14 y *sanó* a los que de...estaban enfermos *2323*
15.28 su hija fue *sanada* desde aquella hora......... *2390*
15.30 traía...a los pies de Jesús, y los *sanó* *2323*
15.31 los mancos *sanados*, a los cojos andar........ *5199*
17.16 tus discípulos...no le han podido *sanar*........ *2323*
19.2 siguieron grandes multitudes, y los *sanó*....... *2323*
21.14 vinieron a él en el templo...y los *sanó* *2323*
Mr 1.34 y *sanó* a muchos que estaban enfermos *2323*
3.2 para ver si en día de reposo le *sanaría* *2323*
3.10 había *sanado* a muchos; de manera que por... *2323*
3.15 y que tuviesen autoridad para *sanar* *2323*
6.5 no...salvo que *sanó* a unos pocos enfermos..... *2323*
6.13 ungían...muchos enfermos, y los *sanaban*..... *2323*
16.18 pondrán sus manos, y *sanarán* *2192 2573*
Lc **4.18 enviado a *sanar* a los quebrantados de** *309*
4.40 él, poniendo las manos sobre...los *sanaba*...... *2323*
5.15 para que les *sanase* de sus enfermedades *2323*
5.17 el poder del...estaba con él para *sanar*.......... *2390*
6.7 para ver si en el día de reposo lo *sanaría*....... *2323*
6.17 y para ser *sanados* de sus enfermedades *2390*
6.18 atormentados de espíritus...eran *sanados*...... *2323*
6.19 porque poder salía de él y *sanaba* a todos *2390*
7.3 envió...que viniese y *sanase* a su siervo........ *1295*
7.21 *sanó* a muchos de enfermedades y plagas *2323*
8.2 algunas mujeres que habían sido *sanadas* *2390*
8.47 y cómo al instante había sido *sanada*......... *2390*
9.1 les dio poder...y para *sanar* enfermedades..... *2323*
9.2 envió a predicar...a *sanar* a los enfermos *2390*
9.6 el evangelio y *sanando* por todas partes *2323*
9.11 *sanaba* a los que necesitaban ser curados *2323*
9.42 *sanó* al muchacho, y se lo devolvió a su *2390*
10.9 y *sanad* a los enfermos que en ella haya *2323*
13.14 enojado de que Jesús hubiese *sanado* en *2323*
13.14 en éstos, pues, venid y sed *sanados*, y......... *2323*
14.3 ¿es lícito *sanar* en el día de reposo?........... *2323*
14.4 y él, tomándole, le *sanó*, y le despidió *2323*
17.15 viendo que había sido *sanado*, volvió *2390*
22.51 ya; dejad...Y tocando su oreja, le *sanó* *2390*
Jn 4.47 le rogó que descendiese y *sanase* a su *2390*
5.9 aquel hombre fue *sanado*, y tomó su lecho...... *5199*
5.10 dijeron a aquel que había sido *sanado*: Es *2323*
5.11 el que me *sanó*, él...dijo: Toma tu lecho *5199*
5.13 el que había sido *sanado* no sabía quién....... *2390*
5.14 has sido *sanado*: no peques más, para que *5199*
5.15 aviso...Jesús era el que le había *sanado*....... *5199*
7.23 en el día de reposo *sané*...a un hombre? *5199*
11.12 dijeron entonces sus...si duerme, *sanará*...... *4982*
12.40 no vean...y se conviertan, y yo los *sane*...... *2390*
Hch 3.11 el cojo que había sido *sanado*, todo *2390*
4.9 de qué manera éste haya sido *sanado* *4982*
4.14 viendo al...que había sido *sanado*, que *2323*
5.16 muchos venían a...y todos eran *sanados* *2323*
8.7 muchos paralíticos y cojos eran *sanados* *2323*
9.34 Eneas, Jesucristo te *sana*; levántate y.......... *2390*
10.38 *sanando* a todos los oprimidos por el......... *2390*
14.9 y viendo que tenía fe para ser *sanado* *4982*
28.8 Pablo...le impuso las manos, y le *sanó*......... *2390*
28.9 los otros que...venían, y eran *sanados*......... *2323*
28.27 corazón, y se conviertan, y yo...*sane* *2392*
1 Co 12.28 los que *sanan*, los que ayudan, los.......... *2386*
He 12.13 cojo no se salga...sino que sea *sanado* *2390*
Stg 5.16 y orad unos...para que seáis *sanados* *2390*
1 P 2.24 y por cuya herida fuisteis *sanados* *2390*
Ap 13.3 pero su herida mortal fue *sanada*; y se......... *2323*
13.12 bestia, cuya herida mortal fue *sanada*........ *2323*

SANBALAT *Enemigo de Nehemías*
Neh 2.10 pero oyéndolo *S* horonita y Tobías el 5571
2.19 cuando lo oyeron *S* horonita, Tobías el 5571
4.1 oyó *S* que nosotros edificábamos el muro....... 5571
4.7 que oyendo *S* y Tobías, y los árabes, los........ 5571
6.1 cuando oyeron *S* y Tobías y Gesem el árabe 5571
6.2 *S* y Gesem enviaron a decirme: Ven...campo... 5571
6.5 *S* envió...su criado para decir lo mismo 5571
6.12 porque Tobías y *S* lo habían sobornado 5571
6.14 acuérdate, Dios mío, de Tobías y de *S* 5571
13.28 era yerno de *S* horonita; por tanto, lo 5571

SANDALIA
Cnt 7.1 ¡cuán hermosos son tus pies en las *s*........... 5275
Is 5.27 ni se le romperá la correa de sus *s* 5275
11.15 el río...y hará que pasen por él con *s* 5275
20.2 ve y quita...descalza las *s* de tus pies.......... 5275
Mr 6.9 calzasen *s*, y no vistiesen dos túnicas........... *4547*
Hch 12.8 cíñete, y átate las *s*...Y lo hizo así............ *4547*

SÁNDALO
1 R 10.11 traía...de Ofir mucha madera de *s*, y......... 484
10.12 la madera de *s* hizo el rey balaustres.......... 484
10.12 nunca vino semejante madera de *s*, ni se 484
2 Cr 2.8 también madera del Líbano...ciprés y *s* 418
9.10 Ofir, trajeron madera de *s*, y piedras........... 418
9.11 de la madera de *s* el rey hizo gradas en 418

SANDEZ
Pr 15.2 mas la boca de los necios hablará *s*............. 200

SANEAR
Ez 47.11 sus pantanos y sus...no se *sanearán* 7495

SANGRE
Gn 4.10 voz de la *s* de tu hermano clama a mí.......... 1818
4.11 recibir de tu mano la *s* de tu hermano......... 1818
9.4 pero carne con su vida, que es su *s*, no......... 1818
9.5 demandaré la *s* de vuestras vidas; de mano..... 1818
9.6 el que derramare *s*...su *s* será derramada 1818
37.22 dijo Rubén: No derraméis *s*; echadlo en 1818
37.31 la túnica...tiñeron la túnica con la *s*.......... 1818
42.22 he aquí también se nos demanda su *s* 1818
49.11 lavó, en el...y en la *s* de uvas su manto 1818
Éx 4.9 cambiarán aquellas aguas...y se harán *s*....... 1818
4.25 a la verdad tú me eres un esposo de *s* 1818
4.26 ella dijo: Esposo de *s*, a causa de la 1818
Éx 7.17 golpearé...el río, y se convertirá en *s*........ 1818
7.19 se conviertan en *s*, y haya *s* por toda la........ 1818
7.20 las aguas...el río se convirtieron en *s* 1818
7.21 y hubo *s* por toda la tierra de Egipto 1818
12.7 tomarán de la *s*, y la pondrán en...postes 1818
12.13 la *s* os será por señal...y veré la *s* y 1818
12.22 hisopo, y mojadlo en la *s* que estará en....... 1818
12.22 y untad...la *s* que estará en el lebrillo 1818
12.23 cuando vea la *s* en el dintel y en los 1818
23.18 no ofrecerás con pan leudo lit *s* de mi......... 1818
24.6 Moisés tomó la mitad de la *s*...y la puso........ 1818
24.6 esparció...mitad de la *s* sobre el altar 1818
24.8 Moisés tomó la *s* y roció sobre el pueblo...... 1818
24.8 la *s* del pacto que Jehová ha hecho con......... 1818
29.12 de la *s* del becerro tomarás y pondrás.......... 1818
29.12 derramarás...la demás *s* al pie del altar 1818
29.16 con su *s* rociarás sobre el altar alrededor 1818
29.20 matarás el carnero, y tomarás de su *s*......... 1818
29.20 rociarás la *s* sobre el altar alrededor.......... 1818
29.21 con la *s* que estará sobre el altar, y............ 1818
30.10 con la *s* del sacrificio por el pecado 1818
34.25 no ofrecerás cosa leudada...con la *s* de 1818
Lv 1.5 y los sacerdotes hijos...ofrecerán la *s* 1818
1.11 los...hijos de Aarón rociarán su *s* sobre......... 1818
1.15 su *s* será exprimida sobre la pared del 1818
3.2,8,13 Aarón rociarán su *s* sobre el altar............ 1818
3.17 ninguna grosura ni ninguna *s* comeréis 1818
4.5 el sacerdote...tomará de la *s* del becerro......... 1818
4.6,17 mojará el sacerdote su dedo en la *s*........... 1818
4.6 rociará de aquella *s* siete veces delante........... 1818

4.7,18,25,30,34 *s* sobre los cuernos del altar 1818
4.7,18,25,30,34 de la *s*...al pie del altar 1818
4.16 meterá de la *s* del...en el tabernáculo de 1818
5.9 rociará de la *s* de la...la pared del altar 1818
5.9 Y lo que sobrare de la *s* lo exprimirá al 1818
6.27 salpicare su *s* sobre el vestido, lavarás 1818
6.30 no se comerá ninguna ofrenda de cuya *s* 1818
7.2 y rociará su *s* alrededor sobre el altar 1818
7.14 será del sacerdote que rociare la *s* de 1818
7.26 ninguna *s* comeréis en ningún lugar en 1818
7.27 persona que comiere...*s*, la tal persona 1818
7.33 que...ofreciere la *s* de los sacrificios 1818
8.15 y Moisés tomó la *s*, y puso con su dedo 1818
8.15 echó la demás *s* al pie del altar, y lo 1818
8.19,24 y roció Moisés la *s* sobre el altar 1818
8.23 tomó...de la *s*, y la puso sobre el lóbulo 1818
8.24 puso Moisés de la *s* sobre el lóbulo de 1818
8.30 tomo...de la *s* que estaba sobre el altar 1818
9.9 los hijos de Aarón le trajeron la *s*; y él 1818
9.9 él mojó su dedo en la *s*, y puso de ella 1818
9.9 derramó el resto de la *s* al pie del altar 1818
9.12,18 los hijos de Aarón le presentaron la *s* 1818
10.18 *s* no fue llevada dentro del santuario 1818
12.4 ella permanecerá...purificándose de su *s* 1818
12.5 y 66 días estará purificándose de su *s* 1818
12.7 ella, y será limpia del flujo de su *s* 1818
14.6,51 en la *s* de la avecilla muerta...aguas 1818
14.14,25 el sacerdote tomará de la *s* de la 1818
14.17 pondrá el...encima de la *s* del sacrificio 1818
14.28 aceite...en el lugar de la *s* de la culpa 1818
14.52 y purificará la casa con la *s* de la 1818
15.19 cuando la mujer tuviere flujo de *s*, y 1818
15.25 mujer, cuando siguiere el flujo de su *s* 1818
15.25 tuviere flujo de *s* más de su costumbre 1818
16.14 tomará luego de la *s* del becerro, y la 1818
16.14 esparcirá con...siete veces de aquella *s* 1818
16.15 y llevará la *s* detrás del velo adentro 1818
16.15 de la *s* como hizo con la *s* del becerro 1818
16.18 de la *s* del becerro y de la *s* del macho 1818
16.19 esparcirá sobre él de la *s* con su dedo 1818
16.27 cuya *s* fue llevada al santuario para 1818
17.4 culpado de *s* el tal varón; *s* derramó 1818
17.6 esparcirá la *s* sobre el altar de Jehová 1818
17.10 varón...comiere alguna *s*, yo pondré mi 1818
17.10 rostro contra la persona que comiere *s* 1818
17.11 la vida de la carne en la *s* está, y yo 1818
17.11 la misma *s* hará expiación de la persona 1818
17.12 ninguna persona de vosotros comerá *s* 1818
17.12 ni el extranjero que mora...comerá *s* 1818
17.13 derramará su *s* y la cubrirá con tierra 1818
17.14 porque la vida de toda carne es su *s* 1818
17.14 no comeréis la *s*...porque la vida...su *s* 1818
19.26 no comeréis cosa alguna con *s*...No seréis 1818
20.9 a su madre maldijo; su *s* será sobre él 1818
20.11,13 ser muertos; su *s* será sobre ellos 1818
20.12 ambos han de morir...*s* será sobre ellos 1818
20.16 ayuntarse con él...su *s* será sobre ellos 1818
20.18 ella descubrió la fuente de su *s*; ambos 1818
20.27 serán apedreados; su *s* será sobre ellos 1818
Nm 18.17 la *s* de ellos rociarás sobre el altar 1818
19.4 el sacerdote tomará de la *s* con su dedo 1818
19.4 y rociará...con la *s* de ella siete veces 1818
19.5 y su *s*, con su estiércol, hará quemar 1818
23.24 hasta que...y beba la *s* de los muertos 1818
35.19 el vengador de la *s*, él dará muerte al 1818
35.21 el vengador de la *s* matará al homicida 1818
35.24 juzgará entre el...y el vengador de la *s* 1818
35.25 librará...de mano del vengador de la *s* 1818
35.27 y el vengador de la *s* le hallare fuera 1818
35.27 el vengador de la *s* matare al homicida 1818
35.33 porque esta *s* amancillará la tierra, y 1818
35.33 no será expiada...*s*...sino por la *s* del 1818
Dt 12.16 solamente que *s* no comeréis; sobre la 1818
12.23 en no comer *s*; porque la *s* es la vida 1818
12.27 carne y la *s*, sobre el altar de Jehová 1818
12.27 la *s*...será derramada sobre el altar de 1818
15.23 que no comas su *s*; sobre la tierra la 1818
19.6 sea que el vengador de la *s*, enfurecido 1818
19.10 para que no sea derramada *s* inocente en 1818
19.10 no seas culpado de derramamiento de *s* 1818
19.12 entregarán en mano del vengador de la *s* 1818
19.13 quitarás de Israel la *s* inocente, y te 1818
21.7 nuestras manos no han derramado esta *s* 1818
21.8 y no culpes de *s* inocente a tu pueblo 1818
21.8 a tu pueblo...Y la *s* les será perdonada 1818
21.9 quitarás la culpa de la *s* inocente de en 1818
22.8 no eches culpa de *s* sobre tu casa, si de 1818
32.14 trigo; y de la *s* de la uva bebiste vino 1818
32.42 embriagaré de *s* mis saetas, y mi espada 1818
32.42 la *s* de los muertos y de los cautivos 1818
32.43 porque él vengará la *s* de sus siervos 1818
Jos 2.19 su *s* será sobre su cabeza, y nosotros 1818
2.19 *s* será sobre nuestra cabeza, si mano le 1818
20.3 de refugio contra el vengador de la *s* 1818
20.5 si el vengador de la *s* le siguiere, no 1818
20.9 no muriese por mano del vengador de la *s* 1818
Jue 9.24 *s* de ellos, recayera sobre Abimelec 1818
1 S 14.32 ovejas...el pueblo los comió con *s* 1818
14.33 comiendo la carne con la *s*...Y él dijo 1818
14.34 no pequéis...comiendo la carne con la *s* 1818
19.5 ¿por qué...pecarás contra la *s* inocente 1818
25.26 te ha impedido el venir a derramar *s* y 1818
25.31 por haber derramado *s* sin causa, o por 1818
25.33 me has estorbado hoy de ir a derramar *s* 1818
26.20 no caiga, pues, ahora mi *s* en tierra 1818
2 S 1.16 dijo: Tu *s* sea sobre tu cabeza, pues 1818
1.22 sin *s* de los muertos, sin grosura de los 1818
3.28 inocente soy yo...de la *s* de Abner hijo 1818
4.11 ahora, pues, ¿no he de demandar yo su *s* 1818
14.11 el vengador de la *s* no aumente el daño 1818
16.8 Jehová te ha dado el pago de toda la *s* 1818
20.12 y Amasa yacía revolcándose en su *s* en 1818
21.1 causa de Saúl, y por aquella casa de *s* 1818
23.17 ¿he de beber yo la *s* de los varones que 1818
1 R 2.5 derramando...*s* de guerra, y poniendo *s* 1818
2.9 harás descender sus canas con *s* al Seol 1818
2.31 y quita de mí...*s* que Joab ha derramado 1818
2.32 Jehová hará volver su *s* sobre su cabeza 1818
2.33 la *s*, pues, de ellos recaerá sobre...Joab 1818
2.37 morirás, y tu *s* será sobre tu cabeza 1818
11.14 Hadad edomita, de *s* real, el...en Edom 2333
18.28 y se sajaban con...hasta chorrear la *s* 1818
21.19 donde lamieron los perros la *s* de Nabot 1818
21.19 los perros lamerán...tu *s*, tu misma *s* 1818
22.35 la *s* de la herida corría por el fondo 1818
22.38 el estanque...los perros lamieron su *s* 1818
2 R 3.22 vieron los de Moab...rojas como *s* 1818
3.23 dijeron: ¡Esto es *s* de espada! Los reyes 1818
9.7 vengue la *s* de mis siervos los profetas 1818
9.7 y la *s* de todos los siervos de Jehová, de 1818
9.26 ayer la *s* de Nabot, y la *s* de sus hijos 1818
9.33 y parte de su *s* salpicó en la pared, y 1818
16.13 y esparció la *s* de sus sacrificios de 1818
16.15 sobre él toda la *s* del holocausto, y 1818
16.15 y esparcirás...toda la *s* del sacrificio 1818
21.16 esto, derramó Manasés mucha *s* inocente 1818
24.4 *s* inocente que...llenó a Jerusalén de *s* 1818
1 Cr 11.19 ¿había yo de beber la *s* y la vida 1818
22.8 tú has derramado mucha *s*, y has hecho 1818
22.8 tú...has derramado mucha *s* en la tierra 1818
28.3 tú no edificarás...has derramado mucha *s* 1818
2 Cr 19.10 causas de *s*, entre ley y precepto 1818
24.25 conspiraron contra él...a causa de la *s* 1818
29.22 y los sacerdotes recibieron la *s*, y la 1818
29.22(2) y esparcieron la *s* sobre el altar 1818
29.24 hicieron ofrenda de expiación con la *s* 1818
30.16 esparcían la *s* que recibían de manos de 1818
35.11 y esparcían...la *s* recibida de mano de 1818
Job 16.18 no cubras mi *s*, y no haya lugar para 1818
39.30 polluelos chupan la *s*; y donde hubiere 1818
Sal 9.12 porque el que demanda la *s* se acordó 1818
16.4 no ofreceré yo sus libaciones de *s*, ni 1818
50.13 ¿he de...de beber *s* de machos cabríos? 1818
58.10 justo...sus pies lavará en la *s* del impío 1818
68.23 pie se enrojecerá de *s* de tus enemigos 1818
72.14 y la *s* de ellos será preciosa ante sus 1818
78.44 volvió sus ríos en *s*, y sus corrientes 1818
79.3 derramaron su *s* como agua en...Jerusalén 1818
79.10 la venganza de la *s* de tus siervos que 1818
94.21 juntan contra...condenan la *s* inocente 1818
105.29 volvió sus aguas en *s*, y mató...peces 1818
106.38 y derramaron la *s*...la *s* de sus hijos 1818
106.38 y la tierra fue contaminada con *s* 1818
Pr 1.11 pongamos asechanzas para derramar *s* 1818
1.16 sus pies...van presurosos a derramar *s* 1818
1.18 ellos a su propia *s* ponen asechanzas, y 1818
6.17 las manos derramadoras de *s* inocente 1818
12.6 son asechanzas para derramar *s*; mas la 1818
28.17 hombre cargado de la *s* de alguno huirá 1818
30.33 y el que recio se suena las...sacará *s* 1818
Is 1.11 no quiero *s* de bueyes, ni de ovejas 1818
1.15 oiré; llenas están de *s* vuestras manos 1818
4.4 limpie la *s* de Jerusalén de en medio de 1818
9.5 todo manto revolcado en *s*, serán quemados 1818
15.9 y las aguas de Dimón se llenarán de *s* 1818
26.21 y la tierra descubrirá la *s* derramada 1818
34.3 montes se disolverán por la *s* de ellos 1818
34.6 llena está de *s*...de *s* de corderos y de 1818
34.7 tierra se embriagará de *s*...y su polvo 1818
49.26 y con su *s* serán embriagados como con 1818
59.3 vuestras manos están contaminadas de *s* 1818
59.7 apresuran para derramar la *s* inocente 1818
63.3 y su *s* salpicó mis vestidos, y manché 1818
63.6 los embriagué...derramé en tierra su *s* 5332
66.3 ofrenda, como si ofreciese *s* de cerdo 1818
Jer 2.34 en tus faldas se halló la *s* de los 1818
7.6 ni en este lugar derramareis...*s* inocente 1818
19.4 y llenaron este lugar de *s* de inocentes 1818
22.3 ni derraméis *s* inocente en este lugar 1818
22.17 mas tus ojos...para derramar *s* inocente 1818
26.15 que si me matáis, *s* inocente echaréis 1818
46.10 espada...se embriagará de la *s* de ellos 1818
48.10 y maldito el que detuviere de la *s* su 1818
51.35 *s* caiga sobre los moradores de Caldea 1818
Lm 4.13 derramaron en medio de ella la *s* de 1818
4.14 fueron contaminados con *s*, de modo que 1818
Ez 3.18,20 morirá, su *s* demandaré de tu mano 1818
5.17 pestilencia y *s* pasarán por en medio de 1818
7.23 la tierra está llena de delitos de *s*, y 1818
9.9 pues la tierra está llena de *s*, y la ciudad 1818
14.19 derramare mi ira sobre ella en *s*, para 1818
16.6 te vi sucia en tus *s*, y cuando estabas 1818
16.6(2) estabas en tus *s* te dije: ¡Vive! 1818,
16.9 y lavé tus *s* de encima de ti, y te ungí 1818
16.22 días...cuando estabas envuelta en tu *s* 1818
16.36 la *s* de tus hijos, los cuales les diste 1818
16.38 por las leyes de...de las que derraman *s* 1818
16.38 y traeré sobre ti *s* de ira y de celos 1818
18.10 si engendrare hijo...o derramador de *s* 1818
18.13 de cierto morirá, su *s* será sobre él 1818
21.32 se empapará la tierra de tu *s*; no habrá 1818
22.2 ¿no juzgarás...la ciudad derramadora de *s* 1818
22.3 ¡ciudad derramadora de *s* en medio de sí 1818
22.4 en tu *s* que derramaste has pecado, y te 1818
22.6 príncipes...se esfuerzan en derramar *s* 1818
22.9 calumniadores hubo en...para derramar *s* 1818
22.12 precio recibieron en...para derramar *s* 1818
22.13 causa de la *s* que derramaste en medio 1818
22.27 derramando *s*, para destruir las almas 1818
23.37 y hay *s* en sus manos, y han fornicado 1818
23.45 por la ley de las que derraman *s*; porque 1818
23.45 son adúlteras, y *s* hay en sus manos 1818
24.6,9 dicho Jehová...¡Ay de la ciudad de *s* 1818
24.7 porque su *s* está en medio de ella; sobre 1818
24.8 pondré su *s* sobre la dura piedra, para 1818
28.23 enviaré a ella pestilencia y *s* en sus 1818
32.6 y regaré de tu *s* la tierra donde nadas 1818
33.4 lo hiriere, su *s* será sobre su cabeza 1818
33.5 no se apercibió; su *s* será sobre él; mas 1818
33.6 pero demandaré su *s* de mano del atalaya 1818
33.8 morirá...su *s* yo la demandaré de tu mano 1818
33.25 ¿comeréis con *s*, y...derramaréis *s*, y 1818
35.6 que a *s* te destinaré, y *s* te perseguirá 1818
35.6 la *s* no aborreciste, *s* te perseguirá 1818
36.18 y derramaré mi ira sobre ellos por la *s* 1818
38.22 litigaré contra él con pestilencia y...*s* 1818
39.17 y venid...y comeréis carne y beberéis *s* 1818
39.18 y beberéis *s* de príncipes de la tierra 1818
39.19 beberéis hasta embriagaros de *s* de las 1818
43.18 holocausto...y para esparcir sobre él *s* 1818
43.20 y tomarás de su *s*, y pondrás en los 4 1818
44.7 de ofrecer mi pan, la grosura y la *s*, y 1818
44.15 para ofrecerme la...y la *s*, dice Jehová 1818
45.19 y el sacerdote tomará de la *s* de la 1818
Os 1.4 castigaré a...causa de la *s* de Jezreel 1818
6.8 de hacedores de iniquidad, manchada de *s* 1818
12.14 tanto, hará recaer sobre él la *s* que ha 1818
Jl 2.30 daré...*s*, y fuego, y columnas de humo 1818
2.31 luna en *s*, antes que venga el día grande 1818
3.19 porque derramaron en...tierra *s* inocente 1818
3.21 limpiaré la *s* de...que no había limpiado 1818
Jon 1.14 ni pongas sobre nosotros la *s* inocente 1818
Mi 3.10 edificáis a Sion con *s*, y a Jerusalén 1818
7.2 todos acechan por *s*; cada cual arma red 1818
Hab 2.8 te despojarán, a causa de la *s* de los 1818
2.12 ¡ay del que edifica la ciudad con *s*, y 1818
2.17 a causa de la *s* de los hombres, y del 1818
Sof 1.17 *s* de ellos será derramada como polvo 1818
Zac 9.7 quitaré la *s* de su boca...sus dientes 1818
9.11 y tú...por la *s* de tu pacto serás salva 1818
Mt 9.20 aquí una mujer enferma de flujo de *s* *131*
16.17 **porque no te lo reveló carne ni *s*, sino** *129*
23.30 **sus cómplices en la *s* de los profetas** *129*
23.35 **venga sobre vosotros toda la *s* justa** *129*
23.35 **la *s* de Abel...hasta la *s* de Zacarías** *129*
26.28 **esto es mi *s* del nuevo pacto, que por** *129*
27.4 yo he pecado entregando *s* inocente...Mas *129*
27.6 en el tesoro de...porque es precio de *s* *129*
27.8 aquel campo se llama...hoy: Campo de *s* *129*
27.24 inocente soy yo de la *s* de este justo *129*
27.25 dijo: Su *s* sea sobre nosotros, y sobre *129*
Mr 5.25 una mujer que...padecía de flujo de *s* *129*
5.29 y en seguida la fuente de su *s* se secó *129*
14.24 **esto es mi *s* del nuevo pacto, que por** *129*
Lc 8.43 que padecía de flujo de *s* desde hacía *129*
8.44 al instante se detuvo el flujo de su *s* *129*
11.50 **se demande...la *s* de todos los profetas** *129*
11.51 **la *s* de Abel hasta la *s* de Zacarías, que** *129*
13.1 galileos cuya *s* Pilato había mezclado *129*
22.20 **esta copa es el nuevo pacto en mi *s*** *129*
22.44 y era su sudor como grandes gotas de *s* *129*
Jn 1.13 los cuales no son engendrados de *s*, ni *129*
Jn 6.53 **si no...bebéis su *s*, no tenéis vida en** *129*
6.54 **el que...bebe mi *s*, tiene vida eterna** *129*
6.55 **mi carne es...mi *s* es verdadera bebida** *129*
6.56 **bebe mi *s*, en mí permanece, y yo en él** *129*
19.34 una lanza, y al instante salió *s* y agua *129*
Hch 1.19 Acéldama...quiere decir, Campo de *s* *129*
2.19 prodigios...*s* y fuego y vapor de humo *129*
2.20 y la luna en *s*, antes que venga el día *129*
5.28 y queréis echar sobre nosotros la *s* de *129*
15.20 que se aparten de...de ahogado y de *s* *129*
15.29 que os abstengáis...de *s*, de ahogado y *129*
17.26 y de una *s* ha hecho todo el linaje de *129*
18.6 vuestra *s*...sobre vuestra propia cabeza *129*
20.26 hoy, que estoy limpio de la *s* de todos *129*
20.28 iglesia...cual él ganó por su propia *s* *129*
21.25 que se abstengan de...de *s*, de ahogado *129*
22.20 y cuando se derramaba la *s* de Esteban *129*
Ro 3.15 sus pies se apresuran para derramar *s* *129*
3.25 propiciación por medio de la fe en su *s* *129*
5.9 estando ya justificados en su *s*, por él *129*
11.14 pueda provocar a celos a los de mi *s* *4561*
1 Co 10.16 ¿no es la comunión...*s* de Cristo? *129*
11.25 **esta copa es el nuevo pacto en mi *s*** *129*
11.27 será culpado del...y de la *s* del Señor *129*
15.50 *s* pueden heredar el reino de Dios *129*
Gá 1.16 no consulté enseguida con carne y *s* *129*
Ef 1.7 en quien tenemos redención por su *s*, el *129*
2.13 habéis sido hechos cercanos por la *s* de *129*
6.12 no tenemos lucha contra *s* y carne, sino *129*
Col 1.14 en quien tenemos redención por su *s* *129*
1.20 haciendo la paz mediante la *s* de su cruz *129*
He 2.14 los hijos participaron de carne y *s* *129*
9.7 no sin *s*, la cual ofrece por sí mismo y *129*
9.12 no por *s*...sino por su propia *s*, entró *129*
9.13 si la *s* de los toros...santifican para *129*
9.14 ¿cuánto más la *s* de Cristo...ofreció a sí *129*
9.18 ni...primer pacto fue instituido sin *s* *129*
9.19 tomó la *s* de los becerros...y roció el *129*
9.20 esta es la *s* del pacto que Dios os ha *129*
9.21 roció también con la *s* el tabernáculo *129*
9.22 casi todo es purificado...con *s*; y sin *129*
9.22 derramamiento de *s* no se hace remisión *129*

9.25 como entra el...sacerdote...con s ajena 129
10.4 la s de los toros...no puede quitar los........... 129
10.19 libertad para entrar en...por la s de 129
10.29 y tuviere por inmunda la s del pacto........... 129
11.28 por la fe celebró...aspersión de la s 129
12.4 porque...no habéis resistido hasta la s 129
12.24 la s rociada que habla mejor que la de.......... 129
13.11 cuya s...es introducida en el santuario 129
13.12 para santificar...mediante su propia s 129
13.20 gran pastor...por la s del pacto eterno 129
1 P 1.2 para obedecer y ser rociados con la s 129
1.19 sino con la s preciosa de Cristo, como 129
1 Jn 1.7 y la s de Jesucristo...nos limpia de 129
5.6 Jesucristo, que vino mediante agua y s........... 129
5.6 no mediante agua...sino mediante agua y s...... 129
5.8 el Espíritu, el agua y la s; y estos tres............. 129
Ap 1.5 nos lavó de nuestros pecados con su s 129
5.9 con tu s nos has redimido para Dios, de.......... 129
6.10 y vengas nuestra s en los que moran en 129
6.12 el sol...la luna se volvió toda como s............ 129
7.14 han emblanquecido en la s del Cordero 129
8.7 y hubo granizo y fuego mezclados con s 129
8.8 tercera parte del mar se convirtió en s 129
11.6 sobre las aguas para convertirlas en s.......... 129
12.11 vencido por medio de la s del Cordero......... 129
14.20 salió s hasta...frenos de los caballos 129
16.3 sobre el mar, y éste se convirtió en s............ 129
16.4 sobre los ríos...y se convirtieron en s............ 129
16.6 derramaron la s de los santos y de los 129
16.6 les has dado a beber s; pues lo merecen 129
17.6 ebria de la s...de la s de los mártires 129
18.24 en ella se halló la s de los profetas.............. 129
19.2 y ha vengado la s de sus siervos de la........... 129
19.13 estaba vestido de una ropa teñida en s 129

SANGUIJUELA
Pr 30.15 s tiene dos hijas que dicen: ¡Dame! 5936

SANGUINARIO, A
2 S 16.7 ¡fuera, fuera, hombre s y perverso! 1818
16.8 aquí...en tu maldad, porque eres hombre s.... 1818
Sal 5.6 hombre s y engañador abominará Jehová..... 1818
26.9 no arrebates...ni mi vida con hombres s 1818
55.23 hombres s...no llegarán a la mitad de........ 1818
59.2 líbrame de los...y sálvame de hombres s 1818
139.19 Dios...apartaos, pues, de mí, hombres s..... 1818
Pr 29.10 los hombres s aborrecen al perfecto
Is 33.15 sus oídos para no oír propuestas s............ 1818
Nah 3.1 ¡ay de ti, ciudad s...llena de mentira.......... 1818

SANIDAD
Is 6.10 no...ni se convierta, y haya para él s........... 7495
Jer 30.17 haré venir s para ti, y sanaré tus 7495
33.6 les traeré s y medicina; y los curaré 724
Ez 47.8 y entradas en el mar, recibirán s las........... 7495
47.9 aguas, y recibirán s; y vivirá todo lo 7495
Hch 3.16 él ha dado a éste esta completa s en 3647
4.22 en quien se había hecho...milagro de s......... 2392
4.30 extiendes tu mano para que se hagan s......... 2392
1 Co 12.9 y a otro, dones de s por el mismo 2386
12.30 tienen todos dones de s? ¿hablan todos....... 2386
Ap 22.2 las hojas del árbol eran para la s de........... 2322

SANO, A *Véase también Sanar*
Gn 33.18 Jacob llegó s y salvo a la ciudad de
Lv 14.3 si ve que está s la plaga de la lepra............ 7495
Jos 10.21 el pueblo volvió s y salvo a Josué
1 S 6.3 seréis s, y conoceréis por qué no se............ 7495
24.19 a su enemigo, y lo dejará ir s y salvo?
2 R 2.22 s las aguas hasta hoy, conforme a la.......... 7495
Sal 38.3 nada hay s en mi carne, a causa de........... 4974
38.7 lomos...ardor, y nada hay s en mi carne 4974
Pr 2.7 él provee de s sabiduría a los rectos 8454
Is 1.6 desde...no hay en él cosa s, sino herida 4974
Jer 17.14 sáname, oh Jehová, y seré s...salvo.......... 7495
Mt 9.12 **los s no tienen necesidad de médico**........... 2480
12.13 él la extendió; y le fue restaurada s........... 5199
14.36 todos los que lo tocaron, quedaron s........... 1295
17.18 muchacho...quedó s desde aquella hora 2323
Mr 2.17 **los s no tienen necesidad de médico** 2480
3.5 extendió, y la mano le fue restaurada s 5199
5.29 y sintió en el cuerpo que estaba s de........... 2390
5.34 **hija...vé en paz, y queda s de tu azote**......... 4982
6.56 y todos los que le tocaban quedaban s 4982
Lc 5.31 **los que están s no tienen necesidad**............ 5198
7.7 pero dí la palabra, y mi siervo será s 2390
7.10 hallaron s al siervo que había estado 5198
15.27 **gordo, por haberle recibido bueno y s**......... 5198
Jn 5.4 quedaba s de cualquier enfermedad que........ 5199
5.6 **cuando Jesús lo vio...dijo: ¿Quieres ser s?** 5199
Hch 4.10 por él este hombre está...presencia s........ 5199
1 Ti 1.10 cuanto se oponga a la s doctrina 5198
6.3 otra...y no se conforma a las s palabras........ 5198
2 Ti 1.13 retén la forma de las s palabras que 5198
4.3 cuando no sufrirán la s doctrina, sino 5198
Tit 1.9 que...pueda exhortar con s enseñanza 5198
1.13 repréndelos...para que sean s en la fe 5198
2.1 tú habla...de acuerdo con la s doctrina......... 5198
2.2 s en la fe, en el amor, en la paciencia 5198
2.8 palabra s e irreprochable, de modo que 5198

SANSANA *Ciudad en Judá cerca de Siclag*, Jos 15.31 5578

SANSÓN *Juez de Israel*
Jue 13.24 a luz un hijo, y le puso por nombre S 8123
14.1 descendió S a Timnat, y vio...una mujer....... 8123
14.3 S respondió a su padre: Tómame ésta por..... 8123
14.5 S descendió con su padre y con su madre 8123
14.6 Espíritu de Jehová vino sobre S, quien......... 8123
14.7 y habló a la mujer; y ella agradó a S........... 8123
14.10 S hizo allí banquete; porque así hacían....... 8123
14.12 y S les dijo: Yo os propondré ahora un 8123
14.15 al séptimo día dijeron a la mujer de S 8123
14.16 lloró la mujer de S en presencia de él 8123
14.20 la mujer de S fue dada a su compañero 8123
15.1 S visitó a su mujer con un cabrito 8123
15.3 entonces le dijo S: Sin culpa seré esta 8123
15.4 y fue S y cazó 300 zorras, y tomó teas 8123
15.6 contestaron: S, el yerno del timnateo 8123
15.7 entonces S les dijo: Ya que así habéis.......... 8123
15.10 prender a S hemos subido, para hacerle 8123
15.11 vinieron...y dijeron a S: ¿No sabes tú 8123
15.12 S...respondió: Juradme...no me mataréis.... 8123
15.16 S dijo: Con la quijada de un asno, un 8123
16.1 S a Gaza, y vio allí a una mujer ramera 8123
16.2 fue dicho a los de Gaza: S ha venido acá 8123
16.3 mas S durmió hasta la medianoche; y a 8123
16.6 dijo a S: Yo te ruego que me declares.......... 8123
16.7 le respondió S: Si me ataren con siete 8123
16.9,12,14,20 ¡S, los filisteos contra ti!.............. 8123
16.10 dijo a S: He aquí tú me has engañado, y 8123
16.13 Dalila dijo a S: Hasta ahora me engañas 8123
16.23 entregó en nuestras manos a S nuestro 8123
16.25 que...Llamad a S, para que nos divierta...... 8123
16.25 llamaron a S de la cárcel, y sirvió de 8123
16.26 S dijo al joven...le guiaba de la mano 8123
16.27 que estaban mirando el escarnio de S......... 8123
16.28 clamó S a Jehová, y dijo: Señor Jehová....... 8123
16.29 asió...S las dos columnas de en medio 8123
16.30 y dijo S: Muera yo con los filisteos............ 8123
He 11.32 el tiempo me faltaría contando de...S........ 4546

SANTAMENTE
1 Ts 2.10 sois testigos...de cuán s, justa e 3743

SANTIAGO =*Jacobo No. 5*, Stg 1.1 2385

SANTIDAD
Éx 15.11 como tú, magnífico en s, terrible en 6944
28.36 y grabarás en ella como...S a Jehová 6944
39.30 como grabadora de sello: S a Jehová......... 6944
1 Cr 16.29 postraos...en la hermosura de la s 6944
Sal 29.2 adorad a...en la hermosura de la s........... 6944
30.4 cantad...y celebrad la memoria de su s 6944
89.35 jurado por mi s, y no mentiré a David 6944
93.5 la s conviene a tu casa, oh Jehová, por 6944
96.9 adorad a Jehová en la hermosura de la s...... 6944
97.12 alegraos...y alabad la memoria de su s 6944
110.3 tu pueblo se...en la hermosura de la s....... 6944
Is 35.8 y camino, y será llamado Camino de S 6944
57.15 yo habito en la altura y la s, y con el.......... 6918
Am 4.2 Jehová...juró por su s: He aquí, vienen 6944
Zac 8.3 se llamará...el monte de...Monte de S 6944
14.20 estará grabado sobre las...S a Jehová 6944
Lc 1.75 s...delante de él, todos nuestros días 3742
Ro 1.4 Hijo de Dios...según el Espíritu de s 42
2 Co 7.1 perfeccionando la s en el temor de 42
Ef 4.24 creado según Dios en...s de la verdad 3742
1 Ts 3.13 irreprensibles en s delante de Dios............. 42
4.4 sepa tener su propia esposa en s y honor 38
He 12.10 éste...para que participemos de su s........... 41
12.14 seguid la paz con todos, y la s, sin 38

SANTIFICACIÓN
Ro 6.19 así ahora para s presentad...miembros 38
6.22 tenéis por vuestro fruto la s, y como 38
1 Co 1.30 cual nos ha sido hecho por Dios...s.............. 38
1 Ts 4.3 pues la voluntad de Dios es vuestra s............. 38
4.7 pues no nos ha llamado Dios a...sino a s........... 38
2 Ts 2.13 mediante la s por el Espíritu y la 38
1 Ti 2.15 si permaneciere en fe, amor y s, con............. 38
1 P 1.2 elegidos según la...en s del Espíritu.............. 38

SANTIFICAR
Gn 2.3 bendijo...día séptimo, y lo *santificó* 6942
Éx 19.10 y *santifícalos* hoy y mañana: y laven 6942
19.14 descendió Moisés...*santificó* al pueblo 6942
19.22 se *santifiquen* los sacerdotes que se 6942
19.23 señala límites al monte, y *santifícalo* 6942
20.8 acuérdate del día de...para *santificarlo* 6942
20.11 bendijo el día de reposo y lo *santificó* 6942
28.41 los consagrarás y *santificarás*, para.......... 6942
29.21 él será *santificado*, y sus vestiduras 6942
29.36 el altar...lo ungirás para *santificarlo* 6942
29.37 que tocare el altar, será *santificada* 6942
29.37 *santificarás*, y será un altar santísimo......... 6944
29.43 lugar será *santificado* con mi gloria........... 6942
29.44 *santificaré* el tabernáculo...s...a Aarón 6942
30.29 que tocare en ellos, será *santificado*.......... 6942
31.13 sepáis...yo soy Jehová que os *santifico* 6942
40.9 lo *santificarás* con todos sus utensilios........ 6942
40.10 *santificarás* el altar, y será un altar 6942
40.11 ungirás la fuente y...y la *santificarás* 6942
Lv 6.18 que tocare en ellas será *santificada* 6942
6.27 lo que tocare su carne, será *santificado* 6942
8.10 ungió el tabernáculo y...y las *santificó* 6942
8.11 la fuente y su base, para *santificarlos* 6942
8.12 del aceite...lo ungió para *santificarlo* 6942
8.15 lo *santificó* para reconciliar sobre él 6942
8.30 *santificó* a Aarón y sus vestiduras, y a......... 6942
10.3 los que a mí se acercan me *santificaré*......... 6942
11.44 *santificaréis*, y seréis santos, porque 6942
16.19 lo *santificará* de las inmundicias de los....... 6942
20.7 *santificaos*, pues, y sed santos, porque......... 6942
20.8 guardad mis...Yo Jehová que os *santifico* 6942
21.8 le *santificarás*, por tanto...santo será 6942
21.8 santo soy yo Jehová que os *santifico*........... 6942
21.15,23 yo Jehová soy el que los *santifico* 6942
21.22 de las cosas *santificadas*, podrá comer 6944
22.9,16 yo Jehová...que los *santifico* 6942
22.32 sea *santificado* en medio de los hijos 6942
22.32 no profanéis...Jehová que os *santifico* 6942
25.10 y *santificaréis* el año cincuenta, y 6942
Nm 3.13 *santifiqué* para mí...los primogénitos........ 6942
5.10 lo *santificado* de cualquiera será suyo......... 6944
6.11 y *santificará* su cabeza en aquel día........... 6942
7.1 y *santificado*, con todos sus utensilios 6942
7.1 y asimismo ungido y *santificado* el altar........ 6942
8.17 porque mío es...los *santifiqué* para mí 6942
11.18 *santificaos* para mañana, y comeréis.......... 6942
16.37 los incensarios...porque son *santificados* 6942
16.38 son *santificados*, y serán como señal a 6942
18.17 primogénito de vaca...*santificados* son 6942
20.12 no creísteis en mí, para *santificarme* 6942
20.13 contendieron...él se *santificó* en ellos 6942
27.14 no *santificándome* en las aguas a ojos........ 6942
Dt 5.12 guardarás el día de...para *santificarlo*........ 6942
32.51 no me *santificasteis* en medio de los 6942
Jos 3.5 dijo al pueblo: *Santificaos*, porque 6942
7.13 santifica al pueblo, y di: *Santificaos* 6942
1 S 7.1 y *santificaron* a Eleazar su hijo para........... 6942
16.5 sí...*santificaos*, y venid...al sacrificio.......... 6942
16.5 *santificando* él a Isaí y a sus hijos, los 6942
1 R 8.64 *santificó* el rey el medio del atrio 6942
9.3 yo he *santificado* esta casa que tú has 6942
9.7 casa que he *santificado*...yo la echaré de....... 6942
2 R 10.20 *santificad* un día solemne a Baal 6942
1 Cr 15.12 levitas, *santificaos*, vosotros y 6942
15.14 los levitas se *santificaron* para traer 6942
23.28 purificación de toda cosa *santificada* 6944
26.20,26 tesoros de las cosas *santificadas* 6942
28.12 tesorerías de las cosas *santificadas* 6944
2 Cr 5.11 todos los sacerdotes...*santificados* 6942
7.16 he elegido y *santificado* esta casa, para 6942
7.20 casa que he *santificado* a mi nombre, yo 6942
29.5 *santificaos* ahora, y santificad la casa 6942
29.15 se *santificaron*, y entraron, conforme 6942
29.17 a *santificarse* el día primero del mes 6942
29.17 *santificaron* la casa de Jehová en ocho....... 6942
29.19 *santificado*...los utensilios que en su 6942
29.34 hasta que los demás...se *santificaron* 6942
29.34 fueron más rectos...para *santificarse* 6942
30.3 cuanto no había...sacerdotes *santificados*..... 6942
30.8 su santuario, el cual él ha *santificado* 6942
30.15 los sacerdotes y los...se *santificaron* 6942
30.17 muchos en...que no estaban *santificados* 6942
30.17 la pascua...para *santificarlos* a Jehová 6942
2 Cr 30.24 sacerdotes ya se habían *santificado*........ 6942
31.6 trajeron los diezmos de lo *santificado* 6944
35.6 y después de *santificaros*, preparad a 6942
35.13 había sido *santificado* lo cocieron en......... 6944
36.14 la casa...la cual él había *santificado* 6942
Neh 10.31 ese día ni en otro día *santificado* 6944
10.33 y para las cosas *santificadas* y los........... 6944
13.22 las puertas, para *santificar* el día del......... 6942
Job 1.5 convite, Job enviaba y los *santificaba*.......... 6942
Is 5.16 y el Dios Santo será *santificado* con............ 6942
8.13 Jehová de los ejércitos, a él *santificad* 6942
29.23 *santificarán* mi nombre; y s al Santo de 6942
66.17 los que se *santifican*...en los huertos......... 6942
Jer 1.5 antes que naciese te *santifiqué*, te 6942
11.15 las carnes *santificadas* de las víctimas 6944
17.22 sino *santificad* el día de reposo, como 6942
17.24 que *santificareis* el día de reposo, no 6942
17.27 pero si no me oyereis para *santificar*......... 6942
Ez 20.12 que yo soy Jehová que los *santifico*........... 6942
20.20 *santificad* mis días de reposo, y sean 6942
20.41 *santificado* en vosotros a los ojos de.......... 6942
28.22 ella juicios, y en ella me *santifique* 6942
28.25 me *santificaré* en ellos ante los ojos 6942
36.23 *santificaré* mi grande nombre, profanado.... 6942
36.23 sea *santificado* en vosotros delante de 6942
37.28 y sabrán...yo Jehová *santifico* a Israel 6942
38.16 cuando sea *santificado* en ti, oh Gog 5942
38.23 seré...*santificado*, y seré conocido ante 6942
39.27 sea *santificado* en ellos ante los ojos 6942
44.19 para no *santificar* al pueblo con sus.......... 6942
44.24 leyes...y *santificarán* mis días de reposo 6942
45.1 será *santificado* en todo su territorio.......... 6944
46.20 al atrio...*santificando* así al pueblo 6942
48.11 sacerdotes *santificados* de los hijos de........ 6942
Jl 2.16 *santificad* la reunión, juntad a los 6942
2.12 tocare pan...comida, ¿será *santificada*?....... 6944
Hag 2.12 carne *santificada* en la falda de su 6942
Mt 6.9 **así: Padre...*santificado* sea tu nombre**.......... 37
23.17 **oro, o el templo que *santifica* al oro?** 37
23.19 **o el altar que *santifica* la ofrenda?** 37
Lc 11.2 **Padre nuestro...cielo, *santificado* sea** 37
Jn 10.36 **¿al que el Padre *santificó* y envió al** 37
17.17 ***santifícalos* en tu verdad, tu palabra** 37
17.19 **me *santifico*...ellos sean santificados** 37
Hch 20.32 herencia con todos los *santificados* 37
26.18 **la fe...herencia entre los *santificados*** 37
Ro 15.16 ofrenda...*santificada* por el Espíritu 37
1 Co 1.2 a los *santificados* en Cristo Jesús 37
6.11 ya habéis sido *santificados*, ya habéis............ 37
7.14 el marido...es *santificado* en la mujer 37
Ef 5.26 para *santificarla*...en el lavamiento del.......... 37
1 Ts 5.23 Dios de...os *santifique* por completo 37
1 Ti 4.5 porque por la palabra...es *santificado* 37
2 Ti 2.21 será...*santificado*, útil al Señor, y 37
He 2.11 porque el que *santifica* y los que son 37
2.11 que son *santificados*, de uno son todos........... 37
9.13 si la sangre de los toros y...*santifican* 37
10.10 somos *santificados* mediante la ofrenda 37
10.14 hizo perfectos para...a los *santificados*.......... 37
10.29 la sangre...en la cual fue *santificado* 37

13.12 para *santificar* al pueblo mediante su *37*
1 P 3.15 sino *santificad* a Dios el Señor en *37*
Jud 1 los llamados, *santificados* en Dios Padre *37*
Ap 22.11 el que es santo, *santifíquese* todavía *37*

SANTÍSIMO, A

Éx 26.33 hará separación... lugar santo y el *s* 6944
26.34 pondrás el propiciatorio... el lugar *s* 6944
29.37 y lo santificarás, y será un altar *s* 6944
30.29 así los consagrarás, y serán cosas *s* 6944
30.36 donde yo me mostraré... Os será cosa *s* 6944
40.10 y santificarás el altar, y será un... *s* 6944
Lv 2.3,10 es cosa *s* de las ofrendas que se 6944
6.17 cosa *s*, como el sacrificio por el pecado 6944
6.25 degollada la ofrenda por el... es cosa *s* 6944
27.28 lo consagrado será cosa *s* para Jehová 6944
Nm 4.4 el oficio de... en el lugar *s*, será este 6944
4.19 que cuando se acerquen al lugar *s* vivan 6944
1 R 6.5 contra las paredes de... y del lugar *s* 1687
6.16 al final... un aposento que es el lugar *s* 1687
6.19 y adornó el lugar *s* por dentro en medio 1687
6.20 el lugar *s* estaba en la parte de adentro 1687
6.22 el altar que estaba frente al lugar *s* 1687
6.23 también en el lugar *s* dos querubines de 1687
6.27 estos querubines dentro... en el lugar *s* 6442
7.49 cinco candeleros de... frente al lugar *s* 1687
7.50 de oro los quiciales de las... del lugar *s* 6944
8.6 metieron el arca... en el lugar *s*, debajo 6944
8.8 el lugar... que está delante del lugar *s* 6944
1 Cr 6.49 ministraban en... la obra del lugar *s* 6944
2 Cr 3.8 el lugar *s*, cuya longitud era de 20 6944
3.10 dentro del lugar *s* hizo dos querubines 6944
4.20 que las encendiesen delante del lugar *s* 1687
4.22 de oro también... puertas... para el lugar *s* 6944
5.7 metieron el arca del pacto... en el lugar *s* 1687
5.9 las barras del arca delante del lugar *s* 1687
31.14 de la distribución de... de las cosas *s* 6944
Pr 9.10 conocimiento del *S* es la inteligencia 6918
Ez 41.4 midió... y me dijo: Este es el lugar *s* 6944
43.12 el recinto entero... en derredor, será *s* 6944
44.13 ni se acercarán a... a mis cosas *s*, sino 6944
45.3 en lo cual estará el santuario y el... *s* 6944
48.12 tendrán como parte *s* la porción de la 6944
He 9.3 estaba la parte, llamada el Lugar *S* *39*
9.8 había manifestado el camino al Lugar *S* *39*
9.12 entró una... para siempre en el Lugar *S* *39*
9.25 como entra el... en el Lugar *S* cada año *39*
10.19 libertad para entrar en el Lugar *S* por *39*
Jud 20 vosotros, edificándoos... vuestra *s* fe *40*

SANTO, A

Éx 3.5 el lugar en que tú estás, tierra *s* es 6944
12.16 el primer día habrá *s* convocación, y 6944
12.16 séptimo día tendréis una *s* convocación 6944
15.13 lo llevaste con tu poder a tu *s* morada 6944
16.23 les dijo... Mañana es el *s* día de reposo 6944
19.6 seréis un reino de sacerdotes, y gente *s* 6944
22.31 me seréis varones *s*... No comeréis carne 6944
26.33 os hará separación entre el lugar *s* y 6944
28.38 faltas cometidas en todas las cosas *s* 6944
28.38 consagrado en todas sus *s* ofrendas 6944
29.6 y sobre la mitra pondrás la diadema *s* 6944
29.29 y las vestiduras *s*, que son de Aarón 6944
29.31 carnero... y cocerás su carne en lugar *s* 6918
29.33 el extraño no las comerá, porque son *s* 6944
29.34 sobrare... no se comerá, porque es cosa *s* 6944
30.10 hará expiación... será muy *s* a Jehová 6944
30.25 harás de ello el aceite de la *s* unción 6944
30.25 del perfumador... aceite de la unción *S* 6944
30.31 este será mi aceite de la *s* unción por 6944
30.32 *s* es, y por *s* lo tendréis vosotros 6944
30.35 el incienso, un perfume según... puro y *s* 6944
31.10 vestiduras *s* para Aarón el sacerdote 6944
31.14 guardaréis el día de... *s* es a vosotros 6944
35.2 el día séptimo os será *s*, día de reposo 6944
37.29 aceite *s* de la unción, y el incienso 6944
39.30 la lámina de la diadema *s* de oro puro 6944
40.9 lo santificarás con todos sus... y será *s* 6944
Lv 5.15 y pecare por yerro en las cosas *s* de 6944
5.16 que hubiere defraudado de las cosas *s* 6944
6.16 sin levadura se comerá en lugar *s*; en 6918
6.26 en lugar *s* será comida, en el atrio del 6918
6.27 salpicare... lavarás aquello... en lugar *s* 6918
7.1 es la ley del sacrificio... es cosa muy *s* 6944
7.6 será comida en lugar *s*; es cosa muy *s* 6918
8.9 sobre la mitra... diadema *s*, como Jehová 6944
10.10 para poder discernir entre lo *s* y lo 6944
10.12 tomad la ofrenda... porque es cosa muy *s* 6944
10.13 la comeréis, pues, en lugar *s*; porque 6918
10.17 no comisteis la expiación en lugar *s*? 6944
10.17 es muy *s*, y la dio él a vosotros para 6944
10.18 debíais comer la ofrenda en el lugar *s* 6944
11.44 soy Jehová... seréis *s*, porque yo soy *s* 6918
11.45 Dios; seréis, pues, *s*, porque yo soy *s* 6918
12.4 purificándose... ninguna cosa *s* tocará, ni 6944
16.4 se vestirá la túnica *s* de lino, y sobre 6944
16.4 son las *s* vestiduras; con ellas se ha de 6944
16.33 y hará la expiación por el santuario *s* 6944
19.2 *s* seréis... *s* soy yo Jehová vuestro Dios 6918
19.8 por cuanto profanó lo *s* de Jehová; y la 6944
20.3 contaminando... y profanando mi *s* nombre ... 6944
20.7 santificaos, pues, y sed *s*, porque yo 6918
20.26 serme *s*, porque yo Jehová soy *s*, y os 6918
21.6 *s* serán a su Dios, y no profanarán el 6918
21.6 las ofrendas... ofrecen; por tanto, serán *s* 6944
21.7 ni... porque el sacerdote es *s* a su Dios 6918
21.8 *s* será para ti, porque *s* soy yo Jehová 6918
21.22 de lo muy *s* y de las cosas santificadas 6944
22.2 que se abstengan de las cosas *s* que los 6944
22.2 se abstengan... y no profanen mi *s* nombre 6944
22.15 no profanarán, pues, las cosas *s* de los 6944
22.16 pecado, comiendo las cosas *s* de ellos 6944
22.32 no profanéis mi *s* nombre, para que yo 6944
23.2 las... proclamaréis como *s* convocaciones 6944
23.3 séptimo... será de reposo, *s* convocación 6944
23.4 fiestas... convocaciones *s*, a las cuales 6944
23.7 el primer día tendréis *s* convocación 6944
23.8 séptimo día será *s* convocación; ningún 6944
23.21 convocaréis en este... día *s* convocación 6944
23.24 en el mes séptimo... una *s* convocación 6944
23.27 tendréis *s* convocación, y afligiréis 6944
23.35 primer día habrá *s* convocación; ningún 6944
23.36 el octavo día tendréis *s* convocación 6944
23.37 a las que convocaréis *s* reuniones, para 6944
24.9 comerán en lugar *s*... es cosa muy *s* para 6918
25.12 porque es jubileo; *s* será a vosotros 6944
27.9 todo lo que... se diere a Jehová será *s* 6944
27.21 jubileo, la tierra será *s* para Jehová 6944
Nm 4.15 no tocarán cosa *s*, no sea que mueran 6944
4.20 ver cuando cubran las cosas *s*, porque 6944
5.9 toda ofrenda de todas las cosas *s* que los 6944
5.17 tomará... del agua *s* en un vaso de barro 6918
6.5,8 todo el tiempo... de su nazareato... será *s* 6918
6.20 cosa *s* del sacerdote, además del pecho 6944
15.40 os acordéis... y seáis *s* a vuestro Dios 6918
16.3 son *s*, y en medio de ellos está Jehová 6918
16.5 mostrará Jehová quién es... y quién es *s* 6918
16.7 quien Jehová escogiere, aquel será el *s* 6918
18.3 no se acercarán a los utensilios *s* ni al
18.9 será tuyo de la ofrenda de las cosas *s* 6944
18.9 todo presente... será cosa muy *s* para ti 6944
18.10 en el santuario la... cosa *s* será para ti 6944
18.19 las ofrendas elevadas de las cosas *s* 6944
18.32 y no contaminaréis las cosas *s* de los 6944
28.18 primer día será *s* convocación; ninguna 6944
28.25 el séptimo día tendréis *s* convocación 6944
28.26 el día de las... tendréis *s* convocación 6944
29.1 primero del mes, tendréis *s* convocación 6944
29.7 este mes séptimo tendréis *s* convocación 6944
29.12 a los quince... tendréis *s* convocación 6944
35.25 el cual fue ungido con el aceite *s* 6944
Dt 7.6; 14.2,21 eres pueblo *s* para Jehová tu 6918
23.14 por tanto, tu campamento ha de ser *s* 6918
26.15 mira desde tu morada *s*, desde el cielo 6944
26.19 que seas un pueblo *s* a Jehová tu Dios 6918
28.9 te confirmará Jehová por pueblo *s* suyo 6918
33.2 y vino de entre diez millares de *s*, con 6944
Jos 5.15 quita el calzado... donde estás es *s* 6944
24.19 él es Dios *s*, y Dios celoso; no sufrirá 6918
1 S 2.2 no hay *s* como Jehová; porque no hay 6918
2.9 guarda los pies de sus *s*, mas los impíos 2623
6.20 podrá estar delante de Jehová el Dios *s*? 6918
21.5 los vasos de los jóvenes eran *s*, aunque 6944
21.5 ¿cuánto más no serán *s* hoy sus vasos? 6944
1 R 8.8 se dejaban ver desde el lugar *s*, que 6944
2 R 4.9 que siempre pasa... es varón *s* de Dios 6918
10.25 fueron hasta el lugar *s*... templo de Baal
19.22 has vituperado y... Contra el *S* de Israel 6918
1 Cr 16.10 gloriaos en su *s* nombre; alégrese 6944
16.35 para que confesemos tu *s* nombre, y nos 6944
23.13 para ser dedicado a las cosas más *s*, él 6944
29.16 para edificar casa a tu *s* nombre, de tu 6944
2 Cr 6.41 y tus *s* se regocijen en tu bondad 2623
31.18 fidelidad se consagraban a las cosas *s* 6944
35.3 poned el arca *s* en la casa que edificó 6944
Esd 2.63 no comiesen de las cosas más *s*, hasta 6944
8.28 son *s* los utensilios, y la plata y el oro 6944
9.2 linaje *s* ha sido mezclado con los pueblos 6944
Neh 7.65 no comiesen de las cosas más *s*, hasta 6944
8.9 el pueblo: Día *s* es a Jehová nuestro Dios 6918
8.10 porque día *s* es a nuestro Señor; no os 6918
8.11 diciendo: Callad, porque es día *s*, y no 6918
9.14 les ordenaste el día de reposo *s* para 6944
11.1 para que morase en Jerusalén, ciudad *s* 6944
11.18 los levitas en la *s* ciudad eran 284 6944
Job 5.1 voces... ¿Y a cuál de los *s* te volverás? 6918
6.10 yo no he escondido las palabras del *S* 6918
15.15 he aquí, en sus *s* no confía, y ni aun 6918
Sal 2.6 puesto mi rey sobre Sion, mi *s* monte 6944
3.4 clamé... él me respondió desde su monte *s* 6944
5.7 adoraré hacia tu *s* templo en tu temor 6944
11.4 Jehová está en su *s* templo... en el cielo 6944
15.1 ¿quién habitará... morará en tu monte *s*? 6944
16.3 para los *s* que están en la tierra, y para 6918
16.10 ni permitirás que tu *s* vea corrupción 2623
20.6 oirá desde sus *s* cielos con la potencia 6944
22.3 pero tú eres *s*, tú que habitas entre las 6918
24.3 subirá al... y quién estará en su lugar *s*? 6944
28.2 cuando alzo mis manos hacia tu *s* templo 6944
30.4 cantad a Jehová... sus *s*, y celebrad la 2623
31.23 amad a Jehová, todos vosotros sus *s* 2623
32.6 orará a ti todo *s* en el tiempo en que 2623
33.21 porque en su *s* nombre hemos confiado 6944
34.9 temed a Jehová, vosotros sus *s*, pues 6918
37.28 Jehová ama la... y no desampara a sus *s* 2623
43.3 me conducirán a tu *s* monte, y... moradas 6944
47.8 reinó... se sentó Dios sobre su *s* trono 6944
48.1 digno de ser... alabado en... en su monte *s* 6944
50.5 mis *s*, los que hicieron conmigo pacto 2623
51.11 no me... y no quites de mí tu *s* Espíritu 6944
52.9 en tu... porque es bueno, delante de tus *s* 2623
65.4 del bien de tu casa, de tu *s* templo 6918
68.5 y defensor de... es Dios en su *s* morada 6944
71.22 tu verdad cantaré a ti... oh *S* de Israel 6918
77.13 oh Dios, *s* es tu camino; ¿qué dios es
78.41 tentaban a... y provocaban al *S* de Israel 6918
78.54 los trajo después a las... de su tierra *s* 6944
79.1 las naciones... han profanado tu *s* templo 6944
79.2 la carne de tus *s* a las bestias de la 2623
85.8 hablará paz a su pueblo y a sus *s*, para 2623
87.1 su cimiento está en el monte *s* 6944
89.5 tu verdad... en la congregación de los *s* 6918
89.7 Dios temible en... congregación de los *s* 6918
89.18 escudo, y nuestro rey es el *S* de Israel 6918
89.19 hablaste en visión a tu *s*, y dijiste 2623
89.20 hallé a David... lo ungí con mi *s* unción 6944
97.10 él guarda las almas de sus *s*; de mano 2623
98.1 su diestra lo ha salvado, y su *s* brazo 6944
99.3 alaben tu nombre grande y temible... es *s* 6918
99.5 postraos ante el... de sus pies; él es *s* 6918
99.9 postraos ante su *s* monte, porque Jehová 6944
99.9 postraos ante... Jehová nuestro Dios es *s* 6918
103.1 alma... y bendiga todo mi ser su *s* nombre 6944
105.3 gloriaos en su *s* nombre; alégrese el 6944
105.42 porque se acordó de su *s* palabra dada 6944
106.16 tuvieron envidia... contra Aarón, el *s* 6918
106.47 para que alabemos tu *s* nombre, para 6944
111.9 para siempre... *s* y temible es su nombre 6918
116.15 los ojos de Jehová la muerte de sus *s* 2623
132.9 se vistan de justicia... regocijen tus *s* 2623
132.16 sus sacerdotes... *s* darán voces de júbilo 2623
138.2 postraré hacia tu *s* templo, y alabaré 2623
145.10 te alaben... obras, y tus *s* te bendigan 2623
145.21 bendigan su *s* nombre eternamente y para .. 6944
148.14 alábenle todos sus *s*... hijos de Israel 2623
149.1 alabanza... en la congregación de los *s* 2623
149.5 regocíjense... *s* por su gloria, y canten 2623
149.9 gloria será... para todos sus *s*... Aleluya 2623
Pr 2.8 es el que... preserva el camino de sus *s* 2623
30.3 ni aprendí... ni conozco la ciencia del *S* 6918
Ec 8.10 los que frecuentaban el lugar *s* fueron 6918
Is 1.4 dejaron... provocaron a ira al *S* de Israel 6918
4.3 y el que fuere dejado en... será llamado *s* 6918
5.16 el Dios *S* será santificado con justicia 6918
5.19 venga el consejo del *S* de Israel, para 6918
5.24 y abominaron la palabra del *S* de Israel 6918
6.3 voces, diciendo: *S*, *s*, *s*, Jehová de los 6918
6.13 tronco... así será el tronco, la simiente *s* 6944
10.17 su *S* por llama, que abrase y consuma en 6918
10.20 se apoyarán con verdad en Jehová, el *S* 6918
11.9 ni dañarán en todo mi *s* monte; porque la 6944
12.6 grande es en medio de ti el *S* de Israel 6918
17.7 y sus ojos contemplarán al *S* de Israel 6918
27.13 y adorarán a Jehová en el monte *s*, en 6944
29.19 los hombres se gozarán en el *S* de Israel 6918
29.23 santificarán al *S* de Jacob, y temerán 6918
30.11 y quitad de nuestra presencia al *S* de 6918
30.12 tanto, el *S* de Israel dice así: Porque 6918
30.15 dijo Jehová el Señor, el *S* de Israel 6918
31.1 y no miran al *S* de Israel, ni buscan a 6918
37.23 ¿contra quién... Contra el *S* de Israel 6918
40.25 ¿a qué, pues, me compararéis? dice el *S* 6918
41.14 yo soy... y el *S* de Israel es tu Redentor 6918
41.16 pero tú te gloriarás en el *S* de Israel 6918
41.20 la mano de Jehová... *S* de Israel lo creó 6918
43.3 Jehová... el *S* de Israel, soy tu Salvador 6918
43.14 dice Jehová, Redentor vuestro, el *S* de 6918
43.15 yo Jehová, *S* vuestro, Creador de Israel 6918
45.11 Jehová, el *S* de Israel, y su Formador 6918
47.4 Jehová de... es su nombre, el *S* de Israel 6918
48.2 porque de la *s* ciudad se nombran, y en 6944
48.17 dicho... el *S* de Israel: Yo soy Jehová 6918
49.7 ha dicho... el *S* suyo, al menospreciado 6918
49.7 fiel... el *S* de Israel, el cual te escogió 6918
52.1 vístete de poder... Jerusalén, ciudad *s* 6944
52.10 su *s* brazo ante los ojos de todas las 6944
54.5 tu Hacedor... tu Redentor, el *S* de Israel 6918
55.5 Dios, y del *S* de Israel que te ha honrado 6918
56.7 llevaré a mi *s* monte, y los recrearé en 6944
57.13 tendrá la tierra... y poseerá mi *s* monte 6944
57.15 así dijo el Alto... cuyo nombre es el *S* 6918
58.13 de hacer tu voluntad en mi día *s*, y lo 6944
58.13 y lo llamares delicia, *s*, glorioso de 6918
60.9 al nombre de Jehová tu Dios, y al *S* de 6918
60.14 llamarán Ciudad... Sion del *S* de Israel 6918
62.12 y les llamarán Pueblo *S*, Redimidos de 6944
63.10 mas ellos... hicieron enojar su *s* espíritu 6944
63.11 que puso en medio de ellos su *s* espíritu 6944
63.15 contempla desde tu *s* y gloriosa morada 6944
63.18 por poco tiempo lo poseyó tu *s* pueblo 6944
64.10 tus *s* ciudades están desiertas, Sion es 6944
65.5 no te acerques a mí... soy más *s* que tú 6942
65.11 que dejáis a... que olvidáis mi *s* monte 6944
65.25 ni harán mal en todo mi *s* monte, dijo 6944
66.20 traerán... en camellos, a mi *s* monte de 6944
Jer 2.3 *s* era Israel a Jehová, primicias de sus 6944
23.9 delante de Jehová, y... de sus *s* palabras 6944
25.30 Jehová... desde su morada *s* dará su voz 6944
31.23 te bendiga, oh morada de... oh monte *s* 6944
31.40 hasta la esquina de la... será *s* a Jehová 6944
50.29 se ensoberbeció, contra el *S* de Israel 6918
51.5 fue llena de pecado contra el *S* de Israel 6918
Ez 20.39 pero no profanéis más mi *s* nombre con 6944
20.40 en mi *s* monte... servirá toda la casa de 6944
22.26 *s* y lo profano no hicieron diferencia 6944
28.14 yo te puse en el *s* monte de Dios, allí 6944
36.20 profanaron mi *s* nombre, diciéndose de 6944
36.21 dolor al ver mi *s* nombre profanado por 6944
36.22 sino por causa de mi *s* nombre, el cual 6944
39.7 y haré notorio mi *s* nombre en medio de 6944
39.7 y nunca más dejaré profanar mi *s* nombre 6918
39.7 sabrán las... yo soy Jehová, el *S* en Israel 6918
39.25 y me mostraré celoso por mi *s* nombre 6944
42.13 cámaras *s* en las... comerán las *s* ofrendas ... 6944
42.13 pondrán las ofrendas *s*... el lugar es *s* 6944

S

42.14 entren, no saldrán del lugar s al atrio 6944
42.14 que allí dejarán sus vestiduras...son s........ 6944
43.7 nunca más profanará la casa...mi s nombre .. 6944
43.8 y ellos, han contaminado mi s nombre con 6944
44.8 establecido acerca de mis cosas s, sino 6944
44.13 ni se acercarán a...mis cosas s, a mis 6944
44.23 diferencia entre lo s y lo profano, y 6944
46.19 a las cámaras s de los sacerdotes, las 6944
48.10 la porción s que pertenecerá a los sacerdotes 6944
48.18 lo que quedare...delante de la porción s 6944
48.18 que será lo que quedará de la porción s 6944
48.21 a uno y otro lado de la porción s y de......... 6944
48.21 s será, y el santuario de la casa estará 6944
Dn 4.8 quien mora el espíritu de los dioses s 6922
4.9 que hay en ti espíritu de los dioses s 6922
4.13 aquí un vigilante y s descendía del cielo 6922
4.17 por dicho de los s la resolución, para 6922
4.18 mora en ti el espíritu de los dioses s 6922
4.23 un vigilante y s que descendía del cielo 6922
5.11 el cual mora el espíritu de los dioses s 6922
5.14 el espíritu de los dioses s está en ti
7.18 recibirán el reino los s del Altísimo 6922
7.21 hacía guerra contra los s, y los vencía 6922
7.22 y se dio el juicio a los S del Altísimo 6922
7.22 el tiempo, y los s recibieron el reino 6922
7.25 s del Altísimo quebrantará, y pensará en 6922
7.27 sea dado al pueblo de los s del Altísimo 6922
8.13 s que hablaba, y otro de los s preguntó 6918
8.24 destruirá...fuertes y al pueblo de los s 6918
9.16 apártese...tu furor de sobre...tu s monte 6944
9.20 derramaba mi ruego...por el monte s de mi... 6944
9.24 están determinadas...y sobre tu s ciudad 6944
9.24 sellar la visión...y ungir al S de los s 6944
11.28 su corazón será contra el pacto s; hará 6944
11.30 y se enojará contra el pacto s, y hará 6944
11.30 y se...con los que abandonen el s pacto 6944
11.45 entre los mares y el monte glorioso y s 6944
12.7 la dispersión del poder del pueblo s 6944
Os 11.9 el S en medio de ti; y no entraré en 6918
11.12 Judá aún gobierna...y es fiel con los s 6918
Jl 2.1 y dad alarma en mi s monte; tiemblen 6944
3.17 en Sion, mi s monte; y Jerusalén será s 6944
Am 2.7 pisotean en el...profanando mi s nombre 6944
Abd 16 de la manera...bebisteis en mi s monte......... 6944
17 será s, y la casa de Jacob recuperará sus 6944
Jon 2.4 desechado soy de...aún veré tu s templo 6944
2.7 mi oración llegó hasta ti en tu s templo 6944
Mi 1.2 el Señor desde su s templo, sea testigo 6944
Hab 1.12 ¿no eres tú desde el principio...S mío? 6918
2.20 mas Jehová está en su s templo; calle........... 6944
3.3 Dios vendrá...el S desde el monte de Parán 6918
Sof 3.11 nunca...ensoberbecerás en mi s monte 6944
Zac 2.12 Jehová poseerá a Judá...en la tierra s 6944
2.13 porque él se ha levantado de su s morada 6944
14.5 vendrá...mi Dios, y con él todos los s 6418
Mt 1.20 lo que en ella es...del Espíritu S es 40
1.18 María...había concebido del Espíritu S 40
3.11 él os bautizará en Espíritu S y fuego 40
4.5 diablo le llevó a la s ciudad, y le puso 40
7.6 **no deis lo s a los perros, ni...los cerdos** 40
12.32 **al que hable contra el Espíritu S, no** 40
24.15 **veáis en el lugar s la abominación** 40
25.31 **todos los s ángeles con él, entonces se** 40
27.52 de s que habían dormido, se levantaron 40
27.53 vinieron a la s ciudad, y aparecieron 40
28.19 **del Padre, y del Hijo, y del Espíritu S** 40
Mr 1.8 pero él os bautizará con Espíritu S 40
1.24 para destruirnos? Sé quien eres, el S de 40
3.29 **blasfeme contra el Espíritu S, no tiene** 40
6.20 Juan, sabiendo que era varón justo y s........... 40
8.38 **venga en la gloria...con los s ángeles** 40
12.36 **el mismo David dijo por el Espíritu S** 40
13.11 **no sois vosotros...sino el Espíritu S** 40
Lc 1.15 será lleno del Espíritu S, aun desde 40
1.35 dijo: El Espíritu S vendrá sobre ti, y 40
1.35 el S Ser que nacerá, será llamado Hijo........... 40
1.41 y Elisabet fue llena del Espíritu S 40
1.49 ha hecho grandes cosas...s es su nombre......... 40
1.67 Zacarías su padre...lleno del Espíritu S 40
1.70 como habló por boca de sus s profetas........... 40
1.72 misericordia...y acordarse de su s pacto 40
2.23 que abriere la matriz será llamado s al 40
2.25 Simeón...y el Espíritu S estaba sobre él 40
2.26 había sido revelado por el Espíritu S 40
3.16 él os bautizará en Espíritu S y fuego............. 40
3.22 y descendió el Espíritu S sobre él en 40
4.1 Jesús, lleno del Espíritu S, volvió del 40
4.34 yo te conozco quién eres, el S de Dios............ 40
9.26 **y en la del Padre, y de los s ángeles** 40
11.13 **¿cuánto más...dará el Espíritu S a los** 40
12.10 **blasfemare contra el Espíritu S, no le** 40
12.12 **porque el Espíritu S os enseñará en la** 40
Jn 1.33 es el que bautiza con el Espíritu S............... 40
7.39 pues aún no había venido el Espíritu S............ 40
11.48 y destruirán nuestro lugar s y nuestra
14.26 **el Espíritu S, a quien el Padre enviará** 40
17.11 **Padre s...que me has dado, guárdalos en** 40
20.22 **sopló, y les dijo: Recibid el Espíritu S**........... 40
Hch 1.2 dado mandamiento por el Espíritu S a 40
1.5 **bautizados con el Espíritu S dentro de no**......... 40
1.8 **haya venido sobre vosotros el Espíritu S**.......... 40
1.16 que el Espíritu S habló antes por boca 40
2.4 y fueron todos llenos del Espíritu S, y 40
2.27 ni permitirás que tu S vea corrupción 3741
2.33 recibido...la promesa del Espíritu S, ha 40
2.38 dijo...recibiréis el don del Espíritu S.............. 40
3.14 mas vosotros negasteis al S y al Justo............ 40
3.21 que habló Dios por boca de sus s profetas 40
4.8 entonces Pedro, lleno del Espíritu S, les........... 40
4.27 se unieron en...contra tu s Hijo Jesús............ 40
4.30 mediante el nombre de tu s Hijo Jesús 40
4.31 fueron llenos del Espíritu S, y hablaban.......... 40
5.3 mintieses al Espíritu S, y sustrajeses del 40
5.32 también el Espíritu S, el cual ha dado........... 40
6.3 a siete varones de...llenos del Espíritu S.......... 40
6.5 a Esteban, varón lleno...del Espíritu S 40
6.13 de hablar...contra este lugar s y contra 40
7.33 porque el lugar en que estás es tierra s 40
7.51 vosotros resistís siempre al Espíritu S 40
7.55 Esteban, lleno del Espíritu S, puestos 40
8.15 oraron...para que recibiesen el Espíritu S....... 40
8.17 les imponían...y recibían el Espíritu S........... 40
8.18 daba el Espíritu S, les ofreció dinero............. 40
8.19 impusiere las manos reciba el Espíritu S......... 40
9.13 males ha hecho a tus s en Jerusalén 40
9.17 la vista y seas lleno del Espíritu S................ 40
9.31 iglesias...fortalecidas por el Espíritu S 40
9.32 también a los s que habitaban en Lida 40
9.41 él, llamando a los s...la presentó viva............ 40
10.22 ha recibido instrucciones de un s ángel......... 40
10.38 cómo Dios ungió con el Espíritu S y con 40
10.44 el Espíritu S cayó sobre todos los que........... 40
10.45 los gentiles se derramase el...Espíritu S 40
10.47 han recibido el Espíritu S también como......... 40
11.15 cayó el Espíritu S sobre ellos también 40
11.16 **seréis bautizados con el Espíritu S** 40
11.24 era varón bueno, y lleno del Espíritu S.......... 40
13.2 el Espíritu S: Apartadme a Bernabé y a.......... 40
13.4 enviados por el Espíritu S, descendieron......... 40
13.9 Pablo, lleno del Espíritu S, fijando en 40
13.35 no permitirás que tu S vea corrupción.......... 40
13.52 estaban llenos de gozo y del Espíritu S.......... 40
15.8 dándoles el Espíritu S lo mismo que a............ 40
15.28 porque ha parecido bien al Espíritu S 40
16.6 fue prohibido por el Espíritu S hablar la.......... 40
19.2 dijo: ¿Recibisteis el Espíritu S cuando............ 40
19.2 ni siquiera hemos oído si hay Espíritu S 40
19.6 sobre ellos el Espíritu S; y hablaban en 40
20.23 salvo que el Espíritu S...da testimonio........... 40
20.28 el rebaño en que el Espíritu S os ha.............. 40
21.11 esto dice el Espíritu S: Así atarán los 40
21.28 a griegos...y ha profanado este s lugar.......... 40
26.10 encerré en cárceles a muchos de los s 40
28.25 bien habló el Espíritu S por medio del 40
Ro 1.2 él había prometido...en las s Escrituras 40
1.7 los que estáis en Roma...llamados a ser s.......... 40
5.5 ha sido derramado en...por el Espíritu S 40
7.12 la ley...es s, y el mandamiento s, justo 40
8.27 la voluntad de Dios intercede por los s............ 40
9.1 digo...me da testimonio en el Espíritu S 40
11.16 si las primicias son s...si la raíz es s 40
12.1 en sacrificio vivo, s, agradable a Dios............ 40
12.13 compartiendo...las necesidades de los s......... 40
14.17 justicia, paz y gozo en el Espíritu S 40
15.13 llene de...por el poder del Espíritu S 40
15.16 ofrenda...santificada por el Espíritu S 40
15.25 voy a Jerusalén para ministrar a los s 40
15.26 para los pobres que hay entre los s que.......... 40
15.31 que la ofrenda...a los s en Jerusalén 40
16.2 la recibáis en...como es digno de los s 40
16.15 saludad...a Olimpas y a todos los s que.......... 40
16.16 saludaos los unos a los...con ósculo s 40
1 Co 1.2 llamados a ser s con todos los que 40
3.17 el templo...el cual sois vosotros, s es............. 40
6.1 de los injustos, y no delante de los s?............. 40
6.2 ¿o no sabéis que los s han de juzgar al............ 40
6.19 vuestro cuerpo es templo del Espíritu S.......... 40
7.14 hijos serían inmundos...que ahora son s.......... 40
7.34 ser s así en cuerpo como en espíritu.............. 40
12.3 a Jesús Señor, sino por el Espíritu S 40
14.33 como en todas las iglesias de los s 40
16.1 cuanto a la ofrenda para los s, haced............. 40
16.15 se han dedicado al servicio de los s 40
16.20 saludaos los unos a los...con ósculo s........... 40
2 Co 1.1 todos los s que están en toda Acaya............. 40
6.6 longanimidad, en bondad, en el Espíritu S 40
8.4 participar en este servicio para los s.............. 40
9.1 cuanto a la ministración para los s, es 40
9.12 no solamente suple lo que a los s falta 40
13.12 saludaos unos a otros con ósculo s............... 40
13.13 todos los s os saludan............................. 40
13.14 y la comunión del Espíritu S sean con 40
Ef 1.1 a los s y fieles en Cristo Jesús que están en......... 40
1.4 que fuésemos s y sin mancha delante de él.......... 40
1.13 fuisteis sellados con el Espíritu S de 40
1.15 y de vuestro amor para con todos los s 40
1.18 las riquezas de...de su herencia en los s 40
2.19 conciudadanos de los s, y miembros de la........ 40
2.21 va creciendo para ser un templo s en el 40
3.5 como ahora es revelado a sus s apóstoles.......... 40
3.8 menos que el más pequeño de todos los s 40
3.18 capaces de comprender con todos los y........... 40
4.12 a fin de perfeccionar a los s para la 40
4.30 y no contristéis al Espíritu S de Dios 40
5.3 ni aun se nombre entre...como conviene a s 40
5.27 una iglesia...que fuese s y sin mancha............ 40
6.18 con toda perseverancia...por todos los s 40
Fil 1.1 Pablo...a todos los s en Cristo Jesús 40
4.21 saludad a todos los s en Cristo Jesús.............. 40
4.22 todos los s os saludan, y especialmente 40
Col 1.2 los s y fieles hermanos en Cristo que............. 40
1.4 oído...del amor que tenéis a todos los s 40
1.12 para participar de la herencia de los s............ 40
1.22 para presentaros s y...e irreprensibles 40
1.26 que ahora ha sido manifestado a sus s............ 40
3.12 como escogidos de Dios, s y amados, de........... 40
1 Ts 1.5 en poder, en el Espíritu S y en plena............. 40
1.6 gran tribulación, con gozo del Espíritu S.......... 40
2.10 vosotros sois testigos...cuan s, justa 3743
3.13 la venida de...Jesucristo con todos sus s 40
4.8 Dios, que también nos dio su Espíritu S 40
5.26 saludad a todos los hermanos...ósculo s 40
5.27 esta carta se lea a todos los s hermanos 40
2 Ts 1.10 para ser glorificado en sus s y ser.............. 40
1 Ti 2.8 en todo lugar, levantando manos s 3741
5.10 si ha lavado los pies de los s; si ha 40
2 Ti 1.9 nos salvó y llamó con llamamiento s 40
1.14 guarda el...depósito por el Espíritu S............ 40
Tit 1.8 sobrio, justo, s, dueño de sí mismo 3741
3.5 y por la renovación en el Espíritu S................. 40
Flm 5 oigo del amor y...para con todos los s............... 40
7 han sido confortados los corazones de los s 40
He 2.4 y repartimientos del Espíritu S según............... 40
3.1 por tanto, hermanos s, participantes del 40
3.7 como dice el Espíritu S: Si oyereis hoy 40
6.4 fueron hechos partícipes del Espíritu S 40
6.10 habiendo servido a los s y sirviéndoles........... 40
7.26 s, inocente, sin mancha, apartado de los....... 3741
9.2 en la primera parte, llamada el Lugar S 39
9.8 dando el Espíritu S a entender con esto 40
10.15 y nos atestigua lo mismo el Espíritu S........... 40
13.24 saludad a vuestros pastores, y a...los s 40
1 P 1.12 os han predicado...por el Espíritu S 40
1.15 aquel que os llamó es s, sed también...s......... 40
1.16 escrito está: Sed s, porque yo soy s............... 40
2.5 sed edificados como casa...y sacerdocio s 40
2.9 sois...nación s, pueblo adquirido por Dios 40
3.5 se ataviaban en otro tiempo...s mujeres 40
2 P 1.18 oímos esta voz...con él en el monte s............ 40
1.21 los s hombres de Dios hablaron siendo 40
1.21 hablaron...inspirados por el Espíritu S........... 40
2.21 volverse atrás del s mandamiento que les........ 40
3.2 las palabras...dichas por los s profetas............ 40
3.11 no...andar en s y piadosa manera de vivir........ 40
1 Jn 2.20 tenéis la unción del S, y conocéis............... 40
5.7 tres...el Padre, el Verbo y el Espíritu S 40
Jud 3 la fe que ha sido una vez dada a los s................ 40
14 vino el Señor con...s decenas de millares 40
20 santísima fe, orando en el Espíritu S 40
Ap 3.7 **esto dice el S, el Verdadero, el que** 40
4.8 noche de decir: S, s, s es el Señor Dios............. 40
5.8 incienso, que son las oraciones de los s 40
6.10 ¿hasta cuándo, Señor, s y verdadero, no 40
8.3 para añadirlo a las oraciones de...los s............ 40
8.4 el humo del...con las oraciones de los s........... 40
11.2 y ellos hollarán la ciudad s 42 meses 40
11.18 de dar el galardón a...los s, y a los 40
13.7 le permitió hacer guerra contra los s 40
13.10 aquí está la paciencia y la fe de los s............ 40
14.10 atormentado...delante de los s ángeles.......... 40
14.12 aquí está la paciencia de los s, los 40
15.3 verdaderos, tus caminos, Rey de los s............. 40
15.4 sólo tú eres s, por lo cual todas las 3741
16.5 el S, porque has juzgado estas cosas
16.6 derramaron la sangre de los s y de los............ 40
17.6 a la mujer ebria de la sangre de los s 40
18.20 alégrate sobre...cielo, y vosotros, s 40
18.24 en ella se halló la sangre...de los s 40
19.8 el lino fino es las acciones...de los s 40
20.6 bienaventurado y s el que tiene parte............. 40
20.9 rodearon el campamento de los s y la ciudad amada... 40
21.2 y yo Juan vi la s ciudad, la...Jerusalén........... 40
21.10 mostró la gran ciudad s de Jerusalén............ 40
22.11 y el que es s, santifíquese todavía 37
22.19 de la s ciudad y de las cosas que están........... 40

SANTUARIO

Éx 15.17 en el s que tus manos...han afirmado 4720
25.8 harán un s para mí, y habitaré en medio 4720
28.29 llevará Aarón los...cuando entre en el s
28.35 y se oirá su...cuando él entre en el s
28.43 acerquen al altar para servir en el s
29.30 cuando venga al...para servir en el s
30.13 medio siclo, conforme al siclo del s 6944
30.24 casia quinientos, según el siclo del s.......... 6944
31.11 aceite...el incienso aromático para el s
35.19 las vestiduras...para ministrar en el s
36.1 hacer toda la obra del servicio del s 6944
36.3 para la obra del servicio del s, a fin 6944
36.4 maestros que hacían toda la obra del s 6944
36.6 ni mujer haga más para la ofrenda del s 6944
38.24 el oro empleado en...toda la obra del s
38.24 oro...730 siclos, según el siclo del s 6944
38.25 la plata...1.775 siclos...el siclo del s 6944
38.26 medio siclo por...según el siclo del s 6944
38.27 fundir las basas del s y las basas del 6944
39.1,41 vestiduras...para ministrar en el s
Lv 4.6 rociará de...sangre...hacia el velo del s 6944
5.15 en siclos de plata del siclo del s, en 6944
6.30 metiere...para hacer expiación en el s
10.4 sacad a vuestros hermanos de delante...s...... 6944
10.18 la sangre no fue llevada dentro del s
12.4 ni vendrá al s, hasta...cumplidos los días...... 4720
14.13 donde se degüella el...en el lugar del s
16.2 no en todo tiempo entre en el s detrás
16.3 con esto entrará Aarón en el s: con un
16.16 así purificará el s, a causa de las
16.17 él entre a hacer la expiación en el s
16.20 cuando hubiere acabado de expiar el s
16.23 que había vestido para entrar en el s
16.24 lavará luego su cuerpo...el lugar del s
16.27 sangre fue llevada al s para hacer la

16.33 hará la expiación por el *s* santo, y el 4720
19.30 mi *s* tendréis en reverencia... Yo Jehová 4720
20.3 contaminando mi *s* y profanando mi santo 4720
21.12 ni saldrá del *s*, ni profanará el *s* de 4720
21.23 no profane mi *s*, porque yo Jehová soy 4720
26.2 y tened en reverencia mi *s*... Yo Jehová 4720
26.31 asolaré vuestros *s*... y no oleré... perfume 4720
27.3 lo estimarás en... según el siclo del *s* 6944
27.25 y todo... será conforme al siclo del *s* 6944
Nm 3.28 varones... que tenían la guarda del *s* 6944
3.31 los utensilios del *s* con que ministran 6944
3.32 jefe de los que tienen la guarda del *s* 6944
3.38 teniendo la guarda del *s* en lugar de los 4720
3.47 conforme al siclo del *s* los tomarás 6944
3.50 recibió de los... conforme al siclo del *s* 6944
4.12 los utensilios... de que hacen uso en el *s* 6944
4.15 de cubrir el *s* y... los utensilios del *s* 6944
4.16 el cargo de... del *s* y de sus utensilios 6944
7.9 llevaban sobre sí en... el servicio del *s* 6944
7.13,19,25,31,37,43,49,55,61,67,73,79 jarro...
de 70 siclos, al siclo del *s* 6944
7.85 la plata... 2.400 siclos, al siclo del *s* 6944
7.86 las doce cucharas de oro... al siclo del *s* 6944
8.19 al acercarse los hijos de Israel al *s* 6944
10.21 a marchar los coatitas llevando el *s* 4720
18.1 tú y tus hijos... llevaréis el pecado del *s* 4720
18.5 tendréis el cuidado del *s*, y el cuidado 6944
18.10 en el *s* la comerás; todo varón comerá
18.16 conforme al siclo del *s*, que es de 20 6944
28.7 libación de vino superior ante... en el *s*
31.6 fue a la guerra con los vasos del *s*, y
Jos 24.26 debajo de la encina... junto al *s* de 4720
1 R 6.21 y cerró la entrada del *s* con cadenas 1687
6.31 entrada del *s* hizo puertas de madera de 1687
8.6 metieron el arca... en el *s* de la casa, en 1687
8.10 cuando los sacerdotes salieron del *s*, la
1 Cr 9.29 tenían el cargo de... utensilios del *s* 6944
22.19 y levantaos, y edificad el *s* de Jehová 4720
23.32 para que tuviesen... y la guarda del *s*
24.5 príncipes del *s*, y... de la casa de Dios 6944
28.10 edifiques casa para el *s*; esfuérzate 4720
29.3 cosas... he preparado para la casa del *s*
2 Cr 3.16 hizo... cadenas en el *s*, y las puso 1687
5.5 llevaron... y todos los utensilios del *s*
5.7 metieron el arca... en el *s* de la casa, en 1687
5.11 y cuando los sacerdotes salieron del *s*
20.8 y te han edificado en ella *s* a tu nombre 4720
26.18 sal del *s*, porque has prevaricado, y no 4720
27.2 salvo que no entró en el *s* de Jehová
29.5 santificad... y sacad del *s* la inmundicia
29.7 ni sacrificaron holocausto en el *s* al
29.21 expiación por el... por el *s* y por Judá 4720
30.8 someteos a Jehová, y venid a su *s*, el 4720
30.19 según los ritos de purificación del *s* 6944
30.27 oración llegó a la habitación de su *s*
35.5 estad en el *s* según la distribución de
36.17 mató a... sus jóvenes en la casa de su *s* 4720
Esd 9.8 para darnos un lugar seguro en su *s*
Neh 10.39 allí estarán los utensilios del *s* 4720
Sal 20.2 envíe ayuda desde el *s*, y desde Sion 6944
46.4 Dios, el *s* de las moradas del Altísimo
60.6 Dios ha dicho en su *s*: Yo me alegraré 6944
63.2 para ver tu... como te he mirado en el *s* 6944
68.17 carros... el Señor viene del Sinaí a su *s*
68.24 vieron tus caminos, oh Dios... en el *s* 6944
68.35 temible eres, oh Dios, desde tus *s*; el
73.17 entrando en el *s* de Dios comprendí el 4720
74.3 el mal que el enemigo ha hecho en el *s* 6944
74.7 han puesto a fuego tu *s*, han profanado 4720
78.69 edificó... *s* a manera de eminencia, como 4720
96.6 delante de él; poder y gloria en su *s* 4720
102.19 miró desde lo alto de su *s*; Jehová 6944
108.7 Dios ha dicho en su *s*: Yo me alegraré 6944
114.2 vino a ser su *s*, e Israel su señorío 6944
134.2 alzad vuestras manos al *s*, y bendecid 6944
150.1 alabad a Dios en su *s*; alabadle en la 6944
Is 8.14 él será por *s*; pero a las dos casas de 4720
16.12 cuando... Moab... venga a su *s* a orar, no 4720
43.28 yo profané los príncipes del *s*, y puse 6944
60.13 decorar el lugar de mi *s*; y yo honraré 4720
62.9 sino... lo beberán en los atrios de mi *s* 6944
63.18 nuestros enemigos han hollado tu *s* 6944
64.11 casa de nuestro *s* y de nuestra gloria
Jer 17.12 trono de gloria... lugar de nuestro *s* 4720
51.51 vinieron extranjeros contra los *s* de 4720
Lm 1.10 visto entrar en su *s* a las naciones 4720
2.7 desechó el Señor... altar, menospreció su *s* 4720
2.20 ¿han de ser muertos en el *s* del Señor 4720
4.1 las piedras del *s* están esparcidas por 6944
Ez 5.11 por haber profanado mi *s* con todas tus 4720
7.24 haré cesar la... sus *s* serán profanados
8.6 Israel hace aquí para alejarme de mi *s*? 4720
9.6 matad a viejos... y comenzaréis por mi *s* 4720
11.16 seré... *s* en las tierras adonde lleguen 4720
21.2 palabra sobre los *s*, y profetiza contra
22.8 *s* menospreciaste, y mis días de reposo
22.26 sacerdotes... contaminaron mis *s*; entre
23.38 aun esto... hicieron: contaminaron mi *s* 4720
23.39 en mi *s* el mismo día para contaminarlo 4720
24.21 yo profano mi *s*, la gloria de vuestro 4720
25.3 cuando mi *s* era profanado, y la tierra 4720
28.18 y con la iniquidad de... profanaste tu *s* 4720
37.26 pondré mi *s* entre ellos para siempre 4720
37.28 estando mi *s* en medio de ellos para 4720
41.21 el frente del *s* era como el otro frente 6944
41.23 el templo y el *s* tenían dos puertas 6944
42.20 para hacer separación entre el *s* y el 6944
43.21 y lo quemarás conforme a... fuera del *s* 4720
44.1 me hizo volver hacia la puerta... del *s* 4720
44.5 pon atención... todas las salidas del *s* 4720
44.7 traer extranjeros... para estar en mi *s*
44.8 como guardas de las ordenanzas en mi *s* 4720
44.9 ningún hijo de extranjero... entrará en... *s* 4720
44.11 servirán en mi *s* como porteros a las 4720
44.15 guardaron el ordenamiento del *s* cuando 4720
44.16 entrarán en mi *s*, y se acercarán a mi 4720
44.19 las dejarán en las cámaras del *s*, y se
44.27 día que entre al *s*, al atrio interior 6944
44.27 día que entre... para ministrar en el *s* 6944
45.2 para el *s* quinientas cañas de longitud 6944
45.3 lo cual estará el *s* y el lugar santísimo 4720
45.4 para los sacerdotes, ministros del *s* 4720
45.4 casas, y como recinto sagrado para el *s* 4720
45.6,7 delante de lo que se apartó para el *s*
45.7 junto a lo que se apartó para el *s*, de
45.18 tomarás, un becerro... purificarás el *s* 4720
47.12 sus aguas salen del *s*; y su fruto será 4720
48.8 del mar; y el *s* estará en medio de ella 4720
48.10 el *s* de Jehová estará en medio de ella 4720
48.20 reservaréis como porción para el *s*, y
48.21 el *s* de la casa estará en medio de ella 4720
Dn 8.11 el lugar de su *s* fue echado por tierra 4720
8.13 entregando el *s* y el ejército para ser 6944
8.14 hasta 2.300... luego el *s* será purificado 6944
9.17 rostro resplandezca sobre tu *s* asolado 4720
9.26 ha de venir destruirá la ciudad y el *s* 6944
11.31 tropas... profanarán el *s* y la fortaleza 4720
Am 7.9 y los *s* de Israel serán asolados, y me 4720
7.13 Bet-el, porque es *s* del rey, y capital 4720
Sof 3.4 sacerdotes contaminaron el *s*... la ley 6944
Mal 2.11 Judá ha profanado el *s* de Jehová que 6944
Lc 1.9 el incienso, entrando en el *s* del Señor *3485*
1.21 extrañaba de que él se demorase en el *s* *3485*
1.22 comprendieron que... visto visión en el *s* *3485*
Hch 17.23 mirando vuestros *s*, hallé... un altar
He 8.2 ministro del *s*, y de... tabernáculo que *39*
9.1 aun el primer pacto tenía... un *s* terrenal *39*
9.24 no entró Cristo en el *s* hecho de mano
13.11 cuya sangre... es introducida en el *s* por *39*

SAÑA
Jer 25.38 asolada fue... por el furor de su *s* 639

SAQUEADO *Véase Saquear*

SAQUEADOR
2 R 17.20 y los entregó en manos de *s*, hasta 8154
Is 42.24 ¿quién dio a... entregó a Israel a *s* 962
Nah 2.2 porque *s* los saquearon, y estropearon 1238

SAQUEAR
Gn 34.27 y *saquearon* la ciudad, por cuanto 962
1 S 14.36 los *saquearemos* hasta la mañana, y 962
14.48 libró... de mano de los que lo *saqueaban* 8154
17.53 y volvieron... y *saquearon* su campamento 8155
1 R 14.26 tomó los tesoros... y lo *saqueó* todo
2 R 7.16 pueblo salió, y *saqueó* el campamento 962
15.16 Manahem *saqueó* a Tifsa... la *s* porque no 5221
2 Cr 14.14 *saquearon* todas las ciudades... botín 962
Sal 44.10 nos *saquean*... los que nos aborrecen 8154
89.41 lo *saquean* todos los que pasan por el 8155
109.11 apodere... extraños *saqueen* su trabajo 962
Pr 24.15 no aceches a la... no *saquees* su cámara 7703
Is 10.13 y *saqueé* sus tesoros, y derribé como 8154
11.14 *saquearán*... los de oriente: Edom y Moab 962
13.16 sus casas serán *saqueadas*, y violadas 8155
17.14 es... la suerte de los que nos *saquean* 8154
24.3 la tierra será... completamente *saqueada* 962
33.1 tí, que saqueas, y nunca fuiste *saqueado* 7703
33.1 acabes de saquear, serás tú *saqueado* 7703
42.22 mas este es pueblo *saqueado* y pisoteado 8154
Jer 20.5 *saquearán*... y los llevarán a Babilonia 962
50.10 todos los que la *saquearen* se saciarán 7998
50.37 contra sus tesoros, y serán *saqueados* 962
Ez 7.21 la entregué para ser *saqueada*, y será 7998
19.7 *saqueó* fortalezas, y asoló ciudades; y la
25.7 y te entregaré a las... para ser *saqueada* 957
26.5 dice... y será *saqueada* por las naciones 957
26.12 *saquearán* tus mercaderías; arruinarán 7997
Os 13.15 *saqueará* el tesoro de todas... alhajas 8154
Am 3.11 vendrá... tus palacios serán *saqueados* 962
Nah 2.2 porque *saqueadores* los saquearon, y 1238
2.9 *saquead* plata, *s* oro; no hay fin de las 962
Sof 1.13 serán *saqueados* sus bienes, y... casas
2.4 *saquearán* a Asdod en pleno día, y Ecrón 1644
2.9 el remanente de mi pueblo los *saqueará* 7998
Zac 14.2 *saqueadas* las casas, y violadas las 8155
Mt 12.29 **¿cómo puede... y *saquear* sus bienes, si** *1283*
12.29 **ata? Y entonces podrá *saquear* su casa** *1283*
Mr 3.27 **puede entrar en... y *saquear* sus bienes** *1283*
3.27 **le ata, y entonces podrá *saquear* su casa** *1283*

SAQUÍAS *Descendiente de Benjamín*, 1 Cr 8.10 .. 7634

SARA *Mujer de Abraham (=Sarai)*
Gn 17.15 a Sarai tu mujer... *S* será su nombre 8297
17.17 ¿y *S*, ya de 90 años, ha de concebir? 8283
17.19 *S* tu mujer te dará a luz un hijo... Isaac 8283
17.21 el que *S* te dará a luz por este tiempo 8283
18.6 Abraham fue de prisa a la tienda a *S*, y 8283
18.9 y le dijeron: ¿Dónde está *S* tu mujer? 8283
18.10 he aquí que *S* tu mujer tendrá un hijo 8283
18.10 *S* escuchaba a la puerta de la tienda 8283
18.11 y Abraham y *S* eran... de edad avanzada 8283
18.11 *S* le había cesado ya la costumbre de 8283
18.12 se rió, pues, *S* entre sí, diciendo 8283
18.13 ¿por qué se ha reído *S* diciendo: ¿Será 8283
18.14 y según el tiempo de... *S* tendrá un hijo 8283
18.15 entonces *S* negó, diciendo: No me reí 8283
20.2 y dijo Abraham de *S* su... Es mi hermana 8283
20.2 Abimelec rey de Gerar envió y tomó a *S* 8283
20.14 a Abraham, y le devolvió a *S* su mujer 8283
20.16 a *S* dijo: He aquí he dado mil monedas 8283
20.18 de la casa de Abimelec, a causa de *S* 8283
21.1 visitó Jehová a *S*, como había dicho, e 8283
21.1 e hizo Jehová con *S* como había hablado 8283
21.2 *S* concibió y dio a Abraham un hijo en 8283
21.3 de su hijo... que le dio a luz *S*, Isaac 8283
21.6 entonces dijo *S*: Dios me ha hecho reír 8283
21.7 que *S* habría de dar de mamar a hijos? 8283
21.9 y vio *S* que el hijo de Agar la egipcia 8283
21.12 en todo lo que te dijere *S*, oye su voz 8283
23.1 la vida de *S* 127 años... de la vida de *S* 8283
23.2 murió *S* en Quiriat-arba, que es Hebrón 8283
23.2 y vino Abraham a hacer duelo por *S*, y a 8283
23.19 después... sepultó Abraham a *S* su mujer 8283
24.36 y *S*, mujer de mi amo, dio a luz en su 8283
24.67 y la trajo Isaac a la tienda de su... *S* 8283
25.10 fue sepultado Abraham, y *S* su mujer 8283
25.12 le dio a luz Agar egipcia, sierva de *S* 8283
49.31 sepultaron a Abraham, y a *S* su mujer 8283
Is 51.2 mirad a Abraham... *S* que os dio a luz 8283
Ro 4.19 o la esterilidad de la matriz de *S* *4564*
9.9 este tiempo vendré, y *S* tendrá un hijo *4564*
He 11.11 por la fe también... *S*, siendo estéril *4564*
1 P 3.6 como *S* obedecía a Abraham, llamándole *4564*

SARAF *Descendiente de Judá*, 1 Cr 4.22 8315

SARAI
1. Mujer de Abraham (=Sara)
Gn 11.29 nombre de la mujer de Abram era *S* 8297
11.30 mas *S* era estéril, y no tenía hijo 8297
11.31 y a *S* su nuera, mujer de Abram su hijo 8297
12.5 tomó... Abram a *S* su mujer, y a Lot hijo 8297
12.11 a *S* su mujer: He aquí, ahora conozco 8297
12.17 Jehová hirió a Faraón... por causa de *S* 8297
16.1 *S* mujer de Abram no le daba hijos; y 8297
16.2 entonces *S* a Abram: Ya ves que Jehová 8297
16.2 te ruego... Y atendió Abram al ruego de *S* 8297
16.3 *S* mujer de Abram tomó a Agar su sierva 8297
16.5 entonces *S* dijo a Abram: Mi afrenta sea 8297
16.6 respondió Abram a *S*... tu sierva está en 8297
16.6 *S* la afligía, ella huyó de su presencia 8297
16.8 Agar, sierva de *S*, ¿de dónde vienes tú 8297
16.8 y ella... Huyo de delante de *S* mi señora 8297
17.15 a *S* tu mujer no la llamarás *S*, mas Sara 8297
2. Uno de los que se casaron con extranjeras en tiempo de Esdras, Esd 10.40 8298,8297

SARAR *Padre de Ahíam*, 2 S 23.33 8325

SARCASMO
Hab 2.6 ¿no han de levantar... y *s* contra él? 4426

SÁRDICA
Éx 28.17 hilera de una piedra *s*, un topacio 124

SARDIO
Éx 39.10 la primera hilera era un *s*, un topacio 124

SARDIS *Ciudad en la provincia romana de Asia*
Ap 1.11 **envíalo a... *S*, Filadelfia y Laodicea** *4354*
3.1 **escribe al ángel de la iglesia en *S*: El** *4354*
3.4 **tienes unas pocas personas en *S* que no** *4354*

SAREPTA *Ciudad fenicia cerca de Sidón*
1 R 17.9 vete a *S* de Sidón, y mora allí; he 6886
17.10 entonces él se levantó y se fue a *S* 6886
Abd 20 cautivos... de Israel poseerán... hasta *S* 6886
Lc 4.26 **sino a una mujer viuda en *S* de Sidón** *4558*

SARETÁN *Ciudad en el valle del Jordán*
Jos 3.16 la ciudad de Adam... está al lado de *S* 6891
1 R 4.12 toda Bet-seán, que está cerca de *S* 6891
7.46 lo hizo fundir el rey... entre Sucot y *S* 6891

SAREZER
1. Hijo y asesino de Senaquerib, 2 R 19.37; Is 37.38 8272
2. Uno enviado de parte del pueblo de Bet-el, Zac 7.2 8272

SARGÓN *Sargón II, rey de Asiria y Babilonia*, Is 20.1 5623

SARID *Población en la frontera de Zabulón*, Jos 19.10,12 8301

SARMIENTO
Gn 40.10 y en la vid tres *s*; y ella... brotaba 8299
40.12 le dijo José... los tres *s* son tres días 8299
Nm 13.23 cortaron un *s* con un racimo de uvas 2156
Sal 80.10 su sombra, y con sus *s* los cedros 6057
Is 16.8 naciones pisotearon sus generosos *s* 8291
17.10 sembrarás plantas... plantarás *s* extraño 2156
Jer 2.21 te me has vuelto *s* de vid extraña? 5494
6.9 vuelve tu... como vendimiador entre los *s* 5552
48.32 tus *s* pasaron el mar, llegaron hasta 5189
Ez 15.2 es el *s* entre los árboles del bosque? 2156
17.6 que se hizo una vid, y arrojó *s* y echó 905
19.11 vista por causa de... multitud de sus *s* 1808

SARNA
Lv 21.20 tenga nube... que tenga *s*, o empeine 1618
Dt 28.27 Jehová te herirá... *s*, y con comezón 1618
Job 2.7 hirió a Job con una *s* maligna desde la 7451

SARNOSO
Lv 22.22 *s* o roñoso, no ofreceréis... a Jehová 3217

SARÓN *Llanura feraz en el occidente de Palestina*
Jos 12.18 rey de Afee, otro; el rey de *S*, otro 8289
1 Cr 5.16 habitaron... en todos los ejidos de *S* 8289

S

27.29 del ganado que pastaba en *S*, Sitrai 8289
Cnt 2.1 yo soy la rosa de *S*, y el lirio de los 8289
Is 33.9 *S* se ha vuelto como desierto, y Basán 8289
35.2 dada, la hermosura del Carmelo y de *S* 8289
65.10 será *S* para habitación de ovejas, y el 8289
Hch 9.35 vieron todos los que habitaban... en *S* *4565*

SARONITA *Originario de Sarón*, 1 Cr 27.29 8290

SARPULLIDO
Éx 9.9 producirá *s* con úlceras en los hombres 76
9.10 hubo *s* que produjo úlceras tanto en los 76
9.11 estar delante de Moisés a causa del *s* 7822
9.11 hubo *s* en los hechiceros y en todos los 7822

SARSEQUIM *Nombre o título de un príncipe caldeo*, Jer 39.3 8310

SARTÉN
Lv 2.5 mas si ofrecieres ofrenda de *s*, será 4227
6.21 en *s* se preparará con aceite; frita la 4227
7.9 lo que fuere preparado en *s* o en cazuela 4227
2 S 13.9 tomó... la *s*, y las sacó delante de él 4958
1 Cr 9.31 cargo las cosas que se hacían en *s* 2281
23.29 lo preparado en *s*, para lo tostado, y 4227
2 Cr 35.13 cocieron en ollas, en calderos y *s* 6745

SARUHÉN *Ciudad en Simeón*, Jos 19.6 8287

SARVIA *Hermana de David*
1 S 26.6 David dijo a... y a Abisai hijo de *S* 6870
2 S 2.13 Joab hijo de *S* y los siervos de David 6870
2.18 estaban allí los tres hijos de *S*: Joab 6870
3.39 los hijos de *S*, son muy duros para mí 6870
8.16 Joab... de *S* era general de su ejército 6870
14.1 conociendo Joab hijo de *S* que el... rey 6870
16.9 Abisai hijo de *S* dijo al rey: ¿Por qué 6870
16.10 ¿qué tengo yo con vosotros, hijos de *S*? 6870
17.25 a Abigail... hermana de *S* madre de Joab 6870
18.2 el mando de Abisai hijo de *S*, hermano 6870
19.21 respondió Abisai hijo de *S* y dijo: ¿No 6870
19.22 ¿qué tengo yo con... hijos de *S*, para que 6870
21.17 Abisai hijo de *S* llegó en su ayuda, e 6870
23.18 Abisai hermano de Joab, hijo de *S*, fue 6870
23.37 Naharai... escudero de Joab hijo de *S* 6870
1 R 1.7 puesto de acuerdo con Joab hijo de *S* 6870
2.22 ya tiene también al... y a Joab hijo de *S* 6870
1 Cr 2.16 cuales *S* y Abigail fueron hermanas 6870
2.16 hijos de *S* fueron tres: Abisai, Joab y 6870
11.6 Joab hijo de *S* subió el primero, y fue 6870
11.39 Naharai... escudero de Joab hijo de *S* 6870
18.12 Abisai hijo de *S* destrozó en el valle 6870
18.15 Joab hijo de *S* era general del ejército 6870
26.28 que había consagrado... Joab hijo de *S* 6870
27.24 Joab hijo de *S* había comenzado a contar 6870

SASAC *Descendiente de Benjamín*, 1 Cr 8.14,25 ... 8349

SASAI *Uno de los que se casaron con mujeres extranjeras en tiempo de Esdras*, Esd 10.40 ... 8343

SATANÁS *(Véase Belial)*
1 Cr 21.1 pero *S* se levantó contra Israel, e 7854
Job 1.6 hijos... entre los cuales vino también *S* 7854
1.7 y dijo Jehová a *S*: ¿De dónde vienes? 7854
1.7 respondiendo *S* a Jehová, dijo: De rodear 7854
1.8 Jehová dijo a *S*: ¿No has considerado a 7854
1.9 respondiendo *S* a Jehová, dijo: ¿Acaso 7854
1.12 Jehová a *S*: He aquí, todo lo que tiene 7854
1.12 no pongas... salió *S* de delante de Jehová 7854
2.1 de Jehová, y *S* vino también entre ellos 7854
2.2 y dijo Jehová a *S*: ¿De dónde vienes? 7854
2.2 respondió *S* a Jehová, y dijo: De rodear 7854
2.3 Jehová dijo a *S*: ¿No has considerado a 7854
2.4 *S*, dijo a Dios: Piel por piel, todo lo que 7854
2.6 Jehová dijo a *S*: He aquí, él está en tu 7854
2.7 salió *S* de... e hirió a Job con una sarna 7854
Sal 109.6 pon sobre él... y *S* esté a su diestra 7854
Zac 3.1 *S* estaba a su... derecha para acusarle 7854
3.2 dijo Jehová a *S*: Jehová te reprenda... *S* 7854
Mt 4.10 **dijo: Vete, *S*... escrito está: Al Señor** *4567*
12.26 **si *S* echa fuera a *S*, contra sí mismo** *4567*
16.23 **a Pedro: ¡Quítate de delante de mí, *S*!** *4567*
Mr 1.13 estuvo... 40 días, y era tentado por *S* *4567*
3.23 **decía... ¿Cómo puede *S* echar fuera a *S*?** *4567*
3.26 **si *S* se levanta contra sí... y se divide** *4567*
4.15 **en seguida viene *S*, y quita la palabra** *4567*
8.33 **diciendo: ¡Quítate de delante de mí, *S*!** *4567*
Lc 4.8 **Jesús, le dijo: Vete de mí, *S*, porque** *4567*
10.18 **veía a *S* caer del cielo como un rayo** *4567*
11.18 **si también *S* está dividido contra sí** *4567*
13.16 **esta hija... que *S* había atado 18 años** *4567*
22.3 entró *S* en Judas... era uno... de los doce *4567*
22.31 ***S* os ha pedido para zarandearos como** *4567*
Jn 13.27 y después del bocado, *S* entró en él *4567*
Hch 5.3 ¿por qué llenó *S* tu corazón para que *4567*
26.18 **la luz, y de la potestad de *S* a Dios** *4567*
Ro 16.20 Dios de paz aplastará en breve a *S* *4567*
1 Co 5.5 entregado a *S* para destrucción de la *4567*
7.5 juntaros en uno, para que no os tiente *S* *4567*
2 Co 2.11 que *S* no gane ventaja alguna sobre *4567*
11.14 mismo *S* se disfraza como ángel de luz *4567*
12.7 dado un mensajero de *S* que me abofetee *4567*
1 Ts 2.18 quisimos ir a... pero *S* nos estorbó *4567*
2 Ts 2.9 inicuo cuyo advenimiento... obra de *S* *4567*
1 Ti 1.20 entregué a *S* para que aprendan a no *4567*
5.15 ya algunas se han apartado en pos de *S* *4567*
Ap 2.9 **dicen... y no lo son, sino sinagoga de *S*** *4567*
2.13 **dónde moras, donde está el trono de *S*** *4567*
2.13 **que Antipas... fue muerto... donde mora *S*** *4567*
2.24 **no han conocido... las profundidades de *S*** *4567*
3.9 **yo entrego de la sinagoga de *S* a los que** *4567*

12.9 la serpiente... que se llama diablo y *S* *4567*
20.2 y prendió al... *S*, y lo ató por mil años *4567*
20.7 los mil años se cumplan, *S* será suelto *4567*

SATISFACCIÓN
2 S 21.3 ¿qué *s* os daré, para que bendigáis la 3722
Is 1.24 tomaré *s* de mis enemigos, me vengaré
Ez 5.13 saciaré en ellos mi enojo, y tomaré *s* 5162
Gá 4.15 ¿dónde, pues... *s* que experimentabais? *3108*

SATISFACER
Éx 21.19 le *satisfará* por lo que estuvo sin 5414
Pr 5.19 caricias te *satisfagan* en todo tiempo 7301
Jer 31.14 el alma del sacerdote *satisfaré* con 7301
31.25 *satisfaré* al alma cansada, y saciaré a 7301
Mr 15.15 queriendo *satisfacer* al pueblo, les
Gá 5.16 no *satisfagáis* los deseos de la carne *5055*

SATISFECHO
Lv 10.20 cuando Moisés oyó esto, se dio por *s*
Sal 17.15 *s* cuando despierte a tu semejanza 7646
Pr 27.20 así los ojos del hombre nunca están *s* 7646
Is 53.11 verá... fruto de su alma, y quedará *s* 7646
Hag 1.6 bebéis, y no quedáis *s*; os vestís, y
Hch 27.38 y ya *s*, aligeraron la nave, echando

SÁTRAPA *Gobernador de una provincia persa*
Esd 8.36 y entregaron los despachos... a sus *s* 323
Est 3.12 lo que mandó Amán, a los *s* del rey 323
8.9 se escribió... a los *s*, los capitanes, los 323
9.3 los *s*, capitanes... apoyaban a los judíos 323
Dn 3.2 envió el rey... que se reuniesen los *s* 324
3.3 reunidos los *s*, magistrados, capitanes 323
3.27 y se juntaron los *s*, los gobernadores 323
6.1 pareció bien a Darío constituir... 120 *s* 323
6.2 a quienes estos *s* diesen cuenta, para que 323
6.3 pero Daniel mismo era superior a estos *s* 323
6.4 *s* buscaban ocasión para acusar a Daniel 323
6.6 entonces... *s* se juntaron delante del rey 323
6.7 *s*, príncipes y capitanes han acordado por 323

SAUCE
Lv 23.40 *s* de los arroyos, y os regocijaréis 6155
Job 40.22 su sombra; los *s* del arroyo lo rodean 6155
Sal 137.2 los *s* en... colgamos nuestras arpas 6155
Is 15.7 las riquezas que... al torrente de los *s* 6155
44.4 y brotarán entre hierba, como *s* junto a 6155
Ez 17.5 la plantó junto a... la puso como un *s* 6851

SAÚL
1. Rey de Edom, Gn 36.37,38; 1 Cr 1.48,49 7586
2. Descendiente de Simeón, Gn 46.10; Éx 6.15; Nm 26.13; 1 Cr 4.24 7586
3. Rey de Israel
1 S 9.2 y tenía él un hijo que se llamaba *S* 7586
9.3 asnas de Cis, padre de *S*... dijo Cis a *S* 7586
9.5 vinieron... *S* dijo a su criado que tenía 7586
9.7 respondió *S* a su criado: Vamos ahora 7586
9.8 criado a responder a *S*... He aquí se halla 7586
9.10 dijo... *S* a su criado: Dices bien; anda 7586
9.15 día antes que *S* viniese, Jehová había 7586
9.17 y luego que Samuel vio a *S*, Jehová le 7586
9.18 acercándose... *S* a Samuel en medio de la 7586
9.19 Samuel respondió a *S*, diciendo: Yo soy 7586
9.21 respondió... ¡No soy yo hijo de Benjamín 7586
9.22 entonces Samuel tomó a *S* y a su criado 7586
9.24 puso delante de *S*... y *S* comió aquel día 7586
9.25 descendido... habló con *S* en el terrado 7586
9.26 el alba, Samuel llamó a *S*... se levantó *S* 7586
9.27 dijo Samuel a *S*: Di al criado que se 7586
10.11,12 ¿*S* también entre los profetas? 7586
10.14 un tío de *S* dijo a él y a su criado 7586
10.15 el tío de *S*: Yo te ruego me declares 7586
10.16 y *S* respondió a su tío: Nos declaró 7586
10.21 de ella fue tomado *S* hijo de Cis... Y le 7586
10.26 *S* también se fue a su casa en Gabaa 7586
11.4 llegando... a Gabaa de *S*, dijeron estas 7586
11.5 he aquí *S* que venía del campo tras los 7586
11.5 dijo *S*: ¿Qué tiene el pueblo, que llora? 7586
11.6 al oír *S*... él se encendió en ira en gran 7586
11.7 que no saliere en pos de *S* y... de Samuel 7586
11.11 dispuso *S* al pueblo en tres compañías 7586
11.12 los que decían: ¿Ha de reinar *S* sobre 7586
11.13 *S* dijo: No morirá hoy ninguno, porque 7586
11.15 invistieron allí a *S* por rey delante de 7586
11.15 se alegraron... *S* y todos los de Israel 7586
13.1 había ya reinado *S* un año; y cuando hubo 7586
13.2 de los cuales estaban con *S* dos mil en 7586
13.3 hizo *S* tocar trompeta por todo el país 7586
13.4 que decía: *S* ha atacado a la guarnición 7586
13.4 juntó el pueblo en pos de *S* en Gilgal 7586
13.7 *S* permanecía aún en Gilgal, y todo el 7586
13.9 entonces dijo *S*: Traedme holocausto y 7586
13.10 y *S* salió a recibirle, para saludarle 7586
13.11 *S* respondió: Porque vi que el pueblo 7586
13.13 Samuel dijo a *S*: Locamente has hecho 7586
13.15 *S* contó la gente que se hallaba con él 7586
13.16 *S*, pues, y Jonatán... quedaron en Gabaa 7586
13.22 en mano... del pueblo que estaba con *S* 7586
13.22 excepto *S* y Jonatán su... que las tenían 7586
14.1 que Jonatán hijo de *S* dijo a su criado 7586
14.2 *S* se hallaba al extremo de Gabaa, debajo 7586
14.16 centinelas de *S* vieron desde Gabaa de 7586
14.17 *S* dijo al pueblo... Pasad ahora revista 7586
14.18 *S* dijo a Ahías: Trae el arca de Dios 7586
14.19 hablaba *S* con él... dijo *S* al sacerdote 7586
14.20 y juntando *S* a todo el pueblo que con 7586
14.21 de los israelitas que estaban con *S* y 7586
14.24 porque *S* había juramentado al pueblo 7586
14.33 dieron aviso a *S*, diciendo: El pueblo 7586
14.34 *S*: Esparcíos por el pueblo, y decidles 7586

14.35 y edificó *S* altar a Jehová; este altar 7586
14.36 y dijo *S*: Descendamos de noche contra 7586
14.37 *S* consultó a Dios: ¿Descenderé tras los 7586
14.38 dijo *S*: Venid acá... los principales del 7586
14.40 pueblo respondió a *S*: Haz lo que bien 7586
14.41 *S* a Jehová... Y la suerte cayó sobre... *S* 7586
14.42 y *S*... Echad suertes entre mí y Jonatán 7586
14.43 *S* dijo a Jonatán: Declárame lo que has 7586
14.44 *S* respondió: Así me haga Dios y aun me 7586
14.45 pueblo dijo a *S*: ¿Ha de morir Jonatán 7586
14.46 *S* dejó de seguir a los filisteos; y los 7586
14.47 *S* hizo guerra a todos sus enemigos en 7586
14.49 los hijos de *S* fueron Jonatán, Isúi y 7586
14.50 el nombre de la mujer de *S* era Abinoam 7586
14.50 del general... Abner, hijo de Ner tío de *S* 7586
14.51 Cis padre de *S*, y Ner... fueron hijos de 7586
14.52 guerra... filisteos todo el tiempo de *S* 7586
14.52 todo el que *S* veía que era... esforzado 7586
15.1 Samuel dijo a *S*: Jehová me envió a que 7586
15.4 *S*, pues, convocó al pueblo y les pasó 7586
15.5 viniendo *S* a la ciudad de Amalec, puso 7586
15.6 y dijo *S* a los ceneos: Idos, apartaos 7586
15.7 *S* derrotó a los amalecitas desde Havila 7586
15.9 *S* y el pueblo perdonaron a Agag, y a lo 7586
15.11 pesa haber puesto por rey a *S*, porque 7586
15.12 madrugó luego... para ir a encontrar a *S* 7586
15.12 a Samuel, diciendo: *S* ha venido a Carmel 7586
15.13 vino, pues, Samuel a *S*, y *S* le dijo 7586
15.15 *S* respondió: De Amalec los han traído 7586
15.16 dijo Samuel a *S*: Déjame declararte lo 7586
15.20 y *S* respondió a Samuel: Antes bien he 7586
15.24 *S* dijo a Samuel: Yo he pecado; pues he 7586
15.26 y Samuel respondió a *S*: No volveré 7586
15.31 y volvió Samuel tras *S*, y adoró *S* a 7586
15.34 fue... y *S* subió a su casa en Gabaa de *S* 7586
15.35 nunca después vio... a *S* en toda su vida 7586
15.35 lloraba a *S*; y Jehová se arrepentía de 7586
15.35 haber puesto a *S* por rey sobre Israel 7586
16.1 ¿hasta cuándo llorarás a *S*... yo desechado 7586
16.2 y dijo Samuel... *S* lo supiera, me mataría 7586
16.14 el Espíritu de Jehová se apartó de *S* 7586
16.15 y los criados de *S* le dijeron: He aquí 7586
16.17 y *S* respondió a sus criados: Buscadme 7586
16.19 y *S* envió mensajeros a Isaí, diciendo 7586
16.20 Isaí... lo envió a *S* por medio de David 7586
16.21 viniendo David a *S*, estuvo delante de 7586
16.22 *S* envió a decir a Isaí: Yo te ruego que 7586
16.23 espíritu malo de parte... venía sobre *S* 7586
16.23 David tomaba el arpa... y *S* tenía alivio 7586
17.2 *S* y los hombres de Israel se juntaron 7586
17.8 ¿no soy yo... y vosotros los siervos de *S*? 7586
17.11 oyendo *S*... estas palabras del filisteo 7586
17.12 en el tiempo de *S* este hombre era viejo 7586
17.13 habían ido para seguir a *S* a la guerra 7586
17.14 siguieron, pues, los tres mayores a *S* 7586
17.15 David había ido y vuelto, dejando a *S* 7586
17.19 *S* y ellos... estaban en el valle de Ela 7586
17.31 y las refirieron delante de *S*; y él lo 7586
17.32 y dijo David a *S*: No desmaye... ninguno 7586
17.33 dijo *S* a David: No podrás tú ir contra 7586
17.34 respondió a *S*: Tu siervo era pastor de 7586
17.37 *S* a David: Vé, y Jehová esté contigo 7586
17.38 *S* vistió a David con sus ropas, y puso 7586
17.39 dijo David a *S*: Yo no puedo andar con 7586
17.55 *S* vio a David que salía a... el filisteo 7586
17.57 Abner lo tomó y lo llevó delante de *S* 7586
17.58 dijo *S*: Muchacho, ¿de quién eres hijo? 7586
18.1 hubo acabado de hablar con *S*, el alma de 7586
18.2 *S* le tomó aquel día, y no le dejó volver 7586
18.5 y salía... a dondequiera que *S* le enviaba 7586
18.5 lo puso *S* sobre gente de guerra, y era 7586
18.5 acepto... a los ojos de los siervos de *S* 7586
18.6 y danzando para recibir al rey *S*, con 7586
18.7 decían: *S* hirió a sus miles, y David a 7586
18.8 se enojó *S* en gran manera... le desagradó 7586
18.9 día *S* no miró con buenos ojos a David 7586
18.10 al otro día... un espíritu malo... tomó a *S* 7586
18.10 tocaba... y tenía *S* la lanza en la mano 7586
18.11 arrojó *S* la lanza... Enclavaré a David 7586
18.12 *S* estaba temeroso de David, por cuanto 7586
18.12 cuanto Jehová... se había apartado de *S* 7586
18.13 *S* lo alejó de sí, y le hizo jefe de mil 7586
18.15 viendo *S*... se portaba tan prudentemente 7586
18.17 dijo *S* a David... te daré Merab mi hija 7586
18.17 mas *S* decía: No será mi mano contra él 7586
18.18 David respondió a *S*: ¿Quién soy yo, o 7586
18.19 que Merab hija de *S* se había de dar a 7586
18.20 Mical la otra hija de *S* amaba a David 7586
18.20 fue dicho a *S*... y le pareció bien a sus 7586
18.21 *S* dijo: Yo se la daré, para que le sea 7586
18.21 dijo, pues, *S* a David por segunda vez 7586
18.22 *S* a sus siervos: Hablad en secreto a 7586
18.23 criados de *S* hablaron estas palabras a 7586
18.24 los criados de *S* le dieron la respuesta 7586
18.25 y *S* dijo: Decid así a David: El rey no 7586
18.25 *S* pensaba hacer caer a David en manos 7586
18.27 y *S* le dio su hija Mical por mujer 7586
18.28 *S*, viendo... que Jehová estaba con David 7586
18.29 fue *S* enemigo de David todos los días 7586
18.30 más éxito que todos los siervos de *S* 7586
19.1 habló *S* a Jonatán su hijo, y a todos sus 7586
19.1 pero Jonatán hijo de *S* amaba a David en 7586
19.2 *S* mi padre procura matarte; por tanto 7586
19.4 Jonatán habló bien de David a *S*... padre 7586
19.6 y escuchó *S* la voz de Jonatán, y juró *S* 7586
19.7 le declaró... él mismo trajo a David a *S* 7586
19.9 espíritu malo de parte de... vino sobre *S* 7586
19.10 *S* procuró enclavar a David... a la pared 7586

19.10 él se apartó de delante de *S*, el cual 7586
19.11 *S* envió... mensajeros a casa de David 7586
19.14 y cuando *S* envió... para prender a David 7586
19.15 volvió *S* a enviar mensajeros para que 7586
19.17 entonces *S* dijo a Mical: ¿Por qué me 7586
19.17 Mical respondió a *S*: Porque él me dijo 7586
19.18 dijo todo lo que *S* había hecho con él 7586
19.19 dado aviso a *S*, diciendo... David está en 7586
19.20 *S* envió mensajeros para que trajeran 7586
19.20 el Espíritu... sobre los mensajeros de *S* 7586
19.21 lo supo *S*, envió otros mensajeros, los 7586
19.21 *S* volvió a enviar mensajeros por... vez 7586
19.24 se dijo: ¿También *S* entre los profetas? 7586
20.25 se sentó Abner al lado de *S*, y el lugar 7586
20.26 mas aquel día *S* no dijo nada, porque 7586
20.27 *S* dijo a Jonatán su hijo: ¿Por qué no 7586
20.28 Jonatán respondió a *S*: David me pidió 7586
20.30 se encendió la ira de *S* contra Jonatán 7586
20.32 y Jonatán respondió a su padre *S* y le 7586
20.33 *S* le arrojó una lanza para herirlo 7586
21.7 y estaba allí... uno de los siervos de *S* 7586
21.7 Doeg... el principal de los pastores de *S* 7586
21.10 David... huyó de la presencia de *S*, y se 7586
21.11 hirió *S* a sus miles, y David a sus diez 7586
22.6 oyó *S* que se sabía de David y de los que 7586
22.6 y *S* estaba sentado en Gabaa, debajo de 7586
22.7 dijo *S* a sus siervos... Oíd ahora, hijos 7586
22.9 Doeg... el principal de los siervos de *S* 7586
22.12 y *S* le dijo: Oye ahora, hijo de Ahitob 7586
22.13 le dijo *S*: ¿Por qué habéis conspirado 7586
22.21 y Abiatar dio aviso a David de cómo *S* 7586
22.22 Doeg... él lo había de hacer saber a *S* 7586
23.7 dado aviso a *S* que David había venido a 7586
23.7 dijo *S*: Dios lo ha entregado en mi mano 7586
23.8 convocó *S* a todo el pueblo a la batalla 7586
23.9 entendiendo David que *S* ideaba el mal 7586
23.10 que *S* trata de venir contra Keila, a 7586
23.11 descenderá *S*, como ha oído tu siervo? 7586
23.12 dijo... ¿Me entregarán... en manos de *S* 7586
23.13 vino a *S* la nueva de que David se había 7586
23.14 lo buscaba *S* todos los días, pero Dios 7586
23.15 viendo, pues, David que *S* había salido 7586
23.16 se levantó Jonatán hijo de *S* y vino a 7586
23.17 no te hallará la mano de *S* mi padre, y 7586
23.17 reinarás... aun *S* mi padre así lo sabe 7586
23.19 subieron los de Zif para decirle a *S* 7586
23.21 y *S* dijo: Benditos seáis vosotros de 7586
23.24 fueron a Zif delante de *S*... Pero David 7586
23.25 se fue *S* con su gente a buscarlo; pero 7586
23.25 cuando *S* oyó esto, siguió a David al 7586
23.26 *S* iba por un lado del monte, y David 7586
23.26 se daba prisa David para escapar de *S* 7586
23.26 *S* y sus... habían encerrado a David y a 7586
23.27 vino un mensajero a *S*, diciendo: Ven 7586
23.28 volvió, por... *S* de perseguir a David, y 7586
24.1 *S* volvió de perseguir a los filisteos, le 7586
24.2 tomando *S* tres mil hombres escogidos de 7586
24.3 entró *S* en ella para cubrir sus pies 7586
24.4 David... cortó la orilla del manto de *S* 7586
24.5 había cortado la orilla del manto de *S* 7586
24.7 así reprimió... que se levantasen contra *S* 7586
24.7 y *S*, saliendo de la cueva, siguió su 7586
24.8 David... dio voces detrás de *S*, diciendo 7586
24.8 cuando *S* miró hacia atrás, David inclinó 7586
24.9 David a *S*: ¿Por qué oyes las palabras 7586
24.16 David acabó de decir estas palabras a *S* 7586
24.16 *S* dijo: ¿No es esta la voz tuya, hijo 7586
24.16 hijo mío David? Y alzó *S* su voz y lloró 7586
24.22 David juró a *S*... Y se fue *S* a su casa 7586
25.44 *S* había dado a su hija Mical... a Palti 7586
26.1 vinieron los zifeos a *S*... diciendo: ¿No 7586
26.2 *S*... se levantó y descendió al desierto de 7586
26.3 acampó *S* en el collado de Haquila, que 7586
26.3 entendió que *S* le seguía en el desierto 7586
26.4 y supo con certeza que *S* había venido 7586
26.5 y vino al sitio donde *S* había acampado 7586
26.5 miró David el lugar donde dormían *S* y 7586
26.5 estaba *S* durmiendo en el campamento, y 7586
26.6 dijo... ¿Quién descenderá conmigo a *S* en 7586
26.7 he aquí que *S* estaba tendido durmiendo 7586
26.12 la vasija de agua de la cabecera de *S* 7586
26.17 y conociendo *S* la voz de David, dijo 7586
26.21 dijo *S*: He pecado; vuélvete, hijo mío 7586
26.25 *S* dijo a David: Bendito eres tú, hijo 7586
26.25 David se fue... *S* se volvió a su lugar 7586
27.1 al fin seré muerto... por la mano de *S* 7586
27.1 fugarme... para que *S* no se ocupe de mí 7586
27.4 a *S* la nueva de que David había huido 7586
28.3 *S* había arrojado... a los encantadores y 7586
28.4 *S* juntó a todo Israel, y acamparon en 7586
28.5 cuando vio *S* el campamento de... filisteos 7586
28.6 consultó *S* a Jehová; pero Jehová no le 7586
28.7 *S* dijo a sus criados: Buscadme... mujer 7586
28.8 se disfrazó *S*, y se puso otros vestidos 7586
28.9 he aquí tú sabes lo que *S* ha hecho, cómo 7586
28.10 *S* le juró por Jehová, diciendo: Vive 7586
28.12 voz, y habló aquella mujer a *S*, diciendo 7586
28.13 ¿por qué me has engañado?... tú eres *S* 7586
28.13 mujer respondió a *S*: He visto dioses 7586
28.14 *S* entonces entendió que era Samuel, y 7586
28.15 dijo a *S*: ¿Por qué me has inquietado 7586
28.15 *S* respondió: Estoy muy angustiado, pues 7586
28.20 entonces *S* cayó en tierra cuan grande 7586
28.21 la mujer vino a *S*, y viéndole turbado 7586
28.25 lo trajo delante de *S* y de sus siervos 7586
29.3 ¿no es este David, el siervo de *S* rey de 7586
29.5 *S* hirió a sus miles, y David a sus diez 7586
31.2 y siguiendo los filisteos a *S* y a sus 7586
31.2 filisteos... mataron a Jonatán... hijos de *S* 7586
31.3 y arreció la batalla contra *S*, y le 7586
31.4 dijo *S* a su escudero: Saca tu espada, y 7586
31.4 tomó *S* su propia espada y se echó sobre 7586
31.5 viendo... a *S* muerto, él también se echó 7586
31.6 así murió *S* en aquel día... sus tres hijos 7586
31.7 que *S* y sus hijos habían sido muertos 7586
31.8 hallaron a *S* y a sus tres hijos tendidos 7586
31.11 oyendo los de... esto que... hicieron a *S* 7586
31.12 quitaron el cuerpo de *S* y... de Bet-sán 7586
2 S 1.1 aconteció después de la muerte de *S* 7586
1.2 sucedió que vino uno del campamento de *S* 7586
1.4 pueblo huyó... *S* y Jonatán su hijo murieron 7586
1.5 ¿cómo sabes que han muerto *S* y Jonatán su . . . 7586
1.6 hallé a *S* que se apoyaba sobre su lanza 7586
1.12 y ayunaron... por *S* y por Jonatán su hijo 7586
1.17 y endechó David a *S* y a Jonatán su hijo 7586
1.21 el escudo de *S*, como si no hubiera sido 7586
1.22 el arco... ni la espada de *S* volvió vacía 7586
1.23 *S* y Jonatán... inseparables en su vida 7586
1.24 hijas de Israel, llorad por *S*, quien os 7586
2.4 los de Jabes de Galaad... sepultaron a *S* 7586
2.5 que habéis hecho esta misericordia... con *S* 7586
2.7 muerto *S*... los de la casa de Judá me han 7586
2.8 Abner... general del ejército de *S*, tomó a 7586
2.8 tomó a Is-boset hijo de *S*, y lo llevó a 7586
2.10 de cuarenta años era Is-boset hijo de *S* 7586
2.12 con los siervos de Is-boset hijo de *S* 7586
2.15 doce... de Is-boset hijo de *S*, y doce de 7586
3.1 hubo larga guerra entre la casa de *S* y la 7586
3.1 David... y la casa de *S* se iba debilitando 7586
3.6 como había guerra entre la casa de *S* y la 7586
3.6 que Abner se esforzaba por la casa de *S* 7586
3.7 había tenido *S* una concubina que... Rizpa 7586
3.8 misericordia con la casa de *S* tu padre 7586
3.10 trasladando el reino de la casa de *S* 7586
3.13 sin que... traigas a Mical la hija de *S* 7586
3.14 envió... mensajeros a Is-boset hijo de *S* 7586
4.1 que oyó el hijo de *S* que Abner había sido 7586
4.2 hijo de *S* tenía dos hombres, capitanes 7586
4.4 Jonatán hijo de *S* tenía un hijo lisiado 7586
4.4 llegó... la noticia de la muerte de *S* y de 7586
4.8 he aquí la cabeza de Is-boset hijo de *S* 7586
4.8 ha vengado hoy a mi señor el rey, de *S* 7586
4.10 diciendo... *S* ha muerto, imaginándose que 7586
5.2 cuando *S* reinaba... eras tú quien sacabas 7586
6.16 Mical hija de *S* miró desde una ventana 7586
6.23 Mical hija de *S* nunca tuvo hijos hasta 7586
7.15 como la aparté de *S*, al cual quité de 7586
9.1 David; ¿Ha quedado alguno de la casa de *S* 7586
9.2 y había un siervo de la casa de *S*... Siba 7586
9.3 ¿no ha quedado nadie de la casa de *S*, a 7586
9.6 Mefi-boset, hijo de Jonatán hijo de *S*, a 7586
9.7 devolveré todas las tierras de *S* tu padre 7586
9.9 rey llamó a Siba siervo de *S*, y le dijo 7586
9.9 todo lo que fue de *S*... lo he dado al hijo 7586
12.7 yo te ungí... y te libré de la mano de *S* 7586
16.5 salía uno... de la casa de *S*, el cual se 7586
16.8 pago de toda la sangre de la casa de *S* 7586
19.17 venían... Siba, criado de la casa de *S* 7586
19.24 Mefi-boset... de *S* descendió a recibir al 7586
21.1 es por causa de *S*, y por aquella casa 7586
21.2 *S* había procurado matarlos en su celo 7586
21.4 no tenemos nosotros querella... con *S* y 7586
21.6 para que los ahorquemos... en Gabaa de *S* 7586
21.7 de Jonatán, hijo de *S*, por el juramento 7586
21.8 de Rizpa... cuales ella había tenido de *S* 7586
21.8 tomó... a cinco hijos de Mical hija de *S* 7586
21.11 lo que hacía Rizpa hija... concubina de 7586
21.12 David fue y tomó los huesos de *S* y los 7586
21.12 los filisteos mataron a *S* en Gilboa 7586
21.13 e hizo llevar de allí los huesos de *S* 7586
21.14 sepultaron los huesos de *S* y los de su 7586
22.1 le había librado de... y de la mano de *S* 7586
1 Cr 5.10 y en los días de *S* hicieron guerra 7586
8.33; 9.39 Cis engendró a *S*, y *S*... a Jonatán 7586
10.2 los filisteos siguieron a *S* y a sus hijos 7586
10.2 y mataron los filisteos a... hijos de *S* 7586
10.3 y arreciando la batalla contra *S*, le 7586
10.4 dijo *S* a su escudero: Saca tu espada y 7586
10.4 *S* tomó la espada, y se echó sobre ella 7586
10.5 su escudero vio a *S* muerto, él... se mató 7586
10.6 así murieron *S* y sus tres hijos... con él 7586
10.7 viendo... que *S* y sus hijos eran muertos 7586
10.8 hallaron a *S* y a sus hijos tendidos en el 7586
10.11 lo que los filisteos habían hecho de *S* 7586
10.12 tomaron el cuerpo de *S* y... de sus hijos 7586
10.13 murió *S* por su rebelión... contra jehová 7586
11.2 antes de ahora, mientras *S* reinaba, tú 7586
12.1 estando él aún encerrado por causa de *S* 7586
12.2 armados de arcos... De los hermanos de *S* 7586
12.19 con los filisteos a la batalla contra *S* 7586
12.19 con peligro de... se pasará a su señor *S* 7586
12.23 traspasarle el reino de *S*, conforme a 7586
12.29 hijos de Benjamín hermanos de *S*, 3.000 7586
12.29 ellos se mantenían fieles a la casa de *S* 7586
13.3 el tiempo de *S* no hemos hecho caso de 7586
15.29 Mical, hija de *S*... vio al rey David que 7586
26.28 había consagrado... *S* hijo de Cis, Abner 7586
Sal 18 *tít*... el día que le libró... de mano de *S* 7586
52 *tít*... y dio cuenta a *S* diciéndole: David ha 7586
54 *tít*... vinieron los zifeos y dijeron a *S* 7586
57 *tít*... cuando huyó... delante de *S* a la cueva 7586
59 *tít*... cuando envió *S*, y vigilaron la casa 7586
Is 10.29 Ramá tembló; Gabaa de Saúl huyó 7586
Hch 13.21 pidieron rey, y... les dio a *S* hijo de *4569*
4. Levita de los hijos de Coat, 1 Cr 6.24 7586

SAULITA *Descendiente de Saúl No.* 2, Nm 26.13 . . . 7587

SAULO = *Pablo el apóstol*
Hch 7.58 pusieron sus ropas a los pies de... *S* *4569*
8.1 *S* consentía en su muerte... En aquel día *4569*
8.3 y *S* asolaba la iglesia, y entrando casa *4569*
9.1 *S*, respirando... amenazas y muerte contra *4569*
9.4 **le decía: *S*, *S*, ¿por qué me persigues?** *4569*
9.7 y los hombres que iban con *S* se pararon *4569*
9.8 *S* se levantó de tierra, y abriendo los *4569*
9.11 **busca en casa de Judas a uno llamado *S*** *4569*
9.17 hermano *S*, el Señor Jesús, que se te *4569*
9.19 y estuvo *S* por... días con los discípulos *4569*
9.22 *S* mucho más se esforzaba, y confundía *4569*
9.24 asechanzas llegaron a conocimiento de *S* *4569*
9.27 *S* había visto en el camino al Señor, el *4569*
11.25 fue Bernabé a Tarso para buscar a *S* *4569*
11.30 enviándolo... por mano de Bernabé y de *S* . . . *4569*
12.25 y Bernabé y *S*, cumplido su servicio *4569*
13.1 Bernabé, Simón el que se llamaba... y *S* *4569*
13.2 apartadme a Bernabé y a *S* para la obra *4569*
13.7 llamando a Bernabé y a *S*, deseaba oír *4569*
13.9 entonces *S*, que también es Pablo, lleno *4569*
22.7 **oí una voz que me decía: *S*, *S*, ¿por qué** *4569*
22.13 dijo: Hermano *S*, recibe la vista... Y yo *4569*
26.14 **y decía... *S*, *S*, ¿por qué me persigues?** *4569*

SAVE = *Valle de Cedrón*, Gn 14.17 7740

SAVE-QUIRIATAIM *Llanura cerca de Quiriataim*, Gn 14.5 7741

SAVIA
Sal 104.16 llenan de *s* los árboles de Jehová
Ro 11.17 de la raíz y de la rica *s* del olivo *4096*

SAVSA *Secretario del rey David*, 1 Cr 18.16 7798

SAZÓN
Is 37.27 como hierba... que antes de *s* se seca
Os 2.9 mi vino a su *s*, y quitaré mi lana y mi 4150
Hch 1.7 **no os toca a vosotros saber... o las *s*** *2540*

SAZONAR
Lv 2.13 y *sazonarás* con sal toda ofrenda que 4414
Mr 9.50 **sal se hace... ¿con qué la *sazonaréis*?** *741*
Lc 14.34 **si la sal se... ¿con qué se *sazonará*?** *741*
Col 4.6 sea vuestra palabra... *sazonada* con sal *741*

SEAH
2 R 7.1,16 el *s* de flor de... y dos *s* de cebada
7.18 dos *s* de cebada por un siclo, y el *s* de

SEAL *Uno de los que se casaron con mujeres extranjeras en tiempo de Esdras*, Esd 10.29 . . . 7594

SEAR-JASUB *Primogénito del profeta Isaías*, Is 7.3 7610

SEARÍAS *Descendiente de Benjamín*, 1 Cr 8.38; 9.44 8187

SEBA
1. Hijo de Cus, Gn 10.7; 1 Cr 1.9 5434
2. Hijo de Raama y nieto de Cus, Gn 10.7 7614
3. Hijo de Joctán, Gn 10.28; 1 Cr 1.22 7614
4. Hijo de Jocsán y nieto de Abraham, Gn 25.3; 1 Cr 1.32 7614
5. Pozo cavado por los siervos de Isaac, Gn 26.33 . . . 7656
6. Ciudad en Simeón, Jos 19.2 7652
7. Benjaminita que se rebeló contra David
2 S 20.1 un hombre... se llamaba *S* hijo de Bicri 7652
20.2 abandonaron a David, siguiendo a *S* hijo 7652
20.6 *S* hijo de Bicri nos hará... más daño que 7652
20.7 salieron... para ir tras *S* hijo de Bicri 7652
20.10 fueron en persecución de *S*... de Bicri 7652
20.13 pasaron... para ir tras *S* hijo de Bicri 7652
20.21 hombre... que se llama *S* hijo de Bicri 7652
20.22 y ellos cortaron la cabeza a *S* hijo de Bicri . . . 7652
8. Progenitor de una familia de Gad, 1 Cr 5.13 7652
9. Posiblemente una región de África
Sal 72.10 los reyes de Sabá y de *S* ofrecerán 5434
Is 43.3 dado por tu rescate, a Etiopía y a *S* 5434

SEBAM *Ciudad en Rubén (=Sibma)*, Nm 32.3 7643

SEBANÍAS
1. Sacerdote, músico en tiempo de David, 1 Cr 15.24 . . 7645
2. Levita que ayudó a Esdras en la lectura de la ley, Neh 9.4,5 7645
3. Nombre de tres firmantes del pacto de Nehemías (probablemente uno de ellos =No. 2), Neh 10.4,10,12 7645
4. Jefe de una familia de sacerdotes, Neh 10.12; 12.14 7645

SEBARIM *Lugar entre Hai y Jericó*, Jos 7.5 7671

SEBAT *Mes undécimo en el calendario de los hebreos*, Zac 1.7 7627

SEBER *Hijo de Caleb*, 1 Cr 2.48 7669

SEBNA *Secretario del rey Ezequías*
2 R 18.18 y salió a ellos... *S* escriba, y Joa 7644
18.26 dijo Eliaquim... y *S* y Joa, al Rabsaces 7644
18.37 *S* escriba, y Joa... vinieron a Ezequías 7644
19.2 envió... a *S* escriba... al profeta Isaías 7644
Is 22.15 vé, entra a este tesorero, a *S*... y dile 7644
36.3 y salió... *S*, escriba, y Joa hijo de Asaf 7644
36.11 dijeron Eliaquim, *S* y Joa al Rabsaces 7644
36.22 *S* escriba, y Joa... vinieron a Ezequías 7644
37.2 envió a... *S* escriba y a los ancianos de 7644

SEBO
Sal 119.70 engrosó el corazón de ellos como *s* 2459
Is 1.11 de holocaustos de carneros y de *s* de 2459

SEBOIM *Ciudad cerca de Lida*, Neh 11.34 6650

SEBUEL
1. *Hijo de Gersón No. 2 y nieto de Moisés*, 1 Cr 23.16; 26.24 7619
2. *Levita, hijo de Hemán*, 1 Cr 25.4 7619

SECACA *Ciudad en el desierto de Judá*, Jos 15.61 .. 5527

SECANÍAS
1. *Descendiente del rey David*, 1 Cr 3.21,22; Esd 8.3 7935
2. *Sacerdote que regresó de Babilonia con Zorobabel*, 1 Cr 24.11; Neh 12.3 7935
3. *Sacerdote en tiempo del rey Ezequías*, 2 Cr 31.15 7935
4. *Uno que regresó de Babilonia con Esdras*, Esd 8.5 ... 7935
5. *Uno de los que se casaron con extranjeras en tiempo de Esdras*, Esd 10.2 7935
6. *Padre de Semaías No. 18*, Neh 3.29 7935
7. *Suegro de Tobías amonita*, Neh 6.18 7935

SECAR
Gn 8.7,13 las aguas se *secaron* sobre la tierra 3001,2717
8.14 los 27 días del mes, se *secó* la tierra 3001
Nm 11.6 nuestra alma se *seca*; pues nada sino 3001
Jos 2.10 Jehová hizo *secar* las aguas del Mar 3001
4.23 Dios *secó* las aguas del Jordán delante 3001
4.23 el Mar Rojo, el cual *secó*... que pasamos 3001
5.1 cómo... había *secado* las aguas del Jordán 3001
1 R 13.4 mano que había extendido... se le *secó* 3001
17.7 *secó* el arroyo, porque no había llovido 3001
2 R 19.24 *secado* con las plantas de mis pies 2717
Job 8.12 aun... se *seca* primero que toda hierba 3001
12.15 si él detiene las aguas, todo se *seca* 3001
14.11 las aguas... y el río se agota y se *seca* 3001
15.30 la llama *secará* sus ramas, y con el 3001
18.16 abajo se *secarán* sus raíces, y arriba 3001
Sal 22.15 como un tiesto se *secó* mi vigor, y 3001
37.2 como... y como la hierba verde se *secarán* 5034
74.15 abriste la... *secaste* ríos impetuosos 3001
90.6 crece; a la tarde es cortada, y se *seca* 3001
102.11 se va, y me he *secado* como la hierba 3001
106.9 reprendió al Mar Rojo y lo *secó*, y les 2717
129.6 la hierba... que se *seca* antes que crezca 3001
Pr 17.22 el espíritu triste *seca* los huesos 3001
Is 5.13 gloria... y su multitud se *secó* de sed 6704
11.15 y *secará* Jehová la lengua del mar de
15.6 y se *secará* la hierba, se marchitarán 3615
19.5 las aguas... y el río se agotará y *secará* 3001
19.6 se agotarán y *secarán* las corrientes de 2717
19.7 se *secarán*, se perderán, y no serán más 3001
27.11 sus ramas se *sequen*, serán quebradas 3001
37.25 las pisadas de mis pies *secaré*... ríos 2717
37.27 como heno... que antes de sazón se *seca* 7709
40.7 hierba se *seca*, y la flor se marchita 3001
40.8 *sécase* la hierba, marchítase la flor 3001
40.24 tan pronto como sopla en ellos... *secan* 3001
42.15 haré secar toda su hierba... y *secaré* los 3001
44.27 que dice, Secaos, y tus ríos haré *secar* 3001
50.2 que con mi reprensión hago *secar* el mar 2717
51.10 ¿no eres tú el que *secó* el mar... aguas 2717
Jer 23.10 pastizales del desierto se *secaron* 3001
50.38 sequedad sobre sus aguas, y se *secarán* 3001
51.36 *secaré* su mar... su corriente quede seca 2717
Ez 17.9 ¿no... destruirá su fruto, y se *secará* 3001
17.9 sus hojas lozanas se *secarán*, y eso sin 3001
17.10 se *secará*... cuando el viento... la toque? 3001
17.10 en los surcos de su verdor se *secará* 3001
17.24 yo Jehová... hice *secar* el árbol verde 3001
19.12 y el viento solano *secó* su fruto; sus 3001
19.12 ramas fuertes... quebradas y se *secaron* 3001
30.12 *secaré* los ríos, y entregaré la tierra 2724
32.2 *secabas*... ríos, y enturbiabas las aguas
37.11 nuestros huesos se *secaron*, y pereció 3001
Os 13.15 se *secará* su manantial, y se agotará 954
Jl 1.10 se *secó* el mosto, se perdió el aceite 3001
1.12 todos los árboles del campo se *secaron* 3001
1.17 los alfolíes destruidos... se *secó* el trigo 3001
1.20 se *secaron* los arroyos de las aguas, y 3001
Am 1.2 voz... y se *secará* la cumbre del Carmelo 3001
4.7 parte sobre la cual no llovió, se *secó* 3001
Jon 4.7 cual hirió la calabacera, y se *secó* 3001
Nah 1.4 él amenaza al mar, y lo hace *secar*, y 3001
Zac 10.11 se *secarán* todas las profundidades 3001
11.17 del todo se *secará* su brazo, y su ojo 3001
Mt 13.6 **sol... y porque no tenía raíz, se *secó*** *3583*
21.19 **y le dijo... Y luego se *secó* la higuera** *3583*
21.20 ¿cómo... se *secó* en seguida la higuera? *3583*
Mr 4.6 **quemó; y porque no tenía raíz, se *secó*** *3583*
5.29 seguida la fuente de su sangre se *secó* *3583*
9.18 y cruje los dientes, y se va *secando*; y *3583*
11.20 vieron que la higuera se había *secado* *3583*
11.21 la higuera que maldijiste se ha *secado* *3583*
Lc 8.6 **parte... *secó*, porque no tenía humedad** *3583*
Jn 15.6 **el que en mí no permanece... se *secará*** *3583*
Stg 1.11 la hierba se *seca*, su flor se cae, y *3583*
1 P 1.24 la hierba se *seca*, y la flor se cae *3583*
Ap 16.12 y el agua de éste se *secó*, para que *3583*

SECO, A
Gn 1.9 dijo... Dios: Júntense... descúbrase lo *s* 3004
1.10 llamó Dios a lo *s* Tierra, y a la... Mares 3004
8.13 he aquí que la faz de la tierra estaba *s* 2720
Éx 14.16,22,29 por en medio del mar, en *s* 3004
14.21 hizo Jehová que... y volvió el mar en *s* 2724
15.19 mas los hijos de Israel pasaron en *s* 3004
Lv 7.10 toda ofrenda amasada con aceite, o *s* 2720
Nm 6.3 ni tampoco comerá uvas frescas ni *s* 3002
Jos 3.17 sacerdotes... estuvieron en *s*, firmes 2724
3.17 pasar el Jordán; y todo Israel pasó en *s* 2724
4.18 de los sacerdotes estuvieron en lugar *s* 2724
4.22 diciendo: Israel pasó en *s*... este Jordán 3004
9.5 y todo el pan que traían... era *s* y mohoso 3004
9.12 nuestro pan... helo aquí... ya *s* y mohoso+3001
Jue 6.37 en el vellón... *s* toda la otra tierra 2721
6.39 ruego que... el vellón quede *s*, y el rocío 2721
6.40 el vellón quedó *s*, y en toda la tierra 2721
1 S 25.18 Abigail tomó... 200 panes de higos *s*
30.12 le dieron... pedazo de masa de higos *s*
2 S 16.1 cien panes de higos *s*, y un cuero de
2 R 2.8 se apartaron... pasaron ambos por lo *s* 2724
Neh 9.11 y pasaron por medio de él en *s*; y a 3004
Job 13.25 hoja... a una paja *s* has de perseguir? 3002
Sal 63.1 tierra *s* y árida donde no hay aguas 6723
66.6 volvió el mar en *s*; por el río pasaron 3004
68.6 mas los rebeldes habitan en tierra *s* 6707
95.5 hizo; y sus manos formaron la tierra *s* 3006
102.4 mi corazón está herido, y *s* como la 3001
107.35 aguas, y la tierra *s* en manantiales 6723
Pr 17.1 mejor es un bocado *s*, y en paz, que 2720
Is 25.5 como el calor en... *s*, así humillarás 6724
35.7 el lugar *s* se convertirá en estanque, y
41.17 *s* está de sed su lengua; yo Jehová los 5405
41.18 y manantiales de aguas en la tierra *s* 6723
53.2 cual renuevo... y como raíz de tierra *s* 6723
56.3 ni diga el eunuco: He aquí yo... árbol *s* 3002
Jer 2.6 nos condujo... por tierra *s* y de sombra
4.11 viento *s* de las alturas del desierto vino 6703
48.18 siéntate en tierra *s*, moradora hija de
51.36 su mar, y haré que su corriente quede *s* 3001
51.43 la tierra *s* y desierta, tierra en que 6723
Lm 4.8 su piel está pegada a... *s* como un palo 3001
Ez 17.24 verde, e hice reverdecer el árbol *s* 3002
20.47 el cual consumirá en ti... *s* todo árbol 3002
37.2 que eran muchísimos... *s* en gran manera 3002
37.4 diles: Huesos *s*, oíd palabra de Jehová 3002
Os 2.3 la deje como tierra *s*, y la mate de sed 6723
9.16 Efraín fue herido, su raíz está *s*, no 3001
13.5 yo te conocí en el desierto, en tierra *s* 8514
Jl 1.12 la vid está *s*, y pereció la higuera 3001
2.20 y lo echaré en tierra *s* y desierta; su 6723
Nah 1.10 serán consumidos como hojarasca, *s* 3002
Hag 2.6 yo haré temblar... el mar y la tierra *s* 2724
Mt 12.10 había allí uno que tenía a una mano *3584*
12.43 **anda por lugares *s*, buscando reposo, y** *504*
Mr 3.1 había... un hombre que tenía a una mano *3583*
3.3 dijo al... que tenía la mano *s*: Levántate *3583*
Lc 6.6 un hombre que tenía *s* la mano derecha *3584*
6.8 él... dijo al hombre que tenía la mano *s* *3584*
11.24 **anda por lugares *s*, buscando reposo** *504*
23.31 **árbol verde... ¿en el *s*, qué no se hará?** *3584*
Hch 28.3 habiendo recogido... algunas ramas *s*
He 11.29 pasaron... Mar Rojo como por tierra *s* *3584*

SECRETAMENTE
Jos 2.1 Josué... envió desde Sitim dos espías *s* 2791
Jue 9.31 envió *s* mensajeros a Abimelec... Gaal 8649
2 R 17.9 de Israel hicieron *s* cosas no rectas 2644
Sal 83.3 contra tu pueblo han consultado... y *s*
Jer 37.17 le preguntó el rey *s* en su casa, y 5643
Mt 1.19 su marido, como era... quiso dejarla *s* *2977*
Jn 19.38 José... era discípulo de Jesús, pero *s* *2928*

SECRETARIO
1 R 4.3 Elihoref y Ahías, hijos de Sisa, *s* 2142
2 R 12.10 el *s* del rey y... y contaban el dinero 5608
1 Cr 18.16 Sadoc... eran sacerdotes, y Savsa, *s* 5608
2 Cr 24.11 para llevar el arca al *s* del rey por 5608
Esd 4.8 Simsai *s* escribieron una carta contra 5613
4.9 y Simsai *s*, y los demás compañeros suyos 5613
4.17 Simsai *s*, a los demás compañeros suyos 5613
4.23 la carta... fue leída delante de... Simsai *s* 5613
Jer 36.12 al aposento del *s*... Elisama *s*, Delaía 5608
36.20 el rollo en el aposento de Elisama *s* 5608
36.21 cual lo tomó del aposento de Elisama *s* 5608
52.25 tomó... y el principal *s* de la milicia 5608

SECRETO, A
Dt 13.6 te incitare tu hermano... diciendo en *s* 2244
29.29 las cosas *s* pertenecen a Jehová... Dios 5641
Jue 3.19 rey, una palabra *s* tengo que decirte 5643
16.9 rompió... y no se supo el *s* de su fuerza
1 S 18.22 hablad en *s* a David, diciéndole: He 3909
25.20 descendió por una parte *s* del monte 5643
2 S 3.27 llevó aparte... para hablar con él en *s* 7987
12.12 porque tú lo hiciste en *s*; mas yo haré 5643
2 R 5.24 así que llegó a un lugar *s*, él lo tomó
6.12 las... que tú hablas en tu cámara más *s*
Job 9.9 él hizo la Osa... los lugares *s* del sur 2315
11.6 te declarara los *s* de la sabiduría; que 8587
11.7 ¿descubrirás... los *s* de Dios? ¿Llegarás
15.8 ¿oíste tú el *s* de Dios, y está limitada 5475
31.27 y mi corazón se engañó en *s*, y mi boca 5643
Sal 31.20 en lo *s* de tu... los esconderás de la 5643
44.21 porque él conoce los *s* del corazón 8587
51.6 lo *s* me has hecho comprender sabiduría 5640
55.14 juntos comunicábamos dulcemente los *s* 5475
64.2 escóndeme del consejo *s* de los malignos 5475
81.7 te respondí en lo *s* del trueno; te probé 5643
Pr 11.13; 20.19 anda en chismes descubre el *s* 5475
21.14 la dádiva en *s* calma el furor, y el don 5643
25.9 tu causa con... y no descubras el *s* a otro 5475
Ec 10.20 ni en lo *s* de tu... digas mal del rico 5643
Is 45.3 te daré... y los *s* muy guardados, para 4565
45.19 no hablé en *s*, en un lugar oscuro de la 5643
48.16 oíd... desde el principio no hablé en *s* 5643
Jer 13.17 si no oyereis esto, en *s* llorará mi 4565
23.18 ¿quién estuvo en el *s* de Jehová, y vio 5475
23.22 pero si ellos hubieran estado en mi *s* 5475
38.16 juró el rey Sedequías en *s* a Jeremías 5643
40.15 Johanán hijo de... habló a Gedalías en *s* 5643
Ez 7.22 mi rostro, y será violado mi lugar *s* 6845
28.3 más sabio... no hay *s* que te sea oculto 5640
Dn 2.19 el *s* fue revelado a Daniel en visión 7328
Am 3.7 sin que revele su *s* a sus siervos los 5475
Mt 2.7 Herodes, llamando en *s* a los magos *2977*
6.4 **para que sea tu limosna en *s*; y tu Padre** *2927*
6.4,6,18 **Padre que ve en lo *s* te recompensará** *2927*
6.6 **ora a tu Padre que está en *s*; y tu Padre** *2927*
6.18 **mostrar... sino a tu Padre que está en *s*** *2927*
Jn 7.4 procura darse a conocer hace algo en *s* *2927*
7.10 él también subió a la fiesta... como en *s* *2927*
11.28 diciéndole en *s*: El Maestro está aquí *2927*
Ro 2.16 que Dios juzgará... los *s* de los hombres *2927*
Ef 5.12 vergonzoso es aun hablar... hacen en *s* *2931*

SECTA
Hch 5.17 la *s* de los saduceos, se llenaron de *139*
15.5 pero algunos de la *s* de los fariseos, que *139*
24.5 es... cabecilla de la *s* de los nazarenos *139*
26.5 a la más rigurosa *s* de nuestra religión *139*
28.22 esta *s*... en todas partes se habla contra *139*

SECÚ *Lugar entre Ramá y Gabaá*, 1 S 19.22 7906

SECUESTRADOR
1 Ti 1.10 para los *s*, para los mentirosos y *405*

SED
Éx 17.3 tuvo allí *s*, y murmuró contra Moisés 6770
17.3 de Egipto para matarnos de *s* a nosotros 6772
Dt 8.15 un desierto... de *s*, donde no había agua 6774
28.48 con *s* y con desnudez, y con falta de 6772
29.19 fin de que con la embriaguez quite la *s* 6771
Jue 4.19 te ruego me des... agua, pues tengo *s* 6770
15.18 y teniendo gran *s*, clamó luego a Jehová 6770
15.18 moriré yo ahora de *s*, y caeré en mano 6772
Rt 2.9 cuando tengas *s*, vé a las vasijas, y 6770
2 Cr 32.11 para entregaros a... a hambre y a *s* 6772
Neh 9.15 en su *s* les sacaste aguas de la peña 6772
9.20 tu maná de... y agua les diste para su *s* 6772
Job 24.11 pisan los lagares, y mueren de *s* 6770
Sal 42.2 alma tiene *s* de Dios, del Dios vivo 6770
63.1 alma tiene *s* de ti, mi carne te anhela 6770
69.21 y en mi *s* me dieron a beber vinagre 6772
104.11 dan... mitigan su *s* los asnos monteses 6772
Pr 25.21 y si tuviere *s*, dale de beber agua 6771
Is 5.13 pereció de... su multitud se secó de *s* 6772
29.8 el que tiene *s* y sueña, y le parece que 6771
41.17 seca está de *s* su lengua: yo Jehová los 6772
48.21 no tuvieron *s* cuando los llevó por los 6770
49.10 no tendrán hambre ni *s*, ni el calor ni 6770
50.2 pudren por falta de agua, y mueren de *S* 6772
65.13 siervos beberán, y vosotros tendréis *s* 6770
Jer 2.25 guarda tus pies... tu garganta de la *s* 6773
Lm 4.4 lengua... se pegó a su paladar por la *s* 6772
Os 2.3 deje como tierra seca, y la mate de *s* 6772
Am 8.11 ni *s* de agua, sino de oír la palabra 6772
8.13 doncellas... los jóvenes desmayarán de *s* 6772
Mt 5.6 **los que tienen hambre y *s* de justicia** *1372*
25.35 **porque... tuve *s*, y me disteis de beber** *1372*
25.42 **comer; tuve *s*, y no me disteis de beber** *1372*
Jn 4.13 **bebiere de... agua, volverá a tener *s*** *1372*
4.14 agua que yo le daré, no tendrá *s* jamás *1372*
4.15 dame... agua, para que no tenga yo *s*, ni *1372*
6.35 **y el que en mí cree, no tendrá *s* jamás** *1372*
7.37 **si alguno tiene *s*, venga a mí y beba** *1372*
19.28 **que la Escritura se cumpliese: Tengo *s*** *1372*
Ro 12.20 enemigo... si tuviere *s*, dale de beber *1372*
1 Co 4.11 tenemos *s*, estamos desnudos, somos *1372*
2 Co 11.27 en hambre y *s*, en muchos ayunos, en *1373*
Ap 7.16 no tendrán hambre ni *s*, y el sol no *1372*
21.6 tuviere *s*, yo le daré... agua de la vida *1372*
22.17 el que tiene *s*, venga; y el que quiera *1372*

SEDA
Ez 16.10 vestí... ceñí de lino y te cubrí de *s* 4897
16.13 vestido era de lino fino, *s* y bordado 4897
Ap 18.12 mercadería de oro... *s*, de escarlata *4596*

SEDEQUÍAS
1. *Falso profeta en tiempo del rey Acab*
1 R 22.11 *S* hijo de Quenaana se había hecho 6667
22.24 se acercó *S*... y golpeó a Micaías en la 6667
2 Cr 18.10 *S*... había hecho cuernos de hierro 6667
18.23 *S*... se le acercó y golpeó a Micaías en 6667
2. *Último rey de Judá* (=*Matanías No. 1*)
2 R 24.17 y le cambió el nombre por el de *S* 6667
24.18 era *S*... y reinó en Jerusalén once años 6667
24.20 *S* se rebeló contra el rey de Babilonia 6667
25.2 sitiada hasta el año undécimo del rey *S* 6667
25.7 degollaron a los hijos de *S* en presencia 6667
25.7 y a *S* le sacaron los ojos, y atado con 6667
1 Cr 3.15 los hijos... tercero *S*, el cuarto Salum 6667
2 Cr 36.10 constituyó a *S* su hermano por rey 6667
36.11 de 21 años... *S* cuando comenzó a reinar 6667
Jer 1.3 el fin del año undécimo de *S* hijo de 6667
21.1 cuando el rey *S* envió a él a Pasur hijo 6667
21.3 y Jeremías les dijo: Diréis así a *S* 6667
21.7 entregaré a *S*... mano de Nabucodonosor 6667
24.8 como los higos malos... pondré a *S* rey de 6667
27.3 mensajeros que vienen... a *S* rey de Judá 6667
27.12 hablé... *S* rey de Judá conforme a todas 6667
28.1 en el principio del reinado de *S* rey de 6667
29.3 mano de... a quienes envió *S* rey de Judá 6667
32.1 el año décimo de *S* rey de Judá... que fue 6667
32.3 *S* rey de Judá lo había puesto preso 6667
32.4 *S* rey de... no escapará de la mano de los 6667
32.5 y hará llevar a *S* a Babilonia, y allá 6667
34.2 vé y habla a *S* rey de Judá, y dile: Así 6667
34.4 oye palabra de Jehová, *S* rey de Judá 6667

34.6 habló...a *S* rey de Judá...estas palabras ... 6667
34.8 que *S* hizo pacto con todo el pueblo de ... 6667
34.21 a *S* rey de Judá y a sus príncipes los ... 6667
37.1 reinó el rey *S* hijo de Josías, al cual ... 6667
37.3 y envió el rey *S*...al profeta Jeremías ... 6667
37.17 rey *S* envió y le sacó; y le preguntó ... 6667
37.18 dijo...Jeremías al rey *S*: ¿En qué pequé ... 6667
37.21 dio orden el rey *S*, y custodiaron a ... 6667
38.5 dijo el rey *S*...está en vuestras manos ... 6667
38.14 después envió el rey *S*, e hizo traer ... 6667
38.15 Jeremías dijo a *S*: Si te lo declarare ... 6667
38.16 y juró el rey *S* en secreto a Jeremías ... 6667
38.17 dijo Jeremías a *S*...Si te entregas en ... 6667
38.19 el rey *S*...Tengo temor de los judíos que ... 6667
38.24 y dijo *S* a Jeremías: Nadie sepa estas ... 6667
39.1 en el noveno año de *S* rey de Judá, en ... 6667
39.2 el undécimo año de *S*, en el mes cuarto ... 6667
39.4 y viéndolos *S* rey de Judá y todos los ... 6667
39.5 alcanzaron a *S* en los llanos de Jericó ... 6667
39.6 y degolló el rey...a los hijos de *S* en ... 6667
39.7 sacó los ojos del rey *S*, y le aprisionó ... 6667
44.30 como entregué a *S* rey de Judá en mano ... 6667
49.34 en el principio del reinado de *S* rey de ... 6667
51.59 iba con *S* rey de Judá a Babilonia, en ... 6667
52.1 era *S* de edad de veintiún años cuando ... 6667
52.3 se rebeló *S* contra el rey de Babilonia ... 6667
52.5 ciudad hasta el undécimo año del rey *S* ... 6667
52.8 alcanzaron a *S* en los llanos de Jericó ... 6667
52.10 degolló...a los hijos de *S* delante de sus ... 6667
52.11 sólo le sacó los ojos a *S*, y le ató con ... 6667
3. Hijo del rey Jeconías, 1 Cr 3.16 ... 6667
4. Firmante del pacto de Nehemías, Neh 10.1 ... 6667
5. Falso profeta en tiempo del profeta Jeremías, Jer 29.21,22 ... 6667
6. Príncipe de Judá en tiempo del rey Joacim, Jer 36.12 ... 6667

SEDEUR *Padre de Elisur*, Nm 1.5; 2.10; 7.30,35; 10.18 ... 7707

SEDICIÓN
Esd 4.19 ciudad...rebela, y se forma en ella *s* ... 849
Lc 21.9 **y cuando oigáis de guerras y de *s*, no** ... *181*
23.19,25 había sido echado en la cárcel por *s* ... *4714*
Hch 19.40 que seamos acusados de *s* por esto de ... *1458*
21.38 aquel egipcio que levantó una *s* antes ... *387*
24.5 y promotor de *s* entre todos los judíos ... *4714*

SEDIENTO, A
2 S 17.29 el pueblo está...y *s* en el desierto ... 6771
Job 5.5 espinos, y los *s* beberán su hacienda ... 6782
Sal 107.5 hambrientos y *s*, su alma desfallecía ... 6771
143.6 extendí...mi alma a ti como la tierra *s*
Pr 25.25 como el agua fría al alma *s*, así son
Is 21.14 salid a encontrar al *s*; llevadle agua ... 6771
29.8 cuando despierta, se halla cansado y *s* ... 6771
32.6 vacía el alma...quitando la bebida al *s* ... 6771
55.1 a todos los *s*: Venid a las aguas; y los ... 6771
Mt 25.37,44 ¿cuándo te vimos hambriento...*s* ... *1372*

SEDIMENTO
Is 51.17 el cáliz de su...bebiste hasta los *s* ... 6907
51.22 he quitado de tu mano...los *s* del cáliz ... 6907
Jer 48.11 y sobre su *s* ha estado reposado, y ... 8105

SEDUCIR
Jer 20.7 sedujiste, oh Jehová, y fui *seducido* ... 6601
Dn 11.32 *seducirá* a los violadores del pacto ... 2610
Nah 3.4 la ramera...que *seduce* a las naciones ... 4376
Stg 1.14 su propia concupiscencia es...*seducido* ... *1185*
2 P 2.14 *seducen* a las almas inconstantes ... *1185*
2.18 *seducen* con concupiscencias de la carne ... *1185*
Ap 2.20 **mujer Jezabel...*seduzca* a mis siervos** ... *4105*

SEERA *Hija de Efraín (o de Bería)*, 1 Cr 7.24 ... 7609

SEFAM *Lugar en la frontera noreste de Canaán*, Nm 34.10,11 ... 8221

SEFAR *Lugar en el límite de los joctanitas*, Gn 10.30 ... 5611

SEFARAD *Probablemente =Sardis*, Abd 20 ... 5614

SEFARVAIM *Ciudad en Siria o Mesopotamia*
2 R 17.24 gente de...Hamat y de *S*, y los puso ... 5617
17.31 los de *S* quemaban sus hijos en el fuego ... 5616
17.31 para adorar a Adramelec...dioses de *S* ... 5617
18.34 ¿dónde está el dios de *S*, de Hena, y de ... 5617
19.13 el rey de la ciudad de *S*, de Hena, y de ... 5617
Is 36.19 de Arfad? ¿Dónde está el dios de *S*? ... 5617
37.13 ¿dónde está el rey de...*S*, de Hena y de ... 5617

SEFAT *Ciudad en Judá*, Jue 1.17 ... 6857

SEFATA *Valle cerca de Sefat*, 2 Cr 14.10 ... 6859

SEFATÍAS
1. Hijo de David nacido en Hebrón, 2 S 3.4; 1 Cr 3.3 ... 8203
2. Descendiente de Benjamín, 1 Cr 9.8 ... 8203
3. Guerrero que se unió a David en Siclag, 1 Cr 12.5 ... 8203
4. Jefe de la tribu de Simeón en tiempo de David, 1 Cr 27.16 ... 8203
5. Hijo del rey Josafat, 2 Cr 21.2 ... 8203
6. Padre de una familia que regresó de Babilonia, Esd 2.4; 8.8; Neh 7.9 ... 8203
7. Padre de una familia de sirvientes de Salomón, Esd 2.57; Neh 7.59 ... 8203
8. Padre de una familia de Benjamín, Neh 11.4 ... 8203
9. Príncipe de Judá que se opuso al profeta Jeremías, Jer 38.1 ... 8203

SEFELA *Región entre los montes de Judá y la llanura filistea*
1 R 10.27 como cabrahigos...la *S* en abundancia ... 8219
1 Cr 27.28 los olivares...de la *S*, Baal-hanán ... 8219
2 Cr 1.15 y cedro como cabrahigos de la *S* en ... 8219
9.27 cedros como los cabrahigos de la *S* en ... 8219
26.10 ganados, así en la *S* como en las vegas ... 8219
28.18 extendido por las ciudades de la *S* y del ... 8219
Jer 17.26 de la *S*, de los...trayendo holocausto ... 8219
32.44 en las ciudades de la *S*, y...del Neguev ... 8219
33.13 las montañas, en las ciudades de la *S* ... 8219
Abd 19 los de la *S* a los filisteos; poseerán ... 8219
Zac 7.7 el Neguev y la *S* estaban...habitados? ... 8219

SEFER *Monte donde acampó Israel*, Num 33.23,24 ... 8234

SEFO *Descendiente de Seir horeo*, Gn 36.23; 1 Cr 1.40 ... 8195

SÉFORA *Mujer de Moisés*
Éx 2.21 él dio su hija *S* por mujer a Moisés ... 6855
4.25 entonces *S* tomó un pedernal afilado y ... 6855
18.2 y tomó Jetro...a *S* la mujer de Moisés ... 6855

SEFUFÁN *Descendiente de Benjamín*, 1 Cr 8.5 ... 8197

SEGADA
Lv 19.9 no segarás...ni espigarás tu tierra *s* ... 7105
25.5 lo que de suyo nace en tu tierra *s*, no ... 7114

SEGADOR
Rt 2.3 fue...espigó en el campo en pos de los *s* ... 7114
2.4 que Booz vino de Belén, y dijo a los *s* ... 7114
2.5 dijo a su criado el mayordomo de los *s* ... 7114
2.6 el criado, mayordomo de los *s*, respondió ... 7114
2.7 recoger y...tras los *s* entre las gavillas ... 7114
2.14 ella se sentó junto a los *s*, y él le dio ... 7114
2 R 4.18 vino a su padre, que estaba con los *s* ... 7114
Sal 129.7 de la cual no llenó el *s* su mano, ni ... 7114
Is 17.5 será como cuando el *s* recoge la mies ... 7105
Jer 9.22 caerán como...como manojo tras el *s* ... 7114
Am 9.13 días...que el que ara alcanzará al *s* ... 7114
Mt 13.30 **tiempo de la siega yo diré a los *s*** ... *2327*
13.39 **la siega es el...y los *s* son los ángeles** ... *2327*

SEGAR
Lv 19.9 siegues la mies de...no *segarás*...rincón ... 7114
23.10 cuando hayáis entrado en la tierra...y *segueís* ... 7114
23.22 cuando segareis...no *segaréis* hasta el ... 7114
25.5 lo que de suyo naciere en...no lo *segarás* ... 7114
25.11 ni *segaréis* lo que naciere de suyo en ... 7114
Dt 24.19 cuando *siegues* tu mies en tu campo ... 7114
Rt 2.9 bien el campo que *sieguen*, y síguelas ... 7114
1 S 6.13 los de Bet-semes *segaban* el trigo en ... 7114
8.12 y *sieguen* sus mieses, y a que hagan sus ... 7114
2 R 19.29 el tercer año sembraréis, y *segaréis* ... 7114
Job 4.8 que aran...y siembran injuria, la *siegan* ... 7114
24.6 el campo *siegan* su pasto, y los impíos ... 7114
Sal 126.5 con lágrimas, con regocijo *segarán* ... 7114
Pr 22.8 el que sembrare...iniquidad *segará*, y ... 7114
27.25 se *segarán* las hierbas de los montes ... 7114
Ec 11.4 y el que mira a las nubes, no *segará* ... 7114
Is 17.5 como...con su brazo *siega* las espigas ... 7114
37.30 el año tercero sembraréis y *segaréis* ... 7114
Jer 12.13 sembraron trigo, y *segaron* espinos ... 7114
Os 8.7 sembraron viento, y torbellino *segarán* ... 7114
10.12 *segad* para vosotros en misericordia ... 7114
10.13 arado impiedad, y *segasteis* iniquidad ... 7114
Mi 6.15 sembrarás, mas no *segarás*; pisarás ... 7114
Mt 6.26 **las aves del...no siembran, ni *siegan*** ... *2325*
25.24 **duro, que *siegas* donde no sembraste y** ... *2325*
25.26 **sabías que *siego* donde no sembré, y que** ... *2325*
Lc 12.24 **cuervos, que ni siembran, ni *siegan*** ... *2325*
19.21 **pusiste, y *siegas* lo que no sembraste** ... *2325*
19.22 **no puse, y que *siego* lo que no sembré** ... *2325*
Jn 4.36 **el que *siega* recibe salario, y recoge** ... *2325*
4.36 **el que siembra goce...con el que *siega*** ... *2325*
4.37 **el que siembra, y otro es el que *siega*** ... *2325*
4.38 **a *segar* lo que vosotros no labrasteis** ... *2325*
1 Co 9.11 gran cosa si *segáremos* de vosotros ... *2325*
2 Co 9.6 el que siembra escasamente...*segará* ... *2325*
9.6 siembra generosamente...también *segará* ... *2325*
Gá 6.7 lo que el hombre sembrare, eso...*segará* ... *2325*
6.8 que siembra para su carne, de la...*segará* ... *2325*
6.8 siembra...del Espíritu *segará* vida eterna ... *2325*
6.9 a su tiempo *segaremos*, si no desmayamos ... *2325*
Stg 5.4 los clamores de los que habían *segado* ... *2325*
Ap 14.15 mete tu hoz, y siega...hora de *segar* ... *2325*
14.16 metió su hoz...y la tierra fue *segada* ... *2325*

SEGUB
1. Hijo menor de Hiel de Bet-el, 1 R 16.34 ... 7687
2. Descendiente de Judá, 1 Cr 2.21,22 ... 7687

SEGUIDA
Dt 7.22 podrás acabar con ellas en *s* ... 4118
9.3 y los destruirás en *s* ... 4118
1 R 2.14 en *s* dijo: Una palabra tengo que
3.25 en *s* el rey dijo: Partid por
22.28 en *s* dijo: Oíd, pueblos todos
2 R 9.10 en *s* abrió la puerta, y echó
Jer 38.17 si te entregas en *s* a los
Mt 14.22 en *s* Jesús hizo a sus ... *2112*
14.27 **pero en *s* Jesús les habló** ... *2112*
20.34 y en *s* recibieron la vista; y ... *2112*
21.20 cómo es que se secó en *s* la ... *3916*
26.49 y en *s* se acercó a Jesús y ... *2112*
26.74 y en *s* cantó el gallo ... *2112*
Mr 1.30 y en *s* le hablaron de ella ... *2112*
2.12 entonces él se levantó en *s* ... *2112*
4.15 **en *s* viene Satanás, y le quita la** ... *2112*
4.29 **en *s* se mete la hoz, porque la** ... *2112*
5.2 en *s* vino a su encuentro, de ... *2112*
5.29 y en *s* la fuente de su sangre se ... *2112*
6.27 y en *s* el rey, enviando a uno de ... *2112*
6.45 en *s* hizo a sus discípulos ... *2112*
6.50 pero en *s* habló con ellos, y ... *2112*
6.54 en *s* la gente le conoció ... *2112*
9.15 y en *s* toda la gente, viéndole ... *2112*
10.52 y en *s* recobró la vista, y ... *2112*
Lc 12.36 **llegue y llame, le abran en *s*** ... *2112*
22.60 no sé lo que dices. Y en *s* ... *3916*
Jn 6.21 la cual llegó en *s* a la tierra ... *2112*
13.32 y en *s* le glorificará ... *2117*
18.27 y en *s* cantó el gallo ... *2112*
Hch 9.20 en *s* predicaba a Cristo en las ... *2112*
9.34 y en *s* se levantó ... *2112*
16.10 en *s* procuramos partir para ... *2112*
16.33 y en *s* se bautizó él con ... *3916*
Gá 1.16 no consulté en *s* con carne y ... *2112*

SEGUIR
Gn 14.14 armó a sus criados...*siguió* hasta Dan ... 7291
14.15 les fue *siguiendo* hasta Hoba al norte ... 7291
19.2 la mañana os levantaréis, y *seguiréis* ... 1980
24.39 dije: Quizá la mujer no querrá *seguirme*
24.61 en los camellos, y *siguieron* al hombre ... 3212,310
29.1 *siguió* luego Jacob su camino, y fue a la
32.1 Jacob *siguió* su camino, y le salieron al ... 1980
41.30 *seguirán* siete años de hambre; y toda ... 6965
44.4 dijo...Levántate y *sigue* a esos hombres ... 7291
Éx 14.4 endureceré...Faraón para que los *siga* ... 7291
14.8 *siguió* a los hijos de Israel; pero los ... 7291
14.9 *siguiéndolos*...los egipcios, con toda la ... 7291
14.17 endureceré el corazón...que los *sigan* ... 310
14.23 y *siguiéndolos* los egipcios, entraron ... 7291
23.2 no *seguirás* a los muchos para hacer mal ... 1961,310
36.3 ellos *seguían* trayéndole ofrenda voluntaria
Lv 15.25 *siguiere* el flujo de su sangre por
23.15 contaréis desde el día que *sigue* al día de reposo
Nm 9.22 los hijos de Israel *seguían* acampados ... 2583
14.43 os habéis negado a *seguir* a Jehová
16.29 *siguen* la suerte de todos los hombres ... 7291
34.8 Hor...*seguirá* aquel límite hasta Zedad
34.9 y *seguirá* este límite hasta Zifrón, y ... 3318
Dt 1.36 porque ha *seguido* fielmente a Jehová ... 310
4.4 vosotros que *seguisteis* a Jehová...Dios ... 1696
10.20 a Jehová tu Dios temerás...*seguirás*, y ... 1692
11.22 andando en...caminos, y *siguiéndole* a él ... 1692
13.4 Dios...a él serviréis, y a él *seguiréis* ... 1692
16.20 la justicia *seguirás*, para que vivas y ... 7291
30.20 amando a Jehová tu...y *siguiéndole* a él ... 1692
33.3 por tanto, ellos *siguieron* en tus pasos ... 8497
Jos 2.5 *seguidlos* aprisa, y los alcanzaréis ... 7291
2.16 hasta que los que os *siguen* hayan vuelto ... 7291
6.8 y el arca del pacto de Jehová los *seguía* ... 1980,310
7.5 los de Hai...los *siguieron*...hasta Sebarim ... 7291
8.16 pueblo...en Hai se juntó para *seguirles* ... 7291
8.16 *siguieron* a Josué, siendo así alejados de ... 7291
8.17 y por *seguir* a Israel dejaron la ciudad ... 7291
8.20 se volvió contra los que les *seguían* ... 7291
10.10 y los *siguió* por el camino que sube a ... 7291
10.19 *seguid* a vuestros enemigos, y heridlos ... 7291
11.8 *siguieron* hasta Sidón la grande y hasta ... 7291
14.8 yo cumplí *siguiendo* a Jehová mi Dios ... 310
14.9 por cuanto cumpliste *siguiendo* a Jehová mi Dios ... 310
14.14 por cuanto había *seguido*...a Jehová Dios ... 310
20.5 si el vengador de la sangre le *siguiere* ... 7291
22.5 y le *sigáis* a él, y le sirváis de todo ... 1692
22.16 para apartaros hoy de *seguir* a Jehová ... 310
22.18 que...os apartéis hoy de *seguir* a Jehová? ... 310
22.29 nos apartemos hoy de *seguir* a Jehová ... 310
23.8 a Jehová vuestro Dios *seguiréis*, como ... 1692
24.6 los egipcios *siguieron* a vuestros padres ... 7291
Jue 1.6 mas Adoni-bezec huyó; y le *siguieron* ... 7291
2.19 se corrompían, *siguiendo* a dioses ajenos ... 3112,310
2.22 si procurarían o no *seguir* el camino de ... 8104
2.22 andando en él, como lo *siguieron*...padres ... 8104
3.28 *seguidme*, porque Jehová ha entregado a ... 7291
4.16 Barac *siguió* los carros y el ejército ... 7291
4.22 *siguiendo* Barac a Sísara, Jael salió a ... 7291
7.23 juntándose...*siguieron* a los madianitas ... 7291
7.25 después que *siguieron* a los madianitas ... 7291
8.5 os ruego que deis a la gente que me *sigue* ... 7272
8.12 y huyendo Zeba y Zalmuna, él los *siguió* ... 7291
9.4 Abimelec alquiló hombres...le *siguieron* ... 3212,310
9.49 y *siguieron* a Abimelec, y las pusieron ... 3212,310
13.11 se levantó Manoa, y *siguió* a su mujer ... 3212
18.22 se juntaron y *siguieron* a los...de Dan ... 1692
19.3 se levantó su marido y la *siguió*, para ... 3212
19.13 ven, *sigamos* hasta uno de esos lugares
19.27 la casa, y salió para *seguir* su camino ... 3212
Rt 2.9 bien el campo que *sieguen*, y síguelas ... 1980
1 S 6.12 las vacas se...*seguían* camino recto ... 1980
7.11 *siguieron* a los filisteos, hiriéndolos ... 7991
10.3 que de allí *sigas* más adelante, y llegas a ... 2498
14.46 y Saúl dejó de *seguir* a los filisteos ... 310
17.13 mayores habían ido para *seguir* a Saúl ... 1980,310
17.14 *siguieron*, pues, los tres mayores a Saúl ... 1980,310
17.52 *siguieron* a los filisteos hasta llegar ... 7291
17.53 volvieron...de *seguir* tras los filisteos ... 1814
19.23 y *siguió* andando y profetizando hasta ... 3212
23.6 cuando Abiatar...huyó *siguiendo* a David
23.25 Saúl oyó, *siguió* a David al desierto ... 7291
24.7 Saúl, saliendo de la...*siguió* su camino ... 3212
25.19 id delante de mí, y yo os *seguiré* luego ... 935
25.27 dado a...hombres que *siguen* a mi señor ... 1980,7272

25.42 Abigail con...*siguió* a los mensajeros 3212
26.3 David...entendió que Saúl le *seguía* en 935
28.22 que cobres fuerzas, y *sigas* tu camino 3212
30.2 los habían llevado al *seguir* su camino......... 3212
30.8 *síguelos*, porque...los alcanzarás, y de 7291
30.10 David *siguió* adelante con 400 hombres 7291
30.21 que...no habían podido *seguir* a David ... 3212,310
31.2 *siguiendo* los filisteos a Saúl y a sus 1692
2 S 2.10 de la casa de Judá *siguieron* a David...... 1961,310
2.19 *siguió* Asael...Abner, sin apartarse ni......... 7291
2.24 Joab y Abisai *siguieron* a Abner; y se.......... 7291
2.27 el pueblo hubiera dejado de *seguir* a sus........ 310
3.16 su marido fue...*siguiéndola* y llorando
15.12 y aumentaba el pueblo que *seguía* a
15.17 rey con todo el pueblo que le *seguía* 7272
17.1 levantaré y *seguiré* a David esta noche 7991
17.6 así...¿*seguiremos* su consejo, o no? Di tú
17.9 que *sigue* a Absalón ha sido derrotado 310
17.23 viendo...no se había *seguido* su consejo...... 6213
18.16 el pueblo se volvió de *seguir* a Israel.......... 7291
20.2 Israel...*siguiendo* a Seba hijo de Bicri 310
20.2 los de Judá *siguieron* a su rey desde el.......... 310
20.13 pasaron todos los que *seguían* a Joab 5674
20.14 y se juntaron, y lo *siguieron* también 935
1 R 1.8 los grandes de...no *seguían* a Adonías
2.2 yo-*sigo* el camino de todos en la tierra.......... 1980
11.5 Salomón *siguió* a Astoret, diosa de los......... 3212
11.6 no *siguió*...a Jehová como David su padre
11.10 que no *siguiese* a dioses ajenos; mas él 3212
12.20 sin quedar tribu alguna que *siguiese* la........ 310
16.21 mitad...*seguía* a Tibni...mitad *s* a Omri 310
16.22 el pueblo que *seguía* a Omri pudo más que 310
16.22 más que el que *seguía* a Tibni hijo de 310
18.18 tú y la casa de...*siguiendo* a los baales ... 3212,310
18.21 si Jehová es Dios, *seguidle*; y si Baal 3212,310
18.29 y ellos *siguieron* gritando frenéticamente
19.20 besar a mi padre...y luego te *seguiré*..... 3212,310
20.10 a los puños de...el pueblo que me *sigue* 7272
20.20 y huyeron...*siguiéndoles* los de Israel 7291
2 R 3.9 agua para...las bestias que los *seguían*........ 7272
4.31 entonces se levantó y la *siguió*...Y Giezi
5.21 y *siguió* Giezi a Naamán; y cuando vio 7291
6.19 *seguidme*, y yo os guiaré al hombre que ... 3212,310
7.15 fueron, y los *siguieron* hasta el Jordán
9.27 huyó...Y lo *siguió* Jehú, diciendo: Herid 7291
11.15 al que la *siguiere*, matadlo a espada 935,310
13.2 *siguió* en los pecados de Jeroboam hijo.... 3212,310
17.15 y *siguieron* la vanidad, y se hicieron........ 3212,310
18.6 porque *siguió* a Jehová, y no se apartó 310
25.5 el ejército de los caldeos *siguió* al rey 7291
1 Cr 5.25 se prostituyeron *siguiendo*...dioses
10.2 los filisteos *siguieron* a Saúl y a sus............ 1692
12.32 cuyo dicho *seguían* todos sus hermanos
2 Cr 13.19 *siguió* Abías a Jeroboam, y le tomó......... 7291
23.14 al que la *siguiere*, matadlo a filo de 935,310
36.14 *siguiendo* todas las abominaciones de
Neh 4.23 y ni yo...ni la gente...que me *seguía* 310
Job 22.15 ¿quieres tú *seguir* la senda antigua.......... 8104
23.11 pies han *seguido* sus pisadas; guardé.......... 270
36.26 ni se puede *seguir* la huella de sus años 2714
Sal 23.6 el bien...me *seguirán* todos los días........... 7291
34.14 haz el bien; busca la paz, y *síguela* 7291
38.20 son contrarios, por *seguir* yo lo bueno........ 7291
Pr 2.19 ni *seguirán*...los senderos de la vida
2.20 así...*seguirás* las veredas de los justos......... 7291
11.19 que *sigue* el mal lo hace para su muerte...... 7291
12.11 que *sigue* a los vagabundos es falto de 7291
15.9 impío; mas él ama al que *sigue* justicia 7291
21.21 que *sigue* la justicia...hallará la vida 7291
28.19 que *sigue* a los ociosos se llenará de.......... 7291
Ec 4.16 muchedumbre del pueblo que le *seguía*......... 314
Cnt 1.8 vé, *sigue* las huellas del rebaño, y 3318
Is 5.11 de mañana para *seguir* la embriaguez 7291
29.1 añadid un año...fiestas *sigan* su curso
41.2 al justo, lo llamó para que le *siguiese*
41.3 los *siguió*, pasó en paz por camino por 7291
48.17 encamina...el camino que debes *seguir* 3212
51.1 oídme, los que *seguís* la justicia, los........... 7291
56.3 extranjero que *sigue* a Jehová no hable 3867
56.6 que *sigan* a Jehová para servirle, y que 3867
56.11 todos ellos *siguen* sus propios caminos....... 6437
57.17 él *siguió* rebelde por el camino de su......... 3212
Jer 6.13; 8.10 cada uno *sigue* la avaricia
7.10 para *seguir* haciendo todas estas abominaciones?
28.11 el yugo de...Y *siguió* Jeremías su camino 3212
39.5 el ejército de los caldeos los *siguió* 7291
52.8 el ejército de los caldeos *siguió* al rey 7291
Dn 11.43 los de Libia y de Etiopía le *seguirán*
Os 2.7 *seguirá* a sus amantes, y no...alcanzará 7291
12.1 Efraín se apacienta de...*sigue* al solano 7291
Jon 2.8 los que *siguen* vanidades ilusorias, su 8104
Mt 4.20 ellos...dejando...redes, le *siguieron* *190*
4.22 dejando...la barca y a su...le *siguieron*......... *190*
4.25 y le *siguió* mucha gente de Galilea, de *190*
8.1 cuando descendió...le *seguía* mucha gente *190*
8.10 **maravilló, y dijo a los que le *seguían*** *190*
8.19 dijo: Maestro, te *seguiré* adondequiera.......... *190*
8.22 **le dijo: *Sígueme*; deja que los muertos** *190*
8.23 la barca, sus discípulos le *siguieron*............. *190*
9.9 **Mateo...y le dijo: Sígueme...y le *siguió*** *190*
9.19 se levantó Jesús, y le *siguió* con sus............ *190*
9.27 le *siguieron* dos ciegos, dando voces y *190*
10.38 **que no toma su cruz y *sigue* en pos de** *190*
12.15 *siguió* mucha gente, y sanaba a todos *190*
14.13 la gente lo oyó, le *siguió* a pie desde *190*
16.24 **niéguese a sí...tome su cruz, y *sígame*** *190*
19.2 le *siguieron* grandes multitudes, y los........... *190*
19.21 **vende lo que tienes...y ven y *sígueme*** *190*
19.27 hemos dejado todo, y te hemos *seguido* *190*
19.28 **me habéis *seguido*...os sentaréis sobre** *190*
20.29 al salir...le *seguía* una gra multitud *190*
20.34 recibieron la vista; y le *siguieron* *190*
26.58 mas Pedro le *seguía* de lejos hasta el *190*
27.55 habían *seguido* a Jesús desde Galilea.......... *190*
Mr 1.18 dejando luego sus redes, le *siguieron*........... *190*
1.20 dejando a su padre Zebedeo...le *siguieron* *190*
2.14 **vio a Leví...le dijo: Sígueme...le *siguió*** *190*
2.15 porque había muchos...le habían *seguido* *190*
3.7 retiró al mar...le *siguió* gran multitud *190*
5.24 fue, pues...le *seguía* una gran multitud *190*
5.37 que le *siguiese* nadie sino Pedro, Jacobo *4870*
6.1 salió Jesús...y le *seguían* sus discípulos *190*
8.34 **niéguese a sí...y tome su cruz, y *sígame*** *190*
9.38 echa fuera demonios, pero él no nos *sigue* *190*
9.38 y se lo prohibimos, porque no nos *seguía* *190*
10.17 al salir él para *seguir* su camino, vino *1607*
10.21 **vende...y ven, *sígueme*, tomando tu cruz** *190*
10.28 hemos dejado todo, y te hemos *seguido* *190*
10.32 se asombraban, y le *seguían* con miedo......... *190*
10.52 recobró la vista, y *seguía* a Jesús en el.......... *190*
14.13 **un hombre que lleva un cántaro...*seguidle*** *190*
14.51 joven le *seguía*, cubierto el cuerpo con.......... *190*
14.54 Pedro le *siguió* de lejos hasta dentro............ *190*
15.41 en Galilea, le *seguían* y le servían *190*
16.17 **estas señales *seguirán* a los que creen** *3877*
16.20 confirmando...las señales que la *seguían* *1872*
Lc 5.11 barcas, dejándolo todo, le *siguieron*............. *190*
5.27 **vio a un publicano...y le dijo: *Sígueme*** *190*
5.28 dejándolo todo, se levantó y le *siguió* *190*
7.9 **dijo a la gente que le *seguía*: Os digo** *190*
9.11 cuando la gente lo supo, le *siguió*; y él *190*
9.23 **mismo, tome su cruz cada día, y *sígame*** *190*
9.49 y se lo prohibimos, porque no *sigue* con *190*
9.57 Señor, te *seguiré* adondequiera que vayas *190*
9.59 **a otro: *Sígueme*...Señor, déjame primero** *190*
9.61 te *seguiré* Señor; pero déjame que me *190*
13.33 **es necesario que hoy...*siga* mi camino**
17.23 **helo aquí, o...No vayáis, ni lo *sigáis*** *1377*
18.22 **vende todo lo que tienes...ven, *sígueme*** *190*
18.28 nosotros hemos dejado...te hemos *seguido* *190*
18.43 vio, y le *seguía*, glorificando a Dios *190*
22.10 ***seguidle* hasta la casa donde entrare** *190*
22.39 y sus discípulos también le *siguieron* *190*
22.54 le llevaron...Y Pedro le *seguía* de lejos *190*
23.27 le *seguía* gran multitud del pueblo, y de......... *190*
23.49 las mujeres que le habían *seguido* desde........ *190*
23.55 *siguieron*...vieron el sepulcro, y como *190*
24.27 *siguiendo* por todos los profetas, les
Jn 1.37 le oyeron hablar...y *siguieron* a Jesús *190*
1.38 **que le *seguían*, les dijo: ¿Qué buscáis?**........... *190*
1.40 oído a Juan, y habían *seguido* a Jesús............ *190*
1.43 **Jesús...halló a Felipe, y le dijo: *Sígueme*** *190*
6.2 le *seguía* gran multitud, porque veían las *190*
8.8 inclinándose de nuevo...*siguió* escribiendo
8.12 **el que me *sigue*, no andará en tinieblas**
10.4 **y las ovejas le *siguen*, porque conocen** *190*
10.5 **extraño no *seguirán*, sino huirán de él** *190*
10.27 **mi voz, y yo las conozco, y me *siguen*** *190*
11.31 la *siguieron*, diciendo: Va al sepulcro *190*
12.26 **si alguno me sirve, *sígame*; y donde yo** *190*
13.36 no me puedes *seguir*...*seguirás* después *190*
13.37 ¿por qué no te puedo *seguir* ahora? Mi *190*
18.15 y *seguían* a Jesús Simón Pedro y otro............ *190*
21.19 **a Dios...Y dicho esto, añadió: *Sígueme*** *190*
21.20 les *seguía* el discípulo a quien amaba............ *190*
21.22 **si quiero que...¿qué a ti? *Sígueme* tú**............ *190*
Hch 8.39 el eunuco...*siguió* gozoso su camino *4198*
12.8 envuélvete en tu manto, y *sígueme*.............. *190*
12.9 saliendo, le *seguía*; pero no sabía que............ *190*
13.43 y de los prosélitos, *siguieron* a Pablo............ *190*
16.17 ésta, *siguiendo* a Pablo y...daba voces *2628*
Ro 4.12 *siguen* las pisadas de la fe que tuvo
12.9 amor...Aborreced lo malo, *seguid* lo bueno.... *2853*
14.19 *sigamos* lo que contribuye a la paz y a......... *1377*
1 Co 10.4 bebían de la roca...que los *seguía* *190*
11.17 pero al anunciaros esto que *sigue*, no
14.1 *seguid* el amor; y procurad los dones *1377*
Gá 1.6 os...para *seguir* un evangelio diferente
Ef 2.2 *siguiendo* la corriente de este mundo
4.15 *siguiendo* la verdad en amor, crezcamos
Fil 3.16 *sigamos* una misma regla, sintamos una....... *4748*
1 Ts 5.15 *seguid* siempre lo bueno unos para *1377*
1 Ti 4.6 de la buena doctrina que has *seguido*.......... *3877*
6.11 *sigue* la justicia, la piedad, la fe, el *1377*
2 Ti 2.22 y *sigue* la justicia, la fe, el amor.............. *1377*
3.10 tú has *seguido* mi doctrina, conducta...fe
He 12.14 *seguid* la paz con todos, y...santidad.......... *1377*
1 P 2.21 ejemplo, para que *sigáis* sus pisadas *1872*
3.11 y haga el bien; busque la paz, y *sígala* *1377*
3.13 os podrá hacer daño, si...*seguís* el bien?....... *3402*
2 P 1.16 no os...*siguiendo* fábulas artificiosas *1811*
2.2 y muchos *seguirán* sus disoluciones, por *1811*
2.10 aquellos que, *siguiendo* la carne, andan *4198*
2.15 *siguiendo* el camino de Balaam hijo de *1811*
Jud 11 porque han *seguido* el camino de Caín.......... *4198*
Ap 6.8 caballo amarillo...y el Hades le *seguía* *190*
14.4 estos son los que *siguen* al Cordero por.......... *190*
14.8 otro ángel le *siguió*, diciendo: Ha caído *190*
14.9 el tercer ángel los *siguió*, diciendo a *190*
14.13 sí...porque sus obras con ellos *siguen* *190*
19.14 ejércitos...*seguían* en caballos blancos *190*

SEGUNDO *Cristiano de Tesalónica, compañero del apóstol Pablo*, Hch 20.4 ...... *4580*

SEGUNDO, A

Gn 1.8 y fue la tarde y la mañana el día *s* 8145
2.13 el nombre del *s* río es Gihón; este es el 8145
6.16 al arca...le harás piso bajo, *s* y tercero........ 8145
7.11 el mes *s*, a los diecisiete días del mes 8145
8.14 el mes *s*, a los 27 días del mes, se secó 8145
22.15 llamó el ángel...a Abraham *s* vez desde...... 8145
30.7 concibió...y dio a luz un *s* hijo a Jacob 8145
32.19 mandó también al *s*, y al tercero, y a 8145
41.5 se durmió de nuevo, y soñó la *s* vez: Que 8145
41.43 su *s* carro, y pregonaron delante de él 4932
41.52 llamó el nombre del *s*, Efraín; porque 8145
47.18 acabado aquel año, vinieron a él el *s* 8145
Éx 16.1 vino al...a los quince días del *s* mes 8145
26.4,5,10 orilla de la cortina de la *s* unión........... 8145
28.18 la *s* hilera, una esmeralda, un zafiro 8145
36.11,12,17 orilla de la cortina...la *s* serie 8145
39.11 la *s* hilera, una esmeralda, un zafiro 8145
40.17 en el *s* año, el tabernáculo fue erigido 8145
Lv 13.58 lavará *s* vez, y entonces será limpia 8145
Nm 1.1 el día primero del mes *s*, en el *s* año 8145
1.18 reunieron...en el día primero del mes *s* 8145
2.16 de Rubén...sus ejércitos, marcharán los *s* 8145
7.18 el *s* día ofreció Natanael hijo de Zuar 8145
9.1 *s* año de su salida de...tierra de Egipto 8145
9.11 en el mes *s*, a los catorce días del mes 8145
10.6 tocareis alarma la *s* vez...moverán los 8145
10.11 año *s*, en el mes *s*, a los veinte días 8145
24.1 no fue, como la primera y *s* vez, en busca
28.8 ofrecerás el *s* cordero a la caída de la
29.17 el *s* día, doce becerros de la vacada 8145
33.3 el *s* día de la pascua salieron los hijos
Jos 5.2 a circuncidar la *s* vez a los hijos de 8145
6.14 dieron otra vuelta a la ciudad el *s* día 8145
19.1 la *s* suerte tocó a Simeón, para la tribu 8145
Jue 6.25 toma un toro...el *s* toro de siete años......... 8145
6.26 el *s* toro, sacrifícalo en holocausto con 8145
6.28 el *s* toro había sido ofrecido sobre el 8145
20.24 acercaron los hijos de Israel...el *s* día......... 8145
20.25 aquel *s* día, saliendo Benjamín de Gabaa..... 8145
1 S 8.2 el nombre del *s*, Abías; y eran jueces 4932
17.13 Eliab el primogénito, el *s* Abinadab, y
18.21 dijo, pues, Saúl a David por *s* vez: Tú
20.27 el *s* día de la nueva luna, aconteció............ 8145
20.34 no comió pan el *s* día de la nueva luna 8145
23.17 tú reinarás...y yo seré *s* después de ti
26.8 lo enclavaré en la...y no le daré *s* golpe 8138
2 S 3.3 su *s* Quileab, de Abigail la mujer de 4943
14.29 envió aun por *s* vez, y no quiso venir 8145
20.10 Amasa...cayó muerto sin darle un *s* golpe
21.18 *s* guerra hubo después en Gob contra los
1 R 6.1 mes de Zif, que es el mes *s*, comenzó........... 8145
9.2 Jehová apareció a Salomón la *s* vez, como...... 8145
15.25 Nadab hijo...comenzó a reinar...el *s* año 8147
19.7 volviendo el ángel de...la *s* vez, lo tocó 8145
2 R 1.17 reinó...en el *s* año de Joram hijo de 8147
10.6 les escribió la *s* vez, diciendo: Si sois.......... 8145
14.1 el año *s* de Joás hijo...comenzó a reinar....... 8147
15.32 en el *s* año de Peka...comenzó a reinar 8147
19.29 este año comeréis...*s* año lo que nacerá 8145
22.14 la cual moraba...la *s* parte de la ciudad
23.4 mandó el rey...los sacerdotes de *s* orden...... 4932
25.18 tomó...al *s* sacerdote Sofonías, y tres 4932
1 Cr 2.13 Isaí engendró a Eliab...el *s* Abinadab 8145
3.1 hijos...*s*, Daniel, de Abigail la de Carmel 8145
3.15 el *s* Joacim, el tercero Sedequías, el 8145
5.12 el principal en Basán; el *s* Safán, luego 4932
7.15 Maaca; y el nombre del *s* fue Zelofehad 8145
8.1 Benjamín engendró a Bela su...Ashel el *s* 8145
8.39 y los hijos de Esec...Ulam...Jehús el *s* 8145
12.9 primero, Obadías el *s*, Eliab el tercero........... 8145
15.18 con ellos a sus hermanos del *s* orden.......... 4932
16.5 Asaf el primero; el *s*...Zacarías; Jeiel
23.11 Jahat era el primero, y Zina el *s*; pero.......... 8145
23.19 hijos de Hebrón; Jerías...Amarías el *s*.......... 8145
23.20 hijos de Uziel: Micaía...e Isías el *s*.............. 8145
24.7 la primera suerte tocó...la *s* a Jedaías 8145
24.23 el *s* Amarías, el tercero Jahaziel, el............ 8145
25.9 por Asaf, para José; la *s* para Gedalías........ 8145
26.2 los hijos de Meselemías...Jediael el *s* 8145
26.4 hijos de Obed-edom...Jozabad el *s*, Joa.......... 8145
26.11 el *s* Hilcías, el tercero Tebalías, el 8145
27.4 división del *s* mes estaba Dodai ahohita 8145
29.22 por *s* vez la investidura del reino a............ 8145
2 Cr 3.2 edificar en el mes *s*, a los dos días 8145
27.5 y lo mismo en el *s* año y en el tercero........... 8145
28.7 mató a...y a Elcana, *s* después del rey
30.2 rey...para celebrar la pascua en el mes *s* 8045
30.13 la fiesta solemne de los...en el mes *s* 8045
30.15 la pascua, a los catorce días del mes *s* 8045
31.12 principal, y Simei su hermano fue el *s*
34.22 Hulda...la cual moraba...en el *s* barrio
35.24 y lo pusieron en un *s* carro que tenía.......... 4932
Esd 3.8 año *s* de su venida a la casa de Dios.......... 8145
3.8 en el mes *s*, comenzaron Zorobabel hijo 8145
4.24 suspendida hasta el año *s* del reinado de...... 8145
Neh 11.9 Judá hijo de Senúa el *s* en la ciudad 4932
11.17 Bacbuquías el *s* de entre sus hermanos....... 4932
12.38 el *s* coro iba del lado opuesto, y yo en
Est 2.14 volvía a la casa *s* de las mujeres, al 8145
2.19 la *s* vez, Mardoqueo estaba sentado a la......... 8145
7.2 el *s* día, mientras bebían vino, dijo el 8145
9.29 suscribieron...esta *s* carta referente a 8145
10.3 Mardoqueo el...fue el *s* después del rey
Job 42.14 llamó el nombre...el de la *s*, Cesia 8145
Sal 109.13 en la *s* generación sea borrado su........... 312
Ec 4.10 porque cuando cayere, no habrá *s* que
Is 37.30 comeréis...año *s* lo que nace de suyo 8145
Jer 1.13 vino...por *s* vez, diciendo: ¿Qué ves............ 8145
13.3 a mí *s* vez palabra de Jehová, diciendo 8145

33.1 palabra de Jehová a Jeremías la *s* vez 8145
52.22 y lo mismo era lo de la *s* columna con 8145
52.24 tomó. . . Sofonías el *s* sacerdote, y tres 4932
Ez 4.6 acostarás. . . *s* vez, y llevarás la maldad
10.14 la *s*, de hombre; la tercera, cara de 8145
43.22 al *s* día ofrecerás un macho cabrío sin 8145
Dn 2.1 el *s* año del reinado de Nabucodonosor 8147
2.7 respondieron por *s* vez. . . Diga el rey el
7.5 he aquí otra *s* bestia, semejante a un oso 8578
Jon 3.1 palabra de Jehová por *s* vez a Jonás 8145
Sof 1.10 habrá. . . aullido desde la *s* puerta, y 4932
Hag 1.1 en el año *s* del rey Darío, en el mes 8147
1.15 del mes sexto, en el *s* año del rey Darío 8147
2.10 en el *s* año de Darío, vino palabra de 8147
2.20 por *s* vez palabra de Jehová a Hageo, a
Zac 1.1 en el octavo mes del año *s* de Darío 8147
1.7 el año *s* de Darío, vino palabra de Jehová 8147
6.2 alazanes, en el *s* carro caballos negros 8145
Mt 22.26 de la misma manera también el *s*, y el *1208*
22.39 **el *s* es semejante: Amarás a tu prójimo** *1208*
26.42 **oró por *s* vez, diciendo: Padre mío, si** *1208*
Mr 12.21 y el *s* se casó con ella, y murió, y *1208*
12.31 **el *s* es semejante: Amarás a tu prójimo** *1208*
14.72 **el gallo cantó la *s* vez... Entonces Pedro** *1208*
Lc 12.38 **venga a la *s* vigilia, y aunque venga** *1208*
20.30 y la tomó el *s*, el cual también murió *1208*
Jn 3.4 acaso entrar por *s* vez en el vientre de *1208*
4.54 esta *s* señal hizo Jesús, cuando fue de *1208*
21.16 **volvió a decirle la *s* vez: Simón, hijo** *1208*
Hch 7.13 en la *s*, José se dio a conocer a sus *1208*
10.15 volvió la voz a él la *s* vez: Lo que Dios *1208*
11.9 la voz me respondió del cielo por *s* vez
12.10 habiendo pasado la primera. . . *s* guardia *1208*
13.33 está escrito. . . el salmo *s*: Mi hijo eres *1208*
28.13 otro día. . . llegamos al *s* día a Puteoli *1206*
1 Co 15.47 el *s* hombre, que es el Señor, es del *1208*
2 Co 1.15 ir. . . para que tuvieseis una *s* gracia *1208*
He 8.7 no se hubiera procurado lugar para el *s* *1208*
9.3 tras el *s* velo estaba. . . el Lugar Santísimo *1208*
9.7 *s* parte, sólo el sumo sacerdote una vez *1208*
9.28 y aparecerá por *s* vez, sin relación con *1208*
2 P 3.1 esta es la *s* carta que os escribo, y *1208*
Ap 2.11 **venciere, no sufrirá... de la *s* muerte** *1208*
4.7 un león; el *s* era semejante a un becerro *1208*
6.3 abrió el *s* sello, oí al *s* ser viviente *1208*
8.8 el *s* ángel tocó la trompeta, y como una *1208*
11.14 *s* ay pasó; he aquí, el tercer ay viene *1208*
16.3 el *s* ángel derramó su copa sobre el mar *1208*
20.6 *s* muerte no tiene potestad sobre éstos *1208*
20.14 al lago de fuego. . . Esta es la muerte *s* *1208*
21.8 en el lago que arde. . . que es la muerte *s* *1208*
21.19 el primer cimiento era. . . el *s*, zafiro *1208*

SEGURAMENTE

Éx 11.1 y *s* os echará de aquí del todo
2 R 8.10 y Eliseo le dijo: Ve, dile: *S* sanarás
8.14 y él respondió: Me dijo que *s* sanarás
Jer 32.37 los haré volver. . . y los haré habitar *s* 983
Os 10.3 *S* dirán ahora. . . porque no temimos a Jehová
1 Co 14.10 tantas clases de idiomas hay, *s* *5177*

SEGURIDAD

Lv 25.19 la tierra. . . habitaréis en ella con *s* 983
Dt 28.66 temeroso. . . y no tendrás *s* de tu vida 539
2 R 20.19 habrá al menos paz y *s* en mis días 571
Job 5.4 sus hijos estarán lejos de la *s*; en la 3468
5.11 que pone. . . y a los enlutados levanta a *s* 3468
24.23 él les da *s* y confianza; sus ojos están 983
Sal 71.5 mi esperanza, *s* mía desde mi juventud 4004
78.53 los guio con *s*, de modo que no tuviera 983
Pr 11.14 en la multitud de consejeros hay *s* 8668
Is 5.29 llevará con *s*, y nadie se la quitará 6403
32.17 y la labor de la justicia, reposo y *s* 983
39.8 a lo menos, haya paz y *s* en mis días 571
Ez 34.25 paz. . . habitarán en el desierto con *s* 983
34.27 fruto, y estarán sobre su tierra con *s* 983
34.28 habitarán con *s*, y no habrá quien las 983
38.14 cuando mi pueblo Israel habite con *s* 983
39.6 sobre los que moran con *s* en las costas 983
39.26 cuando habiten en su tierra con *s*, y 983
Mr 14.44 besare. . . prendedle, y llevadle con *s* *806*
Hch 5.23 hemos hallado cerrada con toda *s*, y *803*
16.23 mandando al carcelero que los guardase con *s* . . . *806*
Ef 3.12 tenemos *s* y acceso con confianza por *3954*
1 Ts 5.3 que cuando digan: Paz y *s*, entonces *803*

SEGURO, A

Éx 19.12 cualquiera que. . . de *s* morirá
Lv 20.2 ofreciere alguno de sus hijos. . . *s* morirá
25.18 ponedlos por obra, y habitaréis en la tierra *s* . . 983
26.5 pan. . . y habitaréis *s* en vuestra tierra 983
Dt 12.10 él os dará reposo de. . . y habitaréis *s* 983
Jos 2.12 así. . . de lo cual me daréis una señal *s* 571
Jue 18.7 pueblo que habitaba en ella estaba *s* 983
1 S 12.11 libró de. . . enemigos. . . y habitasteis *s* 983
14.39 que aunque fuere en Jonatán mi
hijo, de *s* morirá 3588
20.26 no está limpio. . . de *s* no está purificado 3588
23.23 volved a mí con información *s*, y yo iré 3559
1 R 4.25 y Judá e Israel vivían *s*, cada uno 983
2 Cr 20.20 creed en. . . Dios, y estaréis *s*; creed 539
Esd 9.8 para darnos un lugar *s* en su santuario
Job 11.18 mirarás alrededor, y dormirás *s* 983
12.6 y los que provocan a Dios viven *s*, en 987
13.10 él os reprochará de *s*. . . hacéis acepción
24.22 se levante, ninguno está *s* de la vida 539
34.31 de *s* conviene que se diga a Dios: He 3588
Sal 61.4 estará *s* bajo la cubierta de tus alas 2620
91.4 cubrirá, y debajo de sus alas estarás *s* 2620
102.28 los hijos de tus siervos habitarán *s*
Pr 11.15 que aborreciere las fianzas vivirá *s* 982
Is 32.18 en morada de paz, en habitaciones *s* 4009
33.16 se le dará su pan, y sus aguas serán *s* 539
Jer 12.5 si en la tierra de paz no estabas *s* 982
33.16 Jerusalén habitará *s*, y se le llamará 983
Ez 28.26 y habitarán en ella *s*, y edificarán 983
Os 2.18 quitaré. . . y guerra, y te haré dormir *s* 983
Mi 5.4 apacentará con poder de. . . y morarán *s*
Hab 3.9 los juramentos a las tribus. . . palabra *s*
Ro 8.38 estoy *s* de que ni la muerte, ni la vida *3982*
15.14 estoy *s* de vosotros, hermanos míos, de *3982*
Fil 3.1 no me es molesto. . . Para vosotros es *s* *804*
2 Ti 1.5 Eunice, y estoy *s* que en ti también
1.12 estoy *s* que es poderoso para guardar *3982*
He 6.19 tenemos como *s* y firme ancla del alma *804*
2 P 1.19 tenemos. . . la palabra profética más *s* *949*

SEHARÍAS *Jefe de la tribu de Benjamín*, 1 Cr 8.26 . . 7841

SEHÓN *Rey amorreo*

Nm 21.21 envió Israel embajadores a *S* rey de 5511
21.23 *S* no dejó pasar a. . . juntó *S*. . . su pueblo 5511
21.26 Hesbón era la ciudad de *S* rey de los 5511
21.27 edifíquese y repárese la ciudad de *S* 5511
21.28 llama de la ciudad de *S*, y consumió a 5511
21.29 cautividad, por *S* rey de los amorreos 5511
21.34 y harás de él como hiciste de *S* rey de 5511
32.33 Moisés dio. . . el reino de *S* rey amorreo 5511
Dt 1.4 que derrotó a *S*, rey de los amorreos 5511
2.24 entregado en tu mano a *S* rey de Hesbón 5511
2.26 mensajeros desde el. . . de Cademot a *S* rey 5511
2.30 *S* rey de Hesbón no quiso que pasásemos 5511
2.31 yo he comenzado a entregar. . . a *S* y a su 5511
2.32 nos salió *S* al encuentro, él y todo su 5511
3.2 con él como hiciste con *S* rey amorreo 5511
3.6 las destruimos, como hicimos a *S* rey de 5511
4.46 en la tierra de *S* rey de los amorreos 5511
29.7 y salieron *S* rey de Hesbón y Og rey de 5511
31.4 hará Jehová. . . como hizo con *S* y con Og 5511
Jos 2.10 y lo que habéis hecho. . . a *S* y a Og, a 5511
9.10 lo que hizo a los dos. . . *S* rey de Hesbón 5511
12.2 *S* rey de los amorreos, que habitaba en 5511
12.5 Galaad, territorio de *S* rey de Hesbón 5511
13.10 las ciudades de *S* rey de los amorreos 5511
13.21 todo el reino de *S* rey de los amorreos 5511
13.21 príncipes de *S* que habitaban en aquella 5511
13.27 del reino de *S* rey de Hesbón: el Jordán 5511
Jue 11.19 envió Israel mensajeros a *S* rey de 5511
11.20 *S* no se fio de Israel para darle paso 5511
11.20 que reuniendo *S* toda su gente, acampó 5511
11.21 Dios. . . entregó a *S* y a todo su pueblo 5511
1 R 4.19 la tierra de *S* rey de los amorreos 5511
Neh 9.22 poseyeron la tierra de *S*, la tierra 5511
Sal 135.11 *S* rey amorreo, a Og rey de Basán 5511
136.19 a *S* rey amorreo, porque para siempre 5511
Jer 48.45 salió fuego. . . llama de en medio de *S* 5511

SEIR

1. Cordillera principal de Edom; a veces =Edom

Gn 14.6 a los horeos en el monte de *S*, hasta 8165
32.3 a Esaú. . . a la tierra de *S*, campo de Edom 8165
33.14 me iré. . . hasta que llegue a mi señor a *S* 8165
33.16 así volvió Esaú aquel día. . . camino a *S* 8165
36.8 y Esaú habitó en el monte de *S*; Esaú es 8165
36.9 son los linajes de Esaú. . . el monte de *S* 8165
36.30 jefes de los horeos. . . en la tierra de *S* 8165
Nm 24.18 también tomada *S* por sus enemigos 8165
Dt 1.2 once jornadas. . . camino del monte de *S* 8165
2.1 rodeamos el monte de *S* por mucho tiempo 8165
2.4 hijos de Esaú, que habitan en *S*, ellos 8165
2.5 he dado por heredad a Esaú el monte de *S* 8165
2.8 de nuestros hermanos. . . que habitaban en *S* 8165
2.12 en *S* habitaron antes los horeos, a los 8165
2.22,29 los hijos de Esaú que habitaban en *S* 8165
33.2 Jehová vino de Sinaí, y de *S*. . . esclareció 8165
Jos 11.17 desde el monte Halac. . . sube hacia *S* 8165
12.7 hasta el monte. . . Halac que sube hacia *S* 8165
24.4 di el monte de *S*, para que lo poseyese 8165
Jue 5.4 cuando saliste de *S*, oh Jehová, cuando 8165
1 Cr 4.42 monte de *S*, llevando por capitanes 8165
2 Cr 20.10 los del monte de *S*, a cuya tierra 8165
20.22 puso contra los. . . del monte de *S*, las 8165
20.23 levantaron contra los del monte de *S* 8165
20.23 acabado con los del monte de *S*, cada 8165
25.11 Sal, y mató de los hijos de *S* diez mil 8165
25.14 consigo los dioses de los hijos de *S* 8165
Is 21.11 me dan voces de *S*: Guarda, ¿qué de 8165
Ez 25.8 por cuanto dijo Moab y *S*: He aquí la 8165
35.2 hijo. . . pon tu rostro hacia el monte de *S* 8165
35.3 dile. . . yo estoy contra ti, oh monte de *S* 8165
35.7 y convertiré al monte de *S* en desierto 8165
35.15 haré a ti; asolado será el monte de *S* 8165

2. Progenitor de los horeos, antiguos moradores de la tierra de Seir, Gn 36.20,21; 1 Cr 1.38 8165

3. Monte en el límite norte de Judá

Dt 1.44 salió. . . os derrotaron en *S*, hasta Horma 8165
Jos 15.10 hacia el occidente al monte de *S* 8165

SEIRAT *Lugar en Efraín*

Jue 3.26 Aod escapó, y. . . se puso a salvo en *S* 8167

SEIS *Véanse también Seiscientos, Seis mil, etc.*

Gn 30.20 le he dado a luz *s* hijos; y llamó su 8337
31.41 y *s* años por tu ganado, y has cambiado 8337
Éx 16.26 *s* días lo recogeréis; mas el séptimo 8337
20.9 *s* días trabajarás, y harás toda. . . obra 8337
20.11 en *s* días hizo Jehová los cielos y la 8337
21.2 comprares siervo hebreo, *s* años servirá 8337
23.10 *s* años sembrarás tu tierra. . . tu cosecha 8337
23.12 *s* días trabajarás, y al séptimo día 8337
24.16 y la nube lo cubrió por *s* días; y al 8337
25.32 y saldrán *s* brazos de sus lados; tres 8337
25.33,35 los *s* brazos que salen del candelero 8337
26.9 y unirás. . . y las otras *s* cortinas aparte 8337
26.22 para el lado posterior. . . harás *s* tablas 8337
28.10 *s* de sus nombres en una. . . los otros *s* en 8337
31.15 *s* días se trabajará. . . séptimo es día de 8337
31.17 en *s* días hizo Jehová los cielos y la 8337
34.21 *s* días trabajarás, mas en el séptimo 8337
35.2 *s* días se trabajará, mas el día séptimo 8337
36.16 aparte, y las otras *s* cortinas aparte 8337
36.27 para el lado occidental del. . . *s* tablas 8337
37.18 sus lados salían *s* brazos; tres brazos 8337
37.19 los *s* brazos que salían del candelero 8337
37.21 conforme a los *s* brazos que salían de 8337
Lv 23.3 *s* días se trabajará, mas el séptimo 8337
24.6 *s* en cada hilera, sobre la mesa limpia 8337
25.3 *s* años sembrarás. . . y *s* años podarás tu 8337
Nm 7.3 *s* carros cubiertos y doce bueyes: por 8337
35.6 *s* ciudades serán de refugio, las cuales 8337
35.13 daréis, tendréis *s* ciudades de refugio 8337
35.15 estas *s* ciudades serán de refugio para 8337
Dt 5.13 *s* días trabajarás, y harás toda. . . obra 8337
15.12 te hubiere servido *s* años, al séptimo 8337
15.18 por la mitad del costo. . . sirvió *s* años 8337
16.8 *s* días comerás pan sin levadura. . . fiesta 8337
Jos 6.3 la ciudad. . . esto haréis durante *s* días 8337
6.14 de esta manera hicieron durante *s* días 8337
15.59 y Eltecón; *s* ciudades con sus aldeas 8337
15.62 y En-gadi; *s* ciudades con sus aldeas 8337
Jue 12.7 Jefté juzgó a Israel *s* años; y murió 8337
Rt 3.15 él midió *s* medidas de cebada, y se las 8337
3.17 dijo: Estas *s* medidas de cebada me dio 8337
1 S 17.4 y tenía de altura *s* codos y un palmo 8337
2 S 2.11 David reinó en. . . siete años y *s* meses 8337
5.5 en Hebrón reinó. . . siete años y *s* meses, y 8337
6.13 habían andado *s* pasos, él sacrificó un 8337
1 R 6.6 el de en medio de *s* codos de ancho, y 8337
10.19 *s* gradas tenía el trono, y la parte alta 8337
10.20 también doce leones. . . sobre las *s* gradas 8337
11.16 *s* meses habitó allí Joab, y todo Israel 8337
16.23 y reinó 12 años; en Tirsa reinó *s* años 8337
2 R 11.3 con ella escondido en la casa. . . *s* años 8337
13.19 al dar. . . *s* golpes, hubieras derrotado a 8337
15.8 el año 38. . . reinó Zacarías hijo. . . *s* meses 8337
1 Cr 3.4 estos *s* le nacieron en Hebrón, donde 8337
3.4 Hebrón, donde reinó siete años y *s* meses 8337
3.22 los hijos de Semaías: Hatús. . . Safat, *s* 8337
4.27 los hijos de Simei fueron 16, y *s* hijas 8337
8.38 hijos de Azel fueron *s*, cuyos nombres 8337
9.44 Azel tuvo *s* hijos, los nombres de los 8337
20.6 el cual tenía *s* dedos en pies y manos 8337
25.3 *s*, bajo la dirección de. . . padre Jedutún 8337
26.17 al oriente *s* levitas, al norte cuatro 8337
2 Cr 9.18 trono tenía *s* gradas, y un estrado 8337
9.19 doce leones sobre las *s* gradas, a uno y 8337
22.12 escondido en la casa de Dios *s* años 8337
Neh 5.18 se preparaba. . . era un buey y *s* ovejas 8337
Est 2.12 *s* meses con óleo de mirra y *s* meses 8337
Job 5.19 en *s* tribulaciones te librará, y en la 8337
Pr 6.16 *s* cosas aborrece Jehová, y aun siete 8337
Is 6.2 había serafines; cada uno tenía *s* alas 8337
Jer 34.14 servirá *s* años, y lo enviará libre 8337
Ez 9.2 aquí *s* varones venían del camino de la 8337
40.5 caña. . . era de *s* codos de a codo y palmo 8337
40.12 *s* codos por un lado, y *s* codos por el 8337
41.1 *s* codos de un lado, y *s* codos de otro 8337
41.3 y la puerta, de *s* codos; y la anchura 8337
41.5 midió el muro de la casa, de *s* codos 8337
41.8 cimientos. . . una caña entera de *s* codos 8337
46.1 puerta del. . . estará cerrada los *s* días 8337
46.4 el holocausto. . . *s* corderos sin defecto 8337
46.6 *s* corderos, y un carnero; deberán ser 8337
Dn 3.1 su anchura de *s* codos; la levantó en 8353
Mt 17.1; Mr 9.2 *s* días. . . Jesús tomó a Pedro *1803*
Lc 4.25 **fue cerrado por tres años y *s* meses** *1803*
13.14 *s* días hay en que se debe trabajar; en *1803*
Jn 2.6 estaban. . . *s* tinajas de piedra para agua *1803*
12.1 *s* días antes de la pascua, vino Jesús a *1803*
Hch 11.12 fueron. . . conmigo estos *s* hermanos, y *1803*
18.11 allí un año y *s* meses, enseñándoles la *1803*
Stg 5.17 y no llovió. . . por tres años y *s* meses *1803*
Ap 4.8 tenían cada uno *s* alas, y alrededor y *1803*
6.6 decía. . . *s* libras de cebada por un denario

SEISCIENTOS *Véase también Seiscientos Cincuenta etc.*

Gn 7.6 era Noé de *s* años cuando el diluvio de 8337,3967
7.11 el año *s* de la vida de Noé, en el mes 8337,3967
Éx 14.7 tomó *s* carros escogidos, y todos los 8337,3967
Jue 3.31 a *s* hombres de los filisteos con una 8337,3967
18.11 salieron de allí. . . de Estaol, *s* hombres . . . 8337,3967
18.16 los *s* hombres. . . armados de sus
armas de 8337,3967
18.17 el sacerdote. . . con los *s* hombres
armados 8337,3967
20.47 huyeron. . . a la peña de Rimón *s*
hombres 8337,3967
1 S 13.15 Saúl contó la gente que. . . *s* hombres 8337,3967
14.2 la gente que estaba con él era
como *s* hombres 8337,3967
17.7 y tenía el hierro de su lanza *s* siclos 8337,3967
23.13 se levantó con sus hombres, que eran. . . *s*8337,3967
27.2 se levantó. . . David, y con los *s* hombres . . . 8337,3967
30.9 partió. . . David, él y los *s* hombres que 8337,3967
2 S 15.18 y todos los geteos, *s* hombres que 8337,3967
1 R 10.16 *s* sicios de oro gastó en cada escudo 8337,3967

S

10.29 el carro por *s* piezas de plata, y el....... 8337,3967
1 Cr 21.25 dio David a Ornán...*s* siclos de oro.... 8337,3967
2 Cr 1.17 en Egipto un carro por *s* piezas de 8337,3967
3.8 cubrió de oro...que ascendía a *s* talentos.. 8337,3967
9.15 cada uno de los...tenía *s* siclos de oro.... 8337,3967
29.33 las ofrendas fueron *s* bueyes y 3.000..... 8337,3967

SEISCIENTOS CINCUENTA
Esd 8.26 pesé, pues...*650* talentos de plata 8337,3967

SEISCIENTOS CINCUENTA Y CINCO
Neh 7.20 los hijos de Adín, *655* 8337,3967,2572,2568

SEISCIENTOS CINCUENTA Y DOS
Esd 2.60 los hijos de Necoda, *652* 8337,3967,2572,8147
Neh 7.10 los hijos de Ara, *652* 8337,3967,2572,8147

SEISCIENTOS CUARENTA Y DOS
Esd 2.10 los hijos de Bani, *642* 8337,3967,705,8147
Neh 7.62 y los hijos de Necoda, *642*...... 8337,3967,705,8147

SEISCIENTOS CUARENTA Y OCHO
Neh 7.15 los hijos de Binúi, *648* 8337,3967,705,8083

SEISCIENTOS MIL
Éx 12.37 partieron...*600.000* hombres de a pie .. 8337,3967,505
Nm 11.21 dijo...*600.000* de a pie es el pueblo 8337,3967,505

SEISCIENTOS NOVENTA
1 Cr 9.6 de Zera, Jeuel y sus hermanos, *690* . 8337,3967,8673

SEISCIENTOS SESENTA Y SEIS
1 R 10.14 de renta cada año...*666*
talentos de 8337,3967,8346,8337
2 Cr 9.13 el peso del oro...era *666*
talentos 8337,3967,8346,8337
Esd 2.13 los hijos de Adonicam, *666* 8337,3967,8346,8337
Ap 13.18 el número de la, y su número es *666*.......... *5516*

SEISCIENTOS SESENTA Y SIETE
Neh 7.18 los hijos de Adonicam, *667*.... 8337,3967,8346,7651

SEISCIENTOS SETENTA Y CINCO
Nm 31.37 y el tributo de las ovejas...
fue *675* 83373967,7657,2568

SEISCIENTOS SETENTA Y CINCO MIL
Nm 31.32 botín que tomaron...
675.000 ovejas.................. 8337,3967,7657,2568,505

SEISCIENTOS TRES MIL QUINIENTOS CINCUENTA
Éx 38.26 de edad de veinte...
fueron *603.550* 8337,3967,7969,505,2568,3967,2572
Nm 1.46 fueron todos los
contados *603.550*...... 8337,3967,7969,505,2568,3967,2572
2.32 contados...por sus
ejércitos, *603.550*... 8337,3967,7969,505,2568,3967,2572

SEISCIENTOS UN MIL SETECIENTOS TREINTA
Nm 26.51 son los contados
de...Israel, *601.730* 8337,3967,259, 505,7651,3967,7970

SEISCIENTOS UNO
Gn 8.13 el año *601* de Noé, en el mes primero... 8337,3967,259

SEISCIENTOS VEINTIOCHO
Neh 7.16 los hijos de Bebai, *628* 8337,3967,6242,8083

SEISCIENTOS VEINTITRÉS
Esd 2.11 los hijos de Bebai, *623*......... 8337,3967,6242,7969

SEISCIENTOS VEINTIUNO
Esd 2.26; Neh 7.30 de Ramá y de Geba,
621 8337,3967,6242,259

SEIS MIL
1 S 13.5 filisteos se juntaron...*6.000* hombres...... 8337,505
2 R 5.5 llevando consigo...*6.000* piezas de oro 8337,505
1 Cr 23.4 y *6.000* para gobernadores y jueces...... 8337,505
Job 42.12 tuvo...*6.000* camellos, mil yuntas de 8337,505

SEIS MIL DOSCIENTOS
Nm 3.34 varones de un mes arriba
fueron *6,200* 8337,505,8147,3967

SEIS MIL OCHOCIENTOS
1 Cr 12.24 los hijos de Judá...*6.800*, listos... 8337,505,8083,3967

SEIS MIL SETECIENTOS VEINTE
Esd 2.67; Neh 7.69 camellos...
asnos, *6.720*..................... 8337,505,7651,3967,6242

SELA
1. Hijo de Judá
Gn 38.5 dio a luz un hijo, y llamó su nombre *S*......... 7956
38.11 quédate viuda en...hasta que crezca *S* 7956
38.14 había crecido *S*, y ella no era dada a 7956
38.26 por cuanto no la he dado a *S* mi hijo 7956
46.12; 1 Cr 2.3 hijos de Judá...Onán y *S* 7956
Nm 26.20 de *S*, la familia de los selaítas; de............ 7956
1 Cr 4.21 los hijos de *S* hijo de Judá: Er................ 7956
2. Ciudad fortificada de Edom (=Jocteel)
Jue 1.36 el límite...fue...desde *S* hacia arriba......... 5553
2 R 14.7 Valle de la Sal, y tomó a *S* en batalla 5554
Is 16.1 enviad cordero...desde *S* del desierto........... 5554
42.11 canten los moradores de *S*, y desde la......... 5553
3. Hijo de Arfaxad y padre de Heber (=Sala),
1 Cr 1.18,24.................................. 7956

SELA-HAMA-LECOT *«Peña de las divisiones»*
1 S 23.28 pusieron a aquel lugar por nombre *S*......... 5555

SELAH *Término musical que probablemente quiere decir «pausa»*,
Sal 3.2,4,8; 4.2,4; 7.5; 9.16,20; 20.3; 21.2; 24.6,10; 32.4,5,7; 39.5,11; 44.8; 46.3,7,11; 47.4; 48.8; 49.13,15; 50.6; 52.3,5; 54.3; 55.7,19; 57.3,6; 59.5,13; 60.4; 61.4; 62.4,8; 66.4,7,15; 67.1,4; 68.7,19,32; 75.3;76.3,9; 77.3,9,15; 81.7; 82.2; 83.8; 84.4,8; 85.2; 87.3,6; 88.7,10;89.4,37,45,48; 140.3,5,8; 143.6; Hab 3.3,9,13 5542

SELAÍTA *Descendiente de Sela No. 1*, Nm 26.20 .. 8024

SELEC *Amonita, uno de los 30 valientes de David*, 2 S 23.37; 1 Cr 11.39.................. 6768

SELED *Descendiente de Judá*, 1 Cr 2.30 (2) 5540

SELEF *Hijo de Joctán*, Gn 10.26; 1 Cr 1.20 8026

SELEMÍAS
1. Levita, portero del templo (=Meselemías), 1 Cr 26.14 8018
2. Nombre de dos de los que se casaron con extranjeras en tiempo de Esdras, Esd 10.39,41.... 8018
3. Padre de Hananías No. 6, Neh 3.30 8018
4. Sacerdote que Nehemías puso por mayordomo, Neh 13.13 8018
5. Ascendiente de Jehudí, Jer 36.14................. 8018
6. Uno de los que el rey Joacim envió para prender a Barize, Jer 36.26.................. 8018
7. Padre de Jucal, Jer 37.3; 38.1..................... 8018
8. Padre de Irías, Jer 37.13.......................... 8018

SELES *Jefe de una familia de Aser*, 1 Cr 7.35 8028

SELEUCIA *Puerto de Siria cerca de Antioquía*, Hch 13.4 .... *4581*

SELLADO, A
Job 14.17 tienes *s* en saco mi prevaricación, y......... 2856
Cnt 4.12 esposa mía; fuente cerrada, fuente *s* 2856
Is 29.11 toda visión como palabras de libro *s* 2856
29.11 lee ahora...dirá: No puedo, porque está *s* 2856
Jer 32.11 tomé luego la carta de venta, *s* según........ 2856
32.14 toma estas cartas, esta carta de venta *s* 2856
Dn 12.9 estas palabras están cerradas y *s* hasta....... 2856
Ap 5.1 un libro escrito por...*s* con siete sellos *2696*
7.4 oí el número de los *s*; 144.000 *s* de todas......... *4972*
7.5 de la tribu de Judá, doce mil *s*...Rubén, doce mil *s*...Gad, doce mil *s* *4972*
7.6 de la tribu de Aser, doce mil *s*...Neftalí, doce mil... Manasés, doce mil *s* *4972*
7.7 de la tribu de Simeón, doce mil *s*, Leví doce mi *s*...Isacar, doce mil *s*......................... *4972*
7.8 de la tribu de Zabulón, doce mil *s*...José, doce mil *s*... Benjamín, doce mil *s* *4972*

SELLAR
Dt 32.34 ¿no tengo...*sellado* en mis tesoros? 2856
1 R 21.8 escribió cartas...y las *selló* con su 2856
Est 3.12 fue escrito, y *sellado* con el anillo 2856
8.8 *selladlo* con el anillo del rey; porque un......... 2856
8.8 edicto que...se *sella* con el anillo del rey........ 2856
8.10 lo *selló* con el anillo del rey, y envió............ 2856
Job 9.7 él manda al sol...y *sella* las estrellas 2856
Is 8.16 ata el testimonio, *sella* la ley entre 2856
Jer 32.10 y escribí la carta y la *sellé*, y la 2856
32.44 harán escritura y la *sellarán* y pondrán...... 2856
Dn 6.17 la cual *selló* el rey con su anillo y con 2857
9.24 *sellar* la visión y la profecía, y ungir 2856
12.4 pero tú, Daniel...*sella* el libro hasta el......... 2856
Hag 2.23 y te pondré como anillo de *sellar* 2368
Mt 27.66 aseguraron el sepulcro, *sellando* la *4972*
2 Co 1.22 el cual también nos ha *sellado*, y *4972*
Ef 1.13 fuisteis *sellados* con el Espíritu Santo *4972*
4.30 con el cual fuisteis *sellados* para el *4972*
Ap 7.3 que hayamos *sellado* en sus frentes a *4972*
10.4 *sella* las cosas que los siete truenos............ *4972*
22.10 no *selles* las palabras de la profecía *4972*

SELLO
Gn 38.18 ella respondió: Tu *s*, tu cordón, y............. 2368
38.25 son estas cosas, el *s*, el cordón y el............ 2858
Éx 28.11 como grabaduras de *s*, harás grabar.......... 2368
28.21 grabaduras de *s* cada una con su nombre.... 2368
28.36 y grabarás en ella como grabadura de *s* 2368
39.6 con grabaduras de *s* con los nombres de 2368
39.14 como grabadoras de *s*...cada una con su..... 2368
39.30 escribieron en ella como grabado de *s* 2368
Job 38.14 muda...aspecto como barro bajo el *s*........ 2368
Cnt 8.6 como un *s* sobre tu corazón...como una....... 2368
Ez 28.12 tú eras el *s* de la perfección, lleno 2856
Ro 4.11 como *s* de la justicia de la fe que tuvo *4973*
1 Co 9.2 el *s* de mi apostolado sois vosotros............ *4973*
2 Ti 2.19 teniendo este *s*: Conoce el Señor a............ *4973*
Ap 5.1 un libro escrito, sellado con siete *s* *4973*
5.2 ¿quién es digno de abrir...desatar sus *s*? *4973*
5.5 ha vencido para...y desatar sus siete *s* *4973*
5.9 digno eres de tomar el...y de abrir sus *s*........... *4973*
6.1 vi cuando el Cordero abrió uno de los *s*.......... *4973*
6.3 cuando abrió el segundo *s*, oí al segundo *4973*
6.5 cuando abrió el tercer *s*, oí al tercer ser *4973*
6.7 cuando abrió el cuarto *s* oí la voz del *4973*
6.9 abrió el quinto *s*, vi bajo el altar las.............. *4973*
6.12 miré cuando abrió el sexto *s*, y he aquí *4973*
7.2 tenía el *s* del Dios vivo; y clamó a gran............ *4973*
8.1 abrió el séptimo *s*, se hizo silencio en *4973*
9.4 los hombres que no tuviesen el *s* de Dios......... *4973*
20.3 lo encerró, y puso su *s* sobre él, para *4972*

SELOMI *Padre de Ahiud No. 1*, Nm 34.27 8015

SELOMIT
1. Hija de Dibri, de la tribu de Dan, Lv 24.11......... 8019
2. Hija de Zorobabel, 1 Cr 3.19 8019
3. Levita descendiente de Gersón, 1 Cr 23.9.......... 8019
4. Levita, hijo de Izhar (=Selomot), 1 Cr 23.18....... 8019
5. Levita tesorero en tiempo de David, 1 Cr 26.25,26,28 8019
6. Hijo (o hija) del rey Roboam, 2 Cr 11.20............ 8019
7. Jefe de una familia que regresó de Babilonia con Esdras, Esd 8.10 8019

SELOMOT *Levita (=Selomit No. 4)*, 1 Cr 24.22.... 8013

SELSA *Lugar cerca de Belén*, 1 S 10.2 6766

SELUMIEL *Príncipe de la tribu de Simeón*, Nm 1.6; 2.12; 7.36,41; 10.19 8017

SELVA
Sal 104.20 corretean todas las bestias de la *s*.......... 3293
Jer 5.6 por tanto, el león de la *s* los matará............ 3293
12.8 mi heredad fue para mí como león en la *s* 3293
Am 3.4 ¿rugirá...león en la *s* sin haber presa? 3293
Mi 5.8 como el león entre las bestias de la *s* 3293

SEM *Hijo de Noé*, Gn 5.32; 6.10; 10.1,21,22,31; 11.10(2),11; 1 Cr 1.4,17,24; Lc 3.36........ 8035,4590
7.13 entraron Noé, y *S*, Cam y Jafet hijos de........ 8035
9.18 que salieron del arca...*S*, Cam y Jafet.......... 8035
9.23 entonces *S* y Jafet tomaron la ropa, y 8035
9.26 bendito por Jehová mi Dios sea *S*, y sea 8035
9.27 a Jafet, y habite en las tiendas de *S*............ 8035

SEMA
1. Ciudad en Judá, Jos 15.26 8090
2. Hijo de Hebrón No. 4, 1 Cr 2.43,44 8087
3. Descendiente de Rubén, 1 Cr 5.8 8087
4. Jefe de una familia de Benjamín (=Simei No. 10), 1 Cr 8.13.................... 8087
5. Uno que ayudó a Esdras en la lectura de la ley, Neh 8.4.............................. 8087

SEMAA *Padre de Ahiezer y Joás, guerreros de David*, 1 Cr 12.3 8094

SEMAÍAS
1. Profeta en tiempo del rey Roboam
1 R 12.22; 2 Cr 11.2 palabra de Jehová a *S*............ 8098
2 Cr 12.5 vino el profeta *S* a Roboam y a 8098
12.7 vino palabra de Jehová a *S*, diciendo: Se 8098
12.15 escritas en los libros del profeta *S* y.......... 8098
2. Descendiente del rey David, 1 Cr 3.22............ 8098
3. Jefe de la tribu de Simeón, 1 Cr 4.37 8098
4. Descendiente de Rubén, 1 Cr 5.4.................. 8098
5. Levita descendiente de Merari que regresó del exilio, 1 Cr 9.14; Neh 11.15.................. 8098
6. Padre de Obadías No. 3, 1 Cr 9.16................ 8098
7. Jefe de una casa levítica en tiempo de David, 1 Cr 15.8,11.............................. 8098
8. Levita, escriba en tiempo de David, 1 Cr 24.6..... 8098
9. Levita, primogénito de Obed-edom, 1 Cr 26.4,6,7 . 8098
10. Levita comisionado por el rey Josafat para instruir al pueblo, 2 Cr 17.8 8098
11. Levita en tiempo del rey Ezequías, 2 Cr 29.14 ... 8098
12. Funcionario del rey Ezequías, 2 Cr 31.15......... 8098
13. Levita principal en tiempo del rey Josías, 2 Cr 35.9.. 8098
14. Jefe de una familia que regresó con Esdras de Babilonia, Esd 8.13........................... 8098
15. Mensajero despachado por Esdras, Esd 8.16..... 8098
16. Uno de los sacerdotes que se casaron con extranjeras en tiempo de Esdras, Esd 10.21 8098
17. Uno de los que se casaron con extranjeras en tiempo de Esdras, Esd 10.31 8098
18. Uno que ayudó en la restauración del muro de Jerusalén, Neh 3.29 8098
19. Profeta (o sacerdote) que maquinó contra Nehemías, Neh 6.10.......................... 8098
20. Sacerdote que firmó el pacto de Nehemías, Neh 10.8; 12.6,18 8098
21. Nombre de cuatro levitas o sacerdotes que ayudaron en la dedicación del muro de Jerusalén, Neh 12.34,35,36,42.................. 8098
22. Padre del profeta Urías, Jer 26.20.............. 8098
23. Falso profeta en tiempo de Jeremías
Jer 29.24 y a *s* de Nehelam hablarás, diciendo......... 8098
29.31 ha dicho...de *S*...Porque os profetizó *S* 8098
29.32 yo castigaré a *S*...y a su descendencia 8098
24. Padre de Delaía No. 4, Jer 36.12 8098

SEMANA
Gn 29.27 cumple la *s* de ésta, y se te dará 7620
29.28 hizo Jacob, y cumplió la *s* de aquélla 7620
Éx 34.22 celebrarás la fiesta de las *s*, la de 7620
Lv 12.5 diere a luz hija, será inmunda dos *s* 7620
23.15 y contaréis...siete *s* cumplidas serán......... 7676
25.8 y contarás siete *s* de años, siete veces 7676
25.8 de las siete *s* de años vendrán a serte 7676
Nm 28.26 presentareis ofrenda...en vuestras *s*......... 7620
Dt 16.9 siete *s* contarás; desde en las mieses........... 7620
16.9 mieses comenzarás a contar las siete *s*......... 7620
16.10 y harás la fiesta solemne de las *s* a........... 7620
16.16 y en la fiesta solemne de las *s*, y en........... 7620
2 Cr 8.13 la fiesta de las *s* y en la fiesta............... 7620
Dn 9.24 setenta *s* están determinadas sobre tu 7620
9.25 hasta...habrá siete *s*, y sesenta y dos y 7620
9.26 después de las 62 *s* se quitará la vida.......... 7620
9.27 por otra *s* confirmará la...la mitad de la 7620
10.2 yo...estuve afligido por espacio de tres *s* 7620
10.3 vino...hasta que se cumplieron las tres *s* 7620
Am 8.5 pasará...la *s*, y abriremos los graneros 7676
Mt 28.1 al amanecer del primer día de la *s* *4521*
Mr 16.2 Muy de mañana, el primer día de la *s*.......... *4521*
16.9 resucitado Jesús...el primer día de la *s*......... *4521*
Lc 18.12 **ayuno dos veces a la *s*, doy diezmos** *4521*
24.1 el primer día de la *s*...muy de mañana *4521*
Jn 20.1 primer día de la *s*...María Magdalena.......... *4521*
20.19 de aquel mismo día, el primero de la *s*......... *4521*
Hch 20.7 el primer día de la *s*, reunidos los *4521*
1 Co 16.2 cada primer día de la *s* cada uno de *4521*

SEMARÍAS
1. Guerrero que se unió a David en Siclag, 1 Cr 12.5 ... 8114

2. *Hijo del rey Roboam*, 2 Cr 11.19
3. *Nombre de dos de los que se casaron con extranjeras en tiempo de Esdras*, Esd 10.32,41 8114

SEMBLANTE

Gn 4.5 se ensañó Caín en gran...y decayó su *s* 6440
4.6 dijo a Caín...y por qué ha decaído tu *s*? 6440
29.17 pero Raquel era de lindo *s* y de hermoso
31.2 miraba también Jacob el *s* de Labán, y 6440
31.5 veo que el *s* de vuestro padre no es para 6440
39.6 era José de hermoso *s* y bella presencia
40.7 él...¿Por qué parecen hoy mal vuestros *s*? 6440
2 S 14.27 llamó Tamar...era mujer de hermoso *s* 4758
Job 9.27 si...dejaré mi triste *s*, y me esforzaré 6440
Sal 34 *tít.*...cuando mudó su *s* delante de Abimelec 2940
Pr 7.13 él, y le besó...Con *s* descarado le dijo 6440
Ec 8.1 ilumina...la tosquedad de su *s* se mudará 6440
Jl 2.6 temerán...se pondrán pálidos todos los *s* 6440

SEMBRADO *Véase también Sembrar*

Nm 21.22 no nos iremos por los *s*, ni por las 7704
Jue 15.5 soltó las zorras en los *s*...filisteos 7054
Mt 12.1 iba Jesús por los *s* en un día de reposo 4702
Mr 2.23 al pasar él por los *s* un día de reposo 4702
Lc 6.1 aconteció...que pasando Jesús por los *s* 4702

SEMBRADOR

Mt 13.3 diciendo: He aquí el *s* salió a sembrar 4687
13.18 oíd, pues, vosotros la parábola del *s* 4687
Mr 4.3 oíd: He aquí, el *s* salió a sembrar 4687
4.14 el *s* es el que siembra la palabra 4687
Lc 8.5 el *s* salió a sembrar su semilla...cayó 4687

SEMBRAR

Gn 26.12 y *sembró*; Isaac en aquella tierra, y 2232
47.23 ved aquí semilla, y *sembraréis* la tierra 2232
47.24 partes serán vuestras para *sembrar* las 2233
Éx 23.10 seis años *sembrarás*...y recogerás tu 2232
23.16 primeros frutos de...hubieres *sembrado* 2232
Lv 11.37 semilla que se haya de *sembrar*, será 2232
19.19 no *sembrarás* con mezcla de semillas, y no 2232
25.3 seis años *sembrarás* tu tierra, y seis 2232
25.4 no *sembrarás* tu tierra, ni podarás tu 2232
25.11 jubileo; no *sembraréis*, ni segaréis lo 2232
25.20 he aquí no hemos de *sembrar*, ni hemos 2232
25.22 y *sembraréis* el año octavo, y comeréis 2232
26.16 y *sembraréis* en vano vuestra semilla 2232
Dt 11.10 donde *sembrabas*...regabas con tu pie 2232
21.4 un valle...que nunca haya sido...*sembrado* 2232
22.9 no *sembrarás* tu...con semillas diversas 2232
22.9 se pierda todo...la semilla que *sembraste* 2232
29.23 tierra; no será *sembrada*, ni producirá 2232
Jue 6.3 cuando Israel había *sembrado*, subían 2232
9.45 y asoló la ciudad, y la *sembró* de sal 2232
2 R 19.29 al tercer año *sembraréis*, y segaréis 2232
Job 4.8 que aran iniquidad y *siembran* injuria 2232
31.8 siembre yo, y otro coma, y...mi *siembra* 6631
Sal 97.11 luz está *sembrada* para el justo, y 2232
107.37 *siembran* campos, y plantan viñas, y 2232
126.5 que *sembraron* con lágrimas, con regocijo 2232
Pr 6.14 perversidades...*siembra* las discordias 2232
6.19 el que *siembra* discordia entre hermanos 2232
11.18 el que *siembra* justicia tendrá galardón 2232
22.8 que *sembrare* iniquidad, iniquidad segará 2232
Ec 11.4 el que al viento observa, no *sembrará* 2232
11.6 por la mañana *siembra* tu semilla, y a la 2232
Is 17.10 por tanto, *sembrarás* plantas hermosas 5193
28.24 ara para *sembrar*, ¿arará todo el día? 2232
28.25 eneldo, *siembra* el comino, pone el trigo 2236
30.23 dará el Señor lluvia...cuando *siembres* 2232
32.20 que *sembráis* junto a todas las aguas 2232
37.30 y el año tercero *sembraréis* y segaréis 2232
40.24 como si nunca hubieran sido *sembrados* 2232
55.10 y da *semilla* al que siembra, y pan al 2232
Jer 2.2 cuando andabas...en tierra no *sembrada* 2232
4.3 arad campo...y no *sembréis* entre espinos 2232
12.13 *sembraron* trigo, y segaron espinos 2232
31.27 *sembraré* la casa de Israel y la casa 2232
35.7 ni *sembraréis* sementera, ni plantaréis 2232
50.16 destruid en Babilonia al que *siembra* 2232
Ez 17.5 la puso en un campo bueno para *sembrar*
32.23,24 *sembraron*...terror en la tierra de 5414
32.26 habían *sembrado* su terror en la tierra 5414
36.9 volveré, y seréis labrados y *sembrados* 2232
48.18 será para *sembrar* para los que sirven
Os 2.23 y la *sembraré* para mí en la tierra 2232
8.7 *sembraron* viento, y torbellino segarán 232
10.12 *sembrad* para vosotros, justicia; segad 2232
Mi 6.15 *sembrarás*, mas no segarás; pisarás 2232
Hag 1.6 *sembráis* mucho, y recogéis poco 2232
Mt 6.26 las aves del cielo, que no *siembran* 4687
13.3 he aquí, el *sembrador* salió a sembrar 4687
13.4 mientras *sembraba*, parte de la semilla 4687
13.19 viene...y arrebata lo que fue *sembrado* 4687
13.19 es el que fue *sembrado* junto al camino 4687
13.20 el que fue *sembrado* en pedregales, éste 4687
13.22 el que fue *sembrado* entre espinos, éste 4687
13.23 mas el que fue *sembrado* en buena tierra 4687
13.24 semejante a un hombre que *sembró* buena 4687
13.25 vino su enemigo y *sembró* cizaña entre 4687
13.27 señor, ¿no *sembraste* buena semilla en 4687
13.31 grano...un hombre tomó y *sembró* en su 4687
13.37 el que *siembra* la buena semilla es el 4687
13.39 el enemigo que la *sembró* es el diablo 4687
25.24 que siegas donde no *sembraste* y recoges 4687
25.26 sabías que siego donde no *sembré*, y que 4687
Mr 4.3 he aquí, el sembrador salió a *sembrar* 4687
4.4 al *sembrar*, aconteció que una parte cayó 4687
4.14 sembrador es el que *siembra* la palabra 4687
4.15 en quienes se *siembra* la palabra, pero 4687
4.15 quita la palabra que se *sembró* en sus 4687
4.16 los que fueron *sembrados* en pedregales 4687
4.18 los que fueron *sembrados* entre espinos 4687
4.20 los que fueron *sembrados* en buena tierra 4687
4.31 cuando se *siembra* en tierra, es la más 4687
4.32 después de *sembrado*, crece, y se hace la 4687
Lc 8.5 sembrador salió a *sembrar* su semilla 4687
8.5 mientras *sembraba*, una parte cayó junto 4687
12.24 los cuervos, que ni *siembran*, ni siegan 4687
13.19 un hombre tomó y *sembró* en su huerto 906
19.21 pusiste, y siegas lo que no *sembraste* 4687
19.22 no puse, y que siego lo que no *sembré* 4687
Jn 4.36 el que *siembra* goce juntamente con el 4687
4.37 uno es el que *siembra*, y otro es el que 4687
1 Co 9.11 nosotros *sembramos* entre vosotros lo 4687
15.36 lo que tú *siembras* no se vivifica, si 4687
15.37 y lo que *siembras* no es el cuerpo que 4687
15.42 se *siembra* en corrupción, resucitará en 4687
15.43 se *siembra* en deshonra, resucitará en 4687
15.43 se *siembra* en debilidad, resucitará en 4687
15.44 se *siembra* cuerpo animal, resucitará 4687
2 Co 9.6 el que *siembra* escasamente...segará 4687
9.6 que *siembra* generosamente...también segará 4687
9.10 el que da semilla al que *siembra*, y pan 4687
Gá 6.7 todo lo que el hombre *sembrare*...segará 4687
6.8 *siembra* para su carne, de la carne segará 4687
6.8 que *siembra* para el Espíritu, del Espíritu 4687
Stg 3.18 fruto de justicia se *siembra* en paz 4687

SEMEBER *Rey de Zeboim*, Gn 14.2 8038

SEMED *Jefe de una familia de Benjamín*, 1 Cr 8.12 8106

SEMEI *Ascendiente de Jesucristo*, Lc 3.26 4584

SEMEJANTE

Gn 41.19 extenuadas, que no he visto otras *s*
Éx 24.10 *s* al cielo cuando está sereno
30.32 no será derramado, ni haréis otro *s* 3644
30.33 cualquiera que compusiere ungüento *s* 3644
Dt 4.32 pregunta ahora si...se ha hecho cosa *s*
13.11 no vuelva a hacer en medio de ti cosa *s*
19.20 no volverán a hacer más una maldad *s* en
1 S 2.23 y les dijo: ¿Por qué hacéis cosas *s*?
9.21 yo...¿Por qué, pues, me has dicho cosa *s*?
10.24 que no hay *s* a él en todo el pueblo? 3644
2 S 14.13 pensado tú cosa *s* contra el pueblo 2063
1 R 7.8 casa en que él moraba...era de obra *s*
7.8 una casa de hechura *s* a la del pórtico
10.12 nunca vino *s* madera de sándalo, ni se 3651
10.20 en ningún otro reino se...hecho trono *s* 3651
1 Cr 17.20 no hay *s* a ti, ni hay Dios sino tú 3644
29.14 para que pudiésemos ofrecer...cosas *s*?
2 Cr 6.14 no hay Dios *s* a ti en el cielo ni en 3644
9.11 nunca en...Judá se había visto madera *s* 1992
9.19 jamás fue hecho trono *s* en reino alguno 3651
30.26 no había habido cosa *s* en Jerusalén
Job 30.19 y soy *s* al polvo y a la ceniza 4911
34.36 a causa de sus respuestas *s* a las de
36.22 Dios es excelso...¿qué enseñador *s* a él? 3644
Sal 28.1 que no sea...*s* a los que descienden al 5973
49.12,20 hombre...*s* a las bestias que perecen 4911
89.6 ¿quién será *s* a Jehová entre los hijos 1819
102.6 *s* al pelícano del desierto; soy como el 1819
115.8 *S* a ellos son los que los hacen 3644
135.18 *s* a ellos son los que los hacen, y todos 3644
143.7 *s* a los que descienden a la sepultura 4911
144.4 el hombre es *s* a la vanidad; sus días 1819
Pr 27.15 gotera...y la mujer rencillosa, son *s* 7737
Ec 3.18 que ellos mismos son *s* a las bestias
Cnt 2.9 mi amado es *s* al corzo, o al cervatillo 1819
2.17 *s* al corzo, o como el cervatillo sobre 1819
7.7 estatura es *s* a la palmera, y tus pechos 1819
8.14 sé *s* al corzo, o al cervatillo, sobre 1819
Is 1.9 como Sodoma fuéramos, y *s* a Gomorra 1819
14.14 las nubes subiré, y seré *s* al Altísimo 1819
21.16 de aquí a un año, *s* a años de jornalero
40.18 ¿a qué, pues, haréis *s* a Dios, o qué 1819
40.25 ¿a qué...me haréis *s* o me compararéis 1819
46.5 ¿a quién...compararéis, para que seamos *s* 1819
46.9 y no hay otro Dios, y nada hay *s* a mí 3644
66.8 ¿quién oyó cosa *s*? ¿quién vio tal cosa? 2063
Jer 2.10 y ved si se ha hecho cosa *s* a esta 2063
10.6 no hay *s* a ti, oh Jehová; grande eres 3644
10.7 y en todos sus reinos, no hay *s* a ti 3644
18.13 preguntad ahora...quien ha oído cosa *s* 1330
30.7 grande es aquel día...no hay otro *s* a él 3644
36.32 fueron añadidas...muchas otras palabras *s* 1992
49.19; 50.44 es *s* a mí, quién me emplazará? 3644
Lm 2.13 a quién te haré *s*, hija de Jerusalén? 1819
Ez 1.16 su obra era *s* al color del crisólito
5.9 jamás haré cosa *s*...a causa de todas tus 3644
16.16 cosa *s* nunca había sucedido, ni sucederá
16.31 no fuiste *s* a ramera, en que...la paga
31.8 las hayas no fueron *s* a sus ramas, ni los 1819
31.8 ni los castaños fueron *s* a su ramaje 1819
31.8 ningún árbol...fue *s* a él en su hermosura 1819
32.2 a leoncillo de naciones eres *s*, y eres
42.11 y el corredor...era *s* al de las cámaras
Dn 1.10 de los muchachos que son *s* a vosotros
2.10 ni señor preguntó cosa *s* a ningún mago 1836
3.25 el aspecto del...es *s* a hijo de los dioses 1821
5.21 su mente se hizo *s* a la de las bestias 5974
7.5 he aquí otra segunda bestia, *s* a un oso 1821
7.6 y he aquí otra, *s* a un leopardo
9.12 nunca fue hecho...nada *s* a lo que se ha
Os 7.6 aplicaron su corazón, *s* a un horno
9.13 Efraín...es *s* a Tiro, situado en lugar
Jl 2.2 *s* a él no lo hubo jamás, ni después de 3644
Mt 6.8 no os hagáis, pues, *s* a ellos; porque 3666
9.33 decía: Nunca se ha visto cosa *s* en Israel
11.16 es *s* a los muchachos que se sientan en 3664
13.24 el reino...es *s* a un hombre que sembró 3666
13.31 el reino de los cielos es *s* al grano de 3666
13.33 el reino...es *s* a la levadura que tomó 3666
13.44 el reino de...es *s* a un tesoro escondido 3666
13.45 el reino de los cielos es *s* a un mercader que busca 3666
13.47 el reino...es *s* a una red, que echada en 3666
13.52 todo escriba docto...es *s* a un padre de 3666
18.23 el reino de los cielos es *s* a un rey que 3666
20.1 el reino de...es *s* a un hombre, padre de 3666
22.2 el reino...es *s* a un rey que hizo fiesta 3666
22.39 el segundo es *s*: Amarás a tu prójimo 3666
23.27 porque sois *s* a sepulcros blanqueados 3945
25.1 el reino de...será *s* a diez vírgenes que 3666
Mr 4.30 ¿a qué haremos *s* el reino de Dios, o 3666
7.8 aferráis...y hacéis otras muchas cosas *s* 3666
7.13 la tradición...Y muchas cosas hacéis *s* 3666
12.31 el segundo es *s*: Amarás a tu prójimo 3666
14.70 tu manera de hablar es *s* a la de ellos 3662
Lc 6.47 y las hace, os indicaré a quién es *s* 3666
6.48 es *s* al hombre que al edificar una casa 3666
6.49 *s* es al hombre que edificó su casa sobre 3666
7.31 compararé los hombres de...a qué son *s*? 3666
7.32 *s* son a...muchachos sentados en la plaza 3666
12.36 sed *s* a hombres que aguardan a que su 3666
13.18 ¿a qué es *s* el reino de Dios, y con qué 3666
13.19 es *s* al grano de mostaza, que un hombre 3666
13.21 es *s* a la levadura, que una mujer tomó 3666
16.8 más sagaces en el trato con sus *s* que 3666
Hch 10.11 que descendía algo *s* a un gran lienzo 3666
11.5 vi...algo *s* a un gran lienzo que descendía 3666
14.15 nosotros...somos hombres *s* a vosotros 3666
17.29 que la Divinidad sea *s* a oro, o plata 3666
25.20 dudando en cuestión *s*, le pregunté si 3666
Ro 9.29 como Sodoma...y a Gomorra seríamos *s* 3666
1 Co 7.15 sujeto a servidumbre en *s* caso 5108
2 Co 11.12 a fin...sean hallados *s* a nosotros 3666
Gá 5.21 borracheras, orgías, y cosas *s* 3664
Ef 5.27 no tuviese mancha ni arruga ni cosa *s* 5108
Fil 2.7 forma de siervo, hecho *s* a los hombres 3667
3.10 llegando a ser *s* a él en su muerte 3666
3.21 para que sea *s* al cuerpo de la gloria suya 4832
He 2.17 debía ser en todo *s* a sus hermanos 3666
4.11 para que ninguno caiga en *s* ejemplo de 3666
7.3 sino hecho *s* al Hijo de Dios, permanece 3666
10.33 de los que estaban en una situación *s* 3666
Stg 1.6 porque el que duda es *s* a la onda del 3666
1.23 éste es *s* al hombre que considera en un 3666
4.16 os jactáis en...Toda jactancia *s* es mala 3666
5.17 Elías era hombre sujeto a pasiones *s* a 3666
1 Jn 3.2 seremos *s* a él, porque le veremos tal 3666
Ap 1.13 en medio...a uno *s* al Hijo del Hombre 3666
1.15 sus pies *s* al bronce bruñido, refulgente 3666
2.18 tiene...y pies *s* al bronce bruñido, dice 3666
4.3 era *s* a piedra de jaspe y de cornalina 3666
4.3 un arco iris, *s* en aspecto a la esmeralda 3666
4.6 había como un mar de vidrio *s* al cristal 3666
4.7 el primer ser viviente era *s* a un león 3666
4.7 el segundo era *s* a un becerro; el tercero 3666
4.7 y el cuarto era *s* a un águila volando 3666
9.7 aspecto de las langostas era *s* a caballos 3666
9.19 colas, *s* a serpientes, tenían cabezas 3666
11.1 fue dada una caña *s* a una vara de medir 3666
13.2 y la bestia que vi era *s* a un leopardo 3666
13.11 tenía dos cuernos *s* a los de un cordero 3666
14.14 y sobre la nube uno sentado *s* al Hijo 3666
18.18 ¿qué ciudad era *s* a esta gran ciudad? 3666
21.11 *s* al de una piedra preciosísima, como 3666
21.18 la ciudad era de oro puro, *s* al vidrio 3666

SEMEJANZA

Gn 1.26 dijo...Hagamos al hombre a...nuestra *s* 1823
5.1 que creó Dios al hombre, a *s* de Dios lo 1823
5.3 y vivió Adán...y engendró un hijo a su *s* 1823
Éx 20.4 ninguna *s* de lo que esté arriba en el 8544
Sal 17.15 satisfecho cuando despierte a tu *s* 8544
Is 44.13 y lo hace en forma de varón, a *s* de
Ez 1.5 apariencia; había en ellos *s* de hombre 1823
1.13 cuanto a la *s* de los seres vivientes, su 1823
1.14 los...corrían y volvían a *s* de relámpagos 4758
1.16 las cuatro tenían una misma *s*...su obra 1823
1.26 y sobre...trono había una *s* que parecía 1823
1.28 esta fue la visión de la *s* de la gloria 1823
10.1 *s* de un trono que se mostró sobre ellos 1823
10.22 *s* de sus rostros era la de los rostros 1823
Dn 10.16 uno con *s* de hijo de hombre tocó mis 1823
10.18 y aquel que tenía *s* de hombre me tocó 4758
Hch 14.11 la voz...Dioses bajo la *s* de hombres 3666
Ro 1.23 en *s* de imagen de hombre corruptible 1504
6.5 si fuimos plantados...en la *s* de su muerte 3667
8.3 Dios, enviando a su Hijo en *s* de carne de 3667
He 4.15 fue tentado en todo según nuestra *s* 3665
7.15 si a *s* de Melquisedec se...un sacerdote 3665
Stg 3.9 hombres...están hechos a la *s* de Dios 3669

SEMEN

Lv 15.2 varón, cuando tuviere flujo de *s*, será 2100
15.16 cuando el hombre tuviere emisión de *s* 2233
15.17 sobre la cual cayere la emisión del *s* 2233
15.18 tuviere emisión de *s*, ambos se lavarán 2233
15.32 la ley...para el que tiene emisión de *s* 2100
22.4 que hubiere tenido derramamiento de *s* 2100
Nm 5.2 a todos los que padecen flujo de *s*, y a 2100

SEMENTERA
Gn 8.22 no cesarán la *s* y la siega, el frío y 2233
Lv 26.5 vendimia alcanzará a la *s*, y comeréis 2233
Nm 20.5 lugar de *s*, de higueras, de viñas ni 2233
Is 19.7 *s* del río, se secarán, se perderán 4218
23.3 provisión procedía de las *s* que crecen 2233
30.23 dará... lluvia a tu *s*, cuando siembres la 2233
Jer 35.9 y de no tener viña, ni heredad, ni *s* 2233
35.7 ni sembraréis *s*, ni plantaréis viña 2233
Ez 25.4 ellos comerán tus *s*, y beberán tu leche 6529
Mal 2.3 os dañaré la *s*, y os echaré al rostro 2233
2 Co 9.10 proveerá y multiplicará vuestra *s* *4703*

SEMER
1. Dueño del monte donde Omri edificó Samaria
1 R 16.24 compró a *S* el monte de Samaria por 8106
16.24 y llamó el... Samaria, del nombre de *S* 8106
2. Ascendiente de Etán No. 4, 1 Cr 6.46 8106
3. Descendiente de Aser, 1 Cr 7.34 8106

SEMIDA *Descendiente de Aser*, Nm 26.32; Jos 17.2; 1 Cr 7.19 8061

SEMIDAÍTA *Descendiente de Semida*, Nm 26.32 ... 8062

SEMILLA
Gn 1.11 produzca la tierra hierba verde... dé *s* 2233
1.11 árbol de fruto que... que su *s* esté en él 2233
1.12 hierba que da *s* según su naturaleza, y 2233
1.12 y árbol que da fruto, cuya *s* está en él 2233
1.29 os he dado toda planta que da *s*, y todo 2233
1.29 todo árbol en que hay fruto y que da *s* 2233
47.19 danos *s* para que vivamos y no muramos 2233
47.23 hoy... ved aquí *s*, y sembraréis la tierra 2233
Éx 16.31 llamó Maná; y era como *s* de culantro 2233
Lv 11.37 algo de los cadáveres sobre alguna *s* 2233
11.38 mas si se hubiere puesto agua en la *s* 2233
19.19 tu campo no sembrarás con mezcla de *s*
26.16 y sembraréis en vano vuestra *s*, porque 2233
Nm 11.7 era el maná como *s* de culantro, y su 2233
Dt 11.10 donde sembrabas tu *s*, y regabas con 2233
22.9 no sembrarás tu viña con *s* diversas, no 2233
22.9 pierda todo, tanto la *s*... como el fruto 2233
28.38 sacarás mucha *s* al campo, y recogerás 2233
Job 39.12 ¿fiarás de él para que recoja tu *s* 2233
Sal 126.6 llorando el que lleva la preciosa *s* 2233
Ec 11.6 la mañana siembra tu *s*, y a la tarde 2233
Is 5.10 un bato, y un homer de *s* producirá un 2233
55.10 da *s* al que siembra, y pan al que come 2233
61.11 y como el huerto hace brotar su *s*, así
Mt 13.4 **parte de la *s* cayó junto al camino, y**
13.24 **hombre que sembró buena *s* en su campo** *4690*
13.27 **¿no sembraste buena *s* en tu campo? ¿De** *4690*
13.32 **es la más pequeña de todas las *s*; pero** *4690*
13.37 **el que siembra la buena *s* es el Hijo del** *4690*
13.38 **la buena *s* son los hijos del reino, y la** *4690*
Mr 4.26 **cuando un hombre echa *s* en la tierra** *4690*
4.27 **la *s* brota y crece sin que él sepa cómo** *4690*
4.31 **mostaza... la más pequeña de todas las *s*** *4690*
Lc 8.5 **el sembrador salió a sembrar su *s*; y** *4690*
8.11 **la parábola: La *s* es la palabra de Dios** *4690*
1 Co 15.38 le da... y a cada *s* su propio cuerpo *4690*
2 Co 9.10 el que da *s* al que siembra, y pan al *4690*

SEMINIT *Tonada musical*, Sal 6,12, *títs* 8067

SEMIRAMOT
1. Músico levita en tiempo del rey David, 1 Cr 15.18,20; 16.5 8070
2. Levita comisionado por el rey Josafat para instruir al pueblo, 2 Cr 17.8 8070

SEMPITERNO
1 Cr 16.17 confirmó a... y a Israel por pacto *s* 5769
Sal 105.10 la estableció... Israel por pactos *s* 5769
Is 24.5 falsearon el... quebrantaron el pacto *s* 5769
Ez 16.60 antes... estableceré contigo un pacto *s* 5769
Dn 4.3 reino *s*, y su señorío de generación en 5957
4.34 dominio es *s*, y su reino por todas las 5957
1 Ti 6.16 al cual sea la honra y el imperio *s* *166*

SEMUEL
1. Jefe de la tribu de Simeón, Nm 34.20 8050
2. Jefe de una familia de Isacar, 1 Cr 7.2 8050

SEN *Ciudad en Benjamín (=Jesana)*, 1 S 7.12 8129

SENAA *Jefe de una familia que regresó de Babilonia y ayudó en la restauración del muro de Jerusalén*, Esd 2.35; Neh 3.3; 7.38 5570

SENAQUERIB *Rey de Asiria y Babilonia*
2 R 18.13 a los catorce años del rey... subió *S* 5576
19.16 oyó las palabras de *S*, que ha enviado 5576
19.20 lo que me pediste acerca de *S*... he oído 5576
19.36 *S* rey de Asiria... fue, y volvió a Nínive 5576
2 Cr 32.1 vino *S* rey de los asirios e invadió 5576
32.2 viendo, pues, Ezequías la venida de *S* 5576
32.9 *S* rey de los asirios... sitiaba a Laquis 5576
32.10 ha dicho *S* rey de los asirios: ¿En qué 5576
32.22 salvó... de las manos de *S* rey de Asiria 5576
Is 36.1 *S* rey... subió contra todas las ciudades 5576
37.17 oh Jehová, oye todas las palabras de *S* 5576
37.21 lo que me rogaste sobre *S* rey de Asiria 5576
37.37 entonces *S* rey de Asiria se fue, e hizo 5576

SENAZAR *Hijo del rey Joaquín*, 1 Cr 3.18 8137

SENCILLEZ
Gn 20.5 con *s* de mi corazón y... he hecho esto 8537
2 S 15.11 los cuales iban en su *s*, sin saber 8537
Hch 2.46 comían con alegría y *s* de corazón *858*
2 Co 1.12 *s*... nos hemos conducido en el mundo *572*
Ef 6.5 obedeced a... con *s* de vuestro corazón *572*

SENCILLO
Sal 19.7 el testimonio... que hace sabio al *s* 6612
116.6 guarda a los *s*; estaba yo postrado, y me 6612
Mt 10.16 **sed... prudentes como... *s* como palomas** *185*
Fil 2.15 que seáis irreprensibles y *s*, hijos *185*

SENDA
Gn 49.17 Dan serpiente... víbora junto a la *s* 734
Nm 22.24 el ángel de Jehová se puso en una *s* 4934
Jue 5.6 los que andaban por las *s* se apartaban
Job 6.18 se apartan de la *s* de su rumbo, van 734
18.10 cuerda... una trampa le aguarda en la *s* 1870
22.15 ¿quieres tú seguir la *s* antigua que 734
28.7 *s* que nunca la conoció ave, ni ojo... vio 5410
30.13 mi *s* desbarataron, se aprovecharon de 5410
33.11 pies en el cepo, y vigiló todas mis *s* 734
38.20 lleves... y entiendas las *s* de su casa? 5410
41.32 pos de sí hace resplandecer la *s*, que 5410
Sal 1.6 conoce el... la *s* de los malos perecerá 1870
16.11 me mostrarás la *s* de la vida; en tu 734
17.4 he guardado de las *s* de los violentos 734
23.3 guiará por *s* de justicia por amor de tu 4570
25.4 oh Jehová, tus caminos; enséñame tus *s* 734
25.10 *s* de Jehová son misericordia y verdad 734
27.11 y guíame por *s* de rectitud a causa de 734
77.19 tu camino, y tus *s* en las muchas aguas 7635
119.35 guíame por la *s* de tus mandamientos 5410
140.5 han tendido red junto a la *s*; me han 3027,4570
142.3 espíritu se angustiaba... conociste mi *s* 5410
Pr 1.19 *s* de todo el que es dado a la codicia 734
2.13 derechos, para andar por *s* tenebrosas 734
4.18 la *s* de los justos es como la luz de la 734
4.26 examina la *s* de tus pies, y todos tus 4570
8.20 por vereda... por en medio de *s* de juicio 5410
17.23 soborno... pervertir las *s* de la justicia 734
Is 2.3 y subamos al... y caminaremos por sus *s* 734
30.11 apartaos de la *s*, quitad... al Santo de 734
40.14 ¿quién... le mostró la *s* de la prudencia? 734
42.16 haré andar por *s* que no habían conocido 5410
43.16 que abre camino en el mar, y *s* en las 5410
Jer 6.16 y preguntad por las *s* antiguas, cuál 5410
18.15 ha tropezado en sus... en las *s* antiguas 5410
18.15 para que camine por *s* y no por camino 5410
Mt 3.3; Mr 1.3; Lc 3.4 preparad el camino del Señor; enderezad sus *s* *5147*
He 12.13 haced *s* derechas para vuestros pies *5163*

SENDERO
Jue 5.6 andaban... se apartaban por *s* torcidos
Sal 8.8 peces... cuanto pasa por los *s* del mar 734
Pr 2.19 ni seguirán otra vez los *s* de la vida 734
Lm 3.9 cercó mis caminos con, torció mis *s* 5410

SENE *Peñasco junto al paso de Micmas*, 1 S 14.4 ... 5573

SENIR *Nombre amorreo del monte Hermón*
Dt 3.9 sidonios llaman a Hermón... amorreos, *S* 8149
1 Cr 5.23 habitaron en... hasta Baal-hermón y *S* 8149
Cnt 4.8 mira desde... la cumbre de *S* y de Hermón 8149
Ez 27.5 hayas del monte *S* te fabricaron todo 8149

SENO
Gn 25.23 dos naciones hay en tu *s*, y... pueblos 990
38.27 dar a luz, he aquí había gemelos en su *s* 990
Éx 4.6 tu mano en tu *s*... Y él metió la... en su *s* 2436
4.7 tu mano en tu *s*... volvió a meter... en su *s* 2436
4.7 al sacarla de nuevo del *s*, he aquí que se 2436
Nm 11.12 digas: Llévalo en tu *s*, como lleva la 2436
Dt 28.54 con malos ojos a... a la mujer de su *s* 2436
28.56 con malos ojos al marido de su *s*, a su 2436
2 S 12.3 durmiendo en su *s*; y la tenía como a 2436
12.8 te di... las mujeres de tu señor en tu *s* 2436
Job 24.20 los olvidará el *s* materno; de ellos 7358
31.33 como... escondiendo en mi *s* mi iniquidad 2243
38.8 cuando se derramaba saliéndose de su *s* 7358
Sal 35.13 alma, y mi oración se volvía a mi *s* 2436
74.11 ¿por qué escondes tu diestra en tu *s*? 2436
79.12 y devuelve a nuestros vecinos en su *s* 2436
89.50 de muchos pueblos, que llevo en mi *s* 2436
110.3 desde el *s* de la aurora tienes tú el 7358
Pr 5.20 ajena, y abrazarás el *s* de la extraña? 2436
6.27 ¿tomará el hombre fuego en su *s* sin que 2436
17.23 toma soborno del *s* para pervertir las 2436
21.14 furor, y el don en el *s*, la fuerte ira 2436
Ec 7.9 el enojo reposa en el *s* de los necios 2436
Is 40.11 los corderos, y en su *s* los llevará 2436
65.6 que recompensaré, y daré el pago en su *s* 2436
65.7 yo les mediré su obra antigua en su *s* 2436
Os 12.3 en el *s* materno tomó por el calcañar 990
Jon 2.2 desde el *s* del Seol clamé, y mi voz 990
Lc 11.27 bienaventurado... y los *s* que mamaste *3149*
16.22 **y fue llevado por los ángeles al *s* de** *2859*
16.23 **de lejos a Abraham, y a Lázaro en su *s*** *2859*
Jn 1.18 el unigénito... está en el *s* del Padre *2859*

SEÑA
Pr 6.13 guiña los ojos... hace *s* con los dedos 3384
Lc 1.22 les hablaba por *s*, y permaneció mudo *1269*
1.62 entonces preguntaron por *s* a su padre *1770*
5.7 hicieron *s* a los compañeros que estaban *2656*
Jn 13.24 pues, hizo *s* Simón Pedro, para que *3506*

SEÑAL
Gn 1.14 sirvan de *s* para las estaciones, para 226
4.15 puso *s* en Caín, para que no lo matase 226
9.12 dijo Dios: Esta es la *s* del pacto que 226
9.13 mi arco... será por *s* del pacto entre mí 226
9.17 la *s* del pacto que he establecido entre 226
17.11 por *s* del pacto entre mí y vosotros 226
28.18 la alzó por *s*, y derramó aceite encima 4676
28.22 esta piedra que he puesto por *s*, será 4676
31.45 tomó una piedra, y la levantó por *s* 4676
31.51 he aquí este majano, y he aquí esta *s* 4676
31.52 sea este majano, y testigo sea esta *s* 4676
31.52 ni tú pasarás... ni de esta *s* contra mí 4676
35.14 Jacob erigió una y en... una *s* de piedra 4676
35.20 *s* de la sepultura de Raquel hasta hoy 4676
Éx 3.12 estaré contigo; y esto te será por *s* 226
4.8 ni obedecieren a la voz de la primera *s* 226
4.9 y si aún no creyeren a estas dos *s*, ni 226
4.17 mano esta vara, con la cual harás las *s* 226
4.28 a Aarón... todas las *s* que le había dado 226
4.30 hizo... *s* delante de los ojos del pueblo 226
7.3 multiplicaré en la... de Egipto mis *s* y mis 226
8.23 yo pondré redención... Mañana será esta *s* 226
10.1 yo... para mostrar entre ellos estas mis *s* 226
10.2 y mis *s* que hice entre ellos; para que 226
12.13 y la sangre os será por *s* en las casas 226
13.9 será como una *s* sobre tu mano, y como 226
13.16 será, pues, como una *s* sobre tu mano 226
31.13 es *s* entre mí y vosotros por vuestras 226
31.17 *s* es... entre mí y los hijos de Israel 226
Lv 10.6 ni rasguéis... vestidos en *s* de duelo
13.28 es la cicatriz de... *s* de la quemadura es 6867
19.28 no... ni imprimiréis en vosotros *s* alguna 7085
Nm 14.11 no me creerán, con todas las *s* que 226
14.22 vieron... mis *s* que he hecho en Egipto 226
16.38 y serán como *s* a los hijos de Israel 226
17.10 se guarde por *s* a los hijos rebeldes 226
Dt 4.34 *s*, con milagros y con guerra, y mano 226
6.8 atarás como una *s* en tu mano, y estarán 226
6.22 hizo *s* y milagros... terribles en Egipto 226
7.19 las grandes pruebas... de las *s* y milagros 226
11.3 sus *s*... y sus obras que hizo en... Egipto 226
11.18 las ataréis como *s* en vuestra mano, y 226
13.1 en ti profeta... anunciare *s* o prodigios 226
13.2 se cumpliere la *s* o... que él te anunció 226
22.15 sacarán las *s* de la virginidad de la
22.17 pero ved aquí las *s* de la virginidad
26.8 Jehová nos sacó... con *s* y con milagros 226
28.46 serán en ti por *s* y por maravilla, y 226
29.3 vieron... las *s* y las grandes maravillas 226
34.11 nadie como él en... las *s* y prodigios que 226
Jos 2.12 de lo cual me daréis una *s* segura 226
4.6 que esto sea *s* entre vosotros; y cuando 226
24.17 Dios... el que ha hecho estas grandes *s* 226
Jue 6.17 des *s* de que tú has hablado conmigo 226
20.38 la *s*... hiciesen subir una gran humareda
1 S 2.34 te será por *s* esto que acontecerá a 226
10.7 cuando te hayan sucedido estas *s*, haz lo 226
10.9 todas estas *s* acontecieron en aquel día 226
14.10 los ha entregado... esto nos será por *s* 226
1 R 13.3 dio una *s*, diciendo: Esta es la *s* de 4159
13.5 y se derramó la ceniza... conforme a la *s* 4159
2 R 19.29 y esto te daré por *s*, oh Ezequías 226
20.8 ¿qué *s* tendré de que Jehová me sanará 226
20.9 esta *s* tendrás de Jehová, de que hará 226
2 Cr 32.24 y oró a Jehová,... y le dio una *s* 4159
Neh 9.10 hiciste *s* y maravillas contra Faraón 226
Sal 74.4 enemigos... puesto sus divisas por *s* 226
74.9 no vemos ya nuestras *s*; no hay... profeta 226
78.43 puso en Egipto sus *s*, y sus maravillas 226
86.17 haz conmigo *s* para bien, y véanla los 226
105.27 puso en ellos las palabras de sus *s* 226
135.9 envió *s* y prodigios en medio de ti, oh 226
Is 7.11 pide para ti *s* de Jehová... en lo alto 226
7.14 el Señor mismo os dará *s*: He aquí que la *226*
8.18 yo y... somos por *s* y presagios en Israel *226*
19.20 será por *s* por testimonio a Jehová de *226*
20.3 por *s* y pronóstico sobre Egipto y sobre *226*
37.30 esto te será por *s*: Comeréis este año *226*
38.7 esto te será *s* de parte de Jehová, que *226*
38.22 ¿qué *s* tendré de que subiré a la casa *226*
44.25 deshago las *s* de los adivinos... sabios *226*
55.13 será... por *s* eterna que nunca será raída *226*
66.19 pondré entre ellos *s*, y enviaré de los *226*
Jer 6.1 alzad por *s* humo sobre Bet-haquerem 4864
10.2 no... ni de las *s* del cielo tengáis temor 226
31.21 establécete *s*, ponte majanos altos 6725
32.20 tú hiciste *s* y portentos en tierra de 226
32.21 y sacaste a... Israel... con *s* y portentos 226
44.29 y esto tendréis por *s*, dice Jehová, de 226
Ez 4.3 la sitiarás... Es *s* a la casa de Israel 226
9.4 ponles una *s* en la frente a los hombres 8420
9.6 a todo aquel sobre el cual hubiere *s*, no 8420
12.6 por *s* te he dado a la casa de Israel 4159
12.11 yo soy vuestra *s*; como yo hice, así se 4159
14.8 le pondré por *s* y por escarmiento, y lo 226
20.12 para que fuesen por *s* entre mí y ellos 226
20.20 y sean por *s* entre mí y vosotros, para 226
21.19 y pon una *s* al comienzo de cada camino
24.24 Ezequiel, pues, os será por *s*; según 4159
24.27 y les serás por *s*, y sabrán que yo soy 4159
39.15 que vea los huesos... junto a ellos una *s* 6725
Dn 4.2 que yo declare las *s* y milagros que el 852
4.3 ¡cuán grandes son sus *s*, y cuán potentes 852
6.27 hace *s* y maravillas en el cielo y en la 852
Mt 12.38 diciendo: Maestro, deseamos... de ti *s* *4592*
12.39 **la generación mala y adúltera demanda *s*** *4592*
12.39 ***s* no le será dada, sino la *s* del... Jonás** *4592*
16.1 le pidieron que les mostrase *s* del cielo *4592*
16.3 **¡mas las *s* de los tiempos no podéis!** *4592*
16.4 **la generación mala y adúltera demanda *s*** *4592*
16.4 ***s* no le será dada, sino la *s* del... Jonás** *4592*
24.3 qué *s* habrá de tu venida, y del fin del *4592*
24.24 **y harán grandes *s* y prodigios, de tal** *4592*
24.30 **aparecerá la *s* del Hijo del Hombre en** *4592*
26.48 les había dado *s*, diciendo: Al que yo *4592*
Mr 8.11 pidiéndole *s* del cielo, para tentarle *4592*

8.12 **pide *s* esta generación?...no se dará *s*** 4592
13.4 que *s* habrá...cosas hayan de cumplirse?...... 4592
13.22 **harán *s* y prodigios, para engañar, si** 4592
14.44 el que le entregaba les había dado *s*.......... 4953
16.17 **y estas *s* seguirán a los que creen: En** 4953
16.20 confirmando la palabra con las *s* que la...... 4953
Lc 2.1,2 esto os servirá de *s*: Hallaréis al niño.......... 4592
2.34 en Israel, y para *s* que será contradicha....... 4592
11.16 para tentarle, le pedían *s* del cielo............ 4592
11.29 **esta generación es mala; demanda *s*, pero** ... 4592
11.29 ***s* no le será dada, sino la *s* de Jonás**.......... 4592
11.30 **así como Jonás fue *s* a los ninivitas** 4592
21.7 qué *s* habrá cuando...estén para suceder? 4592
21.11 **y habrá terror y grandes *s* del cielo** 4592
21.25 **habrá *s* en el sol, en la luna y en las**.......... 4592
23.8 verle...y esperaba verle hacer alguna *s* 4592
Jn 2.11 principio de *s* hizo Jesús en Caná de.......... 4592
2.18 ¿qué *s* nos muestras, ya que haces esto?....... 4592
2.23 creyeron en su...viendo las *s* que hacía........ 4592
3.2 nadie puede hacer estas *s* que tú haces......... 4592
4.48 **le dijo: Si no viereis *s* y...no creeréis**.......... 4591
4.54 esta segunda *s* hizo Jesús, cuando fue de 4592
6.2 veían las *s* que hacía en los enfermos........... 4592
6.14 viendo la *s* que...había hecho, dijeron 4592
6.26 **me buscáis, no porque habéis visto las *s***....... 4592
6.30 ¿qué *s*...para que veamos, y te creamos?...... 4592
7.31 ¿hará más *s* que las que éste hace?............ 4592
9.16 ¿cómo puede un...pecador hacer estas *s*? 4592
10.41 Juan, a la verdad, ninguna *s* hizo; pero 4592
11.47 ¿qué...Porque este hombre hace muchas *s* ... 4592
12.18 había oído que él había hecho esta *s* 4592
12.37 a pesar de que había hecho tantas *s*.......... 4592
20.25 si no viere en sus...la *s* de los clavos.......... 5179
20.30 hizo...muchas otras *s* en presencia de 4591
Hch 2.19 daré...y *s* abajo en la tierra, sangre 4591
2.22 *s* que Dios hizo entre vosotros por medio 4591
2.43 y muchas maravillas y *s* eran hechas por...... 4591
4.16 *s* manifiesta ha sido hecha por ellos 4592
4.30 que se hagan...*s* y prodigios mediante el 4591
5.12 apóstoles se hacían muchas *s* y prodigios...... 4591
6.8 Esteban...prodigios y *s* entre el pueblo 4592
7.36 habiendo hecho prodigios y *s* en tierra 4591
8.6 la gente...oyendo y viendo las *s* que hacía 4592
8.13 viendo las *s* y...milagros que se hacían 4591
12.17 pero él, haciéndoles..*s* de que callasen........ 2678
13.16 hecha *s* de silencio con la mano, dijo 2678
14.3 se hiciesen por las manos de ellos *s* y.......... 4591
15.12 grandes *s* y maravillas había hecho Dios 4592
21.40 Pablo...hizo *s* con la mano al pueblo 2678
24.10 hecho *s* el gobernador a Pablo para que..... 3506
Ro 4.11 recibió la circuncisión como *s*, como 4592
15.19 potencia de *s* y prodigios, en el poder 4591
1 Co 1.22 los judíos piden *s*, y los griegos 4592
11.10 mujer debe tener *s* de autoridad sobre
14.22 así que las lenguas son por *s*, no a los 4592
2 Co 12.12 *s* de apóstol han sido hechas entre 4591
12.12 entre vosotros...*s*, prodigios y milagros 4591
Gá 2.9 dieron...la diestra en *s* de compañerismo
2 Ts 2.9 gran poder y *s* y prodigios mentirosos 4591
He 2.4 testificando Dios...con *s* y prodigios y.......... 4591
Ap 12.1 apareció en el cielo una gran *s*: una.......... 4592
12.3 también apareció otra *s* en el cielo: he.......... 4592
13.13 hace grandes *s*, de tal manera que aun........ 4592
13.14 y engaña a los moradores de...con las *s*...... 4592
15.1 en el cielo otra *s*, grande y admirable.......... 4592
16.14 son espíritus de demonios, que hacen *s*....... 4592
19.20 el falso profeta que había hecho...las *s*....... 4592

SEÑALAR
Gn 18.14 al tiempo *señalado* volveré a ti, y 4150
30.28 dijo: *Señálame* tu salario, y yo lo daré 5344
47.26 José...*señalando* para Faraón el quinto
Éx 19.12 y *señalarás* término al pueblo en
19.23 *señala* límites al monte, y santifícalo
21.13 yo te *señalaré* lugar al cual ha de huir........ 7760
34.18 comerás...en el tiempo *señalado* del mes
Lv 27.23 y aquel día dará tu precio *señalado* 6183
Nm 35.11 os *señalaréis*...ciudades de refugio 7136
Jos 8.14 al tiempo *señalado*, los hombres de la 4150
18.4 *señalad* tres varones de cada tribu, para
20.2 *señalaos* las ciudades de refugio, de las 5414
20.7 entonces *señalaron* a Cedes en Galilea......... 6942
20.8 *señalaron* a Beser en el desierto, en la.......... 5414
20.9 las ciudades *señaladas* para todo Israel 4152
1 S 13.11 no venías dentro del plazo *señalado* 4150
20.35 salió Jonatán...al tiempo *señalado* con....... 4150
21.2 les *señalé* a los criados un cierto lugar 3045
29.4 que se vuelva al lugar que le *señalaste*......... 6485
2 S 20.5 se detuvo más del tiempo...*señalado* 3259
24.15 envió la peste...hasta el tiempo *señalado* 4150
1 R 5.9 mar hasta el lugar que tú me *señales* 7971
11.18 Faraón...les *señaló* alimentos, y aun les 559
1 Cr 22.2 y *señaló* de...canteros que labrasen.......... 5975
2 Cr 2.18 *señaló*...70.000 para llevar cargas........... 6213
Neh 2.6 rey...después que yo le *señalé* tiempo 5414
7.1 y fueron *señalados* porteros y cantores......... 6485
7.3 *señalé* guardas de los moradores...turno....... 5975
13.31 la ofrenda...en los tiempos *señalados* 2163
Est 9.31 de Purim en sus tiempos *señalados*
Job 20.29 la heredad que Dios le *señala* por su 561
24.16 las casas que de día para sí *señalaron*........ 2856
33.16 revela al oído...les *señala* su consejo......... 2856
Sal 75.2 al tiempo que *señalaré* yo juzgaré
81.3 tocad...en el día *señalado*, en el día de 3677
Pr 7.20 el día *señalado* volverá a su casa.............. 3677
Cnt 5.10 mi amado es...*señalado* entre diez...... 3677,1713
Is 28.25 pone...la cebada en el lugar *señalado* 5567
44.13 tiende la regla, lo *señala* con almagre........ 8388
Jer 12.3 *señálalos* para el día de la matanza 6942
46.17 Faraón...dejó pasar el tiempo *señalado*...... 4150
51.27 *señalad* contra ella capitán...caballos......... 6485
Ez 21.20 *señalarás* por donde venga la espada 7760
21.22 la adivinación *señaló* a su mano derecha..... 7760
45.6 para propiedad de...*señalaréis* cinco mil...... 5414
Dn 1.5 les *señaló* el rey ración para cada día.......... 4487
1.10 *señaló* vuestra comida y vuestra bebida 4487
11.29 al tiempo *señalado* volverá al sur; mas 4150
Jn 6.27 **porque a éste *señaló* Dios el Padre** 4972
Hch 1.23 *señalaron* a dos: a José...y a Matías 2476
12.21 un día *señalado*, Herodes, vestido de 5002
28.23 habiéndole *señalado* un día, vinieron a....... 5021
Gá 4.2 hasta el tiempo *señalado* por el padre.......... 4287
2 Ts 3.14 si alguno no obedece...*señaladlo*, y 4593

SEÑOR, A
Gn 15.2 *S* Jehová, ¿qué me darás, siendo así 136
15.8 *S* Jehová, ¿en qué conoceré que la he de........ 136
16.4 cuando vio...miraba con desprecio a su *s* 1404
16.8 respondió: Huyo de delante de Sarai mi *s* 1404
16.9 vuélvete a tu *s*, y ponte sumisa bajo su......... 1404
18.3 dijo: *S*, si ahora he hallado gracia en 136
18.12 tendré deleite, siendo...mi *s* ya viejo? 113
18.27 he comenzado a hablar a mi *S*, aunque........ 136
18.30,32 no se enoje ahora mi *S*, si hablare 136
18.31 he emprendido el hablar a mi *S*: quizá 136
19.2 mis *s*, os ruego que vengáis a casa de........... 113
19.18 Lot les dijo: No, yo os ruego, *s* míos 113
20.4 dijo: *S*, ¿matarás también al inocente?........... 136
23.6 óyenos, *s* nuestro; eres un príncipe de 113
23.11 *s* mío, óyeme; te doy la heredad, y te........... 113
23.15 *s* mío, escúchame: la tierra vale 400 113
24.9 puso su mano debajo del muslo de...su *s* 113
24.10 tomó diez...de los camellos de su *s*, y.......... 113
24.10 tomando...de regalos escogidos de su *s* 113
24.12 Dios de mi *s* Abraham, dame, te ruego 113
24.12 y haz misericordia con mi *s* Abraham......... 113
24.14 que habrás hecho misericordia con mi *s*...... 113
24.18 bebe, *s* mío; y se dio prisa a bajar su........... 113
24.36 dio a luz en su vejez un hijo a mi *s*............ 113
24.42 Dios de mi *s* Abraham, si tú prosperas 113
24.44 que destinó Jehová para el hijo de mi *s*........ 113
24.48 y bendije a Jehová Dios de mi *s* Abraham 113
24.48 para tomar la hija del hermano de mi *s* 113
24.49 hacéis misericordia y verdad con mi *s*......... 113
24.51 sea mujer del hijo de tu *s*, como lo ha 113
24.54 levantándose de...dijo: Enviadme a mi *s*....... 113
24.56 despachadme para que me vaya a mi *s*......... 113
24.65 criado había respondido: Este es mi *s* 113
27.29 *s* de tus hermanos, y se inclinen ante ti....... 1376
27.37 le he puesto por *s* tuyo, y le he dado 1376
31.35 ella dijo...No se enoje mi *s*, porque no......... 113
32.4 así diréis a mi *s* Esaú: Así dice...Jacob......... 113
32.5 y envío a decirlo a mi *s*, para hallar 113
32.18 es un presente...que envía a mi *s* Esaú 113
33.8 el hallar gracia en los ojos de mi *s*.............. 113
33.13 mi *s* sabe que los niños son tiernos, y 113
33.14 pase ahora mi *s* delante de su siervo 113
33.14 me iré...hasta que llegue a mi *s* a Seir 113
33.15 halle yo gracia en los ojos de mi *s* 113
39.8 mi *s* no se preocupa conmigo de lo que 113
39.16 la ropa de José, hasta que vino su *s*............. 113
40.1 y el panadero delinquieron contra su *s* 113
40.7 con él en la prisión de la casa de su *s*........... 113
42.6 José era el *s* de la tierra...le vendía a 7989
42.10 respondieron: No, *s* nuestro, sino que 113
42.30 *s* de la tierra, nos habló ásperamente 113
42.33 entonces aquel varón, el *s* de la tierra 113
43.20 ay, *s* nuestro, nosotros en realidad de 113
44.5 ¿no es esta en la que bebe mi *s*, y por........... 113
44.7 ¿por qué dice nuestro *s* tales cosas? 113
44.8 habíamos de hurtar de casa de tu *s* plata....... 113
44.9 y aun nosotros seremos siervos de mi *s*......... 113
44.16 dijo Judá: ¿Qué diremos a mi *s*? ¿Qué 113
44.16 aquí, nosotros somos siervos de mi *s* 113
44.18 ay, *s* mío...una palabra en oídos de mi *s*...... 113
44.19 *s* preguntó...¿Tenéis padre o hermano?....... 113
44.20 respondimos a mi *s*: Tenemos un padre 113
44.22 y nosotros dijimos a mi *s*: El joven no 113
44.24 que...le contamos las palabras de mi *s*......... 113
44.33 en lugar del joven por siervo de mi *s* 113
45.8 me ha puesto...por *s* de toda su casa, y......... 113
45.9 Dios me ha puesto por *s* de todo Egipto......... 113
45.26 José vive aún; y él es *s* en...de Egipto......... 4910
47.18 y dijeron: No encubriremos a nuestro *s*........ 113
47.18 el ganado es ya de nuestro *s*; nada ha 113
47.18 nada ha quedado delante de nuestro *s* 113
47.25 hallemos gracia en ojos de nuestro *s* 113
Éx 4.10 ¡ay, *S*! nunca he sido hombre de fácil.......... 3068
4.13 ¡ay, *S*! envía, te ruego, por medio del 136
5.22 dijo: *S*, ¿por qué afliges a este pueblo?.......... 136
21.5 amo a mi *s*, a mi mujer y a mis hijos 113
21.8 si no agradare a su *s*, por lo cual no 113
23.17 se presentará todo varón delante del *S*....... 3068
32.22 no se enoje mi *s*; tú conoces al pueblo 113
34.9 si ahora, *S*, he hallado gracia en tus............ 136
34.9 vaya ahora el *S* en medio de nosotros 136
34.23 se presentará...delante de Jehová el *S*....... 3068
Nm 11.28 Josué...dijo: *S* mío Moisés, impídelos......... 113
12.11 y dijo Aarón a...*s* mío, no pongas ahora....... 113
14.17 sea magnificado el poder del *S*, como lo 136
21.18 el cual cavaron los *s*...con sus báculos 5081
21.28 a Ar...a los *s* de las alturas de Arnón......... 1181
32.25 tus siervos harán como mi *s* ha mandado 113
32.27 la guerra, de la manera que mi *s* dice 113
36.2 a mi *s* que por sorteo diese la tierra a 3068
36.2 también ha mandado Jehová a mi *s*, que 3068
Dt 3.24 *S* Jehová, tú has comenzado a mostrar 136
9.26 oh *S* Jehová, no destruyas a tu pueblo......... 3068
10.17 vuestro Dios es...*S* de *s*, Dios grande 113
23.15 no entregarás a su *s* el siervo que se 113
Jos 3.11 el arca del pacto del *S* de...la tierra 113
3.13 el arca de Jehová, *S* de toda la tierra 113
5.14 y le dijo: ¿Qué dice mi *S* a su siervo?............ 113
7.7 ¡ah, *S* Jehová! ¿Por qué hiciste pasar a 136
7.8 *S*! ¿qué diré, ya que Israel ha vuelto la........... 136
Jue 3.25 he aquí su *s* caído en tierra, muerto 113
4.18 ven, *s* mío, ven a mí, no tengas, temor 3068
6.13 ah, *s* mío, si Jehová está con nosotros........... 113
6.15 ah, *s* mío, con qué salvaré yo a Israel? 136
6.22 *S* Jehová...he visto al ángel de Jehová.......... 136
8.22 sé nuestro *s*, tú y tu hijo, y tu nieto............. 4910
8.23 mas Gedeón respondió: No seré *s* sobre 4910
9.51 a la cual se retiraron...*s* de la ciudad
13.8 ah, *S* mío, yo te ruego que aquel varón 3068
16.28 dijo: *S* Jehová, acuérdate ahora de mí 136
19.11 y dijo el criado a su *s*: Ven ahora, y............ 113
19.12 su *s* le respondió: No iremos a ninguna........ 113
19.26 delante de...la casa...donde su *s* estaba....... 113
19.27 se levantó...su *s*, y abrió las puertas........... 113
Rt 2.13 dijo: *S* mío, halle yo gracia delante............. 3068
1 S 1.15 *s* mío; yo soy una mujer atribulada............. 113
1.26 ¡oh, *s* mío! Vive tu alma, *s* mío, yo soy 113
16.16 diga, pues, nuestro *s* a tus siervos que 113
20.38 y el...recogió las saetas, y vino a su *s*.......... 113
22.12 oye ahora...Y él dijo: Heme aquí, *S* mío 113
24.6 me guarde de hacer tal cosa contra mi *s* 113
24.8 David...Mi *s* el rey! Y cuando Saúl miró 113
24.10 dije: No extenderé mi mano contra mi *s* 113
25.10 muchos siervos hay...que huyen de sus *s*...... 113
25.24 y dijo: *S* mío, sobre mí sea el pecado........... 113
25.25 no haga caso ahora mi *s* de ese hombre 113
25.26 *s* mío, vive Jehová, y vive tu alma, que 113
25.26 todos los que procuran mal contra mi *s* 113
25,27 presente que tu sierva ha traído a mi *s* 113
25.27 dado a los hombres que siguen a mi *s* 113
25.28 pues Jehová...hará casa estable a mi *s*......... 113
25.28 mi *s* pelea las batallas de Jehová, y............ 113
25.29 la vida de mi *s* será ligada en el haz 113
25.30 haga con mi *s* conforme a todo el bien 113
25.31 entonces, *s* mío, no tendrás motivo de 113
25.31 guárdese, pues, mi *s*, y cuando Jehová......... 113
25.31 pues...cuando Jehová haga bien a mi *s* 113
25.41 lavar los pies de los siervos de mi *s*............ 113
26.15 ¿por qué...no has guardado al rey tu *s*?....... 113
26.15 uno...ha entrado a matar a tu *s* el rey........ 3068
26.16 porque no habéis guardado a vuestro *s* 113
26.17 David respondió: Mi voz es, rey *s* mío 113
26.18 por qué persigue así mi *s* a su siervo? 113
26.19 ruego, pues, que el rey mi *s* oiga ahora 113
29.4 ¿con qué cosa volvería...gracia de su *s*.......... 113
29.8 y pelee contra los enemigos de mi *s* el 113
29.10 levántate...tú y los siervos de tu *s* que......... 113
2 S 1.10 tomé la...y las he traído acá a mi *s*............. 113
2.5 habéis hecho...misericordia con vuestro *s*........ 113
2.7 muerto Saúl vuestro *s*...han ungido por rey 113
3.21 y juntaré a mi *s* el rey a todo Israel 113
4.8 Jehová ha vengado hoy a mi *s* el rey, de 3068
7.18 dijo: *S* Jehová, ¿quién soy yo, y qué es 136
7.19 aun te ha parecido poco esto, *S* Jehová 136
7.19 así como procede el hombre, *S* Jehová? 136
7.20 pues tú conoces a tu siervo, *S* Jehová........... 136
9.9 de Saúl...yo lo he dado al hijo de tu *s* 113
9.10 que el hijo de tu *s* tenga pan para comer 113
9.10 pero Mefi-boset el hijo de tu *s* comerá 113
9.11 que ha mandado mi *s* el rey a su siervo......... 113
10.3 los príncipes de...dijeron a Hanún su *s*......... 113
11.9 durmió...con todos los siervos de su *s* 113
11.11 mi *s* Joab, y los siervos de mi *s*, en el.......... 113
11.13 a dormir en su...con los siervos de su *s*........ 113
12.8 y te di la casa de tu *s*, y las mujeres............ 113
12.8 y te di...las mujeres de tu *s* en tu seno 113
13.32 no diga mi *s* que han dado muerte a todos..... 113
13.33 no ponga mi *s* el rey en su corazón ese 113
14.9 dijo...Rey *s* mío, la maldad sea sobre mí......... 113
14.12 que tu sierva hable una palabra a mi *s* 113
14.15 yo venido...para decir esto al rey mi *s* 113
14.17 sea...de consuelo la respuesta de mi *s*......... 113
14.17 mi *s* el rey es como un ángel de Dios 113
14.18 y la mujer dijo: Hable mi *s* el rey.............. 113
14.19 vive tu alma, rey *s* mío, que no hay que 113
14.19 de todo lo que mi *s* el rey ha hablado 113
14.20 mi *s* es sabio conforme a la sabiduría 113
14.22 hallado gracia en tus ojos, rey *s* mío........... 113
15.15 a todo lo que nuestro *s* el rey decida.......... 113
15.21 vive mi *s* el rey, que o para muerte o 113
15.21 que donde mi *s* el rey estuviere...estará....... 113
16.3 dijo el rey: ¿Dónde está el hijo de tu *s*?......... 113
16.4 rey *s* mío, halle yo gracia delante de ti.......... 113
16.9 ¿por qué maldice este...a mi *s* el rey? 113
18.28 levantado sus manos contra mi *s* el rey........ 113
18.31 y dijo: Reciba nuevas mi *s* el rey, que 113
18.32 como aquel...sean los enemigos de mi *s*....... 113
19.19 y dijo...No me culpe mi *s* de, iniquidad 113
19.19 en que mi *s* el rey salió de Jerusalén.......... 113
19.20 he venido hoy...a recibir a mi *s* el rey 113
19.26 rey *s* mío, mi siervo me engañó, pues tu 113
19.27 ha calumniado...delante de mi *s* el rey 113
19.27 mi *s* el rey es como un ángel de Dios 113
19.28 digna de muerte delante de mi *s* el rey 113
19.30 pues que mi *s* el rey ha vuelto en paz.......... 113
19.35 ha de ser...una carga para mi *s* el rey? 113
19.37 pase él con mi *s* el rey, y haz con él........... 3068
20.6 toma...los siervos de tu *s*, y vé tras él........... 113

24.3 añada Jehová...y que lo vea mi *s* el rey 113
24.3 ¿por qué se complace en esto mi *s* el rey 113
24.21 ¿por qué viene mi *s* el rey a su siervo? 113
24.22 ofrezca mi *s*...lo que bien le pareciere 113
1 R 1.2 busquen para mi *s* el rey...joven virgen 113
1.2 abrigue...y entrará en calor mi *s* el rey 113
1.11 que reina...sin saberlo David nuestro *s*? 113
1.13 *s* mío, ¿no juraste a tu sierva, diciendo 113
1.17 *s* mío, tú juraste a...por Jehová tu Dios 113
1.18 Adonías reina, y tú, mi *s*...no lo sabes 113
1.20 rey *s* mío, los ojos de todo Israel están 113
1.20 se ha de sentar en el trono de mi *s* el 113
1.21 que cuando mi *s*...duerma con sus padres 113
1.24 rey *s* mío, ¿has dicho tú: Adonías reinará 113
1.27 ¿es este negocio ordenado por mi *s*, sin 113
1.31 viva mi *s* el rey David para siempre 113
1.33 dijo: Tomad...los siervos de vuestro *s* 113
1.36 así lo diga Jehová, Dios de mi *s* el rey 3068
1.37 la manera que Jehová ha estado con mi *s* 3068
1.37 haga mayor su trono que el trono de mi *s* 113
1.43 nuestro *s* el rey...ha hecho rey a Salomón 113
1.47 han venido a bendecir a nuestros el rey 113
2.26 llevado el arca de Jehová el *S* delante 136
2.38 como el rey mi *s* ha dicho, así lo hará 113
3.10 agradó delante del *S* que...pidiese esto 136
3.17 ¡ah, *s* mío! Yo y esta mujer morábamos 113
3.26 *s* mío! dad a ésta el niño vivo, y no lo 113
12.27 este pueblo se volverá a su *s* Roboam 113
18.7 Abdías...dijo: ¿No eres tú mi *s* Elías? 113
18.10 adonde mi *s* no haya enviado a buscarte 113
18.13 ¿no ha sido dicho a mi *s* lo que hice 113
20.4 como tú dices, rey *s* mío, yo soy tuyo 113
20.9 al rey mi *s*: Haré todo lo que mandaste 113
22.17 estos no tienen *s*; vuélvase cada uno a 113
2 R 2.3,5 que Jehová te quitará hoy a tu *s* de 113
2.16 siervos...vayan ahora y busquen a tu *s* 113
2.19 he aquí, el lugar...es bueno, como mi *s* ve 113
4.16 no, *s* mío, varón de Dios, no hagas burla 113
4.28 y ella dijo: ¿Pedí yo hijo a mi *s*? ¿No 113
5.1 Naamán...era varón grande delante de su *s* 113
5.3 dijo a su *s*: Si rogase mi *s* al profeta 113
5.4 entrando Naamán a su *s*, le relató...Así y 113
5.18 cuando mi *s* el rey entrare en el templo 113
5.20 he aquí mi *s* estorbó a este sitio Naamán 113
5.22 él dijo: Bien...Mi *s* me envía a decirte 113
5.25 y él entró, y se puso delante de su *s* 113
6.5 gritó diciendo: ¡Ah, *s* mío, era prestada! 113
6.12 no...*s* mío, sino que el profeta Eliseo 113
6.15 criado le dijo: ¡Ah, *s* mío! ¿qué haremos? 113
6.22 que coman y beban, y vuelvan a sus *s* 113
6.23 los envió, y ellos se volvieron a su *s* 113
6.26 mujer le gritó, y dijo: Salva, rey *s* mío 113
8.5 rey *s* mío, esta es la mujer, y este es su 113
8.12 dijo Hazael: ¿Por qué llora mi *s*? Y él 113
8.14 y Hazael...vino a su *s*, el cual le dijo 113
9.7 herirás la casa de Acab tu *s*, para que 113
9.11 salió Jehú a los siervos de su *s*, y le 113
9.31 ¿sucedió bien a Zimri, que mató a su *s*? 113
10.2 que tenéis a los hijos de vuestro *s*, y 113
10.3 al más recto de los hijos de vuestro *s* 113
10.3 trono...y pelead por la casa de vuestro *s* 113
10.6 las cabezas de los hijos...de vuestro *s* 113
10.9 he conspirado contra mi *s*, y le he dado 113
18.23 yo te ruego que des rehenes a mi *s*, el 113
18.24 ¿cómo...al menor de los siervos de mi *s* 113
18.27 ¿me ha enviado mi *s* para decir estas 113
18.27 a ti y a tu *s*, y no a los hombres que 113
19.4 el rey...su *s* ha enviado para blasfemar 113
19.6 diréis a vuestro *s*: Así ha dicho Jehová 113
1 Cr 12.19 con peligro de...pasará a su *s* Saúl 113
21.3 añada Jehová a su pueblo cien...rey *s* mío 113
21.3 ¿no son todos éstos siervos de mi *s*? 113
21.3 ¿para qué procura mi *s* esto, que será 113
21.23 haga mi *s* el rey...que bien le parezca 113
26.6 hijos que fueron *s* sobre la casa de sus 4474
2 Cr 2.14 trabajar...con los de mi *s* David tu 113
2.15 envíe mi *s*...el trigo y cebada, y aceite 113
13.6 Jeroboam hijo de...se rebeló contra su *s* 113
18.16 no tienen *s*; vuélvase cada uno en paz 113
Esd 10.3 consejo de mi *s* y de los que temen el 136
Neh 3.5 no se prestaron para...la obra de su *S* 113
4.14 acordaos...*S*, grande y temible, y pelead 113
8.10 porque día santo es a nuestro *S*; no os 113
10.29 cumplirían...y estatutos de...nuestro *S* 113
13.17 y reprendí a los *s* de Judá y les dije 2715
Est 1.18 las *s* de Persia y de Media que oiga 8282
Job 3.19 allí están...y el siervo libre de su *s* 113
28.28 que el temor del *S* es la sabiduría 136
Sal 2.4 el que mora...el *S* se burlará de ellos 136
8.1 ¡oh Jehová, *S* nuestro, cuán glorioso es 113
8.9 ¡oh Jehová, *S* nuestro, cuán grande es tu 113
12.4 que han dicho...¿quién es *s* de nosotros? 113
16.2 eres mi *S*; no hay para mí bien fuera de 136
30.8 a ti, oh Jehová, clamaré...al *S* suplicaré 3068
35.17 *S*, ¿hasta cuándo verás esto? Rescata 136
35.22 tú lo has visto...*S*, no te alejes de mí 3068
35.23 Dios...y *S* mío, para defender mi causa 136
37.13 el *S* se reirá de él...que viene su día 136
38.9 *S*, delante de ti están todos mis deseos 136
38.22 apresúrate a ayudarme...*S*, mi salvación 136
39.7 y ahora, *S*, ¿qué esperaré? Mi esperanza 136
44.23 ¿por qué duermes, *S*? Despierta, no te 136
45.11 rey...inclínate a él, porque él es tu *s* 113
51.15 *S*, abre mis labios, y publicará mi boca 136
54.4 el *S* está con los que sostienen mi vida 136
55.9 destrúyelos, oh *S*; confunde la lengua de 136
57.9 alabaré entre los pueblos oh *S*; cantaré 136
62.12 tuya, oh *S*, es la misericordia; porque 136
66.18 iniquidad, el *S* no me habría escuchado 136
68.11 el *S* daba palabra...grande multitud de 136
68.17 el *S* viene del Sinaí a su santuario 136
68.19 el *S*; cada día nos colma de beneficios 136
68.20 y de...el *S* es el librar de la muerte 136
68.22 el *S* dijo: De Basán te haré volver; te 136
68.26 bendecid...al *S*, vosotros de la estirpe 136
68.32 reinos de la tierra, cantad a Dios...*S* 136
69.6 no sean avergonzados por...oh *S* Jehová 136
71.5 tú, oh *S*...eres mi esperanza, seguridad 136
71.16 vendré a los hechos poderosos de...el *S* 136
73.20 *S*, cuando despertares, menospreciarás 136
73.28 he puesto en Jehová el *S* mi esperanza 136
77.2 al *S* busqué en el día de mi angustia 136
77.7 ¿desechará el *S*...siempre, y no volverá a 136
78.65 despertó el *S* como quien duerme, como 136
86.4 alegra el...a ti, oh *S*, levanto mi alma 136
86.5 porque tú, *S*, eres bueno y perdonador 136
86.8 *S*, ninguno hay como tú entre los dioses 136
86.9 las naciones que hiciste vendrán...ti, *S* 136
86.15 tú, *S*, Dios misericordioso y clemente 136
89.49 *S*, ¿dónde están tus...misericordias, que 136
89.50 *S*, acuérdate del oprobio...tus siervos 136
90.1 *S*, tú nos has sido refugio de generación 136
97.5 los montes se derritieron...delante del *S* 113
105.20 *s* de los pueblos, y le dejó ir libre 4910
105.21 lo puso por *s* de su casa...gobernador 3050
109.21 Jehová, *S* mío, favoréceme por amor de 136
110.1 Jehová dijo a...*S*: Siéntate a mi diestra 113
110.5 el *S* está a tu diestra; quebrantará a 136
123.2 los ojos de...miran a la mano de sus *s* 3068
123.2 los ojos de la sierva a la mano de su *s* 1404
130.2 *S*, oye mi voz; estén atentos tus oídos 136
130.3 JAH...¿quién, oh *S*, podrá mantenerse? 136
135.5 *S* nuestro, mayor que todos los dioses 113
136.3 al *S* de los *s*, porque para siempre es 113
140.7 Jehová *S*...salvador mío, tú pusiste a 136
141.8 por tanto, a ti, oh Jehová, *S*, miran 136
147.5 grande...el *S* nuestro, y de mucho poder 113
Pr 6.7 no teniendo capitán...gobernador, ni *s* 4910
19.10 ¡cuánto menos al siervo ser *s* de los 4910
23.1 cuando te sientes a comer con algún *s* 4910
25.13 pues al alma de su *s* da refrigerio 113
27.18 el que mira por los intereses de su *s* 113
30.10 no acuses al siervo ante su *s*, no sea 113
30.23 y por la sierva cuando hereda a su *s* 1404
Ec 9.17 son mejores que el clamor del *s* entre 4910
Is 1.3 su dueño, y el asno el pesebre de su *s* 1167
1.24 dice el *S*, Jehová...el Fuerte de Israel 113
3.1 aquí que el *S* Jehová...quita de Jerusalén 113
3.4 pondré jóvenes...y muchachos serán sus *s* 4910
3.15 ¿qué pensáis vosotros...dice el *S*, Jehová 136
3.17 *S* raerá la cabeza de las hijas de Sion 136
3.18 quitará el *S* el atavío del calzado, las 136
4.4 cuando el *S* lave las inmundicias de las 136
6.1 vi yo al *S* sentado sobre un trono alto y 136
6.8 la voz del *S*, que decía: ¿A quién enviaré 136
6.11 yo dije: ¿Hasta cuándo, *S*? Y respondió 136
7.7 Jehová el *S* dice así: No subsistirá, ni 136
7.14 el *S* mismo os dará señal: He aquí que la 136
7.20 el *S* raerá con navaja alquilada, con los 136
8.7 el *S* hace subir sobre ellos aguas de ríos 136
9.8 el *S* envió palabra de Jacob, y cayó en 3068
9.17 tanto, el *S* no tomará contentamiento en 136
10.12 que el *S* haya acabado toda su obra en 136
10.16 el *S*, Jehová...enviará debilidad sobre 136
10.23 el *S*, Jehová de los...hará consumación 136
10.24 el *S*, Jehová de...dice así: Pueblo mío 136
10.33 el *S*...desgajará el ramaje con violencia 113
14.5 quebrantó Jehová el...el cetro de los *s* 3068
16.1 enviad cordero al *s* de la tierra, desde 4910
16.8 *s* de naciones pisotearon sus...sarmientos 1167
19.4 y entregaré a Egipto en manos de *s* duro 113
19.4 enseñoreará de ellos, dice el *S*, Jehová 113
21.6 el *S* me dijo así: Vé, pon centinela que 136
21.8 como un león: *S*, sobre la atalaya estoy 136
22.5 de parte del *S*, Jehová de los ejércitos 136
22.12 el *S*, Jehová de los...llamó en este día 136
22.14 hasta que muráis, dice el *S*, Jehová de 136
22.18 a rodar...vergüenza de la casa de tu *s* 113
25.8 y enjugará Jehová el *S* toda lágrima de 136
26.4 en Jehová el *S* está la fortaleza de los 3050
26.13 *s* fuera de ti han enseñoreado...nosotros 113
28.16 Jehová el *S* dice así: He aquí que yo he 136
28.22 destrucción...he oído del *S*, Jehová de 136
29.13 dice, pues, el *S*: Porque este pueblo se 136
30.15 así dijo Jehová el *S*...En descanso y en 136
30.20 os dará el *S* pan de congoja y agua de 136
30.23 dará el *S* lluvia a tu sementera, cuando
36.8 yo te ruego que des rehenes al rey...mi *s* 113
36.9 resistir...menor de los siervos de mi *s* 113
36.12 envió mi *s* a que dijese...a tu *s*, y no 113
37.4 rey de Asiria su *s* envió para blasfemar 113
37.6 les dijo Isaías: Diréis así a vuestro *s* 113
37.24 has vituperado al *S*, y dijiste: Con la 136
38.16 oh *S*, por todas estas cosas los hombres 136
40.10 he aquí...Jehová el *S* vendrá con poder 136
47.5 porque nunca más...llamarán *s* de reinos 1404
47.7 dijiste: Para siempre seré *s*; y no has 1404
48.16 me envió Jehová el *S*, y su Espíritu 136
49.14 me dejó Jehová, y el *S* se olvidó de mí 136
49.22 dijo Jehová el *S*: He aquí, yo tenderé 136
50.4 el *S* me dio lengua de sabios, para saber 136
50.5 Jehová el *S* me abrió el oído, y yo no fui 136
50.7 Jehová el *S* me ayudará, por tanto no me 136
50.9 Jehová el *S* me ayudará; ¿quién hay que 136
51.22 Jehová tu *S*, y tu Dios, el cual aboga 3068
52.4 dijo Jehová el *S*: Mi pueblo descendió a 136
56.8 dice Jehová el *S*, el que reúne...Israel 136
61.1 el Espíritu de Jehová el *S* está sobre mí 136
61.11 así Jehová el *S* hará brotar justicia y 136
65.13 así dijo Jehová el *S*: He aquí que mis 136
65.15 Jehová el *S* te matará, y a sus siervos 136
Jer 1.6 ¡ah, *S* Jehová! He aquí, no sé hablar 136
2.19 malo...faltar mi temor en ti, dice el *S* 136
2.22 tu pecado permanecerá...dijo Jehová el *S* 136
7.20 ha dicho Jehová el *S*...mi furor y mi ira 136
10.23 el hombre no es *s* de su camino, ni del
14.13 *S* Jehová: He aquí que los profetas les 136
22.18 lamentarán...¡Ay, *s*! ¡Ay, su grandeza! 113
27.4 les mandarás que digan a sus *s*: Así ha 113
27.4 ha dicho...habéis de decir a vuestros *s* 113
32.17 ¡oh *S* Jehová! he aquí que tú hiciste el 136
32.25 ¡oh *S* Jehová...me has dicho: Cómprate la 136
33.26 no tomar de su descendencia quien sea *s* 4910
34.5 te endecharán, diciendo, ¡Ay, *s*! Porque 113
37.20 oye, te ruego, oh rey mi *s*...mi súplica 113
Jer 38.9 mi *s* el rey, mal hicieron estos varones 113
44.26 no será invocado...diciendo: Vive...el *S* 136
49.5 yo traigo sobre ti espanto, dice el *S* 136
50.31 estoy contra ti, oh soberbio, dice el *S* 136
Lm 1.1 la *s* de provincias ha sido...tributaria 8282
1.14 me ha entregado el *S* en manos contra las 136
1.15 el *S* ha hollado a...mis hombres fuertes 136
1.15 ha hollado el *S* a la virgen hija de Judá 136
2.1 ¡cómo oscureció el *S* en...furor a la hija 136
2.2 destruyó el *S*, y no perdonó; destruyó en 136
2.5 el *S* llegó a ser como enemigo, destruyo 136
2.7 desechó el *S* su altar, menospreció su 136
2.18 corazón de ellos clamaba al *S*; oh hija 136
2.19 derrama como agua tu corazón ante...el *S* 136
2.20 en el santuario del *S* el sacerdote y el 136
3.31 porque el *S* no desecha para siempre 136
3.36 trastornar al hombre...el *S* no lo aprueba 136
3.37 diga que sucedió algo que el *S* no mandó? 136
3.58 abogaste, *S*, la causa de mi alma, vida 136
Ez 2.4 envío...dirás: Así ha dicho Jehová el *S* 136
3.11 ha dicho Jehová el *S*; escuchen, o dejen 136
3.27 ha dicho Jehová el *S*: El que oye, oiga 136
4.14 ¡ah, *S* Jehová...que mi alma no es inmunda 136
5.5 ha dicho Jehová el *S*: Esta es Jerusalén 136
5.8 ha dicho Jehová el *S*...yo estoy contra ti 136
5.11 vivo yo, dice Jehová el *S*...quebrantaré 136
6.3 montes...oíd palabra de Jehová el *S*: Así 136
6.3 ha dicho Jehová el *S* a los montes y a los 136
6.11 ha dicho Jehová el *S*: Palmotea con tus 136
7.2 dicho Jehová el *S* a la tierra de Israel 136
7.5 dicho Jehová el *S*: Un mal...viene un mal 136
8.1 se posó sobre mí la mano de Jehová el *S* 136
9.8 dije: ¡Ah, *S* Jehová! ¿destruirás a todo 136
11.7 ha dicho Jehová el *S*: Vuestros muertos 136
11.8 espada traeré sobre...dice Jehová el *S* 136
11.13 ¡ah, *S* Jehová! ¿Destruirás del todo al 136
11.16 así ha dicho Jehová el *S*: Aunque les he 136
11.17 ha dicho Jehová el *S*: Yo os recogeré de 136
11.21 yo traigo su camino...dice Jehová el *S* 136
12.10 ha dicho Jehová el *S*: Esta profecía se 136
12.19 ha dicho Jehová el *S* sobre...Jerusalén 136
12.23 ha dicho Jehová el *S*: Haré cesar este 136
12.25 hablaré palabra y la cumpliré, dice...*S* 136
12.28 dicho Jehová el *S*: No se tardará más 136
12.28 palabra...se cumplirá, dice Jehová el *S* 136
13.3 dicho Jehová el *S*: ¡Ay de los profetas 136
13.8 Jehová el *S*: Por cuanto vosotros habéis 136
13.8 estoy contra vosotros, dice Jehová el *S* 136
13.9 mano...y sabréis que yo soy Jehová el *S* 136
13.13 Jehová el *S*: Haré que la rompa viento 136
13.16 y ven...visión de paz...dice Jehová el *S* 136
13.18 Jehová el *S*: ¡Ay de aquellas que cosen 136
13.20 ha dicho Jehová el *S*...vendas mágicas 136
14.4 dicho Jehová el *S*: Cualquier hombre de 136
14.6 dice Jehová el *S*: Convertíos, y volveos 136
14.11 yo les sea por Dios, dice Jehová el *S* 136
14.14 si...Noé, Daniel y Job...dice Jehová el *S* 136
14.16 dice Jehová el *S*, ni a sus hijos ni a 136
14.18,20 dice Jehová el *S*, no librarían a 136
14.21 dicho Jehová el *S*: ¿Cuánto más cuando 136
14.23 que no sin causa hice...dice Jehová el *S* 136
15.6 dicho Jehová el *S*: Como la madera de la 136
15.8 cometieron prevaricación, dice...el *S* 136
16.3 Jehová el *S* sobre Jerusalén: Tu origen 136
16.8 entré en pacto contigo, dice Jehová el *S* 136
16.14 de mi hermosura que yo puse...dice...el *S* 136
16.19 para olor agradable...dice Jehová el *S* 136
16.23 maldad (ay, ay de ti! dice Jehová el *S* 136
16.30 ¡cuán inconstante es...dice Jehová el *S* 136
16.36 dicho Jehová el *S*: Por cuanto han sido 136
16.43 tu camino sobre tu cabeza, dice...el *S* 136
16.48 dice Jehová el *S*...Sodoma tu hermana y 136
16.59 ha dicho Jehová el *S*: ¿Haré yo contigo 136
16.63 cuando yo perdone...dice Jchová el *S* 136
17.3 ha dicho Jehová el *S*...Una gran águila 136
17.9 ha dicho Jehová el *S*: ¿Será prosperada? 136
17.16 dice...el *S*, que morirá en...de Babilonia 136
17.19 ha dicho Jehová el *S*...Vivo yo, que el 136
17.22 ha dicho...el *S*: Tomaré yo del cogollo 136
18.3 vivo yo, dice Jehová el *S*, que nunca más 136
18.9 es justo; éste vivirá, dice Jehová el *S* 136
18.23 la muerte del impío? dice Jehová el *S* 136
18.25 dijereis: No es recto el camino del *S* 136
18.29 dijere la...No es recto el camino del *S* 136
18.30 os juzgaré a cada uno...dice Jehová el *S* 136
18.32 no quiero la muerte...dice Jehová el *S* 136
20.3 dicho Jehová el *S*: ¿A consultarme venís 136
20.3 que no os responderé, dice Jehová el *S* 136
20.5 dicho Jehová el *S*: El día que escogí a 136

20.27 Jehová el S: Aun en esto me afrentaron 136
20.30 dicho Jehová el S: ¿No os contamináis 136
20.31 dice Jehová el S, que no os responderé 136
20.33 dice Jehová el S, que con mano fuerte 136
20.36 así litigaré con vosotros, dice...el S.......... 136
20.39 dicho Jehová el S: Andad cada uno tras 136
20.40 dice Jehová el S, allí me servirá toda 136
20.44 sabréis que yo soy...dice Jehová el S.......... 136
20.47 ha dicho Jehová el S...yo enciendo en ti....... 136
20.49 dije: ¡Ah, S Jehová! ellos dicen de mí........... 136
21.7 que viene, y se hará, dice Jehová el S........... 136
21.9 ha dicho Jehová el S: Di: La espada, la.......... 136
21.13 cetro? él no será más, dice Jehová el S....... 3068
21.24 ha dicho Jehová el S: Por cuanto habéis 136
21.26 ha dicho Jehová el S: Depón la tiara............ 136
21.28 dicho Jehová el S acerca de los hijos 136
22.3 ha dicho Jehová el S: ¡Ciudad...de sangre 136
22.12 interés y...tomaste...dice Jehová el S......... 136
22.19 dicho...el S: Por cuanto todos vosotros 136
22.28 así ha dicho Jehová el S; y Jehová no.......... 136
22.31 sobre ellos mi ira...dice Jehová el S........... 136
23.22 Aholiba...así ha dicho Jehová el S: He......... 136
23.28 ha dicho Jehová el S...entrego en mano....... 136
23.32 dicho Jehová el S: Beberás el hondo y 136
23.34 porque yo he hablado, dice Jehová el S......... 136
23.35 ha dicho, el S...cuanto te has olvidado 136
23.46 Jehová el S: Yo haré subir contra ellas 136
23.49 idolatría; y sabréis que yo soy...el S......... 136
24.3 así ha dicho Jehová el S: Pon una olla 136
24.6,9 dicho Jehová el S: ¡Ay de la ciudad............ 136
24.14 tus obras te juzgarán, dice Jehová el S 136
24.21 dicho Jehová el S: He aquí yo profano 136
24.24 entonces sabréis...yo soy Jehová el S 136
25.3 oíd palabra de...el S: Así dice...el S 136
25.6 dicho Jehová el S: Por cuanto batiste 136
25.8 ha dicho...el S: Por cuanto dijo Moab 136
25.12 ha dicho...el S: Por lo que hizo Edom.......... 136
25.13 así ha dicho Jehová el S...sobre Edom 136
25.14 y conocerán mi venganza, dice...el S.......... 136
25.15 ha dicho...el S...hicieron los filisteos.......... 136
26.3 ha dicho...el S...estoy contra ti, oh Tiro 136
26.5 dice Jehová el S; y será saqueada por 136
26.7 dicho Jehová el S...traigo contra Tiro a 136
26.14 yo Jehová he hablado, dice Jehová el S......... 136
26.15 así ha dicho Jehová el S a Tiro: ¿No se 136
26.19 dicho Jehová el S: Yo te convertiré en 136
26.21 y nunca más serás hallada, dice...el S.......... 136
27.3 ha dicho Jehová el S: Tiro, tú has dicho 136
28.2 di al...de Tiro: Así ha dicho Jehová el S......... 136
28.6 dicho Jehová el S: Por cuanto pusiste tu 136
28.10 porque yo he hablado, dice Jehová el S......... 136
28.12 dicho Jehová el S: Tú eras el sello de 136
28.22 dicho...el S...estoy contra ti, oh Sidón......... 136
28.25 ha dicho Jehová el S: Cuando recoja a.......... 136
29.3 ha dicho Jehová el S...contra ti, Faraón 136
29.8 ha dicho Jehová el S...contra ti espada......... 136
29.13 ha dicho Jehová el S: Al fin de 40 años......... 136
29.16 ellos; y sabrán que yo soy Jehová el S 136
29.19 ha dicho...el S...yo doy a Nabucodonosor..... 136
29.20 trabajaron para mí, dice Jehová el S 136
30.2 ha dicho Jehová el S: Lamentad: ¡Ay de......... 136
30.6 caerán en él...espada, dice Jehová el S......... 136
30.10 dicho...el S: Destruiré las riquezas de.......... 136
30.13 ha dicho...el S: Destruiré...las imágenes....... 136
30.22 dicho...el S: Heme aquí contra Faraón 136
31.10 dijo...el S: Ya que por ser encumbrado......... 136
31.15 ha dicho...el S: El día que descendió al........ 136
31.18 es Faraón y todo su...dice Jehová el S......... 136
32.3 dicho...el S...extenderé sobre ti mi red.......... 136
32.8 pondré tinieblas sobre...dice Jehová el S....... 136
32.11 dicho Jehová el S: La espada del rey de 136
32.14 sus ríos como aceite, dice Jehová el S 136
32.16 endecharán sobre Egipto y...dice...el S 136
32.31 Faraón muerto a espada, y...dice...el S......... 136
32.32 su multitud yacerán...dice Jehová el S 136
33.11 dice...el S, que no quiero la muerte del......... 136
33.17 dirán los...No es recto el camino del S 136
33.20 dijisteis: No es recto el camino del S 136
33.25 ha dicho...el S: ¿Comeréis con sangre.......... 136
33.27 ha dicho Jehová el S...caerán a espada 136
34.8 dicho Jehová el S...por cuanto mi rebaño 136
34.10 dicho...el S...estoy contra los pastores 136
34.11 ha dicho Jehová el S...iré a buscar mis......... 136
34.15 yo les daré aprisco, dice Jehová el S........... 136
34.17 ha dicho...el S...yo juzgo entre oveja y......... 136
54.20 les dice Jehová el S...yo juzgaré entre.......... 136
34.30 ellos son mi pueblo...dice Jehová el S 136
34.31 y yo vuestro Dios, dice Jehová el S............. 136
35.3 dicho...el S: He aquí yo estoy contra ti.......... 136
35.6 dice Jehová el S...a sangre te destinaré 136
35.14 ha dicho Jehová el S: Para que toda la.......... 136
36.2 ha dicho Jehová el S...el enemigo dijo de........ 136
36.3 ha dicho...el S: Por cuanto os asolaron 136
36.4 oíd palabra de...el S: Así ha dicho...el S......... 136
36.5 dicho Jehová el S: He hablado...mi celo 136
36.6 dicho Jehová el S: He aquí, en mi celo 136
36.7 dicho Jehová el S: Yo he alzado mi mano 136
36.13 dicho Jehová el S: Por cuanto dicen de 136
36.14 nunca más matarás a...dice Jehová el S 136
36.15 ni harás más morir...dice Jehová el S........... 136
36.22 Jehová el S: No lo hago por vosotros 136
36.23 sabrán las naciones...dice Jehová el S 136
36.32 no lo hago por vosotros, dice...el S............. 136
36.33 ha dicho...el S: El día que os limpie de 136
36.37 dicho Jehová el S: Aún seré solicitado 136
37.3 huesos? Y dije: S Jehová, tú lo sabes 136
37.5 así ha dicho Jehová el S a estos huesos 136
37.9 ha dicho Jehová el S: Espíritu, ven de........... 136
37.12 ha dicho Jehová el S: He aquí yo abro 136
37.19 dicho Jehová el S...tomo el palo de José....... 136
37.21 dicho Jehová el S...tomo a los hijos de 136
38.3 dicho Jehová el S...estoy contra ti, oh 136
38.10 ha dicho...el S: En aquel día subirán 136
38.14 dicho Jehová el S...¿no lo sabrás tú?.......... 136
38.17 dicho Jehová el S: ¿No eres tú aquel........... 136
38.18 Jehová el S, subirá mi ira y mi enojo 136
38.21 contra él la espada, dice Jehová el S.......... 136
39.1 ha dicho Jehová el S...contra ti, oh Gog 136
39.5 caerás...yo he hablado, dice Jehová el S 136
39.8 viene, y se cumplirá, dice Jehová el S........... 136
39.10 y robarán a los que...dice Jehová el S.......... 136
39.13 célebre el día en que...dice Jehová el S........ 136
39.17 ha dicho Jehová el S: Di a las aves de.......... 136
39.20 y os saciaréis sobre...dice Jehová el S......... 136
39.25 ha dicho Jehová el S: Ahora volveré la 136
39.29 derramado de mi Espíritu...dice...el S 136
43.18 ha dicho Jehová el S...las ordenanzas 136
43.19 que se acerquen a mí, dice Jehová el S 136
43.27 y me seréis aceptos, dice Jehová el S 136
44.6 ha dicho Jehová el S: Basta ya de todas......... 136
44.9 Jehová el S: Ningún hijo de extranjero.......... 136
44.12 he alzado mi mano y...dice Jehová el S 136
44.15 para ofrecerme la grosura...dice...el S 136
44.27 ofrecerá su expiación, dice Jehová el S......... 136
45.9 ha dicho...el S: ¡Basta ya, oh príncipes 136
45.9 dejad la violencia y...dice Jehová el S 136
45.15 expiación por ellos, dice Jehová el S........... 136
45.18 ha dicho Jehová el S: El mes primero........... 136
46.1 así ha dicho Jehová el S: La puerta del 136
46.16 dicho Jehová el S: Si el príncipe diere 136
47.13 dicho...el S: Estos son los límites en 136
47.23 daréis su heredad, ha dicho Jehová el S 136
48.29 son sus porciones, ha dicho Jehová el S 136
Dn 1.2 el S entregó en sus manos a Joacim rey 136
1.10 temo a mi s el rey, que señaló vuestra 113
2.10 ningún rey, príncipe ni s preguntó
cosa semejante 7990
2.47 Dios vuestro es Dios...y S de los reyes......... 4756
4.19 s mío, el sueño sea para tus enemigos 4756
4.24 sentencia...ha venido sobre mi s el rey......... 4756
5.7 me muestre...será el tercer s en el reino 7981
5.16 vestido...serás el tercer s en el reino 7981
5.23 sino que contra el S...has ensoberbecido...... 4756
5.29 mandó...proclamar que él era el tercer s 7990
9.3 volví mi rostro a Dios el S, buscándole 136
9.4 S, Dios grande, digno de ser temido, que......... 136
9.7 tuya es, S, la justicia, y nuestra la.............. 136
9.15 S Dios nuestro, que sacaste tu pueblo de........ 136
9.16 oh S, conforme a...tus actos de justicia 136
9.17 Dios...oye la oración de...por amor del S 136
9.19 oye, S; oh S, perdona; presta oído, S 136
10.16 s...con la visión me han sobrevenido........... 113
10.17 podrá el siervo de...s hablar con mi s?......... 113
10.19 hable mi s, porque me has fortalecido 113
12.8 s mío, ¿cuál será el fin...estas cosas?.......... 113
Os 12.14 recaer...y su S le pagará su oprobio 113
Am 1.8 resto...perecerá, ha dicho Jehová el S............ 136
3.7 no hará nada Jehová el S, sin que revele 136
3.8 habla Jehová el S, ¿quién no profetizará? 136
3.11 Jehová el S ha dicho...Un enemigo vendrá 136
4.1 decís a vuestros s: Traed, y beberemos 113
4.2 Jehová el S juró...He aquí, vienen sobre......... 136
4.5 así lo queréis...Israel, dice Jehová el S 136
5.3 ha dicho...el S: La ciudad que salga con......... 136
6.8 Jehová el S juró por sí mismo...Abomino 136
7.1 me ha mostrado...el S: He aquí, él criaba........ 136
7.2,5 S Jehová...¿quién levantará a Jacob?.......... 136
7.4 Jehová el S me mostró así...el S llamaba 136
7.6 no será esto tampoco, dijo Jehová el S 136
7.7 el S estaba sobre un muro hecho a plomo 136
7.8 el S dijo: He aquí, yo pongo plomada de.......... 136
8.1 me ha mostrado Jehová el S...un canastillo 136
8.3 los cantores...gemirán...dice Jehová el S 136
8.9 dice...el S, que haré que se ponga el sol 136
8.11 días, dice Jehová el S...enviaré hambre 136
9.1 vi al S que estaba sobre el altar, y dijo 136
9.5 el S, Jehová de...es el que toca la tierra 136
9.8 los ojos de...el S están contra el reino 136
Abd 1 el S ha dicho así...Hemos oído el pregón 136
Mi 1.2 Jehová el S, el S desde...sea testigo 136
4.13 consagrarás...sus riquezas al S de toda 113
5.2 de ti me saldrá el que será S en Israel 113
Hab 3.19 Jehová el S es mi fortaleza, el cual........... 3068
Sof 1.7 calla en la presencia de Jehová el S............. 136
1.9 que llenan las casas de sus s de robo y........... 113
Zac 1.9 entonces dije: ¿Qué son éstos, s mío? 113
4.4 y hablé, diciendo...¿Qué es esto, s mío? 113
4.5,13 ¿no sabes qué es esto? Y dije: No, s............ 113
4.14 dos ungidos que están delante del S de 113
6.4 dije al ángel que...S mío, ¿qué es esto? 113
6.5 después de presentarse delante del S de......... 113
9.4 el S la empobrecerá, y herirá en el mar 136
9.14 y Jehová el S tocará trompeta, e irá 136
Mal 1.6 el hijo honra al...y el siervo a su s............... 113
1.6 y si soy s, ¿dónde está mi temor? dice............ 113
3.1 y vendrá súbitamente a su templo el S a......... 113
Mt 1.20 un ángel del S le apareció en sueños 2962
1.22 para que se cumpliese lo dicho por el S......... 2962
1.24 como el ángel del S le había mandado 2962
2.13 ángel del S apareció en sueños a José 2962
2.15 lo que dijo el S por medio del profeta 2962
2.19 ángel del S apareció en sueños a José 2962
3.3 preparad el camino del S, enderezad sus 2962
4.7 escrito está...No tentarás al S tu Dios 2962
4.10 escrito está: Al S tu Dios adorarás, y 2962
5.33 no...sino cumplirás al S tus juramentos 2962
6.24 ninguno puede servir a dos s; porque o......... 2962
7.21 no todo el que me dice: S, S, entrará en......... 2962
7.22 S, S, ¿no profetizamos en tu nombre, y 2962
8.2 leproso...S, si quieres, puedes limpiarme 2962
8.6 S, mi criado está postrado en...paralítico......... 2962
8.8 dijo: S, no soy digno de que entres bajo 2962
8.21 S, permíteme que vaya...y entierre a mi....... 2962
8.25 diciendo: ¡S, sálvanos, que perecemos!.......... 2962
9.28 ¿creéis que puedo...Ellos dijeron: Sí, S......... 2962
9.38 al S de la mies, que envíe obreros a su 2962
10.24 no es más que...ni el siervo más que su s 2962
10.25 como su maestro, y al siervo como su s........ 2962
11.25 dijo: Te alabo, Padre, S del cielo y de.......... 2962
12.8 Hijo del Hombre es S del día de reposo 2962
13.27 S, ¿no sembraste buena semilla en tu 2962
13.51 habéis entendido...respondieron: Sí, S........ 2962
14.28 S, si eres tú, manda que yo vaya a ti 2962
14.30 tuvo miedo; y...dio voces...¡S, sálvame!....... 2962
15.22 ¡S, Hijo de David, ten misericordia de.......... 2962
15.25 y se postró...diciendo: ¡S, socórreme 2962
15.27 sí, S; pero aun los perrillos comen de 2962
16.22 diciendo: S, ten compasión de ti; en........... 2962
17.4 S, bueno es para nosotros que estemos 2962
17.15 S, ten misericordia de mi hijo, que es 2962
18.21 le dijo: S, ¿cuántas veces perdonaré a 2962
18.25 ordenó su s venderle, y a su mujer e.......... 2962
18.26 S, ten paciencia conmigo, y yo te lo 2962
18.27 el s...movido a misericordia, le soltó........... 2962
18.31 refirieron a su s...lo que había pasado 2962
18.32 llamándole su s...dijo: Siervo malvado 2962
18.34 s, enojado, le entregó a los verdugos 2962
20.8 llegó la noche, el s de la viña dijo a su......... 2962
20.30,31 ¡S, Hijo de David, ten misericordia 2962
20.33 S, que sean abiertos nuestros ojos 2962
21.3 el S los necesita; y luego los enviará........... 2962
21.9 ¡Bendito el que viene en el nombre del S! 2962
21.30 respondiendo él, dijo: Sí, s...Y no fue 2962
21.40 cuando venga..s de la viña, ¿qué hará 2962
21.42 S ha hecho esto, y es cosa maravillosa 2962
22.37 amarás al S...Dios con todo tu corazón 2962
22.43 cómo David en el Espíritu le llama S 2962
22.44 dijo el S a mi S: Siéntate a mi derecha......... 2962
22.45 si David le llama S, ¿cómo es su hijo? 2962
23.39 bendito el que viene en...nombre del S 2962
24.42 no...a qué hora ha de venir vuestro S.......... 2962
24.45 al cual puso su s sobre su casa para........... 2962
24.46 cuando su S venga, le halle haciendo 2962
24.48 aquel siervo malo dijere...Mi s tarda 2962
24.50 vendrá el s de aquel siervo en día que......... 2962
25.11 las otras...diciendo: ¡S, s, ábrenos! 2962
25.18 cavó en...y escondió el dinero de su s.......... 2962
25.19 vino el s...y arregló cuentas con ellos......... 2962
25.20 s, cinco talentos me entregaste; aquí 2962
25.21,23 s le dijo: Bien, buen siervo y fiel 2962
25.21,23 siervo...entra en el gozo de tu s 2962
25.22 s, dos talentos Me entregaste; aquí............ 2962
25.24 s, te conocía que eres hombre duro, que...... 2962
25.26 su s, le dijo: Siervo malo y negligente 2962
25.37,44 S, ¿cuándo te vimos hambriento, y.......... 2962
26.22 comenzó cada uno...decirle: ¿Soy yo, S? 2962
27.10 y las dieron para...como me ordenó el S 2962
27.63 s, nos acordamos que aquel engañador 2962
28.2 un ángel del S, descendiendo del cielo 2962
28.6 venid, ved...lugar donde fue puesto el S 2962
Mr 1.3 preparad el camino del S; enderezad sus 2962
2.28 el Hijo del...es S aun del día de reposo......... 2962
5.19 y cuéntales cuán grandes cosas el S ha......... 2962
7.28 le dijo: Sí, S; pero aun los perrillos 2962
11.3 decid que el S lo necesita, y que luego 2962
11.9 ¡bendito el...viene en el nombre del S!......... 2962
12.9 ¿qué...hará el s de la viña? Vendrá, y 2962
12.11 S ha hecho esto, y es cosa maravillosa 2962
12.29 Israel: el S nuestro Dios, el S uno es........... 2962
12.30 amarás al S tu Dios con todo...corazón 2962
12.36 dijo el S a mi S: Siéntate a mi diestra.......... 2962
12.37 David mismo le llama S; ¿cómo, pues 2962
13.20 y si el S no hubiese acortado aquellos 2962
13.35 porque no sabéis cuándo vendrá el s de 2962
14.14 decid al s de la casa: El Maestro dice.......... 3611
16.19 y el S, después que les habló...arriba......... 2962
16.20 ayudándoles el S y confirmando...palabra ... 2962
Lc 1.6 los mandamientos y ordenanzas del S 2962
1.9 ofrecer...entrando en el santuario del S......... 2962
1.11 apareció un ángel del S puesto en pie 2962
1.16 hará que muchos de...se conviertan al S 2962
1.17 preparar al S un pueblo bien dispuesto......... 2962
1.25 así ha hecho conmigo el S en los días en........ 2962
1.28 el S es contigo; bendita tú entre las 2962
1.32 el S Dios le dará el trono de David su........... 2962
1.38 he aquí la sierva del S; hágase conmigo 2962
1.43 a mí, que la madre de mi S venga a mí?......... 2962
1.45 se cumplirá...le fue dicho de parte del S........ 2962
1.46 María dijo: Engrandece mi alma al S 2962
1.66 ¿quién...Y la mano del S estaba con él 2962
1.68 el S Dios de Israel, que ha visitado a 2962
1.76 tú...irás delante de la presencia del S 2962
2.9 he aquí, se les presentó un ángel del S 2962
2.9 la gloria del S los rodeó de resplandor.......... 2962
2.11 nacido...un Salvador, que es Cristo el S 2962
2.15 y veamos esto...el S nos ha manifestado......... 2962
2.22 trajeron a Jerusalén...presentarle al S.......... 2962
2.23 como está escrito en la ley del S: Todo 2962
2.23 abriere la matriz...llamado santo al S........... 2962
2.24 conforme...que se dice en la ley del S 2962
2.26 muerte antes que viese al Ungido del S 2962
2.29 ahora, S, despides a tu siervo en paz 1203
2.39 haber cumplido con todo...la ley del S.......... 2962
3.4 preparad el camino del S; enderezad sus 2962

4.8 ***S* tu Dios adorarás, y a él solo servirás** . . . 2962
4.12 **Jesús, le dijo…No tentarás al *S* tu Dios** . . . 2962
4.18 **el Espíritu del *S* está sobre mí, por** . . . 2962
4.19 **a predicar el año agradable del *S*** . . . 2962
5.8 apártate de mí, *S*, porque soy…pecador . . . 2962
5.12 le rogó…*S*, si quieres, puedes limpiarme . . . 2962
5.17 el poder del *S* estaba con él para sanar . . . 2962
6.5 **el Hijo del…es *S* aun del día de reposo** . . . 2962
6.46 **¿por qué me llamáis, *S*, *S*, y no hacéis** . . . 2962
7.6 *S*, no te molestes, pues no soy digno de . . . 2962
7.13 cuando el *S* la vio, se compadeció de ella . . . 2962
7.31 **dijo el *S*: ¿A qué, pues, compararé los** . . . 2962
9.54 *S*, ¿quieres que mandemos que descienda . . . 2962
9.57 *S*, te seguiré adondequiera que vayas . . . 2962
9.59 *S*…primero vaya y entierre a mi padre . . . 2962
9.61 seguiré, *S*; pero déjame que me despida . . . 2962
10.1 designó el *S* también a otros setenta, a . . . 2962
10.2 **rogad al *S* de la mies que envíe obreros** . . . 2962
10.17 *S*, aun los demonios se nos sujetan en . . . 2962
10.21 **yo te alabo, oh Padre, *S* del cielo y de** . . . 2962
10.27 amarás al *S* tu Dios con todo…corazón . . . 2962
10.40 *S*, ¿no te da cuidado que mi hermana me . . . 2962
11.1 *S*, enséñanos a orar, como también Juan . . . 2962
11.39 **el *S* le dijo: Ahora bien, vosotros los** . . . 2962
12.36 **hombres que aguardan…que su *s* regrese** . . . 2962
12.37 **a los cuales su *s*, cuando venga, halle** . . . 2962
12.41 *S*, ¿dices esta parábola a nosotros, o . . . 2962
12.42 **dijo el *S*: ¿Quién es el mayordomo fiel** . . . 2962
12.42 **su *s* pondrá sobre su casa, para que a** . . . 2962
12.43 **cuando su *s* venga, le halle haciendo así** . . . 2962
12.45 **si…Mi *s* tarda en venir; y comenzare a** . . . 2962
12.46 **vendrá el *s* de aquel siervo en día que** . . . 2962
12.47 **que conociendo la voluntad de su *s*, no** . . . 2962
13.8 ***s*, déjala todavía este año, hasta que yo** . . . 2962
13.15 **el *S* le respondió…Hipócrita, cada uno** . . . 2962
13.23 dijo: *S*, ¿son pocos los que se salvan? . . . 2962
13.25 **diciendo: *S*, *s*, ábrenos, él…os dirá** . . . 2962
13.35 **bendito el que viene en nombre del *S*** . . . 2962
14.21 **siervo, hizo saber estas cosas a su *s*** . . . 2962
14.22 ***s*, se ha hecho como mandaste, y aún hay** . . . 2962
14.23 **dijo el *s* al siervo: Vé por los caminos** . . . 2962
16.13 **ningún siervo puede servir a dos *s*** . . . 2962
17.5 dijeron los apóstoles al *S*: Auméntanos . . . 2962
17.6 **el *S* dijo: Si tuvierais fe como un grano** . . . 2962
17.37 **dijeron: ¿Dónde, *S*? El les dijo: Donde** . . . 2962
18.6 **el *S*: Oíd lo que dijo el juez injusto** . . . 2962
18.41 **¿qué…él dijo: *S*, que reciba la vista** . . . 2962
19.8 dijo al *S*: He aquí, *S*, la mitad de mis . . . 2962
19.16 **diciendo: *S*, tu mina ha ganado diez** . . . 2962
19.18 ***s*, tu mina ha producido cinco minas** . . . 2962
19.20 ***s*, aquí está tu mina, la cual he tenido** . . . 2962
19.25 **ellos le dijeron: *S*, tiene diez minas** . . . 2962
19.31 **responderéis…Porque el *S* lo necesita** . . . 2962
19.34 ellos dijeron: Porque el *S* lo necesita . . . 2962
19.38 bendito…que viene en el nombre del *S* . . . 2962
20.13 **entonces el *s* de la viña dijo: ¿Qué** . . . 2962
20.15 **¿qué, pues, les hará el *s* de la viña?** . . . 2962
20.37 **llama al *S*, Dios de Abraham, Dios de** . . . 2962
20.42 **dijo el *S* a mi *S*: Siéntate a mi diestra** . . . 2962
20.44 **David…le llama *S*; ¿cómo entonces es** . . . 2962
22.31 **dijo también el *S*: Simón, Simón, he** . . . 2962
22.33 *S*, dispuesto estoy a ir…a la muerte . . . 2962
22.38 ellos dijeron: *S*, aquí hay dos espadas . . . 2962
22.49 le dijeron: *S*, ¿heriremos a espada? . . . 2962
22.61 vuelto el *S*, miró a Pedro; y Pedro se . . . 2962
22.61 y Pedro se acordó de la palabra del *S* . . . 2962
24.3 y entrando, no hallaron el cuerpo del *S* . . . 2962
24.34 ha resucitado el *S* verdaderamente, y . . . 2962
Jn 1.23 enderezad el camino del *S*, como dijo . . . 2962
4.1 *S* entendió que los fariseos habían oído . . . 2962
4.11 *S*, no tienes con qué sacarla, y el pozo . . . 2962
4.15 *S*, dame de esa agua, para que no tenga . . . 2962
4.19 dijo…*S*, me parece que tú eres profeta . . . 2962
4.49 *S*, desciende antes que mi hijo muera . . . 2962
5.7 *S*…no tengo quien me meta en el estanque . . . 2962
6.23 pan después de haber dado gracias el *S* . . . 2962
6.34 le dijeron: *S*, danos siempre este pan . . . 2962
6.68 respondió…Pedro: *S*, ¿a quién iremos? . . . 2962
8.11 ella dijo: Ninguno, *S*…Entonces Jesús . . . 2962
9.36 dijo: ¿Quién es, *S*, para que crea en él? . . . 2962
9.38 y él dijo: Creo, *S*; y le adoró . . . 2962
11.2 María…fue la que ungió al *S* con perfume . . . 2962
11.3 *S*, he aquí el que amas está enfermo . . . 2962
11.12 los discípulos: *S*, si duerme, sanará . . . 2962
11.21,32 *S*, si hubieses estado aquí…hermano . . . 2962
11.27 *S*; yo he creído que tú eres el Cristo . . . 2962
11.34 **le pusisteis? Le dijeron: *S*, ven y ve** . . . 2962
11.39 *S*, hiede ya, porque es de cuatro días . . . 2962
12.13 ¡bendito el…viene en el nombre del *S* . . . 2962
12.21 le rogaron…*S*, quisiéramos ver a Jesús . . . 2962
12.38 *S*, ¿quién ha creído a nuestro anuncio? . . . 2962
12.38 a quién se ha revelado el brazo del *S*? . . . 2962
13.6 Pedro le dijo: *S*, ¿tú me lavas los pies? . . . 2962
13.9 *S*, no sólo mis pies, sino también las . . . 2962
13.13 **me llamáis Maestro, y *S*; y decís bien** . . . 2962
13.14 **si yo, el *S* y…he lavado vuestros pies** . . . 2962
13.16 **os digo: El siervo no es mayor que su *s*** . . . 2962
13.25 cerca del pecho de Jesús…*S*, ¿quién es? . . . 2962
13.36 le dijo Simón Pedro: *S*, ¿a dónde vas? . . . 2962
13.37 *S*, ¿por qué no te puedo seguir ahora? . . . 2962
14.5 dijo Tomás: *S*, no sabemos a dónde vas . . . 2962
14.8 *S*, muéstranos el Padre, y nos basta . . . 2962
14.22 dijo…*S*, ¿cómo es que te manifestarás . . . 2962
15.15 **el siervo no sabe lo que hace su *s*; pero** . . . 2962
15.20 **dicho: El siervo no es mayor que su *s*** . . . 2962
20.2 dijo: Se han llevado del sepulcro al *S* . . . 2962
20.13 se han llevado a mi *S*, y no sé dónde le . . . 2962
20.15 ***s*, si tú lo has llevado, dime dónde lo** . . . 2962
20.18 las nuevas de que había visto al *S* . . . 2962
20.20 discípulos se regocijaron viendo al *S* . . . 2962
20.25 le dijeron…Al *S* hemos visto…El les . . . 2962
20.28 Tomás respondió y…*S* mío, y Dios mío! . . . 2962
21.7 aquel discípulo…dijo a Pedro: ¡Es el *S*! . . . 2962
21.7 Pedro, cuando oyó que era el *S*, se ciñó . . . 2962
21.12 se atrevía a…sabiendo que era el *S* . . . 2962
21.15,16 Pedro…Sí, *S*; tú sabes que te amo . . . 2962
21.17 le respondió: *S*, tú lo sabes todo; tú . . . 2962
21.20 *S*, ¿quién es el que te ha de entregar? . . . 2962
21.21 vio, dijo a Jesús: *S*, ¿y qué de éste? . . . 2962
Hch 1.6 *S*, ¿restaurarás el reino a Israel en . . . 2962
1.21 el tiempo que el *S* Jesús entraba y salía . . . 2962
1.24 *S*, que conoces los corazones de todos . . . 2962
2.20 antes que venga el día del *S*, grande y . . . 2962
2.21 todo aquel que invocare el nombre del *S* . . . 2962
2.25 dice…Veía al *S* siempre delante de mí . . . 2962
2.34 dijo el *S* a mi *S*: Siéntate a mi diestra . . . 2962
2.36 este Jesús…Dios le ha hecho *S* y Cristo . . . 2962
2.39 para cuantos el *S* nuestro Dios llamare . . . 2962
2.47 el *S* añadía cada día a la iglesia los . . . 2962
3.19 vengan de la presencia del *S* tiempos de . . . 2962
3.22 el *S* vuestro Dios os levantará profeta . . . 2962
4.24 *S*, tú eres el Dios que hiciste el cielo . . . 2962
4.26 se juntaron en uno contra el *S*, y contra . . . 2962
4.29 ahora, *S*, mira sus amenazas, y concede . . . 2962
4.33 testimonio de la resurrección del *S* . . . 2962
5.9 ¿por qué…en tentar al Espíritu del *S*? . . . 2962
5.14 los que creían en el *S* aumentaban más . . . 2962
5.19 un ángel del *S*, abriendo de noche las . . . 2962
6.7 crecía la palabra del *S*, y el número de . . . 2962
7.31 y acercándose…vino a él la voz del *S* . . . 2962
7.33 le dijo el *S*: Quita el calzado de tus . . . 2962
7.37 profeta os levantará el *S* vuestro Dios . . . 2962
7.49 ¿qué casa me edificaréis? dice el *S* . . . 2962
7.59 y decía: *S* Jesús, recibe mi espíritu . . . 2962
7.60 *S*, no les tomes en cuenta este pecado . . . 2962
8.24 dijo: Rogad vosotros por mí al *S*, para . . . 2962
8.26 un ángel del *S* habló a Felipe, diciendo . . . 2962
8.39 el Espíritu del *S* arrebató a Felipe . . . 2962
9.1 muerte contra los discípulos del *S*, vino . . . 2962
9.5 **él dijo: ¿Quién eres, *S*?…YO soy Jesús** . . . 2962
9.6 él…dijo: *S*, ¿qué quieres que yo haga? . . . 2962
9.6 **y el *S* le dijo: Levántate y entra en la** . . . 2962
9.10 **a quien el *S* dijo en visión: Ananías** . . . 2962
9.10 **Ananías…Y él respondió: Heme aquí, *S*** . . . 2962
9.11 ***S* le dijo: Levántate, y vé a la calle** . . . 2962
9.13 respondió: *S*, he oído de muchos acerca . . . 2962
9.15 **el *S* le dijo: Vé, porque instrumento** . . . 2962
9.17 Saulo, el *S* Jesús, que se te apareció en . . . 2962
9.27 Saulo había visto en el camino al *S*, el . . . 2962
9.29 hablaba…el nombre del *S*, y disputaba . . . 2962
9.31 edificadas, andando en el temor del *S* . . . 2962
9.35 Sarón, los cuales se convirtieron al *S* . . . 2962
9.42 fue notorio…y muchos creyeron en el *S* . . . 2962
10.4 y atemorizado, dijo: ¿Qué es, *S*? Y le . . . 2962
10.14 Pedro dijo: *S*, no; porque ninguna cosa . . . 2962
10.36 por medio de Jesucristo; éste es *S* de . . . 2962
10.48 bautizarles en el nombre del *S* Jesús . . . 2962
11.8 dije: *S*, no; porque ninguna cosa común . . . 2962
11.16 me acordé de lo dicho por el *S*, cuando . . . 2962
11.17 que a nosotros que hemos creído en el *S* . . . 2962
11.20 anunciando el evangelio del *S* Jesús . . . 2962
11.21 la mano del *S* estaba con ellos, y gran . . . 2962
11.21 gran número creyó y se convirtió al *S* . . . 2962
11.23 a que con…permaneciesen fieles al *S* . . . 2962
11.24 y una gran multitud fue agregada al *S* . . . 2962
12.7 se presentó un ángel del *S*, y una luz . . . 2962
12.11 que el *S* ha enviado su ángel, y me ha . . . 2962
12.17 cómo el *S* le había sacado de la ¿cárcel . . . 2962
12.23 al momento un ángel del *S* le hirió, por . . . 2962
12.24 palabra del *S* crecía y se multiplicaba . . . 2316
13.2 ministrando éstos al *S*, y ayunando, dijo . . . 2962
13.10 trastornar los caminos rectos del *S*? . . . 2962
13.11 la mano del *S* está contra ti, y serás . . . 2962
13.12 creyó, maravillado de la doctrina del *S* . . . 2962
13.47 así nos ha mandado el *S*, diciendo: Te . . . 2962
13.48 oyendo…glorificaban la palabra del *S* . . . 2962
13.49 la palabra del *S* se difundía por toda . . . 2962
14.3 con denuedo, confiados en el *S*, el cual . . . 2962
14.23 los encomendaron al *S* en quien habían . . . 2962
15.11 que por la gracia del *S* Jesús…salvos . . . 2962
15.17 que el resto de los hombres busque al *S* . . . 2962
15.18 dice el *S*, que hace conocer todo esto . . . 2316
15.26 han expuesto su vida por el nombre…*S* . . . 2962
15.35 Antioquía, enseñando la palabra del *S* . . . 2962
15.36 que hemos anunciado la palabra del *S* . . . 2962
15.40 salió encomendado…a la gracia del *S* . . . 2962
16.14 y el *S* abrió el corazón de ella para . . . 2962
16.15 si habéis juzgado que yo sea fiel al *S* . . . 2962
16.30 dijo: *S*, ¿qué debo hacer para ser salvo? . . . 2962
16.31 cree en el *S* Jesucristo, y serás salvo . . . 2962
16.32 le hablaron la palabra del *S* a él y a . . . 2962
17.24 *S* del cielo y de la tierra, no habita . . . 2962
18.8 Crispo…creyó en el *S* con toda su casa . . . 2962
18.9 **el *S* dijo a Pablo en visión…No temas** . . . 2962
18.25 había sido instruido en el camino del *S* . . . 2962
18.25 enseñaba…lo concerniente al *S*, aunque . . . 2962
19.5 fueron bautizados en el nombre del *S* . . . 2962
19.10 judíos y griegos, oyeron la palabra del *S* Jesús . . . 2962
19.13 invocar el nombre del *S* Jesús sobre los . . . 2962
19.17 era magnificado el nombre del *S* Jesús . . . 2962
19.20 crecía…poderosamente la palabra del *S* . . . 2962
20.19 sirviendo al *S* con toda humildad, y con . . . 2962
20.21 arrepentimiento…y de la fe en nuestro *S* . . . 2962
20.24 y el ministerio que recibí del *S* Jesús . . . 2962
20.28 apacentar la iglesia del *S*, la cual él . . . 2316
20.35 recordar las palabras del *S* Jesús, que . . . 2962
21.13 a morir en…por el nombre del *S* Jesús . . . 2962
21.14 diciendo: Hágase la voluntad del *S* . . . 2962
22.8 **¿quién eres, *S*?…soy Jesús de Nazaret** . . . 2962
22.10 y dije: ¿Qué haré, *S*? Y el *S* me dijo . . . 2962
22.19 dije: *S*, ellos saben que yo encarcelaba . . . 2962
23.11 **le presentó el *S* y le dijo: Ten ánimo** . . . 2962
25.26 no tengo cosa cierta…escribir a mi *s* . . . 2962
26.15 **dije: ¿Quién eres, *S*? Y el *S* dijo: Yo** . . . 2962
28.31 y enseñando acerca del *S* Jesucristo . . . 2962
Ro 1.3 de su Hijo, nuestro *S* Jesucristo, que . . . 2962
1.7 gracia y paz…de Dios…del *S* Jesucristo . . . 2962
4.8 varón a quien el *S* no inculpa de pecado . . . 2962
4.24 en el que levantó…a Jesús, *S* nuestro . . . 2962
5.1 paz…por medio de nuestro *S* Jesucristo . . . 2962
5.11 nos gloriamos en Dios por el *S* nuestro . . . 2962
5.21 vida eterna mediante Jesucristo, *S* . . . 2962
6.11 vivos para Dios en Cristo…*S* nuestro . . . 2962
6.23 vida eterna en Cristo Jesús *S* nuestro . . . 2962
7.25 gracias doy…por Jesucristo *S* nuestro . . . 2962
8.39 amor…que es en Cristo Jesús *S* nuestro . . . 2962
9.28 el *S* ejecutará su sentencia sobre la . . . 2962
9.29 *S*…no nos hubiera dejado descendencia . . . 2962
10.9 si confesares con tu…que Jesús es el *S* . . . 2962
10.12 mismo que es *S* de todos, es rico para . . . 2962
10.13 invocare el nombre del *S*, será salvo . . . 2962
10.16 *S*, ¿quién ha creído a nuestro anuncio? . . . 2962
11.3 *S*, a tus profetas han dado muerte, y tus . . . 2962
11.34 porque ¿quién entendió la mente del *S*? . . . 2962
12.11 fervientes en espíritu, sirviendo al *S* . . . 2962
12.19 mía es la venganza…pagaré, dice el *S* . . . 2962
13.14 vestíos del *S* Jesucristo, y no proveáis . . . 2962
14.4 para su propio *s* está en pie, o cae; pero . . . 2962
14.4 poderoso es el *S*…hacerle estar firme . . . 2316
14.6 que hace caso del día, lo hace para el *S* . . . 2962
14.6 que no hace caso…para el *S* no lo hace . . . 2962
14.6 el que come, para el *S* come, porque da . . . 2962
14.6 el que no come, para el *S* no come, y da . . . 2962
14.8 pues si vivimos, para el *S* vivimos; y si . . . 2962
14.8 pues…y si morimos, para el *S* morimos . . . 2962
14.8 que vivamos, o que muramos, del *S* somos . . . 2962
14.9 ser *S* así de los muertos como de los que . . . 2962
14.11 yo, dice el *S*, que ante mí se doblará . . . 2962
14.14 y confío en el *S*…que nada es inmundo . . . 2962
15.6 glorifiquéis al…y Padre de nuestro *S* . . . 2962
15.11 y otra vez: Alabad al *S*…los gentiles . . . 2962
15.30 ruego…por nuestro *S* Jesucristo y el . . . 2962
16.2 que la recibáis en el *S*, como es digno . . . 2962
16.8 saludad a Amplias, amado mío en el *S* . . . 2962
16.12 a Trifosa, las cuales trabajan en el *S* . . . 2962
16.12 la cual ha trabajado mucho en el *S* . . . 2962
16.13 saludad a Rufo, escogido en el *S*, y a . . . 2962
16.18 tales personas no sirven a nuestro *S* . . . 2962
16.20 la gracia de nuestro *S* Jesucristo sea . . . 2962
16.22 Tercio, que escribí…os saludo en el *S* . . . 2962
16.24 la gracia de nuestro *S* Jesucristo sea . . . 2962
1 Co 1.2 lugar invocan el nombre de nuestro *S* . . . 2962
1.3 y paz a vosotros, de…y del *S* Jesucristo . . . 2962
1.7 la manifestación de nuestro *S* Jesucristo . . . 2962
1.8 irreprensibles en el día de nuestro *S* . . . 2962
1.9 la comunión con su Hijo Jesucristo…*S* . . . 2962
1.10 ruego, pues…por el nombre de nuestro *S* . . . 2962
1.31 que…el que se gloria, gloríese en el *S* . . . 2962
2.8 nunca habrían crucificado al *S* de gloria . . . 2962
2.16 porque ¿quién conoció la mente del *S*? . . . 2962
3.5 eso según lo que a cada uno concedió el *S* . . . 2962
3.20 otra vez: El *S* conoce los pensamientos . . . 2962
4.4 de nada…pero el que me juzga es el *S* . . . 2962
4.5 no juzguéis nada…hasta que venga el *S* . . . 2962
4.17 mi hijo amado y fiel en el *S*, el cual os . . . 2962
4.19 iré pronto a vosotros, si el *S* quiere . . . 2962
5.4 en el nombre de…*S* Jesucristo, reunidos . . . 2962
5.4 con el poder de nuestro *S* Jesucristo . . . 2962
5.5 que el espíritu sea salvo en el día del *S* . . . 2962
6.11 justificados en el nombre del *S* Jesús . . . 2962
6.13 cuerpo no…sino para el *S*, y el *S* para . . . 2962
6.14 que levantó al *S*, también a nosotros . . . 2962
6.17 que se une al *S*, un espíritu es con él . . . 2962
7.10 mando, no yo, sino el *S*: Que la mujer . . . 2962
7.12 a los demás yo digo, no el *S*: Si algún . . . 2962
7.17 pero cada uno como el *S* le repartió, y . . . 2962
7.22 que en el *S* fue llamado siendo esclavo . . . 2962
7.22 que…siendo esclavo, liberto es del *S* . . . 2962
7.25 las vírgenes no tengo mandamiento del *S* . . . 2962
7.25 alcanzado misericordia del *S* para ser . . . 2962
7.32 el soltero tiene cuidado de las…del *S* . . . 2962
7.32 tiene cuidado…de cómo agradar al *S* . . . 2962
7.34 la doncella tiene cuidado de las…del *S* . . . 2962
7.35 que sin impedimento os acerquéis al *S* . . . 2962
7.39 para casarse…con tal que sea en el *S* . . . 2962
8.5 haya…como hay muchos dioses y muchos *s* . . . 2962
8.6 y un *S*, Jesucristo, por medio del cual . . . 2962
9.1 ¿no…¿No he visto a Jesús el *S* nuestro? . . . 2962
9.1 soy…¿No sois vosotros mi obra en el *S*? . . . 2962
9.2 el sello de mi apostolado sois…en el *S* . . . 2962
9.5 los otros…los hermanos del *S*, y Cefas? . . . 2962
9.14 así…ordenó el *S* a los que anuncian el . . . 2962
10.9 ni tentemos al *S*, como algunos de ellos . . . 2962
10.21 no podéis beber la copa del *S*, y la copa . . . 2962
10.21 no podéis participar de la mesa del *S* . . . 2962
10.22 ¿o provocaremos a celos al *S*? ¿Somos . . . 2962
10.26,28 del *S* es la tierra y su plenitud . . . 2962
11.11 en el *S*, ni el varón es sin la mujer . . . 2962
11.20 reunís…esto no es comer la cena del *S* . . . 2962
11.23 yo recibí del *S* lo que…os he enseñado . . . 2962
11.23 el *S* Jesús, la noche que fue entregado . . . 2962
11.26 la muerte del *S* anunciáis hasta que él . . . 2962
11.27 o bebiere esta copa del *S* indignamente . . . 2962

11.27 será culpado del cuerpo y de la...del *S* *2962*
11.29 sin discernir el cuerpo del *S*, juicio *2962*
11.32 somos castigados por el *S*, para que no *2962*
12.3 nadie puede llamar a Jesús *S*, sino por *2962*
12.5 y hay diversidad de...el *S* es el mismo *2962*
14.21 escrito...ni aun así me oirán, dice el *S* *2962*
14.37 que os escribo son mandamientos del *S* *2962*
15.31 por la gloria que...tengo en nuestro *S* *2962*
15.47 el segundo hombre, que es el *S*, es del *2962*
15.57 da la victoria por medio de nuestro *S* *2962*
15.58 creciendo en la obra del *S* siempre *2962*
15.58 vuestro trabajo en el *S* no es en vano *2962*
16.7 estar con vosotros...si el *S* lo permite *2962*
16.10 porque él hace la obra del *S* así como *2962*
16.19 y Priscila...os saludan mucho en el *S* *2962*
16.22 no amare al *S*...sea anatema *2962*
16.22 El *S* viene *3134*
16.23 la gracia del *S* Jesucristo esté con *2962*
2 Co 1.2 gracia y paz a vosotros, de...y del *S* *2962*
1.3 bendito sea el Dios y Padre de nuestro *S* *2962*
1.14 que somos vuestra gloria...el día del *S* *2962*
2.12 Troas...aunque se me abrió puerta en el *S* *2962*
3.16 cuando se conviertan al *S*, el velo se *2962*
3.17 porque el *S* es Espíritu; y donde está *2962*
3.17 donde está el Espíritu del *S*, allí hay *2962*
3.18 mirando...en un espejo la gloria del *S* *2962*
3.18 transformados de...por el Espíritu del *S* *2962*
4.5 no...predicamos...sino a Jesucristo como *S* *2962*
4.14 el que resucitó al *S* Jesús, a nosotros *2962*
5.6 en el cuerpo, estamos ausentes del *S* *2962*
5.8 ausentes del cuerpo, y presentes al *S* *2962*
5.11 conociendo...el temor del *S*, persuadimos *2962*
6.17 salid de...de ellos, apartaos, dice el *S* *2962*
6.18 vosotros me seréis hijos e...dice el *S* *2962*
8.5 se dieron primeramente al *S*, y luego a *2962*
8.9 ya conocéis la gracia de nuestro *S*, que *2962*
8.19 que es administrado...para gloria del *S* *2962*
8.21 honradamente, no sólo delante del *S* sino *2962*
10.8 nuestra autoridad, la cual el *S* nos dio *2962*
10.17 mas el que se gloría, gloríese en el *S* *2962*
11.17 lo que hablo, no lo hablo según el *S* *2962*
11.31 el Dios y Padre de nuestro *S*...sabe que *2962*
12.1 pero vendré...a las revelaciones del *S* *2962*
12.8 veces he rogado al *S*, que lo quite de *2962*
13.10 la autoridad que el *S* me ha dado para *2962*
13.14 la gracia del *S* Jesucristo, el amor de *2962*
Gá 1.3 y paz sean a vosotros, de...nuestro *S* *2962*
1.19 no vi...sino a Jacobo el hermano del *S* *2962*
4.1 en nada difiere del esclavo, aunque es *S* *2962*
5.10 yo confío...de vosotros, en el *S* que no *2962*
6.14 gloriarme, sino en la cruz de nuestro *S* *2962*
6.17 yo traigo en mi cuerpo las marcas del *S* *2962*
6.18 la gracia de nuestro *S* Jesucristo sea *2962*
Ef 1.2 paz a vosotros, de Dios...Padre y del *S* *2962*
1.3 bendito sea el Dios y Padre de nuestro *S* *2962*
1.15 yo, habiendo oído de vuestra fe en el *S* *2962*
1.17 el Dios de nuestro *S* Jesucristo...os dé *2962*
2.21 creciendo para...un templo santo en el *S* *2962*
3.11 propósito eterno que hizo en...nuestro *S* *2962*
3.14 mis rodillas ante el Padre de nuestro *S* *2962*
4.1 preso en el *S*, os ruego que andéis como *2962*
4.5 un *S*, una fe, un bautismo *2962*
4.17 esto, pues, digo y requiero en el *S*: que *2962*
5.8 mas ahora sois luz en el *S*; andad como *2962*
5.10 comprobando lo que es agradable al *S* *2962*
5.17 sino entendidos de...la voluntad del *S* *2962*
5.19 y alabando al *S* en vuestros corazones *2962*
5.20 gracias por...en el nombre de nuestro *S* *2962*
5.22 las casadas estén sujetas a...como al *S* *2962*
6.1 hijos, obedeced en el *S*...padres, porque *2962*
6.4 sino criadlos en...y amonestación del *S* *2962*
6.7 voluntad, como al *S* y no a los hombres *2962*
6.8 recibirá del *S*, sea siervo o sea libre *2962*
6.9 sabiendo que el *S* de...está en los cielos *2962*
6.10 fortaleceos en el *S*, y en el poder de *2962*
6.21 Tíquico...amado y fiel ministro en el *S* *2962*
6.23 amor con fe, de Dios...del *S* Jesucristo *2962*
6.24 gracia sea con...los que aman a nuestro *S* *2962*
Fil 1.2 paz a vosotros, de...del *S* Jesucristo *2962*
1.14 cobrando ánimo en el *S* con...prisiones *2962*
2.11 lengua confiese que Jesucristo es el *S* *2962*
2.19, espero en el *S* Jesús enviaros pronto a *2962*
2.24 y confío en el *S* que yo...iré pronto a *2962*
2.29 recibidle, pues, en el *S*, con todo gozo *2962*
3.1 por lo demás, hermanos, gozaos en el *S* *2962*
3.8 del conocimiento de Cristo Jesús, mi *S* *2962*
3.20 de donde...esperamos al...al *S* Jesucristo *2962*
4.1 hermanos míos...estad así firmes en el *S* *2962*
4.2 ruego...sean de un mismo sentir en el *S* *2962*
4.4 regocijaos en el *S* siempre...Otra vez digo *2962*
4.5 gentileza sea conocida...El *S* está cerca *2962*
4.10 me gocé en el *S* de que ya al fin habéis *2962*
4.23 la gracia de nuestro *S*...sea con todos *2962*
Col 1.2 gracia y paz sean a vosotros...del *S* *2962*
1.3 damos gracias a Dios, Padre de nuestro *S* *2962*
1.10 andéis como es digno del *S*, agradándole *2962*
2.6 de la manera que habéis recibido al *S* *2962*
3.16 cantando con...al *S* con salmos e himnos *2962*
3.17 hacedlo todo en el nombre del *S* Jesús *2962*
3.18 estad sujetas a...como conviene en el *S* *2962*
3.20 obedeced a vuestros padres...agrada al *S* *2962*
3.23 hacedlo de corazón, como para el *S* y no *2962*
3.24 que del *S* recibiréis la recompensa de la *2962*
3.24 la herencia, porque a Cristo el *S* servís *2962*
4.3 que el *S* nos abra puerta para la palabra *2316*
4.7 lo hará saber Tíquico...consiervo en el *S* *2962*
4.17 cumplas el ministerio...recibiste en el *S* *2962*
1 Ts 1.1 a la iglesia de...en el *S* Jesucristo *2962*
1.1 gracia y paz sean a...y del *S* Jesucristo *2962*
1.3 en la esperanza en nuestro *S* Jesucristo *2962*
1.6 vinisteis a ser imitadores de...y del *S* *2962*
1.8 divulgada la palabra del *S*, no sólo en *2962*
2.15 los cuales mataron al *S* Jesús y a sus *2962*
2.19 lo sois vosotros, delante de nuestro *S* *2962*
3.8 ahora vivimos, si...estáis firmes en el *S* *2962*
3.11 *S* Jesucristo, dirijan nuestro camino a *2962*
3.12 y el *S* os haga crecer y abundar en amor *2962*
3.13 en la venida de nuestro *S* Jesucristo con *2962*
4.1 rogamos y exhortarnos en el *S* Jesús, que *2962*
4.2 qué instrucciones os dimos por el *S* Jesús *2962*
4.6 el *S* es vengador de todo esto, como ya *2962*
4.15 os decimos esto en palabra del *S*: que *2962*
4.15 habremos quedado hasta la venida del *S* *2962*
4.16 el *S* mismo con voz de mando, con voz de *2962*
4.17 para recibir al *S* en...siempre con el *S* *2962*
5.2 que el día del *S* vendrá así como ladrón *2962*
5.9 para alcanzar salvación por...nuestro *S* *2962*
5.12 y os presiden en el *S*, y os amonestan *2962*
5.23 guardado...para la venida de nuestro *S* *2962*
5.27 os conjuro por el *S*, que esta carta sea *2962*
5.28 la gracia de nuestro *S* sea con vosotros *2962*
2 Ts 1.1 a la iglesia de...en el *S* Jesucristo *2962*
1.2 paz a vosotros, de...y del *S* Jesucristo *2962*
1.7 se manifieste el *S* Jesús desde el cielo *2962*
1.8 no...ni obedecen al evangelio de nuestro *S* *2962*
1.9 excluidos de la presencia del *S* y de la *2962*
1.12 de nuestro *S* Jesucristo sea glorificado *2962*
1.12 por la gracia de nuestro Dios y del *S* *2962*
2.1 con respecto a la venida de nuestro *S* *2962*
2.2 el sentido de que el día del *S* está cerca *2962*
2.8 aquel inicuo, a quien el *S* matará con el *2962*
2.13 hermanos amados por el *S*, de que Dios *2962*
2.14 para alcanzar la gloria de nuestro *S* *2962*
2.16 Jesucristo *S* nuestro...el cual nos amó *2962*
3.1 la palabra del *S* corra y sea glorificada *2962*
3.3 fiel es el *S*, que os afirmará y guardará *2962*
3.4 tenemos confianza...de vosotros en el *S* *2962*
3.5 el *S* encamine vuestros corazones al amor *2962*
3.6 os ordenamos...en el nombre de nuestro *S* *2962*
3.12 y exhortamos por nuestro *S* Jesucristo *2962*
3.16 el mismo *S* de paz os dé siempre paz en *2962*
3.16 toda manera...El *S* sea con todos vosotros *2962*
3.18 la gracia de nuestro *S* Jesucristo sea *2962*
1 Ti 1.1 del *S* Jesucristo nuestra esperanza *2962*
1.2 y paz, de...y de Cristo Jesús nuestro *S* *2962*
1.12 doy gracias...a Cristo Jesús nuestro *S* *2962*
1.14 gracia de nuestro *S* fue más abundante *2962*
5.21 te encarezco delante de Dios y del *S* *2962*
6.3 no se conforma a...sanas palabras de...*S* *2962*
6.14 la aparición de nuestro *S* Jesucristo *2962*
6.15 solo Soberano, Rey de reyes, y *S* de *s* *2962*
2 Ti 1.2 de Dios...y de Jesucristo nuestro *S* *2962*
1.8 de dar testimonio de nuestro *S*, ni de mí *2962*
1.16 tenga el *S* misericordia de la casa de *2962*
1.18 concédale el *S* que halle misericordia *2962*
1.18 misericordia cerca del *S* en aquel día *2962*
2.7 lo que digo, y el *S* te dé entendimiento *2962*
2.14 esto, exhortándoles delante del *S* a que *2962*
2.19 sello: Conoce el *S* a los que son suyos *2962*
2.21 será instrumento para honra...útil al *S* *2962*
2.22 los que de corazón limpio invocan al *S* *2962*
2.24 el siervo del *S* no debe ser contencioso *2962*
3.11 sufrido, y de todas me ha librado el *S* *2962*
4.1 te encarezco delante de Dios y del *S* *2962*
4.8 me dará el *S*, juez justo, en aquel día *2962*
4.14 el *S* le pague conforme a sus hechos *2962*
4.17 el *S* estuvo a mi lado, y me dio fuerzas *2962*
4.18 el *S* me librará de toda obra mala, y me *2962*
4.22 el *S* Jesucristo esté con tu espíritu *2962*
Tit 1.4 paz, de Dios Padre y del *S* Jesucristo *2962*
Flm 3 gracia y paz a vosotros...*S* Jesucristo *2962*
5 oigo del amor y de...que tienes hacia el *S* *2962*
16 para ti, tanto en la carne como en el *S* *2962*
20 sí...tenga yo algún provecho de ti en el *S* *2962*
20 sí, hermano...conforta mi corazón en el *S* *2962*
25 la gracia de nuestro *S* Jesucristo sea con *2962*
He 1.10 tú, oh *S*, en el principio fundaste la *2962*
2.3 habiendo sido anunciada...por el *S*, nos *2962*
7.14 que nuestro *S* vino de la tribu de Judá *2962*
7.21 juró el *S*, y no se arrepentirá: Tú eres *2962*
8.2 de aquel...tabernáculo que levantó el *S* *2962*
8.8 he aquí vienen días, dice el *S*, en que *2962*
8.9 y yo me desentendí de ellos, dice el *S* *2962*
8.10 dice el *S*: Pondré mis leyes en la mente *2962*
8.11 ninguno enseñará...diciendo: Conoce al *S* *2962*
10.16 días, dice el *S*: Pondré mis leyes *2962*
10.30 venganza, yo daré el pago, dice el *S* *2962*
10.30 y otra vez: El *S* juzgará a su pueblo *2962*
12.5 no menosprecies la disciplina del *S*, ni *2962*
12.6 El *S* al que ama, disciplina, y azota a *2962*
12.14 santidad, sin la cual nadie verá al *S* *2962*
13.6 el *S* es mi ayudador; no temeré lo que *2962*
13.20 resucitó de los...a nuestro *S* Jesucristo *2962*
Stg 1.1 siervo de Dios y del *S* Jesucristo, a *2962*
1.7 no piense...que recibirá cosa alguna del *S* *2962*
2.1 fe en nuestro glorioso *S* Jesucristo sea *2962*
4.10 humillaos delante del *S*...el os exaltará *2962*
4.15 lo cual deberíais decir: Si el *S* quiere *2962*
5.4 clamores...han entrado en los oídos del *S* *2962*
5.7 tened paciencia hasta la venida del *S* *2962*
5.8 afirmad...porque la venida del *S* se acerca *2962*
5.10 profetas que hablaron en nombre del *S* *2962*
5.11 habéis visto el fin del *S*, que el *S* es *2962*
5.14 ungiéndole...aceite en el nombre del *S* *2962*
5.15 salvará al enfermo, y el *S* lo levantará *2962*
1 P 1.3 bendito el Dios y Padre de nuestro *S* *2962*
1.25 la palabra del *S* permanece para siempre *2962*
2.3 es que habéis gustado la benignidad del *S* *2962*
2.13 por causa del *S* someteos a...institución *2962*
3.6 Sara obedecía a Abraham, llamándole *s* *2962*
3.12 los ojos del *S* están sobre los justos *2962*
3.12 el rostro del *S* está contra aquellos que *2962*
3.15 sino santificad a Dios el *S* en vuestros *2962*
2 P 1.2 el conocimiento de...nuestro *S* Jesús *2962*
1.8 en cuanto al conocimiento de nuestro *S* *2962*
1.11 entrada en el reino eterno de nuestro *S* *2962*
1.14 nuestro *S* Jesucristo me ha declarado *2962*
1.16 a conocer el...y la venida de nuestro *S* *2962*
2.1 negarán al *S* que los rescató, atrayendo *1203*
2.9 el *S* librar de tentación a los piadosos *2962*
2.11 no pronuncian juicio de...delante del *S* *2962*
2.20 escapado de...por el conocimiento del *S* *2962*
3.2 tengáis memoria...del mandamiento del *S* *2962*
3.8 que para con el *S* un día es como mil años *2962*
3.9 *S* no retarda su promesa, según algunos la *2962*
3.10 pero el día del *S* vendrá como ladrón en *2962*
3.15 que la paciencia de nuestro *S* es para *2962*
3.18 creced en...el conocimiento de nuestro *S* *2962*
2 Jn 1 el anciano a la *s* elegida y a sus hijos *2959*
3 gracia...del *S* Jesucristo, Hijo del Padre *2962*
5 te ruego, *s*...que nos amemos unos a otros *2959*
Jud 4 niegan a Dios...y a nuestro *S* Jesucristo *2962*
5 *S*, habiendo salvado al pueblo sacándolo de *2962*
9 Miguel contendía...dijo: El *S* te reprenda *2962*
14 el *S* con sus santas decenas de millares *2962*
17 por los apóstoles de nuestro *S* Jesucristo *2962*
21 esperando la misericordia de nuestro *S* *2962*
Ap 1.8 **yo soy el...principio y fin, dice el *S*** *2962*
1.10 estaba en el Espíritu en el día del *S* *2960*
4.8 santo es el *S* Dios Todopoderoso, el que *2962*
4.11 *S*, digno eres de recibir la gloria y la *2962*
6.10 ¿hasta cuándo, *S*, santo y verdadero, no *1203*
7.14 le dije: *S*, tú lo sabes...Y él me dijo *2962*
11.8 donde también nuestro *S* fue crucificado *2962*
11.15 reinos...han venido a ser de nuestro *S* *2962*
11.17 te damos gracias, *S* Dios Todopoderoso *2962*
14.13 bienaventurados de...que mueren en el *S* *2962*
15.3 grandes y maravillosas son tus obras, *S* *2962*
15.4 ¿quién no te temerá...S, y glorificará *2962*
16.5 justo eres tú, oh *S*, el que eres y que *2962*
16.7 *S*...tus juicios son verdaderos y justos *2962*
17.14 vencerá, porque él es *S* de *s* y Rey de *2962*
18.8 porque poderoso es Dios el *S*, que la *2962*
19.1 gloria y poder son del *S* Dios nuestro *2962*
19.6 el *S* nuestro Dios Todopoderoso reina! *2962*
19.16 tiene escrito...Rey de Reyes y *S* de *s* *2962*
21.22 el *S* Dios...es el templo de ella, y el *2962*
22.5 Dios el *S* los iluminará; y reinarán por *2962*
22.6 el *S*...ha enviado su ángel, para mostrar *2962*
22.20 **vengo en breve...Amén; sí, ven, *S* Jesús** *2962*
22.21 la gracia de nuestro *S*...sea con todos *2962*

SEÑOREADOR
Sal 68.27 allí estaba el joven Benjamín, *s* de 7287
Jer 30.21 de en medio de ella saldrá su *s*; y 4910

SEÑOREAR
Gn 1.16 *señorease* en el día...que *s* en la noche 4475
1.18 para *señorear* en el día y en la noche 4910
1.26 y *señoree* en los peces del mar, en las 7287
1.28 y *señoread* en los peces del mar, en las 7287
37.8 ¿reinarás...o *señorearás* sobre nosotros? 4910
Jos 12.2 Sehón rey de...*señoreaba* desde Aroer 4910
Jue 8.23 no...ni mi hijo os *señoreará*: Jehová *s* 4910
1 R 4.21 Salomón *señoreaba* sobre...los reinos 4910
4.24 él *señoreaba* en toda la región al oeste 7287
Sal 8.6 le hiciste *señorear* sobre las obras de 4910
66.7 *señorea* con su poder para siempre; sus 4910
136.8 el sol para que *señorease* en el día 4475
136.9 la luna y...que *señoreasen* en la noche 4475
Pr 12.24 la mano de los diligentes *señoreará* 4910
Is 14.2 *señorearán* sobre los que...oprimieron 7287
40.10 vendrá con poder, y su brazo *señoreará* 4910
Lm 1.20 espada; por dentro *señoreó* la muerte

SEÑORÍO
1 R 9.19 edificar...en toda la tierra de su *s* 4475
Job 25.2 el *s* y el temor están con él; él hace 4910
Sal 103.22 todos los lugares de su *s*...Bendice 4475
114.2 vino a ser su santuario, e Israel su *s* 4475
145.13 reino...tu *s* en todas las generaciones 4475
Jer 34.1 los reinos de...bajo el *s* de su mano 4475
Dn 4.3 reino...su *s* de generación en generación 7985
Mi 4.8 hasta ti vendrá el *s* primero, el reino 4475
Zac 9.10 y su *s* será de mar a mar, y desde el 4915
Ef 1.21 y autoridad y poder y *s*, y sobre todo *2963*
1 P 5.3 no como teniendo *s* sobre los que están *2634*
2 P 2.10 siguiendo la carne...desprecian el *s* *2963*

SENSATO
1 Co 10.15 como a *s* os hablo; juzgad vosotros *5429*

SENSIBILIDAD
Ef 4.19 cuales, después que perdieron toda *s* *524*

SENSUAL
Jud 19 son...los *s*, que no tienen al Espíritu *5591*

SENTAR
Gn 8.9 no halló la paloma donde *sentar*...su pie 4494
18.1 *sentado* a la puerta de su tienda en el 3427
19.1 Lot estaba *sentado* a la puerta de Sodoma 3427
21.16 fue y se *sentó* enfrente, a distancia de 3427
21.16 y cuando ella se *sentó* enfrente...lloró 3427
27.19 *siéntate*, y come de mi caza, para que 3427
31.34 los puso en una...y se *sentó* sobre ellos 3427
37.25 se *sentaron* a comer pan; y alzando los 3427

43.33 y se *sentaron* delante de él, el mayor 3427
48.2 se esforzó Israel, y se *sentó* sobre la 3427
Éx 2.16 estando *sentado* junto al pozo, siete 3427
11.5 el primogénito de Faraón que se *sienta* 3427
12.29 desde... que se *sentaba* sobre su trono 3427
16.3 *sentábamos* a las ollas de carne, cuando 3427
17.12 tomaron una piedra... se *sentó* sobre ella 3427
18.13 día siguiente se *sentó* Moisés a juzgar 3427
18.14 ¿por qué te *sientas* tú solo, y todo el 3427
32.6 se *sentó* el pueblo a comer y a beber, y 3427
Lv 15.4 sobre que se *sentare*, inmunda será 3427
15.6 que se *sentare*... que se hubiere sentado 3427
15.20 todo aquello sobre que se *sentare* será 3427
15.22 mueble sobre que ella se hubiere *sentado* 3427
15.23 la silla en que ella se hubiere *sentado* 3427
15.26 todo mueble sobre que se *sentare*... será 3427
Dt 11.19 hablando de ellas cuando te *sientes* 3427
17.18 cuando se *siente* sobre el trono de su 3427
28.56 la planta... intentaría *sentar* sobre la 3427
Jue 3.20 se le acercó Aod, estando él *sentado* 3427
4.5 y acostumbraba *sentarse* bajo la palmera 3427
6.11 vino el ángel... y se *sentó* debajo de la 3427
19.6 se *sentaron* ellos... comieron y bebieron 3427
19.15 se *sentaron* en la plaza de la ciudad 3427
20.26 se *sentaron* allí en presencia de Jehová 3427
Rt 2.14 y ella se *sentó* junto a los segadores 3427
4.1 Booz subió a la puerta y se *sentó* allí 3427
4.1 ven acá y *siéntate*... y él vino y se *sentó* 3427
4.2 dijo: *Sentaos* aquí... Y ellos se *sentaron* 3427
4.4 presencia de los que están aquí *sentados*
1 S 1.9 Elí estaba *sentado* en una silla junto 3427
2.8 hacerle *sentarse* con príncipes y heredar
4.13 llegó... Elí estaba *sentado* en una silla 3427
16.11 no nos *sentaremos*... hasta que él venga 5437
19.9 *sentado* en su casa tenía una lanza a mano 3427
20.5 acostumbro *sentarme* con el rey a comer 3427
20.24 nueva luna, se *sentó* el rey a comer pan 3427
20.25 el rey se *sentó* en su silla, como solía 3427
20.25 y se *sentó* Abner al lado de Saúl, y el 3427
22.6 Saúl estaba *sentado* en Gabaa, debajo de
24.3 estaban *sentados* en los rincones de la 3427
28.23 se levantó... y se *sentó* sobre una cama 3427
2 S 18.24 David estaba *sentado* entre las dos 3427
19.8 se levantó el rey y se *sentó* a la puerta 3427
19.8 he aquí el rey está *sentado* a la puerta 3427
1 R 1.13 él se *sentará* en mi trono? ¿Por qué 3427
1.17 Salomón tu hijo... se *sentará* en mi trono 3427
1.20 se ha de *sentar* en el trono de mi señor 3427
1.24 dicho tú: Adonías... *sentará* en mi trono? 3427
1.27 quién se había de *sentar* en el trono de 3427
1.30 él se *sentará* en mi trono en lugar mío 3427
1.35 y vendrá y se *sentará* en mi trono, y él 3427
1.46 Salomón se ha *sentado* en el trono del 3427
1.48 ha dado hoy quien se *siente* en mi trono 3427
2.12 se *sentó* Salomón en el trono de David 3427
2.19 y el rey... volvió a *sentarse* en su trono 3427
2.19 Betsabé... la cual se *sentó* a su diestra 3427
3.6 le diste hijo que se *sentase* en su trono 3427
8.20 y me he *sentado* en el trono de Israel 3427
8.25 varón... se *siente* en el trono de Israel 3427
13.14 le halló *sentado* debajo de una encina 3427
16.11 estuvo *sentado* en su trono, mató a toda 3427
19.4 él se fue... y se *sentó* debajo de un enebro 3427
21.13 vinieron... y se *sentaron* delante de él 3427
22.10 el rey... estaban *sentados* cada uno en su 3427
22.19 vi a Jehová *sentado* en su trono, y todo 3427
2 R 1.9 estaba *sentado* en la cumbre del monte 3427
4.20 estuvo *sentado* en sus rodillas hasta el 3427
6.32 Eliseo estaba *sentado* en su casa, y con 3427
6.32 y con él estaban *sentados* los ancianos 3427
9.5 príncipes del ejército... estaban *sentados* 3427
10.30 tus hijos se *sentarán* sobre el trono 3427
11.19 y se *sentó* el rey en el trono de los 3427
13.13 se *sentó* Jeroboam sobre su trono; y Joás 3427
15.12 tus hijos... se *sentarán* en el trono de 3427
1 Cr 28.5 eligió... Salomón para que se *siente* 3427
29.23 se *sentó* Salomón por rey en el trono de 3427
2 Cr 6.10 me he *sentado* en el trono de Israel 3427
6.16 varón... se *siente* en el trono de Israel 3427
18.9 estaban *sentados* cada uno en su trono 3427
18.18 he visto a Jehová *sentado* en su trono 3427
23.20 *sentaron*... rey sobre el trono del reino 3427
Esd 9.3 oí... y me *senté* angustiado en extremo 3427
10.9 se *sentó* todo el pueblo en la plaza de 3427
10.16 *sentaron* el primer día del mes décimo 3427
Neh 1.4 cuando oí estas palabras me *senté* y 3427
2.6 dijo (y la reina estaba *sentada* junto a él 3427
Est 1.14 y se *sentaban* los primeros del reino 3427
2.19 Mardoqueo estaba *sentado* a la puerta del 3427
2.21 Mardoqueo *sentado* a la puerta del rey 3427
3.15 el rey y Amán se *sentaron* a beber; pero 3427
5.1 estaba el rey *sentado* en su trono en el 3427
5.13 vez que veo al judío Mardoqueo *sentado* 3427
6.10 con el judío Mardoqueo, que se *sienta* a 3427
Job 2.8 Job... estaba *sentado* en medio de ceniza 3427
2.13 así se *sentaron* con él... por siete días 3427
29.25 y me *sentaba* entre ellos como el jefe 3427
Sal 1.1 ni en silla de escarnecedores... *sentado* 3427
7.7 y sobre ella vuélvete a *sentar* en alto
9.4 te has *sentado* en el trono juzgando con 3427
10.8 se *sienta* en acecho cerca de las aldeas 3427
26.4 no me he *sentado* con hombres hipócritas 3427
26.5 malignos, y con... impíos nunca me *senté* 3427
29.10 se *sienta* Jehová como rey para siempre 3427
47.8 reinó... se *sentó* Dios sobre su santo trono 3427
69.12 hablaban... que se *sentaban* a la puerta 3427
99.1 él está *sentado* sobre los querubines, se 3427
110.1 dijo a mi Señor: *Siéntate* a mi diestra 3427
113.5 nuestro Dios, que se *sienta* en... alturas 3427
113.8 hacerlos *sentar* con los príncipes, con 3427
119.23 también se *sentaron* y hablaron contra 3427
132.12 sus hijos... se *sentarán* sobre tu trono 3427
137.1 allí nos *sentábamos*, y aun llorábamos 3427
139.2 conocido mi *sentarme* y mi levantarme 3427
Pr 9.14 se *sienta* en una silla a la puerta de 3427
20.8 rey que se *sienta* en el trono de juicio 3427
23.1 cuando... *sientes* a comer con algún señor 3427
31.23 su marido es conocido... cuando se *sienta* 3427
Ec 10.6 los ricos están *sentados* en lugar bajo 3427
Cnt 2.3 bajo la sombra del deseado me *senté* 3427
Is 3.26 ella, desamparada, se *sentará* en tierra 3427
6.1 vi... al Señor *sentado* sobre un trono alto 3427
10.13 y derribé... a los que estaban *sentados*
14.13 en el monte del testimonio me *sentaré* 3427
16.5 y sobre él se *sentará* firmemente, en el 3427
28.6 espíritu de juicio al que se *sienta* en 3427
40.22 *sentado* sobre el círculo de la tierra 3427
47.1 desciende y *siéntate* en... S en la tierra 3427
47.5 *siéntate*, calla, y entra en tinieblas 3427
47.8 tú que estás *sentada* confiadamente, tú 3427
47.14 brasa... ni lumbre a la cual se *sienten* 3427
52.2 levántate y *siéntate*, Jerusalén; suelta 3427
Jer 3.2 junto a los caminos te *sentabas* para 3427
8.14 ¿por qué nos estamos *sentados*? Reuníos 3427
13.13 de David que se *sientan* sobre su trono 3427
13.18 humillaos, *sentaos* en tierra; porque la 3427
14.2 se *sentaron* tristes en tierra, y subió
15.17 no me *senté* en compañía de burladores 3427
15.17 me *senté* solo, porque me llenaste de 3427
16.8 en casa de banquete, para *sentarte* con 3427
17.25 los reyes y los príncipes que se *sientan* 3427
22.2 oh rey de Judá que estás *sentado* sobre 3427
22.4 los reyes que... se *sientan* sobre su trono 3427
22.30 ninguno de su... logrará *sentarse* sobre 3427
26.10 se *sentaron* en la entrada de la puerta 3427
29.16 acerca del rey que está *sentado* sobre 3427
33.17 no faltará a David varón que se *siente* 3427
36.12 todos los príncipes estaban allí *sentados* 3427
36.15 y le dijeron: *Siéntate* ahora, y léelo 3427
36.30 no tendrá quien... *siente* sobre el trono 3427
38.7 y estando *sentado* el rey a la puerta de 3427
48.18 desciende de... *siéntate* en tierra seca 3427
Lm 2.10 se *sentaron* en tierra, callaron los 3427
3.28 que se *siente* solo y calle, porque es 3427
3.63 su *sentarse* y su levantarse mira; yo soy 3427
Ez 1.26 que parecía de hombre *sentado* sobre él
3.15 y me *senté* donde ellos estaban *sentados* 3427
8.1 yo *sentado* en mi casa, y los ancianos de 3427
8.1 y los ancianos de Judá estaban *sentados* 3427
8.14 estaban allí *sentadas* endechando a Tamuz 3427
14.1 vinieron... de los ancianos... se *sentaron* 3427
20.1 que vinieron... se *sentaron* delante de mí 3427
23.41 te *sentaste* sobre suntuoso estrado, y 3427
26.16 se *sentarán* sobre la tierra... atónitos 3427
28.2 y en el trono de Dios estoy *sentado* en 3427
44.3 se *sentará* allí para comer pan delante 3427
Dn 7.9 y se *sentó* un Anciano de días 3488
7.10 el Juez se *sentó* y los libros fueron 3488
7.26 pero se *sentará* el Juez, y le quitarán 3488
Os 14.7 volverán y se *sentarán* bajo su sombra
Jl 3.12 me *sentaré* para juzgar... las naciones 3427
Jon 3.6 y se cubrió... y se *sentó* sobre ceniza 3427
4.5 Jonás... *sentó* debajo de ella a la sombra 3427
Mi 4.4 se *sentará* cada uno debajo de su vid y 3427
Nah 3.17 langostas que se *sientan* en vallados 2583
Zac 3.8 tus amigos que se *sientan* delante de 3427
5.7 y una mujer estaba *sentada* en medio de 3427
6.13 y se *sentará* y dominará en su trono, y 3427
Mal 3.3 y se *sentará* para... y limpiar la plata 3427
Mt 5.1 y *sentándose*, vinieron... sus discípulos 2523
8.11 y se *sentarán* con Abraham... en el reino *347*
9.9 estaba *sentado* al banco de los tributos *2521*
9.10 que estando él *sentado* a la mesa en la *345*
9.10 se *sentaron* a la mesa con Jesús y sus *4873*
11.16 muchachos que se *sientan* en las plazas *2521*
13.1 salió Jesús de... y se *sentó* junto al mar *2521*
13.2 se *sentó*, y toda la gente estaba en la *2521*
13.48 y *sentados*, recogen lo bueno en cestas *2523*
15.29 vino... subiendo al monte, se *sentó* allí *2521*
19.28 cuando el Hijo, se *siente* en el trono *2523*
19.28 también os *sentaréis* sobre doce tronos *2523*
20.21 en tu reino se *sienten* estos dos hijos *2523*
20.23 *sentaros* a mi derecha y a mi izquierda *2523*
20.30 y dos ciegos... *sentados* junto al camino *2521*
21.5 manso, y *sentado* sobre una asna, sobre *1910*
21.7 pusieron... mantos; y él se *sentó* encima *1940*
22.44 *siéntate* a mi derecha, hasta que ponga *2521*
23.2 en la cátedra de Moisés se *sientan* los *2523*
23.22 jura... por aquel que está *sentado* en él *2521*
24.3 y estando él *sentado* en el monte de los *2521*
25.31 venga... se *sentará* en su trono de gloria *2523*
26.7 y lo derramó... estando *sentado* a la mesa *345*
26.20 noche, se *sentó* a la mesa con los doce *345*
26.36 *sentaos* aquí, entre tanto que voy allí *2523*
26.55 me *sentaba* con vosotros enseñando en el *2516*
26.58 y entrando, se *sentó* con los alguaciles *2521*
26.64 al Hijo... *sentado* a la diestra del poder *2521*
26.69 Pedro estaba *sentado* fuera en el patio *2521*
27.19 estando él *sentado* en el tribunal, su *2521*
27.36 y *sentados* le guardaban allí *2521*
27.61 estaban... *sentadas* delante del sepulcro *2521*
28.2 llegando, removió la piedra, y se *sentó* *2521*
Mr 2.6 allí *sentados* algunos de los escribas *2521*
2.14 al pasar, vio a Leví... *sentado* al banco *2521*
3.32 la gente que estaba *sentada*... le dijo: Tu *2521*
3.34 y mirando a los que estaban *sentados* *2521*
4.1 en una barca, *sentó* en ella en el mar *2521*
5.15 *sentado*, vestido y en su juicio cabal *2521*
9.35 se *sentó* y llamó a los doce, y les dijo *2523*
10.37 en tu gloria nos *sentemos* el uno a tu *2523*
10.40 *sentaros* a mi derecha y a mi izquierda *2523*
10.46 Bartimeo el... *sentado* junto al camino *2521*
11.7 trajeron el pollino... y se *sentó* sobre él *2523*
12.36 *siéntate* a mi diestra, hasta que ponga *2521*
12.41 estando Jesús *sentado* delante del arca *2523*
13.3 *sentó* en el monte de los Olivos, frente *2521*
14.3 estando él... *sentado* a la mesa, vino una *2621*
14.18 cuando se *sentaron* a la mesa, mientras *345*
14.32 *sentaos* aquí, entre tanto que yo oro *2523*
14.54 y estaba *sentado* con los alguaciles *4775*
14.62 y veréis al Hijo... *sentado* a la diestra *2521*
16.5 vieron a un joven *sentado*... lado derecho *2521*
16.14 se apareció a... estando ellos *sentados* *345*
16.19 cielo, y se *sentó* a la diestra de Dios *2523*
Lc 2.46 *sentado* en medio de los doctores de la *2516*
4.20 enrollando el libro, lo dio... y se *sentó* *2523*
5.3 y *sentándose*, enseñaba desde la barca a *2523*
5.17 un día... y estaban *sentados* los fariseos *2521*
5.27 Leví, *sentado* al banco de los tributos *2521*
7.32 semejantes son a los muchachos *sentados* *2521*
7.36 en casa del fariseo, se *sentó* a la mesa *347*
7.49 y los que estaban... *sentados* a la mesa *4873*
8.35 *sentado* a los pies de Jesús, vestido, y *2521*
9.14 hacedlos *sentar* en grupos, de 50 en 50 .... *2625*
9.15 lo hicieron... haciéndolos *sentar* a todos *347*
10.13 que *sentadas* en... se habrían arrepentido ... *2521*
10.39 *sentándose* a los pies de Jesús, oía su *3869*
11.37 entrando Jesús en la casa, se *sentó* a *377*
12.37 que se *sienten* a la mesa, y vendrá a *347*
13.29 y se *sentarán* a la mesa en el reino de *347*
14.8 bodas, no te *sientes* en el primer lugar *2625*
14.10 mas... vé y *siéntate* en el último lugar *377*
14.10 gloria delante de los que se *sientan* *4873*
14.15 uno de los que estaban *sentados* con él *4873*
14.28 se *sienta*... y calcula los gastos, a ver *2523*
14.31 se *sienta*... y considera si puede hacer *2523*
16.6 *siéntate* pronto, y escribe cincuenta *2523*
17.7 al volver él... Pasa, *siéntate* a la mesa? *377*
18.35 un ciego estaba *sentado* junto al camino *2521*
20.42 dijo el Señor a... *Siéntate* a mi diestra *2521*
22.14 *sentó* a la mesa, y con él los apóstoles *377*
22.27 ¿cuál es mayor, el que se *sienta* a la *345*
22.27 ¿no es el que se *sienta* a la mesa? Mas *345*
22.30 y os *sentéis* en tronos juzgando a las *2523*
22.55 se *sentaron* alrededor; y Pedro se sentó *2521*
22.56 al verle *sentado* al fuego, se fijó en *2521*
22.69 *sentará* a la diestra del poder de Dios *2521*
24.30 que estando *sentado* con ellos a la mesa *2625*
Jn 2.14 halló... a los cambistas allí *sentados* *2521*
4.6 Jesús, cansado... *sentó* así junto al pozo *2516*
6.3 Jesús... se *sentó* allí con sus discípulos *2521*
8.2 pueblo vino... y *sentado* él, les enseñaba *2523*
9.8 ¿no es... el que se *sentaba* y mendigaba? *2521*
12.2 Lázaro era uno de... *sentados* a la mesa *4873*
19.13 y se *sentó* en el tribunal en el lugar *2523*
20.12 estaban *sentados* el uno a la cabecera *2516*
Hch 2.2 llenó... la casa donde estaban *sentados* *2521*
2.30 Cristo para que se *sentase* en su trono *2523*
2.34 *siéntate* a mi diestra, hasta que ponga *2521*
3.10 era el que se *sentaba* a pedir limosna *2521*
6.15 los que estaban *sentados* en el concilio *2521*
8.28 volvía *sentado* en su carro, y leyendo al *2521*
8.31 rogó a Felipe que... y se *sentara* con él *2523*
12.21 Herodes... se *sentó* en el tribunal y les *2523*
13.14 *entraron* en la sinagoga... y se sentaron *2523*
14.8 cierto hombre de Listra estaba *sentado* *2521*
16.13 y *sentándonos*, hablamos a las mujeres *2523*
20.9 y un joven... estaba *sentado* en la ventana *2521*
23.3 le dijo... ¿Estás tú *sentado* para juzgarme *2521*
25.6 al siguiente día se *sentó* en el tribunal *2523*
25.17 *sentado* en el tribunal, mandé traer al *2523*
26.30 y los que se habían *sentado* con ellos *4775*
1 Co 8.10 alguno te ve... *sentado* a la mesa en *2621*
10.7 se *sentó* el pueblo a comer y a beber, y *2523*
14.30 a otro que estuviere *sentado*, calle el *2521*
Ef 1.20 *sentándole* a su diestra en los lugares *2523*
2.6 nos hizo *sentar* en los lugares celestiales *4776*
Col 3.1 donde está Cristo *sentado* a la diestra *2521*
2 Ts 2.4 tanto que se *sienta* en el templo de *2523*
He 1.3 se *sentó* la diestra de la Majestad en *2523*
1.13 *siéntate* a mi diestra, hasta que ponga a *2521*
8.1 el cual se *sentó* a la diestra del trono *2523*
10.12 vez... se ha *sentado* a la diestra del
trono de Dios *2523*
12.2 se *sentó* a la diestra del trono de Dios *2523*
Stg 2.3 y le decís: *Siéntate* tú aquí en buen *2521*
2.3 en pie, o *siéntate* aquí bajo mi estrado *2521*
Ap 3.21 daré que se *siente* conmigo en mi trono *2523*
3.21 me he *sentado* con mi Padre en su trono *2523*
4.2 aquí un trono... en el trono, uno *sentado* *2521*
4.3 y el aspecto del que estaba *sentado* era *2521*
4.4 vi *sentados* en los tronos a 24 ancianos *2521*
4.9 y acción de gracias al que está *sentado*
en el trono *2521*
4.10 postran delante del que está *sentado* en *2521*
5.1 y vi en la mano... del que estaba *sentado* *2521*
5.7 y tomó el libro... del que estaba *sentado* *2521*
5.13 oí decir: Al que está *sentado* en el trono *2521*
6.16 de aquel que está *sentado* sobre el trono *2521*
7.10 Dios que está *sentado* en el trono, y al *2521*
7.15 el que está *sentado*... trono extenderá su *2521*
11.16 los 24 ancianos que estaban *sentados* *2521*
14.14 y sobre la nube uno *sentado* semejante *2521*
14.15 clamando... al que estaba *sentado* sobre *2521*

14.16 estaba *sentado* sobre la nube metió su *2521*
17.1 la que está *sentado* sobre muchas aguas....... *2521*
17.3 vi a una mujer *sentada* sobre una bestia....... *2521*
17.9 montes, sobre los cuales se *sienta* la........... *2521*
17.15 las aguas...donde la ramera se *sienta*....... *2521*
18.7 yo estoy *sentada* como reina, y no soy......... *2521*
19.4 adoraron a Dios, que estaba *sentado* en....... *2521*
20.4 vi tronos, y se *sentaron* sobre ellos los......... *2523*
20.11 trono blanco y al que estaba *sentado*......... *2521*
21.5 el que estaba *sentado* en el trono dijo.......... *2521*

SENTENCIA
Dt 17.9 y ellos te enseñarán la *s* del juicio 1697
17.10 harás según la *s* que te indiquen los.......... 1697
17.11 no te apartarás...la *s* que te declaren......... 1697
1 R 20.40 el rey de Israel le...Esa será tu *s*............ 4941
2 R 9.25 pronunció esta *s* sobre él, diciendo 4853
25.6 en Ribla, y pronunciaron contra él *s*........... 4941
Est 2.1 se acordó de Vasti...la *s* contra ella............ 1504
Ec 8.11 no se ejecuta...*s* sobre la mala obra........... 6599
Jer 52.9 rey de Babilonia pronunció *s* contra.......... 4941
Dn 2.9 si no me...una sola *s* hay para vosotros........ 1882
4.17 la *s* es por decreto de los vigilantes............ 1510
4.24 la *s* del Altísimo, que ha venido sobre.......... 1510
Lc 24.20 y cómo le entregaron...a *s* de muerte *2917*
Hch 16.37 de azotarnos públicamente sin *s*............ *178*
Ro 9.28 Señor ejecutará su *s* sobre la tierra
13.9 esta *s* se resume: Amarás a tu prójimo......... *3056*
2 Co 1.9 en nosotros mismos *s* de muerte, para......... *610*
Gá 5.10 mas el que os perturba llevará la *s*............ *2917*
Ap 17.1 te mostraré la *s* contra la gran ramera *2917*

SENTENCIAR
Sal 79.11 preserva a...*sentenciados* a muerte 1121
102.20 oír...soltar a los *sentenciados* a muerte 1121
Jer 39.5 estaba...rey de Babilonia...*sentenció*......... 4941
Ez 21.29 emplees sobre...*sentenciados* a muerte
Lc 23.24 Pilato *sentenció* que se hiciese lo.............. *1948*
1 Co 4.9 nos ha exhibido...como a *sentenciados* *1935*

SENTIDO
2 R 4.31 pero no tenía voz ni *s*, y así se había.......... 7182
Neh 8.8 ponían el *s*...de modo que entendiesen la...... 7922
Sal 119.66 enséñame buen *s* y sabiduría, porque 2940
Is 44.19 consigo, no tiene *s* ni entendimiento 1847
2 Co 11.3 vuestros *s* sean...extraviados de la.......... *3540*
2 Ts 2.2 en el *s* de que el día del Señor está
He 5.14 que por el uso tienen los *s* ejercitados *145*
11.19 en *s* figurado, también le volvió a recibir
Ap 11.8 la grande ciudad que en *s* espiritual

SENTIR
Gn 19.33 él no *sintió* cuándo se acostó ella, ni 3045
34.25 día, cuando *sentían* ellos el mayor dolor
41.55 cuando se *sintió* el hambre en toda la
Dt 25.3 sea...se *sienta* tu hermano envilecido
Jos 14.7 traje...como lo *sentía* en mi corazón
Jue 1.28 cuando Israel se *sintió* fuerte hizo
16.25 cuando *sintieron* alegría en su corazón
1 R 8.38 *sintiere* la plaga en su corazón, y
19.10,14 he *sentido* un vivo celo por Jehová de
Neh 6.16 se *sintieron* humillados, y conocieron......... 3045
Job 24.20 de ellos *sentirán* los gusanos dulzura
Sal 58.9 antes que vuestras ollas *sientan* la............. 995
73.21 alma, y en mi corazón *sentía* punzadas
Pr 23.35 me azotaron, mas no lo *sentí*; cuando 3045
Jer 10.18 y los afligiré, para que lo *sientan*
Ez 39.26 ellos *sentirán* su vergüenza, y toda 5375
Mr 2.25 **y *sintió* hambre, él y los que con él**
5.29 y *sintió* en el cuerpo que estaba sana........... *1097*
Ro 15.5 un mismo *sentir* según Cristo Jesús *5426*
2 Co 13.11 consolaos, sed de un mismo *sentir*.......... *5426*
Fil 1.7 es justo *sentir* esto de todos vosotros.......... *5426*
2.2 *sintiendo* lo mismo, teniendo el mismo.......... *5426*
2.2 gozo...unánimes, *sintiendo* una misma cosa.... *5426*
2.5 haya, pues, en vosotros este *sentir* que
3.15 mismo sintamos; y si otra cosa *sentís* *5626*
3.16 misma regla, *sintamos* una misma cosa *5426*
4.2 que sean de un mismo *sentir* en el Señor........ *5426*
1 P 3.8 todos de un mismo *sentir*, compasivos.......... *3675*

SENÚA *Padre de Judá No. 4*, Neh 11.9........... 5574

SEOL *Morada de los muertos*
Gn 37.35 descenderé enlutado a mi hijo...el *S*......... 7585
42.38; 44.29 descender...canas con dolor al *S* 7585
44.31 descender las canas de, con dolor al *S* 7585
Nm 16.30 y descendieren vivos al *S*, entonces 7585
16.33 descendieron vivos al *S*, y los cubrió 7585
Dt 32.22 arderá hasta las profundidades del *S* 7585
1 S 2.6 él hace descender al *S*, y hace subir............ 7585
2 S 22.6 ligaduras del *S* me rodearon...muerte......... 7585
1 R 2.6 no dejarás descender sus canas al *S*........... 7585
2.9 harás descender...canas con sangre al *S*....... 7585
Job 7.9 así el que desciende al *S* no subirá 7585
11.8 es más profunda que el *S*...la conocerás?..... 7585
14.13 diera que me escondiese en el *S*, que......... 7585
17.13 si yo espero, el *S* es mi casa; haré mi......... 7585
17.16 a la profundidad del *S* descenderán.......... 7585
21.13 prosperidad, y en paz descienden al *S* 7585
24.19 así también el *S* a los pecadores............. 7585
26.6 *S* está descubierto delante de él, y el.......... 7585
Sal 6.5 porque en el *S*, ¿quién te alabará? 7585
9.17 malos serán trasladados al *S*, todas las........ 7585
16.10 porque no dejarás mi alma en el *S*, ni 7585
18.5 ligaduras del *S* me rodearon...de muerte 7585
30.3 hiciste subir mi alma del *S*, me diste........... 7585
31.17 sean avergonzados...estén mudos en el *S*.... 7585
49.14 se consumirá...y el *S* será su morada 7585
49.15 Dios redimirá mi vida del poder del *S*......... 7585
55.15 les sorprenda; desciendan vivos al *S* 7585
86.13 y has librado mi alma de las...del *S*.......... 7585
88.3 porque mi alma...y mi vida cercana al *S* 7585
89.48 ¿qué...librará su vida del poder del *S*?....... 7585
116.3 encontraron las angustias del *S*...dolor...... 7585
139.8 si en el *S* hiciere mi estrado, he aquí 7585
141.7 son esparcidos...huesos a la boca del *S* 7585
Pr 1.12 tragaremos vivos como el *S*, y enteros......... 7585
5.5 sus pies descienden...pasos conducen al *S* 7585
7.27 camino al *S* es su casa, que conduce a......... 7585
9.18 convidados están en lo profundo del *S* 7585
15.11 *S* y el Abadón están delante de Jehová 7585
15.24 entendido, para apartarse del *S* abajo 7585
23.14 con vara, y librarás su alma del *S*............ 7585
27.20 el *S* y el Abadón nunca se sacian; Así......... 7585
30.16 el *S*, la matriz estéril, la tierra que 7585
Ec 9.10 en el *S*, adonde vas, no hay obra, ni 7585
Cnt 8.6 fuerte es...duros como el *S* los celos........... 7585
Is 5.14 por eso ensanchó su interior el *S*.............. 7585
14.9 el *S* abajo se espantó de ti; despertó 7585
14.11 descendió al *S* tu soberbia...tus arpas 7585
14.15 mas tú derribado eres hasta el *S*, a los 7585
28.15 la muerte, e hicimos convenio con el *S* 7585
28.18 y vuestro convenio con el *S* no...firme 7585
38.10 la mitad de mis días iré a las...del *S*.......... 7585
38.18 el *S* no te exaltará, ni te alabará la 7585
57.9 te abatiste hasta la profundidad del *S* 7585
Ez 31.15 día que descendió al *S*, hice...luto............ 7585
31.16 las hice descender al *S* con todos los 7585
31.17 también ellos descendieron con él al *S* 7585
32.21 medio del *S* hablarán a él los fuertes 7585
32.27 cuales descendieron al *S* con sus armas...... 7585
Os 13.14 de la mano del *S* los redimiré, los 7585
13.14 tu muerte; y seré tu destrucción, oh *S* 7585
Am 9.2 aunque cavasen hasta el *S*, de allá los 7585
Jon 2.2 desde el seno del *S* clamé, y mi voz 7585
Hab 2.5 ensanchó como el *S* su alma, y es como 7585

SEORIM *Sacerdote en tiempo del rey David*, 1 Cr 24.8............................ 8188

SEPARACIÓN
Éx 9.4 hará *s* entre los ganados de Israel y 6395
26.33 velo os hará *s* entre el lugar santo y 914
Lv 12.5 inmunda dos semanas, conforme a su *s* 5079
Rt 1.17 sólo la muerte hará *s* entre nosotras 6504
Ez 42.20 para hacer *s* entre el santuario y el 914
Ef 2.14 derribando la pared intermedia de *s*........... *5418*

SEPARADAMENTE
Gn 43.32 y pusieron para él aparte, y *s* para ellos
1 R 18.6 un camino, y Abdías fue *s* por otro

SEPARAR
Gn 1.4 y *separó* Dios la luz de las tinieblas.............. 914
1.6 expansión...*separe* las aguas de las aguas....... 914
1.7 *separó* las aguas que estaban debajo de la....... 914
1.14 cielos para *separar* el día de la noche 914
1.18 y para *separar* la luz de las tinieblas............ 914
36.6 se fue...*separándose* de Jacob su hermano
Éx 28.28 y no se *separe* el pectoral del efod 2118
39.21 y no se *separase* el pectoral del efod.......... 2118
Lv 5.8 la cabeza...no la *separará* por completo......... 2505
15.20 se acostare mientras estuviere *separada* 5079
27.29 ninguna persona *separada* como anatema ... 2763
Nm 6.20 del pecho...de la espaldilla *separada*
Dt 19.7 yo te mando...*Separarás* tres ciudades 914
Jos 22.9 *separándose* de los hijos de Israel............ 3212
2 S 1.23 tampoco en...muerte fueron *separados*......... 6504
14.6 no habiendo quien los *separase*, hirió el 5337
2 R 15.5 leproso...y habitó en casa *separada*........... 2669
17.21 *separó* a Israel de la casa de David, y.......... 7167
Esd 9.1 no se han *separado* de los pueblos de........... 914
Neh 13.3 *separaron*...a todos los mezclados con......... 914
Job 23.12 del mandamiento de...nunca me *separe*....... 4185
Mt 19.6; Mr 10.9 **que Dios juntó, no lo *separe*** *5563*
Lc 24.51 *separó* de ellos, y fue llevado arriba *1339*
Jn 15.5 ***separados* de mí nada podéis hacer**
Hch 15.39 *separaron* el uno del otro; Bernabé *673*
19.9 apartó Pablo...y *separó* a los discípulos *873*
21.1 después de *separarnos*...zarpamos...a Cos
Ro 8.35 ¿quién nos *separará*...amor de Cristo?......... *5563*
8.39 nos podrá *separar* del amor de Dios, que *5562*
9.3 anatema, *separado* de Cristo, por amor a
1 Co 7.10 que la mujer no se *separe* del marido *5563*
7.11 y si se *separa*, quédese sin casar, o *5563*
7.15 pero si el incrédulo se *separa*, sepárese......... *5563*
1 Ts 2.17 *separados* de vosotros por un poco........... *642*

SÉPTIMO, A
Gn 2.2 y acabó Dios en el día *s* la obra que............ 7637
2.2 Dios...reposó el día *s* de toda la obra que 7637
2.3 y bendijo Dios al día *s*, y lo santificó 7637
7.10 al *s* día las aguas del diluvio vinieron........... 7651
8.4 reposó el arca en el mes *s*, a los 17 días......... 7637
Éx 12.15 desde el primer día hasta el *s*, será........... 7637
12.16 el *s* día tendréis una santa convocación 7637
13.6 pan...y el *s* día será fiesta para Jehová 7637
16.26 mas el *s* día es día de reposo; en él no 7637
16.27 algunos...salieron en el *s* día a recoger 7637
16.29 lugar y nadie salga de él en el *s* día 7637
16.30 así el pueblo reposó el *s* día 7637
20.10 el *s* día es reposo para Jehová tu Dios......... 7637
20.11 en el *s* día; por tanto, Jehová bendijo 7637
21.2 seis años servirá; mas al *s* saldrá libre 7637
23.11 a *s* año la dejarás libre, para que coman 7637
23.12 al *s* día reposarás, para que descanse......... 7637
24.16 al *s* día llamó a Moisés de en medio de 7637
31.15 el día *s* es día de reposo consagrado a 7637
31.17 la tierra, y en el *s* día cesó y reposó 7637
34.21 mas en el *s* día descansarás; aun en la 7637
35.2 el día *s* os será santo, día de reposo 7637
Lv 13.5 al *s* día el sacerdote lo mirará; y si 7637
13.6,27 el *s* día el sacerdote le reconocerá.......... 7637
13.32 al *s* día el sacerdote mirará la llaga 7637
13.34 al *s* día mirará el sacerdote la tiña 7637
13.51 *s* día mirará la plaga; y si se hubiere 7637
14.9 el *s* día raerá todo el pelo de su cabeza........ 7637
14.39 y al *s* día volverá el sacerdote, y la 7637
16.29 en el mes *s*, a los diez días del mes 7637
23.3 trabajará, mas el *s* día será de reposo......... 7637
23.8 el *s* día será santa convocación; ningún 7637
23.16 el día siguiente del *s* día de reposo 7637
23.24 el mes *s*, al primero del mes tendréis......... 7637
23.27 a los diez días de este mes *s* será el.......... 7637
23.34 a los quince días de este mes *s* será la........ 7637
23.39 pero a los quince días del mes *s*, cuando...... 7637
23.41 le haréis fiesta...en el mes *s* la haréis 7637
25.4 pero el *s* año la tierra tendrá descanso........ 7637
25.9 harás tocar...la trompeta en el mes *s* a 7637
25.20 si dijereis: ¿Qué comeremos el *s* año? 7637
Nm 6.9 el día...raerá su cabeza; al *s* día la raerá....... 7637
7.48 el *s* día, el príncipe de los...de Efraín........... 7637
19.12 y al *s* día será limpio; y si al tercer 7637
19.12 si al tercer...no será limpio al *s* día 7637
19.19 rociará sobre...al tercero y al *s* día 7637
19.19 cuando lo haya purificado al día *s*, él......... 7637
28.25 y el *s* día tendréis santa convocación......... 7637
29.1 en el *s* mes...tendréis santa convocación...... 7637
29.7 en el diez de este mes *s* tendréis santa......... 7637
29.12 a los quince días del mes *s* tendréis 7637
29.32 el *s* día, siete becerros, dos carneros 7637
31.19 y os purificaréis al tercer día y al *s*........... 7637
31.24 además lavaréis vuestros vestidos el *s*........ 7637
Dt 5.14 el *s* día es reposo a Jehová tu Dios............. 7637
15.9 cerca está el año *s*, el de la remisión........... 7637
15.12 servido seis años, al *s* le despedirás 7637
16.8 el *s* día será fiesta solemne a Jehová 7637
Jos 6.4 y al *s* día daréis siete vueltas a la 7637
6.15 al *s* día se levantaron al despuntar el.......... 7637
6.16 sacerdotes tocaron las bocinas la *s* vez......... 7637
19.40 *s* suerte correspondió a...hijos de Dan 7637
Jue 14.15 *s* día dijeron a la mujer de Sansón 7637
14.17 al *s* día él se lo declaró, porque le 7637
14.18 al *s* día, antes que el sol se pusiese 7637
2 S 12.18 y al *s* día murió el niño; y temían 7637
1 R 8.2 Etanim, que es el mes *s*, en el día de 7637
18.44 la *s* vez dijo: Yo veo una pequeña nube 7637
20.29 *s* día se dio la batalla; y los hijos de........... 7637
2 R 11.4 al *s* año envió Joiada y tomó jefes de 7637
12.1 el *s* año de Jehú comenzó a reinar Joás 7651
18.9 era el año *s* de Oseas hijo de Ela, rey de 7651
25.25 el mes *s* vino Ismael hijo de Netanías......... 7637
1 Cr 2.15 el sexto Ozem, el *s* David 7637
12.11 Atai el sexto, Eliel el *s* 7637
24.10 la *s* a Cos, la octava a Abías 7637
25.14 la *s* para Jesarela, con sus hijos y sus 7637
26.3 quinto, Johanán el sexto, Elioenal el *s* 7637
26.5 Amiel, el *s* Isacar, el octavo Peultai 7637
27.10 el *s* para el *s* mes era Heles pelonita.......... 7637
2 Cr 5.3 el rey...la fiesta solemne del mes *s* 7637
7.10 los 23 días del mes *s* envió al pueblo........... 7637
23.1 *s* año se animó Joiada, y tomó consigo 7637
31.7 aquellos montones, y terminaron...mes *s*....... 7637
Esd 3.1 cuando llegó el mes *s*, y estando los 7637
3.6 desde el primer día del mes *s* comenzaron 7637
7.7 subieron...en el *s* año del rey Artajerjes......... 7651
7.8 llegó...en el mes quinto del año *s* del rey 7637
Neh 7.73 venido el mes *s*, los hijos de Israel 7637
8.2 trajo la ley...el primer día del mes *s*............ 7637
8.14 en tabernáculos en la fiesta...del mes *s* 7637
10.31 el año *s* dejaríamos descansar la tierra 7637
Est 1.10 el *s* día, estando el corazón del rey............ 7637
2.16 llevada al rey...el año *s* de su reinado......... 7637
Job 5.19 te librará, y en la *s* no te tocará el 7651
Jer 28.17 en el mismo año murió...en el mes *s*.......... 7637
41.1 aconteció en el mes *s* que vino Ismael 7637
52.28 en el año *s*, a 3.023 hombres de Judá 7651
Ez 20.1 aconteció en el año *s*...que vinieron............ 7637
45.20 así harás el *s* día del mes para los que 7651
45.25 en el mes *s*, a los quince días del mes......... 7637
Hag 2.1 el mes *s*, a los veintiún días del mes........... 7637
Zac 7.5 cuando ayunasteis...en el *s* mes estos.......... 7637
8.19 el ayuno del *s*, y el ayuno del décimo 7637
Mt 22.26 la misma manera también...hasta el *s* *2035*
He 4.4 porque en cierto lugar dijo...del *s* día.......... *1442*
4.4 y reposó Dios de...sus obras en el *s* día......... *1442*
Jud 14 de éstos...profetizó Enoc, *s* desde Adán........ *1442*
Ap 8.1 abrió el *s* sello, se hizo silencio en *1442*
10.7 que en los días de la voz del *s* ángel *1442*
11.15 el *s* ángel tocó la trompeta, y hubo *1442*
16.17 el *s* ángel derramó su copa por el aire......... *1442*
21.20 el *s*, crisólito; el octavo, berilo; el............. *1442*

SEPULCRO
Gn 23.6 en lo mejor de nuestros *s* sepulta a 6913
23.6 ninguno de nosotros te negará su *s*, ni.......... 6913
47.30 me llevarás...me sepultarás en el *s* de 6913
50.5 en el *s* que cavé para mí en...de Canaán...... 6913
Éx 14.11 ¿no había *s* en Egipto, que nos has 6913
Nm 19.16 tocare...*s*, siete días será inmundo......... 6913
19.18 sobre aquel que hubiere tocado el...*s* 6913
Jue 8.32 sepultado en el *s* de su padre Joás........... 6913
16.31 sepultaron...en el *s* de su padre Manoa 6913
1 S 10.2 hallarás dos hombres junto al *s* de............ 6900
2 S 2.32 y lo sepultaron en el *s* de su padre 6913
3.32 rey...lloró junto al *s* de Abner; y lloró 6913
4.12 la cabeza...enterraron en el *s* de Abner......... 6913
17.23 así murió, y fue sepultado en el *s* de su 6913

S

19.37 que muera en... junto al *s* de mi padre........ 6913
21.14 los huesos de... en el *s* de Cis su padre 6913
1 R 13.22 no entrará tu cuerpo en el *s* de tus 6913
13.30 puso el cuerpo en el *s*; y le endecharon....... 6913
13.31 cuando yo muera, enterradme en el *s* en 6913
2 R 9.28 le sepultaron... en su *s* en la ciudad........... 6900
13.21 arrojaron el cadáver en el *s* de Eliseo 6913
21.26 fue sepultado en su *s* en el huerto de 6900
22.20 serás llevado a tu *s* en paz, y no verán 6913
23.6 y echó el polvo sobre los *s*... del pueblo 6913
23.16 se volvió Josías, y viendo los *s* que............ 6913
23.16 sacó los huesos de los *s*, y los quemó 6913
23.17 es el *s* del varón de Dios que vino de 6913
23.30 a Jerusalén, y lo sepultaron en su *s*............ 6900
2 Cr 16.14 sepultaron en los *s* que él había 6913
21.20 lo sepultaron... no en los *s* de los reyes 6913
24.25 de David, pero no en los *s* de los reyes........ 6913
26.23 lo sepultaron con... en el campo de los *s*...... 6900
28.27 no lo metieron en los *s* de los reyes 6913
32.33 en el lugar más prominente de los *s* de 6913
34.4 y esparció el polvo sobre los *s* de los........... 6913
34.28 y serás recogido en tu *s* en paz, y tus 6913
35.24 y lo sepultaron en los *s* de sus padres 6913
Neh 2.3 la ciudad, casa de los *s* de mis padres.......... 6913
2.5 envíame a Judá, a la ciudad de los *s* de 6913
3.16 hasta delante de los *s* de David, y hasta 6913
Job 3.22 se alegran... gozan cuando hallan el *s*?....... 6913
17.1 se acortan mis... me está preparado el *s*....... 6913
21.32 porque llevado será a los *s*, y sobre 6913
30.24 mas él no extenderá la mano contra el *s*....... 1164
33.18 detendrá su alma del *s*, y su vida de 7845
33.22 su alma se acerca al *s*, y su vida a los......... 7845
33.24 lo libró de descender al *s*, que halló 7845
33.28 redimirá su alma para que no pase al *s* 7845
33.30 para apartar su alma del *s*, y para... luz....... 7845
Sal 5.9 *s* abierto es su garganta... su lengua........... 6913
28.1 yo... semejante a los que descienden al *s*........ 953
88.4 contado entre los que descienden al *s* 953
88.5 los pasados a espada que yacen en el *s*........ 6913
88.11 ¿será contada en el *s* tu misericordia......... 6913
Pr 28.17 hombre cargado de... huirá hasta el *s* 953
Is 14.19 tú echado eres de tu *s* como vástago 953
22.16 labraste aquí *s* para ti, como el que 6913
38.18 ni los que descienden al *s* esperarán 953
65.4 que se quedan en los *s*, y en lugares 6913
Jer 5.16 su aljaba... *s* abierto, todos valientes........... 6913
8.1 sacarán los huesos de los reyes... de sus *s* 6913
20.17 y mi madre me hubiera sido mi *s*, y su........ 6913
26.23 mató... echó su cuerpo en los *s* del vulgo 6913
Ez 26.20(2) los que descienden al *s* 953
28.8 al *s* te harán descender, y morirás con 7845
32.22 en derredor de él están sus *s*; todos 6913
32.23 sus *s* fueron puestos a los lados de la......... 6913
32.23,24,25,26 por los alrededores de su *s*........... 6913
32.29 los incircuncisos, y con los que descienden al *s* ... 953
32.30 comparten su confusión con los que descienden al *s* 953
37.12 he aquí yo abro vuestros *s*, pueblo mío 6913
37.13 y sabréis que... cuando abra vuestros *s*....... 6913
Nah 1.14 allí pondré tu *s*, porque fuiste vil............. 6913
Mt 8.28 dos endemoniados que salían de los *s* *3419*
23.27 porque sois semejantes a *s* blanqueados *5028*
23.29 porque edificáis los *s* de los profetas *3419*
27.52 y se abrieron los *s*, y muchos cuerpos *3419*
27.53 y saliendo de los *s*... a la santa ciudad *3419*
27.60 puso en su *s* nuevo, que había labrado *3419*
27.60 rodar una... piedra a la entrada del *s*.......... *3419*
27.61 y estaban allí... sentadas delante del *s*........ *5028*
27.64 manda, pues, que se asegure el *s* hasta *5028*
27.66 aseguraron el *s*, sellando la piedra y *5028*
28.1 vinieron María... otra María, a ver el *s* *5028*
28.8 saliendo del *s* con temor y gran gozo *3419*
Mr 5.2 *s*, un hombre con un espíritu inmundo *3419*
5.3 tenía su morada en los *s*, y nadie podía *3419*
5.5 dando voces en los montes y en los *s*............. *3418*
6.29 tomaron su cuerpo... y lo pusieron en un *s*..... *3419*
15.46 y lo puso en un *s*... cavado en una peña *3419*
15.46 hizo rodar... piedra a la entrada del *s* *3419*
16.2 primer día de la semana, vinieron al *s*......... *3419*
16.3 removerá la piedra... de la entrada del *s*? *3419*
16.5 y cuando entraron en el *s*, vieron a un......... *3419*
16.8 y ellas se fueron huyendo del *s*, porque *3419*
Lc 8.27 ropa, ni moraba en casa, sino en los *s* *3418*
11.44 como *s* que no se ven, y los hombres que *3419*
11.47 que edificáis los *s* de los profetas a.......... *3419*
11.48 los mataron, y vosotros edificáis sus *s*........ *3419*
23.53 y lo puso en un *s* abierto en una peña *3418*
23.55 y vieron el *s*, y cómo fue puesto su............ *3419*
24.1 al *s*, trayendo las especias aromáticas.......... *3418*
24.2 y hallaron removida la piedra del *s*............. *3419*
24.9 volviendo del *s*, dieron nuevas de todas........ *3419*
24.12 pero levantándose Pedro, corrió al *s* *3419*
24.22 mujeres... que antes del día fueron al *s* *3419*
24.24 fueron... al *s*, y hallaron así como las *3419*
Jn 5.28 **los que están en los *s* oirán su voz**........... *3419*
11.17 cuatro días que Lázaro estaba en el *s* *3419*
11.31 siguieron, diciendo: Va al *s* a llorar............ *3419*
11.38 Jesús... conmovido otra vez, vino al *s* *3419*
12.17 estaba con él cuando llamó a Lázaro... *s*...... *3419*
19.41 un huerto, y en el huerto un *s* nuevo........... *3419*
19.42 porque aquel *s* estaba cerca, pusieron......... *3419*
20.1 fue de mañana, siendo aún oscuro, al *s* *3419*
20.1 de mañana... y vio quitada la piedra del *s* *3419*
20.2 les dijo: Se han llevado del *s* al Señor *3419*
20.3 salieron Pedro y el otro... fueron al *s* *3419*
20.4 corrió más aprisa... llegó primero al *s*.......... *3419*
20.6 Pedro... entró en el *s*, y vio los lienzos........... *3419*
20.8 el otro... que había venido primero al *s* *3419*
20.11 María estaba fuera llorando junto al *s* *3419*
20.11 María... inclinó para mirar dentro del *s* *3419*
Hch 2.29 su *s* está con nosotros hasta el día *3418*
7.16 puestos en el *s* que a precio de dinero *3418*
13.29 quitándolo... madero lo pusieron en el *s*...... *3418*
Ro 3.13 *s* abierto es su garganta; con su lengua *5028*
1 Co 15.55 muerte... ¿Dónde, oh *s*, tu victoria? *86*

SEPULTAR

Gn 15.15 paz, y serás *sepultado* en buena vejez 6912
23.4 y *sepultaré* mi muerta de delante de mí........ 6913
23.6 en lo mejor de... *sepulcros* sepulta a tu......... 6912
23.8 voluntad de que yo *sepulte* mi muerta de 6912
23.11 la cueva... te la doy; *sepulta* tu muerta........ 6912
23.13 tómalo... y *sepultaré* en ella mi muerta 6912
23.19 *sepultó* Abraham a Sara su mujer en la 6912
25.9 lo *sepultaron* Isaac e Ismael sus hijos.......... 6912
25.10 allí fue *sepultado* Abraham, y Sara su......... 6912
35.8 murió Débora... y fue *sepultada* al pie de...... 6912
35.19 y fue *sepultada* en el camino de Efrata 6912
35.29 y lo *sepultaron* Esaú y Jacob sus hijos 6912
47.30 me *sepultarás* en el sepulcro de ellos 6912
48.7 la *sepulté* allí en el camino de Efrata 6912
49.29 *sepultadme* con mis padres en la cueva 6912
49.31 allí *sepultaron* a Abraham... *s* a Isaac y 6912
49.31 a Rebeca... allí también *sepulté* yo a Lea 6912
50.5 me *sepultarás*; ruego, pues, que vaya yo 6912
50.5 que vaya yo ahora y *sepulte* a mi padre 6912
50.6 *sepulta* a tu padre, como él te hizo jurar....... 6912
50.7 José subió para *sepultar* a su padre 6912
50.13 lo *sepultaron* en la cueva del campo de........ 6912
50.14 los que subieron con él a *sepultar* a su 6912
50.14 volvió... después que lo hubo *sepultado*....... 6912
Nm 11.34 allí *sepultaron* al pueblo codicioso 6912
20.1 allí murió María, y allí fue *sepultada* 6912
Dt 10.6 murió Aarón, y allí fue *sepultado*, y............ 6912
Jos 24.30 y le *sepultaron* en su heredad en 6912
Jue 2.9 *sepultaron* en su heredad... Timnat-sera....... 6912
8.32 fue *sepultado* en el sepulcro de su padre 6912
10.2 juzgó... murió, y fue *sepultado* en Samir......... 6912
10.5 y murió Jair y fue *sepultado* en Camón......... 6912
12.7 y fue *sepultado* en una de las ciudades 6912
12.10 murió Ibzán, y fue *sepultado* en Belén......... 6912
12.12 murió Elón... y fue *sepultado* en Ajalón........ 6912
12.15 murió Abdón... fue *sepultado* en Piratón 6912
16.31 le *sepultaron* entre Zora y Estaol, en 6912
Rt 1.17 donde tú murieres... allí seré *sepultada*......... 6912
1 S 25.1 Samuel... lo *sepultaron* en su casa en 6912
28.3 le habían *sepultado* en Ramá, su ciudad........ 6912
31.13 *sepultaron* debajo de un árbol en Jabes 6912
2 S 2.4 de Jabes de Galaad... *sepultaron* a Saúl........ 6912
2.32 a Asael, y lo *sepultaron* en el sepulcro 6912
3.32 *sepultaron* a Abner en Hebrón; y... lloró....... 6912
17.23 *sepultado* en el sepulcro de su padre 6912
21.14 *sepultaron* los huesos de Saúl y los de 6912
1 R 2.10 durmió David con sus... y fue *sepultado* 6912
2.34 fue *sepultado* en su casa en el desierto 6912
11.43 fue *sepultado* en la ciudad de su padre 6912
13.31 sepulcro en que está *sepultado* el varón...... 6912
14.13 los de Jeroboam, sólo él será *sepultado* 6912
14.31 *sepultado* con sus padres en la ciudad......... 6912
15.8 y lo *sepultaron* en la ciudad de David.......... 6912
15.24 y fue *sepultado*... en la ciudad de David 6912
16.6 fue *sepultado* en Tirsa, y reinó en... Ela......... 6912
16.28 Omri durmió... fue *sepultado* en Samaria 6912
22.37 murió... y *sepultaron* al rey en Samaria 6912
22.50 y fue *sepultado*... en la ciudad de David 6912
2 R 8.24 fue *sepultado*... en la ciudad de David 6912
9.10 la comerán... y no habrá quien la *sepulte* 6912
9.28 y allá le *sepultaron* con sus padres, en......... 6912
9.34 ahora... *sepultadla*, pues es hija de rey 6912
9.35 pero cuando fueron para *sepultarla*, no 6912
10.35 durmió Jehú... lo *sepultaron* en Samaria 6912
12.21 *sepultaron* con sus padres en la ciudad........ 6912
13.9 durmió Joacaz... lo *sepultaron* en Samaria 6912
13.13 Joás fue *sepultado* en Samaria con los 6912
13.20 murió Eliseo, y lo *sepultaron*... Entrado....... 6912
13.21 que al *sepultar* unos a un hombre... vieron ... 6912
14.16 durmió Joás... y fue *sepultado* en Samaria ... 6912
14.20 *sepultaron* en Jerusalén con sus padres 6912
15.7 y lo *sepultaron*... en la ciudad de David......... 6912
15.38; 16.20 *sepultado*... en la ciudad de David...... 6912
21.18 durmió Manasés... y fue *sepultado* en el...... 6912
21.26 *sepultado* en su sepulcro en el huerto 6912
23.30 carro... y lo *sepultaron* en su sepulcro.......... 6912
2 Cr 9.31; 21.1,20; 24.16,25; 27.9 lo *sepultaron* en la ciudad de David.............................. 6912
12.16; 14.1 *sepultado* en la ciudad de David......... 6912
16.14 y lo *sepultaron* en los sepulcros que él......... 6912
25.28; 26.23 y lo *sepultaron* con sus padres 6912
28.27 lo *sepultaron* en la ciudad de Jerusalén 6912
32.33 Ezequías... lo *sepultaron* en el lugar más 6912
33.20 durmió Manasés... *sepultaron* en su casa..... 6912
35.24 lo *sepultaron* en los sepulcros de sus 6912
Job 27.15 quedaren, en muerte serán *sepultados* 6912
30.24 clamarán los *sepultados*... quebrantaré?
Ec 8.10 visto... inicuos *sepultados* con honra 6912
Is 50.11 vendrá... en dolor seréis *sepultados*
Mi 7.19 él... *sepultará* nuestras iniquidades, y 3533
Lc 16.22 **también el rico, y fue *sepultado*** *2290*
Jn 19.40 costumbre *sepultar* entre los judíos............ *1779*
Hch 2.29 murió y fue *sepultado*, y su sepulcro *2290*
5.6 envolvieron, y sacándolo, lo *sepultaron* *2290*
5.9 los pies de los que han *sepultado* a tu........... *2290*
5.10 la sacaron, y la *sepultaron* junto a su *2290*
Ro 6.4 *sepultados*... con él para muerte por el *4916*
1 Co 15.4 que fue *sepultado*, y que resucitó al.......... *2290*
Col 2.12 *sepultados* con él en el bautismo, en *2990*
Ap 11.9 y no permitirán que sean *sepultados* *3418*

SEPULTURA

Gn 23.4 dadme propiedad para *s* entre vosotros 6913
23.9 para posesión de *s* en medio de vosotros 6913
23.20 como una posesión para *s*, recibida de 6913
35.20 un pilar sobre su *s*... la señal de la *s*.......... 6900
49.30 compró Abraham con... para heredad de *s*... 6913
50.13 que había comprado... para heredad de *s* 6913
Dt 34.6 ninguno conoce el lugar de su *s* hasta 6900
2 S 2.5 esta misericordia... con Saúl, dándole *s* 6912
2 Cr 22.9 le dieron *s*, porque dijeron: Es hijo........... 6912
Job 5.26 en la vejez a la *s*, como la gavilla de 6913
10.19 fuera como... llevado del vientre a la *s* 6913
Sal 30.3 vida, para que no descendiese a la *s* 953
30.9 ¿qué provecho... cuando descienda a la *s*?...... 7845
143.7 semejante a los que descienden a la *s* 953
Ec 6.3 si su alma no se sació del... careció de *s* 6900
Is 14.19 descendieron al fondo de la *s*; como............ 953
14.20 no serás contado con ellos en la *s* 6900
22.16 como el que en lugar alto labra su *s*, o......... 6913
53.9 se dispuso con los impíos su *s*, mas con......... 6913
Jer 22.19 en *s* de asno será enterrado... fuera 6900
Ez 31.16 con todos los que descienden a la *s* 953
32.18 tierra, con los que descienden a la *s* 953
37.12 haré subir de vuestras *s*, y os traeré........... 6913
37.13 y os saque de vuestras *s*, pueblo mío 6913
39.11 daré a Gog lugar para *s* allí en Israel 6913
Jon 2.6 tú sacaste mi vida de la *s*, oh Jehová........... 7845
Mt 26.12 **hecho a fin de prepararme para la *s*** *1779*
27.7 el campo del... para *s* de los extranjeros *5027*
Mr 14.8 **anticipado a ungir mi cuerpo para la *s*** *1780*
Jn 12.7 **para el día de mi *s* ha guardado esto** *1780*

SEPULTURERO

Ez 39.15 hasta que los entierren los *s* en el 6912

SEQUEDAD

Sal 32.4 se volvió mi verdor en *s* de verano............ 2725
Is 32.2 como arroyos de aguas en tierra de *s* 6474
Jer 50.38 *s* sobre sus aguas, y se secarán 2721
Ez 19.13 plantada... en tierra de *s* y de aridez 6723

SEQUEDAL

Sal 105.41 corrieron por los *s* como un río 6723
107.33 y los manantiales de las aguas en *s* 6774
Is 35.7 *s* en manaderos de aguas; en la morada 6774
44.3 yo derramaré aguas sobre el *s*, y ríos 6771
Jer 17.6 que morará en los *s* en el desierto 2788
50.12 la última de las naciones; desierto, *s*........... 6723
Sof 2.13 y convertirá a Nínive en... *s* como un 6723

SEQUÍA

Dt 28.22 Jehová te herirá... *s*, con calamidad
Job 24.19 la *s* y el calor arrebatan las aguas 6723
Is 58.11 y en las *s* saciará tu alma, y dará 6710
Jer 14.1 palabra... que vino... con motivo de la *s*....... 1226
17.8 en el año de *s* no se fatigará, ni dejará 2721
Hag 1.11 llamé la *s* sobre esta tierra, y sobre........... 2721

SÉQUITO

Nm 16.5 habló a Coré y a todo su *s*, diciendo 5712
16.6 tomaos incensarios, Coré y todo su *s* 5712
16.11 tú y todo tu *s* sois los que os juntáis........... 5712
16.16 tú y todo tu *s*, poneos mañana delante........ 5712
16.40 para que no sea como Coré y como su *s*....... 5712
1 R 10.2 vino a Jerusalén con un *s* muy grande 2428
2 Cr 9.1 la reina de Sabá... con un *s* muy grande 2428

SER *(s.)*

Gn 1.20 produzcan las aguas *s* vivientes, y aves 8318
1.21 creó Dios... todo *s* viviente que se mueve 5315
1.24 produzca la tierra *s* vivientes según su 5315
2.7 de vida, y fue el hombre un *s* viviente........... 5315
6.13 he decidido el fin de todo *s*, porque la 1320
7.4 raeré... de la tierra todo *s* viviente que 3351
7.23 fue destruido todo *s* que vivía sobre la........ 3351
8.21 ni volveré más a destruir... *s* viviente
9.10 todo *s* viviente que está con vosotros 5315
9.12,15 entre mí y vosotros y todo *s* viviente 5315
9.16 perpetuo entre Dios y todo *s* viviente 5315
Lv 11.46 la ley acerca de... todo *s* viviente que 5315
Sal 103.1 y bendiga todo mi *s* su santo nombre
104.25 *s* innumerables, *s* pequeños y grandes
136.25 el que da alimento a todo *s* viviente 1320
143.2 se justificará delante de ti ningún *s*
145.16 colmas de bendición a todo *s* viviente
Ez 1.5 en medio de ella la figura de cuatro *s*............. 2416
1.13 semejanza de los *s* vivientes, su aspecto 2416
1.13 fuego... que andaba entre los *s* vivientes 2416
1.14 y los *s* vivientes corrían y volvían a.............. 2416
1.15 mientras yo miraba los *s* vivientes, he 2416
1.15 una rueda sobre... junto a los *s* vivientes 2416
1.19 y cuando los *s* vivientes andaban, las........... 2416
1.19 y cuando los *s* vivientes se levantaban......... 2416
1.20,21 espíritu de los *s* vivientes estaba.............. 2416
1.22 y sobre las cabezas de los *s* vivientes 2416
3.13 el sonido de las alas de los *s* vivientes 2416
10.15 este es el *s* viviente que vi en el río 2416
10.17 el espíritu de los *s* vivientes estaba 2416
10.20 estos eran los mismos *s* vivientes que 2416
10.22 semejanza... su misma apariencia y su *s*
Lc 1.35 el Santo *S* que nacerá, será llamado
Ro 2.9 sobre todo *s* humano que hace lo malo *5590*
1 Ts 5.23 todo vuestro *s*, espíritu... guardado *5590*
Stg 3.7 toda naturaleza... *s* del mar, se doma
Ap 4.6 y junto al trono... cuatro *s* vivientes *2226*

4.7 el primer s...era semejante a un león; el........2226
4.8 y los cuatro s vivientes tenían cada uno........2226
4.9 y siempre que aquellos s...dan gloria y........2226
5.6 en medio del...y de los cuatro s vivientes........2226
5.8 los cuatro s vivientes y los 24 ancianos........2226
5.11 alrededor...de los s vivientes, y de los........2226
5.14 los cuatro s vivientes decían: Amén; y........2226
6.1 oí a uno de los cuatro s vivientes decir........2226
6.3 oí al segundo s viviente, que decía: Ven........2226
6.5 oí al tercer s viviente, que decía: Ven........2226
6.6 y oí una voz de en medio de los cuatro s........2226
6.7 la voz del cuarto s viviente, que decía........2226
7.11 en pie alrededor...los cuatro s vivientes........2226
8.9 tercera parte de...s vivientes...en el mar........2938
14.3 cantaban...delante de los 4 s vivientes........2226
15.7 uno de los cuatro s vivientes dio a los........2226
16.3 y murió todo s vivo que había en el mar........5590
19.4 los cuatro s vivientes se postraron en........2226

SER *(v.)*
Éx 3.14 YO *SOY* EL QUE *S*...dirás...Yo *S* me envió....1961
Dt 32.39 ved ahora que yo, yo *soy*, y no hay
Jue 13.11 dijo: *¿Eres* tú...él le dijo: Yo *soy*
Ec 1.9 ¿qué *es* lo que *fue*? Lo mismo que *será*
3.15 aquello que *fue*, ya *es*...ha de *ser*, *f* ya
Is 43.13 antes que hubiera día, yo *era*; y no
Jn 8.58 **digo: Antes que Abraham *fuese*, yo *soy***........1510
9.9 unos decían: El *es*; y...El decía: Yo *soy*........1510
18.5 **Jesús nazareno...Jesús les dijo: Yo *soy***........1510
18.8 **he dicho que yo *soy*; pues si me buscáis**........1510
18.17 ¿no *eres* tú...de este hombre?...No lo *soy*........1510
18.25 ¿no *eres* tú de sus...y dijo: No lo *soy*........1510
Hch 17.28 en él vivimos...nos movemos, y *somos*........2070
Ro 4.17 las cosas que no *son*, como si *fuesen*
Ap 1.4,8 que *es* y que *era* y que ha de venir
16.5 Señor, el que *eres* y que *eras*, el Santo
17.8 la bestia que has visto, *era*, y no *es*

SERA *Hija de Aser*, Gn 46.17; Nm 26.46; 1 Cr 7.30...8294

SERAFÍN
Is 6.2 encima de él había s; cada uno tenía........8314
6.6 y voló hacia mí uno de los s, teniendo........8314

SERAÍAS
1. Secretario del rey David (=Seva No. 1, Savsa y Sisa), 2 S 8.17........8304
2. Sumo sacerdote cuando Jerusalén fue destruida por Nabucodonosor
2 R 25.18 tomó entonces...primer sacerdote *S*........8304
1 Cr 6.14 Azarías engendró a *S*, y *S* engendró........8304
Esd 7.1 Esdras hijo de *S*, hijo de Azarías, hijo........8304
Jer 52.24 tomó...y a *S* el principal sacerdote........8304
3. Capitán militar entre el remanente que quedó en Judá después de la destrucción de Jerusalén, 2 R 25.23; Jer 40.8........8304
4. Segundo hijo de Cenaz, 1 Cr 4.13,14........8304
5. Príncipe de la tribu de Simeón, 1 Cr 4.35........8304
6. Uno que regresó de Babilonia con Zorobabel, Esd 2.2........8340
7. Firmante del pacto de Nehemías, Neh 10.2........8304
8. Sacerdote que regresó de Babilonia con Zorobabel, Neh 11.11, 12.1,12........8304
9. Oficial del rey Joacim, Jer 36.26........8304
10. «Principal camarero» del rey Sedequías, Jer 51.59(2),61........8304

SEREBÍAS
1. Levita «varón entendido», ayudante de Esdras, Esd 8.18,24........8274
2. Levita que ayudó a Esdras en la lectura de la ley, Neh 8.7; 9.4,5; 10.12........8274
3. Levita que regresó de Babilonia con Zorobabel, Neh 12.8,24........8274

SERED *Primogénito de Zabulón*, Gn 46.14; Nm 26.26........5624

SEREDA *Pueblo de Jeroboam No. 1*, 1 R 11.26....6868

SEREDATA *Ciudad en el valle del Jordán*, 2 Cr 4.17........6868

SEREDITA *Descendiente de Sered*, Nm 26.26....5625

SERENO
Éx 24.10 semejante al cielo cuando está s........2892

SERES *Descendiente de Manasés*, 1 Cr 7.16.....8329

SERGIO PAULO *Procónsul de Chipre*, Hch 13.7...*4588*

SERIE
Éx 36.11 que estaba al extremo de la primera s........4225
36.11 de la cortina final de la segunda s........4225
36.12 orilla de la cortina de la segunda s........4225
36.17 extremo de la primera s...la segunda s........4225

SERIEDAD
Tit 2.7 ejemplo...en la enseñanza mostrando...s........*4587*

SERIO
Tit 2.2 los ancianos sean sobrios, s, prudentes........*4586*

SERPIENTE
Gn 1.24 luego dijo Dios: Produzca la tierra...s........7431
3.1 pero la s era astuta, más que todos los........5175
3.2 la mujer respondió a la s: Del fruto de........5175
3.4 entonces la s dijo a la mujer: No moriréis........5175
3.13 y dijo la mujer: La s me engañó, y comí........5175
3.14 a la s: Por cuanto esto hiciste, maldita........5175
49.17 Dan s junto al camino, víbora junto a........5175
Nm 21.6 envió entre el pueblo s ardientes, que........5175
21.7 a Jehová que quite de nosotros estas s........5175
21.8 hazte una s ardiente, y ponla sobre una........5175
21.9 Moisés hizo una s de bronce, y la puso........5175
21.9 y cuando alguna s mordía...miraba a la s........5175
Dt 8.15 por un desierto...lleno de s ardientes........5175
32.24 de peste...con veneno de s de la tierra........5175
32.33 veneno de s es su vino, y...de áspides........8577
2 R 18.4 hizo pedazos la s de bronce que había........5175
Job 26.13 los cielos; su mano creó la s tortuosa........5175
Sal 58.4 veneno tienen como veneno de s; son........5175
140.3 aguzaron su lengua como la s; veneno........5175
Pr 23.32 al fin como s morderá, y como áspid........5175
Ec 10.8 aportillare vallado, le morderá la s........5175
10.11 si muerde la s antes de ser encantada........5175
Is 14.29 saldrá áspid, y su fruto, s voladora........5175
27.1 al leviatán s veloz, y al...s tortuosa........5175
30.6 donde salen...la víbora y la s que vuela........5175
65.25 león...el polvo será el alimento de la s........5175
Jer 8.17 yo envío sobre vosotros s, áspides........5175
46.22 su voz saldrá como de s; porque vendrán....5175
Ez 38.20 s que se arrastra sobre la tierra........7431
Os 2.18 haré...pacto...con las s de la tierra........7431
Am 9.3 buscaré...mandaré a la s y los morderá........5175
Mi 7.17 como las s de la tierra, temblarán en........5175
Mt 7.10 **si le pide un pescado, le dará una s?**........*3789*
10.16 **sed...prudentes como s, y sencillos como**....*3789*
23.33 **¡s, generación de víboras!...escaparéis**........*3789*
Mr 16.18 **tomarán en las manos s, y si bebieren**........*3789*
Lc 10.19 **potestad de hollar s y escorpiones**........*3789*
11.11 **si en lugar de pescado, le dará una s?**........*3789*
Jn 3.14 **Moisés levantó la s en el desierto**........*3789*
1 Co 10.9 le tentaron, y perecieron por las s........*3789*
2 Co 11.3 como la s con su astucia engañó a........*3789*
Stg 3.7 naturaleza de bestias...de s...se doma........*2062*
Ap 9.19 colas, semejantes a s, tenían cabezas........*3789*
12.9 s antigua, que se llama diablo y Satanás........*3789*
12.14 para que volase de delante de la s al........*3789*
12.15 la s arrojó de su boca...agua como un........*3789*
20.2 prendió...la s antigua, que es el diablo........*3789*

SERUG *Hijo de Reu y padre de Nacor*, Gn 11.20,21,22,23; 1 Cr 1.26; Lc 3.35........8286,*4562*

SERVICIO
Gn 29.27 s que hagas conmigo otros siete años........5656
30.26 servido...tú sabes los s que te he hecho........5656
Éx 1.14 toda labor del campo y en todo su s........5656
27.19 todos los utensilios del...en todo su s........5656
30.16 y lo darás para el s del tabernáculo........5656
31.10 vestidos del s, las vestiduras santas........8278
35.19 las vestiduras del s para ministrar en........8278
35.24 todo el...traía para toda la obra del s........5656
36.1 para saber hacer toda la obra del s del........5656
36.3 traído para la obra del s del santuario........5656
39.40 los utensilios del s del tabernáculo........5656
39.41 las vestiduras del s para ministrar en........8278
Nm 3.8 y ministren en el s del tabernáculo........5656
3.26 las cortinas...sus cuerdas para todo su s........5656
3.31 a cargo de ellos...el velo con todo su s........5656
3.36 sus basas...sus enseres, con todo su s........5656
4.12 los utensilios del s de que hacen uso........8335
4.26 todos los instrumentos de su s y todo lo........5656
4.27 todos sus cargos, y en todo su s; y les........5656
4.28 es el s de las familias de los hijos de........5656
4.31 todo su s en el tabernáculo de reunión........5656
4.32 con todos sus instrumentos y todo su s........5656
4.33 el s de las familias de los...de Merari........5656
4.47 para ministrar en el s y tener cargo de........5656
7.5 tómalos...serán para el s del tabernáculo........5656
7.9 sobre sí en los hombros el s del santuario........5656
8.24 su ministerio en el s del tabernáculo de........5656
16.9 que ministréis en el s del tabernáculo........5656
18.4 el cargo...en todo el s del tabernáculo........5656
18.7 os he dado...el s de vuestro sacerdocio........5656
18.23 los levitas harán el s del tabernáculo........5656
Jos 22.27 de que podemos hacer el s de Jehová........5656
1 R 9.22 a ninguno...de Israel impuso Salomón s........5650
1 Cr 4.23 moraban allá con el rey...en su s........4399
6.31 los que David puso sobre el s de canto........3027
9.33 exentos de otros s, porque de día y de....6359,6362
26.8 hombres robustos y fuertes para el s........5656
26.30 la obra de Jehová, y en el s del rey........5656
28.14(2) para todos los utensilios de cada s........5656
28.15 oro...conforme al s de cada candelero........5656
28.20 acabes...la obra para el s de la casa........5656
28.21 e inteligentes para toda forma de s........5656
29.7 y dieron para el s de la casa de Dios........5656
2 Cr 10.8 tomó consejo con los jóvenes...a su s
24.12 los que hacían el trabajo del s de la........5656
24.14 hicieron de él...utensilios para el s........8335
29.35 quedó restablecido el s de la casa de........5656
30.22 buena inteligencia en el s de Jehová
31.13 los mayordomos al s de Conanías y de
31.15 a su s estaban Edén, Miniamín, Jesúa
31.21 en todo cuanto emprendió en el s de la........5656
35.10 preparado así el s, los sacerdotes se........5656
35.16 así fue preparado todo el s de Jehová........5656
Esd 6.18 pusieron...levitas...para el s de Dios........5673
7.19 utensilios...el s de la casa de tu Dios........6402
Neh 10.33 para todo el s de la casa de...Dios........4399
11.24 Petaías...al s del rey en todo negocio
12.45 cumplido el s de su Dios, y el s de la........4931
13.10 los levitas y cantores que hacían el s........4399
13.13 y al s de ellos a Hanán hijo de Zacur
13.14 mis misericordias que hice en...en su s........4929
13.30 y puse a...levitas...a cada uno en su s........4399
Est 4.5 de los eunucos...puesto al s de ella........6440
Sal 104.14 y la hierba para el s del hombre........5656
Ez 29.18 hizo...prestar un arduo s contra Tiro........5656
29.18 ni para...hubo paga de Tiro, por el s........5656
44.14 guardas...casa, para todo el s de ella........5656
Jn 16.2 **os mate, pensará que rinde s a Dios**........*2999*
Hch 12.25 y Saulo, cumplido su s, volvieron de........*1248*
Ro 12.7 de s, en servir; o el que enseña, en........*1248*
15.31 y que la ofrenda de mi s a...sea acepta........*1248*
1 Co 16.15 se han dedicado al s de los santos........*1248*
2 Co 8.4 el privilegio de participar en este s........*1248*
9.12 la ministración de este s...suple lo que........*3009*
Fil 2.17 sobre el sacrificio y s de vuestra fe........*3009*
2.30 suplir lo que faltaba en vuestro s por........*3009*
1 Ti 6.2 los que se benefician de su buen s........*1398*
He 1.14 espíritus...enviados para s a favor de........*3010*
3 Jn 5 cuando prestas algún s a los hermanos
6 encaminarlos como es digno de su s a Dios
Ap 2.19 **conozco tus obras, y amor, y fe, y s**........*1248*

SERVIDOR
Gn 40.20 alzó la cabeza del jefe...entre sus s........5650
Éx 24.13 y se levantó Moisés con Josué su s........8334
33.11 Josué hijo...su s, nunca se apartaba de........8334
Jos 1.1 habló a José hijo de Nun, s de Moisés........8334
2 S 4.12 David ordenó a sus s, y...los mataron
Est 6.3 respondieron los s del rey...Nada se ha........5288
6.5 y los s del rey le respondieron: He aquí........5288
Pr 12.9 más vale el despreciado que tiene s........5650
14.35 benevolencia del rey es para con el s........5650
29.12 atiende la...todos sus s serán impíos........8334
Ez 46.24 son las cocinas, donde los s...cocerán........8334
Mt 20.26 **que quiera hacerse grande...vuestro s**........*1249*
Mr 9.35 **primero, será el postrero...s de todos**........*1249*
10.43 **quiera hacerse grande...será vuestro s**........*1249*
Jn 12.26 **allí también estará mi s**........*1249*
18.36 **mis s pelearían para que yo no fuera**........*5257*
Ro 13.4 es s de Dios para tu bien...Pero si........*1249*
13.4 es s de Dios, vengador para castigar al........*1249*
13.6 porque son s de Dios que atienden...esto........*3011*
1 Co 3.5 s por medio de...cuales habéis creído........*1249*
4.1 ténganos los hombres por s de Cristo........*5257*
1 Ts 3.2 a Timoteo...s de Dios y colaborador........*1249*

SERVIDUMBRE
Éx 1.14 amargaron su vida con dura s, en hacer........5656
2.23 hijos de Israel gemían a causa de la s........5656
2.23 y subió a Dios el...con motivo de su s........5656
5.9 agrávese la s sobre ellos, para que se........5656
6.6 y yo os sacaré de...y os libraré de su s........5656
6.9 la congoja de espíritu, y de la dura s........5656
13.3 en el cual habéis salido de...casa de s........5650
13.14 nos sacó con mano fuerte...de casa de s........5650
20.2 te saqué de la...de Egipto, de casa de s........5650
Dt 5.6 te saqué de tierra de Egipto, de casa de s........5650
6.12; 8.14; 13.5,10 te sacó de tierra de Egipto, de casa de s........5650
7.8 ha rescatado de s, de la mano de Faraón........5650
26.6 egipcios...pusieron sobre nosotros dura s........5656
Jos 24.17 es el que nos sacó...de la casa de s........5650
Jue 6.8 os hice salir...saqué de la casa de s........5650
1 R 12.4 disminuye...de la dura s de tu padre........5656
2 Cr 10.4 ahora alivia algo de la dura s y del........5656
Esd 9.8 darnos un poco de vida en nuestra s........5659
9.9 en...s no nos ha desamparado...Dios, sino........5659
Neh 5.5 nosotros dimos nuestros hijos y...a s........3533
5.18 porque la s de este pueblo era grave........5656
9.17 pensaron poner caudillo...volverse a su s........5659
Is 14.3 te dé reposo...de la dura s en que te........5656
Jer 27.7 reduzcan a s muchas naciones...reyes........5647
30.8 extranjeros no lo volverán...a poner en s........5647
34.13 el día que los saqué de...de casa de s........5650
Lm 1.3 a causa de la aflicción y de la dura s........5656
Mi 6.4 de Egipto, y de la casa de s te redimí........5650
Hch 7.6 los reducirían a s y los maltratarían........*1402*
1 Co 7.15 no está...sujeto a s en semejante caso........*1402*
9.27 que golpeo mi cuerpo, y lo pongo en s........*1396*
He 2.15 estaban durante...la vida sujetos a s........*1397*

SERVIR
Gn 1.14 *sirvan* de señales para las estaciones
6.21 *servirá* de sustento para ti y para ellos
11.3 les *sirvió* el ladrillo en lugar de piedra........1961
14.4 doce años habían *servido* a Quedorlaomer....5647
15.14 la nación a la cual *servirán*, juzgaré........5647
21.30 me *sirvan* de testimonio de que yo cavé
25.23 un pueblo...y el mayor *servirá* al menor........5647
25.32 ¿para qué...me *servirá* la primogenitura?
27.29 *sirvante* pueblos, y...se inclinen a ti........5647
27.40 por tu espada...y a tu hermano *servirás*........5647
29.15 tú mi hermano, me *servirás* de balde?........5647
29.18 *serviré* siete años por Raquel tu hija........5647
29.20 así *sirvió* Jacob por Raquel siete años........5647
29.25 ¿no te he *servido* por Raquel? ¿Por qué........5647
29.30 y *sirvió* a Labán aún otros siete años........5647
30.26 mis mujeres...por las cuales he *servido*........5647
30.29 tú sabes cómo te he *servido*, y cómo ha........5647
31.6 sabéis que...he *servido* a vuestro padre........5647
31.41 catorce años te *serví* por tus dos hijas........5647
39.4 halló José gracia en...ojos, y le *servía*........8334
40.4 encargó de ellos a José, y él les *servía*........8334
49.15 y bajó su hombro...y *sirvió* en tributo........5647
Éx 1.13 los egipcios hicieron *servir*...Israel........5647
3.12 vé...*serviréis* a Dios sobre este monte........5647
4.23 dejes ir a mi hijo, para que me *sirva*........5647
6.5 a quienes hacen *servir* los, egipcios, y........5647
7.16; 8.1,20; 9.1,13; 10.3 deja ir a mi pueblo, para que me *sirva*........5647
10.7 deja ir a...que *sirvan* a Jehová su Dios........5647
10.8 les dijo: Andad, *servid* a Jehová vuestro........5647
10.11 id ahora vosotros...y *servid* a Jehová........5647
10.24 id, *servid* a Jehová; solamente queden........5647
10.26 de ellos hemos de tomar para *servir* a........5647

S

10.26 no sabemos con qué hemos de *servir* a 5647
12.31 id, *servid* a Jehová, como habéis dicho 5647
14.5 haber dejado ir... para que no nos *sirva*? 5647
14.12 déjanos *servir* a los egipcios? Porque 5647
14.12 mejor nos fuera *servir* a los egipcios 5647
21.2 si comprares siervo... seis años *servirá* 5647
23.24 no te... a sus dioses, ni los *servirás*, ni 5647
23.25 a Jehová vuestro Dios *serviréis*, y él 5647
23.33 te hagan pecar... *sirviendo* a sus dioses 5647
28.43 se acerquen al altar para *servir* en el 8334
29.30 venga al... para *servir* en el santuario 8334
35.19 vestiduras de sus hijos para *servir* en 8334
40.15 su unción les *servirá* por sacerdocio
Lv 25.39 ti, no le harás *servir* como esclavo 5656
25.40 hasta el año del jubileo te *servirá* 5647
25.46 para siempre os *serviréis* de ellos; pero 5647
Nm 1.50 y ellos *servirán* en él, y acamparán 8334
3.6 delante del... Aarón, para que le *sirvan* 8334
3.7 *servir* en el ministerio del tabernáculo 5656
4.3,23,30 entran en compañía para *servir* 5656
4.9 utensilios del aceite con que se *sirve* 8334
4.14 pondrán... instrumentos de que se *sirve* 8334
4.26 y todo lo que será hecho... así *servirán* 5647
8.11 y *servirán* en el ministerio de Jehová 5656
8.26 *servirán*... en el tabernáculo de reunión 8334
8.26 pero no *servirán* en el ministerio... Así 5656
10.2 *servirán* para convocar la congregación
15.39 os *servirá* de franja, para que cuando
18.2 que... se junten contigo, y te *servirán* 8334
18.2 *serviréis* delante del tabernáculo del
18.6 *sirvan* en el ministerio del tabernáculo 5656
18.21 cuanto ellos *sirven* en el ministerio 5647
26.10 cuando consumió... *servir* de escarmiento
Dt 1.38 Josué... el cual te *sirve*, él entrará
1.39 niños... dijisteis que *servirían* de botín
4.19 viendo... te inclines a ellos y les *sirvas* 5647
4.28 *serviréis* allí a dioses hechos de manos 5647
5.9 no te inclinarás a ellas ni las *servirás* 5647
6.13 tu Dios temerás, y a él solo *servirás* 5647
7.4 desviará a tu... y *servirán* a dioses ajenos 5647
7.16 ni *servirás* a sus dioses, porque te será 5647
8.19 y les *sirvieres* y a ellos te inclinares 5647
10.8 delante de Jehová para *servirle*, y para 8334
10.12 y *sirvas* a Jehová tu Dios con todo tu 5647
10.20 él solo *servirás*, a él seguirás, y por 5647
11.13 *sirviéndole* con todo vuestro corazón 5647
11.16 os apartéis y *sirváis* a dioses ajenos 5647
12.2 las naciones que... *sirvieron* a sus dioses 5647
12.30 *servían*... a sus dioses, yo... les serviré 5647
13.2 en pos de dioses ajenos... y *sirvámosles* 5647
13.4 Jehová... él *serviréis*, y a él seguiréis 5647
13.6 vamos y *sirvamos* a dioses ajenos, que ni 5647
13.13 *sirvamos* a dioses ajenos, que vosotros 5647
15.12 hubiere *servido* seis años, al séptimo 5647
15.18 por la mitad del... te *sirvió* seis años 5647
15.19 no te *servirás* del primogénito de tus 5647
17.3 que hubiere ido y *servido* a dioses ajenos 5647
20.11 que en ella fuere hallado... te *servirá* 5647
21.5 a ellos escogió... para que le *sirvan*, y 8334
28.14 para ir tras dioses ajenos y *servirles* 5647
28.26 y tus cadáveres *servirán* de comida a
28.36 allá *servirás* a dioses ajenos, al palo 5647
28.37 *servirás* de refrán y de burla a todos
28.47 no *serviste* a... Dios con alegría y con 5647
28.48 *servirás*, por tanto, a tus enemigos que 5647
28.64 y allí *servirás* a dioses... no conociste 5647
29.18 para ir a *servir* a los dioses de esas 5647
29.26 y fueron y *sirvieron* a dioses ajenos 5647
30.17 te inclinares a dioses... les *sirvieres* 5647
31.20 se volverán a dioses... y les *servirán* 5647
Jos 4.7 estas piedras *servirán* de monumento
20.3 *servirán* de refugio contra el vengador
22.5 le *sirváis* de todo vuestro corazón y de 5647
23.7 ni los *sirváis*, ni os inclinéis a ellos 5647
24.2 Taré... Nacor... *servían* a dioses extraños 5647
24.14 a Jehová, y *servidle* con integridad y 5647
24.14 quitad... dioses a los cuales *sirvieron* 5647
24.14 al otro lado del río... y *servid* a Jehová 5647
24.15 y si mal os parece *servir* a Jehová 5647
24.15 escogeos hoy a quien *sirváis*; si a los 5647
24.15 los dioses a quienes *sirvieron*... padres 5647
24.15 pero yo y mi casa *serviremos* a Jehová 5647
24.16 dejemos a Jehová para *servir* a otros 5647
24.18 *serviremos* a Jehová... es nuestro Dios 5647
24.19 no podréis *servir* a Jehová, porque él 5647
24.20 si dejareis... *sirviereis* a dioses ajenos 5647
24.21 dijo a Josué: No... a Jehová *serviremos* 5647
24.22 habéis elegido a Jehová para *servirle* 5647
24.24 a Jehová... *serviremos*, y... obedeceremos 5647
24.27 piedra nos *servirá* de testigo, porque
24.31 *sirvió* Israel a Jehová todo el tiempo 5647
Jue 2.7 el pueblo había *servido* a Jehová todo 5647
2.11 hijos de Israel... *sirvieron* a los baales 5647
2.19 siguiendo a dioses ajenos para *servirles* 5647
3.6 dieron... hijas... y *sirvieron* a sus dioses 5647
3.7 *sirvieron* a los baales y a las imágenes 5647
3.8 *sirvieron* los... a Cusan-risataim ocho años 5647
3.14 y *sirvieron* los hijos de Israel a Eglón 5647
9.28 y qué es Siquem, para que... le *sirvamos*? 5647
9.28 *servid* a los varones de Hamor padre de 5647
9.28 pero ¿por qué le hemos de *servir* a él? 5647
9.38 ¿quién es Abimelec para que... *sirvamos*? 5647
10.6 y *sirvieron* a los baales y a Astarot, a 5647
10.6 y dejaron a Jehová, y no le *sirvieron* 5647
10.10 hemos dejado... y *servido* a los baales 5647
10.13 y habéis *servido* a dioses ajenos; por 5647
10.16 quitaron... dioses... y *sirvieron* a Jehová 5647
16.25 Sansón... *sirvió* de juguete delante de
17.12 aquel joven le *servía* de sacerdote, y
Rt 4.7 y esto *servía* de testimonio en Israel
1 S 4.9 no *sirváis*... como ellos os han servido 5647
7.3 corazón a Jehová, y sólo a él *servid*, y 5647
7.4 a los baales... y *sirvieron* sólo a Jehová 5647
8.8 dejándome... y *sirviendo* a dioses ajenos 5647
11.1 alianza con nosotros, y te *serviremos* 5647
12.10 servido a los baales... y te *serviremos* 5647
12.14 si temiereis a Jehová y le *sirviereis* 5647
12.14 y si tanto vosotros... *servís* a Jehová 5647
12.20 sino *servidle* con todo vuestro corazón 5647
12.24 *servidle* de... con todo vuestro corazón 5647
17.9 seréis nuestros siervos y nos *serviréis* 5647
22.14 que *sirve* a tus órdenes y es ilustre en 5650
25.42 con 5 doncellas que le *servían*, montó
26.19 diciendo: Vé y *sirve* a dioses ajenos 5647
2 S 10.19 hicieron paz con Israel y le *sirvieron* 5647
13.17 llamando a su criado que le *servía*, le 8334
15.8 si... me hiciere volver... *serviré* a Jehová 5647
16.19 ¿y a quién había yo de *servir*? ¿No es 5647
16.19 como he *servido* delante de tu padre, así 5647
22.44 pueblo que yo no conocía me *servirá* 5647
1 R 1.4 y ella abrigaba al rey, y le *servía* 8334
1.15 muy viejo, y Abisag sunamita le *servía* 8334
4.21 *sirvieron* a Salomón todos los días que 5647
9.6 sino que fuereis y *sirviereis* a dioses 5647
9.9 los *sirvieron*; por eso ha traído Jehová 5647
9.21 hizo... *sirviesen* con tributo hasta hoy 5647
10.5 los vestidos de los que le *servían*, sus 8334
12.4 disminuye tú algo de la... y te *serviremos* 5647
12.7 si tú... les sirvieres... ellos te *servirán* 5647
16.31 Jeroboam hijo... *sirvió* a Baal, y lo adoró 5647
19.21 levantó y fue tras Elías, y le *servía* 8334
22.53 *sirvió* a Baal, y lo adoró, y provocó a 3332
2 R 3.11 aquí está Eliseo... que *servía* a Elías 3332
4.40 *sirvió* para que comieran los hombres 3332
5.2 una... la cual *servía* a la mujer de Naamán 1961,6440
6.15 y salió el que *servía* al varón de Dios 8334
10.18 *sirvió* poco a Baal, mas Jehú lo servirá 5647
17.12 y *servían* a los ídolos, de los cuales 5647
17.16 hicieron imágenes... y *sirvieron* a Baal 5647
17.35 a otros dioses... ni les *serviréis*, ni 5647
17.41 *sirvieron* a sus ídolos; y también sus 5647
18.7 rebeló contra... Asiria, y no le *sirvió* 5647
21.21 *sirvió* a los ídolos a los cuales había 5647
21.21 a los cuales había *servido* su padre, y 5647
25.24 y *servid* al rey de Bablionia, y os irá 5647
1 Cr 6.32 cuales *servían* delante de la tienda 8334
15.2 ha elegido Jehová para que... y le *sirvan* 8334
25.8 echaron suertes para *servir* por turnos 4931
26.12 alternando los... para *servir* en la casa 8334
27.1 que *servían* al rey en todos los negocios 8334
28.1 reunió... a todos los... que *servían* al rey 8334
28.9 al Dios... y *sírvele* con corazón perfecto 5647
2 Cr 7.19 y *sirviereis* a dioses ajenos, y los 5647
7.22 y los adoraron y *sirvieron*; por eso él 5647
10.4 ahora alivia algo de la... te *serviremos* 5647
10.7 les agradares... ellos te *servirán* siempre 5650
12.8 para que sepan lo que es *servirme* a mí 5656
12.8 es *servir* a los reinos de las naciones 5656
22.8 los... que *servían* a Ocozías, y los mató 8334
24.18 *sirvieron* a los símbolos de Asera y a 5647
29.11 le *sirváis*, y seáis sus ministros, y le 8334
30.8 *servid* a Jehová vuestro Dios, y el ardor 5647
33.16 y mandó a Judá que *sirviesen* a Jehová 5647
33.22 *sirvió* a todos los ídolos que su padre 5647
34.33 hizo que todos los... *sirviesen* a Jehová 5647
35.3 ahora *servid* a Jehová vuestro Dios, y a 5647
Neh 1.11 porque yo *servía* de copero al rey 5414
2.1 sucedió... tomé el vino y lo *serví* al rey
4.22 de noche *sirvan* de centinela y de día en
6.13 *sirviera* del mal nombre con que fuera
9.35 no te *sirvieron*, ni se convirtieron de 5647
12.44 con respecto a... y levitas que *servían* 5975
Est 1.10 que *servían* delante del rey Asuero 8334
5.13 esto de nada me *sirve* cada vez que veo 7737
7.9 uno de los eunucos que *servían* al rey
Job 21.15 ¿quién es el... para que le *sirvamos*? 5647
30.2 ¿y de qué me *serviría* ni aun la fuerza
30.9 soy objeto de su... les *sirvo* de refrán
34.9 ha dicho: De nada *servirá* al hombre el 5532
36.11 y le *sirvieron*, acabarán sus días en 5647
39.9 ¿querrá el búfalo *servirte* a ti, o 5647
Sal 2.11 *servid* a Jehová con temor... temblor 5647
16.4 dolores de aquellos que *sirven*... dioses
18.43 pueblo que yo no conocía me *sirvió* 5647
22.30 la posteridad le *servirá*... será contado 5647
72.11 se postrarán..las naciones le *servirán* 5647
83.8 *sirven* de brazo a los hijos de Lot
97.7 los que *sirven* a las imágenes de talla 5647
100.2 *servid* a Jehová con alegría... regocijo 5647
101.6 el que ande en el camino... me *servirá* 5647
102.22 se congreguen en uno para *servir* a 5647
106.36 y *sirvieron* a sus ídolos, los cuales 5647
119.91 subsisten todas las cosas... te *sirven* 5560
Pr 12.26 el justo *sirve* de guía a su prójimo
17.16 ¿de qué *sirve* el precio en la mano del
Ec 2.2 dije... al placer: ¿De qué *sirve* esto? 6213
10.11 si muerde... de nada *sirve* el encantador
10.19 los vivos; y el dinero *sirve* para todo 6030
Is 1.11 ¿para qué me *sirve*, dice Jehová, la
11.14 Edom y Moab les *servirán*, y los hijos
14.3 servidumbre en que te hicieron *servir* 5647
19.23 los egipcios *servirán* con los asirios 5647
43.23 no te hice *servir* con ofrenda, ni te 5647
44.15 de él se *sirve*... el hombre para quemar
56.6 que sigan a Jehová para *servirle*, y que 5647
59.6 sus telas no *servirán* para vestir, ni
60.7 carneros de Nebaiot te serán *servidos* 8334
60.10 extranjeros... y sus reyes te *servirán* 8334
60.12 porque la nación... que no
te *sirviere* perecerá 5647
60.19 el sol nunca más te *servirá* de luz para
Jer 2.20 desde muy atrás... dijiste: No *serviré* 5647
5.19 y *servisteis* a dioses... así *serviréis* a 5647
8.2 ejército del cielo, a quienes... *sirvieron* 5647
11.10 se fueron tras dioses... para *servirles* 5647
13.10 en pos de dioses ajenos para *servirles* 5647
15.14 te haré *servir* a tus enemigos en tierra
16.4 y sus cuerpos *servirán* de comida a las
16.11 anduvieron en pos de... y los *sirvieron* 5647
16.13 *serviréis* a dioses ajenos de día y de 5647
17.4 te haré *servir* a tus enemigos en tierra 5647
22.9 adoraron dioses ajenos y les *sirvieron* 5647
22.13 *sirviéndose* de su prójimo de balde, y 5647
25.6 de dioses... *sirviéndoles* y adorándoles, ni 5647
25.11 y *servirán* estas naciones al... 70 años 5647
27.6 las bestias... he dado para que le *sirvan* 5647
27.7 todas las naciones le *servirán* a él, a 5647
27.8 a la nación... que no *sirviere* a... rey de 5647
27.9,14 hablan diciendo: No *serviréis* al rey 5647
27.11 sometiere su cuello al... y le *sirviere* 5647
27.12 someted... y *servidle* a él y a su pueblo 5647
27.13 de la nación que no *sirviere* al rey de 5647
27.17 no los oigáis; *servid* al rey... y vivid 5647
28.14 para que sirvan a... y han de *servirle* 5647
30.9 *servirán* a Jehová su Dios y a David su 5647
33.22 multiplicaré la... levitas que me *sirven* 5647
34.14 *servirá* seis años, y lo enviará libre 5647
35.15 tras dioses ajenos para *servirles*, y 5647
40.9 de servir a los caldeos... *servid* al rey 5647
Lm 4.10 propios hijos les *sirvieron* de comida
Ez 15.4 se quemó; ¿*servirá* para obra alguna? 6743
15.5 que cuando estaba entera no *servía* para 6213
15.5 quemada? ¿*Servirá* más para obra alguna? 6213
19.14 endecha es esta, y de endecha *servirá*
20.32 las... que *sirven* al palo y a la piedra 8334
20.39 andad... y *servidles*, si es que a mí no 5647
20.40 allí me *servirá* toda la casa de Israel 5647
27.7 para que te *sirviese* de vela; de azul y
29.20 su trabajo con que *sirvió* contra ella 5647
34.27 libré de mano de los que se *sirven* de 5647
44.11 *servirán* en mi santuario como porteros 8334
44.11 ellos... estarán ante él para *servirle* 8334
44.12 les *sirvieron* delante de sus ídolos 8334
44.13 no se acercarán a mí para *servirme* como
44.16 se acercarán a mi mesa para *servirme* 8334
45.4 *servirá* de lugar para sus casas, y como 8334
48.18 será... para los que *sirven* a la ciudad 5647
48.19 y los que *sirvan* a la ciudad serán de 5647
Dn 3.17 Dios a quien *servimos* puede librarnos 6399
3.18 no *serviremos* a tus dioses, ni tampoco 6399
3.28 antes que *servir* y adorar a otro dios 6399
6.16 Dios tuyo, a quien... *sirves*, él te libre 6399
6.20 a quien tú continuamente *sirves*, ¿te ha 6399
7.10 de él; millares de millares le *servían* 8120
7.14 para que todos los pueblos... le *sirvieran* 6399
7.27 los dominios le *servirán* y obedecerán 6399
11.27 no *servirá* de nada, porque el plazo aún
Os 4.10 no... porque dejaron de *servir* a Jehová
12.12 Jacob *sirvió* para adquirir mujer, y por 5647
Hab 2.18 ¿de qué *sirve* la escultura... esculpió 3276
Sof 3.9 que le *sirvan* de común consentimiento 5647
Zac 6.14 coronas *servirán* a Helem, a Tobías
Mal 3.14 habéis dicho: Por demás es *servir* a 5647
3.17 el... que perdona a su hijo que le *sirve* 5647
3.18 entre el que *sirve* a Dios y el que no le *s* 5647
Mt 4.10 **tu Dios adorarás, y a él solo *servirás*** *3000*
4.11 y he aquí vinieron ángeles y le *servían* *1247*
5.13 **no *sirve* más para nada, sino para ser**
6.24 **ninguno puede *servir* a dos señores** *1398*
6.24 **no podéis *servir* a Dios y a las riquezas** *1398*
8.15 la dejó; y ella se levantó, y les *servía* *1247*
13.41 **recogerán... los que *sirven* de tropiezo**
20.28 **no... para ser *servido*, sino para *servir*** *1247*
22.13 **dijo a los que *servían*: Atadle de pies** *1401*
25.44 **¿cuándo... la cárcel, y no te *servimos*?** *1247*
27.55 las cuales habían seguido a... *sirviéndole* *1247*
Mr 1.13 era tentado... y los ángeles le *servían* *1247*
1.31 le dejó la fiebre, y ella les *servía* *1247*
10.45 **para ser servido, sino para *servir*, y** *1247*
15.41 en Galilea, le seguían y le *servían* *1247*
Lc 1.74 librados de... sin temor le *serviríamos* *3000*
2.12 esto os *servirá* de señal: Hallaréis al
2.37 *sirviendo* de noche y de día con ayunos *3000*
4.8 **tu Dios adorarás, y a él solo *servirás*** *3000*
4.39 levantándose... al instante, les *servía* *1247*
8.3 otras muchas... le *servían* de sus bienes *1247*
10.40 mi hermana me deje *servir* sola? Dile *1247*
12.37 **que se sienten... y vendrá a *servirles*** *1247*
15.29 **tantos años te *sirvo*, no habiéndote** *1247*
16.13 **ningún siervo puede *servir* a dos señores** *1247*
16.13 **no podéis *servir* a Dios y a... riquezas** *1247*
17.8 ***sírveme* hasta que haya comido y bebido** *1247*
22.26 **sino... el que dirige, como el que *sirve*** *1247*
22.27 **se sienta a la mesa, o el que *sirve*?** *1247*
22.27 **estoy entre vosotros como el que *sirve*** *1247*
Jn 2.5 dijo a los que *servían*: Haced todo lo *1249*
2.10 todo hombre *sirve* primero el buen vino *5087*
12.2 Marta *servía*, y Lázaro era uno de los *1247*
12.26 **si alguno me *sirve*, sígame, y donde yo** *1247*
12.26 **si... me *sirviere*, mi Padre le honrará** *1247*
Hch 6.2 dejemos la... para *servir* a las mesas *1247*
7.7 después de esto saldrán y me *servirán* en *3000*
13.36 habiendo *servido* a su propia generación *5256*
20.19 *sirviendo* al Señor con toda humildad *1398*

20.34 sabéis que...estas manos me han *servido*..... *5256*
24.14 llaman herejía, así *sirvo* al Dios de *3000*
24.23 no impidiese a...*servirle* o venir a él.......... *5256*
26.7 *sirviendo* constantemente a Dios de día y...... *3000*
27.23 del Dios de quien soy y a quien *sirvo* *3000*
Ro 1.9 testigo me es Dios, a quien *sirvo* en............ *3000*
6.6 a fin de que no *sirvamos* más al pecado......... *1398*
6.19 miembros para *servir* a la inmundicia y *1401*
6.19 presentad vuestros miembros para *servir* *1401*
7.6 *sirvamos* bajo el régimen...del Espíritu......... *1398*
7.25 yo...con la mente *sirvo* a la ley de Dios........ *1398*
9.12 se le dijo: El mayor *servirá* al menor.......... *1398*
12.7 o si de servicio, en *servir*; o el que............. *1248*
12.11 fervientes en espíritu, *sirviendo* al............ *1398*
14.18 el que en esto *sirve* a Cristo, agrada.......... *1398*
16.18 no *sirven* a nuestro Señor Jesucristo *1398*
1 Co 9.13 los que *sirven* al altar, del altar............. *4332*
13.3 si...y no tengo amor, de nada me *sirve* *5623*
2 Co 11.8 recibiendo salario para *serviros* a........... *1248*
Gá 3.19 ¿para qué *sirve* la ley? Fue añadida a
4.8 *servíais* a los que por naturaleza no son *1398*
5.13 *servíos* por amor los unos a los otros *1398*
Ef 6.6 no *sirviendo* al ojo...sino...de corazón.......... *3787*
6.7 *sirviendo*...buena voluntad, como al Señor *1398*
Fil 2.22 como hijo...ha *servido* conmigo en el.......... *1398*
3.3 que en espíritu *servimos* a Dios, y nos.......... *3000*
Col 3.22 no *sirviendo* al ojo, como los que............. *3787*
3.24 la recompensa...a Cristo el Señor *servís* *1398*
1 Ts 1.9 para *servir* al Dios vivo y verdadero *1398*
1 Ti 6.2 sino *sírvanles* mejor, por cuanto son........... *1398*
2 Ti 1.3 al cual *sirvo*...con limpia conciencia *3000*
Flm 13 para que en lugar tuyo me *sirviese* en.......... *1247*
He 6.10 servido a los santos y *sirviéndoles* aún *1247*
7.13 tribu, de la cual nadie *sirvió* al altar........... *4337*
8.5 *sirven* a lo que es figura y sombra de las........ *3000*
9.14 limpiará...para que *sirváis* al Dios vivo? *3000*
12.28 *sirvamos* a Dios agradándole con temor...... *3000*
13.10 tienen derecho de comer los que *sirven*....... *3000*
Ap 7.15 y le *sirven* día y noche en su templo........... *3000*
22.3 estará en ella, y sus *siervos* le servirán *3000*

SESAI *Uno de los tres hijos de Anac en Hebrón*, Nm 13.22; Jos 15.14; Jue 1.10 8344

SESÁN *Descendiente de Jerameel*
1 Cr 2.31 *S* hijo de Isi, e hijo de *S*, Ahlai................ 8348
2.34 *S* no tuvo hijos...pero tenía *S* un siervo........ 8348
2.35 a éste *S* dio su hija por mujer, y ella 8348

SESBASAR *Príncipe de Judá en tiempo del rey Ciro*
Esd 1.8 Ciro...los dio...a *S* príncipe de Judá 8339
1.11 los hizo llevar *S* con los que subieron........... 8339
5.14 y fueron entregados a *S*, a quien había......... 8339
5.16 *S* vino y puso los cimientos de la casa 8339

SESENTA *Véase también Sesenta y uno, Sesenta mil, etc.*
Gn 25.26 y era Isaac de edad de *s* años cuando........ 8346
Lv 27.3 al varón de...hasta *s*, lo estimarás en.......... 8346
27.7 de *s* años o más, al varón lo estimarás.......... 8346
Nm 7.88 *s* los carneros, *s* los machos cabríos 8346
7.88 *s* los corderos de un año...fue la ofrenda...... 8346
Dt 3.4 *s* ciudades, toda la tierra de Argob 8346
Jos 13.30 territorio de ellos...*s* poblaciones 8346
1 R 4.13 tenía...*s* grandes ciudades con muro y 8346
4.22 la provisión...era de...*s* coros de harina 8346
6.2 la casa...tenía *s* codos de largo y veinte 8346
2 R 25.19 tomó...y *s* varones del pueblo de la.......... 8346
1 Cr 2.21 la cual tomó siendo él de *s* años, y 8346
2.23 pero Gesur y Aram tomaron las...*s* lugares ... 8346
2 Cr 3.3 casa de Dios...la longitud, de *s* codos.......... 8346
11.21 tomó dieciocho mujeres y *s* concubinas....... 8346
11.21 Roboam...y engendró 28 hijos y *s* hijas........ 8346
Esd 6.3 su altura de *s* codos, y de *s* codos su 8346
8.13 hijos de Adonicam...con ellos *s* varones.......... 8346
Cnt 3.7 *s* valientes la rodean, de los fuertes 8346
6.8 *s* son las reinas, y 80 las concubinas, y.......... 8346
Jer 52.25 tomó a...*s* hombres del pueblo que se 8346
Ez 40.14 y midió los postes, de *s* codos, cada......... 8346
Dn 3.1 estatua de...cuya altura era de *s* codos 8361
Mt 13.8 **dio fruto, cuál a s, y cuál a treinta** *1835*
13.23 **produce a ciento, a s, y a treinta por** *1835*
Mr 4.8 **produjo a treinta, a s, y a ciento por** *1835*
4.20 **y dan fruto a treinta, a s, y a ciento**........... *1835*
Lc 24.13 una aldea...a *s* estadios de Jerusalén.......... *1835*
1 Ti 5.9 la viuda no menor de *s*, años, que haya *1835*

SESENTA MIL
2 Cr 12.3 con *60.000* hombres de a caballo; mas.... 8346,505

SESENTA MIL QUINIENTOS
Nm 26.27 y fueron contados de ellas
60.500.................................... 8346,505,2568,3967

SESENTA Y CINCO
Gn 5.15 vivió Mahalaleel *65* años, y engendró 8346,2568
5.21 vivió Enoc *65*...y engendró a Matusalén.. 8346,2568
Is 7.8 dentro de *65* años Efraín...quebrantado ... 8346,2568

SESENTA Y CUATRO MIL CUATROCIENTOS
Nm 26.43 los suhamitas fueron contados *64.400*

SESENTA Y CUATRO MIL TRESCIENTOS
Nm 26.25 y fueron contados de ellas
64.300.................................... 8346,702,505,702,3967

SESENTA Y DOS
1 Cr 26.8 para el servicio; *62*, de Obed-edom 8346,8147
Dn 5.31 y Darío...tomó el reino, siendo de *62*..... 8361,8648
9.25 hasta...habrá siete semanas,
y *62* semanas.............................. 8346,8147
9.26 después de las *62* semanas se quitará la .. 8346,8147

SESENTA Y DOS MIL SETECIENTOS
Nm 1.39 los contados de...de Dan fueron *62.700*.. 8346,8147
2.26 de ejército, con sus contados, *62.700* 8346,8147

SESENTA Y OCHO
1 Cr 16.38 y a Obed-edom y a sus *68* hermanos... 8346,8083

SESENTA Y SEIS
Gn 46.26 Jacob, todas las personas fueron *66* 8346,8337
Lv 12.5 y *66* días estará purificándose de su...... 8346,8337

SESENTA Y SIETE
Neh 7.72 plata, y *67* vestiduras sacerdotales...... 8346,7651

SESENTA Y UN MIL
Nm 31.34 y *61.000* asnos....................... 8346,259,505
Esd 2.69 dieron al tesorero...*61.000* dracmas.... 8337,7239,505

SESENTA Y UNO
Nm 31.39 de ellos el tributo para Jehová, *61* 8346,259

SESTEAR
Cnt 1.7 saber, oh...dónde *sesteas* al mediodía 7257

SET
1. Tercer hijo de Adán y padre de Enós,
Gn 4.25,26; 5.3,4,6,7,8; 1 Cr 1.1; Lc 3.38 ...... 8352,*4589*
2. Voz poética, «Hijos de Set» =Moab
Nm 24.17 y destruirá a todos los hijos de *S* 8352,8351

SETAR *Uno de los consejeros del rey Asuero,*
Est 1.14 8369

SETAR-BOZNAI *Oficial del rey de Persia,*
Esd 5.3,6; 6.6,13 8370

SETECIENTOS *Véase también Setecientos Veintiuno, etc.*
Jue 20.15 Gabaa...cuenta *s* hombres escogidos 7651
20.16 *s* hombres escogidos, que eran zurdos 7651
2 S 10.18 David mató...a la gente de *s* carros 7651
1 R 11.3 *s* mujeres reinas y 300 concubinas............ 7651
2 R 3.26 tomó...*s* hombres que manejaban espada 7651
2 Cr 15.11 *s* bueyes y siete mil ovejas.................. 7651

SETECIENTOS CUARENTA Y CINCO
Jer 52.30 llevó cautivas a *745*
personas de los...................... 7651,3967,705,2568

SETECIENTOS CUARENTA Y TRES
Esd 2.25; Neh 7.29 de
Quiriat-jearim...*743* 7651,3967,705,7969

SETECIENTOS OCHENTA Y DOS
Gn 5.26 vivió Matusalén, después...
782 años........................... 7651,3967,8084,8147

SETECIENTOS SESENTA
Esd 2.9; Neh 7.14 los hijos de Zacai, *760*...... 7651,3967,8346

SETECIENTOS SETENTA Y CINCO
Esd 2.5 los hijos de Ara, *775* 7651,3967,7651,2568

SETECIENTOS SETENTA Y SIETE
Gn 5.31 los días de Lamec *777* años; y
murió 7651,3967,7657,7651

SETECIENTOS TREINTA
Éx 38.24 oro de la...29 talentos y *730* siclos.. 7651,3967,7970

SETECIENTOS TREINTA Y SEIS
Esd 2.66; Neh 7.68 sus caballos eran
736; sus............................ 7651,3967,7970,8337

SETECIENTOS VEINTICINCO
Esd 2.33 los hijos de Lod, Hadid y Ono,
725 7651,3967,6242,2568

SETECIENTOS VEINTIUNO
Neh 7.37 los hijos de Lod, Hadid y Ono,
721 7651,3967,6242,259

SETENTA
Gn 4.24 Lamec en verdad *s* veces siete lo será......... 7657
5.12 Cainán *s* años, y engendró a Mahalaleel 7657
11.26 Taré vivió *s* años, y engendró a Abram....... 7657
46.27 Jacob, que entraron en Egipto, fueron *s*...... 7657
50.3 así...y lo lloraron los egipcios *s* días.......... 7657
Éx 1.5 personas...le nacieron a Jacob fueron *s*........ 7657
15.27 doce fuentes de aguas, y *s* palmeras.......... 7657
24.1 sube...*s* de los ancianos de Israel; y os 7657
24.9 subieron...*s* de los ancianos de Israel 7657
38.29 el bronce ofrendado fue *s* talentos y......... 7657
Nm 7.13,19,25,31,37,43,49,55,61,67,73,79 un jarro
de plata de *s* siclos.............................. 7657
7.85 jarro de *s*; toda la plata de la vajilla 7657
11.16 reúneme *s* varones de los ancianos de 7657
11.24 reunió a los *s* varones de los ancianos......... 7657
11.25 del espíritu...lo puso en los *s* varones 7657
33.9 Elim, donde había...aguas, y *s* palmeras 7657
Dt 10.22 *s* personas descendieron tus padres a......... 7657
Jue 1.7 *s* reyes, cortados los pulgares de sus 7657
8.30 tuvo Gedeón *s* hijos que constituyeron su...... 7657
9.2 os gobiernen *s* hombres, todos los hijos......... 7657
9.4 le dieron *s* ciclos de plata del templo de 7657
9.5 mató a sus hermanos...*s* varones sobre una.... 7657
9.18 y habéis matado a sus hijos, *s* varones.......... 7657
9.24 la violencia...a los *s* hijos de Jerobaal 7657
9.56 mal que hizo...matando a sus *s* hermanos..... 7657
12.14 treinta nietos, que cabalgaban sobre *s* 7657
2 R 10.1 tenía Acab en Samaria *s* hijos; y Jehú......... 7657
10.6 y los hijos del rey, *s* varones, estaban.......... 7657
10.7 degollaron a los *s* varones, y pusieron.......... 7657
2 Cr 29.32 los holocaustos que trajo...*s* bueyes 7657
36.21 hasta que los *s* años fueron cumplidos 7657
Esd 8.7 Jesaías hijo de Atalías, y con él *s* 7657
8.14 hijos de Bigvai...y con ellos *s* varones 7657
Sal 90.10 los días de nuestra edad son *s* años.......... 7657
Is 23.15 Tiro será puesta en olvido por *s* años 7657
23.15 después de los *s* años, cantará Tiro........... 7657
23.17 al fin de los *s* años visitará Jehová a 7657
Jer 25.11 servirán...al rey de Babilonia *s* años 7657
25.12 cumplidos los *s* años, castigaré al rey 7657
29.10 en Babilonia se cumplan los *s* años, yo 7657
Ez 8.11 estaban *s* varones de los ancianos de.......... 7657
41.12 el edificio...era de *s* codos; y la pared 7657
Dn 9.2 las desolaciones de Jerusalén en *s* años........ 7657
9.24 *s* semanas están determinadas sobre tu 7657
Zac 1.12 estado airado por espacio de *s* años? 7657
7.5 llorasteis...el séptimo mes estos *s* años.......... 7657
Mt 18.22 **siete, sino aun hasta s veces siete**............ *1441*
Lc 10.1 designó el Señor también a otros *s*, a *1440*
10.17 volvieron los *s* con gozo, diciendo *1440*
Hch 23.23 preparasen...*s* jinetes y doscientos *1440*

SETENTA MIL
2 S 24.15 murieron del pueblo, desde...*70.000* 7657,505
1 R 5.15 tenía...Salomón *70.000* que llevaban....... 7657,505
1 Cr 21.14 murieron de Israel *70.000* hombres 7657,505
2 Cr 2.2 designó Salomón *70.000* hombres que..... 7657,505
2.18 y señaló de...*70.000* para llevar cargas 7657,505

SETENTA Y CINCO
Gn 12.4 y era Abram de edad de *75* años cuando...... 7657
Hch 7.14 parentela, en número de *75* personas........ *1440*

SETENTA Y CINCO MIL
Est 9.16 mataron de sus contrarios a *75.000* .. 7657,2568,505

SETENTA Y CUATRO
Esd 2.40; Neh 7.43 los hijos de Hodavías, *74*........ 7657,702

SETENTA Y CUATRO MIL SEISCIENTOS
Nm 1.27 los contados...de Judá
fueron *74.600* 7657,702,505,8337,3967
2.4 de ejército, con sus
contados, *74.600* 7657,702,505,8337,3967

SETENTA Y DOS
Nm 31.38 de ellos el tributo para Jehová, *72*...... 7657,8147

SETENTA Y DOS MIL
Nm 31.33 *72.000* bueyes 7657,8147,505

SETENTA Y SEIS MIL QUINIENTOS
Nm 26.22 y fueron contados
de ellas *76.500* 7657,8337,505,2568,3967

SETENTA Y SIETE
Jue 8.14 le dio...los nombres de...*77* varones 7657,7651
Esd 8.35 carneros, *77* corderos, y doce machos... 7657,7651

SETO
Pr 15.19 el camino del perezoso es como *s* de 4881
Os 2.6 y la cercaré con *s*, y no hallará sus 7753

SETUR *Uno de los doce espías*, Nm 13.13........ 5639

SEVA
1. Secretario del rey David (=Seraías No. 1, Savsa y Sisa), 2 S 20.25............ 7724
2. Descendiente de Caleb, 1 Cr 2.49................ 7724

SEVENE *Población en el sur de Egipto,*
Ez 29.10; 30.6 5428,5482

SEVERAMENTE
Jue 5.23 Maldecid severamente a sus moradores....... 779

SEVERIDAD
Ro 11.22 mira, pues, la bondad y la *s* de Dios *663*
11.22 la *s*...para con los que cayeron, pero la *663*
2 Co 13.10 no usar de *s* cuando esté Presente......... *664*

SEVERO
Sal 18.26 limpio...*s* serás para con el perverso........ 6141
Lc 19.21 **tuve miedo...por cuanto eres hombre s** *840*
19.22 **sabías que yo era hombre s, que tomo lo** *840*

SEXO
Éx 1.16 veáis el *s*, si es hijo, matadlo; y si
1 R 11.16 acabado con todo el *s* masculino en

SEXTO, A
Gn 1.31 y fue la tarde y la mañana el día *s* 8345
30.19 concibió...dio a luz el *s* hijo a Jacob.......... 8345
Éx 16.5 en el *s* día prepararán para guardar.......... 8345
16.22 en el *s* día recogieron doble porción.......... 8345
16.29 eso en el *s* día os da pan para dos días 8345
26.9 doblarás la *s* cortina en el frente del 8345
Lv 25.21 yo os enviaré mi bendición el *s* año.......... 8345
Nm 7.42 el *s* día, Eliasaf hijo...príncipe de 8345
29.29 el *s* día, ocho becerros, dos carneros 8345
Jos 19.32 la *s* suerte correspondió a...Neftalí 8345
2 S 3.5 el *s* Itream, de Egla mujer de David 8345
2 R 18.10 en el año *s* de Ezequías, el cual era 8337
1 Cr 2.15 el *s* Ozem, el séptimo David 8345
3.3 quinto...el *s*, Itream, de Egla su mujer 8345
12.11 Atai el *s*, Eliel el séptimo 8345
24.9 la quinta a Malquías, la *s* a Mijamín........... 8345
25.13 la *s* para Buquías, con sus hijos y sus......... 8345
26.3 Elam el quinto, Johanán el *s*, Elioenai 8345
26.5 *s* Amiel, el séptimo Isacar, el octavo 8345
27.9 *s* para el *s* mes era Ira hijo de Iques 8345
Esd 6.15 el *s* año del reinado del rey Darío 8353
Neh 3.30 y Hanún hijo *s* de Salaf restauraron.......... 8345
Ez 4.11 beberás el agua...la *s* parte de un hin.......... 8345
8.1 el *s* año, en el mes *s*, a los cinco días 8345
45.13 (2) la *s* parte de un efa por cada homer 8345
46.14 ofrenda de la *s* parte de un efa, y la 8345
Hag 1.1 en el mes *s*, en el primer día del mes.......... 8345
1.15 en el día veinticuatro del mes *s*, en el 8345
Mt 20.5 **salió...cerca de las horas s y novena** *1623*

27.45 la hora *s* hubo tinieblas sobre toda la *1623*
Mr 15.33 vino la hora *s*, hubo tinieblas sobre *1623*
Lc 1.26 al *s* mes el ángel Gabriel fue enviado *1623*
1.36 es el *s* mes para ella, la que llamaban *1623*
23.44 cuando era... la hora *s*, hubo tinieblas *1623*
Jn 4.6 así junto al pozo... Era como la hora *s* *1623*
19.14 era la víspera de la... como la hora *s* *1623*
Hch 10.9 subió a la azotea... cerca de la hora *s* *1623*
Ap 6.12 miré cuando abrió el *s* sello, y he aquí *1623*
9.13 *s* ángel tocó la trompeta, y oí una voz *1623*
9.14 *s* ángel que tenía la trompeta: Desata a *1623*
16.12 el *s* ángel derramó su copa sobre el gran *1623*
21.20 el *s*, cornalina; el séptimo, crisólito *1623*

SHIBOLET
Jue 12.6 le decían... di *S*... Y él decía Sibolet 7641

SHUR *Lugar en la frontera nordeste de Egipto*
Gn 16.7 la fuente que está en el camino de *S* 7793
20.1 acampó entre Cades y *S*, y habitó como 7793
25.18 y habitaron desde Havila hasta *S*, que 7793
Éx 15.22 Mar Rojo, y... salieron al desierto... *S* 7793
1 S 15.7 derrotó a... Havila hasta llegar a *S* 7793
27.8 quien va a *S* hasta la tierra de Egipto 7793
2 R 11.6 parte estará a la puerta de *S*, y la 5495

SIAHA *Padre de una familia de sirvientes del templo*, Esd 2.44; Neh 7.47 5517

SIBA *Siervo del rey Saúl*
2 S 9.2 había un siervo de... que se llamaba *S* 6717
9.2 ¿eres tú *S*? Y él respondió: Tu siervo 6717
9.3 y *S* respondió al rey: Aún ha quedado un 6717
9.4 y *S* respondió al rey: He aquí, está en 6717
9.9 rey llamó a *S* siervo de Saúl, y le dijo 6717
9.10 y tenía *S* quince hijos y veinte siervos 6717
9.11 respondió *S* al rey: Conforme a todo lo 6717
9.12 la casa de *S* eran siervos de Mefi-boset 6717
16.1 *S* el criado de Mefi-boset, que salía a 6717
16.2 el rey a *S*: ¿Qué es esto? Y *S* respondió 6717
16.3 *S* respondió al rey... él se ha quedado en 6717
16.4 el rey dijo a *S*: He aquí, sea tuyo todo 6717
16.4 y respondió *S*... Rey señor mío, halle yo 6717
19.17 venían... *S*, criado de la casa de Saúl 6717
19.29 he determinado que tú y *S* os dividáis 6717

SIBECAI *Uno de los 30 valientes de David* (=Mebunai), 2 S 21.18; 1 Cr 11.29; 20.4; 27.11 .. 5444

SIBIA
1. Madre de Joás rey de Judá, 2 R 12.1; 2 Cr 24.1 6645
2. Descendiente de Benjamín, 1 Cr 8.9 6644

SIBMA *Ciudad en Rubén*
Nm 32.38 *S*; y pusieron nombres a las ciudades 7643
Jos 13.19 Quiriataim, *S*, Zaret-sahar en el 7643
Is 16.8 Hesbón fueron talados, y... vides de *S* 7643
16.9 con lloro de Jazer por la viña de *S*; te 7643
Jer 48.32 con llanto... lloraré por... vid de *S* 7643

SIBOLET
Jue 12.6 y él decía *S*... no podía pronunciarlo 5451

SIBRAIM *Lugar en el norte de Canaán*, Ez 47.16 ... 5453

SICAR *Ciudad de Samaria*, Jn 4.5 .... *4965*

SICARIO
Hch 21.38 sacó al desierto los cuatro mil *s*? *4607*

SICLAG *Ciudad en Judá*
Jos 15.31 *S*, Madmana, Sansana 6860
19.5 *S*, Bet-marcabot, Hazar-susa 6860
1 S 27.6 Aquis le dio... a *S*... *S* vino a ser de 6860
30.1 David y sus... vinieron a *S* al tercer día 6860
30.1 el Neguev y a *S*, y habían asolado a *S* 6860
30.14 una incursión a... y pusimos fuego a *S* 6860
30.26 David llegó a *S*, envió del botín a los 6860
2 S 1.1 vuelto David de... estuvo dos días en *S* 6860
4.10 yo... le maté en *S* en pago de la nueva 6860
1 Cr 4.30 Betuel, Horma, *S* 6860
12.1 estos son los que vinieron a David en *S* 6860
12.20 viniendo él a *S*, se pasaron a él de los 6860
Neh 11.28 en *S*, en Mecona y sus aldeas 6860

SICLO
Gn 23.15 la tierra vale 400 *s* de plata; ¿qué 8255
23.16 cuatrocientos *s* de plata, de buena ley 8255
24.22 un pendiente de oro que pesaba medio *s* 8255
Éx 21.32 pagará su dueño treinta *s* de plata 8255
30.13 medio *s*, conforme al *s* del santuario 8255
30.13 el *s* es de veinte geras... La mitad de un 8255
30.13 mitad de un *s* será la ofrenda a Jehová 8255
30.15 ni... ni el pobre disminuirá del medio *s* 8255
30.23 de mirra excelente quinientos *s*, y de 8255
30.24 de casia 500, según el *s* del santuario 8255
38.24 oro... 730 *s*, según el *s* del santuario 8255
38.25 plata... 1.775 *s*, según el *s* del santuario 8255
38.26 medio *s* por cabeza... el *s* del santuario 8255
38.28 de los 1.775 *s* hizo los capiteles de 8255
38.29 el bronce... fue 70 talentos y 2.400 *s* 8255
Lv 5.15 en *s* de plata del *s* del santuario, en 8255
27.3 en cincuenta *s*... según el *s* del santuario 8255
27.4 fuere mujer, la estimarás en treinta *s* 8255
27.5 al varón... veinte *s*, y la mujer en diez *s* 8255
27.6 al varón en cinco *s*... la mujer en tres *s* 8255
27.7 varón... quince *s*, y a la mujer en diez *s* 8255
27.16 de cebada se valorará en 50 *s* de plata 8255
27.25 conforme al *s*... el *s* tiene veinte geras 8255
Nm 3.47 cinco *s* por cabeza; conforme al *s* del 8255
3.47 los tomarás... El *s* tiene veinte geras 8255
3.50 recibió de... 1.365 *s*, conforme al *s* del 8255
7.13,19,25,31,37,43,49,55,61,67,73,79 un plato... de ciento treinta *s* de peso 8255
7.13,19,25,31,37,43,49,55,61,67,73,79 un jarro de plata de setenta *s*, al *s* del 8255
7.14,20,26,32,38,44,50,56,62,68,74,80 una cuchara de oro de diez *s*, llena de 8255
7.85 cada plato de 130 *s*, y cada jarro de 70 8255
7.85 la plata de... 2.400 *s*, al *s* del santuario 8255
7.86 diez *s* cada... al *s* del santuario... 120 *s* 8255
18.16 de cinco *s*, conforme al *s* del santuario 8255
31.52 todo el oro de la ofrenda... fue 16.750 *s* 8255
Jos 7.21 los despojos... doscientos *s* de plata 8255
7.21 lingote de oro de peso de cincuenta *s* 8255
Jue 8.26 fue el peso de... 1.700 *s* de oro, sin 8255
9.4 le dieron setenta *s* de plata del templo 8255
16.5 cada uno... te dará mil cien *s* de plata 8255
17.2 los mil cien *s* de plata que te fueron 8255
17.3 él devolvió los mil cien *s* de plata a 8255
17.4 doscientos *s* de... y los dio al fundidor 8255
17.10 daré diez *s* de plata por año, vestidos 8255
1 S 9.8 mi mano la cuarta parte de un *s*; esto 8255
13.21 la tercera parte de un *s* por afilar las 8255
17.5 era el peso de la cota 5.000 *s* de bronce 8255
17.7 y tenía el hierro de su lanza 600 *s* de 8255
2 S 14.26 pesaba el cabello de... 200 *s* de peso 8255
18.11 hubiera placido darte diez *s* de plata 8255
18.12 aunque me pesaras mil *s* de plata, no 8255
21.16 lanza pesaba trescientos *s* de bronce 8255
24.24 compró la era... por cincuenta *s* de plata 8255
1 R 10.16 seiscientos *s* de oro gastó en cada
2 R 7.1 valdrá el seah de flor de harina un *s* 8255
7.1 dos seahs de cebada un *s*, a la puerta de 8255
7.16 por un *s*, y dos seahs de cebada por un *s* 8255
7.18 por un *s*, y el seah... de harina... por un *s* 8255
15.20 de cada uno 50 *s* de plata, para dar al 8255
1 Cr 21.25 dio David... el peso de 600 *s* de oro 8255
2 Cr 3.9 clavos era de uno hasta 50 *s* de oro 8255
9.15 doscientos paveses... cada uno... 600 *s* de
9.16 teniendo cada escudo 300 *s* de oro; y los
Neh 5.15 tomaron de ellos... más de cuarenta *s* 8255
10.32 con la tercera parte de un *s* para la 8255
Is 7.23 mil vides que valían mil *s* de plata 3701
Jer 32.9 y le pesé el dinero; diecisiete *s* de 8255
Ez 4.10 la comida... de peso de veinte *s* al día 8255
45.12 y el *s* será de veinte geras... Veinte *s* 8255
45.12 veinticinco *s*, quince *s*, os serán una 8255
Os 3.2 compré... para mí por quince *s* de plata

SICÓMORO
Lc 17.6 **podríais decir a este *s*: Desarráigate** *4807*
19.4 corriendo delante, subió a un árbol *s* *4809*

SICRÓN *Aldea en la frontera de Judá*, Jos 15.11 ... 7942

SIDIM
1. Valle al sur del Mar Muerto, después inundado por el mismo mar
Gn 14.3 se juntaron en el valle de *S*, que es 7708
14.8 y ordenaron... batalla en el valle de *S* 7708
14.10 de *S* estaba lleno de pozos de asfalto 7708
2. Ciudad fortificada en Neftalí, Jos 19.35 6661

SIDÓN
1. Primogénito de Canaán, Gn 10.15; 1 Cr 1.13 6721
2. Ciudad y puerto al norte de Tiro
Gn 10.19 el territorio de los cananeos desde *S* 6721
49.13 será para puerto... y su límite hasta *S* 6421
Jos 11.8 y los siguieron hasta *S* la grande y 6721
Jos 19.28 abarca a Hebrón... hasta la gran *S* 6721
Jue 1.31 a los que habitaban en *S*, en Ahlab 6721
10.6 sirvieron a... Astarot, a los dioses de *S* 6721
10.12 de *S*, de Amalec y de Maón, y clamando 6722
18.7 conforme a la costumbre de los de *S* 6722
18.28 lejos de *S*, y no tenían negocios con 6721
2 S 24.6 de allí a... y a los alrededores de *S* 6721
1 R 11.1 Salomón... a las de Edom, a las de *S* 6722
17.9 levántate, vete a Sarepta de *S*, y mora 6721
Is 23.2 callad... mercaderes de *S*, que pasando 6721
23.4 avergüénzate, *S*, porque el mar... habló 6721
23.12 no te alegrarás más, oh... virgen... de *S* 6721
Jer 25.22 a todos los reyes de *S*, a los reyes 6721
27.3 al rey de *S*, por mano de los mensajeros 6721
47.4 para destruir a Tiro y a *S* todo aliado 6721
Ez 27.8 moradores de *S*... fueron tus remeros 6721
28.21 tu rostro hacia *S*, y profetiza contra 6721
28.22 he aquí yo estoy contra ti, oh *S*, y en 6721
Jl 3.4 ¿qué tengo yo con vosotras, Tiro y *S* 6721
Zac 9.2 éste; Tiro y *S*, aunque sean muy sabias 6721
Mt 11.21 **en *S* se hubieran hecho los milagros** *4605*
11.22 **será más tolerable el castigo... para *S*** *4605*
15.21 Jesús... fue a la región de Tiro y de *S* *4605*
Mr 3.8 los alrededores de Tiro y de *S*, oyendo *4605*
7.24 a la región de Tiro y de *S*; y entrando *4605*
7.31 vino por *S* al mar de Galilea, pasando *4605*
Lc 4.26 **sino a... mujer viuda en Sarepta de *S*** *4606*
6.17 multitud de... de la costa de Tiro y de *S* *4605*
10.13 **y en *S* se hubieran hecho los milagros** *4605*
10.14 **será más tolerable el... para Tiro y *S*** *4605*
Hch 12.20 Herodes estaba enojado contra... *S* *4606*
27.3 al otro día llegamos a *S*; y Julio *4605*

SIDONIO *Habitante de Sidón*
Dt 3.9 los *s* llaman a Hermón, Sirión; y los 6722
Jos 13.4 Mehara, que es de los *s*, hasta Afec 6722
13.6 los que habitan en las montañas... los *s* 6722
Jue 3.3 los *s*, y los heveos que habitaban en 6722
18.7 lejos de los *s*, y no tenían negocios con 6722
1 R 5.6 hay... que sepa labrar madera como los *s* 6722
11.5 a Astoret, diosa de los *s*, y a Milcom 6722
11.33 han adorado a Astoret diosa de los *s* 6722
16.31 Jezabel, hija de Et-baal rey de los *s* 6722
2 R 23.13 Astoret ídolo abominable de los *s* 6722
1 Cr 22.4 *s*... habían traído... madera de cedro 6722
Esd 3.7 comida, bebida y aceite a... *s* y tirios 6722
Ez 32.30 los *s*, que con su terror descendieron 6722

SIDRA
Lv 10.9 no beberéis vino ni *s* cuando entréis
Nm 6.3 se abstendrá de vino y de *s*; no beberá
6.3 vinagre de *s*, ni beberá ningún licor de
Dt 14.26 darás el dinero... por vino, por *s*, o
29.6 no habéis comido... ni bebisteis vino ni *s*
Jue 13.4,7 no bebas vino ni *s*, ni comas cosa
13.14 no beberá vino ni *s*, y no comerá cosa
1 S 1.15 no he bebido vino ni *s*, sino que he
Pr 20.1 vino... escarnecedor, la *s* alborotadora
31.4 no es de los... ni de los príncipes la *s*
31.6 dad la *s* al desfallecido, y el vino a
Is 24.9 vino... la *s* les será amarga a los que
28.7 con el vino, y con *s* se entontecieron
28.7 sacerdote y el profeta erraron con *s*
28.7 se aturdieron con la *s*, erraron en la
29.9 embriagaos... vino; tambalead, y no de *s*
56.12 dicen, tomemos... embriaguémonos de *s*
Mi 2.11 yo te profetizaré de vino y de *s*; este 7941
Lc 1.15 no beberá vino ni *s*, y será lleno del *4608*

SIEGA
Gn 8.22 no cesarán la sementera y la *s*... frío 7105
30.14 Rubén en tiempo de la *s* de los trigos 7105
45.6 años en los cuales ni habrá arada ni *s* 7105
Éx 23.16 fiesta de la *s*, los primeros frutos 7105
34.21 aun en la arada y en la *s*, descansarás 7105
34.22 fiesta... las primicias de la *s* del trigo 7105
Lv 23.10 de los primeros frutos de vuestra *s* 7105
23.22 ni espigarás tu *s*; para el pobre y para 7105
Jos 3.15 suele desbordarse... el tiempo de la *s* 7105
Jue 15.1 en los días de la *s* del trigo Sansón 7105
Rt 1.22 llegaron a Belén al comienzo de la *s* 7105
2.21 con... hasta que hayan acabado toda mi *s* 7105
2.23 espigando, hasta que se acabó la *s* de la 7105
1 S 12.17 ¿no es ahora la *s* del trigo?... lluvias 7105
2 S 21.9 días de la *s*, al comenzar la *s* de la 7105
21.10 desde el principio de la *s* hasta que 7105
23.13 vinieron en tiempo de la *s* a David en 7105
Pr 6.8 en el tiempo de la *s* su mantenimiento 7105
10.5 el que duerme en el tiempo de la *s* es 7105
20.4 pedirá, pues, en la *s*, y no hallará 7105
25.13 como frío de nieve en tiempo de la *s* 7105
26.1 como no conviene... ni la lluvia en la *s* 7105
Is 9.3 se alegrarán... como se alegran en la *s* 7105
16.9 y sobre tu *s* caerá el grito de guerra 7105
18.4 como nube de rocío en el calor de la *s* 7105
18.5 porque antes de la *s*, cuando el fruto 7105
Jer 5.24 Dios... nos guarda los tiempos... la *s* 7105
8.20 la *s*... y nosotros no hemos sido salvos 7105
50.16 y al que mete hoz en tiempo de la *s* 7105
51.33 aquí a poco le vendrá el tiempo de la *s* 7105
Os 6.11 para ti... Judá, está preparada una *s* 7105
Am 4.7 detuve la lluvia 3 meses antes de la *s* 7105
7.1 el heno tardío después de las *s* del rey 1488
Mt 13.30 **hasta la *s*; y al tiempo de la *s* yo** *2326*
13.39 **es el diablo; la *s* es el fin del siglo** *2326*
Mr 4.29 **mete la hoz, porque la *s* ha llegado** *2326*
Jn 4.35 **faltan 4 meses para que llegue la *s*?** *2326*
4.35 **los campos... ya están blancos para la *s*** *2326*

SIEMBRA
Lv 27.16 tu estimación será conforme a su *s* 2233
27.16 un homer de *s* de cebada se valorará en 2233
Job 31.8 siembre yo, y... y sea arrancada mi *s* 6631

SIEMPRE *Véase también el Apéndice*
Gn 3.22 que no... tome... y coma, y viva para *s* 5969
6.3 no contenderá ni... con el hombre para *s* 5769
43.9 si no... seré para ti el culpable para *s* 3605,3117
44.32 yo seré culpable ante mi padre para *s* ... 3605,3117
Éx 12.24 guardaréis esto por estatuto... para *s* 5769
31.17 señal es para *s* entre mí y los hijos de 5769
32.13 esta tierra... tomarán por heredad para *s* 5769
Nm 24.20 Amalec... mas al fin perecerá para *s* 5703
24.24 Asiria... mas él también perecerá para *s* ... 3605,3117
Dt 4.40 la tierra que Jehová tu Dios te da... *s* 5769
15.17 horadarás su... y será tu siervo para *s* 5769
32.40 alzaré... mi mano y diré: Vivo yo para *s* 5769
33.12 habitará confiado cerca... lo cubrirá *s*
Jos 4.7 monumento... los hijos de Israel para *s* 5769
1 S 1.22 que lo lleve... y se quede allá para *s* 5769
3.13 mostraré que yo juzgaré su casa para *s* 5769
13.13 Jehová hubiera confirmado tu reino... *s* 5769
20.15 no apartarás tu misericordia... Para *s* 5769
20.23 esté Jehová entre nosotros dos para *s* 5769
20.42 diciendo: Jehová esté entre tú y yo... *s* 5769
2 S 7.13 afirmaré para *s* el trono de su reino 5769
7.16 será afirmada tu casa... para *s* delante de 5769
7.24 tu pueblo Israel por pueblo tuyo para *s* 5769
7.26 que sea engrandecido tu nombre para *s* 5769
7.29 será bendita la casa de tu siervo para *s* 5769
19.13 si no fueres general... para *s*, en lugar 5769
1 R 9.3 casa... Poner mi nombre en ella para *s* 5769
9.5 yo afirmaré el trono de tu reino... para *s* 5769
11.39 afligiré a la descendencia... no para *s* ... 3605,3117
2 R 21.7 pondré mi nombre para *s* en esta casa 5769
1 Cr 17.22 constituido a... pueblo tuyo para *s* 5769
17.24 engrandecido tu nombre para *s*, a fin de 5769
17.27 casa de tu siervo... será bendita para *s* 5769
22.10 afirmaré... su reino sobre Israel para *s* 5769
28.7 yo confirmaré su reino para *s*, si él se 5769
2 Cr 5.13 es bueno... su misericordia es para *s* 5769
6.2 ti, y una habitación en que mores para *s* 5769

7.3 él es bueno, y su misericordia es para s ... 5769
7.6 Jehová porque su misericordia es para s ... 5769
7.16 para que esté en ella mi nombre para s ... 5769
7.16 mil ojos y mi corazón estarán ahí para s ... 3605,3117
10.7 hablares buenas palabras... te servirán s ... 3605
13.5 el reino a David sobre Israel para s ... 5769
20.7 diste a la... de Abraham tu amigo para s ... 5769
20.21 Jehová, porque su misericordia es... s ... 5769
Esd 3.11 es bueno... para s es su misericordia ... 5769
9.12 la dejéis por... a vuestros hijos para s ... 5769
Job 7.16 no he de vivir para s; déjame, pues ... 5769
14.20 para s serás más fuerte que él, y él ... 5331
19.24 fuesen esculpidas en piedra para s ... 5703
20.4 ¿no sabes esto, que así fue s, desde el
20.7 como su estiércol, perecerá para s; los ... 5331
23.7 con él; y yo escaparía para s de mi juez ... 5331
36.7 con los reyes los pondrá en trono para s ... 5331
Sal 5.11 den voces de júbilo para s, porque ... 5769
9.5 borraste el nombre de ellos... y para s ... 5769
9.6 enemigos... han quedado desolados para s ... 5331
9.7 Jehová permanecerá para s; ha dispuesto ... 5769
9.18 no para s será olvidado el menesteroso ... 5703
10.16 Jehová es Rey eternamente y para s; de ... 5769
13.1 ¿hasta cuándo, Jehová olvidarás para s? ... 5331
16.11 de gozo; delicias a tu diestra para s ... 5331
19.9 el temor de Jehová es... permanece para s ... 5703
21.6 lo has bendecido para s; lo llenaste de ... 5703
22.26 buscan; vivirá vuestro corazón para s ... 5703
30.12 cantaré... Dios mío, te alabaré para s ... 5703
33.11 el consejo de Jehová permanecerá para s ... 5769
37.27 apártate del mal, y... y vivirás para s ... 5769
37.28 a sus santos... Para s serán guardados ... 5769
37.29 los justos... vivirán para s sobre ella ... 5703
41.12 has hecho estar delante de ti para s ... 5769
44.23 Señor? Despierta, no te alejes para s ... 5331
45.2 por tanto, Dios te ha bendecido para s ... 5769
45.6 tu trono, oh Dios, es eterno y para s ... 5769
45.17 cual te alabarán los pueblos... para s ... 5769
48.8 la ciudad de... la afirmará Dios para s ... 5769
48.14 es Dios nuestro eternamente y para s ... 5769
49.9 que viva en adelante para s, y nunca vea ... 5331
52.5 Dios te destruirá para s; te asolará y ... 5331
52.8 la misericordia de Dios confío... para s ... 5769
52.9 te alabaré para s, porque lo has hecho ... 5769
55.22 él te... no dejará para s caído al justo
61.7 estará para s delante de Dios; prepara ... 5769
61.8 cantaré tu nombre para s, pagando mis ... 5769
66.7 él señorea con su poder para s; sus ojos ... 5769
68.16 morada?... Jehová habitará en él para s ... 5331
72.17 será su nombre para s; se perpetuará su ... 5769
77.7 ¿desechará el Señor para s, y no... más ... 5769
79.5 ¿estarás airado para s? ¿Arderá como ... 5331
89.28 para s le conservaré mi misericordia ... 5769
89.29 pondré su descendencia para s, y su ... 5703
89.36 descendencia será para s, y su trono ... 5769
89.46 ¿te esconderás para s? ¿Arderá tu ira ... 5331
89.52 bendito... Jehová para s... Amén, y Amén ... 5769
92.8 mas tú, Jehová, para s eres Altísimo ... 5769
93.5 la santidad conviene a tu casa... para s ... 753,3117
100.5 para s es su misericordia, y su verdad ... 5769
102.12 tú, Jehová, permanecerás para s, y tu ... 5769
103.9 no contenderá para s, ni para s... enojo ... 5769
104.31 la gloria de Jehová para s; alégrese ... 5769
106.1 él es bueno... para s es su misericordia ... 5769
106.31 fue contado... de generación en... para s ... 5769
107.1 él es bueno... para s es su misericordia ... 5769
110.4 eres sacerdote para s según el orden de ... 5769
111.5 ha dado... para s se acordará de su pacto ... 5769
111.10 de Jehová... su loor permanece para s ... 5769
113.2 el nombre... bendito desde ahora y para s ... 5769
115.18 bendeciremos a JAH desde ahora y... s ... 5769
117.2 fidelidad de Jehová es para s... Aleluya ... 5769
118.1,2,3,4,29 para s es su misericordia ... 5769
119.44 guardaré tu... s, para s y eternamente ... 5769
119.89 para s, oh... permanece tu palabra en ... 5769
121.8 guardará tu salida y... ahora y para s ... 5769
131.3 espera, oh Israel, en Jehová para s ... 5769
136.1 para s es su misericordia ... 5769
138.8 tu misericordia, oh Jehová, es para s ... 5769
145.1 te exaltaré... y bendeciré tu nombre... s ... 5769
146.6 hizo los cielos... guarda verdad para s ... 5769
146.10 reinará Jehová para s; tu Dios... Sion ... 5769
Pr 10.25 malo... mas el justo permanece para s ... 5769
27.24 las riquezas no duran para s; ¿y será ... 5769
Is 9.7 confirmándolo en... desde ahora y para s ... 5769
40.8 la palabra del Dios... permanece para s ... 5769
51.6 mi salvación será para s, mi justicia ... 5769
57.16 no contenderé para s, ni... s me enojaré ... 5769
Jer 31.40 arrancada ni destruida más para s ... 5769
Lm 3.31 el Señor no desecha para s; antes si ... 5769
Mi 4.7 Jehová reinará sobre ellos en... para s ... 5769
7.18 no retuvo para s su enojo, porque se ... 5703
Mr 14.7 **s tendréis a los pobres... a mí no s me** ... *3842*
Jn 6.51 **si... comiere de este pan, vivirá para s** ... *165*
12.34 **la ley, que el Cristo permanece para s** ... *165*
14.16 **dará otro Consolador, para que esté... s** ... *165*
1 Ts 4.17 aire, y así estaremos s con el Señor ... *3842*
He 5.6 otro lugar: Tú eres sacerdote para s ... *165*
7.3 sin padre... permanece sacerdote para s ... *1519,1336*
7.17,21 sacerdote para s, según el orden de ... *165*
7.24 por cuanto permanece para s, tiene un ... *165*
7.25 viviendo s para interceder por ellos ... *3842*
7.27 lo hizo una vez para s, ofreciéndose a
7.28 constituye... al Hijo, hecho perfecto para s ... *3588,165*
9.26 una vez para s por el sacrificio de sí
10.10 la ofrenda del cuerpo... una vez para s
10.12 una vez para s un solo sacrificio por ... *1336*
10.14 hizo perfectos para s a... santificados ... *1336*
1 P 1.23 la palabra de Dios que vive... para s ... *165*
1.25 la palabra del Señor permanece para s ... *165*
1 Jn 2.17 hace la voluntad... permanece para s ... *165*

SIEN

Nm 24.17 herirá las s de Moab, y destruirá a ... 6285
Jue 4.21 y le metió la estaca por las s, y la ... 7541
4.22 Sísara... muerto con la estaca por la s ... 7541
5.26 a Sísara... le horadó, y atravesó sus s ... 7541
Jer 25.23 a Tema y a Buz... que se rapan las s ... 6285

SIERRA

2 S 12.31 la gente... los puso a trabajar con s ... 4050
1 R 7.9 y ajustadas con s según las medidas ... 4050
1 Cr 20.3 puso a trabajar con s, con trillos ... 4050
Is 10.15 ¿se ensoberbecerá la s contra el que ... 4833

SIERVA

Gn 16.1 ella tenía una s... que se llamaba Agar ... 8198
16.2 te ruego, pues, que te llegues a mi s ... 8198
16.3 a Agar su s... la dio por mujer a Abram ... 8198
16.5 di mi s por mujer, y viéndose encinta ... 8198
16.6 tu s está en tu mano; haz con ella lo ... 8198
16.8 Agar, s de Sarai, ¿de dónde vienes tú ... 8198
20.14 y siervos y s, y se los dio a Abraham ... 8198
20.17 Dios sanó... a sus s, y tuvieron hijos ... 8198
21.10 echa a esta s y a su hijo, porque el ... 519
21.10 el hijo de esta s no ha de heredar con ... 519
21.12 grave a causa del muchacho y de tu s ... 519
21.13 hijo de la s haré una nación, porque ... 519
24.35 ha dado... siervos y s, camellos y asnos ... 8198
25.12 le dio a luz Agar egipcia, s de Sara ... 8198
29.24 dio Labán su s Zilpa a su hija Lea por ... 8198
29.29 dio Labán a Raquel... s Bilha por criada ... 8198
30.3 mi s Bilha; llégate a ella, y dará a luz ... 519
30.4 le dio a Bilha su s por mujer; y Jacob ... 8198
30.7 concibió otra vez Bilha la s de Raquel ... 8198
30.9 tomó a Zilpa su s, y la dio a Jacob por ... 8198
30.10 y Zilpa la s de Lea dio a luz un hijo ... 8198
30.12 Zilpa la s de Lea dio a luz otro hijo ... 8198
30.18 por cuanto di mi s a mi marido; por eso ... 8198
30.43 y tuvo muchas ovejas, y s y siervos, y ... 8198
31.33 entró Labán... en la tienda de las dos s ... 8198
32.5 y tengo... asnos, ovejas, y siervos y s ... 8198
32.22 tomó... sus dos s, y sus once hijos, y ... 8198
33.1 los niños entre Lea y Raquel y las dos s ... 8198
33.2 y puso las s y sus niños delante, luego ... 8198
33.6 vinieron las s, ellas y sus niños, y se ... 8198
35.25 los hijos de Bilha, s de Raquel: Dan y ... 8198
35.26 hijos de Zilpa, s de Lea; Gad y Aser ... 8198
Éx 11.5 morirá... hasta el primogénito de la s ... 8198
Éx 21.7 cuando alguno vendiere su hija por s, no ... 519
21.20 si alguno hiriere a su siervo o a su s ... 519
21.26 hiriere el ojo de su siervo, o... de su s ... 519
21.27 saltar un diente de su siervo, o... su s ... 519
21.32 el buey acorneare a un siervo o a una s ... 519
23.12 tome refrigerio el hijo de tu s, y el ... 519
Lv 19.20 con una mujer que fuere s desposada ... 8198
25.6 te dará para comer a ti... a tu s, a tu ... 519
Dt 5.14 ninguna obra harás tú... ni tu s, ni tu ... 519
5.14 que descanse tu siervo y tu s como tú ... 519
5.21 ni desearás... su siervo, ni su s, ni su ... 519
12.12 os alegraréis... vuestros siervos y... s ... 519
12.18 tu siervo, tu s, y el levita que habita ... 519
16.11,14 alegrarás... tu siervo, tu s, el levita ... 519
Jue 19.19 tenemos pan y... para mí y para tu s ... 519
Rt 2.13 porque has hablado al corazón de tu s ... 8198
3.9 respondió: Yo soy Rut tu s; extiende el ... 519
3.9 extiende el borde de tu capa sobre tu s ... 519
1 S 1.11 dignares mirar a la aflicción de tu s ... 519
1.11 si... no te olvidares de tu s, sino que ... 519
1.11 que dieres a tu s un hijo varón, yo lo ... 519
1.16 no tengas a tu s por una mujer impía ... 519
1.18 halle tu s gracia delante de tus ojos ... 8198
8.16 tomará vuestros siervos y vuestras s ... 8198
25.24 que tu s hable a... las palabras de tu s ... 519
25.25 mas yo tu s no vi a los jóvenes que tú ... 519
25.27 este presente que tu s ha traído a mi ... 8198
25.28 ruego que perdones a tu s esta ofensa ... 519
25.31 Jehová haga bien a... acuérdate de tu s ... 519
25.41 tu s... será una s para lavar los pies de ... 519
28.21 he aquí que tu s ha obedecido a tu voz ... 8198
28.22 ruego, pues, que... oigas la voz de tu s ... 8198
2 S 14.6 s tenía dos hijos, y los dos riñeron ... 8198
14.7 la familia se ha levantado contra tu s ... 8198
14.12 permitas que tu s hable una palabra a ... 8198
14.15 tu s dijo: Hablaré ahora al rey; quizá ... 8198
14.15 el rey; quizá él hará lo que su s diga ... 519
14.16 pues el rey oirá, para librar a su s de ... 519
14.17 tu s... dice: Sea ahora de consuelo la ... 8198
14.19 en boca de tu s todas estas palabras ... 8198
20.17 ella le dijo: Oye las palabras de tu s ... 519
1 R 1.13 rey señor mío, ¿no juraste a tu s ... 519
1.17 señor mío, tú juraste a tu s por Jehová ... 519
3.20 a mi hijo de... estando yo tu s durmiendo ... 519
2 R 4.2 tu s ninguna cosa tiene en casa, sino ... 8198
4.16 no, señor mío... no hagas burla de tu s ... 8198
5.26 tiempo de tomar... bueyes, siervos y s? ... 8198
2 Cr 28.10 sujetar a vosotros a... siervos y s ... 5650
Esd 2.65 contar sus siervos y s, los cuales ... 519
Neh 7.67 sin sus siervos y s, que eran 7.337 ... 519
Est 7.4 si para siervos y s fuéramos vendidos ... 8198
Job 31.13 tenido en poco el derecho... de mi s ... 519
Sal 86.16 da tu poder... guarda al hijo de tu s ... 519
116.16 siervo tuyo soy, hijo de tu s; tú has ... 519
123.2 como los ojos de la s a... de su señora ... 1404
Pr 30.23 y por la s cuando hereda a su señora ... 8198
Ec 2.7 siervos y s, y tuve siervos nacidos en ... 8198
Jer 34.9 cada uno dejase libre a su... y a su s ... 8198
34.10 pacto de dejar libre... cada uno a su s ... 8198
34.11 hicieron volver a los siervos y a las s ... 8198
34.11 libres... los sujetaron como siervos y s ... 8198
34.16 habéis vuelto a tomar cada uno a su... s ... 8198
34.16 sujetado para que os sean siervos y s ... 8198
Jl 2.29 sobre los siervos y... las s derramaré ... 8198
Lc 1.38 dijo: He aquí la s del Señor; hágase ... *1399*
1.48 porque ha mirado la bajeza de su s; pues ... *1399*
Hch 2.18 sobre mis siervos y sobre mis s en ... *1399*

SIERVO *Véase también Sierva*

Gn 9.25 maldito sea Canaán; s de s será a sus ... 5650
9.26 bendito por... sea Sem, y sea Canaán su s ... 5650
9.27 engrandezca... a Jafet... sea Canaán su s ... 5650
12.16 tuvo ovejas... asnos, s, criadas, asnas ... 5650
14.15 cayó sobre ellos de noche, él y sus s ... 5650
17.23 a todos los s nacidos en su casa, y a
17.27 el s nacido en casa, y el comprado del
18.3 dijo: Señor... ruego que no pases de tu s ... 5650
18.5 por eso habéis pasado cerca de vuestro s ... 5650
19.2 os ruego que vengáis a casa de vuestro s ... 5650
19.19 ha hallado vuestro s gracia en... ojos ... 5650
20.8 Abimelec... llamó a todos sus s, y dijo ... 5650
20.14 s y siervas, y se los dio a Abraham ... 5650
21.25 que los s de Abimelec le habían quitado ... 5650
22.3 consigo dos s suyos, y a Isaac su hijo ... 5288
22.5 dijo Abraham a sus s: Esperad aquí con ... 5288
22.19 volvió Abraham a sus s, y... y se fueron ... 5288
24.14 que tú has destinado para tu s Isaac ... 5650
24.35 ha dado... s y siervas, camellos y asnos ... 5650
26.19 los s de Isaac cavaron en el valle, y ... 5650
26.24 te bendeciré... por amor de Abraham mi s ... 5650
26.25 abrieron allí los s de Isaac un pozo ... 5650
27.37 le he dado por s a todos sus hermanos ... 5650
30.43 y tuvo muchas ovejas, y siervas y s, y ... 5650
32.4 dice tu s Jacob: Con Labán he morado ... 5650
32.5 y tengo vacas, asnos, ovejas, y s y ... 5650
32.10 la verdad que has usado para con tu s ... 5650
32.16 entregó a sus s, cada manada de por sí ... 5650
32.16 y dijo a sus s: Pasad delante de mí, y ... 5650
32.18 dirás: Es un presente de tu s Jacob ... 5650
32.20 he aquí tu s Jacob viene tras nosotros ... 5650
33.5 son los niños que Dios ha dado a tu s ... 5650
33.14 pase ahora mi señor delante de su s ... 5650
39.17 el s hebreo que nos trajiste, vino a ... 5650
39.19 diciendo: Así me ha tratado tu s, se ... 5650
41.10 Faraón se enojó contra sus s, nos echó ... 5650
41.12 un joven... s del capitán de la guardia ... 5650
41.37 pareció bien a Faraón y a sus s ... 5650
41.38 y dijo Faraón a sus s: ¿Acaso... a otro ... 5650
42.10 tus s han venido a comprar alimentos ... 5650
42.11 honrados; tus s nunca fueron espías ... 5650
42.13 tus s somos doce hermanos, hijos de un ... 5650
43.18 atacarnos... tomarnos por s a nosotros ... 5650
43.28 bien va a tu s nuestro padre; aún vive ... 5650
44.7 ¿por qué dice... Nunca tal hagan tus s ... 5650
44.9 aquel de tus s en quien fuere hallada la ... 5650
44.9 y aun nosotros seremos s de mi señor ... 5650
44.10 aquel en quien se hallare será mi s, y ... 5650
44.16 Dios ha hallado la maldad de tus s; he ... 5650
44.16 he aquí, nosotros somos s de mi señor ... 5650
44.17 en cuyo poder... la copa, él será mi s ... 5650
44.18 permitas que hable tu s una palabra en ... 5650
44.18 y no se encienda tu enojo contra tu s ... 5650
44.19 mi señor preguntó a sus s, diciendo ... 5650
44.21 tú dijiste a tus s: Traédmelo, y pondré ... 5650
44.23 y dijiste a tus s: Si vuestro hermano ... 5650
44.24 llegamos a mi padre tu s, le contamos ... 5650
44.27 s mi padre nos dijo: Vosotros sabéis ... 5650
44.30 cuando vuelva yo a tu s mi padre, si ... 5650
44.31 tus s harán descender... tu s... al Seol ... 5650
44.32 como tu s salió por fiador del joven ... 5650
44.33 quede ahora tu s en... por s de mi señor ... 5650
45.16 agradó en los ojos de Faraón y de sus s ... 5650
46.34 hombres de ganadería han sido tus s ... 5650
47.3 pastores de ovejas son tus s, así como ... 5650
47.4 no hay pasto para las ovejas de tus s ... 5650
47.4 que habiten tus s en la tierra de Gosén ... 5650
47.19 cómpranos a nosotros... y seremos... s de ... 5650
47.25 hallemos gracia... y seamos s de Faraón ... 5650
50.2 y mandó José a sus s los médicos que ... 5650
50.7 y subieron con él todos los s de Faraón ... 5650
50.17 perdones la maldad de los s del Dios ... 5650
50.18 él, y dijeron: Henos aquí por s tuyos ... 5650
Éx 4.10 ni desde que tú hablas a tu s; porque ... 5650
5.15 Israel... ¿Por qué lo haces así con tus s? ... 5650
5.16 no se da paja a tus s, y con todo nos ... 5650
5.16 he aquí tus s son azotados, y el pueblo ... 5650
5.21 nos habéis... delante de Faraón y de sus s ... 5650
7.10 echó Aarón su vara... Faraón y de sus s ... 5650
7.20 golpeó las aguas... en presencia de... sus s ... 5650
8.3 en las casas de tus s, en tu pueblo, en ... 5650
8.4 sobre ti... tu pueblo, y sobre todos tus s ... 5650
8.9 cuándo debo orar por ti, por tus s y por ... 5650
8.11 y las ranas se irán... de tu s y de tus ... 5650
8.21 yo enviaré sobre ti, sobre tus s... moscas ... 5650
8.24 toda clase de moscas... las casas de sus s ... 5650
8.29 moscas se vayan de Faraón, y de sus s ... 5650
8.31 quitó todas aquellas moscas... de sus s ... 5650
9.14 enviaré... sobre tus s y sobre tu pueblo ... 5650
9.20 de los s de Faraón, el que tuvo temor de ... 5650
9.30 que ni tú ni tus s temeréis todavía la ... 5650
9.34 y endurecieron su corazón él y sus s ... 5650
10.1 he endurecido su... y el corazón de sus s ... 5650

10.6 llenará tus... y las casas de todos tus *s* 5650
10.7 *s* de Faraón le dijeron: ¿Hasta cuándo 5650
11.3 por gran varón en... a los ojos de los *s* 5650
11.8 y descenderán a mí todos estos tus *s* 5650
12.30 se levantó... Faraón, él y todos sus *s* 5650
12.44 *s* humano comprado por dinero comerá de 5650
14.5 corazón de Faraón y de sus *s* se volvió 5650
14.31 y creyeron a Jehová y a Moisés su *s* 5650
20.10 no hagas en él obra alguna, tú... ni tu *s* 5650
20.17 no codiciarás la... ni su *s*, ni su criada 5650
21.2 comprares *s* hebreo, seis años servirá 5650
21.5 y si el *s* dijere: Yo amo a mi señor, a 5650
21.6 le horadará... y será su *s*... siempre 5650
21.7 no saldrá ella como suelen salir los *s* 5650
21.20 si alguno hiriere a su *s* o a su sierva 5650
21.26 hiriere el ojo de su *s*, o el ojo de su 5650
21.27 y si hiciere saltar un diente de su *s* 5650
21.32 el buey acorneare a un *s* o a una sierva 5650
32.13 Isaac... tus *s*, a los cuales has jurado 5650
Lv 23.7,8,21,25,35,36 ningún trabajo desharéis 5650
25.6 tierra te dará para comer a ti, a tu *s* 5650
25.42 son mis *s*, los cuales saqué yo de la 5650
25.55 mis *s* son los hijos de Israel... *s* míos 5650
26.13 os saqué de... para que no fueseis sus *s* 5650
Nm 11.11 dijo... ¿Por qué has hecho mal a tu *s*? 5650
12.7 no así a mi *s* Moisés, que es fiel en toda 5650
12.8 no... temor de hablar contra mi *s* Moisés? 5650
14.24 mi *s* Caleb, por cuanto hubo en él otro 5650
22.18 Balaam... dijo a los *s* de Balac: Aunque 5650
28.18,25,26; 29.1,12,35 ninguna obra de *s* haréis 5650
31.49 tus *s* han tomado razón de los hombres 5650
32.4 tierra de ganado, y tus *s* tienen ganado 5650
32.5 dése esta tierra a tus *s* en heredad, y 5650
32.25 tus *s* harán como mi señor ha mandado 5650
32.27 tus *s*... pasarán delante de Jehová a la 5650
32.31 haremos lo que Jehová ha dicho a tus *s* 5650
Dt 3.24 tú has comenzado a mostrar a tu *s* tu 5650
5.14 ninguna obra harás tú... ni tu *s*, ni tu 5650
5.14 que descanse tu *s* y tu sierva como tú 5650
5.15 acuérdate... fuiste *s* en tierra de Egipto 5650
5.21 ni desearás... su *s*, ni su sierva, ni su 5650
6.21 nosotros éramos *s* de Faraón en Egipto 5650
9.27 acuérdate de... *s* Abraham, Isaac y Jacob 5650
12.12 os alegraréis... vuestros *s* y... siervas 5650
12.18 *s*, tu sierva, y el levita que habita 5650
15.15 y te acordarás de que fuiste *s* en la 5650
15.17 horadarás su oreja... y será tu *s* para 5650
16.11 te alegrarás... tu hija, tus, tu sierva 5650
16.12 y acuérdate de que fuiste *s* en Egipto 5650
16.14 tu hija, tu *s*, tu sierva, y el levita 5650
23.15 no entregarás a... *s* que se huyere a ti 5650
24.18 que te acordarás que fuiste *s* en Egipto 5650
24.22 acuérdate que fuiste *s* en... de Egipto 5650
29.2 ha hecho... a Faraón y a todos sus *s*, y 5650
32.36 y por amor de sus *s* se arrepentirá 5650
32.36 viere que... que no queda ni *s* ni libre 5650
32.43 porque él vengará la sangre de sus *s* 5650
34.5 y murió allí Moisés *s* de Jehová, en la 5650
34.11 a Faraón y a todos sus *s* y a toda su 5650
Jos 1.1 después de la muerte de Moisés *s* de 5650
1.2 mi *s* Moisés ha muerto... pues, levántate 5650
1.7 hacer... la ley que mi *s* Moisés te mandó 5650
1.13 la palabra que Moisés, *s* de Jehová, os 5650
1.15 la cual Moisés *s* de Jehová os ha dado 5650
5.14 y le dijo: ¿Qué dice mi Señor a su *s*? 5650
8.31,33 Moisés *s* de Jehová lo había mandado 5650
9.8 ellos respondieron a Josué... somos tus *s* 5650
9.9 tus *s* han venido de tierra muy lejana 5650
9.11 y decidles: Nosotros somos vuestros *s* 5650
9.23 no dejará de haber de entre vosotros *s* 5650
9.24 fue dado a entender a tus *s* que Jehová 5650
9.24 mandado a Moisés su *s* que os había de 5650
10.6 a Josué... No niegues ayuda a tus *s*; sube 5650
11.12 Moisés *s* de Jehová lo había mandado 5650
11.15 Jehová lo había mandado a Moisés su *s* 5650
12.6 a éstos derrotaron Moisés *s* de Jehová 5650
12.6 Moisés *s* de Jehová dio aquella tierra 5650
13.8 dio... según se la dio Moisés *s* de Jehová 5650
14.7 cuando Moisés *s* de Jehová me envió de 5650
18.7 su heredad... la cual les dio Moisés *s* de 5650
22.2 habéis guardado todo lo que Moisés *s* de 5650
22.4 tierra... que Moisés *s* de Jehová os dio 5650
22.5 la ley que Moisés *s* de Jehová os ordenó 5650
24.29; Jue 2.8 murió Josué hijo de Nun, *s* 5650
Jue 3.24 vinieron los *s* del rey, los cuales 5650
6.27 Gedeón tomó diez hombres de... *s*, e hizo 5650
15.18 has dado... salvación por mano de tu *s* 5650
19.19 pan... para el criado que está con tu *s* 5650
1 S 3.9 dirás: Habla, Jehová, porque tu *s* oye 5650
3.10 Samuel dijo: Habla, porque tu *s* oye 5650
8.14 tomará lo mejor de... y los dará a sus *s* 5650
8.15 diezmará vuestro grano y... dar a sus... *s* 5650
8.16 tomará vuestros *s* y vuestras siervas 5650
8.17 diezmará... vuestros rebaños, y seréis... *s* 5650
12.19 ruega por tus *s* a Jehová tu Dios, para 5650
16.16 diga... a tus *s* que están delante de ti 5650
17.8 ¿no soy yo el... y vosotros los *s* de Saúl? 5650
17.9 venciere, nosotros seremos vuestros *s* 5650
17.9 lo venciere, vosotros seréis nuestros *s* 5650
17.32 tu *s* irá y peleará contra este filisteo 5650
17.34 *s* era pastor de las ovejas de su padre 5650
17.36 fuese león, fuese oso, tu *s* lo mataba 5650
17.58 David... soy hijo de tu *s* Isaí de Belén 5650
18.5 era acepto... a los ojos de los *s* de Saúl 5650
18.22 mandó Saúl a sus *s*... Hablad en secreto 5650
18.22 el rey... y todos sus *s* te quieren bien 5650
18.26 cuando sus *s* declararon a David estas 5650
18.30 tenía más éxito que todos los *s* de Saúl 5650

19.1 Saúl a Jonatán su hijo, y a todos sus *s* 5650
19.4 dijo: No peque el rey contra su *s* David 5650
20.7 si él dijere: Bien está... tendrá paz tu *s* 5650
20.8 harás... misericordia con tu *s*, ya que has 5650
20.8 que has hecho entrar a tu *s* en pacto de 5650
21.7 de los *s* de Saúl, cuyo nombre era Doeg 5650
21.11 los *s* de Aquis le dijeron: ¿No es éste 5650
21.14 dijo Aquis a sus *s*: He aquí, veis que 5650
22.6 y todos sus *s* estaban alrededor de él 5650
22.7 dijo Saúl a sus *s*... Oíd ahora, hijos de 5650
22.8 mi hijo ha levantado a mi *s* contra mí 5650
22.9 Doeg... era el principal de los *s* de Saúl 5650
22.14 ¿y quién entre todos tus *s* es tan fiel 5650
22.15 no culpe el rey... a su *s*, ni a toda la 5650
22.15 tu *s* ninguna cosa sabe de este asunto 5650
22.17 los *s* del rey no quisieron extender sus 5650
23.10 tu *s* tiene entendido que Saúl trata de 5650
23.11 ¿descenderá Saúl, como ha oído tu *s*? 5650
23.11 Jehová... ruego que lo declares a tu *s* 5650
25.8 que des lo que tuvieres a mano a tus *s* 5650
25.10 muchos *s* hay... que huyen de sus señores 5650
25.39 Jehová... ha preservado del mal a su *s* 5650
25.40 y los *s* de David vinieron a Abigail en 5650
25.41 para lavar los pies de los *s* de mi señor 5650
26.18 ¿por qué persigue así mi señor a su *s*? 5650
26.19 señor oiga ahora las palabras de su *s* 5650
27.5 morar tu *s* contigo en la ciudad real? 5650
27.12 y Aquis... decía: el... será siempre mi *s* 5650
28.2 muy bien, tú sabrás lo que hará tu *s* 5650
28.23 porfiaron con él sus *s*... con la mujer 5650
28.25 lo trajo delante de Saúl y de sus *s* 5650
29.3 ¿no es éste David, el *s* de Saúl rey de 5650
29.8 ¿qué has hallado en tu *s* desde el día 5650
29.10 levántate... tú y los *s* de tu señor que 5650
30.13 yo soy *s* de un amalecita, y me dejó mi 5650
2 S 2.12 Abner... salió... con los *s* de Is-boset 5650
2.13 y Joab hijo de Sarvia y los *s* de David 5650
2.15 de Benjamín... y doce de los *s* de David 5650
2.17 de Israel... vencidos por los *s* de David 5650
2.30 faltaron de los *s* de David 19 hombres 5650
2.31 los *s* de David hirieron de... de Benjamín 5650
3.18 la mano de mi *s* David libraré a Israel 5650
3.22 los *s* de David y Joab venían del campo 5650
3.38 dijo el rey a sus *s*: ¿No sabéis que un 5650
6.20 delante de las criadas de sus *s*, como 5650
7.5 y di a mi *s* David: Así ha dicho Jehová 5650
7.8 así a mi *s* David: Así ha dicho Jehová de 5650
7.19 también has hablado de la casa de tu *s* 5650
7.20 pues tú conoces a tu *s*, Señor Jehová 5650
7.21 todas estas... haciéndolas saber a tu *s* 5650
7.25 la palabra que has hablado sobre tu *s* 5650
7.26 y que la casa de tu *s* David sea firme 5650
7.27 revelaste al oído de tu *s*, diciendo: Yo 5650
7.27 tu *s* ha hallado en su corazón valor para 5650
7.28 Dios... tú has prometido este bien a tu *s* 5650
7.29 ahora a bien bendecir la casa de tu *s* 5650
7.29 será bendita la casa de tu *s*... siempre 5650
8.2 fueron los moabitas *s* de David... tributo 5650
8.6 y los sirios fueron hechos *s* de David 5650
8.7 los escudos de oro que traían los *s* de 5650
8.14 y todos los edomitas fueron *s* de David 5650
9.2 había un *s* de la casa de Saúl... Siba, al 5650
9.2 dijo: ¿Eres tú Siba? Y él respondió: Tu *s* 5650
9.6 Mefi-boset... Y el respondió: He aquí tu *s* 5650
9.8 ¿quién es tu *s*... mires a un perro muerto 5650
9.9 el rey llamó a Siba *s* de Saúl, y le dijo 5650
9.10 labrarás las... tú con tus hijos y tus *s* 5650
9.10 y tenía Siba quince hijos y veinte *s* 5650
9.11 que ha mandado... a su *s*, así lo hará tu *s* 5650
9.12 de la casa de Siba eran *s* de Mefi-boset 5650
10.2 envió... *s* para consolarlo por su padre 5650
10.2 llegados los *s* de David a la tierra de 5650
10.3 ¿no ha enviado David sus *s*... reconocer 5650
10.4 tomó los *s* de David... rapó la mitad de 5650
11.1 David envió a Joab, y con él a sus *s* y 5650
11.9 durmió... con todos los *s* de su señor, y 5650
11.11 Joab, y los *s* de mi señor, en el campo 5650
11.13 salió... a dormir... con los *s* de su señor 5650
11.17 y cayeron algunos... de los *s* de David 5650
11.21 le dirás... tu *s* Urías heteo es muerto 5650
11.24 pero los flecheros tiraron contra tus *s* 5650
11.24 y murieron algunos de los *s* del rey 5650
11.24 rey; y murió también tu *s* Urías heteo 5650
12.18 y temían los *s*... hacerle saber que el 5650
12.19 David, viendo a sus *s* hablar entre sí 5650
12.19 dijo David a sus *s*: ¿Ha muerto el niño? 5650
12.21 y le dijeron sus *s*: ¿Qué es esto que has 5650
13.24 he aquí, tu *s* tiene ahora esquiladores 5650
13.24 ruego que venga el rey y sus *s* con tu *s* 5650
13.35 que vienen; es así como tu *s* ha dicho 5650
13.36 el mismo rey y todos sus *s* lloraron con 5650
14.19 tu *s* Joab, él me mandó, y él puso en 5650
14.20 para mudar el... Joab tu *s* ha hecho esto 5650
14.22 hoy ha entendido tu *s* que he hallado 5650
14.22 ha hecho el rey lo que su *s* ha dicho 5650
14.30 dijo a sus *s*: Mirad, el campo de Joab 5650
14.30 y los *s* de Absalón prendieron fuego al 5650
14.31 han prendido fuego tus *s* a mi campo? 5650
15.2 tu *s* es de una de las tribus de Israel 5650
15.8 tu *s* hizo voto cuando estaba en Gesur 5650
15.14 David dijo a... sus *s* que estaban con él 5650
15.15 los *s* del rey dijeron al rey: He aquí 5650
15.15 aquí, tus *s* están listos a todo lo que 5650
15.18 sus *s* pasaban a su lado... los cereteos 5650
15.21 el rey estuviere... estará también tu *s* 5650
15.34 sido *s* de tu padre... seré ahora *s* tuyo 5650
16.6 arrojando piedras contra... los *s* del rey 5650
16.11 y dijo David a Abisai y a todos sus *s* 5650

18.7 cayó... Israel delante de los *s* de David 5650
18.9 se encontró Absalón con los *s* de David 5650
18.29 cuando envió... al *s* del rey y a mí tu *s* 5650
19.5 hoy has avergonzado el rostro de... tus *s* 5650
19.6 que nada te importan tus príncipes y *s* 5650
19.7 vé afuera y habla... a tus *s*; porque juro 5650
19.14 decir al rey: Vuelve tú, y todos tus *s* 5650
19.17 venían... Siba, criado de... y sus veinte *s* 5650
19.19 memoria de los males que tu *s* hizo el 5650
19.20 porque yo tu *s* reconozco haber pecado 5650
19.26 mi *s* me engañó; pues tu *s* había dicho 5650
19.26 y montaré en él... porque tu *s* es cojo 5650
19.27 él ha calumniado a tu *s* delante de mi 5650
19.28 pusiste a tu *s* entre los convidados a 5650
19.35 ¿tomará gusto ahora tu *s* en lo que coma 5650
19.35 ¿para qué... de ser tu *s* una carga para 5650
19.36 pasará tu *s* un poco... allá del Jordán 5650
19.37 te ruego que dejes volver a tu *s*, y que 5650
19.37 he aquí a tu *s* Quimam; que pase él con 5650
19.41 pasar... a todos los *s* de David con él? 5650
20.6 toma... tú los *s* de tu señor, y vé tras él 5650
21.15 guerra... descendió David y sus *s* con él 5650
21.22 por mano de David y por mano de sus *s* 5650
24.10 te ruego que quites el pecado de tu *s* 5650
24.20 y Arauna miró, y vio al rey y a sus *s* 5650
24.21 ¿por qué viene mi señor el rey a su *s*? 5650
1 R 1.2 le dijeron... *s*: Busquen para mi señor 5650
1.9 convidó... los varones de Judá, *s* del rey 5650
1.19 Joab... mas a Salomón tu *s* no ha convidado 5650
1.26 ni a mí tu *s*, ni al sacerdote Sadoc, ni 5650
1.26 ni al... ni a Salomón tu *s*, ha convidado 5650
1,27 haber declarado a tus *s* quién se había 5650
1.33 tomad... los *s* de vuestro señor, y montad 5650
1.47 aun los *s* del rey han venido a bendecir 5650
1.51 júreme... que no matará a espada a su *s* 5650
2.38 mi señor ha dicho, así lo hará tu *s* 5650
2.39 dos *s* de Simei huyeron a Aquis hijo de 5650
2.39 diciendo: He aquí que tus *s* están en Gat 5650
2.40 para buscar a sus *s*... y trajo sus *s* de Gat 5650
3.6 tú hiciste gran misericordia a tu *s* David 5650
3.7 has puesto a mí tu *s* por rey en lugar de 5650
3.8 tu *s* está en medio de tu pueblo al cual 5650
3.9 da, pues, a tu *s* corazón entendido para 5650
3.15 e hizo también banquete a todos sus *s* 5650
5.1 Hiram rey de Tiro envió... sus *s* a Salomón 5650
5.6 del Líbano; y mis *s* estarán con los tuyos 5650
5.6 yo te daré por tus *s* el salario que tú 5650
5.9 mis *s* la llevarán desde el Líbano al mar 5650
8.23 que guardas... y la misericordia a tus *s* 5650
8.24 que has cumplido a tu *s* David mi padre 5650
8.25 cumple a tu *s* David... que le prometiste 5650
8.26 la palabra que dijiste a tu *s* David mi 5650
8.28 tú atenderás a la oración de tu *s*, y a 5650
8.28 oyendo... y la oración que tu *s* hace hoy 5650
8.29 oigas la oración que tu *s* haga en este 5650
8.30 oye, pues, la oración de tu *s*, y de tu 5650
8.32 juzgarás a tus *s*, condenando al impío 5650
8.36 oirás... y perdonarás el pecado de tus *s* 5650
8.52 atentos tus ojos a la oración de tu *s* 5650
8.53 como lo dijiste por medio de Moisés tu *s* 5650
8.56 promesas que expresó por Moisés su *s*,
ha faltado 5650
8.59 que él proteja la causa de su *s* y de su 5650
8.66 beneficios que... había hecho a David su *s* 5650
9.27 envió Hiram en ellas a sus *s*... con los *s* 5650
10.8 dichosos estos tus *s*, que... delante de ti 5650
11.11 de ti el reino, y lo entregaré a tu *s* 5650
11.13 daré una tribu... por amor a David mi *s* 5650
11.17 con él algunos varones... *s* de su padre 5650
11.26 Jeroboam... *s* de Salomón, cuya madre se 5650
11.32 tendrá una tribu por amor a David mi *s* 5650
11.34 lo retendré por rey... amor a David mi *s* 5650
11.36 que mi *s* David tenga lámpara... delante 5650
11.38 como... David mi *s*, yo estaré contigo y 5650
12.7 si tú fueres hoy *s* de este pueblo y lo 5650
14.8 no has sido como David mi *s*, que guardó 5650
14.10 y destruiré... así el *s* como el libre en 5650
14.18 la cual él había hablado por su *s*... Ahías 5650
15.18 y los tesoros de... los entregó a sus *s* 5650
15.29 la palabra que Jehová habló por su *s* 5650
16.9 conspiró... su *s* Zimri, comandante de la 5650
18.9 entregues a tu *s* en mano de Acab para 5650
18.12 y tu *s* teme a Jehová desde su juventud 5650
18.36 que tú eres Dios en... y que yo soy tu *s* 5650
20.6 mis *s*... registrarán... las casas de tus *s* 5650
20.9 decid... Haré todo lo que mandaste a tu *s* 5650
20.12 dijo a sus *s*: Disponeos... Y ellos se 5650
20.14 por mano de los *s* de los príncipes de 5288
20.15 pasó revista a los *s* de los príncipes 5288
20.17 los *s* de los príncipes... salieron los 5288
20.19 salieron, pues... los *s* de los príncipes 5288
20.23 los *s* del rey de Siria le dijeron: Sus 5650
20.31 sus *s* le dijeron: He aquí, hemos oído 5650
20.32 tu *s* Ben-adad dice: Te ruego que viva 5650
20.39 tu *s* salió en medio de la batalla; y 5650
20.40 mientras tu *s* estaba ocupado en una y 5650
21.21 barreré... el *s* como el libre en Israel
22.3 rey de Israel dijo a sus *s*: ¿No sabéis 5650
22.49 vayan mis *s* con los tuyos en las naves 5650
2 R 1.13 y la vida de estos tus cincuenta *s* 5650
2.16 he aquí hay con tus *s* 50 varones fuertes 5650
3.11 y uno de los *s* del rey de Israel... dijo 5650
4.1 tu *s* mi marido ha muerto; y tú sabes que 5650
4.1 tú sabes que tu *s* era temeroso de Jehová 5650
4.1 acreedor para tomarse dos hijos... por *s* 5650
5.6 yo envío a ti mi *s* Naamán, para que lo 5650
5.15 ruego que recibas algún presente de tu *s* 5650
5.17 no se dará a tu *s* la carga de un par de 5650

5.17 tu *s* no sacrificará…a otros dioses, sino 5650
5.18 esto perdone Jehová a tu *s*; que cuando 5650
5.18 haga tal, Jehová perdone en esto a tu *s* 5650
5.25 él dijo: Tu *s* no ha ido a ninguna parte 5650
5.26 ¿es tiempo de tomar plata…bueyes, *s* y 5650
6.3 y dijo…Te rogamos que vengas con tus *s* 5650
6.8 consultando con sus *s*, dijo: En tal y tal 5650
6.11 rey…llamando a sus *s*, les dijo: ¿No me 5650
6.12 de los *s* dijo: No, rey señor mío, sino 5650
7.12 levantó el rey de noche, y dijo a sus *s* 5650
7.13 entonces respondió uno de sus *s* y dijo 5650
8.13 ¿qué es tu *s*, este perro, para que haga 5650
8.19 Jehová no quiso…por amor a David su *s* 5650
9.7 yo vengue la sangre de mis *s* los profetas 5650
9.7 y la sangre de todos los *s* de Jehová, de 5650
9.8 y destruiré de Acab…al *s* como al libre 5650
9.11 salió Jehú a los *s*…dijeron: ¿Hay paz? 5650
9.28 sus *s* le llevaron…a Jerusalén, y allá 5650
9.36 él habló por medio de su *s* Elías tisbita 5650
10.5 *s* tuyos somos, y haremos todo lo que nos 5650
10.10 Jehová ha hecho lo que dijo por su *s* 5650
10.19 llamadme…los profetas de Baal…sus *s* 5650
10.21 y vinieron todos los *s* de Baal, de tal 5650
10.22 saca vestiduras para todos…*s* de Baal 5650
10.23 dijo a los *s* de Baal: Mirad y ved que 5650
10.23 de los *s* de Jehová…sólo los *s* de Baal 5650
12.20 se levantaron sus *s*, y conspiraron en 5650
12.21 y Jozabad…sus *s*, le hirieron, y murió 5650
14.5 mató a los *s* que habían dado muerte al 5650
14.25 había hablado por su *s* Jonás hijo de 5650
14.26 había *s* ni libre, ni quien diese ayuda 5650
16.7 diciendo: Yo soy tu *s* y tu hijo; sube 5650
17.3 Oseas…hecho su *s*, y le pagaba tributo 5650
17.13 que os he enviado por medio de mis *s* 5650
17.23 había dicho por medio de todos sus *s* 5650
18.12 que Moisés *s* de Jehová había mandado 5650
18.24 podrás resistir…al menor de los *s* de 5650
18.26 te rogamos que hables a tus *s* en arameo 5650
19.5 vinieron, pues, los *s* del rey…a Isaías 5650
19.6 han blasfemado los *s* del rey de Asiria 5650
19.34 para salvarla…y por amor a David mi *s* 5650
20.6 y ampararé esta…por amor a David mi *s* 5650
21.8 a toda la ley que mi *s* Moisés les mandó 5650
21.10 habló, pues, Jehová por medio de sus *s* 5650
21.23 y los *s* de Amón conspiraron contra él 5650
22.9 dijo: Tus *s* han recogido el dinero que 5650
22.12 dio orden…a Asaías *s* del rey, diciendo 5650
23.30 sus *s* lo pusieron en un carro…muerto 5650
24.1 Joacim vino a ser su *s* por tres años 5650
24.2 la palabra…que había hablado por sus *s* 5650
24.10 subieron…los *s* de Nabucodonosor rey 5650
24.11 vino…cuando sus *s* la tenían sitiada 5650
24.12 salió Joaquín rey…sus *s*, sus príncipes 5650
25.8 vino Nabuzaradán…*s* del rey de Babilonia 5650
25.24 dijo: No temáis de ser *s* de los caldeos 5650
1 Cr 2.34 tenía Sesán un *s* egipcio llamado 5650
6.49 lo que Moisés *s* de Dios había mandado 5650
16.13 vosotros, hijos de Israel su *s*, hijos 5650
17.4 y di a David mi *s*: Así ha dicho Jehová 5650
17.7 ahora dirás a mi *s* David: Así ha dicho 5650
17.17 pues que has hablado de la casa de tu *s* 5650
17.18 glorificar a tu *s*…tú conoces a tu *s* 5650
17.19 por amor de tu *s*…has hecho toda esta 5650
17.23 palabra…acerca de tu *s* y de su casa 5650
17.24 casa de tu *s* David firme delante de ti 5650
17.25 revelaste al oído a tu *s* que le has de 5650
17.25 hallado tu *s* motivo para orar delante 5650
17.26 eres el Dios que has hablado de tu *s* 5650
17.27 has querido bendecir la casa de tu *s* 5650
18.2 Moab, y los moabitas fueron *s* de David 5650
18.6 y los sirios fueron hechos *s* de David 5650
18.7 los escudos de oro que llevaban los *s* 5650
18.13 todos los edomitas fueron *s* de David 5650
19.2 llegaron los *s* de David a la tierra de 5650
19.3 ¿no vienen más…sus *s* a ti para espiar 5650
19.4 Hanún tomó los *s* de David y los rapó, y 5650
19.19 sirios…paz con David, y fueron sus 5650
20.8 cayeron por mano de David y de sus *s* 5650
21.3 ¿no son todos…*s* de mi señor? ¿Para qué 5650
21.8 ruego que quites la iniquidad de tu *s* 5650
2 Cr 1.3 que Moisés *s* de Jehová había hecho 5650
2.8 tus *s* saben cortar…mis *s* irán con los 5650
2.10 para…tus *s*, cortadores de madera, he 5650
2.15 pues, envíe mi señor a sus *s* el trigo 5650
6.14 que guardas el pacto y…con tus *s* que 5650
6.15 guardado a tu *s* David mi padre lo que 5650
6.16 cumple a tu *s* David mi padre lo que le 5650
6.17 cúmplase tu palabra que dijiste a tu *s* 5650
6.19 la oración de tu *s*…con que tu *s* ora 5650
6.20 oigas la oración con que tu *s* ora en 5650
6.21 oigas el ruego de tu *s*, y de tu pueblo 5650
6.23 y juzgarás a tus *s*, dando la paga al 5650
6.27 perdonarás el pecado de tus *s* y de tu 5650
6.42 acuérdate de tus…para con David tu *s* 5650
8.9 de Israel no puso Salomón *s* en su obra 5650
8.18 había enviado naves por mano de sus *s* 5650
8.18 fueron con los *s* de Salomón a Ofir, y 5650
9.7 y dichosos estos *s* tuyos…delante de ti 5650
9.10 los *s* de Hiram y los *s* de Salomón, que 5650
9.12 la reina de Sabá…a su tierra con sus *s* 5650
9.21 la flota del rey iba a Tarsis con los *s* 5650
12.8 serán sus *s*, para que sepan lo que es 5650
13.6 Jeroboam…*s* de Salomón…rebeló contra 5650
17.19 éstos eran *s* del rey, sin los que el 5650
24.6 ofrenda que Moisés *s* de Jehová impuso 5650
24.9 la ofrenda que Moisés *s* de Dios había 5650
24.25 conspiraron contra él sus *s* a causa de 5650
25.3 mató a los *s* que habían matado al rey 5650
28.10 sujetar a vosotros a Judá y a…como *s* 5650
32.9 sus *s* a Jerusalén para decir a Ezequías 5650
32.16 otras cosas más hablaron sus *s* contra 5650
32.16 contra…Dios, y contra su *s* Ezequías 5650
33.24 y conspiraron contra él sus *s*, y lo 5650
34.16 tus *s* han cumplido todo lo que les fue 5650
34.20 mandó…a Safán…y a Asaías *s* del rey 5650
35.23 dijo el rey a sus *s*: Quitadme de aquí 5650
35.24 sus *s* lo sacaron de aquel carro, y lo 5650
36.20 cautivos a Babilonia, y fueron *s* de él 5650
Esd 2.55 hijos de los *s* de Salomón: los hijos 5650
2.58 todos…e hijos de los *s* de Salomón, 392 5650
2.65 sin contar sus *s* y siervas, los cuales 5650
4.11 tus *s* del otro lado del río te saludan 5650
5.11 nosotros somos *s* del Dios del cielo y de 5650
9.9 *s* somos; mas en nuestra servidumbre no 5650
9.11 que prescribiste por medio de tus *s* los 5650
Neh 1.6 para oír la oración de tu *s*, que hago 5650
1.6 la oración…por los hijos de Israel tus *s* 5650
1.7 los…y preceptos que diste a Moisés tu *s* 5650
1.8 palabra que diste a Moisés tu *s*, diciendo 5650
1.10 ellos, pues, son tus *s* y tu pueblo, los 5650
1.11 a la oración de tu *s*, y a la…de tus *s* 5650
1.11 concede…buen éxito a tu *s*, y dale gracia 5650
2.5 y tu *s* ha hallado gracia delante de ti 5650
2.10 pero oyéndolo…Tobías el *s* amonita, les 5650
2.19 cuando lo oyeron…Tobías el *s* amonita 5650
2.20 sus *s* nos levantaremos y edificaremos 5650
4.16 la mitad de mis *s* trabajaba en la obra 5650
7.57 los hijos de los *s* de Salomón: los hijos 5650
7.60 todos…e hijos de los *s* de Salomón, 392 5650
7.67 sus *s* y siervas, que eran 7.337; y entre 5650
9.10 e hiciste señales…contra todos sus *s* 5650
9.14 por mano de Moisés tu *s* les prescribiste 5650
9.36 hoy Somos *s*; henos aquí *s* en la tierra 5650
10.29 que fue dada por Moisés *s* de Dios, y 5650
11.3 templo y los hijos de los *s* de Salomón 5650
Est 2.18 hizo…gran banquete a todos sus…*s* 5650
3.2 todos los *s* del rey que…se arrodillaban 5650
3.3 y los *s* del rey que estaban a la puerta 5650
4.11 los *s* del rey, y…saben que cualquier 5650
5.11 le había honrado sobre los…*s* del rey 5650
7.4 si para *s* y siervas fuéramos vendidos 5650
Job 1.8; 2.3 ¿no has considerado a mi *s* Job 5650
3.19 allí están el…y el *s* libre de su señor 5650
4.18 en sus *s* no confía, y notó necedad en 5650
7.2 como el *s* suspira por la sombra, y como 5650
19.16 llamé a mi *s*, y no respondió; de mi 5650
31.13 tenido en poco el derecho de mi *s* y de 5650
31.31 si mis *s* no decían: ¿Quién no se ha 5650
41.4 ¿hará pacto…lo tomes por *s* perpetuo? 5650
42.7,8 no habéis hablado de…como mi *s* Job 5650
42.8 id a mi *s* Job, y ofreced holocausto por 5650
42.8 mi *s* Job orará por vosotros; porque de 5650
Sal 18,36, *títs.*…salmo de David, *s* de Jehová 5650
19.11 tu *s* es además amonestado con ellos; en 5650
19.13 preserva…a tu *s* de las soberbias, que 5650
27.9 no apartes con ira a tu *s*; mi ayuda has 5650
31.16 haz resplandecer tu rostro sobre tu *s* 5650
34.22 Jehová redime el alma de sus *s*, y no 5650
35.27 digan…Jehová, que ama la paz de su *s* 5650
69.17 no escondas de tu *s* tu rostro, porque 5650
69.36 la descendencia de sus *s* la heredará 5650
78.70 eligió a David su *s*, y lo tomó de las 5650
79.2 cuerpos de tus *s* por comida a las aves 5650
79.10 la venganza de la sangre de tus *s* que 5650
86.2 salva…Dios mío, a tu *s* que en ti confía 5650
86.4 alegra el alma de tu *s*, porque a ti, oh 5650
86.16 da tu poder a tu *s*, y guarda al hijo 5650
89.3 pacto con…juré a David mi *s*, diciendo 5650
89.20 hallé a David mi *s*; lo ungí con…unción 5650
89.39 rompiste el pacto de tu *s*…profanado 5650
89.50 Señor, acuérdate del oprobio de tus *s* 5650
90.13 vuélvete, oh…aplácate para con tus *s* 5650
90.16 aparezca en tus *s* tu obra, y tu gloria 5650
102.14 porque tus *s* aman sus piedras, y del 5650
102.28 los hijos de tus *s* habitarán seguros 5650
105.6 descendencia de Abraham su *s*, hijos de 5650
105.17 envió…a José, que fue vendido por *s* 5650
105.25 para que contra sus *s* pensasen mal 5650
105.26 envió a su *s* Moisés, y a Aarón, al cual 5650
105.42 su santa palabra dada a Abraham su *s* 5650
109.28 sean avergonzados, y regocíjese tu *s* 5650
113.1 alabad, *s* de Jehová, alabad el nombre 5650
116.16 yo soy tu *s*, *s* tuyo soy, hijo de tu 5650
119.17 haz bien a tu *s*; que viva, y guarde 5650
119.23 mas tu *s* meditaba en tus estatutos 5650
119.38 confirma tu palabra a tu *s*…te teme 5650
119.49 acuérdate de la palabra dada a tu *s* 5650
119.65 bien has hecho con tu *s*, oh Jehová 5650
119.76 sea…conforme a lo que has dicho a tu *s* 5650
119.84 ¿cuántos son los días de tu *s*? ¿Cuándo 5650
119.122 afianza a tu *s* para bien; no permitas 5650
119.124 haz con tu *s* según tu misericordia 5650
119.125 tu *s* soy yo, dame entendimiento para 5650
119.135 que tu rostro resplandezca sobre tu *s* 5650
119.140 pura es tu palabra, y la ama tu *s* 5650
119.176 busca…*s*, porque no me he olvidado de 5650
123.2 como los ojos de los *s* miran a la mano 5650
132.10 por amor de David tu *s* no vuelvas de 5650
134.1 mirad, bendecid a Jehová…*s* de Jehová 5650
135.1 alabad el nombre…alabadle, *s* de Jehová 5650
135.9 señales…contra Faraón, y…todos sus *s* 5650
135.14 juzgará a…y se compadecerá de sus *s* 5650
136.22 en heredad a Israel su *s*, porque para 5650
143.2 no entres en juicio con tu *s*; porque 5650
143.12 destruirás a todos mis…yo soy tu *s* 5650
144.10 que rescata de…espada a David su *s* 5650
Pr 11.29 el necio será *s* del sabio de corazón 5650
17.2 el *s* prudente se enseñoreará del hijo 5650
19.10 menos al *s* ser señor de los príncipes! 5650
22.7 el que toma prestado es *s* del que presta 5650
29.19 el *s* no se corrige con palabras; porque 5650
29.21 el *s* mimado desde la niñez por su amo 5650
30.10 no acuses al *s* ante su señor, no sea 5650
30.22 por el *s* cuando reina; por el necio 5650
Ec 2.7 compré *s* y siervas, y tuve *s* nacidos 5650
7.21 no oigas a tu *s* cuando dice mal de ti 5650
10.7 vi *s* a caballo, y príncipes que…como *s* 5650
Is 14.2 y la casa de Israel los poseerá por *s* 5650
20.3 la manera que anduvo mi *s* Isaías desnudo 5650
22.20 aquel día llamaré a mi *s* Eliaquim hijo 5650
24.2 y sucederá así…como al *s*, así a su amo 5650
36.9 podrás resistir al…al menor de los *s* de 5650
36.11 te rogamos que hables a tus *s* en arameo 5650
37.5 vinieron…los *s* de Ezequías a Isaías 5650
37.6 han blasfemado los *s* del rey de Asiria 5288
37.24 mano de tus *s* has vituperado al Señor 5650
37.35 yo ampararé a…por amor de David mi *s* 5650
41.8 pero tú, Israel, *s* mío eres; tú, Jacob 5650
41.9 te dije: Mi *s* eres tú; te escogí, y no 5650
42.1 mi *s*, yo le sostendré, mi escogido, en 5650
42.19 ¿quién es ciego, sino mi *s*? ¿Quién es 5650
42.19 ¿quién es sordo…como el *s* de Jehová 5650
43.10 sois mis testigos…mi *s* que yo escogí 5650
44.1 Jacob, *s* mío, y tú, Israel, a quien yo 5650
44.2 no temas, *s* mío Jacob, y tú, Jesurún, a 5650
44.21 mi *s* eres…Yo te formé, *s* mío eres tú 5650
44.26 el que despierta la palabra de su *s*, y 5650
45.4 por amor de mi *s* Jacob, y de Israel mi 5650
48.20 decid: Redimió Jehová a Jacob su *s* 5650
49.3 mi *s* eres, oh Israel, porque en ti me 5650
49.5 formó desde el vientre para ser su *s* 5650
49.6 seas mi *s* para levantar las tribus de 5650
49.7 así ha dicho Jehová…al *s* de los tiranos 5650
50.10 que teme a Jehová, y oye la voz de su *s*? 5650
52.13 he aquí que mi *s* será prosperado, será 5650
53.11 por su…justificará mi *s* justo a muchos 5650
54.17 esta es la herencia de los *s* de Jehová 5650
56.6 amen el nombre de Jehová para ser sus *s* 5650
63.17 oh Jehová…vuélvete por amor de tus *s* 5650
65.8 haré yo por mis *s*, que no lo destruiré 5650
65.9 y mis escogidos…y mis *s* habitarán allí 5650
65.13 que mis *s* comerán…que mis *s* beberán, y 5650
65.13 mis *s* se alegrarán, y vosotros seréis 5650
65.14 mis *s* cantarán por júbilo del corazón 5650
65.15 matará, y a sus *s* llamará…otro nombre 5650
66.14 la mano de Jehová para con sus *s* será 5650
Jer 2.14 ¿es Israel *s*? ¿es esclavo? ¿Por qué 5650
7.25 Y os envié todos los profetas mis *s* 5650
22.2 oye palabra…tú, y tus *s*, y tu pueblo 5650
25.4 y envió Jehová a vosotros todos sus *s* 5650
25.9 y a Nabucodonosor…mi *s*, y los traeré 5650
25.19 a Faraón rey…sus *s*, a sus príncipes 5650
26.5 las palabras de mis *s* los profetas, que 5650
27.6 tierras en mano de Nabucodonosor…mi *s* 5650
29.19 palabras…que les envié por mis *s* los 5650
30.10 tú…*s* mío Jacob, no temas, dice Jehová 5650
33.21 invalidarse mi pacto con mi *s* David 5650
33.22 la descendencia de David mi *s*, y los 5650
33.26 descendencia de Jacob, y de David mi *s* 5650
34.9 libre a su *s* y…ninguno usase a…como *s* 5650
34.10 dejar libre cada uno a su *s*…su sierva 5650
34.10 ninguno los usase más como *s*…dejaron 5650
34.11 e hicieron volver a los *s* y a…siervas 5650
34.11 libres, y los sujetaron como *s* y siervas 5650
34.16 habéis vuelto a tomar cada uno a su *s* 5650
35.15;44.4 y envié a vosotros…mis *s* los profetas ... 5650
36.24 rey y todos sus *s* que oyeron…palabras 5650
36.31 castigaré su maldad en él…y en sus *s* 5650
37.2 no obedeció él ni sus *s* ni el pueblo de 5650
37.18 ¿en qué pequé contra ti, y contra tus *s* 5650
43.10 y tomaré a Nabucodonosor rey de…mi *s* 5650
46.26 los entregaré…en mano de sus *s*; pero 5650
46.27 tú no temas, *s* mío Jacob, ni desmayes 5650
46.28 tú, *s* mío Jacob, no temas, dice Jehová 5650
Lm 5.8 *s* se enseñorearon de nosotros; no hubo 5650
Ez 28.25 su tierra, la cual di a mi *s* Jacob 5650
34.23 a mi *s* David, él las apacentará, y él 5650
34.24 mi *s* David príncipe en medio de ellos 5650
37.24 *s* David será rey sobre ellos, y todos 5650
37.25 habitarán en la tierra que di a mi *s* 5650
37.25 mi *s* David será príncipe de ellos para 5650
38.17 de quien hablé por mis *s* los profetas 5650
46.17 diere parte a alguno de sus *s*, será de 5650
Dn 1.12 hagas la prueba con tus *s* por 10 días 5650
1.13 rey, y haz después con tus *s* según veas 5650
2.4,7 el sueño a tus *s*, y te mostraremos la 5649
3.26 y Abed-nego, *s* del Dios Altísimo, salid 5649
3.28 libró a sus *s* que confiaron en él, y no 5649
6.20 Daniel, *s* del Dios viviente, el Dios tuyo 5649
9.6 no hemos obedecido a tus *s* los profetas 5656
9.10 leyes que él puso…por medio de sus *s* 5656
9.11 y el juramento…en la ley de Moisés, *s* 5650
9.17 oye la oración de tu *s*, y sus ruegos 5650
10.17 ¿cómo…Podrá el *s* de mi señor hablar 5650
Jl 2.29 sobre los *s* y…las siervas derramaré 5650
Am 3.7 sin que revele su secreto a sus *s* los 5650
Hag 2.23 te tomaré, oh Zorobabel hijo…mi *s* 5650
Zac 1.6 mis ordenanzas que mandé a mis *s* los 5650
2.9 y serán despojo a sus *s*, y sabréis que 5647
3.8 he aquí, yo traigo a mi *s* el Renuevo 5650
Mal 1.6 hijo honra al padre, y el *s* a su señor 5650
4.4 acordaos de la ley de Moisés mi *s*, al cual 5650
Mt 8.9 digo a…y a mi *s*: Haz esto, y lo hace *5650*

S

10.24 **el discípulo...ni el *s* más que su señor** *1401*
10.25 **al discípulo ser...y al *s* como su señor** *1401*
12.18 he aquí mi *s*, a quien he escogido; mi *3816*
13.27 **vinieron...los *s* del padre de familia** *1401*
13.28 **los *s* le dijeron: ¿Quieres, pues, que** *1401*
18.23 **rey que quiso hacer cuentas con sus *s*** *1401*
18.26 **aquel *s*, postrado...suplicaba, diciendo** *1401*
18.27 **el señor de...*s*...movido a misericordia** *1401*
18.28 **pero saliendo aquel *s*, halló a uno de sus** *1401*
18.32 **le dijo: *S* malvado, toda aquella deuda** *1401*
20.27 **el que quiera ser el primero...será, *s*** *1401*
21.34 **envió sus *s* a los labradores, para que** *1401*
21.35 **tomando a los *s*, a uno golpearon, a otro** *1401*
21.36 **envió de nuevo otros *s*, más que los** *1401*
22.3 **envió a sus *s* a llamar a los convidados** *1401*
22.4 **a enviar otros *s*, diciendo: Decid a los** *1401*
22.6 **otros, tomando a los *s*, los afrentaron** *1401*
22.8 **a sus *s*: Las bodas a la verdad están** *1401*
22.10 **saliendo los *s* por...caminos, juntaron** *1401*
23.11 **el...mayor de vosotros, sea vuestro *s*** *1249*
24.45 **¿quién es, pues, el *s* fiel y prudente** *1401*
24.46 **bienaventurado aquel *s* al cual, cuando** *1401*
24.48 **si aquel *s* malo dijere en su corazón** *1401*
24.50 **vendrá el señor de aquel *s* en día que** *1401*
25.14 **llamó a sus *s* y les entregó sus bienes** *1401*
25.19 **vino el señor de aquellos *s*, y arregló** *1401*
25.21,23 **buen *s* y fiel; sobre poco has sido** *1401*
25.26 ***s* malo y negligente, sabías que siego** *1401*
25.30 **y al *s* inútil echadle en las tinieblas** *1401*
26.51 hiriendo a un *s* del sumo sacerdote, le *1401*
Mr 10.44 **quiera ser...primero, será *s* de todos** *1401*
12.2 **a su tiempo envió un *s* a los labradores** *1401*
12.4 **volvió a enviarles otro *s*...le hirieron** *1401*
13.34 **y dio autoridad a sus *s*, y a cada uno** *1401*
14.47 uno de...hirió al *s* del sumo sacerdote *1401*
Lc 1.54 socorrió a Israel su *s*, acordándose de *1401*
1.69 un...Salvador en la casa de David su *s* *1401*
2.29 ahora, Señor, despides a tu *s* en paz *1401*
7.2 y el *s* de un centurión...estaba enfermo *1401*
7.3 rogándole que viniese y sanase a su *s* *1401*
7.7 aun...pero di la palabra, y mi *s* será sano *3816*
7.8 digo...vé...y a mi *s*: Haz esto, y lo hace *1401*
7.10 hallaron sano al *s* que había...enfermo *1401*
12.37 **bienaventurados aquellos *s* a los cuales** *1401*
12.38 **hallare...bienaventurados son aquellos *s*** *1401*
12.43 **bienaventurado aquel *s* al cual...halle** *1401*
12.45 **mas si aquel *s* dijere en su corazón: Mi** *1401*
12.46 **vendrá el señor de aquel *s* en día que** *1401*
12.47 **aquel *s* que conociendo la voluntad de** *1401*
14.17 **envió a su *s* a decir a los convidados** *1401*
14.21 **vuelto el *s*, hizo saber estas cosas a** *1401*
14.21 **dijo a su *s*: Vé pronto por las plazas** *1401*
14.22 **y dijo el *s*: Señor, se ha hecho como** *1401*
14.23 **dijo el señor al *s*: Vé por los caminos** *1401*
15.22 **el padre dijo a sus *s*: Sacad el mejor** *1401*
16.13 **ningún *s* puede servir a dos señores** *3610*
17.7 **¿quién de vosotros, teniendo un *s* que** *1401*
17.9 **¿acaso da gracias al *s* porque hizo lo** *1401*
17.10 **decid: *S* inútiles somos, pues lo que** *1401*
19.13 **llamando a diez *s* suyos, les dio diez** *1401*
19.15 **mandó llamar...aquellos *s* a los cuales** *1401*
19.17 **dijo: Está bien, buen *s*; por cuanto en** *1401*
19.22 **él...Mal *s*, por tu propia boca te juzgo** *1401*
20.10 **envió un *s* a los labradores, para que** *1401*
20.11 **volvió a enviar otro *s*; mas ellos a éste** *1401*
20.12 **volvió a enviar un tercer *s*; mas ellos** *1401*
22.50 uno...hirió a un *s* del sumo sacerdote *1401*
Jn 4.51 *s* salieron a recibirle, y le dieron *1401*
13.16 **os digo: El *s* no es mayor que su señor** *1401*
15.15 **ya no os llamaré *s*...el *s* no sabe lo que** *1401*
15.20 **he dicho: El *s* no es mayor que su señor** *1401*
18.10 e hirió al *s* del sumo sacerdote, y le *1401*
18.18 estaban en pie los *s* y los alguaciles *1401*
18.26 uno de los *s* del sumo sacerdote...dijo *1401*
Hch 2.18 sobre mis *s* y...siervas...mi Espíritu *1401*
4.25 por boca de David tu *s* dijiste: ¿Por qué *3810*
4.29 y concede a tus *s* que con todo denuedo *1401*
7.7 juzgaré...a la nación de la cual serán *s* *3000*
16.17 estos hombres son *s* del Dios Altísimo *1401*
Ro 1.1 Pablo, *s* de Jesucristo, llamado a ser *1401*
6.18 pecado, vinisteis a ser *s* de la justicia *1402*
6.22 libertados del pecado y hechos *s* de Dios *1402*
15.8 Cristo...vino a ser *s* de la circuncisión *1249*
1 Co 9.19 siendo libre de todos, me he hecho *s* *1402*
2 Co 4.5 a nosotros como vuestros *s* por amor *1401*
Gá 1.10 agradara a los hombres, no sería *s* de *1401*
Ef 6.5 *s*, obedeced a vuestros amos terrenales *1401*
6.6 como *s* de Cristo, de corazón haciendo la *1401*
6.8 ése recibirá del Señor, sea *s* o sea libre *1401*
Fil 1.1 Pablo y Timoteo, *s* de Jesucristo, a *1401*
2.7 tomando forma de *s*, hecho semejante a los *1401*
Col 3.11 donde no hay...*s* ni libre, sino que *1401*
3.22 *s*, obedeced en todo a vuestros amos *1401*
4.1 lo que es justo y recto con vuestros *s* *1401*
4.12 Epafras...*s* de Cristo, siempre rogando *1401*
2 Ti 2.24 *s* del Señor no debe ser contencioso *1401*
Tit 1.1 *s* de Dios y apóstol de Jesucristo *1401*
2.9 exhorta a los *s* a que se sujeten a sus *1401*
He 3.5 Moisés a la verdad fue fiel en...como *s* *2324*
Stg 1.1 Santiago, *s* de Dios y del...Jesucristo *1401*
1 P 2.16 no como los que...sino como *s* de Dios *1401*
2 P 1.1 Simón Pedro, *s*...de Jesucristo, a los *1401*
Jud 1 Judas, *s* de Jesucristo, y hermano de *1401*
Ap 1.1 para manifestar a sus *s* las cosas que *1401*
1.1 declaró...medio de su ángel a su *s* Juan *1401*
2.20 **Jezabel...seduzca a mis *s* a fornicar y** *1401*
6.15 todo *s* y todo libre, se escondieron en *1401*
7.3 hayamos sellado...a los *s* de nuestro Dios *1401*
10.7 como él lo anunció a sus *s* los profetas *1401*
11.18 dar el galardón a tus *s* los profetas *1401*
15.3 cantan el cántico de Moisés *s* de Dios *1401*
19.2 y ha vengado la sangre de sus *s* de la *1401*
19.5 alabad a nuestro Dios todos sus *s*, y los *1401*
22.3 Dios...estará en ella, y sus *s* le servirán *3000*
22.6 a sus *s*...cosas que deben suceder pronto *1401*

SIESTA

2 S 4.5 Is-boset...estaba durmiendo la *s* en su 7901

SIETE

Gn 4.15 matare a Caín, *s* veces será castigado 7659
4.24 si *s* veces será vengado Caín, Lamec en 7659
4.24 Lamec en verdad setenta veces *s* lo será 7659
7.2 de todo animal limpio tomarás *s* parejas 7651
7.3 las aves de los cielos, *s* parejas, macho 7651
7.4 pasados aún *s* días, yo haré llover sobre 7651
8.10 aún otros *s* días, y volvió a enviar la 7651
8.12 aún otros *s* días, y envió la paloma, la 7651
21.28 puso Abraham *s* corderas...rebaño aparte 7651
21.29 ¿qué significan esas *s* corderas que has 7651
21.30 estas *s* corderas tomarás de mi mano 7651
29.18 yo te serviré *s* años por Raquel tu hija 7651
29.20 así sirvió Jacob por Raquel *s* años 7651
29.27 por el servicio...conmigo otros *s* años 7651
29.30 Lea; y sirvió a Labán aún otros *s* años 7651
31.23 Labán...fue tras Jacob camino de *s* días 7651
33.3 él pasó...y se inclinó a tierra *s* veces 7651
41.2 y que del río subían *s* vacas, hermosas 7651
41.3 del río otras *s* vacas de feo aspecto y 7651
41.4 devoraban a las *s* vacas hermosas y muy 7651
41.5 que *s* espigas llenas y hermosas crecían 7651
41.6 después de ellas salían otras *s* espigas 7651
41.7 las *s* espigas menudas devoraban a las *s* 7651
41.18 que del río subían *s* vacas de gruesas 7651
41.19 otras *s* vacas subían después de ellas 7651
41.20 feas devoraban a las *s* primeras vacas 7651
41.22 vi...soñando, que *s* espigas crecían en 7651
41.23 que otras *s* espigas menudas, marchitas 7651
41.24 devoraban a las *s* espigas hermosas; y lo 7651
41.26 *s* vacas hermosas *s* años son...son *s* años 7651
41.27 las *s* vacas flacas...son *s* años; y las 7651
41.27 las *s* espigas...*s* años serán de hambre 7651
41.29 aquí vienen *s* años de gran abundancia 7651
41.30 y tras ellos seguirán *s* años de hambre 7651
41.34 quinte...en los *s* años de la abundancia 7651
41.36 en depósito...para los *s* años de hambre 7651
41.47 *s* años de abundancia la tierra produjo 7651
41.48 reunió todo el alimento de los *s* años 7651
41.53 se cumplieron los *s* años de abundancia 7651
41.54 comenzaron a venir...*s* años del hambre 7651
46.25 y dio a luz éstos a Jacob; por todas *s* 7651
50.10 José hizo a su padre duelo por *s* días 7651
Éx 2.16 pozo, *s* hijas que tenía el sacerdote 7651
7.25 cumplieron *s* días después...hirió el río 7651
12.15 *s* días comeréis panes sin levadura 7651
12.19 *s* días no se hallará levadura en...casas 7651
13.6 *s* días comerás pan sin leudar, y...fiesta 7651
13.7 por los *s* días se comerán los panes sin 7651
22.30 de tu oveja; *s* días estará con su madre 7651
23.15 *s* días comerás los panes sin levadura 7651
25.37 y le harás *s* lamparillas, las cuales 7651
29.30 por *s* días las vestirá el que de sus 7651
29.35 a Aarón y...por *s* días los consagrarás 7651
29.37 por *s* días harás expiación por el altar 7651
34.18 *s* días comerás pan sin levadura, según 7651
37.23 hizo asimismo sus *s* lamparillas, sus 7651
Lv 4.6 rociará de...*s* veces delante de Jehová 7651
4.17 rociará *s* veces delante de Jehová hacia 7651
8.11 y roció de él sobre el altar *s* veces, y 7651
8.33 de la puerta del...no saldréis en *s* días 7651
8.33 porque por *s* días seréis consagrados 7651
8.35 puerta...estaréis día y noche por *s* días 7651
12.2 y dé a luz varón, será inmunda *s* días 7651
13.4,31 encerrará al llagado por *s* días 7651
13.5 le volverá a encerrar por otros *s* días 7651
13.21,26 el sacerdote le encerrará por *s* días 7651
13.33 encerrará...*s* días al que tiene la tiña 7651
13.50 encerrará la cosa plagada por *s* días 7651
13.54 laven...lo encerrará otra vez por *s* días 7651
14.7 rociará *s* veces sobre el que se purifica 7651
14.8 raerá...morará fuera de su tienda *s* días 7651
14.16,27 aceite...*s* veces delante de Jehová 7651
14.38 sacerdote...cerrará la casa por *s* días 7651
14.51 los mojará...y rociará la casa *s* veces 7651
15.13 contará *s* días desde su purificación 7651
15.19 tuviere flujo...*s* días estará apartada 7651
15.24 durmiere con ella...inmundo por *s* días 7651
15.28 contará *s* días, y después será limpia 7651
16.14 con su dedo *s* veces de aquella sangre 7651
16.19 esparcirá sobre él...la sangre...*s* veces 7651
22.27 *s* días estará mamando de su madre; mas 7651
23.6 mes...*s* días comeréis panes sin levadura 7651
23.8 y ofreceréis...*s* días ofrenda encendida 7651
23.15 y contaréis, *s* semanas cumplidas serán 7651
23.18 ofreceréis con el pan *s* corderos de un 7651
23.34 la fiesta solemne...a Jehová por *s* días 7651
23.36 *s* días ofreceréis ofrenda encendida a 7651
23.39,41 haréis fiesta a Jehová por *s* días 7651
23.40 tomaréis...y os regocijaréis...por *s* días 7651
23.42 en tabernáculos habitaréis *s* días; todo 7651
25.8 *s* semanas de años, *s* veces *s* años, de 7651
25.8 que los días de las *s* semanas de años 7651
26.18,24,28 *s* veces más por vuestros pecados 7651
26.21 yo añadiré...*s* veces más plagas según 7651
Nm 8.2 *s* lámparas alumbrarán hacia adelante 7651
12.14 rostro, ¿no se avergonzaría por *s* días? 7651
12.14 sea echada...del campamento por *s* días 7651
12.15 María fue echada del campamento *s* días 7651
13.22 Hebrón fue edificada *s* años antes de 7651
19.4 rociará...con la sangre de ella *s* veces 7651
19.11 el que tocare cadáver...inmundo *s* días 7651
19.14 que esté en ella, será inmundo *s* días 7651
19.16 que tocare...muerto...*s* días será inmundo 7651
23.1 edifícame aquí *s* altares, y prepárame 7651
23.1 prepárame aquí *s* becerros y *s* carneros 7651
23.4 *s* altares he ordenado, y en cada altar 7651
23.14 edificó *s* altares, y ofreció...becerro 7651
23.29 Balaam dijo...Edifícame aquí *s* altares 7651
23.29 prepárame aquí *s* becerros y *s* carneros 7651
28.11,19,27 ofreceréis...*s* corderos de un año 7651
28.17 *s* días se comerán panes sin levadura 7651
28.21,29 y con cada uno de los *s* corderos 7651
28.24 esto ofreceréis cada uno de los *s* días 7651
29.2,8 y ofreceréis...*s* corderos de un año 7651
29.4,10 con cada uno de los *s* corderos, una 7651
29.12 celebraréis fiesta solemne...por *s* días 7651
29.32 séptimo día, *s* becerros, dos carneros 7651
29.36 ofreceréis...*s* corderos de un año sin 7651
31.19 permaneced fuera del campamento *s* días 7651
Dt 7.1 *s* naciones mayores y más poderosas que 7651
15.1 cada *s* años harás remisión 7651
16.3 *s* días comerás..pan sin levadura, pan 7651
16.4 no se verá levadura contigo en...*s* días 7651
16.9 *s* semanas contarás desde que comenzare 7651
16.9 desde...comenzarás a contar las *s* semanas 7651
16.13 la fiesta solemne de...harás por *s* días 7651
16.15 *s* días celebrarás fiesta solemne...Dios 7651
28.7 por *s* caminos huirán de delante de ti 7651
28.25 y por *s* caminos huirás delante de ellos 7651
31.10 al fin de cada *s* años, en el año de la 7651
Jos 6.4 y *s* sacerdotes llevarán *s* bocinas de 7651
6.4 y al séptimo día daréis *s* vueltas a la 7651
6.6 *s* sacerdotes lleven bocinas de cuerno de 7651
6.8,13 *s* sacerdotes, llevando las *s* bocinas 7651
6.15 y dieron vuelta a la ciudad de...*s* veces 7651
6.15 dieron vuelta alrededor de ella *s* veces 7651
18.2 habían quedado...*s* tribus a las cuales 7651
18.5 la dividirán en *s* partes; y Judá quedará 7651
18.6 delinearéis la tierra en *s* partes, y me 7651
18.9 delineándola por...en *s* partes en un libro 7651
Jue 6.1 Jehová los entregó...Madián por *s* años 7651
6.25 toma un toro...el segundo toro de *s* años 7651
12.9 y juzgó a Israel *s* años 7651
14.12 y si en los *s* días del banquete me lo 7651
14.17 y ella lloró en...los *s* días...banquete 7651
16.7 si me ataren con *s* mimbres verdes que 7651
16.8 le trajeron *s* mimbres...le ató con ellos 7651
16.13 si tejieres *s* guedejas de mi cabeza con 7651
16.19 le rapó las *s* guedejas de su cabeza 7651
Rt 4.15 es de más valor para ti que *s* hijos 7651
1 S 2.5 hasta la estéril ha dado a luz *s*, y 7651
6.1 el arca de Jehová en...filisteos *s* meses 7651
10.8 espera *s* días, hasta que yo venga a ti 7651
11.3 danos *s* días...que enviemos mensajeros 7651
13.8 y él esperó *s* días, conforme al plazo 7651
16.10 hizo pasar Isaí *s* hijos suyos delante 7651
31.13 sepultaron...Jabes, y ayunaron *s* días 7651
2 S 2.11 David reinó en Hebrón..*s* años y seis 7651
5.5 en Hebrón reinó...*s* años y seis meses, y 7651
21.6 dénsenos *s* varones de sus hijos, para 7651
21.9 y así murieron juntos aquellos *s*, los 7651
24.13 ¿quieres...te vengan *s* años de hambre 7651
1 R 2.11 reinó David...*s* años reinó en Hebrón 7651
6.6 el tercero de *s* codos de ancho; porque 7651
6.38 fue acabada...la edificó, pues, en *s* años 7651
7.17 y unos cordones a...*s* para cada capitel 7651
8.65 *s* días y aun por otros *s* días, esto es 7651
16.15 reinar Zimri, y reinó *s* días en Tirsa 7651
18.43 él le volvió a decir: Vuelve *s* veces 7651
20.29 *s* días estuvieron acampados los unos 7651
2 R 3.9 y como anduvieron...*s* días de camino 7651
4.35 el niño estornudó *s* veces, y abrió sus 7651
5.10 vé y lávate *s* veces en el Jordán, y tu 7651
5.14 descendió, y se zambulló *s* veces en el 7651
8.1 el hambre, la cual sobre la tierra...*s* años 7651
8.2 vivió en tierra de los filisteos *s* años 7651
8.3 pasado los *s* años, la mujer volvió de la 7651
11.21 Joás de *s* años cuando comenzó a reinar 7651
25.8 a los *s* días del mes, siendo el año 19 7651
1 Cr 3.4 en Hebrón, donde reinó *s* años y seis 7651
3.24 los hijos de Elioenai fueron estos *s* 7651
5.13 sus hermanos...Zía y Heber; por todos *s* 7651
9.25 venían cada *s* días según su turno para 7651
10.12 enterraron sus huesos...ayunaron *s* días 7651
15.26 el arca...sacrificaron *s* novillos y *s* 7651
29.27 *s* años reinó en Hebrón, y 33 reinó en 7651
2 Cr 7.8 entonces hizo Salomón fiesta *s* días 7651
7.9 hecho la dedicación del altar en *s* días 7651
7.9 habían celebrado la fiesta...por *s* días 7651
13.9 consagrarse con un becerro y *s* carneros 7651
24.1 *s* años era Joás cuando comenzó a reinar 7651
29.21 y presentaron *s* novillos, *s* carneros 7651
29.21 *s* corderos y *s* machos cabríos para 7651
30.21 celebraron la fiesta...por *s* días con 7651
30.22 comieron de lo sacrificado en...*s* días 7651
30.23 celebrasen la fiesta por otros *s* días 7651
30.23 la celebraron otros *s* días con alegría 7651
35.17 allí celebraron la pascua...por *s* días 7651
Esd 6.22 celebraron...fiesta solemne...*s* días 7651
7.14 rey y de sus *s* consejeros eres enviado 7651
Neh 8.18 e hicieron la fiesta solemne por *s* 7651
Est 1.5 hizo el rey otro banquete por *s* días 7651
1.10 mandó a...*s* eunucos que servían delante 7651
1.14 junto a él...*s* príncipes de Persia y de 7651

2.9 y le dio también *s* doncellas especiales 7651
Job 1.2 y le nacieron *s* hijos y tres hijas 7651
2.13 se sentaron con...por *s* días y *s* noches 7651
42.8 tomaos *s* becerros y *s* carneros, e id a 7651
42.13 y tuvo *s* hijos y tres hijas 7658
Sal 12.6 plata refinada...purificada *s* veces 7651
79.12 devuelve...*s* tantos de su infamia, con 7651
119.164 *s* veces al día te alabo a causa de 7651
Pr 6.16 aborrece Jehová, y aun *s* abomina su 7651
6.31 pero si es sorprendido, pagará *s* veces 7659
9.1 sabiduría edificó...labró sus *s* columnas 7651
24.16 porque *s* veces cae el justo, y vuelve 7651
26.16 es más sabio que *s* que sepan aconsejar 7651
26.25 porque *s* abominaciones...en su corazón 7651
Ec 11.2 reparte a *s*, y aun a ocho; porque no 7651
Is 4.1 echarán mano de un hombre *s* mujeres en 7651
11.15 lo herirá en sus *s* brazos, y hará que 7651
30.26 *s* veces mayor, como la luz de *s* días 7651
Jer 15.9 languideció la que dio a luz *s*...dolor 7651
34.14 al cabo de *s* años dejará cada uno a su 7651
52.25 a *s* hombres de los consejeros íntimos 7651
Ez 3.15 y allí permanecí *s* días atónito entre 7651
3.16 al cabo de los *s* días vino a mí palabra 7651
30.20 *s* días del mes, que vino a mí palabra 7651
39.9 y los quemarán en el fuego por *s* años 7651
39.12 los estará enterrando por *s* meses, para 7651
39.14 al cabo de *s* meses...el reconocimiento 7651
40.22 subía a ella por *s* gradas, y delante de 7651
40.26 sus gradas eran de *s* peldaños, con sus 7651
41.3 y la anchura de la entrada, de *s* codos 7651
43.25 *s* días sacrificarán un macho cabrío en 7651
43.26 por *s* días harán expiación por el altar 7651
44.26 de su purificación, le contarán *s* días 7651
45.21 tendréis la pascua, fiesta de *s* días 7651
45.23 y en los *s* días de la fiesta...ofrecerá 7651
45.23 *s* becerros y *s* carneros sin defecto 7651
45.23 ofrecerá...cada día de los *s* días; y por 7651
45.25 hará como en estos *s* días en cuanto a 7651
Dn 3.19 que el horno se calentase *s* veces más 7655
4.16 sea cambiado...pasen sobre él *s* tiempos 7655
4.23 las bestias...pasen sobre él *s* tiempos 7655
4.25,32 *s* tiempos pasarán sobre ti, hasta 7655
9.25 la salida de la orden...habrá *s* semanas 7655
Mi 5.5 levantaremos contra él *s* pastores, y 7651
Zac 3.9 sobre esta única piedra hay *s* ojos; he 7651
4.2 *s* lámparas...y *s* tubos para las lámparas 7651
4.10 *s* son los ojos de Jehová, que recorren 7651
Mt 12.45 **va y toma...otros s espíritus peores** *2033*
15.34 ellos dijeron: *S*, y unos pocos pececillos *2033*
15.36 tomando los *s* panes...dio gracias, los *2033*
15.37 recogieron...de los pedazos, *s* canastas *2033*
16.10 **¿ni de los s panes entre cuatro mil, y** *2033*
18.21 ¿cuántas veces perdonaré a...¿Hasta *s*? *2034*
18.22 **no...s, sino aun hasta setenta veces s** *2034,2033*
22.25 hubo, pues, entre nosotros *s* hermanos *2033*
22.28 ¿de cuál de los *s* será ella mujer, ya *2033*
Mr 8.5 **preguntó: ¿Cuántos panes tenéis?...*S*** *2033*
8.6 tomando...*s* panes, habiendo dado gracias *2033*
8.8 y recogieron de los pedazos...*s* canastas *2033*
8.20 **y cuando los s panes entre cuatro mil** *2033*
8.20 **¿cuántas canastas...Y ellos dijeron: *S*** *2033*
12.20 *s* hermanos; el primero tomó esposa, y *2033*
12.22 y así los *s*, y no dejaron descendencia *2033*
12.23 ya que los *s* la tuvieron por mujer? *2033*
16.9 María...de quien había echado *s* demonios *2033*
Lc 2.36 vivido con su marido *s* años desde su *2033*
8.2 María...de la que habían salido *s* demonios *2033*
11.26 **toma otros s espíritus peores que él** *2033*
17.4 **si s veces al día pecare...y s veces al** *2034*
20.29 hubo, pues, *s* hermanos; y el primero *2033*
20.31 la tomó el tercero, y así todos los *s* *2033*
20.33 ya que los *s* la tuvieron por mujer? *2033*
Jn 4.52 le dijeron: Ayer a las *s* le dejó la *1442*
Hch 6.3 buscad...*s* varones de buen testimonio *2033*
13.19 y habiendo destruido *s* naciones en la *2033*
19.14 había *s* hijos de un tal Esceva, judío *2033*
20.6 con ellos en Troas, donde nos quedamos *s* *2033*
21.4 quedamos allí *s* días; y ellos decían a *2033*
21.8 y entrando en casa de Felipe...de los *s* *2033*
21.27 estaban para cumplirse los *s* días, unos *2033*
28.14 que nos quedásemos con ellos *s* días; y *2033*
He 11.30 cayeron...después de rodearlos *s* días *2033*
2 P 2.5 que guardó a Noé...con otras *s* personas *2033*
Ap 1.4 Juan, a las *s* iglesias que están en *2033*
1.4 de los *s* espíritus que están delante de *2033*
1.11 **y envíalo a las s iglesias que están en** *2033*
1.12 volví...y vuelto, vi *s* candeleros de oro *2033*
1.13 y en medio de los *s* candeleros, a uno *2033*
1.16 tenía en su diestra *s* estrellas; de *2033*
1.20 **el misterio de las s estrellas que has** *2033*
1.20 **el misterio...de los s candeleros de oro** *2033*
1.20 **s estrellas...ángeles de las s iglesias** *2033*
1.20 **y los s candeleros...son las s iglesias** *2033*
2.1 **que tiene las s estrellas en su diestra** *2033*
2.1 **el que anda en medio de los s candeleros** *2033*
3.1 **tiene los s espíritus...y las s estrellas** *2033*
4.5 delante del trono ardían *s* lámparas de *2033*
4.5 las cuales son los *s* espíritus de Dios *2033*
5.1 vi...un libro escrito...sellado con *s* sellos *2033*
5.5 ha vencido para...y desatar sus *s* sellos *2033*
5.6 Cordero...que tenía *s* cuernos, y *s* ojos *2033*
5.6 los cuales son los *s* espíritus de Dios *2033*
8.2 a los *s* ángeles...les dieron *s* trompetas *2033*
8.6 los *s* ángeles que tenían las *s* trompetas *2033*
10.3 gran voz...*s* truenos emitieron sus voces *2033*
10.4 cuando los *s* truenos hubieron emitido *2033*
10.4 sella las cosas que los *s* truenos han *2033*
12.3 un gran dragón...*s* cabezas...*s* diademas *2033*
13.1 vi subir...una bestia que tenía *s* cabezas *2033*
15.1,6 vi...*s* ángeles que tenían las *s* plagas *2033*
15.7 a los *s* ángeles *s* copas de oro, llenas *2033*
15.8 cumplido las *s* plagas de los *s* ángeles *2033*
16.1 una gran voz que decía...a los *s* ángeles *2033*
16.1 y derramad sobre la tierra las *s* copas *2033*
17.1 de los *s* ángeles que tenían las *s* copas *2033*
17.3 bestia...tenía *s* cabezas y diez cuernos *2033*
17.7 la cual tiene las *s* cabezas y los diez *2033*
17.9 las *s* cabezas son *s* montes, sobre los *2033*
17.10 son *s* reyes...Cinco de ellos han caído *2033*
17.11 es de entre los *s*, y va a la perdición *2033*
21.9 vino, uno de los *s* ángeles que tenían *2033*
21.9 las *s* copas...de las *s* plagas postreras *2033*

SIETE MIL *Véase también Siete Mil Cien, etc.*
1 R 19.18 yo haré que queden en Israel *7.000* 7651,505
20.15 los hijos de Israel, que fueron *7.000* 7651,505
2 R 24.16 los hombres de guerra...fueron *7.000* 7651,505
1 Cr 18.4 le tomó David...*7.000* de a caballo 7651,505
19.18 y mató David de los sirios a *7.000* 7651,505
29.4 y *7.000* talentos de plata refinada para 7651,505
2 Cr 15.11 sacrificaron para...*7.000* ovejas 7651,505
30.24 Ezequías rey...había dado...*7.000* ovejas 7651,505
Job 1.3 su hacienda era *7.000* ovejas...camellos 7651,505
Ro 11.4 me he reservado *7.000* hombres, que no *2035*
Ap 11.13 el terremoto murieron...*7.000* hombres *2035*

SIETE MIL CIEN
1 Cr 12.25 los hijos de Simeón, *7.100* hombres 7651,505,3967

SIETE MIL QUINIENTOS
Nm 3.22 los varones...contados...
fueron *7.500* 7651,505,2568,3967

SIETE MIL SETECIENTOS
2 Cr 17.11 trajeron...*7.700* carneros
y *7.700* 7651,505,7651,3967

SIETE MIL TRESCIENTOS TREINTA Y SIETE
Esd 2.65; Neh 7.67 sus siervos...
eran *7.337* 7651,505,7969,3967,7970,7651

SIFI Descendiente de Simeón, 1 Cr 4.37 8230

SIFMITA *Originario de Sifmot*, 1 Cr 27.27 8225

SIFMOT *Aldea en Judá*, 1 S 30.28 8224

SIFRA *Partera de las hebreas en Egipto*, Éx 1.15 8236

SIFTÁN *Padre de Kemuel*, Nm 34.24 8204

SIGAIÓN, SIGIONOT *Poema apasionado*,
Sal 7 *tít*. Hab 3.1 7692

SIGIONOT
Hab 3.1 oración del profeta Habacuc, sobre *S* 7692

SIGLO
Gn 9.12 la señal del pacto...por *s* perpetuos 1755
Éx 3.15 con él se me recordará por todos los *s* 1755
1 Cr 29.10 bendito...desde el siglo y hasta el *s* 5704,5769
Sal 41.13 bendito sea Jehová...los *s* de los *s* 5769
77.5 consideraba los días...los años de los Y 5769
90.2 desde el *s* y hasta el *s*, tú eres Dios 5769
93.5 la santidad conviene a tu...por los *s* y 753,3117
145.13 tu reino es reino de todos los *s*, y tu 5769
Ec 1.10 ya fue en los *s* que nos han precedido 5769
Is 26.4 en Jehová...está la fortaleza de los *s* 5769
42.14 el *s* he callado, he guardado silencio 5769
45.17 no...ni os afrentaréis, por todos los *s* 5769
51.8 permanecerá...y mi salvación por *s* de *s* 1755
51.9 despiértate como en...en los *s* pasados 6924
60.15 haré que seas...el gozo de todos los *s* 1755
Ez 26.20 sepulcro, con los pueblos de otros *s* 5769
Dn 2.20 bendito el nombre de Dios de *s* en *s* 5957
6.26 es el Dios...y permanece por todos los *s* 5957
7.18 los santos...poseerán el reino hasta el *s* 5957
12.7 juró por el que vive por los *s*, que será 5769
Mt 6.13 **tuyo es el reino, y...por todos los s** *165*
12.32 **no le será perdonado, ni en este s ni** *165*
13.22 **pero el afán de este s y el engaño de** *165*
13.39 **siega es el fin del s; y los segadores** *165*
13.40 **el fuego, así será en el fin de este s** *165*
13.49 **será el fin del s: saldrán los ángeles** *165*
24.3 qué señal habrá de tu...y del fin del *s*? *165*
Mr 4.19 **los afanes de este s, y el engaño de** *165*
10.30 **reciba...en el s venidero la vida eterna** *165*
Lc 16.8 **los hijos de este s son más sagaces** *165*
18.30 **recibir...en el s venidero la vida eterna** *165*
20.34 **hijos de este s se casan, y se dan en** *165*
20.35 **tenidos por dignos de alcanzar aquel s** *165*
Ro 1.25 Creador, el cual es bendito por los *s* *165*
9.5 el cual es Dios...bendito por los *s*...Amén *165*
11.36 a él sea la gloria por los *s*...Amén *165*
12.2 no os conforméis...s, sino transformaos *165*
1 Co 1.20 ¿dónde está el disputador de este *s* *165*
2.6 de este *s*, ni de los príncipes de este *s* *165*
2.7 la cual Dios predestinó antes de los *s* *165*
2.8 la que ninguno de los...de este *s* conoció *165*
3.18 si alguno entre...se cree sabio en este *s* *165*
10.11 a quienes han alcanzado los...de los *s* *165*
2 Co 4.4 dios de este *s* cegó el entendimiento *165*
11.31 Dios y Padre...bendito por los *s*, sabe *3588,165*
Gá 1.4 se dio...librarnos del, presente *s* malo *165*
1.5 quien sea la gloria por los *s* de los *s* *165*
Ef 1.21 no sólo en este *s*, sino...el venidero *165*
2.7 para mostrar en los *s* venideros...gracia *165*
3.9 misterio escondido desde los *s* en Dios *165*
3.21 a él sea gloria en...por los *s* de los *s* *165*
6.12 gobernadores de las tinieblas de este *s* *165*
Fil 4.20 sea gloria por los *s* de los *s*...Amén *165*
Col 1.26 misterio...estado oculto desde los *s* *165*
1 Ti 1.17 al Rey de los *s*...único y sabio Dios *165*
1.17 sea honor y gloria por los *s* de los *s* *165*
6.17 los ricos de este *s* manda que no sean *165*
2 Ti 1.9 dada...antes de los tiempos de los *s* *166*
4.18 él sea gloria por los *s* de los *s*...Amén *166*
Tit 1.2 prometió...antes del principio de los *s* *166*
2.12 en este *s* sobria, justa y piadosamente *165*
He 1.8 trono, oh Dios, por el *s* del *s*; cetro *165*
6.5 gustaron de...los poderes del *s* venidero *165*
9.26 en la consumación de los *s*, se presentó *165*
13.8 es el mismo ayer, y hoy, y por los *s* *165*
13.21 cual sea la gloria por los *s* de los *s* *165*
1 P 4.11 a quien pertenecen...los *s* de los *s* *165*
5.11 a él sea la gloria...por los *s* de los *s* *165*
Jud 25 sea gloria y...ahora y por todos los *s* *3956,165*
Ap 1.6 a él sea...imperio por los *s* de los *s* *165*
1.18 **aquí que vivo por los s de los s, amén** *3588,165*
4.9 y honra...al que vive por los *s* de los *s* *165*
4.10 adoran al que vive por los *s* de los *s* *165*
5.13 al Cordero, sea la alabanza...*s* de los *s* *165*
5.14 adoraron al que vive por los *s* de los *s* *165*
7.12 sean a nuestro Dios por los *s* de los *s* *165*
10.6 juró por el que vive por los *s* de los *s* *165*
11.15 Señor...y él reinará por los *s* de los *s* *165*
14.11 el humo de su...sube por los *s* de los *s* *165*
15.7 ira de Dios, que vive por los *s* de los *s* *165*
19.3 el humo de ella sube por los *s* de los *s* *165*
20.10 atormentados día y...por los *s* de los *s* *165*
22.5 el Señor...y reinarán por los *s* de los *s* *165*

SIGNIFICADO
Gn 40.5 propio sueño...cada uno con su propio *s* 6623
41.11 un sueño...cada sueño tenía su propio *s* 6623
1 Co 14.10 hay...y ninguno de ellos carece de *s* *880*

SIGNIFICAR
Gn 21.29 ¿qué *significan* esas siete corderas
41.32 veces, *significa* que la cosa es firme
Dt 6.20 hijo...¿Qué *significan* los testimonios
29.24 ¿qué *significa* el ardor de esta...ira?
Jos 4.6,21 ¿qué *significan* estas piedras?
Ez 17.12 ¿no habéis entendido qué *significan*
24.19 qué *significan*...estas cosas que haces?
Dn 4.26 *significa*...tu reino te quedará firme
7.24 los diez cuernos *significan* que de aquel
8.22 *significa* que cuatro...se levantarán de
Zac 4.11 ¿qué *significan* estos dos olivos a
4.12 ¿qué *significan* las dos ramas de olivo
Mt 9.13; 12.7 ***significa*: Misericordia quiero** *2076*
27.33 lugar...*significa*: Lugar de la Calavera
Lc 8.9 diciendo: ¿Qué *significa* esta parábola?
Jn 7.36 **¿qué *significa* esto...Me buscaréis, y**
Hch 10.17 sobre lo que *significaría* la visión *1498*
He 7.2 cuyo nombre *significa*...Rey de Salem *2059*

SIGNO
2 R 23.5 incienso a Baal...a los *s* del zodíaco
2 Ts 3.17 de Pablo, que es el *s* en toda carta *4592*

SIGUIENTE
Gn 19.34 el día *s* 4283
41.31 a causa del hambre *s* la cual
Éx 2.13 al día *s* salió y vio a dos
9.6 al día *s* Jehová hizo aquello 4283
18.13 aconteció que al día *s* se 4283
32.6 y al día *s* madrugaron, y 4283
32.30 y aconteció que al día *s* dijo 4283
Lv 7.16 quedare, lo comerán al día *s* 4283
19.6 que lo ofreciereis, y al día *s* 4283
23.11 el día *s* del día de reposo la 4283
23.16 hasta el día *s* del séptimo 4283
Nm 11.32 toda la noche, y todo el día *s* 4283
16.41 el día *s*, toda la congregación 4283
17.8 y aconteció que el día *s* vino 4283
22.41 el día *s*, Balac tomó a Balaam 1242
Jos 5.12 y el maná cesó el día *s* 4283
10.32 de Israel, y la tomó al día *s*
Jue 9.42 aconteció el *s* día, que el 4283
21.4 y al día *s* el pueblo se 4279
1 S 5.3 y cuando al día *s* los de Asdod 4283
5.4 a levantar de mañana el *s* 4283
11.11 aconteció que al día *s* dispuso 4283
20.27 al *s* día, el segundo día de la 4283
25.36 cosa alguna hasta el día *s*
30.17 hasta la tarde del día *s* 4283
31.8 aconteció al *s* día, que 4283
2 S 11.1 acontecio al año *s*
11.12 en Jerusalén aquel día y el *s* 4283
2 R 4.17 y dio a luz un hijo el año *s*
6.29 el día *s* yo le dije: Da acá 312
8.15 el día *s*, tomó un paño y lo 4283
1 Cr 10.8 sucedió al día *s*, que al venir 4283
29.21 a Jehová holocaustos al día *s* 4283
Neh 8.13 al día *s* se reunieron los cabezas 4283
Est 2.14 y a la mañana *s* volvía a la 4283
Jer 20.3 y el día *s* Pasur sacó a 4283
Jon 4.7 al venir el alba del día *s* 4283
Mt 27.62 al día *s*, que es después de *1887*
Mr 11.12 al día *s*, cuando salieron de *1887*
Lc 9.37 al día *s*, cuando descendieron del *1836*
Jn 1.29 el *s* día vio Juan a Jesús que *1887*
1.35 el *s* día otra vez estaba Juan *1887*
1.43 el *s* día quiso Jesús ir a *1887*
6.22 el día *s*, la gente que estaba *1887*
12.12 el *s* día, grandes multitudes *1887*
Hch 4.3 en la cárcel hasta el día *s* *839*
4.5 aconteció al día *s*, que se reunieron *839*

7.26 y al día s, se presentó a unos de ... 1966
10.9 al día s, mientras ellos iban por el ... 1887
10.23 los hospedó. Y al día s ... 1887
13.42 gentiles les rogaron que el s ... 3342
13.44 el s día de reposo se juntó ... 2064
14.20 y al día s salió con Bernabé ... 1887
16.11 y el día s a Neápolis ... 1966
20.7 habiendo de salir al día s ... 1887
20.15 al día s llegamos delante de ... 1966
20.15 al día s llegamos a Mileto ... 2192
21.1 y al día s a Rodas, y de allí ... 1836
21.18 y al día s Pablo entró con ... 1966
21.26 a aquellos hombres, y al día s ... 2192
22.30 al día s, queriendo saber de ... 1887
23.11 a la noche s se le presentó el
23.32 y al día s, dejando a los jinetes ... 1887
25.6 al s día se sentó en el ... 1887
25.17 ninguna dilación, al día s ... 1836
27.18 al s día empezaron a alijar ... 1836

SIHÓN *Población en la frontera de Isacar*, Jos 19.19 ... 7866

SIHOR *Estanque de agua en Egipto*
Jos 13.3 desde S... hasta el límite de Ecrón al ... 7883
1 Cr 13.5 David reunió a... desde S de Egipto ... 7883

SIHOR-LIBNAT *Lugar en la frontera de Aser*, Jos 19.26 ... 7884

SILA *Barrio de Jerusalén*, 2 R 12.20 ... 5538

SILAS *«Varón principal» de la iglesia de Jerusalén y compañero de Pablo (=Silvano)*
Hch 15.22 a S, varones principales entre los ... 4609
15.27 que enviamos a Judas y a S, los cuales ... 4609
15.32 Judas y S... consolaron y confirmaron a ... 4609
15.34 a S le pareció bien el quedarse allí ... 4609
15.40 escogiendo a S, salió encomendado por ... 4609
16.19 su ganancia, prendieron a Pablo y a S ... 4609
16.25 medianoche, orando Pablo y S, cantaban ... 4609
16.29 se postró a los pies de Pablo y de S ... 4609
17.4 creyeron, y se juntaron con Pablo y... S ... 4609
17.10 enviaron... a Pablo y a S hasta Berea ... 4609
17.14 el mar; y S y Timoteo se quedaron allí ... 4609
17.15 Pablo... y habiendo recibido orden para S ... 4609
18.5 S y Timoteo vinieron de Macedonia, Pablo ... 4609

SILBAR
Job 27.23 batirán... desde su lugar le *silbarán* ... 8319
Is 5.26 *silbará* al que está en el extremo de ... 8319
7.18 *silbará* Jehová a la mosca que está en ... 8319
Lm 2.15 *silbaron*, y movieron despectivamente ... 8319
Ez 27.36 los mercaderes... *silbarán* contra ti ... 8319

SILBIDO
Zac 10.8 los llamaré con un s, y los reuniré ... 8319

SILBO
1 R 19.12 fuego... tras el fuego un s apacible

SILEM *Hijo de Neftalí*, Gn 46.24; Nm 26.49 ... 8006

SILEMITA *Descendiente de Silem*, Nm 26.49 ... 8016

SILENCIO
Dt 27.9 guarda s y escucha, oh Israel; hoy has ... 5535
Job 41.12 no guardaré s sobre sus miembros, ni ... 2790
Sal 37.7 guarda s ante Jehová, y espera en él
39.2 enmudecí con s, me callé aun respecto de ... 1747
83.1 Dios, no guardes s; no calles, oh Dios ... 1824
94.17 si no... pronto moraría mi alma en el s ... 1745
115.17 no alabarán... cuantos descienden al s ... 1745
Is 15.1 de noche fue destruida Ar... puesta en s ... 1820
15.1 fue destruida Kir de Moab, reducida a s
42.14 he guardado s, y me he detenido; daré ... 2790
57.11 he guardado s desde tiempos antiguos ... 2814
Lm 3.26 bueno es esperar en s la salvación de
Am 8.3 en todo lugar los echarán fuera en s ... 2013
Hch 13.16 hecha señal de s con la mano, dijo
19.33 pedido s con la mano, quería hablar en
21.40 hecho gran s, habló en lengua hebrea ... 4602
22.2 al oír... lengua hebrea, guardaron más s ... 2271
1 Ti 2.11 la mujer aprenda en s, con... sujeción ... 2271
2.12 no permito a la mujer... sino estar en s ... 2271
Ap 8.1 abrió el séptimo sello, se hizo s en ... 4602

SILENCIOSA
Sal 56 *tít*... paloma s en paraje muy distante

SILHI *Padre de Azuba*, 1 R 22.42; 2 Cr 20.31 ... 7977

SILHIM *Ciudad en Judá cerca de Siclag*, Jos 15.32 ... 7978

SILLA
Lv 15.23 lo que estuviere... sobre la s en que
Jue 3.20 Aod... Él entonces se levantó de la s ... 3678
1 S 1.9; 4.13 Elí estaba sentado en una s ... 3678
4.18 Elí cayó... de la s al lado de la puerta ... 3678
20.25 y el rey se sentó en su s, como solía ... 4186
1 R 2.19 e hizo traer una s para su madre, la ... 3678
22.10 sentados cada uno en su s, vestidos de ... 3678
2 R 4.10 y pongamos allí cama... s y candelero ... 3678
Est 3.1 y puso su s sobre todos los príncipes ... 3678
Job 23.3 hallar a Dios! Yo iría hasta su s ... 8499
Sal 1.1 ni en s de escarnecedores... ha sentado ... 4186
122.5 están las s del juicio, los tronos de ... 3678
Pr 9.14 se sienta en una s a la puerta de su ... 3678
Is 14.9 hizo levantar de sus s a... príncipes de ... 3678
Am 6.3 dilatáis... y acercáis la s de iniquidad ... 7675
Jon 3.6 se levantó de su s, se despojó de su ... 3678
Mt 21.12 y las s de los que vendían palomas ... 2515
23.6 **aman... las primeras s en las sinagogas** ... 4410
Mr 11.15 y las s de los que vendían palomas ... 2515
12.39 **las primeras s en las sinagogas, y los** ... 4410
Lc 11.43 **amáis las primeras s en las sinagogas** ... 4410
20.46 **aman... las primeras s en las sinagogas** ... 4410

SILO *Ciudad en Efraín*
Jos 18.1 toda la congregación... se reunió en S ... 7887
18.8 os eche suerte aquí delante de Jehová en S ... 7887
18.9 volvieron a Josué al campamento en S ... 7887
18.10 Josué les echó suertes delante de... en S ... 7887
19.51 en posesión a... en S, delante de Jehová ... 7887
21.2 les hablaron en S en la tierra de Canaán ... 7887
22.9 separándose de los... de Israel desde S ... 7887
22.12 juntó... en S, para subir a pelear contra ... 7887
Jue 18.31 tiempo... la casa de Dios estuvo en S ... 7887
21.12 y las trajeron al campamento en S, que ... 7887
21.19 aquí cada año hay fiesta... Jehová en S ... 7887
21.21 cuando veáis salir a las hijas de S a ... 7887
21.21 salid... y arrebatad... de las hijas de S ... 7887
1 S 1.3 subía... para ofrecer sacrificios... en S ... 7887
1.9 y se levantó Ana... que hubo comido... en S ... 7887
1.24 lo trajo a la casa de Jehová en S; y el ... 7887
2.14 hacían con todo israelita que venía a S ... 7887
3.21 y Jehová volvió a aparecer en S; porque ... 7887
3.21 Jehová se manifestó a Samuel en S por la ... 7887
4.3 traigamos... S el arca del pacto de Jehová ... 7887
4.4 envió el pueblo a S, y trajeron de allá ... 7887
4.12 un hombre... el mismo día a S, rotos sus ... 7887
14.3 sacerdote de Jehová en S, llevaba el efod ... 7887
1 R 2.27 había dicho sobre la casa de Elí en S ... 7887
14.2 dijo Jeroboam... Levántate ahora... vé a S ... 7887
14.4 la mujer... se levantó y fue a S, y vino a ... 7887
Sal 78.60 dejó, por tanto... tabernáculo de S ... 7887
Jer 7.12 andad ahora a mi lugar en, S, donde ... 7887
7.14 haré también a esta casa... como hice a S ... 7887
26.6 pondré esta casa como S, y esta ciudad ... 7887
26.9 diciendo: Esta casa será como S, y esta ... 7887
41.5 venían unos hombres... de S y de Samaria ... 7887

SILOÉ *Estanque en Jerusalén*
Neh 3.15 el muro del estanque de S hacia el ... 7975
Is 8.6 desechó este pueblo las aguas de S, que ... 7975
Lc 13.4 **cuales cayó la torre en S, y los mató** ... 4611
Jn 9.7 **dijo: Vé a lavarte en el estanque de S** ... 4611
9.11 **y me dijo: Vé al S, y lávate; y fui, y** ... 4611

SILOH *Título que posiblemente se refiere al Mesías*
Gn 49.10 no será quitado... hasta que venga S ... 7886

SILONI *Ascendiente de Maasías No. 11*, Neh 11.5 .. 8023

SILONITA *Originario de Silo*
1 R 11.29 le encontró en... el profeta Ahías s ... 7888
12.15 había hablado por medio de Ahías s a ... 7888
15.29 palabra que Jehová habló por... Ahías s ... 7888
1 Cr 9.5 y de los s, Asaías el primogénito, y ... 7888
2 Cr 9.29 escritos... en la profecía de Ahías s ... 7888
10.15 había hablado por Ahías s a Jeroboam ... 7888

SILSA *Descendiente de Aser*, 1 Cr 7.37 ... 8030

SILVANO *Compañero de Pablo y Pedro (=Silas)*
2 Co 1.19 ha sido predicado... mí, S y Timoteo ... 4610
1 Ts 1.1; 2 Ts 1.1 Pablo, S y Timoteo, a la ... 4610
1 P 5.12 por conducto de S, a quien tengo por ... 4610

SILVESTRE
Gn 7.14 ellos, y todos los animales s según ... 2416
1 R 6.18 tenía entalladuras de calabazas s y ... 6497
2 R 4.39 de ella llenó su falda de calabazas s ... 7704
Neh 8.15 traed ramas de olivo, de olivo s, de
Cnt 2.3 como el manzano entre los árboles s ... 3293
Is 5.2 esperaba que diese uvas, y dio uvas s ... 891
Is 5.4 esperando yo... diese uvas, ha dado uvas s? ... 891
Am 7.14 sino que soy boyero, y recojo higos s
Mt 3.4 Juan... su comida era langostas y miel s ... 66
Mr 1.6 Juan estaba... comía langostas y miel s ... 66
Ro 11.17 siendo olivo s, has sido injertado en ... 65
11.24 tú fuiste cortado del que... es olivo s ... 65

SIMA
Lc 16.26 **una gran s está puesta entre nosotros** ... 5490

SIMBÓLICO
Zac 3.8 tú y tus amigos... porque son varones s ... 4159

SÍMBOLO
2 R 18.4 cortó los s de Asera, e hizo pedazos ... 842
2 Cr 14.3 imágenes, y destruyó los s de Asera ... 842
24.18 y sirvieron a los s de Asera y a las ... 842
Is 17.8 ni mirará... a los s de Asera, ni a las ... 842
27.9 y no se levanten los s de Asera ni las ... 842
He 9.9 lo cual es s para el tiempo presente ... 3850

SIMEA
1. Tercer hijo de Isaí de Belén, 2 S 13.3,32; 21.21; 1 Cr 2.13; 20.7 ... 8093
2. Hijo de David, 1 Cr 3.5 ... 8092
3. Levita descendiente de Merari, 1 Cr 6.30 ... 8092
4. Levita descendiente de Gersón, 1 Cr 6.39 ... 8092
5. Descendiente de Benjamín (=Simeam), 1 Cr 8.32 . 8039

SIMEAM *Descendiente de Benjamín (=Simea No. 5)*, 1 Cr 9.38 ... 8043

SIMEAT *Padre (o madre) del asesino del rey Joás de Judá*, 2 R 12.21; 2 Cr 24.26 ... 8100

SIMEATEOS *Familia de escribas ceneos*, 1 Cr 2.55 ... 8101

SIMEI
1. Hijo de Gersón No. 1, Éx 6.17; Nm 3.18,21; 1 Cr 6.17,42; 23.7,10(2) ... 8097
2. Hijo de Gera, pariente del rey Saúl
2 S 16.5 S hijo de Gera; y salía maldiciendo ... 8096
16.7 decía S, maldiciéndole: ¡Fuera, fuera ... 8096
16.13 S iba por el lado del monte delante de ... 8096
19.16 S hijo de Gera, hijo de Benjamín, que ... 8096
19.18 entonces S... se postró delante del rey ... 8096
19.21 ¿no ha de morir por esto S, que maldijo ... 8096
19.23 dijo el rey a S: No morirás... Y el rey ... 8096
1 R 2.8 tienes contigo a S hijo de Gera, hijo ... 8096
2.36 envió el rey e hizo venir a S, y le dijo ... 8096
2.38 S dijo al rey: La palabra es buena; como ... 8096
2.38 así... Y habitó S en Jerusalén muchos días ... 8096
2.39 dos siervos de S huyeron a Aquis hijo de ... 8096
2.39 dieron aviso a S, diciendo: He aquí que ... 8096
2.40 S se levantó y... Fue, pues, S, y trajo ... 8096
2.41 fue dicho a Salomón que S había ido de ... 8096
2.42 el rey envió e hizo venir a S, y le dijo ... 8096
2.44 dijo... el rey a S: Tú sabes todo el mal ... 8096
3. Funcionario del rey David (posiblemente =No. 4.), 1 R 1.8 ... 8096
4. Funcionario del rey Salomón (posiblemente =No. 3), 1 R 4.18 ... 8096
5. Hermano de Zorobabel, 1 Cr 3.19 ... 8096
6. Padre de una familia de Simeón, 1 Cr 4.26,27 ... 8096
7. Descendiente de Rubén, 1 Cr 5.4 ... 8096
8. Levita descendiente de Merari, 1 Cr 6.29 ... 8096
9. Levita descendiente de Gersón, 1 Cr 6.42; 23.7,9,10 8096
10. Descendiente de Benjamín, 1 Cr 8.21, Zac 12.13 . 8097
11. Levita, padre de una familia de cantores después del exilio, 1 Cr 25.3,17 ... 8096
12. Oficial del rey David, encargado de las viñas, 1 Cr 27.27 ... 8096
13. Levita en tiempo del rey Ezequías, 2 Cr 29.14 ... 8096
14. Levita mayordomo del rey Ezequías, 2 Cr 31.12,13 ... 8096
15. Nombre de tres de los que se casaron con extranjeras en tiempo de Esdras, Esd 10.23,33,38 .. 8096
16. Ascendiente de Mardoqueo, Est 2.5 ... 8096

SIMEÓN
1. Segundo hijo de Jacob y la tribu que formó su posteridad
Gn 29.33 dio a luz un hijo... llamó su nombre S ... 8095
34.25 S y Leví... tomaron cada uno su espada ... 8095
34.30 Jacob a S y a Leví: Me habéis turbado ... 8095
35.23 Lea... S, Leví, Judá, Isacar y Zabulón ... 8095
42.24 tomó de entre ellos a S, y lo aprisionó ... 8095
42.36 mis hijos; José no parece, ni S tampoco ... 8095
43.23 paz a vosotros, no... Y sacó a S a ellos ... 8095
46.10 los hijos de S: Jemuel, Jamín, Ohad ... 8095
48.5 míos son; como Rubén y S, serán míos ... 8095
49.5 S y... son hermanos; armas de iniquidad ... 8095
Éx 1.2 Rubén, S, Leví, Judá ... 8095
6.15 los hijos de S: Jemuel, Jamín, Ohad ... 8095
6.15 Saúl hijo... Estas son las familias de S ... 8095
Nm 1.6 de S, Selumiel hijo de Zurisadal ... 8095
1.22 de los hijos de S, por su descendencia ... 8095
1.23 los contados de la tribu de S... 59.300 ... 8095
2.12 acamparán junto a él... de la tribu de S ... 8095
2.12 jefe de los hijos de S, Selumiel hijo ... 8095
7.36 quinto día, Selumiel... de los hijos de S ... 8095
10.19 sobre... los hijos de S, Selumiel hijo de ... 8095
13.5 de la tribu de S, Safat hijo de Horí ... 8095
25.14 jefe de una familia de la tribu de S ... 8095
26.12 hijos de S por sus familias: de Nemuel ... 8095
34.20 de la tribu de los hijos de S, Semuel ... 8095
Dt 27.12 Gerizim... S, Leví, Judá, Isacar, José ... 8095
Jos 19.1 segunda suerte... S, para... hijos de S ... 8095
19.8 esta es la heredad de... los hijos de S ... 8095
19.9 fue sacada la heredad de los hijos de S ... 8095
19.9 hijos de S tuvieron su heredad en medio ... 8095
21.4 obtuvieron por suerte... de la tribu de S ... 8095
21.9 de la tribu de... S, dieron estas ciudades ... 8095
Jue 1.3 Judá dijo a S... Sube... Y S fue con él ... 8095
1.17 fue Judá con... S, y derrotaron al cananeo ... 8095
1 Cr 2.1 los hijos de Israel: Rubén, S, Leví ... 8095
4.24 los hijos de S: Nemuel, Jamín, Jarib ... 8095
4.42 de los hijos de S, fueron al monte de ... 8095
6.65 dieron... de la tribu de los hijos de S ... 8095
12.25 los hijos de S, 7.100 hombres valientes ... 8095
2 Cr 15.9 y con ellos los forasteros... y de S ... 8095
34.6 lo mismo hizo en las ciudades de... S y ... 8095
Ez 48.24 desde el lado del oriente... S, otra ... 8095
48.25 junto al límite de S, desde el lado del ... 8095
48.33 puerta de S, una; la puerta de Isacar ... 8095
Ap 7.7 de la tribu de S, doce mil sellados ... 4826
2. Uno de los que se casaron con extranjeras en tiempo de Esdras, Esd 10.31 ... 8095
3. Aquel que bendijo a Dios al ver al niño Jesús
Lc 2.25 aquí había en Jerusalén un hombre... S ... 4826
2.34 los bendijo S, y dijo a su madre María ... 4826
4. Ascendiente de Jesucristo, Lc 3.30 ... 4826

SIMEONITA *Descendiente de Simeón No. 1*, Nm 26.14; 1 Cr 27.16 ... 8099

SIMIENTE
Gn 3.15 enemistad entre ti... tu s y la s suya ... 2233
22.18 tu s serán benditas todas las naciones ... 2233
26.4 las naciones de... serán benditas en tu s ... 2233
28.14 las familias... benditas en ti y en tu s ... 2233
Lv 27.30 el diezmo... así de la s de la tierra ... 2233
Is 6.13 roble... así será el tronco, la s santa ... 2233
17.11 y harás que su s brote de mañana; pero ... 2233
Jer 2.21 vid escogida, s verdadera toda ella ... 2233
31.27 sembraré... s de hombre y de s de animal ... 2233
Ez 17.5 tomó también de la s de la tierra, y ... 2233
Am 9.13 pisador de las uvas al que lleve la s ... 2233
Hag 2.19 ¿no está aún la s en el granero? Ni ... 2233
Zac 8.12 habrá s de paz; la vid dará su fruto ... 2233
Hch 3.25 en tu s serán benditas... las familias ... 4690
Gá 3.16 a Abraham fueron... promesas, y a su s ... 4690

3.16 no dice: Y a las *s*...sino...Y a tu *s*, la *4690*
3.19 hasta que viniese la *s* a quien fue hecha *4690*
1 P 1.23 renacidos, no de *s* corruptible, sino *4701*
1 Jn 3.9 porque la *s* de Dios permanece en él *4690*

SÍMIL
Jos 22.28 mirad el *s* del altar de Jehová, el 8403

SIMÓN
1. Descendiente de Judá, 1 Cr 4.20 7889
2. Simón Pedro, el apóstol. Véase también Pedro y Cefas
Mt 4.18 vio a dos hermanos, *S*, llamado Pedro *4613*
10.2 primero *S*, llamado Pedro, y Andrés su *4613*
16.16 *S* Pedro, dijo: Tú eres el Cristo, el *4613*
16.17 **bienaventurado eres, *S*, hijo de Jonás** *4613*
17.25 **te parece, *S*? Los reyes de la tierra** *4613*
Mr 1.16 andando junto al...vio a *S* y a Andrés *4613*
1.29 de la sinagoga, vinieron a casa de *S* y *4613*
1.30 y la suegra de *S* estaba...con fiebre; y *4613*
1.36 y le buscó *S*, y los que con él estaban *4613*
3.16 *S*, a quien puso por sobrenombre Pedro *4613*
14.37 ***S*, ¿duermes? ¿No has podido velar una** *4613*
Lc 4.38 en casa de *S*...La suegra de *S* tenía *4613*
5.3 y entrando en una...la cual era de *S*, le *4613*
5.4 **a *S*: Boga mar adentro, y echad...redes** *4613*
5.5 *S*, le dijo: Maestro, toda la noche hemos *4613*
5.8 viendo esto *S* Pedro, cayó de rodillas *4613*
5.10 Jacobo y Juan...que eran compañeros de *S* *4613*
5.10 **Jesús dijo a *S*: No temas; desde ahora** *4613*
6.14 *S*, a quien también llamó Pedro, a Andrés *4613*
22.31 ***S*, *S*, he aquí Satanás os ha pedido para** *4613*
24.34 ha resucitado el...y ha aparecido a *S* *4613*
Jn 1.40 Andrés, hermano de *S* Pedro, era uno *4613*
1.41 éste halló...a su hermano *S*, y le dijo *4613*
1.42 **Jesús, dijo: Tú eres *S*, hijo de Jonás** *4613*
6.8 uno...Andrés, hermano de *S* Pedro, le dijo *4613*
6.68 le respondió *S*...Señor, ¿a quién iremos? *4613*
13.6 vino a *S* Pedro; y Pedro le dijo: Señor *4613*
13.9 le dijo *S* Pedro: Señor, no sólo mis pies *4613*
13.24 a éste, pues, hizo señas *S* Pedro, para *4613*
13.36 le dijo *S* Pedro: Señor, ¿a dónde vas? *4613*
18.10 entonces *S* Pedro, que tenía una espada *4613*
18.15 y seguían a Jesús *S* Pedro y...discípulo *4613*
20.2 fue a *S* Pedro y al otro discípulo, aquel *4613*
20.6 luego llegó *S* Pedro tras él, y entró en *4613*
21.2 estaban juntos *S* Pedro, Tomás llamado *4613*
21.3 *S* Pedro les dijo: Voy a pescar...Ellos *4613*
21.7 *S* Pedro, cuando oyó que era el Señor, se *4613*
21.11 subió *S* Pedro, y sacó la red a tierra *4613*
21.15,16,17 ***S*, hijo de Jonás, ¿me amas?** *4613*
Hch 10.5 envía, pues...a Jope, y haz venir a *S* *4613*
10.18 preguntaron si moraba allí un *S* que *4613*
10.32 venir a *S* el que tiene por sobrenombre *4613*
11.13 envía hombres a Jope, y haz venir a *S* *4613*
15.14 *S* ha contado cómo Dios visitó por...vez *4613*
2 P 1.1 *S* Pedro, siervo...de Jesucristo, a los *4613*
3. El cananita o Zelote, uno de los doce apóstoles, Mt 10.4; Mr 3.18; Lc 6.15; Hch 1.13 .... *4613*
4. Hermano del Señor, Mt 13.55; Mr 6.3 .... *4613*
5. Simón el leproso, Mt 26.6; Mr 14.3 .... *4613*
6. Simón de Cirene, Mt 27.32; Mr 15.21; Lc 23.26 .... *4613*
7. Fariseo
Lc 7.40 ***S*, una cosa tengo que decirte...Y él** *4613*
7.43 *S*, dijo: Pienso que aquel a quien...mas *4613*
7.44 **dijo a *S*: ¿Ves esta mujer? Entré en tu** *4613*
8. Padre de Judas Iscariote, Jn 6.71; 12.4; 13.2,26 .... *4613*
9. Mago, de Samaria
Hch 8.9 había un hombre llamado *S*, que antes *4613*
8.13 creyó *S* mismo, y habiéndose bautizado *4613*
8.18 vio *S* que por la imposición de las manos *4613*
8.24 *S*, dijo: Rogad vosotros por mí al Señor *4613*
10. Curtidor, de Jope
Hch 9.43 se quedó...en casa de un...*S*, curtidor *4613*
10.6 éste posa en casa de cierto *S* curtidor *4613*
10.17 preguntando por la casa de *S*, llegaron *4613*
10.32 el cual mora en casa de *S*, un curtidor *4613*
11. Simón Niger, de Antioquía, Hch 13.1 .... *4613*

SIMPLE
Sal 119.130 palabras...hace entender a los *s* 6612
Pr 1.4 dar sagacidad a los *s*, y a los jóvenes 6612
1.22 ¿hasta cuándo...s, amaréis la simpleza 6612
7.7 entre los *s*, consideré entre los jóvenes 6612
8.5 entended, oh *s*, discreción; y vosotros 6612
9.4,16 dice a cualquier *s*: Ven acá...A los 6612
9.13 la mujer insensata es...es *s* e ignorante 6615
14.15 el *s* todo lo cree; mas el avisado mira 6612
14.18 *s* heredarán necedad; mas los prudentes 6612
19.25 hiere al escarnecedor, y el *s* se hará 6612
21.11 cuando...castigado, el *s* se hace sabio 6612
22.3; 27.12 mas los *s* pasan y llevan el daño 6612
Is 32.7 trama intrigas...para enredar a los *s*
1 Co 14.16 el que ocupa lugar de *s* oyente *2399*

SIMPLEZA
Pr 1.22 ¿hasta cuándo...simples, amaréis la *s* 6612
9.6 dejad las *s*, y vivid, y andad...el camino 6612

SIMRAT *Descendiente de Benjamín*, 1 Cr 8.21 8119

SIMRI
1. Descendiente de Simeón, 1 Cr 4.37 8113
2. Padre de dos valientes de David, 1 Cr 11.45 8113
3. Jefe de un grupo de porteros del templo, 1 Cr 26.10 8113
4. Levita en tiempo del rey Ezequías, 2 Cr 29.13 8113

SIMRIT *Moabita, madre de Jozabad No. 1*, 2 Cr 24.26 8116

SIMRÓN
1. Hijo de Isacar, Gn 46.13; Nm 26.24; 1 Cr 7.1 8110
2. Ciudad de los cananeos, posteriormente de Zabulón, Jos 11.1; 19.15 8110

SIMRON-MERÓN *Ciudad cananea*, Jos 12.20 8112

SIMRONITA *Descendiente de Simrón No. 1*, Nm 26.24 8117

SIMSAI *Oficial persa*
Esd 4.8 y *S* secretario escribieron una carta 8124
4.9 escribieron...*S* secretario, y los demás 8124
4.17 a *S* secretario, a los demás compañeros 8124
4.23 copia de la carta...leída delante de *S* 8124

SIMULACIÓN
Gá 2.13 en su *s* participaban...los otros judíos *4942*

SIMULADAMENTE
Sal 26.4 no...ni he entrado con los que andan *s* 5956

SIMULAR
Lc 20.20 espías que se *simulasen* justos, a fin *5271*

SIN *(prep.) Véase el Apéndice*

SIN
1. Desierto en la península de Sinaí, Éx 16.1; 17.1; Nm 33.11,12 5512
2. Ciudad fortificada de Egipto
Ez 30.15 derramaré mi ira sobre *S*, fortaleza 5512
30.16 pondré fuego a Egipto; *S* tendrá...dolor 5512

SINAB *Rey de Adma*, Gn 14.2 8134

SINAGOGA
Sal 74.8 han quemado todas las *s* de Dios en la 4150
Mt 4.23 recorrió...Galilea, enseñando en las *s* *4864*
6.2 **como hacen los hipócritas en las *s* y en** *4864*
6.5 **ellos aman el orar en pie en las *s* y en** *4864*
9.35 y aldeas, enseñando en las *s* de ellos, y *4864*
10.17 **os entregarán...y en sus *s* os azotarán** *4864*
12.9 pasando de allí, vino a la *s* de ellos *4864*
13.54 a su tierra, les enseñaba en la *s* de *4864*
23.6 **aman los...las primeras sillas en las *s*** *4864*
23.34 **y a otros azotaréis en vuestras *s*, y** *4864*
Mr 1.21 días de reposo, entrando en la *s* *4864*
1.23 había en la *s*...un hombre con espíritu *4864*
1.29 salir de la *s*, vinieron a casa de Simón *4864*
1.39 predicaba en las *s* de...en toda Galilea *4864*
3.1 vez entró Jesús en la *s*; y había allí un *4864*
5.22 y vino uno de los principales de la *s* *752*
5.35 vinieron de casa del principal de la *s* *752*
5.36 **dijo al principal de la *s*: No temas; cree** *752*
5.38 vino a casa del principal de la *s*, y vio *752*
6.2 día de reposo, comenzó a enseñar en la *s* *4864*
12.39 **y las primeras sillas en las *s*, y los** *4864*
13.9 **os entregarán a...y en las *s* os azotarán** *4864*
Lc 4.15 enseñaba en las *s*...y era glorificado *4864*
4.16 el día de reposo entró en la *s*, conforme *4864*
4.20 los ojos de todos en la *s* estaban fijos *4864*
4.28 al oír estas cosas, todos en la *s* se *4864*
4.33 en la *s* un hombre que tenía un espíritu *4864*
4.38 Jesús...salió de la *s*, y entró en casa de *4864*
4.44 y predicaba en las *s* de Galilea *4864*
6.6 entró en la *s* y enseñaba; y estaba allí *4864*
7.5 ama a nuestra nación, y...edificó una *s* *4864*
8.41 vino...Jairo, que era principal de la *s* *4864*
8.49 vino uno de casa del principal de la *s* *752*
11.43 **amáis las primeras sillas en las *s*, y** *4864*
12.11 **cuando os trajeren a las *s*, y ante los** *4864*
13.10 enseñaba Jesús en una *s* en el día de *4864*
13.14 pero el principal de la *s*, enojado de *752*
20.46 **y aman...las primeras sillas en las *s*** *4864*
21.12 **os entregarán a las *s* y a las cárceles** *4864*
Jn 6.59 estas cosas dijo en la *s*, enseñando *4864*
9.22 era el Mesías, fuera expulsado de la *s* *656*
12.42 pero...para no ser expulsados de la *s* *656*
16.2 **os expulsarán de las *s*; y aun viene la** *656*
18.20 **yo...siempre he enseñado en la *s* y en el** *4864*
Hch 6.9 unos de la *s* llamada de los libertos *4864*
9.2 y le pidió cartas para las *s* de Damasco *4864*
9.20 en seguida predicaba a Cristo en las *s* *4864*
13.5 anunciaban la palabra de Dios en las *s* *4864*
13.14 y entraron en la *s* un día de reposo y *4864*
13.15 principales de la *s* mandaron a decirles *752*
13.42 cuando salieron...de la *s* de los judíos *4864*
14.1 entraron juntos en la *s* de los judíos *4864*
15.21 cada ciudad quien lo predique en las *s* *4864*
17.1 a Tesalónica, donde había una *s* de los *4864*
17.10 ellos...entraron en la *s* de los judíos *4864*
17.17 que discutía en la *s* con los judíos y *4864*
18.4 y discutía en la *s*...los días de reposo *4864*
18.7 a la casa...la cual estaba junto a la *s* *4864*
18.8 Crispo, el principal de la *s*, creyó en *752*
18.17 apoderándose de...principal de la *s*, le *752*
18.19 y entrando en la *s*, discutía con los *4864*
18.26 comenzó a hablar con denuedo en la *s* *4864*
19.8 y entrando Pablo en la *s*, habló con *4864*
22.19 saben que yo...azotaba en todas las *s* *4864*
24.12 el templo, ni en las *s* ni en la ciudad *4864*
26.11 castigándolos en...las *s*, los forcé a *4864*
Ap 2.9 **dicen...y no lo son, sino *s* de Satanás** *4864*
3.9 **yo entrego de la *s* de Satanás a los que** *4864*

SINAÍ *Monte, y región contigua a él, en el sur de la península de Sinaí (=Horeb)*
Éx 16.1 desierto de Sin...está entre Elim y *S* 5514
19.1 el mismo día llegaron al desierto de *S* 5514
19.2 llegaron al desierto de *S*, y acamparon 5514
19.11 Jehová descenderá...sobre el monte de *S* 5514
19.18 todo el monte *S* humeaba, porque Jehová 5514
19.20 y descendió Jehová sobre el monte *S* 5514
19.23 el pueblo no podrá subir al monte *S* 5514
24.16 la gloria de Jehová...sobre el monte *S* 5514
31.18 a Moisés...en el monte de *S*, dos tablas 5514
34.2 y sube de mañana al monte de *S*...ante mí 5514
34.4 y se levantó de mañana y subió al monte *S* 5514
34.29 descendiendo Moisés del monte *S* con las 5514
34.32 que Jehová le había dicho en el monte *S* 5514
Lv 7.38 mandó Jehová a Moisés en el monte...*S* 5514
7.38 que ofreciesen sus...en el desierto de *S* 5514
25.1 Jehová habló a Moisés en el monte de *S* 5514
26.46 que estableció Jehová...en el monte de *S* 5514
27.34 que ordenó Jehová a...en el monte de *S* 5514
Nm 1.1 habló Jehová a Moisés...el desierto de *S* 5514
1.19 a Moisés, los contó en el desierto de *S* 5514
3.1.14; 9.1 Jehová habló...en el monte de *S* 5514
3.4 ofrecieron fuego extraño...desierto de *S* 5514
9.5 celebraron la pascua...en el desierto de *S* 5514
10.12 partieron...del desierto de *S* según el 5514
26.64 contaron a...Israel en el desierto de *S* 5514
28.6 holocausto...ordenado en el monte *S* para 5514
33.15 salieron...acamparon en el desierto de *S* 5514
33.16 salieron del desierto de *S* y acamparon 5514
Dt 33.2 dijo: Jehová vino de *S*, y de Seir les 5514
Jue 5.5 temblaron...aquel *S*, delante de Jehová 5514
Neh 9.13 y sobre el monte de *S* descendiste, y 5514
Sal 68.8 *S* tembló delante de Dios, del Dios 5514
68.17 el Señor viene del *S* a su santuario 5514
Hch 7.30 se le apareció en el desierto del *S* *4614*
7.38 el ángel que le hablaba en el monte *S* *4614*
Gá 4.24 el uno proviene del monte *S*, el cual *4614*
4.25 porque Agar es el monte *S* en Arabia, y *4614*

SINAR *La tierra de Babilonia*
Gn 10.10 Erec, Acad y Calne, en la tierra de *S* 8152
11.2 hallaron una llanura en la tierra de *S* 8152
14.1 aconteció en...días de Amrafel rey de *S* 8152
14.9 de Goim, Amrafel rey de *S*, y Arioc rey 8152
Is 11.11 su pueblo que aún quede en Asiria...*S* 8152
Dn 1.2 los trajo a tierra de *S*, a la casa de 8152
Zac 5.11 le sea edificada casa en tierra de *S* 8152

SINCERAMENTE
Fil 1.16 unos anuncian...por contención, no *s* *55*
2.20 y que tan *s* se interese por vosotros *1104*

SINCERIDAD
lo que saben mis...lo hablarán con *s* 1305
Sal 5.9 porque en la boca de ellos no hay *s* 3559
1 Co 5.8 panes sin levadura, de *s* y de verdad *1505*
2 Co 1.12 y *s* de Dios...nos hemos conducido en *1505*
2.1 Job 33.3 7 que con *s*, como de...hablamos en Cristo *1505*
8.8 para poner a prueba...*s* del amor vuestro *1103*

SINCERO, A
2 Co 6.6 en el Espíritu Santo, en amor *s* *505*
11.3 extraviados de la *s* fidelidad a Cristo *572*
Fil 1.10 fin de que seáis *s* e irreprensibles *1506*
Col 3.22 sino con corazón *s*, temiendo a Dios *572*
He 10.22 acerquémonos con corazón *s*, en plena *228*

SINEOS *Tribu cananea*, Gn 10.17; 1 Cr 1.15 5513

SINGULAR
2 S 7.23 como Israel, nación *s* en la tierra?

SINIESTRA
Gn 24.49 si no...me iré a la diestra o a la *s* 8040
Nm 20.17 apartarnos a diestra ni a *s*, hasta 8040
Dt 2.27 iré, sin apartarme ni a diestra ni a *s* 8040
5.32 mirad...no os apartéis a diestra ni a *s* 8040
17.11 no te apartarás ni a diestra ni a *s* de 8040
17.20 ni se aparte del...a diestra ni a *s*; a fin 8040
28.14 si no te apartares...ni a diestra ni a *s* 8040
Jos 1.7 te apartes de ella ni a diestra ni a *s* 8040
23.6 sin apartaros de ello ni a diestra ni a *s* 8040
Dn 12.7 alzó su diestra y su *s*...y juró por el 8040
Zac 12.6 y consumirán a diestra y a *s* a todos 8040
2 Co 6.7 con armas de justicia a diestra y a *s* *710*

SINIM *Pueblo en el sur de Egipto (=Sevene)*, Is 49.12 5515

SINSABOR
Job 14.1 el hombre...corto de...y hastiado de *s* 7267

SÍNTIQUE *Cristiana en Filipos*
Fil 4.2 a Evodia y a *S*, que sean de un sentir *4941*

SION
1. El monte Hermón (=Sirión), Dt 4.48 7865
2. La fortaleza de Jerusalén; a veces se refiere al área del templo o a la ciudad misma
2 S 5.7 David tomó la fortaleza de *S*, la cual 6726
1 R 8.1 de la ciudad de David, la cual es *S* 6726
2 R 19.21 la virgen hija de *S* te menosprecia 6726
19.31 saldrá...monte de *S* los que se salven 6726
1 Cr 11.5 David tomó la fortaleza de *S*, que es 6726
2 Cr 5.2 el arca...ciudad de David, que es *S* 6726
Sal 2.6 puesto mi rey sobre *S*, mi santo monte 6726
9.11 cantad a Jehová...habita en *S*, publicad 6726
9.14 las puertas de la hija de *S*, y me goce 6726
14.7 que de *S* saliera la salvación de Israel! 6726
20.2 te envíe ayuda...y desde *S* te sostenga 6726
48.2 es el monte de *S*, a los lados del norte 6726
48.11 se alegrará el monte de *S*; se gozarán 6726
48.12 andad alrededor de *S*, y rodeadla; contad 6726
50.2 de *S*, perfección de hermosura, Dios ha 6726
51.18 bien con tu benevolencia a *S*; edifica 6726
53.6 si saliera de *S* la salvación de Israel! 6726
65.1 tuya es la alabanza en *S*, oh Dios, y a ti 6726
69.35 porque Dios salvará a *S*, y reedificará 6726
74.2 acuérdate de...de *S*, donde has habitado 6726
76.2 en Salem está su...y su habitación en *S* 6726

78.68 que escogió...el monte de *S*, al cual amó 6726
84.7 irán de poder en poder; verán a Dios en *S* 6726
87.2 ama Jehová las puertas de *S* más que todas 6726
87.5 de *S* se dirá: Este y aquél han nacido 6726
97.8 oyó *S*, y se alegró; y las hijas de Judá 6726
99.2 Jehová en *S* es grande, y exaltado sobre 6726
102.13 levantarás y tendrás misericordia de *S* 6726
102.16 por cuanto Jehová habrá edificado a *S* 6726
102.21 que publique en *S* el nombre de Jehová 6726
110.2 Jehová enviará desde *S* la vara de tu 6726
125.1 los que confían...son como el monte de *S* 6726
126.1 Jehová hiciere volver...cautividad de *S* 6726
128.5 bendígate Jehová desde *S*, y veas el bien 6726
129.5 y vueltos atrás...los que aborrecen a *S* 6726
132.13 Jehová ha elegido a *S*; la quiso por 6726
133.3 como el rocío...sobre los montes de *S* 6726
134.3 desde *S* te bendiga Jehová, el cual ha 6726
135.21 desde *S* sea bendecido Jehová, quien 6726
137.1 allí...aun llorábamos, acordándonos de *S* 6726
137.3 cantadnos algunos de los cánticos de *S* 6726
146.10 reinará...Dios, oh *S*, de generación en 6726
147.12 alaba a Jehová...alaba a tu Dios, oh *S* 6726
149.2 Israel...hijos de *S* se gocen en su Rey 6726
Cnt 3.11 salid, oh doncellas de *S*, y ved al 6726
Is 1.8 y queda la hija de *S* como enramada en 6726
1.27 *S* será rescatada con juicio, y...justicia 6726
2.3 porque de *S* saldrá la ley, y de Jerusalén 6726
3.16 las hijas de *S* se ensoberbecen, y andan 6726
3.17 Señor raerá la cabeza de las hijas de *S* 6726
4.3 acontecerá que el que quedare en *S*, y el 6726
4.4 lave las inmundicias de las hijas de *S* 6726
4.5 sobre toda la morada del monte de *S*, y 6726
8.18 Jehová de los...que mora en el monte de *S* 6726
10.12 acabado toda su obra en el monte de *S* 6726
10.24 pueblo mío, morador de *S*, no temas de 6726
10.32 alzará...mano al monte de la hija de *S* 6726
12.6 regocíjate y canta, oh moradora de *S* 6726
14.32 que Jehová fundó a *S*, y que a ella se 6726
16.1 enviad cordero...monte de la hija de *S* 6726
18.7 al lugar del nombre de...al monte de *S* 6726
24.23 Jehová de los...reine en el monte de *S* 6726
28.16 puesto en *S* por fundamento una piedra 6726
29.8 las...que pelearán contra el monte de *S* 6726
30.19 el pueblo morará en *S*, en Jerusalén 6726
31.4 descenderá a pelear sobre el monte de *S* 6726
31.9 Jehová, cuyo fuego está en *S*, y su horno 6726
33.5 mora...llenó a *S* de juicio y de justicia 6726
33.14 pecadores se asombraron en *S*, espanto 6726
33.20 mira a *S*, ciudad de nuestras fiestas 6726
34.8 año de retribuciones en el pleito de *S* 6726
35.10 volverán, y vendrán a *S* con alegría; y 6726
37.22 la virgen hija de *S* te menosprecia, te 6726
37.32 un...y del monte de *S* los que se salven 6726
40.9 sobre un monte alto, anunciadora de *S* 6726
41.27 yo soy...que he enseñado estas cosas a *S* 6726
46.13 pondré salvación en *S*, y mi gloria en 6726
49.14 *S* dijo: Me dejó Jehová, y el Señor se 6726
51.3 consolará Jehová a *S*; consolará todas 6726
51.11 volverán a *S* cantando, y gozo perpetuo 6726
51.16 y diciendo a *S*: Pueblo mío eres tú 6726
52.1 vístete de poder, oh *S*; vístete tu ropa 6726
52.2 suelta las ataduras...cautiva hija de *S* 6726
52.7 pies...del que dice a *S*: ¡Tu Dios reina! 6726
52.8 ojo verán que Jehová vuelve a traer a *S* 6726
59.20 y vendrá el Redentor a *S*, y a los que 6726
60.14 y te llamarán...*S* del Santo de Israel 6726
61.3 a ordenar que a los afligidos de *S*...dé 6726
62.1 por amor de *S* no callaré, y por amor de 6726
62.11 decid a la hija de *S*: He aquí viene tu 6726
64.10 *S* es...desierto, Jerusalén una soledad 6726
66.8 en cuanto *S* estuvo de parto, dio a luz 6726
Jer 3.14 cada familia, y os introduciré en *S* 6726
4.6 alzad bandera en *S*, huid, no os detengáis 6726
4.31 oí una voz...de la hija de *S* que lamenta 6726
6.2 destruiré a la bella y delicada hija de *S* 6726
6.23 para la guerra contra ti, oh hija de *S* 6726
8.19 ¿no está Jehová en *S*...en ella su Rey? 6726
9.19 *S* fue oída voz de endecha: ¡Cómo hemos 6726
14.19 ¿ha aborrecido tu alma a *S*? ¿Por qué 6726
26.18 *S* será arada como campo, y Jerusalén 6726
30.17 esta es *S*, de la que nadie se acuerda 6726
31.6 levantaos, y subamos a *S*, a Jehová...Dios 6726
31.12 vendrán con gritos de...en lo alto de *S* 6726
50.5 preguntarán por el camino de *S*, hacia 6726
50.28 dar en *S* las nuevas de la retribución 6726
51.10 venid, y contemos en *S* la obra de...Dios 6726
51.24 el mal que ellos hicieron en *S* delante 6726
51.35 la violencia hecha a...la moradora de *S* 6726
Lm 1.4 las calzadas de *S* tienen luto, porque 6726
1.6 desapareció de la hija de *S*...hermosura 6726
1.17 *S* extendió sus manos; no tienen quien la 6726
2.1 ¡cómo oscureció el Señor...la hija de *S*! 6726
2.4 en la tienda de la hija de *S* derramó como 6726
2.6 ha hecho olvidar...los días de reposo en *S* 6726
2.8 determinó destruir...muro de la hija de *S* 6726
2.10 callaron los ancianos de la hija de *S* 6726
2.13 para consolarte, oh virgen hija de *S* 6726
2.18 oh hija de *S*, echa lágrimas cual arroyo 6726
4.2 hijos de *S*, preciados y estimados más que 6726
4.11 encendió en *S* fuego que consumió hasta 6726
4.22 se ha cumplido tu castigo, oh hija de *S* 6726
5.11 violaron a...mujeres en *S*, a las vírgenes 6726
5.18 el monte de *S* que está asolado; zorras 6726
Jl 2.1 tocad trompeta en *S*, y dad alarma en 6726
2.15 tocad trompeta en *S*...proclamad ayuno 6726
2.23 hijos de *S*, alegraos y gozaos en Jehová 6726
2.32 en...de *S* y en Jerusalén habrá salvación 6726
3.16 y Jehová rugirá desde *S*, y dará su voz 6726
3.17 que yo soy Jehová...Dios, que habito en *S* 6726
3.21 limpiaré la sangre...Jehová morará en *S* 6726
Am 1.2 Jehová rugirá desde *S*, y dará su voz 6726
6.1 ¡ay de los reposados en *S*, y...confiados 6726
Abd 1.17 en el monte de *S* habrá un remanente que 6726
21 y subirán salvadores al monte de *S* para 6726
Mi 1.13 principio de pecado a la hija de *S* 6726
3.10 edificáis a *S* con sangre, y a Jerusalén 6726
3.12 a causa de vosotros *S* será arada como 6726
4.2 de *S* saldrá la ley, y de Jerusalén la 6726
4.7 Jehová reinará...en el monte de *S* desde 6726
4.8 tú, oh torre...fortaleza de la hija de *S* 6726
4.10 gime, hija de *S*, como mujer que está de 6726
4.11 dicen...vean nuestros ojos su deseo en *S* 6726
4.13 levántate y trilla, hija de *S*, porque 6726
Sof 3.14 oh hija de *S*; da voces de júbilo, oh 6726
3.16 no temas; *S*, no se debiliten tus manos 6726
Zac 1.14 celé con gran celo a Jerusalén y a *S* 6726
1.17 y aún consolará Jehová a *S*, y escogerá 6726
2.7 *S*, la que moras con la hija de Babilonia 6726
2.10 canta y alégrate, hija de *S*; porque he 6726
8.2 celé a *S* con gran celo, y con gran ira 6726
8.3 yo he restaurado a *S*, y moriré en medio 6726
9.9 alégrate mucho, hija de *S*: da voces de 6726
9.13 despertaré a tus; hijos, oh *S*, contra tus 6726
Mt 21.5 a la hija de *S*: He aquí, tu Rey viene *4622*
Jn 12.15 no temas, hija de *S*; he aquí tu Rey *4622*
Ro 9.33 he aquí pongo en *S* piedra de tropiezo *4622*
11.26 vendrá de *S* el Libertador, que apartará *4622*
He 12.22 os habéis acercado al monte de *S*, a *4622*
1 P 2.6 aquí, pongo en *S* la principal piedra *4622*
Ap 14.1 Cordero...en pie sobre el monte de *S* *4622*

SIOR *Ciudad en Judá*, Jos 15.54 6730

SIPAI *Gigante matado por Sibecai*, 1 Cr 20.4 5598

SIQUEM
1. Ciudad antigua en Manasés
Gn 12.6 pasó Abram por...hasta el lugar de *S* 7927
33.18 después Jacob llegó...a la ciudad de *S* 7927
35.4 debajo de...encina, que estaba junto a *S* 7927
37.12 apacentar las ovejas de su padre en *S* 7927
37.13 hermanos apacientan las ovejas en *S* 7927
37.14 y lo envió del valle de...y llegó a *S* 7927
Jos 17.7 hasta Micmetat...está enfrente de *S* 7927
20.7 señalaron a...*S* en el monte de Efraín 7927
21.21 dieron *S*, con sus ejidos, en el monte 7927
24.1 reunió Josué a todas las tribus...en *S* 7927
24.25 Josué...les dio estatutos y leyes en *S* 7927
24.32 y enterraron en *S* los huesos de José 7927
Jue 8.31 su concubina que estaba en *S* le dio 7927
9.1 Abimelec...fue a *S*, a los hermanos de su 7927
9.2 ruego...digáis en oídos de todos los de *S* 7927
9.3 y hablaron...en oídos de todos los de *S* 7927
9.6 se juntaron todos los de *S* con...Milo, y 7927
9.6 cerca de la llanura del...que estaba en *S* 7927
9.7 oídme, varones de *S*, y así os oiga Dios 7927
9.18 y habéis puesto por rey...*S* a Abimelec 7927
9.20 consuma a los de *S*...salga de los de *S* 7927
9.23 mal espíritu entre Abimelec y los...de *S* 7927
9.23 los de *S* se levantaron contra Abimelec 7927
9.24 recayera...y sobre los hombres de *S* que 7927
9.25 los de *S* pusieron en...asechadores que 7927
9.26 Gaal hijo de Ebed vino...se pasaron a *S* 7927
9.26 y los de *S* pusieron en él su confianza 7927
9.28 qué es *S*, para que nosotros le sirvamos? 7927
9.31 Gaal hijo de Ebed y...han venido a *S*, y 7927
9.34 pusieron emboscada contra *S* con cuatro 7927
9.39 Gaal salió delante de los de *S*, y peleó 7927
9.41 echó fuera a...para que no morasen en *S* 7927
9.46 oyeron...los que estaban en la torre de *S* 7927
9.47 reunidos...los hombres de la torre de *S* 7927
9.49 que todos los de la torre de *S* murieron 7927
9.57 el mal...de *S* lo hizo Dios volver sobre 7927
21.19 lado...del camino que sube de Bet-el a *S* 7927
1 R 12.1 fue a *S*...todo Israel había venido a *S* 7927
12.25 reedificó Jeroboam a *S* en el monte de 7927
1 Cr 6.67 dieron la ciudad...*S* con sus ejidos 7927
7.28 *S* con sus aldeas, hasta Gaza y...aldeas 7927
2 Cr 10.1 Roboam fue a *S*...*S* se había reunido 7927
Sal 60.6; 108.7 repartiré a *S*, y mediré...valle 7927
Jer 41.5 venían unos hombres de *S*, de Silo y 7927
Os 6.9 sacerdotes mata en el camino hacia *S* 7927
Hch 7.16 fueron trasladados a *S*, y puestos en *4966*
7.16 el sepulcro que...compró Abraham...en *S* *4966*
2. Hijo de Hamor, habitante de No. 1
Gn 33.19 parte del campo...de Hamor padre de *S* 7928
34.2 la vio *S* hijo de Hamor heveo...y la tomó 7928
34.4 y habló *S* a Hamor su padre, diciendo 7928
34.5 pero oyó Jacob que *S* había amancillado 7928
34.6 y se dirigió Hamor padre de *S* a Jacob 7928
34.8 alma de mi hijo *S* se ha apegado a...hija 7928
34.11 *S* también dijo al padre de Dina y a los 7928
34.13 respondieron los hijos de Jacob a *S* y 7928
34.18 parecieron bien...a Hamor, y a *S* hijo de 7928
34.20 Hamor y *S*...vinieron a la puerta de su 7928
34.24 obedecieron a...y a *S* su hijo todos los 7928
34.26 a Hamor y a *S*...los mataron a filo de 7928
34.26 y tomaron a Dina de casa de *S*...fueron 7928
Jos 24.32 Jacob compró...de Hamor padre de *S* 7928
Jue 9.28 servid...varones de Hamor padre de *S* 7928
3. Jefe de una familia de Manasés, Nm 26.31;
Jos 17.2 7928
4. Hijo de Semida, 1 Cr 7.19 7928

SIQUEMITA *Descendiente de Siquem No. 3*,
Nm 26.31 7930

SIQUIERA
2 S 17.22 ni *s* faltó uno que no pasase el Jordán
Job 7.19 no...*s* hasta que trague mi saliva?
Sal 14.3 no hay...no hay ni *s* uno
Dn 3.27 sus ropas...y ni *s* olor de fuego tenían
Mr 6.56 les dejase tocar *s* el borde de su manto *2579*
Hch 19.2 ni *s* hemos oído si hay Espíritu Santo *3761*
Ro 3.12 no hay quien...no hay ni *s* uno
He 8.4 ni *s* sería sacerdote *302*

SIRA *Pozo cerca de Hebrón*, 2 S 3.26 5626

SIRACUSA *Ciudad y puerto de Sicilia*, Hch 28.12 .. *4946*

SIRIA *Región habitada por los sirios (arameos), principalmente el reino cuya capital era Damasco. Véase también Aram No. 3*
Jue 3.10 entregó...a Cusan-risataim rey de *S* 763
10.6 sirvieron...Astarot, a los dioses de *S* 758
2 S 8.6 puso luego David guarnición en *S* de 758
15.8 hizo voto cuando estaba en Gesur en *S* 758
1 R 10.29 así los adquirían...los reyes de...*S* 758
11.25 porque aborreció a Israel, y reinó...*S* 758
15.18 de Tabrimón, hijo de Hezión, rey de *S* 758
19.15 dijo...y ungirás a Hazael por rey de *S* 758
20.1 Ben-adad rey de *S* juntó a...su ejército 758
20.20 el rey de *S*...se escapó en un caballo 758
20.22 un año, el rey de *S* vendrá contra ti 758
20.23 y los siervos del rey de *S* le dijeron 758
22.3 nada para tomarla de mano del rey de *S*? 758
22.31 mas el rey de *S* había mandado a sus 32 758
2 R 5.1 Naamán...del ejército del rey de *S*, era 758
5.1 por...él había dado Jehová salvación a *S* 758
5.2 y de *S* habían salido bandas armadas, y 758
5.5 dijo el rey de *S*: Anda, vé, y yo enviaré 758
6.8 tenía el rey de *S* guerra contra Israel 758
6.11 y el corazón del rey de *S* se turbó por 758
6.23 nunca más vinieron bandas armadas de *S* 758
6.24 Ben-adad rey de *S* reunió...su ejército 758
8.7 y Ben-adad rey de *S* estaba enfermo, al 758
8.9 tu hijo Ben-adad rey de *S* me ha enviado 758
8.13 me ha mostrado que tú serás rey de *S* 758
8.28 fue a la guerra...contra Hazael rey de *S* 758
8.29 rey...cuando peleó contra Hazael rey de *S* 758
9.14 a Ramot...por causa de Hazael rey de *S* 758
9.15 hecho, peleando contra Hazael rey de *S* 758
12.17 subió Hazael rey de *S*, y peleó contra 758
12.18 todo el oro...lo envió a Hazael rey de *S* 758
13.3 los entregó en mano de Hazael rey de *S* 758
13.4 la aflicción, el rey de *S* los afligía 758
13.7 el rey de *S* los había destruido, y los 758
13.17 y saeta de salvación contra *S*; porque 758
13.19 o seis golpes, hubieras derrotado a *S* 758
13.19 ahora sólo tres veces derrotarás a *S* 758
13.22 Hazael...de *S*, afligió a Israel todo el 758
13.24 murió Hazael rey de *S*, y reinó en su 758
15.37 a enviar contra Judá a Rezín rey de *S* 758
16.5 Rezín rey de *S* y...subieron a Jerusalén 758
16.7 defiéndeme de mano del rey de *S* y de 758
1 Cr 18.6 y puso...guarnición en *S* de Damasco ... 758,1834
19.6 carros y gente de a caballo...de *S*, de 758
2 Cr 1.17 así compraban...para los reyes de *S* 758
16.2 sacó Asa...y envió a Ben-adad rey de *S* 758
16.7 te has apoyado en el rey de *S*, y no te 758
16.7 el ejército del rey de *S* ha escapado de 758
18.30 el rey de *S* mandado a los capitanes de 758
20.2 contra ti viene una gran multitud...de *S* 758
22.5 la guerra con...contra Hazael rey de *S* 758
22.6 Ramot, peleando contra Hazael rey de *S* 758
24.23 año subió contra él el ejército de *S* 758
24.24 aunque el ejército de *S* había venido 758
28.23 los dioses de los reyes de *S* les ayudan 758
Is 7.1 Rezín rey de *S* y Peka hijo de Remalías 758
7.2 *S* se ha confederado con Efraín...Y se le 758
7.4 por el ardor de la ira de Rezín y de *S* 758
7.8 la cabeza de *S* es Damasco, y la cabeza 758
17.3 que quede de *S* será como la gloria de 758
Jer 35.11 presencia del ejército de los de *S* 758
Ez 16.57 llevas tú la afrenta de...hijas de *S* 758
Am 1.5 el pueblo de *S* será transportado a Kir 758
Mt 4.24 se difundió su fama por toda *S*; y le *4947*
Lc 2.2 se hizo siendo Cirenio gobernador de *S* *4947*
Hch 15.23 a los hermanos...que están en...*S* y en *4947*
15.41 y pasó por *S* y Cilicia, confirmando *4947*
18.18 después se despidió de...y navegó a *S* *4947*
20.3 judíos para cuando se embarcase para *S* *4947*
21.3 navegamos a *S*, y arribamos a Tiro, porque *4947*
Gá 1.21 después fui a las regiones de *S* y de *4947*

SIRIO, A *Habitante de Siria (=arameo)*
2 S 8.5 vinieron los *s*...David hirió de los *s* 758
8.6 y los *s* fueron hechos siervos de David 758
8.12 los *s*, de los moabitas, de los amonitas 758
8.13 regresaba de derrotar a los *s*, destrozó 758
10.6 tomaron a sueldo a los *s* de Bet-rehob 758
10.6 a los *s* de Soba, veinte mil hombres de 758
10.8 pero los *s*...estaban aparte en el campo 758
10.9 puso en orden de batalla contra los *s* 758
10.11 dijo: Si los *s* pudieren más que yo, tú 758
10.13 pelear contra los *s*; mas ellos huyeron 758
10.14 viendo que los *s* habían huido, huyeron 758
10.15 los *s*, viendo que habían sido derrotados 758
10.16 hizo salir a los *s* que estaban al otro 758
10.17 los *s* se pusieron en orden de batalla 758
10.18 los *s* huyeron delante de Israel; y David 758
10.18 David mató de los *s* a la gente de 700 758

10.19 *s* temieron ayudar más a los...de Amón 758
1 R 20.20 huyeron los *s*, siguiéndoles los de 758
20.21 Israel...y deshizo a los *s* causándoles 758
20.26 revista al ejército de los *s*, y vino a 758
20.27 de Israel...y los *s* llenaban la tierra 758
20.28 por cuanto los *s* han dicho: Jehová es 758
20.29 mataron de los *s*...cien mil hombres de 758
22.1 años pasaron sin guerra entre los *s* e 758
22.11 éstos acornearás a los *s* hasta acabarlos 758
22.35 rey estuvo en su carro delante de los *s* 758
2 R 5.20 aquí mi señor estorbó a este *s* Naamán 761
6.9 no pases por tal lugar...los *s* van allí 758
6.18 luego que los *s* descendieron a él, oró 758
7.4 vamos...y pasemos al campamento de los *s* 758
7.5 ir al campamento de los *s*; y llegando a 758
7.5 a la entrada del campamento de los *s*, no 758
7.6 que en el campamento de los *s* se oyese 758
7.10 nosotros fuimos al campamento de los *s* 758
7.12 os declararé lo que nos han hecho los *s* 758
7.14 y envió el rey al campamento de los *s* 758
7.15 enseres que los *s* habían arrojado por la 758
7.16 salió, y saqueó el campamento de los *s* 758
8.28 fue a la guerra...los *s* hirieron a Joram 758
8.29 heridas que los *s* le hicieron frente a 758
9.15 las heridas que los *s* le habían hecho 758
13.5 a Israel, y salieron del poder de los *s* 758
13.17 porque herirás a los *s* en Afec hasta 758
24.2 envió contra Joacim tropas...tropas de *s* 758
1 Cr 7.14 Asriel, al cual dio a luz...la *s*, la 761
18.5 y viniendo los *s* de Damasco en ayuda de 758
18.6 y los *s* fueron hechos siervos de David 758
19.10 ellos ordenó su ejército contra los *s* 758
19.12 si los *s* fueren más fuertes que yo, tú 758
19.14 acercó Joab...para pelear contra los *s* 758
19.15 de Amón, viendo que los *s* habían huido 758
19.16 viendo los *s* que habían caído delante 758
19.16 trajeron a los *s* que estaban al otro 758
19.17 David hubo...pelearon contra él los *s* 758
19.18 mas el pueblo *s* huyó delante de Israel 758
19.18 mató David de los *s* a 7.000 hombres de 758
19.19 viendo los *s*...que habían caído delante 758
19.19 el pueblo *s* nunca más quiso ayudar a los 758
2 Cr 18.10 con éstos acornearás a los *s* hasta 758
18.34 en el carro enfrente de los *s* hasta la 758
22.5 a Ramot de...donde los *s* hirieron a Joram 761
24.25 y cuando se fueron los *s*, lo dejaron 758
28.5 Dios lo entregó en manos del rey de los *s* 758
Is 7.5 ha acordado maligno consejo...el *s*, con 758
9.12 del oriente los *s*...y los filisteos del 758
Lc 4.27 **ninguno...fue limpiado, sino Naamán el *s*** *4948*

SIRIÓN *El monte Hermón (=Sion No. 1)*
Dt 3.9 los sidonios llaman a Hermón, *S*: y los 8303
Sal 29.6 saltar...al *S* como hijos de búfalos 8303

SIROFENICIA *De Fenicia, que en tiempo neotestamentario se incluía en la provincia de Siria*
Mr 7.26 la mujer era griega, y *s* de nación *4949*

SIRTE *Lugar peligroso, por razón de su poca profundidad en el Mar Mediterráneo,* Hch 27.17 *4950*

SIRVIENTE
Gn 40.20 el rey hizo banquete a todos sus *s* 5650
2 R 4.43 y respondió su *s*: ¿Cómo pondré esto 8334
1 Cr 9.2 los primeros...fueron...*s* del templo 5411
Esd 2.43 los *s* del templo: los hijos de Ziha 5411
2.58 todos los *s* del templo, e hijos de los 5411
2.70 habitaron...*s* del templo en sus ciudades 5411
7.7 subieron...y *s* del templo, en el séptimo 5411
7.24 a todos los del templo y ministros 5411
Esd 8.17 hablar a Iddo, y a sus hermanos los *s* 5411
8.20 y de los *s* del templo, a quienes David 5411
8.20 puso 220 *s* del templo...designados por 5411
Neh 3.26 *s* del templo que habitaban en Ofel 5411
3.31 hasta la casa de los *s* del templo y de 5411
7.46 *s* del templo: los hijos de Ziha...Hasufa 5411
7.60 todos los *s* del templo e hijos de los 5411
7.73 habitaron...*s* del templo y todo Israel 5411
10.28 los *s* del templo, y todos los que se 5411
11.3 levitas, los *s* del templo y los hijos 5411
11.21 *s* del templo habitaban en Ofel; y Ziha 5411
11.21 tenían autoridad sobre...*s* del templo 5411
Ez 44.11 y servirán en mi santuario como...*s* 8334
Jn 2.9 sabían los *s* que habían sacado el agua *1249*

SIS *Garganta en las montañas de Judá,* 2 Cr 20.16 6732

SISA *Padre de Elihoref y Ahías, secretarios del rey Salomón (=Seraías No. 1 y Savsa),* 1 R 4.3 7894

SISAC *Rey de Egipto*
1 R 11.40 Jeroboam...huyó...a *S* rey de Egipto 7895
14.25 subió *S* rey de Egipto contra Jerusalén 7895
2 Cr 12.2 subió...*S* de Egipto contra Jerusalén 7895
12.5 a Roboam y a..reunidos...por causa de *S* 7895
12.5 yo también os he dejado en manos de *S* 7895
12.7 no se derramará mi ira...por mano de *S* 7895
12.9 subió...*S* rey de Egipto a Jerusalén, y 7895

SÍSARA
1. General del ejército del rey Jabín
Jue 4.2 capitán de su ejército se llamaba *S* 5516
4.7 atraeré hacia ti al arroyo de Cisón a *S* 5516
4.9 porque en mano...mujer venderá Jehová a *S* 5516
4.12 vinieron...a *S* las nuevas de que Barac 5516
4.13 y reunió *S*...novecientos carros herrados 5516
4.14 día en que Jehová ha entregado a *S* en 5516
4.15 Jehová quebrantó a *S*...y *S*...huyo a pie 5516
4.16 el ejército de *S* cayó a filo de espada 5516
4.17 *S* huyó a pie a la tienda de Jael mujer 5516
4.18 saliendo Jael a recibir a *S*, le dijo: Ven 5516
4.22 siguiendo Barac a *S*...salió a recibirlo 5516
4.22 *S* yacía muerto con la estaca por la sien 5516
5.20 desde sus órbitas pelearon contra *S* 5516
5.26 al mazo...y golpeó a *S*; hirió su cabeza 5516
5.28 la madre de *S* se asoma a la ventana, y 5516
5.30 las vestiduras de colores para *S*, las 5516
1 S 12.9 él los vendió en mano de *S* jefe del 5516
Sal 83.9 hazles como...a *S*, como a Jabín en el 5516
2. Padre de una familia de sirvientes del templo Esd 2.53, Neh 7.55 5516

SISMAI *Descendiente de Judá,* 1 Cr 2.40 5581

SITIAR
Dt 20.12 no hiciere paz contigo...la *sitiarás* 6696
20.19 *sities* a...ciudad, peleando contra ella 6696
28.52 *sitiará*, pues, tus ciudades y toda la 6696
2 S 11.1 *sitiaron* a Rabá; pero David se quedó 6696
11.16 Joab *sitió* la ciudad, puso a Urías en 6696
20.15 vinieron y...*sitiaron* en Abet-bet-maaca 6696
20.15 pusieron baluarte contra...quedó *sitiada* 6696
1 R 8.37 sus enemigos los *sitiaren* en la tierra 6887
15.27 y todo Israel tenían *sitiado* a Gibetón 6696
16.17 y subió Omri de Gibetón, y *sitiaron* a 6696
20.1 Ben-adad rey de Siria...*sitió* a Samaria 6696
2 R 6.14 vinieron de noche y *sitiaron* la ciudad 5362
6.15 el ejército que tenía *sitiada* la ciudad 5437
6.24 Ben-adad rey de Siria...*sitió* a Samaria 6696
8.21 los de Edom, los cuales le habían *sitiado* 5937
16.5 para hacer guerra y *sitiar* a Acaz; mas 6696
17.5 y el rey de Asiria...*sitió* a Samaria, y 6696
18.9 los asirios contra Samaria, y la *sitió* 6696
24.10 contra Jerusalén...ciudad fue *sitiada* 935,4692
24.11 vino...contra la ciudad, cuando...la tenían *sitiada* 6696
25.1 vino con...contra Jerusalén, y la *sitió* 2583
25.2 estuvo la ciudad *sitiada* hasta el año 935,4692
1 Cr 20.1 Joab sacó las...y vino y *sitió* a Rabá 696
2 Cr 6.28 si los *sitiaren* sus enemigos en la 6696
21.9 a los edomitas que le habían *sitiado* 5437
32.9 Senaquerib rey de...*sitiaba* a Laquis con
Is 21.2 sube, oh Elam; *sitia*, oh Media...Todo 6696
29.3 te *sitiaré* con campamentos, y levantaré 6696
Jer 21.4,9 los caldeos que...os tienen *sitiados* 6696
32.2 tenía *sitiada* a Jerusalén, y el profeta 6696
37.5 caldeos que tenían *sitiada* a Jerusalén 6696
39.1 su ejército contra Jerusalén...*sitiaron* 6696
52.5 *sitiada* la ciudad hasta el undécimo año 935,4692
Ez 4.3 será en lugar de cerco, y la *sitiarás* 4692
Dn 1.1 de Babilonia a Jerusalén, y la *sitió* 6696
Mi 5.1 nos han *sitiado*; con vara herirán en la 4692
Lc 19.43 ***sitiarán*, y por todas...te estrecharán**

SITIM
1. Lugar en Moab (=Abel-sitim)
Nm 25.1 en *S*; y el pueblo empezó a fornicar 7851
Jos 2.1 Josué hijo...envió desde *S* dos espías 7851
3.1 partieron de *S* y vinieron hasta...Jordán 7851
Mi 6.5 *S* hasta Gilgal, para que conozcas las 7851
2. Parte del valle del Cedrón, Jl 3.18 7851

SITIO
Gn 32.25 tocó en el *s* del encaje de su muslo
32.32 tocó a Jacob este *s* de su muslo en el
Dt 20.19 no es...para venir contra ti en el *s* 4692
28.52 pondrá *s* a todas tus ciudades, hasta 6887
28.53 el *s* y el apuro con que te angustiará tu 4692
Jue 9.50 Abimelec...puso *s* a Tebes, y la tomó 4692
1 S 2.8 para hacerle...heredar un *s* de honor 3678
23.8 descender a Keila, y poner *s* a David y 6696
26.5 y vino al *s* donde Saúl había acampado 4725
2 S 2.23 cayó allí, y murió en aquel mismo *s* 8478
12.27 yo he puesto *s* a Rabá, y he tomado la 3898
1 R 8.13 morada para ti, *s* en que tú habites
2 R 6.25 hambre en...a consecuencia de aquel *s* 6696
2 Cr 32.10 ¿en quién confiáis...resistir el *s* 4692
33.19 *s* donde edificó lugares altos y erigió 4725
34.31 y estando el rey en pie en su *s*, hizo 5977
Esd 2.68 ofrendas...para reedificarla en su *s* 4349
Neh 4.13 y en los *s* abiertos, puse el pueblo 6706,6708
Job 40.12 mira...quebranta a los impíos en su *s* 8478
Sal 3.6 no temeré a...que pusieren *s* contra mí
63.9 pero...caerán en los *s* bajos de la tierra
80.9 limpiaste *s* delante de ella, e hiciste
Is 25.10 pero Moab será hollado en su mismo *s*
46.7 allí se está, y no se mueve de su *s*...Le 8478
54.2 ensancha el *s* de tu tienda, y...cortinas 4725
Ez 4.2 y pondrás contra ella *s*, y edificarás 4692
21.22 para levantar...y edificar torres de *s* 1785
24.2 rey, puso *s* a Jerusalén este mismo día
26.8 pondrá contra ti torres de *s*...y ese 1785
Zac 12.2 hará temblar...el *s* contra Jerusalén 4692

SITNA *Pozo que cavaron los siervos de Isaac,* Gn 26.21 7856

SITRAI *Mayordomo de David sobre el ganado en Sarán,* 1 Cr 27.29 7861

SITRI *Descendiente de Leví,* Éx 6.22 5644

SITUACIÓN
2 R 19.27 he conocido tu *s*, tu salida y tu 3427
Fil 4.11 contentarme, cualquiera que sea mi *s*
He 10.33 de los que estaban en una *s* semejante

SITUAR
Dt 32.49 *situado*...Moab que está frente a Jericó
1 S 7.1 en casa de Abinadab, *situada* en el collado
14.5 uno de los peñascos estaba *situado* al norte 4690
Os 9.13 *situado* en lugar delicioso 8362

SIVÁN *Tercer mes en el calendario de los hebreos,* Est 8.9 5510

SIZA *Padre de Adina,* 1 Cr 11.42 7877

SO *Rey de Egipto,* 2 R 17.4 5471

SOA *Tribu del oriente del río Tigris,* Ez 23.23 7772

SOBA *Reino arameo al norte de Palestina*
1 S 14.47 hizo guerra...contra los reyes de *S* 6678
2 S 8.3 derrotó David a Hadad-ezer...rey de *S* 6678
8.5 sirios...dar ayuda a Hadad-ezer rey de *S* 6678
8.12 del botín de Hadad-ezer hijo...rey de *S* 6678
10.6 tomaron a sueldo a...y a los sirios de *S* 6678
10.8 pero los sirios de *S*...estaban aparte en 6678
23.36 Igal hijo de Natán, de *S*, Bani gadita 6678
1 R 11.23 huido de su amo Hadad-ezer rey de *S* 6678
11.24 capitán de...cuando David deshizo a...*S* 6678
1 Cr 18.3 derrotó David a Hadad-ezer rey de *S* 6678
18.5 viniendo los sirios...en ayuda...rey de *S* 6678
18.9 había deshecho...Hadad-ezer rey de *S* 6678
19.6 carros y gente de a caballo de...y de *S* 6678
2 Cr 8.3 después vino Salomón a Hamat de *S* 6678
Sal 60 *tít.*...contra Aram de *S*, y volvió Joab 6678

SOBAB
1. Hijo de David, 2 S 5.14; 1 Cr 3.5; 14.4 7727
2. Hijo de Caleb, 1 Cr 2.18 7727

SOBAC *General del ejército del rey Hadad-ezer (=Sofac),* 2 S 10.16,18 7731

SOBACO
Jer 38.12 pon ahora esos trapos...bajo los *s* 679,3027

SOBAI *Padre de una familia de porteros del templo,* Esd 2.42; Neh 7.45 7630

SOBAL
1. Hijo de Seir, Gn 36.20,23,29; 1 Cr 1.38,40 7732
2. Descendiente de Caleb, 1 Cr 2.50,52 7732
3. Hijo de Judá, 1 Cr 4.1,2 7732

SOBEC *Firmante del pacto de Nehemías,* Neh 10.24 7733

SOBERANO
Job 31.28 sería maldad...habría negado al Dios *s*
Ez 38.2 de Magog, príncipe *s* de Mesec y Tubal 7218
38.3 oh Gog, príncipe *s* de Mesec y Tubal 7218
39.1 contra ti...príncipe *s* de Mesec y Tubal 7218
Hch 4.24 *s* Señor, tú eres el Dios que hiciste
1 Ti 6.15 y solo *s*, Rey de Reyes, y Señor de *1413*
Jud 4 niegan a Dios el único *s*, y...Jesucristo *2962*
Ap 1.5 Jesucristo...*s* de los reyes de la tierra *758*

SOBERBIA
Lv 26.19 quebrantaré la *s* de vuestro orgullo 1347
Nm 15.30 mas la persona que hiciere algo con *s* 3027
Dt 17.12 hombre que procediere con *s*...morirá 2082
1 S 17.28 yo conozco tu *s* y la malicia de tu 2087
Neh 9.10 sabías que habían procedido con *s* 2102
9.29 ellos se llenaron de *s*, y no oyeron tus 2102
Job 15.25 se portó con *s* contra el Todopoderoso 1396
33.17 para quitar y apartar del varón la *s* 1466
35.12 allí...él no oirá, por la *s* de los malos 1347
Sal 19.13 preserva...a tu siervo de las *s*; que 2086
31.18 que hablan...duras con *s* y menosprecio 1346
31.23 Jehová, y paga...al que procede con *s* 1346
36.11 no venga pie de *s* contra mí, y mano de 1346
56.2 muchos son...que pelean contra mí con *s*
59.12 sean ellos presos en su *s*, y por la 1347
73.6 por tanto, la *s* los corona; se cubren de 1346
Pr 8.13 la *s* y la arrogancia, el mal camino 1344
11.2 viene la *s*, viene también la deshonra 2087
13.10 la *s* concebirá contienda; mas con los 2087
14.3 la boca del necio está la vara de la *s* 1346
16.18 ante, del quebrantamiento es la *s*, y 1347
29.23 *s* del hombre le abate; pero al humilde 1346
Is 2.11,17 la *s* de los hombres será humillada 7312
9.9 moradores de Samaria, que con *s*...dicen 1346
10.12 castigará el fruto de la *s*...de Asiria 1433
14.11 descendió al Seol tu *s*, y el sonido de 1347
16.6 oído la *s* de Moab; muy grandes son su *s* 1341
23.9 para envilecer la *s* de toda gloria, y 1347
25.11 abatirá su *s* y la destreza de sus manos 1346
28.1 ¡ay de la corona de *s* de los ebrios de 1348
28.3 pisoteada la corona de *s* de los ebrios 1348
Jer 13.9 podrir la *s* de Judá, y la mucha *s* de 1347
13.17 llorará mi alma a causa de vuestra *s* 1466
48.29 oído la *s* de Moab, que es muy soberbio 7312
49.16 tu arrogancia te engañó, y la *s* de tu 2087
Ez 7.10 ha florecido la...ha reverdecido la *s* 2087
7.20 cuanto convirtieron la gloria de...en *s* 1347
7.24 haré cesar la *s* de los poderosos, y sus 1347
16.49 *s*, saciedad de pan, y abundancia de ociosidad 1347
16.50 llenaron de *s*, e hicieron abominación 1361
16.56 no era...digna de...en el tiempo de tus *s* 1347
30.18 poder de Egipto, y cesará en ella la *s* 1347
32.12 destruirán la *s* de Egipto, y toda su 1347
33.28 en soledad, y cesará la *s* de su poderío 1347
Dn 4.37 puede humillar a los que andan con *s* 1347
Os 5.5 *s* de Israel le desmentirá en su cara 1347
7.10 la *s* de Israel testificará contra él en 1347
7.16 cayeron sus príncipes a...por la *s* de su 2195
Abd 3 la *s* de tu corazón te ha engañado, tú 2087
Sof 2.10 esto les vendrá por su *s*...afrentaron 1347
3.11 quitaré...a los que se alegran en tu *s* 1346
Zac 9.6 y pondré fin a la *s* de los filisteos 1347

10.11 y la *s* de Asiria será derribada, y se 1347
Mr 7.22 **la maledicencia, la *s*, la insensatez** *5243*
2 Co 12.20 haya. . . murmuraciones, *s*, desórdenes. *5450*
Stg 4.16 pero ahora os jactáis en vuestras *s* *212*

SOBERBIO
Neh 9.16 mas ellos y nuestros padres fueron *s* 2102
Job 9.13 debajo. . . abaten los que ayudan a los *s* 7293
40.12 mira a. . . *s*, y humíllalo, y quebranta a 1343
41.34 menosprecia. . . es rey sobre todos los *s* 7830
Sal 40.4 y no mira a los *s*, ni a los que se. 7295
86.14 oh Dios, los *s* se levantaron contra mí 2086
94.2 Juez de la tierra; da el pago a los *s* 1343
119.21 reprendiste a los *s*, los malditos 2086
119.51 los *s* se burlaron mucho de mí, mas no 2086
119.69 contra mí forjaron mentira los *s*, mas 2086
119.78 avergonzados los *s*, porque sin causa 2086
119.85 los *s* me han cavado hoyos; mas no. 2086
119.122 para bien; no permitas. . . *s* me opriman 2086
123.4 muy hastiada. . . del menosprecio de los *s* 1349
140.5 me han escondido lazo y cuerdas los *s* 1343
Pr 15.25 Jehová asolará la casa de los *s*; pero 1343
16.19 mejor. . . que repartir despojos con los *s*. 1343
21.24 escarnecedor es el nombre del *s* y. 1343
Is 2.12 día de Jehová. . . vendrá sobre todo *s* y. 1343
13.11 y haré que cese la arrogancia de los *s*. 2086
Jer 43.2 los varones *s* dijeron a Jeremías. 2086
48.29 Moab, que es. . . *s*, arrogante, orgulloso 1343
50.31 estoy contra ti, oh *s*. . . porque tu día 2087
50.32 y el *s* tropezará y caerá, y no tendrá 2087
Ez 16.49 que esta fue la maldad de Sodoma. . . *s*. 1347
Hab 2.5 dado al vino es traicionero, hombre *s* 3093
Mal 3.15 decimos. . . bienaventurados son los *s*. 2086
4.1 un horno, y todos los *s* y. . . serán estopa 2086
Lc 1.51 esparció a los *s* en el pensamiento de. *5244*
Ro 1.30 injuriosos, *s*, altivos, inventores de *5244*
2 Ti 3.2 porque habrá hombres. . . *s*, blasfemos *5244*
Tit 1.7 no *s*, no iracundo, no dado al vino, no. *829*
Stg 4.6; 1 P 5.5 Dios resiste a los *s*, y da *5244*

SOBI *Príncipe amonita que socorrió al rey David*, 2 S 17.27 7629

SOBORNAR
1 S 8.3 dejándose *sobornar* y pervirtiendo el 7810
Esd 4.5 *sobornaron* además. . . a los consejeros 7936
Neh 6.12 Tobías y Sanbalat. . . habían *sobornado* 7936
6.13 porque fue *sobornado* para hacerme temer . . . 7936
Hch 6.11 *sobornaron* a unos para que dijesen *5260*
12.20 vinieron de acuerdo ante él, y *sobornado* Blasto

SOBORNO
Dt 16.19 tomes *s*; porque el *s* ciega los ojos 7810
27.25 el que recibiere *s* para quitar la vida 7810
Job 15.34 y fuego consumirá las tiendas de *s* 7810
Sal 26.10 mal, y su diestra está llena de *s*. 7810
Pr 15.27 mas el que aborrece el *s* vivirá 4979
17.8 piedra preciosa es el *s* para el que lo 7810
17.23 impío toma *s* del seno para pervertir. 7810
Is 1.23 aman el *s*, y van tras las recompensas 7810

SOBRA
Dn 7.7,19 bestia. . . las *s* hollaba con sus pies 7606

SOBRADO
Lv 21.18 varón ciego, o cojo, o mutilado, o *s* 8311

SOBRANTE
Lv 5.13 *s* será del sacerdote, como la ofrenda
6.16 *s* de ella lo comerán Aarón y sus hijos 3498
Is 44.17 y hace del *s* un dios, un ídolo suyo. 7611

SOBRAR
Éx 16.18 no *sobró* al que había recogido mucho
16.23 que os *sobrare*, guardadlo para mañana 5736
26.12 la parte que *sobra*. . . de la cortina que *s* 5736
26.13 y otro codo del otro lado, que *sobra* 5736
29.34 si *sobrare* hasta la mañana algo de la 3498
29.34 quemarás al fuego lo. . . hubiere *sobrado*. 3498
36.7 material. . . para toda la obra, y *sobraba*
Lv 5.9 que *sobrare* de la sangre lo exprimirá 7604
8.32 lo que *sobre* de la carne. . . lo quemaréis. 3498
14.29 que *sobre* del aceite. . . lo pondrá sobre 3498
Rt 2.14 comió hasta que se sació, y le *sobró*. 3498
2.18 sacó también. . . lo que le había *sobrado*. 3498
2 R 4.43 ha dicho Jehová: Comerán, y *sobrará*. 3498
4.44 y comieron, y les *sobró*, conforme a la. 3498
2 Cr 31.10 ha *sobrado* mucho, porque Jehová ha 3498
Sal 17.14 hijos, y. . . *sobra* para sus pequeñuelos. 3499
Mt 14.20 que *sobró* de los pedazos, doce cestas *4052*
15.37 recogieron lo que *sobró* de los pedazos *4052*
Mr 6.43 recogieron. . . lo que *sobró* de los peces
8.8 de los pedazos que habían *sobrado*, siete *4051*
12.44 **todos han echado de lo que les *sobra*** *4052*
Lc 9.17 y recogieron lo que les *sobró*, doce. *4052*
21.4 **aquéllos echaron. . . de lo que les *sobra*** *4052*
Jn 6.12 **recoged los pedazos que *sobraron*, para** *2801*
6.13 que. . . *sobraron* a los que habían comido *4052*

SOBRE
2 Cr 20.31 así reinó Josafat *s* Judá; de. 5921

SOBREABUNDAR
Dt 28.11 te hará Jehová *sobreabundar* en bienes 3498
Mal 3.10 derramaré. . . bendición. . . *sobreabunde*
Ro 5.20 pecado abundó, *sobreabundó* la gracia. *5248*
2 Co 4.15 acción de gracias *sobreabunde* para *4052*
7.4 *sobreabundo* de gozo en. . . tribulaciones *5248*
Ef 1.8 hizo *sobreabundar*. . . en toda sabiduría *4052*

SOBRECOGER
Gn 15.12 del sol *sobrecogió* el sueño a Abram
Éx 15.15 valientes. . . les *sobrecogerá* temblor
Job 30.27 días de aflicción me han *sobrecogido*. 6923
Is 33.14 espanto *sobrecogió* a los hipócritas. 270
Lc 1.12 se turbó Zacarías. . . le *sobrecogió* temor. *5015*
5.26 *sobrecogidos* de asombro, glorificaban a. . *1611,2983*

SOBRECUBIERTA
Éx 40.19 y puso la *s* encima del mismo, como 4372

SOBREEDIFICAR
Hch 20.32 tiene poder para *sobreedificaros* y. *2026*
1 Co 3.10 pero cada uno mire cómo *sobreedifica* *2026*
3.14 permaneciere la obra. . . que *sobreedificó* *2026*
Col 2.7 arraigados y *sobreedificados* en él. *2026*

SOBRELLEVAR
Jn 16.12 **pero ahora no las podéis *sobrellevar*** *941*
Gá 6.2 *sobrellevad* los unos las cargas de los *941*

SOBREMANERA
Gn 15.1 y tu galardón será *s* grande
2 Cr 1.1 con él, y lo engrandeció *s*. 4605
Job 3.22 que se alegran *s*
Sal 119.96 amplio *s* es tu mandamiento. 3966
Is 64.9 no te enojes *s*, Jehová, ni
64.12 ¿callarás, y nos afligirás *s*?
Ez 9.9 Israel y de Judá es grande *s* 3966
Dn 5.9 el rey Belsasar se turbó *s* 7690
8.8 macho cabrío se engrandeció *s*. 1431
Jon 1.10 y aquellos hombres temieron *s*
Hch 26.11 y enfurecido *s* contra ellos. *4057*
Ro 7.13 el pecado llegase a ser *s*
2 Co 1.8 pues fuimos abrumados *s* más
12.7 para que no me enaltezca *s*
Gá 1.13 que perseguía *s* a la iglesia
Ap 16.21 porque su plaga fue *s* grande *4970*

SOBRENOMBRE
Is 45.4 llamé. . . puse *s*, aunque no me conociste 3655
Mt 10.3 Jacobo hijo de Alfeo, Lebeo. . . *s* Tadeo *1941*
Mr 3.16 a Simón, a quien puso por *s* Pedro *2007,3686*
Lc 22.3 Judas, por *s* Iscariote, el cual era *1941*
Hch 1.23 José. . . tenía por *s* Justo, y a Matías *1941*
4.36 José, a quien. . . pusieron por *s* Bernabé. *1941*
10.5,32 a Simón, el que tiene por *s* Pedro *1941*
10.18 si moraba allí un Simón que tenía por *s* Pedro. . . *1941*
11.13 haz venir a Simón, el que tiene por *s* Pedro. . . *1941*
12.12,25 Juan, el que tenía por *s* Marcos. *1941*
15.22 a Judas que tenía por *s* Barsabás, y a *1941*
15.37 consigo a Juan. . . que tenía por *s* Marcos *2564*
Ro 2.17 tienes el *s* de judío, y te apoyas en. *2028*

SOBREPASAR
1 S 9.2 *sobrepasaba* a cualquiera del pueblo. 1364
Pr 31.10 su estima *sobrepasa* largamente a la
31.29 muchas mujeres. . . tú *sobrepasas* a todas 5927
Ec 2.13 la sabiduría *sobrepasa* a la necedad. 3504
Jer 5.28 y *sobrepasaron* los hechos del malo. 5674
Hch 26.13 una luz del cielo que *sobrepasaba*. *5228*
Fil 4.7 y la paz de Dios, que *sobrepasa* todo. *5242*

SOBREPONER
Ez 41.6 cámaras. . . estaban *sobrepuestas* unas a

SOBRESALIR
1 R 7.30 repisas de fundición que *sobresalían*
Neh 3.26 restauraron. . . la torre que *sobresalía*
3.27 enfrente de la gran torre que *sobresale*. 3318

SOBRESALTAR
Gn 42.28 entonces se les *sobresaltó* el corazón 3318
Sal 53.5 allí se *sobresaltaron* de pavor donde
Ez 32.10 todos se *sobresaltarán* en sus ánimos. 2729

SOBREVENIR
Gn 44.34 por no ver el mal que *sobrevendrá* a. 4672
Jue 6.13 ¿por qué nos ha *sobrevenido*. . . esto?. 4672
1 S 4.19 porque le *sobrevinieron* sus dolores. 2015
2 S 19.7 males que te han *sobrevenido* desde 935
Esd 9.13 lo que nos ha *sobrevenido* a causa de. 935
Job 2.11 todo este mal que le había *sobrevenido* 935
4.14 *sobrevino* un espanto y un temblor, que 7122
19.29 *sobreviene* el. . . de la espada a causa de
Sal 91.10 no te *sobrevendrá* mal, ni plaga. 579
109.17 amó la maldición, y ésta le *sobrevino* 935
Is 38.17 amargura grande me *sobrevino* en la
Jer 13.22 ¿por qué me ha *sobrevenido* esto? 7122
Dn 10.16 me han *sobrevenido* dolores, y no me
Lc 21.26 **cosas que *sobrevendrán* en la tierra** *1904*
Jn 18.4 las cosas que le habían de *sobrevenir*. *2064*
Hch 2.43 y *sobrevino* temor a toda persona; y *1096*
10.10 mientras le. . . le *sobrevino* un éxtasis
16.26 *sobrevino*. . . un gran terremoto, de tal
22.17 en el templo me *sobrevino* un éxtasis
1 Co 10.13 no os ha *sobrevenido*. . . tentación que
2 Co 1.8 tribulación. . . nos *sobrevino* en Asia. *1096*
2 Ti 3.11 los que me *sobrevinieron* en. . . Listra *1096*
1 P 4.12 fuego de prueba que os ha *sobrevenido*

SOBREVIVIENTE
Is 4.2 grandeza y honra, a los *s* de Israel 6413
15.9 traeré sobre Dimón. . . los *s* de la tierra 6413
16.14 los *s* serán pocos, pequeños y débiles. 7605
21.17 *s* del número de los valientes flecheros 7605
45.20 juntaos. . . los *s* de entre las naciones. 6412

SOBREVIVIR
Éx 21.21 se *sobreviviere* por un día o dos, no. 5975
Jos 24.31; Jue 2.7 que *sobrevivieron* a Josué
Zac 14.16 todos los que *sobrevivieren*. . . subirán 3498

SOBRIO, A
1 Ts 5.6 no durmamos. . . sino velemos y seamos *s* *3525*
5.8 nosotros, que somos del día, seamos *s* *3525*
1 Ti 3.2 el obispo sea. . . *s*, prudente, decoroso *4998*
3.11 las mujeres asimismo. . . *s*, fieles en todo. *3524*
2 Ti 4.5 *s* en todo, soporta las aflicciones
Tit 1.8 *s*, justo, santo, dueño de sí mismo *4998*
2.2 los ancianos sean *s*, serios, prudentes. *3524*
2.12 en este siglo *s*, justa y piadosamente *4996*
1 P 1.13 sed *s*, y esperad. . . en la gracia que. *3525*
4.7 acerca; sed, pues, *s*, y velad en oración *4993*
5.8 *s*, y velad; porque. . . adversario el diablo *3525*

SOBRINO
Col 4.10 Marcos el *s* de Bernabé, acerca del

SOCIEDAD
Pr 5.14 en medio de la *s* y de la congregación 5712

SOCO
1. Ciudad en la Sefela de Judá, Jos 15.35; 2 Cr 11.7 . 7755
1 S 17.1 congregaron en *S*. . . acamparon entre *S* 7755
1 R 4.10 tenía. . . a *S* y toda la tierra de Hefer 7755
2 Cr 28.18 y habían tomado. . . *S* con sus aldeas, y. 7755
2. Población en las montañas de Judá, Jos 15.48. . . . 7755
3. Descendiente de Judá, 1 Cr 4.18 7755

SOCORRER
Sal 22.19 tú, Jehová. . . apresúrate a *socorrerme*. 5833
40.13 quieras, oh. . . apresúrate a *socorrerme* 5833
70.1 Dios. . . apresúrate, oh Dios, a *socorrerme* 5833
71.2 *socórreme* y líbrame en tu justicia
72.12 y al. . . que no tuviere quien le *socorra*. 5826
119.173 esté tu mano pronta para *socorrerme* 5826
Is 21.14 Tema, *socorred* con pan al que huye 6923
30.5 que no les aprovecha, ni los *socorre*, ni 5828
Hab 3.13 *socorrer* a tu pueblo. . . *s* a tu ungido 3468
Mt 15.25 postró. . . diciendo: ¡Señor, *socórreme*! *997*
Lc 1.54 *socorrió* a Israel. . . acordándose de su
2 Co 6.2 en día de salvación te he *socorrido* *997*
1 Ti 5.10 si ha *socorrido* a los afligidos; si *1884*
He 2.16 ciertamente no *socorrió* a los ángeles *1949*
2.16 *socorrió* a la descendencia de Abraham *1949*
2.18 es poderoso para *socorrer* a los que son *997*

SOCORRO
Dt 33.29 salvo por Jehová, escudo de tu *s*, y 5828
Jue 5.23 no vinieron al *s* de Jehová, al *s* de 5833
2 S 14.4 entró. . . postrándose. . . dijo: ¡*S*, oh rey!. 3467
2 Cr 20.4 reuniéronse los de Judá para pedir *s*
Sal 60.11 danos *s* contra el enemigo, porque 5833
63.7 has sido mi *s*, y así en la sombra de tus 5833
71.12 de mí; Dios mío, acude pronto en mi *s* 5833
89.19 puesto el *s* sobre uno que es poderoso. 5828
108.12 danos *s* contra el adversario, porque. 5833
121.1 a los montes; ¿de dónde vendrá mi *s*? 5828
121.2 *s* viene de Jehová, que hizo los cielos 5828
124.8 nuestro *s* está en el nombre de Jehová 5828
Is 3.1 todo sustento de pan y todo *s* de agua 4937
17.3 y cesará el *s* de Efraín, y el reino de 4013
20.6 nos acogimos por *s* para ser libres de 5833
41.14 yo soy tu *s*, dice Jehová; el Santo de 5826
Jer 37.7 el ejército. . . que había salido en. . . *s*. 5833
Lm 4.17 nuestros ojos esperando en vano. . . *s*. 5833
Dn 11.34 su caída serán ayudados de pequeño *s* 5828
Hch 11.29 determinaron enviar *s* a los hermanos. . . *1248*
He 4.16 para. . . hallar gracia para el oportuno *s*. *996*

SODI *Padre de Gadiel*, Nm 13.10 5476

SODOMA *Ciudad que Jehová destruyó*
Gn 10.19 y en dirección de *S*, Gomorra, Adma y. 5467
13.10 que destruyese Jehová a *S* y a Gomorra. 5467
13.12 Lot. . . fue poniendo sus tiendas hasta *S* 5467
13.13 los hombres de *S* eran malos y pecadores. 5467
14.2 hicieron guerra contra Bera rey de *S* 5467
14.8 salieron el rey de *S*, el rey de Gomorra. 5467
14.10 huyeron el rey de *S* y el de Gomorra 5467
14.11 tomaron toda la riqueza de *S*. . . Gomorra 5467
14.12 tomaron también a Lot. . . que moraba en *S*. . . 5467
14.17 salió el rey de *S* a recibirlo al valle 5467
14.21 rey de *S* dijo a Abram: Dame. . . personas 5467
14.22 respondió Abram al rey de *S*: He alzado 5467
18.16 se levantaron de allí y miraron hacia *S*. 5467
18.20 clamor contra *S*. . . se aumenta más y más 5467
18.22 se apartaron de allí. . . y fueron hacia *S*. 5467
18.26 si hallare en *S* cincuenta justos dentro 5467
19.1 llegaron, pues, los dos ángeles a *S* a la 5467
19.1 y Lot estaba sentado a la puerta de *S*. 5467
19.4 rodearon la casa los. . . los varones de *S*. 5467
19.24 hizo llover sobre *S* y. . . Gomorra azufre 5467
19.28 miró hacia *S* y Gomorra, y hacia toda. 5467
Dt 29.23 como sucedió en la destrucción de *S* 5467
32.32 de la vid de *S* es la vid de ellos, y de 5467
Is 1.9 no. . . un resto pequeño, como *S* fuéramos. 5467
1.10 príncipes de *S*, oíd la palabra de Jehová. 5467
3.9 porque como *S* publican su pecado, no lo. 5467
13.19 y Babilonia. . . será como *S* y Gomorra, a. 5467
Jer 23.14 me fueron todos ellos como *S*, y sus. 5467
49.18 como sucedió en la destrucción de *S* y. 5467
50.40 la destrucción que Dios hizo de *S* y de. 5467
Lm 4.6 se aumentó la. . . más que el pecado de *S* 5467
Ez 16.46 tu hermana menor es *S* con sus hijas. 5467
16.48 *S* tu hermana y sus hijas no han hecho 5467
16.49 que esta fue la maldad de *S* tu hermana. 5467
16.53 los cautivos de *S* y de sus hijas, y los. 5467
16.55 *S* con sus hijas. . . volverán a su primer 5467
16.56 no era tu hermana *S* digna de mención en . . . 5467
Am 4.11 cuando Dios trastornó a *S* y a Gomorra 5467
Sof 2.9 que Moab será como *S*, y los hijos de 5467
Mt 10.15 **será más tolerable el castigo para. . . *S*** *4670*

11.23 **si en S se hubieran hecho los milagros** 4670
11.24 **será más tolerable el castigo para...S** 4670
Mr 6.11 **más tolerable el castigo para los de S** 4670
Lc 10.12 **será más tolerable el castigo para S** 4670
17.29 **día en que Lot salió de S, llovió del** 4670
Ro 9.29 S habríamos venido a ser, y a Gomorra 4670
2 P 2.6 si condenó...a las ciudades de S y de 4670
Jud 7 como S y Gomorra y las ciudades vecinas 4670
Ap 11.8 que en sentido espiritual se llama S 4670

SODOMITA
Dt 23.17 ni haya s de entre...hijos de Israel 6945
1 R 14.24 también s en la tierra, e hicieron 6945
15.12 quitó del país a los s, y...los ídolos 6945
22.46 barrió también...el resto de los s que 6945
Job 36.14 fallecerá el...y su vida entre los s 6945
1 Ti 1.10 para los s, para los secuestradores

SOFAC *General del ejército del rey Hadadezer (=Sobac),* 1 Cr 19.16,18 7780

SOFERET *Padre de una familia de sirvientes de Salomón,* Esd 2.55; Neh 7.57 5618

SOFONÍAS
1. Sacerdote en tiempo del profeta Jeremías
2 R 25.18 tomó entonces...segundo sacerdote S 6846
Jer 21.1 envió...al sacerdote S hijo de Maasías 6846
29.25 cartas...al sacerdote S hijo de Maasías 6846
29.29 el sacerdote S había leído esta carta 6846
37.3 y envió...al sacerdote S hijo de Maasías 6846
52.24 tomó...a S el segundo sacerdote, y tres 6846
2. Ascendiente del cantor Hemán, 1 Cr 6.36 6846
3. Profeta, Sof 1.1 6846
4. Padre de Josías No. 3 y de Hen
Zac 6.10 entrarás en casa de Josías hijo de S 6846
6.14 las coronas servirán...a Hen hijo de S 6846

SOGA
2 S 17.13 Israel llevarán s a aquella ciudad 2256
1 R 20.31 pongamos...s en nuestros cuellos, y 2256
20.32 y s a sus cuellos, y vinieron al rey 2256
Job 12.18 él rompe...y les ata una s a sus lomos 232
41.2 ¿pondrás tú s en sus narices, y...garfio 2443
Jer 38.6 cisterna...metieron a Jeremías con s 2256
38.11 trapos...y los echó a Jeremías con s en 2256
38.12 esos trapos viejos y...debajo de las s 2256
38.13 de este modo sacaron a Jeremías con s 2256

SOHAM *Levita, descendiente de Merari,* 1 Cr 4.27 7719

SOJUZGAR
Gn 1.28 dijo...llenad la tierra, y *sojuzgadla* 3533
Nm 32.22 y sea el país *sojuzgado* delante de 3533
32.29 que el país sea *sojuzgado* delante de 3533
Dt 20.20 contra la ciudad...hasta *sojuzgarla* 3381
Jer 25.14 ellas serán *sojuzgadas* por muchas

SOL
Gn 15.12 a la caída del s sobrecogió el sueño 8121
15.17 puesto el s, y ya oscurecido, se veía 8121
19.23 s salía sobre...cuando Lot llegó a Zoar 8121
28.11 ya el s se había puesto; y tomó de las 8121
32.31 pasado Peniel, le salió el s; y cojeaba 8121
37.9 que el s y la luna...se inclinaban a mí 8121
Éx 16.21 luego que el s calentaba, se derretía 8121
17.12 hubo en...firmeza hasta que se puso el s 8121
22.26 si...a la puesta del s se lo devolverás 8121
Lv 22.7 cuando el s se pusiere, será limpio 8121
Nm 21.11 en el desierto...al nacimiento del s 8121
25.4 y ahórcalos ante Jehová delante del s 8121
34.15 Jericó al oriente, al nacimiento del s 8121
Dt 4.19 viendo el s y la luna y las estrellas 8121
4.41 apartó tres ciudades...nacimiento del s ..4217,8121
16.6 sacrificarás la pascua...la puesta del s 8121
17.3 hubiere inclinado a ellos, ya sea al s 8121
23.11 hubiere puesto el s, podrá entrar en el 8121
24.13 le devolverás la prenda...el s se ponga 8121
24.15 y no se pondrá el s sin dárselo; pues 8121
33.14 los más escogidos frutos del s, con el 8121
Jos 1.4 hasta el gran mar donde se pone el s 8121
1.15 a este lado del Jordán...donde nace el s ..4217,8121
8.29 y cuando el s se puso, mandó Josué que 8121
10.12 s, detente en Gabaón; y tú, luna, en el 8121
10.13 el s se detuvo y la luna se paró, hasta 8121
10.13 el s se paró en medio del cielo, y no 8121
10.27 cuando el s se iba a poner, mandó Josué 8121
12.1 otro lado del Jordán...donde nace el s 8121
13.5 y todo el Líbano hacia donde sale el s 4217,8121
19.12 y gira de Sarid...hacia donde nace el s ..4217,8121
19.34 por el Jordán hacia donde nace el s 4217,8121
23.4 Jordán hasta...hacia donde se pone el s ..3996,8121
Jue 5.31 mas los que te aman, sean como el s 8121
8.13 Gedeón...volvió...antes que el s subiese 2775
9.33 por la mañana al salir el s madruga y 8121
19.14 se les puso el s junto a Gabaa 4217,8121
14.18 antes que el s se pusiese, los de la 2775
20.43 hasta...de Gabaa hacia donde nace el s. 4217,8121
1 S 11.9 mañana al calentar el s...librados 8121
2 S 2.24 puso el s cuando llegaron al collado 8121
3.35 si antes que se ponga el s gustare yo 8121
12.11 el cual yacerá con tus mujeres a...del s 8121
12.12 haré esto delante de todo...y a pleno s 8121
23.4 el resplandor del s en una mañana sin 8121
1 R 22.36 a la puesta del s salió un pregón 8121
2 R 3.22 cuando...brilló el s sobre las aguas 8121
10.33 el Jordán al nacimiento del s, toda la 4217,8121
23.5 los que quemaban incienso...al s y a la ..4217,8121
23.11 los caballos que...habían dedicado al s ..4217,8121
23.11 quitó...quemó al fuego los carros del s ..4217,8121
2 Cr 18.34 el carro...y murió al ponerse el s 8121
34.4 e hizo pedazos las imágenes del s, que
Neh 7.3 no se abran...hasta que caliente el s 8121
Job 8.16 de un árbol está verde delante del s 8121
9.7 él manda al s, y no sale; y sella las 2775
30.28 ando ennegrecido, y no por el s; me he 2535
31.26 si he mirado al s cuando resplandecía 216
Sal 19.4 en ellos puso tabernáculo para el s 8121
50.1 desde el nacimiento del s hasta donde 8121
58.8 como el que nace muerto, no vean el s 8121
72.5 temerán mientras duren el s y la luna 8121
72.17 se perpetuará su...mientras dure el s 8121
74.16 noche; tú estableciste la luna y el s 8121
84.11 s y escudo es Jehová Dios; gracia y 8121
89.36 será...su trono como el s delante de mí 8121
104.19 hizo la luna...y el s conoce su ocaso 8121
104.22 sale el s, se recogen, y se echan en 8121
113.3 desde el nacimiento del s hasta donde 8121
121.6 el s no te fatigará de día, ni la luna 8121
136.8 s para que señorease en el día, porque 8121
148.3 alabadle, s y luna; alabadle vosotras 8121
Ec 1.3 trabajo con que se afana debajo del s 8121
1.5 sale el s, y se pone el s, y se apresura 8121
1.9 lo mismo...y nada hay nuevo debajo del s 8121
1.14 miré...obras que se hacen debajo del s 8121
2.11 era vanidad...sin provecho debajo del s 8121
2.17 la obra que se hace debajo del s me era 8121
2.18 aborrecí todo mi trabajo...debajo del s 8121
2.19 que ocupé debajo del s mi sabiduría? 8121
2.20 y en que había ocupado debajo del s mi 8121
2.22 fatiga...con que se afana debajo del s? 8121
3.16 vi más debajo del s: en lugar del juicio 8121
4.1 las violencias que se hacen debajo del s 8121
4.3 las malas obras que debajo del s se hacen 8121
4.7 yo me volví...y vi vanidad debajo del s 8121
4.15 a...los que viven debajo del s caminando 8121
5.13 hay un mal...que he visto debajo del s 8121
5.18 trabajo con que se fatiga debajo del s 8121
6.5 no ha visto el s, ni lo ha conocido; más 8121
6.12 qué será después de él debajo del s? 8121
7.11 buena...provechosa para los que ven el s 8121
8.9 en todo lo que debajo del s se hace; hay 8121
8.15 que no tiene el hombre bien debajo del s 8121
8.15 días...que Dios le concede debajo del s 8121
8.17 la obra que debajo del s se hace; por 8121
9.3 entre todo lo que se hace debajo del s 8121
9.6 parte en todo lo que se hace debajo del s 8121
9.9 los días...que te son dados debajo del s 8121
9.9 trabajo con que te afanas debajo del s 8121
9.11 debajo del s, que ni es de los ligeros 8121
9.13 vi esta sabiduría debajo del s, la cual 8121
10.5 hay un mal que he visto debajo del s, a 8121
11.7 la luz, y agradable a los ojos ver el s 8121
12.2 antes que se oscurezca el s, y la luz 8121
Cnt 1.6 que soy morena, porque el s me miró 8121
6.10 esclarecida como el s, imponente como 2535
Is 13.10 s se oscurecerá al nacer, y la luna 8121
17.8 no mirará a los altares...imágenes del s
18.4 los miraré desde mi morada, como s claro 2527
24.23 y el s se confundirá, cuando Jehová de 8121
27.9 no se levanten...ni las imágenes del s
30.26 luz de la luna será como la luz del s 8121
30.26 y la luz del s siete veces mayor, como 8121
38.8 los grados que ha descendido con el s 8121
38.8 volvió el s diez grados atrás, por los 8121
41.25 el nacimiento del s invocará mi nombre 8121
45.6 sepa desde el nacimiento del s, y hasta 8121
49.10 sed, ni el calor ni el s los afligirá 8121
59.19 Jehová, y desde el nacimiento del s su 8121
60.19 el s nunca más te servirá de luz para 8121
60.20 no se pondrá jamás tu s, ni menguará tu 8121
Jer 8.2 y los esparcirán s y a la luna y a 8121
15.9 se llenó de dolor su alma, su s se puso 8121
31.35 dicho Jehová, que da el s para luz del 8121
Ez 6.4 imágenes del s serán quebradas; y haré 2553
6.6 vuestras imágenes del s serán destruidas 2553
8.16 y adoraban al s, postrándose hacia el 8121
32.7 el s cubriré con nublado, y la luna no 8121
Dn 6.14 y hasta la puesta del s trabajó para 8122
Jl 2.10 el s y la luna se oscurecerán, y las 8121
2.31 el s se convertirá en tinieblas, y la 8121
3.15 el s y la luna se oscurecerán...estrellas 8121
Am 8.9 que haré que se ponga el s a mediodía 8121
Jon 4.8 al salir el s, preparó Dios un...viento 8121
4.8 y el s hirió a Jonás en la cabeza, y se 8121
Mi 3.6 sobre los profetas se pondrá el s, y 8121
Nah 3.17 salido el s se van, y no se conoce 8121
Hab 3.11 el s y la luna se pararon en su lugar 8121
Zac 8.7 salvo...la tierra donde se pone el s
Mal 1.11 donde el s nace...es grande mi nombre 8121
4.2 mas a vosotros...nacerá el S de justicia 8121
Mt 5.45 **hace salir su s sobre malos y buenos** 2246
13.6 **pero salido el s, se quemó; y porque no** 2246
13.43 **resplandecerán como el s en el reino de** 2246
17.2 resplandeció su rostro como el s, y sus 2246
24.29 **el s se oscurecerá, y la luna no dará** 2246
Mr 1.32 luego que el s se puso, le trajeron 2246
4.6 **salido el s, se quemó; y porque no tenía** 2246
13.24 **el s se oscurecerá, y la luna no dará** 2246
16.2 vinieron al sepulcro, ya salido el s 2246
Lc 4.40 al ponerse el s, todos los que tenían 2246
21.25 **habrá señales en el s, en la luna y en** 2246
23.45 el s se oscureció, y el velo del templo 2246
Hch 2.20 el s se convertirá en tinieblas, y la 2246
13.11 serás ciego, y no verás el s por algún 2246
26.13 luz...que sobrepasaba el resplandor del s 2246
27.20 y no apareciendo ni s ni estrellas por 2246
1 Co 15.41 una es la gloria del s, otra...luna 2246
Ef 4.26 no se ponga el s sobre vuestro enojo 2246
Stg 1.11 cuando sale el s con calor abrasador 2246
Ap 1.16 era como el s cuando resplandece en 2246
6.12 el s se puso negro como tela de cilicio 2246
7.2 que subía de donde sale el s, y tenía el 2246
7.16 ni sed, y el s no caerá más sobre ellos 2246
8.12 fue herida la tercera parte del s, y la 2246
9.2 se oscureció el s y el aire por el humo 2246
10.1 y su rostro era como el s, y sus pies 2246
12.1 una gran señal, una mujer vestida del s 2246
16.8 cuarto ángel derramó su copa sobre el s 2246
19.17 vi a un ángel que estaba en pie en el s 2246
21.23 la ciudad no tiene necesidad de s ni de 2246
22.5 y no tienen necesidad...ni de luz del s 2246

SOLANO
Gn 41.6,23,27 espigas...abatidas del viento s 6921
Job 15.2 vana...llenará su vientre de viento s? 6921
27.21 le eleva el s, y se va; y tempestad lo 6921
38.24 se esparce el viento s sobre la tierra? 6921
Sal 48.7 con viento s quiebras tú las naves de 6921
78.26 movió el s en el cielo, y trajo con su 6921
Is 27.8 él los remueve...en el día del aire s 6921
Jer 18.17 como viento s los esparciré delante 6921
Ez 17.10 ¿no se secará...el viento s la toque? 6921
19.12 y el viento s secó su fruto; sus ramas 6921
27.26 viento s te quebrantó en medio de los 6921
Os 12.1 Efraín se apacienta de...y sigue al s 6921
13.15 aunque...vendrá el s, viento de Jehová 6921
Am 4.9 os herí con viento s y con oruga; la 7711
Jon 4.8 preparó Dios un recio viento s, y el 6921
Hag 2.17 os herí con viento s, con tizoncillo 7711

SOLAPADAMENTE
Job 13.10 si s hacéis acepción de personas 5643
Sal 101.5 al que s infama a su prójimo, yo lo 5643

SOLAZ
Pr 8.30 día en día, teniendo s delante de él 7832

SOLAZAR
Ez 23.42 se oyó en ella voz...que se *solazaba* 7961

SOLDADO
1 R 20.39 se acercó un s y me trajo un hombre 376
Jer 41.3 asimismo mató Ismael...los s caldeos
46.21 s mercenarios también en medio de ella
Dn 11.24 despojo y riquezas repartirá a sus s
Mt 8.9 y tengo bajo mis órdenes s; y digo 4757
27.27 los s del...llevaron a Jesús al pretorio 4757
28.12 consejo, dieron mucho dinero a los s 4757
Mr 15.16 los s le llevaron dentro del atrio 4757
Lc 3.14 le preguntaron unos s, diciendo: ¿Y 4754
7.8 tengo s bajo mis órdenes; y digo a éste 4757
23.11 con sus s le menospreció y escarneció 4753
23.36 s también le escarnecían, acercándose 4757
Jn 18.3 Judas, pues, tomando una compañía de s
18.12 la compañía de s...prendieron a Jesús
19.2 s entretejieron una corona de espinas 4757
19.23 cuando...s hubieron crucificado a Jesús 4757
19.23 e hicieron cuatro partes, para cada s 4757
19.24 repartieron...Y así lo hicieron los s 4757
19.32 vinieron...s, y quebraron las piernas al 4757
19.34 pero uno de los s le abrió el costado 4757
Hch 10.7 a un devoto s de los que le asistían 4757
12.4 entregándole a 4 grupos de 4 s cada uno 4757
12.6 Pedro durmiendo entre dos s, sujeto con 4757
12.18 no poco alboroto entre los s sobre qué 4757
21.32 éste, tomando luego s...corrió a ellos 4757
21.32 vieron al tribuno y a los s, dejaron de 4757
21.35 era llevado en peso por los s a causa 4757
23.10 mandó que bajasen s y le arrebatasen 4757
23.23 preparasen...doscientos s, 70 jinetes 4757
23.31 y los s, tomando a Pablo como se les 4757
27.31 Pablo dijo al centurión y a los s: Si 4757
27.32 s cortaron las amarras del esquife y 4757
27.42 s acordaron matar a los presos, para 4757
28.16 vivir aparte, con un s...le custodiase 4757
1 Co 9.7 ¿quién fue jamás s a sus...expensas? 4757
2 Ti 2.3 pues, sufre penalidades como buen s 4757
2.4 fin de agradar a aquel que lo tomó por s 4758

SOLDADURA
Is 41.7 buena...la s; y lo afirmó con clavos

SOLEDAD
Dt 32.10 y en yermo de horrible s; lo trajo 8414
Job 30.3 a la s, a lugar tenebroso, asolado y 4875
39.6 yo puse casa en la s, y sus moradas en 6160
Sal 102.6 semejante al...como el buho de las s 4057
106.14 el desierto; y tentaron a Dios en la s 4057
107.4 por el desierto, por la s sin camino 4057
Is 13.9 de ira, para convertir la tierra en s 8047
35.1 alegrarán el desierto y la s; el yermo 6723
35.6 aguas serán cavadas...torrentes en la s 6160
40.3 enderezad calzada en la s a nuestro Dios 6160
41.19 pondré en la s cipreses, pinos y bojes 6160
42.15 convertiré en s montes y collados, haré 2717
43.19 camino en el desierto, y ríos en la s 3452
43.20 ríos en la s, para que beba mi pueblo 3452
51.3 Sion; consolará todas sus s, y cambiará 2723
51.3 cambiará...su s en huerto de Jehová; se 6160
52.9 alegraos juntamente, s de Jerusalén 2723
64.10 Sion es un desierto, Jerusalén una s 4057
Jer 10.22 convertir en s todas las ciudades 8077
12.10 convirtieron en desierto y s mi heredad 8077
22.6 sin embargo, te convertiré en s, y como 4057
34.22 y reduciré a s las ciudades de Judá 8077
44.6 y fueron puestas en s y en destrucción 8077

49.13 oprobio, s y maldición será Bosra, y 2721
49.33 Hazor será morada de chacales, s para 8077
51.29 para poner la tierra de Babilonia en s 8047
Ez 5.14 te convertiré en s y en oprobio entre 2723
23.33 llena de... y de dolor por el cáliz de s 8077
29.10 tierra de Egipto... en la s del desierto 2723
29.12 pondré... Egipto en s entre las tierras 8077
33.28 y convertiré la tierra en desierto... s 8077
33.29 convierta la tierra en s y desierto, por 8077
35.3 Seir... te convertiré en desierto y en s 8077
35.7 y convertiré al monte de Seir en... s, y 8077

SOLEMNE
Éx 10.9 porque es nuestra fiesta s para Jehová 2282
12.14 celebraréis como fiesta s para Jehová 2282
Lv 23.2 las fiestas s de Jehová... serán estas 2282
23.4,37 estas son las fiestas s de Jehová 4150
23.6 la fiesta s de los panes sin levadura 2282
23.34 será la fiesta s de los tabernáculos 2282
23.44 habló Moisés... sobre las fiestas s de 4150
Nm 15.3 o para ofrecer en vuestras fiestas s 4150
28.17 a los quince días de este mes, la fiesta s 2282
29.12 celebraréis fiesta s a Jehová... 7 días 2282
29.39 cosas ofreceréis a Jehová en... fiestas s 4150
Dt 16.8 el séptimo día será fiesta s a Jehová 6116
16.10 la fiesta s de las semanas a Jehová tu 2282
16.13 la fiesta s de los tabernáculos harás 2282
16.14 te alegrarás en tus fiestas s, tú, tu 2282
16.15 celebrarás fiesta s a Jehová tu Dios 2287
16.16 la fiesta s de los panes sin levadura 2282
16.16 y en la fiesta s de las semanas, y en 2282
16.16 y en la fiesta s de los tabernáculos 2282
Jue 21.19 año hay fiesta s de Jehová en Silo 2282
1 R 8.2 se reunieron... el día de la fiesta s 2282
12.32 fiesta s... conforme a la fiesta s que se 2282
2 R 10.20 dijo Jehú: Santificad un día s a Baal 6116
1 Cr 23.31 días de reposo, lunas... y fiestas s 4150
2 Cr 5.3 se congregaron... para la fiesta s del 2282
7.9 al octavo día hicieron s asamblea, porque 6116
7.9 habían celebrado la fiesta s por 7 días 2282
8.13 ofreciesen cada cosa... en las fiestas s 4150
30.13 la fiesta s de los panes sin levadura 2282
30.21 celebraron la fiesta s de los panes sin 2282
30.22 de lo sacrificado en la fiesta s por 4150
31.3 lunas y fiestas s, como está escrito en 2150
35.17 celebraron... la fiesta s de los panes 2282
Esd 3.4 la fiesta s de los tabernáculos, como 2282
3.5 las nuevas lunas, y todas las fiestas s 4150
6.22 y celebraron... la fiesta s de los panes 282
Neh 8.14 tabernáculos en la fiesta s del mes 2282
8.18 e hicieron la fiesta s por siete días 2282
8.18 el octavo día fue de s asamblea, según 6116
Sal 81.3 tocad... en el día de nuestra fiesta s 2282
Is 1.13 vana... iniquidad vuestras fiestas s 6116
1.14 fiestas s las tiene aborrecidas mi alma
33.20 a Sion, ciudad de nuestras fiestas s 4150
Lm 1.4 no hay quien venga a las fiestas s 4150
2.6 Jehová ha hecho olvidar las fiestas s y 4150
Ez 21.23 que les ha hecho s juramentos; pero 7621
36.38 ovejas de Jerusalén en sus fiestas s 4150
44.24 y mis leyes... guardarán en... fiestas s
45.17 el dar... la libación en las fiestas s 4150
45.23 en los... días de la fiesta s ofrecerá 2282
46.11 y en las asambleas s será la ofrenda 4150

SOLEMNEMENTE
Dt 26.17 has declarado s hoy que Jehová
1 S 8.9 mas protesta s contra ellos, y 5749
14.28 tu padre ha hecho jurar s al 7650
2 Cr 15.12 entonces prometieron s que
Jer 11.7 porque s protesté a vuestros

SOLEMNIDAD
Nm 10.10 el día de vuestra alegría, y en... s 4150
29.35 el octavo día tendréis s, ninguna obra 6116
Lm 2.22 has convocado de... como en un día de s 4150
Os 9.5 ¿qué haréis en el día de la s, y en el 4150
Am 5.21 aborrecí, abominé vuestras s, y no me 6116
Zac 8.19 el ayuno... convertirán... en festivas s 4150
Jn 19.31 aquel día de reposo era de gran s

SOLER
Gn 40.13 como solías hacerlo cuando eras su 7223
44.5 y por la que suele adivinar?
Éx 16.5 guardar el doble de lo que suelen
21.7 no saldrá ella como suelen salir
Lv 6.3 todas aquellas cosas en que suele
6.7 de todas las cosas en que suele
Dt 23.19 ni de cosa alguna de que se suele
Jos 3.15 del agua (porque el Jordán suele
Jue 14.10 porque así solían hacer los
1 S 20.25 se sentó en su silla, como solía
2 S 11.20 no sabíais lo que suelen arrojar
19.3 como suele entrar a escondidas el
20.18 antiguamente solían decir: Quien
2 R 12.4 el dinero consagrado que se suele
1 Cr 20.1 en el tiempo que suelen los reyes
2 Cr 9.21 y cada tres años solían venir las
Job 2.10 como suele hablar cualquiera de las
Is 46.1 esas cosas que solíais hacer
Jer 52.12 que solía estar delante del rey de
Ez 36.11 y os haré morar como solíais
Dn 6.10 como lo solía hacer antes
Mr 10.1 y de nuevo les enseñaba como solía
Lc 22.39 y saliendo, se fue, como solía
Hch 16.13 donde solía hacerse la oración; y

SOLICITAR
Esd 8.21 para solicitar de él camino derecho 1245
Job 20.10 solicitarán el favor de los pobres
Ez 16.34 ninguno te ha solicitado... fornicar 310
36.37 seré solicitado por la casa de Israel
Dn 2.49 Daniel solicitó del rey, y obtuvo que 1156

SOLÍCITO, A
2 R 4.13 he aquí tú has estado s por nosotros 2729
Sal 78.34 entonces se volvían s en busca suya
Pr 22.29 ¿has visto hombre s en su trabajo? 4106
Jl 2.18 Jehová, s por su tierra, perdonará a 7065
2 Co 8.17 estando... muy s... para ir a vosotros 4707
Ef 4.3 s en guardar la unidad del Espíritu en 4704
Fil 4.10 de lo cual también estabais s, pero 5426

SOLÍCITAMENTE
Hch 28.7 nos recibió y hospedó s tres 5390
2 Ti 1.17 me buscó s y me halló 4706

SOLICITUD
Lc 7.4 le rogaron con s, diciéndole: Es digno 4705
Hch 17.11 pues recibieron la palabra con toda s 4288
Ro 12.8 el que preside, con s; el que hace 4710
2 Co 7.7 vuestra s por mí, de manera que me 2205
7.11 ¡qué s produjo en vosotros... qué temor 4710
7.12 que se os hiciese manifiesta nuestra s 4710
8.7 en ciencia, en toda s, y en vuestro amor 4710
8.16 puso en... Tito la misma s por vosotros 4710
Fil 2.28 así que le envío con mayor s, para 4708
Col 4.13 doy testimonio de que tiene gran s 2205
Tit 3.13 encamínales con s, de modo que nada 4709
He 6.11 cada uno... muestre la misma s hasta 4710
Jud 3 por la gran s que tenía de escribiros 4710

SÓLIDO
He 5.12 necesidad de leche, y no de alimentos s 4731
5.14 pero el alimento s es para los que han 4731

SOLITARIO, A
Job 3.7 ¡oh, que fuera aquella noche s, que no 1565
Sal 102.7 soy como el pájaro s sobre el tejado 909
Jer 49.31 contra una nación pacífica... vive s 909

SOLIVIANTAR
Hch 6.12 soliviantaron al pueblo, a... ancianos 4787

SOLO, A *Véase también el Apéndice*
Gn 2.18 no es bueno que el hombre esté s; le 905
Jue 3.20 estando él sentado s en su sala de 905
1 S 21.1 ¿cómo vienes tú s, y nadie contigo? 905
1 R 11.29 y estaban ellos dos s en el campo 905
Ec 4.10 pero ¡ay del s! que cuando cayere, no 259
Is 5.8 ¿habitaréis... s en medio de la tierra? 905
49.21 yo... estaba s... yo había sido dejada s 905
Lm 1.1 ¡cómo ha quedado s la ciudad populosa! 910
Mt 18.15 **vé y repréndele estando tú y él s; si** 3441
Mr 4.10 estuvo s, los que estaban cerca de él 2651
Lc 9.36 y cuando cesó la voz... fue hallado s 3441
Jn 16.32 **dejaréis s; mas no estoy s, porque** 3441

SÓLO, SOLAMENTE *Véase el Apéndice*

SOLTAR
Gn 43.14 y os suelte al otro vuestro hermano 7971
Lv 14.7 soltará la avecilla viva en el campo 7971
14.53 luego soltará la avecilla viva fuera de 7971
Jue 15.5 soltó las zorras en los sembrados de 7971
1 R 20.42 soltaste... el hombre de mi anatema 7971
Job 6.9 que soltara su mano, y acabara conmigo! 5425
7.19 y no me soltarás... hasta que trague mi
29.17 y de sus dientes hacía soltar la presa
39.5 quién echó libre al... soltó sus ataduras? 6605
Sal 102.20 soltar a los sentenciados a muerte 6605
105.20 envió el rey, y le soltó; el señor de 5425
Pr 17.14 es como quien suelta las aguas; deja 6362
Is 45.13 soltará mis cautivos, no por precio 7971
52.2 suelta... ataduras de tu cuello, cautiva 6605
58.6 soltar las cargas de opresión, y dejar 6605
Jer 1.14 norte se soltará el mal sobre todos
40.4 yo te he soltado hoy de las cadenas que 6605
50.33 los retuvieron: no los quisieron soltar 7971
Ez 13.20 y soltaré para que vuelen como aves 7971
Mt 18.27 **señor... le soltó y le perdonó la deuda** 630
27.15 el gobernador soltar al pueblo un preso 630
27.17 Pilato: ¿A quién queréis que os suelte 630
27.21 cuál de los dos queréis que os suelte? 630
27.26 soltó a Barrabás; y habiendo azotado 630
Mr 15.6 en el día de la fiesta les soltaba un 630
15.9 ¿queréis... suelte al Rey de los judíos? 630
15.11 para que les soltase más bien a Barrabás 630
15.15 Pilato... soltó a Barrabás, y entregó a 630
Lc 1.64 suelta su lengua, y habló bendiciendo
22.68 **si... no me responderéis, ni me soltaréis** 630
23.16 le soltaré, pues, después de castigarle 630
23.17 y tenía necesidad de soltarles uno en 630
23.18 ¡fuera... éste, y suéltanos a Barrabás! 630
23.20 habló... Pilato, queriendo soltar a Jesús 630
23.22 en él; le castigaré, pues, y le soltaré 630
23.25 soltó a aquel que había sido echado en 630
Jn 18.39 la costumbre de que os suelte uno en 630
18.39 ¿queréis... suelte al Rey de los judíos? 630
19.10 y que tengo autoridad para soltarte 630
19.12 procuraba Pilato soltarle; pero los 630
19.12 éste sueltas, no eres amigo de César 630
Hch 2.24 sueltos los dolores de la muerte, por 3089
4.21 les soltaron, no hallando ningún modo 630
16.26 y las cadenas de todos se soltaron 447
16.35 alguaciles a decir: Suelta a aquellos 630
16.36 han mandado a decir que se os suelte 630
17.9 obtenida fianza de Jasón... los soltaron 630
22.30 le soltó de las cadenas, y mandó venir 3089
24.26 le diera dinero para que le soltase 3089
28.18 me querían soltar, por no haber en mí 3089,
1 Co 7.27 ¿estás ligado... No procures soltarte 3080
Ap 20.7 años... Satanás será suelto de su prisión 3089

SOLTERO
1 Co 7.8 los s... que bueno les fuera quedarse 22
7.32 s tiene cuidado de las cosas del Señor 22

SOMBRA
Gn 19.8 pues que vinieron a la s de mi tejado 6738
Jue 9.15 venid, abrigaos bajo de mi s; y si no 6738
9.36 tú ves la s de los montes como si fueran 6738
2 R 20.9 ha dicho: ¿Avanzará la s diez grados 6738
20.10 fácil cosa es que la s decline 10 grados 6738
20.10 no que la s vuelva atrás diez grados 6738
20.11 e hizo volver la s por los grados que 6738
1 Cr 29.15 nuestros días... cual s que no dura 6738
Job 3.5 aféenlo tinieblas y s de muerte; repose 6757
7.2 como el siervo suspira por la s, y como 6738
8.9 nuestros días sobre la tierra como s que 6738
10.21 la tierra de tinieblas y de s de muerte 6757
10.22 s de muerte y sin orden, y cuya luz es 6738
12.22 descubre... y saca a luz la s de muerte 6757
14.2 sale... y huye como la s y no permanece 6738
17.7 ojos... mis pensamientos todos son como s 6738
24.17 mañana es para... ellos como s de muerte 6757
24.17 si... terrores de s de muerte los toman 6757
26.5 s tiemblan en lo profundo, los mares y
28.3 las piedras que hay en... en s de muerte 6757
34.22 no hay tinieblas ni s de muerte donde 6757
38.17 visto las puertas de la s de muerte? 6757
40.21 echará debajo de las s, en lo oculto 6628
40.22 los árboles sombríos lo cubren con su s 6752
Sal 17.8 ojos; escóndeme bajo la s de tus alas 6738
23.4 aunque ande en valle de s de muerte, no 6757
36.7 los hombres se amparan bajo la s de tus 6738
39.6 como una s es el hombre... vano se afana
44.19 nos... y nos cubrieses con s de muerte 6757
57.1 y en la s de tus alas me ampararé hasta 6738
63.7 y así en la s de tus alas me regocijaré 6738
80.10 los montes fueron cubiertos de su s 6738
91.1 el que habita... bajo la s del Omnipotente 6738
102.11 mis días son como s que se va, y me he 6738
107.10 moraban en tinieblas y s de muerte 6757
107.14 los sacó... de la s de muerte, y rompió 6757
109.23 me voy como la s cuando declina; soy 6738
121.5 Jehová es tu... es tu s a tu mano derecha 6788
144.4 el hombre... sus días son como la s que 6738
Ec 6.12 los días... los cuales él pasa como s? 6738
8.13 ni... prolongados los días, que son como s 6738
Cnt 2.3 bajo la s del deseado me senté, y su 6738
2.17; 4.6 hasta que apunte el día y huyan... s 6752
Is 4.6 habrá un abrigo para s contra el calor 6738
9.2 los que moraban en tierra de s de muerte 6757
16.3 pon tu s en medio del día como la noche 6738
18.1 ¡ay de la tierra que hace s con las alas 6767
25.4 s contra el calor; porque el ímpetu de 6738
30.2 y poner su esperanza en la s de Egipto 6738
30.3 el amparo en la s de Egipto en confusión 6738
32.2 será... como s de gran peñasco en tierra 6738
38.8 haré volver la s por los grados que ha 6738
49.2 me cubrió con la s de su mano; y me puso 6738
51.16 la s de mi mano te cubrí... extendiendo 6738
Jer 2.6 condujo... tierra seca y de s de muerte 6757
6.4 que las s de la tarde se han extendido 6752
13.16 os la vuelva en s de muerte y tinieblas 6757
48.45 a la s de Hesbón se pararon sin fuerzas 6738
Lm 4.20 habíamos dicho: A su s tendremos vida 6738
Ez 17.23 aves... a la s de sus ramas habitarán 6738
31.6 aves... y a su s habitaban muchas naciones 6738
31.12 se irán de su s... pueblos de la tierra 6738
31.17 los que estuvieron a su s en medio de 6738
Dn 4.12 se ponían a la s las bestias del campo 2927
Os 4.13 debajo de... olmos que tuviesen buena s 6738
14.7 volverán y se sentarán bajo su s; serán 6738
Jl 2.2 día de nube y de s, que sobre los montes 6205
Jon 4.5 se sentó debajo de ella a la s, hasta 6738
4.6 calabacera que hiciese s sobre su cabeza 6738
Mt 4.16 los asentados en región de s de muerte 4639
Mr 4.32 **que las aves... pueden morar bajo su s** 4639
9.7 vino una nube que les hizo s, y desde la 1982
Lc 1.35 poder del Altísimo te cubrirá con su s 1982
1.79 luz a los que habitan en... s de muerte 4639
Hch 5.15 lo menos su s cayese sobre alguno de 4639
Col 2.17 lo cual es s de lo que ha de venir 4639
He 8.5 sirven a lo que es figura y s de las 4639
10.1 teniendo la s de los bienes venideros 4639
Stg 1.17 en el cual no hay, ni s de variación 644

SOMBRÍO
Job 3.4 sea aquel día s, y no cuide de él Dios 2822
40.22 los árboles s lo cubren con su sombra 6628

SOMER
1. Madre de Jozabad No. 1, 2 R 12.21 7763
2. Descendiente de Aser, 1 Cr 7.32 7763

SOMETER
Éx 18.19 Dios, y somete tú los asuntos a Dios 935
Lv 26.43 entonces se someterán al castigo de 7521
Jos 18.1 después que la tierra... fue sometida 3533
Jue 11.33 así fueron sometidos los amonitas por 3665
1 S 7.13 fueron sometidos los filisteos, y no 3665
2 S 8.1 derrotó a los filisteos y los sometió 3665
8.11 de todas las naciones que había sometido 3533
22.45 los hijos de extraños se someterán a mí 3584
1 Cr 22.18 la tierra ha sido sometida delante 3535
2 Cr 30.8 no endurezcáis... someteos a Jehová 5414,3027
Sal 18.44 los hijos de extraños se sometieron 3584

18.47 Dios que...*somete* pueblos debajo de mí 1696
47.3 *someterá* a... pueblos debajo de nosotros 1696
66.3 tu poder se *someterán* a ti tus enemigos 3584
68.30 que todos se *sometan* con sus piezas de 7511
81.15 los que aborrecen a... habrían *sometido* 3584
Jer 27.11 a la nación que *sometiere* su cuello 935
27.12 *someted* vuestros cuellos al yugo del rey 935
Ro 6.16 si os *sometéis* a alguien como esclavos *3936*
13.1 *sométase* toda persona a las autoridades *5293*
Gá 2.5 ni... un momento accedimos a *someternos* *5292*
6.4 cada uno *someta* a prueba su propia obra *1381*
Ef 1.22 *sometió* todas las cosas bajo sus pies
5.21 *someteos* unos a otros en... temor de Dios *5293*
Col 2.20 en el mundo, os *sometéis* a preceptos *1379*
1 Ti 3.10 sean *sometidos* a prueba primero, y *1381*
Stg 4.7 *someteos*... a Dios; resistid al diablo *5293*
1 P 1.7 para que *sometida* a prueba vuestra fe
2.13 *someteos* a toda institución humana, ya *5293*

SOMORMUJO
Lv 11.17 el buho, el *s*, el ibis 7994
Dt 14.17 el pelícano, el buitre, el *s* 7994

SON *Véase tambien el Apéndice*
Lv 23.24 una conmemoración al *s* de trompetas 8643
1 Cr 15.28 llevaba... el arca... al *s* de salterios 8085
2 Cr 15.14 juraron a... al *s* de trompetas y de
Job 21.12 al *s* de tamboril... se regocijan al *s* 6963
Sal 150.3 alabadle a *s* de bocina; alabadle con 8629
Is 3.16 danzando, y haciendo *s* con los pies 5913
Ez 26.13 y no se oirá más el *s* de tus cítaras 6963
Dn 3.5,7,10,15 al oír el *s* de la bocina, de la 7032

SONAR
Éx 19.13 *suene* largamente la bocina, subirán
Nm 29.1 os será día de *sonar* las trompetas 8643
Jos 6.9 el arca, mientras las bocinas *sonaban* 8628
1 Cr 15.19 Asaf y...*sonaban* címbalos de bronce 8085
16.5 y arpas; pero Asaf *sonaba* los címbalos 8085
16.6 *sonaban*... las trompetas delante del arca
2 Cr 5.13 *sonaban*... las trompetas, y cantaban 6963
13.12 las trompetas... para que *suenen* contra 8643
23.13 y *sonaba* bocinas, y los cantores con 8628
29.28 los trompeteros *sonaban* las trompetas 2690
Job 39.23 contra él *suenan* la aljaba... lanza 7439
Pr 30.33 y el que recio se *suena* las narices
Os 5.8 *sonad* alarma en Bet-avén; tiembla, oh 7321
Ap 8.13 los otros toques... que están para *sonar* *4537*

SONDA
Hch 27.28 echando la *s*, hallaron veinte brazas *1001*
27.28 volviendo a echar la *s*, hallaron quince *1001*

SONIDO
Éx 19.16 truenos y... y *s* de bocina muy fuerte 6963
19.19 *s* de la bocina... aumentando en extremo 6963
20.18 *s* de la bocina, y el monte que humeaba 6963
28.35 y se oirá su *s* cuando él entre en el 6963
Lv 26.36 tal cobardía... que el *s* de una hoja 6963
Nm 10.7 para reunir... tocaréis, mas no con *s* 7321
Jos 6.5 que oigáis el *s* de la bocina, todo el 6963
6.20 el pueblo hubo oído el *s* de la bocina 6963
2 S 6.15 el arca con júbilo y *s* de trompeta 6963
15.10 *s* de la trompeta diréis: Absalón reina 6963
1 R 1.41 Joab el *s* de la trompeta, dijo: ¿Por 6963
14.6 cuando Ahías oyó el *s* de sus pies, al 6963
1 Cr 15.28 el arca del pacto... con júbilo y *s* 6963
Neh 4.20 oyereis el *s* de la trompeta, reuníos 6963
Job 36.29 nubes... el *s* estrepitoso de su morada? 8663
37.2 oíd... su voz, y el *s* que sale de su boca 1899
37.4 después... brama el *s*, truena él con voz 6963
39.24 él... sin importarle el *s* de la trompeta 6963
Sal 47.5 con júbilo, Jehová con *s* de trompeta 6963
93.3 ríos, oh Jehová, los ríos alzaron su *s* 6963
98.6 aclamad con... *s* de bocina, delante del 6963
104.7 huyeron... *s* de tu trueno se apresuraron 6963
Is 14.11 descendió al Seol... el *s* de tus arpas 1998
Jer 4.19 *s* de trompeta has oído, oh alma mía 6963
4.21 ¿hasta cuándo he de... oír *s* de trompeta? 6963
6.17 dijesen: Escuchad al *s* de la trompeta 6963
9.16 al *s* de los relinchos de sus corceles 6963
42.14 Egipto, en... ni oiremos *s* de trompeta 6963
47.3 por el *s* de los cascos de sus caballos 6963
51.55 como *s* de muchas aguas será la voz de 7588
Ez 1.24 oí el *s* de sus alas... como *s* de... aguas 6963
3.13 el *s* de las alas de los seres vivientes 6963
3.13 *s* de las ruedas... y *s* de gran estruendo 6963
33.4 cualquiera... oyere el *s* de la trompeta 6963
33.5 *s* de la trompeta oyó, y no se apercibió 6963
43.2 y su *s* era como el *s* de muchas aguas 6963
Dn 7.11 a causa del *s* de las grandes palabras 7032
10.6 el *s* de sus palabras como el estruendo 6963
10.9 oí el *s* de sus palabras; y al oír el *s* 6963
Jl 2.5 como *s* de llama de fuego que consume 6963
Am 2.2 morirá... con estrépito y *s* de trompeta 6963
Jn 3.8 **el viento sopla de donde... y oyes su *s*** *5456*
1 Co 14.7 las cosas inanimadas que producen *s* *5456*
14.8 si la trompeta diere *s* incierto, ¿quién *5456*
He 12.19 al *s* de la trompeta, y a la voz que *2279*
Ap 14.2 oí una voz... como *s* de un gran trueno *5456*

SOÑADOR
Gn 37.19 y dijeron el uno al otro... viene el *s* 1167,2472
Dt 13.1 levantare en medio de ti *s* de sueños 2492
13.3 no darás oído... ni al tal *s* de sueños 2492
13.5 profeta o *s* de sueños ha de ser muerto 2492
Jer 27.9 a vuestros *s*, ni a vuestros agoreros 2492
Jud 8 estos *s* mancillan la carne, rechazan la *1797*

SOÑAR
Gn 28.12 y *soñó*; y he aquí una escalera que 2492
37.5 y *soñó* José... y lo contó a sus hermanos 2492
37.6 les dijo: Oíd... este sueño que he *soñado* 2492
37.9 *soñó* aun otro sueño... *soñado* otro sueño 2492
37.10 dijo: ¿Qué sueño es este que *soñaste*? 2492
40.9 *soñaba* que veía una vid delante de mí 2492
40.16 *soñé* que veía tres canastillos blancos 2492
41.5 durmió de nuevo, y *soñó* la segunda vez 2492
41.22 *soñando*, que siete espigas crecían en 2492
Jue 7.13 *soñé* un sueño: Veía un pan de cebada 2492
Sal 126.1 de Sion, seremos como los que *sueñan* 2492
Is 29.8 y *sueña*, y le parece que come, pero 2492
29.8 que tiene sed y *sueña*, y le parece que 2492
Jer 23.25 aquellos profetas dijeron... *Soñé, s* 2492
29.8 no... ni atendáis a los sueños que *soñáis* 2492
Jl 2.28; Hch 2.17 ancianos *soñarán* sueños, y 2492

SOÑOLIENTO
Is 56.10 perros... *s*, echados, aman el dormir 1957

SÓPATER *Cristiano de Berea*, Hch 20.4 .... *4986*

SOPLAR
Gn 2.7 y *sopló* en su nariz aliento de vida, y 5301
Éx 15.10 *soplaste* con tu viento: los cubrió el 5398
Sal 147.18 *soplará* su viento, y fluirán las 5380
Cnt 4.16 *soplad* en mi huerto, despréndanse sus 6315
Is 40.7 porque... viento de Jehová *sopló* en ella 5380
40.24 tan pronto como *sopla* en ellos se secan 5398
54.16 yo hice al herrero que *sopla* las ascuas 5301
Ez 22.21 y *soplaré* sobre vosotros en el fuego 5301
37.9 y sopla *sobre* estos muertos, y vivirán 7307
Mt 7.25 **soplaron vientos, y golpearon contra** *4154*
7.27 **soplaron vientos, y dieron con ímpetu** *4154*
Lc 12.55 **sopla el viento del sur... Hará calor** *4154*
Jn 3.8 **el viento sopla de donde quiere, y oyes** *4154*
6.18 se levantaba el mar... viento que *soplaba* *4154*
20.22 **sopló, y les dijo: Recibid el Espíritu** *1720*
Hch 2.2 como de un viento recio que *soplaba*
27.13 y *soplando* una brisa del sur... levaron *5285*
28.13 día... *soplando* el viento sur, llegamos *1920*
Ap 7.1 no *soplase* viento... sobre la tierra, ni *4154*

SOPLO
Éx 15.8 al *s* de tu aliento se amontonaron las 7307
2 S 22.16 por el *s* del aliento de su nariz 7307
Job 4.9 y por el *s* de su ira son consumidos 7307
7.7 acuérdate que mi vida es un *s*, y que mis 7307
32.8 *s* del Omnipotente le hace que entienda
33.4 me hizo, y el *s* del Omnipotente me dio 5397
37.10 por el *s* de Dios se da el hielo, y las 5397
Sal 18.15 por el *s* del aliento de tu nariz 7307
78.39 que eran carne, *s* que va y no vuelve 7307
Is 30.33 el *s* de Jehová, como torrente de azufre 5397
33.11 luz: el *s* de vuestro fuego os consumirá 7307
57.13 llevará el viento, un *s* los arrebatará 7307
Hag 1.9 encerráis... y yo lo disiparé en un *s* 5301

SOPORTAR
Gn 4.13 grande es... castigo para ser *soportado* 5375
Nm 11.14 no puedo yo solo *soportar* a todo este 5375
Neh 9.30 les *soportaste* por muchos años, y les 4900
Sal 55.12 un enemigo, lo cual habría *soportado* 5375
Pr 18.14 ánimo del... *soportará* su enfermedad 3557
18.14 ¿quién *soportará* al ánimo angustiado? 3557
Is 1.14 fiestas... cansado estoy de *soportarlas* 5375
46.4 y hasta las canas os *soportaré* yo; yo 5445
46.4 hice, yo llevaré... *soportaré* y guardaré 5375
Jl 2.11 muy terrible; ¿quién podrá *soportarlo*? 3557
Mi 7.9 ira de Jehová *soportaré*, porque pequé 5375
Mal 3.2 ¿y quién podrá *soportar* el tiempo de 3557
Mt 17.17 **¡oh... hasta cuándo os he de soportar?** *430*
20.12 **que hemos soportado... el calor del día** *941*
Mr 9.19; Lc 9.41 **cuándo os he de soportar** *430*
Hch 13.18 tiempo... los *soportó* en el desierto *5159*
Ro 9.22 *soportó* con mucha paciencia los vasos *5342*
15.1 debemos *soportar* las flaquezas de los *941*
1 Co 4.12 padecemos persecución... *soportamos* *430*
9.12 lo *soportamos* todo, por no poner ningún *4722*
10.13 dará... salida, para que podáis *soportar* *1439*
13.7 cree, todo lo espera, todo lo *soporta* *5278*
Ef 4.2 *soportándoos* con paciencia los unos a *430*
Col 3.13 *soportándoos*... y perdonándoos unos a *430*
1 Ts 3.1 por lo cual, no pudiendo *soportarlo* *4722*
3.5 yo, no pudiendo *soportar* más, envié para *4722*
2 Ts 1.4 vuestras persecuciones... que *soportáis* *430*
2 Ti 2.10 lo *soporto* por amor de los escogidos *5278*
4.5 sobrio en todo, *soporta* las aflicciones *2553*
He 12.7 si *soportáis* la disciplina, Dios os *5278*
12.20 no podían *soportar* lo que se ordenaba *5342*
13.22 que *soportéis* la palabra de exhortación *430*
Stg 1.12 bienaventurado el varón que *soporta* *5278*
1 P 2.18 también a los difíciles de *soportar* *4646*
2.20 si... y sois abofeteados, y lo *soportáis*? *5278*
2.20 si... sufrís, y lo *soportáis*... es aprobado *5278*
Ap 2.2 **y que no puedes soportar a los malos** *941*

SORBER
1 Co 15.54 *sorbida* es la muerte en victoria *2666*

SORDO
Éx 4.11 al mudo y al *s*, al que ve y al ciego? 2795
Lv 19.14 no maldecirás al *s*, y delante... ciego 2795
Sal 38.13 yo, como si fuera *s*, no oigo; y soy 2795
58.4 son como el áspid *s* que cierra su oído 2795
Is 29.18 los *s* oirán las palabras del libro 2795
35.5 entonces... los oídos de los *s* se abrirán 2795
42.18 *s*, oíd, y vosotros, ciegos, mirad para 2795
42.19 ¿quién... *s*, como mi mensajero que envié? 2795
43.8 sacad al pueblo... los *s* que tienen oídos 2795
Mt 11.5 **s oyen, los muertos son resucitados** *2974*
Mr 7.32 y le trajeron un *s* y tartamudo, y le *2974*
7.37 hace a los *s* oír, y a los mudos hablar *2974*
9.25 **espíritu mudo y s, yo te mando, sal de** *2974*
Lc 7.22 **s oyen, los muertos son resucitados** *2974*

SOREC *Valle en Dan*, Jue 16.4 7796

SORPRENDER
Nm 5.13 hubiere sido *sorprendida* en el acto
Dt 22.22 si fuere *sorprendido* alguno acostado 4672
Jos 7.15 que fuere *sorprendido* en el anatema
1 S 21.1 *sorprendió* Ahimelec de su encuentro
2 S 16.8 y hete aquí *sorprendido* en tu maldad
Sal 55.15 la muerte les *sorprenda*; desciendan 3451
89.22 no lo *sorprenderá* el enemigo, ni hijo 5378
Pr 6.31 si es *sorprendido*, pagará siete veces 4672
Mt 22.15 cómo *sorprenderle* en alguna palabra *3802*
Mr 12.13 que le *sorprendiesen* en alguna palabra *64*
15.44 se *sorprendió* de que ya hubiese muerto *2296*
Lc 2.48 cuando le vieron, se *sorprendieron*; y *1605*
20.20 fin de *sorprenderle* en alguna palabra *1949*
20.26 y no pudieron *sorprenderle* en palabra *2296*
Jn 8.3 le trajeron una mujer *sorprendida* en *2638*
8.4 ha sido *sorprendida* en el acto mismo de *2638*
12.35 **no os sorprendan las tinieblas; porque** *2638*
Gá 6.1 si alguno fuere *sorprendido* en alguna *4301*
1 Ts 5.4 para que aquel día os *sorprenda* como *2638*
1 P 4.12 amados, no os *sorprendáis* del fuego *3579*

SORPRENDENTEMENTE
Lm 1.9 ha descendido *s*, y no tiene quien la 6382

SORTEO
Nm 33.54 la tierra por *s* por vuestras familias 1486
34.13 que se os repartirá en heredades por *s* 1486
36.2 mandó... que por *s* diese la tierra a los 1486
Jue 20.9 a Gabaa: contra ella subiremos por *s* 1486

SORTÍLEGO
Dt 18.10 no sea hallado en ti... *s*, ni hechicero 5172

SOSEGADAMENTE
1 Co 7.5 no ser... para ocuparos *s* en la oración *3521*
2 Ts 3.12 trabajando *s*, coman su propio pan *2271*

SOSEGAR
Est 2.1 *sosegada* ya la ira del rey Asuero, se 7918
Job 37.17 *sosiega* la tierra con el viento del 8252
Sal 65.7 que *sosiega* el estruendo de los mares 7623
89.9 se levantan sus ondas, tú las *sosiegas* 7623
Pr 29.11 ira, mas el sabio al fin la *sosiega* 7623
Jer 47.6 vuelve a tu vaina, reposa y *sosiégate* 1826
49.23 aguas de desmayo, no pueden *sosegarse* 8252

SOSIEGO
2 Cr 14.1 Asa, en cuyos días tuvo *s* el país 8252
Job 20.20 por tanto, no tendrá *s* en su vientre 7961
Sal 107.29 cambia la tempestad en *s*, y... ondas 1827

SOSÍPATER *Cristiano, pariente de Pablo*, Ro 16.21 .... *4989*

SOSPECHA
1 Ti 6.4 de las cuales nacen envidias... malas *s* *5283*

SOSPECHAR
Hch 25.18 ningún cargo... los que yo *sospechaba* *5282*
27.27 *sospecharon* que estaban cerca de tierra *5282*

SOSTENER
Gn 21.18 al muchacho, y *sostenlo* con tu mano 2388
36.7 juntos, ni la tierra... los podía *sostener* 5375
Éx 17.12 Aarón y Hur *sostenían* sus manos, el 8551
18.23 podrás *sostenerte*, y... todo este pueblo 5975
Dt 9.2 ¿quién se *sostendrá* delante de... Anac? 3320
11.25 nadie se *sostendrá* delante de vosotros 3320
2 S 6.6 extendió su mano al arca... la *sostuvo* 270
1 R 15.4 levantando... *sosteniendo* a Jerusalén 5975
1 Cr 13.9 extendió su mano al... para *sostenerla* 270
Sal 20.2 envíe ayuda... desde Sion te *sostenga* 5582
37.17 el que *sostiene* a los justos es Jehová 5564
37.24 hombre cayere... Jehová *sostiene* su mano ... 5564
54.4 el Señor está con los que *sostienen* mi 5564
63.8 está mi alma, diestra me ha *sostenido* 8551
75.3 sus moradores; yo *sostengo* sus columnas 8505
119.117 *sosténme*, y seré salvo... regocijaré 5582
145.14 *sostiene* Jehová a todos los que caen 5564
146.9 guarda... huérfano y a la viuda *sostiene* 5749
Pr 27.4 ¿quién podrá *sostenerse* delante de la 5975
Is 41.13 soy tu Dios, quien te *sostiene* de tu 2388
42.1 he aquí mi siervo, yo le *sostendré*, mi 8551
42.6 y te *sostendré* por la mano; te guardaré 2388
63.5 me salvó mi brazo, y me *sostuvo* mi ira 5564
Ez 30.6 caerán los que *sostienen* a Egipto, y 5564
30.21 a fin de... que pueda *sostener* la espada 8610
Dn 11.15 fuerzas del sur no podrán *sostenerse* 5975
Mt 4.6; Lc 4.11 en sus manos te *sostendrán* *142*
Col 2.1 cuán gran lucha *sostengo* por vosotros
1 Ts 5.14 que *sostengáis* a los débiles, que *472*
He 10.32 iluminados, *sostuvisteis* gran combate *5278*
11.27 se *sostuvo* como viendo al Invisible *2594*
Ap 6.17 ira... y quién podrá *sostenerse* en pie? *2476*

SÓSTENES
1. Principal de la sinagoga de Corinto, Hch 18.17 ... *4988*
2. Compañero de Pablo, 1 Co 1.1 .... *4988*

SOTAI *Padre de una familia de sirvientes de Salomón*, Esd 2.55; Neh 7.57 5479

SOTAVENTO
Hch 27.4 navegamos a *s* de Chipre, porque los
27.7 navegamos a *s* de Creta, frente a Salmón
27.16 corrido a *s* de una pequeña isla... Clauda

SÚA
1. Hijo de Abraham y Cetura, Gn 25.2; 1 Cr 1.32 ... 7744

S

2. Suegro de Judá
Gn 38.2 hombre cananeo, el cual se llamaba *S* 7770
38.12 y murió la hija de *S*, mujer de Judá 7770
1 Cr 2.3 le nacieron de la hija de *S*, cananea 7774
3. Descendiente de Judá, 1 Cr 4.11 7746
4. Hija de Heber de la tribu de Aser, 1 Cr 7.32 7774
5. Descendiente de Aser, 1 Cr 7.36 5477

SUAL *Región en Efraín*, 1 S 13.17 7777

SÚAL *Descendiente de Aser*, 1 Cr 7.36 7777

SUAVE
Lv 26.31 no oleré la fragancia de...*s* perfume 5207
Job 33.20 vida aborrezca el pan...la comida *s* 8378
Sal 92.3 el salterio, en tono *s* con el arpa
147.1 salmos a...*s* y hermosa es la alabanza 5278
Pr 16.24 panal de miel son los dichos *s* 5278
18.8 palabras del chismoso...como bocados *s*
23.8 vomitarás la...y perderás tus *s* palabras 5273
26.22 palabras del chismoso...como bocados *s* 3859
Ec 11.7 *s*...es la luz, y agradable a los ojos 4966
Cnt 1.3 más del olor de tus *s* ungüentos, tu 2896
4.13 tus renuevos son paraíso...con frutos *s* 4022
7.6 hermosa es, y cuán *s*, oh amor deleitoso! 4022
Ro 16.18 con *s* palabras y lisonjas engañan 5542

SUAVEMENTE
Pr 23.31 su color en la copa. Se entra *s*
Cnt 7.9 vino, Que se entra a mi amado *s* 4339
Is 40.11 pastoreará *s* a las recién

SUAVIDAD
Pr 7.21 lo rindió con la *s* de sus...palabras 3948
16.24 *s* al alma y medicina para los huesos 4966

SUAVIZAR
Sal 55.21 *suaviza* sus palabras más que...aceite 7401
Is 1.6 ni vendadas, ni suavizadas con aceite 7401

SUBAEL *Levita, descendiente de Moisés (=Sebuel No. I)*, 1 Cr 24.20(2); 25.20 7619

SUBIDA
Nm 34.4 desde el sur hasta la *s* de Acrabim 4608
Jos 15.3 salía hacia el sur de la *s* de Acrabim
15.7 Gilgal...enfrente de la *s* de Adumín, que 4608
18.17 Gelilot...está delante de la *s* de Adumín 4608
Jue 1.36 el límite...fue desde la *s* de Acrabim 4608
2 R 9.27 y le hirieron a la *s* de Gur, junto a 4608
1 Cr 26.16 de Salequet, en el camino de la *s* 5927
Neh 3.19 tramo frente a la *s* de la armería de 5927
4.21 tenían lanzas desde la *s* del alba hasta 5927
12.37 la *s* del muro, desde la casa de David 4608
Jer 48.5 a la *s* de Luhit con llanto subirá el 4608
Os 2.15 el día de su *s* de la tierra de Egipto 5927

SUBIR
Gn 2.6 que *subía* de la tierra un vapor, el cual 5927
7.18 *subieron* las aguas y crecieron en gran 1396
7.19 las aguas *subieron* mucho sobre la tierra 1396
7.20 quince codos más alto *subieron* las aguas 1396
13.1 *subió*...Abram de Egipto hacia el Neguev 5927
17.22 él, y *subió* Dios de estar con Abraham 5927
19.13 clamor contra ellos ha *subido* de punto
19.27 y *subió* Abraham por la mañana al lugar
19.28 el humo *subía* de la tierra como el humo 5927
19.30 Lot *subió* de Zoar y moró en el monte 5927
26.23 y de allí *subió* a Beerseba 5927
28.12 y he aquí ángeles de Dios que *subían* y 5957
31.17 y *subió* sus hijos y sus mujeres sobre 5375
35.1 levántate y *sube* a Bet-el, y quédate allí 5927
35.3 *subamos* a Bet-el; y haré allí altar al 5927
38.12 Judá...*subía* a los trasquiladores de sus 5927
38.13 tu suegro *sube* a Timnat a trasquilar 5927
41.2 del río *subían* siete vacas, hermosas a 5927
41.3 que tras ellas *subían* del río otras siete 5927
41.18 *subían* siete vacas de gruesas carnes 5927
41.19 y que otras siete vacas *subían* después 5927
41.27 las siete vacas...que *subían* tras ellas 5927
41.43 y lo hizo *subir* en su segundo carro, y 7392
45.25 y *subieron* de Egipto, y llegaron a la 5927
46.31 *subiré* y lo haré saber a Faraón, y le 5927
49.4 por cuanto *subiste* al lecho de tu padre 5927
49.4 te envileciste, *subiendo* a mi estrado 5927
49.9 de león, Judá; de la presa *subiste*, hijo 5927
50.7 José *subió* para sepultar a su padre 5927
50.7 y *subieron* con él todos los siervos de 5927
50.9 *subieron* también con él carros y gente 5927
50.14 volvió José...y todos los que *subieron* 5927
50.24 Dios...os hará *subir* de esta tierra a 5927
Éx 2.23 *subió* a Dios el clamor de ellos con 5927
8.3 ranas, las cuales *subirán* y entrarán en 5927
8.4 y las ranas *subirán* sobre ti...tu pueblo 5927
8.5 que haga *subir* ranas sobre la tierra de 5927
8.6 y *subieron* ranas que cubrieron la tierra 5927
10.12 langosta...*suba* sobre el país de Egipto 5927
10.14 *subió* la langosta sobre toda la tierra 5927
12.38 *subió* con ellos grande multitud de toda 5927
13.18 *subieron* los hijos de Israel de Egipto 5927
13.19 y haréis *subir* mis huesos de aquí con 5927
16.13 *subieron* codornices que cubrieron el 5927
17.3 ¿por qué nos hiciste *subir* de Egipto 5927
17.10 y Hur *subieron* a la cumbre del collado 5927
19.3 Moisés *subió* a Dios; y Jehová lo llamó 5927
19.12 no *subáis* al...ni toquéis sus límites 5927
19.13 suene largamente la bocina, *subirán* al 5927
19.18 el humo *subía* como el humo de un horno 5927
19.20 llamó Jehová a...monte, y Moisés *subió* 5927
19.23 el pueblo no podrá *subir* al monte Sinaí 5927
19.24 y *subirás* tú, y Aarón contigo; mas los 5927
19.24 no traspasen el...para *subir* a Jehová 5927
20.26 no *subirás* por gradas a mi altar, para 5927
24.1 *sube* ante Jehová, tú, y Aarón, Nadab, y 5927
24.2 ellos no se acerquen, ni *suba* el pueblo 5927
24.9 y *subieron* Moisés y Aarón, Nadab y Abiú 5927
24.12 *sube* a mí al monte, y espera allá, y te 5927
24.13 Josué...y Moisés *subió* al monte de Dios 5927
24.15 entonces Moisés *subió* al monte, y una 5927
24.18 y entró Moisés...nube, y *subió* al monte 935
32.30 yo *subiré*...a Jehová; quizá le aplacaré 5927
33.1 *sube*...tú y el pueblo que sacaste de la 5927
33.3 no *subiré* en medio...de ti...dura cerviz 5927
33.5 en un momento *subiré* en medio de ti, y 5927
34.2 *sube* de mañana al monte...preséntate ante . . . 5927
34.3 y no *suba* hombre contigo, ni parezca 5927,
34.4 se levantó de mañana y *subió* al monte 5927
34.24 cuando *subas* para...tres veces en el año 5927
Lv 2.12 mas no *subirán*...altar en olor grato 5927
11.45 Jehová, que os hago *subir* de...Egipto 5927
14.20 hará *subir* el sacerdote el holocausto
Nm 13.17 *subid* de aquí al Neguev, y subid al 5927
13.21 ellos *subieron*, y reconocieron la tierra 5927
13.22 y *subieron* al Neguev y vinieron hasta 5927
13.30 *subamos* luego, y tomemos posesión de 5927
13.31 varones que *subieron* con él, dijeron 5927
13.31 no podremos *subir* contra aquel pueblo 5927
14.40 se levantaron...y *subieron* a la cumbre
14.40 henos aquí para *subir* al lugar del cual 5927
14.42 no *subáis*...Jehová no está en medio de 5927
14.44 se obstinaron en *subir* a la cima del 5927
16.14 tampoco nos has metido...No *subiremos* 5927
20.5 ¿y por qué nos has hecho *subir* de Egipto 5927
20.25 toma a Aarón...y hazlos *subir* al monte 5927
20.27 *subieron* al monte de Hor y a la vista 5927
21.5 ¿por qué nos hiciste *subir* de Egipto 5927
21.17 cántico: *Sube*, oh pozo; a él cantad 5957
21.33 *subieron* camino de Basán; y saltó...Og 5927
22.41 Balac tomó a Balaam y lo hizo *subir* a 5927
27.12 Jehová dijo...*Sube* a este monte Abarim 5927
32.9 *subieron* hasta el torrente de Escol, y 5927
32.11 no verán los varones que *subieron* de 5927
33.38 *subió* el sacerdote Aarón al monte de 5927
Dt 1.21 *sube* y toma posesión...como...ha dicho 5927
1.22 razón del camino...donde hemos de subir 5927
1.24 *subieron* al monte, y llegaron hasta el 5927
1.26 no quisisteis *subir*...fuisteis rebeldes 5927
1.28 ¿a dónde *subiremos*? Nuestros hermanos 5927
1.41 *subiremos* y pelearemos, conforme a todo 5927
1.41 y os preparasteis para *subir* al monte 5927
1.42 me dijo: Diles: No *subáis*, ni peleéis 5927
1.43 y persistiendo con altivez *subisteis* al 5927
3.1 volvimos...*subimos* camino de Basán, y nos 5927
3.27 *sube* a la cumbre del Pisga y alza tus 5927
5.5 tuvisteis temor...y no *subisteis* al monte 5927
9.9 cuando yo *subí*...para recibir las tablas 5927
9.23 *subid* y poseed la tierra que yo os he dado 5927
10.1 *sube* a mí al monte, y hazte un arca de 5927
10.3 *subí* al monte con las dos tablas en mi 5927
30.12 ¿quién *subirá* por nosotros al cielo, y 5927
32.13 lo hizo *subir* sobre las alturas de la 7392
32.49 *sube* a este monte de Abarim, al...Nebo 5927
32.50 muere en el monte al cual *subes*, y sé 5927
34.1 *subió* Moisés de los campos de Moab al 5927
Jos 2.6 ella los había hecho *subir* al terrado 5927
2.8 que se durmiesen, ella *subió* al terrado 5927
4.16 a los sacerdotes...que *suban* del Jordán 5927
4.17 mandó a los...diciendo: *Subid* del Jordán 5927
4.18 *subieron* de en medio del Jordán, y las 5927
4.19 el pueblo *subió* del Jordán el día diez 5927
6.5 entonces *subirá*...derecho hacia adelante 5927
6.20 el pueblo *subió* luego a la ciudad, cada 5927
7.2 *subid* y reconoced la...y ellos subieron 5927
7.3 no *suba* todo el pueblo, sino suban como 5927
7.4 y *subieron* allá...como tres mil hombres 5927
8.1 levántate y *sube* a Hai...yo he entregado 5927
8.3 toda la gente de guerra, para *subir* contra Hai . 5927
8.10 y *subió*...delante del pueblo contra Hai 5927
8.11 la gente de guerra...*subió* y se acercó 5927
8.20 el humo de la ciudad *subía* al cielo, y 5927
8.21 viendo...que el humo de la ciudad *subía* 5927
10.4 *subid* a mí y ayudadme, y combatamos a 5927
10.5 cinco reyes...*subieron*, ellos con todos 5927
10.6 decir...*sube*...a nosotros para defendernos 5927
10.7 y *subió* Josué de Gilgal, él y todo el 5927
10.9 habiendo *subido*...la noche desde Gilgal 5927
10.10 y los siguió por el camino que *sube* a 4609
10.33 rey de Gezer *subió* en ayuda de Laquis 5927
10.36 *subió* luego Josué...de Eglón a Hebrón 5927
11.17 el monte Halac, que *sube* hacia Seir 5927
12.7 el monte de Halac que *sube* hacia Seir 5927
14.8 hermanos, los que habían *subido* conmigo 5927
15.3 *subiendo* por el sur...y *s* por Adar daba 5927
15.6 *sube* este límite por Bet-hogla, y pasa 5927
15.6 de aquí *sube* a la piedra de Bohán hijo 5927
15.7 *sube* a Debir desde el valle de Acor; y al 5927
15.8 *sube* este límite por el valle del hijo 5927
15.8 luego *sube* por la cumbre del monte que 5927
15.15 *subió* contra los que moraban en Debir 5927
16.1 el desierto...que *sube* de Jericó por las 5927
17.15 *subid* al bosque, y haceos desmontes allí 5927
18.12 y *sube* hacia...*s* después al monte hacia 5927
19.11 y su límite *sube* hacia el occidente a 5927
19.12 gira..sale a Daberat, y *sube* a Jafía 3318
19.47 y *subieron*...Dan y combatieron a Lesem 3318
22.12 se juntó...en Silo, para *subir* a pelear 5927
22.33 no hablaron más de *subir* contra ellos 5927
Jue 1.1 ¿quién...*subirá* primero a pelear contra 5927
1.2 Judá *subirá*; he aquí...yo he entregado la 5927
1.3 *sube* conmigo al territorio que se me ha 5927
1.4 y *subió* Judá, y Jehová entregó en sus 5927
1.16 *subieron* de la ciudad de las palmeras 5927
1.22 la casa de José *subió* contra Bet-el; y 5927
2.1 el ángel de Jehová *subió* de...a Boquim 5927
4.5 hijos de Israel *subían* a ella a juicio 5927
4.10 Barac...*subió* con...y Débora *s* con él 5927
4.12 Barac...había *subido* al monte de Tabor 5927
6.3 *subían* los madianitas...*s* y los atacaban 5927
6.5 *subían* ellos...y venían con sus tiendas 5927
6.21 tocó...*subió* fuego de la peña, el cual 5927
8.8 de allí *subió* a Peniel, y les dijo las 5927
8.11 *subiendo*...Gedeón por el camino de los 5927
8.13 de la batalla antes que el sol *subiese*
9.48 *subió* Abimelec al monte de Salmón, él y
9.51 cerrando...puertas, se *subieron* al techo
11.13 tomó mi tierra, cuando *subió* de Egipto 5927
11.16 cuando Israel *subió* de Egipto, anduvo 5927
12.3 ¿por qué...habéis *subido* hoy contra mí 5927
13.20 cuando la llama *subía* del altar hacia 5927
13.20 el ángel...*subió* en la llama del altar 5927
14.2 *subió*, y lo declaró a su padre y a su 5927
15.9 filisteos *subieron* y acamparon en Judá 5927
15.10 ¿por qué habéis *subido* contra nosotros 5927
15.10 a prender a Sansón hemos *subido*, para 5927
16.3 y las *subió* a la cumbre del monte que 5927
18.9 levantaos, *subamos* contra ellos, porque 5927
18.17 y *subiendo* los cinco hombres...entraron 5927
19.30 desde...que los hijos de Israel *subieron* 5927
20.3 oyeron que...Israel habían *subido* a Mizpa 5927
20.9 Gabaa: contra ella *subiremos* por sorteo 3212
20.18 de Israel, y *subieron* a la casa de Dios 5927
20.18 ¿quién *subirá*...el primero en la guerra 5927
20.23 los hijos de Israel *subieron* y lloraron 5927
20.23 Jehová...respondió: *Subid* contra ellos 5927
20.26 *subieron*...y vinieron a la casa de Dios 5927
20.28 *subid*, porque mañana...os los entregaré 5927
20.30 *subiendo* entonces los hijos de Israel 5927
20.31 los caminos, uno...*sube* a Bet-el, y el 5927
20.38 hiciesen *subir* una gran humareda de la 5927
20.40 de humo comenzó a *subir* de la ciudad 5927
20.40 que el humo de la ciudad *subía* al cielo 5927
21.5 ¿quién...de Israel no *subió* a la reunión 5927
21.5 gran juramento contra el que no *subiese* 5927
21.8 que no haya *subido* a Jehová en Mizpa? 5927
21.19 oriental del camino que *sube* de Bet-el 5927
Rt 4.1 Booz *subió* a la puerta y se sentó allí 5927
1 S 1.3 varón *subía* de su ciudad para adorar 5927
1.7 hacia...cuando *subía* a la casa de Jehová 5927
1.21 *subió* el varón Elcana con...su familia 5927
1.22 Ana no *subió*, sino dijo a su marido: Yo 5927
1.22 *subiré* hasta que el niño sea destetado
2.6 él hace descender al Seol, y hace *subir* 5927
2.19 la traía cada año, cuando *subía* con su 5927
5.12 el clamor de la ciudad *subía* al cielo 5927
6.9 si *sube*...camino de su tierra a Bet-semes 5927
6.20 Dios...¿A quién *subirá* desde nosotros? 5927
7.7 *subieron*...de los filisteos contra Israel 5927
9.11 cuando *subían*...la cuesta de la ciudad 5927
9.13 antes que *suba* al lugar alto a comer 5927
9.13 *subid*, pues, ahora...ahora le hallaréis 5927
9.14 ellos entonces *subieron* a la ciudad; y 5927
9.14 Samuel venía...para *subir* al lugar alto 5927
9.19 el vidente; *sube* delante de mí al lugar 5927
10.3 tres hombres que *suben* a Dios en Bet-el 5927
11.1 *subió* Nahas...y acampó contra Jabes de 5927
13.5 mar; y *subieron* y acamparon en Micmas 5927
13.15 levantándose Samuel, *subió* de Gilgal
14.9 nos estaremos...y no *subiremos* a ellos 5927
14.10 dijeren así: *Subid*...*subiremos*, porque 5927
14.12 *subid* a nosotros, y os...*Sube* tras mí 5927
14.13 y *subió* Jonatán trepando con sus manos 5927
15.2 al oponérsele...cuando *subía* de Egipto 5927
15.6 misericordia...cuando *subían* de Egipto 5927
15.34 Saúl *subió* a su casa en Gabaa de Saúl 5927
23.19 *subieron*...de Zif para decirle a Saúl 5927
23.29 entonces David *subió* de allí y habitó 5927
24.22 David y sus...*subieron* al lugar fuerte
25.5 les dijo: *Subid* a Carmel e id a Nabal 5927
25.13 y *subieron* tras David como 400 hombre 5927
25.35 *sube* en paz a tu casa...he oído tu voz 5927
27.8 *subía* David con sus hombres, y hacían 5927
28.8 y me hagas *subir* a quien yo te dijere 5927
28.13 he visto dioses que *suben* de la tierra 5927
2 S 2.1 ¿*subiré*...Y Jehová le respondió: *Sube* 5927
2.1 ¿a dónde *subiré*? Y él le dijo: A Hebrón 5927
2.2 David *subió* allá, y con él sus dos mujeres 5927
5.8 *suba* por el canal y hiera a los cojos y 5060
5.17 *subieron*...filisteos para buscar a David 5927
5.23 no *subas*, sino rodéalos, y vendrás a ellos 5927
15.24 Abiatar después que...el pueblo 5927
15.30 David *subió* la cuesta...y la *s* llorando 5927
15.30 pueblo...iban llorando mientras *subían* 5927
18.33 el rey...*subió* a la sala de la puerta 5927
19.34 para que yo *suba* con el rey a Jerusalén? 5927
22.9 humo *subió* de su nariz, y de su boca 5927
24.18 *sube*, y levanta un altar a Jehová en 5927
24.19 *subió* David, conforme al dicho de Gad 5927
1 R 1.40 después *subió* todo el pueblo en pos 5927
1.45 y de allí han *subido* con alegrías, y la 5927
2.34 Benaía...*subió* y arremetió contra él, y 5927
6.8 y se *subía* por una escalera de caracol 5927
9.16 Faraón...había *subido* y tomado a Gezer 5927
9.24 *subió* la hija de Faraón de...a su casa 5927
11.15 *subió* Joab el general del ejército a 5927
12.18 apresuró a *subirse* en un carro y huir 5927
12.27 pueblo *subiere* a ofrecer sacrificios 5927
12.28 bastante habéis *subido* a Jerusalén; he 5927
12.28 dioses...los cuales te hicieron *subir* 5927

12.33 y subió al altar para quemar incienso
14.25 al quinto año del...subió Sisac rey de 5927
15.17 subió Baasa...contra Judá, y edificó a........ 5927
16.17 subió Omri de Gibetón, y...todo Israel 5927
18.41 sube, come y bebe; porque una lluvia 5927
18.42 Acab subió a comer y a beber...Y Elías 5927
18.42 y Elías subió a la cumbre del Carmelo........ 5927
18.43 sube...y mira hacia el mar...Y él subió....... 5927
18.44 veo una pequeña nube...que sube del mar ... 5927
18.45 lluvia...Y subiendo Acab, vino a Jezreel
20.1 subió y sitió a Samaria, y la combatió 5927
20.33 a Acab, y él le hizo subir en un carro
22.6 sube, porque Jehová la entregará...rey 5927
22.12 profetizaban...Sube a Ramot de Galaad 5927
22.15 sube, y serás prosperado, y Jehová la 5927
22.20 que suba y caiga en Ramot de Galaad?....... 5927
22.29 subió...el rey de Israel con Josafat rey 5927
2 R 1.3 levántate, y sube a encontrarte con 5927
1.9 capitán...el cual subió a donde él estaba 5927
1.13 subiendo...tercer capitán de cincuenta 5927
2.11 Elías subió al cielo en un torbellino 5927
2.23 subió de allí a Bet-el; y subiendo por 5927
2.23 diciendo: ¡Calvo, sube! ¡calvo, s!................ 5927
3.21 los reyes subían a pelear contra ellos 5927
4.21 ella...subió, Y lo puso sobre la cama del....... 5927
4.34 después subió y se tendió sobre el niño 5927
4.35 subió, y se tendió sobre él nuevamente 5927
6.24 Ben-adad rey de...subió y sitió a Samaria 5927
10.15 luego lo hizo subir consigo en el carro 5927
12.17 subió Hazael rey...y peleó contra Gat........ 5927
12.17 y se propuso...subir contra Jerusalén......... 5927
14.11 subió Joás...y se vieron las caras él y 5927
15.14 Manahem hijo de Gadi subió de Tirsa 5927
16.5 Rezín rey...y Peka...subieron a Jerusalén..... 5927
16.7 sube, y defiéndeme de mano del rey de 5927
16.9 subió el rey de Asiria contra Damasco 5927
17.3 contra éste subió Salmanasar rey de los 5927
18.9 el cuarto año del rey...subió Salmanasar 5957
18.13 subió Senaquerib rey...contra todas las...... 5927
18.17 contra Jerusalén, y subieron y vinieron 5927
18.17 y habiendo subido, vinieron y acamparon.... 5927
18.25 Jehová me ha dicho: Sube a esta tierra....... 5927
19.14 hubo leído, subió a la casa de Jehová......... 5927
19.23 he subido a las alturas de los montes......... 5927
19.28 tu arrogancia ha subido a mis oídos 5927
20.5 tercer día subirás a la casa de Jehová......... 5927
20.8 que Jehová me sanará, y que subiré a la....... 5927
23.2 y subió el rey a la casa de Jehová con 5927
23.9 los sacerdotes de...no subían al altar 5927
23.29 rey de Egipto subió contra el rey de 5927
24.1 subió en campaña Nabucodonosor rey de..... 5927
24.10 subieron contra Jerusalén...Babilonia 5927
1 Cr 11.6 Joab...subió el primero, y fue hecho 5927
13.6 subió David con todo Israel a Baala 5927
14.8 subieron...filisteos en busca de David 5927
14.10 David...¿Subiré contra los filisteos?.......... 5927
14.10 dijo: Sube...los entregaré en tus manos 5927
14.11 subieron...a Baal-perazim...los derrotó...... 5927
14.14 Dios le dijo: No subas tras ellos, sino 5927
21.18 que subiese y construyese un altar a.......... 5927
21.19 David subió, conforme a la palabra que...... 5927
2 Cr 1.6 subió...Salomón allá delante de Jehová 5927
1.17 subían y compraban en Egipto un carro....... 3318
9.4 la escalinata por donde subía a la casa......... 5927
10.18 Roboam, y subiendo en su carro huyó a 5927
11.4 no subáis, ni...contra vuestros hermanos 5927
12.2 en el quinto año del...subió Sisac rey de 5927
12.9 subió...Sisac rey de Egipto a Jerusalén 5927
16.1 el año 36 del...subió Baasa rey de Israel 5927
18.5 sube, porque Dios los entregará en mano 5927
18.11 sube contra Ramot de Galaad, y serás 5927
18.14 subid, y seréis prosperados, pues serán 5927
18.19 que suba y caiga en Ramot de Galaad?....... 5927
18.28 subieron...el rey de Israel, y Josafat 5927
20.16 ellos subirán por la cuesta de Sis, y 5927
21.17 y subieron contra Judá, e invadieron 5927
24.23 subió contra él el ejército de Siria 5927
25.21 subió, pues, Joás rey de Israel, y se........... 5927
29.20 Ezequías...y subió a la casa de Jehová 5927
34.30 subió el rey a la casa de Jehová, y con....... 5927
35.20 Necao rey de...subió para hacer guerra 5927
36.6 y subió contra él Nabucodonosor rey de....... 5927
36.16 que subió la ira de Jehová contra su 5927
36.23 haya...sea Jehová su Dios con él, y suba 5927
Esd 1.3 y suba a Jerusalén que está en Judá........... 5927
1.5 para subir a edificar la casa de Jehová......... 5927
1.11 hizo llevar...con los que subieron del.......... 5927
2.1 los hijos...que subieron del cautiverio 5927
2.59 los que subieron de Tel-mela, Tel-harsa 5927
4.12 los judíos que subieron de ti a nosotros 5559
7.6 Esdras subió de Babilonia...Era escriba......... 5927
7.7 con él subieron...algunos de los hijos de......... 5927
7.28 reuní a los...para que subiesen conmigo 5927
8.1 la genealogía de aquellos que subieron 5927
Neh 2.15 subí de noche por...y observé el muro 5927
4.3 muro...si subiere una zorra lo derribará 5927
7.5 la genealogía de los que habían subido 5927
7.6 estos son los...que subieron del cautiverio...... 5927
7.61 estos son los que subieron de Tel-mela.......... 5927
9.18 es tu Dios que te hizo subir de Egipto........... 5927
12.1 levitas que subieron con Zorobabel hijo 5927
12.31 subir a los príncipes de Judá sobre el 5927
12.37 subieron por las gradas de la ciudad 5927
Job 7.9 así el que desciende al Seol no subirá 5927
20.6 subiere su altivez hasta el cielo, y su 5927
Sal 18.8 humo subió de su nariz, y de su boca 5927
24.3 ¿quién subirá al monte de Jehová?...quién.... 5927
30.3 Jehová, hiciste subir mi alma del Seol 5927
47.5 subió Dios con júbilo...con sonido de.......... 5927
68.18 subiste...alto, cautivaste la cautividad........... 5927
74.23 el alboroto de los...sube continuamente...... 6965
78.21 el furor subió también contra Israel.......... 5927
81.10 te hice subir de la tierra de Egipto 5927
104.8 subieron los montes, descendieron los........ 5927
107.26 suben a los cielos, descienden a los.......... 5927
122.4 subieron las tribus, las tribus de JAH......... 5927
132.3 ni subiré sobre el lecho de mi estrado 5927
135.7 hace subir las nubes de los extremos de 5927
139.8 si subiere a los cielos, allí estás tú 5927
141.2 suba mi oración delante de ti como el
Pr 15.1 la palabra áspera hace subir el furor
25.7 mejor es que se te diga: Sube acá, y no 5927
30.4 ¿quién subió al cielo, y descendió?............. 5927
Ec 3.21 espíritu de los...hombres sube arriba 5927
Cnt 3.6 ¿quién es ésta que sube del desierto 5927
4.2; 6.6 como...ovejas...que suben del lavadero 5927
7.8 yo dije: Subiré a la palmera, asiré sus 5927
8.5 ¿quién es ésta que sube del desierto 5927
Is 2.3 venid, y subamos al monte de Jehová, a......... 5927
7.1 subieron contra Jerusalén para combatirla 5927
8.7 el Señor hace subir sobre ellos aguas de........ 5927
8.7 el cual subirá sobre todos sus ríos, y............ 5927
11.16 el día que subió de la tierra de Egipto 5927
14.8 no ha subido cortador contra nosotros 5927
14.13 subiré al cielo; en lo alto, junto a............. 5927
14.14 sobre las alturas de las nubes subiré 5927
15.2 subió a Bayit y a Dibón, lugares altos........... 5927
15.5 por la cuesta de Luhit subirán llorando......... 5927
21.2 sube, oh Elam; sitia, oh Media...Todo.......... 5927
22.1 que con todos los tuyos has subido sobre 5927
32.13 sobre la tierra de mi pueblo subirán 5927
34.10 perpetuamente subirá su humo...asolada.... 5927
35.9 ni fiera subirá por él, ni...se hallará 5927
36.1 rey de Asiria subió contra...las ciudades........ 5927
36.10 dijo: Sube a esta tierra y destrúyela 5927
37.14 las leyó; y subió a la casa de Jehová.......... 5927
37.24 con la multitud de mis carros subiré a......... 5927
37.29 y tu arrogancia ha subido a mis oídos......... 5927
38.22 ¿qué señal tendré de que subiré a la.......... 5927
40.9 súbete sobre un monte alto, anunciadora...... 5927
53.2 subirá cual renuevo delante de él, y como
57.7 allí también subiste a hacer sacrificio 5927
57.8 a otro...subiste, y ensanchaste tu cama 5927
58.14 yo te haré subir sobre las alturas de
63.11 ¿dónde está el que les hizo subir del.......... 5927
Jer 2.6 ¿dónde está Jehová...nos hizo subir de 5927
4.7 el león sube de la espesura...destruidor 5927
4.13 que subirá como nube, y su carro como 5927
4.29 entraron en las espesuras...y subieron a....... 5927
7.31 yo no les mandé, ni subió en mi corazón....... 5927
9.21 muerte ha subido por nuestras ventanas....... 5927
10.13 hace subir las nubes de lo postrero de......... 5927
11.7 día que les hice subir de la tierra de........... 5927
14.2 enlutó...y subió el clamor de Jerusalén......... 5927
16.14,15 vive Jehová, que hizo subir...Israel.......... 5927
21.13 ¿quién subirá contra nosotros, y quién
22.20 sube al Líbano y clama, y en Basán da......... 5927
23.7 vive Jehová que hizo subir a...de Egipto....... 5927
23.8 vive Jehová que hizo subir y trajo la........... 5927
26.10 subieron de la casa del rey a la casa 5927
31.6 levantaos, y subamos a Sion, a Jehová.......... 5927
35.11 Nabucodonosor rey...subió a la tierra 5927
38.13 lo subieron de la cisterna; y quedó 5927
39.5 le tomaron, y le hicieron subir a Ribla......... 5927
46.4 uncid caballos y subid, vosotros los............ 5927
46.7 éste que sube como río, y cuyas aguas......... 5927
46.8 subiré, cubriré la tierra, destruiré a 5927
46.9 subid, caballos, y alborotaos, carros........... 5927
46.11 sube a Galaad, y toma bálsamo, virgen........ 5927
47.2 suben aguas del norte, y...harán torrente...... 5927
48.5 a la subida de Luhit con llanto subirá 5927
48.18 el destruidor de Moab subió contra ti 5927
49.14 venid contra ella, y subid a la batalla.......... 6965
49.19 león subirá de la espesura del Jordán......... 5927
49.22 he aquí que como águila subirá y volará 5927
49.28 subid contra Cedar, y destruid a los........... 5927
49.31 subid contra una nación pacífica que 5927
50.3 subió contra ella una nación del norte.......... 5927
50.9 hago subir contra Babilonia reunión de 5927
50.21 sube contra la tierra de Merataim 5927
50.44 león subirá de la espesura del Jordán......... 5927
51.16 hace subir las nubes de lo último de la 5927
51.21 quebrantaré carros y a los que...suben
51.27 subir caballos como langostas erizadas 5927
51.42 subió el mar sobre Babilonia...cubierta........ 5927
51.53 aunque suba Babilonia hasta el cielo 5927
Ez 8.11 y subía una nube espesa de incienso 5927
11.5 las cosas que suben a vuestro espíritu 4609
13.5 no habéis subido a las brechas, ni...muro 5927
16.40 y harán subir contra ti muchedumbre de..... 5927
19.3 hizo subir uno de sus cachorros; vino a......... 5927
23.46 yo haré subir contra ellas tropas, las.......... 5927
24.8 habiendo, pues, hecho subir la ira para 5927
26.3 y haré subir contra ti muchas naciones......... 5927
26.3 naciones, como el mar hace subir...olas......... 5927
26.19 haré subir sobre ti el abismo, y las 5927
32.3 reunión de...y te harán subir con mi red 5927
37.6 y haré subir sobre vosotros carne, y os......... 5927
37.8 y la carne subió, y la piel cubrió por............ 5927
37.12 os haré subir de vuestras sepulturas 5927
38.9 subirás...y vendrás como tempestad; como..... 5927
38.10 en...día subirán palabras en tu corazón 5927
38.11 subiré contra una tierra indefensa, iré 5927
38.16 y subirás contra mi pueblo Israel como........ 5927
38.18 dijo Jehová...subirá mi ira y mi enojo 5927
39.2 y te haré subir de las partes del norte 5927
40.6 subió por sus gradas, y midió un poste 5927
40.22 y se subía a ella por siete gradas, y........... 5927
40.49 del pórtico...al cual subían por gradas....... 5927
41.7 la escalera...subía muy alto alrededor
41.7 del piso inferior se podía subir al de
Dn 7.3 y cuatro bestias grandes...subían del 5559
11.23 engañará y subirá, y saldrá vencedor 5927
Os 1.11 y subirán de la tierra; porque el día 5927
4.15 ni subáis a Bet-avén, ni juréis: Vive 5927
8.9 subieron a Asiria, como asno montés para...... 5927
12.13 Jehová hizo subir a Israel de Egipto.......... 5927
Jl 1.6 pueblo fuerte...subió a mi tierra; sus............ 5927
2.7 como hombres de guerra subirán el muro 5927
2.9 subirán por las casas, entrarán por las......... 5927
2.20 su hedor, y subirá su pudrición, porque 5927
3.12 naciones, y suban al valle de Josafat 5927
Am 2.10 a vosotros os hice subir de la tierra 5927
3.1 contra toda la familia que hice subir de 5927
4.10 subir el hedor de vuestros campamentos 5927
8.5 subiremos el precio, y falsearemos con
8.8 subirá...como un río, y crecerá y mermará..... 5927
9.2 aunque subieren hasta el cielo, de allá.......... 5927
9.7 ¿no hice yo subir a Israel de...Egipto, y......... 5927
Abd 21 y subirán salvadores al monte de Sion 5927
Jon 1.2 porque ha subido su maldad delante de 5927
Mi 2.13 subirá el que abre caminos delante de 5927
4.2 venid, y subamos al monte de Jehová, y a....... 5927
6.4 yo te hice subir de la tierra de Egipto........... 5927
Nah 2.1 subió destruidor contra ti; guarda la.......... 5927
2.7 mandarán que suba...criadas la llevarán 5927
Hab 3.16 suba al pueblo el que lo invadirá con 5927
Hag 1.8 subid...traed madera, y reedificad la.......... 5927
2.22 trastornaré los carros y los que...suben
Zac 14.16 subirán de año en año para adorar al 5927
14.17 que los de...que no subieren a Jerusalén 5927
14.18 y si la familia de Egipto no subiere y.......... 5927
14.18 herirá las naciones que no subieren a 5927
14.19 no subieren para celebrar la fiesta de........ 5927
Mt 3.16 después que fue bautizado, subió luego 305
5.1 subió al monte; y sentándose, vinieron............ 305
14.23 subió al monte a orar aparte; y cuando........ 305
14.32 ellos subieron en la barca, se calmó el......... 1684
15.29 Galilea; y subiendo al monte, se sentó 305
20.17 subiendo Jesús a Jerusalén, tomó a sus........ 305
20.18 **he aquí subimos a Jerusalén, y el Hijo** 305
Mr 1.10 cuando subía del agua, vio abrirse los 305
3.13 subió al monte, y llamó a sí a los que 305
6.51 subió a ellos en la barca, y se calmó el.......... 305
10.32 iban por el camino subiendo a Jerusalén 305
10.33 **he aquí subimos a Jerusalén, y el Hijo**......... 305
15.41 otras muchas que habían subido con él....... 4872
Lc 2.4 José subió a Galilea, de la ciudad de 305
2.42 subieron a Jerusalén conforme a...fiesta 305
5.19 subieron encima de la casa...con el lecho 305
9.28 tomó a Pedro...y subió al monte a orar.......... 305
14.10 **diga: Amigo, sube más arriba; entonces**...... 4320
18.10 **dos hombres subieron al templo a orar**........ 305
18.31 **les dijo: He aquí subimos a Jerusalén** 305
19.4 subió a un árbol sicómoro para verle............ 305
19.28 esto, iba delante subiendo a Jerusalén.......... 305
19.35 y lo trajeron...subieron a Jesús encima
Jn 1.51 **ángeles de Dios que suben y descienden**........ 305
2.13 la pascua de...y subió Jesús a Jerusalén........ 305
3.13 **nadie subió al cielo, sino...el Hijo del** 305
5.1 una fiesta...y subió Jesús a Jerusalén 305
6.3 subió Jesús a un monte, y se sentó allí 424
6.62 **qué, si viereis al Hijo del Hombre subir**........ 305
7.8 **subid vosotros a la fiesta; yo no subo** 305
7.10 habían subido a la fiesta...también subió....... 305
7.14 mas...subió Jesús al templo, y enseñaba........ 305
10.1 **que sube por otra parte, ése es ladrón**.......... 305
11.55 subieron de aquella región a Jerusalén 305
12.20 **entre los que habían subido a adorar** 305
20.17 **no me toques...no he subido a mi Padre** 305
20.17 **subo a mi Padre y a vuestro Padre, a**.......... 305
21.11 subió Simón...y sacó la red a tierra 305
Hch 1.13 entrados, subieron al aposento alto 305
2.34 porque David no subió a los cielos; pero......... 305
3.1 Pedro y Juan subían juntos al templo a 305
8.31 rogó a Felipe que subiese y se sentara 305
8.39 cuando subieron del agua, el Espíritu............ 305
10.4 han subido para memoria delante de Dios...... 305
10.9 subió a la azotea para orar, cerca de 305
11.2 Pedro subió a Jerusalén, disputaban con 305
13.31 que habían subido...con él de Galilea 4872
15.2 se dispuso que subiesen Pablo y Bernabé 305
18.22 subió para saludar a la iglesia, y luego 305
20.11 después de haber subido, y partido el 305
21.4 ellos decían a Pablo...que no subiese a 305
21.6 subimos al barco, y ellos se volvieron
21.12 le rogamos...que no subiese a Jerusalén........ 305
21.15 después de esos...subimos a Jerusalén 305
24.11 más de doce días que subí a adorar a 305
25.1 subió de Cesarea a Jerusalén tres días 1910
25.9 ¿quieres subir a Jerusalén, y allá ser 305
27.17 subido a bordo, usaron de refuerzos 142
Ro 10.6 no digas en...¿Quién subirá al cielo?............ 305
10.7 para hacer subir a Cristo de entre los 321
1 Co 2.9 ni han subido en corazón de hombre
Gá 1.17 ni subí a Jerusalén a los que eran............... 424
1.18 años, subí a Jerusalén para ver a Pedro 424
2.1 después...subí otra vez a Jerusalén con 305
2.2 pero subí según una revelación, y para 305
Ef 4.8 subiendo a lo alto, llevó cautiva la................ 305
4.9 de que subió, ¿qué es, sino que también.......... 305
4.10 el que descendió...subió por encima de.......... 305
1 P 3.22 quien habiendo subido al cielo está 4198
Ap 4.1 sube acá, y yo te mostraré las cosas 305

S

7.2 a otro ángel que *subía* de donde sale el *305*
8.4 *subió* a la presencia de Dios el humo del *305*
9.2 *subió* humo del pozo como humo de un gran *305*
11.7 bestia que *sube* del abismo hará guerra *305*
11.12 *subid* acá... Y *subieron* al cielo en una *305*
13.1 vi *subir* del mar una bestia que tenía *305*
13.11 vi otra bestia que *subía* de la tierra *305*
14.11 y el humo de su tormento *sube* por los *305*
17.8 la bestia... y está para *subir* del abismo *305*
19.3 el horno de ella *sube* por los siglos de *305*
20.9 *subieron* sobre la anchura de la tierra *305*

SUBLEVAR
Jue 9.31 están *sublevando* la ciudad contra ti 6696

SUBLIME
Sal 118.16 diestra de Jehová es *s*; la diestra 7426
131.1 ojos... ni en cosas demasiado *s* para mí
Is 6.1 Señor sentado sobre un trono alto y *s* 5375
26.5 derribó a los que moraban en lugar *s*
57.15 así dijo el Alto y *S*, el que habita la 1364
61.6 las naciones, y con su gloria seréis *s* 3235
Ez 17.22 lo plantaré sobre el monte alto y *s* 8524
17.24 sabrán... que yo Jehová abatí el árbol *s* 1361
Dn 2.31 cuya gloria era muy *s*, estaba en pie 3493
Lc 16.15 **los hombres tienen por *s*, delante de** *5308*
He 7.26 inocente... hecho más *s* que los cielos *5308*

SUBSISTIR
Sal 119.90 tú afirmaste la tierra, y *subsiste* 5975
119.91 por tu ordenación *subsisten* todas las 5975
Is 7.7 Jehová... dice... No *subsistirá*, ni será 6965
Col 1.17 y todas las cosas en él *subsisten* *4921*
He 2.10 Y por quien todas las cosas *subsisten*
2 P 3.5 proviene del agua y por el... *subsiste*

SUBSTANCIOSO
Gn 49.20 el pan de Aser será *s*... dará deleites 8082

SUBYUGAR
Jue 3.30 fue *subyugado* Moab aquel día bajo la 3665
8.28 así fue *subyugado* Madián delante de los 3665

SUCATEOS *Familia de escribas en Jabes de Judá*, 1 Cr 2.55 7756

SUCEDER
Gn 4.14 y *sucederá* que cualquiera... me matará 1961
7.10 y *sucedió* que al séptimo día las aguas 1961
8.6 *sucedió* que al cabo de 40 días abrió Noé 1961
8.13 *sucedió* que en el año 601 de Noé, en el 1961
9.14 y *sucederá* que cuando haga venir nubes 935
15.17 *sucedió* que puesto el sol... oscurecido 1961
25.11 y *sucedió*, después de muerto Abraham 1961
26.8 *sucedió* que después que él estuvo allí 1961
26.32 día *sucedió* que vinieron los criados de 1961
27.40 *sucederá*... que descargarás su yugo de 1961
29.10 *sucedió* que cuando Jacob vio a Raquel 1961
29.23 *sucedió* que a la noche tomó a Lea su 1961
30.41 *sucedía* que cuántas veces se... en celo 1961
31.10 *sucedió* que al tiempo que las ovejas 1961
34.25 pero *sucedió* que al tercer día, cuando 1961
37.23 *sucedió*, pues, que cuando llegó José 1961
38.9 *sucedía* que cuando se llegaba a la mujer 1961
38.24 *sucedió* que al cabo de unos tres meses 1961
38.28 *sucedió* cuando daba a luz, que sacó la 1961
39.19 *sucedió* que cuando oyó el amo de José 1961
41.8 *sucedió* que... estaba agitado su espíritu 1961
41.32 el *suceder* el sueño a Faraón dos veces
44.31 *sucederá*... cuando no vea al joven, morirá 1961
48.1 *sucedió*... dijeron a José... está enfermo 1961
Éx 2.11 *sucedió* que crecido ya Moisés, salió 1961
17.11 y *sucedía*... cuando alzaba Moisés su mano 1961
33.8 y *sucedía*... salía Moisés al tabernáculo 1961
Lv 10.19 a mí me han *sucedido* estas cosas, y 7122
Nm 32.14 habéis *sucedido* en lugar de vuestros 6965
33.55 *sucederá* que los que dejareis de ellos 1961
Dt 2.21 *sucedieron* a aquéllos, y habitaron en 3423
2.22 y ellos *sucedieron* a éstos, y habitaron 3423
8.12 no *suceda* que comas y te sacies... casas
9.11 *sucedió*... Jehová me dio las dos tablas 1961
25.6 el primogénito... *sucederá* en el nombre de 6965
29.19 *suceda* que al oír las palabras de esta 1961
29.23 *sucedió* en la destrucción de Sodoma y
30.1 *sucederá* que... bendición y la maldición 1961
Jos 5.7 los hijos... que él había hecho *suceder* 6965
Jue 6.3 *sucedía*... cuando Israel había sembrado
21.3 ¿por qué ha *sucedido* esto en Israel, que 1961
1 S 10.7 te hayan *sucedido* estas señales, haz 935
10.11 ¿qué le ha *sucedido* al hijo de Cis? 1961
20.9 y Jonatán le dijo: Nunca tal te *suceda*
2 S 1.2 *sucedió* que vino uno del campamento 1961
11.2 *sucedió* un día, al caer la tarde, que 1961
1 R 1.21 *sucederá* que cuando mi señor el rey 1961
3.6 se sentase en... como *sucede* en este día
8 24 has cumplido, como *sucede* en este día
21.27 *sucedió* que cuando Acab oyó... rasgó sus 1961
2 R 4.40 *sucedió* que comiendo... aquel guisado 1961
7.19 hiciese ventanas... ¿pudiera *suceder* esto?
7.20 le *sucedió* así... el pueblo le atropelló 1961
9.31 ¿*sucedió* bien a Zimri... mató a su señor?
1 Cr 1.51 muerto Hadad, *sucedieron* en Edom los
10.8 *sucedió*... que al venir los filisteos a 4283
Neh 2.1 *sucedió* en el mes de Nisán, en el año 1961
4.12 *sucedió* que cuando venían los judíos que 1961
13.19 *sucedió*... que cuando iba oscureciendo 1961
Est 2.8 *sucedió*, pues, que cuando se divulgó 1961
4.5 lo mandó... con orden de saber qué *sucedía* 6440
9.1 *sucedió* lo contrario; porque los judíos
Job 18.19 no tendrá hijo... ni quien le *suceda* 8300
Ec 1.11 ni... de lo que *sucederá* habrá memoria
2.15 como *sucederá* al necio, me *s* también a 4745
3.19 *sucede* a los... hombres... *s* a las bestias 4745
8.14 que hay justos a quienes *sucede* como si 5060
Is 24.2 *sucederá* así como al pueblo, también
29.8 les *sucederá* como el que tiene hambre
48.5 antes que *sucediera* te lo advertí, para 935
Jer 3.9 *sucedió* que por juzgar ella... liviana 1961
6.18 naciones, y entended... lo que *sucederá*
13.6 *sucedió* que después de muchos días me 1961
22.30 escribid lo que *sucederá* a este hombre
22.30 hombre a quien nada próspero *sucederá*
32.24 ha venido... a *suceder* lo que tú dijiste 935
35.11 *sucedió*... cuando Nabucodonosor rey de 1961
39.16 *sucederá* aquel día en presencia tuya
41.4 *sucedió*... día después que mató a Gedalías 8145
42.16 *sucederá* que la espada que teméis, os
49.18 *sucedió* en la destrucción de Sodoma y
52.31 *sucedió* que en el año treinta y siete 7651
Lm 3.37 *sucedió* algo que el Señor no mandó?
5.1 acuérdate, oh... de lo que nos ha *sucedido* 5027
Ez 16.16 nunca había *sucedido*, ni sucederá 935
16.23 *sucedió* que después de toda tu maldad 1961
16.34 y ha *sucedido* contigo, lo contrario de
Dn 8.22 cuerno... *sucedieron* cuatro en su lugar
11.21 *sucederá* en su... un hombre despreciable 5975
Os 4.2 y homicidio tras homicidio se *suceden*
Jl 3.18 *sucederá*... los montes destilarán mosto 3117
Hag 2.16 antes que *sucediesen* cosas, venían
Zac 6.15 esto *sucederá* si oyereis obedientes 8085
8.13 y *sucederá* que como fuisteis maldición
13.4 y *sucederá*... que todos los profetas se 3117
14.7 *sucederá* que al caer la tarde habrá luz
Mt 9.2 *sucedió* que le trajeron un paralítico *2400*
26.56 **todo esto *sucede*, para que se cumplan**
Mr 5.14 y salieron a ver qué... había *sucedido*
9.21 **¿cuánto tiempo hace que le *sucede* esto?** *1096*
13.7 **es necesario que *suceda* así; pero aún**
13.29 **cuando veáis que *suceden* estas cosas** *1096*
Lc 2.15 *sucedió*... cuando los ángeles se fueron *1096*
2.15 pasemos... y veamos esto que ha *sucedido* *1096*
5.12 *sucedió* que estando él en una de las *1096*
5.18 *sucedió* que unos hombres que traían en
8.35 y salieron a ver lo que había *sucedido*
8.56 a nadie dijesen lo que había *sucedido*
9.33 y *sucedió* que apartándose ellos de él *1096*
9.39 y *sucede* que un espíritu le toma... y de *2400*
11.35 **no *suceda* que la luz que en ti hay, sea**
12.54 **luego decís: Agua viene; y así *sucede***
17.28 **como *sucedió* en los días de Lot; comían**
19.2 y *sucedió* que un varón llamado Zaqueo *2400*
20.1 *sucedió* un día, que enseñando Jesús al *2400*
21.7 cuando estas cosas estén para *suceder*? *2400*
21.28 **cuando... comiencen a *suceder*, erguíos y** *2400*
21.31 **veáis que *suceden* estas cosas, sabed** *2400*
24.12 a casa maravillándose de lo... *sucedido* *2400*
24.15 *sucedió*... hablaban y discutían entre sí *2400*
Jn 1.28 estas cosas *sucedieron* en Betábara, al
13.19 **os lo digo antes que *suceda*, para que** *1096*
13.19 **para que cuando *suceda*, creáis que yo** *1096*
14.29 **ahora os lo he dicho antes que *suceda*** *1096*
14.29 **dicho... para que cuando *suceda*, creáis** *1096*
19.36 cosas *sucedieron* para que se cumpliese
Hch 3.10 de asombro... lo que le había *sucedido* *4819*
4.28 habían antes determinado que *sucediera*
5.7 *sucedió* que entró su mujer, no sabiendo
8.27 *sucedió* que un etíope... funcionario de *2400*
11.4 Pedro a contarles por orden lo *sucedido*
11.28 la cual *sucedió* en tiempo de Claudio *1096*
13.12 el procónsul, viendo lo que... *sucedido*
26.22 Moisés dijeron que habían de *suceder* *1096*
Ro 5.16 con el don no *sucede* como en el caso
1 Co 10.6 cosas *sucedieron* como ejemplos para
Fil 1.12 que las cosas que me han *sucedido*
Ap 1.1 manifestar... cosas que deben *suceder* *1096*
4.1 yo te mostraré las cosas que *sucederán*
22.6 para mostrar... cosas que deben *suceder*

SUCESO
Ec 2.14 un mismo *s* acontecerá al uno como al 4745
3.19 lo que sucede a las bestias, un mismo *s* 4745
9.2 un mismo *s* ocurre al justo y al impío; al 4745
9.3 un mismo *s* acontece a todos, y también 4745

SUCESOR
Ec 4.8 un hombre solo y sin *s*, que no tiene 8145
4.15 vi a todos... caminando con el muchacho *s* 8145
Hch 24.27 recibió Félix por *s* a Porcio Festo *1240*

SUCIEDAD
Is 28.8 toda mesa está llena de vómito y *s* 6675
64.6 si bien todos nosotros somos como *s*, y 2931
Ez 24.11 se funda en ella su *s*, y se consuma 2932

SUCIA
Ez 16.6 junto a ti, y te vi *s* en tus sangres 947

SUCOT
1. Lugar donde Jacob edificó casa (=No. 3)
Gn 33.17 Jacob fue a *S*, y edificó allí casa 5523
33.17 Jacob... llamó el nombre de aquel lugar *S* 5523
2. Lugar en Egipto donde acampó Israel,
Éx 12.37; 13.20; Nm 33.5,6 5523
3. Ciudad en Gad (=No. 1)
Jos 13.27 y en el valle... *S* y Zafón, resto del 5523
Jue 8.5 dijo a los de *S*: Yo os ruego que deis 5523
8.6 principales de *S* respondieron: ¿Están ya 5523
8.8 Peniel... como habían respondido los de *S* 5523
8.14 tomó a un joven de los hombres de *S*, y 5523
8.14 dio... los nombres... de los ancianos de *S* 5523
8.15 entrando a los hombres de *S*, dijo: He 5523
8.16 y tomó... y castigó con ellos a los de *S* 5523
1 R 7.46 lo hizo fundir el... entre *S* y Saretán 5523
2 Cr 4.17 fundió el rey... entre *S* y Seredata 5523
Sal 60.6; 108.7 repartiré a Siquem, y mediré... *S* 5523

SUCOT-BENOT *Dios de los babilonios*, 2 R 17.30 5524

SUCULENTO
Is 25.6 Jehová... hará... banquete de manjares *s* 8081
Ez 34.14 en pastos *s* serán apacentadas sobre 8082

SUDAR
Ez 44.18 no se ceñirán cosa que... haga *sudar* 3154

SUDARIO
Jn 11.44 salió... y el rostro envuelto en un *s* *4676*
20.7 el *s*, que había estado sobre la cabeza *4676*

SUDESTE
Hch 27.12 Puerto de... que mira al nordeste y *s*

SUDOR
Gn 3.19 con el *s* de tu rostro comerás el pan 2188
Lc 22.44 *s* como grandes gotas de sangre que *2402*

SUEGRO, A
Gn 38.13 diciendo: He aquí tu *s* sube a Timnat 2524
38.25 ella... envió a decir a su *s*: Del varón 2524
Éx 3.1 apacentando... las ovejas de Jetro su *s* 2859
4.18 y volviendo a su *s* Jetro, le dijo: Iré 2859
18.1 oyó Jetro... *s* de Moisés, todas las cosas 2859
18.2 y tomó Jetro *s* de Moisés a Séfora la 2859
18.5 Jetro el *s* de Moisés, con los hijos y la 2859
18.6 yo tu *s* Jetro vengo a ti, con tu mujer 2859
18.7 y Moisés salió a recibir a su *s*, y se 2859
18.8 Moisés contó a su *s* todas las cosas que 2859
18.12 tomó Jetro, *s* de Moisés, holocaustos y 2859
18.12 y vino... para comer con el *s* de Moisés 2859
18.14 viendo el *s* de Moisés... lo que él hacía 2859
18.15 Moisés respondió a su *s*... pueblo viene 2859
18.17 el *s* de Moisés le dijo: No está bien lo 2859
18.24 oyó Moisés la voz de su *s*, e hizo todo 2859
18.27 despidió Moisés a su *s*, y éste se fue 2859
Nm 10.29 dijo Moisés a Hobab, hijo de... su *s* 2859
Dt 27.23 maldito el que se acostare con su *s* 2859
Jue 1.16 y los hijos del ceneo, *s* de Moisés 2859
4.11 Heber ceneo, de los hijos... *s* de Moisés 2859
19.4 y le detuvo su *s*, el padre de la joven 2859
19.7 insistió su *s*, y volvió a pasar allí la 2859
19.9 su *s*, el padre de la joven, le dijo: He 2859
Rt 1.14 y Orfa besó a su *s*, mas Rut se quedó 2545
2.11 sabido todo lo que has hecho con tu *s* 2545
2.18 tomó... y su *s* vio lo que había recogido 2545
2.19 dijo su *s*: ¿Dónde... Y contó ella a su *s* 2545
2.23 estuvo, pues... espigando... vivía con su *s* 2545
3.1 le dijo su *s* Noemí: Hija mía, ¿no he de 2545
3.6 hizo todo lo que su *s* le había mandado 2545
3.16 cuando llegó a donde estaba su *s*, ésta 2545
3.17 que no vayas a tu *s* con las manos vacías 2545
1 S 4.19 oyendo, y muertos su *s* y su marido 2524
4.21 y por la muerte de su *s* y de su marido 2524
Mi 7.6 la nuera contra su *s*, y los enemigos 2545
Mt 8.14 vio a la *s* de éste postrada en cama *3994*
10.35 **en disensión... a la nuera contra su *s*** *3994*
Mr 1.30 *s* de Simón estaba acostada con fiebre *3994*
Lc 4.38 la *s* de Simón tenía una gran fiebre *3994*
12.53 ***s* contra su nuera... nuera contra su *s*** *3994*
Jn 18.13 a Anás; porque era *s* de Caifás, que *3995*

SUELDO
2 S 10.6 tomaron a *s* a... sirios de Bet-rehob 7936
2 R 7.6 tomado a *s*... los reyes de los heteos 7936
1 Cr 19.6 plata para tomar a *s* carros y gente 7936
19.7 tomaron a *s* 32.000 carros, y al rey de 7936
2 Cr 25.6 tomó a *s* por cien talentos de plata 7936
Pr 26.10 que toma a *s* insensatos y vagabundos 7936

SUELO
Gn 19.1 viéndolos Lot... se inclinó hacia el *s* 776
Éx 34.8 Moisés... bajó la cabeza hacia el *s* y 776
Nm 5.17 tomará... del polvo que hubiere en el *s* 7172
1 S 14.32 los degollaron en el *s*; y el pueblo 776
28.23 levantó, pues, del *s*, y se sentó sobre 776
1 R 6.15 el *s* de la casa hasta las vigas de la 7172
6.16 de tablas de cedro desde el *s* hasta lo 7172
7.7 el pórtico... cubrió de cedro del *s* al techo 7172
2 R 16.17 el mar... puso sobre el *s* de piedra 4837
Job 41.30 conchas; imprime su agudez en el *s* 2916
Ez 41.16 cubierto de madera desde el *s* hasta 776
41.20 desde el *s*... había querubines labrados 776
42.6 más estrechas que las... desde el *s* 776
43.14 sobre el *s*, hasta el lugar de abajo 776
Dn 7.4 fue levantada del *s* y se puso enhiesta 772
Jn 8.6 Jesús, inclinado hacia el *s*, escribía *1093*
8.8 inclinándose... el *s*, siguió escribiendo *1093*
Hch 22.7 caí al *s*, y oí una voz que me decía *1475*

SUELTO *Véase también Soltar*
Gn 49.21 Neftalí, cierva *s*, que pronunciará 7971
Pr 20.19 no te entremetas... con el *s* de lengua 6601
29.11 el necio da rienda *s* a toda su ira, mas 3318
Ez 13.10 pared... otros la recubrían con lodo *s* 8602
13.11 di a los recubridores con lodo *s*, que 8602
13.14 la pared que... recubristeis con lodo *s* 8602
13.15 en los que la recubrieron con lodo *s* 8602
22.28 Y sus profetas recubrían con lodo *s* 8602
Dn 3.25 veo cuatro varones *s*, que se pasean en 8271

SUEÑO
Gn 2.21 Dios hizo caer *s* profundo sobre Adán 3462
15.12 caída del sol sobrecogió el *s* a Abram 8639
20.3 Dios vino a Abimelec en *s* de noche, y le 2472
20.6 le dijo Dios en *s*: Yo también sé que con 2472

28.16 despertó Jacob de su s...Jehová está en 8142
31.10 vi en s...los machos...listados, pintados 2472
31.11 me dijo el ángel de Dios en s: Jacob 2472
31.24 vino Dios a Labán...en s aquella noche 2472
31.40 de noche la helada, y el s huía de mis 8142
37.5 soñó José un s y lo contó a...hermanos 2472
37.6 les dijo: Oíd ahora este s que he soñado 2472
37.8 aborrecieron aun más a causa de sus s 2472
37.9 soñó aun otro s...que he soñado otro s 2472
37.10 le dijo: ¿Qué s es este que soñaste? 2472
37.20 lo devoró; y veremos qué será de sus s 2472
40.5 tuvieron un s, cada uno su propio s en 2472
40.8 hemos tenido un s, y no hay quien lo 2472
40.9 el jefe de los coperos contó su s a José 2472
41.1 que pasados dos años tuvo Faraón un s 2492
41.7 y despertó Faraón, y he aquí que era s 2492
41.8 y les contó Faraón sus s, mas no había 2492
41.11 tuvimos un s...y cada s tenía su propio 2492
41.12 nos interpretó nuestros s, y declaró...s 2492
41.15 yo he tenido un s, y no hay quien lo 2492
41.15 he oído...que oyes s para interpretarlos 2492
41.17 mi s me parecía que estaba a la orilla 2492
41.25 el s de Faraón es uno mismo; Dios ha 2492
41.26 las espigas hermosas son...el s es uno 2492
41.32 y el suceder el s a Faraón dos veces 2492
42.9 acordó José de los s que había tenido 2492
Nm 12.6 le apareceré en visión, en s hablaré 2492
Dt 13.1 cuando se levantare...soñador de s, y 2492
13.3 no darás oído...ni al tal soñador de s 2492
13.5 profeta o soñador de s ha de ser muerto 2492
Jue 4.21 pues él estaba cargado de s y cansado 7290
7.13 contando...un s, diciendo...yo soñé un s 2472
7.15 cuando Gedeón oyó el relato del s y su 2472
16.14 mas despertando él de su s, arrancó la 8142
16.20 luego que despertó él de su s, se dijo 8142
1 S 26.12 profundo s enviado de Jehová había 8639
28.6 Jehová no le respondió ni por s, ni por 2472
28.15 ni por medio de profetas ni por s 2472
1 R 3.5 se le apareció Jehová...una noche en s 2472
3.15 cuando Salomón despertó, vio que era s 2472
Est 6.1 aquella...noche se le fue el s al rey 8142
Job 4.13 nocturnas, cuando el s cae sobre los 8639
7.14 entonces me asustas con s, y me aterras 2472
14.12 despertarán, ni se levantarán de su s 8142
20.8 como s volará, y no será hallado, y se 2472
33.15 por s, en visión nocturna, cuando el 2472
33.15 el s cae sobre los hombres, cuando se
Sal 73.20 como s del que despierta, así, Señor 2472
76.5 fueron despojados, durmieron su s; no 8142
90.5 son como s, como la hierba que crece en 8142
127.2 pues que a su amado dará Dios el s 8142
132.4 no daré s a mis ojos, ni a mis párpados 8142
Pr 3.24 que te acostarás, y tu s será grato 8142
4.16 y pierden el s si no han hecho caer a 8142
6.4 no des s a tus ojos, ni a tus párpados 8142
6.9 perezoso...cuándo te levantarás de tu s? 8142
6.10 un poco de s, un poco de dormitar, y 8142
19.15 la pereza hace caer en profundo s, y el 3462
20.13 no ames el s, para que no...empobrezcas 8142
23.21 y el s hará vestir vestidos rotos 5124
24.33 un poco de s, cabeceando otro poco 8142
Ec 5.3 de la mucha ocupación viene el s, y de 2472
5.7 donde abundan los s, también abundan las 2472
5.12 dulce es el s del trabajador...rico no 8142
8.16 ni de noche ni de día ve s en sus ojos 8142
Is 5.27 ninguno se dormirá, ni le tomará s 3463
29.7 como s de visión nocturna la multitud 2472
29.10 derramó sobre vosotros espíritu de s 8639
Jer 23.27 olvide de mi nombre con sus s que 2472
23.28 profeta que tuviere un s, cuente el s 2472
23.32 profetizan s mentirosos, y los cuentan 2472
29.8 no os engañen...ni atendáis a los s que 2492
31.26 en esto me desperté, y vi, y mi s me 8142
51.39 duerman eterno s y no despierten, dice 8142
51.57 y dormirán s eterno y no despertarán 8142
Dn 1.17 Daniel tuvo entendimiento...visión y s 2472
2.1 tuvo Nabucodonosor s, y se perturbó su 2472
2.1 perturbó su espíritu, y se le fue el s 8142
2.2 el escribió a magos...que le explicasen sus s 2472
2.3 tenido un s, y mi espíritu se ha turbado 2472
2.3 mi espíritu se ha turbado por saber el s 2472
2.4 di el s a tus siervos, y te mostraremos 2493
2.5 no me mostráis el s y su interpretación 2493
2.6 me mostrareis el s y su interpretación 2493
2.6 decidme, pues...el s y su interpretación 2493
2.7 dijeron: Diga el rey el s a sus siervos 2493
2.9 si no me mostráis el s, una...sentencia 2493
2.9 decidme...el s, para que yo sepa que me 2493
2.26 ¿podrás tú hacerme conocer el s que vi 2493
2.28 he aquí tu s, y las visiones que has 2493
2.36 este es el s...la interpretación de él 2493
2.45 Dios ha mostrado al rey...s es verdadero 2493
4.5 un s que me espantó, y tendido en cama 2493
4.6 que me mostrasen la interpretación del s 2493
4.7 dije el s, pero no me pudieron mostrar 2493
4.8 entró...Daniel...Conté delante de él el s 2493
4.9 declárame...visiones de mi s que he visto 2493
4.18 yo el rey Nabucodonosor he visto este s 2493
4.19 te turben ni el s ni su interpretación 2493
4.19 señor mío, el s sea para tus enemigos 2493
5.12 en él mayor espíritu...para interpretar s 2493
6.18 se fue a su palacio...y se le fue el s 8139
7.1 tuvo Daniel un s, y visiones de su cabeza 2493
7.1 escribió el s, y relató lo principal del 2493
10.9 caí...en un profundo s, con mi rostro en 7290
Jl 2.28 vuestros ancianos soñarán s...visiones 2472
Zac 4.1 como un hombre...es despertado de su s 8142

10.2 y los adivinos...han hablado s vanos, y 2472
Mt 1.20 un ángel, le apareció en s y le dijo 3677
1.24 y despertando José del s...hizo como el 5258
2.12 siendo avisados por revelación en s que 3677
2.13,19 un ángel del...apareció en s a José 3677
2.22 avisado por revelación en s, se fue a 3677
26.43 los ojos de ellos estaban cargados de s 916
27.19 he padecido mucho en s por causa de él 3677
Mr 14.40 ojos de ellos estaban cargados de s 916
Lc 9.32 y Pedro y los...estaban rendidos de s 916
Jn 11.13 y ellos pensaron que hablaba...del s 5258
Hch 2.17 verán...vuestros ancianos soñarán s 1798
20.9 Eutico, que...rendido de un s profundo 5258
20.9 vencido del s cayó del tercer piso abajo 5258
Ro 13.11 que es ya hora de levantarnos del s 5258

SUERTE
Éx 26.25 de s que serán ocho tablas, con sus basas
Lv 16.8 echará s Aarón sobre los dos machos 1486
16.8 una s por Jehová, y otra s por Azazel 1486
16.9 macho cabrío sobre el cual cayere la s 1486
16.10 cayere la s por Azazel, lo presentará 1486
Nm 16.29 si...siguen la s de todos los hombres
26.55 la tierra será repartida por s; y por 1486
26.56 conforme...s será repartida su heredad 1486
33.54 donde le cayere la s...tendrá cada uno 1486
Jos 13.6 solamente repartirás tú por s el país
14.2 por s...les dio su heredad, como Jehová 1486
15.1 tocó en s a la tribu de los hijos de Judá 1486
16.1 tocó en s a los hijos de José desde el 1486
17.1 se echaron...s para la tribu de Manasés 1486
17.2 echaron también s para los otros hijos
17.14 ¿por qué nos has dado por...una sola s 1486
18.6 yo os echaré s aquí delante de Jehová 1486
18.8 volved a mí, para que yo os eche s aquí 1486
18.10 Josué les echó s delante de Jehová en 1486
18.11 se sacó la s de la tribu de...Benjamín 1486
19.1 segunda s tocó a Simeón, para la tribu 1486
19.9 de la s de los hijos de Judá fue sacada 256
19.10 tercera s tocó a los hijos de Zabulón 1486
19.17 la cuarta s correspondió a Isacar, a 1486
19.24 la quinta s correspondió...hijos de Aser 1486
19.32 la sexta s correspondió a...de Neftalí 1486
19.40 la séptima s correspondió...hijos de Dan 1486
19.51 las heredades que...entregaron por s en 1486
21.4 la s cayó sobre las familias...coatitas 1486
21.4 obtuvieron por s de la tribu de Judá, de 1486
21.5 obtuvieron por s de las familias de la 1486
21.6 de Gersón obtuvieron por s...13 ciudades 1486
21.8 dieron, pues...por s, como había mandado 1486
21.10 para ellos fue la s en primer lugar 1486
21.20 recibieron por s ciudades de...Efraín 1486
21.40 Merari...fueron por sus s doce ciudades 1486
23.4 os he repartido por s, en herencia para
1 S 14.41 da s...la s cayó sobre Jonatán y Saúl
14.42 echad s entre...Y la s cayó sobre Jonatán
1 Cr 6.54 los coatitas...a ellos les tocó en s 1486
6.61 los hijos de Coat...por s diez ciudades 1486
6.63 los hijos de Merari...por s doce ciudades 1486
6.65 por s de la tribu de los hijos de Judá 1486
24.5 los repartieron...por s los unos con los 1486
24.6 designando por s una casa paterna para
24.7 la primera s tocó a Joiarib, la segunda 1486
24.31 también echaron s, como sus hermanos 1486
25.8 s para servir por turnos, entrando el 1486
25.9 la primera s salió por Asaf, para José 1486
26.13 echaron s, el pequeño con el grande 1486
26.14 s para la de oriente cayó a Selemías 1486
26.14 metieron en las s a Zacarías su hijo 1486
26.14 y salió la s suya para la del norte 1486
Neh 10.34 echamos...s los sacerdotes, los levitas 1486
11.1 s para traer uno de cada diez para que 1486
13.15 y cargaban asnos con...toda s de carga
Est 3.7 s...delante de Amán, s para cada día y 1486
9.24 y había echado Pur, que quiere decir s 1486
Sal 16.5 es la porción de...tú sustentas mi s 1486
22.18 repartieron...sobre mi ropa echaron s 1486
52.4 has amado toda s de palabras perniciosas
144.13 graneros llenos, provistos de toda s 2177
Pr 1.14 echa tu s entre nosotros; tengamos 1486
16.33 s se echa en el regazo; mas de Jehová 1486
18.18 la s pone fin a los pleitos...y decide 1486
Cnt 7.13 nuestras puertas hay toda s...frutas
Is 17.14 la parte...la s de los que nos saquean 1486
34.17 les echó s, y su mano les repartió con 1486
57.6 las piedras lisas del valle...son tu s 1486
Jer 13.25 esta es tu s, la porción que yo he 1486
44.8 s que os acabéis, y seáis por maldición y
Ez 24.6 sus piezas sácala, sin echar s sobre 1486
45.1 repartáis por s la tierra en heredad
47.22 echaréis sobre ella s por heredad para
47.22 echarán s...para tener heredad entre las
48.29 es la tierra que repartiréis por s en
Jl 3.3 y echaron s sobre mi pueblo, y dieron 1486
Am 7.17 tu tierra será repartida por s; y tú 2256
Abd 11 echaban s sobre Jerusalén, tú también 1486
Jon 1.7 echemos s...sepamos por causa de quién 1486
1.7 y, echaron s, y la s cayó sobre Jonás 1486
Mi 2.5 no habrá quien a s reparta heredades 1486
Nah 3.10 sobre sus varones echaron s, y todos 1486
Mt 27.35 echando s, para que se cumpliese lo 2819
27.35 partieron, y sobre m ropa echaron s 2819
Mr 15.24 echando s sobre ellos para ver qué 2819
Lc 1.9 tocó en s ofrecer el incienso entrando 2975
23.34 repartieron...sus vestidos, echando s 2819
Jn 19.24 echemos s sobre ella, a ver de quién 2819
19.24 mis vestidos, y sobre mi ropa echaron s 2819
Hch 1.26 echaron s, y la s cayó sobre Matías 2819

8.21 no tienes tú parte ni s en este asunto 2819

SUFAM *Hijo de Benjamín*, Nm 26.39 8197

SUFAMITA *Descendiente de Sufam*, Nm 26.39 ... 7781

SUFICIENTE
Gn 13.6 la tierra no era s para que habitasen 5375
33.9 dijo Esaú: S tengo yo, hermano mío; sea 7227
Lv 5.7 y si no tuviere lo s para un cordero 5060,1767
5.11 mas si no tuviere lo s para dos tórtolas 5381
12.8 no tiene lo s para un cordero, tomará 4672,1767
25.26 y consiguiere lo s para el rescate 5381
25.28 si no consiguiere lo s para que se la 4672,1767
2 S 8.4 desjarretó...dejó s para cien carros 3498
2 R 12.11 daban el dinero s a los que hacían
2 Cr 30.3 no había s sacerdotes santificados 4078
2 Co 2.16 y para estas cosas, ¿quién es s? 2425
9.8 teniendo...todo lo s...abundéis para toda 841
1 Ti 5.16 haya lo s para los que en verdad

SUFICIENTEMENTE
Jos 17.13 los hijos de Israel fueron lo s fuertes

SUFRIDO
Ec 7.8 mejor es el s de espíritu que el altivo 750
Ro 12.12 s en la tribulación; constantes en 5278
1 Co 13.4 el amor es s...es benigno; el amor 3114
2 Ti 2.24 sino amable...apto para enseñar, s 420

SUFRIMIENTO
Neh 9.32 no sea tenido en poco...todo el s que 8513
Job 9.23 azote...se ríe del s de los inocentes 4531
1 P 1.11 anunciaba...s de Cristo, y las glorias 3804

SUFRIR
Lv 24.17 el hombre que hiere...*sufra* la muerte
Jos 24.19 Dios...no *sufrirá* vuestras rebeliones 5375
Jue 21.5 el que no subiese...*Sufrirá* la muerte
Sal 6.7 mis ojos están gastados de *sufrir*; se 3708
69.7 porque por amor de ti he *sufrido* afrenta 5375
101.5 no *sufriré* al de ojos altaneros y de 3201
102 tít...oración del que *sufre*, cuando está 6041
Pr 30.21 tres...la cuarta ella no puede *sufrir* 5375
Is 1.13 día de reposo, el...no lo puedo *sufrir*
53.4 *sufrió* nuestros dolores; y nosotros le 5445
Jer 10.10 y las naciones no pueden *sufrir* su 3557
10.19 enfermedad mía es esta, y debo *sufrirla* 5375
15.15 Jehová...por amor de ti *sufro* afrenta 5375
20.9 un fuego...traté de *sufrirlo*, y no pude 3557
44.22 no pudo *sufrirlo* más Jehová, a causa de 5375
Ez 16.58 *sufre* tú el castigo de tu lujuria 5375
Dn 3.25 que se pasean...sin *sufrir* ningún daño 2557
Am 7.10 tierra no puede *sufrir*...sus palabras 3557
Zac 10.2 pueblo...*sufre* porque no tiene pastor 6031
Mt 11.12 **reino de los cielos *sufre* violencia** 971
Mr 5.26 y había *sufrido*...de muchos médicos 3958
Jn 8.52 que guarda mi...nunca *sufrirá* muerte 1089
1 Co 3.15 *sufrirá* pérdida, si bien él mismo 2210
6.7 ¿por qué no *sufrís* más bien el agravio?
6.7 ¿por qué no *sufrís*...el ser defraudados?
13.7 lo *sufre*, todo lo cree, todo los soporta 4722
2 Co 1.6 en el *sufrir* las mismas aflicciones 3804
Gá 4.19 hijitos...por quienes vuelvo a *sufrir* 5605
2 Ts 1.9 *sufrirán* pena de eterna perdición
1 Ti 4.10 por esto mismo...*sufrimos* oprobios
2 Ti 2.3 *sufre* penalidades como buen soldado 2553
2.9 cual *sufro* penalidades, hasta prisiones 2553
2.12 si *sufrimos*, también reinaremos con él 5278
3.11 en Listra; persecuciones que he *sufrido* 5297
4.3 no *sufrirán* la sana doctrina 430
He 10.34 despojo de vuestros bienes *sufristeis*
12.2 *sufrió* la cruz, menospreciando...oprobio 5278
12.3 a aquel que *sufrió* tal contradicción de 5278
Stg 5.11 por bienaventurados a los que *sufren* 5278
1 P 2.19 si alguno...*sufre* molestias padeciendo 5297
2.20 mas si haciendo lo bueno *sufrís*, y lo 3958
Jud 7 *sufriendo* el castigo del fuego eterno 5254
Ap 2.3 **y has *sufrido*, y has tenido paciencia** 941
2.11 **el que venciere, no *sufrirá* daño de la** 91

SÚHAM *Hijo de Dan*, Nm 26.42 7748

SUHAMITA *Descendiente de Súham*, Nm 26.42,43 7749

SUHITA *Descendiente de Súa No. 1*, Job 2.11; 8.1; 18.1; 25.1; 42.9 7747

SUJECIÓN
1 Ti 2.11 mujer aprenda en silencio, con...s 5292
3.4 que tenga...hijos en s con toda honestidad 5292

SUJETAR
2 S 8.6 los sirios fueron...*sujetos* a tributo
22.48 Dios...que *sujeta* pueblos debajo de mí
2 Cr 11.12 las fortificó...le estaban *sujetos*
28.10 determinado *sujetar* a...como siervos y 3533
Sal 32.9 que han de ser *sujetados* con cabestro 1102
144.2 el que *sujeta* a mi pueblo debajo de mí 7286
Pr 27.16 como...*sujetar* el aceite en la mano
Ec 5.9 el rey mismo está *sujeto* a los campos 5647
Is 45.1 para *sujetar* naciones delante de él 7286
53.10 Jehová quiso quebrantarlo, *sujetándole*
Jer 34.11 hicieron volver a...y los *sujetaron* 3533
34.16 los habéis *sujetado*...que os sean siervos 3533
Lc 2.51 volvió a Nazaret, y estaba *sujeto* a 5293
10.17 aun los demonios se nos *sujetan* en tu 5293
10.20 **no...de que los espíritus se os *sujetan*** 5293
Hch 12.6 estaba Pedro...*sujeto* con dos cadenas 1210
28.20 por la esperanza de Israel estoy *sujeto* 4029
Ro 7.2 la mujer casada está *sujeta* por la ley 1210
7.6 para aquella en que estábamos *sujetos* 2722
8.7 porque no se *sujetan* a la ley de Dios, ni 5293

S

8.20 la creación fue *sujetada* a vanidad, no *5293*
8.20 causa del que la *sujetó* en esperanza *5293*
10.3 no se han *sujetado* a la justicia de Dios *5293*
11.32 Dios *sujetó* a todos en desobediencia *4788*
13.5 por lo cual es necesario *estarle* sujetos......... *5293*
1 Co 7.15 no está el... *sujeto* a servidumbre en
9.20 a los que están *sujetos*... como sujeto a......... *5259*
9.20 aunque yo no esté *sujeto* a la ley como......... *5259*
9.20 ganar a los que están *sujetos* a la ley *5259*
14.32 los espíritus... profetas están *sujetos*.......... *5293*
14.34 *sujetas*, como también la ley lo dice........... *5293*
15.27 todas las cosas las *sujetó* debajo de........... *5259*
15.27 que todas las cosas han sido *sujetadas*.......... *5259*
15.27 aquel que *sujetó* a él todas las cosas *5259*
15.28 que todas las cosas le estén *sujetas* *5293*
15.28 el Hijo... se sujetará, al que le *sujetó* *5293*
16.16 que os *sujetéis* a personas como ellos *5293*
Gá 5.1 no estéis otra vez *sujetos* al yugo de *1758*
Ef 5.22 estén *sujetas* a sus propios maridos *5293*
5.24 como la iglesia está *sujeta* a Cristo *5293*
Fil 3.21 también *sujetar* a sí mismo todas las........... *5293*
Col 3.18 casadas, estad *sujetas* a vuestros *5293*
Tit 2.5 buenas, *sujetas* a sus maridos, para *5293*
2.9 los siervos a que se *sujeten* a sus amos........... *5293*
3.1 *sujeten* a los gobernantes y autoridades *5293*
He 2.5 no *sujetó* a... ángeles el mundo venidero *5293*
2.8 todo lo *sujetaste* bajo sus pies... Porque *5293*
2.8 cuanto le *sujetó* todas las cosas, nada........... *5293*
2.8 nada dejó que no sea *sujeto* a él; pero............ *506*
2.8 no vemos que... las cosas le sean *sujetas* *5293*
2.15 durante... la vida *sujetos* a servidumbre *1777*
13.17 obedeced... pastores y *sujetaos* a ellos *5226*
Stg 5.17 Elías era hombre *sujeto* a pasiones *3663*
1 P 2.18 estad *sujetos* con... a vuestros amos........... *5293*
3.1 mujeres, estad *sujetas* a vuestros maridos *5293*
3.5 mujeres... estando *sujetas* a sus maridos....... *5293*
3.22 a él están *sujetos* ángeles, autoridades......... *5293*
5.5 jóvenes, estad *sujetos* a los ancianos *5293*

SULAMITA *Posiblemente =Sunamita*, Cnt 6.13(2) .. 7759

SUMA
Lv 27.23 el sacerdote calculará con él la *s* 4373
Sal 119.160 la *s* de tu palabra es verdad, y
139.17 me son... cuán grande es la *s* de ellos!....... 7218
Hch 22.28 una gran *s* adquirí esta ciudadanía......... *2774*

SUMAMENTE
Sal 37.35 vi yo al impío *s* enaltecido
119.140 *s* pura es tu palabra y la ama tu siervo..... 3966

SUMATITAS *Familia de Quiriat-Jearim*, 1 Cr 2.53.. 8126

SUMERGIR
Sal 69.14 sácame del... y no sea yo sumergido......... 2883

SUMINISTRACIÓN
Fil 1.19 por... la *s* del Espíritu de Jesucristo............ *2024*

SUMINISTRAR
Gn 45.21 les *suministró* víveres para el camino 5414
Is 65.11 *suministráis* libaciones... el Destino........... 4390
Gá 3.5 aquel... que os *suministra* el Espíritu........... *2023*

SUMIR
Is 8.22 y angustia... *sumidos* en las tinieblas........... 5080

SUMISO, A
Gn 16.9 vuélvete a tu señora, y ponte *s* bajo 6031
1 P 5.5 *s* unos a otros, revestíos de humildad *5293*

SUMO
Lv 21.10 y el *s* sacerdote entre sus hermanos.......... 1419
Nm 35.25 hasta que muera el *s* sacerdote, el 1419
35.28 que muera el *s* sacerdote; y después que 1419
35.28 después que haya muerto el *s* sacerdote...... 1419
35.32 vuelva... hasta que muera el *s* sacerdote
Jos 20.6 la muerte del que fuere *s* sacerdote........... 1419
2 R 12.7 llamó... rey Joás al *s* sacerdote Joiada
12.9 *s* sacerdote Joiada tomó un arca e hizo
12.10 venía el... y el *s* sacerdote, y contaban........ 1419
22.4 vé al *s* sacerdote Hilcías, y dile que 1419
22.8 dijo el *s* sacerdote... al escriba Safán........... 1419
23.4 mandó el rey al *s* sacerdote Hilcías, a 1419
1 Cr 27.5 Benaía, hijo del *s* sacerdote Joiada 7218
2 Cr 24.6 el rey llamó al *s* sacerdote Joiada 7218
24.11 que estaba puesto por el *s* sacerdote 7218
26.20 miró el *s* sacerdote Azarías, y todos 7218
31.10 y el *s* sacerdote Azarías... le contestó......... 7218
34.9 vinieron éstos al *s* sacerdote Hilcías........... 1419
Neh 3.1 se levantó el *s* sacerdote Eliasib con 1419
3.20 hasta... la casa de Eliasib *s* sacerdote 1419
13.28 uno de los hijos de Joiada hijo del *s* sacerdote 1419
Hag 1.1 a Josué hijo de Josadac, *s* sacerdote 1419
1.12 y oyó Zorobabel, y Josué... *s* sacerdote 1419
1.14 el espíritu de Josué hijo... *s* sacerdote 1419
2.2 habla ahora... a Josué hijo... *s* sacerdote 1419
2.4 esfuérzate... Josué hijo de... *s* sacerdote 1419
Zac 3.1 me mostró al *s* sacerdote Josué 1419
3.8 escucha pues... Josué *s* sacerdote, tú 1419
6.11 las pondrás en la cabeza del *s* sacerdote 1419
Mt 26.3 reunieron en el patio del *s* sacerdote *749*
26.51 hiriendo a un siervo del *s* sacerdote *749*
26.57 a Jesús... llevaron al *s* sacerdote, adonde *749*
26.58 seguía... hasta el patio del *s* sacerdote......... *749*
26.62 el *s* sacerdote, le dijo: ¿No respondes *749*
26.63 *s* sacerdote le dijo: Te conjuro por el........... *749*
26.65 el *s* sacerdote rasgó sus vestiduras *749*
Mr 2.26 **cómo entró... siendo Abiatar *s* sacerdote** *749*
14.47 uno de... hirió al siervo del *s* sacerdote *749*
14.53 trajeron, pues, a Jesús al *s* sacerdote *749*
14.54 de lejos hasta... patio del *s* sacerdote *749*
14.60 el *s* sacerdote, levantándose en medio *749*
14.61 el *s* sacerdote le volvió a preguntar........... *749*
14.63 el *s* sacerdote, rasgando su vestidura.......... *749*
14.66 vino una de las criadas del *s* sacerdote *749*
Lc 3.2 y siendo *s* sacerdotes Anás y Caifás.............. *749*
22.50 uno de ellos hirió a un siervo del *s*............ *749*
22.54 le condujeron a casa del *s* sacerdote........... *749*
Jn 11.49 Caifás... *s* sacerdote aquel año, les *749*
11.51 que como era el *s* sacerdote aquel año *749*
18.10 Pedro... hirió al siervo del *s* sacerdote *749*
18.13 Caifás, que era *s* sacerdote aquel año *749*
18.15 discípulo era conocido del *s* sacerdote......... *749*
18.15 y entró con Jesús al... del *s* sacerdote.......... *749*
18.16 salió, pues... conocido del *s* sacerdote *749*
18.19 el *s* sacerdote preguntó a Jesús acerca *749*
18.22 diciendo: ¿Así respondes... *s* sacerdote? *749*
18.24 le envió atado a Caifás, el *s* sacerdote *749*
18.26 uno de los siervos del *s* sacerdote... dijo *749*
Hch 4.6 el *s* sacerdote Anás, y Caifás y Juan............ *749*
4.6 eran de la familia de los *s* sacerdotes 748
5.17 levantándose el *s* sacerdote y todos los *749*
5.21 vinieron el *s* sacerdote y... y convocaron......... *749*
5.24 oyeron estas palabras el *s* sacerdote y......... *2409*
5.27 trajeron... y el *s* sacerdote les preguntó......... *749*
7.1 *s* sacerdote dijo entonces: ¿Es esto así? *749*
9.1 Saulo, respirando... vino al *s* sacerdote *749*
22.5 el *s* sacerdote también me es testigo, y.......... *749*
23.2 el *s* sacerdote Ananías ordenó entonces *749*
23.4 los... ¿Al *s* sacerdote de Dios injurias? *749*
23.5 no sabía... que era el *s* sacerdote; pues *749*
24.1 después, descendió el *s* sacerdote Ananías...... *749*
Fil 2.9 Dios... le exaltó hasta lo *s*, y le dio............... *5251*
He 2.17 fiel *s* sacerdote en lo que a Dios se refiere...... *749*
3.1 considerad al apóstol y *s* sacerdote de *749*
4.14 gran *s* sacerdote que traspasó los cielos *749*
4.15 no tenemos un *s* sacerdote que no pueda *749*
5.1 porque todo *s* sacerdote tomado de entre *749*
5.5 haciéndose *s* sacerdote, sino el que le............ *749*
5.10 fue declarado por Dios *s* sacerdote según *749*
6.20 Jesús entró... *s* sacerdote para siempre.......... *749*
7.26 porque tal *s* sacerdote... convenía: santo......... *749*
7.27 necesidad... como aquellos *s* sacerdotes *749*
7.28 porque la ley constituye *s* sacerdotes a *749*
8.1 que tenemos tal *s* sacerdote, el cual se *749*
8.3 todo *s* sacerdote está constituido para *749*
9.7 sólo el *s* sacerdote una vez al año, no *749*
9.11 ya presente Cristo, *s* sacerdote de los........... *749*
9.25 como entra el *s* sacerdote en el Lugar *749*
13.11 es introducida en... por el *s* sacerdote *749*
Stg 1.2 tened por *s* gozo cuando os halléis en

SUNAMITA *Originaria de Sunem*
1 R 1.3 hallaron a Abisag *s*, y la trajeron al........... 7767
1.15 rey era muy viejo, y Abisag *s* le servía 7767
2.17 hables al rey... me dé Abisag *s* por mujer...... 7767
2.21 dese Abisag *s* por mujer a tu hermano 7767
2.22 ¿por qué pides a Abisag *s* para Adonías?....... 7767
2 R 4.12 llama a esta *s*... Y cuando la llamó........... 7767
4.25 dijo a su criado Giezi: He aquí la *s*.............. *7767*
4.36 le dijo: Llama a esta *s*... Y ella la llamó.......... *7767*

SUNEM *Población en Isacar*
Jos 19.18 y fue su territorio... Quesulot, *S* 7766
1 S 28.4 filisteos... vinieron y acamparon en *S*......... 7766
2 R 4.8 un día pasaba Eliseo por *S*; y había............ 7766

SUNI *Hijo de Gad*, Gn 46.16; Nm 26.15 7764

SUNITA *Descendiente de Suni*, Nm 26.15........ 7765

SUNTUOSIDAD
Nah 2.9 no hay fin de las riquezas y *s* de toda 3519

SUNTUOSO
Ez 23.41 y te sentaste sobre *s* estrado... mesa.......... 3520

SUPERABUNDANTE
2 Co 9.14 la *s* gracia de Dios en vosotros *5235*

SUPERAR
2 Cr 9.6 tú *superas* la fama que yo había oído 3254

SUPEREMINENTE
Ef 1.19 cuál la *s* grandeza de su poder para *5235*

SUPERFICIE
Gn 7.18 flotaba el arca sobre la *s* de... aguas 6440
Lv 14.37 manchas... más profundas que la *s* de
1 S 14.25 donde había miel en la *s* del campo
Job 26.10 límite a la *s* de las aguas, hasta el
Is 28.25 cuando ha igualado su *s*... el eneldo........... 6440
Ez 41.22 su *s* y sus paredes eran de madera 753
Os 10.7 cortado su rey como espuma sobre la *s*

SUPERIOR
Éx 30.25 *s* ungüento... el arte del perfumador 4842
Nm 28.7 derramarás libación de vino *s* ante
Jer 20.2 lo puso en el cepo... en la puerta *s* de 5945
Ez 41.7 del piso inferior se... y de éste al *s*............. 5945
Dn 6.3 Daniel mismo era *s* a estos sátrapas y 5330
6.3 había en él un espíritu *s*; y el rey pensó......... 3493
Lc 6.40 **el discípulo no es *s* a su maestro; mas**
Hch 19.1 después de recorrer las regiones *s*............ *510*
Ro 13.1 sométase toda persona... autoridades *s* *5242*
Fil 2.3 estimando cada uno a los demás como *s*
He 1.4 tanto *s* a los ángeles, cuanto heredó
1 P 2.13 someteos a... ya sea al rey, como a *s* *5242*
2 P 2.10 no temen decir mal de... potestades *s* *1391*
Jud 8 rechazan... blasfeman de las potestades *s*....... *1391*

SUPIM
1. Descendiente de Benjamín, 1 Cr 7.12,15.......... 8206
2. Portero de Jerusalén, 1 Cr 26.16.................. 8206

SUPLANTAR
Gn 27.36 pues ya me ha *suplantado* dos veces......... 6117

SÚPLICA
Gn 19.21 he recibido también tu *s* sobre esto
2 S 7.27 valor para hacer delante de ti esta *s*.......... 8605
24.25 Jehová oyó las *s* de la tierra, y cesó
1 R 8.38 toda *s* que hiciere cualquier hombre.......... 8467
8.45,49 oirás... su *s*, y les harás justicia 8467
8.54 de hacer a Jehová toda esta oración y *s* 8467
Sal 55.1 escucha, oh... no te escondas de mi *s* 8467
66.19 me escuchó... atendió a la voz de mi *s* 8605
116.1 amo a Jehová... ha oído mi voz y mis *s* 8469
130.2 estén atentos tus oídos a la... de mi *s* 8469
Jer 37.20 caiga ahora mi *s* delante de ti, y 8467
Os 14.2 llevad con vosotros palabras de *s*, y
Ef 6.18 orando en todo... con toda oración y *s* *1162*
6.18 velando en ello... *s* por todos los santos *1162*
1 Ti 5.5 es diligente en *s* y oraciones noche *1162*
He 5.7 ofreciendo ruegos y *s* con gran clamor......... *2428*

SUPLICAR
1 R 8.33 te rogaren y *suplicaren* en esta casa.......... 2603
Est 4.8 que fuese... a *suplicarle* y a interceder 2603
7.7 se quedó Amán para *suplicarle* a la reina 1245
Job 11.19 espante; y muchos *suplicarán* tu favor 2470
19.16 llamé... de mi propia boca le *suplicaba*
Sal 30.8 a ti... clamaré, y al Señor *suplicaré* 2603
119.58 tu presencia *supliqué* de todo corazón
Is 45.14 te harán reverencia y te *suplicarán*........... 6419
Jer 15.11 si no he *suplicado* ante ti en favor 6293
38.26 les dirás: *Supliqué* al rey que no me 8467
Sof 3.10 más allá de... Etiopía me *suplicarán*.......... 6282
Mt 18.26 **le *suplicaba*, diciendo: Señor, ten** *4352*

SUPLIR
1 Co 16.17 ellos han *suplido* vuestra ausencia *378*
2 Co 8.14 abundancia vuestra *supla* la escasez
9.12 no solamente *suple* lo que a los... falta......... *4322*
11.9 lo *suplieron* los hermanos... de Macedonia *4322*
Fil 2.30 exponiendo su vida para *suplir* lo que *378*
4.19 mi Dios... *suplirá* todo lo que os falta *4137*

SUPONER
Hch 2.15 no... ebrios, Como vosotros *suponéis*......... *5274*

SUPREMO, A
1 Cr 16.25 y digno de *s* alabanza, y de ser
Sal 96.4; 145.3 grande... y digno de *s* alabanza
Dn 2.48 y jefe *s* de... los sabios de Babilonia
Fil 3.14 prosigo... al premio del *s* llamamiento.......... *507*

SUPRIMIR
1 Co 15.24 cuando haya *suprimido* todo dominio *2673*

SUPURAR
Sal 38.5 hieden y *supuran* mis llagas, a causa

SUQUIENO *Soldado de Libia*, 2 Cr 12.3 5525

SUR
Gn 13.14 y mira desde... hacia el norte y el *s* 5045
28.14 te extenderás... oriente, al norte y al *s*......... 5045
Éx 26.18 veinte tablas al... del mediodía, al *s*........... 5045
26.35 el candelero... al lado *s* del tabernáculo 5045
27.9 al *s*, tendrá el atrio cortinas de lino............. 5045
36.23 veinte tablas al... del *s*, al mediodía........... 5045
38.9 del lado *s*, al mediodía, las cortinas del 5045
40.24 el candelero... al lado *s* de la cortina 5045
Nm 2.10 la bandera del... de Rubén estará al *s* 5045
3.29 las familias... de Coat acamparán... al *s*........ 5045
10.6 moverán... los que están acampados al *s* 5045
34.3 al lado del *s* desde el desierto de Zin.......... 5045
34.3 límite del *s* al extremo del Mar Salado.......... 5045
34.4 este límite os irá rodeando desde el *s*........... 5045
34.4 y se extenderá del *s* a Cades-barnea........... 5045
35.5 al lado del *s* dos mil codos, al lado del 5045
Dt 3.27 alza tus ojos... *s*, y al este, y mira 5045
33.23 a Neftalí... posee el occidente y el *s*.......... 5045
Jos 11.2 reyes... en el Arabá al *s* de Cineret 5045
12.3 y desde el *s* al pie de las laderas del 8486
13.4 al *s* toda la tierra de los cananeos, y........... 8486
15.1 teniendo el desierto de Zin al *s* como 5045
15.2 su límite por el lado del *s* fue desde........... 5045
15.2 Mar... desde la bahía que mira hacia el *s* 5045
15.3 hacia el *s* de... al *s* hasta Cades-barnea........ 5045
15.4 este, pues, os será el límite del *s*............... 5045
15.7 la subida de Adumín, que está al *s* del 5045
15.8 y sube este límite... lado *s* del jebuseo 5045
15.21 las ciudades... de Judá en el extremo *s* 5045
17.7 va al *s*, hasta los que habitan en Tapúa
17.9 al arroyo de Caná, hacia el *s* del arroyo 5045
17.10 Efraín al *s*, y Manasés al norte, y el........... 5045
18.5 y Judá quedará en su territorio al *s*, y 5045
18.13 pasa... lado *s* de Luz... al *s* de Bet-horón 5045
18.14 y tuerce... por el lado *s* del monte que 5045
18.14 monte... está delante de Bet-horón al *s* 5045
18.15 el lado del *s* es desde el extremo de........... 5045
18.16 desciende luego... al lado *s* del jebuseo 5045
18.19 a la extremidad *s* del Jordán... límite *s* 5045
19.34 el límite... llegaba hasta Zabulón al *s*.......... 5045
Jue 21.19 hay fiesta... en Silo... al *s* de Lebona.......... 5045
1 S 14.5 uno... al norte... otro al *s*, hacia Gabaa......... 5045
20.41 se levantó David del lado del *s*, y se 5045
23.19 las peñas de Hores... al *s* del desierto? 5045
23.24 de Maón, en el Arabá al *s* del desierto......... 5045
2 S 24.5 al *s* de la ciudad que está en medio 5045
1 R 7.25 tres miraban al *s*, y tres miraban al 5045
7.39 y colocó el mar... al oriente, hacia el *s* 5045
1 Cr 9.24 estaban los porteros... norte y al *s*............ 5045
26.15 y para Obed-edom la puerta del *s*, y a 5045

26.17 norte cuatro de día; al *s* cuatro de día 5045
2 Cr 4.4 bueyes...tres al *s*, y tres al oriente 5045
Job 9.9 él hizo la Osa...lugares secretos del *s* 8486
23.9 no lo...al *s* se esconderá, y no lo veré
37.9 del *s* viene el torbellino, y el frío de 2315
37.17 sosiega la tierra con el viento del *s*? 1864
39.26 ¿vuela...extiende hacia el *s* sus alas? 8486
Sal 78.26 y trajo con su poder el viento *s* 8486
89.12 norte y el *s*, tú los creaste; el Tabor 3225
107.3 los ha congregado...del norte y del *s* 3220
Ec 1.6 el viento tira hacia el *s*, y rodea al 1864
11.3 si el árbol cayere al *s*, o...allí quedará 1864
Is 43.6 al *s*: No detengas; trae de lejos mis 8486
Ez 16.46 con sus hijas, la cual habita al *s*
20.46 pon tu rostro hacia el *s*, derrama tu 8486
20.47 quemados en ella...rostros, desde el *s* 5045
21.4 contra toda carne, desde el *s* hasta el 5045
40.2 edificio parecido a...hacia la parte *s* 5045
40.24 hacia el *s*, y...una puerta hacia el *s* 1864
40.27 puerta hacia el *s* del atrio interior 1864
40.27 puerta a puerta hacia el *s* cien codos 1864
40.28 al atrio de adentro a la puerta del *s* 1864
40.28 midió la puerta del *s* conforme a estas 1864
40.44 cámaras...las cuales miraban hacia el *s* 1864
40.45 la cámara que mira hacia el *s* es de los 1864
41.11 otra puerta hacia el *s*; y el ancho del 1864
42.12 las puertas de las cámaras...hacia el *s* 1864
42.13 las cámaras del norte y las del *s*, que 1864
42.18 midió al lado del *s*, quinientas cañas 1864
46.9 del norte saldrá por la puerta del *s*, y 5045
46.9 que entrare por la puerta del *s* saldrá 5045
47.1 las aguas descendían de...al *s* del altar 5045
47.19 del lado meridional, hacia el *s*, desde 5045
47.19 y esto será el lado meridional, al *s* 8446
48.10 y de veinticinco mil de longitud al *s* 5045
48.16 al lado del *s* cuatro mil quinientas cañas 5045
48.17 *s* de doscientas cincuenta, al oriente 5045
48.28 al lado meridional al *s*, será el límite 5045
48.33 lado del *s*, cuatro mil quinientas cañas 5045
Dn 8.4 que el carnero hería...al norte y al *s* 5045
8.9 un cuerno pequeño, que creció mucho al *s* 5045
11.5 se hará fuerte el rey del *s*; mas uno de 5045
11.6 la hija del rey del *s* vendrá al rey del 5045
11.9 así entrará en el reino el rey del *s*, y 5045
11.11 por lo cual se enfurecerá el rey del *s* 5045
11.14 levantarán muchos contra el rey del *s* 5045
11.15 las fuerzas del *s* no podrán sostenerse 5045
11.25 contra el rey del *s* con gran ejército 5045
11.25 el rey del *s* se empeñará en la guerra 5045
11.29 al tiempo señalado volverá al *s*; mas no 5045
11.40 el rey del *s* contenderá con él; y el rey 5045
Zac 6.6 overos salieron hacia la tierra del *s* 8446
14.4 se apartará...y la otra mitad hacia el *s* 5045
14.10 llanura desde Geba hasta Rimón al *s* de 5045
Mt 12.42; Lc 11.31 **reina del *S* se levantará** *3558*
Lc 12.55 **y cuando sopla el viento del *s*, decís** *3558*
13.29 **vendrán...norte y del *s*, y se sentarán** *3558*
Hch 8.26 y vé hacia el *s*, por el camino que *3314*
27.13 soplando...brisa del *s*, pareciéndoles *3314*
28.13 día...soplando el viento *s*, llegamos al *3314*
Ap 21.13 al *s* tres puertas; al occidente tres *3314*

SURCAR
Is 18.2,7 cuya tierra es *surcada* por ríos 962

SURCO
Job 31.38 mi tierra clama...lloran todos sus *s* 8525
39.10 matarás tú al búfalo con...para el *s*? 8525
Sal 65.10 haces que se empapen sus *s*, haces 1417
129.3 araron los aradores...hicieron largos *s* 4618
Ez 17.7 para ser regada por ella por los *s* de 6170
17.10 aquí...en los *s* de su verdor se secará 6170
Os 10.4 juicio florecerá...en los *s* del campo 8525
12.11 sus altares son como montones en los *s* 8525

SURESTE
2 Cr 4.10 colocó el mar...hacia el *s* de la casa 6924

SURGIR
1 Jn 2.18 han *surgido* muchos anticristos; por

SUSA *Capital de Persia antigua*
Esd 4.9 de Erec...de *S*, esto es, los elamitas 7800
Neh 1.1 mes...estando yo en *S*, capital del reino 7800
Est 1.2 el cual estaba en *S* capital del reino 7800
1.5 banquete...todo el pueblo que había en *S* 7800
2.3 que lleven a...las jóvenes vírgenes...a *S* 7800
2.5 había en *S* residencia real un varón judío 7800
2.8 habían reunido a muchas doncellas en *S* 7800
3.15 y el edicto fue dado en *S* capital del 7800
3.15 pero la ciudad de *S* estaba conmovida 7800
4.8 del decreto que había sido dado en *S* para 7800
4.16 reúne a...los judíos que se hallan en *S* 7800
8.14 edicto fue dado en *S* capital del reino 7800
8.15 la ciudad de *S*...se alegró y regocijó 7800
9.6 en *S* capital del reino mataron...a 500 7800
9.11 acerca del número de los muertos en *S* 7800
9.12 en *S* capital del reino los judíos han 7800
9.13 concédase...mañana a los judíos en *S*, que 7800
9.14 se dio la orden en *S*, y colgaron a los 7800
9.15 los judíos que estaban en *S* se juntaron 7800
9.15 mataron en *S* a trescientos hombres; pero 7800
9.18 los judíos...en *S* se juntaron el día 13 7800
Dn 8.2 cuando la vi, yo estaba en *S*, que es 7800

SUSANA *Mujer que servía a Jesucristo*, Lc 8.3 ... *4677*

SUSCITAR
Dt 25.7 mi cuñado no quiere *suscitar* nombre 6965
1 S 2.35 y yo me *suscitaré* un sacerdote fiel 6965
1 R 11.14 y Jehová *suscitó* un adversario a 6965
Pr 28.25 el altivo de ánimo *suscita* contiendas 1624
Ez 23.22 yo *suscitaré* contra ti a tus amantes 5782

SUSCRIBIR
Est 9.29 *suscribieron* con...esta segunda carta 3789
Jer 32.12 los testigos que habían *suscrito* la 3789

SUSI *Padre de Gadi No. 1*, Nm 13.11 5485

SUSPENDER
2 S 18.9 *suspendido* entre el cielo y la tierra 5414
Esd 4.24 *suspendida* hasta el año segundo del 989
Job 28.4 son *suspendidos* y balanceados, lejos
Cnt 7.5 la púrpura del rey *suspendida* en los 631

SUSPENSO
Sal 76.8 juicio...tierra tuvo temor y quedó *s* 8252
Lc 19.48 porque...el pueblo estaba *s* oyéndole *1582*

SUSPIRAR
Job 7.2 como el siervo *suspira* por la sombra
Sal 12.5 pondré en salvo al...por ello *suspira* 6315
31.10 y mis años de *suspirar*; se agotan mis 585
119.131 boca abrí y *suspiré*, porque deseaba 7602
Jer 44.14 por volver a la cual *suspiran* ellos
Lm 1.8 Jerusalén...*suspira*, y se vuelve atrás 584
1.11 todo su pueblo buscó su pan *suspirando* 584
Ez 24.17 reprime el *suspirar*, no hagas luto

SUSPIRO
Job 3.24 pues antes que mi pan viene mi *s*, y 585
11.20 y su esperanza será dar su último *s*
Sal 38.9 mis deseos, y mi *s* no te es oculto 585
Lm 1.22 muchos son mis *s*, y mi corazón está 585
3.56 no escondas tu oído al clamor de mis *s* 7309

SUSTANCIA
Job 30.22 me hiciste cabalgar...disolviste mi *s* 7738
31.39 si comí su *s* sin dinero, o afligí el
He 1.3 imagen misma de su *s*, y quien sustenta *5287*

SUSTENTADOR
Is 3.1 quita de Jerusalén y de Judá al *s* y al 4937

SUSTENTAR
Gn 18.5 un bocado...*sustentad* vuestro corazón 5582
47.17 *sustentó* de pan por todos sus ganados 5095
50.21 os *sustentaré* a vosotros y a vuestros 3557
Dt 8.3 y te *sustentó* con maná, comida que no 398
8.16 que te *sustentó* con maná en el desierto 398
24.15 es pobre, y con él *sustenta* su vida 5375
Rt 4.15 el cual será...y *sustentará* tu vejez 3557
1 S 24.15 Jehová...él vea y *sustente* mi causa 7378
2 S 19.33 pasa conmigo, y yo te *sustentaré* 3557
1 R 17.9 allá a una mujer viuda que te *sustente* 3557
18.4 escondió...y los *sustentó* con pan y agua 3557
2 Cr 18.26 y *sustentadle* con pan de aflicción 398
Neh 9.21 *sustentaste* 40 años en el desierto 3557
Job 36.17 en vez de *sustentar* el juicio y la 8551
Sal 3.5 desperté, porque Jehová me *sustentaba* 5564
16.5 Jehová es la...tú *sustentas* mi suerte 8551
17.5 *sustenta* mis pasos en tus caminos, para 8551
18.35 tu salvación; tu diestra me *sustentó*
28.9 pastoréales y *susténtales* para siempre 7462
41.3 lo *sustentará* sobre el lecho del dolor 5582
41.12 en mi integridad me has *sustentado*, y 8551
51.12 el gozo...y espíritu noble me *sustente* 5564
55.22 Jehová tu carga, y él te *sustentará* 3557
71.6 ti he sido *sustentado* desde el vientre
81.16 les *sustentaría* Dios con lo mejor del 398
94.18 resbala, tu misericordia...*sustentaba* 5582
104.15 pan que *sustenta* la vida del hombre 5582
119.28 deshace...*susténtame* según tu palabra 6965
119.116 *susténtame* conforme a tu palabra, y 5564
Pr 20.28 y con clemencia se *sustenta* su trono
29.23 humilde de espíritu *sustenta* la honra 8551
63.5 que no hubiera quien *sustentase*; y me 5564
Cnt 2.5 *sustentadme* con pasas, confortadme con 5564
Is 41.10 siempre te *sustentaré* con la diestra 8551
Mt 25.37 **¿cuándo te vimos...y te *sustentamos*** *5142*
Ro 11.18 sabe que no *sustentas* tú a la raíz *941*
Ef 5.29 la *sustenta* y la cuida, como...Cristo *1625*
He 1.3 quien *sustenta* todas las cosas con la *5342*
Ap 12.6 que allí la *sustenten* por 1260 días *5142*
12.14 donde es *sustentada* por un tiempo, y *5142*

SUSTENTO
Gn 6.21 y servirá de *s* para ti y para ellos 3978
Lv 26.26 cuando yo os quebrante el *s* del pan 4294
1 R 5.11 daba...trigo para el *s* de su familia 4361
Job 36.31 a los pueblos, a la multitud él da *s*
Sal 105.16 hambre...y quebrantó todo *s* de pan 4294
Pr 27.27 leche de las...para *s* de tus criadas 2416
Is 3.1 el Señor Jehová...quita...todo *s* de pan 8172
Ez 4.16 quebrantaré el *s* del pan en Jerusalén 4294
5.16 quebrantaré entre vosotros el *s* del pan 4294
14.13 le quebrantaré el *s* del pan, y enviare 4294
Mr 12.44 **de su pobreza echó todo lo...todo su *s*** *979*
Lc 21.4 **de su pobreza echó todo el *s* que tenía** *979*
Hch 14.17 llenando de *s* y de alegría nuestros *5160*
1 Ti 6.8 que, teniendo *s* y...estemos contentos *1305*

SUSTITUIR
Gn 4.25 Dios...me ha *sustituido* otro hijo en

SUSTRAER
Jn 12.6 *sustraía* de lo que se echaba en ella
Hch 5.2 y *sustrajo* del precio, sabiéndolo...su *3557*
5.3 y *sustrajeses* del precio de la heredad? *3557*

SUSURRAR
Is 8.19 a los adivinos, que *susurran* hablando 1897
29.4 voz...y tu habla *susurrará* desde el polvo 6850

SUSURRO
Job 26.14 cuán leve es el *s* que hemos oído de

SUTELA
1. Primogénito de Efraín, Nm 26.35,36; 1 Cr 7.20 7803
2. Descendiente de No. 1, 1 Cr 7.21 7803

SUTELAÍTA *Descendiente de Sutela No. 1*, Nm 26.35 8364

SUTILEZA
Col 2.8 nadie os engañe por medio de...huecas *s* *539*

SUYO, A *Véase también el Apéndice*
Jn 1.11 a lo *s* vino, y los *s* no le recibieron
Hch 4.32 ninguno decía ser *s* propio nada de *2398*
24.23 no impidiese a...los *s* servirle o venir
Ro 10.3 procurando establecer la *s* propia, no *2398*
Fil 2.4 no mirando cada uno por lo *s* propio *1438*
2 Ti 2.19 conoce el Señor a los que son *s*; y

T

TAANAC *Ciudad cananea, posteriormente de los levitas en Manasés*
Jos 12.21 rey de *T*, otro; el rey de Meguido 8590
17.11 a los moradores de *T* y sus aldeas, y a 8590
21.25 *T* con sus ejidos y Gat-rimón con sus 8590
Jue 1.27 ni a los de *T* y sus aldeas, ni a los 8590
5.19 pelearon los...en *T*, junto a las aguas de 8590
1 R 4.12 Baana hijo de Ahilud en *T* y Meguido 8590
1 Cr 7.29 *T* con sus aldeas, Meguido con sus

TAANAT-SILO *Aldea en la frontera de Efraín*, Jos 16.6 8387

TÁBANO
Jos 24.12 y envié delante de vosotros *t*, los 6880

TABAOT *Padre de una familia de sirvientes del templo*, Esd 2.43; Neh 7.46 2884

TABAT *Lugar en las montañas de Galaad*, Jue 7.22 2888

TABEEL
1. Arameo en Samaria que se opuso a la reedificación de Jerusalén, Esd 4.7 2870
2. Padre de aquel que Rezín y Peka propusieron hacer rey de Judá, Is 7.6 2870

TABERA *Lugar donde acampó Israel*
Nm 11.3 lugar *T*, porque el fuego de Jehová 8404
Dt 9.22 en *T*...provocasteis a ira a Jehová 8404

TABERNA
Hch 28.15 salieron a recibirnos hasta...Tres *T* *4999*

TABERNÁCULO
Éx 25.9 el diseño del *t*, y el diseño de todos 4908
26.1 el *t* de diez cortinas de lino torcido 4908
26.6 enlazarás las cortinas...se formará un *t* 4908
26.7 cortinas...para una cubierta sobre el *t* 4908
26.9 doblarás la...cortina en el frente del *t* 4908
26.12 la mitad de...colgará a espaldas del *t* 168
26.13 colgará sobre los lados del *t* a un lado 168
26.15 para el *t* tablas de madera de acacia 168
26.17 otra; así harás todas las tablas del *t* 168
26.18 harás, pues, las tablas del *t*; veinte 168
26.20 al otro lado del *t*...al lado del norte 168
26.22 el lado posterior del *t*...al occidente 168
26.23 dos tablas para las esquinas del *t* en 168
26.26 cinco barras...tablas de un lado del *t* 168
26.27 otro lado del *t*...lado posterior del *t* 168
26.30 y alzarás el *t* conforme al modelo que 168
26.35 candelero enfrente...al lado sur del *t* 168
26.36 harás para la puerta del *t* una cortina 168
27.9 asimismo harás el atrio del *t*. Al lado 168
27.19 los utensilios del *t*...serán de bronce 168
27.21 en el *t* de reunión, afuera del velo que 168
28.43 sobre Aarón...cuando entren en el *t* de 168
29.4 llevarás a Aarón...a la puerta del *t* de 168
29.10 llevarás el becerro delante del *t* de 168
29.11 matarás...a la puerta del *t* de reunión 168
29.30 venga al *t* de reunión para servir en 168
29.32 comerán...a la puerta del *t* de reunión 168
29.42 el holocausto...puerta del *t* de reunión 168

29.44 santificaré el *t* de reunión y el altar 168
30.16 dinero...darás para el servicio del *t* 168
30.18 la colocarás entre el *t* de...y el altar 168
30.20 entren en el *t* de reunión, se lavarán 168
30.26 con él ungirás el *t* de reunión, el arca 168
30.36 pondrás delante del testimonio en el *t* 168
31.7 el *t* de reunión, el arca del testimonio 168
31.7 el arca...y todos los utensilios del *t* 168
33.7 y Moisés tomó el *t*, y lo levantó lejos 168
33.7 levantó lejos...lo llamó el *t* de Reunión 168
33.7 buscaba a Jehová, salía al *t* de reunión 168
33.8 cuando salía Moisés al *t*...el pueblo se 168
33.8 miraban...hasta que él entraba en el *t* 168
33.9 Moisés entraba en el *t*, la columna de 168
33.9 descendía y se ponía a la puerta del *t* 168
33.10 de nube que estaba a la Puerta del *t* 168
33.11 nunca se apartaba de en medio del *t* 168
35.11 el *t*, su tienda, su cubierta...tablas 4908
35.15 cortina de la puerta de...entrada del *t* 4908
35.18 las estacas del *t*, y las estacas del 4908
35.21 ofrenda a Jehová para la obra del *t* de 168
36.8 hicieron el *t* de diez cortinas de lino 4908
36.13 las cortinas...y así quedó formado un *t* 4908
36.14 cortinas...para una tienda sobre el *t* 4908
36.20 hizo para el *t* las tablas de madera de 4908
36.22 espigas...así hizo todas las tablas del *t* 4908
36.23 hizo, pues, las tablas para el *t*; veinte 4908
36.25 el otro lado del *t*, al lado norte, hizo 4908
36.27 para el lado occidental del *t* hizo seis 4908
36.28 para las esquinas del *t* en los dos lados 4908
36.31 cinco para las tablas de un lado del *t* 4908
36.32 las tablas del otro lado del *t*, y cinco 4908
36.32 tablas del lado posterior del *t* hacia 4908
36.37 también el velo para la puerta del *t*, de 168
38.8 las mujeres que velaban a la puerta del *t* 168
38.20 las estacas del *t* y del atrio...bronce 4908
38.21 las cuentas del *t*, del *t* del testimonio 4908
38.30 hechas las basas de la puerta del *t* de 168
38.31 todas las estacas del *t* y...del atrio 4908
39.32 toda la obra del *t*, del *t* de reunión 4908
39.33 trajeron el *t* a Moisés, el *t* y todos 4908
39.38 el altar...cortina para la entrada del *t* 168
39.40 los utensilios...del *t*, del *t* de reunión 4908
40.2 día...harás levantar el *t*, el *t* de reunión 4908
40.5 la cortina delante a la entrada del *t* 4908
40.6 altar...entrada del *t*, del *t* de reunión 4908
40.7 pondrás la fuente entro el *t* de reunión 4908
40.9 tomarás el aceite de la...y ungirás el *t* 4908
40.12 y llevarás a Aarón...a la puerta del *t* 168
40.17 así...en el segundo año, el *t* fue erigido 4908
40.18 Moisés hizo levantar el *t*, y asentó sus 4908
40.19 levantó la tienda sobre el *t*, y puso la 4908
40.21 metió el arca en el *t*, y puso el velo 4908
40.22 puso la mesa en el *t* de reunión, al lado 4908
40.24 puso el candelero en el *t* de reunión 4908
40.26 puso también el altar de oro en el *t* 4908
40.28 asimismo la cortina a la entrada del *t* 4908
40.29 el altar...a la entrada del *t*, del *t* de 4908
40.30 puso la fuente entre el *t* de reunión y 4908
40.32 entraban en el *t* de reunión...se lavaban 4908
40.33 erigió el atrio alrededor del *t* y del 4908
40.34 una nube cubrió el *t* de reunión, y la 4908
40.34 nube...la gloria de Jehová llenó el *t* 4908
40.35 y no podía Moisés entrar en el *t* de 4908
40.36 y cuando la nube se alzaba del *t*, los 4908
40.38 la nube de...estaba de día sobre el *t* 4908
Lv 1.1 llamó Jehová a Moisés...desde el *t* de 168
1.3 lo ofrecerá a la puerta del *t* de reunión 168
1.5 el cual está a la puerta del *t* de reunión 168
3.2 la degollará a la puerta del *t* de reunión 168
3.8,13 la degollará delante del *t* de reunión 168
4.4 traerá el becerro a la puerta del *t* de 168
4.5 de la sangre...la traerá al *t* de reunión 168
4.7 altar del incienso...en el *t* de reunión 168
4.7,18 del altar...que está a la puerta del *t* 168
4.14 y lo traerán delante del *t* de reunión 168
4.16 meterá de la sangre...en el *t* de reunión 168
4.18 del altar que está...en el *t* de reunión 168
6.16 en el atrio del *t* de reunión lo comerán 168
6.26 comida, en el atrio del *t* de reunión 168
6.30 ofrenda...cuya sangre se metiere en el *t* 168
8.3 reúne toda...a la puerta del *t* de reunión 168
8.4 reunió la congregación a la puerta del *t* 168
8.10 Moisés...y ungió el *t* y todas las cosas 4908
8.31 hervid la carne a la puerta del *t* de 168
8.33 de la puerta del *t* de...no saldréis en 168
8.35 a la puerta...del *t* de reunión estaréis 168
9.5 y llevaron lo que mandó...delante del *t* 168
9.23 entraron Moisés y Aarón en el *t* de reunión
10.7 ni saldréis de la puerta, *t* de reunión 168
10.9 no beberéis...cuando entréis en el *t* de 168
12.6 una tórtola...a la puerta del *t* de reunión 168
14.11 presentará delante...a la puerta del *t* 168
14.23;15.14,29 el octavo día...a la puerta del *t* de reunión 168
15.31 contaminado mi *t* que está entre ellos 4908
16.7 presentará...a la puerta del *t* de reunión *t* 168
16.16 la misma manera hará...al *t* de reunión 168
16.17 ningún hombre estará en el *t* de reunión 168
16.20 cuando hubiere acabado de expiar...el *t* 168
16.23 después vendrá Aarón al *t* de reunión 168
16.33 hará la expiación por el...*t* de reunión 168
17.4,9 y no lo trajere a la puerta del *t* de 168
17.4 ofrecer ofrenda a Jehová delante del *t* 4908
17.5 traigan...a la puerta del *t* de reunión 168
17.6 esparcirá la sangre...a la puerta del *t* 168
19.21 traerá...a la puerta del *t* de reunión 168
23.34 mes séptimo...fiesta solemne de los *t* 5521
23.42 *t* habitaréis siete días; todo natural 5521
23.42 todo natural de Israel habitará en *t* 5521
23.43 en *t* hice yo habitar a los...de Israel 5521
24.3 fuera del velo del...en el *t* de reunión 168
Nm 1.1 habló Jehová...en el *t* de reunión, en el 168
1.50 sino que pondrás a los levitas en el *t* 4908
1.50 ellos llevarán el *t* y todos sus enseres 4908
1.50 servirán...y acamparán alrededor del *t* 4908
1.51 y cuando el *t* haya de trasladarse, los 4908
1.51 el *t* haya de detenerse, los levitas lo 4908
1.53 los levitas acamparán alrededor del *t* 4908
1.53 y los levitas tendrán la guarda del *t* 4908
2.2 alrededor del *t* de reunión acamparán 168
2.17 irá el *t* de reunión, con el campamento 168
3.7 delante del *t* de...en el ministerio del *t* 4908,168
3.8 y guarden todos los utensilios del *t* de 168
3.8 guarden...ministren en el servicio del *t* 4908
3.23 de Gersón acamparán a espaldas del *t*, al 4908
3.25 a cargo de los...en el *t*...estarán el *t* 168
3.25 la cortina de la puerta del *t* de reunión 4908
3.26 del atrio, que está junto al *t* y junto 4908
3.29 de Coat acamparán al lado del *t*, al sur 4908
3.35 y el jefe de...acamparán al lado del *t* 4908
3.36 estará la custodia de las tablas del *t* 4908
3.38 que acamparán delante del *t* al oriente 4908
3.38 delante del *t* de reunión al este, serán 168
4.3,23,30,35,39,43 todos los que entran...en el *t* 168
4.4 el oficio de los hijos de Coat en el *t* 168
4.15 cargas de los hijos de Coat en el *t* de 168
4.16 el cargo de todo el *t* y de todo lo que 4908
4.25 llevarán las cortinas del *t*, el *t* de 4908
4.25 la cortina de la puerta del *t* de reunión 168
4.26 cortina de la puerta...está cerca del *t* 4908
4.28 servicio...de Gersón en el *t* de reunión 168
4.31 su cargo para todo su servicio en el *t* 168
4.31 tablas del *t*, sus barras, sus columnas 4908
4.33 todo su ministerio en el s de reunión 168
4.35 en compañía para ministrar en el *t* de 168
4.37,41 los que ministran en el *t* de reunión 168
4.39 en compañía para ministrar en el *t* de 168
4.43 entran...para ministrar en el *t* de reunión 168
4.47 tener cargo de obra en el *t* de reunión 168
5.17 polvo que hubiere en el suelo del *t*, y 4908
6.10 traerá dos tórtolas...a la puerta del *t* 168
6.13 del nazareo...Vendrá a la puerta del *t* de 168
6.18 raerá a la puerta del *t* de reunión su 168
7.1 Moisés hubo acabado de levantar el *t*, y 4908
7.3 carros...y los ofrecieron delante del *t* 4908
7.5 serán para el servicio del *t* de reunión 168
7.89 cuando entraba Moisés...el *t* de reunión 168
8.9 los levitas se acerquen delante del *t* de 168
8.15 vendrán...a ministrar en el *t* de reunión 168
8.19 para que ejerzan el ministerio...en el *t* 168
8.22,24 para ejercer su ministerio en el *t* 168
8.26 con sus hermanos en el *t* de reunión, para 168
9.15 el *t* fue erigido, la nube cubrió el *t* 4908
9.15 a la tarde había sobre el *t* como...fuego 4908
9.17 cuando se alzaba la nube del *t*...partían 168
9.18 los días que la nube estaba sobre el *t* 4908
9.19 nube se detenía sobre el *t* muchos días 4908
9.20 la nube estaba sobre el *t* pocos días, al 4908
9.22 mientras la nube se detenía sobre el *t* 4908
10.3 se reunirá ante ti a la puerta del *t* de 168
10.11 la nube se alzó del *t* del testimonio 4908
10.17 estaba ya desarmado el *t*, se movieron 4908
10.21 entretanto...otros acondicionaron el *t* 4908
11.16 tráelos a la puerta del *t* de reunión 168
11.24 ancianos...hizo estar alrededor del *t* 168
11.26 Eldad y...Medad...no habían venido al *t* 168
12.4 dijo Jehová...Salid vosotros tres al *t* 168
12.5 Jehová descendió en...a la puerta del *t* 168
12.10 se apartó del *t*, y he aquí que María 168
14.10 gloria de Jehová se mostró en el *t* de 168
16.9 que ministréis en el servicio del *t* de 4908
16.18 pusieron a la puerta del *t* de reunión 168
16.19 juntar contra ellos...a la puerta del *t* 168
16.42 miraron hacia el *t* de reunión, y he aquí 168
16.43 y vinieron...delante del *t* de reunión 168
16.50 volvió...a la puerta del *t* de reunión 168
17.4 las pondrás en el *t* de reunión delante 168
17.7 Moisés puso las varas delante...en el *t* 168
17.8 el día siguiente vino Moisés al *t* del 168
17.13 el que viniere al *t* de Jehová, morirá 4908
18.2 serviréis delante del *t* del testimonio 168
18.3 guardarán...el cargo de todo el *t*; mas no 168
18.4 tendrán el cargo del *t*...servicio del *t* 168
18.6 para que sirvan en el...del *t* de reunión 168
18.21 ellos sirven en el ministerio del *t* de 168
18.22 y no se acercarán más...al *t* de reunión 168
18.23 los levitas harán el servicio del *t* de 168
18.31 vuestro ministerio en el *t* de reunión 168
19.4 rociará hacia la parte delantera del *t* 168
19.13 el *t* de Jehová contaminó...será cortada 4908
19.20 por cuanto contaminó el *t* de Jehová; no 168
20.6 se fueron...a la puerta del *t* de reunión 168
25.6 lloraban...a la puerta del *t* de reunión 168
27.2 a la puerta del *t* de reunión, y dijeron 168
31.30 que tienen la guarda del *t* de Jehová 4908
31.47 que tenían la guarda del *t* de Jehová 4908
31.54 trajeron el *t* de reunión, por memoria 168
Dt 16.13 fiesta solemne de los *t* harás por 5521
16.16 tres veces...la fiesta solemne de los *t* 5521
31.10 cada siete años...en la fiesta de los *t* 5521
31.14 esperad en el *t* de reunión para que yo 168
31.14 fueron...y esperaron en el *t* de reunión 168
31.15 apareció Jehová en el *t*, en la...nube 168
31.15 de nube se puso sobre la puerta del *t* 168
Jos 18.1 en Silo, y erigieron allí el *t* 168
19.51 las heredades que...a la entrada del *t* 168
22.19 tierra...en la cual está el *t* de Jehová 4908
22.29 además del altar...está delante de su *t* 4908
1 S 2.22 las...velaban a la puerta del *t* 168
2.29 ofrendas, que yo mandé ofrecer en el *t* 168
2 S 7.6 he andado en tienda y en *t* 4908
15.25 que vuelva, y me dejará verla y a su *t* 5116
1 R 1.39 tomando...el cuerno del aceite del *t* 168
2.28 y huyó Joab al *t* de Jehová, y se asió de 168
2.29 que Joab había huido al *t* de Jehová, y 168
2.30 entró Benaía al *t* de Jehová, y le dijo 168
8.4 y llevaron el arca de...y el *t* de reunión 168
8.4 y todos los utensilios...estaban en el *t* 168
1 Cr 6.32 servían delante...del *t* de reunión 168
6.48 puestos sobre todo el ministerio del *t* 4908
9.19 guardando las puertas del *t*, como sus 168
9.21 era portero de la puerta del *t* de reunión 168
9.23 de la casa de Jehová, y de la casa del *t* 168
16.39 los sacerdotes...delante del *t*...en Gabaón 4908
17.5 estuve de tienda en tienda, y de *t* en *t* 4908
21.29 el *t* de Jehová que Moisés había hecho 4908
23.26 levitas no tendrán que llevar...el *t* y 4908
23.32 para que tuviesen la guarda del *t* de 168
2 Cr 1.3 porque allí estaba el *t* de reunión 168
1.5 el altar de bronce...allí delante del *t* 4908
1.6 al altar...que estaba en el *t* de reunión 168
1.13 estaba en Gabaón, delante del *t* de reunión 168
5.5 llevaron...el *t*...los utensilios, en el *t* 168
8.13 de los panes...y en la fiesta de los *t* 5521
24.6 la ofrenda...para el *t* del testimonio? 168
29.6 apartaron sus rostros del *t* de Jehová 4908
Esd 3.4 celebraron...fiesta solemne de los *t* 5521
Neh 8.14 habitasen los hijos de Israel en *t* 5521
8.15 y traed ramas...para hacer *t*, como está 5521
8.16 trajeron ramas e hicieron *t*, cada uno 5521
8.17 hizo *t*, y en *t* habitó; porque desde los 5521
Sal 15.1 Jehová, ¿quién habitará en tu *t*? 168
19.4 el extremo...En ellos puso *t* para el sol 168
27.5 me esconderá en su *t* en el día del mal 168
27.6 yo sacrificaré en su *t* sacrificios de 168
31.20 pondrás en un *t* a cubierto...contención 5521
61.4 habitaré en tu *t* para siempre; estaré 168
74.7 profanado el *t* de tu nombre, echándolo 4908
76.2 en Salem está su *t*, y su habitación en 5520
78.60 dejó, por tanto, el *t* de Silo, la tienda 4908
132.7 entraremos en su *t*; nos postraremos 4908
Is 16.5 sobre él se sentará...en el *t* de David 168
Ez 37.27 en medio de ellos mi *t*, y seré a ellos 4908
41.1 seis codos de...que era el ancho del *t* 168
Am 5.26 antes bien, llevabais el *t* de 5522
9.11 en aquel día yo levantaré el *t* caído de 5521
Zac 14.16 adorar...celebrar la fiesta de los *t* 5521
14.18,19 no subieren a...la fiesta de los *t* 5521
Jn 7.2 y estaba cerca la fiesta de...de los *t* *4634*
Hch 7.43 antes bien llevasteis el *t* de Moloc *4633*
7.44 tuvieron...padres el *t* del testimonio en *4633*
7.46 pidió proveer *t* para el Dios de Jacob *4638*
15.16 y reedificaré el *t* de David, que está *4633*
2 Co 5.1 si...este *t*, se deshiciere, tenemos *4636*
5.4 los que estamos en este *t* gemimos con *4636*
He 8.2 verdadero *t* que levantó el Señor *4633*
8.5 se le advirtió...cuando iba a erigir el *t* *4633*
9.2 el *t* estaba dispuesto así: en la primera *4633*
9.3 tras el segundo velo estaba...parte del *t* *4633*
9.6 así...en la primera parte del *t* entran los *4633*
9.8 la primera parte del *t* estuviese en pie *4633*
9.11 más amplio y más perfecto *t*, no hecho *4633*
9.21 roció...con la sangre el *t* y todos los *4633*
13.10 derecho de comer los que sirven al *t* *4633*
Ap 7.15 que está...extenderá su *t* sobre ellos *4637*
13.6 para blasfemar de su nombre, de su *t*, y *4633*
15.5 fue abierto en el cielo el templo del *t* *4633*
21.3 he aquí el *t* de Dios con los hombres, y *4633*

TABITA *Cristiana en Jope (=Dorcas)*

Hch 9.36 discípula llamada *T*, que traducido *5000*
9.40 dijo: *T*, levántate. Y ella abrió los ojos *5000*

TABLA

Éx 24.12 sube...te daré *t* de piedra, y la ley 3871
26.15 harás para el tabernáculo *t* de madera 7175
26.16 longitud de cada *t* será de diez codos 7175
26.17 tendrá cada *t*...así harás todas las *t* 7175
26.18 las *t* del tabernáculo; veinte *t* al lado 7175
26.19 cuarenta basas...debajo de las veinte *t* 7175
26.19,21,25 basas debajo de una *t*...otra *t* 7175
26.20 al otro lado del tabernáculo...veinte *t* 7175
26.22 posterior...al occidente, harás seis *t* 7175
26.23 harás además dos *t* para las esquinas 7175
26.25 suerte que serán ocho *t*, con sus basas 7175
26.26 para las *t* de un lado del tabernáculo 7175
26.27 *t* del otro lado...*t* del lado posterior 7175
26.28 la barra...pasará por en medio de las *t* 7175
26.29 y cubrirás de oro las *t*, y harás sus 3871
27.8 lo harás hueco, de *t*; de la manera que 3871
31.18 *t* de testimonio, *t* de piedra escritas 3871
32.15 dos *t*...las *t* escritas por ambos lados 3871
32.16 *t* eran obra de Dios, y la escritura 3871
32.16 escritura de Dios grabada sobre las *t* 3871
32.19 arrojó las *t* de sus manos, y las quebró 3871
34.1 *t* de piedra...y escribiré sobre esas *t* 3871
34.1 palabras que estaban en las *t* primeras 3871
34.4 Moisés alisó dos *t*...como las primeras 3871
34.4 y llevó en su mano las dos *t* de piedra 3871
34.28 y escribió en *t* las palabras del pacto 3871
34.29 descendiendo Moisés...con las dos *t* del 3871
35.11 sus *t*, sus barras, sus columnas y sus 7175
36.20 además hizo para el tabernáculo las *t* 7175
36.21 longitud de cada *t* era de diez codos 7175

36.22 *t* tenía dos espigas, para unirlas una 7175
36.22 así hizo todas las *t* del tabernáculo 7175
36.23 hizo . . . las *t* . . . veinte *t* al lado del sur 7175
36.24 cuarenta basas de . . . debajo de las 20 *t* 7175
36.24,26 dos basas debajo de una *t* . . . otra *t* 7175
36.25 para el otro lado del . . . hizo otras 20 *t* 7175
36.27 y para el lado occidental . . . hizo seis *t* 7175
36.28 esquinas . . . en los dos lados hizo dos *t* 7175
36.30 ocho *t*, y . . . dos basas debajo de cada *t* 7175
36.31 las barras . . . para las *t* de un lado del 7175
36.32 para las *t* . . . las *t* del lado posterior 7175
36.33 la barra . . . pasase por en medio de las *t* 7175
36.34 cubrió de oro las *t*, e hizo de oro los 7175
38.7 los lados del altar . . . hueco lo hizo, de *t* 3871
39.33 sus *t*, sus barras, sus columnas, sus 7175
40.18 y colocó sus *t*, y puso sus barras, e 7175
Nm 3.36 a cargo . . . estará la custodia de las *t* 7175
4.31 será el deber de . . . las *t* del tabernáculo 7175
Dt 4.13; 5.22 los escribió en dos *t* de piedra 3871
9.9 *t* de piedra, las *t* del pacto que Jehová 3871
9.10 y me dio . . . dos *t* de piedra escritas con 3871
9.11 me dio las dos *t* de piedra . . . *t* del pacto 3871
9.15 y descendí . . . con las *t* del pacto en mis 3871
9.17 tomé las . . . *t* y las arrojé de mis . . . manos 3871
10.1 Jehová me dijo: Lábrate dos *t* de piedra 3871
10.2 y escribiré en aquellas *t* las palabras 3871
10.2 estaban en las primeras *t* que quebraste 3871
10.3 labré dos *t* . . . subí al monte con las dos *t* 3871
10.4 escribió en las *t* conforme a la primera 3871
10.5 y puse las *t* en el arca que había hecho 3871
1 R 6.15 y cubrió las paredes . . . con *t* de cedro 6763
6.16 hizo . . . un edificio . . . de *t* de cedro desde 6763
7.3 y estaba cubierta de *t* de cedro arriba 730
7.36 hizo en las *t* . . . entalladuras . . . de leones 3871
8.9 ninguna cosa . . . sino las dos *t* de piedra 3871
2 Cr 5.10 las dos *t* que Moisés había puesto 3871
Pr 3.3 átalas a tu cuello, escríbelas en la *t* 3871
7.3 dedos; escríbelos en la *t* de tu corazón 3871
Cnt 8.9 si . . . la guarneceremos con *t* de cedro 3871
Is 8.1 toma una *t* grande, y escribe en ella 1549
30.8 vé, pues . . . escribe esta visión en una *t* 3871
Jer 17.1 esculpido está en la *t* de su corazón 3871
Hab 2.2 escribe la visión, y declárala en *t* 3871
2.11 y la *t* del enmaderado le responderá 3714
Hch 27.44 parte en *t*, parte . . . cosas de la nave *4548*
2 Co 3.3 no en *t* de piedra, sino en *t* de carne *4109*
He 9.4 estaba una urna de . . . y las *t* del pacto *4109*

TABLERO
1 R 7.28 las basas . . . tenían unos *t*, los cuales 4526
7.29 y sobre aquellos *t* . . . figuras de leones 4526
7.31 había también . . . entalladuras con sus *t* 4526
7.32 cuatro ruedas estaban debajo de los *t* 4526
7.35 y encima de la basa sus molduras y *t* 4526
7.36 y en los *t*, entalladuras de querubines 4526
2 R 16.17 cortó . . . Acaz los *t* de las basas, y 4526

TABLILLA
Lc 1.63 pidiendo una *t*, escribió . . . Juan es su *4093*

TABOR
1. Monte en el valle de Jezreel
Jos 19.22 llega este límite hasta *T*, Sahazima 8396
Jue 4.6 vé, junta a tu gente en el monte de *T* 8396
4.12 que Barac . . . había subido al monte de *T* 8396
4.14 Barac descendió del monte de *T*, y diez 8396
8.18 aquellos hombres que matasteis en *T*? 8396
1 S 10.3 más adelante, y llegues a la encina de *T* 8396
1 Cr 6.77 Rimón con sus ejidos y *T* con sus 8396
Sal 89.12 el *T* y el Hermón cantarán en tu 8396
Jer 46.18 como *T* entre los montes . . . vendrá 8396
Os 5.1 habéis sido . . . red tendida sobre *T* 8396
2. Lugar no identificado, 1 S 10.3 8396
3. Ciudad levítica en Zabulón, 1 Cr 6.77 8396

TABRIMÓN *Padre de Ben-adad No. 1*, 1 R 15.18 . . 2886

TACMONITA *Sobrenombre de Joseb-basebet*, 2 S 23.8 8461

TACHA
Lv 14.10 una cordera de un año sin *t*, y tres 8549
Nm 6.14 ofrecerá . . . un cordero de un año sin *t* 8549
28.3 dos corderos sin *t* de un año, cada día 8549
Ez 43.23 ofrecerás . . . y un carnero sin *t* de la 8549
43.25 sacrificarán . . . y un carnero sin *t* del 8549
46.4 el holocausto . . . será . . . un carnero sin *t* 8549
46.6 el día . . . un becerro sin *t* de la vacada 8549
Dn 1.4 muchachos en quienes no hubiese *t* 3971

TACHONAR
Cnt 1.11 zarcillos . . . te haremos, *tachonados* de 5351

TADEO Apóstol *(=Lebe, y judas No. 3)*, Mt 10.3; Mr 3.18 . . . . *2280*

TADMOR *Ciudad que Salomón edificó en el desierto*, 1 R 9.18; 2 Cr 8.4 8412

TAFAT *Hija de Salomón*, 1 R 4.11 2955

TAFNES *Ciudad de Egipto*
Jer 2.16 y de *T* te quebrantaron la coronilla 8471
43.7 entraron en . . . Egipto . . . y llegaron hasta *T* 8471
43.8 vino palabra de Jehová a Jeremías en *T* 8471
43.9 a la puerta de la casa de Faraón en *T* 8471
44.1 de todos los judíos que moraban . . . en *T* 8471
46.14 haced saber también en Menfis y en *T* 8471
Ez 30.18 y en *T* se oscurecerá el día, cuando 8471

TAHÁN
1. Hijo de Efraín, Nm 26.35 8465
2. Descendiente de Efraín, 1 Cr 7.25 8465

TAHANITA *Descendiente de Tahán No. 1*, Nm 26.35 8470

TAHAS *Hijo de Nacor y Reúma*, Gn 22.24 8477

TAHAT
1. Lugar donde acampó Israel, Nm 33.26,27 8480
2. Descendiente de Coat, 1 Cr 6.24,37 8480
3. Nombre de dos descendientes de Efraín, 1 Cr 7.20(2) 8480

TAHPENES *Reina egipcia en tiempo de Salomón*
1 R 11.19 por mujer . . . la hermana de la reina *T* 8472
11.20 la hermana de *T* le dio a luz su hijo 8472
11.20 al cual destetó *T* en casa de Faraón 8472

TALABARTE
1 S 18.4 dio a David . . . espada, su arco y su *t* 2290
2 S 18.11 darte diez siclos de plata, y un *t* 2290
1 R 2.5 poniendo sangre de guerra en el *t* que 2290
Is 22.21 lo ceñiré de tu *t*, y entregaré en sus 73
Ez 23.15 ceñidos por sus lomos con *t*, y tiaras 232

TALADRAR
Job 30.17 la noche *taladra* mis huesos, y los 5365

TÁLAMO
Sal 19.5 éste, como esposo que sale de su *t* 2646
Jl 2.16 salga de su cámara . . . de su *t* la novia 2315

TALAR
Dt 20.19 no los *talarás*, porque el árbol del 3772
20.20 *talarlo*, para construir baluarte contra 3772
2 R 3.19 y *talaréis* todo buen árbol, cegaréis 5307
Is 16.8 los campos de Hesbón fueron *talados*, y 535
66.17 juntamente serán *talados*, dice Jehová 5486
Os 2.12 haré *talar* sus vides y sus higueras 8074
Nah 1.12 aunque reposo tengan . . . serán *talados* 1494
3.15 te *talará* la espada, te devorará como 3772

TALENTO
Éx 25.39 de un *t* de oro . . . lo harás, con todos 3603
37.24 de un *t* de oro puro lo hizo, con todos 3603
38.24 el oro . . . fue veintinueve *t* y 730 siclos 3603
38.25 la plata de . . . fue cien *t* y 1.775 siclos 3603
38.27 cien *t* de plata para fundir las basas 3603
38.27 en cien basas, cien *t*, a *t* por basa 3603
38.29 el bronce ofrendado fue setenta *t* y 3603
2 S 12.30 quitó la corona . . . pesaba un *t* de oro 3603
1 R 9.14 e Hiram había enviado . . . 120 *t* de oro 3603
9.28 a Ofir y tomaron de allí oro, 420 *t*, y 3603
10.10 dio ella al rey 120 *t* de oro, y mucha 3603
10.14 era seiscientos sesenta y seis *t* de oro 3603
16.24 y Omri compró a . . . Samaria por dos *t* de 3603
20.39 tu vida será . . . o pagarás un *t* de plata 3603
2 R 5.5 salió . . . llevando consigo 10 *t* de plata 3603
5.22 ruego que les des un *t* de plata, y dos 3603
5.23 dijo Naamán: Te ruego que tomes dos *t* 3603
5.23 ató dos *t* de plata en dos bolsas, y dos 3603
15.19 Manahem dio a Pul mil *t* de plata para 3603
18.14 impuso . . . 300 *t* de plata, y 30 *t* de oro 3603
23.33 impuso . . . una multa de cien *t* de plata 3603
1 Cr 19.6 Amón enviaron mil *t* de plata para 3603
20.2 corona . . . la halló de peso de un *t* de oro 3603
22.14 he preparado . . . cien mil *t* de oro, y un 3603
22.14 un millón de *t* de plata, y bronce sin 3603
29.4 3.000 *t* de oro, de oro de Ofir, y 7.000 3603
29.4 siete mil *t* de plata refinada para las 3603
29.7 cinco mil *t* de oro . . . diez mil *t* de plata 3603
29.7 18.000 *t* de bronce, y 5.000 *t* de hierro 3603
2 Cr 3.8 lo cubrió de oro . . . ascendía a 600 *t* 3603
8.18 a Ofir, y tomaron de allá 450 *t* de oro 3603
9.9 y dio al rey 120 *t* de oro . . . de especias 3603
9.13 el peso del oro que . . . era 666 *t* de oro 3603
25.6 a sueldo por cien *t* de plata, a 100.000 3603
25.9 ¿qué, pues, se liará de los cien *t* que 3603
27.5 le dieron . . . en aquel año cien *t* de plata 3603
36.3 condenó . . . a pagar cien *t* de plata y uno 3603
Esd 7.22 hasta cien *t* de plata, cien coros de 3603
8.26 pesé . . . 650 *t* de plata, y utensilios de 3603
8.26 utensilios . . . por cien *t*, y cien *t* de oro 3603
Est 3.9 pesaré diez mil *t* de plata a los que 3603
Mt 18.24 **fue presentado . . . le debía diez mil** ***t*** *5007*
25.15 **a uno dio cinco** ***t*****, Y a otro dos, y a** *5007*
25.16 **recibido cinco** ***t*** **. . . ganó otros cinco** ***t*** *5007*
25.20 **recibido cinco** ***t*****, trajo otros cinco** ***t*** *5007*
25.20 **cinco** ***t*** **me entregaste . . . otros cinco** ***t*** *5007*
25.22 **que había recibido dos** ***t*****, dijo: Señor** *5007*
25.22 **dos** ***t*** **me entregaste . . . otros dos** ***t*** **sobre** *5007*
25.24 **pero . . . el que bahía recibido un** ***t*****, dijo** *5007*
25.25 **fui y escondí tu** ***t*** **en la tierra; aquí** *5007*
25.28 **quitadle . . . el** ***t*****, y dadlo al que . . . diez** ***t*** *5007*
Ap 16.21 cayó . . . granizo como del peso de un *t* *5006*

TALITA CUMI *Voz aramea*
Mr 5.41 **le dijo:** ***T c*****; que traducido es: Niña** *5008*

TALMAI
1. Uno de los «hijos de Anac» en Hebrón, Nm 13.22, Jos 15.14; Jue 1.10 8526
2. Rey de Gesur y abuelo de Absalón
2 S 3.3 Absalón hijo de Maaca, hija de *T* rey 8526
13.37 Absalón . . . se fue a *T* hijo de Amiud, rey 8526
1 Cr 3.2 Absalón hijo de Maaca, hija de *T* rey 8526

TALMÓN *Padre de una familia de porteros del templo*, 1 Cr 9.17; Esd 2.42; Neh 7.45; 11.19; 12.25 2929

TALÓN
Gn 49.17 que muerde los *t* del caballo, y hace 6119

TALLA
Éx 35.33 en la *t* de piedras de engaste 2799
Jue 17.3 para hacer una imagen de *t* y una de 6459
17.4 hizo de ellos una imagen de *t* y una de 6459
18.14 efod . . . imagen de *t* y una de fundición? 6459
18.17 entraron allá y tomaron la imagen de *t* 6459
18.18 entrando . . . tomaron la imagen de *t*, el 6459
18.30 Dan levantaron para sí la imagen de *t* 6459
18.31 así tuvieron levantada . . . la imagen de *t* 6459
Sal 78.58 provocaron a . . . con sus imágenes de *t* 6456
97.7 los que sirven a las imágenes de *t*, los 6459
Is 40.19 el artífice prepara la imagen de *t* 6459
40.20 que le haga una imagen de *t* que no se 6459
44.9 los formadores de imágenes de *t*, todos 6459
Jer 8.19 hicieron airar con sus imágenes de *t* 6459

TALLADURA
1 R 6.35 y las cubrió de oro ajustado a las *t* 2707

TALLAR
1 R 6.32 *talló* en ellas figuras de querubines 7049
6.35 *talló* en ellas querubines y palmeras y 7049
7.22 puso en las . . . *tallado* en forma de lirios 7049

TALLE
Lm 4.7 coral, su *t* más hermoso que el zafiro 1508

TALLO
Ez 17.22 de sus renuevos cortaré un *t*, y lo 7390

TAMAÑO
1 R 6.25 ambos querubines eran de un mismo *t* 4060

TAMAR
1. Nuera de Judá
Gn 38.6 Judá tomó mujer para . . . Er . . . llamaba *T* 8559
38.11 Judá dijo a *T* su nuera: Quédate viuda 8559
38.11 se fue *T*, y estuvo en casa de su padre 8559
38.13 fue dado aviso a *T*, diciendo: He aquí 8559
38.24 diciendo: *T* tu nuera ha fornicado, y 8559
Rt 4.12 de Fares, el que *T* dio a luz a Judá 8559
1 Cr 2.4 y *T* su nuera dio a luz a Fares y a 8559
Mt 1.3 Judá engendró de *T* a Fares y a Zara *2283*
2. Hermana de Absalón
2 S 13.1 una hermana hermosa que se llamaba *T* 8559
13.2 Amnón angustiado hasta enfermarse por *T* . . . 8559
13.4 le respondió: Yo amo a *T* la hermana de 8559
13.5,6 te ruego que venga mi hermana *T* 8559
13.7 y David envió a *T* a su casa, diciendo 8559
13.8 y fue *T* a casa de su hermano Amnón, el 8559
13.10 dijo a *T*: Trae la comida a la alcoba 8559
13.10 tomando *T* las hojuelas . . . las llevó a su 8559
13.19 *T* tomó ceniza y la esparció sobre su 8559
13.20 Y se quedó *T* desconsolada en casa de 8559
13.22 porque había forzado a *T* su hermana 8559
13.32 desde el día en que Amnón forzó a *T* su 8559
1 Cr 3.9 de David . . . y *T* fue hermana de ellos 8559
3. Hija de Absalón, 2 S 14.27 8559
4. Ciudad en el sur de Judá, Ez 47.19; 48.28 8559

TAMARISCO
Gn 21.33 y plantó Abraham un . . . *t* en Beerseba 815
1 S 22.6 Saúl estaba sentado . . . debajo de un *t* 815

TAMBALEAR
Is 19.14 a Egipto . . . como *tambalea* el ebrio en su 8582
29.9 embriagaos, y no de vino; *tambalead*, y 5128

TAMBORIL
1 Cr 13.8 Israel se regocijaban . . . *t*, címbalos 8596
Job 17.6 y delante de ellos he sido como *t* 8611
21.12 al son de *t* y de cítara saltan, y se 8596
Is 5.12 y en sus banquetes hay . . . *t*, flautas y 8596
Ez 28.13 primores de tus *t* y . . . estuvieron en ti 8596
Dn 3.5,7,10,15 al oír el son . . . del *t*, del arpa 4953

TAMBORÍN
Gn 31.27 que yo te despidiera . . . con *t* y arpa? 8596

TAMO
Job 21.18 como el *t* que arrebata el torbellino 4671
Sal 1.4 son como el *t* que arrebata el viento 4671
35.5 sean como el *t* delante del viento, y el 4671
Is 17.13 serán ahuyentados como el *t* de los 4671
29.5 multitud de los fuertes como *t* que pasa 4671
41.15 los molerás, y collados reducirás a *t* 4671
47.14 que serán como *t*; fuego los quemará, no 7179
Jer 13.24 yo los esparciré al viento . . . como *t* 7179
Dn 2.35 fueron como *t* de las eras del verano 5784
Os 13.3 como el *t* que la tempestad arroja de 4671
Sof 2.2 y el día se pase como el *t*; antes que 4671

TAMUZ *Dios de Fenicia*, Ez 8.14 8542

TANHUMET *Padre de Seraías No. 3*, 2 R 25.23; Jer 40.8 8576

TANTO *Véase tambien el Apéndice*
2 S 12.6 y debe pagar la cordera con cuatro *t* 706
Sal 79.12 y devuelve a . . . siete *t* de su infamia 7659
Hch 5.8 ¿vendisteis en *t* la heredad? . . . Sí, en *t* *5118*
Ap 18.7 cuanto . . . *t* dadle de tormento y llanto *5118*

TAÑEDOR
2 R 3.15 mas ahora traedme un *t* . . . el *t* tocaba 5059
Sal 87.7 y *t* en ella dirán: Todas mis fuentes 2490

TAÑER
Sal 33.3 hacedlo bien, *tañendo* con júbilo 5059
81.2 *tañed* el pandero, el arpa deliciosa y

TAPA
Nm 19.15 vasija . . . cuya *t* no está bien ajustada 6781
2 R 12.9 Joiada tomó un arca e hizo en la *t* 1817
Zac 5.7 levantaron la *t* de plomo, y una mujer 3603

TAPAR
Is 33.15 *tapa*... oídos para no oír propuestas 331
Zac 7.11 antes... *taparon* sus oídos para no oír 3513
Hch 7.57 se *taparon* los oídos, y arremetieron *4912*
Tit 1.11 los cuales es preciso *tapar* la boca *1993*
He 11.33 que por fe... *taparon* bocas de leones *5420*

TAPIZ
Pr 31.22 hace *t*; de lino fino y púrpura es su
Is 21.5 ponen... mesa, extienden *t*; comen, beben 6844

TAPÚA
1. Ciudad en la frontera de Efraín y Manasés,
Jos 12.17; 16.8; 17.7,8(2)..................... 8599,5887
2. Ciudad en la Sefela de Judá, Jos 15.34 8599
3. Descendiente de Hebrón, 1 Cr 2.43............... 8599

TARA *Lugar donde acampó Israel*, Nm 33.27,28. . 8634

TARALA *Población en Benjamín*, Jos 18.27 8634

TARDANZA
2 P 3.9 no retarda... algunos la tienen por *t*............ *1022*

TARDAR
Gn 34.19 y no *tardó* el joven en hacer aquello 309
Éx 32.1 viendo el pueblo que Moisés *tardaba* en 954
Dt 23.21 haces voto a... no *tardes* en pagarlo 309
Jue, 5.28 voces dice: ¿Por qué *tarda* su carro 954
Sal 40.17 libertador... Dios mío, no te *tardes*............ 309
Pr 14.29 el que *tarda* en airarse es grande de 750
15.18 mas el que *tarda* en airarse apacigua la....... 750
16.32 mejor es el que *tarda* en airarse que el........ 750
Ec 5.4 haces promesa, no *tardes* en cumplirla 309
Jer 13.27 ¿cuánto *tardarás* tú en purificarte?
Ez 12.25 no se *tardará* más, sino... la cumpliré 4900
12.28 no se *tardará* más... mis palabras, sino....... 4900
Dn 9.19 no *tardes*, por amor de ti mismo, Dios.......... 309
Hab 2.3 la visión *tardará* aún por un tiempo
2.3 aunque tardare, espéralo... no *tardará* 4102,309
Mt 24.48 **malo dijere... Mi señor *tarda* en venir** *5549*
25.5 ***tardándose* el esposo, cabecearon todas** *5549*
Lc 12.45 **si... dijere... Mi señor *tarda* en venir** *5549*
18.7 **claman a... ¿Se *tardará* en responderles?** *3114*
Hch 9.38 a rogarle: No *tardes* en... a nosotros *3635*
1 Tim 3.15 *tardo*, sepas cómo debes conducirte *1019*
He 10.37 que ha de venir vendrá, y no *tardará* *5549*
2 P 2.3 los tales... la condenación no se *tarda*........... *691*

TARDE
Gn 1.5 Noche. Y fue la *t* y la mañana un día........... 6153
1.8 y fue la *t* y la mañana el día segundo 6153
1.13 y fue la *t* y la mañana el día tercero........... 6153
1.19 y fue la *t* y la mañana el día cuarto 6153
1.23 y fue la *t* y la mañana el día quinto 6153
1.31 y fue la *t* y la mañana el día sexto 6153
8.11 paloma volvió a él y a la hora de la *t* 6153
19.1 dos ángeles a Sodoma a la caída de la *t* 6153
24.11 la hora de la *t*, la hora en que salen 6153
24.63 había salido Isaac... a la hora de la *t* 6256,6153
30.16 Jacob volvía del campo a la *t*, salió 6153
49.27 presa, y a la *t* repartirá los despojos 6153
Éx 12.6 la inmolará... Israel entre las dos *t* 6153
12.18 día 14... por la *t* hasta el 21... por la *t*......... 6153
16.6 en la *t* sabréis que Jehová os ha sacado 6153
16.8 Jehová os dará en la *t* carne para comer....... 6153
16.12 al caer la *t* comeréis carne, y por la 6153
16.13 venida la *t*, subieron codornices que 6153
18.13 delante de Moisés desde la... hasta la *t* 6153
18.14 el pueblo... desde la mañana hasta la *t*? 6153
27.21 que ardan... desde la *t* hasta la mañana........ 6153
29.39 el otro... ofrecerás a la caída de la *t* 6153
29.41 ofrecerás... cordero a la caída de la *t* 6153
Lv 6.20 la mitad a la mañana y la mitad a la *t* 6153
23.5 entre las dos *t*, pascua es de Jehová 6153
23.32 comenzando a los nueve días... en la *t*......... 6153
23.32 día... de *t* a *t* guardaréis vuestro reposo...... 6153
24.3 dispondrá... desde la *t* hasta la mañana 6153
Nm 9.3 entre las dos *t*, la celebraréis a su 6153
9.5 celebraron la pascua en... entre las dos *t* 6153
9.11 el mes... entre las dos *t*, la celebrarán 6153
9.15 a la *t* había... una apariencia de fuego 6153
9.21 la nube se detenía desde la *t* hasta la 6153
28.4 un cordero ofrecerás a la caída de la *t* 6153
28.8 el segundo cordero a la caída de la *t* 6153
Dt 16.4 y de la carne que matares en la *t* del 6153
16.6 la pascua por la *t* a la puesta del sol.......... 6153
28.67 dirás: ¡Quién diera que fuese la *t*! y............ 6153
28.67 y a la *t* dirás: ¡Quién diera que fuese 6153
Jos 5.10 pascua a los catorce días... por la *t* 6153
7.6 Josué. se postró... hasta caer la *t*, él y............ 6153
1 S 17.16 filisteo por la mañana y por la *t*, y 6150
20.5 que me esconda en el campo hasta la *t* 6153
30.17 los hirió... hasta la *t* del día siguiente.......... 6153
2 S 11.2 sucedió... al caer la *t*, que se levantó 6256,6153
11.13 y él salió a la *t* a dormir en su cama 6153
1 R 17.6 y pan y carne por la *t*; y bebía del 6153
22.35 el rey estuvo en su carro... a la *t* murió........ 6153
2 R 16.15 en el gran altar... la ofrenda de la *t*.......... 6153
1 Cr 16.40 para que sacrificasen... mañana y *t* 6153
23.30 días a dar gracias... asimismo por la *t*........ 6153
2 Cr 2.4 y para holocaustos a mañana y *t*, en.......... 6153
13.11 queman... los holocaustos cada mañana... *t* . . 6153
13.11 con sus lámparas para que ardan cada *t*..... 6153
18.34 el rey... en pie en el carro... hasta la *t* 6153
31.3 rey... para los holocaustos a mañana y *t*....... 6153
Esd 3.3 holocaustos por la mañana y por la *t*.......... 6153
9.4 yo... hasta la hora del sacrificio de la *t* 6153
9.5 la hora del sacrificio de la *t* me levanté......... 6153
Est 2.14 ella venía por la *t*, y a la mañana 6153
Job 4.20 de la mañana a la *t* son destruidos 6153
Sal 55.17 *t* y mañana y a mediodía oraré y 6153
59.6 volverán a la *t*, ladrarán como perros.......... 6153
59.14 vuelvan... a la *t*, y ladren como perros........ 6153
65.8 tú haces alegrar las salidas... de la *t*........... 6153
90.6 y crece; a la *t* es cortada, y se seca 6153
104.23 el hombre... a su labranza hasta la *t* 6153
127.2 por demás es que... vayáis *t* a reposar......... 309
141.2 de mis manos como la ofrenda de la *t* 6153
Pr 7.9 la *t* del día, cuando ya oscurecía, en 6153
11.21 *t* o temprano, el malo será castigado
Ec 11.6 la *t* no dejes reposar tu mano; porque 6153
Is 17.14 tiempo de la *t*, he aquí la turbación 6256,6153
Jer 6.4 las sombras de la *t* se han extendido........... 6153
Ez 12.4 tú saldrás por la *t* a vista de ellos.............. 6153
12.7 a la *t* me abrí paso por entre la pared......... 6153
24.18 por la mañana, y a la *t* murió mi mujer......... 6153
33.22 la mano de Jehová... sobre mí la *t* antes...... 6153
46.2 pero no se cerrará la puerta hasta la *t* 6153
Dn 8.14 dijo: Hasta 2.300 *t* y mañanas; luego
8.26 la visión de las *t* y mañanas que se ha 6153
9.21 vino... a la hora del sacrificio de la *t*........... 6153
Zac 14.7 sucederá que al caer la *t* habrá luz........... 6153
Lc 24.29 quédate... porque se hace *t*, y el día.......... *2073*
Hch 4.3 la cárcel hasta el día... porque era ya *t*........ *2073*
28.23 les testificaba el reino de... hasta la *t* *2073*

TARDÍO, A
Éx 9.32 no fueron destrozados, porque eran *t* 648
Dt 11.14 yo daré la lluvia... la temprana y la *t* 4456
Job 29.23 y abrían su boca como a la lluvia *t* 4456
Pr 16.15 benevolencia es como nube de lluvia *t*........ 4456
Jer 3.3 han sido detenidas, y faltó la lluvia *t* 4456
5.24 que da lluvia temprana y *t* en su tiempo 4456
Os 6.3 como la lluvia *t* y temprana a la tierra 4456
Jl 2.23 y hará descender... lluvia temprana y *t* 4456
Am 7.1 cuando comenzaba a crecer el heno *t* 3954
7.1 el heno *t* después de las siegas del rey 3954
Zac 10.1 pedid a Jehová lluvia... la estación *t*.......... 4456
Stg 5.7 que reciba la lluvia temprana y la *t* *3797*

TARDO
Éx 4.10 soy *t* en el habla y torpe de lengua 3515
34.6 *t* para la ira, y grande en misericordia 750,639
Nm 14.18 Jehová, *t* para la ira y... que perdona 750,639
Neh 9.17; Jl 2.13 clemente... *t* para la ira y.............. 750
Jon 4.2 eres Dios... *t* en enojarte, y de grande 750
Nah 1.3 Jehová es *t* para la ira y grande en 750
Lc 24.25 ***t* de corazón para creer todo lo que** *1021*
He 5.11 por cuanto os habéis hecho *t* para oír.......... *3576*
Stg 1.19 sea... *t* para hablar, *t* para airarse............ *1021*

TARÉ *Hijo de Nacor y padre de Abraham*, Gn 11.24,
25,27; Jos 24.2; 1 Cr 1.26; Lc 3.34 .... 8646,*2291*
11.26 *T* vivió setenta años, y engendró a Abram, a
Nacor y 8646
Gn 11.28 y murió Harán antes que su padre *T*......... 8646
11.31 tomó *T* a Abram su hijo, y a Lot hijo 8646
11.32 los días de *T* 205 años; y murió *T* en 8646

TAREA *Descendiente del rey Saúl*,
1 Cr 8.35; 9.41 8390,8475

TAREA *(s.)*
Éx 2.11 salió a sus... y los vio en sus duras *t* 5450
5.4 por qué hacéis cesar... Volved a vuestras *t* 5450
5.5 ahora... vosotros les hacéis cesar de sus *t* 5450
5.8 y les impondréis la misma *t* de ladrillo.......... 4971
5.11 id... pero nada se disminuirá de vuestra *t* 5656
5.13 acabad... obra, la *t* de cada día en su día 1697
5.14 ¿por qué no habéis cumplido vuestra *t* 2706
5.18 y habéis de entregar la... *t* de ladrillo........... 8506
5.19 no se disminuirá nada... la *t* de cada día 1697
6.6 os sacaré de debajo de las *t* pesadas de.......... 5450
6.7 que os sacó de debajo de las *t*... Egipto 5450
Neh 4.15 nos volvimos todos... cada uno a su *t* 4399

TARSIS
1. Hijo de Javán, Gn 10.4; 1 Cr 1.7; 7.10.............. 8659
2. Puerto lejano, de incierta identificación «Nave de Tarsis» =barco de gran calado
1 R 10.22 rey tenía... una flota de naves de *T* 8659
10.22 vez cada tres años venía la flota de *T*.......... 8659
22.48 Josafat había hecho naves de *T*... a Ofir........ 8659
2 Cr 9.21 porque la flota del rey iba a *T* con 8659
9.21 solían venir las naves de *T*, y traían 8659
20.36 para construir naves que fuesen a *T* 8659
20.37 y las naves se... y no pudieron ir a *T*.......... 8659
Sal 48.7 viento... quiebras tú las naves de *T* 8659
72.10 los reyes de *T* y de... traerán presentes....... 8659
Is 2.16 sobre todas las naves de *T*, y sobre............. 8659
23.1,14 aullad, naves de *T*, porque destruida........ 8659
23.6 pasaos a *T*; aullad, moradores de la costa 8659
23.10 pasa cual río de tu tierra... hija de *T*.......... 8659
60.9 las naves de *T* desde el principio, para 8659
66.19 enviaré de los escapados de ellos... a *T* 8659
Jer 10.9 traerán plata batida de *T* y oro de 8659
Ez 27.12 *T* comerciaba... por la abundancia de 8659
27.25 las naves de *T* eran como tus caravanas 8659
38.13 mercaderes de *T* y todos sus príncipes 8659
Jon 1.3 y Jonás se levantó para huir de... a *T*.......... 8659
1.3 Jope, y halló una nave que partía para *T* 8659
1.3 entró en ella para irse con ellos a *T* 8659
4.2 por eso me apresuré a huir a *T*; porque 8659
3.Descendiente de Benjamín, 1 Cr. 7.10 8659
4.Uno de los príncipes del rey Asuero; Est 1.14 8659

TARSO *Ciudad principal de Cilicia*
Hch 9.11 **busca en... a uno llamado Saulo, de *T*** *5018*
9.30 le llevaron hasta... y le enviaron a *T*........... *5019*
11.25 fue Bernabé a *T* para buscar a Saulo......... *5019*
21.39 soy hombre judío de *T*, ciudadano de una..... *5018*
22.3 yo... soy judío, nacido en *T* de Cilicia........... *5019*

TARTAC *Dios de los aveos*, 2 R 17.31............ 8662

TARTAMUDO, A
Is 28.11 porque en lengua de *t*... a este pueblo........... 3934
32.4 y la lengua de los *t* hablará rápida y 5926
33.19 pueblo de... lengua *t* que no comprendas..... 3932
Mr 7.32 trajeron un sordo y *t*, y le rogaron *3424*

TARTÁN *Oficial del ejército de Asiria*
2 R 18.17 el rey de Asiria envió contra... al *T* 8661
Is 20.1 el año que vino el *T* a Asdod, cuando 8661

TATNAI *Funcionario del rey Artajerjes*
Esd 5.3 vino a ellos *T* gobernador del otro lado........ 8674
5.6 copia de la carta que *T* gobernador del......... 8674
6.6 ahora... *T* gobernador del... alejaos de allí...... 8674
6.13 *T* gobernador del... hicieron puntualmente.... 8674

TAZA
2 S 17.28 trajeron a David... camas, *t*, vasijas.......... 3627
1 R 7.50 *t*, cucharillas e incensarios, de oro
2 R 12.13 dinero... no se hacían *t* de plata, ni 5592
1 Cr 28.17 oro... para las *t* de oro; para cada *t*......... 4219
28.17 las *t* de plata, por peso para cada *t*
Esd 1.10 treinta *t* de oro... 410 *t* de plata, y
Cnt 7.2 tu ombligo como una *t* redonda que no 101
Is 22.24 colgarán... las *t* hasta toda clase de 101
Jer 35.5 recabitas *t* y copas llenas de vino............. 3563
52.19 candeleros, escudillas y *t*; lo de oro............ 4518

TAZÓN
Éx 24.6 la puso en *t*, y esparció la otra mitad
25.29 harás... sus *t*, con que se libará; de oro 4518
27.3 harás... sus *t*, sus garfios y sus braseros 3257
37.16 sus *t* con que se había de libar, de oro 4518
38.3 calderos, tenazas, *t*, garfios y palas
Nm 4.7 pondrán... las copas y los *t* para libar 7184
4.14 los *t*, todos los utensilios del altar
Jue 5.25 ella... *t* de nobles le presentó crema 5602
6.38 exprimió el vellón... un *t* lleno de agua 5602
2 Cr 4.8 hizo diez mesas... hizo cien *t* de oro
4.11 palas, y *t*; y acabó Hiram la obra que
Esd 1.9 treinta *t* de oro, mil *t* de plata, 29 105
8.27 además, veinte *t* de oro de mil dracmas
Neh 7.70 gobernador... 50 *t*, y 530 vestiduras
Jer 52.18 se llevaron también los calderos... *t* 4219
52.19 incensarios, *t*, copas, ollas... se llevó.......... 4219
Am 6.6 beben vino en *t*, y se ungen con los 4219
Zac 9.15 llenarán como *t*, o como cuernos del 4219
14.20 las ollas... serán como los *t* del altar.......... 4219

TEA
Jue 7.16 con *t* ardiendo dentro de los cántaros 3940
7.20 tomaron en la mano izquierda las *t*, y en 3940
15.4 tomó *t*... puso una *t* entre cada dos colas 3940
15.5 encendiendo las *t*, soltó las zorras en.......... 3940
Is 50. 11 encendéis fuego, y os rodeáis de *t* 3940
50.11 andad a la luz de... *t* que encendisteis 3940

TEATRO
Hch 19.29 a una se lanzaron al *t*, arrebatando *2302*
19.31 rogándole que no se presentase en el *t* *2302*

TEBA *Hijo de Nacor y Reúma*, Gn 22.24 2875

TEBALÍAS *Portero del templo en tiempo del* rey David, 1 Cr 26.11.................................. 2882

TEBAS *Ciudad de Egipto*
Jer 46.25 castigo a Amón dios de *T*, a Faraón.......... 4996
Ez 30.14 pondré fuego a Zoán, y... juicios en *T*......... 4996
30.15 ira... y exterminaré a la multitud de *T* 4996
30.16 *T* será destrozada, y Menfis... angustias....... 4996
Nah 3.8 ¿eres tú mejor que *T*... junto al Nilo............ 4996

TEBES *Ciudad cerca de Siquem*
Jue 9.50 Abimelec se fue a *T*, y puso sitio a *T* 8405
2 S 11.21 hirió a Abimelec hijo... murió en *T*?.......... 8405

TEBET *Mes décimo en el calendario de los* hebreos, Est 2.16.................................. 2887

TECOA
1. Ciudad en las montañas de Judá
2 S 14.2 envió Joab a *T*, y tomó de allá una 8620
14.4 entró, pues, aquella mujer de *T* al rey 8621
14.9 mujer de *T* dijo al rey: Rey señor mío 8621
1 Cr 27.9 sexto... era Ira hijo de Iques, de *T*............ 8621
2 Cr 11.6 edificó Belén, Etam, *T* 8621
20.20 la mañana, salieron al desierto de *T*.......... 8621
Jer 6.1 tocad bocina en *T*, y alzad por señal 8621
Am 1.1 palabras de Amos... de los pastores de *T* 8621
2. Descendiente de Judá, 1 Cr 2.24; 4.5............. 8621

TECOITA *Originario de Tecoa*
2 S 23.26; 1 Cr 11.28 Ira hijo de Iques *t*................. 8621
Neh 3.5 e inmediato a ellos restauraron los *t*............ 8621
3.27 restauraron los *t* otro tramo, enfrente......... 8621

TECHAR
2 Cr 3.5 *techó* el cuerpo mayor del edificio 2645

TECHO
Jue 9.51 cerrando... puertas, se subieron al *t*.......... 1406
1 R 7.7 y lo cubrió de cedro del suelo al *t*
Ez 40.13 desde el *t* de una cámara hasta el *t*........... 1406
Mt 8.8 no soy digno de que entres bajo mi *t*............ *4721*
Mr 2.4 descubrieron el *t* de donde estaba, y *4721*
Lc 7.6 no soy digno de que entres bajo mi *t*............ *4721*

TECHUMBRE
1 R 6.15 desde el suelo...hasta...vigas de la *t*. 5604
Ec 10.18 por la pereza se cae la *t*, y por la 4746

TEHINA *Descendiente de Judá*, 1 Cr 4.12 8468

TEJADO
Gn 19.8 pues que vinieron a la sombra de mi *t* 6982
Sal 102.7 como el pájaro solitario sobre el *t*
129.6 serán como la hierba de los *t*, que se 1406
Jer 19.13 sobre cuyos *t* ofrecieron incienso a 1406
Lc 5.19 y por el *t* le bajaron con el lecho 2766

TEJEDOR
Éx 39.22 el manto...de obra de *t*, todo de azul 707
39.27 las túnicas de lino fino de obra de *t* 707
1 Cr 11.23 una lanza como un rodillo de *t*, mas 707
Job 7.6 más veloces que la lanzadera del *t*, y
Is 38.12 como *t* corté mi vida; me cortará con 707

TEJER
Éx 28.32 borde alrededor de obra *tejida*, como 707
39.3 para *tejerlos* entre el azul, la púrpura 6213
Jue 16.13 si *tejieres* siete guedejas de mi cabeza 707
2 R 23.7 las cuales *tejían*...tiendas para Asera 707
Job 10. 11 y me *tejiste* con huesos y nervios 7753
Is 19.9 los que *tejen* redes serán confundidos 707
59.5 incuban huevos...y *tejen* telas de araña 707
Mt 27.29 y pusieron...corona *tejida* de espinas 4120
Mc. 15.17 **poniéndole...corona *tejida* de espinas** 4120

TEJIDO
Jn 19.23 túnica...de un solo *t* de arriba abajo 5307

TEJÓN
Éx 25.5 de rojo, pieles de *t*, madera de acacia 8476
26.14 y una cubierta de pieles de *t* encima 8476
35.7 pieles de carneros teñidas...pieles de *t* 8476
35.23 que tenía azul...pieles de *t*, lo traía 8476
36.19 y otra cubierta de pieles de *t* encima 8476
39.34 la cubierta de pieles de *t*, el velo del 8476
Nm 4.6 pondrán...la cubierta de pieles de *t*, y 8476
4.8,11,12 con la cubierta de pieles de *t* 8476
4.10 pondrán...en una cubierta de pieles de *t* 8476
4.14 extenderán...la cubierta de pieles de *t* 8476
4.25 llevarán...la cubierta de pieles de *t* que 8476
Ez 16.10 te calcé de *t*, te ceñí de lino y te 8476

TEKEL *Voz Aramea*
Dn 5.25 escritura...MENE, MENE, *T*, UPARSIN 8625
5.27 *T*: Pesado has sido en balanza, y fuiste 8625

TELA
Jue 16.13 tejieres...siete guedejas...con la *t* 4545
16.14 arrancó la estaca del telar con la *t* 4545
2 S 21.10 tomó una *t* de cilicio y la tendió 8242
Job 8.14 cortada, y su confianza es *t* de araña 1004
Pr 31.24 hace *t*, y vende, y da...al mercader 5466
Is 59.5 incuban huevos de áspides, y tejen *t* 6980
59.6 sus *t* no servirán para vestir, ni de 6980
Ap 6.12 sol se puso negro como *t* de cilicio 4526

TEL-ABIB *Ciudad en Babilonia*, Ez 3.15 8512

TELAH *Descendiente de Efraín*, 1 Cr 7.25 8520

TELAIM *Ciudad en Judá (=Telem No.1)*, 1 S 15.4 2923

TELAR
Éx 35.35 y en *t*, para que hagan toda labor 707
Jue 16.14 arrancó la estaca del *t* con la tela 708
1 S 17.7; 2 S 21.19; 1 Cr 20.5 el asta de...lanza
era como un rodillo de *t* 4500

TELASAR *Lugar en el norte de Mesopotamia*,
2 R 19.12; Is 37.12 8515

TELEM
1. Ciudad en Judá (=Telaim), Jos 15.24; 1 S 15.4 2928
2. Uno de los que se casaron con mujeres extranjeras en tiempo de Esdras, Esd 10.24 2928

TEL-HARSA *Lugar en Babilonia*, Esd 2.59; Neh 7.61 8521

TEL-MELA *Lugar en Babilonia*, Esd 2.59; Neh 7.61 8528

TEMA
1. Hijo de Ismael, Gn 25.15; 1 Cr 1.30 8485
2. Padre de una familia de sirvientes del templo, Esd 2.53; Neh 7.55 8547
3. Descendientes de No. 1, y su territorio
Is 21.14 moradores de tierra de *T*, socorred 8485
Jer 25.23 Dedán, a *T* y a Buz, y a todos los 8485

TEMÁN
1. Descendiente de Esaú, Gn 36.11,15,42; 1 Cr 1.36,53 8487
2. Descendientes de No. 1, y su territorio
Gn 36.34 lugar reinó Husam, de tierra de *T* 8489
Jer 49.7 ¿no hay más sabiduría en *T*? ¿Se ha 8487
49.20 ha resuelto sobre los moradores de *T* 8487
Ez 25.13 desde *T* hasta Dedán caerán a espada 8487
Am 1.12 prenderé fuego en *T*, y consumirá los 8487
Abd 9 tus valientes, oh *T*, serán amedrentados 8487
Hab 3.3 Dios vendrá de *T*, y el Santo desde el 8487
3. Tema No. 2, Job 6.19 8485

TEMANITA *Originario de Tema No. 2 o de* Temán No. 2
1 Cr 1.45 reinó...Husam, de la tierra de los *t* 8489
Job 2.11; 4.1; 15.1; 22.1; 42.7,9 Elifaz *t* 8489

TEMBLAR
Éx 15.14 oirán los pueblos, y *temblarán*; se 7264
20.18 pueblo, *temblaron*, y se pusieron...lejos 5128
Dt 2.25 pueblos...oirán tu fama, y *temblarán* 7264
Jue 5.4 la tierra *tembló*...cielos destilaron 7493
5.5 los montes *temblaron* delante de Jehová 5140
1 S 4.5 todo Israel gritó...la tierra *tembló* 1949
4.13 su corazón estaba *temblando* por...arca 2730
13.7 Saúl...el pueblo iba tras él *temblando* 2729
14.15 tuvieron pánico, y la tierra *tembló* 7264
2 S 22.8 la tierra fue conmovida, y *tembló* 7493
22.46 y saldrán *temblando* de sus encierros 2296
Esd 10.9 *temblando* con motivo de aquel asunto 7460
Job 9.6 remueve...y hace *temblar* sus columnas 6426
23.15 cuando lo considero, *tiemblo* a...de él 6342
26.5 las sombras *tiemblan* en lo profundo, los 2342
26.11 las columnas del cielo *tiemblan*, y se 7322
Sal 4.4 *temblad*, y no pequéis; meditad en 7264
14.5 ellos *temblaron* de espanto; porque Dios
18.7 la tierra fue conmovida y *tembló*; se 7493
18.45 y salieron *temblando* de sus encierros 2727
29.8 de Jehová que hace *temblar* el desierto 2342
29.8 hace *temblar* Jehová el desierto de Cades 2342
46.3 *tiemblen*...montes a causa de su braveza 7493
60.2 hiciste *temblar* la tierra...hendido; sana 7493
68.8 la tierra *tembló*...aquel Sinaí *t* delante 7493
69.23 y haz *temblar* continuamente sus lomos 4571
77.18 trueno...estremeció y *tembló* la tierra 7493
82.5 *tiemblan* todos...cimientos de la tierra
99.1 Jehová reina; *temblarán* los pueblos 7264
104.32 él mira a la tierra, y ella *tiembla* 7460
107.27 *tiemblan* y titubean como ebrios, y 2287
114.7 presencia de Jehová *tiembla* la tierra 2342
Ec 12.3 *temblarán* los guardas de la casa, y 2111
Is 10.29 en Geba; Ramá *tembló*; Gabaa de Saúl 2729
14.16 ¿es éste aquel varón que hacía *temblar* 7264
19.1 los ídolos de Egipto *temblarán* delante 5128
23.11 hizo *temblar* los reinos; Jehová mandó 7264
24.18 *temblarán* los cimientos de la tierra 7493
24.20 *temblará* la tierra como un ebrio, y 5128
32.11 *temblad*, oh indolentes; turbaos, oh 2729
54.10 los montes...y los collados *temblarán* 4131
64.2 las naciones *temblasen* a tu presencia! 7264
66.2 humilde de...y que *tiembla* a mi palabra 2730
66.5 oíd palabra...vosotros los que *tembláis* 2730
Jer 4.24 miré a los montes, y...que *temblaban* 7493
8.16 al sonido...de sus corceles *tembló* toda 7493
10.10 Rey eterno; a su ira *tiembla* la tierra 7493
23.9 todos mis huesos *tiemblan*; estoy como 7363
25.16 y beberán, y *temblarán* y enloquecerán 1607
33.9 *temblarán* de todo el bien y de toda la 7264
49.21 del estruendo de...la tierra *temblará* 7493
50.46 la tierra *tembló*, y el clamor se oyó 7493
51.29 *temblará* la tierra, y se afligirá 7493
Ez 7.27 y las manos del pueblo de...*temblarán* 926
26.10 con el estruendo...*temblarán* tus muros 7493
26.16 y *temblarán* a cada momento, y estarán 2729
27.28 al estrépito de...*temblarán* las costas 7493
27.35 reyes *temblarán* de espanto; demudarán 8178
31.16 su caída hice *temblar* a las naciones 7493
38.20 todos los hombres...*temblarán* ante mí 7493
Dn 5.19 todos los pueblos...*temblaban* y temían 2112
6.26 *tiemblen* ante la presencia del Dios de 2112
10.11 hablaba esto...me puse en pie *temblando* 7460
Os 5.8 bocina en Gabaa...*tiembla*, oh Benjamín
11.10 rugirá, y los hijos vendrán *temblando* 2729
Jl 2.1 *tiemblen*...los moradores de la tierra 7264
2.10 delante de él *temblará* la tierra, se 7264
3.16 *temblarán* los cielos y la tierra; pero 7493
Mi 7.17 como las serpientes...*temblarán* en sus 7264
Nah 1.5 los montes *tiemblan* delante de él, y 7493
2.3 día que se prepare, *temblarán* las hayas 7477
Hab 2.7 despertarán los que te harán *temblar* 2111
3.6 miró, e hizo *temblar*...gentes; los montes
3.7 las tiendas de la...de Madián *temblaron* 7264
3.16 oí, y se...a la voz *temblaron* mis labios 6750
Hag 2.6 haré *temblar* los cielos y la tierra 7493
2.7 y haré *temblar* a todas las naciones, y 7493
2.21 yo haré *temblar* los cielos y la tierra 7493
Zac 1.21 venido para hacerlos *temblar*, para 2729
12.2 que haré *temblar* a todos los pueblos de 7478
Mt 27.51 y la tierra *tembló*, y las rocas se 4579
28.4 y de miedo de él los guardas *temblaron* 4579
Mr 5.33 la mujer, temiendo y *temblando*...vino 5399
Lc 8.47 cuando la mujer vio...vino *temblando* 5141
Hch 4.31 el lugar en que estaban...*tembló*; y 4531
7.32 y Moisés, *temblando*, no se atrevía a 1790,1096
9.6 *temblando* y...dijo: Señor, ¿qué quieres 5141
16.29 y *temblando*, se postró a los pies de 1096,1790
He 12.21 que Moisés dijo: Estoy...y *temblando* 1790
Stg 2.19 también...demonios creen, y *tiemblan* 5425

TEMBLOR
Éx 15.15 valientes de Moab les sobrecogerá *t* 7460
15.16 caiga sobre ellos *t* y espanto; a la 367
Job 4.14 me sobrevino un espanto y un *t*, que 7460
21.6 me asombro, y el *t* estremece mi carne 6427
Sal 2.11 servid...con temor, y alegraos con *t* 7460
48.6 les tomó allí *t*; dolor como de mujer 7461
55.5 temor y *t* vinieron sobre mí, y terror 7460
Jer 30.5 hemos oído voz de *t*; de espanto, y 2731
49.24 y le tomó *t* y angustia, y dolores le 7374
Ez 12.18 come tu pan con *t*, y bebe tu agua con 7494
37.7 profeticé, pues...y he aquí un *t*; y los 7494
38.19 en aquel tiempo habrá gran *t* sobre la 7494
Nah 2.10 *t* de rodillas, dolor en las entrañas 6375
Mr 16.8 porque les había tomado *t* y espanto 2192,5156
1 Co 2.3 y estuve entre vosotros...temor y *t* 5156
2 Co 7.15 cómo lo recibisteis con temor y *t* 5156
Ef 6.5 obedeced a vuestros amos...con temor y *t* 5156
Fil 2.12 ocupaos en...salvación con temor y *t* 5156
Ap 16.18 hubo relámpagos...un gran *t* de tierra 4578

TEMENI *Descendiente de Judá*, 1 Cr 4.6 8488

TEMER
Gn 15.1 de Jehová a Abram en visión...No *temas* 3372
20.8 y *temieron* los hombres en gran manera 3372
21.17 no *temas*; porque Dios ha oído la voz 3372
22.12 conozco que *temes* a Dios, por cuanto 3373
26.24 no *temas*, porque yo estoy contigo, y 3372
31.53 Jacob juró por...a quien *temía* Isaac su 6343
32.11 líbrame ahora...de Esaú, porque le *temo* 3373
35.17 no *temas*, que también tendrás este hijo 3372
42.18 haced esto, y vivid: Yo *temo* a Dios 3373
43.23 respondió: Paz a vosotros, no *temáis* 3372
46.3 no *temas* de descender a Egipto, porque 3372
50.19 no *temáis*: ¿acaso estoy yo en lugar de 3372
Éx 1.12 egipcios *temían* a los hijos de Israel 6973
1.17 parteras *temieron* a Dios, y no hicieron 3372
1.21 y por haber las parteras *temido* a Dios 3372
9.30 ni tú ni tus siervos *temeréis* todavía la 3372
14.10 por lo que los hijos de Israel *temieron* 3372
14.13 Moisés dijo al pueblo: No *temáis*; estad 3372
14.31 y el pueblo *temió* a Jehová, y creyeron 3372
20.20 no *temáis*...para probaros vino Dios, y 3372
Lv 19.3 *temerá* a su madre y a su padre, y mis 3372
25.17 sino *temed* a vuestro Dios; porque yo 3372
Nm 14.9 no...ni *temáis* al pueblo de esta tierra 3372
14.9 con nosotros está Jehová; no los *temáis* 3372
Dt 1.21 toma posesión...no *temas* ni desmayes 3372
1.29 os dije: No *temáis*, ni tengáis miedo de 3372
3.22 no los *temáis*; porque Jehová vuestro 6206
4.10 aprenderán, para *temerme* todos los días 3372
5.29 ¡quién diera...me *temiesen* y guardasen 3372
6.2 para que *temas* a Jehová tu Dios, guardando 3372
6.13 a Jehová tu Dios *temerás*, y a él solo 3372
6.24 que *temamos* a Jehová nuestro Dios, para 3372
7.19 pueblos de cuya presencia tú *temieres* 3373
8.6 Dios, andando en sus caminos, y *temiéndole* 3372
9.19 *temí* a causa del furor...con que Jehová 3025
10.12 sino que *temas* a Jehová tu Dios, que 3372
10.20 a Jehová...*temerás*, a él solo servirás 3372
13.4 Jehová...a él *temeréis*, guardaréis sus 3372
13.11 todo Israel oiga, y *tema*, y no vuelva 3372
14.23 que aprendas a *temer* a Jehová tu Dios 3372
17.13 y todo el pueblo oirá, y *temerá*, y no 3372
17.19 que aprenda a *temer* a Jehová su Dios 3372
19.20 los que quedaren oirán y *temerán*, y no 3372
20.3 no *temáis*, ni os azoréis, ni tampoco os 3372
21.21 quitarás el mal...Israel oirá, y *temerá* 3372
28.10 verán todos los pueblos...y te *temerán* 3372
28.58 temiendo...nombre glorioso y *temible* 3372
28.60 todos los males...de los cuales *temiste* 3025
31.6 no *temáis*, ni tengáis miedo de ellos 3372
31.8 no te dejará...no *temas*, ni te intimides 3376
31.12 para que oigan...y *teman* a Jehová...Dios 3372
31.13 los hijos de ellos...aprendan a *temer* a 3372
32.17 a nuevos dioses...que no habían *temido* 8175
32.27 de no haber *temido* la provocación del 1481
Jos 1.9 no *temas* ni desmayes, porque Jehová 6206
4.14 temieron, como habían *temido* a Moisés 3372
4.24 para que *temáis* a Jehová vuestro Dios 3372
8.1 no *temas* ni desmayes; toma contigo toda 3372
9.24 *temimos* en...manera por nuestras vidas 3372
10.25 no *temáis*, ni...sed fuertes y valientes 3372
22.25 harían que...dejasen de *temer* a Jehová 3372
24.14 ahora...*temed* a Jehová, y servidle con 3372
Jue 6.10 no *temáis* a los dioses de...amorreos 3372
6.27 *temiendo* hacerlo de día...hizo de noche 3372
7.3 quien *tema* y se estremezca, madrugue y 3373
Rt 3.11 no *temas*, hija...haré contigo lo que 3372
1 S 3.15 y Samuel *temía* descubrir la visión a 3372
12.14 si *temiereis* a Jehová y le sirviereis 3372
12.20 no *temáis*; vosotros habéis hecho todo 3372
12.24 *temed* a Jehová y servidle de verdad con 3372
14.26 porque el pueblo *temía* el juramento 3372
15.24 *temí* al pueblo y consentí a la voz de 3372
22.23 no *temas*...pues conmigo estarás a salvo 3372
23.17 le dijo: No *temas*, pues no te hallará 3372
28.13 no *temas*. ¿Qué has visto? Y la mujer 3372
2 S 3. 11 no pudo responder palabra...le *temía* 3372
6.9 *temiendo* David a Jehová aquel día, dijo 3372
10.19 los sitios *temieron* ayudar más a los 3372
12.18 *temían* los...hacerle saber que el niño 3372
13.28 y no *temáis*, pues yo os lo he mandado 3372
1 R 1.50 Adonías, *temiendo* de la...de Salomón 3372
3.28 y *temieron* al rey, porque vieron que 3372
5.4 pues ni hay adversarios, ni mal que *temer* 6294
8.40 que te *teman* todos los días que vivan 3372
8.43 todos...te *teman*, como tu pueblo Israel 3372
18.12 me matará; y tu siervo *teme* a Jehová 2026
2 R 17.7 pecaron...y *temieron* a dioses ajenos 3372
17.25 no *temiendo*...a Jehová, envió Jehová 3372
17.28 enseñó cómo habían de *temer* a Jehová 3372
17.32 *temían* a Jehová, e hicieron del bajo 3373
17.33 *temían* a Jehová, y honraban...dioses 3373
17.34 hacen...ni *temen* a Jehová, ni guardan 3373
17.35 diciendo: No *temeréis* a otros dioses 3372
17.36 mas a Jehová...éste *temeréis*, y a éste 3372
17.37 por obra, y no *temeréis* a dioses ajenos 3372
17.38 el pacto...ni *temeréis* a dioses ajenos 3372
17.39 mas *temed* a Jehová vuestro Dios, y él 3372

T

17.41 así *temieron* a Jehová aquellas gentes........3373
19.6 no *temas* por las palabras que has oído.......3372
25.24 no *temáis* de ser siervos de... caldeos.........3372
1 Cr 13.12 y David *temió* a Dios aquel día, y..........3372
16.25 de ser *temido* sobre todos los dioses..........3372
16.30 *temed* en su presencia, toda la tierra.........2342
22.13 esfuérzate... y cobra ánimo; no *temas*, ni.....3372
28.20 no *temas*, ni desmayes, porque Jehová.......3372
2 Cr 6.31 que te *teman* y anden en tus caminos........3372
6.33 tierra conozcan tu nombre, y te *teman*........3372
20.15 no *temáis* ni os amedrentéis delante.........3372
20.17 no *temáis* ni desmayéis; salid mañana........3372
32.7 no *temáis*, ni tengáis miedo del rey de.........3372
Esd 9.4 se me juntaron todos los que *temían*..........2730
10.3 y de los que *temen* el mandamiento de........2730
Neh 2.2 dijo el rey: ¿Por qué... Entonces *temí*...........3372
4.14 no *temáis* delante de ellos; acordaos del.......3372
6.13 pues fue sobornado para hacerme *temer*......3372
6.16 lo oyeron... *temieron* todas las naciones
Job 1.9 dijo: ¿Acaso *teme* Job a Dios de balde?........3372
3.25 *temor*... me ha acontecido lo que yo temía.....6342
5.21 encubierto; no *temerás* la destrucción.........3372
5.22 y no *temerás* de las fieras del campo..........3372
6.21 pues habéis visto el tormento, y *teméis*.......3372
9.35 hablaré, y no le *temeré*; porque en este........3372
11.15 limpio... y serás fuerte, y nada *temerás*.......3372
19.29 *temed* vosotros delante de la espada.........1481
31.23 porque *temí* el castigo de Dios, contra........6343
32.6 he... y he *temido* declararos mi opinión.......3372
36.18 *teme*, no sea que en su ira te quite con
37.24 *temerán* por tanto los hombres; él no.........3372
39.16 no *temiendo* que su trabajo haya sido.........6343
39.22 y no *teme*, ni vuelve el rostro delante.........2865
Sal 3.6 no *temeré* a diez millares de gente que.........3372
15.4 vil... pero honra a los que *temen* a Jehová.....3373
22.23 los que *teméis* a Jehová, alabadle............3373
22.23 y *temedle*... descendencia toda de Israel......1481
22.25 mis votos... delante de los que le *temen*.......3373
23.4 no *temeré* mal alguno, porque tú estarás......3372
25.12 ¿quién es el hombre que *teme* a Jehová?.....3373
25.14 la comunión... es con los que le *temen*.........3373
27.1 Jehová es mi luz y... ¿de quién *temeré*?........3372
27.3 no *temerá* mi corazón; aunque contra mí......3372
31.19 tu bondad, que... para los que te *temen*.......3373
33.8 tema a Jehová toda la tierra; *teman*...........3372
33.18 el ojo de Jehová sobre los que le *temen*.......3373
34.7 acampa alrededor de los que le *temen*.........3373
34.9 *temed* a Jehová, vosotros... santos, pues.......3372
34.9 pues nada falta a los que le *temen*............3373
40.3 verán... *temerán*, y confiarán en Jehová.......3372
46.2 tanto, no *temeremos*, aunque la tierra.........3372
49.5 ¿por qué he de *temer* en los días de............3372
49.16 no *temas* cuando se enriquece alguno........3372
52.6 verán los justos, y *temerán*; se reirán..........3372
55.19 por cuanto no cambian, ni *temen* a Dios......3372
56.3 en el día que *temo*, yo en ti confío............3372
56.4,11 en Dios he confiado; no *temeré*; ¿qué.........3372
60.4 has dado a los que te *temen* bandera que......3373
61.5 la heredad de los que *temen* tu nombre........3373
64.4 de repente lo asaetean, y no *temen*............3372
64.9 entonces *temerán* todos los hombres, y........3372
65.8 habitantes de... *temen* de tus maravillas.......3372
66.16 venid, oíd... los que *teméis* a Dios, y..........3373
67.7 *témanlo* todos los términos de la tierra........3372
72.5 te *temerán* mientras duren el sol y la..........3372
77.16 las aguas te vieron, y *temieron*; los...........2342
85.9 está su salvación a los que le *temen*..........3373
86.11 afirma mi corazón... que *tema* tu nombre.....3372
90.11 tu indignación... que debes ser *temido*?......3374
91.5 no *temerás* el terror nocturno, ni saeta........3372
96.9 *temed* delante de él, toda la tierra.............2342
102.15 naciones *temerán* el nombre de Jehová.....3372
103.11,17 su misericordia... los que le *temen*........3373
103.13 compadece Jehová de los que le *temen*.....3373
111.5 ha dado alimento a los que le *temen*.........3373
112.1 bienaventurado el... que *teme* a Jehová......3372
112.8 asegurado está su corazón; no *temerá*.......3372
115.11 los que *teméis* a Jehová, confiad en.........3373
115.13 bendecirá a los que *temen* a Jehová, a.......3373
118.4 digan ahora los que *temen* a Jehová, que.....3373
118.6 Jehová está conmigo; no *temeré* lo que.......3372
119.38 confirma... a tu siervo, que te *teme*..........3374
119.39 quita de mí el oprobio que he *temido*........3025
119.63 compañero... de todos los que te *temen*.....3372
119.74 que te *temen* me verán, y se alegrarán.......3373
119.79 vuélvanse a mí los que te *temen* y...........3373
128.1 bienaventurado todo aquel que *teme* a.......3373
128.4 así será bendecido el hombre que *teme*.......3373
135.20 los que *teméis* a Jehová, bendecid a.........3373
145.19 cumplirá el deseo de los que le *temen*........3373
147.11 complace Jehová en los que le temen.........3373
Pr 1.26 me burlaré... os viniere lo que *teméis*..........6343
1.27 cuando viniere como una... lo que *teméis*......6343
3.7 seas... *teme* a Jehová, y apártate del mal.......3372
10.24 lo que el impío *teme*, eso le vendrá..........4034
13.13 mas el que *teme* el mandamiento será.........3373
14.2 que camina en su rectitud *teme* a Jehová......3373
14.16 el sabio *teme* y se aparta del mal; mas.........3373
24.21 *teme* a Jehová, hijo mío, y al rey; no..........3372
28.14 bienaventurado el hombre... *teme* a Dios.....6342
Pr 31.30 la mujer que *teme* a Jehová, ésa será.........3373
Ec 3.14 lo hace... para que delante de él *teman*.........3372
5.7 las muchas palabras; mas tú, *teme* a Dios.......6342
7.18 aquel que a Dios *teme*, saldrá bien en.........3373
8.12 que les irá bien a los que a Dios *temen*........3373
8.12 los que *temen* delante de su presencia.........3372
8.13 no *teme* delante de la presencia de Dios.......3373
9.2 que jura, como al que *teme* el juramento........3373
12.5 cuando también *temerán* de lo que es alto.....3372
12.13 *teme* a Dios, y guarda sus mandamientos.....3372
Is 7.4 dile: Guarda, y repósate; no *temas*, ni...........3372
7.16 la tierra... que tú *temes* será abandonada.....6973
8.12 ni temáis lo que ellos *temen*, ni tengáis........3372
10.24 pueblo mío... de Sion, no *temas* de Asiria.....3372
12.2 salvación mía; me aseguraré y no *temeré*......6342
19.16 asombrarán y *temerán* en la presencia........6342
19.17 acordare *temerá* por causa del consejo.......6342
25.3 te *temerá* la ciudad de gentes robustas........3372
29.23 santificarán al... y *temerán* al Dios de.........6206
35.4 no *temáis*... que vuestro Dios viene con........3372
37.6 no *temas* por las palabras que has oído.......3372
40.9 levántala, no *temas*; di a las ciudades..........3372
41.10 no *temas*, porque yo estoy contigo; no........3372
41.13 Dios... te dice: No *temas*, yo te ayudo.........3372
41.14 no *temas*, gusano de Jacob, oh vosotros......3372
43.1 no *temas*, porque yo te redimí; te puse.........3372
43.5 no *temas*, porque yo estoy contigo; del.........3372
44.2 *temas*, siervo mío Jacob, y tú, Jesurún..........3372
44.8 no *temáis*, ni os amedrentéis; ¿no te lo.........6342
50.10 ¿quién hay... que *teme* a Jehová, y oye la.....3373
51.7 oídme... no *temáis* afrenta de hombre, ni......3372
51.13 todo el día *temiste* continuamente del........6342
54.4 no *temas*, pues no serás confundida; y no.......3372
54.14 estarás lejos de opresión... no *temerás*.......3372
57.11 y de quién te asustaste y *temiste*, que.........3372
57.11 ¿no he guardado silencio... has *temido*?......3372
59.19 *temerán* desde el... el nombre de Jehová.....3372
66.4 yo... traeré sobre ellos lo que *temieron*.........4035
Jer 1.8 no *temas* delante... contigo estoy para.........3372
1.17 no *temas* delante de ellos, para que no.........2865
5.22 ¿a mí no me *temeréis*? dice Jehová. ¿No.......3372
5.24 y no dijeron en... *Temamos* ahora a Jehová....3372
10.2 señales... aunque las naciones las *teman*.......2865
10.7 ¿quién no te *temerá*, oh Rey... naciones?.......3372
22.25 en mano de aquellos cuya vista *temes*........1481
23.4 no *temerán* más, ni se amedrentarán, ni........3372
26.19 ¿no *temió* a Jehová, y oró en presencia........3373
30.10 tú... Jacob, no *temas*... ni te atemorices.......3372
32.39 para que me *teman* perpetuamente, para.....3372
33.9 y *temerán* y temblarán de todo el bien..........6342
39.17 manos de aquellos a quienes tú *temes*........3025
41.18 *temían*, por haber dado muerte Ismael.........3372
42.11 no *temáis* de la... no *t* de su presencia.........3373
42.16 espada que *teméis*, os alcanzará allí...........3373
46.27 y tú no *temas*, siervo mío Jacob, ni...........3372
46.28 tú... Jacob, no *temas*... yo estoy contigo.......3372
51.46 ni *temáis* a causa del rumor que se oirá.......3372
Lm 3.57 acercaste el día... dijiste: No *temas*...........3372
Ez 2.6 tú... no les *temas*, ni tengas miedo de..........3372
2.6 ni *temas* delante de ellos, porque son...........2865
3.9 no los *temas*, ni tengas miedo delante de.......3372
11.8 espada habéis *temido*, y espada traeré..........3372
Dn 1.10 temo a mi señor el rey, que señaló.............3373
5.19 todos los pueblos... *temían* delante de él.......1763
6.26 *teman*... la presencia del Dios de Daniel.........1763
9.4 Señor, Dios grande, digno de ser *temido*........3372
10.12 Daniel, no *temas*... desde el primer día.......3372
10.19 amado, no *temas*; la paz sea contigo...........3372
Os 3.5 y *temerán* a Jehová y a su bondad en el.........6342
10.3 no *tenemos* rey... no temimos a Jehová.........3372
Jl 2.6 delante de él *temerán* los pueblos; se...........2342
2.21 tierra, no *temas*; alégrate y gózate............3372
2.22 animales del campo, no *temáis*; porque.......3372
Am 3.8 si el león ruge, ¿quién no *temerá*? Si...........3372
Jon 1.9 les respondió: Soy hebreo, y *temo* a............3373
1.10 aquellos hombres *temieron*... y le dijeron.......3372
1.16 *temieron* aquellos hombres a Jehová con.......3372
Mi 6.9 la voz de Jehová clama... es sabio *temer*
7.17 amedrentados... y *temerán* a causa de ti.......3372
Hab 3.2 oh Jehová, he oído tu palabra, y *temí*..........3372
Sof 3.7 me *temerá*; recibirá corrección, y no............3372
3.16 no *temas*; Sion, no se debiliten tus manos......3372
Hag 1.12 *temió* el pueblo delante de Jehová.............3372
2.5 mi Espíritu estará en medio... no *temáis*.........3372
Zac 8.13 no *temáis*, mas esfuércense vuestras............3372
8.15 hacer bien a... en estos días; no *temáis*........3372
9.5 verá Ascalón, y *temerá*; Gaza también, y.........3372
Mal 2.5 las cuales... le di para que me *temiera*.........4172
3.16 los que *temían* a Jehová hablaron cada........3372
3.16 fue escrito... para los que *temen* a Jehová.......3373
4.2 mas a vosotros los que *teméis* mi nombre.........3373
Mt 1.20 José... no *temas* recibir a María tu mujer........5399
8.26 ¿por qué *teméis*, hombres de poca fe? 1169
10.26 que, no los *temáis*... nada hay encubierto 5399
10.28 y no *temáis* a los que matan el cuerpo 5399
10.28 *temed* más bien a... que puede destruir el 5399
10.31 así que, no *temáis*; más valéis vosotros 5399
14.5 y Herodes quería matarle, pero *temía* al.......5399
14.27 habló... ¡Tened ánimo; yo soy, no *temáis*! 5399
17.7 los tocó, y dijo: Levantaos, y no *temáis* 5399
21.26 y si decimos, de los hombres, *tememos*.........5399
21.46 *temían* al pueblo, porque éste le tenía..........5399
27.54 el centurión... *temieron* en gran manera.......5399
28.5 mas el ángel... dijo... No *temáis* vosotras.........5399
28.10 dijo: No *temáis*; id, dad las nuevas a 5399
Mr 4.41 entonces *temieron* con gran temor, y...........5401
5.33 la mujer, *temiendo* y... vino y se postró.........5399
5.36 Jesús... dijo... No *temas*, cree solamente 5399
6.20 Herodes *temía* a Juan... guardaba a salvo.......5399
6.50 dijo: ¡Tened ánimo; yo soy, no *temáis*! 5399
11.32 *temían* al pueblo, pues todos tenían a...........5399
12.12 *temían* a la multitud, y dejándole, se...........5399
Lc 1.13 Zacarías, no *temas*; porque tu oración............5399
1.30 no *temas*... has hallado gracia delante de.......5399
1.50 su misericordia es... a los que le *temen*..........5399
2.10 el ángel les dijo: No *temáis*; porque he...........5399
5.10 no *temas*; desde ahora serás pescador de 5399
8.50 le respondió: No *temas*; cree solamente 5399
9.45 *temían* preguntarle sobre esas palabras.......5399
12.4 no *temáis* a los que matan el cuerpo, y 5399
12.5 pero os enseñaré a quién debéis *temer* 5399
12.5 *temed* a aquel que... tiene poder de echar 5399
12.5 el infierno; sí, os digo, a éste *temed* 5399
12.7 no *temáis*, pues; más valéis vosotros que 5399
12.32 no *temáis*, manada pequeña, porque a 5399
18.2 había... un juez, que ni *temía* a Dios, ni 5399
18.4 aunque ni *temo* a Dios, ni tengo respeto 5399
20.19 echarle mano... pero *temieron* al pueblo.......5399
22.2 cómo matarle; porque *temían* al pueblo.........5399
23.40 ¿ni aun *temes* tú a Dios, estando en la.........5399
Jn 6.20 **mas él les dijo: Yo soy; no *temáis*** 5399
12.15 **no *temas*, hija de Sión; he aquí tu Rey** 5399
Hch 5.26 *temían* ser apedreados por el pueblo.........5399
10.35 agrada del que le *teme* y hace justicia.........5399
13.16 israelitas, y los que *teméis* a Dios, oíd..........5399
13.26 los que... *teméis* a Dios, a vosotros es..........5399
18.9 **visión de noche... No *temas*, sino habla** 5399
27.24 diciendo: Pablo, no *temas*; es necesario.......5399
27.29 y *temiendo* dar en escollos, echaron...........5399
Ro 11.20 bien... No te ensoberbezcas, sino *teme*.......5399
13.3 ¿quieres, pues, no *temer* la autoridad?.........5399
13.4 pero si haces lo malo, *teme*; porque no..........5399
2 Co 11.3 *temo* que como la serpiente con su...........5399
12.20 me *temo*... no os halle tales como quiero.......5399
Gá 4.11 *temo*... que haya trabajado en vano con.......5399
Col 3.22 con corazón sincero, *temiendo* a Dios.........5399
1 Ti 5.20 para que los demás también *teman*...........5401
He 4.1 *temamos*, pues, no sea que permaneciendo.....5399
11.23 fue escondido... y no *temieron* el decreto.......5399
11.27 fe dejó a... no *temiendo* la ira del rey..........5399
13.6 no *temeré* lo que... pueda hacer el hombre.....5399
1 P 2.17 amad a... *Temed* a Dios. Honrad al rey.........5399
3.6 si hacéis el bien, sin *temer*... amenaza..........5399
2 P 2.10 no *temen* decir mal de las potestades..........5141
1 Jn 4.18 que *teme*, no ha sido perfeccionado..........5399
Ap 1.17 **no *temas*... soy el primero y el último** 5399
2.10 **no *temas* en nada lo que vas a padecer** 5399
11.18 el galardón... a los que *temen* tu nombre.......5399
14.7 *temed* a Dios, y dadle gloria, porque la.........5399
15.4 ¿quién no te *temerá*... y glorificará tu..........5399
19.5 alabad a... Dios todos... los que le *teméis*.......5399

TEMERARIO

Ez 21.31 y te entregaré en mano de hombres *t*........1197

TEMERIDAD

Gn 49.6 furor... y en su *t* desjarretaron toros..........6131
2 S 6.7 y lo hirió allí Dios por aquella *t*, y..............7944

TEMEROSO

Éx 18.21 escoge... varones de virtud, *t* de Dios.........3373
Dt 28.65 pues allí te dará Jehová corazón *t*............7268
28.66 y estarás *t* de noche y de día, y no..........6342
1 S 18.12 Saúl estaba *t* de David, por cuanto...........3372
1 R 18.3 Abdías... en gran manera *t* de Jehová.........3373
2 R 4.1 sabes que tu siervo era *t* de Jehová............3373
Neh 7.2 éste era varón de verdad y *t* de Dios............3372
Job 1.1,8; 2.3 *t* de Dios y apartado del mal..........3373
Jn 9.31 pero si alguno es *t* de Dios, y hace............2318
Hch 9.6 **y *t*, dijo: Señor, ¿qué quieres que yo** 2284
10.2 piadoso y *t* de Dios con toda su casa, y.........5399
10.22 Cornelio el centurión, varón justo y *t*..........5399
18.7 la casa de uno llamado Justo, *t* de Dios........4576

TEMIBLE

Dt 7.21 está en medio de ti, Dios grande y *t*............3372
10.17 Dios grande, poderoso y *t*, que no hace.......3372
28.58 nombre glorioso y *t*: JEHOVÁ Tu Dios.........3372
Jue 13.6 un ángel de Dios, *t* en gran manera............3372
Neh 1.5 Dios de los cielos, fuerte, grande y *t*............3372
4.14 acordaos del Señor, grande y *t*; y pelead......3372
9.32 Dios... fuerte, *t*, que guardas el pacto y........3372
Sal 47.2 porque Jehová el Altísimo es *t*; Rey...........3372
66.5 Dios, *t* en hechos sobre los hijos de los..........3372
68.35 *t* eres, oh Dios, desde tus santuarios...........3372
76.7 tú, *t* eres tú; ¿y quién podrá estar en............3372
76.11 todos los que... traigan ofrendas al *T*..........4172
76.12 cortará... *t* es a los reyes de la tierra..........3372
89.7 Dios *t* en la gran congregación de los...........6206
96.4 porque grande... *t* sobre todos los dioses.......3372
99.3 alaben tu nombre grande y *t*... es santo.......3372
111.9 ha ordenado su... santo y *t* es su nombre.....3372
Is 2.10 escóndete. la presencia *t* de Jehová...........6343
2.19 cavernas... por la presencia *t* de Jehová........6343
18.2,7 pueblo *t* desde su principio y después.........3372
Mal 1.14 y mi nombre es *t* entre las naciones..........3372

TEMOR

Gn 9.2 *t* y el miedo de vosotros estarán sobre.........4172
15.12 *t* de una grande oscuridad cayó sobre..........367
20.11 dije... no hay *t* de Dios en este lugar...........3374
31.42 si el Dios de mi padre... y *t* de Isaac...........6343
32.7 entonces Jacob tuvo... *t*, y se angustió..........3372
42.35 y viendo ellos... su dinero, tuvieron *t*...........3372
43.18 entonces aquellos hombres tuvieron *t*.........3372
Éx 9.20 el que tuvo *t* de la palabra de Jehová..........3373
20.20 para que su *t* esté delante de vosotros........3372
Lv 19.14 que tendrás *t* de tu Dios. Yo Jehová...........3372
19.32 honrarás el... y de tu Dios tendrás *t*..........3372
25.36 ni ganancia, sino tendrás *t* de tu Dios..........3372
25.43 con dureza, sino tendrás *t* de tu Dios..........3372
Nm 12.8 pues, no tuvisteis *t* de hablar contra...........3372
22.3 y Moab tuvo gran *t* a causa del pueblo.........1481
Dt 1.17 no tendréis *t* de ninguno, porque el.............1481
2.25 hoy comenzaré a poner tu *t* y tu espanto.......6343
3.2 no tengas *t* de él, porque en tu mano he.........3372

5.5 tuvisteis t del fuego, y no subisteis al 3372
7.18 no tengas t de ellas; acuérdate bien de 3372
11.25 miedo y t de vosotros pondrá Jehová 4172
18.22 presunción la habló...no tengas t de él 1481
20.1 no tengas t de ellos, porque Jehová tu 3372
25.18 desbarató...y no tuvo ningún t de Dios 3373
Jos 2.9 t de vosotros ha caído sobre nosotros 367
10.2 tuvo gran t...Gabaón era una gran ciudad 3372
10.8 no tengas t de ellos; porque yo la he 3372
11.6 no tengas t de ellos, porque mañana a 3372
22.24 lo hicimos más bien por t de que mañana 1674
Jue 4.18 Jael...dijo: Ven, señor...no tengas t 3372
6.23 le dijo: Paz...no tengas t, no morirás 3372
7.10 si tienes t de descender, baja tú con 3373
8.20 porque tenía t, pues era aún muchacho 3372
20.41 los de Benjamín se llenaron de t, porque 926
1 S 4.20 no tengas t...has dado a luz un hijo 3372
7.7 al oír esto...tuvieron t de los filisteos 3372
11.7 y cayó t de Jehová sobre el pueblo, y 6343
12.18 el pueblo tuvo gran t de Jehová y de 3372
17.24 los varones de Israel...y tenían gran t 3372
18.15 y viendo Saúl que se portaba...tenía t 1481
18.29 más t de David; y fue Saúl enemigo de 3372
21.12 David...tuvo gran t de Aquis rey de Gat 3372
28.20 tuvo gran t por las palabras de Samuel 3372
31.3 los flecheros, y tuvo gran t de ellos 2342
31.4 escudero no quería, porque tenía gran t 3372
2 S 1.14 no tuviste t de extender tu mano para 3372
9.7 no tengas t, porque yo a la verdad haré 3372
23.3 un justo...que gobierne en el t de Dios 3374
1 R 17.13 no tengas t; vé, haz como has dicho 3372
2 R 10.4 tuvieron gran t, y dijeron: He aquí 3372
25.26 fueron a Egipto, por t de los caldeos 3372
1 Cr 14.17 puso el t de David sobre...naciones 6343
2 Cr 19.7 sea...con vosotros el t de Jehová 6343
19.9 procederéis asimismo con t de Jehová 3374
20.3 él tuvo t; y Josafat humilló su rostro 3372
Neh 5.9 ¿no andaréis en el t de nuestro Dios 3374
5.15 yo no hice así, a causa del t de Dios 3374
Est 8.17 el t de los judíos había caído sobre 6343
9.2 el t de ellos había caído sobre todos los 6343
9.3 t de Mardoqueo había caído sobre ellos 6343
Job 3.25 el t que me espantaba me ha venido, y
4.6 ¿no es tu t a Dios tu confianza? ¿No es 3374
6.14 aquel que abandona el t del Omnipotente 3374
15.4 disipas el t, y menoscabas la oración 3374
18.11 de todas partes lo asombrarán t, y le 1091
21.9 sus casas están a salvo de t, ni viene 6343
25.2 el señorío y el t están con él; él hace 6343
28.28 que el t del Señor es la sabiduría, y 3374
31.34 porque tuve t de la gran multitud, y 6206
41.25 de su grandeza tienen t los fuertes, y 1481
41.33 le parezca; animal hecho exento de t 2844
Sal 2.11 servid a Jehová con t, y alegraos con 3374
5.7 adoraré hacia tu santo templo en tu t 3374
9.20 pon...t en ellos; conozcan las naciones 4172
19.9 el t de Jehová es limpio, que permanece 3374
34.4 busqué a Jehová...y me libró de...mis t 4035
34.11 venid, hijos...t de Jehová os enseñaré 3374
36.1 no hay t de Dios delante de sus ojos 6343
55.5 t y temblor vinieron sobre mí, y terror 3374
64.1 Dios...guarda mi vida del t del enemigo 6343
76.8 juicio; la tierra tuvo t y quedó suspensa 3372
78.53 guió con seguridad...que no tuvieran t 6342
111.10 principio de la sabiduría es el t de 3374
112.7 no tendrá t de malas noticias...firme 3372
119.120 mi carne se ha estremecido por t de 6343
119.161 mi corazón tuvo t de tus palabras 6342
Pr 1.7 principio de la sabiduría es el t de 3374
1.29 cuanto...y no escogieron el t de Jehová 3374
1.33 y vivirá tranquilo, sin temor del mal 6346
2.5 entenderás el t de Jehová, y hallarás el 3374
3.24 cuando te acuestes, no tendrás t, sino 6342
3.25 no tendrás t de pavor repentino, ni de 3372
8.13 el t de Jehová es aborrecer el mal; la 3374
9.10 el t de Jehová es el principio de la 3374
10.27 el t de Jehová aumentará los días; mas 3374
14.26 t de Jehová está la fuerte confianza 3374
14.27 t de Jehová es manantial de vida para 3374
15.16 mejor es lo poco con el t de Jehová que 3374
15.33 t de Jehová es enseñanza de sabiduría 3374
16.6 con el t de Jehová...se apartan del mal 3374
19.23 el t de Jehová es para vida, y con él 3374
22.4 son la remuneración...y del t de Jehová 3374
23.17 antes persevera en el t de Jehová todo 3374
Pr 29.25 el t del hombre pondrá lazo; mas el que 2731
31.21 no tiene t de la nieve por su familia 3372
Cnt 3.8 con su espada...por los t de la noche 6343
Is 7.25 no llegarán...por el t de los espinos 3374
8.13 sea él vuestro t, y él sea vuestro miedo 4174
11.2 espíritu de conocimiento y...t de Jehová 3374
11.3 y le hará entender diligente en el t de 3374
14.3 el día que Jehová te dé reposo...de tu t 7267
29.13 t de mí no es más que un mandamiento 3374
33.6 ciencia...el t de Jehová será su tesoro 3374
41.5 las costas vieron, y tuvieron t; los 3372
51.12 ¿quién eres tú para que tengas t del 3372
54.14 estarás lejos de opresión...de t, porque 4288
63.17 y endureciste nuestro corazón a tu t? 3374
Jer 2.19 y faltar mi t en ti, dice...Jehová de 6345
3.8 pero no tuvo t la rebelde Judá su hermana 3372
6.25 porque espada de enemigo y t hay por 4032
10.2 ni de las señales del cielo tengáis t 2865
10.5 no tengáis t de ellos, porque ni pueden 3372
10.7 ¿quién no te temerá...ti es debido el t
20.10 la murmuración de muchos, t de todas 4032
26.21 rey procuró matarle...tuvo t, y huyó a 3372
32.40 y pondré mi t en el corazón de ellos 3374
36.24 no tuvieron t ni rasgaron sus vestidos 6342
38.19 tengo t de...judíos que se han pasado a 1672
40.9 no tengáis t de servir a los caldeos 3372
42.11 presencia del rey...del cual tenéis t 3373
42.16 y el hambre de que tenéis t, allá en 1672
44.10 ni han tenido t, ni han caminado en 3372
Lm 2.22 has convocado de todas partes mis t 4032
3.47 t y lazo fueron...nosotros, asolamiento 6343
Ez 12.19 su pan comerán con t, y con espanto 1674
30.13 no...y en la tierra de Egipto pondré t 3374
Dn 10.7 que se apoderó de ellos un gran t, y 2731
Os 13.1 Efraín hablaba, hubo t; fue exaltado 7578
Jon 1.16 temieron aquellos hombres con gran t 1419
Hab 3.10 te vieron y tuvieron t los montes 2342
Mal 1.6 si soy señor, ¿dónde está mi t? dice 4172
2.5 y tuvo t de mí, y delante de mi nombre 3372
3.5 no teniendo t de mí, dice Jehová de los 3372
Mt 2.22 tuvo t de ir allá; pero avisado por 5399
17.6 se postraron sobre...y tuvieron gran t 5399
28.8 saliendo del sepulcro con t y...fueron 5401
Mr 4.41 temieron con gran t, y se decían el 5401,3173
Lc 1.12 se turbó Zacarías...y le sobrecogió t 5401
1.65 se llenaron de t todos sus vecinos; y 5401
1.74 que, librados de...sin t le serviríamos 870
2.9 la gloria...los rodeó...y tuvieron gran t 5399
5.9 t se había apoderado de él, y de todos 4023,2285
5.26 y llenos de t, decían: Hoy hemos visto 5401
8.37 que se marchase de ellos...tenían gran t 5401
9.34 nube...y tuvieron t al entrar en la nube 5399
21.26 **desfalleciendo los hombres por el t y** 5401
24.5 como tuvieron t, y bajaron el rostro a 1719
Hch 2.43 sobrevino t a toda persona; y muchas 5401
5.5 un gran t sobre todos los que lo oyeron 5401
5.11 y vino gran t sobre toda la iglesia, y 5401
9.31 tenían paz...andando en el t del Señor 5401
19.17 tuvieron t...ellos, y era magnificado el 5401
22.29 el tribuno...tuvo t por haberle atado 5399
23.10 t de que Pablo fuese despedazado por 2125
27.17 t de dar en la Sirte, arriaron...velas 5399
Ro 3.18 no hay t de Dios delante de sus ojos 5401
8.15 de esclavitud para estar otra vez en t 5401
13.3 magistrados no están para infundir t al 5401
1 Co 2.3 con debilidad, y mucho t y temblor 5401
2 Co 5.11 conociendo, pues, el t del Señor 5401
7.1 perfeccionando la santidad en el t de 5401
7.5 sino...de fuera, conflictos; de dentro, t 5401
7.11 qué t, qué ardiente afecto, qué celo, y 5401
7.15 de cómo lo recibisteis con t y temblor 5401
Ef 5.21 someteos unos a otros en el t de Dios 5401
6.5 siervos, obedeced a vuestros amos...con t 5401
Fil 1.14 se atreven...hablar la palabra sin t 870
2.12 ocupaos en vuestra salvación con t y 5401,2192
He 2.15 todos los que por el t de la muerte 5401
5.7 Cristo...oído a causa de su t reverente 2124
11.7 con t preparó el arca en que su casa se 2125
12.28 a Dios agradándole con t y reverencia 2124
1 P 1.17 conducíos en t todo el tiempo de 5401
3.14 no os amedrentéis por t de ellos, ni os 5401
1 Jn 4.18 en el amor no hay t, sino que...echa 5401
4.18 echa fuera el t...t lleva en sí castigo 5401
Jud 23 y de otros tened misericordia con t 5401
Ap 11.11 cayó gran t sobre los que los vieron 5401
18.10,15 lejos por el t de su tormento 5401

TEMPESTAD

Job 9.17 porque me ha quebrantado con t, y ha 8183
27.21 y se va; y t lo arrebatará de su lugar
36.33 t proclama su ira contra la iniquidad
Sal 50.3 vendrá...Dios...t poderosa le rodeará 8175
55.8 escapar del viento borrascoso, de la t 5591
58.9 así airados, los arrebatará él con t 8175
83.15 persíguelos así con tu t, y atérralos 5591
107.29 cambia la t en sosiego, y...sus ondas 5591
148.8 el viento de t que ejecuta su palabra 5591
Is 29.6 serás visitada con...torbellino y t, y 5591
30.30 con torbellino, t y piedra de granizo 2230
54.11 pobrecita, fatigada con t, sin consuelo 5590
57.20 pero los impíos son como el mar en t
Jer 5.22 se levantarán t, mas no prevalecerán
23.19 la t de Jehová saldrá con furor; y la 5591
23.19 la t que está preparada caerá sobre la 5591
25.32 grande t se levantará de los fines de 5591
30.23 la t de Jehová sale con furor; la t que 5591
Ez 38.9 subirás tú, y vendrás como t...nublado 7722
Dn 11.40 levantará contra él como una t, con 8175
Os 13.3 el tamo que la t arroja de la era, y 5590
Am 1.14 consumirá...con t en día tempestuoso 5591
Jon 1.4 hubo en el mar una t tan grande que 5591
1.12 que por mi causa ha venido esta gran t 5591
Nah 1.3 Jehová marcha en la t y el torbellino 5492
Hab 3.14 como t acometieron para dispersarme 5590
Mt 8.24 se levantó en el mar una t tan grande 4578
16.3 **y por la mañana: Hoy habrá t; porque** 5494
Mr 4.37 pero se levantó una gran t de viento 2978
Lc 8.23 se desencadenó una t de viento en el 2978
Hch 27.18 siendo combatidos por una furiosa t 5492
27.20 días, y acosados por una t no pequeña 5494
He 12.18 al monte...que ardía en fuego...a la t 2366

TEMPESTUOSO

Sal 107.25 habló, e hizo levantar un viento t 5591
Ez 1.4 del norte un viento t, y una gran nube 7307,5591
13.11 enviaré piedras...y viento t la romperá 5591
13.13 haré que la rompa viento t con mi ira 5591
Am 1. 14 consumirá sus...con tempestad en día t 5492

TEMPLANZA

Gá 5.23 mansedumbre, t; contra tales cosas no 1466

TEMPLECILLO

Hch 19.24 Demetrio...hacía de plata t de Diana 3485

TEMPLO

Jue 9.4 setenta siclos...del t de Baal-berit 1004
9.27 entrando en el t...comieron y bebieron 1004
9.46 se metieron en la fortaleza del t del 1004
1 S 1.9 Elí estaba...junto a un pilar del t de 1964
3.3 Samuel estaba durmiendo en...t de Jehová 1964
5.5 y todos los que entran en el t de Dagón 1004
31.9 llevaran las...nuevas al t de sus ídolos 1004
31.10 pusieron sus armas en el t de Astarot 1004
2 S 22.7 él oyó mi voz desde su t, y mi clamor 1964
1 R 6.3 el pórtico delante del t...veinte codos 1964
6.5 contra las paredes de...alrededor del t 1964
6.17 la casa, esto es, el t...tenía 40 codos 1964
6.33 a la puerta del t postes cuadrados de 1964
7.21 estas columnas erigió en el pórtico del t 1964
7.50 de oro los...y los de las puertas del t 1964
16.32 e hizo altar a Baal, en el t de Baal 1004
2 R 5.18 cuando...rey entrare en el t de Rimón 1004
5.18 también me inclinare en el t de Rimón 1004
10.21 el t de Baal, y el t de Baal se llenó 1004
10.23 y entró Jehú con Jonadab...el t de Baal 1004
10.25 y fueron hasta el lugar santo del t de 1004
10.26 sacaron las estatuas del t de Baal, y 1004
10.27 derribaron el t de Baal, y lo...letrinas 1004
11.11 junto al altar y el t, en derredor del 1004
11.13 oyendo Atalía...entró al pueblo en el t 1004
11.15 dijo: Sacadla fuera del recinto del t
11.15 que no la matasen en el t de Jehová 1004
11. 18 todo el pueblo...entró en el t de Baal 1004
12.5 recíbanlo...reparen los portillos del t 1004
12.6 aún no habían reparado...las grietas del t 1004
12.7 ¿por qué no reparáis las grietas del t? 1004
12.7 sino dadlo para reparar...grietas del t 1004
12.8 el cargo de reparar las grietas del t 1004
12.9 mano derecha así que se entra en el t 1004
12.10 contaban el dinero que hallaban en el t 1004
12.13 ni ningún otro utensilio de...para el t 1004
16.14 entre el altar y el t de Jehová, y lo 1004
16.18 los quitó del t de Jehová, por causa 1004
17.29 pusieron en los t de los lugares altos 1004
17.32 sacrificaban para ellos en los t de los 1004
18.16 quitó el oro de las puertas del t de 1964
19.37 mientras él adoraba en el t de Nisroc 1004
22.9 han recogido el dinero que se...en el t 1004
23.4 que sacasen del t de Jehová todos los 1964
23.11 los caballos que...a la entrada del t 1004
1 Cr 9.2 primeros...fueron...sirvientes del t 5411
9.33 cantores...moraban en las cámaras del t 3957
10.10 y pusieron sus armas en el t de sus 1004
10.10 y colgaron la cabeza en el t de Dagón 1004
22.7 mío, en mi corazón tuve el edificar t 1004
25.6 para el ministerio del t de Dios. Asaf 1004
26.15 sus hijos la casa de provisiones del t 1004
28.11 David dio a...plano del pórtico del t 1004
2 Cr 3.17 colocó las columnas delante del t 1964
4.7 candeleros de oro...cuales puso en el t 1964
4.8 diez mesas y las puso en el t, cinco a 1964
4.22 y de oro...las puertas de la casa del t 1964
23.10 desde el rincón derecho del t hasta el 1004
23.17 entró todo el pueblo en el t de Baal 1004
26.16 el t de Jehová para quemar incienso 1964
29.16 sacaron toda la inmundicia...en el t 1964
32.21 y entrando en el t de su dios, allí lo 1004
34.10 la obra...para reparar y restaurar el t 1004
36.7 llevó...y los puso en su t en Babilonia 1964
Esd 2.43 sirvientes del t; los hijos de Ziha 5411
2.58 todos los sirvientes del t, e hijos de 5411
2.70 habitaron...los sirvientes del t en sus 5411
3.6 los cimientos del t...no se habían echado 1964
3.10 albañiles del t...echaban los cimientos 1964
4.1 edificaban el t de Jehová Dios de Israel 1964
5.14 que Nabucodonosor había sacado del t que 1965
5.14 los había llevado al t de Babilonia, el 1965
5.14 el rey Ciro los sacó del t de Babilonia 1965
5.15 y llévalos al t que está en Jerusalén 1965
6.5 Nabucodonosor sacó del t que estaba en 1965
6.5 sean devueltos y vayan a su lugar, al t 1965
7.7 con él subieron...sirvientes del t, en el 5411
7.24 a todos los...porteros, sirvientes del t 5412
8.17 habían de hablar a...los sirvientes del t 5411
8.20 de los sirvientes del t, a quienes David 5411
8.20 220 sirvientes del t, todos los cuales 5411
Neh 3.26 y los sirvientes del t que habitaban 5411
3.31 hasta la casa de los sirvientes del t y 5411
6.10 reunámonos en la casa de...dentro del t 1004
6.10 y cerremos las puertas del t, porque 1004
6.11 entraría al t para salvarse la vida? 1964
7.46 sirvientes del t; los hijos de Ziha, los 5411
7.60 todos los sirvientes del t e hijos de 5411
7.73 habitaron...los sirvientes del t y todo 5411
10.28 los sirvientes del t, y todos los que 5411
11.3 los sirvientes del t y los hijos de los 5411
11.21 los sirvientes del t habitaban en Ofel 5411
11.21 autoridad sobre los sirvientes del t 5411
Sal 5.7 adoraré hacia tu santo t en tu temor 1964
11.4 Jehová está en su santo t; Jehová tiene 1964
18.6 oyó mi voz desde su t, y mi clamor llegó 1964
27.4 contemplar la...y para inquirir en su t 1964
28.2 cuando alzo mis manos hacia tu santo t 1687
29.9 voz de...en su t todo proclama su gloria 1964
48.9 nos acordamos...Dios, en medio de tu t 1964
65.4 seremos saciados del bien...de tu santo t 1964
68.29 razón de tu t en Jerusalén los reyes 1964
79.1 las naciones...han profanado tu santo t 1964

T

138.2 postraré hacia tu santo *t*, y alabaré 1964
Is 6.1 trono alto...y sus faldas llenaban el *t* 1964
37.38 mientras adoraba en el *t* de Nisroc su 1004
44.28 decir a Jerusalén...al *t*: Serás fundado 1964
66.6 voz del *t*, voz de Jehová que da el pago 1964
Jer 7.4 *t* de Jehová, *t* de Jehová, *t* de Jehová 1964
24.1 cestas de higos puestas delante del *t* 1964
30.18 y el *t* será asentado según su forma 759
43.12 pondrá fuego a los *t* de los dioses de 1004
43.13 los *t* de los dioses de Egipto quemará 1004
50.28 las nuevas de...de la venganza de su *t* 1964
51.11 venganza es de Jehová, y venganza...*t* 1964
Ez 8.16 a la entrada del *t* de Jehová, entre 1964
8.16 sus espaldas vueltas al *t* de Jehová y 1964
9.6 varones ancianos...estaban delante del *t* 1004
40.45 es de los...que hacen la y guardia del *t* 1004
40.48 y me llevó al pórtico del *t*, y midió 1004
41.1 me introdujo luego en el *t* y midió los 1964
41.4 anchura de veinte codos, delante del *t* 1964
41.15 *t* de dentro, y los portales del atrio 1964
41.20 había querubines...toda la pared del *t* 1964
41.21 poste del *t* era cuadrado, y el frente 1964
41.23 el *t* y el santuario tenían dos puertas 1964
41.25 en las puertas del *t* había labrados de 1964
42.8 delante de la fachada del *t*...cien codos 1964
Dn 5.2 los vasos...traído del *t* de Jerusalén 1965
5.3 en los vasos...que habían traído del *t* de 1965
Os 8.14 Israel...edificó *t*, y Judá multiplicó 1964
Jl 3.5 y mis cosas...metisteis en vuestros *t* 1964
Am 8.3 los cantores del *t* gemirán en aquel día 1964
Jon 2.4 desechado soy de...aún veré tu santo *t* 1964
2.7 mi oración llegó hasta ti en tu santo *t* 1964
Mi 1.2 el Señor desde su santo *t*, sea testigo 1964
Hab 2.20 mas Jehová está en su santo *t*; calle 1964
Hag 2.15 pongan piedra sobre piedra en el *t* 1964
2.18 el día que se echó el cimiento del *t* de 1964
Zac 6.12 el Renuevo...edificará el *t* de Jehová 1964
6.13 él edificará el *t* de Jehová, y...gloria 1964
6.14 coronas servirán...como memoria en el *t* 1964
6.15 vendrán y ayudarán a edificar el *t* de 1964
8.9 se echó el cimiento...para edificar el *t* 1964
Mal 3.1 y vendrá súbitamente a su *t* el Señor 1964
Mt 4.5 diablo...puso sobre el pináculo del *t* *2411*
12.5 **cómo...en el *t* profanan el día de reposo** *2411*
12.6 **digo que uno mayor que el *t* está aquí** *2411*
21.12 y entró Jesús en el *t* de Dios, y echó *2411*
21.12 echó fuera...los que vendían...en el *t* *2411*
21.14 y vinieron a él en el *t* ciegos y cojos *2411*
21.15 y a los muchachos aclamando en el *t* y *2411*
21.23 vino al *t*, los principales sacerdotes *2411*
23.16 **si alguno jura por el *t*, no es nada** *3485*
23.16 **si...jura por el oro del *t*, es deudor** *3485*
23.17 **porque ¿cuál es mayor, el oro, o el *t*** *3485*
23.21 **y el que jura por el *t*, jura por él, y** *3485*
23.35 **quien matasteis entre el *t* y el altar** *3485*
24.1 cuando Jesús salió del *t*, y se iba, se *2411*
24.1 Jesús...para mostrarle los edificios del *t* *2411*
26.55 **cada día me sentaba...enseñando en el *t*** *2411*
26.61 puedo derribar el *t* de Dios, y en tres *3485*
27.5 y arrojando las piezas de plata en el *t* *3485*
27.40 tú que derribas el *t*, y en tres días *3485*
27.51 velo del *t* se rasgó en dos, de arriba *3485*
Mr 11.11 y entró Jesús...y en el *t*; y habiendo *2411*
11.15 y entrando Jesús en el *t*, comenzó a *2411*
11.15 a echar...a los que...compraban en el *t* *2411*
11.16 que nadie atravesase el *t*...utensilio *2411*
11.27 andando él por el *t*, vinieron a él los *2411*
12.35 **enseñando Jesús en el *t*, decía: ¿Cómo** *2411*
13.1 saliendo Jesús del *t*, le dijo uno de sus *2411*
13.3 y se sentó en el monte de...frente al *t* *2411*
14.49 **estaba con vosotros enseñando en el *t*** *2411*
14.58 yo derribaré este *t* hecho a mano, y en *3485*
15.29 derribas el *t* de Dios, y en tres días *3485*
15.38 velo del *t* se rasgó en dos, de arriba *3485*
Lc 2.27 y movido por el Espíritu, vino al *t* *2411*
2.27 padres del niño Jesús lo trajeron al *t*
2.37 viuda...no se apartaba del *t*, sirviendo *2411*
2.46 le hallaron en el *t*, sentado en medio de *2411*
4.9 y le puso sobre el pináculo del *t*, y le *2411*
11.51 **Zacarías...murió entre el altar y el *t*** *3624*
18.10 **dos hombres subieron al *t* a orar: uno** *2411*
19.45 entrando en el *t*, comenzó a echar fuera *2411*
19.47 y enseñaba cada día en el *t*; pero los *2411*
20.1 que enseñando Jesús al pueblo en el *t* *2411*
21.5 hablaban de que el *t* estaba adornado de *2411*
21.37 y enseñando de día en el *t*; y de noche *2411*
21.38 pueblo venía a él...para oírle en el *t* *2411*
22.52 dijo...a los jefes de la guardia del *t* *2411*
22.53 **estado con vosotros cada día en el *t*** *2411*
23.45 y el velo del *t* se rasgó por la mitad *3485*
24.53 y estaban siempre en el *t*, alabando y *2411*
Jn 2.14 hallo en el *t* a...que vendían bueyes *2411*
2.15 echó fuera del *t* a todos, y las ovejas *2411*
2.19 **dijo: Destruid este *t*, y en tres días** *3485*
2.20 en 46 años fue edificado este *t*, ¿y tú *3485*
2.21 mas él hablaba del *t* de su cuerpo *3485*
5.14 **le halló Jesús en el *t*, y le dijo: Mira** *2411*
7.14 la mitad de la fiesta subió Jesús al *t* *2411*
7.28 entonces enseñando en el *t*, alzó la voz *2411*
8.2 la mañana volvió al *t*, y todo el pueblo *2411*
8.20 palabras habló Jesús...enseñando en el *t* *2411*
8.59 pero Jesús se escondió y salió del *t* *2411*
10.23 Jesús andaba en el *t* por el pórtico de *2411*
11.56 estando ellos en el *t*, se preguntaban *2411*
18.20 **he enseñado en la sinagoga y en el *t*** *2411*
Hch 2.46 cada día en el *t*, y partiendo el pan *2411*
3.1 Pedro y Juan subían juntos al *t* a la hora *2411*
3.2 la puerta del *t* que se llama la Hermosa *2411*
3.2 pidiese limosna de...que entraban en el *t* *2411*
3.3 vio...y a Juan que iban a entrar en el *t* *2411*
3.8 en pie...entró con ellos en el *t*, andando *2411*
3.10 a pedir limosna a la puerta del *t*, la *2411*
4.1 vinieron...con el jefe de la guardia del *t* *2411*
5.20 id, y puestos en pie en el *t*, anunciad *2411*
5.21 entraron de mañana en el *t*, y enseñaban *2411*
5.24 sacerdote y el jefe de la guardia del *t* *2411*
5.25 los varones...están en el *t*, y enseñan al *2411*
5.42 en el *t* y por las...no cesaban de enseñar *2411*
7.48 Altísimo no habita en *t* hechos de mano *3485*
14.13 de Júpiter, cuyo *t* estaba frente a la
17.24 Dios...no habita en *t* hechos por manos *3485*
19.27 también que el *t* de la gran diosa Diana *2411*
19.35 es guardiana del *t* de la...diosa Diana
21.26 Pablo...entró en el *t*, para anunciar el *2411*
21.27 al verle en el *t*, alborotaron a toda la *2411*
21.28 además de...ha metido a griegos en el *t* *2411*
21.29 pensaban...Pablo había metido en el *t* *2411*
21.30 arrastraron fuera del *t*...cerraron las *2411*
22.17 orando en el *t* me sobrevino un éxtasis *2411*
24.6 también profanar el *t*; y prendiéndole *2411*
24.12 ni amotinando a...ni en el *t*, ni en las *2411*
24.18 me hallaron purificado en el *t*, no con *2411*
25.8 ni contra...*t*, ni contra César he pecado *2411*
26.21 prendiéndome en...*t*, intentaron matarme *2411*
1 Co 3.16 ¿no sabéis que sois *t* de Dios, y que *3485*
3.17 si alguno destruyere el *t* de Dios, Dios *3485*
3.17 porque el *t* de Dios, el cual sois...santo *3485*
6.19 vuestro cuerpo es *t* del Espíritu Santo *3485*
9.13 comen del *t* y que los que sirven al *3485*
2 Co 6.16 qué acuerdo hay entre el *t* de Dios *3485*
6.16 vosotros sois el *t* del Dios viviente *3485*
Ef 2.21 va creciendo para ser un *t* santo en *3485*
2 Ts 2.4 se sienta en el *t* de Dios como Dios *3485*
Ap 3.12 **lo haré columna en el *t* de mi Dios** *3485*
7.15 y le sirven día y noche en su *t*; y el *3485*
11.1 mide el *t* de Dios, y el altar, y a los *3485*
11.2 el patio que está fuera del *t* déjalo *3485*
11.19 y el *t* de Dios fue abierto en el cielo *3485*
11.19 y el arca de su pacto se veía en el *t* *3485*
14.15 del *t* salió otro ángel, clamando a gran *3485*
14.17 salió otro ángel del *t* que está en el *3485*
15.5 fue abierto...el *t* del tabernáculo del *3485*
15.6 y del *t* salieron los siete ángeles que *3485*
15.8 el *t* se llenó de humo por la gloria de *3485*
15.8 y nadie podía entrar en el *t* hasta que *3485*
16.1 oí una gran voz que decía desde el *t* a *3485*
16.17 y salió una gran voz del *t* del cielo *3485*
21.22 y no vi en ella *t*...el Señor...es el *t* *3485*

TEMPORAL
2 Co 4.18 porque las cosas que se ven son *t* *4340*
He 11.25 gozar de los deleites *t* del pecado *4340*

TEMPRANO, A
Dt 11.14 yo daré la lluvia...la *t* y la tardía 3138
Jue 19.9 os levantaréis *t* a vuestro camino y 7925
Pr 8.17 amo...y me hallan los que *t* me buscan 7836
11.21 tarde o *t*, el malo será castigado, mas
13.24 mas el que lo ama, desde *t* lo corrige 7836
Is 28.4 la fruta *t*, la primera del verano, la 1061
Jer 5.24 da lluvia *t* y tardía en su tiempo, y 3138
7.13 os hablé desde *t* y sin cesar, no oísteis 7925
7.25 envié...enviándolos desde *t* y sin cesar 7925
11.7 amonestándoles desde *t* y sin cesar hasta 7925
25.3 y he hablado desde *t* y sin cesar; pero 7925
25.4 enviándoles desde *t* y sin cesar; pero no 7925
26.5 profetas, que yo os envío desde *t* y sin 7925
29.19 desde *t* y sin cesar; y no habéis escuchado 7925
32.33 cuando los enseñaba desde *t* y sin cesar 7925
35.14 yo os he hablado...desde *t* y sin cesar 7925
35.15; 44.4 los profetas, desde *t* y sin cesar 7925
Os 6.3 como la lluvia tardía y *t* a la tierra 3138
9.10 la fruta *t* de la higuera en su principio 7223
Jl 2.23 y hará descender...lluvia *t* y tardía 4175
Stg 5.7 hasta...reciba la lluvia *t* y la tardía *4406*

TENAZ
Pr 18.19 el hermano ofendido es más *t* que una

TENAZA
Éx 38.3 hizo...calderos, *t*, tazones, garfios 3257
1 R 7.40 hizo Hiram fuentes, y *t*, y cuencas 3257
7.49 con las flores, las lámparas y *t* de oro 4457
2 Cr 4.21 las flores...y *t* se hicieron de oro 4457
Is 6.6 un carbón...tomado del altar con unas *t* 4457
44.12 el herrero toma la *t*, trabaja en las 4621

TENDEDERO
Ez 26.5 *t* de redes será en medio del mar 4894
26.14 *t* de redes serás, y nunca...edificada 4894
47.10 hasta En-eglaim será su *t* de redes; y 4894

TENDER
Gn 43.18 han traído aquí, para *tendernos* lazo
Nm 11.32 y las *tendieron* para sí a lo largo 7849
Dt 21.1 alguien muerto, *tendido* en el campo 5307
Jue 5.26 *tendió* su mano a la estaca...diestra 7971
5.27 encorvado entre sus pies, quedó *tendido* 7901
7.12 y los madianitas...*tendidos* en el valle 5307
8.25 *tendiendo* un manto, echó...los zarcillos 6566
19.27 la mujer...*tendida* delante de la puerta 5307
1 S 26.7 Saúl estaba *tendido* durmiendo en el 7901
26.7 Saúl estaba...ejército estaban *tendidos* 7901
31.8 hallaron a Saúl y...*tendidos* en el monte 5307
2 S 8.2 cordel, haciéndolos *tender* por tierra 7901
17.19 y *tendió* sobre ella el grano trillado 7849
21.10 tomó una tela de cilicio y la *tendió* para 5186
22.6 Seol...*tendieron* sobre mí lazos de muerte
1 R 13.28 halló el cuerpo *tendido* en el camino
17.21 y se *tendió* sobre el niño tres veces, y 4058
2 R 4.32 el niño estaba muerto *tendido* sobre 7901
4.34 después subió y se *tendió* sobre el niño 7901
4.34 así se *tendió* sobre él...entró en calor 1457
4.35 subió, y se *tendió* sobre él nuevamente 1457
10.25 los dejaron *tendidos* los de la guardia 7993
1 Cr 10.8 a Saúl y a sus hijos *tendidos* en el 5307
2 Cr 13.13 Jeroboam hizo *tender* una emboscada
Est 1.6 azul, *tendido* sobre cuerdas de lino
Sal 11.2 los malos *tienden* el arco, disponen 1869
18.5 rodearon, me *tendieron* lazos de muerte
140.5 han *tendido* red junto a la senda; me 6566
141.9 de los lazos que me han *tendido*, y de 3369
Pr 1.17 porque en vano se *tenderá* la red ante 2219
1.18 asechanzas, y a sus almas *tienden* lazo
21.5 pensamientos...*tienden* a la abundancia
29.5 el...que lisonjea a su prójimo red *tiende* 6566
Is 44.13 carpintero *tiende* la regla, lo señala 5186
49.22 aquí, yo *tenderé* mi mano a las naciones 5375
51.20 hijos...*tendidos* en...todos los caminos 7901
Dn 4.5 y *tendido* en cama, las imaginaciones
Os 5.1 habéis sido...red *tendida* sobre Tabor 6566
7.12 fueren, *tenderé* sobre ellos mi red; les 6566
Zac 1.16 plomada será *tendida* sobre Jerusalén 5186
Mt 9.2 **trajeron un paralítico, *tendido* sobre** *906*
21.8 y la multitud...*tendía* sus mantos en el *4766*
21.8 cortaban ramas...las *tendían* en el camino *4766*
Mr 11.8 muchos *tendían*...mantos por el camino *4766*
11.8 cortaban ramas...*tendían* por el camino *4766*
Lc 19.36 a su paso *tendían* sus mantos por el *5291*
Hch 23.30 que los judíos habían *tendido* contra *2071*
1 Co 7.35 no para *tenderos* lazo, sino para lo *1029*

TENDÓN
Gn 32.32 por esto no comen...*t* que se contrajo 1517
32.32 tocó a Jacob...en el *t* que se contrajo 1517
Ez 37.6 pondré *t* sobre vosotros, y haré subir 1517
37.8 y miré, y he aquí *t* sobre ellos, y la 1517

TENEBROSO, A
Job 30.3 huían...a lugar *t*, asolado y desierto
Sal 35.6 sea su camino *t* y resbaladizo, y el 2882
74.20 lugares *t* de la tierra están llenos de 4285
Pr 2.13 dejan los...para andar por sendas *t* 2822
20.20 le apagará su lámpara en oscuridad *t* 2822

TENER
Gn 3.10 oí tu voz en el huerto, y *tuve* miedo
6.19 el arca, para que *tengan* vida contigo 8104
6.20 entrarán contigo, para que *tengan* vida 8104
7.22 todo lo que *tenía* aliento de espíritu
9.23 *teniendo* vueltos sus rostros, y así no vieron la desnudez
11.1 *tenía*...toda la tierra una sola lengua y
11.6 y todos éstos *tienen* un solo lenguaje
11.30 mas Sara era estéril, y no *tenía* hijo
12.8 *teniendo* a Bet-el al occidente y Hai al
12.16 él *tuvo* ovejas, vacas, asnos, siervos 1961
12.20 le acompañaron...con todo lo que *tenía*
13.1 él y su mujer, con todo lo que *tenía*, y
13.5 Lot, que...*tenía* ovejas, vacas y tiendas 1961
15.13 *ten* por cierto...tu descendencia morará 3045
16.1 *tenía* una sierva egipcia, que se llamaba
16.2 a mi sierva; quizá *tendré* hijos de ella 1129
18.10 aquí que Sara tu mujer *tendrá* un hijo
18.12 ¿después...he envejecido *tendré* deleite
18.14 según el tiempo de...Sara *tendrá* un hijo
18.15 diciendo: No me reí; porque *tuvo* miedo
19.8 yo *tengo* dos hijas que no han conocido
19.12 ¿*tienes* aquí alguno más? Yernos, y tus
19.12 lo que *tienes* en la ciudad, sácalo de
19.30 porque *tuvo* miedo de quedarse en Zoar
20.17 Dios sanó a...siervas, y *tuvieron* hijos 3205
21.17 el ángel...le dijo: ¿Qué *tienes*, Agar?
23.8 si *tenéis* voluntad de que yo sepulte mi
23.9 que *tiene* al extremo de su heredad, que
24.2 el que gobernaba en todo lo que *tenía*
24.12 te ruego, el *tener* hoy buen encuentro
24.29 Rebeca *tenía* un hermano que se...Labán
24.36 quien...ha dado a él todo cuanto *tiene*
25.5 Abraham dio todo cuanto *tenía* a Isaac
26.7 porque *tuvo* miedo de decir: Es mi mujer
26.14 y *tuvo* hato de ovejas, y hato de vacas
26.14 y los filisteos le *tuvieron* envidia
27.12 me palpará...y me *tendrá* por burlador
27.15 vestidos de Esaú...ella *tenía* en casa
27.16 de su cuello donde no *tenía* vello, con
27.38 ¿no *tienes* más que una sola bendición
27.46 fastidio *tengo* de mi vida, a causa de
28.17 *tuvo* miedo, y dijo: ¡Cuán terrible es
29.16 y Labán *tenía* dos hijas: el nombre de
30.1 *tuvo* envidia de su hermana, y decía a
30.3 Bilha...yo también *tendré* hijos de ella
30.30 porque poco *tenías* antes de mi venida
30.33 toda...se me ha de *tener* como de hurto
30.35 aquella que *tenía* en sí algo de blanco
30.43 y se enriqueció...y *tuvo* muchas ovejas 1961
31.14 ¿*tenemos* acaso parte o heredad en la
31.15 ¿no nos *tiene* ya como por extrañas, pues 2803
31.21 huyó, pues, con todo lo que *tenía*; y se
31.30 porque *tenías* deseo de la casa de tu
31.31 *tuve* miedo; pues pensé que quizá me quitarías
31.32 delante...reconoce lo que yo *tenga* tuyo
32.5 *tengo* vacas, asnos, ovejas, y siervos 1961
32.7 Jacob *tuvo* gran temor, y se angustió
32.7 disbribuyó el pueblo que *tenía* consigo
32.23 pasar el arroyo a...a todo lo que *tenía*
33.9 suficiente *tengo* yo, hermano mío; sea 3426
33.13 que *tengo* ovejas y vacas paridas; y si

34.30 *teniendo* yo pocos hombres, se juntarán
35.17 no temas, que también *tendrás* este hijo
37.3 José... porque lo había *tenido* en su vejez
37.11 y sus hermanos le *tenían* envidia, mas
37.23 túnica de colores que *tenía* sobre sí
38.15 y la vio Judá, y la *tuvo* por ramera
38.18 tu cordón, y tu báculo que *tienes* en
38.30 después salió... el que *tenía*... el hilo
39.4 entregó en su poder todo lo que *tenía* 3426
39.5 le dio el encargo... de todo lo que *tenía* 3426
39.5 bendición de Jehová... todo lo que *tenía* 3426
39.6 dejó todo lo que *tenía* en mano de José
39.8 ha puesto en mi mano todo lo que *tiene* 3426
40.5 *tuvieron* un sueño, cada uno su propio
40.8 hemos *tenido* un sueño, y no hay quien lo
40.14 acuérdate... de mí cuando *tengas* ese bien
41.1 pasados dos años *tuvo* Faraón un sueño
41.11 *tuvimos* un sueño en la misma noche, y
41.11 cada sueño *tenía* su propio significado
41.15 he *tenido* un sueño, y no hay quien lo
41.49 poderse contar, porque no *tenía* número
42.9 acordó... de los sueños que había *tenido*
42.35 viendo ellos... su dinero, *tuvieron* temor
43.6 declarando al... que *teníais* otro hermano?
43.7 nos preguntó... ¿*Tenéis* otro hermano? 3426
43.18 *tuvieron* temor, cuando fueron llevados
43.26 lo trajeron el presente que *tenían* en
43.29 Dios *tenga* misericordia de ti, hijo mío
44.19 preguntó a... ¿*Tenéis* padre o hermano? 3426
44.20 respondimos: *Tenemos* un padre anciano 3426
45.10 tú y tus hijos... y todo lo que *tienes*
45.11 que no perezcas... y todo lo que *tienes*
46.1 salió Israel con todo lo que *tenía*, y
46.32 han traído sus... y todo lo que *tenían*
47.1 mi padre y mis... con todo lo que *tienen*
47.22 los sacerdotes *tenían* ración de Faraón
50.21 no *tengáis* miedo; yo os sustentaré a
Éx 2.2 hermoso, le *tuvo* escondido tres meses
2.6 *teniendo* compasión de él, dijo: De los
2.14 Moisés *tuvo* miedo, y dijo: Ciertamente
2.16 siete hijas que *tenía* el sacerdote de
3.6 Moisés cubrió su rostro... *tuvo* miedo de
4.2 ¿qué es eso que *tienes* en tu mano? Y él
5.6 los cuadrilleros... que lo *tenían* a su cargo
7.17 yo golpearé con la vara que *tengo* en mi
7.18 egipcios *tendrán* asco de beber el agua
9.19 recoger... todo lo que *tienes* en el campo
9.20 que *tuvo* temor de la palabra de Jehová
10.23 los hijos de Israel *tenían* luz en sus 1961
11.3 Moisés era *tenido* por gran varón en la
12.16 séptimo día *tendréis* una... convocación
12.39 *tenido* tiempo... para prepararse comida
13.3 *tened* memoria de este día, en el cual
14.22 entraron... *teniendo* las aguas como muro
14.29 fueron... *teniendo* las aguas por muro a
17.3 pueblo *tuvo* allí sed, y murmuró contra
17.16 dijo... Jehová *tendrá* guerra con Amalec
18.16 cuando *tienen* asuntos, vienen a mí; y 1961
20.3 no *tendrás* dioses ajenos delante de mí
21.3 *tenía* mujer, saldrá él y su mujer con él
22.3 si no *tuviere* con qué, será vendido por
24.14 el que *tuviere* asuntos, acuda a ellos
26.2 las cortinas *tendrán* una misma medida
26.8 misma medida *tendrán* las once cortinas
26.17 dos espigas *tendrá* cada tabla, para
27.9 al sur, *tendrá* el atrio cortinas de lino
27.12 el ancho... *tendrá* cortinas de 50 codos
28.7 *tendrá* dos hombreras que se junten a sus 1961
28.32 *tendrá* un borde... de obra tejida, como 1961
29.9 y *tendrán* el sacerdocio por derecho
30.21 lo *tendrán* por estatuto perpetuo él y
30.32 santo... por santo lo *tendréis* vosotros
32.3 apartó los zarcillos de oro que *tenían*
32.24 ¿quién *tiene* oro? Apartadlo. Y me lo
33.19 *tendré* misericordia del que *t*... y seré
34.7 de ningún modo *tendrá* por inocente al
34.30 su rostro... *tuvieron* miedo de acercarse
35.23 todo hombre que *tenía* azul, púrpura
35.24 el que *tenía* madera de acacia la traía
35.29 que *tuvieron* corazón voluntario para
36.7 *tenían* material abundante para hacer toda... 1961
36.15 las once cortinas *tenían* una... medida
36.22 tabla *tenía* dos espigas, para unirlas
38.17 las columnas del atrio *tenían* molduras
Lv 4.26 por él la expiación... y *tendrá* perdón
5.7,11 si no *tuviere* lo suficiente... traerá
7.7 una misma ley *tendrán*; será del sacerdote
11.3 todo el que *tiene* pezuña hendida y que
11.4 de los que rumian o que *tienen* pezuña
11.4,5,6 no tiene pezuña... lo *tendréis* por inmundo
11.7 el cerdo... *tiene* pezuñas, y es de pezuñas
11.7 pero no rumia, lo *tendréis* por inmundo
11.8 no comeréis... los *tendréis* por inmundos
11.9 los que *tienen* aletas y escamas en las
11.10 no tienen... los *tendréis* en abominación
11.12 no tuviere... lo *tendréis* en abominación
11.13 las aves, éstas *tendréis* en abominación
11.20 insecto alado... *tendréis* en abominación
11.21 insecto... *tuviere* piernas... para saltar
11.23 insecto alado que *tenga* cuatro patas
11.23 todo insecto... *tendréis* en abominación
11.26 no tiene pezuña... *tendréis* por inmundo
11.27 *tendréis* por inmundo a cualquiera que
11.28 que llevare... los *tendréis* por inmundos
11.29 *tendréis* por inmundos a estos animales
11.31 éstos *tendréis* por inmundos de entre
11.35 inmundos, y por inmundos los *tendréis*
11.38 cayere algo... la *tendréis* por inmunda
11.39 animal que *tuviereis* para comer muriere
12.8 no *tiene* lo suficiente para un cordero
13.2 cuando el hombre *tuviere* en la piel de 1961
13.17 declarará limpio al que *tenía* la llaga
13.33 encerrará... 7 días al que *tiene* la tiña
13.38 mujer *tuviere* en la piel de su cuerpo
13.44 lo declarará... en su cabeza *tiene* la llaga
14.16 mojará... en el aceite que *tiene* en su mano
14.17 lo que... del aceite que *tiene* en su mano
14.18 que *tiene* en su mano, lo pondrá sobre
14.21 fuere pobre, y no *tuviere* para tanto
14.27 rociará del aceite que *tiene* en su mano
14.28 pondrá del aceite que *tiene* en su mano
14.29 sobre del aceite que... *tiene* en su mano
14.32 ley para el que hubiere *tenido* plaga
14.32 y no *tuviere* más para su purificación
15.2 cualquier varón, cuando *tuviere* flujo de....... 1961
15.4 en que se acostare el que *tuviere* flujo
15.6 el que *tiene* flujo, lavará sus vestidos
15.7 que tocare el cuerpo del que *tiene* flujo
15.8 si el que *tiene* flujo escupiere sobre el
15.9 sobre que cabalgare el que *tuviere* flujo
15.11 el que *tiene* flujo, y no lavare con agua
15.12 vasija... que tocare el que tiene flujo
15.13 el que *tiene* flujo, contará... desde su
15.16 *tuviere* emisión de semen, lavará en agua
15.18 hombre yaciere con... y *tuviere* emisión
15.19 la mujer *tuviere* flujo de sangre, y su 1961
15.25 o cuando *tuviere* flujo de sangre más de...... 1961
15.32 esta es la ley para el que *tiene* flujo
15.32 y para el que *tiene* emisión de semen
15.33 y para el que *tuviere* flujo, sea varón
16.4 sobre su cuerpo *tendrá* calzoncillos de 1961
16.29,34 esto *tendréis* por estatuto perpetuo
17.7 *tendrán* esto por estatuto perpetuo por
18.20 no *tendrás* acto carnal con la mujer de
18.23 con ningún animal *tendrás* ayuntamiento
19.14 sino que *tendrás* temor de tu Dios. Yo
19.30 y mi santuario *tendréis* en reverencia
19.32 y de tu Dios *tendrás* temor. Yo Jehová
19.34 como... natural... *tendréis* al extranjero
19.36 pesas justas y medidas justas *tendréis* 1961
20.15 que *tuviere* cópula con bestia, ha de ser
20.23 ellos hicieron... los *tuve* en abominación
21.3 hermana... la cual no haya *tenido* marido 1961
21.17 tus descendientes... *tenga* algún defecto 1961
21.19 o varón que *tenga* quebradura de pie o
21.20 que *tenga* nube en el ojo, o que *t* sarna
22.3 acercare... *teniendo* inmundicia sobre sí
22.4 hubiere *tenido* derramamiento de semen
22.13 no *tuviere* prole y se hubiere vuelto a
22.23 o carnero que *tenga* de más o de menos
23.7 el primer día *tendréis* santa convocación...... 1961
23.24 primero del mes *tendréis* día de reposo 1961
23.27 expiación; *tendréis* santa convocación
23.36 octavo día *tendréis* santa convocación
24.22 estatuto *tendréis* para el extranjero 1961
25.4 el séptimo año la tierra *tendrá* descanso
25.26 cuando el hombre no *tuviere* rescatador 1961
25.29 *tendrá* facultad de redimirla hasta el
25.31 las casas de las aldeas que no *tienen* muro
25.36 usura ni... sino *tendrás* temor de tu Dios
25.43 dureza, sino *tendrás* temor de tu Dios
25.44 tu esclavo... que *tuvieres*, serán de las 1961
25.45 los cuales podréis *tener* por posesión
26.2 y *tened* en reverencia mi santuario. Yo
27.25 conforme al siclo... *tiene* veinte geras
27.28 de todo lo que *tuviere*, de hombres y
Nm 1.53 y los levitas *tendrán* la guarda del.......... 8104,0
3.4 Nadab y Abiú murieron... no *tuvieron* hijos..... 1961
3.28 número... era 8.600, que *tenían* la guarda 8104
3.32 Aarón, jefe de los que *tienen* la guarda 8104
3.38 hijos, *teniendo* la guarda del santuario 8104
3.47 cinco siclos... siclo *tiene* veinte geras
4.32 los utensilios... ellos *tienen* que transportar
4.47 *tener* cargo de obra en el tabernáculo
5.8 aquel hombre no *tuviere* pariente al cual
5.14 y *tuviere* celos de su mujer, habiéndose
5.14,30 celos, y *tuviere* celos de su mujer
5.18 el sacerdote *tendrá* en la mano las aguas...... 1961
6.7 la consagración... *tiene* sobre su cabeza
6.25 su rostro... y *tenga* de ti misericordia
9.14 un. rito *tendréis*, tanto el extranjero.......... 1961,0
10.8 las *tendréis* por estatuto perpetuo por
10.32 cuando *tengamos* el bien que Jehová nos
11.4 la gente extranjera... *tuvo* un vivo deseo
11.22 peces del mar para que *tengan* abasto?
11.29 le respondió: ¿*Tienes* tú celos por mí?
12.8 ¿por qué... no *tuvisteis* temor de hablar
12.12 al salir del vientre... *tiene* ya medio
14.18 de ningún modo *tendrá* por inocente al
14.24 su descendencia la *tendrá* en posesión 1961
15.15 un mismo estatuto *tendréis* vosotros de
15.16 misma ley y un mismo decreto *tendréis*
15.29 una... ley *tendréis* para el que hiciere....... 1961,0
15.31 *tuvo* en poco la palabra de Jehová, y
16.33 con todo lo que *tenían*, descendieron
17.3 cada jefe de familia... *tendrá* una vara
18.4 y *tendrán* el cargo del tabernáculo de 8104
18.5 *tendréis* el cuidado del santuario, y el 8104
18.20 de la tierra de... no *tendrás* heredad, ni 1961
18.20 heredad, ni entre ellos *tendrás* parte
21.5 nuestra alma *tiene* fastidio de este pan
21.26 había *tenido* guerra antes con el rey de
21.34 no le *tengas* miedo, porque en tu mano
22.3 Moab tuvo gran *temor* a causa del pueblo
22.24 se puso en una senda... que *tenía* pared
22.29 ¡ojalá *tuviera* espada en mi mano, que
22.30 desde que tú me *tienes* hasta este día
22.31 ángel... *tenía* su espada desnuda en su
23.22 sacado... *tiene* fuerzas como de búfalo
23.26 Jehová me diga, eso *tengo* que hacer?
24.8 *tiene* fuerzas como de búfalo. Devorará
25.13 y *tendrá* él... el pacto del sacerdocio.......... 1961
25.13 *tuvo* celo por su Dios e hizo expiación
26.33 y Zelofehad... no *tuvo* hijos sino hijas......... 1961
27.3 que en su... pecado murió, y no *tuvo* hijos 1961
27.4 será quitado... por no haber *tenido* hijo?
27.9 si no *tuviere* hija, daréis su herencia
27.10 y si no *tuviere* hermanos, daréis su
27.11 su padre no *tuviere* hermanos, daréis
28.25 séptimo día *tendréis* santa convocación 1961
28.26 el día de... *tendréis* santa convocación 1961
29.1 primero del mes, *tendréis*... convocación 1961
29.7 mes séptimo *tendréis* santa convocación 1961
29.12 quince días del mes séptimo *tendréis*......... 1961
29.35 el octavo día *tendréis* solemnidad... obra..... 1961
31.30 los levitas, que *tienen* la guarda del 8104
31.47 los levitas, que *tenían* la guarda del 8104
32.1 *tenían*... inmensa muchedumbre de ganado... 1961
32.4 de ganado, y tus siervos *tienen* ganado
32.19 cuanto *tendremos* ya nuestra heredad a
32.30 si no pasan armados... *tendrán* posesión
33.14 Refidim, donde el pueblo no *tuvo* aguas
33.54 donde le cayere la suerte... la *tendrá*
34.3 *tendréis* al lado del sur... Zin hasta la
35.3 *tendrán* ellos las ciudades para habitar
35.5 *tendrán* por los ejidos de las ciudades
35.8 del que *tiene* mucho tomaréis mucho, y
35.8 del que *tiene* poco tomaréis poco; cada
35.11 ciudades de refugio *tendréis*, donde
35.13 pues... *tendréis* seis ciudades de refugio
36.8 hija que *tenga* heredad en las tribus de........ 3423
Dt 1.17 no *tendréis* temor de ninguno, porque
1.29 no temáis, ni *tengáis* miedo de ellos
2.4 hijos de Esaú... *tendrán* miedo de vosotros
2.11 por gigantes eran ellos *tenidos* también
2.20 por tierra de gigantes fue... ella *tenida*
3.2 no *tengas* temor de él, porque en tu mano
3.16 *teniendo* por límite el medio del valle
3.19 ganados (yo sé que *tenéis* mucho ganado)
4.7 ¿qué nación grande hay que *tenga* dioses
4.8 ¿qué nación... hay que *tenga* estatutos y
4.42 matase... sin haber *tenido* enemistad con
5.5 vosotros *tuvisteis* temor del fuego, y no
5.7 no *tendrás* dioses ajenos delante de mí 1961
5.29 *tuviesen* tal corazón, que me temiesen
5.33 y *tengáis* largos días en la tierra que
6.25 y *tendremos* justicia cuando cuidemos de
7.2 alianza, ni *tendrás* de ellas misericordia
7.18 no *tengas* temor de ellas; acuérdate bien
8.3 te hizo *tener* hambre, y te sustentó con
8.13 vacas... todo lo que *tuvieres* se aumente
9.2 de los cuales *tienes* tú conocimiento, y
10.6 suyo *tuvo* el sacerdocio su hijo Eleazar
10.9 Leví no *tuvo* parte ni heredad con sus 1961
10.13 guardes... para que *tengas* prosperidad?
12.12 no *tiene* parte ni heredad con vosotros
13.8 consentirás... ni le *tendrás* misericordia
13.17 que Jehová... *tenga* de ti misericordia
14.6 animal... que *tiene* hendidura de dos uñas
14.7 o entre los que *tienen* pezuña hendida
14.7 rumian, mas no *tienen* pezuña hendida
14.8 ni cerdo... *tiene* pezuña hendida, mas no
14.9 podréis comer: todo lo que *tiene* aleta
14.10 lo que no *tiene* aleta y... no comeréis
14.27,29 levita... no *tiene* parte ni heredad
15.3 que... *tuviere* tuyo, lo perdonará tu ojo
15.6 *tendrás* dominio... sobre ti no tendrán
15.9 guárdate de *tener*... pensamiento perverso
17.19 lo *tendrá* consigo, y leerá en él todos
18.1 toda la tribu de Leví, no *tendrán* parte
18.2 no *tendrán*... heredad entre sus hermanos
18.20 el profeta que *tuviere* la presunción de
18.22 con presunción... no *tengas* temor de él
19.4 que hiriere... sin haber *tenido* enemistad
19.6 que... no *tenía* enemistad con su prójimo
20.1 si vieres caballos... no *tengas* temor de
21.15 un hombre *tuviere* dos mujeres, la una 1961
21.16 que hiciere heredar a... lo que *tuviere* 1961
21.18 si alguno *tuviere* un hijo contumaz y 1961
22.19 le multarán en... y la *tendrá* por mujer
23.1 que *tenga* magullados los testículos, o
23.12 *tendrás* un lugar fuera... adonde salgas 1961
23.13 *tendrás*... entre tus armas una estaca 1961
23.16 morará contigo... donde a bien *tuviere*
24.8 *ten* cuidado de observar diligentemente
25.5 y muriere... y no *tuviere* hijo, la mujer
25.13 no *tendrás* en tu bolsa pesa grande y......... 1961
25.14 ni *tendrás* en tu casa efa grande y efa
25.15 pesa exacta y justa *tendrás*; efa cabal 1961
25.15 efa cabal y justo *tendrás*, para que tus 1961
25.18 salió... y no *tuvo* ningún temor de Dios
28.31 dadas... no *tendrás* quien te las rescate
28.40 *tendrás* olivos... mas no te ungirás con 1961
28.50 fiera... que no *tendrá* respeto al anciano
28.65 ni la planta de tu pie *tendrá* reposo 1961
28.66 y *tendrás* tu vida como algo que pende
28.66 pende... no *tendrás* seguridad de tu vida
29.17 visto... sus ídolos... que *tienen* consigo
29.19 *tendré* paz, aunque ande en la dureza
30.3 y *tendrá* misericordia de ti, y volverá
31.6 no temáis, ni *tengáis* miedo de ellos
32.32 las uvas... racimos muy amargos *tienen*
32.34 ¿no *tengo* yo esto guardado conmigo
Jos 2.6 los... que *tenía* puestos en el terrado

5.12 Israel nunca más *tuvieron* maná sino 1961
5.13 el cual *tenía* una espada... en su mano
6.25 todo lo que ella *tenía*; y habitó ella
7.15 será quemado, él y todo lo que *tiene*
7.24 todo cuanto *tenía*, y lo llevaron todo
8.18 extiende la lanza que *tienes* en tu mano
8.18 extendió... la lanza que en su mano *tenía*
10.2 *tuvo* gran temor; porque Gabaón era una
10.8 dijo a Josué: No *tengas* temor de ellos
10.28,30,32,35,37(2) todo lo que en ella *tenía*
10.39 todo lo que allí dentro *tenía* vida
10.40 todo lo que *tenía* vida lo mató, como
11.6 Jehová dijo... No *tengas* temor de ellos
11.11 y mataron... cuanto en ella *tenía* vida
11.18 por mucho tiempo *tuvo* guerra Josué con
15.1 de Edom, *teniendo* el desierto de Zin al
15.18 se bajó... Y Caleb le dijo: ¿Qué *tienes?*
17.1 Maquir... hombre de guerra, *tuvo* Galaad 1961
17.3 pero Zelofehad... no *tuvo* hijos sino hijas 1961
17.6 *tuvieron* heredad entre sus hijos; y la 1961
17.11 *tuvo* también Manasés... Bet-seán y sus 1961
17.16 los cananeos... *tienen* carros herrados
17.17 tú eres gran pueblo, y *tienes* grande
17.17 gran pueblo... no *tendrás* una sola parte 1961
17.18 tú arrojarás al cananeo, aunque *tenga* 1961
18.7 los levitas ninguna parte *tienen* entre 1961
19.2 *tuvieron* en su heredad a Beerseba, Seba
19.9 hijos de Simeón *tuvieron* su heredad en
20.5 no *tuvo* con él ninguna enemistad antes
22.24 ¿qué *tenéis* vosotros con Jehová Dios
22.25,27 no *tenéis* vosotros parte en Jehová
Jue 1.14 bajó... y Caleb le dijo: ¿Qué *tienes?*
1.19 en los llanos... *tenían* carros herrados
2.15 contra ellos... y *tuvieron* gran aflicción
3.19 una palabra secreta *tengo* que decirte
3.20 Aod dijo: *Tengo* palabra de Dios para ti
4.3 aquél *tenía* novecientos carros herrados
4.18 dijo: Ven, señor mío... no *tengas* temor
4.19 te ruego me des de beber... pues *tengo* sed
5.14 de Zabulón los que *tenían* vara de mando
6.21 extendiendo... el báculo que *tenía* en su
6.23 dijo: Paz... no *tengas* temor, no morirás
6.25 derriba el altar de Baal... padre *tiene*
7.1 *tenía* el campamento de los madianitas al
7.8 *tenía* el campamento de Madián abajo en
7.10 si *tienes* temor de descender, baja tú
8.18 ¿Qué aspecto *tenían* aquellos hombres
8.20 porque *tenía* temor... era aún muchacho
8.30 *tuvo* Gedeón 70 hijos... *t* muchas mujeres...... 1961
9.38 ¿no es... el pueblo que *tenías* en poco?
10.4 éste *tuvo* treinta hijos, que cabalgaban........ 1961
11.12 ¿qué *tienes* tú conmigo... hacer guerra
11.25 ¿*tuvo* él cuestión contra Israel, o hizo
11.34 hija única; no *tenía* fuera de ella hijo
12.2 *teníamos* una gran contienda con... Amón
12.9 *tuvo* treinta hijos y treinta hijas, las 1961
12.14 *tuvo* cuarenta hijos y treinta nietos........... 1961
13.2 su mujer era... nunca había *tenido* hijos
13.3 nunca has *tenido* hijos; pero concebirás
14.6 despedazó al... sin *tener* nada en su mano
14.17 lloró... 7 días que... *tuvieron* banquete
15.18 y *teniendo* gran sed, clamó... a Jehová
16.9 *tenía* hombres en acecho en el aposento
17.5 este hombre Micaía *tuvo* casa de dioses
17.13 porque *tengo* un levita por sacerdote......... 1961
18.1 no había *tenido* posesión entre... tribus
18.3 le dijeron... ¿y qué *tienes* tú por aquí?
18.7 lejos... y no *tenían* negocios con nadie
18.23 ¿qué *tienes*, que has juntado gente?
18.24 ¿por qué, pues, me decís: ¿Qué *tienes?*
18.27 juntamente con el sacerdote que *tenía* 1961
18.28 lejos de... no *tenían* negocios con nadie
18.31 así *tuvieron* levantada entre ellos la
19.19 *tenemos* paja y forraje... *t* pan y vino
21.15 el pueblo *tuvo* compasión de Benjamín
21.17 *tenga* Benjamín herencia en los que han
Rt 1.11 ¿*tengo* yo más hijos en el vientre
1.12 porque... ya soy vieja para *tener* marido
1.12 aunque dijese: Esperanza *tengo*, y esta
1.13 mayor amargura *tengo* yo que vosotras
2.1 *tenía* Noemí un pariente de su marido
2.9 cuando *tengas* sed, vé a las vasijas, y
2.20 la benevolencia que *tuvo* para con los
3.15 quítate el manto que... sobre ti, y *tenlo*.......... 270
3.15 *teniéndolo* ella, él midió seis medidas de........ 270
4.3 vende una parte de las tierras que *tuvo*
1 S 1.2 *tenía* él dos mujeres; el nombre de 1961
1.2 y Penina *tenía* hijos, mas Ana no los *t*
1.5,6 no le había concedido *tener* hijos
1.13 voz no se oía; y Elí la *tuvo* por ebria
1.16 no *tengas* a tu sierva por... mujer impía 5414
2.5 los hambrientos dejaron de *tener* hambre
2.5 y la que *tenía* muchos hijos languidece
2.12 hijos... no *tenían* conocimiento de Jehová
2.30 los que me desprecian... *tenidos* en poco
4.7 y los filisteos *tuvieron* miedo... decían
4.20 no *tengas* temor... has dado a luz un hijo
7.7 al oír... *tuvieron* temor de los filisteos
8.5 un rey... como *tienen* todas las naciones
9.2 y *tenía* él un hijo que se llamaba Saúl........... 1961
9.5 dijo a su criado que *tenía* consigo: Ven
9.7 y no *tenemos* qué ofrecerle al... ¿Qué *t?*
9.12 que el pueblo *tiene* hoy un sacrificio
10.27 le *tuvieron* en poco, y no le trajeron
11.5 Saúl: ¿Qué *tiene* el pueblo, que llora?
12.18 *tuvo* gran temor de Jehová y de Samuel
13.20 los de Israel *tenían* que descender a
13.22 excepto Saúl y Jonatán... las *tenían*

14.7 haz todo lo que *tienes* en tu corazón; vé
14.15 también ellos *tuvieron* pánico, y la
15.3 y destruye todo lo que *tiene*, y no te
16.16 él toque con su mano, y *tengas* alivio
16.23 tocaba... y Saúl *tenía* alivio y estaba
17.4 *tenía* de altura seis codos y un palmo
17.7 *tenía* el hierro de su lanza 600 siclos
17.11 oyendo... se turbaron y *tuvieron*... miedo
17.12 Isaí, el cual *tenía* ocho hijos; y en el
17.24 varones de Israel... *tenían* gran temor
17.42 cuando... vio a David, le *tuvo* en poco
17.50 lo mató, sin *tener* David espada en su
17.57 *teniendo* David la cabeza del filisteo
18.10 David tocaba... *tenía* Saúl la lanza en
18.15 viendo Saúl que se... *tenía* temor de él
18.29 *tuvo* más temor de David; y fue Saúl
18.30 salían, David *tenía* más éxito que todos
19.9 *tenía* una lanza a mano, mientras David
20.7 si dijere: Bien... *tendrá* paz tu siervo
20.21 tú vendrás, porque paz *tienes*, y nada
20.34 porque *tenía* dolor a causa de David
21.3 ¿qué *tienes* a mano? Dame... lo que tengas
21.4 no *tengo* pan común a la... *t* pan sagrado
21.8 ¿no *tienes* aquí a mano lanza o espada?
21.12 y *tuvo* gran temor de Aquis rey de Gat
22.2 y *tuvo* consigo... cuatrocientos hombres
22.6 *tenía* su lanza en su mano, y todos sus
23.10 siervo *tiene* entendido que Saúl trata
23.21 benditos... que habéis *tenido* compasión
25.2 había un hombre que *tenía* su hacienda
25.2 y *tenía* tres mil ovejas y mil cabras
25.6 sea paz a ti... paz a todo cuanto *tienes*
25.7 he sabido que *tienes* esquiladores. Ahora
25.8 te ruego que des lo que *tuvieres* a mano
25.21 todo lo que éste *tiene* en el desierto........... 1961
25.31 señor mío, no *tendrás* motivo de pena
25.35 he oído tu voz, y te he *tenido* respeto
25.36 él *tenía* banquete en su casa como... rey
26.19 para que no *tenga* parte en la heredad
27.2 con los 600 hombres que *tenía*... se pasó
28.1 *ten* entendido que has de salir conmigo
28.5 vio Saúl el campamento de... *tuvo* miedo
28.7 buscadme una mujer que *tenga* espíritu de.... 1172
28.7 una mujer en Endor que *tiene* espíritu de...... 1172
28.20 y *tuvo* gran temor por las palabras de
28.24 *tenía* en su casa un ternero engordado
31.3 flecheros, y *tuvo* gran temor de ellos
31.4 su escudero no quería... *tenía* gran temor
2 S 1.10 y tomé la corona... *tenía* en su cabeza
1.14 ¿cómo no *tuviste* temor de extender tu
1.26 angustia *tengo* por ti, hermano... Jonatán
3.7 había *tenido* Saúl una concubina que se
3.29 nunca falte... quien *tenga* falta de pan
4.2 y el hijo de Saúl *tenía* dos... capitanes 1961
4.4 Jonatán hijo de... *tenía* un hijo lisiado
4.4 *tenía* cinco años de edad cuando llegó
6.2 y partió... con todo el pueblo que *tenía*
6.12 Jehová ha bendecido... todo lo que *tiene*
6.23 y Mical... nunca *tuvo* hijos hasta el día
7.29 *ten* ahora a bien bendecir la casa de tu
9.7 no *tengas* temor, porque yo a la verdad
9.10 para que el hijo de tu señor *tenga* pan......... 1961
9.10 y *tenía* Siba quince hijos y 20 siervos
9.12 *tenía* Mofi-boset un hijo pequeño, que
11.25 dirás a Joab: No *tengas* pesar por esto
12.2 el rico *tenía* numerosas ovejas y vacas 1961
12.3 pero el pobre no *tenía* más que una sola 1961
12.3 corderita... y la *tenía* como a una hija
12.6 hizo tal cosa, y no *tuvo* misericordia
12.9 *tuviste* en poco la palabra de Jehová
12.22 Dios *tendrá* compasión de mí, y vivirá
12.30 la corona de... *tenía* piedras preciosas
13.1 *teniendo* Absalón... una hermana hermosa
13.3 Amnón *tenía* un amigo... Jonadab, hijo de
13.23 años, que Absalón *tenía* esquiladores
13.24 tu siervo *tiene* ahora esquiladores; yo
14.5 le dijo: ¿Qué *tienes?* Y ella respondió
14.6 tu sierva *tenía* dos hijos, y... riñeron
14.30 y *tiene* allí cebada... prendedle fuego
15.2 cualquiera que *tenía* pleito y venía al.......... 1961
15.3 no *tienes* quien te oiga de parte del rey
15.4 que viniesen a mí todos los que *tienen*
15.30 todo el pueblo que *tenía* consigo cubrió
16.4 sea tuyo todo lo que *tiene* Mofi-boset
16.10 ¿qué *tengo* yo con vosotros, hijos de
17.18 *tenía* en su patio un pozo, dentro del
18.1 David... pasó revista al pueblo que *tenía*
18.18 no *tengo* hijo que conserve... mi nombre
19.2 oyó decir... el rey *tenía* dolor por su hijo
19.19 ni *tengas* memoria de los males que tu
19.22 ¿qué *tengo* yo con vosotros, hijos de
19.28 ¿qué derecho... *tengo* aún para clamar al 3426
19.43 *tenemos* en el rey diez partes, y en el
19.43 ¿por qué... nos habéis *tenido* en poco?
20.1 no *tenemos* nosotros parte en David, ni
20.8 *tenía* pegado a sus lomos el cinto con
21.4 no *tenemos*... querella sobre plata... Saúl
21.8 a dos hijos... ella había *tenido* de Saúl......... 3205
21.8 los cuales ella había *tenido* de Adriel.......... 3205
21.20 hombre... *tenía* doce dedos en las manos
23.8 los nombres de los valientes que *tuvo* David
23.21 *tenía* el egipcio una lanza en su mano
1 R 1.16 inclinó... Y el rey dijo: ¿Qué *tienes?*
1.21 mi hijo... seremos *tenidos* por culpables
1.51 que Adonías *tiene* miedo del rey Salomón
2.5 en el talabarte que *tenía*... zapatos que *t*
2.8 también *tienes* contigo a Simei hijo de
2.14 una palabra *tengo* que decirte. Y ella

2.22 ya *tiene* también al sacerdote Abiatar
4.2 fueron los jefes que *tuvo*: Azarías hijo
4.7 *tenía* Salomón doce gobernadores sobre
4.10 éste *tenía*... a Soco y... la tierra de Hefer
4.11 *tenía* por mujer a Tafat hija de Salomón
4.13 éste *tenía*... las ciudades de Jair hijo
4.13 *tenía*... la provincia a Argob... en Basán
4.24 y *tuvo* paz por todos lados alrededor.......... 1961
4.26 Salomón *tenía* 40.000 caballos en sus
4.28 cada uno conforme al turno que *tenía*
5.15 *tenía*... Salomón 70.000 que llevaban las....... 1961
5.16 los cuales *tenían* a cargo el pueblo que
6.2 la casa... *tenía* sesenta codos de largo y
6.3 el pórtico... *tenía* veinte codos de largo
6.17 la casa... templo... *tenía* cuarenta codos
6.18 casa... *tenía* entalladuras de calabazas
6.20 el lugar santísimo... *tenía* veinte codos
6.24 una ala del querubín *tenía* cinco codos
6.25 otro querubín *tenía* diez codos; porque
7.2 la cual *tenía* cien codos de longitud, 50
7.3 vigas... cada hilera *tenía* quince columnas
7.6 un pórtico... que *tenía* 50 codos de largo
7.19 los capiteles... *tenían* forma de lirios
7.20 *tenían*... los capiteles... 200 granadas en
7.28 *tenían* unos tableros, los cuales estaban
7.30 cada basa *tenía* cuatro ruedas de bronce
8.7 los querubines *tenían* extendidas las alas
8.17 padre *tuvo* en su corazón edificar casa
8.18 a haber *tenido* en tu corazón edificar
8.18 casa... bien has hecho en *tener* tal deseo
8.50 harás que *tengan* de ellos misericordia
9.13 tierra de Cabul, nombre que *tiene* hasta
9.19 las ciudades donde... *tenía* provisiones 1961
10.2 expuso todo lo que en su corazón *tenía*
10.14 el peso del oro que Salomón *tenía* de
10.19 seis gradas *tenía* el trono, y la parte
10.19 *tenía* brazos cerca del asiento, junto
10.22 rey *tenía* en el mar una flota de naves
10.26 *tenía* 1.400 carros, y 12.000 jinetes
11.3 *tuvo* 700... reinas y 300 concubinas; y sus...... 1961
11.30 tomando Ahías la capa nueva que *tenía*
11.32 él *tendrá* una tribu por amor a David 1961
11.36 para que mi siervo David *tenga* lámpara
12.16 ¿qué parte *tenemos*... No *t* heredad en el
12.28 y habiendo *tenido* consejo, hizo el rey
15.20 los príncipes de los ejércitos que *tenía*
15.27 porque Nadab y todo Israel *tenían* sitiado
17.12 vive Jehová... que no *tengo* pan cocido 3426
17.12 un puñado de harina *tengo* en la tinaja
17.13 no *tengas* temor; vé, haz como has dicho
17.18 ¿qué *tengo* yo contigo, varón de Dios?
18.27 o *tiene* algún trabajo, o va de camino
19.19 con doce yuntas... y él *tenía* la última
20.4 el rey... yo soy tuyo, y todo lo que *tengo*
20.6 y llevarán todo lo precioso que *tengas*
21.1 que Nabot... *tenía* allí una viña junto al........ 1961
22.17 vi... como ovejas que no *tienen* pastor
22.17 éstos no *tienen* señor; vuélvase cada
2 R 1.2 sala de la casa que *tenía* en Samaria
1.8 varón que *tenía* vestido de pelo, y ceñía
1.15 desciende con él; no *tengas* miedo de él
1.17 reinó en... porque Ocozías no *tenía* hijo 1961
3.12 Josafat... Este *tendrá* palabra de Jehová
3.13 Eliseo dijo al... ¿Qué *tengo* yo contigo?
3.14 que si no *tuviese* respeto al rostro de
4.2 le dijo... Declárame qué *tienes* en casa.......... 3426
4.2 sierva ninguna cosa *tienes* en casa, sino
4.14 que ella no *tiene* hijo, y su marido es
4.31 pero no *tenía* voz ni sentido, y así se
5.1 lo *tenía* en alta estima, porque por medio....... 1961
6.8 *tenía* el... de Siria guerra contra Israel
6.15 el ejército que *tenía* sitiada la ciudad
6.16 dijo: No *tengas* miedo, porque más son
6.28 y le dijo el rey: ¿Qué *tienes?* Ella
7.12 saben que *tenemos* hambre, y han salido
9.5 dijo: Príncipe, una palabra *tengo* que decirte
9.18,19 ¿qué *tienes* tú que ver con la paz?
10.1 *tenía* Acab en Samaria 70 hijos; y Jehú
10.2 los que *tenéis* a los hijos de vuestro
10.2 que *tienen* carros y gente de a caballo
10.4 *tuvieron* gran temor, y dijeron: He aquí
10.19 pues... *tengo* un gran sacrificio para Baal
10.22 al que *tenía* el cargo de las vestiduras
11.5 *tendrá* la guardia de la casa del rey el
11.7 *tendréis* la guardia de la casa de Jehová....... 8104
11.8,11 *teniendo* cada uno sus armas en las 8104
12.8 *tener* el cargo de reparar las grietas
12.11 a los que *tenían* a su cargo la casa de
13.23 mas Jehová *tuvo* misericordia de ellos
15.5 Jotam hijo... *tenía* el cargo del palacio
18.20 consejo *tengo* y fuerzas para la guerra
19.3 día... y la que da a luz no *tiene* fuerzas
19.25 desde... la antigüedad lo *tengo* ideado?
20.8 ¿qué señal *tendré*... que Jehová me sanará
20.9 señal *tendrás* de Jehová, de que Jehová
22.5,9 que *tienen* a su cargo el arreglo de la
23.11 el cual *tenía* a su cargo los ejidos
24.11 cuando sus siervos la *tenían* sitiada
25.17 *tenía* encima un capitel de bronce; la
25.19 tomó un oficial que *tenía* a su cargo
1 Cr 2.22 Jair, el cual *tuvo* 23 ciudades en 1961
2.26 *tuvo* Jerameel otra mujer... Atara, que
2.34 Sesán no *tuvo* hijos, sino hijas; pero 1961
2.34 *tenía* Sesán un siervo egipcio llamado
4.5 padre de Tecoa *tuvo* dos mujeres, Hela y 1961
4.27 sus hermanos no *tuvieron* muchos hijos
5.7 y sus hermanos por... *tenían* por príncipes
5.9 porque *tenía* mucho ganado en la tierra

5.19 *tuvieron* guerra contra los agarenos, y 6213
6.10 a Azarías, el que *tuvo*, el sacerdocio en
6.31 la casa... después que el arca *tuvo* reposo
7.4 porque *tuvieron* muchas mujeres e hijos
7.15 cuya hermana *tuvo* por nombre Maaca; y 1961
7.15 fue Zelofehad. Y Zelofehad *tuvo* hijas
8.40 cuales *tuvieron* muchos hijos y nietos
9.19 coreítas... *tuvieron* a su cargo la obra
9.26 y *tenían* a su cargo las cámaras y los
9.27 porque *tenían* el cargo de guardarla, y
9.28 *tenían* a su cargo los utensilios para el
9.29 de ellos *tenían* el cargo de la vajilla
9.31 Matatías... *tenía* a su cargo las cosas que
9.32 de Coat... *tenían* a su cargo los panes de
9.44 y Azel *tuvo* seis hijos, los nombres de
10.4 su escudero no quiso, porque *tenía* mucho
11.10 son los... los valientes que David *tuvo*
11.11 número de los valientes que David *tuvo*
12.14 el menor *tenía* cargo de cien hombres
13.11 David *tuvo* pesar, porque Jehová había
13.14 bendijo Jehová la... y todo lo que *tenía*
15.21 *tenían* arpas afinadas en la octava para
18.10 Toi *tenía* guerra contra Hadad-ezer 1961
19.14 se acercó Joab y el pueblo que *tenía*
20.6 un hombre... *tenía* seis dedos en pies y
22.7 en mi corazón *tuve* el edificar templo
22.15 tú *tienes*... muchos obreros, canteros
23.11 no *tuvieron* muchos hijos, por lo cual
23.17 Eliezer no *tuvo* otros hijos; mas los 1961
23.22 y murió Eleazar sin hijos; pero *tuvo* 1961
23.26 los levitas no *tendrán* que llevar más
23.32 *tuviesen* la guarda del tabernáculo de 8104
24.2 Nadab y... murieron... y no *tuvieron* hijos 1961
24.28 de Mahli, Eleazar, quien no *tuvo* hijos 1961
26.20 Ahías *tenía* cargo de los tesoros de la
26.22 *tuvieron* cargo de los tesoros de la
26.26 *tenían* a su cargo todos los tesoros de
27.25 *tenía* a su cargo los tesoros del rey
28.2 *tenía* el propósito de edificar una casa
28.12 plano de... las cosas que *tenía* en mente
29.3 *tengo* mi afecto en la casa de mi Dios 3426
29.8 el que *tenía* piedras preciosas las dio
29.25 tal gloria en... cual ningún rey la *tuvo* 1961
2 Cr 1.8 has *tenido* con David... misericordia
1.12 como nunca *tuvieron* los reyes que han
1.12 antes de ti, ni *tendrán* los que vengan 1961
1.14 *tuvo* 1.400 carros y 12.000 jinetes, los
2.4 yo *tengo* que... al nombre de Jehová mi Dios
2.5,9 y la casa que *tengo* que edificar, ha
3.13 querubines *tenían* las alas extendidas por
4.2 un mar... *tenía* diez codos de un borde a
4.5 y *tenía* de grueso un palmo menor, y el
4.5 el borde *tenía* la forma... de un cáliz, o
6.7 David... *tuvo* en su corazón edificar casa
6.8 a haber *tenido*... deseo de edificar casa
6.8 bien has hecho en haber *tenido* esto en
8.6 a todas las ciudades... que Salomón *tenía* 1961
8.10 y *tenía*... 250 gobernadores principales
9.1 habló con él... lo que en su corazón *tenía*
9.15 los cuales *tenía* seiscientos siclos de 6213
9.16 *teniendo* cada escudo 300 siclos de oro
9.18 trono *tenía* seis gradas, y un estrado
9.25 *tuvo*... Salomón 4.000 caballerizas para 1961
9.26 *tuvo* dominio sobre todos los reyes desde
10.16 ¿qué parte *tenemos*... no *t* herencia en
10.18 a Adoram... *tenía* cargo de los tributos
12.3 pueblo que venía con el... no *tenía* número
13.8 *tenéis*... los becerros de oro... por dioses
13.14 que *tenía* batalla por delante y a las espaldas
13.20 y nunca más *tuvo* Jeroboam poder en los 6113
14.1 Asa, en cuyos días *tuvo* sosiego el país
14.8 *tuvo*... Asa ejército que traía escudos y 1961
14.11 al poderoso o al que no *tiene* fuerzas!
14.15 las cabañas de los que *tenían* ganado
16.3 vengas y deshagas la alianza que *tienes*
16.9 de los que *tienen* corazón perfecto para
17.5 y *tuvo* riquezas y gloria en abundancia 1961
17.9 enseñaron... *teniendo*... el libro de la ley
17.13 *tuvo* muchas provisiones en las ciudades 1961
18.1 *tenía*, pues, Josafat riquezas y gloria 1961
18.16 y dijo Jehová: Estos no *tienen* señor
18.30 los capitanes de los carros que *tenía*
20.3 *tuvo* temor; y Josafat humilló su rostro
20.6 y *tienes* dominio sobre todos los reinos
20.30 el reino de Josafat *tuvo* paz, porque su
21.2 *tuvo* por hermanos, hijos de Josafat, a
21.6 porque *tenía* por mujer a la hija de Acab 1961
21.14 Jehová herirá a... y a todo cuanto *tienes*
22.9 y la casa de Ocozías no *tenía* fuerzas
23.7 y cada uno *tendrá* sus armas en la mano
23.10 *teniendo* cada uno su espada en la mano
25.5 escogidos... que *tenían* lanza y escudo
26.1 a Uzías, el cual *tenía* 16 años de edad
26.10 *tuvo* muchos ganados, así en la Sefela 1961
26.11 *tuvo*... Uzías un ejército de guerreros
26.19 *teniendo* en la mano un incensario para
26.21 y Jotam su hijo *tuvo* cargo de la casa
27.5 *tuvo* él guerra con el rey de... de Amón
30.9 delante de los que los *tienen* cautivos
30.22 levitas que *tenían* buena inteligencia
31.14 Coré hijo... *tenía* cargo de las ofrendas
31.19 varones nombrados *tenían* cargo de dar
32.3 *tuvo* consejo con sus príncipes y con sus
32.7 ni *tengáis* miedo del rey de Asiria, ni
32.8 el pueblo *tuvo* confianza en... de Ezequías
32.27 *tuvo* Ezequías riquezas y gloria... oro 1961
35.21 ¿qué *tengo* yo contigo, rey de Judá? Yo
35.24 pusieron en un segundo carro que *tenía*

36.15 él tenía misericordia de su pueblo y de
Esd 2.65 y *tenían* 200 cantores y cantoras
3.3 porque *tenían* miedo de los pueblos de las
6.8 *tiene* del tributo del otro lado del río
7.25 conforme a la sabiduría que *tienes* de
8.22 *tuve* vergüenza de pedir al rey tropa y
Neh 2.20 vosotros no *tenéis* parte ni derecho
4.6 porque... pueblo *tuvo* ánimo para trabajar 1961
4.16 y la otra mitad *tenía* lanzas, escudos 2388
4.17 cargaban... y en la otra *tenían* la espada 2388
4.18 cada uno *tenía* su espada ceñida a sus
4.21 y la mitad de ellos *tenían* lanzas desde 2388
5.5 y no *tenemos* posibilidad de rescatarlas
5.8 callaron, pues no *tuvieron* qué responder 4672
8.10 y enviad porciones a los que no *tienen*
9.21 de ninguna cosa *tuvieron* necesidad; sus
9.28 pero una vez que *tenían* paz, volvían a
9.32 no sea *tenido* en poco delante de ti todo
10.28 hijas, todo el que *tenía* comprensión y 1961
11.21 y Ziha y Gispa *tenían* autoridad sobre
13.13 *tenidos* por fieles... tenían que repartir
Est 1.3 *teniendo* delante de él a los... poderosos
1.17 *tendrán* en poca estima a sus maridos
3.6 *tuvo* en poco poner mano en Mardoqueo
4.3 *tenían* los judíos... luto, ayuno, lloro y
4.4 reina *tuvo* gran dolor, y envió vestidos
5.2 extendió a Ester el cetro... que *tenía* en
5.3 dijo el rey: ¿Qué *tienes*, reina Ester, y
6.4 a Mardoqueo en la horca que él le *tenía*
8.16,17 los judíos *tuvieron* alegría y gozo
9.22 días en que los judíos *tuvieron* paz de
Job 1.10 cercado... casa y a todo lo que *tiene*?
1.11 y toca todo lo que *tiene*, y verás si no
1.12 aquí, todo lo que *tiene* está en tu mano
2.4 lo que el hombre *tiene* dará por su vida
3.13 dormiría, y entonces *tendría* descanso
3.26 no he *tenido* paz, no... ni estuve reposado
5.23 aun con las piedras... *tendrás* tu pacto
6.11 cuál mi fin para que *tenga*... paciencia?
7.15 alma *tuvo* por mejor la estrangulación
9.28 me turban... no me *tendrás* por inocente
10.4 ¿*tienes* tú acaso ojos de carne? ¿Ves tú
10.13 estas cosas *tienes*... en tu corazón; yo
10.14 y no me *tendrás* por limpio... iniquidad
11.2 las... palabras no han de *tener* respuesta?
11.18 *tendrás* confianza, porque hay esperanza
11.20 no *tendrán* refugio; y su esperanza será
12.3 *tengo* yo entendimiento como vosotros; no
12.6 cuyas manos él ha puesto cuanto *tienen*
13.23 ¿cuántas iniquidades... *tengo* yo? Hazme
14.15 *tendrás* afecto... hechura de tus manos
14.17 *tienes* sellada en saco... prevaricación
14.17 en saco... y *tienes* cosida mi iniquidad
14.21 *tendrán* honores, pero él no lo sabrá
15.11 ¿en tan poco *tienes* las consolaciones
16.3 ¿*tendrán* fin las palabras vacías? ¿O qué
18.3 ¿por qué somos *tenidos* por bestias, y a
18.17 y no *tendrá* nombre por las calles
18.19 no *tendrá* hijo ni nieto en su pueblo
19.15 y mis criadas me *tuvieron* por extraño
19.21 *tened* compasión de mí, *t* compasión de
20.20 tanto, no tendrá sosiego en su vientre
21.21 porque ¿qué deleite *tendrá* él de... casa
22.3 ¿*tiene* contentamiento el Omnipotente en
22.5 por cierto... tus maldades no *tienen* fin
22.8 pero el hombre pudiente *tuvo* la tierra
22.21 vuelve... amistad con él, y *tendrás* paz
22.24 *tendrás* más oro que tierra, y... de Ofir
22.25 defensa, y *tendrás* plata en abundancia
24.7 ropa, sin *tener* cobertura contra el frío
25.3 ¿*tienen* sus ejércitos número? ¿Sobre
26.2 ¿en qué ayudaste al que no *tiene* poder?
26.3 qué aconsejaste al que no *tiene* ciencia
26.6 el Seol... y el Abadón no *tiene* cobertura
27.6 mi justicia *tengo* asida, y no la cederé 2388
27.19 pero... abrirá sus ojos, y nada *tendrá*
28.1 ciertamente la plata *tiene* sus veneros
30.2 me serviría ni... No *tienen* fuerza alguna
31.13 si hubiera *tenido* en poco el derecho de
31.23 Dios, contra cuya... yo no *tendría* poder 3201
31.34 porque *tuve* temor de la gran multitud
32.6 he *tenido* miedo, y he temido declararos
32.19 como el vino que no *tiene* respiradero
33.10 contra mí, y me *tiene* por su enemigo 2803
33.23 si *tuviese* cerca de él algún elocuente
33.24 diga que Dios *tuvo* de él misericordia
33.32 si *tienes* razones, respóndeme; habla 3426
35.3 qué provecho *tendré* de no haber pecado?
36.2 todavía *tengo* razones en defensa de Dios
38.4 házmelo saber, si *tienes* inteligencia
38.23 que *tengo* reservados para el tiempo de
38.28 ¿*tiene* la lluvia padre... gotas de rocío? 3426
40.9 ¿*tienes* tú un brazo como el de Dios?
41.25 de su grandeza *tienen* temor los fuertes
41.29 *tiene* toda arma por hojarasca, y del
41.30 debajo *tiene* agudas conchas; imprime
42.12 *tuvo* 14.000 ovejas, seis mil camellos 1961
42.13 y *tuvo* siete hijos y tres hijas 1961
Sal 4.1 *ten* misericordia de... y oye mi oración
6.2 *ten* misericordia de mí, oh Jehová, porque
7.12 armado *tiene* ya su arco... lo ha preparado
8.4 ¿qué es el hombre, para que *tengas* de él
9.13 *ten* misericordia de mí, Jehová; mira mi
10.5 juicios los *tiene* muy lejos de su vista
11.4 Jehová *tiene* en el cielo su trono; sus
14.4 ¿no *tienen* discernimiento todos los que
17.11 *tienen* puestos sus ojos para echarnos
17.14 cuya porción la *tienen* en esta vida

20.7 del nombre... Dios *tendremos* memoria
27.7 *ten* misericordia de mí, y respóndeme
31.9 *ten* misericordia de mí... Jehová, porque
34.10 leoncillos necesitan, y *tienen* hambre
34.10 pero... no *tendrán* falta de ningún bien
37.1 ni *tengas* envidia... que hacen iniquidad
37.21 mas el justo *tiene* misericordia, y da
37.26 en todo tiempo *tiene* misericordia, y
42.2 mi alma *tiene* sed de Dios, del Dios vivo
50.12 yo *tuviese* hambre, no te lo diría a ti
50.16 ¿qué *tienes* tú que hablar de mis leyes
51.1 *ten* piedad de mí, oh Dios, conforme a tu
51.4 justo... y *tenido* por puro en tu juicio
53.4 ¿no *tienen* conocimiento todos los que
56.1 *ten* misericordia de mí, oh Dios, porque
57.1 *ten* misericordia de mí, oh Dios, *t*... mí
58.4 veneno *tienen* como... de serpiente; son
59.5 no *tengas* misericordia de... los que se
60 tít. de David... cuando *tuvo* guerra contra
63.1 mi alma *tiene* sed de ti, mi carne te
67.1 Dios *tenga* misericordia de nosotros, y
69.4 los que me destruyen sin *tener* por qué
69.31 o becerro que *tiene* cuernos y pezuñas
72.12 y al afligido que no *tuviere* quien le
72.13 *tendrá* misericordia del pobre y del
73.3 porque *tuve* envidia de los arrogantes
73.4 no *tienen* congojas por su muerte, pues
73.25 ¿a quién *tengo* yo en los cielos sino
76.8 la tierra *tuvo* temor y quedó suspensa
77.9 ha olvidado Dios el *tener* misericordia? 2589
78.53 guió con seguridad... no *tuvieran* temor
84.5 bienaventurado el... que *tiene* en ti sus
86.3 *ten* misericordia de mí... Jehová; porque
86.16 mírame, y *ten* misericordia de mí; da
89.9 tú *tienes* dominio sobre la braveza del
102.13 *tendrás* misericordia de Sion, porque
102.14 y del polvo de ella *tienen* compasión
106.16 *tuvieron* envidia de Moisés en el
106.46 *tuviesen* de ellos misericordia todos
106.46 todos los que los *tenían* cautivos
109.11 acreedor se apodere de... lo que *tiene*
109.12 no *tenga* quien te haga misericordia
109.12 ni haya quien *tenga* compasión de sus
110.3 desde... *tienes* tú el rocío de tu juventud
111.10 *tienen* todos los que... sus mandamientos
112.5 el hombre de bien *tiene* misericordia
112.7 no *tendrá* temor de malas noticias: su
114.5 ¿qué *tuviste*, oh mar, que huiste? ¿Y
115.5 *tienen* boca, mas no hablan; *t* ojos, mas
115.6 orejas *tienen*, mas no oyen; *t* narices
115.7 manos *tienen*, mas no palpan; *t* pies
119.35 la senda... en ella *tengo* mi voluntad
119.56 estas bendiciones *tuve* porque guardé 1961
119.58 *ten* misericordia de... según tu palabra
119.120 de ti, y de tus juicios *tengo* miedo
119.132 mírame, y *ten* misericordia de mí, como
119.161 corazón *tuvo* temor de tus palabras
119.165 paz *tienen* los que aman tu ley, y no
123.2 que *tenga* misericordia de nosotros
123.3 *ten* misericordia de... *t* misericordia de
125.2 como Jerusalén *tiene* montes alrededor de
135.16 *tienen* boca, y no hablan; *t* ojos, y no
135.17 *tienen* orejas, y no oyen; tampoco hay
139.22 los aborrezco... los *tengo* por enemigos
142.4 no *tengo* refugio, ni hay quien cuide
144.14 no *tengamos* asalto, ni... hacer salida
144.15 bienaventurado el pueblo... *tiene* esto
149.4 porque Jehová *tiene* contentamiento en
Pr 1.14 tu suerte... *tengamos* todos una bolsa 1961
3.24 cuando te acuestes, no *tendréis* temor
3.25 no *tendrás* temor de pavor repentino, ni
3.27 bien... cuando *tuvieres* poder para hacerlo
3.28 digas... cuando *tienes* contigo qué darle 3426
3.30 no *tengas* pleito con nadie sin razón, si
4.25 tus párpados hacia lo que *tienes* delante
6.7 la cual no *teniendo* capitán, ni... señor
6.30 no *tienen* en poco al ladrón si hurta para
6.30 saciar su apetito cuando *tiene* hambre
8.21 que los que me aman *tengan* su heredad
8.23 eternamente *tuve* el principado, desde
8.30 *teniendo* solaz delante... en todo tiempo
11.16 la mujer agraciada *tendrá* honra, y los 8551
11.16 honra, y los fuertes *tendrán* riquezas 8551
11.18 que siembra justicia tendrá galardón
12.9 más vale el... que *tiene* servidores, que
13.3 mucho abre sus labios *tendrá* calamidad
13.7 pretenden ser ricos, y no *tienen* nada
13.7 pretenden ser pobres, y *tienen* muchas
13.18 pobreza... *tendrá* el que menosprecia el
13.25 vientre de los impíos *tendrá* necesidad
14.13 aun en la risa *tendrá* dolor el corazón
14.21 que *tiene* misericordia de los pobres
14.26 Jehová... y esperanza *tendrán* sus hijos 1961
14.31 el que *tiene* misericordia del pobre, lo
14.32 el justo en su muerte *tiene* esperanza
15.15 de corazón contento *tiene* un banquete
15.32 el que *tiene* en poco la disciplina
15.32 el que escucha la... *tiene* entendimiento 7069
17.16 qué sirve... no *teniendo* entendimiento?
17.27 que ahorra sus palabras *tiene* sabiduría
18.5 *tener* respeto a la persona del impío
18.24 que *tiene* amigos ha de mostrarse amigo
22.11 de sus labios *tendrá* la amistad del rey
22.27 si no *tuvieres* para pagar, ¿por qué han
23.2 pon cuchillo a... si *tienes* gran apetito
23.17 no *tenga* tu... envidia de los pecadores
24.1 no *tengas* envidia de los hombres malos
24.14 si la hallares *tendrás* recompensa, y al

24.19 no te... ni *tengas* envidia de los impíos
24.25 que lo reprendieren *tendrán* felicidad
25.12 reprende al sabio que *tiene* oído dócil
25.21 si el... *tuviere* hambre, dale de comer
25.21 y si *tuviere* sed, dale de beber agua
25.28 el hombre cuyo espíritu no *tiene* rienda
27.11 *tendré* qué responder al que me agravie
27.18 mira por los intereses de... *tendrá* honra
28.12 cuando se levantan... *tienen* que esconderse
28.20 el hombre de verdad *tendrá*... bendiciones
28.27 el que da al pobre no *tendrá* pobreza
28.27 que aparta sus ojos *tendrá*... maldiciones
29.9 se enoje o que se ría, no *tendrá* reposo
30.2 rudo... ni *tengo* entendimiento de hombre
30.15 sanguijuela *tiene* dos hijas que dicen
30.27 langostas, que no *tienen* rey, y salen
31.21 no *tiene* temor de la... por su familia
Ec 1.3 ¿qué provecho *tiene* el hombre de todo
2.7 siervas, y *tuve* siervos nacidos en casa 1961
2.7 también *tuve* posesión grande de vacas y....... 1961
2.14 sabio *tiene* sus ojos en su cabeza, mas
2.18 cual *tendré* que dejar a otro que vendrá
2.22 ¿qué *tiene* el hombre de todo su trabajo 1933
3.1 todo *tiene* su tiempo, y todo... *t* su hora
3.9 ¿qué provecho *tiene* el que trabaja, de
3.19 una misma respiración *tienen* todos; ni
3.19 ni *tiene* más el hombre que la bestia
4.1 oprimidos, sin *tener* quien los consuele
4.3 y *tuve* por más feliz... al que no ha sido
4.8 un hombre... que no *tiene* hijo ni hermano
4.9 porque *tienen* mejor paga de su trabajo 3426
4.16 no *tenía* fin la muchedumbre del pueblo
5.10 y el que ama el mucho *tener*, no sacará
5.11 ¿qué bien... *tendrá* su dueño, sino verlos
5.15 y nada *tiene* de su trabajo para llevar
6.5 además... más reposo *tiene* éste que aquél
6.8 ¿qué más *tiene* el sabio que el necio?
6.8 ¿qué más *tiene* el pobre que supo caminar
6.10 ya ha mucho que *tiene* nombre, y se sabe
6.11 la vanidad. ¿Qué más *tiene* el hombre?
8.8 no hay hombre que *tenga* potestad sobre el
8.15 no *tiene* el hombre bien debajo del sol
9.5 muertos nada saben, ni *tienen* más paga
9.6 nunca más *tendrán* parte en... que se hace
10.20 que *tienen* alas harán saber la palabra 1167
11.8 y en todos ellos *tenga* gozo, acuérdese
12.1 digas: No *tengo* en ellos contentamiento
Cnt 3.8 todos ellos *tienen* espadas, diestros............. 270
7.10 soy... y conmigo *tiene* su contentamiento
8.5 *tuvo* tu madre dolores, allí *t* dolores la
8.8 *tenemos* una pequeña hermana, que no
8.8 no *tiene* pechos; ¿qué haremos a nuestra
8.11 Salomón *tuvo* una viña en Baal-hamón, la
Is 1.3 Israel... pueblo no *tiene* conocimiento
1.14 fiestas... las *tiene* aborrecidas mi alma
2.7 plata y oro, sus tesoros no *tienen* fin
3.6 le dijere: Tú *tienes* vestido, tú serás
5.1 *tenía* mi amado una viña en una ladera
5.13 cautivo, porque no *tuvo* conocimiento
6.2 había serafines; cada uno *tenía* seis alas
6.5 en medio de... que *tiene* labios inmundos
6.6 *teniendo* en su mano un carbón encendido
8.12 temáis lo que ellos... ni *tengáis* miedo
8.21 y acontecerá que *teniendo* hambre, se
9.7 de su imperio y la paz no *tendrán* límite
9.17 ni de sus... y viudas *tendrá* misericordia
9.19 hombre no *tendrá* piedad de su hermano
9.20 *tendrá* hambre, y comerá a la izquierda
11.13 Efraín no *tendrá* envidia de Judá, ni
13.8 *tendrán* dolores como mujer de parto; se
13.18 no *tendrán* misericordia del fruto del
13.20 árabe, ni pastores *tendrán* allí majada
14.1 porque Jehová *tendrá* piedad de Jacob, y
16.4 el devastador *tendrá* fin, el pisoteador
18.6 sobre ellos *tendrán* el verano las aves
22.1 ¿qué *tienes* ahora, que con todos los
22.11 y no *tuvisteis* respeto al que lo hizo
22.16 ¿qué *tienes* tú aquí, o a quién *t* aquí
23.5 cuando llegue la noticia... *tendrán* dolor
23.10 Tarsis, porque no *tendrás* ya más poder
23.12 a Quitim, y aun allí no *tendrás* reposo
26.1 fuerte ciudad *tenemos*; salvación puso
26.18 *tuvimos* dolores de parto, dimos a luz
27.10 allí *tendrá* su majada, y acabará sus
27.11 su Hacedor no *tendrá* de él misericordia
28.2 Jehová *tiene* uno... es fuerte y poderoso
28.4 la traga tan luego como la *tiene* a mano
28.15 Pacto *tenemos* hecho con la muerte... con
29.8 y les sucederá como el que *tiene* hambre
29.8 que *tiene* sed y sueña, y le parece que
30.18 Jehová esperará para *tener* piedad de
30.18 será exaltado *teniendo*... misericordia
30.19 el que *tiene* misericordia se apiadará
30.29 *tendréis* cántico como de noche en que 1961
32.10 de aquí a... de un año *tendréis* espanto
33.2 oh Jehová, *ten* misericordia de nosotros
33.8 aborreció las ciudades, *tuvo* en nada a 2803
34.6 Jehová *tiene* sacrificios en Bosra, y
34.14 la lechuza también *tendrá* allí morada
34.17 para siempre la *tendrán* por heredad; de 3423
35.10 y *tendrán* gozo y alegría, y huirán la
37.3 que... la que da a luz no *tiene* fuerzas
37.26 desde... la antigüedad lo *tengo* ideado?
38.22 ¿qué señal *tendré* de que subiré a la
40.6 Y yo respondí: ¿Qué *tengo* que decir a voces?
40.24 como si nunca... hubiera *tenido* raíz en
40.29 multiplica las fuerzas al que no *tiene*
40.31 pero los que esperan a Jehová *tendrán*
41.5 las costas vieron, y *tuvieron* temor; los
41.12 buscarás a los que *tienen* contienda
41.23 haced bien, o mal... *tengamos* qué contar
42.1 en quien mi alma *tiene* contentamiento
43.8 sacad al pueblo ciego que *tiene* ojos, y......... 3426
43.8 sacad... y a los sordos que *tienen* oídos
44.12 *tiene* hambre, y le faltan las fuerzas
44.13 forma de varón... para *tenerlo* en casa....... 3427
44.19 no *tiene* sentido ni entendimiento para
44.20 pura mentira lo que *tengo* en mi mano
45.9 ¿qué haces? o tu obra: No *tiene* manos?
45.20 no *tienen* conocimiento... que erigen el
45.21 y lo *tiene* dicho desde entonces, sino yo
46.2 *tuvieron* ellos... que ir en cautiverio
46.8 acordaos de esto, y *tened* vergüenza
47.6 los entregué... no les *tuviste* compasión
48.21 no *tuvieron* sed cuando los llevó por
49.1 llamó desde... *tuvo* mi nombre en memoria
49.9 en todas las alturas *tendrán* sus pastos
49.10 no *tendrán* hambre ni sed, ni el calor
49.10 el que *tiene* de ellos misericordia los
49.13 y de sus pobres *tendrá* misericordia
49.16 palmas de las manos te *tengo* esculpida
51.11 *tendrán* gozo y alegría, y el dolor y el 5381
51.12 ¿quién eres tú para que *tengas* temor
53.4 y nosotros le *tuvimos* por azotado, por
54.4 y de la afrenta de... no *tendrás*... memoria
54.8 con misericordia eterna *tendré* compasión
54.10 dijo Jehová, el que *tiene* misericordia
55.1 que no *tienen* dinero, venid, comprad y
55.7 vuélvase a Jehová, el cual *tendrá* de él
57.13 el que en mí confía *tendrá* la tierra........... 5157
60.10 mas en mi buena voluntad *tendré* de ti
61.7 doble honra, y *tendrán* perpetuo gozo
64.9 Jehová, ni *tengas* perpetua memoria de
65.13 comerán, y vosotros *tendréis* hambre
65.13 mis... beberán, y vosotros *tendréis* sed
Jer 2.8 los que *tenían* la ley no me conocieron
2.18 ¿qué *tienes* tú en el camino de Egipto
2.18 ¿y qué *tienes* tú en el camino de Asiria
3.3 *tenido* frente de ramera, y no quisiste
3.3 de ramera, y no quisiste *tener* vergüenza
3.8 no *tuvo* temor la rebelde Judá su hermana
4.10 has engañado a... diciendo: Paz *tendréis* 1961
5.21 que *tiene* ojos y no ve, que *t* oídos y no
5.23 pueblo *tiene* corazón falso y rebelde; se
6.15 ni aun saben *tener* vergüenza; por tanto
6.23 crueles son, y no *tendrán* misericordia
8.9 los sabios se... ¿y qué sabiduría *tienen*?
9.4 en ningún hermano *tenga* confianza; porque
10.2 ni de... señales del cielo *tengáis* temor
10.5 no *tengáis* temor... para hacer bien *t* poder
11.15 ¿qué derecho *tiene* mi amada en mi casa
12.1 y *tienen* bien todos los que se portan
12.13 *tuvieron* la heredad... no aprovecharon
12.15 volveré y *tendré* misericordia de ellos
13.14 no... ni *tendré* piedad ni misericordia
15.5 *tendrá* compasión de ti, oh Jerusalén?
16.2 ni *tendrás* hijos ni hijas en este lugar
20.11 *tendrán* perpetua confusión que jamás
21.4,9 los caldeos que... os *tienen* sitiados
21.7 ni *tendrá* compasión de ellos, ni *t* de
23.17 dicen... Jehová dijo: Paz *tendréis*; y a......... 1961
23.28 profeta que *tuviere* un sueño, cuente
23.28 ¿Qué *tiene* que ver la paja con el trigo?
24.2 *tenía* higos muy buenos... *t* higos... malos
25.31 porque Jehová *tiene* juicio contra las
26.21 entendiendo lo cual Urías, *tuvo* temor
29.6 maridos... para que *tengan* hijos e hijas 3205
29.7 rogad... en su paz *tendréis* vosotros paz
29.11 los pensamientos que *tengo* acerca de........ 2803
29.32 no *tendrá* varón que more entre este......... 1961
30.6 todo hombre *tenía* las manos sobre sus
30.18 de sus tiendas *tendré* misericordia, y
31.12 su alma será... nunca más *tendrán* dolor
31.19 que me aparté *tuve* arrepentimiento, y
31.20 ciertamente *tendré* de él misericordia
31.28 así como *tuve* cuidado... tendré cuidado
31.29 uvas agrias y... hijos *tienen* la dentera
31.30 comiere las uvas... *tendrán* la dentera
32.2 el ejército... *tenía* sitiada a Jerusalén
32.7 tú *tienes* derecho a ella para comprarla
32.39 *tengan* bien ellos, y sus hijos después
33.21 para que deje de *tener* hijo que reine......... 1961
33.24 han *tenido* en poco... hasta no tenerlo
33.26 haré volver sus cautivos, y *tendré* de
35.9 no *tener* viña, ni heredad, ni sementera 1961
35.16 hijos de Jonadab... *tuvieron* por firme el
36.24 y no *tuvieron* temor ni rasgaron sus
36.30 no *tendrá* quien se siente sobre el trono...... 1961
37.5 a oídos de los caldeos que *tenían* sitiada
38.19 *tengo* temor de los judíos que se han
39.10 pobres del pueblo que no *tenían* nada
39.18 *tuviste* confianza en mí, dice Jehová
40.4 de las cadenas que *tenías* en tus manos
40.9 no *tengáis* temor de servir a... caldeos
41.8 *tenemos* en el campo tesoros de trigos y....... 3426
42.11 la presencia del rey... del cual *tenéis*
42.12 *tendré* de... misericordia, y él tendrá
42.16 y el hambre de que *tenéis* temor, allá
44.10 ni han *tenido* temor, ni han caminado en
44.17 *tuvimos* abundancia de pan, y estuvimos..... 1961
44.29 esto *tendréis* por señal... en este lugar
46.23 más numerosos que... no *tendrán* número
48.30 conozco... su cólera... no *tendrá* efecto
49.1 ¿no *tiene* hijos Israel? ¿No *t* heredero?
49.16 habitas en... *tienes* la altura del monte 8610
49.31 nación... ni *tiene* puertas ni cerrojos
50.32 y caerá, y no *tendrá* quien lo levante
50.42 serán crueles, y no *tendrán* compasión
51.17 hombre... infatuado, y no *tiene* ciencia
Lm 1.2 no *tiene* quien la consuele de todos
1.4 las calzadas de Sion *tienen* luto, porque
1.4 están afligidas, y ella *tiene* amargura
1.7 las cosas agradables que *tuvo* desde los........ 1961
1.9 descendido... no *tiene* quien la consuele
1.17 sus manos; no *tiene* quien la consuele
2.17 ha hecho lo que *tenía* determinado; ha
3.20 *tendré* aún en memoria, porque mi alma
4.2 ¡cómo son *tenidos* por vasijas de barro
4.16 no... ni *tuvieron* compasión de los viejos
4.20 dicho: A su sombra *tendremos* vida entre
Ez 1.6 cada uno *tenía* cuatro caras y cuatro
1.8 sus cuatro lados, *tenían* manos de hombre
1.11 *tenían* sus alas extendidas por encima
1.16 las cuatro *tenían* una misma semejanza
1.23 cada uno *tenía* dos alas que cubrían su
1.27 fuego, y que *tenía* resplandor alrededor
2.6(2) no *tengas* miedo de sus palabras
3.9 temas, ni *tengas* miedo delante de ellos
5.11 perdonará, ni... *tendré* yo misericordia
6.8 *tengáis* entre las naciones algunos que 1961
7.4,9; 8.18 mi ojo no... perdonará, ni *tendré*
9.3 llamó Jehová al... que *tenía* a su cintura
9.5 no perdone... ojo, ni *tengáis* misericordia
9.10 ojo no perdonará, ni *tendré* misericordia
9.11 el varón... *tenía* el tintero a su cintura
10.14 cada uno *tenía* cuatro caras... querubín
10.21 cada uno *tenía* cuatro caras y cada uno
12.2 *tienen* ojos... y no ven, *t* oídos... no oyen
12.22 refrán es este que *tenéis* vosotros en
16.5 *teniendo* de ti misericordia; sino que
16.49 abundancia de ociosidad *tuvieron* ella
16.60 antes yo *tendré* memoria de mi pacto que
18.2 dientes de los hijos *tienen* la dentera
18.3 nunca más *tendréis* por qué... este refrán
18.24 ninguna de las... serán *tenidas* en cuenta
19.11 ella *tuvo* varas fuertes para cetros de........ 1961
21.11 y la dio a pulir para *tenerla* a mano
23.15 *teniendo*... ellos apariencia de capitanes
24.14 volveré atrás, ni *tendré* misericordia
29.15 no vuelvan a *tener* dominio sobre las
30.9 *tendrán* espanto como en el día de Egipto
30.16 Egipto: Sin *tendrá* gran dolor, y Tebas
30.16 y Menfis *tendrá* continuas angustias
31.9 los árboles del... *tuvieron* de él envidia
32.10 sus reyes *tendrán* horror... causa de ti
35.5 por cuanto *tuviste* enemistad perpetua
36.21 he *tenido* dolor al ver mi santo nombre
37.24 y todos ellos *tendrán* un solo pastor.......... 1961
38.4 y escudos, *teniendo* todos ellos espadas
38.11 muros, y no *tienen* cerrojos ni puertas
39.25 y *tendré* misericordia de toda... Israel
40.3 y *tenía* un cordel de lino en su mano, y
40.5 la caña de medir que... *tenía* en la mano
40.7 cada cámara *tenía* una caña de largo, y
40.10 la puerta oriental *tenía* tres cámaras
40.12 y cada cámara *tenía* seis codos por un
40.25,29,33 *tenía* sus ventanas y sus arcos
40.26 *tenía* palmeras, una de un lado, y otra
41.7 subía... la casa *tenía* más anchura arriba
41.18 y cada querubín *tenía* dos rostros
41.23 el templo y el santuario *tenían* dos
42.6 no *tenían* columnas como... de los atrios
42.7 el muro... *tenía* cincuenta codos de largo
42.20 cuatro lados lo midió; *tenía* un muro
43.16 el altar *tenía* doce codos de largo, y
44.18 turbantes de lino *tendrán*... sus cabezas...... 1961
44.25 hermana que no haya *tenido* marido, sí...... 1961
45.8 *tendrá* por posesión en Israel, y nunca
45.10 balanzas... efa... y bato justo *tendréis* 1961
45.11 que el bato *tenga* la décima parte del......... 5375
45.21 *tendréis* la pascua, fiesta de siete............. 1961
46.22 patios... misma medida *tenían* los cuatro
47.13 repartiréis la... José *tendrá* dos partes
47.22 los *tendréis* como naturales entre los
47.22 suertes... para *tener* heredad entre los 5307
48.1 Hamat, *tendrá* Dan una parte, desde el
48.2 el lado del mar, *tendrá* Aser una parte
48.9 *tendrá* de longitud veinticinco mil cañas
48.12 ellos *tendrán* como parte santísima la
48.23 lado del... *tendrá* Benjamín una porción
48.35 en derredor *tendrá* 18.000 cañas. Y el
Dn 1.17 Daniel *tuvo* entendimiento en... visión
2.1 *tuvo* Nabucodonosor sueños, y se perturbó
2.3 he *tenido* un sueño, y mi espíritu se ha
2.28 tu sueño, y las visiones que has *tenido*
3.20 mandó a hombres... *tenía* en su ejército
3.27 el fuego no había *tenido* poder alguno
3.27 cómo... ni siquiera olor de fuego *tenían*
4.25,32 que el Altísimo *tiene* dominio en el
5.21 Dios *tiene* dominio sobre el reino de los
7.1 *tuvo* Daniel un sueño, y visiones de su.......... 2370
7.4 era como león, y *tenía* alas de águila
7.5 y *tenía* en su boca tres costillas entre
7.6 *tenía* también esta bestia cuatro cabezas
7.7 cual *tenía* unos dientes grandes de hierro
7.7 diferente de todas... y *tenía* diez cuernos
7.8 este cuerno *tenía* ojos como de hombre, y
7.19 *tuve* deseo de saber la verdad acerca de
7.19 *tenía* dientes de hierro y uñas de bronce
7.20 los diez cuernos que *tenía* en su cabeza
7.20 y este mismo cuerno *tenía* ojos, y boca
8.3 *tenía* dos cuernos; y aunque los cuernos
8.5 *tenía* un cuerno notable entre sus ojos
8.7 el carnero no *tenía* fuerza para pararse

8.20 *tenía* dos cuernos, éstos son los reyes 1167
8.21 y el cuerno... que *tenía* entre sus ojos
9.9 de Jehová... Dios es el *tener* misericordia
9.15 te hiciste renombre cual lo *tienes* hoy
10.1 pero él... *tuvo* inteligencia en la visión
10.8 no quedó fuerza... no *tuve* vigor alguno 6113
10.18 y aquel que *tenía* semejanza de hombre
10.20 *tengo* que volver para pelear contra el
11.17 pero no permanecerá, ni *tendrá* éxito
11.45 a su fin, y no *tendrá* quien le ayude
Os 1.7 de la casa de Judá *tendré* misericordia
2.4 ni *tendré* misericordia de... hijos, porque
2.23 *tendré* misericordia de Lo-ruhama, y diré
4.13 álamos y olmos que *tuviesen* buena sombra
7.2 *tengo* en memoria toda su maldad; ahora
8.7 no *tendrán* mies, ni su espiga hará harina
8.11 porque... Efraín... *tuvo* altares para pecar
8.12 ley, y fueron *tenidas* por cosa extraña
10.3 no *tenemos* rey, porque no temimos a
12.2 pleito *tiene*... con Judá para castigar a
12.7 mercader que *tiene* en su mano peso falso
14.8 ¿qué más *tendré* ya con los ídolos? Yo
Jl 1.18 turbados... porque no *tuvieron* pastos!
3.4 ¿qué *tengo* yo con vosotras, Tiro y Sidón
Am 5.15 quizá Jehová Dios de... *tendrá* piedad
5.20 luz; oscuridad, que no *tiene* resplandor?
Jon 1.5 los marineros *tuvieron* miedo, y cada
1.6 dijo: ¿Qué *tienes*, dormilón? Levántate
1.8 ¿qué oficio *tienes*, y de dónde vienes?
1.17 Jehová *tenía* preparado un gran pez que
4.10 *tuviste* tú lástima de la calabacera, en
4.11 no *tendré* yo piedad de Nínive... ciudad
Mi 2.1 lo ejecutan... *tienen* en su mano el poder
3.5 y claman: Paz, cuando *tienen*... que comer
6.2 porque Jehová *tiene* pleito con su pueblo
6.11 por inocente al que *tiene* balanza, falsa
7.19 volverá a *tener* misericordia de nosotros
Nah 1.3 y no *tendrá* por inocente al culpable
1.12 aunque reposo *tengan*... serán talados, y
Hab 1.14 como reptiles que no *tienen* quien los
1.17 no *tendrá* piedad de aniquilar naciones
3.10 te vieron y *tuvieron* temor los montes
Sof 2.2 antes que *tenga* efecto el decreto, y
Zac 1.12 ¿hasta cuándo no *tendrás* piedad de
2.1 un varón que *tenía* en su mano un cordel
5.9 *tenían* alas como de cigüeña, y alzaron
10.2 el pueblo... sufre porque no *tiene* pastor
10.6 porque de ellos *tendré* piedad, y serán
11.5 matan sus... y no se *tienen* por culpables
11.5 ni sus pastores *tienen* piedad de ellas
11.6 no *tendré* ya... piedad de los moradores
12.5 dirán... *Tienen* fuerza los habitantes de
Mal 1.9 orad por... que *tenga* piedad de nosotros
1.10 no *tengo* complacencia en vosotros, dice
1.14 *teniendo* machos en su rebaño, promete
2.5 *tuvo* temor de mí, y delante de mi nombre
2.10 ¿no *tenemos* todos un mismo padre? ¿No
3.5 no *teniendo* temor de mí, dice Jehová de
Mt 2.22 *tuvo* temor de ir allá; pero avisado
3.4 *tenía* un cinto de cuero alrededor de sus *2192*
3.9 Abraham *tenemos* por padre; porque yo os *2192*
3.17 es mi Hijo... en quien *tengo* complacencia
4.2 y después de haber ayunado... *tuvo* hambre
4.24 trajeron todos los que *tenían* dolencias
5.6 bienaventurados los que *tienen* hambre y
5.23 de que tu hermano *tiene* algo contra ti *2192*
5.46 si amáis a... ¿qué recompensa *tendréis*? *2192*
6.1 no *tendréis* recompensa de vuestro Padre *2192*
6.2,5,16 digo que ya *tienen* su recompensa *568*
6.8 Padre sabe de qué cosas *tenéis* necesidad *2192*
6.32 sabe que *tenéis* necesidad de... estas cosas
7.29 les enseñaba como quien *tiene* autoridad *2192*
8.9 *tengo* bajo mis órdenes soldados; y digo *2192*
8.20 las zorras *tienen* guaridas, y las aves
8.20 mas el... no *tiene* dónde recostar su cabeza ... *2192*
8.29 ¿qué *tienes* con nosotros, Jesús, Hijo
9.6 el Hijo del Hombre *tiene* potestad en la *2192*
9.12 los sanos no *tienen* necesidad de médico
9.15 ¿acaso pueden los... de bodas *tener* luto
9.22 *ten* ánimo, hija; tu fe te ha salvado
9.27 ¡*ten* misericordia de nosotros, Hijo de
9.36 dispersas... ovejas que no *tienen* pastor *2192*
11.15 el que *tiene* oídos para oír, oiga *2192*
11.18 vino Juan, que... y dicen: Demonio *tiene* *2192*
12.1 día de... sus discípulos *tuvieron* hambre
12.3 David, cuando él y los... *tuvieron* hambre
12.10 había allí uno que *tenía* seca una mano *2192*
12.11 ¿qué hombre... que *tenga* una oveja, y si *2192*
12.14 fariseos, *tuvieron* consejo contra Jesús *2983*
13.5 brotó... no *tenía* profundidad de tierra *2192*
13.6 se quemó... porque no *tenía* raíz, se secó
13.9 el que *tiene* oídos para oír, oiga *2192*
13.12 *tiene*, se le dará, y tendrá más; pero *2192*
13.12 al que no *tiene*, aun lo que *t* le será *2192*
13.21 no *tiene* raíz en... es de corta duración *2192*
13.27 señor... ¿De dónde, pues, *tiene* cizaña? *2192*
13.43 el que *tiene* oídos para oír, oiga *2192*
13.44 gozoso... va y vende todo lo que *tiene* *2192*
13.46 vendió todo lo que *tenía*, y la compró *2192*
13.54 ¿de dónde *tiene* éste esta sabiduría y
13.56 dónde... *tiene* éste todas estas cosas?
14.4 Juan le decía: No te es lícito *tenerla* *2192*
14.5 pero temía... *tenían* a Juan por profeta
14.14 saliendo Jesús... *tuvo* compasión... y sanó
14.16 les dijo: No *tienen* necesidad de irse
14.17 no *tenemos* aquí sino cinco panes y dos *2192*
14.27 habló... *Tened* ánimo; yo soy, no temáis!
14.30 *tuvo* miedo; y comenzando a hundirse, dio

15.22 Hijo de David, *ten* misericordia de mí!
15.32 *tengo* compasión de la gente, porque ya *2192*
15.32 y no *tienen* qué comer; y enviarlos en
15.33 ¿de dónde *tenemos*... tantos panes en el
15.34 ¿cuántos panes *tenéis*? Y ellos dijeron *2192*
16.2 buen tiempo... el cielo *tiene* arreboles
16.3 habrá tempestad... *tiene* arreboles el cielo
16.8 qué pensáis dentro... que no *tenéis* pan?
16.22 diciendo: Señor, *ten* compasión de ti
17.5 es mi Hijo... en quien *tengo* complacencia
17.6 postraron sobre... y *tuvieron* gran temor
17.15 Señor, *ten* misericordia de mi hijo, que
17.20 *tuviereis* fe como un grano de mostaza *2192*
18.8 que *teniendo* dos manos... ser echado en *2192*
18.9 que *teniendo* dos ojos ser echado en el *2192*
18.12 si un hombre *tiene* cien ovejas, y se *2192*
18.17 y si no oyere a la iglesia, *tenle* por
18.25 *venderle*... y todo lo que *tenía*, para *2192*
18.26,29 *ten* paciencia conmigo... lo pagaré
18.33 *tener* misericordia de tu... como yo tuve
19.16 bien haré para *tener* la vida eterna? *2192*
19.21 vende lo que *tienes*, y dalo a..pobres *5224*
19.21 y *tendrás* tesoro en el cielo; y ven y *2192*
19.22 se fue triste... *tenía* muchas posesiones
19.27 lo hemos dejado todo... ¿qué... *tendremos*? ... *2701*
20.15 *tienes* tú envidia, porque... soy bueno?
20.30,31 Hijo de David, *ten* misericordia de
21.18 volviendo a la ciudad, *tuvo* hambre
21.21 que si *tuviereis* fe, y no dudareis, no *2192*
21.26 porque todos *tienen* a Juan por profeta *2192*
21.28 hombre *tenía* dos hijos, y acercándose
21.37 diciendo: *Tendrán* respeto a mi hijo
21.46 temían al pueblo... le *tenía* por profeta
22.25 y no *teniendo* descendencia, dejó su
22.28 ¿de cuál de... ya que todos la *tuvieron*? *2192*
25.20 *tienes*, he ganado otros cinco talentos
25.22 aquí *tienes*, he ganado... dos talentos
25.25 *tuve* miedo, y fui y escondí tu talento
25.25 tu talento... aquí *tienes* lo que es tuyo *2192*
25.28 y dadlo al que *tiene* diez talentos *2192*
25.29 al que *tiene*, le será dado, y *tendrá* *2192*
25.29 al que no *tiene*, aun lo que *t* le será *2192*
25.35 *tuve* hambre, y me disteis de comer
25.35 *tuve* sed, y me disteis de beber; fui
25.42 *tuve* hambre, y no me disteis de comer
25.42 *tuve* sed, y no me disteis de beber
26.4 *tuvieron* consejo para prender... a Jesús
26.11 siempre *tendréis* pobres con vosotros *2192*
26.11 pobres... a mí no siempre me *tendréis* *2192*
26.65 ¿qué... necesidad *tenemos* de testigos? *2192*
27.16 *tenían*... preso famoso llamado Barrabás *2192*
27.19 no *tengas* nada que ver con ese justo
27.65 ahí *tenéis* una guardia; id, aseguradlo
Mr 1.6 *tenía* un cinto de cuero alrededor de
1.11 mi Hijo amado; en ti *tengo* complacencia
1.22 enseñaba como quien *tiene* autoridad, y *2192*
1.24 qué *tienes* con nosotros, Jesús nazareno?
1.32 le trajeron... los que *tenían* enfermedades
1.41 *teniendo* misericordia de él, extendió la
2.10 que el Hijo del Hombre *tiene* potestad *2192*
2.17 los sanos no *tienen* necesidad de médico
2.19 entre tanto que *tienen* consigo al esposo
2.25 lo que hizo David cuando *tuvo* necesidad *2192*
3.1 había... un hombre que *tenía* seca una mano ... *2192*
3.3 entonces dijo al... que *tenía* la mano seca *2192*
3.9 que le *tuviesen* siempre lista la barca
3.10 cuantos *tenían* plagas caían sobre él *2192*
3.15 *tuviesen*... para sanar enfermedades
3.22 escribas... decían que *tenía* a Beelzebú *2192*
3.29 no *tiene* jamás perdón, sino que es reo *2192*
3.30 habían dicho: *Tiene* espíritu inmundo *2192*
4.5 cayó en... donde no *tenía* mucha tierra; y *2192*
4.5 porque no *tenía* profundidad de tierra *2192*
4.6 quemó; y porque no *tenía* raíz, se secó *2192*
4.9 dijo: El que *tiene* oídos para oír, oiga
4.17 pero no *tienen* raíz en sí, sino que son
4.23 si alguno *tiene* oídos para oír, oiga
4.25 porque al que *tiene*, se le dará; y al que *2192*
4.25 que no *tiene*, aun lo que *t* se le quitará *2192*
4.38 Maestro, ¿no *tienes* cuidado... perecemos?
4.40 les dijo: ¿Por qué... ¿Cómo no *tenéis* fe? *2192*
5.3 que *tenía* su morada en los sepulcros, y *2192*
5.7 dijo: ¿Qué *tienes* conmigo, Jesús, Hijo
5.15 y que había *tenido* la legión, sentado *2192*
5.15 y ven al... atormentado... y *tuvieron* miedo
5.16 al que había *tenido* el demonio, y lo de
5.19 el Señor... y cómo ha *tenido* misericordia
5.26 había sufrido... gastado todo lo que *tenía* *3844*
5.42 la niña se levantó y... *tenía* doce años
6.2 decían: ¿De dónde *tiene* éste estas cosas?
6.18 decía... No te es lícito *tener* la mujer de *2192*
6.31 porque... ni aun *tenían* tiempo para comer
6.34 y *tuvo* compasión de ellos, porque eran
6.34 eran como ovejas que no *tenían* pastor *2192*
6.36 compren pan, pues no *tienen* qué comer *2192*
6.38 ¿cuántos panes *tenéis*? Id y vedlo. Y al *2192*
6.50 dijo: ¡*Tened* ánimo; yo soy, no temáis!
7.16 si alguno *tiene* oídos para oír, oiga *2192*
7.25 cuya hija *tenía* un espíritu inmundo *2192*
8.1 no *tenían* qué comer, Jesús llamó a sus *2192*
8.2 *tengo* compasión de la gente, porque ya
8.2 ya hace tres días... no *tienen* qué comer *2192*
8.5 ¿cuántos panes *tenéis*?... dijeron: Siete *2192*
8.7 *tenían* también unos pocos pececillos; y *2192*
8.14 *tenían* sino un pan consigo en la barca *2192*
8.17 ¿qué discutís, porque no *tenéis* pan? *2192*
8.17 aún *tenéis* endurecido vuestro corazón? *2192*
8.18 ¿*teniendo* ojos no veis, y *t* oídos no oís? *2192*

9.12 que padezca mucho y sea *tenido* en nada?
9.17 a ti mi hijo, que *tiene* un espíritu mudo *2192*
9.32 ellos no... y *tenían* miedo de preguntarle
9.43 que *teniendo* dos manos ir al infierno *2192*
9.45 que *teniendo* dos pies ser echado en el *2192*
9.47 ojo, que *teniendo* dos ojos ser echado *2192*
9.50 *tened* sal en vosotros... y *t* paz los unos *2192*
10.21 vende todo lo que *tienes*, y dalo a los *2192*
10.21 los pobres, y *tendrás* tesoro en el cielo *2192*
10.22 se fue triste... *tenía* muchas posesiones
10.23 difícilmente... los que *tienen* riquezas! *2192*
10.42 los que son *tenidos* por gobernantes de *1380*
10.47 ¡Jesús, Hijo... *ten* misericordia de mí!
10.48 clamaba... más... *ten* misericordia de mí!
10.49 *ten* confianza; levántate, te llama
11.12 cuando salieron de Betania, *tuvo* hambre
11.13 y viendo... una higuera que *tenía* hojas *2192*
11.18 *tenían* miedo, por cuanto todo el pueblo
11.22 respondiendo... dijo: *Tened* fe en Dios *2192*
11.25 perdonad, si *tenéis* algo contra alguno *2192*
11.32 *tenían* a Juan como... verdadero profeta
12.6 *teniendo* aún un hijo... amado, lo envió *2192*
12.6 hijo... diciendo: *Tendrán* respeto a mi hijo
12.23 ya que los siete la *tuvieron* por mujer? *2192*
12.44 ésta... echó todo lo que *tenía*, todo su *2192*
14.7 *tendréis* a los pobres con vosotros, y *2192*
14.7 bien; pero a mí no siempre me *tendréis* *2192*
14.63 ¿qué... necesidad *tenemos* de testigos?
15.1 habiendo *tenido* consejo los principales
16.8 ni decían... a nadie, porque *tenían* miedo
Lc 1.7 no *tenían* hijo... Elisabet era estéril *1510*
1.14 y *tendrás* gozo y alegría, y muchos se *2071*
1.33 reinará sobre... y su reino no *tendrá* fin
2.9 gloria... los rodeó... *tuvieron* gran temor
2.42 cuando *tuvo* doce años, subieron a Jerusalén
3.8 *tenemos* a Abraham por padre; porque os *2192*
3.11 que *tiene* dos túnicas, dé al que no *t* *2192*
3.11 y el que *tiene* qué comer, haga lo mismo *2192*
3.22 mi Hijo amado; en ti *tengo* complacencia
4.2 días, pasados los cuales, *tuvo* hambre
4.33 hombre que *tenía* un espíritu de demonio *2192*
4.34 qué *tienes* con nosotros, Jesús nazareno?
4.38 suegra de Simón *tenía* una gran fiebre *4912*
4.40 todos los que *tenían* enfermos... traían *2192*
5.24 que el Hijo del Hombre *tiene* potestad *2192*
5.31 los sanos no *tienen* necesidad de médico
6.3 lo que hizo David cuando *tuvo* hambre él
6.6 un hombre que *tenía* seca la mano derecha
6.8 dijo al hombre que *tenía* la mano seca *2192*
6.21 que ahora *tenéis* hambre, porque seréis
6.24 ¡ay... porque ya *tenéis* vuestro consuelo
6.25 ¡ ay de vosotros, los... *tendréis* hambre!
6.32,33,34 si... ¿qué mérito *tenéis*? Porque *2076*
7.7 ni aun me *tuve* por digno de venir a ti
7.8 *tengo* soldados bajo mis órdenes; y digo *2192*
7.16 *tuvieron* miedo, y glorificaban a Dios
7.25 que *tienen* vestidura preciosa y viven
7.33 ni bebía vino, y decís: Demonio *tiene* *2192*
7.40 Simón, una cosa *tengo* que decirte. Y él *2192*
7.41 un acreedor *tenía* dos deudores: el uno *1510*
7.42 no *teniendo*... con qué pagar, perdonó a *2192*
8.6 nacida, se secó, porque no *tenía* humedad
8.8 decía... El que *tiene* oídos para oír, oiga *2192*
8.13 pero éstos no *tienen* raíces; creen por *2192*
8.18 porque a todo el que *tiene*, se le dará *2192*
8.18 que no *tiene*, aun lo que piensa *tener* *2192*
8.28 ¿qué *tienes* conmigo, Jesús, Hijo del
8.35 y hallaron al hombre... y *tuvieron* miedo
8.37 se marchase de... pues *tenían* gran temor
8.42 *tenía* una hija... que se estaba muriendo *1510*
8.43 gastado en médicos todo cuanto *tenía*, y
9.13 no *tenemos* más que cinco panes y dos *1526,3756*
9.34 y *tuvieron* temor al entrar en la nube
9.38 veas a mi hijo... es el único que *tengo*
9.58 las zorras *tienen* guaridas, y las aves *2192*
9.58 mas el Hijo del Hombre no *tiene* dónde *2192*
10.39 *tenía* una hermana que se llamaba María *1510*
11.5 ¿quién de... que *tenga* un amigo, va a él *2192*
11.6 venido... y no *tengo* qué ponerle delante *2192*
11.36 no *teniendo* parte alguna de tinieblas *2192*
11.41 pero dad limosna de lo que *tenéis*, y *1751*
12.5 *tiene* poder de echar en el infierno: sí *2192*
12.17 porque no *tengo* dónde guardar... frutos? *2192*
12.19 muchos bienes *tienes* guardados para
muchos *2192*
12.24 que ni *tienen* despensa, ni granero, y *2076*
12.30 que *tenéis* necesidad de estas cosas
12.50 De un bautismo *tengo* que ser bautizado *2192*
13.6 *tenía* un hombre una higuera plantada en *2192*
13.11 hacía dieciocho años *tenía* espíritu de *2192*
14.10 entonces *tendrás* gloria delante de los *2071*
14.28 gastos, a ver si *tiene* lo que necesita *2192*
14.35 el que *tiene* oídos para oír, oiga *2192*
15.4 *teniendo* cien ovejas, si pierde una de *2192*
15.8 o qué mujer que *tiene* diez dracmas, si *2192*
15.11 también dijo: Un hombre *tenía* dos hijos *2192*
15.17 en casa de mi padre *tienen* abundancia
16.1 un hombre rico que *tenía* un mayordomo *2192*
16.15 lo que los hombres *tienen* por sublime
16.24 padre Abraham, *ten* misericordia de mí
16.28 porque *tengo* cinco hermanos, para que *2192*
16.29 dijo: A Moisés y a los profetas *tienen* *2192*
17.6 dijo: Si *tuvierais* fe como un grano de *2192*
17.7 *teniendo* un siervo que ara o apacienta *2192*
17.13 ¡Jesús... *ten* misericordia de nosotros!
18.4 ni temo a... ni *tengo* respeto a hombre
18.22 vende todo lo que *tienes*, y dalo a los *2192*
18.22 y *tendrás* tesoro en el cielo; y ven *2192*

T

18.24 difícilmente entrarán... los que tienen
18.38,39 ¡Hijo de David, *ten* misericordia de
19.17 tendrás autoridad sobre diez ciudades ... 2192
19.20 cual he tenido guardada en un pañuelo
19.21 porque tuve miedo de ti, por cuanto eres
19.24 y dadla al que tiene las diez minas ... 2192
19.25 ellos le dijeron: Señor, tiene diez minas ... 2192
19.26 a todo el que tiene, se le dará; mas al ... 2192
19.26 no tiene, aun lo que t se le quitará ... 2192
20.13 cuando le vean a él, le tendrán respeto
20.24 ¿de quién tiene la... y la inscripción? ... 2192
20.28 muriere *teniendo* mujer, y no dejare ... 2192
20.33 ya que los siete la *tuvieron* por mujer? ... 2192
20.35 mas los que fueren tenidos por dignos
21.4 ésta... echó todo el sustento que tenía ... 2192
21.36 seáis tenidos por dignos de escapar de ... 2661
22.25 y los que sobre ellas tienen autoridad
22.36 el que tiene bolsa, tómela, y también ... 2192
22.36 el que no tiene espada, venda su capa ... 2192
22.37 lo... escrito de mí, tiene cumplimiento ... 2192
23.17 y *tenía* necesidad de soltarles uno en
24.5 *tuvieron* temor, y bajaron el rostro a
24.17 ¿qué pláticas son estas que tenéis entre ... 474
24.39 no tiene carne... como veis que yo tengo ... 2192
24.41 les dijo: ¿Tenéis aquí algo de comer? ... 2192
Jn 2.3 madre de Jesús le dijo: No *tienen* vino ... 2192
2.4 dijo: ¿Qué tienes conmigo, mujer? Aún no
2.25 no *tenía* necesidad de... diese testimonio
3.15,16 no se pierda, mas tenga vida eterna ... 2192
3.29 el que *tiene* la esposa, es el esposo ... 2192
3.36 el que cree en el Hijo *tiene* vida eterna ... 2192
4.11 no *tienes* con qué sacarla, y el pozo es ... 2192
4.11 ¿de dónde, pues, *tienes* el agua viva? ... 2192
4.13 bebiere de... agua, volverá a tener sed
4.14 el que bebiere del agua... no *tendrá* sed
4.15 dame esa agua, para que no *tenga* yo sed
4.17 respondió la mujer y... No *tengo* marido
4.17 le dijo: Bien has dicho: No tengo marido ... 2192
4.18 porque cinco maridos has tenido, y el ... 2192
4.18 y el que ahora tienes no es tu marido ... 2192
4.32 les dijo: Yo tengo una comida que comer ... 2192
4.44 el profeta no *tiene* honra en su propia ... 2192
5.2 un estanque... el cual *tiene* cinco pórticos ... 2192
5.4 sano de cualquier enfermedad que *tuviese* ... 2722
5.7 no *tengo* quien me meta en el estanque ... 2192
5.24 cree al que me envió, tiene vida eterna ... 2192
5.26 como el Padre tiene vida en sí mismo ... 2192
5.26 también ha dado al Hijo el tener vida ... 2192
5.36 tengo mayor testimonio que el de Juan ... 2192
5.38 tenéis su palabra morando en vosotros ... 2192
5.39 os parece que en ellas tenéis la vida ... 2192
5.40 y no queréis venir a... que tengáis vida ... 2192
5.42 que no tenéis amor de Dios en vosotros ... 2192
5.45 quien os acusa, Moisés, en quien tenéis
6.9 está un muchacho, que *tiene* cinco panes ... 2192
6.19 Jesús que andaba sobre... y *tuvieron* miedo
6.35 el que a mí viene, nunca tendrá hambre
6.35 el que en mí cree, no tendrá sed jamás
6.40 aquel que ve al Hijo... tenga vida eterna ... 2192
6.47 el que cree en mí, tiene vida eterna ... 2192
6.53 y bebéis su sangre, no tenéis vida en ... 2192
6.54 tiene vida eterna; y yo le resucitaré ... 2192
6.68 Señor... tú *tienes* palabras de vida eterna ... 2192
7.20 demonio *tienes*; ¿quién procura matarte? ... 2192
7.37 si alguno tiene sed, venga a mí y beba
8.12 no... sino que tendrá la luz de la vida ... 2192
8.26 muchas cosas tengo que decir y juzgar
8.41 dijeron... un padre *tenemos*, que es Dios ... 2192
8.48 eres samaritano, y que *tienes* demonio? ... 2192
8.49 yo no tengo demonio, antes honro a mi ... 2192
8.52 conocemos que *tienes* demonio. Abraham ... 2192
8.57 no *tienes* cincuenta años, ¿y has visto
9.21 sabemos; edad *tiene*, preguntadle a él
9.22 *tenían* miedo de los judíos, por cuanto
9.23 dijeron... Edad *tiene*, preguntadle a él
9.4 Si fuerais ciegos, no tendríais pecado
10.10 yo he venido para que tengan vida, y ... 2192
10.10 y para que la tengan en abundancia ... 2192
10.16 tengo otras ovejas que no son de este ... 2192
10.18 tengo poder para ponerla, y t poder ... 2192
10.20 decían: Demonio *tiene*, y está fuera de ... 2192
11.9 respondió... ¿No tiene el día doce horas?
11.38 una cueva, y *tenía* una piedra puesta
12.6 y *teniendo* la bolsa, sustraía de lo que ... 2192
12.8 a los pobres siempre los tendréis con ... 2192
12.8 los pobres... a mí no siempre me tendréis ... 2192
12.35 andad entre tanto que tenéis luz, para ... 2192
12.36 entre tanto que tenéis la luz, creed en ... 2192
12.48 y no recibe mis... tiene quien le juzgue ... 2192
13.8 no te lavare, no tendrás parte conmigo ... 2192
13.29 puesto que Judas *tenía* la bolsa, que ... 2192
13.35 tuviereis amor los unos con los otros ... 2192
14.21 el que tiene mis mandamientos, y los ... 2192
14.27 no se turbe... corazón, ni tenga miedo
14.30 viene el príncipe... él nada tiene en mí ... 2192
15.13 nadie tiene mayor amor que este, que ... 2192
15.22 no hubiera venido... no tendrían pecado
15.22 ahora no tienen excusa por su pecado ... 2192
15.24 si yo no hubiese... no tendrían pecado
16.1 he hablado, para que no tengáis tropiezo ... 2192
16.12 tengo muchas cosas que deciros, pero ... 2192
16.15 todo lo que tiene el Padre es mío; por ... 2192
16.21 la mujer cuando da a luz, tiene dolor ... 2192
16.22 también vosotros ahora tenéis tristeza ... 2192
16.33 he hablado para que en mí tengáis paz ... 2192
16.33 en el mundo tendréis aflicción; pero ... 2192
17.5 aquella gloria que tuve contigo antes ... 2192
17.13 tengan mi gozo cumplido en sí mismos ... 2192
18.10 Simón Pedro, que *tenía* una espada, la ... 2192
18.39 *tenéis* la costumbre de que os suelte
19.7 *tenemos* una ley, y según... debe morir
19.8 Pilato oyó decir esto, *tuvo* más miedo
19.10 que *tengo* autoridad para crucificarte
19.10 y que *tengo* autoridad para soltarte?
19.11 ninguna autoridad tendrías contra mí
19.11 me ha entregado, mayor pecado tiene ... 2192
19.15 respondieron... No *tenemos* mas rey que
19.28 la Escritura se cumpliese: Tengo sed
20.31 creyendo, *tengáis* vida en su nombre ... 2192
21.5 dijo: Hijitos, ¿tenéis algo de comer? ... 2192
Hch 1.17 era... y *tenía* parte en este ministerio
1.23 José... que *tenía* por sobrenombre justo
2.44 todos... *tenían* en común todas las cosas ... 2192
2.47 y *teniendo* favor con todo el pueblo ... 2192
3.6 no *tengo* plata ni oro... lo que *t* te doy ... 5225
3.11 Y *teniendo* asidos a Pedro y a Juan el cojo
4.22 el hombre... *tenía* más de cuarenta años
4.32 sino que *tenían* todas las cosas en común ... 1510
4.37 *tenía* una heredad, la vendió y trajo el
5.41 *tenidos* por dignos de padecer afrenta
7.5 le prometió... cuando él aún no *tenía* hijo ... 5607
7.44 *tuvieron* nuestros padres el tabernáculo ... 1510
8.7 de muchos que *tenían* espíritus inmundos
8.21 no *tienes* tú parte ni... en este asunto ... 2076
9.14 aquí *tiene* autoridad de los principales ... 2192
9.26 todos le *tenían* miedo, no creyendo que
9.31 las iglesias *tenían* paz por toda Judea ... 2192
10.5,32 el que *tiene* por sobrenombre Pedro
10.6 que *tiene* su casa junto al mar; él te
10.10 *tuvo* gran hambre, y quiso comer; pero
10.18 Simón que *tenía* por sobrenombre Pedro
10.22 que *tiene* buen testimonio en toda la
11.13 a Simón, el que *tiene* por sobrenombre
11.29 cada uno conforme a lo que *tenía*... enviar ... 2141
12.12,25 el que *tenía* por sobrenombre Marcos
13.5 *tenían* también a Juan de ayudante ... 2192
13.15 hermanos, si *tenéis* alguna palabra de ... 2076
14.9 y viendo que *tenía* fe para ser sanado ... 2192
15.2 Pablo y Bernabé *tuviesen* una discusión
15.21 Moisés... *tiene* en cada ciudad quien lo ... 2192
15.22 Judas... *tenía* por sobrenombre Barsabás
15.37 a Juan, el que *tenía* por sobrenombre
16.16 que *tenía* espíritu de adivinación, la
16.38 *tuvieron* miedo al oír que eran romanos
17.5 los judíos que no creían, *teniendo* celos
18.10 yo tengo mucho pueblo en esta ciudad ... 2076
18.18 rapado la cabeza en... *tenía* hecho voto ... 2192
19.13 sobre los que *tenían* espíritus malos ... 2192
19.17 notorio... y *tuvieron* temor todos ellos
19.38 Demetrio... *tienen* pleito contra alguno ... 2192
20.32 que *tiene* poder para sobreedificaros y
21.9 éste *tenía* cuatro hijas doncellas que ... 1510
21.23 que *tienen* obligación de cumplir voto ... 2192
22.12 que *tenía* buen testimonio de todos los
22.29 también *tuvo* temor por haberle atado
23.10 el tribuno, *teniendo* temor de que Pablo
23.11 ten ánimo... como has testificado de mí
23.17 porque *tiene* cierto aviso que darle ... 2192
23.18 este joven, que *tiene* algo que hablarte ... 2192
23.19 le... ¿Qué es lo que *tienes* que decirme? ... 2192
23.29 ningún delito *tenía* digno de muerte o ... 2192
23.30 traten delante de ti lo que *tengan*
24.15 *teniendo* esperanza en Dios, la cual ... 2192
24.16 procuro *tener*... conciencia sin ofensa ... 2192
24.19 y acusarme, si contra mí *tienen* algo ... 2192
24.25 cuando *tenga* oportunidad te llamaré ... 3335
25.16 antes que el acusado *tenga* delante a ... 2192
25.19 que *tenían* contra él ciertas cuestiones ... 2192
25.24 aquí *tenéis* a este hombre, respecto del
25.26 como no *tengo* cosa cierta que escribir ... 2192
25.26 que después de... *tenga* yo qué escribir
26.2 me *tengo* por dichoso, oh rey Agripa, de ... 2233
27.13 que ya *tenían* lo que deseaban, levaron
27.17 y *teniendo* temor de dar en la Sirte
27.22 os exhorto a *tener* buen ánimo, pues no
27.25 *tened* buen ánimo; porque yo confío en
27.36 todos, *teniendo* ya mejor ánimo, comieron
27.39 veían una ensenada que *tenía* playa, en
28.9 otros que... *tenían* enfermedades, venían ... 2192
28.11 cual *tenía* por enseña a Cástor y Pólux
28.19 porque *tenga* de qué acusar a mi nación ... 2192
28.29 fueron, *teniendo* gran discusión entre ... 2192
Ro 1.10 *tenga* al fin... próspero viaje para ir
1.13 para *tener*... entre vosotros algún fruto ... 2192
1.20 visibles... de modo que no *tienen* excusa
1.28 ellos no aprobaron *tener* en cuenta a Dios
2.14 los gentiles que no *tienen* ley, hacen ... 2192
2.14 aunque no *tengan* ley, son ley para sí ... 2192
2.17 tú *tienes* el sobrenombre de judío y te
2.20 *tienes* en la ley la forma de la ciencia ... 2192
2.26 ¿no será *tenida* su incircuncisión como
3.1 ¿Qué ventaja *tiene*, pues, el judío? ¿o de
4.2 *tiene* de qué gloriarse, pero no para con ... 2192
4.11 la fe que *tuvo* estando aún incircunciso
4.12 de la fe que *tuvo* nuestro padre Abraham
5.1 *tenemos* paz para con Dios por medio de ... 2192
5.2 *tenemos* entrada por la fe a esta gracia ... 2192
6.21 qué fruto *teníais* de aquellas cosas de ... 2192
6.22 *tenéis* por... fruto la santificación, y ... 2192
8.9 si alguno no *tiene* el Espíritu de Cristo ... 2192
8.18 *tengo* por cierto que las aflicciones del
8.23 que *tenemos* las primicias del Espíritu ... 2192
9.2 *tengo* gran tristeza y continuo dolor en ... 2076
9.9 este tiempo vendré, y Sara *tendrá* un hijo ... 2071
9.15 *tendré* misericordia del que yo tenga
9.16 no... sino de Dios que *tiene* misericordia
9.18 de quien quiere, *tiene* misericordia
9.21 no *tiene* potestad el alfarero sobre el ... 2192
10.2 les doy testimonio de que *tienen* celo de ... 2192
11.32 sujetó a todos... para *tener* misericordia
12.3 cada cual... que no *tenga* más alto concepto
12.3 concepto de sí que el que debe *tener*
12.4 en un cuerpo *tenemos* muchos miembros ... 2192
12.4 no todos los miembros *tienen* la misma ... 2192
12.6 que *teniendo* diferentes dones, según la ... 2192
12.20 si tu enemigo *tuviere* hambre, dale de
12.20 tu enemigo... *tuviere* sed, dale de beber
13.3 haz lo bueno, y *tendrás* alabanza de ella ... 2192
14.22 ¿tienes tú fe? *Tenla*... delante de Dios ... 2192
15.4 por la paciencia y... *tengamos* esperanza ... 2192
15.17 *tengo*, pues, de qué gloriarme en Cristo ... 2192
15.23 ahora, no *teniendo* más campo en estas ... 2192
15.26 *tuvieron* a bien hacer una ofrenda para
1 Co 2.16 nosotros *tenemos* la mente de Cristo ... 2192
4.1 *ténganos* los hombres por servidores de ... 3049
4.3 yo en muy poco *tengo* el ser juzgado por
4.4 aunque de nada *tengo* mala conciencia, no
4.7 qué *tienes* que no hayas recibido? Y si ... 2192
4.11 hambre, *tenemos* sed... y no *t* morada fija
4.15 aunque *tengáis* diez mil ayos en Cristo ... 2192
4.15 no *tendréis* muchos padres... os engendré
5.1 que alguno *tiene* la mujer de su padre ... 2192
5.12 ¿qué razón *tendría* yo para juzgar a los
6.1 vosotros, cuando *tiene* algo contra otro ... 2192
6.4 *tenéis* juicios sobre cosas de esta vida ... 2192
6.7 es ya una falta en... que *tengáis* pleitos
6.19 el cual *tenéis* de Dios, y que no sois ... 2192
7.2 uno *tenga* su propia mujer... *t* su... marido ... 2192
7.4 mujer no *tiene* potestad sobre su propio
7.4 tampoco *tiene* el marido potestad sobre
7.7 pero cada uno *tiene* su propio don de Dios ... 2192
7.9 si no *tienen* don de continencia, cásense
7.12 hermano *tiene* mujer que no sea creyente ... 2192
7.13 mujer *tiene* marido que no sea creyente ... 2192
7.25 a las vírgenes no *tengo* mandamiento del ... 2192
7.26 *tengo*, pues, esto por bueno a causa de
7.28 tales *tendrán* aflicción de la carne, y ... 2192
7.29 *tienen* esposa... como si no la tuviesen ... 2192
7.32,34 *tiene* cuidado de las cosas del Señor ... 3309
7.33,34 *tiene* cuidado de las cosas del mundo ... 3309
7.37 el que está firme... sin *tener* necesidad ... 2192
7.40 que también yo *tengo* el Espíritu de Dios ... 2192
8.1 sabemos que todos *tenemos* conocimiento
8.10 a ti, que *tienes* conocimiento, sentado ... 2192
9.4 no *tenemos* derecho de comer y beber? ... 2192
9.5 ¿no *tenemos* derecho de traer..por mujer ... 2192
9.6 ¿o sólo yo y Bernabé no *tenemos* derecho ... 2192
9.9 la ley... ¿*Tiene* Dios cuidado de los bueyes
9.16 no *tengo* por qué gloriarme; porque me es ... 2076
9.17 si lo hago de... recompensa *tendré*; pero ... 2192
11.10 la mujer debe *tener* señal de autoridad ... 2192
11.16 nosotros no *tenemos* tal costumbre, ni ... 2192
11.21 y uno *tiene* hambre, y otro se embriaga
11.22 qué, ¿no *tenéis* casas en que comáis y ... 2192
11.22 avergonzáis a los que no *tienen* nada? ... 2192
11.34 alguno *tuviere* hambre, coma en su casa
12.12 cuerpo es uno, y *tiene* muchos miembros ... 2192
12.21 cabeza a los pies: No *tengo* necesidad ... 2192
12.24 son más decorosos, no *tienen* necesidad ... 2192
12.28 los que ayudan... *tienen* don de lenguas
12.30 ¿*tienen* todos dones de sanidad? ¿hablan ... 2192
13.1 si... y no *tengo* amor, vengo a ser como ... 2192
13.2 si *tuviese* profecía, y entendiese todos ... 2192
13.2 si *tuviese* toda la fe... y no tengo amor ... 2192
13.3 ser quemado, y no *tengo* amor, de nada ... 2192
13.4 el amor no *tiene* envidia, el amor no es
14.26 cada uno de... *tiene* salmo, *t* doctrina ... 2192
14.26 de vosotros... *tiene* lengua, *t* revelación ... 2192
14.26 *tiene* interpretación. Hágase todo para ... 2192
15.31 por la gloria que de vosotros *tengo* en ... 2192
16.5 iré... pues por Macedonia *tengo* que pasar
16.11 por tanto, nadie le *tenga* en poco, sino
16.12 de ninguna manera *tuvo* voluntad de ir
16.12 ahora; pero irá cuando *tenga* oportunidad
2 Co 1.9 *tuvimos* en nosotros mismos sentencia ... 2192
1.15 para que *tuvieseis* una segunda gracia ... 2192
2.3 no *tenga* tristeza de parte de aquellos ... 2192
2.4 supieseis cuán grande... amor que os *tengo* ... 2192
2.9 para *tener* la prueba de si vosotros sois ... 1097
2.13 no *tuve* reposo en mi espíritu, por no ... 2192
3.1 ¿o *tenemos* necesidad, como algunos, de
3.4 y tal confianza *tenemos* mediante Cristo ... 2192
3.11 si lo que perece *tuvo* gloria, mucho más
3.12 que, *teniendo* tal esperanza, usamos de ... 2192
4.1 *teniendo* nosotros este ministerio según ... 2192
4.7 *tenemos* este tesoro en vasos de barro ... 2192
4.13 pero *teniendo* el mismo espíritu de fe ... 2192
5.1 *tenemos* de Dios un edificio, una casa no ... 2192
5.12 para que *tengáis* con qué responder a los ... 2192
6.10 no *teniendo* nada, mas poseyéndolo todo ... 2192
6.14 ¿qué compañerismo *tiene* la justicia con
7.1 que *tenemos* tales promesas, limpiémonos
7.4 franqueza *tengo* con vosotros... me glorío
7.5 ningún reposo *tuvo* nuestro cuerpo, sino ... 2192
7.12 nuestra solicitud... *tenemos* por vosotros
7.16 me gozo de que en todo *tengo* confianza
8.11 en cumplir conforme a lo que *tengáis* ... 2192
8.12 será acepta según lo que uno *tiene*, no ... 2192
8.12 será acepta... no según lo que no *tiene* ... 2192
8.15 el que recogió mucho, no *tuvo* más, y el
8.15 que recogió... el que poco, no *tuvo* menos
8.22 mucha confianza que *tiene* en vosotros
9.5 por tanto, *tuve* por necesario exhortar a ... 2233
9.8 que, *teniendo*... en todas las cosas todo lo ... 2192

10.2 no *tenga* que usar de aquella osadía con
10.2 nos *tienen* como si anduviésemos según la
10.11 esto *tenga* en cuenta tal persona, que
11.9 y *tuve* necesidad, a ninguno fui carga
11.16 vez digo: Que nadie me *tenga* por loco........ *1380*
11.21 que otro tenga osadía... yo *tengo* osadía
12.21 quizá *tenga* que llorar por muchos de
13.11 por lo demás, hermanos, *tened* gozo
Gá 2.2 en privado a los que *tenían*... reputación
2.4 espiar nuestra libertad que tenemos en *2192*
2.6 de los que *tenían* reputación de ser algo
2.12 *tenía* miedo de los de la circuncisión
4.14 no... por la prueba que *tenía* en mi cuerpo
4.17 *tienen* celo por vosotros, pero no para
4.17 para que vosotros *tengáis* celo por ellos
4.22 está escrito que Abraham *tuvo* dos hijos....... *2192*
4.27 clama, tú que no *tienes* dolores de parto
4.27 más son los... que de la que *tiene* marido *2192*
6.4 *tendrá* motivo de gloriarse sólo respecto *2192*
6.10 *tengamos* oportunidad, hagamos bien a *2192*
Ef 1.7 quien *tenemos* redención por su sangre......... *2192*
1.11 en él... *tuvimos* herencia, habiendo sido
2.18 *tenemos* entrada por un mismo Espíritu *2192*
3.12 en quien *tenemos* seguridad y acceso con...... *2192*
4.18 *teniendo* el entendimiento entenebrecido
4.28 para que *tenga* qué compartir con el que...... *2192*
5.5 ningún fornicario... *tiene* herencia en el *2192*
5.27 que no *tuviese* mancha ni arruga ni cosa *2192*
6.12 no *tenemos* lucha contra sangre y carne
Fil 1.7 por cuanto os *tengo* en el corazón *2192*
1.23 *teniendo* deseo de partir y estar con........... *2192*
1.30 *teniendo* el mismo conflicto que... visto *2192*
2.2 gozo... *teniendo* el mismo amor, unánimes...... *2192*
2.20 a ninguno *tengo* del mismo ánimo, y que....... *2192*
2.25 *tuve* por necesario enviaros a... hermano
2.26 porque él *tenía* gran deseo de veros a
2.27 pero Dios *tuvo* misericordia de él, y no *2192*
2.27 para que yo no *tuviese* tristeza sobre
2.29 *tened* en estima a los que son como él
3.3 nos gloriamos... no *teniendo* confianza en
3.4 aunque yo *tengo* también de qué confiar en..... *2192*
3.4 si alguno piensa que *tiene* de qué confiar
3.8 lo *tengo* por basura, para ganar a Cristo
3.9 no *teniendo* mi propia justicia, que es........... *2192*
3.17 según el ejemplo que *tenéis* en nosotros *2192*
4.11 no lo digo porque *tenga* escasez, pues
4.12 humildemente, y sé *tener* abundancia; en
4.12 *tener* hambre, así para *t* abundancia
4.18 todo lo he recibido, y *tengo* abundancia......... *568*
Col 1.4 oído... amor que *tenéis* a... los santos
1.14 quien tenemos redención por su sangre....... *2192*
1.18 para que en todo *tenga* la preeminencia
2.23 tales cosas *tienen*... cierta reputación
2.23 no *tienen* valor... contra los apetitos de
3.13 perdonándoos... si alguno *tuviere* queja *2192*
4.1 sabiendo que... *tenéis* un Amo en los cielos *2192*
4.13 que *tiene* gran solicitud por vosotros *2192*
1 Ts 1.8 no *tenemos* necesidad de hablar nada
2.2 padecido... *tuvimos* denuedo en nuestro Dios
4.4 cada uno de... sepa *tener* su propia esposa *2932*
4.9 no *tenéis* necesidad de que os escriba
4.11 y que procuréis *tener* tranquilidad, y
4.12 afuera, y no *tengáis* necesidad de nada........ *2192*
4.13 os entristezcáis... no *tienen* esperanza
5.1 no *tenéis* necesidad... que yo os escriba......... *2192*
5.13 lo *tengáis* en mucha estima y amor por
5.13 de su obra. *Tened* paz entre vosotros
2 Ts 1.5 seáis *tenidos* por dignos del reino
1.11 nuestro Dios os *tenga* por dignos de su
3.4 y *tenemos* confianza respecto a vosotros
3.9 no porque no *tuviésemos* derecho, sino por *2192*
3.15 no lo *tengáis* por enemigo... amonestadlo
1 Ti 1.12 me *tuvo* por fiel, poniéndome en el........... *2233*
3.4 *tenga* a sus hijos en sujeción con toda
3.7 *tenga* buen testimonio de los de afuera *2192*
3.14 aunque *tengo* la esperanza de ir... verte
4.2 que, *teniendo* cauterizada la conciencia
4.8 *tiene* promesa de esta vida presente, y
4.12 ninguno *tenga* en poco tu juventud, sino
4.16 *ten* cuidado de ti... y de la doctrina
5.4 pero si alguna viuda *tiene* hijos, o nietos *2192*
5.10 *tenga* testimonio de buenas obras: si ha
5.16 *tiene* viudas, que las mantenga, y no sea....... *2192*
5.17 sean *tenidos* por dignos de doble honor
6.1 *tengan* a sus amos por dignos de... honor....... *2233*
6.2 y los que *tienen* amos creyentes, no los *2192*
6.2 no los *tengan* en menos por ser hermanos
6.8 que, *teniendo* sustento y abrigo, estemos........ *2192*
6.16 el único que *tiene* inmortalidad, que
2 Ti 1.16 *tenga* el Señor misericordia de la casa *1325*
2.15 obrero que no *tiene* de qué avergonzarse
2.19 *teniendo* este sello: Conoce el Señor a *2192*
3.5 que *tendrán* apariencia de piedad, pero *2192*
4.3 sino que *teniendo* comezón de oír, se
Tit 1.6 y *tenga* hijos creyentes que no estén............ *2192*
2.8 no *tenga* nada malo que decir de vosotros *2192*
Flm 5 oigo del amor y... *tienes* hacia el Señor
7 porque *tenemos* gran gozo y consolación en...... *2192*
8 *tengo*... libertad en Cristo para mandarte lo
17 si me *tienes* por compañero, recíbele como...... *2192*
20 *tenga* yo algún provecho de ti en el Señor
He 2.14 destruir... al que *tenía* el imperio de *2192*
3.3 *tiene* mayor honra que la casa el que la......... *2192*
4.13 ojos de aquel a quien *tenemos* que dar
4.14 tanto, *teniendo* un gran sumo sacerdote *2192*
4.15 porque no *tenemos* un sumo sacerdote que *2192*
5.11 acerca de esto *tenemos* mucho que decir
5.12 *tenéis* necesidad de que se os vuelva a......... *2192*
5.12 que *tenéis* necesidad de leche, y no de *2192*
5.14 los que por el uso *tienen* los sentidos *2192*
6.18 *tengamos* un fortísimo consuelo los que *2192*
6.19 la cual *tenemos* como segura... ancla del *2192*
7.3 que ni *tiene* principio de días, ni fin de.......... *2192*
7.5 *tienen* mandamiento de tomar del pueblo....... *2192*
7.6 tomó... y bendijo al que *tenía* las promesas *2192*
7.24 mas éste... *tiene* un sacerdocio inmutable...... *2192*
7.27 que no *tiene* necesidad cada día, como
8.1 que *tenemos* tal sumo sacerdote, el cual
8.3 es necesario que... *tenga* algo que ofrecer *2192*
9.1 el primer pacto *tenía* ordenanzas de culto...... *2192*
9.4 el cual *tenía* un incensario de oro y el *2192*
10.1 la ley, *teniendo* la sombra de los bienes........ *2192*
10.2 no *tendrían* ya más conciencia de pecado *2192*
10.19 así que... *teniendo* libertad para entrar *2192*
10.21 y *teniendo* un gran sacerdote sobre la
10.25 congregarnos, como algunos *tienen* por
10.29 y *tuviere* por inmunda la sangre del.......... *2192*
10.34 que *tenéis* en... herencia en los cielos......... *2192*
10.35 confianza, que *tiene* grande galardón *2192*
10.39 *tienen* fe para preservación del alma
11.5 *tuvo* testimonio... haber agradado a Dios
11.10 la ciudad que *tiene* fundamentos, cuyo *2192*
11.15 ciertamente *tenían* tiempo de volver *2192*
11.26 *teniendo* por... riquezas el vituperio de....... *2233*
11.26 *tenía* puesta la mirada en el galardón
12.1 *teniendo*... tan grande nube de testigos
12.1 y corramos... la carrera que *tenemos* por
12.9 *tuvimos* a nuestros padres terrenales que *2192*
12.28 así... *tengamos* gratitud, y mediante ella
13.5 avaricia, contentos con lo que *tenéis*
13.10 tenemos un altar, del cual no *tienen*
13.14 porque no *tenemos*... ciudad permanente..... *2192*
13.18 confiamos en que *tenemos*... conciencia
Stg 1.2 *tened* por sumo gozo cuando os halléis *2233*
1.4 mas *tenga* la paciencia su obra completa....... *2192*
1.5 y si alguno de... *tiene* falta de sabiduría
2.14 alguno dice que *tiene* fe, y no *t* obras?......... *2192*
2.15 y *tienen* necesidad del mantenimiento de
2.17 la fe, si no *tiene* obras, es muerta en........... *2192*
2.18 dirá: Tú *tienes* fe, y yo tengo obras............ *2192*
3.14 si *tenéis* celos amargos y contención en........ *2192*
4.2 codiciáis, y no *tenéis*; matáis y ardéis *2192*
4.2 lucháis, pero no *tenéis* lo que deseáis *2192*
5.7 *tened* paciencia hasta... venida del Señor
5.8 *tened*... paciencia, y afirmad... corazones
5.11 *tenemos* por bienaventurados a los que........ *3106*
1 P 1.6 *tengáis* que ser afligidos en... pruebas
1.14 los deseos que antes *teníais* estando en
2.16 *tienen* la libertad como pretexto para
3.7 que vuestras oraciones no *tengan* estorbo
3.16 *teniendo* buena conciencia, para que en....... *2192*
4.8 todo, *tened* entre vosotros ferviente amor *2192*
5.3 no como *teniendo* señorío sobre los que
5.7 él, porque él *tiene* cuidado de vosotros
5.12 de Silvano, a quien *tengo* por hermano
2 P 1.9 no *tiene* estas cosas *t* la vista muy
1.13 *tengo* por justo, en tanto... despertaros *2233*
1.15 podáis en... *tener* memoria de estas cosas
1.17 mi Hijo... en el cual *tengo* complacencia
1.19 *tenemos* también la palabra profética *2192*
2.13 *tienen* por delicia el gozar de deleites
2.14 *tienen* los ojos llenos de adulterio, no *2192*
2.14 *tienen* el corazón habituado a... codicia
3.2 que *tengáis* memoria de las palabras que....... *2233*
3.9 no... según algunos la *tienen* por tardanza....... *2233*
3.15 y *tened* entendido que la paciencia de *2233*
1 Jn 1.3 que... *tengáis* comunión con nosotros *2192*
1.6 si decimos que *tenemos* comunión con él......... *2192*
1.7 pero si... *tenemos* comunión unos con otros...... *2192*
1.8 si decimos que no *tenemos* pecado, nos *2192*
2.1 y si... abogado *tenemos* para con el Padre *2192*
2.7 sino el mandamiento... que habéis *tenido*....... *2192*
2.20 vosotros *tenéis* la unción del Santo, y *2192*
2.23 niega al Hijo, tampoco *tiene* al Padre *2192*
2.23 que confiesa al Hijo, *tiene*... al Padre *2192*
2.27 no *tenéis* necesidad de... nadie os enseñe
2.28 se manifieste, *tengamos* confianza, para....... *2192*
3.3 todo aquel que *tiene* esta esperanza en él....... *2192*
3.15 que ningún homicida *tiene* vida eterna *2192*
3.17 el que *tiene* bienes de este mundo y ve.......... *2192*
3.17 a su hermano *tener* necesidad, y cierra
3.21 no nos reprende, confianza *tenemos* en........ *2192*
4.16 creído el amor que Dios *tiene* para con......... *2192*
4.17 para que *tengamos* confianza en el día *2192*
4.21 *tenemos* este mandamiento de él: El que *2192*
5.10 el que cree... *tiene* el testimonio en sí *2192*
5.12 el que *tiene* al Hijo, *t* la vida; el que *2192*
5.12 el que no *tiene* al Hijo... no *t* la vida............ *2192*
5.13 para que sepáis que *tenéis* vida eterna *2192*
5.14 esta es la confianza que *tenemos* en él.......... *2192*
5.15 sabemos que *tenemos* las peticiones que....... *2192*
2 Jn 5 el que hemos *tenido* desde el principio.......... *2192*
9 no persevera en la... no *tiene* a Dios; el que....... *2192*
9 que persevera... sí *tiene* al Padre y al Hijo........ *2192*
12 *tengo* muchas cosas que escribiros, pero......... *2192*
3 Jn 2 y que *tengas* salud, así como prospera
4 no *tengo* yo mayor gozo que este, el oír que *2192*
9 le gusta *tener* el primer lugar entre ellos
13 yo *tenía* muchas cosas que escribirte, pero...... *2192*
Jud 3 gran solicitud que *tenía* de escribiros
17 *tened* memoria de las palabras que antes
19 los sensuales, que no *tienen* al Espíritu *2192*
23 y de otros *tened* misericordia con temor
Ap 1.16 *tenía* en su diestra siete estrellas.............. *2192*
1.18 y *tengo* las llaves de la muerte y... Hades...... *2192*
2.1 el que *tiene* las siete estrellas en su............. *2902*
2.3 y has *tenido* paciencia, y has trabajado........ *2192*
2.4 pero *tengo* contra ti, que has dejado tu......... *2192*
2.6 *tienes* esto, que aborreces las obras de......... *2192*
2.7,11,17,29 el que *tiene* oído, oiga lo que........... *2192*
2.10 *tendréis* tribulación por diez días. Sé.......... *2192*
2.12 el que *tiene* la espada aguda... dice esto....... *2192*
2.14,20 pero *tengo* unas pocas cosas contra ti...... *2192*
2.14,15 *tienes*... los que retienen la doctrina........ *2192*
2.18 el que *tiene* ojos como llama de fuego......... *2192*
2.24 a cuantos no *tienen* esa doctrina, y no
2.25 pero lo que *tenéis*, retenedlo hasta que........ *2192*
3.1 el que *tiene* los siete espíritus de Dios.......... *2192*
3.1 que *tienes* nombre de que vives, y estás......... *2192*
3.4 *tienes* unas pocas personas en Sardis que...... *2192*
3.6,13,22 el que *tiene* oído, oiga lo que el........... *2192*
3.7 esto dice... el que *tiene* la llave de David........ *2192*
3.8 aunque *tienes* poca fuerza, has guardado...... *2192*
3.11 retén lo que *tienes*, para que ninguno......... *2192*
3.17 y de ninguna cosa *tengo* necesidad; y no...... *2192*
4.7 el tercero *tenía* rostro como de hombre *2192*
4.8 seres vivientes *tenían* cada uno seis alas........ *2192*
5.6 un Cordero como... que *tenía* siete cuernos..... *2192*
5.8 *tenían* arpas, y copas de oro llenas de *2192*
6.2 y el que lo montaba *tenía* un arco; y le.......... *2192*
6.5 el que lo montaba *tenía* una balanza en *2192*
6.8 que lo montaba *tenía* por nombre Muerte *2192*
6.9 muertos... y por el testimonio que *tenían*
7.2 y *tenía* el sello del Dios vivo; y clamó............ *2192*
7.16 ya no *tendrán* hambre ni sed, y el sol no
8.6 siete ángeles que *tenían* las siete trompetas *2192*
9.3 como *tienen* poder los escorpiones de la........ *2192*
9.4 los hombres que no *tuviesen* el sello de *2192*
9.7 en las cabezas *tenían* como coronas de oro
9.8 *tenían* cabello como cabello de mujer; sus
9.9 *tenían* corazas como corazas de hierro; el...... *2192*
9.10 *tenían* colas como... en sus colas *t* poder....... *2192*
9.11 y *tienen* por rey... al ángel del abismo *2192*
9.14 al sexto ángel que *tenía* la trompeta........... *2192*
9.17 los cuales *tenían* corazas de fuego, de *2192*
9.19 sus colas... *tenían* cabezas, y con ellas
10.2 *tenía* en su mano un librito abierto; y.......... *2192*
11.6 éstos *tienen* poder para cerrar el cielo *2192*
11.6 y *tienen* poder sobre las aguas para........... *2192*
12.3 gran dragón... que *tenía* siete cabezas y....... *2192*
12.6 *tiene* lugar preparado por Dios, para que *2192*
12.12 ira, sabiendo que *tiene* poco tiempo *2192*
12.17 y *tienen* el testimonio de Jesucristo *2192*
13.1 vi... una bestia que *tenía* siete cabezas *2192*
13.9 si alguno *tiene* oído, oiga *2192*
13.11 *tenía* dos cuernos semejantes a los de *2192*
13.14 a la bestia que *tiene* la herida de espada *2192*
13.17 el que *tuviese* la marca o el nombre de *2192*
13.18 el que *tiene* entendimiento, cuente el *2192*
14.1 que *tenían* el nombre de él y el de su *2192*
14.6 vi... otro ángel, que *tenía* el evangelio *2192*
14.11 y no *tienen* reposo de día ni de noche.......... *2192*
14.14 *tenía* en la cabeza una corona de oro *2192*
14.17 ángel... *teniendo* también una hoz aguda
14.18 ángel, que *tenía* poder sobre el fuego.......... *2192*
14.18 y llamó a... al que *tenía* la hoz aguda *2192*
15.1,6 ángeles que *tenían* las siete plagas........... *2192*
16.2 sobre los hombres que *tenían* la marca......... *2192*
16.9 que *tiene* poder sobre estas plagas, y
17.1 uno de los... que *tenían* las siete copas......... *2192*
17.3 que *tenía* siete cabezas y diez cuernos.......... *2192*
17.4 *tenía* en la mano un cáliz de oro lleno *2192*
17.7 la cual *tiene* las siete cabezas y los *2192*
17.9 esto, para la mente que *tenga* sabiduría *2192*
17.13 *tienen*... mismo propósito, y entregarán *2192*
18.19 todos los que *tenían* naves en el mar *2192*
19.12 y *tenía* un nombre escrito que ninguno *2192*
19.16 muslo *tiene* escrito este nombre: Rey *2192*
20.6 bienaventurado... el que *tiene* parte en la...... *2192*
20.6 segunda muerte no *tiene* potestad sobre........ *2192*
21.6 que *tuviere* sed... daré gratuitamente de
21.8 *tendrán* su parte en el lago que arde con
21.9 que *tenían* las siete copas llenas de las *2192*
21.11 *teniendo* la gloria de Dios. Y su fulgor *2192*
21.12 *tenía* un muro grande... con doce puertas *2192*
21.14 muro de la ciudad *tenía* doce cimientos *2192*
21.15 el que hablaba conmigo *tenía* una caña *2192*
21.23 la ciudad no *tiene* necesidad de sol ni......... *2192*
22.5 no *tienen* necesidad de luz de lámpara
22.14 para *tener* derecho al árbol de la vida......... *2071*
22.17 que *tiene* sed, venga: y el que quiera

TENTACIÓN

Mt 6.13 **no nos metas en *t*, mas líbranos del**........... *3986*
26.41 velad y orad, para que no entréis en *t*........ *3986*
Mr 14.38 **y orad, para que no entréis en *t*; el** *3986*
Lc 4.13 cuando el diablo hubo acabado toda *t* *3986*
11.4 y no nos metas en *t*, mas líbranos del.......... *3986*
22.40,46 les dijo: Orad que no entréis en *t*.......... *3986*
1 Co 10.13 no os ha sobrevenido ninguna *t* que *3986*
10.13 también juntamente con la *t* la salida......... *3986*
1 Ti 6.9 que quieren enriquecerse caen en *t* y.......... *3986*
He 3.8 como... en el día de la *t* en el desierto *3986*
Stg 1.12 bienaventurado el... que soporta la *t*.......... *3986*
2 P 2.9 el Señor librar de *t* a los piadosos.............. *3986*

TENTADO *Véase Tentar*

TENTADOR

Mt 4.3 y vino a él el *t*, y le dijo: Si eres *3985*
1 Ts 3.5 no sea que os hubiese tentado el *t*.............. *3985*

TENTAR

Éx 17.2 les dijo... ¿Por qué *tentáis* a Jehová............ 5254

T

17.7 *tentaron* a Jehová, diciendo: ¿Está, pues....... 5254
Nm 14.22 han *tentado* ya diez veces, y no han......... 5254
Dt 6.16 no *tentaréis* a Jehová vuestro Dios 5254
6.16 a Jehová...Como lo *tentasteis* en Masah....... 5254
Sal 78.18 pues *tentaron* a Dios en su corazón.......... 5254
78.41 *tentaban* a Dios, y provocaban al Santo 5254
78.56 pero ellos *tentaron*...al Dios Altísimo 5254
95.9 donde me *tentaron* vuestros padres, me 5254
106.14 en el desierto, y *tentaron* a Dios en.......... 5254
Is 7.12 Acaz: No pediré, y no *tentaré* a Jehová......... 5254
Mal 3.15 sino que *tentaron* a Dios y escaparon 974
Mt 4.1 Jesús fue llevado...para ser *tentado* por *3985*
4.7 **Jesús le...No *tentarás* al Señor tu Dios**......... *1598*
16.1 vinieron los fariseos y...para *tentarle* *3985*
19.3 *tentándole* y diciéndole: ¿Es lícito al *3985*
22.18 **dijo: ¿Por qué me *tentáis*, hipócritas?** *3985*
22.35 y uno...preguntó por *tentarle*, diciendo....... *3985*
Mr 1.13 era *tentado* por Satanás, y estaba con *3985*
8.11 pidiéndole señal...cielo, para *tentarle* *3985*
10.2 para *tentarle*, si era lícito...repudiar *3985*
12.15 **¿por qué me *tentáis*? Traedme la moneda**.... *3985*
Lc 4.2 era tentado por el diablo. Y no comió........... *3985*
4.12 **le dijo...No *tentarás* al Señor tu Dios**.......... *1598*
11.16 otros, para *tentarle*, le pedían señal *3985*
20.23 **mas él...les dijo: ¿Por qué me *tentáis*?**....... *3985*
Jn 8.6 decían *tentándole*, para poder acusarle.......... *3985*
Hch 5.9 qué convinisteis en *tentar* al Espíritu.......... *3985*
15.10 ahora, pues, ¿por qué *tentáis* a Dios.......... *3985*
1 Co 7.5 que no os *tiente* Satanás a causa de *3985*
10.9 ni tentemos al Señor...ellos le *tentaron*... *1598,3985*
10.13 es Dios, que no os dejará ser *tentados* *3985*
Gá 6.1 tí mismo...que tú también seas *tentado* *3985*
1 Ts 3.5 que os hubiese *tentado* el tentador *3985*
He 2.18 cuanto él mismo padeció siendo *tentado* *3985*
2.18 para socorrer a los que son *tentados* *3985*
3.9 me *tentaron* vuestros padres; me probaron..... *3985*
4.15 sino uno que fue *tentado* en todo según........ *3985*
Stg 1.13 *tentado*, no diga que es *t* de...Dios............ *3985*
1.13 no puede ser *tentado*...ni él tienta a............ *551*
1.14 es *tentado*...de su propia concupiscencia...... *3985*

TEÑIR
Gn 37.31 y *tiñeron* la túnica con la sangre............ 2881
Éx 25.5; 26.14; 35.7,23; 36.19; 39.34 pieles de carneros *teñidas* de rojo
Ap 19.13 vestido de una ropa *teñida* en sangre *911*

TEÓFILO *Personaje a quien Lucas dedicó su Evangelio y el libro de Hechos*
Lc 1.3 escribírtelas por...oh excelentísimo *T* *2321*
Hch 1.1 en el primer tratado, oh *T*...acerca de *2321*

TERAFÍN *Ídolo tutelar. En Gn 31.30, «dioses»*
Jue 17.5 tuvo casa de dioses, e hizo efod y *t* 8655
18.14 hay efod y *t*, y una imagen de talla y 8655
18.17 tomaron...los *t* y la imagen de fundición 8655
18.18 tomaron...el efod, los *t* y la imagen de 8655
18.20 el cual tomó el efod y los *t* y la imagen 8655
2 R 23.24 barrió Josías a los...adivinos y *t*............. 1544
Os 3.4 estarán...sin estatua, sin efod y sin *t* 8655
Zac 10.2 porque los *t* han dado vanos oráculos........ 8655

TERCERO, A
Gn 1.13 y fue la tarde y la mañana el día *t* 7992
2.14 el nombre del *t* río es Hidekel; éste es 7992
6.16 arca...y le harás piso bajo, segundo y *t*......... 7992
22.4 al *t* día alzó Abraham sus ojos, y vio el 7992
31.22 y al *t* día fue dicho a Labán que Jacob......... 7992
32.19 mandó...al *t*, y a todos los que iban tras...... 7992
34.25 al *t* día, cuando sentían ellos...dolor 7992
40.20 *t* día, que era el día del cumpleaños de 7992
42.18 al *t* día les dijo José: Haced esto, y 7992
50.23 y vio José los...hasta la *t* generación 8029
Éx 19.1 en el mes *t* de la salida de...de Israel......... 7992
19.11 estén preparados para el día *t*, porque........ 7992
19.11 *t* día Jehová descenderá a ojos de todo........ 7992
19.15 dijo...Estad preparados para el *t* día........... 7969
19.16 al *t* día...vinieron truenos y relámpagos 7992
20.5 hasta la *t* y cuarta generación de los 8029
28.19 *t* hilera, un jacinto, una ágata y una........... 7992
34.7 visita...hasta la *t* y cuarta generación......... 3029
39.12 *t* hilera, un jacinto, una ágata y una........... 7992
Lv 7.17 quedare...hasta el *t* día, será quemado......... 7992
7.18 si se comiere de la carne del...al *t* día 7992
19.6 que quedare para el *t* día, será quemado 7992
19.7 si se comiere el día *t*, será abominación 7992
Nm 2.24 de Efraín...por sus ejércitos...los *t*............ 7992
7.24 el *t* día, Eliab hijo de Helón, príncipe 7992
14.18 visita la maldad de...hasta los *t* y hasta 8029
15.6 de harina, amasada con la *t* parte de un 7992
15.7 de vino...ofrecerás la *t* parte de un hin......... 7992
19.12 al *t* día se purificará con...agua, y al.......... 7992
19.12 si al *t* día no se purificare, no será 7992
19.19 rociará sobre el...al *t* y al séptimo día......... 7992
28.14 la *t* parte de un hin con cada carnero 7992
29.20 el día *t*, once becerros, dos carneros 7992
31.19 os purificaréis el *t* día y al séptimo 7992
Dt 5.9 visito la maldad...hasta la *t* y cuarta 8029
23.8 hijos...en la *t* generación entrarán en.......... 7992
26.12 cuando acabes de diezmar...en el año *t*...... 7992
Jos 9.17 al *t* día llegaron a las ciudades de 7992
19.10 la *t* suerte tocó a los hijos de Zabulón 7992
Jue 20.30 subiendo...Israel...*t* día, ordenaron......... 7992
1 S 3.8 Jehová, pues, llamó la *t* vez a Samuel 7992
10.3 llevando uno...y el *t* una vasija de vino
13.18 el *t* escuadrón marchaba hacia la región
13.21 la *t* parte de un siclo por afilar las
17.13 eran...el segundo Abinadab, y el *t* Sama 7992
19.21 volvió a enviar mensajeros por *t* vez 7992
20.5 me...en el campo hasta la tarde del *t* día...... 7992
20.12 haya preguntado a mi padre a...el día *t*....... 7992
30.1 David y sus...vinieron a Siclag al *t* día 7992
2 S 1.2 *t* día, sucedió que vino uno...de Saúl........... 7992
3.3 *t*, Absalón hijo de Maaca, hija de Talmai........ 7992
18.2 una *t* parte...Joab, una *t* parte...Abisai 7992
18.2 envió...una *t* parte al mando de Itai geteo..... 7992
1 R 3.18 al *t* día después de dar yo a luz, que 7992
6.6 aposento...y el *t* de siete codos de ancho 7992
6.8 subía...y del aposento de en medio al *t*......... 7992
12.12 *t* día vino Jeroboam con todo el pueblo....... 7992
12.12 rey había mandado...Volved a mí al *t* día 7992
15.28 lo mató...Baasa en el *t* año de Asa rey 7969
15.33 el *t* año de Asa rey de Judá, comenzó......... 7969
18.1 palabra de Jehová a Elías en el *t* año.......... 7992
18.34 hacedlo la *t* vez; y lo hicieron la *t*............. 8027
22.2 aconteció al *t* año, que Josafat rey de 7992
2 R 1.13 volvió a enviar al *t* capitán de 50 7992
1.13 subiendo aquel *t* capitán de cincuenta......... 7992
11.5 la *t* parte...tendrá la guardia de la casa......... 7992
11.6 otra *t* parte estará a la puerta de Shur 7992
11.6 la otra *t* parte a la puerta del postigo.......... 7992
18.1 en el *t* año de Oseas...comenzó a reinar 7969
19.29 y el *t* año sembraréis, y segaréis, y 7992
20.5 te sano; al *t* día subirás a la casa de 7992
20.8 que subiré a la casa de Jehová al *t* día?........ 7992
1 Cr 2.13 e Isaí engendró a Eliab...Simea el *t* 7992
3.2 *t*, Absalón hijo de Maaca, hija de Talmai........ 7992
3.15 hijos de Josías...*t* Sedequías, el cuarto 7992
8.1 Benjamín engendró a Bela su...Ahara el *t*...... 7992
8.39 los hijos de Esec...Jehús...Elifelet el *t* 7992
12.9 Ezer el...Obadías el segundo, Eliab el *t*........ 7992
23.19 hijos de Hebrón: Jerías...Jahaziel el *t* 7992
24.8 la *t* a Harim, la cuarta a Seorim 7992
24.23 el segundo Amarías, el *t* Jahaziel, el........... 7992
25.10 la *t* para Zacur, con sus hijos y sus 7992
26.2 los hijos de Meselemías...Zebadías el *t*........ 7992
26.4 de Obed-edom...Joa el *t*, el cuarto Sacar 7992
26.11 *t* Tebalías, el cuarto Zacarías; todos......... 7992
27.5 el jefe de la *t* división para el *t* mes 7992
2 Cr 10.12 vino...el pueblo a Roboam al *t* día.......... 7992
15.10 reunieron, pues...en el mes *t* del año.......... 7969
17.7 al *t* año de su reinado envió...príncipes 7992
23.4 una *t* parte de vosotros...de porteros con 7992
23.5 otra *t* parte, a la casa del rey; y la 7992
23.5 otra *t* parte, a la puerta del Cimiento.......... 7992
27.5 y lo mismo en el segundo año y en el *t*......... 7992
31.7 el mes *t* comenzaron a formar aquellos 7992
Esd 6.15 terminada el *t* día del mes de Adar........... 8531
Neh 10.32 contribuir...la *t* parte de un siclo........... 7992
Est 1.3 el *t* año de su reinado hizo banquete............ 7969
5.1 que al *t* día se vistió Ester su vestido.......... 7992
8.9 llamados los escribanos...en el mes *t*, que...... 7992
Job 42.14 llamó el nombre...la *t*, Keren-hapuc 7992
Is 19.24 en aquel tiempo Israel...*t* con Egipto 7992
37.30 año *t* sembraréis y segaréis...su fruto......... 7992
Jer 38.14 a su presencia, en la *t* entrada de 7992
Ez 5.2 una *t* parte quemarás a fuego en medio 7992
5.2 tomarás una *t* parte...*t* parte esparcirás 7992
5.12 una *t* parte de ti morirá de pestilencia.......... 7992
5.12 una *t* parte caerá a...*t* parte esparciré........ 7992
10.14 la *t*, cara de león; la cuarta...águila 7992
31.1 mes *t*, el día primero del mes, que vino 7992
46.14 y la *t* parte de un hin de aceite para.......... 7992
Dn 1.1 en el año *t* del reinado de Joacim rey 7969
2.39 y luego un *t* reino de bronce, el cual........... 8523
5.7 que lea esta...será el *t* señor en el reino 8523
5.16 vestido...y serás el *t* señor en el reino 8531
5.29 proclamar que...era el *t* señor del reino 8531
8.1 en el año *t* del reinado del rey Belsasar........ 7969
10.1 en el año *t* de Ciro rey de Persia fue........... 7969
Os 6.2 el *t* día nos resucitará, y viviremos 7992
Zac 6.3 en el *t* carro caballos blancos, y en 7992
13.8 que las dos *t* partes serán cortadas en 7992
13.8 y se perderán; mas la *t* quedará en ella........ 7992
13.9 meteré en el fuego a la *t* parte, y los 7992
Mt 16.21 y ser muerto, y resucitar al *t* día *5154*
17.23 **y le matarán; mas al *t* día resucitará**......... *5154*
20.3 **cerca de la hora *t* del día, vio a otros** *5154*
20.19 **le crucifiquen; mas al *t* día resucitará**........ *5154*
22.26 de la misma manera...y el *t*, hasta el *5154*
26.44 y oró por *t* vez, diciendo las mismas *5154*
27.64 se asegure el sepulcro hasta el *t* día *5154*
Mr 9.31 **después de muerto, resucitará al *t* día** *5154*
10.34 **y le matarán; mas al *t* día resucitará**........ *5154*
12.21 el segundo...y el *t*, de la misma manera *5154*
14.41 **vino la *t* vez, y les dijo: Dormid ya, y** *5154*
15.25 era la hora *t* cuando le crucificaron............ *5154*
Lc 9.22 **y que sea muerto, y resucite al *t* día** *5154*
12.38 **y aunque venga a la *t* vigilia, si los**........... *5154*
13.32 **y mañana, y al *t* día termino mi obra**.......... *5154*
18.33 **y le matarán; mas al *t* día resucitará**.......... *5154*
20.12 **volvió a enviar un *t* siervo; mas ellos**......... *5154*
20.31 la tomó el *t*, y así todos los siete, y *5154*
23.22 por *t* vez: ¿Pues qué mal ha hecho éste? *5154*
24.7 que sea crucificado, y resucite al *t* día *5154*
24.21 es ya el *t* día que esto ha acontecido.......... *5154*
24.46 **y resucitase de los muertos al *t* día**.......... *5154*
Jn 2.1 al *t* día se hicieron unas bodas en Caná.......... *5154*
21.14 ya la *t* vez que Jesús se manifestaba a......... *5154*
21.17 **le dijo la *t* vez: Simón, hijo de Jonás**........... *5154*
21.17 **de que le dijese la *t* vez: ¿Me amas?**........... *5154*
Hch 2.15 no están ebrios...es la hora *t* del día *5154*
10.40 éste levantó Dios al *t* día, e hizo que *5154*
20.9 cayó del *t* piso abajo, y fue levantado.......... *5152*
23.23 preparasen para la hora *t* de la noche *5154*
27.19 y al *t* día...arrojamos los aparejos de *5154*
1 Co 12.28 lo *t* maestros, luego los que hacen.......... *5154*
15.4 y que resucitó al *t* día, conforme a las *5154*
2 Co 12.2 si...fue arrebatado hasta el *t* cielo............ *5154*
12.14 aquí, por *t* vez estoy preparado para ir....... *5154*
13.1 esta es la *t* vez que voy a vosotros. Por......... *5154*
Ap 4.7 el *t* tenía rostro como de hombre; y el *5154*
6.5 abrió el *t* sello, oí al *t* ser viviente *5154*
8.7 y la *t* parte de los árboles se quemó, y *5154*
8.8 la *t* parte del mar se convirtió en sangre........ *5154*
8.9 murió la *t* parte de los seres vivientes........... *5154*
8.9 y la *t* parte de las naves fue destruida *5154*
8.10 el *t* ángel tocó la trompeta, y cayó del *5154*
8.10 y cayó sobre la *t* parte de los ríos, y............ *5154*
8.11 y la *t* parte de las aguas se convirtió........... *5154*
8.12 y fue herida la *t* parte del sol, y la *5154*
8.12 la *t* parte de la luna, y la *t* parte de *5154*
8.12 que se oscureciese la *t* parte de ellos *5154*
8.12 y no hubiese luz en la *t* parte del día........... *5154*
9.15 fin de matar a la *t* parte de los hombres....... *5154*
9.18 por estas...fue muerta la *t* parte de los......... *5154*
11.14 ay pasó; he aquí, el *t* ay viene pronto *5154*
12.4 y su cola arrastraba la *t* parte de las *5154*
14.9 el *t* ángel los siguió, diciendo a gran *5154*
16.4 *t* ángel derramó su copa sobre los ríos *5154*
21.19 era...el *t*, ágata; el cuarto, esmeralda *5154*

TERCIO *Amanuense del apóstol Pablo*, Ro 16.22 . *5060*

TERES *Eunuco del rey Asuero*
Est 2.21 se enojaron Bigtán y *T*, dos eunucos 8657
6.2 había denunciado el complot de...y de *T* 8657

TERMINAR
Nm 34.9 este límite...*terminará* en Hazar-enán
34.12 límite...y *terminará* en el Mar Salado
Jos 15.4 pasaba a Asmón...*terminaba* en el mar
15.11 y sale a Jabneel y *termina* en el mar
18.19 Bet-hogla, y *termina* en la bahía norte........ 8444
19.22 *termina* en el Jordán; 16 ciudades con......... 8444
1 R 6.9 labró, pues, la casa, y la *terminó*............... 3615
6.14 así...Salomón labró la casa y la *terminó* 3615
7.1 edificó Salomón su propia casa...*terminó* 3615
7.40 *terminó* toda la obra que hizo a Salomón...... 3615
7.51 *terminó* toda la obra que dispuso hacer 7999
9.25 altar...después que la casa fue *terminada*..... 7999
2 Cr 7.11 *terminó*...Salomón la casa de Jehová 3615
8.16 casa de Jehová hasta que fue *terminada* 3615
24.14 cuando *terminaron*, trajeron al rey y a 3615
25.16 cuando *terminó* de hablar, el profeta.......... 2308
29.17 y el día 16 del mes primero *terminaron*........ 3615
31.7 formar...y *terminaron* en el mes séptimo 3615
Esd 5.11 la cual edificó y *terminó* el gran rey
6.14 y *terminaron* por orden...Dios de Israel........ 3635
6.15 casa fue *terminada* el tercer día del mes 3319
10.17 *terminaron* el juicio de...aquellos que 3615
Neh 4.6 la muralla fue *terminada* hasta...de su 7194
6.9 se debilitarán...obra, y no será *terminada* 6213
6.15 fue *terminado*, pues, el muro, el 25 del.......... 7999
Job 31.40 aquí *terminan* las palabras de 8552
Sal 72.20 aquí *terminan* las oraciones de David 3615
Jer 8.20 pasó la siega, *terminó* el verano, y............ 3615
26.8 cuando *terminó* de hablar Jeremías todo 3615
Dn 9.24 para *terminar* la prevaricación, y...fin 3607
10.20 y al *terminar* con él, el príncipe de 318
Mt 7.28 cuando *terminó* Jesús estas palabras *4931*
11.1 cuando...*terminó* de dar instrucciones a *5055*
13.53 cuando *terminó* Jesús estas parábolas *5055*
14.34 y *terminada* la travesía, vinieron a *1276*
19.1 cuando Jesús *terminó* estas palabras, se........ *5055*
Mr 6.53 *terminada* la travesía, vinieron a
Lc 5.4 cuando *terminó* de hablar, dijo a Simón
7.1 después que hubo *terminado*...palabras al *4137*
11.1 cuando *terminó*, uno de sus discípulos *3973*
13.32 **decid...y al tercer día *termino* mi obra**
Hch 13.25 cuando Juan *terminaba* su carrera *4137*
1 P 4.1 ha padecido en...*terminó* con el pecado *3973*

TÉRMINO
Gn 49.26 hasta el *t* de los collados eternos............. 8379
Éx 19.12 y señalarás *t* al pueblo en derredor 1379
Lv 25.29 el *t* de un año...un año será el *t* de
Jos 12.2 *t* de los hijos de Amón
1 Cr 6.54 conforme a sus domicilios y sus *t* 1366
21.12 destrucción en todos los *t* de Israel........... 1366
Job 28.3 a las tinieblas ponen *t*, y examinan todo....... 7093
Sal 19.6 su curso hasta el *t* de ellos; y nada 7098
39.5 diste a mis días *t* corto, y mi edad es........... 2947
65.5 esperanza de todos los *t* de la tierra............ 7099
67.7 bendíganos Dios, y ténganlo todos los *t*......... 657
74.17 tú fijaste todos los *t* de la tierra, el............ 1367
98.3 *t* de la tierra han visto la salvación de 657
104.9 les pusiste *t*, el cual no traspasarán 1366
105.31 de moscas, y piojos en todos sus *t* 1366
Pr 14.13 risa...y el *t* de la alegría es congoja 319
30.4 ¿quién afirmó todos los *t* de la tierra? 657
Is 45.22 sed salvos, todos los *t* de la tierra 657
Jer 5.22 ante mí, que puse arena por *t* al mar 1366
Ez 22.4 tu día, y has llegado al *t* de tus años
Hch 23.25 y escribió una carta en estos *t* *5179*
Gá 3.15 hablo en *t* humanos: Un pacto, aunque

TERNERO
1 S 28.24 aquella mujer tenía en su casa un *t* *5695*

TERNURA
Dt 28.56 la tierna y la delicada...de pura...*t* 7391
2 Co 10.1 yo Pablo os ruego por...*t* de Cristo *1932*
1 Ts 2.7 como la nodriza que cuida con *t* a sus.......... *2282*

TERRADO
Dt 22.8 casa nueva, harás pretil a tu *t*, para 1406
Jos 2.6 mas ella los había hecho subir al *t*............... 1406

2.6 los manojos... que tenía puestos en el 1406
2.8 antes que ellos durmiesen, ella subió al *t* 1406
1 S 9.25 descendido... él habló con Saúl en el *t* 1406
9.26 Samuel llamó a Saúl, que estaba en el *t* 1406
2 S 11.2 paseaba sobre el *t* de la casa real 1406
11.2 David... vio desde el *t* a una mujer que 1406
16.22 pusieron... una tienda sobre el *t*, y se 1406
18.24 y el atalaya había ido al *t* sobre, la 1406
2 R 19.26 vinieron a ser... como heno de los *t*
Neh 8.16 tabernáculos, cada uno sobre su *t*, en 1406
Pr 21.9 mejor es vivir en un rincón del *t*, que 1406
25.24 mejor es estar en un rincón del *t*, que 1406
Is 15.3 sus *t* y en sus plazas aullarán todos 1406
22.1 con todos los... has subido sobre los *t*? 1406
37.27 fueron como... heno de los *t*, que... seca 1406
Jer 48.38 sobre todos los *t* de Moab, y en sus 1406
Sof 1.5 y a los que sobre los *t* se postran al 1406

TERRAPLÉN
Hab 1.10 se reirá... y levantará *t* y la tomará 6083

TERREMOTO
1 R 19.11 un *t*; pero Jehová no estaba en el *t* 7494
19.12 y tras el *t* un fuego; pero Jehová no 7494
Is 29.6 serás visitada con truenos, con *t* y 7494
Am 1.1 palabras de Amós... dos años antes del *t* 7494
Zac 14.5 huisteis por causa del *t* en los días 7494
Mt 24.7 **habrá pestes... *t* en diferentes lugares** *4578*
27.54 visto el *t*... y temieron en gran manera *4578*
28.2 hubo un gran *t*; porque un ángel del Señor *4578*
Mr 13.8 ***t* en muchos lugares, y habrá hambres** *4578*
Lc 21.11 **grandes *t*, y... hambres y pestilencias** *4578*
Hch 16.26 sobrevino de repente un gran *t*, de *4578*
Ap 6.12 abrió el sexto sello... hubo un gran *t* *4578*
8.5 truenos, y voces, y relámpagos, y un *t* *4578*
11.13 en aquella hora hubo un gran *t*, y la *4578*
11. 13 y por el *t* murieron... siete mil hombres *4578*
11.19 y hubo... truenos, un *t* y grande granizo *4578*
16.18 un *t* tan grande, cual no lo hubo jamás *4578*

TERRENAL
Jn 3.12 **si os he dicho cosas *t*, y no creéis** *1919*
3.31 es de la tierra, es *t*, y cosas *t* habla *1537,3588,1093*
1 Co 15.40 y hay... cuerpos *t*; pero una es la *1919*
15.40 una es la gloria... y otra la de los *t* *1919*
15.47 el primer hombre es de la tierra, *t*; el *5517*
15.48 cual el *t*, tales también los *t*; y cual *5517*
15.49 así como hemos traído la imagen del *t* *5517*
Ef 6.5 obedeced a vuestros amos *t* con temor
Fil 3.19 dios es el vientre... piensan en lo *t* *1919*
Col 3.5 haced morir, pues, lo *t* en vosotros *1093*
3.22 siervos, obedeced en... a vuestros amos *t*
He 9.1 aun el primer pacto tenía... santuario *t* *2886*
12.9 nuestros padres *t* que nos disciplinaban
Stg 3.15 esta sabiduría no es la que... sino *t* *1919*

TERRENO
Lv 25.31 serán estimadas como los *t* del campo 7704
Nm 13.20 cómo es el *t*, si es fértil o estéril 776
2 S 23.11 había un pequeño *t* lleno de lentejas 7704
23.12 paró en medio de aquel *t* y lo defendió 2513

TERRESTRE
Hch 10.12 había de todos los cuadrúpedos *t* y *1093*
11.6 vi cuadrúpedos *t*, y fieras, y reptiles *1093*
2 Co 5.1 si nuestra morada *t*... se deshiciere *1919*

TERRIBLE
Gn 28.17 tuvo miedo... ¡Cuán *t* es este lugar! 3372
Éx 15.11 *t* en maravillosas hazañas, hacedor 3372
Dt 1.19 anduvimos todo aquel... *t* desierto que 3372
6.22 Jehová hizo señales... *t* en Egipto, sobre 7451
10.21 cosas grandes y *t* que tus ojos han visto 3372
34.12 hechos... *t* que Moisés hizo a la vista de 4172
2 S 7.23 para hacer... obras *t* a tu tierra, por 3372
Job 37.22 claridad. En Dios hay una majestad *t* 3372
Sal 45.4 verdad... diestra te enseñará cosas *t* 3372
Is 13.9 he aquí el día de Jehová viene, *t*, y 394
64.3 cuando, haciendo cosas *t* cuales nunca 3372
Ez 14.21 mis cuatro juicios *t*, espada, hambre 7451
Dn 2.31 he aquí una gran imagen... aspecto era *t* 1763
7.7 he aquí la cuarta bestia, espantosa y *t* 574
Jl 2.11 grande es el día de Jehová, y muy *t* 3372
Hab 1.7 formidable es y *t*, de ella... procede su 3372
Sof 2.11 *t* será Jehová contra ellos, porque 3372
Mal 4.5 antes que venga el día de Jehová... y *t* 3372
He 12.21 tan *t* era lo que se veía, que Moisés *5398*

TERRITORIO
Gn 10.19 fue el *t* de los cananeos desde Sidón 1366
47.21 desde un extremo al... del *t* de Egipto 1366
Éx 8.2 yo castigaré con ranas todos tus *t* 1366
10.4 mañana yo traeré sobre tu *t* la langosta 1366
13.7 nada leudado, ni levadura, en todo tu *t* 1366
34.24 ensancharé tu *t*; y ninguno codiciará tu 1366
Nm 20.17 real... hasta que hayamos pasado tu *t* 1366
20.21 no quiso... Edom dejar pasar a... por su *t* 1366
21.13 de Amón... y que sale del *t* del amorreo 1366
21.22 por el camino... hasta que pasemos tu *t* 1366
21.23 Sehón no dejó pasar a Israel por su *t* 1366
22.36 la ciudad de Moab... al extremo de su *t* 1366
32.33 dio a... tierra con sus ciudades y sus *t* 1367
Dt 2.4 pasando... por el *t* de vuestros hermanos 1366
2.8 nos alejamos del *t* de nuestros hermanos
2.18 tú pasarás hoy el *t* de Moab, a Ar 1366
2.30 Sehón... no quiso que pasásemos por el *t*
11.24 hasta el mar occidental será vuestro *t* 1366
12.20 cuando Jehová tu Dios ensanchare tu *t* 1366
16.4 no se verá levadura contigo en todo tu *t* 1366
19.8 si Jehová... ensanchare tu *t*, como lo juró 1366
28.40 tendrás olivos en todo tu *t*, mas no te 1366
Jos 1.4 desde el desierto y... será vuestro *t* 1366
12.4 y el *t* de Og rey de Basán, que había 1366
12.5 y la mitad de Galaad, *t* de Sehón rey de 1366
13.2 que queda: todos los *t* de los filisteos 1552
13.11 y Galaad, y los *t* de los gesureos y de 1366
13.16 fue el *t* de ellos desde Aroer, que está 1366
13.23 el Jordán fue el límite del *t*... de Rubén 1366
13.25 el *t* de ellos fue Jazer, y todas las 1366
13.30 el *t* de ellos fue desde Mahanaim, todo 1366
16.2 y pasa a lo largo del *t* de los arquitas 1366
16.3 y baja... al *t* de los jafletitas, hasta 1366
16.5 en cuanto al *t* de los hijos de Efraín 1366
17.7 y fue el *t* de Manasés desde Aser hasta 1366
18.5 Judá quedará en su *t* al sur, y los de la 1366
18.11 el *t* adjudicado a ellos quedó entre los 1366
19.10 y el *t* de su heredad fue hasta Sarid 1366
19.18 y fue su *t* Jezreel, Quesulot, Sunem 1366
19.25 su *t* abarcó Helcat, Halí, Betén, Acsaf 1366
19.29 gira... sale al mar desde el *t* de Aczib 2256
19.33 abarcó su *t* desde Helef... hasta Lacum 1366
19.41 y fue el *t* de su heredad, Zora, Estaol 1366
19.46 Racón, con el *t* que está delante de Jope 1366
19.47 faltó *t* a los hijos de Dan; y subieron 1366
19.49 repartir la tierra en heredad por sus *t* 1367
Jue 1.3 conmigo al *t* que se me ha adjudicado 1486
1.18 también Judá a Gaza con su *t*, Ascalón 1366
1.18 tomó Ascalón con su *t* y Ecrón con su *t* 1366
11.18 y no entró en el *t* de Moab..es *t* de Moab 1366
11.20 no se fio de... para darle paso por su *t* 1366
11.22 se apoderaron... todo el *t* del amorreo 1366
11.26 las ciudades que están en el *t* de Arnón 3027
19.29 en doce partes, y la envió por todo el *t* 1366
20.6 la corté... y la envié por todo el *t* de la 7704
1 S 5.6 con tumores en Asdod y en todo su *t* 1366
7.13 y no volvieron más a entrar en el *t* de 1366
7.14 Israel libró su *t* de... de los filisteos 1366
10.2 hallarás... en el *t* de Benjamín, en Selsa 1366
11.3 mensajeros por todo el *t* de Israel; y si 1366
11.7 y los envió por todo el *t* de Israel por 1366
27.1 no me ande buscando más por todo el *t* 1366
2 S 8.3 ir éste a recuperar su *t* al... Eufrates 3027
21.5 sin dejar nada... en todo el *t* de Israel 1366
1 R 4.11 el hijo de Abinadab en... los *t* de Dor 5299
2 R 10.32 comenzó... a cercenar el *t* de Israel
1 Cr 4.10 ensancharas mi *t*... y me libraras de 1366
6.56 el *t* de... y sus aldeas se dieron a Caleb 7704
7.29 y junto al *t* de los hijos de Manasés 3027
2 Cr 32.4 el arroyo que corría a través del *t* 776
Sal 105.33 viñas... quebró los árboles de su *t* 1366
147.14 él da en tu *t* la paz; te hará saciar 1366
Is 10.13 quité los *t* de los pueblos, y saqueé 1367
60. 18 nunca... se oirá... quebrantamiento en tu *t* 1366
Jer 15.13 entregaré a la rapiña... en todo tu *t* 1366
17.3 al pillaje por el pecado... en todo tu *t* 1366
51.28 sus príncipes, y todo *t* de su dominio 776
Ez 33.2 el pueblo... tomare un hombre de su *t* 7097
45.1 será santificado en todo su *t* alrededor 1366
Jl 3.4 ¿qué tengo yo con... el *t* de Filistea? 1552
Sof 2.8 he oído... se engrandecieron sobre su *t* 1366
Zac 9.2 también Hamat... comprendida en el *t* de 5561
Mal 1.4 les llamarán *t* de impiedad, y pueblo 1366
Hch 12.20 su *t* era abastecido por el del rey *5561*
13.19 siete naciones... dio en herencia su *t* *1093*

TERRÓN
Job 21.33 del valle le serán dulces; tras él 7263
38.38 y los *t* se han pegado unos con otros? 7363
Is 28.24 ara... ¿romperá y... los *t* de la tierra? 7702
Os 10.11 arará Judá, quebrará sus *t* Jacob 7702
Jl 1.17 el grano se pudrió debajo de los *t*, los 4053

TERROR
Gn 35.5 *t* de Dios estuvo sobre las ciudades 2847
Éx 23.27 enviaré mi *t* delante... y consternaré 367
Lv 26.16 enviaré sobre vosotros *t*, extenuación 928
2 Cr 14.14 el *t* de Jehová cayó sobre ellas; y 6343
Job 6.4 porque... saetas... *t* de Dios me combaten 1161
9.34 quite de sobre mí... su *t* no me espante 367
13.21 aparta de mí tu... y no me asombre tu *t* 367
20.25 saeta le traspasará... sobre él vendrán *t* 367
24.17 si son conocidos, *t*... muerte los toman 1091
27.20 se apoderarán de él *t*... lo arrebatará 1091
33.7 aquí, mi *t* no te espantará, ni mi mano 367
Sal 55.4 mí, y *t* de muerte sobre mí han caído 367
55.5 vinieron sobre mí, y *t* me ha cubierto 6427
73.19 cómo... perecieron, se consumieron de *t* 1091
88.15 he llevado tus *t*, he estado medroso 367
88.16 han pasado tus iras, y me oprimen tus *t* 1161
91.5 no temerás el *t* nocturno, ni saeta que 6343
105.38 porque su *t* había caído sobre ellos 6343
Pr 20.2 como rugido... de león es el *t* del rey 367
Ec 12.5 temerán de lo... habrá *t* en el camino 2849
Is 13.8 llenarán de *t*; angustias y dolores se 926
24.17 *t*, foso y red sobre ti, oh morador de 6343
24.18 el que huyere de la voz del *t* caerá en 6343
Jer 15.4 entregaré para el *t* a todos los reinos
15.8 hice que de repente cayesen *t* sobre la 928
20.4 que seas un *t* a ti mismo y a todos los 4032
32.21 sacaste... con mano fuerte... con *t* grande 4172
Ez 7.18 ceñirán... de cilicio, y les cubrirá *t* 6427
26.17 que infundían *t*... los que la rodeaban? 2851
32.23,24,26 sembraron su *t* en la tierra de 2851
32.27 fueron *t* de fuertes en la tierra de los 2851
32.30 con su *t* descendieron con los muertos 2851
32.32 puse mi *t* en la tierra de los vivientes 2851
Hab 1.9 el *t* va delante de ella, y recogerá
Lc 21.11 **habrá *t* y grandes señales del cielo** *5400*

TÉRTULO *Orador que arguyó contra Pablo*
Hch 24.1 los ancianos y un... orador llamado *T* *5061*
24.2 llamado, *T* comenzó a acusarle, diciendo *5061*

TESALÓNICA *Ciudad en Macedonia*
Hch 17.1 llegaron a *T*, donde había... sinagoga *2332*
17.11 éstos eran más nobles que los que... en *T* *2332*
17.13 los judíos de *T* supieron que... en Berea *2332*
20.4 le acompañaron... Segundo de *T*, Gayo de
27.2 con nosotros Aristarco, macedonio de *T* *2331*
Fil 4.16 aun a *T* me enviasteis una y otra vez *2332*
2 Ti 4.10 Demas me ha desamparado... ha ido a *T* *2332*

TESALONICENSES *Habitantes de Tesalónica,*
1 Ts 1.1; 2 Ts 1.1 .... *2331*

TESORERÍA
1 R 7.51 depositó todo en las *t* de la casa de 214
1 Cr 28.11 dio a Salomón... el plano del... sus *t* 1597
28.12 el plano... para las *t* de la casa de Dios 214
28.12 y para las *t* de las cosas santificadas 214
Jer 38.11 entró a la casa del... debajo de la *t* 214

TESORERO
Esd 1.8 sacó... Ciro... por mano de Mitrídates *t* 1489
2.69 según sus fuerzas dieron al *t* de la obra 214
7.21 es dada orden a todos los *t* que están al 1490
Is 22.15 entra a este *t*, a Sebna el mayordomo 5532
Dn 3.2 reuniesen los sátrapas... *t*, consejeros 1411
3.3 reunidos... oidores, *t*, consejeros, jueces 1411
Ro 16.23 os saluda Erasto, *t* de la ciudad, y el *3623*

TESORO
Gn 43.23 Dios... dio el *t* en vuestros costales 4301
Éx 19.5 seréis mi especial *t* sobre todos los
Dt 28.12 te abrirá Jehová su buen *t*, el cielo 214
32.34 ¿no tengo yo esto guardado... en mis *t*? 214
33.19 mares, y los *t* escondidos de la arena 8226
Jos 6.19 la plata... entren en el *t* de Jehová 214
6.24 pusieron en el *t*... la plata y el oro, y 214
1 R 14.26 tomó los *t* de la casa de Jehová, y 214
14.26 y los *t* de la casa real, y lo saqueó 214
15.18 el oro que había quedado en los *t* de la 214
15.18 y los *t* de la casa real, los entregó a 214
2 R 12.18 los *t* de la casa... lo envió a Hazad 214
14.14 hallados... en los *t* de la casa del rey 214
16.8 que se halló... en los *t* de la casa real 214
18.15 toda la plata... en los *t* de la casa real 214
20.13 Ezequías les... mostró... la casa de sus *t* 5238
20.13 sus armas, y todo lo que había en sus *t* 214
20.15 vieron... nada quedó en mis *t* que no les 214
24.13 sacó... todos los *t* de la casa de Jehová 214
24.13 sacó... los *t* de la casa real, y rompió 214
1 Cr 9.26 tenían a su cargo... los *t* de la casa 214
26.20 Ahías tenía cargo de los *t* de la casa 214
26.20 y de los *t* de las cosas santificadas 214
26.22 tuvieron cargo de los *t* de la casa de 214
26.24 Sebuel hijo de... era jefe sobre los *t* 214
26.26 su cargo todos los *t* de todas las cosas 214
27.25 Azmavet... tenía a su cargo los *t* del rey 214
27.25 y Jonatán hijo de... los *t* de los campos 214
29.3 guardo en mi *t* particular oro y plata
29.8 piedras preciosas las dio para el *t* de 214
2 Cr 5.1 y puso la plata... en los *t* de la casa 214
8.15 mandamiento del rey, en cuanto a... los *t* 214
12.9 tomó los *t* de la casa de Jehová, y los 214
12.9 los *t* de la casa del rey; todo lo llevó 214
16.2 sacó Asa... el oro de los *t* de la casa de 214
25.24 tomó todo... y los *t* de la casa del rey 214
32.27 y adquirió *t* de plata y oro, piedras 214
36.18 los *t* de la casa de Jehová, y los *t* de 214
Esd 5.17 búsquese en la casa de los *t* del rey 1596
6.1 de los archivos, donde guardaban los *t* 1596
6.4 que el gasto sea pagado por el *t* del rey
7.20 dar, lo darás de la casa de los *t* del rey 1596
Neh 7.70 gobernador dio para el *t* mil dracmas 214
7.71 dieron para el *t* de la obra veinte mil 214
10.38 diezmo... a las cámaras de la casa del *t* 214
10.39 a,las cámaras del *t* han de llevar los
12.44 varones sobre las cámaras de los *t*, de 214
Est 3.9 para que sean traídos a los *t* del rey 1595
4.7 la plata... que pesaría para los *t* del rey 1595
Job 3.21 la muerte... aunque la buscan más que *t* 4301
20.26 tinieblas están reservadas para sus *t*
38.22 ¿has entrado tú en los *t* de la nieve, o 214
38.22 la nieve, o has visto los *t* del granizo 214
Sal 17.14 y cuyo vientre está lleno de tu *t* 6840
Pr 2.4 buscares, y la escudriñares como a *t* 4301
8.21 los que me aman... y que yo llene sus *t* 214
10.2 los *t* de maldad no serán de provecho 214
15.16 poco... que el gran *t* donde hay turbación 214
21.6 amontonar *t* con lengua mentirosa es 214
21.20 *t*... y aceite hay en la casa del sabio 214
Ec 2.8 me amontoné... *t* preciados de reyes y de
Is 2.7 llena de plata y oro... *t* no tienen fin 214
10.13 quité los territorios... y saqueé sus *t* 6259
30.6 llevan... sus *t* sobre jorobas de camellos 214
33.6 reinarán... el temor de Jehová será su *t* 214
39.2 les mostró la casa de su *t*, plata y oro 2896
39.2 todo lo que se hallaba en sus *t*: no hubo 214
39.4 cosa... en mis *t* que no les haya mostrado 214
45.3 te daré los *t* escondidos, y los secretos 214
Jer 15.13 y tus *t* entregaré a la rapiña sin 214
17.3 todos tus *t* entregaré al pillaje por el 214
20.5 daré todos los *t* de los reyes de Judá en 214
41.8 porque tenemos en el campo *t* de trigos 4301
48.7 confiaste en tus bienes y en tus *t*, tú 214
49.4 oh hija contumaz, la que confía en sus *t* 214
50.25 abrió Jehová su *t*, y sacó... de su furor 214
50.37 espada contra sus *t*, y serán saqueados 214

3.33 el que recibe su *t*, éste atestigua que ... 3141
4.39 daba *t* diciendo: Me dijo todo lo que he ... 3140
4.44 dio *t* de que el profeta no tiene honra ... 3140
5.31 **si yo doy *t* acerca de... *t* no es verdadero** ... 3140,3141
5.32 **otro es el que da *t* acerca de mí, y sé** ... 3140
5.32 **y sé que el *t* que da de mí es verdadero** ... 3141
5.33 **vosotros enviasteis... a Juan, y él dio *t*** ... 3140
5.34 **no recibo *t* de hombre alguno; mas digo** ... 3141
5.36 **yo tengo mayor *t* que el de Juan; porque** ... 3141
5.36 **dan *t* de mí, que el Padre me ha enviado** ... 3140
5.37 **el Padre que me envió ha dado *t* de mí** ... 3140
5.39 **las Escrituras... son las que dan *t* de mí** ... 3140
8.13 dijeron: Tú das *t*... tu *t* no es verdadero ... 3140,3141
8.14 **yo doy *t* acerca de mí mismo, mi *t*** ... 3140,3141
8.17 **que el *t* de dos hombres es verdadero** ... 3141
8.18 **que doy *t* de mí mismo, y el Padre... da *t*** ... 3140
10.25 **las obras que yo hago... ellas dan *t* de mí** ... 3140
12.17 y daba *t* la gente que estaba con él ... 3140
15.26 **el Espíritu de... él dará *t* acerca de mí** ... 3140
15.27 **daréis *t* también, porque habéis estado** ... 3140
18.37 **he venido al mundo... dar *t* a la verdad** ... 3140
19.35 el que lo vio da *t*, y su *t* es verdadero ... 3140
21.24 da *t*... y sabemos que su *t* es verdadero ... 3140,3141
Hch 4.33 daban *t* de la resurrección del Señor ... 3142
6.3 buscad, pues... a siete varones de buen *t* ... 3140
7.44 tuvieron... padres el tabernáculo del *t* ... 3142
10.22 que tiene buen *t* en toda la nación de ... 3140
10.43 de éste dan *t* todos los profetas, que ... 3140
13.22 de quien dio... *t* diciendo: He hallado a ... 3140
14.3 el Señor, el cual daba *t* a la palabra de ... 3140
14.17 si bien no se dejó a sí mismo sin *t* ... 267
15.8 Dios... dio *t*, dándoles el Espíritu Santo ... 3140
16.2 y daban buen *t* de él los hermanos que ... 3140
20.23 salvo que el Espíritu Santo... me da *t* ... 1263
20.24 para dar *t* del evangelio de la gracia ... 1263
22.12 que tenía buen *t* de todos los judíos ... 3140
22.18 **porque no recibirán tu *t* acerca de mi** ... 3141
26.22 persevero hasta... dando *t* a pequeños y ... 3140
Ro 2.15 sus corazones, dando *t* su conciencia ... 4828
8.16 el Espíritu... da *t* a nuestro espíritu, de ... 4828
9.1 conciencia me da *t* en el Espíritu Santo ... 4828
10.2 yo les doy *t* de que tienen celo de Dios ... 3140
13.9 porque... no dirás falso *t*, no codiciarás ... 5576
1 Co 1.6 como el *t* acerca de Cristo ha sido ... 3142
2.1 cuando fui... para anunciaros el *t* de Dios ... 3142
2 Co 1.12 el *t* de nuestra conciencia, que con ... 3142
8.3 *t* de que con agrado han dado conforme a ... 3140
Gá 4.15 os doy *t* de que si hubieseis podido ... 3140
Col 4.13 doy *t* de que tiene gran solicitud por ... 3140
2 Ts 1.10 por cuanto nuestro *t* ha sido creído ... 3142
1 Ti 2.6 lo cual se dio *t* a su debido tiempo ... 3142
3.7 es necesario que tenga buen *t* de los de ... 3141
5.10 que tenga *t* de buenas obras; si ha criado ... 3140
6.13 y de Jesucristo, que dio *t* de la buena ... 3140
2 Ti 1.8 no te avergüences de dar *t* de... Señor ... 3142
Tit 1.13 este *t* es verdadero; por... repréndelos ... 3141
He 3.5 fiel... para *t* de lo que se iba a decir ... 3142
7.8 pero allí, uno de quien da *t* de que vive ... 3140
7.17 pues se da *t* de él: Tú eres sacerdote ... 3140
10.28 por el *t* de dos o de tres testigos muere ... 3144
11.2 por ella alcanzaron buen *t* los antiguos ... 3140
11.4 *t* de que era justo, dando Dios *t* de sus ... 3140
11.5 la fe... tuvo *t* de haber agradado a Dios ... 3140
11.39 aunque alcanzaron buen *t* mediante la fe ... 3140
1 Jn 5.6 y el Espíritu es el que da *t*; porque ... 3140
5.7 porque tres son los que dan *t* en el cielo ... 3140
5.8 y tres son los que dan *t* en la tierra: el ... 3140
5.9 si recibimos el *t* de los hombres, mayor ... 3141
5.9 es el *t* de Dios, porque este es el *t* con ... 3141
5.10 el que cree en... tiene el *t* en sí mismo ... 3141
5.10 no ha creído en el *t* que Dios ha dado ... 3141
5.11 este es el *t*: que Dios nos ha dado vida ... 3141
3 Jn 3 y dieron *t* de tu verdad, de cómo andas ... 3140
6 han dado ante la iglesia *t* de tu amor; y ... 3140
12 todos dan *t* de Demetrio, y aun la verdad ... 3140
12 y también nosotros damos *t*, y vosotros ... 3140
12 y vosotros sabéis... nuestro *t* es verdadero ... 3141
Ap 1.2 dado *t* de la palabra de Dios, y del *t* ... 3140,3141
1.9 Patmos, por causa de... el *t* de Jesucristo ... 3141
6.9 habían sido muertos... por el *t* que tenían ... 3141
11.7 hayan acabado su *t*, la bestia que sube ... 3141
12.11 vencido por... la palabra del *t* de ellos ... 3141
12.17 que guardan... y tienen el *t* de Jesucristo ... 3141
15.5 abierto... el templo del tabernáculo del *t* ... 3142
19.10 tus hermanos que retienen el *t* de Jesús ... 3141
19.10 porque el *t* de Jesús es el espíritu de ... 3141
20.4 vi... los decapitados por causa del *t* de ... 3141
22.16 enviado mi ángel para datos *t* de estas ... 3140
22.20 el que da *t* de estas cosas dice... vengo ... 3140

TETA
Lm 4.3 aun los chacales dan la *t*, y amamantan ... 7699

TETRARCA
Mt 14.1 Herodes el *t* oyó la fama de Jesús ... 5076
Lc 3.1 Herodes *t* de Galilea... hermano Felipe *t* ... 5075
3.1 de Traconite, y Lisanias *t* de Abilinia ... 5075
3.19 Herodes el *t*, siendo reprendido por Juan ... 5076
9.7 Herodes el *t* oyó... cosas que hacía Jesús ... 5076
Hch 13.1 que se había criado... con Herodes el *t* ... 5076

TEUDAS *Judío que se rebeló contra la autoridad imperial*, Hch 5.36 ... 2333

TEZ
Is 18.2 a la nación... de *t* brillante, al pueblo ... 4178
18.7 pueblo de elevada estatura y *t* brillante ... 4178

TÍA *Véase también Tío*
Éx 6.20 Amram tomó por mujer a Jocabed su *t*

TIARA
Éx 28.40 les harás *t* para honra y hermosura ... 4021
29.9 atarás las *t*, y tendrán el sacerdocio ... 4021
39.28 y los adornos de las *t* de lino fino, y ... 4021
Lv 8.13 las *t*, como Jehová lo había mandado ... 4021
Ez 21.26 depón la *t*, quita la corona; esto no ... 4701
23.15 *t* de colores en sus cabezas, teniendo

TIATIRA *Ciudad en la provincia de Asia*
Hch 16.14 una mujer... de la ciudad de *T*, que ... 2363
Ap 1.11 **envíalo... Efeso, Esmirna, Pérgamo, *T*** ... 2363
2.18 **y escribe al ángel de la iglesia en *T*** ... 2363
2.24 **y a los demás que están en *T*... os digo** ... 2363

TIBERIAS *Ciudad en Galilea*
Jn 6.1 Jesús fue al otro lado del mar... de *T* ... 5085
6.23 pero otras barcas habían arribado de *T* ... 5085
21.1 Jesús se manifestó... junto al mar de *T* ... 5085

TIBERIO *Emperador romano*, Lc 3.1 ... 5086

TIBHAT *Ciudad de Hadad-ezer conquistada por David (=Beta)*, 1 Cr 18.8 ... 2880

TIBIO
Ap 3.16 **por cuanto eres *t*... vomitaré de mi boca** ... 5513

TIBNI *Militar de Israel derrotado por Omri*
1 R 16.21 la mitad... seguía a *T* hijo de Ginat ... 8402
16.22 pudo más que el que seguía a *T* hijo ... 8402
16.22 de Ginat; y *T* murió, y Omri fue rey ... 8402

TICVA
1. Suegro de la profetisa Hulda, 2 R 22.14; 2 Cr 34.22 ... 8616,8445
2. Padre de Jahazías, Esd 10.15 ... 8616

TIDAL *Bey de Goim*, Gn 14.1,9 ... 8413

TIEMPO
Gn 4.3 andando el *t*, que Caín trajo del fruto ... 3117
17.21 el que Sara te dará a luz por este *t* el
18.10 según el *t* de la vida, he aquí que Sara ... 6256
18.14 al *t* señalado volveré a ti, y según el
18.14 según el *t* de la vida, Sara tendrá un ... 6256
21.2 y Sara... en el *t* que Dios le había dicho
21.22 en aquel mismo *t* que habló Abimelec ... 6256
29.7 día; no es *t* todavía de recoger el ganado ... 6256
29.21 mi mujer, porque mi *t* se ha cumplido ... 3117
30.14 fue Rubén en *t* de la siega de los trigos ... 3117
31.10 que al *t* que las ovejas estaban en celo ... 6256
38.1 aconteció en aquel *t*... Judá se apartó de ... 6256
38.27 al *t* de dar a luz... gemelos en su seno ... 6256
Éx 2.3 no pudiendo ocultarle más *t*, tomó un ... 5750
12.39 no... tenido *t* ni para prepararse comida
12.40 el *t* que los hijos de Israel habitaron
13.10 guardarás este rito en su *t* de año en ... 4150
18.22 ellos juzgarán al pueblo en todo *t*; y ... 6256
18.26 juzgaban al pueblo en todo *t*; el asunto ... 6256
21.29,36 el buey... acorneador desde *t* atrás
23.15 sin levadura... en el *t* del mes de Abib
34.18 según te he mandado, en el *t* señalado ... 4150
Lv 13.46 el *t* que la llaga estuviere en él, será ... 3117
15.25 días fuera del *t* de su costumbre, o ... 6256
15.25 el *t* de su flujo será inmunda como en ... 6256
15.26 en que durmiere todo el *t* de su flujo ... 3117
16.2 que no en todo *t* entre en el santuario ... 6256
23.4 fiestas... las cuales convocaréis en sus *t* ... 4150
23.37 ofrecer... libaciones, cada cosa en su *t* ... 3117
24.10 aquel *t* el hijo de una mujer israelita
25.32 podrán rescatar en cualquier *t* las casas
25.50 y se contará el *t* que estuvo con él ... 8141
25.50 conforme al *t* de un criado asalariado
25.52 y si quedare poco *t* hasta el año del ... 8141
26.4 y yo daré vuestra lluvia en su *t*, y la ... 6256
26.10 comeréis... añejo de mucho *t*, y pondréis
26.35 el *t* que esté asolada, descansará por ... 3117
Nm 6.4 todo el *t* de su nazareato, de todo lo ... 3117
6.5 todo el *t* del voto de... no pasará navaja ... 3117
6.6 todo el *t* que se aparte para Jehová, no ... 3117
6.8 todo el *t* de su nazareato, será santo ... 3117
6.13 que se cumpliere el *t* de su nazareato ... 3117
9.2 de Israel celebrarán la pascua a su *t* ... 4150
9.3 entre... dos tardes, la celebraréis a su *t* ... 4150
9.7 de ofrecer ofrenda a Jehová a su *t* entre ... 4150
9.13 no ofreció a su *t* la ofrenda de Jehová ... 4150
13.20 fruto... Y era el *t* de las primeras uvas ... 3117
20.15 a Egipto, y estuvimos en Egipto largo *t* ... 3117
28.2 mi... guardaréis, ofreciéndomelo a su *t* ... 4150
Dt 1.6 habéis estado bastante *t* en este monte
1.9 en aquel *t* yo os hablé diciendo: Yo solo ... 6256
1.18 mandé... en aquel *t*, todo lo que habíais
2.1 y rodeamos el monte de Seir por mucho *t* ... 3117
2.20 habitaron en ella gigantes en otro *t*, a
3.8 tomamos en aquel *t* la tierra desde el arroyo de Arnón ... 6256
3.12 que heredamos en aquel *t*, desde Aroer ... 6256
3.21 ordené... a Josué en aquel *t*, diciendo ... 6256
3.23 y oré a Jehová en aquel *t*, diciendo ... 6256
4.14 mandó Jehová en aquel *t* que os enseñase ... 6256
4.32 pregunta... si en los *t* pasados que han ... 3117
10.1 en aquel *t* Jehová me dijo: Lábrate dos ... 6256
10.8 aquel *t* apartó Jehová la tribu de Leví ... 6256
11.14 yo daré la lluvia... a su *t*, la temprana ... 6256
28.12 para enviar la lluvia a tu tierra en su *t* ... 6256
32.7 acuérdate de los *t* antiguos, considera ... 311
32.35 a su *t* su pie resbalará, porque el día ... 6256
Jos 3.15 suele desbordarse... el *t* de la siega ... 3117
5.2 en aquel *t* Jehová dijo a Josué: Hazte ... 6256
6.26 en aquel *t* hizo Josué un juramento ... 6256
8.14 y al *t* señalado... salieron al encuentro
11.10 tomó en el mismo *t* a Hazor, y mató a ... 6256
11.18 mucho *t* tuvo guerra Josué con... reyes ... 3117
11.21 en aquel *t* vino Josué y destruyó a los ... 6256
14.10 el *t* que Jehová habló estas palabras a
20.6 la muerte del que... sacerdote en aquel *t* ... 3117
22.3 este largo *t* hasta el día de hoy, sino ... 3117
24.31 sirvió Israel a Jehová... el *t* de Josué ... 3117
24.31 *t* de los ancianos que sobrevivieron a ... 3117
Jue 2.7 el *t* de Josué, y... el *t* de los ancianos ... 3117
2.18 y los libraba... todo el *t* de aquel juez ... 3117
3.29 en aquel *t* mataron a los moabitas como ... 6259
4.4 gobernaba en aquel *t*... una mujer, Débora ... 6259
10.8 oprimieron y... Israel en aquel *t* 18 años
10.14 os libren ellos en el *t* de... aflicción ... 6259
11.4 aconteció andando el *t*, que los hijos de ... 3117
11.26 qué no las habéis recobrado en ese *t*? ... 6259
14.4 en aquel *t* los filisteos dominaban sobre ... 6259
15.1 aconteció después de algún *t*, que en los ... 3117
18.31 *t* que la casa de Dios estuvo en Silo
19.30 desde el *t* en que los hijos de Israel ... 3117
20.15 contados en aquel *t* los... 26.000 hombres
Rt 4.7 había ya desde hacía *t* esta costumbre ... 6440
1 S 1.20 al cumplirse el *t*... dio a luz un hijo ... 5117
2.32 y en ningún *t* habrá anciano en tu casa
4.1 por aquel *t* salió Israel a encontrar en
4.20 *t* que moría, le decían las que estaban ... 6256
7.15 y juzgó Samuel a Israel todo el *t* que ... 3117
14.21 hebreos... con los filisteos de *t* atrás ... 8032
14.52 guerra encarnizada... todo el *t* de Saúl ... 3117
17.12 en el *t* de Saúl este hombre era viejo ... 3117
18.19 llegado el *t* en que Merab... se había de ... 6256
20.31 todo el *t* que el hijo de Isaí viviere ... 3117
20.35 salió Jonatán... al *t* señalado con David
22.4 habitaron... todo el *t* que David estuvo en ... 3117
25.7 ni les faltó nada en todo el *t* que han ... 3117
25.15 ni nos faltó nada... el *t* que estuvimos ... 3117
27.8 éstos habitaban de largo *t* la tierra
27.11 fue su costumbre todo el *t* que moró en ... 3117
2 S 3.17 hace... *t* procurabais que David fuese ... 8543
11.1 en el *t* que salen los reyes a la guerra ... 6256
14.2 mujer que desde mucho *t* está de duelo ... 3117
18.14 no malgastaré mi *t* contigo. Y tomando
20.5 Amasa... se detuvo más del *t*... señalado
23.13 vinieron en *t* de la siega a David en
24.15 y Jehová envió la peste... el *t* señalado ... 6256
1 R 2.5 derramando en *t* de paz la sangre de
3.2 no había casa... Jehová hasta aquellos *t* ... 3117
3.16 en aquel *t* vinieron al rey dos mujeres
8.59 para que él proteja... cada cosa en su *t* ... 3117
8.65 en aquel *t* Salomón hizo fiesta, y con ... 6256
10.21 plata... *t* de Salomón no era apreciada ... 3117
11.29 en aquel *t*, que saliendo Jeroboam de ... 6256
14.1 en aquel *t* Abías hijo de Jeroboam cayó ... 6256
14.20 el *t* que reinó Jeroboam fue de 22 años ... 3117
15.16,32 guerra entre Asa y Baasa... todo el *t* ... 3117
16.34 su *t* Hiel de Bet-el reedificó a Jericó ... 3117
22.46 había quedado en el *t* de su padre Asa ... 3117
2 R 4.16 él dijo: El año que viene, por este *t* ... 6256
4.17 y dio a luz un hijo... el *t* que Eliseo le ... 6256
5.26 ¿es *t* de tomar plata, y... viñas, ovejas ... 6256
8.20 en el *t* de él se rebeló Edom contra el ... 3117
8.22 también se rebeló Libna en el mismo *t* ... 6256
10.36 *t* que reinó Jehú sobre... fue de 28 años ... 3117
12.2 y Joás hizo lo recto... todo el *t* que le ... 3117
13.3 los entregó en mano de Hazael... largo *t* ... 3117
13.22 afligió a Israel todo el *t* de Joacaz ... 3117
15.18 todo su *t* no se apartó de los pecados ... 3117
15.37 aquel *t* comenzó Jehová a enviar contra ... 3117
16.6 en aquel *t* el rey de Edom recobró Elat ... 6256
17.41 y al mismo *t* sirvieron a sus ídolos
19.25 oído que desde *t* antiguos yo lo hice, y ... 7350
20.12 aquel *t* Merodac-baladán hijo de... rey ... 6256
21.6 se dio a observar los *t*, y fue agorero
23.22 no había... hecho tal pascua desde los *t* ... 3117
23.22 en todos los *t* de los reyes de Israel ... 3117
24.1 en su *t* subió en campaña Nabucodonosor ... 3117
24.10 en aquel *t* subieron contra Jerusalén ... 6256
1 Cr 7.2 Tola fueron contados... el *t* de David ... 3117
11.22 mató a un león en... foso, en *t* de nieve ... 3117
12.32 entendidos en los *t*, y que sabían lo que ... 3117
13.3 desde el *t* de Saúl no hemos hecho caso ... 3117
17.10 y desde el *t* que puse los jueces sobre ... 3117
17.17 hablado de la casa... para *t* más lejano
20.1 en el *t* que suelen los reyes salir a la ... 6256
29.27 el *t* que reinó sobre Israel fue 40 años ... 3117
29.30 y los *t* que pasaron sobre él, y sobre
2 Cr 13.18 humillados los... Israel en aquel *t* ... 6256
14.6 no había guerra contra él en aquellos *t*
15.5 en aquellos *t* no hubo paz, ni para el que
16.7 en aquel *t* vino el vidente Hanani a Asa ... 6256
16.10 y oprimió Asa en aquel *t* a algunos del ... 6256
21.10 en el mismo *t* Libna se libertó de su ... 6256
24.11 el *t* para llevar el arca al secretario ... 6256
25.27 *t* en que Amasías se apartó de Jehová ... 6256
28.16 en aquel *t* envió a pedir el rey Acaz ... 6256
28.22 en el *t* que aquél le apuraba, añadió ... 6256
30.5 mucho *t* no la habían celebrado al modo
32.24 en aquel *t* Ezequías enfermó de muerte ... 3117
33.6 observaba los *t*, miraba en agüeros, era
34.33 no se apartaron de... el *t* que el vivió ... 3117
35.17 celebraron la pascua en aquel *t*, y la ... 6256
36.21 el *t* de su asolamiento reposó, hasta ... 3117
Esd 4.5 sobornaron... todo el *t* de Ciro rey de
4.15 de *t* antiguo forman en... ella rebeliones ... 3118
4.19 *t* antiguo se levanta contra los reyes y ... 3118
5.3 aquel *t* vino... Tatnai gobernador del otro ... 2166
8.34 y se apuntó todo aquel peso en aquel *t* ... 6256
10.13 el *t* lluvioso, y no podemos estar en la ... 6256

10.14 vengan en *t* determinados, y con ellos 6256
Neh 2.6 enviarme, después que yo le señalé *t* 2165
6.1 hasta aquel *t* no había puesto las hojas 6256
9.27 en el *t* de su tribulación clamaron a ti 6256
10.34 en los *t* determinados cada año, para 6256
11.17 y acción de gracias al *t* de la oración
12.46 desde el *t* de David...había un director 3117
13.31 la ofrenda de la leña en los *t* señalados 6256
Est 1.13 rey a los sabios que conocían los *t* 6256
2.12 cuando llegaba el *t* de cada una de las 8447
2.12 se cumplía el *t* de sus atavíos, esto es 3117
2.15 le llegó a Ester...el *t* de venir al rey
4.14 si callas...en este *t*, respiro...vendrá de 6256
9.27 celebrar estos dos días...a su *t* cada año 2165
9.31 para confirmar...días de Purim en sus *t* 2165
Job 5.26 gavilla de trigo que se recoge a su *t*
6.17 que al *t* del calor son deshechas, y al 6256
10.5 tus días...o tus años como los *t* humanos 3117
15.32 él será cortado antes de su *t*, y sus 3117
20.4 el *t* que fue puesto el hombre sobre la
22.16 los cuales fueron cortados antes de *t* 6256
24.1 que no son ocultos los *t* al Todopoderoso 6256
27.3 que todo el *t* que mi alma esté en mí, y 5750
27.10 deleitará...¿invocará a Dios en todo *t*?
38.23 reservado para el *t* de angustia, para 6256
38.32 ¿sacarás tú a su *t* las constelaciones 6256
39.1 ¿sabes tú el *t* en que paren las cabras 6256
39.2 su preñez, y...el *t* cuando han de parir? 6256
Sal 1.3 da su fruto en su *t*, y su hoja no cae 6256
9.9 del pobre, refugio para el *t* de angustia 6256
10.1 te escondes en el *t* de la tribulación? 6256
10.5 sus caminos son torcidos en todo *t*; tus
21.9 como horno de fuego en el *t* de tu ira 6256
31.15 en tu mano están mis *t*; líbrame de la 6256
32.6 orará...en el *t* en que puedas ser hallado 6256
33.19 para librar...darles vida en *t* de hambre
34.1 bendeciré a Jehová en...*t*; su alabanza 6256
37.19 no serán avergonzados en el mal *t*, y 6256
37.26 en todo *t* tiene misericordia, y presta
37.39 es su fortaleza en el *t* de la angustia 6256
44.1 la obra que hiciste...en los *t* antiguos 3117
44.8 en Dios nos gloriaremos todo el *t*, y para
62.8 esperad en él en todo *t*, oh pueblos 3117
69.13 a ti oraba...al *t* de tu buena voluntad 6256
71.9 no me deseches en el *t* de la vejez 6256
74.2 la que adquiriste desde *t* antiguos, la
74.12 Dios es mi rey desde *t* antiguo; el que
75.2 al *t* que señalaré yo juzgaré rectamente
78.2 hablaré cosas escondidas...*t* antiguos
81.15 y el *t* de ellos sería para siempre 6256
89.47 recuerda cuán breve es mi *t*; ¿por qué
102.13 porque es *t* de tener misericordia de 6256
104.19 la luna para los *t*; el sol conoce su 4150
104.27 en ti, para que les des su comida a su *t* 6256
106.3 dichosos...que hacen justicia en todo *t* 6256
119.20 alma de desear tus juicios en todo *t* 6256
119.43 no quites...en ningún *t* la palabra de
119.126 *t* es de actuar, oh Jehová, porque han 6256
120.6 mucho *t* ha morado mi alma con los que 7227
145.15 esperan...tú les das su comida a su *t* 6256
Pr 5.19 sus caricias te satisfagan en todo *t* 6256
6.8 y recoge en el *t*...siega su mantenimiento
6.14 anda pensando el mal en todo *t*; siembra 6256
8.30 teniendo solaz delante de él en todo *t* 6256
10.5 que duerme en el *t* de la siega es hijo 7105
15.23 y la palabra a su *t*, ¡cuán buena es! 6256
17.17 en todo *t* ama el amigo, y es como un 6256
17.17 y es como un hermano en *t* de angustia
23.17 antes preserva en el temor...todo el *t* 3117
25.13 como frío de nieve en *t* de la siega, así 3117
25.19 es la confianza en el...en *t* de angustia 3117
25.20 como el que quita la ropa en *t* de frío
27.15 gotera continua en *t* de lluvia y la 3117
Ec 3.1 todo tiene su *t*, y todo...tiene su hora 6256
3.2 *t* de nacer, y *t* de morir; *t* de plantar, y *t* de arrancar lo plantado 6256
3.3 *t* de matar, y *t* de curar; *t* de destruir, y *t* de edificar 6256
3.4 *t* de llorar, y *t* de reír; *t* de endechar, y *t* de bailar 6256
3.5 *t* de esparcir piedras, y *t* de juntar 6256
3.5 *t* de abrazar, y *t* de abstenerse...abrazar 6256
3.6 *t* de buscar, y *t* de perder; *t* de guardar, y *t* de desechar 6256
3.7 *t* de romper, y *t* de coser; *t* de callar, y *t* de hablar 6256
3.8 *t* de amar, y *t* de aborrecer; *t* de guerra, y *t* de paz 6256
3.11 todo lo hizo hermoso en su *t*; y ha puesto 6256
3.17 allí hay un *t* para todo lo que se quiere 6256
7.10 de que los *t* pasados fueron mejores que 3117
7.17 ¿por qué habrás de morir antes de tu *t*? 6256
8.5 el corazón del sabio discierne el *t* y el 6256
8.6 porque para todo lo que quisieres hay *t* 6256
8.9 hay *t* en que el hombre se enseñorea del 6256
9.8 en todo *t* sean blancos tus vestidos, y
9.11 sino que *t* y ocasión acontecen a todos 6256
9.12 el hombre tampoco conoce su *t*; como los 6256
9.12 así son enlazados...hombres en el *t* malo 6256
Cnt 2.12 el *t* de la canción ha venido, y en 6256
Is 2.2 acontecerá en lo postrero de los *t*, que 3117
4.1 echarán mano de un hombre 7...en aquel *t*
4.2 en aquel *t* el renuevo de Jehová será para 3117
7.21 acontecerá en aquel *t*, que criará un 3117
7.23 acontecerá también en aquel *t*, que el 3117
9.1 le vino en el *t* que livianamente tocaron
10.20 en aquel *t*, que los que hayan quedado 3117
10.25 aquí a muy poco *t* se acabará mi furor
10.27 en aquel *t* que su carga será quitada de 3117
11.10 en aquel *t* que la raíz de Isaí, la cual 3117
11.11 en aquel *t*, que Jehová alzará otra vez 6256
13.22 cercano a llegar está su *t*, y sus días 6256
16.13 es la palabra...sobre Moab desde aquel *t* 227
17.4 en aquel *t* la gloria de Jacob se atenuará 3117
17.14 al *t* de la tarde, he aquí la turbación
18.7 en aquel *t* será traída ofrenda a Jehová
19.18 en aquel *t* habrá cinco ciudades en la 3117
19.19 en aquel *t* habrá altar para Jehová en 3117
19.23 en aquel *t* habrá una calzada de Egipto 3117
19.24 aquel *t* Israel será tercero con Egipto 3117
20.2 en aquel *t* habló Jehová...medio de Isaías
29.17 ¿no se convertirá de aquí a muy poco *t*
29.18 aquel *t* los sordos oirán las palabras 3117
30.23 ganados en aquel *t* serán apacentados 3117
30.33 porque Tofet ya de *t* está dispuesto y
33.2 sé también nuestra salvación en *t* de la tribulación
33.6 y reinarán en tus *t* la sabiduría y la 6256
37.26 desde *t* antiguos yo lo hice, que desde
39.1 aquel *t* Merodac-baladán hijo de Baladán
40.2 decidle a voces que su *t* es ya cumplido
41.26 *t* atrás, y diremos: Es justo? Cierto 6440
46.9 acordaos de las cosas...los *t* antiguos
48.5 lo dije ya hace *t*; antet que sucediera
49.8 así dijo Jehová: En *t* aceptable te oí, y
51.9 despiértate como en el *t* antiguo, en los
52.4 mi pueblo descendió a Egipto en *t* pasado
57.11 ¿no he guardado silencio...*t* antiguos
60.22 yo Jehová, a su *t* haré que esto sea
63.18 por poco *t* lo poseyó tu santo pueblo 4705
64.5 pecados hemos perseverado por largo *t*
66.18 *t* vendrá...juntar a todas las naciones
Jer 2.24 porque en el *t* de su celo la hallarán
2.27 en el *t* de su calamidad dicen: Levántate
2.28 podrán librar en el *t* de tu aflicción
3.17 en aquel *t* llamarán a Jerusalén: Trono
3.18 en aquellos *t* irán de la casa de Judá a 3117
4.11 *t* se dirá a este pueblo y a Jerusalén
5.24 da lluvia temprana y tardía en su *t*, y
5.24 guarda los *t* establecidos de la siega
8.1 aquel *t*...sacarán los huesos de los reyes
8.7 aun la cigüeña en el cielo conoce su *t*
8.7 la grulla y...guardan el *t* de su venida
10.15 vanidad...al *t* de su castigo perecerán
11.12 no los podrán salvar en el *t* de su mal
14.8 Guardador suyo en el *t* de la aflicción
14.19 *t* de curación, y he aquí turbación
15.11 *t* de aflicción y en época de angustia
16.19 oh Jehová...refugio mío en el *t* de la 3117
18.23 haz así con ellos en el *t* de tu enojo
26.18 Miqueas de...profetizó en *t* de Ezequías 3117
27.7 le servirán...hasta que venga...el *t* de
28.8 los profetas que fueron...en *t* pasados
30.7 *t* de angustia pai a Jacob; pero de ella 6256
31.1 en aquel *t*...seré por Dios a...familias 6256
31.3 Jehová se manifestó a...hace ya mucho *t*
33.15 aquel *t* haré brotar a David un Renuevo 6256
33.20 pacto...que no haya día ni noche a su *t* 6256
46.17 Faraón...es destruido; dejó pasar el *t*
46.21 vino sobre ellos...el *t* de su castigo 6256,0
48.47 haré volver a...en lo postrero de los *t* 3117
49.8 traeré sobre él...*t* en que lo castigue 6256
50.4 en aquel *t*...vendrán los hijos de Israel 6256
50.16 al que siembra y al que mete hoz en *t* de 6256
50.20 en aquel *t*...la maldad de Israel será 6256
50.27 ha venido su día, el *t* de su castigo 6256
50.31 día ha venido, el *t* en que te castigaré 6256
51.6 el *t* es de venganza de Jehová; le dará 6256
51.18 de burla; en el *t* del castigo perecerán 6256
51.33 aquí a poco le vendrá el *t* de la siega 6256
Lm 1.7 cosas...que tuvo desde los *t* antiguos 3117
2.17 la cual él había mandado desde *t* antiguo 3117
3.6 me dejó...como los ya muertos de mucho *t*
5.20 ¿por qué...y nos abandonas tan largo *t*? 3117
Ez 4.10 comida...al día; de *t* en *t* la comerás 6256
4.11 y beberás el agua...de *t* en *t* la beberás 6256
4.14 ni nunca desde mi juventud hasta este *t* 6256
7.7 el *t* viene, cercano está el día; día de 6256
7.12 el *t* ha venido, se acercó el día; el que 6256
12.27 dicen...para lejanos *t* profetiza éste 6256
16.8 miré, y he aquí que tu *t* era *t* de amores 6256
16.56 no era...Sodoma digna de...en el *t* de tus 3117
19.5 viendo ella que había esperado mucho *t*
21.25 el *t* de la consumación de la maldad
21.29 día vino en el *t* de la consumación de 3117
27.34 *t* en que seas quebrantada por...mares 6256
29.21 en aquel *t* haré retoñar el poder de la 3117
30.9 en aquel *t* saldrán mensajeros...en naves 3117
34.26 daré...haré descender la lluvia en su *t* 6256
35.5 en el *t* de su aflicción, en el *t*...malo 6256
38.14 aquel *t*, cuando mi pueblo Israel habite 3117
38.17 tú aquel de quien hablé yo en *t* pasados 3117
38.17 profetizaron en aquellos *t* que yo te 3117
38.18 en aquel *t*, cuando venga Gog contra la 3117
38.19 en aquel *t* habrá gran temblor sobre la 3117
39.11 en aquel *t* yo daré a Gog lugar para 3117
47.12 a su *t* madurará, porque sus aguas salen
Dn 2.9 respuesta...entre tanto que pasa el *t* 5732
2.16 pidió al rey que le diese *t*, y que él 2166
2.21 él muda los *t* y las edades; quita reyes 5732
3.8 en aquel *t*...varones caldeos vinieron y 2166
4.16 sea cambiado...y pasen sobre él siete *t* 5732
4.23 parte, hasta que pasen sobre él siete *t* 5732
4.25,32 siete *t* pasarán sobre ti, hasta que 5732
4.34 al fin del *t* yo...alcé mis ojos al cielo 3117
4.36 en el mismo *t* mi razón me fue devuelta 2166
7.12 sido prolongada la vida hasta cierto *t* 5732
7.22 el *t*, y los santos recibieron el reino 2166
7.25 y pensará en cambiar los *t* y la ley; y 5732
7.25 serán...en su mano hasta *t*, y *t*, y medio *t* 2166
8.17 porque la visión es para el *t* del fin 6256
8.19 yo te enseñaré...eso es para el *t* del fin
9.25 se volverá a edificar...en *t* angustiosos
11.6 que estaban de parte de ella en aquel *t*
11.14 aquellos *t* se levantarán muchos contra
11.24 formará sus designios; y esto por un *t* 6256
11.29 *t* señalado volverá al sur; mas no será
11.35 sabios caerán...hasta el *t* determinado 6256
11.40 al cabo del *t* el rey del sur contenderá 6256
12.1 en aquel *t* se levantará Miguel, el gran 6256
12.1 *t* de angustia, cual nunca fue desde que 6256
12.1 aquel *t* será libertado tu pueblo, todos 6256
12.4 tú...sella el libro hasta el *t* del fin 6256
12.7 que será por *t*, *t*, y la mitad de un *t* 4150
12.9 estas palabras están selladas hasta el *t* 6256
12.11 desde el *t* que sea quitado...sacrificio 6256
Os 2.9 volveré y tomaré mi trigo a su *t*, y mi 6259
2.15 allí cantará como en los *t* de su juventud 3117
2.16 en aquel *t*...me llamarás Ishi, y nunca 3117
2.18 en aquel *t* haré para ti pacto con las 3117
2.21 en aquel *t* responderé, dice Jehová, yo 3117
8.10 y serán afligidos un poco de *t* por la
10.12 es el *t* de buscar a Jehová, hasta que 6256
13.13 ya hace *t* que no debiera detenerse al
Jl 2.23 os ha dado la primera lluvia a su *t*
3.1 aquel *t* en que haré volver la cautividad 6256
3,18 en aquel *t*, que los montes destilarán 3117
Am 5.13 en tal *t* calla, porque el *t* es malo 6256
8.13 en aquel *t* las doncellas...desmayarán de 3117
9.11 yo...y lo edificaré como en el *t* pasado 3117
Mi 2.3 ni andaréis erguidos...el *t* será malo 6256
2.4 aquel *t* levantarán sobre vosotros refrán 3117
3.4 antes esconderá de...su rostro en aquel *t* 6256
4.1 en los postreros *t* que el monte de Jehová 3117
5.3 pero los dejará hasta el *t* que dé a luz 6256
7.14 busque pasto en...como en el *t* pasado 3117
7.20 la misericordia, que juraste a...desde *t* 3117
Nah 2.8 fue Nínive de *t* antiguo como estanque
Hab 2.3 aunque la visión tardará aún por un *t*
3.2 Jehová, aviva tu obra en medio de los *t*
3.2 tu obra...en medio de los *t* hazla conocer
Sof 1.12 en aquel *t*...escudriñaré a Jerusalén 6256
3.9 aquel *t* devolveré yo a los pueblos pureza
3.16 aquel *t* se dirá a Jerusalén: No temas 3117
3.18 a los fastidiados por causa del largo *t*
3.19 en aquel *t* yo apremiaré a...tus opresores 6256
3.20 en aquel *t* yo os traeré, en aquel *t* os 6256
Hag 1.2 no ha llegado...t, el *t* de que la casa 6256
1.4 ¿es para vosotros *t*...de habitar en...casas 6256
Zac 12.8 débil, en aquel *t* será como David; y
13.1 aquel *t* habrá un manantial abierto para 3117
13.4 en aquel *t*...los profetas se avergonzarán 3117
Mal 3.2 quién podrá soportar el *t*...su venida? 3117
Mt 1.11 engendró...en el *t* de la deportación a *1909*
2.7 indagó...*t* de la aparición de la estrella *5550*
2.16 al *t* que había inquirido de los magos *5550*
8.29 venido...para atormentarnos antes de *t*? *2540*
11.21 *t* ha que se hubieran arrepentido en
11.25 en aquel *t*, respondiendo Jesús, dijo *2540*
12.1 en aquel *t* iba Jesús por los sembrados *2540*
13.30 *t* de la siega yo diré a los segadores *2540*
14.1 aquel *t* Herodes el tetrarca oyó la fama *2540*
16.2 cuando anochece, decís: Buen *t*, porque
16.3 ¡mas las señales de los *t* no podéis! *2540*
18.1 aquel *t* los discípulos vinieron a Jesús *5610*
21.34 y cuando se acercó el *t* de los frutos *2540*
21.41 a otros...que le paguen el fruto a su *t* *2540*
24.45 puso...para que les dé el alimento a *t*? *2540*
25.19 después de mucho *t* vino el señor de *5550*
26.18 el Maestro dice: Mi *t* está cerca; en *2540*
Mr 1.15 ***t* se ha cumplido, y el reino de Dios** *2540*
6.31 de manera que ni aun tenían *t* para comer
9.21 ¿cuánto *t* hace que le sucede esto? Y él *4214*
10.30 reciba cien veces más ahora en este *t* *2540*
11.13 nada halló sino...pues no era *t* de higos *2540*
12.2 a su *t* envió un siervo a los labradores *2540*
13.19 desde el principio de la...hasta este *t* *3568*
13.33 y orad, porque no sabéis cuándo...el *t* *2540*
Lc 1.20 palabras...cuales se cumplirán a su *t* *2540*
1.57 cuando a Elisabet se le cumplió el *t* de *5550*
4.13 diablo hubo...se apartó de él por un *t* *2540*
4.27 muchos leprosos había...en *t* del profeta *1909*
8.13 por algún *t*, y en el *t* de la prueba se *2540*
8.27 endemoniado desde hacía mucho *t*; y no *5550*
8.29 hacía...*t* que se había apoderado de él
9.51 se cumplió el *t* en que él había de ser *2250*
10.13 *t* ha que sentadas en cilicio y ceniza
12.42 casa, para que a *t* les dé su ración? *2540*
12.56 sabéis...¿y cómo no distinguís este *t*? *2540*
13.1 en este mismo *t* estaban allí algunos que *2540*
13.35 llegue el *t* en que digáis: Bendito el
17.22 *t* vendrá cuando desearéis ver uno de *2250*
18.4 él no quiso por algún *t*; pero después *5550*
18.30 que no haya de recibir...más en este *t* *2540*
19.44 no conociste el *t* de tu visitación *2540*
20.9 la arrendó a...y se ausentó por mucho *t* *5550*
20.10 su *t* envió un siervo a los labradores *2540*
21.8 diciendo: Yo soy el...y: El *t* está cerca *2540*
21.24 que los *t* de los gentiles se cumplan *2540*
21.36 en todo *t* orando que seáis tenidos por
23.8 se alegró...hacía *t* que deseaba verle
Jn 5.4 ángel descendía de *t* en *t* al estanque *2540*
5.6 supo que llevaba ya mucho *t* así, le dijo *5550*
5.35 quisisteis regocijaros por un *t* en su luz *5610*
7.6 mi *t* aún no ha llegado, mas vuestro *t* *2540*

7.8 **yo no subo... mi *t* aún no se ha cumplido** *2540*
7.33 **un poco de *t* estaré con vosotros, e iré** *5550*
14.9 **¿tanto *t* hace que estoy con vosotros, y** *5550*
Hch 1.6 ¿restaurarás el reino a Israel en... *t*? *5550*
1.7 **no os toca a vosotros saber los *t* o las** *5550*
1.21 todo el *t* que el Señor Jesús entraba y *5550*
3.19 para que vengan de la... *t* de refrigerio *2540*
3.21 que el cielo reciba hasta los *t* de la *5550*
3.21 profetas que han sido desde *t* antiguo *5550*
7.17 cuando se acercaba el *t* de la promesa *5550*
7.20 en aquel mismo *t* nació Moisés, y fue *2540*
8.11 sus artes mágicas les había engañado... *t* *5550*
11.28 gran hambre... sucedió en *t* de Claudio *1909*
12.1 aquel mismo *t* el rey Herodes echó mano *2540*
13.11 ciego, y no verás el sol por algún *t* *2540*
13.18 y por un *t* como de cuarenta años los *5550*
14.3 se detuvieron allí mucho *t*, hablando con *5550*
14.17 dándonos lluvias del... y *t* fructíferos *2540*
14.28 quedaron allí mucho *t* con los discípulos *5550*
15.7 ya hace algún *t* que Dios escogió que los *2250*
15.18 hace conocer todo esto desde *t* antiguos
15.21 Moisés desde *t* antiguos tiene en cada *1074*
15.33 algún *t* allí, fueron despedidos en paz
17.26 y les ha prefijado el orden de los *t* *2540*
17.30 habiendo pasado por alto los *t* de esta *5550*
18.20 se quedase con ellos por más *t*; mas no *5550*
18.23 y después de estar allí algún *t*, salió *5550*
19.22 enviando... se quedó por algún *t* en Asia *5550*
19.23 aquel *t* un disturbio no pequeño acerca *2540*
20.18 sabéis cómo me he comportado... todo el *t* ... *5550*
24.3 lo recibimos en todo *t* y en todo lugar
27.9 pasado mucho *t*, y siendo ya peligrosa la *5550*
Ro 3.26 de manifestar en este *t* su justicia *2540*
5.6 aún éramos débiles, a su *t* murió por los *2540*
7.9 yo sin la ley vivía en un *t*; pero venido
8.18 que las aflicciones del *t* presente no son *2540*
8.36 por causa de ti somos muertos todo el *t*
9.9 por este *t* vendré, y Sara tendrá un hijo *2540*
11.5 aun en este *t* ha quedado un remanente *2540*
11.30 en otro *t* erais desobedientes a Dios *4218*
13.11 esto, conociendo el *t*, que es ya hora *2540*
16.25 se ha mantenido oculto desde *t* eternos
1 Co 4.5 así que, no juzguéis nada antes de *t* *2540*
7.5 no os neguéis... a no ser por algún *t* de *2540*
7.29 esto digo, hermanos: que el *t* es corto *2540*
16.7 pues espero estar con vosotros algún *t*
2 Co 6.2 en *t* aceptable te he oído, y en día *2540*
6.2 aquí ahora el *t* aceptable; he aquí ahora *2540*
7.8 carta, aunqle por algun *t*, os contristó *5610*
8.14 para que en este *t*... la abundancia... supla *2540*
Gá 1.13 oído acerca de mi conducta en otro *t* *4218*
1.23 aquel que en otro *t* nos perseguía, ahora *4218*
1.23 ahora predica la fe que... otro *t* asolaba
2.6 que hayan sido en otro *t* nada me importa
4.2 bajo tutores... hasta el *t* señalado por el
4.4 pero cuando vino el cumplimiento del *t*
4.8 otro *t*, no conociendo a Dios, servíais
4.10 guardáis... los meses, los *t* y los años *2540*
6.9 a su *t* segaremos, si no desmayamos *2540*
Ef 1.10 dispensación del cumplimiento de los *t*
2.2 cuales anduvisteis en otro *t*, siguiendo
2.3 en otro *t* en los deseos de nuestra carne *4218*
2.11 acordaos de que en otro *t* vosotros, los *4218*
2.12 en aquel *t* estabais sin Cristo, alejados *4218*
2.13 vosotros que en otro *t* estabais lejos
5.8 en otro *t* erais tinieblas, mas ahora sois
5.16 aprovechando bien el *t*, porque los días *2540*
6.18 orando en todo *t* con... oración y súplica
Col 1.21 erais en otro *t* extraños y enemigos
3.7 las cuales... anduvisteis en otro *t* cuando *4218*
4.3 orando también al mismo *t* por nosotros
4.5 andad sabiamente para... redimiendo el *t* *2540*
1 Ts 2.17 separados de... por un poco de *t*, de *2540*
5.1 pero acerca de los *t* y de las ocasiones *2540*
2 Ts 2.6 fin de que a su debido *t* se manifieste *2540*
1 Ti 2.6 de lo cual se dio testimonio a su... *t* *2540*
4.1 en los postreros *t* algunos apostatarán de *5550*
6.15 cual a Su *t* mostrará el bienaventurado *5550*
2 Ti 1.9 dada en... antes de los *t* de los siglos
3.1 los postreros días vendrán *t* peligrosos *5550*
4.2 que instes a *t* y fuera de *t* *2122,171*
4.3 *t* cuando no sufrirán la sana doctrina *2540*
4.6 porque... el *t* de mi partida está cercano *2540*
Tit 1.3 y a su debido *t* manifestó su palabra *5550*
3.3 éramos en otro *t* insensatos, rebeldes
Flm 11 el cual en otro *t* te fue inútil, pero *4218*
15 quizás para esto se apartó... por algún *t* *5610*
He 1.1 habiendo hablado... otro *t* a los padres *3819*
4.7 vez determina un día... después de tanto *t* *5550*
5.12 ser ya maestros, después de tanto *t* *5550*
9.9 es símbolo para el *t* presente, según el *2540*
9.10 impuestas hasta el *t* de reformar... cosas *2540*
11.11 y dio a luz aun fuera del *t* de la edad
11.15 pues si... ciertamente tenían *t* de volver
11.32 el *t* me faltaría contando de Gedeón, de *5550*
Stg 4.14 es neblina que se aparece por un... *t*
1 P 1.5 para ser manifestada en el *t* postrero *2540*
1.6 un poco de *t*... tengáis que ser afligidos *3641*
1.11 y qué *t* indicaba el Espíritu de Cristo *2540*
1.17 conducíos en temor todo el *t* de vuestra *5550*
1.20 pero manifestado en los postreros *t* por *5550*
2.10 vosotros que en otro *t* no erais pueblo *4219*
2.10 otro *t* no habíais alcanzado misericordia
3.5 se ataviaban en otro *t* aquellas santas *4218*
3.20 los que en otro *t* desobedecieron, cuando
4.2 para no vivir el *t* que resta en la carne *5550*
4.3 baste ya el *t* pasado para haber hecho lo *5550*
4.17 *t* de que el juicio comience por la casa *2540*
5.6 Dios, para que él os exalte cuando fuere *t* *2540*
5.10 después que hayáis padecido... poco de *t* *3641*
2 P 2.3 de largo *t* la condenación no se tarda *1597*
3.5 que en el *t* antiguo fueron hechos por la
1 Jn 2.18 hijitos, ya es el último *t*; y según *5550*
2.18 por esto conocemos que es el último *t* *5610*
Jud 18 en el postrer *t* habrá burladores, que *5550*
Ap 1.3 bienaventurado... porque el *t* está cerca *2540*
2.21 **y le he dado *t* para que se arrepienta**
6.11 descansasen todavía un poco de *t*, hasta *5550*
10.6 juró por el que vive... el *t* no sería más *5550*
11.18 y el *t* de juzgar a los muertos, y de *2540*
12.12 el diablo ha descendido... tiene poco *t* *2540*
12.14 por un *t*, y *t*, y la mitad de un *t* *2540*
17.10 venga, es necesario que dure breve *t*
20.3 después... debe ser desatado... un poco de *t* ... *5550*
22.10 no selles las... porque el *t* está cerca *2540*

TIENDA

Gn 4.20 Jabal... padre de los que habitan en *t* 168
9.21 y estaba descubierto en medio de su *t* 168
9.27 habite en las *t* de Sem, y sea Canaán su 168
12.8 su *t*, teniendo a Bet-el al occidente y 168
13.3 el lugar donde había estado antes su *t* 168
13.5 también Lot... tenía ovejas, vacas y *t* 168
13.12 Lot... y fue poniendo sus *t* hasta Sodoma 167
13.18 Abram... removiendo su *t*, vino y moró en 167
18.1 estando él sentado a la puerta de su *t* 168
18.2 salió corriendo de la puerta de su *t*, a 168
18.6 Abraham fue de prisa a la *t* a Sara, y le 168
18.9 ¿dónde está... él respondió: Aquí en la *t* 168
18.10 y Sara escuchaba a la puerta de la *t* 168
24.67 la trajo Isaac a la *t* de su madre Sara 168
25.27 Jacob era varón quieto... habitaba en *t* 168
26.25 plantó allí su *t*; y abrieron allí los 168
31.25 y éste había fijado su *t* en el monte 168
31.33 entró Labán en la *t* de Jacob, en la 168
31.33 en la *t* de Lea, y en la *t* de las siervas 168
31.33 salió de la *t* de Lea, y entró en la *t* 168
31.34 y buscó Labán en toda la *t*, y no halló 168
33.19 compró... parte del campo... plantó su *t* 168
35.21 y plantó su *t* más allá de Migdal-edar 168
Éx 16.16 cada uno para los que están en su *t* 168
18.7 Moisés... a su suegro... y vinieron a la *t* 168
26.12 la parte que sobra... cortinas de la *t* 168
26.13 codo... a lo largo de las cortinas de la *t* 168
26.14 harás también a la *t* una cubierta de 168
33.8 cada... estaba en pie a la puerta de su *t* 168
33.10 levantaba cada uno a la puerta de su *t* 168
35.11 su *t*, su cubierta, sus corchetes, sus 168
35.12 el arca... propiciatorio, el velo de la *t* 4539
36.14 cortinas de pelo de cabra para una *t* 168
36.18 corchetes de bronce para enlazar la *t* 168
36.19 hizo para la *t* una cubierta de pieles 168
40.19 levantó la *t* sobre el tabernáculo, y 168
Lv 14.8 y morará fuera de su *t* siete días 168
Nm 3.25 cargo... la *t* y su cubierta, la cortina 168
4.5 desarmarán el velo de la *t*, y cubrirán 4539
9.15 nube cubrió el tabernáculo sobre la *t* 168
11.10 lloraba... cada uno a la puerta de su *t* 168
16.24 apartaos de... de la *t* de Coré, Datán y 4908
16.26 apartaos... de las *t* de estos hombres 168
16.27 apartaron de las *t* de Coré, de Datán 168
16.27 se pusieron a las puertas de sus *t*, con 168
19.14 la ley para cuando alguno muera en la *t* 168
19.14 cualquiera que entre en la *t*, y todo el 168
19. 18 mojará en el agua... rociará sobre la *t* 168
24.5 ¡cuán hermosas son tus *t*, oh Jacob, tus 168
25.8 fue tras... a la *t*, y los alanceó a ambos 6898
Dt 1.27 murmurasteis en vuestras *t*, diciendo 168
5.30 vé y diles: Volveos a vuestras *t* 168
11.6 los tragó con... sus *t*, y todo su ganado 168
33.18 alégrate, Zabulón... tú, Isacar, en tus *t* 168
Jos 3.14 partió el pueblo de sus *t* para pasar 168
7.21 escondido bajo tierra en medio de mi *t* 168
7.22 corriendo a la *t*, y... escondido en su *t* 168
7.23 y tomándolo de en... la *t*, lo trajeron a 168
7.24 tomaron a Acán... *t* y todo cuanto tenía 168
22.4 regresad a vuestras *t*, a la tierra de 168
22.6 y bendiciéndolos... y se fueron a sus *t* 168
22.7 de Manasés... a éstos envió Josué a sus *t* 168
22.8 volved a vuestras *t* con... riquezas, con 168
Jue 4.11 y Heber ceneo... había plantado sus *t* 168
4.17 Y Sisara huyó... a la *t* de Jael mujer de 168
4.18 vino a ella a la *t*, y ella le cubrió 168
4.20 él le dijo: Estate a la puerta de la *t* 168
4.21 Jael mujer de... tomó una estaca de la *t* 168
5.24 sobre las mujeres bendita sea en la *t* 168
6.5 venían con sus *t* en grande multitud como 168
7.8 envió a todos... cada uno a su *t*, y retuvo 168
7.13 y llegó a la *t*, y la golpeó... la *t* cayó 168
8.11 por el camino de los que habitaban en *t* 168
20.8 dijeron: Ninguno de nosotros irá a su *t* 168
1 S 4.10 vencido, y huyeron cada cual a sus *t* 168
13.2 envió al resto del pueblo... uno a sus *t* 168
17.54 pero las armas de él las puso en su *t* 168
2 S 6.17 el arca... pusieron... en medio de una *t* 168
7.6 sino que he andado en *t* y en tabernáculo 4908
11.11 el arca e Israel y Judá están bajo *t*, y 5521
16.22 pusieron para Absalón una *t* sobre el 168
18.17 y todo Israel huyó, cada uno a su *t* 168
19.8 pero Israel había huido, cada uno a su *t* 168
20.1 tocó... y dijo... ¡Cada uno a su *t*, Israel! 168
20.22 se retiraron... cada uno a su *t*. Y Joab 168
1 R 12.16 ¡Israel, a tus *t*!... se fue a sus *t* 168
20.12 estando bebiendo con los reyes en las *t* 5521
20.16 Ben-adad... embriagándose en las *t*, él y 5521
2 R 7.7 huyeron... abandonando sus *t*... caballos 168
7.8 entraron en una *t* y comieron y bebieron 168
7.8 vueltos, entraron en otra *t*, y de allí 168
7.12 han salido de las *t* y se han escondido 4264
8.21 atacó... Edom... y el pueblo huyó a sus *t* 168
13.5 habitaron... Israel en sus *t*, como antes 168
14.12 Judá cayó... y huyeron, cada uno a su *t* 168
23.7 cuales tejían las mujeres *t* para Asera 1004
1 Cr 4.41 y desbarataron sus *t* y cabañas que 168
5.10 habitaron en sus *t* en toda la región 168
6.32 servían delante de la *t* del tabernáculo 4908
15.1 lugar para el arca... y le levantó una *t* 168
16.1 el arca... y la pusieron en medio de la *t* 168
17.5 estuve de *t* en *t*, y de tabernáculo en 168
2 Cr 1.4 el arca... él le había levantado una *t* 168
10.16 cada uno a sus *t*... todo Israel a sus *t* 168
Job 5.24 sabrás que hay paz en tu *t*; visitarás 168
12.6 prosperan las *t* de los ladrones, y los 168
15.34 y fuego consumirá las *t* de soborno 168
18.6 luz se oscurecerá en su *t*, y se apagara 168
18.14 su confianza será arrancada de su *t*, y 168
18.15 en su *t* morará como si no fuese suya 168
19.12 Y acamparon en derredor de mi *t* 168
20.26 fuego... devorará lo que quede en su *t* 168
21.28 de la *t* de las moradas de los impíos? 4908
22.23 serás... alejarás de tu *t* la aflicción 168
29.4 cuando el favor de Dios velaba sobre mi *t* 168
Sal 69.25 asolado; en sus *t* no haya morador 168
78.28 las hizo caer en... alrededor de sus *t* 4908
78.51 las primicias de su fuerza en las *t* de 168
78.60 la *t* en que habitó entre los hombres 168
78.67 desechó la *t* de José, y no escogió la 168
83.6 *t* de los edomitas y de los ismaelitas 168
106.25 murmuraron en sus *t*, y no oyeron la 168
118.15 voz de júbilo... en las *t* de los justos 168
120.5 Mesec, y habito entre las *t* de Cedar! 168
Pr 14.11 pero florecerá la *t* de los rectos 168
24.15 no aceches la *t* del justo, no saquees 5116
Cnt 1.5 codiciable como las *t* de Cedar, como 168
Is 13.20 nunca... ni levantará allí *t* el árabe 167
33.20 de quietud, *t* que no será desarmada, ni 168
38.12 y traspasada de mí, como *t* de pastor 168
40.22 los despliega como una *t* para morar 168
54.2 ensancha el sitio de tu *t*, y... cortinas 168
Jer 4.20 de repente son destruidas mis *t*, en 168
6.3 junto a ella plantarán sus *t* alrededor 168
10.20 *t* está destruida, y todas mis cuerdas 168
10.20 no hay ya más quien levante mi *t*, ni 168
30.18 hago volver los cautivos de las *t* de 168
30.18 Jacob, y de sus *t* tendré misericordia 4908
35.7 que moraréis en *t* todos vuestros días 168
35.10 moramos, pues, en *t*, y hemos obedecido 168
37.10 heridos, cada uno se levantará de su *t* 168
49.29 sus *t* y sus ganados tomarán... para sí 168
Lm 2.2 destruyó en su furor... las *t* de Jacob 4999
2.4 en la *t* de la hija de Sion derramó como 168
2.6 su *t* como enramada de huerto; destruyó 7900
Ez 25.4 plantarán en ti sus *t*; ellos comerán 4908
Dn 11.45 y plantará las *t* de su palacio entre 168
Os 12.9 te haré moi ar en *t*, como en los días 168
Hab 3.7 he visto las *t* de Cusán en aflicción 168
3.7 las *t* de la tierra de Madián temblaron 3407
Zac 12.7 librará Jehová las *t* de Judá primero 168
Mal 2.12 cortará de las *t* de Jacob al hombre 168
Hch 18.3 pues el oficio de ellos era hacer *t* *4635*
He 11.9 en *t* con Isaac y Jacob, coherederos de *4633*

TIENTAS *(m. adv.)*

Job 5.14 y a mediodía andan a *t* como de noche 4959
12.25 van a *t*, como en tinieblas y sin luz 4959
Is 59.10 ciegos, y andamos a *t* como sin ojos 1659

TIERNO, A

Gn 18.7 Abraham... tomó un becerro *t* y bueno 7390
33.13 mi señor sabe que los niños son *t*, y 7390
Dt 28.54 el hombre *t* en medio de ti, y el muy 7390
28.56 la *t* y la delicada entre vosotros 7390
1 Cr 22.5 Salomón mi... es muchacho y de *t* edad 7390
29.1 es joven y *t* de edad, y la obra grande 7390
Job 33.25 su carne será más *t* que la del niño 7375
38.27 para saciar... hacer brotar la *t* hierba?
Is 47.1 nunca más te llamarán *t* y delicada 7390
Lm 2.20 de comer... pequeñitos a su *t* cuidado?
Mt 24.32; Mr 13.28 **cuando ya su rama está *t*** *527*
1 Ts 2.7 antes fuimos *t* entre vosotros, como *2261*

TIERRA

Gn 1.1 el principio creó Dios los cielos y la *t* 776
1.2 y la *t* estaba desordenada y vacía, y las 776
1.10 y llamó Dios a lo seco *t*, y a... las aguas 776
1.11 después dijo Dios: Produzca la *t* hierba 776
1.11 que su semilla esté en él, sobre la *t* 776
1.12 produjo, pues, la *t* hierba verde que da 776
1.15 lumbreras en... para alumbrar sobre la *t* 776
1.17 puso Dios en... para alumbrar sobre la *t* 776
1.20 produzcan... aves que vuelen sobre la *t* 776
1.22 mares, y multiplíquense las aves en la *t* 776
1.24 produzca la *t* seres vivientes según su 776
1.24 serpientes y animales de la *t* según su 776
1.25 hizo Dios animales de la *t*... sobre la *t* 776,127
1.26 señoree en los... en toda la *t*... sobre la *t* 776
1.28 llenad la *t*, y sojuzgadla, y señoread 776
1.28 en... las bestias que se mueven sobre la *t* 776
1.29 toda planta... que está sobre toda la *t* 776
1.30 bestia de la *t*, y... arrastra sobre la *t* 776
2.1 fueron, pues, acabados los cielos y la *t* 776
2.4 estos son los orígenes de los... y de la *t* 776
2.4 el día que Jehová Dios hizo la *t* y los 776
2.5 toda planta del... antes que fuese en la *t* 776
2.5 aún no había hecho llover sobre la *t*, ni 776

T

2.5 ni había hombre para que labrase la *t*........... 127
2.6 subía de la *t* un vapor, el cual regaba............ 794
2.6 un vapor, el cual regaba... la faz de la *t*.......... 127
2.7 Dios formó al hombre del polvo de la *t*.......... 127
2.9 y Jehová Dios hizo nacer de la *t*... árbol......... 127
2.11 el que rodea toda la *t* de Havila, donde......... 776
2.12 el oro de aquella *t* es bueno; hay allí............ 776
2.13 Gihón... es el que rodea toda la *t* de Cus........ 776
2.19 Jehová Dios formó... de la *t* toda bestia......... 127
3.17 maldita será la *t* por tu causa... dolor........... 127
3.19 con el sudor... hasta que vuelvas a la *t*.......... 127
3.23 para que labrase la *t* de que fue tomado........ 127
4.2 fue pastor... y Caín fue labrador de la *t*.......... 127
4.3 Caín trajo del fruto de la *t* una ofrenda.......... 127
4.10 la sangre de tu... clama a mí desde la *t*......... 127
4.11 maldito seas tú de la *t*, que abrió su............ 127
4.12 cuando labres la *t*, no te volverá a dar.......... 127
4.12 errante y extranjero será, en la *t*................ 776
4.14 me echas hoy de la *t*, y de tu presencia......... 127
4.14 y seré errante y extranjero en la *t*.............. 776
4.16 Caín... habitó en *t* de Nod, al oriente de........ 776
5.29 Noé... a causa de la *t* que Jehová maldijo....... 127
6.1 a multiplicarse sobre la faz de la *t*, y............ 127
6.4 había gigantes en la *t* en aquellos días........... 776
6.5 maldad de los hombres era mucha en la *t*....... 776
6.6 arrepintió Jehová... hecho hombre en la *t*....... 776
6.7 raeré de sobre la faz de la *t* a... hombres........ 127
6.11 se corrompió la *t*... y estaba la *t* llena........... 776
6.12 y miró Dios la *t*, y... estaba corrompida......... 776
6.12 había corrompido su camino sobre la *t*......... 776
6.13 la *t* está llena de violencia a causa de........... 776
6.13 he aquí que yo los destruiré con la *t*............ 776
6.17 traigo un diluvio de aguas sobre la *t*............ 776
6.17 aguas... todo lo que hay en la *t* morirá.......... 776
6.20 de todo reptil de la *t* según su especie......... 127
7.3 conservar... especie sobre la faz de la *t*.......... 776
7.4 haré llover sobre la *t* cuarenta días y............ 776
7.4 raeré de sobre la faz de la *t* a todo ser.......... 127
7.6 el diluvio de las aguas vino sobre la *t*............ 776
7.8 y de todo lo que se arrastra sobre la *t*........... 127
7.10 aguas del diluvio vinieron sobre la *t*............ 776
7.12 lluvia sobre la *t* 40 días y 40 noches............ 776
7.14 todo reptil que se arrastra sobre la *t*........... 776
7.17 fue el diluvio cuarenta días sobre la *t*.......... 776
7.17 alzaron el arca, y se elevó sobre la *t*........... 776
7.18 y crecieron en gran manera sobre la *t*.......... 776
7.19 y las aguas subieron mucho sobre la *t*.......... 776
7.21 murió toda carne que... mueve sobre la *t*....... 776
7.21 todo reptil que se arrastra sobre la *t*........... 776
7.22 vida... todo lo que había en la *t*, murió
7.23 fue destruido todo ser... la faz de la *t*.......... 127
7.23 raídos de la *t*, y quedó solamente Noé.......... 776
7.24 prevalecieron las aguas sobre la *t* 150.......... 776
8.1 e hizo pasar Dios un viento sobre la *t*............ 776
8.3 las aguas decrecían... de sobre la *t*; y se......... 776
8.7 hasta que las aguas se secaron sobre la *t*........ 776
8.8 habían retirado de sobre la faz de la *t*........... 127
8.9 aguas estaban aún sobre la faz de... la *t*......... 776
8.11 aguas se habían retirado de sobre la *t*.......... 776
8.13 del mes, las aguas se secaron sobre la *t*........ 776
8.13 he aquí que la faz de la *t* estaba seca........... 127
8.14 veintisiete días del mes, se secó la *t*............ 776
8.17 todo reptil que se arrastra sobre la *t*........... 776
8.17 y vayan por la *t*, y fructifiquen... la *t*............ 776
8.19 todo lo que se mueve sobre la *t*.................. 776
8.21 dijo Jehová... No volveré a maldecir la *t*........ 127
8.22 mientras la *t* permanezca, no cesarán la......... 776
9.1 y les dijo... multiplicaos, y llenad la *t*............ 776
9.2 sobre todo animal de la *t*, y sobre toda.......... 776
9.2 en todo lo que se mueve sobre la *t*, y en.......... 127
9.7 mas... procread abundantemente en la *t*, y....... 776
9.10 animales y toda bestia de la *t* que está.......... 776
9.10 salieron del arca... todo animal de la *t*.......... 776
9.11 ni habrá más diluvio para destruir la *t*.......... 776
9.13 será por señal del pacto entre mí y la *t*......... 776
9.14 que cuando haga venir nubes sobre la *t*........ 776
9.16 pacto... con toda carne que hay sobre la *t*....... 776
9.17 entre mí y toda carne que... sobre la *t*.......... 776
9.19 de Noé, y de ellos fue llena toda la *t*............ 776
9.20 comenzó Noé a labrar la *t*, y plantó una..... 376,127
10.8 Nimrod... ser el primer poderoso en la *t*......... 776
10.10 Erec, Acad y Calne, en la *t* de Sinar............ 776
10.11 de esta *t* salió para Asiria, y... Nínive........... 776
10.20,31 por sus lenguas, en sus *t*, en sus........ 776,4186
10.25 porque en sus días fue repartida la *t*.......... 776
10.30 la *t* en que habitaron fue desde Mesa.......... 4186
10.32 de... se esparcieron las naciones en la *t*........ 776
11.1 tenía... toda la *t* una sola lengua y unas......... 776
11.2 hallaron una llanura en la *t* de Sinar............ 776
11.4 esparcidos sobre la faz de toda la *t*.............. 776
11.8,9 esparció... sobre la faz de toda la *t*........... 776
11.9 confundió Jehová el lenguaje de... la *t*.......... 776
11.28 murió Harán... en la *t* de su nacimiento......... 776
11.31 y salió con... para ir a la *t* de Canaán.......... 776
12.1 vete de tu *t* y... a la *t* que te mostraré........... 776
12.3 serán benditas en ti... familias de la *t*........... 127
12.5 salieron para ir a *t* de Canaán; y a *t* de......... 776
12.6 pasó Abram por aquella *t* hasta el lugar......... 776
12.6 y el cananeo estaba entonces en la *t*............ 776
12.7 le dijo: A tu descendencia daré esta *t*........... 776
12.10 hambre en la *t*, y descendió Abram a........... 776
12.10 porque era grande el hambre en la *t*............ 776
13.6 la *t* no era suficiente para que... juntos.......... 776
13.7 el cananeo y el ferezeo habitaban... la *t*......... 776
13.9 ¿no está toda la *t* delante de ti? Yo te........... 776
13.10 como la *t* de Egipto en la dirección de.......... 776
13.12 Abram acampó en la *t* de Canaán, en........... 776
13.15 toda la *t* que ves, la daré a ti y a tu............ 776
13.16 tu descendencia como el polvo de la *t*.......... 776
13.16 si alguno puede contar el polvo de la *t*.......... 776
13.17 vé por la *t* a lo largo de ella y a su.............. 776
14.19,22 Dios... creador de los cielos y de la *t*........ 776
15.7 te saqué... para darte a heredar esta *t*.......... 776
15.13 que tu descendencia morará en *t* ajena........ 776
15.18 a tu descendencia daré esta *t*, desde............ 776
15.19 la *t* de los ceneos, los cenezeos, los............ 776
16.3 había habitado Abram en la *t* de Canaán........ 776
17.8 daré... la *t* en que moras... la *t* de Canaán....... 776
18.2 salió... a recibirlos, y se postró en *t*.............. 776
18.18 benditas en él... las naciones de la *t*?.......... 776
18.25 el Juez de toda la *t*, ¿no ha de hacer........... 776
19.23 sol salía sobre la *t*, cuando Lot llegó........... 776
19.25 destruyó... ciudades, y el fruto de la *t*.......... 127
19.28 hacia toda la *t* de aquella llanura miró......... 776
19.28 el humo subía de la *t* como el humo de.......... 776
19.31 y no queda varón en la *t* que entre a............ 776
19.31 conforme a la costumbre de toda la *t*........... 776
20.1 allí partió Abraham a la *t* del Neguev........... 776
20.15 he aquí mi *t* está delante de ti; habita.......... 776
21.21 y su madre le tomó mujer de la *t* de............ 776
21.23 harás tú... con la *t* en donde has morado....... 776
21.32 y Ficol... volvieron a *t* de los filisteos........... 776
21.34 y moró Abraham en *t* de los filisteos........... 776
22.2 y vete a *t* de Moriah, y ofrécelo allí.............. 776
22.18 serán benditas... las naciones de la *t*........... 776
23.2 murió Sara... Hebrón, en la *t* de Canaán......... 776
23.7 se inclinó al pueblo de aquella *t*, a los............ 776
23.12 se inclinó delante del pueblo de la *t*............ 776
23.13 Efrón en presencia del pueblo de la *t*........... 776
23.15 la *t* vale 400 siclos de plata; ¿qué es............. 776
23.19 de Mamre, que es Hebrón, en la *t* de............ 776
24.3 Dios de los cielos y Dios de la *t*, que.............. 776
24.4 sino que irás a mi *t* y a mi parentela............. 776
24.5 quizá la mujer no querrá venir... esta *t*........... 776
24.5 ¿volveré, pues, tu hijo a la *t* de donde............ 776
24.7 me tomó de la... y de la *t* de mi parentela........ 776
24.7 me juró... A tu descendencia daré esta *t*......... 776
24.37 no... de los cananeos, en cuya *t* habito........... 776
24.52 el criado... se inclinó en *t* ante Jehová.......... 776
25.6 los envió... el oriente, a la *t* oriental............. 776
26.1 después hubo hambre en la *t*, además de........ 776
26.2 y le dijo... habita en la *t* que yo te diré.......... 776
26.3 habita... en esta *t*... daré todas estas *t*.......... 776
26.4 y daré a tu descendencia todas estas *t*.......... 776
26.4 las naciones de la *t* serán benditas en........... 776
26.12 sembró Isaac en aquella *t*, y cosechó........... 776
26.15 los pozos... habían cegado y llenado de *t*...... 6083
26.22 prosperado, y fructificaremos en la *t*............ 776
27.28 Dios... te dé... de las grosuras de la *t*........... 776
27.39 será tu habitación en grosuras de la *t*........... 776
27.46 si... toma mujer... de las hijas de esta *t*.......... 776
28.4 heredes la *t* en que moras, que Dios dio......... 776
28.12 una escalera que estaba apoyada en *t*.......... 776
28.13 la *t* en que estás acostado te la daré........... 776
28.14 tu descendencia como el polvo de la *t*.......... 776
28.14 las familias de la *t* serán benditas en........... 127
28.15 traerte a esta *t*; porque no te dejaré............ 127
29.1 Jacob... y fue a la *t* de los orientales............. 776
30.25 envíame, e iré a mi lugar; y a mi *t*................ 776
31.3 vuélvete a la *t* de tus padres, y a tu.............. 776
31.13 sal de esta *t*, y vuélvete a la *t* de tu............. 776
31.18 volverse a... su padre en la *t* de Canaán......... 776
32.3 a Esaú... a la *t* de Seir, campo de Edom.......... 776
32.9 vuélvete a tu *t* y a tu parentela, y yo............. 776
33.3 y se inclinó a *t* siete veces, hasta que............ 776
33.18 de Siquem, que está en la *t* de Canaán.......... 776
34.2 Siquem. príncipe de aquella *t*... la tomó.......... 776
34.10 *t* estará delante de vosotros; morad y........... 776
34.21 aquí la *t* es bastante ancha para ellos........... 776
34.30 abominable a los moradores de esta *t*........... 776
35.6 llegó Jacob a Luz... está en *t* de Canaán.......... 776
35.12 la *t* que he dado a Abraham y a Isaac............ 776
35.12 a ti, y a tu descendencia... daré la *t*............. 776
35.16 había aún como media legua de *t* para.......... 776
35.22 que cuando moraba Israel en aquella *t*.......... 776
36.5 Esaú, que le nacieron en la *t* de Canaán......... 776
36.6 todo cuanto había adquirido en la *t* de........... 776
36.6 se fue a otra *t*, separándose de Jacob............ 776
36.7 ni la *t*... los podía sostener a causa de........... 776
36.16 los jefes de Elifaz en la *t* de Edom............... 776
36.17 los jefes de... de Reuel en la *t* de Edom......... 776
36.20 hijos de Seir... moradores de aquella *t*.......... 776
36.21 jefes... hijos de Seir, en la *t* de Edom........... 776
36.30 los jefes de los horeos... en la *t* de Seir......... 776
36.31 los reyes que reinaron en la *t* de Edom......... 776
36.34 en su lugar reinó Husam, de *t* de Temán......... 776
36.43 los jefes... según sus moradas en la *t* de........ 776
37.1 habitó Jacob en la *t* donde... *t* de Canaán........ 776
37.10 vendremos... a postrarnos en *t* ante ti?.......... 776
38.9 cuando se llegaba a la mujer... vertía en *t*....... 776
40.15 porque fui hurtado de la *t* de... hebreos......... 776
41.19 que no he visto... en toda la *t* de Egipto........ 776
41.29 gran abundancia en toda la *t* de Egipto......... 776
41.30 la abundancia será olvidada en la *t* de........... 776
41.30 de Egipto, y el hambre consumirá la *t*.......... 776
41.33 varón... y póngalo sobre la *t* de Egipto.......... 776
41.34 y quinte la *t* de Egipto en los siete............. 776
41.36 de hambre que habrá en la *t* de Egipto.......... 776
41.41 aquí yo te he puesto sobre toda la *t*............ 776
41.43 y lo puso sobre toda la *t* de Egipto............. 776
41.44 ninguno alzará su mano... en toda la *t*.......... 776
41.45 y salió José por toda la *t* de Egipto............. 776
41.46 José... y recorrió toda la *t* de Egipto............ 776
41.47 siete años de... la *t* produjo a montones......... 776
41.48 años de abundancia que hubo en la *t* de......... 776
41.52 Dios me hizo fructificar en la *t* de mi........... 776
41.53 años de abundancia que hubo en la *t* de......... 776
41.54 mas en toda la *t* de Egipto había pan........... 776
41.55 cuando se sintió el hambre en toda la *t*......... 776
41.56 porque había crecido el hambre en la *t*......... 776
41.57 y de toda la *t* venían a Egipto para............. 776
41.57 por toda la *t* había crecido el hambre........... 776
42.5 porque había hambre en la *t* de Canaán.......... 776
42.6 y José era el señor de la *t*, quien le.............. 776
42.6 le vendía a todo el pueblo de la *t*................ 776
42.6 de José, y se inclinaron a él rostro a *t*........... 776
42.7 ellos respondieron: De la *t* de Canaan............ 776
42.13 hijos de un varón en la *t* de Canaán............. 776
42.29 y venidos a Jacob... en *t* de Canaán, le.......... 776
42.30 el señor de la *t*, nos habló ásperamente........ 776
42.30 varón... nos trató como a espías de la *t*.......... 776
42.32 hoy con nuestro padre en la *t* de Canaán....... 776
42.33 aquel varón, el señor de la *t*, nos dijo........... 776
42.34 vuestro hermano, y negociaréis en la *t*.......... 776
43.1 el hambre era grande en la *t*..................... 776
43.11 tomad de lo mejor de la *t*... un presente........ 776
43.26 vino... y se inclinaron ante él hasta la *t*......... 776
44.8 lo volvimos a traer desde la *t* de Canaán......... 776
44.11 y derribando cada uno su costal en *t*............. 776
44.14 José... y se postraron delante de él en *t*......... 776
45.6 dos años de hambre en medio de la *t*, y........... 776
45.7 para preservaros posteridad sobre la *t*.......... 776
45.8 por gobernador en toda la *t* de Egipto............ 776
45.10 habitarás en la *t* de Gosén... cerca de........... 776
45.17 cargad... e id, volved a la *t* de Canaán........... 776
45.18 yo os daré lo bueno de la *t* de Egipto............ 776
45.18 y comeréis de la abundancia de la *t*............. 776
45.19 tomaos de la *t* de Egipto carros para............ 776
45.20 porque la riqueza de la *t* de Egipto............. 776
45.25 y llegaron a la *t* de Canaán a Jacob su.......... 776
45.26 José... es señor en toda la *t* de Egipto........... 776
46.6 que habían adquirido en la *t* de Canaán......... 776
46.12 Er y Onán murieron en la *t* de Canaán.......... 776
46.20 y nacieron a José en la *t* de Egipto.............. 776
46.28 envió Jacob... llegaron a la *t* de Gosén........... 776
46.31 padre, que estaban en la *t* de Canaán........... 776
46.34 a fin de que moréis en la *t* de Gosén............ 776
47.1 mi padre... han venido de la *t* de Canaán......... 776
47.1 y mis hermanos... están en la *t* de Gosén......... 776
47.4 morar en esta *t* hemos venido; porque no......... 776
47.4 el hambre es grave en la *t* de Canaán; por...... 776
47.4 que habiten tus siervos en la *t* de Gosén........ 776
47.6 la *t* de Egipto... en lo mejor de la *t* haz........... 776
47.6 habiten en la *t* de Gosén; y si entiendes......... 776
47.11 les dio posesión en la *t* de Egipto, en........... 776
47.11 lo mejor de la *t*, en la *t* de Ramesés............. 776
47.13 no había pan en toda la *t*... muy grave.......... 776
47.13 hambre la *t* de Egipto y la *t* de Canaán.......... 776
47.14 dinero... *t* de Egipto y en la *t* de Canaán......... 776
47.15 dinero de la *t* de Egipto y de la *t* de............. 776
47.18 nada... sino nuestros cuerpos y nuestra *t*....... 127
47.19 moriremos... así nosotros como nuestra *t*....... 127
47.19 cómpranos a nosotros y a... *t* por pan, y......... 127
47.19 y seremos nosotros y nuestra *t* siervos.......... 127
47.19 para que vivamos... no sea asolada la *t*.......... 127
47.20 compró José toda la *t*... *t* vino a ser de.......... 127
47.20 los egipcios vendieron cada uno sus *t*.......... 7704
47.22 la *t* de los sacerdotes no compró, por............ 127
47.22 sacerdotes... por eso no vendieron su *t*.......... 127
47.23 he aquí os he comprado... y a vuestra *t*.......... 127
47.23 ved aquí semilla, y sembraréis la *t*............... 127
47.24 serán vuestras para sembrar las *t*, y........... 7704
47.26 lo puso por ley... sobre la *t* de Egipto............ 127
47.26 excepto sólo la *t* de los sacerdotes, que......... 127
47.27 Israel en la *t* de Egipto... la *t* de Gosén.......... 776
47.28 vivió Jacob en la *t* de Egipto 17 años............ 776
48.3 el Dios... me apareció... en la *t* de Canaán........ 776
48.4 daré esta *t* a tu descendencia después de......... 776
48.5 tus dos hijos... que te nacieron en la *t*............ 776
48.5 antes que viniese a ti a la *t* de Egipto............ 776
48.7 se me murió Raquel en la *t* de Canaán, en......... 776
48.7 como media legua de *t* viniendo a Efrata
48.12 José los sacó de entre... se inclinó a *t*........... 776
48.16 y multiplíquense en... en medio de la *t*.......... 776
48.21 Dios estará... os hará volver a la *t* de........... 776
49.15 vio... que la *t* era deleitosa; y bajó su........... 776
49.30 al oriente de Mamre en la *t* de Canaán.......... 776
50.5 el sepulcro que cavé para mí en la *t* de.......... 776
50.7 y todos los ancianos de la *t* de Egipto........... 776
50.8 dejaron en la *t* de Gosén sus niños, y............ 776
50.11 viendo los moradores de la *t*... el llanto.......... 776
50.13 lo llevaron sus hijos a la *t* de Canaán........... 776
50.24 os hará subir de esta *t* a la *t* que juró........... 776
Éx 1.7 hijos de Israel... llenó de ellos la *t*................ 776
1.10 pelee contra nosotros, y se vaya de la *t*.......... 776
2.15 Moisés huyó de... y habitó en *t* de Madián........ 776
2.22 porque dijo: Forastero soy en *t* ajena............. 776
3.5 porque el lugar en que tú estás, *t* santa.......... 127
3.8 y sacarlos de aquella *t* a una *t* buena y........... 776
3.8 sacarlos de... a *t* que fluye leche y miel........... 776
3.17 yo os sacaré de... a la *t* del cananeo, del......... 776
3.17 sacaré... a una *t* que fluye leche y miel........... 776
4.3 le dijo: Échala en *t*. Y él la echó en *t*............. 776
4.9 derramarás en *t*... se harán sangre en la *t*
4.20 tomó su mujer y... y volvió a la *t* de Egipto........ 776
5.5 he aquí el pueblo de la *t* es ahora mucho........ 776
5.12 el pueblo se esparció por toda la *t* de............ 776
6.1 ir, y con mano fuerte los echará de su *t*........... 776
6.4 darles la *t* de Canaán, la *t* en que fueron......... 776
6.8 y os meteré en la *t* por la cual alcé mi........... 776
6.11 deje ir de su *t* a los hijos de Israel............... 776
6.13 sacasen a... de Israel de la *t* de Egipto........... 776
6.26 sacad a los hijos de Israel de la *t* de............. 776
6.28 cuando Jehová habló a Moisés en la *t* de......... 776

7.2 que deje ir de su *t* a los hijos de Israel 776
7.3 y yo... multiplicaré en la *t* de Egipto mis 776
7.4 sacaré... de la *t* de Egipto, con grandes 776
7.21 y hubo sangre por toda la *t* de Egipto........... 776
8.5 que haga subir ranas sobre la *t* de Egipto 776
8.6 y subieron ranas que cubrieron la *t* de 776
8.7 e hicieron venir ranas... la *t* de Egipto 776
8.14 juntaron en montones, y apestaba la *t*.......... 776
8.16 y golpea el polvo de la *t*, para que se 776
8.17 y golpeó el polvo de la *t*, el cual se 776
8.17 todo el polvo de la *t* se volvió piojos............. 776
8.21 de moscas, y asimismo la *t* donde ellos 127
8.22 y aquel día yo apartaré la *t* de Gosén........... 776
8.22 sepas que yo soy Jehová en medio de la *t*....... 776
8.24 y la *t* fue corrompida a causa de ellas 776
8.25 andad, ofreced sacrificio... Dios en la *t* 776
9.5 mañana hará Jehová esta cosa en la *t*........... 776
9.9 y vendrá a ser polvo sobre toda la *t* de 776
9.14 que no hay otro como yo en toda la *t* 776
9.15 herirte... plaga, y serás quitado de la *t*.......... 776
9.16 que mi nombre sea anunciado en toda la *t*...... 776
9.22 que venga granizo en toda la *t* de Egipto 776
9.23 hizo... y el fuego se descargó sobre la *t* 776
9.23 hizo llover granizo sobre la *t* de Egipto......... 776
9.24 cual nunca hubo en toda la *t* de Egipto 776
9.25 granizo hirió en toda la *t* de Egipto todo........ 776
9.26 la *t* de Gosén, donde estaban los hijos 776
9.29 para que sepas que de Jehová es la *t* 776
9.33 cesaron... la lluvia no cayó más sobre la *t* 776
10.5 la cual cubrirá la faz de la *t*, de modo 776
10.5 de modo que no pueda verse la *t*; y ella.......... 776
10.6 desde que... fueron sobre la *t* hasta hoy 127
10.12 extiende tu mano sobre la *t* de Egipto 776
10.13 extendió Moisés su vara sobre la *t* de.......... 776
10.14 subió la langosta sobre... la *t* de Egipto........ 776
10.15 cubrió... todo el país, y oscureció la *t* 776
10.15 consumió toda la hierba de la *t*, y todo 776
10.15 no quedó cosa verde en... en toda la *t* de 776
10.21 que haya tinieblas sobre la *t* de Egipto 776
10.22 densas tinieblas sobre... la *t* de Egipto 776
11.3 tenido por gran varón en la *t* de Egipto......... 776
11.5 morirá todo primogénito en la *t* de Egipto 776
11.6 habrá gran clamor por... la *t* de Egipto 776
11.9 que mis maravillas se... n la *t* de Egipto......... 776
12.1 Jehová a Moisés y a... en la *t* de Egipto 776
12.12 pues yo pasaré aquella noche por la *t* 776
12.12 y heriré a todo primogénito en la *t* de 776
12.13 mortandad cuando hiera la *t* de Egipto......... 776
12.17 saqué vuestras huestes de... *t* de Egipto 776
12.25 cuando entréis en la *t* que Jehová os 776
12.29 Jehová hirió a todo primogénito en la *t*......... 776
12.33 prisa a echarlos de la *t*; porque decían 776
12.41 las huestes de Jehová salieron de la *t*.......... 776
12.42 por haberlos sacado en ella de la *t* de 776
12.51 sacó Jehová a... Israel de la *t* de Egipto......... 776
13.5 te hubiere metido en la *t* del cananeo............ 776
13.5 que te daría, *t* que destila leche y miel 776
13.11 haya metido en la *t* del cananeo, como 776
13.15 Jehová hizo morir en la *t* de Egipto a............ 776
13.17 no los llevó por el camino de la *t* de 776
14.3 encerrados están en la *t*, el desierto 776
15.12 extendiste tu diestra; la *t* los tragó............. 776
15.14 apoderará dolor de la *t* de los filisteos......... 3427
16.1 después que salieron de la *t* de Egipto 776
16.3 hubiéramos muerto por mano de... en la *t*...... 776
16.6 Jehová os ha sacado de la *t* de Egipto 776
16.14 menuda como una escarcha sobre la *t* 776
16.32 cuando yo os saqué de la *t* de Egipto 776
16.35 hasta que llegaron a *t* habitada; maná 776
16.35 que llegaron a los límites de la *t* de............ 776
18.3 Gersón... Forastero he sido en *t* ajena 776
18.27 despidió Moisés a su suegro... fue a su *t*....... 776
19.1 la salida de los hijos de Israel de la *t*............ 776
19.5 especial tesoro... porque mía es toda la *t* 776
20.2 Jehová tu Dios, que te saqué de la *t* de.......... 776
20.4 ni ninguna semejanza... ni abajo en la *t* 776
20.4 que esté... ni en las aguas debajo de la *t* 776
20.11 seis días hizo Jehová los cielos y la *t*........... 776
20.12 para que tus días se alarguen en la *t* 127
20.24 altar de *t* harás... y sacrificarás sobre.......... 127
22.21; 23.9 extranjeros fuisteis... *t* de Egipto 776
23.10 seis años sembrarás tu *t*, y recogerás 776
23.19 primicias... de tu *t* traerás a la casa 127
23.23 y te llevará a la *t* del amorreo, del
23.26 no habrá mujer que... ni estéril en tu *t*......... 776
23.29 para que no quede la *t* desierta, y se 776
23.30 multipliques y tomes posesión de la *t* 776
23.31 en tus manos a los moradores de la *t*, y......... 776
23.33 tu *t* no habitarán, no sea que te hagan 776
29.46 Dios, que los saqué de la *t* de Egipto............ 776
31.17 en seis días hizo Jehová los... y la *t* 776
32.1 Moisés... que nos sacó de la *t* de Egipto.......... 776
32.4,8 tus dioses, que te sacaron de la *t* de.......... 776
32.7 tu pueblo que sacaste de la *t* de Egipto 776
32.11 que tú sacaste de la *t* de Egipto con............ 776
32.12 para raerlos de sobre la faz de la *t*?............ 127
32.13 y daré... toda esta *t* de que he hablado 776
32.23 varón que nos sacó de la *t* de Egipto............ 776
33.1 el pueblo que sacaste de la *t* de Egipto.......... 776
33.1 sube... a la *t* de la cual juré a Abraham.......... 776
33.3 (a la *t* que fluye leche y miel); pero yo............ 776
33.16 pueblos que están sobre la faz de la *t*? 127
34.10 que no han sido hechas en toda la *t*, ni 776
34.12 hacer alianza con los moradores de la *t*........ 776
34.15 no harás alianza con los... de aquella *t* 776
34.24 y ninguno codiciará tu *t*, cuando subas......... 776
34.26 los primeros frutos de tu *t* llevarás a 127
Lv 11.2 de entre... animales que hay sobre la *t*.......... 776
11.21 patas para saltar con ellas sobre la *t* 776
11.29 estos animales que se mueven sobre la *t*....... 776
11.41 todo reptil que se arrastra sobre la *t* 776
11.42,44,46 animal que se arrastra sobre la *t* 776
11.45 yo... que os hago subir de la *t* de Egipto 776
14.34 cuando hayáis entrado en la *t* de Canaán 776
14.34 plaga de lepra en alguna casa de la *t*.......... 776
16.22 llevará... las iniquidades... a *t* inhabitada...... 776
17.13 derramará su sangre y la cubrirá con *t* 6083
18.3 lo haréis como hacen en la *t* de Egipto.......... 776
18.3 como hacen en la *t* de Canaán, a la cual........ 776
18.25 la *t* fue contaminada... la *t* vomitó sus 776
18.27 hicieron los hombres de aquella *t* que 776
18.27 abominaciones... y la *t* fue contaminada 776
18.28 la *t* os vomite por haberla contaminado 776
19.9 siegues la mies de tu *t*, no segarás hasta........ 776
19.9 rincón de ella, ni espigarás tu *t* segada........ 7704
19.23 cuando entréis en la *t*, y plantéis toda 776
19.29 que no se prostituya la *t* y se llene de.......... 776
19.33 el extranjero morare con... en vuestra *t* 776
19.34 extranjeros fuisteis en la *t* de Egipto........... 776
19.35 en medida de *t*, en peso ni en... medida....... 4060
19.36 Dios, que os saqué de la *t* de Egipto............ 776
20.2 morirá; el pueblo de la *t* lo apedreará 776
20.4 si el pueblo de la *t* cerrare sus ojos 776
20.22 no sea que os vomite la *t* en la cual 776
20.24 vosotros poseeréis la *t* de ellos, y yo 127
20.24 por heredad, *t* que fluye leche y miel 776
20.25 ni con nada que se arrastra sobre la *t*.......... 127
22.24 animal... ni en vuestra *t* lo ofreceréis.......... 776
22.33 os saqué de la *t* de Egipto para ser 776
23.10 hayáis entrado en la *t* que yo os doy........... 776
23.22 cuando segaréis la mies de vuestra *t* 776
23.39 recogido el fruto de la *t*, haréis fiesta.......... 776
23.43 los saqué de la *t* de Egipto. Yo Jehová 776
25.2 entrado en la *t*... la *t* guardará reposo.......... 776
25.3 seis años sembrarás tu *t*, y seis años 7704
25.4 la *t* tendrá descanso... no sembrarás tu *t* 776
25.5 lo que de suyo naciere en tu *t* segada.......... 7105
25.5 tu viñedo... año de reposo será para la *t*......... 776
25.6 el descanso de la *t* te dará para comer 776
25.7 y a la bestia que hubiere en tu *t*, será........... 776
25.9 haréis tocar la trompeta por... vuestra *t*......... 776
25.10 y pregonaréis libertad en la *t* a todos.......... 776
25.11 ni segaréis lo que naciere de... en la *t* 5599
25.12 jubileo... el producto de la *t* comeréis......... 7704
25.18 guardad... y habitaréis en la *t* seguros 776
25.19 y la *t* dará su fruto, y comeréis hasta 776
25.23 la *t* no se venderá... porque la *t* mía es 776
25.24 toda la *t*... otorgaréis rescate a la *t* 776
25.34 la *t* del ejido de sus ciudades no se 7704
25.38 Dios, que os saqué de la *t* de Egipto............ 776
25.38 la *t* de Canaán, para ser vuestro Dios 776
25.42,55 los cuales saqué... de la *t* de Egipto 776
25.45 de las familias... nacidos en vuestra *t*.......... 776
26.1 ni pondréis en vuestra *t* piedra pintada 776
26.4 la *t* rendirá sus productos, y el árbol 776
26.5 pan... y habitaréis seguros en vuestra *t*......... 776
26.6 yo daré paz en la *t*, y dormiréis, y no 776
26.6 quitar de vuestra *t* las malas bestias............ 776
26.13 Dios, que os saqué de la *t* de Egipto............ 776
26.19 como hierro, y vuestra *t* como bronce 776
26.20 porque vuestra *t* no dará su producto 776
26.20 los árboles de la *t* no darán su fruto 776
26.32 asolaré también la *t*, y se pasmarán............ 776
26.33 vuestra *t* estará asolada, y desiertas 776
26.34 la *t* gozará sus días... la *t* descansará........... 776
26.34 estéis en la *t* de vuestros enemigos 776
26.36 tal cobardía, en la *t* de sus enemigos 776
26.38 la *t* de vuestros enemigos os consumirá 776
26.39 decaerán en las *t* de vuestros enemigos 776
26.41 hecho entrar en la *t* de sus enemigos 776
26.42 me acordaré, y haré memoria de la *t*............ 776
26.43 pero la *t* será abandonada por ellos, y.......... 776
26.44 estando ellos en *t* de sus enemigos, yo 776
26.45 cuando los saqué de la *t* de Egipto a............ 776
27.16 alguno dedicare de la *t* de su posesión 7704
27.17 dedicare su *t* desde el año del jubileo......... 7704
27.18 si después del jubileo dedicare su *t*........... 7704
27.19 el que dedicó la *t* quisiere redimirla.......... 7704
27.20 no rescatare la *t* y la *t* se vendiere............ 7704
27.21 la *t* será santa para... como *t* consagrada 7704
27.22 la *t*... que no era de la *t* de su herencia 7704
27.24 volverá la *t* a aquel de quien él la 7704
27.24 a aquel... cuya es la herencia de la *t*........... 7704
27.28 *t* de su posesión, todo lo consagrado 7704
27.30 diezmo de la *t* de la simiente de la *t*........... 776
Nm 1.1 el segundo año de su salida de la *t* de........... 776
3.13 hice morir a... los primogénitos en la, *t*.......... 776
8.17 herí a... primogénito en la *t* de Egipto 776
9.1 año de su salida de la *t* de Egipto, en el 776
9.14 el extranjero como el natural de la *t*............ 776
10.9 cuando saliereis a la guerra en vuestra *t* 776
10.30 me marcharé a mi *t* y a mi parentela........... 776
11.12 llévalo en tu... a la *t* de la cual juraste 127
11.31 y casi dos codos sobre la faz de la *t*............ 776
12.3 más que todos los hombres... sobre la *t*.......... 127
13.2 envía tú hombres que reconozcan la *t* de 776
13.16 los varones que... envió a reconocer la *t*........ 776
13.17 los envió... a reconocer la *t* de Canaán 776
13.18 observad la *t* cómo es, y el pueblo que......... 776
13.19 cómo es la *t* habitada, si es buena o 776
13.21 reconocieron la *t* desde el desierto de 776
13.25 volvieron de reconocer la *t* al fin de 776
13.26 dieron... les mostraron el fruto de la *t* 776
13.27 llegamos a la *t* a la cual nos enviaste 776
13.28 pueblo que habita aquella *t* es fuerte 776
13.32 hablaron mal... *t* que habían reconocido 776
14.2 ¡ojalá muriéramos en la *t* de Egipto; o 776
14.3 ¿y por qué nos trae... a esta *t* para caer 776
14.6 eran de los que habían reconocido la *t* 776
14.7 la *t* por donde pasamos para... es *t*... buena 776
14.8 Jehová... él nos llevará a esta *t*, y nos........... 776
14.8 la entregará; *t* que fluye leche y miel 776
14.9 ni temáis al pueblo de esta *t*; porque............ 776
14.14 y lo dirán a los habitantes de esta *t*............ 776
14.16 este pueblo en la *t* de la cual les había......... 776
14.21 vivo yo, y mi gloria llena toda la *t*.............. 776
14.23 no verán la *t* de la cual juré a... padres 776
14.24 Caleb... yo le meteré en la *t* donde entró 776
14.30 no entraréis en la *t*, por la cual alcé 776
14.31 ellos conocerán la *t* que... despreciasteis 776
14.34 de los días... en que reconocisteis la *t*.......... 776
14.36 que Moisés envió a reconocer la *t*, y que....... 776
14.37 habían hablado mal de la *t*, murieron 776
14.38 hombres que habían ido a reconocer la *t*...... 776
15.2 entrado en la *t* de vuestra habitación........... 776
15.18 entrado en la *t* a la cual yo os llevo 776
15.19 cuando comencéis a comer... pan de la *t* 776
15.41 Dios, que os saqué de la *t* de Egipto............ 776
16.13 hecho venir de una *t* que destila leche......... 776
16.14 ni... nos has metido tú en *t* que fluya 776
16.14 ni nos has dado heredades de *t* y viñas....... 7704
16.30 la *t* abriere su boca y los tragare con........... 127
16.31 abrió la *t* que estaba debajo de ellos........... 127
16.32 abrió la *t* su boca, y los tragó a ellos........... 776
16.33 descendieron vivos... y los cubrió la *t*.......... 776
16.34 decían: No nos trague también la *t* 776
18.13 las primicias de... de la *t*... serán tuyas 776
18.20 de la *t* de ellos no tendrán heredad, ni......... 776
20.12 no meteréis... en la *t* que les he dado 776
20.17 que pasemos por tu *t*. No pasaremos por...... 776
20.23 habló... en la frontera de la *t* de Edom.......... 776
20.24 Aarón... no entrará en la *t* que yo di a 776
21.4 después partieron... rodear la *t* de Edom 776
21.22 pasaré por tu *t*; no nos iremos por los 776
21.24 y tomó su *t* desde Amón hasta Jaboc 776
21.26 y tomado de su poder toda su *t* hasta.......... 776
21.31 así habitó Israel en la *t* del amorreo........... 776
21.34 porque en tu mano lo he entregado... su *t* 776
21.35 hirieron a él... y se apoderaron de su *t* 776
22.5 está junto al río en la *t* de los hijos............. 776
22.5 cubre la faz de la *t*, y habita delante............ 776
22.6 quizá yo pueda... echarlo de la *t*; pues 776
22.11 este pueblo que... cubre la faz de la *t*........... 776
22.13 así Balaam... dijo... Volveos a vuestra *t* 776
26.4 los... que habían salido de *t* de Egipto 776
26.10 la *t* abrió su boca y los tragó a ellos 776
26.19 y Er y Onán murieron en la *t* de Canaán 776
26.53 a estos se repartirá la *t* en heredad 776
26.55 la *t* será repartida por suerte; y por 776
27.12 verás la *t* que he dado a los hijos de 776
32.1 vieron la *t* de Jazer... y les pareció el 776
32.4 la *t* que Jehová hirió... es *t* de ganado 776
32.5 dése esta *t* a tus siervos en heredad, y 776
32.7 no pasen a la *t* que les ha dado Jehová?......... 776
32.8 cuando los envié... para que viesen la *t*.......... 776
32.9 vieron la *t*, desalentaron a... de Israel 776
32.9 para que no viniesen a la *t* que Jehová 776
32.11 no verán... *t* que prometí con juramento....... 127
32.22 esta *t* será vuestra en heredad delante 776
32.29 les daréis la *t* de Galaad en posesión 776
32.30 tendrán posesión entre... la *t* de Canaán 776
32.32 pasaremos armados... a la *t* de Canaán 776
32.33 Moisés dio a... la *t* con sus ciudades y 776
33.1 Israel, que salieron de la *t* de Egipto............ 776
33.38 la salida de... Israel de la *t* de Egipto 776
33.40 el cananeo... en la *t* de Canaán, oyó que........ 776
33.51 pasado el Jordán entrando en la *t* de........... 776
33.53 y echaréis a los moradores de la *t*, y............ 776
33.54 heredaréis la *t*... sorteo por... familias........... 776
33.55 os afligirán sobre la *t* en que vosotros 776
34.2 cuando hayáis entrado en la *t* de Canaán 776
34.2 la *t* que os ha de caer en herencia, la 776
34.2 esto... la *t* de Canaán según sus límites 776
34.12 esta será vuestra *t* por sus límites 776
34.13 la *t* que se os repartirá en heredades........... 776
34.17 de los varones que os repartirán la *t*............ 776
34.18 príncipe, para dar la posesión de la *t*........... 776
34.29 repartición de lás... en la *t* de Canaán.......... 776
35.10 cuando hayáis pasado... a la *t* de Canaán 776
35.14 tres ciudades daréis en la *t* de Canaán 776
35.28 homicida volverá a la *t* de su posesión.......... 776
35.32 para que vuelva a vivir en su *t*, hasta............ 776
35.33 no contaminaréis la *t* donde estuviereis 776
35.33 porque esta sangre amancillará la *t*............. 776
35.33 y la *t* no será expiada de la sangre que 776
35.34 no contaminéis... la *t* donde habitáis, en........ 776
36.2 que por sorteo diese la *t* a los hijos de 776
Dt 1.5 en *t* de Moab, resolvió Moisés declarar 776
1.7 la *t* del cananeo, y al Líbano, hasta el............ 776
1.8 he entregado la *t*; entrad, y poseed la *t* 776
1.21 Dios te ha entregado la *t*; sube y toma 776
1.22 enviemos varones... que nos reconozcan la *t* ... 776
1.24 el valle de Escol, y reconocieron la *t* 776
1.25 es buena la *t* que Jehová... Dios nos da 776
1.27 aborrece, nos ha sacado de *t* de Egipto 776
1.35 no verá hombre alguno de... la buena *t* que..... 776
1.36 a él le daré la *t* que pisó, y a sus hijos.......... 776
2.5 no os daré de su *t* ni aun lo que cubre la......... 776
2.9 no te daré posesión de su *t*; porque yo he 776
2.12 hizo Israel en la *t* que les dio Jehová............ 776
2.19 no te daré... de la *t* de los hijos de Amón 776
2.20 *t* de gigantes fue también ella tenida 776
2.24 he entregado... a Sehón rey de... y a su *t* 776
2.27 pasaré por tu *t* por el camino; por el 776

T

2.29 cruce él...a la *t* que nos da Jehová...Dios 776
2.31 comenzado a entregar...a Sehón y a su *t*....... 776
2.37 a la *t* de los hijos de Amón no llegamos......... 776
3.2 he entregado a él y...su pueblo, con su *t*......... 776
3.4 la *t* de Argob, del reino de Og en Basán........ 2256
3.8 tomamos...la *t* desde el arroyo de Arnón........ 776
3.12 y esta *t*...la di a los rubenitas y a los........... 776
3.13 *t* de Argob, que se llamaba la *t* de los...... 2256,776
3.14 Jair...tomó toda la *t* de Argob hasta el........ 2256
3.18 Jehová vuestro Dios os ha dado esta *t*.......... 776
3.20 hereden ellos...la *t* que Jehová...les da......... 776
3.24 ¿qué dios hay...ni en la *t* que haga obras....... 776
3.25 pase yo...y vea aquella *t* buena que está....... 776
3.28 Josué...les hará heredar la *t* que verás......... 776
4.1 poseáis la *t* que Jehová el Dios...os da.......... 776
4.5 para que hagáis así en medio de la *t* en.......... 776
4.10 todos los días que vivieren sobre la *t*........... 127
4.14 los pusieseis por obra en la *t* a la cual.......... 776
4.17 figura de animal alguno que está en la *t*........ 776
4.18 ningún animal que se arrastre sobre la *t*....... 127
4.18 pez...que haya en el agua debajo de la *t*........ 776
4.21 ni entraría en la buena *t* que Jehová tu......... 776
4.22 yo voy a morir en esta *t* y no pasaré el......... 776
4.22 pasaréis, y poseeréis aquella buena *t*........... 776
4.25 cuando hayáis...envejecido en la *t*, si........... 776
4.26 pongo hoy por testigos al cielo y a la *t*.......... 776
4.26 que pronto pereceréis...de la *t* hacia la........ 776
4.32 día que creó Dios al hombre sobre la *t*......... 776
4.36 y sobre la *t* te mostró su gran fuego, y.......... 776
4.38 para...darte su *t* por heredad, como hoy....... 776
4.39 Jehová es Dios arriba...y abajo en la *t*......... 776
4.40 y prolongues tus días sobre la *t* que............ 127
4.43 Beser en...en *t* de la llanura, para los.......... 776
4.46 en la *t* de Sehón rey de los amorreos........... 776
4.47 y poseyeron su *t*, y la *t* de Og rey de............ 776
5.6 soy Jehová...que te saqué de *t* de Egipto......... 776
5.8 de cosa que está arriba...abajo en la *t*........... 776
5.8 de cosa...ni en las aguas debajo de la *t*.......... 776
5.15 acuérdate...fuiste siervo en *t* de Egipto......... 776
5.16 vaya bien sobre la *t* que Jehová tu Dios......... 776
5.21 ni desearás...su *t*, ni su siervo, ni su........... 7704
5.31 los pongan...obra en la *t* que yo les doy......... 776
5.33 tengáis largos días en la *t* que habéis.......... 776
6.1 que los pongáis por obra en la *t* a la cual........ 776
6.3 para que te vaya bien en la *t* que fluye........... 776
6.10 te haya introducido en la *t* que juró a........... 776
6.12 que te sacó de la *t* de Egipto, de casa........... 776
6.15 el furor de...te destruya de sobre la *t*........... 127
6.18 entres y poseas la buena *t* que Jehová........... 776
6.23 darnos la *t* que juró a nuestros padres......... 776
7.1 tu Dios te haya introducido en la *t* en la......... 776
7.6 más que todos los pueblos que...sobre la *t*....... 127
7.13 bendecirá...el fruto de tu *t*, tu grano........... 127
7.13 la *t* que juró a tus padres que te daría........... 127
8.1 la *t* que Jehová prometió con juramento......... 776
8.7 te introduce en la buena *t*, *t* de arroyos......... 776
8.8 *t* de trigo y cebada...*t* de olivos...de miel........ 776
8.9 *t* en la cual no comerás el...con escasez......... 776
8.9 *t* cuyas piedras son hierro, y de cuyos.......... 776
8.10 bendecirás a Jehová tu...por la buena *t*......... 776
8.14 olvides de...que te sacó de *t* de Egipto.......... 776
9.4 por mi justicia me ha traído Jehová...*t*........... 776
9.5 no por tu justicia entras a poseer la *t*............ 776
9.6 no es por tu...tu Dios te da esta buena *t*......... 776
9.7 desde el día...saliste de la *t* de Egipto........... 776
9.23 subid y poseed la *t* que yo os he dado........... 776
9.28 digan los de la *t* de donde nos sacaste......... 776
9.28 no pudo Jehová introducirlos en la *t* que........ 776
10.7 allí...a Jotbata, *t* de arroyos de aguas......... 776
10.11 posean la *t* que juré a sus padres que......... 776
10.14 de Jehová tu Dios son...la *t*, y todas........... 776
10.19 extranjeros fuisteis en la *t* de Egipto........... 776
11.3 obras que hizo...a Faraón...y a toda su *t*....... 776
11.6 abrió su boca la *t*, y los tragó con sus.......... 776
11.8 entréis y poseáis la *t* a la cual pasáis.......... 776
11.9 os sean prolongados los días sobre la *t*......... 127
11.9 y a su descendencia, *t* que fluye leche.......... 776
11.10 *t* a la cual...no es como la *t* de Egipto......... 776
11.11 *t*...es *t* de montes y de vegas, que bebe........ 776
11.12 *t* de la cual Jehová tu Dios cuida.............. 776
11.14 daré la lluvia de vuestra *t* a su tiempo......... 776
11.17 no haya lluvia, ni la *t* dé su fruto, y............ 127
11.17 perezcáis pronto de la buena *t* que os.......... 776
11.21 vuestros días...numerosos sobre la *t* que...... 127
11.21 como los días de los cielos sobre la *t*........... 776
11.25 miedo y...sobre toda la *t* que pisaréis.......... 776
11.29 haya introducido en la *t* a la cual vas.......... 776
11.30 tras el camino del occidente en la *t*............ 776
11.31 para ir a poseer la *t* que os da Jehová......... 776
12.1 por obra en la *t* que Jehová el Dios de........... 776
12.1 días que vosotros viviereis sobre la *t*........... 127
12.10 habitaréis en la *t* que...os hace heredar........ 776
12.16 sangre...sobre la *t* la derramaréis como...... 776
12.19 cuidado...en todos tus días sobre la *t*.......... 127
12.24 no la comerás; en *t* la derramarás como...... 776
12.29 vas...y las heredes, y habités en su *t*........... 776
13.5,10 Jehová...que te, sacó de *t* de Egipto........ 776
13.7 desde un extremo de la *t* hasta el otro.......... 776
14.2 pueblo único de entre...están sobre la *t*........ 127
15.4 te bendecirá con abundancia en la *t* que......... 76
15.7 haya...en la *t* que Jehová tu Dios te da......... 776
15.11 no faltarán menesterosos en...de la *t*.......... 776
15.11 abrirás tu mano...al pobre y al...en tu *t*....... 776
15.15 acordarás de que fuiste siervo en la *t*......... 776
15.23 sangre; sobre la *t* la derramarás como........ 776
16.3 porque aprisa saliste de *t* de Egipto............. 776
16.3 del día en que saliste de la *t* de Egipto.......... 776
16.20 heredes la *t* que Jehová tu Dios te da.......... 776
17.14 entrado en la *t* que Jehová tu Dios te.......... 776
18.9 cuando entres a la *t* que Jehová...te da......... 776
19.1 las naciones cuya *t* Jehová...te da a ti.......... 776
19.2 apartarás tres ciudades en medio de la *t*....... 776
19.3 dividirás en tres partes la *t* que Jehová......... 776
19.8 y te diere toda la *t* que prometió dar a.......... 776
19.10 sangre inocente en medio de la *t* que.......... 776
19.14 heredad que poseas en la *t* que Jehová........ 776
20.1 contigo el cual te sacó de *t* de Egipto........... 776
21.1 en la *t*...fuere hallado alguien muerto.......... 127
21.23 y no contaminarás tu *t* que Jehová tu.......... 776
22.6 nido...sobre la *t*, con pollos o huevos........... 776
23.7 egipcio, porque forastero fuiste en su *t*......... 776
23.20 te bendiga...obra de tus manos en la *t*........ 776
24.4 no has de pervertir la *t* que...te da por......... 776
24.14 de los extranjeros que habitan en tu *t*......... 776
24.22 y acuérdate que fuiste siervo en *t* de.......... 776
25.2 el juez le hará echar en *t*, y le hará
25.15 tus días sean prolongados sobre la *t*........... 127
25.19 te dé descanso...en la *t* que Jehová tu......... 776
26.1 hayas entrado en la *t* que Jehová...te da....... 776
26.2 de todos los frutos que sacares de la *t*.......... 776
26.3 que he entrado en la *t* que juró Jehová......... 776
26.9 nos dio esta *t*, *t* que fluye leche y miel........... 776
26.10 traído las primicias del fruto de la *t*............ 127
26.15 *t* que nos has dado...*t* que fluye leche...... 127,776
27.2 pases...a la *t* que Jehová tu Dios te da......... 776
27.3 para entrar en la *t*...*t* que fluye leche.......... 776
28.1 te exaltará sobre...las naciones de la *t*.......... 776
28.4 bendito...el fruto de tu *t*, el fruto de............. 127
28.8 te bendecirá en la *t* que Jehová tu Dios......... 776
28.10 verán...pueblos de la *t* que el nombre.......... 776
28.11 sobreabundar...en el fruto de tu *t*, en.......... 127
28.12 enviar la lluvia a tu *t* en su tiempo.............. 776
28.18 maldito...el fruto de tu *t*, la cría de............. 127
28.21 hasta que te consuma de la *t* a la cual......... 127
28.23 la *t* que está debajo de ti, de hierro............ 776
28.24 dará Jehová por lluvia a tu *t* polvo y............ 776
28.25 serás vejado...todos los reinos de la *t*.......... 776
28.26 servirán de comida a...y fiera de la *t*........... 776
28.33 el fruto de tu *t*...comerá pueblo que no........ 127
28.42 el fruto de tu *t* serán consumidos por........... 127
28.49 nación de lejos, del extremo de la *t*............. 776
28.51 comerá...y el fruto de tu *t*, hasta que.......... 127
28.52 caigan tus muros altos...en toda tu *t*.......... 776
28.52 sitiará...toda la *t* que Jehová tu Dios.......... 776
28.56 de su pie intentaría sentar sobre la *t*.......... 776
28.63 y seréis arrancados de sobre la *t* a la.......... 127
28.64 te esparcirá...un extremo de la *t* hasta........ 776
29.1 celebrase con...Israel en la *t* de Moab........... 776
29.2 que Jehová ha hecho...en la *t* de Egipto......... 776
29.2 Jehová ha hecho...a Faraón...a toda su *t*....... 776
29.8 tomamos su *t*, y la dimos por heredad a......... 776
29.16 sabéis cómo habitamos...*t* de Egipto, y......... 776
29.22 el extranjero que vendrá de lejanas *t*........... 776
29.22 cuando vieren las plagas de aquella *t*.......... 776
29.23 abrasada toda su *t*; no será sembrada......... 776
29.24 ¿por qué hizo esto Jehová a esta *t*?.......... 776
29.25 el pacto de...cuando los sacó de la *t* de........ 776
29.27 encendió la ira de Jehová contra esta *t*........ 776
29.28 Jehová los desarraigó de su *t* con ira.......... 127
29.28 y los arrojó a otra *t*, como hoy se ve........... 776
30.5 volver...a la *t* que heredaron tus padres....... 776
30.9 y te hará...abundar...en el fruto de tu *t*......... 127
30.16 y Jehová...te bendiga en la *t* a la cual.......... 776
30.18 no prolongaréis vuestros...sobre la *t*.......... 127
30.19 cielos y a la *t* llamo por testigos hoy........... 776
30.20 fin de que habites sobre la *t* que juró........... 127
31.4 como hizo con Sehón y con Og...con su *t*....... 776
31.7 tú entrarás con este pueblo a la *t* que.......... 776
31.13 los días que viviereis sobre la *t* adonde....... 127
31.16 tras los dioses ajenos de la *t* adonde........... 776
31.20 yo les introduciré en la *t* que juré a............ 127
31.21 antes que los introduzca en la *t* que.......... 776
31.23 tú introducirás...en la *t* que les juré........... 776
31.28 llamaré por testigos...cielos y a la *t*.......... 776
32.1 escuchad, cielos...oiga la *t* los dichos.......... 776
32.10 le halló en *t* de desierto, y en yermo.......... 776
32.13 hizo subir sobre las alturas de la *t*.............. 776
32.22 y arderá...devorará la *t* y sus frutos........... 776
32.24 fieras...veneno de serpientes de la *t*......... 6083
32.43 y hará expiación por la *t* de su pueblo......... 127
32.47 haréis prolongar vuestros días...la *t*.......... 127
32.49 al monte Nebo, situado en la *t* de Moab........ 776
32.49 y mira la *t* de Canaán, que yo doy por........ 776
32.52 verás, por tanto, delante de ti la *t*............... 776
32.52 no entrarás allá, a la *t* que doy a los........... 776
33.13 dijo: Bendita de Jehová sea tu *t*, con.......... 776
33.16 con las mejores dádivas de la *t* y su........... 776
33.17 acorneará a...hasta los fines de la *t*............ 776
33.21 escoge lo mejor de la *t* para...porción
33.28 habitará sola en *t* de grano y de vino........... 776
34.1 y le mostró Jehová toda la *t* de Galaad......... 776
34.2 *t* de Efraín...la *t* de Judá hasta el mar........... 776
34.4 dijo...Esta es la *t* que juré a Abraham.......... 776
34.5 y murió allí Moisés...en la *t* de Moab............ 776
34.6 lo enterró en el valle, en la *t* de Moab........... 776
34.11 prodigios...en *t* de Egipto, a Faraón y.......... 776
34.11 y a todos sus siervos y a toda su *t*.............. 776
Jos 1.2 pasa este Jordán...a la *t* que yo les............ 776
1.4 *t* de los heteos hasta el gran mar donde......... 776
1.6 repartirás...la *t* de la cual juré a sus........... 776
1.11 entrar a poseer la *t* que Jehová vuestro........ 776
1.13 Jehová vuestro Dios...os ha dado esta *t*......... 776
1.14 vuestros ganados quedarán en la *t* que........... 776
1.15 que ellos también posean la *t* que Jehová....... 776
1.15 volveréis...a la *t* de vuestra herencia........... 776
2.1 diciéndoles: Andad, reconoced la *t*, y a........... 776
2.2 han venido...esta noche para espiar la *t*........ 776
2.3 porque han venido para espiar toda la *t*......... 776
2.9 sé que iehová os ha dado esta *t*; porque......... 776
2.11 vuestro Dios es Dios...y abajo en la *t*........... 776
2.14 nos hava dado la *t*, nosotros haremos.......... 776
2.18 entremos en la *t*, tú atarás este cordón......... 776
2.24 ha entregado toda la *t* en nuestras manos...... 776
3.11 el arca del pacto del Señor de toda la *t*......... 776
3.13 el arca de Jehová, Señor de toda la *t*........... 776
4.24 todos los pueblos de la *t* conozcan que......... 776
5.6 les juró que no les dejaría ver la *t* que.......... 776
5.6 nos la daría, *t* que fluye leche y miel............ 776
5.11 al otro día...comieron del fruto de la *t*.......... 776
5.12 que comenzaron a comer del fruto de la *t*...... 776
5.12 que comieron de los frutos de la *t* de........... 776
5.14 Josué, postrándose sobre...*t*, le adoró.......... 776
6.22 dijo a los...que habían reconocido la *t*.......... 776
6.27 y su nombre se divulgó por toda la *t*............ 776
7.2 habló diciendo: Subid y reconoced la *t*........... 776
7.6 Josué...y se postró en *t* sobre su rostro......... 776
7.9 los cananeos...los moradores de la *t* oirán...... 776
7.9 y borrarán nuestro nombre de sobre la *t*........ 776
7.21 codicié y tomé...está escondido bajo *t*.......... 776
8.1 yo he entregado...Hai...su ciudad y a su *t*...... 776
9.6 nosotros venimos de *t* muy lejana; haced........ 776
9.9 tus siervos han venido de *t* muy lejana........... 776
9.11 los moradores de nuestra *t* nos dijeron......... 776
9.24 tu Dios...que os había de dar toda la *t*.......... 776
9.24 destruir a todos los moradores de la *t*.......... 776
10.41 hirió...toda la *t* de Gosén hasta Gabaón....... 776
10.42 estos reyes y sus *t* los tomó Josué de.......... 776
11.3 al heveo al pie de Hermón en *t* de Mizpa....... 776
11.16 tomó, pues, Josué toda aquella *t*, las.......... 776
11.16 tomó...toda la *t* de Gosén, los llanos........... 776
11.22 ninguno de los anaceos quedó en la *t* de....... 776
11.23 tomó, pues, Josué toda la *t*, conforme......... 776
11.23 entregó...y la *t* descansó de la guerra......... 776
12.1 reyes de la *t* que los hijos de Israel............. 776
12.1 reyes...cuya *t* poseyeron al otro lado de........ 776
12.6 aquella *t* en posesión a los rubenitas, a......... 776
12.7 los reyes de la *t* que derrotaron Josué.......... 776
12.7 Josué dio la *t*...a las tribus de Israel
13.1 ya viejo...queda aún mucha *t* por poseer....... 776
13.2 la *t* que queda: todos los territorios de.......... 776
13.4 sur toda la *t* de los cananeos, y Mehara........ 776
13.5 la *t* de los giblitas, y todo el Líbano............. 776
13.7 reparte, pues, ahora esta *t* en heredad......... 776
13.11 Galaad, y...la *t* de Basán hasta Salca
13.21 príncipes...que habitaban en aquella *t*........ 776
13.25 la mitad de la *t* de los hijos de Amón........... 776
14.1 tomaron por heredad en la *t* de Canaán......... 776
14.4 no dieron parte a los levitas en la *t*............. 776
14.5 hicieron...en el repartimiento de la *t*............ 776
14.7 envió de Cades-barnea a reconocer la *t*........ 776
14.9 la *t* que holló tu pie, será para ti, y.............. 776
14.15 Hebrón...Y la *t* descansó de la guerra......... 776
15.18 que pidiese a su padre *t* para labrar.......... 7704
15.19 puesto que me has dado *t* del Neguev......... 776
17.5 diez partes además de la *t* de Galaad y......... 776
17.6 la *t* de Galaad fue de los otros hijos de.......... 776
17.8 la *t* de Tapúa fue de Manasés; pero Tapúa...... 776
17.12 y el cananeo persistió en habitar en...*t*........ 776
17.15 desmontes allí...en la *t* de los ferezeos........ 776
17.16 todos los cananeos que habitan la *t* de........ 776
18.1 Silo...después que la *t* les fue sometida......... 776
18.3 para venir a poseer la *t* que os ha dado........ 776
18.4 recorran la *t*, y la describan conforme........... 776
18.6 delinearéis la *t* en siete partes, y me............ 776
18.8 Josué a los que iban para delinear la *t*.......... 776
18.8 recorred la *t* y delineadla, y volved a............ 776
18.9 y recorrieron la *t*, delineándola por............. 776
18.10 repartió...la *t* a los hijos de Israel.............. 776
19.49 después que acabaron de repartir la *t*.......... 776
19.51 Josué hijo...acabaron de repartir la *t*.......... 776
21.2 les hablaron en Silo en la *t* de Canaán.......... 776
21.43 dio Jehová...la *t* que había jurado dar a........ 776
22.4 regresad...a la *t* de vuestras posesiones........ 776
22.9 desde Silo, que está en la *t* de Canaán.......... 776
22.9 para ir a la *t* de Galaad, a la *t* de sus........... 776
22.10 llegando...límites...en la *t* de Canaán.......... 776
22.11 un altar frente a la *t* de Canaán, en............ 776
22.13 y a la media tribu de...en *t* de Galaad.......... 776
22.15 los cuales fueron a...en la *t* de Galaad......... 776
22.19 si os parece que la *t* de...es inmunda.......... 776
22.19 pasaos a la *t* de la posesión de Jehová......... 776
22.32 de la *t* de Galaad a la *t* de Canaán, a.......... 776
22.33 para destruir la *t* en que habitaban los........ 776
23.5 y vosotros poseeréis sus *t*, como Jehová........ 776
23.13 hasta que perezcáis de esta buena *t* que....... 127
23.14 entrar hoy por el camino de toda la *t*............ 776
23.15 hasta destruiros de sobre la buena *t*........... 127
23.16 pereceréis...de esta buena *t* que él os.......... 776
24.3 río, y lo traje por toda la *t* de Canaán............ 776
24.8 yo os introduje en la *t* de los amorreos.......... 776
24.8 yo los entregué en...y poseísteis su *t*............ 776
24.13 di la *t* por la cual nada trabajasteis............ 776
24.15 dioses de...amorreos en cuya *t* habitáis......... 776
24.17 nos sacó...a nuestros padres de la *t* de.......... 776
24.18 arrojó...al amorreo que habitaba en la *t*....... 776
Jue 1.2 que yo he entregado la *t* en sus manos.......... 776
1.15 me has dado *t*...dame también fuentes de........ 776
1.26 y se fue el hombre a la *t* de los heteos.......... 776
1.27 y el cananeo persistía en habitar en...*t*.......... 776
1.32 Aser entre los...que habitaban en la *t*........... 776
1.33 Neftalí...moró entre los cananeos...la *t*......... 776
2.1 os introduje en la *t* de la cual...jurado............ 776
2.2 que...no hagáis pacto con los...de esta *t*........ 776
2.12 que los había sacado de la *t* de Egipto.......... 776

3.11 y reposó la *t* 40 años; y murió Otoniel 776
3.25 y he aquí su señor caído en *t*, muerto 776
3.30 subyugado...y reposó la *t* ochenta años 776
4.21 metió la estaca...y la enclavó en la *t* 776
5.4 *t* tembló, y los cielos destilaron, y las 776
5.31 sean como...Y la *t* reposó cuarenta años 776
6.4 destruían los frutos de la *t*, hasta...Gaza 776
6.5 subían...así venían a la *t* para devastarla 776
6.9 cuales eché de delante de...y os di su *t* 776
6.10 dioses de...amorreos, en cuya *t* habitáis 776
6.37 el vellón...quedando seca toda la otra *t* 776
6.39 el vellón...seco, y el rocío sobre la *t* 776
6.40 vellón...seco, y en toda la *t* hubo rocío 776
8.28 reposó la *t* cuarenta años en los días de 776
9.37 gente...desciende de en medio de la *t*, y 776
10.4 y tenían treinta ciudades...*t* de Galaad 776
10.8 en la *t* del amorreo, que está en Galaad 776
11.3 huyó, pues, Jefté...y habitó en *t* de Tob 776
11.5 fueron a traer a Jefté de la *t* de Tob 776
11.12 venido...para hacer guerra contra mi *t*? 776
11.13 cuanto Israel tomó mi *t*, cuando subió 776
11.15 Israel no tomó *t* de Moab, ni *t*...Amón 776
11.17 te ruego que me dejes pasar por tu *t* 776
11.18 rodeó la *t* de Edom y la *t* de Moab, y 776
11.18 lado oriental de la *t* de Moab, acampó 776
11.19 ruego...me dejes pasar por tu *t* hasta 776
11.21 se apoderó Israel de toda la *t* de los 776
12.12 fue sepultado en...en la *t* de Zabulón 776
12.15 fue sepultado en...la *t* de Efraín, en el 776
13.20 Manoa y...su mujer...se postraron en *t* 776
16.24 entregó en...al destruidor de nuestra *t* 776
18.2 que reconociesen y explorasen bien la *t* 776
18.2 les dijeron: Id y reconoced la *t*. Estos 776
18.9 en marcha...ir a tomar posesión de la *t* 776
18.10 llegaréis a un...a una *t* muy espaciosa 776
18.10 falta de cosa alguna que haya en la *t* 776
18.14,17 que habían ido a reconocer la *t* 776
18.30 hasta el día del cautiverio de la *t* 776
19.30 subieron de la *t* de Egipto hasta hoy 776
20.1 se reunió...desde Dan...y la *t* de Galaad 776
20.21 derribaron por *t*...22.000 hombres de los 776
20.25 derribaron por *t* otros 18.000 hombres 776
21.12 en Silo, que está en la *t* de Canaán 776
21.21 arrebatad cada...e idos a *t* de Benjamín 776
Rt 1.1 aconteció en...que hubo hambre en la *t* 776
1.7 a caminar para volverse a la *t* de Judá 776
2.10 ella...bajando su rostro se inclinó a *t* 776
2.11 dejando...la *t* donde naciste, has venido 776
4.3 Noemí...vende una parte de las *t* que tuvo 7704
4.5 día que compres las *t* de mano de Noemí 7704
1 S 2.8 de Jehová son las columnas de la *t*, y 776
2.10 juzgará los confines de la *t*; dará poder 776
3.19 no dejó caer a *t* ninguna de sus palabras 776
4.5 Israel gritó con...júbilo que la *t* tembló 776
4.12 rotos sus vestidos y *t* sobre su cabeza 127
5.3 Dagón postrado en *t* delante del arca de 776
5.4 Dagón había caído...en *t* delante del arca 776
6.1 estuvo el arca...en la *t* de los filisteos 7704
6.5 de vuestros ratones que destruyen la *t* 776
6.5 quizá aliviará su mano...sobre vuestra *t* 776
6.9 sube por el camino de su *t* a Bet-semes 1366
8.14 asimismo tomará lo mejor de vuestras *t* 7704
9.4 de allí a la *t* de Salisa...la *t* de Saalim 776
9.4 la *t* de Benjamín, y no las encontraron 776
9.5 cuando vinieron a la *t* de Zuf, Saúl dijo 776
9.16 mañana...enviaré a ti un varón de la *t* 776
12.6 que...sacó a vuestros padres de la *t* de 776
13.7 hebreos pasaron el Jordán a la *t* de Gad 776
13.17 un escuadrón marchaba por...la *t* de Sual 776
13.19 la *t* de Israel no se hallaba herrero 776
14.14 en el espacio de una media yugada de *t* 7704
14.15 la *t* tembló; hubo...gran consternación 776
14.45 no ha de caer un cabello de su...en *t* 776
17.46 los cuerpos de...a las bestias de la *t* 776
17.46 toda la *t* sabrá que hay Dios en Israel 776
17.49 al filisteo...cayó sobre su rostro en *t* 776
20.15 cortado...los enemigos de David de la *t* 127
20.31 que el hijo de Isaí viviere sobre la *t* 127
20.41 se inclinó tres...postrándose hasta la *t* 776
21.11 ¿no es éste David, el rey de la *t*? ¿no 776
22.5 dijo a David...anda y vete a *t* de Judá 776
22.7 ¿Os dará...el hijo de Isaí *t* y viñas, y 7704
23.19 ¿no está David escondido en nuestra *t* 2793
23.23 si él estuviere en la *t*, yo le buscaré 776
24.8 Saúl miró...David inclinó su rostro a *t* 776
25.23 Abigail vio a David...se inclinó a *t* 776
25.41 ella...inclinó su rostro a *t*, diciendo 776
26.7 y su lanza clavada en *t* a su cabecera 776
26.8 lo enclavaré en la *t* de un golpe, y no 776
26.20 no caiga, pues, ahora mi sangre en *t* 776
27.1 fugarme a la *t* de los filisteos, para 776
27.7 David habitó en la *t* de los filisteos 7704
27.8 habitaban de largo tiempo la *t*, desde 776
27.8 quien va a Shur hasta la *t* de Egipto 776
27.11 el tiempo que moró en la *t*...filisteos 7704
28.3 Saúl había arrojado de la *t* a...adivinos 776
28.9 cómo ha cortado de la *t* a...evocadores y 776
28.13 Saúl: He visto dioses que suben de la *t* 776
28.14 Saúl...humillando el rostro a *t*, hizo 776
28.20 Saúl cayó en *t* cuan grande era, y tuvo 776
29.11 irse y volver a la *t* de los filisteos 776
30.16 estaban desparramados sobre toda...*t* 776
30.16 todo aquel gran botín...de la *t* de Judá 776
30.16 habían tomado de la *t* de los filisteos 776
31.9 mensajeros por toda la *t* de los filisteos 776
2 S 1.2 sucedió que vino...y *t* sobre su cabeza 127
1.2 llegando a David, se postró en *t* e hizo 776
1.21 ni lluvia caiga...ni seáis *t* de ofrendas 7704

3.12 a David...diciendo: ¿De quién es la *t*? 776
4.11 de demandar yo su...y quitaros de la *t*? 776
5.6 contra...jebuseos que moraban en aquella *t* 776
7.9 el nombre de los grandes que hay en la *t* 776
7.23 como Israel, nación singular en la *t*? 776
7.23 y obras terribles a , tu *t*, por amor de 776
8.2 los midió con...haciéndolos tender por *t* 776
9.7 devolveré todas las *t* de Saúl tu padre 7704
9.10 le labrarás las *t*, tú con tus hijos y 127
10.2 llegados...a la *t* de los hijos de Amón 776
12.16 y ayunó...y pasó la noche acostado en *t* 776
12.17 para hacerlo levantar de la *t*; mas él 776
12.20 David se levantó de la *t*, y se lavó y 776
13.31 se echó en *t*, y todos sus criados que 776
14.4 y postrándose en *t*...hizo reverencia, y 776
14.7 no dejando a mi...ni reliquia sobre la *t* 127
14.11 no caerá ni un cabello...de tu hijo en *t* 776
14.14 y somos como aguas derramadas por *t* 776
14.20 sabio...para conocer lo que hay en la *t* 776
14.22 y Joab se postró en *t* sobre su rostro 776
14.33 inclinó su rostro a *t* delante del rey 776
15.4 ¡quién me pusiera por juez en la *t*, para 776
15.32 rasgados sus vestidos, y *t* sobre su 127
17.12 como cuando el rocío cae sobre la *t* 127
17.26 y acampó Israel con Absalón en *t* de 776
18.9 quedó suspendido entre el cielo y la *t* 776
18.11 ¿por qué no le mataste...echándole a *t*? 776
18.28 se inclinó a *t* delante del rey, y dijo 776
19.29 he determinado que...os dividáis las *t* 7704
20.10 y derramó sus entrañas por *t*, y cayó 776
21.14 sepultaron...en *t* de Benjamín, en Zela 776
21.14 y Dios fue propicio a la *t* después de 776
22.8 la *t* fue conmovida, y tembló...cimientos 776
22.43 como polvo de la *t* los molí; como lodo 776
23.4 lluvia que hace brotar la hierba de la *t* 776
24.6 fueron a Galaad y a la *t* baja de Hodsi 776
24.8 después...hubieron recorrido toda la *t* 776
24.13 ¿quieres...siete años de hambre en tu *t*? 776
24.13 ¿o que tres días haya peste en tu *t*? 776
24.20 se inclinó delante del rey rostro a *t* 776
24.25 y Jehová oyó las súplicas de la *t*, y 776
1 R 1.3 buscaron una joven...por toda la *t* de 1366
1.23 delante del rey inclinando...rostro a *t* 776
1.31 Betsabé se inclinó...con su rostro a *t* 776
1.40 que parecía que la *t* se hundía con el 776
1.52 ni uno de sus cabellos caerá en *t*; mas 776
2.2 yo sigo el camino de todos en la *t* 776
4.10 éste tenía...Soco y toda la *t* de Hefer 776
4.19 en la *t* de Galaad, la *t* de Sehón rey de 776
4.19 era el único gobernador en aquella *t* 776
4.21 señoreaba...hasta la *t* de los filisteos 776
4.34 venían de...de todos los reyes de la *t* 776
7.46 lo hizo fundir el rey en...en *t* arcillosa 776
8.9 hizo pacto...salieron de la *t* de Egipto 776
8.21 está el pacto...cuando los sacó de la *t* 776
8.23 ni arriba en los cielos ni abajo en la *t* 776
8.27 ¿es verdad que Dios morará sobre la *t*? 776
8.34 y los volverás a la *t* que diste a sus 127
8.36 darás lluvias sobre tu *t*, la cual diste 776
8.37 si en la *t* hubiere hambre, pestilencia 776
8.37 los sitiaren en la *t* en donde habiten 776
8.40 días que vivan sobre la faz de la *t* que 127
8.41 el extranjero...que viniere de lejanas *t* 776
8.43 que todos los pueblos de la *t* conozcan 776
8.46 para que los cautive y lleve a *t* enemiga 776
8.47 si ellos volvieren en sí en la *t* donde 776
8.47 a ti en la *t* de los que los cautivaron 776
8.48 se convirtieren...en la *t* de sus enemigos 776
8.48 y oraren a ti con el rostro hacia su *t* 776
8.53 entre todos los pueblos de la *t*, como 776
8.60 los pueblos de la *t* sepan que Jehová es 776
9.7 cortaré a Israel de...la faz de la *t* que 127
9.8 ¿por qué ha hecho así Jehová a esta *t* y 776
9.9 había sacado a sus padres de *t* de Egipto 776
9.11 dio a Hiram veinte ciudades en *t* de 776
9.13 y les puso por nombre, la *t* de Cabul 776
9.18 a Baalat, y a Tadmor en *t* del desierto 776
9.19 ciudades...y en toda la *t* de su señorío 776
9.21 hijos que quedaron en la *t* después de 776
9.26 que está junto a Elot...en la *t* de Edom 776
10.6 al rey: Verdad es lo que oí en mi *t* de 776
10.13 y ella...se fue a su *t* con sus criados 776
10.15 y lo de todos los...principales de la *t* 776
10.23 así excedía...a todos los reyes de la *t* 776
10.24 la *t* procuraba ver la cara de Salomón 776
11.18 Faraón rey de Egipto...y aun les dio *t* 776
11.21 Hadad dijo a Faraón: Déjame ir a mi *t* 776
11.22 ¿qué te falta...procuras irte a tu *t*? 776
12.28 tus dioses...te hicieron subir de la *t* 776
13.34 fue cortada y...de sobre la faz de la *t* 127
14.15 él arrancará a Israel de esta buena *t* 776
14.24 también sodomitas en la *t*, e hicieron 776
15.20 toda Cineret, con toda la *t* de Neftalí 776
17.7 se secó el...no había llovido sobre la *t* 776
17.14 que Jehová haga llover...la faz de la *t* 127
18.1 Y yo haré llover sobre la faz de la *t* 127
18.42 postrándose en *t*, puso su rostro entre 776
20.27 de Israel...y los sitios llenaban la *t* 776
22.36 un pregón...diciendo...cada cual a su *t*! 776
22.46 de la *t* el resto de los sodomitas que 776
2 R 2.19 las aguas son malas, y la *t* es estéril 776
3.19 y destruiréis con piedras toda *t* fértil
3.20 vinieron aguas...la *t* se llenó de aguas 776
3.25 en todas las *t* fértiles echó cada uno su
3.27 apartaron de él, y se volvieron a su *t* 776
4.37 inclinó a *t*; y después tomó a su hijo 776
4.38 cuando había una grande hambre en la *t* 776
5.2 habían llevado cautiva de la *t* de Israel 776

5.4 ha dicho una muchacha que es de la *t* de 776
5.15 no hay Dios en toda la *t*, sino en Israel 776
5.17 ruego...¿de esta *t* no se dará a tu siervo 127
5.19 se fue...y caminó como media legua de *t*
6.23 y nunca más vinieron bandas...a la *t* de 776
8.1 el hambre...vendrá sobre la *t* por 7 años 776
8.2 fue ella...y vivió en *t* de los filisteos 776
8.3 la mujer volvió de la *t* de los filisteos 776
8.3,5 implorar al rey por su casa y...sus *t* 7704
8.6 hazle devolver...todos los frutos de sus *t* 776
9.37 Jezabel será como estiércol sobre...la *t* 7704
10.10 que de la palabra de...nada caerá en *t* 776
10.33 toda la *t* de Galaad, de Gad, de Rubén 776
11.18 el pueblo de la *t* entró en el templo de 776
11.19 el pueblo de la *t*, y llevaron al rey 776
11.20 todo el pueblo de la *t* se regocijó, y 776
13.18 las hubo tomado, le dijo: Golpea la *t* 776
13.20 vinieron bandas...de moabitas a la *t* 776
15.19 y vino Pul rey de Asiria a atacar la *t* 776
15.29 y tomó a Ijón...y toda la *t* de Neftalí 776
16.15 holocausto de todo el pueblo de la *t* 776
17.7 Jehová su...que los sacó de *t* de Egipto 776
17.23 e Israel fue llevado cautivo de su *t* 127
17.26 no conocen la ley del Dios de aquella *t*, y él 776
17.26 porque no conocen la ley del Dios de la *t*
17.36 a Jehová, que os sacó de *t* de Egipto 776
18.25 ha dicho: Sube a esta *t*, y destrúyela 776
18.32 yo...os lleve a una *t* como la vuestra 776
18.32 *t* de grano y de vino, *t* de pan y de 776
18.32 viñas, *t* de olivas, de aceite, y de miel 776
18.33 ha librado su *t* de la mano del rey de 776
18.35 ¿qué dios...de estas *t* ha librado su *t* 776
19.7 volverá a su *t*...en su *t* caiga a espada 776
19.11 has oído lo que han hecho...a todas las *t* 776
19.15 eres Dios de todos los reinos de la *t* 776
19.15 sólo tú eres...hiciste el cielo y la *t* 776
19.17 han destruido las naciones y sus *t* 776
19.19 sepan...los reinos de la *t* que sólo tú 776
19.37 lo hirieron...y huyeron a *t* de Ararat 776
20.14 de lejanas *t* han venido, de Babilonia 776
21.8 pie de Israel sea movido de la *t* que di 127
21.24 el pueblo de la *t* mató a todos los que 776
21.24 puso el pueblo de la *t*...Josías su hijo 776
23.24 barrió...abominaciones...en la *t* de Judá 776
23.30 pueblo de la *t* tomó a Joacaz...por rey 776
23.33 Faraón...e impuso sobre la *t* una multa 776
23.35 hizo avaluar la *t* para dar...a Faraón 776
23.35 sacando la plata...del pueblo de la *t* 776
24.7 nunca...el rey de Egipto salió de su *t* 776
24.14 no quedó...excepto los pobres...de la *t* 776
24.15 llevó cautivos...a los poderosos de la *t* 776
25.3 que no hubo pan para el pueblo de la *t* 776
25.12 de los pobres de la *t* dejó Nabuzaradán 776
25.12 dejó...para que labrasen las viñas y la *t* 776
25.19 tomó...y 60 varones del pueblo de la *t* 776
25.21 rey...los hirió y mató...en *t* de Hamat 776
25.21 fue llevado cautivo Judá de sobre su *t* 127
25.22 al pueblo que...rey...dejó en *t* de Judá 776
25.24 habitad en la *t*, y servid al rey de 776
1 Cr 1.10 éste llegó a ser poderoso en la *t* 776
1.19 fue Peleg...en sus días fue dividida la *t* 776
1.43 los reyes que reinaron en la *t* de Edom 776
1.45 reinó en su lugar Husam, de la *t* de los 776
2.22 cual tuvo 23 ciudades en la *t* de Galaad 776
4.40 y buenos pastos, y *t* ancha y espaciosa 776
5.9 tenía mucho ganado en la *t* de Galaad 776
5.11 hijos de Gad habitaron...la *t* de Basán 776
5.23 Manasés...habitaron en la *t* desde Basán 776
5.25 los dioses de los pueblos de la *t*, a los 776
6.55 les dieron, pues, Hebrón en *t* de Judá 776
7.21 los hijos de Gat, naturales de aquella *t* 776
10.9 enviaron mensajeros por toda la *t* de los 776
11.4 y los jebuseos habitaban en aquella *t* 776
11.13 allí una parcela de *t* llena de cebada 7704
13.2 enviaremos a...en todas las *t* de Israel 776
14.17 la fama de David...por todas aquellas...*t* 776
16.14 Dios; sus juicios están en toda la *t* 776
16.18 a ti daré la *t* de Canaán, porción de 776
16.23 cantad a Jehová toda la *t*, proclamad 776
16.30 temed en su presencia, toda la *t*; el 776
16.31 alégrense los cielos, y gócese la *t*, y 776
16.33 de Jehová, porque viene a juzgar la *t* 776
17.8 como el nombre de los grandes en la *t* 776
17.21 ¿Y qué pueblo hay en la *t* como tu
pueblo Israel 776
19.2 llegaron...a la *t* de los hijos de Amón 776
19.3 ¿no vienen más bien...y reconocer la *t*? 776
20.1 y destruyó la *t* de los hijos de Amón, y 776
21.12 tres días...esto es, la peste en la *t* 776
21.16 vio al ángel de...entre el cielo y la *t* 776
21.21 miró Ornán...se postró en *t* ante David 776
22.2 a los extranjeros que había en la *t* de 776
22.5 la casa...renombre y honra en todas las *t* 776
22.8 tú has derramado mucha sangre...en la *t* 776
22.18 en mi mano a los moradores de la *t*, y 776
22.18 *t* ha sido sometida delante de Jehová 776
27.26 de los que trabajaban en la...de las *t* 127
28.8 preceptos...para que poseáis la buena *t* 776
29.11 las cosas que están...en la *t* son tuyas 776
29.15 nuestros días sobre la *t*, cual sombra 776
29.30 sobre todos los reinos de aquellas *t* 776
2 Cr 1.9 un pueblo numeroso como el polvo...*t* 776
2.12 que hizo los cielos y la *t*, y que dio 776
2.17 hombres extranjeros que había en la *t* 776
4.17 los fundió el rey...en *t* arcillosa, entre 127
6.5 el día que saqué a mi pueblo de la *t* de 776
6.14 no hay Dios semejante a ti...ni en la *t* 776
6.18 que Dios habitará con el hombre en la *t*? 776

T

6.25 y les harás volver a la *t* que diste a ... 127
6.27 darás lluvia sobre tu *t*, que diste por ... 776
6.28 si hubiere hambre en la *t*, o... langosta ... 776
6.28 o si los sitiaren sus enemigos en la *t* ... 776
6.31 días que vivieren sobre la faz de la *t* ... 127
6.32 al extranjero que... venido de lejanas *t* ... 776
6.33 los pueblos de la *t* conozcan tu nombre ... 776
6.36 lleven cautivos a *t* de enemigos, lejos ... 776
6.37 y ellos volvieren en sí en la *t* donde ... 776
6.37 y oraren a ti en la *t* de su cautividad ... 776
6.38 convirtieren... en la *t* de su cautividad ... 776
6.38 y oraren hacia la *t* que tú diste a sus ... 776
7.13 mandare a la langosta que consuma la *t* ... 776
7.14 y perdonaré sus pecados, y sanaré su *t* ... 776
7.20 yo os arrancaré de mi *t* que os he dado ... 127
7.21 ¿por qué ha hecho así Jehová a esta *t* ... 776
7.22 que los sacó de la *t* de Egipto, y han ... 776
8.6 edificar en... en toda la *t* de su dominio ... 776
8.8 los hijos... los que habían quedado en la *t* ... 776
8.17 Salomón fue... a Elot... en la *t* de Edom ... 776
9.5 rey: Verdad es lo que había oído en mi *t* ... 776
9.11 nunca en la *t* de Judá se había visto ... 776
9.12 la reina de Sabá... se fue a su *t* con sus ... 776
9.14 los gobernadores de la *t* traían oro y ... 776
9.22 excedió... a todos los reyes de la *t* en ... 776
9.23 todos los reyes de la *t* procuraban ver ... 776
9.26 el Eufrates hasta la *t* de los filisteos ... 776
11.23 esparció a... sus hijos por todas las *t* ... 776
13.9 sacerdotes a la manera de... de otras *t* ... 776
14.6 edificó... por cuanto había paz en la *t* ... 776
14.7 estas ciudades... ya que la *t* es nuestra ... 776
15.5 sino muchas aflicciones sobre... de las *t* ... 776
15.8 y quitó los ídolos... de toda la *t* de Judá ... 776
16.9 los ojos de Jehová contemplan toda la *t* ... 776
17.2 colocó gente de guarnición en *t* de Judá ... 776
17.10 el pavor de Jehová... los reinos de las *t* ... 776
19.3 quitado de la *t* las imágenes de Asera ... 776
20.7 ¿no echaste tú los moradores de esta *t* ... 776
20.10 a cuya *t* no quisiste que pasase Israel ... 776
20.10 Israel cuando venía de la *t* de Egipto ... 776
20.18 entonces Josafat se inclinó rostro a *t* ... 776
20.24 he aquí yacían ellos en *t* muertos, pues ... 776
20.29 pavor... sobre... los reinos de aquella *t* ... 776
21.17 e invadieron la *t*, y tomaron todos los
23.13 el pueblo de la *t* mostraba alegría, y ... 776
23.20 llamó... a todo el pueblo de la *t*, para ... 776
26.6 y edificó... y en la *t* de los filisteos
26.21 Jotam su... gobernando al pueblo de la *t* ... 776
30.9 y volverán a esta *t*... es misericordioso ... 776
30.10 pasaron... correos... por la *t* de Efraín ... 776
30.25 los... que habían venido de la *t* de Israel ... 776
31.5 primicias de todos los frutos de la *t* ... 7704
32.13 padres hemos hecho a... pueblos de la *t*? ... 776
32.13 los dioses de... esas *t*... librar su *t* de ... 776
32.19 como contra los dioses de los... de la *t* ... 776
32.21 volvió, por tanto, avergonzado a su *t* ... 776
33.8 la *t* que yo entregué a vuestros padres ... 127
33.25 el pueblo de la *t* mató a todos los que ... 776
33.25 el pueblo de la *t* puso por rey en su ... 776
34.7 y destruido... los ídolos por toda la *t* ... 776
34.8 después de haber limpiado la *t* y la casa ... 776
34.33 quitó Josías... abominaciones de... la *t* ... 776
36.1 el pueblo de la *t* tomó a Joacaz hijo de ... 776
36.3 y condenó la *t* a pagar cien talentos de ... 776
36.21 hasta que la *t* hubo gozado de reposo ... 776
36.23; Esd 1.2 dado todos los reinos de la *t* ... 776
Esd 3.3 tenían miedo de los pueblos de las *t* ... 776
4.4 el pueblo de la *t* intimidó al pueblo de ... 776
5.11 siervos del Dios del cielo y de la *t*, y ... 772
6.21 de las inmundicias de las gentes de la *t* ... 776
9.1 no se han separado de los... de las *t*, de ... 776
9.2 sido mezclado con los pueblos de las *t* ... 776
9.7 entregados en manos de... reyes de las *t* ... 776
9.11 la *t* a la cual entráis... *t* inmunda es a ... 776
9.12 seáis fuertes y comáis el bien de la *t* ... 776
10.2 tomamos mujeres... de los pueblos de la *t* ... 776
10.11 apartaos de los pueblos de las *t*, y de ... 776
Neh 4.4 por despojo en la *t* de su cautiverio ... 776
5.3 decían: Hemos empeñado nuestras *t*... viñas ... 7704
5.4 hemos tomado prestado... sobre nuestras *t* ... 7704
5.5 nuestras *t* y nuestras viñas son de otros ... 7704
5.11 ruego que les devolváis hoy sus *t*, sus ... 7704
5.14 que fuese gobernador... en la *t* de Judá ... 776
8.6 ¡amén!... adoraron a Jehová inclinados a *t* ... 776
9.1 se reunieron los... con cilicio y *t* sobre sí ... 127
9.6 hiciste... la *t* y todo lo que está en ella ... 776
9.8 pacto con él para darle la *t* del cananeo ... 776
9.10 señales y... contra todo el pueblo de su *t* ... 776
9.15 les dijiste que entrasen a poseer la *t* ... 776
9.22 y poseyeron la *t* de Sehón, la *t* del rey ... 776
9.22 rey de Hesbón, y la *t* de Og rey de Basán ... 776
9.23 *t* de la cual habías dicho a sus padres ... 776
9.24 los hijos vinieron y poseyeron la *t*, y ... 776
9.24 entregaste... los pueblos de la *t*, para ... 776
9.25 y tomaron... *t* fértil, y heredaron casas ... 127
9.30 los entregaste en... los pueblos de la *t* ... 776
9.35 en la *t* espaciosa... no te sirvieron, ni ... 776
9.36 siervos en la *t* que diste a... padres para ... 776
10.28 apartado de los pueblos de las *t* a la ... 776
10.30 que no daríamos... los pueblos de la *t* ... 776
10.31 los pueblos de la *t* trajesen a vender ... 776
10.31 año séptimo dejaríamos descansar la *t*
10.35 traeríamos... las primicias de nuestra *t* ... 127
10.37 el diezmo de nuestra *t* para los levitas ... 127
11.25 tocante a las aldeas y sus *t*, algunos ... 7704
11.30 aldeas, en Laquis y sus *t*, y en Azeca y ... 7704
Est 8.17 muchos de entre los pueblos de la *t* ... 776

10.1 el rey Asuero impuso tributo sobre la *t* ... 776
Job 1.1 hubo en *t* de Uz un varón llamado Job ... 776
1.7 dijo: De rodear la *t* y de andar por ella ... 776
1.8 que no hay otro como él en la *t*, varón ... 776
1.10 por... sus bienes han aumentado sobre la *t* ... 776
1.20 Job se levantó... se postró en *t* y adoró ... 776
2.2 respondió Satanás... De rodear la *t*, y de ... 776
2.3 que no hay otro como él en la *t*, varón ... 776
2.13 se sentaron con él en *t* por siete días ... 776
3.14 los consejeros de la *t*, que reedifican ... 776
5.6 aflicción... ni la molestia brota de la *t* ... 127
5.10 que da la lluvia sobre la faz de la *t* ... 776
5.25 de ver... tu prole como la hierba de la *t* ... 776
7.1 ¿no es acaso brega la vida... sobre la *t* ... 776
8.9 siendo nuestros días... la *t* como sombra ... 776
9.6 remueve la *t* de su lugar, y hace temblar ... 776
9.24 *t* es entregada en manos de los impíos ... 776
10.21 *t* de tinieblas y de sombra de muerte ... 776
10.22 *t* de oscuridad, lóbrega, como sombra ... 776
11.9 su dimensión es más extensa que la *t* ... 776
12.8 habla a la *t*, y ella te enseñará; los ... 776
12.15 se seca; si las envía, destruyen la *t* ... 776
12.24 quita... a los jefes del pueblo de la *t* ... 776
14.8 si se envejeciere en la *t* su raíz, y su ... 776
14.19 el agua... que se lleva el polvo de la *t* ... 776
15.19 a quienes únicamente fue dada la *t*, y ... 776
15.29 no... ni extenderá por la *t* su hermosura ... 776
16.13 y no perdonó; mi hiel derramó por *t* ... 776
16.18 ¡oh *t*! no cubras mi sangre, y no haya ... 776
18.4 ¿será abandonada la *t* por tu causa, y ... 776
18.10 su cuerda está escondida en la *t*, y una ... 776
18.17 memoria perecerá de la *t*, y no tendrá ... 776
20.4 desde... fue puesto el hombre sobre la *t* ... 776
20.27 cielos... y la *t* se levantarán contra él ... 776
22.8 el hombre pudiente tuvo la *t*, y habitó ... 776
22.24 tendrás más oro que *t*, y como piedras ... 6083
24.4 y todos los pobres de la *t* se esconden ... 776
24.18 huyen... su porción es maldita en la *t* ... 776
26.7 él extiende el... cuelga la *t* sobre nada ... 776
28.5 de la *t* nace el pan, y debajo de ella ... 776
28.13 ni se halla en la *t* de los vivientes ... 776
28.24 él mira hasta los fines de la *t*, y ve ... 776
30.6 habitaban... en las cavernas de la *t*, y ... 6083
30.8 sin nombre, más bajos que la misma *t* ... 776
31.38 si mi *t* clama contra mí, y lloran todos ... 127
34.13 ¿quién visitó por él la *t*? ¿Y quién ... 776
35.11 enseña más que a las bestias de la *t* ... 776
37.3 dirige, y su luz hasta los fines de la *t* ... 776
37.6 porque a la nieve dice: Desciende a la *t* ... 776
37.12 para hacer... en la *t*, lo que él les mande ... 776
37.13 unas veces por azote... por causa de su *t* ... 776
37.17 él sosiega la *t* con el viento del sur ... 776
38.4 dónde estabas tú cuando yo fundaba la *t*? ... 776
38.13 para que ocupe los fines de la *t*, y ... 776
38.18 ¿has considerado tú... anchuras de la *t*? ... 776
38.24 se esparce el viento solano sobre la *t*? ... 776
38.26 haciendo llover sobre la *t* deshabitada ... 776
38.27 para saciar la *t* desierta e inculta, y
38.33 ¿dispondrás tú de su potestad en la *t*? ... 776
39.14 el cual desampara en la *t* sus huevos ... 776
39.21 escarba la *t*, se alegra en su fuerza ... 6010
39.24 y él con ímpetu y furor escarba la *t* ... 776
41.33 no hay sobre la *t* quien se le parezca ... 6083
42.15 como las hijas de Job en toda la *t*; y ... 776
Sal 2.2 se levantarán los reyes de la *t*, y ... 776
2.8 como posesión tuya los confines de la *t* ... 776
2.10 admitid amonestación, jueces de la *t* ... 776
7.5 huelle en *t* mi vida, y mi honra ponga en ... 776
8.1 cuán glorioso es tu nombre en toda la *t*! ... 776
8.9 cuán grande es tu nombre en toda la *t*! ... 776
10.16 Rey... de su *t* han perecido las naciones ... 776
10.18 más a hacer violencia el hombre de la *t* ... 776
12.6 plata refinada en horno de *t*, purificada ... 776
16.3 para los santos que están en la *t*, y ... 776
17.11 puestos sus ojos para echarnos por *t* ... 776
18.7 la *t* fue conmovida y tembló... los montes ... 776
19.4 por toda la *t* salió su voz, y hasta el ... 776
21.10 su fruto destruirás de la *t*, y su ... 776
22.27 se volverán a Jehová... confines de la *t* ... 776
22.29 adorarán todos los poderosos de la *t* ... 776
24.1 de Jehová es la *t* y su plenitud; el ... 776
25.13 gozará... su descendencia heredará la *t* ... 776
27.13 que veré la... en la *t* de los vivientes ... 776
33.5 de la misericordia de... está llena la *t* ... 776
33.8 tema a Jehová toda la *t*; teman delante ... 776
33.14 miró sobre todos los moradores de la *t* ... 776
34.16 para cortar de la *t* la memoria de ellos ... 776
35.20 y contra los mansos de la *t* piensan ... 776
37.3 habitarás en la *t*, y te apacentarás de ... 776
37.9 que esperan en Jehová... heredarán la *t* ... 776
37.11 pero los mansos heredarán la *t*, y se ... 776
37.22 los benditos de él heredarán la *t*; y los ... 776
37.29 los justos heredarán la *t*, y vivirán ... 776
37.34 te exaltará para heredar la *t*; cuando ... 776
41.2 será bienaventurado en la *t*, y no lo ... 776
42.6 me acordaré... de ti desde la *t* del Jordán ... 776
44.3 no se apoderaron de la *t* por su espada ... 776
44.25 y nuestro cuerpo... postrado hasta la *t* ... 776
45.16 quienes harás príncipes en toda la *t* ... 776
46.2 no temeremos, aunque la *t* sea removida ... 776
46.6 bramaron... dio... su voz, se derritió la *t* ... 776
46.8 ved... que ha puesto asolamientos en la *t* ... 776
46.9 hace cesar las... hasta los fines de la *t* ... 776
46.10 seré exaltado... enaltecido seré en la *t* ... 776
47.2 es temible; Rey grande sobre toda la *t* ... 776
47.7 Dios es el Rey de toda la *t*; cantad con ... 776
47.10 de Dios son los escudos de la *t*; él es ... 776
48.2 gozo de toda la *t*, es el monte de Sion ... 776

48.4 he aquí los reyes de la *t* se reunieron
48.10 así es tu loor hasta los fines de la *t* ... 776
49.11 serán eternas... dan sus nombres a sus *t* ... 127
50.1 ha hablado, y convocado la *t*, desde el ... 776
50.4 convocará a los cielos... y a la *t*, para ... 776
52.5 te desarraigará de la *t* de los vivientes ... 776
54 tít. ¿No está David escondido en nuestra *t*?
57.5,11 Dios; sobre toda la *t* sea tu gloria ... 776
58.2 la violencia de vuestras manos en la *t* ... 776
58.11 ciertamente hay Dios que juzga en la *t* ... 776
59.13 gobierna en... hasta los fines de la *t* ... 776
60.2 hiciste temblar la *t*, la has hendido ... 776
61.2 desde el cabo de la *t* clamaré a ti ... 776
63.1 en *t* seca y árida donde no hay aguas ... 776
63.9 pero... caerán en los sitios bajos de la *t* ... 776
65.5 esperanza de todos los términos de la *t* ... 776
65.8 habitantes de los fines de la *t* temen
65.9 visitas la *t*, y la riegas; en gran ... 776
66.1 aclamad a Dios con alegría, toda la *t* ... 776
66.4 toda la *t* te adorará, y cantará a ti ... 776
67.2 que sea conocido en la *t* tu camino, en ... 776
67.4 y pastorearás las naciones en la *t* ... 776
67.6 la *t* dará su fruto; nos bendecirá Dios ... 776
67.7 y témanlo todos los términos de la *t* ... 776
68.6 saca... mas los rebeldes habitan en *t* seca
68.8 *t* tembló; también destilaron los cielos ... 776
68.32 reinos de la *t*, cantad a Dios, cantad ... 776
69.34 alábenle los cielos y la *t*, los mares ... 776
71.20 me levantarás de los abismos de la *t* ... 776
72.6 como el rocío que destila sobre la *t* ... 776
72.8 desde el río hasta los confines de la *t* ... 776
72.16 será echado un puñado de grano en la *t* ... 776
72.16 los... florecerán como la hierba de la *t* ... 776
72.19 toda la *t* sea llena de su gloria. Amén ... 776
73.9 ponen su boca... y su lengua pasea la *t* ... 776
73.25 a ti? Y fuera de ti nada deseo en la *t* ... 776
74.7 profanado el tabernáculo... echándolo a *t* ... 776
74.8 quemado... las sinagogas de Dios en la *t* ... 776
74.12 el que obra salvación en medio de la *t* ... 776
74.17 tú fijaste todos los términos de la *t* ... 776
74.20 los lugares tenebrosos de la *t* están ... 776
75.3 se arruinaban la *t* y sus moradores; yo ... 776
75.8 y lo beberán todos los impíos de la *t* ... 776
76.8 oír... la *t* tuvo temor y quedó suspensa ... 776
76.9 para salvar a todos los mansos de la *t* ... 776
76.12 cortará... temible es a... reyes de la *t* ... 776
77.18 el mundo; se estremeció y tembló la *t* ... 776
78.12 hizo maravillas en la *t* de Egipto, en ... 776
78.20 torrentes inundaron la *t*; ¿podrá dar
78.54 trajo... a las fronteras de su *t* santa
78.55 con cuerdas repartió sus *t* en hereda
78.69 como la *t* que cimentó para siempre ... 776
79.2 carne de tus santos a... bestias de la *t* ... 776
80.9 e hiciste arraigar... raíces, y llenó la *t* ... 776
81.5 en José cuando salió por la *t* de Egipto ... 776
81.10 yo soy... te hice subir de la *t* de Egipto ... 776
82.5 tiemblan todos los cimientos de la *t* ... 776
82.8 levántate, oh Dios, juzga la *t*; porque ... 776
83.10 fueron hechos como estiércol para la *t* ... 127
83.18 Jehová... solo Altísimo sobre toda la *t* ... 776
85.1 fuiste propicio a tu *t*, oh Jehová ... 776
85.9 para que habite la gloria en nuestra *t* ... 776
85.11 verdad brotará de la *t*, y la justicia ... 776
85.12 el bien, y nuestra *t* dará su fruto ... 776
88.12 y tu justicia en la *t* del olvido? ... 776
89.11 tuyos son los cielos... la *t*; el mundo ... 776
89.27 el más excelso de los reyes de la *t* ... 776
89.39 has profanado su corona hasta la *t* ... 776
89.44 hiciste cesar... echaste su trono por *t* ... 776
90.2 antes que... y formases la *t* y el mundo ... 776
94.2 engrandécete, oh Juez de la *t*, da el ... 776
95.4 en su mano... las profundidades de la *t* ... 776
95.5 lo hizo; y sus manos formaron la *t* seca
96.1 cantad a Jehová cántico nuevo... toda la *t* ... 776
96.9 adorad... temed delante de él, toda la *t* ... 776
96.11 alégrense los cielos, y gócese la *t* ... 776
96.13 porque vino a juzgar la *t*. Juzgará al ... 776
97.1 Jehová reina; regocíjese la *t*... costas ... 776
97.4 relámpagos... la *t* vio y se estremeció ... 776
97.5 montes... delante del Señor de toda la *t* ... 776
97.9 tú Jehová, eres excelso sobre toda la *t* ... 776
98.3 todos los términos de la *t* han visto la ... 776
98.4 cantad... a Jehová, toda la *t*; levantad la ... 776
98.9 de Jehová, porque vino a juzgar la *t* ... 776
99.1 él está sentado sobre... se conmoverá la *t* ... 776
100.1 cantad alegres a... habitantes de... la *t* ... 776
101.6 mis ojos pondré en los fieles de la *t* ... 776
101.8 destruiré a todos los impíos de la *t* ... 776
102.15 y todos los reyes de la *t* tu gloria ... 776
102.19 Jehová miró desde los cielos a la *t* ... 776
102.25 desde el principio tú fundaste la *t* ... 776
103.11 porque como... de los cielos sobre la *t* ... 776
104.5 él fundó la *t* sobre sus cimientos; no ... 776
104.9 traspasarán, ni volverán a cubrir la *t* ... 776
104.13 del fruto de sus obras se sacia la *t* ... 776
104.14 la hierba para... sacando el pan de la *t* ... 776
104.24 la *t* está llena de tus beneficios ... 776
104.30 son creados, y renuevas la faz de la *t* ... 127
104.32 él mira a la *t*, y ella tiembla; toca ... 776
104.35 sean consumidos de la *t* los pecadores ... 776
105.7 Dios; en toda la *t* están sus juicios ... 776
105.11 diciendo: A ti te daré la *t* de Canaán ... 776
105.16 trajo hambre sobre la *t*, y quebrantó ... 776
105.23 Egipto, y Jacob moró en la *t* de Cam ... 776
105.27 puso en... sus prodigios en la *t* de Cam ... 776
105.30 *t* produjo ranas hasta en las cámaras ... 776
105.32 dio granizo... llamas de fuego en su *t* ... 776
105.35 su país, y devoraron el fruto de su *t* ... 776

105.36 hirió...los primogénitos en su *t*, las 776
105.44 les dio las *t* de las naciones, y las 776
106.17 abrió la *t* y tragó a Datán, y cubrió 776
106.22 maravillas en la *t* de Cam...formidables 776
106.24 pero aborrecieron la *t* deseable; no 776
106.27 humillar su...y esparcirlos por las *t* 776
106.38 y la *t* fue contaminada con sangre 776
107.3 los ha congregado de las *t*, del oriente 776
107.34 *t* fructífera en estéril, por la maldad 776
107.35 desierto...y la *t* seca en manantiales 127
108.5 sobre...la *t* sea enaltecida tu gloria 776
109.15 Jehová, y él corte de la *t* su memoria 776
110.6 quebrantará las cabezas en muchas *t* 776
112.2 su descendencia será poderosa en la *t* 776
113.6 que se burnilla a mirar en...y en la *t*? 776
114.7 a la presencia de Jehová tiembla la *t* 776
115.15 de Jehová, que hizo los cielos y la *t* 776
115.16 dado la *t* a los hijos de los hombres 776
116.9 andaré delante de Jehová en la *t* de los 776
119.19 forastero soy yo en la *t*; no encubras 776
119.64 de tu misericordia...está llena la *t* 776
119.87 casi me han echado por *t*, pero no he 776
119.90 fidelidad...afirmaste la *t*, y subsiste 776
119.119 consumir a todos los impíos de la *t* 776
121.2 de Jehová, que hizo los cielos y la *t* 776
124.8 de Jehová, que hizo el cielo y la *t* 776
134.3 el cual ha hecho los cielos y la *t* 776
135.6 en los cielos y en la *t*, en los mares 776
135.7 subir las nubes de los extremos de la *t* 776
135.12 y dio la *t* de ellos en heredad, en 776
136.6 al que extendió la *t* sobre las aguas 776
136.21 dio la *t* de ellos en heredad, porque 776
137.4 ¿cómo cantaremos...en *t* de extraños? 127
138.4 te alabarán...todos los reyes de la *t* 776
139.15 entretejido en lo...profundo de la *t* 776
140.11 el...deslenguado no será firme en la *t* 776
141.7 como quien hiende y rompe la *t*, son 776
142.5 y mi porción en la *t* de los vivientes 776
143.3 ha postrado en *t* mi vida; me ha hecho 776
143.6 a ti, mi alma a ti como la *t* sedienta 776
143.10 buen espíritu me guíe a *t* de rectitud 776
146.4 pues sale su aliento, y vuelve a la *t* 127
146.6 el cual hizo los cielos y la *t*, el mar 776
147.6 Jehová...humilla a los impíos hasta la *t* 776
147.8 el que prepara la lluvia para la *t*, el 776
147.15 envía su palabra a la *t*; velozmente 776
148.7 alabad a Jehová desde la *t*...abismos 776
148.11 los reyes de la *t* y todos los pueblos 776
148.11 príncipes y todos los jueces de la *t* 776
148.13 porque...su gloria, es sobre *t* y cielos 776
Pr 2.21 porque los rectos habitarán la *t*, y 776
2.22 mas los impíos serán cortados de la *t* 776
3.19 Jehová con sabiduría fundó la *t*; afirmó 776
8.16 y todos los gobernadores juzgan la *t* 776
8.23 tuve el principado, desde...antes de la *t* 776
8.26 no había aún hecho la *t*, ni los campos 776
8.29 cuando establecía...fundamentos de la *t* 776
8.31 regocijo en la parte habitable de su *t* 776
10.30 el justo...los impíos no habitarán la *t* 776
11.31 el justo será recompensado en la *t* 776
12.11; 28.19 el que labra su *t* se saciará de pan 776
17.24 ojos del necio vagan...extremo de la *t* 776
21.19 mejor es morar en *t* desierta que con
25.3 para la profundidad de la *t*, y para el 776
25.25 así son las buenas nuevas de lejanas *t* 776
28.2 por la rebelión de la *t* sus príncipes 776
28.19 El que labra su *t* se saciará de pan 127
29.4 el rey con el juicio afirma la *t*; mas 776
30.4 ¿quién afirmó...los términos de la *t*? 776
30.14 para devorar a los pobres de la *t*, y 776
30.16 *t* que no se sacia de aguas, y el fuego 776
30.21 por tres cosas se alborota la *t*, y la 776
30.24 cuatro cosas son de...pequeñas de la *t* 776
31.23 se sienta con los ancianos de la *t* 776
Ec 1.4 generación va...la *t* siempre permanece 776
3.21 el...del animal desciende abajo a la *t*? 776
5.2 Dios está en el cielo, y tú sobre la *t* 776
5.9 provecho de la *t* es para todos; el rey 776
7.20 no hay hombre justo en la *t*, que haga 776
8.14 hay vanidad que se hace sobre la *t*: que 776
8.16 a ver la faena que se hace sobre la *t* 776
10.7 vi...príncipes que andaban...sobre la *t* 776
10.16 ¡ay de ti, *t*, cuando...rey es muchacho 776
10.17 bienaventurada tú, *t*, cuando tu rey es 776
11.2 no sabes el mal que vendrá sobre la *t* 776
11.3 sobre la *t* la derramarán; y si el árbol 776
12.7 y el polvo vuelva a la *t*, como era, y 776
Cnt 2.12 se han mostrado las flores en la *t* 776
Is 1.2 y escucha tú, *t*; porque habla Jehová 76
1.7 vuestra *t*...destruida, vuestras ciudades 776
1.7 *t* delante de...comida por extranjeros, y 127
1.19 si quisiereis...comeréis el bien de la *t* 776
2.7 *t* está llena de plata y oro, sus tesoros 776
2.7 también está su *t* llena de caballos, y 776
2.8 además su *t* está llena de ídolos, y se 776
2.19 y se meterán...en las aberturas de la *t* 6083
2.19,21 él se levante para castigar la *t* 776
3.26 y ella, desamparada, se sentará en *t* 776
4.2 el fruto de la *t* para grandeza y honra 776
5.8 ¿habitaréis vosotros solos en medio...*t*? 776
5.26 al que está en el extremo de la *t*; y he 776
5.30 mirará hacia la *t*, y he aquí tinieblas 776
6.3 santo...toda la *t* está llena de su gloria 776
6.11 hasta que...la *t* esté hecha un desierto 127
6.12 lugares abandonados en medio de la *t* 776
7.16 la *t* de los dos reyes que tú temes será 127
7.18 a la abeja que está en la *t* de Asiria 776
7.22 comerá el que quede en medio de la *t* 776
7.24 porque toda la *t* será espinos y cardos 776
8.8 llenará la anchura de tu *t*, oh Emanuel 776
8.9 todos los que sois de lejanas *t*; ceñíos 776
8.21 pasarán...la *t* fatigados y hambrientos
8.22 y mirarán a la *t*, y he aquí tribulación 776
9.1 vez a la *t* de Zabulón y a la *t* de Neftalí 776
9.2 los que moraban en *t* de sombra de muerte 776
9.19 por la ira de Jehová...se oscureció la *t* 776
10.14 así me apoderé yo de toda la *t*; y no 776
10.23 hará consumación ya...en medio de la *t* 776
11.4 y argüirá con...por los mansos de la *t* 776
11.4 y herirá la *t* con la vara de su boca, y 776
11.9 *t* será llena del conocimiento de Jehová 776
11.12 reunirá los esparcidos de Judá...la *t* 776
11.16 el día que subió de la *t* de Egipto 776
12.5 ha hecho...sea sabido esto por toda la *t* 776
13.5 vienen de lejana *t*, de lo postrero de 776
13.5 Jehová y los...para destruir toda la *t* 776
13.9 para convertir la *t* en soledad, y raer 776
13.13 cielos, y la *t* se moverá de su lugar 776
13.14 y como gacela...cada uno huirá a su *t* 776
14.1 escogerá a...y lo hará reposar en su *t* 127
14.2 poseerá por siervos...en la *t* de Jehová 127
14.7 toda la *t* está en reposo y en paz; se 776
14.9 levantar...todos los príncipes de la *t* 776
14.12 cortado fuiste por *t*...que debilitabas 776
14.16 aquel varón que hacía temblar la *t*, que 776
14.20 destruiste tu *t*, mataste a tu pueblo 776
14.21 ni posean la *t*, ni llenen de ciudades 776
14.25 que quebrantaré al asirio en mi *t*, y 776
14.26 está acordado sobre toda la *t*, y esta 776
15.9 sobre Dimón...los sobrevivientes de la *t* 127
16.1 enviad cordero al señor de la *t*, desde 776
16.4 pisoteador será consumido de sobre la *t* 776
18.1 ¡ay de la *t* que hace sombra con las alas 776
18.2,7 gente fuerte y...*t* es surcada por ríos 776
18.3 todos los...y habitantes de la *t*...mirad 776
18.4 como nube de rocío en el calor de la *t*
18.6 serán dejados...para las bestias de la *t* 776
18.6 e invernarán todas las bestias de la *t* 776
19.17 la *t* de Judá será de espanto a Egipto 127
19.18 habrá cinco ciudades en la *t* de Egipto 776
19.19 habrá altar...en medio de la *t* de Egipto 776
19.20 y será por señal y...en la *t* de Egipto 776
19.24 Asiria para bendición en medio de la *t* 776
21.1 así viene del desierto, de la *t* horrenda 776
21.9 los ídolos de sus dioses quebrantó en *t* 776
21.14 moradores de *t* de Tema, socorred con 776
22.18 a rodar con ímpetu, como a bola por *t* 776
23.1 desde la *t* de Quitim les es revelado 776
23.8 cuyos mercaderes...los nobles de la *t*? 776
23.9 para abatir a todos los ilustres de la *t* 776
23.10 pasa cual río de tu *t*...hija de Tarsis 776
23.13 mira la *t* de los caldeos. Este pueblo 776
23.17 Tiro...fornicará...sobre la faz de la *t* 127
24.1 aquí que Jehová vacía la *t* y la desnuda 776
24.3 la *t* será enteramente vaciada...saqueada 776
24.4 se destruyó, cayó la *t*; enfermó, cayó 776
24.4 enfermaron los altos pueblos de la *t* 776
24.5 y la *t* se contaminó bajo sus moradores 776
24.6 esta causa la maldición consumió la *t* 776
24.6 fueron consumidos...habitantes de la *t* 776
24.11 gozo...se desterró la alegría de la *t* 776
24.13 así será en medio de la *t*, en medio 776
24.16 de lo postrero de la *t* oímos cánticos 776
24.17 terror...sobre ti, oh morador de la *t* 776
24.18 red...y temblarán los cimientos de la *t* 776
24.19 será quebrantada del todo la *t*...será 776
24.19 enteramente desmenuzada será la *t*, en 776
24.19 en gran manera será la *t* conmovida 776
24.20 temblará la *t* como un ebrio, y será 776
24.21 castigará...los reyes de la *t* sobre la *t* 127
25.8 y quitará la afrenta de su pueblo de...*t* 776
25.12 la humillará y la echará a *t*, hasta 776
26.1 día cantarán este cántico en *t* de Judá 776
26.5 la humilló hasta la *t*, la derribó hasta 776
26.9 luego que hay juicios tuyos en la *t*, los 776
26.10 en *t* de rectitud hará iniquidad, y no 776
26.15 ensanchaste todos los confines de la *t* 776
26.18 ninguna liberación hicimos en la *t*, ni 776
26.19 muertos vivirán...la *t* dará sus muertos 776
26.21 sale...para castigar al morador de la *t* 776
26.21 y la *t* descubrirá la sangre derramada 776
27.13 que habían sido esparcidos en la *t* de 776
28.2 como turbión de granizo y...derriba a *t* 776
28.22 destrucción ya determinida sobre...la *t* 776
28.24 ¿romperá y quebrará...terrones de la *t*? 127
29.4 hablarás desde la *t*...y tu habla saldrá 776
29.4 tu voz de la *t* como la de un fantasma 776
30.6 por *t* de tribulación y de angustia, de 776
30.23 dará el Señor lluvia a...siembres la *t* 127
30.23 y dará pan del fruto de la *t*, y será 127
30.24 asnos que labran la *t* comerán grano 127
32.2 como arroyos, de aguas en *t* de sequedad
32.2 como sombra de...peñasco en *t* calurosa
32.13 la *t* de mi pueblo subirán espinos y 127
33.9 enfermó la *t*; el Líbano se avergonzó, y 776
33.17 hermosura; verán la *t* que está lejos 776
34.1 oiga la *t* y cuanto hay en ella...y todo 776
34.6 en Bosra, y grande matanza en *t* de Edom 776
34.7 *t* se embriagará de sangre, y su polvo 776
34.9 convertirán...en azufre, y su *t* en brea 776
36.10 vine yo ahora a esta *t* para destruirla 776
36.10 me dijo: Sube a esta *t* y destrúyela 776
36.17 yo...os lleve a una *t* como la vuestra 776
36.17 *t* de grano y de vino, *t* de pan y de 776
36.18 libraron los dioses...su *t* de la mano 776
36.20 ¿qué dios hay entre...dioses de estas *t* 776
36.20 ¿qué dios hay...que haya librado su *t* 776
37.7 y oirá un rumor, y volverá a su *t* 776
37.7 y haré que en su *t* perezca a espada 776
37.11 han hecho los reyes de...a todas las *t* 776
37.16 eres Dios de todos los reinos de la *t* 776
37.16 eres Dios...hiciste los cielos y la *t* 776
37.18 destruyeron todas las *t* y sus comarcas 776
37.20 que todos los reinos de la *t* conozcan 776
37.38 le mataron...y huyeron a la *t* de Ararat 776
38.11 no veré a JAH...la *t* de los vivientes 776
39.3 de *t* muy lejana han venido...Babilonia 776
40.12 con tres dedos juntó el polvo de la *t* 776
40.21 ¿no habéis sido enseñados...*t* se fundó? 776
40.22 está sentado sobre el círculo de la *t* 776
40.23 que gobiernan la *t* hace como cosa vana 776
40.24 su tronco hubiera tenido raíz en la *t* 776
40.28 el cual creó los confines de la *t*? No 776
41.5 los confines de la *t* se espantaron; se 776
41.9 de los confines de la *t*, y de *t* lejanas 776
41.18 y manantiales de aguas en la *t* seca 776
42.4 hasta que establezca en la *t* justicia 776
42.5 el que extiende la *t* y sus productos 776
42.10 su alabanza desde el fin de la *t* los 776
43.6 trae...mis hijas de los confines de la 776
44.3 derramaré aguas...ríos sobre la *t* árida
44.23 gritad...júbilo, profundidades de la *t* 776
44.24 cielos, que extiendo la *t* por mí mismo 776
45.8 ábrase la *t*, y prodúzcanse la salvacion 776
45.9 tiesto con los tiestos de la *t*! ¿Dirá 127
45.12 yo hice la *t*, y...sobre ella al hombre 776
45.18 él es Dios, el que formó la *t*, el que 776
45.19 no hablé...en un lugar oscuro de la *t* 776
45.22 sed salvos, todos los términos de la *t* 776
46.11 que llamo...de *t* lejana al varón de mi 776
47.1 siéntate en la *t*, sin trono, hija de los 776
48.13 mi mano fundó también la *t*, y mi mano 776
48.20 llevadlo hasta lo postrero de la *t* 776
49.6 mi salvación hasta lo postrero de la *t* 776
49.8 te daré...para que restaures la *t*, para 776
49.12 del occidente, y éstos de la *t* de Sinim 776
49.13 cantad...y alégrate, *t*; y prorrumpid en 776
49.19 tu *t* devastada, arruinada y desierta
49.23 con el rostro inclinado a *t* te adorarán 776
51.6 alzad...vuestros ojos, y mirad...a la *t* 776
51.6 la *t* se envejecerá como ropa de vestir 776
51.13 que extendió los cielos y fundó, la *t* 776
51.16 cielos y echando los cimientos de la *t* 776
51.23 y tú pusiste tu cuerpo como *t*, y como 776
52.10 los confines de la *t* verán la salvación 776
53.2 y como raíz de *t* seca; no hay parecer en él
53.8 fue cortado de la *t* de los vivientes, y 776
54.5 Hacedor...Dios de toda la *t* será llamado 776
54.9 nunca más las aguas de Noé...sobre la *t* 776
55.9 como son más altos los cielos que la *t* 776
55.10 que riega la *t*, y la hace germinar y 776
57.13 en mí confía tendrá la *t* por heredad 776
58.14 te haré subir sobre las alturas de la *t* 776
60.2 he aquí que tinieblas cubrirán la *t*, y 776
60.18 nunca más se oirá en tu *t* violencia 776
60.21 tu pueblo...para siempre heredarán la *t* 776
61.7 lo cual en sus *t* poseerán doble honra 776
61.11 como la *t* produce su renuevo, y como 776
62.4 Desamparada, ni tu *t* se dirá...Desolada 776
62.4 serás llamada Hefzi-bá, y tu *t*, Beula 776
62.4 estará en ti, y tu *t* será desposada 776
62.7 hasta que...ponga por alabanza en la *t* 776
62.11 hizo oír hasta lo último de la *t*: Decid 776
63.6 los embriagué...derramé en *t* su sangre 776
65.9 escogidos poseerán por heredad la *t*, y
65.16 que se bendijere en la *t*, en el Dios 776
65.16 y el que jurare en la *t*, por el Dios 776
65.17 yo crearé nuevos cielos y nueva *t* 776
66.1 es mi trono, y la *t* estrado de mis pies 776
66.8 ¿concebirá la *t* en un día? ¿Nacerá una 776
66.22 cielos nuevos y la nueva *t* que yo hago 776
Jer 1.1 palabras de Jeremías...*t* de Benjamín 776
1.14 soltará el mal sobre todos...de esta *t* 776
1.18 como muro de bronce contra toda esta *t* 776
1.18 contra los reyes...y el pueblo de la *t* 776
2.2 andabas en pos de mí...en *t* no sembrada 776
2.6 que nos hizo subir de la *t* de Egipto, que 776
2.6 nos condujo...por tina *t* desierta...*t* seca 776
2.6 por una *t* por la cual no pasó varón, ni 776
2.7 y os introduje en *t* de abundancia, para 776
2.7 pero entrasteis y contaminasteis mi *t*, e 776
2.15 león...alzaron su voz, y asolaron su *t* 776
2.31 ¿he sido...desierto para Israel, o *t* de 776
3.1 si...¿no será tal *t* del todo amancillada? 776
3.2 y con tu maldad has contaminado la *t* 776
3.9 la *t* fue contaminada, y adulteró con la 776
3.16 os multipliquéis y crezcáis en la *t*, en 776
3.18 y vendrán...de la *t* del norte a la *t* que 776
3.19 os daré la *t* deseable, la rica heredad 776
4.5 decid: Tocad trompeta en la *t*; pregonad 776
4.7 poner tu *t* en desolación: tus ciudades 776
4.16 guardas vienen de *t* lejana, y lanzarán 776
4.20 toda la *t* es destruida; de repente son 776
4.23 miré a la *t*, y...estaba asolada y vacía 776
4.27 la *t* será asolada; pero no la destruiré 776
4.28 por esto se enlutará la *t*, y los cielos 776
5.19 servisteis a dioses...en vuestra *t*, así 776
5.19 manera...serviréis a extraños en *t* ajena 776
5.30 cosa espantosa y fea es hecha en la *t* 776
6.8 para que no te convierta...*t* inhabitada 776
6.12 mano sobre los moradores de la *t*, dice 776
6.19 oye, *t*: He aquí yo traigo mal sobre este 776
6.20 a mí...la buena caña olorosa de *t* lejana? 776
6.22 viene pueblo de la *t* del norte, y una 776

T

6.22 se levantará de los confines de la *t* 776
7.7 y os haré ¡llorar en este lugar, en la *t* 776
7.20 se derramarán... sobre los frutos de la *t* 127
7.22 el día que los saqué de la *t* de Egipto 776
7.25 el día que... salieron de la *t* de Egipto 776
7.33 para comida de... de las bestias de la *t* 776
7.34 y haré cesar... porque la *t* será desolada 776
8.2 serán como estiércol sobre... faz de la *t* 127
8.16 al sonido de... corceles tembló toda la *t* 776
8.16 y devoraron la *t* y su abundancia, a la 776
8.19 voz del clamor de... viene de la *t* lejana 776
9.3 y no se fortalecieron... la verdad en la *t* 776
9.10 hasta las bestias de la *t* huyeron, y se
9.12 por qué causa la *t* ha perecido, ha sido 776
9.19 abandonamos la *t*, porque han destruido 776
9.24 soy Jehová, que hago... justicia en la *t* 776
10.10 a su ira tiembla la *t*, y las naciones 776
10.11 los dioses que no hicieron los... ni la *t* 778
10.11 desaparezcan de la *t* y de debajo de los 772
10.12 el que hizo la *t* con su poder, el que 776
10.13 subir las nubes de lo postrero de la *t* 776
10.17 recoge de las *t* tus mercaderías, la que 776
10.18 arrojaré con honda... moradores de la *t* 776
10.22 rumor viene, y alboroto grande de la *t* 776
11.4 el día que los saqué de la *t* de Egipto 776
11 5 les daría la *t* que fluye leche y miel 776
11:7 día que les hice subir de la *t* de Egipto 776
11.19 y cortémoslo de la *t* de los vivientes 776
12.4 ¿hasta cuándo estará desierta la *t*, y 776
12.5 y si en la *t* de paz no estabas seguro 776
12.11 fue asolada toda la *t*, porque no hubo 776
12.12 desde un extremo de la *t* hasta el otro 776
12.14 yo los arrancaré de su *t*, y arrancaré 127
12.15 y los haré volver... y cada cual a su *t* 776
13.13 a todos los moradores de esta *t*, y a 776
13.18 di al rey y... Humillaos, sentaos en *t*
14.2 se enlutó Judá... se sentaron tristes en *t* 776
14.4 resquebrajó la *t* por no haber llovido 127
14.8 qué te has hecho como forastero en la *t* 776
14.15 dicen: Ni espada ni hambre... en esta *t* 776
14.18 el profeta... sacerdote... vagando en la *t* 776
15.3 aves del cielo y bestias de la *t* para 776
15.4 para terror a todos los reinos de la *t* 776
15.7 los aventé... hasta las puertas de la *t* 776
15.10 y hombre de discordia para toda la *t*! 776
15.14 te haré servir a... en *t* que no conoces 776
16.3 los padres que los engendren en esta *t* 776
16.4 serán como estiércol sobre... faz de la *t* 127
16.4 servirán de comida a... bestias de la *t* 776
16.6 morirán en esta *t* grandes y pequeños 776
16.13 yo os arrojaré de esta *t* a una *t* que 776
16.14 que hizo subir... Israel de *t* de Egipto 776
16.15 de la *t* del norte, y de todas las *t* 776
16.15 los volveré a su *t*, la cual di a sus 127
16.18 contaminaron mi *t* con los cadáveres de 776
16.19 naciones desde los extremos de la *t* 776
17.4 te haré servir a tus enemigos en *t* que 776
17.6 morará... en *t* despoblada y deshabitada 776
17.26 vendrán... *t* de Benjamín, de la Sefela 776
18.14 aguas frías que corren de lejanas *t*?
18.16 para poner su *t* en desolación, objeto 776
19.7 daré sus cuerpos... a las bestias de la *t* 776
22.10 no volverá, ni verá la *t* donde nació 776
22.12 sino que morirá. y no verá más esta *t* 776
22.26 haré llevar cautiva... a *t* ajena en que 776
22.27 la *t* a la cual ellos con toda el alma 776
22.28 y echados a *t* que no habían conocido? 776
22.29 ¡T, *t*, *t*! oye palabra de Jehová 776
23.3 recogeré el remanente... de todas las *t* 776
23.5 será dichoso, y hará juicio y... en la *t* 776
23.7 hizo subir a... Israel de la *t* de Egipto 776
23.8 trajo... la casa de Israel de *t* del norte 776
23.8 todas las *t* adonde yo los había echado 776
23.8 que hizo subir a... y habitarán en su *t* 127
23.10 la *t* está llena de adúlteros; a causa 776
23.10 a causa de la maldición la *t*... desierta 776
23.15 salió la hipocresía sobre toda la *t* 776
23.24 ¿no lleno yo, dice... el cielo y la *t*? 776
24.5 a los cuales eché de este lugar a la *t* 776
24.6 los volveré a esta *t*, y los edificaré 776
24.8 en esta *t*, y a los que moran en la *t* de 776
24.9 daré... por mal a todos los reinos de la *t* 776
24.10 sean exterminados de la *t* que les di a 127
25.5 y moraréis en la *t* que os dio Jehová a 127
25.9 los traeré contra esta *t* y contra sus 776
25.11 toda esta *t* será puesta en ruinas y en 776
25.12 castigaré... la *t* de los caldeos; y la 776
25.13 sobre aquella *t* todas mis palabras que 776
25.20 reyes de *t* de Uz... de la *t* de Filistea 776
25.26 los reinos del... sobre la faz de la *t* 127
25.29 espada traigo... Jos moradores de la *t* 776
25.30 cantará contra... los moradores de la *t* 776
25.31 llegará el estruendo hasta el fin... *t* 776
25.32 tempestad se levantará... fines de la *t* 776
25.33 los muertos... desde un extremo de la *t* 776
25.33 como estiércol... sobre la faz de la *t* 127
25.38 asolada fue la *t* de ellos por la ira 776
26.6 maldición a todas las naciones de la *t* 776
26.17 se levantaron... de los ancianos de la *t* 776
26.20 Urías hijo... profetizó... contra esta *t* 776
27.5 yo hice la *t*... las bestias... sobre... la *t* 776
27.6 yo he puesto todas estas *t* en mano de 776
27.7 venga también el tiempo de su misma *t* 776
27.10 os... para haceros alejar de vuestra *t* 127
27.11 mas a la nación que... la dejaré en su *t* 127
28.8 profetizaron... contra muchas *t* y contra 776
28.16 que yo te quito de sobre la faz de la *t* 127
29.18 por escarnio a todos los reinos de la *t* 776
30.3 los traeré a la *t* que di a sus padres 776
30.10 el que te salvo... de la *t* de cautividad 776
31.8 los hago volver de la *t* del norte, y los 776
31.8 y los reuniré de los fines de la *t*, y 776
31.16 salario hay para tu... volverán de la *t* 776
31.17 dice... los hijos volverán a su propia *t* 1366
31.22 Jehová creará una cosa nueva sobre la *t* 776
31.23 aún dirán esta palabra en la *t* de Judá 776
31.32 tomé su mano para sacarlos de la *t* de 776
31.37 y explorarse... los fundamentos de la *t* 776
32.8 compra ahora mi heredad... *t* de Benjamín 776
32.15 comprarán casas, heredades... en esta *t* 776
32.17 tú hiciste el cielo y la *t* con tu gran 776
32.20 hiciste señales... en *t* de Egipto hasta 776
32.21 y sacaste a... Israel de la *t* de Egipto 776
32.22 les diste esta *t*... *t* que fluye leche y 776
32.37 que yo los reuniré de todas las *t* a las 776
32.41 los plantaré en esta *t* en verdad, de 776
32.43 poseerán heredad en esta *t* de la cual 776
32.44 y pondrán testigos, en *t* de Benjamín 776
33.2 ha dicho Jehová, que hizo la *t*, Jehová
33.9 las naciones de la *t*, que habrán oído 776
33.11 volveré a traer los cautivos de la *t* 776
33.13 en la *t* de Benjamín, y alrededor de 776
33.15 un Renuevo... juicio y justicia en la *t* 776
33.25 si yo no he puesto las leyes... y la *t* 776
34.1 los reinos de la *t* bajo el señorío de su 776
34.13 pacto... día que los saqué de *t* de Egipto 776
34.17 afrenta ante todos los reinos de la *t* 776
34.19 a todo el pueblo de la *t*, que pasaron 776
34.20 serán comida... de las bestias de la *t* 776
35.7 viváis muchos días sobre la faz de la *t* 127
35.11 Nabucodonosor... subió a la *t*, dijimos 776
35.15 viviréis en la *t* que di a vosotros y a 127
36.29 cierto vendrá el rey... destruirá esta *t* 776
37.1 rey... constituyó por rey en la *t* de Judá 776
37.2 pero no obedeció... ni el pueblo de la *t* 776
37.7 el ejército... se volvió a su *t* en Egipto 776
37.12 a *t* de Benjamín, para apartarse de en 776
37.19 diciendo: No vendrá el... contra esta *t*? 776
39.5 le hicieron subir a Ribla en *t* de Hamat 776
39.10 hizo quedar en *t* de Judá a los pobres 776
40.4 mira, toda la *t* está delante de ti; vé 776
40.6 en medio del pueblo que había... en la *t* 776
40.7 había puesto a Gedalías... gobernar la *t* 776
40.7 pobres de la *t* que no... transportados a 776
40.9 habitad en la *t*, y servid... os irá bien 776
40.11 los judíos... que estaban en todas las *t* 776
40.12 y vinieron a *t* de Judá, a Gedalías en 776
41.2,18 rey... había puesto para gobernar la *t* 776
42.10 si os quedareis quietos en esta *t*, os 776
42.12 misericordia... y os hará regresar a... *t* 127
42.13 no moraremos en esta *t*, no obedeciendo 776
42.14 sino que entraremos en la *t* de Egipto 776
42.16 os alcanzará allí en la *t* de Egipto, y 776
43.4 no obedeció... para quedarse en *t* de Judá 776
43.5 había vuelto... para morar en *t* de Judá 776
43.7 y entraron en *t* de Egipto, porque no 776
43.11 vendrá y asolará la *t* de Egipto; los 776
43.12 limpiará la *t* de Egipto, como el pastor 776
43.13 las estatuas... que está en *t* de Egipto 776
44.1 moraban en la *t* de Egipto... *t* de Patros 776
44.8 dioses ajenos en la *t* de Egipto, adonde 776
44.8 por maldición y por oprobio a... de la *t*? 776
44.9 maldades... que hicieron en la *t* de Judá 776
44.12 ir a *t* de Egipto... en *t* de Egipto serán 776
44.13 castigaré a... que moran en *t* de Egipto 776
44.14 de Judá que entraron en la *t* de Egipto 776
44.14 quede vivo para volver a la *t* de Judá 776
44.15 que habitaba en *t* de Egipto, en Patros 776
44.21 vuestros príncipes y el pueblo de la *t*? 776
44.22 vuestra *t* fue puesta en asolamiento, en 776
44.24 los de Judá que estáis en *t* de Egipto 776
44.26 todo Judá que habitáis en *t* de Egipto 776
44.26 no será invocado más en... *t* de Egipto 776
44.27 los hombres... que están en *t* de Egipto 776
44.28 volverán... *t* de Egipto a la *t* de Judá 776
45.4 yo destruyo... y arranco... a toda esta *t* 776
46.8 cubriré la *t*, destruiré a la ciudad y 776
46.10 sacrificio será... en *t* del norte junto 776
46.12 oyeron tu afrenta... clamor llenó la *t* 776
46.13 venida de... para asolar la *t* de Egipto 776
46.16 volvámonos a... *t* de nuestro nacimiento 776
46.27 salvaré... a tu descendencia de la *t* de 776
47.2 inundarán la *t* y su plenitud, la ciudad 776
47.2 norte... lamentará todo morador de la *t* 776
48.18 siéntate en *t* seca, moradora hija de
48.21 vino juicio sobre la *t* de la llanura 776
48.24 sobre todas las ciudades de *t* de Moab 776
48.33 los campos fértiles, de la *t* de Moab 776
49.21 de la caída de ellos la *t* temblará, y 776
50.1 habló Jehová contra... *t* de los caldeos 776
50.3 una nación... pondrá su *t* en asolamiento 776
50.8 huid de... salid de la *t* de los caldeos 776
50.9 reunión de grandes pueblos de la *t* del 776
50.16 cada uno volverá el... huirá hacia su *t* 776
50.18 yo castigo al rey de Babilonia y a su *t* 776
50.21 sube contra la *t* de Merataim, contra 776
50.22 estruendo de guerra en la *t*, y... grande 776
50.23 fue... quebrado el martillo de toda la *t*! 776
50.25 obra de Jehová... en la *t* de los caldeos 776
50.26 contra ella desde el extremo de la *t* 7093
50.28 los que... escapan de la *t* de Babilonia 776
50.34 la causa de... para hacer reposar la *t* 776
50.38 es *t* de ídolos, y se entontecen con 776
50.41 reyes se levantarán... extremos de la *t* 776
50.45 ha formado contra la *t* de los caldeos 776
50.46 la *t* tembló, y el clamor se oyó entre 776
51.2 enviaré... aventadores... y vaciarán su *t* 776
51.4 caerán muertos en la *t* de los caldeos 776
51.5 aunque su *t* fue llena de pecado contra 776
51.7 copa de oro... que embriagó a toda la *t* 776
51.9 y vámonos cada uno a su *t*; porque ha 776
51.15 él es el que hizo la *t* con su poder 776
51.16 subir las nubes de lo último de la *t* 776
5 1.25 contra ti... que destruiste toda la *t* 776
51.27 alzad bandera en la *t*, tocad trompeta 776
51.29 temblará la *t*, y se afligirá; porque 776
51.29 para poner la *t* de Babilonla en soledad 776
51.41 tomada la que... alabada por toda la *t*! 776
51.43 *t* seca y desierta, *t* en que no morará 776
51.46 causa del rumor que se oirá por la *t* 776
51.46 y habrá violencia en la *t*, dominador 776
51.47 y toda su *t* será avergonzada, y todos 776
51.48 los cielos y la *t* y... cantarán de gozo 776
51.49 por Babilonia cayeron... muertos de... *t* 776
51.52 y en toda su *t* gemirán los heridos 776
51.54 y gran quebrantamiento de la *t* de los 776
52.9 a Ribla en *t* de Hamat, donde pronunció 776
52.25 pasaba revista al pueblo de la *t* para 776
52.27 rey... los mató en Ribla en *t* de Hamat 127
52.27 así Judá fue transportada de su *t* 776
Lm 2.1 derribó del cielo a la *t* la hermosura 776
2.2 echó por *t* las fortalezas de la hija de 776
2.9 puertas fueron echadas por *t*, destruyó 776
2.10 se sentaron en *t*, callaron los ancianos 776
2.10 las vírgenes... bajaron sus cabezas a *t* 776
2.11 mi hígado se derramó por *t* a causa del 776
2.15 ¿es esta la ciudad... gozo de toda la *t*? 776
2.21 niños y viejos yacían por *t* en... calles 776
3.34 bajo los pies... los encarcelados de la *t* 776
4.9 murieron... por falta de los frutos de la *t* 7704
4.12 nunca los reyes de la *t*, ni todos los 776
4.21 hija de Edom, la que habitas en *t* de Uz 776
Ez 1.3 *t* de los caldeos, junto al río Quebar 776
1.15 una rueda sobre la *t* junto a los seres 776
1.19 seres vivientes se levantaban de la *t* 776
1.21 cuando se levantaban de la *t*, las ruedas 776
5.5 puse en medio de las naciones y de las *t* 776
5.6 más que las *t* que están alrededor de ella 776
6.8 resto... cuando seáis esparcidos por las *t* 776
6,14 haré la *t* más asolada y devastada que 776
7.2 ha dicho Jehová... a la *t* de Israel: El fin 127
7.2 viene sobre los cuatro extremos de la *t* 776
7.7 mañana viene para ti, oh morador de la *t* 776
7.21 será presa de los impíos de la *t*, y la 776
7.23 la *t* está llena de delitos de sangre, y 776
7.27 las manos del pueblo de la *t* temblarán 776
8.3 alzó entre el cielo y la *t*, y me llevó 776
8.12 no nos ve... Jehová ha abandonado la *t* 776
8.17 después que han llenado de maldad la *t* 776
9.9 la *t* está llena de sangre, y la ciudad 776
9.9 abandonado Jehová la *t*, y Jehová no ve 776
10.16 alzaban... alas para levantarse de la *t* 776
10.19 se levantaron de la *t* delante de mis 776
11.13 me postré rostro a *t* y clamé con gran
11.15 a nosotros es dada la *t* en posesión 776
11.16 y les he esparcido por las *t*, con todo 776
11.16 seré por un pequeño santuario en las *t* 776
11.17 os congregaré de las *t*... y os daré la *t* 776,127
11.24 volvió a llevar... a la *t* de los caldeos
12.6 cubrirás tu rostro, y no mirarás la *t* 776
12.12 cubrirá... para no ver con sus ojos la *t* 776
12.13 y haré llevarlo... a *t* de caldeos, pero 776
12.15 esparciere... y los dispersare por la *t* 776
12.19 y di al pueblo de la *t*... la *t* de Israel 776
12.19 *t* será despojada de su plenitud, por la 776
12.20 y la *t* será asolada; y sabréis que yo 776
12.22 refrán... que tenéis... en la *t* de Israel 127
13.9 ni a la *t* de Israel volverán; y sabréis 127
13.14 y la echaré a *t*, y será descubierto su 776
14.13 hijo de hombre, cuando la *t* pecare 776
14.15 hiciere pasar bestias feroces por la *t* 776
14.16 solos serían librados, y la *t* quedaría 776
14.17 yo trajere espada sobre la *t*, y dijere 776
14.17 o si yo... dijere: Espada, pasa por la *t* 776
14.19 o si enviare pestilencia sobre esa *t* y 776
15.8 convertiré la *t* en asolamiento, por cuanto cometieron 776
16.3 origen... es de la *t* de Canaán; tu padre 776
16.29 tu fornicación en la *t* de Canaán y de 776
17.4 lo llevó a *t* de mercaderes, y lo puso 776
17.5 tomó también de la simiente de la *t*, y 776
17.13 llevó consigo a los poderosos de la *t* 776
18.2 los que usáis este refrán sobre la *t* de 127
19.4 lo llevaron con grillos a la *t* de Egipto 776
19.7 y la *t* fue desolada, y cuanto había en 776
19.12 pero fue... derribada en *t*, y el viento 776
19.13 ahora está plantada... en *t* de sequedad 776
20.5 cuando me di a conocer a ellos en la *t* 776
20.6 que los sacaría de la *t* de Egipto a la 776
20.6 sacaría... a la *t* que les había provisto 776
20.6,15 cual es la más hermosa de todas las *t* 776
20.8 mi enojo en ellos en medio de la *t* de 776
20.9 actué para sacarlos de la *t* de Egipto 776
20.10 saqué de la *t* de Egipto, y los traje 776
20.15 que no los traería a la *t* que les había 776
20.23 jurando... que los dispersaría por las *t* 776
20.28 los traje a la *t* sobre la cual había 776
20.32 seamos como... las demás familias de la *t* 776
20.34 y os reuniré de las *t* en que estáis 776
20.36 como litigué... en el desierto de la *t* 776
20.38 la *t* de sus peregrinaciones los sacaré 776
20.38 la *t* de Israel no entrarán; y sabréis 127
20.40 toda ella en la *t*; allí los aceptaré 776
20.41 os haya congregado de entre las *t* en 776

20.42 cuando os haya traído a la t de Israel ... 127
20.42 la t por la cual alcé mi mano jurando ... 776
21.2 hijo... profetiza contra la t de Israel ... 127
21.3 a la t de Israel: Así ha dicho Jehová ... 127
21.19 caminos... de una misma t salgan ambos ... 776
21.30 en la t donde has vivido, te juzgaré ... 776
21.32 fuego, se empapará la t de tu sangre ... 776
22.4 te he dado... en escarnio a todas las t ... 776
22.15 te esparciré por las t; y haré fenecer ... 776
22.24 di a... Tú no eres t limpia, ni rociada ... 776
22.29 el pueblo de la t usaba de opresión y ... 776
22.30 que se pusiese en la... a favor de la t ... 776
23.15 manera de... Caldea, t de su nacimiento ... 776
23.16 envió mensajeros a la t de los caldeos
23.19 días... había fornicado en la t de Egipto ... 776
23.27 cesar... tu fornicación de la t de Egipto ... 776
23.48 y haré cesar la lujuria de la t, y ... 776
24.7 no la derramó sobre la t para que fuese ... 776
25.3 y la t de Israel era asolada, y llevada ... 127
25.6 todo tu menosprecio para la t de Israel ... 127
25.7 cortaré... y te destruiré de entre las t ... 776
25.9 t deseables de Bet-jesimot, Baal-meón ... 776
26.11 todas... tus fuertes columnas caerán a t ... 776
26.16 se sentarán sobre la t, y temblarán a ... 776
26.20 te pondré en las profundidades de la t ... 776
26.20 y daré gloria en la t de los vivientes ... 776
27.17 y la t de Israel comerciaban contigo ... 776
27.29 y todos los pilotos... se quedarán en t ... 776
27.33 los reyes de la t enriqueciste con la ... 776
28.17 yo te arrojaré por t; delante de los ... 776
28.18 puse en ceniza sobre la t a los ojos ... 776
28.25 y habitarán en su t, la cual di a mi ... 127
29.5 a las fieras de la t y... te he dado por ... 776
29.9 la t de Egipto será asolada y desierta ... 776
29.10 y pondré la t de Egipto en desolación ... 776
29.12 y pondré a la t de Egipto en soledad ... 776
29.12 Egipto en soledad entre las t asoladas ... 776
29.12 Egipto entre... lo dispersaré por las t ... 776
29.14 llevaré a la t de Patros, a la t de su ... 776
29.19 yo doy a Nabucodonosor... la t de Egipto ... 776
29.20 por su trabajo... he dado la t de Egipto ... 776
30.5 los hijos de las t aliadas, caerán con ... 776
30.7 serán asolados entre las t asoladas, y ... 776
30.11 él, y... serán traídos para destruir la t ... 776
30.11 destruir... y llenarán de muertos la t ... 776
30.12 y entregaré la t en manos de malos, y ... 776
30.12 destruiré la t y cuanto en ella hay ... 776
30.13 no habrá... príncipe de la t de Egipto ... 776
30.13 ídolos... en la t de Egipto pondré temor ... 776
30.23 a los egipcios... dispersaré por las t ... 776
30.25 él la extienda contra la t de Egipto ... 776
30.26 los dispersaré por las t; y sabrán que ... 776
31.12 por... los arroyos de la t será quebrado ... 776
31.12 irán de su sombra... les pueblos de la t ... 776
31.14 están destinados... lo profundo de la t ... 776
31.16 fueron consolados en lo profundo... la t ... 776
31.18 derribado serás... en lo profundo de la t ... 776
32.4 te dejaré en t, te echaré sobre la faz ... 776
32.4 saciaré de ti a las fieras de toda la t ... 776
32.6 y regaré de tu sangre la t donde nadas ... 776
32.8 por ti, y pondré tinieblas sobre tu t ... 776
32.9 cautiverio... por las t que no conociste ... 776
32.15 asuele la t de Egipto, y la t quede ... 776
32.18 despéñalo a él... a lo profundo de la t ... 776
32.23,24,26,32 terror en la t de... vivientes ... 776
32.24 descendieron... lo más profundo de la t ... 776
32.25 su espanto en la t de los vivientes ... 776
32.27 fueron terror de fuertes en la t de los ... 776
33.2 cuando trajere yo espada sobre la t, y ... 776
33.2 y el pueblo de la t tomare un hombre de ... 776
33.3 él viere la espada sobre la t, y tocare ... 776
33.24 que habitan... lugares asolados en la t ... 127
33.24 Abraham era uno, y poseyó la t; pues ... 776
33.24 nosotros nos es dada la t en posesión ... 776
33.25 comeréis... y poseeréis vosotros la t? ... 776
33.26 hicisteis... ¿y habréis de poseer la t? ... 776
33.28 convertiré la t en desierto y... soledad ... 776
33.29 convierta la t en soledad y desierto ... 776
34.6 toda la faz de la t fueron esparcidas ... 776
34.13 las juntaré de las t; las traeré a su ... 776
34.13 traeré a su propia t, y las apacentaré ... 127
34.25 de paz, y quitaré de la t las fieras ... 776
34.27 árbol del campo... y la t dará su fruto ... 776
34.27 sobre su t con seguridad; y sabrán que ... 127
34.28 no... ni las fieras de la t las devorarán ... 776
34.29 no serán... consumidos de hambre en la t ... 776
35.10 las dos t serán mías, y tomaré posesión ... 776
35.14 para que toda la t se regocije, yo te ... 776
36.5 se disputaron mi t por heredad con alegría
36.6 profetiza sobre la t de Israel, y di a ... 127
36.17 mientras la... de Israel moraba en su t ... 127
36.18 por la sangre que derramaron sobre la t ... 776
36.19 esparci... fueron dispersados por las t ... 776
36.20 son pueblo de Jehová, y de la t de él ... 776
36.24 recogeré de todas las t, y os traeré a ... 776
36.28 habitaréis en la t que di a vuestros ... 776
36.34 la t asolada será labrada, en lugar de ... 776
36.35 esta t que era asolada ha venido a ser ... 776
37.12 os haré... y os traeré a la t de Israel ... 127
37.14 y os haré reposar sobre vuestra t; y ... 127
37.21 los recogeré de... y los traeré a su t ... 127
37.22 y los haré una nación en la t, en los ... 776
37.25 habitarán en la t que di a mi siervo ... 776
38.2 pon tu rostro contra Gog en t de Magog ... 776
38.8 años vendrás a la t salvada de la espada ... 776
38.9 como nublado para cubrir la t serás tú ... 776
38.11 y dirás: Subiré contra una t indefensa ... 776
38.12 poner tus manos sobre las t desiertas
38.12 que mora en la parte central de la t ... 776
38.16 contra... como nublado para cubrirla t ... 776
38.16 y te traeré sobre mi t, para que las ... 776
38.18 cuando venga Gog contra la t de Israel ... 127
38.19 habrá gran temblor sobre la t del Israel ... 127
38.20 serpiente que se arrastra sobre la t ... 127
38.20 los hombres que... sobre la faz de la t ... 127
38.20 y los vallados... y todo muro caerá a t ... 776
39.12 estará enterrando... para limpiar la t ... 776
39.13 los enterrará todo el pueblo de la t ... 776
39.14 a los que queden sobre la faz de la t ... 776
39.16 la ciudad será Hamona; y limpiarán la t ... 776
39.18 y beberéis sangre de príncipes de la t ... 776
39.26 cuando habiten en su t con seguridad ... 127
39.27 y los reúna de la t de sus enemigos, y ... 776
39.28 los reúna sobre su t, sin dejar allí a ... 127
40.2 llevó a la t de Israel, y me puso sobre ... 776
43.2 la t resplandecía a causa de su gloria ... 776
45.1 repartáis por suertes la t en heredad ... 776
45.1 la porción... que le consagraréis en la t ... 776
45.4 lo consagrado de esta t será para los ... 776
45.8 esta t tendrá por posesión en Israel, y ... 776
45.8 darán la t a la casa de Israel conforme ... 776
45.16 pueblo de la t estará obligado a dar ... 776
45.22 sacrificará por sí... el pueblo de la t ... 776
46.3 adorará el pueblo de la t delante de ... 776
46.9 mas cuando el pueblo de la t entrare ... 776
47.13 repartiréis la t por heredad entre las ... 776
47.14 por tanto, esta será la t de vuestra ... 776
47.15 este será el límite de la t hacia el ... 776
47.18 medio... de Galaad y de la t de Israel ... 776
47.21 repartiréis... t entre vosotros según las ... 776
48.12 tendrán... la porción de la t reservada ... 776
48.14 ni traspasarán las primicias de la t ... 776
48.29 es la t que repartiréis por suertes ... 776
Dn 1.2 los trajo a la t de Sinar, a la casa de ... 776
2.10 dijeron: No hay hombre sobre la t que ... 3007
2.35 hecha un gran monte que llenó toda la t ... 772
2.39 reino... el cual dominará sobre toda la t ... 772
4.1 a todos... que moran en toda la t: Paz os ... 772
4.10 me parecía ver en medio de la t un árbol ... 772
4.11,20 desde todos los confines de la t ... 772
4.15,23 cepa de sus raíces dejaréis en la t ... 772
4.15 sea su parte entre la hierba de la t ... 772
4.22 tu dominio hasta los confines de la t ... 772
4.26 de dejar en la t la cepa de las raíces
4.35 todos los habitantes de la t... como nada ... 772
4.35 su voluntad... en los habitantes de la t ... 772
6.25 escribió a todos... que habitan en... la t ... 772
6.27 hace... maravillas en el cielo y en la t ... 772
7.17 cuatro reyes que se levantarán en la t ... 772
7.23 será un cuarto reino en la t, el cual ... 772
7.23 reino... y a toda la t devorará, trillará ... 772
8.5 sobre la faz de toda la t, sin tocar t ... 776
8.7 lo derribó, por tanto, en t, y lo pisoteó ... 776
8.9 creció mucho al sur... hacia la t gloriosa
8.10 parte del ejército y de las... echó por t ... 776
8.11 lugar de su santuario fue echado por t
8.12 y echó por t la verdad, e hizo cuanto ... 776
8.18 caí dormido en t sobre mi rostro; y él ... 776
9.6 que hablaron... y a todo el pueblo de la t ... 776
9.7 las t adonde los has echado a causa de su ... 776
9.15 sacaste tu pueblo de la t de Egipto con ... 776
10.9 caí sobre mi rostro... con mi rostro en t ... 776
10.15 estaba yo con los ojos puestos en t, y ... 776
11.9 así entrará en el reino... volverá a su t ... 127
11.16 estará en la t gloriosa, la cual sera ... 776
11.19 volverá su... a las fortalezas de su t ... 776
11.28 volverá a su t con gran riqueza y su ... 776
11.28 hará su voluntad, y volverá a su t ... 776
11.39 honores... y por precio repartirá la t ... 127
11.40 el rey... entrará por las t, e inundará ... 776
11.41 entrará a la t gloriosa, y... provincias ... 776
11.42 extenderá su mano contra las t, y no ... 776
12.2 de los que duermen en el polvo de la t ... 127
Os 1.2 la t fornica apartándose de Jehová ... 776
1.11 un solo jefe, y subirán de la t; porque ... 776
2.3 la deje como t seca, y la mate de sed ... 776
2.15 el día de su subida de la t de Egipto ... 776
2.18 pacto con... con las serpientes de la t ... 127
2.18 quitaré de la t arco y espada y guerra ... 776
2.21 responderé... y ellos responderán a la t ... 776
2.22 la t responderá al trigo, al vino y al ... 776
2.23 la sembraré para mí en la t, y tendré ... 776
4.1 Jehová contiende con... moradores de la t ... 776
4.1 no hay... ni conocimiento de Dios en la t ... 776
4.3 se enlutará la t, y se extenuará... morador ... 776
6.3 como la lluvia tardía y temprana a la t ... 776
7.16 esto será su escarnio en la t de Egipto ... 776
9.3 no quedarán en la t de Jehová, sino que ... 776
10.1 a la bondad de su t aumentaron... ídolos ... 776
11.5 no volverá a t de Egipto, sino que el ... 776
11.11 y de la t de Asiria como paloma: y los ... 776
12.9 soy Jehová tu Dios desde la t de Egipto ... 776
12.12 Jacob huyó a t de Aram, Israel sirvió ... 7704
13.4 mas yo soy Jehová tu Dios desde la t de ... 776
13.5 yo te conocí en el desierto, en t seca ... 776
Jl 1.2 escuchad, todos los moradores de la t ... 776
1.6 porque pueblo fuerte... subió a mi t; sus ... 776
1.10 se enlutó la t... el trigo fue destruido ... 127
1.14 congregad a los... moradores de la t en ... 776
2.1 tiemblen... los moradores de la t, porque ... 776
2.3 huerto del Edén será la t delante de él ... 776
2.10 delante de él temblará la t... los cielos ... 776
2.18 Jehová, solícito por su t, perdonará a ... 776
2.20 lo echaré en t seca y desierta; su faz ... 776
2.21 t, no temas; alégrate y gózate, porque ... 127
2.30 y daré prodigios en el cielo y en la t ... 776
3.2 esparcieron entre las... y repartieron mi t ... 776
3.6 vendisteis los... para alejarlos de su t ... 1366
3.16 su voz... y temblarán los cielos y la t ... 776
3.19 derramaron en su t sangre inocente ... 776
Am 1.13 para ensanchar sus t abrieron a las ... 1366
2.7 pisotean en el polvo de la t las cabezas ... 776
2.10 os hice subir de la t de Egipto, y os ... 776
2.10 para que entraseis en posesión de la t ... 776
3.1 familia que hice subir de la t de Egipto ... 776
3.2 conocido de todas las familias de la t ... 127
3.5 ¿caerá el ave en lazo sobre la t, sin ... 776
3.5 ¿se levantará el lazo de la t, si no ha ... 127
3.9 proclamad en... en los palacios de la t de ... 776
3.11 enemigo vendrá por todos lados de la t ... 776
3.14 serán cortados los cuernos... caerán a t ... 776
4.13 hace... y pasa sobre las alturas de la t ... 776
5.2 fue dejada sobre su t, no hay quien la ... 127
5.7 el juicio, y la justicia la echáis por t ... 776
5.8 aguas... las derrama sobre la faz de la t ... 776
7.2 cuando acabó de comer la hierba de la t ... 776
7.4 con fuego... y consumió una parte de la t
7.10 la t no puede sufrir todas sus palabras ... 776
7.11 Israel será llevado de su t... cautiverio ... 127
7.12 huye a t de Judá, y come allá tu pan, y ... 776
7.17 tu t será repartida por suertes; y tú ... 127
7.17 tú morirás en t inmunda, e Israel será ... 127
7.17 e Israel será llevado cautivo... de su t ... 127
8.4 los que... arruináis a los pobres de la t ... 776
8.8 ¿no se estremecerá la t sobre esto? ¿No ... 776
8.9 cubriré de tinieblas la t en el día claro ... 776
8.11 en los cuales enviaré hambre a la t, no ... 776
9.5 el Señor, Jehová de... es el que toca la t ... 776
9.6 ha establecido su expansión obre la t ... 776
9.6 aguas... sobre la faz de la t las derrama ... 776
9.7 ¿no hice yo subir a Israel de la t de ... 776
9.8 el reino... lo asolaré de la faz de la t ... 127
9.9 se zarandea... y no cae un granito en la t ... 776
9.15 pues los plantaré sobre su t, y nunca ... 127
9.15 nunca más serán arrancados de su t que ... 127
Abd 3 que dices en... ¿Quién me derribará a t? ... 776
Jon 1.8 ¿cuál es tu t, y de que pueblo eres? ... 776
1.9 y temo a Jehová... que hizo el mar y la t
1.13 para hacer volver la nave a t; mas no ... 3004
2.6 la t echó sus cerrojos sobre mí... siempre ... 776
2.10 y mandó Jehová... y vomitó a Jonás en t
4.2 es... lo que yo decía estando aún en mi t? ... 127
Mi 1.2 está atenta, t, y cuanto hay en ti; y ... 776
1.3 Jehová sale... hollará las alturas de la t ... 776
1.6 haré... de Samaria... t para plantar viñas
4.13 y sus riquezas al Señor de toda la t ... 776
5.4 será engrandecido hasta los fines de la t ... 776
5.5 cuando el asirio viniere a nuestra t, y ... 776
5.6 y devastarán la t de Asiria a espada, y ... 776
5.6 y con sus espadas la t de Nimrod; y nos ... 776
5.6 asirio, cuando viniere contra nuestra t ... 776
5.11 haré... destruir las ciudades de tu t, y ... 776
6.2 oíd... fuertes cimientos de la t... pleito ... 776
6.4 yo te hice subir de la t de Egipto, y de ... 776
7.2 faltó el misericordioso de la t... recto ... 776
7.13 asolada la t a causa de sus moradores ... 776
7.17 como las serpientes de la t, temblarán ... 776
Nah 1.5 la t se conmueve a su presencia, y el ... 776
2.13 y cortaré de la t tu robo, y nunca más ... 776
3.13 las puertas de tu t se abrirán de par a ... 776
Hab 1.6 que camina por la anchura de la t para ... 776
2.8 a causa de... de los robos de la t, de las ... 776
2.14 la t será llena... de la gloria de Jehová ... 776
2.17 del robo de la t, de las ciudades y de ... 776
2.20 templo: calle delante de él toda la t ... 776
3.3 cielos, y la t se llenó de su alabanza ... 776
3.6 se levantó, y midió la t; miró, e hizo ... 776
3.7 las tiendas de la t de Madián temblaron ... 776
3.9 palabra segura. Hendiste la t con ríos ... 776
3.12 con ira hollaste la t, con furor trillaste ... 776
Sof 1.2 destruiré... sobre la faz de la t, dice ... 127
1.3 y raeré a los hombres de sobre la... la t ... 127
1.18 la t será consumida con el fuego de su ... 776
1.18 hará de todos los habitantes de la t ... 776
2.3 buscad a Jehová... los humildes de la t ... 776
2.5 es contra vosotros, oh... t de los filisteos ... 776
2.11 destruirá a todos los dioses de la t, y ... 776
2.11 se inclinarán a él todas las t de las ... 776
3.8 por el fuego... será consumida toda la t ... 776
3.19 os pondré por alabanza y... en toda la t ... 776
3.20 y para alabanza entre... pueblos de la t ... 776
Hag 1.10 la lluvia, y la t detuvo sus frutos ... 776
1.11 llamé la sequía sobre esta t, y sobre ... 776
1.11 sobre todo lo que la t produce, sobre ... 127
2.4 cobrad ánimo, pueblo todo de la t, dice ... 776
2.6 a poco yo haré temblar los cielos y la t ... 776
2.6 temblar los cielos... el mar y la t seca
2.21 habla... haré temblar los cielos y la t ... 776
Zac 1.10 los que... ha enviado a recorrer la t ... 776
1.11 y dijeron: Hemos recorrido la t, y he ... 776
1.11 he aquí toda la t está reposada y quieta ... 776
1.21 que alzaron el cuerno sobre la t de Judá ... 776
2.6 eh, huid de la t del norte, dice Jehová ... 776
2.12 poseerá a Judá su heredad en la t santa ... 127
3.9 y quitaré el pecado de la t en un día ... 776
4.10 ojos de Jehová, que recorren toda la t ... 776
4.14 están delante del Señor de toda la t ... 776
5.3 es la maldición que sale sobre la... la t ... 776
5.6 esta es la iniquidad de ellos en toda la t ... 776
5.9 y alzaron el efa entre la t y los cielos ... 776
5.11 que le sea edificada casa en t de Sinar ... 776
6.5 de presentarse delante del Señor de... la t ... 776
6.6 el carro con... salía hacia la t del norte ... 776
6.6 y los overos salieron hacia la t del sur ... 776

T

6.7 afanaron por ir a recorrer la *t*. Y dijo 776
6.7 id, recorred la *t*. Y recorrieron la *t* 776
6.8 los que salieron hacia la *t* del norte 776
6.8 hicieron reposar mi Espíritu en la *t* del 776
7.14 *t* fue desolada tras ellos, sin quedar 776
7.14 convirtieron en desierto la *t* deseable 776
8.7 yo salvo a mi pueblo de la *t* del oriente 776
8.7 yo salvo...de la *t* donde se pone el sol............ 776
8.12 y dará su producto la *t*, y los cielos 776
9.1 la profecía...está contra la *t* de Hadrac 776
9.10 y desde el río hasta los fines de la *t* 776
9.16 los salvará...serán enaltecidos en su *t* 127
10.10 porque yo los traeré de la *t* de Egipto.......... 776
10.10 traeré a la *t* de Galaad y del Líbano 776
11.6 no tendré...piedad de...moradores de la *t* 776
11.6 asolarán la *t*, y yo no los libraré de 776
11.16 yo levanto en la *t* a un pastor que no 776
12.1 Jehová, que extiende los...y funda la *t* 776
12.3 todas las naciones de la *t* se juntarán........... 776
12.12 y la *t* lamentará, cada linaje aparte 776
13.2 quitaré de la *t*...nombres de...imágenes 776
13.2 haré cortar de la *t* a los profetas y al 776
13.5 no soy profeta; labrador soy de la *t*
13.8 y acontecerá en toda la *t*...que las dos 776
14.9 y Jehová será rey sobre toda la *t* 776
14.10 la *t* se volverá como llanura desde Geba 776
14.17 las familias de la *t* que no subieren a 776
Mal 3.11 y no os destruirá el fruto de la *t* 127
3.12 porque seréis *t* deseable, dice Jehová........... 776
4.6 no sea que yo...hiera la *t* con maldición 776
Mt 2.6 y tú, Belén, de la *t* de Judá, no eres *1093*
2.12 pero...regresaron a su *t* por otro camino *5561*
2.20 vete a *t* de Israel, porque han muerto.......... *1093*
2.21 tomó al niño y a...vino a *t* de Israel............ *1093*
4.15 *t* de Zabulón y *t* de Neftalí, camino del......... *1093*
5.5 **porque ellos recibirán la *t* por heredad**......... *1093*
5.13 **vosotros sois la sal de la *t*; pero si** *1093*
5.18 **que pasen el cielo y la *t*, ni una jota** *1093*
5.35 **ni por la *t*...es el estrado de sus pies** *1093*
6.10 **tu voluntad, como en el cielo, así también en la *t*** *1093*
6.19 **no os hagáis tesoros en la *t*, donde la** *1093*
8.28 cuando llegó...a la *t* de los gadarenos *5561*
9.6 **Hijo del Hombre tiene potestad en la *t*** *1093*
9.26 se difundió la fama...por toda aquella *t* *1093*
9.31 divulgaron la fama de él por...aquella *t* *1093*
10.15 **más tolerable el...para la *t* de Sodoma** *1093*
10.29 **ni uno de...cae a *t* sin vuestro Padre**......... *1093*
10.34 **que he venido para traer paz a la *t*; no**....... *1093*
11.24 **más tolerable el...para la *t* de Sodoma** *1093*
11.25 **te alabo...Señor del cielo y de la *t*** *1093*
12.40 **estará el Hijo...en el corazón de la *t*** *1093*
12.42 **porque ella vino de los fines de la *t*** *1093*
13.5 **cayó...donde no había mucha *t*, y brotó**....... *1093*
13.5 **brotó pronto...no tenía profundidad de *t*** *1093*
13.8 **Pero parte cayó en buena *t*, y dio fruto**......... *1093*
13.23 **el que fue sembrado en buena *t*, éste es** *1093*
13.54 y venido a su *t*, les enseñaba en la *3968*
13.57 **profeta sin honra, sino en su propia *t*** *3968*
14.34 terminada la travesía...a *t* de Genesaret *1093*
14.35 noticia por toda aquella *t* alrededor, y......... *4066*
15.35 y mandó a la multitud...recostase en *t* *1093*
16.19 **todo lo que atares en la *t* será atado** *1093*
16.19 **lo que desatares en la *t* será desatado**........ *1093*
17.25 **los reyes de la *t*, ¿de quiénes cobran** *1093*
18.18 **todo lo que atéis en la *t*, será atado** *1093*
18.18 **y todo lo que desatéis en la *t*, será** *1093*
18.19 **se pusieren de acuerdo en la *t* acerca** *1093*
19.29 **haya dejado casas...o *t*, por mi nombre** *68*
23.9 **llaméis padre vuestro a nadie en la *t*** *1093*
23.15 **recorréis...*t* para hacer un prosélito** *3584*
23.35 **sangre justa que se ha derramado...la *t*** *1093*
24.30 **lamentarán todas las tribus de la *t*, y** *1093*
24.35 **y la *t* pasarán, pero mis palabras no** *1093*
25.18 **cavó en la *t* y escondió el dinero de** *1093*
25.25 **fui y escondí tu talento en la *t*; aquí** *1093*
27.45 hubo tinieblas sobre toda la *t* hasta *1093*
27.51 la *t* tembló, y las rocas se partieron *1093*
28.18 **toda potestad me es dada en...y en la *t*** *1093*
Mr 2.10 **tiene potestad en la *t* para perdonar**.......... *1093*
4.1 toda la gente estaba en *t* junto al mar *1093*
4.5 **cayó en...donde no tenía mucha *t*; y brotó** *1093*
4.5 **brotó...porque no tenía profundidad de *t*** *1093*
4.8 **otra parte cayó en buena *t*, y dio fruto**.......... *1093*
4.20 **y éstos son los...sembrados en buena *t*** *1093*
4.26 **cuando un hombre echa semilla en la *t*** *1093*
4.28 **porque de suyo lleva fruto la *t*...grano**......... *1093*
4.31 **de mostaza, que cuando se siembra en *t*** *1093*
4.31 **más pequeña de todas...que hay en la *t*** *1093*
6.1 salió Jesús de allí y vino a su *t*, y le *3968*
6.4 **no hay profeta sin honra sino en su...*t*** *3968*
6.47 al venir la noche...estaba...él solo en *t* *1093*
6.53 vinieron a *t* de Genesaret, y arribaron *1093*
6.55 y recorriendo toda la *t* de alrededor *4066*
8.6 mandó...que se recostase en *t*; y tomando *1093*
9.3 ningún lavador en la *t* los puede hacer *1093*
9.20 al muchacho...cayendo en *t* se revolcaba *1093*
10.29 **dejado casa, o...*t*, por causa de mí y** *68*
10.30 **y *t*, con persecuciones; y en el siglo**............. *68*
13.27 **desde el extremo de la *t* hasta...cielo**............ *68*
13.31 **y la *t* pasarán, pero mis palabras no** *68*
14.35 postró en *t*, y oró que si fuese posible............ *68*
15.33 hubo tinieblas sobre toda la *t* hasta la *68*
Lc 2.14 en la *t* paz, buena voluntad para con *68*
4.5 en un momento todos los reinos de la *t* *3625*
4.14 y se difundió su fama por toda la *t* de.......... *4066*
4.23 tantas cosas...haz también aquí en tu *t*......... *3968*
4.24 **ningún profeta es acepto en su propia *t*** *3968*
4.25 **y hubo una gran hambre en toda la *t*** *1093*
5.3 le rogó que la apartase de *t* un poco; y........... *1093*
5.11 trajeron a *t* las barcas, dejándolo todo.......... *1093*
5.12 se postró con el rostro en *t* y le rogó
5.24 **potestad en la *t* para perdonar pecados** *1093*
6.49 **hombre que edificó su casa sobre *t*** *1093*
8.8 **y otra parte cayó en buena *t*, y nació y** *1093*
8.15 **mas la que cayó en buena *t*, éstos son** *1093*
8.26 arribaron a la *t* de los gadarenos, que......... *5561*
8.27 al llegar él a *t*, vino a su encuentro *1093*
10.21 **oh Padre, Señor del cielo y de la *t*** *1093*
11.2 **como en el cielo, así también en la *t*** *1093*
11.31 **vino de los fines de la *t* para oír la** *1093*
12.49 **fuego vine a echar en la *t*; ¿y qué** *1093*
12.51 **venido para dar paz en la *t*? Os digo** *1093*
12.56 **sabéis distinguir el aspecto de...la *t*** *1093*
13.7 **córtala; ¿para qué inutiliza...la *t*?** *1093*
14.35 **ni para la *t* ni para el muladar es útil** *1093*
15.15 **se arrimó a uno de los...de aquella *t*** *5561*
16.17 **más fácil es que pasen el cielo y la *t*** *1093*
17.16 y se postró rostro en *t* a sus pies
18.8 **cuando venga el...¿hallará fe en la *t*?**......... *1093*
19.44 **te derribarán a *t*, y a tus hijos dentro** *1474*
21.23 **habrá gran calamidad en la *t*, e ira** *1093*
21.25 **habrá...en la *t* angustia de las gentes** *1093*
21.26 **de las cosas que sobrevendrán en la *t*** *3625*
21.33 **cielo y la *t* pasarán, pero mis palabras** *1093*
21.35 **que habitan sobre la faz de toda la *t*** *1093*
22.44 gotas de sangre que caían hasta la *t*........... *1093*
23.44 hubo tinieblas sobre toda la *t* hasta la *1093*
24.5 tuvieron temor, y bajaron el rostro a *t* *1093*
Jn 3.22 vino...a la *t* de Judea, y estuvo allí *1093*
3.31 el que es de la *t*, es terrenal, y cosas *1093*
4.44 el profeta no tiene honra en su propia *t* *3968*
6.21 barca, la cual llegó...a la *t* adonde iban *1093*
8.6 pero Jesús...escribía en *t* con el dedo............ *1093*
8.8 e inclinándose...siguió escribiendo en *t* *1093*
9.6 escupió en *t*, e hizo lodo con la saliva *5476*
12.24 **grano de trigo no cae en la *t* y muere** *1093*
12.32 **yo, si fuere levantado de la *t*, a todos**......... *1093*
17.4 **te he glorificado en la *t*; he acabado la** *1093*
18.6 cuando les dijo: Yo soy...y cayeron a *t* *5476*
21.8 no distaban de *t* sino como doscientos *1093*
21.9 al descender a *t*, vieron brasas puestas *1093*
21.11 sacó la red a *t*, llena de grandes peces.......... *1093*
Hch 1.8 **testigos en...hasta lo último de la *t*** *1093*
2.19 daré prodigios...señales abajo en la *t* *1093*
3.25 serán benditas todas...familias de la *t*.......... *1093*
4.24 el Dios que hiciste el cielo y la *t*, el *1093*
4.26 se reunieron los reyes de la *t*, y los *1093*
7.3 le dijo: Sal de tu *t*...y ven a la *t* que *1093*
7.4 salió de la *t* de los caldeos y habitó en *1093*
7.4 Dios le trasladó a esta *t*, en la cual............. *1093*
7.6 descendencia sería extranjera en *t* ajena *1093*
7.11 vino...hambre en toda la *t* de Egipto y *1093*
7.29 y vivió como extranjero en *t* de Madián.......... *1093*
7.33 porque el lugar en que estás es *t* santa *1093*
7.36 habiendo hecho prodigios y señales en *t*......... *1093*
7.40 Moisés, que nos sacó de la *t* de Egipto *1093*
7.45 tomar posesión de la *t* de los gentiles
7.49 mi trono, y la *t* el estrado de mis pies *1093*
8.1 fueron esparcidos por las *t* de Judea y *5561*
8.33 mas...porque fue quitada de la *t* su vida......... *1093*
9.4 cayendo en *t*, oyó una voz que le decía......... *1093*
9.8 Saulo se levantó de *t*, y abriendo...ojos *1093*
10.11 atado de las...puntas era bajado a la *t* *1093*
10.39 cosas que Jesús hizo en la *t* de Judea *5561*
11.28 vendría una gran hambre en toda la *t*........... *3625*
13.17 pueblo, siendo ellos extranjeros en *t*............ *1093*
13.19 destruido siete naciones en la *t* de............. *1093*
13.47 para salvación hasta lo último de la *t*.......... *1093*
14.15 al Dios vivo, que hizo el cielo y la *t*............. *1093*
17.24 siendo Señor del cielo y de la *t*, no.............. *1093*
17.26 que habiten sobre toda la faz de la *t*............ *1093*
20.13 Pablo, ya que...queriendo él ir por *t*
22.22 quita de la *t* a tal hombre, porque no *1093*
26.14 **caído todos nosotros en *t*, oí una voz** *1093*
26.20 anuncié...por toda la *t* de Judea, y a *5561*
17.27 sospecharon que estaban cerca de *t*............. *5561*
27.39 de día, no reconocían la *t*, pero veían.......... *1093*
27.43 echasen los primeros, y saliesen a *t* *1093*
27.44 y así...todos se salvaron saliendo a *t* *1093*
Ro 9.17 mi nombre sea anunciado por toda la *t* *1093*
9.28 Señor ejecutará su sentencia sobre la *t*.......... *1093*
10.18 por toda la *t* ha salido la voz de ellos *1093*
10.18 y hasta los fines de la *t* sus palabras........... *3625*
1 Co 8.5 dioses, sea en el cielo, o en la *t*.............. *1093*
10.26,28 del Señor es la *t* y su plenitud.............. *1093*
15.47 el primer hombre es de la *t*, terrenal *1093*
Ef 1.10 así las...como las que están en la *t*............. *1093*
3.15 toma nombre toda familia en...y en la *t* *1093*
4.9 primero a las partes más bajas de la *t*? *1093*
6.3 bien, y seas de larga vida sobre la *t*............. *1093*
Fil 2.10 que están...en la *t*, y debajo de la *t* *1919,2709*
Col 1.16 en los cielos y las que hay en la *t* *1093*
1.20 así las que están en la *t* como las que *1093*
3.2 poned la mira...arriba, no en las de la *t* *1093*
He 1.10 Señor, en el principio fundaste la *t*............ *1093*
6.7 la *t* que bebe la lluvia...cae sobre ella *1093*
8.4 estuviese sobre la *t*, ni siquiera sería *1093*
8.9 tomé de...para sacarlos de la *t* de Egipto........ *1093*
11.9 en la *t* prometida como en *t* ajena, morando... *1093*
11.13 extranjeros y peregrinos sobre la *t* *1093*
11.29 fe pasaron el Mar Rojo como por *t* seca
11.38 errando por...cuevas...cavernas de la *t*...... *1093*
12.25 si no...al que los amonestaba en la *t* *1093*
12.26 la voz del cual conmovió entonces la *t*......... *1093*
12.26 conmoveré no solamente la *t*...el cielo *1093*
Stg 5.4 obreros que han cosechado vuestras *t* *5561*
5.5 habéis vivido en deleites sobre la *t*, y *1093*
5.7 cómo el labrador espera...fruto de la *t* *1093*
5.12 hermanos míos, no juréis...ni por la *t* *1093*
5.17 y no llovió sobre la *t* por tres años y........... *1093*
5.18 el cielo dio lluvia, y la *t* produjo su *1093*
2 P 3.5 fueron hechos por...los cielos y...la *t* *1093*
3.7 pero los cielos y la *t* que existen ahora.......... *1093*
3.10 la *t* y las obras...en ella serán quemadas...... *1093*
3.13 esperamos...cielos nuevos y *t* nueva, en....... *1093*
1 Jn 5.8 son los que dan testimonio en la *t* *1093*
Ap 1.5 y el soberano de los reyes de la *t* *1093*
1.7 linajes de la *t* harán lamentación por él *1093*
3.10 **para probar a los que moran sobre la *t*** *1093*
5.3 en la *t* ni debajo de la *t*, podía abrir............. *1093*
5.6 espíritus de Dios enviados por toda la *t*.......... *1093*
5.10 nos has hecho...y reinaremos sobre la *t*....... *1093*
5.13 y sobre la *t*, y debajo de la *t*, y en el *1093*
6.4 fue dado poder de quitar de la *t* la paz........... *1093*
6.8 potestad sobre la cuarta parte de la *t*........... *1093*
6.8 potestad...para matar con...fieras de la *t* *1093*
6.10 no juzgas y...en los que moran en la *t*? *1093*
6.13 las estrellas del...cayeron sobre la *t*........... *1093*
6.15 y los reyes de la *t*...se escondieron en *1093*
7.1 ángeles en pie sobre los...ángulos de la *t* *1093*
7.1 que detenían los cuatro vientos de la *t* *1093*
7.1 para que no soplase viento...sobre la *t* *1093*
7.2 el poder de hacer daño a la *t* y al mar *1093*
7.3 no hagáis daño a la *t*, ni al mar, ni a *1093*
8.5 lo llenó del fuego...y lo arrojó a la *t*............. *1093*
8.7 granizo...que fueron lanzados sobre la *t* *1093*
8.13 ¡ay...de los que moran en la *t*, a causa.......... *1093*
9.1 una estrella que cayó del cielo a la *t* *1093*
9.3 del humo salieron langostas sobre la *t*.......... *1093*
9.3 como tienen poder...escorpiones de la *t* *1093*
9.4 que no dañasen a la hierba de la *t*, ni *1093*
10.2 puso su pie...y el izquierdo sobre la *t*.......... *1093*
10.5 ángel que vi en pie sobre...sobre la *t* *1093*
10.6 la *t* y las cosas que están en ella, y el........... *1093*
10.8 del ángel que está en pie sobre...la *t* *1093*
11.4 están en pie delante del Dios de la *t* *1093*
11.6 poder...para herir la *t* con toda plaga........... *1093*
11.10 los moradores de la *t* se regocijarán........... *1093*
11.10 atormentado a los moradores de la *t* *1093*
11.18 de destruir a los que destruyen la *t*............ *1093*
12.4 las estrellas...y las arrojó sobre la *t* *1093*
12.9 arrojado a la *t*, y sus ángeles fueron *1093*
12.12 ¡ay de los moradores de la *t* y del mar! *1093*
12.13 cuando vio...había sido arrojado a la *t*.......... *1093*
12.16 la *t* ayudó a la mujer, pues la *t* abrió........... *1093*
13.3 maravilló toda la *t* en pos de la bestia *1093*
13.8 la adoraron todos los moradores de la *t* *1093*
13.11 otra bestia que subía de la *t*; y tenía *1093*
13.12 hace que la *t* y...adoren a la primera *1093*
13.13 hace descender fuego del cielo a la *t* *1093*
13.14 engaña a los moradores de la *t* con las *1093*
13.14 mandando a los moradores de la *t* que *1093*
14.3 fueron redimidos de entre los de la *t* *1093*
14.6 predicarlo a los moradores de la *t*, a *1093*
14.7 adorad a aquel que hizo el cielo y la *t*.......... *1093*
14.15 y siega...la mies de la *t* está madura *1093*
14.16 metió su hoz en la *t*, y la *t* fue segada......... *1093*
14.18 y vendimia los racimos de la *t*, porque......... *1093*
14.19 arrojó su hoz en la *t*, y vendimió la *1093*
14.19 y vendimió la viña de la *t*, y echó las........... *1093*
16.1 derramad sobre la *t* las siete copas de.......... *1093*
16.2 el primero, y derramó su copa sobre la *t* *1093*
16.14 y van a los reyes de la *t* en todo el *1093*
16.18 hubo...truenos, un gran temblor de *t*........... *1093*
16.18 jamás desde que...han estado sobre la *t*....... *1093*
17.2 la cual han fornicado los reyes de la *t* *1093*
17.2 los moradores de la *t* se han embriagado....... *1093*
17.5 la madre...de las abominaciones de la *t* *1093*
17.8 moradores de la *t*...se asombrarán viendo *1093*
17.18 ciudad que reina sobre...reyes de la *t*.......... *1093*
18.1 gran poder, y la *t* fue alumbrada con su......... *1093*
18.3 los reyes de la *t* han fornicado con ella *1093*
18.3 mercaderes de la *t* se han enriquecido de *1093*
18.9 los reyes de la *t* que han fornicado con *1093*
18.11 los mercaderes de la *t* lloran y hacen.......... *1093*
18.23 tus mercaderes eran los grandes de la *t*....... *1093*
18.24 todos los que han sido muertos en la *t*.......... *1093*
19.2 ha corrompido a la *t* con su fornicación *1093*
19.4 se postraron en *t* y adoraron a Dios, que
19.19 y vi a la bestia, a los reyes de la *t* *1093*
20.8 engañar...en los cuatro ángulos de la *t*.......... *1093*
20.9 y subieron sobre la anchura de la *t*, y........... *1093*
20.11 de delante del cual huyeron la *t* y el *1093*
21.1 vi...una *t* nueva...y la primera *t* pasaron....... *1093*
21.24 los reyes de la *t* traerán su gloria y............ *1093*

TIESTO

Job 2.8 tomaba Job un *t* para rascarse con él 2789
Sal 22.15 como un *t* se secó mi vigor, y mi 2789
68.13 bien que fuisteis echados entre los *t*........... 8240
Pr 26.23 escoria de plata echada sobre el *t*............ 2789
Is 30.14 que entre los pedazos no se halla *t*........... 2789
45.9 pleitea...¡el *t* con los *t* de la tierra! 2789
Ez 23.34 lo beberás, pues...y quebrarás sus *t* 2789

TIFSA

1. Ciudad en la orilla del Eufrates, 1 R 4.24.......... 8607
2. Ciudad cerca de Samaria, 2 R 15.16 8607

TIGLAT-PILESER *Rey de Asiria (=Pul)*

2 R 15.29 en los días de Peka...vino *T* rey de 8407
16.7 Acaz envió embajadores a *T*...de Asiria........ 8407

16.10 fue el rey Acaz a encontrar a *T* rey de........ 8407
1 Cr 5.6 Beera su hijo...transportado por *T* rey 8407
5.26 Dios...excitó el espíritu...de *T* rey de.......... 8407
2 Cr 28.20 vino contra él *T*...quien lo redujo........... 8407

TILDE
Mt 5.18 **ni una jota ni una *t* pasará de la ley** *2762*
Lc 16.17 **más fácil...se frustre una *t* de la ley** *2762*

TILÓN *Descendiente de feidá*, 1 Cr 4.20.......... 8436

TIMEO *Padre del ciego Bartimeo*, Mr 10.46...... *5090*

TIMNA
1. Concubina de Elifaz No. 1 y hermana de Lotán, Gn 36.12,22; 1 Cr 1.39 8555
2. Jefe de Esaú, Gn 36.40; 1 Cr 1.51 8555
3. Ciudad en la frontera de Judá (=Timnat No. 2), Jos 15.10; 2 Cr 28.18............................ 8553
4. Aldea en Judá (=Timnat No. l), Jos 15.57 8553
5. Hijo de Elifaz No. 1, 1 Cr 1.36.................... 8555

TIMNAT
1. Aldea cananea (=Timna No. 4)
Gn 38.12 Judá...subía a los trasquiladores...*T* 8553
38.13 he aquí tu suegro sube a *T* a trasquilar....... 8553
38.14 se puso a la entrada...al camino de *T* 8553
2. Ciudad en Dan ocupada por los filisteos (=Timna No. 3)
Jos 19.43 Elón, *T*, Ecrón 8553
Jue 14.1 descendió Sansón a *T*, y vio en *T* a............ 8553
14.2 yo he visto en *T* una mujer de las hijas......... 8553
14.5 Sansón descendió...a *T*...las viñas de *T* 8553

TIMNATEO *Oriundo de Timnat No.* 2, Jue 15.6... 8554

TIMNAT-SERA *Heredad de Josué*
Jos 19.50 le dieron...*T*, en el monte de Efraín.......... 8556
24.30 le sepultaron en su heredad en *T*, que 8556
Jue 2.9 lo sepultaron en su heredad en *T*, en 8556

TIMÓN *Uno de los siete diáconos de Jerusalén*, Hch 6.5..................................... *5096*

TIMÓN *(s.)*
Hch 27.40 largando también las amarras del *t* *4079*
Stg 3.4 son gobernadas con un muy pequeño *t* *4079*

TIMOTEO *Hijo espiritual y compañero de Pablo*
Hch 16.1 había allí cierto discípulo llamado *T* *5095*
17.14 que fuese...y Silas y *T* se quedaron allí *5095*
17.15 recibido orden para Silas y *T*, de que *5095*
18.5 cuando Silas y *T* vinieron de Macedonia....... *5095*
19.22 y enviando a Macedonia a...*T* y Erasto....... *5095*
20.4 acompañaron hasta...Gayo de Derbe, y *T*..... *5095*
Ro 16.21 saludan *T*, mi colaborador, y Lucio........... *5095*
1 Co 4.17 por esto mismo os he enviado a *T*............ *5095*
16.10 llega *T*, mirad que esté con vosotros.......... *5095*
2 Co 1.1 Pablo...y el hermano *T*, a la iglesia *5095*
1.19 ha sido predicado...por mí, Silvano y *T*........ *5095*
Fil 1.1 Pablo y *T*, siervos de Jesucristo, a............... *5095*
2.19 espero...enviaros pronto a *T*, para que........ *5095*
Col 1.1 apóstol de Jesucristo...y el hermano *T*......... *5095*
1 Ts 1.1 Pablo, Silvano y *T*, a la iglesia de *5095*
3.2 enviamos a *T* nuestro hermano, servidor *5095*
3.6 cuando *T* volvió de vosotros...y nos dio *5095*
2 Ts 1.1 Pablo, Silvano y *T*, a la iglesia de *5095*
1 Ti 1.2 a *T*, verdadero hijo en la fe: Gracia............ *5095*
1.18 este mandamiento, hijo *T*, te encargo *5095*
6.20 *T*, guarda lo que se te ha encomendado........ *5095*
2 Ti 1.2 a *T*, amado hijo: Gracia...y paz, de *5095*
Flm 1 Pablo...el hermano *T*, al amado Filemón........ *5095*
He 13.23 sabed que está en libertad...T, con........... *5095*

TINAJA
1 R 17.12 un puñado de harina tengo en la *t*........... 3537
17.14 la harina de la *t* no escaseará, ni el 3537
17.16 y la harina de la *t* no escaseó, ni el 3537
Jer 13.12 ha dicho...Toda *t* se llenará de vino 5035
13.12 ¿no sabemos que toda *t* se llenará de......... 5035
Jn 2.6 y estaban allí seis *t* de piedra para.............. *5201*
2.7 **llenad estas *t* de agua. Y las llenaron**.......... *5201*

TINIEBLA
Gn 1.2 las *t* estaban sobre la faz del abismo........... 2822
1.4 era buena; y separó Dios la luz de las *t* 2822
1.5 y a las *t* llamó Noche. Y fue la tarde y 2822
1.18 noche, y para separar la luz de las *t*............ 2822
Éx 10.21 que haya *t* sobre la tierra de Egipto 2822
10.22 hubo densas *t* sobre toda la tierra de.......... 2822
14.20 era nube y *t*...y alumbraba a *T* srael de 2822
Dt 4.11 monte ardía...con *t*, nube y oscuridad.......... 6205
5.23 oísteis la voz de en medio de las *t*, y 2822
1 S 2.9 santos, mas los impíos perecen en *t*............. 2822
2 S 22.10 cielos...y había *t* debajo de sus pies 6205
22.12 puso *t* por su escondedero alrededor de...... 2822
22.29 mi lámpara...mi Dios alumbrará mis *t*....... 2822
Job 3.5 aféenlo *t* y sombra de muerte...nublado....... 2822
5.14 de día tropiezan con *t*, y a mediodía........... 2822
10.21 la tierra de *t* y de sombra de muerte 2822
10.22 tierra de...cuya luz es como densas *t*.......... 652
12.22 él descubre las profundidades de las *t*........ 2822
12.25 van a tientas, como en *t* y sin luz, y 2822
15.22 él no cree que volverá de las *t*, y.............. 2822
15.23 sabe que le está preparado día de *t* 2822
15.30 no escapará de las *t*; la llama secará.......... 2822
17.12 y la luz se acorta delante de las *t*............. 2822
17.13 el Seol es mi...haré mi cama en las *t* 2822
18.18 de la luz...lanzado a la, *t*, y echado.......... 2822
19.8 de vallado...y sobre mis veredas puso *t* 2822
20.26 las *t* están reservadas para sus tesoros 2822
22.11 *t*, para que no veas, y abundancia de......... 2822
23.17 que no fui yo cortado delante de las *t*......... 2822
24.16 en las *t* minan las casas que de día........... 2822
26.10 aguas, hasta el fin de la luz y las *t*........... 2822
28.3 a las *t* ponen término, y examinan todo........ 2822
34.22 no hay *t* ni sombra de muerte donde se 2822
37.19 no podemos ordenar...a causa de las *t*....... 2822
38.19 la luz, y dónde está el lugar de las *t* 2822
Sal 18.9 y había densas *t* debajo de sus pies........... 6205
18.11 puso *t* por su escondedero, por cortina....... 2822
18.28 tú encenderás...mi Dios alumbrará mis *t* 2822
82.5 no entienden, andan en *t*; tiemblan todos...... 2825
88.6 has puesto...en *t*, en lugares profundos 4285
88.12 reconocidas en las *t* tus maravillas........... 2822
88.18 has...a mis conocidos has puesto en *t* 4285
104.20 pones las *t*, y es la noche; en ella 2822
105.28 envió *t* que lo oscurecieron todo; no......... 2822
107.10 algunos moraban en *t* y sombra de 2822
107.14 los sacó de las *t* y de la sombra de 2822
112.4 resplandeció en las *t* luz a los rectos 2822
139.11 si...ciertamente las *t* me encubrirán 2822
139.12 las *t* no encubren de ti, y la noche 2822
139.12 día; lo mismo te son las *t* que la luz.......... 2825
143.3 me ha hecho habitar en *t* como los ya 4285
Pr 7.9 tarde...en la oscuridad y *t* de la noche........... 653
Ec 2.13 sobrepasa a la...como la luz a las *t*............ 2822
2.14 el sabio tiene...mas el necio anda en *t*......... 2822
5.17 todos los días de su vida comerá en *t* 2822
6.4 las *t* va, y con *t* su nombre es cubierto 2822
11.8 acuérdese...los días de las *t* serán muchos 2822
Is 5.20 que hacen de la luz *t*, y de las *t* luz 2822
5.30 aquí *t* de tribulación, y en sus cielos 2822
8.22 mirarán a la...y he aquí tribulación y *t*........ 2825
8.22 a la tierra...y serán sumidos en las *t* 653
9.2 el pueblo que andaba en *t* vio gran luz 2822
29.15 sus obras están en *t*, y dicen: ¿Quién 4285
29.18 verán en medio...oscuridad y de las *t* 2822
42.7 para que saques...a los que moran en *t* 2822
42.16 delante de ellos cambiaré las *t* en luz......... 4285
45.7 que formo la luz y creo las *t*, que hago......... 2822
47.5 entra en *t*, hija de los caldeos; porque 2822
49.9 digas...a los que están en *t*: Mostraos 2822
50.10 que anda en *t* y carece de luz, confíe 2825
58.10 en las *t* nacerá tu luz, y tu oscuridad 2822
59.9 esperamos luz...he aquí *t*; resplandores....... 2822
60.2 porque he aquí que *t* cubrirán la tierra........ 2822
Jer 2.31 ¿he sido...desierto...o tierra de *t*?............. 3991
13.16 dad gloria a...antes que haga venir *t*......... 2821
13.16 os la vuelva en sombra de muerte y *t*......... 6205
Lm 3.2 me guio y me llevó en *t*, y no en luz 2822
Ez 8.12 ancianos...hacen en *t*...en sus cámaras....... 2822
30.18 *t* la cubrirá y los moradores de sus
31.15 al Líbano cubrí de *t* por él, y todos
32.8 pondré *t* sobre tu tierra, dice Jehová 2822
Dn 2.22 él...conoce lo que está en *t*, y con él.......... 2816
Jl 2.2 día de *t* y de oscuridad, día de nube y 2822
2.31 el sol se convertirá en *t*, y la luna en........... 2822
Am 4.13 hace de las *t* mañana, y pasa sobre las 5890
5.8 buscad al que...vuelve las *t* en mañana
5.18 día de Jehová? Será de *t*, y no de luz 2822
5.20 ¿no será el día de Jehová *t*, y no luz 2822
8.9 cubriré de *t* la tierra en el día claro 2821
Mi 7.8 aunque more en *t*, Jehová será mi luz 2822
Nah 1.8 con...y *t* perseguirán a sus enemigos......... 2822
Sof 1.15 de *t* y de oscuridad, día de nublado 2822
Mt 4.16 el Pueblo asentado en *t* vio gran luz.......... *4655*
6.23 **es maligno, todo tu cuerpo estará en *t***......... *4652*
6.23 **la luz que en ti hay es *t*...las mismas *t*?** *4655*
8.12 **hijos del reino serán echados a las *t***.......... *4655*
10.27 **lo que os digo en *t*, decidlo en la luz** *4653*
22.13 **echadle en las *t* de afuera; allí será** *4655*
25.30 **y al siervo inútil echadle en las *t* de** *4655*
27.45 desde la hora sexta hubo *t* sobre toda *4655*
Mr 15.33 *t* sobre toda la tierra hasta la hora *4655*
Lc 1.79 para dar luz a los que habitan en *t* y.......... *4655*
11.34 **tu ojo es maligno...tu cuerpo está en *t*** *4652*
11.35 **no suceda...la luz que en ti hay, sea *t***....... *4655*
11.36 **de luz, no teniendo parte alguna de *t***........ *4652*
12.3 **que habéis dicho en *t*, a la luz se oirá** *4653*
22.53 **es vuestra hora, y la potestad de las *t*** *4655*
23.44 hubo *t* sobre toda la tierra hasta la........... *4655*
Jn 1.5 la luz en las *t* resplandece, y las *t* no *4653*
3.19 **los hombres amaron más las *t* que la luz**...... *4655*
8.12 **el que me sigue, no andará en *t*, sino**.......... *4653*
12.35 **luz, para que no os sorprendan las *t*** *4653*
12.35 **el que anda en *t*, no sabe adónde va**.......... *4653*
12.46 **todo aquel que cree...no permanezca en *t*** ... *4653*
Hch 2.20 el sol se convertirá en *t*, y la luna *4655*
13.11 ciego...cayeron sobre él oscuridad y *t*........ *4655*
26.18 **se conviertan de las *t* a la luz, y de** *4655*
Ro 2.19 eres guía...luz de los que están en *t* *4655*
13.12 desechemos, pues, las obras de las *t*......... *4655*
1 Co 4.5 aclarará también lo oculto de las *t*........... *4655*
2 Co 4.6 mandó que de las *t* resplandeciese la......... *4655*
6.14 ¿qué...y qué comunión la luz con las *t*?........ *4655*
Ef 5.8 en otro tiempo erais *t*, mas ahora sois *4655*
5.11 las obras infructuosas de las *t*, sino........... *4655*
6.12 los gobernadores de las *t* de este siglo......... *4655*
Col 1.13 ha librado de la potestad de las *t* *4655*
1 Ts 5.4 vosotros, hermanos, no estáis en *t*............ *4655*
5.5 del día; no somos de la noche ni de las *t*......... *4655*
He 12.18 oscuridad, a las *t* y a la tempestad *4655*
1 P 2.9 os llamó de las *t* a su luz admirable *4655*
1 Jn 1.5 Dios es luz, y no hay ningunas *t* en *4653*
1.6 si decimos...y andamos en *t*, mentimos, y....... *4655*
2.8 las *t* van pasando, y la luz verdadera ya *4653*
2.9 que dice...y aborrece a su hermano...en *t*...... *4653*
2.11 en *t*, y anda en *t*, y no sabe a dónde va......... *4653*
2.11 porque las *t* le han cegado los ojos *4653*
Jud 13 está reservada...la oscuridad de las *t*.......... *4655*
Ap 16.10 su reino se cubrió de *t*, y mordían............ *4656*

TINTA
Jer 36.18 él me dictaba...y yo escribía con *t*........... 1773
2 Co 3.3 no con *t*, sino con el Espíritu del *3188*
2 Jn 12 no he querido...por medio de papel y *t*........ *3188*
3 Jn 13 no quiero escribírtelas con *t* y pluma *3188*

TINTERO
Ez 9.2 varón...el cual traía a su cintura un *t* 7083
9.3 al varón...que tenía a su cintura el *t* de......... 7083
9.11 el varón...que tenía el *t* a su cintura........... 7083

TIÑA
Lv 13.30 es *t*, es lepra de la cabeza o de la............. 5424
13.31 hubiere mirado la llaga de la *t*, y no.......... 5424
13.31 encerrará por...días al llagado de la *t* 5424
13.32 si la *t* no pareciere haberse extendido........ 5424
13.32 ni pareciere la *t* más profunda que la 5424
13.33 por otros siete días al que tiene la *t* 5424
13.34 mirará el sacerdote la *t*; y si la *t* no.......... 5424
13.35 si la *t* se hubiere ido extendiendo en.......... 5424
13.36 si la *t* hubiere cundido en la piel, no.......... 5424
13.37 la *t* está detenida...la *t* está sanada 5424
14.54 esta es la ley acerca de toda plaga...*t* 5424

TÍO *Véase también Tía*
Lv 10.4 y llamó Moisés a...hijos de Uziel *t* de 1730
25.49 o su *t* o el hijo de su *t* lo rescatará 1730
Nm 36.11 casaron con hijos de sus *t* paternos
1 S 10.14 *t* de Saúl dijo a él y a su criado 1730
10.15 el *t* de Saúl: Yo te ruego me declares 1730
10.16 y Saúl respondió a su *t*: Nos declaró.......... 1730
14.50 general...era Abner, hijo de Ner *t* de......... 1730
2 R 24.17 por rey en lugar...a Matanías su *t*
1 Cr 27.32 Jonatán *t* de David era consejero 1730
Est 2.7 había criado a...Ester, hija de su *t*............. 1733
2.15 Ester, hija de Abihail *t* de Mardoqueo 1730
Jer 32.7 Hanameel hijo de Salum tu *t* viene a.......... 1730
32.8 vino...Hanameel hijo de mi *t*, conforme 1733
32.9 la heredad de Hanameel, hijo de mi *t*.......... 1733
32.12 delante de Hanameel el hijo de mi *t* 1733

TÍQUICO *Compañero de Pablo*
Hch 20.4 le acompañaron...de Asia, *T* y Trófimo *5190*
Ef 6.21 lo que hago, todo os lo hará saber *T* *5190*
Col 4.7 a mí se refiere, os lo hará saber *T* *5190*
2 Ti 4.12 a *T* lo envié a Efeso.......................... *5190*
Tit 3.12 cuando envíe a ti...a *T*, apresúrate a *5190*

TIRADOR
Gn 21.20 y habitó...desierto, y fue *t* de arco........... 7199

TIRANÍA
Sal 107.39 a causa de *t*, de males y congojas........... 6115
Is 10.1 ¡ay de los que dictan...y prescriben *t*........... 5999

TIRANNO *Dueño de una escuela en Éfeso*, Hch 19.9.................................. *5181*

TIRANO
Job 12.18 él rompe las cadenas de los *t*, y les 4428
Is 49.7 ha dicho Jehová...al siervo de los *t*............ 4910
49.24 ¿será rescatado el cautivo de un *t*?
49.25 el botín será arrebatado al *t*...salvaré 6184

TIRAR
Dt 32.15 pero engordó Jesurún, y *tiró* coces........... 1163
Jue 20.16 *tiraban* una piedra con la honda a 7049
1 S 17.49 tomó...la *tiró* con la honda, e hirió 7049
20.20 yo *tiraré* tres saetas hacia aquel lado......... 3384
20.36 dijo...busca las saetas que yo *tirare* 3384
20.36 él *tiraba* la saeta de modo que pasara........ 3384
20.37 estaba la saeta...Jonatán había *tirado* 3384
2 S 11.24 pero los flecheros *tiraron* contra 3384
2 R 13.17 dijo Eliseo: Tira. Y *tirando* él, dijo........... 3384
1 Cr 12.2 y usaban de ambas manos para *tirar*
2 Cr 26.14 Uzías preparó...hondas para *tirar*......... 7050
35.23 y los flecheros *tiraron* contra el rey 3384
Ec 1.6 el viento *tira* hacia el sur, y rodea
Is 13.18 con arco *tirarán* a los niños, y no 7376
Jer 50.14 *tirad* contra ella, no escatiméis las 3034
Mt 9.16 **porque tal remiendo *tira* del vestido** *142*
Mr 2.21 **el...remiendo nuevo *tira* de lo viejo** *142*

TIRAS *Hijo de Jafet*, Gn 10.2; 1 Cr 1.5 8494

TIRATEO *Familia de escribas*, 1 Cr 2.55.......... 8654

TIRHACA *Rey de Etiopía*
2 R 19.9 *T*...había salido para hacerle guerra.......... 8640
Is 37.9 mas oyendo decir de *T* rey de Etiopía 8640

TIRHANA *Hijo de Caleb*, 1 Cr 2.48 8647

TIRÍAS *Descendiente de Judá*, 1 Cr 4.16.......... 8493

TIRIO *Habitante de Tiro*
1 Cr 22.4 *t* habían traído a David...madera de 6876
Esd 3.7 y dieron...aceite a los sidonios y *t*............. 6876
Neh 13.16 había...*t* que traían pescado y toda 6876

TIRO *Ciudad y puerto de Fenicia*
Jos 19.29 hasta la ciudad fortificada de *T* 6865
2 S 5.11 Hiram rey de *T* envió embajadores a 6865
24.7 fueron luego a la fortaleza de *T*, y a 6865
1 R 5.1 Hiram rey de *T* envió...sus siervos a........... 6865
7.13 envió el rey...hizo venir de *T* a Hiram......... 6865
7.14 su padre...era de *T*; e Hiram era lleno 6876
9.11 Hiram rey de *T* había traído a Salomón 6865
9.12 salió Hiram de *T* para ver las ciudades........ 6865
1 Cr 14.1 rey de *T* envió a David embajadores......... 6865
2 Cr 2.3 y envió a decir Salomón a...rey de *T* 6865
2.11 Hiram rey de *T* respondió por escrito 6865
2.14 hijo de...de Dan, mas su padre fue de *T* 6876
Sal 45.12 las hijas de *T* vendrán con presentes 6865
83.7 los filisteos y los habitantes de *T*.............. 6065

87.4 Filistea y *T*, con Etiopía; éste nació 6865
Is 23.1 profecía sobre *T*. Aullad, naves de 6865
23.1 destruida es *T* hasta no quedar casa, ni
23.5 cuando llegue…dolor de las nuevas de *T* 6865
23.8 esto sobre *T*, la que repartía coronas 6865
23.15 aquel día, que *T* será puesta en olvido 6865
23.15 años, cantará *T* canción como de ramera 6865
23.17 fin de los 70 años visitará Jehová a *T* 6865
Jer 25.22 los reyes de *T*, a todos los reyes 6865
27.3 Amón, y al rey de *T*, y al rey de Sidón 6865
47.4 destruir a *T* y a Sidón todo aliado que 6865
Ez 26.2 cuanto dijo *T* contra Jerusalén: Ea 6865
26.3 yo estoy contra ti, oh *T*, y haré subir 6865
26.4 demolerán los muros de *T*, y…sus torres 6865
26.7 traigo yo contra *T* a Nabucodonosor rey 6865
26.15 ha dicho Jehová el Señor a *T*: ¿No se 6865
27.2 tú, hijo de hombre, levanta endechas…*T* 6865
27.3 dirás a *T*…*T*, tú has dicho: Yo soy de 6865
27.8 tus labios, oh *T*…estaban en ti; ellos 6865
27.32 ¿quién como *T*…destruida en medio del 6865
28.2 al príncipe de *T*: Así ha dicho Jehová 6865
28.12 levanta endechas sobre el rey de *T*, y 6865
29.18 prestar un arduo servicio contra *T* 6865
29.18 para él ni…su ejército hubo paga de *T* 6865
Os 9.13 Efraín…es semejante a *T*, situado en 6865
Jl 3.4 ¿qué tengo yo con vosotras, *T* y Sidón 6865
Am 1.9 por tres pecados de *T*, y por el cuarto 6865
1.10 prenderé fuego…muro de *T*, y consumirá 6865
Zac 9.2 *T* y Sidón, aunque sean muy sabias 6865
9.3 que *T* se edificó fortaleza, y amontonó 6865
Mt 11.21 **si en *T*…hubieran hecho los milagros** *5184*
11.22 **será más tolerable el castigo para *T*** *5184*
15.21 Jesús…se fue a la región de *T* y de *5184*
Mr 3.8 y de los alrededores de *T* y de Sidón *5184*
7.24 se fue a la región de *T* y de Sidón: y *5184*
7.31 volviendo a salir de la región de *T* *5184*
Lc 6.17 de gente…de la costa de *T* y de Sidón *5184*
10.13 **en *T*…se hubieran hecho los milagros** *5184*
10.14 **será más tolerable el castigo para *T*** *5184*
Hch 12.20 Herodes…enojado contra los de *T* y *5184*
21.3 navegmos a Siria, y arribamos a *T* *5184*
21.7 saliendo de *T* y arribando a Tolemaida *5184*

TIRO *(s.)*
Gn 21.16 a distancia de un *t* de arco; porque 2909,7198
Lc 22.41 a distancia como de un *t* de piedra *1000*

TIRSA
1. Hija de Zelofehad, Nm 26.33; 27.1; 36.11; Jos 17.3 . 8656
2. Ciudad cananea; posteriormente la capital del reino de Israel antes de edificarse Samaria
Jos 12.24 rey de *T*, otro; 31 reyes por todos 8656
1 R 14.17 la mujer de Jeroboam se…vino a *T* 8656
15.21 dejó de edificar a…y se quedó en *T* 8656
15.33 comenzó a reinar Baasa hijo de…en *T* 8656
16.6 fue sepultado en *T*, y reinó en su lugar 8656
16.8 a reinar Ela hijo de Baasa sobre…en *T* 8656
16.9 y estando él en *T*, bebiendo y…en *T* 8656
16.15 reinar Zimri, y reinó siete días en *T* 8656
16.17 y subió…todo Israel, y sitiaron a *T* 8656
16.23 reinó doce años; en *T* reinó seis años 8656
2 R 15.14 Manahem hijo de Gadi subió de *T* y 8656
15.16 saqueó a Tirsa, y…alrededores desde *T* 8656
Cnt 6.4 hermosa eres tú, oh amiga mía, como *T* 8656

TISBITA *Sobrenombre del profeta Elías*
1 R 17.1 Elías *t*, que era de los moradores de 8664
21.17,28 vino palabra de Jehová a Elías *t* 8664
2 R 1.3 el ángel de Jehová habló a Elías *t* 8664
1.8 un varón…Entonces él dijo: Es Elías *t* 8664
9.36 habló por medio de su siervo Elías *t* 8664

TISIS
Dt 28.22 Jehová te herirá de *t*, de fiebre, de 7829

TITO *Compañero del apóstol Pablo*
2 Co 2.13 reposo…por no haber hallado a…*T* *5103*
7.6 pero Dios…nos consoló con la venida de *T* *5103*
7.13 mucho más nos gozamos por el gozo de *T* *5103*
7.14 nuestro gloriarnos con *T* resultó verdad *5103*
8.6 manera que exhortarnos a *T* para que tal *5103*
8.16 en el corazón de *T* la misma solicitud *5103*
8.23 *T*, es mi compañero y colaborador para *5103*
12.18 rogué a *T*, y envié con él al hermano *5103*
12.18 os engañó acaso *T*? ¿No hemos procedido *5103*
Gá 2.1 subí otra vez a…también conmigo a *T* *5103*
2.3 ni aun *T*…fue obligado a circuncidarse *5103*
2 Ti 4.10 Crescente fue a Galacia, y *T* a *5103*
Tit 1.4 a *T*, verdadero hijo en la común fe *5103*

TITUBEAR
Sal 26.1 he confiado…en Jehová sin *titubear*
46.6 *titubearon* los reinos; dio él su voz
60.2 sana sus roturas, porque *titubea* 4131
107.27 tiemblan y *titubean* como ebrios, y 5128
Lm 4.14 *titubearon* como ciegos en las calles 5128

TÍTULO
Job 32.21 ni usaré con nadie de *t* lisonjeros
Mr 15.26 el *t* escrito de su causa era: EL REY *1923*
Lc 23.38 había también sobre él un *t* escrito *1923*
Jn 19.19 escribió…*t*, que puso sobre la cruz *5102*
19.20 y muchos de los judíos leyeron este *t* *5102*
19.20 *t* estaba escrito en hebreo, en griego

TIZITA *Sobrenombre de Joha, valiente de David,* 1 Cr 11.45 8491

TIZÓN
Sal 102.3 y mis huesos cual *t* están quemados 4168
Is 7.4 estos dos cabos de *t* que humean, por el 181
Am 4.11 y fuisteis como *t* escapado del fuego 181
Zac 3.2 ¿no es…un *t* arrebatado del incendio 181

TIZONCILLO
1 R 8.37 si en la tierra hubiere…*t*, añublo 7711
2 Cr 6.28 si hubiere *t* o añublo, langosta o 7711
Hag 2.17 os herí con viento…*t* y con granizo 7711

TOA *Levita descendiente de Coat*, 1 Cr 6.34 8430

TOALLA
Jn 13.4 levantó…y tomando una *t*, se la ciñó *3012*
13.5 y a enjugarlos con la *t* con que estaba *3012*

TOB *Distrito en Haurán (=Is-Tob)*
Jue 11.3 huyó…Jefté…habitó en tierra de *T* 2897
11.5 fueron a traer a Jefté de…tierra de *T* 3897

TOBADONÍAS *Levita era el servicio del rey* Josafat, 2 Cr 17.8 2899

TOBÍAS
1. Levita en el servicio del rey Josafat, 2 Cr 17.8 2900
2. Padre de una familia que regresó de Babilonia, Esd 2.60; Neh 7.62 2900
3. Amonita que se opuso a Nehemías
Neh 2.10 pero oyéndolo…*T* el siervo amonita 2900
2.19 cuando lo oyeron…*T* el siervo amonita 2900
4.3 y estaba junto a él *T* amonita, el cual 2900
4.7 oyendo Sanbalat y *T*, y los árabes, los 2900
6.1 oyeron Sanbalat y *T* y Gesem el árabe, y 2900
6.12 porque *T* y Sambalat lo habían sobornado 2900
6.14 acuérdate, Dios mío, de *T* y de Sambalat 2900
6.17 cartas…de Judá a *T*, y las de *T* venían 2900
6.19 y enviaba *T* cartas para atemorizarme 2900
13.4 Eliasib…jefe…había emparentado con *T* 2900
13.7 que había hecho…por consideración a *T* 2900
13.8 y arrojé…los muebles de la casa de *T* 2900
4. Uno que regresó de Babilonia, Zac 6.10,14 2900

TOBILLO
Ez 47.3 hizo pasar por las aguas hasta los *t*
Hch 3.7 momento se le afirmaron los pies y *t* *4974*

TOCADO
Is 3.23 espejos, el lino fino…gasas y los *t* 6797

TOCAR
Gn 3.3 no comeréis de él, ni le *tocaréis*, para 5060
4.21 fue padre de todos los que *tocan* arpa 8610
20.6 le dijo…no te permití que la *tocases* 5060
26.11 que *tocare* a este hombre o a su mujer 5060
26.29 como nosotros no te hemos *tocado*, y 5060
28.12 tierra, y su extremo *tocaba* en el cielo 5060
32.25 *tocó*…el sitio del encaje de su muslo 5060
32.32 *tocó* a Jacob este sitio de su muslo en 5060
Éx 19.12 no subáis al…ni *toquéis* sus límites 5060
19.12 que *tocare* el monte, de seguro morirá 5060
19.13 no lo *tocará* mano, porque será apedreado 5060
19.15 estad preparados para…no *toquéis* mujer
29.37 que *tocare* el altar, será santificada 5060
30.29 que *tocare* en ellos, será santificado 5060
Lv 5.2 hubiere *tocado* cualquiera cosa inmunda 5060
5.3 si *tocare* inmundicia de hombre…y no lo 5060
6.18 cosa que *tocare* en ellas será santificada 5060
6.27 lo que *tocare* su carne, será santificado 5060
7.19 la carne que *tocare* alguna cosa inmunda 5060
7.21 persona que *tocare* alguna cosa inmunda 5060
11.8 comeréis, ni *tocaréis* su cuerpo muerto 5060
11.24 *tocare* sus cuerpos…será inmundo hasta 5060
11.26 cualquiera que los *tocare* será inmundo 5060
11.27,39 *tocare* sus cadáveres será inmundo 5060
11.31 los *tocare* cuando estuvieren muertos 5060
11.36 *tocado* en los cadáveres será inmundo 5060
12.4 ninguna cosa santa *tocará* ni vendrá al 5060
15.5 y cualquiera que *tocare* su cama lavará 5060
15.7 que *tocare* el cuerpo del que tiene flujo 5060
15.10 *tocare* cualquiera cosa que haya estado 5060
15.11 quien *tocare* el que tiene flujo, y no 5060
15.12 vasija…que *tocare* el que tiene flujo 5060
15.19 cualquiera que la *tocare* será inmundo 5060
15.21 cualquiera que *tocare* su cama, lavará 5060
15.22 cualquiera que *tocare* cualquier mueble 5060
15.23 lo *tocare* será inmundo hasta la noche 5060
15.27 cualquiera que *tocare* esas cosas será 5060
22.4 que *tocare* cualquiera cosa de cadáveres 5060
22.5 el varón que hubiere *tocado*…reptil por 5060
22.6 la persona que lo *tocare* será inmunda 5060
25.9 harás *tocar*…trompeta en el mes séptimo 5674
25.9 *tocar* la trompeta por…vuestra tierra 5674
Nm 4.15 pero no *tocarán* cosa santa, no sea que 5060
10.3 cuando las *tocaren*…la congregación se 8628
10.4 mas cuando *tocaren* sólo una, entonces 8628
10.5 cuando *tocareis* alarma, entonces moverán 8628
10.6 y cuando *tocareis* alarma la segunda vez 8628
10.6 al sur; alarma *tocarán* para sus partidas 8628
10.7 *tocaréis*, mas no con sonido de alarma 8628
10.8 los sacerdotes, *tocarán* las trompetas 8628
10.9 guerra…*tocareis* alarma con las trompetas 7321
10.10 *tocaréis*…sobre vuestros holocaustos 8628
16.26 y no *toquéis* ninguna cosa suya, para 5060
19.11,13 el que *tocare* cadáver de…persona 5060
19.16 y cualquiera que *tocare* algún muerto 5060
19.18 y sobre…que hubiere *tocado* el hueso 5060
19.21 que *tocare* el agua de la purificación 5060
19.22 y todo lo que el inmundo *tocare*, será 5060
19.22 la persona que lo *tocare* será inmunda 5060
31.6 con las trompetas en su mano para *tocar* 8643
31.19 haya *tocado* muerto, permaneced fuera 5060
Dt 14.8 no…ni *tocaréis* sus cuerpos muertos 5060
32.9 pueblo; Jacob la heredad que te *tocó*
Jos 2.19 sangre será sobre…si mano le *tocare*
6.4 arca…los sacerdotes *tocarán* las bocinas 8628
6.5 cuando *toquen* prolongadamente el cuerno
6.8 pasaron…*tocaron* las bocinas; y el arca 8628
6.9 los sacerdotes que *tocaban* las bocinas 8628
6.13 andando siempre y *tocando* las bocinas 8628
6.13 iba…las bocinas *tocaban* continuamente 8628
6.16 cuando…*tocaron* las bocinas la séptima 8628
6.18 ni *toquéis*, ni toméis alguna cosa del
6.20 y los sacerdotes *tocaron* las bocinas 8628
9.19 por tanto, ahora no les podemos *tocar* 5060
15.1 la parte que *tocó* en suerte a la…Judá
16.1 *tocó* en suerte a los hijos de José desde
16.7 Naarat, y *toca* Jericó y sale al Jordán
17.5 *tocaron* a Manasés diez partes además de
19.1 la segunda suerte *tocó* a Simeón, para la
19.10 tercera suerte *tocó* a los…de Zabulón
Jue 3.27 *tocó* el cuerno en el monte de Efraín 8628
6.21 *tocó* con la punta la carne y los panes 5060
6.34 sobre Gedeón, y cuando…*tocó* el cuerno 8628
7.18 tocaré la trompeta…vosotros *tocaréis* 8628
7.19 *tocaron* las trompetas, y quebraron los 8628
7.20 tres escuadrones *tocaron* las trompetas 8628
7.20 *tocaban*, y gritaron: ¡Por la espada de 8628
7.22 los trescientos *tocaban* las trompetas 8628
16.9 rompe una cuerda…cuando *toca* el fuego 8628
1 S 2.3 Dios…a él *toca* el pesar las acciones
10.26 hombres…corazones Dios había *tocado* 5060
13.3 hizo…*tocar* trompeta por todo el país 8628
16.16 busquen a alguno…sepa *tocar* el arpa 5059
16.16 él *toque* con su mano, y tengas alivio 5059
16.17 buscadme, pues…alguno que *toque* bien 5059
16.18 hijo de Isaí de Belén, que sabe *tocar* 5059
16.23 David tomaba el arpa y *tocaba* con su 5059
18.10 David *tocaba* con…como los otros días 5059
19.9 sentado…mientras David estaba *tocando* 5059
30.24 así ha de ser…les *tocará* parte igual
2 S 2.28 Joab *tocó* el cuerno…pueblo se detuvo 8628
14.10 dijo…tráelo a mí, y no te *tocará* más 8628
18.12 que ninguno *toque* al joven Absalón
18.16 Joab *tocó* la trompeta, y el pueblo se 8628
20.1 Seba…el cual *tocó* la trompeta, y dijo 8628
20.22 y el *tocó* la trompeta, y se retiraron 8628
23.7 el que quiere *tocarlos* se arma de lanza 5060
1 R 1.34 *tocaréis* trompeta, diciendo: ¡Viva el 8628
1.39 *tocaron* trompeta, y dijo todo el pueblo 8628
6.27 ala de uno *tocaba* una pared…*t* la otra 5060
6.27 las otras dos alas se *tocaban* la una a 5060
19.5 un ángel le *tocó*, y le dijo: Levántate 5060
19.7 y volviendo el ángel…lo *tocó*, diciendo 5060
2 R 3.15 mientras el tañedor *tocaba*, la mano 5059
5.11 y alzará su mano y *tocará* el lugar, y
9.13 *tocaron* corneta, y dijeron: Jehú es rey 8628
11.14 todo el pueblo…*tocaban* las trompetas 8628
13.21 a *tocar* el muerto los huesos de Eliseo 5060
1 Cr 6.54 de los coatitas…les *tocó* en suerte
15.24 *tocaban* las trompetas delante del arca 2690
16.22 no *toquéis*, dijo, a mis ungidos, ni 5060
16.42 y címbalos para los que *tocaban*, y con
24.7 la primera suerte *tocó* a Joiarib, la
2 Cr 3.11,12 *tocaba* el ala del otro querubín 5060
5.12 y con ellos 120 sacerdotes que *tocaban* 2690
7.6 sacerdotes *tocaban* trompetas delante de 2690
13.14 los sacerdotes *tocaron* las trompetas 2690
Neh 4.18 que *tocaba* la trompeta…junto a mí 8628
Est 5.2 vino Ester y *tocó* la punta del cetro 5060
9.10 hijos de Amán…no *tocaron* sus bienes
9.15,16 mataron…pero no *tocaron* sus bienes
Job 1.11 *toca* todo lo que tiene, y verás si n 5060
2.5 *toca* su hueso y su carne, y verás si no 5060
5.19 seis…en la séptima no te *tocará* el mal 5060
6.7 las cosas que mi alma no quería *tocar* son 5060
19.21 porque la mano de Dios me ha *tocado* 5060
20.6 cielo, y su cabeza *tocare* en las nubes 5060
Sal 16.6 hermosa la heredad que me ha *tocado*
81.3 *tocad* la trompeta en la nueva luna, en 8627
91.10 no te…mal, ni plaga *tocará* tu morada
104.32 tiembla; *toca* los montes, y humean 5060
105.15 no *toquéis*, dijo, a mis ungidos, ni 5060
144.5 y desciende; *toca* los montes, y humeen 5060
Pr 6.29 así no quedará impune…que la *tocare* 5060
Is 6.7 y *tocando* con él sobre mi boca, dijo
6.7 *tocó* tus labios, y es quitada tu culpa 5060
9.1 que livianamente *tocaron*…a la tierra de
18.3 y cuando se *toque* trompeta, escuchad 8628
27.13 se *tocará* con gran trompeta, y vendrán 8628
52.11 salid de ahí, no *toquéis* cosa inmunda 5060
Jer 1.9 extendió Jehová su mano y *tocó* mi boca 5060
4.5 *tocad* trompeta en la tierra; pregonad 8628
6.1 *tocad* bocina en Tecoa, y alzad por señal 8628
12.14 que *tocaran* la heredad que hice poseer a 5060
26.14 en lo que a mí *toca*, he aquí estoy en
51.27 alzad…*tocad* trompeta en las naciones 8628
Lm 4.14 que no pudiesen *tocarse* sus vestiduras 5060
4.15 ¡apartaos!…les gritaban…no *toquéis!* 5060
Ez 7.14 *tocarán* trompeta, y prepararán todas 8628
17.10 se secará…cuando el viento…la *toque*? 5060
33.3 y *tocare* trompeta y avisare al pueblo 8628
33.6 venir la espada y no *tocare* la trompeta 8628
Dn 8.5 un macho cabrío venía…sin *tocar* tierra 5060
8.18 y él me *toco*, y me hizo estar en pie 5060
10.10 me *tocó*, e hizo que me pusiese sobre 5060
10.16 con semejanza…hombre *tocó* mis labios 5060

10.18 aquel...me *tocó* otra vez, y me fortaleció 5060
Os 5.8 *tocad* bocina en Gabaa, trompeta en Ramá 8628
Jl 2.1 *tocad* trompeta en Sion, y dad alarma en........ 8628
2.15 *tocad* trompeta en Sion, proclamad ayuno 8628
Am 3.6 ¿se *tocará* la trompeta en la ciudad, y 8628
9.5 el Señor...es el que *toca* la tierra, y se 5060
Hag 2.12 y con el vuelo de ella *tocare* pan, o........... 5060
2.13 un inmundo...*tocare* alguna cosa de estas..... 5060
Zac 2.8 el que os *toca*, *t* a la niña de su ojo............. 5060
9.14 Jehová el Señor *tocará* trompeta, e irá 8628
Mt 6.2 **des limosna, no hagas *tocar* trompeta**.......... *4537*
8.3 extendió la mano y le *tocó*, diciendo.............. *680*
8.15 y *tocó* su mano, y la fiebre la dejó.............. *680*
9.20 se le acercó...*tocó* el borde de su manto........ *680*
9.21 si *tocare* solamente su manto, seré salva........ *680*
9.23 viendo a los que *tocaban* flautas, y la
9.29 **les *tocó* los ojos, diciendo...os sea hecho** *680*
11.17 **os *tocamos* flauta, y no bailasteis; os** *832*
14.36 rogaban que les dejase *tocar*...manto *680*
14.36 todos los que lo *tocaron*, quedaron sanos...... *680*
17.7 **los *tocó*, y dijo: Levantaos, y no temáis** *680*
20.34 Jesús, compadecido, les *tocó* los ojos........... *680*
Mr 1.41 **le *tocó*, y le dijo: Quiero, sé limpio** *680*
3.10 manera que por *tocarle*...caían sobre él........ *680*
5.27 vino por detrás entre...y *tocó* su manto......... *680*
5.28 decía: Si *tocare*...Su manto, seré salva.......... *680*
5.30 **dijo: ¿Quién ha *tocado* mis vestidos?** *680*
5.31 ves que...y dices: ¿Quién me ha *tocado*?........ *680*
6.56 rogaban que les dejase *tocar*...su manto *680*
6.56 todos los que le *tocaban* quedaban sanos *680*
7.33 las orejas...y escupiendo, *tocó* su lengua *680*
8.22 un ciego, y le rogaron que le *tocase*............. *680*
10.13 presentaban niños para que los *tocase* *680*
Lc 1.9 le *tocó* en suerte ofrecer el incienso
5.13 **le *tocó*, diciendo: Quiero; sé limpio** *680*
6.19 toda la gente procuraba *tocarle*, porque *680*
7.14 ***tocó* el féretro; y los que lo llevaban** *680*
7.32 **os *tocamos* flauta, y no bailasteis; os** *832*
7.39 conocería quién...le *toca*...es pecadora *680*
8.44 acercó por detrás y *tocó* el borde de............ *680*
8.45(2) **¿quién es el que me ha *tocado*?** *680*
8.46 **pero Jesús dijo: Alguien me ha *tocado*** *680*
8.47 por qué causa le había *tocado*, y cómo........... *680*
11.46 **vosotros ni aun con un dedo las *tocáis*** *4379*
18.15 traían...los niños para que los *tocase*.......... *680*
22.51 **ya; dejad. Y *tocando* su oreja, le sanó** *680*
Jn 20.17 **no me *toques*, porque...no he subido** *680*
Hch 1.7 **no os *toca* a vosotros saber...tiempos**
12.7 un ángel...*tocando* a Pedro en el costado...... *3960*
27.2 una nave...que iba a *tocar* en los puertos
1 Co 7.1 bueno le...al hombre no *tocar* mujer *680*
14.7 ¿cómo se sabrá lo que se *toca* con la
15.52 se *tocará* la trompeta, y los muertos.......... *4537*
2 Co 6.17 salid de en...y no *toquéis* lo inmundo *680*
Col 2.21 no manejes, ni gustes, ni aun *toques* *680*
He 11.28 para que el...no los *tocase* a ellos............ *2345*
12.20 si...una bestia *tocare* el monte, será........... *2345*
1 Jn 5.18 le guarda, y el maligno no le toca *680*
Ap 8.6 siete ángeles...dispusieron a *tocarlas* *4537*
8.7 el primer ángel *tocó* la trompeta, y hubo........ *4537*
8.8 el segundo ángel *tocó* la trompeta, y como...... *4537*
8.10 *tocó* la trompeta, y cayó del cielo una.......... *4537*
8.12 ángel *tocó* la trompeta, y fue herida la.......... *4537*
9.1 quinto ángel *tocó* la trompeta, y vi una *4537*
9.13 sexto ángel *tocó* la trompeta, y oí una.......... *4537*
10.7 cuando él comience a *tocar* la trompeta *4537*
11.15 séptimo ángel *tocó* la trompeta, y hubo....... *4537*
14.2 que oí era como de arpistas que *tocaban* *2789*

TODAVÍA

Gn 29.7 no es tiempo *t* de recoger el 5750
37.5 llegaron a aborrecerle más *t*.................. 5750
43.27 lo pasa bien? ¿Vive *t*?....................... 5750
45.28 basta; José mi hijo vive *t* 5750
Éx 6.2 habló *t* Dios a Moisés, y le
9.17 *T* te ensoberbeces contra mi 5750
9.30 tú ni tus siervos temeréis *t* 2962
10.7 acaso no sabes *t* que Egipto 2962
Jos 14.11 *T* estoy tan fuerte como el día 5750
Jue 8.4 mas *t* persiguiendo............................ 5750
2 S 23.5 aunque *t* no haga él florecer................. 5750
Ez 3.6 Jehová no se habían echado *t* 5750
Job 1.17 *T* estaba éste hablando, y vino............... 5750
2.3 y que *t* retiene su integridad..................... 5750
36.2 porque *t* tengo razones en 5750
Ec 4.2 los vivientes, los que viven *t* 5728
Is 1.5 *T* os rebelaréis? Toda cabeza
5.25 sino que *t* su mano está 5750
9.12 sino que *t* su mano está 5750
9.17 sino que *t* su mano está 5750
9.21 sino que *t* su mano está 5750
10.4 sino que *t* su mano está 5750
14.1 y *t* escogerá a Israel, y lo 5750
Jer 31.4 *t* serás adornada con tus
37.4 porque *t* no lo habían puesto
47.4 todo aliado que les queda *t*
Ez 23.43 *T* cometerán fornicaciones con
Hag 2.19 árbol de olivo ha florecido *t*
Zac 1.17 y escogerá *t* a Jerusalén 5750
Mt 26.47 mientras *t* hablaba, vino Judas.............. *2089*
Lc 13.8 **déjala *t* este año, hasta que**
14.32 **cuando el otro está *t* lejos** *2089*
22.37 **es necesario que se cumpla *t***................ *2089*
22.60 mientras él *t* hablaba, el....................... *2089*
24.41 y como *t* ellos, de gozo, no lo.................. *2089*
Jn 7.8 **yo no subo *t* a esa fiesta** *3768*
7.33 ***T* un poco de tiempo estaré con**............... *2089*
11.30 Jesús *t* no había entrado en la................. *3768*
14.19 ***T* un poco y el mundo no me**................. *2089*
16.16 ***T* un poco y no me veréis; y de**
16.17 ***T* un poco y no me veréis; y de**
16.18 *T* un poco? No entendemos lo que
16.19 ***T* un poco y no me veréis, y de**
1 Co 3.2 capaces, ni sois capaces *t*...................... *2089*
2 Co 1.23 con vosotros no he pasado *t* a *3765*
10.8 aunque me glorie algo más *t*
Gá 1.10 pues si *t* agradara a los........................ *2089*
5.11 qué padezco persecución *t*? *2089*
2 Ts 2.5 que cuando yo estaba *t* con *2089*
He 2.8 pero *t* no vemos que todas las *3768*
1 Jn 2.9 está *t* en tinieblas
Ap 6.11 y se les dijo que descansa *t*.................... *2089*
22.11 que es injusto, sea injusto *t* *2089*
22.11 que es inmundo, sea inmundo *t*................ *2089*
22.11 justo, practique la injusticia *t*................. *2089*
22.11 que es santo, santifíquese *t* *2089*

TODO *Véase también el Apéndice*

Gn 16.12 su mano será contra *t*, y...*t* contra él
20.16 velo para los ojos de *t*...y para con *t* 3605
1 S 25.22 *t* lo que fuere suyo no he de dejar............ 3605
Ec 2.7,9 más que *t* los que fueron antes de............ 3605
12.13 teme a Dios...esto es el *t* del hombre.......... 3605
1 Co 3.21 ninguno se glorie en...*t* es vuestro *3956*
Col 3.11 libre, sino que Cristo es el *t*, y en *t* *3956*

TODOPODEROSO

Gn 17.1 dijo: Yo soy el Dios *T*; anda delante 7706
Rt 1.20 en grande amargura me ha puesto el *T*......... 7706
1.21 Jehová ha dado...y el *T* me ha afligido? 7706
Job 5.17 no menosprecies la corrección del *T* 7706
6.4 las saetas del *T* están en mí, cuyo veneno....... 7706
8.3 ¿acaso...o pervertirá el *T* la justicia?............ 7706
8.5 si tú de mañana buscares...y rogares al *T*....... 7706
11.7 ¿llegarás tú a la perfección del *T*?............. 7706
13.3 yo hablaría con el *T*, y querría razonar......... 7706
15.25 él...se portó con soberbia contra el *T* 7706
21.15 ¿quién es el *T*, para que le sirvamos?......... 7706
21.20 su quebranto, y beberá de la ira del *T*......... 7706
22.25 el *T* será tu defensa, y tendrás plata........... 7706
24.1 puesto que no son ocultos...tiempos al *T* 7706
37.23 él es *T*, al cual no alcanzamos, grande......... 7706
Is 13.6 el día...vendrá como asolamiento del *T* 7706
Jl 1.15 día...vendrá como destrucción por el *T* 7706
2 Co 6. 18 me seréis hijos e...dice el Señor *T* *3841*
Ap 1.8 **es y que era, y que ha de venir, el *T*** *3841*
4.8 santo, santo, santo es el Señor Dios *T*............ *3841*
11.17 te damos gracias, Señor Dios *T*, el que......... *3841*
15.3 y maravillosas...tus obras, Señor Dios *T*........ *3841*
16,7 Señor Dios *T*, tus juicios son verdaderos......... *3841*
16.14 batalla de aquel gran día del Dios *T* *3841*
19.6 porque el Señor nuestro Dios *T* reina! *3841*
19.15 él pisa el lagar...de la ira del Dios *T*........... *3841*
21.22 el Señor Dios *T* es el templo de ella............ *3841*

TOFEL *Lugar en el Arabá*, Dt 1.1 8603

TOFET *Lugar en el valle del hijo de Hinom*

2 R 23.10 profanó a *T*, que está en el valle del 8612
Is 30.33 porque *T* ya de tiempo está dispuesto 8613
Jer 7.31 han edificado los lugares altos de *T*........... 8612
7.32 vendrán días...en que no se diga más, *T*........ 8612
7.32 y serán enterrados en *T*, por no haber 8612
19.6 que este lugar no se llamará más *T*, ni......... 8612
19.11 y en *T* se enterrarán, porque no habrá......... 8612
19.12 así haré...poniendo esta ciudad como *T*........ 8612
19.13 las casas de...serán como el lugar de *T* 8612
19.14 volvió Jeremías de *T*, adonde le envió 8612

TOGARMA *Hijo de Gomer No. 1*, Gn 10.3; 1 Cr 1.6; Ez 27.14; 38.6 8425

TOHU *Ascendiente de Samuel*, 1 S 1.1 8459

TOI Rey de Hamat y amigo de David 8583

2 S 8.9 oyendo *T*...que David había derrotado.......... 8583
8.10 envió *T* a Joram su hijo al rey David............ 8583
8.10 porque *T* era enemigo de Hadad-ezer 8583
1 Cr 18.9 oyendo *T*...que David había deshecho......... 8583
18.10 porque *T* tenía guerra contra Hadad-ezer.... 8583

TOLA

1. Hijo de Isacar, Gn 46.13; Nm 26.23; 1 Cr 7.1,2(2) .. 8439
2. Juez de Israel, Jue 10.1 8439

TOLAD *Ciudad de Simeón (=Eltolad)*, 1 Cr 4.29. . 8434

TOLAÍTA Descendiente de Tola No. 1, Nm 26.23. . 8440

TOLEMAIDA *Ciudad y puerto en Palestina*, Hch 21.7.................................. *4424*

TOLERABLE

Mt 10.15 **será más *t* el castigo para...Sodoma** *414*
11.22 **día del juicio, será más *t* el castigo**.......... *414*
11.24 **será más *t* el castigo para...Sodoma, que**..... *414*
Mr 6.11 **será más *t* el castigo para...de Sodoma** *414*
Lc 10.12 **será más *t* el castigo para Sodoma** *414*
10.14.será más *t* el castigo para Tiro y Sidón *414*

TOLERAR

Job 21.3 *toleradme*, y yo hablaré; y después 5375
Am 7.8; 8.2 mi pueblo Israel; no lo *toleraré*
Hch 18.14 conforme a derecho yo os *toleraría* *430*
2 Co 11.1 ¡ojalá me toleraseis...Sí, *toleradme* *430*
11.4 otro evangelio que el...bien lo *toleráis*.......... *430*
11.19 de buena gana *toleráis* a los necios............ *430*
11.20 pues *toleráis* si alguno os esclaviza *430*
Ap 2.20 **que *toleras* esa mujer Jezabel, que**........ *1439*

TOMA

Jer 50.46 al grito de la *t*...la tierra tembló............. 8610

TOMAR

Gn 2.15 *tomó*, pues, Jehová Dios al hombre, y......... 3947
2.21 *tomó* una de sus costillas, y cerró la........... 3947
2.22 la costilla que...Dios *tomó* del hombre 3947
2.23 Varona, porque del varón fue *tomada*......... 3947
3.6 *tomó* de su fruto, y comió; y dio también........ 3947
3.19 la tierra, porque de ella fuiste *tomado*......... 3947
3.22 y *tome* también del árbol de la vida, y 3947
3.23 que labrase la tierra de que fue *tomado*....... 3947
4.19 Lamec *tomó* para sí dos mujeres...fue Ada.... 3947
6.2 eran hermosas, tomaron para sí mujeres....... 3947
6.21 y *toma* contigo de todo alimento que se........ 3947
7.2 todo animal limpio *tomarás* siete parejas....... 3947
8.9 y *tomándola*, la hizo entrar...en el arca 3947
8.20 y *tomó* de todo animal limpio y de toda........ 3947
9.23 y Jafet *tomaron* la ropa, y la pusieron 3947
11.29 y *tomaron* Abram y Nacor...mujeres; el...... 3947
11.31 y *tomó* Taré a Abram su hijo, y a Lot 3947
12.5 *tomó*...Abram a Sarai su mujer, y a Lot 3947
12.19 poniéndome en ocasión de *tomarla* para..... 3947
12.19 pues, he aquí tu mujer; *tómala*, y vete 3947
14.11 y *tomaron* toda la riqueza de Sodoma y 3947
14.12 *tomaron* también a Lot, hijo del hermano 3947
14.21 dame las personas, y *toma* para ti los 3947
14.23 nada *tomaré* de todo lo que es tuyo, para..... 3947
14.24 y Mamre, los cuales *tomarán* su parte......... 3947
15.10 *tomó* él todo esto, y los partió por la........ 3947
16.3 Sarai mujer de...*tomó* a Agar su sierva 3947
17.23 entonces *tomó* Abraham a Ismael su hijo..... 3947
18.6 *toma*...tres medidas de flor de harina
18.7 y *tomó* un becerro tierno y bueno, y lo......... 3974
18.8 *tomó*...mantequilla y leche, y el becerro....... 3947
19.14 los que habían de *tomar* sus hijas, y les
19.15 *toma* tu mujer, y tus dos hijas que se 3947
20.2 Abimelec...de Gerar envió y *tomó* a Sara 3947
20.3 a causa de la mujer que has *tomado*, la......... 3947
20.12 es mi hermana, hija...la *tomé* por mujer
20.14 Abimelec *tomó* ovejas y vacas, y...dio 3947
21.14 Abraham...*tomó* pan, y un odre de agua..... 3947
21.21 y su madre le *tomó* mujer de...de Egipto 3947
21.27 y *tomó* Abraham ovejas y vacas, y dio a 3947
21.30 que estas siete corderas *tomarás* de mi....... 3947
22.2 *toma* ahora tu hijo, tu único, Isaac, a 3947
22.3 asno, y *tomó* consigo dos siervos suyos 3947
22.6 y *tomó* Abraham la leña del holocausto 3947
22.6 *tomó* en su mano el fuego y el cuchillo......... 3947
22.10 y *tomó* el cuchillo para degollar a su 3947
22.13 Abraham...*tomó* el carnero, y lo ofreció 3947
23.13 *tómalo* de mí, y sepultaré en ella mi.......... 3947
24.3 que no *tomarás* para mi hijo mujer de las 3947
24.4 irás...*tomarás* mujer para mi hijo Isaac......... 3947
24.7 me *tomó* de la casa de mi padre y de la......... 3947
24.10 y el criado *tomó* diez camellos de los 3947
24.10 se fue, *tomando* toda clase de regalos
24.37 no *tomarás* para mi hijo mujer de las 3947
24.38 irás a...y *tomarás* mujer para mi hijo 3947
24.40 y *tomarás* para mi hijo mujer de mi 3947
24.48 para *tomar* la hija del hermano de mi......... 3947
24.51 he aquí Rebeca...*tómala* y vete, y sea 3947
24.61 y el criado *tomó* a Rebeca, y se fue........... 3947
24.65 ella entonces *tomó* el velo, y se cubrió 3947
24.67 y *tomó* a Rebeca por mujer, y la amó.......... 3947
25.1 Abraham *tomó* otra mujer, cuyo nombre 3947
25.20 cuando *tomó* por mujer a Rebeca, hija 3947
26.34 Esaú...*tomó* por mujer a Judit hija de 3947
27.3 *toma*...tus armas, tu aljaba y tu arco........... 5375
27.14 fue y los *tomó*, y los trajo a su madre......... 3947
27.15 y *tomó* Rebeca los vestidos de Esaú su 3947
27.35 vino tu hermano...y *tomó* tu bendición......... 3947
27.36 se apoderó de...ha *tomado* mi bendición..... 3947
27.46 si Jacob *toma* mujer de las hijas de Het 3947
28.1 no *tomes* mujer de las hijas de Canaán 3947
28.2 y *toma* allí mujer de las hijas de Labán 3947
28.6 le había enviado a...*tomar* para sí mujer....... 3947
28.6 no *tomaréis* mujer de las hijas de Canaán..... 3947
28.9 se fue Esaú...y *tomó* para sí por mujer a 3947
28.11 *tomó* de las piedras de aquel paraje y 3947
28.18 y *tomó* la piedra que había puesto de 3947
29.23 a la noche *tomó* a Lea su hija, y se la 3947
30.9 Lea...*tomó* a Zilpa su sierva, y la dio a 3947
30.15 ¿es poco que hayas *tomado* mi marido 3947
30.37 *tomó*...Jacob varas verdes de álamo, de 3947
31.1 Jacob ha *tomado*...lo que era de...padre........ 3947
31.23 Labán *tomó* a sus parientes consigo, y 3947
31.34 *tomó* Raquel los ídolos y los puso en.......... 3947
31.45 Jacob *tomó* una piedra, y la levantó por...... 3947
31.46 *tomaron* piedras e hicieron un majano 3947
31.50 o si *tomares* otras mujeres además de......... 3947
32.13 y *tomó* de lo que le vino a la mano un 3947
32.22 y *tomó* sus dos mujeres, y sus...siervas....... 3947
32.23 les *tomó*...hizo pasar el arroyo a ellos 3947
33.11 ruego...insistió con él, y Esaú lo *tomó* 3947
34.2 Siquem...y la *tomó*, y se acostó con ella 3947
34.4 a Hamor...*Tómame* por mujer a esta joven.... 3947
34.9 dadnos vuestras hijas, y *tomad* vosotros....... 3947
34.10 morad...ella, y *tomad* en ella posesión
34.16 hijas, y *tomaremos* nosotros...vuestras....... 3947
34.17 *tomaremos* nuestra hija y nos iremos......... 3947
34.21 *tomaremos* sus hijas por mujeres, y les 3947
34.25 Simeón y...*tomaron* cada uno su espada....... 3947
34.26 *tomaron* a Dina de casa de Siquem, y se....... 3947
34.28 *tomaron* sus ovejas y vacas y sus asnos 3947
36.2 Esaú *tomó* sus mujeres de las hijas de 3947
36.6 Esaú *tomó* sus mujeres, sus hijos y sus......... 3947
37.24 le *tomaron* y le echaron en la cisterna 3947
37.31 *tomaron*...la túnica de José, y...cabrito 3947
38.2 y vio allí Judá la hija...Súa; y la *tomó*........ 3947

38.6 Judá *tomó* mujer para su primogénito Er 3947
38.23 *tómeselo* para sí, para que no seamos 3947
38.28 la partera *tomó* y ató a su mano un hilo 3947
39.20 y *tomó* su amo a José, y lo puso en la 3947
40.11 *tomaba* yo las uvas y las exprimía en la 3947
42.24 y *tomó* de entre ellos a Simeón, y lo 3947
42.33 *tomad* para el hambre de vuestras casas 3947
43.11 *tomad* de lo mejor de la... un presente 3947
43.12 y *tomad* en... doble cantidad de dinero 3947
43.13 *tomad* también a vuestro hermano, y 3947
43.15 *tomaron*... el presente, y *t*... dinero, y a 3947
43.18 para... *tomarnos* por siervos a nosotros 3947
43.34 y José *tomó* viandas de delante de sí 5375
44.29 si *tomáis* también a éste de delante de 3947
45.18 y *tomad* a vuestro padre y a vuestras 3947
45.19 *tomaos* de la tierra de Egipto carros 3947
46.5 *tamaron* los hijos de Israel a su padre 5375
46.6 y *tomaron* sus ganados, y sus bienes que 3947
47.2 de sus hermanos *tomó* cinco varones, y 3947
47.27 la tierra de Gosén; y *tomaron* posesión
48.1 *tomó* consigo a sus dos hijos, Manasés 3947
48.13 y los *tomó* José a ambos, Efraín a su 3947
48.22 la cual *tomé* yo de mano del amorreo 3947
Éx 2.1 fue y *tomó* por mujer a una hija de Leví 3947
2.3 *tomó* una arquilla de juncos y... calafateó 3947
2.5 y envió una criada suya a que la *tomase* 3947
2.9 dijo... Y la mujer *tomó* al niño y lo crio 3947
4.4 tómala por la cola... la *tomó*, y se volvió 2388
4.9 *tomarás* de las aguas... y las derramarás 3947
4.9 se cambiarán aquellas aguas que *tomarás* 3947
4.17 y *tomarás* en tu mano esta vara, con la 3947
4.20 Moisés *tomó* a su mujer y sus hijos, y 3947
4.20 *tomó* también Moisés la vara de Dios en 3947
4.25 Séfora *tomó* un pedernal afilado y cortó 3947
6.7 *tomaré* por mi pueblo y seré vuestro Dios 3947
6.20 Amram *tomó* por mujer a Jocabed su tía 3947
6.23 y *tomó* Aarón por mujer a Elisabet hija 3947
6.25 Eleazar hijo de... *tomó* para sí mujer de 3947
7.9 a Aarón: *Toma* tu vara, y échala delante 3947
7.15 *toma* en tu mano la vara que se volvió 3947
7.19 *toma* tu vara, y extiende tu mano sobre 3947
9.8 *tomad* puñados de ceniza de un horno, y la 3947
9.10 *tomaron* ceniza del horno... y la esparció 3947
10.26 de ellos hemos de *tomar* para servir a 3947
12.3 *tómese* cada uno un cordero según las 3947
12.4 no baste... *tomarán* uno según el número de .. 3947
12.5 *tomaréis* de las ovejas o de las cabras 3947
12.7 y *tomarán* de la sangre, y la pondrán en 3947
12.21 sacad y *tomaos* corderos por... familias 3947
12.22 *tomad* un manojo de hisopo, y mojadlo en 3947
12.32 *tomad* también vuestras ovejas... vacas 3947
13.19 *tomó* también consigo Moisés los huesos 3947
14.6 y unció su carro, y *tomó* consigo a su 3947
14.7 tomó 600 carros escogidos, y todos los 3947
15.20 y María la... *tomó* un pandero en su mano ... 3947
16.16 *tomaréis* cada uno para los que están en 3947
16.33 *toma* una vasija y pon en ella un gomer 3947
17.5 *toma* contigo de los ancianos de Israel 3947
17.5 *toma*... tu vara con que golpeaste el río 3947
17.12 *tomaron* una piedra... pusieron debajo de 3947
18.2 *tomó* Jetro... a Séfora la mujer de Moisés 3947
18.12 *tomó* Jetro... holocaustos y sacrificios 3947
19.4 cómo os *tomé* sobre alas de águilas, y os 5375
20.7 no *tomarás* el nombre de... Dios en vano 5375
20.7 Jehová al que *tomare* su nombre en vano 5375
21.8 si no agradare... no la *tomó* por esposa 3259
21.10 si *tomare*... otra mujer, no disminuirá 3947
22.14 *tomado* prestada bestia de su prójimo
22.16 engañare a... deberá dotarla y *tomarla*
22.26 si *tomares* en prenda el vestido de tu 2254
23.12 y *tome* refrigerio el hijo de tu sierva
23.30 hasta que... *tomes* posesión de la tierra
24.6 *tomó* la mitad de la sangre, y la puso 3947
24.7 y *tomó* el libro del pacto y lo leyó a 3947
24.8 *tomó* la sangre y roció sobre el pueblo 3947
25.2 di a... Israel que *tomen* para mí ofrenda
25.2 diere... de corazón, *tomaréis* mi ofrenda 3947
25.3 es la ofrenda que *tomaréis* de ellos: oro 3947
28.5 *tomarán* oro, azul, púrpura, carmesí y 3947
28.9 *tomarás*... piedras de ónice, y grabarás 3947
29.1 *toma* un becerro de la vacada... carneros 3947
29.5 y *tomarás* las vestiduras, y vestirás a 3947
29.7 luego *tomarás* el aceite de la unción, y 3947
29.12 sangre del becerro *tomarás* y pondrás 3947
29.13 *tomarás* también... la grosura que cubre 3947
29.15 *tomarás* uno de los carneros, y Aarón y 3947
29.19 *tomarás* luego el otro carnero, y Aarón 3947
29.20 *tomarás* de su sangre y la pondrás sobre 3947
29.22 luego *tomarás* del carnero la grosura 3947
29.25 *tomarás* de sus manos y lo harás arder
29.26 *tomarás* el pecho del carnero... mecerás 3947
29.30 el que de sus hijos *tome* su lugar como
29.31 *tomarás* el carnero de... consagraciones 3947
30.12 cuando *tomes* el número de los hijos de 5375
30.16 y *tomarás* de los... de Israel el dinero 3947
30.23 *tomarás* especias... de mirra excelente 3947
30.34 *toma* especias aromáticas, estacte y uña 3947
32.4 él los *tomó* de las manos de ellos, y le
32.13 y la *tomarán* por heredad para siempre
32.20 *tomó* el becerro que habían hecho, y lo 3947
33.7 *tomó* el tabernáculo, y lo levantó lejos 3947
34.9 vaya ahora el... y *tómanos* por tu heredad
34.16 o *tomando* de sus hijas para tus hijos 3947
35.5 *tomad* de entre vosotros ofrenda para 3947
36.3 *tomaron* de delante de Moisés... ofrenda
40.9 *tomarás* el aceite... unción y ungirás el 3947
40.20 *tomó* el testimonio y lo puso dentro del 3947
Lv 2.2 *tomará* el sacerdote su puño lleno de 7061
2.9 *tomará* el sacerdote de aquella ofrenda 7311
4.5 el sacerdote ungido *tomará* de la sangre 3947
4.8 y *tomará* del becerro para la expiación 3318
4.25,30,34 el sacerdote *tomará* de la sangre 3947
5.12 sacerdote *tomará* de ella su puño lleno 7061
6.15 *tomará*... un puñado de la flor de harina 7311
7.34 he *tomado* de los sacrificios de paz de 3947
8.2 *toma* a Aarón y sus hijos con él, y las 3947
8.10 y *tomó* Moisés el aceite de la unción y 3947
8.15 Y Moisés *tomó* la sangre, y puso con su 3947
8.16 *tomó* toda la grosura que estaba sobre 3947
8.23 y *tomó* Moisés de la sangre, y la puso 3947
8.25 después *tomó* la grosura, la cola, toda 3947
8.26 *tomó* una torta sin levadura, y... de pan 3947
8.28 *tomó* aquellas cosas Moisés de las manos 3947
8.29 y *tomó* Moisés el pecho, y lo meció 3947
8.30 *tomó* Moisés del aceite de la unción, y 3947
9.2 *toma* de la vacada un becerro... expiación 3947
9.3 *tomad* un macho cabrío para expiación, y 3947
9.15 y *tomó* el macho cabrío que era para la 3947
10.1 Nadab... *tomaron* cada uno su incensario 3947
10.12 dijo a... *Tomad* la ofrenda que queda de 3947
12.8 *tomará*... dos tórtolas o dos palominos
14.4 que se *tomen* para el que se purifica dos 3947
14.6 *tomará* la avecilla viva, el cedro, la 3947
14.10 *tomará* dos corderos sin defecto, y una 3947
14.12 y *tomará* el sacerdote un cordero y lo 3947
14.14 el sacerdote *tomará* de la sangre de la 3947
14.15 el sacerdote *tomará* del log de aceite 3947
14.21 *tomará* un cordero para ser ofrecido 3947
14.24 *tomará* el cordero de la expiación por 3947
14.25 *tomará* de la sangre de la culpa, y la 3947
14.42 y *tomarán* otras piedras y las pondrán 3947
14.42 y *tomarán*... barro y recubrirán la casa 3947
14.49 entonces *tomará* para limpiar la casa 3947
14.51 *tomará* el cedro, el hisopo, la grana 3947
15.14,29 *tomará*... tórtolas o dos palominos 3947
16.5 *tomará*... machos cabríos para expiación 3947
16.7 después *tomará* los dos machos cabríos 3947
16.12 *tomará* un incensario lleno de brasas 3947
16.14 *tomará* luego de la sangre del becerro 3947
16.18 *tomará* de la sangre del becerro y de 3947
18.17 no *tomarás* la hija de su hijo, ni la 3947
18.18 no *tomarás* mujer... con su hermana, para ... 3947
20.14 que *tomare* mujer y a la madre de ella 3947
20.17 si alguno *tomare* a su hermana, hija de 3947
20.21 el que *tomare* la mujer de su hermano 3947
21.13 *tomará* por esposa a una mujer virgen 3947
21.14 no *tomará* viuda, ni repudiada... infame 3947
21.14 sino *tomará* de su pueblo una virgen por 3947
22.25 ni de mano de... *tomarás* estos animales
23.40 *tomaréis* el primer día ramas con fruto 3947
24.5 y *tomarás* flor de harina, y cocerás de 3947
25.36 no *tomarás* de él usura ni ganancia 3947
25.53 como con el *tomado* a salario... hará con
Nm 1.2 *tomad* el censo de toda la congregación 5375
1.17 *tomaron*, pues, Moisés y Aarón... varones 3947
1.49 ni *tomarás* la cuenta de ellos entre los 5375
3.12 yo he *tomado* a los levitas de entre los 3947
3.41 *tomarás* a los levitas para mí en lugar 3947
3.45 *toma* los levitas en lugar de todos los 3947
3.47 *tomarás*... al siclo del santuario los *t*. 3947
3.49 *tomó*, pues, Moisés el dinero del rescate 3947
4.2 *toma* la cuenta de los hijos de Coat de 5375
4.9 *tomarán* un paño... y cubrirán el candelero 3947
4.12 *tomarán*... los utensilios del servicio de 3947
4.22 *toma*... el número de los hijos de Gersón 5375
5.17 *tomará* el sacerdote del agua santa en 3947
5.17 *tomará*... polvo que hubiere en el suelo 3947
5.25 *tomará*... de la mujer la ofrenda de los 3947
5.26 y *tomará* el... un puñado de la ofrenda en 7061
6.18 raerá... *tomará* los cabellos de su cabeza 3947
6.19 *tomará* el sacerdote la espaldilla cocida 3947
7.5 *tómalos* de... y serán para el servicio del 3947
8.6 *toma* a los levitas de entre los... Israel 3947
8.8 luego *tomarán* un novillo, con su ofrenda 3947
8.8 y *tomarás* otro novillo para expiación 3947
8.16 los he *tomado* para mí en lugar de los 3947
8.18 y he *tomado* a los levitas en lugar de 3947
11.17 *tomaré* del espíritu que está en ti, y 680
11.25 y *tomó* del espíritu que estaba en él 680
12.1 causa de la mujer cusita... había *tomado*
12.1 porque él había *tomado* mujer cusita
13.20 esforzaos, y *tomad* del fruto del país
13.30 subamos luego, y *tomemos* posesión de 3423
16.1 Coré... Datán y Abiram... *tomaron* gente 3947
16.6 *tomaos* incensarios, Coré y... su séquito 3947
16.15 ni aun un asno he *tomado* de ellos, ni 5375
16.17 y *tomad* cada uno su incensario y poned 3947
16.18 *tomó* cada uno su incensario, y pusieron 3947
16.37 *tome* los incensarios de... del incendio 7311
16.39 Eleazar *tomó* los incensarios de bronce 3947
16.46 *toma* el incensario, y pon en él fuego 3947
16.47 *tomó* Aarón el incensario, como Moisés 3947
17.2 y *toma* de ellos una vara por cada casa 3947
17.9 lo vieron, y *tomaron* cada uno su vara 3947
18.6 he *tomado* a vuestros hermanos... levitas 3947
18.26 cuando *toméis* de... Israel los diezmos 3947
19.4 el sacerdote *tomará* de la sangre con su 3947
19.6 *tomará* el sacerdote madera de cedro, e 3947
19.17 para el inmundo *tomarán* de la ceniza 3947
19.18 un hombre limpio *tomará* hisopo, y lo 3947
20.8 *toma* la vara, y reúne la congregación 3947
20.9 entonces Moisés *tomó* la vara de delante 3947
20.25 *toma* a Aarón y a Eleazar su hijo... Hor 3947
21.1 Arad... peleó... y *tomó* de él prisioneros
21.24 *tomó* su tierra desde Arnón hasta Jaboc 4323
21.25 y *tomó* Israel todas estas ciudades, y 3947
21.26 y *tomado*... toda su tierra hasta Arnón 3947
21.32 envió Moisés a... y *tomaron* sus aldeas 3920
22.41 Balac *tomó* a Balaam y lo hizo subir a 3947
23.7,18; 24.3,15,20,21,23 *tomó* su parábola, y 5375
24.18 será *tomada* Edom, será también *t* Seir 3424
25.4 *toma* a todos los príncipes del pueblo 3947
25.7 se levantó... y *tomó* una lanza en su mano 3947
26.2 *tomad* el censo de toda la congregación 5375
27.18 Jehová dijo... *Toma* a Josué hijo de Nun 3947
27.22 pues *tomó* a Josué y lo puso delante 3947
31.11 *tomaron* todo el despojo, y... el botín 3947
31.26 *toma* la cuenta... botín que se ha hecho 5375
31.29 la mitad de ellos lo *tomarás*; y darás 3947
31.30 y de la mitad... *tomarás* uno de cada 50 3947
31.32 del botín que *tomaron* los hombres de 962
31.47 la mitad... *tomó* Moisés uno de cada 50 3947
31.49 *tomado* razón de los hombres de guerra 5375
31.53 habían *tomado* botín cada uno para sí
32.19 no *tomaremos* heredad... el otro lado del
32.39 hijos... fueron a Galaad, y la *tomaron* 3920
32.41 Jair hijo de Manasés fue y *tomó* sus 3920
32.42 Noba fue y *tomó* Kenat y sus aldeas, y 3920
34.14 la media tribu... han *tomado* su heredad
34.15 dos tribus y media *tomaron* su heredad
34.18 *tomaréis*... cada tribu un príncipe, para 3947
35.8 del que tiene mucho *tomaréis* mucho, y
35.8 del que tiene poco *tomaréis* poco; cada
35.31 y no *tomaréis* precio por la vida del 3947
35.32 tampoco *tomaréis* precio del que huyó a 3947
Dt 1.15 *tomé*... principales de vuestras tribus 3947
1.21 *toma* posesión de... como Jehová... ha dicho... 3423
1.23 y *tomé* doce varones de entre vosotros 3947
1.25 *tomaron* en sus manos del fruto del país 3947
2.8 *tomamos* el camino del desierto de Moab
2.24,31 comienza a *tomar* posesión de ella 3423
2.34 *tomamos* entonces todas sus ciudades, y 3920
2.35 *tomamos* para nosotros los ganados, y los
2.35 de las ciudades que habíamos *tomado* 3920
3.4 y *tomamos* entonces todas sus ciudades 3920
3.4 no quedó ciudad que no les *tomásemos*; 60 3947
3.7 y *tomamos* para nosotros todo el ganado
3.8 *tomamos*... tierra desde el arroyo de Amón 3947
3.14 de Manasés *tomó* toda la tierra de Argob 3947
4.5 en la cual entráis para *tomar* posesión de 3423
4.14 la cual pasáis a *tomar* posesión de ella 3423
4.20 pero a vosotros Jehová os *tomó*, y os ha 3947
4.26 pasáis el Jordán para *tomar* posesión de 3423
4.34 venir a *tomar* para sí una nación de en 3947
5.11 no *tomarás* el nombre de Jehová tu Dios 5375
5.11 inocente al que *tome* su nombre en vano 5375
6.1 la tierra a la cual pasáis... para *tomarla* 3423
7.1 tierra en la cual entrarás para *tomarla* 3423
7.3 hijo, ni *tomarás* a su hija para tu hijo 3947
7.25 no codiciarás plata... para *tomarlo* para 3947
9.6 Dios te da esta buena tierra para *tomarla* 3423
9.17 *tomé* las dos tablas y las arrojé de mis 8610
9.21 *tomé* el objeto de... pecado, el becerro 3947
10. 17 que no hace acepción... ni *toma* cohecho 3947
11.8,10,11,29 a la cual pasáis para *tomarla* 3423
11.31 y la *tomaréis*, y habitaréis en ella 3423
12.1 ha dado para que *tomes* posesión de ella 3423
12.26 *tomarás*, y vendrás con ellas al lugar 5375
15.4 heredad para que la *tomes* en posesión 3423
15.6 tú no *tomarás* prestado; tendrás dominio
15.17 *tomarás*... lesna, y horadarás su oreja 3947
16.19 ni *tomes* soborno... el soborno ciega los 3947
17.14 y *tomes* posesión de ella y la habites 3423
17.17 ni *tomará* para sí muchas mujeres para
19.15 no se *tomará* en cuenta a un... testigo
20.7 se ha desposado con... y no la ha *tomado*? 3947
20.7 no sea que muera... y algún otro la *tome* 3947
20.9 capitanes del ejército *tomarán* el mando
20.14 su botín *tomarás* para ti; y comerás del 962
20.19 contra ella muchos días para *tomarla* 8610
21.3 *tomarán*... becerra que no haya trabajado 3947
21.10 salieres... y *tomares* de ellos cautivos
21.11 vieres... y la *tomares* para ti por mujer
21.19 lo *tomarán*... sacarán ante los ancianos 8610
22.6 ave... no *tomarás* la madre con los hijos 3947
22.7 dejarás ir... *tomarás* los pollos para ti 3947
22.13 cuando alguno *tomare* mujer, y después 3947
22.14 a esta mujer *tomé*, y me llegué a ella 3947
22.15 *tomarán*... las señales de la virginidad 3947
22.18 *tomarán* al hombre y lo castigarán 3947
22.28 virgen... *tomare* y se acostare con ella 8610
22.30 ninguno *tomará* la mujer de su padre, ni 3947
23.20 donde vas para *tomar* posesión de ella 3423
24.1 cuando alguno *tomare* mujer y se casare 3947
24.3 muerto el postrer hombre que la *tomó* 3947
24.4 volverla a *tomar* para que sea su mujer 3947
24.5 año, para alegrar a la mujer que *tomó* 3947
24.6 no *tomarás* en prenda la muela... molino 2254
24.6 porque sería *tomar* en prenda la vida del 2254
24.10 no entrarás en su... para *tomarle* prenda 5670
24.17 ni *tomarás* en prenda la... de la viuda 2254
25.5 cuñado se llegará a ella, y la *tomará* 3947
25.7 hombre no quisiere *tomar* a su cuñada 3947
25.8 levantare y dijere: No quiero *tomarla* 3947
26.1 y *tomes* posesión de ella y la habites 3423
26.2 *tomarás* de las primicias de... los frutos 3947
26.4 y el sacerdote *tomará* la canasta de tu 3947
28.21,63 entráis para *tomar* posesión de ella 3423
29.8 *tomamos* su tierra... la dimos por heredad 3947
30.4 te recogerá... Dios, y de allá te *tomará* 3947
30.16 a la cual entras para *tomar* posesión 3423
31.13 pasando... para *tomar* posesión de ella 3423
31.26 *tomad* este libro de la ley, y ponedlo 3947
32.11 extiende sus alas, los *toma*, los lleva 3947

32.41 yo *tomaré* venganza de mis enemigos, y 7725
32.43 él...y *tomará* venganza de sus enemigos 7725
32.47 pasando el...para *tomar* posesión de ella 3423
Jos 2.4 pero la mujer había *tomado* a los dos 3947
3.6 tomad el arca...Y ellos *tomaron* el arca 5375
3.12 *tomad*...ahora doce hombres de las tribus 3947
4.2 *tomad*...doce hombres, uno de cada tribu 3947
4.3 *tomad* de aquí de en medio del Jordán, del 5375
4.5 y cada uno de vosotros *tome* una piedra 7311
4.8 *tomaron* doce piedras de en...del Jordán 5375
6.12 los sacerdotes *tomaron* el arca de Jehová 5375
6.18 ni *toméis* alguna cosa del anatema, no 3947
6.20 subió luego a la ciudad...y la *tomaron* 3920
7.1 Acán hijo de Carmi...*tomó* del anatema 3947
7.3 sino suban como dos mil...y *tomarán* a Hai 6221
7.11 Israel ha pecado...han *tomado* del anatema 3947
7.14 la tribu que Jehová *tomare*, se acercará 3920
7.14 familia que Jehová *tomare*...casa que...*t* 3920
7.16 acercar...y fue *tomada* la tribu de Judá 3920
7.17 fue *tomada* la familia de...fue *t* Zabdi 3920
7.18 y fue *tomado* Acán hijo de Carmi, hijo 3920
7.21 lingote de oro...lo cual codicié y *tomé* 3947
7.23 y *tomándolo* de en...lo trajeron a Josué 3947
7.24 *tomaron* a Acán hijo de Zera, el dinero 3947
8.1 *toma* contigo toda la gente de guerra, y 3947
8.2 que...sus bestias *tomaréis* para vosotros
8.7 os levantaréis de...y *tomaréis* la ciudad 3423
8.8 cuando la hayáis *tomado*, le prenderéis 8610
8.12 *tomó* como cinco mil hombres, y los puso 3947
8.19 y vinieron a la ciudad, y la *tomaron* 3920
8.21 viendo que los...habían *tomado* la ciudad 3920
8.23 pero *tomaron* vivo al rey de Hai, y lo 8610
8.27 pero los israelitas *tomaron*...las bestias
9.4 y *tomaron* sacos viejos sobre sus asnos 3947
9.11 *tomad*...provisión para el camino, e id 3947
9.12 este nuestro pan lo *tomamos* caliente de
9.14 *tomaron* de las provisiones de ellos, y 3947
10.1 rey de...oyó que Josué había *tomado* a Hai 3920
10.28 *tomó* Josué a Maceda, y la hirió a filo 3920
10.32 a Laquis...y la *tomó* al día siguiente 3920
10.35 la *tomaron* el mismo día, y la hirieron 3920
10.37 *tomándola*, la hirieron a filo de espada 3920
10.39 y la *tomó*, y a su rey, y a todas sus 3920
10.42 estos reyes...los *tomó* Josué de una vez 3920
11.10 *tomó*...Hazor, y mató a espada a su rey 3920
11.12 asimismo *tomó* Josué todas las ciudades 3920
11.14 los hijos de Israel *tomaron*...el botín
11.16 *tomó*, pues, Josué toda aquella tierra 3947
11.17 *tomó*...todos sus reyes, y los hirió y 3920
11.19 ciudad que...todo lo *tomaron* en guerra 3947
11.23 *tomó*...toda la tierra, conforme a todo 3947
14.1 lo que los hijos de Israel *tomaron* por
15.16 al que atacare...la *tomare*, yo le daré 3920
15.17 la *tomó* Otoniel hijo de Cenaz hermano 3920
19.47 *tomándola* la hirieron a filo de espada 3920
19.47 *tomaron* posesión...y habitaron en ella 3423
22.19 y *tomad* posesión entre nosotros; pero 270
24.3 *tomé* a vuestro padre Abrabam del otro 3947
24.26 y *tomando* una gran piedra, la levantó 3947
Jue 1.8 *tomaron*, y pasaron a sus habitantes a 3920
1.12 atacare a...y la tomare, yo le daré Acsa 3920
1.13 la *tomó* Otoniel hijo de Cenaz, hermano 3920
1.18 *tomó*...Judá a Gaza con su territorio y 3920
3.6 y *tomaron* de sus hijas por mujeres, y 3947
3.13 hirió...y *tomó* la ciudad de las palmeras 3423
3.21 Aod...*tomó* el puñal de su lado derecho 3947
3.25 *tomaron* la llave y abrieron; y he aquí 3947
3.28 y *tomaron* los vados del Jordán a Moab 3920
4.6 y *toma*...diez mil hombres de la tribu de 3947
4.21 Jael...*tomó* una estaca de la tienda, y 3947
5.30 los jefes de los que *tomaron* el botín
6.20 *toma* la carne y los panes...sin levadura 3947
6.25 dijo...*Toma* un toro del hato de tu padre 3947
6.26 y *tomando* el segundo toro, sacrifícalo 3947
6.27 Gedeón *tomó* 10 hombres de sus siervos 3947
7.8 y habiendo *tomado* provisiones para el 3947
7.20 *tomaron* en la mano izquierda las teas 2388
7.24 *tomad* los vados...tomaron los vados de 3920
7.25 *tomaron* a dos príncipes de...madianitas 3920
8.14 *tomó* a un joven de los hombres de Sucot 3920
8.16 y *tomó* a los ancianos de la ciudad, y 3947
8.21 y *tomó* los adornos...sus camellos traían 3947
9.43 el cual, *tomando* gente, la repartió en 3947
9.45 y *tomó* la ciudad, y mató al pueblo que 3920
9.48 y *tomó* Abimelec un hacha en su mano, y 3947
9.50 Abimelec...puso sitio a Tebes, y la *tomó* 3920
11.13 Israel *tomó* mi tierra, cuando subió de 3947
11.15 así: Israel no *tomó* tierra de Moab, ni 3947
12.5 galaaditas *tomaron* los vados del Jordán 3920
12.9 y *tomó* de fuera 30 hijas para sus hijos 935
13.14 no *tomará* nada que proceda de la vid
13.19 y Manoa *tomó* un cabrito y una ofrenda 3947
14.2 una...os ruego que me la *toméis* por mujer 3947
14.3 para que vayas tú a *tomar* mujer de los 3947
14.3 *tómame* ésta por mujer, porque ella me 3947
14.8 volviendo...para *tomarla*, se apartó del 3047
14.9 y *tomándolo*...se fue comiéndolo por el 7287
14.9 *tomado* aquella miel del cuerpo del león 7287
14.11 *tomaron* treinta compañeros para...con él
14.19 y *tomando* sus despojos, dio las mudas 3947
15.2 su hermana...*Tómala*, pues, en su lugar 1961
15.4 y *tomó* teas, y juntó cola con cola, y 3947
15.15 una quijada...extendió la mano y la *tomó* 3947
16.3 *tomando* las puertas...las echó al hombro 270
16.12 y Dalila *tomó* cuerdas nuevas, y le ató 3947
16.28 una vez *tome* venganza de los filisteos
16.31 le *tomaron*...y le sepultaron entre Zora 5375
17.2 el dinero está en mi poder; yo lo *tomé* 3947
17.4 *tomó* su madre 200 siclos de plata y los 3947
18.4 me ha *tomado* para que sea su sacerdote
18.9 para ir a *tomar* posesión de la tierra 3423
18.17 entraron...y *tomaron* la imagen de talla 3947
18.18 entrando...*tomaron* la imagen de talla 3947
18.20 el cual *tomó* el efod y los terafines y 3947
18.24 él respondió: *Tomasteis* mis dioses que 3947
19.1 había *tomado* para sí mujer concubina de 3947
19.25 *tomando* aquel...a su concubina, la sacó 2388
19.29 y llegando a su casa, *tomó* un cuchillo 3947
19.30 considerad...*tomad* consejo, y hablad
20.6 *tomando* yo mi concubina, la corté en 270
20.10 *tomaremos* diez hombres de cada ciento 3947
21.22 en la guerra no *tomamos* mujeres para 3947
21.23 *tomaron* mujeres conforme a su número 5375
Rt 1.4 los cuales *tomaron*...mujeres moabitas 5375
2.18 lo *tomó*, y se fue...su suegra vio lo que 5375
4.2 *tomó* a diez varones de los ancianos de la 3947
4.5 día...debes *tomar* también a Rut la moabita
4.8 el pariente dijo...*Tómalo* tú. Y se quitó
4.10 que también *tomo* por mi mujer a Rut la
4.13 Booz...*tomó* a Rut, y ella fue su mujer 3947
4.16 y *tomando* Noemí el hijo, lo puso en su 3947
1 S 2.14 todo lo que sacaba...*tomaba* para sí 3947
2.15 no *tomará* de ti carne cocida, sino cruda
2.16 *toma* tanto como quieras; él respondía 3947
2.16 dámela ahora...*tomaré* por la fuerza 3947
4.11 el arca de Dios fue *tomada*, y muertos 3947
4.17 diciendo...el arca de Dios ha sido *tomada* 3947
4.19 oyendo...que el arca...había sido *tomada* 3947
4.21 por haber sido *tomada* el arca de Dios 3947
4.22 porque ha sido *tomada* el arca de Dios 3947
5.2 y *tomaron* los filisteos el arca de Dios 3947
5.3 y *tomaron* a Dagón y lo volvieron a su 3947
6.7 *tomad* luego dos vacas que crien, a las 3947
6.8 *tomaréis* luego el arca de Jehová, y la 3947
6.10 *tomando* dos vacas que criaban,
las uncieron al carro 3947
7.9 Samuel *tomó* un cordero...y lo sacrificó 3947
7.12 *tomó* luego Samuel una piedra y la puso 3947
7.14 ciudades que...filisteos habían *tomado* 3947
8.11 *tomará* vuestros hijos, y los pondrá en 3947
8.13 *tomará*...a vuestras hijas para que sean 3947
8.14 *tomará* lo mejor de vuestras tierras, de 3947
8.16 *tomará* vuestros siervos...vuestros asnos 3947
9.3 *toma* ahora contigo alguno de los criados 3947
9.22 Samuel *tomó* a Saúl y a su criado, los 3947
10.1 *tomando*...Samuel una redoma de aceite 3947
10.4 dos panes, los que *tomarás* de mano de
10.20 tribus de Israel, fue *tomada* la tribu 3920
10.21 *tomada* la familia de...fue tomado Saúl 3920
11.7 y *tomando* un par de bueyes, los cortó 3947
12.3 si he *tomado* el buey...si he *t* el asno 3947
12.3 si...*tomado* cohecho para cegar mis ojos
12.4 ni has *tomado* algo de mano de...hombre 3947
14.24 coma...antes que haya *tomado* venganza
14.28 maldito sea el...que *tome* hoy alimento
14.30 hoy del botín *tomado* de sus enemigos?
14.32 y *tomaron* ovejas y vacas y becerros 3947
14.47 después de haber *tomado* posesión del 3920
15.8 *tomó* vivo a Agag rey de Amalec, pero a 8610
15.21 pueblo *tomó* del botín ovejas y vacas 3947
16.2 *toma* contigo una becerra de la vacada 3947
16.13 y Samuel *tomó* el cuerno del aceite, y 3947
16.20 *tomó* Isaí un asno cargado de pan, una 3947
16.23 David *tomaba* el arpa y tocaba con su 3947
17.17 *toma* ahora para tus hermanos un efa de 3947
17.18 tus hermanos...y *toma* prendas de ellos 3947
17.34 y *tomaba* algún cordero de la manada 5375
17.40 y *tomó* su cayado en su mano, y escogió 3947
17.40 *tomó* su honda...se fue hacia el filisteo
17.49 *tomó* de allí una piedra, y la tiró con 3947
17.51 y *tomando* la espada de él...de su vaina 3947
17.54 y David *tomó* la cabeza del filisteo y 3947
17.57 Abner lo *tomó* y lo llevó delante de Saúl 3947
18.2 y Saúl le *tomó* aquel día, y no le dejó 3947
18.10 que un espíritu malo de...*tomó* a Saúl
18.25 sea *tomada* venganza de los enemigos del
19.5 él *tomó* su vida en su mano, y mató al
19.13 *tomó* luego Mical una estatua, y la puso 3947
20.21 allí las saetas...*tómalas*; tú vendras 3947
21.8 no *tomé* en mí...mi espada ni mis armas
21.9 la espada...si quieres *tomarla*, tómala 3947
24.2 y *tomando* Saúl 3.000 hombres escogidos 3947
25.11 ¿he de *tomar* yo ahora mi pan, mi agua 3947
25.18 Abigail *tomó*...panes, dos cueros de vino 3947
25.39 envió David a...*tomarla* por su mujer 3947
25.40 ha enviado...para *tomarte* por su mujer 3947
25.43 *tomó* David a Ahinoam de Jezreel 3947
26.11 *toma*...la lanza que está a su cabecera 3947
26.22 pase acá uno de los criados y *tómela* 3947
28.24 y *tomó* harina y la amasó, y coció de 3947
30.16 aquel gran botín que habían *tomado* de 3947
30.18 libró David todo lo que...habían *tomado*
30.19 todas las cosas que les habían *tomado* 3947
30.20 *tomó* también David todas las ovejas y 3947
30.22 su mujer y...que los *tomen* y se vayan
31.4 *tomó* Saúl su propia espada y se echó 3947
31.13 y *tomando* sus huesos, los sepultaron 3947
2 S 1.10 y *tomó* la corona que...en su cabeza 3947
2.8 Abner...*tomó* a Is-boset hijo de Saúl, y 3947
2.21 echa mano...y *toma* para ti sus despojos 3947
2.32 *tomaron* luego a Asael, y lo sepultaron 5375
4.4 su nodriza le *tomó* y huyó; y mientras 5375
4.7 cortaron la cabeza, y habiéndola *tomado* 3947
4.12 luego *tomaron* la cabeza de Is-boset, y 3947
5.7 David *tomó* la fortaleza de Sion, la cual 3920
5.13 *tomó* David más concubinas y mujeres de 3947
7.8 yo te *tomé* del redil, de detrás de las 3947
8.1 *tomó* David a Meteg-ama de...los filisteos 3947
8.4 *tomó* David...1.700 hombres de a caballo 3920
8.7 *tomó* David los escudos de oro que traían 3947
8.8 de Beta...*tomó*...gran cantidad de bronce 3947
10.4 Hanún *tomó* los siervos...rapó la...barba 3947
10.6 de Amón...*tomaron* a sueldo a los sirios
11.4 y envió David mensajeros, y la *tomó* 3947
12.4 éste no quiso *tomar* de sus ovejas y de 3947
12.4 *tomó* la oveja de aquel hombre pobre, y 3947
12.9 y *tomaste* por mujer a su mujer, y a él 3947
12.10 *tomaste* la mujer de Urías heteo para 3947
12.11 *tomaré* tus mujeres delante de tus ojos 3947
12.26 Joab peleaba contra...y *tomó* la ciudad 3920
12.27 yo he...*tomado* la ciudad de las aguas 3920
12.28 *tómala*, no sea que tome yo la ciudad 3920
12.29 fue...combatió contra ella, y la *tomó* 3920
13.8 *tomó* harina, y amasó, e hizo hojuelas 3947
13.9 *tomó*...la sartén, y las sacó delante de él 3947
13.10 *tomando* Tamar las hojuelas...las llevó 3947
13.19 Tamar *tomó* ceniza y la esparció sobre
14.2 envió...y *tomó* de allá una mujer astuta 3947
15.5 se acercaba...Y lo *tomaba*, y lo besaba 2388
17.19 *tomando* la mujer de la casa una manta 3947
18.14 y *tomando* tres dardos en su mano, los 3947
18.17 *tomando*...a Absalón, le echaron en un 3947
18.18 en vida, Absalón había *tomado* y erigido 3947
19.30 deja que él las *tome* todas, pues que 3947
19.35 ¿*tomará* gusto ahora tu siervo en lo que
20.3 *tomó* el rey las diez mujeres concubinas 3947
20.6 *toma*, pues, tú los siervos de tu señor 3947
20.9 *tomó*...la barba de Amasa, para besarlo 270
21.8 pero *tomó* el rey a dos hijos de Rizpa 3947
21.10 Rizpa...*tomó* una tela de cilicio y la 3947
21.12 David fue y *tomó* los huesos de Saúl y 3947
22.17 envió desde lo alto y me *tomó* me sacó 3947
23.6 espinos...cuales nadie *toma* con la mano 3947
23.16 *tomaron*, y la trajeron a David; mas él 5375
24.22 *tome* y ofrezca mi señor el rey lo que 3947
1 R 1.12 *toma* mi consejo, para que conserves
1.33 *tomad*...los siervos de vuestro señor, y 3947
1.39 y *tomando* el sacerdote Sadoc el cuerno 3947
3.1 *tomó* la hija de Faraón, y la trajo a la 3947
3.20 se levantó...y *tomó* a mi hijo de junto a 3947
4.15 Ahimaas...*tomó*...por mujer a Basemat hija 3947
5.9 en balsas...se desatará, y tú la *tomarás*
7.8 hija de Faraón...había *tomado* por mujer 3947
8.3 vinieron...los sacerdotes *tomaron* el arca 5375
8.31 y le *tomaren* juramento haciéndole jurar
9.16 Faraón...había subido y *tomado* a Gezer 3920
9.28 *tomaron* de allí oro, 420 talentos, y lo 3947
11.18 *tomando*...hombres de Parán, vinieron a 3947
11.30 *tomando* Ahías la capa nueva que tenía 8610
11.31 dijo a...*Toma* para ti los diez pedazos 3947
11.37 te *tomaré* a ti, y tú reinarás en todas 3947
13.29 *tomó* el profeta el cuerpo del varón de 5375
14.3 y *toma* en tu mano diez panes, y tortas 3947
14.26 *tomó* los tesoros de la casa de Jehová 3947
15.18 *tomando* Asa toda la plata y el oro que 3947
16.18 mas viendo Zimri *tomada* la ciudad, se 3920
16.31 y *tomó* por mujer a Jezabel, hija de 3947
17.19 él lo *tomó* de su regazo, y lo llevó al 3947
17.23 *tomando*...Elías al niño, lo trajo del 3947
18.4 *tomó* a cien profetas y los escondió de 3947
18.26 ellos *tomaron* el buey que les fue dado 3947
18.31 *tomando* Elías doce piedras, conforme 3947
19.21 y *tomó* un par de bueyes y los mató, y 3947
20.6 y *tomarán*...todo lo precioso que tengas
20.18 si han salido por paz, *tomadlos* vivos 8610
20.18 han salido para pelear, *tomadlos* vivos 8610
20.27 *tomando* provisiones fueron al encuentro
20.33 esto *tomaron*...por buen augurio, y se
20.33 apresuraron a *tomar* la palabra de su 2480
20.34 las ciudades que mi padre *tomó* al tuyo 3947
21.15 *toma* la viña de Nabot de Jezreel, que 3423
21.16 a la viña...para *tomar* posesión de ella 3423
21.18 descendido para *tomar* posesión de ella 3423
22.3 no hemos hecho nada para *tomarla* de 3947
22.26 *toma* a Micaías, y llévalo...a Joás hijo 3947
2 R 2.8 *tomando*...Elías su manto, lo dobló, y 3947
2.12 y *tomando* sus vestidos, los rompió en
2.14 y *tomando* el manto de Elías que se le 3947
3.26 *tomó*...700 hombres que manejaban espada 3947
4.1 el acreedor para *tomarse* dos hijos míos 3947
4.20 habiéndole...*tomado* y traído a su madre 5375
4.29 dijo él...*toma* mi báculo en tu mano, y vé 3947
4.36 entrando ella, él le dijo: *Toma* tu hijo 5375
4.37 entró...después *tomó* a su hijo, y salió 5375
5.6 *tomó*...cartas para el rey de Israel, que
5.20 no *tomando*...las cosas que había traído
5.20 correré yo...y *tomaré* de él alguna cosa 3947
5.23 te ruego que *tomes* dos talentos. Y le 3947
5.24 él lo *tomó* de...y lo guardó en la casa 3947
5.26 ¿es tiempo de *tomar* plata...*t* vestidos
6.2 y *tomemos* de allí cada uno una viga, y 3947
6.7 *tómalo*. Y el extendió la mano, lo *tomó* 7311
6.22 ¿matarías...a los que *tomaste* cautivos
7.6 ha *tomado* a sueldo...a los reyes de los 7936
7.8 *tomaron* de allí plata y oro y vestidos 5375
7.8 otra tienda, y de allí también *tomaron* 5375
7.12 los *tomaremos* vivos, y entraremos en 8610
7.13 *tomen* ahora cinco de los caballos que 3947
7.14 *tomaron*, pues, dos caballos de un carro 3947
8.8 dijo...*Toma* en tu mano un presente, y vé 3947
8.9 *tomó*...Hazael en su mano un presente de 3947
8.15 *tomó* un paño y lo metió en agua, y lo 3947
9.1 y *toma* esta redoma de aceite en tu mano 3947
9.3 *toma*...la redoma de aceite, y derrámala 3947

9.13 *tomó*... manto, y lo puso debajo de Jehú 3947
9.25 *tómalo* y échalo a un extremo... heredad 5375
9.26 *tómalo*... échalo en la heredad de Nabot 5375
10.6 *tomad* las cabezas de los hijos varones 3947
10.7 *tomaron*... hijos del rey, y degollaron a 3947
10.14 que los *tomaron* vivos, los degollaron 8610
11.2 Josaba... *tomó* a Joás hijo de Ocozías y 3947
11.4 envió Joiada y *tomó* jefes de centenas 3947
11.9 *tomando* cada uno a los suyos, esto es 3947
11.19 después *tomó* a los jefes de centenas 3947
12.7 ahora, pues, no *toméis* más el dinero de
12.8 consintieron en no *tomar* más dinero del
12.9 Joiada *tomó* un arca e hizo en la tapa un 3947
12.15 y no se *tomaba* cuenta a los hombres en
12.17 Hazael... y peleó contra Gat, y la *tomó* 3920
12.18 por lo cual *tomó* Josías rey... las ofrendas 3947
13.15 *toma* un arco y... saetas. Tomó él... arco 3947
13.18 y le volvió a decir: *toma* las saetas 3947
13.18 luego que el rey... las hubo *tomado*, le 3947
13.25 *tomó*... ciudades que éste había tomado 3947
14.7 y *tomó* a Sela en batalla, y la llamó 8610
14.13 Joás rey... *tomó* a Amasías rey de Judá 8610
14.14 *tomó* todo el oro, y la plata, y todos 3947
14.14 los hijos *tomó* en rehenes, y volvió a
14.21 el pueblo de Judá *tomó* a Azarías, que 3947
15.29 vino Tiglat-pileser rey... y *tomó* a Ijón 3947
16.5 para sitiar a... mas no pudieron *tomarla*
16.8 *tomando* Acaz la plata... que se halló en 3947
16.9 *tomó*, y llevó cautivos a los moradores 8610
17.6 el rey de Asiria *tomó* Samaria, y llevó 3920
18.10 la *tomaron* al cabo de tres años. En el 3920
18.10 era el año noveno... fue *tomada* Samaria 3920
18.13 contra todas las ciudades... y las *tomó* 8610
19.14 y *tomó* Ezequías las cartas de mano de
20.7 dijo... *Tomad* masa de higos. Y tomándola 3920
20.18 de tus hijos... *tomarán*, y serán eunucos 3920
22.7 y que no se les *tome* cuenta del dinero
23.30 pueblo... *tomó* a Joacaz hijo de Josías 3920
23.34 y *tomó* a Joacaz y lo llevó a Egipto 3920
24.7 rey de Babilonia le *tomó* todo lo... suyo 3920
25.18 *tomó*... el capitán... al primer sacerdote 3920
25.19 de la ciudad *tomó* un oficial que tenía 3920
25.20 éstos *tomó* Nabuzaradán, capitán de la 3920
1 Cr 2.19 *tomó* Caleb por mujer a Efrata, la 3920
2.21 a la hija de Maquir padre... la cual *tomó*
2.23 pero Gesur y Aram *tomaron*... las ciudades ... 3947
5.21 y *tomaron* sus ganados, 50.000 camellos
7.15 y Maquir *tomó* mujer de Hupim y Supim 3947
7.21 de Gat... vinieron a *tomarles* sus ganados 3947
7.40 entre los que podían *tomar* las armas, el
10.4 Saúl *tomó* la espada, y se echó sobre ella 3947
10.9 y luego... *tomaron* su cabeza y sus armas 5375
10.12 *tomaron* el cuerpo de Saúl y... sus hijos 5375
11.5 David *tomó* la fortaleza de Sion, que es 3920
11.18 agua del pozo de Belén... y la *tomaron* 5375
12.31 Manasés... *tomados* por lista para venir
13.1 David *tomó* consejo con los capitanes de
14.3 David *tomó* también mujeres en Jerusalén 3947
17.7 yo te *tomé* del redil, de detrás de las 3947
18.1 David... *tomó* a Gat y sus villas de mano 3947
18.4 y le *tomó* David mil carros, siete mil 3920
18.7 *tomó* también David los escudos de oro 3947
18.8 y de Cun... *tomó* David muchísimo bronce
18.11 la plata y el oro que había *tomado* de
19.4 Hanún *tomó* los siervos de David y los 3947
19.6 para *tomar* a sueldo carros y gente de a
19.7 *tomaron* a sueldo 32.000 carros, y al rey
20.2 y *tomó* David la corona de encima de la 3947
21.23 Ornán respondió a David: *Tómala* para 3947
21.24 no *tomaré* para Jehová lo que es tuyo 5375
23.22 sus parientes, las *tomaron* por mujeres 5375
27.23 y no *tomó* David el número de los que 5375
2 Cr 5.4 vinieron... los levitas *tomaron* el arca 5375
6.36 los que los *tomaren* los lleven cautivos
8.3 vino Salomón a Hamat de Soba, y la *tomó*
8.18 a Ofir, y *tomaron*... 450 talentos de oro 3947
10.6 rey Roboam *tomó* consejo con los ancianos
10.8 él... *tomó* consejo con los jóvenes que se
11.18 *tomó* Roboam por mujer a Mahalat hija 3947
11.20 *tomó* a Maaca hija de Absalón, la cual 3947
11.21 *tomó* 18 mujeres y sesenta concubinas 5375
12.4 *tomó* las ciudades fortificadas de Judá 3920
12.9 Sisac... *tomó* los tesoros de la casa de 3947
12.9 y *tomó* los escudos de oro que Salomón 3947
13.19 le *tomó* algunas ciudades, a Bet-el con 3920
13.21 Abías... *tomó* catorce mujeres, y engendró
14.13 y Asa, y. les *tomaron* muy grande botín 5375
15.8 las ciudades que él había *tomado* en la 3920
16.6 Asa *tomó* a todo Judá, y se llevaron la 3947
17.2 las ciudades de Efraín... Asa había *tomado* 3920
18.25 *tomad* a Micaías, y llevadlo... a Joás hijo 3947
20.25 riquezas... vestidos... que *tomaron* para sí
21.17 *tomaron* todos los bienes que hallaron 7617
22.11 Josabet... *tomó* a Joás... escondiéndolo 3947
23.1 *tomó* consigo en alianza a los jefes de 3947
23.8 y *tomó* cada jefe a los suyos, los que 3947
24.3 y Joiada *tomó* para él dos mujeres; y 5375
24.12 y *tomaban* canteros y carpinteros que 7936
25.6 y de Israel *tomó* a sueldo... a cien mil 7936
25.12 los hijos de Judá *tomaron* vivos a otros
25.13 mataron a 3.000... *tomaron* gran despojo
25.17 Amasías rey... después de *tomar* consejo
25.24 *tomó* todo el oro y la plata, y todos
26.1 el pueblo de Judá *tomó* a Uzías, el cual 3947
28.5 le *tomaron* gran número de prisioneros 7617
28.8 los hijos de Israel *tomaron* cautivos de 7617
28.8 además de haber *tomado*... mucho botín
28.11 cautivos que habéis *tomado* de vuestros
28.15 los varones... y *tomaron* a los cautivos 2388
28.18 los filisteos... habían *tomado* Bet-semes 3920
30.2 había *tomado* consejo con sus príncipes
30.16 y *tomaron* su lugar en los turnos de
32.18 espantarles y... poder *tomar* la ciudad 3920
35.12 *tomaron* luego del holocausto, para dar
35.12 dar... y asimismo *tomaron* de los bueyes
35.25 y las *tomaron* por norma para endechar
36.1 el pueblo... *tomó* a Joacaz... y lo hizo rey 3947
36.4 Joacaz... *tomó* Necao, y lo llevó a Egipto 3947
Esd 2.61 *tomó* mujer de las hijas de Barzilai 3947
5.15 *toma* estos utensilios, vé, y llévalos a 5376
9.2 han *tomado* de las hijas de ellos para sí 5375
9.12 hijas *tomaréis* para vuestros hijos, ni 5375
10.2 pues *tomamos* mujeres extranjeras de los 3427
10.10 cuanto *tomasteis* mujeres extranjeras 3427
10.14 aquellos que en... hayan *tomado* mujeres 3427
10.17,18,44 habían *tomado* mujeres
extranjeras 3427,5375
Neh 2.1 de él, *tomé* el vino y lo serví al rey 5375
5.4 *tomado* prestado dinero para el tributo del
5.15 y *tomaron* de ellos... más de 40 siclos de 3947
6.18 su hijo había *tomado* por mujer a la hija 3947
7.63 cual *tomó* mujer de las hijas de Barzilai 3947
9.25 *tomaron* ciudades fortificadas y tierra 3920
10.30 ni *tomaríamos* sus hijas para nuestros 3947
10.31 nada *tomaríamos* de ellos en ese día ni
13.23 a judíos que habían *tomado* mujeres de
13.25 y no *tomaréis* de sus hijas para... hijos 5375
13.27 este mal... *tomando* mujeres extranjeras?
Est 2.15 de Mardoqueo, quien la había *tomado* 3947
6.10 rey dijo... *toma* el vestido y el caballo 3947
6.11 y Amán *tomó* el vestido y el caballo, y 3947
9.27 *tomaron* sobre sí, sobre su descendencia 6901
9.31 y según ellos habían *tomado* sobre sí y
Job 1.15 acometieron los sabeos y los *tomaron* 3947
2.8 *tomaba* Job un tiesto para rascarse con 3947
9.18 no me ha concedido que *tome* aliento, sino
13.14 ¿por qué... y *tomaré* mi vida en mi mano? 5375
20.18 restituirá... conforme... bienes que *tomó*
22.22 *toma* ahora la ley de su boca, y pon sus
24.3 y *toman* en prenda el buey de la viuda 2254
24.9 y de sobre el pobre *toman* la prenda 2254
24.17 terrores de sombra de muerte los *toman*
36.3 *tomaré* mi saber... y atribuiré justicia a 5375
40.24 ¿lo *tomará* alguno cuando está vigilante 3947
41.4 para que lo *tomes* por siervo perpetuo? 3947
42.8 *tomaos* siete becerros y siete carneros 3947
Sal 9.15 en la red que escondieron fue *tomado*
16.4 no... ni en mis labios *tomaré* sus nombres 3920
18.16 me *tomó*, me sacó de las muchas aguas 3947
31.24 todos... y *toma* aliento vuestro corazón
37.21 el impío *toma* prestado, y no paga; Mas el justo
39.13 déjame, y *tomaré* fuerzas, antes que
48.6 *tomó* allí temblor; dolor como de mujer
49.15 del Seol, porque él me *tomará* consigo
50.9 no *tomaré* de tu casa becerros... machos 3947
50.16 qué tienes... *tomar* mi pacto en tu boca? 5375
50.20 *tomabas* asiento, y hablabas contra tu
68.18 lo alto... *tomaste* dones para los hombres
71.11 *tomadle*, porque no hay quien le libre 8610
73.23 con todo... *tomaste* de la mano derecha
78.70 eligió a David su siervo, y lo *tomó* de 3947
109.8 sus días pocos; *tome* otro su oficio 3947
116.13 *tomaré* la copa de la salvación, e 5375
119.111 por heredad he *tomado* tus testimonios
137.9 el que *tomare* y estrellare tus niños 270
139.9 si *tomare* las alas del alba y habitare 5375
139.20 tus enemigos *toman* en vano tu nombre 5375
140.12 Jehová *tomará*... la causa del afligido
Pr 6.27 ¿*tomará* el hombre fuego en su seno 2846
16.32 mejor es... que el que *toma* una ciudad 3920
17.23 el impío *toma* soborno del seno para 3947
18.2 no *toma* placer el... en la inteligencia
20.16 y *toma* prenda del que sale fiador por 2254
21.22 *tomó* el sabio la ciudad de los fuertes
22.7 el que *toma* prestado es siervo del que
22.25 no sea que... y *tomes* lazo para tu alma 3947
24.32 lo puse en mi corazón... y *tomé* consejo
26.10 es el que *toma* a sueldo insensatos y
26.17 es como el que *toma* al perro por las 2388
27.13 al que fía a la extraña, *tómale* prenda 2254
Ec 2.11 y el trabajo que *tomé* para hacerlas
5.19 facultad para que coma... y *tome* su parte 5375
7.18 bueno es que *tomes* esto, y también de 270
11.9 *tome* placer tu corazón en los días de tu
Is 1.24 *tomaré* satisfacción de mis enemigos
3.6 alguno *tomare* de la mano a su hermano 8610
3.6 le dijere... *toma* en tus manos esta ruina
3.7 jurará... diciendo: No *tomaré* ese cuidado
5.27 ninguno se dormirá, ni le *tomará* sueño
6.6 un carbón encendido, *tomado* del altar 3947
7.1 combatirla; pero no la pudieron *tomar*
8.1 me dijo Jehová: *Toma* una tabla... escribe 3947
8.10 *tomad* consejo, y será anulado; proferid
9.17 el Señor no *tomará* contentamiento en sus
13.15 y cualquiera que por ellos sea *tomado*
14.2 los *tomarán* los pueblos, y los traerán 3947
20.1 el Tartán... peleó contra Asdod y la *tomó* 3920
22.6 Elam *tomó* aljaba... y Kir sacó el escudo
23.16 *toma* arpa, y rodea la ciudad, oh ramera 3947
24.2 como al que presta, al que *toma* prestado
30.1 se apartan... para *tomar* consejo, y no de 6213
36.1 todas las ciudades... de Judá, y las *tomó* 8610
37.14 y *tomó* Ezequías las cartas de mano de
38.21 *tomen* masa de higos, y pónganla en la 5375
39.7 tus hijos... *tomarán*, y serán eunucos en 3947
41.9 te *tomé* de los confines de la tierra, y 2388
44.12 el herrero *toma* la tenaza, trabaja en
44.14 corta cedros, y *toma* ciprés y encina 3947
44.15 *toma* de ellos para calentarse... cuece 3947
45.1 cual *tomé* yo por su mano derecha, para
47.2 *toma* el molino y muele harina; descubre 3947
51.18 ni quien la *tome* de la mano, de todos 2388
56.12 *tomemos* vino, embriaguémonos de sidra 3947
59.17 *tomó* ropas de venganza por vestidura
66.13 así... y en Jerusalén *tomaréis* consuelo
66.21 *tomaré* también de ellos para... levitas 3947
Jer 3.14 os *tomaré* uno de cada ciudad, y dos 3947
13.4 *toma* el cinto que compraste, que está 3947
13.6 y *toma*... el cinto que te mandé esconder 3947
13.7 fui... *tomé* el cinto del lugar donde lo 3947
15.10 nunca he dado ni *tomado* en préstamo
16.2 no *tomarás*... mujer, ni tendrás hijos ni 3947
20.5 los *tomarán* y los llevarán a Babilonia 3947
20.10 quizá... *tomaremos* de él nuestra venganza .. 3947
25.9 y *tomaré* a todas las tribus del norte 3947
25.15 *toma* de mi mano la copa del vino... furor 3947
25.17 *tomé* la copa de la mano de Jehová, y di 3947
25.28 si no quieren *tomar* la copa de tu mano 3947
28.3 *tomó* de este lugar para llevarlos a Babilonia . 3947
31.32 el día que *tomé* su mano para sacarlos 2388
32.3 yo entrego esta ciudad en... y la *tomará* 3920
32.11 *tomé* luego la carta de venta, sellada 3947
32.14 *toma* estas cartas, esta carta de venta 3947
32.24 han acometido la ciudad para *tomarla* 3920
32.28 voy a entregar esta ciudad... la *tomará* 3920
33.26 no *tomar* de su descendencia quien sea 3947
34.16 vuelto a *tomar* cada uno a su siervo y
34.22 pelearán... y la *tomarán*, y la quemarán 3920
35.3 *tomé*... a Jaazanías hijo... a sus hermanos 3947
36.2 *toma* un rollo de libro, y escribe en él 3947
36.14 *toma* el rollo... Y Baruc... tomó el rollo 3947
36.21 a que *tomase* el rollo, el cual lo tomó 3947
36.28 vuelve a *tomar* otro rollo, y escribe en 3947
36.32 y *tomó* Jeremías otro rollo y lo dio a 3947
37.8 ciudad... la *tomarán* y la pondrán a fuego 3920
38.3 será entregada esta ciudad... y la *tomará* 3920
38.6 *tomaron* ellos a Jeremías y lo hicieron 3947
38.10 *toma* en tu poder treinta hombres de aquí ... 3947
38.11 *tomó*... los hombres... y *t*... trapos viejos 3947
38.28 hasta el día que fue *tomada* Jerusalén 3920
38.28 fue *tomada* Jerusalén... Jerusalén fue *t* 3920
39.5 le *tomaron*, y le hicieron subir a Ribla 3947
39.12 *tómale* y vela por él, y no le hagas mal 3947
39.14 enviaron... *tomaron* a Jeremías del patio 3947
40.1 le *tomó* estando atado con cadenas entre 3947
40.2 *tomó*... el capitán... a Jeremías y le dijo 3947
40.10 *tomad* el vino, los frutos del verano y 622
40.10 quedaos en... ciudades que habéis *tomado* ... 8610
41.12 *tomaron* a... hombres y fueron a pelear 3947
41.16 *tomaron* a todo el resto del pueblo que
43.5 *tomó* Johanán... todo el remanente de Judá ... 3947
43.9 *toma* con tu mano piedras grandes, y 3947
43.10 enviaré y *tomaré* a Nabucodonosor rey 3947
44.12 *tomaré* el resto de Judá que volvieron 3947
46.9 los de Put que *toman* escudo... que *t*... arco 8610
46.11 y *toma* bálsamo, virgen hija de Egipto 3947
48.1 Quiriataim fue *tomada*; fue confundida 3920
48.7 por cuanto confiaste en... serás *tomada* 3920
48.27 fue... Israel... como si lo *tomaran* entre
48.41 *tomadas* serán las ciudades, y *t* serán 3920
49.2 e Israel *tomará*... a los que los tomaron
49.9 ¿no habrían *tomado* lo que les bastase?
49.24 le *tomó* temblor... y dolores le tomaron 2388
49.29 y sus ganados *tomarán*... sus camellos *t* 3947
49.30 *tomó* consejo contra vosotros... rey de
50.2 *tomada* es Babilonia, Bel es confundido 3920
50.9 prepararán contra ella, y será *tomada* 3920
50.15 *tomad* venganza de ella; haced con ella
50.24 te puse lazos, y fuiste *tomada*... presa 3920
50.33 todos los que los *tomaron* cautivos los
50.43 angustia le *tomó*, dolor como de mujer
51.8 gemid sobre ella; *tomad* bálsamo para su 3947
51.26 nadie *tomará* de ti piedra para esquina 3947
51.31 su ciudad es *tomada* por todas partes 3920
51.32 los vados fueron *tomados*... quemados a
51.41 fue *tomada* la que era alabada por toda 3920
52.24 *tomó* también el capitán de la guardia 3947
52.25 y de la ciudad *tomó* a un oficial que 3947
52.26 *tomó*... Nabuzaradán... y los llevó al rey 3947
Ez 3.10 *toma* en tu corazón todas mis palabras
3.14 levantó, pues, el Espíritu, y me *tomó* 3947
4.1 *tómate* un adobe, y ponlo delante de ti 3947
4.3 *tómate* también una plancha de hierro, y 3947
4.9 *toma* para ti trigo, cebada, habas... millo 3947
5.1 *tómate* un cuchillo... toma una navaja de 3947
5.1 *toma*... una balanza de pesar y divide los 3947
5.2 *tomarás* una tercera parte y la cortarás 3947
5.3 *tomarás*... de allí unos pocos en número 3947
5.4 *tomarás* otra vez de ellos, y los echarás 3947
5.13 saciaré... mi enojo... *tomaré* satisfacción
8.3 figura extendió la mano, y me *tomó* por 3947
10.6 *toma* fuego de entre las ruedas... entró 3947
10.7 *tomó* de él y lo puso en manos del que 5375
10.7 estaba vestido de lino... lo *tomó* y salió 3947
14.5 para *tomar* a la casa de Israel por el 8610
15.3 ¿*tomarán* de ella madera para... obra 3947
15.3 ¿*tomarán* de ella una estaca para colgar 3947
16.16 *tomaste* de tus vestidos, y te hiciste 3947
16.17 *tomaste*... tus hermosas alhajas de oro 3947
16.18 *tomaste* tus vestidos... y las cubriste 3947
16.20 *tomaste* tus hijos... y los sacrificaste 3947
16.37 tus enamorados con los... *tomaste* placer
17.3 al Líbano, y *tomó* el cogollo del cedro 3947
17.5 *tomó*... de la simiente de la tierra, y la 3947

17.12 *tomó* a tu rey y a sus príncipes, y los 3947
17.13 *tomó*... a uno de la descendencia real e 3947
17.22 *tomaré* yo del cogollo de aquel... cedro 3947
18.8 no prestare a interés ni *tomare* usura
18.13 *tomare* usura; ¿vivirá éste? No vivirá
19.4 fue *tomado* en la trampa de ellas, y lo 8610
19.5 *tomó* otro de sus cachorros, y lo puso 3947
22.12 interés y... *tomaste*, y a tus prójimos 3947
22.25 devoraron... *tomaron* haciendas y honra 3947
23.10 *tomaron* sus hijos y sus hijas, y a ella 3947
23.25 *tomarán* a tus hijos y a tus hijas, y 3947
23.29 y *tomarán* todo el fruto de tu labor, y 3947
24.5 *toma* una oveja escogida, y... enciende 3947
25.12 *tomando* venganza de la casa de Judá
27.5 *tomaron* cedros del Líbano para... mástil 3947
27.15 muchas costas *tomaban* mercadería de
27.29 descenderán... todos los que *toman* remo 8610
29.7 te *tomaron* con la mano, te quebraste 8610
29.19 y él *tomará* sus riquezas, y recogerá 5375
30.4 vendrá espada a... y *tomarán* sus riquezas 3947
33.2 el pueblo de la tierra *tomare* un hombre 3947
33.6 éste fue *tomado* por causa de su pecado 3947
35.10 *tomaré* posesión de ellas; estando allí 3423
36.12 y *tomarán* posesión de ti, y les serás 3423
36.24 y yo os *tomaré* de las naciones, y os 3947
37.16 *toma* ahora un palo, y escribe en él 3947
37.16 *toma*... otro palo, y escribe en él: Para 3947
37.19 yo *tomo* el palo de José que está en la 3947
37.21 yo *tomo* a los hijos de Israel de entre 3947
38.12 arrebatar despojos y para *tomar* botín 962
38.13 reunido tu multitud para *tomar* botín 7997
38.13 *tomar* ganados y... *t* grandes despojos 3947
39.14 *tomarán* hombres a jornal que vayan por
41.17 por encima de la puerta... *tomó* medidas
43.20 y *tomarás* de su sangre, y pondrás en 3947
43.21 *tomarás* luego... becerro de la expiación 3947
44.22 ni viuda ni repudiada *tomará* por mujer 3947
44.22 *tomará* virgen del linaje de la casa de 3947
45.18 *tomarás* de la vacada un becerro sin 3947
45.19 el sacerdote *tomará* de la sangre de la 3947
46.18 príncipe no *tomará* nada de la herencia 3947
Dn 5.31 Darío de Media *tomó* el reino, siendo 6902
11.15 vendrá... rey... y *tomará* la ciudad fuerte 3920
11.18 su rostro a las costas, y *tomará* muchas 3920
11.21 vendrá... y *tomará* el reino con halagos
Os 1.2 *tómate* una mujer fornicaria, e hijos 3947
1.3 y *tomó* a Gomer hija de Diblaim, la cual 3947
2.9 *tomaré* mi trigo a su tiempo, y mi vino 3947
3.3 tú... no fornicarás, ni *tomarás* otro varón
5.14 iré; *tomaré*, y no habrá quien liberte 5375
9.15 les *tomé* aversión; por la perversidad de
10.9 no los *tomó* la batalla en Gabaa contra 5381
11.3 yo... enseñaba a... *tomándole* de los brazos ... 3947
12.3 *tomó* por el calcañar a su hermano, y con
Am 6.10 un pariente *tomará* a cada uno, y lo 5375
7.15 Jehová me *tomó* de detrás del ganado, y 3947
9.2 hasta el Seol, de allá los *tomará* mi mano 3947
9.3 allí los buscaré y los *tomaré*; y aunque 3947
Jon 1.12 *tomadme* y echadme al mar, y el mar 5375
1.15 y *tomaron* a Jonás, y lo echaron al mar 5375
Mi 2.2 codician... casas, y las *toman*; oprimen 5375
4.9 que te ha *tomado* dolor como de mujer de 2388
Nah 1.9 no *tomará* venganza dos veces de sus
Hab 1.10 y levantará terraplén y la *tomará* 3920
2.10 *tomaste* consejo vergonzoso para tu casa
Hag 2.23 aquel día... te *tomaré*, oh Zorobabel 3947
Zac 6.10 *toma* de los del cautiverio a Heldai 3947
6.11 *tomarás*... plata y oro, y harás coronas 3947
8.23 *tomarán* del manto a un judío, diciendo 2388
9.15 y harán estrépito como *tomados* de vino
11.7 *tomé* para mí dos cayados: al uno puse 3947
11.10 *tomé*... mi cayado Gracia, y lo quebré 3947
11.13 y *tomé* las treinta piezas de plata, y 3947
11.15 *toma*... los aperos de un pastor insensato 3947
14.2 ciudad será *tomada*, y serán saqueadas 3947
14.21 que sacrificaren... *tomarán* de ellas, y 3947
Mt 2.13 *toma* al niño y a su madre, y huye a *3880*
2.14 el... *tomó* de noche al niño y a su madre *3880*
2.20 levántate, *toma* al niño y a su madre, y *3880*
2.21 se levantó, y *tomó* al niño y a su madre *3880*
5.42 al que quiera *tomar* de ti prestado, no
8.17 él mismo *tomó* nuestras enfermedades, y *2983*
9.6 levántate, *toma* tu cama, y vete a... casa *142*
9.25 y *tomó* de la mano a la niña, y ella se *2902*
10.38 el que no *toma* su cruz y sigue en pos *2983*
12.45 *toma*... otros siete espíritus peores que *3880*
13.31 grano de mostaza, que un hombre *tomó* *2983*
13.33 es semejante a la levadura que *tomó* una *2983*
14.12 y *tomaron* el cuerpo y lo enterraron *142*
14.19 *tomando* los cinco panes y los dos peces *2983*
15.26 no está bien *tomar* el pan de los hijos *2983*
15.36 y *tomando* los siete panes... dio gracias *2983*
16.22 Pedro, *tomándolo* aparte, comenzó a *4355*
16.24 niéguese a sí mismo, y *tome* su cruz, y *142*
17.1 Jesús *tomó* a Pedro, a Jacobo y a Juan *3880*
17.27 *tómalo*, y al abrirle la boca, hallarás *142*
17.27 un estatero; *tómalo*, y dáselo por mí *2983*
18.16 si no te oyere, *toma* aún contigo a uno *3880*
20.14 *toma* lo... tuyo, y vete; pero quiero dar *142*
20.17 *tomó* a sus doce discípulos aparte en el *3880*
21.35 *tomando* a los siervos, a uno golpearon *2983*
21.39 *tomándole*, le echaron fuera de la viña *2983*
22.6 *tomando* a los siervos, los afrentaron *2902*
24.17 no descienda para *tomar* algo de su casa *142*
24.18 no vuelva atrás para *tomar* su capa *142*
24.40 uno será *tomado*, y el otro será dejado *3880*
24.41 la una será *tomada*, y la otra... dejada *3880*
25.1 diez vírgenes que *tomando* sus lámparas *2983*
25.3 *tomando*... lámparas, no *tomaron*... aceite *2983*
25.4 prudentes *tomaron* aceite en sus vasijas *2983*
26.26 *tomó* Jesús el pan, y bendijo... partió *2983*
26.26 dijo: *Tomad*, comed; esto es mi cuerpo *2983*
26.27 *tomando*... copa, y habiendo dado gracias *2983*
26.37 *tomando* a Pedro, y a los dos hijos de *3880*
26.52 todos los que *tomen* espada, a espada *2983*
27.6 *tomando* las piezas de plata, dijeron: No *2983*
27.9 Y *tomaron* las treinta piezas de plata *2983*
27.24 Pilato... *tomó* agua y se lavó las manos *2983*
27.30 *tomaban* la caña y le golpeaban en la *2983*
27.48 *tomó* una esponja... la empapó de vinagre ... *2983*
27.59 y *tomando* José el cuerpo, lo envolvió *2983*
28.15 *tomando* el dinero, hicieron como se les *2983*
Mr 1.31 él... la *tomó* de la mano y la levantó *2902*
2.9 decirle: Levántate, *toma* tu lecho y anda? *142*
2.11 digo: Levántate, *toma* tu lecho, y vete *142*
2.12 *tomando* su lecho, salió... se asombraron *142*
3.6 y salidos los fariseos, *tomaron* consejo *4160*
4.36 le *tomaron* como estaba, en la barca *3880*
5.40 *tomó* al padre y a la madre de la niña *3880*
5.41 y *tomando* la mano de la niña, le dijo *2902*
6.17 Felipe... pues la había *tomado* por mujer
6.29 *tomaron* su cuerpo, y lo pusieron en un *142*
6.41 *tomó* los cinco panes y los dos peces *2983*
7.4 muchas cosas... que *tomaron* para guardar
7.27 no está bien *tomar* el pan de los hijos *2983*
7.33 *tomándole* aparte de la gente, metió los *618*
8.6 *tomando* los siete panes, habiendo dado *2983*
8.23 *tomando* la mano del ciego, le sacó fuera *1949*
8.32 Pedro le *tomó*... comenzó a reconvenirle *4355*
8.34 niéguese a sí... y *tome* su cruz, y sígame *142*
9.2 Jesús *tomó* a Pedro, a Jacobo y a Juan *3880*
9.18 cual, dondequiera que le *toma*, le sacude *2638*
9.27 pero Jesús, *tomándole* de la mano, le *2902*
9.36 *tomó* a un niño, y lo puso en medio de *2983*
9.36 y *tomándole* en sus brazos, les dijo *1723*
10.16 y *tomándolos* en los brazos, poniendo *1723*
10.21 anda... y ven, sígueme, *tomando* tu cruz *142*
10.32 volviendo a *tomar* a los doce aparte *3880*
12.3 mas ellos, *tomándole*, le golpearon, y *2983*
12.8 y *tomándole*, le mataron, y le echaron *2983*
12.20 primero *tomó* esposa, y murió sin dejar *2983*
13.15 ni entre para *tomar* algo de su casa *142*
13.16 en el campo, no vuelva atrás a *tomar* *142*
14.22 Jesús *tomó* pan y bendijo, y lo partió *2983*
14.22 dio, diciendo: *Tomad*, esto es mi cuerpo *2983*
14.23 *tomando*... copa, y habiendo dado gracias *2983*
14.33 y *tomó* consigo a Pedro, a Jacobo y a *3880*
15.23 le dieron a beber vino... él no lo *tomó*
16.8 fueron huyendo... les había *tomado* temblor
16.18 *tomarán* en las manos serpientes, y si *142*
Lc 2.28 *tomó* en sus brazos, y bendijo a Dios *1209*
5.24 levántate, *toma* tu lecho, y vete a tu *142*
5.25 y *tomando* el lecho en que... acostado, se *142*
6.4 entró... *tomó* los panes de la proposición *2983*
6.30 al que *tome* lo que es tuyo, no pidas que *142*
8.54 *tomándola* de la mano, clamó diciendo *2902*
9.3 les dijo: No *toméis* nada para el camino *142*
9.10 *tomándolos*, se retiró aparte, a un lugar *3880*
9.16 *tomando* los cinco panes... dos pescados *2983*
9.23 mismo, *tome* su cruz cada día, y sígame *142*
9.28 *tomó* a Pedro, a Juan... y subió al monte *3880*
9.39 que un espíritu le *toma*, y de repente *2983*
9.47 Jesús... *tomó* a un niño y lo puso junto a *1949*
11.26 *toma* otros siete espíritus peores que *3880*
13.19 un hombre *tomó* y sembró en su huerto *2983*
13.21 levadura que una mujer *tomó* y escondió *2983*
14.4 él, *tomándole*, le sanó, y le despidió *1949*
16.6 dijo: *Toma* tu cuenta, siéntate pronto *1209*
16.7 dijo: *Toma* tu cuenta, y escribe ochenta *1209*
17.31 y sus bienes... no descienda a *tomarlos* *142*
17.34 uno será *tomado*, y el otro será dejado *3880*
17.35 la una será *tomada*, y la otra dejada *3880*
17.36 dos... uno será *tomado*, y el otro dejado *3880*
18.31 *tomando* Jesús a los doce, les dijo: He *3830*
19.21 que *tomas* lo que no pusiste, y siegas *142*
19.22 que *tomo* lo que no puse, y que siego *142*
20.29 primero *tomó* esposa, y murió sin hijos *2983*
20.30 y la *tomó* el segundo, el cual... murió *2983*
20.31 la *tomó* el tercero, y así todos... siete *2983*
22.17 habiendo *tomado* la copa... dijo: Tomad *1209*
22.19 *tomó* el pan y dio gracias, y lo partió *2983*
22.20 *tomó* la copa, diciendo: Esta copa es el
22.36 el que tiene bolsa, *tómela*, y también *142*
23.26 *tomaron* a cierto Simón de Cirene, que
24.30 *tomó* el pan y lo bendijo, lo partió, y *2983*
24.43 y él lo *tomó*, y comió delante de ellos *2983*
Jn 1.16 de su plenitud *tomamos* todos, y gracia
5.8 le dijo: Levántate, *toma* tu lecho, y anda *142*
5.9 y *tomó* su lecho, y anduvo. Y era día de *142*
5.11 él mismo me dijo: *Toma* tu lecho y anda *142*
5.12 es el que te dijo: *Toma* tu lecho y anda? *142*
6.7 para que cada uno de ellos *tomase* un poco *2983*
6.11 *tomó* Jesús aquellos panes, y habiendo *2983*
8.59 *tomaron*... piedras para arrojárselas; pero *142*
10.17 pongo mi vida, para volverla a *tomar* *2983*
10.18 y tengo poder para volverla a *tomar* *2983*
10.31 judíos volvieron a *tomar* piedras para *941*
12.3 María *tomó* una libra de perfume de nardo ... *2983*
12.13 *tomaron* ramas de palmera y salieron a *2983*
13.4 se quitó su manto, y *tomando* una toalla *2983*
13.12 *tomó* su manto, volvió a la mesa, y les *2983*
13.30 cuando él, pues, hubo *tomado* el bocado
14.3 os *tomaré* a mí mismo, para que donde yo
16.14 *tomará* de lo mío, y os lo hará saber
16.15 por eso dije que *tomará* de lo mío, y os *2983*
18.3 Judas, pues, *tomando* una compañía de
18.31 Pilato: *Tomadle* vosotros, y juzgadle *2983*
19.1 así que... *tomó* Pilato a Jesús, y le azotó *2983*
19.6 dijo: *Tomadle* vosotros, y crucificadle *2983*
19.16 *tomaron*, pues, a Jesús, y le llevaron *3880*
19.23 los soldados... *tomaron* sus vestidos, e *2983*
19.23 *tomaron* también su túnica, la cual era
19.30 cuando Jesús hubo *tomado* el vinagre
19.40 *tomaron*, pues, el cuerpo de Jesús, y lo *2983*
21.13 *tomó* el pan y les dio, y... del pescado *2983*
Hch 1.11 este mismo Jesús, que ha sido *tomado* *353*
1.20 no haya quien... y: *Tome* otro su oficio *2983*
1.25 que *tome* la parte de este ministerio y *2983*
3.7 *tomándole* por la mano derecha le levantó *4084*
7.45 al *tomar* posesión de la tierra de los *2697*
7.60 no les *tomes* en cuenta este pecado
9.19 y habiendo *tomado* alimento, recobró
9.25 *tomándole* de noche, le bajaron por el *2983*
9.27 *tomándole*, lo trajo a los apóstoles, y *1949*
12.4 habiéndole *tomado* preso, le puso en la
15.14 *tomar* de ellos pueblo para su nombre *2983*
15.39 Bernabé, *tomando* a Marcos, navegó a *3880*
16.3 *tomándole*, le circuncidó por causa de *2983*
16.33 él, *tomándolos* en aquella misma hora *3880*
17.5 *tomaron* consigo a algunos ociosos... malos ... *4355*
17.19 y *tomándole*, le trajeron al Areópago *1949*
18.26 le *tomaron* aparte y le expusieron más *4355*
20.3 *tomó* la decisión de volver... Macedonia
20.14 *tomándole* a bordo, vinimos a Mitilene *353*
20.15 y al otro día *tomamos* puerto en Samos
21.11 *tomó* el cinto de Pablo, y atándose los *142*
21.24 *tómalos*... purifícate con ellos, y paga *3880*
21.26 Pablo *tomó* consigo a aquellos hombres *3880*
21.32 *tomando* luego soldados... corrió a ellos *3880*
23.18 *tomándole*, le llevó al tribuno, y dijo *3880*
23.19 el tribuno, *tomándole* de la... le preguntó *1949*
23.31 *tomando* a Pablo como se les ordenó, le *353*
27.35 *tomó* el pan y dio gracias a Dios en *2983*
Ro 7.8,11 *tomando* ocasión por el mandamiento *2983*
1 Co 9.7 apacienta... y no *toma* de la leche del
11.21 uno se adelanta a *tomar* su propia cena *4301*
11.23 la noche que fue entregado, *tomó* pan *2983*
11.24 *tomad*, comed; esto es mi cuerpo que *2983*
11.25 *tomó* también la copa, después de haber
2 Co 5.19 no *tomándoles* en cuenta... sus pecados
11.20 toleráis si... si alguno *toma* lo vuestro *2983*
Ef 3.15 de quien *toma* nombre toda familia
6.13 *tomad* toda la armadura de Dios, para que *353*
6.16 sobre todo, *tomad* el escudo de la fe *353*
6.17 y *tomad* el yelmo de la salvación, y la *1209*
Fil 2.7 se despojó... *tomando* forma de siervo *2983*
1 Ti 4.4 todo... si se *toma* con acció de gracias
6.5 *toman* la piedad como fuente de ganancia
2 Ti 2.4 a fin de agradar a aquel que lo *tomó*
4.11 *toma* a Marcos y tráelo contigo, porque *353*
4.16 todos me... no les sea *tomado* en cuenta
He 5.1 todo sumo sacerdote *tomado* de entre los *2983*
5.4 y nadie *toma* para sí esta honra, sino el *2983*
7.5 *tomar* del pueblo los diezmos según la ley
7.6 *tomó* de Abraham los diezmos, y bendijo al
8.9 el día que los *tomé* de la... para sacarlos *1949*
9.19 *tomó* la sangre de los becerros... roció *2983*
Stg 5.10 *tomad* como ejemplo de aflicción y de *2983*
Ap 3.11 **retén lo... que ninguno *tome* tu corona** *2983*
5.7 *tomó* el libro de la mano derecha del que *2983*
5.8 cuando hubo *tomado* el libro, los cuatro *2983*
5.9 digno eres de *tomar* el libro y de abrir *2983*
5.12 el Cordero... es digno de *tomar* el poder
8.5 el ángel *tomó* el incensario, y lo llenó *2983*
10.8 y *toma* el librito que está abierto en *2983*
10.9 me dijo: *Toma*, y cómelo; y te amargará *2983*
10.10 *tomé* el librito de la mano del ángel *2983*
11.17 has *tomado* tu gran poder, y has reinado *2983*
18.21 y un ángel poderoso *tomó* una piedra *142*
22.17 *tome* del agua de la vida gratuitamente *2902*

TOMÁS *Apóstol de Jesucristo*
Mt 10.3 *T*, Mateo el publicano, Jacobo hijo *2381*
Mr 3.18; Lc 6.15 *T*, Jacobo hijo de Alfeo *2381*
Jn 11. 16 dijo entonces *T*... a sus condiscípulos *2381*
14.5 le dijo *T*: Señor, no sabemos a dónde vas *2381*
20.24 *T*... no estaba con ellos cuando Jesús vino *2381*
20.26 estaban... sus discípulos... y con ellos *T* *2381*
20.27 dijo a *T*: Pon aquí tu dedo, y mira mis *2381*
20.28 *T* respondió y le dijo: ¡Señor mío, y *2381*
20.29 dijo: Porque me has visto, *T*, creíste *2381*
21.2 estaban... *T* llamado el Dídimo, Natanael *2381*
Hch 1.13 donde moraban... T, Bartolomé, Mateo *2381*

TONO
Sal 92.3 el salterio, en *t* suave con el arpa 1902
Gá 4.20 estar con vosotros... y cambiar de *t* *5456*

TONSURA
Lv 19.27 no haréis *t* en vuestras cabezas, ni
21.5 no harán *t* en su cabeza, ni raerán la 7144

TOPACIO
Éx 28.17 piedra sárdica, un *t* y un carbunclo 6357
39.10 la primera hilera... un *t* y un carbunclo 6357
Job 28.19 no se igualará con ella *t* de Etiopía 6357
Ez 28.13 de cornerina, *t*, jaspe, crisólito 6357
Ap 21.20 el noveno, *t*, el décimo, crisopraso *5116*

TOPAR
1 R 13.24 yéndose, le *topó* un león... le mató 4672

TOPO
Is 2.20 arrojará el hombre a los *t*... ídolos 2661,6512

TOQUE
Ap 8.13 causa de los otros *t* de trompeta que *5456*

T

TOQUÉN *Aldea en Simeón*, 1 Cr 4.32 8507

TORBELLINO
2 R 2.1 quiso... alzar a Elías en un *t* al cielo 5591
2.11 apartó... y Elías subió al cielo en un *t* 5591
Job 21.18 serán como... tamo que arrebata el *t* 5492
27.20 apoderarán de... *t* lo arrebatará de noche 5492
37.9 sur viene el *t*, y el frío de los vientos 5492
38.1; 40.6 respondió Jehová a Job desde... *t* 5591
Sal 77.18 la voz de tu trueno estaba en el *t*
83.13 Dios... ponlos como *t*, como hojarascas 1534
83.15 persíguelos así... y atérralos con tu *t* 5492
Pr 1.27 vuestra calamidad llegare como un *t* 5492
10.25 como pasa el *t*... el malo no permanece 5492
Is 5.28 y las ruedas de sus carros como *t* 5492
17.13 huirán... y como el polvo delante del *t* 5492
21.1 como *t* del Neguev... viene del desierto 5492
28.2 y como *t* trastornador, como ímpetu de 8178
29.6 visitada con truenos... *t* y tempestad, y 5492
30.30 con *t*, tempestad y piedra de granizo 5311
40.24 sacan, y el *t* los lleva como hojarasca 5591
41.16 llevará el viento, y los esparcirá el *t* 5591
66.15 carros como *t*, para descargar su ira 5492
Jer 4.13 subirá como nube, y su carro como *t* 5492
Os 8.7 porque sembraron viento, y *t* segarán 5492
Nah 1.3 Jehová marcha en la tempestad y el *t* 5492
Zac 7.14 esparcí con *t* por todas las naciones 5590
9.14 Jehová será... e irá entre *t* del austro 5591

TORCER
Dt 16.19 no *tuerzas* el derecho... acepción de 5186
24.17 no *torcerás* el derecho del extranjero 5186
Jos 18.14 y *tuerce* hacia el oeste por el lado 8388
19.29 de allí este límite *tuerce* hacia Ramá 7725
Job 8.3 ¿acaso *torcerá*... derecho, o pervertirá 5791
Pr 19.3 la insensatez del... *tuerce* su camino 5557
Ec 7.13 ¿quién... enderezar lo que él *torció*? 5791
Is 3.12 te... y *tuercen* el curso de tus caminos
30.21 ni tampoco *torzáis* a la mano izquierda
Jer 2.23 dromedaria ligera... *tuerce* su camino 8308
3.21 porque han *torcido* su camino, de Jehová 5753
Lm 3.9 cercó mis caminos... *torció* mis senderos 5753
3.11 *torció* mis caminos, y... me dejó desolado 5493
3.35 *torcer* el derecho del hombre delante de 5186
Jl 2.7 marchará por su... no *torcerá* su rumbo 5670
Am 2.7 *tuercen* el camino de los humildes; y el 5186
2 P 3.16 los indoctos e inconstantes *tuercen* *4761*

TORCIDO, A
Éx 26.1 tabernáculo de diez cortinas de lino *t* 7806
26.31 harás un velo de azul... y lino *t*; será 7806
26.36 una cortina de azul, púrpura... y lino *t* 7806
27.9 tendrá el atrio cortinas de lino *t*, de 7806
27.16 una cortina de... carmesí, y lino *t*, de 7806
27.18 sus cortinas de lino *t*, y sus basas de 7806
28.5 oro, azul, púrpura, carmesí y lino *torcido*
28.6 y harán el efod de oro, azul... y lino *t* 7806
28.8 su cinto de... será de... carmesí y lino *t* 7806
28.15 el pectoral del... de oro, azul... y lino *t* 7806
36.8 tabernáculo de diez cortinas de lino *t* 7806
36.35 hizo asimismo el velo de azul... y lino *t* 7806
36.37 el velo para la puerta... de azul... lino *t* 7806
38.9,16 cortinas del atrio eran... de lino *t* 7806
38.18 cortina de la entrada... era de... lino *t* 7806
39.2 hizo también el efod de oro... y lino *t* 7806
39.5 cinto... de oro, azul, púrpura... y lino *t* 7806
39.8 hizo también el pectoral... oro... y lino *t* 7806
39.24 e hicieron... granadas de azul... y lino *t* 7806
39.28 y los calzoncillos de lino, de lino *t* 7806
39.29 el cinto de lino *t*, de azul, púrpura 7806
Dt 32.5 de sus hijos... generación *t* y perversa 6618
Jue 5.6 andaban... se apartaban por senderos *t*
Sal 10.5 sus caminos son *t* en todo tiempo; tus
Pr 2.15 cuyas veredas son *t*, y *t* sus caminos 6141
8.8 son... no hay en ellas cosa perversa ni *t* 6617
21.8 el camino del... perverso es *t* y extraño 2019
Ec 1.15 lo *t* no se puede enderezar... contarse 5791
Is 40.4 *t* se enderece, y lo áspero se allane 6121
45.2 enderezaré los lugares *t*; quebrantaré 1921
59.8 sus veredas son *t*; cualquiera que por 6140
Ez 18.25 Israel... ¿no son vuestros caminos *t*?
Hab 1.4 ley es debilitada... sale *t* la justicia 6127
Lc 3.5 los caminos *t* serán enderezados, y los *4646*

TORMENTA
2 P 2.17 son fuentes... nubes empujadas por la *t* *2978*

TORMENTO
Job 6.2 pesasen justamente mi queja y mi *t*, y 1942
6.21 como ellas... habéis visto el *t*, y teméis 2866
Pr 13.12 la esperanza que se demora es *t* del 2470
Mt 4.24 todos... los afligidos por diversos... *t* *931*
Lc 16.23 **en el Hades alzó sus... estando en *t*** *931*
16.28 **que no vengan ellos... a este lugar de *t*** *931*
Hch 22.29 apartaron... los que le iban a dar *t*
Ap 9.5 *t* era como *t* de escorpión cuando hiere *929*
14.11 el humo de su *t* sube por los siglos de *929*
18.7 tanto dadle de *t* y llanto; porque dice *929*
18.10 parándose lejos por el temor de su *t* *929*
18.15 se pararán lejos por el temor de su *t* *929*

TORNAR
Is 42.15 los ríos *tornaré* en islas, y secaré 7760

TORNO
Ez 41.5 en *t* de la casa alrededor 5439

TORO
Gn 49.6 furor... en su temeridad desjarretaron *t*
Dt 33.17 como el primogénito de su *t* es su 7794
Jue 6.25 toma un *t* del hato... el segundo *t* de 6499
6.26 y tomando el segundo *t*, sacrifícalo en 6499
6.28 y el segundo *t* había sido ofrecido en 6499
Job 21.10 sus *t* engendran, y no fallan; paren 7794
Sal 22.12 me han rodeado muchos *t*... *t* de Basán 6499
50.13 ¿he de comer yo carne de *t*, o de beber 47
68.30 la multitud de *t* con los becerros de 47
Is 34.7 con... caerán búfalos, y *t* con becerros 47
Ez 39.18 y de *t*, engordados todos en Basán 6499
Mt 22.4 **mis *t* y animales engordados han sido** *5022*
Hch 14.13 sacerdote de... trajo *t* y guirnaldas *5022*
He 9.13 si la sangre de los *t* y... santifican *5022*
10.4 la sangre de los *t* y... no puede quitar *5022*

TORPE
Éx 4.10 soy tardo en el habla y *t* de lengua 3515
6.12 cómo... escuchará... siendo yo *t* de labios
6.30 yo soy *t* de labios; ¿cómo... me ha de oír
Sal 73.22 tan *t* era yo, que no entendía; era 1198
Is 35.8 que... por *t* que sea, no se extraviará 191

TORPEZA
Jer 23.14 los profetas de Jerusalén he visto *t*

TORRE
Gn 11.4 edifiquémonos una ciudad y una *t*, cuya 4026
11.5 descendió... para ver la ciudad y la *t* que 4026
Jue 8.9 cuando yo vuelva en... derribaré esta *t* 4026
8.17 derribó la *t* de Peniel, y mató a los de 4026
9.46 los que estaban en la *t* de Siquem, se 4026
9.47 reunidos... los hombres de la *t* de Siquem 4026
9.49 que todos los de la *t* de Siquem murieron 4026
9.51 había una *t*... subieron al techo de la *t* 4026
9.52 vino Abimelec a la *t*... la puerta de la *t* 4026
2 R 9.17 y el atalaya que estaba en la *t* de 4026
17.9; 18.8 las *t* de las atalayas hasta las 4026
25.1 sitió, y levantó *t* contra ella alrededor 1785
1 Cr 27.25 Jonatán... los tesoros de... de las *t* 4026
2 Cr 14.7 cerquémoslas de muros con *t*, puertas 4026
20.24 vino Judá a la *t* del desierto, miraron
26.9 edificó también Uzías *t* en Jerusalén 4026
26.10 asimismo edificó *t* en el desierto, y 4026
26.15 para que estuviesen en las *t* y en los 4026
27.4 construyó fortalezas y *t* en los bosques 4026
32.5 hizo alzar las *t*, y otro muro por fuera 4026
Neh 3.1 levantaron sus puertas hasta la *t* de 4026
3.1 ellos... edificaron hasta la *t* de Hananeel 4026
3.11 restauraron otro... y la *t* de los Hornos 4026
3.25 y la *t* alta que sale de la casa del rey 4026
3.26 restauraron hasta... la *t* que sobresalía 4026
3.27 la gran *t* que sobresale, hasta el muro 4026
12.38 la *t* de los Hornos hasta el muro ancho 4026
12.39 *t* de Hananeel, y la *t* de Hamea, hasta 4026
Sal 48.12 alrededor de Sion, y... contad sus *t* 4026
61.3 refugio, y *t* fuerte delante del enemigo 4026
Pr 18.10 *t* fuerte es el nombre de Jehová; a él 4026
Cnt 4.4 cuello, como la *t* de David, edificada 4026
7.4 cuello, como *t* de marfil; tus ojos, como 4026
7.4 tu nariz, como la *t* del Líbano, que mira 4026
8.10 yo soy muro, y mis pechos como *t*, desde 4026
Is 2.15 sobre toda *t* alta... todo muro fuerte 4026
5.2 había edificado en medio de ella una *t* 4026
30.25 la gran matanza, cuando caerán las *t* 4026
32.14 las *t* y fortalezas se volverán cuevas 975
Jer 6.27 por fortaleza te he puesto en... por *t* 969
31.38 la ciudad será edificada... desde la *t* 4026
Ez 17.17 edifiquen *t* para cortar muchas vidas 1785
21.22 poner arietes... y edificar *t* de sitio 1785
26.4 los muros de Tiro, y derribarán sus *t* 4026
26.8 pondrá contra ti *t* de sitio... baluarte 1785
26.9 tus muros, y tus *t* destruirá con hachas 4026
27.11 y los gamadeos en tus *t*; sus escudos 4026
Mi 4.8 tú, oh *t* del rebaño, fortaleza de la 4026
Sof 1. 16 día de trompeta... sobre las altas *t* 6438
Zac 14.10 la *t* de Hananeel hasta los lagares 4026
Mt 21.33 **edificó una *t*, y la arrendó a unos** *4444*
Mr 12.1 **un lagar, edificó una *t*, y la arrendó** *4444*
Lc 13.4 **sobre los cuales cayó la *t* en Siloé** *4444*
14.28 **¿quién de... queriendo edificar una *t*** *4444*

TORRENCIAL
Job 37.6 dice... a la llovizna, y a los aguaceros *t*
Pr 28.3 pobre... como lluvia *t* que deja sin pan 5502
Ez 13.11 vendrá lluvia *t*, y enviaré piedras 7857
13.13 mi ira, y lluvia *t* vendrá con mi furor 7857

TORRENTE
Nm 32.9 el *t* de Escol, y después que vieron
34.5 rodeará... límite... hasta el *t* de Egipto 5158
Jue 5.21 barrió el *t* de Cisón, el antiguo *t* 5158
1 S 30.9 partió... llegaron hasta el *t* de Besor 5158
30.10 que cansados no pudieron pasar el *t* de 5158
30.21 habían hecho quedar en el *t* de Besor 5158
2 S 15.23 pasó... toda la gente el *t* de Cedrón 5158
22.5 ondas... *t* de perversidad me atemorizaron 5158
22.16 entonces aparecieron los *t* de las aguas 650
1 R 2.37 y pasares el *t* de Cedrón... morirás 5158
15.13 el ídolo... lo quemó junto al *t* de Cedrón 5158
2 Cr 15.16 Asa... la quemó junto al *t* de Cedrón 5158
29.16 los levitas la llevaron fuera al *t* de 5158
30.14 altares... y los echaron al *t* de Cedrón 5158
Neh 2.15 subí de noche por el *t* y observé el 5158
Job 6.15 hermanos me traicionaron como un *t* 5158
20.17 no verá los... los *t* de miel y de leche 5158
Sal 18.4 y *t* de perversidad me atemorizaron 5158
36.8 tú los abrevarás del *t* de tus delicias 5158
78.20 aguas, y *t* inundaron la tierra; ¿podrá 5158
90.5 los arrebatas como con *t* de aguas; son 2229
124.4 sobre nuestra alma hubiera pasado el *t* 5158
Is 15.7 riquezas... llevarán al *t* de los sauces 5158
27.12 trillará Jehová... hasta el *t* de Egipto 5158
30.28 su aliento, cual *t* que inunda; llegará 5158
30.33 el soplo de Jehová, como *t* de azufre 5158
35.6 aguas serán cavadas... y *t* en la soledad 5158
66.12 y la gloria de las naciones como *t* que 5158
Jer 47.2 suben aguas del norte, y se harán *t* 5158
Jn 18.1 salió... al otro lado del *t* de Cedrón *5493*

TORTA
Éx 12.39 cocieron *t* sin levadura de la masa 5692
29.2 y *t* sin levadura amasadas con aceite, y 2471
29.23 una *t* grande de pan, y una *t* de pan de 2471
Lv 2.4 de *t* de flor de harina sin levadura 2471
7.12 ofrecerá... *t* sin levadura amasadas con 2471
7.12 flor de harina frita en *t* amasadas con 2471
7.13 con *t* de pan leudo presentará su ofrenda 2471
8.26 una *t* sin levadura, y una *t* de pan de 2471
24.5 cocerás de ella doce *t*; cada *t* será de 2471
Nm 6.15 un canastillo de *t* sin levadura, de 2471
6.19 tomará... *t* sin levadura del canastillo 2471
11.8 y lo cocía en caldera o hacía de él *t* 5692
15.20 ofreceréis una *t* en ofrenda; como la 2471
1 S 10.3 llevando... otro tres *t* de pan, y el 3603
2 S 6.19 un pedazo de carne y una *t* de pasas 2471
1 R 14.3 toma... *t*, y una vasija de miel, y vé 5350
17.13 de ello una pequeña *t* cocida debajo de 5692
19.6 he aquí... una *t* cocida sobre las ascuas 5692
1 Cr 12.40 trajeron... *t* de higos, pasas, vino 1690
16.3 a cada uno una *t* de pan... una *t* de pasas 3603
Is 16.7 gemiréis... las *t* de uvas de Kir-hareset 808
Jer 7.18 para hacer *t* a la reina del cielo y 3561
37.21 dar una *t* de pan al día, de la calle de
44.19 ¿acaso le hicimos... *t* para tributarle 3561
Os 3.1 los hijos de Israel... aman *t* de pasas
7.8 mezclado con... Efraín fue *t* no volteada 5692

TÓRTOLA
Gn 15.9 tráeme... una *t* también, y un palomino 8449
Lv 1.14 de aves, presentará su ofrenda de *t* 8449
5.7 traerá a Jehová... dos *t* o dos palominos 8449
5.11 si no tuviere lo suficiente para dos *t* 8449
12.6 traerá... *t* para expiación, a la puerta 8449
12.8 tomará entonces dos *t* o dos palominos 8449
14.22 y dos *t* o dos palominos, según pueda 8449
14.30 asimismo ofrecerá una de las *t* o uno 8449
15.14 tomará dos *t* o dos palominos, y vendrá 8449
15.29 tomará consigo dos *t* o dos palominos 8449
Nm 6.10 octavo traerá dos *t* o dos palominos 8449
Sal 74.19 no entregues a las... el alma de tu *t* 8449
Cnt 2.12 en... país se ha oído la voz de la *t* 8449
Jer 8.7 la *t*... guardan el tiempo de su venida 8449
Lc 2.24 ofrecer... un par de *t*, o dos palominos *5167*

TORTUOSA
Job 26.13 cielos; su mano creó la serpiente *t* 1281
Is 27.1 castigará... al leviatán serpiente *t*, y 6129

TOSCO
2 Co 11.6 aunque sea *t* en la palabra, no... soy *2399*

TOSQUEDAD
Ec 8.1 rostro, y la *t* de su semblante se mudará 5797

TOSTAR
Lv 2.14 *tostarás* al fuego las espigas verdes 7033
23.14 no comeréis... grano *tostado*, ni espiga 7039
Jos 5.11 comieron del... espigas nuevas *tostadas*
1 S 17.17 toma... un efa de este grano *tostado* 7039
25.18 tomó... cinco medidas de grano *tostado* 7039
2 S 17.28 a David... grano *tostado*... garbanzos *t* 7039
1 Cr 23.29 para lo *tostado*, y para toda medida 7246

TOTAL
Nm 17.6 en *t* doce varas; y la vara de Aarón estaba
Jer 52.30 todas las personas en *t* fueron 4.600

TOTALMENTE
Éx 23.24 y quebrarás *t* sus estatuas
Dt 4.26 que pronto pereceréis *t* de la
2 Cr 8.16 casa de Jehová fue acabada *t*
Is 2.18 y quitará *t* los ídolos 3632
10.18 su campo fértil consumirá *t*
56.3 me apartará *t* Jehová de su

TRABADO *Véase Trabar*

TRABAJADO
Dt 25.18 salió... cuando tú estabas cansado y *t* 3023
Job 3.20 ¿por qué se da luz al *t*, y vida a los
Mt 11.28 **venid a mí todos los que estáis *t* y** *2872*

TRABAJADOR
Jue 5.26 su mano a... su diestra al mazo de *t* 6001
2 Cr 2.10 para los *t* tus siervos, cortadores
Ec 5.12 dulce es el sueño del *t*, coma mucho 5647
Is 58.3 propio gusto, y oprimís a... vuestros *t* 6092

TRABAJAR
Gn 30.30 ¿cuándo *trabajaré*... mi propia casa?
Éx 5.18 id pues, ahora, y *trabajad*. No se os 5647
20.9 seis días *trabajarás*, y harás toda tu 4399
21.19 por lo que estuvo sin *trabajar*, y hará
23.12 seis días *trabajarás*, y al séptimo día 4639
31.4 *trabajar* en oro, en plata y en bronce 6213
31.5 para *trabajar* en toda clase de labor 6213
31.15 seis días se *trabajará*... día séptimo es 4399
31.15 cualquiera que *trabaje* en el día de 4399
34.21 seis días *trabajarás*, mas en el séptimo 5627
35.2 seis días se *trabajará*... día séptimo os 4399
35.32 *trabajar* en oro, en plata y en bronce 6213
35.33 para *trabajar* en toda labor ingeniosa 4399
36.2 venir a la obra para *trabajar* en ella 4399
Lv 11.32 sea... instrumento con que se *trabaja* 4399
23.3 seis días se *trabajará*, mas el séptimo 4399
Dt 5.13 seis días *trabajarás*, y harás toda tu 4399

16.8 fiesta... a Jehová... no *trabajarás* en él........ 4399
21.3 una becerra que no haya *trabajado*, que...... 5647
Jos 24.13 la tierra por la... nada *trabajasteis*.......... 3021
Rt 2.19 dónde has *trabajado*?... contó... había *t*........ 3950
2.19 el... con quien hoy he *trabajado* es Booz....... 6213
2 S 12.31 los puso a *trabajar*... los hizo *t* en
20.15 el pueblo... *trabajaba* por derribar la
1 R 7.14 su padre, que *trabajaba* en bronce
9.23 estaban sobre el pueblo que *trabajaba* en..... 6213
1 Cr 4.21 los que *trabajan* lino en Bet-asbea........... 5656
20.3 y lo puso a *trabajar* con sierras, con
23.24 de Leví... *trabajaban* en el ministerio......... 4399
27.26 de los que *trabajaban* en la labranza........... 4399
2 Cr 2.7 un hombre hábil que sepa *trabajar* en........ 6213
2.14 sabe *trabajar* en oro, plata, bronce y.......... 6213
2.18 capataces para hacer *trabajar* al pueblo...... 5647
34.10 *trabajaban* en la casa de Jehová, para....... 6213
Neh 4.6 el pueblo tuvo ánimo para *trabajar*........... 6213
4.16 mitad... *trabajaba* en la obra, y la otra........ 6213
4.17 con una mano *trabajaban* en la obra, y en..... 6213
4.21 nosotros, pues, *trabajábamos* en la obra....... 4399
Job 9.29 soy impío; ¿para qué *trabajaré* en vano?..... 3021
Sal 127.1 en vano *trabajan* los que la edifican......... 5998
Pr 16.26 el alma del que *trabaja*, *t* para sí............. 6001
21.25 porque sus manos no quieren *trabajar*....... 6213
31.13 y con voluntad *trabaja* con sus manos........ 6213
Ec 2.15 ¿para qué... *trabajado* hasta ahora para
2.21 ¡que el hombre *trabaje* con sabiduría, y........ 5999
2.21 su hacienda a hombre que nunca *trabajó*..... 5998
3.9 ¿qué provecho tiene el que *trabaja*, de........... 6213
4.8 nunca cesa de *trabajar*, ni sus ojos se........... 5999
4.8 ¿para quién *trabajo* yo, y defraudo... alma...... 6001
5.16 ¿y de qué le aprovechó *trabajar* en vano?...... 6001
8.17 por mucho que *trabaje* el... no la hallará...... 5998
Is 44.12 el herrero toma la tenaza, *trabaja* en......... 6466
44.12 y *trabaja* en ello con la fuerza de su.......... 6466
49.4 por demás he *trabajado*, en vano y sin........ 3021
65.23 no *trabajarán* en vano, ni darán a luz........ 3021
Jer 18.3 alfarero... él *trabajaba* sobre la rueda........ 6213
51.58 en vano *trabajaron* los pueblos, y las......... 3021
Ez 29.20 porque *trabajaron* para mí, dice Jehová...... 6213
Dn 6.14 el rey oyó el... *trabajó* para librarle........... 7712
Jon 1.13 *trabajaron* para hacer volver la nave
4.10 la calabacera, en la cual no *trabajaste*......... 5998
Hab 2.13 los pueblos... *trabajarán* para el fuego....... 3021
Hag 1.6 que *trabaja*... recibe su jornal en saco
1.14 *trabajaron* en la casa de Jehová de los......... 4399
2.4 y *trabajad*; porque yo estoy con vosotros....... 6213
Mt 6.28 **los lirios del campo... no *trabajan* ni**.......... *2872*
Mt 20.12 **postreros han *trabajado* una sola hora**...... *4160*
21.28 **hijo, vé hoy a *trabajar* en mi viña**............ *2038*
Lc 5.5 toda la noche hemos estado *trabajando*......... *2872*
12.27 **no *trabajan* ni hilan; mas os digo, que**........ *2872*
13.14 seis días hay en que se debe *trabajar*......... *2038*
Jn 5.17 **mi Padre... ahora *trabaja*, y yo *trabajo***........ *2038*
6.27 ***trabajad*, no por la comida que perece**......... *2038*
9.4 **noche viene, cuando nadie puede *trabajar***...... *2038*
Hch 18.3 *trabajaban* juntos, pues el oficio de........... *2038*
20.35 que, *trabajando* así, se debe ayudar a......... *2872*
Ro 16.6 a María, la cual ha *trabajado* mucho........... *2872*
16.12 y a Trifosa, las cuales *trabajan* en el.......... *2872*
16.12 la cual ha *trabajado* mucho en el Señor....... *2872*
1 Co 4.12 fatigamos *trabajando* con nuestras........... *2872*
9.6 yo y... no tenemos derecho de no *trabajar*?..... *2038*
9.13 los que *trabajan* en las cosas sagradas
15.10 he *trabajado* más que todos ellos; pero........ *2872*
16.16 y a todos los que ayudan y *trabajan*........... *2872*
Gá 4.11 me temo... que haya *trabajado* en vano....... *2872*
Ef 4.28 sino *trabaje*, haciendo con sus manos.......... *2872*
Fil 2.16 he corrido... ni en vano he *trabajado*........... *2872*
Col 1.29 para lo cual también *trabajo*, luchando....... *2872*
1 Ts 2.9 *trabajando* de noche y de día, para........... *2873*
4.11 ocuparos... y *trabajar* con vuestras manos..... *2038*
5.12 que reconozcáis a los que *trabajan* entre...... *2872*
2 Ts 3.8 *trabajamos* con... y fatiga día y noche.......... *2038*
3.10 alguno no quiere *trabajar*, tampoco coma..... *2038*
3.11 no *trabajando* en nada, sino... lo ajeno........ *2038*
3.12 que *trabajando*... coman su propio pan.......... *2038*
1 Ti 4.10 por esto mismo *trabajamos* y sufrimos....... *2872*
5.17 los que *trabajan* en predicar y enseñar........ *2872*
2 Ti 2.6 el labrador... debe *trabajar* primero........... *2872*
Ap 2.3 **y has *trabajado*... por amor de mi nombre**..... *2872*
18.17 y todos los que *trabajan* en el mar, se.......... *2038*

TRABAJO
Gn 5.29 aliviará de nuestras obras y del *t* de.......... 6093
31.42 pero Dios vio mi aflicción y el *t* de............ 3018
35.16 dio a luz Raquel, y hubo *t* en su parto........ 3205
35.17 como había *t* en su parto, que le dijo........ 3205
41.51 dijo: Dios me hizo olvidar todo mi *t*.......... 5999
Éx 5.4 por qué hacéis cesar al pueblo de su *t*?........ 4639
18.8 el *t* que habían pasado en el camino, y........ 8513
18.18 el *t* es demasiado pesado para ti; no
35.2 cualquiera que en él hiciere *t* alguno.......... 4399
Lv 23.3 ningún *t* haréis; día de reposo es de.......... 4399
23.7 primer día... ningún *t* de siervos haréis........ 4399
23.8 el séptimo... ningún *t* de siervo haréis......... 4399
23.21 ningún *t* de siervos haréis; estatuto.......... 4399
23.25 ningún *t* de siervos haréis... ofreceréis........ 4399
23.28 ningún *t* haréis en este día; porque es........ 4399
23.30 que hiciere *t* alguno en este día, yo........... 4399
23.31 ningún *t* haréis; estatuto perpetuo es......... 4399
23.35 primer día... ningún *t* de siervos haréis........ 4399
23.36 es fiesta, ningún *t* de siervos haréis.......... 4399
Nm 20.14 has sabido... el *t* que nos ha venido
Dt 26.7 y vio... nuestro *t* y nuestra opresión........... 5999
28.33 y de todo tu *t* comerá pueblo que no.......... 3018
Jue 19.16 un hombre viejo que venía de su *t*........... 4639
1 R 18.27 está meditando, o tiene algún *t*, o
2 Cr 24.12 a los que hacían el *t* del servicio............ 4399
Neh 5.13 sacuda Dios... de su *t* a todo hombre......... 3018
Job 1.10 al *t* de sus manos has dado bendición........ 4639
7.2 el jornalero espera el reposo de su *t*............ 6467
7.3 así... y noches de *t* me dieron por cuenta....... 5999
20.18 restituirá el *t* conforme a los bienes.......... 3022
39.16 no temiendo que su *t* haya sido en vano...... 3018
Sal 10.14 miras el *t* y la vejación, para dar
25.18 mira mi aflicción y mi *t*, y perdona........... 5999
55.10 e iniquidad y *t* hay en medio de ella
73.5 no pasan *t* como los otros mortales, ni
73.16 pensé para saber esto, fue duro *t* para
90.10 con todo, su fortaleza es molestia y *t*......... 5999
107.12 esto quebrantó con el *t* sus corazones....... 5999
109.11 el acreedor... y extraños saqueen su *t*....... 3018
128.2 cuando comieres el *t* de tus manos........... 3018
144.14 nuestros bueyes estén fuertes para... *t*...... 5445
Pr 5.10 sea... tus *t* estén en casa del extraño.......... 6089
18.9 que es negligente en su *t* es hermano del...... 4399
22.29 ¿has visto hombre solícito en su *t*?........... 4399
24.10 fueres flojo en el día de *t*, tu fuerza
Ec 1.3 ¿qué provecho tiene... de todo su *t* con......... 5999
1.13 este penoso *t* dio Dios a los hijos de.......... 6045
2.10 mi corazón gozó de todo mi *t*; y esta fue...... 5999
2.11 el *t* que tomé para hacerlas; y he aquí......... 5999
2.18 aborrecí... mi *t* que había hecho debajo del.... 5999
2.19 el que se enseñoreará de todo mi *t* en que..... 5999
2.20 a desesperanzarse... acerca de todo el *t*....... 5999
2.22 ¿qué tiene el hombre de todo su *t*, y de........ 5999
2.23 no son sino dolores, y sus *t* molestias.......... 6045
2.24 beba, y que su alma se alegre en su *t*.......... 5999
2.26 mas al pecador da el *t* de recoger y........... 6045
3.10 yo he visto el *t* que Dios ha dado a los........ 6045
3.22 cosa mejor para... que alegrarse en su *t*....... 4639
4.4 todo *t*... despierta la envidia del hombre........ 5999
4.6 que ambos puños llenos con *t* y aflicción....... 5999
4.8 bien? También esto es vanidad, y duro *t*........ 6045
4.9 mejores son... tienen mejor paga de su *t*........ 5999
5.15 y nada tiene de su *t* para llevar en su......... 5999
5.18 gozar uno del bien de todo su *t* con que....... 5999
5.19 que... goce de su *t*, esto es don de Dios........ 5999
6.7 todo el *t* del hombre es para su boca, y......... 5999
8.15 que esto le quede de su *t* los días de su....... 5999
9.9 en tu *t* con que te afanas debajo del sol........ 5999
9. 10 en el Seol, adonde vas, no hay obra... *t*....... 4639
10.15 el *t* de los necios los fatiga; porque........... 5999
Is 14.3 día que Jehová te dé reposo de tu *t* y
45.14 el *t* de Egipto... pasarán a ti y serán.......... 3018
55.2 gastáis... vuestro *t* en lo que no sacia?......... 3018
62.8 ni beberán... el vino que es fruto de tu *t*....... 3021
Jer 3.24 confusión consumió el *t* de... padres......... 3018
17.22 ni hagáis *t* alguno, sino santificad el.......... 4399
17.24 de reposo, no haciendo en él ningún *t*........ 4399
20.5 entregaré... todo su *t* y todas sus cosas....... 3018
20.18 ¿para ver *t* y dolor, y que mis días se........ 5999
22.13 casa... no dándole el salario de su *t*!......... 6467
31.16 salario hay para tu *t*, dice Jehová, y.......... 6468
Lm 3.5 edificó... y me rodeó de amargura y de *t*
Ez 29.20 por su *t* con que sirvió contra ella.......... 6468
46.1 estará cerrada los seis días de *t*, y el.......... 4639
Os 12.8 nadie hallará... pecado en todos mis *t*......... 3018
Hag 1.11 sequía sobre... sobre todo *t* de manos........ 3018
Hch 6.3 siete varones... encarguemos de este *t*........ *5532*
1 Co 15.58 vuestro *t* en el Señor no es... vano.......... *2873*
2 Co 6.5 en tumultos, en *t*, en desvelos, en............ *2873*
10.15 no nos gloriamos... en *t* ajenos, sino que...... *2873*
11.23 yo más; en *t* más abundante; en azotes....... *2873*
11.27 en *t* y fatiga, en muchos desvelos, en........ *3449*
1 Ts 1.3 acordándonos... del *t* de vuestro amor........ *2873*
2.9 porque os acordáis... de nuestro *t* y fatiga...... *2873*
3.5 no sea... que nuestro *t* resultase en vano........ *2873*
He 6.10 para olvidar... obra y el *t* de amor que........ *2873*
2 Jn 8 no perdáis el fruto de vuestro *t*, sino............ *2038*
Ap 2.2 **yo conozco tus... tu arduo *t* y paciencia**....... *2873*
14.13 descansarán de sus *t*, porque sus obras...... *2873*

TRABAR
Gn 22.13 un carnero *trabado* en un zarzal por......... 270
25.26 *trabada* su mano al calcañar de Esaú......... 270
1 S 4.2 y *trabándose* el combate... fue vencido......... 5203
2 Cr 20.35 Josafat... *trabó* amistad con Ocozías........ 2266
Job 41.17 están *trabados* entre sí, que no se........... 1692
Zac 14.13 *trabará* cada uno de la mano de su......... 2388

TRACONITE *Provincia romana de Palestina (=Basán)*, Lc 3.1........................... *5139*

TRADICIÓN
Mt 15.2 tus... quebrantan la *t* de los ancianos?........ *3862*
15.3 **quebrantáis el mandamiento... vuestra *t*?**...... *3862*
15.6 **invalidado el mandamiento... vuestra *t***...... *3862*
Mr 7.3 aferrándose a la *t* de los ancianos, si.......... *3862*
7.5 no andan conforme a la *t* de los ancianos....... *3862*
7.8 **os aferráis a la *t* de los hombres: los**.......... *3862*
7.9 **bien invalidáis... para guardar vuestra *t***...... *3862*
7.13 **invalidando... con vuestra *t* que habéis**....... *3862*
Gá 1.14 mucho más celoso de las *t* de... padres......... *3862*
Col 2.8 según las *t* de los hombres, conforme.......... *3862*

TRADUCIR
Mt 1.23 que *traducido* es: Dios con nosotros........... *3177*
Mr 5.41 que *traducido* es: Niña, a ti te digo............ *3177*
15.22 que *traducido* es: Lugar de la Calavera....... *3177*
15.34 que *traducido* es: Dios mío, Dios mío......... *3177*
Jn 1.38 Rabí (que *traducido* es, Maestro)............... *2059*
1.41 al Mesías (que *traducido* es, el Cristo)......... *3177*
9.7 **de Siloé (que *traducido* es, Enviado). Fue**....... *2059*
Hch 4.36 que *traducido* es, Hijo de consolación........ *3177*
9.36 que *traducido* quiere decir, Dorcas. Esta...... *1329*
13.8 Elimas... pues así se *traduce* su nombre)....... *3177*

TRAER
Gn 2.19 toda bestia... toda ave... *trajo* a Adán.......... 935
2.22 hizo una mujer, y la *trajo* al hombre............ 935
4.3 que Caín *trajo* del fruto de la tierra una......... 935
4.4 y Abel *trajo*... de los primogénitos de sus........ 935
6.17 yo *traigo* un diluvio de aguas sobre la.......... 935
8.11 la paloma... *traía* una hoja de olivo en el
15.9 le dijo: *Tráeme* una becerra de tres años...... 3947
18.4 que se *traiga*... un poco de agua, y lavad...... 3947
18.5 y *traeré* un bocado de pan, y sustentad........ 3947
24.7 y tú *traerás* de allá mujer para mi hijo......... 3947
24.67 la *trajo* Isaac a la tienda de su madre......... 935
26.10 y hubieras *traído* sobre nosotros el............ 935
27.3 tu arco, y sal al campo y *tráeme* caza.......... 6679
27.4 y hazme un guisado... y *tráemelo*, y comeré..... 935
27.5 para buscar la caza que había de *traer*......... 935
27.7 *tráeme* caza y hazme un guisado, para que..... 935
27.9 y *tráeme* de allí dos buenos cabritos de........ 3947
27.12 burlador, y *traeré* sobre mí maldición......... 935
27.13 hijo... obedece a mi voz y vé y *tráemelos*...... 3947
27.14 fue y los tomó, y los *trajo* a su madre.......... 935
27.25 comió; le *trajo* también vino, y bebió........... 935
27.31 hizo él... guisados, y *trajo* a su padre.......... 935
27.33 ¿quién es el que... *trajo* caza, y me dio......... 935
27.45 enviaré entonces, y te *traeré* de allá.......... 3947
28.15 y te... volveré a *traerte* a esta tierra.......... 7725
29.13 Labán... lo besó, y lo *trajo* a su casa........... 935
29.23 tomó a Lea su hija, y se la *trajo*; y él........... 935
30.14 mandrágoras... las *trajo* a Lea su madre...... 935
31.26 *traído* a mis hijas como prisioneras de
31.39 nunca te *traje* lo arrebatado por las............ 935
33.11 acepta... mi presente que te he *traído*......... 935
37.14 mira cómo están... *tráeme* la respuesta....... 7725
37.25 sus camellos *traían* aromas, bálsamo y....... 5375
37.28 sacaron ellos a José... *trajeron* arriba
37.32 la túnica de... y la *trajeron* a su padre......... 935
39.14 ha *traído* un hebreo para que hiciese.......... 935
39.17 el siervo hebreo que nos *trajiste*, vino.......... 935
42.16 enviad a uno... *traiga* a vuestro hermano.... 3947
42.20 pero *traeréis* a vuestro hermano menor....... 935
42.34 y *traedme* a vuestro hermano el menor......... 935
43.2 comer el trigo que *trajeron* de Egipto........... 935
43.3 rostro si no *traéis* a vuestro hermano
43.5 dijo: No veréis mi rostro si no *traéis*
43.9 si yo te lo vuelvo a *traer*, y si no lo.............. 935
43.18 han *traído* aquí, para tendernos lazo.......... 935
43.21 lo hemos vuelto a *traer* con nosotros......... 7725
43.22 *traído* en nuestras manos otro dinero........ 3381
43.26 y ellos le *trajeron* el presente que.............. 935
44.8 lo volvimos a *traer* desde la tierra de.......... 7725
44.21 dijiste... *Traédmelo*, y pondré mis ojos......... 3381
44.32 no te lo vuelvo a *traer*... seré culpable......... 935
45.13 y daos prisa, y *traed* a mi padre acá.......... 3381
45.19 manda... *traed* a vuestro padre, y venid....... 5375
46.7 a toda su descendencia *trajo* consigo........... 935
46.32 y han *traído* sus ovejas y sus vacas, y......... 935
47.17 y ellos *trajeron* sus ganados a José, y.......... 935
Éx 2.10 lo *trajo* a la hija de Faraón, la cual............. 935
10.4 mañana yo *traeré* sobre tu... la langosta........ 935
10.12 extiende tu mano... para *traer* la langosta
10.13 *trajo* un viento oriental sobre el país......... 5090
10.13 el viento oriental *trajo* la langosta............ 5375
10.19 *trajo* un fortísimo viento occidental
11. 1 dijo... Una plaga *traeré* aún sobre Faraón...... 935
18.22 asunto grave lo *traerán* a ti, y ellos............ 935
18.26 el asunto difícil lo *traían* a Moisés............. 935
19.4 os tomé sobre alas... y os he *traído* a mí........ 935
22.13 le *traerá* testimonio, y no pagará lo............. 935
23.19 las primicias... de tu tierra *traerás* a............. 935
27.20 que te *traigan* aceite puro de olivas.......... 3947
32.2 apartad los zarcillos de... y *traédmelos*......... 935
32.3 zarcillos de oro... los *trajeron* a Aarón........... 935
32.15 *trayendo* en su mano las dos tablas del
32.21 has *traído* sobre él tan gran pecado?.......... 935
35.5 generoso de corazón la *traerá* a Jehová........ 935
35.22 *trajeron* cadenas y zarcillos, anillos............ 935
35.23 que tenía... pieles de tejones, lo *traía*.......... 935
35.24 todo el que... *traía* a Jehová la ofrenda.......... 935
35.24 el que tenía madera de acacia la *traía*.......... 935
35.25 mujeres... *traían* lo que habían hilado.......... 935
35.27 príncipes *trajeron* piedras de ónice, y.......... 935
35.29 tuvieron corazón voluntario para *traer*......... 935
35.29 *trajeron* ofrenda voluntaria a Jehová
36.3 ofrenda que... habían *traído* para la obra....... 935
36.3 seguían *trayéndole* ofrenda voluntaria.......... 935
36.5 el pueblo *trae* mucho más de lo que se......... 935
39.33 y *trajeron* el tabernáculo a Moisés, el........... 935
Lv 2.2 y la *traerá* a los sacerdotes, hijos de............. 935
2.8 *traerás* a Jehová la ofrenda que se hará.......... 935
4.4 *traerá* el becerro a la... del tabernáculo.......... 935
4.5 de la sangre... y la *traerá* al tabernáculo........ 935
4.14 y lo *traerán* delante del tabernáculo de.......... 935
4.28 pecado... *traerá* por su ofrenda una cabra...... 935
4.32 si... trajere cordero... sin defecto *traerá*......... 935
5.6 y para su expiación *traerá*... una cordera......... 935
5.7 *traerá* a Jehová en expiación... tórtolas........... 935
5.8 los *traerá* al sacerdote, el cual ofrecerá.......... 935
5.11 *traerá* como ofrenda... de flor de harina.......... 935
5.12 la *traerá*, pues, al sacerdote, y... tomará......... 935
5.15 *traerá* por su culpa a Jehová un carnero........ 935
5.18 *traerá*, pues, al sacerdote para expiación....... 935
6.6 expiación de... *traerá* a Jehová un carnero...... 935
6.21 frita la *traerás*, y los pedazos cocidos............ 935

7.29 *traerá* su ofrenda...de paz ante Jehová 935
7.30 sus manos *traerán* las ofrendas que se 935
7.30 *traerá* la grosura con el pecho...mecido 935
8.14 hizo *traer* el becerro de la expiación 5066
8.18 después hizo que *trajeran* el carnero del 7126
8.22 hizo que *trajeran* el otro carnero, el 7126
9.9 los hijos de Aarón le *trajeron* la sangre 7126
10.15 *traerán* la espaldilla...se ha de elevar 935
12.6 *traerá* un cordero de un año...holocausto 935
13.2 *traído* a Aarón el sacerdote o a uno de 935
13.9 llaga de lepra...será *traído* al sacerdote 935
14.2 se limpiare: Será *traído* al sacerdote 935
14.23 al octavo día de...*traerá* estas cosas al 935
15.29 dos tórtolas...los *traerá* al sacerdote 935
16.6 *traer* Aarón el becerro de la expiación
16.9 hará *traer* Aarón el macho cabrío sobre 7126
16.11 y hará *traer* Aarón el becerro que era 7126
16.20 altar, hará *traer* el macho cabrío vivo 7126
17.4,9 no lo *trajere* a la...del tabernáculo 935
17.5 a fin de que *traigan* los hijos de Israel 935
17.5 que los *traigan* a Jehová a la puerta del 935
19.21 *traerá*...un carnero en expiación por su 935
23.10 *traeréis* al sacerdote una gavilla por 935
23.17 *traeréis* dos panes para ofrenda mecida 935
24.2 que te *traigan* para el alumbrado aceite 3947
26.25 *traeré* sobre vosotros espada vengadora 935
Nm 5.15 marido *traerá* su mujer...*t* su ofrenda 935
5.15 recordativa, que *trae* a la memoria el 935
5.19 libre seas de estas...que *traen* maldición
5.24 a beber...las aguas...que *traen* maldición
6.10 el día octavo *traerá* dos tórtolas o dos 935
6.12 *traerá* un cordero...en expiación por la 935
7.3 *trajeron* sus ofrendas delante de Jehová 935
7.10 y los príncipes *trajeron* ofrendas para
11.16 *tráelos* a la puerta del tabernáculo de 3947
11.31 vino un viento...y *trajo* codornices del 1468
13.23 un racimo de uvas, el cual *trajeron* dos
14.3 ¿y por qué nos *trae* Jehová a esta tierra 935
15.4 *traerá* como ofrenda la décima parte de 7126
15.25 y ellos *traerán* sus ofrendas, ofrenda 935
15.33 le hallaron...lo *trajeron* a Moisés y a 7126
18.13 primicias...las cuales *traerán* a Jehová 935
19.2 Israel que te *traigan* una vaca alazana 3447
20.5 subir...para *traernos* a este mal lugar? 935
23.7 de Aram me *trajo* Balac, rey de Moab, de 5148
23.11 te he *traído* para que maldigas a mis
25.6 un varón de...vino y *trajo* una madianita 7126
31.12 *trajeron* a Moisés...cautivos y el botín 935
31.54 lo *trajeron* al tabernáculo de reunión 935
Dt 1.17 y la causa...difícil, la *traeréis* a mí 7126
1.22 nos *traigan* razón del camino por donde 7725
1.25 tomaron...del fruto del...nos lo *trajeron* 3381
1.31 Jehová tu Dios te ha *traído*, como trae
6.23 *traernos* y darnos la tierra que juró a 935
7.26 y no *traerás* cosa abominable a tu casa 935
8.2 el camino por donde te ha *traído* Jehová 3212
8.17 la fuerza de mi...han *traído* esta riqueza 6213
9.4 me ha *traído* Jehová a poseer esta tierra 935
21.4 y los ancianos...*traerán* la becerra a un 2381
23.18 no *traerás* la paga de una ramera ni el 935
26.9 nos *trajo* a este lugar, y nos dio esta 935
26.10 he *traído* las primicias del fruto de 935
28.21 Jehová *traerá* sobre ti mortandad...que
28.49 *traerá* contra ti una nación de lejos 5375
28.60 *traerá* sobre ti...los males de Egipto 7725
29.5 yo os he *traído* 40 años en el desierto 3212
29.27 para *traer* sobre ella...las maldiciones 935
30.12 ¿quién subirá...al cielo, y...lo *traerá* 3947
30.13 para que nos lo *traiga* y nos lo haga oír 3947
32.10 lo *trajo* alrededor, lo instruyó...guardó 5437
Jos 4.20 piedras que habían *traído* del Jordán
7.23 tomándolo...tienda, lo *trajeron* a Josué 935
8.23 tomaron vivo al rey...*trajeron* a Josué 7126
9.5 todo el pan que *traían*...era seco y mohoso
14.7 yo le *traje* noticias como lo sentía en 7725
18.6 me *traeréis* la descripción aquí, y yo os 935
23.15 *traerá* Jehová sobre...toda palabra mala 935
24.3 lo *traje* por toda la tierra de Canaán 3212
24.32 huesos de José...habían *traído* de Egipto 5927
Jue 3.18 despidió...gente que lo había *traído*
7.25 *trajeron* las cabezas de Oreb y de Zeeb 935
8.4 él y los 300 hombres que *traía* consigo
8.21 adornos...sus camellos *traían* al cuello
8.24 pues *traían* zarcillos de oro, porque eran
8.26 vestidos de...*traían* los reyes de Madián
8.26 sin los collares que *traían* sus camellos
11.5 fueron a *traer* a Jefté de la tierra de 3947
16.8 los filisteos le *trajeron* siete mimbres 5927
16.18 vinieron a ella, *trayendo* en...el dinero 5927
18.3 le dijeron: ¿Quién te ha *traído* acá? 935
19.21 los *trajo* a su casa, y dio de comer a 935
21.12 y las *trajeron* al campamento en Silo 935
Rt 3. 15 quítate el manto que *traes* sobre ti 3051
1 S 1.24 lo *trajo* a la casa de Jehová en Silo 935
1.25 matando el becerro, *trajeron* el niño a 935
2.13 el criado...*trayendo* en su mano un garfio
2.19 le hacía...túnica...se la *traía* cada año 5927
4.3 *traigamos* a nosotros...el arca del pacto 3947
4.4 y *trajeron*...el arca del pacto de Jehová 5375
4.6 que el arca de Jehová había sido *traída* al 935
9.23 cocinero: *Trae* acá la porción que te di 5414
10.23 lo *trajeron* de allí; y puesto en medio 3947
10.27 y no le *trajeron* presente...él disimuló 935
13.9 *traedme* holocausto y ofrendas de paz 5066
14.1 dijo a su criado que le *traía* las armas
14.18 y Saúl dijo a Ahías: *Trae* el arca de 5066
14.27 alargó la punta de una vara que *traía*
14.34 que me *traigan* cada uno su vaca, y cada 5066
14.34 *trajo* todo el pueblo cada cual...su vaca 5066
14.43 un poco de miel con...la vara que *traía*
15.15 respondió: De Amalec los han *traído* 935
15.20 he *traído* a Agag rey de Amalec, y he 935
15.32 Samuel: *Traedme* a Agag rey de Amalec 5066
16.17 buscadme...que toque bien, y *traédmelo* 935
17.5 *traía* un casco de bronce en su cabeza
17.6 sobre...piernas *traía* grebas de bronce
17.40 y las puso...en el zurrón que *traía*, y
17.54 tomó la cabeza...la *trajo* a Jerusalén 935
18.27 y *trajo* David los prepucios de ellos 935
19.7 Jonatán...él mismo *trajo* a David a Saúl 935
19.15 *traédmelo* en la cama para que lo mate 5927
19.20 Saúl envió...para que *trajeran* a David
20.31 envía...*tráemelo*, porque ha de morir 3947
21.14 es demente; ¿por qué lo habéis *traído* 935
21.15 locos, para que hayáis *traído* a éste 935
22.4 los *trajo*, pues, a la presencia del rey 5148
23.9 dijo a Abiatar sacerdote: *Trae* el efod 5066
25.27 este presente que tu sierva ha *traído* 935
25.35 recibió David...lo que le había *traído* 935
28.25 *trajo* delante de Saúl y de sus siervos 5066
30.11 a un hombre...el cual *trajeron* a David 3947
30.20 y *trayéndolo*...decían: Este es el botín
2 S 1.10 la argolla que *traía* en su brazo, y las
1.10 y tomé...y las he *traído* acá a mi señor 935
1.13 aquel joven que le había *traído* las nuevas
3.13 no me vengas a ver sin...*traigas* a Mical 935
3.22 los siervos...*traían* consigo gran botín 935
4.8 y *trajeron* la cabeza de Is-boset a David 935
4.10 imaginándose que *traía* buenas nuevas 1319
5.2 eras tú quien sacabas...*volvías* a traer 935
6.10 David no quiso *traer* para sí el arca de
7.18 ¿quién soy yo...que tú me hayas *traído* 935
8.7 tomó David los escudos de oro que *traían*
9.5 envió...y le *trajo* de la casa de Maquir 3947
11.27 envió David y la *trajo* a su casa; y 622
13.10 *trae* la comida a la alcoba, para que 935
14.10 al que hablare...*tráelo* a mí, y no te 935
14.23 fue a...y *trajo* a Absalón a Jerusalén 935
17.28 *trajeron* a David...tazas, vasijas de 5066
18.25 dijo: Si viene solo, buenas nuevas *trae*
23.16 *trajeron* a David; mas él no la quiso 935
1 R 1.3 Abisag sunamita, y la *trajeron* al rey 935
1.42 eres...valiente, y *traerás* buenas nuevas 1319
1.53 envió el rey...y lo *trajeron* del altar 3381
2.19 hizo *traer* una silla para su madre, la
2.40 fue...Simei, y *trajo* sus siervos de Gat 935
3.1 la hija de Faraón, y la *trajo* a la ciudad 935
3.24 traedme una espada. Y *trajeron*...espada 935
4.21 *traían* presentes, y sirvieron a Salomón 5066
4.28 *traer* cebada y paja para los caballos y 935
5.17 mandó el rey...*trajesen* piedras grandes 5265
6.7 de piedras que *traían* ya acabadas, de tal 4551
8.1 para *traer* el arca del pacto de Jehová de 5927
9.9 por eso ha *traído* Jehová...todo este mal 935
9.11 había *traído* a Salomón madera de ciprés
9.28 a Ofir y...y lo *trajeron* al rey Salomón 935
10.11 la flota...había *traído* el oro de Ofir 5375
10.11 *traía* también de Ofir mucha madera de 935
10.22 de Tarsis, y *traía* oro, plata, marfil 5375
10.28 *traían* de Egipto caballos y lienzos a 4161
13.18 *tráele* contigo a tu casa, para que coma 7725
14.10 *traigo* mal sobre la casa de Jeroboam 935
17.6 los cuervos le *traían* pan y carne por la 935
17.10 te ruego que me *traigas* un poco de agua 3947
17.11 yendo...para *traérsela*, él la volvió a 3947
17.11 te ruego que me *traigas*...un bocado de 3947
17.13 una pequeña torta cocida...y *tráemela* 3318
17.18 para *traer* a memoria mis iniquidades 2142
17.23 lo *trajo* del aposento a la casa, y lo 3381
20.33 dijo: Id y *traedle*. Ben-adad entonces 3947
20.39 se me acercó un...y me *trajo* un hombre 935
21.21 yo *traigo* mal sobre ti, y barreré tu 935
21.29 no *traeré* el mal en sus días; en los 935
21.29 en los días de su hijo *traeré* el mal 935
22.9 le dijo: *Trae* pronto a Micaías hijo de
22.37 murió...el rey, y fue *traído* a Samaria 935
2 R 2.20 *traedme* una vasija nueva...la trajeron 935
3.15 ahora *traedme* un tañedor. Y mientras el 3947
4.5 le *traían* las vasijas, y ella echaba del 5066
4.6 *tráeme* aún otras vasijas. Y él dijo: No 5066
4.20 habiéndole él...*traído* a su madre, estuvo 935
4.41 *traed* harina. Y la esparció en la olla 3947
4.42 el cual *trajo* al varón de Dios panes de 935
5.20 no tomando...las cosas que había *traído* 935
6.30 rey...y el pueblo vio el cilicio que *traía*
10.8 *traído* las cabezas de los hijos del rey 935
12.4 el dinero...que se suele *traer* a la casa 935
12.4 el dinero que cada uno...*trae* a la casa 935
12.9 todo el dinero que se *traía* a la casa de 935
12.13 de aquel dinero que se *traía* a la casa 935
14.20 lo *trajeron* luego sobre caballos, y lo 5375
17.24 y *trajo* el rey de Asiria gente de...Ava 935
17.27 los sacerdotes que *trajisteis* de allá 1540
21.12 *traigo* tal mal sobre Jerusalén y sobre 935
22.4 que recoja el dinero que han *traído* a la 935
22.16 *traigo* sobre este lugar...todo el mal de 935
22.20 no verán...mal que yo *traigo* sobre este 935
23.30 siervos...lo *trajeron* muerto de Meguido 7392
25.6 preso...le *trajeron* al rey de Babilonia 5927
1 Cr 5.18 hombres que *traían* escudo y espada 5375
10.12 el cuerpo de Saúl y...*trajeron* a Jabes 935
11.2 sacaba a la guerra...y la volvía a *traer* 935
11.18 agua del pozo...y la *trajeron* a David 935
11.19 con peligro de sus vidas la han *traído*? 935
11.23 y el egipcio *traía* una lanza como un
12.24 los hijos de Judá que *traían* escudo y 5375
12.40 eran vecinos...*trajeron* víveres en asnos 935
13.3 *traigamos* el arca de...Dios a nosotros 5437
13.5 Israel...que *trajesen* el arca de Dios de 935
13.12 ¿cómo he de *traer* a mi casa el arca de 935
13.13 no *trajo* David el arca a su casa en la 5493
15.14 se santificaron para *traer* el arca de 5927
15.15 los levitas *trajeron* el arca de Dios 5375
15.25 a *traer* el arca del pacto de Jehová, de 5927
16.1 *trajeron* el arca de Dios, y la pusieron 935
16.29 *traed* ofrenda, y venid delante de él 5375
17.16 ¿quién soy yo...me hayas *traído* hasta 935
18.2,6 siervos de David, *trayéndole* presentes 5375
18.7 tomó...David los escudos...y los *trajo* a 5375
19.16 y *trajeron* a los sirios que estaban al
22.4 habían *traído* a David...madera de cedro 935
22.19 para *traer* el arca del pacto de Jehová 935
2 Cr 1.4 David había *traído* el arca de Dios de 5927
2.16 la *traeremos* en balsas por el mar hasta 935
5.2 para que *trajesen* el arca del pacto de 5927
7.22 él ha *traído* todo este mal sobre ellos 3318
8.18 de oro, y los *trajeron* al rey Salomón 935
9.10 los...que habían *traído* el oro de Ofir 935
9.10 *trajeron* madera de sándalo, y piedras 935
9.12 más de lo que ella había *traído* al rey 935
9.14 sin lo que *traían* los mercaderes...*t* oro 935
9.21 de Tarsis, y *traían* oro, plata, marfil 5375
9.24 cada uno de éstos *traía* su presente...oro 935
9.28 *traían* también caballos para Salomón, de 3318
14.8 Asa ejército que *traía* escudos y lanzas 5375
14.8 *traían* escudos y entesaban arcos, todos 5375
15.11 del botín que habían *traído*, 700 bueyes 935
15.18 *trajo* a la casa de Dios lo que su padre 935
17.11 y *traían* de los filisteos presentes a 935
17.11 los árabes también le *trajeron* ganados 935
22.9 lo hallaron y lo *trajeron* a Jehú, y le 935
24.6 levitas *traigan* de Judá y de Jerusalén 935
24.9 pregonar...*trajesen* a Jehová la ofrenda 935
24.10 *trajeron* ofrendas, y las echaron en el 935
24.14 *trajeron*...lo que quedaba del dinero, e 935
25.14 *trajo*...los dioses de los hijos de Seir 935
25.28 *trajeron*...lo sepultaron con sus padres 5375
28.13 no *traigáis* aquí a los cautivos, porque 935
29.31 los generosos de...*trajeron* holocaustos 935
29.32 holocaustos que *trajo*...setenta bueyes 935
30.15 *trajeron* los holocaustos a la casa de 935
31.5 *trajeron*...los diezmos de todas las cosas 935
31.6 *trajeron* los diezmos de lo santificado 935
31.10 que comenzaron a *traer* las ofrendas a 935
32.23 muchos *trajeron* a Jerusalén ofrenda a 935
33.11 *trajo* contra ellos los generales del 935
34.9,14 el dinero que había sido *traído* a la 935
34.24 he aquí yo *traigo* mal sobre este lugar 935
34.28 el mal que yo *traigo* sobre este lugar 935
36.17 por lo cual *trajo* contra ellos al rey 5927
Esd 3.7 que *trajesen* madera de cedro desde el 935
8.17 que nos *trajesen* ministros para la casa 935
8.18 y nos *trajeron*...un varón entendido, de 935
8.30 para *traerlo* a Jerusalén a la casa de 935
Neh 1.9 y os *traeré* al lugar que escogí para 935
8.1 dijeron...que *trajese* el libro de la ley 935
8.2 *trajo* la ley delante de la congregación 935
8.15 salid...y *traed* ramas de olivo, de olivo 935
8.16 *trajeron* ramas e hicieron tabernáculos 935
10.31 *trajesen* a vender...en día de reposo 935
10.34 leña, para *traerla* a la casa de...Dios 935
10.35 y que cada año *traeríamos* a la casa de 935
10.36 *traeríamos* los primogénitos de nuestras 935
10.37 que *traeríamos* también las primicias de 935
11.1 *traer* uno de cada diez para que morase 935
12.27 para *traerlos* a Jerusalén, para hacer 935
13.12 y todo Judá *trajo* el diezmo del grano 935
13.15 que *traían* a Jerusalén en día de reposo 935
13.16 tirios que *traían* pescado...mercadería 935
13.18 *trajo* nuestro Dios todo este mal sobre 935
Est 1.11 que *trajesen* a la reina Vasti a...rey 935
1.17 el rey Asuero mandó *traer*...a la reina 935
3.9 que sean *traídos* a los tesoros del rey 935
6.1 que le *trajesen* el libro de las memorias 935
6.8 *traigan* el vestido real de que el rey se 935
Job 6.22 ¿os he dicho yo: *Traedme*, y pagad por 3051
14.3 tus ojos, y me *traes* a juicio contigo? 935
22.2 ¿*traerá* el hombre provecho a Dios? Al
42.11 mal que Jehová había *traído* sobre él 935
Sal 10.9 arrebata al pobre *trayéndolo* a su red 4900
35.14 el que *trae* luto por madre, enlutado
45.14 compañeras suyas serán *traídas* a ti 935
45.15 *traídas* con alegría y gozo; entrarán en 2986
72.10 los reyes de Tarsis...*traerán* presentes 7725
76.11 los que...*traigan* ofrendas al Temible 2986
77.10 *traeré*, pues, a la memoria los años de
78.26 y *trajo* con su poder el viento sur 5090
78.54 los *trajo*...a las fronteras de su tierra 935
78.71 de tras las paridas lo *trajo*, para que 935
90.12 que *traigamos* al corazón sabiduría
96.8 *traed* ofrendas, y venid a sus atrios 5375
105.16 *trajo* hambre sobre la tierra, y...pan
126.6 mas volverá a...*trayendo* sus gavillas 5375
Pr 18.6 los labios del necio *traen* contienda
19.4 las riquezas *traen* muchos amigos; mas el
31.14 es como nave de...*trae* su pan de lejos 935
Ec 12.14 porque Dios *traerá*...obra a juicio 935
Cnt 8.11 debía *traer* mil monedas de plata por 935
Is 1.13 no me *traigáis* más vana ofrenda; el 935
2.6 llenos de costumbres *traídas* del oriente
5.18 ¡ay de los que *traen* la iniquidad con 4900
14.2 y los tomarán...y los *traerán* a su lugar 935
15.9 yo *traeré* sobre Dimón males mayores 7896
18.7 tiempo será *traída* ofrenda a Jehová de 2986

30.5 ni los socorre, ni les *trae* provecho
30.14 no se halla tiesto para *traer* fuego del 2846
31.2 *traerá*...mal, y no retirará sus palabras 935
41.22 *traigan*, anúnciennos lo que ha de venir 5066
42.1 siervo...*traerá* justicia a las naciones 3318
42.3 por medio de la verdad *traerá* justicia 3318
43.5 del oriente *traeré* tu generación, y del 935
43.6 *trae* de lejos mis hijos, y mis hijas de 935
43.18 ni *traigáis* a memoria...cosas antiguas
43.23 no me *trajiste* a mí los animales de tus 935
46.3 que sois *traídos* por mí desde el vientre 6006
48.15 yo hablé, y le llamé y le *traje*; por 935
49.22 traerán...hijos, y...hijas serán *traídas* 935
52.7 los pies del que *trae* alegres nuevas, del 1319
52.7 del que *trae* nuevas del bien, del que 1319
52.8 verán que Jehová vuelve a *traer* a Sion 7725
60.6 *traerán* oro e incienso,,y publicarán 5375
60.9 para *traer* tus hijos de lejos, su plata 935
60.11 a ti sean *traídas* las riquezas de las 935
60.17 vez de bronce *traeré* oro, y por hierro 935
63.9 en su amor y...los redimió, y los *trajo* 5190
65.18 yo *traigo* a Jerusalén alegría, y a su
66.4 yo...*traeré* sobre ellos lo que temieron 935
66.12 en los brazos seréis *traídos*, y sobre 5375
66.20 *traerán* a todos vuestros hermanos de 935
66.20 al modo que los hijos de Israel *traen* 935
Jer 4.15 una voz *trae* las nuevas desde Dan, y
5.15 yo *traigo* sobre vosotros gente de lejos 935
6.19 *traigo* mal sobre este pueblo, el fruto 935
10.9 *traerán* plata batida de Tarsis y oro de 935
11.8 *traeré* sobre ellos todas las palabras de 935
11.11 aquí yo *traigo* sobre ellos mal del que 935
11.23 pues yo *traeré* mal sobre los varones de 935
15.8 *traje* contra ellos destruidor a mediodía 935
17.18 *trae* sobre...día malo, y quebrántalos 935
17.26 y vendrán de las...*trayendo* holocausto 935
17.26 y *trayendo* sacrificio de alabanza a la 935
17.27 para no *traer* carga ni meterla por las 5375
18.22 cuando *traigas* sobre ellos ejército de 935
19.3 yo *traigo* mal sobre este lugar, tal que 935
19.15 *traigo* sobre esta ciudad y sobre todas 935
23.8 y *trajo* la descendencia de la casa de 5927
23.12 *traeré* mal sobre ellos en el año de su 935
25.9 los *traeré* contra esta tierra y contra 935
25.13 *traeré* sobre aquella tierra todas mis 935
25.29 porque espada *traigo* sobre todos los 7121
26.23 sacaron a Urías...y lo *trajeron* al rey 935
27.22 después los *traeré* y los restauraré a 5927
30.3 *traeré*, a la tierra que di a sus padres 7725
32.42 como *traje*...mal...traeré...todo el bien 935
33.6 yo les *traeré* sanidad y medicina; y les 4608
33.11 los que *traigan* ofrendas de acción de 935
33.11 porque volveré a *traer* los cautivos de 935
35.17 *traeré* yo sobre Judá y sobre todos los 935
36.31 *traeré* sobre ellos...los moradores de 935
38.14 envió el rey...e hizo *traer* al profeta
39.16 *traigo* mis palabras sobre esta ciudad 935
40.3 y lo ha *traído* y hecho Jehová según lo 935
41.5 *traían* en sus manos ofrenda e incienso 935
41.14 Ismael había *traído* cautivo de Mizpa 7617
41.16 hombres de...que Johanán había *traído* de .. 7725
42.17 quien escape delante del mal que *traeré* 935
44.2 todo el mal que *traje* sobre Jerusalén 935
45.5 *traigo* mal sobre toda carne...pero a ti 935
48.44 *traeré* sobre él, sobre Moab, el año de 935
49.5 he aquí yo *traigo* sobre ti espanto, dice 935
49.8 el quebrantamiento de...*traeré* sobre él 935
49.32 y de todos lados les *traeré* su ruina,
dice Jehová 935
49.36 *traeré* sobre Elam los cuatro vientos de 935
49.37 *traeré* sobre ellos mal, y el ardor de 935
50.19 volveré a *traer* a Israel a su morada 7725
51.40 haré *traer* como corderos al matadero 3381
51.64 no se levantará del mal que yo *traigo* 935
Lm 2.13 ¿qué testigo te *traeré*, o a quién te
5.9 con peligro...vidas *traíamos* nuestro pan
Ez 7.24 *traeré*, por tanto, los más perversos 935
9.1 cada uno *trae* en su mano su instrumento
9.2 cada uno *traía* en su mano su instrumento
9.2 el cual *traía* a su cintura un tintero de
11.8 temido, y espada *traeré* sobre vosotros 935
11.21 yo *traigo* su camino sobre sus propias
14.17 o si yo *trajere* espada sobre la tierra 935
14.22 de todas las cosas que *traje* sobre ella 935
16.38 y *traeré* sobre ti sangre de ira y de
16.43 *traeré* tu camino sobre tu cabeza, dice
17.19 mi pacto...*traeré* sobre su misma cabeza
20.10 los saqué de...y los *traje* al desierto 935
20.15 que no los *traería* a la tierra que les 935
20.28 yo los *traje* a la tierra sobre la cual 935
20.35 y os *traeré* al desierto de los pueblos 935
20.42 cuando os haya *traído* a la tierra de 935
21.23 *trae* a la memoria la maldad de ellos 2142
21.24 cuanto habéis hecho *traer* a la memoria
23.19 *trayendo* en memoria los días de su 2142
23.21 *trajiste*...a la memoria la lujuria de 6485
23.42 y con los varones...*traídos* los sabeos 935
24.26 vendrá a ti...para *traer* las noticias
26.7 *traigo* yo contra Tiro a Nabucodonosor 935
27.25 eran como tus caravanas que *traían* tus
28.7 he aquí yo *traigo* sobre ti extranjeros 935
29.8 *traigo* contra ti espada, y cortaré de 935
29.14 volveré a *traer* los cautivos de Egipto 7725
30.11 serán *traídos* para destruir la tierra 935
32.20 *traedlo* a él y a todos sus pueblos 4900
33.2 diles: Cuando *trajere* yo espada sobre la 935
34.13 las *traeré* a su propia tierra, y las 935
36.24 os recogeré...y os *traeré* a vuestro país 935
37.12 diles...os *traeré* a la tierra de Israel 935
37.21 los recogeré...y los *traeré* a su tierra 935
38.16 al cabo de los días; y te *traeré* sobre 935
38.17 que yo te había de *traer* sobre ellos? 935
39.2 y te *traeré* sobre los montes de Israel 935
39.10 no *traerán* leña del campo, ni cortarán
40.4 yo te las mostrase has sido *traído* aquí 935
42.1 me *trajo* luego al atrio exterior hacia 3318
44.7 de *traer* extranjeros, incircuncisos de 935
46.19 *trajo*...por la entrada que estaba hacia 935
Dn 1.2 los *trajo* a tierra de Sinar, a la casa 935
1.3 que *trajese* de los hijos de Israel, del 935
1.18 había dicho el rey que los *trajesen*, el 935
1.18 jefe...los *trajo* delante de Nabucodonosor 935
3.13 con ira...que *trajesen* a Sadrac, Mesac y 858
3.13 fueron *traídos* estos varones delante de 858
5.2 que trajesen los vasos de oro y de plata 858
5.2 Nabucodonosor...había *traído* del templo de 858
5.3 entonces fueron *traídos* los vasos de oro 858
5.3 los vasos...que habían *traído* del templo
5.13 entonces Daniel fue *traído* delante del 5954
5.13 de Judá, que mi padre *trajo* de Judea? 858
5.15 fueron *traídos* delante de mí sabios y 5954
5.23 e hiciste *traer*...los vasos de su casa 858
6.16 y *trajeron* a Daniel, y le echaron en el 858
6.17 fue *traída* una piedra y puesta sobre la 858
6.18 ni instrumentos...música fueron *traídos* 5954
6.24 fueron *traídos*...habían acusado a Daniel 858
9.12 *trayendo* sobre nosotros tan grande mal 935
9.14 sobre el mal y lo *trajo* sobre nosotros 935
9.24 *traer* la justicia perdurable, y sellar 935
11.6 entregada...y los que la habían *traído* 935
Am 4.1 decís a...señores: *Traed*, y beberemos 935
4.4 y *traed* de mañana vuestros sacrificios 935
9.14 *traeré* del cautiverio a...pueblo Israel 7725
Mi 1.15 *traeré* nuevo poseedor, oh moradores 935
Nah 1.15 los pies del que *trae* buenas nuevas 1319
Sof 1.11 destruidos son...los que *traían* dinero 5187
3.10 la hija de...esparcidos *traerá* mi ofrenda 2986
3.20 en aquel tiempo yo os *traeré*...os reuniré 935
Hag 1.8 *traed* madera, y reedificad la casa 935
Zac 3.8 aquí, yo *traigo* a mi siervo el Renuevo 935
5.9 *traían* viento en sus alas, y tenían alas
8.8 los *traeré*, y habitarán en...de Jerusalén 935
10.10 los *traeré* de la tierra de Egipto, y los 7725
10.10 los *traeré* a la tierra de Galaad y del 935
Mal 1.13 y *trajisteis* lo hurtado, o cojo, o 935
3.3 y *traerán* a Jehová ofrenda en justicia
3.10 *traed* todos los diezmos al alfolí y haya 935
4.2 el Sol de...en sus alas *traerá* salvación
Mt 4.24 le *trajeron*...los que tenían dolencias *4374*
5.23 **si *traes* tu ofrenda...y allí te acuerdas** *4374*
6.34 **porque el día de mañana *traerá* su afán**
8.16 noche, *trajeron* a él muchos endemoniados *4374*
9.2 le *trajeron* un paralítico, tendido sobre *4374*
9.32 aquí, le *trajeron* un mudo, endemoniado *4374*
10.34 ***traer* paz a la tierra; no...para *t* paz**
12.22 fue *traído* a él un endemoniado, ciego *4374*
14.11 y fue *traída* su cabeza en un plato, y *5342*
14.18 **él les dijo: *Traédmelos* acá** *5342*
14.35 y *trajeron* a él todos los enfermos *4374*
15.30 mucha gente que *traía* consigo a cojos
16.5 llegando...habían olvidado de *traer* pan *2983*
16.7 pensaban...dice porque no *trajimos* pan *2983*
17.16 y lo he *traído* a tus discípulos, pero *4374*
17.17 **respondiendo Jesús, dijo...*Traédmelo* acá** ... *5342*
21.2 **hallaréis una asna atada...y *traédmelos*** *5342*
21.7 *trajeron* el asna...y él se sentó encima *5342*
25.20 ***trajo* otros cinco talentos, diciendo** *4374*
Mr 1.32 *trajeron*...los que tenían enfermedades *5342*
2.3 vinieron a él unos *trayendo* un paralítico *5342*
4.21 **se *trae* la luz para ponerla debajo del** *2064*
6.27 mandó...fuese *traída* la cabeza de Juan *5342*
6.28 el guarda...*trajo* su cabeza en un plato *5342*
6.55 comenzaron a *traer*...enfermos en lechos *4064*
7.32 y le *trajeron* un sordo y tartamudo, y le *5342*
8.14 habían olvidado de *traer* pan, y no tenían *2983*
8.16 sí diciendo: Es porque no *trajimos* pan
8.22 le *trajeron* un ciego, y le rogaron que *5342*
9.17 *traje* a ti mi hijo...tiene un espíritu *5342*
9.19 **¡oh generación incrédula!...*Traédmelo*** *5342*
9.20 se lo *trajeron*, y cuando el espíritu vio *5342*
11.2 **hallaréis un pollino atado...y *traedlo*** *71*
11.7 *trajeron* el pollino a Jesús, y echaron *71*
12.15 **por qué me tentáis? *Traedme* la moneda** *5342*
12.16 **ellos se la *trajeron*; y les dijo: ¿De** *5342*
13.11 **cuando os *trajeren* para entregaros, no** *71*
14.53 *trajeron*...a *Jesús* al sumo sacerdote *520*
Lc 2.22 le trajeron...para presentarle al Señor *321*
2.27 los padres del...lo *trajeron* al templo *1521*
4.40 todos los que tenían enfermos...*traían* *71*
5.11 y cuando *trajeron* a tierra las barcas *2609*
5.18 que *traían* en un lecho a un hombre que *5342*
7.37 pecadora...*trajo* un frasco de alabastro *2865*
9.41 **¿hasta cuándo he de...*Trae* acá a tu hijo** *4317*
11.27 bienaventurado el vientre que te *trajo* *941*
12.11 **cuando os *trajeren* a las sinagogas, y** *4374*
14.21 ***trae* acá a los pobres, los mancos, los** *1521*
15.23 **y *traed* el becerro gordo y matadlo, y** *5342*
18.15 *traían* a él...niños para que los tocase *4374*
18.40 mandó *traerle* a su presencia; y cuando *71*
19.27 ***traedlos* acá, y decapitadlos delante de** *71*
19.30 **hallaréis un pollino atado...y *traedlo*** *71*
19.35 lo *trajeron* a Jesús; y habiendo echado *71*
22.66 se juntaron...y te *trajeron* al concilio *321*
24.1 *trayendo* las especias aromáticas que *5342*
Jn 1.42 le *trajo* a Jesús. Y mirándole Jesús *71*
4.33 unos...¿Le habrá *traído* alguien de comer? *5342*
6.44 **si el Padre que me envió no le trajere** *1670*
7.45 dijeron: ¿Por qué no le habéis *traído*? *71*
8.3 le *trajeron* una mujer sorprendida en *71*
10.16 **aquéllas también debo *traer*, y oirán** *71*
18.29 acusación *traéis* contra este hombre? *5342*
19.4 os lo *traigo* fuera, para que entendáis *71*
19.39 vino *trayendo* un compuesto de mirra y *5342*
21.10 **dijo: *Traed* de los peces que acabáis** *5342*
Hch 3.2 *traído* un hombre cojo de nacimiento *941*
4.34 los vendían, y *traían* el precio de lo *5342*
4.37 la vendió y *trajo* el precio y lo puso *5342*
5.2 *trayendo* sólo una parte, la puso a los *5342*
5.16 venían a Jerusalén, *trayendo* enfermos *5342*
5.21 enviaron a la...para que fuesen *traídos* *71*
5.26 fue el jefe...y los *trajo* sin violencia *71*
5.27 cuando los *trajeron*, los presentaron en *71*
6.12 arrebataron, y le *trajeron* al concilio *71*
9.2 hombres...los *trajese* presos a Jerusalén *71*
9.27 tornándole, lo *trajo* a los apóstoles, y *71*
11.25 y hallándole, le *trajo* a Antioquía
14.13 el sacerdote...*trajo* toros y guirnaldas *5342*
16.19 *trajeron* al foro, ante las autoridades *1670*
17.6 *trajeron* a Jasón...ante las autoridades *4951*
17.19 y tomándole, le *trajeron* al Areópago *71*
17.20 *traes* a nuestros oídos cosas extrañas *1533*
19.19 *trajeron* los libros y los quemaron *4851*
19.37 habéis *traído* a estos hombres, sin ser *71*
21.16 *trayendo* consigo a uno llamado Mnasón *71*
22.5 a Damasco para *traer* presos a Jerusalén *71*
23.15 al tribuno que le *traiga* mañana ante *2609*
23.18 rogó que *trajese* ante ti a este joven *71*
25.3 pidiendo...le hiciese *traer* a Jerusalén *3343*
25.6 sentó...y mandó que fuese *traído* Pablo *71*
25.17 día siguiente...mandé *traer* al hombre *71*
25.23 por mandato de Festo fue *traído* Pablo *71*
25.26 le he *traído* ante vosotros...ante ti, oh *4254*
Ro 10.6 esto es, para *traer* abajo a Cristo *2609*
1 Co 9.5 *traer* con nosotros una hermana por *4013*
15.49 hemos *traído* la imagen del terrenal *5409*
15.49 *traeremos* también la imagen...celestial *5409*
Gá 6.17 yo *traigo* en mi cuerpo las marcas del *941*
1 Ts 4.14 *traerá* Dios...a los que durmieron en *71*
1 Ti 6.7 porque nada hemos *traído* a este mundo *1533*
2 Ti 1.5 *trayendo* a...memoria la fe no fingida *2983*
4.11 toma a Marcos y *tráele* contigo...es útil *71*
4.13 *trae*...capote que dejé en Troas en casa *5342*
He 10.32 *traed* a la memoria los días pasados *363*
Stg 2.3 miráis...que *trae* la ropa espléndida
1 P 1.13 en la gracia que se os *traerá* cuando *5342*
2 P 1.21 porque nunca la profecía fue *traída*
2.5 *trayendo* el diluvio sobre el imnundo de los *1863*
2 Jn 10 alguno viene...y no *trae* esta doctrina *5342*
Ap 17.7 el mistério...de la bestia que la *trae* *941*
21.24 los reyes de...*traerán* su gloria y honor *5342*
22.18 Dios *traerá* sobre él las plagas que

TRAFICAR

Gn 34.21 habitarán en el país, y *traficarán* en 5503
Is 47.15 *traficaron* contigo desde tu juventud 5503
Ez 27.3 que *trafica* con los pueblos de muchas 7402
27.15 los hijos de Dedán *traficaban* contigo 7402
27.16 Edom *traficaba* contigo por...productos 5503
27.21 *traficaban*...en corderos y carneros y
Stg 4.13 iremos a tal ciudad...y *traficaremos*

TRÁFICO

Ez 27.27 tu *t*, tus remeros, tus pilotos, tus 4627

TRAGAR

Éx 15.12 extendiste tu...la tierra los *tragó* 1104
Nm 13.32 es tierra que *traga* a sus moradores
16.30 la tierra abriere su boca y los *tragare* 1104
16.32 *tragó* a ellos, a sus casas, a todos los 1104
16.34 decían: No nos *trague* también la tierra 1104
26.10 la tierra abrió su boca y los *tragó* a 1104
Dt 11.6 abrió su boca la tierra, y los *tragó* 1104
Job 7.19 no me soltarás...hasta que *trague* mi 1104
20.18 restituirá...y no los *tragará* ni gozará 1104
Sal 69.15 ni me *trague* el abismo, ni el pozo 1104
106.17 se abrió la tierra y *tragó* a Datán, y 1104
124.3 vivos nos habrían *tragado* entonces 1104
Pr 1.12 los *tragaremos* vivos como el Seol, y 1104
Is 28.4 apenas la ve el que la...se la *traga*
Jer 51.34 *tragó* como dragón, llenó su vientre 1104
51.44 sacaré de su boca lo que se ha *tragado* 1105
Ez 36.3 cuanto os asolaron y os *tragaron* de 7602
Jon 1.17 preparado un...pez que *tragase* a Jonás 1104
Mt 23.24 **que coláis el...y *tragáis* el camello!** *2666*
Ap 12.16 la tierra...*tragó* el río que el dragón *2666*

TRAICIÓN

Jos 22.31 no habéis intentado esta *t* contra 4604
1 S 24.11 ve que no hay mal ni *t* en mi mano 6588
2 S 18.13 habría...hecho *t* contra mi vida, pues 8267
2 R 9.23 huyó, y dijo a Ocozías: ¡T, Ocozías! 4820
11.14 Atalía...clamó a voz en cuello: *T, t!* 7195
2 Cr 23.13 Atalía rasgó sus...y dijo: ¡T, *t!* 7195
Ez 21.24 maldades, manifestando vuestras *t* 6588
Dn 11.25 no prevalecerá, porque le harán *t* 7284

TRAICIONAR

Job 6.15 mis hermanos me *traicionaron* como un 898

TRAICIONERO

Hab 2.5 también, el que es dado al vino es *t*

TRAIDOR

Lc 6.16 Judas Iscariote, que llegó a ser el *t* *4273*
2 Ti 3.4 *t*, impetuosos infatuados, amadores *4273*

TRAJE
Dt 22.5 no vestirá la mujer *t* de hombre, ni
2 S 13.18 *t* que vestían las hijas vírgenes de 4598

TRAMA
Lv 13.48 en *t* de lino o de lana, o en cuero 6154
13.49 o en *t*, o en cualquiera obra de cuero......... 6154
13.51,53 extendido...en la urdimbre o en la *t*....... 6154
13.52 será quemado el...*t* de lana o de lino, o 6154
13.56 cortará del...de la urdimbre o de la *t* 6154
13.57 apareciere de nuevo en el vestido...o *t*....... 6154
13.58 vestido...o la *t*...se lavará segunda vez 6154
13.59 o de *t*, o de cualquiera cosa de cuero......... 6154
Est 8.5 cartas que autorizan la *t* de Amán hijo

TRAMAR
2 R 15.15 la conspiración que *tramó*, he aquí.......... 7194
Est 8.3 que había *tramado* contra los judíos........... 2803
Job 15.35 dolor....en sus entrañas *traman* engaño..... 4820
Is 32.7 *trama* intrigas inicuas para enredar a......... 3289
Hch 23.12 los judíos *tramaron* un complot y se.... *4160,4963*

TRAMO
2 Cr 25.23 derribó el muro...un *t* de 400 codos
Neh 3.11 restauraron otro *t*, y la torre de los.......... 4060
3.19 restauró...otro *t* frente a la subida de......... 4060
3.20 Baruc hijo...restauró otro *t*, desde la......... 4060
3.21 restauró Meremot hijo de Urías...otro *t*....... 4060
3.24 restauró Binúi...otro *t*, desde la casa......... 4060
3.27 restauraron los tecoítas...*t*, enfrente.......... 4060
3.30 Hanún hijo sexto de...restauraron otro *t*...... 4060

TRAMPA
Job 18.9 calcañar; se afirmará la *t* contra él 6782
18. 10 cuerda...y una *t* le aguarda en la senda..... 4434
Sal 141.9 de las *t* de los que hacen iniquidad 4170
Jer 5.26 lazos, pusieron *t* para cazar hombres 4889
Ez 12.13 caerá preso en mi *t*, y haré llevarlo 4686
19.4 tomado en la *t* de ellas, y lo llevaron
Ro 11.9 dice: Sea vuelto su convite en *t* y en *2339*

TRAMPOSO
Is 32.5 ruin...ni el *t* será llamado espléndido 3596
32.7 armas del *t* son malas; trama intrigas......... 3596

TRANQUILIDAD
Dn 4.27 vez será eso una prolongación de tu *t*......... 7963
1 Co 16.10 mirad que esté con vosotros con *t*
1 Ts 4.11 que procuréis tener *t*, y ocuparos en......... *2270*

TRANQUILO, A
Éx 14.14 peleará por...y vosotros estaréis *t*
Jue 18.27 llegaron a...al pueblo *t* y confiado 8252
2 Cr 23.21 se regocijó...y la ciudad estuvo *t*........... 8252
Job 40.23 *t* está, aunque...un Jordán se estrelle 982
Pr 1.33 me oyere...vivirá *t*, sin temor del mal 7599
Jer 30.10 Jacob...descansará y vivirá *t*, y no 7599
Ez 38.11 dirás: Subiré...iré contra gentes *t*
Dn 4.4 yo Nabucodonosor estaba *t* en mi casa 7954
Sof 1.12 castigaré a los...que reposan *t* como
Zac 7.7 cuando Jerusalén estaba habitada y *t*

TRANSEUNTE
Ez 5.14 convertiré en...a los ojos de todo *t*
39.11 daré a Gog...obstruirá el paso a los *t* 5674

TRANSFIGURAR
Mt 17.2; Mr 9.2 **transfiguró delante de ellos** *3339*

TRANSFORMAR
Job 36.27 al *transformarse* el vapor en lluvia
Is 51.10 que *transformó* en camino las...del mar
Ro 12.2 *transformaos* por medio...la renovación *3339*
1 Co 15.51 pero todos seremos *transformados*.......... *236*
15.52 serán...y nosotros seremos *transformados*.... *236*
2 Co 3.18 *transformados* de gloria en gloria *3339*
Fil 3.21 el cual *transformará* el cuerpo de la........... *3345*

TRANSGREDIR
Dt 26.13 no he *transgredido* tus mandamientos........ 5674

TRANSGRESIÓN
Gn 31.36 y dijo a Labán: ¿Qué *t* es la mía?............. 6588
Jos 22.16 ¿qué *t* es esta con que prevaricáis............ 4604
Job 13.23 yo? Hazme entender mis *t* y mi pecado...... 6588
31.33 si encubrí como...mis *t*, escondiendo en...... 6588
34.6 dolorosa es mi...sin haber hecho yo *t* 6588
Sal 5.10 por la multitud de...*t* échalos fuera........... 6588
17.3 me has...he resuelto que mi boca no haga *t*... 5674
32.1 bienaventurado aquel cuya *t* ha sido 6588
32.5 dije: Confesaré mis *t* a Jehová; y tú............ 6588
39.8 líbrame de todas mis *t*; no me pongas por 6588
Pr 17.19 el que ama la disputa, ama la *t*; y el 6588
29.6 en la *t* del hombre malo hay lazo; mas el 6588
29.16 los impíos son muchos, mucha es la *t*.......... 6588
Ez 18.22 todas las *t* que cometió, no le serán 6588
18.28 se apartó de...sus *t* que había cometido...... 6588
18.30 apartaos de todas vuestras *t*, y no os 6588
18.31 echad de vosotros todas vuestras *t* con........ 6588
Hch 1.25 de que cayó Judas por *t*, para irse a *3825*
Ro 4.15 pero donde no hay ley, tampoco hay *t*.......... *3847*
4.25 el cual fue entregado por nuestras *t*, y......... *3900*
5.14 no pecaron a la manera de la *t* de Adán....... *3847*
5.15 pero el don no fue como la *t*; porque si *3900*
5.15 porque si por la *t* de aquel uno murieron *3900*
5.16 pero el don vino a causa de muchas *t* para *3900*
5.17 si por la *t* de uno solo reinó la muerte *3900*
5.18 por la *t* de uno vino la condenación a......... *3900*
11. 11 pero por su *t* vino la salvación a los.......... *3900*
11.12 si su *t* es la riqueza del mundo, y su *3900*
Gá 3.19 fue añadida a causa de las *t*, hasta............ *3847*
1 Ti 2.14 la mujer...engañada, incurrió en *t*........... *3847*
He 2.2 y toda *t* y...recibió justa retribución............ *3847*
9.15 la remisión de las *t* que había bajo el.......... *3847*
10.17 nunca...me acordaré de sus pecados y *t*....... *458*

TRANSGRESOR
Sal 37.38 los *t* serán todos a una destruidos........... 6586
51.13 entonces enseñaré a los *t* tus caminos........ 6586
Pr 13.15 mas el camino de los *t* es duro................. 898
Is 53.12 llevado el pecado...y orado por los *t*.......... 6586
Dn 8.23 al fin...cuando los *t* lleguen al colmo.......... 6586
Ro 2.25 si eres *t* de la ley, tu circuncisión *3848*
2.27 te condenará a ti, que...eres *t* de la ley *3848*
Gá 2.18 destruí...vuelvo a edificar; *t* me hago *3848*
1 Ti 1.9 para los *t* y desobedientes, para los............. *459*
Stg 2.9 y quedáis convictos por la ley como *t* *3848*
2.11 pero matas, ya te has hecho *t* de la ley......... *3848*

TRANSITADO
Jer 18.15 camine por sendas y no por camino *t*

TRANSMITIR
Mr 7.13 **con... tradición que habéis** ***transmitido***....... *3860*

TRANSPARENTE
Ap 21.21 calle de la ciudad era de oro puro, *t*.......... *1307*

TRANSPORTAR
Nm 4.32 utensilios que...tienen que *transportar*
1 Cr 5.6 Beera...el cual fue *transportado* por 1540
5.26 *transportó* a los rubenitas y gaditas y 1540
6.15 Jehová *transportó* a Judá y a Jerusalén 1540
8.6 los hijos de Aod...*transportados* a Manahat 1540
8.7 Gera...los *transportó*, y engendró a Uza y...... 1540
9.1 de Judá fueron *transportados* a Babilonia 1540
Esd 4.10 que el...glorioso Asnapar *transportó*
Est 2.6 había sido *transportado* de Jerusalén........... 1540
2.6 quien hizo *transportar* Nabucodonosor rey..... 1540
Job 20.28 los renuevos de su casa...*transportados*
Is 22.17 te *transportará* en duro cautiverio 2904
Jer 13.19 toda Judá fue *transportada*, llevada 1540
24.1 *transportado* Nabucodonosor...a Jeconías.... 1540
24.5 así miraré a los *transportados* de Judá 1546
27.20 *transportó* de Jerusalén a Babilonia a........ 1546
27.22 a Babilonia serán *transportados*, y allí......... 935
28.4 yo haré volver a...*transportados* de Judá....... 1546
28.6 los *transportados*, han de ser devueltos........ 1473
29.1 ancianos...los que fueron *transportados* 1540
29.4 los...que hice *transportar* de Jerusalén a....... 1540
29.7 la ciudad a la cual os hice *transportar*......... 1540
29.20 oíd...todos los *transportados* que envié
29.22 los *transportados* de Judá que están en
39.9 capitán de la guardia los *transportó* a......... 1540
40.7 los pobres...que no fueron *transportados* 1540
43.3 para matarnos y hacernos *transportar* a....... 1540
52.15 e hizo *transportar* Nabuzaradán...pobres.... 1540
52.27 así Judá fue *transportada* de su tierra........ 1540
Am 1.5 el pueblo de Siria será *transportado* a
5.27 os haré...*transportar* más allá de Damasco
Hch 7.43 *transportaré*...más allá de Babilonia......... *3351*

TRAPO
Is 30.22 las apartarás como *t* asqueroso; ¡Sal
64.6 nuestras justicias como *t* de inmundicia 899
Jer 38.11 tomó de allí *t* viejos y ropas raídas 5499
38.12 pon ahora esos *t* viejos y ropas raídas........ 5499

TRASLADAR
Nm 1.51 el tabernáculo haya de *trasladarse*, los
2 S 3.10 *trasladando* el reino de la casa de 5674
2 R 17.26 gentes que tú *trasladaste* y pusiste........... 1540
17.33 las...de donde habían sido *trasladados*........ 1540
Sal 9.17 los malos serán *trasladados* al Seol........... 7725
Hch 7.4 Dios le *trasladó* a esta tierra, en la........... *3351*
7.16 fueron *trasladados* a Siquem, y puestos *3346*
1 Co 13.2 tal manera que *trasladase* los montes *3179*
Col 1.13 *trasladado* al reino de su amado Hijo......... *3179*

TRASPASAR
Éx 19.21 ordena al pueblo que no *traspase* los......... 2040
19.24 no *traspasen* el límite...subir a Jehová 2040
Nm 22. 18 no puedo *traspasar* la palabra...Dios)
24.8 desmenuzará...*traspasará* con sus saetas
24.13 no podré *traspasar* el dicho de Jehová
27.7 y *traspasarás* la heredad de su padre a......... 5674
27.8 sin hijos, *traspasaréis* su herencia a 5674
36.7 la heredad...no sea *traspasada* de tribu........ 5437
Dt 17.2 haya hecho mal...*traspasando* su pacto........ 5674
Jos 23.16 si *traspasareis* el pacto de Jehová 5674
Jue 2.20 dijo: Por cuanto...*traspasa* mi pacto........... 5674
1 S 4.21 ¡*traspasada* es la gloria de Israel! 1540
4.22 dijo...*Traspasada* es la gloria de Israel 1540
31.4 saca tu espada, y *traspásame* con ella
31.4 no vengan estos. y me *traspasen*, y me
1 R 2.15 mas el reino fue *traspasado*, y vino
2 R 18.21 entrará por la mano y la *traspasará*.......... 5344
1 Cr 10.4 saca tu espada y *traspásame* con ella......... 5344
10.14 lo mató, y *traspasó* el reino a David 5437
12.23 *traspasarle* el reino de Saúl, conforme 5437
Est 3.3 ¿por qué *traspasas* el mandamiento del........ 5674
Job 20.25 la saeta le *traspasará* y saldrá de su......... 8025
24.2 *traspasan* los linderos, roban...ganados
Sal 46.2 *traspasen* los montes al corazón del 4121
104.9 pusiste término, el cual no *traspasarán*....... 5674
Pr 7.23 hasta...la Saeta *traspasa* su corazón........... 6398
8.29 las aguas no *traspasasen* su mandamiento 5674
22.28 no *traspases* los linderos antiguos que
23.10 no *traspases* el lindero antiguo, ni
Is 24.5 *traspasaron* las leyes, falsearon el 5674
38.12 mi morada ha sido...*traspasada* de mí
Jer 6.12 sus casas serán *traspasadas* a otros 5437
34.18 los hombres que *traspasaron* mi pacto 5674
Ez 21.14 la gran matanzaque los *traspasará*
48.14 no...ni *traspasarán* las primicias de la 5674
Dn 9.11 todo Israel *traspasó* tu ley apartándose 5674
Os 5.10 como los que *traspasan* los linderos
6.7 ellos, cual Adán, *traspasaron* el pacto........... 5674
8.1 *traspasaron*...pacto, y se rebelaron contra 5674
Hab 3.13 *traspasaste* la cabeza de...del impío......... 4272
Zac 12.10 mirarán a mí, a quien *traspasaron*.......... 1856
13.3 padre...le *traspasarán* cuando profetizare.... 1856
Lc 2.35 una espada *traspasará* tu misma alma......... *1330*
Jn 19.37 dice: Mirarán al que *traspasaron*............. *1574*
1 Ti 6.10 fueron *traspasados*...muchos dolores *4044*
He 4.14 un...sacerdote que *traspasó* los cielos......... *1330*
Ap 1.7 ojo le verá, y los que le *traspasaron* *1574*

TRASPONER
2 R 17.11 Jehová había *traspuesto* de delante.......... 1540
He 11.5 Enoc fue traspuesto...lo *traspuso* Dios *3346*
11.5 Enoc...antes que fuese *traspuesto*, tuvo........ *3331*

TRASQUILADOR
Gn 38.12 Judá se consoló, y subía a los *t* de
Is 53.7 como oveja delante de...*t*, enmudeció.......... 1494

TRASQUILAR
Gn 31.19 pero Labán había ido a *trasquilar* sus 1494
38.13 sube a Timnat a *trasquilar* sus ovejas 1494
Dt 15.19 ni *trasquilarás* el primogénito de tus 1494
Cnt 4.2 como manadas de ovejas *trasquiladas* 7094
Mi 1.16 *trasquílate* por los hijos de...delicias 1494
Hch 8.32 cordero mudo delante...lo *trasquila* *2751*

TRASTO
Jer 22.28 ¿es un *t* que nadie estima? ¿Por qué 3627

TRASTORNADOR
Is 28.2 torbellino *t*, como ímpetu de recias.............. 6986

TRASTORNAR
Éx 14.24 *trastornó* el campamento de...egipcios....... 2000
14.25 quitó las ruedas de...y los *trastornó*
Jue 7.13 tienda...la *trastornó* de arriba abajo 2015
Job 9.5 montes...y no saben quien los *trastorné* 2015
12.19 él lleva...y *trastorna* a los poderosos 5557
28.9 su mano, y *trastornó* de raíz los montes 2015
34.25 ellos, cuando los *trastorne* en la noche 2015
Sal 140.4 que han pensado *trastornar* mis pasos 1760
146.9 y el camino de los impíos *trastorna*........... 5791
Pr 11.11 por la boca...impíos será *trastornada*........ 2040
12.7 *trastornará* a los impíos, y no serán más 2015
13.6 mas la impiedad *trastornará* al pecador....... 5557
21.12 los impíos son *trastornados* por el mal 5557
22.12 *trastorna* las...de los prevaricadores.......... 5557
Is 13.19 ¿es éste...que *trastornó* Dios................ 4114
14.16 ¿es éste...que *trastornaba* los reinos 7493
24.1 que Jehová vacía la tierra...y *trastorna* 5753
28.7 sidra, fueron *trastornados* por el vino 7686
Jer 31.28 para...*trastornar* y perder y afligir........... 5422
Lm 1.20 mi corazón se *trastorna* dentro de mí.......... 2015
3.36 *trastornar* al hombre en su causa, el 5791
Am 4.11 *trastorné* como cuando Dios trastornó... 2015,4114
Hag 2.22 *trastornaré* el trono de los reinos 2015
2.22 *trastornaré* los carros y los que en ellos 2015
Hch 13.10 cesarás de *trastornar* los caminos *1294*
17.6 Estos que *trastornan*...también han venido
2 Ti 2. 18 se desviaron de...y *trastornan* la fe.......... *396*
Tit 1.11 *trastornan* casas enteras, enseñando............ *396*

TRASVASADOR
Jer 48.12 vienen días...en que yo le enviaré *t*.......... 6808

TRASVASAR
Jer 48.12 yo le enviaré...que le *trasvasarán* 6808

TRATADO
Hch 1.1 en el primer *t*...hablé acerca de todas *3056*

TRATAR
Gn 18.25 sea el justo *tratado* como el impío
34.31 ¿había él de *tratar* a nuestra hermana 6213
39.19 diciendo: Así me ha *tratado* tu siervo
42.30 nos *trató* como a espías de la tierra
50.17 perdones ahora...porque mal te *trataron*
Dt 13.5 y *trató* de apartarte del camino
21.14 dinero, ni la *tratarás* como esclava
Jue 14.20 cual él había *tratado* como su amigo
16.13 engañas, y *tratas* conmigo con mentiras
1 S 6.6 después que los había *tratado* así, ¿no
8.9 muéstrales cómo les *tratará* el rey que 4941
20.39 David entendían de lo que se *trataba*......... 1697
23.10 tiene entendido que Saúl *trata* de 1245
25.7 no les *tratamos* mal, ni les faltó nada
25.15 nunca nos *trataron* mal, ni nos faltó
2 S 18.5 *tratad* benignamente por amor de mí
21.16 *trató* de matar a David
2 R 7.4 si *trataremos* de entrar en la ciudad, por
2 Cr 13.8 y ahora vosotros *tratáis* de resistir
28.13 vosotros *tratáis* de añadir sobre.............. 559
Est 2.11 saber cómo le iba...cómo la *trataban*
Job 42.8 para no *trataros* afrentosamente, por
Sal 64.5 *tratan* de esconder los lazos, y
62.3 *tratando* todos vosotros de aplastarle
106.23 y *trató* de destruirlos, De no
Pr 25.9 *trata* tu causa con tu compañero, y no......... 7378
Jer 20.9 *traté* de sufrirlo, y no pude
Ez 22.7 al extranjero *trataron* con violencia 6213
31.11 de cierto le *tratará* según su maldad 6213
Zac 1.6 pensó *tratarnos* conforme a nuestros
Lc 1.1 puesto que ya muchos han *tratado* de
Jn 4.9 judíos y samaritanos no se *tratan* entre......... *4798*
Hch 9.26 *trataba* de juntarse con los.................... *3987*
15.2 subiesen...para *tratar* esta cuestión
23.30 a los acusadores que *traten* delante

27.3 Julio, *tratando* humanamente a Pablo, le permitió *5530*
28.2 *trataron* con no poca humanidad: porque
1 Co 12.23 y los...menos decorosos, se *tratan*
He 12.7 Dios os *trata* como a hijos; porque *4374*

TRATO
Lc 16.8 **más sagaces en el *t* con sus semejantes**
Gá 1.10 ¿O *t* de agradar a los hombres?............... *2212*
Col 2.23 en humildad y en duro *t* del cuerpo

TRAVÉS
Éx 3.1 llevó las ovejas a *t* del
2 Cr 32.4 y el arroyo que corría a *t* del 8432
Job 22.13 como juzgará a *t* de la
Hch 14.22 es necesario que a *t* de muchas *1223*
27.27 y siendo llevados a *t* del mar
He 10.20 y vivo que él nos abrió a *t*..................... *1223*

TRAVESÍA
Mt 14.34; Mr 6.53 terminada la *t*, vinieron a

TRAZAR
Nm 34.7 desde el...*trazaréis* al monte de Hor 8376
34.8 de Hor *trazaréis* a la entrada de Hamat 8376
34.10 *trazaréis* desde Hazar-enán hasta Sefam 184
1 Cr 28.19 me fueron *trazadas* por la mano de
Est 9.25 el perverso designio que aquel *trazó*.......... 2803
Job 13.27 *trazando* un límite para las plantas
Pr 8.27 cuando *trazaba* el círculo sobre la faz 2710
Jer 18.11 yo...*trazo* contra vosotros designios........... 2803
Ez 21.19 *traza* dos caminos por donde venga la 7760
Dn 5.24 enviada la mano que *trazó*...escritura........ 7560
5.25 la escritura que *trazó* es: MENE, MENE 7560

TRECE
Gn 17.25 Ismael su hijo era de *t* años, cuando 7969,6240
Nm 29.13 ofreceréis...*t* becerros de la vacada ... 7969,6240
29.14 tres décimas de...con cada uno de los *t* . 7969,6240
Jos 19.6 y Saruhen; *t* ciudades con sus aldeas 7969,6240
21.4,6 obtuvieron por suerte...*t* ciudades 7969,6240
21.19 ciudades de los sacerdotes...son *t* con .. 7969,6240
21.33 gersonitas...*t* ciudades con sus ejidos .. 7969,6240
1 R 7.1 edificó...su propia casa en *t* años, y 7969,6240
1 Cr 6.60 sus ciudades fueron *t*...repartidas 7969,6240
6.62 a los hijos de Gersón, por...*t* ciudades.... 7969,6240
26.11 los hijos de...y sus hermanos fueron *t*... 7969,6240
Est 3.12 el mes primero, al día *t* del mismo 7969,6240
3.13; 8.12 el día *t* del mes duodécimo, que es... 7969,6240
9.1 mes de Adar, a los *t* días del mismo mes ... 7969,6240
9.17 esto fue en el día *t* del mes de Adar....... 7969,6240
9.18 se juntaron el día *t* y el 14 del mismo 7969,6240
Jer 25.3 el año *t* de Josías hijo de Amón, rey....... 7969,6240
Ez 40.11 y la longitud del portal, de *t* codos........ 7969,6240

TREGUA
Job 6.10 me asaltase con dolor sin dar más *t*
14.16 me cuentas los...no das *t* a mi pecado
Is 62.7 ni le deis *t*, hasta que restablezca a 1824

TREINTA *Véase Treinta mil, Treinta y dos,* etc.
Gn 6.15 harás...arca...y de *t* codos su altura 7970
11.14 Sala vivió *t* años, y engendró a Heber 7970
11.18 Peleg vivió *t* años, y engendró a Reu 7970
11.22 Serug vivió *t* años, y engendró a Nacor 7970
18.30 quizá se hallarán allí *t*. Y respondió 7970
18.30 respondió: No lo haré si hallare allí *t*......... 7970
32.15 *t* camellas paridas con sus crías, 40 7970
41.46 era José de edad de *t* años cuando fue 7970
Éx 21.32 pagará su dueño *t* siclos de plata, y 7970
26.8 la longitud de cada cortina...de *t* codos 7970
36.15 longitud de una cortina era de *t* codos 7970
Lv 27.4 fuere mujer, la estimarás en *t* siclos 7970
Nm 4.3,23,30,35,39,43,47 *t* años arriba hasta 50 7970
20.29 le hicieron duelo por *t* días todas las 7970
Dt 34.8 lloraron...Israel a Moisés en...*t* días 7970
Jue 10.4 *t* hijos, que cabalgaban sobre *t* asnos......... 7970
10.4 y tenían *t* ciudades, que se llaman las 7970
12.9 tuvo *t* hijos y *t* hijas, las cuales casó............ 7970
12.9 y tomó de fuera *t* hijas para sus hijos........... 7970
12.14 hijos y *t* nietos, que cabalgaban sobre........ 7970
14.11 ellos le vieron, tomaron *t* compañeros........ 7970
14.12 daré *t* vestidos de lino y *t*...de fiesta.......... 7970
14.13 me daréis a mí los *t* vestidos de lino 7970
14.19 descendió...y mató a *t* hombres de ellos...... 7970
20.31 herir...y mataron unos *t* hombres de Israel .. 7970
20.39 y matar a la gente de Israel...*t* hombres 7970
1 S 9.22 convidados, que eran unos *t* hombres......... 7970
2 S 5.4 era David de *t* años cuando comenzó a 7970
23.13 y tres de los *t* jefes descendieron y 7970
23.18 Abisai hermano...el principal de los *t*........ 7992
23.19 era el más renombrado de los *t*, y llegó....... 7969
23.23 renombrado entre los *t*, pero no igualó....... 7969
23.24 Asael hermano de Joab fue de los *t*........... 7970
1 R 4.22 la provisión...de *t* coros de...harina.......... 7970
6.2 tenía sesenta codos...y *t* codos de alto.......... 7970
7.2 *t* codos de altura, sobre cuatro hileras.......... 7970
7.6 un pórtico...que tenía...*t* codos de ancho 7970
7.23 un mar...lo ceñía...un cordón de *t* codos...... 7970
2 R 18.14 impuso a Ezequías rey...*t* talentos 7970
1 Cr 11.11 Jasobeam hijo...caudillo de los *t* 7970
11.15 tres de los *t*...descendieron a la peña 7970
11.20 Abisai, hermano de...era jefe de los *t* 7969
11.21 el más ilustre de los *t*, y fue el jefe 7969
11.25 fue el más distinguido de los *t*, pero 7970
11.42 Adina hijo...los rubenitas, y con él *t*.......... 7970
12.4 valiente entre los *t*, y más que los *t* 7970
12.18 vino sobre Amasai, jefe de los *t*, y dijo 7970
23.3 fueron contados los levitas de *t* años 7970
27.6 era valiente entre los *t* y sobre los *t*........... 7970
Cr 4.2 cordón de *t* codos de largo lo ceñía............. 7970
Esd 1.9 y esta es la cuenta...*t* tazones de oro.......... 7970
1.10 *t* tazas de oro...410 tazas de plata, y 7970
Est 4.11 yo no he sido llamada...estos *t* días........... 7970
Jer 38.10 toma en tu poder *t* hombres de aquí......... 7970
Ez 1.1 en el año *t*, en el mes cuarto, a los 7970
40.17 *t* cámaras había alrededor...aquel atrio 7970
41.6 otras, *t* en cada uno de los tres pisos 7970
46.22 había patios cercados, de...*t* de ancho 7970
Dn 6.7 el espacio de *t* días demande petición.......... 8533
6.12 cualquiera que en el espacio de *t* días 8533
Zac 11.12 pesaron por mi salario *t* piezas de 7970
11.13 tomé las *t* piezas de plata, y las eché 7970
Mt 13.8 **ciento, cuál a sesenta, y cuál a *t* por** *5144*
13.23 **y produce a...a sesenta, y a *t* por uno**........ *5144*
26.15 y ellos le asignaron *t* piezas de plata *5144*
27.3 devolvió...las *t* piezas de plata a los *5144*
27.9 y tomaron las *t* piezas de plata, precio......... *5144*
Mr 4.8 **produjo a *t*, a sesenta, y a ciento por**........... *5144*
4.20 **y dan fruto a *t*, a sesenta, y a ciento**........... *5144*
Lc 3.23 Jesús mismo...era como de *t* años, hijo *5144*
Jn 6.19 habían remado como 25 o *t* estadios........... *5144*

TREINTA MIL
Jos 8.3 escogió Josué *30.000* hombres fuertes.......... 7970
1 S 4.10 cayeron de...*30.000* hombres de a pie......... 7970
11.8 fueron los...y *30.000* los hombres de Judá 7970
13.5 los filisteos se juntaron...*30.000* carros 7970
2 S 6.1 volvió a reunir...de Israel, *30.000* 7970
1 R 5.13 leva...la leva fue de *30.000* hombres 7970
2 Cr 35.7 dio...ovejas...en número de *30.000* y 7970

TREINTA MIL QUINIENTOS
Nm 31.39,45 de los asnos, *30.500*......................... 7970

TREINTA Y CINCO
Gn 11.12 Arfaxad vivió *35* años, y engendró a
1 R 22.42 Josafat de *35* años cuando comenzó a
2 Cr 3.15 dos columnas de *35* codos de altura
15.19 y no hubo más guerra hasta los *35* años
20.31 Josafat...*35* años era cuando comenzó a

TREINTA Y CINCO MIL CUATROCIENTOS
Nm 1.37 contados...de Benjamín fueron *35.400*
2.23 de ejército, con sus contados, *35.400*

TREINTA Y CUATRO
Gn 11.16 Heber vivió *34* años, y engendró a

TREINTA Y DOS
Gn 11.20 Reu vivió *32* años, y engendró a Serug
Nm 31.40 y de ellas el tributo...*32* personas
1 R 20.1 juntó...ejército, y con él a *32* reyes
20.16 los *32* reyes que habían venido en su
22.31 mandado a sus *32* capitanes de carros
2 R 8.17 de *32* años...cuando comenzó a reinar
2 Cr 21.5,20 comenzó a reinar era de *32* años
Neh 5.14 hasta el año *32*...yo ni mis hermanos
13.6 porque en el año *32* de Artajerjes rey

TREINTA Y DOS MIL
Nm 31.35 de mujeres que...eran por todas *32.000*
1 Cr 19.7 tomaron a sueldo *32.000* carros, y al

TREINTA Y DOS MIL DOSCIENTOS
Nm 1.35 los contados...de Manasés fueron *32.200*
2.21 de ejército, con sus contados, *32.200*

TREINTA Y DOS MIL QUINIENTOS
Nm 26.37 de Efraín. contados de ellas *32.500*

TREINTA Y NUEVE
2 R 15.13 a reinar en el año *39* de Uzías rey
15.17 año *39* de Azarías rey de Judá, reinó
2 Cr 16.12 año *39* de su reinado, Asa enfermó

TREINTA Y OCHO
Dt 2.14 los días que anduvimos...fueron *38* años
1 R 16.29 comenzó a reinar Acab...el año *38* de
2 R 15.8 el año *38* de Azarías...reinó Zacarías
Jn 5.5 que hacía *38* años que estaba enfermo

TREINTA Y OCHO MIL
1 Cr 23.3 levitas...el número de ellos...*38.000*

TREINTA Y SEIS
Jos 7.5 los de Hai mataron...a unos *36* hombres
2 Cr 16.1 el año *36* del reinado de Asa, subió

TREINTA Y SEIS MIL
Nm 31.38,44 de los bueyes, *36.000*
1 Cr 7.4 con ellos...*36.000* hombres de guerra

TREINTA Y SIETE
2 S 23.39 Urías heteo; *37* por todos
2 R 13.10 año *37* de Joás rey...comenzó a reinar
25.27 a los *37* años del cautiverio de...rey
Jer 52.31 el año *37* del cautiverio de Joaquín

TREINTA Y SIETE MIL
1 Cr 12.34 con ellos *37.000* con escudo y lanza

TREINTA Y TRES
Gn 46.15 hijos de Lea...*33* las personas todas
Lv 12.4 permanecerá *33* días purificándose de
2 S 5.5 en Jerusalén reinó *33* años sobre todo
1 R 2.11 en Hebrón, y *33* años...en Jerusalén
1 Cr 3.4 Hebrón...y en Jerusalén reinó *33* años
29.27 siete años...y *33* reinó en Jerusalén

TREINTA Y UN
Jos 12.24 el rey de Tirsa, otro; *31* reyes por
1 R 16.23 año *31* de Asa rey de Judá, comenzó
2 R 22.1 Josías...reinó en Jerusalén *31* años
2 Cr 34.1 Josías...*31* años reinó en Jerusalén

TREMENDA
Éx 34.10 será cosa *t* la que yo haré contigo............ 3372
Sal 65.5 con *t* cosas nos responderás tú en 3372

TRENZA
Éx 28.14 cordones de oro...harás en forma de *t*....... 5688
28.14 fijarás los cordones de forma de *t* en......... 5688
28.22 cordones de hechura de *t* de oro fino......... 5688
39.15 los cordones de forma de *t*, de oro puro 5688
1 R 7.17 había *t* a manera de red, y...cordones

TREPAR
1 S 14.13 y subió Jonatán *trepando* con...manos 5927

TRES *Véase también Tres mil*
Gn 6.10 engendró Noé *t* hijos: a Sem, a Cam y......... 7969
7.13 entraron...y las *t* mujeres de sus hijos......... 7969
9.19 *t* son los hijos de Noé, y de ellos fue............ 7969
15.9 le dijo: Tráeme una becerra de *t* años 8027
15.9 una cabra de *t* años...carnero de *t* años....... 8027
18.2 he aquí *t* varones que estaban junto a él....... 7969
18.6 toma pronto *t* medidas de flor de harina 7969
29.2 he aquí *t* rebaños de ovejas que yacían......... 7969
29.34 conmigo, porque le he dado a luz *t* hijos...... 7969
30.36 puso *t* días de camino entre sí y Jacob......... 7969
38.24 al cabo de unos *t* meses fue dado aviso....... 7969
40.10 y en la vid *t* sarmientos; y ella como 7969
40.12 le dijo José...*t* sarmientos son *t* días.......... 7969
40.13 al cabo de *t* días levantará Faraón tu 7969
40.16 yo soñé que veía *t* canastillos blancos 7969
40.18 respondió...Los *t* canastillos *t* días son 7969
40.19 cabo de *t* días quitará Faraón tu cabeza...... 7969
42.17 los puso juntos en la cárcel por *t* días 7969
Éx 2.2 era hermoso, le tuvo escondido *t* meses......... 7969
3.18; 5.3 camino de *t* días por el desierto 7969
8.27 camino de *t* días iremos por el desierto......... 7969
10.22 hubo densas tinieblas sobre...por *t* días...... 7969
10.23 nadie se levantó de su lugar en *t* días 7969
15.22 anduvieron *t* días por el desierto sin 7969
21.11 y si ninguna de estas *t* cosas hiciere........... 7969
23.14 *t* veces en el año...celebraréis fiesta 7969
23.17 *t* veces en el año se presentará todo.......... 7969
25.32 *t* brazos...un lado, y *t* brazos al otro 7969
25.33 *t* copas en forma de flor de almendro 7969
25.33 *t* copas...en un brazo...y *t* copas...en otro ... 7969
27.1 será cuadrado el...y su altura de *t* codos....... 7969
27.14 cortinas...sus columnas *t*, con sus *t* basas 7969
27.15 lado...sus columnas *t*, con sus *t* basas 7969
34.23 *t* veces en el año se presentará todo.......... 7969
34.24 presentarte delante...*t* veces en el año....... 7969
37.18 *t* brazos de un lado...*t* brazos del otro 7969
37.19 *t* copas en...y en otro brazo *t* copas en....... 7969
38.1 de acacia el altar...de *t* codos de altura 7969
38.14 un lado sus...*t* columnas y sus *t* basas........ 7969
38.15 del atrio...sus *t* columnas y sus *t* basas........ 7969
Lv 14.10 y *t* décimas de efa de flor de harina 7969
19.23 su fruto; *t* años os será incircunciso........... 7969
25.21 mi bendición...hará...fruto por *t* años 7969
27.6 estimarás...mujer en *t* siclos de plata 7969
Nm 10.33 así partieron del...camino de *t* días 7969
10.33 el arca...fue delante...camino de *t* días 7969
12.4 salid vosotros *t* al...Y salieron ellos *t* 7969
15.9 ofrecerás...*t* décimas de flor de harina 7969
22.28 al asna. me has azotado estas *t* veces? 7969
22.32 ¿por qué has azotado tu asna...*t* veces?...... 7969
22.33 y se ha apartado...de mí estas *t* veces......... 7969
24.10 y he aquí los has bendecido ya *t* veces........ 7969
28.12 y *t* décimas de flor de harina amasada 7969
28.20,28 de harina...*t* décimas con cada becerro ... 7969
29.3,9 *t* décimas de efa con cada becerro, dos 7969
29.14 *t* décimas de efa con cada uno de los 7969
33.8 anduvieron *t* días...el desierto de Etam 7969
35.14 *t* ciudades daréis a...lado del Jordán.......... 7969
35.14 *t* ciudades daréis en la tierra...Canaán 7969
Dt 4.41 apartó Moisés *t* ciudades a este lado 7969
14.28 fin de cada *t* años sacarás...el diezmo 7969
16.16 *t* veces cada año aparecerá todo varón 7969
17.6 por dicho de dos o de *t* testigos morirá 7969
19.2 te apartarás *t* ciudades en medio de la 7969
19.3 y dividirás en *t* partes la tierra que............ 7969
19.7 te mando, diciendo: Separarás *t* ciudades 7969
19.9 que...añadirás *t* ciudades más a estas *t* 7969
19.15 testimonio de dos o *t*...se mantendrá la 7969
Jos 1.11 dentro de *t* días pasaréis el Jordán 7969
2.16 y estad escondidos allí *t* días, hasta............ 7969
2.22 monte, y estuvieron allí *t* días, hasta........... 7969
3.2 después de *t* días...oficiales recorrieron 7969
9.16 *t* días después que hicieron alianza con 7969
15.14 Caleb echó de allí a los *t* hijos de Anac 7969
17.11 tuvo también Manasés en...*t* provincias 7969
18.4 señalad *t* varones de cada tribu, para 7969
21.32 y Cartán con sus ejidos; *t* ciudades 7969
Jue 1.20 arrojó de allí a los *t* hijos de Anac 7969
7.16 repartiendo...hombres en *t* escuadrones...... 7969
7.20 los *t* escuadrones tocaron las trompetas...... 7969
9.22 Abimelec hubo dominado...Israel *t* años 7969
9.43 gente, la repartió en *t* compañías, y puso 7969
14.14 ellos no pudieron declararle...en *t* días 7969
16.15 ya me has engañado *t* veces, y no me has 7969
19.4 le detuvo su...y quedó en su casa *t* días 7969
1 S 1.24 lo llevó...con *t* becerros, un efa de............ 7969
2.13 trayendo en su...un garfio de *t* dientes......... 7969
2.21 a Ana, y...dio a luz *t* hijos y dos hijas 7969
9.20 asnas que se te perdieron hace ya *t* días 7969
10.3 saldrán al encuentro *t* hombres que suben 7969
10.3 llevando uno *t* cabritos, otro *t* tortas........... 7969
11.11 dispuso Saúl al pueblo en *t* compañías 7969
13.17 y salieron...filisteos en *t* escuadrones 7969
17.13 los *t* hijos mayores de Isaí habían ido 7969

17.13 nombres de sus t hijos que habían ido........ 7969
17.14 siguieron, pues, los t mayores a Saúl......... 7969
20.19 estarás...t días, y luego descenderás......... 8027
20.20 y yo tiraré t saetas hacia aquel lado.......... 7969
20.41 se inclinó t veces postrándose hasta.......... 7969
30.12 pan ni bebido agua en t días y t noches....... 7969
30.13 siervo...me dejó mi amo hoy hace t días 7969
31.6 así murió Saúl...con sus t hijos, y su........... 7969
31.8 hallaron a Saúl y...t hijos tendidos en......... 7969
2 S 2.18 estaban allí los t hijos de Sarvia 7969
6.11 el arca de Jehová en casa de...t meses 7969
13.38 así huyó Absalón...estuvo allá t años......... 7969
14.27 le nacieron a Absalón t hijos, y una 7969
18.14 tomando t dardos en...los clavó en el 7969
20.4 convócame a los...para dentro de t días....... 7969
21.1 hubo hambre en...por t años consecutivos 7969
23.9 uno de los t valientes que estaban con......... 7969
23.13 t de los treinta jefes descendieron y 7991
23.16 entonces los t valientes irrumpieron 7969
23.17 ¿he de...Los t valientes hicieron esto......... 7969
23.18 y Abisai hermano...renombre con los t 7969
23.19 su jefe; mas no igualó a los t primeros........ 7969
23.22 hizo...ganó renombre con los t valientes..... 7969
23.23 entre...pero no igualó a los t primeros....... 7969
24.12 t cosas te ofrezco; tú escogerás una 7969
24.13 huyas t meses delante de tus enemigos....... 7969
24.13 ¿o que t días haya peste en tu tierra?......... 7969
1 R 2.39 pasados t años...dos siervos de Simei 7969
6.36 edificó el atrio...t hileras de piedras 7969
7.4 había t hileras de ventanas...en t hileras....... 7969
7.5 ventanas estaban frente a...en t hileras........ 7969
7.12 gran atrio...había t hileras de piedras 7969
7.25 t miraban al norte...t miraban al sur, y 7969
7.25 t miraban al occidente...y t miraban al 7969
7.27 la anchura de...y de t codos la altura 7969
9.25 Salomón t veces cada año holocaustos 7969
10.17 en cada uno de...gastó t libras de oro........ 7969
10.22 cada t años venía la flota de Tarsis........... 7969
12.5 idos, y de aquí a t días volved a mí............ 7969
15.2 y reinó t años en...su madre fue Maaca....... 7969
17.21 tendió sobre el niño t veces, y clamó 7969
22.1 t años pasaron sin guerra...los sirios 7969
2 R 2.17 buscaron t días, mas no lo hallaron........... 7969
3.10,13 a estos t reyes para entregarlos en 7969
9.32 se inclinaron hacia él dos o t eunucos 7969
13.18 golpea...la golpeó t veces, y se detuvo........ 7969
13.19 ahora sólo t veces derrotarás a Siria......... 7969
13.25 t veces lo derrotó Joás, y restituyó............ 7969
17.5 sitió a Samaria, y estuvo...ella t años 7969
18.10 y la tomaron al cabo de t años. En el 7969
23.31 Joacaz...y reinó t meses en Jerusalén........ 7969
24.1 Joacim vino a ser su siervo por t años......... 7969
24.8 Joaquín...y reinó en Jerusalén t meses........ 7969
25.17 la altura del capitel era de t codos 7969
25.18 tomó entonces...t guardas de la vajilla....... 7969
1 Cr 2.3 estos t le nacieron de la hija de Súa........... 7969
2.16 hijos de Sarvia fueron t: Abisai, Joab.......... 7969
3.23 los hijos de Nearías fueron estos t............. 7969
7.6 hijos de Benjamín fueron t: Bela, Bequer 7969
10.6 murieron Saúl y sus t hijos, y toda su.......... 7969
11.12 Eleazar...el cual era de los t valientes........ 7969
11. 15 t de los 30...descendieron a la peña a 7969
11.18 y aquellos t rompieron...campamento de 7969
11.19 esto hicieron aquellos t valientes............. 7969
11.20 y los mató, y ganó renombre con los t 7969
11.21 jefe...pero no igualó a los t primeros......... 7969
11.24 hizo...y fue nombrado con los t valientes..... 7969
11.25 no igualó a los t primeros. A éste puso 7969
12.39 con David t días comiendo y bebiendo........ 7969
13.14 el arca de Dios...en su casa, t meses 7969
21.10 t cosas te propongo; escoge de ellas.......... 7969
21.12 o t años de hambre, o por t meses ser 7969
21.12 por t días la espada de Jehová...peste 7969
23.8 hijos de Laadán, t: Jehiel el primero.......... 7969
23.9 los hijos de Simei, t: Selomit, Haziel 7969
23.23 Musi: Mahli, Edar y Jeremot, ellos t 7969
25.5 y Dios dio a Hernán 14 hijos y t hijas 7969
2 Cr 4.4 t...miraban al norte, t al occidente 7969
4.4 doce bueyes...t al sur, y t al oriente 7969
6.13 un estrado...de altura de t codos, y lo 7969
8.13 para que ofreciesen...t veces en el año........ 7969
9.21 cada t años solían venir las naves de 7969
10.5 les dijo: Volved a mí de aquí a t días 7969
10.12 había mandado...volved...aquí a t días 7992
11.17 confirmaron a Roboam hijo...por t años..... 7969
11.17 porque t años anduvieron en el camino 7969
13.2 reinó t años en Jerusalén. El nombre de....... 7969
20.25 t días estuvieron recogiendo el botín 7969
31.16 de t años arriba, a...los que entraban........ 7969
36.2 Joacaz...y t meses reinó en Jerusalén......... 7969
36.9 Joaquín...y reinó t meses y 10 días en.......... 7969
Esd 6.4 y t hileras de piedras grandes, y una 8532
8.15 junto al río que...acampamos allí t días 7969
8.32 llegamos a...y reposamos allí t días 7969
10.8 que el que no viniera dentro de t días 7969
10.9 se reunieron en...dentro de los t días 7969
Neh 2.11 llegué...después de estar allí t días 7969
Est 4.16 no comáis ni bebáis en t días, noche 7969
Job 1.2 y le nacieron siete hijos y t hijas 7969
1.4 enviaban a llamar a sus t hermanas para 7969
1.17 dijo: Los caldeos hicieron t escuadrones........ 7969
2.11 t amigos de Job...vinieron cada uno de su..... 7969
2.12 t esparcieron polvo sobre sus cabezas
32.1 cesaron estos t varones de responder a .. 7969,7969
32.3 se encendió en ira contra sus t amigos 7969
32.5 respuesta en la boca de...t varones, se 7969
33.29 hace Dios dos y t veces con el hombre........ 7969
42.13 y tuvo siete hijos y t hijas..................... 7969
Pr 22.20 ¿no te he escrito t veces en consejos
30. 15 t cosas hay que nunca se sacian; aun la...... 7969
30.18 t cosas me son ocultas; aun tampoco sé 7969
30.21 por t cosas se alborota la tierra, y la 7969
30.29 t cosas hay de hermoso andar, y...pasea..... 7969
Ec 4.12 y cordón de t dobleces no se rompe
Is 15.5 huirán hasta Zoar, como novilla de t........... 7992
16.14 dentro de t años, como los años de un........ 7969
17.6 dos o t frutos en la punta de la rama 7969
20.3 que anduvo...desnudo y descalzo t años....... 7969
40.12 con t dedos juntó el polvo de la tierra
Jer 36.23 leído t o cuatro planas, lo rasgó 7969
48.34 Zoar hasta Horonaim, becerra de t años 7992
52.24 tomó también a...y t guardas del atrio 7969
Ez 14.14 estuviesen en...ella estos t varones 7969
14.16 estos t varones estuviesen en medio de....... 7969
14.18 y estos t varones estuviesen en medio 7969
40. 10 tenía t cámaras a...las t de una medida 7969
40.21 sus cámaras eran t de un lado, y t del 7969
40.48 puerta t codos de un lado, y t codos de 7969
41.6 unas...treinta en cada uno de los t pisos 7969
41.16 las cámaras alrededor de los t pisos 7969
41.22 la altura del altar...era de t codos, y 7969
42.3 cámaras, las unas enfrente...en t pisos 7992
42.6 porque estaban en t pisos, y no tenían......... 8027
48.31 t puertas al norte; la puerta de Rubén........ 7969
48.32 lado oriental 4.500 cañas y t puertas 7969
48.33 y t puertas: la puerta de Simeón, una......... 7969
48.34 y sus t puertas: la puerta de Gad, una 7969
Dn 1.5 que los criase t años, para que al fin........... 7969
3.23 estos t varones...cayeron atados dentro 8532
3.24 ¿no echaron a t varones atados dentro........ 8532
6.2 t gobernadores, de los cuales Daniel era 8532
6.10 se arrodillaba t veces al día, y oraba 8532
6.13 sino que t veces al día hace su petición........ 8532
7.5 y tenía en su boca t costillas entre los.......... 8532
7.8 delante de él fueron arrancados t cuernos 8532
7.20 del otro...delante del cual habían caído t...... 8532
7.24 se levantará otro...a t reyes, derribará 8532
10.2 estuve afligido por espacio de t semanas...... 7969
10.3 hasta que se cumplieron las t semanas........ 7969
11.2 habrá t reyes en Persia, y el cuarto se......... 7969
Am 1.3,6,9,13; 2.1,4,6 por t pecados de...y por.......... 7969
1.11 Por t pecados de Edom, y por el cuarto, no
revocaré 7969
4.4 de mañana...vuestros diezmos cada t días 7969
4.7 os detuve la lluvia t meses antes de la 7969
4.8 venían dos o t ciudades...para beber agua 7969
Jon 1.17 y estuvo Jonás en...t días y t noches........... 7969
3.3 era Nínive...grande...de t días de camino...... 7969
Zac 11.8 destruí a t pastores en un mes; pues 7969
Mt 12.40 **como estuvo Jonás...t días y t noches**......... 5140
12.40 **estará el Hijo del...t días y t noches**.......... 5140
13.33 **escondió en t medidas de harina, hasta** 5140
15.32 **ya hace t días que están conmigo, y no**....... 5140
17.4 hagamos aquí t enramadas; una para ti 5140
18.16 **que en boca de dos o t testigos conste** 5140
18.20 **están dos o t congregados en mi nombre**..... 5140
26.34 **que el gallo cante, me negarás t veces** 5151
26.61 puedo derribar...en t días reedificarlo......... 5140
26.75 **antes que cante el gallo, me negarás t** 5151
27.40 en t días lo reedificas, sálvate a ti 5140
27.63 que...dijo...Después de t días resucitaré 5140
Mr 8.2 **ya hace t días que están conmigo, y no** 5140
8.31 muerto, y resucitar después de t días 5140
9.5 y hagamos t enramadas, una para ti, otra 5140
14.30 **digo que tú, hoy...me negarás t veces**......... 5151
14.58 y en t días edificaré otro hecho sin 5140
14.72 **antes que el gallo cante...me negarás t**....... 5151
15.29 que derribas...en t días lo reedificas 5140
Lc 1.56 se quedó María con ella como t meses 5140
2.46 t días después le hallaron en el templo 5140
4.25 **cuando el cielo fue cerrado por t años**......... 5140
9.33 y hagamos t enramadas, una para ti, una 5140
10.36 **¿quién...de estos t te parece que fue**......... 5140
11.5 **va...y le dice: Amigo, préstame t panes** 5140
12.52 **estarán...t contra dos, y dos contra t** 5140
13.7 **hace t años que vengo a buscar fruto en** 5140
13.21 **que una mujer...escondió en t medidas de**... 5140
22.34 **que tú niegues t veces que me conoces** 5151
22.61 **que el gallo cante, me negarás t veces** 5151
Jn 2.6 en cada una de...cabían dos o t cántaros 5140
2.19 **este templo, y en t días lo levantaré** 5140
2.20 templo, ¿y tú en t días lo levantarás? 5140
13.38 gallo, sin que me hayas negado t veces 5151
Hch 5.7 pasado...de t horas...entró su mujer, no....... 5140
7.20 fue criado t meses en casa de su padre 5140
9.9 donde estuvo t días sin ver, y no comió 5140
10.16 esto se hizo t veces; y aquel lienzo 5151
10.19 le dijo...He aquí, t hombres te buscan 5140
11.10 esto se hizo t veces, y volvió todo a 5151
11.11 llegaron t hombres a la casa donde yo 5140
17.2 por t días de reposo discutió con ellos 5140
19.8 habló con denuedo por espacio de t meses 5140
20.3 después de haber estado allí t meses 5140
20.31 por t años...no he cesado de amonestar...... 5148
25.1 de Cesarea a Jerusalén t días después......... 5140
28.7 recibió y hospedó solícitamente t días 5140
28.11 pasados t meses, nos hicimos a la vela........ 5140
28.12 llegados a Siracusa, estuvimos...t días 5140
28.15 hasta el Foro de Apio y las T Tabernas 5140
28.17 que t días después, Pablo convocó a los........ 5140
1 Co 13.13 permanecen la fe...el amor, estos t......... 5140
14.27 por dos, o a lo más t, y por turno; y............ 5140
14.29 profetas hablen dos o t, y los demás 5140
2 Co 11.25 t veces he sido azotado con varas 5151
11.25 t veces he padecido naufragio; una vez....... 5151
12.8 t veces he rogado al...que lo quite de mí....... 5151
13.1 por boca de...t testigos se decidirá todo 5140
Gá 1.18 pasados t años, subí a Jerusalén para......... 5140
1 Ti 5.19 acusación sino con dos o t testigos 5140
He 10.28 por el testimonio...t testigos muere 5140
11.23 escondido por sus padres por t meses 5150
Stg 5.17 oró...no llovió...t años y seis meses 5140
1 Jn 5.7 porque t son los que dan testimonio........... 5140
5.7 dan testimonio en el...y estos t son uno......... 5140
5.8 t son los que dan...y estos t concuerdan 5140
Ap 8.13 de trompeta que están para sonar los t 5140
9.18 t plagas fue muerta la tercera parte de........ 5140
11.9 verán sus cadáveres por t días y medio......... 5140
11.11 después de t días y medio entró en ellos 5140
16.13 y vi salir de la...t espíritus inmundos......... 5140
16.19 la gran ciudad fue dividida en t partes 5140
21.13 oriente t puertas; al norte t puertas 5140
* 21.13 sur t puertas; al occidente t puertas 5140

TRESCIENTOS *Véase también Trescientos* cincuenta, etc.
Gn 5.22 caminó Enoc con Dios, después...t años
6.15 de t codos de longitud del arca, de 50
45.22 y a Benjamín dio t piezas de plata, y
Jue 7.6 que lamieron..con la mano a su boca, t
7.7 con estos t hombres que lamieron el agua
7.8 retuvo a aquellos t hombres; y tenía el
7.16 repartiendo los t hombres en tres...dio
7.22 los t tocaban las trompetas; y Jehová
8.4 vino Gedeón...y pasó él y los t hombres
11.26 estado habitando por t años a Hebrón
15.4 fue Sansón y cazó t zorras, y tomó teas
2 S 21.16 lanza pesaba t siclos de bronce, y
23.18 su lanza contra t, a quienes mató, y
1 R 10.17 hizo t escudos de oro batido, en cada
11.3 tuvo 700 mujeres reinas, y t concubinas
2 R 18.14 impuso a Ezequías rey...t talentos
1 Cr 11.11 blandió su lanza una vez contra t
11.20 y Abisai...blandió su lanza contra t y
2 Cr 9.16 t escudos de...cada escudo t siclos
14.9 Zera etíope...un ejército de...y t carros
35.8 los sacerdotes...2.700 ovejas y t bueyes
Esd 8.5 hijo de Jahaziel, y con él t varones
Est 9.15 y mataron en Susa a t hombres; pero
Mr 14.5 haberse vendido por más de t denarios....... 5145
Jn 12.5 vendido por t denarios, y dado a los 5145

TRESCIENTOS CINCUENTA
Gn 9.28 vivió Noé después del diluvio
350 años................................ 7969,3967,2572

TRESCIENTOS CUARENTA Y CINCO
Esd 2.34; Neh 7.36 de Jericó, *345*......... 7969,3967,705,2568

TRESCIENTOS DIECIOCHO
Gn 14.14 oyó Abram...y armó a sus
criados...*318* 7969,3967,6240,8083

TRESCIENTOS MIL
1 S 11.8 fueron los hijos de Israel *300.000*..... 7969,3967,505
2 Cr 14.8 tuvo...Asa ejército...de Judá
300.000................................... 7969,3967,505
17.14 con él *300.000* hombres
muy valientes............................. 7969,3967,505
25.5 fueron hallados *300.000* escogidos
para..................................... 7969,3967,505

TRESCIENTOS NOVENTA
Ez 4.5 el número de los días, *390* día......... 7969,3967,8673
4.9 pan de ellos...*390* días comerás 7969,3967,8673

TRESCIENTOS NOVENTA Y DOS
Esd 2.58; Neh 7.60 siervos
de Salomón, *392* 7969,3967,8673,8147

TRESCIENTOS SESENTA
2 S 2.31 hirieron de...de Abner,
a *360* hombres.......................... 7969,3967,8346

TRESCIENTOS SESENTA Y CINCO
Gn 5.23 fueron todos los días de
Enoc *365* años 7969,3967,8346,2568

TRESCIENTOS SETENTA Y DOS
Esd 2.4; Neh 7.9 los hijos de Sefatías,
372 7969,3967,7657,8147

TRESCIENTOS SIETE MIL QUINIENTOS
2 Cr 26.13 el ejército...de
307.500 guerreros.......... 7969,3967,7651,505,2568,3967

TRESCIENTOS TREINTA Y SIETE MIL QUINIENTOS
Nm 31.36 la mitad...el número
de *337.500* ovejas................. 7969,3967,7970,7651,505
31.43 la mitad...fue: de las
ovejas, *337.500* 7969,3967,7970,7651,505

TRESCIENTOS VEINTE
Esd 2.32; Neh 7.35 los hijos de Harim, *320* ... 7969,3967,6242

TRESCIENTOS VEINTICUATRO
Neh 7.23 los hijos de Bezai, *324* 7969,3967,6242,702

TRESCIENTOS VEINTIOCHO
Neh 7.22 los hijos de Hasum, *328*....... 7969,3967,6242,8083

TRESCIENTOS VEINTITRÉS
Esd 2.17 los hijos de Bezai, *323*......... 7969,3967,6242,7969

TRES MIL
Éx 32.28 y cayeron del pueblo...*3.000* hombres 7969,505
Jos 7.3 suban como dos mil o *3.000* hombres....... 7969,505
7.4 subieron...del pueblo *como 3.000* hombres . 7969,505
Jue 15.11 vinieron 3.000 hombres de Judá a la..... 7969,505

16.27 el piso alto había como *3.000* hombres 7969,505
1 S 13.2 escogió... a *3.000* hombres de Israel 7969,505
24.2 tomando Saúl *3.000* hombres escogidos 7969,505
25.2 rico, y tenía *3.000* ovejas y mil cabras 7969,505
26.2 de Zif, llevando consigo *3.000* hombres 7969,505
1 R 4.32 compuso *3.000* proverbios... cantares 7969,505
1 Cr 12.29 de los hijos de Benjamín... *3.000* 7969,505
29.4 *3.000* talentos de oro, de oro de Ofir 7969,505
2 Cr 4.5 flor de lis, y le cabían *3.000* batos 7969,505
25.13 y mataron a *3.000* de ellos, y tomaron 7969,505
29.33 y las ofrendas fueron... y *3.000* ovejas 7969,505
35.7 dio el rey Josías... *3.000* bueyes, todo 7969,505
Job 1.3 hacienda era... ovejas, *3.000* camellos 7969,505
Hch 2.41 y se añadieron aquel día como *3.000* 7969,505

TRES MIL DOSCIENTOS
Nm 4.44 contados... sus familias, fueron
3.200 7969,505,8147,3967

TRES MIL NOVECIENTOS TREINTA
Neh 7.38 los hijos de Senaa, *3.930* .. 7969,505,8672,3967,7970

TRES MIL SEISCIENTOS
2 Cr 2.2 cortasen... y *3.600* que los
vigilasen 7969,505,8337,3967
2.18 y señaló de ellos... *3.600* por
capataces 7969,505,8337,3967

TRES MIL SEISCIENTOS TREINTA
Esd 2.35 los hijos de Senaa, *3.630* ... 7969,505,8337,3967,7970

TRES MIL SETECIENTOS
1 Cr 12.27 Joiada, príncipe de... y con él
3.700 7969,505,7651,3967

TRES MIL TRESCIENTOS
1 R 5.16 sin los principales
oficiales... *3.300* 7969,505,7969,3967

TRES MIL VEINTITRÉS
Jer 52.28 cautivo... a *3.023* hombres de Judá
.... 7969,505,6242,7969

TRIBU
Gn 49.16 pueblo, como una de las *t* de Israel 7626
49.28 todos éstos fueron las doce *t* de Israel 7626
Éx 24.4 y doce columnas... las doce *t* de Israel 7626
28.21 y las piedras serán... según las doce *t* 7626
31.2 Bezaleel... hijo de Hur, de la *t* de Judá 4294
31.6 a Aholiab hijo de Ahisamac, de la *t* de 4294
35.30 Bezaleel hijo de Uri... de la *t* de Judá 4294
35.34 Aholiab hijo de Ahisamac, de la *t* de 4294
38.22 Bezaleel... de la *t* de Judá, hizo todas 4294
38.23 de la *t* de Dan, artífice, diseñador y 4294
39.14 cada una con su nombre, según las 12 *t* 7626
Lv 24.11 Selomit, hija de Dibri, de la *t* de 4294
Nm 1.4 estará con vosotros un varón de cada *t* 4294
1.5 de la *t* de Rubén, Elisur hijo de Sedeur 4294
1.16 eran... príncipes de las *t* de sus padres 4294
1.21,23,25,27,29,31,33,35,37,39,41,43 los contados
de la *t* de... fueron 4294
1.47 los levitas, según la *t* de sus padres, no 4294
1.49 no contarás la *t* de Leví, ni tomarás la 4294
2.5 junto a él acamparán... de la *t* de Isacar 4294
2.7 la *t* de Zabulón; y el jefe de los hijos 4294
2.12 acamparán junto a él... de la *t* de Simeón 4294
2.14 la *t* de Gad; y el jefe de los... de Gad 4294
2.20 junto a él estará la *t* de Manasés; y el 4294
2.22 la *t* de Benjamín; y el jefe de los hijos 4294
2.27 junto a él acamparán... la *t* de Aser; y el 4294
2.29 la *t* de Neftalí; y el jefe de... Neftalí 4294
3.6 haz que se acerque la *t* de Leví, y hazla 4294
4.18 no haréis que perezca la *t* de... de Coat 7626
7.2 los cuales eran los príncipes de las *t* 4294
7.12 fue Naasón hijo de Aminadab... *t* de Judá 4294
10.15 sobre el... ejército de la *t* de... Isacar 4294
10.16 sobre el... ejército de la *t* de... Zabulón 4294
10.19 sobre... de la *t* de los hijos de Simeón 4294
10.20 sobre el... ejército de la *t* de... de Gad 4294
10.23 sobre... de la *t* de los hijos de Manasés 4294
10.24 sobre... de la *t* de los hijos de Benjamín 4294
10.26 sobre... *t* de los hijos de Aser, Pagiel 4294
10.27 sobre... de la *t* de los hijos de Neftalí 4294
13.2 de cada *t*... enviaréis un varón... príncipe 4294
13.4 de la *t* de Rubén, Samúa hijo de Zacur 4294
13.5 de la *t* de Simeón, Safat hijo de Hori 4294
13.6 de la *t* de Judá, Caleb hijo de Jefone 4294
13.7 de la *t* de Isacar, Igal hijo de José 4294
13.8 de la *t* de Efraín, Oseas hijo de Nun 4294
13.9 de la *t* de Benjamín, Palti hijo de Rafú 4294
13.10 la *t* de Zabulón, Gadiel hijo de Sodi 4294
13.11 de la *t* de José: de la *t* de Manasés 4294
13.12 de la *t* de Dan, Amiel hijo de Gemail 4294
13.13 de la *t* de Aser, Setur hijo de Micael 4294
13.14 la *t* de Neftalí, Nahbi hijo de Vapsi 4294
13.15 de la *t* de Gad, Geuel hijo de Maqui 4294
18.2 la *t* de Leví, la *t* de tu padre, haz que 4294
24.2 sus ojos, vio a Israel alojado por sus *t* 7626
25.14 jefe de una familia de la *t* de Simeón 7626
26.55 por los nombres de las *t* de... heredarán 4294
30.1 habló Moisés a los príncipes de las *t* 4294
31.4 mil de cada *t* de todas las *t*... de Israel 4294
31.5 fueron dados... mil por cada *t*, doce mil 4294
31.6 mil de cada *t* envió; y Finees hijo del 4294
32.28 encomendó... a los príncipes... de las *t* 4294
32.33 dio... a la media *t* de Manasés hijo de 7626
33.54 por... *t* de vuestros padres heredaréis 4294
34.13 que diese a las nueve *t*, y a la media *t* 4294
34.14 la *t* de los... de Rubén... y la *t*,de... Gad 4294
34.14 y la media *t* de Manasés, han tomado su 4294
34.15 dos *t* y media tomaron su heredad a este 4294
34.18 tomaréis... de cada *t* un príncipe, para 4294
34.19 de la *t* de Judá, Caleb hijo de Jefone 4294
34.20 de la *t* de los hijos de Simeón, Semuel 4294
34.21 *t* de Benjamín, Elidad hijo de Quisión 4294
34.22 de la *t* de los hijos de Dan, el... Buqui 4294
34.23 de a *t* de los hijos de Manasés... Haniel 4294
34.24 de la *t* de los hijos de Efraín... Kemuel 4294
34.25 de la *t* de los... de Zabulón... Elizafán 4294
34.26 de la *t* de los hijos de Isacar... Paltiel 4294
34.27 la *t* de los hijos de Aser... Ahiud hijo 4294
34.28 de la *t* de los hijos de Neftalí... Pedael 4294
36.3 casaren con... los hijos de las otras *t* 7626
36.3,4 herencia... añadida a la herencia de la *t* 4294
36.4 será quitada de la heredad de la *t* de 4294
36.5 *t* de los hijos de José habla rectamente 4294
36.6 pero en la familia de la *t*... se casarán 4294
36.7 la heredad... no sea traspasada de *t* en *t* 4294
36.7 estará ligado a la heredad de la *t* de 4294
36.8 hija que tenga heredad en las *t* de los 4294
36.8 con alguno de... *t* de su padre se casará 4294
36.9 y no ande la heredad... de una *t* a otra 4294
36.9 cada una de las *t*... ligada a su heredad 4294
36.12 y la heredad de ellas quedó en la *t* de 4294
Dt 1.13 dadme... de vuestras *t*, varones sabios 7626
1.15 y tomé a los principales de vuestras *t* 7626
1.15 por jefes... gobernadores de vuestras *t* 7626
1.23 tomé doce varones... un varón por cada *t* 7626
3.13 Galaad... lo di a la media *t* de Manasés 7626
5.23 vinisteis a mí... príncipes de vuestras *t* 7626
10.8 tiempo apartó Jehová la *t* de Leví para 7626
12.5 escogiere de entre... *t*, para poner allí 7626
12.14 lugar... en una de tus *t*, allí ofrecerás 7626
16.18 ciudades que Jehová... te dará en tus *t* 7626
18.1 toda la *t* de Leví, no tendrán parte ni 7626
18.5 ha escogido... Dios de entre todas tus *t* 7626
29.8 la dimos por... a la media *t* de Manasés 7626
29.10 los cabezas de vuestras *t*... ancianos 7626
29.18 haya... o *t*, cuyo corazón se aparte hoy 7626
29.21 lo apartará Jehová de todas las *t* de 7626
31.28 congregad... los ancianos de vuestras *t* 7626
33.5 se congregaron los... con las *t* de Israel 7626
Jos 1.12 habló Josué... a la media *t* de Manasés 7626
3.12 doce hombres de las *t*... uno de cada *t* 7626
4.2 tomad del... doce hombres, uno de cada *t* 7626
4.4 llamó a los doce hombres... uno de cada *t* 7626
4.5,8 conforme al número de las *t* de los 7626
4.12 y la media *t* de Manasés pasaron armados 7626
7.1 Acán... de la *t* de Judá, tomó del anatema 4294
7.14 por vuestras *t*... la *t* que Jehová tomare 7626
7.16 Israel por sus *t*, y fue tomada la *t* de 7626
7.17 y haciendo acercar a la *t* de Judá, fue
7.18 tomado Acán hijo de Carmi... la *t* de Judá 4294
11.23 la entregó... por herencia... según sus *t* 7626
12.6 aquella tierra... la media *t* de Manasés 7626
12.7 Josué dio la tierra... a las *t* de Israel 7626
13.7 heredad a las nueve *t*, y a la media *t* 7626
13.14 pero a la *t* de Leví no dio heredad; los 7626
13.15 a la *t* de los hijos de Rubén conforme 4294
13.24 dio... a la *t* de Gad, a los hijos de Gad 4294
13.29 dio... heredad a la media *t* de Manasés 7626
13.29 para la media *t* de los hijos de Manasés 4294
13.33 a la *t* de Leví no dio Moisés heredad 7626
14.1 los cabezas de los padres de las *t* de 4294
14.2 se diera a las nueve *t* y a la media *t* 4294
14.3 las dos *t* y a la media *t* les había dado 4294
14.4 de José fueron dos *t*, Manasés y Efraín 4294
15.1 que tocó... a la *t* de los hijos de Judá 4294
15.20 es la heredad de la *t*... hijos de Judá 4294
15.21 las ciudades de la *t* de los hijos de 4294
16.8 esta es la heredad de la *t* de... Efraín 4294
17.1 echaron... suertes para la *t* de Manasés 4294
18.2 habían quedado... siete *t* a las cuales aún 7626
18.4 señalad tres varones de cada *t*, para que 7626
18.7 la media *t* de Manasés, ya han recibido 7626
18.11 y se sacó la suerte de la *t*... Benjamín 4294
18.21 las ciudades de la *t* de los... de Benjamín 4294
19.1 tocó... para la *t* de los hijos de Simeón 4294
19.8 la heredad de la *t* de los hijos Simeón 4294
19.23 esta es la heredad de la *t*... de Isacar 4294
19.24 la quinta suerte... a la *t* de... de Aser 4294
19.31 la heredad de la *t* de los hijos de Aser 4294
19.39 esta es la heredad de la *t*... de Neftalí 4294
19.40 séptima suerte correspondió a la *t*... Dan 4294
19.48 la heredad de la *t* de los hijos de Dan 4294
19.51 entregaron por suerte... a las *t* de los 4294
20.8 Beser... en la llanura de la *t* de Rubén 4294
20.8 Ramot en Galaad de la *t* de Gad, y Golán 4294
20.8 y Golán en Basán de la *t* de Manasés 4294
21.1 vinieron... a los cabezas... de las *t* de los 4294
21.4 obtuvieron por suerte de la *t* de Judá 4294
21.4 de la *t* de Simeón y de la *t* de Benjamín 4294
21.5 diez ciudades de las... de la *t* de Efraín 4294
21.5 la *t* de Dan y de la media *t* de Manasés 4294
21.6 de la *t* de Isacar, de la *t* de Aser, de la 4294
21.6 *t* de Neftalí y de la media *t* de Manasés 4294
21.7 de Merari... Obtuvieron de la *t* de Rubén 4294
21.7 la *t* de Gad y de la *t* de Zabulón, doce 4294
21.9 de la *t* de..Judá, y de la *t* de... Simeón 4294
21.16 ejidos; nueve ciudades de estas dos *t* 7626
21.17 *t* de Benjamín, Gabaón con sus ejidos 4294
21.20 por suerte ciudades de la *t* de Efraín 4294
21.23 de la *t* de Dan, Elteque con sus ejidos 4294
21.25 de la media *t* de Manasés, Taanac con 4294
21.27 de la media *t* de Manasés a Golán con 4294
21.28 la *t* de Isacar, Cisón con sus ejidos 4294
21.30 de la *t* de Aser, Miscal con sus ejidos 4294
21.32 de la *t* de Neftalí, Cedes en Galilea 4294
21.34 la *t* de Zabulón, Carta con sus ejidos 4294
21.36 y de la *t* de Rubén, Beser con sus ejidos
21.38 de la *t* de Gad, Ramot de Galaad con sus 4294
22.1 Josué llamó a... a la media *t* de Manases 4294
22.7 la media *t* de Manasés había dado Moisés 7626
22.9 y la media *t* de Manasés, se volvieron 7626
22.10 la media *t* de Manasés edificaron allí 7626
22.11 la media *t* de Manasés habían... un altar 7626
22.13 enviaron... a la media *t* de Manasés en 7626
22.14 un príncipe... de todas las *t* de Israel 7626
22.15 cuales fueron... a la media *t* de Manasés 7626
22.21 y la media *t* de Manasés respondieron y 7626
23.4 por suerte, en herencia para vuestras *t* 7626
24.1 reunió Josué a todas las *t* de Israel en 7626
Jue 4.6 la *t* de Neftalí y de la *t* de Zabulón
13.2 había un hombre de Zora, de la *t* de Dan
17.7 un joven de Belén de... de la *t* de Judá
18.1 *t* de Dan buscaba posesión entre las *t* 7626
18.2 de Dan enviaron de su *t* cinco hombres de
18.19 es mejor... de una *t* y familia de Israel? 7626
18.30 fueron sacerdotes en la *t* de Dan, hasta 7626
20.2 y los jefes... de todas las *t* de Israel 7626
20.10 por todas las *t*... y ciento de cada mil 7626
20.12 *t* de Israel enviaron... la *t* de Benjamín 7626
21.3 ¿por qué... que falte hoy de Israel una *t*? 7626
21.5 ¿quién de... las *t* de Israel no subió a 7626
21.6 dijeron: Cortada es hoy de Israel una *t* 7626
21.8 ¿hay alguno de las *t*... no haya subido a 7626
21.15 había abierto una brecha entre las *t* 7626
21.17 y no sea exterminada una *t* de Israel 7626
21.24 entonces... se fueron... cada uno a su *t* 7626
1 S 2.28 escogí... entre todas la *t* de Israel 7626
9.21 de la más pequeña de las *t* de Israel? 7626
9.21 todas las familias de la *t* de Benjamín? 7626
10.19 presentaos delante de... por vuestras *t* 7626
10.20 todas las *t*... tomada la *t* de Benjamín 7626
10.21 e hizo llegar la *t*... por sus familias 7626
15.17 has sido hecho jefe de las *t* de Israel 7626
2 S 5.1 vinieron todas las *t* de Israel a David 7626
7.7 ¿he hablado... a alguna de las *t* de Israel 7626
15.2 tu siervo es de una de las *t* de Israel 7626
15.10 envió... mensajeros por todas las *t* de 7626
19.9 el pueblo disputaba en todas las *t* de 7626
20.14 él pasó por todas las *t* de Israel hasta 7626
24.2 recorre... *t* de Israel... haz un censo del 7626
1 R 7.14 hijo de una viuda de la *t* de Neftalí 4294
8.1 Salomón reunió... los jefes de las *t*, y a 4294
8.16 no he escogido ciudad de todas las *t* de 7626
11.13 una *t* a tu hijo, por amor a David mi 7626
11.31 yo rompo el reino... y a ti daré diez *t* 7626
11.32 y él tendrá una *t* por amor a David mi 7626
11.32 yo he elegido de todas las *t* de Israel 7626
11.35 el reino... y lo daré a ti, las diez *t* 7626
11.36 su hijo daré una *t*, para que mi siervo 7626
12.20 sin quedar *t*... sino sólo la *t* de Judá 7626
12.21 Roboam... reunió... y a la *t* de Benjamín 7626
14.21 ciudad que... eligió de todas las *t* de 7626
18.31 conforme al número de las *t*... de Jacob 7626
2 R 17.18 y no quedó sino sólo la *t* de Judá 7626
21.7 la cual escogí de todas las *t* de Israel 7626
1 Cr 5.18 y dejad, y la media *t* de Manasés 7626
5.23 la media *t* de Manasés, multiplicados en 7626
5.26 transportó a... y a la media *t* de Mananés 7626
6.60 la *t* de Benjamín... Geba con sus ejidos 4294
6.61 dieron... diez ciudades de la media *t* de 4294
6.62 de la *t* de Isacar, de la *t* de Aser, de 4294
6.62 de la *t* de Neftalí y de la *t* de Manasés 4294
6.63 de la *t* de Rubén, de la *t* de Gad y de la 4294
6.63 de la *t* de Zabulón, dieron por suerte 4294
6.65 por suerte de la *t* de los hijos de Judá 4294
6.65 de la *t* de... Simeón y de la *t*... Benjamín 4294
6.66 ciudades con... ejidos de la *t* de Efraín 4294
6.70 de la media *t* de Manasés, Aner con sus 4294
6.71 la media *t* de Manasés, Golán en Basán 4294
6.72 de la *t* de Jsacar, Cedes con sus ejidos 4294
6.74 de la *t* de Aser, Masal con sus ejidos 4294
6.76 de la *t* dé Neftalí, Cedes en Galilea con 4294
6.77 dieron de la *t* de Zabulón, Rimón con 4294
6.78 de la *t* de Rubén, Beser en el desierto 4294
6.80 y de la *t* de Gad, Ramot de Galaad 4294
12.31 la media *t* de Manasés, dieciocho mil 4294
12.37 de la media *t* de Manasés, 120.000 con 7626
23.14 los hijos de Moisés... en la *t* de Leví 7626
26.32 constituyó sobre... la media *t* de Manasés 7626
27.16 sobre las *t* de Israel: el jefe de los 7626
27.20 de la media *t* de Manasés, Joel hijo de 7626
27.21 de la otra media *t* de Manasés, en Galaad
27.22 fueron los jefes de las *t* de Israel 7626
28.1 reunió David en... los jefes de las *t*, lo 7626
29.6 los príncipes de las *t* de Israel, jefes 7626
2 Cr 5.2 Salomón reunió... los príncipes de las *t* 4294
6.5 ninguna ciudad he elegido de todas las *t* 7626
11.16 acudieron... de todas las *t* de Israel los 7626
12.13 escogió Jehová de todas las *t* de Israel 7626
33.7 la cual yo elegí sobre todas las *t* de 7626
Esd 6.17 conforme al número de las *t* de Israel 7625
Sal 74.2 la que redimiste para hacerla la *t* de
78.55 hizo habitar en sus... las *t* de Israel 7626
78.67 desechó... y no escogió la *t* de Efraín 7626
78.68 que escogió la *t* de Judá, el monte de 7626
105.37 los sacó... y no hubo en sus *t* enfermo 7626
122.4 y allá subieron las *t*, las *t* de JAH 7626
Is 49.6 siervo para levantar las *t* de Jacob 7626
63.17 vuélvete por... por las *t* de tu heredad 7626
Jer 25.9 tomaré a todas las *t* del norte, dice
Ez 37.19 las *t* de Israel sus compañeros, y los 7626
45.8 darán la tierra a la... conforme a sus *t* 7626
47.13 la tierra... entre las doce *t* de Israel 7626
47.21 repartiréis, pues... según las *t* de Israel 7626
47.22 para tener heredad entre las *t* de Israel 7626

47.23 en la *t* en que morare el extranjero 7626
48.1 estos son los nombres de las *t*: Desde 7626
48.19 los que sirvan... serán de todas las *t* 7626
48.23 *t*, desde el lado del oriente hasta el 7626
48.29 es la tierra que repartiréis... a las *t* 7626
48.31 puertas... según los nombres de las *t* de 7626
Os 5.9 las *t* de Israel hice conocer la verdad 7626
Hab 3.9 los juramentos a las *t* fueron palabra 4294
Zac 9.1 a Jehová deben mirar... las *t* de Israel 7626
Mt 19.28 **para juzgar a las doce *t* de Israel** *5443*
24.30 **lamentarán todas las *t* de la tierra, y** *5443*
Lc 2.36 Ana... hija de Fanuel, de la *t* de Aser *5443*
22.30 **tronos juzgando a las doce *t* de Israel** *5443*
Hch 13.21 Saúl hijo... varón de la *t* de Benjamín *5443*
26.7 que han de alcanzar nuestras doce *t* *1429*
Ro 11.1 yo soy israelita... de la *t* de Benjamín *5443*
Fil 3.5 la *t* de Benjamín, hebreo de hebreos *5443*
He 7.13 de quien se dice esto, es de otra *t* *5443*
7.14 que nuestro Señor vino de la *t* de Judá *5443*
Stg 1.1 Santiago... a las doce *t* que están en la *5443*
Ap 5.5 he aquí que el León de la *t* de Judá, la *5443*
7.4 sellados de todas las *t* de los hijos de *5443*
7.5(3),6(3),7(3),8(3) de la *t* de... doce mil sellados *5443*
7.9 una gran multitud... de todas naciones y *t*
11.9 los pueblos, *t*, lenguas y naciones verán
13.7 le dio autoridad sobre toda *t*, pueblo
14.6 predicarlo a... toda... *t*, lengua y pueblo
21.12 son los de las doce *t* de los hijos de *5443*

TRIBULACIÓN

2 Cr 15.4 su *t* se convirtieron a Jehová Dios 6862
20.9 a causa de nuestras *t* clamaremos a ti 6869
Neh 9.27 en el tiempo de su *t* clamaron a ti 6869
Job 5.19 en seis *t* te librará, y en la séptima 6869
15.24 *t* y angustia le turbarán, y... contra él 6862
27.9 su clamor cuando la *t* viniere sobre él? 6869
Sal 10.1 Y te escondes en el tiempo de la *t*? 6869
46.1 Dios... nuestro pronto auxilio en las *t* 6869
78.33 consumió sus días en... y sus años en *t* 928
Pr 1.27 sobre vosotros viniere *t* y angustia
11.8 justo es librado de la *t*; mas el impío 6869
12.13 el impío... mas el justo saldrá de la *t* 6869
Is 5.30 mirará hacia... he aquí tinieblas de *t*
8.22 y he aquí *t* y tinieblas, oscuridad y 6869
26.16 en la *t* te buscaron; derramaron oración 6862
30.6 por tierra de *t* y de angustia, de donde 6869
33.2 sé... nuestra salvación en tiempo de la *t* 6869
46.7 y tampoco responde, ni libra de la *t* 6869
Zac 10.11 y la *t* pasará por el mar, y herirá
Mt 24.9 **entregarán a *t*, y os matarán, y seréis**
24.21 **porque habrá entonces gran *t*, cual no** *2347*
24.29 **después de la *t* de aquellos días, el** *2347*
Mr 4.17 **cuando viene la *t* o... luego tropiezan** *2347*
13.19 **aquellos días serán de *t* cual nunca ha** *2347*
13.24 **en aquellos días, después de aquella *t*** *2347*
Hch 7.10 y le libró de todas sus *t*, y le dio *2347*
7.11 vino entonces hambre en la... y grande *t* *2347*
14.22 que a través de muchas *t* entremos en el *2347*
20.23 diciendo que me esperan prisiones y *t* *2347*
Ro 2.9 *t* y angustia sobre todo ser humano que *2347*
5.3 gloriamos en las *t*... *t* produce paciencia *2347*
8.35 *t*, o angustia, o persecución, o hambre *2347*
12.12 sufridos en la *t*; constantes... oración *2347*
2 Co 1.4 cual nos consuela en todas nuestras *t* *2347*
1.4 consolar a los que están en cualquier *t* *2347*
1.8 que ignoréis acerca de nuestra *t* que nos *2347*
2.4 pues por la mucha *t*... escribí con muchas *2347*
4.17 leve *t* momentánea produce en nosotros *2347*
6.4 en mucha paciencia, en *t*, en necesidades *2347*
7.4 sobreabundo de gozo en todas nuestras *t* *2347*
8.2 grande prueba de *t*, la abundancia de *2347*
Ef 3.13 pido que no desmayéis a causa de mis *t* *2347*
Fil 4.14 bien hicisteis en participar... en mi *t* *2347*
1 Ts 1.6 recibiendo la palabra en medio de... *t* *2347*
3.3 fin de que nadie se inquiete por estas *t* *2347*
3.4 que íbamos a pasar *t*, como ha acontecido *2346*
2 Ts 1.4 en... persecuciones y *t* que soportáis *2347*
1.6 porque es justo... pagar con *t* a los que *2347*
He 10.33 con... *t* fuisteis hechos espectáculo *2347*
Stg 1.27 visitar a... y a las viudas en sus *t* *2347*
Ap 1.9 y copartícipe vuestro en la *t*, en el *2347*
2.9 **yo conozco, tu *t*, y tu pobreza (pero tú** *2347*
2.10 **para que seáis probados, y tendréis *t*** *2347*
2.22 **en gran *t* a los que con ella adulteran** *2347*
7.14 son los que han salido de la gran *t*, y *2347*

TRIBUNAL

Dt 25.1 hubiere pleito... y acudieren al *t* para 4941
Am 5.12 en los *t* hacéis perder su causa a los
Mt 27.19 estando él sentado en el *t*, su mujer *968*
Jn 19.13 Pilato... se sentó en el *t* en el lugar *968*
Hch 12.21 Herodes... sentó en el *t* y les arengó
18.12 judíos se levantaron... le llevaron al *t* *968*
18.16 y los echó del *t* *968*
18.17 Sóstenes... le golpeaban delante del *t* *968*
25.6 al siguiente día se sentó en el *t*, y *968*
25.10 Pablo dijo: Ante el *t* de César estoy *968*
25.17 sentado en el *t*, mandé traer al hombre *968*
Ro 14.10 compareceremos ante el *t* de Cristo *968*
1 Co 4.3 tengo el ser juzgado... o por *t* humano *2250*
2 Co 5.10 comparezcamos ante el *t* de Cristo *968*
Stg 2.6 los ricos... que os arrastran a los *t*? *2922*

TRIBUNO

Mr 6.21 daba una cena a sus príncipes y *t* y a *5506*
Jn 18.12 el *t*... prendieron a Jesús y le ataron *5506*
Hch 21.31 se le avisó al *t* de la compañía, que *5506*
21.32 cuando... vieron al *t* y a los soldados *5506*
21.33 llegando el *t*, le prendió y le mandó *5506*
21.37 dijo al *t*: ¿Se me permite decirte algo? *5506*
22.24 el *t* que le metiesen en la fortaleza *5506*
22.26 dio aviso al *t*, diciendo: ¿Qué vas a *5506*
12.27 vino el *t* y le dijo: Dime, ¿eres tú *5506*
22.28 respondió el *t*: Yo con una gran suma *5506*
22.29 aun el *t*... tuvo temor por haberle atado *5506*
23.10 *t*, teniendo temor de que Pablo fuese *5506*
23.15 requerid al *t* que le traiga mañana ante *5506*
23.17 lleva a este joven ante el *t*, porque *5506*
23.18 le llevó al *t*, y dijo: El preso Pablo *5506*
23.19 *t*, tomándole de la mano Y retirándose *5506*
23.22 el *t* despidió al joven, mandándole que *5506*
24.7 interviniendo el *t* Lisias... le quitó de *5506*
24.22 descendiere el *t*... acabaré de conocer *5506*
25.23 entrando en la audiencia con los *t* y *5506*

TRIBUTAR

1 Cr 16.28 *tributad* a Jehová, oh familias de 3051
23.5 instrumentos... para *tributar* alabanzas
23.30 gracias y *tributar* alabanzas a Jehová
Sal 29.1 *tributad* a Jehová, oh hijos de los 3051
56.12 están tus votos; te *tributaré* alabanzas 7999
96.7 *tributad* a Jehová... la gloria y el poder 3051
Jer 44.19 tortas para *tributarle* culto, y le
He 10.2 los que *tributan* este culto, limpios

TRIBUTARIO, A

Dt 20.11 pueblo que... fuere hallado te será *t* 4522
Jos 16.10 quedó el cananeo en medio... y fue *t* 4522
17.13 los... de Israel... hicieron *t* al cananeo 4522
Jue 1.28 hizo al cananeo *t*, mas no lo arrojó 4522
1.30 el cananeo habitó en... de él, y le fue *t* 4522
1.33 te fueron *t* los moradores de Bet-semes 4522
1.35 cuando... José cobró fuerzas, lo hizo *t* 4522
2 Cr 8.8 los hijos... hizo Salomón *t* hasta hoy 4522
Pr 12.24 señoreará; mas la negligencia será *t* 4522
Is 31.8 caerá Asiria... y sus jóvenes serán *t* 4522
Lm 1.1 la señora de provincias ha sido hecha *t* 4522

TRIBUTO

Gn 49.15 su hombro para llevar, y sirvió en *t* 4522
Éx 1.11 pusieron sobre ellos comisarios de *t*
Nm 31.28 y apartarás para Jehová el *t* de los 4371
31.37 el *t* de las ovejas para Jehová fue 675 4371
31.38 bueyes... y de ellos el *t* para Jehová, 72 4371
31.39 asnos... y de ellos el *t* para Jehová 61 4371
31.40 de ellas el *t* para Jehová, 32 personas 4371
31.41 dio Moisés el *t*, para ofrenda elevada 4371
1 S 17.25 eximirá de *t* a la casa de su padre
2 S 8.2 los moabitas siervos de... y pagaron *t* 4503
8.6 los sirios fueron... siervos... sujetos a *t* 4503
20.24 y Adoram sobre los *t*, y Josafat hijo 4522
1 R 4.6 y Adoniram hijo de Abda, sobre el *t* 4522
9.21 hizo Salomón que sirviesen con *t* hasta 4522
12.18 Adoram, que estaba sobre los *t*; pero 4522
2 R 17.3 Oseas fue... su siervo, y le pagaba *t* 4503
17.4 no pagaba *t* al rey de Asiria, como lo 4503
2 Cr 10.18 Adoram, que tenía cargo de los *t* 4522
17.11 y traían de los filisteos... *t* de plata 4853
Esd 4.13 no pagarán *t*, impuesto y rentas, y 1093
4.20 que se les pagaba *t*, impuesto y rentas 1093
6.8 hacienda... que tiene del *t* del otro lado 4061
7.24 ninguno podrá imponerles *t*, contribución 1093
Neh 5.4 tomado prestado dinero para el *t* del 4060
Est 2.18 disminuyó *t* a las provincias, e hizo
10.1 el rey Asuero impuso *t* sobre la tierra 4522
Is 33.18 ¿qué del pesador del *t*? ¿qué del que
60.17 y pondré paz por tu *t*, y justicia por
Dn 11.20 uno que hará pasar un cobrador de *t* 5065
Mt 9.9 sentado al banco de los *t* públicos *5058*
17.25 **¿de quiénes cobran los *t* o... impuestos?** *2778*
22.17 dinos... ¿Es lícito dar *t* a César, o no? *2778*
22.19 **mostradme la moneda del *t*. Y ellos le** *2778*
Mr 2.14 sentado al banco de los *t* públicos, y
11.14 es lícito dar *t* a César, o no? ¿Daremos *2778*
12.14 ¿Es lícito dar *t* a César, o no? ¿Daremos *2778*
Lc 5.27 vio... Leví, sentado al banco de los *t*
20.22 ¿Nos es lícito dar *t* a César, o no? *5411*
23.2 que prohíbe dar *t* a César, diciendo que *5411*
Ro 13.6 por esto pagáis también los *t*, porque *5411*
13.7 pagad a todos lo que debéis: al que *t*, *t* *5411*

TRIFENA *Cristiana saludada por Pablo*,

Ro 16. 12 .... *5170*

TRIFOSA *Cristiana saludada por Pablo*,

Ro. 16.12 .... *5173*

TRIGO

Gn 27.28 te dé... y abundancia de *t* y de mosto 1715
27.37 de *t* y de vino le he provisto; ¿qué 1715
30.14 Rubén en tiempo de la siega de los *t* 2406
41.35 y recojan el *t* bajo la mano de Faraón 1250
41.49 recogió José *t* como arena del mar 1250
42.3 descendieron los... a comprar *t* en Egipto 1250
42.25 mandó... que llenaran sus sacos de *t*, y 1250
42.26 y ellos pusieron su *t* sobre sus asnos 7668
43.2 acabaron de comer el *t* que trajeron de 7668
44.2 pondrás mi copa... con el dinero de su *t* 7668
45.23 diez asnos... y diez asnas cargadas de *t* 1250
Éx 9.32 *t* y el centeno no fueron destrozados 2406
29.2 panes... las harás de flor de harina de *t* 2406
34.22 la de las primicias de la siega del *t* 2406
Nm 18.12 de aceite, de mosto y de *t*, todo lo 1715
Dt 8.8 tierra de *t* y cebada, de vides, higueras 2406
32.14 con lo mejor del *t* y de la sangre de 2406
Jue 6.11 su hijo Gedeón estaba sacudiendo el *t* 2406
15.1 que en los días de la siega del *t* Sansón 2406
Rt 2.23 hasta que se acabó la siega... la del *t* 2406
1 S 6.13 los de Bet-semes segaban el *t* en el 2406
12.17 ¿no es ahora la siega del *t*... clamaré 2406
2 S 4.6 la portera... había estado limpiando *t* 2406
17.28 trajeron a David y... *t*, cebada, harina 2406
1 R 5.11 daba a Hiram 20.000 coros de *t* para 2406
2 R 4.42 trajo al varón... *t* nuevo en su espiga 3759
1 Cr 21.20 vio al ángel... Ornán trillaba el *t* 2406
21.23 bueyes... y *t* para la ofrenda; yo lo doy 2406
2 Cr 2.10 he dado 20.000 coros de *t* en grano 2406
2.15 envíe mi señor... el *t* y cebada, y aceite 2406
27.5 dieron los... de Amón... diez mil coros de *t* 2406
Esd 6.9 *t*, sal, vino y aceite, conforme a lo 2591
7.22 cien coros de *t*, cien batos de vino, y 2591
Job 5.26 gavilla de *t* que se recoge a su tiempo
31.40 lugar de *t* me nazcan abrojos, y espinos 2406
Sal 78.24 hizo llover... les dio *t* de los cielos 1715
81.16 les sustentaría Dios con lo mejor del *t* 2406
147.14 él... te hará saciar con lo mejor del *t* 2406
Pr 27.22 majes al necio en... entre granos de *t* 7383
Cnt 7.2 tu vientre como montón de *t* cercado de 2406
Is 28.25 pone el *t* en hileras, y la cebada en 2406
62.8 jamás daré tu *t* por comida a... enemigos 1715
Jer 12.13 sembraron *t*, y segaron espinos 2406
23.28 ¿qué tiene que ver la paja con el *t*? 1250
41.8 porque tenemos en el campo tesoros de *t* 2406
Lm 2.12 decían... ¿Dónde está el *t* y el vino? 1715
Ez 4.9 toma para ti *t*, cebada, habas, lentejas 2406
16.13 comiste flor de harina de *t*, miel y
27.17 con *t* de Minit y Panag... negociaban en 2406
36.29 llamaré al *t*, y lo multiplicaré, y no 1715
45.13 la sexta parte... por cada homer del *t* 2406
Os 2.8 ella no reconoció que yo le daba el *t* 1715
2.9 volveré y tomaré mi *t* a su tiempo, y mi 1715
2.22 la tierra responderá al *t*, al vino y al 1715
7.14 para el *t* y el mosto se congregaron 1715
9.1 salario de ramera en todas las eras de *t*
14.7 serán vivificados como *t*, y florecerán 1715
Jl 1.10 el *t* fue destruido, se secó el mosto 1715
1.11 gemid, viñeros, por el *t* y la cebada 2406
1.17 los alfolíes destruidos... se secó el *t* 1715
2.24 las eras se llenarán de *t*, y los lagares 1250
Am 5.11 que vejáis al pobre y recibís de él... *t* 1250
8.5 ¿cuándo pasará el mes, y venderemos el *t* 1250
8.6 dinero... y venderemos los desechos del *t*? 1250
Hag 1.11 y llamé la sequía... sobre el *t*, sobre 1715
Zac 9.17 *t* alegrará a los jóvenes, y el vino 1715
Mt 3.12 su era; y recogerá su *t* en el granero *4621*
13.25 **su enemigo y sembró cizaña entre el *t*** *4621*
13.29 **que... arranquéis también con ella el *t*** *4621*
13.30 **diré... pero recoged el *t* en mi granero** *4621*
Lc 3.17 su era, y recogerá el *t* en su granero *4621*
16.7 **él dijo: Cien medidas de *t*. El le dijo** *4621*
22.31 **os ha pedido para zarandearos como a *t*** *4621*
Jn 12.24 **si el grano de *t* no cae en la tierra** *4621*
Hch 7.12 oyó Jacob que había *t* en Egipto, envió *4621*
27.38 aligeraron la nave, echando el *t* al mar *4621*
1 Co 15.37 el grano desnudo, ya sea de *t* o de *4621*
Ap 6.6 dos libras de *t* por un denario, y seis *4621*
18.13 *t*, bestias, ovejas, caballos y carros *4621*

TRILLA

Lv 26.5 vuestra *t* alcanzará a la vendimia, y 1786

TRILLAR

Dt 25.4 no pondrás bozal al buey... *trillare* 1778
Jue 8.7 *trillaré* vuestra carne con espinos y 1758
2 S 17.19 tendió sobre ella el grano *trillado* 7383
1 Cr 21.20 Ornán vio... Ornán *trillaba* el trigo 1758
Is 21.10 pueblo mío, *trillado* y aventado, os 4098
27.12 *trillará* Jehová desde el río Eufrates 2251
28.27 el eneldo no se *trilla* con trillo, ni 1758
28.28 el grano se *trilla*; pero no lo trillará 1758
41.15 he aquí... *trillaréis* montes y los molerás 1758
Jer 51.33 como una era cuando está de *trillar* 1758
Dn 7.23 a toda la tierra devorará, *trillará* y 1759
Os 10.11 Efraín es novilla... que le gusta *trillar* 1758
Am 1.3 porque trillaron a Galaad con *trillos* de 1758
Mi 4.13 *trilla*, hija de Sion, porque haré tu 1758
Hab 3.12 con ira... furor *trillaste* las naciones 1758
1 Co 9.9 no pondrás bozal al buey que *trilla* *248*
9.10 el que *trilla*, con esperanza de recibir *248*
1 Ti 5.18 **no pondrás bozal al buey que *trilla*** *248*

TRILLO

2 S 12.31 puso a trabajar... y con *t* de hierro 2757
24.22 *t* y los yugos de los bueyes para leña 4173
1 Cr 20.3 puso a trabajar... con *t* de hierro y 2757
21.23 daré... los *t* para leña, y trigo para la 4173
Is 28.27 eneldo no se trilla con *t*, ni sobre
28.28 ni lo quebranta con los dientes de su *t*
41.15 yo te he puesto por *t*, *t* nuevo, lleno 4173
Am 1.3 porque trillaron a Galaad con *t* de hierro

TRIPLICAR

Ez 21.14 y *triplíquese* el furor de la espada

TRISTE

Gn 40.6 vino a ellos José... aquí que estaban *t* 2196
50.10 y endecharon allí con grande y muy *t* 3515
1 S 1.18 y se fue la mujer... y no estuvo más *t*
1 R 20.43 el rey... se fue a su casa *t* y enojado
21.4 y vino Acab a su casa *t* y enojado, por 5620
Neh 2.1 como yo no había estado antes *t* en su 7451
2.2 dijo el rey: ¿Por qué está *t* tu rostro? 7451
2.3 ¿cómo no estará *t* mi rostro, cuando la 7489
Job 9.27 si yo dijere... Dejaré mi *t* semblante 6440
Pr 17.22 mas el espíritu *t* seca los huesos
Is 29.2 pondré a Ariel... será desconsolada y *t* 592

54.6 como a mujer abandonada y t de espíritu 6087
Jer 14.2 se sentaron t en tierra, y subió el
Dn 6.20 llamó a voces a Daniel con voz t, y le 6088
Mt 19.22 fue t, porque tenía muchas posesiones 3076
26.38 les dijo: Mi alma está muy t, hasta la 4036
Mr 10.22 afligido por esta palabra, se fue t 4768
14.34 mi alma está muy t, hasta la muerte 4036
16.10 lo hizo saber a los que... que estaban t 3996
Lc 18.23 se puso muy t, Porque era muy rico 4036
24.17 ¿qué pláticas son... y por qué estáis t? 4659
Jn 16.20 **aunque... estéis t, vuestra tristeza** 3077

TRISTEZA
Dt 28.65 pues allí te dará Jehová... t de alma 1671
Est 9.22 mes que de t se les cambió en alegría 3015
Sal 13.2 alma, con t en mi corazón cada día? 3015
31.9 se han consumido de t mis ojos, mi alma 3708
Pr 10.1 pero el hijo necio es t de su madre 8424
10.10 el que guiña el ojo acarrea t; y el 6094
10.22 que enriquece, y no añade t con ella 6089
17.21 que engendra al insensato, para su t lo 8424
Ec 7.3 t del rostro se enmendará el corazón 7455
Is 35.10 alegría, y huirán la t y el gemido 3015
Jer 45.3 porque ha añadido Jehová t a mi dolor 4341
Lm 2.5 multiplicó en... Judá la t y el lamento 8386
Ez 7.27 el rey... y el príncipe se vestirá de t 8077
Lc 22.45 los halló durmiendo a causa de la t 3077
Jn 16.6 **he dicho... t ha llenado vuestro corazón** 3077
16.20 pero... vuestra t se convertirá en gozo 3077
16.22 también vosotros ahora tenéis t; pero 3077
Ro 9.2 que tengo gran t y continuo dolor en mi 3601
2 Co 2.1 pues... no ir otra vez a vosotros con t 3077
2.3 que cuando llegue no tenga t de parte de 3077
2.5 pero si alguno me ha causado t, no me la 3076
2.7 para que no sea consumido de demasiada t 3077
7.10 la t que es según Dios... arrepentimiento 3077
7.10 pero la t del mundo produce muerte 3077
9.7 cada uno dé... no con t, ni por necesidad
Fil 2.27 mí, para que yo no tuviese t sobre t 3077
2.28 verle... os gocéis, y yo esté con menos t 253
He 12.11 parece ser causa de gozo, sino de t 3077
Stg 4.9 risa se convierta... vuestro gozo en t 2726

TRITURAR
2 S 22.43 como lodo... los pisé y los *trituré*

TRIUNFAR
Col 2.15 los exhibió... *triunfando* sobre ellos 2358
Stg 2.13 misericordia *triunfa* sobre el juicio

TRIUNFO
Dt 33.29 escudo de tu socorro, y espada de... t?
Jue 5.11 repetirán los t de Jehová, los t de
1 Cr 18.13 daba el t a David dondequiera que
Sal 18.50 t da a su rey, y hace misericordia 3444
2 Co 2.14 lleva siempre en t en Cristo Jesús 2358

TROAS *Ciudad y puerto del Mar Egeo*
Hch 16.8 pasando... a Misia, descendieron a T 5174
16.11 de T, vinimos con rumbo... a Samotracia 5174
20.5 habiéndose adelantado... esperaron en T 5174
20.6 cinco días nos reunimos con ellos en T 5174
2 Co 2.12 cuando llegué a T para predicar el 5174
2 Ti 4.13 el capote que dejé en T en casa de 5174

TROCAR
Lv 27.10 no será... ni *trocado*, bueno por malo
Jer 2.11 mi pueblo ha *trocado* su gloria por lo

TRÓFIMO *Compañero del apóstol Pablo*
He 20.4 le acompañaron... de Asia, Tíquico y T 5161
21.29 habían visto con él en la ciudad a T 5161
2 Ti 4.20 quedó... y a T dejé en Mileto enfermo 5161

TROGILIO *Promontorio en el Mar Egeo,*
Hch 20.15 5175

TROMPETA
Lv 23.24 tendréis... conmemoración al son de t
25.9 harás tocar... t en el mes séptimo a los 7782
25.9 el día de la expiación haréis tocar la t 7782
Nm 10.2 dos t de plata; de obra de martillo las 2689
10.8 los sacerdotes tocarán las t; y las 2689
10.9 la guerra en... tocaréis alarma con las t 2689
10.10 tocaréis... t sobre vuestros holocaustos 2689
29.1 el primero... os será día de sonar las t
31.6 fue a la guerra... con las t en su mano 2689
Jue 7.8 habiendo tomado... sus t, envió a todos 7782
7.16 todos ellos t en sus manos, y cántaros 7782
7.18 yo tocaré la t... vosotros tocaréis... las t 7782
7.19 tocaron las t, y quebraron los cántaros 7782
7.20 tocaron las t... y en la derecha las t, y 7782
7.22 los trescientos tocaban las t; y Jehová 7782
1 S 13.3 e hizo Saúl tocar t por todo el país 7782
2 S 6.15 el arca de... con júbilo y sonido de t 7782
15.10 cuando oigáis el sonido de la t diréis 7782
18.16 Joab tocó la t, y el pueblo se volvió de 7782
20.1 el cual tocó la t, y dijo: No tenemos 7782
20.22 y él tocó la t, y se retiraron de la 7782
1 R 1.34 y tocaréis t, diciendo: ¡Viva el rey 7782
1.39 tocaron t, y dijo todo el pueblo: ¡Viva 7782
1.41 y oyendo Joab el sonido de la t, dijo 7782
2 R 11. 14 país se regocijaba, y tocaban las t
12.13 mas de aquel dinero... no se hacían... ni t 2689
1 Cr 13.8 David y... regocijaban... címbalos y t 2689
15.24 tocaban las t delante del arca de Dios 2689
15.28 todo Israel el arca... con... t y címbalos 2689
16.6 sonaban... t delante del arca del pacto 2689
16.42 con ellos a Hemán y a Jedutún con t y címbalos 2689
2 Cr 5.12 cantores... sacerdotes que tocaban t 2689
5.13 cuando sonaban... las t, y cantaban todos
5.13 que alzaban la voz con t y címbalos y
7.6 sacerdotes tocaban t delante de ellos, y
13.12 sacerdotes con las t del júbilo para 2689
13.14 Judá... y los sacerdotes tocaron las t 2689
15.14 y juraron a Jehová... al son de t y de 2689
20.28 a Jerusalén con salterios, arpas y t 2689
29.26 y los levitas... y los sacerdotes con t 2689
29.27 comenzó también el cántico... con las t 2689
29.28 y los trompeteros sonaban las t; todo 2690
Esd 3.10 con t, y a los levitas hijos de Asaf 2689
Neh 4.18 el que tocaba la t estaba junto a mí 7782
4.20 el lugar donde oyereis el sonido de la t 7782
12.35 iban con t Zacarías hijo de Jonatán 2689
12.41 los sacerdotes Eliacim... Hananías, con t 2689
Job 39.24 él... sin importarle el sonido de la t 7782
Sal 47.5 subió Dios... Jehová con sonido de t 7782
81.3 tocad la t en la nueva luna, en el día 7782
98.6 con t y sonidos de bocina, delante del 2689
Is 18.3 mirad; y cuando se toque t, escuchad 7782
27.13 se tocará con gran t, y vendrán los que 7782
58.1 tu voz como t, y anuncia a mi pueblo su 7782
Jer 4.5 decid: Tocad t en la tierra; pregonad 7782
4.19 porque sonido de t has oído, oh alma mía 7782
4.21 ¿hasta cuándo he de... de oír sonido de t? 7782
6.17 que dijesen: Escuchad al sonido de la t 7782
42.14 no veremos guerra, ni oiremos sonido... t 7782
51.27 alzad bandera... tocad t en las naciones 7782
Ez 7.14 tocarán t, y prepararán... las cosas 8619
33.3 él viere... tocare t y avisare al pueblo 7782
33.4 cualquiera que oyere el sonido de la t 7782
33.5 sonido de la t oyó, y no se apercibió 7782
33.6 viere venir la espada y no tocare la t 7782
Os 5.8 tocad bocina... t en Ramá; sonad alarma 7782
8.1 pon a tu boca t. Como águila... contra la 7782
Jl 2.1 tocad t en Sion... alarma en mi... monte 7782
2.15 tocad t en Sion... convocad asamblea 7782
Am 2.2 y morirá Moab... estrépito y sonido de t 7782
3.6 ¿se tocará la t en la ciudad, y no se 7782
Sof 1.16 de t y de algazara sobre las ciudades 7782
Zac 9.14 Jehová el Señor tocará t, e irá entre 7782
Mt 6.2 **cuando... des limosna, no hagas tocar t** 4537
24.31 enviará sus ángeles con gran voz de t 4536
1 Co 14.8 t diere sonido incierto, ¿quién se 4536
15.52 a la final t; porque se tocará la t, y 4536
1 Ts 4.16 con t de Dios, descenderá del cielo 4536
He 12.19 al sonido de la t, y a la voz que 4536
Ap 1.10 detrás de mí una gran voz como de t 4536
4.1 y la primera voz que oí, como de t... dijo 4536
8.2 a los siete ángeles... les dieron siete t 4536
8.6 los... que tenían las 7 t se dispusieron a 4536
8.7 el primer ángel tocó la t, y hubo granizo
8.8 el segundo ángel tocó la t, y como una
8.10 tercer ángel tocó la t, y cayó del cielo
8.12 el cuarto ángel tocó la t, y fue herida
8.13 ¡ay, ay... a causa de los otros toques de t 4536
9.1 el quinto ángel tocó la t, y... estrella
9.13 el sexto ángel tocó la t, y oí una voz
9.14 diciendo al sexto ángel que tenía la t 4536
10.7 comience a tocar la t, el misterio de
11.15 el séptimo ángel tocó la t, y... voces

TROMPETERO
2 R 11.14 los t junto al rey: y todo el pueblo 2689
2 Cr 23.13 vio al rey... y los t junto al rey 2689
29.28 los t sonaban las trompetas; todo esto 2690
Ap 18.22 voz de arpistas... y de t no se oirá 4538

TRONANTE
Éx 19.19 Moisés... Dios le respondía con voz t

TRONAR
Éx 9.23 y Jehová hizo *tronar* y granizar, y el 6963
1 S 2.10 sobre ellos *tronará* desde los cielos 7481
7.10 mas Jehová *tronó*... sobre los filisteos 6963
2 S 22.14 *tronó* desde los cielos Jehová, y el 7481
Job 37.4 sonido; *truena* él con voz majestuosa 7481
37.5 *truena* Dios maravillosamente con su voz 7481
40.9 brazo... ¿y *truenas* con voz como la suya? 7481
Sal 18.13 *tronó* en los cielos Jehová... su voz 7481
29.3 *truena* el Dios de gloria, Jehová sobre 7481
77.17 *tronaron* los cielos, y discurrieron tus

TRONCO
1 S 5.4 habiéndole quedado a Dagón el t
Job 14.8 raíz, y su t fuere muerto en el polvo 1503
Is 6.13 queda el t, así será el t, la simiente
11.1 una vara del t de Isaí, y un vástago 1503
40.24 como si nunca su t hubiera tenido raíz 1503
44.19 me postraré delante de un t de árbol? 944

TRONO
Gn 41.40 solamente en el t seré yo mayor que 3678
Éx 11.5 el primogénito... que se sienta en su t 3678
12.29 el primogénito... se sentaba sobre su t 3678
17.16 mano de Amalec se levantó contra el t
Dt 17.18 y cuando se siente sobre el t de su 3678
2 S 3.10 y confirmando el t de David... Israel 3678
7.13 afirmaré para siempre el t de su reino 3678
7.16 tu casa... y tu t será estable eternamente 3678
14.9 sea... mas el rey y su t sean sin culpa 3678
1 R 1.13,17 Salomón tu hijo... se sentará en... t 3678
1.20 declares quién se ha de sentar en el t 3678
1.24 Adonías reinará... él se sentará en mi t? 3678
1.27 se había de sentar en el t de mi señor 3678
1.30 él se sentará en mi t en lugar mío; que 3678
1.35 y se sentará en mi t, y él reinará por 3678
1.37 haga mayor su t que el t de mi señor el 3678
1.46 también Salomón se ha sentado en el t 3678
1.47 nombre, y haga mayor su t que el tuyo 3678
1.48 que ha dado hoy quien se siente en mi t 3678
2.4 jamás, dice, faltará a ti varón en el t 3678
2.12 y se sentó Salomón en el t de David su 3678
2.19 el rey se... y volvió a sentarse en su t 3678
2.24 ha puesto sobre el t de David mi padre 3678
2.33 y sobre su t, habrá perpetuamente paz 3678
2.45 el t de David será firme perpetuamente 3678
3.6 y le diste hijo que se sentase en su t 3678
5.5 quien yo pondré... en tu t, él edificará 3678
7.7 el pórtico del t en que había de juzgar 3678
8.20 y me he sentado en el t de Israel, como 3678
8.25 que se siente en el t de Israel, con tal 3678
9.5 yo afirmaré el t de tu reino sobre Israel 3678
9.5 no faltará varón de tu... en el t de Israel 3678
10.9 se agradó de ti para ponerte en el t de 3678
10.18 hizo también el rey un gran t de marfil 3678
10. 19 seis gradas tenía el t, y... dos leones 3678
10.20 en ningún otro reino... hecho t semejante
16.11 y estuvo sentado en su t, mató a toda 3678
22.19 vi a Jehová sentado en su t, y todo el 3678
2 R 9.13 lo puso debajo de Jehú en un t alto
10.3 y ponedlo en el t de su padre, y pelead 3678
10.30 hijos se sentarán sobre el t de Israel 3678
11.19 se sentó el rey en el t de los reyes 3678
13.13 se sentó Jeroboam sobre su t, y Joás 3678
15.12 hijos... se sentarán en el t de Israel 3678
25.28 y puso su t más alto que los t de los 3678
1 Cr 17.12 y yo confirmaré su t eternamente 3678
17.14 lo confirmaré... y su t será firme para 3678
22.10 afirmaré el t de su reino sobre Israel 3678
28.5 Salomón para que se siente en el t del 3678
29.23 y se sentó Salomón por rey en el t de 3678
2 Cr 6.10 y me he sentado en el t de Israel 3678
6.16 varón... que se siente en el t de Israel 3678
7.18 confirmaré el t de tu reino, como pacté 3678
9.8 ponerte sobre su t como rey para Jehová 3678
9.17 hizo además el rey un gran t de marfil 3678
9.18 el t... y un estrado de oro fijado al t 3678
9.19 jamás fue hecho t semejante en reino
18.9 sentados cada uno en su t, vestidos con 3678
18.18 yo he visto a Jehová sentado en su t 3678
23.20 sentaron al rey sobre el t del reino 3678
Est 1.2 fue afirmado el rey Asuero sobre el t 3678
5.1 entró... y estaba el rey sentado en su t 3678
Job 26.9 él encubre la faz de su t, y sobre él 3678
36.7 con los reyes los pondrá en t... siempre 3678
Sal 9.4 te has sentado en el t juzgando con 3678
9.7 Jehová... ha dispuesto su t para juicio 3678
11.4 Jehová tiene en el cielo su t; sus ojos 3678
45.6 tu t, oh Dios, es eterno y para siempre 3678
47.8 reinó... se sentó Dios sobre su santo t 3678
89.4 edificaré tu t por todas... generaciones 3678
89.14 justicia y juicio... el cimiento de tu t 3678
89.29 pondré... t como los días de los cielos 3678
89.36 será... y su t como el sol delante de mí 3678
89.44 hiciste cesar... echaste su t por tierra 3678
93.2 firme es tu t desde entonces; tú eres 3678
94.20 el t de iniquidades, que hace agravio 3678
97.2 justicia y juicio... el cimiento de su t 3678
103.19 Jehová estableció en los cielos su t 3678
122.5 allá están... los t de la casa de David 3678
132.11 de tu descendencia pondré sobre tu t 3678
132.12 se sentarán sobre tu t para siempre 3678
Pr 16.12 porque con justicia será afirmado el t 3678
20.8 el rey que se sienta en el t de juicio 3678
20.28 rey, y con clemencia se sustenta su t 3678
25.5 del rey, y su t se afirmará en justicia 3678
29.14 que juzga con verdad... el t será firme 3678
Is 6.1 al Señor sentado... un t alto y sublime 3678
9.7 no tendrán límite, sobre el t de David 3678
14.13 junto a las estrellas... levantaré mi t 3678
16.5 dispondrá el t en misericordia; y sobre 3678
47.1 siéntate en... sin t, hija de los caldeos 3678
66.1 dijo así: El cielo es mi t, y la tierra 3678
Jer 3.17 llamarán a Jerusalén: T de Jehová, y 3678
13.13 los reyes... que se sientan sobre su t 3678
14.21 no deseches, ni deshonres tu glorioso t 3678
17.12 t de gloria, excelso... es el lugar de 3678
17.25 se sientan sobre el t de David, ellos 3678
22.2 oh rey... que estás sentado sobre el t de 3678
22.4 los reyes que en... se sientan sobre su t 3678
22.30 logrará sentarse sobre el t de David 3678
29.16 del rey que está sentado sobre el t de 3678
33.17 varón que se siente sobre el t de la 3678
33.21 deje de tener hijo que reine sobre su t 3678
36.30 no tendrá quien se siente sobre el t 3678
43.10 y pondré su t sobre estas piedras que 3678
49.38 pondré mi t en Elam, y destruiré a su 3678
52.32 poner su t sobre los t de los reyes 3678
Lm 5.19 permanecerás... tu t de generación en 3678
Ez 1.26 se veía la figura de un t que parecía 3678
1.26 sobre la figura del t había... semejanza 3678
10.1 semejanza de un t que se mostró sobre 3678
26.16 príncipes del mar descenderán de sus t 3678
28.2 en el t de Dios estoy sentado en medio
43.7 este es el lugar de mi t... donde posaré 3678
Dn 5.20 mas... fue depuesto del t de su reino 3764
7.9 estuve mirando hasta... fueron puestos t 3764
7.9 t llama de fuego, y las ruedas del mismo 3764
11.7 un renuevo de... se levantará sobre su t
Hag 2.22 y trastornaré el t de los reinos, y 3678
Zac 6.13 él... se sentará y dominará en su t, y 3678
Mt 5.34 **por el cielo, porque es el t de Dios** 2362
19.28 el Hijo... se siente en el t de su gloria 2362
19.28 os sentaréis sobre doce t, para juzgar 2362
23.22 jura por el t de Dios, y por aquel que 2362
25.31 entonces se sentará en su t de gloria 2362
Lc 1.32 Dios le dará el t de David su padre 2362
1.52 quitó de los t a los poderosos, y exaltó 2362

T

22.30 **y os sentéis en *t* juzgando a las doce** 2362
Hch 2.30 al Cristo para que se sentase en su *t* 2362
7.49 el cielo es mi *t*, y la tierra el estrado 2362
Col 1.16 *t*, sean dominios, sean principados 2362
He 1.8 tu *t*, oh Dios, por el siglo del siglo 2362
4.16 acerquémonos, pues... al *t* de la gracia 2362
8.1 el cual se sentó a la diestra del *t* de 2362
12.2 y se sentó a la diestra del *t* de Dios 2362
Ap 1.4 los siete espíritus... delante de su *t* 2362
2.13 **donde moras, donde está el *t* de Satanás** 2362
3.21 **le daré que se siente conmigo en mi *t*** 2362
3.21 **y me he sentado con mi Padre en su *t*** 2362
4.2 un *t* establecido... en el *t*, uno sentado 2362
4.3 alrededor del *t* un arco iris, semejante 2362
4.4 y alrededor del *t* había veinticuatro *t* 2362
4.4 sentados en los *t* a 24 ancianos, vestidos 2362
4.5 del *t* salían relámpagos y truenos y voces 2362
4.5 y delante del *t* ardían siete lámparas de 2362
4.6 delante del *t* había como un mar de vidrio 2362
4.6 y junto al *t*, y alrededor del *t*, cuatro 2362
4.9 dan gloria... al que está sentado en el *t* 2362
4.10 delante del que está sentado en el *t* 2362
4.10 adoran... y echan... coronas delante del *t* 2362
5.1 la mano derecha del que estaba... en el *t* 2362
5.6 que en medio del *t* y de los cuatro seres 2362
5.7 el libro... del que estaba sentado en el *t* 2362
5.11 y oí la voz de... ángeles alrededor del *t* 2362
5.13 oí decir: Al que está sentado en el *t* 2362
6.16 de aquel que está sentado sobre el *t*, y 2362
7.9 estaban delante del *t* y en la presencia 2362
7.10 a nuestro Dios que está sentado en el *t* 2362
7.11 ángeles estaban en pie alrededor del *t* 2362
7.11 y se postraron sobre sus... delante del *t* 2362
7.15 por esto están delante del *t* de Dios, y 2362
7.15 y el que está... sobre el *t* extenderá su 2362
7.17 que está en medio del *t* los pastoreará 2362
8.3 el altar de oro que estaba delante del *t* 2362
11.16 delante de Dios en sus *t*, se postraron 2362
12.5 hijo fue arrebatado para Dios y para su *t* 2362
13.2 y el dragón le dio su poder y su *t*, y 2362
14.3 cantaban un cántico nuevo delante del *t* 2362
14.5 son sin mancha delante del *t* de Dios 2362
16.10 el quinto... derramó su copa sobre el *t* 2362
16.17 salió una gran voz del templo... del *t* 2362
19.4 a Dios, que estaba sentado en el *t*, y 2362
19.5 salió del *t* una voz que decía: Alabad a 2362
20.4 vi *t*, y se sentaron sobre ellos los que 2362
20.11 vi un gran *t*... y al que estaba sentado 2362
21.5 el que estaba sentado en el *t* dijo: He 2362
22.1 un río limpio... que salía del *t* de Dios 2362
22.3 *t* de Dios y del Cordero estará en ella 2362

TROPA
Jue 9.37 *t* viene por el camino de la encina 7218
1 S 30.15 dijo David: ¿Me llevarás tú a esa *t*? 1416
2 R 9.17 y el atalaya... vio la *t* de... Veo una *t* 8229
24.2 contra Joacim *t* de caldeos, *t* de sirios 1416
24.2 envió... *t* de moabitas y *t* de amonitas 1416
1 Cr 12.18 puso entre los capitanes de la *t* 1416
19.17 David hubo ordenado su *t* contra ellos 4421
Esd 8.22 tuve vergüenza de pedir al rey *t* y 2428
Job 10.17 aumentas conmigo tu furor como *t* de
Is 13.4 Jehová... pasa revista a las *t* para la 6635
Ez 12.14 todas sus *t*, esparciré a todos los 102
17.21 sus fugitivos... sus *t*, caerán a espada 102
23.46 yo haré subir contra ellos *t*... rapiña 6951
26.7 carros y jinetes, y *t* y mucho pueblo 6951
38.6 Gomer, y todas sus *t*... de Togarma... sus *t* 102
38.9 como nublado... serás tú y todas tus *t* 102
38.22 y haré llover... sobre sus *t* y sobre los 102
39.4 caerás tú y todas tus *t*, y los pueblos 102
Dn 11.15 ni sus *t* escogidas, porque no habrá
11.31 su parte *t* que profanarán el santuario
Hab 3.16 suba al... el que lo invadirá con sus *t*
Hch 23.27 a este... libré yo acudiendo con la *t* 4753

TROPEL
Is 31.4 ni se acobardará por el *t* de ellos; así

TROPEZADERO
Éx 34.12 para que no sean *t* en medio de ti 4170
Jue 2.3 serán azotes... y sus dioses os serán *t* 4170
8.27 un efod... y fue *t* a Gedeón y a su casa 4170
Is 8.14 él será... por *t* para caer, y por lazo 4170
Ez 44.12 a la casa de Israel por *t* de maldad
Ro 11.9 sea vuelto su... en *t* y en retribución
1 Co 1.23 para los judíos ciertamente *t*, y
8.9 esta libertad vuestra no venga a ser *t*

TROPEZAR
Lv 26.37 *tropezarán*... como si huyeran ante la 3782
Dt 7.25 para que no *tropieces* en ello, pues es 3369
12.30 que no *tropieces* yendo en pos de ellas 5367
2 S 6.6 sostuvo; porque los bueyes *tropezaban* 8058
1 Cr 13.9 arca... porque los bueyes *tropezaban* 8058
Job 4.4 que *tropezaba* enderezaban tus palabras 3782
5.14 *tropiezan* con tinieblas, y a mediodía
Sal 27.2 juntaron... ellos *tropezaron* y cayeron 3782
91.12 para que tu pie no *tropiece* en piedra 5062
Pr 3.23 andarás por tu... y tu pie no *tropezará* 5062
4.12 tus pasos, y si corrieres, no *tropezarás* 3782
4.19 los impíos... no saben en qué *tropiezan* 3782
24.17 y cuando *tropezare*, no se alegre tu 3782
Is 5.27 no habrá entre ellos... quien *tropiece* 3782
8.14 él será... por piedra para *tropezar*, y por 5063
8.15 muchos *tropezarán* entre ellos, y caerán 3782
28.7 erraron en la... *tropezaron* en el juicio 6328
59.10 *tropezamos* a mediodía como de noche 3782
59.14 porque la verdad *tropezó* en la plaza 3782
63.13 el que los condujo... sin que *tropezaran*? 3782
Jer 13.16 antes que vuestros pies *tropiecen* 5062
18.15 mi pueblo... ha *tropezado* en sus caminos, 3782
18.23 y *tropiecen* delante de ti; haz así con 3782
20.11 los que me persiguen *tropezarán*, y no 3782
31.9 camino derecho en el cual no *tropezarán* 3782
46.6 al norte junto a... *tropezaron* y cayeron 3782
46.12 porque valiente *tropezó* contra valiente 3782
50.32 y el soberbio *tropezará* y caerá, y no 3782
Dn 11.19 *tropezará* y caerá, y no será hallado 3782
Os 5.5 Efraín *tropezarán* en su pecado, y Judá 3782
5.5 Israel... Judá *tropezará* también con ellos 3782
Nah 3.3 cadáveres sin fin, y en... *tropezarán* 3782
Mal 2.8 habéis hecho *tropezar* a muchos en la 3782
Mt 4.6 que no *tropieces* con tu pie en piedra 4350
13.21 **al venir la aflicción... luego *tropieza***
18.6 **cualquiera que haga *tropezar* a alguno de**
24.10 **muchos *tropezarán*... se entregarán unos**
Mr 4.17 **viene la tribulación... luego *tropiezan***
9.42 **cualquiera que haga *tropezar* a uno de**
Lc 4.11 que no *tropieces* con tu pie en piedra 4350
17.2 **mejor le fuera... que hacer *tropezar* a uno**
Jn 11.9 **que anda de día, no *tropieza*, porque** 4350
11.10 **el que anda de noche, *tropieza*, porque** 4350
Ro 9.32 *tropezaron* en la piedra de tropiezo 4350
11.11 ¿han *tropezado* los de Israel para que 4417
14.20 es malo que el hombre haga *tropezar* a
14.21 nada en que tu hermano *tropiece*, o se 4350
2 Co 11.29 ¿a quién se le hace *tropezar*, y yo
1 P 2.8 *tropiezan* en la... siendo desobedientes 4350

TROPIEZO
Éx 23.33 pecar... sirviendo a sus dioses... será *t* 4170
Lv 19.14 delante del ciego no pondrás *t*, sino
Dt 7.16 ni servirás a sus dioses... te será *t* 4170
Jos 23.13 os serán por lazo, por *t*, por azote 6341
Is 28.9 ¿por qué, pues, pones *t* a mi vida 5367
Sal 69.22 lazo, y lo que es para bien, por *t* 4170
119.165 paz tienen, los... y no hay para ellos *t*
Is 57.14 quitad los *t* del camino de mi pueblo
Jer 6.21 pongo a este pueblo *t*, y caerán en
Ez 3.20 pusiere yo *t* delante de él, él morirá
7.19 plata... porque ha sido *t* para su maldad
14.3,4,7 *t* de su maldad delante de su rostro
Mt 11.6 **bienaventurado es el que no halle *t*** 4624
13.41 **recogerán... a todos los que sirven de *t***
16.23 **me eres *t*, porque no pones la mira en**
18.7 **¡ay del mundo por los *t*!... vengan *t*, pero**
18.7 **ay de aquel hombre por quien viene el *t*!**
Lc 7.23 **y bienaventurado es... que no halle *t*** 4624
17.1 **imposible es que no vengan *t*; mas ¡ay** 4625
Jn 16.1 **os he hablado, para que no tengáis *t*** 4624
Ro 9.32 por qué?... tropezaron en la piedra de *t* 3037,4348
9.33 he aquí pongo en Sion piedra de *t* y roca 3037,4348
14.13 decidid no poner *t* u ocasión de caer 4348
16.17 que os fijéis en los que causan... y *t* 4625
1 Co 8.13 no comeré... no poner *t* a mi hermano 4624
10.32 no seáis *t* ni a judíos, ni a gentiles 677
2 Co 6.3 damos a nadie ninguna ocasión de *t* 4349
Gá 5.11 en tal caso se ha quitado el *t* de la 4625
1 P 2.8 Piedra de *t*, y roca que hace caer 4625
1 Jn 2.10 ama a su hermano... y en él no hay *t* 4625
Ap 2.14 **que enseñaba a Balac a poner *t* ante** 4625

TROVAR
Sal 57.7 oh Dios... cantaré, y *trovaré* salmos

TROZO
Éx 29.17 y las pondrás sobre sus *t* y sobre su 5409
Lv 8.20 cortó el carnero en *t*... hizo arder... *t* 5409
1 S 11.7 tomando un par de bueyes... cortó en *t*

TRUENO
Éx 9.28 orad a... para que cesen los *t* de Dios 6963
9.29 y los *t* cesarán, y no habrá más granizo 6963
9.33 cesaron los *t* y el granizo, y la lluvia 6963
9.34 había cesado, y el granizo y los *t*, se 6963
19.16 al tercer día... vinieron *t* y relámpagos 6963
1 S 12.17 yo clamaré a Jehová, y él dará *t* y 6963
12.18 Samuel clamó a Jehová, y Jehová dio *t* 6963
Job 26.14 pero el *t* de su poder, ¿quién lo puede 7482
28.26 dio ley... camino al relámpago de los *t* 6963
36.33 el *t* declara su indignación, y... su ira 7452
38.25 repartió conducto... y camino a los... y *t* 6963
Sal 77.18 voz de tu *t* estaba en el torbellino 7482
81.7 respondí en lo secreto del *t*; te probé 7482
104.7 huyeron; al sonido... *t* se apresuraron 7482
Is 29.6 serás visitada con *t*, con terremotos 7482
Mr 3.17 apellidó Boanerges... es, Hijos del *t* 1027
Jn 12.29 oído la voz, decía... había sido un *t*
Ap 4.5 del trono salían relámpagos y *t* y voces 1027
6.1 oí... decir como con voz de *t*: Ven y mira 1027
8.5 *t*, y voces, y relámpagos, y un terremoto 1027
10.3 hubo clamado, siete *t* emitieron sus voces 1027
10.4 los siete *t* hubieron emitido sus voces 1027
10.4 las cosas que los siete *t* han dicho, y 1027
11.19 hubo... voces, *t*, un terremoto y grande 1027
14.2 voz del cielo... como sonido de un gran *t* 1027
16.18 voces y *t*, y un gran temblor de tierra 1027
19.6 oí... como la voz de grandes *t*, que decía 1027

TRUHÁN
Sal 35.16 *t*, crujieron contra mí sus dientes

TRUHANERIA
Ef 5.4 ni *t*, que no convienen, sino antes bien 2160

TUBAL
1. Hijo de Jafet, Gn 10.2; 1 Cr 1.5 8422
2. Región antigua de Asia Menor
Is 66.19 enviaré... a *T* y a Javán, a las costas 8422
Ez 27.13 Javán, *T* y Mesec comerciaban también 8422
32.26 allí Mesec y *T*, y toda su multitud; sus 8422
38.2 Magog, príncipe soberano de Mesec y *T* 8422
38.3; 39.1 Gog, príncipe soberano de Mesec y *T* 8422

TUBAL-CAÍN *Hijo de Lamec No. 1 y Zila*
Gn 4.22 *T*, artífice en toda obra de bronce 8423
4.22 v de hierro; y la hermana de *T* fue Naama 8423

TUBO
Zac 4.2 siete *t* para las lámparas que están 4166
4.12 que por medio de dos *t* de oro vierten 6804

TUÉTANO
Job 21.24 leche, y sus huesos serán regados de *t* 4221
Is 25.6 banquete de manjares... de gruesos *t* y 4229
He 4.12 hasta partir... las coyunturas y los *t* 3452

TUMIM
Éx 28.30 en el pectoral del juicio Urim y *T* 8550
Lv 8.8 y puso dentro del mismo los Urim y *T* 8550
Dt 33.8 a Leví dijo: Tu *T* y tu Urim sean para 8550
Esd 2.63; Neh 7.65 sacerdote... con Urim y *T* 8550

TUMOR
Lv 13.10 y si apareciere *t* blanco en la piel
Dt 28.27 Jehová te herirá... con *t*, con sarna
1 S 5.6 destruyó y los hirió con *t* en Asdod y
5.9 afligió a los hombres... se llenaron de *t*
5.12 y los que no morían, eran heridos de *t*
6.4 cinco *t* de oro, y cinco ratones de oro
6.5 haréis, pues, figuras de vuestros *t*, y de
6.11 la caja con los... y las figuras de sus *t* 2914
6.17 estos fueron los *t* de oro que pagaron 2914

TÚMULO
Job 21.32 llevado... sobre su *t* estarán velando 1430

TUMULTO
Is 9.5 calzado que lleva el guerrero en el *t*
Jer 51.16 a su voz se producen *t* de aguas en 527
Ez 7.7 día de *t*, y no de alegría, sobre los
Am 2.2 y morirá Moab con *t*, con estrépito y 7588
2 Co 6.5 en *t*, en... trabajos, en desvelos, en 181

TUMULTUOSA
Is 30.32 y en batalla *t* peleará contra ellos

TÚNICA
Gn 3.21 Dios hizo al hombre y a su mujer *t* de
37.3 a José... hizo una *t* de diversos colores 3801
37.23 quitaron a José su *t*, la *t* de colores 3801
37.31 tomaron ellos la *t*... y tiñeron la *t* con 3801
37.32 enviaron la *t*... la trajeron a su padre 3801
37.32 reconoce... si es la *t* de tu hijo, o no 3801
37.33 la *t* de mi hijo es; alguna mala bestia 3801
Éx 28.4 la *t* bordada, la mitra y el cinturón 3801
28.39 y bordarás una *t* de lino, y harás una 3801
28.40 para los hijos de Aarón harás *t*... cintos 3801
29.5 vestirás a Aarón la *t*, el manto del efod 3801
29.8 que se acerquen sus... les vestirás las *t* 3801
39.27 hicieron las *t* de lino fino de obra de 3801
40.14 acerquen... hijos, y les vestirás las *t* 3801
Lv 8.7 y puso sobre él la *t*, y te ciñó con el 3801
8.13 y les vistió las *t*, les ciñó con cintos 3801
10.5 acercaron y los sacaron con sus *t* fuera 3801
16.4 se vestirá la *t* santa de lino, y sobre 3801
1 S 2.19 le hacía su madre una *t* pequeña y se 4598
Esd 2.69 dieron... plata, y cien *t* sacerdotales 3801
Job 30.18 deforma... ciñe como el cuello de mi *t* 3801
Mt 5.40 **quitarte la *t*, déjale también la capa** 5509
10.10 **de dos *t*, ni de calzado, ni de bordón** 5509
Mr 6.9 sino... sandalias, y no vistiesen dos *t* 5509
Lc 3.11 el que tiene dos *t*, dé al que no tiene 5509
6.29 **y al que te quite la capa, ni aun la *t*** 5509
9.3 **no toméis nada para el... ni llevéis dos *t*** 5509
Jn 19.23 su *t*, la cual era sin costura, de un 5509
Hch 9.39 y mostrando las *t*... que Dorcas hacía 5509

TUPIDO
Sal 74.5 que levantan el hacha en... de *t* bosque 5441

TURBA
Ez 23.47 *t* las apedrearán, y las atravesaran 6951
Lc 22.47 aún hablaba, se presentó una *t*; y el 3793
Hch 17.5 juntando una *t*, alborotaron la ciudad 3792

TURBACIÓN
Dt 28.28 te herirá con locura... *t* de espíritu 8541
2 Cr 29.8 los ha entregado a *t*, a execración 8047
Job 3.26 no he tenido... no obstante, me vino *t* 7267
30.15 han revuelto *t* sobre mí; combatieron
Pr 15.6 hay... pero *t* en las ganancias del impío 5916
15.16 mejor... que el gran tesoro donde hay *t* 4103
Is 17.14 al tiempo de la tarde, he aquí la *t* 1091
Jer 8.15 esperamos... de curación, y he aquí *t* 1205
14.19 bien; tiempo de curación, y he aquí *t* 1205
Ez 22.5 amancillada de nombre, y de grande *t* 4103
23.46 tropas, las entregaré a *t* y a rapiña

TURBADO *Véase Turbar*

TURBANTE
Ez 24.17 ata tu *t* sobre ti, y pon tus zapatos
24.23 vuestros testarán sobre... cabezas, y
44.18 *t* de lino tendrán sobre sus cabezas 6287
Dn 3.21 fueron atados con sus mantos... sus *t*

TURBAR
Gn 34.30 dijo... Me habéis *turbado* con hacerme 5916
45.3 porque estaban *turbados* delante de él 926
Éx 15.15 caudillos de Edom se *turbarán*; a los 926
Jos 6.18 no sea que hagáis anatema... lo *turbéis* 5916

7.25 qué nos has turbado? *Túrbete* Jehová en 5916
1 S 14.16 vieron... la multitud estaba *turbada*
14.29 Jonatán: Mi padre ha *turbado* el país 5916
17.11 oyendo... *turbaron* y tuvieron gran miedo
24.5 *turbó* el corazón de David, porque había 5221
28.5 y se *turbó* su corazón en gran manera
28.21 mujer vino a Saúl, y viéndole *turbado* 926
2 S 18.33 el rey se *turbó*, y subió a la sala
1 R 18.17 ¿eres tú el que *turbas* a Israel? 5916
18.18 yo no he *turbado* a Israel, sino tu y la 5916
2 R 6.11 el corazón del rey de Siria se *turbó* 5590
2 Cr 15.6 *turbó* con toda clase de calamidades 2000
Est 7.6 se *turbó* Amán delante del rey y de la
Job 4.5 cuando ha llegado hasta ti, te *turbas* 926
9.28 me *turban* todos mis dolores; sé que no
15.24 tribulación y angustia le *turbarán*, y
22.10 por tanto... te *turba* espanto repentino 926
23.16 Dios ha... me ha *turbado* el Omnipotente 926
Sal 2.5 en su furor, y los *turbará* con su ira 926
6.3 mi alma también está muy *turbada*; y tú 926
6.10 y se *turbarán* mucho todos mis enemigos 926
30.7 tú... escondiste tu rostro, fui *turbado* 926
42.5,11; 43.5 alma... te *turbas* dentro de mí? 1993
46.3 bramen y se *turben* sus aguas, y tiemblen 2560
48.5 así... se *turbaron*, se apresuraron a huir 926
73.12 estos impíos, sin ser *turbados* del mundo
83.17 sean afrentados y *turbados* para siempre 926
90.7 consumidos, y con tu ira somos *turbados* 926
104.29 escondes tu rostro, se *turban*; les 926
144.6 disípalos, envía tus saetas y *túrbalos*
Pr 11.29 el que *turba* su casa heredará viento 5916
Is 7.4 ni se *turbe* tu corazón a causa de estos
20.5 se *turbarán* y avergonzarán de Etiopía su

32.11 oh indolentes; *turbaos*, oh confiadas 7264
Jer 50.34 *turbar* a los moradores de Babilonia 7264
Dn 2.3 y mi espíritu se ha *turbado* por saber 6470
4.5 vi... y visiones de mi cabeza me *turbaron* 927
4.19 atónito... y sus pensamientos lo *turbaban* 927
4.19 Beltsasar, no te *turben* ni el sueño ni 927
5.6 el rey... y sus pensamientos lo *turbaron* 927
5.9 el rey Belsasar se *turbó*... y palideció 927
5.10 rey... no te *turben* tus pensamientos, ni 927
7.15 se me *turbó* el espíritu a mí, Daniel, en 3735
7.28 pensamientos me *turbaran* y mi rostro se 927
Jl 1.18 ¡cuán *turbados* anduvieron los hatos 943
Mt 2.3 oyendo esto, el rey Herodes se *turbó* *5015*
14.26 los discípulos, viéndole... se *turbaron* *5015*
24.6 **y oiréis de guerras... que no os *turbéis*** *2360*
Mr 6.50 todos le veían, y se *turbaron*. Pero *5015*
13.7 **oigáis de guerras y de... no os *turbéis*** *2360*
Lc 1.12 *turbó* Zacarías... le sobrecogió temor *5015*
1.29 mas ella... se *turbó* por sus palabras, y *1298*
10.41 **Marta... *turbada* estás con muchas cosas** *5182*
24.38 **¿por qué estáis *turbados*, y vienen a** *5015*
Jn 10.24 ¿hasta cuándo nos *turbarás* el alma?
12.27 **ahora está *turbada* mi alma... qué diré?** *5015*
14.1 **no se *turbe* vuestro corazón; creéis en** *5015*
14.27 **no se *turbe* vuestro corazón, ni tenga** *5015*

TURBIA
Pr 25.26 como fuente *t* y manantial corrompido 7515

TURBIÓN
Job 38.25 ¿quién repartió conducto al *t*, y
Is 4.6 para refugio y escondedero contra el *t* 2230
25.4 refugio contra el *t*, sombra contra el 2230
25.4 el ímpetu de los violentos es como *t* 2230
28 2 como *t* de granizo y como torbellino 8178
28.15,18 el Seol... cuando pase el *t* del azote

32.2 aquel varón... como refugio contra el *t* 2230

TURBULENTO, A
Is 22.2 tú, llena de... ciudad *t*, ciudad alegre 1993
Dn 11.14 hombres *t* de tu pueblo se levantarán

TURNO
1 R 4.28 cada uno conforme al *t* que tenía
5.14 los... enviaba al Líbano... cada mes por *t* 2487
1 Cr 9.23 porteros por sus *t* a las puertas de
9.25 venían cada siete días según su *t* para
24.3 David, con... los repartió por sus *t* en el
25.8 suertes para servir por *t*, entrando el
2 Cr 5.11 los sacerdotes... no guardaban sus *t* 4256
8.14 y constituyó los *t* de los sacerdotes en 4256
30.16 tomaron su lugar en los *t* de costumbre
31.2 conforme a... *t*, cada uno según su oficio 4256
35.4 por vuestros *t*, como lo ordenaron David 4256
35.10 los sacerdotes... los levitas en sus *t* 4256
Esd 6.18 y pusieron a los sacerdotes en sus *t* 6392
Neh 7.3 señalé guardas de... cada cual en su *t* 4929
12.24 alabar y dar gracias... guardando su *t* 4929
Job 1.5 pasado en *t* los días del convite
1 Co 14.27 si habla alguno en lengua... por *t* *3313*

TUTOR
Gá 4.2 que está bajo *t* y curadores hasta el *2012*

TUYO, A *Véase también el Apéndice*
Gn 33.9 y dijo Esaú... sea para ti lo que es *t*
Nm 18.11 también será *t*: la ofrenda elevada
1 R 20.4 como tú dices... yo soy *t*, y todo lo
1 Cr 29.11 *t* es, oh Jehová, la magnificencia
29.11 todas las cosas... son *t*. *T*... es el reino
29.14 todo es *t*, y de lo recibido de tu mano
Sal 74.16 *t* es el día, *t* también es la noche
89.11 *t* son los cielos, *t* también la tierra

U

UCAL *Discípulo del proverbista Agur*, Pr 30.1 401

UEL *Uno de los que se casaron con mujeres extranjeras en tiempo de Esdras*, Esd 10.34 177

UFAZ *Lugar donde había oro (posiblemente =Ofir)*
Jer 10.9 traerán plata... de Tarsis y oro de *U* 210
Dn 10.5 varón... ceñidos sus lomos de oro de *U* 210

ULA *Descendiente de Aser*, 1 Cr 7.39 5925

ULAI *Canal cerca de Susa*, Dn 8.2,16 195

ULAM
1. Descendiente de Manasés, 1 Cr 7.16,17 198
2. Descendiente de Benjamín, padre de una familia de flecheros, 1 Cr 8.39,40 198

ÚLCERA
Éx 9.9 producirá sarpullido con *ú* en... hombres 76
9.10 produjo *ú* tanto en los hombres como en 76
Dt 28.27 Jehová te herirá con la *ú* de Egipto 7822
Ap 16.2 vino una *ú* maligna y pestilente sobre *1668*
16.11 blasfemaron... por sus dolores y... sus *ú* *1668*

ÚLTIMO, A
Gn 33.2 las siervas... a Raquel y a José los *ú* 314
Éx 26.4 de azul en la orilla de la *ú* cortina
Lv 19.9 no segarás hasta el *ú* rincón de ella
Nm 2.31 de Dan... irán los *ú* tras sus banderas 314
Dt 24.3 pero si la aborreciere este *ú*, y le 314
Neh 8.18 leyó... desde el primer día hasta el *ú* 314
Job 11.20 su esperanza será dar su *ú* suspiro
27.19 rico se acuesta, pero por *ú* vez... nada
Is 62.11 que Jehová hizo oír hasta lo *ú* de la 7097
Jer 49.32 arrojados hasta el *ú* rincón... ruina 7112
49.39 *ú* días, que haré volver a los cautivos 319
50.12 aquí será la *ú* de las naciones; desierto 319
51.16 subir las nubes de lo *ú* de la tierra 7097
Mt 5.26 **no... hasta que pagues el *ú* cuadrante** *2078*
Mr 12.6 **por *ú*, teniendo... un hijo suyo, amado**
Lc 14.9 **y comiences con... a ocupar el *ú* lugar** *2078*
14.10 **convidado, vé y siéntate en el *ú* lugar** *2078*
Jn 7.37 **en el *ú* y gran día de la fiesta, Jesús** *2078*
Hch 1.8 **me seréis testigos... lo *ú* de la tierra** *2078*
13.47 para salvación hasta lo *ú* de la tierra *2078*
1 Co 15.8 y al *ú* de todos... me apareció a mí *2078*
He 10.9 quita lo primero, para establecer lo *ú* *1208*
1 Jn 2.18 hijitos, ya es el *ú* tiempo; y según *2078*
2.18 por esto conocemos que es el *ú* tiempo *2078*
Ap 1.11,17; 22.13 **yo soy... el primero y el *ú*** *2078*

ULTRAJAR
Nm 15.30 algo con soberbia... *ultraja* a Jehová 1442
Mt 5.44 **y orad por los que os *ultrajan* y os** *1908*
1 Ts 2.2 habiendo... padecido y sido *ultrajados* *5195*
1 P 4.4 les parece cosa extraña... os *ultrajan*

ULTRAJE
Is 51.7 no temáis afrenta de hombre... sus *u* 1421

UMA *Población en Aser*, Jos 19.30 5981

UMBRAL
Jue 19.27 tendida... con las manos sobre el *u* 5592
1 S 5.4 cabeza de Dagón... cortadas sobre el *u* 4670
5.5 los que entran... no pisan el ir de Dagón 4670
1 R 6.31 el *u* y los postes... de cinco esquinas 352

14.17 ella por el *u* de la casa, el niño murió 5592
2 Cr 3.7 cubrió... sus *u*, sus paredes... con oro 5592
Is 57.8 tras la puerta... *u* pusiste tu recuerdo 4201
Ez 9.3 la gloria del Dios... se elevó de... al *u* 4670
10.4 encima del querubín al *u* de la puerta 4670
10.18 se elevó de encima del *u* de la casa, y 4670
41.16 los *u* y las ventanas estrechas y las 5592
41.26 así eran las cámaras de la casa y los *u* 5646
43.8 poniendo ellos su *u* junto a mi *u*, y su 5592
46.2 estará en pie junto al *u*... de la puerta 4670
47.1 aguas que salían de debajo del *u* de la 4670

UN, A *Véase Uno. Véase también el Apéndice*

UNÁNIME
Hch 1.14 todos éstos perseveraban *u* en oración *3661*
2.1 de Pentecostés, estaban todos *u* juntos *3661*
2.46 y perseverando *u* cada día en el templo *3661*
4.24 ellos... alzaron *u* la voz a Dios, y dijeron *3661*
5.12 y estaban... *u* en el pórtico de Salomón *3661*
8.6 *u*, escuchaba... las cosas que decía Felipe *3661*
Ro 12.16 *u* entre vosotros: no altivos, sino
15.6 que *u*, a una voz, glorifiquéis al Dios
Fil 1.27 combatiendo *u* por la fe del evangelio
2.2 teniendo el mismo amor, *u*, sintiendo una *4861*

UNCIÓN
Éx 25.6 especias para el aceite de la *u* y para 4888
29.7 tomarás el aceite de la *u*... y le ungirás 4888
29.21 el aceite de la *u*, rociarás sobre Aarón 4888
30.25 harás de ello el aceite de la santa *u* 4888
30.25 según el arte... el aceite de la *u* santa 7545
30.31 este será mi aceite de la santa *u* por 4888
31.11 aceite de la *u*, y el incienso aromático 4888
35.8 especias para el aceite de la *u* y para 4888
35.15 el altar... aceite de la *u*, el incienso 4888
35.28 el alumbrado, y para el aceite de la ir 4888
37.29 hizo asimismo el aceite santo de la *u* 4888
39.38 altar... el aceite de la *u*, el incienso 4888
40.9 tomarás el aceite de la *u* y ungirás el 4888
40.15 *u* les servirá por sacerdocio perpetuo 4888
Lv 8.2 toma a Aarón y a sus... el aceite de la ir 4888
8.10 tomó Moisés el aceite de la *u* y ungió 4888
8.12 y derramó del aceite de lau sobre la 4888
8.30 tomó Moisés del aceite de la ir, y de la 4888
10.7 el aceite de la *u*... está sobre vosotros 4888
21.10 fue derramado el aceite de la ir, y que 4888
21.12 la consagración por el aceite de la ir 4888
Nm 4.16 ofrenda continua y el aceite de la *u* 4888
18.8 cosas... te he dado por razón de la *u*, y 4886
Sal 89.20 hallé a David, ungí con mi santa *u* 4888
Is 10.27 y el yugo se pudrirá a causa de la *u* 8081
1 Jn 2.20 pero vosotros tenéis la *u* del Santo *5545*
2.27 pero la *u* permanece en vosotros, y no *5545*
2.27 la *u* misma os enseña todas las cosas *5545*

UNCIR
Gn 46.29 José *unció* su carro y vino a recibir 1818
Éx 14.6 y *unció* su carro, y tomó consigo su 7393
1 S 6.7 y *uncid* las vacas al carro, y haced
6.10 tomando dos vacas que... *uncieron* al carro
1 R 18.44 *unce* tu carro y desciende, para que 631
2 R 9.21 unce el carro. Y cuando estaba uncido 7393
Jer 46.4 *uncid* caballos y subid, vosotros los 631
Mi 1.13 *uncid*... bestias veloces, oh moradores 7573

UNDÉCIMO, A
Nm 7.72 el *u* día, el príncipe... hijos de Aser 6249,6240
Dt 1.3 el mes *u*, el primero del mes, Moisés 6249,6240
1 R 6.38 en el *u* año... fue acabada la casa con 259,6240
2 R 9.29 el *u* año de Joram... comenzó a reinar 259,6240
25.2 estuvo... sitiada hasta el año *u* del rey 6249,6240
1 Cr 12.13 Jeremías el décimo y Macbanai el *u* .. 6249,6240
24.12 la *u* a Eliasib, la duodécima a Jaquim ... 6249,6240
25.18 la *u* para Azareel, con sus hijos y sus 6249,6240
27.14 la *u* para el *u* mes era Benaía piratonita .. 6249,6240
Jer 1.3 el fin del año *u* de Sedequías hijo de 6249,6240
39.2 y en el *u* año de Sedequías, en el mes 6249,6240
52.5 estuvo sitiada... hasta el *u* año del rey 6249,6240
Ez 26.1 el *u* año, en el día primero del mes 6249,6240
30.20 en el año *u*, en el mes primero, a los 259,6240
31.1 en el año *u*, en el mes tercero, el día 259,6240
Zac 1.7 los 24 días del mes *u*, que es el mes 6249,6240
Mt 20.6 **saliendo cerca de la hora *u*, halló a** *1734*
20.9 **los que habían ido cerca de la hora *u*** *1734*
Ap 21.20 *u*, jacinto; el duodécimo, amatista *1734*

UNGIDO *Véase también Ungir*
Lv 4.3 el sacerdote *u* pecare según el pecado 4899
4.5 y el sacerdote *u* tomará de la sangre del 4899
4.16 el sacerdote *u* meterá de la sangre del 4899
Nm 3.3 sacerdotes *u*, a los cuales consagró 4886
1 S 2.10 Jehová... exaltará el poderío de su *U* 4899
2.35 andará delante de mi *u* todos los días 4899
12.3 atestiguad contra mí... delante de su *u* 4899
12.5 y su *u* también es testigo en este día 4899
16.6 de cierto delante de Jehová está su *u* 4899
24.6 hacer tal cosa contra... el *u* de Jehová 4899
24.6 mano contra él; porque es el *u* de Jehová 4899
24.10 no extenderé mi mano... el *u* de Jehová 4899
26.9 contra el *u* de Jehová, y será inocente? 4899
26.11 extender mi mano contra el *u* de Jehová 4899
26.16 no habéis guardado a... al *u* de Jehová 4899
26.23 no quise extender mi mano contra el *u* 4899
2 S 1.14 tu mano para matar al *u* de Jehová? 4899
1.16 tu misma boca... Yo maté al *u* de Jehová 4899
19.21 Simei, que maldijo al ir de Jehová? 4899
22.51 y usa de misericordia para con su *u*, a 4899
23.1 aquel varón que... el *u* del Dios de Jacob 4899
1 Cr 16.22 no toquéis, dijo, a mis *u*, ni... mal 4899
2 Cr 6.42 Dios, no rechaces a tu *u*; acuérdate 4899
Sal 2.2 contra Jehová y contra su *u*, diciendo 4899
18.50 hace misericordia a su *u*, a David y a 4899
20.6 ahora conozco que Jehová salva a su *u* 4899
28.8 Jehová es... el refugio salvador de su *u* 4899
84.9 Dios... pon los ojos en el rostro de tu *u* 4899
89.38 tú desechaste y menospreciaste a tu *u* 4899
89.51 porque tus enemigos... los pasos de tu *u* 4899
105.15 no toquéis... a mis *u*, ni hagáis mal a 4899
132.10 amor de... no vuelvas de tu *u* el rostro 4899
132.17 de David; he dispuesto lámpara a mi *u* 4899
Is 45.1 dice Jehová a su *u*, a Ciro, al cual 4899
Lm 4.20 *u* de Jehová, de quien habíamos dicho 4899
Hab 3.13 saliste para socorrer a tu... a tu *u* 4899
Zac 4.14 son los dos *u* que están delante del 1121,3323
Lc 2.26 muerte antes que viese al *u* del Señor *2962*

UNGIR
Gn 31.13 Bet-el, donde tú *ungiste* la piedra 4886
Éx 28.41 a Aarón... *ungirás*, y los consagrarás 4886
29.7 el aceite... lo derramarás... y le *ungirás* 4886
29.29 ser *ungidos* en ellas, y... consagrados 4888

T

29.36 el altar...lo *ungirás* para santificarlo 4886
30.26 *ungirás* el tabernáculo de reunión, el......... 4886
30.30 *ungirás* también a Aarón y a sus hijos 4886
40.9 el aceite de...y *ungirás* el tabernáculo......... 4886
40.10 *ungirás* también altar del holocausto y....... 4886
40.11 asimismo *ungirás* la fuente y su base 4886
40.13 a Aarón...lo *ungirás*, y lo consagrarás 4886
40.15 y los *ungirás*, como *ungiste* a su padre 4886
Lv 6.20 ofrecerán...el día que fueren *ungidos* 4886
6.22 en lugar de Aarón fuere *ungido* de entre 4899
7.36 desde el día que él los *ungió* de entre.......... 4886
8.10 Moisés...*ungió* el tabernáculo y todas las 4886
8.11 y *ungió* el altar y todos sus utensilios 4886
8.12 de Aarón, y lo *ungió* para santificarlo 4886
16.32 hará la, el sacerdote que fuere *ungido* 4886
Nm 7.1 Moisés...y lo hubo *ungido* y santificado 4886
7.1 y asimismo *ungido* y santificado el altar........ 4886
7.10,84 del altar el día en que fue *ungido*........... 4886
7.88 dedicación del...después que fue *ungido* 4886
35.25 el cual fue *ungido* con el aceite santo......... 4886
Dt 28.40 olivos...no te *ungirás* con el aceite 5480
Rt 3.3 te lavarás...te *ungirás*...irás a la era........... 5480
1 S 9.16 al cual *ungirás* por príncipe sobre 4886
10.1 te ha *ungido* Jehová por príncipe sobre 4886
15.1 Jehová me envió a que te *ungiese*...rey........ 4886
15.17 ¿no...te ha *ungido* por rey sobre Israel? 4886
16.3 llama...y me *ungirás* al que yo te dijere 4886
16.12 dijo: Levántate y *úngelo*, porque éste 4886
16.13 tomó el cuerno del aceite, y lo *ungió*.......... 4886
2 S 1.21 Saúl, como si no hubiera sido *ungido* 4899
2.4 vinieron los varones de Judá y *ungieron*........ 4886
2.7 de Judá me han *ungido* por rey sobre ellos 4886
3.39 y yo soy débil hoy, aunque *ungido* rey 4886
5.3 y *ungieron* a David por rey sobre Israel 4886
5.17 oyendo...David había sido *ungido* por rey 4886
12.7 te *ungí* por rey sobre Israel, y te libré 4886
12.20 David se...se *ungió*, y cambió sus ropas...... 5480
14.2 y no te *unjas* con óleo, sino preséntate......... 5480
19.10 Absalón, a quien habíamos *ungido* sobre..... 4886
1 R 1.34 allí lo *ungirán* el sacerdote Sadoc y........... 4886
1.39 el cuerno del aceite...*ungir*; a Salomón......... 4886
1.45 Sadoc y...lo han *ungido* por rey en Gibón...... 4886
5.1 que lo habían *ungido* por rey en lugar de....... 4886
19.15 y *ungirás* a Hazael por rey de Siria 4886
19.16 a Jehú hijo de Nimsi *ungirás* por rey 4886
19.16 a Eliseo...*ungirás* para que sea profeta 4886
2 R 9.3,6,12 te he *ungido* por rey sobre 4886
11.12 le hicieron rey *ungiéndole*; y batiendo 4886
23.30 el pueblo...tomó a Joacaz...y lo *ungieron* 4886
1 Cr 11.3 ungieron a David...rey sobre Israel 4886
14.8 oyendo...que David había sido *ungido* rey 4886
29.22 y ante Jehová le *ungieron* por príncipe....... 4886
2 Cr 22.7 había *ungido* para que exterminara la 4886
23.11 lo *ungieron*, diciendo...¡Viva el rey! 4886
28.15 *ungieron*, y condujeron en asnos todos 4886
Sal 23.5 *unges* mi cabeza con aceite; mi copa.......... 1878
45.7 por tanto, te *ungió* Dios, el Dios tuyo 4886
89.20 a David...lo *ungí* con mi santa unción......... 4886
92.10 búfalo; seré *ungido* con aceite fresco.......... 1101
Is 21.5 ¡levantaos, oh príncipes, *ungid* el 4886
61.1 porque me *ungió* Jehová; me ha enviado 4886
Ez 16.9 lavé tus sangres...te *ungí* con aceite 5480
Dn 9.24 para...y *ungir* al Santo de los santos 4886
10.3 ni me *ungí* con ungüento, hasta que se 5480
Am 6.6 *ungen* con los ungüentos más preciosos 4886
Mi 6.15 pisarás aceitunas, mas no te *ungirás*.......... 5480
Mt 6.17 **tú, cuando ayunes, *unge* tu cabeza y** *218*
Mr 6.13 y *ungían* con aceite a muchos enfermos *218*
14.8 **se ha anticipado a *ungir* mi cuerpo para** *3462*
16.1 especias aromáticas para ir a *ungirle* *218*
Lc 4.18 **me ha *ungido* para dar buenas nuevas a** *5548*
7.38 y besaba sus pies, y los *ungía*...perfume........ *218*
7.46 **no *ungiste* mi cabeza con...ésta ha *ungido*** *218*
Jn 11.2 María...fue la que *ungió* al Señor con *218*
12.3 y *ungió* los pies de Jesús, y los enjugó........... *218*
Hch 4.27 tu santo Hijo Jesús, a quien *ungiste* *5548*
10.38 Dios *ungió* con el Espíritu Santo y con........ *5548*
2 Co 1.21 nos confirma...que nos *ungió*, es Dios....... *5548*
He 1.9 te *ungió* Dios, el Dios tuyo, con óleo *5548*
Stg 5.14 *ungiéndole* con aceite en el nombre............ *218*
Ap 3.18 **y *unge* tus ojos con colirio...que veas** *1472*

UNGÜENTO
Éx 30.25 aceite...superior *u*, según el arte del......... 4888
30.33 cualquiera que compusiere *u* semejante
2 R 20.13 Ezequías...les mostró...*u* preciosos 8081
Job 41.31 el mar...lo vuelve como una olla de *u* 4841
Pr 21.17 ama el vino y...*u* no se enriquecerá.......... 8081
27.9 el *u* y el perfume alegran el corazón 8081
Ec 7.1 mejor es la buena fama que el buen *u* 8081
9.8 blancos...y nunca falte *u* sobre tu cabeza 8081
Cnt 1.3 de tus suaves *u*, tu nombre es como *u* 8081
4.10 mejores...tus *u* que todas las especias......... 8081
Is 39.2 les mostró...*u* preciosos, toda su casa.......... 8081
57.9 y fuiste al rey con ir, y multiplicaste 8081
Dn 10.3 no comí...ni me ungí con *u*, hasta que 5480
Am 6.6 se ungen con los *u* más preciosos; y no 8081
Lc 23.56 prepararon especias aromáticas y *u* *3464*

UNI
1. Levita, músico en tiempo de David, 1 Cr 15.20 ... 6042
1 Cr 15.18 Jehiel, *u*, Eliab, Benaía, Maasías............ 6042
2. Levita que regresó del exilio con Zorobabel,
Neh 12.9.. 6042

ÚNICO, A
Gn 22.2 tu hijo, tu *ú*, Isaac, a quien amas, y............ 3173
22.12 cuanto no me rehusaste tu hijo, tu *ú*.......... 3162
22.16 no me has rehusado tu hijo, tu *ú* hijo 3173
Dt 14.2 para que le seas un pueblo *ú* de entre
Jue 11.34 ella era sola, su hija *ú*, no tenía.............. 3173
1 R 4.19 éste era el *ú* gobernador en aquella 259
Neh 2.12 ni...excepto la *ú* en que yo cabalgaba
Sal 72.18 Jehová Dios...ú que hace maravillas 6213
136.4 *ú* que hace grandes maravillas, porque
Pr 4.3 hijo...delicado y *ú* delante de mi madre 3173
Cnt 6.9 una es...la *ú* de su madre, la escogida
Jer 6.26 ponte luto como por hijo *ú*, llanto de.......... 3173
Lc 7.12 hijo *ú* de su madre, la cual era viuda *3439*
8.42 y tenía una hija *ú*, como de doce años *3439*
9.38 ruego que veas a mi hijo, pues es el *ú*.......... *3439*
Jn 5.44 **no buscáis la gloria que...del Dios *ú*?** *3441*
17.3 **te conozcan a ti, el *ú* Dios verdadero** *3441*
Ro 16.27 al *ú* y sabio Dios, sea gloria...Amén.......... *3441*
Col 4.11 los *ú* de la circuncisión que me ayudan....... *3441*
1 Ti 1.17 *ú* y sabio Dios, sea honor y gloria *3441*
Jud 4 niegan a Dios el *ú* soberano, y a...Señor *3441*
25 al *ú* y sabio Dios, sea gloria y majestad.......... *3441*

UNIDAD
Jn 17.23 **para que sean perfectos en *u*, para**
Ef 4.3 solícitos en guardar la *u* del Espíritu *1775*
4.13 que todos lleguemos a la *u* de la fe y del *1775*

UNIDO *Véase Unir*

UNIGÉNITO
Am 8.10 la volveré como en llanto de *u*, y su
Zac 12.10 y llorarán como se llora por hijo *u* 3173
Jn 1.14 gloria, gloria como del *u* del Padre *3439*
1.18 el *u* Hijo, que está en el seno del Padre *3439*
3.16 **que ha dado a su Hijo *u*, para que todo**......... *3439*
3.18 **porque no ha creído en el nombre del *u*** *3439*
He11.17 la fe Abraham...probado, ofrecía su *u* *3439*
1 Jn 4.9 que Dios envió a su Hijo *u* al mundo *3439*

UNIÓN
Éx 26.4 cortina de la primera *u*...la segunda *u* 2279
26.5 de la cortina que está en la segunda *u*.......... 4225
26.10 harás 50 lazadas en...al borde en la *u* 2279
26.10 la orilla de la cortina de la segunda *u* 2279
26.11 enlazarás la *u* para que se haga una sola 2266

UNIR
Gn 2.24 se *unirá* a su mujer, y serán una sola 1692
25.8 murió Abraham...y fue *unido* a su pueblo...... 622
25.17 Ismael, y murió, y...*unido* a su pueblo......... 622
29.21 porque mi tiempo se...para *unirme* a ella
29.34 se *unirá* mi marido conmigo, porque le 3867
Éx 1.10 se *una* a nuestros enemigos y pelee 3254
26.3 cortinas estarán *unidas* una con la otra....... 2266
26.3 otras cinco cortinas *unidas* una con la 2266
26.9 *unirás* 5 cortinas aparte y las otras 6.......... 2266
26.17 dos espigas...para *unirlas* una con otra...... 7947
26.24 se *unirán* desde abajo...se juntarán por 8382
36.10 cinco de las cortinas las *unió* entre sí 2266
36.10 *unió* las otras cinco cortinas entre sí 2266
36.16 *unió* cinco de las cortinas aparte, y las 2266
36.22 dos espigas...para *unirlas* una con otra...... 7947
36.29 las cuales se *unían* desde abajo, y por........ 8382
39.4 hombreras...se *unían* en sus dos extremos.... 2266
Nm 36.3 añadida a...de la tribu a que se *unan*
Dt 32.50 sé *unido* a tu pueblo, así como murió.......... 622
32.50 murió Aarón...y fue *unido* a su pueblo 622
Jos 10.6 reyes...se han *unido* contra nosotros......... 6908
11.5 todos estos reyes se unieron, y vinieron 3162
11.5 acamparon *unidos* junto a las aguas de 3162
23.12 y os *uniereis* a lo que resta de estas 1692
1 Cr 12.17 mi corazón será *unido* con vosotros.......... 3162
Esd 2.64 la congregación, *unida* como un solo.......... 259
Sal 2.2 y príncipes consultarán *unidos* contra.......... 3162
106.28 se *unieron* asimismo a Baal-peor, y 6775
133.1 una ciudad que está bien *unida* entre sí 3162
Pr 18.24 amigo hay más *unido* que un hermano......... 1695
Is 14.1 y a ellos se *unirán* extranjeros, y se 5596
Dn 2.43 pero no se *unirán* el uno con el otro 1693
Zac 2.11 se *unirán* muchas naciones a Jehová 3867
Mt 19.5 **se *unirá* a su mujer, y los dos serán**.......... *4347*
Mr 10.7 **dejará el hombre...se *unirá* a su mujer** *4347*
Hch 4.27 *unieron*...contra tu santo Hijo Jesús *4863*
5.36 se *unió* un número como de 400 hombres...... *4347*
Ro 7.3 se *uniere* a otro varón, será llamada
7.3 que si se *uniere* a otro marido, no será
1 Co 1.10 que estéis perfectamente *unidos* en *2675*
6.16 que el que se *une* con una ramera, es un *2853*
6.17 el que se *une* al Señor, un espíritu es *2853*
7.10 a los que están *unidos* en matrimonio
2 Co 6.14 no os *unáis* en yugo desigual con los *2086*
Ef 4.16 cuerpo, bien concertado y *unido* entre.......... *4883*
5.31 dejará el hombre...y se *unirá* a su mujer *4347*
Col 2.2 *unidos* en amor, hasta alcanzar todas *4822*
2.19 el cuerpo, nutriéndose y *uniéndose* por......... *860*

UNIVERSO
He 1.2 el Hijo...por quien asimismo hizo el *u* *165*
11.3 constituido el *u* por la palabra de Dios *165*

UN MILLÓN CIEN MIL
1 Cr 21.5 había en todo Israel *1.100.000* que............. 505

UNO, A *Véase también el Apéndice*
Gn 2.24 y se unirá a su mujer, y serán *u* sola 259
Dt 6.4 oye...Jehová nuestro Dios, Jehová *u* es.......... 259
32.30 ¿cómo podría perseguir *u* a mil, y dos.......... 259
Sal 14.3 no hay quien haga lo...ni siquiera *u* 259
53.3 cada *u* se había vuelto atrás; todos se
53.3 no hay quien haga lo bueno, no...ni aun *u* 259
Is 30.17 un millar huirá a la amenaza de *u*; a.......... 259
Mt 19.6 **no son ya más dos, sino *u* sola carne**.......... *3391*
Mr 10.8 **los dos serán *u* sola carne; así que**............ *3391*
10.18 **ninguno hay bueno, sino sólo *u*, Dios**......... *1520*
12.29 **el Señor nuestro Dios, el Señor *u* es** *1520*
12.32 verdad has dicho, que *u* es Dios, y no *1520*
Jn 10.30 **yo y el Padre *u* somos** *1520*
17.11 **guárdalos en tu nombre...que sean *u*, así**.... *1520*
17.21 **todos sean *u*...también ellos sean *u* en**....... *1520*
17.22 **que sean *u*, así como nosotros somos *u***....... *1520*
Ro 3.10 está escrito: No hay justo, ni aun *u* *1520*
3.12 no hay quien haga lo bueno...siquiera *u* *1520*
5.17 mucho más reinarán en vida por *u* solo *1520*
5.18 por la transgresión de *u*...justicia de *u* *1520*
Ga 3.20 mediador no lo es de ti...pero Dios es *u*....... *1520*
3.28 todos vosotros sois *u* en Cristo Jesús *1520*
Fil 3.13 *u* cosa hago: olvidando ciertamente lo.......... *1520*
1 Ti 2.5 hay *u* solo Dios, y *u* solo mediador............. *1520*
He 7.27 porque esto...hizo *u* vez para siempre........ *2178*
9.12 entró *u* vez para siempre en el Lugar *2178*
9.26 se presentó *u* vez para siempre por el.......... *530*
9.26 está establecido...que mueran *u* sola vez
9.28 también Cristo fue ofrecido *u* sola vez.......... *530*
10.10 ofrenda del cuerpo...*u* vez para siempre..... *2178*
10.12 *u* vez para siempre *u* solo sacrificio.......... *3391*
1 Jn 5.7 el Padre, el Verbo...estos tres son *u*........... *1520*

UNTAR
Éx 12.22 *untad* el dintel y los dos postes con........... 5060
29.2; Lv 2.4; 7.12; Nm 6.15 hojaldres sin levadura
untadas con aceite 4886
Jn 9.6 y *untó* con el lodo los ojos del ciego *2025,1909*
9.11 hizo lodo, me *untó* los ojos, y me dijo *2025*

UÑA
Éx 30.34 toma...*u* aromática y gálbano aromático 7827
Dt 14.6 animal...que tiene hendidura de dos *u* 6541
21.12 ella rapará su cabeza, y cortará sus ti......... 6856
Dn 4.33 creció...y sus *u* como las de las aves.......... 2953
7.19 que tenía...*u* de bronce, que devoraba y 2953
Mi 4.13 haré tu cuerno de...y tus *u* de bronce......... 6541

UPARSIN
Dn 5.25 escritura...MENE, MENE, TEKEL, *U*.......... 6537

UR
1. Ciudad antigua en Mesopotamia
Gn 11.28 y murió Harán...en *u* de los caldeos.......... 218
11.31 tomó Taré a Abram su...y salió...de *U* 218
15.7 yo soy Jehová, que te saqué de *u* de los 218
Neh 9.7 lo sacaste de *u* de los caldeos, y le............ 218
2. Padre de Elifal, 1 Cr 11.35 218

URBANO *Saludado por Pablo,* Ro 16.9 .... *3773*

URDIMBRE
Lv 13.48 o en *u* o en trama de lino o de lana........... 8359
13.49 en *u* o en trama, o en cualquiera obra.......... 8359
13.51,53 extendido...en la *u* o en la trama, en 8359
13.52 será quemado el...la *u* o trama de lana 8359
13.56 la cortará del...de la *u* o de la trama.......... 8359
13.57 apareciere de nuevo en...la *u* o trama 8359
13.58 la *u* o la trama...se lavará segunda vez 8359
13.59 la ley para...la lepra del vestido...de *u*........ 8359

URDIR
Sal 140.2 maquinan...cada día *urden* contiendas 1481

URI
1. Padre de Bezaleel No. 1, Éx 31.2, 35.30; 38.22;
1 Cr 2.20 (2); 2 Cr 1.5....................................... 221
2. Padre de Ceber, 1 R 4.19 221
3. Portero en el templo, Esd 10.24........................ 221

URÍAS
1. Uno de los treinta valientes de David
2 S 11.3 es Betsabé hija de Eliam, mujer de *U*........... 223
11.6 enviame a *U*...Y Joab envió a *u* a David......... 223
11.7 cuando *u* vino a él, David le preguntó 223
11.8 dijo David a *U*: Desciende a tu casa, y 223
11.8 saliendo *u* de la casa del rey, le fue 223
11.9 *u* durmió a la puerta de la casa del rey.......... 223
11.10 *u* no ha descendido a...Y dijo David a *U*........ 223
11.11 *u* respondió...El arca e Israel y Judá.......... 223
11.12 David dijo a *U*: Quédate aquí aún hoy 223
11.12 se quedó *u* en Jerusalén aquel día y el......... 223
11.14 una carta, la cual envió por mano de *U*......... 223
11.15 poned a *u* al frente, en lo más recio 223
11.16 a *u* en el lugar donde sabía que estaban....... 223
11.17 cayeron algunos...murió también *u* heteo..... 223
11.21 también tu siervo *u* heteo es muerto.......... 223
11.24 tiraron...y murió también tu siervo *U*......... 223
11.26 oyendo la mujer de *u* que...*U* era muerto 223
12.9 a *u* heteo heriste a espada, y tomaste.......... 223
12.10 tomaste la mujer de *u* heteo para que 223
12.15 al niño que la mujer de *u* había dado a 223
23.39 *u* heteo; treinta y siete por todos 223
1 R 15.5 vida, salvo en lo tocante a *u* heteo 223
1 Cr 11.41 *u* heteo, Zabad hijo de Ahlai................. 223
Mt 1.6 engendró a...de la que fue mujer de *U* *3774*
2. Sacerdote en tiempo del rey Acaz
2 R 16.10 envió al sacerdote *u* el diseño y la 223
16.11 sacerdote *u* edificó el altar; conforme......... 223
16.11 así lo hizo el sacerdote *u*, entre tanto......... 223
16.15 mandó el rey...al sacerdote *u*, diciendo 223
16.16 e hizo...*U* conforme a todas las cosas......... 223
Is 8.2 conmigo por testigos...al sacerdote *U*............ 223
3. Padre de Meremot No. 1, Esd 8.33; Neh 3.4,21...... 223
4. Varón que ayudó a Esdras en la lectura de la ley, Neh 8.4.. 223
5. Profeta a quien mató el rey Joacim
Jer 26.20 *U*...profetizó contra esta ciudad y........... 223
26.21 entendiendo lo cual *u*, tuvo temor, y 223
26.23 sacaron a *u* de Egipto y lo trajeron al 223

URIEL
1. Jefe de los hijos de Coat en tiempo de David, 1 Cr 6.24; 15.5,11 ... 222
2. Padre de Micaías la madre de Joacaz, 2 Cr 13.2 ... 222

URIM
Éx 28.30 pondrás en el pectoral del juicio *U* ... 224
Lv 8.8 y puso dentro del mismo los *u* y Tumim ... 224
Nm 27.21 y le consultará por el juicio del *U* ... 224
Dt 33.8 y tu *u* sean para tu varón piadoso, a ... 224
1 S 28.6 Jehová no le respondió ni...ni por *U* ... 224
Esd 2.63 hasta...sacerdote para consultar con *U* ... 224
Neh 7.65 que hubiese sacerdote con *u* y Tumim ... 224

URNA
He 9.4 en la que estaba unau.de oro...el maná ... *4713*

USAR
Gn 32.10 la verdad que has *usado* para con tu
40.14 y te ruego que *uses*...de misericordia
Jos 9.4 *usaron* de astucia; pues...se fingieron
Jue 16.11 con cuerdas...que no se hayan usado .. 6213,4399
Rt 4.6 sea...Redime tú, *usando* de mi derecho
2 S 22.51 *usa* de misericordia...con su ungido
1 Cr 12.2 y *usaban* de ambas manos para tirar ... 3231
Job 32.21 ni *usaré* con...de títulos lisonjeros
Pr 19.19 y si *usa* de violencias...nuevos males
Jer 34.9 ninguno *usase* a los judíos...siervos
34.10 que ninguno los *usase* más como siervos
Ez 4.15 te permito *usar* estiércol de bueyes en
16.44 el que *usa* de refranes te aplicará a ti
18.2 que *usáis* este refrán sobre la tierra de ... 4911
18.3 nunca más tendréis por qué *usar*...refrán ... 4911
21.21 para *usar* de adivinación; ha sacudido ... 7080
22.29 pueblo de la tierra *usaba* de opresión
Os 12.10 y por medio de los profetas *usé* parábolas
Mt 6.7 **y orando, no *uséis* vanas repeticiones**
Lc 10.37 dijo: El que *usó* de misericordia con
Hch 7.19 *usando* de astucia con nuestro pueblo
27.17 *usaron* de refuerzos para ceñir la nave ... *5530*
Ro 12.6 *úsese* conforme a la medida de la fe
1 Co 9.12 pero no hemos *usado* de este derecho ... *5530*
2 Co 1.17 ¿*usé* quizá de ligereza? ¿o lo que ... *5530*
3.12 tal esperanza, *usamos* de mucha franqueza ... *5530*
10.2 no tenga que *usamos* de aquella osadía
13.10 para no *usar* de severidad cuando esté ... *5530*
Ga 5.13 que no *uséis* la libertad como ocasión
1 Ts 2.5 nunca *usamos* de palabras lisonjeras
1 Ti 1.8 la ley...si uno la *usa* legítimamente ... *5530*
5.23 sino *usa* de un poco de vino por causa ... *5530*
2 Ti 2.15 que *usa* bien la palabra de verdad

USO
Lv 7.24 se dispondrá para cualquier otro *u* ... 4399
Nm 4.12 de que hacen *u* en el santuario, y los
Sal 76.5 no hizo *u* de sus manos ninguno de los
Ro 1.26 aun sus mujeres cambiaron el *u* natural ... *5540*
1.27 dejando el *u* natural de la mujer, se ... *5540*
Col 2.22 cosas...todas se destruyen con el *u*? ... *671*
2 Ti 2.20 *u* honrosos, y otros para *u* viles
He 5.14 los que por el *u* tienen los sentidos ... *1838*

USURA
Éx 22.25 prestares dinero...ni le impondrás *u* ... 5392
Lv 25.36 no tomarás de él *u* ni ganancia, sino ... 5392
25.37 no le darás tu dinero a *u*, ni...ganancia ... 5392
Sal 15.5 quien su dinero no dio a *u*, ni contra ... 5392
Pr 28.8 el que aumenta sus riquezas con *u* y ... 5392
Ez 18.8 que no prestare a interés ni tomare *u* ... 5392
18.13 prestare a interés y tomare *u*; ¿vivirá ... 5392
18.17 interés y *u* no recibiere; guardare mis ... 5392
22.12 interés y *u* tomaste, y a tus prójimos ... 5392

USURERO
Pr 29.13 pobre y el *u* se encuentran; Jehová ... 8501

UTAI
1. Descendiente de Judá, 1 Cr 9.4 ... 5793
2. Uno que regresó de Babilonia con Esdras, Esd 8.14 ... 5793

UTENSILIO
Éx 25.9 diseño de todos los *u*, así lo haréis ... 3627
25.39 de oro fino lo harás, con todos estos *u* ... 3627
27.3 braseros; harás todos sus *u* de bronce ... 3627
27.19 los *u* del tabernáculo...serán de bronce ... 3627
30.27 mesa con todos sus *u*, el candelero...u ... 3627
30.28 el altar del holocausto con todos sus *u* ... 3627
31.7 el arca...y todos los *u* del tabernáculo ... 3627
31.8 mesa y sus *u*, el candelero...todos sus ti ... 3627
31.9 el altar del holocausto y todos sus *u* ... 3627
35.13 la mesa y sus varas, y todos sus *u*, y ... 3627
35.14 el candelero del alumbrado y sus *u*, sus ... 3627
35.16 todos sus *u*, y la fuente con su base ... 3627
37.16 hizo los *u* que habían...sobre la mesa ... 3627
37.24 de oro puro lo hizo, con todos sus *u* ... 3627
38.3 hizo...todos los *u* del altar; calderos ... 3627
38.3 altar...todos sus *u* los hizo de bronce ... 3627
38.30 fueron hechas...todos los *u* del altar ... 3627
39.33 trajeron el tabernáculo...todos sus ti ... 3627
39.37 lamparillas...y todos sus *u*, el aceite ... 3627
39.39 sus varas y todos sus *u*, la fuente y ... 3627
39.40 los *u* del servicio del tabernáculo, del ... 3627
40.9 lo santificarás con todos sus *u*, y será ... 3627
40.10 ungirás también el altar...todos sus *u* ... 3627
Lv 8.11 y ungió el altar y todos sus *u*, y la ... 3627
Nm 1.50 sobre todos sus *u*, y sobre todas las ... 3627
3.8 guarden todos los *u* del tabernáculo de ... 3627
3.31 los *u* del santuario con que ministran ... 3627
4.9 todos sus *u* del aceite con que se sirve ... 3627
4.10 pondrán con todos sus *u* en una cubierta ... 3627
4.12 tomarán todos los *u* del servicio de que ... 3627
4.14 pondrán sobre él todos...losu.del altar ... 3627
4.15 de cubrir el...todos los *u* del santuario ... 3627
4.16 el cargo de...del santuario y de sus *u* ... 3627
4.32 consignarás por sus nombres todos los *u* ... 3627
7.1 ungido y santificado, con todos sus *u* ... 3627
7.1 ungido y santificado el altar y...sus *u* ... 3627
18.3 mas no se acercarán a los *u* santos ni al ... 3627
31.20 purificaréis todo vestido...*u* de madera ... 3627
Jos 6.19 los *u* de...sean consagrados a Jehová ... 3627
6.24 pusieron en el tesoro...los *u* de bronce ... 3627
2 S 8.10 Joram llevaba...*u* de plata, de oro y ... 3627
1 R 7.45 y todos los *u* que Hiram hizo al rey ... 3627
7.47 y no inquirió...del bronce de codos los *u* ... 3627
7.51 y metió Salomón lo que...plata, oro y *u* ... 3627
8.4 llevaron...los *u* sagrados que estaban en ... 3627
2 R 12.13 no se hacían...ningún otro *u* de oro ... 3627
14.14 tomó...todos los *u* que fueron hallados ... 3627
23.4 que sacasen...todos los *u* que habían sido ... 3627
24.13 rompió...los *u* de oro que había hecho ... 3627
25.14 llevaron...todos los *u* de bronce con que ... 3627
1 Cr 9.28 éstos tenían a su cargo los *u* para ... 3627
9.29 tenían el cargo de...de todos los *u* del ... 3627
18.8 con el que Salomón hizo...y *u* de bronce ... 3627
18.10 le envió...toda clase de *u* de oro, de ... 3627
22.19 para traer...los *u* consagrados a Dios ... 3627
23.26 levitas no tendrán que llevar...los *u* ... 3627
26.18 en la cámara de los *u* al occidente, 4 ... 6503
28.13 todos los *u* del ministerio de la casa ... 3627
28.14 oro, para todos los *u* de cada servicio ... 3627
28.14 plata en peso...los *u* de cada servicio ... 3627
2 Cr 4.19 así hizo Salomón los *u* para la casa ... 3627
5.1 los *u*, en los tesoros de la casa de Dios ... 3627
5.5 llevaron...todos los *u* del santuario que ... 3627
15.18 y trajo a la casa de Dios lo...oro y *u* ... 3627
24.14 *u* para la casa de...*u* para el servicio ... 3627
25.24 todos los *u* que se hallaron en la casa ... 3627
28.24 recogió Acaz los *u* de la casa de Dios ... 3627
29.18 limpiado...el altar del...con todos sus *u* ... 3627
29.19 los *u* que...había desechado el rey Acaz ... 3627
36.7 llevó...los *u* de la casa de Jehová, y los ... 3627
36.18 todos los *u* de la casa de Dios...llevó ... 3627
Esd 1.7 Ciro sacó los *u* de la casa de Jehová ... 3627
1.10 tazas de oro...de plata, y otros mil *u* ... 3627
1.11 todos los *u* de oro y de plata eran 5.400 ... 3627
5.14 los *u* de oro y de plata de la casa de ... 3984
5.15 toma estos *u*, vé, y llévalos al templo ... 3984
6.5 los *u* de oro y de plata de la casa de Dios ... 3984
7.19 los *u* que te son entregados para...Dios ... 3984
8.25 pesé la plata, el oro y los *u*, ofrenda ... 3627
8.26 pesé, pues...*u* de plata por cien talentos ... 3627
8.28 y son santos los *u*, y la plata y el oro ... 3627
8.30 levitas recibieron el peso...y de los *u* ... 3627
8.33 fue luego pesada...los *u*, en la casa de ... 3627
Neh 10.39 y allí estarán los *u* del santuario ... 3627
13.5 en la cual guardaban...los *u*, el diezmo ... 3627
13.9 hice volver...los *u* de la casa de Dios ... 3627
Is 52.11 purificaos los que lleváis los *u* de ... 3627
66.20 Israel traen la ofrenda en *u* limpios ... 3627
Jer 27.16 *u* de la casa de Jehová volverán de ... 3627
27.18 para que los *u*...no vayan a Babilonia ... 3627
27.19 acerca...del resto de los *u* que quedan ... 3627
27.21 de los *u* que quedaron en la casa de ... 3627
28.3 haré volver...todos los *u* de la casa de ... 3627
28.6 con las cuales profetizaste que los *u* ... 3627
49.29 sus cortinas y todos sus *u* y...tomarán ... 3627
52.18 los *u* de bronce con que se ministraba ... 3627
Ez 27.13 con *u* de bronce comerciaban en tus ... 3627
40.42 éstas pondrán los *u* con que degollarán ... 3627
Dn 1.2 entregó...parte de los *u* de la casa de ... 3627
1.2 y colocó los *u* en la casa del tesoro de ... 3627
Mr 7.4 lavamientos...de los *u* de metal, y de ... 5473
11.16 nadie atravesase el templo llevando *u* ... *4632*
2 Ti 2.20 no solamente hay *u* de oro y de plata ... *4632*

ÚTIL
Is 44.9 más precioso de ellos para nada es *ú* ... 3276
Lc 14.35 **ni para el muladar es *ú*; la arrojan** ... *2111*
Hch 20.20 cómo nada que fuese *ú* he rehuido de ... *4851*
2 Ti 2.21 instrumento para honra...*ú* al Señor ... *2173*
3.16 y *ú* para enseñar, para redargüir, para ... *5624*
4.11 toma a Marcos...es *ú* para el ministerio ... *2173*
Tit 3.8 estas cosas son buenas y *ú* a...hombres ... *5624*
Flm 11 inútil...pero ahora a ti y a mí nos es *ú* ... *2173*

UVA
Gn 40.10 viniendo a madurar sus racimos de *u* ... 1612
40.11 tornaba yo las *u* y las exprimía en la ... 6025
49.11 lavó en...y en la sangre de *u* su manto ... 1612
Lv 25.5 y las *u* de tu viñedo no vendimiarás ... 5139
Nm 6.3 ni beberá ningún licor de *u*, ni tampoco ... 2558
6.3 no...ni tampoco comerá *u* frescas ni secas ... 2558
13.20 país. Y era el tiempo de las primeras *u* ... 6025
13.23 un racimo de *u*, el cual trajeron dos ... 6025
Dt 23.24 podrás comer *u* hasta saciarte; mas ... 3754
28.39 labrarás, pero no...recogerás *u*, porque
32.14 y de la sangre de la *u* bebiste vino ... 6025
32.32 *u* de ellos son *u* ponzoñosas; racimos ... 6025
Jue 9.27 y pisaron la *u* e hicieron fiesta
1 S 25.18 Abigail tomó...100 racimos de *u* pasas ... 6778
Neh 13.15 cargaban asnos con vino, y...de *u*, de ... 6025
Is 5.2 esperaba...diese *u*, y dio *u* silvestres ... 8321
5.4 ¿Cómo, esperando...*u*, ha dado *u* silvestres? ... 3754
16.7 abatidos...las tortas de *u* de Kir-hareset ... 808
Jer 8.13 no quedarán *u* en la vid, ni higos en ... 1612
31.29 los padres comieron las *u* agrias y los ... 1155
31.30 todo hombre que comiere las *u* agrias ... 1155
Ez 18.2 los padres comieron las *u* agrias, y ... 1154
Os 9.10 como *u* en el desierto hallé a Israel ... 6025
Am 9.13 y el pisador de las *u* al que lleve la ... 6025
Mt 7.16 **¿acaso se recogen *u* de los espinos, o** ... *4718*
Lc 6.44 **pues...ni de las zarzas se vendimian *u*** ... *4718*
Ap 14.18 y vendimia los...sus *u* están maduras ... *288*
14.19 echó las *u* en el gran lagar de la ira ... *288*

UZ
1. Descendiente de Sem, Gn 10.23; 1 Cr 1.17 ... 5780
2. Primogénito de Nacor, Gn 22.21 ... 5780
3. Hijo de Disán, Gn 36.28; 1 Cr 1.42 ... 5780
4. Región desértica al este de Palestina
Job 1.1 en tierra de *u* un varón llamado Job ... 5780
Jer 25.20 a todos los reyes de *u*, y a todos ... 5780
Lm 4.21 hija de Edom...habitas en tierra de *U* ... 5780

UZA
1. Hijo de Abinadab No. 1
2 S 6.3 *u* y Ahío, hijos de...guiaban el carro ... 5798
6.6 *u* extendió su mano al arca de Dios, y la ... 5798
6.7 el furor de Jehová se encendió contra *U* ... 5798
6.8 se entristeció...haber herido Jehová a *U* ... 5798
1 Cr 13.7 nuevo; y *u* y Ahío guiaban el carro ... 5798
13.9 la era...*U* extendió su mano al arca para ... 5798
13.10 furor de Jehová se encendió contra *U* ... 5798
13.11 porque Jehová había quebrantado a *U* ... 5798
2. Dueño del huerto donde fue sepultado el rey Manasés, 2 R 21.18,26 ... 5798
3. Descendiente de Merari, 1 Cr 6.29 ... 5798
4. Descendiente de Benjamín, 1 Cr 8.7 ... 5798
5. Padre de una familia de sirvientes del templo, Esd 2.49; Neh 7.51 ... 5798

UZAI Padre de Palal, Neh 3.25 ... 186

UZAL Hijo de Joctán, Gn 10.27; 1 Cr 1.21 ... 187

UZEN-SEERA Aldea edificada por Seera, 1 Cr 7.24 ... 242

UZI
1. Sacerdote, ascendiente de Esdras, 1 Cr 6.5,6,51; Esd 7.4 ... 5813
2. Descendiente de Isacar, 1 Cr 7.2,3 ... 5813
3. Descendiente de Benjamín, 1 Cr 7.7 ... 5813
4. Padre de Ela, varón que regresó de Babilonia, 1 Cr 9.8 ... 5813
5. Jefe de levitas en Jerusalén, Neh 11.22 ... 5813
6. Sacerdote en tiempo de Joiacim, Neh 12.19 ... 5813
7. Sacerdote que ayudó en la dedicación del muro de Jerusalén, Neh 12.42 ... 5813

UZÍAS
1. Rey de Judá (=Azarías)
2 R 15.13 comenzó a reinar en el año 39 de *U* ... 5818
15.30 a los veinte años de Jotam hijo de *U* ... 5818
15.32 comenzó a reinar Jotam hijo de *U* rey ... 5818
15.34 él hizo...las cosas que había hecho...*U* ... 5818
2 Cr 26.1 el pueblo de Judá tomó a *U*...por rey ... 5818
26.2 *U* edificó a Elot, y la restituyó a Judá ... 5818
26.3 de dieciséis años era *U* cuando comenzó ... 5818
26.8 y dieron los amonitas presentes a *U*, y ... 5818
26.9 edificó también *U* torres en Jerusalén ... 5818
26.11 tuvo...*U* un ejército de guerreros, los ... 5818
26.14 y *U* preparó para...el ejército escudos ... 5818
26.18 pusieron contra el rey *U*, y le dijeron ... 5818
26.18 no te corresponde a ti, oh *U*, el quemar ... 5818
26.19 *U*, teniendo en la mano un incensario ... 5818
26.21 así el rey *U* fue leproso hasta el día ... 5818
26.22 los demás hechos de *U*...fueron escritos ... 5818
26.23 durmió *U* con sus padres...lo sepultaron ... 5818
27.2 conforme a...que había hecho *U* su padre ... 5818
Is 1.1 visión de Isaías...en días de *U*, Jotam ... 5818
6.1 en el año que murió el rey *U* vi yo al ... 5818
7.1 los días de Acaz hijo de Jotam, hijo de *U* ... 5818
Os 1.1 en días de *U*, Jotam, Acaz y Ezequías ... 5818
Am 1.1 profetizó acerca de Israel en los días de *U* ... 5818
Zac 14.5 causa del terremoto en los días de *U* ... 5818
Mt 1.8 Asa engendró a...a Joram, y Joram a *U* ... *3604*
1.9 *U* engendró a Jotam, Jotam a Acaz, y Acaz ... *3604*
2. Levita, descendiente de Coat, 1 Cr 6.24 ... 5818
3. Uno de los valientes de David, 1 Cr 11.44 ... 5814
4. Padre de Jonatán No. 7, 1 Cr 27.25 ... 5818
5. Sacerdote de entre los que se casaron con mujeres extranjeras, Esd 10.21 ... 5818
6. Padre de Ataías, Neh 11.4 ... 5818

UZIEL
1. Hijo de Coat y nieto de Leví, Éx 6.18,22; Lv 10.4; Nm 3.19,30; 1 Cr 6.2,18; 15.10; 23.12,20; 24.24 ... 5816
2. Capitán entre los simeonitas, 1 Cr 4.42 ... 5816
3. Descendiente de Benjamín, 1 Cr 7.7 ... 5816
4. Cantor, descendiente de Hemán, 1 Cr 25.4 ... 5816
5. Levita en tiempo del rey Ezequías, 2 Cr 29.14 ... 5816
6. Uno que ayudó en la reparación del muro de Jerusalén, Neh 3.8 ... 5816

UZIELITA *Descendiente de Uziel No. 1,* Nm 3.27; 1 Cr 26.23 ... 5817

V

VACA
Gn 12.16 y él tuvo ovejas, v, asnos, siervos . . . 1241
13.5 también Lot... tenía ovejas, v y tiendas . . . 6629
18.7 y corrió Abraham a las v, y tomó un . . . 1241
20.14 tomó ovejas y v, y siervos y siervas . . . 1241
21.27 y tomó Abraham... v, y dio a Abimelec . . . 1241
24.35 y le ha dado ovejas y v, plata y oro . . . 6629
26.14 y tuvo... hato de v, y mucha labranza . . . 6629
32.5 y tengo v, asnos y ovejas, y siervos y . . . 6629
32.7 y distribuyó... las v y los camellos, en . . . 6629
32.15 cuarenta v y diez novillos, 20 asnas . . . 6510
33.13 y que tengo ovejas y v paridas; y si . . . 6629
34.28 tomaron sus ovejas y v y sus asnos, y . . . 1241
41.2,18 que del río subían siete v... pacían . . . 6510
41.3 tras ellas subían... siete v de feo aspecto . . . 6510
41.3 se pararon cerca de las v hermosas a la . . . 6510
41.4 y que las v de feo aspecto y enjutas de . . . 6510
41.4 devoraban a las siete v hermosas y muy . . . 6510
41.19 y que otras siete v subían después de . . . 6510
41.20 y las v flacas... devoraban a... v gordas . . . 6510
41.26 las siete v hermosas siete años son; y . . . 6510
41.27 las siete v flacas y feas... siete años . . . 6510
45.10 ganados y tus v, y todo lo que tienes . . . 1241
46.32 han traído sus ovejas y sus v, y todo . . . 1241
47.1 mi padre... sus ovejas y sus vacas... venido . . . 6629
47.17 José les dio... por el ganado de las v . . . 6629
50.8 dejaron en... Gosén... sus ovejas y sus v . . . 6629
Éx 9.3 sobre tus... asnos, camellos, v y ovejas . . . 1241
10.9 con nuestras ovejas y con... v hemos de ir . . . 6629
10.24 id... queden vuestras ovejas y vuestras v . . . 6629
12.32 también vuestras v, como habéis dicho . . . 6629
20.24 sacrificarás sobre él... ovejas y tus v . . . 1241
34.19 mío... todo primogénito de v o de oveja . . . 4735
Lv 22.21 como ofrenda... sea de v o de ovejas . . . 7794
22.28 v u oveja, no degollaréis en un mismo . . . 7794
27.32 todo diezmo de v o de... será consagrado . . . 1241
Nm 15.3 ofrecer... olor grato... de v o de ovejas . . . 6629
18.17 mas el primogénito de v... no redimirás . . . 7794
19.2 de Israel que te traigan una v alazana . . . 6510
19.5 hará quemar la v ante sus ojos; su cuerpo . . . 6510
19.6 y lo echará en... fuego en que arde la v . . . 6510
19.9 un hombre... recogerá las cenizas de la v . . . 6510
19.10 y el que recogió las cenizas de la v . . . 6510
19.17 la ceniza de la v... de la expiación
Dt 7.13 bendecirá... aceite, la cría de tus v . . . 504
8.13 y tus v y tus ovejas se aumenten, y la . . . 6629
12.6 primicias de vuestras v y de vuestras . . . 6629
12.17 ni las primicias de tus v, ni de tus . . . 1241
12.21 podrás matar de tus v y de tus ovejas . . . 1241
14.26 y darás el dinero... por v, por ovejas . . . 1241
15.19 consagrarás... todo primogénito... tus v . . . 1241
15.19 no te servirás... primogénito de tus v . . . 7794
16.2 sacrificarás la pascua... de las v, en el . . . 1241
21.3 tomarán de las v una becerra que no haya . . . 5697
28.4 bendito... la cría de tus v y tus rebaños . . . 6231
28.18 maldito el fruto de... la cría de tus v . . . 6231
28.51 no te dejará... ni la cría de tus v, ni . . . 6231
32.14 mantequilla de v y leche de ovejas, con . . . 1241
1 S 6.7 tomad luego dos v... uncid las v al carro . . . 5763
6.10 dos v que criaban, las uncieron al carro . . . 5763
6.12 y las v se encaminaron por el camino de . . . 6510
6.14 ofrecieron las v en holocausto a Jehová . . . 6510
14.32 y tomaron ovejas y v y becerros, y los . . . 1241
14.34 me traigan cada uno su v... Y trajo... su v . . . 7794
15.3 mata a hombres... v, ovejas, camellos y . . . 7794
15.14 qué bramido de v es este que yo oigo . . . 1241
15.15 el pueblo perdonó lo mejor... y de las v . . . 1241
15.21 mas el pueblo tomó del botín ovejas y v . . . 1241
27.9 David... se llevaba las ovejas, las v, los . . . 1241
2 S 12.2 el rico tenía numerosas ovejas y v . . . 6629
12.4 no quiso tomar de sus ovejas y de sus v . . . 1241
17.29 quesos de v, para que comiesen; porque . . . 1241
1 R 1.9 matando Adonías... v y animales gordos . . . 1241
2 Cr 31.6 dieron... los diezmos de las v y de las . . . 1241
32.29 hatos de ovejas y de v en... abundancia . . . 1241
Neh 10.36 los primogénitos de nuestras v y de . . . 6629
Job 21.10 paren sus v, y no malogran su cría . . . 6510
Ec 2.7 tuve posesión grande de v y de ovejas . . . 4735
Is 7.21 criará un hombre una v y dos ovejas . . . 5697
11.7 v y la osa pacerán, sus crías... juntas . . . 6510
22.13 gozo y alegría, matando v y degollando . . . 1241
65.10 valle de Acor para majada de v, para . . . 6629
Jer 3.24 consumió... ovejas, sus v, sus hijos . . . 6629
5.17 comerá tus ovejas y tus v, comerá tus . . . 6629
31.12 correrán al bien... las ovejas y de las v . . . 1241
Os 5.6 con sus v andarán buscando a Jehová, y . . . 6629
Am 4.1 oíd... palabra, v de Basán, que estáis . . . 6510
Hab 3.17 quitadas... no haya v en los corrales . . . 1241

VACADA
Éx 29.1 un becerro de la v, y dos carneros sin . . . 2901
Lv 9.2 toma de la v un becerro para expiación . . . 5695
23.18 ofreceréis... un becerro de la v, y dos . . . 6499
Nm 28.11,19,27 ofreceréis... becerros de la v . . . 5930
29.2,8 ofreceréis... un becerro de la v, un . . . 5930
29.13 trece becerros de la v, dos carneros . . . 5930
29.17 doce becerros de la v, dos carneros, 14 . . . 6499
1 S 16.2 toma contigo una becerra de la v, y . . . 5697
Ez 43.19 darás un becerro de la v... expiación . . . 6499
43.23 acabes... ofrecerás un becerro de la v . . . 6499
43.25 sacrificarán el becerro de la v y un . . . 6499
45.18 tomarás de la v un becerro sin defecto . . . 6499
46.6 el día de... un becerro sin tacha de la v . . . 6499

VACIAR
Gn 24.20 *vació* su cántaro en la pila, y corrió . . . 6168
42.35 aconteció que *vaciando* ellos sus sacos . . . 7324
1 R 7.15 y *vació* dos columnas de bronce; la . . . 6696
2 Cr 24.11 llevaban el arca, y la *vaciaban*, y . . . 6168
Job 10.10 me *vaciaste* como leche, y como queso . . . 5413
Is 24.1 Jehová *vacía* la tierra y la desnuda . . . 1110
24.3 la tierra será enteramente *vaciada*, y . . . 6168
Jer 48.11 no fue *vaciado* de vasija en vasija . . . 6168
48.12 *vaciarán* sus vasijas, y romperán sus . . . 7324
51.2 que la avienten, y *vaciarán* su tierra . . . 7324
Hab 1.17 ¿*vaciará* por eso su red, y no tendrá . . . 7324
Ap 14.10 ha sido *vaciado* puro en el cáliz de . . . *2767*

VACÍO,A
Gn 1.2 la tierra estaba desordenada y v, y las . . . 922
31.42 cierto me enviarías ahora con... manos v . . . 7387
37.24 la cisterna estaba v, no había en ella . . . 7386
Éx 3.21 cuando salgáis, no vayáis con... manos v . . . 7387
23.15; 34.20 delante de mí con las manos v . . . 7387
Dt 15.13 despidieres libre, no le enviarás... v . . . 7387
16.16 ninguno se presentará... con las manos v . . . 7387
Jue 7.16 cántaros v con teas ardiendo dentro . . . 7387
Rt 1.21 Jehová me ha vuelto con las manos v . . . 7387
3.17 que no vayas a tu suegra con las manos v . . . 7387
1 S 6.3 arca... no la enviéis v, sino pagadle . . . 7387
20.18 echado de menos... tu asiento estará v . . . 6485
20.25 se sentó... y el lugar de David quedó v . . . 6485
20.27 aconteció... el asiento de David quedó v . . . 6485
2 S 1.22 arco... ni la espada de Saúl volvió v . . . 7387
2 R 4.3 pide para ti prestadas de... vasijas v . . . 7385
18.20 dices (pero son palabras v): Consejo . . . 8193
Neh 5.13 sacuda Dios... y así sea sacudido y v . . . 7386
Job 16.3 ¿tendrán fin las palabras v? ¿O qué te . . . 7307
22.9 a las viudas enviaste v, y los brazos . . . 7387
26.7 él extiende el norte sobre v, cuelga la . . . 8414
Pr 14.4 sin bueyes el granero está v; mas por . . . 1249
Is 29.8 cuando despierta, su estómago está v . . . 7385
32.6 fabricará iniquidad... dejando v el alma . . . 7324
36.5 el consejo... no son más que palabras v . . . 8193
55.11 no volverá a mí v, sino que hará lo que . . . 7387
Jer 4.23 miré a la tierra... estaba asolada y v . . . 922
14.3 al agua... volvieron con sus vasijas v; se . . . 7387
50.9 de valiente diestro, que no volverá v . . . 7387
51.34 me desmenuzó... y me dejó como vaso v . . . 7385
Ez 24.11 asentando... la olla v sobre sus brasas . . . 7385
Nah 2.10 v, agotada y desolada... y el corazón . . . 950
Mr 12.3 **mas ellos... enviaron con las manos v** . . . *2756*
Lc 1.53 colmó de bienes, y a los ricos envió v . . . *2756*
20.10 **un siervo... le enviaron con las manos v** . . . *2756*
20.11 **afrentado, le enviaron con las manos v** . . . *2756*

VACUNO
Lv 1.2 ofrece ofrenda... de ganado v u ovejuno . . . 929
1.3 si su ofrenda fuere holocausto v, macho . . . 1241
3.1 si hubiere de ofrecerla de ganado v, sea . . . 1241
22.19 macho... de entre el ganado v, de entre

VADO
Gn 32.22 tomó... y sus once hijos, y pasó el v . . . 4569
Jos 2.7 fueron tras ellos... hasta los v; y la . . . 4569
Jue 3.28 tomaron los v del Jordán a Moab, y . . . 4569
7.24 tomad los v... tomaron los v de Bet-bara . . . 4325
12.5 galaaditas tomaron los v del Jordán a . . . 4569
12.6 le degollaban junto a los v del Jordán . . . 4569
2 S 15.28 me detendré en los v del desierto . . . 5679,6160
17.16 no te quedes esta noche en los v del . . . 5679,6160
17.20 mujer... Ya han pasado el v de las aguas
19.18 cruzaron el v para pasar a la familia . . . 5679
Is 10.29 pasaron el v; se alojaron en Geba . . . 4569
16.2 así serán las hijas de Moab en los v de . . . 4569
Jer 51.32 v fueron tomados, y los baluartes . . . 4569

VAGABUNDO
Jue 9.4 Abimelec alquiló hombres ociosos y v . . . 6348
Sal 107.40 los hace andar perdidos, v y sin . . . 8582
109.10 anden sus hijos v, y mendiguen... pan . . . 5128
Pr 12.11 mas el que sigue a los v es falto de . . . 7386
26.10 es el que toma a sueldo insensatos y v . . . 5674

VAGAR
Job 12.24 y los hace *vagar* como por un yermo . . . 8582
15.23 *vaga* alrededor tras el pan, diciendo . . . 5074
Pr 17.24 mas los ojos del necio *vagan* hasta el . . . 3684
26.2 como el gorrión en su *vagar*, y como la . . . 5110
Jer 14.10 se deleitaron en *vagar*, y no dieron . . . 5128
14.18 anduvieron *vagando* en la tierra, y no . . . 5503
Zac 10.2 el pueblo *vaga* como ovejas, y sufre
He 3.10 siempre andan *vagando* en su corazón . . . *4105*

VAINA
1 S 17.51 tomó la espada... sacándola de su v . . . 8593
2 S 20.8 una daga en su v, la cual se le cayó . . . 8593
1 Cr 21.27 al ángel... volvió su espada a la v . . . 5084
Jer 47.6 vuelve a tu v, reposa y sosiégate . . . 8593
Ez 21.3 sacaré mi espada de su v, y cortaré . . . 8593
21.4 mi espada saldrá de su v contra... carne . . . 8593
21.5 que yo Jehová saqué mi espada de su v . . . 8593
21.30 ¿La volveré a su v? En el lugar donde . . . 8593
Jn 18.11 **mete tu espada en la v; la copa que** . . . *2336*

VAIZATA *Hijo de Amán*, Est 9.9

VAJILLA
Nm 7.85 toda la plata de la v, 2.400 siclos . . . 3701
1 R 10.21 v de la casa del bosque del Líbano . . . 3701
2 R 25.18 tomó entonces... tres guardas de la v . . . 5592
1 Cr 9.29 de ellos tenían el cargo de la v, y . . . 3627
2 Cr 9.20 la v del rey Salomón era de oro, y . . . 3701
9.20 la v de la casa del bosque... de oro puro . . . 3701

VALENTÍA
Jue 8.21 porque como es el varón, tal es su v . . . 1369
1 R 16.27 v que ejecutó, ¿no está todo escrito . . . 1369
2 R 10.34 y toda su v, ¿no está escrito en el . . . 1369
13.8 y sus v, ¿no está escrito en el libro de . . . 1369
14.28 y su v, y todas las guerras que hizo . . . 1369
Sal 65.6 que afirma los montes... ceñido de v . . . 1369
118.16 sublime; la diestra de Jehová hace v . . . 2428
Jer 9.23 ni en su v se alabe el valiente, ni . . . 1368
23.10 carrera... fue mala, y su v no es recta . . . 1369

VALER
Gn 23.15 la tierra *vale* 400 siclos de plata
2 S 18.3 tú ahora *vales* tanto como diez mil . . . 3644
2 R 7.1 mañana a estas horas *valdrá* el seah
Job 6.13 que ni aun a mí mismo me puedo *valer* . . . 5833
Pr 12.9 más *vale* el despreciado que tiene
16.16 adquirir inteligencia *vale* más que la
Ec 4.6 más *vale* un puño lleno con descanso
6.9 más *vale* vista... ojos que deseo que pasa
8.8 y no *valen* armas en tal guerra, ni la . . . 4917
Is 7.23 vides que *valían* mil siclos de plata
16.12 cuando venga a... a orar, no le *valdrá* . . . 3201
Mt 6.26 ***valéis* vosotros mucho más que ellas?**
10.31 **más *valéis* vosotros... muchos pajarillos** . . . *1308*
12.12 **¿cuánto más *vale* un hombre que... oveja?**
Lc 12.7 **más *valéis* vosotros que... pajarillos** . . . *1308*
12.24 **¿no *valéis* vosotros mucho más que las**
Gá 5.6 en... Jesús ni la circuncisión *vale* algo . . . *2480*
6.15 en Cristo Jesús ni la circuncisión *vale* . . . *2480*

VALEROSAMENTE
Hch 9.27 había hablado v en el nombre de Jesús . . . *3955*

VALEROSO
Jue 11.1 Jefté galaadita era esforzado y v; era . . . 1368
1 S 9.1 había un varón de Benjamín, hombre v . . . 1368
2 R 5.1 era este hombre v en extremo... leproso . . . 1368
1 Cr 7.2 sus linajes en... 22.600 hombres muy v . . . 1368
7.11 muy v, 17.200 que salían a combatir en . . . 1368
26.6 hijos que... eran varones v y esforzados . . . 1368
2 Cr 13.3 un ejército de 400.000 hombres... v . . . 1368
13.3 con ochocientos mil hombres... fuertes y v . . . 1368
17.17 Eliada, hombre muy v... con él 200.000 . . . 1368

VÁLIDO
He 9.17 no es v entre tanto... el testador vive . . . *2480*

VALIENTE
Gn 6.4 fueron los v que desde la antigüedad . . . 1368
Éx 15.15 los v de Moab les sobrecogerá temblor . . . 352
Dt 3.18 iréis armados todos los v delante de
Jos 1.6 esfuérzate y sé v... repartirás a este . . . 553
1.7 esfuérzate y sé muy v, para cuidar de . . . 553
1.9 que te mando que te esfuerces y seas v . . . 553
1.14 todos los v y fuertes, pasaréis armados . . . 1368
1.18 solamente que te esfuerces y seas v . . . 553
10.7 subió Josué... y todos los hombres v con . . . 1368
10.25 no temáis, sed fuertes y v, porque así . . . 553
Jue 3.29 todos v y todos hombres de guerra; no . . . 8082
5.22 los caballos... por el galopar de sus v . . . 47
6.12 Jehová... contigo, varón esforzado y v . . . 1368
18.2 los hijos de Dan enviaron de... hombres v . . . 2428
21.10 envió... a doce mil hombres de los más v 1121, 2428
1 S 16.18 que sabe tocar, y es v y vigoroso . . . 2428
18.17 seas hombre v, y pelees las batallas de . . . 2428
31.12 todos los hombres v se levantaron, y . . . 2428
2 S 1.19 ¡ha perecido... cómo han caído los v! . . . 1368
1.21 allí fue desechado el escudo de los v . . . 1368
1.22 sin sangre de los... sin grosura de los v . . . 1368
1.25 ¡cómo han caído los v en... de la batalla! . . . 1368
1.27 y cómo han caído los v, han perecido las . . . 1368
2.7 esfuércense... y sed v; pues muerto Saúl . . . 2428
10.7 envió a Joab con... el ejército de los v . . . 1368
11.16 sabía que estaban los hombres más v . . . 2428
13.28 matadle, y... Esforzaos, pues, y sed v . . . 1121, 2428
16.6 los hombres v estaban a su derecha y a . . . 1368
17.8 tú sabes que tu padre y... son hombres v . . . 1368
17.10 hombre v, cuyo corazón sea como león . . . 1368
17.10 Israel sabe que tu padre es hombre v . . . 1368
20.7 salieron en pos de él los... y todos los v . . . 1368
23.8 son los nombres de los v que tuvo David . . . 1368
23.9 uno de los tres v que estaban con David . . . 1368
23.16 tres v irrumpieron por el campamento . . . 1368
23.17 ¿he de beber... Los tres v hicieron esto . . . 1368
23.22 Joiada, y ganó renombre con los tres v . . . 1368
1 R 1.42 tú eres hombre v, y traerás buenas . . . 2428
11.28 Jeroboam era v y esforzado; y viendo . . . 1368
2 R 24.14 en cautiverio... a todos los hombres v . . . 2428
24.16 a todos los v... llevó cautivos el rey de . . . 1368
1 Cr 5.18 hijos de Rubén y de Gad... hombres v . . . 2428
5.24 fueron los jefes... hombres v y esforzados . . . 2428
7.5 las familias de Isacar... 87.000 hombres v . . . 1368
8.40 y fueron los hijos de Ulam hombres v y . . . 1368
10.12 se levantaron todos los hombres v, y . . . 2428
11.10 los principales de los v que David tuvo . . . 1368

11.11 es el número de los *v* que David tuvo 1368
11.12 Eleazar hijo de Dodo...era de los tres *v* 1368
11.19 vidas...Esto hicieron aquellos tres *v*.......... 1368
11.22 Benaía...hijo de un varón *v* de Cabseel 2428
11.24 Benaía...y fue nombrado con los tres *v* 1368
11.26 los *v* de los ejércitos: Asael hermano 1368
12.1 de los *v* que le ayudaron en la guerra 1368
12.4 Ismaías...*v* entre los 30, y más que los......... 1368
12.8 hombres de guerra muy *v* para pelear
12.21 eran hombres *v*, y fueron capitanes en 1368
12.25 los hijos de Simeón, 7.100 hombres, *v*.......... 1368
12.28 Sadoc, joven *v* y esforzado, con 22 de......... 1368
12.30 de Efraín...muy *v*, varones ilustres en 1368
19.8 a Joab con todo el ejército de los...*v*........... 1368
26.9 los hijos de Meselemías...18 hombres *v* 2428
26.32 y sus hermanos, hombres *v*, eran 2.700 2428
27.6 Benaía era *v* entre los treinta y sobre 1368
28.1 reunió David...los más poderosos y *v* de 1368
2 Cr 17.13 tuvo...hombres de guerra muy *v* en 1368
17.16 Amasías hijo...con él 200.000 hombres *v* 1368
25.6 tomó a sueldo por...cien mil hombres *v* 1368
26.12 el número de los jefes de familia, *v*........... 1368
26.17 con él ochenta sacerdotes...varones *v* 2428
28.6 Peka...mató en Judá...120.000 hombres *v*..... 2428
32.3 tuvo consejo...con sus hombres *v*, para 1368
32.21 el cual destruyó a todo *v* y esforzado 1368
Neh 3.16 restauró...y hasta la casa de los *V*........... 1368
Sal 24.8 el fuerte y *v*; Jehová el poderoso en........... 1368
33.16 no...ni escapa el *v* por la mucha fuerza 1368
45.3 ciñe tu espada...oh *v*, con tu gloria y 1368
78.65 despertó el Señor como...un *v* que grita 1368
120.4 agudas saetas de *v*...brasas de enebro 1368
127.4 como saetas en mano del *v*, así son los 1368
Cnt 3.7 sesenta *v* la rodean, de los fuertes............. 1368
4.4 mil escudos están colgados...escudos de *v*...... 1368
Is 3.2 el *v* y el hombre de guerra, el juez y............. 1368
5.22 ¡ay de los que son *v* para beber vino........... 1368
10.13 y derribé como *v* a los que...sentados 3524
13.3 llamé a mis *v* para mi ira, a los que se......... 1368
21.17 los sobrevivientes de los *v* flecheros 1368
31.1 su esperanza ponen...en jinetes...son *v*........ 6105
49.24 ¿Será quitado el botín al *v*? ¿Será 1368
49.25 el cautivo será rescatado del *v*, y el.......... 1368
Jer 5.16 su aljaba como sepulcro abierto...*v* 1368
9.23 ni en su valentía se alabe el *v*, ni el rico........ 1368
14.9 ¿por qué...como *v*, que no puede librar? 1368
46.5 sus *v*, fueron deshechos, y huyeron sin 1368
46.6 no huya el ligero, ni el *v* escape; al 1368
46.9 alborotaos, carros, y salgan los *v*; los 1368
46.12 *v*, tropezó contra *v*, y cayeron ambos......... 1368
48.14 Somos hombres *v*, y robustos para la guerra?... 1368
48.41 aquel día el corazón de los *v* de Moab... 4679,1368
49.22 y el corazón de los *v* de Edom será en 1368
50.9 sus flechas son como de *v* diestro, que.......... 1368
50.36 espada contra sus *v*, y...quebrantados 1368
51.30 los *v*, de Babilonia dejaron de pelear 1368
51.56 destruidor...y sus *v* fueron apresados......... 1368
Dn 11.3 se levantará luego un rey *v*, el cual 1368
Os 10.13 confiaste...en la multitud de tus *v*............ 1368
Jl 2.7 como *v* correrán...subirán el muro; cada 1368
3.9 despertad a los *v*, acérquense, vengan.......... 1368
Am 2.14 el ligero no...ni el *v*, librará su vida 2389
2.16 esforzado de entre los *v* huirá desnudo......... 1368
Abd 9 y tus *v*, oh Temán, serán amedrentados 1368
Nah 2.3 el escudo de sus *v* estará enrojecido 1368
2.5 se acordará él de sus *v*, se atropellarán 117
3.18 reposaron tus *v*, tu pueblo se derramó 7931
Sof 1.14 es amarga la voz...gritará allí el *v* 1368
Zac 9.13 oh Sion...te pondré como espada de *v* 1368
10.5 serán como *v* que en la batalla huellan 1368
10.7 y será Efraín como *v*, y se alegrará su......... 1368

VALLADO

Job 19.8 cercó de *v* mi camino, y no pasaré 1443
Sal 80.12 ¿por qué aportillaste sus *v*, y la.............. 1447
89.40 aportillaste todos sus *v*...fortalezas 1448
Ec 10.8 aportillare *v*, le morderá la serpiente 1447
Is 5.5 mi viña: Le quitaré su *v*, y...consumida.......... 4881
Jer 6.6 cortad...y levantad *v* contra Jerusalén
49.3 rodead los *v*, porque Milcom fue llevado 1448
Ez 17.17 se levanten *v* y se edifiquen torres
21.22 para levantar *v*, y edificar torres de.......... 1447
22.30 busqué entre ellos hombre que hiciese *v* 1447
38.20 *v* caerán, y todo muro caerá a tierra 4095
Nah 3.17 langostas que se sientan en *v* en día.......... 1448
Mt 21.33 **la cercó de *v*, cayó en ella un lagar** *5418,4060*
Mr 12.1 **plantó una viña, la cercó de *v*, cayó**......... *5418*
Lc 14.23 **dijo... Vé por los caminos y por los *v*** *5418*
19.43 **tus enemigos te rodearán con *v*, y te** *5482*

VALLE

Gn 14.3 se juntaron en el *v* de Sidim, que es.......... 6010
14.8 y ordenaron...batalla en el *v* de Sidim 6010
14.10 el *v* de Sidim estaba lleno de pozos de......... 6010
14.17 salió...*v* de Save, que es el *V* del Rey 6010
26.17 fue de allí, y acampó en el *v* de Gerar 5158
26.19 cavaron en el *v*, y hallaron allí un pozo......... 5158
37.14 y lo envió del *v* de Hebrón, y llegó a 6010
Nm 13.24 Y se llamó aquel lugar el *V* de Escol.......... 5158
14.25 amalecita y el cananeo habitan...el *v* 6010
21.12 partieron...acamparon en el *v* de Zered 5158
21.20 de Bamot al *v* que está en los campos 1516
Dt 1.7 en los *v*, en el Neguev, y junto a la 8219
1.24 hasta el *v* de Escol, y reconocieron la.......... 5158
2.36 de Arnón, y la ciudad que está en el *v* 5158
3.16 límite el medio del *v*, hasta el arroyo 5158
3.29 y paramos en el *v* delante de Bet-peor 1516
4.46 el *v* delante de Bet-peor, en la tierra........... 1516
21.4 traerán la becerra a un *v* escabroso, que...... 5158
21.4 y quebrarán la cerviz de...allí en el *v* 5158
21.6 becerra cuya cerviz fue quebrada en el *v* 5158
34.6 y lo enterró en el *v*, en la tierra de............. 1516
Jos 7.24 Acán...y lo llevaron todo al *v* de Acor 6010
7.26 lugar se llama el *V* de Acor, hasta hoy......... 6010
8.11 acamparon...el *v* estaba entre él y Ha 1516
8.13 y Josué avanzó...hasta la mitad del *v* 6010
10.12 detente...tú, luna, en el *v* de Ajalón.......... 6010
11.16 tomó...las montañas de Israel y sus *v* 8219
12.2 y desde en medio del *v*, y la mitad de 5158
12.8 en los *v*, en el Arabá, en las laderas 8219
13.9,16 la ciudad que está en medio del *v*........... 5158
13.19 Sibma, Zaret-sahar en el monte del *v*......... 6010
13.27 y en el *v*, Bet-aram, Bet-nimra, Sucot 6010
15.7 luego sube a Debir desde el *v* de Acor 6010
15.8 este límite por el *v* del hijo de Hinom 1516
15.8 luego sube por...enfrente del *v* de Hinom 1516
15.8 al extremo del *v* de Refaim, por el lado........ 6010
17.16 cananeos...que están en el *v* de Jezreel 6010
18.16 del monte que está delante del *v* del.......... 1516
18.16 que está al norte en el *v*, de Refaim 6010
18.16 desciende luego al *v* de Hinom, al lado 1516
18.21 de Benjamín...Bet-hogla, el *v* de Casis........ 6010
19.14 hacia Hanatón, viniendo a salir al *v*.......... 1516
19.27 y llega a Zabulón, al *v* de Jefte-el al.......... 1516
Jue 4.11 había plantado sus tiendas en el *v*............. 436
5.15 como Barac...se precipitó a pie en el *v*........ 6010
6.33 y pasando acamparon en el *v* de Jezreel 6010
7.1 más allá del collado de More, en el *v* 6010
7.8 el campamento de Madián abajo en el *v*......... 6010
7.12 tendidos...*v* como langostas en multitud 6010
16.4 enamoró de una mujer en el *v*, de Sorec....... 5158
18.28 ciudad estaba en el *v* que hay junto a 6010
1 S 6.13 Bet-semes segaban el trigo en el *v* 6010
13.18 hacia la región que mira al *v* de Zeboim...... 1516
15.5 viniendo Saúl...puso emboscada en el *v*....... 5158
17.2 también Saúl...acamparon en el *v* de Ela 6010
17.3 Israel...al otro lado, y el *v* entre ellos.......... 1516
17.19 Saúl y ellos...estaban en el *v* de Ela 6010
17.52 siguieron...hasta llegar al *v*, y hasta 1516
21.9 Goliat...que tú venciste en el *v* de Ela 6010
31.7 de Israel que eran del otro lado del *v*.......... 6010
2 S 5.18 filisteos, y se extendieron por el *v*............ 6010
5.22 y se extendieron en el *v* de Refaim 6010
8.13 destrozó a...edomitas en el *V* de la Sal........ 1516
18.18 erigido una columna...en el *v* del rey 6010
23.13 campamento...estaba en el *v* de Refaim 6010
24.5 la ciudad que está en medio del *v* de Gad...... 5158
1 R 20.28 de los montes, y no Dios de los *v*............. 6010
2 R 2.16 echado en algún monte o en algún *v*........... 1516
3.16 dijo...Haced en este *v* muchos estanques...... 5158
3.17 este *v* será lleno de agua, y beberéis.......... 5158
14.7 éste mató a...edomitas en el *V* de la Sal....... 1516
23.6 sacar la imagen de Asera...al *v* de Cedrón.... 5158
23.6 y la quemó en el *v* del Cedrón...en polvo 5158
23.10 Tofet...está en el *v*, del hijo de Hinom 1516
1 Cr 4.14 de los habitantes del *v* de Carisim 1516
4.39 llegaron hasta...Gedor...el oriente del *v* 1516
10.7 los de Israel que habitaban en el *v*, que........ 6010
11.15 estando...filisteos en el *v* de Refaim.......... 6010
12.15 hicieron huir a todos los de los *v* al.......... 6010
14.9 y se extendieron por el *v* de Refaim 6010
14.13 volviendo los...a extenderse por el *v* 6010
18.12 en el *v* de la Sal a 18.000 edomitas............ 1516
27.29 del ganado que estaba en los *v*, Safat 6010
2 Cr 14.10 Asa...ordenaron la batalla en el *v*........... 1516
20.26 se juntaron en el *v*...el *v* de Beraca 6010
25.11 y vino al *V* de la Sal, y mató de los............ 1516
26.9 junto a la puerta del *v*, y junto a las............ 1516
28.3 incienso en el *v* de los hijos de Hinom 1516
33.6 sus hijos por fuego en el *v* del hijo de 1516
33.14 edificó el muro...en el *v*, a la entrada 5158
Neh 2.13 por la puerta del *V* hacia la fuente 1516
2.15 entré por la puerta del *V*, y me volví.......... 1516
3.13 la puerta del *V* la restauró Hanún con........... 1516
11.30 habitaron desde Beerseba hasta el *v* de 1516
11.35 Lod, y Ono, *v* de los artífices 1516
Job 21.33 los terrones del *v* le serán dulces............ 5158
39.10 al búfalo...labrará los *v* en pos de ti? 6010
Sal 23.4 aunque ande en *v* de sombra de muerte 1516
60 tít...doce mil de Edom en el *v* de la Sal.......... 1516
60.6 repartiré a Siquem, y mediré el *v* de............ 6010
65.13 los *v* se cubren de grano; dan voces 6010
84.6 atravesando el *v* de lágrimas lo cambian....... 6010
104.8 subieron los montes, descendieron los *v*........ 1237
108.7 repartiré a Siquem, y mediré el *v* de 6010
Cnt 2.1 yo soy la rosa de...el lirio de los *v* 6010
6.11 descendí a ver los frutos del *v*, y para 5158
Is 7.19 acamparán todos en los *v* desiertos, y.......... 5158
17.5 el que recoge espigas en el *v* de Refaim 6010
22.1 profecía sobre el *v* de la visión...¿Qué 1516
22.5 en el *v* de la visión, para derribar el........... 1516
22.7 tus hermosos *v* fueron llenos de carros......... 6010
24.15 glorificad por esto a Jehová en los *v*........... 217
28.1,4 sobre la cabeza del *v* fértil de los 1516
28.21 como en el *v* de Gabaón se enojará; para 6010
40.4 todo *v* sea alzado, y bájese todo monte 1516
41.18 abriré ríos, y fuentes en medio de...*v* 1237
57.5 sacrificáis los hijos en los *v*, debajo............ 5158
57.6 las piedras lisas del *v* está tu parte 5158
63.14 como a una bestia que desciende al *v* 1237
65.10 el *v* de Acor para majada de vacas, para 6010
Jer 2.23 mira tu proceder en el *v*, conoce lo 1516
7.31 de Tofet, que está en el *v* del...de Hinom 1516
7.32 Tofet, ni *v*...de Hinoin...*V* de la Matanza 1516
19.2 y saldrás al *v* del hijo de Hinom, que........... 1516
19.6 ni *v* del hijo de Hinom...*V* de la Matanza 1516
21.13 yo estoy contra ti, moradora del *v*, y.......... 6010
31.40 todo el *v* de los cuerpos muertos y de......... 6010
32.35 Baal...están en el *v* del hijo de Hinoni......... 1516
47.5 Ascalón ha perecido, y el resto de su *v* 6010
48.8 se arruinará...el *v*, y será destruida la 6010
49.4 ¿por qué te glorías de los *v*? Tu *v* se 6010
Ez 6.3 dicho Jehová...a los arroyos y a los *v*............ 1516
7.16 sobre los montes como palomas de los *v*....... 1516
31.12 sus ramas caerán...por todos los *v*, y 1516
32.5 montes, y llenaré los *v* de...cadáveres.......... 1516
35.8 en tus *v* y en...caerán muertos a espada 1516
36.4 ha dicho Jehová...a los *v*, a las ruinas 1516
36.6 di a los montes...los arroyos y a los *v* 1516
37.1 y me puso en medio de un *v*,...de huesos 1237
39.11 el *v* de los que pasan al oriente del............ 1516
39.11 a Gog...lo llamarán el *V* de Hamón-gog 1516
39.15 los entierren...en el *v* de Hamón-gog......... 1516
Os 1.5 quebraré...de Israel en el *v* de Jezreel......... 6010
2.15 el *v* de Acor por puerta de esperanza 6010
Jl 3.2 las haré descender al *v* de Josafat, y 6010
3.12 las naciones, y suban al *v* de Josafat 6010
3.14 muchos pueblos en el *v* de la decisión 6010
3.14 cercano está el día de Jehová en el *v* 6010
3.18 saldrá una fuente...regará el *v* de Sitim....... 5158
Am 1.5 y destruiré a los moradores del *v* de............ 1237
Mi 1.4 los *v* se hendirán como la cera delante 6010
1.6 viñas; y derramaré sus piedras por el *v* 1516
Zac 12.11 el llanto de Hadad-rimón en el *v* de 1516
14.4 se partirá por...haciendo un *v* muy grande ... 1516
14.5 huiréis al *v* de los montes, porque el........... 1516
14.5 el *v* de los montes llegará hasta Azal 1516
Lc 3.5 todo *v* se rellenará, y se bajará todo *5327*

VALOR

Lv 27.15 añadirá...quinta parte del *v* de ella 3701
Rt 4.15 es de más *v* para ti que siete hijos
2 S 7.27 hallado...*v* para hacer...esta súplica......... 6419
1 R 21.2 dame tu viña...pagaré su *v* en dinero 4242
2 R 1.13 te ruego que sea de *v* delante de tus 4994
1 Cr 7.7 los hijos de Bela...hombres de gran *v* 1368
Job 11.6 que son de doble *v* que las riquezas!.......... 1411
28.13 no conoce su *v* el hombre, ni se halla......... 6187
1 Co 14.11 si yo ignoro el *v* de las palabras
Col 2.23 no tienen *v*...contra los apetitos de............ *5092*

VALORAR

Lv 27.12 y el sacerdote lo ***valorará***, sea bueno 6186
27.14 la ***valorará*** el sacerdote, sea buena o.......... 6186
27.14 casa...según la ***valorare***...así quedará......... 6186
27.16 un homer...se ***valorará*** en 50 siclos de 6187
27.25 lo que ***valorares*** será conforme al siclo....... 6187

VALUACIÓN

Lv 27.13 añadirá sobre tu *v* la quinta parte............ 6187
27.15 mas si...añadirá a tu *v* la quinta parte 6187

VANAGLORIA

Fil 2.3 nada hagáis por contienda o por *v* *2754*
1 Jn 2.16 y la *v* de la vida, no proviene del *212*

VANAGLORIAR

Sal 94.4 ***vanagloriarán***...que hacen iniquidad?......... 559

VANAGLORIOSO

Ga 5.26 no nos hagamos *v*, irritándonos unos
2 Ti 3.2 hombres...*v*, soberbios, blasfemos *213*

VANAMENTE

Job 35.16 eso Job abre su boca *v*; y multiplica 1892
Col 2.18 *v* hinchado por su propia mente carnal....... *1500*

VANÍAS *Uno de los que se casaron con mujeres* extranjeras en tiempo de Esdras, Esd 10.36 2057

VANIDAD

1 S 12.21 no os apartéis en pos de *v* que no............ 8414
1 R 16.13 provocando...con sus *v* a Jehová Dios........ 1892
2 R 17.15 siguieron la *v*, y se hicieron vanos........... 1892
Job 7.16 déjame, pues, porque mis días son *v*.......... 1892
15.31 no confíe el iluso en la *v*, porque ella 7723
35.13 ciertamente Dios no oirá la *v*, ni la............ 7723
Sal 4.2 amaréis la *v*, y buscaréis la mentira? 7385
31.6 aborrezco a los que...en *v* ilusorias; mas....... 1892
39.5 ciertamente es completa *v* todo hombre......... 1892
39.11 deshaces...ciertamente *v* es todo hombre 1892
62.9 cierto, *v* son los hijos de los hombres 1892
78.33 consumió sus días en *v*, y sus años en 1892
94.11 pensamientos de los hombres, que son *v* 1892
119.37 aparta mis ojos, que no vean la *v*............ 7723
144.4 el hombre es semejante a la *v*,; sus días 1892
144.8 cuya boca habla *v*, y cuya diestra es.......... 7723
144.11 hombres extraños, cuya boca habla *v* 7723
Pr 13.11 las riquezas de *v* disminuirán; pero 1892
30.8 *v* y palabra mentirosa aparta de mí; no 7723
Ec 1.2 *v* de *v*, dijo el...*v* de *v*, todo es *v*............... 1892
1.14 todo ello es *v* y aflicción de espíritu............. 1892
2.1 bienes...Mas he aquí esto también era *v* 1892
2.11,17,26 *v* y aflicción de espíritu 1892
2.15 en mi corazón, que también esto era *v* 1892
2.19 será sabio o necio...Esto también es *v*.......... 1892
2.21 dar su...También es esto *v* y mal grande 1892
2.23 corazón no reposa...Esto también es *v*.......... 1892
3.19 ni tiene más el hombre que...todo es *v* 1892
4.4,16 también...*v* y aflicción de espíritu 1892
4.7 me volví otra vez, y vi *v* debajo del sol 1892
4.8 defraudo mi alma del...También esto es *v*....... 1892
5.7 abundan los sueños, también abundan las *v*.... 1892
5.10 ama el mucho tener...También esto es *v* 1892
6.2 lo disfrutan...Esto es *v*, y mal doloroso 1892
6.9 también...es *v* y aflicción de espíritu 1892
6.11 las muchas palabras multiplican la *v*........... 1892
6.12 todos los días de la vida de su *v*, los........... 1892
7.6 la risa del necio es...también esto es *v* 1892

V

7.15 todo esto he visto en los días de mi *v* 1892
8.10 puestos en olvido en...Esto también es *v* 1892
8.14 hay *v* que se hace sobre la tierra: que 1892
8.14 de justos...Digo que esto también es *v*......... 1892
9.9 días de la vida de tu *v* que te son dados......... 1892
9.9 goza de la vida...todos los días de tu *v*.......... 1892
11.8 serán muchos...Todo cuanto viene es *v* 1892
11.10 la adolescencia y la juventud son *v*........... 1892
12.8 *v* de *v*, dijo el Predicador, todo es *v* 1892
Is 5.18 traen la iniquidad con cuerdas de *v*............ 7723
24.10 quebrantada está la ciudad por la *v*.......... 8414
29.21 y pervierten la causa del justo con *v*.......... 8414
41.24 vosotros sois nada, y vuestras obras s......... 659
41.29 todos son *v*, y las obras de ellos nada.......... 205
41.29 viento y *v* son sus imágenes fundidas.......... 205
44.9 formadores de imágenes de talla...son *v*....... 8414
58.9 yugo, el dedo amenazador, Y el hablar *v* 205
59.4 confían en *v*, y hablan *v*...maldades, y......... 8414
Jer 2.5 fueron tras la *v* y se hicieron vanos?........... 1892
3.23 *v* son los collados, y el bullicio sobre........... 8267
8.19 me hicieron airar con sus...con *v* ajenas?..... 1892
10.3 porque las costumbres de...pueblos son *v*..... 1892
10.8 infatuarán...Enseñanza de *v* es el leño........ 1892
10.15 *v* son, obra vana; al tiempo...castigo.......... 1892
14.14 adivinación, *v* y engaño de su corazón 434
16.19 mentira poseyeron nuestros padres, *v* 1892
18.15 ha olvidado, incensando a lo que es *v* 1892
51.18 *v* son, obra digna de burla...perecerán 1892
Lm 2.14 profetas vieron para ti *v* y locura............. 7723
Ez 13.6 vieron *v* y adivinación mentirosa............ 7723
13.8 por cuanto vosotros habéis hablado *v*, y........ 7723
13.9 mi mano contra los profetas que ven *v* 7723
21.29 te profetizan *v*, te adivinan mentira.......... 7723
22.28 con lodo suelto, profetizándoles *v* y 7723
Os 5.11 Efraín es vejado...andar en pos de *v*.......... 6673
12.11 *v* han sido; en Gilgal sacrificaron 7723
Jon 2.8 siguen *v*, ilusorias, su misericordia 1892
Hch 14.15 que de estas *v*, os convirtáis al Dios......... *3152*
Ro 8.20 porque la creación fue sujetada a *v* *3153*
Ef 4.17 gentiles...andan en la *v* de su mente *3153*
Tit 1.10 hay...habladores de *v* y engañadores *3151*

VANIDOSO
Sal 101.5 no sufriré al de ojos de corazón *v* 7342

VANO, A
Éx 20.7 no tomarás el...de Jehová tu Dios en *v*........ 7723
20.7 inocente...al que tomare su nombre en *v*...... 7723
Lv 26.16 y sembraréis en *v* vuestra semilla 7385
26.20 vuestra fuerza se consumirá en *v*, porque.... 7385
Dt 5.11 no tomarás el nombre de Jehová...en *v* 7723
5.11 por inocente al que tome su nombre en *v*...... 7723
32.47 no os es cosa *v*; es vuestra vida, y por 7386
1 S 25.21 en *v* he guardado todo lo que éste 8267
2 R 17.15 se hicieron *v*, y fueron en pos de 1891
2 Cr 13.7 se juntaron con él...*v* y perversos 7386
Job 9.29 soy impío; ¿para qué trabajaré en *v*?......... 1892
11.11 porque él conoce a los hombres *v*; ve......... 7723
11.12 el hombre *v* se hará entendido, cuando 5004
15.2 proferirá el sabio *v* sabiduría...viento 7307
21.34 ¿cómo...me consoláis en *v*...en falacia?...... 1892
27.12 ¿por qué, pues, os...tan enteramente *v*?...... 7385
39.16 no temiendo...su trabajo haya sido en *v*...... 7385
Sal 2.1 ¿por qué...los pueblos piensan cosas *v*? 7385
24.4 el que no ha elevado su alma a cosas *v* 7723
33.17 *v* para salvarse es el caballo...librar 8267
39.6 el hombre; ciertamente en *v* se afana 1892
60.11 porque *v* es la ayuda de los hombres 7723
73.13 en *v* he limpiado mi corazón, y lavado........ 7385
89.47 qué habrás creado en *v* a todo hombre?....... 7723
108.12 danos socorro...*v* es la ayuda del hombre.... 7723
127.1 en *v* trabajan los...en *v* vela la guardia 7723
139.20 tus enemigos toman en *v* tu nombre......... 7723
Pr 1.17 en *v* se tenderá la red ante los ojos 2600
14.23 las *v* palabras de los labios empobrecen 4270
31.30 engañosa...la gracia, y *v* la hermosura 1892
Ec 5.16 ¿y de qué le aprovechó trabajar en *v*?......... 7307
6.4 éste en *v* viene, y a las tinieblas va, y 1892
Is 1.13 no me traigáis más *v* ofrenda...incienso 7723
30.7 Egipto en *v* e inútilmente dará ayuda.......... 1892
40.23 a los que gobiernan...hace como cosa *v*...... 8414
45.18 que formó la tierra...no la creó en *v* 8414
45.19 no dije a la...En *v* me buscáis...Yo soy 8414
49.4 en *v* y sin provecho he consumido mis......... 7385
65.23 no trabajarán en *v*, ni...para maldición...... 7385
Jer 2.5 se fueron tras la vanidad...hicieron *v*? 1891
2.30 en *v* he azotado a vuestros hijos; no han....... 7723
4.30 aunque pintes...ojos, en *v* te engalanas 7723
6.29 *v* fundió el fundidor, pues la escoria.......... 7723
10.15 vanidad son, obra *v*; al tiempo de su.......... 1892
18.12 y dijeron: Es en *v*; porque en pos de 2976
23.16 os alimentan con *v* esperanzas; hablan....... 1891
51.58 a fuego; en *v* trabajaron los pueblos.......... 7385
Lm 2.14 te predicaron *v* profecías y extravíos 7723
4.17 desfallecido...esperando en *v*...socorro 1892
Ez 6.10 no en *v* dije que les había de hacer 2600
12.24 porque no habrá más visión *v*, ni habrá...... 7723
13.7 ¿no habéis visto visión *v*, y no habéis 7723
13.23 no veréis más visión *v*, ni practicaréis........ 7723
24.12 en *v* se cansó, y no salió de ella su............ 8383
Os 10.4 hablado...jurando en *v* al hacer pacto 7723
Hab 2.13 pueblos...naciones se fatigarán en *v* 7385
Zac 10.2 los terafines han dado *v* oráculos, y.......... 1892
10.2 han hablado sueños *v*, y *v* es su consuelo 205
Mt 6.7 **orando, no uséis *v* repeticiones, como**
15.9; Mr 7.7 **en *v* me honran, enseñando como** *3155*
Hch 4.25 ¿por qué...los pueblos piensan cosas *v*? *2756*
Ro 4.14 porque...*v* resulta la fe, y anulada la.......... *2758*
13.4 no en *v* lleva la espada...es servidor de *1500*
1 Co 1.17 que no se haga *v* la cruz de Cristo
3.20 pensamientos de los sabios, que son *v* *3152*
15.2 por...sois salvos, si no creísteis en *v*........... *1500*
15.10 y su gracia no ha sido en *v* para conmigo *2756*
15.14 *v* es...nuestra predicación, *v* es también *2756*
15.17 si Cristo no resucitó, vuestra fe es *v* *3152*
15.58 que vuestro trabajo en el...no es en *v* *2756*
2 Co 6.1 a que no recibáis en *v* la gracia de........... *2756*
9.3 que nuestro gloriarnos de...no sea *v* en *2761*
Gá 2.2 y para no correr o haber corrido en *v*........... *2756*
3.4 cosas habéis padecido en *v*? si es...en *v* *1500*
4.11 temo...haya trabajado en *v* con vosotros *1500*
Ef 5.6 nadie os engañe con palabras *v*; porque *2756*
Fil 2.16 no he corrido en *v*, ni en *v* he trabajado *2756*
1 Ts 2.1 que nuestra visita a...no resultó *v*............. *2756*
3.5 sea que...nuestro trabajo resultase en *v*........ *2756*
1 Ti 1.6 algunos, se apartaron a *v* palabrería *3150*
6.20 las profanas pláticas sobre cosas *v*, y.......... *2757*
2 Ti 2.16 mas evita profanas y *v* palabrerías........... *2757*
Tit 3.9 cuestiones necias...*v* y sin provecho............ *3152*
Stg 1.26 engaña su...la religión del tal es *v* *3152*
2.20 quieres saber...hombre *v*, que la fe sin *2756*
4.5 ¿o pensáis que la Escritura dice en *v* *2761*
1 P 1.18 rescatados de vuestra *v* manera de *3152*
2 P 2.18 palabras infladas y *v*, seducen con............ *3153*

VAPOR
Gn 2.6 subía de la tierra un *v*, el cual regaba........... 108
Job 36.27 las aguas, al transformarse el *v* en........... 108
Sal 148.8 fuego y el granizo, la nieve y el *v* 7008
Hch 2.19 señales...sangre y fuego y *v* de humo......... *822*

VAPSI *Padre de Nahbi*, Nm 13.14 2058

VARA
Gn 30.37 tomó luego Jacob *v* verdes de álamo......... 4731
30.37 descubriendo así lo blanco de las *v*........... 4731
30.38 puso las *v* que había mondado delante 4731
30.39 concebían las ovejas delante de las *v*......... 4731
30.41 ponía las *v* delante de las ovejas en 4731
30.41 que concibiesen a la vista de las *v*............. 4731
Éx 4.2 ¿qué...tu mano? Y él respondió: Una *v* 4294
4.4 él extendió...y la tomó, y se volvió *v* 4294
4.17 tomarás en tu mano esta *v*, con la cual 4294
4.20 tomó también Moisés la *v* de Dios en su 4294
7.9 toma tu *v*, y échala delante de Faraón 4294
7.10 echó Aarón su *v* delante de Faraón y de....... 4294
7.12 pues echó cada uno su *v*, las cuales se 4294
7.12 mas la *v* de Aarón devoró las *v* de ellos........ 4294
7.15 en tu mano la *v* que se volvió culebra.......... 4294
7.17 golpearé con la *v* que tengo en mi mano....... 4294
7.19 a Aarón: Toma tu *v*, y extiende tu mano 4294
7.20 alzando la *v* golpeó las aguas...en el río........ 4294
8.5 extiende tu mano con tu *v* sobre los ríos 4294
8.16 extiende tu *v* y golpea el polvo de la 4294
8.17 extendió su mano con su *v*, y golpeó el......... 4294
9.23 y Moisés extendió su *v* hacia el cielo........... 4294
10.13 extendió Moisés su *v* sobre...de Egipto 4294
14.16 alza tu *v*, y extiende tu mano sobre el 4294
17.5 toma también en tu mano tu *v* con que 4294
17.9 estaré sobre...y la *v* de Dios en mi mano 4294
25.13 harás unas *v* de madera de acacia, las 905
25.14 y meterás las *v* por los anillos a los............ 905
25.15 las *v* quedarán en los anillos del arca 905
25.27 lugares de las *v* para llevar la mesa 905
25.28 harás las *v* de madera de acacia, y las......... 905
27.6 *v* para el altar, *v* de madera de acacia.......... 905
27.7 las *v* se meterán...aquellas *v*...del altar 905
30.4 para meter las *v* con que será llevado 905
30.5 harás las *v* de madera de acacia, y las......... 905
35.12 el arca y sus *v*, el propiciatorio, el 905
35.13 mesa y sus *v*, y todos sus utensilios 905
35.15 altar del incienso y sus *v*, el aceite............. 905
35.16 su enrejado de bronce y sus *v*, y todos......... 905
37.4 hizo también *v* de madera de acacia, y 905
37.5 metió las *v* por los anillos a los lados 905
37.14 se metían las *v* para llevar la mesa............ 905
37.15 e hizo las *v* de madera de acacia para.......... 905
37.27 las *v* con que había de ser conducido.......... 905
37.28 hizo las *v* de madera de acacia...de oro 905
38.5 fundió cuatro anillos...para meter las *v* 905
38.6 hizo las *v* de madera de acacia, y las 905
38.7 metió las *v* por los anillos a los lados 905
39.35 el arca del...y sus *v*, el propiciatorio 905
39.39 el altar...sus *v* y todos sus utensilios.......... 905
40.20 colocó las varas en el arca, y encima 905
Lv 27.32 de...lo que pasa bajo la *v*, el diezmo 7626
Nm 4.6 sobre ella la cubierta...pondrán sus *v*........... 905
4.8,11 cubrirán con...pieles...pondrán sus *v* 905
4.14 los utensilios...le pondrán además las *v*........ 905
17.2 y toma de ellos una *v* por cada casa de 4294
17.2 doce *v*...nombre de cada uno sobre su *v* 4294
17.3 y escribirás...Aarón sobre la *v* de Leví 4294
17.3 cada jefe de familia de...tendrá una *v*......... 4294
17.5 florecerá la *v* del varón que yo escoja 4294
17.6 y todos los príncipes de...le dieron *v* 4294
17.6 cada príncipe...una *v*, en total doce *v* 4294
17.6 y la *v* de Aarón estaba entre las *v* de 4294
17.7 y Moisés puso las *v* delante de Jehová......... 4294
17.8 la *v* de Aarón de la...había reverdecido 4294
17.9 sacó...las *v* de...y tomaron cada uno su *v* 4294
17.10 la *v* de Aarón delante del testimonio 4294
20.8 toma la *v*, y reúne la congregación, tú 4294
20.9 Moisés tomó la *v* de delante de Jehová 4294
20.11 alzó Moisés...golpeó la peña con su *v* 4294
Jue 5.14 de Zabulón los que tenían *v* de mando......... 7626
1 S 14.27 alargó la punta de una *v* que traía............ 4294
14.43 un poco de miel con la punta de la *v*.......... 4294
2 S 7.14 yo le castigaré con *v* de hombres, y........... 7626
1 R 8.7 así cubrían...arca y sus *v* por encima........... 905
8.8 sacaron...*v*, de manera que sus extremos 905
Job 9.34 quite de sobre mí su *v*, y su terror 7626
Sal 2.9 quebrantarás con *v* de hierro; como 7626
23.4 tu *v* y tu cayado me infundirán aliento 7626
89.32 entonces castigaré con *v* su rebelión 7626
110.2 Jehová enviará desde Sion la *v* de tu 4294
125.3 no reposará la *v* de la impiedad sobre 7626
Pr 10.13 la *v* es para las espaldas del falto 7626
14.3 en la boca del necio está la *v* de la............. 2415
22.8 y la *v* de su insolencia se quebrará 7626
22.15 la *v* de la corrección la...alejará de él........ 7626
23.13 porque si lo castigas con *v*, no morirá......... 7626
23.14 lo castigarás con *v*, y librarás su alma......... 7626
26.3 asno, y la *v* para la espalda del necio.......... 7626
29.15 la *v* y la corrección dan sabiduría; mas....... 7626
Is 9.4 tú quebraste...la *v* de su hombro, y el 7626
10.5 Asiria, *v* y báculo de mi furor, en su 7626
10.15 como si levantase la *v* al que no es leño 7626
10.24 con *v* te herirá, y contra ti alzará su.......... 7626
10.26 alzará su *v* sobre el mar como hizo por 4294
11.1 una *v* del tronco de Isaí, y un vástago 2415
11.4 y herirá la tierra con la *v* de su boca 7626
14.29 por haberse quebrado la *v* del que te.......... 7626
28.27 con un palo se...y el comino con una *v* 7626
30.31 Asiria que hirió con *v*, con la voz de 7626
30.32 y cada golpe de la *v* justiciera que............. 4294
Jer 1.11 ¿qué...Y dije: Veo una *v* de almendro......... 4731
10.16 e Israel es la *v* de su heredad; Jehová 7626
48.17 cómo se quebró la *v* fuerte, el báculo 4731
Ez 7.10 ha florecido la *v*, ha reverdecido la............. 4294
7.11 violencia se ha levantado en *v* de.............. 4294
19.11 tuvo *v* fuertes para cetros de reyes............ 4294
19.14 ha salido fuego de la *v* de sus ramas 4294
19.14 y no ha quedado en ella *v* fuerte para......... 4294
20.37 haré pasar bajo la *v*, y os haré entrar 7626
Mi 5.1 con *v* herirán en la mejilla al juez de 7626
Hch 16.22 las ropas, ordenaron azotarles con *v*
1 Co 4.21 ¿iré a vosotros con *v*, o con amor............ *4464*
2 Co 11.25 tres veces he sido azotado con *v*............ *4463*
He 9.4 el maná, la *v* de Aarón que reverdeció *4464*
Ap 2.27 **las regirá con *v* de hierro, y serán** *4464*
11.1 una caña semejante a una *v* de medir, y *4464*
12.5 hijo varón, que regirá con *v* de hierro *4464*
19.15 y él las regirá con *v* de hierro; y él.......... *4464*

VARAR
Hch 27.39 en la cual acordaron *varar*...la nave *1856*

VARIACIÓN
Stg 1.17 en el cual no hay...ni sombra de *v*............ *5157*

VARIAS
Ez 27.24 negociaban contigo en *v* cosas...y 4360

VARÓN
Gn 1.27 creó Dios al hombre...*v* y hembra los......... 2145
2.23 será llamada Varona...del *v* fue tomada 802
4.1 por voluntad de Jehová he adquirido *v* 376
4.23 un *v* mataré por mi herida, y un joven.......... 376
5.2 *v* y hembra los creó; y los bendijo, y 2145
6.4 desde la antigüedad fueron *v* de renombre 582
6.9 Noé, *v*...era perfecto en sus generaciones....... 376
9.5 del *v* su hermano demandaré la vida del......... 120
14.24 la parte de los *v* que fueron conmigo 582
17.10 circuncidado todo *v* de entre vosotros......... 2145
17.12 de ocho días será circuncidado todo *v*......... 2145
17.14 el *v* incircunciso, el que no hubiere 2145
17.23 a todo *v* entre los domésticos de la 2145
17.27 y todos los *v* de su casa, el siervo 582
18.2 he aquí tres *v* que estaban junto a él........... 582
18.16 los *v* se levantaron de allí...Sodoma........... 582
18.22 se apartaron de allí los *v*, y fueron 582
19.4 rodearon la casa los, los *v* de Sodoma 582
19.5 ¿dónde están los *v* que vinieron a ti............ 582
19.8 tengo dos hijas que no han conocido *v*.......... 376
19.8 que a estos *v* no hagáis nada, pues que 582
19.9 hacían gran violencia al *v*, a Lot, y se 376
19.10 los *v* alargaron la mano, y metieron a.......... 582
19.12 y dijeron los *v* a Lot: ¿Tienes aquí............ 582
19.16 los *v* asieron de su mano, y de la mano 582
19.31 y no queda *v* en la tierra que entre a 376
24.13 las hijas de los *v* de...salen por agua 582
24.16 virgen, a la que *v* no había conocido........... 376
24.54 comieron...él y los *v* que venían con él 582
24.58 le dijeron: ¿Irás tú con este *v*? Y ella.......... 376
24.65 ¿quién...este *v* que viene por el campo 376
25.27 pero Jacob era *v* quieto, que habitaba.......... 376
26.13 el *v* se enriqueció, y fue prosperado 376
29.22 entonces Labán juntó a todos los *v* de 376
30.43 se enriqueció el *v* muchísimo y tuvo 376
32.24 luchó con él un *v* hasta que rayaba el 376
32.25 y cuando el *v* vio que no podía con él
32.27 y el *v* le dijo: ¿Cuál es tu nombre?
32.28 el *v* le dijo: No se dirá más tu nombre
32.29 el *v* respondió: ¿Por qué...mi nombre?
34.7 se entristecieron los *v*, y se enojaron 582
34.15 se circuncide entre vosotros todo *v*........... 2145
34.20 Hamor...hablaron a los *v* de su ciudad......... 582
34.21 estos *v* son pacíficos con nosotros, y........... 582
34.22 se circuncide todo *v* entre nosotros 2145
34.24 y circuncidaron a todo *v*, a cuantos 2145
34.25 contra la ciudad...y mataron a todo *v*......... 2145
38.1 Judá...se fue a un *v* adulamita que se
38.25 a su suegro: Del *v* cuyas son estas cosas....... 376
39.1 Potifar oficial de...*v* egipcio, lo compró
39.2 Jehová estaba con José, y fue *v* próspero....... 376
41.33 provéase ahora Faraón de un *v* prudente 376

42.11 nosotros somos hijos de un *v*... honrados
42.13 hijos de un *v* en la tierra de Canaán 376
42.30,33 aquel *v*, el señor de la tierra, nos 376
43.3 aquel *v* nos protestó con ánimo resuelto 376
43.5 aquel *v* nos dijo: No veréis mi rostro si 376
43.6 tanto mal, declarando al *v* que teníais 376
43.7 aquel *v* nos preguntó expresamente por 376
43.11 y llevad a aquel *v* un presente... miel 376
43.13 tomad... y levantaos, y volved a aquel *v* 376
43.14 os dé misericordia delante de aquel *v* 376
43.15 entonces tomaron aquellos *v* el presente 582
43.24 llevó aquel *v* a los hombres a casa de 376
44.1 llena... los costales de estos *v*, cuanto 582
44.17 el *v* en cuyo poder fue hallada la copa 376
44.26 no podremos ver el rostro del *v*, si no
47.2 tomó cinco *v*, y los presentó delante de 582
Éx 2.1 un *v* de la familia de Leví fue y tomó 376
2.19 un *v* egipcio nos defendió de mano de los
2.21 y Moisés convino en morar con aquel *v* 376
10.11 id ahora vosotros los *v*, y servid a 1397
11.3 Moisés era tenido por gran *v* en... Egipto 376
12.48 séale circuncidado todo *v*, y entonces 2145
15.3 Jehová es *v* de guerra; Jehová es su 376
17.9 dijo Moisés a Josué: Escógenos *v*, y sal 582
18.21 escoge tú de... *v* de virtud... *v* de verdad 582
18.25 escogió Moisés *v* de virtud de... Israel 582
22.31 me seréis *v* santos... No comeréis carne 582
23.17 veces en el año se presentará todo *v* 2138
25.2 de todo *v* que la diere de su voluntad 376
32.1,23 este Moisés, el *v* que nos sacó de 376
34.23 tres veces... año se presentará todo *v* 582
35.21 vino... *v* a quien su corazón estimuló
36.2 Moisés llamó... todo *v* sabio de corazón 376
Lv 6.18 los *v* de los hijos de Aarón comerán 2145
6.29; 7.6 todo *v* de... sacerdotes la comerá 2145
12.2 la mujer cuando conciba y dé a luz *v* 2145
15.2 *v*, cuando tuviere flujo de semen, será 376
15.33 para el que tuviere flujo, sea *v* o mujer 2145
17.3 *v* de la casa de Israel que degollare buey 376
17.4 será culpado... el tal *v*... cortado el tal *v* 376
17.8 cualquier *v* de la casa de Israel, o de 376
17.9 el tal *v* será igualmente cortado de su 376
17.10 *v* de la casa de Israel, o... extranjeros 376
17.13 cualquier *v* de los hijos de Israel, o 376
18.6 ningún *v* se llegue a parienta próxima
18.22 no te echarás con *v* como con mujer; es 2145
20.2 *v*... que ofreciere alguno de sus hijos a
20.3 pondré mi rostro contra el tal *v*, y lo 376
20.4 cerrare sus ojos respecto de aquel *v* que 376
20.5 pondré mi rostro contra aquel *v* y contra 376
20.13 si alguno se ayuntare con *v* como con 376
21.18 *v* en el cual haya defecto... *v* ciego, o 376
21.19 *v* que tenga quebradura de pie o rotura 376
21.21 ningún *v* de la descendencia del... Aarón 376
22.3 todo *v* de toda vuestra descendencia en
22.4 *v* de la descendencia de Aarón... leproso 376
22.4 el *v* que hubiere tenido derramamiento de 376
22.5 el *v* que hubiere tocado cualquier reptil 120
22.12 si se casare con *v* extraño, no comerá ... 376, 2114
22.18 *v* de la casa de Israel... que ofreciere
25.27 y pagará lo que quedare al *v* a quien 376
25.29 el *v* que vendiere casa de habitación 376
27.3 al *v* de veinte años hasta sesenta, lo 2145
27.5 al *v* lo estimarás en veinte siclos, y a 2145
27.6 estimarás al *v* en cinco siclos de plata 2145
27.7 al *v* lo estimarás en quince siclos, y a 2145
Nm 1.2 el censo... todos los *v* por sus cabezas 2145
1.4 estará con vosotros un *v* de cada tribu 376
1.5 nombres de... *v* que estarán con vosotros 582
1.17 tomaron, pues, Moisés y Aarón a estos *v* 582
1.20,22 todos los *v* de veinte años arriba 2145
1.44 doce *v*, uno por cada casa de sus padres 582
3.15,22,28,34,39 todos los *v* de un mes arriba 2145
3.40 cuenta todos los primogénitos *v* de los 2145
3.43 los primogénitos *v*, conforme al número 2145
11.16 reúneme setenta *v* de los ancianos de 376
11.24 reunió a los 70 *v* de los ancianos del 376
11.25 del espíritu... y lo puso en los setenta *v*
11.26 habían quedado... dos *v*, llamados el uno 582
12.3 y aquel *v* Moisés era muy manso, más que 376
13.2 de cada tribu... enviaréis un *v*... príncipe 376
13.3 todos aquellos *v* eran príncipes de los 582
13.16 los nombres de los *v* que Moisés envió 582
13.31 los *v* que subieron con él, dijeron: No 582
14.36 y los *v* que Moisés envió a reconocer la 582
14.37 aquellos *v*... murieron de plaga delante 582
16.2 se levantaron... con 250 *v*... *v* de renombre 582
16.7 y el *v* a quien Jehová escogiere, aquel 376
17.5 florecerá la vara del *v* que yo escoja
22.9 dijo: ¿Qué *v* son estos que están contigo? 582
24.3,15 dijo Balaam... el *v* de ojos abiertos 1397
25.6 un *v* de los hijos de Israel vino y trajo
25.8 fue tras el *v* de Israel a la tienda, y 376
25.8 alanceó a... al *v* de Israel, y a la mujer 376
25.14 el nombre del *v* que fue muerto... Zimri
26.10 cuando consumió el fuego a 250 *v*, para 376
26.62 los levitas fueron contados 23.000... *v* 2145
26.65 no quedó *v* de ellos, sino Caleb hijo 376
27.16 ponga Jehová... *v* sobre la congregación 376
27.18 a Josué... *v* en el cual hay espíritu, y 376
30.16 las ordenanzas... entre el *v* y su mujer 376
31.7 y pelearon contra... y mataron a todo *v* 2145
31.17 matad... todos los *v* de entre los niños 376,2145
31.17 matad... toda mujer que haya conocido *v* 2145
31.18 que no hayan conocido *v*, las dejaréis 2145
31.35 mujeres que no habían conocido *v*, eran 2145
32.11 no verán los *v*... la tierra que prometí 582
34.17 nombres de los *v* que os repartirán la 582
34.19 son los nombres de los *v*: De la tribu 582
Dt 1.13 dadme de entre... *v* sabios y entendidos 582
1.15 tomé... *v* sabios y expertos, y los puse 582
1.22 enviemos *v*... que nos reconozcan la tierra 582
1.23 tomé doce *v* de entre vosotros, un *v* por 582
4.16 que no os... hagáis... efigie de *v* o hembra 2145
7.14 no habrá en ti *v* ni hembra estéril, ni
16.16 tres veces cada año aparecerá todo *v* 2138
20.13 herirás a todo *v* suyo a filo de espada 2138
25.9 será hecho al *v* que no quiere edificar 376
27.14 y dirán a todo *v* de Israel en alta voz 376
28.30 desposarás... y otro *v* dormirá con ella 376
29.10 y vuestros oficiales... los *v* de Israel 376
29.18 no sea que haya... *v* o mujer, o familia 376
31.12 harás congregar... *v* y mujeres y niños 582
33.1 con la cual bendijo Moisés *v*, de Dios 376
33.6 viva Rubén, y no... y no sean pocos sus *v* 4962
33.8 tu Tumim y tu... sean para tu *v* piadoso
Jos 5.4 los *v*... habían muerto en el desierto 2145
5.13 Josué... vio un *v* que estaba delante de él 376
6.2 yo he entregado... a Jericó... con sus *v* de
7.14 casa que... tomare, se acercará por los *v* 1397
7.17 acercar a la familia... de Zera por los *v* 1397
7.18 acercar su casa por los *v*, y fue tomado 1397
10.24 llamó Josué a todos los *v* de Israel, y 376
14.6 lo que Jehová dijo a Moisés, *v* de Dios 376
17.2 estos fueron los hijos *v* de Manasés hijo 2145
18.4 señalad tres *v* de cada tribu, para que 582
18.8 levantándose, pues, aquellos *v*, fueron 582
18.9 fueron, pues, aquellos *v* y recorrieron 582
23.10 *v* de vosotros perseguirá a mil; porque 376
Jue 4.22 ven, y te mostraré al *v* que tú buscas 376
6.8 envió a... un *v* profeta, el cual les dijo 5030
6.12 dijo: Jehová está contigo, *v* esforzado 2428
7.14 sino la espada de Gedeón... *v* de Israel 376
8.14 le dio... los nombres... setenta y siete *v* 376
8.21 porque como es el *v*, tal es su valentía 376
9.5 mató a sus hermanos... setenta *v*, sobre una 376
9.7 oídme, *v* de Siquem, y así os oiga Dios 1167
9.18 matado a... 70 *v* sobre una misma piedra 376
9.28 servid a los *v* de Hamor padre de Siquem 582
10.1 Tola... *v* de Isacar... habitaba en Samir en 376
11.39 hizo de ella... Y ella nunca conoció *v* 376
12.1 se reunieron los *v* de Efraín, y pasaron 376
12.4 reunió Jefté a todos los *v* de Galaad, y 582
13.6 *v* de Dios vino a mí, cuyo aspecto era 376
13.8 yo te ruego que aquel *v*... que enviaste 376
13.10 se me ha aparecido aquel *v* que vino a 376
13.11 vino al *v* y le dijo: ¿Eres tú aquel *v* 376
15.10 y los *v* de Judá les dijeron: ¿Por qué 376
19.6 el padre de la joven dijo al *v*: Yo *v* 376
19.7 se levantó el *v* para irse, pero insistió 376
19.9 luego se levantó el *v* para irse, él y su 376
19.28 entonces la levantó el *v*, y echándola 376
20.4 el *v* levita, marido de la mujer muerta 3881
20.12 Israel enviaron *v* por toda la tribu 582
20.17 fueron contados los *v* de Israel, fuera 376
20.20 los *v* de Israel ordenaron la batalla 376
20.22 los *v* de Israel volvieron a ordenar la 376
21.1 los *v* de Israel habían jurado en Mizpa 376
21.9 y no hubo allí *v* de los moradores de
21.11 de esta manera: mataréis a todo *v*, y a 2145
21.11 y a toda mujer que haya conocido... de *v* 2145
21.12 doncellas que no habían conocido... de *v* 376
Rt 1.1 y un *v*... a morar en los campos de Moab 376
1.2 el nombre de aquel *v* era Elimelec, y el 376
2.19 y contó ella... El nombre del *v*... es Booz 376
2.20 dijo Noemí: Nuestro pariente es aquel *v* 376
3.3 no te darás a conocer al *v* hasta que él 376
3.16 lo que con aquel *v* le había acontecido 376
4.2 entonces él tomó a diez *v* de los ancianos 582
1 S 1.1 hubo un *v* de Ramataim de Zofim, del 376
1.3 aquel *v* subía de su ciudad para adorar y 376
1.11 sino que dieres a tu sierva un hijo *v* 582
1.21 subió el *v* Elcana con toda su familia 376
2.27 vino un *v* de Dios a Elí, y le dijo: Así 376
2.33 el *v*... que yo no corte de mi altar, será 376
8.22 entonces dijo Samuel a los *v* de Israel 376
9.1 había un *v* de Benjamín, hombre valeroso 376
9.6 hay en esta ciudad un *v* de Dios, que es 376
9.7 ¿qué llevaremos al *v*?... qué ofrecerle al *v* 376
9.8 daré al *v* de Dios, para que nos declare 376
9.10 fueron a la... donde estaba el *v* de Dios 376
9.16 enviaré... un *v* de la tierra de Benjamín 376
9.17 he aquí este es el *v* del cual te hablé 376
10.22 si aún no había venido allí aquel *v* 376
13.14 Jehová se ha buscado un *v* conforme a su 376
17.24 los *v* de Israel... huían de su presencia 376
22.18 mató... a 85 *v* que vestían efod de lino 376
25.3 y aquel *v* se llamaba Nabal, y su mujer 376
25.22 suyo no he de dejar con vida ni un *v* 8366
25.34 no le hubiera quedado con vida... un *v* 8366
31.6 murió Saúl... tres hijos y todos sus *v* 582
2 S 2.4 vinieron los *v* de Judá y ungieron allí 582
16.18 de aquel que eligiere... los *v* de Israel 376
17.25 Amasa era hijo de un *v*... llamado Itra
19.14 así inclinó el corazón de todos los *v* de 376
21.6 dénsenos siete *v* de sus hijos, para que 376
22.49 me exalta... me libraste del *v* violento 1397
23.1 dijo aquel *v* que fue levantado en alto 1397
23.17 ¿he de beber yo la sangre de los *v* que 582
23.20 Benaía hijo de... hijo de un *v* esforzado 376
1 R 1.9 convidó a todos... todos los *v* de Judá 582
2.4 jamás, dice, faltará a ti *v* en el trono 376
2.32 él ha dado muerte a dos *v* más justos y 582
8.2 se reunieron con el rey Salomón... los *v* 376
8.25 no te faltará *v* delante de mí, que se 376
9.5 no faltará *v* de... en el trono de Israel 376
11.15 y subió... y mató a todos los *v* de Edom 2145
11.17 Hadad huyó, y... algunos *v* edomitas de
11.28 *v* Jeroboam era valiente y esforzado 376
12.22 palabra de Jehová a Semaías *v* de Dios 376
13.1 que un *v* de Dios... vino de Judá a Bet-el 376
13.4 Jeroboam oyó la palabra del *v* de Dios 376
13.5 a la señal que el *v* de Dios había dado 376
13.6 respondiendo el rey, dijo al *v* de Dios 376
13.6 el *v*, de Dios oró a Jehová, y la mano del 376
13.7 el rey dijo al *v* de Dios: Ven conmigo a 376
13.8 pero el *v* de Dios dijo al rey: Aunque me 376
13.11 le contó todo lo que el *v*... había hecho 376
13.12 por donde había regresado el *v* de Dios 376
13.14 yendo tras el *v* de Dios... ¿Eres tú el *v* 376
13.21 clamó al *v*... que había venido de Judá 376
13.26 el *v* de Dios es, que fue rebelde al 376
13.29 tomó... cuerpo del *v* de Dios, y lo puso 376
13.31 sepulcro en que está sepultado el *v* 376
14.10 y destruiré de Jeroboam todo *v*, así el 8366
16.11 la casa de Baasa, sin dejar en ella *v* 8366
17.18 dijo a Elías: ¿Qué tengo yo contigo, *v* 376
17.24 conozco que tú eres *v* de Dios, y que la 376
18.13 escondí a cien *v* de... profetas de Jehová 376
20.28 vino... el *v* de Dios al rey de Israel, y 376
20.35 *v* de los hijos de los profetas dijo a 376
21.21 destruiré hasta el último *v* de la casa 8366
22.8 un *v* por el cual podríamos consultar a 376
2 R 1.6 encontramos a un *v* que nos dijo: Id 376
1.7 ¿cómo era aquel *v* que encontrasteis, y os 376
1.8 un *v* que tenía vestido de pelo, y ceñía 376
1.9,11 dijo: *V* de Dios, el rey ha dicho 376
1.10,12 si yo soy *v* de Dios, descienda fuego 376
1.13 *v* de Dios, te ruego que sea de valor 376
2.7 vinieron 50 *v* de... hijos de los profetas 376
2.16 he aquí hay con tus siervos 50 *v* fuertes 376
4.7 vino ella luego y lo contó al *v* de Dios 376
4.9 éste que siempre pasa por... es *v* de Dios 376
4.16 no, señor... *v* de Dios, no hagas burla de 376
4.21 y lo puso sobre la cama del *v* de Dios 376
4.22 que yo vaya corriendo al *v* de Dios, y 376
4.25 y vino al *v* de Dios, al monte Carmelo 376
4.25 y cuando el *v* de Dios la vio de lejos 376
4.27 que llegó a donde estaba el *v* de Dios 376
4.27 pero el *v* de Dios le dijo: Déjala, porque 376
4.40 ¡*v* de Dios, hay muerte en esa olla! 376
4.42 trajo al *v* de Dios panes de primicias 376
5.1 Naamán... *v* grande delante de su señor, y 376
5.8 cuando Eliseo el *v* de Dios oyó que el rey 376
5.14 conforme a la palabra del *v* de Dios; y 376
5.15 volvió al *v* de Dios, él y... su compañía 376
5.20 Giezi, criado de Eliseo el *v* de Dios 376
6.6 el *v* de Dios preguntó: ¿Dónde cayó? Y él 376
6.9 *v* de Dios envió a decir al rey de Israel 376
6.10 aquel lugar que el *v* de Dios había dicho 376
6.15 salió el que servía al *v* de Dios, y he 376
7.2 y un príncipe... respondió al *v* de Dios, y 376
7.17 lo que había dicho el *v* de Dios, cuando 376
7.18 manera que el *v* de Dios había hablado 376
7.19 príncipe había respondido al *v* de Dios 376
8.2 la mujer... hizo como el *v* de Dios le dijo 376
8.4 el rey hablado con Giezi, criado del *v* d 376
8.7 aviso, diciendo: El *v* de Dios ha venido 376
8.8 y vé a recibir al *v* de Dios, y consulta 376
8.11 el *v* de Dios le miró... luego lloró el *v* 376
9.8 destruiré de Acab todo *v*, así al siervo 8366
10.6 las cabezas de los hijos *v* de vuestro
10.6 los hijos del rey, setenta *v*, estaban 582
10.7 degollaron a los 70 *v*, y pusieron sus 376
10.14 degollaron... 42 *v*, sin dejar ninguno de 376
13.19 el *v* de Dios... le dijo: Al dar cinco 376
20.14 ¿qué dijeron aquellos *v*, y de dónde 582
22.15 así ha dicho... Decid al *v* que os envió 376
23.2 subió el rey... con todos los *v* de Judá 376
23.16 que había profetizado el *v* de Dios, el 376
23.17 es el sepulcro del *v* de Dios que vino 376
25.19 tomó... cinco *v* de los consejeros del rey 582
25.19 sesenta *v* del pueblo de la tierra, que 376
25.25 vino Ismael hijo de... y con él diez *v* 582
1 Cr 4.12 de Nahas; estos son los *v* de Reca 582
4.22 Joacim, y los *v* de Cozeba, Joás, y Saraf 582
5.24 *v* de nombre y jefes de las casas de sus
11.19 ¿había yo de beber... la vida de estos *v* 582
11.22 Benaía hijo de... hijo de un *v* valiente 376
12.30 valientes, *v* ilustres en las casas de
19.5 llegó a David la noticia sobre aquellos *v* 582
22.9 nacerá un hijo, el cual será *v* de paz 376
23.14 y los hijos de Moisés *v* de Dios fueron 376
24.4 más *v* principales que de los... de Itamar 1397
26.6 porque eran *v* valerosos y esforzados
26.12 alternando los principales de los *v* en 1397
27.32 y Jonatán tío de David era... *v* prudente 376
2 Cr 5.3 congregaron con el rey... *v* de Israel 376
6.5 he escogido *v* que fuese príncipe sobre 376
6.16 no faltará de ti *v* delante de mí, que 376
7.18 no te faltará *v* que gobierne en Israel 376
8.14 así lo había mandado David, *v* de Dios 376
11.2 palabra de Jehová a Semaías *v* de Dios 376
25.7 un *v* de Dios vino a él y le dijo: Rey, no 376
25.9 y Amasías dijo al *v* de Dios: ¿Qué, pues 376
25.9 y el *v* de Dios respondió: Jehová puede 376
26.17 con él ochenta sacerdotes... *v* valientes 1121
28.12 se levantaron algunos *v* de los... Efraín 1121
28.15 *v* nombrados, y tomaron a los cautivos 582
30.16 conforme a la ley de Moisés *v* de Dios 376
31.16 a los *v* anotados por sus linajes, de 2145
31.19 los *v* nombrados tenían cargo de dar sus 120
34.23 decid al *v* que os ha enviado a mí, que 376

34.30 subió el...y con él todos los v de Judá 376
Esd 2.2 número de los v del pueblo de Israel 582
2.22 los v de Netofa, cincuenta y seis 582
2.23 los v de Anatot, ciento veintiocho 582
2.27 los v de Micmas, ciento veintidós 582
2.28 los v, de Bet-el Y...doscientos veintitrés 582
3.2 como está escrito en la ley de Moisés v 376
6.8 sean dados...a esos v los gastos, para 1400
8.3 con él, en la línea de v, ciento cincuenta 2145
8.4 Elioenai hijo de...y con él doscientos v 2145
8.5 el hijo de Jihaziel, y con él 300 v 2145
8.6 hijo de Jonatán, y con él cincuenta v 2145
8.7 Elam, Jesaías hijo de...y con él setenta v 2145
8.8 Zebadías hijo de Micael, y con él 80 v 2145
8.9 Obadías hijo de Jehiel, y con él 218 v 2145
8.10 el hijo de Josifías, y con él 160 v 2145
8.11 hijo de Bebai, y con él veintiocho v 2145
8.12 Johanán hijo de Hacatán, y con él 110 v 2145
8.13 los postreros...Semaías, y con ellos 60 v 2145
8.14 Utai y Zabud, y con ellos sesenta v 2145
8.18 trajeron...un v entendido, de los hijos 376
10.16 apartados...Esdras, y ciertos v jefes
Neh 1.2 vino Hanan...con algunos v de Judá 582
1.11 te ruego...dale gracia delante de aquel v 376
2.12 levanté de noche...y unos pocos v, conmigo 582
3.2 junto a ella edificaron los v, de Jericó 582
3.7 V de Gabaón y de Mizpa, que estaban bajo 582
3.22 de él restauraron...los v de la llanura 582
7.2 éste era v, de verdad y temeroso de Dios 376
7.7 el número de los v del pueblo de Israel 582
7.26 los v de Belén y de Netofa, 188 582
7.27 los v de Anatot, ciento veintiocho 582
7.28 los v de Bet-azmavet, cuarenta y dos 582
7.29 los v de Quiriat-jearim, Cafira y...743 582
7.30 los v de Ramá y de Geba, 621 582
7.31 los v de Micmas, ciento veintidós 582
7.32 v de Bet-el y de Hai, ciento veintitrés 582
7.33 los v del otro Nebo, cincuenta y dos 582
11.2 y bendijo el pueblo a todos los v que 582
12.24 conforme al estatuto de David v de Dios 376
12.36 los instrumentos...de David v de Dios 376
12.44 fueron puestos v sobre las cámaras de
Est 2.5 un v judío cuyo nombre era Mardoqueo
6.7 rey: Para el v, cuya honra desea el rey 376
6.9 vistan a aquel v cuya honra desea el rey 376
6.9,11 se hará al v cuya honra desea el rey 376
Job 1.1 hubo en tierra de Uz un v llamado Job 376
1.3 y era aquel v más grande que todos los 376
1.8; 2.3 a mi siervo Job...v perfecto y recto 376
3.3 la noche en que se dijo: V es concebido 1397
4.17 ¿será...v más limpio que el que lo hizo? 582
32.1 cesaron estos tres v de responder a Job 582
32.5 respuesta en la boca de aquellos tres v 582
33.17 quitar al...y apartar del v la soberbia 120
34.10 v de inteligencia, oídme: Lejos esté 582
38.3; 40.7 como v tus lomos; yo te preguntaré 1397
Sal 1.1 bienaventurado el v que no anduvo en 376
18.48 eleva sobre...me libraste de v violento 376
62.9 vanidad son los...mentira los hijos de v 376
76.5 no hizo uso de...ninguno de los v fuertes 582
80.17 sea tu mano sobre el v de tu diestra 376
90 tít...oración de Moisés, v de Dios 376
105.17 envió un v delante de ellos; a José 376
Pr 6.26 la mujer caza la preciosa alma del v
25.1 los cuales copiaron los v de Ezequías 582
30.1 profecía que dijo el v a Itiel, a Itiel 1397
Is 2.9 el v se ha humillado; por tanto, no los 376
3.25 tus v caerán a espada, y tu fuerza en 4962
5.3 vecinos de Jerusalén y v de Judá, juzgad 376
5.15 el v será abatido, y serán bajados los 120
13.12 haré más precioso que el oro fino al v 120
14.16 ¿es éste aquel v que hacía temblar la 376
28.14 por tanto, v burladores que gobernáis 582
31.8 caerá Asiria por espada no de v, y la 376
32.2 y será aquel v como escondedero contra 376
44.13 lo hace en forma de v, a semejanza de 376
46.11 y de tierra lejana al v de mi consejo 376
53.3 v de dolores, experimentado en quebranto 376
Jer 2.6 por una tierra por la cual no pasó v 376
4.3 porque así dice Jehová a todo v de Judá 376
4.4 quitad el prepucio de vuestro corazón, v 376
9.12 ¿quién es v sabio que entienda esto? 376
11.2 este pacto, y hablad a todo v de Judá 376
11.3 maldito el v que no obedeciere...pacto 376
11.9 conspiración se ha...entre los v de Judá 376
11.21 de los v de Anatot que buscan tu vida 582
11.23 yo traeré mal sobre los v de Anatot, el 582
17.5 maldito el v que confía en el hombre, y 1397
17.7 bendito el v que confía en Jehová, y cuya 120
17.25 entrarán...sus príncipes, los v de Judá 376
19.10 quebrarás la...ante los ojos de los v 582
20.15 nuevas...diciendo: Hijo v te ha nacido 376
29.32 no tendrá v que more entre este pueblo 376
30.6 inquirid ahora, y mirad si el v da a luz 1397
31.22 una cosa nueva...la mujer rodeará al v 1397
32.32 por toda la maldad de...los v de Judá 120
33.17 así...No faltará a David v que se siente 376
33.18 ni a...sacerdotes y levitas faltará v 376
35.4 de Hanán hijo de Igdalías, v de Dios, el 376
35.13 vé y di a los v de Judá, y...Jerusalén 376
35.19 un v que esté en mi presencia todos los 376
36.31 sobre los v de Judá, todo el mal que 376
38.9 mal hicieron estos v en todo lo que han 582
38.16 ni te entregaré en mano de estos v que 582
43.2 todos los v soberbios dijeron a Jeremías 582
Ez 3.26 no serás a ellos v que reprende; porque
8.11 estaban setenta v de los ancianos de la 376
8.16 veinticinco v, sus espaldas vueltas al 376

9.2 seis v venían del camino de la puerta de 376
9.2 y entre ellos había un v, vestido de lino 376
9.3 y llamó Jehová al v vestido de lino, que 376
9.6 comenzaron, pues, desde los v ancianos 376
9.11 v, vestido de lino, que tenía el tintero 376
10.2 habló al v, vestido de lino, y le dijo 376
10.3 derecha de la casa cuando este v entró 376
10.6 mandar al v vestido de lino, diciendo 376
14.14 estuviesen...tres v, Noé, Daniel y Job 582
14.16,18 estos tres v, estuviesen en medio 582
23.23 y v, de renombre, que montan a caballo
23.42 y con los v de la gente común fueron 582
40.3 un v, cuyo aspecto era como...de bronce 376
40.4 me habló aquel v...Hijo de hombre, mira 376
40.5 la caña...que aquel v tenía en la mano
43.6 que me hablaba...un v estaba junto a mí 376
47.3 salió el v, hacia el oriente, llevando 120
Dn 2.25 he hallado un v de los deportados de 1400
3.8 algunos v caldeos vinieron y acusaron 3779,3064
3.12 hay unos v judíos, los cuales pusiste 3064
3.12 estos v, oh rey, no te han respetado 1400
3.13 fueron traídos estos v delante del rey 1400
3.21 estos v fueron atados con sus mantos 1400
3.23 estos tres v...cayeron atados dentro del 1400
3.24 ¿no echaron a tres v...dentro del fuego? 1400
3.25 yo veo cuatro v sueltos, que se pasean 1400
3.27 se juntaron los...para mirar a estos v 1400
9.21 el v Gabriel, a quien había visto en la 376
10.5 v vestido de lino, y ceñidos sus lomos 376
10.11 Daniel, v muy amado, está atento a las 376
12.6 y dijo uno al v vestido de lino, que 376
12.7 y oí al v vestido de lino, que estaba 376
Os 3.3 días; no fornicarás, ni tomarás otro v 376
9.7 insensato es el v de espíritu, a causa 376
Mi 5.7 las lluvias...las cuales no esperan a v 376
Nah 2.3 los v de su ejército vestidos de grana 582
3.10 y sobre sus v echaron suertes, y todos
Zac 1.8 un v que cabalgaba sobre un caballo 376
1.10 aquel v...respondió y dijo: Estos son los 376
2.1 un v, que tenía en su mano un cordel de 376
3.8 tú y tus amigos...porque son v simbólicos 582
6.12 he aquí el v cuyo nombre es el Renuevo 376
Mt 19.4 **el que los hizo...v y hembra los hizo** *730*
Mr 6.20 sabiendo que era v justo y santo, y le *435*
10.6 **al principio...v y hembra los hizo Dios** *730*
Lc 1.27 una virgen desposada con un v que se *435*
1.34 dijo...¿Cómo será esto? pues no conozco v *435*
2.23 v que abriere la matriz será...santo al *730*
8.41 un v llamado Jairo, que era principal de *435*
9.30 he aquí dos v que hablaban con él, los *435*
9.32 vieron...a los dos v que estaban con él *435*
19.2 que un v llamado Zaqueo, que era jefe *435*
23.50 había un v llamado José, de Arimatea *435*
23.50 miembro del concilio, v bueno y justo *435*
24.4 he aquí se pararon junto a ellas dos v *435*
24.19 que fue v profeta, poderoso en obra y
Jn 1.13 sangre, ni de voluntad de v, sino de *435*
1.30 después de mí viene un v, el cual es *435*
6.10 se recostaron como en número de 5.000 v
Hch 1.10 se pusieron junto a ellos dos v con *435*
1.11 v galileos, ¿por qué estáis mirando al *435*
1.16 v hermanos...necesario que se cumpliese *435*
2.5 moraban...en Jerusalén judíos, v piadosos *435*
2.14 v judíos, y todos los que habitáis en *435*
2.22 v israelitas, oíd estas palabras: Jesús *435*
2.22 Jesús nazareno, v aprobado por Dios *435*
2.29 v hermanos...puede decir libremente del *435*
2.37 y dijeron a...V hermanos, ¿qué haremos? *435*
3.12 v israelitas, ¿por qué os maravilláis *435*
4.4 y el número de los v era como cinco mil *435*
5.25 los v que pusisteis en la cárcel están *435*
5.35 dijo: V israelitas, mirad por vosotros *435*
6.3 buscad, pues...siete v de buen testimonio *435*
6.5 eligieron a Esteban, v lleno de fe y del *435*
7.2 v hermanos y padres, oíd: El, Dios de la *435*
7.26 v, hermanos...¿por qué os maltratáis el *435*
9.12 **visto en visión a un v llamado Ananías** *435*
10.22 Cornelio...v justo y temeroso de Dios *435*
10.28 abominable es para un v judío juntarse *444*
10.30 vi...un v con vestido resplandeciente *435*
11.12 hermanos, y entramos en casa de un v
11.20 entre ellos unos v de Chipre y de Cirene *435*
11.24 era v bueno, y lleno del Espíritu Santo *435*
13.7 el procónsul Sergio Paulo, v prudente *435*
13.15 v hermanos, si tenéis alguna palabra de *435*
13.16 v israelitas, y los que teméis a Dios *435*
13.21 a Saúl hijo...v de la tribu de Benjamín *435*
13.22 a David hijo...v conforme a mi corazón *435*
13.26 v hermanos...del linaje de Abraham, y *435*
13.38 sabed, pues, esto, v hermanos: que por *435*
14.15 y diciendo: V, ¿por qué hacéis esto? *435*
15.7 v...vosotros sabéis cómo ya hace algún *435*
15.13 Jacobo...diciendo: V hermanos, oídme *435*
15.22 elegir...v y enviarlos, a Antioquía con *435*
15.22 Silas, v principales entre los hermanos *435*
15.25 bien...elegir v y enviarlos a vosotros *435*
16.9 un v macedonio estaba en pie, rogándole *435*
17.22 v atenienses, en todo observo que sois *435*
17.31 por aquel v a quien designó, dando fe *435*
18.24 v elocuente, poderoso en...Escrituras *435*
19.25 v, sabéis que de este oficio obtenemos *435*
19.35 v efesios, ¿y quién es el hombre que *435*
21.11 así atarán...al v de quien es este cinto *435*
21.28 dando voces: v israelitas, ayudad! *435*
22.1 v hermanos y padres, oíd...defensa ante *435*
22.12 Ananías, v piadoso según la ley, que *435*
23.1 v hermanos, yo con...buena conciencia he *435*
23.6 la voz...v hermanos, yo soy fariseo, hijo *435*

25.24 rey Agripa, y todos los v que estáis *435*
27.10 v, veo que la navegación va a ser con *435*
27.21 dijo: Habría sido...conveniente, oh v *435*
27.25 tanto, oh v, tened buen ánimo; porque *435*
28.17 yo, v hermanos, no habiendo hecho nada *435*
Ro 4.8 bienaventurado el v a quien el Señor *435*
7.3 se uniere a otro v, será llamada adúltera *435*
1 Co 6.9 afeminados, ni los que se echan con v *733*
11.3 Cristo es la cabeza de todo v, y el v *435*
11.4 todo v, que ora...con la cabeza cubierta *435*
11.7 el v no debe cubrirse la cabeza, pues *435*
11.7 de Dios; pero la mujer es gloria del v *435*
11.8 el v no procede de...sino la mujer del v *435*
11.9 tampoco el v fue creado por causa de la *435*
11.9 la mujer, sino la mujer por causa del v *435*
11.11 ni el v es sin la...ni la mujer sin el v *435*
11.12 la mujer procede del v,...el v, nace de la *435*
11.14 ¿no os enseña que al v le es deshonroso *435*
Ga 3.28 no hay v ni mujer; porque...sois uno en *730*
Ef 4.13 a un v perfecto, a la medida de la *435*
Stg 1.12 bienaventurado el v que soporta la *435*
3.2 no ofende en palabra, éste es v perfecto *435*
Ap 12.5 dio a luz un hijo v, que regirá con *730*
12.13 la mujer que había dado a luz al hijo v *730*

VARONA

Gn 2.23 será llamada V...del varón fue tomada 802

VARONILMENTE

Nm 24.18 tomada Seir...e Israel se portará v 2428
1 Co 16.13 velad, estad firmes...portaos v, y *407*

VASIJA

Éx 16.33 toma una v, y pon en ella un gomer de 6803
Lv 6.28 y la v de barro en que fuere cocida 3627
6.28 y si fuere cocida en v de bronce, será 3627
11.33 v de barro...inmunda...y quebraréis la v 3627
11.34 el cual cayere el agua...v, será inmundo 3627
11.34 toda bebida que hubiere en esas v será 3627
14.50 y degollará una avecilla en una v de 3627
15.12 la v de barro que tocare el que tiene 3627
15.12 toda v de madera será lavada con agua 3627
Nm 19.15 y toda v abierta, cuya tapa no esté 3627
Rt 2.9 cuando tengas sed, vé a las v, y bebe 3627
1 S 1.24 una v de vino, y lo trajo a la casa 3627
10.3 llevando uno...el tercero una v de vino 5035
16.20 tomó Isaí...una v de vino y un cabrito 4997
26.11 toma ahora...y la v de agua, y vámonos 6835
26.12 llevó...David la lanza y la v de agua 6835
26.16 mira...ahora, dónde está...la v de agua 6835
2 S 17.28 trajeron a David...v de barro, trigo 3627
1 R 14.3 toma...una v de miel, y vé a él, para-1228
17.12 harina...y un poco de aceite en una v 6835
17.14 ni el aceite de la v disminuirá, hasta 6835
17.16 la harina...ni el aceite de la v menguó 6835
19.6 él miró, y he aquí a su...una v de agua 6835
2 R 2.20 traedme una v nueva, y poned en ella 6746
4.2 ninguna cosa tiene...sino una v de aceite 610
4.3 vé y pide para ti v...v vacías, no pocas 3627
4.4 en todas las v, y cuando una esté llena 3627
4.5 ellos le traían las v, y ella echaba del
4.6 cuando las v estuvieron llenas, dijo a un 3627
4.6 dijo a...Tráeme aún otras v...No hay más v 3627
Job 21.24 sus v estarán llenas de leche, y sus 5845
Sal 2.9 como v de alfarero los desmenuzarás 3627
60.8; 108.9 Moab, v para lavarme; sobre Edom ... 5518,7366
Is 29.16 ¿dirá la v de aquel que la ha formado 3335
Jer 14.3 no hallaron agua...volvieron con sus v 3627
18.4 la v de barro...la hizo otra v, según le 3627
19.1 vé y compra una v de barro del alfarero 1228
19.10 quebrarás la v ante los ojos de los 1228
19.11 como quien quiebra una v de barro, que 3627
22.28 ¿es este...Conías una v despreciada y 3627
32.14 ponlas en una v de barro, para que se 3627
48.11 y no fue vaciado de v en v, ni nunca 3627
48.12 vaciarán sus v, y romperán sus odres 3627
48.38 quebranté a Moab como a v que no 3627
Lm 4.2 ¡cómo son tenidos por v de barro, obra 5035
Ez 4.9 y ponlos en una v, y hazte pan de ellos 3627
Os 8.8 será entre las naciones como v que no 3627
Mt 25.4 **las prudentes tomaron aceite en sus v** *30*
Lc 8.16 **enciende una luz la cubre con una v** *4632*
Jn 19.29 y estaba allí una v llena de vinagre *4632*

VASNI *Primogénito de Samuel*, 1 Cr 6.28 2059

VASO

Éx 7.19 así en los v de madera como en los de
39.36 todos sus v, el pan de la proposición 3627
Lv 14.5 matar una avecilla en un v de barro 3627
Nm 5.17 tomará...agua santa en un v de barro 3627
31.6 fue a la guerra con los v del santuario 3627
1 S 21.5 ya los v de los jóvenes eran santos 3627
21.5 ¿cuánto más no serán santos hoy sus v? 3627
2 S 12.3 bebiendo de su v, y durmiendo en su 3563
1 R 10.21 todos los v de beber...eran de oro 3627
17.10 te ruego que me traigas...agua en un v 3627
2 Cr 24.14 hicieron de él...v de oro y de plata 3627
Esd 8.27 y dos v de bronce bruñido muy bueno 3627
Est 1.7 a beber en v de oro, y v diferentes 3627
Sal 31.12 he venido a ser como un v quebrado 3627
Is 22.24 colgarán de él...todos los v menores 3627
30.14 y se quebrará como se quiebra un v de 5035
Jer 16.7 en el luto para...ni les darán a beber v 3563
25.34 que seáis degollados...y caeréis como v 3627
51.34 y me dejó como v vacío; me tragó como 3627
Dn 5.2 que trajesen los v de oro y de plata 3984
5.3 fueron traídos los v de oro que habían 3984
5.23 hiciste traer...los v de su casa, y tú y 3984
Mt 10.42 **que dé a uno de estos...un v de agua** *4221*

20.22 **¿podéis beber del *v* que yo he de beber** *4221*
20.23 **a la verdad, de mi *v* beberéis, y con el** *4221*
23.25 **limpiáis lo de fuera del *v* y del plato** *4221*
23.26 **limpia primero lo de dentro del *v*, y del** *4221*
26.7 vino...una mujer, con un *v* de alabastro *211*
Mr 7.4 como los lavamientos de los *v* de beber *4221*
7.8 **lavamientos de los jarros y de los *v* de** *4221*
9.41 **que os diere un *v* de agua en mi nombre** *4221*
10.38 **¿podéis beber del *v*, que yo bebo, o ser** *4221*
10.39 **del *v* que yo bebo, beberéis, y con el** *4221*
14.3 vino una mujer con un *v* de alabastro de *211*
14.3 quebrando el *v*,...se lo derramó sobre su *211*
Lc 11.39 **limpiáis lo de fuera del *v* y del plato** *4221*
Ro 9.20 ¿dirá el *v* de barro al que lo formó *4110*
9.21 un *v* para honra y otro para deshonra? *4632*
9.22 soportó...los *v* de ira preparados para *4632*
9.23 los *v* de misericordia que él preparó de *4632*
2 Co 4.7 tenemos este tesoro en *v* de barro *4632*
He 9.21 roció...y todos los *v* del ministerio *4632*
1 P 3.7 honor a la mujer como a *v* más frágil *4632*
Ap 2.27 **y serán quebrados como *v* de alfarero** *4632*

VASTA
2 Cr 30.13 se reunió en Jerusalén...*v* reunión 7230

VÁSTAGO
Gn 49.22 cuyos *v* se extienden sobre el muro 1121
Sal 80.11 extendió sus *v* hasta el mar, y hasta 7105
Is 11.1 saldrá...y un *v* retoñará de sus raíces 5342
14.19 echado eres de tu...como *v* abominable 5342
27.8 con medida lo castigarás en sus *v*...El los
Ez 19.10 echando *v* a causa de...muchas aguas 6058

VASTI *Primera esposa del rey Asuero*
Est 1.9 asimismo la reina *V* hizo banquete para 2060
1.11 a la reina *V* a la presencia del rey con 2060
1.12 mas la reina *V* no quiso comparecer a la 2060
1.15 se había de hacer con la reina *V* según 2060
1.16 no...contra el rey ha pecado la reina *V* 2060
1.17 el rey Asuero mandó traer...la reina *V* 2060
1.19 *V* no venga más delante del rey Asuero 2060
2.1 se acordó de *V* y de lo que...había hecho 2060
2.4 doncella que agrade...reine en lugar de *V* 2060
2.17 la corona...y la hizo reina en lugar de *V* 2060

VECINO,A
Éx 3.22 sino que pedirá cada mujer a su *v* y a 7934
11.2 pida a su *v*, y cada una a su *v*, alhajas 7468
12.4 él y su *v*...tomarán uno según el número 7934
Dt 22.2 si tu hermano no fuere tu *v*, o no lo
Jos 9.16 oyeron que eran sus *v*, y...habitaban 7138
Rt 4.17 dieron nombre las *v*, diciendo: Le ha 7934
1 S 23.11,12 ¿me entregarán los *v* de Keila en 1167
2 R 4.3 pide...vasijas prestadas de todos tus *v* 7934
1 Cr 12.40 eran *v*...trajeron víveres en asnos
Est 9.19,22 enviar porciones cada uno a su *v*
Sal 15.3 ni admite reproche alguno contra su *v* 7453
31.11 de mis *v* mucho más, y el horror de mis 7934
44.13 nos pones por afrenta de nuestros *v* 7934
79.4 afrentados de nuestros *v*, escarnecidos 7934
79.12 y devuelve a nuestros *v*...siete tantos 7934
80.6 nos pusiste por escarnio a nuestros *v* 7934
89.41 lo saquean todos...es oprobio a sus *v* 7934
Pr 25.17 detén tu pie de la casa de tu *v*, no 7453
27.10 mejor...el *v* cerca que el hermano lejos 7934
Is 3.5 hará violencia...cada cual contra su *v* 7453
5.3 *v* de Jerusalén y varones de Judá, juzgad 3427
41.6 cada cual ayudó a su *v*, y a su hermano 7453
Jer 6.21 caerán...*v* y su compañero perecerán 7934
12.14 dijo Jehová contra todos mis malos *v* 7934
49.10 será destruida...sus hermanos y sus *v* 7934
49.18; 50.40 destrucción...de sus ciudades *v* 7934
Lm 1.17 dio mandamiento...*v* fuesen...enemigos 6862
Ez 16.26 y fornicaste con los...Egipto, tus *v* 7934
23.5 y se enamoró de...los asirios, *v* suyos 7138
23.12 enamoró de los hijos de...asirios sus *v* 7138
Mr 1.38 **vamos a los lugares *v*...que predique**
Lc 1.58 cuando oyeron los *v*...se regocijaron *4040*
1.65 y se llenaron de temor todos sus *v*
14.12 **no llames a tus amigos...ni a *v* ricos** *1069*
15.6 **llegar a casa, reúne a sus amigos y *v*** *1069*
15.9 **reúne a...amigas y *v*, diciendo: Gozaos** *1069*
Jn 9.8 los *v*, y los que antes le habían visto *1069*
Hch 5.16 aun de las ciudades *v* muchos venían *4038*
Jud 7 como Sodoma y Gomorra y las ciudades v

VEDAR
Nm 30.5 su padre le *vedare* el día que oyere 5106
30.5 perdonará, por cuanto su padre...lo *vedó* 5106
30.8 pero si cuando su marido lo oyó, le *vedó* 5106
30.11 si...oyó, y calló a ello y no le *vedó* 5106

VEGA
Dt 8.7 manantiales, que brotan en *v* y montes 1237
11.11 tierra de montes y de *v*, que bebe las 1237
34.3 la *v* de Jericó, ciudad de las palmeras 1237
Jue 11.33 hasta la *v* de las viñas, los derrotó 3754
2 Cr 26.10 la Sefela como en las *v*, y viñas 4334

VEHEMENCIA
2 S 23.15 David dijo con *v*: ¡Quién me diera 183
Lc 23.10 los escribas acusándole con gran *v* *2159*
Hch 18.28 con gran *v* refutaba...a los judíos *2159*

VEHEMENTE
Jer 4.12 viento más *v* que este vendrá a mí 4392

VEINTE *Véase también Veintiuno, Viente Mil, etc.*
Gn 18.31 he aquí...quizá se hallarán allí *v* 6242
18.31 no la destruiré...por amor a los *v* 6242
31.38 *v* años he estado contigo; tus ovejas 6242
31.41 he estado *v* años en tu casa; catorce 6242
32.14 *v* machos cabríos...ovejas y *v* carneros 6242
32.15 diez novillos, *v* asnas y diez borricos 6242
37.28 le vendieron a...por *v* piezas de plata 6242
Éx 26.18 *v* tablas al lado del mediodía, al sur 6242
26.19 basas de plata debajo de las *v* tablas 6242
26.20 al otro lado del tabernáculo...*v* tablas 6242
27.10 sus *v* columnas y sus *v* basas serán de 6242
27.11 *v* columnas con sus *v* basas de bronce 6242
27.16 y para la puerta...cortina de *v* codos 6242
30.13 el siclo es de *v* geras...La mitad de un 6242
30.14 el que sea contado, de *v* años arriba 6242
36.23 *v* tablas al lado del sur, al mediodía 6242
36.24 cuarenta basas...debajo de las *v* tablas 6242
36.25 para...lado norte, hizo otras *v* tablas 6242
38.10 sus columnas eran *v*, con sus *v* basas 6242
38.11 columnas, *v*, con sus *v* basas de bronce 6242
38.18 la cortina...era de *v* codos de longitud 6242
38.26 a todos los...de edad de *v* años arriba 6242
Lv 27.3 al varón de *v* años hasta sesenta, lo 6242
27.5 si fuere de cinco años hasta *v*, al varón 6242
27.5 al varón lo estimarás en *v* siclos, y a 6242
27.25 será conforme al siclo...tiene *v* geras 6242
Nm 1.3,18,20,22,24,26,28,30,32,34,36,38,40,42,45 de *v* años arriba, todos los que 6242
3.47 siclos por cabeza...siclo tiene *v* geras 6242
10.11 a los *v* días del mes, la nube se alzó 6242
11.19 no comeréis un día, ni dos..ni *v* días 6242
14.29 que fueron contados...de *v* años arriba 6242
18.16 siclo del santuario, que es de *v* geras 6242
26.2 tomad el censo de toda...de *v* años arriba 6242
26.4 contaréis el pueblo de *v* años arriba 6242
32.11 no verán los varones...de *v* años arriba 6242
Jue 4.3 oprimido...hijos de Israel por *v* años 6242
11.33 Aroer hasta llegar a Minit, *v* ciudades 6242
15.20 juzgó a Israel en los días de...*v* años 6242
16.31 sepultaron...Y él juzgó a Israel *v* años 6242
1 S 7.2 que llegó el arca a...pasaron...*v* años 6242
14.14 matanza que hicieron...como *v* hombres 6242
2 S 3.20 vino, pues, Abner...con él *v* hombres 6242
9.10 y tenía Siba quince hijos y *v* siervos 6242
19.17 venían...asimismo Siba...y sus *v* siervos 6242
24.8 volvieron...al cabo de 9 meses y *v* días 6242
1 R 4.23 diez bueyes gordos, *v* bueyes de pasto 6242
5.11 daba a Hiram...y *v* coros de aceite puro 6242
6.2 la casa...*v* de ancho, y 30 codos de alto 6242
6.3 el pórtico...tenía *v* codos de largo a lo 6242
6.16 final de la casa un edificio de *v* codos 6242
6.20 *v* codos de largo, *v* de ancho, y *v* de 6242
9.10 cabo de *v* años, cuando Salomón ya había 6242
9.11 el rey Salomón dio a Hiram *v* ciudades 6242
15.9 en el año *v* de Jeroboam rey de Israel 6242
2 R 4.42 *v* panes de cebada, y trigo nuevo en 6242
15.27 Peka hijo de Remalías...y reinó *v* años 6242
15.30 a los *v* años de Jotam hijo de Uzías 6242
16.2 comenzó a reinar Acaz era de *v* años, y 6242
1 Cr 23.24 los hijos de Leví...*v* años arriba 6242
23.27 cuenta de los hijos de Leví de *v* años 6242
27.23 no tomó...los que eran de *v* años abajo 6242
2 Cr 3.3 casa de Dios...la anchura de *v* codos 6242
3.4 el pórtico que...era de *v* codos de largo 6242
3.8 el lugar santísimo, cuya...era: de *v* codos 6242
3.8 anchura de *v* codos; y lo cubrió de oro 6242
3.11 la longitud de las alas..era de *v* codos 6242
3.13 tenían las alas extendidas por *v* codos 6242
4.1 un altar de bronce de *v* codos de longitud 6242
4.1 altar...*v* codos de anchura, y diez codos 6242
8.1 *v* años, durante los cuales Salomón había 6242
25.5 en lista a todos los de *v* años arriba 6242
28.1 *v* años era Acaz cuando comenzó a reinar 6242
31.17 a los levitas de edad de *v* años arriba 6242
Esd 3.8 pusieron a los levitas de *v* años arriba 6242
8.19 y con él a...sus hermanos y a sus hijos, *v* 6242
8.27 *v* tazones de oro de mil dracmas, y dos 6242
10.9 se reunieron...a los *v* días del mes, que 6242
Neh 1.1 el año *v*, estando yo en Susa, capital 6242
2.1 sucedió...en el año *v* del rey Artajerjes 6242
5.14 el año *v* del rey Artajerjes hasta el año 6242
Ez 4.10 la comida...de peso de *v* siclos al día 6242
40.49 la longitud del pórtico, *v* codos, y el 6242
41.2 midió su longitud...la anchura de *v* codos 6242
41.4 su longitud, de *v* codos, y...anchura de *v* 6242
41.10 y entre las cámaras había anchura de *v* 6242
42.3 frente a...*v* codos que había en el atrio 6242
45.5 cual será para los levitas...con *v* cámaras 6242
45.12 y el siclo será de *v* geras...*V* siclos 6242
Hag 2.16 venían al montón de *v* efas, y había 6242
2.16 lagar para sacar 50 cántaros, y había *v* 6242
Zac 5.2 veo un rollo que vuela, de *v* codos de 6242
Hch 27.28 echando la sonda, hallaron *v* brazas *1501*

VEINTE MIL
2 S 8.4 y tomó David...*20.000* hombres de a pie 6242,505
10.6 y tomaron a sueldo...*20.000* hombres de a 6242,505
18.7 se hizo allí...matanza de *20.000* hombres 6242,505
1 R 5.11 daba a Hiram *20.000* coros de trigo 6242,505
1 Cr 18.4 tomó David...*20.000* hombres de a pie 6242,505
2 Cr 2.10 dado *20.000* coros de trigo, *20.000*...*cebada*, 20.000...de vino, y *20.000*, de aceite 6242,505
Neh 7.71 dieron para...*20.000* dracmas de oro 7239,505
Lc 14.31 **rey...que viene contra él con *20.000*** *1501*

VEINTE MIL DOSCIENTOS
1 Cr 7.9 contados...resultaron *20.200* hombres 6242,505,8147,3967

VEINTE MIL OCHOCIENTOS
1 Cr 12.30 hijos de Efraín, *20.800...valientes* 6242,505,8083,3967

VEINTENA
Sal 68.17 carros de Dios se cuentan por *v* de 7239

VEINTICINCO
Nm 8.24 los levitas de *v* años arriba entrarán 6242,2568
1 R 22.42 Josafat...reinó *v* años en Jerusalén 6242,2568
2 R 14.2; 15.33; 18.2 cuando comenzó a reinar era de *v* años 6242,2568
23.36 de *v* años era Joacim cuando comenzó a 6242,2568
2 Cr 20.31 Josafat...reinó *v* años en Jerusalén 6242,2568
25.1 de *v* años era Amasías cuando...a reinar 6242,2568
27.1 de *v* años era Jotam cuando comenzó a 6242,2568
27.8 comenzó a reinar era de *v* años, y 16 6242,2568
29.1 comenzó a reinar Ezequías siendo de *v* 6242,2568
36.5 comenzó a reinar Joacim era de *v* años 6242,2568
Neh 6.15 fue terminado...el muro, el *v* del mes 6242,2568
Jer 52.31 el mes duodécimo, a los *v* días del 6242,2568
Ez 8.16 como *v* varones, sus espaldas vueltas 6242,2568
11.1 y a la entrada de la puerta *v* hombres 6242,2568
40.1 en el año *v* de nuestro cautiverio, al 6242,2568
40.13 de una cámara hasta...*v* codos de ancho 6242,2568
40.21 cincuenta codos de longitud, y *v* de 6242,2568
40.25,29,33,36 la longitud era...y el ancho de *v* 6242,2568
40.30 los arcos...eran de *v* codos de largo, y 6242,2568
45.12 *v* siclos, quince siclos, os serán una 6242,2568
Jn 6.19 cuando habían remado como *v*...estadios *6242*

VEINTICINCO MIL
Jue 20.46 de Benjamín murieron...*25.000* hombres 6242,2568,505
Ez 45.1 de longitud de *25.000* cañas y diez mil 6242,2568,505
45.3 medirás en longitud *25.000* cañas, y en 6242,2568,505
45.5 *25.000* cañas de longitud y diez mil de 6242,2568,505
45.6 señalaréis...*25.000* de longitud, delante 6242,2568,505
48.8 la porción...de *25.000* cañas de anchura 6242,2568,505
48.9 de longitud *25.000* cañas, y diez mil de 6242,2568,505
48.10 la porción santa...será de *25.000* cañas 6242,2568,505
48.10 y de *25.000* de longitud al sur; y el 6242,2568,505
48.13 será de *25.000* cañas de longitud, y de 6242,2568,505
48.13 la longitud de *25.000*, y la anchura de 6242,2568,505
48.15 las 5.000 cañas...quedan de las *25.000* 6242,2568,505
48.20 porción...de 25.000 cañas por *25.000* en 6242,2568,505
48.21 esto es, delante de las *25.000* cañas 6242,2568,505
48.21 occidente delante de las *25.000* hasta 6242,2568,505

VEINTICINCO MIL CIEN
Jue 20.35 mataron...*25.100* hombres de Benjamín 6242,2568,505,3967

VEINTICUATRO *Véase también Veinticuatro mil*
Nm 7.88 la ofrenda de paz, *v* novillos; doce 6242,702
2 S 21.20 doce dedos...en los pies, *v* por todos 6242,702
1 R 15.33 Baasa hijo de Ahías...reinó *v* años 6242,702
1 Cr 20.6 tenía seis dedos en pies y manos, *v* 6242,702
Neh 9.1 el día *v* del mismo mes se reunieron 6242,702
Dn 10.4 el día *v* del mes primero estaba yo a 6242,702
Hag 1.15 el día *v* del mes sexto, en el segundo 6242,702
2.10 los *v* días del noveno mes, en el segundo 6242,702
2.18 desde el día *v* del noveno mes, desde el 6242,702
2.20 palabra de Jehová a...a los *v* días del 6242,702
Zac 1.7 los *v* días del mes undécimo, que es 6242,702
Ap 4.4 y alrededor del trono había *v* tronos *1501*
4.4 vi sentados en los tronos a *v* ancianos *1501*
4.10; 5.8,14 los *v* ancianos se postraron *1501*
11.16 y los *v* ancianos que estaban sentados *1501*
19.4 los *v* ancianos...se postraron en tierra *1501*

VEINTICUATRO MIL
Nm 25.9 murieron de aquella mortandad *24.000* 6242,702,505
1 Cr 23.4 éstos, *24.000* para dirigir la obra 6242,702,505
27.1 el año, siendo cada división de *24.000* 6242,702,505
27.2 Jasobeam...había en su división *24.000* 6242,702,505
27.4 en su división, en la que...había *24.000* 6242,702,505
27.5,7,8,9,10,11,12,13,14,15 y en su división había *24.000* 6242,702,505

VEINTIDÓS *Véase también Veintidós Mil, etc.*
Jos 19.30 abarca...*v* ciudades con sus 6242,8147
Jue 10.3 Jair..el cual juzgó a Israel *v* años 6242,8147
1 R 14.20 el tiempo que reinó Jeroboam...*v* años 6242,8147
16.30 reinó Acab hijo de...en Samaria *v* años 6242,8147
2 R 8.26 de *v* años era Ocozías cuando comenzó 6242,8147
21.19 de *v* años era Amón...comenzó a reinar 6242,8147
1 Cr 12.28 Sadoc...con *v*, de los principales de 6242,8147
2 Cr 13.21 Abías...engendró *v* hijos y 16 hijas 6242,8147
33.21 de *v* años era Amón cuando comenzó a 6242,8147

VEINTIDÓS MIL
Nm 3.39 los varones de un mes arriba...*22.000* 6242,8147,505
Jue 7.3 devolvieron de los del pueblo *22.000* 6242,8147,505
20.21 derribaron por tierra...*22.000* hombres 6242,8147,505
2 S 8.5 hirió de los sirios a *22.000* hombres 6242,8147,505
1 R 8.63 ofreció a Jehová, *22.000* bueyes y 6242,8147,505
1 Cr 18.5 sitios...David hirió de ellos *22.000* 6242,8147,505
2 Cr 7.5 ofreció...en sacrificio *22.000* bueyes 6242,8147,505

VEINTIDÓS MIL DOSCIENTOS
Nm 26.14 las familias de los simeonitas, *22.200* 6242,8147,505,8147,3967

VEINTIDÓS MIL DOSCIENTOS SETENTA Y TRES
Nm 3.43 primogénitos varones... fueron *22.273* 6242,8147,505,8147,3967,7657,7969

VEINTIDÓS MIL SEISCIENTOS
1 Cr 7.2 los hijos de Tola... *22.600* hombres 6242,8147,505,8337,3967

VEINTIDÓS MIL TREINTA Y CUATRO
1 Cr 7.7 los hijos de Bela... contados *22.034* 6242,8147,505,7970,702

VEINTINUEVE
Gn 11.24 Nacer vivió *v* años, y engendró a Taré .. 6242,8672
Éx 38.24 el oro... fue *v* talentos y 730 siclos 6242,8672
Jos 15.32 por todas *v* ciudades con sus aldeas 6242,8672
2 R 14.2 comenzó... y *v* años reinó en Jerusalén .. 6242,8672
18.2 a reinar... y reinó en Jerusalén *v* años 6242,8672
2 Cr 25.1 Amasías... *v* años reinó en Jerusalén ... 6242,8672
29.1 a reinar Ezequías... *v* años en Jerusalén ... 6242,8672
Esd 1.9 mil tazones de plata, *v* cuchillos 6242,8672

VEINTIOCHO
Éx 26.2 la longitud de una cortina de *v* codos 6242,8083
36.9 longitud de una cortina era de *v* codos ... 6242,8083
2 R 10.36 reinó Jehú sobre Israel... de *v* años 6242,8083
2 Cr 11.21 tomó... engendró *v* hijos y 60 hijas 6242,8083
Esd 8.11 Zacarías hijo de Bebai, y con él *v* 6242,8083

VEINTIOCHO MIL SEISCIENTOS
1 Cr 12.35 Dan, dispuestos a pelear, *28.600* 6242,8083,505,8337,3967

VEINTISÉIS
1 R 16.8 el año *v* de Asa rey de Judá comenzó 6242,8337

VEINTISÉIS MIL
Jue 20.15 fueron contados... *26.000* hombres que 6242,8337,505
1 Cr 7.40 número de ellos fue *26.000* hombres 6242,8337,505

VEINTISIETE
Gn 8.14 el mes segundo, a los *v* días del mes 6242,7651
1 R 16.10 Zimri... lo mató, en el año *v* de Asa 6242,7651
16.15 el año *v* de Asa rey de Judá, comenzó 6242,7651
2 R 15.1 año *v* de Jeroboam... comenzó a reinar .. 6242,7651
25.27 a los *v* días del mes, que Evil-merodac ... 6242,7651
Ez 29.17 el año *v*, en el mes primero, el día 6242,7651

VEINTISIETE MIL
1 R 20.30 el muro cayó sobre *27.000* hombres . 6242,7651,505

VEINTITRÉS
Jue 10.2 y juzgó a Israel *v* años; y murió 6242,7969
2 R 12.6 el año *v* del rey Joás aún no habían 6242,7969
13.1 el año *v* de Joás hijo de Ocozías, rey 6242,7969
23.31 de *v* años era Joacaz... y reinó 3 meses .. 6242,7969
1 Cr 2.22 a Jair, el cual tuvo *v* ciudades en 6242,7969
2 Cr 7.10 a los *v* días del mes séptimo envió 6242,7969
36.2 de *v* años era Joacaz cuando comenzó a . 6242,7969
Est 8.9 escribanos... a los *v* días de ese mes 6242,7969
Jer 25.3 hasta este día, que son *v* años, ha 6242,7969
52.30 año *v* de Nabucodonosor... 745 personas 6242,7969

VEINTITRÉS MIL
Nm 26.62 los levitas fueron contados *23.000* .. 6242,7969,505
1 Co 10.8 ellos... y cayeron en un día *23.000* *1501*

VEINTIUNO
Éx 12.18 panes sin levadura... hasta el *v* del 6242,259
2 R 24.18 *v* años era Sedequías cuando comenzó .. 6242,259
2 Cr 36.11 de *v* años era Sedequías... reinó en 6242,259
Jer 52.1 Sedequías de edad de *v* años cuando 6242,259
Dn 10.13 se me opuso durante *v* días; pero he 6242,259
Hag 2.1 a los *v* días del mes, vino palabra de 6242,259

VEJACIÓN
Job 34.30 no reine el... impío para *v* del pueblo 4170
Sal 10.7 debajo de su lengua hay *v* y maldad 5999
10.14 miras el trabajo y la *v*, para dar la 5999

VEJAR
Dt 28.25 serás *vejado* por todos los reinos de 2189
Os 5.11 Efraín... *vejado*, quebrantado en juicio 6231
Am 5.11 puesto que *vejáis* al pobre y recibís 1318

VEJEZ
Gn 15.15 en paz, y serás sepultado en buena *v* 7872
21.2 y dio Abraham un hijo en su *v*, en el 2208
21.7 Sara... pues le he dado un hijo en su *v* 2208
24.36 Sara... dio a luz en su *v*, un hijo a mí 2209
25.8 y murió Abraham en buena *v*, anciano y 2205
37.3 y amaba... porque lo había tenido en su *v* 2208
44.20 un hermano joven... que le nació en su *v* 2208
48.10 estaban tan agravados por la *v*, que no 3513
Jud 8.32 murió Gedeón hijo de Joás en buena *v* *7872*
Rt 4.15 de tu alma, y sustentará tu *v* pues tu 7872
1 R 14.4 se habían oscurecido a causa de su *v* 7869
15.23 en los días de su Y, enfermó de los pies 2209
1 Cr 29.28 y murió en buena *v*, lleno de días 7872
Job 5.26 vendrás en la *v* a la sepultura, como 3624
Sal 71.9 no me deseches en el tiempo de la *v* 2209
71.18 aun en la *v*, y... Dios, no me desampares 2209
92.14 la *v* fructificarán; estarán vigorosos 7872
Pr 16.31 corona de honra es la *v* que se halla 7872
19.20 escucha... para que seas sabio en tu *v* 2205
20.29 la hermosura de los ancianos es su *v* 2209
Is 46.4 y hasta la *v* yo mismo... os soportaré 2209
Lc 1.36 Elisabet... ha concebido hijo en su *v* *1094*

VELA
Is 33.23 no afirmaron su... ni entesaron la *v* 5251
Ez 27.7 lino fino... para que te sirviese de *v* 5251
Hch 27.4 haciéndonos a la *v* desde... navegamos *321*
27.17 arriaron las *v* y quedaron a la deriva *4632*
27.40 timón; e izada al viento la *v* de proa *736*
28.11 meses, nos hicimos a la *v* en una nave *321*

VELAR
Éx 38.8 las mujeres que *velaban* a la puerta 6633
1 S 2.22 dormían con las mujeres que *velaban* 6633
26.12 y no hubo nadie que viese, ni... *velase* 6974
2 Cr 34.13 también *velaban* sobre... cargadores 5329
Job 21.32 y sobre su túmulo estarán *velando* 8245
29.4 el favor de Dios *velaba* sobre mi tienda
Sal 102.7 *velo*, y soy como el pájaro solitario 8245
127.1 no guardare la... en vano *vela* la guardia 8104
Pr 8.34 escucha, *velando* a mis puertas cada 8245
22.12 los ojos de Jehová *velan* por la ciencia 5341
Cnt 2.7; 3.5 ni hagáis *velar* al amor, hasta 5782
5.2 yo dormía, pero mi corazón *velaba*... Es la 5782
8.4 que no... hagáis *velar* al amor, hasta que 5782
Jer 39.12 y *vela* por él, y no le hagas mal 7760
40.4 si te parece bien venir... *velaré* por ti 7760
44.27 *velo* sobre ellos para mal, y no para 8245
Dn 9.14 Jehová *veló* sobre el mal y lo trajo 8245
Hab 2.1 y *velaré* para ver lo que se me dirá 4931
Mal 2.12 Jehová cortará... al que *vela* y al que
Mt 24.42 **velad... porque no sabéis a qué hora** *1127*
24.43 velaría, y no dejaría minar su casa *5438*
25.13 velad, pues, porque no sabéis el día *1127*
26.38 les dijo... quedaos aquí, y velad conmigo *1127*
26.40 que no habéis podido velar... una hora? *1127*
26.41 velad y orad, para que no entréis en *1127*
Mr 13.33 **velad... porque no sabéis cuándo será** *69*
13.34 su obra, y al portero mandó que velase *1127*
13.35 velad, pues, porque no sabéis cuándo *1127*
13.37 y lo que... digo, a todos lo digo: Velad *1127*
14.34 está muy triste... quedaos aquí y velad *1127*
14.37 Simón... ¿No has podido velar una hora? *1127*
14.38 velad y orad, para que no entréis en *1127*
Lc 2.8 había pastores... que *velaban* y guardaban .. *63,5438*
9.45 *veladas* para que no las entendiesen *3871*
12.37 siervos a los cuales su... halle velando *1127*
12.39 velaría... y no dejaría minar su casa *1127*
21.36 velad, pues, en todo tiempo orando que *69*
24.16 mas los ojos de ellos estaban *velados*
Hch 20.31 *velad*, acordándoos... no he cesado de *1127*
27.33 este es el decimocuarto día que *veláis* *4328*
1 Co 15.34 *velad* debidamente, y no pequéis *1594*
16.13 *velad*, estad firmes en la fe; portaos *1127*
Ef 6.18 *velando* en ello con toda perseverancia *69*
Col 4.2 *velando* en ella con acción de gracias *1127*
1 Ts 5.6 demás, sino *velemos* y seamos sobrios *1127*
5.10 que ya sea que *velemos*, o que durmamos *1127*
He 13.17 ellos *velan* por vuestras almas, como *69*
1 P 4.7 sed, pues, sobrios, y *velad* en oración *3525*
5.8 sed sobrios, y *velad*; porque vuestro *1127*
Ap 3.3 **no velas, vendré sobre ti como ladrón** *1127*
16.15 yo vengo... Bienaventurado el que vela *1127*

VELEIDOSO
Pr 24.21 hijo mío... no te entremetas con los *v* 6148

VELLO
Gn 27.16 parte de su cuello donde no tenía *v* 2513

VELLÓN
Jue 6.37 que yo pondré un *v* de lana en la era 1492
6.37 si el rocío estuviere en el *v* solamente 1492
6.38 exprimió el *v* y sacó de él el rocío, un 1492
6.39 otra vez con el *v*... el *v* quede seco, y el 1492
6.40 *v* quedó seco, y en toda la tierra hubo 1492
2 R 3.4 pagaba... cien mil carneros con sus *v* 6785
Job 31.20 y del *v* de mis ovejas se calentaron 1488

VELLOSO,A
Gn 27.11 he aquí, Esaú mi hermano es hombre *v* 8163
27.23 manos eran *v* como las manos de Esaú 8163
Zac 13.4 ni... vestirán el manto *v* para mentir 8181

VELLUDO
Gn 25.25 rubio, y era todo *v* como una pelliza 8181

VELO
Gn 20.16 qué él te es como un *v* para los ojos
24.65 ella entonces tomó el *v*, y se cubrió 6809
38.14 y se cubrió con un *v*, y se arrebozó, y 6809
38.19 se fue, y se quitó el *v* de sobre sí, y 6809
Éx 26.31 también harás un *v* de azul, púrpura 6532
26.33 pondrás el *v*... y meterás... del *v* adentro 6532
26.33 *v*... hará separación entre el lugar santo 6532
26.35 la mesa fuera del *v*, y el candelero 6532
27.21 el tabernáculo de reunión, afuera del *v* 6532
30.6 pondrás delante del *v* que está junto al 6532
34.33 cuando acabó Moisés... *v* sobre su rostro 4533
34.34 Moisés... quitaba el *v* hasta que salía 4533
34.35 y volvía Moisés a poner el *v* sobre su 4533
35.12 el arca... propiciatorio, el *v* de la tienda 4539
36.35 hizo asimismo el *v* de azul, púrpura 6532
36.37 el *v* para la puerta del tabernáculo, de 4539
38.27 para fundir las basas... las basas del *v* 4539
39.34 la cubierta de pieles... el *v* del frente 4372
40.3 arca del testimonio... cubrirás con el y 6532
40.21 puso el *v*, extendido, y ocultó el arca 4539
40.22 puso la mesa... lado norte... fuera del *v* 6532
40.26 el altar de oro en el... delante del *v* 6532
Lv 4.6 rociará ole aquella sangre... hacia el *v* 6532
4.17 dedo... y rociará siete veces... hacia el *v* 6532
16.2 no... entre en el santuario detrás del *v* 6532
16.12 del perfume... y lo llevará detrás del *v* 6532
16.15 llevará la sangre detrás del *v* adentro 6532
21.23 no se acercará tras el *v*, ni... al altar 6532
24.3 fuera del *v* del testimonio... dispondrá 6532
Nm 3.31 a cargo de... el *v* con todo su servicio 4539
4.5 vendrán... y desarmarán el *v*, de la tienda 4539
18.7 todo lo relacionado con... del *v* adentro 6532
1 S 21.9 la espada... está aquí envuelta en un *v* 8071
2 Cr 3.14 hizo también el *v* de azul, púrpura 6532
Cnt 4.3 como cachos de granada detrás de tu *v* 6777
6.7 cachos... son tus mejillas detrás de tu *v* 6777
Is 3.22 los mantoncillos, los *v*, las bolsas 4304
25.7 el *v*, que envuelve a todas las naciones 4541
29.10 puso *v* sobre las cabezas de vuestros 7218
Ez 13.18 y hacen *v* mágicos para la cabeza de 4555
13.21 romperé... vuestros *v* mágicos, y libraré 4556
Mt 27.51; Mr 15.38 el *v*, del templo se rasgó *2665*
Lc 23.45 *v* del templo se rasgó por la mitad *2665*
1 Co 11.15 en lugar de *v*, le es dado el cabello *4018*
2 Co 3.13 Moisés... ponía un *v* sobre su rostro *2571*
3.14 les queda el mismo *v*, no descubierto, el *2571*
3.15 se lee a Moisés, el *v* está puesto sobre *2571*
3.16 cuando se conviertan... el *v* se quitará *2571*
He 6.19 ancla... que penetra hasta dentro del *v* *2665*
9.3 tras el segundo *v* estaba la parte del *2665*
10.20 el camino... él nos abrió a través del *v* *2665*

VELOZ
Est 8.10 envió cartas... montados en caballos *v* 5483
8.14 correos, pues, montados en caballos *v*
Job 7.6 mis días fueron más *v* que la lanzadera 7043
9.26 pasaron cual naves *v*: como el águila que 16
Is 18.2 andad, mensajeros *v*, a la nación de 7031
27.1 castigará... al leviatán serpiente *v*, y al 6129
30.16 dijisteis... Sobre corceles *v* cabalgaremos 7031
30.16 tanto, serán *v* vuestros perseguidores 7043
Mi 1.13 uncid al carro bestias *v*, oh moradores 7409

VELOZMENTE
Sal 147.15 él envía su... *v* corre su palabra 4120
Is 5.26 silbará... aquí que vendrá pronto y *v* 7031
Os 11.11 como ave acudirán *v* de Egipto, y de 2729

VENCEDOR,A
1 S 14.47 y adondequiera que se volvía, era *v* 7561
Jer 46.16 levántate... huyamos ante espada *v* 3238
Dn 11.23 y subirá, y saldrá *v* con poca gente 6105
Ro 8.37 somos más que *v* por medio de aquel que *5245*

VENCER
Gn 30.8 he contendido con mi... y he *vencido* 3201
32.28 has luchado con Dios y... y has *vencido* 2476
Jos 8.15 todo Israel se fingieron *vencidos* y 5060
Jue 16.5 cómo lo podríamos *vencer*, para que 3201
20.32 *vencidos* son delante de nosotros, como 5062
1 S 4.2 fue *vencido* delante de los filisteos 5062
4.10 pelearon... Israel fue *vencido*, y huyeron 5062
7.10 los atemorizó, y fueron *vencidos* delante 5062
17.9 y me *venciere*... seremos vuestros siervos 5221
17.9 y lo *venciere*, vosotros seréis... siervos 5221
17.25 lo *venciere*, el rey le enriquecerá con 5221
17.26 al hombre que *venciere* a este filisteo 5221
17.27 así se hará al hombre que le *venciere* 5221
17.46 yo te *venceré*, y te cortaré la cabeza 5221
17.50 así *venció* David al filisteo con honda 2388
21.9 la espada de Goliat... al que tú *venciste* 5221
2 S 2.17 *vencidos* por los siervos de David 5062
5.20 vino David... y allí los *venció* David, y 5221
8.10 porque había peleado... lo había *vencido* 5221
1 R 20.23 nos han *vencido*; mas si peleáremos 2388
20.23 la llanura, se verá si no los *venceremos* 2388
20.25 y veremos si no los *venceremos*... Y él les 2388
2 R 3.26 el rey de Moab vio que era *vencido* en 2388
1 Cr 11.14 y *vencieron* a los filisteos, porque 5221
11.22 Benaía... él *venció* a los dos leones de 5221
11.23 *venció* a un egipcio... de cinco codos de 5221
18.10 haber peleado con, y haberle *vencido* 5221
2 Cr 27.5 tuvo él guerra... a los cuales *venció* 2388
Est 6.13 no lo *vencerás*, sino que caerás por 3201
Job 32.13 digáis... Lo *vence* Dios, no el hombre 5086
Sal 13.4 para que no diga mi enemigo: Lo *vencí* 3201
Cnt 6.5 aparta tus ojos ellos me *vencieron* 7292
Jer 1.19; 15.20 pelearán... mas no te *vencerán* 3201
20.7 más fuerte fuiste que yo, y me *venciste* 3201
Dn 7.21 guerra contra los santos, y... *vencía* 3202
Os 12.3 tomó... y con su poder *venció* al ángel 8280
12.4 *venció* al ángel, y prevaleció; lloró, y 7786
Lc 11.22 **viene otro... le vence, le quita todas** *3528*
Jn 16.33 **pero confiad, yo he vencido al mundo** *3528*
Hch 20.9 un joven... *vencido* del sueño cayó del *2702*
Ro 3.4 para que... *venzas* cuando fueres juzgado *3528*
12.21 no seas vencido... *vence* con el bien el *3528*
2 P 2.19 es *vencido*... esclavo del que lo venció *2274*
2.20 enredándose otra vez... son *vencidos*, su *2274*
1 Jn 2.13 os escribo... porque habéis *vencido* al *3528*
2.14 sois fuertes... habéis *vencido* al maligno *3528*
4.4 vosotros sois de Dios... los habéis *vencido* *3528*
5.4 lo que es nacido de Dios *vence* al mundo *3528*
5.4 es la victoria que ha *vencido* al mundo *3528*
5.5 ¿quién es el que *vence* al mundo, sino el *3528*
Ap 2.7 **que venciere, le daré a comer del árbol** *3528*
2.11 el que venciere, no sufrirá daño de la *3528*
2.17 al que venciere, daré a comer del maná *3528*
2.26 que venciere y guardare mis obras hasta *3528*
3.5 que venciere será vestido de vestiduras *3528*
3.12 al que venciere, yo lo haré columna en *3528*
3.21 al que venciere, le daré que se siente *3528*
3.21 así como yo he vencido, y me he sentado *3528*
5.5 el León... ha *vencido* para abrir el libro *3528*
6.2 corona, y salió *venciendo*, y para vencer *3528*
11.7 hará guerra contra ellos, y los *vencerá* *3528*
12.11 han *vencido* por medio de la sangre del *3528*
13.7 guerra contra los santos, y *vencerlos* *3528*
17.14 y el Cordero los *vencerá*, porque él es *3528*
21.7 el que *venciere* heredará todas las cosas *3528*

VENDA
1 R 20.38 se disfrazó, poniéndose una *v* sobre 335
20.41 quitó de pronto la *v* de sobre sus ojos 335
Ez 13.18 ¡ay de aquellas que cosen *v* mágicas 3704
13.20 dicho... estoy contra vuestras *v* mágicas 3704
Jn 11.44 **atadas las manos y los pies con *v*** *2750*

VENDAR
Job 5.18 quien hace la llaga, y él la *vendará* 2280
Sal 147.3 él sana a los... y *venda* sus heridas 2280
Is 1.6 llaga; no están curadas, ni *vendadas* 2280
30.26 *vendare* Jehová la herida de su pueblo 2280
61.1 a *vendar* a los quebrantados de corazón 2280
Ez 30.21 brazo de Faraón... no ha sido *vendado* 2280
34.4 enferma; no *vendasteis* la perniquebrada 2280
34.16 yo buscaré... *vendaré* la perniquebrada 2280
Os 6.1 porque... curará; hirió, y nos *vendará* 2280
Lc 10.34 ***vendó* sus heridas, echándoles aceite** *2611*
22.64 *vendándole* los ojos, le golpeaban el *4028*

VENDEDORA
Hch 16.14 Lidia, *v* de púrpura, de la ciudad *4211*

VENDER
Gn 25.31 *véndeme* en este día tu primogenitura 4376
25.33 juró, y *vendió* a Jacob su primogenitura 4376
31.15 como por extrañas, pues que nos *vendió* 4376
37.27 venid, y *vendámosle* a los ismaelitas 4376
37.28 y le *vendieron* a los ismaelitas por 20 4376
37.36 los madianitas lo *vendieron* en Egipto 4376
41.56 abrió José todo granero... *vendía* a los 7666
42.6 le *vendía* a todo el pueblo de la tierra 7666
45.4 soy José... el que *vendisteis* para Egipto 4376
45.5 no os... ni os pese de haberme *vendido* acá 4376
47.20 *vendieron* cada uno sus tierras, porque 4376
47.22 los sacerdotes... no *vendieron* su tierra 4376
Éx 21.7 *vendiere* su hija por sierva, no saldrá 4376
21.8 y no la podrá *vender* a pueblo extraño 4376
21.16 el que robare una persona y la *vendiere* 4376
21.35 *venderán* el buey vivo y partirán el 4376
22.1 hurtare buey... y lo degollare o *vendiere* 4376
22.3 si no tuviere... será *vendido* por su hurto 4376
Lv 25.14 y cuando *vendiereis* algo a... prójimo 4376
25.15 conforme al número... te *venderá* él a ti 4376
25.16 según el número de las... te *venderá* el 4376
25.23 la tierra no se *venderá* a perpetuidad 4376
25.25 tu hermano... *vendiere*... de su posesión 4376
25.25 rescatará lo que su hermano... *vendido* 4465
25.27 contará los años desde que *vendió*, y 4376
25.27 y pagará... al varón a quien *vendió*, y 4376
25.28 lo que *vendió* estará en poder del que 4465
25.29 varón que *vendiere* casa de habitación 4465
25.33 comprare de... saldrá de la casa *vendida* 4465
25.34 la tierra del ejido de... no se *venderá* 4376
25.39 hermano empobreciere... se *vendiere* a ti 4376
25.42 no serán *vendidos* a manera de esclavos 4376
25.47 se *vendiere* al forastero o extranjero 4376
25.48 después que se hubiere *vendido*, podrá 4376
25.50 desde el año que se *vendió* a él hasta 4376
25.51 años... del dinero por el cual se *vendió* 4376
27.20 y la tierra se *vendiere* a otro, no la 4376
27.27 se *venderá* conforme a tu estimación 4376
27.28 no se *venderá* ni se... cosa consagrada 4376
Dt 2.28 la comida me *venderás* por dinero, y 7666
14.21 *véndela* a un extranjero... eres... santo 4376
14.25 lo *venderás* y guardarás el dinero en 6887
15.12 si se *vendiere* a ti tu hermano hebreo 4376
21.14 en libertad; no la *venderás* por dinero 4376
24.7 hubiere *vendido*, morirá el tal ladrón 4376
28.68 allí seréis *vendidos* a vuestros enemigos 4376
32.30 mil, si su Roca no los hubiese *vendido* 4376
Jue 2.14 los *vendió* en mano de sus enemigos 4376
3.8 y los *vendió* en manos de Cusan-risataim 4376
4.2 y Jehová los *vendió* en mano de Jabín rey 4376
4.9 en mano de mujer *venderá* Jehová a Sísara 4376
Rt 4.3 Noemí... *vende* una parte de las tierras 4376
1 S 12.9 los *vendió* en mano de Sísara jefe del 4376
1 R 21.20 has *vendido* a hacer lo malo delante 4376
21.25 que se *vendió* para hacer lo malo ante 4376
2 R 4.7 dijo: Vé y *vende* el aceite, y paga a 4376
6.25 cabeza... asno se *vendía* por 80 piezas de
7.16 fue *vendido* un seah de flor de harina
7.18 el seah de... harina será *vendido* por un
Neh 5.8 habían sido *vendidos* a las naciones 4376
5.8 vendéis aun... hermanos, y serán *vendidos* 4376
10.31 si los pueblos de... trajesen a *vender* 4376
13.15 del día en que *vendían* las provisiones 4376
13.16 pescado... y *vendían* en día de reposo a 4376
13.20 y se quedaron fuera... los que *vendían* 4376
Est 7.4 hemos sido *vendidos*, yo y mi pueblo 4376
7.4 si para siervos y... fuéramos *vendidos*, me 4376
Sal 44.12 has *vendido* a tu pueblo de balde 4376
105.17 a José, que fue *vendido* por siervo 4376
Pr 11.26 bendición será sobre... que lo *vende* 7666
23.23 compra la verdad, y no la *vendas*; la 4376
31.24 hace telas, y *vende*, y da cintas al 4376
Is 24.2 así, como al que compra, al que *vende* 4376
50.1 acreedores, a quienes yo os he *vendido*? 4376
50.1 por vuestras maldades sois *vendidos*, y 4376
52.3 de balde fuisteis *vendidos*; por tanto 4376
Jer 34.14 hermano hebreo que le fuere *vendido* 4376
Ez 7.12 el que *vende*, no llore, porque la ira 4376
7.13 el que vende no *volverá* a lo vendido 4465
48.14 no *venderán* nada de... ni lo permutarán 4465
Jl 3.3 *vendieron* las niñas por vino para beber 4376
3.6 *vendisteis* los hijos de Judá... Jerusalén 4376
3.7 levantaré del lugar donde los *vendisteis* 4376
3.8 y *venderé* vuestros hijos a los hijos de 4376
3.8 ellos los *venderán* a los sabeos, nación 4376
Am 2.6 porque *vendieron* por dinero al justo 4376
8.5 pasará el mes, y *venderemos* el trigo 7666
8.6 y *venderemos* los desechos del trigo? 7666
Zac 11.5 el que las *vende*, dice: Bendito sea 4376
Mt 10.29 **¿no se *venden* dos pajarillos por un** *4453*
13.44 ***vende*... que tiene, y compra aquel campo** *4453*
13.46 ***vendió* todo lo que tenía, y la compró** *4097*
18.25 **a éste... ordenó su señor *venderle*, y a** *4097*
19.21 **anda, *vende* lo que tienes, y dalo a los** *4453*
21.12 y echó fuera a todos los que *vendían* y *4453*
21.12 volcó las... las sillas de los que *vendían* *4453*
25.9 **id más bien a los que *venden*, y comprad** *4453*
26.9 esto podía haberse *vendido* a gran precio *4097*
Mr 10.21 ***vende* todo lo que tienes, y dalo a los** *4453*
11.15 comenzó a echar fuera a los que *vendían* *4453*
11.15 y volcó... las sillas de los que *vendían* *4453*
14.5 esto podía haberse *vendido* por más de 300 .... *4097*
Lc 12.6 **¿no se *venden* cinco pajarillos por dos** *4453*
12.33 ***vended* lo que poseéis, y dad limosna** *4453*
17.28 **en los días de Lot... *vendían*, plantaban** *4453*
18.22 ***vende* todo lo que tienes, y dalo a los** *4453*
19.45 echar fuera a... que *vendían* y compraban *4453*
22.36 **y el que no tiene espada, *venda* su capa** *4453*
Jn 2.14 en el templo a los que *vendían* bueyes *4453*
2.16 **y dijo a los que *vendían*... Quitad de aquí** *4453*
12.5 ¿por qué no fue este perfume *vendido* por *4097*
Hch 2.45 *vendían* sus propiedades y sus bienes *4097*
4.34 las *vendían*, y... el precio de lo *vendido* *4453*
4.37 la *vendió* y trajo el precio y lo puso a *4453*
5.1 Ananías, con Safira... *vendió* una heredad *4453*
5.4 y *vendida*, ¿no estaba en tu poder? ¿Por *4097*
5.8 ¿*vendisteis* en tanto la heredad? Y ella *591*
7.9 *vendieron* a José para Egipto; pero Dios *591*
Ro 7.14 mas yo soy carnal, *vendido* al pecado *4097*
1 Co 10.25 que se *vende* en la carnicería, comed *4453*
He 12.16 sola comida *vendió* su primogenitura *591*
Ap 13.17 que ninguno pudiese comprar ni *vender* *4453*

VENDIMIA
Lv 26.5 alcanzará a la *v*, y la *v* alcanzará a 1210
Jue 8.2 no es el rebusco de... mejor que la *v* de 1210
Is 24.13 será... como rebuscos después de la *v* 1210
32.10 la *v* faltará, y la cosecha no vendrá 1210
Jer 48.32 vid... y sobre tu *v* vino el destruidor 1210
Mi 7.1 cuando han rebuscado después de la *v*, y 1210

VENDIMIADOR
Jer 6.9 tu mano como *v* entre los sarmientos 1219
49.9 *v* hubieran venido contra ti, ¿no habrían 1219
Abd 5 si entraran a ti *v*, ¿no dejarían algún 1219

VENDIMIAR
Lv 25.5 las uvas de tu viñedo no *vendimiarás* 1219
25.11 la tierra, ni *vendimiaréis* sus viñedos 1219
Dt 24.21 *vendimiéis* tu viña, no rebuscarás tras 1219
Jue 9.27 *vendimiaron* sus viñedos, y pisaron la 1219
Job 24.6 y los impíos *vendimian* la viña ajena 3953
Sal 80.12 y la *vendimia* todos los que pasan 717
Is 62.9 y los que lo *vendimian*, lo beberán en 6908
Lc 6.44 **no... ni de las zarzas se *vendimian* uvas** *5166*
Ap 14.18 y *vendimia* los racimos de la tierra *5166*
14.19 *vendimió* la viña de la tierra, y echó *5166*

VENENO
Dt 32.24 fieras... *v* de serpientes de la tierra 2534
32.33 *v* de serpientes es su vino, y ponzoña 2534
Job 6.4 las saetas del... cuyo *v* bebe mi espíritu 2534
20.16 *v* de áspides chupará; lo matará lengua 7219
Sal 58.4 *v* tienen como *v* de serpiente, áspid 2534
140.3 *v* de áspid hay debajo de sus labios 2534
Am 6.12 vosotros convertido el juicio en *v* 7219
Ro 3.13 *v* de áspides hay debajo de sus labios *2447*
Stg 3.8 la lengua, que es... llena de *v* mortal *2447*

VENERABLE
Is 9.15 el anciano y *v* de rostro es la cabeza 5375,6440

VENERAR
Is 58.13 día santo... y lo *venerares*, no andando 3513
Hch 5.34 Gamaliel... *venerado* de todo el pueblo *5093*
19.27 de aquella a quien *venera* toda Asia, y *4576*
He 12.9 nos disciplinaban, y los *venerábamos* *1788*

VENERO
Job 28.1 la plata tiene sus *v*, y el oro lugar 4161

VENGADOR, A
Lv 26.25 traeré sobre vosotros espada *v*, en 5358
Nm 35.12 serán... ciudades para refugiarse del *v* 1350
35.19 el *v* de la sangre, él dará muerte al 1350
35.21 el *v* de la sangre matará al homicida 1350
35.24 entre el que causó la muerte y el *v* de 1350
35.25 librará al... de mano del *v* de la sangre 1350
35.27 el *v* de la sangre le hallare fuera del 1350
35.27 y el *v* de la sangre matare al homicida 1350
Dt 19.6 no sea que el *v* de la sangre... persiga 1350
19.12 entregarán en mano del *v* de la sangre 1350
Jos 20.3 os servirán de refugio contra el *v* de 1350
20.5 si el *v* de la sangre le siguiere, no 1350
20.9 no muriese por mano del *v* de la sangre 1350
2 S 14.11 el *v* de la sangre no aumente el daño 1350
Nah 1.2 Jehová es Dios celoso y *v*... *v* y lleno 5358
Ro 13.4 *v* para castigar al que hace lo malo *1558*
1 Ts 4.6 el Señor es *v* de todo esto, como ya *1558*

VENGANZA
Nm 31.2 haz la *v*, de los hijos de Israel 5358,5360
31.3 vayan... y hagan la *v* de Jehová en
Madián 5414,5360
Dt 32.35 mía es la *v* y la retribución, a su 5354
32.41 yo tomaré *v* de mis enemigos, y daré la 5354
32.43 él vengará la... tornará *v* de sus enemigos 5358
Jue 11.36 Jehová ha hecho *v* en tus enemigos 5360
16.28 que de una vez... tome *v* de los filisteos 5358
1 S 14.24 coma pan... antes que haya tomado *v* de 5328
18.25 que sea tomada *v* de los enemigos del rey 5328
2 S 3.27 en *v* de la muerte de Asael su hermano
Sal 58.10 alegrará el justo cuando viere la *v* 5359
79.10 la *v* de la sangre de tus siervos que fue 5360
94.1 Dios de las *v*, Dios de las *v*, muéstrate 5360
149.7 ejecutar *v* entre las naciones, y castigo 5360
Pr 6.34 celos... no perdonará en el día de la *v* 5359
Is 34.8 porque es día de *v* de Jehová, año de 5359
59.17 cabeza; tomó ropas de *v* por vestidura 5359
61.2 el año de... y el día de *v* del Dios nuestro 5359
63.4 el día de la *v* está en mi corazón, y el 5359
Jer 11.20 vea yo tu *v* de ellos; porque ante ti 5360
20.10 contra él... y tomaremos de él nuestra *v* 5360
20.12 vea yo tu *v* de ellos; porque a ti he 5360
50.15 porque es *v* de Jehová... Tomad *v* de ella 5360
50.28 la retribución de... de la *v* de su templo 5360
51.6 el tiempo es de *v* de Jehová; le dará su 5360
51.11 porque *v* es de Jehová, y *v* de su templo 5360
51.36 yo juzgo tu causa y haré tu *v*; y secaré 5360
Lm 3.60 has visto toda su *v*... sus pensamientos 5360
Ez 24.8 pues, hecho subir la ira para hacer *v* 5359
25.12 hizo Edom, tomando *v* de la casa de Judá 5359
25.14 y pondré mi *v* contra Edom en manos de 5360
25.14 y conocerán mi *v*, dice Jehová el Señor 5360
25.15 por lo que hicieron los filisteos con *v* 5359
25.17 haré... grandes *v* con reprensiones de ira 5360
25.17 sabrán que... cuando haga mi *v* en ellos 5360
Mi 5.15 con ira y con... haré *v* en las naciones 5359
Nah 1.9 no tornará *v* dos veces de sus enemigos 6869
Ro 12.19 mía es la *v*, yo pagaré, dice el Señor *1556*
He 10.30 mía es la *v*, yo daré el pago, dice el *1557*

VENGAR
Gn 4.24 siete veces será *vengado* Caín, Lamec 5358
Lv 19.18 No te *vengarás*, ni guardarás rencor 5358
Dt 32.43 él *vengará* la sangre de sus siervos 5358
Jos 10.13 hasta que la gente se hubo *vengado* de 5358
Jue 15.7 me *vengaré* de vosotros, Y... desistiré 5358
1 S 24.12 juzgue Jehová... *véngueme* de ti Jehová 5358
25.26 el venir... y *vengarte* por tu propia mano 3467
25.31 por... o por haberte *vengado* por ti mismo 3467
25.33 de ir... a *vengarme* por mi propia mano 3467
2 S 4.8 y Jehová ha *vengado* hoy a mi señor el 5414,5360
22.48 Dios que *venga* mis agravios, y sujeta 5414
2 R 9.7 para que yo *vengue* la sangre de mis 5358
Est 8.13 aquel día... *vengarse* de sus enemigos 5358
Sal 18.47 el Dios que *venga* mis agravios, y 5414,5360
Pr 20.22 no digas: Yo me *vengaré* espera a
Is 1.24 dice el... me *vengaré* de mis adversarios 5358
Jer 5.9 dijo... ¿no se había de *vengar* mi alma? 5358
5.29 ¿y de tal gente no se *vengará* mi alma? 5358
9.9 de tal nación, ¿no se *vengará* mi alma? 5358
15.15 y visítame, y *véngame* de mis enemigos 5358
46.10 día será... para *vengarse* de sus enemigos 5358
Ez 25.12 que hizo Edom... se *vengaron* de ellos 5359
25.15 los filisteos... se *vengaron* con despecho 5359
Jl 3.4 ¿queréis *vengaros*... si de mí os vengáis 7999
Nah 1.2 se *venga* de sus adversarios, y guarda 5358
Hch 7.24 e hiriendo al... *vengó* al oprimido *1557,4160*
Ro 12.19 no os *vengaréis* vosotros mismos *1556*
Ap 6.10 no juzgas y *vengas* nuestra sangre en *1556*
19.2 ha *vengado* la sangre de sus siervos de *1556*

VENGATIVO
Sal 8.2 para hacer callar al enemigo y al *v* 5358
44.16 la voz... por razón del enemigo y del *v* 5358

VENIDA
Gn 30.30 porque poco tenías antes de mi *v*, y
1 S 16.4 miedo, y dijeron: ¿Es pacífica tu *v*? 935
1 R 2.13 a Betsabé... le dijo: ¿Es tu *v* de paz? 935
2 Cr 32.2 viendo... Ezequías la *v* de Senaquerib 935
Esd 3.8 año segundo de su *v* a la casa de Dios 935
Is 14.9 despertó muertos que en tu *v* saliesen 935
Jer 8.7 la grulla... guardan el tiempo de su *v* 935
46.13 acerca de la *v* de Nabucodonosor rey de 935
Dn 8.17 con su *v* me asombré, y me postré sobre 935
11.29 no será la postrera *v* como la primera
Mal 3.2 ¿y quién... soportar el tiempo de su *v*? 935
Mt 24.3 qué señal habrá de tu *v*, y del fin del *3952*
24.27,39 también la *v* del Hijo del Hombre *3952*
24.37 **Noé, así será la *v* del Hijo del Hombre** *3952*
Hch 7.52 a los que anunciaron... la *v* del Justo *1660*
13.24 antes de su *v*, predicó Juan el bautismo *1529*
1 Co 15.23 luego los que son de Cristo, en su *v* *3952*
16.17 me regocijo con la *v*, de Estéfanas, de *3952*
2 Co 7.6 pero Dios... consoló con la *v* de Tito *3952*
7.7 y no sólo con su *v*, sino también con la *3952*
1 Ts 2.19 lo sois vosotros, delante... en su *v*? *3952*
3.13 en la *v* de nuestro Señor Jesucristo con *3952*
4.15 habremos quedado hasta la *v* del Señor *3952*
5.23 sea guardado irreprensible para la *v* de *3952*
2 Ts 2.1 con respecto a la *v* de nuestro Señor *3952*
2.8 y destruirá con el resplandor de su *v* *3952*
2 Ti 4.8 sino también a todos los que aman su *v* *2015*
Stg 5.7 tened paciencia hasta la *v* del Señor *3952*
5.8 tened... paciencia... *v* del Señor se acerca *3952*
2 P 1.16 hemos dado a conocer el poder y la *v* *3952*
3.12 esperando... *v* del día de Dios, en el cual *3952*
1 Jn 2.28 para que en su *v* no nos alejemos de él *3952*

VENIDERO, A
Gn 49.1 que os ha de acontecer en los días *v*
Dt 29.22 y dirán las generaciones *v*, vuestros 314
Sal 48.13 para que lo contéis a la generación *v* 314
78.4 contando a la generación *v*, las alabanzas 314

V

78.6 para que lo sepa la generación *v*, y los ... 314
102.18 se escribirá esto para la generación *v*. ... 314
Ec 2.16 pues en los días *v* ya todo será olvidado ... 935
Is 44.7 ¿y quién proclamará lo *v*, lo declarará
Mt 3.7 ¿quién os enseñó a huir de la ira *v*? ... *3195*
12.32 **no le será... ni en este siglo ni en el *v*** ... *3195*
Mr 10.30 **reciba... en el siglo *v* la vida eterna** ... *2064*
Lc 3.7 ¿quién os enseñó a huir de la ira *v*? ... *3195*
18.30 **recibir... en el siglo *v* la vida eterna** ... *2064*
Hch 24.25 al disertar... del juicio *v*, Félix se ... *3195*
Ro 8.18 no son comparables con la gloria *v* que ... *601*
Ef 1.21 no sólo en este siglo, sino... en el *v* ... *3195*
2.7 en los siglos *v* las abundantes riquezas de ... *1904*
1 Ts 1.10 Jesús, quien nos libra de la ira *v* ... *2064*
1 Ti 4.8 tiene promesa de esta vida... y de la *v* ... *3195*
He 2.5 no sujetó a los ángeles el mundo *v* ... *3195*
6.5 gustaron de la... y los poderes del siglo *v* ... *3195*
9.11 Cristo, sumo sacerdote de los bienes *v*. ... *3195*
10.1 ley, teniendo la sombra de los bienes *v* ... *3195*
11.20 fe bendijo Isaac a... respecto a cosas *v* ... *3195*

VENIR

Gn 7.6 el diluvio de las aguas *vino* sobre la
7.10 las aguas del diluvio *vinieron* sobre la
7.15 *vinieron*... con Noé al arca, de dos en dos
7.16 los que *vinieron*, macho y hembra de... v
9.14 cuando haga *venir* nubes sobre la tierra ... 935
11.31 y *vinieron* hasta Harán, y se quedaron ... 935
13.18 Abram, pues... *vino* y moró en el encinar ... 935
14.5 en el año decimocuarto *vino* Quedorlaomer ... 935
14.7 volvieron y *vinieron* a En-mispat, que es ... 935
14.13 y *vino* uno de los que escaparon, y lo ... 935
15.1 *vino* la palabra de Jehová a Abram en ... 1961
15.4 *vino* a él palabra de Jehová, diciendo: No
15.15 tú *vendrás* a tus padres en paz, y serás ... 935
16.8 dijo... ¿de dónde *vienes* tú, y a dónde vas? ... 935
17.16 madre... reyes de pueblos *vendrán* de ella
17.21 Sara... te dará a luz... el año que *viene* ... 312
18.19 haga *venir* Jehová sobre Abraham lo que
18.21 según el clamor que ha *venido* hasta mí ... 935
19.2 os ruego que *vengáis* a casa de vuestro
19.5 ¿dónde están los varones que *vinieron* a ... 935
19.8 que *vinieron* a la sombra de mi tejado ... 935
19.9 *vino* este extraño para habitar entre ... 935
19.32 *ven*, demos de beber vino a nuestro padre ... 3212
20.3 *vino* a Abimelec en sueños de noche, y le ... 935
23.2 y *vino* Abraham a hacer duelo por Sara ... 935
24.5 quizá la mujer no querrá *venir* en pos de
24.8 la mujer no quisiere *venir* en pos de ti
24.30 *vino* a él; y he aquí que estaba con los ... 935
24.31 dijo: *Ven*, bendito de Jehová: ¿por qué ... 935
24.32 el hombre *vino* a casa, y Labán desató ... 935
24.32 pies de los hombres que con él *venían*
24.62 *venía*... del pozo del Viviente que me ve ... 935
24.63 miró, y he aquí los camellos que *venían* ... 935
24.65 ¿quién es este varón que *viene* por el
25.18 enfrente de Egipto *viniendo* a Asiria
26.26 Abimelec *vino* a él desde Gerar... Ficol
26.27 y les dijo Isaac: ¿Por qué *venís* a mí ... 935
26.32 que *vinieron* los criados de Isaac, y le ... 935
27.33 ¿quién es el que *vino* aquí... que trajo
27.33 y comí de todo antes que tú *vinieses*? ... 935
27.35 *vino* tu hermano con engaño, y tomó tu ... 935
29.6 aquí Raquel su hija *viene* con las ovejas ... 935
29.9 Raquel *vino* con el rebaño de su padre ... 935
29.25 *venida* la mañana, he aquí que era Lea ... 1961
30.11 y dijo Lea: *Vino* la ventura: y llamó su ... 935
30.33 cuando *vengas* a reconocer mi salario ... 935
30.38 *venían* a beber las... procreaban cuando *v* ... 935
30.42 cuando *venían* las ovejas más débiles, no
31.24 y *vino* Dios a Labán arameo en sueños ... 935
31.36 ardor hayas *venido* en mi persecución?
31.44 *ven*, pues, ahora, y hagamos pacto tú y ... 3213
32.6 *vinimos* a tu hermano Esaú, y el... *viene* ... 935
32.8 si *viene* Esaú contra un campamento y lo ... 935
32.11 no *venga* acaso y me hiera la madre con ... 935
32.13 de lo que le *vino* a la mano un presente ... 935
32.18 Esaú; y también él *viene* tras nosotros
32.20 aquí tu siervo Jacob *viene* tras nosotros
33.1 y he aquí *venía* Esaú, y los 400 hombres ... 935
33.6 *vinieron* las siervas, ellas y sus niños ... 5066
33.7 *vino* Lea con sus niños, y se inclinaron ... 5066
33.15 contigo de la gente que *viene* conmigo
33.18 cuando *venía* de Padan-aram; y acampó ... 935
34.5 oyó... calló Jacob hasta que ellos *viniesen* ... 935
34.7 y los hijos de Jacob *vinieron* del campo ... 935
34.20 hijo *vinieron* a la puerta de su ciudad ... 935
34.25 *vinieron* contra la ciudad, que estaba ... 935
34.27 hijos de Jacob *vinieron* a los muertos ... 935
35.27 *vino* Jacob a Isaac su padre a Mamre, a ... 935
36.17 estos hijos *vienen* de Basemat mujer de
37.10 *vendremos* yo y... a postrarnos en tierra ... 935
37.13 tus hermanos... *ven*, y te enviaré a ellos ... 3212
37.19 uno al otro: He aquí *viene* el soñador ... 935
37.20 *venid*, y matémosle y echémosle en una ... 3212
37.25 una compañía de ismaelitas que *venía* de ... 935
37.27 *venid*, y vendámosle a los ismaelitas ... 3212
39.14 *vino* él a mí para dormir conmigo, y yo ... 935
39.16 la ropa de José, hasta que *vino* su señor ... 935
39.17 el siervo... *vino* a mí para deshonrarme ... 935
40.6 *vino* a ellos José por la mañana, y los ... 935
41.14 y mudó sus vestidos, y *vino* a Faraón ... 935
41.29 *vienen* siete años de gran abundancia en ... 935
41.35 junten... de estos buenos años que *vienen* ... 935
41.50 nacieron... dos hijos antes que *viniese* ... 935
41.54 comenzaron a *venir* los siete años del ... 935
41.57 *venían* a Egipto para comprar de José ... 935
42.5 *vinieran* los hijos de Israel a comprar ... 935
42.5 a comprar entre los que *venían*; porque ... 935
42.7 y les dijo: ¿De dónde habéis *venido*? ... 935
42.9,12 ver lo descubierto del... habéis *venido* ... 935
42.10 siervos han *venido* a comprar alimentos ... 935
42.15 cuando vuestro hermano menor *viniere* ... 935
42.21 ha *venido* sobre nosotros esta angustia ... 935
42.29 *venidos* a Jacob su padre en tierra de ... 935
43.7 nos diría: Haced *venir* a vuestro hermano?
43.25 prepararon... entretanto que *venía* José ... 935
43.26 *vino* José a casa, y ellos le trajeron ... 935
44.3 *venida* la mañana, los hombres fueron
44.14 *vino* Judá con sus hermanos a casa de ... 935
45.9 dice tu hijo... *ven* a mí, no te detengas ... 3381
45.16 los hermanos de José han *venido*... Y esto ... 935
45.18 tomad a vuestro padre y a... y *venid* a mí ... 935
45.19 manda... y traed a vuestro padre, y *venid* ... 935
46.1 salió Israel con todo... *vino* a Beerseba ... 935
46.6 tomaron sus ganados... *vinieron* a Egipto ... 935
46.26 las personas que *vinieron* con Jacob a ... 935
46.28 para que le *viniese* a ver en Gosén; y ... 935
46.29 José... *vino* a recibir a Israel su padre
46.31 mis hermanos y... padre... han *venido* a mí ... 935
47.1 *vino* José y lo hizo saber a Faraón, y ... 935
47.1 mi padre y... han *venido* de la tierra de ... 935
47.4 para morar en esta tierra hemos *venido* ... 935
47.5 tu padre y tus hermanos han *venido* a ti ... 935
47.15 *vino* todo Egipto a José, diciendo: Danos ... 935
47.18 año, *vinieron* a él el segundo año, y le ... 935
48.2 le hizo saber... tu hijo José *viene* a ti ... 935
48.5 que te nacieron... antes que *viniese* a ti ... 935
48.7 porque cuando yo *venía* de Padan-aram, se ... 935
48.7 como media legua de... *viniendo* a Efrata ... 935
49.10 no será quitado... hasta que *venga* Siloh ... 935
50.18 *vinieron*... sus hermanos y se postraron
Éx 1.10 acontezca que *viniendo* guerra... se una a
1.19 y dan a luz antes que la partera *venga* ... 935
2.16 *vinieron* a sacar agua para llenar las ... 935
2.17 los pastores *vinieron* y las echaron de ... 935
2.18 ¿por qué habéis *venido* hoy tan pronto? ... 935
3.9 el clamor, pues... ha *venido* delante de mí ... 935
5.3 que no *venga* sobre nosotros con peste o
5.15 los capataces de los... *vinieron* a Faraón ... 935
5.23 desde que yo *vine* a Faraón para hablarle ... 935
7.10 *vinieron*, pues, Moisés y Aarón a Faraón
8.7 hicieron *venir* ranas sobre la tierra de
8.24 *vino* toda clase de moscas molestísimas ... 935
9.22 que *venga* granizo en toda la tierra de
10.3 *vinieron* Moisés y Aarón a Faraón, y le ... 935
10.13 y al *venir* la mañana el viento oriental
14.10 aquí que los egipcios *venían* tras ellos
16.1 la congregación... *vino* al desierto de Sin ... 935
16.13 y *venida* la tarde, subieron codornices ... 1961
16.22 *vinieron* y... lo hicieron saber a Moisés ... 935
17.8 *vino* Amalec y peleó contra Israel en ... 935
18.5 y Jetro el... *vino* a Moisés en el desierto ... 935
18.6 yo tu suegro... *vengo* a ti, con tu mujer ... 935
18.7 salió a recibir, y *vinieron* a la tienda ... 935
18.15 pueblo *viene* a mí para consultar a Dios ... 935
18.16 *vienen* a mí; y yo juzgo entre el uno y ... 935
19.7 *vino* Moisés... y llamó a los ancianos del ... 935
19.9 yo *vengo*... en una nube... que el pueblo oiga ... 935
19.16 cuando *vino* la mañana, vinieron truenos ... 935
20.20 no temáis... para probaros *vino* Dios, y ... 935
20.24 mi nombre, *vendré* a ti y te bendeciré ... 935
22.9 la causa... *vendrá* delante de los jueces ... 935
24.3 Moisés *vino* y contó al pueblo... palabras ... 935
29.30 cuando *venga* al tabernáculo de reunión ... 935
34.34 cuando *venía* Moisés delante de Jehová
35.10 sabio de... *vendrá* y hará todas las cosas ... 935
35.21 y *vino* todo varón a quien su corazón ... 935
35.22 *vinieron*... hombres como mujeres, todos ... 935
36.2 le movió a *venir* a la obra para trabajar ... 7126
36.4 *vinieron* todos los maestros que hacían ... 935
Lv 9.5 y *vino* toda la congregación y se puso
12.4 ni *vendrá* al santuario, hasta cuando sean ... 935
13.16 la carne... entonces *vendrá* al sacerdote ... 935
14.35 *vendrá* aquel de quien fuere la casa y ... 935
15.14 *vendrá* delante de Jehová a la puerta del ... 935
15.32 *viniendo* a ser inmundo a causa de ello
16.23 después *vendrá* Aarón al tabernáculo de ... 935
22.5 hombre por el cual *venga* a ser inmundo
25.8 de años *vendrán* a serte cuarenta y nueve
25.22 que *venga* su fruto, comeréis del añejo ... 935
25.25 *vendrá* y rescatará lo que su hermano ... 935
Nm 4.5 *vendrán* Aarón... y desarmarán el velo de ... 935
4.15 *vendrán* después de ello... hijos de Coat ... 935
4.19 Aarón... *vendrán* y los pondrán... su oficio
5.14 si *viniere* sobre él espíritu de celos ... 5674
6.13 *vendrá* a la puerta del tabernáculo de
8.15 de eso *vendrán* los levitas a ministrar en
8.22 *vinieron* después los levitas para ejercer
9.6 y *vinieron* delante de Moisés y... de Aarón ... 7126
10.29 *ven* con nosotros, y te haremos bien ... 3212
10.32 si *vienes* con nosotros... te haremos bien
11.26 éstos... no habían *venido* al tabernáculo
11.31 y *vino* un viento de Jehová... codornices
13.22 y subieron al... y *vinieron* hasta Hebrón ... 935
13.26 *vinieron* a Moisés y a Aarón, y a toda la935
16.13 que nos hayas hecho *venir* de una tierra
16.43 y *vinieron* Moisés y Aarón delante del ... 935
17.8 aconteció... el día siguiente *vino* Moisés
17.13 el que *viniere* al tabernáculo... morirá ... 7131
18.5 que no venga más la ira sobre... de Israel
20.4 ¿por qué hicisteis *venir* la congregación
20.14 has sabido... trabajo que nos ha *venido*
20.22 partiendo de... *vinieron* al monte de Hor ... 935
21.1 que *venía* Israel por el camino de Atarim ... 935
21.7 *vino* a Moisés y dijo: Hemos pecado por ... 935
21.16 de allí *vinieron* a Beer... es el pozo del
21.18 cavaron... Del desierto *vinieron* a Matana
21.23 y *vino* a Jabaza y peleó contra Israel ... 935
21.27 dicen los proverbistas: *Venid* a Hesbón ... 935
22.6,11,17 *ven*, pues... maldíceme este pueblo ... 3212
22.9 y *vino* Dios a Balaam, y le dijo: ¿Qué ... 935
22.14 príncipes de Moab... *vinieron* a Balac y
22.14 Balac y dijeron: Balaam no quiso *venir* ... 1980
22.16 cuales *vinieron* a Balaam, y le dijeron ... 935
22.16 te ruego que no dejes de *venir* a mí ... 1980
22.20 *vino* Dios a Balaam de noche, y le dijo ... 935
22.20 si *vinieron* para llamarte estos hombres ... 935
22.36 oyendo Balac que Balaam *venía*, salió a ... 935
22.37 ¿por qué no has *venido* a mí? ¿No puedo ... 1980
22.38 Balaam respondió... yo he *venido* a ti; mas ... 935
23.3 quizá Jehová me *vendrá* al encuentro, y ... 7136
23.4 *vino* Dios al encuentro de Balaam, y éste ... 7136
23.7 *ven*... maldíceme a Jacob, y *v*, execra a ... 3212
23.13 ruego que *vengas* conmigo a otro lugar ... 3212
23.17 *vino* a él, y he aquí que él estaba junto ... 935
23.27 te ruego que *vengas*, te llevaré a otro ... 3212
24.2 vio... y el Espíritu de Dios *vino* sobre él ... 1961
24.24 *vendrán* naves de la costa de Quitim, y
25.6 un varón de... *vino* y trajo una madianita ... 935
27.1 *vinieron* las hijas de Zelofehad hijo de ... 7126
31.21 a los hombres... que *venían* de la guerra
31.48 *vinieron* a Moisés los jefes de... millares
32.2 *vinieron* pues, los hijos de Gad y los ... 935
32.9 desalentaron, que no *viniesen* a la tierra
32.16 entonces... *vinieron* a Moisés y dijeron ... 5066
33.9 de Mara y *vinieron* a Elim, donde había ... 935
33.40 que habían *venido* los hijos de Israel ... 935
36.4 y cuando *viniere* el jubileo de... Israel
Dt 1.22 *vinisteis* a mí... vosotros, y dijisteis ... 7126
2.15 la mano de Jehová *vino* sobre ellos para
4.34 ha intentado Dios *venir* a tomar para sí
5.23 *vinisteis* a mí, todos los príncipes de ... 7126
11.4 aguas del Mar Rojo, cuando *venían* tras
12.26 *vendrás* con ellas al lugar que Jehová
14.25 y *vendrás* al lugar que Jehová tu Dios
14.29 *vendrá* el levita, que no tiene parte ... 935
17.9 *vendrás* a los sacerdotes levitas, y al ... 935
18.6 *viniere* al lugar que Jehová escogiere ... 935
20.19 no es hombre para *venir* contra ti en el
21.5 entonces *vendrán* los sacerdotes hijos de ... 5506
25.8 los ancianos, lo harán *venir*, y hablarán
27.9 hoy has *venido* a ser pueblo de Jehová tu
28.2 *vendrán* sobre ti todas estas bendiciones ... 935
28.15,45 y *vendrán*... todas estas maldiciones ... 935
29.22 y el extranjero que *vendrá* de lejanas ... 935
30.1 que cuando hubieren *venido*... estas cosas ... 935
31.11 *viniere*... Israel a presentarse delante de ... 935
31.17 y *vendrán* sobre ellos muchos males y
31.17 ¿no me han *venido* estos males porque no ... 4672
31.21 les *vinieren* muchos males y angustias
31.29 os ha de *venir* mal en los postreros días ... 7122
32.17 a nuevos dioses *venidos* de cerca, que no ... 935
32.44 *vino* Moisés y recitó todas las palabras ... 935
33.2 *vino* de Sinaí, y de Seir les esclareció ... 935
33.2 y *vino* de entre diez millares de santos ... 857
33.16 la gracia... *venga* sobre la cabeza de José ... 935
33.21 y *vino* en la delantera del pueblo; con ... 857
Jos 2.2 hombres de... hijos de Israel han *venido* ... 935
2.3 a Rahab: Saca a los hombres que han *venido*
2.3 han *venido* para espiar toda la tierra ... 935
2.4 es verdad que unos hombres *vinieron* a mí ... 935
2.23 y *vinieron* a Josué hijo... y le contaron ... 935
3.1 partieron de... y *vinieron* hasta el Jordán ... 935
3.13 las aguas que *vienen*... se detendrán en ... 3381
3.16 las aguas que *venían* de... se detuvieron ... 3381
5.14 mas como Príncipe del... he *venido* ahora ... 935
8.19 *vinieron* a la ciudad, y la tomaron, y se ... 935
9.6 *vinieron* a Josué al campamento en Gilgal
9.6 *venimos* de tierra muy lejana; haced, pues ... 935
9.8 y Josué... ¿Quiénes sois... y de dónde *venís*? ... 935
9.9 siervos han *venido* de tierra muy lejana ... 935
9.12 el día que salimos para *venir* a vosotros
9.20 no *venga* ira sobre nosotros por causa del
10.9 Josué *vino* a ellos de repente, habiendo ... 935
10.24 y dijo a los... que habían *venido* con él
11.5 todos estos reyes... *vinieron* y acamparon ... 935
11.7 y Josué... *vino* de repente contra ellos ... 935
11.20 esto *vino* de Jehová, que endurecía el
11.21 *vino* Josué y destruyó a los anaceos de ... 935
14.6 hijos de Judá *vinieron* a Josué en Gilgal ... 5966
14.14 Hebrón *vino* a ser heredad de Caleb hijo
17.4 *vinieron* delante del sacerdote Eleazar ... 7126
21.1 los levitas *vinieron* al sacerdote Eleazar ... 5066
22.17 este día... por la cual *vino* la mortandad
22.20 y *vino* ira sobre toda la congregación ... 1961
22.27 sea un testimonio... entre los que *vendrán*
22.28 digan a nosotros, o a... en lo por *venir* ... 4279
23.15 así como ha *venido*... toda palabra buena ... 935
24.7 hizo *venir* sobre ellos el mar, el cual
24.11 pasasteis el... *vinisteis* a Jericó, y los ... 935
Jue 3.10 el Espíritu de Jehová *vino* sobre él ... 1961
3.13 *vino* e hirió a Israel, y tomó la ciudad
3.24 *vinieron* todos los siervos del rey, los ... 935
4.12 *vinieron* pues, a Sísara las nuevas de que
4.18 *ven*, señor mío, *vino* a mí... Y él vino a ella
4.20 y si alguien *viniere*, y te preguntare ... 935
4.22 y le dijo: *Ven*, y te mostraré al varón ... 3212
5.14 *vinieron* los radicados en Amalec, en pos
5.19 *vinieron* reyes y pelearon; entonces ... 935
5.23 porque no *vinieron* al socorro de Jehová ... 935
5.28 dice: ¿Por qué tarda su carro en *venir*? ... 935
6.5 *venían* con sus tiendas... así *v* a la tierra ... 5927
6.11 y *vino* el ángel de Jehová, y se sentó ... 935

6.34 el Espíritu de Jehová *vino* sobre Gedeón 3847
8.4 y *vino* Gedeón al Jordán, y pasó él y los 935
9.5 y *viniendo* a la casa de su padre en Ofra
9.12 la vid: Pues *ven* tú, reina sobre nosotros 3212
9.15 *venid*, abrigaos hijo de mi sombra; y si 935
9.26 Gaal hijo de Ebed *vino* con sus hermanos 935
9.31 Gaal hijo de Ebed...han *venido* a Siquem 935
9.37 tropa *viene* por el camino de la encina 3381
9.52 *vino* Abimelec a la torre, y...prenderle 935
9.57 *vino* sobre ellos la maldición de Jotam 935
11.6 y dijeron a Jefté: *Ven*, y serás nuestro 3212
11.7 ¿por qué, pues, *venís* ahora a mí cuando 935
11.8 *vengas*...y pelees contra los hijos de Amón
11.11 Jefté *vino* con los ancianos de Galaad
11.12 que has *venido* a mí para hacer guerra 935
11.18 *viniendo* por el lado oriental de...Moab 935
11.29 el Espíritu de Jehová *vino* sobre Jefté 1961
11.35 tú...has *venido* a ser causa de mi dolor
13.6 la mujer *vino* y se lo contó a su marido 935
13.6 un varón de Dios *vino* a mí, cuyo aspecto 935
13.8 aquel varón de Dios...vuelva ahora a *venir* 935
13.10 aquel varón que *vino* a mí el otro día 935
13.11 *vino* al varón, y le dijo: ¿Eres tú aquel 935
14.4 madre no sabían que esto *venía* de Jehová
14.5 un león joven que *venía* rugiendo hacia
14.6 el Espíritu de Jehová *vino* sobre Sansón 6743
14.10 *vino*...su padre adonde estaba la mujer
14.19 y el Espíritu de Jehová *vino* sobre él 6743
15.6 y *vinieron* los filisteos y la quemaron a 5927
15.11 *vinieron* tres mil hombres de Judá a la
15.12 nosotros hemos *venido* para prenderte y 3381
15.13 ataron...y le hicieron *venir* de la peña
15.14 así que *vino* hasta Lehi, los filisteos 935
15.14 el Espíritu de Jehová *vino* sobre él, y
16.2 fue dicho a los de Gaza: Sansón ha *venido* 935
16.5 y *vinieron* a ella los príncipes de los 5927
16.18 *venid* esta vez...me ha descubierto todo 5927
16.18 *vinieron* a ella, trayendo en...el dinero 5927
17.8 este hombre partió...*vino* a casa de Micaía 935
17.9 Micaía le dijo: ¿De dónde *vienes*? Y el 935
18.2 éstos *vinieron* al monte de Efraín, hasta 935
18.7 salieron, y *vinieron* a Lais; y vieron que 935
18.13 de allí...*vinieron* hasta la casa de Micaía 935
18.15 *vinieron* a la casa del joven levita, en 935
18.19 pon la mano sobre tu boca, y *ven* con
19.11 *ven*...y vámonos a esta...de los jebuseos 3212
19.13 *ven*, sigamos hasta uno de esos lugares 3212
19.16 un hombre viejo que *venía* de su trabajo 935
19.17 dijo: ¿A dónde vas, y de dónde *vienes*? 935
19.26 y cuando ya amanecía, *vino* la mujer, y 935
20.26 subieron...y *vinieron* a la casa de Dios 935
20.34 *vinieron* contra Gabaa diez mil hombres 935
20.41 que el desastre había *venido* sobre ellos 5060
21.2 y *vino* el pueblo a la casa de Dios, y se 935
21.8 que ninguno de Jabes-galaad había *venido* 935
21.22 si *vinieren* los padres de ellas o sus 935
Rt 2.4 *vino* de Belén, y dijo a los segadores 935
2.11 has *venido* a un pueblo que no conociste 1980
2.12 bajo cuyas alas has *venido* a refugiarte 935
2.14 *ven*...y come del pan, y moja tu bocado en 5060
3.7 *vino*...y le descubrió los pies y se acostó 935
3.14 dijo: No se sepa que *vino* mujer a la era 935
4.1 eh, fulano, ven acá...Y él *vino* y se sentó
1 S 2.13 *venía* el criado del sacerdote...cocía 935
2.14 hacían con todo israelita que *venía* 935
2.15 *venía* el criado del sacerdote...y decía 935
2.27 *vino* un varón de Dios a Elí, y le dijo 935
2.31 *vienen* días en que cortaré tu brazo y el 935
2.36 quedado en tu casa *vendrá* a postrarse 935
3.68 *vino* a Elí y dijo: Heme aquí ¿para qué
3.10 *vino* Jehová y se paró, y llamó como las 935
4.3 para que *viniendo* entre nosotros nos salve 935
4.7 decían: Ha *venido* Dios al campamento 935
4.14 hombre *vino* aprisa y dio las nuevas a Elí 935
4.16 dijo...a Elí...Yo *vengo* de la batalla, he 935
5.10 cuando el arca de Dios *vino* a Ecrón, los 935
6.14 y el carro *vino* al campo de Josué de 935
7.1 *vinieron* los de Quiriat-jearim y llevaron 935
8.4 todos...*vinieron* a Ramá para ver a Samuel 935
9.5 cuando *vinieron* a la tierra de Zuf, Saúl 935
9.5 *ven*, volvámonos; porque quizá mi padre 3212
9.9 decía...*Venid* y vamos al vidente: porque 3212
9.12 ha *venido*...en atención a que el pueblo 935
9.14 Samuel *venía*...para subir al lugar alto 3318
9.15 día antes que Saúl *viniese*, Jehová había 935
10.6 el Espíritu de Jehová *vendrá* sobre ti con 6743
10.7 haz lo que te *viniere* a la mano, porque
10.8 espera siete días...hasta que yo *venga* a 935
10.10 una compañía...que *venía* a encontrarse
10.10 el Espíritu de Dios *vino* sobre él con 6743
10.22 preguntaron...aún no había *venido* aquel 935
11.5 Saúl...*venía* del campo, tras los bueyes 935
11.6 Espíritu de Dios *vino* sobre él con poder 6743
11.9 y respondieron a los...que habían *venido* 935
11.9 *vinieron*...y lo anunciaron a los de Jabes 935
11.14 *venid*, vamos a Gilgal...renovemos allí el 3212
12.12 que Nahas rey de...*venía* contra vosotros 935
13.8 Samuel no *venía* a Gilgal, y el pueblo se 935
13.10 él acababa de...he aquí Samuel que *venía* 935
13.11 no *venías* dentro del plazo señalado, y 935
14.1 Jonatán...*Ven* y pasemos a la guarnición de 3212
14.6 *ven*, pasemos a la guarnición de estos 3212
14.21 los hebreos que...habían *venido* con ellos
14.38 Saúl: *Venid* acá todos los principales
15.5 Y *viniendo* Saúl a la ciudad de Amalec 935
15.10 *vino* palabra de Jehová a...diciendo 1961
15.12 Saúl ha *venido* a Carmel, y he aquí se 935
15.13 *vino*...Samuel a Saúl, y Saúl le dijo 935
15.32 Agag *vino* a él alegremente. Y dijo Agag 1980
16.1 *ven*...te enviaré a Isaí de Belén, porque
16.2 a ofrecer sacrificio a Jehová he *venido* 935
16.5 sí, vengo a ofrecer sacrificio a...*venid* 935
16.6 que cuando ellos *vinieron*, él vio a Eliab 935
16.11 no nos sentaremos...hasta que él *venga* 935
16.13 el Espíritu de Jehová *vino* sobre David 6743
16.21 *viniendo* David a Saúl, estuvo delante de 935
16.23 cuando el espíritu...*venía* sobre Saúl
17.8 escoged...un hombre que *venga* contra mí 3381
17.16 *venía*, pues, aquel filisteo por la mañana
17.28 conozco...para ver la batalla has *venido* 3381
17.31 las refirieron...Saúl; y él lo hizo *venir*
17.34 *venía* un león, o...y tomaba algún cordero 935
17.41 el filisteo *venía*...acercándose a David 3212
17.43 ¿soy yo perro...para que *vengas* a mí con 935
17.44 *ven* a mí, y daré tu carne a las aves del 3212
17.45 tú vienes a...yo *vengo* a ti en el nombre 935
19.9 y el espíritu malo de...*vino* sobre Saúl
19.18 y escapó, y *vino* a Samuel en Ramá, y le 935
19.20 y *vino* el Espíritu de Dios sobre los
19.23 y también *vino* sobre él el Espíritu de
20.1 David...*vino* delante de Jonatán, y dijo 935
20.11 y Jonatán dijo...*Ven*, salgamos al campo 3212
20.19 luego...*vendrás* al lugar donde estabas 935
20.21 tú *vendrás*, porque paz tienes, y nada 935
20.27 ¿por qué no ha *venido* a comer el hijo 935
20.29 por esto, pues, no ha *venido* a la mesa 935
20.38 recogió las saetas, y *vino* a su señor 935
21.1 *vino* David a Nob, al sacerdote Ahimelec 935
21.1 ¿cómo *vienes* tú solo, y nadie contigo?
22.1 su padre lo supieron, *vinieron* allí a él
22.5 David se fue, y *vino* al bosque de Haret 935
22.9 yo vi al hijo de Isaí que *vino* a Nob, a 935
22.11 el rey envió...y todos *vinieron* al rey 935
23.7 dado aviso a...David había *venido* a Keila 935
23.10 que Saúl trata de *venir* contra Keila, a 935
23.13 Y *vino* a Saúl la nueva de que David se
23.16 se levantó Jonatán hijo...y *vino* a David
23.27 *vino* un mensajero a Saúl, diciendo: Ven 935
25.8 hemos *venido* en buen día; te ruego que 935
25.12 *vinieron* y dijeron a David todas estas 935
25.20 David y sus hombres *venían* frente a ella 3381
25.26 que Jehová te ha impedido el *venir* a 935
25.34 si no te hubieras dado prisa en *venir* 935
25.40 siervos...*vinieron* a Abigail en Carmel 935
26.1 Y *vinieron* los zifeos a Saúl en Gabaa 935
26.4 supo con certeza que Saúl había *venido* 935
26.5 *vino* al sitio donde Saúl había acampado 935
27.4 *vino* a Saúl la nueva de que David había
27.11 para que *viniesen* a Gat: diciendo: No
28.4 filisteos, y *vinieron* y acamparon en Sunem 935
28.8 y *vinieron* a aquella mujer de noche; y él 935
28.10 vive Jehová, que ningún mal te *vendrá*
28.11 la mujer...dijo: ¿A quién te haré *venir*?
28.11 y él respondió: Hazme *venir* a Samuel
28.14 un hombre anciano *viene*, cubierto de un 5927
28.15 qué me has inquietado haciéndome *venir*?
28.21 la mujer *vino* a Saúl, y viéndole turbado 935
29.4,9 no *venga* con nosotros a la batalla
29.6 desde el día que *viniste* a mí hasta hoy 935
29.10 los siervos de...que han *venido* contigo 935
30.1 David...*vinieron* a Siclag al tercer día 935
30.3 *vino*...David con los suyos a la ciudad 935
30.21 y *vino* David a los doscientos hombres 935
30.23 ha entregado...merodeadores que *vinieron* 935
31.4 que no *vengan* estos...y me traspasen, y 935
31.7 filisteos *vinieron* y habitaron en ellas 935
31.8 *viniendo* los filisteos a despojar a los 935
31.12 y *viniendo* a Jabes, los quemaron allí 935
2 S 1.2 *vino* uno del campamento de Saúl, rotos 935
1.3 y le preguntó David: ¿De dónde *vienes*? 935
1.6 *vine* al monte de Gilboa, y hallé a Saúl
1.6 a Saúl...y *venían* tras él carros y gente
2.4 *vinieron* los varones de Judá y ungieron a 935
2.23 *venían* por aquel lugar donde Asael había 935
3.13 no me *vengas* a ver sin que...traigas a
3.20 *vino*, pues, Abner a David en Hebrón, y 935
3.20 hizo banquete a Abner y a los que...*venido*
3.22 los siervos de David...*venían* del campo 935
3.23 Abner hijo de Ner ha *venido* al rey, y él 935
3.24 *vino* al rey, y le dijo: ¿Qué has hecho? 935
3.24 Abner *vino* a ti; ¿por qué...le dejaste que 935
3.25 Abner...No ha *venido* sino para engañarte 935
3.35 el pueblo vino para persuadir a David que 935
5.1 *vinieron*...las tribus de Israel a David en 935
5.3 *vinieron*...los ancianos de Israel al rey 935
5.13 y mujeres de...después que *vino* de Hebrón 935
5.18 *vinieron* los filisteos, y se extendieron 935
5.20 *vino* David a Baal-perazim, y allí los 935
5.22 y los filisteos volvieron a *venir*, y se 5927
5.23 y *vendrás* a ellos enfrente...balsameras 935
6.9 ¿cómo ha de *venir* a mí el arca de Jehová? 935
7.4 *vino* palabra de Jehová a Natán, diciendo 1961
7.19 has hablado de la casa...en lo por *venir*
8.5 *vinieron* los sirios de...para dar ayuda a 935
9.2 al cual llamaron para que *viniese* a David
9.6 *vino* Mefi-boset, hijo...y se postró sobre 935
10.14 volvió, pues, Joab...y *vino* a Jerusalén 935
10.16 los sirios...*vinieron* a Helam, llevando 935
10.17 pasando el Jordán *vino* a Helam: y los 935
11.4 *envió*...vino a él, y él durmió con ella 935
11.7 Urías *vino* a él, David le preguntó por 935
11.10 dijo David...¿No has *venido* de camino? 935
11.14 *venida* la mañana, escribió David a Joab 1961
12.1 *viniendo*...le dijo: Había dos hombres en 935
12.4 y *vino* uno de camino al hombre rico; y 935
12.4 para el caminante que había *venido* a él 935
12.4 la preparó para aquel que había *venido* 935
12.20 después *vino* a su casa...y pidió, y le 935
13.5 y cuando tu padre *viniere*...dile: Te ruego 935
13.5 que *venga* mi hermana Tamar, para que me 935
13.6 acostó, pues...y *vino* el rey a visitarle 935
13.6 yo te ruego que *venga* mi hermana Tamar 935
13.11 *ven*, hermana mía, acuéstate conmigo 935
13.24 y *vino* Absalón al rey, y dijo: He aquí 935
13.24 yo ruego que *venga* el rey y sus siervos
13.26 ruego que *venga*...Amnón mi hermano
13.34 mucha gente que *venía* por el camino a 1980
13.35 he allí los hijos del rey que *vienen*; es 935
13.36 he aquí los hijos del rey que *vinieron* 935
14.15 haber yo *venido* ahora para decir esto 935
14.29 mandó Absalón por Joab...no quiso *venir* 935
14.29 aun por segunda vez, y no quiso *venir* 935
14.31 levantó Joab y *vino* a casa de Absalón 935
14.32 vinieses acá...¿Para qué *vine* de Gesur? 935
14.33 *vino*, pues, Joab al rey...lo hizo saber 935
14.33 el cual *vino* al rey, e inclinó su rostro 935
15.2 a cualquiera que...*venía* al rey a juicio 935
15.4 para que *viniesen* a mí...los que tienen 935
15.6 hacía con...israelitas que *venían* al rey 935
15.13 y un mensajero *vino* a David, diciendo 935
15.18 hombres que habían *venido* a pie desde 935
15.19 dijo...¿Para qué *vienes* tú también con
15.22 *ven*, pues, y pasa...Y pasó Itai geleo, y
15.28 hasta que *venga* respuesta de vosotros 935
15.37 *vino* Husai amigo de David a la ciudad 935
16.5 y *vino* el rey David hasta Bahurim; y he 935
16.16 que cuando Husai...*vino* al encuentro de 935
17.6 Husai *vino* a Absalón, le habló Absalón 935
17.14 que Jehová hiciese *venir* el mal sobre
17.17 ellos no podían mostrarse *viniendo* a la
18.25 rey dijo: Si *viene* solo, buenas nuevas
18.27 es hombre de...y *viene* con buenas nuevas 935
18.31 *vino* el etíope, y dijo: Reciba nuevas 935
19.5 entonces Joab *vino* al rey en la casa, y 935
19.8 y *vino* todo el pueblo delante del rey 935
19.11 palabra de todo Israel ha *venido* al rey 935
19.15 volvió...el rey...y *vino* hasta el Jordán 935
19.15 Judá *vino* a Gilgal para recibir al rey 935
19.17 con él *venían* mil hombres de Benjamín
19.20 he *venido*...a recibir a mi señor el rey 935
19.25 que *vino* él a Jerusalén a recibir al rey 935
19.41 los hombres de Israel *vinieron* al rey 935
20.15 *vinieron* y lo sitiaron en Abel-bet-maaca 935
20.16 ruego que digáis a Joab que *venga* acá 7126
23.13 tres de...*vinieron* en tiempo de la siega 935
24.11 *vino* palabra de Jehová al profeta Gad 1961
24.13 *vino*...Gad a David, y se lo hizo saber 935
24.13 ¿quieres que te *vengan* siete años de 935
24.18 Gad *vino* a David...día, y le dijo: Sube 935
24.20 y Arauna, vio al rey...*venían* hacia él 5674
24.21 ¿por qué *viene* mi señor...a su siervo? 935
1 R 1.12 *ven* pues, ahora, y toma mi consejo 3212
1.22 aún hablaba ella...*vino* el profeta Natán 935
1.35 y *vendrá* y se sentará en mi trono, y él 5927
1.42 *vino* Jonatán hijo del sacerdote Abiatar 935
1.47 los siervos del rey han *venido* a bendecir 935
1.53 él *vino*, y se inclinó ante el rey Salomón 7126
2.7 ellos *vinieron*...a mí, cuando iba huyendo 935
2.13 Adonías hijo de...*vino* a Betsabé madre de 935
2.19 *vino* Betsabé al rey...para hablarle por
2.28 y *vino* la noticia a Joab; porque también 935
2.36 envió el rey e hizo *venir* a Simei, y le
2.42 el rey envió e hizo *venir* a Simei, y le
3.15 y *vino* a Jerusalén...delante del arca del 935
3.16 *vinieron* al rey dos mujeres rameras, y 935
4.27 los que a la mesa del rey Salomón *vengan* 7131
4.34 para oir la...*venían* de todos los pueblos 935
5.14 *viniendo* así a estar un mes en el Líbano •
6.11 y *vino* palabra de Jehová a Salomón 1961
7.13 envió el rey...hizo *venir* de Tiro a Hiram
7.14 *vino* al rey Salomón, e hizo toda su obra 935
8.3 y *vinieron* todos los ancianos de Israel
8.31 *viniere* el juramento delante de tu altar 935
8.41 el extranjero...que *viniere* de lejanas 935
8.42 oirán de...y *viniere* a orar a esta casa 935
10.2 *vino* a Jerusalén...cuando *v* a Salomón, le 935
10.7 pero yo no lo creía, hasta que he *venido* 935
10.10 nunca *vino*...gran cantidad de especias 935
10.12 nunca *vino* semejante madera...ni se ha 935
10.22 cada tres años *venía* la flota de Tarsis 935
10.29 y *venía* y salía de Egipto, el carro por 5927
11.18 y se levantaron de...y *vinieron* a Parán 935
11.18 de Parán, *vinieron* a Egipto, a Faraón rey 935
12.1 todo Israel había *venido* a Siquem para 935
12.3 *vino*...Jeroboam, y toda la congregación 935
12.12 al tercer día *vino* Jeroboam con todo el 935
12.21 cuando Roboam *vino* a Jerusalén, reunió 935
12.22 pero *vino* palabra de Jehová a Semaías 1961
13.1 un varón de Dios...*vino* de Judá a Bet-el 935
13.7 el rey dijo al varón...*Ven* conmigo a casa 935
13.10 camino por donde había *venido* a Bet-el 935
13.11 un viejo profeta, al cual *vino* su hijo y 935
13.12,21 varón de Dios que había *venido* de 935
13.14 ¿eres tú el varón de...que *vino* de Judá? 935
13.15 le dijo: *Ven* conmigo a casa, y come pan 3212
13.20 *vino* palabra de Jehová al profeta que 1961
13.25 y *vinieron* y lo dijeron en la ciudad 935
13.29 el profeta viejo *vino* a la ciudad, para 935
13.32 porque sin duda *vendrá* lo que él dijo
14.4 la mujer...a Silo, y *vino* a casa de Ahías 935
14.5 mujer de Jeroboam *vendrá* a consultarte 935
14.5 cuando ella *viniere*, *vendrá* disfrazada 935
14.17 la mujer de Jeroboam se...y *vino* a Tirsa 935
15.29 cuando él *vino* al reino, mató a toda la 1961

16.1 y *vino* palabra de Jehová a Jehú hijo de ... 1961
16.10 *vino* Zimri y lo hirió y lo mató, en el
17.2,8 *vino*... a él palabra de Jehová, diciendo ... 1961
17.18 ¿has *venido*... para traer a memoria mis ... 935
18.1 días, *vino* palabra de Jehová a Elías en ... 1961
18.12 al *venir* yo y dar las nuevas a Acab, al ... 935
18.16 y Acab *vino* a encontrarse con Elías
18.45 lluvia... Y subiendo Acab, *vino* a Jezreel
19.3 *vino* a Beerseba, que está en Judá, y dejó ... 935
19.4 y *vino* y se sentó debajo de un enebro ... 935
19.9 y *vino* a él palabra de Jehová, el cual
19.13 y he aquí *vino* a él una voz, diciendo ... 935
19.20 *vino* corriendo en pos de Elías, y dijo
20.13 un profeta *vino* a Acab rey de Israel, y ... 5066
20.16 los 32 reyes que habían *venido* en su
20.20 y mató cada uno al que *venía* contra él
20.22 *vino*... el profeta al rey de Israel y le ... 5066
20.22 un año, el rey de Siria *vendrá* contra ti ... 5927
20.26 y *vino* a Afec para pelear contra Israel
20.28 *vino*... el varón de Dios al rey de Israel ... 5066
20.30 Ben-adad *vino* huyendo a la ciudad, y se ... 935
20.32 *vinieron* al rey de Israel y le dijeron ... 935
21.4 y *vino* Acab a su casa triste y enojado ... 935
21.5 *vino* a él su mujer Jezabel, y le dijo ... 935
21.13 *vinieron* entonces dos hombres perversos ... 935
21.17,28 *vino* palabra de Jehová a Elías tisbita ... 1961
22.4 ¿quieres *venir*... a pelear contra Ramot de
22.15 *vino*, pues, al rey, y el rey le dijo ... 935
22.32 y *vinieron* contra él para pelear con él
2 R 2.1 cielo, Elías *venía* con Eliseo de Gilgal
2.4 que no te dejaré... *Vinieron*, pues, a Jericó ... 935
2.7 *vinieron* 50 varones de los hijos de los
2.15 y *vinieron* a recibirle, y se postraron ... 935
3.15 la mano de Jehová *vino* sobre Eliseo ... 1961
3.20 aquí *vinieron* aguas por el camino de Edom ... 935
4.1 y ha *venido* el acreedor para tomarse dos ... 935
4.7 *vino* ella... y lo contó al varón de Dios ... 935
4.8 Eliseo... *venía* a la casa de ella a comer
4.10 para que cuando él *viniere*... quede en él ... 935
4.11 un día *vino* él por allí, y se quedó en ... 935
4.12 cuando la llamó, *vino* ella delante de él
4.16 el año que *viene*, por... abrazarás un hijo
4.18 que *vino* a su padre, que estaba con los
4.25 partió, pues, y *vino* al varón de Dios ... 935
4.32 y *venido* Eliseo a la casa, he aquí que ... 935
4.42 *vino* entonces un hombre de Baal-salisa ... 935
5.8 *venga*... a mí, y sabrá que hay profeta en ... 935
5.9 y *vino* Naamán con sus caballos y con su ... 935
5.21 vio Naamán que *venía* corriendo tras él
5.22 *vinieron* a mí, del monte de Efraín dos ... 935
5.25 le dijo: ¿De dónde *vienes*, Giezi? Y él
6.3 uno: Te rogamos que *vengas* con tus siervos
6.14 los cuales *vinieron* de noche, y sitiaron ... 935
6.23 y nunca más *vinieron* bandas armadas de ... 935
6.32 antes que el mensajero *viniese* a él, dijo ... 935
6.32 y cuando *viniere* el mensajero, cerrad la ... 935
6.33 este mal de Jehová *viene*... ¿Para qué he de
7.6 los reyes... para que *vengan* contra nosotros ... 935
7.10 *vinieron*... y gritaron a los guardas de la ... 935
8.1 el hambre, la cual *vendrá* sobre la tierra ... 935
8.5 la mujer... *vino* para implorar al rey por
8.7 diciendo: El varón de Dios ha *venido* aquí ... 935
8.14 y Hazael se fue, y *vino* a su señor, el ... 935
9.11 ¿para qué *vino* a ti aquel loco? Y él les ... 935
9.17 vio la tropa de Jehú que *venía*, y dijo ... 935
9.20 marchar del que *viene* es como el marchar
9.20 Jehú hijo... porque *viene* impetuosamente
9.30 *vino* después Jehú a Jezreel; y cuando ... 935
10.6 tomad las cabezas... y *venid* a mí mañana ... 935
10.8 *vino* un mensajero que le dio las nuevas ... 935
10.9 *venida* la mañana, salió él, y estando en ... 1961
10.13 hemos *venido* a saludar a los hijos del
10.16 dijo: *Ven*... y verás mi celo por Jehová ... 3212
10.21 y *vinieron* todos los siervos de Baal, de ... 935
10.21 manera... no hubo ninguno que no *viniese* ... 935
11.9 los jefes... *vinieron* al sacerdote Joiada ... 935
11.19 *vinieron* por el camino de la puerta de ... 935
12.10 *venía* el sacerdote del rey... y contaban ... 5927
13.20 *vinieron* bandas armadas de moabitas a
14.8 diciendo: *Ven*, para que nos veamos las ... 3212
14.13 y *vino* a Jerusalén, y rompió el muro de ... 935
15.14 Manahem hijo... *vino* a Samaria, e hirió a ... 935
15.19 y *vino* Pul rey de... a atacar la tierra ... 935
15.29 *vino* Tiglat-pileser rey... y tomó a Ijón ... 935
16.6 los de Edom *vinieron* a Elat y habitaron ... 935
16.11 entre tanto que el rey Acaz *venía* de ... 935
16.12 el rey *vino* de Damasco, y vio el altar ... 935
17.28 *vino* uno de los sacerdotes... y habitó en ... 935
18.17 y subieron y *vinieron* a Jerusalén ... 935
18.17 y habiendo subido, *vinieron* y acamparon ... 935
18.25 ¿acaso he *venido* yo ahora sin Jehová a ... 5927
18.32 yo *venga* y os lleve a una tierra como ... 935
18.37 *vinieron* a Ezequías... y le contaron las ... 935
19.5 *vinieron*... los siervos del rey... a Isaías ... 935
19.25 y ahora lo he hecho *venir*, y tú serás
19.28 y te haré volver por... por donde *viniste* ... 935
19.32 ni *vendrá* delante de ella con escudo, ni ... 6923
19.33 por el mismo camino que *vino*, volverá ... 935
20.1 Ezequías cayó enfermo... *vino* a él... Isaías ... 935
20.4 y antes que Isaías saliese... *vino* palabra ... 1961
20.14 Isaías *vino* al rey Ezequías, y le dijo ... 935
20.14 ¿qué dijeron... y de dónde *vinieron* a ti? ... 935
20.14 de dónde... De lejanas tierras han *venido* ... 935
20.17 *vienen* días en que todo lo que está en ... 935
22.9 *viniendo* luego... Safán al rey, dio cuenta ... 935
22.19 que *vendrán* a ser asolados y malditos ... 1961
23.8 e hizo *venir* todos los sacerdotes de la ... 935
23.17 el sepulcro del varón de Dios que *vino* ... 935
23.18 los huesos del profeta que había *venido* ... 935
24.1 Joacim *vino* a ser su siervo por tres años ... 1961
24.3 *vino*... contra Judá por mandato de Jehová ... 1961
24.11 *vino*... Nabucodonosor... contra la ciudad ... 935
24.20 *vino*... la ira de Jehová contra Jerusalén ... 1961
25.1 Nabucodonosor rey de... *vino* con... ejército ... 935
25.8 *vino* a Jerusalén Nabuzaradán, capitán de ... 935
25.23 gobernador a Gedalías, *vinieron* a él en ... 935
25.25 mas en el mes séptimo *vino* Ismael hijo ... 1961
1 Cr 2.55 son los ceneos que *vinieron* de Himat ... 935
4.41 *vinieron* en días de Ezequías rey de Judá ... 935
7.21 porque *vinieron* a tomarles sus ganados ... 3381
7.22 y *vinieron* sus hermanos a consolarlo ... 935
9.25 *venían* cada siete días según su turno ... 935
10.4 no sea que *vengan* estos incircuncisos y ... 935
10.7 y *vinieron* los filisteos y habitaron en ... 935
10.8 al *venir* los filisteos a despojar a los ... 1961
11.3 *vinieron*... los ancianos de Israel al rey ... 935
12.1 son los que *vinieron* a David en Siclag ... 935
12.16 algunos de los... de Judá *vinieron* a David ... 935
12.17 si habéis *venido* a mí para paz y para ... 935
12.18 el Espíritu *vino* sobre Amasai, jefe de ... 3847
12.19 cuando *vino* con los filisteos a la batalla ... 935
12.20 *viniendo* él a Siclag, se pasaron a él
12.22 todos los días *venía* ayuda a David, hasta ... 935
12.23 el número... *vinieron* a David en Hebrón ... 935
12.31 lista para *venir* a poner a David por rey ... 935
12.38 *vinieron* con... para poner a David por rey ... 935
14.9 *vinieron* los filisteos... valle de Refaim ... 935
14.14 para *venir* a ellos por delante de las ... 935
14.15 así que oigas *venir* un estruendo por las
16.29 traed ofrenda, y *venid* delante de él ... 935
16.33 cantarán... porque *viene* a juzgar la tierra ... 935
17.3 *vino* palabra de Dios a Natán, diciendo ... 935
18.5 *viniendo* los sirios de Damasco en ayuda ... 935
19.3 ¿no *vienen* más bien sus... a ti para espiar ... 935
19.7 *vinieron* y acamparon... los hijos de Amón ... 935
19.7 los hijos de Amón... y *vinieron* a la guerra ... 935
19.9 reyes que habían *venido* estaban aparte en ... 935
19.17 *vino* a... y ordenó batalla contra ellos ... 935
20.1 que Joab... *vino* y sitió a Rabá... Mas David ... 935
21.11 *viniendo* Gad a David, le dijo: Así ha ... 935
21.17 mí... y no *venga* peste sobre tu pueblo
21.21 y *viniendo* David a Ornán, miró Ornán ... 935
22.8 *vino* a mí palabra de Jehová, diciendo ... 1961
27.24 por esto *vino* el castigo sobre Israel ... 1961
2 Cr 1.12 ni tendrán los que *vengan* después de
5.4 *vinieron* todos los ancianos de Israel, y ... 935
6.22 y *viniere* a jurar ante tu altar en esta ... 935
6.32 que hubiere *venido* de lejanas tierras a ... 935
6.32 extranjero... si *viniere* y orare hacia esta ... 935
8.3 *vino* Salomón a Hamat de Soba, y la tomó
9.1 la reina de Sabá... *vino* a Jerusalén con un ... 935
9.1 y luego que *vino* a Salomón, habló con él ... 935
9.6 no creía... hasta que he *venido*, y mis ojos ... 935
9.13 peso del oro que *venía* a Salomón cada año ... 935
9.21 cada tres años solían *venir* las naves de ... 935
10.3 le llamaron... *Vino*, pues, Jeroboam, y todo ... 935
10.12 *vino*, pues, Jeroboam con todo el pueblo ... 935
11.1 cuando *vino* Roboam a Jerusalén, reunió ... 935
11.2 *vino* palabra de Jehová a Semaías varón ... 1961
11.14 los levitas... *venían* a Judá y a Jerusalén ... 3212
11.16 y *vinieron* a Jerusalén para ofrecer ... 935
12.3 mas el pueblo que *venía* con él de Egipto ... 935
12.5 *vino* el profeta Semaías a Roboam y a los ... 935
12.7 cuando... *vino* palabra de Jehová a Semaías ... 1961
12.11 el rey iba a... *venían* los de la guardia ... 935
13.9 *venga* a consagrarse con un becerro y ... 935
13.13 tender una emboscada para *venir* a ellos
14.9 contra ellos Zera... y *vino* hasta Maresa ... 935
14.11 tu nombre *venimos* contra este ejército ... 935
15.1 *vino* el Espíritu de Dios sobre Azarías ... 1961
16.3 para que *vengas* y deshagas la alianza que ... 3212
16.7 *vino* el vidente Hanani a Asa rey de Judá ... 935
18.2 para él y para la gente que con él *venía*
18.3 ¿quieres *venir* conmigo contra Ramot de ... 3212
18.8 haz *venir* luego a Micaías hijo de Imla
18.13 me dijere, eso hablaré: Y *vino* al rey
19.10 cualquier causa que *viniere* a vosotros ... 935
19.10 para que no *venga* ira sobre vosotros ... 1961
20.1 Moab... *vinieron* contra Josafat a la guerra ... 935
20.2 *viene* una gran multitud del otro lado del ... 935
20.4 de Judá *vinieron* a pedir ayuda a Jehová ... 935
20.9 si mal *viniere* sobre... clamaremos a ti, y ... 935
20.10 pasase Israel cuando *venía* de la tierra ... 935
20.11 *viniendo* a arrojarnos de la heredad que ... 935
20.12 multitud que *viene* contra nosotros; no ... 935
20.14 de Asaf, sobre el cual *vino* el Espíritu ... 1961
20.22 emboscadas de... que *venían* contra Judá ... 935
20.24 que *vino* Judá a la torre del desierto ... 935
20.25 *viniendo*... Josafat y su... a despojarlos ... 935
20.28 y *vinieron* a Jerusalén con salterios ... 935
22.1 una banda armada que había *venido* con ... 935
22.7 pero esto *venía* de Dios, para que Ocozías
22.7 Ocozías... fuese destruido *viniendo* a Joram ... 935
22.7 habiendo *venido*, salió con... contra Jehú ... 935
23.2 recorrieron el... y *vinieron* a Jerusalén ... 935
23.12 Atalía oyó... *vino* al pueblo a la casa de ... 935
24.11 cuando *venía* el tiempo para llevar el ... 1961
24.11 mucho dinero, *venía* el escriba del rey ... 935
24.17 *vinieron* los príncipes... el rey los oyó
24.18 la ira de Dios *vino*... por este su pecado ... 1961
24.20 el Espíritu de Dios *vino* sobre Zacarías ... 3847
24.20 no os *vendrá* bien por ello: porque por
24.23 de Siria... *vinieron* a Judá y a Jerusalén ... 5927
24.24 el ejército de Siria había *venido* con ... 935
25.7 mas un varón de Dios *vino* a él y le dijo ... 935
25.10 ejército de la gente que había *venido* ... 935
25.11 *vino* al Valle de la Sal, y mató de los ... 3212
25.17 Joás hijo... *Ven*, y veámonos cara a cara ... 3212
28.12 contra los que *venían* de la guerra ... 935
28.17 los edomitas habían *venido* y atacado a ... 935
28.20 también *vino* contra él Tiglat-pileser ... 935
29.4 e hizo *venir* a los sacerdotes y levitas ... 935
29.8 la ira de Jehová ha *venido* sobre Judá y
29.17 mismo mes *vinieran* al pórtico de Jehová ... 935
29.18 *vinieron* al rey Ezequías y le dijeron ... 935
30.1 escribió cartas... que *viniesen* a Jerusalén ... 935
30.5 *viniesen* a celebrar la pascua a Jehová ... 935
30.8 y *venid* a su santuario, el cual él ha
30.11 se humillaron, y *vinieron* a Jerusalén ... 935
30.25 la multitud que había *venido* de Israel ... 935
30.25 forasteros que habían *venido* de... Israel ... 935
31.8 Ezequías... *vinieron* y vieron los montones ... 935
32.1 *vino* Senaquerib rey de los asirios ... 935
32.4 de hallar... muchas aguas cuando *vengan*? ... 935
32.7 ni de toda la multitud que con él *viene*
32.25 y *vino* la ira contra él, y... Jerusalén
32.26 no *vino* sobre ellos la ira de Jehová en ... 935
34.9 *vinieron*... al sumo sacerdote Hilcías, y ... 935
35.21 no *vengo* contra ti hoy, sino contra la
35.22 *vino* a darle batalla en el... de Meguido ... 935
36.20 siervos de él... hasta que *vino* el reino de
Esd 2.2 *vinieron* con Zorobabel, Jesúa, Nehemías ... 935
2.68 cuando *vinieron* a la casa de Jehová que ... 935
3.8 los que habían *venido* de la cautividad a ... 935
4.1 los *venidos* de la cautividad edificaban el
4.2 *vinieron* a Zorobabel y a los jefes de casas ... 5066
4.2 Esar-hadón rey... que nos hizo *venir* aquí ... 5927
4.12 que los judíos que... *vinieron* a Jerusalén ... 858
5.3 *vino* a ellos Tatnai gobernador del otro ... 858
5.16 Sesbasar *vino* y puso los cimientos de la ... 858
6.16 demás que habían *venido* de la cautividad
8.15 los reuní junto al río que *viene* a Ahava
8.35 los que habían *venido* del cautiverio ... 935
9.1 los príncipes *vinieron* a mí, diciendo: El ... 5066
10.8 que el que no *viniera* dentro de tres días ... 935
10.14 *vengan* en tiempos determinados, y con ... 935
Neh 1.2 que *vino* Hanani, uno de mis hermanos ... 935
2.9 *vine* luego a los gobernadores del otro lado ... 935
2.10 que *viniese* alguno para procurar el bien ... 935
2.17 les dije... *venid*, y edifiquemos el muro de ... 3212
4.8 conspiraron todos... para *venir* a atacar a ... 935
4.12 cuando *venían* los judíos que habitaban ... 935
5.17 los que *venían* de las naciones que había ... 935
6.2 a decirme: *Ven* y reunámonos en alguna de ... 3212
6.7 oídas... *ven*, por tanto, y consultemos juntos ... 3212
6.10 *vine* luego a casa de Semaías hijo de ... 935
6.10 *vienen* para matarte... *vendrán* a matarte ... 935
6.17 cartas de... y las de Tobías *venían* a ellos ... 935
7.7 los cuales *vinieron* con Zorobabel, Jesúa ... 935
7.73 *venido* el mes séptimo... en sus ciudades ... 5060
9.24 hijos *vinieron* y poseyeron la tierra, y ... 935
8.33 tú eres justo en todo lo que ha *venido* ... 935
13.21 entonces no *vinieron* en día de reposo ... 935
13.22 y *viniesen* a guardar las puertas, para ... 935
Est 1.17 traer... la reina Vasti... no *vino* ... 935
1.19 que Vasti no *venga* más delante del rey ... 935
2.12 llegaba el tiempo... *venir* al rey Asuero ... 5060
2.13 entonces la doncella *venía* así al rey ... 935
2.13 *venir* ataviada con ello desde la casa de ... 935
2.14 ella *venía* por la tarde, y a la... volvía ... 935
2.14 no *venía* más al rey, salvo si el rey la ... 935
2.15 llegó a Ester... el tiempo de *venir* al rey ... 5060
4.2 *vino* hasta delante de la puerta del rey ... 935
4.4 y *vinieron* las doncellas de Ester, y sus ... 935
4.9 *vino* Hatac y contó a Ester las palabras ... 935
4.14 liberación *vendrá* de alguna otra parte a ... 5975
5.2 entonces *vino* Ester y tocó la punta del
5.4 *vengan* hoy el rey y Amán al banquete que ... 935
5.5 *vino*, pues, el rey con Amán al banquete ... 935
5.8 *venga* el rey con Amán a otro banquete que ... 935
5.10 pero se refrenó Amán y *vino* a su casa, y ... 935
5.12 la reina Ester a ninguno hizo *venir* con ... 935
6.4 Amán había *venido* al patio exterior de la ... 935
8.1 y Mardoqueo *vino* delante del rey, porque ... 935
8.11 fuerza armada... que *viniese* contra ellos
9.25 cuando Ester *vino* a la presencia del rey ... 935
Job 1.6 *vinieron* a presentarse... hijos de Dios ... 935
1.6 entre los cuales *vino* también Satanás ... 935
1.7 dijo Jehová a Satanás: ¿De dónde *vienes*? ... 935
1.14 y *vino* un mensajero a Job, y le dijo ... 935
1.16 *vino* otro que dijo: Fuego de Dios cayó ... 935
1.17 aún estaba éste hablando, y *vino* otro que ... 935
1.18 *vino* otro que dijo: Tus hijos y tus hijas ... 935
1.19 un gran viento *vino* del lado del desierto ... 935
2.1 *vinieron* los hijos de Dios... y Satanás vino ... 935
2.2 dijo Jehová a Satanás: ¿De dónde *vienes*? ... 935
2.11 que oyeron... *vinieron* cada uno de su lugar ... 935
2.11 porque habían convenido en *venir* juntos ... 935
3.6 año, ni *venga* en el número de los meses ... 935
3.7 que no *viniera* canción alguna en ella! ... 935
3.9 espere la luz, y no *venga*, ni vea los
3.24 pues antes que mi pan *viene* mi suspiro ... 935
3.25 el temor que me espantaba me ha *venido* ... 857
3.26 no he... no obstante, me *vino* turbación ... 935
4.5 mas ahora que el mal ha *venido* sobre ti ... 935
5.21 no temerás la destrucción cuando *viniere* ... 935
5.26 *vendrás* en la vejez a la sepultura, como ... 935
6.8 ¡quién me diera que *viniese* mi petición
6.20 *vinieron* hasta... y se hallaron confusos ... 935
9.32 para que... *vengamos* juntamente a juicio ... 935
13.13 y que me *venga* después lo que viniere ... 5674
14.14 esperaré hasta que *venga* mi liberación ... 935
15.21 en la prosperidad el asolador *vendrá* ... 935
16.22 los años contados *vendrán*, y yo iré por ... 857

17.10 volved todos vosotros, y *venid* ahora, y 935
19.12 *vinieron* sus ejércitos a una... contra mí 935
20.22 mano de... los malvados *vendrá* sobre él 935
20.25 traspasará... sobre él *vendrán* terrores
21.9 salvo de temor, ni *viene* azote de Dios
21.17 impíos... *viene* sobre ellos su quebranto 935
22.4 o *viene* a juicio contigo, a causa de tu
22.21 tendrás paz; y por ello te *vendrá* bien 935
27.9 cuando la tribulación *viniere* sobre él? 935
28.20 ¿de dónde, pues, *vendrá* la sabiduría 935
29.13 del que se iba a perder *venía* sobre mí 935
30.14 *vinieron* como por portillo ancho, se 857
30.26 esperaba... el bien, entonces *vino* el mal........ 935
30.26 cuando esperaba luz, *vino* la oscuridad 935
30.29 he *venido* a ser hermano de chacales, y
34.28 haciendo *venir*... el clamor del pobre, y........ 935
37.9 del sur *viene* el torbellino, y el frío de........... 935
37.13 otras por misericordia las hará *venir* 4672
37.22 *viniendo*... del norte la dorada claridad 857
38.14 ella... *viene* a estar como con vestidura
42.11 y *vinieron* a él todos sus hermanos y 935
Sal 22.31 *vendrán*, y anunciarán su justicia............. 935
30.5 el lloro, y a la mañana *vendrá* la alegría
34.11 *venid*, hijos, oídme; el temor de Jehová 3212
35.8 *véngale* el quebrantamiento sin que... sepa 935
36.11 no *venga* pie de soberbia contra mí, y 935
37.13 reirá de él, porque ve que *viene* su día......... 935
40.7 dije: He aquí, *vengo*; en el rollo del libro 935
41.6 y si *vienen* a verme, hablan mentira; su......... 935
42.2 ¿cuándo *vendré*, y me presentaré delante 935
44.17 nos ha *venido*, y no nos hemos olvidado 935
45.12 las hijas de Tiro *vendrán* con presentes
46.8 *venid*, ved las obras de Jehová, que ha 3212
50.3 *vendrá* nuestro Dios, y no callará; fuego........ 935
51 *tít*. cuando después que... *vino* a él Natán el...... 935
52 *tít*. cuando *vino* Doeg edomita y dio cuenta....... 935
52 *tít*. a Saúl diciéndole: David ha *venido* a 935
54 *tít*. cuando *vinieron* los zifeos y dijeron............. 935
55.5 temor y temblor *vinieron* sobre mí, y 935
59.4 despierta para *venir* a mi encuentro, y
62.1 en Dios... alma; de él *viene* mi salvación
65.2 oyes la oración; a ti *vendrá* toda carne
66.5 *venid*, y ved las obras de Dios... hechos 935
66.16 *venid*, oíd todos los que teméis a Dios 3212
68.17 el Señor *viene* del Sinaí a su santuario 3212
68.31 *vendrán* príncipes de Egipto; Etiopía se 857
69.2 en cieno... he *venido* a abismos de aguas 935
71.16 *vendré* a los hechos poderosos de Jehová....... 935
71.18 potencia a todos los que han de *venir* 935
75.6 ni del desierto *viene* el enaltecimiento
78.31 cuando *vino* sobre ellos el furor de Dios...... 5927
79.1 Dios, *vinieron* las naciones a tu heredad........ 935
79.8 *vengan*... tus misericordias a encontrarnos
80.2 despierta tu poder... y *ven* a salvarnos 3212
80.8 hiciste *venir* una vid de Egipto; echaste........ 5265
83.4 *venid*, y destruyámoslos para que no sean...... 3212
86.9 las naciones que... *vendrán* delante de ti 935
95.1 *venid*, aclamemos alegremente a Jehová 3212
95.6 *venid*, adoremos y postrémonos... delante 935
96.8 dad... traed ofrendas, y *venid* a sus atrios 935
96.13 Jehová que *vino*... *v* a juzgar la tierra 935
98.9 Jehová, porque *vino* a juzgar la tierra........... 935
100.2 *venid* ante su presencia con regocijo 935
101.2 entenderé el camino de... cuando *vengas* 935
105.31 habló, y *vinieron* enjambres de moscas...... 935
105.34 habló, y *vinieron* langostas, y pulgón 935
105.40 e hizo *venir* codornices, y los sació 935
107.7 para que *viniesen* a ciudad habitable.......... 3212
109.14 *venga* en memoria ante Jehová... maldad
114.2 Judá *vino* a ser su santuario, e Israel
118.22 piedra... *venido* a ser cabeza del ángulo 1961
118.26 bendito el que *viene* en el nombre de.......... 935
119.41 *venga* a mí tu misericordia, oh Jehová......... 935
119.77 *vengan* a mí tus misericordias, para que 935
121.1 los montes; ¿de dónde *vendrá* mi socorro?..... 935
121.2 mi socorro *viene* de Jehová, que hizo los
126.6 volverá a *venir*... trayendo, sus gavillas 935
143.7 no *venga* yo a ser semejante a los que
Pr 1.11 *ven* con nosotros; pongamos asechanzas 3212
1.26 burlaré cuando os *viniere* lo que teméis 935
1.27 cuando *viniere* como una... lo que teméis 935
1.27 cuando... *viniere* tribulación y angustia......... 935
2.6 y de su boca *viene* el conocimiento y la
3.25 de la ruina de los impíos cuando *viniere* 935
6.11 así *vendrá* tu necesidad como caminante....... 935
6.15 por tanto, su calamidad *vendrá* de repente 935
7.18 *ven*, embriaguémonos de amores hasta la 3212
9.4,16 dice a cualquier simple: *Ven* acá; a los
9.5 *venid*, comed mi pan, y bebed del vino que 3212
10.24 lo que el impío teme, eso le *vendrá* 935
11.2 cuando *viene* la soberbia, *v* también la 935
11.24 retienen más de... pero *vienen* a pobreza
11.27 mas al que busca el mal, éste le *vendrá*......... 935
18.3 *viene* el impío, *v* también el menosprecio 935
18.17 pero *viene* su adversario, y le descubre........ 935
24.22 su quebrantamiento *vendrá* de repente 6965
24.25 mas... sobre ellos *vendrá* gran bendición...... 935
24.34 así *vendrá* como caminante tu necesidad....... 935
26.2 así la maldición nunca *vendrá* sin causa........ 935
28.22 y no sabe que le ha de *venir* pobreza 935
29.26 de Jehová *viene* el juicio de cada uno
31.25 su vestidura; y se ríe de lo por *venir*........... 314
Ec 1.4 generación va, y generación *viene*; mas 935
1.7 de donde los ríos *vinieron*, allí vuelven 1980
2.1 dije... *Ven* ahora, te probaré con alegría........ 3212
2.12 ¿qué podrá hacer el hombre que *venga*.......... 935
2.18 dejar a otro que *vendrá* después de mí
4.16 los que *vengan* después tampoco estarán....... 314

5.3 de la mucha ocupación *viene* el sueño, y......... 935
5.15 yéndose tal como *vino*; y nada tiene de 935
5.16 mal, que como *vino*, así haya de volver 935
6.4 éste en vano *viene*, y a las tinieblas va........... 935
9.10 lo que te *viniere* a la mano para hacer
9.14 y *viene* contra ella un gran rey, y la 935
11.2 porque no sabes el mal que *vendrá* sobre
11.8 tinieblas... Todo cuanto *viene* es vanidad 935
12.1 que *vengan* los días malos, y lleguen los 935
Cnt 2.8 aquí él *viene* saltando sobre los montes......... 935
2.10,13 levántate, oh amiga mía... mía, y *ven* 3212
2.12 el tiempo de la canción ha *venido*, y en 5060
4.8 *ven* conmigo desde... esposa mía; *v* conmigo..... 935
4.16 levántate, Aquilón, y *ven*, Austro; soplad........ 935
4.16 *venga* mi amado a su huerto, y coma de su 935
5.1 *vine* a mi huerto, oh hermana, esposa mía 935
7.11 *ven*, oh amado mío, salgamos al campo 3212
Is 1.12 cuando *venís* a presentaros delante de.......... 935
1.18 *venid* luego, dice Jehová, y estemos a.......... 3212
2.3 *vendrán* muchos pueblos, y dirán: Venid 3212
2.5 *venid*, oh casa de Jacob, y caminaremos a...... 3212
2.12 porque día de Jehová... *vendrá* sobre todo
3.14 Jehová *vendrá* a juicio contra... ancianos
3.24 y en lugar de los... *vendrá* hediondez; y
5.19 *venga* ya, apresúrese su obra, y veamos
5.19 y *venga* el consejo del Santo de Israel
5.26 he aquí que *vendrá* pronto y velozmente 935
7.2 *vino* la nueva a la casa de David... Siria
7.17 Jehová hará *venir* sobre ti, sobre tu 935
7.17 días cuales nunca *vinieron* desde el día......... 935
7.19 *vendrán* y acamparán todos en los valles....... 935
9.1 tal como la aflicción que le *vino* en el
10.3 cuando *venga* de lejos el asolamiento?.......... 935
10.28 *vino* hasta Ajat, pasó hasta Migrón; en 935
10.32 aún *vendrá* día cuando reposará en Nob
13.5 *vienen* de lejana tierra, de lo postrero 935
13.6 *vendrá* como asolamiento... Todopoderoso 935
13.9 el día de Jehová *viene*, terrible, y de 935
14.31 humo *vendrá* del norte, no quedará uno....... 935
16.12 cuando *venga* a su santuario a orar, no 935
20.1 en el año en que *vino* el Tartán a Asdod 935
21.1 *viene* del desierto, de la tierra horrenda 935
21.9 he aquí *viene* hombres montados, jinetes 935
21.12 la mañana *viene*, y después la noche 857
21.12 si queréis, preguntad; volved, *venid* 857
27.6 días *vendrán* cuando Jacob echará raíces 935
27.11 mujeres *vendrán* a encenderlos; porque........ 935
27.13 *vendrán* los que habían sido esparcidos 935
30.13 pared elevada, cuya caída *viene* súbita......... 935
30.27 que el nombre de Jehová *viene* de lejos......... 935
30.29 el que va con flauta para *venir* al monte....... 935
32.10 vendimia faltará, y la cosecha no *vendrá* 935
35.4 que vuestro Dios *viene* con retribución 935
35.4 pago; Dios mismo *vendrá*, y os salvará 935
35.10 volverán, y *vendrán* a Sion con alegría 935
36.10 ¿acaso *vine*... a esta tierra sin Jehová?....... 5927
36.17 yo *venga* y os lleve a una tierra como......... 935
36.22 *vinieron* a Ezequías... y le contaron las........ 935
37.1 y cubierto de cilicio *vino* a la casa de
37.5 *vinieron*, pues, los siervos de Ezequías.......... 935
37.26 y ahora lo he hecho *venir*, y tú serás 935
37.29 te haré volver por... por donde *viniste*.......... 935
37.33 no *vendrá* delante de ella con escudo......... 6923
37.34 por el camino que *vino*, volverá, y no.......... 935
38.1 *vino* a él el profeta Isaías hijo de Amoz......... 935
38.4 entonces *vino* palabra de Jehová a Isaías 1961
39.3 el profeta Isaías *vino* al rey Ezequías........... 935
39.3 ¿qué dicen... y de dónde han *venido* a ti?........ 935
39.3 de tierra muy lejana han *venido* a mí, de 935
39.6 he aquí *vienen* días en que será llevado 935
40.10 Jehová el Señor *vendrá* con poder, y su 935
40.10 su recompensa *viene* con él, y su paga
41.5 espantaron; se congregaron, y *vinieron* 857
41.22 anúnciennos lo que... *venir*, digannos lo
41.22 y hacednos entender lo que ha de *venir* 935
41.25 del norte levanté a uno, y *vendrá*; del.......... 857
44.7 lo que viene, y lo que está por *venir*............. 935
45.11 dice... Preguntadme de las cosas por *venir* 857
45.20 *venid*; juntaos todos los sobrevivientes
45.24 a él *vendrán*, y todos los que contra él........... 935
46.10 anuncio lo por *venir* desde el principio
46.11 hablé, y lo haré *venir*; lo he pensado........... 935
47.9 estas dos cosas te *vendrán* de repente en....... 935
47.9 en toda su fuerza *vendrán* sobre ti, a 935
47.11 *vendrá*... sobre ti... *v* de repente sobre ti........ 935
47.13 para pronosticar lo que *vendrá* sobre ti 935
49.12 aquí éstos *vendrán* de lejos del norte 935
49.17 tus edificadores *vendrán* aprisa; tus
49.18 y mira: todos éstos se... han *venido* a ti 935
50.2 ¿por qué cuando *vine*, no hallé a nadie 935
50.11 de mi mano os *vendrá* esto; en dolor
52.1 porque nunca más *vendrá* a ti incircunciso..... 935
54.17 su salvación de mí *vendrá*, dijo Jehová
55.1 todos los sedientos: *Venid* a las aguas 3212
55.1 *venid*, comprad y comed... *V*, comprad sin 3212
55.3 inclinad vuestro oído, y *venid* a mí; oíd 3212
56.1 cercana está mi salvación para *venir*, y 935
56.9 las fieras del bosque, *venid* a devorar 857
56.12 *venid*... tomemos vino, embriaguémonos 857
57.11 y no te has acordado de mí, ni te *vino*
59.14 se retiró... y la equidad no pudo *venir*
59.19 porque *vendrá* el enemigo como río, mas...... 935
59.20 *vendrá* el Redentor a Sion, y a los que......... 935
60.1 porque ha *venido* tu luz, y la gloria de 935
60.4 *vinieron* a ti; tus hijos *vendrán* de lejos 935
60.5 riquezas de las naciones hayan *venido* a 935
60.6 *vendrán* todos los de Sabá; traerán oro e........ 935
60.13 gloria del Líbano *vendrá* a ti; cipreses......... 935

60.14 y *vendrán* a ti humillados los hijos de 1980
60.22 el pequeño *vendrá* a ser mil, el menor
62.11 he aquí *viene* tu Salvador; he aquí su 935
63.1 ¿quién es éste que *viene* de Edom... Bosra 935
63.19 *venido* a ser como aquellos de quienes
65.17 memoria, ni más *vendrá* al pensamiento 5927
66.7 que le *viniesen* dolores, dio a luz hijo 935
66.15 Jehová *vendrá* con fuego, y sus carros 935
66.18 tiempo *vendrá* para juntar a... naciones....... 935
66.23 *vendrán* todos a adorar delante de mí.......... 935
Jer 1.2 palabra de Jehová que le *vino* en los........... 1961
1.3 le *vino* también en días de Joacim hijo de....... 1961
1.4 *vino*... palabra de Jehová a mí, diciendo......... 1961
1.11 la palabra de Jehová *vino* a mí, diciendo 1961
1.13 *vino*... palabra de Jehová por segunda vez 1961
1.15 *vendrán*... pondrá cada uno su campamento ... 935
2.1; 13.8; 16.1; 18.5; 24.4 *vino* a mí palabra de Jehová, diciendo.......................... 1961
2.3 eran culpables; mal *venía* sobre ellos 935
2.31 somos libres: nunca más *vendremos* a ti?....... 935
3.16 no se dirá... ni *vendrá* al pensamiento, ni...... 5927
3.17 y todas las naciones *vendrán* a ella en
3.18 y *vendrán* juntamente de la tierra del 935
3.22 *venimos* a ti, porque... eres nuestro Dios 5927
4.6 huid... porque yo hago *venir* mal del norte....... 935
4.10 pues la espada ha *venido* hasta el alma
4.11 viento seco de las alturas del... *vino* a
4.12 viento más vehemente que este *vendrá* a 935
4.16 decid... Guardas *vienen* de tierra lejana 935
5.12 él no es, y no *vendrá* mal sobre nosotros........ 935
6.3 contra ella *vendrán* pastores y... rebaños........ 935
6.22 *viene* pueblo de la tierra del norte, y............ 935
6.26 porque pronto *vendrá* sobre nosotros el........ 935
7.1; 11.1; 14.1; 18.1; 21.1; 30.1; 32.1; 34.1,8; 35.1; 40.1 palabra... que *vino* a Jeremías.................. 1961
7.10 ¿*vendréis* y os pondréis delante de mí en 935
7.32 aquí *vendrán* días... en que no se diga más 935
8.16 y *vinieron* y devoraron la tierra y su 935
8.19 clamor de... que *viene* de la tierra lejana
9.17 llamad plañideras que *vengan*; buscad a 935
9.25 que *vienen* días... en que castigaré a todo 935
10.22 voz de rumor *viene*, y alboroto grande 935
12.9 *venid*... todas las fieras del campo, *v* a......... 3212
12.12 sobre... alturas... *vinieron* destruidores 935
13.3 *vino* a mí segunda vez palabra de Jehová 1961
13.10 *vendrá* a ser como este cinto, que para
13.16 antes que haga *venir* tinieblas, y antes
13.20 ojos, y ved a los que *vienen* del norte 935
14.3 *vinieron* a... lagunas, y no hallaron agua 935
16.14 *vienen* días, dice Jehová, en que no se 935
16.19 *vendrán* naciones desde los extremos de 935
17.6 no verá cuando *viene* el bien, sino que.......... 935
17.8 no verá cuando *viene* el calor, sino que.......... 935
17.26 *vendrán* de las ciudades de Judá, de los 935
18.18 *venid* y maquinemos contra Jeremías 3212
18.18 Jeremías... *Venid* e hirámoslo de lengua 3212
19.5 no les mandé... ni me *vino* al pensamiento 5927
19.6 *vienen* días... no se llamará más Tofet, ni....... 935
22.23 ¡cómo gemirás... *vinieren* dolores, dolor 935
23.5 que *vienen* días... en que levantaré a David..... 935
23.7 *vienen* días, dice... en que no dirán más 935
23.17 dicen: No *vendrá* mal sobre vosotros 935
23.36 nunca más os *vendrá* a la memoria decir
25.1 palabra que *vino* a Jeremías acerca de........ 1961
25.3 ha *venido* a mí palabra de Jehová, y he 1961
26.1 en el principio del... *vino* esta palabra.......... 1961
26.2 habla a todas las... que *vienen* para adorar 935
27.1 *vino* esta palabra de Jehová a Jeremías......... 1961
27.3 los mensajeros que *vienen* a Jerusalén a 935
27.7 que *venga*... el tiempo de su misma tierra 935
28.12; 29.30; 32.26; 33.1,19,23; 34.12; 35.12; 36.1,27; 42.7; 43.8 *vino* palabra de Jehová a Jeremías 1961
29.12 me invocaréis, y *vendréis* y oraréis a mí....... 1980
30.3 *vienen* días, dice... en que haré volver 935
30.17 haré *venir* sanidad para ti, y sanaré
31.12 *vendrán* con gritos de gozo en lo alto........... 935
31.27 *vienen* días... en que sembraré la casa de 935
31.31 *vienen* días... haré nuevo pacto con la.......... 935
31.38 *vienen* días... la ciudad será edificada a 935
32.6 palabra de Jehová *vino* a mí, diciendo.......... 1961
32.7 Hanameel hijo de Salum tu tío *viene* a ti.......... 935
32.8 y *vino* a mí Hanameel hijo de mi tío... dijo 935
32.23 hecho *venir* sobre ellos todo este mal........... 935
32.29 y *vendrán* los caldeos que atacan esta......... 935
32.35 no les mandé, ni me *vino* al pensamiento..... 5927
33.5 *vinieron* para pelear contra los caldeos 935
33.14 *vienen* días... en que yo confirmaré la 935
35.11 *venid*, y ocultémonos en Jerusalén, de.......... 935
36.6 los de Judá que *vienen* de sus ciudades 935
36.9 pueblo que *venía* de las ciudades de Judá 935
36.14 toma el rollo en... y *ven*... y vino a ellos........ 3212
36.29 de cierto *vendrá* el rey de Babilonia 935
37.6 *vino* palabra de Jehová al profeta.............. 1961
37.19 diciendo: No *vendrá* el rey de Babilonia 935
38.25 *vinieren* a ti y te dijeren: Declaranos 935
38.27 *vinieron*... los príncipes a Jeremías, y 935
39.1 *vino* Nabucodonosor... con todo su ejército 935
39.15 había *venido* palabra de Jehová... diciendo .. 1961
40.3 y no oísteis su voz: por eso os ha *venido* 1961
40.4 si te parece bien *venir* conmigo a... ven.......... 935
40.4 pero si no te parece bien *venir* conmigo 935
40.8 *vinieron*... a Gedalías en Mizpa; esto es.......... 935
40.10 de los caldeos que *vendrán* a nosotros.......... 935
40.12 *vinieron* a tierra de Judá, a Gedalías 935
40.13 los príncipes... *vinieron* a Gedalías en.......... 935
41.1 *vino* Ismael... a Gedalías hijo de Abicam 935
41.5 *venían* unos hombres de Siquem, de Silo 935
41.6 les dijo: *Venid* a Gedalías hijo de Abicam 935

V

42.1 *vinieron*...los oficiales de la gente de 5066
43.11 y *vendrá* y asolará la tierra de Egipto 935
44.1 palabra que *vino* a Jeremías acerca de 1961
44.21 no ha *venido* a su memoria el incienso 5927
44.23 ha *venido* sobre vosotros este mal, como
46.1; 47.1; 49.34 palabra...que *vino* al profeta Jeremías 1961
46.3 preparad escudo y pavés, y *venid* a la
46.18 Tabor...y como Carmelo...así *vendrá* 935
46.20 Egipto...*viene* destrucción, del norte *v* 935
46.21 *vino*...el día de su quebrantamiento, el 935
46.22 *vendrán* los enemigos, y con hachas *v* a 935
47.4 causa del día que *viene* para destrucción 935
48.2 *venid*, y quitémosla de entre...naciones 3212
48.8 y *vendrá* destruidor a cada una de las 935
48.12 *vienen* días...le enviaré trasvasadores 935
48.16 cercano...el quebrantamiento para *venir* 935
48.21 *vino* juicio sobre la tierra de...llanura 935
48.32 y sobre tu vendimia *vino* el destruidor
49.2 *vienen* días, ha dicho...en que haré oír 935
49.4 la que dice: ¿Quién *vendrá* contra mí? 935
49.9 si vendimiadores hubieran *venido* contra 935
49.14 juntaos y *venid* contra ella, y subid a 935
50.4 *vendrán*, hijos de Israel...hijos de Judá 935
50.5 *venid*, y juntémonos a Jehová con pacto 935
50.26 *venid* contra ella desde el extremo de 935
50.27 *venido* su día, el tiempo de su castigo 935
50.31 tu día ha *venido*...el tiempo en que te 935
50.41 *viene* un pueblo del norte, y una nación 935
51.10 *venid*, y contemos en Sion la obra de 935
51.13 *venido* tu fin, la medida de tu codicia 935
51.33 a poco le *vendrá* el tiempo de la siega 935
51.41 ¡cómo *vino* a ser Babilonia objeto de
51.44 juzgaré...y no *vendrán* más naciones a él
51.46 en un año *vendrá* el rumor, y después en 935
51.47 he aquí *vienen* días en que yo destruiré 935
51.48 norte *vendrán* contra ella destruidores 935
51.51 *vinieron* extranjeros contra...la casa de 935
51.52 *vienen* días...que yo destruiré sus ídolos 935
51.53 de mí *vendrán* a ella destruidores, dice 935
51.56 *vino* destruidor contra ella...Babilonia 935
51.60 escribió...todo el mal que había de *venir* 935
52.4 *vino* Nabucodonosor...y todo su ejército 935
52.9 y le hicieron *venir* al rey de Babilonia
52.12 *vino* a Jerusalén Nabuzaradán capitán de 935
52.14 el ejército...que *venía* con el capitán
Lm 1.4 porque no hay quien *venga* a las fiestas 935
1.12 si hay...dolor como mi...que me ha *venido*
1.21 harás *venir* el día que has anunciado, y 935
1.22 *venga* delante de ti toda su maldad, y haz 935
Ez 1.3 *vino* palabra de Jehová al...Ezequiel hijo 1961
1.3 río, *vino* allí sobre él la mano de Jehová
1.4 aquí *venía* del norte un viento tempestuoso 935
3.15 y *vine* a los cautivos en Tel-abib, que 935
3.16; 6.1; 7.1; 11.14; 12.1,8,17,21.26; 13.1;
14.2,12; 15.1; 16.1; 17.1,11; 18.1; 20.2,45;
21.1,8,18; 22.1,17,23; 23.1; 24.1,15,20; 25.1;
26.1; 27.1; 28.1,11,20; 29.1,17; 30.1,20; 31.1;
32.1,17; 33.1,23; 34.1; 35.1; 36.16; 37.15;
38.1 *vino* a mí palabra de Jehová, diciendo 1961
3.20 y sus justicias...no *vendrán* en memoria
3.22 *vino* allí la mano de Jehová sobre mí, y
6.3 yo, yo haré *venir* sobre vosotros espada 935
7.2 el fin *viene* sobre los cuatro extremos de 935
7.5 ha dicho Jehová...he aquí que *viene* un mal 935
7.6 *viene* el fin, el fin *v*; se ha...aquí que *v* 935
7.7 la mañana *viene* para ti...el tiempo *v* 935
7.10 el día, he aquí que *viene*; ha salido la 935
7.12 el tiempo ha *venido*, se acercó el día; el 935
7.25 destrucción *viene*; y buscarán la paz, y 935
7.26 quebrantamiento *vendrá*...y habrá rumor 935
9.2 que seis varones *venían* del camino de la 935
11.5 *vino* sobre mí el Espíritu de Jehová, y
13.11 dí...*vendrá* lluvia torrencial, y enviaré
13.13 lluvia torrencial *vendrá* con mi furor
14.1 *vinieron* a mí algunos de los ancianos de 935
14.4 *viniere* al profeta...yo Jehová responderé 935
14.4 responderé al que *viniere* conforme a la 935
14.7 *viniere* al profeta para preguntarle por 935
14.22 *vendrán* a vosotros, y veréis su camino 3318
14.22 del mal que hice *venir* sobre Jerusalén 935
17.3 una gran águila...*vino* al Líbano, y tomó 935
17.12 el rey de Babilonia *vino* a Jerusalén 935
17.20 en mi lazo, y lo haré *venir* a Babilonia 935
19.3 *vino* a ser leoncillo, y aprendió...presa
20.1 que *vinieron* algunos de los ancianos de 935
20.3 diles...¿A consultarme *venís* vosotros? 935
21.19 dos caminos por donde *venga* la espada 935
21.20 señalarás por donde *venga* la espada a 935
21.24 por cuanto habéis *venido* en memoria
21.27 que *venga* aquel cuyo es el derecho 935
21.29 malos...cuyo día *vino* en el tiempo de la 935
22.3 para que *venga* su hora, y que hizo ídolos 935
23.10 y *vino* a ser famosa entre las mujeres
23.22 y les haré *venir* contra ti en derredor 935
23.24 *vendrán* contra ti carros, carretas y 935
23.40 enviaron por hombres que *viniesen* de 935
23.40 he aquí *vinieron*; y por amor de ellos 935
23.44 *venido* a ella como quien viene a mujer
23.44 *vinieron* a Ahola y a Aholiba, mujeres
24.14 Jehová he hablado; *vendrá*, y yo lo haré 835
24.26 *vendrá* a ti uno que haya escapado para 835
27.16 corales y rubíes *venían* a tus ferias
27.19 Dan y el errante Javán *vinieron* a tus
27.22 preciosa, y oro, *vinieron* a tus ferias
27.36 *vendrás* a ser espanto, y para siempre
30.4 *vendrá* espada a Egipto, y habrá miedo en 935
30.9 y tendrán espanto...porque he aquí *viene* 935
32.11 la espada del rey de...*vendrá* sobre ti 935
33.3 él viere *venir* la espada sobre la tierra 935
33.4 oyere...y *viniendo* la espada lo hiriere 935
33.6 si el...viere *venir* la espada y no tocare 935
33.6 y *viniendo* la espada, hiriere de él a 935
33.21 que *vino* a mí un fugitivo de Jerusalén 935
33.22 boca, hasta que *vino* a mí por la mañana 935
33.30 *venid* ahora, y oíd qué palabra viene de 935
33.31 y *vendrán* a ti como viene el pueblo, y 935
33.33 cuando...*viniere* (y viene ya), sabrán que 935
35.7 cortaré de él al que vaya y al que *venga* 7725
36.8 Israel; porque cerca están para *venir* 935
36.35 ha *venido* a ser como huerto del Edén
37.1 mano de Jehová *vino* sobre mí, y me llevó
37.9 así...Espíritu, *ven* de los cuatro vientos 935
38.8 *vendrás* a la tierra salvada de la espada
38.9 subirás tú, y *vendrás* como tempestad 935
38.13 ¿has *venido* a arrebatar despojos? ¿Has 935
38.15 *vendrás* de tu lugar, de las regiones del 935
38.18 cuando *venga* Gog contra la tierra de 935
39.8 aquí *viene*, y se cumplirá, dice Jehová 935
39.17 y *venid*; reuníos de todas partes a mi 935
40.1 *vino* sobre mí la mano de Jehová, y me
40.6 después *vino* a la puerta que mira hacia 935
43.2 la gloria del Dios de Israel, que *venía* 935
43.3 vi cuando *vine* para destruir la ciudad 935
47.15 Mar Grande...camino de Hetlón *viniendo* a 935
48.1 por la vía de Hetlón *viniendo* a Hamat 935
Dn 1.1 *vino* Nabucodonosor rey de Babilonia a 935
2.2 *vinieron*...se presentaron delante del rey 935
2.29 *vinieron* pensamientos por saber lo que 5559
2.29 lo que había de ser en lo por *venir*; y el 1934
2.45 lo que ha de acontecer en lo por *venir* 1934
3.2 para que *viniesen* a la dedicación de la 858
3.8 caldeos *vinieron* y acusaron...los judíos 7127
3.26 siervos del Dios Altísimo, salid y *venid* 858
4.6 mandé que *vinieran*...todos los sabios de 5924
4.7 y *vinieron* magos, astrólogos, caldeos y 5954
4.24 sentencia...que ha *venido* sobre mi señor 4291
4.28 todo esto *vino* sobre el rey Nabucodonosor 4291
4.31 cuando *vino* una voz del cielo: A ti se 5308
5.7 gritó...que hiciesen *venir* magos, caldeos 5924
7.13 cielo *venía* uno como un hijo de hombre
7.13 que *vino* hasta el Anciano de días, y le 4291
7.22 hasta que *vino* el Anciano de días, y se 858
8.5 macho cabrío *venía* del lado del poniente 935
8.6 *vino* hasta el carnero de dos cuernos, que 935
8.17 *vino* luego cerca de donde yo estaba; y 935
8.19 yo te enseñaré lo que ha de *venir* al fin
9.13 todo este mal *vino* sobre nosotros; y no 935
9.21 *vino* a mí como a la hora del sacrificio
9.23 yo he *venido* para enseñártela, porque tú 3318
9.26 que ha de *venir* destruirá la ciudad y el 935
9.27 vendrá el desolador, hasta que *venga* la
10.12 y a causa de tus palabras yo he *venido* 935
10.13 *vino* para ayudarme, y quedé allí con los 935
10.14 he *venido* para hacerte saber lo que ha 935
10.14 saber lo que ha de *venir* a tu pueblo en 7136
10.20 él me dijo: ¿Sabes por qué he *venido* a 935
10.20 y al terminar con él...de Grecia *vendrá* 935
11.6 *vendrá* al rey del norte para hacer...paz 935
11.7 y *vendrá* con ejército contra el rey del 935
11.10 *vendrá*...e inundará, y pasará adelante 935
11.13 *vendrá*...con gran ejército y...riquezas 935
11.15 *vendría*...el rey del norte, y levantará 935
11.16 que *vendrá* contra él hará su voluntad 935
11.17 para *venir* con el poder de todo su reino
11.21 *vendrá* sin aviso y tomará el reino con 935
11.30 *vendrán* contra él naves de Quitim, y él 935
Os 1.1 Palabra de Jehová que *vino* a Oseas hijo 1961
6.1 *venid* y volvamos a Jehová...y nos curará 3212
6.3 *vendrá* a nosotros como la lluvia, como la 935
7.13 destrucción *vendrá* sobre ellos, porque
8.1 como águila *viene* contra la casa de Jehová
9.7 *vinieron* los días del castigo, *v* los días 935
10.12 hasta que *venga* y os enseñe justicia 935
11.10 los hijos *vendrán* temblando desde el
13.13 dolores de mujer que da a...le *vendrán* 935
13.15 *vendrá* el solano, viento de Jehová; se 935
Jl 1.1 palabra de Jehová que *vino* a Joel, hijo 1961
1.13 *venid*, dormid en cilicio, ministros de 935
1.15 *vendrá*...destrucción por el Todopoderoso 935
2.1 porque *viene* el día de Jehová...cercano 935
2.2 *vendrá* un pueblo grande...semejante a él
2.31 que *venga* el día grande y espantoso de 935
3.9 acérquense, *vengan*...los hombres de guerra 5927
3.11 juntaos y *venid*, naciones...de alrededor 935
3.11 haz *venir* allí, oh Jehová, a tus fuertes 5181
3.13 *venid*, descended, porque el lagar está 935
Am 3.11 un enemigo *vendrá* por todos lados de
4.2 aquí, *vienen* sobre vosotras días en que 935
4.8 *venían* dos o tres ciudades a...para beber
4.12 prepárate para *venir* al encuentro de tu
5.9 y hace que el despojador *venga* sobre la 935
8.2 ha *venido* el fin sobre mi pueblo Israel 935
8.11 *viene*...días...los cuales enviaré hambre a 935
9.13 *vienen* días...que el que ara alcanzará al 935
Abd 5 si ladrones *vinieran* a ti...¿no hurtarían 935
Jon 1.1 *vino* palabra de Jehová a Jonás hijo de 1961
1.7 *venid* y echemos suertes...causa de quién 3212
1.7 por causa de quién nos ha *venido* este mal
1.8 decláranos...por qué nos ha *venido* este mal
1.8 ¿qué oficio tienes, y de dónde *vienes*? 935
1.12 sé que por mi causa ha *venido*, tempestad
3.1 *vino* palabra de Jehová por segunda vez a 1961
4.7 pero al *venir* el alba del día siguiente
Mi 1.1 palabra de Jehová que *vino* a Miqueas de 1961
3.11 ¿no está...No *vendrá* mal sobre nosotros 935
3.12 *vendrá* a ser montones de ruinas, y el
4.2 *vendrán* muchas naciones, y dirán: Venid 1980
4.8 Sion, hasta ti *vendrá* el señorío primero 857
5.5 cuando el asirio *viniere*...cuando hollare 935
5.6 y nos librará del asirio, cuando *viniere* 935
7.4 día de tu castigo *viene*, el que anunciaron 935
7.11 *viene* el día en que se edificarán tus
7.12 en ese día *vendrán* hasta ti desde Asiria 935
Hab 1.8 feroces...*vendrán* de lejos sus jinetes 935
1.9 toda ella *vendrá* a la presa; el terror va 935
2.3 aunque tardare, espéralo...sin duda *vendrá* 935
2.16 el cáliz de...de Jehová *vendrá* hasta ti
3.3 Dios *vendrá* de Temán, y el Santo desde el 935
Sof 1.1 palabra de Jehová que *vino* a Sofonías 1961
2.2 que *venga*...el furor de la ira de Jehová 935
2.2 antes que el día de la ira...*venga* sobre 935
2.10 esto les *vendrá* por su soberbia, porque
Hag 1.1,3 *vino* palabra de Jehová por...Hageo 1961
1.14 y *vinieron* y trabajaron en la casa de 935
2.1 mes, *vino* palabra de Jehová por medio del 1961
2.7 *vendrá* el Deseado de todas las naciones 935
2.10 *vino* palabra de...medio del profeta Hageo 1961
2.16 antes...*venían* al montón de veinte efas 935
2.16 *venían* al lagar para sacar 50 cántaros, y 935
2.20 *vino* por segunda vez palabra de...a Hageo 1961
2.22 *vendrán* abajo los caballos y sus jinetes 3381
Zac 1.1,7 *vino* palabra...al profeta Zacarías 1961
1.21 éstos han *venido* para hacerlos temblar 935
2.10 he aquí *vengo*, y moraré en medio de ti 935
4.8 *vino* palabra de Jehová a mí, diciendo 1961
5.4 *vendrá* a la casa del ladrón, y a la casa
6.9; 8.1,18 *vino* a mí palabra de Jehová 1961
6.15 los que están lejos *vendrán* y ayudarán 935
7.1,8 *vino* palabra de Jehová a Zacarías, a 1961
7.4 *vino*, pues a mí palabra de Jehová de los 1961
7.12 *vino*...gran enojo de parte de Jehová de 1961
7.14 ellos, sin quedar quien fuese ni *viniese*
8.20 *vendrán* pueblos, y habitantes de muchas 935
8.21 *vendrán* los habitantes de una ciudad a 1980
8.22 *vendrán* muchos pueblos...buscar a Jehová 935
9.8 acamparé...para que ninguno vaya ni *venga*
9.9 aquí tu rey *vendrá* a ti, justo y salvador 935
12.9 destruir a...las naciones que *vinieren* 935
14.1 el día de Jehová *viene*, y en medio de ti 935
14.5 *vendrá* Jehová...y con él todos los santos 935
14.16 naciones que *vinieron* contra Jerusalén 935
14.17 no subieren a...no *vendrá* sobre ellos
14.18 y si la familia de Egipto...no *viniere* 935
14.18 *vendrá* la plaga con que Jehová herirá
14.21 los que sacrificaren *vendrán* y tomarán 935
Mal 3.1 y *vendrá* súbitamente a su templo el 935
3.1 *viene*, ha dicho Jehová de los ejércitos 935
3.5 y *vendré* a vosotros para juicio; y seré 7126
4.1 aquí, *viene* el día ardiente como un horno 935
4.1 día que *vendrá* los abrasará, ha dicho 935
4.5 Elías, antes que *venga* el día de Jehová 935
4.6 no sea que yo *venga* y hiera la tierra con 935
Mt 2.1 nació en Belén...*vinieron* del oriente *3854*
2.2 ¿dónde está el rey de...*venimos* a adorarle *2064*
2.21 tomó al niño...y *vino* a tierra de Israel *2064*
2.23 *vino* y habitó en la ciudad que...Nazaret *2064*
3.1 en aquellos días *vino* Juan el Bautista *3854*
3.7 al ver él...saduceos *venían* a su bautismo *2064*
3.11 el que *viene* tras mí...es más poderoso *2064*
3.13 Jesús *vino* de Galilea a Juan al Jordán *3854*
3.14 ser bautizado por ti, ¿y tú *vienes* a mí? *2064*
3.16 descendía como paloma, y *venía* sobre él
4.3 *vino* a él el tentador, y le dijo: Si eres *4334*
4.11 y he aquí *vinieron* ángeles y le servían *4334*
4.13 *vino* y habitó en Capernaum...en la región *2064*
4.19 **les dijo: *Venid* en pos de mí, y os haré**
5.1 sentándose, *vinieron* a él sus discípulos *4334*
5.17 **que he *venido* para abrogar la ley o los** *2064*
5.17 **no he *venido* para abrogar, sino...cumplir** *2064*
5.24 **deja...entonces *ven* y presenta tu ofrenda** *2064*
6.10 ***venga* tu reino...Hágase tu voluntad, como** *2064*
7.15 **falsos profetas, que *vienen*...son lobos** *2064*
7.25,27 **y *vinieron* ríos, y soplaron vientos** *2064*
8.2 y *vino* un leproso y se postró, diciendo *2064*
8.5 entrando Jesús...*vino* a él un centurión *4334*
8.9 y al otro: Ven, y *viene*; y a mi siervo *2064*
8.11 **os digo que *vendrán* muchos del oriente** *2240*
8.14 *vino* Jesús a casa de Pedro, y vio a la *2064*
8.19 *vino* un escriba y le dijo: Maestro, te *4334*
8.25 *vinieron* sus discípulos y le despertaron *4334*
8.28 *vinieron* a su encuentro...endemoniados
8.29 ¿has *venido* acá para atormentarnos antes *2064*
8.33 y *viniendo* a la ciudad, contaron todas
9.1 en la barca, pasó al otro lado y *vino* a *2064*
9.10 muchos publicanos y...que habían *venido* *2064*
9.13 **no he *venido* a llamar a justos, sino a** *2064*
9.14 *vinieron* a él los discípulos de Juan *4334*
9.15 ***vendrán* días cuando el esposo les será** *2064*
9.18 *vino* un hombre principal y se postró *2064*
9.18 *ven* y pon tu mano sobre ella, y vivirá *2064*
9.28 llegado a la...*vinieron* a él los ciegos *2064*
10.13 **vuestra paz *vendrá* sobre ella; mas si** *2064*
10.23 **no...antes que *venga* el Hijo del Hombre** *2064*
10.34 **no penséis que he *venido* para traer paz** *2064*
10.34 **no...*venido* para traer paz, sino espada** *2064*
10.35 **he *venido* para poner en disensión al** *2064*
11.3 ¿eres tú aquel que había de *venir*, o *2064*
11.14 **él es aquel Elías que había de *venir*** *2064*
11.18 **porque *vino* Juan, que ni comía ni bebía** *2064*
11.19 ***vino* el Hijo del Hombre...come y bebe** *2064*
11.28 ***venid* a mí...los que estáis trabajados** *1205*
12.9 pasando de allí, *vino* a la sinagoga de *2064*
12.42 ***vino* de los fines de la tierra para oír** *2064*

12.45 el postrer estado de...viene a ser peor
13.4 parte...vinieron las aves y la comieron 2064
13.19 viene el malo, y arrebata lo que fue 2064
13.21 al venir la aflicción o...luego tropieza
13.25 vino su enemigo y sembró cizaña entre 2064
13.27 vinieron...los siervos del...y le dijeron 4334
13.32 que vienen las aves del cielo y hacen 2064
13.54 venido a su tierra, les enseñaba en la 2064
14.25 Jesús vino a ellos andando sobre el mar
14.29 él dijo: Ven...Y descendiendo Pedro de 2064
14.33 vinieron y le adoraron...Hijo de Dios 2064
14.34 y terminada la travesía, vinieron a la 2064
15.25 ella vino y se postró...¡Señor, socórreme! 2064
15.29 pasó Jesús de allí y vino junto al mar 2064
15.39 la barca, y vino a la región de Magdala 2064
16.1 vinieron los fariseos y...para tentarle 4334
16.13 viniendo Jesús a la región de Cesarea 2064
16.24 si alguno quiere venir en pos de mí 2064
16.27 porque el Hijo...vendrá en la gloria de 2064
16.28 el Hijo del Hombre viniendo en su reino 2064
17.10 es necesario que Elías venga primero? 2064
17.11 viene primero, y restaurará todas las 2064
17.12 que Elías ya vino, y no le conocieron 2064
17.14 vino a él un hombre que se arrodilló 4334
17.19 viniendo entonces...discípulos a Jesús 4334
17.24 vinieron a Pedro los que cobraban las 4334
18.1 los discípulos vinieron a Jesús, diciendo 4334
18.7 es necesario que vengan tropiezos, pero 2064
18.7 ¡ay de aquel hombre por quien viene el 2064
18.11 el Hijo...ha venido para salvar lo que 2064
19.3 vinieron a él los fariseos, tentándole 4334
19.14 dejad a los niños venir a mí, y no se 2064
19.16 entonces vino uno y le dijo: Maestro 4334
19.21 vende lo que tienes...y ven y sígueme 1204
20.9 al venir los que habían ido cerca de la 2064
20.10 al venir también los primeros, pensaron 2064
20.28 como el Hijo del Hombre no vino para 2064
21.1 cuando...vinieron a Betfagé, al monte de 2064
21.5 he aquí, tu Rey viene a ti, manso, y 2064
21.9 ¡bendito el que viene en el nombre del 2064
21.14 vinieron a...ciegos y cojos, y los sanó 4334
21.19 vino a ella, y no halló nada en ella, sino 2064
21.23 cuando vino al templo, los principales 2064
21.32 vino...Juan en camino de justicia, y no 2064
21.38 venid, matémosle, y apoderémonos de su 1205
21.40 cuando venga, pues, el señor de la viña 2064
21.42 piedra...venido a ser cabeza del ángulo
22.3 y envió a...mas éstos no quisieron venir 2064
22.4 todo está dispuesto; venid a las bodas 1205
22.23 vinieron a él los saduceos, que dicen 4334
23.35 que venga sobre vosotros toda la sangre 2064
23.36 todo esto vendrá sobre esta generación 2240
23.39 bendito el que viene en el nombre del 2064
24.5 vendrán muchos en mi nombre, diciendo 2064
24.14 será predicado...entonces vendrá el fin 2240
24.30 viniendo sobre las nubes del cielo, con 2064
24.39 no entendieron hasta...vino el diluvio 2064
24.42 porque no sabéis a qué hora ha de venir 2064
24.43 a qué hora el ladrón habría de venir 2064
24.44 Hijo...vendrá a la hora que no pensáis 2064
24.46 su señor venga, le halle haciendo así 2064
24.48 malo dijere...Mi señor tarda en venir 2064
24.50 vendrá el señor de aquel siervo en día 2240
25.6 se oyó un clamor: ¡Aquí viene el esposo 2064
25.10 mientras ellas iban a...vino el esposo 2064
25.11 vinieron...las otras vírgenes, diciendo 2064
25.13 en que el Hijo del Hombre ha de venir 2064
25.19 vino el señor de aquellos siervos, y 2064
25.27 al venir yo, hubiera recibido lo que es 2064
25.31 cuando el Hijo del...venga en su gloria 2064
25.34 Rey dirá...Venid, benditos de mi Padre 1205
25.36 estuve...en la cárcel, y vinisteis a mí 2064
25.39 te vimos...en la cárcel, y vinimos a ti? 2064
26.7 vino a él una mujer, con un...de perfume 4334
26.17 el primer día...vinieron los discípulos a 4334
26.40 vino luego a sus discípulos, y los halló 2064
26.43 vino otra vez y los halló durmiendo 2064
26.45 vino a sus discípulos...dijo: Dormid ya 2064
26.47 vino Judas...y con él mucha gente con 2064
26.50 y Jesús le dijo: Amigo, ¿a qué vienes? 3918
26.60 pero al fin vinieron dos testigos falsos 4334
26.64 Hijo...viniendo en las nubes del cielo 2064
27.1 venida la mañana, todos los...sacerdotes 1096
27.49 deja, veamos si viene Elías a librarle 2064
27.53 y saliendo...vinieron a la santa ciudad
27.57 vino un hombre rico de Arimatea...José 2064
27.64 no sea que vengan...lo hurten, y digan 2064
28.1 vinieron María Magdalena y...otra María 2064
28.6 venid, ved el lugar donde fue puesto el 1205
28.13 sus discípulos vinieron de noche, y lo 2064
Mr 1.7 viene tras mí el que es más poderoso 2064
1.9 que Jesús vino de Nazaret de Galilea, y 2064
1.11 y vino una voz de los cielos que decía 1096
1.14 Jesús vino...predicando el evangelio del 2064
1.17 dijo Jesús: Venid en pos de mí, y haré 1205
1.24 ¿has venido para destruirnos? Sé quién 2064
1.29 vinieron a casa de Simón y Andrés, con 1831
1.38 para que predique...para esto he venido 1831
1.40 vino a él un leproso, rogándole, le dijo 2064
1.45 quedaba...y venían a él de todas partes 2064
2.3 vinieron a él unos trayendo un paralítico 2064
2.13 toda la gente venía a él, y les enseñaba
2.17 no he venido a llamar a justos, sino a 2064
2.18 y vinieron, y le dijeron: ¿Por qué los 2064
2.20 vendrán días cuando el esposo les será 2064
3.8 de Jerusalén...grandes multitudes vinieron 2064
3.13 llamó a...a los que él quiso; y vinieron 565
3.19 y Judas Iscariote, el...Y vinieron a casa

3.21 vinieron para prenderle; porque decían
3.22 pero los escribas que habían venido de 2597
3.31 vienen después sus hermanos y su madre 2064
4.4 vinieron las aves del cielo y la comieron 2064
4.15 viene Satanás, y quita la palabra que se 2064
4.17 cuando viene la tribulación...tropiezan
5.1 vinieron al otro lado del mar...gadarenos 2064
5.2 vino a su encuentro, de los sepulcros, un
5.15 vienen a Jesús, y ven al que había sido 2064
5.22 vino...de los principales de la sinagoga 2064
5.23 ven y pon las manos sobre ella para que 2064
5.27 vino por detrás entre...y tocó su manto 2064
5.33 la mujer...vino y se postró delante de él 2064
5.35 hablaba, vinieron de casa del principal 2064
5.38 vino a casa del principal de la sinagoga 2064
6.1 salió Jesús de allí y vino a su tierra, y 2064
6.21 venido un día oportuno, en que Herodes 1096
6.29 oyeron esto...vinieron y tomaron su cuerpo 2064
6.31 dijo: Venid vosotros aparte a un lugar 1205
6.31 porque eran muchos los que iban y venían 2064
6.47 y al venir la noche, la barca estaba en 1096
6.48 vino a ellos andando sobre el mar, y 2064
6.53 vinieron a...Genesaret, y arribaron a la 2064
7.1 escribas, que habían venido de Jerusalén 2064
7.25 una mujer...vino y se postró a sus pies 2064
7.31 Tiro, vino por Sidón al mar de Galilea 2064
8.3 pues algunos de ellos han venido de lejos 2240
8.10 y luego...vino a la región de Dalmanuta 2064
8.11 vinieron...los fariseos y comenzaron a 1831
8.22 vino luego a Betsaida; y le trajeron un 2064
8.34 quiere venir en pos de mí, niéguese a sí 2064
8.38 se avergonzará...de él, cuando venga en la 2064
9.1 visto el reino de Dios venido con poder 2064
9.7 vino una nube que les hizo sombra, y desde
9.11 que es necesario que Elías venga primero? 2064
9.12 Elías a la...vendrá primero, y restaurará 2064
9.13 que Elías ya vino, y le hicieron todo lo 2064
10.1 de allí, vino a la región de Judea y al 2064
10.14 dejad a los niños venir a mí, y no se 2064
10.17 vino uno corriendo...Maestro bueno, ¿qué 4370
10.21 dalo a...y ven, sígueme, tomando tu cruz 1204
10.45 porque el Hijo del Hombre no vino para 2064
10.46 entonces vinieron a Jericó; y al salir 2064
10.50 él entonces...se levantó y vino a Jesús 2064
11.9 que venían detrás daban voces, diciendo
11.9 ¡bendito el que viene en el nombre del 2064
11.10 reino de nuestro padre David que viene! 2064
11.15 vinieron, pues, a Jerusalén; y entrando 2064
11.24 creed que lo recibiréis, y os vendrá
11.27 vinieron a...los principales sacerdotes 2064
12.7 este es el heredero: venid, matémosle 1205
12.9 vendrá, y destruirá a los labradores, y 2064
12.10 piedra...venido a ser cabeza del ángulo
12.14 viniendo...le dijeron: Maestro, sabemos 2064
12.18 vinieron a él los saduceos, que dicen 2064
12.42 vino una viuda...y echó dos blancas, o 2064
13.6 vendrán muchos en mi nombre, diciendo 2064
13.26 vendrá en las nubes con gran poder y 2064
13.35 no sabéis cuándo vendrá el señor de la 2064
13.36 venga de repente, no os halle durmiendo 2064
14.3 vino una mujer con un vaso de alabastro 2064
14.17 cuando llegó la noche, vino él con los 2064
14.32 vinieron...lugar que se llama Getsemaní 2064
14.37 vino...y los halló durmiendo; y dijo a 2064
14.41 vino la tercera vez, y les dijo: Dormid 2064
14.41 basta, la hora ha venido; he aquí...el 2064
14.43 vino Judas, que era uno de los doce, y 3854
14.45 cuando vino, se acercó luego a él, y le 2064
14.62 Hijo...viniendo en las nubes del cielo 2064
14.66 vino una de las criadas del...sacerdote 2064
15.8 y viniendo la multitud, comenzó a pedir
15.21 que venía del campo, a que le llevase 2064
15.33 vino la hora sexta, hubo tinieblas sobre 1096
15.36 dejad, veamos si viene Elías a bajarle 2064
15.43 José...vino y entró osadamente a Pilato 2064
15.44 Pilato...haciendo venir al centurión, le
16.2 vinieron al sepulcro, ya salido el sol 2064
Lc 1.35 el Espíritu Santo vendrá sobre ti, y 1904
1.43 que la madre de mi Señor venga a mí? 2064
1.59 vinieron para circuncidar al niño; y le 2064
2.16 vinieron...y hallaron a María y a José 2064
2.27 movido por el Espíritu, vino al templo 2064
3.2 vino palabra de Dios a Juan...en el desierto 1096
3.12 vinieron también unos publicanos para 2064
3.16 pero viene uno más poderoso que yo, de 2064
3.22 vino una voz del cielo que decía: Tú eres 1096
4.16 vino a Nazaret, donde se había criado 2064
4.34 nazareno? ¿Has venido para destruirnos? 2064
5.7 que viniesen a ayudarles; y vinieron, y 2064
5.17 venido de todas las aldeas de Galilea 2064
5.32 no he venido a llamar a justos, sino a 2064
5.35 vendrán días cuando el esposo les será 2064
6.17 que había venido para oírle, y para ser 2064
6.47 aquel que viene a mí, y oye mis palabras 2064
6.48 cuando vino una inundación, el río dio
7.3 envió...rogándole que viniese y sanase a 2064
7.4 ellos vinieron a Jesús y le rogaron con 3854
7.7 que ni aun me tuve por digno de venir a ti 2064
7.8 y digo a éste: Vé...al otro: Ven, y viene 2064
7.19 a Jesús...¿Eres tú el que había de venir 2064
7.20 cuando...vinieron a él, dijeron: Juan el 3854
7.20 dijeron...¿Eres tú el que había de venir 2064
7.33 vino Juan el Bautista, que ni comía pan 2064
7.34 vino el Hijo del Hombre, que come y bebe 2064
8.4 los que de cada ciudad venían a él, les 1975
8.12 viene el diablo y quita de su corazón 2064
8.19 su madre y sus hermanos vinieron a él 3854
8.24 vinieron a él y le despertaron, diciendo 4334

8.27 vino a su encuentro...endemoniado desde
8.35 vinieron a Jesús, y hallaron al hombre 2064
8.41 vino un varón llamado Jairo, que era 2064
8.47 vino temblando, y...sus pies, le declaró 2064
8.49 cuando vino uno de casa del principal de 2064
9.23 quiere venir en pos de mí, niéguese a sí 2064
9.26 de éste se avergonzará...cuando venga en 2064
9.34 decía esto, vino una nube que los cubrió 1096
9.35 y vino una voz desde la nube, que decía 1096
9.56 porque el Hijo...no ha venido para perder 2064
10.33 pero un samaritano...vino cerca de él 2064
11.2 venga tu reino...Hágase tu voluntad, como 2064
11.6 un amigo mío ha venido a mí de viaje, y 3854
11.22 viene otro más fuerte que él...le quita 1904
11.26 estado de aquel hombre viene a ser peor
11.31 ella vino...oír la sabiduría de Salomón 2064
12.20 esta noche vienen a pedirte tu alma; y
12.37 su señor, cuando venga, halle velando 2064
12.37 que se sienten a...y vendrá a servirles 3928
12.38 venga a la segunda vigilia, y aunque v 2064
12.39 hora el ladrón había de venir, velaría 2064
12.40 no penséis, el Hijo del Hombre vendrá 2064
12.43 su señor venga, le halle haciendo así 2064
12.45 siervo dijere...Mi señor tarda en venir 2064
12.46 vendrá el señor de aquel siervo en día 2240
12.49 fuego vine a echar en la tierra; ¿y qué 2064
12.51 ¿pensáis que he venido para dar paz en 3854
12.54 luego decís: Agua viene; y así sucede 2064
13.6 y vino a buscar fruto en ella, y no lo 2064
13.7 hace tres años que vengo a buscar fruto 2064
13.14 en éstos, pues, venid y sed sanados 2064
13.29 vendrán del oriente y del occidente, del 2240
13.35 digáis: Bendito el que viene en nombre 2064
14.9 viniendo el que te convidó a ti y a él 2064
14.10 que cuando venga el que te convidó, te 2064
14.17 hora...Venid, que ya todo está preparado 2064
14.26 si alguno viene a mí, y no aborrece a 2064
14.27 no lleva su cruz y viene en pos de mí 2064
14.31 hacer frente con...al que viene contra él 2064
15.14 vino...gran hambre en aquella provincia
15.20 levantándose, vino a su padre...lo vio 2064
15.25 cuando vino, y llegó cerca de la casa 2064
15.27 dijo: Tu hermano ha venido; y tu padre 2240
15.30 vino este tu hijo, que ha consumido tus 2064
16.21 perros venían y le lamían las llagas 2064
16.28 no vengan ellos también a este lugar de 2064
17.1 imposible es que no vengan tropiezos 2064
17.1 mas ¡ay de aquel por quien vienen! 2064
17.20 cuándo había de venir el reino de Dios 2064
17.20 el reino de...no vendrá con advertencia 2064
17.22 tiempo vendrá cuando desearéis ver uno 2064
17.27 vino el diluvio y los destruyó a todos 2064
18.3 una viuda, la cual venía a él, diciendo 2064
18.5 sea que viniendo...me agote la paciencia 2064
18.8 venga el Hijo del Hombre, ¿hallará fe en 2064
18.16 dejad a los niños venir a mí, y no se 2064
18.22 y tendrás tesoro en el...y ven, sígueme 1204
19.9 hoy ha venido la salvación a esta casa 1096
19.10 vino a buscar...lo que se había perdido 2064
19.13 dijo: Negociad entre tanto que vengo 2064
19.16 vino el primero, diciendo: Señor, tu 3854
19.18 vino otro, diciendo: Señor, tu mina ha 2064
19.20 vino otro, diciendo: Señor, aquí está 2064
19.38 ¡bendito el rey que viene en el nombre 2064
19.43 porque vendrán días sobre ti, cuando 2240
20.14 venid, matémosle, para que la heredad 1205
20.16 vendrá y destruirá a estos labradores 2064
20.17 piedra...venido a ser cabeza del ángulo?
21.6 días vendrán en que no quedará piedra 2064
21.8 vendrán muchos en mi nombre, diciendo 2064
21.27 que vendrá en una nube con poder y gran 2064
21.34 venga de repente sobre vosotros aquel 2186
21.35 como un lazo vendrá sobre todos los que 1904
21.36 de escapar de...estas cosas que vendrán 1096
21.38 pueblo venía a él por la mañana, para 3719
22.18 vid, hasta que el reino de Dios venga 2064
22.45 vino a...discípulos, los halló durmiendo 2064
22.52 ancianos, que habían venido contra él 3854
23.26 Simón de Cirene, que venía del campo 2064
23.29 porque he aquí vendrán días en que dirán 2064
23.42 a Jesús: Acuérdate de mí cuando vengas 2064
23.55 las mujeres que habían venido con él 4905
24.1 el primer día de vinieron al sepulcro 2064
24.23 vinieron diciendo que...visto visión de 2064
24.38 vienen a...corazón estos pensamientos?
Jn 1.7 este vino por testimonio, para que diese 2064
1.9 la luz verdadera, que...venía a este mundo 2064
1.11 a lo suyo vino...suyos no le recibieron 2064
1.15 el que viene después de mí...es antes de 2064
1.17 verdad vinieron por medio de Jesucristo 1096
1.27 este es el que viene después de mí, el 2064
1.29 vio Juan a Jesús que venía a él, y dijo 2064
1.30 después de mí viene un varón, el cual es 2064
1.31 por esto vine yo bautizando con agua 2064
1.39 les dijo: Venid y ved...Fueron, y vieron 2064
1.46 algo de bueno? Le dijo Felipe: Ven y ve 2064
2.4 Jesús le dijo...Aún no ha venido mi hora 2240
3.2 vino a Jesús de noche, y le dijo: Rabí 2064
3.2 Rabí, sabemos que has venido de Dios como 2064
3.8 ni sabes de dónde viene, ni a dónde va 2064
3.19 que la luz vino al mundo, y los hombres 2064
3.21 viene a la luz, para que sea manifiesto 2064
3.22 después...vino Jesús con sus discípulos 2064
3.23 bautizaba...y venían, y eran bautizados 3854
3.26 vinieron a Juan y le dijeron: Rabí, mira 2064
3.26 mira que...bautiza, y todos vienen a él 2064
3.31 el que de arriba viene, es sobre todos 2064
3.31 el que viene del cielo, es sobre todos 2064

V

4.5 *vino*...una ciudad de Samaria llamada Sicar ... 2064
4.7 **_vino_ una mujer de Samaria a sacar agua** ... 2064
4.15 no tenga yo sed, ni *venga* aquí a sacarla ... 2064
4.16 **dijo: *Vé*, llama a tu marido, y *ven* acá** ... 2064
4.21 **la hora *viene* cuando ni en este monte ni** ... 2064
4.22 **porque la salvación *viene* de los judíos**
4.23 **mas la hora *viene*...cuando los s** ... 2064
4.25 sé que ha de *venir* el Mesías, llamado el ... 2064
4.25 cuando él *venga* nos declarará todas las ... 2064
4.27 en esto *vinieron* sus discípulos, y se ... 2064
4.29 *venid*, ved a un hombre que me ha dicho ... 1205
4.30 salieron de la ciudad, y *vinieron* a él ... 2064
4.40 *vinieron* los samaritanos...y le rogaron ... 2064
4.45 *vino* a Galilea...galileos le recibieron ... 2064
4.46 *vino*...Jesús otra vez a Caná de Galilea ... 2064
4.47 *vino* a él y le rogó que descendiese y
5.14 **para que no te *venga* alguna cosa peor** ... 1096
5.24 **no *vendrá* a condenación, mas ha pasado** ... 2064
5.25 ***viene* la hora...cuando los muertos oirán** ... 2064
5.28 ***vendrá* hora cuando todos los que están** ... 2064
5.40 **no queréis *venir* a mí...que tengáis vida** ... 2064
5.43 **yo he *venido* en nombre de mi Padre, y no** ... 2064
5.43 **si otro *viniere* en su propio nombre, a** ... 2064
5.44 **no buscáis la gloria que *viene* del Dios**
6.5 vio que había *venido* a él gran multitud ... 2064
6.14 es el profeta que había de *venir* al mundo ... 2064
6.15 que iban a *venir* para apoderarse de él ... 2064
6.17 oscuro, y Jesús no había *venido* a ellos ... 2064
6.35 **el que a mí *viene*, nunca tendrá hambre** ... 2064
6.37 ***vendrá* a mí; y al que a mí viene, no le** ... 2064
6.44 **ninguno puede *venir* a mí, si el Padre** ... 2064
6.45 **todo aquel que oyó al Padre...*viene* a mí** ... 2064
6.46 **aquel que *vino* de Dios; éste ha visto al**
6.65 **que ninguno puede *venir* a mí, si no le** ... 2064
7.27 cuando *venga* el Cristo, nadie sabrá de ... 2064
7.28 **y no he *venido* de mí mismo, pero el que** ... 2064
7.31 decían: El Cristo, cuando *venga*, ¿hará ... 2064
7.34,36 **y a donde yo estaré...no podréis *venir*** ... 2064
7.37 **si alguno tiene sed, *venga* a mí y beba** ... 2064
7.39 aún no había *venido* el Espíritu Santo
7.41 pero...¿De Galilea ha de *venir* el Cristo? ... 2064
7.42 aldea de Belén...ha de *venir* el Cristo? ... 2064
7.45 los alguaciles *vinieron* a los principales ... 2064
7.50 Nicodemo, el que *vino* a él de noche, el ... 2064
8.2 y todo el pueblo *vino* a él; y sentado él ... 2064
8.14 **porque sé de dónde he *venido* y a dónde** ... 2064
8.14 **no sabéis de dónde *vengo*, ni a dónde voy** ... 2064
8.21,22 **donde yo voy, vosotros no podéis *venir*** ... 2064
8.42 **yo de Dios he salido, y he *venido*; pues** ... 2240
8.42 **no he *venido* de mí mismo, sino que él me** ... 2064
9.4 **noche *viene*, cuando nadie puede trabajar** ... 2064
9.33 si éste no *viniera* de Dios, nada podría
9.39 **para juicio he *venido* yo a este mundo** ... 2064
10.8 **los que antes de mí *vinieron*, ladrones** ... 2064
10.10 **el ladrón no *viene* sino para hurtar y**
10.10 **he *venido* para que tengan vida, y para** ... 2064
10.12 **ve *venir* al lobo y deja las ovejas y** ... 2064
10.35 **a quienes *vino* la palabra de Dios (y la** ... 1096
10.41 muchos *venían* a él, y decían: Juan, a la
11.17 *vino*, pues...Jesús, y halló que hacía ... 2064
11.19 muchos de...judíos habían *venido* a Marta ... 2064
11.20 Marta, cuando oyó que Jesús *venía*, salió ... 2064
11.27 Hijo de Dios, que has *venido* al mundo ... 2064
11.29 lo oyó, se levantó de prisa y *vino* a él ... 2064
11.34 **pusisteis? Le dijeron: Señor, *ven* y ve** ... 2064
11.43 **clamó a gran voz: Lázaro, *ven* fuera!** ... 1204
11.45 habían *venido* para acompañar a María ... 2064
11.48 y *vendrán* los romanos, y destruirán ... 2064
11.56 se preguntaban...¿No *vendrá* a la fiesta? ... 2064
12.1 antes de la pascua, *vino* Jesús a Betania ... 2064
12.9 *vinieron*, no...por causa de Jesús, sino ... 2064
12.12 que habían *venido* a la fiesta, al oír ... 2064
12.12 día...al oír que Jesús *venía* a Jerusalén ... 2064
12.13 ¡bendito el que *viene* en el nombre del ... 2064
12.15 tu Rey *viene*, montado sobre un pollino ... 2064
12.18 cual...había *venido* la gente a recibirle
12.28 entonces *vino* una voz del cielo: Lo he ... 2064
12.30 **no ha *venido* esta voz por causa mía** ... 1096
12.46 **yo, la luz, he *venido* al mundo, para que** ... 2064
12.47 **porque no he *venido* a juzgar al mundo** ... 2064
13.6 entonces *vino* a Simón Pedro; y Pedro le ... 2064
14.3 **si me fuere y os...lugar...*vendré* otra vez** ... 2064
14.6 **vida; nadie *viene* al Padre, sino por mí** ... 2064
14.18 **no...dejaré huérfanos; *vendré* a vosotros** ... 2064
14.23 ***vendremos* a él, y haremos morada con él** ... 2064
14.28 **os he dicho: Voy, y *vengo* a vosotros** ... 2064
14.30 **porque *viene* el príncipe de este mundo** ... 2064
15.22 **si yo no hubiera *venido*, ni les hubiera** ... 2064
15.26 **cuando *venga* el Consolador, a quien yo** ... 2064
16.2 ***viene* la hora cuando cualquiera que os** ... 2064
16.7 **si no me fuere, el Consolador no *vendría*** ... 2064
16.8 **cuando él *venga*, convencerá al mundo de** ... 2064
16.13 **cuando *venga* el Espíritu de verdad, él** ... 2064
16.13 **saber las cosas que habrán de *venir*** ... 2064
16.25 **la hora *viene*...no os hablaré...alegorías** ... 2064
16.28 **salí del Padre, y he *venido* al mundo** ... 2064
16.32 **he aquí la hora *viene*, y ha venido ya** ... 2064
18.37 **y para esto he *venido* al...dar testimonio** ... 2064
19.32 *vinieron* los soldados, y quebraron las ... 2064
19.38 *vino*, y se llevó el cuerpo de Jesús ... 2064
19.39 *vino* trayendo un compuesto de mirra y ... 2064
20.8 el...que había *venido* primero al sepulcro ... 2064
20.19 ***vino* Jesús, y puesto en medio, les dijo** ... 2064
20.24 no estaba con ellos cuando Jesús *vino* ... 2064
21.8 otros discípulos *vinieron* con la barca ... 2064
21.12 **dijo Jesús: *Venid*, comed...Y ninguno de** ... 1205
21.13 *vino*...Jesús, y tomó el pan y les dio ... 2064
21.22,23 **quede hasta que yo *venga*, ¿qué a ti?** ... 2064
Hch 1.8 **recibiréis poder, cuando haya *venido*** ... 1904
1.11 *vendrá* como le habéis visto ir al cielo ... 2064
2.2 de repente *vino* del cielo un estruendo ... 1096
2.20 antes que *venga* el día del Señor, grande ... 2064
3.19 *vengan*...del Señor tiempos de refrigerio ... 2064
4.1 *vinieron* sobre ellos los sacerdotes con ... 2186
4.23 *vinieron* a los suyos y contaron todo lo
5.5 y *vino* un gran temor sobre todos los que ... 1096
5.11 y *vino* gran temor, sobre toda la iglesia ... 1096
5.16 *venían* a Jerusalén, trayendo enfermos ... 4905
5.21 entre tanto, *vinieron* el sumo sacerdote y ... 3854
5.25 pero *viniendo* uno, les dio esta noticia ... 3854
7.3 sal...y *ven* a la tierra que yo te mostraré ... 1204
7.11 *vino* entonces hambre en toda la tierra ... 2064
7.14 José, hizo *venir* a su padre Jacob, y a
7.23 años, le *vino* el corazón el visitar a sus ... 305
7.31 acercándose...*vino* a él la voz del Señor ... 1096
7.34 ahora, pues, *ven*, te enviaré a Egipto ... 1204
8.15 habiendo *venido*, oraron por ellos para ... 2597
8.24 que nada de esto...dicho *venga* sobre mí ... 1904
8.27 y había *venido* a Jerusalén para adorar ... 2064
9.1 Saulo, respirando aún amenazas...*vino* al ... 4334
9.17 se te apareció en el, por donde *venías* ... 2064
9.21 y a eso *vino* acá, para llevarlos presos ... 2064
9.32 que Pedro...*vino* también a los santos que ... 2718
9.38 a rogarle: No tardes en *venir* a nosotros ... 1330
10.5,32 haz *venir* a Simón, el que tiene por ... 3343
10.13 *vino* una voz: Levántate, Pedro, mata y ... 1096
10.21 ¿cuál es la causa...que habéis *venido*? ... 3918
10.22 de hacerte *venir* a su casa para oír tus ... 3343
10.29 al ser llamado, *vine* sin replicar...Así ... 2064
10.29 ¿por qué causa me habéis hecho *venir*? ... 3343
10.33 envié por ti...has hecho bien en *venir* ... 3854
10.45 los fieles...que habían *venido* con Pedro ... 4905
11.5 era bajado del cielo y *venía* hasta mí ... 2064
11.13 y haz *venir* a Simón, el que tiene por ... 3343
11.28 que *vendría* una gran hambre en toda la
12.10 pero ellos *vinieron* de acuerdo ante él ... 3918
13.25 pero *viene* tras mí uno de quien no soy ... 2064
13.40 que no *venga* sobre vosotros lo que está ... 1904
14.19 *vinieron* unos judíos de Antioquía y de ... 1904
14.24 pasando luego por...*vinieron* a Panfilia ... 2064
15.1 algunos que *venían* de Judea enseñaban a ... 2718
16.11 *vinimos* con rumbo directo a Samotracia ... 2113
16.37 no...sino *vengan* ellos mismos a sacarnos ... 2064
16.39 *viniendo*, les rogaron; y sacándolos, les ... 2064
17.6 estos que trastornan el...han *venido* acá ... 3918
17.15 orden...que *viniesen* a él lo más pronto ... 2064
18.2 a un judío...recién *venido* de Italia con ... 2064
18.5 Silas y Timoteo *vinieron* de Macedonia ... 2718
18.21 guarde en Jerusalén la fiesta que *viene* ... 2064
19.1 *vino* a Éfeso, y hallando a...discípulos ... 2064
19.4 creyesen en aquel que *vendría* después de ... 2064
19.6 manos, *vino* sobre ellos el Espíritu Santo ... 2064
19.18 *venían*, confesando y dando cuenta de ... 2064
19.27 nuestro negocio *venga* a desacreditarse
19.35 es guardiana...de la imagen *venida* de
20.14 tomándole a bordo, *vinimos* a Mitilene ... 2064
20.18 *vinieron* a...les dijo: Vosotros sabéis ... 3854
20.19 han *venido* por las asechanzas de los
21.11 quien *viniendo* a vernos, tomó el cinto ... 2064
21.16 y *vinieron*...algunos de los discípulos
21.22 reunirá, porque oirán que has *venido* ... 2064
21.36 la muchedumbre del pueblo *venía* detrás
22.13 *vino* a mí, y...me dijo: Hermano Saulo ... 2064
22.27 *vino* el tribuno y le dijo: Dime, ¿eres ... 4334
22.30 mandó *venir* a...principales sacerdotes
23.12 *venido* el día, algunos de los judíos
23.35 te oiré cuando *vengan* tus acusadores ... 3854
24.8 mandando...acusadores que *viniesen* a ti ... 2064
24.17 años, *vine* a hacer limosnas a mi nación ... 3854
24.23 no impidiese a ninguno de...*venir* a él ... 4334
24.24 *viniendo* Félix con Drusila su mujer ... 3854
24.26 veces lo hacía *venir* y hablaba con él
25.6 *venido* a Cesarea, al siguiente día se
25.7 lo rodearon los...que habían *venido* de ... 2597
25.13 Agripa y Berenice *vinieron* a Cesarea ... 2658
25.17 habiendo *venido* ellos juntos acá, sin ... 4905
25.23 al otro día, *viniendo* Agripa y Berenice ... 2064
27.27 *venida* la decimacuarta noche, y siendo ... 1096
28.6 mucho, y viendo que ningún mal le *venía* ... 1096
28.9 otros que en la...*venían*, y eran sanados ... 4334
28.21 ni ha *venido* alguno de los hermanos que ... 3854
28.23 *vinieron* a él muchos a la posada, a los ... 2240
28.30 y, recibía a todos los que a él *venían* ... 1531
Ro 2.25 tu circuncisión *viene*...incircuncisión
2.29 la alabanza del cual no *viene* de los
3.8 hagamos males para que *vengan* bienes? ... 2064
5.14 Adán...es figura del que había de *venir* ... 3195
5.16 el juicio *vino* a causa de un solo pecado
5.16 el don *vino* a causa de...transgresiones
5.18 como por la transgresión de uno *vino* la
5.18 por la justicia de uno *vino* a todos los
7.9 *venido* el mandamiento, el pecado revivió ... 2064
7.13 lo que es bueno, *vino* a ser muerte para
8.38 ni la...ni lo presente, ni lo por *venir* ... 3195
9.5 y de los cuales...*vino* Cristo, el cual es
9.9 por este tiempo *vendré*, y Sara tendrá un ... 2064
9.29 como Sodoma habríamos *venido* a ser, y
11.11 por su transgresión *vino* la salvación
11.26 escrito: *Vendrá* de Sion el Libertador ... 2240
15.8 que Cristo Jesús *vino* a ser siervo de la
16.19 obediencia ha *venido* a ser notoria a ... 864
1 Co 3.22 sea lo por *venir*, todo es vuestro ... 3195
4.5 no juzguéis...hasta que *venga* el Señor ... 2064
4.13 hemos *venido* a ser...como la escoria del
8.9 que esta libertad vuestra no *venga* a ser
9.27 sea que...yo mismo *venga* a ser eliminado
11.26 muerte...anunciáis hasta que él *venga* ... 2064
13.1 *vengo* a ser como metal que resuena, o
13.10 cuando *venga* lo perfecto, entonces lo ... 2064
15.35 los muertos? ¿Con qué cuerpo *vendrán*? ... 2064
16.11 encaminadle en paz, para que *venga* a ... 2064
16.22 no amare...sea anatema...El Señor *viene* ... 3134
2 Co 1.16 desde Macedonia *venir*...a vosotros ... 2064
7.5 de cierto, cuando *vinimos* a Macedonia ... 2064
9.4 si *vinieren* conmigo algunos macedonios ... 2064
11.4 si *viene* alguno predicando a otro Jesús ... 2064
11.9 lo suplieron los hermanos que *vinieron* ... 2064
12.1 pero *vendré* a las visiones y...del Señor ... 2064
Ga 2.11 pero cuando Pedro *vino* a Antioquía, le ... 2064
2.12 que *viniesen* algunos de parte de Jacobo ... 2064
2.12 pero después que *vinieron*, se retraía y ... 2064
3.17 la ley que *vino* 430 años después, no lo
3.19 hasta que *viniese* la simiente a quien ... 2064
3.23 pero antes que *viniese* la fe, estábamos ... 2064
3.25 pero *venida* la fe, ya no estamos bajo ayo ... 2064
4.4 cuando *vino* el cumplimiento del tiempo ... 2064
Ef 2.17 y *vino* y anunció las buenas nuevas de ... 2064
5.6 estas cosas *viene* la ira de Dios sobre ... 2064
Col 2.17 cual es sombra de lo que ha de *venir* ... 3195
3.6 la ira de Dios *viene* sobre los hijos de ... 2064
1 Ts 2.16 pues *vino* sobre ellos la ira hasta ... 5348
5.2 día del Señor *vendrá* así como ladrón en ... 2064
5.3 paz y...*vendrá* sobre ellos destrucción ... 2186
2 Ts 1.10 cuando *venga*...para ser glorificado ... 2064
2.3 porque no *vendrá* sin que antes venga la ... 2064
1 Ti 1.15 que Cristo Jesús *vino* al mundo para ... 2064
2.4 y *vengan* al conocimiento de la verdad ... 2064
5.24 hacen patentes antes...*vengan* a juicio
6.19 buen fundamento para lo por *venir*, que ... 3195
2 Ti 3.1 en los...*vendrán* tiempos peligrosos ... 1764
4.3 *vendrá* tiempo cuando no sufrirán la sana ... 2071
4.9 procura *venir* pronto a verme ... 2064
4.13 trae, cuando *vengas*, el capote que dejé ... 2064
4.21 procura *venir* antes del invierno ... 2064
Tit 3.7 *viniésemos* a ser herederos conforme a
3.12 apresúrate a *venir* a mí en Nicópolis ... 2064
He 2.17 para *venir* a ser misericordioso y fiel
5.9 *vino* a ser autor de eterna salvación para
7.14 nuestro Señor *vino* de la tribu de Judá
8.8 *vienen* días...que estableceré con la casa ... 2064
10.7,9 he aquí que *vengo*, oh Dios, para hacer ... 2240
10.37 el que ha de *venir* vendrá, y no tardará ... 2064
11.7 heredero de la justicia que *viene* por la
13.14 ciudad...sino que buscamos la por *venir* ... 3195
13.23 con el cual, si *viniere*...iré a veros ... 2064
Stg 2.4 *venís* a ser jueces con...pensamientos
4.1 ¿de dónde *vienen* las guerras y...pleitos
5.1 llorad...por las miserias que os *vendrán* ... 1904
1 P 1.11 anunciaba...las glorias que *vendrían*
2.7 piedra...*venido* a ser la cabeza del ángulo
3.6 de la cual...habéis *venido* a ser hijas, si
2 P 2.20 postrer estado *viene* a ser peor que
3.3 días *vendrán* burladores, andando según ... 2064
3.10 el día del Señor *vendrá* como ladrón en ... 2240
1 Jn 2.18 oísteis que el anticristo *viene*, así ... 2064
4.2 que confiesa que Jesucristo ha *venido* en ... 2064
4.3 no confiesa que Jesucristo ha *venido* en ... 2064
4.3 habéis oído que *viene*, y que ahora ya ... 2064
5.6 es Jesucristo, que *vino* mediante agua y ... 2064
5.20 sabemos que el Hijo de Dios ha *venido* ... 2240
2 Jn 7 no confiesan que Jesucristo ha *venido* ... 2064
10 si alguno *viene* a vosotros, y no trae esta ... 2064
3 Jn 3 regocijé cuando *vinieron* los hermanos ... 2064
Jud 14 *vino* el Señor con sus santas decenas de ... 2064
Ap 1.4,8 que es y que era y que ha de *venir* ... 2064
1.7 aquí que *viene* con las nubes, y todo ojo ... 2064
2.5 **si no, *vendré* pronto a ti, y quitaré tu** ... 2064
2.16 ***vendré* a ti...y pelearé contra ellos con** ... 2064
2.25 **que tenéis, retenedlo hasta que yo *venga*** ... 2240
3.3 **si no velas, *vendré* sobre ti como ladrón** ... 2240
3.3 **y no sabrás a qué hora *vendré* sobre ti** ... 2240
3.9 **haré que *vengan* y se postren a tus pies** ... 2240
3.10 **te guardaré de la hora...que *venir*** ... 2064
3.11 **he aquí, yo *vengo* pronto; retén lo que** ... 2064
4.8 que era, el que es, y el que ha de *venir* ... 2064
5.7 *vino*, y tomó el libro de la mano derecha ... 2064
6.1 oí a uno de los cuatro seres...*Ven* y mira ... 2064
6.3,5,7 ser viviente, que decía: *Ven* y mira ... 2064
7.13 ¿quiénes son, y de dónde han *venido*? ... 2064
8.3 otro ángel *vino*...y se paró ante el altar ... 2064
9.12 he aquí, *vienen* aún dos ayes después de ... 2064
11.14 pasó; he aquí, el tercer ay *viene* pronto ... 2064
11.15 los reinos del mundo han *venido* a ser de
11.17 que eres y que eras y que has de *venir* ... 2064
11.18 tu ira ha *venido*, y el tiempo de juzgar ... 2064
12.10 ha *venido* la salvación, el poder, y el ... 1096
15.4 naciones *vendrán* y te adorarán, porque ... 2240
16.2 y *vino* una úlcera maligna y pestilente ... 1096
16.15 **yo *vengo* como ladrón...Bienaventurado el** ... 2064
16.19 gran Babilonia *vino* en memoria delante ... 3415
17.1 *vino* entonces uno de los siete ángeles ... 2064
17.1 *ven* acá, y te mostraré la sentencia ... 1204
17.10 otro aún no ha *venido*; y cuando *venga* ... 2064
18.8 un sólo día *vendrán* sus plagas: muerte ... 2240
18.10 ¡ay...porque en una hora *vino* tu juicio! ... 2064
19.17 *venid*, y congregaos a la gran cena de ... 1205
21.9 *vino* entonces...uno de los siete ángeles ... 2064
21.9 *ven* acá, yo te mostraré la desposada, la ... 1204
22.7 **¡he aquí, *vengo* pronto! Bienaventurado** ... 2064
22.12 **he aquí yo *vengo* pronto, y mi galardón** ... 2064
22.17 dicen: *Ven*...Y el que oye, diga: *V*...Y el ... 2064
22.17 que tiene sed, *venga*; y el que quiera ... 2064
22.20 ***vengo* en breve...Amén; sí, *ven*...Jesús** ... 2064

VENTA
Lv 25.29 hasta el término de un año desde la *v* 4376
25.50 y ha de apreciarse el precio de su *v* 7069
Jer 32.11 tomé...la carta de *v* sellada según 4736
32.12 di la carta de *v* a Baruc hijo de Nerías 4736
32.12 los...que habían suscrito la carta de *v* 4736
32.14 estas cartas, esta carta de *v* sellada 4736
32.16 después que di la carta de *v* a Baruc 4736

VENTAJA
Job 35.3 porque dijiste: ¿Qué *v* sacaré de ello? 5323
Ro 3.1 ¿qué *v* tiene, pues, el judío? ¿o de qué *4053*
2 Co 2.11 Satanás no gane *v*...sobre nosotros *4122*

VENTANA
Gn 6.16 una *v* harás al arca, y la acabarás a 6672
8.6 abrió Noé la *v* del arca que había hecho 2474
26.8 rey de...mirando por una *v*, vio a Isaac 2474
Jos 2.15 ella los hizo descender con...por la *v* 2474
2.18 tú atarás este cordón de grana a la *v* 2474
2.21 y ella ató el cordón de grana a la *v* 2474
Jue 5.28 la madre de Sísara se asoma a la *v* 2474
1 S 19.12 y descolgó Mical a David por una *v* 2474
2 S 6.16 Mical hija de Saúl miró desde una *v* 2474
1 R 6.4 hizo a la casa *v* anchas por dentro y 2474
7.4 y había tres hileras de *v*, una *v* contra 8261
7.5 unas *v* estaban frente a las otras en tres 8260
2 R 1.2 Ocozías cayó por la *v* de una sala de 7639
7.2,19 si Jehová hiciese...*v* en el cielo 699
9.30 cuando Jezabel lo oyó...se asomó a una *v* 2474
9.32 alzando él...su rostro hacia la *v*, dijo 2474
13.17 y dijo: Abre la *v* que da al oriente 2474
1 Cr 15.29 Mical...mirando por una *v*, vio al 2474
Pr 7.6 mirando yo por la *v* de mi casa, por mi 2474
Ec 12.3 se oscurecerán los que miran por las *v* 699
Cnt 2.9 helo aquí...mirando por las *v*, atisbando 2474
Is 24.18 de lo alto se abrirán *v*, y temblarán 699
54.12 tus *v* pondré de piedras preciosas, tus 8121
60.8 vuelan como nubes, y...palomas a sus *v*? 699
Jer 9.21 la muerte ha subido por nuestras *v* 2474
22.14 y le abre *v*, y la cubre de cedro, y la 2474
Ez 40.16 había *v* estrechas en las cámaras, y 2474
40.16 y las *v* estaban alrededor por dentro 2474
40.22 *v*...conforme a la medida de la puerta 2474
40.25 sus *v* y sus...alrededor, como las otras *v* 2474
40.29,33 tenía sus *v* y sus arcos alrededor 2474
40.36 arcos y sus *v* alrededor; la longitud 2474
41.16 las *v* estrechas y las cámaras alrededor 2474
41.16 el suelo hasta las *v*; y las *v* también 2474
41.26 había *v* estrechas, y palmeras de uno y 2474
Dn 6.10 abiertas las *v* de su cámara que daban 3551
Jl 2.9 entrarán...las *v* a manera de ladrones 2474
Sof 2.14 cantará en las *v*; habrá desolación 2474
Mal 3.10 si no os abriré las *v* de los cielos 699
Hch 20.9 y un joven llamado Eutico...en la *v* *2376*
2 Co 11.33 descolgado del muro...por una *v* *2376*

VENTANILLA
Cnt 5.4 mi amado metió su mano por la *v*, y mi 2356

VENTURA
Gn 30.11 dijo Lea: Vino la *v*; y llamó su...Gad 1409
Nm 23.27 por *v* parecerá bien a Dios que desde 3474,8799,5869
1 R 20.31 rey...a ver si por *v* te salva la vida 194
22.34 hombre disparó su arco a la *v* e hirió 8537
2 Cr 18.33 mas disparando uno el arco a la *v* 8537
1 Co 9.26 esta manera corro, no como a la *v* *82,84*

VER
Gn 1.4 *vio* Dios que la luz era buena; y separó 7200
1.10,12,18,21,25 y *vio* Dios que era bueno 7200
1.31 *vio* Dios todo lo que había hecho, y he 7200
2.19 para que *viese* cómo las había de llamar 7200
3.6 *vio* la mujer que el árbol era bueno para 7200
6.2 *viendo* los hijos de Dios que las hijas de 7200
6.5 *vio* Jehová que la maldad de los hombres 7200
7.1 porque a ti he *visto* justo delante de mí 7200
8.8 para *ver* si las aguas se habían retirado 7200
9.14 se dejará *ver* entonces mi arco en las 7200
9.16 el arco...*veré*, y me acordaré del pacto 7200
9.22 *vio* la desnudez de su padre, y lo dijo 7200
9.23 así no *vieron* la desnudez de su padre 7200
11.5 descendió Jehová para *ver* la ciudad y 7200
12.12 y cuando te *vean* los egipcios, dirán 7200
12.14 los egipcios *vieron* que la mujer era 7200
12.15 la *vieron* los príncipes de Faraón, y 7200
13.10 Lot...y *vio* toda la llanura del Jordán 7200
13.15 toda la tierra que *ves*, la daré a ti y 7200
15.17 *veía* un horno humeando, y una antorcha 2009
16.2 ya *ves* que Jehová me ha hecho estéril 2009
16.4 Agar...y cuando *vio* que había concebido 7200
16.5 *viéndose* encinta, me mira con desprecio 7200
16.13 llamó el nombre...Tú eres Dios que *ve* 7210
16.13 ¿no he visto también aquí al que me *ve*? 7210
18.2 y cuando los *vio*, salió corriendo de la 7200
18.21 y *veré* si han consumado su obra según 7200
19.1 *viéndolos* Lot, se levantó a recibirlos 7200
19.35 él no echó de *ver* cuándo se acostó ella 3045
21.9 *vio* Sara que el hijo de Agar la egipcia 7200
21.16 decía: No *veré* cuando el muchacho muera 7200
21.19 le abrió los ojos, y *vio* una fuente de 7200
22.4 alzó Abrabam sus ojos, y *vio* el lugar 7200
24.30 *vio* el pendiente y los brazaletes en 7200
24.64 Rebeca...alzó sus ojos, y *vio* a Isaac 7200
26.8 *vio* a Isaac que acariciaba a Rebeca su 7200
26.28 hemos *visto* que Jehová está contigo 7200
28.6 *vio* Esaú cómo Isaac había bendecido a 7200
28.8 *vio*...Esaú que las hijas de Canaán...mal 7200
29.2 miró, y *vio* un pozo en el campo; y he 7200
29.10 sucedió que cuando Jacob *vio* a Raquel 7200
29.31 *vio* Jehová que Lea era menospreciada 7200
30.1 *viendo* Raquel que no daba hijos a Jacob 7200
30.9 *viendo*, pues, Lea, que había dejado de 7200
31.2 *veía* que no era para con él como había 7200
31.5 *veo* que el semblante de vuestro padre no 7200
31.10 *vi* en sueños, y he aquí los machos que 7200
31.12 *verás* que todos los machos que cubren 7200
31.12 he *visto* todo lo que Labán te ha hecho 7200
31.42 Dios *vio* mi aflicción y el trabajo de 7200
31.43 las hijas...y todo lo que tú *ves* es mío 7200
32.2 y dijo Jacob cuando los *vio*: Campamento 7200
32.20 después *veré* su rostro; quizá le seré 7200
32.25 cuando el varón *vio* que no podía con él 7200
32.30 porque dijo: *Vi* a Dios cara a cara, y 7200
33.5 alzó sus ojos y *vio* a las mujeres y los 7200
33.10 he *visto* tu rostro, como si hubiera *v* 7200
34.1 salió Dina...a *ver* a las hijas del país 7200
34.2 y la *vio* Siquem hijo de...y la deshonró 7200
37.4 y *viendo* sus hermanos que su padre lo 7200
37.18 cuando ellos lo *vieron* de lejos, antes 7200
37.20 venid...y *veremos* qué será de sus sueños 7200
38.2 *vio* allí Judá la hija de un hombre...Súa 7200
38.14 porque *veía* que había crecido Sela, y 7200
38.15 *vio* Judá, y la tuvo por ramera, porque 7200
39.3 y *vio* su amo que Jehová estaba con él 7200
39.13 *vio* ella que le había dejado su ropa en 7200
39.15 *viendo* que yo alzaba la voz y gritaba
40.9 yo soñaba que *veía* una vid delante de mí 2009
40.16 *viendo* el...había interpretado para bien 7200
40.16 soñé que *veía* tres canastillos blancos 2009
41.19 tan extenuadas, que no he *visto* otras 2009
41.22 *vi*...soñando, que siete espigas crecían 2009
41.31 aquella abundancia no se echará de *ver*
42.1 *viendo* Jacob que en Egipto...alimentos 7200
42.7 cuando *vio* a sus hermanos, los conoció 7200
42.9,12 *ver* lo descubierto del país habéis 7200
42.21 *vimos* la angustia de su alma cuando nos 7200
42.27 *vio* su dinero que estaba en la boca de 2009
42.35 *viendo* ellos...los atados de su dinero 2009
43.3,5 no *veréis* mi rostro si no traéis a 7200
43.16 *vio* José a Benjamín con ellos, y dijo 7200
43.29 alzando José sus ojos *vio* a Benjamín 7200
44.23 no desciende...no *veréis* más mi rostro 7200
44.26 no podremos *ver* el rostro del varón, si 7200
44.28 uno salió...y hasta ahora no lo he *visto* 7200
44.31 cuando no *vea* al joven, morirá; y tus 7200
44.34 no podré, por no *ver* el mal...mi padre 7200
45.12 he aquí vuestros ojos *ven*, y los ojos de 7200
45.13 saber a mi padre...lo que habéis *visto* 7200
45.27 y *viendo*...los carros que José enviaba 7200
45.28 *vive*...iré, y le veré antes que yo muera 7200
46.28 José, para que le *viniese* a ver en Gosén
46.30 he *visto* tu rostro, y sé que aún vives 7200
47.23 *ved*...semilla, y sembraréis la tierra 7200
48.8 y *vio* Israel los hijos de José, y dijo 7200
48.10 agravados por la vejez...no podía *ver* 7200
48.11 no pensaba yo *ver*...Dios me ha hecho *v* 7200
48.17 pero *viendo* José que su padre ponía la 7200
49.15 *vio* que el descanso era bueno, y que 7200
50.11 *viendo* los moradores de la tierra, los 7200
50.15 *viendo* los hermanos de José que su padre 7200
50.20 a bien, para hacer lo que *vemos* hoy
50.23 *vio* José los hijos de Efraín hasta la 7200
Éx 1.16 y *veáis* el sexo, si es hijo, matadlo 7200
2.2 dio a luz un...y *viéndole* que era hermoso 7200
2.4 lo lejos, para *ver* lo que le acontecería
2.5 río, *vio* ella la arquilla en el carrizal 7200
2.6 cuando la abrió, *vio* al niño; y...lloraba 7200
2.11 salió a...y los *vio* en sus duras tareas 7200
2.12 y *viendo* que no parecía nadie, mató al 6437
2.13 *vio* a dos hebreos que reñían; entonces 2009
3.2 miró, y *vio* que la zarza ardía en fuego 7200
3.3 iré yo ahora y *veré* esta grande visión 7200
3.4 viendo Jehová que él iba a *ver*, lo llamó 7200
3.7 bien he *visto* la aflicción de mi pueblo 7200
3.9 he *visto* la opresión con que los egipcios 7200
3.16 y he *visto* lo que se os hace en Egipto
4.11 ¿o quién hizo al...al que *ve* y al ciego? 6493
4.14 y al *verte* se alegrará en su corazón 7200
4.18 volveré...Egipto, para *ver* si aún viven 7200
4.31 oyendo...que había *visto* su aflicción 7200
5.19 los capataces, se *vieron* en aflicción 7200
6.1 *verás* lo que yo haré a Faraón; porque con 7200
8.15 pero *viendo* Faraón que le habían dado 7200
9.34 y *viendo* Faraón que la lluvia...cesado 7200
10.5 de modo que no pueda *verse* la tierra 7200
10.6 nunca *vieron* tus padres ni tus abuelos 7200
10.23 ninguno *vio* a su prójimo, ni nadie se 7200
10.28 que no *veas*...día que *vieres* mi rostro 7200
10.29 bien has dicho; no *veré* más tu rostro 7200
12.13 y *veré* la sangre y pasaré de vosotros 7200
12.23 *vea* la sangre en el dintel y...pasará 7200
13.7 panes...no se *verá* contigo nada leudado 7200
13.17 *vea* la guerra, y se vuelva a Egipto 7200
14.13 y *ved* la salvación que Jehová hará hoy 7200
14.13 hoy habéis *visto*, nunca más...los *veréis* 7200
14.30 *vio* a los egipcios muertos a la orilla 7200
14.31 y *vio* Israel...grande hecho que Jehová 7200
16.7 *veréis* la gloria de Jehová...él ha oído 7200
16.15 y *viéndolo* los...de Israel, se dijeron 7200
16.32 *vean* el pan que yo os di a comer en el 7200
18.14 *viendo* el suegro de Moisés todo lo que 7200
19.4 *visteis* lo que hice a los egipcios, y 7200
19.21 que no traspase los límites para *ver* a 7200
20.18 monte...y *viéndolo* el pueblo, temblaron 7200
20.22 habéis *visto* que he hablado desde el 7200
22.8 *vea* si ha metido su mano en los bienes
22.10 animal...fuere llevado sin *verlo* nadie 7200
23.5 si *vieres* el asno del que te aborrece 7200
23.8 porque el presente ciega a los que *ven*
24.10 y *vieron* al Dios, de Israel; y había 7200
24.11 *vieron* a Dios, y comieron y bebieron 2372
32.1 *viendo* el pueblo que Moisés tardaba en 7200
32.5 y *viendo* esto Aarón, edificó un altar 7200
32.9 he *visto* a este pueblo, que por cierto 7200
32.19 él llegó...*vio* el becerro y las danzas 7200
32.25 *viendo* Moisés...el pueblo, desenfrenado 7200
33.10 *viendo*...el pueblo la columna de nube 7200
33.20 no podrás *ver* mi rostro...no me verá 7200
33.23 *verás* mis espaldas; mas no se verá mi 7200
34.10 *verá* todo el pueblo en medio del cual 7200
34.35 el rostro de Moisés, *veían* que la piel
39.43 *vio* Moisés toda la obra...habían hecho 7200
Lv 5.1 y fuere testigo que *vio*, o supo, y no 7200
5.3 no lo echare de *ver*, si después llegare
9.24 *viéndolo* todo el pueblo, alabaron, y se 7200
10.18 *ved* que la sangre no fue llevada dentro 2005
13.8 el sacerdote *ve* que la erupción se ha extendido 2009
13.12 si brotare la...hasta donde pueda *ver* el
13.56 si el sacerdote la *viere*, y pareciere 2009
14.3 *ve* que está sana la plaga de la lepra 2009
14.37 y si se *vieren* manchas en las paredes 2009
14.48 *viere* que la plaga no se ha extendido 2009
20.17 y *viere* su desnudez, y ella *v* la suya 7200
Nm 4.20 no entrarán para *ver* cuando cubran las 7200
5.13 marido no lo hubiese *visto* por haberse
11.6 nada sino este maná *ven* nuestros ojos
11.15 me des muerte...y que yo no *vea* mi mal 7200
11.23 ahora *verás* si se cumple mi palabra, o 7200
12.8 hablaré...y *verá* la apariencia de Jehová 5027
13.28 también *vimos* allí a los hijos de Anac 7200
13.32 el pueblo que *vimos*...de grande estatura 7200
13.33 también *vimos* allí gigantes, hijos de 7200
14.22 los que *vieron* mi gloria y mis señales 7200
14.23 no *verán* la tierra de la cual juré a sus 7200
14.23 ninguno de...que me han irritado la *verá* 7200
15.39 cuando lo *veáis* os acordéis de todos 7200
17.9 lo *vieron*, y tomaron cada uno su vara 7200
20.29 *viendo* toda la congregación que Aarón 7200
22.2 *vio* Balac...lo que Israel había hecho al 7200
22.23 y el asna *vio* al ángel de Jehová, que 7200
22.25 *viendo* el asna al ángel...se pegó a la 7200
22.27 *viendo* el asna al ángel...se echó debajo 7200
22.31 abrió...ojos de Balaam, y *vio* al ángel 7200
22.33 el asna me ha *visto*, y se ha apartado 7200
22.41 desde allí *vio* a los más cercanos del 7200
23.9 porque de la cumbre de las peñas lo *veré* 7789
23.13 a otro lugar desde el cual los *veas* 7200
23.13 más cercanos *verás*, y no los *v* todos 7200
23.21 no...ni ha *visto* perversidad en Israel 5027
24.1 *vio* Balaam que parecía bien a Jehová 7200
24.2 *vio* a Israel alojado por sus tribus; y 7200
24.4,16 que *vio* la visión del Omnipotente 2372
24.17 lo *veré*, mas no ahora; lo miraré, mas 7200
24.20 y *viendo* a Amalec, tomó su parábola y 7200
24.21 y *viendo* al ceneo, tomó su parábola y 7200
25.7 lo *vio* Finees hijo de Eleazar, hijo del 7200
27.12 sube...y *verás* la tierra que he dado a 7200
27.13 después que la hayas *visto*, tú también 7200
32.1 *vieron* la tierra de Jazer y de Galaad 7200
32.8 envié desde...para que *viesen* la tierra 7200
32.9 que *vieron* la tierra, desalentaron a los 7200
32.11 no *verán* los varones que subieron de 7200
35.23 sin *verlo* hizo caer sobre él alguna 7200
Dt 1.19 todo aquel...desierto que habéis *visto* 7200
1.28 también *vimos* allí a los hijos de Anac 7200
1.31 has *visto* que Jehová tu Dios te ha traído 7200
1.35 no *verá* hombre alguno...la buena tierra 7200
1.36 Caleb hijo de Jefone; él la *verá*, y a él 7200
3.21 tus ojos *vieron*...lo que Jehová vuestro 7200
3.25 pase yo, te ruego, y *vea* aquella tierra 7200
3.28 él les hará heredar la tierra que *verás* 7200
4.3 vuestros ojos *vieron* lo que hizo Jehová 7200
4.9 de las cosas que tus ojos han *visto*, ni 7200
4.12 de oír la voz, ninguna figura *visteis* 7200
4.15 pues ninguna figura *visteis* el día que 7200
4.19 *viendo* el sol y la luna...te inclines a 7200
4.28 serviréis allí a dioses...que no *ven*, ni 7200
5.23 y *visteis* al monte que ardía en fuego
5.24 hemos *visto* que Jehová habla al hombre 7200
7.19 las grandes pruebas que *vieron* tus ojos 7200
10.21 cosas grandes...que tus ojos han *visto* 7200
11.2 que no han...*visto* el castigo de Jehová 7200
11.7 vuestros ojos han *visto*...grandes obras 7200
12.13 tus holocaustos en...lugar que *vieres* 7200
16.4 no se *verá* levadura contigo en todo tu 7200
18.16 ni *vea* yo más este gran fuego, para que 7200
20.1 si *vieres* caballos y carros, y un pueblo 7200
21.7 sangre, ni nuestros ojos lo han *visto* 7200
21.11 y *vieres* entre los cautivos a...mujer 7200
22.1 *vieres* extraviado el buey de tu hermano 7200
22.4 si *vieres* el asno de tu hermano...caído 7200
22.17 *ved* aquí las señales de la virginidad
23.14 para que él no *vea* en ti cosa inmunda 7200
26.7 Jehová...*vio* nuestra aflicción, nuestro 7200
28.10 *verán*...el nombre de Jehová es invocado 7200
28.32 tus ojos lo *verán*, y desfallecerán por 7200
28.34 enloquecerás a causa de lo que *verás* 7200
28.67 el miedo...y por lo que *verán* tus ojos 7200
29.2 vosotros habéis *visto*...lo que Jehová ha 7200
29.3 grandes pruebas que *vieron* vuestros ojos 7200
29.4 Jehová no os ha dado...ojos para *ver*, ni 7200
29.17 habéis *visto* sus abominaciones y sus 7200
29.22 *vieren* las plagas de aquella tierra, y 7200

29.28 arrojó a otra tierra, como hoy se *ve*
32.19 y lo *vio* Jehová, y se encendió en ira 7200
32.20 dijo: Esconderé... *veré* cuál será su fin 7200
32.36 *viere* que la fuerza pereció, y que no 7200
32.39 *ved* ahora que yo, yo soy, y no hay 7200
32.52 *verás*... delante de ti la tierra; mas no 7200
33.9 dijo de su padre y... Nunca los he *visto* 7200
34.4 te he permitido *verla* con tus ojos, mas 7200
Jos 3.3 *veáis* el arca del pacto... vuestro Dios 7200
5.6 juró que no les dejaría *ver* la tierra de
5.13 Josué... *vio* un varón que estaba delante 7200
7.21 *vi* entre... despojos un manto babilónico 7200
8.14 *viéndolo* el rey de Hai, él y su pueblo 7200
8.21 Josué y... *viendo* que los de la emboscada 7200
23.3 habéis *visto* todo lo que Jehová vuestro 7200
24.7 y vuestros ojos *vieron*... hice en Egipto 7200
Jue 1.24 los que espiaban *vieron* a un hombre 7200
2.7 habían *visto* todas las grandes obras de 7200
3.24 *viendo* las puertas de la sala cerradas 2009
5.8 ¿se *veía* escudo o lanza entre 40.000 en 7200
6.22 *viendo* entonces Gedeón que era el ángel
6.22 he *visto* al ángel de Jehová cara a cara 7200
7.13 *veía* un pan de cebada que... rodaba hasta
9.36 *viendo* Gaal al pueblo, dijo a Zebul: He 2009
9.48 lo que me habéis *visto* hacer... a hacerlo 7200
9.55 y cuando... *vieron* muerto a Abimelec, se 7200
11.35 cuando él la *vio*, rompió sus vestidos 7200
12.3 *viendo*... que no me defendíais, arriesgué 7200
13.22 moriremos, porque a Dios hemos *visto* 7200
14.1 Sansón... *vio* en Timnat a una mujer de las 7200
14.2 yo he *visto* en Timnat una mujer de las 7200
14.8 para *ver* el cuerpo muerto del león; y he 7200
14.11 cuando ellos le *vieron*, tomaron 30 7200
16.1 fue Sansón... *vio* allí a una mujer ramera 7200
16.18 *viendo* Dalila que... le había descubierto 7200
16.24 *viéndolo* el pueblo, alabaron a su dios 7200
18.7 y *vieron* que el pueblo... estaba seguro 7200
18.9 región, y hemos *visto* que es muy buena 2009
18.26 y Micaía, *viendo* que eran más fuertes 7200
19.4 *viéndole* el padre de... salió a recibirle
19.17 *vio* a aquel caminante en la plaza de la 7200
19.30 todo el que *veía* aquello, decía: Jamás 7200
19.30 jamás se ha hecho ni *visto* tal cosa 7200
20.36 y *vieron*... Benjamín que eran derrotados 7200
20.41 *vieron* que el desastre había venido 7200
21.21 cuando *veáis* salir a las hijas de Silo 2009
Rt 1.18 *viendo*... que estaba tan resuelta a ir 7200
2.18 y su suegra *vio* lo que había recogido 7200
1 S 2.32 *verás* tu casa humillada, mientras 5027
3.2 a oscurecerse de modo que no podía *ver* 7200
4.15 ojos... habían oscurecido... no podía *ver* 7200
5.7 y *viendo* esto los de Asdod, dijeron: No 7200
6.13 alzando los ojos *vieron* el arca, y se 7200
6.13 arca, y se regocijaron cuando la *vieron* 7200
6.16 cuando *vieron* esto los cinco príncipes 7200
8.4 todos... vinieron a Ramá para *ver* a Samuel
9.17 luego que Samuel *vio* a Saúl, Jehová le 7200
10.11 *vieron* que profetizaba con... profetas 7200
10.14 como *vimos* que no parecían, fuimos a 7200
10.24 ¿habéis *visto* al que ha elegido Jehová 7200
12.12 habiendo *visto* que Nahas rey de... venía 7200
12.13 ya *veis* que Jehová ha puesto rey sobre 2009
12.17 y *veáis* que es grande vuestra maldad 7200
13.6 cuando... *vieron* que estaban en estrecho 7200
13.11 *vi* que el pueblo se me desertaba, y que 7200
14.16 *vieron*... la multitud estaba turbada, e 7200
14.17 *ved* quién se haya ido de los nuestros 7200
14.29 *ved*... cómo han sido aclarados mis ojos 7200
14.38 y *ved* en qué ha consistido este pecado 7200
14.52 que Saúl *veía* que era hombre esforzado 7200
15.35 y nunca después *vio* Samuel a Saúl en 7200
16.6 *vio* a Eliab, y dijo: De cierto delante 7200
16.18 yo he *visto* a un hijo de Isaí de Belén 7200
17.24 los varones de... que *veían* aquel hombre 7200
17.25 ¿no habéis *visto* aquel hombre que ha 7200
17.28 tu... que para *ver* la batalla has venido 7200
17.42 cuando el filisteo miró y *vio* a David 7200
17.51 filisteos *vieron* a su paladín muerto 7200
17.55 y cuando Saúl *vio* a David que salía a 7200
18.15 *viendo* Saúl que se... tan prudentemente 7200
18.28 *viendo* y... que Jehová estaba con David 7200
19.5 tú lo *viste*, y te alegraste, ¿por qué 7200
19.15 volvió Saúl a enviar... *viesen* a David 7200
19.20 cuales *vieron* una compañía de profetas 7200
21.14 dijo... *veis* que este hombre es demente 7200
22.9 yo *vi* al hijo de Isaí que vino a Nob, a 7200
23.15 *viendo*... David que Saúl había salido en 7200
23.22 id... y *ved* el lugar de su escondite, y 7200
23.22 y quién lo haya *visto* allí; porque se 7200
24.10 han *visto*... Jehová te ha puesto hoy en 7200
24.11 *ve* que no hay mal... en mi mano, ni he 7200
24.15 Jehová... *vea* y sustente mi causa, y me 7200
25.17 reflexiona y *ve* lo que has de hacer 7200
25.23 y cuando Abigail *vio* a David, se bajó 7200
25.25 yo tu sierva no *vi* a los jóvenes que 7200
26.12 no hubo nadie que *viese*, ni entendiese 7200
28.5 y cuando *vio* Saúl el campamento de los 7200
28.12 y *viendo* la mujer a Samuel, clamó en 7200
28.13 ¿qué has *visto*? Y la mujer respondió 7200
28.13 he *visto* dioses que suben de la tierra 7200
28.21 mujer vino a Saúl, y *viéndole* turbado 7200
31.5 y *viendo* su escudero a Saúl muerto, él 7200
31.7 *viendo* que Israel había huido y... Saúl 7200
2 S 1.7 mirando... me *vio* y me llamó; y yo dije 7200
3.13 no me vengas a *ver* sin... traigas a Mical 7200
3.13 la hija de Saúl, cuando *vengas* a verme 7200
6.16 que Mical... *vio* al rey David que saltaba 7200
10.6 *viendo* los hijos de Amón que se habían 7200
10.9 *viendo*, pues, Joab que se le presentaba 7200
10.14 *viendo* que los sirios habían huido 7200
10.15 *viendo* que habían sido derrotados por 7200
10.19 *viendo*... todos los reyes que ayudaban a 7200
11.2 *vio* desde el terrado a una mujer que se 7200
12.19 *viendo* a sus siervos hablar entre sí 7200
13.5 para que al *verla* yo la coma de su mano 7200
13.39 y el rey David deseaba *ver* a Absalón
14.24 no vea mi rostro... y no *vio* el rostro 7200
14.28 dos años... y no se *vio* el rostro del rey 7200
14.32 *veo* ahora yo el rostro del rey, y si 7200
15.25 y me dejará *verla* y a su tabernáculo
17.18 fueron *vistos* por un joven el cual lo 7200
17.23 pero Ahitofel, *viendo* que no se había 7200
18.10 *viéndolo* uno avisó a Joab, diciendo 7200
18.10 *visto* a Absalón colgado de una encina 7200
18.11 y *viéndolo* tú, ¿por qué no le mataste 7200
18.21 vé tú, y di al rey lo que has *visto* 7200
18.24 sus ojos, miró, y *vio* a uno que corría 7200
18.26 *vio* el atalaya a otro que corría; y dio 7200
18.29 *vi*... gran alboroto cuando envió Joab al 7200
19.6 has hecho *ver*... que si Absalón viviera 3045
20.12 al verle, se detenía; y *viendo* aquel
24.3 añada Jehová... que lo *vea* mi señor el rey 7200
24.17 David dijo a Jehová... *vio* al ángel que 7200
24.20 y Arauna... *vio* al rey y a sus siervos 7200
1 R 1.48 quien se siente... *viéndolo* mis ojos 7200
3.15 cuando... despertó, *vio* que era sueño; y 2009
3.21 lo observé... y *vi* que no era mi hijo, el 2009
3.28 *vieron* que había en él sabiduría... para 7200
6.18 todo era cedro; ninguna piedra se *veía* 7200
8.8 que sus extremos se dejaban *ver* desde el 7200
8.8 pero no se dejaban *ver* desde más afuera 7200
9.12 salió Hiram... para *ver* las ciudades que 7200
10.4 la reina de Sabá *vio* toda la sabiduría 7200
10.7 han *visto* que ni aun se me dijo la mitad 7200
10.12 semejante madera... ni se ha *visto*... hoy 7200
10.24 procuraba *ver* la cara de Salomón, para 7200
11.28 *viendo* Salomón... que era hombre activo 7200
12.16 el pueblo *vio* que el rey no les había 7200
13.25 *vieron* el cuerpo... echado en el camino 7200
14.4 ya no podía *ver* Ahías, porque sus ojos 7200
16.18 mas *viendo* Zimri tomada la ciudad, se 7200
18.5 *ver* si acaso hallaremos hierba con que
18.17 Acub *vio* a Elías, le dijo: ¿Eres tú el 7200
18.39 *viéndolo* todo el pueblo, se postraron 7200
18.44 *veo* una pequeña nube como la palma de 2009
19.3 *viendo*, pues, el peligro, se levantó y 7200
20.7 *ved* ahora cómo éste no busca sino mal 7200
20.13 dicho... ¿Has *visto* esta gran multitud? 2009
20.23 si peleáremos... *verá* si no los vencemos
20.25 *veremos* si no los vencemos... Y él les
20.31 a *ver* si por ventura te salva la vida 2009
21.29 ¿no... *visto* cómo Acab se ha humillado 7200
22.17 yo *vi* a todo Israel esparcido por los 7200
22.19 yo *vi* a Jehová sentado en su trono, y 7200
22.25 lo *verás* en aquel día, cuando te irás 7200
22.32 capitanes... *vieron* a Josafat, dijeron 7200
22.33 *viendo*... que no era el rey de Israel, se 7200
2 R 2.10 si me *vieres* cuando fuere quitado de 7200
2.12 *viéndolo* Eliseo, clamaba: ¡Padre mío 7200
2.12 nunca más le *vio*; y tomando... vestidos 7200
2.15 *viéndole* los hijos de los profetas que 7200
2.19 el lugar en... es bueno, como mi señor *ve* 7200
2.24 los *vio*, y los maldijo en el nombre de 7200
3.14 si no... no te mirara a ti, ni te *viera* 7200
3.17 no *veréis* viento, ni *v* lluvia; pero este 7200
3.22 *vieron* los de Moab... rojas como sangre 7200
3.26 el rey de Moab *vio* que era vencido en 7200
4.23 dijo: ¿Para qué vas a *verle* hoy? No es
4.25 el varón de Dios la *vio* de lejos, dijo 7200
5.7 lepra... *ved* cómo busca ocasión contra mí 7200
5.21 *vio* Naamán que venía corriendo tras él 7200
6.17 ruego... que abras sus ojos para que *vea* 7200
6.20 abre los ojos de éstos, para que *vean* 7200
6.21 cuando el rey de Israel los hubo *visto* 7200
6.30 y el pueblo *vio* el cilicio que traía 7200
6.32 ¿no habéis *visto*... este hijo de homicida 7200
7.2,19 lo *verás* con tus ojos, mas no comerás 7200
7.13 los caballos... enviemos y *veamos* qué hay 7200
7.14 envió el rey al campamento... Id y *ved* 7200
9.2 *verás* allí a Jehú hijo de Josafat hijo de 7200
9.17 atalaya... *vio* la tropa de Jehú que venía
9.17 *veo* una tropa... Y Joram dijo: Ordena a 7200
9.18,19 ¿qué tienes tú que *ver* con la paz?
9.22 cuando *vio* Joram a Jehú, dijo: ¿Hay paz 7200
9.26 yo he *visto* ayer la sangre de Nabot, y 7200
9.27 *viendo* esto Ocozías rey de Judá, huyó 7200
9.34 dijo: Id ahora a *ver* a aquella maldita
10.16 dijo: Ven... y *verás* mi celo por Jehová 7200
10.23 y *ved* que no haya... siervos de Jehová 7200
11.1 Atalía... *vio* que su hijo era muerto, se 7200
12.10 cuando *veían* que había mucho dinero en 7200
13.21 *vieron* una banda armada, y arrojaron el 2009
14.8 Joás... Ven, para que nos *veamos* las caras 7200
14.11 subió Joás... y se *vieron* las caras él y 7200
16.10 *vio* el rey Acaz el altar que estaba en 7200
16.12 el rey vino de Damasco, y *vio* el altar 7200
20.5 y he *visto* tus lágrimas... que yo te sano 7200
20.15 ¿qué *vieron* en tu casa?... *V* todo lo que 7200
22.20 no *verán* tus ojos todo el mal que yo 7200
23.16 *viendo* los sepulcros que estaban allí 7200
23.17 dijo: ¿Qué monumento es este que *veo*? 7200
23.24 barrió... abominaciones que se *veían* en 7200
23.29 pero aquél, así que le *vio*, lo mató en 7200
1 Cr 10.5 cuando su escudero *vio* a Saúl muerto 7200
10.7 *viendo* todos los de Israel que... huido 7200
12.17 *véalo* el Dios de nuestros padres, y lo 7200
15.29 Mical... *vio* al rey David que saltaba y 8259
19.6 *viendo*... se habían hecho odiosos a David 7200
19.10 y *viendo* Joab que el ataque contra él 7200
19.15 *viendo*... los sirios habían huido, huyeron 7200
19.16,19 *viendo* los sirios que habían caído 7200
21.16 y alzando David sus ojos, *vio* al ángel 7200
21.20 y volviéndose Ornán, *vio* al ángel, por 7200
21.21 miró Ornán, y *vio* a David; y saliendo 7200
21.28 *viendo* David que Jehová le había oído 7200
29.17 ahora he *visto* con alegría que tu pueblo 7200
2 Cr 5.9 se *viesen* las cabezas de las barras 7200
5.9 las barras del arca... no se *veían*... fuera 7200
6.15 lo has cumplido, como se *ve* en este día
7.3 cuando *vieron*... Israel descender el fuego 7200
9.3 *viendo* la reina de Sabá la sabiduría de 7200
9.6 hasta que he *venido*, y mis ojos han visto 2009
9.11 nunca en... había *visto* madera semejante 7200
9.23 procuraban *ver* el rostro de Salomón
10.16 *viendo*... que el rey no les había oído 7200
12.7 Jehová *vio* que se habían humillado, vino 7200
15.9 *viendo* que Jehová su Dios estaba con él 7200
18.16 he *visto* a todo Israel derramado por 7200
18.18 he *visto* a Jehová sentado en su trono 7200
18.24 tú lo *verás* aquel día, cuando entres de 7200
18.31 cuando los capitanes... *vieron* a Josafat 7200
18.32 *viendo* los capitanes... no era el rey de 7200
20.17 quietos, y *ved* la salvación de Jehová 7200
22.10 Atalía... *viendo* que su hijo era muerto 7200
23.13 mirando, *vio* al rey que estaba junto a 7200
24.11 cuando *veían* que había mucho dinero 7200
24.22 al morir: Jehová lo *vea* y lo demande 7200
25.17 a decir a... Ven, y *veámonos* cara a cara 7200
25.21 y se *vieron* cara a cara él y Amasías 7200
29.8 como *veis* vosotros con vuestros ojos 7200
30.7 él los entregó a desolación, como... *veis* 7200
31.8 cuando Ezequías y... *vieron* los montones 7200
32.2 *viendo*, pues... la venida de Senaquerib 7200
34.28 tus ojos no *verán* todo el mal que yo 7200
Esd 3.12 muchos... habían *visto* la casa primera 7200
3.12 *viendo* echar los cimientos de... lloraban
4.14 no nos es justo *ver* el menosprecio del 2370
Neh 2.17 vosotros *veis* el mal en que estamos 7200
4.11 ni *vean*, hasta que entremos en medio de 7200
13.15 *vi*... a algunos que pisaban en lagares 7200
13.23 *vi*... judíos que habían tomado mujeres 7200
Est 1.14 príncipes... que *veían* la cara del rey 7200
2.15 ganaba... el favor de... los que la *veían* 6437
3.4 *ver* si Mardoqueo se mantendría firme en 7200
3.5 *vio* Amán que Mardoqueo ni se... humillaba 7200
4.6 salió, pues, Hatac a *ver* a Mardoqueo, a
4.11 en el patio interior para *ver* al rey
4.11 yo no he sido llamada para *ver* al rey
4.16 entonces entraré a *ver* al rey, aunque
5.2 *vio* a la reina... que estaba en el patio 7200
5.9 pero cuando *vio* a Mardoqueo a la puerta 7200
5.13 que *veo* al judío Mardoqueo sentado a 7200
7.7 *vio* que estaba resuelto para él el mal de 7200
8.6 ¿cómo podré yo *ver* el mal... a mi pueblo? 7200
8.6 ¿cómo podré yo *ver* la destrucción de mi 7200
9.26 por lo que ellos *vieron* sobre esto, y lo 7200
Job 1.11; 2.5 *verás* si no blasfema contra ti en
2.13 así... *veían* que su dolor era muy grande 7200
3.9 *venga*, ni vea los párpados de la mañana 7200
3.16 los pequeñitos que nunca *vieron* la luz? 7200
4.8 como yo he *visto*, los que aran iniquidad 7200
5.3 yo he *visto* al necio que echaba raíces 7200
5.25 echarás de *ver* que tu descendencia es
6.21 pues habéis *visto* el tormento, y teméis 7200
6.28 *ved* si digo mentira delante de vosotros 6437
7.7 que mis ojos no volverán a *ver* el bien 7200
7.8 los ojos de los que me ven, no me *verán* 7789
8.18 negará entonces, diciendo: Nunca te *vi* 7200
9.11 pasará delante de mí, y yo no lo *veré* 7200
9.25 mis días... huyeron, y no *vieron* el bien 7200
10.4 ¿tienes tú... ¿ves tú como *ve* el hombre? 7200
10.15 hastiado de deshonra y... *verme* afligido ... 7200,7202
10.18 expirado, y ningún ojo me habría *visto* 7200
11.11 *ve* asimismo la iniquidad, ¿y no hará 7200
13.1 estas cosas han *visto* mis ojos, y oído 7200
15.17 te mostraré... contaré lo que he *visto* 2372
17.15 ¿dónde... mi esperanza, ¿quién la *verá*? 7789
19.26 mi piel, en mi carne he de *ver* a Dios 2372
19.27 al cual *veré* por mí mismo, y mis ojos 2372
19.27 y mis ojos lo *verán*, y no otro, aunque 7200
20.7 los que le hubieren *visto* dirán: ¿Qué 7200
20.9 el ojo que le veía, nunca más le *verá*
20.17 no *verá* los arroyos, los ríos... de leche 7200
21.20 *verán* sus ojos su quebranto, y beberá 7200
22.11 tinieblas, para que no *veas*... te cubre 7200
22.14 las nubes le rodearon, y no *ve*; y por 7200
22.19 *verán* los justos y se gozarán; y el 7200
23.9 muestra su poder al norte... no lo *veré* 2372
23.9 si... al sur se esconderá, y no lo *veré* 7200
24.1 qué los que le conocen no *ven* sus días? 2372
24.15 no me *verá* nadie; y esconde su rostro 7789
27.12 he aquí que... vosotros lo habéis *visto* 2005
28.7 la conoció ave, ni ojo de buitre la *vio* 7805
28.10 y sus ojos *vieron* todo lo preciado 7200
28.24 y *ve* cuanto hay bajo los cielos 7200
28.27 entonces la *veía* él, y la manifestaba 7200
29.8 los jóvenes me *veían*, y se escondían 7200
29.11 ojos que me *veían* me daban testimonio 7200
31.4 ¿no *ve* él mis caminos, y cuenta todos 7200
31.19 si he *visto* que pereciera alguno sin 7200
31.21 si... *viese* que me ayudaran en la puerta 7200
32.5 *viendo* Eliú que no había respuesta en 7200
33.21 desfallece, de manera que no se *ve*, y 7210
33.21 y sus huesos, que antes no se *veían* 7200

33.26 *verá* su faz con júbilo; y restaurará 7200
33.28 Dios redimirá su...Y su vida se *verá* en luz ... 7200
34.21 ojos están sobre...y *ve* todos sus pasos 7200
34.26 los herirá en lugar donde sean *vistos*
34.32 enséñame tú lo que yo no *veo*; si hice 2372
35.5 *ve*, y considera que las nubes son más 7200
36.25 los hombres todos la *ven*, la mira el 2372
38.17 has *visto* las puertas de la sombra de 7200
38.22 o has *visto* los tesoros del granizo 7200
42.5 había oído; mas ahora mis ojos te *ven* 7200
42.16 *vio* a sus hijos, y a los hijos de sus 7200
Sal 8.3 cuando *veo* tus cielos, obra de tus 7200
10.11 encubierto su rostro; nunca lo *verá* 7200
10.14 tú lo has *visto*...miras el trabajo y la 7200
11.4 sus ojos *ven*, sus párpados examinan a 2372
14.2 para *ver* si había algún entendido, que 7200
16.10 ni permitirás...tu santo *vea* corrupción 7200
17.2 vindicación; *vean* tus ojos la rectitud 2372
17.15 cuanto a mí, *veré* tu rostro en justicia 2372
22.7 los que me *ven*, me escarnecen; estiran 7200
27.13 no creyese que *veré* la bondad de Jehová 7200
31.7 gozaré...porque has *visto* mi aflicción 7200
31.11 soy...los que me *ven* fuera huyen de mí 7200
33.13 *vio* a todos los hijos de los hombres 7200
34.8 gustad, y *ved* que es bueno Jehová 7200
34.12 que desea muchos días para *ver* el bien? 7200
35.17 ¿hasta cuándo *verás* esto? Rescata mi 7200
35.21 dijeron...nuestros ojos lo han *visto*? 7200
35.22 tú lo has *visto*, oh Jehová; no calles 7200
36.9 contigo está...en tu luz *veremos* la luz 7200
37.13 se reirá...porque *ve* que viene su día 7200
37.25 no he *visto* justo desamparado, ni su 7200
37.34 sean destruidos...pecadores, lo *verás* 7200
37.35 *vi* yo al impío sumamente enaltecido, y 7200
40.3 *verán*...y temerán, y confiarán en Jehová 7200
41.6 y si vienen a *verme*, hablan mentira; su 7200
44.14 nos...todos al *vernos* menean la cabeza
46.8 venid, *ved* las obras de Jehová, que ha 2372
48.5 y *viéndola* ellos así, se maravillaron 7200
48.8 lo hemos *visto* en la ciudad de Jehová 7200
49.9 para que viva...y nunca *vea* corrupción 7200
49.10 pues verá que aun los sabios mueren 7200
49.19 entrará en la...y nunca más *verá* la luz 7200
50.18 si *veías* al ladrón, tú corrías con él 7200
52.6 *verán* los justos, y temerán: se reirán 7200
53.2 para *ver* si había algún entendido que 7200
54.7 ojos han *visto* la ruina de mis enemigos 7200
55.9 *visto* violencia y rencilla en la ciudad 7200
58.8 como el que nace muerto, no *vean* el sol 2372
58.10 se alegrará...cuando *viere* la venganza 2372
59.10 hará que *vea* en mis enemigos mi deseo 7200
60.3 has hecho *ver* a tu pueblo cosas duras
63.2 para *ver* tu poder y tu gloria, así como 7200
64.5 lazos, y dicen: ¿Quién los ha de *ver*? 7200
64.8 se espantarán todos los que los *vean* 7200
66.5 venid, y *ved* las obras de Dios, temible 7200
68.24 *vieron* tus caminos, oh Dios...de mi Rey 7200
69.23 oscurecidos sus ojos para que no *vean* 7200
69.32 lo *verán* los oprimidos, y se gozarán 7200
71.20 que me has hecho *ver* muchas angustias
73.3 tuve...*viendo* la prosperidad de los impíos 7200
74.9 no *vemos* ya nuestras señales...profeta 7200
77.16 te *vieron* las aguas...las aguas te *v*, y 7200
84.7 irán de poder en...*verán* a Dios en Sion
86.17 y *véanla* los que me aborrecen, y sean 7200
89.48 ¿qué hombre vivirá y no *verá* muerte? 7200
90.15 conforme a...años en que *vimos* el mal 7200
91.8 ojos...*verás* la recompensa de los impíos 5027
94.7 dijeron: No *verá* JAH, ni entenderá el 7200
94.9 oirá? El que formó el ojo, ¿no *verá*? 5027
95.9 donde...me probaron, y *vieron* mis obras 7200
97.4 el mundo; la tierra *vio* y se estremeció 7200
97.6 y todos los pueblos *vieron* su gloria 7200
98.3 han *visto* la salvación de nuestro Dios 7200
102.16 edificado...y en su gloria será *visto*
106.5 para que yo *vea* el bien de tus escogidos 7200
107.24 ellos han *visto* las obras de Jehová 7200
107.42 *véanlo* los rectos, y alégrense, y todos 7200
112.8 hasta que *vea* en sus enemigos su deseo 7200
112.10 *verá* el impío y se irritará; crujirá 7200
114.3 mar lo *vio*, y huyó; el Jordán se volvió 7200
115.5 mas no hablan; tienen ojos, mas no *ven* 7200
118.7 *veré* mi deseo en los que me aborrecen 7200
119.37 aparta mis ojos...no *vean* la vanidad 7200
119.74 los que te temen me *verán*...alegrarán 7200
119.96 toda perfección he *visto* fin; amplio 7200
119.158 *veía* a los prevaricadores...disgustaba 7200
128.5 y *veas* el bien de Jerusalén todos los 7200
128.6 *veas* a los hijos de tus hijos...Paz sea 7200
135.16 y no hablan; tienen ojos, y no *ven* 7200
139.16 mi embrión *vieron* tus ojos, y en tu 7200
139.24 *ve* si hay en mí camino de perversidad 7200
Pr 6.6 *ve* a la hormiga, oh perezoso, Mira
7.7 *vi* entre los simples, consideré entre 7200
20.12 y el ojo que *ve*, ambas cosas...ha hecho 7200
22.3 el avisado *ve* el mal y se esconde; mas
22.29 ¿has *visto* hombre solícito...trabajo? 2372
24.32 en mi corazón; lo *vi*, y tomé consejo 7200
26.12 ¿Has *visto* hombre sabio en su propia 7200
27.12 el avisado *ve* el mal y se esconde; mas 7200
29.16 mas los justos *verán* la ruina de ellos 7200
29.20 ¿has *visto* hombre ligero en...palabras? 2372
31.18 *ve* que van bien sus negocios...lámpara
Ec 1.8 nunca se sacia el ojo de *ver*, ni el oído 7200
2.3 hasta *ver* cuál fuese el bien de los hijos 7200
2.12 volví yo a mirar para *ver* la sabiduría 7200
2.13 y he *visto* que la sabiduría sobrepasa a 7200
2.24 he *visto* que esto es de la mano de Dios 7200
3.10 he *visto* el trabajo que Dios ha dado a 7200
3.16 *vi*...debajo del sol: en lugar del juicio 7200
3.18 *vean* que ellos mismos son semejantes a 7200
3.22 he *visto* que no hay cosa mejor para el 7200
3.22 que *vea* lo que ha de ser después de él? 7200
4.1 y *vi*...las violencias que se hacen debajo 2009
4.3 no ha *visto* las malas obras que debajo 7200
4.4 he *visto*...que todo...despierta la envidia 7200
4.7 yo me volví...y *vi* vanidad debajo del sol 7200
4.15 *vi* a todos los que viven debajo del sol 7200
5.8 si opresión...*vieres* en la provincia, no 7200
5.11 ¿qué bien...sino *verlos* con sus ojos? 7207,7212
5.13 hay un mal...que he *visto* debajo del sol 7200
5.18 he aquí, pues, el bien que yo he *visto* 7200
6.1 hay un mal que he *visto* debajo del cielo 7200
6.5 no ha *visto* el sol, ni lo ha conocido 7200
7.11 y provechosa para los que *ven* el sol 7200
7.15 esto he *visto* en los días de mi vanidad 7200
8.9 esto he *visto*, y he puesto mi corazón en 7200
8.10 he *visto* a los inicuos sepultados con 7200
8.16 y a *ver* la faena que se hace sobre la 7200
8.16 hay quien ni de noche...*ve* sueño en sus 7200
8.17 he *visto* todas las obras de Dios, que 7200
9.11 y *vi* debajo del sol, que ni es de los 7200
9.13 también *vi* esta sabiduría debajo del sol 7200
10.5 hay un mal que he *visto* debajo del sol 7200
10.7 *vi* siervos a caballo, y príncipes que 7200
11.7 luz, y agradable a los ojos *ver* el sol 7200
Cnt 3.3 ¿Habéis *visto* al que ama mi alma? 7200
3.11 dije: ¿Habéis *visto* al que...mi alma? 7200
3.11 y *ved* al rey Salomón con la corona con 2009
6.9 la *vieron* las doncellas, y la llamaron 7200
6.11 descendí a *ver* los frutos del valle, y 7200
6.11 *ver* si brotaban las vides, si florecían 7200
6.13 ¿qué *veréis* en la sulamita? Algo como 2372
7.12 *veamos* si brotan las vides, si están en 7200
Is 1.1 la cual *vio* acerca de Judá...en días de 2372
2.1 lo que *vio* Isaías hijo de Amoz acerca de 2372
5.19 venga ya, apresúrese su obra, y *veamos* 7200
6.1 *vi* yo al Señor sentado sobre un trono alto 7200
6.5 han *visto* mis ojos al Rey, Jehová de los 7200
6.9 oíd...*ved* por cierto, mas no comprendáis 7200
6.10 que no *vea* con sus ojos, ni oiga con sus 7200
9.2 el pueblo que...en tinieblas *vio* gran luz 7200
14.16 que te *vean*, te contemplarán, diciendo 7688
21.3 agobié oyendo, y al *ver* me he espantado 7200
21.6 pon centinela que haga saber lo que *vea* 7200
21.7 y *vio* hombres montados, jinetes de dos 7200
22.9 *visteis*...brechas de la ciudad de David 7200
26.11 tu mano está alzada, pero ellos no *ven* 2372
26.11 *verán* al fin, y, se avergonzarán los que 2372
28.4 la cual, apenas la *ve* el que la mira, se 7200
29.15 ¿quién nos *ve*, y quién nos conoce? 7200
29.18 ciegos *verán* en medio de la oscuridad 7200
29.23 *verá* a sus hijos, obra de mis manos en 7200
30.10 que dicen a los videntes: No *veáis*; y a 7200
30.20 sino que tus ojos *verán* a tus maestros 7200
30.30 hará *ver* el descenso de su brazo, con
32.3 no se ofuscarán...los ojos de los que *ven* 7200
33.15 cierra sus ojos para no *ver* cosa mala 7200
33.17 tus ojos *verán* al rey...*v* la tierra que 2372
33.19 no *verás* a aquel pueblo orgulloso, pueblo 7200
33.20 tus ojos *verán* a Jerusalén, morada de 7200
35.2 *verán* la gloria de Jehová...Dios nuestro 7200
38.5 he oído tu oración, y *visto* tus lágrimas 7200
38.11 no *veré* a JAH, a JAH en la tierra de 7200
38.11 ya no *veré* más hombre con...del mundo 7200
39.4 ¿qué han *visto* en tu casa?...Todo lo que 7200
39.4 todo lo que hay en mi casa han *visto*, y 7200
40.5 toda carne juntamente la *verá*; porque la 7200
40.9 di a...Judá: ¡*Ved* aquí al Dios vuestro! 2009
41.5 las costas *vieron*, y tuvieron temor; los 7200
41.20 para que *vean* y conozcan, y adviertan 7200
42.18 sordos, oíd, y...ciegos, mirad para *ver* 7200
42.20 que *ve* muchas cosas y no advierte, que 7200
44.9 de que los ídolos no *ven* ni entienden 7200
44.16 ¡oh! me he calentado, he *visto* el fuego 7200
44.18 cerrados están sus ojos para no *ver*, y 7200
47.3 descubierta, y tu deshonra será *vista* 7200
47.10 te confiaste en...diciendo nadie me *ve* 7200
48.6 lo oíste, Y lo *viste* todo...hecho oír 2372
49.7 *verán* reyes, y se levantarán príncipes 7200
52.8 *verán* que Jehová vuelve a traer a Sion 7200
52.10 los confines de la...*verán* la salvación 7200
52.15 *verán* lo que nunca les fue contado, y 7200
53.2 le *veremos*, mas sin atractivo para que 7200
53.10 *verá* linaje, vivirá por largos días, y 7200
53.11 *verá* el fruto de la aflicción de su alma 7200
57.8 amaste su cama dondequiera que la *veías* 2372
57.18 he *visto* sus caminos; pero le sanaré, y 7200
58.7 cuando *veas* al desnudo, lo cubras, y no 7200
58.8 tu salvación se dejará *ver* pronto; e irá
59.15 lo *vio* Jehová, y desagradó a sus ojos 7200
59.16 *vio* que no había hombre, y se maravilló 7200
60.2 Jehová, y sobre ti será *vista* su gloria 7200
60.5 *verás*, y resplandecerás;...y ensanchará tu corazón
61.9 todos los que los *vieren*, reconocerán 7200
62.2 *verán* las gentes tu justicia, y todos 7200
64.4 ni ojo ha *visto* a Dios fuera de ti, que 7200
66.8 ¿quién oyó cosa...¿quién *vio* tal cosa? 7200
66.14 *veréis*, y se alegrará vuestro corazón 7200
66.18 y lenguas; y vendrán, y *verán* mi gloria 7200
66.19 las costas...que no...*vieron* mi gloria 7200
66.24 saldrán, y *verán* los cadáveres de los 7200
Jer 1.11 ¿qué *ves* tú...Veo una vara de almendro 7200
1.12 bien has *visto*; porque yo apresuro mi 7200
1.13 ves tú? Y Dije: *Veo* una olla que hierve 7200
2.10 *ved* si se ha hecho cosa semejante a esta 7200
2.19 sabe, pues, y *ve* cuán malo y amargo es 7200
2.28 levántense ellos, a *ver* si te podrán
3.2 *ve* en qué lugar no te hayas prostituido 7200
3.6 *visto* lo que ha hecho la rebelde Israel? 7200
3.7 no...y lo *vio* su hermana la rebelde Judá 7200
3.8 *vio* que por haber fornicado la rebelde 7200
4.21 ¿hasta cuándo he de *ver* bandera, he de 7200
5.1 en sus plazas a *ver* si halláis hombre, si
5.12 nosotros, ni *veremos* espada ni hambre 7200
5.21 pueblo necio y...que tiene ojos y no *ve* 7200
6.1 huid...porque del norte se ha *visto* mal
7.11 aquí que también yo lo *veo*, dice Jehová 7200
7.12 y *ved* lo que le hice por la maldad de 7200
7.17 ¿no *ves* lo que éstos hacen en...de Judá 7200
11.18 y lo conocí...me hiciste *ver* sus obras
11.20 oh Jehová...*vea* yo tu venganza de ellos 7200
12.3 conoces; me *viste*, y probaste mi corazón 7200
12.4 porque dijeron: No *verá* Dios nuestro fin 7200
13.20 alzad vuestros ojos, y *ved* a los que 7200
13.27 *vi* tus abominaciones. ¡Ay de ti, Jerusalén! 7200
14.13 no *veréis* espada, ni habrá hambre entre 2009
17.6 será como la retama...y no *verá* cuando 7200
17.8 no *verá* cuando viene el calor, sino que 7200
20.4 caerán por la espada...tus ojos lo *verán* 7200
20.12 que *ves* los pensamientos y el corazón 7200
20.12 *vea* yo tu venganza de ellos; porque a 7200
20.18 ¿para *ver* trabajo y dolor, y que mis 7200
22.10 volverá jamás, ni *verá* la tierra...nació 7200
22.12 morirá en el...y no *verá* más esta tierra 7200
23.13 profetas de Samaria he *visto* desatinos 7200
23.14 en los profetas de Jerusalén he *visto* 7200
23.18 ¿quién estuvo en el secreto de...y *vio*
23.24 ¿se ocultará alguno...que yo no lo *vea*? 7200
23.28 qué tiene que *ver* la paja con el trigo?
24.3 *ves* tú, Jeremías? Y dije: Higos; higos 7200
29.32 ni *verá* el bien...haré yo a mi pueblo 7200
30.6 *visto* que todo hombre tenía las manos 7200
31.26 en esto me desperté, y *vi*, y mi sueño 7200
32.4 hablará con él...sus ojos *verán* sus ojos 7200
32.20 te has hecho nombre, como se *ve* en el
32.24 lo que tú dijiste, y...lo estás *viendo* 2009
33.24 ¿no has echado de *ver* lo que habla este 2009
34.3 y tus ojos *verán* los ojos del rey de Babilonia ... 7200
39.4 y *viéndolos* Sedequías rey de...huyeron 7200
41.13 cuando todo el pueblo...*vio* a Johanán 7200
42.2 hemos quedado unos pocos, como nos *ven* 7200
42.14 Egipto, en la cual no *veremos* guerra 7200
42.18 se derramará mi ira...no *veréis* más este 7200
44.2 vosotros habéis *visto* todo el mal que 7200
44.17 y estuvimos alegres, y no *vimos* mal 7200
46.5 ¿por qué los *vi* medrosos, retrocediendo? 7200
51.61 cuando llegues a Babilonia, y *veas* y 7200
Lm 1.8 la han menospreciado, porque *vieron* su 7200
1.10 ella ha *visto* entrar en su santuario a 7200
1.11 mira, oh Jehová, y *ve* que estoy abatida
1.12 mirad, y *ved* si hay dolor como mi dolor 7200
1.18 oíd ahora, pueblos todos, y *ved* mi dolor 2009
2.14 profetas *vieron* para ti vanidad y locura 2372
2.16 el día...lo hemos hallado, lo hemos *visto* 7200
3.1 yo soy el hombre que ha *visto* aflicción 7200
3.50 hasta que Jehová...*vea* desde los cielos 7200
3.59 tú has *visto*...mi agravio; defiende mi 7200
3.60 has *visto* toda su venganza, todos sus 7200
5.1 acuérdate, oh...mira, y *ve* nuestro oprobio 7200
5.14 los ancianos no se *ven* más en la puerta
Ez 1.1 los cielos se abrieron, y *vi* visiones 7200
1.26 y sobre la expansión...se *veía* la figura
1.27 *vi* apariencia como de bronce refulgente 7200
1.27 *vi* que parecía como fuego, y que tenía 7200
1.28 y cuando yo la *vi*, me postré sobre mi 7200
3.23 la gloria que había *visto* junto al río 2009
8.4 como la visión que yo había *visto* en el 2009
8.6 ¿no ves lo...*verás* abominaciones mayores
8.9 *ve* las malvadas abominaciones que éstos 7200
8.12 ¿has *visto* las cosas que los ancianos 7200
8.12 porque dicen ellos: No nos *ve* Jehová 7200
8.13 *verás* abominaciones mayores que hacen 7200
8.15 ¿no *ves*...verás abominaciones mayores que .. 7200
8.17 me dijo: ¿No has *visto*, hijo de hombre? 7200
9.9 ha abandonado Jehová la tierra, y...no *ve* 7200
10.15 este es el ser viviente que *vi* en el río 7200
10.20 eran los mismos seres vivientes que *vi* 7200
10.22 los rostros que *vi* junto al río Quebar 7200
11.1 entre los cuales *vi* a Jaazanías hijo de 7200
11.24 se fue de mí la visión que había *visto* 7200
12.2 los cuales tienen ojos para *ver* y no ven 7200
12.12 cubrirá su rostro para no *ver* con sus 7200
12.13 a tierra de caldeos, pero no la *verá* 7200
12.27 dicen: La visión que éste *ve* es para 2009
13.3 profetas insensatos...y nada han *visto*! 7200
13.6 *vieron* vanidad y adivinación mentirosa 2372
13.7 ¿no habéis *visto* visión vana, y no habéis 2372
13.8 cuanto vosotros...y habéis *visto* mentira 2372
13.9 mano contra los profetas que *ven* vanidad 2374
13.16 profetas...*ven* para ella visión de paz 2374
13.23 no *veréis* más visión...ni practicaréis 2372
14.22 y *veréis* su camino y...hechos, y seréis 7200
14.23 os consolarán cuando *viereis* su camino 7200
16.6 y te *vi* sucia en tus sangres, y cuando 7200
16.37 los que amaste...*verán* toda tu desnudez 7200
16.50 abominación...y cuando lo *vi* las quité 7200
18.14 *viere* todos los pecados...su padre hizo 7200
18.14 hizo, y *viéndolos* no hiciere según ellos
19.5 *viendo* ella que había esperado mucho, y 7200
19.11 fue *vista* por causa de su altura y la
20.48 *verá* toda carne que yo...lo encendí; no 7200
23.11 lo *vio* su hermana Aholiba, y enloqueció 7200
23.13 *vi* que se había contaminado; un mismo 7200

V

23.14 pues cuando *vio* a hombres pintados en 7200
32.31 éstos *verá* Faraón, y se consolará sobre 7200
33.6 si el atalaya *viere* venir la espada y no 7200
36.21 al *ver* mi santo nombre profanado entre
39.15 el que *vea* los huesos de algún hombre 7200
39.21 las naciones *verán* mi juicio que habré 7200
40.4 cuenta... lo que *ves* a la casa de Israel 7200
43.3 aspecto de lo que *vi* era como una visión 7200
43.3 como aquella visión que *vi* cuando vine 7200
43.3 eran como la visión que *vi* junto al río 7200
46.19 *vi* que había allí un lugar en el fondo 2009
47.2 y *vi* que las aguas salían del... derecho 2009
47.6 y me dijo: ¿Has *visto*, hijo de hombre? 7200
47.7 yo, *vi* que en la ribera del río... árboles 2009
Dn 1.10 *vea* vuestros rostros más pálidos que 7200
1.13 haz después con tus siervos según *veas* 7200
2.8 porque *veis* que el asunto se me ha ido 2009
2.26 tú hacerme conocer el sueño que *vi*, y su 2370
2.31 oh rey, *veías*, y he aquí una gran imagen 2370
2.41 lo que *viste* de los pies y los dedos, en 2370
2.41,43 *viste* hierro mezclado con barro 2370
2.45 de la manera que *viste* que del monte fue 2370
3.25 aquí yo *veo* cuatro varones sueltos, que 2370
4.5 *vi* un sueño que me espantó, y tendido en 2370
4.9 declárame las visiones... que he *visto*, y 2370
4.10 me parecía *ver* en medio de la tierra un 2370
4.11 se le alcanzaba a *ver* desde todos los
4.13 *vi* en las visiones de mi cabeza mientras 2370
4.18 el rey Nabucodonosor he *visto* este sueño 2370
4.20 árbol que *viste*, que crecía y se hacía 2370
4.20 y que se *veía* desde todos los confines
4.23 lo que *vio* el rey, un vigilante y santo 2370
5.5 una mano... rey *veía* la mano que escribía 2370
5.23 a dioses... que ni *ven*, ni oyen, ni saben 2370
7.7 muy diferente de todas las bestias que *vi*
7.21 y *veía* yo que este cuerno hacía guerra
8.2 *vi* en visión; y cuando la vi, yo estaba 7200
8.2 *vi*... en visión, estando junto al río Ulai 7200
8.4 *vi* que el carnero hería con sus cuernos 7200
8.6 carnero... que yo había *visto* en la ribera 7200
8.7 y lo *vi* que llegó junto al carnero, y se 7200
8.20 cuanto al carnero que *viste*, que tenía 7200
9.21 el varón Gabriel, a quien había *visto* en 7200
10.7 sólo yo, Daniel, *vi* aquella visión, y no 7200
10.7 no la *vieron* los... que estaban conmigo 7200
10.8 quedé... yo solo, y *vi* esta gran visión 7200
Os 5.13 *verá* Efraín su enfermedad, y Judá su 7200
6.10 en la casa de Israel he *visto* inmundicia 7200
9.10 como la fruta temprana de... *vi* a... padres 7200
9.13 Efraín, según *veo*, es semejante a Tiro 7200
Jl 2.28 hijos... vuestros jóvenes *verán* visiones 7200
Am 3.9 y *ved* las... opresiones en medio de ella 7200
6.2 *ved* si son aquellos reinos mejores que
7.8 ¿qué *ves*, Amós? Y dije: Una plomada de 7200
8.2 y dijo: ¿Qué *ves*, Amós? Y respondí: Un 7200
9.1 *vi* al Señor que estaba sobre el altar, y 7200
Jon 2.4 desechado... aún *veré* tu santo templo 5027
3.10 *vio* Dios lo que hicieron... convirtieron 7200
4.5 hasta *ver* qué aconteciera en la ciudad 7200
Mi 1.1 lo que *vio* sobre Samaria y Jerusalén 2372
4.11 y *vean* nuestros ojos su deseo en Sion 2372
7.9 Jehová... me sacará a luz; *veré* su justicia 7200
7.10 enemiga lo *verá*, y la cubrirá vergüenza 7200
7.10 mis ojos la *verán*; ahora será hollada 7200
7.16 las naciones *verán*, y se avergonzarán 7200
Nah 3.7 los que te *vieren* se apartarán de ti 7200
Hab 1.1 profecía que *vio* el profeta Habacuc 2372
1.3 ¿Por qué me haces *ver* iniquidad, y haces
1.3 ¿por qué me... y haces que *vea* molestia? 5027
1.5 entre las naciones, y *ved*, y asombraos 7200
1.13 muy limpio eres de ojos para *ver* el mal 7200
1.13 ni puedes *ver* el agravio; por qué *ves* 5027
2.1 velaré para *ver* lo que se me dirá, y qué 7200
3.7 *visto* las tiendas de Cusán en aflicción 7200
3.10 te *vieron* y tuvieron temor los montes 7200
Sof 3.15 Jehová es Rey... nunca más *verás* el mal 7200
Hag 2.3 *visto* esta casa... cómo la *veis* ahora? 7200
Zac 1.8 *vi* de noche, y he aquí un varón que 7200
2.2 para *ver* cuánta es su anchura, y cuánta 7200
4.2 me dijo: ¿Qué *ves*? Y respondí: He mirado 7200
4.10 *verán* la plomada en la mano de Zorobabel ... 7200
5.2 dijo: ¿Que *ves*? Y respondí: Veo un rollo 7200
9.5 *verá* Ascalón, y temerá; Gaza también, y 7200
9.14 y Jehová será *visto* sobre ellos, y su 7200
10.2 adivinos han *visto* mentira, han hablado 2372
10.7 sus hijos también *verán*, y se alegrarán 7200
Mal 1.5 vuestros ojos lo *verán*, y diréis: Sea 7200
Mt 2.2 su estrella hemos *visto* en el oriente 1492
2.9 estrella que habían *visto* en el oriente 1492
2.10 al *ver* la estrella, se regocijaron con 1492
2.11 al entrar... *vieron* al niño con su madre 2147
2.16 Herodes entonces, cuando se *vio* burlado 1492
3.7 al ver él que muchos de los fariseos y 1492
3.16 y *vio* al Espíritu de Dios que descendía 1492
4.16 el pueblo... en tinieblas *vio* gran luz, y a 1492
4.18 Jesús junto al mar... *vio* a dos hermanos 1492
4.21 de allí, *vio* a otros dos hermanos, Jacobo 1492
5.1 *viendo* la multitud, subió al monte: y 1492
5.8 los de limpio corazón... ellos *verán* a Dios 3700
5.16 para que *vean* vuestras buenas obras, y 1492
6.1 para ser *vistos* de ellos; de otra manera 2300
6.4,6,18 tu Padre que *ve*... te recompensará 991
6.5 en pie... para ser *vistos* de los hombres 5316
7.3 no echas de *ver* la viga... tu propio ojo? 2657
7.5 entonces *verás* bien para sacar la paja 1227
8.14 y *vio* a la suegra de éste postrada en 1492
8.18 *viéndose* Jesús rodeado de mucha gente 1492
8.34 *vieron*, le rogaron que se fuera de sus 1492

9.2 y al *ver* Jesús la fe de ellos, dijo al 1492
9.8 al *verlo*, se maravilló y glorificó a Dios 1492
9.9 Jesús... *vio* a un hombre llamado Mateo, que ... 1492
9.11 cuando *vieron* esto los fariseos, dijeron 1492
9.23 *viendo* a los que tocaban flautas, y la 1492
9.33 decía: Nunca se ha *visto* cosa semejante 5316
9.36 y al *ver* las multitudes, tuvo compasión 1492
11.4 saber a Juan las cosas que oís y *veis* 991
11.5 los ciegos *ven*, los cojos andan... los
11.7 ¿qué salisteis a *ver* al desierto? ¿Una 2300
11.8 ¿o qué salisteis a *ver*? ¿A un hombre 1492
11.9 ¿qué salisteis a *ver*? ¿A un profeta? Sí 1492
12.2 *viéndolo* los fariseos, le dijeron: He 1492
12.22 tal manera que el ciego y mudo *veía* y 991
12.38 Maestro, deseamos *ver* de ti señal 1492
13.13 porque *viendo* no ven, y oyendo no oyen 991
13.14 de oído... *viendo veréis*, y no percibiréis 991
13.15 que no *vean* con los ojos, y oigan con 1492
13.16 pero bienaventurados... ojos, porque *ven* 991
13.17 *ver* lo que *veis*, y no lo *vieron*; y oír 1492
14.14 saliendo Jesús, *vio* una gran multitud 1492
14.26 y los discípulos, *viéndole* andar sobre 1492
14.30 pero al *ver* el fuerte viento, tuvo miedo 991
15.31 *viendo* a los mudos hablar, a... mancos 991
15.31 y a los ciegos *ver*; y glorificaban al 991
16.28 *visto* al Hijo del Hombre viniendo en 1492
17.8 alzando ellos los ojos, a nadie *vieron* 1492
18.10 sus ángeles... *ven* siempre el rostro de 991
18.31 *viendo* sus consiervos lo que pasaba, se 1492
20.3 saliendo... *vio* a otros que estaban en la 1492
21.15 *viendo* las maravillas que hacía, y a los 1492
21.19 y *viendo* una higuera cerca del camino 1492
21.20 *viendo*... los discípulos, decían... se secó 1492
21.32 vosotros, *viendo*... no os arrepentisteis 1492
21.38 los labradores, cuando *vieron* al hijo 1492
22.11 entró el rey para *ver*... y *vio* allí a un 1492
23.5 obras para ser *vistos* por los hombres 2300
23.39 que desde ahora no me *veréis*, hasta que 1492
24.2 ¿*veis* todo esto? De cierto os digo, que 991
24.15 cuando *veáis*... la abominación desoladora .. 1492
24.30 y *verán* al Hijo del Hombre viniendo 3700
24.33 cuando *veáis* todas estas cosas, conoced 1492
25.37 Señor, ¿cuándo te *vimos* hambriento, y 1492
25.38 ¿y cuándo te *vimos* forastero... o desnudo 1492
25.39 ¿o cuándo te *vimos* enfermo, o en la 1492
25.44 ¿cuándo te *vimos* hambriento, sediento 1492
26.8 al *ver* esto, los discípulos se enojaron 1492
26.46 levantaos, vamos; *ved*, se acerca el que 2400
26.58 y entrando, se sentó... para *ver* el fin 1492
26.64 desde ahora *veréis* al Hijo del Hombre 3700
26.71 saliendo él... le *vio* otra, y dijo a los 1492
27.3 Judas, el que... *viendo* que era condenado 1492
27.19 decir: No tengas nada que *ver* con ese
27.24 *viendo* Pilato que nada adelantaba, sino 1492
27.49 deja, *veamos* si viene Elías a librarle 1492
27.54 *visto* el terremoto... temieron en gran 1492
28.1 vinieron... otra María, a *ver* el sepulcro 2334
28.6 *ved* el lugar donde fue puesto el Señor 1492
28.7 va delante de... a Galilea; allí le *veréis* 3700
28.10 que vayan a Galilea, y allí me *verán* 3700
28.17 y cuando le *vieron*, le adoraron; pero 1492
Mr 1.10 *vio* abrirse los cielos, y al Espíritu 1492
1.16 junto al mar de... *vio* a Simón y a Andrés 1492
1.19 *vio* a Jacobo hijo de Zebedeo, y a Juan 1492
2.5 al *ver* Jesús la fe... dijo al paralítico 1492
2.12 diciendo: Nunca hemos *visto* tal cosa 1492
2.14 y al pasar, *vio* a Leví hijo de Alfeo 1492
2.16 *viéndole* comer con los publicanos y con 1492
3.2 y le acechaban para *ver* si en el día de
3.11 y los espíritus inmundos... al *verle*, se 2334
4.12 para que *viendo*, *vean* y no perciban y 991
5.6 cuando *vio*, pues, a Jesús de lejos, corrió 1492
5.14 salieron a *ver* qué era... había sucedido 1492
5.15 y *ven* al que había sido atormentado del 2334
5.16 contaron los que lo habían *visto*, cómo 1492
5.22 luego que le *vio*, se postró a sus pies 1492
5.31 *ves* que la multitud te aprieta, y dices 991
5.32 miraba... para *ver* quién había hecho esto 1492
5.38 y *vio* el alboroto y a los que lloraban 2334
6.33 muchos los *vieron* ir, y le reconocieron 1492
6.34 salió Jesús y *vio* una gran multitud, y 1492
6.38 dijo: ¿Cuántos panes tenéis? Id y *vedlo* 1492
6.48 *viéndoles* remar con gran fatiga, porque 1492
6.49 *viéndole*... andar sobre el mar, pensaron 1492
6.50 todos le *veían*, y se turbaron... Pero en 1492
7.2 cuales, *viendo* a algunos de los discípulos 1492
8.18 ¿teniendo... no *veis*, y teniendo oídos no 991
8.23 las manos encima, y le preguntó si *veía* 991
8.24 *veo* los hombres... pero los *v* que andan 991
8.25 hizo... *vio* de lejos y claramente a todos 1689
9.1 no gustarán la muerte... *visto* el reino de 1492
9.8 cuando miraron, no *vieron* más a nadie 1492
9.9 que a nadie dijesen lo que habían *visto* 1492
9.14 *vio* una gran multitud alrededor de ellos 1492
9.15 toda la gente, *viéndole*, se asombró... y 1492
9.20 cuando el espíritu *vio* a Jesús, sacudió 1492
9.25 Jesús *vio* que la multitud se agolpaba 1492
9.38 *visto* a uno... en tu nombre echaba fuera 1492
10.14 *viéndolo* Jesús, se indignó, y les dijo 1492
11.13 *viendo* de lejos una higuera que tenía 1492
11.13 a *ver* si tal vez hallaba en ella algo
11.20 *vieron* que la higuera se había secado 1492
12.15 dijo... Traedme la moneda para que la vea .. 1492
12.34 *viendo* que había respondido... le dijo 1492
13.2 dijo: ¿*Ves* estos grandes edificios? No 991
13.14 *veáis* la abominación desoladora de que 1492
13.26 *verán* al Hijo del Hombre, que vendrá en 3700
13.29 cuando *veáis* que suceden estas cosas 1492

14.62 *veréis* al Hijo del Hombre sentado a la 3700
14.67 cuando *vio* a Pedro... dijo: Tú también 1492
14.69 la criada, *viéndole* otra vez, comenzó 1492
15.24 suertes... *ver* qué se llevaría cada uno
15.32 descienda... para que *veamos* y creamos 1492
15.36 dejad, *veamos* si viene Elías a bajarle 1492
15.39 *viendo* que... había expirado así, dijo 1492
16.4 *vieron* removida la piedra... muy grande 2334
16.5 *vieron* a un joven sentado al... derecho 1492
16.7 a Galilea; allí le *veréis*, como os dijo 3700
16.11 vivía, y que había sido *visto* por ella 2300
16.14 no habían creído... que le habían *visto* 2300
Lc 1.2 enseñaron los que... *vieron* con sus ojos
1.12 y se turbó Zacarías al *verle*, y... temor 1492
1.22 y comprendieron que había *visto* visión 3708
1.29 mas ella, cuando le *vio*, se turbó por 1492
2.15 pasemos... y *veamos* esto que ha sucedido 1492
2.17 y al *verlo*, dieron a conocer lo que se 1492
2.20 todas las cosas que habían oído y *visto* 1492
2.26 no *vería* la muerte antes que viese al 1492
2.30 porque han *visto* mis ojos tu salvación 1492
2.48 cuando le *vieron*, se sorprendieron; y 1492
3.6 y *verá* toda carne la salvación de Dios 3700
5.2 *vio* dos barcas que estaban cerca de la 1492
5.8 *viendo* esto Simón Pedro, cayó de rodillas 1492
5.12 lepra, el cual, *viendo* a Jesús, se postró 1492
5.20 al *ver* él la fe de ellos, le dijo: Hombre 1492
5.26 todos... decían: Hoy hemos *visto* maravillas 1492
5.27 *vio* a un publicano llamado Leví, sentado 2300
6.7 *ver* si en el día de reposo lo sanaría, a 3906
6.41 y no echas de *ver* la viga que está en tu 991
6.42 *verás* bien para sacar la paja que está 991
7.13 cuando el Señor la *vio*, se compadeció 1492
7.22 id, haced saber a Juan lo... *visto* y oído 1492
7.22 los ciegos *ven*, los cojos andan, los 308
7.24 ¿qué salisteis a *ver* al desierto? ¿Una 2300
7.25 mas ¿qué salisteis a *ver*? ¿A un hombre 1492
7.26 ¿qué salisteis a *ver*? ¿A un profeta? Sí 1492
7.39 cuando *vio* esto el fariseo... dijo para sí 1492
7.44 ¿*ves* esta mujer? Entré en tu casa, y no 991
8.10 *viendo* no vean, y oyendo no entiendan 991
8.16 para que los que entran *vean* la luz 991
8.20 tu madre y tus hermanos... quieren *verte* 1492
8.28 al *ver* a Jesús, lanzó un gran grito, y 1492
8.34 cuando *vieron* lo... acontecido, huyeron 1492
8.35 y salieron a *ver* lo que había sucedido 1492
8.36 los que lo habían *visto*, les contaron 1492
8.47 cuando... *vio* que no había quedado oculta 1492
9.9 ¿quién, pues, es éste... Y procuraba *verle* 1492
9.27 muerte hasta que *vean* el reino de Dios 1492
9.32 *vieron* la gloria de Jesús, y a los dos 1492
9.36 no dijeron nada a nadie de lo que... *visto* 3708
9.38 te ruego que *veas* a mi hijo, pues es el 1914
9.49 *visto* a uno que echaba fuera demonios en 1492
9.54 *viendo* esto... discípulos Jacobo y Juan 1492
10.18 yo *veía* a Satanás caer del cielo como 2334
10.23 los ojos que *ven* lo que vosotros veis 991
10.24 desearon *ver* lo... *veis*, y no lo *vieron* 1492
10.31 un sacerdote... *viéndole*, pasó de largo 1492
10.32 un levita... y *viéndole*, pasó de largo 1492
10.33 y *viéndole*, fue movido a misericordia 1492
11.33 para que los que entran *vean* la luz 991
11.38 el fariseo, cuando lo *vio*, se extrañó 1492
11.44 que sois como sepulcros que no se *ven* 82
12.54 decía... Cuando *veis* la nube que sale del 1492
13.12 cuando Jesús la *vio*, la llamó y le dijo 1492
13.28 *veáis* a Abraham, a Isaac, a Jacob y a 3700
13.35 que no me *veréis*, hasta que llegue el 1492
14.18 una hacienda, y necesito ir a *verla* 1492
14.28 calcula... *ver* si tiene lo que necesita
14.29 lo *vean* comiencen a hacer burla de él 2334
15.20 lejos, lo *vio* su padre, y fue movido a 1492
16.23 *vio* de lejos a Abraham, y a Lázaro en 3708
17.14 cuando él los *vio*... dijo: Id, mostraos 1492
17.15 uno de... *viendo* que había sido sanado 1492
17.22 desearéis ver uno de... y no lo *veréis* 3700
18.15 *viendo* los discípulos les reprendieron 1492
18.24 al *ver* Jesús que se había entristecido 1492
18.43 luego *vio*, y le seguía, glorificando a 308
18.43 el pueblo, cuando *vio*... dio alabanza a 1492
19.3 procuraba *ver* quién era Jesús; pero no 1492
19.4 subió a un árbol sicómoro para *verle* 1492
19.5 Jesús, le *vio*, y le dijo: Zaqueo, date 1492
19.7 al *ver* esto, todos murmuraban, diciendo 1492
19.37 todas las maravillas que habían *visto* 1492
19.41 cuando llegó cerca de... al *verla*, lloró 1492
20.13 quizá cuando le *vean* a él, le tendrán 1492
20.14 al *verle*, discutían entre sí, diciendo 1492
21.1 *vio* a los ricos que echaban sus ofrendas 1492
21.2 *vio* también a una viuda muy pobre, que 1492
21.6 en cuanto a estas cosas que *veis*, días 2334
21.20 cuando *viereis* a Jerusalén rodeada de 1492
21.27 *verán* al Hijo del Hombre, que vendrá 3700
21.30 *viéndolo*, sabéis... que el verano está 991
21.31 cuando *veáis* que suceden estas cosas 1492
22.49 *viendo* los que estaban con él lo que 1492
22.56 al *verle* sentado al fuego, se fijó en 1492
22.58 *viéndole* otro, dijo: Tú también eres 1492
23.8 *viendo* a Jesús, se alegró mucho, porque 1492
23.8 porque hacía tiempo que deseaba *verle* 1492
23.8 él, y esperaba *verle* hacer alguna señal 1492
23.47 centurión *vio* lo que había acontecido 1492
23.48 multitud... *viendo* lo que había acontecido 2334
23.55 *vieron* el sepulcro, y cómo fue puesto 2300
24.12 *vio* los lienzos solos, y se fue a casa 991
24.23 también habían *visto* visión de ángeles 3708
24.24 hallaron así... pero a él no le *vieron* 1492
24.37 entonces... pensaban que *veía* espíritu 2334

24.39 palpad, y *ved;* porque un espíritu no *1492*
24.39 carne ni huesos, como *veis* que... tengo *2334*
Jn 1.14 Verbo... (y *vimos* su gloria, gloria como *2300*
1.18 a Dios nadie le *vio* jamás; el unigénito *3708*
1.29 *vio* Juan a Jesús que venía a él, y dijo *991*
1.32 *vi* al Espíritu que descendía del cielo *2300*
1.33 sobre quien *veas* descender el Espíritu *1492*
1.34 y yo le *vi,* y he dado testimonio de que *3708*
1.38 *viendo* que le seguían, les dijo: ¿Qué *2300*
1.39 les dijo: Venid y *ved*... Fueron, y *vieron* *1492*
1.46 algo de bueno? Le dijo Felipe: *Ven* y *ve* *1492*
1.47 Jesús *vio* a Natanael que se le acercaba *1492*
1.48 cuando estabas debajo de la higuera... *vi* *1492*
1.50 dijo: ¿Porque te dije: Te *vi* debajo de *1492*
1.50 crees? Cosas mayores que éstas *verás* *3700*
1.51 de aquí adelante *veréis* el cielo abierto *3700*
2.23 creyeron... *viendo* las señales que hacía *2334*
3.3 no naciere... no puede *ver* el reino de Dios *1492*
3.11 lo que hemos *visto,* testificamos; y no *3708*
3.32 lo que *vio* y oyó, esto testifica; y nadie *3708*
3.36 rehúsa creer en el Hijo no *verá* la vida *3700*
4.29 venid, *ved* a un hombre que me ha dicho *1492*
4.45 habiendo *visto* todas las cosas que había *3708*
4.48 dijo: Si no *viereis* señales... no creeréis *1492*
5.6 cuando Jesús lo *vio* acostado, y supo que *1492*
5.19 lo que *ve* hacer al Padre; porque todo lo *991*
5.37 oído su voz, ni habéis *visto* su aspecto *3708*
6.2 *veían* las señales que hacía en... enfermos *3708*
6.5 *vio* que había venido a él gran multitud *2300*
6.14 *viendo* la señal que Jesús había hecho *1492*
6.19 *vieron* a Jesús que andaba sobre el mar *2334*
6.22 *vio* que no había allí más que una sola *1492*
6.24 *vio,* pues, la gente que Jesús no estaba *1492*
6.26 me buscáis, no porque habéis *visto* las *1492*
6.30 señal... para que *veamos,* y te creamos? *1492*
6.36 que aunque me habéis *visto,* no creéis *3708*
6.40 todo aquel que *ve* al Hijo, y cree en él *2334*
6.46 no que alguno haya *visto* al Padre, sino *3708*
6.46 aquel que vino de Dios; éste ha *visto* *3708*
6.62 *viereis* al Hijo del Hombre subir adonde *2334*
7.3 tus discípulos *vean* las obras que haces *2334*
7.52 *ve* que de Galilea nunca se ha levantado *1492*
8.10 y no *viendo* a nadie sino a la mujer, le *2300*
8.38 yo hablo lo que he *visto* cerca del Padre *3708*
8.51 que guarda mi palabra, nunca *verá* muerte ... *2334*
8.56 de que había de *ver* mi día; y lo *vio,* y *1492*
8.57 aún no tienes... ¿y has *visto* a Abraham? *3708*
9.1 al pasar Jesús, *vio* a un hombre ciego de *1492*
9.7 fue entonces, y se lavo y regresó *viendo* *991*
9.8 que antes le habían *visto* que era ciego *2334*
9.15 puso lodo sobre los ojos... lavé, y *veo* *991*
9.19 les preguntaron... ¿Cómo, pues, *ve* ahora? *991*
9.21 cómo *vea* ahora, no lo sabemos; o quién *991*
9.25 sé, que habiendo yo sido ciego, ahora *veo* *991*
9.37 has *visto,* y el que habla contigo, él es *3708*
9.39 que los que no *ven, vean,* y los que *v* *991*
9.41 decís: *Vemos,* vuestro pecado permanece *991*
10.12 *ve* venir... lobo y deja las ovejas y huye *2334*
11.9 no tropieza, porque *ve* la luz de este *991*
11.31 *vieron* que María se había levantado de *1492*
11.32 María... al *verle,* se postró a sus pies *1492*
11.33 al *verla* llorando, y a... se estremeció en *1492*
11.34 pusisteis? Le dijeron: Señor, ven y *ve* *1492*
11.40 que si crees, *verás* la gloria de Dios? *3700*
11.45 *vieron* lo que hizo Jesús, creyeron en *2300*
12.9 vinieron, también para *ver* a Lázaro, a *1492*
12.19 ya *veis* que no conseguís nada... Mirad *2334*
12.21 rogaron... Señor, quisiéramos *ver* a Jesús *1492*
12.40 que no *vean* con los ojos, y entiendan *1492*
12.41 Isaías dijo esto cuando *vio* su gloria *1492*
12.45 y el que me *ve, v* al que me envió *2334*
14.7 ahora le conocéis, y le habéis *visto* *3708*
14.9 el que me ha *visto* a mí, ha *v* al Padre *3708*
14.17 no puede recibir, porque no le *ve,* ni *2334*
14.19 mundo no me *verá*... vosotros me *veréis* *2334*
15.24 ahora han *visto* y han aborrecido a mí *3708*
16.10 por cuanto voy al Padre, y no me *veréis* *2334*
16.16,17,19 no me *veréis;* y de nuevo, me *v* *2334*
16.22 os volveré a *ver,* y se gozará vuestro *3700*
17.24 para que *vean* mi gloria que me has dado *2334*
18.26 dijo: ¿No te *vi* yo en el huerto con él? *1492*
19.6 le *vieron*... dieron voces... ¡Crucifícale! *1492*
19.24 echemos suertes... a *ver* de quién será
19.26 *vio* Jesús a su madre, y al discípulo *1492*
19.33 a Jesús, como le *vieron* ya muerto, no *1492*
19.35 y el que lo *vio* da testimonio, y su *3708*
20.1 y *vio* quitada la piedra del sepulcro *991*
20.5 *vio* los lienzos puestos allí, pero no *991*
20.6 Simón Pedro... y *vio* los lienzos puestos *2334*
20.8 entró también el otro... y *vio,* y creyó *1492*
20.12 y *vio* a dos ángeles... estaban sentados *2334*
20.14 volvió, y *vio* a Jesús que estaba allí *2334*
20.18 nuevas de que había *visto* al Señor, y *3708*
20.20 y los... se regocijaron *viendo* al Señor *1492*
20.25 le dijeron, pues... Al Señor hemos *visto* *3708*
20.25 si no *viere* en sus manos la señal de *1492*
20.29 porque me has *visto,* Tomás, creíste *3780*
20.29 bienaventurados los que no *vieron,* y *1492*
21.9 *vieron* brasas puestas, y un pez encima *991*
21.20 Pedro, *vio* que les seguía el discípulo *991*
21.21 Pedro le *vio,* dijo a Jesús: Señor, ¿y qué *1492*
Hch 1.9 *viéndolo* ellos, fue alzado y le recibió *991*
1.11 vendrá como le habéis *visto* ir al cielo *2300*
2.17 dicho... vuestros jóvenes *verán* visiones *3700*
2.25 dice de él: *Veía* al Señor siempre delante *4308*
2.27 ni permitirás que tu Santo *vea* corrupción *1492*
2.31 *viéndolo*... habló de la resurrección de *4275*
2.31 en el Hades, ni su carne *vio* corrupción *1492*
2.33 ha derramado esto que vosotros *veis* y *991*
3.3 *vio* a Pedro y a Juan que iban a entrar en *1492*
3.9 el pueblo le *vio* andar y alabar a Dios *1492*
3.12 *viendo* esto Pedro, respondió al pueblo *1492*
3.16 a éste, que vosotros *veis* y conocéis le *2334*
4.13 *viendo* el denuedo de Pedro y, sabiendo *2334*
4.14 *viendo* al... que había sido sanado, que *991*
4.20 dejar de decir lo que hemos *visto* y oído *1492*
6.15 *vieron* su rostro como el... de un ángel *1492*
7.24 y al *ver* a uno que era maltratado, lo *1492*
7.34 he *visto* la aflicción de mi pueblo que *1492*
7.44 hiciese conforme al modelo... había *visto* *3708*
7.55 *vio* la gloria de Dios, y a Jesús que *1492*
7.56 *veo* los cielos abiertos, y al Hijo del *2334*
8.6 oyendo y *viendo* las señales que hacía *991*
8.13 y *viendo* las señales y... que se hacían *2334*
8.18 cuando *vio* Simón que por la imposición *2300*
8.23 y en prisión de maldad *veo* que estás *3708*
8.39 eunuco no le *vio* más, y siguió gozoso *1492*
9.7 oyendo a la... la voz, mas sin *ver* a nadie *2334*
9.8 abriendo los ojos, no *veía* a nadie; así *991*
9.9 estuvo tres días sin *ver,* y no comió ni
9.12 ha *visto* en visión a un varón llamado *1492*
9.27 Saulo había *visto* en el camino al Señor *1492*
9.35 *vieron* todos los que habitaban en Lida *1492*
9.40 los ojos, y al *ver* a Pedro, se incorporó *1492*
10.3 *vio*... una visión, como a la hora novena *1492*
10.11 *vio* el cielo abierto, y que descendía *2334*
10.17 que significaría la... que había *visto* *1492*
10.30 *vi* que se puso delante de mí un varón *2400*
11.5 *vi* en éxtasis una visión... un gran lienzo *1492*
11.6 y *vi* cuadrúpedos terrestres, y fieras *1492*
11.13 había *visto* en su casa un ángel, que se *1492*
11.23 cuando llegó, y *vio* la gracia de Dios *1492*
12.3 y *viendo* que esto había agradado a los *1492*
12.9 sino que pensaba que *veía* una visión *991*
12.16 cuando, *vieron,* se quedaron atónitos *1492*
13.11 serás ciego, y no *verás* el sol por algún *991*
13.12 el procónsul, *viendo* lo que... sucedido *1492*
13.35 no permitirás que tu... *vea* corrupción *1492*
13.36 fue reunido con sus... y *vio* corrupción *1492*
13.37 quien Dios levantó, no *vio* corrupcion *1492*
13.45 *viendo* los judíos la muchedumbre, se *1492*
14.9 y *viendo* que tenía fe para ser sanado *1492*
14.11 gente, *visto* lo que Pablo había hecho *1492*
15.36 volvamos a visitar a... *ver* cómo están
16.10 *vio* la visión, en seguida procuramos *1492*
16.19 pero *viendo* sus amos que había salido *1492*
16.27 carcelero, y *viendo* abiertas las puertas *1492*
16.40 *visto* a los hermanos, los consolaron *1492*
17.11 las Escrituras para *ver* si estas cosas
17.16 espíritu se enardecía *viendo* la ciudad *2334*
18.15 *vedlo* vosotros; porque yo no quiero ser *3700*
19.21 me será necesario *ver* también a Roma *1492*
19.26 *veis* y oís que este Pablo, no solamente *2334*
20.25 yo sé que ninguno... *verá* más mi rostro *3700*
20.38 dijo, de que no *verían* más su rostro *2334*
21.11 quien viniendo a *vernos,* tomó el cinto
21.18 Pablo entró con... a *ver* a Jacobo, y se
21.20 ya *ves,* hermano, cuántos millares de *2334*
21.27 judíos de Asia, al *verle* en el templo *2300*
21.29 antes habían *visto* con él... a Trófimo *4308*
21.32 cuando ellos *vieron* al tribuno y a los *1492*
22.9 *vieron*... verdad la luz, y se espantaron *2300*
22.11 y como yo no *veía* a causa de la gloria *1689*
22.14 y *veas* al Justo, y oigas la voz de su *1492*
22.15 serás testigo... lo que has *visto* y oído *3708*
22.18 le *vi* que me decía: Date prisa, y sal *1492*
26.13 *vi* una luz del cielo que sobrepasaba *1492*
26.16 testigo de las cosas que has *visto,* y *1492*
27.10 varones, *veo* que la navegación va a ser *2334*
27.39 *veían* una ensenada que tenía playa, en
28.4 cuando los naturales *vieron* la víbora *1492*
28.6 mucho, y *viendo* que ningún mal le venía *2334*
28.8 entró Pablo a *verle,* y después de haber
28.15 al *verlos,* Pablo dio gracias a Dios y *1492*
28.19 me *vi* obligado a apelar a César
28.20 por esta causa os he llamado para *veros* *1492*
28.26 diles... *viendo* veréis, y no percibiréis *991*
28.27 que no *vean* con los ojos, y oigan con *1492*
Ro 1.11 deseo *veros,* para comunicaros algún *1492*
7.23 pero *veo* otra ley en mis miembros, que
se rebela *991*
8.24 la esperanza que se *ve,* no es esperanza *991*
8.24 lo que alguno *ve,* ¿a qué esperarlo? *991*
8.25 pero si esperamos lo que no *vemos,* con *991*
11.8 les dio... ojos con que no *vean* y oídos *991*
11.10 oscurecidos sus ojos para que no *vean* *991*
15.21 nunca les fue anunciado... de él, *verán* *3700*
15.22 me he *visto* impedido muchas veces de ir a
vosotros
15.24 a España... porque espero *veros* al pasar *2300*
1 Co 2.9 cosas que ojo no *vio,* ni oído oyó, ni *1492*
8.10 si... te *ve* a ti, que tienes conocimiento *1492*
9.1 ¿no he *visto* a Jesús el Señor nuestro? *3708*
13.12 ahora *vemos* por espejo, oscuramente *991*
13.12 mas entonces *veremos* cara a cara... Ahora ... *991*
16.7 porque no quiero *veros* ahora de paso *1492*
2 Co 4.18 que se *ven,* sino las que no se *v* *991*
4.18 las cosas que se *ven* son temporales *991*
4.18 pero las que no se *ven* son eternas *991*
7.8 porque *veo* que aquella carta... contristó *991*
12.6 nadie piense de mí más de lo que en mí *ve* *991*
Ga 1.18 subí a Jerusalén para *ver* a Pedro, y *2477*
1.19 no *vi* a ningún otro de los apóstoles *1492*
2.7 *vieron* que me había sido encomendado el *1492*
2.14 *vi* que no andaban rectamente conforme *1492*
Fil 1.27 que vaya a *veros,* o que esté ausente *1492*
1.30 el mismo conflicto que habéis *visto* en *1492*
2.23 luego que yo *vea* cómo van mis asuntos *542*
2.26 porque él tenía gran deseo de *veros* a
2.28 para que al *verle* de nuevo, os gocéis *1492*
3.12 prosigo, por *ver* si logro asir aquello
4.9 lo que... *visteis* en mí, esto haced: y el *1492*
Col 2.1 por todos los que nunca han *visto* mi *3708*
2.18 entremetiéndose en lo que no ha *visto* *3708*
1 Ts 2.17 procuramos con... *ver* vuestro rostro *1492*
3.6 nos recordáis con cariño, deseando *vernos* *1492*
3.10 orando... para que *veamos* vuestro rostro *1492*
1 Ti 3.14 tengo la esperanza de ir... a *verte*
3.16 fue manifestado... *visto* de los ángeles *3700*
6.16 a quien ninguno... ha *visto* ni puede ver *1492*
2 Ti 1.4 deseando *verte,* al acordarme de tus *1492*
4.9 procura venir pronto a *verme*
He 2.8 no *vemos* que todas las cosas le sean *3708*
2.9 pero *vemos* a aquel que fue hecho un poco *991*
3.9 me probaron, y *vieron* mis obras 40 años *1492*
3.19 *vemos* que no pudieron entrar a causa de *991*
10.25 cuanto *veis* que aquel día se acerca *991*
11.1 la fe... la convicción de lo que no se *ve* *991*
11.3 lo que se *ve* fue... de lo que no se *v* *991*
11.5 Enoc fue traspuesto para no *ver* muerte *1492*
11.7 advertido... cosas que aún no se *veían* *991*
11.23 le *vieron* niño hermoso, y no temieron *1492*
11.27 se sostuvo como *viendo* al invisible *3708*
12.14 la santidad sin la cual nadie *verá* al *3700*
12.21 y tan terrible era lo que se *veía,* que *5324*
13.23 con el cual, si viniere... iré a *veros* *3700*
Stg 2.22 ¿no *ves* que la fe actuó juntamente *991*
2.24 *veis*... que el hombre es justificado por *3708*
5.11 y habéis *visto* el fin del Señor, que el *1492*
1 P 1.8 a quien amáis sin haberle *visto,* en *1492*
1.8 quien creyendo, aunque ahora no lo *veáis* *3708*
3.10 quiere amar la vida, y *ver* días buenos *1492*
2 P 1.16 como habiendo *visto* con... propios ojos
2.8 *viendo* y oyendo... hechos inicuos de ellos *990*
1 Jn 1.1 lo que hemos *visto* con nuestros ojos *3708*
1.2 la vida fue manifestada, y la hemos *visto* *3708*
1.3 lo que hemos *visto* y... eso os anunciamos *3708*
3.2 a él, porque le *veremos* tal como él es *3700*
3.6 todo aquel que peca, no le ha *visto,* ni *3708*
3.17 el que... *ve* a su hermano tener necesidad *2334*
4.12 nadie ha *visto* jamás a Dios... Si nos *2300*
4.14 hemos *visto*... que el Padre ha enviado al *2300*
4.20 y no ama a su hermano a quien ha *visto* *3708*
4.20 puede amar a Dios a quien no ha *visto?* *3708*
5.16 *viere* a su hermano cometer pecado que *1492*
3 Jn 11 que hace lo malo, no ha *visto* a Dios *3780*
14 *verte* en breve, y hablaremos cara a cara *1492*
Ap 1.2 dado testimonio de... cosas que ha *visto* *1492*
1.7 viene con las nubes, y todo ojo le *verá* *3700*
1.11 decía... Escribe en un libro lo que *ves* *991*
1.12 y me volví para *ver* la voz que hablaba *991*
1.12 y vuelto, *vi* siete candeleros de oro *1492*
1.17 cuando le *vi,* caí como muerto a sus pies *1492*
1.19 escribe las cosas que has *visto,* y las *1492*
1.20 misterio de... estrellas que has *visto* *1492*
1.20 los siete candeleros que has *visto,* son *1492*
3.18 unge tus ojos con colirio, para que *veas* *991*
4.4 *vi* sentados en los tronos a 24 ancianos *1492*
5.1 y *vi* en la mano derecha del que estaba *1492*
5.2 y *vi* a un ángel fuerte que pregonaba a *1492*
5.6 y miré, y *vi* que en medio del trono y de
6.1 *vi* cuando el Cordero abrió uno de los *1492*
6.9 *vi* bajo el altar las almas de los que *1492*
7.1 después de esto *vi* a cuatro ángeles en *1492*
7.2 *vi*... a otro ángel que subía de donde sale *1492*
8.2 *vi* a los siete ángeles... en pie ante Dios *1492*
9.1 *vi* una estrella que cayó del cielo a la *1492*
9.17 así *vi* en visión los caballos y a sus *1492*
9.20 imágenes... cuales no pueden *ver,* ni oír *991*
10.1 *vi* descender... cielo a otro ángel fuerte *1492*
10.5 el ángel que *vi* en pie... levantó su mano *1492*
11.9 *verán* sus cadáveres... tres días y medio *991*
11.11 cayó gran temor sobre los que... *vieron* *2334*
11.12 subieron al... y sus enemigos los *vieron* *2334*
11.19 arca de su pacto se *veía* en el templo *3700*
12.13 y cuando *vio* el dragón que había sido *1492*
13.1 y *vi* subir del mar una bestia que tenía *1492*
13.2 y la bestia que *vi* era semejante a un *1492*
13.3 *vi* una de sus cabezas como herida de *1492*
13.11 después *vi* otra bestia que subía de la *1492*
14.6 *vi* volar por en medio del cielo a otro *1492*
15.1 *vi* en el cielo otra señal, grande y *1492*
15.2 *vi*... como un mar de vidrio mezclado con *1492*
16.13 *vi* salir de la boca del dragón, y de *1492*
16.15 no ande desnudo, y *vean* su vergüenza *991*
17.3 *vi* a una mujer sentada sobre una bestia *1492*
17.6 *vi* a la mujer ebria de la sangre de los *1492*
17.6 cuando la *vi,* quedé asombrado con gran *1492*
17.8 la bestia que has *visto,* era, y no es; y *1492*
17.8 se asombrarán *viendo* la bestia que era *991*
17.12 y los diez cuernos que has *visto,* son *1492*
17.15 las aguas que has *visto* donde la ramera *1492*
17.16 los diez cuernos que *viste* en la bestia *1492*
17.18 mujer que has *visto* es la gran ciudad *1492*
18.1 *vi* a otro ángel descender del cielo con *1492*
18.7 reina, y no soy viuda, y no *veré* llanto *1492*
18.9 ella, cuando *vean* el humo de su incendio *991*
18.18 *viendo* el humo de su incendio, dieron *3708*
19.11 *vi* el cielo abierto; y he... un caballo *1492*
19.17 *vi* a un ángel que estaba en pie en el *1492*
19.19 y *vi* a la bestia, a los reyes de la *1492*
20.1 *vi* a un ángel que descendía del cielo *1492*
20.4 y *vi* tronos, y se sentaron sobre ellos *1492*
20.4 y *vi* las almas de los decapitados por

20.11 *vi* un gran trono blanco y al que estaba 1492
20.12 *vi* a los muertos, grandes y pequeños......... 1492
21.1 *vi* un cielo nuevo y una tierra nueva........... 1492
21.2 y yo Juan *vi* la santa ciudad, la nueva 1492
21.22 no *vi* en ella templo; porque el Señor 1492
22.4 *verán* su rostro, y su nombre estará en 3708
22.8 Juan soy el que oyó y *vio* estas cosas 991
22.8 después que las hube...*visto*, me postré 991

VERANO
Gn 8.22 no cesarán...el frío y el calor, el *v* 7019
Jue 3.20 estando él sentado...en su sala de *v*.......... 4747
3.24 duda él cubre sus pies en la sala de *v*.......... 4747
Sal 32.4 volvió mi verdor en sequedades de *v*.......... 7019
74.17 tú...el *v* y el invierno tú los formaste 7019
Pr 6.8 prepara en el *v* su comida, y recoge en 7019
10.5 que recoge en el *v* es hombre entendido 7019
26.1 como no conviene la nieve en el *v*, ni la........ 7019
30.25 hormigas...en el *v* preparan su comida 7019
Is 18.6 sobre ellos tendrán el *v* las aves 6972
28.4 la fruta temprana, la primera del *v*, la......... 7019
Jer 8.20 terminó el *v*, y nosotros no hemos 7019
40.10 el vino, los frutos del *v* y el aceite............. 7019
Dn 2.35 fueron como tamo de las eras del *v*, y......... 7007
Am 3.15 la casa de invierno con la casa de *v* 7019
8.1 ha mostrado...un canastillo de fruta de *v* 7019
8.2 y respondí: Un canastillo de fruta de *v*.......... 7019
Mi 7.1 cuando han recogido los frutos del *v* 7019
Zac 14.8 Jerusalén...aguas...en *v* y en invierno 7019
Mt 24.32; Mr 13.28 **sabéis que el *v* está cerca** 2330
Lc 21.30 **viéndolo, sabéis...el *v* está ya cerca** 2330

VERAS, DE
Sal 145.18 a todos los que le invocan de *v*............... 571

VERAZ
Pr 12.19 el labio *v* permanecerá para siempre 571
Mr 12.14 Maestro, sabemos que eres hombre *v*......... 225
Jn 3.33 recibe...éste atestigua que Dios es *v*............ 227
Ro 3.4 antes bien sea Dios *v*, y todo hombre 227
2 Co 6.8 buena fama; como engañadores, pero *v* 227

VERBO
Jn 1.1 era el *V*, y el *V* era con Dios, y el *V*.............. 3056
1.14 aquel *V* fue hecho carne, y habitó entre 3056
1 Jn 1.1 palparon...manos tocante al *V* de vida........ 3056
5.7 cielo: el Padre, el *V* y el Espíritu Santo 3056
Ap 19.13 sangre; y su nombre es: el *V* de Dios 3056

VERDAD
Gn 4.24 Lamec en *v* setenta veces siete lo será 571
20.12 a la *v* también es mi hermana, hija
de mi padre 546
24.27 que no apartó de mi amo su...y su *v*........... 571
24.48 me había guiado por camino de *v* para......... 571
24.49 hacéis misericordia y *v* con mi señor 571
30.16 porque a la *v* te he alquilado por las
32.10 menor soy...que toda la *v* que has usado 571
42.16 serán probadas, si hay *v* en vosotros 571
43.20 de *v* descendimos al principio a comprar
alimentos
47.29 muslo, y harás conmigo misericordia y *v* 571
Éx 3.16 En *v* os he visitado, y he visto lo que
4.25 "En *v*, tú eres para mí un esposo de sangre.... 3588
9.16 y a la *v* yo te he puesto para mostrar.......... 5668
18.21 virtud, temerosos de Dios, varones de *v* 571
23.22 si en *v* oyeres...todo lo que yo te dijere
31.13 En *v* vosotros guardaréis mis días de reposo .. 389
34.6 tardo para...grande en misericordia y *v* 571
Nm 14.30 la *v* no entraréis en la tierra, por............. 518
Dt 13.14 si pareciere *v*, cosa cierta, que tal 571
17.4 pareciere de *v* cierta...tal abominación 571
22.20 mas si resultare ser *v* que no se halló.......... 571
32.4 Dios de *v*, y sin ninguna iniquidad en él......... 571
Jos 2.4 es *v* que unos hombres vinieron a mí
2.14 si no...haremos contigo misericordia y *v* 571
24.14 temed...y servidle con integridad y en *v* que .. 571
Jue 9.15 si en *v* me...por rey sobre vosotros............ 571
9.16 si con *v*...habéis procedido en hacer rey 571
9.19 si con *v* y...procedido hoy con Jerobaal 571
11.35 ¡ay, hija mía! en *v* me has abatido, y
17.3 en *v* he dedicado el dinero a Jehová por
1 S 12.24 servidle de *v*...todo vuestro corazón.......... 571
21.5 dijo: En *v* las mujeres han estado lejos..... 3588,518
2 S 2.6 haga con vosotros misericordia y *v* 571
7.28 tus palabras son *v*, y tú has prometido.......... 571
9.7 yo a la *v* haré contigo misericordia por......... 3588
14.5 a la *v* soy una mujer viuda y mi marido 61
1 R 2.4 andando delante de mí con *v*, de todo........... 571
3.6 porque él anduvo delante de ti en *v*, en 571
8.27 ¿es *v* que Dios morará sobre la tierra? 552
10.6 *v* es lo que oí en mi tierra de...cosas 571
17.24 la palabra de Jehová es *v* en tu boca 571
21.25 a la *v* ninguno fue como Acab, que se
22.16 exigirte que no me digas sino la *v* en 571
2 R 19.17 es *v*, que los reyes de Asiria han.............. 551
20.3 que he andado delante de ti en *v* y con 571
2 Cr 6.18 mas ¿es *v* que Dios habitará con el
9.5 dijo al rey: *V* es lo que había oído en mi........... 571
18.15 conjuraré...que no me hables sino la *v*?....... 571
19.9 procederéis...*v*, y con corazón íntegro 530
Neh 7.2 éste era varón de *v* y temeroso de Dios 571
Est 9.30 cartas a...con palabras de paz y de *v*............ 571
Job 12.20 priva del habla a los que dicen *v*, y 539
19.4 aun siendo *v* que yo haya errado, sobre 551
Sal 15.2 el que anda...y habla *v* en su corazón 571
19.9 juicios de Jehová son *v*, todos justos 571
25.5 encamíname en tu *v*, y enséñame, porque 571
25.10 sendas de Jehová son misericordia y *v* 571
26.3 porque tu misericordia...y ando en tu *v* 571
30.9 te alabará el polvo? ¿Anunciará tu *v*? 571
31.5 me has redimido, oh Jehová, Dios de *v*.......... 571
37.3 habitarás en...y te apacentarás de la *v*......... 530
40.10 no oculté tu...tu *v* en grande asamblea........ 571
40.11 tu misericordia...*v* me guarden siempre 571
43.3 envía tu luz y tu *v*; éstas me guiarán............ 571
45.4 cabalga sobre palabra de *v*...de justicia 571
51.6 he aquí, tú amas la *v* en lo íntimo, y en.......... 571
52.3 amaste el mal...la mentira más que la *v*....... 6664
54.5 él devolverá el mal a...córtalos por tu *v* 571
57.3 Dios enviará su misericordia y su *v*............. 571
57.10 porque grande...y hasta las nubes tu *v*........ 571
58.1 congregación, ¿pronunciáis en *v* justicia? 552
60.4 dado...bandera que alcen por causa de la *v*... 7189
61.7 misericordia y *v* para que lo conserven......... 571
69.13 oh...por la *v* de tu salvación, escúchame 571
71.22 tu *v* cantaré a ti en el arpa, oh Santo 571
85.10 la misericordia y la *v* se encontraron.......... 571
85.11 *v* brotará de la tierra, y la justicia 571
86.11 enséñame...camino; caminaré yo en tu *v*....... 571
86.15 tú, Señor...grande en misericordia y *v* 571
88.11 ¿será contada en...o tu *v* en el Abadón?....... 530
89.2 en los cielos mismos afirmarás tu *v*............. 530
89.5 tu *v*...en la congregación de los santos 530
89.14 juicio...y *v* van delante de tu rostro 571
89.24 mi *v* y mi misericordia estarán con él 530
89.33 no quitaré de él mi...ni falsearé mi *v* 530
89.49 ¿dónde...que juraste a David por tu *v*?........ 530
91.4 estarás seguro; escudo y adarga es su *v* 571
96.13 juzgará al mundo...pueblos con su *v* 530
98.3 se ha acordado de, y de su *v* para con 530
100.5 bueno...su *v* por todas las generaciones 530
108.4 misericordia, y hasta los cielos tu *v*............ 571
111.7 las obras de sus manos son *v* y juicio 539
111.8 para siempre, hechos en *v* y en rectitud 571
115.1 sino a tu nombre da gloria...por tu *v*.......... 530
119.30 escogí el camino de la *v*; he puesto 530
119.43 no quites de mi boca...la palabra de *v* 571
119.86 tus mandamientos son *v*; sin causa me 530
119.142 es justicia eterna, y tu ley la *v* 571
119.151 estás...y todos tus mandamientos son *v*..... 571
119.160 la suma de tu palabra es *v*, y eterno.......... 571
131.2 *v* que me he comportado y he acallado 571
132.11 en *v* juró Jehová a David, y no...de ello 571
143.1 respóndeme por tu *v*, por tu justicia........... 530
146.6 hizo los cielos...guarda *v* para siempre 571
Pr 3.3 nunca se aparten de ti...la *v*; átalas a............ 571
8.7 porque mi boca hablará *v*, y la impiedad 571
12.17 el que habla *v* declara justicia; mas el 530
12.22 los que hacen *v* son su contentamiento 571
14.22 y *v* alcanzarán los que piensan el bien 571
16.6 misericordia y *v* se corrige el pecado........... 571
20.6 pero hombre de *v*, ¿quién lo hallará? 529
20.28 misericordia y *v* guardan al rey, y con.......... 571
22.21 la certidumbre de las palabras de *v* 571
22.21 vuelvas a llevar palabras de *v* a los............ 571
23.23 compra la *v*, y no la vendas; la 571
28.20 hombre de *v* tendrá muchas bendiciones...... 530
29.14 del rey que juzga con *v* a los pobres 571
Ec 12.10 y escribir rectamente palabras de *v*............ 571
Is 10.20 apoyarán con *v* en Jehová, el Santo............ 571
25.1 tus consejos antiguos son *v* y firmeza........... 544
26.2 entrará la gente justa, guardadora de *v* 529
38.3 he andado delante de ti en *v* y...íntegro 571
38.18 ni los que descienden...esperarán tu *v* 571
38.19 el padre hará notoria tu *v* a los hijos 571
42.3 caña...por medio de la *v* traerá justicia 571
43.9 y justifíquense; oigan, y digan: *V* es............ 571
48.1 hacen memoria del Dios...mas no en *v* ni 571
59.4 no hay...quien juzgue por la *v*; confían 530
59.14 porque la *v* tropezó en la plaza, y la........... 571
59.15 la *v* fue detenida, y el que se apartó 571
61.8 afirmaré en *v* su obra, y haré con ellos 571
65.16 en el Dios de *v* se bendecirá...*v* jurará 543
Jer 4.2 jurares: Vive Jehová, en *v*, en juicio 571
5.1 alguno que...busque *v*; y yo la perdonaré........ 530
5.3 ¿no miran tus ojos a la *v*? Los azotaste 530
7.5 con *v* hiciereis justicia entre el hombre
7.28 pereció la *v*, y de la boca de ellos fue 530
9.3 y no se fortalecieron para la *v* en la 530
9.5 cada uno engaña a su...y ninguno habla *v* 571
26.15 porque en *v* Jehová me envió a vosotros........ 571
28.9 como el profeta que Jehová en *v* envió 571
32.41 y los plantaré en esta tierra en *v*, de.......... 571
33.6 les revelaré abundancia de paz y de *v* 571
38.15 lo declarare, ¿no es *v* que me matarás?
42.5 Jehová sea entre...testigo de la *v* y de 539
44.25 confirmáis a la *v* vuestros votos, y
Dn 3.14 ¿es *v*...vosotros no honráis a mi dios 6656
3.24 respondieron al rey: Es *v*, oh rey 2330
6.12 *v* es, conforme a la ley de Media y de......... 3330
7.16 y le pregunté la *v* acerca de todo esto 3330
7.19 saber la *v* acerca de la cuarta bestia 3321
8.12 y echó por tierra la *v*, e hizo cuanto 571
9.13 para convertirnos de...y entender tu *v* 571
10.21 que está escrito en el libro de la *v* 571
11.2 y ahora yo te mostraré la *v*...He aquí que 571
Os 4.1 porque no hay *v*, ni misericordia, ni 571
5.9 las tribus de Israel hice conocer la *v*........... 539
Mi 7.20 cumplirás la *v* a Jacob, y a Abraham 571
Hab 1.4 el juicio no sale según la *v*; por lo 6662
Zac 7.9 diciendo: Juzgad conforme a la *v*, y 571
8.3 Jerusalén se llamará Ciudad de la *V*, y el 571
8.8 seré a ellos por Dios en *v* y en justicia 571
8.16 hablad *v* cada cual...juzgad según la *v* 571
8.19 solemnidades...Amad, pues, la *v* y la paz....... 571
Mal 2.6 la ley de *v* estuvo en su boca...labios........... 571
Mt 3.11 yo a la *v* os bautizo en agua...pero el 3303
9.37 **la *v* la mies es mucha, mas los obreros** 3303
13.32 **a la *v* es la más pequeña de todas las** 3303
17.11 **les dijo: A la *v*, Elías viene primero** 3303
20.23 **a la *v*, de mi vaso beberéis, y con el** 3303
22.8 **las bodas a la *v* están preparadas; mas** 227
22.16 sabemos que eres amante de la *v*, y que 227
22.16 y que enseñas con *v* el camino de Dios......... 225
23.27 **por fuera, a la *v*, se muestran hermosos** 3303
23.28 **por fuera, a la *v*, os mostráis justos**
26.24 **la *v* el Hijo del Hombre va, según está**
26.41 **el espíritu a la *v* está dispuesto, pero** 3303
Mr 1.8 a la *v* os he bautizado con agua; pero 3303
5.33 la mujer...vino y...y le dijo toda la *v*........... 225
9.12 **les dijo: Elías a la *v* vendrá primero** 3303
10.39 **a la *v*, del vaso que yo bebo, beberéis** 3303
12.14 que con *v* enseñas el camino de Dios 225
12.32 *v* has dicho, que uno es Dios, y no hay 225
14.21 **la *v* el Hijo del Hombre va, según está**........ 3303
14.38 **el espíritu a la *v* está dispuesto, pero**......... 3303
Lc 1.4 que conozcas bien la *v* de las cosas en 803
3.16 yo a la *v* os bautizo en agua; pero viene 803
4.25 **en *v* os digo que muchas viudas había en**....... 225
9.27 **en *v*, que hay algunos de los que están** 230
10.2 **la mies a la *v* es mucha, mas los obreros** 3303
11.48 **a la *v* ellos los mataron, y vosotros** 686
12.44 **en *v* os digo que le pondrá sobre todos** 230
20.21 que enseñas el camino de Dios con *v* 1909,225
21.3 **en *v* os digo, que esta viuda pobre echó** 230
22.22 **a la *v* el Hijo del Hombre va, según lo** 3303
23.41 nosotros, a la *v*, justamente padecemos....... 3303
Jn 1.14 aquel verbo...lleno de gracia y de *v* 225
1.17 y la *v* vinieron por medio de Jesucristo 225
3.21 **mas el que practica la *v* viene a la luz**......... 225
4.18 **no es tu marido; esto has dicho con *v*** 227
4.23 **adorarán al Padre en espíritu y en *v*** 225
4.24 **espíritu y en *v* es necesario que adoren** 225
5.33 **a Juan, y él dio testimonio de la *v*** 225
7.26 reconocido en *v*...que éste es el Cristo?......... 230
8.32 **conoceréis la *v*, y la *v* os hará libres** 225
8.40 **matarme a mí...que os ha hablado la *v*, la**..... 225
8.44 **no ha permanecido en la *v*...no hay *v* en**....... 225
8.45 **y a mí, porque digo la *v*, no me creéis** 225
8.46 **si digo la *v*, ¿por qué vosotros no me** 225
10.41 Juan, a la *v*, ninguna señal hizo; pero......... 227
10.41 todo lo que Juan dijo de éste, era *v* 227
14.6 **dijo: Yo soy el camino, y la *v*, y la vida**......... 225
14.17 **el Espíritu de *v*, al cual el mundo no**........... 225
15.26 **el Espíritu de *v*, el cual procede del**........... 225
16.7 **yo os digo la *v*: Os conviene que yo me** 225
16.13 **el Espíritu de *v*...guiará a toda la *v*** 225
17.17 **santifícalos en tu *v*; tu palabra es *v*.** 225
17.19 **también ellos sean santificados en la *v*.** 225
18.37 **he venido...para dar testimonio a la *v*** 225
18.37 **todo aquel que es de la *v*, oye mi voz** 225
18.38 le dijo Pilato: ¿Qué es la *v*? Y cuando 225
19.35 él sabe que dice *v*, para que vosotros 227
Hch 9.7 oyendo a la *v* la voz, mas sin ver a
10.34 *v* comprendo que Dios no hace acepción 225
12.9 pero no sabía que era *v* lo que hacía el 227
13.36 porque a la *v* David, habiendo servido a
13.46 a vosotros a la *v* era necesario que se
22.9 vieron a la *v* la luz, y se espantaron 3303
26.25 que hablo palabras de *v* y de cordura 225
Ro 1.18 hombres...detienen con injusticia la *v*.......... 225
1.25 cambiaron la *v* de Dios por la mentira.......... 225
2.2 que el juicio de Dios contra...es según *v* 225
2.8 y enojo a los que...y no obedecen a la *v*......... 225
2.20 la ley la forma de la ciencia y de la *v* 225
2.25 pues en *v* la circuncisión aprovecha, si 3303
3.7 por mi mentira la *v* de Dios abundó para 225
7.12 de manera que la ley a la *v* es santa, y
8.10 el cuerpo en *v* está muerto a causa del
9.1 *v* digo en Cristo, no miento, y mi 225
14.20 todas las cosas a la *v* son limpias; pero 3303
15.8 mostrar la *v* de Dios, para confirmar las 225
1 Co 5.8 sino con panes...de sinceridad y de *v*.......... 225
7.7 uno a la *v* de un modo, y otro de otro
9.24 todos a la *v* corren, pero uno sólo
9.25 ellos, a la *v*, para recibir una corona
13.6 de la injusticia, mas se goza de la *v* 225
14.17 tú, a la *v*, bien das gracias; pero el............ 3303
15.15 cual no resucitó, si en *v* los muertos
2 Co 4.2 sino por la manifestación de la *v* 225
6.7 en palabra de *v*, en poder de Dios, con......... 225
7.14 así como en todo os hemos hablado con *v*....... 225
7.14 nuestro gloriarnos con Tito resultó *v* 225
8.17 pues a la *v* recibió la exhortación; pero 3303
10.10 a la *v*, dicen, las cartas son duras y
11.10 por la *v* de Cristo que está en mí, que......... 225
12.6 no sería insensato, porque diría la *v* 225
13.8 nada podemos contra la *v*, sino por la *v* 225
Ga 2.5 que la *v* del evangelio permaneciese con 225
2.14 no andaban rectamente conforme a la *v*........ 225
3.1 ¿quién os fascinó para no obedecer a la *v* 225
4.16 he...vuestro enemigo, por deciros la *v*? 226
5.7 ¿quién os estorbó...no obedecer a la *v*?.......... 25
Ef 1.13 oído la palabra de *v*, el evangelio de 225
4.15 que siguiendo la *v* en amor, crezcamos 226
4.21 si en *v* le habéis oído, y habéis sido
4.21 enseñados, conforme a la *v*, en Jesús 225
4.24 según...la justicia y santidad de la *v*
4.25 desechando la mentira, hablad *v* cada uno 226
5.9 el fruto del Espíritu es en...justicia y *v*......... 226
6.14 firmes, ceñidos vuestros lomos con la *v*......... 226
Fil 1.15 algunos, a la *v*, predican a Cristo 3303
1.18 pretexto o por *v*, Cristo es anunciado.......... 226
2.27 en *v* estuvo enfermo, a punto de morir 2532
Col 1.6 y conocisteis la gracia de Dios en *v* 226

1.23 si en v permanecéis fundados y firmes
2.23 cosas tienen a la v cierta reputación *3303*
1 Ts 2.13 recibisteis no... sino según es en v. *230*
2 Ts 2.10 no recibieron el amor de la v para *225*
2.12 condenados... los que no creyeron a la v. *225*
2.13 mediante... el Espíritu y la fe en la v *225*
1 Ti 2.4 salvos y vengan al conocimiento... v *225*
2.7 y apóstol (digo v en Cristo, no miento) *225*
2.7 yo fui... maestro de los gentiles en fe y v *225*
3.15 la iglesia... columna y baluarte de la v *225*
4.3 participasen... los que han conocido la v. *225*
5.3 honra a las viudas que en v lo son *3689*
5.5 la que en v es viuda y ha quedado sola. *3689*
5.16 suficiente para las que en v son viudas *3689*
6.5 hombres corruptos de... privados de la v *225*
2 Ti 2.15 aprobado... usa bien la palabra de v *225*
2.18 que se desviaron de la v, diciendo que *225*
2.25 que se arrepientan para conocer la v. *225*
3.7 nunca pueden llegar al conocimiento... v *225*
3.8 también éstos resisten a la v; hombres *225*
4.4 apartarán de la v el oído y se volverán *225*
Tit 1.1 el conocimiento de la v que es según *225*
1.14 a mandamientos de... se apartan de la v. *225*
He 3.5 Moisés a la v fue fiel en toda la casa *4103*
6.3 y esto haremos, si Dios en v lo permite
10.26 haber recibido el conocimiento de la v *225*
12.11 es v que ninguna disciplina al presente
Stg 1.18 nos hizo nacer por la palabra de v. *225*
2.8 si en v cumplís la ley real, conforme a *225*
3.14 no os jactéis, ni mintáis contra la v *225*
5.19 si alguno de... se ha extraviado de la v. *225*
1 P 1.22 por la obediencia a la v, mediante *225*
3.18 siendo a la v muerto en la carne, pero
2 P 1.12 estéis confirmados en la v presente *225*
2.2 cuales el camino de la v será blasfemado *225*
1 Jn 1.6 si... mentimos, y no practicamos la v *225*
1.8 nos engañamos... y la v no está en nosotros. *225*
2.4 el tal es mentiroso, y la v no está en él *225*
2.21 no... he escrito como si ignoraseis la v. *225*
2.21 porque ninguna mentira procede de la v *225*
3.18 no amemos de palabra ni de lengua... en v *225*
3.19 en esto conocemos que somos de la v, y. *225*
4.6 en esto conocemos el espíritu de v y el *225*
5.6 es que da testimonio... el Espíritu es la v. *225*
2 Jn 1 a sus hijos, a quienes yo amo en la v *225*
1 también todos los que han conocido la v. *225*
2 a causa de la v que permanece en nosotros *225*
3 paz, de Dios Padre y del... en v y en amor *225*
4 he hallado a algunos de... andando en la v *225*
3 Jn 1 el anciano a Gayo... quien amo en la v. *225*
3 testimonio de tu v, de cómo andas en la v. *225*
4 gozo... el oír que mis hijos andan en la v. *225*
8 debemos acoger a... que cooperemos con la v *225*
12 todos dan testimonio de... aun la v misma *225*

VERDADERAMENTE
Gn 42.21 V nos portamos muy mal con nuestro hermano 61
Dt 16.15 habrá bendecido... y estarás v alegre 389
Jos 7.20 v yo he pecado contra Jehová el Dios 546
Sal 73.13 v en vano he limpiado mi corazón, y 389
Is 45.15 v tú eres Dios que te encubres, Dios 403
Jer 4.10 v en gran manera has engañado a este 403
Mt 14.33 le adoraron, diciendo: V eres Hijo de *230*
26.73 v también tú eres de ellos, porque aun *230*
27.54 y dijeron: V éste era Hijo de Dios *230*
Mr 14.70 dijeron... a Pedro: V tú eres de ellos *230*
15.39 dijo: V este hombre era Hijo de Dios *230*
Lc 22.59 v también éste estaba con él, porque *225*
23.47 el centurión... V este hombre era justo *3689*
24.34 que decían: Ha resucitado el Señor v *3689*
Jn 4.42 sabemos que v éste es el Salvador del *230*
6.14 este v es el profeta que había de venir *230*
7.40 algunos... decían: V éste es el profeta *230*
8.31 **en mi palabra, seréis v mis discípulos** *230*
8.36 **el Hijo os libertare, seréis v libres** *3689*
17.8 **y han conocido v que salí de ti, y han** *230*
Hch 4.27 v se unieron en esta ciudad contra *225*
12.11 entiendo v que el Señor ha enviado su *230*
1 Co 14.25 declarando que v Dios está entre *3689*
Ga 3.21 si la ley... justicia fuera v por la ley *1343*
2 P 2.18 seducen... a los que v habían huido de *3689*
1 Jn 1.3 y nuestra comunión v es con el Padre *1161*
2.5 en éste v el amor de... se ha perfeccionado *230*

VERDADERO,A
2 Cr 15.3 días ha estado Israel sin v Dios y 571
31.20 ejecutó... v delante de Jehová su Dios 571
Neh 9.13 diste juicios... leyes v, y estatutos 571
Sal 141.6 jueces, y oirán mis palabras... son v 5276
Pr 14.5 testigo v no mentirá; mas el testigo 529
14.25 el testigo v libra las almas; mas el 571
Jer 2.21 de vid escogida, simiente v toda ella 571
10.10 Jehová es el Dios v; él es Dios vivo 571
14.13 sino que en este lugar os daré paz v 571
23.28 a quien fuere mi... cuente mi palabra v. 571
Ez 18.8 e hiciere juicio v... hombre y hombre 571
Dn 2.45 sueño es v, y fiel su interpretación 3330
4.37 sus obras son v, y sus caminos justos 7187
8.26 la visión de, que se ha referido es v. 571
10.1 la palabra era v, y el conflicto grande 571
Mr 11.32 todos tenían a Juan como... v profeta *3689*
Lc 16.11 **si en las... ¿quién os confiará lo v?** *228*
Jn 1.9 luz v, que alumbra a todo hombre, venía *228*
1.47 **dijo de él: He aquí un v israelita, en** *230*
4.23 **la hora viene... cuando los v adoradores** *228*
4.37 **porque en esto es v el dicho: Uno es el** *228*
5.31 **doy testimonio... mi testimonio no es v** *227*
5.32 **sé que el testimonio que da de mí es v** *227*
6.32 **mas mi Padre os da el v pan del cielo** *228*
6.55 **mi carne es v comida, y mi sangre es v** *230*
7.18 **la gloria del que le envió, éste es v** *227*
7.28 **el que me envió es v, a quien vosotros** *227*
8.13 das testimonio... tu testimonio no es v *227*
8.14 **mi testimonio es v, porque sé de dónde** *227*
8.16 **si yo juzgo, mi juicio es v; porque no** *227*
8.17 **que el testimonio de dos hombres es v** *227*
8.26 **pero el que me envió es v; y yo, lo que** *228*
15.1 **soy la vid v, y mi Padre es el labrador** *228*
17.3 **que te conozcan a ti, el único Dios v** *228*
19.35 da testimonio, y su testimonio es v; y *228*
21.24 éste... sabemos que su testimonio es v *227*
Fil 4.8 lo que es v, todo lo honesto, todo lo *227*
Col 1.5 oído por la palabra v del evangelio *226*
1 Ts 1.9 Dios, para servir al Dios vivo y v *228*
1 Ti 1.2 a Timoteo, v hijo en la fe: Gracia *1103*
Tit 1.4 a Tito, v hijo en la común fe: Gracia *1103*
1.13 testimonio es v; por tanto, repréndelos *227*
He 8.2 de aquel v tabernáculo que levantó el *228*
9.24 figura del v, sino en el cielo mismo *228*
1 P 5.12 que esta es la v gracia de Dios, en. *227*
2 P 2.22 les ha acontecido lo del v proverbio *227*
1 Jn 2.8 un mandamiento... que es v en él y en *227*
2.8 tinieblas... pasando, y la luz v ya alumbra *228*
2.27 la unción misma... es v, y no es mentira. *227*
5.20 conocer al que es v; y estamos en el v. *228*
5.20 su Hijo... es el v Dios, y la vida eterna. *228*
3 Jn 12 sabéis que nuestro testimonio es v. *228*
Ap 3.7 **esto dice el Santo, el V, el que tiene** *228*
3.14 **el testigo fiel y v, el principio de la** *228*
6.10 voz... ¿Hasta cuándo, Señor, santo y v, no *228*
15.3 justos y v son tus caminos, Rey de los *228*
16.7 Señor Dios... tus juicios son v y justos. *228*
19.2 porque sus juicios son v y justos; pues *228*
19.9 y me dijo: Estas son palabras v de Dios *228*
19.11 el que lo montaba se llamaba Fiel y V *228*
21.5; 22.6 estas palabras son fieles y v *228*

VERDE
Gn 1.11 produzca la tierra hierba v, hierba que 1877
1.12 produjo, pues, la tierra hierba v, hierba 1877
1.30 vida, toda planta v les será para comer 3418
9.3 así como... plantas v, os lo he dado todo 3418
30.37 tomó luego Jacob varas v de álamo, de 3892
Éx 10.15 no quedó cosa v en árboles ni... hierba 3418
Lv 2.14 tostarás al fuego las espigas v, y el
Jue 16.7 si me ataren con siete mimbres v que 3892
16.8 trajeron siete mimbres v... y ella le ató 3892
2 R 19.26 vinieron a ser... y como hortaliza v. 3419
Est 1.6 el pabellón era de blanco, v y azul 3768
Job 8.16 a manera de un... está v delante del sol 7373
39.8 su pasto, y anda buscando toda cosa v 3387
Sal 37.2 porque... como la hierba v se secarán 7488
37.35 impío... que se extendía como laurel v. 7488
52.8 estoy como olivo v en la casa de Dios. 7488
92.14 aun en la vejez... estarán vigorosos y v. 7488
Is 37.27 fueron como hierba del... hortaliza v 3419
Jer 11.16 olivo v, hermoso en su fruto y en su 7488
17.8 su hoja estará v: y en el año de sequía. 7488
Ez 17.24 secar el árbol v, e hice reverdecer 3892
20.47 el cual consumirá en ti todo árbol v 3892
Os 14.8 seré a él como la haya v; de mí será. 7488
Zac 10.1 os dará... hierba v en el campo a cada
Mr 6.39 recostar a todos... sobre la hierba v. *5515*
Lc 23.31 **si en el árbol v hacen estas cosas**. *5200*
Ap 8.7 árboles... y se quemó toda la hierba v *5515*
9.4 les mandó que no dañasen... cosa v alguna *5515*

VERDOR
Job 8.12 aun en su v, y sin haber sido cortado 3
Sal 32.4 volvió mi v en sequedades de verano 3955
Is 15.6 se secará la hierba... todo v perecerá 1877
Ez 17.10 solano... los surcos de su v se secará 6780

VERDOSA
Lv 13.49 plaga fuere v, o rojiza, en vestido 3422
14.37 si se vieren... manchas v o rojizas, las 3422

VERDUGO
Ez 9.1 los v de la ciudad han llegado, y cada
Mt 18.34 **su señor, enojado, le entregó a los v** *930*

VEREDA
Job 19.8 camino, y sobre mis v puso tinieblas 5410
24.13 conocieron sus... ni estuvieron en sus v 5410
Pr 1.15 no andes en... Aparta tu pie de sus v 5410
2.8 que guarda las v del juicio, y preserva 734
2.15 v son torcidas, y torcidos sus caminos 4570
2.18 a la muerte, y sus v hacia los muertos 4570
2.20 buenos, y seguirás las v de los justos. 734
3.6 todos tus caminos, y él enderezará tus v 734
3.17 caminos deleitosos, y todas sus v paz 5410
4.11 el camino... v derechas te he hecho andar 4570
4.14 no entres... la v de los impíos, ni vayas 734
5.21 de Jehová, y él considera todas sus v
7.25 no... a sus caminos; no yerres en sus v. 5410
8.2 las alturas... a las encrucijadas de las v. 5410
8.20 por v de justicia guiaré, por en medio 5410
15.19 la v de los rectos, como una calzada. 1870
Is 59.8 camino de paz, ni... sus v son torcidas. 5410
Mi 4.2 y andaremos por sus v; porque de Sion 734

VERGONZOSO,A
Dt 25.11 y alargando... asiere de sus partes v 4016
Jer 6.10 la palabra de Jehová les es cosa v 2781
Hab 2.10 tomaste consejo v... tu casa, asolaste 1322
Ro 1.26 Dios los entregó a pasiones v; pues. *3802*
1.27 cometiendo hechos v hombres con hombres *808*
1 Co 11.6 si le es v a la... cortarse el cabello *149*
2 Co 4.2 bien renunciamos a lo oculto y v, no *152*
Ef 5.12 v es aun hablar de lo que ellos hacen *149*

VERGÜENZA
Éx 32.25 Aarón lo había permitido, para v entre 8103
1 S 20.30 para confusión de la v de tu madre 6172
2 Cr 30.15 levitas llenos de v se santificaron. 3637
Esd 8.22 tuve v de pedir al rey tropa y gente 954
9.7 entregados... a v que cubre nuestro rostro 1322
Sal 35.26 vístanse de v y de confusión los que 1322
44.15 cada día mi v está delante de mí, y la. 1322
71.13 sean cubiertos de v y de confusión los 954
83.16 llena sus rostros de v, y busquen tu. 7036
Pr 6.33 heridas y v hallará, y su afrenta 2781
13.18 v tendrá el que menosprecia el consejo. 7036
19.26 roba a su padre y... es hijo que causa v. 954
Is 3.17 raerá la... y Jehová descubrirá sus v 6596
20.4 llevará... descubiertas las nalgas para v. 6172
22.18 tu gloria, oh v de la casa de tu señor 7036
30.3 fuerza de Faraón se os cambiará en v, y 1322
30.5 antes les será para v y aun para oprobio 1322
46.8 acordaos de esto, y tened v; volved en
47.3 tu v descubierta, y tu deshonra... vista. 6172
54.4 que te olvidarás de la v de tu juventud. 1322
Jer 3.3 y has tenido... y no quisiste tener v 3637
6.15 no... avergonzado, ni aun saben tener v 954
Lm 1.8 han menospreciado, porque vieron su v 6172
Ez 7.18 en todo rostro habrá v, y todas sus 955
16.52 lleva tu v... los pecados que tú hiciste. 3639
16.63 nunca... abras la boca, a causa de tu v 3639
39.26 sentirán su v, y toda su rebelión con 3639
44.13 que llevarán su v y las abominaciones 3639
Dn 12.2 y otros para v y confusión perpetua 2781
Os 9.10 se apartaron para v, y se hicieron 1322
Abd 10 por la injuria a... Jacob te cubrirá v 955
Mi 1.11 pásate, oh morador de Safir... y con v. 1322
2.6 no les profeticen... no les alcanzará v 3639
7.10 mi enemiga lo verá, y la cubrirá v; la 955
Nah 3.5 y mostraré a las... y a los reinos tu v. 7036
Sof 3.5 es justo... el perverso no conoce la v 1322
Lc 14.9 **y comiences con v a ocupar el último** *152*
16.3 **dijo... Cavar, no puedo; mendigar, me da v**. *153*
1 Co 15.34 no conocen... para v vuestra lo digo *1791*
2 Co 11.21 para v mía lo digo, para eso fuimos *819*
Fil 3.19 es el vientre, y cuya gloria es su v. *152*
Jud 13 fieras ondas... que espuman su propia v *152*
Ap 3.18 **que no se descubra la v de tu desnudez** *152*
16.15 **para que no ande desnudo, y vean su v**. *808*

VERIFICAR
Gn 42.20 serán *verificadas* vuestras palabras 539

VERRUGOSO
Lv 22.22 v, sarnoso o roñoso, no ofreceréis 2990

VERSADO
Esd 7.11 Esdras, escriba v en los mandamientos. 5608

VERTER
Gn 38.9 cuando se llegaba a la mujer... *vertía* 7843
Jue 6.20 y *vierte* el caldo... Y él lo hizo así 8210
Jer 19.13 *vertieron* libaciones a dioses ajenos 5258
Zac 4.12 que... *vierten* de sí aceite como oro? 7324

VÉRTIGO
Is 19.14 Jehová mezcló espíritu de v en medio 5773

VESTÍBULO
Ez 44.3 por el v de la puerta entrará, y por 197

VESTIDO *Véase también Vestir*
Gn 24.53 sacó... alhajas... y v, y dio a Rebeca 899
27.15 y tornó Rebeca los v de Esaú su hijo 899
27.27 olió Isaac el olor de sus v... bendijo 899
28.20 diere pan para comer y v para vestir. 899
35.2 quitad... y limpiaos, y mudad vuestros v 8071
37.29 Rubén... no halló a José... y rasgó sus v 899
37.34 Jacob rasgó sus v, y puso cilicio sobre. 8071
38.14 se quitó ella los v de su viudez, y se 899
41.14 afeitó, y mudó sus v, y vino a Faraón 8071
44.13 ellos rasgaron sus v, y cargó cada uno 8071
45.22 dio mudas de v, y a Benjamín dio... de v 8071
49.11 lavó en el vino su v, y en la sangre 5477
Éx 3.22 pedirá... v, los cuales pondréis sobre 8071
12.35 pidiendo de los egipcios... de oro, y v. 8071
19.10 al pueblo, y santifícalos... laven sus v. 8071
19.14 y santificó al pueblo; y lavaron sus v 8071
21.10 no disminuirá su alimento, ni su v, ni 3682
22.9 en toda clase de fraude, sobre buey... v. 8009
22.26 tomares en prenda el v de tu prójimo 8009
22.27 eso es su... su v para cubrir su cuerpo. 8071
31.10 v del servicio, las vestiduras santas. 899
Lv 6.27 y si salpicare su sangre sobre el v 899
10.6 ni rasguéis vuestros v en señal de duelo 899
11.25,28,40(2) lavará sus v, y será inmundo 899
11.32 cosa de... v, piel, saco, sea cualquier. 899
13.6,34 y lavará sus v, y será limpio 899
13.45 y el leproso... llevará v rasgados y su. 899
13.47 en un v... ya sea v de lana, o de hilo 899
13.49 en v o en cuero, en urdimbre o en trama 899
13.51 si se hubiere extendido... en el v, en la. 899
13.52 será quemado el v, la urdimbre o trama. 899
13.53 que la plaga se haya extendido en el v. 899
13.56 la plaga... la cortará del v, del cuero 899
13.57 y si apareciere de nuevo en el v, la 899
13.58 el v... se lavará segunda vez, y entonces 899
13.59 la ley para la plaga de la lepra del v. 899
14.8 que se purifica lavará sus v, y raerá. 899
14.9 lavará sus v, y lavará su cuerpo en agua 899
14.47 durmiere en aquella casa, lavará sus v 899
14.47 el que comiere en la casa lavará sus v. 899
14.55 y de la lepra del v, y de la casa 899
15.5,6,7,8,10,11,21,22,27 lavará sus v... será inmundo hasta la noche 899

V

15.13 lavará sus v, y lavará su cuerpo en 899
16.24 y después de ponerse sus v saldrá, y 899
16.26 llevado el macho cabrío... lavará sus v 899
16.28 el que los quemare lavará sus v, lavará 899
17.15 lavará sus v y a sí misma se lavará con 899
19.19 y no te pondrás v con mezcla de hilos 899
21.10 y el sumo sacerdote... ni rasgará sus v 899
Nm 8.7 y lavarán sus v, y serán purificados 899
8.21 levitas se purificaron, y lavaron sus v 899
14.6 y Josué hijo... y Caleb... rompieron sus v 899
15.38 hagan franjas en los bordes de sus v 899
19.7 el sacerdote lavará luego sus v lavará 899
19.8 asimismo el que la quemó lavará sus v en 899
19.10 lavará sus v, y será inmundo hasta la 899
19.19 él lavará luego sus v, y a sí mismo se 899
19.21 el que rociare el agua... lavará sus v 899
31.20 purificaréis todo v, y toda prenda de 899
31.24 lavaréis vuestros v el séptimo día, y 899
Dt 8.4 tu v nunca se envejeció sobre ti, ni el 8071
10.18 ama... al extranjero dándole pan y v 8071
21.13 se quitará el v de su cautiverio, y se 8071
22.3 así harás también con su v, y lo mismo 8071
29.5 vuestros v no se han envejecido sobre 8005
Jos 7.6 Josué rompió sus v, y se postró en 8071
9.5 con v viejos sobre sí; y todo el pan que 8008
9.13 nuestros v... están ya viejos a causa de 8008
22.8 volved... con plata, con oro... y muchos v 8008
Jue 3.16 se lo ciñó debajo de sus v a su lado 4055
8.26 y v de púrpura que traían los reyes de 899
11.35 rompió sus v, diciendo: ¡Ay, hija mía 899
14.12 treinta v de lino y treinta v de fiesta 899
14.13 mí los 30 v de lino y los v de fiesta 899
14.19 mudas de v a los que habían explicado
17.10 daré diez siclos de plata... v y comida 899
Rt 3.3 vistiéndote tus v, irás a la era; mas 8071
1 S 4.12 rotos sus v y tierra sobre su cabeza 4055
17.39 ciñó... su espada sobre sus v, y probó 4055
19.24 y él... se despojó de sus v, y profetizó 899
28.8 y se disfrazó Saúl, y se puso otros v, y 899
2 S 1.2 vino uno del campamento... rotos sus v 899
1.11 David, asiendo de sus v, los rasgó; y lo 899
3.31 dijo David a Joab... Rasgad vuestros v 899
10.4 les cortó los v por la mitad hasta las 4063
13.18 llevaba ella un v de diversos colores 3801
13.31 David, rasgó sus v, y... rasgaron sus v 899
15.32 Husai... rasgados sus v, y tierra sobre 899
19.24 ni tampoco había lavado sus v, desde 899
1 R 10.5 estado y los v de los que le servían 4403
10.25 todos le llevaban... v, armas, especias 8008
21.27 rasgó sus v y puso cilicio sobre su 899
22.30 tú ponte tus v... Y el rey de Israel se 899
2 R 1.8 un varón que tenía v de pelo, y ceñía 1167,8181
2.12 vio; y tomando sus v, los rompió en dos 899
5.5 llevando consigo... oro, y diez mudas de v 899
5.7 leyó... rasgó sus v, y dijo: ¿Soy yo Dios 899
5.8 que el rey de Israel había rasgado sus v 899
5.8 ¿por qué has rasgado tus v? Venga ahora 899
5.22 te ruego que les des un... y dos v nuevos 899
5.23 y dos v nuevos, y lo puso... a cuestas a 899
5.26 ¿es tiempo de tomar plata... v, olivares 899
6.30 rey... rasgó sus v, y pasó así por el muro 899
7.8 y tomaron de allí plata... y v, y fueron 899
7.15 el camino estaba lleno de v y enseres 899
11.14 Atalía, rasgando sus v, clamó a voz en 899
18.37 vinieron a Ezequías, rasgados sus v, y le 899
19.1 oyó, rasgó sus v y se cubrió de cilicio 899
22.11 el rey hubo oído... la ley, rasgó sus v 899
22.19 rasgaste tus v, y lloraste... te he oído 899
25.29 le cambió los v de prisionero, y comió 899
1 Cr 19.4 Hanún... les cortó los v por la mitad 4063
2 Cr 9.4 v de ellos, sus maestresalas y sus v 4403
9.24 cada uno de éstos traía... Oro, v, armas 8008
20.25 entre los cadáveres... así v como alhajas 5337
23.13 Atalía rasgó sus v, y dijo: ¡Traición! 899
34.19 luego que el rey oyó... ley, rasgó sus v 899
34.27 humillaste... rasgaste tus v, y lloraste 899
Esd 9.3 oí... rasgué mi v y mi manto, y arranqué 899
9.5 y habiendo rasgado mi v y mi manto, me 899
Neh 4.23 ni la gente, nos quitamos nuestro v 899
5.13 sacudí mi v, y dije: Así sacuda Dios de 2684
9.21 v no se envejecieron, ni se hincharon 8005
Est 4.1 rasgó sus v, se vistió de cilicio y de 899
4.2 no era lícito pasar adentro v de cilicio 3830
4.4 y envió v para hacer vestir a Mardoqueo 3847
5.1 se vistió Ester su v real, y entró en el 899
6.8 traigan el v real de que el rey se viste 3830
6.9 den el v y el caballo en mano de alguno 3830
6.10 prisa, toma el v y el caballo, como tú 3830
6.11 Amán tomó el v y el caballo, y vistió a 3830
8.15 salió Mardoqueo de... con v real de azul 3830
Job 9.31 hoyo, y mis propios v me abominarán 8008
13.28 y mi cuerpo... como v que roe la polilla 899
24.10 al desnudo hacen andar sin v, y a los 3830
31.19 si he visto que pereciera alguno sin v 3830
37.17 ¿por qué están calientes tus v cuando 899
41.15 la gloria de su v son escudos fuertes 1346
Sal 22.18 repartieron entre sí mis v, y sobre 899
45.8 mirra, áloe y casia exhalan todos tus v 899
45.13 es la hija... de brocado de oro es su v 3830
45.14 con v bordados será llevada al rey 7553
69.11 puse además cilicio por mi v, y vine a 3830
73.6 por tanto... se cubren de v de violencia 7897
102.26 como... v los mudarás, y serán mudados 899
104.6 con el abismo, como con v, la cubriste 3830
109.18 se vistió de maldición como de su v 4055
109.19 como v con que se cubra, y en lugar de 899
Pr 6.27 tomará... fuego... sin que sus v ardan? 899
23.21 porque... el sueño hará vestir v rotos 3847

27.26 corderos son para tus v, y los cabritos 3830
31.22 hace tapices; de lino y púrpura es su v 899
Ec 9.8 en todo tiempo sean blancos tus v, y 899
Cnt 4.11 y el olor de tus v como el olor del 8008
Is 3.6 tú tienes v, tú serás nuestro príncipe 8071
14.19 echado eres de tu sepulcro... como v de 3830
36.22 vinieron a Ezequías, rasgados sus v, y 899
37.1 cuando el rey Ezequías oyó... rasgó sus v 899
63.1 es éste que viene de Edom... con v rojos? 899
63.1 ¿éste hermoso en su v, que marcha en la 3830
63.2 ¿por qué es rojo tu v, y tus ropas como 899, 3830
63.3 su sangre salpicó mis v, y manché todas 899
Jer 36.24 no... temor ni rasgaron sus v el rey 899
52.33 le hizo mudar... los v de prisionero, y 899
Ez 16.13 v era de lino fino, seda y bordado 4403
16.16 tomaste de tus v, y te hiciste... altos 899
16.18 y tomaste tus v... y las cubriste; y mi 899
18.7 hambriento y cubriere al desnudo con v 899
18.16 de su pan, y cubriere con v al desnudo 899
23.26 despojarán de tus v, y te arrebatarán 899
27.16 con perlas, púrpura, v bordados, linos
42.14 vestirán otros v, y así se acercarán 899
44.19 otros v, para no santificar al pueblo 899
Dn 3.21 atados con sus mantos... y sus v 3831
7.9 v era blanco como la nieve, y el pelo de 3831
Jl 2.13 rasgad vuestro corazón, y no vuestros v 899
Jon 3.6 rey... se despojó de su v, y se cubrió 155
Mi 2.8 de sobre el v quitasteis las capas 145
Sof 1.8 y a todos los que visten v extranjero 3847
Mal 2.16 al que cubre de iniquidad su v, dijo 3830
Mt 6.25 **¿no es la... y el cuerpo más que el v?** 1742
6.28 **el v, ¿por qué os afanáis? Considerad** 1742
7.15 **que vienen a vosotros con v de ovejas** 1742
9.16 **pone remiendo de paño nuevo en v viejo** 2440
9.16 **tal remiendo tira del v, y se hace peor** 2440
17.2 y sus v se hicieron blancos como la luz 2440
27.31 le pusieron sus v, y le llevaron para 2440
27.35 crucificado, repartieron entre sí sus v 2440
27.35 partieron entre sí mis v, y sobre mi 2440
28.3 su aspecto... su v blanco como la nieve 1742
Mr 2.21 **remiendo de paño nuevo en v viejo: de** 2440
5.30 **Jesús... dijo: ¿Quién ha tocado mis v?** 2440
9.3 sus v se volvieron resplandecientes, muy 2440
15.20 pusieron sus propios v, y le sacaron 2440
15.24 crucificado, repartieron entre sí sus v 2440
Lc 5.36 **pedazo de un v nuevo... en un v viejo** 2440
9.29 otra, y su v blanco y resplandeciente 2440
12.23 **vida es más que... y el cuerpo que el v** 1742
15.22 **sacad el mejor v, y vestidle; y poned** 4749
23.34 y repartieron entre sí sus v, echando 2440
Jn 19.23 tomaron... v, e hicieron cuatro partes 2440
19.24 repartieron entre sí mis v, y sobre mi 2440
Hch 9.39 y mostrando... los v que Dorcas hacía 2440
10.30 puso... un varón con v resplandeciente 2066
18.6 les dijo, sacudiéndose los v: Vuestra 2440
20.33 plata ni oro ni v de nadie he codiciado 2441
1 Ti 2.9 con... oro, ni perlas, ni v costosos 2441
He 1.12 y como un v los envolverás, y serán 4018
Stg 2.2 también entra un pobre con v andrajoso 2066
1 P 3.3 no sea adornos de oro o de v lujosos 2440

VESTIDURA

Éx 28.2 y harás v sagradas a Aarón tu hermano 899
28.3 hablarás... para que hagan las v de Aarón 899
28.4 las v que harán son estas: el pectoral 899
28.4 hagan, pues, las v sagradas para Aarón 899
29.5 y tomarás las v, y vestirás a Aarón la 899
29.21 sobre Aarón, sobre sus v... v de éstos 899
29.21 y sus v... y las v de sus hijos con él 899
29.29 v santas de Aarón, serán de sus hijos 899
31.10 las v santas para Aarón el sacerdote 899
31.10 las v de sus hijos para que ejerzan el 899
35.19 las v del servicio para ministrar en 899
35.19 las sagradas v... y las v de sus hijos 899
35.21 con ofrenda para... para las sagradas v 899
39.1 del azul... hicieron las v del ministerio 899
39.1 hicieron las v sagradas para Aarón, como 899
39.41 las v del servicio para ministrar en 899
39.41 las sagradas v... y las v de sus hijos 899
40.13 harás vestir a Aarón las v sagradas, y 899
Lv 6.10 el sacerdote se pondrá su v de lino 4055
6.11 quitará sus v y se pondrá otras ropas 899
8.2 toma... las v, el aceite de la unción, el 899
8.30 roció... sobre sus v... v de sus hijos 899
8.30 santificó... sus v... y las v de sus hijos 899
15.17 v, o toda piel sobre la cual cayere la 899
16.4 las santas v; con ellas se ha de vestir 899
16.23 vendrá Aarón... se quitará las v de lino 899
16.32 vestirá las v de lino, las v sagradas 899
21.10 que fue consagrado para llevar las v 899
Nm 20.26 y desnuda a Aarón de sus v, y viste 899
20.28 Moisés desnudó a Aarón de sus v, y se 899
Dt 22.17 extenderán la v delante de... ancianos 8071
Jue 5.30 v de colores para Sísara... v bordadas 7998
2 S 20.12 apartó a Amasa... echó sobre él una v 899
2 R 10.22 dijo al que tenía el cargo de las v 4458
10.22 v para todos los... de Baal... les sacó v 4403
22.14 mujer de Salum hijo... guarda de las v 899
2 Cr 34.22 de Harhas, guarda de las v, la cual 899
Neh 7.70 el gobernador dio... 530 v sacerdotales 3801
7.72 el resto del pueblo... 67 v sacerdotales 3801
Job 30.18 la violencia deforma mi v; me ciñe 3830
38.9 cuando puse yo nubes por v suya, y por 3830
38.14 como barro... viene a estar como con v 3830
41.13 ¿quién descubrirá la... de su v? ¿Quién 3830
Sal 102.26 como una v se envejecerán, como un 899
104.2 el que se cubre de luz como de v, que 8008

133.2 Aarón, y baja hasta el borde de sus v 4060
Pr 31.25 fuerza y honor son su v; y se ríe de 3830
Is 22.21 y lo vestiré de tus v, y lo ceñiré de 3847
30.22 profanarás la... y la v de tus imágenes
49.18 como de v de honra, serás vestida; y de 3847
51.8 como a v los comerá polilla, como a lana 899
59.17 ropas de venganza por v, y se cubrió de 8516
61.10 me vistió con v de salvación, me rodeó 899
Lm 4.14 de modo que no pudiesen tocarse sus v 3830
Ez 28.13 de toda piedra preciosa era tu v; de 4540
42.14 allí dejarán sus v con que ministran 899
44.17 vestirán v de lino; no llevarán sobre 899
44.19 se quitarán las v con que ministraron 899
44.19 para no santificar al pueblo con sus v 899
Zac 3.3 y Josué estaba vestido de v viles, y 899
3.4 habló... diciendo: Quitadle esas v viles 899
Mt 11.8 **¿a un hombre cubierto de v delicada** 2440
11.8 **que llevan v delicadas, en las casas de** 2440
26.65 sumo sacerdote rasgó sus v, diciendo 2440
Mr 14.63 sumo sacerdote, rasgando su v, dijo 5509
Lc 7.25 **¿a un hombre cubierto de v delicadas?** 2440
7.25 **los que tienen v preciosa y viven en** 2441
24.4 aquí... dos varones con v resplandecientes 2067
Jn 20.12 vio a dos ángeles con v blancas, que 2516
Hch 1.10 junto a... dos varones con v blancas 2066
He 1.11 todos ellos se envejecerán como una v 2440
Ap 3.4 **unas pocas... que no han manchado sus v** 2440
3.4 **andarán conmigo en v blancas, porque son** 1742
3.5 **el que venciere será vestido de v blancas** 2440
3.18 **de mí compres... v blancas para vestirte** 2440
6.11 se les dieron v blancas, y se les dijo 4749
19.16 y en su v... tiene escrito este nombre 2440

VESTIR

Gn 3.21 Dios hizo al... túnicas de... y los *vistió* 3847
27.15 Rebeca... *vistió* a Jacob su hijo menor 3847
28.20 y me diere pan... y vestido para *vestir* 3847
38.19 sí, y se *vistió* las ropas de su viudez 3847
41.42 hizo *vestir* de ropas de lino finísimo 3847
Éx 28.41 con ellos *vestirás* a Aarón tu hermano 3847
29.5 y *vestirás* a Aarón la túnica, el manto 3847
29.8 sus hijos, y les *vestirás* las túnicas 3801
29.30 siete días las *vestirá* el que de sus 3847
33.4 *vistieron* luto, y ninguno se puso sus 7896
40.13 y harás *vestir* a Aarón las vestiduras 3847
40.14 sus hijos, y les *vestirás* las túnicas 3847
Lv 6.10 *vestirá* calzoncillos de lino sobre su 4055
8.7 le *vistió* después el manto y puso sobre 4598
8.13 hizo acercarse... les *vistió* las túnicas 3801
16.4 *vestirá* la... túnica santa de lino, y sobre 3847
16.4 ellas se ha de *vestir* después de lavar 3801
16.23 las *vestiduras* de lino que había vestido 3847
16.32 se *vestirá*... las vestiduras de lino, las 3847
Nm 20.26 y *viste* con ellas a Eleazar su hijo 3847
20.28 las *vistió* a Eleazar su hijo, y Aarón 3847
Dt 22.5 no *vestirá* la mujer traje de hombre 8071
22.5 ni el hombre *vestirá*... de mujer; porque es 8162
22.11 no *vestiréis*... de lana y lino juntamente 8162
Rt 3.3 y *vistiéndote* tus vestidos, irás a la 7760
1 S 2.18 ministraba en la... *vestido* de un efod 2296
17.38 y Saúl *vistió* a David con sus ropas, y 4055
22.18 mató... a 85 varones que *vestían* efod de 5375
2 S 1.24 os *vestía* de escarlata con deleites 3830
6.14 estaba David *vestido* con un efod de lino 2296
13.18 *vestían* las hijas vírgenes de los reyes 3801
13.19 ropa de colores de que estaba *vestida* 3801
14.2 te *vistas* ropas de luto, y no te unjas 3847
1 R 22.10 *vestidos* de sus ropas reales, en la 3847
1 Cr 15.27 y David iba *vestido* de lino fino 4598
2 Cr 5.12 levitas cantores... *vestidos* de lino 3847
6.41 *vestidos* de salvación tus sacerdotes, y 3847
18.9 su trono, *vestidos* con sus ropas reales 3847, 3847
18.29 yo me... pero tú *vístete* tus ropas reales 3847
20.21 que cantasen y... *vestidos* de ornamentos
28.15 del despojo *vistieron* a los... desnudos 3847
28.15 *vistieron*, los calzaron, y les dieron 3847
Esd 3.10 los sacerdotes *vestidos* de sus ropas 3847
Est 4.1 se *vistió* de cilicio y de ceniza, y se 3847
4.4 *vestidos* para hacer vestir a Mardoqueo 3847
5.1 se *vistió* Ester su vestido real, y entró 3847
6.8 el *vestido* real de que el rey se viste 3830
6.9 *vistan* a aquel varón cuya honra desea el 3847
6.11 Aman... *vistió* a Mardoqueo, y lo condujo 3830
Job 7.5 mi carne está *vestida* de gusanos, y de 3847
8.22 los que te aborrecen serán *vestidos* de 3847
10.11 *vestiste* de piel y carne, y me tejiste 3847
27.17 preparado él, mas el justo se *vestirá* 3847
29.14 *vestía* de justicia, y ella me cubría 3847
39.19 ¿diste... ¿*vestiste* tú su cuello de crines 3847
40.10 y *vístete* de honra y de hermosura 3847
Sal 35.13 *vestí* de cilicio; afligí con ayuno 3830
35.26 *vístanse* de vergüenza y de confusión 3847
65.13 se *visten* de manadas los llanos, y los 3847
93.1 Jehová reina; se *vistió*... se v, se ciñó 3847
104.1 Jehová Dios... te has *vestido* de gloria 3847
109.18 se *vistió* de maldición como... vestido 3847
109.29 sean *vestidos* de ignominia los que me 3847
132.9 tus sacerdotes se *vistan* de justicia 3847
132.16 *vestiré* de salvación a sus sacerdotes 3847
132.18 a sus enemigos *vestiré* de confusión 3847
Pr 23.21 el sueño hará *vestir* vestidos rotos 3847
31.21 familia está *vestida* de ropas dobles 3847
Cnt 5.3 he desnudado... ¿cómo me he de *vestir*? 3801
Is 3.7 en mi casa ni hay pan, ni qué *vestir* 8071
4.1 pan, y nos *vestiremos* de nuestras ropas 3847
22.12 a raparse el cabello y a *vestir* cilicio 2296
22.21 *vestiré* de tus vestiduras, y lo ceñiré 3847
23.18 para que coman hasta saciarse, y *vistan* 4374

49.18 de vestidura de honra, serás vestida 3847
50.3 visto de oscuridad los cielos, y hago 3847
50.9 envejecerán como ropa de vestir, serán 3847
51.6 la tierra se envejecerá como... de vestir 3847
51.9 vístete de poder, oh brazo de Jehová 3847
52.1 vístete de poder, oh Sion; v tu ropa 3847
59.6 sus telas no servirán para vestir, ni 3847
59.17 de justicia se vistió como de... coraza 3847
61.10 me vistió con vestiduras de salvación 4598
Jer 4.8 por esto vestíos de cilicio, endechad 2296
4.30 aunque te vistas de grana... adornes con 3847
10.9 los vestirán de azul y de púrpura, obra 3830
46.4 limpiad las lanzas, vestíos las corazas 3847
49.3 de Rabá, vestíos de cilicio, endechad 2296
Ez 7.27 el príncipe se vestirá de tristeza, y 3847
9.2 un varón vestido de lino, el cual traía 3847
9.3 y llamó Jehová al varón vestido de lino 3847
9.11 el varón vestido de lino, que tenía el 3847
10.2 y habló al varón vestido de lino, y le 3847
10.6 que al mandar al varón vestido de lino 3847
10.7 las manos del que estaba vestido de lino 3847
16.10 te vestí de bordado, te calcé de tejón 3847
23.6 vestidos de púrpura, gobernadores y 3847
23.12 asirios... capitanes, vestidos de ropas 3847
26.16 ropas bordadas; de espanto se vestirán 3847
34.3 la grosura, y os vestís de la lana; la 3847
42.14 se vestirán otros vestidos, y así se 3847
44.17 entren... se vestirán vestiduras de lino 3847
44.19 y se vestirán de otros vestidos, para 3847
Dn 5.7,16 vestido de púrpura, y un collar de 3848
5.29 vestir a Daniel de púrpura, y poner en 3848
10.5 un varón vestido de lino, y ceñidos sus 3847
12.6 dijo uno al varón vestido de lino, que 3847
12.7 El hombre vestido de lino... sus manos al cielo y 3847
Jl 1.8 llora tú como joven... vestida de cilicio 2296
Jon 3.5 vistieron de cilicio desde el mayor 3847
Nah 2.3 los varones de su... vestidos de grana
Sof 1.8 a... los que visten vestido extranjero 4403
Hag 1.6 os vestís, y no os calentáis; y el que 3847
Zac 3.3 estaba vestido de vestiduras viles, y 3847
3.4 que... te he hecho vestir de ropas de gala 3847
3.5 y le vistieron las ropas. Y el ángel de 3847
13.4 ni nunca más vestirán el manto velloso 155
14.14 y ropas de vestir, en gran abundancia 3847
Mt 3.4 Juan estaba vestido de pelo de camello 1742
6.25 por vuestro cuerpo, qué habéis de vestir 1742
6.29 ni aun Salomón... se vistió así como uno 4016
6.30 la hierba del campo Dios la viste así 294
6.31 no os... qué beberemos, o qué vestiremos 4016
22.11 hombre que no estaba vestido de boda 1742
22.12 entraste... sin estar vestido de boda? 1742
Mr 1.6 Juan estaba vestido de pelo de camello 1746
5.15 sentado, vestido, y en su juicio cabal 2439
6.9 sandalias, y no vistiesen dos túnicas 1746
15.17 le vistieron de púrpura, y... una corona 1746
Lc 8.27 y no vestía ropa, ni moraba en casa 2440
8.35 sentado... vestido, y en su cabal juicio 2439
12.22 no os afanéis... el cuerpo, qué vestiréis 1746
12.27 ni aun Salomón... se vistió como uno de 4016
12.28 y si así viste Dios la hierba que hoy 294
15.22 dijo... Sacad el mejor vestido, y vestidle
16.19 hombre rico, que se vestía de púrpura 1737
23.11 vistiéndole de una ropa espléndida; y 2066
Jn 19.2 le vistieron con un manto de púrpura 2440
Hch 12.21 Herodes, vestido de ropas reales, se 1746
Ro 13.12 obras... vistámonos las armas de la luz 1746
13.14 sino vestíos del Señor Jesucristo, y no 1746
1 Co 12.23 éstos vestimos más dignamente; y los 1746
15.53 corruptible se vista de incorrupción 1746
15.53 y esto mortal se vista de inmortalidad 1746
15.54 cuando esto corruptible se haya vestido 1746
15.54 mortal se haya vestido de inmortalidad 1746
2 Co 5.3 así seremos hallados vestidos, y no 1746
Ef 4.24 y vestíos del nuevo hombre, creado 1746
6.11 vestíos... toda la armadura de Dios, para 1746
6.14 y vestidos con la coraza de justicia 1746
Col 3.12 vestíos, pues, como escogidos de Dios 1746
3.14 sobre todas estas cosas vestíos de amor
1 Ts 5.8 habiéndonos vestido con la coraza de 1746
Ap 1.13 vestido de una ropa que llegaba hasta 4158
3.5 que venciere será vestido de vestiduras 4016
3.18 vestiduras blancas para vestirte, y que 4016
4.4 vi... ancianos, vestidos de ropas blancas 4016
7.9 vestidos de ropas blancas, y con palmas 4016
7.13 éstos que... vestidos de ropas blancas 4016
11.3 dos testigos que profeticen... vestidos de 4016
12.1 una mujer vestida del sol, con la luna 4016
15.6 siete ángeles... vestidos de lino limpio 4016
17.4 y la mujer estaba vestida de púrpura y 4016
18.16 la gran ciudad, que estaba vestida de 4016
19.8 se le ha concedido que se vista de lino 4016
19.13 vestido de una ropa teñida en sangre 4016
19.14 vestidos de lino finísimo... le seguían 4016

VEZ

Gn 4.15 matare a Caín, siete v será castigado 7659
4.24 si siete v será vengado Caín, Lamec en 7659
4.24 Lamec en verdad setenta v siete lo será 7659
18.32 si hablare solamente una v; quizá se 6471
22.15 llamó el ángel de... a Abraham segunda v 8145
24.20 corrió otra v al pozo para sacar agua 5750
26.7 tal v los hombres del lugar lo matarían
27.36 Jacob, pues ya me ha suplantado dos v 6471
29.33,34,35 concibió otra v, y dio a luz un 5750
29.34 ahora esta v se unirá mi marido conmigo 6471
29.35 y dijo: Esta v alabaré a Jehová; por 5750
30.7 concibió otra v Bilha... sierva de Raquel 5750
30.19 concibió Lea otra v, y dio a luz el 5750
30.41 que cuantas v se hallaban en celo las 7194
31.7 me ha cambiado el salario diez v; pero 4489
31.41 así... y has cambiado mi salario diez v 4489
33.3 se inclinó a tierra siete v, hasta que 6471
35.9 apareció otra v Dios a Jacob, cuando 5750
38.4 concibió otra v, y dio a luz un hijo, y 5750
41.5 se durmió de nuevo, y soñó la segunda v
41.32 el suceder el sueño... dos v, significa 8138
43.10 si no nos... hubiéramos ya vuelto dos v 6471
43.18 por el dinero... devuelto... la primera v 8462
43.34 porción de Benjamín era cinco v mayor 3027
Éx 8.32 Faraón endureció aun esta v, su corazón 6471
9.14 yo enviaré esta v todas mis plagas a tu 6471
9.27 dijo: He pecado esta v; Jehová es justo 6471
10.17 perdonéis mi pecado solamente esta v 6471
23.14 tres v en el año me celebraréis fiesta
23.17 tres v en el año se presentará... varón 6471
30.10 hará Aarón expiación una v en el año 259
30.10 una v en el año hará expiación sobre él 259
34.23 tres v en el año... presentará todo varón 7969,6471
34.24 subas para presentarte... tres v en el año 7969,6471
Lv 4.6 rociará de... siete v delante de Jehová 6471
4.17 rociará siete v delante de Jehová hacia 6471
8.11 y roció de él sobre el altar siete v 6471
13.7 deberá mostrarse otra v al sacerdote 8145
13.54 y lo encerrará otra v por siete días
13.58 se lavará segunda v, y... será limpia
14.7 rociará siete v... al que va a ser purificado 6471
14.16 esparcirá... aceite con su dedo siete v 6471
14.27 del aceite... siete v delante de Jehová 6471
14.51 los mojará... y rociará la casa siete v 6471
16.14 esparcirá... siete v de aquella sangre 6471
16.19 esparcirá sobre él... la sangre... siete v 6471
16.34 para hacer expiación una v al año por 259
25.8 y contarás... siete v siete años, de modo 7676
26.18 volveré a castigaros siete v más por
26.21 añadiré sobre... siete v más plagas según
26.24 y os heriré aún siete v por... pecados
26.28 os castigaré aún siete v por... pecados
Nm 10.6 y cuando tocareis alarma la segunda v
10.13 partieron la primera v al mandato de
14.22 otra v en el desierto y no han... obedecer mis
19.4 rociará... con la sangre de ella siete v
20.11 alzó Moisés... y golpeó la peña... dos v 6471
22.15 Balac a enviar otra v más príncipes, y 3254
22.28 ¿qué... que me has azotado estas tres v?
22.32 ¿por qué has azotado tu asna... tres v?
22.33 se ha apartado luego... mí estas tres v
24.1 no fue, como la... segunda v, en busca de 6471
24.10 y he aquí los has bendecido ya tres v
24.23 tomó su parábola otra v, y dijo: ¡Ay!
32.15 provocar otra v la ira del Señor contra Israel 3254
Dt 1.11 os haga mil v más de lo que ahora sois 6471
5.25 si oyéremos otra v la voz de... moriremos
9.19 ira... pero Jehová me escuchó aun esta v 6471
10.10 y Jehová también me escuchó esta v, y 3117
16.16 tres v cada año aparecerá todo varón 6471
Jos 5.2 y vuelve a circuncidar la segunda v a 7725
6.3 yendo alrededor de la ciudad una v, y esto 259
6.15 al séptimo día... dieron vuelta... siete v 6471
6.15 dieron vuelta alrededor de la... siete v 6471
6.16 cuando... tocaron la bocina la séptima v 6471
8.6 dirán: Huyen de nosotros como la primera v
10.42 todos estos reyes... tomó Josué de una v 6471
Jue 2.23 dejó Jehová... sin arrojarlas de una v
6.39 esta v harás que la lana quede seca y que el 6471
9.8 fueron una v los árboles a elegir rey
13.9 y su ángel se le apareció otra v a la mujer 5750
15.3 sin culpa seré esta v respecto de los
16.15 ya me has engañado tres v, y no me has 6471
16.18 venid esta v... me ha descubierto todo su 6471
16.20 se dijo: Esta v saldré como las otras 6471
16.28 solamente esta v... una v tome venganza 6471
20.30 ordenaron la batalla... como las otras v 6471
20.31 matándolos como las otras v por los 6471
Rt 1.14 ellas alzaron otra v su voz y lloraron 5750
1 S 3.6 y Jehová volvió a llamar... v a Samuel 3254
3.8 Jehová, pues, llamó la tercera v a Samuel 3254
3.10 y vino Jehová... y llamó como las otras v 6471
10.22 preguntaron, pues, otra v a Jehová si
18.11 enclavaré... Pero David lo evadió dos v 6471
18.21 dijo... Saúl a David por segunda v: Tú
18.30 v que salían, David tenía más éxito que
19.21 y Saúl volvió a enviar... por tercera v 3254
20.17 y Jonatán hizo jurar a David otra v 3254
20.41 se inclinó tres v postrándose hasta la 6471
2 S 6.22 y aun me haré más vil que esta v
14.25 envió... segunda v, y no quiso venir
17.7 el consejo que ha dado esta v Ahitofel 6471
21.19 hubo otra v guerra en Gob contra los 5750
24.3 añada, al pueblo cien v tanto como son
1 R 9.2 apareció a Salomón la segunda v, como
9.25 ofrecía Salomón tres v cada año... de paz 6471
10.22 una v cada tres años venía la flota de 259
11.9 Jehová... que se le había aparecido dos v 6471
17.21 tendió sobre el niño tres v, y clamó a 6471
18.27 ¡Tal v esté dormido y haya que despertarlo! 194
18.34 hacedlo otra v; y otra v lo hicieron
18.34 tercera v; y lo hicieron la tercera v
18.43 él le volvió a decir: Vuelve siete v 6471
18.44 a la séptima v dijo: Yo veo una... nube
19.7 y volviendo el ángel... la segunda v, lo
20.5 los mensajeros otra v, dijeron: Así dijo 7725
22.16 ¿hasta cuántas v he de exigirte que no 6471
2 R 4.35 el niño estornudó siete v, y abrió 6471
5.10 vé y lávate siete v en el Jordán, y tu 6471
5.14 descendió, y se zambulló siete v en el 6471
6.10 así lo hizo una y otra v con el fin de 8147
10.6 les escribió la segunda v, diciendo: Si
13.18 golpea... la golpeó tres v, y se detuvo
13.19 ahora sólo tres v derrotarás a Siria
13.25 tres v lo derrotó Joás, y restituyó las 6471
1 Cr 11.11 blandió su lanza una v contra 300 6471
15.13 pues como la primera v no lo hicieron ustedes 7223
21.3 aumente su pueblo cien v más de lo que es ahora 6471
29.22 dieron por segunda v la investidura del
2 Cr 8.13 las fiestas solemnes tres v en el año 6471
18.15 le dijo: ¿Hasta cuántas v, te conjuraré 6471
Neh 4.12 nos decían hasta diez v: De todos los 6471
6.4 enviaron a mí... hasta cuatro v, y yo les 6471
6.5 para decir lo mismo por quinta v, con una 6471
9.28 una v que tenían paz, volvían a hacer
9.28 clamaban otra v... muchas v los libraste 6256
13.20 se... v a pasar la noche fuera de Jerusalén 8147
13.21 si lo hacéis otra v, os echaré mano 3138
Est 2.19 las vírgenes eran reunidas la segunda v
5.13 cada vez que veo al judío Mardoqueo sentado
Job 16.2 muchas v he oído cosas como estas
19.3 ya me habéis vituperado diez v; ¿no os 6471
21.17 cuántas v la lámpara de los impíos es
24.22 v que se levante, ninguno está seguro
27.19 rico se acuesta, pero por última v
33.29 hace Dios dos y tres v con el hombre
36.17 en v de sustentar el juicio y la justicia
37.13 unas v por azote, otras por causa de
40.5 ya he hablado una y otra v, y no tengo nada 8147
Sal 12.6 plata refinada... purificada siete v
62.11 una v habló Dios; dos v he oído esto 259
74.8 dijeron en su... Destruyámoslos de una v
78.38 perdonaba la... y apartó muchas v su ira
78.40 ¡cuántas v se rebelaron contra él en
89.35 una v he jurado por mi santidad, y no 259
106.43 muchas v los libró; mas... se rebelaron 6471
119.164 siete v al día te alabo a causa de
Pr 2.19 ni seguirán otra v los senderos de la
6.31 pero si es sorprendido, pagará siete v 7659
7.12 unas v está en la calle, otras v en las
22.20 ¿no te he escrito tres v en consejos
24.16 porque siete v cae el justo, y vuelve
29.22 contiendas, y el furioso muchas v peca 7227
Ec 4.7 volví otra v, y vi vanidad debajo del 7725
6.6 si... viviere mil años dos v, sin gustar 6471
7.22 que tú... dijiste mal de otros muchas v
8.12 el pecador haga mal cien v, y prolongue
Is 3.24 de cilicio, y quemadura en v de hermosura 4228
8.5 otra v volvió Jehová a hablarme, diciendo 3254
9.1 tocaron la primera v a la tierra de Zabulón y 7223
11.11 alzará otra v su mano para recobrar 3254
23.17 y otra v fornicará con todos los reinos del mundo 2181
30.26 la luz del sol siete v mayor, como la 7659
43.19 otra v abriré camino en el desierto, y
60.15 en v de estar abandonada y aborrecida
60.17 en v de bronce traer oro, y por hierro
66.8 ¿nacerá una nación de una v? Pues en 6118
Jer 1.13 vino a mí la palabra... por segunda v
10.18 he aquí que esta v arrojaré con honda 6471
13.3 vino a mí segunda v palabra de Jehová
16.21 les enseñaré esta v, les haré conocer 6471
20.8 cuantas v hablo, doy voces... Violencia
28.13 mas en v de ellos harás yugos de hierro
33.1 vino palabra... a Jeremías la segunda v
Ez 4.6 te acostarás... tu lado derecho segunda v 8145
5.4 tomarás otra v de ellos, y los echarás en 5750
12.3 por si tal v atienden, porque son casa
16.8 y pasé yo otra v junto a ti, y te miré
Dn 1.20 halló diez v mejores que todos los magos
2.7 por segunda v, y dijeron: Diga el rey 8579
3.19 el horno se calentase siete v más de lo
4.27 tal vez será eso... de tu tranquilidad
6.10 se arrodillaba tres v al día, y oraba y 2166
6.13 sino que tres v al día hace su petición 2166
10.18 aquel... me tocó otra v, y me fortaleció 3284
Os 1.6 concibió ella otra v, y dio a luz una 5750
3.1 dijo otra v Jehová: Ve, ama a una mujer
Jon 3.1 vino palabra de... por segunda v a Jonás
Nah 1.9 no tomará venganza dos v de... enemigos 6471
Hag 2.20 vino por segunda v palabra... a Hageo 8145
Zac 12.6 Jerusalén será otra v habitada en su 5750
Mal 2.13 y esta otra v haréis cubrir el altar 8145
Mt 4.8 otra v le llevó el diablo a un monte 3825
9.14 ¿por qué nosotros y... ayunamos muchas v
13.48 y una v llena, la sacan a la orilla; y
17.15 muchas v cae en el fuego, y muchas en 4178
18.19 otra v os digo, que si dos de vosotros
18.21 ¿cuántas v perdonaré a mi hermano que 4212
18.22 siete, sino aun hasta setenta v siete 2034
19.24 otra v os digo, que es más fácil pasar 3825
19.29 recibirá cien v más, y heredará la vida 3825
20.5 salió otra v cerca de las horas sexta y 3825
23.15 una v hecho, le hacéis dos v más hijo 1366
23.37 ¡cuántas v quise juntar a tus hijos 4212
26.34 que el gallo cante, me negarás tres v 5151
26.42 otra v fue, y oró por segunda v... Padre 3825
26.43 otra v y los halló durmiendo, porque los 3825
26.44 oró por tercera v, diciendo las mismas
26.72 Pero él negó otra v con juramento: No conozco 3825
26.75 que cante el gallo, me negarás tres v 5151
27.50 Jesús, habiendo otra v clamado a gran 3825
Mr 2.1 Jesús otra v en Capernaum después de 3825
3.1 otra v entró Jesús en la sinagoga; y había 3825

4.1 otra *v* comenzó Jesús a enseñar junto al *3825*
5.4 muchas *v* había sido atado con grillos y *4178*
5.21 pasando otra *v* Jesús en una barca a la *3825*
7.3 si muchas *v* no se lavan las manos, no *4435*
8.25 le puso otra *v* las manos sobre los ojos *3825*
9.22 muchas *v* le echa en el fuego y... el agua *4178*
10.30 **que no reciba cien *v* más ahora en este** *1542*
11.13 fue a ver si tal *v* hallaba en ella algo
14.30 **haya cantado dos *v*, me negarás tres *v*** *1364*
14.39 otra *v* fue y oró, diciendo las mismas *3825*
14.40 otra *v* los halló durmiendo, porque los *3825*
14.41 **vino la tercera *v*, y les dijo: Dormid**
14.69 viéndole otra *v*, comenzó a decir a los *3825*
14.70 él negó otra *v*... Y poco después, los que *3825*
14.70 que estaban allí dijeron otra *v* a Pedro *3825*
14.72 **y el gallo cantó la segunda *v*... Entonces**
14.72 **gallo cante dos *v*, me negarás tres *v*** *1364,5151*
15.4 otra *v* le preguntó Pilato... diciendo *3825*
15.12 les dijo otra *v*: ¿Qué, pues, queréis *3825*
Lc 5.33 ayunan muchas *v* y hacen oraciones, y *4437*
13.34 **¡cuántas *v* quise juntar a tus hijos** *4212*
14.12 **que ellos a su *v* te vuelvan a convidar** *479*
17.4 **si siete *v* al día pecare contra ti, y** *2034*
17.4 **siete *v* al día volviere a ti, diciendo** *2034*
18.12 **ayuno dos *v* a la semana, doy diezmos** *1364*
22.32 **una *v* vuelto, confirma a tus hermanos**
22.34 **que tú niegues tres *v* que me conoces** *5151*
22.61 **que el gallo cante, me negarás tres *v*** *5151*
23.20 habló otra *v* Pilato, queriendo soltar *3825*
23.22 dijo por tercera *v*: ¿Pues qué mal ha
Jn 1.35 el siguiente día otra *v* estaba Juan *3825*
3.4 ¿puede acaso entrar por segunda *v* en el *1208*
4.3 salió de Judea, y se fue otra *v* a Galilea *3825*
4.46 vino, pues, Jesús otra *v* a Caná de Galilea *3825*
8.12 **otra *v* Jesús les habló, diciendo: Yo soy** *3825*
8.21 **otra *v* les dijo Jesús: Yo me voy, y me** *3825*
9.27 he dicho... ¿por qué lo queréis oír otra *v*? *3825*
10.39 procuraron otra *v* prenderle, pero él se *3825*
11.7 **a los discípulos: Vamos a Judea otra *v*** *3825*
11.8 judíos apedrearle, ¿y otra *v* vas allá? *3825*
11.38 Jesús, profundamente conmovido otra *v* *3825*
12.28 **glorificado, y lo glorificaré otra *v*** *3825*
13.38 **gallo, sin que me hayas negado tres *v*** *5151*
14.3 **si me fuere... vendré otra *v*, y os tomaré** *3825*
16.28 **otra *v* dejo el mundo, y voy al Padre** *3825*
18.2 muchas *v* Jesús se había reunido allí con *4178*
18.27 negó Pedro otra *v*; y en seguida cantó *3825*
18.38 salió otra *v* a los judíos, y les dijo *3825*
19.4 Pilato salió otra *v*, y les dijo: Mirad *3825*
19.9 y entró otra *v* en el pretorio, y dijo a *3825*
20.21 **Jesús les dijo otra *v*: Paz a vosotros** *3825*
20.26 estaban otra *v* sus discípulos dentro, y *3825*
21.1 se manifestó otra *v* a sus discípulos *3825*
21.14 esta era ya la tercera *v* que Jesús se
21.16 **decirle la segunda *v*: Simón, hijo de** *3825*
21.17 **le dijo la tercera *v*: Simón, hijo de**
21.17 que le dijese la tercera *v*: ¿Me amas?
Hch 5.39 seáis tal *v* hallados luchando contra
7.12 oyó... envió a nuestros padres la primera *v*.... *4412*
7.45 recibido a su *v* por nuestros padres, lo
10.15 volvió la voz a él la segunda *v*: Lo que *3825*
10.16 se hizo tres *v*; y aquel lienzo volvió a *5151*
11.9 la voz me respondió del... por segunda *v*
11.10 y esto se hizo tres *v*, y volvió todo a *5151*
11.26 les llamó cristianos por primera *v*
en Antioquía *4412*
15.14 contado cómo Dios visitó por primera *v* *4412*
17.32 ya te oiremos acerca de esto otra *v* *3825*
18.21 pero otra *v* volveré a vosotros, si Dios *3825*
24.26 muchas *v* lo hacía venir y hablaba con *4437*
26.11 y muchas *v*, castigándolos... los forcé a *4178*
27.17 y una *v* subido a bordo usaron de
Ro 1.13 muchas *v*... he propuesto ir a vosotros *4178*
6.10 al pecado murió una *v* por todas; mas en *2178*
8.15 de esclavitud para estar otra *v* en temor *3825*
15.10 otra *v* dice: Alegraos, gentiles, con su *3825*
15.11 otra *v*: Alabad al Señor... los gentiles *3825*
15.12 otra *v* dice Isaías: Estará la raíz de *3825*
15.22 me he visto impedido muchas *v* de ir a
15.24 iré... una *v* que haya gozado con vosotros *4412*
1 Co 3.20 *v*: El Señor conoce los pensamientos *3825*
11.25 **haced esto... las *v* que la bebiereis, en** *3740*
11.26 todas las *v* que comiereis este pan, y *3740*
15.6 apareció a más de quinientos... a la *v*, de *2178*
2 Co 1.16 pasar... desde Macedonia venir otra *v* *3825*
2.1 no ir otra *v* a vosotros con tristeza *3825*
3.1 ¿comenzamos otra *v* a recomendarnos a *3825*
4.17 un cada *v* más excelente y eterno peso de
5.12 no nos recomendamos, pues, otra *v*... sino *3825*
8.22 comprobado repetidas *v* en muchas cosas *4178*
11.16 otra *v* digo: Que nadie me tenga por loco *3825*
11.23 azotes... en peligros de muerte muchas *v* *4178*
11.24 cinco *v* he recibido cuarenta azotes *3999*
11.25 tres *v* he sido azotado con varas; una *5151*
11.25 una *v* apedreado; tres *v* he... naufragio *5151*
11.26 caminos muchas *v*; en peligros de ríos *5151*
12.8 tres *v* he rogado al Señor, que lo quite *5151*
12.14 por tercera *v* estoy preparado para ir
13.1 esta es la tercera *v* que voy a vosotros
13.2 digo otra *v* como si estuviera presente *4302*
13.2 que si voy otra *v*, no seré indulgente *3825*
Ga 2.1 pasados... subí otra *v* a Jerusalén *3825*
3.15 un pacto... una *v* ratificado, nadie lo
5.1 libres, y no estéis otra *v* sujetos al yugo *3825*
5.3 y otra *v* testifico a todo hombre que se *3825*
Fil 1.26 mi presencia otra *v* entre vosotros *3825*
3.18 dije muchas *v*... son enemigos de la cruz *3740*
4.4 regocijaos en... Otra *v* digo: ¡Regocijaos! *3825*
4.16 a Tesalónica me enviasteis una y otra *v* *1364*
1 Ts 2.18 quisimos ir... yo Pablo... una y otra *v* *1364*
2 Ts 2.7 que él a su *v* sea quitado de en medio
2 Ti 1.16 porque muchas *v* me confortó, y no se *4178*
He 1.1 habiendo hablado muchas *v* y de muchas
1.5 otra *v*: Yo seré a él padre, y él me será *3825*
1.6 otra *v*, cuando introduce al Primogénito en *3825*
2.13 y otra *v*: Yo confiaré en él... Y de nuevo *3825*
4.5 y otra *v* aquí: No entrarán en mi reposo *3825*
4.7 otra *v* determina un día: Hoy, diciendo *3825*
6.1 adelante... no echando otra *v* el fundamento ... *3825*
6.4 que una *v* fueron iluminados y gustaron de *530*
6.6 otra *v* renovados para arrepentimiento *3825*
6.7 bebe la lluvia que muchas *v* cae sobre ella *4178*
7.27 porque esto lo hizo una *v* para siempre *2178*
9.7 sólo el sumo sacerdote una *v* al año, no *530*
9.12 entró una *v* para siempre en el Lugar *2178*
9.25 no para ofrecerse muchas *v*, como entra *4178*
9.26 padecer muchas *v* desde el principio del *4178*
9.26 una *v* para siempre por el sacrificio de *530*
9.27 mueran una sola *v*, y después de esto el *530*
9.28 fue ofrecido una sola *v* para llevar los *530*
9.28 y aparecerá por segunda *v*, sin relación *530*
10.2 limpios una *v*, no tendrían... conciencia *530*
10.10 ofrenda del cuerpo de Jesucristo una *v* *2178*
10.11 y ofreciendo muchas *v* los... sacrificios *4178*
10.12 habiendo ofrecido una *v* para siempre un *3391*
10.30 y otra *v*: El Señor juzgará a su pueblo *3825*
12.26 aún una *v*, y conmoveré no solamente la *530*
12.27 frase: Aún una *v*, indica la remoción de *530*
Stg 3.2 todos ofendemos muchas *v*... Si alguno no
5.18 otra *v* oró, y el cielo dio lluvia, y la *3825*
1 P 3.18 también Cristo padeció una sola *v* por *530*
3.20 cuando una *v* esperaba la paciencia de *530*
2 P 2.20 enredándose otra *v* en... son vencidos *3825*
Jud 3 por la fe que ha sido una *v* dada a los *530*
5 que una *v* lo habéis sabido, que el Señor *530*
12 sin fruto, dos *v* muertos y desarraigados *1364*
Ap 10.8 la voz... habló otra *v* conmigo, y dijo *3825*
10.11 necesario que profetices otra *v* sobre *3825*
11.6 para herir la tierra... cuantas *v* quieran *4178*
19.3 otra *v*, dijeron: ¡Aleluya! Y el humo de *1208*

VÍA

2 Cr 23.19 ninguna *v*, entrase ningún inmundo 935
Is 10.26 vara... como hizo por la *v* de Egipto 1870
Ez 42.4 había un corredor... una *v* de un codo
43.4 la gloria... entró... por la *v* de la puerta 1870
48.1 por la *v* de Hetlón viniendo a Hamat 4774
1 Co 7.6 esto digo por *v* de concesión, no por *2596*

VIAJAR

Jue 5.10 y vosotros los que *viajáis*, hablad 1980
Ez 39.14 vayan por el país con los que *viajen* 5674
Ap 18.17 y todos los que *viajan* en naves, y

VIAJE

Gn 24.21 si Jehová había prosperado su *v*, o no 1870
28.20 y me guardare en este *v* en que voy, y 1870
Nm 9.10 o estuviere de *v* lejos, celebrará la 1870
9.13 que estuviere limpio, y no estuviere de *v* 1870
Jue 18.5 si ha de prosperar este *v* que hacemos 1870
1 S 21.5 aunque el *v* es profano; ¿cuánto más 1870
Neh 2.6 cuánto durará tu *v*, y cuándo volverás? 4106
Pr 7.19 el marido no está... ha ido a un largo *v* 1870
Lc 11.6 **un amigo mío ha venido a mí de *v*, y no** *3598*
Ro 1.10 tenga... próspero *v* para ir a vosotros *2137*
3 Jn 6 encaminarlos... para que continúen su *v*

VIANDA

Gn 27.9 haré de ellos *v* para tu padre, como a 4303
43.34 José tomó *v* de delante de sí para ellos 4864
Lv 3.11 *v* es de ofrenda encendida para Jehová 3899
3.16 *v* es de ofrenda... se quema en olor grato 3899
5.13 será del sacerdote, como la ofrenda de *v* 4503
Nm 28.24 *v* y ofrenda encendida en olor grato 3899
2 S 13.5 prepare delante de mí alguna *v*, para 3899
2 Cr 9.4 y las *v* de su mesa, las habitaciones 3978
Job 12.11 las palabras, y el paladar gusta las *v* 400
Os 9.3 que volverá Efraín... comerán *v* inmunda
Hag 2.12 con el vuelo de ella tocare pan, o *v* 5138
1 Co 3.2 os di a beber leche, y no *v*; porque *1033*
6.13 las *v* para el... y el vientre para las *v* *1033*
8.4 de las *v* que se sacrifican a los ídolos *1035*
8.8 si bien la *v* no nos hace más aceptos ante *1035*
He 13.9 no con *v*, que nunca aprovecharon a los *1033*

VÍBORA

Gn 49.17 Dan... *v* junto a la senda, que muerde 5175
Job 20.16 veneno de áspides... matará lengua de *v* 660
Is 11.8 extenderá su mano... la caverna de la *v* 6848
30.6 el león, la *v* y la serpiente que vuela 660
59.5 huevos de... y si los apretaren, saldrán *v* 660
Mt 3.7 ¡generación de *v*! ¿Quién os enseñó a huir *2191*
12.34 **¡generación de *v*! ¿Cómo podéis hablar** *2191*
23.33 **generación de *v*! ¿Cómo escaparéis de la** *2191*
Lc 3.7 ¡oh generación de *v*! ¿Quién os enseñó *2191*
Hch 28.3 *v*, huyendo del calor, se le prendió *2191*
28.4 los naturales vieron la *v* colgando de su *2342*
28.5 él, sacudiendo la *v* en el fuego, ningún *2342*

VIBRAR

Is 16.11 mis entrañas *vibrarán* como arpa por 1993

VICIADO

Ef 4.22 despojaos del viejo hombre... está *v* *5351*

VICIO

Pr 2.14 se huelgan en las perversidades del *v* 8419
Dn 6.4 y ningún *v* ni falta fue hallado en él 8419
Jud 7 ido en pos de *v* contra naturaleza, fueron *8419*

VÍCTIMA

Gn 31.54 Jacob inmoló *v* en el monte, y llamó 2077
Éx 12.27 la *v* de la pascua de Jehová, el cual 2077
23.18 ni la grosura de mi *v* quedará... mañana 2077
Lv 7.2 el lugar... degollarán la *v* por la culpa
14.13 la *v* por el pecado... la *v* por la culpa
14.14 sacerdote tomará de la sangre de la *v*
1 S 15.22 ¿se complace Jehová tanto en los... *v* 2077
1 R 8.62 rey... sacrificaron *v* delante de Jehová 2077
1 Cr 29.21 y sacrificaron *v* a... y ofrecieron a 2077
2 Cr 7.1 consumió el holocausto y las *v*; y la 2077
7.4 rey y... sacrificaron *v* delante de Jehová 2077
35.11 pascua... y los levitas desollaban las *v*
Neh 12.43 sacrificaron aquel día numerosas *v* 2077
Sal 118.27 atad *v* con... a los cuernos del altar 2282
Pr 9.2 mató sus *v*, mezcló su vino, y puso su 2874
Jer 7.22 no hablé... de *v* el día que los saqué 2077
11.15 de las *v* pueden evitarte el castigo?
Ez 20.28 sacrificaron sus *v*, y allí presentaron 2077
21.10 para degollar *v* está afilada, pulida
39.17 de todas partes a mi *v* que sacrifico 2077
39.19 hasta embriagaros de sangre de las *v* 2076
40.41 mesas sobre las cuales degollarán las *v*
40.43 y sobre las mesas la carne de las *v* 7133
44.11 matarán el holocausto y la *v* para el 2077
Os 5.2 y haciendo *v* han bajado... lo profundo 7846
Hch 7.42 me ofrecisteis *v* y sacrificios en el *4968*

VICTORIA

2 S 8.6,14 dio la *v* a David... dondequiera que 3467
19.2 y se volvió aquel día la *v* en luto para 8668
23.10 aquel día Jehová dio una gran *v*, y el 8668
23.12 y lo defendió... y Jehová dio una gran *v* 8668
1 Cr 11.14 Jehová los favoreció con una gran *v* 8668
18.6 Jehová daba la *v*, a David dondequiera que ... 3467
29.11 tuya es... el poder, la gloria, la *v* y el 5331
Sal 144.10 tú, el que da *v* a los reyes, el que 8668
Pr 21.31 alista... mas Jehová es el que da la *v* 8668
24.6 en la multitud de consejeros está la *v* 8668
Hab 3.8 cuando montaste en... tus carros de *v*? 3444
Mt 12.20 caña... hasta que saque a *v* el juicio *3534*
1 Co 15.54 escrita: Sorbida es la muerte en *v* *3534*
15.55 tu aguijón? ¿Dónde, oh sepulcro, tu *v*? *3534*
15.57 nos da la *v* por medio de nuestro Señor *3534*
1 Jn 5.4 esta es la *v* que ha vencido al mundo *3529*
Ap 15.2 habían alcanzado la *v* sobre la bestia *3528*

VICTORIOSO

Jue 11.31 a recibirme, cuando regrese *v* de los 7965

VID

Gn 40.9 yo soñaba que veía una *v* delante de mí 1612
40.10 y en la *v* tres sarmientos; y ella como 1612
49.11 atando a la *v* su pollino, y a la cepa 1612
Nm 6.4 todo lo que se hace de la *v*... no comerá 3196
Dt 8.8 de trigo y cebada, de *v*, higueras y 1612
32.32 de la *v* de Sodoma es la *v* de ellos, y 1612
Jue 9.12 dijeron luego los árboles a la *v*... ven 1612
9.13 *v* les respondió: ¿He de dejar mi mosto 1612
13.14 no tomará nada que proceda de la *v*; no 1612
2 R 18.31 a mí, y coma cada uno de su *v* 1612
Job 15.33 perderá su agraz como la *v*, y... flor 1612
Sal 80.8 hiciste venir una *v* de Egipto; echaste 1612
128.3 tu mujer será como *v* que lleva fruto a 1612
Cnt 2.13 higos, y las *v* en cierne dieron olor 1612
6.11 ver si brotaban las *v*, si florecían los 1612
7.8 que tus pechos sean como racimos de *v*, y 1612
7.12 Veamos si brotan las *v*, si están en cierne 3754
Is 5.2 despedregado y plantado de *v* escogidas 8321
7.23 lugar donde había mil *v* que valían mil 8321
16.8 Hesbón fueron talados, y las *v* de Sibma 8321
24.7 perdió el vino, enfermó la *v*, gimieron 1612
32.12 los campos deleitosos, por la *v* fértil 1612
Jer 2.21 te planté de *v* escogida, simiente 8321
2.21 te me has vuelto sarmiento de *v* extraña? 1612
6.9 rebuscarán como a *v* el resto de Israel 1612
8.13 no quedarán uvas en la *v*, ni higos en la 1612
48.32 con llanto de... lloraré por ti, oh *v* de 1612
Ez 15.2 hijo de... ¿qué es la madera de la *v* más 1612
15.6 la madera de la *v* entre los árboles del 1612
17.6 brotó, y se hizo una *v* de mucho ramaje 1612
17.6 que se hizo una *v*, y arrojó sarmientos 1612
17.7 esta *v* juntó cerca de ella sus raíces, y 1612
17.8 diese fruto, y para que fuese *v* robusta 1612
19.10 tu madre fue como una *v* en medio de la 1612
Os 2.12 haré talar sus *v* y sus higueras, de 1612
14.7 como trigo, y florecerán como la *v*; su 1612
Jl 1.7 asoló mi *v*, y descortezó mi higuera 1612
1.12 la *v* está seca, y pereció la higuera; el 1612
2.22 fruto, la higuera y la *v* darán sus frutos 1612
Mi 4.4 y se sentará cada uno debajo de su *v* y 1612
Hab 3.17 la higuera no florezca, ni en las *v* 1612
Hag 2.19 ni la *v*, ni la higuera... florecido 1612
Zac 3.10 convidará a... debajo de su *v* y debajo 1612
8.12 *v* dará su fruto, y dará su producto la 1612
Mal 3.11 ni vuestra *v* en el campo será estéril 1612
Mt 26.29 **no beberé más de este fruto de la *v*** *288*
Mr 14.25; Lc 22.18 **no beberé más... de la *v*** *288*
Jn 15.1 **yo soy la *v* verdadera, y mi Padre es** *288*
15.4 **llevar fruto... si no permanece en la *v*** *288*
15.5 **yo soy la *v*, vosotros los pámpanos; el** *288*
Stg 3.12 ¿puede acaso producir... la *v* higos? *288*

VIDA

Gn 1.30 y a toda bestia de la... en que hay *v* 2416
2.7 Jehová... sopló en su nariz aliento de *v* 2416
2.9 el árbol de *v* en medio del huerto, y el 2416
3.14 y polvo comerás todos los días de tu *v* 2416
3.17 con dolor comerás de... los días de tu *v* 2416

3.22 tome...del árbol de la v, y coma, y viva........ 2416
3.24 para guardar el camino del árbol de la v...... 2416
6.17 carne en que haya espíritu de v debajo........ 2416
6.19 en el arca, para que tengan v contigo......... 2421
6.20 dos...entrarán contigo, para que tengan v.... 2421
7.11 el año seiscientos de la v de Noé, en el........ 2416
7.15 toda carne en que había espíritu de v......... 2416
7.22 tenía aliento de espíritu de v...murió.......... 2416
9.4 carne con su v...su sangre, no comeréis........ 5315
9.5 porque...demandaré la sangre de vuestras v... 5315
9.5 del varón su...demandaré la v del hombre..... 5315
12.12 me matarán...y a ti te reservarán la v....... 2421
18.10 y según el tiempo de la v, he aquí que........ 2416
18.14 y según el tiempo de la v, Sara tendrá........ 2416
19.17 escapa por tu v; no mires tras ti, ni........... 5315
19.19 que habéis hecho conmigo dándome la v..... 5315
19.20 dejadme escapar ahora...y salvaré mi v..... 2421
23.1 fue la v de Sara 127 años...la v de Sara....... 2416
25.17 fueron los años de la v de Ismael 137......... 2416
27.46 fastidio tengo de mi v...qué quiero la v?...... 2416
38.7 Er...fue malo ante...le quitó Jehová la v...... 4191
38.10 desagradó...a él también le quitó la v........ 4191
44.30 si...como su v está ligada a la v de él......... 5315
45.5 porque para preservación de v me envió
45.7 daros v por medio de gran liberación......... 2421
47.8 ¿cuántos son los días...los años de tu v?
47.9 pocos y malos han sido...los años de mi v..... 2416
47.9 y no han llegado a...los años de la v de........ 2416
47.25 ellos respondieron: La v nos has dado........ 2421
47.28 y fueron los días de Jacob, los años de su vida... 3117
50.20 Dios...mantener en v a mucho pueblo....... 2421
Éx 1.14 amargaron su v con dura servidumbre........ 2416
1.17 sino que preservaron la v a los niños......... 2421
1.18 que habéis preservado la v a los niños?....... 2421
1.22 nazca, y a toda hija preservad la v............ 2421
6.16 los años de la v de Leví fueron 137 años....... 2416
6.18 los años de la v de Coat fueron 133 años...... 2416
6.20 años de la v de Amram fueron 137 años....... 2416
21.23 mas si hubiere muerte...pagarás v por v...... 5315
Lv 17.11 la v de la carne en la sangre está............. 5315
17.14 porque la v de toda carne es su sangre....... 5315
18.18 descubriendo su desnudez delante de
ella en su v.................................... 2416
19.16 no atentarás contra la v de tu prójimo
Nm 14.38 Josué hijo...y Caleb...quedaron con v...... 2421
31.15 ¿por qué habéis dejado con v...mujeres?..... 2421
31.18 a todas las niñas...las dejaréis con v........ 2421
35.31 no tomaréis precio por la v...homicida....... 5315
Dt 4.9 ni se aparten...todos los días de tu v.......... 2416
4.42 que huyendo a una de estas...salvase su v..... 2425
6.2 sus estatutos y...todos los días de tu v.......... 2416
6.24 que nos conserve la v, como hasta hoy........ 2421
12.23 la sangre es la v, y no comerás la v........... 5315
16.3 que todos los días de tu v te acuerdes......... 2416
17.19 y leerá en él todos los días de su v........... 2416
19.21 y no le compadecerás; v por v, ojo por........ 5315
20.16 de las...ninguna persona dejarás con v...... 2421
22.26 se levanta contra su...y le quita la v
24.6 sería tomar en prenda la v del hombre........ 5315
24.15 pues es pobre, y con él sustenta su v
27.25 soborno para quitar la v al inocente
28.66 tu v como algo que pende delante de ti....... 2416
28.66 pende...y no tendrás seguridad de tu v...... 2416
30.15 he puesto delante de ti hoy la v y el......... 2416
30.19 escoge, pues, la v para que vivas tú......... 2416
30.20 él es v para ti, y prolongación de tus........ 2416
32.47 porque no es cosa vana; es vuestra v......... 2416
Jos 1.5 hacer frente en todos los días de tu v......... 2416
2.13 salvaréis la v a mi padre y a mi padre......... 2421
2.13 y que libraréis nuestras v de la muerte........ 5315
2.14 nuestra v responderá por la vuestra, si........ 5315
4.14 y le temieron...todos los días de su v......... 2416
6.25 Josué salvó la v de Rahab la ramera, y........ 2421
9.15 Josué hizo paz con...concediéndoles la v...... 2421
9.21 concediéndoles la v, según les habían......... 2421
9.24 temimos...nuestras v a causa de vosotros..... 5315
10.28,30,32,35,37(2) todo lo que en ella tenía v....... 5315
10.39 destruyeron todo lo que allí...tenía v........ 5315
10.40 lo que tenía v lo mató, como Jehová........... 5397
11.11 mataron a...todo cuanto en ella tenía v..... 5315
11.14 destruirlos, sin dejar alguno con v........... 5397
Jue 5.18 de Zabulón expuso su v a la muerte.......... 5315
8.19 que si les hubierais conservado la v, yo........ 2416
9.17 y expuso su v al peligro para libraros......... 5315
12.3 arriesgué mi v, y pasé contra...de Amón....... 5315
16.30 que los que había matado durante su v....... 2416
18.25 y pierdas también tu v y la v de los.......... 5315
1 S 1.11 dedicaré a Jehová...los días de su v.......... 2416
2.6 Jehová mata, y él da v...hace descender al..... 2416
15.35 nunca...vio Samuel a Saúl en toda su v...... 2416
18.18 qué es mi v...que yo sea yerno del rey?...... 2416
19.5 pues él tomó su v en su mano, y mató al....... 5315
19.11 si no salvas tu v esta noche, mañana
20.1 cuál mi pecado...para que busque mi v?...... 5315
22.23 quien buscare mi v, buscará...la tuya........ 5315
23.15 que Saúl había salido en busca de su v........ 5315
24.11 sin embargo, tú andas a caza de mi v........ 5315
25.22 suyo no he de dejar con v ni un varón
25.29 atentar contra tu v...la v de mi señor........ 2416
25.29 él arrojará la v de tus enemigos como........ 2416
25.34 no le hubiera quedado con v a Nabal ni
26.21 porque mi v ha sido estimada preciosa....... 5315
26.24 tu v ha sido estimada...así sea mi v a........ 5315
27.9 David...no dejaba con v hombre ni mujer...... 2421
27.11 ni hombre ni mujer dejaba David con v...... 2421
28.2 yo te constituiré guarda de...toda mi v........ 2421
28.9 ¿por qué, pues, pones tropiezo a mi v......... 5315
28.21 he aquí...he arriesgado mi v, y he oído....... 5315
2 S 1.9 y me mates...mi v está aun toda en mi......... 5315
1.23 Saúl y...inseparables en su v, tampoco en..... 2416
8.2 un cordel entero para preservarles la v........ 2421
11.11 por v tuya, y por v de tu alma, que yo........ 2416
14.7 para que le hagamos morir por la v de........ 5317
14.14 ni Dios quita la v, sino que provee
15.21 o para muerte o para v, donde mi señor...... 2416
16.11 mi hijo que...acecha mi v; ¿cuánto más...... 5315
17.3 tú buscas solamente la v de un hombre
18.13 habría yo hecho traición contra mi v......... 5315
18.18 y en v, Absalón había tomado y erigido....... 2416
19.5 han librado tu v, y la v de tus hijos y.......... 5315
19.5 librado...v de tus mujeres, y la v de tus........ 5315
23.17 varones que fueron con peligro de su v?..... 5315
1 R 1.12 mi consejo, para que conserves tu v.......... 5315
2.23 que contra su v ha hablado Adonías estas..... 5315
3.11 ni pediste la v de tus enemigos, sino.......... 5315
11.34 lo retendré por rey...los días de su v......... 2416
15.5 en todos los días de su v, salvo en lo.......... 2416
15.6 hubo guerra entre...todos los días de su v..... 2416
15.14 corazón de Asa fue perfecto...toda su v....... 3117
16.34 a precio de la v de Abiram...v de Segub
18.5 que conservemos la v a los caballos y a........ 2421
19.3 se levantó y se fue para salvar su v, y......... 5315
19.4 quítame la v, pues no soy yo mejor que........ 5315
19.10,14 sólo...y me buscan para quitarme la v.... 5315
20.31 rey...a ver si por ventura te salva la v........ 5315
20.39 llegare a huir, tu v será por la suya.......... 5315
20.42 tu v será por la suya, y tu pueblo por......... 5315
2 R 1.13 sea de valor...mi v, y la v de estos............ 5315
1.14 sea estimada...mi v delante de tus ojos........ 5315
5.7 ¿soy yo Dios, que mate y dé v, para que......... 2421
7.4 si ellos nos dieren la v, viviremos; y si.......... 2421
7.7 y así se...habían huido para salvar sus v........ 5315
10.24 dejare vivo a...v será por la del otro......... 2421
25.29 y comió...delante de él...días de su v......... 2416
25.30 fue dada su comida...los días de su v......... 2416
1 Cr 11.19 ¿había yo de beber...la v de estos.......... 5315
11.19 que con peligro de sus v la han traído?....... 5315
2 Cr 1.11 y no pediste...ni la v de los que te........... 5315
Esd 6.10 oren por la v del rey y por sus hijos......... 2417
9.8 y darnos un...de v en nuestra servidumbre..... 4241
9.9 se nos diese v para levantar la casa de......... 4241
Neh 6.11 entraría al templo...salvarse la v?........... 2425
Est 7.3 séame dada mi v por mi petición, y mi......... 5315
7.7 para suplicarle a la reina Ester por su v........ 5315
8.11 que se...estuviesen a la defensa de su v........ 5315
9.16 también...se pusieron en defensa de su v..... 5315
Job 2.4 lo que el hombre tiene dará por su v.......... 5315
2.6 aquí, él está en tu mano; mas guarda su v..... 2416
3.20 se da luz...y v a los de ánimo amargado....... 2416
3.23 ¿por qué se da v al hombre que no sabe
7.1 ¿no es...brega la v del hombre sobre la........ 6635
7.7 acuérdate que mi v es un soplo, y que mis...... 2416
7.16 abomino de mi v; no he de vivir...siempre..... 2416
9.21 no haría caso de mí...despreciaría mi v........ 2416
10.1 está mi alma hastiada de mi v; daré libre...... 2416
10.12 v y misericordia me concediste, y tu.......... 2416
11.17 la v te será más clara que el mediodía........ 2465
13.14 mis dientes, y tomaré mi v en mi mano?...... 5315
24.22 levante, ninguno está seguro de la v......... 2416
27.8 ¿cuál es...cuando Dios le quitare la v?........ 5315
33.4 hizo, y el soplo del Omnipotente me dio v...... 2421
33.18 su alma...su v de que perezca a espada....... 2416
33.20 que le hace que su v aborrezca el pan........ 2416
33.22 alma...su v a los que causan la muerte....... 2416
33.28 redimirá su alma...su v, se verá en luz....... 2416
36.6 no otorgará v al impío, pero a los...dará...... 2421
36.14 fallecerá...y su v entre los sodomitas........ 2416
Sal 7.5 el enemigo...huelle en tierra mi v, y.......... 2416
16.11 me mostrarás la senda de la v; en tu......... 2416
17.9 de la vista de...enemigos que buscan mi v..... 2416
17.14 cuya porción la tienen en esta v, y cuyo..... 2416
21.4 v te demandó, y se la diste; largura de........ 2416
22.20 libra...alma, del poder del perro mi v........ 5315
22.29 que no puede conservar la v a su propia..... 5315
23.6 me seguirán todos los días de mi v, y en....... 2416
26.9 alma, ni mi v con hombres sanguinarios....... 2416
27.1 temeré? Jehová es la fortaleza de mi v........ 2416
27.4 en la casa de Jehová...los días de mi v........ 2416
30.3 me diste v para que no descendiese a......... 2416
30.5 será su ira, pero su favor dura toda la v........ 2416
31.10 porque mi v se va gastando de dolor, y........ 2416
31.13 consultan juntos...idean quitarme la v........ 5315
33.19 y para darles v en tiempo de hambre......... 2416
34.12 ¿quién es el hombre que desea v, que........ 2416
35.4 sean avergonzados...los que buscan mi v..... 5315
35.17 rescata mi alma de...mi v de los leones...... 3173
36.9 contigo está el manantial de la v; en tu........ 2416
38.12 los que buscan mi v arman lazos, y los........ 5315
40.14 confundidos...los que buscan mi v para....... 5315
41.2 Jehová lo guardará, y le dará v; será.......... 5315
42.8 conmigo, y mi oración al Dios de mi v......... 2416
49.8 la redención de su v es de gran precio......... 5315
49.15 Dios redimirá mi v del poder del Seol........ 5315
54.3 hombres violentos buscan mi v; no han........ 5315
54.4 Señor está con los que sostienen mi v......... 5315
57.4 v está entre leones; estoy echado entre....... 5315
59.3 están acechando mi v; se han juntado......... 5315
63.3 mejor es tu misericordia que la v; mis......... 2416
63.4 así te bendeciré en mi v; en tu nombre........ 2416
64.1 queja; guarda mi v del temor del enemigo...... 2416
66.9 es quien preservó la v a nuestra alma......... 5315
70.2 sean...confundidos los que buscan mi v........ 5315
71.20 volverás a darme v...me levantarás de los
72.13 tendrá...y salvará la v de los pobres......... 5315
78.50 no eximió la v de ellos de la muerte.......... 2416
78.50 sino que entregó su v a la mortandad........ 5315
80.18 v nos darás, e invocaremos tu nombre
85.6 ¿no volverás a darnos v, para que tu.......... 2421
86.14 y conspiración de...ha buscado mi v, y....... 5315
88.3 está hastiada...y mi v cercana al Seol......... 2416
89.48 ¿librará su v del poder del Seol?............. 2421
91.16 lo saciaré de larga v, y le mostrare........... 3117
94.6 matan, y a los huérfanos quitan la v
94.21 se juntan contra la v del justo, y.............. 5315
103.4 el que rescata del hoyo tu v, el que.......... 2416
104.15 el pan que sustenta la v del hombre
104.33 a Jehová cantaré en mi v; a mi Dios......... 2416
119.109 mi v está de continuo en peligro, mas...... 5315
128.5 veas el bien de...todos los días de tu v....... 2416
133.3 allí envía Jehová bendición, y v eterna....... 2416
142.4 no...refugio, ni hay quien cuide de mi v...... 5315
143.3 el enemigo...ha postrado en tierra mi v...... 2416
146.2 alabaré a Jehová en mi v; cantaré...Dios..... 2416
Pr 1.19 la cual quita la v de sus poseedores........... 5315
2.19 ni seguirán otra vez...senderos de la v........ 2416
3.2 de días y años de v y paz te aumentarán....... 2416
3.18 árbol de v a los que de ella echan mano....... 2416
3.22 serán v a tu alma, y gracia a tu cuello......... 2416
4.10 hijo mío...se te multiplicarán años de v....... 2416
4.13 retén el consejo...porque eso es tu v.......... 2416
4.22 son v a los que las hallan, y medicina.......... 2416
4.23 guarda tu corazón; porque de él...la v......... 2416
5.6 no los...si no considerares el camino de v...... 2416
6.23 y camino de v las reprensiones que te......... 2416
7.23 no sabe que es contra su v hasta que.......... 5315
8.35 el que me halle, hallará la v, y...favor......... 2416
9.11 aumentarán...y años de v se te añadirán..... 2416
10.11 manantial de v es la boca del justo.......... 2416
10.16 obra del justo es para v; mas el fruto......... 2416
11.19 como la justicia conduce a la v, así el......... 2416
11.30 el fruto del justo es árbol de v; y el.......... 2416
12.10 el justo cuida de la v de su bestia; mas....... 5315
12.28 en el camino de la justicia está la v.......... 2416
13.8 el rescate de la v del hombre está en.......... 5315
13.12 pero árbol de v es el deseo cumplido.......... 2416
13.14 la ley del sabio es manantial de v para....... 2416
14.27 el temor de Jehová es manantial de v......... 2416
14.30 el corazón apacible es v de la carne.......... 2416
15.4 la lengua apacible es árbol de v; mas.......... 2416
15.24 el camino de la v es hacia arriba al........... 2416
15.31 que escucha las amonestaciones de la v...... 2416
16.15 alegría del rostro del rey está la v............ 2416
16.17 su v guarda el que guarda su camino......... 5315
16.22 manantial de v es el entendimiento al........ 2416
18.21 la muerte y la v están en poder de la......... 2416
19.23 el temor de Jehová es para v, y con él........ 2416
21.21 hallará la v, la justicia y la honra............ 2416
22.4 riqueza, honra y v son la remuneración....... 2416
31.12 da ella bien...todos los días de su v.......... 2416
Ec 2.3 en el cual se ocuparan...días de su v........... 2416
2.17 aborrecí, por tanto, la v, porque la obra....... 2416
3.12 cosa mejor que...y hacer bien en su v......... 2416
5.17 todos los días de su v comerá en tinieblas..... 3117
5.18 todos los días de su v que Dios le ha......... 2416
5.20 porque no se acordará...los días de su v...... 2416
6.12 sabe cuál es el bien del hombre en la v....... 2416
6.12 todos los días de la v de su vanidad, los........ 2416
7.12 sabiduría excede...da v a sus poseedores..... 2416
8.15 que esto le quede de...los días de su v........ 2416
9.3 de insensatez en su corazón durante su v...... 2416
9.9 goza de la v con la mujer que amas, todos...... 2416
9.9 todos los días de la v de tu vanidad que........ 2416
9.9 porque esta es tu parte en la v, y en tu......... 2416
Is 38.12 como tejedor corté mi v; me cortará.......... 2416
38.16 en todas ellas está la v de mi espíritu......... 2416
38.17 mas a ti agradó librar mi v del hoyo.......... 2421
38.20 cánticos...todos los días de nuestra v........ 2416
43.4 daré, pues, hombres...naciones por tu v...... 5315
47.14 no salvarán sus v del poder de la llama
53.10 Puesto su v en expiación por el pecado....... 5315
53.12 cuanto derramó su v hasta la muerte, y...... 5315
Jer 4.30 te menospreciarán tus...buscarán tu v........ 5315
8.3 escogerá la muerte antes que la v todo el...... 2416
11.21 los varones de Anatot que buscan tu v....... 5315
17.21 guardaos por...v de llevar carga en el
19.7 y en las manos de los que buscan sus v........ 5315
19.9 los estrecharán...los que buscan sus v......... 5315
21.7 en mano de...y de los que buscan sus v........ 5315
21.8 pongo delante de vosotros camino de v........ 2416
21.9 el que...vivirá, y su v le será por despojo...... 5315
22.25 en mano de los que buscan tu v, y en......... 5315
22.30 nada próspero...en todos los días de su v.... 3117
34.20,21 y en mano de los que buscan su v.......... 5315
38.2 vivirá...su v le será por botín...vivirá......... 5315
38.16 mano de estos varones que buscan tu v...... 5315
39.18 te libraré, y...tu v te será por botín........... 5315
44.30 los que buscan su v...que buscaba su v....... 5315
45.5 a ti te daré tu v por botín en todos los........ 5315
46.26 en mano de los que buscan su v, en mano.... 5315
48.6 salvad vuestra v...y sed como retama en...... 5315
49.37 Elam se intimide delante...buscan su v........ 5315
51.6 huid...y librad cada uno su v, para que........ 5315
51.45 y salvad cada uno su v del ardor de la......... 5315
52.33 comía...mesa del rey...los días de su v........ 2416
52.34 durante todos los días de su v, hasta......... 2416
Lm 1.11 dieron...cosas...para entretener la v......... 5315
1.19 buscando comida...con que entretener su v... 5315
2.19 a él implorando la v de tus pequeñitos......... 5315
3.53 mi v en cisterna, pusieron piedra sobre....... 2416
3.58 abogaste...la causa de...redimiste mi v....... 5315
4.20 el aliento de nuestras v, el ungido de......... 2421
4.20 dicho: A su sombra tendremos v entre las..... 2421

V

5.9 con peligro de nuestras v traíamos...pan 5315
Ez 7.13 iniquidad ninguno podrá amparar su v 2416
13.18 para mantener así vuestra propia v? 2421
13.19 dando v a...personas que no deben vivir 2421
14.14 librarían únicamente sus propias v 5315
14.20 ellos...librarían solamente sus propias v 5315
16.5 arrojada sobre...con menosprecio de tu v 5315
17.17 edifiquen torres para cortar muchas v 5315
33.5 mas el que se apercibiere librará su v 5315
33.9 él morirá por su...pero tú libraste tu v 5315
33.15 caminare en los estatutos de la v, no 2416
Dn 5.19 y a quien quería daba v; engrandecía 2418
5.23 el Dios en cuya mano está tu v, y cuyos 5396
7.12 había sido prolongada la v hasta cierto 2417
9.26 y después de...se quitará la v al Mesías
12.2 serán despertados, unos para v eterna 2416
Os 6.2 nos dará v después de dos días; en el 2421
Am 2.14 el ligero...ni el valiente librará su v 5315
2.15 ni el que cabalga en caballo salvará su v 5315
Jon 1.14 perezcamos nosotros por la v de este 5315
2.6 mas tú sacaste mi v de la sepultura, oh 2416
4.3 me quites la v...mejor...muerte que la v 5315
4.8 mejor sería para mí la muerte que la v 2416
Hab 2.10 asolaste...y has pecado contra tu v 5315
Mal 2.5 mi pacto con él fue de v y de paz, las 2416
Mt 6.25 **os digo: No os afanéis por vuestra v** *5590*
6.25 **¿no es la v más que el alimento, y el** *5590*
7.14 **y angosto el camino que lleva a la v, y** 2222
10.39 **que halla su v...pierde su v por causa** *5590*
16.25 **el que quiera salvar su v, la perderá** *5590*
16.25 **el que pierda su v por causa de mí, la** *5590*
18.8 **mejor te es entrar en la v cojo o manco** 2222
18.9 **mejor...es entrar con un solo ojo en la v** 2222
19.16 ¿qué bien haré para tener la v eterna? 2222
19.17 **si quieres entrar en la v, guarda los** 2222
19.29 **cien veces más, y heredará la v eterna** 2222
20.28 **y para dar su v en rescate por muchos** *5590*
25.46 **irán éstos...y los justos a la v eterna** 2222
Mr 3.4 **¿es lícito en...salvar la v, o quitarla?** *5590*
8.35 **el que quiera salvar su v, la perderá; y** *5590*
8.35 **el que pierda su v por causa de mí y del** *5590*
9.43 **mejor te es entrar en la v manco, que** 2222
9.45 **córtalo; mejor te es entrar a la v cojo** 2222
10.17 ¿qué haré para heredar la v eterna? 2222
10.30 **reciba...en el siglo venidero la v eterna** 2222
10.45 **y para dar su v en rescate por muchos** *5590*
Lc 6.9 **¿es lícito en...salvar la v, o quitarla?** *5590*
8.14 **son ahogados por los...placeres de la v** *979*
9.24 **quiera salvar su v...el que pierda su v** *5590*
10.25 ¿haciendo qué cosa heredaré la v eterna? 2222
12.5 **aquel que después de haber quitado la v**
12.15 **la v de un hombre no consiste en** *5100*
12.22 **os digo: No os afanéis por vuestra v** *5590*
12.23 **la v es más que la comida, y el cuerpo** *5590*
14.26 **no aborrece...su propia v, no puede ser** *5590*
16.25 **recibiste tus bienes en tu v, y Lázaro** 2222
17.33 **el que procure salvar su v, la perderá** *5590*
18.18 ¿qué haré para heredar la v eterna? 2222
18.30 **recibir...el siglo venidero la v eterna** 2222
21.34 **no se carguen...de los afanes de esta v** *982*
Jn 1.4 en él estaba la v, y la v era la luz de 2222
3.15,16 **cree, no se pierda, mas tenga v eterna** 2222
3.36 el que cree en el Hijo tiene v eterna 2222
3.36 que rehúsa creer en el Hijo no verá la v 2222
4.14 **fuente de agua que salte para v eterna** 2222
4.36 **el que siega...recoge fruto para v eterna** 2222
5.21 **levanta a los muertos, y les da v, así** 2227
5.21 **también el Hijo a los que quiere da v** 2227
5.24 **y cree al que me envió, tiene v eterna** 2222
5.24 **no vendrá...mas ha pasado de muerte a v** 2222
5.26 **como el Padre tiene v en sí mismo, así** 2222
5.26 **así también ha dado al Hijo el tener v** 2222
5.29 **lo bueno, saldrán a resurrección de v** 2222
5.39 **porque...os parece que en ellas tenéis la v** 2222
5.40 **no queréis venir a mí para que tengáis v** 2222
6.27 **por la comida que a v eterna permanece** 2222
6.33 **que descendió del cielo y da v al mundo** 2222
6.35 **yo soy el pan de v; el que a mí viene** 2222
6.40 **al Hijo, y cree en él, tenga v eterna** 2222
6.47 **digo: El que cree en mí, tiene v eterna** 2222
6.48 **yo soy el pan de v** 2222
6.51 **mi carne, la cual yo daré por la v del** 2222
6.53 **carne...y bebéis su sangre, no tenéis v** 2222
6.54 **come mi carne y bebe mi sangre, tiene v**
eterna 2222
6.63 **el espíritu es el que da v; la carne** 2222
6.63 **yo os he hablado son espíritu y son v** 2222
6.68 Señor...Tú tienes palabras de v eterna 2222
8.12 **el que me sigue...tendrá la luz de la v** 2222
10.10 **yo he venido para que tengan v, y para** 2222
10.11 **el buen pastor su v da por las ovejas** *5590*
10.15 **al Padre; y pongo mi v por las ovejas** *5590*
10.17 **ama el Padre, porque yo pongo mi v** *5590*
10.28 **y yo les doy v eterna; y no perecerán** 2222
11.25 **yo soy la resurrección y la v; el que** 2222
12.25 **el que ama su v, la perderá; y el que** *5590*
12.25 **el que aborrece su v...para v eterna la** *5590*
12.50 **sé que su mandamiento es v eterna...Así** 2222
13.37 puedo seguir ahora? Mi v pondré por ti *5590*
13.38 ¿tu v pondrás por mí? De cierto...digo *5590*
14.6 **yo soy el camino, y la verdad, y la v** 2222
15.13 **amor...que uno ponga su v por sus amigos** *5590*
17.2 **potestad...para que dé v eterna a todos** 2222
17.3 **esta es la v eterna: que te conozcan a** 2222
20.31 que creyendo...tengáis v en su nombre 2222
Hch 2.28 hiciste conocer los caminos de la v 2222
3.15 y matasteis al Autor de la v, a quien 2222
5.20 anunciad, todas las palabras de esta v 2222
7.38 y que recibió palabras de v que darnos *2198*
8.33 porque fue quitada de la tierra su v 2222
11.18 ha dado Dios arrepentimiento para v! 2222
13.46 y no os juzgáis dignos de la v eterna 2222
13.48 los que estaban ordenados para v eterna 2222
15.26 que han expuesto su v por el nombre de *5590*
17.25 él es quien da a todos v y aliento y 2222
20.24 caso, ni estimo preciosa mi v para mí *5590*
26.4 mi v, pues...la conocen todos los judíos *981*
27.22 no habrá ninguna pérdida de v entre *5590*
Ro 2.7 v eterna a los...buscan gloria y honra 2222
4.17 de Dios...el cual da v a los muertos, y
5.10 reconciliados, seremos salvos por su v 2222
5.17 mucho más reinarán en v por uno solo 2222
5.18 vino a todos los...la justificación de v 2222
5.21 la gracia reine por la justicia para v 2222
6.4 así también nosotros andemos en v nueva 2222
6.22 santificación, y como fin, la v eterna 2222
6.23 la dádiva de Dios es v eterna en Cristo 2222
7.3 si en v del marido se uniere a otro varón 2222
7.10 el mismo mandamiento que era para v, a 2222
8.2 la ley del Espíritu de v en Cristo Jesús 2222
8.6 pero el ocuparse del Espíritu es v y paz 2222
8.38 ni la v, ni ángeles, ni principados, ni 2222
11.15 ¿qué será su admisión, sino v de entre 2222
16.4 expusieron su v por mí; a los cuales no *5590*
1 Co 3.22 la v, sea la muerte, sea lo presente 2222
6.3 ¿o no...¿cuánto más las cosas de esta v? *982*
6.4 si...tenéis juicios sobre cosas de esta v *982*
15.19 si en esta v solamente esperamos en 2222
2 Co 1.8 aun perdimos la esperanza de...la v *2198*
2.16 muerte, y a aquéllos olor de v para v 2222
4.10 también la v de Jesús se manifieste en 2222
4.11 la v de Jesús se manifieste en nuestra 2222
4.12 la muerte actúa en...y en vosotros la v 2222
5.4 para que lo mortal sea absorbido por la v 2222
Gá 6.8 siembra...del Espíritu segará v eterna 2222
Ef 2.1 y él os dio v...cuando estabais muertos
2.5 muertos...nos dio v juntamente con Cristo *4806*
4.18 ajenos de la v de Dios por la ignorancia 2222
6.3 para que te vaya bien, y seas de larga v *2071,3118*
Fil 1.20 será magnificado...por v o por muerte 2222
2.16 asidos de la palabra de v, para que en 2222
2.30 exponiendo su v para suplir lo que faltaba *5590*
4.3 cuyos nombres están en el libro de la v 2222
Col 2.13 muertos...os dio v juntamente con él *4806*
3.3 vuestra v está escondida con Cristo en 2222
3.4 cuando Cristo, vuestra v, se manifieste 2222
1 Ts 2.8 no sólo...también nuestras propias v *5590*
1 Ti 1.16 que habrían de creer en él para v 2222
4.8 pues tiene promesa de esta v presente, y 2222
6.12 la fe, echa mano de la v eterna, a la cual 2222
6.13 de Dios, que da v a todas las cosas, y de 2227
6.19 por venir, que echen mano de la v eterna 2222
2 Ti 1.1 según la promesa de la v que es en 2222
1.10 sacó a luz la v y la inmortalidad por el 2222
2.4 milita se enreda en los negocios de la v *979*
Tit 1.2 en la esperanza de la v eterna, la cual 2222
3.7 conforme a la esperanza de...v eterna 2222
He 2.15 estaban durante toda la v sujetos a *2198*
7.3 ni tiene principio de días, ni fin de v 2222
7.16 según el poder de una v indestructible 2222
Stg 1.12 recibirá la corona de v, que Dios ha 2222
4.14 que es vuestra v? Ciertamente es neblina 2222
1 P 3.7 como a coherederas de la gracia de la v 2222
3.10 que quiere amar la v y ver días buenos 2222
2 P 1.3 todas las cosas que pertenecen a la v 2222
1 Jn 1.1 hemos visto...tocante al Verbo de v 2222
1.2 la v fue manifestada, y la hemos visto 2222
2.16 la vanagloria de la v no proviene del *979*
2.25 y esta es la promesa que...la v eterna 2222
3.14 sabemos que hemos pasado de muerte a v 2222
3.16 él puso su v...debemos poner nuestras v *5590*
5.11 dado v eterna; y esta v está en su Hijo 2222
5.12 el que tiene al Hijo, tiene la v; el que 2222
5.13 para que sepáis que tenéis v eterna, y 2222
5.16 alguno viere...pedirá, y Dios le dará v 2222
5.20 Este es el verdadero Dios, y la v eterna 2222
Jud 21 misericordia...Jesucristo para v eterna 2222
Ap 2.7 **le daré a comer del árbol de la v, el** 2222
2.10 **sé fiel...y yo te daré la corona de la v** 2222
3.5 **y no borraré su nombre del libro de la v** 2222
7.17 Cordero...guiará a fuentes de aguas de v *2198*
11.11 pero...entró en ellos el espíritu de v 2222
12.11 y menospreciaron sus v hasta la muerte *5590*
13.8 no estaban escritos en el libro de la v 2222
17.8 no están escritos...en el libro de la v 2222
20.12 fue abierto, el cual es el libro de la v 2222
20.15 el que no se halló...en el libro de la v 2222
21.6 le daré...de la fuente del agua de la v 2222
21.27 que están inscritos en el libro de la v 2222
22.1 me mostró un río limpio de agua de v 2222
22.2 en medio de la calle...el árbol de la v 2222
22.14 para tener derecho al árbol de la v, y 2222
22.17 tome del agua de la v gratuitamente 2222
22.19 Dios quitará su parte del libro de la v 2222

VIDENTE

1 S 9.9 decía así: Venid y vamos al v; porque 7200
9.9 llama profeta, entonces se le llamaba v 7200
9.11 a las cuales dijeron...en este lugar el v? 7200
9.18 que me enseñes dónde está la casa del v 7200
9.19 yo soy el v; sube delante de mí al...alto 7200
2 S 15.27 ¿no eres tú el v? Vuelve en paz a 7200
24.11 palabra de Jehová al...Gad, v de David 2374
2 R 17.13 amonestó...por medio de todos...los v 2374
1 Cr 9.22 los cuales constituyó...Samuel el v 7200
21.9 habló Jehová a Gad, v de David, diciendo 2374
25.5 Hernán, v del rey en las cosas de Dios 2374
26.28 había consagrado el v Samuel, y Saúl 7200
29.29 el libro de las crónicas de Samuel v 7200
29.29 escritos...y en las crónicas de Gad v 2374
2 Cr 9.29 escritos...en la profecía del v Iddo 2374
12.15 escritas en los libros...y del v Iddo 2374
16.7 vino el v Hanani a Asa rey de Judá, y le 7200
16.10 se enojó Asa contra el v y lo echó en 7200
19.2 le salió al encuentro el v Jehú hijo de 2374
29.25 mandamiento...de Gad v del rey, y del 2374
29.30 con las palabras de David y de Asaf v 2374
33.18 de Manasés...y las palabras de los v que 2374
33.19 están escritas en las palabras de los v 2374
35.15 al mandamiento...de Jedutún v del rey 2374
Is 29.10 velo sobre las cabezas de vuestros v 2374
30.10 que dicen a los v: No veáis; y a los 7200
Am 7.12 Amasías dijo...V, vete, huye a...Judá 2374

VIDRIO

Ap 4.6 delante del trono había...un mar de v *5193*
15.2 vi...como un mar de v mezclado con fuego *5193*
15.2 en pie sobre el mar de v, con las arpas *5193*
21.18 la ciudad era de oro...semejante al v *5194*
21.21 era de oro puro, transparente como v *5194*

VIEJO,A

Gn 18.11 Abraham y Sara eran v...edad avanzada 2205
18.12 tendré deleite, siendo...mi señor ya v? 1086
18.13 cierto que he de dar a luz siendo ya v? 2204
19.4 los varones...el más joven hasta el más v 2205
19.31 nuestro padre es v, y no queda varón en 2204
24.1 Abraham ya v, y bien avanzado en años 2204
24.2 dijo Abraham a un criado suyo, el más v 2205
27.2 aquí ya soy v, no sé el día de mi muerte 2204
35.29 y exhaló Isaac el...v y lleno de días 2205
49.9 así como león v: ¿quién lo despertará? 3833
Éx 10.9 hemos de ir...niños y con nuestros v 2205
Jos 6.21 y destruyeron...mujeres, jóvenes y v 5288
9.4 tomaron sacos v sobre...y cueros v de vino 1087
9.5 y zapatos v y recosidos...con vestidos v 1087
9.13 nuestros vestidos...zapatos están ya v 1086
13.1 Josué ya v...Jehová le dijo...eres ya v 2204
23.1 Josué, siendo ya v y avanzado en años 2204
23.2 les dijo: Yo ya soy v y avanzado en años 2204
Jue 19.16 un hombre v que venía de su trabajo 2205
19.17 y alzando el v los ojos, vio a aquel 2205
Rt 1.12 porque yo ya soy v para tener marido 2204
1 S 2.22 Elí era muy v; y oía...que sus hijos 2204
4.18 Elí cayó...porque era hombre v y pesado 2204
12.2 yo soy ya v y lleno de canas; pero mis 2204
17.12 era v y de gran edad entre los hombres 2204
1 R 1.1 el rey David era v y avanzado en días 2204
1.15 y el rey era muy v, y Abisag...le servía 2204
11.4 Salomón era ya v, sus mujeres inclinaron 2209
13.11 moraba...en Bet-el un v profeta, al cual 2205
13.25 en la ciudad donde el v profeta habitaba 2205
13.29 y el profeta v vino a la ciudad, para 2205
2 R 4.14 ella no tiene hijo, y su marido es v 2204
1 Cr 23.1 siendo...David ya v y lleno de días 2204
Neh 3.6 la puerta Y fue restaurada por Joiada 3465
12.39 puerta de Efraín hasta la puerta V y a 3465
Job 4.11 el león v perece por falta de presa
32.4 había esperado...otros eran más v que él 2205
42.17 y murió Job v y lleno de días 2205
Sal 119.100 más que los v he entendido, porque 2204
Pr 17.6 corona de los v son los nietos, y la 2205
22.6 aun cuando fuere v no se apartará de él 2204
Ec 4.13 rey v y necio que no admite consejos 2205
Cnt 7.9 vino...hace hablar los labios de los v 3463
Is 22.11 foso...para las aguas del estanque v 3465
65.20 no habrá...ni v que sus días no cumpla 2205
Jer 6.11 será preso...el v como el muy anciano 2205
31.13 alegrará..]os jóvenes y los v juntamente 2205
38.11 tomó de allí trapos v y ropas raídas y 5499
38.12 pon ahora esos trapos v y ropas raídas 5499
51.22 medio de ti quebrantaré v y jóvenes, y 2205
Lm 2.21 niños y v yacían por tierra en...calles 2205
4.16 apartó...ni tuvieron compasión de los v 2205
5.12 manos; no respetaron el rostro de los v 2205
Ez 9.6 matad a v, jóvenes y vírgenes, niños 2205
Mi 9.16 remiendo de paño nuevo en vestido v 3820
9.17 ni echan vino nuevo en odres v; de otra 3820
13.52 saca de...tesoro cosas nuevas y cosas v 3820
Mr 2.21 **remiendo de paño nuevo en vestido v** *3820*
2.21 **el mismo remiendo nuevo tira de lo v, y** *3820*
2.22 **y nadie echa vino nuevo en odres v; de** *3820*
Lc 1.18 soy v, y mi mujer es de edad avanzada *4246*
5.36 **nadie...lo pone en un vestido v; pues si** *3820*
5.36 **que el remiendo...no armoniza con el v** *3820*
5.37 **y nadie echa vino nuevo en odres v; de** *3820*
Jn 3.4 ¿cómo puede un hombre nacer siendo v? *1088*
8.9 salían...comenzando desde los más v hasta *4245*
21.18 **cuando ya seas v, extenderás tus manos** *1095*
Ro 6.6 v hombre fue crucificado juntamente con *3820*
7.6 nuevo...no bajo el régimen v de la letra *3821*
1 Co 5.7 limpiaos, pues, de la v levadura, para *3820*
5.8 que celebremos la...no con la v levadura *3820*
2 Co 5.17 las cosas v pasaron; he aquí todas *744*
Ef 4.22 de vivir, despojaos del v hombre, que *3820*
Col 3.9 habiéndoos despojado del v hombre con *3820*
1 Ti 4.7 desecha las fábulas profanas y de v *1126*
He 8.13 al decir: Nuevo pacto, ha dado por v *3822*
8.13 lo que se da por v y se envejece, está *1095*

VIENTO

Gn 8.1 e hizo pasar Dios un v sobre la tierra 7307
41.6,23 siete espigas menudas y abatidas del v
41.27 siete espigas...marchitas del v solano
Éx 10.13 Jehová trajo un v oriental sobre el 7307

10.13 al venir la mañana el *v* oriental trajo........ 7307
10.19 Jehová trajo un fortísimo *v* occidental........ 7307
14.21 el mar se retirase por recio *v* oriental........ 7307
15.10 soplaste con tu *v*; los cubrió el mar.......... 7307
Nm 11.31 vino un *v*... trajo codornices del mar........ 7307
2 S 22.11 cabalgó... voló sobre las alas del *v*.......... 7307
1 R 18.45 cielos se oscurecieron con nubes y *v*......... 7307
19.11 un poderoso *v*... Jehová no estaba en el *v*.... 7307
19.11 y tras el *v* un terremoto; pero Jehová......... 7307
2 R 3.17 no veréis *v*, ni veréis lluvia; pero............. 7307
Job 1.19 un gran *v* vino del lado del desierto.......... 7307
6.26 los discursos de un... que son como el *v*?...... 7307
8.2 palabras de tu boca... como *v* impetuoso?...... 7307
15.2 sabio... llenará su vientre de *v* solano?........ 7307
21.18 como la paja delante del *v*, y como el......... 7307
28.25 al dar paso al *v*, y poner las aguas por 7307
30.15 sobre mí; combatieron como *v* mi honor 7307
30.22 sobre el *v*, me hiciste cabalgar en él.......... 7307
37.9 torbellino, y el frío de los *v* del norte
37.17 él sosiega la tierra con el *v* del sur?
37.21 luz... luego que pasa el *v* y los limpia......... 7307
38.24 se esparce el *v* solano sobre la tierra?
41.16 se junta con el... *v* no entra entre ellos 7307
Sal 1.4 que son como el tamo que arrebata el *v* 7307
11.6 y *v* abrasador será la porción del cáliz........ 7307
18.10 cabalgó... y voló... sobre las alas del *v*........ 7307
18.42 y los molí como polvo delante del *v*........... 7307
35.5 sean como el tamo delante del *v*, y el.......... 7307
48.7 con *v* solano quiebras tú las naves de 7307
55.8 apresuraría a escapar del *v* borrascoso........ 7307
78.26 cielo, y trajo con su poder el *v* sur
83.13 ponlos... como hojarascas delante del *v*...... 7307
103.16 que pasó el *v* por ella, y pereció, y........... 7307
104.3 nubes... que anda sobre las alas del *v*........ 7307
104.4 el que hace a los *v* sus mensajeros, y 7307
107.25 hizo levantar un *v* tempestuoso, que 7307
135.7 hace los... saca de sus depósitos los *v*........ 7307
147.18 soplará su *v*, y fluirán las aguas............ 7307
148.8 *v* de tempestad que ejecuta su palabra 7307
Pr 11.29 el que turba su casa heredará *v*; y el 7307
25.14 nubes y *v* sin lluvia, así es el hombre 7307
25.23 el *v* del norte ahuyenta la lluvia, y el 7307
27.16 pretender contenerla es... refrenar el *v*...... 7307
30.4 ¿quién encerró los *v* en sus puños... ató 7307
Ec 1.6 *v* tira hacia el sur, y rodea al norte 7307
1.6 va... y a sus giros vuelve el *v* de nuevo.......... 7307
11.4 el que al *v* observa, no sembrará: y el 7307
11.5 tú no sabes cuál es el camino del *v*, o.......... 7307
Is 7.2 como... árboles del monte a causa del *v* 7307
17.13 el tamo de los montes delante del *v*, y 7307
26.18 tuvimos dolores de parto, dimos a luz *v* 7307
27.8 los remueve con su recio *v* en el día del 7307
32.2 escondedero contra el *v*, y como refugio....... 7307
40.7 flor se marchita... el *v* de Jehová sopló 7307
41.16 y los llevará el *v*, y los esparcirá el 7307
41.29 *v* y vanidad son sus imágenes fundidas....... 7307
57.13 a todos ellos llevará el *v*, un soplo los........ 7307
64.6 y nuestras maldades nos llevaron como *v* 7307
Jer 2.24 asna montés... en su ardor olfatea el *v*........ 7307
4.11 *v* seco de las alturas del desierto vino 7307
4.12 *v* más vehemente que este vendrá a mí......... 7307
5.13 los profetas serán como *v* porque no hay...... 7307
10.13 la lluvia, y saca el *v* de sus depósitos 7307
13.24 los esparciré al *v* del desierto, como.......... 7307
14.6 los asnos... aspiraban el *v* como chacales 7307
18.17 como *v* solano los esparciré delante del 7307
22.22 a todos tus pastores pastoreará el *v*.......... 7307
49.32 y los esparciré por todos los *v*... ruina........ 7307
49.36 traeré sobre Elam los cuatro *v* de los.......... 7307
49.36 y los aventaré a todos estos *v*; y no 7307
51.1 levanto un *v* destruidor contra Babilonia...... 7307
51.16 él hace relámpagos... y saca el *v* de sus 7307
Ez 1.4 y miré, y he aquí venía del norte un *v*
5.2 una tercera parte esparcirás al *v*, y yo 7307
5.10 y esparciré a todos los *v* todo lo que.......... 7307
5.12 tercera parte esparciré a todos los *v* 7307
12.14 sus tropas, esparciré a todos los *v*............ 7307
13.11 hagan caer, y *v* tempestuoso la romperá 7307
13.13 que la rompa *v* tempestuoso con mi ira 7307
17.10 ¿no se secará... cuando el *v*... la toque?....... 7307
17.21 queden serán esparcidos a todos los *v*......... 7307
19.12 el *v* solano secó su fruto; sus ramas 7307
27.26 *v* solano te quebrantó en medio de los........ 7307
37.9 espíritu, ven de los cuatro *v*, y sopla 7307
Dn 2.35 los llevó el *v* sin que de ellos quedara 7308
7.2 que los cuatro *v* del cielo combatían en......... 7308
8.8 salieron... hacia los cuatro *v* del cielo......... 7307
11.4 repartido hacia los cuatro *v* del cielo 7307
Os 4.19 el *v* los ató en sus alas, y de sus 7307
8.7 porque sembraron *v*, y torbellino segaran...... 7307
12.1 Efraín... apacienta de *v*, y sigue al solano....... 7307
13.15 aunque... vendrá el solano, *v* de Jehová 7307
Am 4.9 os herí con *v* solano y con oruga; la............ 7307
4.13 el que forma los montes, y crea el *v* 7307
Jon 1.4 Jehová hizo levantar un gran *v* en el 7307
4.8 preparó Dios un recio *v* solano, y el sol......... 7307
Hag 2.17 os herí con *v* solano, con tizoncillo............ 7711
Zac 2.6 por los cuatro *v* de... cielos os esparcí 7307
5.9 traían *v* en sus alas, y tenían alas como......... 7307
6.5 son los cuatro *v* de los cielos, que salen 7307
Mt 7.25 **soplaron *v*, y golpearon contra... casa** *417*
7.27 **soplaron *v*, y dieron con ímpetu contra**........ *417*
8.26 levantándose, reprendió a los *v* y al mar........ *417*
8.27 éste, que aun los *v* y el mar le obedecen? *417*
11.7 **a ver al... ¿Una caña sacudida por el *v*?**....... *417*
14.24 por las olas; porque el *v* era contrario *417*
14.30 al ver el... *v*, tuvo miedo; y comenzando *417*
14.32 cuando ellos subieron en... se calmó el *v*........ *417*
24.31 **juntarán a... escogidos, de los cuatro *v*** *417*
Mr 4.37 se levantó una gran tempestad de *v*, y *417*
4.39 y levantándose, reprendió al *v*, y dijo *417*
4.39 y cesó el *v*, y se hizo grande bonanza *417*
4.41 éste, que aun el *v* y el mar le obedecen? *417*
6.48 fatiga, porque el *v* les era contrario *417*
6.51 y se calmó el *v*; y ellos se asombraron *417*
13.27 **juntará a... escogidos de los cuatro *v*** *417*
Lc 7.24 **de Juan... ¿Una caña sacudida por el *v*?** *417*
8.23 se desencadenó una tempestad de *v* en el....... *417*
8.24 reprendió al *v* y a las olas; y cesaron *417*
8.25 que aun a los *v* y a las aguas manda, y.......... *417*
12.55 **cuando sopla el *v* del sur, decís: Hará** *417*
Jn 3.8 **el *v* sopla de donde quiere, y oyes su** *4151*
6.18 y se levantaba el mar con un gran *v* que........ *417*
Hch 2.2 vino... un estruendo como de un *v* recio *4157*
27.4 de Chipre, porque los *v* eran contrarios *417*
27.7 nos impedía el *v*, navegamos a sotavento *417*
27.14 dio contra la nave un *v* huracanado *417*
27.15 la nave, y no pudiendo poner proa al *v* *417*
27.40 izada al *v* la vela de proa, enfilaron *4154*
28.13 soplando el *v* sur, llegamos... a Puteoli
Ef 4.14 llevados por doquiera de todo *v* de.............. *417*
Stg 1.6 que es arrastrada por el *v* y echada de *416*
3.4 las naves... llevadas de impetuosos *v*, son........ *417*
Jud 12 nubes sin agua, llevadas de... por los *v* *417*
Ap 6.13 la higuera... sacudida por un fuerte *v* *417*
7.1 que detenían los cuatro *v* de la tierra........... *417*
7.1 para que no soplase *v*... sobre la tierra *417*

VIENTRE

Gn 25.24 de dar a luz... había gemelos en su *v*.......... 990
30.2 ¿soy yo Dios... te impidió el fruto de tu *v*?....... 990
49.25 con bendiciones de los pechos y del *v* 7356
Nm 5.21 tu muslo caiga y que tu *v* se hinche............ 990
5.22 y hagan hinchar tu *v* y caer tu muslo 990
5.27 su *v* se hinchará y caerá su muslo; y la 990
12.12 que al salir del *v* de su madre, tiene 7358
25.8 alanceó a ambos... y a la mujer por su *v*....... 6897
Dt 7.13 bendecirá el fruto de tu *v* y el fruto............ 990
28.4 bendito el fruto de tu *v*, el fruto de tu 990
28.11 sobreabundar en... en el fruto de tu *v* en 990
28.18 maldito el fruto de tu *v*, el fruto de 990
28.53 comerás el fruto de tu *v*, la carne de........... 990
30.9 y te hará... abundar... en el fruto de tu *v*........ 990
Jue 3.21 tomó el puñal... se lo metió por el *v*............ 990
3.22 porque no sacó el puñal de su *v*; y salió......... 990
16.17 porque soy nazareo de Dios desde el *v* de 990
Rt 1.11 volveos... ¿Tengo yo más hijos en el *v*.......... 4578
2 R 8.12 abrirás el *v* a sus mujeres que estén 1234
15.16 abrió el *v* a... sus mujeres que estaban 1234
Job 1.21 dijo: Desnudo salí del *v* de mi madre........... 990
3.10 no cerró las puertas del *v* donde... estaba 990
3.11 ¿por qué no morí... expiré al salir del *v*?........ 990
10.19 como si... llevado del *v* a la sepultura.......... 990
15.2 el sabio... llenará su *v* de viento solano?........ 990
20.15 las vomitará; de su *v* las sacará Dios 990
20.20 no tendrá sosiego en su *v*, ni salvará 990
20.23 cuando se pusiere a llenar su *v*, Dios 990
31.15 que en el *v* me hizo a mí, ¿no lo hizo.......... 7358
31.18 desde el *v* de mi madre fui guía de la.......... 990
38.29 ¿de qué *v* salió el hielo? Y la escarcha 990
40.16 aquí... su vigor en los músculos de su *v* 990
Sal 17.14 y cuyo *v* está lleno de tu tesoro 990
22.9 tú eres el que me sacó del *v*; el que me......... 990
22.10 desde el *v* de mi madre, tú eres mi Dios 990
71.6 en ti he sido sustentado desde el *v* de 990
127.3 hijos; cosa de estima el fruto del *v* 990
139.13 tú me hiciste en el *v* de mi madre............ 990
Pr 13.25 el *v* de los impíos tendrá necesidad............ 990
18.20 del fruto de la boca... se llenará su *v* 990
31.2 ¿qué, hijo mío? ¿y qué, hijo de mi *v*? 990
Ec 5.15 como salió del *v*... desnudo, así vuelve 990
11.5 o cómo crecen los huesos en el *v* de la.......... 990
Cnt 7.2 tu *v* como montón de trigo cercado de.......... 990
Is 13.18 no tendrán misericordia del... del *v* 990
44.2 el que te formó desde el *v*, el cual te 990
44.24 tu Redentor, que te formó desde el *v* 990
46.3 los que sois traídos por mí desde el *v* 990
48.8 por tanto te llamé rebelde desde el *v* 990
49.1 Jehová me llamó desde el *v*, desde las 990
49.5 me formó desde el *v* para ser su siervo 990
49.15 olvidará la mujer... del hijo de su *v*?.......... 990
Jer 1.5 antes que te formase en el *v* te conocí.......... 990
20.17 porque no me mató en el *v*, y mi madre 7358
20.17 madre... y su *v* embarazado para siempre ... 7358
20.18 ¿para qué salí del *v*? ¿Para... trabajo.......... 7358
51.34 llenó su *v* de mis delicadezas, y me echó...... 3770
Ez 3.3 alimenta tu *v*, y llena tus entrañas de 990
Dn 2.32 de plata; su *v* y sus muslos, de bronce 4577
Os 9.16 Efraín... yo mataré lo deseable de su *v* 990
Jon 1.17 estuvo Jonás en el *v*... pez tres días........... 4578
2.1 oró Jonás a Jehová... desde el *v* del pez......... 4578
Mt 12.40 **como estuvo Jonás en el *v* del... pez** *2836*
15.17 **todo lo que entra a la boca va al *v*, y** *2836*
19.12 **hay eunucos que nacieron así del *v* de** *2836*
Mr 7.19 **no entra en su corazón, sino en el *v*.** *2836*
Lc 1.15 será lleno del Espíritu... desde el *v*............ *2836*
1.31 concebirás en tu *v*, y darás a luz un hijo *1064*
1.41 que cuando oyó... la criatura saltó en su *v* *2836*
1.42 bendita tú... y bendito el fruto de tu *v*.......... *2836*
1.44 la criatura saltó de alegría en mi *v* *2836*
11.27 bienaventurado el *v* que te trajo, y los *2836*
15.16 **deseaba llenar su *v* de las algarrobas** *2836*
23.29 **los *v* que no concibieron, y los pechos** *2836*
Jn 3.4 ¿puede... entrar... en el *v* de su madre, y........ *2836*
Ro 16.18 no sirven a... sino a sus propios *v*, y.......... *2836*
1 Co 6.13 las viandas para el *v*, y el *v* para *2836*
Gá 1.15 que me apartó desde el *v* de mi madre *2836*
Fil 3.19 cuyo dios es el *v*, y cuya gloria es
Ap 10.9 te amargará el *v*, pero en tu boca será *2836*
10.10 pero cuando lo hube comido, amargó mi *v* ... *2836*

VIGA

1 R 6.6 para no empotrar las *v* en las paredes
6.15 desde el suelo de la casa hasta las *v* de
6.36 el atrio... de una hilera de *v* de cedro.......... 3773
7.2 cedro, con *v* de cedro sobre las columnas....... 3773
7.3 cubierta de tablas... arriba sobre las *v* 6763
7.12 había... una hilera de *v* de cedro; y así......... 3773
2 R 6.2 cada uno una *v*, y hagamos allí lugar 6982
2 Cr 3.7 cubrió la casa, sus *v*, sus umbrales............ 6982
Cnt 1.17 las *v* de nuestra casa son de cedro, y 6982
Mt 7.3 **no echas de ver la *v* que está en... ojo?** *1385*
7.4 **la paja... y he aquí la *v* en el ojo tuyo?**.......... *1385*
7.5 **saca primero la *v* de tu propio ojo, y**........... *1385*
Lc 6.41 **y no echas de ver la *v* que está en tu**.......... *1385*
6.42 **no mirando tú la *v* que... en el ojo tuyo?**....... *1385*
6.42 **saca primero la *v* de tu propio ojo, y** *1385*

VIGÉSIMA

1 Cr 24.16 la decimanovena... la *v* a Hezequiel 6242
25.27 la *v* para Eliata, con sus hijos y sus 6242

VIGESIMACUARTA

1 Cr 24.18 la vigesimatercera... la *v* a Maasías 6242
25.31 la *v* para Romanti-ezer, con sus hijos......... 6242

VIGESIMAPRIMERA

1 Cr 24.17 la *v* a Jaquín, la vigesimasegunda 6242
25.28 la *v* para Hotir, con sus hijos y sus 6242

VIGESIMASEGUNDA

1 Cr 24.17 la vigesimaprimera... la *v* a Gamul.......... 6242
25.29 1, para Gidalti, con sus hijos y sus............ 6242

VIGESIMATERCERA

1 Cr 24.18 la *v* a Delaía, la vigesimacuarta 6242
25.30 *v* para Mabaziot, con sus hijos y sus.......... 6242

VIGILANTE

1 R 9.23 jefes y *v* sobre las obras eran 550.............. 5324
Job 40.24 ¿lo tomará alguno cuando está *v*, y............ 5869
Sal 130.6 espera... más que los *v* a la mañana 8104
Dn 4.13 que... un *v* y santo descendía del cielo......... 5894
4.17 la sentencia es por decreto de los *v*, y 5894
4.23 un *v* y santo que descendía del cielo y 5894
Ap 3.2 ***v*, y afirma las otras cosas que están**........... *1127*

VIGILAR

1 S 4.13 Elí estaba... *vigilando* junto al camino 6822
19.11 a casa de David para que lo *vigilasen*, y...... 8104
2 Cr 2.2 cortasen... y 3.600 que los *vigilasen* 5329
Esd 8.29 *vigilad* y guardadlos, hasta que los............ 8245
Job 33.11 en el cepo, y *vigiló* todas mis sendas......... 8104
Sal 59 tít envió Saúl, y *vigilaron* la casa 8104
Ec 5.8 sobre el alto *vigila* otro más alto, y 8104
Nah 2.1 *vigila* el camino, cíñete los lomos 6822

VIGILIA

Éx 14.24 a la *v* de la mañana, que Jehová miró 821
1 S 11.11 entraron en medio... la *v* de la mañana 821
Sal 63.6 cuando medite en ti en las *v* de la............. 821
90.4 como el... como una de las *v* de la noche......... 821
119.148 se anticiparon... a las *v* de la noche 821
Lm 2.19 levántate, da voces... al comenzar las *v* 821
Mt 14.25 la cuarta *v* de la noche, Jesús vino *5438*
Mr 6.48 cerca de la cuarta *v* de la noche vino *5438*
Lc 2.8 y guardaban las *v* de la noche sobre su *5438*
12.38 **venga a la segunda *v*, y... a la tercera *v*** *5438*

VIGOR

Gn 49.3 mi fortaleza, y el principio de mi *v*............. 202
Dt 21.17 porque él es el principio de su *v*, y............. 202
34.7 Moisés de edad de... nunca... ni perdió su *v* ... 3893
1 Cr 26.30 los hebronitas... hombres de *v*, 1.700 2428
Neh 11.14 y sus hermanos, hombres de gran *v* 2428
Job 21.23 éste morirá en el *v* de su hermosura 6106
40.16 y su *v* en los músculos de su vientre 202
Sal 22.15 como un tiesto se secó mi *v*, y mi 3581
38.10 me ha dejado mi *v*, y aun la luz de mis......... 3581
68.35 el Dios de Israel, él da... *v* a su pueblo 8592
73.4 no tienen congojas por... su *v* está entero....... 193
138.3 el día que clamé, me fortaleciste con *v* 5797
Pr 24.5 es fuerte, y de pujante *v* el hombre 3581
Is 57.10 dijiste, hallaste nuevo *v* en tu mano 2416
58.11 *v* a tus huesos; y serás como huerto de 2502
Dn 10.8 quedé, pues, yo solo... no tuve *v* alguno 3581

VIGOROSO

Gn 10.9 éste fue *v*... *v* cazador... delante de Jehová.... 1368
1 S 16.18 es valiente y *v* y hombre de guerra 1368
1 Cr 8.40 fueron los hijos de Ulam hombres... *v* 1368
26.31 fueron hallados... fuertes y *v* en Jaezer 1368
Job 18.7 pasos *v* serán acortados, y su mismo 202
Sal 92.14 fructificarán; estarán *v* y verdes 1879
Dn 3.20 a hombres muy *v*... que atasen a Sadrac...... 1401

VIHUELA

Is 5.12 en sus banquetes hay arpas, *v*... y vino 5035

VIL

1 S 15.9 que era *v* y despreciable destruyeron.......... 5240
2 S 6.22 y aun me haré más *v* que esta vez, y 7043
Job 15.16 menos el hombre abominable y *v* 444
18.3 por bestias, y a vuestros ojos somos *v*? 2933
30.8 hijos de *v*, y hombres sin nombre, más 7043

V

40.4 aquí que yo soy *v*; ¿qué te responderé? 7043
Sal 15.4 a cuyos ojos el *v* es menospreciado 959
Jer 15.19 si entresacares lo precioso de lo *v* 2151
Nah 1.14 pondré tu sepulcro, porque fuiste *v* 7043
Zac 3.3 Josué estaba vestido de vestiduras *v* 6674
3.4 diciendo: Quitadle esas vestiduras *v*... Y a 6674
Mal 2.9 yo también os he hecho *v* y bajos ante 959
1 Co 1.28 lo *v* del mundo y lo menospreciado *36*
2 Ti 2.20 usos honrosos, y otros para usos *v* *819*

VILEZA
Gn 34.7 *v* en Israel acostándose con la hija de 5039
Lv 20.14 mujer y la madre de ella, comete *v* 2134
20.14 quemarán con fuego... para que no haya 2134
Dt 22.21 morirá, por cuanto hizo *v* en Israel 5039
2 S 13.12 no se debe hacer así... No hagas tal *v* 5039
Sal 12.8 la *v* es exaltada entre los hijos de 2149
Is 5.7 esperaba juicio, y he aquí *v*; justicia 4939

VILLA
Gn 25.16 estos sus nombres, por sus *v* y por 2691
Jos 15.45 Ecrón con sus *v* y sus aldeas 2691
15.47 Asdod con sus *v*... Gaza con sus *v* y sus 2691
2 R 3.19 y destruiréis toda ciudad... *v* hermosa 5892
1 Cr 9.22 por el orden de sus linajes en sus *v* 2691
18.1 David... tomó a Gat y sus *v* de mano de los 1323
Est 9.19 judíos... que habitan en las *v* sin muro 6521
Jer 19.15 traigo... sobre todas sus *v* todo el mal 5892

VILLANO
2 S 3.33 ¿había de morir Abner... muere un *v*? 5036
Is 3.5 levantará contra... el *v* contra el noble 7034

VINAGRE
Nm 6.3 no beberá *v* de vino, ni *v* de sidra, ni 2558
Rt 2.14 come del pan... y moja tu bocado en el *v* 2558
Sal 69.21 hiel... y en mi sed me dieron a beber *v* 2558
Pr 10.26 el *v* a los dientes, y como el humo a 2558
25.20 es como... el que sobre el jabón echa *v* 2558
Mt 27.34 le dieron a beber *v* mezclado con hiel *3690*
27.48 tomó una esponja, y la empapó de *v*, y *3690*
Mr 15.36 corrió... y empapando una esponja en *v* *3690*
Lc 23.36 los soldados también... presentándole *v* *3690*
Jn 19.29 y estaba allí una vasija llena de *v* *3690*
19.29 entonces... empaparon en *v* una esponja *3690*
19.30 **hubo tomado el *v*, dijo: Consumado es** *3690*

VÍNCULO
Ez 20.37 y os haré entrar en los *v* del pacto 4562
Ef 4.3 unidad del Espíritu en el *v* de la paz *4886*
Col 3.14 vestíos de amor, que es el *v* perfecto *4886*

VINDICACIÓN
Lv 26.25 espada vengadora, en *v* del pacto; y si 5358
Sal 17.2 de tu presencia proceda mi *v*; vean 4941
Is 59.18 para *v*, como para retribuir con ira 1578
2 Co 7.11 ardiente afecto, qué celo, y qué *v*! *1557*

VINDICAR
Gn 20.16 dado mil monedas... así fue *vindicada* 3198

VINO
Gn 9.21 bebió del *v*, y se embriagó, y estaba 3196
14.18 Melquisedec... sacerdote... sacó pan y *v* 3196
19.32 ven, demos a beber *v* a nuestro padre, y 3196
19.33 y dieron a beber *v* a su padre... noche 3196
19.34 démosle a beber *v* también esta noche, y 3196
19.35 y dieron a beber *v* a su padre también 3196
27.25 Isaac comió; le trajo también *v*, y bebió 3196
7.37 de trigo y de *v* le he provisto; ¿qué 8492
49.11 lavó en el *v* su vestido, y en... de uvas 8492
49.12 sus ojos, rojos de *v*, y sus dientes 8492
Éx 29.40 libación, la cuarta parte de un... de *v* 3196
Lv 10.9 tú, y tus hijos contigo, no beberéis *v* 3196
23.13 su libación será de *v*, la cuarta parte 3196
Nm 6.3 abstendrá de *v*... no beberá vinagre de *v* 3196
6.20 mecerá aquello... el nazareo podrá beber *v* ... 3196
15.5,7,10 de *v* para la libación ofrecerás la 3196
28.7 derramarás libación de *v* superior ante 7491
28.14 sus libaciones de *v*, medio hin con cada 3196
Dt 11.14 recogerás tu grano, tu *v* y tu aceite 8492
12.17; 14.23 el diezmo de tu grano, de tu *v* 8492
14.26 darás el dinero por... por *v*, por sidra 3196
18.4 las primicias... de tu *v* y de tu aceite 8492
28.39 plantarás viñas y... pero no beberás *v* 3196
29.6 no habéis comido pan, ni bebisteis *v* ni 3196
32.14 trigo, y de la sangre de la uva bebiste *v* 6025
32.33 veneno de serpientes es su *v*... áspides 3196
32.38 comían... bebían el *v* de sus libaciones? 3196
33.28 habitará sola en tierra de grano y de *v* 8492
Jos 9.4 tomaron... cueros viejos de *v*, rotos y 3196
9.13 estos cueros de *v*... los llenamos nuevos 3196
Jue 13.4 ahora, pues, no bebas *v* ni sidra, ni 3196
13.7 ahora no bebas *v*, ni sidra, ni comas cosa 3196
13.14 no beberá *v* ni sidra, y no comerá cosa 3196
19.19 tenemos pan y *v* para mí y... tu sierva 3196
1 S 1.14 ¿hasta cuándo... ebria? Digiere tu *v* 3196
1.15 señor mío... no he bebido *v* ni sidra, sino 3196
1.24 y una vasija de *v*, y lo trajo a la casa 3196
10.3 llevando uno... el tercero una vasija de *v* 3196
16.20 tomó Isaí... una vasija de *v* y un cabrito 3196
25.18 tomó... dos cueros de *v*, cinco ovejas 3196
25.37 se le habían pasado los efectos del *v* 3196
2 S 13.28 cuando... Amnón esté alegre por el *v* 3196
16.1 panes de higos secos, y un cuero de *v* 3196
16.2 el *v* para que beban los que se cansen en 3196
2 R 18.32 tierra de grano y de *v*, tierra de 8492
1 Cr 9.29 tenían el cargo... del *v*, del aceite 3196
12.40 trajeron... tortas de higos, pasas, *v* y 3196
2 Cr 2.10 dado... 20.000 batos de *v*, y... aceite 3196
2.15 envíe... cebada, y aceite y *v* que ha dicho 3196
11.11 puso en ellas capitanes, y... *v* y aceite 3196
31.5 dieron... primicias de grano, *v*, aceite, miel 8492
32.28 hizo depósitos para las rentas del... *v* 8492
Esd 6.9 *v* y aceite, conforme a lo que dijeren 2562
Neh 2.1 estando ya el *v* delante... tomé el *v* y lo 3196
5.11 la centésima parte... del *v* y del aceite 8492
5.15 por el pan y por el *v* más de 40 siclos 3196
5.18 y cada diez días *v* en toda abundancia 3196
8.10 bebed *v* dulce, y enviad porciones a los 4477
10.37 del *v* y del aceite, para los sacerdotes 8492
10.39 han de llevar... la ofrenda... del *v* y del 8492
13.5 guardaban... el diezmo del grano, del *v* y 8492
13.12 Judá trajo el diezmo del grano, del *v* 8492
13.15 vi en Judá... que... cargaban asnos con *v* 3196
Est 1.7 daban... mucho *v* real, de acuerdo con la 3196
1.10 estando... alegre del *v*, mandó a Mehumán 3196
5.6 dijo el rey a Ester... mientras bebían *v* 3196
7.2 mientras bebían *v*, dijo el rey a Ester 3196
Job 1.13 que sus hijos... bebían *v* en casa de su 3196
1.18 estaban comiendo y bebiendo *v* en casa de 3196
32.19 como el *v* que no tiene respiradero, y 3196
Sal 60.3 nos hiciste beber *v* de aturdimiento 3196
75.8 el *v* está fermentado, lleno de mistura 3196
78.65 un valiente que grita excitado del *v* 3196
104.15 el Y que alegra el corazón del hombre 3196
Pr 4.17 porque comen pan... y beben *v* de robos 3196
9.2 sus víctimas, mezcló su *v*, y puso su mesa 3196
9.5 venid... y bebed del *v* que yo he mezclado 3196
20.1 el *v* es escarnecedor, la... alborotadora 3196
21.17 el que ama el *v* y los... no enriquecerá 3196
23.20 no estés con los bebedores de *v*, ni con 3196
23.30 para los que se detienen mucho en el *v* 3196
23.31 no mires al *v* cuando rojea... en la copa 3196
31.4 no es de los reyes beber *v*, ni de los 3196
31.6 la sidra... el *v* a los de amargado ánimo 3196
Ec 2.3 en mi corazón agasajar mi carne con *v* 3196
9.7 come tu... y bebe tu *v* con alegre corazón 3196
10.19 el banquete, y el *v* alegra a los vivos 3196
Cnt 1.2 porque mejores... tus amores que el *v* 3196
1.4 acordaremos de tus amores más que del *v* 3196
4.10 ¡cuánto mejores que el *v* tus amores, y 3196
5.1 comido mi pan y mi miel, mi *v* y me leche 3196
7.9 tu paladar como el buen *v*, que se entra 3196
8.2 yo te haría beber *v* adobado del mosto de 3196
Is 1.22 escorias, tu *v* está mezclado con agua 5435
5.11 la noche, hasta que el *v* los enciende! 3196
5.12 en sus banquetes hay arpas... flautas y *v* 3196
5.22 ay de los que son valientes para beber *v* 3196
16.10 no pisará *v* en los lagares el pisador 3196
22.13 comiendo carne y bebiendo *v*, diciendo 3196
24.7 se perdió el *v*, enfermó la vid, gimieron 8492
24.9 no beberán *v* con cantar; la sidra les 3196
24.11 clamores por falta de *v* en las calles 3196
25.6 banquete de *v* refinados... *v* purificados 8105
27.2 día cantad acerca de la viña del *v* rojo 2561
28.1 del valle fértil de los aturdidos del *v* 3196
28.7 pero también éstos erraron con el *v*, y 3196
28.7 el profeta... fueron trastornados por el *v* 3196
29.9 embriagaos, y no de *v*, tambalead, y no 3196
36.17 tierra de grano y de *v*, tierra de pan 8492
49.26 su sangre serán embriagados como con *v* 6071
51.21 oye, pues... afligida, ebria, y no de *v* 3196
55.1 venid, comprad sin dinero y sin precio, *v* 3196
56.12 venid, dicen, tomemos *v*, embriaguémonos ... 3196
62.8 ni beberán... extraños el *v* que es fruto 8492
Jer 13.12(2) toda tinaja se llenará de *v* 3196
23.9 como hombre a quien dominó el *v*, delante 3196
25.15 toma de mi mano la copa del *v* de este 3196
31.12 al pan, al *v*, al aceite, y al ganado de 8492
35.2 casa de los recabitas... dales a beber *v* 3196
35.5 copas llenas de *v*, y les dije: Bebed *v* 3196
35.6 mas ellos dijeron: No beberemos *v*; porque 3196
35.6 no beberéis jamás *v* vosotros ni vuestros 3196
35.8 de no beber *v* en todos nuestros días, ni 3196
35.14 que no bebiesen *v*, y no lo han bebido 3196
40.10 tomad el *v*, los frutos del verano y el 3196
40.12 Judá... recogieron *v* y abundantes frutos 3196
48.33 y de los lagares haré que falte el *v* 3196
51.7 embriagó... la tierra; de su *v* bebieron 3196
Lm 2.12 decían... ¿Dónde está el trigo y el *v*? 8492
Ez 27.18 Damasco comerciaba... con *v* de Helbón 3196
44.21 ninguno de los sacerdotes beberá *v* 3196
Dn 1.5 ración... de la comida... del *v* que él bebía 3196
1.8 no contaminarse... ni con el *v* que él bebía 3196
1.16 Melsar se llevaba... *v* que habían de beber 3196
5.1 el rey... y en presencia de los mil bebía *v* 3196
5.2 Belsasar, con el gusto del *v*, mandó que 2562
5.4 bebieron *v*, y alabaron a los dioses de 2562
5.23 tú y tus grandes... bebisteis *v* en ellos 2562
10.3 no entró en mi boca carne ni *v*, ni me 3196
Os 2.8 yo le daba el trigo, el *v* y el aceite 8492
2.9 tomaré... mi *v* a su sazón, y quitaré mi lana 8492
2.22 la tierra responderá... al *v* y al aceite 8492
4.11 fornicación, y *v* y mosto quitan el juicio 8492
7.5 rey... lo hicieron enfermar con copas de *v* 3196
14.7 vid; su olor será como de *v* del Líbano 3196
Jl 1.5 llorad; gemid, todos los que bebéis *v* 3196
2.24 y los lagares rebosarán de *v* y aceite 8492
3.3 y vendieron las niñas por *v* para beber 3196
Am 2.8 el *v* de los multados beben en la casa 3196
2.12 disteis de beber *v* a los nazareos, y a 3196
5.11 viñas, mas no beberéis el *v* de ellas 3196
6.6 beben *v* en tazones, y se ungen con los 3196
9.14 plantarán viñas, y beberán el *v* de ellas 3196
Mi 2.11 profetizaré de *v* y de sidra; este tal 3196
6.15 el aceite; y mosto, mas no beberás el *v* 8492
Hab 2.5 el que es dado al *v* es traicionero 3196
Sof 1.12 los... que reposan tranquilos como el *v* 3196
1.13 plantarán viñas, mas no beberán el *v* de 3196
Hag 1.11 y llamé la sequía... sobre el *v*, sobre 8492
2.12 el vuelo de ella tocare pan... *v*, o aceite 3196
Zac 9.15 y harán estrépito como tomados de *v* 3196
9.17 trigo alegrará... y el *v* a las doncellas 8492
10.7 alegrará su corazón como a causa del *v* 3196
Mt 9.17 **ni echan *v* nuevo en odres viejos; de** *3631*
9.17 **los odres se rompen, y el *v* se derrama** *3631*
9.17 **pero echan el *v* nuevo en odres nuevos, y** *3631*
11.19 **dicen: He aquí un hombre... bebedor de *v*** *3630*
Mr 2.22 **y nadie echa *v* nuevo en odres viejos** *3631*
2.22 **el *v* nuevo rompe los odres, y el *v* se** *3631*
2.22 ***v* nuevo en odres nuevos se ha de echar** *3631*
15.23 le dieron a beber *v* mezclado con mirra *3631*
Lc 1.15 no beberá *v* ni sidra, y será lleno del *3631*
5.37 **nadie echa *v* nuevo en odres viejos; de** *3631*
5.37 **manera, el *v* nuevo romperá los odres y** *3631*
5.38 ***v* nuevo en odres nuevos se ha de echar** *3631*
7.33 **vino Juan... que ni comía pan ni bebía *v*** *3631*
7.34 **hombre comilón y bebedor de *v*, amigo de** *3630*
10.34 **vendó... heridas, echándoles aceite y *v*** *3631*
Jn 2.3 y faltando el *v*... le dijo: No tienen *v* *3631*
2.9 el maestresala probó el agua hecha *v*, sin *3631*
2.10 todo hombre sirve primero el buen *v*, y *3631*
2.10 tú has reservado el buen *v* hasta ahora *3631*
4.46 Caná... donde había convertido el agua en *v* .. *3631*
Ro 14.21 bueno es no comer carne, ni beber *v* *3631*
Ef 5.18 no os embriaguéis con *v*, en lo cual hay *3631*
1 Ti 3.3 no dado al *v*, no pendenciero... no avaro *3631*
3.8 los diáconos asimismo... no dados a mucho *v* .. *3631*
5.23 sino usa de un poco de *v* por causa de tu *3631*
Tit 1.7 obispo... no dado al *v*, no pendenciero *3943*
2.3 no esclavas del *v*, maestras del bien *3631*
Ap 6.6 decía... pero no dañes al aceite ni el *v* *3631*
14.8 ha hecho beber... del *v* del furor de su *3631*
14.10 beberá del *v* de la ira de Dios, que ha *3631*
16.19 para darle el cáliz del *v* del ardor de *3631*
17.2 embriagado con el *v*, de su fornicación *3631*
18.3 han bebido del *v* del... de su fornicación *3631*
18.13 olíbano, *v*, aceite, flor de harina *3631*
19.15 él pisa el lagar del *v* del furor y de *3025,3631*

VIÑA
Gn 9.20 comenzó Noé a labrar... y plantó una *v* 3754
Éx 22.5 alguno hiciere pastar en campo o *v*, y 3754
22.5 de lo mejor de su campo y... su *v* pagará 3754
23.11 coman los pobres de... así harás con tu *v* 3754
Lv 19.10 no rebuscarás tu *v*, ni recogerás el 3754
19.10 ni recogerás el fruto caído de tu *v* 3754
25.3 seis años podarás tu *v* y recogerás sus 3754
25.4 no sembrarás tu tierra, ni podarás tu *v* 3754
Nm 16.14 ni nos has... heredades de tierras y *v* 3754
20.5 no es lugar de... *v* ni de granadas; ni aun 1612
20.17 no pasaremos por labranza, ni por *v*, ni 3754
21.22 no nos iremos... sembrados, ni por las *v* 3754
22.24 el ángel de... se puso en una senda de *v* 3754
Dt 6.11 casas... *v* y olivares que no plantaste 3754
20.6 plantado *v*, y no ha disfrutado de ella? 3754
22.9 no sembrarás tu *v* con semillas diversas 3754
22.9 no sea que se pierda todo... fruto de la *v* 3754
23.24 la *v* de tu prójimo, podrás comer uvas 3754
24.21 cuando vendimies tu *v*, no rebuscarás 3754
28.30 casa... plantarás *v*, y no la disfrutarás 3754
28.39 plantarás *v*... pero no beberás vino, ni 3754
Jos 24.13 las *v* y olivares que no plantasteis 3754
Jue 11.33 hasta la vega de las *v*, los derrotó 3754
14.5 cuando llegaron a las *v* de Timnat, he 3754
15.5 quemó las mieses... en pie, *v* y olivares 3754
21.20 mandaron a... poned emboscadas en las *v* ... 3754
21.21 salid de las *v*, y arrebatad cada... mujer 3754
1 S 8.14 tomará lo mejor... de vuestras *v* y de 3754
8.15 diezmará... grano y vuestras *v* para dar a 3754
22.7 ¿os dará... el hijo de Isaí tierras y *v* 3754
1 R 21.1 que Nabot... tenía allí una *v* junto al 3754
21.2 dame tu *v* para un huerto de legumbres 3754
21.2 te daré por ella otra *v* mejor que esta 3754
21.6 me diera su *v*... le daría otra *v* por ella 3754
21.6 Nabot... él respondió: Yo no te daré mi *v* 3754
21.7 rey... yo te daré la *v* de Nabot de Jezreel 3754
21.15 toma la *v* de Nabot de Jezreel, que no 3754
21.16 levantó para descender a la *v* de Nabot 3754
21.18 él está en la *v* de Nabot, a la cual ha 3754
2 R 5.26 de tomar... *v*, ovejas, bueyes, siervos 3754
18.32 tierra de pan y de *v*, tierra de olivas 3754
19.29 y plantaréis *v*, y comeréis el fruto de 3754
25.12 los pobres... para que labrasen las *v* y 3754
1 Cr 27.27 las *v*, Simei... y del fruto de las *v* 3754
2 Cr 26.10 y *v* y labranzas, así en los montes 3754
Neh 5.3 empeñado... nuestras *v* y nuestras casas 3754
5.4 hemos tomado... sobre nuestras tierras y *v* 3754
5.5 porque nuestras tierras y nuestras *v* son 3754
5.11 os ruego que les devolváis hoy... sus *v* 3754
9.25 heredaron casas llenas de todo bien... *v* 3754
Job 24.6 siegan... impíos vendimian la *v* ajena 3754
24.18 huyen... no andarán por el camino de las *v* ... 3754
Sal 78.47 sus *v* destruyó con granizo, y sus 1612
80.14 mira desde... considera, y visita esta *v* 1612
105.33 destrozó sus *v* y sus higueras, y quebró 1612
107.37 plantan *v*, y rinden abundante fruto 3754
Pr 24.30 pasé... junto a la *v* del hombre falto de 3754
31.16 compra... planta *v* del fruto de sus manos 3754
Ec 2.4 edifiqué para mí casas, planté para mí *v* 3754
Cnt 1.6 guardar las *v*; y mi *v*... mía, no guardé 3754
1.14 racimo de flores de alheña en las *v* es 3754
2.15 echan a perder las *v*... *v* están en cierne 3754
7.12 levantémonos de mañana a las *v*; veamos 3754
8.11 Salomón tuvo una *v* en Baal-hamón, la cual ... 3754

8.12 mi v, que es mía, está delante de mí 3754
Is 1.8 la hija de Sion como enramada en v, y 3754
3.14 habéis devorado la v, y el despojo del 3754
5.1 ahora cantaré... cantar de mi amado a su v 3754
5.1 tenía mi amado una v en una ladera fértil 3754
5.3 y varones... juzgad ahora entre mí y mi v 3754
5.4 ¿qué más se podía hacer a mi v, que yo no 3754
5.5 os mostraré... ahora lo que haré yo a mi v 3754
5.7 v de Jehová de los... es la casa de Israel 3754
5.10 y diez yugadas de v producirán un bato 3754
16.9 con lloro de Jazer por la v de Sibma; te 1612
16.10 las v no cantarán, ni se regocijarán 3754
27.2 día cantad acerca de la v del vino rojo 3754
36.16 y coma cada uno de su v, y cada uno de 1612
36.17 y os lleve a una tierra... de pan y de v 3754
37.30 año... plantaréis v, y comeréis su fruto 3754
65.21 plantarán v, y comerán el fruto de ellas 3754
Jer 5.17 vacas, comerá tus v y tus higueras 1612
12.10 pastores han destruido mi v, hollaron 3754
31.5 aún plantarás v en los montes de Samaria 3754
32.15 aún se comprarán casas, heredades y v 3754
35.7 ni plantaréis v, ni la retendréis; sino 3754
35.9 de no tener v, ni heredad, ni sementera 3754
39.10 a los pobres del... les dio v y heredades 3754
Ez 19.10 madre fue... una vid en medio de la v 1612
28.26 plantarán v, y vivirán confiadamente 3754
Os 2.15 le daré sus v desde allí, y el valle 3754
10.1 Israel es una frondosa v, que da... fruto 1612
Am 4.9 langosta devoró... huertos y vuestras v 3754
5.11 plantasteis... v, mas no beberéis el vino 3754
5.17 y en todas las v habrá llanto; porque 3754
9.14 plantarán v, y beberán el vino de ellas 3754
Mi 1.6 haré... Samaria... tierra para plantar v 3754
Sof 1.13 plantarán v, mas no beberán el vino 3754
Mt 20.1 **salió... a contratar obreros para su v** 290
20.2 **y habiendo convenido... los envió a su v** 290
20.4 **Id también vosotros a mi v, y os daré** 290
20.7 **id también vosotros a la v, y recibiréis** 290
20.8 **el señor de la v dijo a su mayordomo** 290
21.28 **dijo: Hijo, vé hoy a trabajar en mi v** 290
21.33 **plantó una v, la cercó de vallado, cavó** 290
21.39 **le echaron fuera de la v, y le mataron** 290
21.40 **cuando venga, pues, el señor de la v** 290
21.41 arrendará su v a otros labradores, que 290
Mr 12.1 **un hombre plantó una v, la cercó de** 290
12.2 **para que recibiese... del fruto de la v** 290
12.8 **le mataron, y le echaron fuera de la v** 290
12.9 **¿qué... hará el señor de la v? Vendrá, y** 290
12.9 **a los labradores, y dará su v a otros** 290
Lc 13.6 **tenía... una higuera plantada en su v** 290
20.9 **plantó una v, la arrendó a labradores, y** 290
20.10 **para que le diesen del fruto de la v** 290
20.13 **entonces el señor de la v... ¿Qué haré?** 290
20.15 **le echaron fuera de la v, y le mataron** 290
20.15 **¿qué, pues, les hará el señor de la v?** 290
20.16 **vendrá y destruirá... dará su v a otros** 290
1 Co 9.7 ¿quién planta v y no come de... fruto? 290
Ap 14.19 el ángel... vendimió la v de la tierra 288

VIÑADOR

Is 61.5 extraños serán vuestros... y vuestros v 3755
Jer 52.16 pobres del país... para v y labradores 3755
Lc 13.7 **y dijo al v: He aquí, hace tres años** 289

VIÑEDO

Lv 25.5 las uvas de tu v no vendimiarás; año 5139
25.11 ni segaréis lo... ni vendimiaréis sus v 5139
Jue 9.27 vendimiaron sus v, y pisaron la uva 3754

VIÑERO

Jl 1.11 gemid, v, por el trigo y la cebada 3755

VIOLADOR

Dn 11.32 lisonjas seducirá a los v del pacto 7561

VIOLAR

Gn 17.14 será cortada de... ha *violado* mi pacto 6566
1 Cr 5.1 como *violó* el lecho de su padre, sus 2490
Est 7.8 ¿querrás también *violar* a la reina en 3533
Sal 55.20 extendió... sus manos... *violó* su pacto 2490
Is 13.16 casas serán saqueadas, y *violadas* sus 7693
Lm 5.11 *violaron* a las mujeres en Sion, a las 6031
Ez 7.22 apartaré de... mi rostro, y será *violado* 2490
18.6,11,15 *violare* la mujer de su prójimo 2930
22.11 cada uno *violó* en ti a su hermana, hija 2930
22.26 *violaron* mi ley, y contaminaron mis 2554
Am 1.11 hermano, y *violó* todo afecto natural 7843
Zac 14.2 saqueadas las... y *violadas* las mujeres 7693
He 10.28 el que *viola* la ley de Moisés, por el 114

VIOLENCIA

Gn 6.11 corrompió... estaba la tierra llena de v 2555
6.13 tierra está llena de v a causa de ellos 2555
19.9 y hacían gran v al varón, a Lot, y se 3966
Jue 9.24 para que la v hecha a los 70 hijos de 2555
2 S 13.12 no me hagas v... no se debe hacer así 6031
22.3 refugio; Salvador mío; de v me libraste 2555
Esd 4.23 y les hicieron cesar con poder y v 153
Job 21.19 guardará para los hijos de ellos su v 205
30.18 v deforma mi vestidura; me ciñe como 3581
35.9 a causa de la multitud de las v claman 6217
Sal 10.18 no vuelva más a hacer v el hombre 1790
11.5 al malo y al que ama la v, su alma los 2555
55.9 porque he visto v y rencilla en la ciudad 2555
58.2 hacéis pesar la v de vuestras manos en 2555
62.10 no confiéis en la v, ni en la rapiña 6233
72.14 de engaño y de v redimirá sus almas 2555
73.6 los corona; se cubren de vestido de v 2555
73.8 se mofan y hablan con maldad de hacer v 6233
74.20 la tierra... llenas de habitaciones de v 2555
103.6 hace... derecho a todos los que padecen v 6231
118.13 me empujaste con v para que cayese 6233
119.134 líbrame... v de los hombres, y guardaré 6233
Pr 10.6,11 pero v cubrirá la boca de los impíos 2555
19.19 ira... si usa de v, añadirá nuevos males
Ec 4.1 vi... las v que se hacen debajo del sol 6217
Is 3.5 el pueblo se hará v unos a otros, cada 5065
10.33 Jehová de... desgajará el ramaje con v 4637
30.12 confiasteis en v y en iniquidad, y en 6233
33.15 el que aborrece la ganancia de v, el 4642
38.14 gemía, Jehová, v padezco; fortaléceme 6234
60.18 nunca más se oirá en tu tierra v... ni 2555
Jer 6.6 ha de ser castigada... está llena de v 6233
20.8 hablo, doy voces, grito: V y destrucción 2555
51.35 sobre Babilonia caiga la v hecha a mí 2555
51.46 habrá v en la tierra, dominador contra 2555
Ez 7.11 v se ha levantado en vara de maldad 2555
7.23 la tierra... y la ciudad está llena de v 2555
22.7 al extranjero trataron con v en medio 6233
22.10 hicieron v a la que estaba inmunda por 6031
22.12 y a tus prójimos defraudaste con v; te 6233
22.29 al afligido y menesteroso hacía v, y al 2229
34.4 habéis enseñoreado de ellas... y con v 6531
45.9 dejad la v y la rapiña... Haced juicio y 2555
Am 3.9 ved las... y las v cometidas en su medio 6217
Hab 1.2 daré voces a ti a causa de la v, y no 2555
1.3 destrucción y v están delante de mí, y 2555
Mt 11.12 **el reino de los cielos sufre v, y los** 971
Mr 1.26 sacudiéndole con v, y clamando a gran
9.20 el espíritu... sacudió con v al muchacho
9.26 sacudiéndole con v, salió; y él quedó 4183
Lc 9.39 sacude con v, y le hace echar espuma
9.42 demonio le derribó y le sacudió con v
Hch 5.26 los trajo sin v, porque temían ser 970
21.35 era llevado en peso... a causa de la v 970
24.7 con gran v le quitó de nuestras manos 970
27.41 y la popa se abría con la v del mar 970

VIOLENTO,A

2 S 19.43 palabras... de Judá fueron más v que 7185
22.49 exalta sobre... me libraste del varón v 2555
Job 5.15 así libra de la espada... de la mano v 2389
6.23 libradme... redimidme del poder de los v 6184
15.20 de sus años está escondido para el v 6184
27.13 y la herencia que los v han de recibir 6184
Sal 17.4 me he guardado de las sendas de los v 6530
18.48 me eleva sobre... me libraste de varón v 2555
25.19 mis enemigos... con odio v me aborrecen 2555
54.3 levantado... y hombres v buscan mi vida 6184
71.4 líbrame... de la mano del perverso y v 2555
86.14 y conspiración de v ha buscado mi vida 6184
140.1 líbrame... malo; guárdame de hombres v 2555
Is 19.4 y rey v se enseñoreará de ellos, dice 7186
25.4 ímpetu de los v es como turbión contra 6184
29.20 el v será acabado, y el escarnecedor 6184
Mal 3.13 palabras contra mí han sido v, dice 2388
Mt 11.12 **sufre violencia, y los v lo arrebatan** 973

VIOLENTAMENTE

Ez 18.18 hizo agravio, despojó v al hermano 1499

VIRGEN

Gn 24.16 v, a la que varón no había conocido 1330
Éx 22.17 pesará... conforme a la dote de las v 1330
Lv 21.3 hermana v, a él cercana, la cual no 1330
21.13 tomará por esposa a una mujer v 1331
21.14 tomará de su pueblo una v por mujer 1330
Dt 22.14 y me llegué a ella, y no la hallé v 1331
22.17 no he hallado v a tu hija; pero ved aquí 1331
22.19 cuanto esparció mala fama sobre una v 1330
22.23 hubiere una muchacha v desposada con 1330
22.28 a una joven v que no fuere desposada 1330
Jue 19.24 he aquí mi hija v, y... os las sacaré 1330
2 S 13.2 por ser ella v, le parecía a Amnón 1330
13.18 traje que vestían las hijas v de los 1330
1 R 1.2 busquen para... el rey una joven v, para 1330
2 R 19.21 la v hija de Sion te menosprecia, te 1330
Est 2.2 busquen para el rey jóvenes v de buen 1330
2.3 lleven a... las jóvenes v de buen parecer 1330
2.17 ella gracia... más que todas las demás v 1330
2.19 cuando las v eran reunidas la segunda 1330
Job 31.1 ¿cómo pues, había yo de mirar a una v? 1330
Sal 45.14 v irán en pos de ella, compañeras 1330
78.63 v no fueron loadas en cantos nupciales 1330
Is 7.14 la v concebirá, y dará a luz un hijo 5959
23.4 ni di a... ni crié jóvenes, ni levanté v 1330
23.12 no te alegrarás más, oh oprimida v hija 1330
37.22 la v hija de Sion te menosprecia, te 1330
47.1 y siéntate en el polvo, v... de Babilonia 1330
62.5 pues como el joven se desposa con la v 1330
Jer 2.32 ¿se olvida la v de su atavío, o la 1330
14.17 es quebrantada la v hija de mi pueblo 1330
18.13 gran fealdad ha hecho la v de Israel 1330
31.4 te edificaré, y serás edificada, oh v de 1330
31.13 entonces la v se alegrará en la danza 1330
31.21 vuélvete... por donde fuiste, v de Israel 1330
46.11 sube... y toma bálsamo, v hija de Egipto 1330
51.22 y por tu medio quebrantaré jóvenes y v 1330
Lm 1.4 sus v están afligidas, y ella tiene 1330
1.15 ha hollado el Señor a la v hija de Judá 1330
1.18 mis v y mis jóvenes fueron llevados en 1330
2.10 las v de Jerusalén bajaron sus cabezas 1330
2.13 ¿a quién te compararé... v hija de Sion? 1330
2.21 mis v y mis jóvenes cayeron a espada 1330
5.11 violaron... las v en las ciudades de Judá 1330
Ez 9.6 matad a viejos, jóvenes y v, niños y 1330
44.22 que tomará v del linaje de la casa de 1330
Am 5.2 cayó la v... no podrá levantarse ya más 1330
Mt 1.23 una v concebirá y dará a luz un hijo 3933
25.1 **reino de los... será semejante a diez v** 3933
25.7 **aquellas v se levantaron, y arreglaron** 3933
25.11 **vinieron también las otras v diciendo** 3933
Lc 1.27 a una v... el nombre de la v era María 3933
1 Co 7.25 cuanto a las v no tengo mandamiento 3933
7.36 es impropio para su hija v que pase ya 3933
7.37 ha resuelto en su... guardar a su hija v 3933
2 Co 11.2 presentaros como una v pura a Cristo 3933
Ap 14.4 que no se contaminaron con... pues son v 3933

VIRGINAL

Ez 23.3 allí fueron estrujados sus pechos v 1331
23.8 Egipto... ellos comprimieron sus pechos v 1331

VIRGINIDAD

Dt 22.15 y sacarán las señales de la v de la 1331
22.17 ved aquí las señales de la v de mi hija 1331
22.20 verdad que no se halló v en la joven 1331
Jue 11.37 y llore mi v, yo y mis compañeras 1331
11.38 ella fue... y lloró su v por los montes 1331
Lc 2.36 con su marido siete años desde su v 3932

VIRIL

Dt 23.1 el que tenga... amputado su miembro v 8212
1 S 2.33 todos... tu casa morirán en la edad v 582

VIRTUD

Éx 18.21 escoge tú de... el pueblo varones de v 2428
18.25 escogió Moisés varones de v de entre 2428
Fil 4.8 todo lo justo... si hay v alguna, si algo 703
Col 2.19 en v de quien todo el cuerpo... crece
1 P 2.9 para que anunciéis las v de aquel que 703
2 P 1.5 añadid a... fe v; a la v, conocimiento 703

VIRTUOSA

Rt 3.11 toda la gente... sabe que eres mujer v 2428
Pr 12.4 la mujer v es corona de su marido; mas 2428
31.10 mujer v, ¿quién la hallará? Porque su 2428

VISIBLE

Ro 1.20 hacen... v desde la creación del mundo 2529
Col 1.16 visibles e invisibles; sean tronos 3707

VISIÓN

Gn 15.1 vino la palabra de Jehová a Abram en v 4236
46.2 y habló Dios a Israel en v de noche, y 4759
Éx 3.3 iré yo ahora y veré esta grande v, por 4758
Nm 12.6 le apareceré en v, en sueños hablaré 4758
24.4,16 dijo... el que vio la v del Omnipotente 4236
1 S 3.1 escaseaba... no había v con frecuencia 2377
3.15 y Samuel temía descubrir la v a Elí 4758
2 S 7.17 conforme a toda esta v... habló Natán 2384
1 Cr 17.15 conforme a toda esta v, así habló 2377
2 Cr 26.5 de Zacarías, entendido en v de Dios 7200
Job 4.13 imaginaciones de v nocturnas, cuando 2384
7.14 asustas con sueños, y me aterras con v 2384
20.8 hallado, y se disipará como v nocturna 2384
33.15 v nocturna, cuando el sueño cae sobre 2384
Sal 89.19 hablaste en v a tu santo, y dijiste 2377
Is 1.1 v de Isaías hijo de Amoz, la cual vio 2377
21.2 v dura me ha sido mostrada... prevarica 2380
22.1 profecía sobre el valle de la v... ¿Qué 2384
22.5 en el valle de la v, para derribar el 2384
28.7 erraron en la v tropezaron en el juicio 7203
29.7 como sueño de v nocturna la multitud de 2377
29.11 os será toda v como palabras de libro 2380
30.8 escribe esta v en una tabla delante de 2380
Jer 14.14 v mentirosa... vanidad... os profetizan 2377
23.16 hablan v de su propio corazón, no de la 2377
Lm 2.9 profetas tampoco hallaron v de Jehová 2377
Ez 1.1 los cielos se abrieron, y vi v de Dios 4759
1.13 aspecto... como v de hachones encendidos 4758
1.28 fue la v de la semejanza de la gloria de 4758
7.13 porque la v sobre toda la multitud no se 2377
8.3 me llevó en v de Dios a Jerusalén, a la 4759
8.4 como la v que yo había visto en el campo 4758
11.24 el Espíritu y me volvió a llevar en v 4758
11.24 y se fue de mí la v que había visto 4758
12.22 van prolongando... desaparecerá toda v? 2377
12.23 han acercado... el cumplimiento de toda v 2377
12.24 no habrá más v vana, ni... adivinación 2377
12.27 v que éste ve es para de aquí a muchos 2377
13.7 ¿no habéis visto v vana, y no habéis 4236
13.16 y ven para ella v de paz, no habiendo 2377
13.23 no veréis más v vana, ni practicaréis 2372
40.2 en v de... me llevó a la tierra de Israel 4759
43.3 lo que vi era como una v, como aquella v 4758
43.3 y las v eran como la v que vi junto al 4758
Dn 1.17 Daniel tuvo entendimiento en toda v y 2377
2.19 el secreto fue revelado a Daniel en v de 2376
2.28 he aquí... las v que has tenido en tu cama 2376
4.5 vi un sueño... v de mi cabeza me turbaron 2376
4.9 declárame las v de mi sueño que he visto 2376
4.10 las v de mi cabeza mientras estaba en 2376
4.13 vi en las v de mi cabeza... un vigilante 2376
7.1 tuvo... v de su cabeza mientras estaba en 2376
7.2 Daniel dijo: Miraba yo en mi v de noche 2376
7.7,13 miraba yo en las v de la noche, y he 2376
7.15 turbó... las v de mi cabeza me asombraron 2376
8.1 el año tercero del rey... me apareció una v 2377
8.2 vi en v... vi, pues, en v, estando junto al 2377
8.13 ¿hasta cuándo durará la v del continuo 2377
8.15 mientras yo Daniel consideraba las v y 2377
8.16 gritó y dijo: Gabriel, enseña a éste la v 4758
8.17 porque la v es para el tiempo del fin 4758
8.26 la v de las tardes... es verdadera; y tú 4758
8.26 guarda la v, porque es para muchos días 2377
8.27 pero estaba espantado a causa de la v 4758
9.21 Gabriel, a quien había visto en la v al 2377
9.23 entiende... la orden, y entiende la v 4758
9.24 y sellar la v y la profecía, y ungir al 2377
10.1 comprendió... y tuvo inteligencia en la v 4758

V

10.7 sólo yo, Daniel, vi aquella *v*, y no la 4759
10.8 quedé, pues, yo solo, y vi esta gran *v*. 4759
10.14 hacerte saber... la *v* es para esos días 2377
10.16 con la *v* me han sobrevenido dolores, y........ 4758
11.14 se levantarán para cumplir la *v*, pero 2377
Jl 2.28 Espíritu... y vuestros jóvenes verán *v*. 2384
Abd 1 *v* de Abdías... Jehová el Señor ha dicho. 2377
Nah 1.1 sobre Nínive... Libro de la *v* de Nahum 2377
Hab 2.2 escribe la *v* y declárala en tablas 2377
2.3 la *v* tardará aún por un tiempo, mas se 2377
Zac 13.4 los profetas se avergonzarán de su *v*. 2384
Mt 17.9 **no digáis a nadie la *v*, hasta que el** *3705*
Lc 1.22 comprendieron que había visto *v* en el. *3701*
24.23 que también habían visto *v* de ángeles *3701*
Hch 2.17 vuestros jóvenes verán *v*, y vuestros *3706*
7.31 Moisés, mirando, se maravilló de la *v*. *3705*
9.10 **a quien el Señor dijo en *v*: Ananías... Y él** *3705*
9.12 **ha visto en *v* a un varón llamado Ananías**..... *3705*
10.3 este vio claramente en una *v*, como a la *3705*
10.17 que significaría la *v* que había visto *3705*
10.19 y mientras Pedro pensaba en la *v*, le *3705*
11.5 vi en éxtasis una *v*; algo semejante a. *3705*
12.9 ángel, sino que pensaba que veía una *v*. *3705*
16.9 se le mostró a Pablo una *v* de noche; un *3705*
16.10 cuando vio la *v*... procuramos partir para.... *3705*
18.9 **el Señor dijo a Pablo en *v* de noche: No** *3705*
26.19 oh rey... no fui rebelde a la *v* celestial *3705*
2 Co 12.1 vendré a las *v* y a las revelaciones. *3701*
Ap 9.17 vi en *v* los caballos y a sus jinetes *3706*

VISITA
1 Ts 2.1 nuestra *v* a vosotros no resultó vana *1529*

VISITACIÓN
Lc 19.44 **cuanto no conociste el tiempo de tu *v*.** *1984*
1 P 2.12 glorifiquen a Dios en el día de la *v* *1984*

VISITAR
Gn 21.1 *visitó* Jehová a... hizo Jehová con Sara 6485
50.24 Dios... os *visitará*, y os hará subir de 6485
50.25 Dios... os *visitará*, y haréis llevar de 6485
Éx 3.16 os he *visitado*, y he visto lo que se 6485
4.31 oyendo que Jehová había *visitado* a los........ 6485
13.19 Dios... os *visitará*, y haréis subir mis 6485
20.5 *visito* la maldad de los padres sobre los 6485
34.7 que *visita* la iniquidad de los padres........... 6485
Lv 18.25 yo *visité* su maldad sobre ella, y la............ 6485
Nm 14.18 *visita* la maldad de los padres sobre 6485
16.29 ellos al ser *visitados* siguen la suerte 6485
Dt 5.9 yo soy Jehová, que *visito* la maldad de........... 6485
Jue 15.1 después de... Sansón *visitó* a su mujer......... 6485
Rt 1.6 Jehová había *visitado* a su pueblo para.......... 6485
1 S 2.21 *visitó* Jehová a Ana, y ella concibió 6485
20.29 permíteme ir ahora para *visitar* a mis 7200
2 S 13.5 cuando tu padre viniere a *visitarte*............ 7200
13.6 acostó, pues... y vino el rey a *visitarle* 7200
2 R 8.29 Ocozías... a *visitar* a Joram hijo de 7200
9.16 que había descendido a *visitar* a Joram 7200
2 Cr 18.2 descendió... para *visitar* a Acab; por
22.6 descendió Ocozías... para *visitar* a Joram..... 7200
Esd 7.14 eres enviado a *visitar* a... Jerusalén
Job 5.24 en tu tienda; *visitarás* tu morada, y........... 6485
7.18 y lo *visites* todas las mañanas, y todos 6485
34.13 ¿quién *visitó* por él la tierra? ¿y quién
Sal 8.4 hijo del hombre, para que lo *visites*? 6485
17.3 tú has probado... me has *visitado* de noche.... 6485
65.9 *visitas* la tierra, y la riegas; en gran 6485
80.14 mira... y considera, y *visita* esta viña 6485
106.4 tu pueblo; *visítame* con tu salvación 6485
Pr 19.23 el hombre; no será *visitado* de mal 6485
Is 23.17 fin de los 70 años *visitará* Jehová a 6485
29.6 por Jehová... serás *visitada* con truenos....... 6485
Jer 15.15 *visítame*, y véngame de mis enemigos 6485
27.22 allí... hasta el día en que yo los *visite* 6485
29.10 *visitaré*, y despertaré sobre vosotros 6485
32.5 allá estará hasta que yo le *visite*... y si.......... 6485
Ez 38.8 de aquí a muchos días serás *visitado* 6485
Sof 2.7 porque Jehová su Dios los *visitará*, y 6485
Zac 10.3 Jehová... *visitará* su rebaño, la casa........... 6485
11.16 un pastor que no *visitará* las perdidas 6485
Mt 25.36 **estuve... enfermo, y me *visitasteis*; en** *1980*
25.43 **y en la cárcel, y no me *visitasteis*** *1980*
Lc 1.68 que ha *visitado* y redimido a su pueblo *1980*
1.78 que nos *visitó* desde lo alto la aurora *1980*
7.16 diciendo... Dios ha *visitado* a su pueblo......... *1980*
Jn 19.39 el que antes había *visitado* a Jesús
Hch 7.23 le vino al... el *visitar* a sus hermanos.......... *1980*
9.32 Pedro, *visitando* a todos, vino también.......... *1330*
15.14 cómo Dios *visitó* por primera vez a los *1980*
15.36 volvamos a *visitar* a los hermanos en......... *1980*
He 2.6 hijo del hombre, para que le *visites*?............ *1980*
Stg 1.27 es esta: *Visitar* a los huérfanos y................ *1980*

VÍSPERA
Mr 15.42 llegó la noche... *v* del día de reposo *4315*

VISTA
Gn 2.9 de la tierra todo árbol delicioso a la *v*. 4758
27.1 sus ojos se oscurecieron quedando sin *v*....... 7200
30.41 para que concibiesen a la *v* de las varas
41.2 río subían siete vacas, hermosas a la *v*
42.24 a Simeón, y lo aprisionó a *v* de ellos........... 5869
Éx 5.20 estaban a la *v* de ellos cuando salían
40.38 el fuego estaba... a *v* de toda la casa de 5869
Nm 20.8 hablad a la peña a *v* de ellos; y ella........... 5869
20.27 subieron... la *v* de toda la congregación 5869
33.3 salieron los... a *v* de todos los egipcios......... 5869
Dt 34.12 que Moisés hizo a la *v* de todo Israel 5869
Jue 6.21 ángel de Jehová desapareció de su *v* 5869
2 S 12.11 yacerá con tus mujeres a la *v* del 5869

22.25 limpieza de mis manos delante de su *v* 5869
Job 21.8 su descendencia se robustece a su *v*.......... 6440
41.9 porque aun a su sola *v* se desmayarán 4758
Sal 10.5 juicios los tiene muy lejos de su *v* 5048
17.9 escóndeme... de la *v* de los malos que me
18.24 limpieza de mis manos delante de su *v* 5869
40.12 mis maldades, y no puedo levantar la *v* 7200
98.2 a *v* de las naciones ha descubierto su.......... 5869
Ec 6.9 más vale *v* de ojos que deseo que pasa.......... 4758
11.9 y anda... en la *v* de tus ojos; pero sabe......... 4758
Is 11.3 no juzgará según la *v* de sus ojos, ni............ 4758
Jer 22.25 y en mano de aquellos cuya *v* temes 5869
43.9 cúbrelas de barro... a *v* de los... de Judá....... 5869
Ez 4.12 y lo cocerás a *v* de ellos al fuego de............ 5869
10.2 entra... llena tus manos... Y entró a *v* mía 5869
12.3 y te pasarás... a otro lugar a *v* de ellos 5869
12.4 saldrás por la tarde a *v* de ellos, como......... 5869
12.7 y los llevé sobre los hombros a *v* de ellos
20.14,22 no se infamase a la *v* de... naciones 5869
22.16 serás degradada a la *v* de las naciones....... 5869
23.16 se enamoró de ellos a primera *v*, y les......... 5869
Os 13.14 la compasión será escondida de mi *v* 5869
Mt 20.34 les tocó... en seguida recibieron la *v*. *308*
Mr 10.51 le dijo: Maestro, que recobre la *v* *308*
10.52 recobró la *v*, y seguía a Jesús en el *308*
Lc 4.18 **a pregonar libertad... y a los ciegos** *309*
7.21 sanó a... y a muchos ciegos les dio la *v*. *991*
18.41 **¿qué... Y él dijo: Señor, que reciba la *v*** *308*
24.31 le reconocieron... se desapareció de su *v*
Jn 9.11 **lávate; y fui, y me lavé, y recibí la *v*** *308*
9.15 a preguntarle... cómo había recibido la *v*....... *308*
9.18 sido ciego, y que había recibido la *v* *308*
9.18 los padres del que había recibido la *v* *308*
Hch 9.12 **le pone las manos... que recobre la *v*** *308*
9.17 para que recibas la *v* y seas lleno del *308*
9.18 escamas, y recibió al instante la *v*; y *308*
22.13 dijo: Hermano Saulo, recibe la *v*... Y yo........ *308*
22.13 yo en aquella misma hora recobré la *v* *308*
2 Co 3.7 no pudieron fijar la *v* en... de Moisés *4383*
3.13 no fijaran la *v* en el fin de aquello que *816*
5.7 porque por fe andamos, no por *v* *1491*
Gá 1.22 y no era conocido de *v* a las iglesias........... *4383*
1 Ts 2.17 separados... de *v* pero no de corazón *4383*
2 P 1.9 pero... tiene la *v* muy corta; es ciego

VITUPERAR
2 R 19.4 para *vituperar* con palabras, las cuales....... 3198
19.22 ¿a quién has *vituperado* y blasfemado? 2778
19.23 has *vituperado* a Jehová, y has dicho......... 2778
Job 19.3 me habéis *vituperado* diez veces: ¿no os....... 3637
Sal 44.16 voz del que me *vitupera* y deshonra 2778
69.9 los denuestos de los que te *vituperaban* 2778
Is 37.4 envió para *vituperar* con las palabras.......... 2778
37.23 ¿a quién *vituperaste*, y... blasfemaste?........ 2778
37.24 por mano de tus siervos has *vituperado* 2778
Mt 5.11 **cuando por mi causa os *vituperen* y os** *3679*
Lc 6.22 **cuando os aparten de sí, y os *vituperen*** *3679*
Ro 14.16 no sea, pues, *vituperado* vuestro bien
15.3 de los que te *vituperaban*, cayeron sobre *3679*
2 Co 6.3 nuestro ministerio no sea *vituperado* *3469*
1 P 4.14 si sois *vituperados* por el nombre de *3679*

VITUPERIO
Ro 15.3 *v* de los que te vituperaban, cayeron *3679*
He 6.6 crucificando de nuevo... exponiéndole a *v*...... *3856*
10.33 con *v* y... fuisteis hechos espectáculo *3680*
11.26 teniendo por mayores riquezas el *v* de *3680*
11.36 experimentaron *v* y azotes, y a más de *1701*
13.13 salgamos, pues, a él... llevando su *v* *3680*

VIUDA
Gn 38.11 dijo a Tamar su nuera: Quédate *v* en 490
Éx 22.22 a ninguna *v* ni huérfano afligiréis.............. 490
22.24 vuestras mujeres serán *v*, y huérfanos 490
Lv 21.14 no tomará *v*, ni repudiada, ni infame 490
22.13 pero si la hija del sacerdote fuere *v* 490
Nm 30.9 todo voto de *v* o repudiada... será firme 490
Dt 10.18 hace justicia al huérfano y a la *v* 490
14.29 y la *v* que hubiere en tus poblaciones.......... 490
16.11 tú... y la *v* que estuviere en medio de ti 490
16.14 tú... y la *v* que viven en tus poblaciones......... 490
24.17 ni tomarás en prenda la ropa de la *v*. 490
24.19,20,21 será para... huérfano y para la *v* 490
26.12 darás... al huérfano y a la *v*; y comerán 490
26.13 he dado al levita... al huérfano y a la *v* 490
27.19 el que pervirtiere el derecho... de la *v* 490
2 S 14.5 yo a la verdad soy una mujer *v*, y mi 490
1 R 7.14 hijo de una *v* de, la tribu de Neftalí 490
11.26 cuya madre... era *v*, alzó su mano contra....... 490
17.9 he dado orden allí a una mujer *v* que te 490
17.10 aquí una mujer *v*... allí recogiendo leña 490
17.20 Dios mío, ¿aun a la *v* en... has afligido........... 490
Job 22.9 a las *v* enviaste vacías, y los brazos............ 490
24.3 el asno... toman en prenda el buey de la *v* 490
24.21 mujer estéril... y a la *v* nunca hizo bien......... 490
27.15 sepultados, y no los llorarán sus *v* 490
29.13 y al corazón de la *v* yo daba alegría............. 490
31.16 si... e hice desfallecer los ojos de la *v* 490
31.18 desde el vientre de... fui guía de la *v*
Sal 68.5 padre de huérfanos y defensor de *v* 490
78.64 cayeron... sus *v* no hicieron lamentación 490
94.6 a la *v* y al extranjero matan, y a los............. 490
109.9 sean sus hijos huérfanos, y su mujer *v*.......... 490
146.9 Jehová... al huérfano y a la *v* sostiene 490
Pr 15.25 Jehová... afirmará la heredad de la *v* 490
Is 1.17 justicia al huérfano, amparad a la *v*............. 490
1.23 van... ni llega a ellos la causa de la *v* 490
9.17 ni... huérfanos y *v* tendrá misericordia 490
10.2 para despojar a las *v*, y robar a los............. 490

47.8 yo, no quedaré *v*, ni conoceré orfandad 490
Jer 7.6 no oprimiereis... al huérfano y a la *v*............ 490
15.8 *v* se me multiplicaron más que la arena 490
18.21 queden sus mujeres sin hijos, y *v*; y sus 490
22.3 no engañéis... al huérfano ni a la *v*, ni 490
49.11 yo los criaré; y en mí confiarán tus *v* 490
Lm 1.1 la grande entre las... se ha vuelto como *v* 490
5.3 huérfanos somos sin... madres son como *v* 490
Ez 22.7 al huérfano y a la *v* despojaron en ti............ 490
22.25 multiplicaron sus *v* en medio de ella............ 490
44.22 *v* ni repudiada tomará por mujer, sino 490
44.22 que tomará... *v* que fuere *v* de sacerdote 490
Zac 7.10 no oprimáis a la *v*, al huérfano, al.............. 490
Mal 3.5 los que defraudan... la *v* y al huérfano 490
Mt 23.14 **porque devoráis las casas de las *v*** *5503*
Mr 12.40 **que devoran las casas de las *v*, y por** *5503*
12.42 vino una *v* pobre, y echó dos blancas *5503*
12.43 **os digo que esta *v* pobre echó más que** *5503*
Lc 2.37 era *v* hacía ochenta y cuatro años; y........... *5503*
4.25 **muchas *v* había en Israel en los días de** *5503*
4.26 **enviado... sino a una mujer *v* en Sarepta**...... *5503*
7.12 hijo único de su madre, la cual era *v*............ *5503*
18.3 **había también... una *v*, la cual venía a él** *5503*
18.5 **esta *v* me es molesta, le haré justicia** *5503*
20.47 **que devoran las casas de las *v*, y por**.......... *5503*
21.2 vio... a una *v* muy pobre, que echaba allí *5503*
21.3 **digo, que esta *v* pobre echó más que todos** *5503*
Hch 6.1 las *v* de aquéllos eran desatendidas en.......... *5503*
9.39 donde le rodearon todas las *v*, llorando......... *5503*
9.41 llamando a... y a las *v*, la presentó viva *5503*
1 Co 7.8 digo, a los solteros y a las *v*, que *5503*
1 Ti 5.3 honra a las *v* que en verdad lo son *5503*
5.4 pero si alguna *v* tiene hijos, o nietos *5503*
5.5 la que en verdad es *v* y ha quedado sola *5503*
5.9 puesta en la lista sólo la *v* no menor de *5503*
5.11 pero *v* más jóvenes no admitáis; porque *5503*
5.14 que las *v* jóvenes se casen, críen hijos *5503*
5.16 creyente tiene *v*, que las mantenga, y........... *5503*
5.16 suficiente para las que en verdad son *5503*
Stg 1.27 visitar... las *v* en sus tribulaciones *5503*
Ap 18.7 estoy sentada como reina, y no soy *v*........... *5503*

VIUDEZ
Gn 38.14 se quitó ella los vestidos de su *v*............... 491
38.19 se fue... y se vistió las ropas de su *v* 491
2 S 20.3 quedaron encerradas... en *v* perpetua 491
Is 47.9 dos cosas te vendrán de... orfandad y *v* 489
54.4 y de la afrenta de tu *v* no tendrás más.......... 491

VÍVERES
Gn 42.2 aquí, yo he oído que hay *v* en Egipto 7668
45.21 dio... les suministró *v* para el camino......... 6720
Lv 25.37 dinero a usura, ni tus *v* a ganancia 400
Jue 20.10 que lleven *v* para el pueblo, para.............. 6720
1 Cr 12.40 eran vecinos... trajeron *v* en asnos 3899

VIVERO
Is 19.10 todos los que hacen *v* para peces................ 99

VIVIENTE
Gn 1.20 produzcan las aguas seres *v*, y aves que 2416
1.21 creó Dios... todo ser *v* que se mueve, que 2416
1.24 dijo Dios: Produzca la tierra seres *v*........... 2416
2.7 Dios formó al... y fue el hombre un ser *v* 2416
2.19 todo lo que Adán llamó a los animales *v* 2416
3.20 por cuanto ella era madre de todos los *v* 2416
7.4 raeré... de la tierra a todo ser *v* que hice
8.21 no... ni volveré más a destruir todo ser *v* 2416
9.10 y con todo ser *v* que está con vosotros.......... 2416
9.12 pacto... entre mí... y todo ser *v* que está 2416
9.15 pacto mío, que hay entre... y todo ser *v*......... 2416
9.16 del pacto... entre Dios y todo ser *v*, con......... 2416
Lv 11.10 de toda cosa *v* que está en las aguas 2416
11.46 ley acerca de... todo ser *v* que se mueve........ 2416
Dt 5.26 que oiga la voz del Dios *v* que habla de.......... 2416
Jos 3.10 en esto conoceréis que el Dios *v* está 2416
1 S 17.26 provoque... los escuadrones del Dios *v*?...... 2416
17.36 porque ha provocado al ejército... Dios *v* 2416
1 R 15.29 sin dejar alma *v* de los de Jeroboam.......... 5397
2 R 19.4,16 enviado para blasfemar al Dios *v*........... 2416
Job 12.10 en su mano está el alma de todo *v*, y 2416
28.13 no... ni se halla en la tierra de los *v* 2416
28.21 encubierta está a los ojos de todo *v* 2416
30.23 conduces a... casa determinada a todo *v* 2416
33.30 y para iluminarlo con la luz de los *v*........... 2416
Sal 27.13 veré la bondad... la tierra de los *v* 2416
52.5 te desarraigará de la tierra de los *v* 2416
69.28 sean raídos del libro de los *v*, y no............. 2416
116.9 andaré delante... en la tierra de los *v* 2416
136.25 que da alimento a todo ser *v*, porque......... 1320
142.5 eres... mi porción en la tierra de los *v* 2416
145.16 y colmas de bendición a todo ser *v* 2416
Ec 4.2 más que a los *v*, los que viven todavía 2416
Is 4.3 los que... estén registrados entre los *v*.......... 2416
37.17 que ha enviado a blasfemar al Dios *v* 2416
38.11 no veré a JAH, a... en la tierra de los *v* 2416
53.8 fue cortado de la tierra de los *v*, y por 2416
Jer 11.19 y cortémoslo de la tierra de los *v* 2416
23.36 pervertisteis las palabras del Dios *v*.......... 2416
Lm 3.39 qué se lamenta el hombre *v*? Laméntese...... 2416
Ez 1.5 en medio de ella la figura de... seres *v*......... 2416
1.13 cuanto a la semejanza de los seres *v*, su 2416
1.13 hachones... que andaba entre los seres *v*....... 2416
1.14 seres *v* corrían y volvían a semejanza de 2416
1.15 mientras yo miraba los seres *v*, he aquí 2416
1.15 he aquí una rueda... junto a los seres *v*......... 2416
1.19 cuando los seres *v* andaban, las ruedas 2416
1.19 cuando los seres *v* se levantaban de la 2416
1.20,21 el espíritu de los seres *v* estaba en.......... 2416
1.22 sobre las cabezas de... seres *v* aparecía 2416

3.13 el sonido de las alas de los seres *v* que ... 2416
10.15 este es el ser *v* que vi en el río Quebar ... 2416
10.17 espíritu de los seres *v* estaba en ellas ... 2416
10.20 eran los mismos seres *v* que vi debajo ... 2416
26.20 y daré gloria en la tierra de los *v* ... 2416
32.23,24,26,27,32 terror en la tierra de los *v* ... 2416
32.25 puesto su espanto en la tierra de los *v* ... 2416
47.9 toda alma *v* que nadare por dondequiera ... 2416
Dn 2.30 haya más sabiduría que en todos los *v* ... 2417
4.17 conozcan los *v* que el Altísimo gobierna ... 2417
6.20 Daniel, siervo del Dios *v*, el Dios tuyo ... 2417
6.26 porque él es el Dios *v* y permanece por ... 2417
Os 1.10 les será dicho: Sois hijos del Dios *v* ... 2416
Mt 16.16 tú eres el Cristo, el Hijo del Dios *v* ... *2198*
26.63 te conjuro por el Dios *v*, que nos digas ... *2198*
Jn 6.57 **me envió el Padre *v*, y yo vivo por él** ... *2198*
6.69 tú eres el Cristo, el Hijo del Dios *v* ... *2198*
Ro 9.26 allí serán llamados hijos del Dios *v* ... *2198*
1 Co 15.45 fue hecho el primer hombre...alma *v* ... *2198*
2 Co 6.16 vosotros sois el templo del Dios *v* ... *2198*
1 Ti 3.15 casa...que es la iglesia del Dios *v* ... *2198*
4.10 porque esperamos en el Dios *v*, que es el ... *2198*
Ap 4.6 y alrededor del trono, cuatro seres *v* ... *2226*
4.7 el primer ser *v* era semejante a un león ... *2226*
4.8 cuatro seres *v* tenían cada uno seis alas ... *2226*
4.9 siempre que aquellos seres *v* dan gloria ... *2226*
5.6 medio del trono y de los cuatro seres *v* ... *2226*
5.8 los cuatro seres *v* y los 24 ancianos se ... *2226*
5.11 alrededor del trono, y de los seres *v* ... *2226*
5.14 los cuatro seres *v* decían: Amén; y los ... *2226*
6.1 y oí a uno de los cuatro seres *v* decir ... *2226*
6.3 al segundo ser *v*, que decía: Ven y mira ... *2226*
6.5 al tercer ser *v*, que decía: Ven y mira ... *2226*
6.6 oí una voz de en medio de los 4 seres *v* ... *2226*
6.7 la voz del cuarto ser *v*, que decía: Ven ... *2226*
7.11 alrededor del...y de los cuatro seres *v* ... *2226*
8.9 y murió la tercera parte de los seres *v* ... *2938*
14.3 cantaban...delante de los cuatro seres *v* ... *2226*
15.7 uno de los cuatro seres *v* dio a los siete ... *2226*
19.4 los cuatro seres *v* se postraron en tierra ... *2226*

VIVIENTE-QUE-ME-VE

Gn 16.14 por lo cual llamó al pozo: Pozo del *V* ... 883
24.62 y venía Isaac del pozo del *V*; porque él ... 883
25.11 hijo; y habitó Isaac junto al pozo del *V* ... 883

VIVIFICANTE

1 Co 15.45 hecho...el postrer Adán, espíritu *v* ... *2227*

VIVIFICAR

Neh 9.6 tú *vivificas* todas estas cosas, y los ... 2421
Sal 119.25 alma; *vivifícame* según tu palabra ... 2421
119.40 anhelado...*vivifícame* en tu justicia ... 2421
119.50 mi consuelo...tu dicho me ha *vivificado* ... 2421
119.88 *vivifícame*...guardaré los testimonios ... 2421
119.93 porque con ellos me has *vivificado* ... 2421
119.107 *vivifícame*, oh...conforme a tu palabra ... 2421
119.149 oh...*vivifícame* conforme a tu juicio ... 2421
119.154 defiende...*vivifícame* con tu palabra ... 2421
119.156 son...*vivifícame* conforme a tus juicios ... 2421
119.159 *vivifícame* conforme a tu misericordia ... 2421
138.7 si anduviere yo en...tú me *vivificarás* ... 2421
143.11 tu nombre, oh Jehová, me *vivificarás* ... 2421
Is 57.15 *vivificar* el corazón...quebrantados ... 2421
Os 14.7 *vivificados* como trigo, y florecerán ... 2421
Ro 8.11 *vivificará* también vuestros cuerpos ... *2227*
1 Co 15.22 en Cristo todos serán *vivificados* ... *2227*
15.36 lo que tú siembras no se *vivifica*, si ... *2227*
2 Co 3.6 letra mata, mas el espíritu *vivifica* ... *2227*
Gá 3.21 si la ley dada pudiera *vivificar*, la ... *2227*
1 P 3.18 muerto...pero *vivificado* en espíritu ... *2227*

VIVIR

Gn 3.22 del árbol de la vida, y coma, y *viva* ... 2425
5.3 *vivió* Adán 130 años, y engendró un hijo ... 2421
5.5 los días que *vivió* Adán 930 años; y murió ... 2425
5.6 *vivió* Set 105 años, y engendró a Enós ... 2421
5.7 y *vivió* Set, después que engendró a Enós ... 2421
5.9 *vivió*; Enós 90 años, y engendró a Cainán ... 2421
5.10 *vivió* Enós...815 años, y engendró hijos ... 2421
5.12 *vivió* Cainán setenta años, y engendró a ... 2421
5.13 y *vivió* Cainán, después que engendró a ... 2421
5.15 *vivió* Mahalaleel 65 años, y engendró a ... 2421
5.16 *vivió* Mahalaleel, después que engendró a ... 2421
5.18 *vivió* Jared 162 años, y engendró a Enoc ... 2421
5.19 *vivió* Jared, después que engendró a Enoc ... 2421
5.21 *vivió* Enoc...años, y engendró a Matusalén ... 2421
5.25 *vivió* Matusalén 187 años, y engendró a ... 2421
5.26 *vivió* Matusalén, después que engendró a ... 2421
5.28 *vivió* Lamec 182 años, y engendró un hijo ... 2421
5.30 *vivió* Lamec, después que engendró a Noé ... 2421
6.19 de todo lo que *vive*, de toda carne, dos ... 2421
7.23 fue destruido todo ser que *vivía* sobre ... 2421
9.3 todo lo que se mueve y *vive*, os será para ... 2421
9.28 y *vivió* Noé después del diluvio 350 años ... 2421
11.11 y *vivió* Sem, después que engendro a ... 2421
11.12 Arfaxad *vivió* 35 años, y engendró a Sala ... 2421
11.13 y *vivió* Arfaxad, después que engendró a ... 2421
11.14 Sala *vivió* 30 años, y engendró a Heber ... 2421
11.15 *vivió* Sala, después...engendró a Heber ... 2421
11.16 Heber *vivió* 34 años, y engendró a Peleg ... 2421
11.17 y *vivió* Heber, después que engendró a ... 2421
11.18 Peleg *vivió* 30 años, y engendró a Reu ... 2421
11.19 *vivió* Peleg, después que engendró a Reu ... 2421
11.20 Reu *vivió* 32 años, y engendró a Serug ... 2421
11.21 *vivió* Reu, después que engendró a Serug ... 2421
11.22 Serug *vivió* 30 años, engendró a Nacor ... 2421
11.23 y *vivió* Serug, después que engendro a ... 2421
11.24 Nacor *vivió* 29 años, y engendró a Taré ... 2421
11.25 y *vivió* Nacor, después que engendró a ... 2421
11.26 Taré *vivió* 70 años, y engendró a Abram ... 2421
12.13 di que...y *viva* mi alma por causa de ti ... 2421
17.18 dijo...Ojalá Ismael *viva* delante de ti ... 2421
20.7 es profeta, y orará por ti, y *vivirás* ... 2421
25.6 y los envió lejos de...mientras él *vivía* ... 2416
25.7 estos fueron los días que *vivió* Abraham ... 2425
25.22 y dijo: Si es así, ¿para qué *vivo* yo?
27.40 por tu espada *vivirás*, y a tu hermano ... 2421
31.32 cuyo poder hallares tus dioses, no *viva* ... 2421
42.2 para que podamos *vivir*, y no muramos ... 2421
42.15 *vive* Faraón, que no saldréis de aquí ... 2416
42.16 y si no, *vive* Faraón, que sois espías ... 2416
42.18 haced esto, y *vivid*: Yo temo a Dios ... 2421
43.7 nos preguntó...¿*Vive* aún vuestro padre? ... 2416
43.8 fin de que *vivamos* y no muramos nosotros ... 2421
43.27 dijo: ¿Vuestro padre...¿*Vive* todavía? ... 2416
43.28 bien va a tu siervo...padre; aún *vive* ... 2416
45.3 yo soy José: ¿*vive* aún mi padre? Y sus ... 2416
45.26 José *vive* aún; y él es señor en toda la ... 2416
45.28 hasta; José mi hijo *vive* todavía; iré ... 2416
46.30 he *visto* tu rostro, y sé que aún vives ... 2416
47.19 y danos semilla para que *vivamos* y no ... 2421
47.28 y *vivió* Jacob en la tierra de Egipto ... 2421
50.22 habitó...y *vivió* José ciento diez años ... 2421
Éx 1.16 es hijo, matadlo; y si es hija...*viva* ... 2425
4.18 volveré, Egipto, para ver si aún *viven* ... 2416
19.13 asaeteado; sea animal o sea...no *vivirá* ... 2421
22.18 a la hechicera no dejarás que *viva* ... 2421
33.20 no...porque no me verá hombre, y *vivirá* ... 2425
Lv 11.9 los animales que *viven* en las aguas
18.5 los cuales haciendo el hombre, *vivirá* ... 2425
25.35 forastero y extranjero *vivirá* contigo ... 2416
25.36 temor de...y tu hermano *vivirá* contigo ... 2416
25.45 los hijos de los forasteros que *viven* ... 1481
Nm 4.19 se acerquen al lugar santísimo *vivan* ... 2421
14.21 *vivo* yo, y mi gloria llena...la tierra ... 2416
14.28 *vivo* yo, dice Jehová, que según habéis ... 2416
21.8 fuere mordido y mirare a ella, *vivirá* ... 2425
21.9 mordía...miraba a la serpiente...y *vivía* ... 2425
24.23 ¡ay! ¿quién *vivirá* cuando hiciere Dios ... 2421
35.32 que vuelva a *vivir* en su tierra, hasta ... 3427
Dt 4.1 *viváis*, y entréis y poseáis la tierra ... 2421
4.10 temerme todos los días que *vivieren* sobre ... 2416
5.24 Jehová habla al hombre, y éste aún *vive* ... 2421
5.26 oiga...como nosotros la oímos, y aún *viva*? ... 2421
5.33 *viváis* y os vaya bien, y tengáis largos ... 2421
8.1 para que *viváis*, y seáis multiplicados ... 2421
8.3 no sólo de pan *vivirá* el hombre, mas de ... 2421
8.3 sale de la boca de Jehová *vivirá* el hombre ... 2421
12.1 los días que...*viviereis* sobre la tierra ... 2416
13.12 que...tu Dios te da para *vivir* en ellas ... 3427
16.14 la viuda que *viven* en tus poblaciones
16.20 la justicia seguirás, para que *vivas* y ... 2421
18.6 saliere un levita...donde hubiere *vivido* ... 1481
19.4 caso del homicida que huirá allí, y *vivirá* ... 2425
19.5 huirá a una de estas ciudades, y *vivirá* ... 2425
21.19 ante...a la puerta del lugar donde *viva*
30.6 que ames a Jehová tu...a fin de que *vivas* ... 2416
30.16 para que *vivas* y seas multiplicado, y ... 2421
30.19 escoge, pues, la vida, para que *vivas* ... 2421
31.13 a temer...todos los días que *viviereis* ... 2421
31.27 aun *viviendo* yo...sois rebeldes a Jehová ... 2416
32.39 hago morir, y yo hago *vivir*; yo hiero ... 2421
32.40 mi mano, y diré: *Vivo* yo para siempre ... 2416
33.6 *viva* Rubén, y no muera; y no sean pocos ... 2421
Jos 2.15 su casa estaba...ella *vivía* en el muro ... 3427
6.17 solamente Rahab la ramera *vivirá*, con ... 2421
9.20 dejaremos *vivir*, para que no venga ira ... 2421
9.21 dejadlos *vivir*; y fueron...leñadores y ... 2421
14.10 Jehová me ha hecho *vivir*, como él dijo ... 2421
Jue 8.19 ¡*vive* Jehová, que si les hubierais ... 2421
13.12 debe ser la manera de *vivir* del niño, y
17.8 ir a *vivir* donde pudiera encontrar lugar ... 1481
17.9 voy a *vivir* donde pueda encontrar lugar ... 1481
Rt 1.16 yo, y dondequiera que *vivieres*, viviré ... 3885
2.23 estuvo...espigando...*vivía* con su suegra ... 3427
3.13 si él no te...yo te redimiré, *vive* Jehová ... 2416
1 S 1.26 y ella dijo...*Vive* tu alma, señor mío ... 2416
1.28 todos los días que *viva*, será de Jehová ... 3117
7.15 juzgó Samuel...todo el tiempo que *vivió* ... 2416
10.24 pueblo clamó...diciendo: ¡*Viva* el rey!
14.39 *vive* Jehová...aunque fuere en Jonatán mi ... 2416
14.45 *vive* Jehová, no ha de caer un cabello de ... 2416
17.56 *vive* tu alma, oh rey, que no lo sé...Y el ... 2416
19.6 y juró Saúl: *Vive* Jehová, que no morirá ... 2416
20.3 *vive* Jehová y *v* tu alma, que apenas hay ... 2416
20.14 y si yo *viviere*, harás...misericordia de ... 2416
20.21 vendrás...y nada malo hay, *vive* Jehová ... 2416
20.31 el hijo de Isaí *viviere* sobre la tierra ... 2425
25.26 *vive* Jehová, y *v* tu alma, que Jehová te ... 2416
25.29 será ligada en el haz de los que *viven* ... 2416
25.34 *vive* Jehová Dios...que me ha defendido ... 2416
26.10 *vive* Jehová...si Jehová no lo hiriere ... 2416
26.16 *vive* Jehová, que sois dignos de muerte ... 2416
28.10 *vive* Jehová, que ningún mal te vendrá ... 2416
29.6 *vive* Jehová, que tú has sido recto, y que ... 2416
2 S 1.10 que no podía *vivir* después de su caída ... 2421
2.27 *vive* Dios, que si no hubieses hablado ... 2426
4.9 *vive* Jehová que ha redimido mi alma de ... 2416
12.5 dijo...*Vive* Jehová que el que tal hizo ... 2616
12.18 el niño aún *vivía*, le hablábamos, y no ... 2416
12.21 por el niño, *viviendo* aún, ayunabas y ... 2416
12.22 *viviendo*...el niño, yo ayunaba y lloraba ... 2416
12.22 Dios tendrá compasión...y *vivirá* el niño ... 2416
14.11 *vive* Jehová, que no caerá ni un cabello ... 2416
14.19 *vive* tu alma...que no hay que apartarse ... 2416
15.21 *vive* Dios, y *v* mi señor el rey, que o ... 2416
10.10 que...dijo Husai: ¡*Viva* el rey, *v* el rey! ... 2421
19.6 me has hecho ver...que si Absalón *viviera* ... 2416
19.34 ¿cuántos años más habré de *vivir*, para ... 2416
22.47 *viva* Jehová, y bendita sea mi roca, y ... 2416
1 R 1.25 y han dicho: ¡*Viva* el rey Adonías! ... 2421
1.29 *vive* Jehová, que ha redimido mi alma de ... 2416
1.31 *viva* mi señor el rey David para siempre ... 2421
1.34 y tocaréis trompeta, diciendo: ¡*Viva* el ... 2421
1.39 dijo...el pueblo: ¡*Viva* el rey Salomón! ... 2421
2.24 *vive* Jehová, quien me ha confirmado y me ... 2416
3.22,23 mi hijo es el que *vive*, y tu hijo es ... 2416
3.22,23 es el muerto, y mi hijo es el que *vive* ... 2416
4.21 sirvieron a Salomón...los días que *vivió* ... 2416
4.25 Judá e Israel *vivían* seguros, cada uno ... 2416
8.40 que te teman todos los días que *vivan* ... 2416
12.6 delante de Salomón su padre cuando *vivía* ... 2416
17.1 a Acab: *Vive* Jehová Dios de Israel, en ... 2416
17.5 se fue y *vivió* junto al arroyo de Querit ... 3427
17.12 *vive* Jehová tu Dios, que no tengo pan ... 2416
17.23 y le dijo Elías: Mira, tu hijo *vive* ... 2416
18.10 *vive* Jehová...que no ha habido nación ni ... 2416
18.15 *vive* Jehová de...en cuya presencia estoy ... 2416
20.32 Ben-adad dice: Te ruego que *viva* mi alma ... 2421
20.32 él respondió: Si él *vive*...mi hermano es ... 2416
20.33 y dijeron: Tu hermano Ben-adad *vive*
21.15 porque Nabot no *vive*, sino que ha muerto ... 2416
22.14 *vive* Jehová, que lo que Jehová...diré ... 2416
2 R 2.2,4,6 *vive* Jehová, y *v* tu...no te dejaré ... 2416
3.14 *vive* Jehová de los ejércitos, en cuya ... 2416
4.7 y tú y tus hijos *vivid* de lo que quede ... 2421
4.30 *vive* Jehová, y *v* tu alma...no te dejaré ... 2416
5.16 dijo: *Vive* Jehová...que no lo aceptaré ... 2416
5.20 *vive* Jehová, que correré yo tras él y ... 2416
7.4 si ellos nos dieren la vida, *viviremos*; y ... 2421
8.1 mujer a cuyo hijo él había hecho *vivir* ... 2416
8.1 vete tú y...tu casa a *vivir* donde puedas ... 3427
8.2 fue...y *vivió* en tierra de los filisteos ... 3427
8.5 contando...había hecho *vivir* a un muerto ... 2421
8.5 la mujer, a cuyo hijo él había hecho *vivir* ... 2421
8.5 este es su hijo, al cual Eliseo hizo *vivir* ... 2421
10.19 Baal; cualquiera que faltare no *vivirá* ... 2421
11.12 batiendo...manos dijeron: ¡*Viva* el rey! ... 2421
14.17 *vivió* después de la muerte de Joás hijo ... 2421
18.32 y *viviréis*, y no moriréis...No oigáis a ... 2421
20.1 ordena tu casa...morirás, y no *vivirás* ... 2421
2 Cr 6.31 teman...todos los días que *vivieren* ... 2416
10.6 delante de Salomón...cuando *vivía*, y les ... 2416
11.13 se juntaron a él desde...donde *vivían* ... 3427
18.13 *vive* Jehová...lo que mi Dios me dijere ... 2416
23.11 ungieron, diciendo luego: ¡*Viva* el rey! ... 2421
25.25 y *vivió* Amasías...15 años después de la ... 2421
34.33 no se apartaron de...que él *vivió* ... 2421
Esd 9.7 este día hemos *vivido* en gran pecado
Neh 2.3 dije al rey: Para siempre *viva* el rey ... 2421
5.2 hemos pedido...grano para comer y *vivir* ... 2421
9.29 los...si el hombre hiciere, en ellos *vivirá* ... 2421
Est 3.8 rey nada le beneficia el dejarlos *vivir* ... 2421
4.11 el rey extendiere el cetro de oro...*vivirá* ... 2421
Job 7.16 abomino de mi vida; no he de *vivir* para ... 2421
12.6 y los que provocan a Dios *viven* seguros ... 2421
14.14 si el hombre muriere, ¿volverá a *vivir*? ... 2421
19.25 yo sé que mi Redentor *vive*, y al fin se ... 2416
21.7 ¿por qué *viven* los impíos, y...envejecen ... 2421
27.2 *vive* Dios, que ha quitado mi derecho, y ... 3117
42.16 *vivió* Job 140 años, y vio a sus hijos ... 2421
Sal 4.8 tú, Jehová, me haces *vivir* confiado ... 3427
18.46 *viva* Jehová, y bendita sea mi roca, y ... 2416
22.26 *vivirá* vuestro corazón para siempre ... 2421
37.27 y haz el bien, y *vivirás* para siempre ... 3427
37.29 tierra, y *vivirán* para siempre sobre ella ... 3427
39.5 completa vanidad todo hombre que *vive* ... 2416
49.9 para que *viva* en adelante para siempre ... 2421
49.18 aunque mientras *viva*, llame dichosa a ... 2416
56.13 delante de...en la luz de los que *viven* ... 2416
69.32 buscad a Dios, y *vivirá* vuestro corazón ... 2421
72.15 *vivirá*, y se le dará del oro de Sabá ... 2421
89.48 ¿qué hombre *vivirá* y no verá muerte? ... 2421
104.33 a...Dios cantaré salmos mientras *viva* ... 2416
107.4 por...sin hallar ciudad en donde *vivir* ... 4186
107.36 allí...y fundan ciudad en donde *vivir* ... 3427
118.17 no moriré, sino que *viviré*, y contaré ... 2421
119.17 bien a tu siervo; que *viva*, y guarde ... 2421
119.77 vengan a mí tus misericordias...*viva* ... 2421
119.116 susténtame conforme a tu...y *viviré* ... 2421
119.144 eterna...dame entendimiento, y *viviré* ... 2421
119.175 *viva* mi...y te alabe, y tus juicios me ... 2421
146.2 cantaré salmos a...Dios mientras *viva* ... 2416
Pr 1.33 y *vivirá* tranquilo, sin temor del mal
4.4; 7.2 guarda mis mandamientos y *vivirás* ... 2421
9.6 dejad las simplezas, y *vivid*, y andad por ... 2421
11.15 aborreciere las fianzas *vivirá* seguro ... 2421
15.27 mas el que aborrece el soborno *vivirá* ... 2421
19.23 con él *vivirá* lleno de reposo el hombre ... 3885
21.9 mejor es *vivir* en un rincón del terrado ... 3427
Ec 4.2 más que a los *vivientes*, los que viven ... 2416
4.15 vi a todos los que *viven* debajo del sol ... 3427
6.3 y *viviere* muchos años, y los días de su ... 2421
6.6 si aquel *viviere* mil años dos veces, sin ... 2421
7.2 el que *vive* lo pondrá en su corazón ... 2416
9.5 los que *viven* saben que han de morir; pero ... 2416
11.8 aunque un hombre *viva* muchos años, y en ... 2421
Is 26.14 muertos son, no *vivirán*; han fallecido ... 2421
26.19 tus muertos *vivirán*; sus cadáveres ... 2421
38.1 ordena tu casa...morirás, y no *vivirás* ... 2421
38.16 por...estas cosas los hombres *vivirán* ... 2421
38.16 tú me restablecerás, y harás que *viva* ... 2421
38.19 el que *vive*, el que *v*...te dará alabanza ... 2416
49.18 han venido a ti...*Vivo* yo, dice Jehová ... 2416
53.10 verá linaje, *vivirá* por largos días, y

55.3 venid a mí; oíd, y *vivirá* vuestra alma 2421
57.15 hacer *vivir* el espíritu de los humildes 2421
Jer 4.2 y jurares: *Vive* Jehová, en verdad, en 2416
5.2 digan: *Vive* Jehová, juran falsamente 2416
12.16 *vive* Jehová, así como enseñaron a mi 2416
16.14 no se dirá más: *Vive* Jehová, que hizo 2416
16.15 sino: *Vive* Jehová, que hizo subir a los 2416
21.9 que saliere... *vivirá*, y su vida le será 2421
22.24 *vivo* yo, dice Jehová, que si Conías hijo 2416
23.7 que no dirán más: *Vive* Jehová que hizo 2416
23.8 sino: *Vive* Jehová que hizo subir y trajo 2416
27.12 servidle a él y a su pueblo, y *vivid* 2421
27.17 servid al rey de Babilonia y *vivid*; ¿por 2421
30.10 y Jacob... descansará y *vivirá* tranquilo
35.7 para que *viváis* muchos días sobre la faz 2421
35.15 *viviréis* en la tierra que di a... padres 3427
38.2 el que se pasare a los caldeos *vivirá* 2421
38.2 pues su vida le será por botín, y *vivirá* 2425
38.16 *vive* Jehová que nos hizo esta alma, que 2416
38.17 tu alma *vivirá*... y *vivirás* tú y tu casa 2421
38.20 oye ahora la... y te irá bien y *vivirás* 2421
39.14 que lo sacase a casa; y *vivió* entre el 3427
40.5 y *vive* con él en medio del pueblo; o ve 3427
44.1 todos los judíos... que *vivían* en Migdol 3427
44.8 de Egipto, adonde habéis entrado... *vivir* 3427
44.26 de Judá, diciendo: *Vive* Jehová el Señor 2416
46.18 *vivo* yo, dice el Rey, cuyo nombre es 2416
49.31 que *vive* confiadamente... que *v* solitaria 3427
Ez 3.18 impío sea apercibido... fin de que *viva* 2421
3.21 no peque, y no pecare, de cierto *vivirá* 2421
5.11 *vivo* yo, dice Jehová... haber profanado 2416
13.19 vida a las personas que no deben *vivir* 2421
14.16 *vivo* yo, dice Jehová el Señor, ni a sus 2416
14.18,20 *vivo* yo, dice Jehová... no librarían 2416
16.6 te dije: ¡*Vive*! Sí, te dije, cuando... ¡*V*! 2421
16.48 *vivo* yo, dice Jehová el... que Sodoma tu 2416
17.16 *vivo* yo, dice Jehová el... que morirá en 2416
17.19 ha dicho... *Vivo* yo, que el juramento mío 2416
18.3 *vivo* yo, dice Jehová el... que nunca más 2416
18.9 es justo... *vivirá*, dice Jehová el Señor 2421
18.13 prestare a interés... ¿*vivirá* éste? No *v* 2421
18.17 éste no morirá por la... de cierto *vivirá* 2421
18.19 guardó... estatutos y... de cierto *vivirá* 2421
18.21 apartare de... pecados... de cierto *vivirá* 2421
18.22 no le... en su justicia que hizo *vivirá* 2421
18.23 del impío... ¿No *vivirá*, si se apartare de 2421
18.24 e hiciere... abominaciones... ¿*vivirá* él? 2425
18.27 y apartándose el impío... *vivir* su alma 2421
18.28 se apartó... de cierto *vivirá*; no morirá 2421
18.32 no quiero... convertíos, pues, y *viviréis* 2421
20.3 *vivo* yo... no os responderé, dice Jehová 2416
20.11,13,21 hombre que los cumpliere *vivirá* 2425
20.25 decretos por los cuales no podrían *vivir* 2421
20.31 *vivo* yo... el Señor, que no os responderé 2416
20.33 *vivo* yo, dice Jehová... con mano fuerte 2416
21.30 el lugar... en la tierra donde has *vivido* 4351
28.26 *vivirán* confiadamente, cuando yo haga 3427
33.10 somos consumidos; ¿cómo... *viviremos*? 2421
33.11 *vivo* yo... no quiero la muerte del impío 2416
33.11 que se vuelva el impío de su... y que *viva* 2421
33.12 el justo no podrá *vivir* por su justicia 2421
33.13 yo dijere al justo: De cierto *vivirás* 2421
33.15 vida, no haciendo iniquidad, *vivirá* 2421
33.16 según el derecho y la justicia; *vivirá* 2421
33.19 hiciere según el derecho y la... *vivirá* 2421
33.27 *vivo* yo, que los que están en aquellos 2416
34.8 *vivo* yo, ha dicho... por cuanto mi rebaño 2416
35.6 *vivo* yo, dice Jehová... que a sangre te 2416
35.11 *vivo* yo, dice... haré conforme a tu ira 2416
37.3 me dijo: Hijo de... ¿*vivirán* estos huesos? 2421
37.5 yo hago entrar espíritu en... y *viviréis* 2421
37.6 y *viviréis*; y sabréis que yo soy Jehová 2421
37.9 y sopla sobre estos muertos, y *vivirán* 2421
37.10 *vivieron*, y estuvieron sobre sus pies 2421
37.14 y pondré mi Espíritu... y *viviréis*, y os 2421
47.9 y toda alma viviente que nadare... *vivirá* 2421
47.9 *vivirá* todo lo que entrare en este río 2425
Dn 2.4 rey, para siempre *vive*; di el sueño a 2418
3.9 dijeron al rey... Rey, para siempre *vive* 2418
4.34 y glorifiqué al que *vive* para siempre 2417
5.10 rey, *vive* para siempre; no te turben tus 2418
6.6 dijeron... ¡Rey Darío, para siempre *vive*! 2418
12.7 y juró por el que *vive* por los siglos 2416
Os 4.15 no entréis en... ni juréis: *Vive* Jehová 2414
6.2 nos resucitará, y *viviremos* delante de él 2421
Am 5.4 así dice Jehová... Buscadme, y *viviréis* 2421
5.6 buscad a Jehová, y *vivid*; no sea que 2421
5.14 buscad lo bueno, y no... para que *viváis* 2421
Hab 2.4 he aquí que... el justo por su fe *vivirá* 2421
Sof 2.9 *vivo* yo, dice Jehová... Moab será como 2416
Zac 1.5 profetas, ¿han de *vivir* para siempre? 2421
10.9 mí; y *vivirán* con sus hijos, y volverán 2421
13.3 no *vivirás*, porque has hablado mentira 2421
Mt 4.4 **no sólo de pan *vivirá* el hombre, sino** *2198*
9.18 ven y pon tu mano sobre ella, y *vivirá* *2198*
23.30 **decís: Si hubiésemos *vivido* en los días** 2258
27.63 dijo, *viviendo* aún: Después de tres días *2198*
Mr 5.23 y pon las manos sobre ella... y *vivirá* *2198*
16.11 oyeron que *vivía*, y que había sido visto *2198*
Lc 2.36 había *vivido* con su marido siete años *2198*
4.4 **no sólo de pan *vivirá* el hombre, sino de** *2198*
7.25 **y *viven* en deleites, en los palacios de** 5225
10.28 **le dijo: Bien has... haz esto, y *vivirás*** *2198*
15.13 **desperdició sus... *viviendo* perdidamente** *2198*
20.38 **es Dios... de vivos... para él todos *viven*** *2198*
24.5 buscáis entre los muertos al que *vive*? *2198*
24.23 de ángeles, quienes dijeron que él *vive* *2198*
Jn 4.50 **Jesús le dijo: Vé, tu hijo *vive*... Y el** *2198*

4.51 le dieron nuevas, diciendo: Tu hijo *vive* *2198*
4.53 **que Jesús le había dicho: Tu hijo *vive*** *2198*
5.25 **oirán la voz... los que la oyeren *vivirán*** *2198*
6.51 **comiere de este pan, *vivirá* para siempre** *2198*
6.57 **Padre *viviente*, y yo vivo por el Padre** *2198*
6.57 **el que me come, él también *vivirá* por mí** *2198*
6.58 **que come de este pan, *vivirá* eternamente** *2198*
11.25 **cree en mí, aunque esté muerto, *vivirá*** *2198*
11.26 **aquel que *vive* y cree en mí, no morirá** *2198*
14.19 **porque yo vivo, vosotros... *viviréis*** *2198*
Hch 7.29 Moisés huyó, y *vivió* como extranjero
17.28 en él *vivimos*, y nos movemos, y somos *2198*
22.22 quita de... porque no conviene que *viva* *2198*
23.1 yo con toda buena conciencia he *vivido* *4176*
25.24 y aquí, dando voces que no debe *vivir* *2198*
26.5 que yo desde el principio... *viví* fariseo *2198*
28.4 es homicida... la justicia no deja *vivir* *2198*
28.16 pero a Pablo se le permitió *vivir* aparte *3306*
Ro 1.17 escrito: Mas el justo por la fe *vivirá* *2198*
6.2 muerto al pecado, ¿cómo *viviremos* aún en *2198*
6.8 si... creemos que también *viviremos* con él *4800*
6.10 todas; mas en cuanto *vive*, para Dios *v* *2198*
7.1 enseñorea del hombre entre tanto... *vive*? *2198*
7.2 está sujeta... marido mientras éste *vive* *2198*
7.9 y yo sin la ley *vivía* en un tiempo; pero *2198*
8.8 los que *viven* según la carne no pueden
8.9 vosotros no *vivís* según la carne, sino
8.10 el espíritu *vive* a causa de la justicia *2222*
8.12 no... para que *vivamos* conforme a la carne ... *2198*
8.13 si *vivís* conforme a la carne, moriréis *2198*
8.13 por el Espíritu hacéis morir... *viviréis* *2198*
10.5 el hombre que haga estas cosas, *vivirá* *2198*
14.7 porque ninguno de nosotros *vive* para sí *2198*
14.8 pues si *vivimos*, para el Señor *v*; y si *2198*
14.8 que *vivamos*, o que muramos, del Señor *2198*
14.9 volvió a *vivir*, para ser Señor así de los *326*
14.9 así de los muertos como de los que *viven* *2198*
14.11 *vivo* yo, dice el Señor, que ante mí se *2198*
1 Co 7.12 ella consiente en *vivir* con él, no *3611*
7.13 y él consiente en *vivir* con ella, no lo *3611*
7.39 ligada a la ley mientras su marido *vive* *2198*
9.14 los que anuncian el... *vivan* del evangelio *2198*
15.6 500 hermanos... de los cuales muchos *viven* ... *2198*
2 Co 4.11 que *vivimos*... entregados a muerte por *2198*
5.6 *vivimos* confiados... y sabiendo que entre
5.15 que los que *viven*, ya no vivan para sí *2198*
6.9 como moribundos, mas he aquí *vivimos* *2198*
7.3 nuestro corazón, para morir y para *vivir* *4800*
13.4 en debilidad, *vive* por el poder de Dios *2198*
13.4 *viviremos* con él por el poder de Dios *2198*
13.11 sed de un mismo sentir, y *vivid* en paz *1514*
Ga 2.14 siendo judío, *vives* como los gentiles *1483*
2.19 muerto para la... a fin de *vivir* para Dios *2198*
2.20 y ya no *vivo* yo, mas vive Cristo en mí *2198*
2.20 lo que ahora *vivo*... lo *v* en la fe del Hijo *2198*
3.11 es evidente... El justo por la fe *vivirá* *2198*
3.12 que hiciere estas cosas *vivirá* por ellas *2198*
5.25 *vivimos* por el Espíritu, andemos también *2198*
Ef 2.3 entre los cuales... nosotros *vivimos* en
4.22 en cuanto a la pasada manera de *vivir*
Fil 1.21 porque para mí el *vivir* es Cristo, y *2198*
1.22 si el *vivir* en la carne resulta para mí *2198*
4.12 sé *vivir* humildemente, y sé... abundancia *2198*
Col 2.20 ¿por qué, como si *vivieseis* en el mundo *2198*
3.7 anduvisteis en... cuando *vivíais* en ellas *2198*
1 Ts 3.8 *vivimos*, si vosotros estáis firmes *2198*
4.15 nosotros que *vivimos*... no precederemos a *2198*
4.17 luego nosotros los que *vivimos*, los que *2198*
5.10 que velemos... *vivamos* juntamente con él *2198*
1 Ti 2.2 que *vivamos* quieta y reposadamente en
5.6 la que se entrega a... *viviendo* está muerta *2198*
2 Ti 2.11 si somos muertos con él... *viviremos* *4800*
3.12 todos los que quieren *vivir* piadosamente *2198*
Tit 2.12 *vivamos* en este siglo sobria, justa y *2198*
3.3 deleites... *viviendo* en malicia y envidia *1236*
He 7.8 uno de quien da testimonio de que *vive* *2198*
7.25 a Dios, *viviendo* siempre para interceder *2198*
9.17 no... válido entre tanto el testador *vive* *2198*
10.38 justo *vivirá* por fe; y si retrocediere *2198*
12.9 obedeceremos... al Padre de... y *viviremos*? ... *2198*
Stg 4.15 el Señor quiere, *viviremos* y haremos *2198*
5.5 habéis *vivido* en deleites sobre la tierra *5171*
1 P 1.15 santos en... vuestra manera de *vivir*
1.18 rescatados de vuestra... manera de *vivir* *391*
1.23 la palabra de Dios que *vive* y permanece *2198*
2.12 buena vuestra manera de *vivir* entre los *391*
2.24 estando muertos a los pecados, *vivamos* *2198*
3.7 *vivid* con ellas sabiamente, dando honor *4924*
4.2 para no *vivir* el tiempo que resta en la *980*
4.6 carne... pero *vivan* en espíritu según Dios *2198*
2 P 2.6 a los que habían de *vivir* impíamente
2.18 habían huido de los que *viven* en error *390*
3.11 andar en santa y piadosa manera de *vivir* *391*
1 Jn 4.9 envió a su Hijo... que *vivamos* por él *2198*
Ap 1.18 ***vivo*, y estuve muerto... he aquí que *v*** *2198*
2.8 **el que estuvo muerto y *vivió*, dice esto** *2198*
3.1 **que tienes nombre de que *vives*, y estás** *2198*
4.9,10; 5.14 al que *vive* por los siglos de *2198*
10.6 juró por el que *vive* por los siglos de *2198*
13.14 la bestia que tiene la herida... y *vivió* *2198*
15.7 oro, llenos de la ira de Dios, que *vive* *2198*
18.7 y ha *vivido* en deleites, tanto dadle de
18.9 reyes... con ella han *vivido* en deleites
20.4 *vivieron* y reinaron con Cristo mil años *2198*
20.5 los otros muertos no volvieron a *vivir* *326*

VIVO,A

Gn 7.3 para conservar *v* la especie sobre la 2421
26.19 cavaron... y hallaron... un pozo de aguas *v* ... 2416
Éx 21.35 venderán el buey *v* y partirán... dinero 2416
22.4 con el hurto en la mano, *v*, sea buey o
Lv 13.10 si... y se descubre asimismo la carne *v* 2416
13.14 el día que apareciere en él la carne *v* 2416
13.15 mirará la carne *v*... inmunda la carne *v* 2416
13.16 carne *v* cambiare y se volviere blanca 2416
14.4 que se tomen... dos avecillas *v*, limpias 2416
14.6 después tomará la avecilla *v*, el cedro 2416
14.6 mojará con la avecilla *v* en la sangre 2416
14.7 lepra... soltará la avecilla *v* en el campo 2416
14.51 tomará... la avecilla *v*, y los mojará en 2416
14.52 purificará la casa... con la avecilla *v* 2416
14.53 luego soltará la avecilla *v* fuera de la 2416
16.10 lo presentará *v* delante de Jehová para 2416
16.20 acabado... hará traer el macho cabrío *v* 2416
16.21 sobre la cabeza del macho cabrío *v*, y 2416
Nm 11.4 la gente extranjera... tuvo un *v* deseo
16.30 los tragare... y descendieren *v* al Seol 2416
16.33 descendieron *v* al Seol, y los cubrió 2416
16.48 puso entre los muertos y los *v*; y cesó 2416
22.33 te mataría a ti, y a ella dejaría *v* 2421
Dt 4.4 que seguisteis a Jehová... estáis *v* hoy 2416
5.3 con nosotros todos que estamos aquí hoy *v* 2416
Jos 8.23 pero tomaron *v* al rey de Hai, y lo 2416
Jue 21.14 les dieron... las que habían guardado *v* 2421
Rt 2.20 no ha rehusado a los *v* la benevolencia 2416
1 S 15.8 tomó *v* a Agag rey de Amalec, pero a 2421
2 S 18.14 Absalón... estaba aún *v* en medio de la 2421
1 R 3.25 el rey dijo: Partid... al niño *v*, y dad 2416
3.26 la mujer de quien era el hijo *v*, habló 2416
3.26 rey... Dad a ésta el niño *v*, y no lo matéis 2416
3.27 respondió... Dad a aquélla el hijo *v*, y no 2416
19.10,14 he sentido un *v* celo por Jehová Dios 2416
20.18 si han salido por paz, tomadlos *v*; y si 2416
20.18 si han salido para pelear, tomadlos *v* 2416
2 R 7.12 los tomaremos *v*, y entraremos en la 2416
10.14 él dijo: Prendedlos *v*... Y... los tomaron *v* 2416
10.24 dejare *v* a alguno de aquellos hombres 2416
2 Cr 25.12 de Judá tomaron *v* a otros diez mil 2416
Sal 38.19 mis enemigos están *v* y fuertes, y se 2416
42.2 mi alma tiene sed de Dios, del Dios *v* 2416
55.15 muerte les sorprenda; desciendan *v* al 2416
58.9 así *v*, así airados, los arrebatará él 2416
84.2 mi corazón y mi carne cantan al Dios *v* 2416
124.3 *v* nos habrían tragado entonces... furor 2416
Pr 1.12 traguemos *v* como el Seol, y enteros 2416
Ec 6.8 el pobre que supo caminar entre los *v*? 2416
9.4 hay esperanza para... que está entre los *v* 2416
9.4 porque mejor es perro *v* que león muerto 2416
10.19 el banquete, y el vino alegra a los *v* 2416
Cnt 4.15 pozo de aguas *v*, que corren del Líbano 2416
Is 8.19 ¿consultará a los muertos por los *v*? 2416
37.4 su señor envió para blasfemar al Dios *v* 2416
Jer 2.13 me dejaron a mí, fuente de agua *v*, y 2416
10.10 mas Jehová es el... es Dios *v* y Rey eterno 2416
17.13 dejaron a Jehová, manantial de aguas *v* 2416
42.17 todos... no habrá de ellos quien quede *v* 2416
44.14 quien quede *v* para volver a la tierra 2416
Lm 2.22 no hubo quien escapase ni quedase *v* 2416
Ez 7.13 no volverá... vendido, aunque queden *v* 2416
Zac 14.8 que saldrán de Jerusalén aguas *v*, la 2416
Mt 22.32; Mr 12.27; Lc 20.38 **Dios no es Dios de muertos, sino de *v*** *2198*
Jn 4.10 **tú le pedirías, y él te daría agua *v*** *2198*
4.11 pozo... ¿De dónde, pues, tienes el agua *v*? *2198*
6.51 **yo soy el pan *v* que descendió del cielo** *2198*
7.38 **de su interior correrán ríos de agua *v*** *2198*
Hch 1.3 presentó *v* con... pruebas indubitables *2198*
9.41 llamando a los santos y... la presentó *v* *2198*
10.42 el que Dios ha puesto por Juez de *v* y *2198*
14.15 convirtáis al Dios *v*, que hizo el cielo *2198*
20.10 Pablo... dijo: No os alarméis, pues está *v* *2198*
20.12 y llevaron al joven *v*, y... consolados *2198*
25.19 Jesús... el que Pablo afirmaba estar *v* *2198*
Ro 6.11 pero *v* para Dios en Cristo Jesús, Señor *2198*
6.13 presentaos... a Dios como *v* de entre los *2198*
12.1 vuestros cuerpos en sacrificio *v*, santo *2198*
2 Co 3.3 escrita... con el Espíritu del Dios *v* *2198*
1 Ts 1.9 Dios, para servir al Dios *v* y verdadero *2198*
1 Ti 6.17 sino en el Dios *v*, que nos da todas *2198*
2 Ti 4.1 que juzgará a los *v* y a los muertos *2198*
He 3.12 corazón malo de... apartarse del Dios *v* *2198*
4.12 la palabra de Dios es *v* y eficaz, y más *2198*
9.14 obras muertas para que sirváis al Dios *v*? *2198*
10.20 por el camino nuevo y *v* que él nos abrió *2198*
10.31 cosa es caer en las manos del Dios *v*! *2198*
12.22 monte de Sion, a la ciudad del Dios *v* *2198*
1 P 1.3 nos hizo renacer para una esperanza *v* *2198*
2.4 acercándoos a él, piedra *v*, desechada *2198*
2.5 como piedras *v*, sed edificados como casa *2198*
4.5 está preparado para juzgar a los *v* y a los *2198*
Ap 7.2 y tenía el sello del Dios *v*; y clamó a *2198*
16.3 y murió todo ser *v* que había en el mar *2198*
19.20 lanzados *v* dentro de un lago de fuego *2198*

VOCACIÓN

1 Co 1.26 pues mirad, hermanos, vuestra *v*, que *2821*
Ef 4.1 que andéis como es digno de la *v* con que *2821*
4.4 llamados... misma esperanza de vuestra *v* *2821*
2 P 1.10 más procurad hacer firme vuestra *v* *2821*

VOCEAR

Is 42.13 gritará, *voceará*, se esforzará sobre 6873
Mat 12.19 no contenderá, ni *voceará*, ni nadie 2905

VOCERÍO
Jos 6.20 gritó con...*v*, y el muro se derrumbó 8643
Job 39.25 el grito de los capitanes, y el *v*. 8643
Hch 23.9 y hubo un gran *v*; y levantándose los......... *2906*

VOCIFERAR
Sal 74.4 tus enemigos *vociferan* en medio de tus....... 7580

VOLADORA
Is 14.29 saldrá áspid, y su fruto, serpiente *v* 5774

VOLAR
Gn 1.20 y aves que *vuelen* sobre la tierra, en 5774
Dt 4.17 figura de ave alguna alada que *vuele*.......... 5774
28.49 nación de lejos...que *vuele* como águila 1675
2 S 22.11 cabalgó...querubín, y *voló*; *v* sobre 5774
Job 5.7 las chispas se levantan para *volar* por 5774
20.8 como sueño *volará* y no será hallado, y se 5774
39.26 ¿*vuela* el gavilán por tu sabiduría, y............ 82
Sal 18.10 sobre un querubín, y *voló*; *v* sobre 5774
55.6 me diese alas...*volaría* yo, y descansaría...... 5774
78.27 como arena del mar, aves que *vuelan* 3671
90.10 días de...edad...pronto pasan, y *volamos* 5774
91.5 no temerás el...ni saeta que *vuele* de día 5774
Pr 23.5 se harán alas como...y *volarán* al cielo......... 5774
Is 6.2 dos cubrían sus pies, y con dos *volaban* 5774
6.6 y *voló* hacia mí uno de los serafines 5774
11.14 *volarán* sobre...hombros de los filisteos...... 5774
30.6 león, la víbora y la serpiente que *vuela* 5774
31.5 como las aves que *vuelan*, así amparará 5774
60.8 ¿quiénes son éstos que *vuelan* como nubes 5774
Jer 48.9 dad alas a Moab...que se vaya *volando* 5774
48.40; 49.22 como águila *volará*, y extenderá 1675
Ez 13.20 y soltaré para que *vuelen* como aves 6524
13.20 las almas que vosotras cazáis *volando* 6524
Dn 9.21 Gabriel...*volando* con presteza, vino a 3286
Os 9.11 la gloria de Efraín *volará* cual ave, de......... 5774
Nah 3.16 cielo; la langosta hizo presa, y *voló* 5775
Hab 1.8 *volarán* como águilas que se apresuran 5774
Zac 5.1 y miré, y he aquí un rollo que *volaba* 5774
5.2 veo un rollo que *vuela*, de veinte codos 5774
Ap 4.7 cuarto era semejante a...águila *volando* *4072*
8.13 y oí a un ángel *volar* por en medio del......... *4072*
12.14 que *volase* de delante de la serpiente......... *4072*
14.6 vi *volar* por en medio del cielo a otro *4072*
19.17 diciendo a todas las aves que *vuelan* *4072*

VOLÁTIL
Sal 148.10 bestia y todo animal, reptiles y *v* 3671

VOLCAR
Mt 21.12; Mr 11.15; Jn 2.15 y *volcó* las mesas........... *2690*

VOLTEAR
Os 7.8 Efraín...fue torta no *volteada*.................. 2015

VOLUNTAD
Gn 4.1 dijo: Por *v* de Jehová he adquirido varón
23.8 si tenéis *v* de que yo sepulte mi muerta........ 5315
Éx 25.2 de todo varón que la diere de su *v*, de 5068
35.21 aquel a quien su espíritu le dio *v* 5068
Lv 1.3 fuere...de su *v* lo ofrecerá a la puerta 7522
Nm 15.3 por especial voto, o de vuestra *v*, o 5071
16.28 que hiciese...no las hice de mi propia *v* 3820
1 S 14.7 vé, pues aquí estoy contigo a tu *v* 3824
2 R 9.15 si es vuestra *v*, ninguno escape de 5315
12.4 dinero que cada uno de su propia *v* trae 3820
1 Cr 13.2 y si es la *v* de Jehová nuestro Dios
29.18 conserva...*v* del corazón de tu pueblo......... 3824
2 Cr 15.15 y de toda su *v* lo buscaban, y fue 7522
25.20 la *v* de Dios, que los quería entregar
Esd 3.7 conforme a la *v* de Ciro rey de Persia 7558
5.17 envíe a decir la *v* del rey sobre esto 7470
7.18 hacedlo conforme a la *v* de vuestro Dios 7470
10.11 haced su *v*, y apartaos de los pueblos 7522
Neh 9.37 se enseñorean sobre...conforme a su *v*...... 7522
Est 1.8 que se hiciese según la *v* de cada uno........... 7522
Job 34.9 de nada servirá...conformar su *v* a Dios
Sal 27.12 me entregues a la *v* de mis enemigos 5315
40.8 el hacer tu *v*, Dios mío, me ha agradado....... 2654
41.2 y no lo entregarás a la *v* de...enemigos 5315
69.13 yo a ti oraba...al tiempo de tu buena *v* 7522
89.17 tu buena *v* acrecentarás nuestro poder 7522
103.21 todos...ministros suyos, que hacéis su *v*..... 7522
119.35 guíame por...porque en ella tengo mi *v* 2654
143.10 enséñame a hacer tu *v*, porque tú eres 7522
Pr 14.9 los necios...entre los rectos hay buena *v* 7522
31.13 y lino, y con *v* trabaja con sus manos 2656
Is 48.14 a quien Jehová amó ejecutará su *v* en......... 2656
53.10 la *v* de Jehová será en su...prosperada 2656
58.13 retrajeres tu...de hacer tu *v* en mi día 6027
58.13 buscando tu *v*, ni hablando tus propias....... 2656
60.10 mi buena *v* tendré de ti misericordia 7522
61.2 el año de la buena *v* de Jehová, y el día
Jer 15.1 si...no estaría mi *v* con este pueblo.......... 5315
34.16 su siervo...habíais dejado libres a su *v* 5315
Ez 16.27 y te entregué a la *v* de las hijas de 5314
Dn 1.9 puso Dios a Daniel...en buena *v* con el.......... 2617
4.35 él hace según su *v* en el ejército del 6634
8.4 hacía conforme a su *v*, y se engrandecía 7522
11.3 cual dominará con gran poder y hará su *v* 7522
11.16 y el que vendrá contra él hará su *v*, y 7522
11.28 será...hará su *v*, y volverá a su tierra
11.30 y hará según su *v*; volverá, pues, y se
11.36 y el rey hará su *v*, y se ensoberbecerá......... 7522
Hag 1.8 pondré en ella mi *v*...seré glorificado 5315
Mt 6.10 **hágase tu v, como en el cielo, así en**........... *2307*
7.21 el que hace la v de mi Padre que está en *2307*
12.50 aquel que hace la v de mi Padre, ése es *2307*
18.14 no es la v de vuestro Padre que está en....... *2307*
21.31 cuál de los dos hizo la v de su padre? *2307*
26.42 copa sin que yo la beba, hágase tu v *2307*
Mr 3.35 **aquel que hace la v de Dios, ése es mi** *2307*
Lc 2.14 gloria...buena *v* para con los hombres!........ *2107*
11.2 tu reino...Hágase tu v, como en el cielo *2307*
12.47 que conociendo la v de su señor, no se *2307*
12.47 no se preparó, ni hizo conforme a su v *2307*
22.42 pasa...pero no se haga mi v, sino la tuya *2307*
23.25 soltó...entregó a Jesús a la *v* de ellos........... *2307*
Jn 1.13 de *v* de carne, ni de *v* de varón, sino *2307*
4.34 comida es que haga la v del que me envió *2307*
5.30; 6.38 mi v, sino la v del que me envió *2307*
6.39 esta es la v del Padre, el que me envió......... *2307*
6.40 esta es la v del que me ha enviado: Que *2307*
7.17 quiera hacer la v de Dios, conocerá si......... *2309*
9.31 es temeroso de Dios, y hace su *v*, a ése.......... *2307*
Hch 13.36 habiendo servido...según la *v* de Dios *1012*
21.14 desistimos, diciendo: Hágase la *v* del *2307*
22.14 te ha escogido para que conozcas su *v* *2307*
Ro 1.10 por la *v* de Dios, un próspero viaje *2307*
2.18 y conoces su *v*, e instruido por la ley........... *2307*
8.20 sujetada a vanidad, no por su propia *v* *1635*
8.27 conforme a la *v* de Dios intercede por
9.19 me dirás...¿quién ha resistido a su *v*? *1013*
12.2 cuál sea la buena *v* de Dios, agradable *2307*
15.32 llegue a vosotros por la *v* de Dios, y *2307*
1 Co 1.1 a ser apóstol de...por la *v* de Dios *2307*
7.37 sino que es dueño de su propia *v*, y ha......... *2307*
9.17 lo hago de buena *v*, recompensa tendré *1635*
9.17 pero si de mala *v*, la comisión me ha sido....... *210*
16.12 ninguna manera tuvo *v* de ir por ahora *2307*
2 Co 1.1 Pablo, apóstol de...por la *v* de Dios............ *2307*
8.5 dieron...luego a nosotros por la *v* de Dios *2307*
8.12 porque si primero hay la *v* dispuesta *2309*
8.17 su propia *v* partió para ir a vosotros *830*
8.19 Señor...y para demostrar vuestra buena *v* *4288*
9.2 conozco vuestra buena *v*, de la cual yo *4288*
Gá 1.4 conforme a la *v* de nuestro Dios y Padre *2307*
Ef 1.1 Pablo, apóstol de...por la *v* de Dios *2307*
1.5 adoptados...según el puro afecto de su *v* *2307*
1.9 dándonos a conocer el misterio de su *v* *2307*
1.11 hace todas...según el designio de su *v*.......... *2307*
2.3 la *v* de la carne y de los pensamientos *2307*
5.17 entendidos de cuál sea la *v* del Señor........... *2307*
6.6 como...de corazón haciendo la *v* de Dios *2307*
6.7 sirviendo de buena *v*, como al Señor y no......... *2133*
Fil 1.15 por envidia...pero otros de buena *v*............ *2107*
2.13 el querer como el hacer, por su buena *v* *2309*
Col 1.1 Pablo, apóstol de Jesucristo por la *v*........... *2307*
1.9 que seáis llenos del conocimiento de su *v* *2307*
1 Ts 4.3 la *v* de Dios es vuestra santificación........... *2307*
5.18 gracias en todo...esta es la *v* de Dios *2307*
2 Ti 1.1 Pablo, apóstol de...por la *v* de Dios............ *2307*
2.26 lazo...en que están cautivos a *v* de él........... *2307*
He 2.4 repartimientos del Espíritu...según su *v* *2308*
10.7,9 que vengo, oh Dios, para hacer tu *v* *2307*
10.10 en esa *v* somos santificados mediante *2307*
10.36 habiendo hecho la *v* de Dios, obtengáis........ *2307*
13.21 os haga aptos en...para que hagáis su *v* *2307*
Stg 1.18 él, de su *v*, nos hizo nacer por la *1014*
1 P 2.15 es la *v* de Dios: que haciendo bien............. *2307*
3.17 el bien, si la *v* de Dios así lo quiere *2307*
4.2 no vivir el...sino conforme a la *v* de Dios *2307*
4.19 que los que padecen según la *v* de Dios......... *2307*
2 P 1.21 nunca la profecía fue traída por *v* *2307*
1 Jn 2.17 el que hace la *v* de Dios permanece *2307*
5.14 si pedimos alguna cosa conforme a su *v*......... *2307*
Ap 4.11 y por tu *v* existen y fueron creadas............ *2307*

VOLUNTARIAMENTE
Jue 5.2 por haberse ofrecido *v* el pueblo, load......... 5068
5.9 para los que *v* os ofrecisteis entre el............ 5068
1 Cr 29.6 los jefes de familia...ofrecieron *v* 5068
29.9 de se alegró el...por haber contribuido *v*......... 5068
29.9 de todo corazón ofrecieron a Jehová *v* 5068
29.14 pudiésemos ofrecer *v* cosas semejantes?...... 5068
29.17 con rectitud de...*v* te he ofrecido todo.......... 5068
2 Cr 17.16 cual se había ofrecido *v* a Jehová 5068
Esd 1.6 además de todo lo que se ofreció *v* 5068
7.15 que el rey...*v* ofrecen al Dios de Israel
7.16 *v* ofrecieren para la casa de su Dios........... 5068
Neh 11.2 *v* se ofrecieron...morar en Jerusalén......... 5068
Sal 54.6 *v* sacrificaré...alabaré tu nombre, oh 5071
110.3 tu pueblo se te ofrecerá *v* en el día 5071
Lm 3.33 aflige ni entristece *v* a los hijos de 3820
He 10.26 si pecáremos *v* después de...recibido *1596*
1 P 5.2 cuidando de ella, no por fuerza, sino *v* *1596*
2 P 3.5 ignoran *v*, que en el tiempo antiguo *2309*

VOLUNTARIO,A
Éx 35.22 vinieron...todos los *v* de corazón, y 5081
35.29 los que tuvieron corazón *v* para traer......... 5071
35.29 hijos de...trajeron ofrenda *v* a Jehová 5068
36.3 ellos seguían trayéndole ofrenda *v* cada....... 5071
Lv 7.16 si el sacrificio de...fuere voto, o *v* 5071
22.18 ofrendas *v* ofrecidas en holocausto a.......... 5071
22.21 ofreciere sacrificio...o como ofrenda *v* 5071
22.23 carnero...podrás ofrecer por ofrenda *v*....... 5071
23.38 además de...todas vuestras ofrendas *v* 5071
Nm 29.39 ofreceréis a Jehová en...ofrendas *v*......... 5071
Dt 12.6 y allí llevaréis...vuestras ofrendas *v*.......... 5071
12.17 ni las ofrendas *v*, ni las...elevadas 5071
16.10 de la abundancia *v* de tu mano será lo 5071
23.23 pagando la ofrenda *v* que prometiste 5071
1 Cr 28.9 con corazón perfecto y con ánimo *v* 2655
28.21 los *v* e inteligentes para toda forma de....... 5081
29.5 ¿y quién quiere hacer hoy ofrenda *v* a......... 5068
2 Cr 31.14 tenía cargo de las ofrendas *v* para 5071
Esd 1.4 además de ofrendas *v* para la casa de.......... 5071
2.68 ofrendas *v* para la casa de Dios, para
3.5 además de esto...toda ofrenda *v* a Jehová...... 5071
7.16 con las ofrendas *v* del pueblo y de los 5069
8.28 oro, ofrenda *v* a Jehová Dios de nuestros...... 5071
Sal 119.108 sean agradables los sacrificios *v* 5071
Am 4.5 publicad ofrendas *v*...que así lo queréis....... 5071
Col 2.23 reputación de sabiduría en culto *v*............ *2309*
Flm 14 no fuese como de necesidad, sino *v*

VOLUPTUOSA
Is 47.8 oye, pues, ahora esto, mujer *v*, tú que 5719

VOLVER
Gn 3.19 el pan hasta que *vuelvas* a la tierra........... 7725
3.19 pues polvo eres, y al polvo *volverás*............ 7725
4.12 cuando labres...no te *volverá* a dar su
8.7 cuervo...estuvo yendo y *volviendo* hasta 7725
8.9 y *volvió* a él al arca, porque las aguas 7725
8.10 días, y *volvió* a enviar la paloma fuera 3254
8.11 la paloma *volvió* a él a la hora de la........... 7725
8.12 envió la paloma, la cual no *volvió* ya 7725
8.21 no *volveré* más a maldecir la tierra por 3254
8.21 no...ni *volveré* más a destruir todo ser 3254
9.23 *vueltos* sus rostros, y así no vieron la 322
13.3 *volvió* por sus jornadas desde el Neguev 7725
14.7 *volvieron* y vinieron a En-mispat, que es....... 7725
14.17 *volvía* de la derrota de Quedorlaomer 7725
15.16 en la cuarta generación *volverán* acá 7725
16.9 *vuélvete* a tu señora, y ponte sumisa.......... 7725
18.10 *volveré* a ti; y según el tiempo de la........... 7725
18.14 tiempo señalado *volveré* a ti, y según......... 7725
18.29 y *volvió* a hablarle, y dijo: Quizá se........... 3259
18.32 *volvió* a decir: No se enoje ahora mi
18.33 Jehová se...y Abraham *volvió* a su lugar..... 7725
19.26 miró atrás...y se *volvió* estatua de sal......... 1961
21.32 y *volvieron* a tierra de los filisteos............ 7725
22.5 y adoraremos, y *volveremos* a vosotros........ 7725
22.19 y *volvió* Abraham a sus siervos, y se.......... 7725
24.5 ¿*volveré*...tu hijo a la tierra de donde 7725
24.6 guárdate que no *vuelvas* a mi hijo allá......... 7725
24.8 solamente que no *vuelvas* allá a mi hijo 7725
24.16 la cual...llenó su cántaro, y se *volvía*.......... 5927
25.29 y *volviendo* Esaú del campo, cansado 935
26.18 *volvió* a abrir Isaac los pozos de agua........ 2658
27.30 luego...Esaú su hermano *volvió* de cazar 7725
28.15 *volveré* a traerte a esta tierra; porque........ 7725
28.21 si *volviere* en paz a casa de mi padre.......... 7725
29.3 *volvían* la piedra sobre la boca del pozo....... 7725
30.16 Jacob *volvía* del campo, salió Lea a él 7725
30.31 esto, *volveré* a apacentar tus ovejas 7725
31.3 *vuélvete* a la tierra de tus padres, y a.......... 7725
31.13 *vuélvete* a la tierra de tu nacimiento.......... 7725
31.18 para *volverse* a Isaac su padre en la........... 7725
31.55 Labán...regresó y se *volvió* a su lugar 7725
32.6 mensajeros *volvieron* a Jacob, diciendo 7725
32.9 me dijiste: *Vuélvete* a tu tierra y a tu 7725
33.16 *volvió* Esaú aquel día por su camino a......... 7725
35.9 cuando había *vuelto* de Padan-aram, y le....... 7725
37.22 librarlo...y hacerlo *volver* a su padre 7725
37.29 Rubén *volvió*...y no halló a José dentro 7725
37.30 *volvió* a sus hermanos, y dijo: El joven......... 7725
38.5 *volvió* a concebir, y dio a luz un hijo........... 3254
38.22 él se *volvió* a Judá, y dijo: No la he 7725
38.29 *volviendo* él a meter la mano, he aquí
40.21 e hizo *volver* a su oficio al jefe de............. 7725
42.24 después *volvió* a ellos, y les habló 7725
43.2 *volved*, y comprad...un poco de alimento...... 7725
43.9 Si yo no te lo *vuelvo* a traer, y si no lo pongo
43.10 si no...hubiéramos ya *vuelto* dos veces......... 7725
43.12 el dinero *vuelto* en...vuestros costales 7725
43.13 y levantaos, y *volved* a aquel varón............ 7725
43.21 y lo hemos *vuelto* a traer con nosotros 7725
44.4 ¿por qué habéis *vuelto* mal por bien?........... 7999
44.8 te lo *volvimos* a traer desde la tierra de
Canaán 7725
44.13 cargó...su asno, y *volvieron* a la ciudad 7725
44.25 *volved* a comprarnos un poco...alimento..... 7725
44.30 cuando *vuelva* yo a tu siervo mi padre 935
44.32 si no te lo *vuelvo* a traer...culpable
44.34 *volveré* yo a mi padre sin el joven? 4672
45.17 e id, *volved* a la tierra de Canaán
46.4 contigo a...y yo también te haré *volver*
48.21 pero Dios...os hará *volver* a la tierra 7725
50.5 vaya...y sepulte a mi padre, y *volveré* 7725
50.14 y *volvió* José a Egipto...y sus hermanos....... 7725
Éx 2.18 y *volviendo* ellas a Reuel su padre, él.......... 935
4.4 y la tomó, y se *volvió* vara en su mano.......... 1961
4.7 que se había *vuelto* como la otra carne 7725
4.18 y *volviendo* a su suegro Jetro, le dijo 7725
4.18 iré ahora, y *volveré* a mis hermanos que 7725
4.19 y *vuélvete* a Egipto, porque han muerto 7725
4.20 Moisés tomó...*volvió* a tierra de Egipto 7725
4.21 cuando hayas *vuelto* a Egipto, mira que 7725
5.4 hacéis cesar...*Volved* a vuestras tareas
5.22 entonces Moisés se *volvió* a Jehová, y 7725
7.12 vara, las cuales se *volvieron* culebras 1961
7.15 tu mano la vara que se *volvió* culebra 2015
7.23 Faraón se *volvió* y fue a su casa, y no.......... 6437
8.16 que se *vuelva* piojos por todo el país.......... 1961
8.17 y golpeó el polvo de...se *volvió* piojos 1961
10.6 se *volvió* y salió de delante de Faraón 6437
10.8 Moisés y Aarón *volvieron* a ser llamados
ante Faraón 7725
13.17 no se arrepienta...y se *vuelva* a Egipto........ 7725
14.5 el corazón...se *volvió* contra el pueblo 2015
14.21 y *volvió* el mar en seco, y las aguas............ 7760
14.26 las aguas *vuelvan* sobre los egipcios 7725
14.27 el mar se *volvió* en toda su fuerza, y........... 7725
14.28 y *volvieron* las aguas, y cubrieron los 7725
15.19 Jehová hizo *volver* las aguas del mar......... 7725

V

23.4 su asno extraviado, *vuelve* a llevárselo 7725
24.14 esperadnos aquí hasta que *volvamos* a 7725
32.12 *vuélvete* del ardor de tu ira... este mal 7725
32.15 y *volvió* Moisés y descendió del monte 6437
32.27 pasad y *volved* de puerta a puerta por
32.31 *volvió* Moisés a Jehová, y dijo... ruego 7725
33.11 él *volvía* al campamento; pero... Josué 6437
34.31 Aarón y todos los príncipes... *volvieron* 7725
34.35 y *volvía* Moisés a poner el velo
sobre su rostro 7725
Lv 13.3 pelo en la llaga se ha *vuelto* blanco 2015
13.4,20,25 pelo se hubiere *vuelto* blanco 2015
13.5 el sacerdote le *volverá* a encerrar por
13.13 ella se ha *vuelto* blanca, y él es limpio 2015
13.16 cuando la carne viva, *volviere* blanca 7725
13.17 y si la llaga se hubiere *vuelto* blanca 2015
14.39 *volverá* el sacerdote, y la examinará 7725
14.43 y si la plaga *volviere* a brotar en aquella casa ... 7725
19.4 no os *volveréis* a los ídolos, ni haréis 6437
19.31 no os *volváis* a los encantadores ni a
22.13 hubiere *vuelto* a la casa de su padre 7725
25.10 *volveréis* cada uno... cada cual volverá 7725
25.13 *volveréis* cada uno a vuestra posesión 7725
25.27 pagará lo que... y *volverá* a su posesión 7725
25.28 y al jubileo saldrá, y él *volverá* a su 7725
25.41 *volverá* a su familia, y a la posesión 7725
26.9 me *volveré* a vosotros, y os haré crecer
26.18 *volveré* a castigaros siete veces más
27.24 *volverá* la tierra a aquél de quien él 7725
Nm 10.36 *vuelve*, oh Jehová, a los millares de 7725
11.4 los hijos de Israel también *volvieron* a llorar y ... 7725
11.30 Moisés *volvió* al campamento, él y los 7725
12.14 y después *volverá* a la congregación 7725
13.25 *volvieron* de reconocer la tierra al fin 7725
14.3 ¿no nos sería mejor *volvernos* a Egipto? 7725
14.4 designemos un capitán, y *volvámonos* a 7725
14.25 *volveos* mañana y salid al desierto 6437
14.36 al *volver* habían hecho murmurar contra 7725
16.50 *volvió* Aarón a Moisés a la puerta del 7725
17.10 *vuelve* la vara de Aarón delante del 7725
21.33 *volvieron*, y subieron camino de Basán 7725
22.13 Balaam... dijo... *Volveos* a vuestra tierra
22.15 *volvió* Balac a enviar... más príncipes 3254
22.19 para que yo sepa qué me *vuelve* a decir
22.23 azotó... al asna para hacerla *volver* al 5186
22.25 apretó... el pie... Y él *volvió* a azotarla 3254
22.34 ahora, si te parece mal, yo me *volveré* 7725
23.5,16 le dijo: *Vuelve* a Balac, y dile así 7725
23.6 *volvió* a él, y he aquí estaba él junto 7725
24.25 se levantó Balaam... y *volvió* a su lugar 7725
31.14 los jefes de... que *volvían* de la guerra 935
32.15 si os *volviereis* de en pos... él volverá 7725
32.18 no *volveremos* a nuestras casas hasta 7725
32.22 *volveréis*, y seréis libres de culpa para 7725
33.7 salieron... y *volvieron* sobre Pi-hahirot 7725
35.25 lo hará *volver* a su ciudad de refugio 7725
35.28 el homicida *volverá* a la tierra de su 7725
35.32 para que *vuelva* a vivir en su tierra 7725
Dt 1.7 *volveos* e id al monte del amorreo y a 6437
1.40 pero vosotros *volveos* e id al desierto 6437
1.45 y *volvisteis* y llorasteis delante de 7725
2.1 *volvimos* y salimos al desierto, camino 6437
2.3 habéis rodeado... monte; *volveos* al norte 6437
2.8 *volvimos*, y tomamos el camino... de Moab 7725
3.1 *volvimos*... y subimos camino de Basán, y 7725
3.20 os *volveréis* cada uno a la heredad que 7725
4.30 si en los postreros días te *volvieres* 7725
5.30 vé y diles: *Volveos* a vuestras tiendas 7725
9.15 y *volví* y descendí del monte, el cual 7725
10.5 *volví* y descendí del monte, y puse las 7725
13.11 y no *vuelva* a hacer en medio de ti cosa semejante
16.7 por la mañana... *volverás* a tu habitación 6437
17.16 ni hará *volver* al pueblo a Egipto con 7725
17.16 ha dicho: No *volváis*... por este camino 7725
18.16 No *vuelva* yo a oír la voz de Jehová mi Dios .. 3254
19.20 y no *volverán* a hacer más una maldad semejante
20.5,6,7,8 vaya, y *vuélvase* a su casa 7725
22.1 extraviado el... lo *volverás* a tu hermano 7725
23.13 al *volverte* cubrirás tu excremento 7725
23.14 él no vea... y se *vuelva* de en pos de ti 7725
24.4 *volverla* a tomar para que sea su mujer 7725
24.19 no *volverás* para recogerla; será para 7725
28.68 te hará *volver* a Egipto en naves, por 7725
28.68 cual te ha dicho: Nunca más *volverás* 7725
30.3 Jehová hará *volver* a tus cautivos, y 7725
30.3 *volverá* a recogerte de entre... pueblos 7725
30.5 te hará *volver* Jehová... a la tierra que
30.8 y tú *volverás*, y oirás la voz de Jehová 7725
30.9 Jehová *volverá* a gozarse sobre ti para
31.18 por haberse *vuelto* a dioses ajenos 7725
31.20 *volverán* a dioses ajenos y les servirán 6437
Jos 1.15 *volveréis*... a la tierra de... herencia 7725
2.16 hasta que los que os siguen hayan *vuelto* 7725
2.22 que *volvieron* los que los perseguían 7725
2.23 *volvieron* los dos hombres... a Josué hijo 7725
4.18 las aguas del Jordán se *volvieron* a su 7725
5.2 *vuelve* a circuncidar la segunda vez a los hijos de
6.11 y *volvieron* luego al campamento, y allí
6.14 segundo día, y *volvieron* al campamento 7725
7.3 y *volviendo* a Josué, le dijeron: No suba 7725
7.8 diré, ya que Israel ha *vuelto* la espalda 2015
7.12 los hijos de Israel... *volverán* la espalda
7.26 y Jehová se *volvió* del ardor de su ira 7725
8.20 los hombres de Hai *volvieron* el rostro
8.20 pueblo que iba huyendo hacia... se *volvió* 2015
8.21 se *volvieron* y atacaron a los de Hai 7725
8.24 todos los israelitas *volvieron* a Hai 7725
10.15 Josué... *volvió* al campamento en Gilgal 7725
10.21 el pueblo *volvió* sano y salvo a Josué 7725
10.38 después *volvió* Josué... Sobre Debir, y 7725
10.43 *volvió* Josué... al campamento en Gilgal 7725
11.10 *volviendo* Josué, tomó... Hazor, y mató 7725
16.8 y de Tapúa se *vuelve* hacia el mar, al 3212
18.4 recorran... la describan... y *vuelvan* a mí 935
18.8 y *volved*... para que yo os eche suertes 7725
18.9 *volvieron* a Josué al campamento en Silo 935
20.6 el homicida podrá *volver* a su ciudad y 7725
22.4 *volved*, regresad a vuestras tiendas, a 6437
22.8 *volved* a vuestras tiendas con grandes 7725
22.9 Rubén y... Gad... se *volvieron*, separándose ... 7725
22.23 edificado altar para *volvernos* de en 7725
24.20 *volverá* y os hará mal, y os consumirá 7725
Jue 2.19 al morir el juez, ellos *volvían* atrás 7725
2.21 tampoco yo *volveré* más a arrojar de
3.12 *volvieron* los... de Israel a hacer lo malo 3254
3.19 él se *volvió*... y dijo: Rey, una palabra 7725
4.1 *volvieron* a hacer lo malo ante los ojos 3254
4.19 y le dio de beber, y le *volvió* a cubrir
6.18 que no te vayas... hasta que *vuelva* a ti 935
6.18 él respondió... esperaré hasta que *vuelvas* 7725
7.15 y *vuelto* al campamento de Israel, dijo 7725
8.9 cuando yo *vuelva* en paz, derribaré esta 7725
8.13 Gedeón... *volvió* de la batalla antes que 7725
8.28 y nunca más *volvió* a levantar cabeza
8.33 los... de Israel *volvieron* a prostituirse 7725
9.37 *volvió* Gaal a hablar, y dijo: He allí
9.57 lo hizo Dios *volver* sobre sus cabezas
10.6 Israel *volvieron* a hacer lo malo ante 3254
11.8 por esta misma causa *volvemos* ahora a 7725
11.9 si me hacéis *volver* para que pelee contra 7725
11.14 Jefté *volvió* a enviar... mensajeros al
11.34 *volvió* Jefté a Mizpa, a su casa; y he 935
11.37 *volvió* a decir a su padre: Concédeme
11.39 pasados... dos meses *volvió* a su padre 7725
13.1 *volvieron* a hacer lo malo ante los ojos
de Jehová 3254
13.8 te ruego que aquel varón... *vuelva* ahora 935
13.9 y el ángel... *volvió* otra vez a la mujer 935
13.21 no *volvió* a aparecer a Manoa ni a su mujer
14.8 *volviendo*... para tomarla, se apartó del 7725
14.19 dio... y se *volvió* a la casa de su padre 3212
15.14 y las cuerdas... se *volvieron* como lino 1961
18.8 *volviendo*... ellos a sus hermanos en Zora 935
18.21 se *volvieron* y partieron, y pusieron los 7725
18.23 y dando voces a... *volvieron* sus rostros 7725
18.26 y Micaía... *volvió* y regresó a su casa 6437
19.3 y se levantó su marido... hacerla *volver* 7725
19.7 insistió... *volvió* a pasar allí la noche 7725
20.8 dijeron... ni *volverá* ninguno... a su casa 5493
20.22 *volvieron* a ordenar la batalla en el
mismo lugar 3254
20.23 ¿*volveremos* a pelear con los hijos de Benjamín
20.28 ¿*volveremos*... a salir contra... Benjamín 3254
20.41 *volvieron* los hombres de Israel, y los 7725
20.42 *volvieron*... espalda delante de Israel 7725
20.45 *volviéndose*... huyeron hacia el desierto 7725
20.47 se *volvieron* y huyeron al desierto a la 7725
20.48 los hombres de Israel *volvieron* sobre 7725
21.14 *volvieron* entonces los de Benjamín, y 7725
21.23 y se fueron, y *volvieron* a su heredad 7725
Rt 1.7 caminar para *volverse* a la tierra de 7725
1.8 *volveos* cada una a la casa de su madre 7725
1.11 y Noemí respondió: *Volveos*, hijas mías 7725
1.12 *volveos*, hijas mías, e idos... soy vieja 7725
1.15 tu cuñada se ha *vuelto* a... vuélvete tú 7725
1.21 me fui llena, pero Jehová me ha *vuelto* 7725
1.22 *volvió* Noemí, y Rut... *v* de los... de Moab 7725
2.6 es la joven moabita que *volvió* con Noemí 7725
3.8 se estremeció aquel hombre, y se *volvió* 7725
4.3 Noemí, que ha *vuelto* del campo de Moab 7725
1 S 1.19 *volvieron* y fueron a su casa en Ramá 7725
2.11 Elcana se *volvió* a su casa en Ramá; y el 3212
2.20 Elí bendijo a... Y se *volvieron* a su casa 1980
3.5 *vuelve* y acuéstate... Y él se *volvió* y se 3212
3.6 hijo... no he llamado; *vuelve* y acuéstate 7725
3.21 Y Jehová *volvió* a aparecer en Silo 3254
4.3 cuando *volvió* el pueblo al campamento 935
5.3 tomaron a Dagón y lo *volvieron* a su lugar 7725
5.4 *volviéndose* a levantar de mañana... Dagón
5.11 enviad el arca del... *vuélvase* a su lugar 7725
6.2 de qué manera la hemos de *volver* a enviar
6.7 y haced *volver* sus becerros de detrás de
6.16 cuando vieron esto... *volvieron* a Ecrón 7725
7.3 si de todo... corazón os *volvéis* a Jehová 7725
7.13 y no *volvieron* más a entrar en... Israel 935
7.17 *volvía* a Ramá... allí estaba su casa, y 8666
8.3 se *volvieron* tras la avaricia... sobornar 7725
9.5 Saúl dijo... Ven, *volvámonos*; porque quizá 7725
9.8 *volvió* el criado a responder a Saúl... He 3254
10.9 al *volver* él la espalda para apartarse 7725
14.20 la espada... *vuelta* contra su compañero
14.47 y adondequiera que se *volvía*... vencedor 7725
15.11 Saúl... se ha *vuelto* de en pos de mí, y 7725
15.19 que *vuelto* al botín has hecho lo malo
15.25 y *vuelve* conmigo... que adore a Jehová 7725
15.26 Samuel respondió... No *volveré* contigo 7725
15.27 y *volviéndose* Samuel para irse, él se 7725
15.30 y *vuelvas* conmigo... que adore a Jehová 7725
15.31 *volvió* Samuel tras Saúl, y adoró Saúl 7725
16.13 se levantó luego Samuel, y se *volvió* 3212
17.15 pero David había ido y *vuelto*, dejando 7725
17.53 *volvieron*... de seguir tras los filisteos 7725
17.57 y cuando... *volvía* de matar al filisteo 7725
18.2 y no le dejó *volver* a casa de su padre
18.6 volvían ellos, cuando David *volvió* de 7725
19.15 *volvió* Saúl a enviar mensajeros para
19.21 y Saúl *volvió* a enviar mensajeros por 3254
20.3 y David *volvió* a jurar diciendo: Tu padre sabe ... 5750
20.38 *volvió* a gritar Jonatán tras el muchacho: Corre
22.17 rey... *Volveos* y matad a los sacerdotes 5437
23.4 Entonces David *volvió* a consultar a Jehová ... 3254
22.18 vuelve tú, y arremete... se *volvió* Doeg 5437
23.18 Hores, y Jonatán se *volvió* a su casa 1980
23.23 y *volved* a mí con información segura 7725
23.28 *volvió*... Saúl de perseguir a David, y 7725
24.1 cuando Saúl *volvió* de perseguir a los 7725
25.12 los jóvenes... *volvieron* por su camino 7725
25.21 vano... y él me ha *vuelto* mal por bien 7725
25.36 Abigail *volvió* a Nabal, y he aquí que 935
25.39 y Jehová ha *vuelto* la maldad de Nabal 7725
26.21 dijo Saúl... *vuélvete*, hijo mío David 7725
26.25 David se... y Saúl se *volvió* a su lugar 7725
29.4 *vuelva* al lugar que le señalaste, y no 7725
29.4 que en la batalla se nos *vuelva* enemigo 7725
29.4 *volvería* mejor a la gracia de su señor 7725
29.7 *vuélvete*, pues, y vete en paz, para no 7725
29.11 se levantó David... para irse y *volver* a 7725
30.12 comió, *volvió* en él su espíritu; porque 7725
2 S 1.1 que *vuelto* David de la derrota de los 7725
1.9 me *volvió* a decir: Te ruego que te pongas
1.22 el arco de Jonatán no *volvía* atrás, ni 7734
1.22 arco... ni la espada de Saúl *volvió* vacía 7725
2.1 David *volvió* a decir: ¿A dónde subiré?
2.22 y Abner *volvió* a decir a Asael: Apártate
2.26 no dirás... que se *vuelva* de perseguir a 7725
2.30 *volvió* de perseguir a Abner, y juntando 7725
3.12 mi mano... para *volver* a ti todo Israel
3.16 anda, *vuélvete*... Entonces él se volvió 7725
3.26 le hicieron *volver* desde el pozo de Sira 5750
3.27 y cuando Abner *volvió* a Hebrón, Joab lo 7725
3.34 Y todo el pueblo *volvió* a llorar sobre él 3254
5.2 sacabas a Israel a la guerra, y lo *volvías* a traer
5.22 los filisteos *volvieron* a venir, y se extendieron 3254
6.1 David *volvió* a reunir a todos los escogidos
de Israel 5750
6.20 *volvió*... David para bendecir su casa; y 7725
10.5 *vuelva* a nacer... barba... entonces volved
10.14 se *volvió*... Joab de luchar contra... Amón 7725
10.15 pero los sirios... se *volvieron* a reunir
11.4 ella se purificó... y se *volvió* a su casa 7725
12.15 y Natán se *volvió* a su casa... Y Jehová 7725
12.23 ¿podré yo hacerle *volver*? Yo voy a él 5750
12.23 yo voy a él, mas él no *volverá* a mí 7725
12.31 *volvió* David con... el pueblo a Jerusalén 7725
14.13 el rey no hace *volver* a su desterrado 7725
14.14 aguas... que no pueden *volver* a recogerse
14.21 rey dijo... haz *volver* al joven Absalón 7725
14.24 *volvió* Absalón a su casa, y no vio el 5437
15.8 si Jehová me hiciere *volver* a Jerusalén 7725
15.19 *vuélvete* y quédate con el rey; porque 7725
15.20 *vuélvete*, y haz volver a tus hermanos 7725
15.25 rey... *Vuelve* el arca de Dios a la ciudad 7725
15.25 él hará que *vuelva*, y me dejará verla 7725
15.27 ¿no eres tú... *Vuelve* en paz a la ciudad 7725
15.29 *volvieron* el arca de Dios a Jerusalén 7725
15.34 mas si *volvieres* a la ciudad, y dijeres 7725
17.3 haré *volver* a ti todo el pueblo (pues tú 7725
17.3 y cuando ellos hayan *vuelto*... el pueblo 7725
17.20 no los hallaron, *volvieron* a Jerusalén 7725
18.16 el pueblo se *volvió* de seguir a Israel 7725
18.22 Ahimaas hijo de Sadoc *volvió* a decir a Joab 3254
18.27 el atalaya *volvió* a decir: Me parece el correr
19.2 se *volvió* aquel día la victoria en luto 7725
19.10 estáis callados... hacer *volver* al rey? 7725
19.11 *volver* el rey a... hacerle *v* a su casa?
19.12 los postreros en hacer *volver* al rey? 7725
19.14 al rey: *Vuelve* tú, y todos tus siervos 7725
19.15 *volvió*, pues, el rey, y vino hasta el 7725
19.24 el rey salió hasta el día en que *volvió*
19.30 que mi señor el rey ha *vuelto* en paz 7725
19.37 te ruego que dejes *volver* a tu siervo 7725
19.39 lo bendijo; y él se *volvió* a su casa 7725
19.43 respecto de hacer *volver* a nuestro rey? 7725
20.18 entonces *volvió* ella a hablar, diciendo
20.22 y Joab se *volvió* al rey a Jerusalén 7725
21.15 *volvieron*... filisteos a hacer la guerra 5750
22.38 destruiré, y no *volveré* hasta acabarlos 7725
22.41 mis enemigos me *vuelvan* las espaldas
23.10 se *volvió* el pueblo... recoger el botín 7725
24.1 *volvió* a encenderse la ira de Jehová
contra Israel 3254
24.8 *volvieron* a Jerusalén al cabo de nueve 935
24.17 tu mano se *vuelva* contra mí, y contra
1 R 2.19 y *volvió* a sentarse en su trono
2.30 Benaía *volvió* con esta respuesta al rey 7725
2.32 y Jehová hará *volver* su sangre sobre su 7725
2.41 había ido... hasta Gat, y que había *vuelto* 7725
2.44 Jehová... ha hecho *volver* el mal sobre tu 7725
3.22 la otra *volvió* a decir: No; tu hijo es el muerto
8.14 y *volviendo* el rey su rostro, bendijo a 7725
8.33 se *volvieren* a ti y confesaren tu nombre 7725
8.34 y los *volverás* a la tierra que diste a 7725
8.35 confesaren tu... y se *volvieren* del pecado 7725
8.47 ellos *volvieren* en sí en la tierra donde
10.13 y ella se *volvió*, y se fue a su tierra 7725
12.5 idos, y de aquí a tres días *volved* a mí 7725
12.12 rey... diciendo: *Volved* a mí al tercer día 7725
12.20 todo Israel que Jeroboam había *vuelto* 7725
12.21 y hacer *volver* el reino a Roboam hijo 7725
12.24 *volveos* cada... y volvieron y se fueron 7725
12.26 se *volverá* el reino a la casa de David 7725
12.27 pueblo se *volverá* a... volverán a Roboam 7725
13.10 no *volvió* por... por donde había venido 7725
13.16 él respondió: No podré *volver* contigo 7725

13.19 *volvió* con él, y comió pan en su casa 3212
13.20,26 profeta que le había hecho *volver* 7725
13.22 que *volviste*, y comiste pan y bebiste 7725
13.23 el que le había hecho *volver* le ensilló
13.33 *volvió* a hacer sacerdotes de los...altos 7725
17.3 apártate de aquí, y *vuélvete* al oriente 6437
17.11 yendo ella para traérsela, él la *volvió* a llamar
17.21 ruego que hagas *volver* el alma de este 7725
17.22 el alma del niño *volvió* a él, y revivió 7725
18.22 Elías *volvió* a...yo he quedado profeta de Jehová
18.37 que tú *vuelves* a ti el corazón de ellos 7725
18.43 le *volvió* a decir...Vuelve siete veces 7725
19.6 y comió y bebió, y *volvió* a dormirse 7725
19.7 y *volviendo* el ángel de...la segunda vez 7725
19.15 *vuélvete* por tu camino, por el desierto 7725
19.20 dijo: Vé, *vuelve*; ¿qué te he hecho yo? 7725
19.21 y se *volvió*, y tomó un par de bueyes 7725
20.5 *volviendo* los mensajeros...dijeron: Así 7725
21.4 acostó en su cama, y *volvió* su rostro 7725
21.19 *volverás* a hablarle, diciendo: Así ha
22.17 no tienen...*vuélvase* cada uno a su casa 7725
22.27 la cárcel...hasta que yo *vuelva* en paz 935
22.28 si llegas a *volver* en paz, Jehová no 7725
2 R 1.5 cuando los mensajeros se *volvieron* al 6437
1.5 él les dijo: ¿Por qué os habéis *vuelto*? 6487
1.6 y *volveos* al rey que os envió, y decidle 7725
1.11 *volvió* el rey a enviar a él otro capitán 7725
1.13 *volvió* a enviar al tercer capitán de cincuenta 7725
2.4 Elías le *volvió* a decir: Eliseo, quédate aquí ahora
2.13 *volvió*, y se paró a la orilla del Jordán 7725
2.18 cuando *volvieron* a Eliseo, que se había 7725
2.25 fue al monte Carmelo...*volvió* a Samaria 7725
3.23 los reyes se han *vuelto* uno contra otro
3.27 se apartaron...se *volvieron* a su tierra 7725
4.31 se había *vuelto* para encontrar a Eliseo 7725
4.35 *volviéndose*...se paseó por la casa a una 7725
4.38 Eliseo *volvió* a Gilgal cuando había una 7725
4.39 y *volvió*, y las cortó en la olla...potaje
4.43 él *volvió* a decir: Da a la gente para que coma
5.12 limpio? Y se *volvió*, y se...fue enojado 6487
5.14 su carne se *volvió* como la...de un niño 7725
5.15 *volvió* al varón de Dios, él y toda su 7725
5.26 cuando el hombre *volvió*...a recibirte? 6437
6.22 coman y beban, y *vuelvan* a sus señores 3212
6.23 envió, y ellos se *volvieron* a su señor 3212
7.8 *vueltos*, entraron en otra tienda, y de 7725
7.15 y *volvieron*...y lo hicieron saber al rey 7725
8.3 la mujer *volvió* de la tierra...filisteos 7725
8.29 el rey Joram se *volvió* a Jezreel para 7725
9.15 se había *vuelto* el rey Joram a Jezreel 7725
9.18 *vuélvete* conmigo...El atalaya dio luego 7725
9.18 el mensajero...hasta ellos, y no *vuelve* 5437
9.19 ¿qué tienes tú...ver con la paz? *Vuélvete* 5437
9.20 también éste llegó a ellos y no *vuelve* 7725
9.23 Joram *volvió* las riendas y huyó, y dijo 6437
9.36 y *volvieron*, y se lo dijeron...Y él dijo 7725
13.18 le *volvió* a decir: Toma las saetas
13.25 *volvió* Joás...y tomó...las ciudades que 7725
14.14 a los hijos tomó en rehenes, y *volvió* 7725
15.20 y el rey de Asiria se *volvió*, y no se 6487
17.13 *volveos* de vuestros malos caminos, y 7725
19.7 y oirá rumor, y se *volverá* a su tierra 7725
19.9 *volvió* él y envió embajadores a Ezequías 7725
19.28 te haré *volver* por el camino por donde 6437
19.30 *volverá* a echar raíces abajo, y llevará fruto .. 3254
19.33 por el mismo camino que *vino*, volverá 935
19.36 Senaquerib...se fue, y *volvió* a Nínive 7725
20.2 él *volvió* su rostro a la pared, y oró a 7725
20.5 *vuelve*, y di a Ezequías, príncipe de mi 7725
20.10 que la sombra *vuelva* atrás diez grados 6437
20.11 e hizo *volver* la sombra por los grados 7725
20.15 él le *volvió* a decir: ¿Qué vieron en tu casa?
21.3 *volvió* a edificar los lugares altos que Ezequías ... 7725
21.8 no *volveré* a hacer que el pie de Israel sea movido
21.13 que se friega y se *vuelve* boca abajo
23.16 *volvió* Josías, y viendo los sepulcros 6437
23.20 quemó...huesos de...y *volvió* a Jerusalén 7725
24.1 pero luego *volvió* y se rebeló contra él 6437
1 Cr 4.22 dominaron en...y *volvieron* a Lehem
11.2 sacaba a la guerra a Israel, y lo *volvía* a traer
14.13 *volviendo* los filisteos...por el valle 3254
14.14 *volvió* a consultar a Dios, y Dios le 5437
16.43 David se *volvió* para bendecir su casa 7725
19.5 crezca la barba, y entonces *volveréis* 6437
19.15 habían huido...Joab *volvió* a Jerusalén
20.3 *volvió* David con...el pueblo a Jerusalén 7725
20.5 *volvió* a levantarse guerra contra los 5750
20.6 y *volvió* a haber guerra en Gat, donde 5750
21.4 *volvió* a Jerusalén y dio la cuenta del 1980
21.20 *volviéndose* Ornán, vio al ángel, por 6437
21.27 al ángel...*volvió* su espada a la vaina 7725
2 Cr 1.13 *volvió* Salomón a Jerusalén, y reinó 1980
6.3 y *volviendo* el rey su rostro, bendijo a 6437
6.25 Israel, y les harás *volver* a la tierra 7725
6.37 ellos *volvieren* en sí en la tierra donde 7725
7.19 vosotros os *volviereis*, y dejareis mis 7725
9.12 la reina de Sabá...se *volvió* y se fue a 7725
10.2 lo oyó Jeroboam hijo...*volvió* de Egipto 7725
10.5 les dijo: *Volved* a mí de aquí a tres días 7725
10.12 mandado...*Volved* a...de aquí a tres días 7725
11.1 pelear...hacer *volver* el reino a Roboam 7725
11.4 *vuélvase* cada uno a su casa, porque yo 7725
11.4 oyeron la...y se *volvieron*, y no fueron 7725
12.11 y después los *volvían* a la cámara de 7725
14.15 y se llevaron...y *volvieron* a Jerusalén 7725
18.16 *vuélvase* cada uno en paz a su casa 6437
18.26 la cárcel...hasta que yo *vuelva* en paz 6437
18.27 Micaías dijo: Si tú *volvieres* en paz 7725
18.33 *vuelve* las riendas...estoy mal herido 2015
19.1 Josafat rey de...*volvió* en paz a su casa 6437
19.8 puso...sacerdotes...*volvieron* a Jerusalén 7725
20.12 no sabemos...y a ti *volvemos* nuestros 935
20.27 y todo Judá...*volvieron* para regresar 7725
22.6 y *volvió* para curarse...de las heridas 7725
24.11 la vaciaban, y la *volvían* a su lugar 7725
24.19 envió profetas para que los *volviesen* 7725
25.10 y *volvieron* a sus casas encolerizados 7725
25.14 *volviendo*...Amasías de la matanza de los 935
25.24 tomó todo el...después *volvió* a Samaria 7725
28.15 llevaron...y ellos *volvieron* a Samaria 7725
29.6 apartaron...y le *volvieron* las espaldas 6437
30.6 Israel, *volveos* a Jehová...y él se volverá 7725
30.9 *volviereis* a Jehová, vuestros hermanos 7725
30.9 *volverán* a esta tierra; porque Jehová 7725
30.9 su rostro, si vosotros os *volviereis* a 5483
31.1 se *volvieron* todos los hijos de Israel 7725
32.21 rey de Asiria...se *volvió*...avergonzado 7725
34.7 hubo derribado los...*volvió* a Jerusalén 7725
36.13 para no *volverse* a Jehová el Dios de 6437
Esd 2.1 y que *volvieron* a Jerusalén y a Judá 7725
6.21 comieron los hijos...que habían *vuelto* 7725
6.22 había *vuelto* el corazón de...hacia ellos 6437
9.14 de *volver* a infringir tus mandamientos 7725
Neh 1.9 si os *volviereis* a mí, y guardareis mis 7725
2.6 ¿cuánto durará...viaje, y cuándo *volverás*? 7725
2.15 y entré por la puerta del...y me *volví* 7725
4.2 ¿Se les permitirá *volver* a ofrecer sus sacrificios?
4.4 *vuelve* el baldón de ellos sobre su cabeza 7725
4.12 de donde *volviereis*, ellos caerán sobre 7725
4.15 nos *volvimos* todos al muro, cada uno a 7725
7.6 *volvieron* a Jerusalén y a Judá, cada uno 7725
8.17 congregación que *volvió*...tabernáculos 7725
9.17 caudillo para *volverse* a su servidumbre 7725
9.28 *volvían* a hacer lo malo delante de ti 7725
9.28 *volvían* y clamaban otra vez a ti, y tú 7725
9.29 a que se *volviesen* a tu ley; mas ellos 7725
13.2 Dios *volvió* la maldición en bendición 6437
13.7 *volver* a Jerusalén; y entonces supe del 935
13.9 hice *volver* allí los utensilios de la casa 7725
Est 2.14 *volvía* a la casa segunda de...mujeres 7725
6.12 esto Mardoqueo *volvió* a la puerta real 7725
7.8 el rey *volvió* del huerto del palacio al 7725
8.3 *volvió*...Ester a hablar delante del rey 3254
Job 1.21 desnudo salí...y desnudo *volveré* allá 7725
5.1 voces...a cuál de los santos te *volverás*? 6437
6.29 *volved* ahora, y no haya iniquidad; *v* aún 7725
7.7 que mis ojos no *volverán* a ver el bien
7.10 no *volverá* más a su casa, ni su lugar le 7725
9.13 Dios no *volverá* atrás su ira, y debajo
10.8 me formaron...te *vuelves* y me deshaces?
10.9 diste forma...en polvo me has de *volver*? 7725
10.16 y *vuelves* a hacer en mí maravillas 7725
10.21 que vaya para no *volver*, a la tierra de 7725
12.23 a las naciones, y las *vuelve* a reunir
14.12 el hombre yace y no *vuelve* a levantarse
14.14 si el hombre muriere, ¿*volverá* a vivir?
15.13 para que contra Dios *vuelvas* tu espíritu 7725
15.22 él no cree que *volverá* de las tinieblas 7725
16.22 iré por el camino de donde no *volveré* 7725
17.10 *volved* todos vosotros, y venid ahora, y 7725
19.19 los que yo amaba se *volvieron* contra mí 6437
22.21 *vuelve*...en amistad con él, y tendrás
22.23 si te *volvieres* al Omnipotente, serás 7725
29.1 ¿Se les permitirá *volver* a ofrecer sus sacrificios?
29.2 ¡quién me *volviese* como en los meses
30.21 has *vuelto* cruel para mí; con el poder 2015
33.25 niño; *volverá* a los días de su juventud 7725
34.15 perecería...el hombre *volvería* al polvo 7725
36.21 guárdate, no te *vuelvas* a la iniquidad
39.4 sus hijos...salen, y no *vuelven* a ellas 7725
39.22 ni *vuelve* el rostro delante de...espada 6437
40.5 aun dos veces, mas no *volveré* a hablar
41.8 te acordarás de...y nunca más *volverás*
41.31 Y lo *vuelve* como una olla de ungüento 7760
Sal 4.2 cuándo *volveréis* mi honra en infamia 6437
6.4 *vuélvete*, oh Jehová, libra mi alma 7725
6.10 *volverán* y serán avergonzados de repente 7725
7.7 y sobre ella *vuélvete* a sentar en alto 7725
7.16 su iniquidad *volverá* sobre su cabeza 7725
9.3 mis enemigos *volvieron* atrás; cayeron y 7725
10.18 que no *vuelva* más a hacer violencia el
14.7 Jehová hiciere *volver* a los cautivos de 7725
18.37 perseguí a...y no *volví* hasta acabarlos 7725
18.40 has hecho que...me *vuelvan* las espaldas
22.27 se acordarán, y se *volverán* a Jehová 7725
32.4 *volvió* mi verdor en sequedades de verano 6437
35.4 *vueltos* atrás...los que mi mal intentan 6437
35.13 alma...y mi oración se *volvía* a mi seno 7725
40.14 *vuelvan* atrás...los que mi mal desean
41.8 el que cayó en cama no *volverá* a levantarse
44.18 no se ha *vuelto* atrás nuestro corazón 6437
51.12 *vuélveme* el gozo de tu salvación, y 7725
53.3 cada uno se había *vuelto* atrás; todos se 5472
53.6 Dios hiciere *volver* de la cautividad de 7725
56.9 serán luego *vueltos* atrás mis enemigos 7725
59.6 *volverán* a la...ladrarán como perros, y 6437
59.14 *vuelvan*, pues, a la tarde, y ladren como 7725
60 tít...y *volvió* Joab, y destrozó a doce mil 7725
60.1 oh...te has airado; ¡*vuélvete* a nosotros! 7725
66.6 *volvió* el mar en seco...río pasaron a pie 6437
68.22 de Basán te haré *volver*; te haré *v* de 7725
70.2 sean *vueltos* atrás y avergonzados los que 6437
70.3 *vueltos* atrás, en pago de su afrenta, los 6437
71.20 *volverás* a darme vida, y de nuevo
me levantarás 7725
71.21 aumentarás mi grandeza, y *volverás* a
consolarme
73.10 por eso Dios hará *volver* a su pueblo 7725
74.21 no *vuelva* avergonzado el abatido; el 7725
77.7 Señor...no *volverá* más a sernos propicio?
78.9 *volvieron* las espaldas en el día de la 6437
78.17 pero aún *volvieron* a pecar contra él
78.34 entonces se *volvían* solícitos en busca 7725
78.39 que eran carne, soplo que va y no *vuelve* 7725
78.41 y *volvían*, y tentaban a Dios...al Santo 6437
78.44 *volvió* sus ríos en sangre...no bebiesen 6437
78.57 se *volvieron* y se rebelaron como sus 6437
80.14 Dios...*vuelve* ahora; mira desde el cielo
81.14 *vuelto* mi mano contra sus adversarios 6437
85.1 Jehová; *volviste* la cautividad de Jacob 7725
85.6 ¿No *volverás*...tu pueblo se regocije en ti? 7725
85.8 paz...para que no se *vuelvan* a la locura 7725
90.3 *vuelves* al hombre hasta ser quebrantado 7725
90.13 *vuélvete*, oh Jehová; ¿hasta cuándo? 7725
94.15 que el juicio será *vuelto* a la justicia 7725
94.23 él hará *volver* sobre ellos su iniquidad 7725
104.9 el cual no traspasarán, ni *volverán* a 7725
104.29 quitas...dejan de ser, y *vuelven* al polvo 7725
105.29 *volvió* sus aguas en sangre, y mató sus 6437
107.35 *vuelve* el desierto en estanques de 6437
114.3 el mar lo vio...Jordán se *volvió* atrás
114.5 ¿y tú...Jordán, que te *volviste* atrás?
116.7 *vuelve*...alma mía, a tu reposo, porque 7725
119.59 y *volví* mis pies a tus testimonios 6437
119.79 *vuélvanse* a mí los que te temen y 6437
126.1 Jehová hiciere *volver* la cautividad de 6437
126.4 *volver* nuestra cautividad, oh Jehová 7725
126.6 *volverá* a venir...trayendo sus gavillas
129.5 *vueltos* atrás todos los que aborrecen 6437
132.10 no *vuelvas* de tu ungido el rostro 7725
146.4 sale su aliento, y *vuelve* a la tierra 7725
Pr 1.23 *volveos* a mi reprensión; he aquí yo 7725
2.19 los que a ella se lleguen, no *volverán* 7725
3.28 no digas a tu prójimo: Anda, y *vuelve*, y 7725
7.20 mano; el día señalado *volverá* a su casa 935
17.8 adondequiera que se *vuelve*...prosperidad 6437
19.17 y el bien que ha hecho, se lo *volverá* a pagar 7999
22.21 vuelvas a llevar palabras...a los que te enviaron?
23.35 cuando despertare...lo *volveré* a buscar 5750
24.16 siete veces cae el justo, y *vuelve* a levantarse
26.11 como perro que *vuelve* a su vómito, así 7725
26.14 así el perezoso se *vuelve* en su cama
26.27 al que revuelve...sobre él le *volverá* 7725
30.30 el león...que no *vuelve* atrás por nada 6437
Ec 1.5 apresura a *volver*...de donde se levanta
1.6 y a sus giros *vuelve* el viento de nuevo 7725
1.7 ríos...allí *vuelven* para correr de nuevo 7725
2.12 *volví* yo a mirar para ver la sabiduría y los 6437
2.20 *volvió*...a desesperanzarse mi corazón 5437
3.20 del polvo, y todo *volverá* al mismo polvo 7725
4.1 me *volví* y vi todas las violencias que se 7725
4.7 yo me *volví* otra vez, y vi vanidad debajo 7725
5.15 como salió del vientre de su...así *vuelve* 7725
5.16 mal, que como vino, así haya de *volver* 3212
7.25 me *volví* y fijé mi corazón para saber y
9.11 me *volví* y vi debajo del sol, que ni es 7725
12.2 luz...y *vuelvan* las nubes tras la lluvia 7725
12.7 y el polvo *vuelva* a la tierra, como era 7725
12.7 y el espíritu *vuelva* a Dios que lo dio 7725
Cnt 2.17 *vuélvete*, amado mío; sé semejante al 5437
6.13 *vuélvete*, *v*, oh sulamita; *v*, *v*, y te 7725
Is 1.4 dejaron a Jehová...se *volvieron* atrás 2114
1.25 y *volveré* mi mano contra ti, y limpiaré 6437
2.4 y *volverán* sus espadas en rejas de arado
6.13 si quedare...ésta *volverá* a ser destruida 7725
8.5 vez *volvió* Jehová a hablarme, diciendo 3254
10.21 el remanente *volverá*...*v* al Dios fuerte 7725
10.22 tu pueblo...el remanente de él *volverá* 7725
21.4 noche de mi deseo se me *volvió*...espanto 6437
21.12 si queréis, preguntad; *volved*, venid 7725
23.17 *volverá* a comerciar, y...fornicará con 7725
31.6 *volved* a aquel contra quien se rebelaron 7725
32.14 torres y fortalezas se *volverán* cuevas
33.9 Sarón se ha *vuelto*...desierto, y Basán y
35.10 y los redimidos de Jehová *volverán*, y 7725
37.7 y oirá un rumor, y *volverá* a su tierra 7725
37.8 *vuelto*, pues, el Rabsaces, halló al rey 7725
37.29 te haré *volver* por el camino por donde 7725
37.31 volverá a echar raíz abajo, y dará fruto
37.34 por el camino que vino, *volverá*, y no 7725
38.2 entonces *volvió* Ezequías su rostro a la 6437
38.8 yo haré *volver* la sombra por los grados 7725
38.8 y *volvió* el sol diez grados atrás, por 7725
42.17 serán *vueltos* atrás y en...confundidos 6437
44.22 *vuélvete* a mí, porque yo te redimí 7725
44.25 que hago *volver* atrás a los sabios, y 6437
46.8 *volved* en vosotros, prevaricadores 7725
49.5 para hacer *volver* a él a Jacob y para 7725
50.5 y yo no fui rebelde, ni me *volví* atrás 7725
51.11 *volverán* los redimidos de...*v* a Sion 7725
52.8 verán que Jehová *vuelve* a traer a Sion 7725
55.7 y *vuélvase* a Jehová, el cual tendrá de 7725
55.10 lluvia...no *vuelve* allá, sino que riega 7725
55.11 mi palabra...no *volverá* a mí vacía, sino 7725
55.12 y con paz seréis *vueltos*; los montes y
59.20 a los que se *volvieren* de la iniquidad 6437
60.5 se haya *vuelto* a ti la multitud del mar 7725
63.10 por lo cual se les *volvió* enemigo, y él 6437
63.17 *vuélvete* por amor de tus siervos, por 7725
Jer 2.21 has *vuelto* sarmiento de vid extraña? 2015
2.27 me *volvieron* la cerviz, y no el rostro 6437
3.1 se juntare a otro...¿*volverá* a ella más? 7725
3.1 tú, pues...¡*vuélvete* a mí! dice Jehová 7725

V

3.7 se volverá a mí; pero no se volvió, y lo 6437
3.10 Judá no se volvió a mí de todo corazón........ 7725
3.12 vuélvete... rebelde Israel, dice Jehová 7725
4.1 si te volvieres, oh Israel... vuélvete a mí......... 7725
6.9 vuelve tu mano como vendimiador entre los.... 7725
8.4 el que se desvía, ¿no vuelve al camino? 7725
8.5 abrazaron el... y no han querido volverse....... 7725
8.6 cada cual se volvió a su propia carrera 7725
11.10 se han vuelto a las maldades de... padres 7725
12.15 volveré y tendré misericordia de ellos 7725
12.15 los haré volver cada uno a su heredad 7725
13.16 luz y os la vuelva en sombra de muerte 7760
14.3 agua; volvieron con sus vasijas vacías......... 7725
15.6 me dejaste... te volviste atrás; por tanto 3212
15.7 pueblo... no se volvieron de sus caminos....... 7725
16.15 los volveré a su tierra, la cual di a 7725
18.4 volvió y la hizo otra vasija, según le 7725
19.14 y volvió Jeremías de Tofet, adonde le.......... 935
21.4 yo vuelvo atrás las armas de guerra que 6437
22.10 llorad... por el que se va... no volverá......... 7725
22.11 Salum hijo de Josías... No volverá más 7725
22.27 a la... anhelan volver, allá no volverán 7725
23.3 ovejas... y las haré volver a sus moradas 7725
23.22 habrían hecho volver de su mal camino 6437
24.6 para bien, y los volveré a esta tierra.......... 7725
24.7 seré... se volverán a mí de todo su corazón 7725
25.5 volveos ahora de vuestro mal camino y de..... 7725
26.3 y se vuelvan cada uno de su mal camino 7725
27.16 los utensilios... volverán de Babilonia 7725
28.3 dentro de dos años haré volver a este 7725
28.4 yo haré volver a este lugar a Jeconías 7725
29.10 buena palabra, para haceros volver a........ 7725
29.14 haré volver... haré v al lugar de donde 7725
30.3 haré volver a los cautivos de mi pueblo 7725
30.6 se han vuelto pálidos todos los rostros......... 2015
30.8 extranjeros no lo volverán más a poner
30.10 y Jacob volverá, descansará y vivirá 7725
30.18 volver los cautivos de las tiendas de.......... 7725
31.8 los hago volver... gran compañía volverán 7725
31.9 con misericordia los haré volver, y los......... 7725
31.16 y volverán de la tierra del enemigo........... 7725
31.17 los hijos volverán a su propia tierra.......... 7725
31.21 vuélvete por el camino por donde fuiste 7725
31.21 de Israel, vuelve a estas tus ciudades 7725
31.23 cuando yo haga volver sus cautivos 7725
32.33 me volvieron la cerviz, y no el rostro 6437
32.37 y los haré volver a este lugar, y los 7725
32.40 no me volveré atrás de hacerles bien......... 7725
33.7 haré volver los cautivos de Judá y los.......... 7725
33.11 volveré a traer los cautivos de la tierra....... 7725
33.26 haré volver sus cautivos, y tendré de 7725
34.11 hicieron volver a los siervos y a las........... 7725
34.16 habéis vuelto y profanado... habéis v a....... 6437
34.22 haré volver a esta ciudad, la tomarán 7725
35.15 volveos ahora... de vuestro mal camino 7725
36.7 y se vuelva cada uno de su mal camino........ 7725
36.16 oyeron... cada uno se volvió espantado
36.28 vuelve a tomar otro rollo, y escribe........... 7725
37.7 el ejército... se volvió a su tierra en............ 7725
37.8 y volverán los caldeos y atacarán esta......... 7725
37.20 no me hagas volver a casa del escriba 7725
38.22 hundieron en el cieno... volvieron atrás 6437
38.26 supliqué al rey... no me hiciese volver 7725
40.5 prefieres quedarte, vuélvete... vive con él...... 7725
41.14 el pueblo... se volvió y fue con Johanán 7725
42.15 volviereis vuestros rostros para entrar
42.17 los hombres que volvieren sus rostros
43.5 remanente de Judá que se había vuelto 7725
44.11 vuelvo mi rostro contra vosotros para
44.12 volvieron sus rostros para ir a tierra
44.14 volver a la tierra de Judá, por v a la.......... 7725
44.14 no volverán sino algunos fugitivos 7725
44.28 volverán... de Egipto a la tierra de Judá...... 7725
46.5 y huyeron sin volver a mirar atrás 5472
46.16 levántate y volvámonos a... pueblo, y a....... 7725
46.21 sus soldados... volvieran atrás, huyeron 6437
46.27 y volverá Jacob, y descansará y será 7725
47.6 vuelve a tu vaina, reposa y sosiégate
48.39 ¡lamentad! ¡Cómo volvió la espalda 6437
48.47 haré volver a los cautivos de Moab en........ 7725
49.6 haré volver a los cautivos de... de Amón 7725
49.8 huid, volveos atrás, habitad en lugares 6437
49.24 se volvió para huir, y le tomó temblor 6437
49.39 que haré volver a los cautivos de Elam 7725
50.5 el camino de Sion, hacia donde volverán
50.9 valiente diestro, que no volverá vacío.......... 7725
50.16 uno volverá el rostro hacia su pueblo 6437
50.19 volveré a traer a Israel a su morada.......... 7725
51.30 les faltaron las fuerzas, se volvieron 1961
Lm 1.1 grande entre las naciones se ha vuelto......... 1961
1.2 sus amigos le... se le volvieron enemigos......... 1961
1.8 Jerusalén... ella suspira, y se vuelve atrás 6437
1.13 ha extendido red a mis pies, me volvió 7725
3.3 contra mí volvió y revolvió su mano todo 7725
3.40 y busquemos, y volvámonos a Jehová 7725
3.45 nos volviste en oprobio y abominación
5.21 vuélvenos, oh Jehová... y nos volveremos 7725
Ez 1.9 no se volvían cuando andaban, sino que........ 6437
1.12 derecho... cuando andaban, no se volvían 6437
1.14 seres... corrían y volvían a semejanza de...... 7725
1.17 costados; no se volvían cuando andaban 6437
4.8 no te volverás de un lado a otro, hasta.......... 2015
7.13 que vende no volverá a lo vendido, aunque.... 7725
8.6,13,15 vuélvete aún... verás abominaciones 7725
8.16 sus espaldas vueltas al templo de Jehová
8.17 después... volvieron a mí para irritarme 7725
10.11 no se volvían cuando andaban, sino que 6437
10.11 al lugar adonde se volvía la primera, en 6437
10.11 pos... iban; ni se volvían cuando andaban 6437
11.18 volverán allá, y quitarán... idolatrías 935
11.24 me volvió a llevar en visión del
Espíritu de Dios 935
13.9 Israel, ni a la tierra de Israel volverán
14.6 dice... Convertíos, y volveos de... ídolos........ 7725
16.53 haré volver a sus cautivos... de Sodoma 7725
16.53 volver los cautivos de tus cautiverios
16.55 sus hijas, volverán a su primer estado........ 7725
16.55 tú... volveréis a vuestro primer estado........ 7725
21.16 hiere a... adonde quiera que te vuelvas
21.30 ¿la volveré a su vaina? En... te juzgaré 7725
22.31 hice volver el camino de ellos sobre su
24.14 volveré atrás, ni tendré misericordia 6544
26.2 dijo Tiro... a mí se volvió; yo seré llena 6437
29.14 volveré a traer los cautivos de Egipto......... 7725
29.15 que no vuelvan a tener dominio sobre
33.11 que se vuelva el impío de su camino, y........ 7725
33.11 volveos, v de vuestros malos caminos......... 7725
33.12 el día que se volviere de su impiedad 6437
34.4 ni volvisteis al redil la descarriada, ni
34.16 y haré volver al redil la descarriada.......... 7725
36.9 por vosotros, y a vosotros me volveré.......... 6437
39.25 volveré la cautividad de Jacob, y tendré 7725
44.1 me hizo volver hacia la puerta exterior........ 7725
46.9 no volverá por la puerta por donde entró 7725
46.17 hasta el año del... volverá al príncipe......... 7725
47.1 me hizo volver... a la entrada de la casa 7725
47.6 y me hizo volver por la ribera del río.......... 7725
47.7 volviendo yo, vi que en la ribera del río........ 7725
Dn 4.36 y mi grandeza volvieron a mí, y mis........... 7725
9.3 y volví mi rostro a Dios... buscándole en
9.25 se volverá a edificar la plaza y el muro 7725
10.20 tengo que volver para pelear contra el 7725
11.9 así entrará en... y volverá a su tierra.......... 7725
11.10 luego volverá y llevará la guerra hasta 7725
11.13 volverá a poner en campaña una
multitud mayor 7725
11.18 volverá después su rostro a las costas........ 7725
11.18 y aun hará volver sobre él su oprobio 7725
11.19 volverá su rostro a las fortalezas de.......... 7725
11.28 y volverá a su tierra con gran riqueza........ 7725
11.28 hará su voluntad, y volverá a su tierra 7725
11.29 al tiempo señalado volverá al sur; mas 7725
11.30 volverá, y se enojará contra el pacto 7725
11.30 volverá, pues, y se entenderá con los 7725
Os 2.7 iré y me volveré a mi primer marido 7725
2.9 yo volveré y tomaré mi trigo a su tiempo........ 7725
3.5 volverán los hijos de Israel, y buscarán 7725
5.15 andaré y volveré a mi lugar, hasta que 7725
6.1 venid y volvamos a Jehová... y nos curará....... 7725
6.11 cuando yo haga volver el cautiverio de 7725
7.10 no se volvieron a Jehová su Dios, ni lo 7725
7.16 volvieron, pero no al Altísimo; fueron 7725
8.13 y castigará su... ellos volverán a Egipto........ 7725
9.3 que volverá Efraín a Egipto y a Asiria 7725
11.5 no volverá a tierra de Egipto, sino que......... 7725
11.9 no... ni volveré para destruir a Efraín 7725
12.6 vuélvete a tu Dios; guarda misericordia 7725
14.1 vuelve... Israel, a Jehová tu Dios; porque 7725
14.2 volved a Jehová, y decidle: Quita toda 7725
14.7 volverán y se sentarán bajo su sombra 7725
Jl 2.14 si volverá y se arrepentirá y dejará 7725
3.1 en que haré volver la cautividad de Judá y 7725
3.7 volveré vuestra paga sobre vuestra cabeza 7725
3.19 Edom será vuelto en desierto asolado, por
Am 1.8 volveré mi mano contra Ecrón, y el resto 7725
4.6,8,9,10,11 no os volvisteis a mí, dice 7725
5.3 que salga con mil, volverá con ciento, y.......... 3318
5.3 la que salga con ciento volverá con diez
5.8 y vuelve las tinieblas en mañana, y hace......... 6437
8.10 la volveré como en llanto de unigénito 2015
Abd 15 tu recompensa volverá sobre tu cabeza 7725
Jon 1.13 para hacer volver la nave a tierra............ 7725
3.9 sabe si se volverá y se arrepentirá Dios 6437
Mi 1.7 juntó, y a dones de rameras volverán........... 7725
5.3 el resto... volverá con los hijos de Israel......... 7725
7.17 volverán amedrentados ante Jehová... Dios
7.19 él volverá a... misericordia de nosotros 7725
Nah 1.15 nunca más volverá a pasar por ti el
Zac 1.3 volveos a mí... me volveré a vosotros 7725
1.4 volveos ahora de vuestros malos caminos 7725
1.6 por eso volvieron ellos y dijeron: Como 7725
1.16 he vuelto a Jerusalén con misericordia......... 7725
4.1 volvió el ángel que hablaba conmigo, y.......... 7725
6.10 Heldai... los cuales volvieron de Babilonia 935
7.11 antes volvieron la espalda, y taparon
9.12 volveos a la fortaleza, oh prisioneros 6437
10.6 guardaré la casa de... y los haré volver.......... 7725
10.9 mí; y vivirán con sus hijos, y volverán 7725
13.7 volver mi mano contra los pequeñitos 6437
14.10 la tierra se volverá como llanura desde 6437
Mal 1.4 volveremos a edificar lo arruinado............ 7725
3.7 volveos a mí, y yo me volveré a vosotros 7725
3.7 dijisteis: ¿En qué hemos de volvernos?.......... 7725
3.18 volveréis, y discerniréis la diferencia 7725
4.6 él hará volver el corazón de los padres 7725
Mt 2.12 que no volviesen a Herodes, regresaron......... 844
4.12 Jesús oyó que Juan estaba preso, volvió 402
5.39 que te hiera... vuélvele también la otra 4762
7.6 no sea que... y se vuelvan y os despedacen 4762
9.22 volviéndose... dijo: Ten ánimo, hija; tu......... 1994
10.13 mas... vuestra paz se volverá a vosotros 1994
12.44 dice: Volveré a mi casa de donde salí......... 1994
16.23 volviéndose, dijo a Pedro: ¡Quítate de 4762
18.3 si no os volvéis y os hacéis como niños 4762
21.18 la mañana, volviendo a la ciudad, tuvo 1877
22.1 volvió a hablar en parábolas, diciendo 3825
22.4 volvió a enviar otros siervos, diciendo......... 3825
24.18 que... no vuelva atrás para tomar su capa ... 1994
26.52 le dijo: Vuelve tu espada a su lugar
Mr 2.13 volvió a salir al mar; y toda la gente 3825
5.30 luego... volviéndose a la multitud, dijo 1994
7.4 y volviendo de la plaza, si no se lavan
7.31 volviendo a salir de la región de Tiro 3825
8.13 volvió a entrar en la barca, y se fue a.......... 3825
8.33 volviéndose y mirando a los discípulos......... 1994
9.3 y sus vestidos se volvieron... muy blancos....... 1096
10.1 volvió el pueblo a juntarse a él, y de 3825
10.10 volvieron los discípulos a preguntarle 3825
10.24 volvió a decirles: Hijos, ¡cuán difícil.......... 3825
10.32 volviendo a tomar a los doce aparte, les...... 3825
11.27 volvieron... a Jerusalén; y andando él por 3825
12.4 volvió a enviarles otro siervo; pero
apedreándole 3825
12.5 volvió a enviar otro, y a éste mataron 3825
13.16 campo, no vuelva atrás a tomar su capa 1994
14.40 al volver... los halló durmiendo, porque....... 5290
14.61 el sumo sacerdote le volvió a preguntar 3825
15.13 volvieron a dar voces: ¡Crucifícale! 3825
Lc 1.17 volver los corazones de los padres a 1994
1.56 tres meses; después se volvió a su casa 5290
2.20 y volvieron los pastores glorificando y......... 1994
2.39 después... volvieron a Galilea, a su ciudad...... 5290
2.45 pero... volvieron a Jerusalén buscándole 5290
2.51 descendió con ellos, y volvió a Nazaret
4.1 Jesús... volvió del Jordán, y fue llevado 5290
4.14 Jesús volvió en el poder del Espíritu a......... 5290
6.38 con la misma medida... volverán a medir 488
7.9 volviéndose, dijo a la gente... le seguía 4762
7.44 y vuelto a la mujer, dijo a Simón: ¿Ves 4762
8.37 Jesús, entrando en la barca, se volvió 5290
8.39 vuélvete a tu casa, y cuenta... ha hecho........ 5290
8.40 volvió Jesús, le recibió la multitud con......... 5290
8.55 su espíritu volvió, e inmediatamente se........ 1994
9.10 vueltos los apóstoles, le contaron todo 5290
9.55 volviéndose él, los reprendió, diciendo 4762
10.6 sobre él; y si no, se volverá a vosotros 344
10.17 volvieron los setenta con gozo, diciendo 5290
10.23 volviéndose a los discípulos, les dijo 4762
11.24 dice: Volveré a mi casa de donde salí......... 5290
13.20 y volvió a decir: ¿A qué compararé el 3825
14.12 te vuelvan a convidar, y seas recompensado
14.21 vuelto el siervo, hizo saber estas cosas 3854
14.25 iban con él; y volviéndose, les dijo 4762
15.17 y volviendo en sí... ¡Cuántos jornaleros 2064
17.4 volviere a ti, diciendo: Me arrepiento 1994
17.7 al volver él del campo, luego le dice
17.15 volvió, glorificando a Dios a gran voz 5290
17.18 ¿no hubo quien volviese y diese gloria........ 5290
17.31 en el campo, asimismo no vuelva atrás....... 1994
19.12 lejano, para recibir un reino y volver.......... 5290
19.15 vuelto él, después de recibir el reino 1880
19.23 que al volver yo, lo hubiera recibido 2064
20.11 volvió a enviar otro siervo; mas ellos a éste .. 4388
20.12 volvió a enviar un tercer siervo; mas ellos ... 4388
22.32 y tú... vuelto, confirma a tus hermanos 1994
22.61 vuelto el Señor... Pedro se acordó de la......... 4762
23.11 Herodes... y volvió a enviarle a Pilato 375
23.21 volvieron a dar voces, diciendo: ¡Crucifícale
23.28 vuelto hacia ellas, les dijo: Hijas de 4762
23.48 viendo... volvían golpeándose el pecho 5290
23.56 vueltas, prepararon especias aromáticas...... 5290
24.9 volviendo del sepulcro, dieron nuevas de 5290
24.33 volvieron a Jerusalén, y hallaron a los......... 5290
24.52 volvieron a Jerusalén con gran gozo 5290
Jn 1.38 volviéndose Jesús... dijo:¿Qué buscáis?........... 4762
4.13 bebiere de esta agua, volverá a tener sed....... 3825
6.15 pero volvió a retirarse al monte él solo 3825
6.66 volvieron atrás, y ya no andaban con él 3825
8.2 y por la mañana volvió al templo, y todo.......... 3825
9.15 volvieron, pues, a... también los fariseos........ 3825
9.17 volvieron a decirle al ciego: ¿Qué dices tú 3825
9.24 volvieron a llamar al... había sido ciego 1205
9.26 le volvieron a decir: ¿Qué te hizo? 3825
10.7 volvió... Jesús a decirles: De cierto, de 3825
10.17 porque yo pongo... para volverla a tomar 3825
10.18 y tengo poder para volverla a tomar 3825
10.19 volvió a haber disensión entre los judíos 3825
10.31 los judíos volvieron a tomar piedras........... 3825
13.12 después... volvió a la mesa, y les dijo 3825
16.22 os volveré a ver, y se gozará vuestro corazón ... 3825
18.7 volvió, pues, a preguntarles: ¿A quién
buscáis? 3825
18.33 entonces Pilato volvió a entrar en el pretorio.... 3825
20.10 volvieron los discípulos a los suyos 3825
20.14 volvió, y vio a Jesús que estaba allí 4762
20.16 volviéndose ella, le dijo: ¡Raboni! 4762
21.16 Volvió a decirle la segunda vez... ¿me amas? ... 3825
21.20 volviéndose Pedro, vio que les seguía 1994
Hch 1.12 volvieron a Jerusalén desde el monte 5290
5.22 los alguaciles... volvieron y dieron aviso 390
7.39 en sus corazones se volvieron a Egipto 4762
8.25 se volvieron a Jerusalén, y en muchas 5290
8.28 volvía sentado en su carro, y leyendo.......... 5290
9.40 y volviéndose al cuerpo, dijo: Tabita 1994
10.15 volvió la voz a él la segunda vez: Lo 3825
10.16 aquel lienzo volvió a ser recogido en 3825
11.10 y volvió todo a ser llevado arriba al 3825
12.11 volviendo en sí, dijo: Ahora entiendo 1096
12.25 volvieron de Jerusalén, llevando... Juan 5290
13.13 Juan, apartándose de ellos, volvió a 5290
13.34 nunca más volver a corrupción, lo dijo 5290
13.46 he aquí, nos volvemos a los gentiles 4762
14.21 volvieron a Listra, a... y a Antioquía 5290
15.16 volveré y reedificaré el tabernáculo 390

15.16 repararé sus...y lo *volveré* a levantar *456*
15.33 para *volver* a aquellos que los habían
15.36 *volvamos* a visitar a los hermanos en......... *1994*
16.18 se *volvió* y dijo al espíritu: Te mando *1994*
18.21 vez *volveré* a vosotros, si Dios quiere *1994*
20.3 tomó la decisión de *volver* por Macedonia..... *5290*
21.6 barco, y ellos se *volvieron* a sus casas *5290*
22.17 *vuelto* a Jerusalén...me sobrevino un *5290*
23.32 dejando a los...*volvieron* a la fortaleza....... *5290*
26.24 loco...las muchas letras te *vuelven* loco *4062*
27.28 *volviendo* a echar la sonda, hallaron 15 ...... *3825*
Ro 11.9 sea *vuelto* su convite en trampa y en *1096*
11.23 poderoso es...para *volverlos* a injertar....... *3825*
14.9 *volvió* a vivir, para ser Señor así de los
1 Co 7.5 *volved* a...para que no os tiente *3825*
2 Co 12.21 que cuando *vuelva*, me humille Dios........ *3825*
Gá 1.17 a Arabia, y *volví* de nuevo a Damasco......... *5290*
2.18 las mismas *vuelvo* a edificar, transgresor me hago *3825*
4.9 ¿cómo...os *volvéis* de nuevo a los débiles *1994*
4.9 los cuales os queréis *volver* a esclavizar? *1994*
4.19 hijitos míos, por quienes *vuelvo* a sufrir *3825*
1 Ts 3.6 cuando Timoteo *volvió* de vosotros a
2 Ti 4.4 apartarán...se *volverán* a las fábulas *654*
Flm 12 el cual *vuelvo* a enviarte; tú...recíbele *375*
He 5.12 tenéis necesidad...os *vuelva* a enseñar........ *3825*
7.1 a Abraham que *volvía* de la derrota de *5290*
11.15 ciertamente tenían tiempo de *volver*........... *344*
11.19 en sentido figurado, también le *volvió* a recibir
Stg 5.19 extraviado...y alguno le hace *volver*.......... *1994*
5.20 sepa que el que haga *volver* al pecador........ *1994*
1 P 2.25 pero ahora habéis *vuelto* al Pastor y.......... *1994*
2 P 2.21 *volverse* atrás del santo mandamiento *1994*
2.22 el perro *vuelve* a su vómito, y la puerca........ *1994*
Ap 1.12 me *volví*...*vuelto*, vi siete candeleros *1994*
6.12 sol...la luna se *volvió* toda como sangre....... *1096*
20.5 no *volvieron* a vivir hasta que...mil años *326*

VOMITAR

Lv 18.25 maldad...la tierra *vomitó* sus moradores 6958
18.28 la tierra os vomite...como *vomitó* a la
20.22 sea que os *vomite* la tierra en la cual
Job 20.15 devoró riquezas, pero las *vomitará* 6958
Sal 57.4 hijos de hombres que *vomitan* llamas
Pr 23.8 *vomitarás* la parte que comiste, y.............. 6958
25.16 no sea que hastiado de ella la *vomites*........ 6958
Jer 25.27 y embriagaos, y *vomitad*, y caed, y 7006
Lm 4.21 la copa; te embriagarás, y *vomitarás*
Jon 2.10 mandó Jehová al pez...*vomitó* a Jonás....... 6958
Ap 3.16 **eres tibio, y...te *vomitaré* de mi boca**

VÓMITO

Pr 26.11 como perro que vuelve a su *v*, así es.......... 6892
Is 19.14 de vértigo...tambalea el ebrio en su *v*......... 6892
28.8 toda mesa está llena de *v* y suciedad 6892
Jer 48.26 revuélquese Moab sobre su *v*, y sea 6892
Hab 2.16 cáliz...*v* de afrenta sobre tu gloria 7022
2 P 2.22 el perro vuelve a su *v*, y la puerca............. *1829*

VOSOTRAS, OS *Véase el Apéndice*

VOTIVA

Lc 21.5 adornado...piedras y ofrendas *v*, dijo

VOTO

Gn 28.20 hizo Jacob *v*, diciendo: Si fuere Dios 5088
31.13 ungiste la piedra, y...me hiciste un *v* 5088
Lv 7.16 si el sacrificio de su ofrenda fuere *v* 5088
22.18 ofreciere su ofrenda en pago de sus *v*......... 5088
22.21 ofreciere...a Jehová para cumplir un *v* 5088
22.23 que tenga...en pago de *v* no será acepto 5088
23.38 todos vuestros *v*, y...vuestras ofrendas....... 5088
27.2 alguno hiciere especial *v* a Jehová, según 5088
27.8 a la posibilidad del que hizo el *v*, le 5087
Nm 6.2 que se apartare haciendo *v* de nazareo 5087
6.5 todo el tiempo del *v* de...no pasará navaja 5087
6.21 del nazareo que hiciere *v* de su ofrenda....... 5088
6.21 según el *v* que hiciere...hará, conforme a 5088
15.3 holocausto, o sacrificio, por especial *v*.......... 5088
15.8 cuando ofrecieres novillo en...especial *v*...... 5088
18.14 lo consagrado por *v* en Israel será tuyo 5088
21.2 Israel hizo *v* a Jehová, y dijo: Si en 5088
29.39 ofreceréis...además de vuestros *v*, y de 5088
30.2 hiciere *v* a Jehová, o hiciere juramento....... 5088
30.3 mas la mujer, cuando hiciere *v* a Jehová 5088
30.4 si su padre oyere su *v*, y la obligación 5088
30.4 todos los *v* de ella serán firmes, y toda 5088
30.5 le vedare el día que oyere todos sus *v* 5088
30.6 fuere casada e hiciere *v*, o pronunciare 5088
30.7 callare a...los *v* de ella serán firmes 5088
30.8 entonces el *v* que ella hizo...será nulo......... 5088
30.9 todo *v* de viuda o repudiada...será firme...... 5088
30.10 si hubiere hecho *v* en casa de su marido 5088
30.11 y no le vedó...todos sus *v* serán firmes....... 5088
30.12 su marido los anuló...sus *v*...será nulo....... 5088
30.13 todo *v*...obligándose a afligir el alma 5088
30.14 marido callare...confirmó todos sus *v*......... 5088
Dt 12.6 allí llevaréis...vuestros *v*...ofrendas 5088
12.11 llevaréis...todo lo escogido de los *v* 5087
12.17 no comerás...ni los *v* que prometieres 5088
12.26 *v*, las tomarás, y vendrás con ellas al......... 5088
23.18 no traerás la paga de una...por ningún *v* 5088
23.21 haces *v* a Jehová...no tardes en pagarlo 5087
Jue 11.30 Jefté hizo *v* a Jehová, diciendo: si 5088
11.39 hizo de ella conforme al *v* que había 5088
1 S 1.11 *v*, diciendo: Jehová de los ejércitos............ 5088
1.21 Elcana...para ofrecer a Jehová el...y su *v*..... 5088
2 S 15.7 pagar mi *v* que he prometido a Jehová 5088
15.8 tu siervo hizo *v* cuando estaba en Gesur 5088
Job 22.27 él, y él te oirá; y tú pagarás tus *v* 5088
Sal 22.25 mis *v* pagaré delante de los que le........... 5088
50.14 Dios alabanza, y paga tus *v* al Altísimo....... 5088
56.12 sobre mí, oh Dios, están tus *v*; te............. 5088
61.5 oh Dios, has oído mis *v*; me has dado la........ 5088
61.8 así cantaré tu...pagando mis *v* cada día....... 5088
65.1 tuya es...Dios, y a ti se pagarán los *v*.......... 5088
66.13 entraré en tu casa con...te pagaré mis *v*..... 5088
116.14 ahora pagaré mis *v* a Jehová delante de 5088
116.18 a Jehová pagaré ahora mis *v* delante de 5088
Pr 7.14 había prometido, hoy he pagado mis *v* 5088
20.25 lazo es al hombre...apresuradamente *v* de... 5088
Is 19.21 y harán *v* a Jehová, y los cumplirán........... 5087
Jer 44.25 cumpliremos...nuestros *v* que hicimos 5088
44.25 confirmáis...*v*, y ponéis vuestros *v* por....... 5088
Jon 1..16 ofrecieron sacrificio...e hicieron *v* 5088
Nah 1.15 celebra...tus fiestas, cumple tus *v* 5088
Hch 18.18 rapado la cabeza...porque tenía...*v*........ *2171*
21.23 cuatro...tienen obligación de cumplir *v* *2171*
26.10 encerré...cuando los mataron, yo di mi *v*..... *5586*

VOZ

Gn 3.8 y oyeron la *v* de...Dios que se Paseaba 6963
3.10 y él respondió: Oí tu *v* en el huerto, y 6963
3.17 cuanto obedeciste a la *v* de tu mujer, y 6963
4.10 la *v* de la sangre de tu hermano clama a 6963
4.23 dijo Lamec a sus...Ada y Zila, oíd mi *v* 6963
21.12 en todo lo que te dijere Sara, oye su *v* 6963
21.16 enfrente, el muchacho alzó su *v* y lloró 6963
21 17 oyó Dios la *v* del muchacho; y el ángel 6963
21.17 porque Dios ha oído la *v* del muchacho....... 6963
22.11 ángel de Jehová le dio *v* desde el cielo........ 7121
22.18 benditas...por cuanto obedeciste a mi *v*...... 6963
26.5 por cuanto oyó Abraham mi *v*, y guardó....... 6963
27.8 mío, obedece a mi *v* en lo que te mando 6963
27.13 hijo...obedece a mi *v* y vé y tráemelos........ 6963
27.22 la *v* es la *v* de Jacob, pero las manos 6963
27.38 bendíceme...Y alzó Esaú su *v*, y lloró......... 6963
27.43 hijo mío, obedece a mi *v*; levántate y 6963
29.11 y Jacob besó a Raquel, y alzó su *v* y 6963
30.6 también oyó mi *v*, y me dio un hijo...Por 6963
39.14 para dormir conmigo, y yo di grandes *v*...... 6963
39.15 y viendo que yo alzaba la *v* y gritaba......... 6963
39.18 cuando yo alcé mi *v* y grité, él dejó su 6963
Éx 3.18 oirán tu *v*; e irás tú, y los ancianos............. 6963
4.1 que ellos no me creerán, ni oirán mi *v*.......... 6963
4.8 ni obedecieren a la *v*...creerán a la *v* de........ 6963
4.9 ni oyeren tu *v*, tornarás de las aguas del........ 6963
5.2 ¿quién es Jehová, para que yo oiga su *v* 6963
5.8 ociosos, por eso levantan la *v* diciendo 6817
15.26 si oyeres atentamente la *v* de Jehová......... 6963
18.19 oye ahora mi *v*; yo te aconsejaré, y 6963
18.24 y oyó Moisés la *v* de su suegro, e hizo 6963
19.5 si diereis oído a mi *v*, y guardareis mi 6963
19.19 y Dios le respondía con *v* tronante 6963
23.21 guárdate delante de él, y oye su *v*, no......... 6963
23.22 oyeres su *v* e hicieres...yo te dijere........... 6963
24.3 todo el pueblo respondió a una *v*, y dijo 6963
32.18 él...No es *v* de alaridos de fuertes, ni.......... 6963
32.18 ni *v* de alaridos...*v* de cantar oigo yo.......... 6963
Nm 7.89 oía la *v* que le hablaba de encima del 6963
14.1 toda la congregación gritó, y dio *v*; y el 6963
14.22 me han tentado ya...y no han oído mi *v* 6963
20.16 y clamamos a Jehová...oyó nuestra *v*, y 6963
21.3 Jehová escuchó la *v* de Israel, y entregó 6963
Dt 1.34 oyó Jehová la *v* de vuestras palabras.......... 6963
1.45 pero Jehová no escuchó vuestra *v*, ni os 6963
4.12 habló...oísteis la *v* de sus palabras, mas....... 6963
4.12 a excepción de oír la *v*, ninguna figura 6963
4.30 te volvieres a Jehová tu...y oyeres su *v*........ 6963
4.33 ¿ha oído pueblo alguno la *v* de Dios 6963
4.36 desde los cielos te hizo oír su *v*, para 6963
5.22 estas palabras habló Jehová...a gran *v* 6963
5.23 oísteis la *v* de en medio de...tinieblas 6963
5.24 hemos oído su *v* de en medio del fuego 6963
5.25 si oyéremos otra vez la *v* de...moriremos 6963
5.26 ¿qué es el...para que oiga la *v* del Dios......... 6963
5.28 oyó Jehová la *v*...me dijo...He oído la *v* 6963
8.20 no habréis atendido a la *v* de Jehová 6963
9.23 rebeldes...Dios...ni obedecisteis a su *v*........ 6963
13.4 a él temeréis...y escucharéis su *v*, y a 6963
13.18 cuando obedecieres a la *v* de Jehová tu 6963
15.5 si escuchares...la *v* de Jehová tu Dios 6963
18.16 no vuelva yo a oír la *v* de Jehová mi.......... 6963
21.18 no...a la *v* de su padre...*v* de su madre 6963
21.20 es contumaz y no obedece a nuestra *v* 6963
22.24 la joven porque no dio *v* en la ciudad......... 6817
22.27 dio *v* la joven desposada, y no hubo 6817
26.7 y Jehová oyó nuestra *v*, y vio nuestra.......... 6963
26.14 he obedecido a la *v* de Jehová mi Dios......... 6963
26.17 has declarado...y que escucharás su *v* 6963
27.10 oirás, pues, la *v* de Jehová tu Dios, y.......... 6963
27.14 dirán a todo varón de Israel en alta *v* 6963
28.1 que si oyeres...la *v* de Jehová tu Dios 6963
28.2 bendiciones...si oyeres la *v* de Jehová......... 6963
28.15 no oyeres la *v* de Jehová tu Dios, para 6963
28.45 no habrás atendido a la *v* de Jehová tu....... 6963
28.62 cuanto no obedecisteis a la *v* de Jehová 6963
30.2 y obedecieres a su *v* conforme a todo lo 6963
30.8 y tú volverás, y oirás la *v* de Jehová 6963
30.10 cuando obedecieres a la *v* de Jehová tu 6963
30.20 atendiendo a su *v*, y siguiéndole a él.......... 6963
33.7 oye, oh Jehová, la *v* de Judá, y llévalo.......... 6963
Jos 5.6 cuanto no obedecieron a la *v* de Jehová 6963
6.5 el pueblo gritará a gran *v*, y el muro de 6963
6.10 ni se oirá vuestra *v*, ni saldrá palabra......... 6963
10.14 habiendo atendido Jehová a la *v* de un 6063
22.2 habéis obedecido a mi *v* en todo lo que 6963
24.24 Dios serviremos, y a su *v* obedeceremos...... 6963
Jue 2.2 mas vosotros no habéis atendido a mi *v* 6963
2.4 el ángel...habló...pueblo alzó su *v* y lloró 6963
2.20 traspasa mi pacto...y no obedece a mi *v* 6963
5.28 madre...por entre las celosías a *v* dice 6963
6.10 dije...pero no habéis obedecido a mi *v* 6963
9.7 y alzando su *v* clamó y les dijo: Oídme.......... 6963
13.9 Dios oyó la *v* de Manoa; y el ángel de.......... 6963
18.3 casa...reconocieron la *v* del joven levita 6963
18.23 dando *v* a los de Dan, éstos volvieron 6963
18.25 no des *v* tras nosotros, no sea que los 6963
20.13 no quisieron oír la *v* de sus hermanos........ 6963
21.2 y alzando su *v* hicieron gran llanto, y.......... 6963
Rt 1.9 besó, y ellas alzaron su *v* y lloraron............. 6963
1.14 ellas alzaron otra vez su *v* y lloraron 6963
1 S 1.13 *v* no se oía; y Elí la tuvo por ebria............ 6963
2.25 pero ellos no oyeron la *v* de su padre.......... 6963
4.6 oyeron la *v* de...¿Qué *v* de gran júbilo es 6963
5.10 los ecronitas dieron *v*, diciendo: Han 6963
8.7 dijo Jehová...Oye la *v* del pueblo en todo....... 6963
8.9 oye su *v*; mas protesta...contra ellos, y 6963
8.19 el pueblo no quiso oír la *v* de Samuel.......... 6963
8.22 dijo a...Oye su *v*, y pon rey sobre ellos 6963
11.4 Gabaa...todo el pueblo alzó su *v* y lloró 6963
12.1 yo he oído vuestra *v* en todo cuanto me........ 6963
12.14 si temiereis a Jehová...y oyereis su *v*.......... 6963
12.15 mas si no oyereis la *v* de Jehová, y si 6963
15.19 ¿por qué...no has oído la *v* de Jehová 6963
15.20 he obedecido la *v* de Jehová, y fui a la......... 6963
15.24 yo he pecado...consentí a la *v* de ellos 6963
17.8 y se paró y dio *v* a los escuadrones de 7121
19.6 y escuchó Saúl la *v* de Jonatán, y juró 6963
20.37 dio *v* tras el muchacho, diciendo: ¿No 7121
24.8 David...dio *v* detrás de Saúl, diciendo.......... 7121
24.16 Saúl dijo: ¿No es esta la *v* tuya, hijo........... 6963
24.16 mío David? Y alzó Saúl su *v* y lloró 6963
25.35 he oído tu *v*, y te he tenido respeto 6963
26.14 dio *v* David al pueblo, y a Abner hijo 7121
26.17 y conociendo Saúl la *v* de David, dijo......... 6963
26.17 ¿no es esta tu *v*...Mi *v* es, rey señor 6963
28.12 y viendo la mujer a...clamó en alta *v*.......... 6963
28.18 tú no obedeciste a la *v* de Jehová, ni.......... 6963
28.21 he aquí...tu sierva ha obedecido a tu *v* 6963
28.22 te ruego, pues...oigas la *v* de tu sierva 6963
30.4 David y...alzaron su *v* y lloraron, hasta 6963
2 S 2.26 Abner dio *v*...diciendo: ¿Consumirá la........ 6963
3.32 y alzando el rey su *v*, lloró junto al 6963
12.18 hablábamos, y no quería oír nuestra *v* 6963
13.36 los hijos del rey...alzando su *v* lloraron 6963
15.23 y todo el país lloró en alta *v*; pasó 6963
18.25 el atalaya dio luego *v*, y lo hizo saber.......... 6963
18.26 dio *v* el atalaya al portero, diciendo 6963
18.28 Ahimaas dijo en alta *v* al rey: Paz...Y se...... 6963
19.4 mas el rey...clamaba en alta *v*: ¡Hijo mío 6963
19.35 ¿oiré más la *v* de los cantores y de las 6963
20.16 una mujer sabia dio *v* en la ciudad 6963
22.7 oyó mi *v* desde su templo, y mi clamor......... 6963
22.14 tronó desde los...y el Altísimo dio su *v* 6963
1 R 8.55 bendijo...Israel, diciendo en *v* alta........... 6963
13.32 sin duda vendrá lo que él dijo a *v* por 6963
17.22 y Jehová oyó la *v* de Elías, y el alma 6963
18.26,29 no había *v*, ni quien respondiese 6963
18.27 gritad en alta *v*...hay que despertarle......... 6963
18.28 clamaban a grandes *v*, y se sajaban con...... 6963
19.13 vino a él una *v*, diciendo: ¿Qué haces......... 6963
20.39 cuando el rey pasaba, él dio *v* al rey.......... 6963
22.13 profetas a una *v* anuncian al rey cosas....... 6963
2 R 4.31 pero no tenía *v* ni sentido, y así se 6963
7.10 que no había allí nadie, ni *v* de hombre........ 6963
11.14 a *v* en cuello: ¡Traición, traición! 6963
18.12 no habían atendido a la *v* de Jehová su....... 6963
18.28 el Rabsaces...clamó a gran *v* en lengua...... 6963
19.22 ¿a quién...contra quién has alzado la *v* 6963
1 Cr 15.16 cantores...alzasen la *v* con alegría.......... 6963
2 Cr 5.13 que alzaban la *v* con trompetas y............ 6963
15.14 y juraron a Jehová con gran *v* y júbilo 6963
18.12 profetas a una *v* anuncian al rey cosas....... 6963
20.19 alabar a Jehová el...con fuerte y alta *v* 6963
30.27 y la *v* de ellos fue oída, y su oración 6963
32.18 clamaron a gran *v* en judaico al pueblo 6963
Esd 3.12 lloraban en alta *v*, mientras muchos 6963
3.13 los gritos de alegría, de la *v* del lloro
10.12 dijeron en alta *v*: Así se haga conforme 6963
Neh 9.4 y clamaron en *v* alta a Jehová su Dios 6963
12.42 y los cantores cantaban en alta *v*, e
Job 3.18 los cautivos; no oyen la *v* del capataz......... 6963
5.1 ahora...da *v*; ¿habrá quién te responda?....... 7121
9.16 aún no creeré que haya escuchado mi *v*....... 6963
19.7 no seré oído; daré *v*, y no habrá juicio 7768
29.10 la *v* de los principales se apagaba, y 6963
30.31 luto, y mi flauta en *v* de lamentadores........ 6963
33.8 y yo oí la *v* de tus palabras que decían 6963
34.16 oye esto; escucha la *v* de mis palabras 6963
37.2 oíd...el estrépito de su *v*, y el sonido........... 6963
37.4 el sonido, truena él con *v* majestuosa, y........ 6963
37.4 y aunque sea oída su *v*, no los detiene 6963
37.5 truena Dios...con su *v*; él hace grandes 6963
38.34 ¿alzarás tú a...tu *v*, para que te cubra 6963
39.7 se burla de la...no oye las *v* del arriero 8663
40.9 un brazo...y truenas con *v* como la suya? 6963
Sal 3.4 con mi *v* clamé a Jehová, y...respondió........ 6963
5.2 está atento a la *v* de mi clamor, Rey mío........ 6963
5.3 Jehová, de mañana oirás mi *v*; de mañana 6963
5.11 den *v* de júbilo para siempre, porque tú 7442
6.8 porque Jehová ha oído la *v* de mi lloro 6963
18.6 él oyó mi *v* desde su templo, y mi clamor 6963
18.13 tronó en los...y el Altísimo dio su *v*........... 6963

19.3 no hay lenguaje, ni...ni es oída su *v* 6963
19.4 por toda la tierra salió su *v*, y hasta
26.7 exclamar con *v* de acción de gracias, y 6963
27.7 oh Jehová, mi *v* con que a ti clamo; ten 6963
28.2 oye la *v* de mis ruegos cuando clamo a ti 6963
28.6 bendito sea...que oyó la *v* de mis ruegos 6963
29.3 *v* de Jehová sobre las aguas; truena el......... 6963
29.4 *v* de Jehová con potencia; *v* de Jehová......... 6963
29.5 *v* de Jehová que quebranta los cedros 6963
29.7 *v* de Jehová que derrama llamas de fuego..... 6963
29.8 *v* de Jehová que hace temblar el desierto...... 6963
29.9 *v* de Jehová que desgaja las encinas, y 6963
31.22 tú oíste la *v* de mis ruegos cuando a ti 6963
42.4 *v* de alegría y de alabanza del pueblo en 6963
42.7 un abismo llama a otro a la *v* de tus 6963
44.16 por la *v* del que me vitupera y deshonra 6963
46.6 reinos; dio él su *v*, se derritió la tierra 6963
47.1 manos; aclamad a Dios con *v* de júbilo 6963
55.3 de la *v* del enemigo, por la opresión del 6963
55.17 y mañana y a...clamaré, y él oirá mi *v* 6963
58.5 que no oye la *v* de los que encantan, por....... 6963
64.1 escucha...Dios, la *v* de mi queja; guarda 6963
65.13 valles...dan *v* de júbilo, y aun cantan......... 7321
66.8 Dios, y haced oír la *v* de su alabanza 6963
66.19 me escuchó Dios; atendió a la *v* de mi 6963
68.33 cielos...he aquí dará su *v*, poderosa *v* 6963
74.23 no olvides las *v* de tus enemigos; el........... 6963
77.1 con mi *v* clamé a Dios, a Dios clamé, y......... 6963
77.18 *v* de tu trueno estaba en el torbellino......... 6963
81.11 pero mi pueblo no oyó mi *v*, e Israel no........ 6963
86.6 mi oración...atento a la *v* de mis ruegos 6963
95.78 si oyereis hoy su *v*, no endurezcáis 6963
98.4 cantad alegres...levantad la *v*, y aplaudid
98.5 cantad salmos...con arpa y *v* de cántico 6963
102.5 por la *v* de mi gemido mis huesos se han 6963
103.20 obedeciendo a la *v* de su precepto 6963
106.25 tiendas, y no oyeron la *v* de Jehová 6963
116.1 amo a Jehová, pues ha oído mi *v* y mis 6963
118.15 *v* de júbilo y de salvación hay en las......... 6963
119.149 oye mi *v* conforme a tu misericordia....... 6963
130.2 Señor, oye mi *v*; estén atentos tus 6963
130.2 atentos tus oídos a la *v* de mi súplica 6963
132.16 vestiré...sus santos darán *v* de júbilo 7442
140.6 escucha, oh Jehová, la *v* de mis ruegos 6963
141.1 a mí; escucha mi *v* cuando te invocare 6963
142.1 con mi *v* clamaré a...con mi *v* pediré a....... 6963
Pr 1.20 la sabiduría...alza su *v* en las plazas 6963
2.3 si clamares...a la prudencia dieres tu *v* 6963
5.13 no oí la *v* de los que me instruían, y a.......... 6963
8.1 ¿no clama la...y da su *v* la inteligencia?......... 6963
8.3 ciudad, a la entrada de las puertas da *v* 7442
8.4 dirijo mi *v* a los hijos de los hombres 6963
27.14 el que bendice a su amigo en alta *v*........... 6963
Ec 5.3 multitud de las palabras la *v* del necio.......... 6963
5.6 que Dios se enoje a causa de tu *v*, y que 6963
10.20 las aves del cielo llevarán la *v*, y las 6963
12.4 se levantará a la *v* del ave, y todas las......... 6963
Cnt 2.8 ¡la *v* de mi amado! He aquí él viene............ 6963
2.12 y en nuestro país se ha oído la *v* de la 6963
2.14 hazme oír tu *v*; porque dulce es la 6963
5.2 es la *v* de mi amado que llama: Ábreme 6963
8.13 compañeros escuchan tu *v*; házmela oír 6963
Is 6.3 el uno al otro daba *v*, diciendo: Santo 6963
6.4 estremecieron con la *v* del que clamaba........ 6963
6.8 oí la *v* del Señor, que decía: ¿A quién 6963
10.30 grita en alta *v*, hija de Galim; haz 6963
13.2 alzad la *v* a ellos, alzad la mano, para 6963
14.10 todos ellos darán *v*, y te dirán: ¿Tú 6030
15.4 gritarán, hasta Jahaza se oirá su *v*; por 6963
21.11 me dan *v* de Seir: Guarda, ¿qué de la......... 7121
24.14 alzarán su *v*...desde el mar darán *v* 6963
24.18 el que huyere de la *v* del terror caerá 6963
28.23 Estad atentos, y oíd mi *v*; atended 6963
29.4 y será tu *v* de la tierra como la de un.......... 6963
30.7 le di *v*, que su fortaleza sería estarse 7121
30.19 al oír la *v* de tu clamor te responderá 6963
30.30 y Jehová hará oír su potente *v*, y hará......... 6963
30.31 con la *v* de Jehová será quebrantada.......... 6963
31.4 como el león y...no lo espantarán sus *v* 6963
32.9 mujeres indolentes, levantaos, oíd mi *v*......... 6963
33.3 los pueblos huyeron a la *v* del estruendo 6963
33.7 aquí que sus embajadores darán *v* afuera..... 6817
36.13 el Rabsaces...en pie y gritó a gran *v* 6963
37.23 ¿contra quién has alzado tu *v*, y...ojos 6963
40.2 decidle a *v*...su tiempo es ya cumplido 7121
40.3 *v* que clama en el desierto: Preparad 6963
40.6 *v* que decía: Da *v*...tengo que decir a *v*?........ 6963
40.9 levanta...tu *v*, anunciadora de Jerusalén...... 6963
42.2 no gritará, ni alzará su *v*, ni la hará 6817
42.11 alcen la *v* el desierto y sus ciudades
42.11 cumbre de los montes den *v* de júbilo
42.14 *v* como la que está de parto; asolaré 6463
48.20 dad nuevas de esto con *v* de alegría.......... 6963
50.10 teme a Jehová, y...la *v* de su siervo? 6963
51.3 hallará en ella...alabanza y *v* de canto......... 6963
52.8 ¡*v* de tus atalayas! Alzarán la *v*...*v* de 6963
54.1 levanta canción y da *v* de júbilo, la que 6670
58.1 clama a *v* en cuello...tu *v* como trompeta 6963
58.4 para que vuestra *v* sea oída en lo alto 6963
65.19 nunca más...*v* de lloro, ni *v* de clamor 6963
65.19 nunca...oirán en ella *v* de lloro, ni *v*
de clamor 6963
66.6 *v* de alboroto de la ciudad, *v* del templo 6963
66.6 *v* de Jehová...da el pago a sus enemigos 6963
Jer 2.15 alzaron su *v*, y asolaron su tierra
3.13 fornicaste...no oíste mi *v*, dice Jehová.......... 6963
3.21 *v* fue oída sobre las alturas, llanto de.......... 6963
3.25 día, y no hemos escuchado la *v* de Jehová 6963
4.15 porque una *v* trae las nuevas desde Dan 6963
4.16 lanzarán su *v* contra...ciudades de Judá...... 6963
4.31 una *v* como de mujer que está de parto........ 6963
4.31 oí...*v* de la hija de Sion que lamenta y......... 6963
7.23 escuchad mi *v*, y seré a vosotros...Dios........ 6963
7.28 nación que no escuchó la *v* de Jehová su 6963
7.34 cesar...la *v* de gozo y la *v* de alegría 6963
7.34 *v* del esposo y la *v* de la esposa; porque........ 6963
8.19 *v* del clamor de la hija de mi pueblo 6963
9.13 y no obedecieron a mi *v*, ni caminaron 6963
9.19 porque de Sion fue oída *v* de endecha 6963
10.13 a su *v* se produce muchedumbre de aguas ... 6963
10.22 *v* de rumor viene, y alboroto grande de 6963
11.4 oíd mi *v*, y cumplid mis palabras...y me 6963
11.7 hasta el día de hoy, diciendo: Oíd mi *v*......... 6963
11.16 la *v* de recio estrépito hizo encender 6963
16.9 cesar...*v* de gozo y toda *v* de alegría 6963
16.9 cesar...*v* de esposo y toda *v* de esposa 6963
18.10 si hiciere lo malo...no oyendo mi *v*, me....... 6963
18.19 oh Jehová, mira por mí, y oye la *v* de......... 6963
20.8 doy *v*, grito: Violencia y destrucción 2199
20.16 oiga gritos de mañana, y *v* a mediodía 2201
22.20 en Basán da tu *v*, y grita hacia todas 6963
22.21 este fue tu camino...nunca oíste mi *v* 6963
25.10 que desaparezca...la *v* de gozo y la *v* 6963
25.10 la *v* de desposado y la *v* de desposada........ 6963
25.30 alto, y desde su morada santa dará su *v*...... 6963
25.36 ¡*v* de la gritería de los pastores, y 6963
26.13 oíd la *v* de Jehová vuestro Dios, y se.......... 6963
30.5 hemos oído *v* de temblor; de espanto, y........ 6963
30.19 saldrá de ellos...*v* de nación que está 6963
31.7 dad *v* de júbilo a la cabeza de naciones
31.15 *v* fue oída en Ramá, llanto y lloro 6963
31.16 ha dicho...Reprime del llanto tu *v*, y 6963
32.23 y la disfrutaron; pero no oyeron tu *v* 6963
33.11 oírse...*v* de gozo...*v* de desposado y *v* de..... 6963
33.11 *v* de los que digan...*v* de los que traigan 6963
35.8 hemos obedecido a la *v* de nuestro padre 6963
38.20 oye...la *v* de Jehová que yo te hablo, y 6963
40.3 pecasteis...no oísteis su *v*, por eso os.......... 6963
42.6 a la *v* de Jehová...obedeciendo a la *v* de....... 6963
42.13 tierra, no obedeciendo así...*v* de Jehová 6963
42.21 no habéis obedecido a la *v* de Jehová 6963
43.4 no obedeció...pueblo, a la *v* de Jehová 6963
43.7 porque no obedecieron a la *v* de Jehová....... 6963
44.23 no obedecisteis a la *v* de Jehová, ni........... 6963
46.22 su *v* saldrá como de serpiente; porque 6963
48.3 ¡*v* de clamor de Horonaim, destrucción........ 6963
48.34 hasta Jabaza dieron su *v*; desde Zoar 6963
49.21 grito de su *v* se oirá en el Mar Rojo 6963
50.28 *v* de los que huyen y escapan de la 6963
50.42 su *v* rugirá como el mar, y montarán.......... 6963
51.16 a su *v* se producen tumultos de aguas 6963
51.55 como sonido de muchas aguas será la *v*...... 6963
Lm 1.19 di *v* a mis amantes, mas ellos me han......... 7121
2.7 resonar su *v* en la casa de Jehová como 6963
2.19 levántate, da *v* en la noche...vigilias 7442
3.8 aun cuando clamé y di *v*, cerró los oídos........ 6963
3.56 oíste mi *v*; no escondas tu oído al...mis......... 7725
Ez 1.24 como la *v* del Omnipotente, como ruido 6963
1.25 se oía una *v* de arriba de la expansión 6963
1.28 mi rostro, y oí la *v* de uno que hablaba 6963
3.12 oí detrás de mí una *v* de gran estruendo........ 6963
8.18 gritarán a mis oídos con gran *v*, y no........... 6963
9.1 clamó en mis oídos con gran *v*, diciendo........ 6963
10.5 se oía,...como la *v* del Dios Omnipotente...... 6963
11.13 clamé con gran *v*, y dije: ¡Ah, Señor 6963
19.9 su *v* no se oyese más sobre los montes.......... 6963
21.22 para levantar la *v* en grito de guerra.......... 6963
23.42 y se oyó en ella *v* de compañía que se 6963
27.28 al estrépito de las *v* de tus marineros 2201
27.30 y harán oír su *v* sobre ti, y gritarán 6963
33.32 cantor...hermoso de *v* y que canta bien 6963
Dn 3.4 pregonero anunciaba en alta *v*: Mándase 7123
4.31 vino una *v* del cielo: A ti se te dice 6963
5.7 rey gritó en alta *v* que hiciesen venir 7123
6.20 llamó a *v* a Daniel con *v* triste, y le 6963
8.16 y oí una *v* de hombre entre las riberas 6963
9.10 no obedecimos a la *v* de Jehová nuestro....... 6963
9.11 Israel traspasó...para no obedecer tu *v* 6963
9.14 lo trajo...Porque no obedecimos a su *v*......... 6963
Jl 3.16 y Jehová...dará su *v* desde Jerusalén 6963
Am 1.2 Sion, y dará su *v* desde Jerusalén, y 6963
Jon 2.2 el seno del Seol clamé, y mi *v* oíste 6963
2.9 con *v* de alabanza te ofreceré sacrificios 6963
Mi 6.1 contiende...y oigan los collados tu *v*............ 6963
6.9 *v* de Jehová clama a la ciudad; es sabio......... 6963
Nah 2.13 nunca...oirá la *v* de tus mensajeros 6963
Hab 1.2 y daré *v* a ti a causa de la violencia............ 7768
3.10 el abismo dio su *v*, a lo alto alzó sus 6963
3.16 a la *v* temblaron mis labios; pudrición......... 6963
Sof 1.10 habrá...*v* de clamor desde la puerta 6818
1.14 amarga la *v* del día de Jehová; gritará 6963
2.14 dinteles; su *v* cantará en las ventanas 6963
3.2 no escuchó la *v*, ni...la corrección; no 6963
3.14 da *v* de júbilo...gózate y regocíjate de
Hag 1.12 oyó Zorobabel...*v* de Jehová su Dios 6963
Zac 6.15 si oyereis obedientes la *v* de Jehová............ 6963
9.9 da *v* de júbilo, hija de Jerusalén; he............ 7321
11.3 *v* de aullido de pastores...estruendo de 6963
Mt 2.18 *v* fue...en Ramá, grande lamentación.......... *5456*
3.3 Isaías...*V* del que clama en el desierto.......... *5456*
3.17 y hubo una *v* de los cielos, que decía........... *5456*
9.27 allí, le siguieron dos ciegos, dando *v*.......... *2896*
11.16 **muchachos que...dan *v* a sus compañeros** ... *4377*
12.19 no...ni nadie oirá en las calles su *v*........... *2896*
14.26 y los discípulos...y dieron *v* de miedo.......... *2896*
14.30 tuvo miedo...dio *v*...¡Señor, sálvame! *2896*
15.23 despídela, pues da *v* tras nosotros............ *2896*
17.5 he aquí una *v* desde la nube, que decía *5456*
24.31 **y enviará sus ángeles con gran *v* de**.......... *5456*
27.46 **Jesús clamó a gran *v*, diciendo: Elí**........... *5456*
27.50 clamado a gran *v*, entregó el espíritu......... *5456*
Mr 1.3 *v* del que clama en...desierto: Preparad *5456*
1.11 vino una *v* de los cielos que decía: Tú *5456*
1.23 un hombre con espíritu inmundo, que dio *v*..... *349*
1.26 espíritu...clamando a gran *v*, salió de *5456*
3.11 daban *v*, diciendo: Tú eres el Hijo de........... *2896*
5.5 andaba dando *v* en los montes y...sepulcros.... *2896*
5.7 y clamando a gran *v*, dijo: ¿Qué tienes.......... *5456*
9.7 desde la nube una *v* que decía: Este es.......... *5456*
10.47 oyendo que...comenzó a dar *v* y a decir........ *2896*
11.9 daban *v*, diciendo: ¡Hosanna! Bendito el *2896*
15.13 ellos volvieron a dar *v*: ¡Crucifícale! *2896*
15.34 **Jesús clamó a gran *v*, diciendo: Eloi**.......... *5456*
15.37 mas Jesús, dando una gran *v*, expiró *5456*
Lc 1.42 y exclamó a gran *v*...Bendita tú entre *5456*
1.44 porque tan pronto como llegó la *v* de tu *5456*
3.4 que dice: *V* del que clama en el desierto *5456*
3.22 vino una *v* del cielo que decía: Tú eres *5456*
4.33 un espíritu...el cual exclamó a gran *v* *5456*
4.41 dando *v* y diciendo: Tú eres el Hijo de *2896*
7.32 **dan *v* unos a otros y dicen: Os tocamos**........ *4377*
8.8 **decía a gran *v*: El que tiene oídos para** *5456*
8.28 exclamó a gran *v*: ¿Qué tienes conmigo........ *5456*
9.35 vino...*v* desde la nube, que decía: Este.......... *5456*
9.36 y cuando cesó la *v*, Jesús fue hallado *5456*
9.39 de repente da *v*, y le sacude con violencia *2896*
11.27 levantó la *v* y le dijo: Bienaventurado......... *5456*
16.24 **él, dando *v*, dijo: Padre Abraham, ten**.......... *5455*
17.13 y alzaron la *v*, diciendo...misericordia *5456*
17.15 volvió, glorificando a Dios a gran *v*........... *5456*
18.38 dio *v*, diciendo: ¡Jesús, Hijo de David.......... *994*
19.37 conenzó a alabar a Dios a grandes *v* *5456*
23.18 la multitud dio *v* a...diciendo: ¡Fuera *5455*
23.21 pero ellos volvieron a dar *v*, diciendo.......... *5455*
23.23 ellos instaban a grandes *v*, pidiendo............ *5456*
23.23 las *v* de ellos y de los...prevalecieron........... *5456*
23.46 **clamando a gran *v*, dijo: Padre, en tus** *5456*
Jn 1.23 la *v* de uno que clama en el desierto *5456*
3.29 el amigo...se goza...de la *v* del esposo *5456*
5.25 **muertos oirán la *v* del Hijo de Dios; y** *5456*
5.28 **que están en los sepulcros oirán su *v***.......... *5456*
5.37 **nunca habéis oído su *v*, ni habéis visto** *5456*
7.28 **alzó la *v* y dijo: A mí me conocéis, y**
7.37 **puso en pie y alzó la *v*, diciendo: Si**............. *2896*
10.3 **y las ovejas oyen su *v*; y a sus ovejas** *5456*
10.4 **ovejas le siguen, porque conocen su *v***.......... *5456*
10.5 **porque no conocen la *v* de los extraños**........ *5456*
10.16 **y oirán mi *v*; y habrá un rebaño, y un** *5456*
10.27 **mis ovejas oyen mi *v*, y yo las conozco** *5456*
11.43 **y...clamó a gran *v*: ¡Lázaro, ven fuera!** *5456*
12.28 entonces vino una *v* del cielo: Lo he *5456*
12.29 había oído la *v*, decía que había sido
12.30 **no ha venido esta *v* por causa mía, sino** *5456*
18.37 **aquel que es de la verdad, oye mi *v*** *5456*
18.40 dieron *v* de nuevo, diciendo: No a éste......... *2905*
19.6 dieron *v*...¡Crucifícale! ¡Crucifícale!............. *2905*
19.12 pero los judíos daban *v*, diciendo: Si........... *2896*
Hch 2.14 Pedro...alzó la *v* y les habló diciendo *5456*
4.24 oído, alzaron...la *v* a Dios, y dijeron *5456*
7.31 acercándose...vino a él la *v* del Señor *5456*
7.57 dando grandes *v*, se taparon los oídos *5456*
7.60 clamó a gran *v*: Señor, no les tomes en *5456*
8.7 salían éstos dando grandes *v*: y muchos *5456*
9.4 **oyó una *v* que le decía: Saulo...¿por qué** *5456*
9.7 oyendo a la verdad la *v*, mas sin ver a *5456*
10.13 una *v*: Levántate, Pedro, mata y come *5456*
10.15 volvió la *v* a él la segunda vez: Lo............. *5456*
11.7 oí una *v* que me decía: Levántate, Pedro *5456*
11.9 la *v* me respondió del cielo por segunda *5456*
12.14 cuando reconoció la *v* de Pedro, de gozo *5456*
12.22 clamaba...¡*V* de Dios, y no de hombre! *5456*
14.10 a gran *v*: Levántate derecho sobre tus.......... *5456*
14.11 la *v*, diciendo...Dioses...han descendido *5456*
14.14 y Pablo, rasgaron sus ropas...dando *v* *2896*
16.17 daba *v*, diciendo: Estos hombres son.......... *2896*
16.28 Pablo clamó a gran *v*, diciendo: No te *5456*
19.34 a una *v* gritaron...¡Grande es Diana de *5456*
21.28 dando *v*: ¡Varones israelitas, ayudad!.......... *2896*
22.7 **y oí una *v* que me decía: Saulo, Saulo** *5456*
22.9 no entendieron la *v* del que hablaba............ *5456*
22.22 alzaron la *v*...Quita de la tierra a tal.......... *5456*
23.6 la *v* en el concilio: Varones hermanos *2896*
24.21 en alta *v*: Acerca de la resurrección *5456*
25.24 y aquí, dando *v* que no debe vivir más.......... *5456*
26.14 **oí una *v* que me hablaba...Saulo, ¿por qué** .. *5456*
26.24 Festo a gran *v* dijo: Estás loco, Pablo *5456*
Ro 10.18 por toda la tierra ha salido la *v* de *5353*
15.6 a una *v*, glorifiquéis al Dios y Padre
1 Co 14.7 si no dieren distinción de *v*, ¿cómo *5456*
1 Ts 4.16 con *v* de mando, con *v* de arcángel.......... *2752*
He 3.7,15; 4,7 si oyereis hoy su *v* *5456*
12.19 y a la *v* que hablaba, la cual los que *5456*
12.26 la *v* del cual conmovió, la tierra, pero *5456*
2 P 1.17 fue enviada...una *v* que decía: Este............ *5456*
1.18 oímos esta *v* enviada del cielo, cuando.......... *5456*
2.16 muda bestia...hablando con *v* de hombre *5456*
Ap 1.10 detrás de mí una...*v* como de trompeta *5456*
1.12 volví para ver la *v* que hablaba conmigo *5456*
1.15 y su *v* como estruendo de muchas aguas......... *5456*
3.20 **si alguno oye mi *v* y abre...entraré a él** *5456*
4.1 y la primera *v* que oí...dijo: Sube acá, y........... *5456*
4.5 trono salían relámpagos y truenos y *v* *5456*
5.2 un ángel fuerte que pregonaba a gran *v*.......... *5456*
5.11 oí la *v* de muchos ángeles alrededor del *5456*

5.12 que decían a gran *v*: El Cordero que fue *5456*
6.1 decir como con *v* de trueno: Ven y mira *5456*
6.6 oí una *v*... que decía: Dos libras de trigo *5456*
6.7 oí la *v* del cuarto ser... que decía: Ven *5456*
6.10 y clamaban a gran *v*, diciendo: ¿Hasta *5456*
7.2 clamó a gran *v* a los cuatro ángeles, a *5456*
7.10 clamaban a gran *v*, diciendo... salvación *5456*
8.5 y hubo... *v*, y relámpagos, y un terremoto *5456*
8.13 diciendo a gran *v*: ¡Ay, ay, ay, de los *5456*
9.13 una *v* de entre los cuatro cuernos del *5456*
10.3 clamó a gran *v*... truenos emitieron sus *v* *5456*
10.4 truenos hubieron emitido sus *v*, yo iba *5456*
10.4 oí una *v* del cielo que me decía: Sella *5456*
10.7 en los días de la *v* del séptimo ángel *5456*
10.8 la *v* que oí... habló otra vez conmigo, y *5456*
11.12 *v* del cielo, que les decía: Subid acá *5456*
11.15 *v* en el cielo, que decían: Los reinos *5456*
11.19 relámpagos, *v*, truenos, un terremoto *5456*
12.10 oí una gran *v* en el cielo, que decía *5456*
14.2 una *v*... como estruendo de muchas aguas *5456*
14.2 y la *v* que oí era como de arpistas que *5456*
14.7 a gran *v*: Temed a Dios, y dadle gloria *5456*
14.9 a gran *v*: Si alguno adora a la bestia y *5456*
14.13 oí una *v* que desde el cielo me decía *5456*
14.15 salió otro ángel, clamando a gran *v* al *5456*
14.18 y llamó a gran *v* al que tenía la hoz *5456*
16.1 gran *v* que decía... a los siete ángeles *5456*
16.17 salió una gran *v* del templo del cielo *5456*
16.18 hubo... *v* y truenos, y un gran temblor *5456*
18.2 clamó con *v* potente, diciendo: Ha caído *5456*
18.4 y oí otra *v* del cielo, que decía: Salid *5456*
18.18 dieron *v*... ¿Qué ciudad era semejante a *2896*
18.19 y dieron *v*, llorando y... diciendo: ¡Ay *2896*
18.22 y *v* de arpistas... no se oirá más en ti *5456*
18.23 ni *v* de esposo y de esposa se oirá más *5456*
19.1 una gran *v* de gran multitud en el cielo *5456*
19.5 salió del trono una *v* que decía: Alabad *5456*
19.6 como la *v* de una gran multitud, como *5456*
19.6 y oí... como la *v* de grandes truenos, que *5456*
19.17 clamó a gran *v*, diciendo a todas las *5456*
21.3 oí una gran *v*, del cielo que decía: He *5456*

VUELO
Pr 26.2 y como la golondrina en su *v*, así la 5774
Ez 13.20 mágicas, con que cazáis las almas al *v* 6524
Hag 2.12 el *v* de ella tocare pan, o vianda, o 3671

VUELTA
Éx 14.2 a los hijos de Israel que den la *v* 7725
Jos 6.4 séptimo día daréis siete *v* a la ciudad 5437
6.11 que el arca... diera una *v* alrededor de 5437
6.14 dieron... *v* a la ciudad el segundo día 5437
6.15 dieron *v*... la misma manera siete veces 5437
6.15 al séptimo día... dieron *v*... siete veces 5437
15.3 y subiendo por Adar daba *v* a Carca 5437
16.6 el límite... da *v* hacia el oriente hasta
19.27 da *v* hacia el oriente a Bet-dagón y 6437
1 S 7.16 todos los años iba y daba *v* a Bet-el 5437
14.20 la espada... estaba *v* contra su compañero
15.12 dio la *v*, y pasó adelante y descendió
1 R 22.34 da la *v*, y sácame del campo, pues 2015
1 Cr 20.1 la *v* del año, en el tiempo que los
2 Cr 19.4 Josafat... daba *v* y salía al pueblo 5437
24.23 *v* del año subió contra él el ejército
36.10 *v* del año el rey Nabucodonosor envió
Neh 2.15 y di la *v* y entré por la puerta del 7725
Ez 8.16 sus espaldas *v* al templo de Jehová 5290
47.2 hizo dar la *v* por el camino exterior
Lc 23.56 Y *v*, prepararon especias aromáticas y *5290*

VUELTO *Véase Volver*

VUESTRO, OS *Véase también el Apéndice*
1 Co 3.22 presente, sea lo por venir, todo es *v* *5216*
6.19 cual tenéis de Dios, y que no sois *v*? *5216*

VUESTRA, AS *Véase el ápéndice*

VULGO
Jer 26.23 su cuerpo en los sepulcros del *v* 1121
Hch 4.13 que eran hombres sin letras y del *v* *2399*

Y

YACER
Gn 29.2 rebaños de ovejas que *yacían* cerca de 7257
Lv 15.18 y cuando un hombre *yaciere* con una 7901
19.20 *yaciere* con una mujer que fuese sierva 7901
20.11 que *yaciere* con la mujer de su padre 7901
Jue 4.22 Sísara *yacía* muerto con la estaca 5307
2 S 12.11 *yacerá* con tus mujeres a la vista 7901
20.12 Amasa *yacía* revolcándose en su sangre
2 Cr 20.24 aquí *yacían* ellos en tierra muertos 5307
Job 14.12 hombre *yace* y no vuelve a levantarse 7901
20.11 sus huesos... con él en el polvo *yacerán* 7901
21.26 igualmente *yacerán* ellos en el polvo 7901
Sal 88.5 como los... que *yacen* en el sepulcro 7901
Pr 23.34 serás como el que *yace* en medio del 7901
Is 14.18 ellos *yacen* con honra cada uno en su 7901
Jer 3.25 *yacemos* en nuestra confusión... cubre 7901
25.33 *yacerán* los muertos de Jehová en aquel 2491
Lm 2.21 niños y viejos *yacían* por tierra en 2026
Ez 29.3 dragón que *yace* en medio de sus ríos 6437
31.18 entre los incircuncisos *yacerás*, con 2491
32.19 desciende, y *yace* con... incircuncisos 7901
32.21 y *yacen* con los incircuncisos muertos 7901
32.27 y no *yacerán* con los fuertes de los 5414
32.28 incircuncisos, y *yacerás* con los muertos 5414
32.29 *yacerán* con los incircuncisos, y con 5414
32.30 *yacen*... incircuncisos con los muertos 7901
32.32 Faraón... *yacerán* entre... incircuncisos 7901
Mr 2.4 bajaron el lecho... *yacía* el paralítico *2621*
Jn 5.3 *yacía* una multitud de enfermos, ciegos *2621*

YEGUA
Cnt 1.9 a *y* de los carros de... te he comparado 5484

YELMO
2 Cr 26.14 Uzías preparó... *y*, coseletes, arcos 3553
Is 59.17 con *y* de salvación en su cabeza; tomo 3553
Jer 46.4 vosotros los jinetes, y poneos con *y* 3553
Ez 23.24 escudos, paveses y *y* pondrán contra 6959
27.10 escudos y *y* colgaron en ti; ellos te 3553
38.5 Cus y Fut... todos ellos con escudo y *y* 3553
Ef 6.17 y tomad el *y* de la salvación... espada *4030*
1 Ts 5.8 con la esperanza de salvación como *y* *4030*

YERMO
Dt 32.10 le halló, en *y* de horrible soledad 3452
Job 12.24 hace vagar como por un *y* sin camino 8414
Sal 78.40 ¡cuántas veces... lo enojaron en el *y* 4057
Is 35.1 *y* se gozará y florecerá como la rosa 4057

YERNO
Gn 19.12 *y*, y tus hijos y tus hijas, y todo 2860
19.14 Lot... habló a sus *y*... pareció a sus *y* 2860
Jue 15.6 Sansón, el *y* del timnateo, porque le 2860
19.5 padre de la joven dijo a su *y*: Conforta 2860
1 S 18.18 qué es mi vida... para que yo sea *y* 2860
18.21 dijo... Saúl a David... Tú serás mi *y* hoy 2859
18.22,23,26,27 *y*, del rey 2860
22.14 *y*... del rey, que sirve a tus órdenes *y* 2860
2 R 8.27 hizo... porque era *y* de la casa de Acab 2860
Neh 6.18 porque era *y* de Secanías hijo de Ara 1121
13.28 era *y* de Sanbalat horonita; por tanto 2860

YERRA
Job 12.16 Suyo es el que *y*, y el que hace errar
Pr 10.17 Pero quien desecha la reprensión, *y* 8582
20.1 Y cualquiera que por ellos *y* no es sabio 7686

YERRAN
Pr 14.22 ¿No *y* los que piensan el mal? 2790

YERRES
Pr 7.25 No se aparte tu... No *y* en sus veredas 8582

YERRO
Lv 4.2 cuando alguna persona pecare por *y* en 7684
4.13 y el *y* estuviere oculto a los ojos del 7684
4.22 e hiciere por *y* algo contra alguno de 7684
4.27 alguna persona del pueblo pecare por *y* 7684
5.15 y pecare por *y* en las cosas santas de 7684
5.18 le hará expiación por el *y* que cometió 7684
22.14 y el que por *y* comiere cosa sagrada
Nm 15.24 si el pecado fue hecho por *y* con 7684
15.25 y les será perdonado, porque *y* es; *y* 7684
15.25 traerán... sus expiaciones... por sus *y* 7684
15.26 y será perdonado... por cuanto es *y* de 7684
15.27 si una persona pecare por *y*, ofrecerá 7684
15.28 hará expiación... que haya pecado por *y* 7684
15.28 cuando pecare por *y* delante de Jehová 7684
15.29 tendréis... para el que hiciere algo por *y* 7684
Sal 90.8 nuestros *y* a la luz de tu rostro

YO *Véase el Apéndice*
Is 45.6 que *y*; y Jehová, y ninguno más que *y*
Mr 14.19 decirle... Seré *y*? el otro: ¿Seré *y*?
Jn 17.23 **y, en ellos, y tú en mí, para que sean**
17.26 **el amor... esté en ellos, y y, en ellos**

YUGADA
1 S 14.14 espacio de tina media *y*, de tierra 6776
Is 5.10 diez *y* de viña producirán un bato, y 6776

YUGO
Gn 27.40 que descargarás su *y*, de tu cerviz 5923
Lv 26.13 rompí las coyundas de vuestro *y*, y 5923
Nm 19.2 una vaca... la cual no se haya puesto *y* 5923
Dt 21.3 una becerra... que no haya llevado *y* 5923
28.48 él pondrá *y* de hierro sobre tu cuello 5923
1 S 6.7 a las cuales no haya sido puesto *y*, y 5923
2 S 24.22 trillos... *y* de los bueyes para leña 3627
1 R 12.4 padre agravó nuestro *y*... y pesado 5923
12.9,10 disminuye algo del *y*... agravó nuestro *y* 5923
12.11 pesado *y*, mas yo añadiré a vuestro *y* 5923
12.14 vuestro *y*, pero yo añadiré a vuestro *y* 5923
2 Cr 10.4 padre agravó nuestro *y*... pesado *y* 5923
10.9,10 alivia algo del *y*... agravó nuestro *y* 5923
10.11 cargó de *y*... yo añadiré a vuestro *y* 5923
10.14 hizo pesado vuestro *y*... añadiré a... *y* 5923
Is 9.4 porque tú quebraste su pesado *y*, y la 5923
10.27 su *y* de tu cerviz, y el *y* se pudrirá 5923
14.25 *y*, será apartado de ellos, y su carga 5923
47.6 sobre el anciano agravaste mucho tu *y* 5923
58.6 dejar ir libres... y que rompáis todo *y*? 4133
58.9 si quitares de en medio de ti el *y*, el 4133
Jer 2.20 desde muy atrás rompiste tu *y* y tus 5923
5.5 quebraron el *y*, rompieron las coyundas 5923
27.2 hazte coyundas y *y*, y ponlos sobre tu 4133
27.8 no pusiere su cuello debajo del *y* del 5923
27.11 que sometiere su cuello al *y* del rey 5923
27.12 someted vuestros cuellos al *y* del rey 5923
28.2 quebranté el *y* del rey de Babilonia 5923
28.4 quebrantaré el *y* del rey de Babilonia 5923
28.10 Hananías quitó el *y*... profeta Jeremías 4133
28.11 romperé el *y* de Nabucodonosor rey de 5923
28.12 Hananías rompió el *y* del cuello del 4133
28.13 *y* de madera quebraste... harás *y* de hierro .. 4133
28.14 *y* de hierro... sobre el cuello de todas 5923
30.8 quebraré su *y* de tu cuello, y romperé 5923
Lm 1.14 el *y* de mis rebeliones ha sido atado 5923
3.27 al hombre llevar el *y* desde su juventud 5923
Ez 34.27 cuando rompa las coyundas de su *y*, y 5923
Os 10.11 haré llevar *y* a Efraín; arará Judá 7392
11.4 fui... como los que alzan el *y* de sobre 5923
Nah 1.13 ahora quebraré su *y* de sobre ti, y 4132
Mt 11.29 **mi y sobre vosotros, y aprended de** *2218*
11.30 **porque mi y es fácil, y ligera... carga** *2218*
Hch 15.10 poniendo... *y*, que ni nuestros padres *2218*
2 Co 6.14 no os unáis en *y* desigual con los *2086*
Gá 5.1 no estéis... sujetos al *y* de esclavitud *2218*
1 Ti 6.1 están bajo el *y* de esclavitud, tengan *2218*

YUNQUE
Is 41.7 animó... al que batía en el *y*, diciendo 6360

YUNTA
1 R 19.19 halló a Eliseo... araba con doce *y* 6776
Job 1.3 hacienda era... quinientas *y* de bueyes 6776
42.12 porque tuvo... mil *y* de bueyes y mil asnas 6776
Jer 51.23 quebrantaré... labradores y a sus *y* 6776
Lc 14.19 **he comprado cinco y de bueyes, y voy** *2201*

Z

ZAANAIM *Valle en Neftalí (=Alón-saananim)*,
Jue 4.11 6815

ZAANÁN *Población en Judá (=Zenán)*, Mi 1.11 ... 6630

ZAAVÁN Hijo de Ezer No. 1, Gn 36.27; 1 Cr 1.42 ... 2190

ZABAD
1. *Descendiente de Judá*, 1 Cr 2.36,37 2066
2. *Descendiente de Efraín*, 1 Cr 7.21 2066
3. *Uno de los valientes de David*, 1 Cr 11.41 2066
4. *Uno de los asesinos del rey Joás*, 2 Cr 24.26 2066
5. *Nombre de tres varones entre los que se casaron con mujeres extranjeras en tiempo de Esdras*, Esd 10.27,33,43 2066

ZABAI
1. *Uno de los que se casaron con mujeres extranjeras en tiempo de Esdras*, Esd 10.28 2079
2. *Padre de Baruc No. 1*, Neh 3.20 2079

ZABDI
1. *Ascendiente de Acán No. 2*, Jos 7.1,17,18 2067
2. *Descendiente de Benjamín*, 1 Cr 8.19 2067
3. *Funcionario del rey David*, 1 Cr 27.27 2067
4. *Descendiente de Asaf*, Neh 11.17 2067

ZABDIEL
1. *Padre de Jasobeam No. 1*, 1 Cr 27.2 2068
2. *Jefe de un grupo de sacerdotes*, Neh 11.14 2068

ZABUD
1. *Amigo y ministro principal del rey Salomón*, 1 R 4.5 2071
2. *Uno que regresó de Babilonia con Esdras*, Esd 8.14 2072

ZABULÓN *Hijo del patriarca Jacob y la tribu que formó su posteridad*
Gn 30.20 buena dote... y llamó su nombre Z 2074
35.23 los hijos de Lea... Judá, Isacar y Z 2074
46.14 hijos de Z: Sered, Elón y Jahleel 2074
49.13 Z en puertos de mar habitará; será 2074
Éx 1.3 Isacar, Z, Benjamín 2074
Nm 1.9 de Z, Eliab hijo de Helón 2074
1.30 de los hijos de Z, por su descendencia 2074
1.31 los contados de la tribu de Z fueron 2074

V

2.7 la tribu de Z; y el jefe de los...de Z..............2074
7.24 Eliab hijo...príncipe de los hijos de Z..........2074
10.16 sobre...los hijos de Z, Eliab hijo de...........2074
13.10 de la tribu de Z, Gadiel hijo de Sodi..........2074
26.26 hijos de Z por sus familias: de Sered.........2074
34.25 hijos de Z, el príncipe Elizafán hijo..........2074
Dt 27.13 éstos estarán sobre...Ebal...Z, Dan y........2074
33.18 a Z dijo: Alégrate, Z, cuando salieres.........2074
Jos 19.10 la tercera suerte tocó a los...de Z...........2074
19.16 esta es la heredad de los hijos de Z...........2074
19.27 y llega a Z, al valle de Jefte-el al..............2074
19.34 el límite...llegaba hasta Z al sur, y...........2074
21.7 obtuvieron de la...de Z, doce ciudades........2074
21.34 levitas...se les dio de la tribu de Z...........2074
Jue 1.30 tampoco Z arrojó a los que habitaban........2074
4.6 toma...diez mil hombres...de la tribu de Z.....2074
4.10 juntó Barac a Z y a Neftalí en Cedes, y........2074
5.14 y de Z los que tenían vara de mando..........2074
5.18 pueblo de Z expuso su vida a la muerte........2074
6.35 mensajeros a Aser, a Z y a Neftalí, los.........2074
12.12 sepultado en Ajalón en la tierra de Z.........2074
1 Cr 2.1 hijos de Israel: Rubén...Isacar, Z.............2074
6.63 de la tribu de Z, dieron por suerte 12..........2074
6.77 dieron de la tribu de Z, Rimón con sus.........2074
12.33 de Z 50.000, que salían a campaña, con........2074
12.40 eran vecinos, hasta Isacar y Z y Neftalí......2074
27.19 de los de Z, Ismaías hijo de Abdías; de........2074
2 Cr 30. 10 pasaron, pues...los correos...hasta Z......2074
30.11 algunos hombres...de Z se humillaron, y.....2074
30.18 de Isacar y Z, no se habían purificado........2074
Sal 68.27 allí estaba...los príncipes de Z, los...........2074
Is 9.1 tierra de Z y a la tierra de Neftalí...............2074
Ez 48.26 del oriente hasta el lado del mar, Z...........2074
48.27 junto al límite de Z, desde el lado del.........2074
48.33 de Isacar, una; la puerta de Z, otra...........2074
Mt 4.13 habitó...la región de Z y de Neftalí............*2194*
4.15 tierra de Z y tierra de Neftalí, camino.........*2194*
Ap 7.8 de la tribu de Z, 12.000 sellados. De............*2194*

ZABULONITA *Descendiente de Zabulón*,
Nm 26.27; Jue 12.11,12.......................2075

ZACAI *Padre de una familia que regresó de Babilonia*, Esd 2.9; Neh 7.14..................2140

ZACARÍAS
1. Rey de Israel, hijo y sucesor de Jeroboam II,
2 R 14.29; 15.8,11................................2148
2. Abuelo del rey Ezequías, 2 R 18.2; 2 Cr 29.1......2148
3. Jefe de una familia de rubenitas, 1 Cr 5.7........2148
4. Portero del tabernáculo en tiempo del rey David,
1 Cr 9.21; 26.2,14...............................2148
5. Descendiente de Benjamín (=Zequer), 1 Cr 9.37..2148
6. Músico, levita en tiempo del rey David,
1 Cr 15.18,20; 16.5..............................2148
7. Sacerdote, músico en tiempo del rey David,
1 Cr 15.24..2148
8. Levita descendiente de Uziel No. 1, 1 Cr 24.25....2148
9. Levita portero, descendiente de Merari, 1 Cr 26.11...2148
10. Descendiente de Manasés, 1 Cr 27.21...........2148
11. Príncipe del rey Josafat, 2 Cr 17.7...............2148
12. Levita descendiente de Asaf, en tiempo del rey
Josafat, 2 Cr 20.14.................................2148
13. Hijo del rey Josafat, 2 Cr 21.2....................2148
14. Hijo del sacerdote Joiada, 2 Cr 24.20,22..........2148
15. Varón de Dios en tiempo del rey Uzías, 2 Cr 26.5...2148
16. Levita descendiente de Asaf, en tiempo del rey
Ezequías, 2 Cr 29.13.............................2148
17. Levita en tiempo del rey Josías, 2 Cr 34.12......2148
18. Sacerdote, oficial del rey Josías, 2 Cr 35.8.......2148
19. Profeta (probablemente =No. 30)
Esd 5.1 profetizaron Hageo y Z hijo de Iddo...........2148
6.14 conforme a la profecía...Z hijo de Iddo........2148
Zac 1.1,7; 7.1,8 vino palabra de Jehová al profeta Z....2148
*20. Jefe de una familia que regresó de
Babilonia*, Esd 8.3...................................2148
*21. «Hombre principal» que regresó de
Babilonia con Esdras*, Esd 8.11,16..............2148
*22. Uno de los que se casaron con extranjeras
en tiempo de Esdras*, Esd 10.26..................2148
*23. Varón que ayudó a Esdras en la lectura
de la ley*, Neh 8.4...................................2148
24. Descendiente de Judá, Neh 11.4...................2148
25. Otro descendiente de Judá, Neh 11.5.............2148
26. Sacerdote en tiempo de Nehemías, Neh 11.12...2148
*27. Sacerdote en tiempo del sumo sacerdote
Joiacim*, Neh 12.10,26.............................2148
*28. Sacerdote, músico que ayudó en la dedicación
del muro de Jerusalén*, Neh 12.35,41.............2148
29. Sacerdote en tiempo del profeta Isaías, Is 8.2....2148
30. Hijo de Berequías (probablemente =No. 19),
Mt 23.35; Lc 11.51.................................*2197*
31. Padre de Juan el Bautista
Lc 1.5 un sacerdote llamado Z, de la clase de..........*2197*
1.8 que ejerciendo Z el sacerdocio delante..........*2197*
1.12 y se turbó Z al verle, y le sobrecogió...........*2197*
1.13 Z, no temas; porque tu oración ha sido.........*2197*
1.18 dijo Z al ángel: ¿En qué conoceré esto..........*2197*
1.21 y el pueblo estaba esperando a Z, y se..........*2197*
1.40 entró en casa de Z, y saludó a Elisabet..........*2197*
1.59 llamaban con el nombre de su padre, Z.........*2197*
1.67 y Z su padre fue lleno del Espíritu..............*2197*
3.2 vino palabra de Dios a Juan, hijo de Z..........*2197*

ZACUR
1. Padre de Samúa No. 1, Nm 13.4...................2139
2. Descendiente de Simeón, 1 Cr 4.26................2139
3. Levita, descendiente de Merari, 1 Cr 24.27........2139
4. Músico, descendiente de Asaf, 1 Cr 25.2,10; Neh 12.35
....2139
*5. Uno que ayudó en la restauración del muro de
Jerusalén*, Neh 3.2................................2139
6. Levita que firmó el pacto de Nehemías, Neh 10.12...2139
7. Padre de Hanán No. 7, Neh 13.13.................2139

ZAFIRO
Éx 24.10 debajo de sus pies...embaldosado de *z*.......5601
28.18; 39.11 la segunda...un *z* y un diamante.......5601
Job 28.6 lugar hay cuyas piedras son *z*, y sus..........5601
28.16 Ofir, ni con ónice precioso, ni con *z*..........5601
Cnt 5.14 cuerpo...claro marfil cubierto de *z*..........5601
Is 54.11 cimentaré tus...y sobre *z* te fundaré..........5601
Lm 4.7 coral, su talle más hermoso que el *z*...........5601
Ez 1.26 un trono que parecía de piedra de *z*...........5601
10.1 como una piedra de *z*, que parecía como......5601
28.13 de *z*, carbunclo, esmeralda y oro; los.........5601
Ap 9.17 los cuales tenían corazas de...*z* y de..........*5191*
21.19 el segundo, *z*; el tercero, ágata; el.............*4552*

ZAFNAT-PANEA *Nombre que Faraón dio a José*, Gn 41.45..............................6847

ZAFÓN *Población en el territorio de Gad*,
Jos 13.27..................................6829

ZAHAM *Hijo del rey Roboam*, 2 Cr 11.19........2093

ZAHERIDO
1 S 25.14 envió...saludasen a nuestro amo,
y él los ha *z*.......................................5860

ZAHERIR
Jue 8.15 acerca de los cuales me *zaheristeis*...........2798
Sal 69.12 y me *zaherían* en sus canciones los

ZAIN
Sal 119.48 Z

ZAIR *Lugar en Edom*, 2 R 8.21.................6811

ZALAMERÍA
Pr 7.21 le obligó con la *z* de sus labios..................2506

ZALMONA *Lugar en donde acampó Israel*, Nm
33.41,42..................................6758

ZALMUNA *Rey de Madián*
Jue 8.5 persigo a Zeba y Z, reyes de Madián..........6759
8.6,15 ¿están ya Zeba y Z en tu mano, para.........6759
8.7 Jehová haya entregado en mi mano...a Z......6759
8.10 Zeba y Z estaban en Carcor, y con ellos.........6759
8.12 y huyendo Zeba y Z prendió...Zeba y Z.......6759
8.15 entrando...Sucot...He aquí a Zeba y a Z......6759
8.18 dijo a Zeba y a Z: ¿Qué aspecto tenían.........6759
8.21 dijeron Zeba y Z...mató a Zeba y a Z...........6759
Sal 83.11 como a...y Z a todos sus príncipes..........6759

ZAMBULLIR
2 R 5.14 *zambulló* siete veces en el Jordán............2881

ZAMPOÑA
Dn 3.5,7,10,15 al oír el son...de la *z*...................5481

ZANJA
1 R 18.32 hizo una *z* alrededor del altar, en...........8585
18.35 también se había llenado de agua la *z*........8565
18.38 aun lamió el agua que estaba en la *z*.........8565

ZANOA
1. Población en la Sefela de Judá, Jos 15.34;
Neh 3.13; 11.30.....................................2182
2. Población en los cerros de Judá, Jos 15.56.......2182
3. Descendiente de Judá, 1 Cr 4.18....................2182

ZAPATO
Jos 9.5 *z* viejos y recosidos en sus pies, con.............5275
9.13 nuestros *z* están ya viejos a causa de..........5275
Rt 4.7 el uno se quitaba el *z* y lo daba a su..............5275
4.8 pariente dijo a Booz...Y se quitó el *z*...........5275
1 R 2.5 sangre...los *z* que tenían en sus pies.............5275
Ez 24.17 pon tus *z* en tus pies, y no te cubras...........5275
24.23 cabezas, y vuestros *z* en vuestros pies........5275
Am 2.6 vendieron...y al pobre por un par de..........5275
8.6 pobres...los necesitados por un par de *z*.......5275

ZAQUEO *Publicano de Jericó*
Lc 19.2 un varón llamado Z, que era jefe de..........*2195*
19.5 **Z, date prisa, desciende, porque hoy**..........*2195*
19.8 Z, puesto en pie, dijo al Señor: He............*2195*

ZARA *Hijo de Judá y Tamar (=Zera No. 4)*,
Gn 38.30; 46.12; Mt 1.3.................2226,*2196*

ZARANDEAR
Is 30.28 *zarandear* a las naciones con criba............5130
Am 9.9 *zarandeaba*...como se zarandea el grano.....5128
Lc 22.31 **Satanás os ha pedido...*zarandearos***.........*4617*

ZARCILLO
Gn 35.4 dieron a Jacob todos los dioses...los *z*........5141
Éx 32.2 apartad los *z* de oro que están en las..........5141
32.3 apartó los *z* de oro que tenían en sus..........5141
35.22 *z*, anillos y brazaletes y toda clase............5141
Nm 31.50 hemos ofrecido a Jehová...anillos, *z*........5694
Jue 8.24 me dé los *z*...pues traían *z* de oro............5141
8.25 echó allí cada uno los *z* de su botín............5141
8.26 el peso de los *z* de oro que él pidió............5141
Pr 11.22 *z* de oro en el hocico de un cerdo es..........5141
25.12 como *z* de oro y joyel de oro fino es..........5141
Cnt 1.11 *z* de oro te haremos, tachonados de
Is 3.20 del pelo, los pomitos de olor y los *z*.............3908
Ez 16.12 puse joyas en tu...y *z* en tus orejas...........5694
Os 2.13 se adornaba de sus *z* y de sus joyeles..........5141

ZARET-SAHAR *Ciudad en el territorio de Rubén*,
Jos 13.19..................................6890

ZARPAR
Hch 13.13 habiendo *zarpado* de Palos, Pablo y..........*672*
16.11 *zarpando*, pues, de Troas, vinimos con.........*321*
18.21 se despidió de ellos...*zarpó* de Efeso..........*321*
21.1 *zarpamos* y fuimos con rumbo...a Cos
21.2 un barco...nos embarcamos, y *zarpamos*
27.2 en una nave adramitena que...*zarpamos*.....4126
27.6 una nave...que *zarpaba* para Italia, nos.......*4126*
27.12 mayoría acordó *zarpar* también de allí........*321*
27.21 y no *zarpar* de Creta tan sólo...recibir........*321*
28.10 cuando *zarpamos*, nos cargaron de las........*321*

ZARZA
Éx 3.2 una llama de fuego en medio de una *z*..........5572
3.2 la *z* ardía en fuego...*z* no se consumía..........5572
3.3 y veré...por qué causa la *z* no se quema........5572
3.4 llamó Dios de en medio de la *z*, y dijo..........5572
Dt 33.16 gracia del que habitó en la *z* venga...........5572
Jue 9.14 dijeron...todos los árboles a la *z*................329
9.15 y la *z* respondió a los árboles: Si en.............329
9.15 salga fuego de la *z* y devore...cedros............329
Is 55.13 en lugar de la *z* crecerá ciprés, y..............1265
Ez 2.6 aunque te hallas entre *z* y espinos..............5621
Mr 12.26 **Moisés cómo le habló Dios en la *z***...........*942*
Lc 6.44 **higos...ni de las *z* se vendimian uvas**..........*942*
20.37 **Moisés lo enseñó en el pasaje de la *z***..........*942*
Hch 7.30 ángel...en la llama de fuego de una *z*.........*942*
7.35 del ángel que se le apareció en la *z*.............*942*

ZARZAL
Gn 22.13 y miró...un carnero trabado en un *z*........5442
Is 7.19 en todos los *z*, y en todas las matas............5285
Mi 7.4 el mejor de ellos...más recto, como *z*...........4534

ZATU
*1. Ascendiente de una familia que regresó
de Babilonia*, Esd 2.8; 10.27; Neh 7.13............2240
2. Firmante del pacto de Nehemías, Neh 10.14......2240

ZAZA *Descendiente de Jerameel*, 1 Cr 2.33......2117

ZEBA *Rey de Madián*
Jue 8.5 yo persigo a Z y Zalmuna, reyes de............2078
8.6,15 ¿están ya Z y Zalmuna en tu mano, para.....2078
8.7 Jehová haya entregado en mi mano a Z y......2078
8.10 Z y Zalmuna estaban en Carcor, y con........2078
8.12 y huyendo Z y Zalmuna, él...prendió a...Z....2078
8.15 he aquí a Z y a Zaluna, acerca de los...........2078
8.18 a Z y a Zalmuna: ¿Qué aspecto tenían.........2078
8.21 dijeron Z y Zalmuna...y mató a Z y a...........2078
Sal 83.11 como a Z y Zalmuna...sus príncipes.........2078

ZEBADÍAS
1. Nombre de dos descendientes de Benjamín,
1 Cr 8.15,17...2069
2. Guerrero que se unió a David en Siclag, 1 Cr 12.7...2069
3. Coreita. Portero en tiempo de David, 1 Cr 26.2...2069
4. Oficial del rey David, 1 Cr 27.7....................2069
5. Levita comisionado por el rey Josafat, 2 Cr 17.8..2069
6. Alto funcionario del rey Josafat, 2 Cr 19.11.......2069
7. Uno que regresó de Babilonia con Esdras, Esd 8.8...2069
*8. Sacerdote entre los que se casaron con mujeres
extranjeras en tiempo de Esdras*, Esd 10.20.......2069

ZEBEDEO *Padre de los apóstoles Jacobo y Juan*
Mt 4.21 vio a otros dos...Jacobo hijo de Z.............*2199*
4.21 en la barca con Z su padre...los llamó..........*2199*
10.2 Jacobo hijo de Z, y Juan su hermano...........*2199*
20.20 le acercó la madre de los hijos de Z...........*2199*
26.37 tomando a Pedro, y a los...hijos de Z..........*2199*
27.56 María...y la madre de los hijos de Z..........*2199*
Mr 1.19 vio a Jacobo hijo de Z, y a Juan su............*2199*
1.20 y dejando a su padre Z en...le siguieron.......*2199*
3.17 Jacobo hijo de Z, y a Juan hermano de.........*2199*
10.35 entonces Jacobo y Juan, hijos de Z, se.........*2199*
Lc 5.10 Jacobo y Juan, hijos de Z, que eran.............*2199*
Jn 21.2 estaban...los hijos de Z, y otros dos............*2199*

ZEBINA *Uno de los que se casaron con mujeres extranjeras en tiempo de Esdras*, Esd 10.43...2081

ZEBOIM
1. Ciudad vecina de Sodoma y Gomorra
Gn 10.19 en dirección de Sodoma...y Z, hasta..........6636
14.2 contra Semeber rey de Z, y contra el..........6636
14.8 el rey de Z y el rey de Bela, que es..............6636
Dt 29.23 en la destrucción...de Adma y de Z...........6636
Os 11.8 ¿cómo podré yo...o ponerte como a Z?........6636
2. Valle en Benjamín, 1 S 13.18......................6636

ZEBUDA *Madre del rey Joacim*, 2 R 23.36........2081

ZEBUL *Gobernador de la ciudad de Siquem*
Jue 9.28 ¿no es hijo...no es Z ayudante suyo?..........2083
9.30 Z gobernador...oyó las palabras de Gaal......2083
9.36 viendo Gaal...dijo a Z...Z le respondió.........2083
9.38 Z le respondió: ¿Dónde está...tu boca..........2083
9.41 Z echó fuera a Gaal y a sus hermanos..........2083

ZEDAD *Lugar en la frontera de Canaán*,
Nm 34.8; Ez 47.15..........................6657

ZEEB *Príncipe de Madián*
Jue 7.25 tomaron a dos príncipes...Oreb y Z..........2062
7.25 y a Z lo mataron en el lagar de Z; y.............2062
7.25 trajeron las cabezas de Oreb y de Z a..........2062
8.3 Dios ha entregado en vuestras manos Z........2062
Sal 83.11 a sus capitanes como a Oreb y a Z...........2062

ZEFO *Tercer hijo de Elifaz edomita*, Gn 36.11,15; 1 Cr 1.36 6825

ZEFÓN *Primogénito de Gad*, Nm 26.15 6827

ZEFONITAS *Descendientes de Zefón*, Nm 26.15 . . . 6831

ZELA *Ciudad de Benjamín donde sepultaron los huesos de Saúl y Jonatán*, Jos 18.28; 2 S 21.14 6762

ZELOFEHAD *Descendiente de Manasés*
Nm 26.33 Z hijo de...no tuvo hijos sino hijas 6765
26.33 los nombres de las hijas de Z fueron 6765
27.1 vinieron las hijas de Z hijo de Hefer 6765
27.7 bien dicen las hijas de Z; les darás la 6765
36.2 que dé la posesión de Z...a sus hijas 6765
36.6 mandado Jehová acerca de las hijas de Z 6765
36.10 Jehová mandó...hicieron las hijas de Z 6765
36.11 hijas de Z, se casaron con hijos de sus 6765
Jos 17.3 pero Z hijo de Hefer...no tuvo hijos 6765
1 Cr 7.15 el...segundo fue Z Y Z tuvo hijas 6765

ZELOTE *Apellido de Simón No. 3*, Lc 6.15; He 1.13 . . *2208*

ZEMARAIM
1. Lugar en la frontera de Benjamín, Jos 18.22 6787
2. Monte en Efraín, 2 Cr 13.4 6787

ZEMAREO *Tribu cananita*, Gn 10.18; 1 Cr 1.16 . . . 6786

ZEMIRA *Descendiente de Benjamín*, 1 Cr 7.8 2160

ZENÁN *Población en Judá*, Jos 15.37 6799

ZENAS *«Intérprete de la ley»*, Tit 3.13 . . . . . . *2211*

ZEQUER *Descendiente de Benjamín (=Zacarías No. 5)*, 1 Cr 8.31 2144

ZER *Ciudad fortificada en Neftalí*, Jos 19.35 6863

ZERA
1. Descendiente de Esaú, Gn 36.13,17; 1 Cr 1.37 2226
2. Padre de Jobab No. 2, Gn 36.33; 1 Cr 1.44 2226
3. Hijo de Simeón, Nm 26.13; 1 Cr 4.24 2226
4. Hijo de Judá (=Zara)
Nm 26.20 los hijos de Judá...de Z, la familia 2226
Jos 7.1 Acán hijo...de Z, de la tribu de Judá 2226
7.17 fue tornada...Z...la familia de los de Z 2226
7.18 varones...hijo de Z, de la tribu de Judá 2226
7.24 tomaron a Acán hijo de Z, el dinero, el 2226
22.20 cometió Acán hijo de Z prevaricación 2226
1 Cr 2.4 y Tamar su...dio a luz a Fares y a Z 2226
2.6 los hijos de Z: Zimri, Etán, Hemán, Calcol 2226
9.6 de los hijos de Z, Jeuel y sus hermanos 2226
Neh 11.24 de los hijos de Z hijo de Judá 2226
5. Levita, descendiente de Gersón, 1 Cr 6.21 2226
6. Cantor del templo, 1 Cr 6.41 2226
7. Etíope que guerreó contra el rey Asa, 2 Cr 14.9 . . . 2226

ZERAÍAS
1. Sacerdote, 1 Cr 6.6,51; Esd 7.4 2228
2. Padre de Elioenai, Esd 8.4 2228

ZERAÍTA
1. Descendiente de Zera No. 3, Nm 26.13 2227
2. Descendiente de Zera No. 4, Nm 26.20; 1 Cr 27.11,13 2227

ZERED *Arroyo que formó la frontera de Edom y Moab*, Nm 21.12; Dt 2.13,14 2218

ZERERA *Lugar en el valle del Jordán*, Jue 7.22 . . . 6888

ZERES *Mujer de Amán*, Est 5.10,14; 6.13 (2) 2238

ZERET *Descendiente de Judá*, 1 Cr 4.7 6889

ZERI *Músico entre los hijos de Jedutún*, 1 Cr 25.3 . . 6874

ZEROR *Ascendiente del rey Saúl*, 1 S 9.1 6872

ZERÚA *Madre de Jeroboam No. 1*, 1 R 11.26 6871

ZETAM *Levita, descendiente de Gersón*, 1 Cr 23.8; 26.22 2241

ZETÁN *Descendiente de Benjamín*, 1 Cr 7.10 2133

ZETAR *Eunuco del rey Asuero*, Est 1.10 2242

ZÍA *Descendiente de Gad*, 1 Cr 5.13 2127

ZIBEÓN
1. Ascendiente de Aholibama, mujer de Esaú, Gn 36.2,14 6649
2. Descendiente de Seir horeo, Gn 36.20,24(2),29; 1 Cr 1.38,40 6649

ZICRI
1. Levita, hijo de Izhar, Éx 6.21 2147
2. Nombre de varios descendientes de Benjamín, 1 Cr 8.19,23,27 2147
3. Levita, descendiente de Asaf, 1 Cr 9.15 2147
4. Padre de Selomit No. 5, 1 Cr 26.25 2147
5. Padre de Eliezer No. 5, 1 Cr 27.16 2147
6. Padre de Amasías No. 4, 2 Cr 17.16 2147
7. Padre de Elisafat, 2 Cr 23.1 2147
8. «Hombre poderoso» en el ejército de Peka, 2 Cr 28.7 2147
9. Padre de Joel No. 13, Neh 11.9 2147
10. Sacerdote en tiempo de Joiacim, Neh 12.17 2147

ZIF
1. Población en el Neguev de Judá
Jos 15.24 Z, Telem, Bealot 2128
1 S 23.14 y habitaba en un monte en el desierto de Z . . . 2128
23.15 se estuvo en...en el desierto de Z 2128
23.19 subieron los de Z para decirle a Saúl 2130
23.24 ellos...se fueron a Z delante de Saúl 2130
26.2 para buscar a David en el desierto de Z 2130
2. Segundo mes del año en el calendario hebreo, 1 R 6.1,37; 2 Cr 11.8 2099,2128
3. Población en los cerros de Judá, Jos 15.55 2128
4. Descendiente de Caleb, 1 Cr 2.42 2128
5. Descendiente de Judá, 1 Cr 4.16 2128

ZIFA *Descendiente de Judá*, 1 Cr 4.16 2129

ZIFEOS *habitantes de Zit No. 3*, 1 S 26.1; Sal 54 tít 2130

ZIFIÓN *Primogénito de Gad*, Gn 46.16 6837

ZIFRÓN *Lugar en el norte de Canaán*, Nm 34.9 . . . 2202

ZIHA
1. Padre de una familia que regresó de Babilonia con Zorobabel, Esd 2.43; Neh 7.46 6727
2. Oficial del templo en tiempo de Nehemías, Neh 11.21 6727

ZILA *Mujer de Lamec No. 1*, Gn 4.19,22,23 6741

ZILETAI
1. Descendiente de Benjamín, 1 Cr 8.20 6769
2. Guerrero que se unió a David en Siclag, 1 Cr 12.20 6769

ZILPA *Sierva de Lea*
Gn 29.24 dio Labán su sierva Z a su hija Lea 2153
30.9 tomó a Z...y la dio a Jacob por mujer 2153
30. 10 y Z sierva de Lea dio a luz un hijo a 2153
30.12 Z la sierva de Lea dio a luz otro hijo 2153
35.26 los hijos de Z, sierva de Lea: Gad y 2153
37.2 con los hijos de Z, mujeres de su padre 2153
46.18 los hijos de Z, la que Labán dio a su 2153

ZIMA *Nombre de varios levitas*, 1 Cr 6.20,42; 2 Cr 29.12 2155

ZIMRAM *Hijo de Abraham y Cetura*, Gn 25.2; 1 Cr 1.32 2175

ZIMRI
1. Hijo de Salu, príncipe de Simeón, Nm 25.14 2174
2. Rey de Israel
1 R 16.9 conspiró contra él...Z, comandante 2174
16.10 vino Z y lo hirió y lo mató, en el año 2174
16.12 exterminó Z a toda la casa de Baasa 2174
16.15 el año 27 de Asa...comenzó a reinar Z 2174
16.16 el pueblo...oyó decir: Z ha conspirado 2174
16.18 viendo Z tomada la ciudad, se metió 2174
16.20 de los hechos de Z, y la conspiración 2174
2 R 9.31 ¿sucedió bien a Z...mató a su señor? 2174
3. Hijo de Zera No. 4, 1 Cr 2.6 2174
4. Descendiente del rey Saúl, 1 Cr 8.36; 9.42 2174
5. Lugar al noreste de Babilonia, Jer 25.25 2174

ZIN *Desierto al sudoeste del Mar Muerto*
Nm 13.21 desde el desierto de Z hasta Rehob 6790
20.1 llegaron...al desierto de Z, en el mes 6790
27.14 fuisteis rebeldes...el desierto de Z 6790
27.14 rencilla de Cades en el desierto de Z 6790
33.36 acamparon en el desierto de Z, que es 6790
34.3 tendréis...desde el desierto de Z hasta 6790
34.4 irá rodeando desde...y pasará hasta Z 6790
Dt 32.51 cuanto pecasteis...el desierto de Z 6790
Jos 15.1 teniendo el desierto de Z al sur como 6790
15.3 salía hacia el sur de...pasando hasta Z 6790

ZINA *Hijo de Simei No. 1*, 1 Cr 23.10,11 2126

ZIPOR *Padre de Balac rey de Moab*
Nm 22.2 vio Balac hijo de Z...lo que Israel 6834
22.4 Balac hijo de Z...entonces rey de Moab 6834
22.10 a Dios: Balac hijo de Z, rey de Moab 6834
22.16 dice Balac, hijo de Z: Te ruego que 6834
23.18 oye; escucha mis palabras, hijo de Z 6834
Jos 24.9 después se levantó Balac hijo de Z 6834
Jue 11.25 ¿eres...mejor...que Balac hijo de Z 6834

ZIZA
1. Descendiente de Simeón, 1 Cr 4.37 2124
2. Hijo del rey Roboam, 2 Cr 11.20 2124

ZOÁN *Ciudad en Egipto*
Nm 13.22 Hebrón fue edificada...antes de Z en 6814
Sal 78.12 hizo maravillas...en el campo de Z 6814
78.43 señales, maravillas en el campo de Z 6814
Is 19.11 ciertamente son necios los...de Z; el 6814
19.13 se han desvanecido los príncipes de Z 6814
30.4 cuando estén sus príncipes en Z, y sus 6814
Ez 30.14 pondré fuego a Z...juicios en Tebas 6814

ZOAR *Ciudad vecina de Sodoma y Gomorra*
Gn 13.10 tierra de Egipto en la dirección de Z 6820
14.2 y contra el rey de Bela, la cual es Z 6820
14.8 el rey de Bela, que es Z, y ordenaron 6820
19.22 fue llamado el nombre de la ciudad, Z 6820
19.23 sol salía sobre...cuando Lot llegó a Z 6820
19.30 Lot subió de Z y moró en el monte, y 6820
19.30 tuvo miedo de quedarse en Z, y habitó 6820
Dt 34.3 llanura, la vega de Jericó...hasta Z 6820
Is 15.5 sus fugitivos huirán hasta Z, como 6820
Jer 48.34 desde Z hasta Horonaim, becerra de 6820

ZOBEBA *Descendiente de Judá*, 1 Cr 4.8 6637

ZÓCALO
Ez 43.13 medidas...Este será el z del altar 1354

ZODÍACO
2 R 23.5 quemaban incienso...los signos del z 4208

ZOFA *Descendiente de Aser*, 1 Cr 7.35,36 6690

ZOFAI *Levita, descendiente de Coat*, 1 Cr 6.26 . . . 6689

ZOFAR *Uno de los tres amigos de Job*, Job 2.11; 11.1; 20.1; 42.9 6691

ZOFIM
1. Lugar elevado cerca del Mar Muerto, Nm 23.14 . . 6839
2. Ciudad del profeta Samuel (=Ramá No. 4), 1 S 1.1 . . . 7436

ZOHAR
1. Padre de Efrón heteo, Gn 23.8; 25.9 6714
2. Hijo de Simeón, Gn 46.10; Éx 6.15 6714

ZOHELET *Peña en el valle de Cedrón*, 1 R 1.9 2120

ZOHET *Descendiente de Judá*, 1 Cr 4.20 2105

ZOMZOMEOS *Gigantes de la antigüedad en tierra de los amonitas*, Dt 2.20 2157

ZORA *Ciudad de Dan o de Judá*
Jos 15.33 en las llanuras, Estaol, Z, Asena 6881
19.41 el territorio de...Z, Estaol, Ir-semes 6881
Jue 13.2 un hombre de Z, de la tribu de Dan 6881
13.25 en los campamentos...entre Z y Estaol 6881
16.31 le sepultaron entre Z y Estaol, en el 6881
18.2 cinco hombres valientes, de Z y Estaol 6881
18.8 volviendo...ellos a sus hermanos en Z 6881
18.11 entonces salieron...de Z...600 hombres 6881
2 Cr 11.10 Z, Ajalón y Hebrón...eran...de Judá 6881
Neh 11.29 en En-rimón, en Z, en Jarmut 6881

ZORAÍTA *Habitante de Zora (=Zoratita)*, 1 Cr 2.54 6882

ZORATITA *Habitante de Zora (=Zoraíta)*, 1 Cr 2.53; 4.2 6882

ZOROBABEL *Descendiente de David que regresó de Babilonia y fue gobernador en Jerusalén después del exilio*
1 Cr 3.19 hijos de Pedaías: Z...hijos de Z 2216
Esd 2.2 los cuales vinieron con Z...Mardoqueo 2216
3.2 levantaron Jesúa...y Z hijo de Salatiel 2216
3.8 comenzaron Z hijo de Salatiel...la obra 2216
4.2 vinieron a Z y a los jefes de casas, y 2216
4.3 Z, Jesúa, y los demás jefes...dijeron 2216
5.2 levantaron Z hijo de Salatiel y Jesúa 2216
Neh 7.7 los cuales vinieron con Z...Mardoqueo 2216
12.1 y levitas que subieron con Z hijo de 2216
12.47 todo Israel en días de Z Y en días de 2216
Hag 1.1 palabra...medio del profeta Hageo a Z 2216
1.12 oyó Z hijo...y Josué...la voz de Jehová 2216
1.14 despertó Jehová el espíritu de Z hijo 2216
2.2 habla...a Z hijo de Salatiel, gobernador 2216
2.4 pues ahora, Z, esfuérzate, dice Jehová 2216
2.21 habla a Z gobernador de Judá, diciendo 2216
2.23 en aquel día...te tomaré, oh Z hijo de 2216
Zac 4.6 es palabra de Jehová a Z, que dice 2216
4.7 delante de Z serás reducido a llanura 2216
4.9 las manos de Z echarán el cimiento de 2216
4.10 y verán la plomada en la mano de Z 2216
Mt 1.12 Jeconías engendró a...y Salatiel a Z *2216*
1.13 Z engendró a Abiud, Abiud a Eliaquim *2216*
Lc 3.27 hijo de Z, hijo de Salatiel, hijo de *2216*

ZORRA
Jue 15.4 fue Sansón y cazó trescientas z, y 7776
15.5 las z en los sembrados de los filisteos 7776
Neh 4.3 muro...si subiere una z lo derribará 7776
Cnt 2.15 cazadnos las z, las z pequeñas, que 7776
Lm 5.18 por el monte de Sion...z andan por él 7776
Ez 13.4 z en...fueron tus profetas, oh Israel 7776
Mt 8.20; Lc 9.58 **las z tienen guaridas, y** *258*
Lc 13.32 **decid a aquella z: He aquí, echo fuera** *258*

ZUAR *Padre de Natanael No. 1*, Nm 1.8; 2.5; 7.18,23; 10.15 6686

ZUF
1. Ascendiente de Elcana y Samuel, 1 S 1.1; 1 Cr 6.35 6689
2. Tierra habitada por los descendientes de No. 1, 1 S 9.5 6689

ZUR
1. Príncipe madianita, Nm 25.15; 31.8; Jos 13.21 6698
2. Benjamita, tío del rey Saúl, 1 Cr 8.30; 9.36 6698

Z

ZURDO
Jue 3.15 Aod hijo de Gera, benjamita...era z. 334,3027, 3225
20.16 setecientos hombres escogidos... eran z 334,3027,3225

ZURIEL *Jefe de la casa de Merari*, Nm 3.35 6700

ZURISADAI *Padre de Selumiel*, Nm 1.6; 2.12; 7.36,41; 10.19 6701

ZURRÓN
1 S 17.40 puso en el saco...en el z que traía 3219

ZUZITA *Habitante de la región de Ham*, Gn 14.5 . . . 2104

NOTAS

NOTAS

NOTAS

NOTAS

NOTAS

NOTAS

NOTAS

NOTAS

NOTAS